encyclopédie de l'informatique et des systèmes d'information

Ouvrage coordonné par Jacky Akoka et Isabelle Comyn-Wattiau

Encyclopédie de l'informatique et des systèmes d'information

Comité éditorial

Jacky Akoka, Isabelle Comyn-Wattiau, Michel Banâtre, Atilla Baskurt, Michel Beaudouin-Lafon, Philippe Destuynder, Marc Favier, Gérard Hébuterne, Daniel Kayser, Claude Kirchner, Moez Limayem, Jean-Louis Peaucelle, Yves Pigneur, Jean-Eric Pin, Pierre N. Robillard, Colette Rolland, Frantz Rowe, Michel Scholl, François Silva, Yvon Trinquet

Vuibert

ISBN 978-2-7117-4846-4

Éditions Vuibert Informatique

20 rue Berbier-du-Mets, 75013 Paris, France

Éditeur : Jean-Philippe Moreux

Maquette et mise en pages : Euklides

Conception de la couverture : Jean-François Patarin

Illustration de couverture : Anne Bordenave

Classification des thèmes

Partie I La dimension technologique des systèmes d'information

Partie II La dimension organisationnelle des systèmes d'information

Classification des thèmes

PARTIE I LA DIMENSION TECHNOLOGIQUE DES SYSTÈMES D'INFORMATION

PARTIE II LA DIMENSION ORGANISATIONNELLE DES SYSTÈMES D'INFORMATION

Table des matières

Section 2 **Architectures et systèmes distribués** 141

Section 3 **Interaction homme-machine** 271

Section 4 **Systèmes multimédias** 363

Section 5 **Bases de données** 471

Section 9 Algorithmique et programmation 911

Section 10 Génie logiciel 1051

Section 11 Intelligence artificielle 1161

Partie II La dimension organisationnelle des systèmes d'information

Section 5 La dimension humaine des systèmes d'information 1559

Section 6 La dimension financière des systèmes d'information 1617

Section 7 Les systèmes d'information et leur environnement 1701

Section 8 Les systèmes d'information et les affaires 1781

Annexes

Avant-propos

L'informatique connaît depuis plusieurs décennies une impressionnante croissance dont on mesure chaque jour les conséquences pour l'activité humaine et celle des organisations. C'est une transformation permanente qui change non seulement notre manière de vivre mais aussi notre vision de la société. Bien qu'il s'agisse d'une science relativement jeune, l'informatique a néanmoins un impact sur toutes les disciplines scientifiques et humaines. Cette encyclopédie a pour objet de présenter les différentes facettes de cette science tant d'un point de vue technique qu'organisationnel.

Le terme «informatique» désigne à la fois l'outil qui permet d'automatiser les tâches de gestion, la discipline qui couvre tous les concepts, modèles, langages, outils utilisés dans ce récent domaine de la science et le métier de celles et ceux qui mettent au point les solutions informatiques et en assurent le fonctionnement.

Informatique et système d'information

Le développement de l'informatique a permis l'éclosion du concept de système d'information, défini par l'ensemble des moyens techniques, humains, etc., permettant de gérer (stocker, traiter, diffuser, etc.) les informations nécessaires au fonctionnement d'une organisation. Le système d'information comprend une partie automatisée grâce à l'informatique. Il peut aussi être constitué d'éléments traités manuellement. Par abus de langage, on appelle souvent système d'information la partie informatisée de celui-ci.

Ainsi, dans cette encyclopédie de l'informatique et des systèmes d'information, sont couverts à la fois les aspects technologiques de l'informatique et les aspects managériaux et organisationnels généralement au centre des problématiques des systèmes d'information.

Face à l'ambition irréaliste de compiler en un seul volume toute la connaissance sur un domaine comme celui de l'informatique et des systèmes d'information, ce livre prétend néanmoins rassembler un éventail large de toutes les dimensions, concepts, méthodologies, techniques, outils, problématiques et perspectives d'un domaine qui, bien que récent, tend déjà à dépasser la quantité de savoir assimilable par un individu.

Le choix de la langue française n'est pas neutre. Dès les années soixante, l'Académie française a choisi de nommer «informatique» ce nouveau champ scientifique du traitement automatique de l'information. À cette époque où l'ordinateur était surtout connu et perçu comme une puissante calculatrice, il était visionnaire de comprendre que l'information était le concept principal et non le calcul, comme le sous-entend le terme «*computer science*».

Quand, au début des années soixante-dix, le concept de système d'information est apparu, on a pu entamer la réflexion sur son impact sur la gestion des entreprises et des organisations et, plus généralement, sur la société.

Dans cet ouvrage, nous avons voulu couvrir l'ensemble des aspects du domaine, l'informatique qui concentre les axes technologiques tant matériels que logiciels, et les systèmes d'information qui englobent les dimensions managériale et organisationnelle.

Le manager doit y trouver les clés d'une compréhension minimale des éléments techniques que le jargon de l'informaticien tend souvent à rendre inaccessibles. À l'inverse, l'informaticien peut y découvrir l'impact des outils et des solutions informatiques qu'il conçoit sur les organisations, les processus, les hommes, etc. *A fortiori*, tout lecteur, quel que soit son profil, étudiant, professionnel, intellectuel, peut entrevoir la variété des concepts et le volume des connaissances et repères constitutifs de ce vaste domaine de la science. Pour éviter, toutefois, de compliquer la tâche du lecteur, nous avons souhaité séparer clairement les deux composantes informatique et système d'information qui forment ainsi les deux parties de l'ouvrage. Ce découpage peut donner lieu à discussion. Par exemple, la section Ingénierie des systèmes d'information se situe vraiment à la frontière des deux domaines. Ainsi, le choix de la placer dans la partie systèmes d'information est tout à fait délibéré. De même, de nombreux sujets transversaux, comme la sécurité, comportent des aspects techniques autant que managériaux.

Ambition de l'ouvrage

Le terme encyclopédie, étymologiquement « cercle des connaissances », a souvent la prétention de couvrir le savoir lié à un domaine. *L'Encyclopédie* de Diderot, ou *Dictionnaire raisonné des sciences, des arts et des métiers*, a rassemblé cent cinquante auteurs pour établir un répertoire le plus exhaustif de la connaissance établie au XVIIIe siècle. « Le but d'une encyclopédie est de rassembler les connaissances éparses sur la surface de la terre, d'en exposer le système général aux hommes avec qui nous vivons, et de les transmettre aux hommes qui viendront après nous », disait Denis Diderot.

Cet ouvrage s'inscrit dans la droite ligne des encyclopédies spécialisées :

- c'est une encyclopédie au sens où l'on tente de couvrir les termes, concepts et domaines de l'informatique et des systèmes d'information ;
- ce n'est pas un dictionnaire : l'entrée n'est pas alphabétique mais thématique, ce qui permet, au-delà de l'exposé des principes et des concepts, de structurer le domaine de l'informatique et des systèmes d'information ;
- alors que cette science se généralise, se voit utilisée ou référencée dans les autres domaines de la science, mais aussi dans le quotidien de l'homme, il nous semble opportun de recenser ce qui la constitue et de mettre en avant les facettes déjà nombreuses du domaine ;
- à l'image de *L'Encyclopédie* de Diderot, elle unifie les concepts, techniques, outils, etc., mais aussi la pensée relative à l'informatique et aux systèmes d'information ;
- elle ne prétend pas à l'exhaustivité, mais rassemble ce qui nous a paru être saillant pour caractériser ce domaine en ce début du XXIe siècle.

Structure de l'ouvrage

L'encyclopédie est organisée en deux parties, chacune étant structurée en sections qui permettent une classification des connaissances. Ainsi la partie I, « La dimension technologique des systèmes d'information », est composée de onze sections.

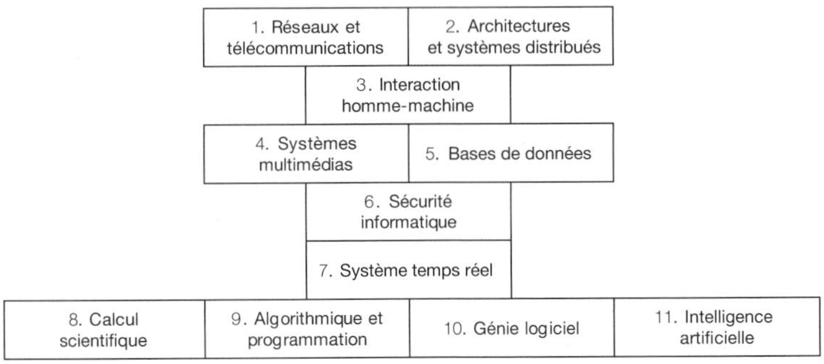

Organisation de la partie I, « La dimension technologique des systèmes d'information »

Les deux premières sections, *Réseaux et télécommunications* et *Architectures et systèmes distribués*, établissent le socle des éléments constitutifs des ordinateurs, de son système d'exploitation et des réseaux leur permettant de communiquer entre eux. La section *Interaction homme-machine* aborde les aspects liés à l'interaction entre l'utilisateur et l'ordinateur, communément appelée interface. Les sections suivantes sont centrées sur l'information stockée et manipulée quelle qu'elle soit (son, image, etc.). Ainsi une section est dédiée aux *systèmes multimédias* et une autre au concept plus général de *base de données*. La section suivante dédiée à la *sécurité informatique* est transverse : elle inclut les différents aspects de la sécurité informatique : réseaux, données, virus, etc. La nécessité de faire fonctionner l'ordinateur dans un environnement contraint, notamment dans le temps justifie le domaine des *systèmes temps réel* qui ont déjà plusieurs décennies d'existence, même si leur diffusion au grand public a coïncidé avec l'informatique mobile, plus récente. Les sections suivantes synthétisent les différents moyens d'utiliser toutes ces techniques. La section *Calcul scientifique* illustre les concepts, méthodes et outils informatiques mis au point dans différents domaines d'applications scientifiques. La section *Algorithmique et programmation* dresse un éventail large des langages, approches, générations proposant des modèles et outils de codage et développement de programmes informatiques. Dans la section *Génie logiciel*, sont recensés les éléments méthodologiques qui ont été mis au point pour structurer le cycle de vie du logiciel. Enfin la section *Intelligence artificielle* conclut cette partie en synthétisant les modèles et outils intelligents.

La partie II, «La dimension organisationnelle des systèmes d'information», comprend huit sections. Dans cette partie qui rassemble à la fois les aspects pratiques de la mise en œuvre des technologies de l'information (TI) dans les organisations et les réflexions plus théoriques sur l'impact de tels SI et leurs différentes dimensions, nous avons sollicité aussi bien des auteurs, experts et consultants, reconnus pour leur connaissance du «terrain» que des chercheurs au fait de l'état de l'art dans la discipline. Ce brassage fertile nous a semblé judicieux pour donner un aperçu le plus complet possible sur ce champ très large connu sous le vocable «systèmes d'information».

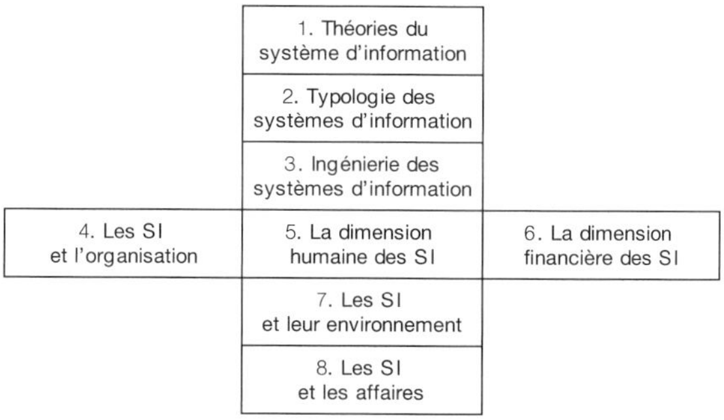

Organisation de la partie II, «La dimension organisationnelle des systèmes d'information»

La première section, *Théories du système d'information*, expose les différentes théories qui ont été proposées pour décrire les concepts et les mécanismes fondamentaux sous-jacents aux SI. La section *Typologie des systèmes d'information* tente une description des catégories principales de systèmes (SI fonctionnels, SI décisionnels, SI de pilotage, SI de communication) selon les utilisateurs ou les usages concernés. La section *Ingénierie des systèmes d'information* est principalement dédiée aux aspects méthodologiques inhérents à la conception et la mise en place des SI. Dans la quatrième section, *Les systèmes d'information et l'organisation*, sont abordés les liens entre les SI et les organisations dans lesquelles ils sont mis en place : impact respectif, rôle de l'organisation, gouvernance, processus, etc. Les organisations sont composées principalement d'êtres humains pour lesquels ces SI sont mis en œuvre. Dans la cinquième section, *La dimension humaine des systèmes d'information*, sont évalués les impacts humains des technologies de l'information (TI) dans les organisations : impacts sur les métiers, la gestion des ressources humaines, la formation, etc. La section *La dimension financière des systèmes d'information* traite, quant à elle, des aspects financiers : Qu'est ce qu'un budget informatique ? Pourquoi externaliser son SI ? Comment rentabiliser les SI ? La section *Les systèmes d'information et leur environnement* étudie l'interaction entre les SI et d'autres disciplines telles que la sociologie, l'éthique, l'épistémologie, etc. Enfin, la dernière section, *Les systèmes d'information et les affaires* recense les impacts et opportunités qu'offrent les SI en matière d'affaires : le commerce électronique en est un exemple, mais d'autres points sont abordés : le télétravail, les logiciels libres, etc., rendus possibles par les TI.

Chaque section a été confiée à un expert du domaine. Le comité éditorial ainsi constitué s'est réuni à plusieurs reprises pour prendre les décisions importantes relatives au projet et assurer la coordination nécessaire et l'harmonie de l'ensemble. Chaque responsable de section a sollicité les auteurs des différents chapitres permettant ainsi de couvrir le plus largement possible les thèmes associés aux sections.

L'ouvrage est complété par un hors-texte en couleurs reproduisant certaines figures extraites des sections relatives à la visualisation d'information, au traitement des images et au multimédia. Ces figures sont repérées dans le texte par le symbole ★ accolé au numéro de figure.

Deux index, des concepts et des noms, permettront tant une lecture croisée de cette encyclopédie que la recherche ponctuelle d'une notion, d'un terme ou d'un acronyme.

Enfin, la liste des contributeurs, avec leurs qualités et domaine d'expertise, est donnée en fin d'ouvrage.

Public

Ce livre se veut dédié à un public très large :
- à l'informaticien pour explorer les domaines qui ne sont pas au cœur de son activité quotidienne bien que largement connexes ;
- au manager qui veut appréhender les aspects technologiques et organisationnels de l'informatique sans compiler les trente ou quarante ouvrages de référence ;
- à l'enseignant qui veut faire le tour de différentes thématiques du domaine ;
- à l'étudiant qui veut un ouvrage de base aiguillant vers les livres de référence ;
- à l'intellectuel, scientifique ou non, qui veut acquérir l'ouvrage de base dans le domaine ;
- le chercheur y trouvera l'état de l'art, quelques perspectives et des éléments d'ouverture vers les courants de la recherche tant en informatique qu'en SI.

Les termes de chaque thème sont définis, ne nécessitant pas de connaissance préalable spécifique.

Remerciements

Cet ouvrage n'est pas un travail solitaire, mais il résulte de la coopération entre plusieurs centaines d'experts, universitaires, chercheurs, professionnels francophones, choisis pour leur connaissance du thème, leur renommée mais aussi leurs qualités pédagogiques indispensables à ce genre d'exercice.

Leur enthousiasme pour contribuer à la réussite de ce projet doit être salué. Nous les remercions chaleureusement pour leur patience, leur ouverture d'esprit et leur sens du travail en équipe. Nous remercions aussi l'éditeur qui nous a confié cette mission et particulièrement Jean-Philippe Moreux et Sandra Doucet pour leur aide précieuse.

Une mention particulière pour Robert Reix, auteur d'un chapitre de cet ouvrage, décédé il y a quelques mois. Il nous avait chaleureusement encouragés dans la réalisation de ce projet et s'était enquis de son avancement la veille de sa disparition. Que sa contribution à la diffusion du concept de système d'information dans le monde francophone soit ici saluée.

C'est un bel ouvrage, certes perfectible, que, nous l'espérons, vous prendrez plaisir à lire et à consulter.

Jacky Akoka, Isabelle Comyn-Wattiau

Histoire de l'informatique: les lignes directrices de l'évolution technique

Pierre-Eric Mounier-Kuhn

Mots-clés: histoire, révolution industrielle, changement technique, processus d'innovation.

Résumé: la mécanisation du traitement de l'information est un aspect du mouvement général d'amplification et de transformation des activités humaines par la machine: la Révolution industrielle. Cette mécanisation répond à des besoins croissants de la société; elle se traduit d'abord par la mise au point de solutions techniques très variées; au milieu du xxe siècle, l'invention de l'ordinateur, machine universelle à traiter l'information, apporte une solution générale qui s'imposera progressivement.

Les pages qui suivent ont pour but de donner quelques repères historiques sur l'évolution des techniques du traitement de l'information, dans le contexte de l'évolution des sociétés occidentales contemporaines. Elles ne prétendent évidemment pas à l'exhaustivité, mais appliquent à cette histoire particulière des modèles interprétatifs développés par les historiens des sciences et des technologies.

1 Une demande croissante

La «révolution» scientifique et industrielle, ainsi que la formation des États modernes, ont entraîné l'accroissement de la demande en matière de calcul et de traitement de l'information, d'abord en Europe occidentale, puis aux États-Unis.

La mathématisation progressive des sciences – la mécanique et la physique à partir de Galilée, puis les autres disciplines – fait des chercheurs et des ingénieurs des utilisateurs insatiables de calcul. Calcul qui devient vite une fastidieuse corvée pour les savants, comme Leibniz qui écrit en 1674: «*Il est indigne des hommes d'excellence de perdre leur temps à cette tâche servile, le calcul, alors qu'on pourrait la confier à une machine actionnée par n'importe quel homme ordinaire*». Cette demande de calcul vient notamment de l'astronomie – Schickard, l'inventeur de la première calculatrice, en 1623, est astronome et correspond avec Kepler –, des sciences liées à la navigation (hydrographie, etc.), de la balistique (artillerie), de l'hydraulique (barrages, turbines), de la physique de l'électricité et de la propagation de la chaleur, plus tard de l'aéronautique, de la météorologie, de la physique nucléaire. Évolution qui se poursuit jusqu'à nos jours, où la technologie implique la nécessité de résoudre des équations mathématiques de plus en plus complexes, ce qui stimule le développement de techniques mathématiques nouvelles et de machines à calculer. Parallèlement au calcul proprement dit, les ordinateurs et leurs périphériques deviennent des constituants de l'appareillage expérimental : les grands instruments scientifiques (accélérateurs, souffleries, télescopes, satellites, etc.) incorporent désormais l'informatique; entre ces «capteurs» et l'homme, entre la myriade de données et le résultat ou la décision, l'ordinateur s'est imposé comme un point de passage obligé. Enfin, la puissance atteinte par les ordinateurs depuis la fin du xxe siècle a permis de réconcilier le calcul et l'expérimentation, ces deux approches rivales, en les fusionnant dans une forme nouvelle de représentation : la simulation.

La mathématisation des sciences et des techniques, depuis trois siècles, est une évidence. Mais que recouvre cette expression ? Dans une remarquable synthèse, l'historien anglais Andrew Warwick montre que le calcul, associé à la mesure, a été l'instrument permettant[1] :

- d'assurer la liaison entre la théorie scientifique, recourant à des modèles mathématiques de plus en plus pointus, et l'expérimentation, recourant à une métrologie de plus en plus précise ;
- d'exploiter au profit des sciences et des techniques les immenses progrès de l'analyse mathématique réalisés depuis le XVIIIe siècle.

À partir des années 1860, les machines à calculer ont d'abord été employées surtout à produire des tables numériques, avant d'être utilisées directement pour résoudre des problèmes. Tables et machines ont suscité le développement de l'analyse numérique, science visant à traduire les équations mathématiques en algorithmes de calcul. Elles ont permis d'aborder pratiquement des problèmes qui, autrement, seraient restés du domaine spéculatif – tout comme les ordinateurs un siècle plus tard.

Au calcul scientifique s'ajoute l'immense domaine de l'automation : machines textiles programmées par cartons perforés dès le XVIIIe siècle, contrôle de processus continus (raffineries de pétrole, centrales thermiques) puis discontinus (chaînes de montage), simulateurs de pilotage, centraux téléphoniques, conception et fabrication assistées par ordinateur, « robots » dont le développement va de pair avec la conquête de milieux hostiles ou « aux limites » : espace, fonds sous-marins, réacteurs nucléaires...

La demande en matière de traitement de l'information pour la gestion émerge parallèlement. Si Blaise Pascal conçoit dans les années 1640 la « Pascaline », c'est pour aider son père, receveur des impôts d'une administration royale en plein développement, à effectuer ses fastidieux calculs. Au cours du XVIIIe siècle, le besoin de connaître « la richesse des nations » multiplie les recensements ; le désir de contrôle social et les réformes révolutionnaires (cadastre, système métrique) inspirent divers projets plus ou moins utopiques. Vers 1740, un officier de police, Guillaute, propose de créer un fichier détaillé des habitants de Paris, constitué de deux millions de fiches individuelles. Celles-ci seraient classées sur d'immenses roues contenant 100 000 fiches chacune ; en faisant tourner une roue,

1. Warwick A. "The Laboratory of Theory, or What's Exact About the Exact Sciences?" in *The Values of Precision* (M. N. Wise, ed.), Princeton University Press, 1995.

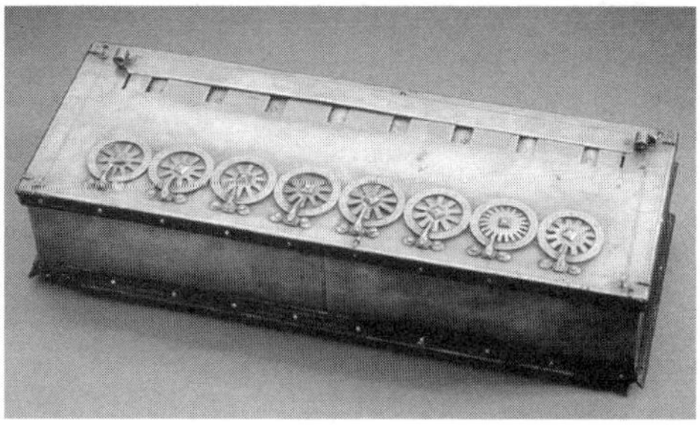

Pascaline

on obtiendrait en quelques secondes la fiche voulue. Ce projet restera lettre morte ; cependant, on retrouve le même désir de transparence sociale et de tenue en main dans le *Panoptikon* de Jeremy Bentham, que l'Assemblée de 1791 fait traduire en français. Comme le rappelle François Ewald, Pascal, Bernoulli et Quételet sont les pères des mathématiques appliquées aux affaires sociales ; le calcul des probabilités offre des solutions pratiques à un dilemme essentiel de la philosophie politique des Lumières (pouvoir de l'État ou liberté des individus[2] ?), solutions qui déboucheront notamment sur la mise au point des systèmes d'assurances.

L'introduction du système décimal sous la Révolution française implique l'élaboration de nouvelles tables logarithmiques et trigonométriques, destinées notamment à la constitution du nouveau cadastre. Un brillant ingénieur des Ponts-et-Chaussées, Gaspard Riche de Prony, organise scientifiquement la production de ces tables : sous la direction d'un groupe d'éminents mathématiciens (Legendre) qui définissent les méthodes de calcul les plus efficaces (méthode des différences finies, en l'occurrence), une équipe de spécialistes traduit les formules algébriques correspondantes en données numériques. Celles-ci sont ensuite traitées par une centaine de tâcherons du calcul ; chaque opération est répétée indépendamment par deux employés différents afin de détecter les erreurs. Mettant ainsi en pratique des principes de division du travail qui étaient « dans l'air » à l'époque (Adam Smith, Gribeauval, etc.), en les appliquant pour la première fois au travail intellectuel, Prony invente ainsi une organisation qui deviendra courante au XXe siècle : le service de calcul. Charles Babbage s'en inspirera et entreprendra de pousser plus loin la production industrielle de ces outils arithmétiques, les tables : voulant éliminer la source d'erreurs, c'est-à-dire l'intervention humaine, il mécanisera et automatisera l'ensemble du processus. La logique est rigoureusement la même que dans les

2. Ewald F. *Histoire de l'État-Providence*, Grasset, 1996.

fabrications matérielles : dans la promotion de l'automatisme, le souci de la qualité est aussi central que celui de la productivité. Reste à décider sur quels critères on définit ces deux exigences, et à quel compromis l'on s'arrête entre elles.

Parmi les secteurs d'activité apparus avec l'industrialisation, l'assurance est sans doute le plus pur exemple de métier fondé sur l'information ; le client n'y reçoit aucun bien tangible en échange de sa prime, mais une gestion du risque. Trois grandes figures de la «préhistoire» de l'informatique sont aussi des assureurs : Thomas de Colmar (inventeur de l'arithmomètre et directeur de la compagnie «Le Soleil»), Léon Bollée (inventeur de machines à calculer et fondateur d'une société qui deviendra les Mutuelles du Mans) et Fredrik R. Bull. La gestion d'autres institutions financières (banques) et des grands réseaux (chemins de fer, électricité, télécommunications) contribue fortement à constituer le marché, en plein essor, du traitement de l'information : «*Les techniques électroniques et informatiques se sont développées pour répondre aux difficultés rencontrées dans la gestion de systèmes complexes à fort coefficient de capital. Elles furent certes créatrices de produits nouveaux, mais aussi de procédés nouveaux d'exploitation de systèmes soumis à des pressions excessives. De ce point de vue, elles prolongent les usages de l'électricité apparus à la fin du* XIXe *siècle tels que la signalisation électrique, qui avait accru de manière extraordinaire la capacité de trafic des réseaux de chemins de fer*[1] ».

Au XXe siècle, l'intervention croissante de l'État exige des connaissances statistiques détaillées et le perfectionnement des techniques comptables. La gestion se mathématise à son tour, avec le développement de la recherche opérationnelle et de l'économétrie. Constitution de grands groupes industriels, expansion du secteur tertiaire : de nouvelles administrations brassent des quantités de données considérables, dont la demande n'est limitée que par les possibilités physiques des systèmes, par la disponibilité des agents et par la patience des administrés.

2 Des solutions techniques variées : les machines spécialisées

Pour répondre à la demande, qui souvent se confond d'abord avec leurs propres besoins, les inventeurs recourent aux diverses ressources offertes par le «système technique» de leur époque, c'est-à-dire par les matériaux, les sources d'énergie, les métiers et les connaissances scientifiques disponibles. Utilisant la mécanique d'abord, puis l'électromécanique, enfin l'électronique, ils expérimentent de multiples combinaisons correspondant aux applications qu'ils visent, aux moyens dont ils disposent et à leur génie personnel.

Si certains *outils* de traitement de l'information – boulier, abaque, plume à écrire, etc. – existent depuis l'Antiquité, la réalisation des premières *machines* remonte au Moyen Âge. On peut en effet considérer qu'avant les calculatrices de Schickard et de Pascal, les horloges, apparues au XIVe siècle, sont les premiers appareils où l'énergie est dépensée pour produire, non une autre forme d'énergie ou de la matière, mais de l'information. Dans le cas des horloges astronomiques (sans doute les plus complexes machines réalisées par l'homme, avec les orgues, jusqu'à l'invention de la machine à vapeur), l'information produite concerne non seulement la mesure du temps, mais aussi l'état de l'univers, l'ordre du monde.

C'est le mariage des outils de calcul, ou des concepts qu'ils incarnent, avec la technique horlogère (engrenages) qui engendre au XVIIe siècle les premières machines à calculer. L'invention décisive est le reporteur de retenue, qui permet d'automatiser l'opération, jusque-là manuelle, du report des dizaines. Pendant deux siècles, les machines à calculer seront des modèles expérimentaux, peu fiables, construits à quelques unités. La première est, en 1623, celle de Wilhelm Schickard (du reste appelée «horloge à calcul» par son auteur). La plus célèbre est la «Pascaline», dont plusieurs modèles nous sont parvenus. Divers perfectionnements sont apportés ensuite par divers inventeurs. Breveté en 1820, «l'arithmomètre» de Thomas de Colmar n'est pas révolutionnaire dans sa conception ; mais Thomas s'est appliqué avant tout à lui donner fiabilité et facilité d'emploi, et ce sont ces qualités qui font de l'arithmomètre la première machine à calculer produite en quantité industrielle : plus de deux mille exemplaires sous le Second Empire.

À la fin du XIXe siècle, l'initiative échappe à la France et passe aux industries allemande, suisse et surtout américaine. Des inventeurs d'outre-Atlantique mettent au point des calculateurs à claviers, mariage des machines à calculer et à écrire, notamment sous forme de caisses enregistreuses : Burroughs, NCR, Underwood, Victor, etc. Amortis sur le marché américain, ces produits inondent l'Europe à partir de 1890, à prix cassés. Face à cette offensive yankee, seule l'industrie allemande constitue un môle de résistance.

Les machines numériques, souvent conçues en vue d'applications de gestion (comptabilité, actuariat), sont rapidement adoptées par les savants et les ingénieurs (astronomie, géodésie, artillerie). Les machines analogiques, presque toujours conçues pour le calcul scientifique (prévision des marées, géométrie), sont

1. Caron F. *Le Résistible déclin des sociétés industrielles*, Perrin, 1985, p. 259.

évidemment inapplicables à la comptabilité puisqu'elles ne produisent pas de chiffres précis, mais seulement des ordres de grandeur : on ne présente pas un bilan à ± 1 % ! Cela dit, les deux catégories ne sont pas totalement séparables : la recherche démographique, le calcul actuariel, l'économétrie, plus généralement les statistiques et probabilités appliquées aux sciences sociales, relèvent des deux à la fois

Parallèlement aux calculatrices, mais sans relations avec elles avant 1830, s'est développée la programmation destinée à l'automation de tâches physiques : cylindres à picots des boîtes à musique et des moulins à fer ou à papier, cartes perforées des métiers à tisser de Bouchon et de Falcon, puis de Jacquard. C'est Charles Babbage qui a, le premier, l'idée géniale d'utiliser les cartes perforées pour automatiser une tâche non plus manuelle mais intellectuelle, le calcul des tables nautiques. Babbage échoue dans ses projets (« machine à différences » puis « machine analytique »), qui n'auront guère de descendance directe. Si l'on considère parfois Babbage comme le père ou le grand-père de l'ordinateur, il s'agit en partie d'une image fabriquée par certains pionniers de l'informatique des années 1940, cherchant à s'appuyer sur un précurseur illustre. Il est vrai que Babbage connaissait l'algèbre binaire de Boole, et qu'il développa des notions (codage, branchement conditionnel) qui auraient fait gagner du temps aux premiers informaticiens, un siècle plus tard, s'ils avaient pu lire ses écrits en détail. Mais il faut aussi replacer Babbage dans son époque : le calculateur de Babbage devait être actionné par une machine à vapeur ; le concept de programme enregistré était inimaginable, et d'ailleurs dénué de tout intérêt, en l'absence de technologie électronique. Son échec provient moins des insuffisances des techniques du temps que d'une mauvaise gestion du projet par le savant, qui remettait perpétuellement en question ses idées. Toutefois l'idée est reprise cinquante ans plus tard aux États-Unis par Hermann Hollerith, inventeur de la machine statistique à cartes perforées, qui donnera naissance à IBM et à l'industrie mécanographique.

D'autres filières techniques viennent rejoindre celles des calculatrices mécaniques, par emprunts et adaptations : ainsi, les machines comptables sont le fruit du mariage de la calculatrice avec la machine à écrire (elle-même résultant de la combinaison d'un mécanisme apparenté à celui du piano avec les caractères d'imprimerie hérités de Gutenberg) ; des perfectionnements proviennent un peu plus tard de l'électrotechnique et des télécommunications, tels le moteur électrique, les relais électromagnétiques empruntés au télégraphe et au téléphone, les tubes électroniques développés à l'origine pour la radio.

Machine à différences de Charles Babbage

En dehors du calcul ou de la mécanographie, maintes autres réalisations sont destinées à résoudre le difficile problème de la gestion documentaire : « *On retrouve toujours la même préoccupation : faire émerger, d'un ensemble de données, une structure particulière qui restitue l'essentiel de l'information tout en réduisant la masse de données*[1]. » On utilise dès les années 1940 des systèmes spécialisées au centre de documentation du CNRS, à la fondation Alexis-Carrel devenue ensuite l'INED, au Centre de documentation des constructions et armes navales ou aux laboratoires Roger & Bellon ; ces systèmes dérivent plus ou moins de procédés mis au point aux États-Unis, notamment du Rapid Selector de Vannevar Bush. Dans les services du chiffre, le chiffrement/déchiffrement avait depuis longtemps inspiré l'ingéniosité des spécialistes, notamment sous la forme du « cylindre de Bazeries » ou « *cipher wheel* » de Jefferson. Mais la mécanisation, en ce domaine, ne prendra vraiment de l'importance que pendant la Seconde Guerre mondiale, avec l'automatisation de la cryptanalyse.

Le lecteur intéressé par la « préhistoire » de l'informatique et par les systèmes très variés qui s'y rencontrent peut se reporter à une abondante littérature. Pour donner une vision synthétique des machines spécialisées dans le calcul avant la Deuxième Guerre mondiale, retenons qu'il en existait trois types principaux :

- descendantes indirectes de la Pascaline, les plus répandues étaient les calculatrices de bureau, mécani-

1. F. Marcotorchino. « La classification automatique aujourd'hui : bref aperçu historique applicatif et calculatoire », *Publications scientifiques et techniques d'IBM France*, n° 2, novembre 1991, p. 44.

ques ou électromécaniques, capables d'effectuer numériquement les quatre opérations. Construites par de nombreuses firmes, la plupart américaines et allemandes, elles se présentaient sous des formes variées, allant de la caisse enregistreuse à la «Curta» à manivelle;

- les machines à cartes perforées (trieuses, tabulatrices, calculatrices) s'étaient développées à partir des réalisations de H. Hollerith (1887). Numériques elles aussi, puis alphanumériques, elles résultaient de la combinaison des machines à calculer mécaniques, du mécanisme d'impression des machines à écrire, et des cartes perforées empruntées à un tout autre domaine, celui de l'industrie textile (métier Jacquard). Utilisée d'abord dans les statistiques et la comptabilité, la mécanographie commençait à s'appliquer au calcul scientifique;

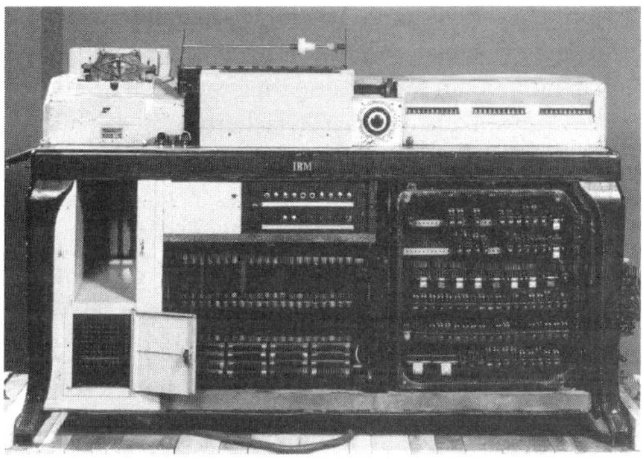

Machine de type Hollerith. IBM, années 1930

- archétypes des grands calculateurs analogiques, les analyseurs différentiels (intégrateurs à roues et à disques), inventés par les Anglais Kelvin et Thomson en 1876 et perfectionnés vers 1930 par Vannevar Bush au MIT, apportaient leur grande vitesse de traitement au calcul scientifique et technique. Des simulateurs électriques commençaient à voir le jour. Des machines plus petites, construites en série, se rencontraient fréquemment dans les laboratoires : analyseur harmonique Coradi, planimètres, intégrateurs, etc. De son côté, l'artillerie de Marine employait depuis les années vingt des calculateurs analogiques mécaniques permettant déjà une remarquable précision. La guerre incite bientôt les ingénieurs à mettre au point des calculateurs analogiques électroniques, tels les «directeurs de tir» M6, M7 et M9 des canons anti-aériens de l'armée américaine, ou l'analyseur différentiel électronique construit à Peenemünde en 1941 pour stabiliser la trajectoire des V2. Les utilisateurs ressentiront bientôt les limites des calculateurs analogiques: non-universalité et lourdeur des opérations de programmation; relatif manque de précision; impossibilité d'effectuer des calculs sur des résultats intermédiaires.

Parallèlement au développement des machines se constituent divers savoirs théoriques, qui rencontrent au milieu du siècle le calcul et l'automatique, et deviennent les bases intellectuelles de l'informatique. Mentionnons en particulier:

- l'algèbre binaire de Boole qui reste une spéculation relevant de la logique pure, jusqu'aux années trente où émerge l'idée qu'elle convient à la conception des machines à calculer;
- les réflexions sur la calculabilité, illustrées notamment par Turing. Alan Turing est connu comme le génie original qui apporta, au milieu des années 1930, une contribution décisive à la logique formelle et imagina un concept mathématique baptisé « machine de Turing», destiné à prouver les limites de la calculabilité. Turing participera à l'invention de l'ordinateur et de la science informatique en Angleterre ;
- divers modèles théoriques qui permettent de rendre compte des phénomènes mis en œuvre dans les automatismes, fondés notamment sur les recherches des Américains Wiener et Shannon. La construction des amplificateurs téléphoniques sur les lignes à longue distance, aux États-Unis, a imposé des conditions de stabilité et de fidélité jamais rencontrées auparavant. Les ingénieurs des télécommunications recoururent donc aux asservissements (déjà connus en mécanique: régulateurs, servomoteurs...) et réalisèrent les premiers amplificateurs à réaction négative. Ils sentirent vite la nécessité d'établir solidement la théorie de ces asservissements, pour chiffrer leurs performances et prévoir leurs conditions de stabilité. C'est, aux Bell Laboratories, l'œuvre de Nyquist, Black et Bode entre 1925 et 1940. Ensuite, participant au développement du radar, les ingénieurs des télécommunications sont confrontés aux problèmes du télépointage des projecteurs et des pièces d'artillerie; ils y appliquent les méthodes mises au point dans la téléphonie, en introduisant l'électronique dans ces systèmes d'armes.

Norbert Wiener, chercheur au MIT, élabore en 1941 un calculateur destiné à contrôler un canon antiaérien, en collaboration avec Julian Bigelow, un jeune ingénieur d'IBM. Au cœur de leurs réflexions se trouvent, d'une part l'emploi des réseaux électriques pour construire un automate apte à réaliser des interpolations ; d'autre part, la connaissance de l'analyseur différentiel de Vannevar Bush qui permet de simuler, donc de «prédire» des trajectoires d'avions. Les problèmes techniques rencontrés les conduisent à étudier le phénomène de la rétroaction (*feedback*). Wiener publie à Paris, en 1948, un livre qui établit les bases d'une nouvelle science, la «cybernétique»[1].

Quant au mathématicien Claude Shannon, qui avait proposé dans son Master of Science, en 1938, l'application de l'algèbre de Boole aux circuits de commutation automatiques, il publie deux ans plus tard une théorie mathématique de l'analyseur différentiel; la guerre l'amène à appliquer sa science à la cryptologie, puis Shannon écrit un article, "A Mathematical Theory of Communication", considéré comme fondant la théorie de l'information[2]. On constate en passant l'influence intellectuelle d'une machine, l'analyseur différentiel de Bush, construit au MIT en 1931 et reproduit ensuite dans divers laboratoires; l'absence d'une telle machine en France jusque vers 1950 jouera, *a contrario*, un rôle négatif.

Un actif réseau de «cybernéticiens» se constitue dès la fin des années quarante autour de ces savants, de quelques revues désormais prestigieuses (*Bell System Technical Journal*, etc.) et de certaines fondations comme la Rockefeller et la Macy Foundation, qui favorisent les échanges interdisciplinaires. Parallèlement, des recherches sur la «régulation» sont menées en Europe continentale par quelques physiciens allemands et russes, mais la défaite allemande ou l'espionnite soviétique réduisent leur audience. Les recherches fondamentales touchant au calcul et à l'automatisme sont désormais centrées aux États-Unis. Les Européens devront donc franchir l'Atlantique pour s'initier à ces disciplines qui commandent de plus en plus le système technique contemporain.

3 Les prédécesseurs directs de l'ordinateur: calculateurs universels et processeurs électroniques

Tout système technique présente des points de blocage, des «goulets d'étranglement» qui limitent son rendement ou son expansion. Cela, quelle que soit l'échelle considérée: macrosystèmes comme la Marine de l'ancien Empire britannique ou les armées modernes, grands réseaux comme les chemins de fer ou la distribution électrique, systèmes d'information d'entreprise ou appareil informatique. L'art de l'innovateur consiste à s'attaquer à un blocage important, à en identifier le «problème crucial» et à lui développer une solution permettant à l'ensemble du système de progresser... jusqu'à ce qu'il atteigne de nouvelles limites.

1. Wiener N. *Cybernetics, or Control and Communication in the Animal and the Machine*, Paris, Hermann 1948. Une version française paraît peu après: *Cybernétique et société*, Éditions des Deux Rives-10/18, 1952.
2. Heims S. *The Cybernetics Group*, MIT Press, Cambridge, Mass., 1991.

3.1 Les calculateurs universels et la programmation

L'idée d'un calculateur universel remonte au mathématicien anglais Charles Babbage (1792-1871). Le manque de fiabilité des tables nautiques de l'époque, dû aux erreurs de report ou d'impression plus qu'aux calculs eux-mêmes, atteignait un degré catastrophique pour la marine anglaise: un chiffre faux dans une table nautique était aussi dangereux pour la navigation qu'un récif caché sous l'eau. Afin de réduire ces erreurs, Babbage entreprit d'automatiser le calcul. Ses projets prirent d'abord la forme de «machines à différences», spécialisées, puis d'une «machine analytique», calculateur d'usage général (*general purpose*). Cette machine analytique combinait:

- les principes de la division du travail, dont Babbage avait étudié la théorie dans Adam Smith, les applications dans les usines anglaises et dans l'organisation du service des tables numériques de Prony: la machine comportait une unité de calcul, une «mémoire», un lecteur de programmes, etc.; elle se substituerait aux équipes de tâcherons du calcul disciplinés de Prony;
- les rouages mécaniques apparentés à ceux des calculatrices développées depuis Pascal;
- la machine à vapeur pour fournir l'énergie motrice de cet ensemble;
- les cartes perforées du métier à tisser de Jacquard: la programmation était nécessaire pour faire effectuer à un calculateur universel des opérations particulières, et pour enchaîner celles-ci sans intervention humaine, ce qui était le but de l'invention.

Des trois grandes machines à calculer (machines à différences n° 1 et 2, machine analytique), aucune ne fut terminée, malgré les sommes considérables dépensées par Babbage et par le gouvernement britannique. C'est d'autant plus regrettable que la machine à différences, techniquement viable, aurait pu rendre de grands services. Quant à la machine universelle, elle fait entre les deux guerres mondiales l'objet de plusieurs projets. Elle inspire l'Espagnol L. Torres Quevedo (inventeur du mot «automatique»), qui présentera un joueur d'échecs mécanique en 1914. En 1933, le Français Louis Couffignal conclut sa thèse de mathématiques en proposant «une solution au problème de Babbage», sous forme d'une combinaison de machines comptables. Mais les réalisations les plus poussées sont dues à deux ingénieurs qui retrouvent d'eux-mêmes certains concepts de Babbage, avant d'entendre parler de celui-ci: l'Allemand Konrad Zuse et l'Américain Howard Aiken.

Konrad Zuse réalise des progrès conceptuels et matériels comparables à ceux menés dans les pays anglo-

Calculateur Z 1, 1940

saxons, qu'il ignore pourtant jusqu'en 1945. Jeune ingénieur travaillant chez un constructeur aéronautique, où il doit résoudre des problèmes de résistance des structures, Zuse élabore une machine pour automatiser ses fastidieux calculs. Son Z 1, entièrement mécanique, achevé en 1938, est le premier calculateur numérique contrôlé par programme; le programme, externe, se présente sous forme de perforations en code binaire sur des pellicules de cinéma. Le Z 1 fonctionne mal mais sert de base expérimentale pour les machines suivantes. En 1940, Zuse remplace les éléments mécaniques de l'unité de calcul du Z 1 par des relais téléphoniques; la nouvelle machine n'est guère plus fiable, mais elle permet de convaincre les responsables de l'Institut de recherche aéronautique de financer la construction d'un troisième calculateur, à relais électromécaniques. Le Z 3, terminé à la fin de 1941, fonctionne bien. À partir de cette expérience, Zuse réfléchit aux méthodes de programmation. L'influence de Zuse sera faible et limitée aux pays germanophones, principalement en raison de la défaite allemande.

Les calculatrices «Z» sont les premières à réaliser, un siècle après les essais avortés de Babbage, le rêve de celui-ci: machine numérique universelle, contrôlée par programme externe, dotée d'une mémoire pour stocker les résultats intermédiaires. Les Z 3 et Z 4, construits avec des moyens plus limités que leurs contemporains américains électromécaniques, sont cependant plus avancés à certains points de vue: architecture, virgule flottante, arithmétique et commande binaires. Zuse reste toutefois dans la lignée mécanicienne de Babbage et ne percevra que tardivement le potentiel de l'électronique, qui transforme les perspectives en ce domaine.

Aux États-Unis, Howard Aiken présente en 1937 un projet de calculateur automatique à relais électromécaniques. Financé par l'US Navy, construit par IBM, installé à l'université de Harvard en 1944, l'ASCC (*Automatic Sequence Calculator* ou Harvard Mk 1) fait sensation par sa taille gigantesque et ses performances, à tel point qu'il est encore aujourd'hui présenté dans quelques publications comme «le premier ordinateur». Comme Zuse, Aiken ne se lancera dans les ordinateurs à programme enregistré qu'au cours des années cinquante. Aux Bell Laboratories, plusieurs calculateurs électromécaniques sont construits entre 1939 et 1945, pour les calculs balistiques et la conception de réseaux téléphoniques.

Notons que ces machines, tout comme les premiers calculateurs électroniques, sont d'abord employées à calculer et à imprimer des tables numériques: tables de tir d'artillerie, tables de fonctions, de nombres premiers, etc. Ces grandes machines mathématiques sont conçues comme des usines à produire les tables; assurant plus de fiabilité, de vitesse et de précision, elles achèvent de mécaniser et d'automatiser l'entreprise initiée par G. de Prony en 1794 et poursuivie par Babbage. Elles constituent l'aboutissement de l'organisation scientifique du travail arithmétique, en éliminant la source des erreurs: le travail humain. Dans une seconde étape, les ordinateurs rendront progressivement inutiles les tables elles-mêmes: à quoi bon une table de logarithmes, quand un calculateur électronique peut me fournir à la demande, et avec une grande précision, le nombre dont j'ai besoin?

Qu'ont apporté les calculateurs universels à programme externe? Principalement un développement de la programmation symbolique, un savoir-faire qui sera disponible quand les ordinateurs électroniques seront mis en service. Ainsi, dans l'équipe de H. Aiken, Grace Hopper apprend dès 1944 des techniques qui la conduiront à jouer un rôle majeur dans la composition des premiers compilateurs et des langages Flowmatic et COBOL. Certains des utilisateurs zurichois du Z4 se retrouveront à partir de 1958 au cœur du projet Algol, qui aura une grande influence sur les progrès de la programmation en Europe.

3.2 L'électronique et le programme enregistré

Inventé en 1905, le tube électronique n'est vraiment mis au point qu'en 1917, sous la pression de la Grande Guerre. Le développement de la TSF, jusque-là bridé par des procédés électriques aux possibilités très limitées (cohéreurs à limaille et autres émetteurs à étincelles chantantes), peut désormais prendre son plein essor, donnant naissance à un nouveau secteur industriel : la radioélectricité. Les applications du tube électronique se multiplient, suivant la conquête des différentes gammes de fréquences (course aux hautes fréquences). Dès 1918, deux physiciens français, Abraham et Bloch, ont inventé un tube «multivibrateur», comparable à l'oscillateur *flip-flop* qu'au même moment Eccles et Jordan concevaient de l'autre côté de l'Atlantique.

Autour de 1940, maints projets de calculateurs électroniques voient simultanément le jour dans les pays industrialisés. En nous en tenant aux seuls systèmes numériques, citons ceux de Schreyer en Allemagne, d'Atanasoff et Berry à l'université d'Iowa, ainsi que les brevets déposés par RCA (Radio Corporation of America), NCR (National Cash Register) et IBM (International Business Machines) aux États-Unis.

Ce phénomène d'invention simultanée se rencontre souvent dans l'histoire de l'informatique, et il mérite qu'on s'y attarde. Si l'on admet qu'une invention est une combinaison nouvelle d'éléments existants ou en cours de développement (techniques, savoirs scientifiques, etc.), combinaison destinée à résoudre un problème, alors il est «normal» que, parmi toutes les personnes confrontées à ce problème dans leur vie professionnelle, et connaissant les techniques disponibles, de par leur formation et leur culture, plusieurs individus proposent une même solution. Le temps, les compétences, la persévérance et les appuis socioéconomiques sont nécessaires pour passer ensuite de l'idée à la réalisation, et opèrent la sélection des projets.

La Seconde Guerre mondiale accentue la pression sur les capacités inventives des scientifiques, et amène les États belligérants à financer les projets promettant une efficacité accrue des systèmes d'armes. Le gouvernement allemand ne croit pas à la faisabilité de calculateurs électroniques avant la fin du conflit, et donne la priorité à d'autres développements technologiques (propulsion par réaction). Un ami et collaborateur de Zuse, Helmut Schreyer, soumet un projet de calculateur électronique digital (deux mille tubes) à l'état-major de l'armée, qui refuse. Toutefois l'Institut de recherche aéronautique accepte de contribuer à la construction d'un petit modèle expérimental électronique ; achevé en 1943, il sera endommagé lors d'un bombardement.

En revanche, dans les pays anglo-américains seront réalisés deux calculateurs électroniques opérationnels, qui auront une importance historique.

Le premier, Colossus, est construit en Grande-Bretagne en 1943 pour casser les codes des communications stratégiques allemandes. Les nazis venaient de mettre en service une nouvelle machine à chiffrer, dont les décrypteurs électromécaniques des services secrets anglais à Blechtley Park ne parvenaient plus à suivre le rythme ; la seule solution consistait à passer à l'électronique. Colossus sera construit à une dizaine d'exemplaires en 1944-1945, et son existence maintenue secrète jusqu'en 1975.

Aux États-Unis, les besoins croissant de calcul balistique de l'Armée, que ne suffisaient à combler ni les moyens mécanographiques ni l'analyseur différentiel de Bush, incitent un groupe d'ingénieurs travaillant à

ENIAC, 1945

l'université de Pennsylvanie (Moore School of Electrical Engineering) à construire un calculateur électronique. Celui-ci, l'ENIAC, entre en fonctionnement en 1945. Dès avant son achèvement, un problème est apparu aux yeux de ses concepteurs, Presper Eckert et John Mauchly : on sous-emploie un calculateur électronique (qui fonctionne à une vitesse proche de celle de la lumière) s'il doit attendre, entre chaque opération ou série d'opérations, que les données ou les instructions lui soient fournies par de lents moyens mécaniques tels que cartes ou bandes perforées. D'où l'idée de stocker les données et les instructions, sous forme d'impulsions électroniques, à l'intérieur même de la machine qui pourra les consulter à l'instant et à la vitesse qui lui conviennent. Cette idée est formalisée et publiée dans deux rapports[1] par le mathématicien John von Neumann, qui laissera son nom à l'architecture des ordinateurs classiques. ENIAC recevra quelques modifications lui permettant de fonctionner avec un programme enregistré[2] ; son importance réside surtout dans l'expérience qu'il constitue : la réalisation de l'ENIAC a prouvé que l'on pouvait construire une machine viable contenant plusieurs milliers de tubes électroniques, et inspiré le concept d'ordinateur.

4 L'ordinateur, machine universelle à traiter l'information

Une formule radicalement nouvelle apparaît donc à la fin de la Seconde Guerre mondiale. La «rencontre accidentelle de la logique formelle et du fer à souder»[3]

1. Von Neumann J. *First Draft of a Report on the EDVAC*, 30 juin 1945, et J. von Neumann, A. Burks & H. Goldstine *Preliminary Discussion on the Logical Design of an Electronic Computing Instrument*, juin 1946, reproduit in *Von Neumann's Collected Works*, vol. V, A. H. Taub, New York, 1963.
2. Moreau R. *Ainsi naquit l'informatique*, Dunod, Paris, 1984, p. 55.
3. Moch, R. in A. Lichnérowicz, F. Perroux et G. Gadoffre, « Information et Communication », *Actes des séminaires interdisciplinaires du Collège de France*, Maloine, Paris, 1983, p. 244.

engendre l'idée du programme enregistré et donne naissance à l'ordinateur, machine universelle à traiter l'information. Celui-ci une fois mis au point, son histoire sera d'une part celle d'un progrès technique très rapide, d'autre part celle de la conquête des différentes applications du traitement de l'information, d'où l'ordinateur évincera progressivement les machines spécialisées.

La question «Qui a inventé l'ordinateur?» est sans réponse précise, ne serait-ce qu'à cause de la complexité de cette machine. Au milieu des années quarante, plusieurs personnes, en Angleterre, aux États-Unis et en Allemagne, imaginaient la possibilité d'un calculateur à programme enregistré. Leur travail était fondé sur un mélange de mathématiques, de physique et de connaissance intime des calculateurs existant à l'époque.

En Grande-Bretagne, les ordinateurs apparaissent simultanément dans trois institutions: le National Physical Laboratory, l'université de Manchester et l'université de Cambridge.

En 1945, un laboratoire de mathématiques fut créé au National Physical Laboratory (NPL) afin de coordonner et de développer les équipements et les techniques de calcul du pays. Au début de 1946, le mathématicien Alan Turing, qui avait dirigé pendant la guerre la conception des décrypteurs électromécaniques des services secrets anglais à Blechtley Park, et s'y était au moins tenu informé des progrès réalisés en électronique, y présenta un projet qui constitue sans doute le premier schéma complet d'ordinateur à programme enregistré. Il quitta le NPL pour Manchester en 1947, et la construction de «son» calculateur, l'ACE Pilot, traîna jusqu'en 1950.

À l'université de Manchester, une deuxième équipe avait entrepris la réalisation d'un ordinateur. Max Newman et T.H. Flowers avaient, pendant la guerre, conçu Colossus, le décrypteur électronique de Blechtley Park; bien que tenus de garder le secret sur ce sujet, Flowers et Newman purent ensuite mettre à profit leur expérience. Leur maquette, *baby machine*, un montage destiné à tester une mémoire à tube cathodique, fit tourner un programme de calcul en 1948, ce qui lui vaut le titre de premier ordinateur entièrement électronique de l'histoire; une grande machine, MADM ou Mark 1, fut terminée l'année suivante. Elle servit de prototype au premier ordinateur commercial, Ferranti Mk 1 (1951).

La troisième équipe, à Cambridge, était animée par Maurice V. Wilkes, un mathématicien doublé d'un électronicien – ancien radioamateur, il avait dirigé une station radar pendant la guerre. En 1946, il avait dévoré en une nuit le *First Draft on the EDVAC* de von Neumann et, convaincu que les idées énoncées dans ce rapport ouvraient d'immenses perspectives de développement, était aussitôt parti suivre l'école d'été organisée autour d'ENIAC à l'université de Pennsylvanie. La machine de Cambridge, l'EDSAC, terminée en juin 1949, fut le premier ordinateur opérationnel: Wilkes avait décidé de construire une machine modeste, en limitant les risques et les délais, afin d'acquérir rapidement une expérience dans le domaine qui lui paraissait essentiel: le logiciel. Son équipe publie le premier manuel de programmation (1951) et aura un grand rayonnement international.

Aux États-Unis, John von Neumann se sépare de l'équipe Eckert-Mauchly et rejoint l'Institute for Advanced Studies de Princeton, haut lieu de la science pure, où il entreprendra à la fois la construction d'un ordinateur (IAS Computer) et la diffusion de ce principe nouveau, dont il perçoit avec beaucoup d'acuité les conséquences scientifiques et économiques. Quant à P. Eckert et J. Mauchly, ils organisent à l'université de Pennsylvanie une «école d'été» sur les calculateurs électroniques qui aura un grand rayonnement, et commencent la construction de l'EDVAC. Puis ils quittent la recherche publique et fondent une entreprise pour construire et vendre des ordinateurs BINAC, puis UNIVAC. Ces derniers sont conçus pour la gestion comme pour le calcul. En effet, dès 1945 von Neumann avait conçu un programme de tri (opération fondamentale en mécanographie), et, dans un *Progress Report on the EDVAC* (30 septembre 1945), Eckert et Mauchly avaient montré qu'un ordinateur équipé de bandes magnétiques pouvait simuler le travail des machines à cartes perforées, avec une vitesse supérieure. Rien n'exprime mieux le caractère universel de l'ordinateur qu'une conférence prononcée par Mauchly à la Moore School en 1946 sur "Sorting and Collating" («trier et interclasser»), qui commence par ces mots:

To ask that a single machine combine the abilities to compute and to sort might seem like asking that a single device be able to perform both as a can opener and a fountain pen[1].

À la même époque, une équipe d'ingénieurs issus des services cryptographiques de l'US Navy passe dans le secteur privé en fondant en 1946 Engineering Research Associates (ERA), pour réaliser des calculateurs scientifiques et des machines à usage militaire. Ce groupe très créatif, qui bénéficie de brevets sur les tambours magnétiques confisqués aux Allemands, sera l'une des étoiles filantes à l'aube de l'ère informatique. D'autres start-ups se constituent dans des conditions

1. Cité par Donald E. Knuth *The Art of Computer Programming*, Addison-Wesley, Reading (Mass.), 1972.

similaires : petites équipes d'ingénieurs passionnés et conscients du potentiel de la technologie numérique, construisant des calculateurs très performants sous contrats avec de grands clients «techniques» (aérospatial, nucléaire, cryptanalyse...), manquant de capitaux et sans relations avec le marché «gestion». La plupart seront absorbées par les constructeurs établis dans la mécanographie (Remington-Rand, NCR, Burroughs, etc.), qui ont des aptitudes exactement inverses.

Seule IBM, forte de sa culture d'entreprise et de sa puissance financière et commerciale (elle couvre alors 85% du marché mondial), évite toute opération de croissance externe. Le leader mondial de la mécanographie se diversifie, ou plutôt se convertit progressivement à l'ordinateur en investissant dans ses propres laboratoires, en établissant des liens étroits avec la recherche universitaire et en obtenant des contrats pour fournir en systèmes informatiques de grandes organisations civiles et militaires.

4.1 Les technologies disponibles

Quelles sont, vers 1950, les technologies disponibles pour réaliser des ordinateurs ? Les composants des circuits logiques, utilisés dans les calculateurs à programme externe et dans les ordinateurs, appartiennent à trois catégories :

- les relais à base d'électroaimants, empruntés en particulier à l'industrie du téléphone, ont l'avantage d'être familiers et peu coûteux, mais présentent de nombreux défauts : usure mécanique, faux contacts (poussière) provoquant des erreurs de calcul, lenteur relative (quelques millisecondes de commutation, contre moins d'une microseconde pour les tubes électroniques) ;
- les tubes électroniques sont rapides, mais peu fiables et encombrants. Ils chauffent, ce qui représente en soi un gaspillage d'énergie. Ils doivent être refroidis, ce qui entraîne une dépense d'énergie supplémentaire ;
- les transistors, inventés en 1947, sont d'abord de capricieuses curiosités de laboratoire. Ils deviendront utilisables dans des systèmes complexes à partir du milieu des années cinquante, une fois mis au point les transistors à jonction puis à barrière de surface[1]. Ils se substitueront alors progressivement aux tubes, par rapport auxquels ils représentent un gain de 5 à 10 sur les dimensions, de 5 sur le rendement énergétique, et qu'ils surpassent de très loin en termes de longévité, de fiabilité et de potentiel économique, l'automatisation de leur production étant beaucoup plus facile.

Pourquoi la fiabilité est-elle particulièrement importante ? D'une part à cause du nombre de composants incorporés dans un ordinateur : des milliers et non plus quelques dizaines ou centaines comme dans les autres appareils électroniques.

D'autre part à cause du principe du programme enregistré, caractérisé par une concentration d'informations très élevée. Si une radio défaille temporairement ou grésille sous l'effet des parasites, si l'image d'une télévision vacille parfois, si un radar perd un écho pendant une seconde, pourvu que la situation se rétablisse ensuite, on ne perd pas le sens général de l'information. Au contraire, dans un ordinateur, une seule impulsion «erronée» peut rendre aberrant l'ensemble d'une opération. La raison tient à l'existence de la mémoire. La mémoire retient les erreurs aussi bien que les bonnes informations, et, une fois enregistrée, une erreur peut se propager dans toutes les opérations ultérieures.

La transition des calculateurs à programme externe aux calculateurs à programme enregistré dépend en particulier de la mise au point de techniques de mémoires adéquates. Les pionniers de l'informatique ont d'abord recours à trois techniques : lignes à retard, tubes électrostatiques, encombrants et peu fiables, supports magnétiques mis au point dans les années quarante : bandes ou tambours magnétiques, dont le rapport prix/quantité d'information enregistrée est intéressant, mais d'accès relativement lent, la machine devant attendre que l'information demandée passe devant la tête de lecture.

Au début des années cinquante sont mis au point les tores magnétiques, où chaque information binaire est mémorisée sous forme d'état magnétique dans un anneau de ferrite. Très coûteuses au début, les mémoires à tores permettent l'«accès au hasard» (immédiat) et se prêtent à la production en masse d'éléments fiables. Elles évincent bientôt les lignes à retard et les tubes électrostatiques, et relèguent les tambours magnétiques au rang de mémoires secondaires. Les tores de ferrite ne disparaîtront qu'au cours des années soixante-dix, remplacés par les mémoires à semi-conducteurs.

La «première génération» peut donc être caractérisée par le fait que l'on construit les premiers ordinateurs avec des éléments empruntés à d'autres systèmes, préexistants : lignes à retard venant du radar, tubes conçus pour les télécommunications, et, en ce qui concerne les périphériques, bandes perforées adaptées des télex, cartes perforées mécanographiques, etc. De

---

1. Misa T. J. "Military Needs, Commercial Realities, and the Development of the Transistor, 1948-1958», in Merritt Roe Smith (ed.), *Military Enterprise and Technological Change: Perspectives on the American Experience*, MIT Press, Cambridge, Ma, 1985, p. 253-287.

même, les pionniers du «calcul électronique» viennent d'activités telles que les mathématiques, l'industrie des instruments de mesure, les télécommunications, la mécanographie. On peut parler, plutôt que d'une «première génération», d'une «première informatique» prenant dans le monde existant antérieurement ses pièces détachées, ses spécialistes et souvent ses applications (production de tables mathématiques). Elle est comparable au premier système de chemins de fer, héritant vers 1830 de la métallurgie, des corps d'ingénieurs, de la technique et des usages des voitures à cheval, etc.[1] Dans l'informatique comme dans les chemins de fer, ce sont les problèmes causés par l'inadéquation de ces composants de rencontre qui orientent les développements de solutions techniques nouvelles, créant un «front» de recherches avec ses avancées et ses poches de résistance: fiabilité des éléments de commutation et des connexions, vitesse des périphériques et de l'accès aux mémoires, programmation, etc.

En 1955 existent déjà près de deux cents ordinateurs dans le monde. Ceux que l'on prépare alors ne sont plus les hétéroclites assemblages de composants d'origines diverses qu'étaient les prototypes fabriqués cinq ans plus tôt. Avec les transistors, les tores de ferrite et les langages de programmation, l'informatique dispose désormais des éléments techniques spécifiques de son développement. Les premiers ordinateurs commerciaux à mémoires à tores datent de 1954 (Univac 1103 A) et de 1955 (IBM 704 et 705, CAB de la Société d'électronique et d'automatisme); les premiers ordinateurs transistorisés voient le jour en 1954 (Bell TRADIC et Philco TRANSAC aux États-Unis, un peu plus tard Vickers en Grande-Bretagne); le premier langage évolué, Fortran, est compilé en 1954 chez IBM

Le développement historique de la programmation et des langages informatiques a correspondu à deux types de besoins: l'amélioration de la communication homme-machine et, de manière moins visible, l'exploitation optimale de la puissance des ordinateurs.

L'histoire de la communication homme-machine est scindée en deux grandes périodes.

La première, commençant avec les années cinquante, fut marquée par l'évolution des techniques de programmation, dans le sens d'une plus grande facilité d'emploi par des utilisateurs de moins en moins techniciens. Les algorithmes en langage-machine, code binaire adapté à l'architecture spécifique de chaque ordinateur, avaient l'avantage de la rapidité d'exécution et occupaient peu de mémoire. Mais leur écriture

IBM 704, 1954.

posait un problème de fiabilité: longue, fastidieuse, elle comportait de grands risques d'erreurs. La solution était évidemment de réduire l'intervention humaine en automatisant le plus de phases de travail possible. On est donc vite passé à l'assembleur, « vocabulaire » de termes dont chacun représente une séquence d'opérations élémentaires, et que la machine traduit en code binaire. Puis, plus lentement, à des langages dotés d'une véritable syntaxe, utilisables sur des machines différentes grâce à des programmes de traduction, les compilateurs. Parallèlement se sont développées, chez chaque constructeur et dans chaque centre de calcul, des bibliothèques de programmes d'application et de «sous-programmes»: opérations de routine, internes à la machine, par exemple pour gérer les entrées-sorties. Au cours des années soixante, on a inventé de très nombreux langages et systèmes d'exploitation, qui ont valu à l'informatique d'être comparée à la tour de Babel, et qui ont attiré l'attention sur le coût croissant de la programmation. À nouveau, le problème de la fiabilité du logiciel apparaissait crucial. Comme chez IBM au début des années soixante, la solution à cette *software crisis*, objet d'un colloque de l'OTAN en 1968, allait être la normalisation.

À partir du milieu des années soixante-dix, « plusieurs standards de fait surgissent, évoluant par enrichissements successifs; cela tient essentiellement aux considérations méthodologiques, qui prennent le pas sur les aspects purement techniques: les problèmes nés de l'écriture de très grands logiciels, ceux liés à leurs conformités et à leurs spécifications, à leur fiabilité, à leurs réemplois, sont au cœur de la problématique actuelle, et les langages de programmation se doivent d'être vus comme des supports à l'obtention de réponses à ces problèmes[2].» Sur le plan économi-

1. Caron F. *Histoire des chemins de fer en France, 1740-1883*, Fayard, 1997.

2. Robinet, B. «La programmation logique: un transfert technologique » *Publications scientifiques et techniques d'IBM France*, n° 2, novembre 1991, p. 95.

que, le marché exerce une pression déterminante sur les constructeurs, qui les amène à réduire le nombre de systèmes d'exploitation en promouvant quelques grands standards, et à favoriser l'interchangeabilité des logiciels et la communication entre produits de marques différentes. Quant aux recherches en « intelligence artificielle », elles ont permis de diversifier les modes d'interaction homme-machine : aujourd'hui, la plupart des utilisateurs communiquent avec l'ordinateur, non plus par des lignes de code, mais à l'aide de «souris» et «d'icônes», parfois même directement par reconnaissance de la parole ou de l'écriture manuscrite. Ces progrès, indissociables de la multiplication des performances du matériel (le *hardware*), expliquent la diffusion de l'informatique sur les marchés les plus divers. L'amélioration de la communication homme-machine depuis les premiers ordinateurs a consisté à empiler, sur le *hardware* proprement dit, des couches de plus en plus nombreuses (*layers*) de logiciel, allant du code binaire jusqu'aux expressions directement accessibles à l'utilisateur, en passant par les assembleurs et compilateurs nécessaires pour traduire l'un dans l'autre.

Moins visible, mais tout aussi importante, a été la recherche par les mathématiciens de l'exploitation optimale de la puissance des ordinateurs ; il s'agit d'inventer les algorithmes les plus adaptés, de chercher la formulation la plus concise et la plus efficace, c'est-à-dire la plus élégante. Cet effort vise trois types d'objectifs :

- chercher des solutions numériques à des problèmes que l'on traitait naguère par des méthodes analogiques. De nombreux phénomènes naturels ou techniques étant classiquement exprimés sous forme d'équations différentielles, il a fallu développer l'analyse numérique pour les rendre «assimilables» par les ordinateurs ;
- compenser la lourdeur croissante des logiciels en accélérant leur fonctionnement ; il s'agit non seulement de les *déboguer* (travail normal de mise au point et de recherche du «zéro défaut»), mais aussi d'améliorer leur logique (travail de simplification conceptuelle du système) ;
- réduire le temps, parfois très long, nécessaire à la résolution de complexes systèmes d'équations comme on en trouve en mécanique des fluides ou en physique nucléaire.

De manière empirique, certains ingénieurs ont longtemps choisi de continuer à programmer en code machine plutôt qu'en Fortran ou en COBOL : cela demandait plus de travail d'écriture, mais les logiciels ainsi rédigés étaient moins lourds et occupaient moins d'espace dans les coûteuses mémoires à tambours ou à tores de ferrite ; du même coup, ils s'exécutaient plus rapidement. Or l'heure d'ingénieur restait moins chère que l'heure de machine.

Du point de vue scientifique, il ne s'agit pas seulement d'inventer et de mettre au point ces instruments immatériels, les algorithmes, mais aussi de s'intéresser à leur complexité – complexité à la fois temporelle (ce que coûte un algorithme en temps d'exécution) et spatiale (ce que coûte un algorithme en taille mémoire). Et l'écriture des algorithmes dans divers langages pose des problèmes syntaxiques, d'où les recherches sur les grammaires[1]. Bref, le développement des instruments a conduit à en imaginer la théorie, établissant une nouvelle spécialité, l'informatique théorique, et à lui donner une légitimité scientifique longtemps contestée.

Ces efforts mathématiques et logiques ont contribué, peut-être autant que le spectaculaire progrès des semi-conducteurs, à améliorer les performances des ordinateurs. Ils ont été, pour cette raison, une source d'économies et de profit, avant que la baisse des prix du matériel ne permette de multiplier la taille des programmes et à transformer les contraintes dans lesquelles s'exerce le génie logiciel.

4.2 L'évolution des ordinateurs : une question de générations ?

Les mots «ordinateur» et «génération» sont, à l'origine, des expressions à caractère publicitaire. « Ordinateur », proposé en mai 1955 par un professeur de lettres de la Sorbonne consulté par IBM, a d'abord été un terme déposé, désignant l'IBM 650 présenté au SICOB la même année ; il est tombé ensuite dans le domaine public. Ajoutons que ce terme n'est employé qu'en Français et dans quelques autres langues latines, son équivalent anglo-saxon étant *stored-program computer* ou *electronic data-processing machine*. Le mot « génération » fut employé dès 1956, lors d'un congrès international organisé en Angleterre par l'Institute of Electrical Engineers ; il signifiait alors que les ordinateurs [à tubes] les plus récents avaient des vitesses plus élevées, des champs d'application plus larges et une fiabilité plus grande que les premiers modèles[2]. Il a été ensuite utilisé par IBM pour présenter ses séries transistorisées commercialisées vers 1960 («deuxième génération»), puis la série compatible 360 («troisième génération»), premier système informatique à imposer un ensemble de normes.

Dès lors, on a pris l'habitude de décrire l'évolution des ordinateurs en termes de générations : la première génération serait celle des tubes électroniques, la

1. Chabert J.-L., E. Barbin, M. Guillemot *et alii*, *Histoire d'algorithmes - Du caillou à la puce*, Belin, 1994.
2. *Encyclopedia Britannica*, Londres 1957.

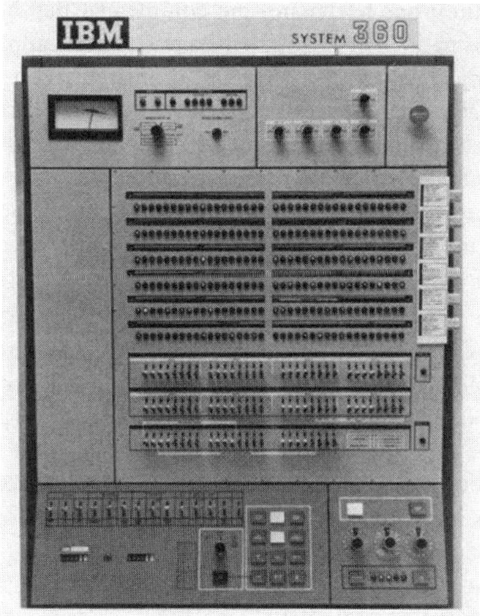

IBM 360/65, 1967.

deuxième celle des transistors, la troisième celle des circuits intégrés, la quatrième celle des microprocesseurs – sans parler de la cinquième, celle des processeurs parallèles… Cette approche en termes de générations est insatisfaisante pour plusieurs raisons. D'abord, la différence entre les tubes et les transistors n'est pas de même nature que celle qui distingue les transistors des circuits intégrés et des microprocesseurs, lesquels appartiennent tous à la famille des semi-conducteurs. De plus, pourquoi faudrait-il exclure de ce schéma les relais – voire les rouages mécaniques – avec lesquels ont été construites de nombreuses machines qui ont joué un rôle important à l'origine de l'informatique? Où classer les calculateurs de 1960, où coexistent souvent tubes et semiconducteurs, parfois avec des processeurs composés de noyaux magnétiques?

Plus gênant encore, cette description réduit l'ordinateur aux seuls composants de commutation de son unité centrale. Or les ordinateurs comportent aussi des organes de mémoire internes, des organes de mémoire externes, et les programmes qui y sont enregistrés : trois constituants tout aussi importants que l'unité arithmétique et logique, et qui ont eu leur évolution propre. Même l'architecture, la conception générale de ces machines complexes, a pu varier à l'intérieur du schéma théorique défini en 1945 : les premiers constructeurs ont hésité entre les architectures sérielle, où est traité un *bit (binary digit)* à la fois, et parallèle, où les bits sont traités par paquets ou «mots» (en fait il s'agit moins d'hésitation que d'optimisation de l'architecture pour différents usages). L'octet (mot de 8 bits) s'est généralisé au cours des années soixante. Plus tard sont apparus des supercalculateurs à architectures pipeline, vectorielle, etc.

Si l'on veut conserver une description historique des ordinateurs en termes de générations, il convient donc de la compléter avec ces éléments divers. On obtient le schéma général suivant (les dates indiquées ne sont pas celles de *l'invention* des techniques, mais celles où les machines qui les incorporent se répandent sur le marché).

4.3 L'ordinateur à la conquête des marchés

L'invention de l'ordinateur est l'une des grandes «innovations de rupture» de l'histoire. Née en partie de la recherche fondamentale (rappelons les contributions de mathématiciens tels Turing et von Neumann), répondant aux besoins de la guerre, elle donne naissance à un produit entièrement nouveau, à une industrie nouvelle, à des métiers nouveaux, et transforme l'économie. Sa diffusion n'a été possible qu'à deux conditions :

	Composants logiques	Mémoire interne	Mémoire externe	Programmation
1950	Tubes	Hésitation entre les tubes cathodiques, les tambours magnétiques, les lignes à retard au mercure, au nickel, à magnétostriction, etc.	Carte/bandes perforées bandes magnétiques	Code binaire
1959	Transistors	Tores ferrites	Cartes, tambours, bandes, disques	Premiers langages évolués
1966	Circuits intégrés ou hybrides	Tores ferrites	Cartes/bandes/disques	Langages évolués
1975	Microprocesseurs	Semiconducteurs	Bandes, disques, disquettes	Langages évolués et communication graphique

Générations d'ordinateurs

- que l'invention de l'ordinateur s'accompagne d'une «grappe» d'innovations non moins révolutionnaires, qui lui sont liées ou non (transistor, diverses formes de mémoires magnétiques, langages de programmation), et sans lesquelles l'ordinateur serait resté une curiosité de laboratoire;
- que ce tir groupé d'innovations majeures soit suivi d'une foule d'améliorations, souvent moins spectaculaires, parfois de détail, mais indispensables à la diffusion de l'informatique. Ce progrès continu et cumulatif est le fruit de l'expérience pratique aux stades du développement et de la fabrication industrielle plus souvent que de la recherche pure – bien que celle-ci intervienne en formant les compétences nécessaires. Il a consisté principalement à:
  - adapter les produits aux besoins du marché (par exemple, les progrès des périphériques et de la communication homme/machine),
  - réduire les coûts et les délais de fabrication, et plus généralement le prix de revient,
  - accroître les performances et la fiabilité des produits (par exemple, miniaturisation-intégration).

Le rapprochement ou la fusion de la science et de la technique à l'époque contemporaine incitent à rapprocher aussi les modèles théoriques qui ont visé à rendre compte de l'une et de l'autre. L'histoire de l'informatique permet d'utiliser conjointement les notions élaborées par J. Schumpeter en économie, par B. Gilles en histoire des techniques et par T. Kuhn en histoire des sciences – et élaborées plus avant par Nathan Rosenberg[1] : aux «innovations de rupture» correspondent les «révolutions scientifiques», comme aux innovations «incrémentales» au sein d'un système technique établi correspond la «science normale». Le progrès s'effectue à la fois par innovations radicales, fondées sur des principes scientifiques; et sur le large front des micro-innovations, qui permettent de pousser le matériel au maximum de ses virtualités, donc de l'amortir et bientôt d'en atteindre les limites, préparant les progrès conceptuels ultérieurs.

L'emprise actuelle de l'informatique est donc l'aboutissement d'un processus d'innovation et de diffusion entamé il y a une cinquantaine d'années avec la mise en service des premiers ordinateurs. Cette diffusion s'explique à la fois par la demande croissante en traitement de l'information dans la civilisation industrielle (demande que les moyens classiques n'auraient pu satisfaire), par le dynamisme commercial des firmes d'informatique et surtout par les possibilités qu'offrait cet objet technique nouveau, l'ordinateur. Pourquoi celui-ci, né dans des domaines très «pointus» et confidentiels (calcul scientifique, cryptographie destinée aux services spéciaux), s'est-il répandu avec une telle force conquérante? Ce succès tient essentiellement à la nature même de cette « machine universelle» et au progrès des technologies qui la constituent.

Ses circuits purement logiques et sa «mémoire» où le programme est enregistré au même titre que les données, permettent à l'ordinateur de remplacer n'importe quelle machine spécialisée dans une forme particulière de traitement de l'information (calcul de telle ou telle classe d'équation, tabulation, contrôle de processus industriel, etc.). Il suffit pour cela de lui donner un programme qui simule la machine spécialisée: logiciel de calcul scientifique, tableur, commande automatique... L'ordinateur, machine universelle, se transforme alors en machine spécialisée, «dédiée», le temps que tourne le programme en question.

Après un premier stade où il constitua seulement un puissant outil de calcul et de décryptage offrant une souplesse de programmation nouvelle, l'ordinateur déborda bientôt du cadre de ces tâches particulières, grâce aux progrès de l'électronique et de la programmation.

Le prix des circuits électroniques, pour une capacité de traitement donnée, a diminué de 28% par an de 1957 à 1978, en dollars constants[2]. Selon la «loi de Moore», la densité des composants élémentaires par mm^2 de circuit, donc la puissance de calcul des processeurs, double tous les 18 mois – condition nécessaire pour que le marché conserve son dynamisme. En général, ces progrès ont eu pour conséquence une amélioration considérable des ordinateurs en termes de fiabilité (remplacement des tubes par les semi-conducteurs), de rapidité (à laquelle a contribué aussi l'architecture des machines) et de miniaturisation. L'élan irrésistible avec lequel l'industrie des circuits intégrés a imposé sa «loi» à elle-même et à ses clients nous semble constituer un cas, assez rare, de *technology push* presque pur (la demande militaire n'a été déterminante que des années quarante au début des années soixante dans le progrès des semiconducteurs), pendant une trentaine d'années. *Technology push* suivant une longue période de *demand pull* prédominante. Nous nous trouvons à nouveau dans une situation de *demand pull* prédominante avec la banalisation des micro-ordinateurs et autres objets informatiques de consommation de masse.

1. Le thème de la diffusion des technologie a été traité par N. Rosenberg notamment dans deux «classiques»: "Technological Change in the Machine Tool Industry, 1840-1910", *Journal of Economic History*, 23, décembre 1963, p. 414-443; et *Perspectives on Technology*, Cambridge University Press, Londres, 1976, p. 141-210.

2. Flamm, K. 1987. *Targeting the Computer*, Washington D.C., Brookings Institution, p. 24-25.

Quant aux développements de la programmation, ils ont abouti à multiplier les possibilités d'applications bien au-delà du calcul numérique, jusqu'aux systèmes experts par exemple, et à permettre l'utilisation de l'ordinateur, d'abord à des programmeurs ignorant l'architecture de la machine, ensuite à des non-informaticiens comme le sont la plupart des utilisateurs de micro-ordinateurs aujourd'hui. Notons que les progrès du logiciel (*software*) ont dépendu étroitement de ceux du matériel, particulièrement de la capacité des mémoires. La contrepartie de ces progrès est le poids relatif croissant de la programmation. La part du logiciel dans le coût de développement des systèmes avait déjà, estime-t-on, grimpé de 8 % en 1955 à 40 % en 1965.[1] Cette croissance reflète principalement le coût de développement du logiciel pour le système IBM 360, rendu extrêmement complexe par les exigences de la compatibilité. La plupart des autres constructeurs s'efforcèrent de présenter eux aussi des machines compatibles ou de fournir des outils de programmation pour faciliter la tâche de l'utilisateur et conquérir des clients.

Au cours de cette évolution, l'ordinateur a pu remplacer progressivement les machines de traitement de l'information avec lesquelles il est entré en concurrence depuis les années cinquante. Cela, en commençant par les plus coûteuses et les plus faciles à simuler: grands calculateurs numériques à relais, calculateurs analogiques dans certaines applications; systèmes de traitement de grandes masses de données où la rapidité de l'électronique conjuguée à la densité d'enregistrement des supports magnétiques ouvrait des possibilités nouvelles aux activités dont la matière d'œuvre est l'information, comme la banque ou l'assurance.

Une étape est franchie avec la «deuxième génération» : l'encombrement réduit des ordinateurs, la mise au point de langages évolués et de périphériques assurant une bonne «interface homme/machine» leur permettent d'entrer en compétition avec les grosses machines de gestion de l'époque, comme les ensembles mécanographiques (trieuses et tabulatrices). Au cours des années soixante, des produits tels que l'IBM 1401 ou le Bull Gamma 10 provoquent des ravages dans le matériel mécanographique «classique». Les ordinateurs atteignent une telle vitesse qu'ils évincent les machines électroniques analogiques (jusque-là seules capables de traiter l'information «en temps réel») de leurs derniers bastions du contrôle de processus industriel et du calcul rapide. À la même époque, la commutation électronique «temporelle» commence à entrer dans les centraux téléphoniques[2].

1. Flamm, K. *Targeting the Computer*, p. 96.
2. Libois L.-J. *Genèse et croissance des Télécommunications* (Masson, 1983), p.158-173.

Le taux de pénétration de l'informatique sur les divers marchés s'élève encore à la faveur des possibilités nouvelles et des réductions de coûts consécutives à l'avènement des circuits intégrés, aux économies d'échelle résultant de la conception d'ordinateurs compatibles et à d'autres innovations qui constituent la «troisième génération».

Avec les micro-ordinateurs, c'est au tour des petites machines comptables ou de classement (remplacées par des logiciels dits «tableurs», «gestionnaires de fichiers» ou «bases de données») et à celui des machines à écrire de céder du terrain. Dès la «première génération», l'ordinateur était virtuellement capable de remplacer celles-ci. Mais il eût été absurde d'acheter un ordinateur de 3 millions de francs à la place d'une machine à écrire individuelle ! Le premier traitement de texte, expérimenté sur des ordinateurs à tubes par la SEA (brevets BBR, 1954), n'était envisageable que dans le cadre d'une grande organisation telle que l'Imprimerie nationale ou un journal, par exemple.

L'informatique s'est diffusée au fur et à mesure que l'ordinateur, par son prix, sa miniaturisation, sa fiabilité, ses possibilités d'applications, parvenait soit à s'imposer dans des domaines jusque-là non mécanisés, soit à concurrencer des machines spécialisées et souvent plus lentes, fondées sur une technologie mécanique ou électromécanique. Ce progrès de la compétitivité des ordinateurs (diminution du rapport prix/performances), qui ont débusqué peu à peu les autres machines dans leurs «niches», peut être exprimé de manière schématique par une courbe ayant approximativement la forme montrée dans la figure ci-contre.

Dans une perspective historique, l'ordinateur a rempli une double fonction. D'une part, comme on vient de le voir, il s'est imposé comme la machine universelle à traiter l'information, domaine d'où il a progressivement évincé les machines spécialisées. D'autre part, il a été le moteur du progrès d'une technologie nouvelle: l'électronique numérique. Les composants et les systèmes numériques, d'abord destinés exclusivement aux ordinateurs, se répandent aujourd'hui, avec la «digitalisation» d'objets naguère analogiques (montres, appareils audio, photo et vidéo, systèmes de localisation géographique, etc.), bien au-delà de l'informatique. Le «tout numérique» a débouché sur le «multimédia». Mais c'est l'expérience acquise dans la conception d'ordinateurs qui fournit la clé de cet immense marché.

Les crises périodiques du secteur informatique ont accéléré l'évolution de l'industrie et ses restructurations. Ainsi, celle de 1970-1971 a vu la quasi-disparition de GE (General Electric Company) et de RCA (Radio Corporation of America) qui avaient tenté de

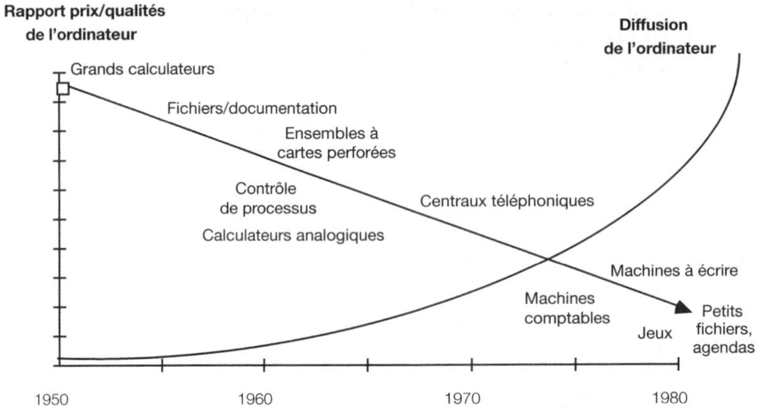

L'ordinateur évince progressivement la mécanique de précision, le traitement analogique et les machines de traitement de l'information spécialisées, à mesure que la baisse des prix de ses composants lui permet de concurrencer ces produits de l'ancien système technique

concurrencer IBM. Si aucune nouvelle firme importante n'émergea à ce moment-là, c'est que le coût d'entrée restait prohibitif dans le «club des constructeurs» de *mainframes*: plus d'un milliard de dollars en capital. Bien que tous les grands constructeurs fournissent de petits ordinateurs, leurs chevaux de bataille commerciaux étaient les grands systèmes centraux entourés de terminaux décentralisés, sur le modèle des systèmes de réservation de places d'avions (IBM SABRE réalisé pour PanAm en 1960). Cette conception avait été théorisée au milieu des années cinquante dans la «loi de Grosch» – du nom de Herbert Grosch, un «homme à idées» d'IBM: la puissance d'un processeur varie proportionnellement au carré de son prix[1]. Par conséquent, un quadruplement de la puissance d'une installation ne coûtait qu'un doublement de son prix. À l'époque où le coût des unités centrales dominait largement le prix total des équipements, la formule la plus économique pour organiser un service informatique était la centralisation autour d'un grand ordinateur, d'un *mainframe.* Cependant, la «loi de Grosch» perdit de sa validité au cours des années soixante-dix, du fait du progrès technique: le rapport performance/prix des processeurs augmentant de 25 % par an, un grand ordinateur n'était plus nécessairement avantageux comparé à plusieurs minis. De plus, dans les applications de gestion, les coûts de développement d'un nouveau système, y compris le *software,* comptaient désormais autant que le coût de fabrication, dans le prix de revient d'une grande machine vendue à une centaine d'exemplaires (égaux vers 1975, ces coûts représentent le triple 20 ans plus tard, et encore en limitant les innovations technologiques à de simples améliorations). Il devenait donc sensé de partager la charge en de multiples processeurs et même de multiples ordinateurs coopérant. Les constructeurs de *mainframes* mirent longtemps à saisir cette évolution, ce qui offrit de belles occasions à des constructeurs jusque-là marginaux.

Dans les années soixante, trois obstacles barraient l'accès d'un nouveau constructeur au marché des grosses machines:

- le coût de la R & D nécessaire pour mettre au point une gamme complète (unités centrales et périphériques);
- le coût du développement de programmes;
- le coût de création d'un vaste réseau commercial, nécessaire pour vendre en masse afin de réaliser des économies d'échelle.

Au cours des années soixante-dix, l'apparition de circuits intégrés relativement bon marché et de fournisseurs indépendants de périphériques et de logiciels réduisit les deux premiers obstacles, et favorisa l'émergence des producteurs de mini-ordinateurs. Ceux-ci, débordant des applications principalement techniques, attaquèrent le marché «gestion». Ceux qui surent constituer une force de vente connurent une croissance très rapide et parvinrent à figurer dans le groupe restreint des challengers d'IBM. Ce fut notamment le cas de Digital Equipment (DEC). Un phénomène comparable s'est produit avec les micro-ordinateurs, à partir de 1980 (DEC tomba d'ailleurs sous le contrôle de Compaq en 1998). Mais le monde de l'informati-

1. Sur ces questions, voir "Capital Requirements as a Barrier to Entry" in G. W. Brock *The US Computer Industry: A Study of Market Power,* Ballinger, Cambridge MA, 1975, et "Grosch's Law", *Encyclopedia of Computer Science and Engineering,* Van Nostrand Reinholt, New York, 1983. On verra une application de ce principe, en France, lorsque le CEA acquerra les plus puissants calculateurs disponibles (v. ch. IV-1).

DEC PDP-11, 1970

que a profondément changé entre-temps : non seulement la hiérarchie des constructeurs s'est redistribuée, mais, surtout, les rôles, les enjeux, le terrain même où s'exercent leurs talents techniques et stratégiques ont été bouleversés. L'architecture des unités centrales appartient presque entièrement à un oligopole fermé de fabricants de microprocesseurs, Intel en tête, qui fournit des «assembleurs», et où IBM n'est plus qu'un acteur parmi d'autres. Les constructeurs de *mainframes* s'efforcent de conserver un rôle dans le logiciel, secteur où règnent Microsoft, SAP et, encore... IBM. Paradoxes de l'histoire de l'informatique : de même que l'évolution de l'ordinateur présente à la fois des changements technologiques rapides et fréquents, et une conception fondamentale inchangée depuis 1945 (l'architecture de von Neumann), de même le paysage industriel laisse coexister des puissances établies depuis le début du XXe siècle avec de nouveaux acteurs en croissance rapide. Peut-on encore parler de « révolution informatique » ?

Bibliographie

Actes des colloques sur l'histoire de l'informatique en France : INPG Grenoble 1988, CNAM, Paris, 1990, INRIA, Sophia-Antipolis 1993, INRIA-IRISA, Rennes 1995, ENSEEIHT, Toulouse 1998, Grenoble 2002, Rennes-Musée des transmissions 2004.

Callon, M. (dir.), *La Science et ses réseaux - Genèse et circulation des faits scientifiques*, La Découverte, 1989.

Campbell-Kelly M., *Histoire de l'industrie du logiciel – Des réservations aériennes à Sonic le Hérisson*, (trad. P. Mounier-Kuhn), Vuibert, 2003, (éd. originale *A History of the Software Industry. From Airline Reservations to Sonic the Hedgehog*, MIT Press, 2003).

Flichy P., *L'innovation technique - Récents développements en sciences sociales - Vers une nouvelle théorie de l'innovation*, La Découverte, 1995.

Gardin, J.-C., *Le calcul et la raison. Essai sur la formalisation du discours savant*, Paris, Édition de l'École des Hautes Études en Science Sociale, 1991.

Goldstine, H. H., *The Computer, from Pascal to Von Neumann*, Princeton, 1972.

Mounier-Kuhn, P.-E., «Choix et cheminements technologiques : la genèse du STRIDA», *Histoire des systèmes d'information et de commandement 1955-1975*, Comité pour l'histoire de l'armement, Lavauzelle, 2002, p. 77-102.

Mounier-Kuhn, P.-E., «L'histoire des réseaux dans l'histoire de l'informatique», *Entreprises et Histoire*, n° 29, juin 2002, p. 10-20.

Randell, B., *The Origins of Digital Computer*, Springer Verlag, Berlin et New-York, 1982.

Rosenberg, N., *Exploring the black box : Technology, Economics and History*, Cambridge University Press, 1994, 274 p.

Salomon, J.-J. et Schmeder G., *Les enjeux du changement technologique*, Paris, Economica, 1986.

Warwick, A., "The Laboratory of Theory, or What's Exact About the Exact Sciences?" in *The Values of Precision* (M.N. Wise, ed.), Princeton University Press, 1995.

partie I

La dimension technologique des systèmes d'information

section I/1

Réseaux et télécommunications

Coordination : Gérard Hébuterne

Introduction

Gérard Hébuterne

Les réseaux de transport de l'information ont acquis dans l'activité contemporaine (qu'elle soit tournée vers les loisirs ou qu'elle soit d'ordre professionnel) une position incontournable. Le téléphone a été – et reste, même s'il ne représente plus la majeure partie des flux de trafics échangés – la plus commune manifestation de cette importance, que cela soit sous la forme du réseau fixe traditionnel ou sous la forme des téléphones portables : GSM, puis UMTS[1]. On emploie parfois, pour les désigner, le terme de *réseaux de télécommunications*.

D'autres formes de communications sont apparues, qui visaient à optimiser le transport d'informations de nature différentes – les données. Les réseaux qui ont vu le jour pour répondre à ce besoin, qu'on appelle *réseaux informatiques*, ont une architecture un peu différente.

Tous ces réseaux obéissent néanmoins à des impératifs identiques, et sont bâtis sur des techniques assez semblables. À l'heure actuelle, les réseaux en cours de déploiement intègrent ces deux approches, transportant sans distinction la voix, les images, les données, etc. Le terme de *réseaux multiservices* rend compte de cette intégration. C'est la forme que devrait prendre le réseau du futur, qu'on désigne sous le terme NGN (*Next Generation Network*).

Une (très) brève histoire

Le passé

Sans vouloir remonter trop loin dans le temps, on peut dater la naissance des télécommunications modernes à quelque deux cents ans déjà, avec le télégraphe optique de Chappe. La version électrique date de 1837, et le téléphone de 1876 (Graham Bell). L'évolution est ensuite marquée d'étapes importantes (le choix qui est fait des étapes retenues est largement arbitraire) :

- 1892 : mise en service du premier commutateur automatique (auparavant les communications étaient acheminées manuellement).
- 1908 : ouverture d'un système de téléphonie mobile au Japon.
- 1938 : mise en service du premier système de commutation «*crossbar*».
- 1945 : expérimentation d'une liaison par faisceaux hertziens (entre New York et Philadelphie).
- 1956 : pose du premier câble sous-marin TAT1 entre les États-Unis et la Grande Bretagne.
- 1965 : mise en service du premier commutateur électronique à programme enregistré, nommé ESS1 (AT&T).
- 1970 : premier commutateur électronique temporel.
- 1972 : inauguration du réseau Arpanet, ancêtre de l'Internet.
- 1978 : ouverture de Transpac, premier réseau public de transmission de données européen.
- 1991 : ouverture des services GSM en Europe.
- 1994 : offre commerciale (France) de télévision sur ADSL[2].
- etc.

On pourrait multiplier les points de repère. L'important est de réaliser que les avancées technologiques sont très liées aux progrès de l'électronique, puis de l'informatique, et on ne peut pas aujourd'hui dissocier les deux domaines de l'informatique et du réseau.

Le présent

La situation actuelle du monde des réseaux est bien connue. Le téléphone fixe est aujourd'hui dépassé par la téléphonie mobile en France, et l'Internet progresse (chiffres de l'ART[3], septembre 2004) :

1. GSM : *Global System for Mobile communication*, UMTS : *Universal Mobile Telecommunication System*. Voir le chapitre «Réseaux mobiles : l'exemple du GSM».

2. ADSL : *Asynchronous Digital Subscriber Line*, voir le chapitre «Réseaux d'accès filaires».

3. ART : Autorité de régulation des télécommunications. Voir http://www.art-telecom.fr.

- 42 millions d'abonnements mobiles, pour un volume total de l'ordre de 6 millions de minutes de communications par mois ;
- 33 millions de lignes fixes (et un volume de l'ordre de 9 millions de minutes mensuelles) ;
- l'égalité des revenus fixe/mobile a été atteinte à la fin 2003 ;
- 11 millions d'abonnés Internet, dont la moitié en haut débit (ADSL essentiellement, et câble).

Les réseaux fixes transportent la voix, la télécopie et les données (liaisons par modem), et se sont enrichis d'une offre haut débit fondée sur la technique ADSL. Les réseaux mobiles, appelés aussi réseaux cellulaires, proposent aujourd'hui une offre GPRS[1] pour les données et le multimédia – en attendant l'UMTS, qui ouvre la porte au haut débit mobile.

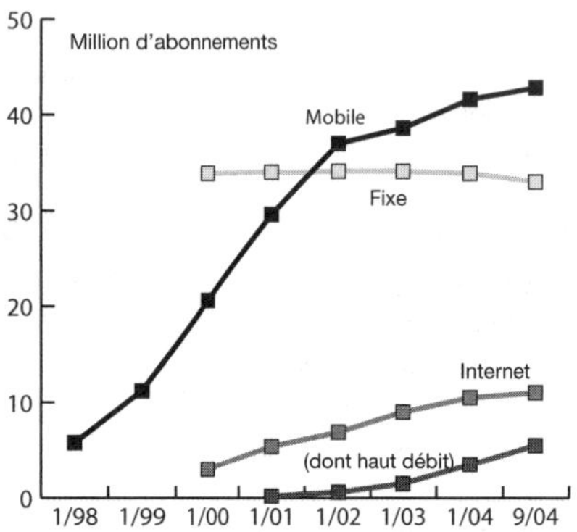

L'évolution du parc français de télécommunications

Le futur

Il est évidemment délicat de deviner la physionomie du réseau à venir. Les experts voient une évolution vers un réseau totalement basé sur le protocole IP, qui fédérerait la totalité des applications, voix, images, données.

En tout état de cause, il faut s'attendre à une multiplication des technologies mises en œuvre, et tout particulièrement pour ce qui est des terminaux et des moyens d'accès. La mobilité devient un facteur d'évolution du réseau. Le besoin d'une connectivité permanente a poussé le développement des réseaux cellulaires (GSM). Cette solution ne permet cependant pas des transmissions haut débit, et est mal adaptée aux données. Cela explique l'essor des techniques d'Internet sans fil, utilisant les protocoles Wi-Fi (et bientôt Wimax), capables aujourd'hui d'offrir à un terminal informatique un accès à 54 Mbit/s.

L'idéal, visé aujourd'hui par les chercheurs, les équipementiers et les opérateurs, sera la connectivité continue (*seamless*), permettant à un terminal mobile (de type PDA par exemple) de communiquer depuis le domicile, la voiture, le bureau, etc., sans jamais perdre le fil de la communication.

Cette vision passe par une amélioration de la qualité des services offerts par les réseaux, et par la disponibilité d'infrastructures à très haut débit. Les technologies de l'optique permettent dès aujourd'hui de fournir, dans les cœurs de réseau, des débits pouvant atteindre le térabit par seconde[2] sur une seule fibre (de quoi acheminer 16 millions de communications téléphoniques !).

Le développement de services à haut débit vers les usagers grand public, services aujourd'hui assurés par la technologie ADSL (1 ou 2 Mbit/s couramment) pourra amener à développer les réseaux d'accès utilisant, eux aussi, la fibre optique (ce qu'on désigne du sigle FTTH, *Fiber To The Home*).

Présentation de la section

Cette section se divise en trois parties : la première (chapitres 1 à 4) offre une présentation générale, la seconde (chapitres 5 à 12) présente les éléments technologiques, et la dernière (chapitres 13 à 16) présente la problématique de *l'ingénierie des réseaux*.

Le premier chapitre introduit les différents modes de transport des informations. Selon le type de réseau, le mode d'échange de l'information prend différentes formes : on rencontrera des réseaux de type circuit, où une liaison est explicitement établie en début de communication entre les terminaux. On rencontre un autre type de communication, dit en mode paquet, dans lequel chaque bloc d'information voyage de façon autonome. Le circuit virtuel, quant à lui, tente de réaliser une solution tirant parti des avantages de ces deux solutions.

Le chapitre « Les fonctions constitutives des réseaux » présente les différentes fonctions élémentaires à partir desquelles un réseau est bâti : il faut identifier l'équipement à atteindre, il faut trouver un chemin vers celui-ci, il faut facturer le service rendu (dans les réseaux commerciaux du moins). Dans un réseau transportant des informations fragiles, il faut détecter, et corriger, les erreurs de transmissions, qui se traduisent par une perte ou une corruption de l'information. Il faut aussi veiller au fonctionnement général du réseau, en s'assurant qu'il rende le service pour lequel il est prévu.

Le chapitre « Le modèle en couches » montre comment ces fonctions sont organisées : le principe est de séparer et d'organiser les fonctions, de sorte à pouvoir

1. GPRS : *General Packet Radio Services.*

2. Térabit par seconde (Tbit/s), soit 10^{12} bits par seconde.

les faire évoluer, sans remettre en cause la totalité de l'architecture : c'est le modèle *d'architecture en couches*, qui permet par exemple de remplacer son modem téléphonique par une liaison ADSL au moindre effort (c'est-à-dire, sans incidence sur les autres fonctions de la machine).

Le chapitre « Réseaux de transport » décrit les technologies mises en œuvre pour le transport effectif de l'information (codée sous forme binaire), au cœur du réseau. L'enjeu est dans le transport de débits sans cesse croissants, sous une forme la plus flexible possible. Cela explique la place de plus en plus importante prise par les transmissions sur fibres optiques.

Les réseaux de transport constituent le cœur des infrastructures. Le *réseau d'accès* (qui relie les terminaux au réseau) offre des problèmes quelque peu différents, de par la dispersion des sources et corrélativement des rendements faibles des liaisons. Les technologies ADSL sont aujourd'hui bien connues, et l'optique pourrait, là aussi, faire une entrée en force. Le chapitre « Réseaux d'accès filaires » décrit les différentes solutions mises en œuvre, pour les réseaux d'accès filaires.

Le chapitre « Internet : évolution et perspectives » propose un tour d'horizon des technologies mises en œuvre dans le réseau Internet, et en premier lieu le protocole IP, ainsi que les protocoles de transport qui lui sont associés (TCP, UDP, etc.). L'importance de ces technologies vient du rôle grandissant qu'elles prennent, dans la perspective d'une *convergence* des services sur un réseau « unique ».

La demande croissante vis-à-vis des services évolués, que ce soit pour des liaisons filaires ou sans fil, et la disponibilité de terminaux puissants chez les utilisateurs expliquent l'évolution des réseaux, vers les techniques haut débit, seules capables de répondre aux besoins issus par exemple de l'extension rapide des raccordements ADSL : le chapitre « Technologies haut débit » leur est consacré.

La signalisation, ainsi que l'organisation du réseau intelligent, font l'objet du chapitre « Signalisation et réseau intelligent » : on y décrit la problématique de l'échange des informations nécessaires à l'établissement des communications, au déploiement efficace de services nouveaux et à la gestion du réseau, ainsi que les réponses disponibles actuellement.

On a cité plus haut le terme de convergence. Les recherches actuelles s'orientent effectivement vers une architecture de réseau capable de transporter tous les services, quel que soit le type du flux qu'ils engendrent. Cela impose une transformation du réseau, et une évolution majeure, qu'on nomme habituellement NGN. Le chapitre « Next Generation Networks » expose les principes de cette évolution et les concepts nécessaires à son déploiement.

Les réseaux mobiles sont décrits au chapitre « Réseaux mobiles : l'exemple du GSM ». Ces réseaux font apparaître des contraintes très particulières, nées de la gestion de la mobilité, et accentuées par les spécificités de la liaison radio qui relie le terminal au réseau. Les évolutions – telles que l'UMTS – tendent à offrir des débits plus importants, compatibles avec le développement des services multimédia, notamment.

La mobilité souhaitée pour les communications a conduit également au développement des technologies d'accès sans fil – ce qu'on nomme *Wireless Local Area Networks* (WLAN), et qui viennent compléter les technologies orientées circuit de type GSM (et rivaliser avec elles). Les normes Wi-Fi ou Bluetooth sont aujourd'hui bien connues, et le chapitre « Réseaux de données sans fil Wi-Fi et Wimax » en donne une présentation. Il faut pouvoir offrir au terminal un débit important, sur des distances modérées, en permettant un partage efficace de la bande passante entre les terminaux se trouvant dans la portée de l'antenne.

Le chapitre « Trafic et qualité de service » aborde un problème central à toutes les technologies – existantes ou à venir. Dans la mesure où la demande est imprévisible, et les exigences de qualité de service très variées, la maîtrise des techniques de l'ingénierie du trafic peut seul garantir à l'opérateur un dimensionnement efficace des ressources du réseau.

L'ingénierie des réseaux revêt une autre forme, présentée au chapitre « Méthodes formelles pour l'ingénierie des protocoles ». Le problème est le suivant : les protocoles mis en œuvre, les services déployés conduisent à l'élaboration d'algorithmes complexes, qu'il est important de savoir définir avec précision, de sorte à en certifier le fonctionnement correct, de garantir l'interopérabilité, et ce dès la phase de conception. Les méthodes mathématiques décrites dans ce chapitre offrent des outils puissants, permettant une certaine automatisation des procédures de vérification et de test, qui améliorent grandement la qualité de ces protocoles.

Le chapitre « Applications Internet » passe en revue un certain nombre de protocoles de haut niveau qui sont à la base de tous les services déployés sur l'internet (transfert de fichiers, courrier, etc., mais aussi gestion des noms de domaine et des adresses). Tous ces protocoles se fondent sur l'architecture IP, complétée de TCP et UDP.

La gestion du réseau, et des services qu'il propose, se base aujourd'hui sur des modèles standardisés, qui décrivent tous les aspects de ces services. Le chapitre « Gestion de réseau et de service » fait le point sur les objectifs, les problèmes et les moyens dont dispose l'opérateur pour leur gestion, sous toutes les formes (gestion de configuration, de qualité de service, etc.).

Bibliographie

Bertho, C. éditeur (1984). *Histoire des Télécommunications en France.* Éditions Erès.

Chapuis R (1982). *100 years of telephone switching (1878-1978).* Elsevier Science Ltd, Amsterdam/New York/Oxford.

Fourny J. (1994). *Télécoms et Réseaux,* Dunod, collection «Mais c'est très simple!»

Libois L.J. (1994). *Les Télécommunications, technologies, réseaux, services.* Éditions Eyrolles, Paris, collection «Technique et Scientifique des Télécommunications».

Mc Neil I., editor (1990). *An Encyclopaedia of the history of technology.* Routledge.

Wallstein R. (1992). *Les vidéocommunications.* Presses Universitaires de France, coll. Quel sais-je?, n° 2475.

Modes de transport de l'information

Gérard Hébuterne

Mots-clés : circuits, paquets, datagrammes, circuit virtuel, modes de transport.

Résumé : les réseaux de communications, omniprésents aujourd'hui, sont bâtis sur des technologies en pleine évolution. Les informations à transmettre sont de natures très variées, et plusieurs architectures ont été imaginées au fil du temps pour les acheminer de façon efficace. Nous décrivons ici les techniques de commutation de circuit et de commutation de paquets, sur lesquelles reposent tous les réseaux actuels. Il s'agit d'une description «fonctionnelle», qui ne détaille pas les principes technologiques mis en œuvre. D'autres chapitres viennent compléter cette introduction, en rentrant dans le détail du fonctionnement des éléments du réseau.

Depuis les origines, où le réseau transportait de la voix exclusivement, les besoins d'échange d'information ont évolué. Dès les années soixante, le besoin d'interconnecter des équipements informatiques s'est fait sentir, et avec lui le constat de l'inadéquation des réseaux téléphoniques. Ceci parce que l'information à échanger se présentait sous une forme différente (signal analogique du téléphone, contre signaux binaires de l'ordinateur) et que la forme des échanges était différente, également (brefs échanges de quantité d'informations très faibles, ou longs transferts de fichiers).

Cela a conduit à la création de réseaux de transport de données – on a parlé de réseaux informatiques. Arpanet a ainsi vu le jour, puis les réseaux basés sur l'architecture X.25 (comme Transpac). C'est cependant l'approche Arpanet qui devait s'imposer, avec le succès que l'on sait de la suite TCP/IP.

En parallèle, les réseaux téléphoniques ont évolué, en particulier en adoptant eux aussi un mode de codage numérique du signal (voir § 2).

Actuellement, l'éventail des types d'information qui s'échangent sur le réseau s'accroît sans cesse : photos, séquences vidéo depuis les portables, données, etc. Les réseaux continuent à évoluer – et on parle de *réseaux multiservices* pour les prochaines générations. Toutes ces évolutions reposent sur des principes de structuration et de transport de l'information que nous décrivons dans ce chapitre.

1 Les réseaux de communication

Les informations à transporter dans un réseau sont de natures fort différentes. Il s'agit cependant à chaque fois de remplir le même rôle, mettre en communication deux terminaux (ou plusieurs : cas de conférences téléphoniques, par exemple) pour une session d'échange d'informations de durée limitée. On ne saurait prévoir l'instant où un terminal (téléphone, ordinateur se connectant sur l'Internet, etc.) va émettre ses informations, ni vers quel autre terminal, ni pour quelle durée. C'est dire la nature imprévisible de la charge à laquelle le système sera soumis : on parle de *trafic* en référence au caractère aléatoire de ces tâches traitées dans le réseau. Le chapitre «Trafic et qualité de service» apporte quelques précisions sur ces phénomènes et sur leur prise en compte.

La structure des réseaux transportant l'information ne diffère pas, dans son principe, de celle d'autres réseaux (réseaux de transport aériens ou routiers, par exemple). On y distinguera plusieurs composants :

- des artères de communications, à haut débit le plus souvent, certaines de très longue distance (câbles transatlantiques, par exemple) ;
- des nœuds interconnectant ces artères, et orientant les flux ;
- des terminaux (de nature variée : poste téléphonique, GSM, ordinateur individuel, serveur informatique, etc.), source et destination des flux échangés.

En fait, le classique réseau d'opérateurs va se décomposer en deux grandes parties : le *réseau d'accès* (ou réseau local) et le *réseau de cœur*. L'architecture de tout réseau public tend à ressembler au schéma de principe de la figure 1.

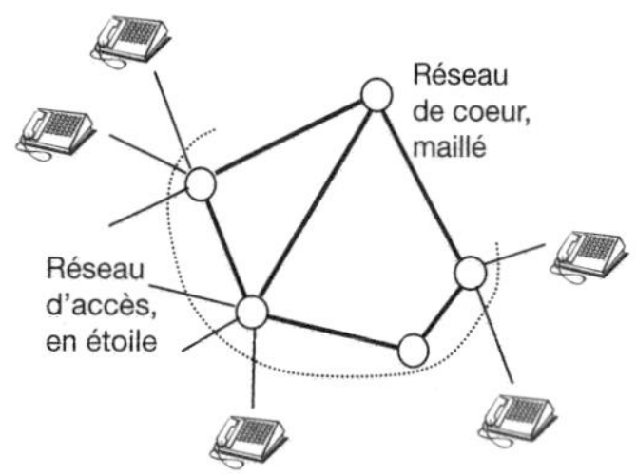

Figure 1 Structure d'un réseau type

1.1 Le réseau d'accès

La fonction du réseau d'accès est la concentration des flux de chaque source. Chacun des terminaux a un comportement erratique, comme on l'a dit, et d'intensité relativement faible, en comparaison des capacités des équipements. On profitera de ces deux particularités pour concentrer ces flux, de sorte de pouvoir faire appel au principe du *multiplexage statistique* : une fois agrégés, ces flux présenteront des caractéristiques plus stables, permettant un dimensionnement raisonnable, selon les méthodes décrites au chapitre « Trafic et qualité de service ».

Pour un opérateur, l'importance du réseau d'accès réside dans son poids économique : c'est de loin la partie la plus lourde, par sa longueur et son faible rendement. Les technologies employées restent basées sur le cuivre, dans l'immense majorité des cas, mais on voit apparaître d'autres solutions : déploiement de fibres optiques, ou solutions sans fil, Wi-Fi par exemple.

À l'intérieur des communautés, c'est-à-dire en milieu privatif (campus ou entreprises), l'interconnexion des équipements informatiques a donné le jour aux *réseaux locaux*. Ils obéissent au même impératif économique (interconnexion au moindre coût de terminaux à utilisation très sporadique). L'architecture Ethernet (cf. chapitre « Les fonctions constitutives des réseaux ») reste la solution la plus répandue.

Dans ces entreprises, la communication vocale est assurée par le PABX (*Private Automated Branch Exchange*) – c'est un commutateur d'abonnés privé.

Les réseaux cellulaires (GSM, UMTS, décrits au chapitre « Réseaux mobiles : l'exemple du GSM ») font appel à la radio pour assurer la fonction du réseau d'accès. Il en résulte des problèmes spécifiques – nombre et localisation des antennes notamment – ainsi que des procédures adaptées à la mobilité.

1.2 Les réseaux de cœur

Les réseaux d'accès ayant rempli le rôle de concentration des flux, le réseau de cœur aura la tâche de les acheminer. Le mode d'acheminement différera sensiblement, selon qu'on sera en présence de réseaux de circuits ou de paquets (voir § 2). On parle parfois de *backbone* pour désigner cette partie du réseau.

La problématique principale du réseau cœur est dans sa structure : où placer les nœuds de commutation, comment les interconnecter. Les réseaux de grande taille tendent tous à adopter une structure de type « hiérarchique » : zone locale, équipée d'un nœud de transit qui assure l'acheminement vers l'extérieur, qui peut lui-même être une zone fermée, de sorte que plusieurs niveaux de transit existeront. Ce découpage répond à des contraintes d'organisation et d'administration, et doit être réalisé de façon la plus économique possible. Le plus souvent cependant on observera des entorses à cette découpe stricte, une liaison directe reliant des nœuds appartenant à des zones distinctes mais ayant un couplage fort.

On parle de *commutateurs* pour désigner les nœuds d'un réseau de type circuit, et de *routeurs* dans le cas des réseaux de paquets (réseaux IP).

2 Comment voyage le signal ?

Le signal qui sort du combiné téléphonique traditionnel est *analogique*, c'est-à-dire que l'information est visualisée par une tension électrique continûment variable. À l'inverse, l'information traitée par un ordinateur est dite digitale, ou *numérique* : elle consiste en une suite de « 0 » et de « 1 ».

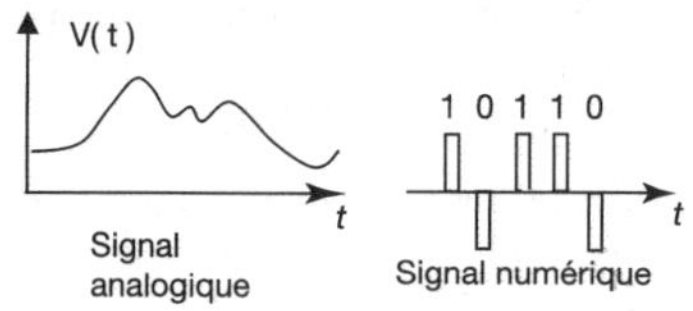

Figure 2 Les deux formes de signaux, analogique et numérique (digital)

L'intérêt de transporter toutes les informations sous une forme numérique est très vite apparu : moindre sensibilité aux parasites, possibilité de traitement en utilisant les ressources de l'informatique (pour le stockage, par exemple), etc., de sorte que, dès les années soixante, la voix téléphonique a commencé à être transportée, puis commutée, sous forme d'un signal numérique.

C'est la technique dite *modulation par impulsion et codage* (MIC) qui est mise en œuvre pour cela. Le signal analogique est échantillonné à la fréquence de 8000 Hz (on prélève, 8000 fois par seconde, la valeur de la tension électrique), et cet échantillon est codé sous la forme d'un octet, selon un algorithme normalisé, de sorte que l'opération inverse puisse se dérouler et qu'un signal analogique, «presque» identique, puisse être reconstitué au récepteur.

Le *théorème de Shannon* assure qu'un tel échantillonnage permet de transmettre correctement tout signal analogique de fréquence inférieure à 4 kHz.

3 Les modes de transport de l'information

La nature très variée des informations à transporter explique la diversité des modes de transport déployés actuellement. La tendance est cependant à la convergence – qu'il faut voir comme une situation asymptotique : tous les flux portés par des réseaux multiservices.

3.1 Quelles informations véhiculer?

L'énumération qui suit montre la variété des contraintes que chaque type de communication impose.

La voix

Le téléphone ordinaire en est l'exemple type. En temps que signal électrique, issu d'un transducteur (le microphone), la voix se présente comme une vibration (signal analogique) qu'on peut analyser et limiter à une bande de fréquences de largeur modérée (300 à 3400 Hz selon les standards en place).

On préfère aujourd'hui transporter la voix sous forme d'un signal numérique (cœur du réseau téléphonique, RNIS[1], GSM, mais aussi voix sur IP). Ainsi le réseau téléphonique utilise-t-il un signal de 64 kbit/s : la technique de transport est la modulation par impulsion et codage (MIC), évoquée ci-dessus.

Le signal de voix habituel se prête parfaitement à des traitements énergiques, qui visent par exemple à le compresser. La voix est peu sensible aux altérations ou bruits. Le GSM transmet ainsi dans une bande passante de 10 kbit/s environ. Les techniques de transport de voix dans les réseaux de paquets font aussi appel à la compression.

1. RNIS: réseau numérique à intégration de services.

Lors de transmission de son haute-fidélité le signal électrique est en tous points analogue à la voix, mais les exigences de reproduction fidèle conduisent à élargir considérablement la bande passante.

Les contraintes de transport diffèrent cependant notablement de celles de la voix : meilleure transparence, distorsion tolérable plus faible.

Dans tous les cas, c'est le délai de transport qui reste la contrainte majoritaire : il doit rester le plus faible possible, et surtout garder une valeur constante.

L'image animée

Vue comme une «information», une image individuelle représente une quantité d'information impressionnante. L'image TV habituelle comprend 625 lignes, 1000 points par ligne, auxquels sont associées les informations de luminance et de couleur.

Une émission TV, une vidéo, consiste en une suite d'images (25 par seconde). La transmission directe d'une émission TV nécessite quelques centaines de Mbit/s. Il est cependant possible, là aussi, de tirer parti de la nature du signal, qui présente une redondance forte, pour pratiquer une compression énergique. Le codage MPEG2, normalisé, permet la transmission sur un canal de l'ordre de 4 à 10 Mb/s.

Le service de visioconférence fait appel, quant à lui, à une compression encore plus forte du signal. La norme H 261 permet la transmission d'un canal, sur une bande passante dans la gamme 64 kbit/s à 2 Mb/s (la qualité s'améliore, quand le débit augmente). Le débit de 384 kbit/s donne un service très acceptable.

Les données

Le terme «données» couvre des usages variés dans les réseaux. On trouvera ainsi le cas de liaisons interactives, souvent dissymétriques (faible débit dans le sens terminal vers calculateur, débit plus fort dans l'autre sens : cela explique la configuration asymétrique de la technologie ADSL, voir le chapitre «Réseaux d'accès filaires»)

La contrainte essentielle qui définit le service de transfert de données est l'absence d'erreurs. La tolérance aux délais et à leur variation est assez large. On mettra à profit ces caractéristiques pour construire des réseaux de données spécialisés (utilisant les techniques adaptées, c'est le mode paquet).

Une image fixe doit être considérée comme une donnée particulière, spécialement en ce qui concerne les contraintes qui lui sont attachées.

De façon générale, un flux de données présente des caractéristiques typiques de *sporadicité* : songer par exemple à la manière d'utiliser un terminal informatique.

3.2 Le mode circuit

Le réseau téléphonique a été le premier à prendre une taille conséquente et une extension internationale. Le problème qu'il résolvait était relativement simple : mettre en communication un micro et un écouteur (dans les deux sens de la communication) produisant un signal analogique, pour une conversation durant plusieurs minutes.

La solution a consisté à connecter les deux terminaux par un circuit électrique – tout se passant comme si une liaison de cuivre les avait reliés, pour la durée de la communication.

Évidemment, cette connexion n'est établie que pour la durée de la session. Cela signifie que la conversation proprement dite est précédée d'une phase d'établissement :

- le demandeur communique au réseau (en fait, au commutateur auquel il est rattaché) le numéro du poste demandé ;
- le commutateur initialise une phase de *signalisation*, par laquelle il recherche dans le réseau un chemin disponible vers le numéro appelé ;
- une fois le chemin trouvé, et si le demandé est libre, la connexion est effectivement établie et la conversation a lieu, sans que le réseau n'intervienne plus en aucune façon.

La phase de signalisation est importante : elle caractérise le mode circuit. Il faut noter que dans ce mécanisme il y a réellement réservation d'une capacité de transport entre les deux terminaux, à leur usage exclusif (dans le réseau téléphonique, un débit de 64 kbit/s).

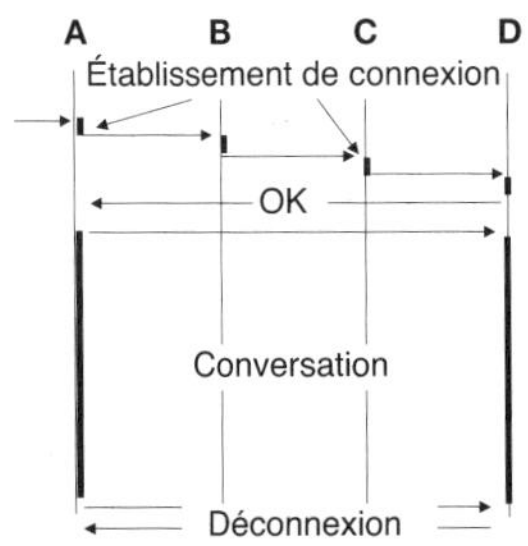

Figure 3 Schéma d'une communication en mode circuit

3.3 Le mode paquet (datagramme)

Le mode circuit est relativement bien adapté aux communications vocales. Dès qu'il s'agit de transporter des données apparaît le phénomène de sporadicité : la source n'émet généralement pas selon un flux régulier, les envois sont au contraire séparés par des silences, plus ou moins longs, et de plus certains envois sont très courts, de sorte que l'établissement d'une communication serait lourde, et inutile.

Le comportement d'une session de consultation Internet est l'exemple typique : chaque « clic » sur une adresse provoque l'envoi d'une demande de rapatriement de page (message très court), suivi d'une période de lecture ou de réflexion, pendant laquelle aucun échange de données n'a lieu.

Les échanges mettant en jeu des systèmes informatiques présentent tous des comportements analogues. La solution pour optimiser l'usage des ressources dans cette configuration a été vite trouvée, c'est la commutation de paquets.

La source va formater les données en « paquets », blocs de longueur variable accompagnés d'une entête qui contient toute l'information nécessaire à son cheminement dans le réseau. Chaque paquet va ainsi suivre son chemin au travers du réseau, indépendamment des autres paquets du même échange. Le processus d'émission des paquets dépend des caractéristiques des machines et des applications qui s'y exécutent, mais aussi des *protocoles* gouvernant la transmission – organisés selon les principes décrits au chapitre « Le modèle en couches ».

Le processus d'échange est singulièrement simplifié :

- la source désirant émettre une information construit un « bloc » – le paquet – qui est formaté par le processus en charge de la communication ; en particulier, l'entête est ajoutée au paquet : elle permet le traitement par tous les nœuds intermédiaires ;
- le paquet est envoyé sur une liaison sortant du nœud émetteur, et est réceptionné par le nœud suivant ;
- celui-ci analyse l'entête et redirige le paquet vers le nœud suivant, de sorte que le paquet atteint sa destination et est remis au destinataire.

On notera l'analogie avec le traitement du courrier postal, l'enveloppe jouant tout à fait le rôle de l'entête. Ce mécanisme supprime la nécessité de la phase préalable de signalisation. On parle aussi de mode non connecté (ou sans connexion, *connectionless*).

Notons que, puisque les sources émettent leurs flux selon leur rythme propre, il se peut que deux paquets ou plus arrivent simultanément dans un nœud du réseau et demandent une réémission vers le même lien de sortie. Un des paquets sera élu pour la transmission et il y a nécessité de tamponner les paquets excédentaires, jusqu'à la disponibilité du lien. On parle de mémoires tampon, et la conséquence en sera que le paquet arrivant dans le nœud du réseau subira, pour le traverser, un retard aléatoire qui viendra s'ajouter aux inévitables délais de propagation.

La simplification que permet le mode de transport par paquets a une autre contrepartie. Dans un réseau de type circuit, le demandeur réserve une bande passante, dont il est sûr de disposer (sauf cas de panne, évidemment). Dans un réseau de type paquet, la source ne fait aucune annonce préalable, et il se peut que le réseau soit dans l'incapacité, parce que trop chargé, d'écouler les flux : en pratique, une des mémoires tampon débordera, certains paquets seront perdus. Le mode paquet partage le débit disponible entre toutes les sessions en cours, de sorte que la situation se dégradera inévitablement, si les sources augmentent leur activité.

Il faut donc ajouter des mécanismes de protection et de contrôle de surcharge, si l'on désire fournir un service de qualité suffisante. De façon plus générale, et même en dehors de situations de surcharge, il sera impératif de contrôler l'amplitude des phénomènes d'attente. C'est le rôle des techniques de l'ingénierie du trafic que de dimensionner le réseau (quelle taille pour les mémoires tampon, quel débit installer) dans le but d'assurer une *qualité de service* définie (voir à ce sujet le chapitre « Trafic et qualité de service »).

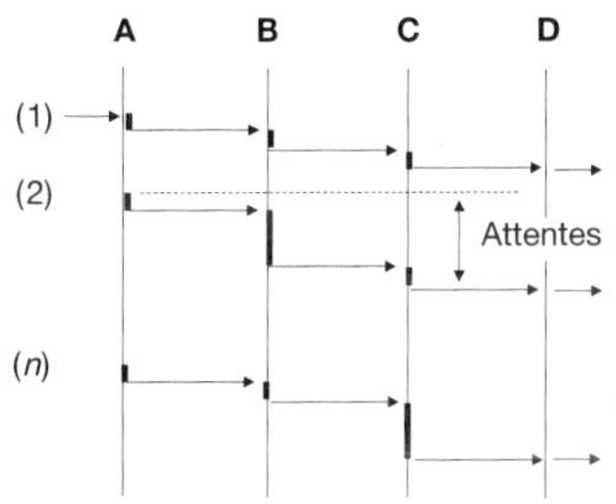

Figure 4 Principe d'un échange en mode paquet

3.4 Le circuit virtuel

En réalité, le mécanisme que l'on vient de décrire présente le mode paquet natif, sans connexion, ou mode *datagramme*. Sa faiblesse se cache dans le principe du transport du paquet, que chaque nœud aiguille en analysant l'adresse contenue dans l'entête. De sorte que la même tâche d'analyse se répète, si plusieurs paquets consécutifs se présentent sur la liaison d'entrée. De ce point de vue, le mode circuit est plus efficace, puisque l'établissement de la connexion revient à ouvrir un « tunnel » que le flux traverse sans traitement additionnel. Mais en même temps ce tunnel peut se révéler trop contraignant, dans la mesure où il offre une capacité constante à un flux qui n'en a pas forcément l'usage.

Une autre méthode a été imaginée, qui tente de réaliser un compromis entre les deux extrêmes que représentent circuits et paquets : il s'agit du circuit virtuel.

Dans un réseau mettant en œuvre la technologie du circuit virtuel, les sources continuent d'émettre leurs flux d'information sous la forme de paquets, mais doivent au préalable à tout envoi établir un « circuit », c'est-à-dire annoncer au réseau la demande de connexion vers tel terminal distant, avec tel profil de trafic (par exemple, quel débit instantané). Le réseau est alors capable d'accepter la demande, ou de la rejeter faute de ressources suffisantes, de sorte que toute demande, une fois acceptée, sera assurée de recevoir la qualité de service demandée.

Il y a ainsi établissement d'un « circuit virtuel », qui n'est pas matérialisé comme dans le mode circuit, mais qui est caractérisé par la réservation, plus ou moins stricte, des ressources (bande passante et mémoires) le long du chemin.

L'intérêt du mode circuit virtuel est de pouvoir tenir compte de la sporadicité des sources pour mettre en commun les ressources du réseau, tout en bénéficiant de l'efficacité de l'aiguillage dans un réseau où un circuit a été établi. Évidemment, et comme pour le mode circuit de base, des mécanismes préalables d'établissement de connexion sont nécessaires.

Le mécanisme du circuit virtuel est repris dans la technologie MPLS (*MultiProtocol Label Switching*), décrit en détail au chapitre « Technologies haut débit ». Dans cette technique, les paquets IP sont marqués d'un *label* qui joue le rôle de numéro de circuit virtuel, et qui permet de plus une gestion « dynamique » de ces circuits (un circuit virtuel sera créé seulement en cas de nécessité, un échange court ne donnant pas lieu à son établissement, par exemple).

3.5 Circuit, paquet, ou circuit virtuel ?

Chacun des modes de transport présentés ci-dessus a son propre domaine d'usage. Le circuit est apparu en premier (le téléphone), le mode paquet pur (le mode datagramme) est né avec l'Arpanet (fin des années soixante), qui allait donner naissance à l'Internet. Le protocole X.25, première norme mettant en jeu la technique du circuit virtuel, a été normalisé en 1976 (UIT-T[1]).

Chaque solution a ses avantages et inconvénients, résumés dans le tableau qui suit.

La nécessité d'établissement préalable d'une connexion est évidemment un inconvénient, qui alourdit et retarde la communication, et qui impose le déploiement d'un réseau de signalisation.

Le mode paquet (datagramme ou circuit virtuel) autorise une exploitation optimale des ressources – c'est le multiplexage statistique.

Le dernier point (la qualité de service) est à l'heure actuelle l'objet de recherches et d'expérimentations in-

1. UIT-T : Union internationale des télécommunications, secteur télécoms.

tenses. Le mode circuit, qui alloue la bande passante de façon «privative» est évidemment la solution la plus sûre – et la plus coûteuse. Le mode datagramme natif ne permet aucune garantie (on parle de *best effort*), mais des solutions permettant de réintroduire certaines garanties sont proposées (on se reportera au chapitre «Trafic et qualité de service» sur laQOS).

	Circuit	Datagramme	Circuit virtuel
Échange d'information	Établissement préalable de connexion (signalisation)	Transmission instantanée	Établissement préalable de connexion (signalisation)
Utilisation de la bande passante	Pas de partage	Multiplexage statistique	Multiplexage statistique
Garantie de qualité de service	Qualité optimale	Pas de garantie	Possibilité (modulable) de garantie de QoS
Exemples	RTC[1], RNIS[2], GSM	IP (Internet)	X.25, ATM[3], IP + MPLS

1.RTC, réseau téléphonique commuté. C'est le réseau téléphonique habituel.
2.RNIS, réseau numérique à intégration de services. Il offre une connectivité numérique de bout en bout à 64 kbit/s
3.ATM, *Asynchronous Transfer Mode* (voir le chapitre «Technologies haut débit»)

Tableau 1 Comparaison des modes circuit et paquet

4 Le réseau de demain

De toute évidence, aucune des solutions présentées ci-dessus ne peut prétendre à satisfaire les exigences de toutes les applications. Un autre point a très tôt préoccupé les opérateurs et les concepteurs de réseaux. L'utilisateur qui désire communiquer doit, selon son besoin (de la voix, des données, etc.), faire appel à des terminaux distincts, à des accès distincts, voire à des opérateurs différents.

Le RNIS (réseau numérique à intégration de service) avait été imaginé, dans les années soixante-dix, pour pallier cet inconvénient. En fait, les technologies disponibles à cette époque n'ont pas permis d'aller au bout de cette volonté, et le RNIS offre, à l'heure actuelle, un accès unique à des réseaux spécialisés. L'idée de *réseau multiservice* a repris corps avec le développement de la technique ATM (*Asynchronous Transfer Mode*), qui n'a pas eu le succès escompté par ses concepteurs – mais dont nombre d'innovations se retrouvent dans les évolutions de l'Internet.

À l'heure actuelle, c'est l'Internet (c'est-à-dire le réseau de données, en mode datagramme, basé sur le protocole IP) qui tente de relever le défi d'offrir non seulement un accès unique, mais aussi un réseau «universel», capable de transporter tous les flux, en respectant les contraintes qui leur sont propres. C'est ce qui se cache sous le terme de *qualité de service* (on utilise couramment le sigle *QoS*, de l'anglais *Quality of Service*): offrir à chaque application le type d'accès, le type de transport, avec le niveau de garantie qu'elle demande.

Cet effort passe par l'ajout dans le réseau IP de mécanismes garantissant, de façon modulable, la disponibilité des ressources du réseau à chaque flux. Les architectures de QoS (Intserv, Diffserv, voir le chapitre «Trafic et qualité de service») tendent à fournir ces garanties. Cela passe aussi, pour des raisons d'efficacité par l'ajout d'un mécanisme permettant de fournir un service en mode circuit: c'est le mécanisme MPLS (*MultiProtocol Label Switching*), décrit au chapitre «Technologies haut débit».

On se reportera au chapitre «Next Generation Networks» pour des détails sur l'évolution des nouvelles générations de réseaux.

Bibliographie

Fiche G. et Hébuterne G. (2003): *Trafic et performances des réseaux de Télécommunications.* Hermès, Paris. Collection Scientifique et Technique des Télécommunications.

Pujolle G. (2003), *Les réseaux,* 3e édition, Eyrolles, Paris.

Pujolle G. (2004), *Cours «réseaux et télécoms»*, 2e édition, Eyrolles, Paris.

Rigaud C. (1998), *Principes de Commutation Numérique - du téléphone au multimédia.* Hermès, Paris. Collection pédagogique des télécommunications.

Rolin P. (1997), *Les Réseaux. Principes fondamentaux*, Hermès, Paris.

Les fonctions constitutives des réseaux

Gérard Hébuterne

Mots-clés : topologies, mécanismes d'accès, routage, adressage, contrôle d'erreur, contrôle de congestion, organismes de normalisation.

Résumé : les réseaux de communications font tous appel à des mécanismes élémentaires, que l'on retrouve identiques dans leur principe — mais différemment implémentés — dans tous les réseaux. Ces mécanismes résolvent les tâches de base, telles que l'identification d'un terminal, l'acheminement d'une requête, la détection et la correction d'erreurs de transmission, etc. Ce chapitre passe en revue les principales de ces fonctions, qui se retrouvent mises en œuvre dans toutes les grandes technologies, circuit ou paquet. Les chapitres suivants, consacrés aux architectures des réseaux, fixes ou mobiles, en détailleront l'implémentation plus spécifique.

1 Les topologies

Le choix d'une topologie répond à un certain nombre de critères, essentiellement économiques. Le réseau a la tâche de connecter un grand nombre de terminaux (téléphones, équipements informatiques dans un réseau local d'entreprises, routeurs de l'Internet). Pour choisir une topologie de réseau, il faudra déterminer les positions des nœuds (commutateurs du réseau téléphonique, par exemple), ainsi que les liaisons qui les interconnectent.

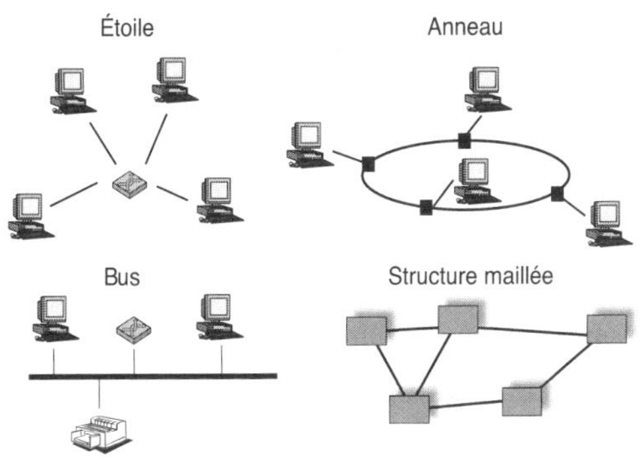

Figure 1 Schémas types d'interconnexion

1.1 Un inventaire des topologies

Les choix pour l'interconnexion sont finalement très limités, dans les principes tout au moins : on rencontre des interconnexions en étoile, en anneau, en bus, et finalement des architectures maillées.

La figure 1 illustre ces schémas de topologie, qu'il faut voir, à la fois comme des structures « physiques » de câblage mais aussi comme des topologies « logiques » construites sur celles-ci. Par exemple, le mécanisme dit « *token bus* », qui utilise le principe de jeton circulant (voir § 2), réalise sur un bus l'équivalent d'un anneau (figure 2).

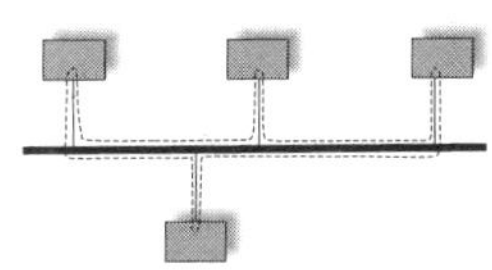

Figure 2 Anneau virtuel construit sur un bus

1.2 Les architectures de réseaux locaux

Les réseaux locaux d'entreprises (on parle couramment des LAN, *local area network*) mettent en œuvre des structures très simples : étoile, anneau ou bus. Le nombre limité de terminaux à interconnecter ne justifie généralement pas une topologie plus sophistiquée. À l'opposé, ce réseau a comme objectif l'interconnexion la plus légère et la plus économique possible des éléments communicants de l'entreprise (ordinateurs personnels, imprimantes, serveurs, routeurs). L'optimisation de la topologie d'une telle structure est rarement à l'ordre du jour, ce sont les règles de l'exploitation qui la gouvernent, ainsi que le souci d'économie d'équipement du terminal.

En fait, à l'heure actuelle, la quasi-totalité des topologies «physiques» obéissent au principe de l'étoile, pour des raisons liées à la gestion du câblage dans les immeubles. Sur cette topologie unique seront construites des architectures «virtuelles», en anneau ou en bus, selon les principes des méthodes d'accès, qui gouvernent le partage de la ressource centrale, commune, entre les terminaux. Le § 2 en donne une vision synthétique.

1.3 L'architecture maillée des grands réseaux

Lorsque le réseau grandit, le problème de son organisation prend de l'acuité. Il ne peut être question de relier les nœuds du réseau deux à deux, on voit alors apparaître la notion de transit: pour aller de A vers B, une liaison directe sera utilisée, mais pour rejoindre C, la demande (ou le paquet de données) va passer par un intermédiaire, D.

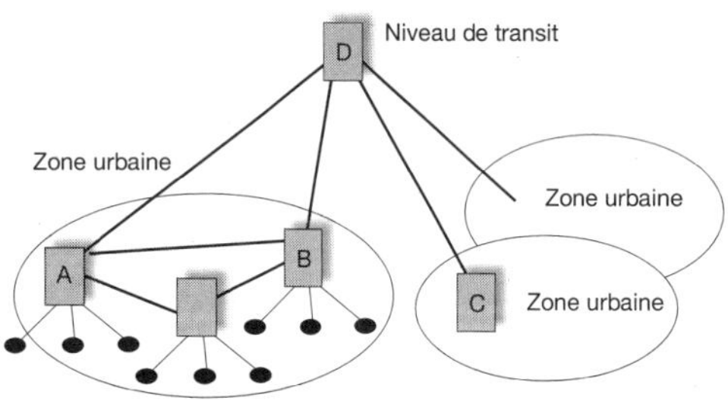

Figure 3 Architecture maillée et hiérarchisée des réseaux de cœur

La structure en réseau maillé que le schéma illustre est utilisée par tous les réseaux, dès que leur taille réclame d'interconnecter plusieurs dizaines de nœuds. Les opérateurs organisent les réseaux sur des modèles hiérarchiques: maillage régulier dans une zone urbaine, interconnexion de zones locales via des *nœuds de transit*, éventuellement interconnexion de zones de transit «primaires» via un deuxième niveau de transit, etc.

Les réseaux de mobiles sont construits sur les mêmes schémas, la seule exception se trouvant évidemment dans la zone locale, qui utilise un canal radio.

2 Les mécanismes d'accès

Les réseaux locaux ont à résoudre un problème crucial: fournir l'accès aux ressources du réseau à un grand nombre de terminaux, ayant chacun un besoin de communication très épisodique, mais souhaitant en même temps une réactivité forte. L'accès à une imprimante partagée peut servir d'exemple. Celle-ci doit être à ma disposition immédiatement – comme le serait une imprimante locale – mais en même temps je ne peux pas prévoir quand, ni pour quel volume de travail. Il en sera de même pour tout accès à un serveur de données, ou à une connexion au réseau externe. Le très faible volume des sollicitations que j'émets rendrait antiéconomique une solution privative (mon imprimante, mon serveur de données, mon accès à très haut débit, etc.).

Tous les réseaux d'accès sont confrontés à ce genre de problème: ainsi, lorsque je tente d'établir une connexion à partir de mon terminal GSM, je suis dans la situation de réclamer une ressource radio, sans avoir évidemment pu au préalable signaler mon intention.

La solution qui a été imaginée a consisté à mettre en commun ces ressources partagées, au travers de mécanismes qui peuvent faire croire à l'utilisateur qu'il possède ces ressources «en propre», alors qu'elles sont communes. On parle de mécanismes d'accès multiple.

Cela pose un problème spécifique, résolu par les mécanismes de la couche MAC (*Medium Access Control*) de l'architecture en couche présentée au chapitre «Le modèle en couches».

Une solution élémentaire consisterait à offrir le droit d'émission, à tour de rôle, à chaque terminal, même si celui-ci n'a pas de requête à formuler. Solution connue sous le nom d'accès multiple à répartition dans le temps (AMRT) ou TDMA (*Time Division Multiple Access*). L'obligation d'une synchronisation stricte des terminaux, ainsi que le rendement déplorable d'une telle solution, dans un environnement où les besoins des sources sont sporadiques, ont conduit à proposer des méthodes plus efficaces. On en décrit quelques-unes ci-dessous.

La problématique de l'accès multiple constitue un point central des mécanismes de la couche liaison, surtout en environnement distribué. On pourra consulter pour d'autres exemples de solutions données à ce problème les chapitres consacrés aux réseaux radio: «Réseaux mobiles: l'exemple du GSM» et «Réseaux de données sans fil Wi-Fi et Wimax», et au réseau d'accès, chapitre «Réseaux d'accès filaires» – ces mécanismes ayant donné lieu à d'autres standards IEEE 802.x.

2.1 Le protocole Aloha

Le premier exemple en a été le protocole Aloha (c'est un mot d'une langue polynésienne, signifiant « bonjour »). Il s'agissait de relier des îles du Pacifique abritant des sites de l'université d'Hawaii, ayant besoin d'accès radio à un site central, sur un rythme très épisodique.

La solution proposée, qui date des années soixante-dix, est d'une simplicité désarmante : toute station ayant un message à transmettre l'émet instantanément, en espérant qu'une autre station n'aura pas le même besoin « en même temps ». Si tel était le cas, les deux messages se brouilleraient : c'est le phénomène de « collision ». Aucune des deux stations ne serait capable de la détecter (elles émettent et ne peuvent pas simultanément écouter). Le message, si transmis correctement, donne lieu à accusé de réception, et l'absence de celui-ci témoigne de la collision.

On peut montrer que le rendement d'une telle procédure ne peut dépasser une valeur voisine de 18 %, à cause de ces collisions (sous certaines hypothèses, sur la nature aléatoire des comportements des sources). Il n'empêche que ce schéma continue d'être d'actualité (on consultera par exemple le chapitre sur les réseaux mobiles), de par la simplicité qu'il procure, et de son efficacité tant que la charge offerte reste modérée. La version « discrète » permet de doubler le rendement possible : on synchronise les instants d'émission possibles, les durées d'émission (*slots*) ayant une longueur constante : c'est le *slotted Aloha*. On se reportera au chapitre « Réseaux mobiles : l'exemple du GSM » pour des exemples d'utilisation de ce protocole.

2.2 La procédure CSMA (Ethernet)

Les réseaux locaux d'entreprise, de technologies filaires, ont été confrontés très tôt au même problème d'interconnexion, dans les mêmes conditions de trafics sporadiques. Là encore, la procédure qui a été imaginée repose sur un principe analogue. Il s'agit du CSMA (*Carrier Sense Multiple Access*), dont la version la plus répandue est CSMA/CD (CSMA/*Collision Detection*), et dont Ethernet constitue la version commerciale commune (c'est la norme IEEE 802.3).

Dans cette procédure, un « bus » relie toutes les stations (interconnexion totale). Chaque station écoute le signal présent sur le bus. Une station désirant émettre ne le fera que si le bus est silencieux. Évidemment, à cause des délais de propagation des signaux électriques (de l'ordre de 200 000 km/s sur un câble ou une fibre), la possibilité existe que deux stations émettent simultanément, se croyant seules actives. On a encore une « collision ». À la différence d'Aloha, chacune des stations émettrices peut écouter le signal présent, et constate instantanément la collision, interrompt sa transmission et envoie un signal de fin. Il lui faudra reprendre la procédure (écoute, puis tentative), après avoir laissé s'écouler un délai aléatoire (le délai aléatoire vise à éviter la reproduction perpétuelle du phénomène de retransmission des stations piégées dans la collision).

La possibilité d'écoute, qui permet une détection immédiate de la collision, augmente le rendement du mécanisme. Il n'empêche que chaque station expérimentant une collision sera candidate à la réémission, de sorte que si le trafic augmente le nombre des stations ainsi bloquées augmentera, et que là encore le débit disponible n'atteindra pas les 100 % : il est plafonné à 36 %, sous des conditions générales de trafic (la valeur limite exacte dépendra des caractéristiques exactes, nombre de sources en concurrence, distance maximale les séparant, etc.).

L'existence de ce phénomène explique les limitations, en nombre de terminaux interconnectés et en distances, de ce type de mécanisme.

Il n'en demeure pas moins que ces solutions se révèlent d'un intérêt indéniable, lorsqu'il s'agit d'interconnecter des stations aux besoins épisodiques ayant à échanger des informations sans contraintes fortes de qualité de service : le délai de réponse reste modéré, en moyenne, sans que l'on puisse cependant le borner de façon stricte.

Le mécanisme CSMA connaît d'autres versions, et on se reportera par exemple au chapitre « Réseaux de données sans fil Wi-Fi et Wimax » qui détaille l'usage de la version dite CSMA/CA (*Collision Avoidance*).

2.3 L'anneau à jetons

Supposons maintenant que la contrainte de délai devienne prépondérante : je désire assurer un temps de réponse strictement borné à toute requête émise sur le médium partagé.

Les mécanismes précédents ne répondent pas à cette contrainte. Les protocoles dits « à jetons » fournissent une solution. Les stations sont interconnectées par un « anneau », chaque station étant connectée à une voisine. Entre ces stations circule un « jeton », message particulier qui donne à la station – et à elle seule – l'autorisation d'émettre. Une station possédant le jeton enverra un message, si elle en a le besoin, ou bien fera suivre le jeton vers la station voisine.

Clairement, ce droit d'émettre supprime le phénomène des collisions. Et le temps perdu se ramène à celui de la réception et transmission du jeton, si la station n'a rien à transmettre. On peut donc borner le temps d'attente du jeton (celui-ci fera le tour complet), donnant ainsi une borne stricte au temps d'attente. En régime de trafic faible et très sporadique, les performances seront cependant plus médiocres que la solution CSMA (la station demandant l'accès devra quand même attendre le tour complet du jeton).

On notera aussi que la topologie «en anneau» est ici un principe: l'anneau peut être simplement virtuel. Il suffit que chaque station l'émettant l'adresse à une station spécifique, la suite de celles-ci recréant un anneau sur une topologie qui peut être un simple bus: solution qui a été adoptée dans l'architecture IEEE 802.4, connue sous le terme «token bus». L'anneau à jeton proprement dit correspond à la norme IEEE 802.5.

On notera aussi que ce principe, très simple, a donné lieu à des réalisations sophistiquées, dont la description complète occupe des centaines de pages; c'est que cette description doit intégrer tous les détails de la procédure: comment est fabriqué et transmis le jeton, que se passe-t-il si une nouvelle station doit être insérée dans l'anneau (c'est-à-dire comment mettre à jour la liste des stations entre lesquelles le jeton circule), que faire en cas de «perte» ou de «duplication» du jeton, etc.

3 L'adressage

Pour acheminer correctement une information, il faut évidemment connaître l'identité du destinataire. Et à partir de son identification le réseau doit être en mesure de déterminer sa localisation.

Dans le réseau téléphonique traditionnel, le numéro affecté à chaque poste remplit parfaitement ce rôle: je n'appelle pas Monsieur X, mais le 01 xxxx (dix chiffres, en France, selon le schéma de l'ART, Autorité de régulation des télécommunications). Le numéro d'annuaire est lié à un numéro d'équipement, désignant un emplacement spécifique (une carte d'abonné, dans un nœud du réseau).

Dans le réseau téléphonique fixe, la gestion des adresses, ainsi que la localisation se trouvent facilitées par la mise au point d'un *plan d'adressage*, qui permet une localisation grossière, puis de plus en plus fine. Un premier préfixe indiquera (éventuellement) le pays, puis la région, enfin le commutateur de raccordement. Ainsi, «33» indique la France, et dans le réseau français le préfixe 01 correspond à l'Île-de-France.

Le cas des réseaux mobiles est évidemment plus complexe. Le numéro GSM joue le même rôle d'identificateur, mais la localisation conduit à des opérations plus sophistiquées puisque le numéro ne porte aucune information sur la position du mobile. Il faut potentiellement interroger la totalité du réseau, jusqu'à repérer le terminal. On se reportera à l'article consacré aux réseaux mobiles pour une description des mécanismes mis en place pour accélérer le processus – on parle de *roaming* (itinérance).

L'adressage mis en œuvre dans les réseaux de type circuit se conforme à la norme E.164 de l'UIT. C'est un adressage de type hiérarchique (la résolution de l'adresse est obtenue par une analyse progressive, chaque commutateur n'a besoin que d'une information partielle sur la localisation). D'autres schémas existent, ainsi les réseaux de données en mode connecté (X.25 par exemple) font appel au schéma X.121 de l'UIT, qui code l'adresse sur quatorze chiffres. Dans tous ces cas, la hiérarchie est «géographique» – d'où une forte liaison entre l'adressage, la topologie et le routage.

L'Internet utilise le mécanisme d'adressage du protocole IP. L'adresse, dans la version IPv4, est un champ de 32 bits, structuré sous la forme X.Y.Z.T, chaque élément codé sur un octet (donc un nombre compris entre 0 et 255). La pénurie des adresses a été un des facteurs qui ont conduit à la définition de IPv6, où l'adresse utilise un champ de 128 bits. Ces adresses sont gérées par l'IANA (Internet Assigned Numbers Agency) et par l'ICANN

L'adresse IP est habituellement affectée au terminal par le domaine Internet auquel il appartient, par l'intermédiaire d'un serveur DHCP (*Dynamic Host Configuration Protocol*). Ce mécanisme a l'avantage de permettre une meilleure utilisation des adresses IP – palliant la pénurie des adresses disponibles dans la version 4.

L'utilisateur du Web identifie la page à laquelle il se connecte par un «nom», qu'on choisira le plus souvent facile à mémoriser (les exigences du commerce électronique!). Ainsi, le portail de l'INT est atteint par http://www.int-evry.fr. Mais on peut aussi voir ce nom comme une adresse logique, à laquelle correspond une adresse IP (en l'occurrence ici, 157.159.x.x). De la même façon, l'adresse électronique de l'auteur s'écrit gerard@hebuterne.com: c'est une adresse logique, à laquelle correspond une adresse IP.

L'obtention de l'adresse IP à partir du nom du serveur demande une étape supplémentaire, qui met en jeu les serveurs de noms – DNS, *Domain Name Servers* (ou *System*). Cette correspondance utilise un principe de hiérarchie différent. Une adresse comme http://www-rst.evry.fr sera analysée: «.fr» pour France, la source ira donc interroger le serveur DNS correspondant qui connaît le sous-domaine int-evry et pourra lui donner l'adresse IP réelle. Le serveur int-evry, quant à lui, connaît la correspondance avec l'adresse de l'équipement. Mais une adresse en «.fr» ne sera pas forcément localisée en France: la hiérarchie n'est plus géographique (des adresses de type «.com» ou «.org» sont évidemment non géographiques).

En fait, l'Internet utilise une méthode «à deux étapes». Un ordinateur qui désire se connecter au réseau doit être muni d'un coupleur adapté (carte Ethernet, typiquement), qui constitue le point d'entrée physique, et qui est doté d'un identificateur codé en dur, sur 6 octets. Les paquets IP qui circulent «physiquement» sur le réseau sont pris en charge par le protocole de niveau 2. Il y a encore nécessité d'une correspondance entre l'adresse et la machine réelle: c'est le protocole ARP (*Address Resolution Protocol*) qui fournira la correspondance.

On se reportera au chapitre «Internet: évolution et perspectives» pour d'autres informations sur les mécanismes mis en place.

On retrouve la même démarche de traduction que pour le GSM. Le service *Numéro Vert*, qui s'est développé grâce aux techniques du réseau intelligent, est un autre exemple de cette distinction entre ce qu'on pourrait décrire par l'adresse *logique* et l'adresse *physique*.

On parle actuellement de portabilité du numéro: cela signifie la possibilité pour un client d'un opérateur de pouvoir conserver le même numéro d'annuaire, lors d'un changement de domicile, voire d'un changement d'opérateur. On conçoit la complexité – et le coût – d'un service de ce genre, qui oblige à implanter pour les réseaux fixes un mécanisme analogue à celui des réseaux cellulaires.

4 Le routage

Un réseau étant constitué d'un grand nombre de nœuds, le plus souvent interconnectés de façon non régulière, l'établissement d'une connexion va nécessiter de trouver le chemin qui relie les deux équipements.

Il faut faire une distinction entre le cas de réseaux en mode circuit (réel ou virtuel) et les réseaux de paquets en mode datagramme.

Dans un réseau en mode circuit, la recherche de chemin a lieu pendant la phase préliminaire d'établissement de la communication. Le nœud émetteur va interpréter l'adresse demandée pour déterminer la direction sortante qui permet de l'atteindre. La requête va ainsi être traitée, le numéro étant interprété successivement (dans le cas d'un appel international, le «1» aiguille la demande vers l'Amérique du Nord, le «514» qui la suit vers Montréal, etc). L'acheminement peut se faire pas à pas ou par un organe centralisé. Le point important est le traitement progressif, qui permet qu'un serveur n'ait pas besoin de savoir localiser *tous* les numéros d'un réseau – mais sache seulement orienter la demande correctement. Les tables *d'acheminement* (c'est le terme consacré en commutation de circuits) contenues dans les commutateurs, et mises à jour par les opérateurs, suffisent au déroulement de l'algorithme.

Une fois la connexion établie, l'aiguillage des informations échangées se fait le long du chemin, tracé dans chaque nœud sur le chemin.

Dans un réseau en mode datagramme, le principe va se décliner quelque peu différemment. Chacun des paquets qui composent l'échange d'information porte avec lui l'adresse explicite à atteindre. Chaque nœud va devoir, pour chacun des paquets successifs, déterminer la direction sortante, c'est-à-dire le nœud suivant sur le chemin (on parle ici habituellement de *routeur* par opposition au *commutateur* d'un réseau en mode circuit). Mais dans la mesure où l'adresse IP ne permet pas un traitement systématique de l'aiguillage (rien n'impose à une adresse de type 159.x.x.x de désigner un serveur en France, ou au Japon), le routeur va devoir interroger le réseau, pour trouver lequel de ses voisins est à même de faire suivre le paquet.

Évidemment, le routeur va faire son profit de l'information ainsi recueillie, par une utilisation judicieuse des caches, de sorte que le deuxième paquet de l'échange sera aiguillé très rapidement, la *table de routage* contenant déjà l'information nécessaire.

De façon générale, le routage d'une requête se fera selon un chemin le plus court possible. Toutefois, on autorise le plus souvent la possibilité de s'écarter de ce plus court chemin, en cas de surcharge de celui-ci.

D'autres méthodes ont été imaginées, par exemple la technique de *déflexion* (*hot potatoe*) dans laquelle le paquet qui ne peut suivre le chemin demandé, au lieu d'être stocké dans un tampon intermédiaire, sera aiguillé, au hasard, vers une autre destination, espérant que son périple finira par converger vers sa destination. Cette méthode, originale *a priori*, permet par exemple de construire des réseaux à évolution rapide (réseaux où les nœuds sont mobiles, ou bien dans lesquels les pannes sont fréquentes, de type réseaux militaires opérationnels).

5 Le contrôle des erreurs et leur correction

Tout réseau transporte des «données», voix, images, flux binaires sortant d'un ordinateur, etc. L'information circule sous forme d'une suite d'éléments binaires, des «0» et des «1»; la transparence du réseau se mesurera au nombre des «0» que le réseau aura transformés en «1», et réciproquement (ceci, à la suite d'anomalies dans des circuits, ou à la présence de parasites).

On introduit ainsi le *taux d'erreur binaires*, (BER, *Bit Error Ratio*) proportion de bits erronés reçus. Dans un réseau téléphonique, cette caractérisation est parfaitement adaptée. Dans un réseau qui transporte des données formatées en «paquets», des circonstances font qu'il est possible qu'un paquet soit perdu – ce qui se traduit par la perte de tous les bits qui le composent. On préférera parler de taux de perte de paquets.

Ceci étant, les erreurs imputables au réseau n'ont pas toujours la même importance. Une communication vocale s'accoutume fort bien d'un taux d'erreurs relativement important (quelques pour cents). À l'inverse, on accordera une forte importance aux possibles erreurs dans la transmission d'informations, bancaires par exemple!

5.1 La détection des erreurs

Dans un réseau transportant des données binaires sous forme de paquets, deux circonstances vont conduire à des erreurs: les erreurs binaires (qui influent sur chaque bit individuellement), et les pertes ou insertions erronées de paquets.

Les premières sont la conséquence d'imperfections dans la transmission du signal, par suite de «bruit» sur les circuits ou dans les équipements. Le niveau d'erreur dépend de la technologie mise en œuvre, des longueurs de liaisons, etc. Les technologies à fibres optiques atteignent couramment des taux d'erreurs inférieurs à 10^{-12} (pour figurer l'importance de ce chiffre, cela correspondrait, sur une liaison téléphonique à 64 kbit/s, à une seule erreur binaire tous les 500 ans!).

Il n'en a pas toujours été ainsi. Les pionniers des temps héroïques se souviennent des taux d'erreurs de 10^{-4} sur les liaisons par câbles des premiers réseaux X.25, et qui en dégradaient fortement les performances.

Le second type d'erreurs – les pertes de paquets – sera la conséquence d'événements liés à des surcharges de trafic. Si un flux trop important est soumis au réseau, flux dépassant sa capacité de traitement, certains tampons où sont stockés les paquets en attente de retransmission pourront déborder, provoquant ce phénomène.

Il existe plusieurs mécanismes permettant de détecter les erreurs. Un mécanisme simple consiste à numéroter chaque paquet. On introduit une zone spécifique dans l'en-tête, qui contient le numéro de séquence (rang du paquet dans le flux: cas de HDLC, de ATM), ou le rang du premier octet transporté (TCP). Le champ consacré à cette information est forcément limité (taille N) de sorte que la numérotation est définie modulo N (le cas d'erreurs multiples provoquant N erreurs ou plus est considéré comme improbable).

Les erreurs binaires quant à elles sont détectées par un mécanisme dit *CRC* (*Cyclic Redundancy Check*). Le mécanisme s'appuie sur la théorie des codes cycliques. Un message binaire peut être vu comme un polynôme (1011 correspond à $x^3 + x + 1$), le CRC représente le reste de la division de ce polynôme par un polynôme de référence (on désigne ce champ aussi sous le terme de *checksum*). L'opération est effectuée à l'émission du bloc, le CRC est intégré à l'en-tête, et il suffit de faire la même opération à l'arrivée pour vérifier l'intégrité du transport.

5.2 Corriger les erreurs

Que faire, une fois l'erreur détectée? Deux actions peuvent être entreprises: corriger l'erreur, ou la masquer.

Le principe de la correction est simple: l'émetteur conserve une copie des données envoyées, jusqu'à ce que le récepteur envoie un accusé de réception positif (on parle d'acquittement, ACK). Dès qu'une erreur est détectée (par l'émetteur ou le récepteur) tous les paquets sont retransmis.

Deux variantes se rencontrent. Dans la première, dite «Goback-N» l'émetteur reprend la transmission au premier paquet perdu. Dans la variante « retransmission sélective» (*selective repeat*) seuls les paquets perdus seront renvoyés. Cela se traduit par une plus grande complexité des algorithmes mais par une meilleure efficacité de la procédure.

Le masquage de l'erreur est une opération plus délicate, et qui dépend du type d'information. On l'utilisera dans la situation de transport d'informations en temps réel, où la retransmission serait trop coûteuse en délai, et où les erreurs sont peu détectables (vidéo, par exemple, où l'erreur se traduit par une dégradation localisée fugitive de l'image). Pour masquer l'erreur, on pourra mettre à profit les redondances présentes dans le signal (cas de la voix), ou bien introduire une redondance explicite, le CRC pouvant jouer ce rôle: il permet par exemple de *corriger* une erreur simple, et de *signaler* une erreur multiple.

Les mécanismes de détection et de correction s'appliqueront selon des mises en œuvre diverses. Les réseaux modernes de type circuit virtuel, où la probabilité d'une erreur est faible, implémentent habituellement ces mécanismes de bout en bout (c'est-à-dire sans aucune opération dans le réseau). Il n'en a pas toujours été ainsi: X.25 a utilisé le mécanisme de correction en mode «pas à pas», c'est-à-dire que les erreurs étaient corrigées sur chaque liaison. C'est encore le cas habituellement lorsqu'une communication emprunte un lien satellite, à taux d'erreur élevé. Cela explique le terme *store and forward*, qui désigne habituellement ce type de réseau.

6 Les contrôles du trafic

6.1 Le contrôle de congestion

Tous les types de réseau (réseaux routiers, électriques, etc.) sont sujets au phénomène de l'engorgement : le réseau dispose de ressources, en quantité finie, et si la demande, toujours imprévisible, dépasse la capacité disponible, des phénomènes de congestion apparaissent inévitablement. Ces phénomènes peuvent se traduire par une réponse catastrophique du réseau, asphyxié par les requêtes insatisfaites, de sorte que le diagramme reliant le trafic efficace à l'offre risque de ressembler à la courbe de la figure 4.

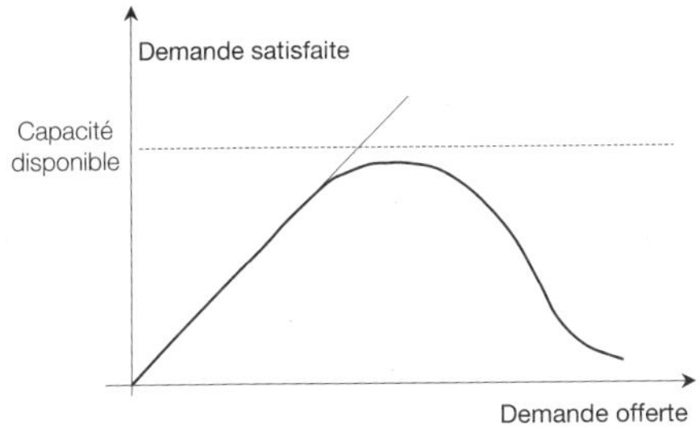

Figure 4 Trafic écoulé par un réseau congestionné

Les comportements des sources de trafic influencent de façon prépondérante le profil et l'amplitude de ces phénomènes. Selon qu'on étudie un réseau de type circuit ou de type paquet, le phénomène aura une description différente.

Dans un réseau de type circuit (réseau téléphonique), les nouvelles requêtes ne pourront pas être honorées, les organes de contrôle du réseau étant saturés par l'accumulation des demandes, le comportement des sources rendant leur traitement inefficace. Dans un réseau de paquets en mode datagramme, aucun contrôle n'est effectué à l'entrée, et le réseau sera donc submergé de paquets, qui provoqueront des débordements des tampons.

Deux types de mécanismes seront mis en œuvre pour lutter contre ces effets indésirables :

- un contrôle «préventif» : toute demande d'établissement de connexion passe par une phase de «contrôle d'admission» ; la demande est rejetée si le réseau est en surcharge ;
- un contrôle réactif : TCP est actuellement l'exemple type de mécanisme, qu'on peut décrire comme *coopératif* ; le réseau signale son état d'engorgement et la source réagit en diminuant le trafic qu'elle émet, jusqu'à ce que la situation redevienne normale.

La question d'un contrôle d'engorgement efficace est loin d'être simple, et en tout cas toujours l'objet d'études. La difficulté provient de l'impossibilité pour un mécanisme d'avoir une connaissance exacte de l'état d'engorgement du réseau. Évidemment, un organe central de gestion du trafic pourrait pratiquer un contrôle efficace, mais au prix d'une accumulation de retards dus à la nécessité d'acheminer les informations correspondantes, à l'impossibilité de les traiter en temps réel dès que la taille augmente. On préfère donc des solutions distribuées, chaque organe disposant d'une information locale et d'informations partielles sur son environnement.

Décrivons, de façon schématique, le mode de fonctionnement de TCP.

À l'ouverture d'une session TCP, l'émetteur va entamer une phase dite *slow start*. Le fonctionnement est guidé par une fenêtre d'anticipation, qui donne le volume de trafic que l'émetteur peut envoyer dans le réseau – un crédit. La réception d'un acquittement positif permet la mise à jour de ce crédit. Elle signale également la bonne transmission, ce qui signifie la disponibilité des ressources sur le chemin. L'émetteur va donc augmenter le débit, en élargissant cette fenêtre.

Dès qu'un paquet est perdu, l'émetteur interprète cet événement comme un engorgement dans le réseau, et divise par deux la taille de sa fenêtre (c'est-à-dire son débit). Ce mécanisme permet à la source de «découvrir» les ressources disponibles.

Ensuite, au rythme où reviennent les acquittements, l'émetteur accroît la taille de la fenêtre, augmentant ainsi linéairement son trafic. Ce mécanisme asservit le débit au temps de réponse (le *Round Trip Time*, RTT). On parle souvent de mécanisme AIMD (*Additive Increase, Multiplicative Decrease*) pour caractériser ce comportement.

6.2 Le contrôle de flux

Le *contrôle de flux* est une fonction souvent confondue avec le contrôle d'engorgement.

Le principe est ici d'asservir la source, non pas aux ressources réseau disponibles, mais aux capacités du récepteur : mémoire disponible, capacité de calcul. Le récepteur va retarder les crédits qu'il retourne à l'émetteur, au rythme de ses disponibilités.

En fait, les mêmes mécanismes sont mis en jeu par les deux contrôles – la source pouvant ignorer où se situe le goulet d'étranglement, lorsqu'elle reçoit les acquittements de façon retardée.

7 La tarification et la taxation

L'argent étant le nerf de la guerre, la fonction de taxation a dans un réseau une importance primordiale. Elle applique une série de principes de tarification, propres à chaque opérateur et à chaque type de réseau, qui mettent en jeu habituellement une combinaison de plusieurs éléments :

- l'abonnement. L'utilisateur paie un droit d'accès au service réseau (service de base) ;
- le forfait. L'utilisateur achète en bloc une quantité de communications, qui sera comptée en minutes de communications, en volume total de trafic échangé, ou autre ;

- le paiement à la communication. Chaque communication sera taxée, selon un schéma qui pourra dépendre de la durée, de la distance, de la cible demandée – le service demandé par exemple ;
- les tarifs préférentiels : périodes à tarifs réduits pendant les heures creuses, quand le réseau est inemployé ; tarifs d'incitation cherchant à susciter le besoin de trafic chez l'utilisateur.

Les plans de tarification varient d'un opérateur à l'autre. Par exemple, la plupart des opérateurs d'Amérique du Nord proposent un abonnement qui couvre tous les appels locaux, sans limitation de durée. Cette particularité a permis (entre autres raisons) un développement massif de l'Internet, puisque le coût de la communication n'intervient plus.

France Télécom a, à l'inverse, défini une série de zones tarifaires, correspondant à des paliers dans la taxation. Ce schéma est commun aux grands opérateurs des pays européens.

Les décisions tarifaires sont toujours lourdes de conséquences. Ainsi, on a cité l'effet de la « gratuité » des communications locales aux États-Unis. On citera aussi l'impact des tarifs heures creuses, capables de provoquer des pics de trafic importants (cf. le « pic de 20 heures » en France dans les années soixante-dix et quatre-vingt).

Le cas des appels vers l'international, et plus généralement des liaisons « multiopérateurs » donne lieu à traitement spécifique. Des accords bilatéraux sont mis en place (« accords de *peering* »), chargés de régler les questions liées à la balance des flux échangés.

La tarification se devrait, dans un système de marché, de refléter les coûts attachés au service. Dans le contexte des réseaux, ce principe se révèle d'application pour le moins difficile, notamment à cause de la complexité des mécanismes qu'il faudrait mettre en place pour cela. Cela explique la simplicité des plans de tarification que mettent en œuvre les fournisseurs d'accès Internet (un forfait, fonction du débit maximum admissible), et qui ne reflète absolument pas l'utilisation qui en est faite – et donc le coût engendré.

Les relations entre la tarification et l'usage sont un autre point important, que les études économiques tentent de cerner (Curien, 1989), (Goulvestre, 1997). Dans le cas de l'Internet, on pourra consulter notamment des résultats d'expérimentations récentes (Edell, 1999), (Songhurst, 1999). On peut regarder ces résultats d'un autre point de vue, en faisant du schéma de tarification une incitation à moduler la consommation (on fera le parallèle avec le tarif des autoroutes, plus cher aux heures de grande activité). En fait, il s'agit là de questions délicates, et les études réalisées à ce jour n'ont reçu que peu d'écho chez les opérateurs.

8 La normalisation

Il est banal de mettre l'accent sur les bienfaits à attendre de la normalisation, et tout spécialement dans le monde des réseaux. La communication, quelle qu'en soit la nature, implique de la part des terminaux en contact un « langage » commun. On parle volontiers d'*interopérabilité* pour décrire la nécessité de faire fonctionner ensemble des équipements issus de constructeurs différents, de générations différentes, de sorte à faciliter l'évolution du réseau et à accroître le marché accessible à une technologie. Pour le constructeur, il est fondamental de pouvoir diffuser ses produits sur une base la plus large possible ; pour l'opérateur, il est capital de varier la provenance de ses équipements de façon à éviter la dépendance trop stricte. Pour l'utilisateur enfin, l'indépendance vis-à-vis de l'opérateur ou du constructeur ne peut résulter que du respect de normes définissant strictement les interfaces (ainsi, je puis par exemple utiliser mon téléphone portable sur les réseaux étrangers ; j'achète mon ordinateur, que je connecte au réseau de n'importe quel fournisseur de service).

La normalisation vise à établir les règles d'interfonctionnement, selon les principes de l'architecture en couches (voir le chapitre « Le modèle en couches »). Un autre aspect particulier en est la nécessité de disposer de descriptions précises et utilisables des mécanismes décrits. C'est la tâche des méthodes formelles, décrites au chapitre « Méthodes formelles pour l'ingénierie des protocoles ».

8.1 Les organismes

De nombreuses organisations interviennent dans le secteur de la standardisation des équipements et des protocoles. Des ponts ont dû s'établir entre eux ; cependant, chacun de ces organismes a une préoccupation particulière.

L'Union Internationale des Télécommunications (UIT)

L'UIT est l'organisme « officiel » en charge de la définition des normes internationales, c'est-à-dire des mécanismes par lesquels des administrations ou des opérateurs pourront interconnecter leurs réseaux. Appelé initialement CCITT (Comité consultatif international pour la télégraphie et la téléphonie), il est devenu UIT en 1993. C'est un service de l'Organisation des Nations Unies.

L'UIT réunissait à l'origine les administrations des différents pays membres. Avec le processus mondial de privatisation, les administrations ont perdu leur importance, au profit des opérateurs, et des constructeurs, qui y siègent aujourd'hui à égalité avec elles. À noter, l'UIT ne borne pas son rôle à l'écriture de normes internationales. Elle a aussi comme vocation, au travers de groupes d'action spécifiques, d'aider les pays en développement en leur facilitant l'accès aux savoirs en place, pour installer et optimiser leurs réseaux L'UIT est pour cela structuré en trois « secteurs » :

- UIT-R, en charge de la gestion des ressources du spectre radioélectrique et des orbites des satellites ;
- UIT-T, chargé de l'édition des standards (appelées *recommandations*), pour tous les secteurs du domaine des télécommunications ;
- UIT-D, chargé de faciliter l'accès aux télécommunications et le développement de ce secteur, de la formation.

Le travail continu de l'UIT a conduit à l'établissement d'un très grand nombre de standards. On trouvera de plus amples renseignements sur l'UIT et sur l'organisation des normes qu'elle produit en se reportant au site http://www.itu.int.

L'Internet Engineering Task Force (IETF)

Le développement de l'Internet, fondé sur l'acceptation universelle du protocole IP et des protocoles qui lui sont rattachés, a évidemment nécessité une forme de standardisation internationale. L'IETF répond à cette nécessité.

C'est une organisation originale, qui reflète bien l'esprit qui a présidé à la naissance et à l'évolution de la technique IP. C'est un groupe indépendant, basé sur le volontariat des participants. L'IETF est une émanation de l'Internet Society (ISOC), en charge du processus de standardisation. Les documents qui tiennent lieu de standard, et qui résultent d'un consensus de la communauté concernée, sont les *Requests for Comments* (RFC). Il faut noter le sérieux de l'entreprise : un document ne devient standard qu'aux termes d'une série d'expérimentations en environnements opérationnels (deux implémentations effectives sont nécessaires pour que le *draft* puisse espérer devenir RFC). Le processus de standardisation est décrit dans un RFC même (RFC2026). Les RFC sont accessibles sur le site de l'organisation : http://www.ietf.org.

L'European Telecommunications Standard Institute (ETSI)

L'ETSI est une organisation en charge de la normalisation des technologies de l'information et de la communication pour l'Europe. C'est un organisme indépendant, à but non lucratif, basé à Sofia Antipolis. L'ETSI réunit tous les acteurs du secteur (constructeurs, opérateurs, utilisateurs, chercheurs, etc.)

On se reportera au site Web suivant, pour plus d'informations : http://www.etsi.org/home_a.htm

L'International Electrical and Electronic Engineering (IEEE)

C'est une organisation professionnelle, à l'origine nord-américaine, qui anime le secteur des réseaux, par la publication de revues, l'organisation de conférences, etc.

Les standards IEEE les plus connus dans le domaine réseau concernent les réseaux locaux – la série 802 : ainsi IEEE802.3 : Ethernet ; IEE802.16 : Wi-Fi ; etc.

Les forums

Les impératifs qui fondent l'efficacité de l'entreprise de normalisation sont la rapidité et la précision.

Rapidité, parce qu'un constructeur ne se risquera à amorcer la conception d'un produit que lorsque les choix de la norme seront suffisamment avancés, sous peine de se retrouver avec une offre non compatible.

Précision, au sens où la norme doit réellement décrire l'interfonctionnement de sorte que deux machines conçues indépendamment soient assurées de pouvoir communiquer.

Les normes internationales, issues des grands organismes, peinent parfois à atteindre ces deux buts, des intérêts contradictoires s'y opposant violemment (poussant à laisser coexister de nombreuses options, annulant leur efficacité), de même que le souci de produire un texte sans contradiction ni erreur.

Les exigences du marché réclament donc d'aller plus loin et plus vite que le processus de normalisation habituel. Cela a conduit à l'ouverture de forums, lieux de rencontre de tous les acteurs concernés par une technologie et par son déploiement rapide (les constructeurs, les opérateurs, les utilisateurs). Ainsi le Frame Relay Forum a vu le jour en 1990, l'ATM Forum est apparu en 1991. Le FR Forum, par exemple, édite des *Implementation Agreements*, qui complètent en les précisant les normes de l'UIT. On citera de même l'EFMA, qui promeut l'usage de la technologie Ethernet sur la boucle locale (voir chapitre « Réseaux d'accès filaires ») – et d'autres encore.

De façon générale, ces forums sont des associations visant au développement d'une technologie spécifique.

Bibliographie

Blanchet M. (1997), *Internet : TCP/IP simplifié.* Éditions Logiques.

Curien N., Gensollen M. (1989), *Prévision de la demande de telecommunications : methods et modèles.* Collection Technique et Scientifique des Télécommunications, Eyrolles.

Edell R., Varaya P. (1999), Providing Internet Access : what we learn from Index. Index Project Report \99-010W, http://www.INDEX.Berkeley.edu/reports/99-009S (avril 1999).

Goulvestre, J.P. (1997), *Économie des Télécommunications*, Hermès.
Pujolle G. (2003), *Les réseaux,* 3e édition, Eyrolles, Paris.
Pujolle G. (2004), *Cours «réseaux et télécoms»*, 2e édition, Eyrolles, Paris.
Songhurst D.J., editor (1999), *Charging Communication networks: from theory to practise.* Elsevier.
Tanenbaum A., (2003), *Réseaux*, 4e édition. Campus Press.

Le modèle en couches

Nazim Agoulmine

Mots-clés : couches, modèle, OSI, protocole, service, NGN, signalisation.

Résumé : le modèle en couche a été déterminant dans l'évolution des réseaux. Ce modèle en couche a permis de mieux comprendre et concevoir les architectures des réseaux. Les deux modèles les plus importants sont le modèle OSI et le modèle Internet. Ces modèles ont été déterminants dans cette évolution des réseaux. Avec l'évolution des technologies de communication, le modèle Internet s'est affirmé comme le modèle de référence. Néanmoins, avec les besoins de convergence, celui-ci devient incapable de modéliser les évolutions technologiques au niveau du réseau et des services et on parle de plus en plus de l'évolution du modèle OSI et Internet vers le modèle NGN (*Next Generation Network*).

La conception des architectures réseaux a suscité et suscite encore de nombreux travaux. L'intérêt de cette technologie en a fait, depuis l'avènement du téléphone, un domaine de concurrence farouche dans lequel chaque acteur a souhaité faire passer son point de vue afin d'être en position de leader dans le déploiement ou la commercialisation d'équipements. Néanmoins, lorsque les réseaux informatiques ont commencé à apparaître, c'est-à-dire dans les années soixante-dix, il y avait peu d'acteurs capables de développer et de déployer de telles infrastructures. Il s'agissait en général des grands constructeurs de systèmes informatiques. Dès lors, les quelques acteurs les plus importants ont défini leurs propres architectures de réseaux. Parmi eux on peut citer IBM avec son architecture SNA (*System Networked Architecture*), Digital avec son architecture DNA (*Digital Network Architecture*), Bull avec son DSA (*Distributed System Architecture*) ou encore la DARPA avec l'architecture IP (*Internet Protocol*).

Toutes ces approches se sont basées sur une constante conceptuelle qui est la modélisation en couches. Toutes les architectures sont en effet définies sous cette forme. Les couches sont empilées les unes sur les autres, l'objectif étant de résoudre de manière incrémentale les problèmes de communications entre applications. Dans chaque couche, un ensemble de fonctions est fourni dans le but de résoudre une partie de la problématique de communication et de cacher à la couche supérieure les détails de cette résolution.

Malgré ce compromis dans l'approche de résolution, les approches constructeur ne sont pas compatibles car le choix du nombre de couches, les fonctionnalités que chacune réalise ne sont pas identiques dans chaque architecture, rendant leur interopérabilité directe impossible et nécessitant la mise en place de systèmes complexes et coûteux d'adaptation lorsqu'une entreprise veut mettre en place des réseaux constitués d'équipements de plusieurs constructeurs. (par exemple mélanger du matériel IBM avec du matériel Bull). Il devenait alors urgent de coordonner ces activités car l'hétérogénéité qui en découlait allait poser des problèmes importants d'interopérabilité des équipements dans le futur proche et empêcherait finalement le développement des technologies réseaux à large échelle.

Dès lors, les organismes de normalisation, principalement l'ISO (International Standardisation Organisation) et l'Union internationale des télécommunications, UIT (ITU International Telecommunication Union) anciennement CCITT, ont lancé des initiatives de normalisation de l'architecture réseau et ont finalement exploité de manière efficace le modèle en couches et mis en place une architecture, devenue une référence pour l'ensemble de l'industrie des télécommunications, qui a permis le développement d'équipements et de logiciels interopérables. Ce modèle de référence appelé OSI (*Open System Interconnection*) est à la base du développement d'un ensemble de technologies réseau aussi bien pour les architectures LAN, MAN que WAN. Avec les développements des techniques de communications notamment en terme de fiabilité, les fonctionnalités définies dans le modèle OSI sont devenues redondantes et finalement ont commencé à présenter des propriétés adverses par rapport à leurs objectifs initiaux. Dès lors, une évolution de l'architecture OSI s'est opérée au fil du temps. Sans remettre en question, ni le modèle en couches, ni les concepts de base, une restructuration de l'architecture des réseaux s'opère, davantage focalisée sur les aspects services que sur les aspects communications, aujourd'hui globalement bien maîtrisés. Ce chapitre donne une idée générale sur l'intérêt de la modélisation en couches et propose une vision de l'évolution de cette modélisation basée sur ce qu'on appelle aujourd'hui le changement de paradigme (*paradigm-shift*), c'est-à-dire le besoin de regarder le réseau, non plus principalement sur les techniques de communication qu'il met en œuvre, mais plutôt sur les services qu'il va offrir. Ce paradigme s'intègre parfaitement dans la vision des réseaux de nouvelle génération NGN (*Next Generation Networks*)

1 Le modèle OSI

Le modèle en couche qui a eu un impact certain dans l'évolution des réseaux est celui introduit par l'ISO et l'UIT-T à la fin des années soixante-dix et début des années 1980. Le principal aboutissement a été, fin 1983, la publication de deux documents de travail issus de chaque organisation et intitulés quasi à l'identique : "*Basic Reference Model for Open Systems Interconnection*". Ces deux documents décrivent, de façon différente, l'architecture en couche d'un système de communication. En 1983, les deux organismes se sont mis d'accord pour les fondre en un seul document de référence (avec quelques changements techniques mineurs pour refléter la vue de l'UIT). Et le document devint : «Modèle de référence pour l'interconnexion des systèmes ouverts» (*Reference Model for Open Systems Interconnection*).

À partir de 1984, les travaux de normalisation sur l'architecture OSI se sont poursuivis en collaboration entre l'ISO et l'UIT. La plupart des réunions techniques étaient formellement conjointes avec des documents de travail uniques portant les deux logos. Au niveau de l'UIT, les documents de normalisation sont appelés des recommandations tandis que pour l'ISO le même document est appelé norme ISO.

Le modèle «interconnexion de systèmes ouverts» (OSI) est un cadre de référence qui couvre l'ensemble des normes de protocoles de communication qui doivent être mis en œuvre pour permettre l'interconnexion de systèmes distants. Il a le soutien de la plupart des équipementiers réseau, des fournisseurs et des grands clients ainsi que de la plupart des gouvernements.

1.1 OSI : quel avenir ?

À la fin des années soixante-dix, le panorama des télécommunications était principalement dominé par les opérateurs historiques de téléphonie. Dans le monde de la téléinformatique à l'inverse, les réseaux des différents constructeurs n'étaient pas capables de communiquer entre eux et cette situation tendait à se complexifier avec l'entrée de nouveaux acteurs. Le succès de la normalisation dans le domaine de la téléphonie, qui a permis l'interconnexion mondiale des réseaux téléphoniques grâce aux recommandations techniques de l'UIT, a motivé l'initiation d'une procédure similaire pour les réseaux informatiques.

Ainsi, le modèle OSI peut être vu comme une référence qui décrit comment les communications de données devraient avoir lieu entre différents systèmes indépendamment des détails techniques ou technologiques de leur conception. Il définit d'une part un langage commun au monde des télécommunications et des réseaux et d'autre part une architecture en sept couches. Le langage commun ou terminologie permet d'expliquer la sémantique des termes introduits dans la description de l'architecture en couches et constitue à ce jour la contribution probablement la plus importante dans le domaine. L'architecture en couches quant à elle permet de décomposer la complexité du problème d'interopérabilité en plusieurs sous-problèmes regroupés dans différentes couches. Ainsi, au niveau de chaque couche sont définies des règles de communications dites *protocoles* qui permettent la communication entre deux systèmes distants. Les systèmes qui respectent ces règles sont dits *systèmes ouverts*, par opposition à un système fermé qui ne permet en principe que la communication entre éléments provenant du même constructeur, selon des protocoles spécifiques.

Le modèle OSI est un modèle abstrait qui ne vise qu'à définir les fonctions qui doivent être assurées par les systèmes ouverts et n'a pas pour objectif de définir comment les implémenter, ni quelles technologies utiliser. De nombreux protocoles peuvent coexister à chaque couche et ne pas être opérationnels dans le monde réel. Si un vendeur du réseau rend effectif un des protocoles à chaque couche, ses composants du réseau devraient être capables de communiquer avec un composant d'un autre vendeur ayant activé les mêmes protocoles. Néanmoins, ce modèle n'est pas réglementaire et aucune force réglementaire n'impose son utilisation. Pire, le fait de respecter ce modèle n'implique pas forcément que les communications peuvent avoir lieu au regard des nombreux profils de protocoles qui existent. On peut dire que dans un certain sens, l'OSI est un échec car il n'a pas permis d'atteindre l'objectif d'interopérabilité totale atteint par les réseaux téléphoniques. La grande majorité des mécanismes et protocoles issus de la normalisation ne sont pas aujourd'hui utilisés. L'architecture en couches elle-même est remise en question. Mais malgré tout cela, personne ne peut contester l'importance des travaux de l'OSI sur la compréhension des réseaux de communication et leur fulgurante progression.

1.2 La terminologie de l'OSI

Le modèle OSI introduit une architecture en *couches*. Cette approche n'était pas nouvelle au moment de son adoption, plusieurs architectures de réseaux de constructeurs privés étaient déjà conçues selon ce modèle. À titre d'exemple, on peut citer le réseau SNA (*System Network Architecture*) d'IBM, DNA (*Digital Equipement Corp, Network Architecture*), IP (*Internet protocol* de la DARPA), etc. Chaque couche de l'architecture s'appuie sur une couche inférieure dont le but est de cacher tous les détails de réalisation au travers d'une interface de service. En théorie, toute modification dans une fonction particulière d'une couche sera sans effet sur la réalisation des fonctions de la couche supérieure.

Par exemple, l'ensemble des fonctions correspondant à la simple transmission de bits sur une voie de communication constitue le niveau le plus bas de la hiérarchie de protocoles qui règle les échanges.

Les communications sont organisées selon une hiérarchie comprenant des communications virtuelles et une communication physiques entre les couches de même niveaux, qui sont réglées par des protocoles entre pairs (*Peer Protocols)*.

À l'interface entre une couche (N) et une couche (N + 1), les services (N) sont offerts par la couche (N) à partir de points d'accès à des services (N) – *(N)-Service Access-Point*).

Chaque couche (N) peut se diviser en plusieurs sous-systèmes (N) – *(N)-Subsystem* – qui peuvent comporter eux-mêmes plusieurs entités (N) – *(N)-Entity*. Les entités sont les éléments actifs de la couche. Elles fournissent les services de la couche soit en totalité, soit partiellement. Dans ce cas, le service est assuré par plusieurs entités (N) qui coopèrent en communiquant par un protocole (N) – *(N)-protocol.*

Les échanges d'informations sont effectués en suivant un protocole (N). À ce niveau, les entités éloignées peuvent communiquer directement ou indirectement à travers des entités relais qui transmettent vers une entité (N) les données qu'elles reçoivent d'une autre entité (N).

Le transfert de données et d'information de contrôle entre entités (N) correspondantes est régi par un protocole (N) qui spécifie l'ensemble des règles et des formats gouvernant la communication à ce niveau.

Plus précisément, au niveau de la couche (N), les entités échangent des informations de contrôle de protocole (N), (N)-PCI – *(N) Protocol-Control-Information* – pour coordonner leur activité et pour gérer le protocole.

Les données issues de la couche supérieure sont éventuellement combinées avec les informations de contrôle de protocole pour former une unité de données de protocole (N), (N)-PDU – *(N)-Protocol-Data-Unit* –, dont la transmission est prise en charge par la couche inférieure avec des échanges gérés par un protocole (N – 1). Au niveau de la couche (N – 1), les unités de protocole (N) peuvent être considérées comme des données utilisateur (N – 1) qui prennent le nom d'unité de données de service (N – 1) – (N – 1)-SDU – *(N)-Service-Data-Unit* –, et qui sont transmises de façon transparente, par association avec un (N – 1)-PCI pour former un (N – 1)-PDU.

1.3 L'architecture en sept couches

Le nombre de couches de l'architecture OSI, fixé à sept, résulte d'un compromis entre la nécessité de limiter ce nombre à une valeur raisonnable et de regrouper un maximum de fonctions similaires ou qui ont le même niveau d'abstraction (on verra par la suite qu'avec l'évolution des réseaux certains regroupements et séparations logiques n'étaient plus acceptables). Par ailleurs, les interfaces entre les couches doivent être aussi simples que possible. En plus de ce regroupement par couche, un autre regroupement logique des couches dans deux catégories distinctes est réalisé.

Les quatre premières couches basses : *physique, liaison de données, réseau*, et *transport* ont pour but de fournir un service de communication de bout en bout pour le transfert de données entre deux systèmes. Ces couches fournissent les protocoles associés au réseau de communication qui permettent de mettre en place un *service de transport* qui masque aux couches hautes les spécificités de techniques de communication utilisées.

Les trois couches hautes : *session, présentation*, et *application* fournissent les services nécessaires au dialogue entre les applications de bout en bout. Il s'agit principalement de coordonner le dialogue et surtout de se mettre d'accord sur un vocabulaire commun. Elles fournissent en fait un service d'accès aux applications communicantes.

Le modèle en couches de l'architecture OSI est présenté sur la figure 1.

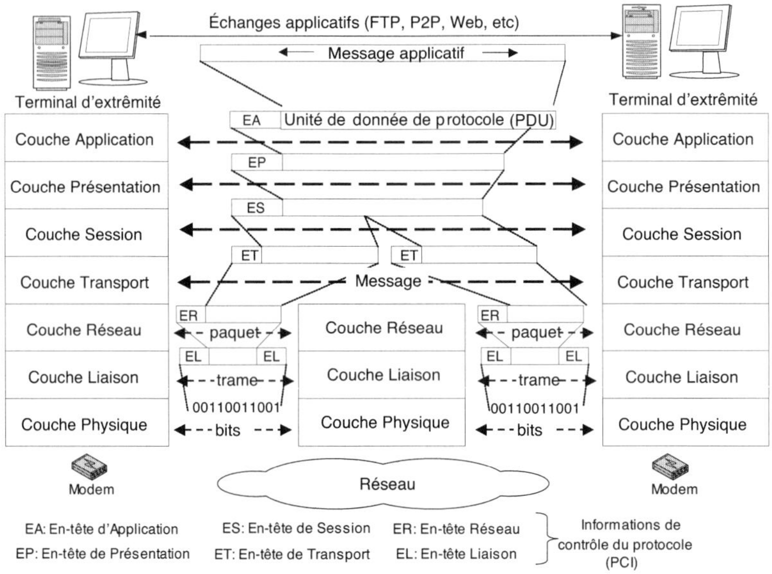

Figure 1 Modèle en couche de l'architecture OSI

La couche physique

Elle fournit l'interface électrique, mécanique et fonctionnelle pour accéder au réseau physique (le câble). Cette couche s'occupe principalement de transporter un flux binaire sous une forme compatible avec les caractéristiques physiques du média utilisé. Elle est responsable de la meilleure adaptation du signal au support (électrique, ondes hertziennes, infrarouge, etc.). Au niveau de l'OSI ce qui importe est principalement la spécification des services offerts à la couche supérieure, c'est-à-dire la couche liaison. Le détail des spécifications de la partie adaptation est spécifique à chaque technologie et l'OSI s'appuie principalement sur les travaux d'autres organismes pour les détails de réalisation dans une technologue spécifique. Par exemple, l'OSI s'appuie principalement sur les travaux de l'IEEE pour la normalisation des couches physiques des réseaux locaux (réseaux IEEE 802.3, Ethernet IEEE 802.5, Token Ring IEEE 802.11, Wi-Fi, IEEE802, 16-Wimax, etc.), l'UIT-T pour les accès aux réseaux métropolitains et nationaux (V24, X21, etc.).

La couche liaison de données

Elle permet de coordonner et fiabiliser le transfert de bits au niveau physique. L'ensemble des bits est encadré dans une unité unique ou bloc contenant des champs complémentaires de contrôle d'erreur de la suite transmise et d'identification de la suite. Cette structure de suite de bits est appelée *trame* et le service offert à la couche supérieure est un service de transfert fiable de ces trames via un protocole de liaison. Pour cela, cette couche assure également des mécanismes de détection et de reprise sur erreurs permettant d'identifier à la réception les trames qui comportent des erreurs et de redemander leur transmission via le protocole. Par ailleurs, elle offre un service d'optimisation des communications en permettant l'envoi successif de plusieurs trames (anticipation) et de *contrôle de flux* pour gérer la cadence de ces envois, c'est-à-dire le nombre de trames successives pouvant être envoyées (*fenêtre d'anticipation*). Cette couche est partagée logiquement en deux parties dans le cadre des réseaux locaux : LLC (*Logical Link Control*) et MAC (*Medium Access Control*) de façon à séparer les mécanismes spécifiques d'accès à un support partagé (dans le cas d'un réseau local comme Ethernet) des mécanismes de la couche liaison proprement dits qui eux restent génériques. Dans le cas des réseaux LAN, cette couche s'appuie sur des adresses physiques (gravée sur les cartes réseau) qui permettent d'identifier les interfaces de communication du système (adresses MAC).

La couche réseau

Elle s'occupe d'acheminer des unités de données appelées *paquets* à travers un réseau composé d'un ensemble de nœuds interconnectés par des couches physiques et liaisons. Il s'agit pour la couche réseau d'identifier le chemin par lequel doit passer le paquet d'une source vers une destination. Dans chaque nœud une fonction de routage est réalisée et permet, en fonction de l'adresse destination, de déterminer vers quel nœud suivant le paquet doit être transmis. Une fois cette fonction réalisée, le paquet est *encapsulé* dans une trame compatible avec la couche liaison reliant les deux nœuds. La couche réseau utilise un plan d'adressage abstrait et doit traduire des adresses logiques, ou noms, en adresses physiques pour pouvoir transmettre le paquet vers sa destination suivante.

La couche transport

Elle assure que les paquets envoyés entre une source et une destination sont reçus avec succès. Si les données envoyées sont incorrectement reçues ou pas du tout, cette couche a la responsabilité de demander leur retransmission. Ainsi, cette couche offre un service de transport de bout en bout, fiable, transparent et efficace. Cette couche agit comme une interface entre les couches basses de l'architecture OSI et les couches hautes. Elle va ainsi fournir un nouveau plan d'adressage indépendant de celui du réseau, des *mécanismes de reprise* en cas de panne ou d'erreurs dans le réseau, des mécanismes de régulation des échanges de bout en bout (*contrôle de flux*), de *multiplexage* des communications, etc. Toutes ces fonctions ont pour but d'optimiser la communication de bout en bout et de tirer le meilleur parti du réseau.

La couche session

Elle regroupe un ensemble de fonctions qui permettent de faciliter à l'application l'utilisation du service de transport. Ainsi les deux principales fonctions offertes par cette couche sont la gestion des connexions et la synchronisation des échanges. La synchronisation des échanges permet au développeur d'intégrer dans son application un ensemble de facilités pour définir des *points de reprise* dans les échanges. Ces points de reprises sont transcendants par rapport à la connexion de transport, c'est-à-dire qu'on peut perdre une connexion physique et permettre aux applications de reprendre le dialogue là où ils le souhaitent au moment de la reprise (fonction très utile dans le cas de panne lors du téléchargement de gros fichiers par possibilité de reprendre le téléchargement là où il s'est arrêté dès la reconnexion).

La couche présentation

Elle permet de convertir, compresser, décompresser, crypter les données échangées. L'objectif principal de cette couche est de cacher les problèmes de compatibilité des représentations des données utilisées par chaque système relié au réseau. Ainsi, cette couche offre un ensemble de routines qui permettent de convertir une représentation locale de données dans une représentation abstraite (ASN.1 : *Abstract Syntax Notation One*) puis de les transmettre selon un codage binaire bien déterminé et compréhensible par chaque partie (BER : *Basic Encoding Rule*). Ainsi tous les systèmes ouverts peuvent comprendre les données transmises même si chacun utilise une représentation locale spécifique. Il en va de même pour la compression qui va permettre de réduire la taille de la donnée transmise, ou le cryptage qui va permettre de protéger le message transmis.

La couche application

Elle fournit des fonctions logicielles de base au développeur lui permettant de construire rapidement son application sans se soucier des détails techniques de chaque fonction. Cette couche est composée d'une ensemble de composants (ASE : *Application Service Element*) qui réalisent des fonctions particulières comme la gestion des connexions (ACSE : *Association Control Service Element*), le transfert fiable de messages (RTSE : Reliable Transfert Service Element), ROSE (*Remote Operation Service Element*), le transfert de fichiers FTAM (*File Transfert Access and Management*), etc. L'idée est de concevoir une application par le regroupement des composants spécifiques à cette application et d'un ensemble de composants de communication fournis par la couche application. Lorsque cette couche a été définie, la notion de programmation par composants n'existait pas encore mais on peut voir aujourd'hui avec l'émergence de nouvelles techniques de génie logiciel que cette conception n'était pas dénuée de sens. Cependant, très peu d'applications ont été développées selon ce modèle : à ce jour, on peut principalement parler de trois applications majeures, le transfert de fichier avec FTAM, la messagerie électronique X400, et les applications d'annuaires avec X500.

2 Le modèle Internet

Le modèle en couches Internet définit une architecture réseau en quatre couches dans laquelle les protocoles TCP et IP jouent un rôle central. Par abus de langage, on utilise communément TCP/IP pour nommer soit ce modèle soit effectivement les deux protocoles TCP et IP. Le modèle TCP/IP s'est imposé ces dernières années comme le modèle de référence en lieu et place du modèle OSI. Ceci est principalement dû à sa conception très pragmatique qui repose sur des retours d'implémentations. Cet historique fait toute la particularité de ce modèle, ses avantages et ses inconvénients. L'origine de TCP/IP remonte au réseau Arpanet. C'est un réseau de télécommunication conçu par la DARPA (Departement of Advanced Research Projects Agency), l'agence de recherche du ministère américain de la défense. L'objectif principal initial de ce projet est la conception d'un réseau capable de faire communiquer des applications de bout en bout à travers un ensemble de sous réseaux hétérogènes interconnectés, ce réseau devant être capable de se reconfigurer automatique en cas de panne ou de destruction partielle (en cas de guerre par exemple). La technologie de commutation utilisée a été dès lors la commutation par paquets en mode *datagramme* (sans connexion). Le modèle TCP/IP fut ainsi inventé en 1974 puis développé au travers d'un ensemble de contrats industriels et universitaires, notamment avec l'université de Berkeley.

2.1 L'architecture en quatre couches

Le modèle TCP/IP définit les quatre couches suivantes.

La couche hôte réseau

Cette couche qui ne rentre pas dans le cadre des spécifications du modèle Internet est une couche abstraite qui représente toutes les technologies sous-jacentes permettant à une machine de transmettre des blocs de bits vers une machine distante. L'implémentation de cette couche est laissée libre et peut donc être hétérogène. Par exemple, dans le cas des réseaux locaux, cette couche peut correspondre à de l'Ethernet ou du Wi-Fi.

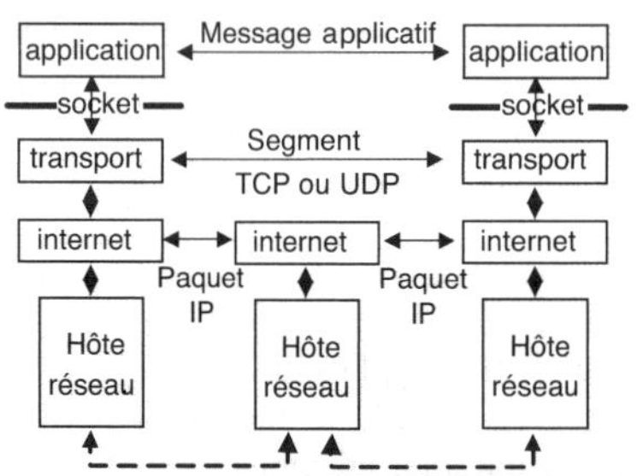

Figure 2 Modèle en couche de l'architecture Internet

La couche Internet

C'est la couche centrale de l'architecture. Elle réalise l'interconnexion effective des sous-réseaux (hétérogènes) sous-jacents. Elle a pour rôle de récupérer des paquets de n'importe quel sous-réseau et de les injecter dans n'importe quel autre sous-réseau. Le choix des sous-réseaux de destination se fait grâce au mécanisme de routage comme celui décrit dans la couche réseau du modèle OSI. Les paquets sont néanmoins acheminés indépendamment les uns des autres jusqu'à destination sans qu'aucune connexion ne soit préalablement établie. Les paquets peuvent arriver dans le désordre. La remise en ordre des paquets reçus est laissée à l'initiative de la couche supérieure.

La couche transport

Son rôle est le même que celui de la couche transport du modèle OSI : permettre à des entités paires de soutenir une conversation. Cette couche définit deux protocoles principaux : le protocole TCP (*Transmission Control Protocol*) et le protocole UDP (*User Datagram Protocol*). TCP est un protocole fiable, orienté connexion, qui permet l'acheminement sans erreur et ordonné de paquets issus d'une machine à une autre machine. TCP s'occupe également du contrôle de flux de la connexion. UDP est en revanche un protocole plus simple que TCP : il est non fiable et sans connexion. Son utilisation présuppose que l'on n'a besoin ni du contrôle de flux, ni de la conservation de l'ordre de remise des paquets. Par exemple, dans une application de voix sur IP ou de vidéo sur IP, le critère le plus important est la délivrance rapide des paquets de données et la perte ou le retard d'un paquet le rend inutile : il ne sert donc à rien de le retransmettre comme dans le cas de TCP.

La couche application

Contrairement au modèle OSI, c'est la couche immédiatement supérieure à la couche transport. En effet, dans le modèle Internet, tous les aspects en rapport avec le développement de l'application sont regroupés dans la même couche. Cette couche contient tous les protocoles de haut niveau, comme par exemple Telnet, FTP, SMTP (*Simple Mail Transfer Protocol*), HTTP (*HyperText Transfer Protocol*) – voir au chapitre « Applications Internet » les détails de ces mécanismes. Ces applications vont s'appuyer sur l'un des deux protocoles de transport, TCP ou UDP, en fonction de leurs besoins. Pour simplifier la programmation des applications Internet, l'université de Berkeley a spécifié une interface de programmation applicative qui cache les détails d'utilisation des services TCP et UDP appelée *sockets*. Cette couche est un des principaux facteurs, de par sa simplicité, du développement important d'applications sur Internet.

3 Évolution du modèle OSI et Internet

Cette dernière décennie a été riche en évolution technologique, aussi bien au niveau des télécommunications que des applications. Les architectures de réseaux qui au départ ont été conçues avec des objectifs très spécifiques, généralement de transfert de donnés, de téléphonie ou de vidéo, sont maintenant utilisées pour supporter plusieurs services pour des raisons économiques. En effet, la *dérégularisation* des télécommunications pousse les acteurs de ce domaine à chercher des économies d'échelle et à créer de nouvelles opportunités technologiques pour les services.

Les développements que le domaine a subis ces dernières années tendent à bousculer les concepts introduits par le modèle de référence OSI. La structuration en couches hermétiques pose problème car elle limite certaines opportunités de développement de nouvelles techniques pour optimiser les performances du réseau ou pour créer de nouveaux services à valeur ajoutée qui ont besoin d'aller chercher des informations dans différentes couches sans se soucier de leur manque de visibilité au niveau du service de chaque couche inférieure. Le protocole IP a servi de référence ces dernières années à cette mutation au point de superposer des couches identiques pour sa visibilité de bout en bout puis son intégration dans le cœur du réseau. Le cœur des NGN sera encore certainement basé sur IP mais il ne peut faire face, seul, à tous les besoins et les avancées dans les technologies de communication fixes et mobiles.

En effet, ce que l'on voit apparaître de plus en plus c'est une «opératisation» de l'Internet. C'est-à-dire que l'on est en train de transformer ce réseau en un réseau d'opérateur avec des techniques de réservation distribuées ou centralisées. Ces techniques s'appuient sur un ensemble de protocoles qui mettent en place un nouveau plan de signalisation qui à l'origine est propre aux réseaux de télécommunication. Ce plan de signalisation semble incontournable pour les NGN. En effet, il va offrir aux réseaux IP une nouvelle capacité de contrôle des ressources, d'automatisation de leur configuration en vue du déploiement dynamique de nouveaux services. Ce plan de signalisation va permettre de corriger l'indéterminisme des réseaux IP actuels et les rendre beaucoup plus robustes.

La signalisation est depuis longtemps étudiée par les organismes de normalisation, et plus particulièrement par l'UIT-T. La signalisation CCITT n° 7 est à la base du fonctionnement des infrastructures téléphoniques, des réseaux mobiles et des réseaux intelligents. Les protocoles RSVP (*Resource reSerVation Protocol*), SIP (*Session Initiation Protocol*) et COPS (*Common Object Policy Service*) sont des exemples concrets de la volonté de mise en place d'un plan de signalisation sur IP permettant à l'instar de la signalisation CCITT n° 7 de préparer les routeurs IP à recevoir des flux applicatifs spécifiques. Ces protocoles vont évoluer dans l'avenir car ils ont été définis pour supporter des besoins d'applications spécifiques mais la volonté de mettre en place un plan de signalisation universel se poursuit au niveau du groupe NSIS (*Next Step In Signaling*) de l'IETF avec les travaux en cours sur les protocoles de signalisation universel GIMPS (*General Internet Messaging Protocol for Signaling*). Le protocole GIMPS vise à unifier toutes les signalisations existantes et à offrir un plan de signalisation ouvert et générique qui peut être utilisé par n'importe quelle application.

L'architecture de référence NGN qui commence donc à prendre forme répond à un besoin d'éclaircissement du paysage des réseaux et plus particulièrement des services de communications dans le moyen long terme. Même si plusieurs directions semblent possibles, un certain nombre de points peuvent être dégagés et sont communs à toutes les visions du NGN. Le protocole IP sera certainement le protocole unificateur pour le transport des données, de la voix et de la vidéo. Les réseaux IP sont peu chers, faciles à gérer et interconnecter en comparaison aux autres technologies de commutation de circuits ou de réseaux mobiles mais IP, seul, ne répond pas aux besoins futurs qui commencent à être identifiés.

Plusieurs aspects doivent être traités pour refléter la tendance à la généralisation des usages. Les services de communication se banalisent. Les utilisateurs s'attendent à obtenir le même service quel que soit leur moyen d'accès fixe ou mobile. Les applications s'uniformisent : le service de communication de données ou la téléphonie ne sont plus que des exemples d'applications parmi d'autres. La mobilité fait maintenant partie du mode de vie des usagers et le réseau doit intégrer cet aspect et même le prendre en compte au niveau applicatif. Les applications ne sont plus complètement indépendantes du réseau et peuvent prendre en compte des aspects spécifiques. Le service devient un aspect très important de l'architecture et sujet à compétition. Le fonctionnement des services peut nécessiter des interactions avec n'importe quel niveau de l'architecture réseau, pour cela, celle-ci doit présenter des interfaces de communication ouvertes qui permettront à ces services de réaliser leurs fonctions. Tous ces points poussent vers la définition d'un nouveau modèle de référence dans lequel l'intérêt sera orienté vers son contrôle plutôt que sur son fonctionnement. Le modèle qui est présenté ici synthétise un ensemble de contributions, et est donné uniquement à titre indicatif de redéfinition d'un nouveau modèle de référence qui soit plus représentatif des problématiques actuelles.

L'architecture NGN présente un ensemble de plans offrant chacun un ensemble de services soit à des clients soit à la couche supérieure. Cette approche n'est pas conforme au modèle OSI qui veut que les couches soient hermétiques et que chaque couche cache complètement la réalisation de ses services ou des services sous-jacents. Cette approche du NGN est déjà suivie par le consortium PARLAY et a été reprise par le groupe de normalisation 3GPP de l'ETSI (European Telecommunications Standardization Institute) dans ses travaux sur OSA (*Open Service Access*) qui visent à ouvrir les plans de contrôles des composants des réseaux mobiles pour offrir des services tiers.

Ce nouveau modèle de référence met en place deux axes: au niveau de l'axe vertical de cette architecture, on trouve les catégories de services qui seront offerts par le NGN tandis qu'au niveau horizontal, on trouvera les différents types de réseaux.

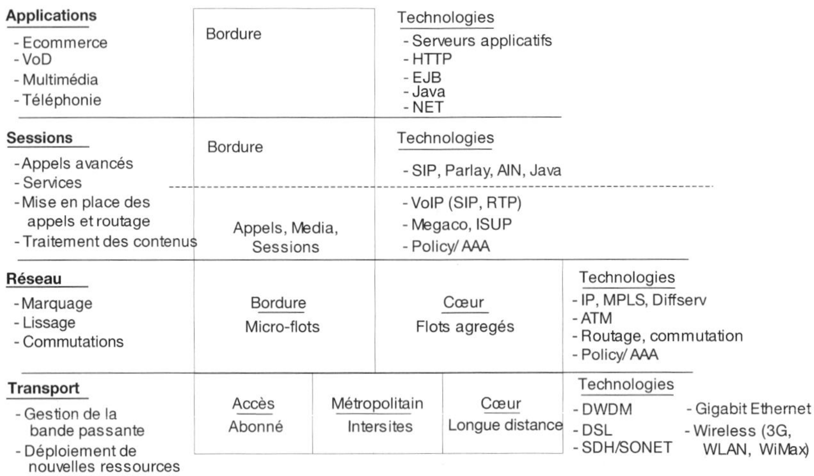

Figure 3 Un modèle de référence du NGN (*Next Generation Network*)

Le plan de transport

Dans le plan de transfert, tous les services partageront une même infrastructure. Par conséquent, celle-ci sera nécessairement multidébits, offrira diverses qualités de services et supportera des débits très élevés. Ce sont principalement des techniques paquets associées à l'optique qui permettront de répondre à ces contraintes.

Le plan réseau

Le plan réseau a pour objectif d'offrir les services de connectivité et de routage. Les technologies types à ce niveau sont IP, ATM, FR, MPLS, etc. Ce plan va supporter également tous les mécanismes de différenciation de services tels que DiffServ qui permettront d'offrir des services adaptés aux besoins des usages. Tous ces services devront être contrôlés de manière dynamique pour offrir la possibilité aux usagers de demander des services de communication en fonction de leurs besoins instantanés. Dès lors, des mécanismes et des protocoles d'allocation dynamique de ressources, via des portails Web ou des protocoles de signalisation, devront être mis en place dans cette couche. Cette allocation de ressource devra être contrôlée de manière dynamique via notamment des infrastructures de contrôle par politiques et d'authentification, autorisation et de mesure de type AAA (*Authenticate, Authorise and Account*). Ces mécanismes de base vont permettre de contrôler cette infrastructure de communication de manière abstraite via un plan de contrôle qui constitue la couche supérieure dans le modèle NGN. Les plans Transport et Réseau du NGN sont parfois regroupés dans un seul plan de Transport pour simplifier le modèle.

Le plan de session, signalisation ou encore de contrôle

La commande sera totalement dissociée du transfert pour faciliter la création et le déploiement de nouveaux services et pour demeurer indépendante des évolutions vraisemblables des techniques de transfert. Elle sera constituée de deux fonctions principales, la médiation et la commande de ressources.

La médiation permet au client de sélectionner ses services. Pour cela, elle effectue l'authentification, lui présente son bouquet de services et lui permet de les activer. Elle lui permet aussi de dialoguer directement avec son agence commerciale en ligne pour modifier ses abonnements et suivre sa consommation.

La commande de ressources constitue la seconde fonction générique. Elle regroupe la localisation des terminaux (qui doit être systématique puisque la mobilité est supposée généralisée) et la mise en place dans le transfert des ressources (débit, qualité de service,...) cohérentes avec les requêtes venant des services.

Les interfaces ouvertes

Elles permettent de concevoir l'ensemble services-réseau à partir de briques fabriquées par divers constructeurs éditeurs de logiciels en garantissant que l'ensemble fonctionnera. Pour un opérateur global, c'est le moyen de faire jouer la concurrence entre les fournisseurs de chaque élément et ainsi de bénéficier des prix les plus attractifs. Ces interfaces permettent aussi de découper l'ensemble entre plusieurs opérateurs de réseaux et plusieurs fournisseurs de services en concurrence. Il s'agit alors de « dégroupage » laissant au client le choix de chacun des maillons de la chaîne qui va de son accès à ses services afin de rechercher ses meilleurs compromis qualité/prix.

Le plan application

Une variété de services sera offerte aux utilisateurs par le NGN. Ces services proviendront de différents types de fournisseurs de services, par exemple les services de connectivité de base seront offerts par des fournisseurs de services réseau (NSP, *Network Service Providers*) tandis que des services applicatifs comme les jeux en réseau, les services de localisation géographique seront offerts par les fournisseurs de services application (ASP, *Application Service Provider*). Dès lors, on peut considérer que l'architecture du NGN va regrouper non pas seulement les couches de transport de l'information mais également les services à valeur ajoutée :

- les services utilisateurs sont définis à la frontière du réseau. Cette frontière peut être considérée comme une combinaison de routeurs d'accès et d'un ensemble de serveurs AAA (*Authentication, Authorisation and Accounting*) et/ou de serveurs qui fournissent des services spécifiques de signalisation (par exemple des serveurs SIP, PEP, GIMPS, etc.) ;
- les services des utilisateurs finaux sont principalement définis en IP. En effet, IP offre une uniformité d'accès aux services quelle que soit l'infrastructure de transport sous-jacente mais aussi une API pour développer des applications qui est aujourd'hui bien maîtrisée (*sockets*) ;
- les technologies sans fil sont en train de se déployer à très grande échelle aussi bien pour le service de téléphonie mais bientôt également pour les services de données. Ceci introduit un ensemble de questions qui demandent des réponses adéquates si on veut offrir à l'utilisateur final une transparence totale à l'utilisation des services. Parmi les problématiques posées, on peut citer le *hand-off* et le *roaming* (cf. le chapitre « Réseaux mobiles : l'exemple du GSM ») transparents entre différents réseaux qui utilisent différentes technologies filaires et sans fils ;
- différents types de technologies seront utilisés dans le réseau d'accès pour accéder aux services IP. Ces technologies sont aujourd'hui xDSL, le câble, les courants porteurs en ligne (CPL), Wi-Fi, GPRS, 3G mais on verra apparaître dans le futur d'autres technologies d'accès comme les réseaux ad hoc ou maillés.

4 Conclusion

Le modèle en couches a constitué pendant de nombreuses années un cadre de travail qui a permis de comprendre et résoudre de nombreux problèmes dans la mise en place des réseaux de télécommunication. Le modèle OSI, bâti selon ce modèle, a servi et sert encore de référence pour la majorité des protocoles réseaux existants aujourd'hui. Avec l'évolution des technologies de communications et de traitement des données, cette architecture est en train de laisser la place à d'autres architectures, elles aussi en couches, mais dont la structuration et la définition ne répondent plus aux mêmes besoins exprimés dans l'architecture OSI. Le modèle en couche du NGN par exemple répond plus à une problématique orientée service que réseau. L'herméticité des couches est elle même remise en cause afin d'optimiser les services de communications. Au final, on peut dire que la modélisation en couche a été d'un intérêt incommensurable aussi bien dans la compréhension des problématiques réseau que dans l'élaboration des solutions techniques et surtout l'interopérabilité des équipements des différents constructeurs

Bibliographie

Jain Bijendra N., Agrawala A. K (1990), *Open Systems Interconnection, Its architecture and protocols*, Elsevier.

Clark D.D. (1988), "The Design Philosophy of the DARPA Internet Protocols" *Proceedings du symposium SIGCOMM 1988*, p. 106-114.

Parfait R. (2002), *Les réseaux de télécommunications*, Édition Hermes-Lavoisier, Collection technique et scientifique des télécommunications.

Rolin P. (1996), *Les réseaux : Principes fondamentaux*, Pierre Rolin, Édition Hermès, collection. Réseaux et télécommunications.

Eurescom (1998), "Evolution Towards an Optical Network Layer: Comparison of Reference Configuration Models", projet Eurescom P615, www.eurescom.de/~pub-deliverables/P600-series/P615/D2/Vol2/vol2.pdf, Deliverable 2.

Zuidweg J. (2002), *Next Generation Intelligent Networks*, Artech House Publishers.

Réseaux de transport

Eric Gangloff

Mots-clés : backbone, PDH, SDH, WDM, fibre optique

Résumé : un réseau d'opérateur de télécommunications est constitué d'un réseau dorsal ou *backbone* qui relie les différents nœuds de réseau entre eux et de boucles locales qui assurent le raccordement des clients sur les nœuds d'accès du réseau dorsal. Le réseau de transport est un sous-ensemble du réseau dorsal. Il comprend l'ensemble des infrastructures de transmission qui vont permettre les échanges entre les nœuds du *backbone*. Il correspond en quelque sorte au socle du réseau dorsal.

1 Considérations générales

D'un point de vue géographique, le *backbone* d'un opérateur comprend généralement un réseau interurbain dit « de cœur » *(core network)* sur lequel s'interconnectent des réseaux de type métropolitain (voir la figure 1).

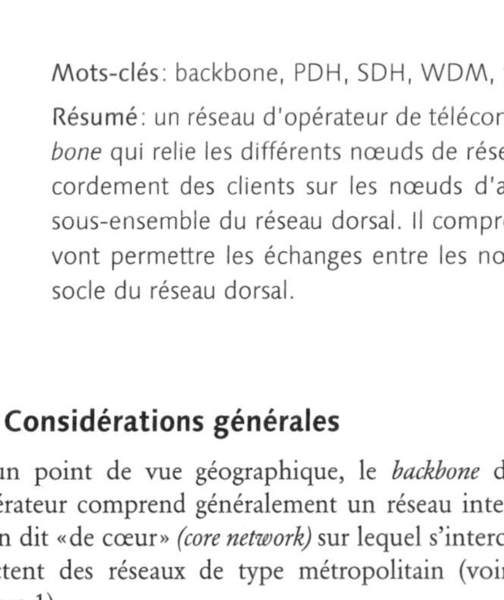

Figure 1 Le réseau dorsal

Le réseau de cœur est caractérisé par de longues portées (plusieurs centaines de kilomètres) et des débits très élevés (plusieurs dizaines voire centaines de gigabits par seconde). Dans les réseaux métropolitains, les portées entre nœuds de réseau sont de quelques dizaines de kilomètres. Les débits vont de quelques centaines de mégabit par seconde à quelques gigabits par seconde.

1.1 Historique

L'évolution des réseaux de transport a connu au moins quatre étapes majeures.

La première fut celle de leur numérisation. Dans la plupart des pays industrialisés, ce processus lent et coûteux fut engagé au début des années soixante-dix mais ne connut son aboutissement qu'au seuil du XXIe siècle. La numérisation a été mise en œuvre dans le cadre de la norme dite PDH, la « hiérarchie numérique plésiochrone[1] ».

La deuxième étape débuta au début des années quatre-vingt avec l'installation des premières liaisons sur fibres optiques. L'irruption de ce nouveau support de transmission fut une véritable révolution dans le monde des télécommunications, ouvrant la voie aux très hauts débits indispensables aux applications de l'image et de l'Internet. La généralisation des réseaux optiques a permis le déploiement du « multiplexage en longueur d'onde[2] », une technique qui permet d'atteindre des capacités de plusieurs dizaines de gigabits par seconde sur chaque fibre.

Au seuil des années quatre-vingt-dix, la synchronisation des réseaux a marqué une troisième étape, concrétisée par le déploiement de la technologie SDH[3]

1. PDH : *Plesiochronous Digital Hierarchy.*
2. DM : *Wavelength division Multiplexing.*
3. SDH : *Synchronous Digital Hierarchy.*

qui a supplanté peu à peu la PDH et constitue aujourd'hui la technique structurante de tous les réseaux de transport.

La quatrième étape est en cours. Aujourd'hui, les réseaux de transport connaissent une mutation majeure. Construits dans le cadre d'un monde des télécommunications où dominaient les échanges entre commutateurs, ils répondaient aux exigences d'un trafic au profil bien établi, caractérisé par son caractère agrégé et prédictible. L'irruption d'Internet a modifié brutalement cette situation. Les flux de données sont aujourd'hui majoritairement sporadiques, largement non prédictibles car fluctuants dans le temps et l'espace. Pour prendre en compte cette nouvelle donne, les réseaux de transport doivent évoluer vers toujours plus de flexibilité et de réactivité.

1.2 Les objectifs du réseau de transport

La fonction du réseau de transport est d'interconnecter des commutateurs, des routeurs ou encore des brasseurs entre eux. En ce sens, le client final de l'opérateur situé derrière le commutateur ou le routeur est invisible au réseau de transport.

Les *backbones* fonctionnent aujourd'hui dans le cadre d'une gestion centralisée et les routes sont provisionnées par l'opérateur de manière permanente. La route établie est appelée «conduit» (*path*) dans le cas des techniques temporelles (PDH ou SDH) ou «canal optique» (*optical channel*) dans un environnement WDM.

Le réseau de transport apparaît donc comme une infrastructure mutualisée qui devra être à même de supporter différents types de clients, chacun générant des flux de nature différenciée (cellules ATM, trames Ethernet,...) avec des exigences de qualité de service spécifiques. Le réseau de transport doit donc être de mesure de prendre en compte cette diversité (cf. figure 2).

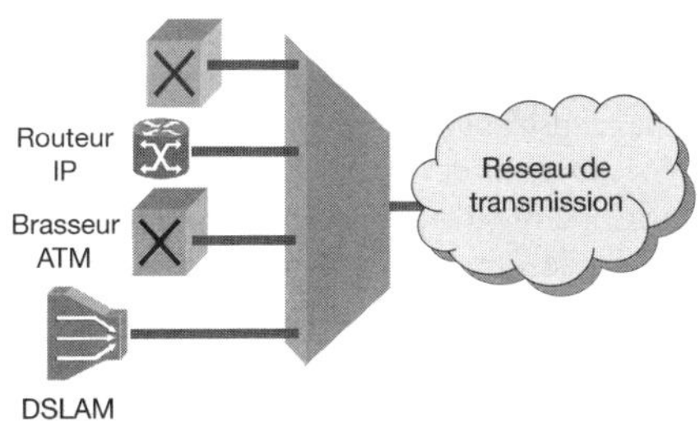

Figure 2 La mutualisation du transport

Les objectifs d'un réseau de transport sont donc essentiellement d'établir des routes entre points d'accès au réseau puis d'en assurer la disponibilité et la qualité.

Dans le cas de la SDH par exemple, ces objectifs font l'objet d'une recommandation[1] de l'UIT. Ils peuvent être résumés en trois points :

- établissement de conduits à la demande entre points d'accès ;
- maintien d'un haut niveau de disponibilité de ces conduits ;
- surveillance permanente de la qualité sans interruption du service.

1.3 La modélisation du réseau de transport

Le réseau de transport peut être représenté par une architecture à deux niveaux (cf. figure 3).

Le premier niveau est constitué de l'infrastructure passive matérialisée par les supports de transmission (câbles métalliques, liaisons radioélectriques, fibres optiques). Le deuxième niveau est constitué par les équipements de transmission (brasseurs, multiplexeurs, etc.) qui assureront les échanges entre les différents nœuds de réseau. Ces équipements fonctionnent dans le cadre de normes définies au plan mondial par l'Union internationale des télécommunications (UIT).

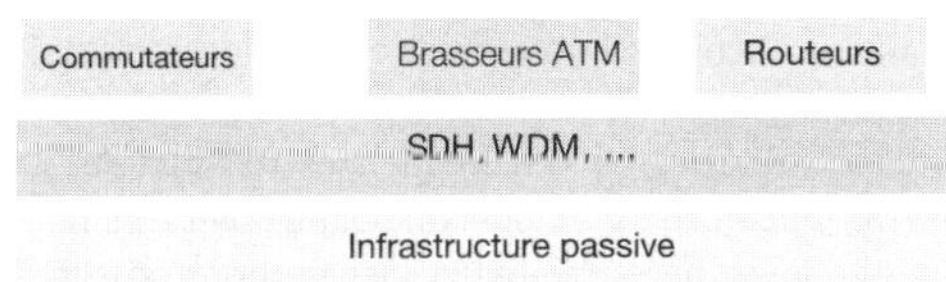

Figure 3 Modélisation du réseau de transport

Aujourd'hui, tous les *backbones* de la planète utilisent la technique SDH, norme universelle qui a peu à peu supplanté la PDH, reléguant cette dernière au rang de technique d'accès. Sur les infrastructures optiques, le multiplexage en longueur d'onde vient en complément pour atteindre des capacités globales dépassant le térabit par seconde soit l'équivalent de millions de communications simultanées par fibre.

2 Supports et architectures

Le choix de l'infrastructure passive est essentiel. Ses qualités et ses limitations vont largement déterminer les performances globales du réseau de transport.

2.1 Quel support ?

L'architecte du réseau dispose de trois familles de supports de transmission :

- les câbles métalliques : paires symétriques ou coaxiales ;
- les liaisons radioélectriques ;
- les fibres optiques.

1. Recommandation G.831.

Les câbles métalliques

Les câbles métalliques sont très largement utilisés dans les réseaux d'accès. Propriété de l'opérateur historique, mises à la disposition des opérateurs alternatifs dans le cadre de la politique dite de dégroupage, près de cent millions de kilomètres de paires de cuivre constituent aujourd'hui l'infrastructure des boucles locales sur lesquelles est déployée la technique ADSL[1] en France. Quant aux câbles à paires coaxiales, ils sont utilisés en milieu urbain, sur des courtes distances, pour la diffusion de canaux de télévision.

Ces supports métalliques sont par contre quasiment inexistants dans les réseaux dorsaux. La raison en est simple. Si les paires métalliques peuvent offrir des débits élevés sur quelques kilomètres, elles deviennent totalement inadaptées dès lors que les distances augmentent ce qui est le propre des réseaux dorsaux.

La fibre optique

Le support privilégié des *backbones* est bien la fibre optique. Introduite dans les réseaux au début des années quatre-vingt, elle s'est rapidement imposée par ses qualités de transmission exceptionnelles. Ses pertes intrinsèques sont très faibles ce qui autorise des portées de plusieurs centaines voire milliers de kilomètres sans avoir à régénérer le signal. Fonctionnant dans le domaine infrarouge à des fréquences très élevées, la fibre optique offre par ailleurs une bande passante faramineuse de plusieurs térahertz. Des millions d'utilisateurs peuvent ainsi partager la même fibre, réduisant ainsi le coût de transmission dans des proportions importantes. De plus, la fibre optique présente l'avantage d'un poids et encombrement réduits ce qui facilite la mise en œuvre et a permis de breveter des techniques de pose originales par soufflage ou microbilles. La fibre optique en silice étant par nature un milieu diélectrique, elle présente de surcroît l'immense avantage d'une totale insensibilité aux parasites électromagnétiques, ce qui la rend particulièrement intéressante pour les applications dans des environnements perturbés.

Seule ombre au tableau, la contrainte du génie civil, une exigence qui peut se révéler très pénalisante dès lors que le relief ou la nature du sol ne s'y prête pas. La seule alternative est de recourir aux technologies sans fil, faisceaux hertziens ou satellites.

Les liaisons radioélectriques

Entrent dans cette catégorie toutes les techniques utilisant les ondes électromagnétiques, principalement les faisceaux hertziens et les satellites.

Dans le réseau de transport, les liaisons radioélectriques sont une solution alternative à l'optique. Leur intérêt réside avant tout dans l'absence de génie civil dès lors que l'on dispose de points hauts permettant l'implantation des antennes relais.

Une liaison par faisceaux hertziens est réalisée par bonds successifs d'une antenne à l'autre. Les contraintes de transmission exigent qu'aucun obstacle ne vienne s'interposer sur le trajet. Les antennes doivent être en vue directe l'une de l'autre, soit à des intervalles de quelques dizaines de kilomètres tout au plus.

Les liaisons satellitaires sont établies quant à elles via des satellites placés sur une orbite dite géostationnaire. Occupant une situation fixe à 36000 km au-dessus de l'équateur, le satellite est utilisé en relais entre des stations terriennes qui peuvent être très éloignées l'une de l'autre.

Le satellite se trouve être particulièrement adapté aux applications de services diffusés, télévision par exemple, ou encore pour desservir des zones de faible densité là où le coût d'une infrastructure filaire se révélerait prohibitif.

Il présente par contre le désavantage de n'autoriser que des débits limités à quelques mégabits par seconde. Un autre inconvénient majeur est le temps de propagation qui peut être pénalisant voire rédhibitoire pour certaines applications.

De manière générale, les liaisons radioélectriques, qu'elles soient par faisceaux hertziens ou par satellite, imposent des contraintes réglementaires très strictes. Le spectre électromagnétique étant par nature limité, les bandes de fréquences allouées à chaque opérateur sont de largeur réduite ce qui limite le débit de chaque canal. Dans les réseaux de transport, ce type de transmission n'est donc pas réellement compétitif par rapport aux fibres optiques. Faisceaux hertziens et satellites ne sont utilisés que pour des applications bien spécifiques là où l'optique ne présente pas d'intérêt.

2.2 Quelle architecture ?

Le choix d'architecture conditionne très fortement les performances du réseau de transport. Compte tenu des débits véhiculés et donc du nombre de clients potentiels qui pourraient être concernés par une panne, les considérations de protection sont au centre des préoccupations des opérateurs de *backbones*.

Le principe premier, applicable en matière de protection, est de disposer de deux chemins physiquement disjoints entre deux nœuds de réseaux. Parmi toutes les topologies envisageables (étoile, bus, anneau, maille), les topologies linéaires (étoile, bus) sont donc à bannir (cf. figure 4).

Les réseaux de transport utilisent principalement les architectures d'anneaux et de mailles. Les anneaux sont déployés dans les réseaux métropolitains alors que les mailles le sont dans le cœur du réseau.

1. ADSL : *Asymetric Digital Subscriber Line.*

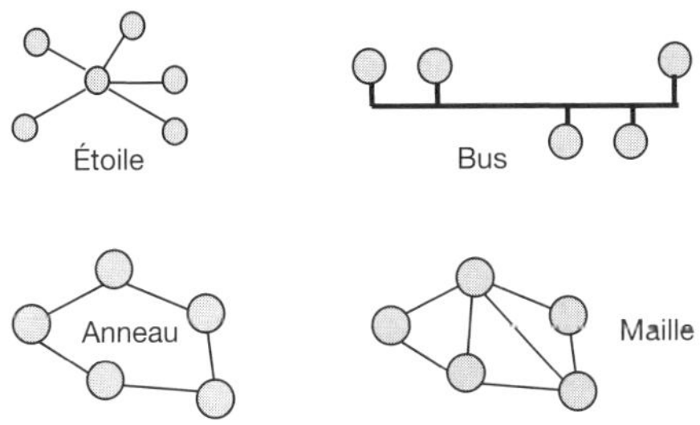

Figure 4 Architectures de réseaux

Les mécanismes de protection diffèrent selon la topologie. Dans les anneaux, la ressource de protection est réservée. En cas de rupture d'un lien, les éléments de réseau se reconfigurent automatiquement selon un schéma préétabli. L'anneau, devenu bus, n'est plus alors protégé et il est indispensable de procéder rapidement à la réparation du lien défaillant. La protection d'anneau a donc l'avantage de la simplicité mais ne présente aucune garantie contre les pannes multiples.

Les mailles utilisent des mécanismes dits de restauration. Dans ce contexte, la ressource de secours n'est pas préétablie. Elle est prélevée dans le réseau de secours et dépend des ressources disponibles au moment où se produit l'incident. Le réseau maillé présente une plus grande robustesse aux pannes mais le processus de basculement peut prendre plusieurs secondes et de ce fait, ne pas être compatible avec les exigences du client.

3 Les techniques temporelles: PDH, SDH

Dans le cas des techniques temporelles, les différents affluents à transporter sont entrelacés. Il s'agit d'un multiplexage par répartition dans le temps[1].

Les signaux véhiculés dans les réseaux de transport se présentent alors sous la forme de flux continus structurés en trames de durée fixe (125 µs par exemple). Une séquence caractéristique appelée «mot de verrouillage de trame» permet de repérer le début de chaque trame. Dès lors, il est possible de localiser les différents constituants de la trame soit parce qu'ils occupent une position fixe dans la trame (cas de la PDH) soit parce que leur position peut être connue par adressage (cas de la SDH). Dans ce dernier cas, le pointeur qui indique l'adresse occupe une position fixe dans la trame mais son contenu peut varier en fonction des fluctuations de position du constituant adressé.

Les débits en ligne ne sont pas quelconques. Ils sont normalisés et constituent ainsi une hiérarchie de transmission propre à chaque technique (cf. tableaux 1 et 2).

1. TDM: *Time Division Multiplexing*

Dénomination	Débit
BPN (bloc primaire numérique)	2,048 Mbit/s
BSN (bloc secondaire numérique)	8,448 Mbit/s
BTN (bloc tertiaire numérique)	34,368 Mbit/s
BQN (bloc quaternaire numérique)	139,264 Mbit/s

Tableau 1 Hiérarchie PDH (version européenne)

Dénomination[1]	Débit
STM-1	155,520 Mbit/s
STM-4	622,080 Mbit/s
STM-16	2,488,420 Gbit/s
STM-64	9953,280 Gbit/s

1. STM: *Synchronous Transport Module*

Tableau 2 Hiérarchie SDH

3.1 La numérisation des réseaux: la PDH

Les réseaux de transport numériques de première génération fonctionnaient selon la technique dite PDH. Le terme «plésiochrone»[2] indique que chaque nœud de réseau disposait alors d'une horloge indépendante contrairement aux réseaux actuels synchronisés à partir d'une référence temporelle unique.

La technique PDH souffre aujourd'hui d'un certain nombre de limitations, incompatibles avec les exigences actuelles.

Tout d'abord, la hiérarchie PDH n'a pas été définie de manière unique au plan mondial. Elle existe sous deux versions régionales: la version nord américaine en usage principalement aux États-Unis et la version dite européenne qui s'applique en Europe et dans la plupart des autres pays, le Japon disposant par ailleurs de niveaux hiérarchiques spécifiques. Cette situation constitue aujourd'hui un frein dans le contexte d'internationalisation des échanges.

Le handicap majeur de la PDH réside dans sa spécificité même. Le caractère plésiochrone des signaux conduit en effet à de lourdes et coûteuses opérations de multiplexage et démultiplexage dans chaque nœud de réseau traversé avec pour conséquence, une forte dégradation de la qualité. Par ailleurs, la PDH ne met pas à la disposition de l'opérateur de ressources de gestion lui permettant par exemple de contrôler la qualité ou d'assurer la protection de son réseau. Enfin, la mul-

2. Le terme «plésiochrone» vient du grec *plesio* signifiant proche et *chronos*, le temps

tiplicité des interfaces dites «propriétaires» c'est-à-dire propres à chaque fournisseur rend complexe l'interfonctionnement de réseaux d'opérateurs distincts.

Toutes ces raisons ont conduit à l'abandon progressif de cette technique qui n'est plus aujourd'hui déployée qu'aux frontières du *backbone*

3.2 Une technique performante: la SDH

Normalisée en 1988, la SDH est déployée massivement dans les réseaux depuis cette date. Elle a su séduire tous les opérateurs et elle constitue aujourd'hui la technique structurante de tous les réseaux de transport.

Ses atouts sont indéniables. En SDH, la normalisation a été poussée très loin. Tout d'abord, la hiérarchie est unique au plan mondial. Les interfaces, les architectures, les protocoles de gestion ou encore les schémas de protection ont été standardisés ce qui facilite grandement la mise en œuvre et l'inter fonctionnement entre opérateurs (cf. figure 5).

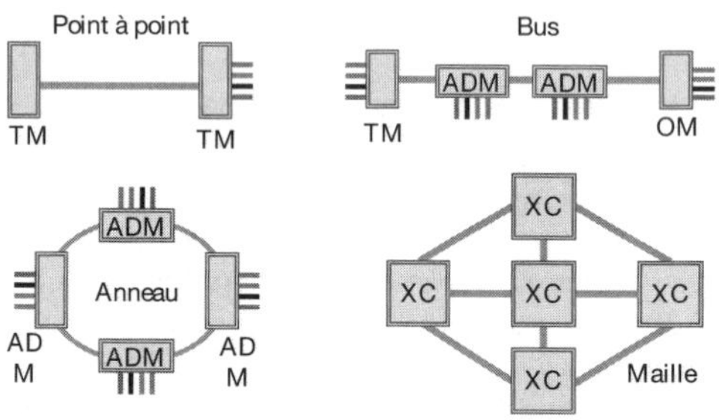

Figure 5 Exemples d'architectures déployées dans les réseaux SDH: Les liaisons linéaires (bus, point à point) ou en anneau utilisent des multiplexeurs terminaux (TM, *Terminal Multiplexer*) ou des multiplexeurs à insertion-extraction (ADM, *Add Drop Multiplexer*). Les réseaux maillés utilisent des brasseurs (XC, *Cross Connect*)

La synchronisation des réseaux SDH est obtenue à partir d'une référence très précise, une horloge atomique le plus souvent. Le fait de fonctionner dans un environnement synchrone a pour conséquence de simplifier considérablement les opérations dans les nœuds de réseau. Extraire ou insérer un affluent dans un multiplex est une opération très aisée. Cela se traduit par une réduction du nombre d'équipements et une standardisation des architectures déployées.

Dans un réseau SDH, un opérateur dispose par ailleurs de ressources de gestion importantes et de protocoles d'échanges normalisés permettant d'assurer un haut niveau de qualité du service. En cas de rupture d'un lien par exemple, le réseau est capable de se reconfigurer en moins de 50 ms sans que l'opérateur n'ait à intervenir.

Conçue à l'origine pour répondre aux attentes des réseaux où le trafic téléphonique était prépondérant, la SDH a su s'adapter aux exigences imposées par l'Internet. On lui reprochait une certaine rigidité, un manque de granularité en débit et surtout sa faible réactivité. La concaténation virtuelle[1] permet désormais de fabriquer un conduit sur mesure répondant exactement au besoin du client et l'adaptation peut même être réalisée dynamiquement au moyen[2] d'une procédure baptisée LCAS. On disait la SDH incapable de s'adapter au trafic de données, l'encapsulation GFP[3] autorise à présent de transporter efficacement n'importe quel flux de données dans les trames synchrones.

Armée de ces récentes adaptations, la technique SDH a ainsi retrouvé une deuxième jeunesse.

4 Vers le tout optique?

4.1 Vingt ans d'optique dans les réseaux

L'arrivée de la fibre optique au début des années quatre-vingt fut un événement majeur qui bouleversa le paysage des réseaux de transport. Avec ce nouveau médium, il fut possible de rêver à des débits faramineux et d'envisager de transporter des services de plus en plus gourmands en bande passante.

Les fibres optiques de première génération étaient de type multimode. Ce comportement multimodal était dicté par le diamètre du cœur de la fibre en silice qui était alors de quelques dizaines de microns. Les fibres multimodes sont désormais cantonnées aux réseaux de faible étendue géographique où la contrainte de dispersion n'est pas un paramètre trop contraignant. Dans les *backbones* par contre, seules les fibres monomodes peuvent répondre aux exigences des opérateurs.

En réduisant le diamètre du cœur de fibre à moins de 10 µm, on obtient une fibre dite monomode. La fibre n'est alors plus sensible à un type particulier de limitation, la dispersion intermodale, qui limite la montée en débit.

En un quart de siècle, les performances n'ont cessé d'être améliorées. Alors que les premières liaisons se contentaient de transmettre quelques dizaines de mégabits par seconde sur quelques kilomètres, les réseaux actuels permettent de transporter des centaines de gigabits par seconde d'un continent à l'autre, sans nécessiter de conversion optique-électrique sur le chemin. Ces performances s'expliquent par les formidables avancées technologiques qu'a connues le monde de l'optique dans la dernière décennie.

1. VCat: *Virtual Concatenation.*
2. LCAS: *Link Capacity Adjustment Scheme.*
3. GFP: *Generic Framing Procedure.*

L'accroissement des performances fut rendu possible par la maîtrise des deux grands facteurs limitatifs dans les fibres : l'atténuation et la dispersion. Le premier réduit la portée, le second limite la capacité.

Dans un premier temps, on chercha surtout à réduire l'atténuation afin d'augmenter les portées. Les progrès dans la fabrication des fibres et l'exploitation de nouvelles fenêtres optiques toutes situées dans l'infrarouge ont permis au début des années quatre-vingt-dix d'atteindre des portées de plusieurs centaines de kilomètres sans avoir à régénérer le signal. La liaison sous-marine entre Cannes et Ajaccio (200 km) posée en 1994 en est l'illustration.

La demande de débits toujours plus élevés conduisit alors les ingénieurs et les chercheurs à s'attaquer aux problèmes de dispersion. L'une des causes de dispersion, la dispersion intermodale, fut éliminée par la généralisation des fibres monomodes. L'emploi de sources laser de meilleure qualité permit de s'affranchir de l'autre source de dispersion, la dispersion chromatique.

4.2 Le multiplexage en longueur d'onde (WDM)

Les performances des réseaux optiques avaient alors atteint un palier de performance qu'il semblait difficile de surmonter quand deux avancées technologiques majeures vinrent bouleverser le paysage optique : l'amplification optique et le multiplexage en longueur d'onde.

Grâce aux amplificateurs optiques, il devenait possible d'amplifier la lumière et donc d'éviter l'emploi de régénérateurs électroniques coûteux.

Le multiplexage en longueur d'onde consistant à coupler sur une même fibre un grand nombre de sources optiques fonctionnant dans la même fenêtre mais à des longueurs d'onde différentes allait permettre de multiplier par dix voire cent la capacité globale sur une fibre optique (cf. figure 6).

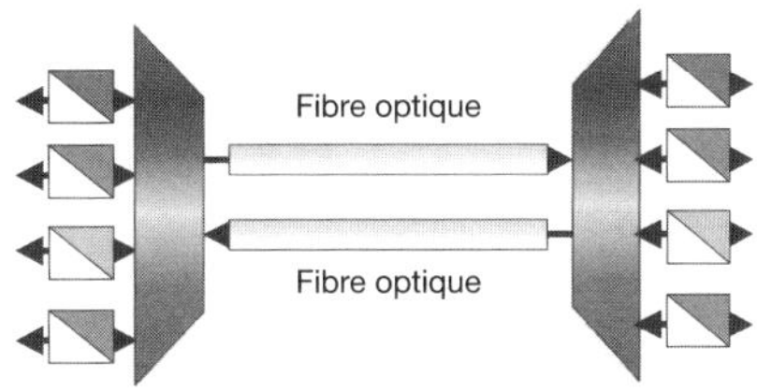

Figure 6 Schéma d'une liaison WDM

Le câble TAT-14 posé en juillet 2000 et reliant l'Europe aux États-Unis concrétise ces avancées. Chaque fibre transporte seize canaux optiques fonctionnant chacun au débit SDH de 10 Gbit/s (STM-64), soit globalement 160 Gbit/s et par fibre. La liaison est optiquement amplifiée au moyen d'amplificateurs immergés, disposés au fond de l'océan tous les 50 km.

Aujourd'hui, l'aventure continue. La plupart des fonctions réalisées jusqu'ici en électronique sont désormais disponibles en optique. La course aux très hauts débits semble marquer le pas. Les efforts portent désormais davantage sur le traitement optique dans les nœuds de réseau. Le rêve d'un réseau de transport tout optique est en marche.

Bibliographie

Ken-Ichi Sato (1996), *Advances in transport network technologies*, Artech House.

Kevin L. (2001), *IP over WDM*, Wiley.

Sexton M., Read A. (1997), *Broadband Networking*, Artech House.

Réseaux d'accès filaires

Maurice Gagnaire

Mots-clés : dégroupage, ATM, Ethernet, ADSL, EFM, VDSL, EFMC.

Résumé : ce chapitre dresse un panorama des principales techniques utilisées ou envisagées à court et moyen termes pour les réseaux sur paires de cuivre dans la boucle locale. Trois aspects caractérisent ces techniques : la couche physique (modulation, codage de canal, etc.), la couche d'accès (partage dynamique de la bande passante, ingénierie de trafic) et les couches hautes (architectures protocolaires de bout en bout). À partir de 1990, grâce aux avancées réalisées tant sur le plan de l'électronique rapide que du traitement du signal, des débits de l'ordre du Mbit/s ont pu être envisagés sur les paires de cuivre dans la boucle locale : ce sont les techniques xDSL, dont l'intérêt économique vis-à-vis de solutions alternatives (optiques, radio, coaxiales) repose essentiellement sur le fait qu'elles ne nécessitent pas de travaux de génie civil. Après avoir rappelé les principes de l'interconnexion et du dégroupage, et expliqué les mécanismes d'encapsulation du trafic dans des connexions ATM pour le xDSL, ce chapitre évoque, en guise de perspective, les potentialités des techniques Ethernet et de la transmission sur fibre optique, tant pour les réseaux d'accès que pour les réseaux métropolitains, qui pourront surmonter les limites des réseaux sur paires de cuivre.

1 De l'interconnexion au dégroupage

1.1 Accès à l'Internet par modem analogique

Le principe de raccordement des usagers à l'Internet au moyen de modems analogiques est décrit en figure 1. Un modem est installé côté usager alors qu'aucun équipement particulier n'est requis à l'autre extrémité de la ligne téléphonique, côté commutateur. Dans le cas d'un modem analogique, la ligne de cuivre est affectée de manière exclusive, soit au service téléphonique, soit au service d'accès à l'Internet. Lorsque la ligne est affectée aux données émises par l'ordinateur personnel de l'utilisateur pour l'envoi d'un trafic typiquement TCP/IP, le modem analogique a pour rôle de faire en sorte que le signal émis en ligne puisse être confondu avec un signal téléphonique à l'entrée du réseau téléphonique commuté (RTC). Il se trouve que, pour des raisons historiques, l'entrée d'un commutateur d'abonné, désigné par CAA (commutateur à autonomie d'acheminement), est équipée d'un filtre passe-bas [0, 4 kHz]. Ce filtre précède le codeur chargé de numériser le signal vocal analogique (désigné par codec). La fonction de numérisation du trafic vocal dans le sens montant correspond à une fonction de concentration de trafic. Celle-ci est réalisée au niveau d'un équipement désigné par commutateur local (CL). Elle consiste à regrouper dans les mêmes trames de la hiérarchie plésiochrone (PDH) les échantillons numériques obtenus par l'échantillonnage des signaux analogiques détectés sur les différentes connexions actives. Un accès par modem analogique impose donc que le signal en ligne soit contenu dans la bande [0, 4 kHz]. Eu égard à la capacité de Shannon de la paire de cuivre, cela représente une très forte contrainte sur le débit réalisable. Rappelons brièvement que la capacité de Shannon est égale au produit de la largeur spectrale du signal en ligne avec le logarithme en base 2 du terme (1 + S/N) où S représente la puissance moyenne du signal en sortie du modem de réception et où N représente la puissance moyenne des différents bruits (diaphonie locale NEXT, *Near-End Crosstalk*, diaphonie distante FEXT, *Far-End Crosstalk*, essentiellement) en sortie du modem de réception.

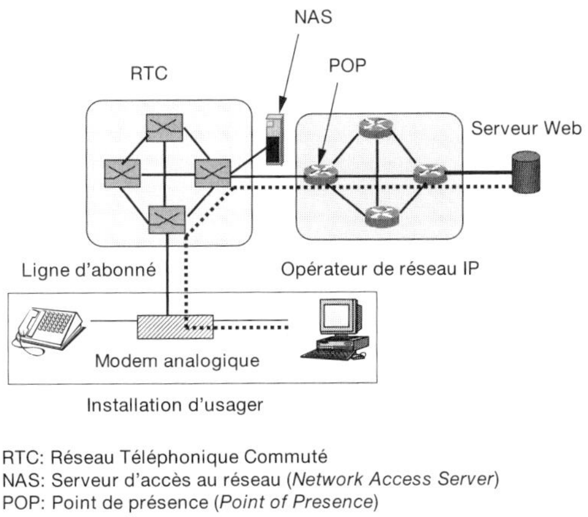

Figure 1 Accès à l'Internet par modem analogique

Comme le décrit la figure 1, l'accès à l'Internet par modem analogique se fait de manière indirecte via le RTC. Le signal venant de l'ordinateur est numérisé au même titre qu'un signal de voix analogique pour être transporté jusque vers un commutateur de transit du RTC sur lequel est connecté un serveur désigné par NAS (*Network Access Server*). Le NAS est géré par le fournisseur d'accès Internet demandé. Il permet au commutateur de transit auquel il est rattaché de reconnaître que les données émises par l'usager doivent être extraites du RTC et remises sous la forme de paquets IP. Les paquets IP générés par les usagers sont ainsi reconstruits pour être envoyés vers le point de présence ou POP (*Point of Presence*) d'un opérateur de réseau IP. Au tout début d'une connexion à l'Internet, aucune adresse IP n'est affectée au modem d'un usager. Avant même de pouvoir envoyer des paquets IP dans le réseau, une connexion point à point est préalablement établie entre le modem d'usager et le serveur NAS au moyen du protocole PPP (*Point to Point*). Trois principaux rôles sont dévolus au NAS. Le premier consiste à reconnaître l'usager comme étant l'un des abonnés du fournisseur d'accès considéré. Le second consiste à vérifier que cet usager est bien autorisé à se connecter au site Web demandé. Le dernier vise à comptabiliser à des fins de facturation (si nécessaire), le volume d'information échangé entre l'usager et le serveur Web demandé. Une fois la connexion PPP établie entre le modem d'usager et le NAS, le NAS affecte au moyen d'un serveur DHCP (*Dynamic Host Configuration Protocol*) une adresse IP au modem d'usager.

Plusieurs générations de modems analogiques se sont succédé avant l'arrivée de l'ADSL. Les dernières générations de modems analogiques (V.32bis, V.90 ou V.92) utilisées à la fin des années quatre-vingt sont très limitées en termes de performance. Des débits proches de 34 kbit/s et de 56 kbit/s sont réalisables dans les sens montant et descendant respectivement, et ce dans le meilleur des cas pour des distances inférieures à 5 km.

Dans la perspective d'une ouverture progressive à la concurrence du marché des télécommunications dans les années quatre-vingt-dix, les réseaux d'accès ont représenté (et représentent toujours !) un enjeu stratégique pour les opérateurs. En effet, les services offerts aux clients résidentiels passent obligatoirement parce que l'on désigne comme les derniers kilomètres. À cet égard, les grands opérateurs nationaux, désignés par opérateurs historiques, sont a priori favorisés du fait de leur position d'unique gestionnaire des paires de cuivre. Progressivement, des règles de partage de la partie capillaire en cuivre des réseaux de télécommunication entre opérateurs historiques et opérateurs nouveaux entrants ont été édictées par les instances de régulation nationales (l'ART, Autorité de régulation des télécommunications en France), voire internationale (l'Union européenne en Europe occidentale). La plupart des pays développés sont ainsi passés aux alentours de l'année 2000 de la situation monopolistique des opérateurs historiques, connue sous le nom d'interconnexion, à une situation de concurrence dans la boucle locale, connue sous le nom de dégroupage.

La figure 2 illustre le principe de l'interconnexion. Sur cette figure, on voit qu'un opérateur alternatif ne peut connecter son POP au mieux que sur le répartiteur de sortie du CAA d'un usager. Deux cas d'ouverture à la concurrence sont en fait considérés sur cette figure, soit pour l'offre de services téléphoniques analogiques, soit pour l'offre d'accès rapides à l'Internet. Relativement à la figure 2, dans le premier cas, le POP de l'opérateur alternatif correspond à un commutateur téléphonique de transit, alors que dans le second cas, le POP correspond à un routeur IP. Dans le contexte de l'offre de services téléphoniques, le fait de raccorder le POP au mieux sur le répartiteur de sortie du CAA de l'opérateur historique empêche la fourniture de services enrichis de type RNIS. Nous avons évoqué plus haut qu'une des principales limitations des débits offerts par les modems analogiques (les seuls utilisables en situation d'interconnexion) était liée à la faible largeur spectrale imposée par les filtres passe-bas des interfaces de ligne au niveau des commutateurs locaux.

L'accès rapide à l'Internet consiste essentiellement à faire sauter ce verrou de 4 kHz en s'autorisant à utiliser une largeur spectrale en ligne beaucoup plus grande. Cela exige qu'à chaque extrémité de la ligne d'abonné soit placé un filtre hybride à la fois passe-bas [0, 4 kHz] et passe-bande [20 kHz, 1 MHz]. Un filtre hybride permet de discriminer dans le trafic montant en entrée du CAA, ce qui correspond à la téléphonie analogique (partie basse fréquence) de ce qui correspond au trafic de données TCP/IP (partie haute fréquence). La partie basse fréquence rentre effectivement dans le CAA pour être échantillonnée et numérisée. La partie haute fréquence est démodulée pour redonner les paquets IP de l'usager, ces paquets étant routés vers un POP. Le même type d'opérations (filtrage hybride et modulation/démodulation) est réalisé chez l'usager et en entrée du concentrateur (Gagnaire, 2001a).

L'installation des filtres hybrides et des modems côté CAA doit se faire sur le répartiteur d'entrée du commutateur local (CL). Nous constatons donc d'après la figure 2 qu'en situation d'interconnexion, l'offre d'accès Internet à haut débit n'est pas possible puisque l'opérateur alternatif ne peut intervenir au niveau du répartiteur d'entrée du CL.

La figure 3 décrit une configuration de dégroupage pour laquelle les deux types de service que nous venons d'évoquer sont véritablement ouverts à la concurrence. Dans la mesure où un filtre hybride et un modem doivent être associés à chaque usager requérant un accès rapide à l'Internet, l'ensemble de ces équipements est regroupé dans un même boîtier côté CAA. Ce boîtier est désigné par DSLAM (*Digital Subscriber Line Access Multiplexer*). Chaque opérateur d'accès rapide à l'Internet doit disposer de son propre DSLAM et de son propre POP (routeur IP d'accès).

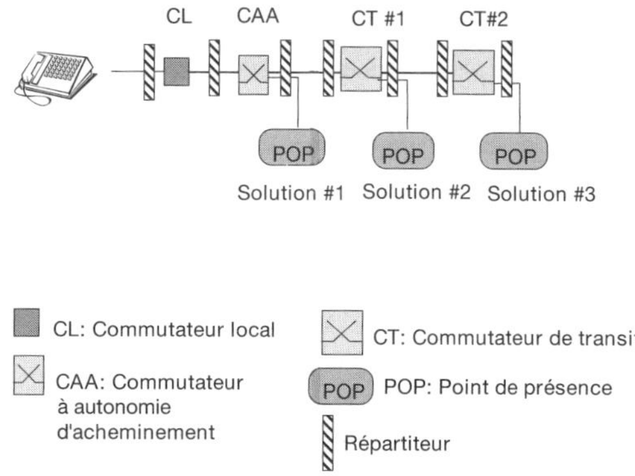

Figure 2 Principe de l'interconnexion

Deux types de dégroupage ont été définis : partiel et total. La figure 3 illustre un exemple de dégroupage total. L'accès rapide à l'Internet est réalisé par un opérateur alternatif au moyen de son DSLAM et de son POP. L'accès téléphonique est offert, soit par ce même opérateur alternatif, soit par un opérateur tiers, au moyen de son propre CAA placé en parallèle sur le CAA de l'opérateur historique. Le dégroupage partiel reste aujourd'hui le plus utilisé. Il consiste à maintenir le service téléphonique à la charge de l'opérateur historique, le service d'accès rapide à l'Internet étant offert par un opérateur alternatif. Les nombreuses difficultés techniques et juridiques liées au dégroupage ne sont pas décrites ici ; le lecteur intéressé peut consulter (Gagnaire 2003).

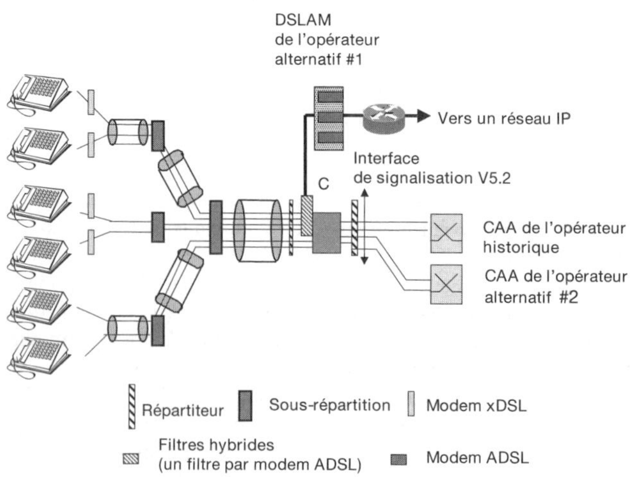

Figure 3 Un exemple de dégroupage total

2 L'accès ADSL

2.1 Configuration des accès ADSL

La figure 4 décrit la configuration type d'un accès ADSL. Comme cela a été mentionné dans le paragraphe précédent, la partie basse fréquence du signal émis par les modems d'usager est aiguillée vers le CAA pour y être numérisée. La partie haute fréquence est démodulée au niveau du DSLAM. Dans la pratique, la présence d'un POP de l'opérateur Internet à proximité du CAA d'un usager n'est pas assurée. Dans ce cas, l'accès au POP nécessite la traversée d'un réseau intermédiaire à commutation de paquets, soit de type ATM, soit de type relais de trame. Dans la majorité des cas, une architecture dite «*classical IP over ATM*» est adoptée. Celle-ci consiste à faire bénéficier les paquets IP transitant entre le DSLAM et le POP d'un routage contraint au moyen d'une encapsulation des paquets IP dans des trames AAL5. Les cellules ATM obtenues après segmentation de ces trames AAL5 sont envoyées sur un circuit virtuel semi-permanent loué par le fournisseur d'accès Internet auprès d'un opérateur tiers. Dans la mesure où plusieurs paquets IP provenant de différents usagers demandent à être aiguillés vers le même POP, une autre fonction importante d'un DSLAM consiste à regrouper les différentes cellules ATM remontant des usagers vers le même POP. Ce regroupement correspond à une fonction de concentration.

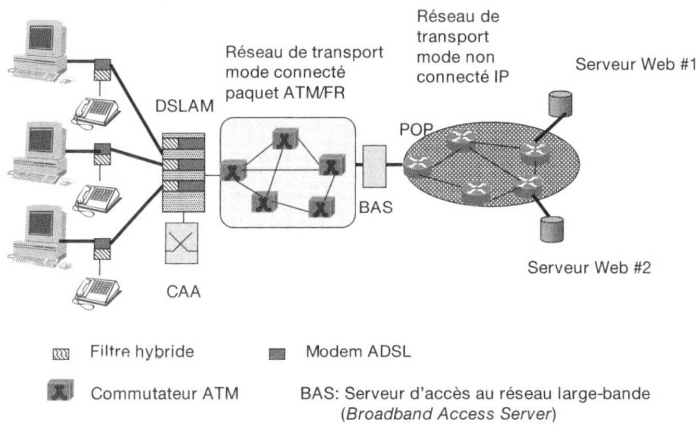

Figure 4 Configuration type d'un accès ADSL

Au début des années quatre-vingt-dix, la technique ATM était considérée comme devant être l'ossature des nouveaux réseaux publics à intégration de services. En outre, l'émergence des réseaux locaux ATM (ou ATM-LAN) conduisait à penser que la cohérence protocolaire entre les LAN et les WAN imposait de fait l'adoption de l'ATM dans l'accès. C'est la raison pour laquelle la fonction de concentration des DSLAM est réalisée au moyen d'une matrice de commutation ATM. Dans cette même perspective, la normalisation de l'ADSL a adopté un transport des données TCP/IP sur des connexions ATM dans la boucle locale. Comme le décrit la figure 4, un commutateur ATM (le plus souvent appartenant à l'opérateur historique) est interfacé avec un POP d'un opérateur de réseau IP. Similairement au NAS utilisé dans le cas des accès par modems analogiques, un BAS (*Broadband Access Server*) permet d'identifier l'usager, de vérifier ses autorisations d'accès, d'éventuellement le facturer et enfin de lui affecter une adresse IP (Gagnaire, 2001b).

2.2 La diaphonie NEXT et FEXT

L'un des facteurs les plus pénalisants pour la transmission à haut débit sur paire de cuivre est la diaphonie, c'est-à-dire l'interférence électromagnétique entre paires transportées dans un même câble. Deux types de diaphonie peuvent être distingués: locale et distante. La diaphonie locale ou NEXT correspond au fait qu'une partie de l'énergie du signal émis par un usager dans le sens montant vient se superposer de façon parasite au signal descendant vers un autre usager, les paires de ces deux usagers appartenant au même câble. Ce bruit vient dégrader la valeur du facteur *N* dans la formule de Shannon évoquée § 1.1. Plus la transmission se fait en haute fréquence, plus l'amplitude du bruit NEXT est importante. La diaphonie distante ou FEXT correspond au fait qu'une partie de l'énergie du signal reçu par un usager vient se superposer de façon parasite au signal descendant vers un autre usager utilisant le même câble. Le FEXT est donc de fait moins pénalisant que le NEXT.

La figure 5 décrit l'impact des diaphonies NEXT et FEXT sur une ligne d'abonné dans le cas où celle-ci est transportée dans un câble de 50 paires de 4/10 de mm. On a représenté sur cette même figure la fonction de transfert de la ligne en l'absence de diaphonie (cas idéal où un seul usager utilise sa ligne pour faire des accès rapides à l'Internet). La fonction de transfert d'une ligne est caractérisée par une atténuation exprimée en décibels au kilomètre (dB/km) et un déphasage en radian par kilomètre. On représente en général uniquement la partie réelle de la fonction de transfert en considérant son module. Ce sont les variations de ce module en fonction de la fréquence qu'illustre la figure 5. Il a été démontré que l'impact du NEXT, comme celui du FEXT, pouvait être modélisé par une fonction de transfert qui leur est propre à laquelle est appliquée le signal d'usager. Le produit du module de ces fonctions de transfert au carré par la puissance moyenne émise par un usager donne la puissance du bruit NEXT ou du bruit FEXT. Il apparaît sur la figure 5 qu'au-delà de 1 MHz, le bruit NEXT est plus important que le signal lui-même, ce qui doit évidemment être impérativement évité. Par ailleurs, le FEXT décroît avec la fréquence, ce qui n'est pas le cas du NEXT.

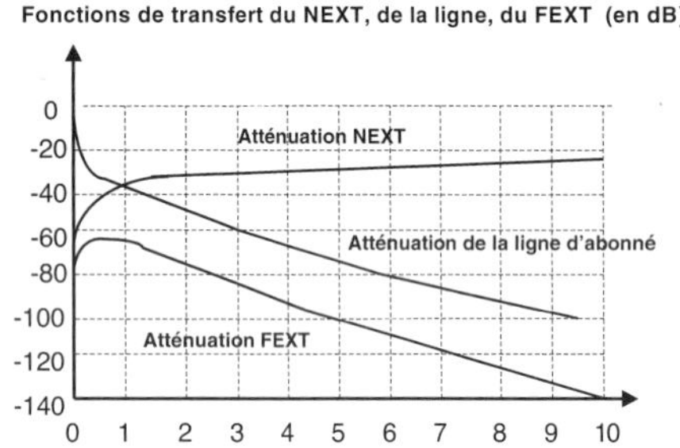

Figure 5 Comparaison du NEXT et du FEXT

2.3 L'occupation spectrale de l'ADSL

En termes d'occupation spectrale, deux versions de modems ADSL peuvent être distinguées : l'une séparant les voies montantes et descendantes, l'autre autorisant une coïncidence entre ces deux voies. La première version dite FDM-ADSL utilise le multiplexage en fréquence ou FDM (*Frequency Division Multiplexing*). Elle est la plus simple à mettre en œuvre dans la mesure où elle évite le bruit NEXT. La figure 6 illustre l'occupation spectrale du FDM-ADSL. Le canal téléphonique analogique est transporté dans la bande [0, 4 kHz]. Dans les bandes [20 kHz, 100 kHz] et [104 kHz, 1104 kHz] sont transportées les données montantes et descendantes respectivement. On remarque sur La figure la présence d'une porteuse autour de 10 kHz. Celle-ci est utilisée pour certains services enrichis tels que la signalisation de la taxation en cours de communication auprès de l'abonné (service de type RNIS).

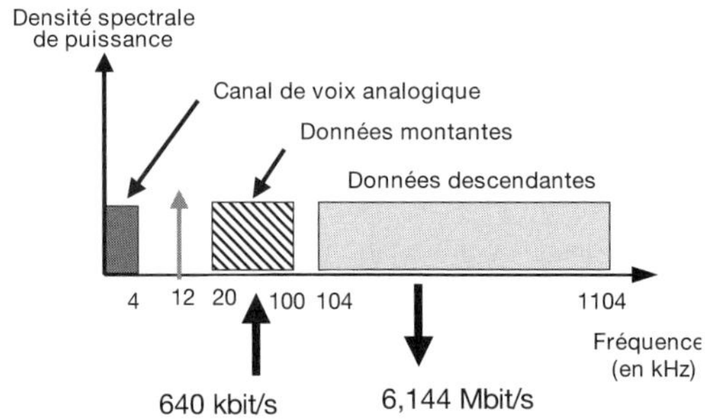

Nota : Seul l'axe des abscisses est significatif. Porteuse acoustique optionnelle à 12 kHz pour l'offre de services enrichis.

Figure 6 Occupation spectrale du FDM-ADSL

La deuxième version de modem ADSL en termes d'occupation spectrale utilise la technique de l'annulation d'écho ou EC (*Echo Cancellation*). Cette technique permet de véhiculer dans une bande de fréquence commune un signal montant et un signal descendant sans que ceux-ci ne se brouillent mutuellement. La technique EC a déjà été introduite dans les modems RNIS et est reprise de façon améliorée dans les modems EC-ADSL, grâce notamment à une électronique plus rapide. Le transformateur 2 fils/4 fils d'un modem ADSL ne permet pas d'empêcher totalement qu'une partie du signal émis ne soit immédiatement réinjectée dans le circuit réception et ne vienne ainsi bruiter le signal reçu. Par analogie au NEXT, on parle dans ce cas de SNEXT (*Self*-NEXT). La technique EC consiste à éliminer le mieux possible le SNEXT moyennant une séquence de test de la ligne. Au cours de cette séquence, le modem génère des porteuses f_k discrètes régulièrement espacées sur toute la bande. Pour chacune de ces porteuses émises avec un niveau d'énergie connu, on enregistre l'amplitude I_k du SNEXT mesuré dans le circuit réception. On mémorise alors dans une base de données du modem des couples (f_k, I_k). En phase opérationnelle, on retarde volontairement d'un délai de δ secondes la démodulation du signal reçu. Ce délai permet, moyennant la connaissance de qui a été émis autour de la fréquence f_k pendant les dernières δ secondes, de générer artificiellement le bruit I_k. On libère le signal reçu une fois la base de données consultée, le bruit artificiel I_k étant soustrait algébriquement de ce signal reçu. Plus l'électronique du modem est rapide, plus précise est la base de donnée, et plus efficace est l'annulation d'écho. La

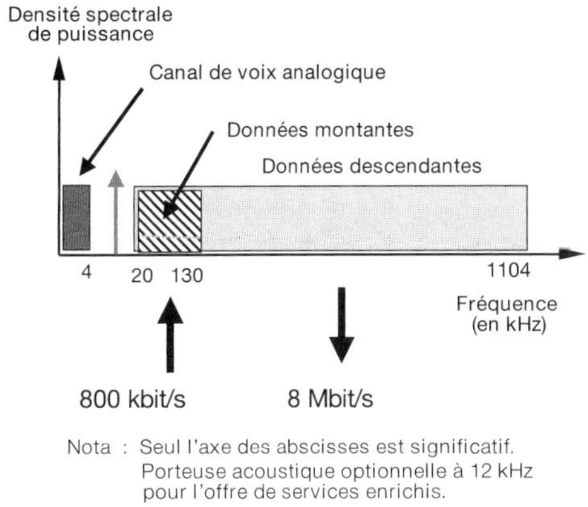

Figure 7 Occupation spectrale de l'EC-ADSL

figure 7 décrit l'occupation spectrale d'un modem EC-ADSL.

On constate que la bande passante dédiée aux voies descendantes chevauche la totalité de la bande passante dédiée aux voies montantes dans la bande [20 kHz, 130 kHz]. En termes de débits réalisables, l'EC-ADSL autorise des débits sensiblement plus élevés pour la voie descendante que le FDM-ADSL (8 Mbit/s au lieu de 6,14 Mbit/s).

2.4 La modulation DMT

Au niveau physique, la technique ADSL repose sur la modulation DMT (*Discrete Multi-tone*). La technique DMT est elle-même inspirée de la modulation multiporteuse de type OFDM (*Orthogonal Frequency Division Multiplexing*) utilisée en communication radiomobile. À l'instar de la transmission radiomobile, la transmission à haute fréquence sur paire de cuivre est en grande partie imprévisible et fluctuante. Elle dépend en effet de la configuration de chaque ligne d'abonné et de son environnement. Pour mémoire, un modem analogique V34bis est monoporteuse et utilise la modulation d'amplitude et de phase en quadrature ou QAM (*Quadature Amplitude and phase Modulation*). La figure 8 illustre l'allure spectrale d'un signal modulé QAM. À toute suite de k bits désignée par un symbole, on associe une amplitude et une phase particulières afin de moduler une fréquence porteuse.

L'une des difficultés majeures liées à l'ADSL consiste à garantir un rapport S/N à peu près constant quelle que soit la fréquence considérée dans la bande [20 kHz, 1104 KHz]. En effet, la courbe d'atténuation (le module de la fonction de transfert) d'une ligne d'abonné est en général beaucoup plus chaotique que celle représentée en figure 5. La solution retenue grâce à la modulation DMT consiste à considérer la bande passante du câble comme la juxtaposition de petits canaux indépendants. La largeur de chacun de ces sous-canaux est suffisamment étroite (4 kHz) pour que l'on puisse considérer l'atténuation et le NEXT comme constants dans chacun d'eux. Ainsi, la conception des filtres égaliseurs à implémenter en réception pour chacun de ces sous-canaux s'en trouve facilitée. Comme pour l'annulation d'écho, on détermine au cours d'une phase de test de la ligne quelles sont les valeurs de S/N en fonction des fréquences discrètes f_k situées au centre de chaque sous-canal.

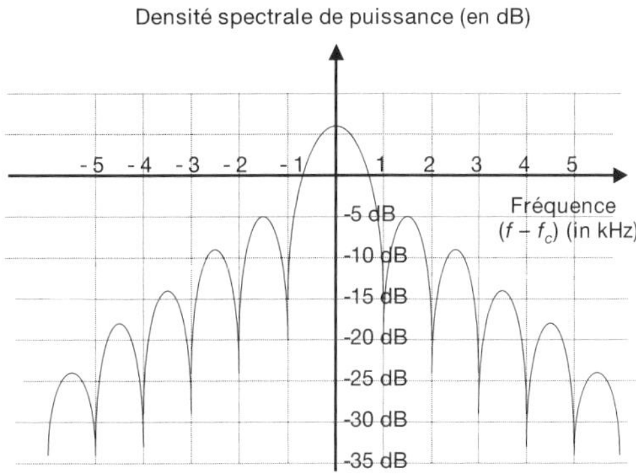

Figure 8 Spectre d'un signal modulé QAM

À partir de cette nouvelle base de données, on détermine au moyen d'un algorithme de communication numérique désigné par *water-filling* la capacité optimale de transmission en bit/s à associer idéalement à chacun des sous-canaux. Cela revient à déterminer la taille optimale des symboles à utiliser dans chacun d'eux. Un modem ADSL est donc l'équivalent d'un grand nombre de modems QAM en parallèle. Chaque modem i utilise une taille de symbole k_i adaptée à la qualité de la ligne dans la bande considérée. La somme des k_i est égale à la taille k du symbole considéré en entrée du modem ADSL. Bien que correspondant à des nombres de bits distincts, la durée des symboles de taille k_i est commune aux différents sous-canaux et au moins égale à k temps bits. À titre indicatif, la durée symbole d'un modem DMT est environ de 500 µs. Ainsi, les signaux QAM déterminés de façon synchronisée pour chaque symbole k_i sont additionnés algébriquement par le dernier étage du modem ADSL.

La dernière difficulté consiste à répartir le débit global montant et le débit global descendant sur un certain nombre de sous-canaux. La figure 9 illustre le niveau d'énergie associé à chacun des 256 canaux de 4 kHz ($i \in \{1, 2,\ldots M = 256\}$) tel qu'il est recommandés par l'ITU-T pour un modem FDM-ADSL. Les 32 premiers canaux servent à la voie montante alors que les 224 derniers canaux servent à la voie descendante.

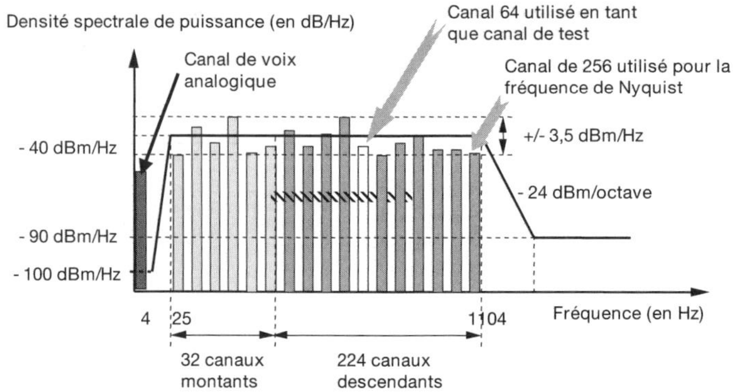

Figure 9 Affectation des canaux FDM-ADSL

La technique de la transformée de Fourier rapide ou FFT (*Fast Fourier Transform*) permet d'implémenter dans un circuit intégré l'équivalent des modems associés à ces 256 sous-canaux. Pour plus de détails sur les opérations réalisées par l'algorithme IFFT (inverse FFT) à l'émission et FFT en réception, le lecteur peut se reporter à (Gagnaire, 2003).

L'un des grands intérêts de la modulation DMT-ADSL est de se rapprocher au plus près de la capacité de Shannon de la paire de cuivre considérée grâce à l'algorithme du *water-filling* et de l'orthogonalité entre sous-canaux. La figure 10 décrit le principe de cette orthogonalité. On reconnaît sur cette figure la superposition de plusieurs spectres du type de celui présenté en figure 8, les spectres étant décalés d'un pas régulier. Il est important en OFDM que les canaux adjacents interfèrent entre eux le moins possible. Cela est le cas si pour chaque fréquence centrale f_i, la somme algébrique de la composante spectrale de tous les signaux QAM des sous-canaux j, avec j différent de i, est nulle. La technique de codage utilisée permet d'assurer cette orthogonalité.

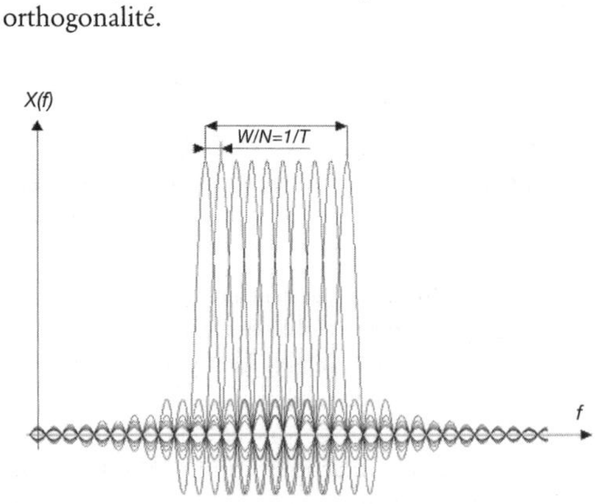

Figure 10 Principe de l'orthogonalité ODFM

Différentes versions de la technique ADSL sont proposées aujourd'hui. Parmi les solutions normalisées par l'UIT-T, on peut citer chronologiquement :

- ADSL full rate : G.992.1G. dmt (1999)
- ADSL lite : G.992.2G. lite (1999)
- ADSL2 : G.922.3G. dmt. bis (2002)
- ADSL2 lite : G.922.4G. lite. bis (2003)
- ADSL2 + : G.992.5ADSL2PLUS (2003)
- ADSL2RE : G.992.3.ReachExtended

Sans rentrer dans les détails, disons simplement que les techniques les plus récentes permettent d'ajuster au mieux les débits montant et descendant par incrément de 8 kbit/s en fonction de la portée géographique désirée. Alors que les premières versions de l'ADSL imposent une distance maximale entre le modem d'usager et le DSLAM de 5 km, la version RE (*Reach Extended*) autorise des distances pouvant dépasser cette limite au prix d'une décroissance des débits offerts. À titre d'exemple, des débits de l'ordre de 1 Mbit/s dans le sens descendant sont réalisables pour des distances de l'ordre de 7 km.

3 De l'ATM vers l'Ethernet pour l'accès

3.1 Limites de la technique ATM dans l'accès

La figure 11 décrit l'architecture protocolaire d'un accès ADSL. Le terminal d'usager est en général équipé d'une carte Ethernet 10Base-T. Au niveau du modem ADSL de l'usager, l'interface Ethernet 10Base-T est couplée avec un empilement protocolaire de type ATM/AAL5.

Décrivons l'acheminement d'un paquet IP généré au niveau du terminal d'usager jusqu'au BAS. Chaque paquet IP généré par le terminal d'usager est extrait de trames Ethernet au niveau du modem d'usager pour être encapsulé dans une trame PPP. Cette trame PPP de taille variable devient la charge utile d'une trame ATM-AAL5 (nous avons décrit plus haut l'utilité de la

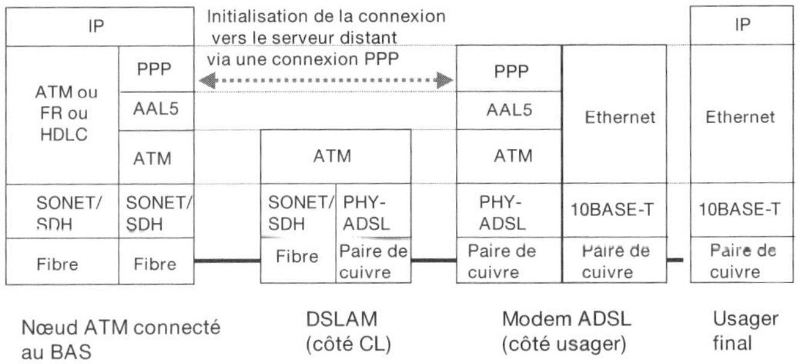

Figure 11 Architecture protocolaire d'un accès ADSL

trame PPP au début de la connexion Internet). La trame AAL5 est alors segmentée en blocs de 48 octets auxquels on ajoute l'en-tête ATM de 5 octets. Le numéro de VPI/VCI utilisé pour cet en-tête est une valeur par défaut dont la signification est locale à la paire de cuivre. En effet, un accès ADSL ne repose pas sur un circuit virtuel ATM de bout en bout mais sur l'aboutement de deux connexions ATM indépendantes. La première connexion relie le modem d'usager au DSLAM. La seconde relie le DSLAM et le commutateur ATM sur lequel est connecté le BAS. Une conversion d'adresse VPI/VCI est réalisée au niveau du concentrateur du DSLAM, comme le ferait un commutateur ATM. Dans la mesure où la table de correspondance entre les couples VPI/VCI côté usager et VPI/VCI côté BAS est semi-permanente, on peut assimiler le concentrateur du DSLAM à un brasseur ATM. Le concentrateur inclus dans le DSLAM regroupe toutes les cellules ATM d'usager dépendant du même DSLAM et requérant le même POP sur un même circuit virtuel semi-permanent. Il existe donc autant de circuits virtuels de ce type partant du DSLAM qu'il existe de POP, et donc d'opérateur Internet, à desservir. En d'autres termes, les paquets IP d'usagers différents destinés au même POP sont encapsulés dans un même conduit virtuel (même VPI), un VCI spécifique étant alloué à chaque usager sur ce conduit virtuel.

Le trafic de données récupéré au-delà des DSLAM est fédéré à l'échelle métropolitaine au moyen de doubles boucles en fibre optique. Chaque DSLAM est relié à un multiplexeur à insertion/extraction ou ADM (*Add-Drop Multiplexer*) directement connecté en coupure sur de telles boucles métropolitaines. Un ADM encapsule les cellules ATM venant des DSLAM dans des trames plésiochrones utilisant la technique SONET/SDH. Au-delà de telles boucles métropolitaines, le trafic ATM est aiguillé sur un réseau ATM maillé longue distance reposant lui aussi sur la technique SONET/SDH. Le commutateur ATM sur lequel est connecté le BAS est un des nœuds de ce réseau maillé. Les cellules ATM arrivant sur ce commutateur sont extraites de conteneurs virtuels SONET/SDH de type VC-4, eux-mêmes transportés dans des trames STM-1. Ces cellules ATM sont réassemblées pour reconstituer la trame AAL5. Si une trame AAL5 est valide (utilisation d'un CRC), on en extrait le paquet IP généré par l'usager. Ce paquet est alors routé vers le serveur Web demandé (Gagnaire, 2002).

Comme nous l'avons souligné plus haut, l'utilisation du transport des paquets IP sur des connexions ATM a été considérée dans les années quatre-vingt-dix comme la solution la mieux adaptée à l'environnement des réseaux longue distance. C'est la raison pour laquelle, toutes les autres techniques développées pour la boucle locale et normalisées aujourd'hui reposent elles aussi sur ce type d'empilement protocolaire. C'est le cas par exemple de la boucle locale radio LMDS (*Local Multipoint Distribution Service*) et de la boucle optique APON (ATM *over Passive Optical Network*).

3.2 L'Ethernet First Mile (EFM)

Au début des années deux-mille, la suprématie de la technique ATM dans la boucle locale a commencé à être remise en cause. Plusieurs aspects sont à l'origine de cette évolution. Comme nous l'avons vu § 3.6, l'ADSL ne permet pas d'ouvrir directement à partir du terminal d'usager et en temps réel une connexion ATM de bout en bout vers le BAS. Cela est dû notamment à la lourdeur de la signalisation Q.2931 de l'ATM et surtout à la complexité de la procédure de contrôle d'admission ou CAC (*Call Admission Control*). La connexion ATM par défaut entre le modem d'usager et le DSLAM ne bénéficie pas de la qualité de service différenciée. Dans la pratique, dans la grande majorité des cas, seule la capacité de transfert UBR (*Unspecified Bit Rate*) est utilisée par les opérateurs sur cette connexion point à point. Ce n'est que ces toutes dernières années que les opérateurs ont commencé à proposer des connexions ATM dans la boucle locale adaptées à différents types de QoS (rt-VBR, CBR, GFR, etc.). Chacune de ces classes de transfert est recommandée, soit pour du trafic temps réel à débit variable (rt-VBR), soit du trafic temps réel à débit fixe (CBR), soit du trafic TCP/IP (GFR), voire du trafic sans QoS (UBR). Une contrainte demeure au niveau des offres commerciales actuelles : l'usager est amené à choisir dès son abonnement le type de classe de transfert dont il souhaite disposer. L'idéal serait que cette affectation se fasse automatiquement et dynamiquement par le bais d'un échange de signalisation entre le modem d'usager et le DSLAM.

Tant que seul du trafic sans contrainte temporelle stricte est considéré (TCP/IP pour des accès Web par exemple), l'utilisation de l'ATM entre l'usager et le BAS se justifie peu. Le surcoût protocolaire de l'empilement IP/ATM/ADSL/SDH est important en raison du poids des surdébits inhérents à la couche ATM et à la couche SDH. Par ailleurs, il s'avère qu'en l'état de la technologie, le coût de la fonction de concentration ATM du DSLAM est sensiblement plus élevé que celui d'une concentration basée sur un commutateur Ethernet de capacité comparable. Cette disparité est essentiellement due à un facteur d'échelle : les équipementiers produisent beaucoup plus de commutateurs Ethernet que de commutateurs ATM.

Pour toutes ces raisons, une association d'équipementiers et d'opérateurs a été créée en décembre 2001 sous le nom de Ethernet First Mile Alliance (EFM Alliance). L'EFM Alliance à pour but de promouvoir l'émergence des techniques Ethernet dans l'accès sous trois formes : l'Ethernet sur cuivre en point à point ou EFMC (*Ethernet First Mile over Copper*), l'Ethernet sur fibre optique en point à point EFMF (*Ethernet First Mile over Fiber*) et l'Ethernet sur fibre optique en point à multipoint ou EFMP (*Ethernet First Mile over Passive Optical Network*). Selon l'EFMA, ces trois types de configuration devraient permettre de couvrir tous les cas de figure requis en pratique pour servir les usagers résidentiels et professionnels. La démarche de l'EFM Alliance est appuyée par l'IEEE (Institute of Electrical and Electronics Engineers). Elle vise par exemple à émuler via un ou plusieurs réseaux d'accès, un service de bus diffusant Ethernet entre plusieurs usagers distants d'une même entreprise. Ces réseaux d'accès peuvent dépendre ou pas du même CAA. Une telle approche suppose la prise en compte de problèmes d'adressage, de diffusion et d'isolation de trafic via une infrastructure partagée entre plusieurs clients (plusieurs entreprises).

La figure 12 illustre la configuration d'un réseau d'accès EFMC. À l'extrémité de chaque paire de cuivre, on utilise un modem EFMC. Dans la mesure où le débit d'accès sur un bus Ethernet est a priori symétrique, un modem EFMC s'apparente plus au niveau de la couche physique à un modem HDSL (*High Bit Rate Digital Subsriber Line*) qu'à un modem ADSL. En effet, un accès ADSL fournit un débit descendant a priori plus élevé que le débit montant. En juin 2003, un consensus entre les membres de l'EFM Alliance a été trouvé afin d'adopter la norme de transmission G. SHDSL au niveau de la couche physique des modems EFMC. Sur une seule paire de cuivre, des débits symétriques de 2 Mbit/s sont réalisables pour une longueur de ligne inférieure à 2700 mètres. Un modem SHDSL-EFMC autorise une adaptation du débit symétrique par pas de 8 kbit/s. Ainsi, moyennant une phase de test de la ligne, il est possible de desservir des usagers au-delà des 2700 mètres à des débits plus faibles que 2 Mbit/s. Un modem SHDSL partage équitablement les ressources de la ligne entre les voies montantes et descendantes au moyen d'une technique FDM. Il n'y a donc pas de collisions sur une ligne d'accès EFMC. En d'autres termes, le protocole de résolution de collision CSMA/CD de l'Ethernet est ici inutile.

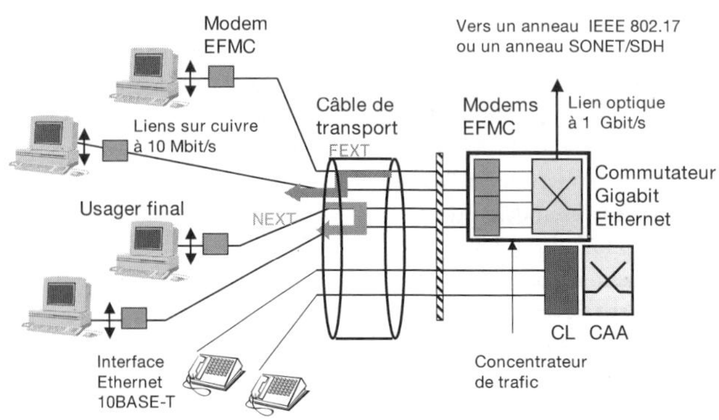

Figure 12 Configuration d'un réseau d'accès EFMC

Pour l'heure, plusieurs versions constructeur de modem désignées par EDSL (*Ethernet over Digital Subscriber Line*) visent à transporter des trames Ethernet en lieu et place de trames ATM-AAL5 sur les sous-canaux DMT décrits § 1.5. Notons qu'à la différence d'un modem SHDSL-EFMC, un modem EDSL autorise le maintien du canal téléphonique analogique. En d'autres termes, on associe à un modem EDSL un filtre hybride, ce qui n'est pas le cas pour un modem EFMC. Côté CAA, les modems EFMC sont regroupés dans un DSLAM dont le concentrateur est constitué d'un commutateur Gigabit Ethernet. Par analogie à la figure 3, le POP d'accès à un réseau paquet est dans le cas de la figure 12, soit un routeur IP, soit un ADM d'une boucle SONET/SDH métropolitaine, voire un nœud IEEE 802.17. La technologie IEEE 802.17, plus connue sous le nom de *Resilient Packet Ring* (RPR) est décrite en détail dans (Gagnaire, 2003).

3.3 Architecture protocolaire d'un accès EFMC

La figure 13 décrit l'architecture protocolaire d'un accès EFMC. Comme nous l'avons fait § 3.1 pour décrire l'architecture protocolaire d'un accès ADSL, considérons l'envoi d'un paquet IP généré par l'usager jusqu'au BAS. Chaque paquet IP généré par l'usager est recopié dans la charge utile d'une trame Ethernet. À la différence de l'architecture protocolaire basée ATM, l'objectif est de transporter cette trame telle quelle jusqu'au BAS. Le modem EFMC possède une interface d'accès 10Base-T. La trame Ethernet et sa charge utile sont retransmises par le modem d'usager sur la ligne de cuivre. En référence à la figure 12, supposons que le nœud directement connecté au DSLAM soit un ADM d'une boucle métropolitaine traditionnelle. On note sur la figure 13 que le terme «Ethernet full duplex» est utilisé du terminal jusqu'au BAS au niveau de la couche 2. Cette appellation fait référence dans le monde Ethernet aux accès sans collision au support de transmission. Cela est bien ici le cas en raison du fonctionnement FDM du modem SHDSL-EFMC. Arrivée au DSLAM (côté CAA), la trame Ethernet est encapsulée dans une trame SDH suivant la technique EoS (*Ethernet over* SONET/SDH).

La figure 14 décrit le principe de la technique EoS. En 2001, une nouvelle norme ITU-T a été publiée concernant le transport de trames VLAN Ethernet dans des réseaux SONET/SDH au moyen de trames désignées par LAPS (*Link Access Procedure over* SONET/SDH). Rappelons tout d'abord le principe des réseaux locaux virtuels ou VLAN. Un VLAN consiste en un domaine de diffusion dédié en général à une même entreprise et mis en place sur une infrastructure de réseau public. La création d'un VLAN par un opérateur de réseau public consiste à implémenter des tables de routage dans les routeurs, les commutateurs et les ADM de son réseau. Deux protocoles normalisés par l'IEEE sont utilisés pour cela. Le protocole IEEE 802.1q permet de marquer les trames appartenant à un même VLAN au moyen d'une étiquette commune. Le protocole IEEE 802.1p permet quant à lui d'introduire huit niveaux de classe de service pour le traitement des trames Ethernet au niveau des routeurs et des commutateurs. Comme le montre la figure 14, ces deux protocoles reviennent à utiliser un en-tête de 4 octets au début de la charge utile de chaque trame Ethernet. Nous ne décrivons ici que les éléments les plus importants de ces 4 octets. Ainsi, les 12 derniers bits de cet en-tête correspondent à l'identifiant du VLAN auquel appartient l'émetteur de la trame. Le champ «P» de 3 bits permet d'associer un niveau de priorité parmi 8 à chaque trame.

Par analogie avec la technique PoS (*Packet over* SONET), la trame Ethernet représentée sur la première ligne de la figure 14 est recopiée dans la charge utile d'une trame LAPS. Grâce à ses drapeaux (*flag*) de début et de fin, une trame LAPS, comme le fait une trame PPP/HDLC dans la technique PoS, permet à un

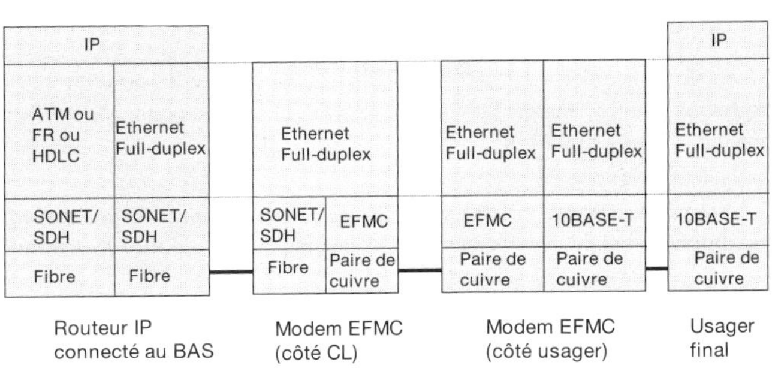

Figure 13 Architecture protocolaire d'un accès EFMC

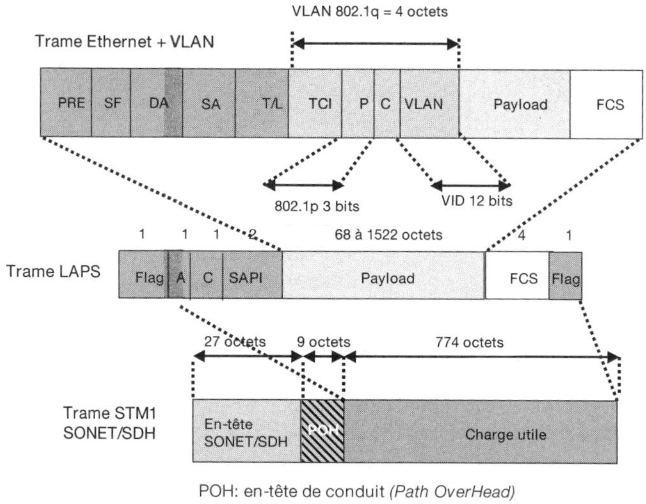

Figure 14 Transport de trames Ethernet dans des trames SONET/SDH

ADM de reconnaître le début et la fin du bloc de taille variable que représente la trame Ethernet. Cette opération de délimitation du début et de la fin d'un affluent de taille variable en entrée d'un ADM est indispensable. La trame LAPS est alors recopiée dans la charge utile d'une trame SONET/SDH STM-1.

4 Conclusion

Les techniques SHDSL et ADSL sont aujourd'hui largement exploitées pour des accès à haut débit à l'Internet de l'ordre du Mbit/s. Bien que de nombreux espoirs aient été portés sur le VDSL, cette technique semble peu envisageable dans les réseaux d'accès d'opérateurs en raison des problèmes de compatibilité électromagnétique soulevés. Beaucoup s'accordent à penser que le moment est venu d'introduire la fibre optique jusqu'à l'entreprise à court terme (d'ici deux à trois ans), voire jusque chez l'usager résidentiel à moyen terme (avant la fin de la décennie). Plusieurs éléments plaident en faveur de cette évolution. Ainsi, de nouvelles techniques de mise en place des fibres optiques par aspiration avec de l'air comprimé évitent le percement de nouvelles tranchées. Elles réduisent ainsi très fortement les coûts de génie civil. Il reste néanmoins nécessaire de disposer de conduits déjà installés et présentant suffisamment d'espace libre pour accueillir quelques fibres optiques. Par ailleurs, les composants optoélectroniques sont beaucoup plus abordables qu'il y a dix ans du fait, notamment, de leur plus grande robustesse et de leur sensibilité réduite à la température. À moyen terme, une demande de bande passante accrue de la part des usagers professionnels devrait être observée, notamment pour l'offre de services SAN (*Storage Area Network*). Les débits requis pour ce type de service peuvent atteindre facilement la centaine de Mbit/s, ce qui devrait accélérer l'émergence de la fibre optique dans l'accès après une quinzaine d'années de recherche et de développement.

Bibliographie

Cole N. (2001), Hawkins G., Green N., Sharma R.; Vasanik, "Resilient Packet Rings for Metro Networks", *World Market Series*, Business Briefing publications, July 2001.

Gagnaire M. (2001a), *Boucles d'accès hauts débits*, Dunod, 2001.

Gagnaire M. (2001b), "All-optical networks: assets and challenges", *Special issue of the Business Briefing journal on Global Optical Communications*, International Society for Optical Engineering (SPIE) and the Optical Internetworking Forum (OIF), 2001, p. 18-22,.

Gagnaire M. (2002), "From ATM to Ethernet in optical access networks", *Business Briefing journal on Global Optical Communications*, International Society for Optical Engineering (SPIE) and the Optical Internetworking Forum (OIF), 2002, p. 36-42.

Gagnaire M. (2003), *Broadband Local Loops for High-Speed Internet Access*, Artech-House, Boston, 2003.

Green Paul (2004), "Fiber to the home: the big next thing", *IEEE Communications Magazine*, septembre 2004, p. 100-106.

ITU-T (1998) Recommendation G.983.1, "Broadband Optical Access Systems based on Passive Optical Networks (PON)", 1998.

Kramer G. (2001), Mukherjee B., Pesavento G., "Ethernet PON design and analysis of an optical access network", *Photonic Network Communications*, Kluwer, Vol. 3, n° 3, Juillet 2001, p. 307-319.

Kramer G. (2002), Mukherjee B., Pesavento G., "IPACT: a dynamic protocol for an Ethernet PON (EPON)", *IEEE Communications Magazine*, Vol. 40, Issue 2, p. 66 73, 2002.

Mc Garry M. (2004), Maier Martin, Reisslein Martin, "Ethernet PONs: a survey of Dynamic bandwidth allocation algorithms", *IEEE Communications Magazine*, Août 2004, p. S8-S15.

Stojanovsky S. (1999), Gagnaire M., Hoebeke R., "Support for the GFR transfer capability over APON access systems", *IEEE ATM'99 Workshop*, Kochi City-Japon, 1999.

Stern J. (1997) & al., "The Full Service Access Network Requirements Specifications", *8th International Workshop on Optical Access Networks*, Atlanta-GA, USA, March 2-5, 1997.

Internet : évolution et perspectives

Laurent Toutain

Mots-clés : Internet, datagramme, routage, TCP, IP, IPv6.

Résumé : ce chapitre présente les différentes facettes de l'Internet, aussi bien les organismes chargés de la standardisation et de la gestion du réseau que les différents protocoles utilisés. Il intègre la nouvelle version du protocole IP (IPv6) et indique les différences avec la version initiale (IPv4). En conclusion, l'évolution de l'architecture Internet est abordée.

La croissance de l'Internet pourrait être considérée comme une expérience de laboratoire ayant échappé à ses créateurs. Jamais, lors des premiers déploiements, il n'a été question de faire d'IP (*Internet Protocol*) un protocole universel présent sur l'ensemble des équipements, qui en plus du matériel informatique, irait se nicher dans les téléphones, et peut-être bientôt dans les automobiles et les appareils ménagers. Le but des créateurs d'IP était principalement de tester en vraie grandeur le fonctionnement du mode datagramme. Dans ce mode, chaque bloc d'information, appelé paquet, est traité indépendamment des autres ; il s'apparente au travail du facteur qui, lorsqu'il trie son courrier, ne traite qu'une lettre à la fois et oublie le précédent courrier lorsqu'il traite le suivant. Comme pour le courrier postal, un paquet est composé d'un en-tête utilisé par le réseau pour véhiculer l'information et d'une partie données. Le mode datagramme s'oppose au fonctionnement habituel des réseaux de communication comme le téléphone où un circuit est d'abord établi, puis les données sont échangées et finalement, le circuit est relâché.

Sur le papier, le mode datagramme présente des propriétés intéressantes : plus le nombre d'équipements augmente, plus il existe des chemins alternatifs pour transmettre les données, plus le réseau est robuste. À l'opposé pour le mode circuit, le chemin étant préétabli, si un des composants tombe en panne, le circuit est coupé, donc plus le réseau est important, plus la probabilité de panne est grande. La légende s'est emparée de ce phénomène en indiquant qu'Internet avait été construit pour résister à une attaque nucléaire puisqu'il n'y a pas de point central de contrôle du réseau. En contrepartie de cette robustesse, la fiabilité d'un réseau en mode datagramme est beaucoup moins élevée puisque le réseau ne garde aucune mémoire des traitements précédents. Si un paquet se perd, ou si l'ordre d'arrivée diffère de l'ordre d'émission, aucune correction ne pourra être mise en œuvre par le réseau. Internet va donc demander un travail important aux équipements aux deux extrémités pour corriger les erreurs survenant pendant la transmission.

Le 1er janvier 1983, les premiers équipements mettant en œuvre le protocole IP sont officiellement activés sur le réseau qui compte alors une centaine de machines. Depuis, l'architecture protocolaire et le protocole IP n'ont pratiquement pas évolué, car de nombreux concepts novateurs à l'époque se sont montrés très efficaces.

Suivant la division en couche définie par le modèle de référence de l'ISO, le protocole IP se situe au niveau 3 (ou réseau, voir le chapitre « Le modèle en couches »). Son but est d'acheminer le plus rapidement possible l'information d'un point à un autre. Loin du formalisme universitaire, cette approche en couche est traduite par les concepteurs d'IP par le slogan : « IP sur tout, tout sur IP » symbolisé par Steve Deering par un sablier (Deering, 2001) ; la couche IP est une couche aux fonctionnalités réduites ayant pour but de cacher aux applications les différents types de réseaux de niveau 2 (Ethernet, Wi-Fi, ATM, liaisons point à point, satellites, etc.). Ainsi, lorsqu'une nouvelle technologie de réseau apparaît, il ne faut pas recompiler toutes les applications, il suffit de porter le protocole IP sur cette nouvelle technologie.

La standardisation des protocoles de l'Internet est assurée par l'IETF (Internet Engineering Task Force)[1], qui regroupe les industriels du domaine, les opérateurs et les universitaires. Elle est structurée en un certain nombre de groupes de travail. La particularité de l'IETF est d'offrir un processus de standardisation complètement transparent; les groupes de travail et les votes sont ouverts à tous les individus qui souhaitent y participer. Les documents de travail (ID : *Internet Draft*) sont librement accessibles sur le site web de l'IETF[2]. Le but du groupe de travail est d'arriver à un consensus, généralement en fusionnant plusieurs propositions. Quand la proposition est stable, le document peut passer à l'état de RFC (*Request For Comment*). Comme son nom ne l'indique pas le RFC est relativement stable, les discussions se sont faites au niveau du draft. Les RFC sont identifiés par un numéro dont le fichier rfc-index.txt[3], régulièrement mis à jour, donne la liste. Les RFC possèdent un statut. Quand un nouveau protocole sort d'un groupe de travail, il est dans l'état *Proposed Standard*, sa mise en œuvre n'est pas obligatoire et peu stable. Le groupe de travail doit prouver que ce protocole fonctionne correctement et lever les ambiguïtés dans la spécification. Au moins deux mises en œuvre indépendantes et interopérantes doivent être réalisées pour le prouver et faire passer le protocole dans l'état *Draft Standard*. Dans cet état, le protocole est relativement stable, le but du groupe de travail est d'éliminer les parties du protocole, qui sur le papier semblaient être innovantes, mais qui n'ont donné lieu à aucune implémentation, révélant peu d'intérêt de la part des utilisateurs et des constructeurs pour ces fonctionnalités. Quand ces modifications sont faites, le protocole passe dans l'état *Standard*. Il y restera jusqu'à ce que son utilisation ne soit plus recommandée. Il passera alors dans l'état *Historique*.

Il faut noter que les RFC ne concernent pas uniquement les protocoles standardisés ou en instance de standardisation [rfc1796]. Il existe aussi des RFC ayant le statut *Informatif* décrivant pour la communauté un protocole propriétaire défini par un constructeur ou les buts d'un groupe de travail. Le statut *Expérimental* est attribué à des protocoles n'ayant pas pu faire l'objet d'un consensus fort dans un groupe de travail et pour qui des travaux de recherche sont nécessaires. Les documents sous le statut *Best Current Practice* décrivent les règles d'utilisation des protocoles couramment admises.

1. http:// www.ietf.org.
2. http://www.ietf.org/ID.html.
3. http://www.rfc-editor.org/rfc-index2.html.

1 Règles d'adressage

Comme tous les protocoles de ce niveau, le protocole IP implique un adressage pour désigner et localiser sans ambiguïté les équipements terminaux. Les équipements intermédiaires, appelés routeurs, se chargent d'aiguiller l'information vers le destinataire. Dès l'origine, l'Internet a porté l'accent sur l'interconnexion des réseaux (d'où le nom *Internet*). En particulier, la gestion de l'adressage a toujours été considérée comme un facteur essentiel pour favoriser l'interconnexion.

Une des caractéristiques des adresses IP est leur taille fixe et leur emplacement invariable dans l'en-tête d'un paquet IP. Le travail des routeurs s'en trouve facilité puisqu'ils savent rapidement accéder à l'adresse de la destination qui leur permettra de déterminer l'interface de sortie du paquet. Dans les réseaux actuels cette caractéristique se trouve être de plus en plus précieuse. En effet, le traitement de l'information n'a pas progressé aussi vite que sa transmission. Les équipements d'interconnexion peuvent devenir un goulot d'étranglement. Dans les routeurs, le traitement simple mis en œuvre par IP pour décider de l'interface de sortie a permis une montée en débit.

Mais la simplification de l'en-tête a un revers; la taille de l'adresse a été fixée une fois pour toutes au moment de la conception du protocole. À l'époque, comparé aux cent machines connectées au réseau, un espace pouvant adresser plus de quatre milliards d'équipements pouvait sembler surdimensionné. Mais comme l'Internet favorise l'interconnexion en attribuant des adresses uniques, que les piles protocolaires sont disponibles, les universités américaines, suivies des centres de recherche d'autres pays, s'interconnectent. De plus en plus de ressources ont été accessibles depuis le réseau. La loi de Robert Metcalf indique que l'intérêt pour un réseau est égal au carré du nombre d'utilisateurs. L'intérêt du réseau Internet provient non plus du côté innovant du protocole, mais du fait que de plus en plus d'informations sont accessibles, renforçant son attractivité. Le coup de grâce pour les autres protocoles de niveau 3 (comme IPX de Novell ou NetBIOS de Microsoft) a été donné par l'apparition du Web (la « toile »). Jusqu'alors les réseaux des entreprises étaient essentiellement utilisés en interne pour partager des fichiers ou une imprimante. Ainsi, le protocole IPX n'impose pas de numéro de réseau, chaque site a donc tendance à utiliser les mêmes valeurs rendant l'interconnexion impossible. Quand le Web est apparu, facilitant grandement l'accès à l'information sur le réseau Internet, seul IP offrait la connectivité mondiale. Très vite par soucis de simplification, les réseaux ont migré vers IP pour offrir avec le même protocole l'accès aux services internes et aux serveurs extérieurs. Il faut noter que l'utilisation d'IP a parfois conduit à une perte de fonctionnalités. IPX par exemple permettait l'autoconfiguration des ordinateurs connectés au réseau alors qu'IP impose une gestion de chaque machine. Mais le besoin de connectivité mondiale a été supérieur.

À l'origine, il suffisait à un site d'en faire la demande pour obtenir gratuitement un numéro de réseau, cette valeur étant garantie unique par un organisme central. L'administrateur système en y concaténant un numéro d'équipement unique créait une adresse par construction unique. Les routeurs dans le cœur du réseau n'avaient pas à mémoriser l'ensemble des adresses des équipements d'un site, mais uniquement la partie commune des adresses. Plusieurs classes d'adresses ont été à l'origine définies et ont été attribuées aux sites suivant leur taille :

- 127 réseaux de classe A permettant chacun d'adresser plus de seize millions d'équipements ;
- 16384 réseaux de classe B permettant d'adresser jusqu'à 65534 équipements ;
- deux millions de réseaux de classe C permettant d'adresser jusqu'à 254 équipements.

La forte demande en adresse a conduit au début des années quatre-vingt-dix à une crise majeure dans le réseau Internet. La division en classe présentée précédemment n'est pas faite pour optimiser le fonctionnement du réseau. Son principal but est de favoriser administrativement l'allocation de numéro de réseaux unique. De plus le nombre d'équipements connectables dans chacune des classes ne reflète pas les besoins des entreprises et des universités. Un site possède généralement plus de 254 machines, mais beaucoup moins de 65534. Dans les premiers temps, les adresses de classe B ont donc été facilement attribuées aux sites qui en faisaient la demande. Elles simplifiaient également la gestion du réseau, puisqu'une seule information devait être placée dans les routeurs pour localiser le site. Le nombre d'adresses de classe B commençant à se tarir, les allocations se sont donc portées sur les adresses de classe C. Leur plus petite granularité permet de mieux couvrir les besoins des entreprises. Ainsi un site nécessitant 2000 adresses pouvait se voir attribuer huit numéros de réseau de classe C, limitant ainsi le gaspillage. Mais en contrepartie, les routeurs devaient mémoriser, dans cet exemple, 8 fois plus d'information par comparaison à une classe B. Cela a conduit à des pannes dans le réseau, certains équipements d'interconnexion n'ayant pas assez de mémoire pour retenir tous les numéros de réseau.

En 1994, plusieurs mesures ont été prises pour permettre une meilleure gestion des adresses. La notion de classe disparaît. La longueur de la partie réseau n'est plus indiquée par les premiers bits de l'adresse : l'information concernant la longueur de ce préfixe doit être associée à l'adresse sur 32 bits. Ce plan d'allocation hiérarchique appelé CIDR (*Classless Inter Domain Routing*) [rfc1519] met en jeu sur le plan administratif plusieurs organismes. À la racine, l'IANA (Internet Assigned Number Authority) gère des blocs de 8 bits (initialement dans l'espace laissé libre par les classes C, mais les sites possédants des classes A ou B sont invités à restituer leurs préfixes). Les RIR (*Regional Internet Registry*) couvrant de vastes zones géographiques (Europe, Amérique du Nord, du Sud, Asie) reçoivent ces blocs et attribuent des préfixes plus longs aux opérateurs qui les redécoupent en fonction des besoins du client. Les adresses ne sont plus propriétés des sites terminaux, mais de leur opérateur, ce qui impose une renumérotation lorsqu'un client change d'opérateur. Pour éviter le gaspillage d'adresse, à chaque niveau, le contrôle administratif est relativement strict.

Des préfixes, dits privés, ont été réservés dans le plan d'adressage pour des besoins internes [rfc1918]. En contrepartie, seules les communications entre deux machines d'un même site sont autorisées. Pour pallier cet inconvénient, la fonctionnalité de traduction d'adresses (NAT, *Network Address Translation*) a été ajoutée à certains routeurs [rfc3022]. Ceux-ci disposent d'une ou plusieurs adresses publiques et quand un paquet portant une adresse source privée veut sortir du site, le routeur NAT la modifie en y insérant une adresse publique. Le routeur mémorise la correspondance entre l'adresse publique et privée. Quand un paquet revient vers l'adresse publique, le routeur NAT fait l'opération inverse en replaçant l'adresse destination publique par l'adresse privée d'origine. Ce mécanisme réduit la demande en adresses officielles. Il est généralisé dans le cas des connexions via l'ADSL. L'opérateur fournit une adresse publique au routeur de l'utilisateur et celui-ci numérote ses équipements en utilisant un adressage privé.

Malgré tout, la technique NAT ne présente pas que des avantages. Les équipements à l'intérieur d'un site ne peuvent pas être contactés. Si plusieurs routeurs de sortie existent, le contexte de traduction ne sera défini que sur l'un des équipements. Si le routage des paquets change, les contextes n'étant pas définis, les connexions seront coupées. Enfin les applications, comme le pair à pair, ont appris à échanger leurs adresses IP dans les données applicatives. Et comme le NAT dans le cas général ne peut changer que l'adresse contenue dans l'en-tête IP cela conduit à des incohérences.

Si le NAT a permis de prolonger d'une dizaine d'années l'utilisation du protocole IP, il en limite les usages en les bornant au mode client/serveur, freinant des applications comme la téléphonie sur IP où chaque machine peut être à la fois client et serveur (c'est-à-dire recevoir des appels). Ce délai de quelques années a permis de réduire l'urgence d'une modification drastique du protocole IP et à permis la création d'un groupe de travail pour la définition d'un nouveau protocole levant les limitations sur l'adressage. Le protocole IPv6 est né de cette réflexion.

2 Format des paquets

La figure suivante représente le format des paquets IPv4 [rfc0791] et IPv6 [rfc2460]. Beaucoup de champs sont en communs, bien que leur place et leur nom aient pu changer.

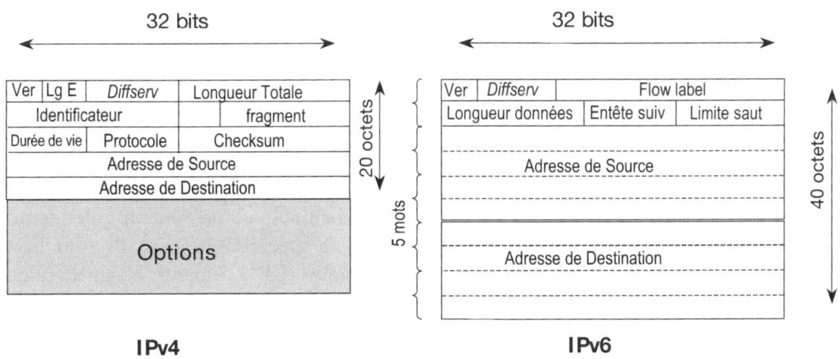

Figure 1 Formats des paquets IPv4 et IPv6

On peut distinguer :

- la version du protocole : la version initiale datant des années quatre-vingt a pris la valeur 4. La version 5 ayant été attribuée à un protocole expérimental, la nouvelle version du protocole est 6. Ce champ a peu de rôle dans le traitement des paquets, au niveau des couches inférieures (Ethernet, PPP, etc.), des codes permettent d'identifier les protocoles de niveau supérieur. Ainsi pour Ethernet la valeur en hexadécimal 0x800 désigne IPv4 et la valeur 0x86dd désigne IPv6.
- le champ DiffServ permet de différencier le traitement des paquets dans les routeurs [rfc2474].
- le champ longueur pour IPv4 mesure la taille totale du paquet tandis qu'en IPv6, il indique la longueur des données du paquet (comme l'en-tête IPv6 est de taille fixe le changement est mineur).
- le champ protocole ou en-tête suivant indique le protocole de niveau supérieur (ICMP, TCP, UDP, SCTP, DCCP,...). IPv6 ajoute à cette liste une série d'extensions qui peuvent être vues comme des protocoles de niveau intermédiaire ajoutant des fonctionnalités et permettant une évolution du protocole.
- le champ «durée de vie» ou «nombre de sauts» est décrémenté de 1 à chaque traversée d'un routeur. Quand sa valeur atteint 0, le paquet est détruit. Cela permet, entre autres, de limiter l'impact des boucles de routage.
- les adresses source et destination sont de longueurs différentes suivant la version du protocole. La taille des adresses IPv6 a été multipliée par quatre ce qui rend la capacité d'adressage quasiment infinie rendant à nouveau possible les applications de bout en bout, ou également des fonctions d'autoconfiguration. Le plan d'adressage actuel pour IPv6 est fortement dérivé du plan CIDR d'IPv4.

Une adresse IPv6 peut se découper en trois parties [rfc3513] :

- l'identifiant global sur 48 bits correspond à la partie imposée par l'opérateur ;
- un identifiant de site sur 16 bits permettant de numéroter les sous-réseaux ;
- un identifiant d'interface sur 64 bits. Ce dernier peut être dérivé de l'adresse de niveau 2, d'une clé publique ou simplement tiré aléatoirement, il doit être différent pour chaque interface reliée par un réseau local.

Une seule adresse IPv4 est généralement attribuée aux interfaces, tandis qu'une interface disposera de plusieurs adresses IPv6. Une adresse lien-local, composée uniquement du préfixe FE80::/10 et de l'identifiant d'interface, sert dans la phase de démarrage pour dialoguer avec les autres équipements du réseau local.

Ces adresses ne sont pas routables. L'interface disposera également d'une adresse IPv6 par fournisseur d'accès.

Le changement le plus marquant entre les deux versions du protocole IP est la disparition de plusieurs champs. IPv6 est donc plus simple que son prédécesseur. Le seul but d'IPv6 est de router le plus rapidement possible des paquets vers leur destination, les autres fonctions seront réalisées par les équipements aux extrémités. Dans IPv4, une série de champs a donc été de moins en moins utilisée au cours des années :

- Le champ longueur de l'en-tête permettait de mettre, quand cela était nécessaire, des informations facultatives. Comme la majorité des paquets ne contenaient que les informations obligatoires, les routeurs ont optimisé leur traitement pour ces paquets. Un paquet comportant des informations optionnelles se trouvait « freiné » par le réseau. Les applications utilisant les options ont trouvé d'autres moyens pour ne pas être pénalisées, renforçant la justification pour une absence de traitement optimisé pour les options dans les routeurs. Avec IPv6, l'en-tête est toujours de taille fixe (40 octets), le mécanisme des extensions offre une alternative crédible aux options.
- Le champ fragmentation permet d'envoyer des paquets plus grand que permis par le support physique. Il est en effet fondamental que les protocoles de niveau 3 soient indépendants des caractéristiques du niveau 2. Quand un routeur recevait des paquets trop grands, initialement dans IPv4, il les découpait en fragment de taille adapté (chaque fragment comportait un en-tête IP). Le temps nécessaire pour effectuer ce traitement est important et pendant ce temps, le routeur ne traitait pas d'autres paquets. Il a été recommandé aux émetteurs de positionner un bit dans le champ fragmentation pour indiquer aux routeurs de rejeter les paquets trop grands et d'en informer la source qui pourra adapter la taille d'émission en fonction de la taille de la plus petite unité de transmission sur le chemin. Ce comportement a été systématisé en IPv6. L'utilisation de la fragmentation étant relativement rare, elle a été reléguée dans une extension.
- Le champ *cheksum* a également disparu des en-têtes IPv6. Cela peut sembler surprenant car cette information est importante pour protéger l'intégrité des données transmises. En fait pour accélérer le traitement, certains fabricants de routeur ne vérifient pas la véracité du checksum. Seul le destinataire du paquet fait cette opération. Le non-respect du standard n'a pas d'impact négatif sur les performances du réseau. Les paquets sont transmis dans des trames qui possèdent des mécanismes de détection d'erreur de transmission. Si une trame erronée arrive à un routeur, elle sera rejetée par les couches inférieures, le checksum IP n'est donc pas primordial. Le rare cas survient quand le paquet est corrompu dans la mémoire du routeur. La fréquence d'un tel phénomène est tellement faible, qu'elle ne justifie pas la transmission systématique d'un champ checksum dans les paquets. Par contre, avec IPv6, les niveaux supérieurs (ICMP, UDP, TCP, etc.) devront obligatoirement comporter un checksum pour permettre au destinataire de détecter ce type d'erreurs.

IPv6 possède le champ *flow label* qui n'existe pas en IPv4. Ce champ permet d'identifier plus rapidement les paquets appartenant à un même flux (même application, même source, même destination, même protocole). Quand IPv6 a été conçu, il semblait qu'il était important dans un cœur de réseau de pouvoir faire cette distinction. Depuis la vision de l'exploitation des réseaux a changé. Pour des raisons de performances, il est impensable qu'un routeur aille identifier avec ce degré de précision les flux, ils sont beaucoup trop nombreux. Un opérateur désignera plutôt un flux comme le trafic entrant par un routeur donné et sortant de son réseau par tel autre routeur. Les paquets appartenant à ce type de flots n'ont plus d'information en commun et par conséquent, le champ *flow label* ne peut pas servir à les identifier. Pour l'instant, dans la majorité des paquets, ce champ est mis à zéro. Son utilisation devra être précisée dans la suite du processus de standardisation [rfc3697].

3 Protocoles associés

Un certain nombre de protocoles associés à IP sont nécessaires pour permettre aux équipements de s'intégrer dans leur environnement.

Le protocole ICMP (*Internet Control Message Protocol*) permet de gérer le cheminement des paquets IP dans le réseau. Les fonctionnalités peuvent être classées en plusieurs catégories :

- les messages d'erreur informent la source que son paquet n'a pu arriver à destination (pas de route dans les tables de routage, protocole inconnu, durée de vie expirée, etc.) ;
- les messages de configuration du réseau (redirection des paquets, découverte du routeur par défaut, etc.) ;
- les messages utilisés par des applications pour tester le réseau (ping, traceroute, etc.).

Chaque version du protocole possède sa version d'ICMP [rfc0792] [rfc2463].

Pour fonctionner et s'adapter à leur environnement, les protocoles IP doivent utiliser un certain nombre de protocoles associés. Quand IP est utilisé sur un réseau local, il faut faire la correspondance entre les adresses de niveau 2 et les adresses de niveau 3 (IP). La logique d'attribution est totalement différente. Les adresses de niveau 2 sont généralement attribuées lors de la fabrication de l'équipement, tandis que les adresses de niveau 3 dépendent de l'emplacement de celui-ci sur le réseau. Sur les réseaux locaux, possédant des propriétés de diffusion, une station cherchant à joindre un correspondant sur le réseau local (qui peut être le routeur) va diffuser une requête demandant à la machine reconnaissant son adresse IP de lui répondre en indiquant son adresse de niveau 2. Pour éviter de recommencer cette opération à chacun des envois de paquet, l'émetteur garde en mémoire pendant un certain temps cette correspondance. Cette opération est réalisée par le protocole ARP (*Address Resolution Protocol*) [rfc0826] pour la version 4 du protocole IP et ND (*Neighbor Discovery*) [rfc2461] pour la version 6. ARP peut être vu comme un autre protocole de niveau 3 tandis que ND utilise des messages ICMPv6 directement encapsulés dans des paquets IPv6. Une autre différence concerne le mode de diffusion, ARP se base sur la diffusion généralisée (*broadcast*) pour l'envoi de ses requêtes. Ces messages sont reçus par l'ensemble des équipements, qui doivent les traiter. Plus le nombre d'équipements est important sur le réseau, plus le nombre de requêtes ARP va être important, pouvant conduire dans des cas extrêmes à une utilisation non négligeable de la bande passante et augmentant le temps de traitement dans les équipements. Cela limite la construction de grands réseaux de niveau 2. ND a choisi l'utilisation de la diffusion restreinte (*Multicast*). À partir de ses adresses IPv6, chaque équipement va déterminer le ou les groupes multicast auxquels il doit appartenir. Quand un équipement recherche une correspondance, à partir du même algorithme, il détermine le groupe multicast sur lequel il doit envoyer sa requête. Seul le petit nombre de machines abonnées au groupe recevra cette requête. Cela permet de construire des réseaux de niveau 2 plus grands qu'en IPv4.

Neighbor Discovery ajoute au protocole IPv6 l'autoconfiguration sans état des équipements terminaux. Les routeurs doivent toujours être manuellement configurés, mais ceux-ci informent les équipements terminaux des préfixes choisis sur un lien donné. L'adresse est construite en concaténant un identifiant d'interface et le préfixe annoncé. Avec IPv4, il n'existe pas de mode de configuration automatique. Pour simplifier la configuration et autoriser plus simplement le nomadisme, des serveurs DHCP (*Dynamic Host Configuration Protocol*) [rfc2131] peuvent être installés sur le réseau. Quand une station démarre, elle émet une requête sur le réseau qui parvient au serveur DHCP. Ce serveur gère un espace d'adresse et en alloue une dynamiquement à la station qui en fait la demande. Régulièrement, la demande doit être renouvelée. Il existe également une version du protocole DHCP pour IPv6 [rfc3315], mais elle sert principalement à informer les équipements de paramètres statiques comme les serveurs DNS.

Le DNS (*Domain Name Server*) [rfc1034] est également une pièce essentielle dans l'architecture de l'Internet. Il permet de faire le lien entre les adresses de niveau 3 et le nom. Le DNS est composé d'un ensemble de serveurs distribués dans le monde. Quand une machine désire connaître l'adresse IP d'un équipement dont elle possède le nom, elle interroge un résolveur DNS qui par itérations successives pourra localiser la machine. L'adresse (par exemple www.enst-bretagne.fr) va être lue de droite à gauche. Dans un premier temps, le résolveur va interroger un des treize serveurs racine[1] et lui demander quelle est l'adresse IP correspondant à ce nom. Le serveur racine n'a qu'une connaissance réduite et va répondre en donnant les adresses des serveurs qui gèrent la zone fr. Le résolveur repose la même question à l'un des serveurs de cette zone, celui-ci répond en retournant les adresses des serveurs gérant la zone enst-bretagne. Enfin dans cet exemple, en posant la question à ce serveur, le résolveur obtiendra l'adresse, ou les adresses, associées à ce nom qui seront retournées à la machine ayant initialement lancé l'interrogation. Pour limiter le trafic et accélérer les temps de réponse, les résultats intermédiaires des différentes interrogations peuvent être mémorisés dans un cache chez le résolveur.

4 Routage

Le but de la couche IP, quelle que soit sa version, est d'offrir un adressage uniforme aux équipements terminaux du réseau. Les routeurs aiguillent chaque paquet vers son destinataire, en fonction de l'adresse qu'il porte. La vision du réseau par le routeur est très limitée. À chaque préfixe est associée l'adresse d'un routeur directement accessible vers lequel seront envoyés les paquets dont l'adresse destination est incluse dans le préfixe. Les tables contenant ces correspondances sont appelées couramment tables de routage, mais on les retrouve parfois sous le nom FIB (*Forwarding Information Base*) pour lever toute ambiguïté. Pour que le paquet arrive à destination, il faut garantir une cohérence dans l'ensemble des tables. L'information peut être entrée manuellement, mais cela conduit généralement à des erreurs de configuration, dès que le nombre d'entrées devient conséquent, et une configuration manuelle ne peut pas s'adapter aux changements de

1. http://www.root-servers.org/.

topologie dus à la panne ou à l'ajout d'un routeur. Il est donc préférable d'automatiser la construction des tables de routage en faisant s'exécuter sur chaque routeur un processus spécifique.

Il existe deux familles de protocole de routage : les protocoles de routage interne et externe.

Les protocoles de *routage interne à un domaine* (IGP, *Internal Gateway Protocol*) permettent de simplifier la gestion du réseau. Les routeurs découvrent automatiquement leur présence et se surveillent mutuellement pour détecter d'éventuelles pannes. Les configurations locales (i.e. les réseaux auxquels sont attachés les routeurs) sont propagées de proche en proche et chaque routeur peut ainsi connaître l'ensemble des routes du site. En contrepartie de cette optimisation, une erreur de configuration peut se propager dans l'ensemble du site et rendre le réseau inopérant. Deux méthodes sont employées pour diffuser cette connaissance du réseau :

- Dans la méthode la plus simple, appelée «vecteur de distance», chaque routeur diffuse sur les réseaux auxquels il est connecté les informations contenues dans sa table de routage. Les routeurs recevant cette information la comparent avec leur propre table de routage. Si une information est nouvelle ou présente avec un coût moindre, l'information annoncée est prise en compte. Pour que l'infor-mation demeure dans les tables de routage, elle doit être réémise périodiquement. Si pendant une durée correspondant à trois périodes d'émission, l'information n'est plus présente, alors le routeur la retire de sa table de routage. RIP version 2 pour IPv4 [rfc2453] (ou RIPng pour IPv6 [rfc2080]) mettent en œuvre cet algorithme. Si le protocole est simple à implémenter, il offre de faibles performances. Les temps de convergence sont longs, et des préfixes ayant disparu du réseau peuvent rester relativement longtemps dans les tables de routage. De plus ce protocole est très bavard puisque toutes les trente secondes, les routeurs diffusent leur table de routage.
- Pour permettre une meilleure résistance au facteur d'échelle, les protocoles à état de lien ont été développés. Chaque routeur diffuse sa connaissance locale du réseau. Cette information est diffusée de manière fiable à l'ensemble des routeurs du réseau. Disposant de l'ensemble des informations locales, tous les routeurs sont capables de reconstruire un plan du réseau, puis sur ce plan de trouver le plus court chemin pour aller à un préfixe particulier, et d'en déduire la table de routage. Deux protocoles de routage ont été définis suivant ce principe : IS-IS [rfc1195] qui peut traiter les préfixes IPv4 et IPv6 et OSPF (version 2 pour IPv4 [rfc2328] et version 3 pour IPv6 [rfc2328]).

Les protocoles de *routage externe* (EGP, *External Gateway Protocol*) permettent à deux domaines d'échanger leur connaissance du réseau. Contrairement à un IGP, il faut une double configuration pour qu'une information se propage : l'émetteur doit être autorisé à émettre cette information, et le récepteur à l'accepter. Cette double vérification permet d'éviter à un site d'annoncer volontairement ou non de fausses informations à ses voisins. Plus simples d'un point de vue algorithmique, les protocoles de routage externe demandent une configuration minutieuse. Il ne s'agit pas forcément de trouver le chemin le plus court pour aller d'un point à un autre. Le routage doit prendre en considération des contraintes politique (tel site a le droit de véhiculer le trafic de tel autre suite à des accords commerciaux, etc.). L'internet utilise un seul protocole de ce type appelé BGP (*Border Gateway Protocol*) [rfc1771].

5 Protocoles de transport

Les protocoles de niveau 4 utilisent le protocole IP pour véhiculer les données. Ces protocoles sont de bout en bout ; les routeurs intermédiaires ne traitant que le niveau IP ignorent les en-têtes des protocoles de niveau supérieur. Tous ces protocoles au niveau transport intègrent la notion de port. Si une adresse IP permet d'adresser une machine particulière sur le réseau, le numéro de port désigne une application sur cette machine.

Dans les architectures client/serveur, les serveurs doivent posséder des numéros de port connus des clients. Le serveur attend les ouvertures de connexion sur ce numéro de port sur lequel les clients initient les ouvertures. Par contre la valeur du numéro de port du client a peu d'importance et est généralement choisie dynamiquement au moment de l'ouverture parmi les valeurs non encore utilisées.

Une connexion au niveau des applications est identifiée par les cinq valeurs (adresse source, adresse destination, port source, port destination et protocole). Il faut noter que les adresses ici sont utilisées pour leur propriété d'unicité et non plus de localisation (utilisées au niveau réseau). Cet emploi au niveau transport de l'adresse commence à poser des problèmes par exemple quand les équipements se déplacent dans le réseau, car l'adresse au niveau 3 doit être changée pour prendre en compte le déplacement alors que le niveau 4 requiert une stabilité pour la pérennité de l'identification des connexions. Pour permettre la mobilité des équipements aussi bien au niveau protocolaire que pour informer les correspondants des déplacements, l'IETF a standardisé le protocole IP Mobile [rfc3344].

Le protocole TCP [rfc0793] est le protocole de niveau transport le plus répandu, il est apparu en même temps qu'IPv4. Il est en mode connecté et permet de contrôler les erreurs de transmission, en particulier les pertes de paquets, les déséquencements (les paquets n'arrivent pas dans l'ordre dans lequel ils ont été émis) et les duplications. Initialement, TCP possédait des mécanismes de contrôle de flux sommaire. Le récepteur informait la source de sa mémoire disponible, quand celle-ci tendait vers zéro, l'émetteur devait arrêter de transmettre des données que le destinataire n'était plus en mesure de mémoriser. Ce mécanisme permettait d'asservir la source sur le rythme de consommation du destinataire, mais ne protégeait pas contre les saturations du réseau. Jusqu'en 1988, aucune de tentatives pour résoudre ce problème n'a été réellement efficace. Pire, le mécanisme de correction des pertes de paquet amplifiait ce phénomène. Quand un routeur est saturé, il perd des paquets, or la source retransmettait ce paquet perdu, augmentant par ce trafic supplémentaire la congestion. En 1988, Van Jacobson a présenté un algorithme efficace pour éviter d'amplifier le phénomène de congestion. L'hypothèse principale est que lorsqu'un paquet est perdu, cela n'est pas lié à une erreur de transmission sur un des liens, mais dans presque tous les cas à une congestion d'un routeur quelque part sur le chemin entre la source et le destinataire. Van Jacobson propose de réduire le débit de la source à chaque perte de paquet, permettant à la source de ne pas participer à l'encombrement du routeur. L'algorithme de van Jacobson a été amélioré dans les évolutions de TCP pour augmenter les performances [rfc3782], mais le comportement global était très mal compris, quand plusieurs millions de flux réagissent simultanément avec cet algorithme, ce qui a freiné les évolutions de TCP.

Actuellement l'IETF travaille sur un nouveau protocole de transport en mode connecté, appelé SCTP (*Stream Control Transmission Protocol*) [rfc2960]. SCTP a été à l'origine défini pour transporter des messages de signalisation pour la voix sur IP. SCTP intègre les mêmes mécanismes de contrôle de flux que TCP, mais se différencie par une gestion des données en mode bloc, plus adaptée que le mode caractère de TCP pour les messages de taille bornée que constitue la signalisation. SCTP offre aussi une meilleure résistance aux attaques et intègre la gestion de la multidomiciliation où un site est connecté à plusieurs opérateurs et par conséquent chaque équipement possède plusieurs adresses IP par interface. Au moment de l'ouverture de la connexion, chaque extrémité échange l'ensemble des adresses de ses interfaces. Si une interface devient inaccessible suite à une panne dans le réseau d'un opérateur, le correspondant pourra utiliser une autre adresse. Cette propriété est intéressante à d'autres niveaux. Les adresses échangées peuvent être IPv4 ou IPv6, rendant les applications indépendantes de la version du protocole utilisé. De plus si les adresses pouvaient être échangées, non plus uniquement au démarrage de la connexion, mais également pendant l'échange de données, cela permettrait d'offrir certaines fonctionnalités nécessaires à la gestion de la mobilité. Des travaux sont en cours pour étendre les fonctions de SCTP dans ce sens.

UDP (*User Datagram Protocol*) [rfc0768] est un protocole de niveau transport beaucoup plus simple. Ne contenant que l'information concernant les numéros des ports, son rôle est limité à la fonction d'aiguillage vers les applications. UDP est principalement utilisé pour les interrogations courtes comme, par exemple, la résolution de nom dans le DNS. UDP est utilisé également pour la diffusion de flux multimédia, car il ne met pas en œuvre les mécanismes de contrôle de congestion comme TCP. Généralement, l'encapsulation supplémentaire du protocole RTP (*Real Time Protocol*) [rfc3550] permet de transmettre des informations supplémentaires comme la nature du codage de l'information multimédia ou l'instant de la capture pour permettre un rendu plus fluide de l'information.

L'absence de mécanisme de contrôle de congestion lors de la diffusion de flux multimédias peut avoir des conséquences graves pour le réseau. En effet, si les flux UDP multimédias provoquent des congestions dans les routeurs, les flux TCP qui traversent ces routeurs risquent également de perdre des paquets et par conséquent de réduire leur débit. Pour favoriser la cohabitation, la notion de flux «TCP-friendly» [rfc3448] a été définie. La source doit mesurer le taux de perte de paquets et adapter son débit en fonction de celui-ci, soit, par exemple, en modifiant le rythme d'affichage soit en changeant le taux de compression. Les mécanismes «TCP-friendly» doivent être mis en œuvre dans les applications. L'IETF travaille actuellement à la définition d'un nouveau protocole en mode datagramme DCCP (*Datagram Congestion Control Protocol*) (Kohler, 2004) qui intégrera, entre autres, la gestion du contrôle de flux.

6 Conclusion

Au cours des vingt dernières années, l'Internet a pu s'adapter aux évolutions, d'un réseau universitaire, il a su évoluer pour devenir un protocole universel. Le protocole en lui-même n'a pas beaucoup changé depuis les années quatre-vingt, par contre la manière dont le réseau est exploité a beaucoup évolué en fonction des nouvelles orientations que prenait le réseau. La pile protocolaire autour d'IP est en constante évolution. Ceci est dû à la réactivité de l'IETF qui a su faire face à l'apparition de nouvelles technologies et aux nouveaux besoins. Mais il ne faudrait pas que le protocole IP soit victime de son succès et qu'une utilisation massive ne rende trop complexe son déploiement.

Le protocole IPv6 est maintenant stabilisé et n'attend plus que les applications pour se déployer à grande échelle. Les routeurs de cœur de réseaux sont prêts à gérer efficacement cette nouvelle version du protocole. Des réseaux expérimentaux ou universitaires ont démontré cette possibilité. Les systèmes d'exploitation comme Windows XP, Mac OS X, Linux ou BSD intègrent également la pile IPv6. Par contre les applications tardent à intégrer cette nouvelle version du protocole IP. En effet comme la plupart des services Web, de courrier électronique, etc., fonctionnent en IPv4, l'apport d'IPv6 est négligeable. De plus, l'utilisation de NAT permet de repousser la pénurie d'une dizaine d'années. Pour accélérer le passage à la nouvelle version, il semble important de promouvoir d'autres applications qui ne peuvent fonctionner dans le mode client/serveur. Mais le NAT complique le déploiement de ces nouvelles applications. Par exemple, pour la téléphonie sur IP, il faut que les applications sachent jouer avec les contraintes ajoutées par ce mécanisme, avec le coût associé. IPv6 permet de simplifier le déploiement en revenant aux principes du bout en bout. IPv6 avec la taille des adresses permet également d'aller vers des mécanismes d'autoconfiguration complets (non encore complètement définis à ce jour) permettant de cacher aux utilisateurs son existence. Si IPv6 n'arrive pas à s'imposer, on risque d'avoir plusieurs réseaux IPv4 indépendants au niveau de l'adressage : un pour les opérateurs de téléphonie mobile, un pour les connexions ADSL, etc., rendant de plus en plus difficile l'interconnexion et nécessitant de plus en plus de passerelles applicatives pour assurer la continuité d'un service. Les critères économiques devraient faire pencher la balance du côté IPv6.

IPv6 est le premier élément de l'évolution de l'architecture de l'IETF. Le plus grand chantier architectural se trouve maintenant dans la dissociation des fonctions de localisation et d'identification de l'adresse IP. Dans les années quatre-vingt quand le protocole IP est apparu, les ordinateurs tenaient dans une pièce climatisée, on ne pouvait songer que chaque individu aurait au début du XXIe siècle besoin d'une adresse IP pour un téléphone placé dans une poche et que cet équipement se déplacerait, se connecterait à différentes technologies de réseau (GRPS, 3G, Wi-Fi, Bluetooth,...). Les travaux sur la mobilité IP ont montré l'intérêt de cette approche, mais beaucoup de travaux seront nécessaires. En particulier faut-il que le localisateur et l'identificateur soient structurés de la même manière, comme cela est le cas avec IP mobile. N'est-il pas plus intéressant de calculer l'identificateur à partir d'une clé publique pour augmenter l'authentification des partenaires ? Faut-il que cette gestion se fasse entre le niveau 3 et le niveau 4 ou est-il plus intéressant de les intégrer dans le niveau 4 comme le propose SCTP ? Ces questions sont en débat à l'IETF.

Bibliographie

Cizault G. (2003), *IPv6 Théorie et Pratique*, O'Reilly.

Deering S. (2001), *Watching the Waist of the Protocol Hourglass*, http://www.ietf.org/proceedings/01aug/slides/plenary-1, septembre 2001.

Douglas C. (2003), *TCP/IP: Architectures, protocoles et applications*, Dunod.

Kohler E. (2004), *Datagram Congestion Control Protocol (DCCP)*, 15-Nov-04, < draft-ietf-dccp-spec-09.txt,.ps >

Stevens R. W. (1998), *TCP/IP Illustré, V1 – Les protocoles*, Vuibert.

Toutain L. (2002), *Réseaux locaux et Internet, des protocoles à l'interconnexion*, Hermès.

Request For Comments

[rfc0768] J. Postel. *User Datagram Protocol.* Août 1980. STANDARD

[rfc0791] J. Postel. *Internet Protocol.* Septembre 1981. STANDARD

[rfc0792] J. Postel. *Internet Control Message Protocol.* Septembre 1981. STANDARD

[rfc0793] J. Postel. *Transmission Control Protocol.* Septembre 1981. STANDARD

[rfc0826] D.C. Plummer *Ethernet Address Resolution Protocol: Or converting network protocol addresses to 48.bit Ethernet address for transmission onEthernet hardware..* Novembre 1982. STANDARD

[rfc1034] P.V. Mockapetris *Domain names - concepts and facilities.* Novembre 1987. STANDARD

[rfc1195] R.W. Callon *Use of OSI IS-IS for routing in TCP/IP and dual environments..* Décembre 1990. PROPOSED STANDARD

[rfc1519] V. Fuller, T. Li, J. Yu, K. Varadhan, Classless Inter-Domain Routing (CIDR): *an Address Assignment and Aggregation Strategy..* Septembre 1993. PROPOSED STANDARD

[rfc1771] Y. Rekhter, T. Li. *A Border Gateway Protocol 4 (BGP-4).* Mars1995. DRAFT STANDARD

[rfc1796] C. Huitema, J. Postel, S. Crocker. *Not All RFCs are Standards.* Avril 1995. INFORMATIONAL

[rfc1918] Y. Rekhter, B. Moskowitz, D. Karrenberg, G. J. de Groot, E. Lear. *Address Allocation for Private Internets.* Février 1996.BEST CURRENT PRACTICE

[rfc2080] G. Malkin, R. Minnear *RIPng for IPv6.* Janvier 1997. PROPOSED STANDARD

[rfc2131] R. Droms. *Dynamic Host Configuration Protocol.* Mars 1997. DRAFT STANDARD

[rfc2328] J. Moy *OSPF Version 2.* Avril 1998. STANDARD

[rfc2453] G. Malkin *RIP Version 2.* Novembre 1998. STANDARD

[rfc2460] S. Deering, R. Hinden. *Internet Protocol, Version 6 (IPv6) Specification.* Décembre 1998. DRAFT STANDARD

[rfc2461] T. Narten, E. Nordmark, W. Simpson *Neighbor Discovery for IP Version 6 (IPv6).* Décembre 1998. DRAFT STANDARD

[rfc2463] A. Conta, S. Deering *Internet Control Message Protocol (ICMPv6) for the Internet Protocol Version 6 (IPv6) Specification.* Décembre 1998. DRAFT STANDARD

[rfc2474] K. Nichols, S. Blake, F. Baker, D. Black. *Definition of the Differentiated Services Field (DS Field) in the IPv4 and IPv6 Headers.* Décembre 1998. PROPOSED STANDARD

[rfc2740] R. Coltun, D. Ferguson, J. Moy. *OSPF for IPv6.* Décembre 1999.PROPOSED STANDARD

[rfc2960]. R. Stewart, Q. Xie, K. Morneault, C. Sharp, H. Schwarzbauer, T. Taylor, I. Rytina, M. Kalla, L. Zhang, V. Paxson. *Stream Control Transmission Protocol* Octobre 2000. PROPOSED STANDARD

[rfc3022] P. Srisuresh, K. Egevang. *Traditional IP Network Address Translator (Traditional NAT).* Janvier 2001. INFORMATIONAL

[rfc3315] R. Droms, Ed., J. Bound, B. Volz, T. Lemon, C. Perkins, M. Carney. *Dynamic Host Configuration Protocol for IPv6 (DHCPv6).* Juillet 2003. PROPOSED STANDARD

[rfc3344] C. Perkins, Ed. *IP Mobility Support for IPv4.* Août 2002. PROPOSED STANDARD

[rfc3448] M. Handley, S. Floyd, J. Padhye, J. Widmer. *TCP Friendly Rate Control (TFRC): Protocol Specification.* Janvier 2003. PROPOSED STANDARD

[rfc3513] R. Hinden, S. Deering *Internet Protocol Version 6 (IPv6) Addressing Architecture.* Avril 2003. PROPOSED STANDARD

[rfc3550]. H. Schulzrinne, S. Casner, R. Frederick, V. Jacobson. *RTP: A Transport Protocol for Real-Time Applications* Juillet 2003. STANDARD

[rfc3697] J. Rajahalme, A. Conta, B. Carpenter, S. Deering. *IPv6 Flow Label Specification.* Mars 2004. PROPOSED STANDARD

[rfc3782] S. Floyd, T Henderson, A. Gurtov *The NewReno Modification to TCP's Fast Recovery Algorithm.* Avril 2004. PROPOSED STANDARD

Technologies haut débit

Guy Pujolle

Mots-clés : réseaux optiques, MPLS, GMPLS, routeur haut débit, réseaux vidéo.

Résumé : destinés à transporter de l'information, les réseaux peuvent être classés en trois catégories principales, selon le type et l'origine de cette information : réseaux provenant des opérateurs de télécommunications et demandant la mise en place d'un circuit virtuel avant la transmission d'un premier paquet, réseaux informatiques nés du besoin de communiquer des ordinateurs et se fondant sur une technologie de datagramme et enfin réseaux de diffusion acheminant les programmes audiovisuels. Chacune de ces catégories présente des caractéristiques particulières, liées aux applications de téléphonie, d'informatique et de vidéo. Cet article décrit les principaux réseaux à haut débit de ces différentes catégories, c'est-à-dire les réseaux MPLS et GMPLS dans la première catégorie, les réseaux Ethernet et Internet à haut débit dans la deuxième catégorie et enfin les réseaux vidéo numériques à haut débit.

1 Les réseaux haut débit

Les réseaux sont nés du besoin de transporter une information d'une personne à une autre. Pendant longtemps, cette communication s'est faite directement par l'homme, comme dans le réseau postal, ou par des moyens sonores ou visuels. C'est il y a un peu plus d'un siècle, avec l'apparition du télex puis du téléphone, que le concept de réseau est né.

Empruntant d'abord des lignes terrestres de télécommunications, essentiellement composées de fils de cuivre, l'information s'est ensuite également propagée par le biais des ondes hertziennes et de la fibre optique. Il convient d'ajouter à ces lignes de communication le réseau d'accès, aussi appelé « boucle locale », qui permet d'atteindre l'ensemble des utilisateurs potentiels.

L'information est transportée par paquets (voir le chapitre « Modes de transport de l'information »). Les réseaux peuvent utiliser des paquets de longueur constante ou variable. La longueur constante permet de déterminer aisément où se trouvent les différents champs et facilite le transfert d'un paquet de l'entrée du nœud à sa sortie. En contrepartie, la fragmentation des données à transporter en petits morceaux demande davantage de puissance. De plus, si les données à acheminer se limitent à quelques octets, il faut compléter le paquet artificiellement avec des octets dits de remplissage pour qu'il atteigne sa longueur constante.

Les paquets de taille variable s'adaptent bien au contexte applicatif puisqu'ils peuvent être plus ou moins longs suivant la taille du message à transporter. Si le message est très grand, comme dans un transfert de fichier de plusieurs millions d'octets, le paquet a une taille maximale. Si le message est très court, il peut ne donner naissance qu'à un seul paquet, très court également.

Le traitement d'un paquet de longueur variable demande plus de temps que celui d'un paquet de longueur constante car il faut déterminer les emplacements des champs. Quant au transfert lui-même, il ne peut s'appuyer sur une structure physique simple du nœud.

Les différentes techniques de transfert de paquets ou de trames ont leur origine dans des communautés au départ complètement séparées. L'ATM provient de la communauté des opérateurs de télécommunications et des industriels associés. Les protocoles IP et Ethernet sont nés du besoin des informaticiens de relier leurs machines les unes aux autres pour transférer des fichiers informatiques.

1.1 Les réseaux de télécommunications

Les opérateurs de télécommunications reconnaissent que l'avenir appartient aux réseaux utilisant le paquet IP. Cependant, ils souhaitent continuer à mettre en place un chemin puis faire transiter les paquets IP dans l'ordre et d'une façon sécurisée. Pour cela, un réseau de signalisation est nécessaire pour tracer le chemin. La révolution dans les télécoms réside finalement dans la découverte que le meilleur réseau de signalisation est le réseau IP.

Les réseaux de télécommunications se fondent donc sur des réseaux avec des chemins ou circuits virtuels. Les technologies sous-jacentes sont la commutation de circuits sur les réseaux optiques avec une avancée vers les techniques de *Burst Switching*, et des techniques associées à des circuits virtuels ATM *(Asynchronous Tranfer Mode)* ou Ethernet, qui utilisent des signalisations spécifiques, avant de converger vers MPLS (*MultiProtocol Label Switching*), qui utilise une signalisation IP, et sa généralisation GMPLS.

1.2 Les opérateurs de réseaux Internet

Les opérateurs de réseaux Internet correspondent en grande partie aux ISP *(Internet Service Provider)*. Développée pour le monde Internet, la technologie qu'ils utilisent consiste à encapsuler l'information dans des paquets IP *(Internet Protocol)* – décrit en détail au chapitre «Internet: évolution et perspectives».

Les paquets IP comportent l'adresse complète du destinataire. Le paquet n'est donc jamais perdu dans le réseau puisqu'il transporte sa destination. Dans la commutation du monde des télécommunications, à l'inverse, la trame ou le paquet ne sont munis que d'une référence, laquelle ne donne aucune information sur la destination. En cas de problème, il faut demander à la signalisation d'ouvrir un nouveau chemin.

Dans les réseaux des opérateurs Internet, il n'y a pas besoin de signalisation. Cela allège considérablement le coût du réseau. À chaque nœud, il suffit de remonter à la couche IP pour retrouver l'adresse complète du destinataire et aller consulter la *table de routage*, qui indique la meilleure porte de sortie du nœud en direction du destinataire.

L'avantage évident des technologies Internet réside dans la grande simplicité du réseau. Ce dernier est construit autour d'équipements, appelés *routeurs*, dont la seule fonction est d'aiguiller les paquets vers la meilleure porte de sortie possible. Cette porte pouvant varier en fonction du trafic, la table de routage doit être mise à jour régulièrement.

Une autre caractéristique des réseaux Internet consiste essentiellement en un contrôle effectué par les équipements terminaux, sans aucune participation des routeurs internes au réseau.

Les algorithmes de contrôle sont le plus souvent fondés sur des *fenêtres de contrôle*, c'est-à-dire des valeurs maximales du nombre de paquets qui peuvent être envoyés sans *acquittement*. L'équipement terminal doit détecter d'après le temps de retour de l'acquittement si le réseau est congestionné ou non.

Les solutions à la disposition des opérateurs Internet pour garantir de très haut débit et une qualité de service sont assez limitées.

Une première solution consiste à surdimensionner le réseau de telle sorte que les paquets ne soient jamais retardés par des attentes dans les routeurs. Cette solution est acceptable si la technologie offre, à bon prix, des capacités suffisantes. C'était le cas au début des années deux mille, au cours desquelles l'essor de la fibre optique et des techniques de *multiplexage en longueur d'onde* ont permis d'atteindre des débits de plusieurs térabits par seconde. Si la solution de surdimensionnement a pu être acceptable au début des années deux mille, elle devient de plus en plus difficile à réaliser du fait d'un ralentissement des progrès technologiques. De plus, l'arrivée massive d'accès haut débit ADSL ne permet plus de faire simplement du surdimensionnement.

Une seconde solution consiste à ne surdimensionner le réseau que pour les clients ayant besoin de temps de réponse garantis. Pour y parvenir, il faut classifier les flots. La solution proposée par le monde Internet revient à spécifier trois grandes classes de flots: une classe de plus haute priorité, appelée «premium» ou «platinium», une classe de basse priorité, qui n'offre aucune garantie, et une classe intermédiaire, qui propose une garantie sur le taux de perte mais pas sur le temps de transit à l'intérieur du réseau (voir à ce sujet le chapitre «Trafic et qualité de service»).

L'opérateur Internet doit pratiquer des coûts de connexion tels que tous les clients ne choisissent pas la classe de plus haute priorité et que cette dernière ne dépasse pas une quinzaine de pour cent de la capacité du réseau. À ces conditions, les clients prioritaires ne sont pas gênés par les autres et peuvent espérer une très bonne qualité de service. Cette solution revient moins cher que le surdimensionnement généralisé pour l'ensemble des utilisateurs. Elle est cependant plus complexe, car il faut introduire un coût pour différencier les clients, faute de quoi tous les clients réclameraient la plus haute priorité.

L'introduction de priorités nécessite une nouvelle génération de routeurs capables de les gérer, c'est-à-dire de reconnaître la valeur indiquée dans un champ de priorité du paquet IP et de placer les paquets de plus haute priorité en tête des files d'attente.

Cette solution est bien couverte par la proposition *DiffServ* (*Differentiated Services*), qui classifie les clients en trois classes. La classe intermédiaire peut comporter jusqu'à douze sous-classes.

Dans la suite de cet article nous décrirons les technologies haut débit associées aux caractéristiques que nous venons de décrire.

1.3 Les opérateurs vidéo

On désigne sous le terme d'opérateurs vidéo les câblo-opérateurs et les opérateurs de réseaux numériques terrestres qui mettent en place les réseaux terrestres et hertziens de diffusion des canaux de télévision. Les câblo-opérateurs se chargent de la partie terrestre, et les télédiffuseurs de la partie hertzienne. Ces infrastructures de communication permettent de faire transiter vers l'équipement terminal les canaux vidéo. Étant donné la largeur de bande passante réclamée par ces applications, ces canaux demandent des débits très importants.

La diffusion de programmes de télévision s'effectue depuis de longues années par le biais d'émetteurs hertziens, avec des avantages et des inconvénients. De nouvelles applications vidéo apparaissent sans arrêt sur ces réseaux à haut débit.

2 Les réseaux de télécommunications

Les réseaux provenant du monde des télécommunications sont caractérisés par l'existence d'un réseau de signalisation qui ouvre un circuit virtuel que l'on appelle encore un chemin (cf. chapitre «Modes de transport de l'information»). Les principales techniques à très haut débit proviennent des réseaux optiques d'une part et les réseaux MPLS d'autre part.

2.1 Les réseaux optiques

Les très hauts débits sur les réseaux optiques s'appuient sur le multiplexage en longueur d'onde, qui consiste à diviser le spectre optique en plusieurs sous-canaux, chaque sous-canal étant associé à une longueur d'onde. Cette technique est aussi appelée WDM (*Wavelength Division Multiplexing*) ou encore DWDM, Dense WDM, lorsque le nombre de longueurs d'onde est très important.

La figure 1 illustre un réseau de communications utilisant le multiplexage en longueur d'onde. Le chemin d'un nœud à un autre peut être entièrement optique ou passer par des commutateurs optoélectroniques.

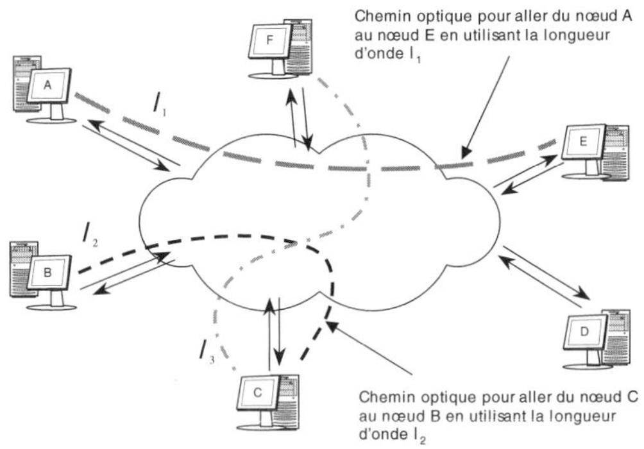

Figure 1 Multiplexage en longueur d'onde dans un réseau optique

Sur chaque longueur d'onde, un autre niveau d'optoélectronique peut être utilisé, soit par un multiplexage en fréquence, et dans ce cas la bande passante est de nouveau subdivisée entre plusieurs stations (*Subcarrier Multiplexing*), soit par un multiplexage temporel TDM (*Time-Division Multiplexing*).

Les réseaux optiques à multiplexage en longueur d'onde peuvent être regroupés en deux sous-catégories :

- les réseaux à diffusion ;
- les réseaux à routage en longueur d'onde.

Chacune de ces sous-catégories peut être à saut unique (*single-hop*) ou à saut multiple (*multi-hop*). Dans les réseaux à diffusion, chaque station de réception reçoit l'ensemble des signaux envoyés par les émetteurs. L'acheminement des signaux s'effectue de façon passive. Chaque station peut émettre sur une longueur d'onde distincte. Le récepteur reçoit le signal désiré en se plaçant sur la bonne longueur d'onde.

Les réseaux à routage en longueur d'onde

L'idée à la base des réseaux à routage en longueur d'onde consiste à réutiliser au maximum les mêmes longueurs d'onde. La figure 2 illustre un nœud d'un réseau à routage en longueur d'onde dans lequel les mêmes longueurs d'onde sont utilisées à plusieurs reprises.

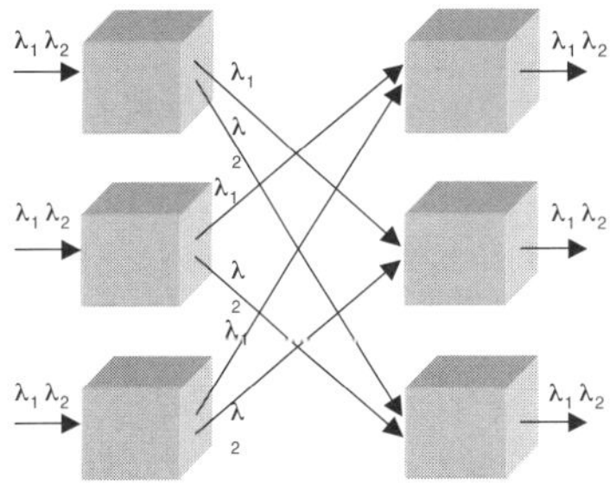

Figure 2 Nœud de base d'un réseau à routage en longueur d'onde

Cette architecture correspond à un routage fixe sur les longueurs d'onde. On peut également développer des réseaux à routage en longueur d'onde avec des routages dynamiques dans le temps. À cet effet, il faut insérer des commutateurs optiques ou optoélectroniques, suivant la technologie utilisée, entre les ports d'émission et de réception. Un exemple de cette technique est illustré à la figure 3.

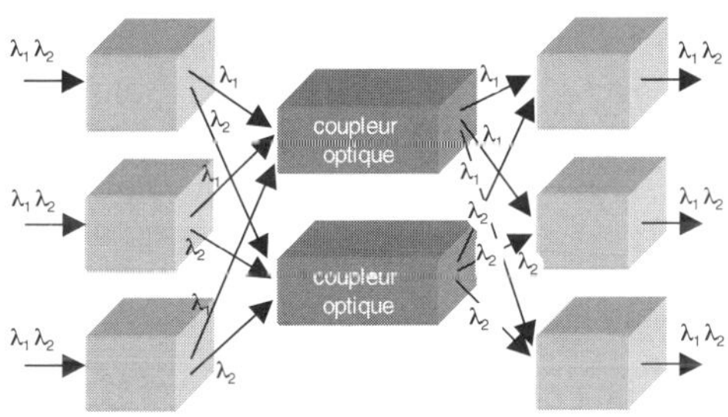

Figure 3 Routage dynamique

De nombreuses recherches ont encore lieu dans le domaine de l'optique pour optimiser l'utilisation des longueurs d'onde. Cette technique permet d'atteindre des débits particulièrement élevés, qui se comptent en térabits par seconde. Les difficultés proviennent des coûts encore élevés du multiplexage en longueur d'onde et surtout des commutateurs optiques. Lorsque l'on veut minimiser le coût ou augmenter la portée, il faut utiliser des commutateurs optoélectroniques. Une certaine fragilité est alors visible à chaque passage d'un environnement lumineux à un environnement électrique. Des progrès considérables doivent encore être réalisés pour réamplifier de façon optique les signaux et régler pratiquement instantanément les coupleurs d'émission ou de réception sur la bonne longueur d'onde.

Les commutations par *burst* et par paquet

Les réseaux optiques que nous avons décrits jusqu'ici utilisent essentiellement une commutation en longueur d'onde. Les paquets utilisent un circuit construit entre un point d'entrée et un point de sortie soit en utilisant la même longueur d'onde tout le long du chemin, soit en changeant de longueur d'onde dans certains nœuds intermédiaires. Cette solution de type circuit n'est pas très efficace pour le transport des données. En effet, les débits qui transitent dans les circuits correspondent à la superposition des débits provenant de groupes d'utilisateurs multiplexés et se présentent donc sous une forme très irrégulière. Les débits transportés par les réseaux sont de surcroît de plus en plus variables dans le temps.

Pour éviter une mauvaise utilisation des circuits optiques, on a développé des réseaux optiques capables de commuter non plus des longueurs d'onde mais des paquets. Les paquets sont commutés dans un commutateur optique vers une porte de sortie où on leur attribue une couleur disponible pour les émettre. L'inconvénient de cette solution est le nombre de paquets, qui se comptent en milliard par seconde, à traiter dans de gros commutateurs. Le coût de traitement optique étant très important, il est aujourd'hui difficile d'imaginer la date de sortie de tels commutateurs.

Une autre idée s'est développée, consistant à trouver le moyen de traiter de très gros paquets, appelés *bursts*. La commutation par burst n'est rien d'autre qu'une commutation de paquets avec ces très gros paquets. À la vitesse de plusieurs gigabits par seconde, la commutation d'un paquet, ou burst, peut demander un temps de l'ordre de quelques dizaines à quelques centaines de microsecondes. À une vitesse de 10 Gbit/s, un burst de 100 µs correspond à 1 Mbit de données. On rassemble donc les données à transporter en paquets de l'ordre de 1 Mbit et on met en place un circuit pendant le temps de la transmission. Appelée OBS (*Optical Burst Switching*), cette technique devrait bientôt être proposée par quelques équipementiers spécialisés dans la fibre optique.

2.2 Les réseaux MPLS

Les réseaux MPLS (*MultiProtocol Label Switching*) forment, avec les réseaux optiques, la deuxième grande famille de réseaux à haut débit. Dans MPLS, il faut une signalisation pour ouvrir le circuit virtuel appelé ici LSP (*Label Switched Path*). Cependant, la technologie MPLS utilise, pour transporter les paquets IP, des trames de différents types capables d'atteindre de très grande capacité de communication. Les deux technologies de base sont ATM et Ethernet commuté que nous allons présenter brièvement dans les deux premières sections de cette partie.

Les réseaux ATM

La technique de transfert ATM (*Asynchronous Transfer Mode*) s'est imposée dans les années quatre-vingt-dix pour l'obtention de la qualité de service. Sa première caractéristique est de limiter la taille des paquets à une valeur constante de 53 octets de façon à garantir son traitement rapide dans les nœuds.

Cette solution offre le meilleur compromis pour le transport des applications qui transitent sur les réseaux. Le transport des applications isochrones s'obtient plus facilement du fait de la petite taille des paquets, ou *cellules,* qui engendre des temps de paquétisation et de dépaquétisation faibles.

Si les cellules permettent de transporter facilement les données asynchrones, c'est au prix d'une fragmentation assez poussée. Lorsque le contrôle de flux est strict, le temps de transport dans le réseau est à peu près égal au temps de propagation, ce qui permet de retrouver simplement la synchronisation en sortie.

Les réseaux ATM sont des réseaux commutés de niveau trame, c'est-à-dire qui commutent des trames. Un système de signalisation spécifique permet d'ouvrir et de fermer les circuits virtuels.

Des qualités de service sont affectées aux circuits virtuels pour donner la possibilité aux utilisateurs de faire transiter des applications avec contraintes.

Les réseaux Ethernet commutés

La commutation Ethernet, ou Ethernet FDSE (*Full Duplex Switched Ethernet*), est née au début des années quatre-vingt-dix. Avant l'arrivée de l'Ethernet commuté, les réseaux Ethernet partagés étaient découpés en sous-réseaux partagés autonomes, reliés entre eux par des ponts. De ce fait, on multipliait le trafic par le nombre de sous-réseaux.

Les ponts ne sont en fait que des commutateurs Ethernet qui mémorisent les trames et les réémettent vers d'autres réseaux Ethernet. En poursuivant cette logique à l'extrême, on peut découper le réseau jusqu'à n'avoir qu'une seule station par réseau Ethernet. On obtient alors la commutation Ethernet.

Le réseau Ethernet FDSE est un réseau particulièrement simple puisqu'il n'y a que deux stations : celle que l'on veut connecter au réseau et le commutateur de raccordement. On dispose donc d'un Ethernet par terminal relié directement au commutateur.

Dans la commutation Ethernet, chaque carte coupleur est reliée directement à un commutateur Ethernet, lequel se charge de rediriger les trames dans la bonne direction. Il faut bien parler de trame ici puisqu'un préambule permet d'en détecter le début. La commutation demande une référence qui, a priori, n'existe pas dans le monde Ethernet, aucun paquet de supervision n'ouvrant le circuit virtuel en posant des références. Le mot de commutateur peut donc être considéré comme inexact puisqu'il n'y a pas de référence. Cependant, il est possible de parler de commutation, si l'on considère l'adresse du destinataire comme une référence. Le circuit virtuel est alors déterminé par la suite de références toutes égales à l'adresse du destinataire sur 6 octets. Pour réaliser cette commutation de bout en bout, chaque commutateur doit avoir la possibilité de déterminer la liaison de sortie en fonction de la référence, c'est-à-dire de la valeur de l'adresse du récepteur.

Cette technique de commutation peut présenter les difficultés suivantes :

- gestion des adresses de tous les coupleurs raccordés au réseau. Les techniques de VLAN permettent de résoudre ce problème ;
- gestion des congestions éventuelles au sein d'un commutateur.

Du fait de la seconde difficulté, il faut mettre en place des techniques de contrôle susceptibles de prendre en charge, sur les liaisons entre commutateurs, les trames provenant simultanément de tous les coupleurs Ethernet. On retrouve là les caractéristiques des architectures des réseaux de commutation. La technique de reprise sur une collision n'est plus utile puisqu'il n'y a pas de collision dans ce cas. En revanche, la limitation de distance n'existant plus, on peut réaliser des réseaux en commutation Ethernet à la taille de la planète.

L'environnement Ethernet s'impose actuellement par sa simplicité de mise en œuvre tant que le réseau reste de taille limitée. C'est une solution réseau qui présente l'avantage de s'appuyer sur l'existant, à savoir les coupleurs et les divers réseaux Ethernet que de nombreuses entreprises ont mis en place pour créer leurs réseaux locaux.

L'inconvénient de la commutation de niveau trame réside dans l'adressage de niveau 2, qui correspond à l'adressage plat d'Ethernet. L'adressage plat, ou absolu, ne permet pas de connaître le lieu géographique d'un coupleur d'après sa valeur. Dès que le réseau comporte un grand nombre de postes, ce qui est le cas si l'on accepte une mobilité des terminaux, par exemple, la mise à jour des tables de routage devient quasi impossible puisqu'il n'existe pas de normalisation pour l'automatisation de cette fonction.

La capacité disponible par terminal est de 10 Mbit/s, 100 Mbit/s, 1 Gbit/s et 10 Gbit/s. Toute la difficulté réside dans la complexité des réseaux à commutation de trames Ethernet, avec les problèmes d'ouverture des chemins et de contrôle de flux qu'ils posent.

MPLS

MPLS est une norme proposée par l'IETF, l'organisme de normalisation d'Internet, pour l'ensemble des architectures et des protocoles de haut niveau (IP, IPX, AppleTalk, etc.). Cependant, son implantation la plus classique concerne uniquement le protocole IP.

MPLS est l'aboutissement logique de toutes les propositions qui ont été faites dans les années quatre-vingt-dix. L'idée de l'IETF a été de proposer une norme commune pour transporter des paquets IP sur des sous-réseaux travaillant en mode commuté. Les nœuds sont des routeurs-commutateurs capables de remonter soit au niveau IP pour effectuer un routage, soit au niveau trame pour effectuer une commutation.Les nœuds de transfert spécifiques utilisés dans MPLS sont appelés LSR (*Label Switched Router*). Les LSR se comportent comme des commutateurs pour les flots de données utilisateur et comme des routeurs pour la signalisation. Pour acheminer les trames utilisateur, on utilise des références, ou *labels*. Le mécanisme s'apparente au circuit virtuel, décrit au chapitre «Modes de transport de l'information». À une référence d'entrée correspond une référence de sortie. La succession des références définit le chemin suivi par l'ensemble des trames contenant les paquets du flot IP. Toute trame (ATM, Ethernet, etc.) utilisée en commutation, ou *label-switching*, peut être utilisée dans un réseau MPLS. La référence est placée dans un champ spécifique de la trame ou dans un champ ajouté dans ce but.

Les caractéristiques les plus importantes de la norme MPLS sont les suivantes :

- spécification des mécanismes pour transporter des flots de paquets IP avec diverses granularités des flots entre deux points, deux machines ou deux applications. La granularité désigne la grosseur du flot qui peut intégrer plus ou moins de flots utilisateur ;
- indépendance du niveau trame et du niveau paquet, bien que seul le transport de paquets IP soit réellement pris en compte ;
- mise en relation de l'adresse IP du destinataire avec une référence d'entrée dans le réseau ;
- reconnaissance par les routeurs de bord des protocoles de routage de type OSPF et de signalisation comme RSVP ;
- utilisation de différents types de trames.

Quelques propriétés supplémentaires méritent d'être soulignées :

- ouverture du chemin fondée sur la topologie, bien que d'autres possibilités soient également définies dans la norme ;
- assignation des références faite par l'aval, c'est-à-dire à la demande d'un nœud qui émet un message dans la direction de l'émetteur ;
- stock de références géré selon la méthode «dernier arrivé premier servi» ;
- possibilité de hiérarchiser les demandes ;
- utilisation d'un temporisateur TTL (*Time to live*);
- encapsulation d'une référence dans la trame incluant un TTL et une qualité de service.

Le principal avantage apporté par le protocole MPLS est la possibilité, illustrée à la figure 4, de transporter les paquets IP sur plusieurs types de réseaux commutés. Il est ainsi possible de passer d'un réseau ATM à un réseau Ethernet ou à un réseau relais de trames. En d'autres termes, il peut s'agir de n'importe quel type de trame, à partir du moment où une référence peut y être incluse. Nous verrons plus loin comment ajouter une référence lorsque la trame ne le prévoit pas.

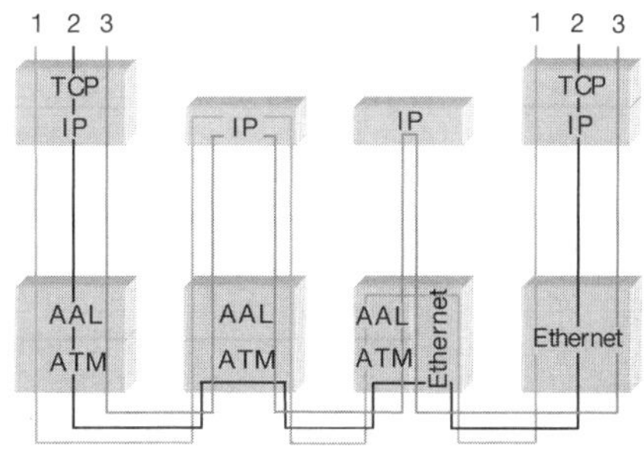

Figure 4 Réseau MPLS avec des sous-réseaux distincts

La transmission des données s'effectue sur des chemins nommés LSP (*Label Switched Path*). Un LSP est une suite de références partant de la source et allant jusqu'à la destination. Les LSP sont établis avant la transmission des données (*control-driven*) ou à la détection d'un flot qui souhaite traverser le réseau (*data-driven*).

Les références incluses dans les trames sont distribuées en utilisant un protocole de signalisation. Le plus important de ces protocoles est LDP (*Label Distribution Protocol*), mais on utilise aussi RSVP, éventuellement associé à un protocole de routage, comme BGP (*Border Gateway Protocol*) ou OSPF. Les trames acheminant les paquets IP transportent les références de nœud en nœud.

La signalisation nécessaire pour déposer la valeur des références le long du chemin peut être gérée soit à chaque flot (*data driven*), soit par un environnement de contrôle indépendant des flots utilisateur. Cette dernière solution est préférable dans le cas de grands réseaux du fait de ses capacités de passage à l'échelle.

Les références peuvent être distribuées pour :

- un routage unicast vers une destination particulière ;
- une gestion du trafic, ou TE (*Traffic Engineering*) ;
- un multicast ;
- un réseau privé virtuel ;
- une qualité de service.

Le format de la référence MPLS est illustré à la figure 5. La référence est encapsulée dans l'en-tête de niveau trame du champ normalisé pour transporter la référence ou juste entre l'en-tête de niveau trame et l'en-tête de niveau paquet.

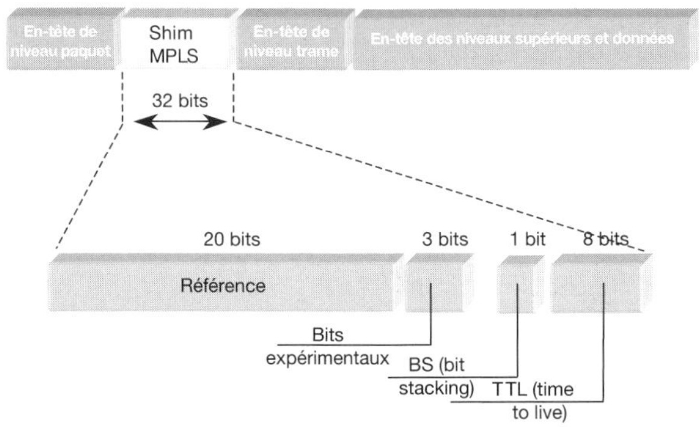

Figure 5 Format générique d'une référence dans MPLS

2.3 Les réseaux GMPLS

Comme son nom l'indique, GMPLS est une généralisation du protocole MPLS. Cette généralisation est assez simple à expliquer puisque tout ce qui peut jouer le rôle d'une référence – numéro d'une longueur d'onde, numéro d'un slot, etc. – peut entrer dans GMPLS. La structure de GMPLS est toutefois plus complexe qu'il n'y paraît, et une gestion globale est nécessaire pour arriver à bien contrôler cet environnement.

MPLS ne travaille que sur des structures de trame de niveau 2, le L2S (*Level 2 Switching*). Des extensions permettent toutefois d'introduire des références sur d'autres supports, comme le numéro d'une tranche de temps dans un partage temporel ou un numéro de longueur d'onde sur une fibre optique.

Les possibilités d'extension de MPLS sont principalement les suivantes :

- PSC (*Packet Switching Capable*) pour les paquets capables de recevoir une référence. On pourrait imaginer un paquet IPv6 avec le flow-label comme référence, mais cette solution n'est pas acceptable directement car un paquet ne peut être transmis directement sur un support physique. Pour cela, il faut encapsuler le paquet dans une trame. C'est généralement la trame PPP qui sert de transporteur ;
- L2SC (*Level 2 Switching Capable*), qui correspond au label-switching utilisé dans la norme MPLS ;
- TDMC (*Time Division Multiplexing Capable*), qui introduit la référence en tant que slot dans un multiplexage temporel. Toutes les techniques qui comportent une structure sous forme de trame avec des slots à l'intérieur font partie de cette classe. En particulier, toutes les techniques hertziennes avec division temporelle s'intègrent dans GMPLS ;
- LSC (*Lambda Switching Capable*), qui prend le numéro de la longueur d'onde à l'intérieur d'une fibre optique comme référence de commutation. Cette technique a été la première extension de MPLS sous le nom de MPλS ;
- FSC (*Fiber Switching Capable*), qui prend le numéro d'une fibre optique parmi un faisceau de fibres optiques comme référence de commutation. Dans un faisceau, les fibres sont numérotées de 1 à *n*, *n* correspondant au nombre de fibres optiques.

La structure hiérarchique des supports de transmission de GMPLS permet de mettre en place ce type de réseau. On peut, par exemple, dans un cas simple, avoir des domaines MPLS de niveau 2 interconnectés par un réseau *overlay* utilisant une longueur d'onde sur une fibre optique. Ce réseau overlay relie les points des domaines de base choisis pour faire partie du réseau overlay.

Pour améliorer le contrôle et la gestion des réseaux GMPLS, il est nécessaire de bien séparer les plans utilisateur, gestion et contrôle, surtout si le réseau est complexe. Cela vaut encore davantage dans les réseaux utilisant de la fibre optique.

Comme pour l'ATM, on distingue trois plans dans GMPLS :

- le plan utilisateur, qui est chargé de transporter les données utilisateur d'une extrémité à l'autre ;
- le plan de contrôle, destiné à mettre en place les circuits virtuels puis à les détruire à la fin de la transmission ou à les maintenir si nécessaire ;
- le plan de gestion, qui transporte les messages nécessaires à la gestion du réseau.

Les groupes de travail de GMPLS ont développé une telle architecture pour permettre de contrôler par un plan spécifique l'ensemble des composants du réseau.

Pour s'adapter au protocole GMPLS, les protocoles de signalisation (RSVP-TE, CR-LDP) et les protocoles de routage (OSPF-TE, IS-IS-TE) ont été étendus. Un nouveau protocole de gestion, appelé LMP (*Link Management Protocol*), a été introduit pour gérer les plans utilisateur et de contrôle. LMP est un protocole IP qui contient des extensions pour RSVP-TE et CR-LDP.

3 Les opérateurs Internet

Internet provient du concept d'*Inter-Network*, c'est-à-dire de la volonté de relier des réseaux hétérogènes entre eux par l'adoption d'un protocole unique, IP *(Internet Protocol)*. Le protocole IP a pour objectif de normaliser la façon de transporter les paquets dans un réseau. Internet est un réseau routé dans lequel les nœuds de transfert sont appelés des routeurs. Les routeurs sont munis d'une table de routage qui permet aux paquets entrants de trouver la meilleure sortie possible.

Internet est un réseau sans signalisation, c'est-à-dire sans chemin. Chaque paquet contient l'adresse complète du destinataire et est donc autonome dans le réseau. On appelle parfois ces paquets autonomes des *datagrammes*.

Une caractéristique du réseau Internet, que nous avons déjà mentionnée, concerne le contrôle du réseau effectué par la machine terminale. La fenêtre de contrôle est déterminée par le temps aller-retour d'un paquet, depuis son envoi jusqu'à l'arrivée de l'acquittement. Si ce temps aller-retour devient trop important, l'équipement terminal interprète cet événement comme une congestion et diminue de façon drastique la fenêtre de contrôle.

La qualité de service d'Internet est la même pour l'ensemble des utilisateurs. On la nomme *best effort* pour indiquer que le réseau fait au mieux par rapport aux demandes des utilisateurs. Cette qualité de service ne permet pas de prendre en charge des applications à fortes contraintes puisque le réseau est partagé à part égale entre tous les utilisateurs. Plus il y a d'utilisateurs connectés, plus les performances de tous se dégradent.

Une solution pour apporter du très haut débit et de la qualité de service dans Internet consiste à surdimensionner le réseau. Dans ce cas, la capacité du réseau peut être très élevée et la qualité de service très bonne pour tous les utilisateurs. En effet, le réseau étant à peu près vide, puisqu'il est surdimensionné, chaque client le traverse en un temps très court. Cette solution est cependant difficile à évaluer économiquement.

Pour arriver à de grande capacité en restant à un coût bas, il faut utiliser des technologies simples. La principale reste Ethernet qui a été conçue pour les très hauts débits.

3.1 Les réseaux Ethernet

Les réseaux Ethernet proposent une architecture simple d'encapsulation de paquets IP pour réaliser des équipements à très faible coût. La solution Ethernet s'est développée dans un univers local mais aujourd'hui Ethernet a sa place dans les réseaux d'accès, les réseaux métropolitains et même les grands réseaux – mais dans ce dernier cas en mode commuté comme nous l'avons vu plus haut.

Les adresses contenues dans la *trame Ethernet* se composent de deux champs de 3 octets chacun, le premier indiquant un numéro de constructeur et le second un numéro de série. La difficulté liée à ces adresses spécifiques à chaque carte Ethernet consiste à déterminer l'emplacement du récepteur. C'est la raison pour laquelle la trame Ethernet a été longtemps utilisée dans un univers local. En effet, dans ce cas il est possible de diffuser la trame à l'ensemble des récepteurs. Le récepteur de destination reconnaît son adresse et garde la trame reçue.

Pour utiliser la trame Ethernet dans de grands réseaux, il faut soit trouver une autre façon d'interpréter l'adresse sur 6 octets, soit ajouter une adresse complémentaire.

Le Gigabit Ethernet GbE

Le Gigabit Ethernet GbE est l'avant-dernière évolution du standard Ethernet. Plusieurs améliorations ont été apportées pour cela au Fast Ethernet à 100 Mbit/s.

L'interface s'appelle GMII (*Gigabit Media Independent Interface*). Elle comporte un chemin de données sur 8 bits, au lieu de 4 dans la version 100 Mbit/s moins puissante. Les émetteurs récepteurs travaillent avec une horloge cadencée à 125 MHz. Le codage adopté provient des produits Fibre Channel pour atteindre le gigabit par seconde. Un seul type de répéteur est désormais accepté dans cette nouvelle version.

Les différentes solutions normalisées sont les suivantes :

- 1000BaseCX, à deux paires torsadées de 150 Ω ;
- 1000BaseLX, à une paire de fibre optique de longueur d'onde élevée ;
- 1000BaseSX, à une paire de fibre optique de longueur d'onde courte ;
- 1000BaseT, à quatre paires de catégorie 5 UTP.

La technique d'accès au support physique, le CSMA/CD, est également modifiée. Pour être compatible avec les autres versions d'Ethernet, ce qui est un principe de base, la taille de la trame émise doit se situer entre 64 et 1 500 octets. Les 64 octets, c'est-à-dire 512 bits, correspondent à un temps d'émission de

512 ns. Ce temps de 512 ns représente la distance maximale du support pour qu'une station en émission ne se déconnecte pas avant d'avoir reçu un éventuel signal de collision. Cela représente 100 m pour un aller-retour. Si aucun hub n'est installé sur le réseau, la longueur maximale du support physique est de 50 m. Dans les faits, avec un hub de rattachement et des portions de câble jusqu'aux coupleurs, la distance maximale est ramenée à quelques mètres. Pour éviter cette distance trop courte, les normalisateurs ont augmenté artificiellement la longueur de la trame pour la porter à 512 octets. Le coupleur ajoute des octets de bourrage qui sont ensuite enlevés par le coupleur récepteur.

S'il s'agit d'une bonne solution pour agrandir le réseau Gigabit, le débit utile est toutefois très faible si toutes les trames à transmettre ont une longueur de 64 octets, un huitième de la bande passante étant utilisé dans ce cas.

Le Gigabit Ethernet accepte les répéteurs ou les hubs lorsqu'il y a plusieurs directions possibles. Dans ce dernier cas, un message entrant est recopié sur toutes les lignes de sortie.

Le Gigabit Ethernet fonctionne également en mode commuté, dans une configuration full-duplex. On peut, par ce moyen, interconnecter des Gigabit Ethernet entre eux ou des Fast Ethernet et des Ethernet classiques.

Des routeurs Gigabit sont également disponibles lorsqu'on remonte jusqu'à la couche réseau, par exemple la couche IP. Dans ce cas, il faut récupérer le paquet IP pour pouvoir router la trame Ethernet.

La gestion du réseau Gigabit, comme celle des réseaux Ethernet plus anciens, est assurée par des techniques classiques, essentiellement SNMP (*Simple Network Management Protocol*). La MIB (*Management Information Base*) du Gigabit Ethernet est détaillée dans le standard IEEE 802.3z.

Les réseaux Ethernet 10 Gbit/s ou 10GbE complètent le panorama des réseaux Ethernet à très haut débit. Le 10GbE est fortement utilisé dans les réseaux métropolitains et bientôt sur les liaisons à très haut débit.

3.2 Les réseaux Internet haut débit

Les routeurs sont des équipements réseau capables d'aiguiller les blocs d'information qui leur arrivent. Ces blocs d'information sont des paquets si nous sommes au niveau 3 et des trames si nous sommes au niveau 2. En fait, il n'existe pas vraiment de routeurs de niveau 2. La seule technologie dans laquelle nous pourrions parler de routeur de niveau 2 est Ethernet. Si nous considérons l'adresse MAC Ethernet comme étant une adresse complète de niveau 2, un commutateur Ethernet devrait en fait s'appeler un routeur Ethernet. En réalité, l'adresse MAC Ethernet est assimilée à une référence. Tous les nœuds d'un réseau Ethernet commuté doivent commuter sur cette référence, qui est égale à l'adresse MAC du destinataire.

Les routeurs les plus connus sont les routeurs IP puisqu'un paquet IP possède l'adresse complète du destinataire du paquet. On a donc tendance à faire l'amalgame entre routeur et routeur IP. Cela n'est pas exact dans la logique des réseaux, puisqu'un routeur pourrait très bien ne pas être un routeur IP. Par exemple, les routeurs IPX ont été très populaires avant l'arrivée massive d'IP.

L'architecture protocolaire d'un routeur est illustrée à la figure 6.

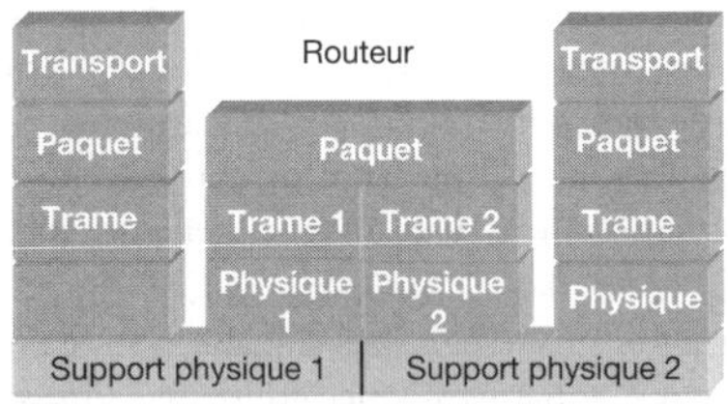

Figure 6 Architecture protocolaire d'un routeur

Les routeurs IP se différencient des commutateurs par le traitement de l'adresse du destinataire. Dans un routeur, le traitement s'exerce sur l'adresse complète et la consultation de la table de routage. Dans un commutateur, le traitement s'effectue sur la référence et utilise la table de commutation.

Dans les premiers routeurs, la recherche du port de sortie s'effectuait par logiciel ce qui ralentissait énormément les transferts. La vitesse globale du routeur est dans ce cas limitée par la puissance de traitement du protocole et des adresses. Pour un routeur logiciel, des ports atteignant un débit de 10 Mbit/s sont envisageables, mais il est très rare de disposer de ports à 100 Mbit/s, ou alors en très petit nombre. Les routeurs matériels utilisent des ASIC (*Application Specific Integrated Circuit*). Ces microprocesseurs et mémoires rapides leur offrent un niveau de performance sans commune mesure avec celui des routeurs logiciels.

Un routeur est composé d'interfaces d'accès et de sortie, d'un ou de plusieurs processeurs, de modules de mémoire et d'une unité d'interconnexion. Cette unité d'interconnexion fait très souvent appel à une technologie de commutation complexe. Le paquet est d'abord traité par l'interface d'entrée, puis le processeur de traitement de la table de routage choisit l'interface de sortie, le paquet étant mémorisé dans un module mémoire. Ensuite, le paquet est transféré vers l'interface de sortie par l'unité d'interconnexion.

La détermination du port de sortie incombe au processeur gérant la table, qui doit trouver la meilleure route pour aller vers l'adresse de destination du paquet. Dans un environnement IP, on utilise pour cela des protocoles de routage de type RIP ou OSPF. Cela suppose une connaissance de la topologie du réseau et éventuellement des défaillances des liaisons et des fortes congestions. Toujours pour le routage des paquets IP, il faut, dans l'ordre, valider le paquet et ses différents champs puis rechercher le port de sortie, qui peut être local, distant ou multicast. Dans ce dernier cas, il faut éventuellement, après traitement, recopier le paquet sur plusieurs ports de sortie. Il convient ensuite de contrôler le temps de vie du paquet (valeur du champ TTL, *Time To Live*). Dans IPv4, il faut recalculer la zone de détection d'erreur. Il en va de même dans IPv6. Éventuellement, il faut fragmenter ou réassembler les paquets pour qu'ils soient compatibles avec les paquets ou les trames de la ligne de sortie.

4 Conclusion

Le très haut débit est maintenant devenu une réalité grâce à l'effort des différents acteurs pour atteindre les mégabits par seconde par utilisateur et les gigabits par seconde dans les liaisons réseaux. Cette tendance ne fait que s'accentuer par l'arrivée des accès ADSL très haut débit, bientôt complétés par des accès VDSL dépassant les 100 Mbit/s.

Bibliographie

Anttalainen T. (2003), *Introduction to Telecommunications Network Engineering*, Artech House.
Boisseau M., Demange J.-M., Munier J.-M. (1996), *Réseaux haut débit*, Eyrolles.
Clark M.P. (1997), *Networks and Telecommunications: Design and Operation*, Wiley.
Kofman D., Gagnaire M. (1999), *Réseaux haut débit*, Dunod.
Lagrange X. (1998), *Introduction aux réseaux*, Hermès.
Montagnier J.-L. (1998), *Pratique des réseaux d'entreprise*, Eyrolles.
Nellist J.G., Gilbert E.M. (1999), *Modern Telecommunications*, Artech House.
Pujolle G. (2004), *Les Réseaux, édition 2005*, Eyrolles.
Rolin P. (1999), *Réseaux haut débit*, Hermès.
Servin C. (2003), *Réseaux et Télécoms (tomes 1 et 2)*, Dunod.

Signalisation et réseau intelligent

Gérard Hébuterne

Mots-clés : signalisation, système n° 7, réseau intelligent.

Résumé : le terme « signalisation » désigne l'ensemble des informations échangées entre les éléments d'un réseau, nécessaires à la gestion et au bon déroulement de la communication. Tous les réseaux, quelle que soit la technologie qu'ils déploient, font appel à cette fonction, sous des formes très diverses. Dotés d'un système de signalisation évolué, les réseaux (essentiellement de type circuit) peuvent mettre en œuvre les techniques du réseau intelligent. Quant aux réseaux de type paquet (Internet), des mécanismes analogues leur permettent aujourd'hui de déployer des services à niveaux de garantie adaptés.

Les techniques modernes donnent à ces échanges une grande efficacité, et le déploiement complet du système de signalisation dit « système numéro 7 » a bouleversé radicalement les services réseaux, grâce à l'émergence de la notion de réseau intelligent. Nous décrivons dans ce chapitre les notions essentielles liées aux mécanismes de signalisation et montrons comment ils permettent de mettre en œuvre le concept de réseau intelligent.

Le terme « signalisation » désigne aujourd'hui l'ensemble des échanges d'informations nécessaires à la marche d'un réseau. Il fut introduit à l'origine pour les réseaux à commutation de circuit : établissement et suivi du déroulement des connexions, taxation, etc., et à sa maintenance : surveillance du fonctionnement des équipements et de l'état d'encombrement, etc., mais il apparaît clairement que tout réseau (même de type paquet) met en jeu des mécanismes de ce type (mise à jour des tables de routage d'un réseau IP, information de contrôle de congestion, etc.).

1 Les objectifs de la signalisation

L'origine de la signalisation réside dans le dialogue qui s'établissait entre l'utilisateur et l'opérateur, aux premiers temps de la téléphonie : « Allo, je voudrais le 22 à Asnières ». C'est l'opérateur qui établissait la communication, aux termes d'un dialogue avec d'autres opérateurs. Lorsque les systèmes automatiques ont vu le jour, les informations échangées ont été désignées du terme de signalisation, qui recouvrait initialement les seuls échanges entre commutateurs nécessaires à l'établissement des connexions. Il a fallu longtemps avant d'admettre que l'envoi du numéro demandé par le terminal demandeur constituait un échange de signalisation. L'arrivée des nouveaux services (services *à valeur ajoutée*) élargit le sens du terme – tout ce qui n'est pas échange direct de données entre les terminaux communicants. À l'heure actuelle, l'offre de services sophistiqués, tels que l'identification de cartes de crédit, le « libre appel », la présentation du numéro, etc., repose sur un langage de signalisation très riche, et sur une infrastructure de signalisation efficace et fiable.

1.1 Comment transmettre l'information de signalisation ?

Les codes utilisés pour transmettre l'information de signalisation ont beaucoup évolué, avec les technologies déployées. Les premiers mécanismes ont consisté à utiliser des impulsions. L'exemple le plus célèbre en est celui de la numérotation par impulsions – dite «numérotation décimale» – encore utilisée en France il y a seulement une vingtaine d'années. La rotation du cadran provoque des interruptions de la continuité du circuit électrique reliant le poste d'abonné au commutateur. L'organe de réception «compte» le nombre de ces impulsions, afin de décoder le chiffre composé.

Ce mécanisme a également été utilisé à l'intérieur du réseau. On en imagine aisément les inconvénients (pauvreté du code, complexité des mécanismes mis en œuvre, demandant de délicats réglages mécaniques, lenteur de l'échange de données).

On a rapidement songé à faire appel à des combinaisons de fréquences vocales, chaque combinaison ayant un sens précis. Plusieurs codes ont vu le jour, le tableau suivant (tableau 1) montre l'exemple d'un code dit DTMF (*Dual Tone Multi Frequency*), utilisé par les terminaux téléphoniques.

	1209 Hz	1336 Hz	1477 Hz	1633 Hz
697 Hz	1	2	3	A
770 Hz	4	5	6	B
852 Hz	7	8	9	C
941 Hz	*	0	#	D

Tableau 1 Le code DTMF

Chaque pression sur une touche du cadran engendre l'émission d'un couple de fréquences (la touche «3» provoque l'envoi de deux signaux, à 697 et 1477 Hz), que le processeur de traitement de signal en charge de la réception de numérotation détecte et interprète. Ce mécanisme a, entre autres avantages, celui d'accélérer le transfert d'information : la vitesse de transport d'un digit ne dépend pas de sa valeur. Les fréquences ont été choisies avec soin, de sorte à être facilement identifiables, et à éviter tout risque d'interférence. Il est possible d'augmenter le nombre des fréquences, ce qui permet d'enrichir le code.

1.2 Les architectures de signalisation

La signalisation par canal associé

On parle aussi de signalisation *voie par voie*. Un canal est rigidement associé à chaque liaison (par exemple un troisième fil, lié aux deux fils de la liaison de parole). Ce système a été en usage pendant très longtemps. Son inconvénient majeur est évidemment de monopoliser une ressource de transmission, qui sera peu utilisée.

Les systèmes téléphoniques numériques, basés sur le multiplex MIC (voir le chapitre «Modes de transport de l'information») ont également fait appel à ce schéma. La trame MIC européenne comporte trente-deux voies, dont une réservée à la synchronisation. Une voie (l'intervalle de temps 16, traditionnellement) était dédiée au transport de la signalisation des trente voies de parole restantes. L'allocation se faisait de façon cyclique, chacune des voies ayant à sa disposition un débit de 2 kbit/s. Le T1 nord américain utilise un système analogue.

L'inconvénient majeur de ce principe est qu'il mobilise, en continu, une ressource de bande passante, alors que la signalisation n'intervient que pendant une partie infime de la durée de communication.

La signalisation d'usager RNIS est transportée selon un principe plus efficace. On sait que l'accès de base RNIS offre à l'utilisateur deux canaux à 64 kbit/s, les «canaux B», et un «canal D» à 16 kbit/s. Ce canal D est utilisé, pendant la phase de numérotation, pour transmettre les informations de signalisation. Ceci permet le déploiement d'une signalisation sophistiquée, le canal D offrant une réelle liaison de données.

Le canal D peut véhiculer d'autres flux que la signalisation : on n'est donc pas en canal associé strict.

La signalisation dans la bande

Une autre idée a vu le jour : utiliser le canal principal d'information, pendant les phases d'établissement, pour le transport de la signalisation. Cette option permet de rentabiliser la bande passante, inutilisée à ce moment, et évite de geler un canal pendant la communication. L'exemple le plus simple de cette méthode est la liaison usager-réseau du téléphone traditionnel ; dans le cœur du réseau, les liaisons intercommutateurs seront utilisées, tour à tour, pour le transport de la signalisation puis de la voix.

Les réseaux de transmission de données type X.25, utilisent ce même principe. Dans le réseau, les paquets transportant les données des utilisateurs sont mêlés à des paquets spécifiques transportant les informations de signalisation sur le même circuit virtuel (voir le chapitre «Modes de transport de l'information»). Ces paquets de signalisation sont identifiés par un champ de l'entête, de sorte que le commutateur qui reçoit un paquet teste tout d'abord le type de celui-ci, et l'aiguille vers la logique de signalisation le cas échéant.

Comme la précédente, cette approche présente de nombreux inconvénients : le tri des informations a un «coût» (en puissance de calcul, par exemple) ; le risque existe d'interactions ou de fraudes (un utilisateur imitant les messages de signalisation) ; et surtout, les informations de signalisation sont par essence d'une nature complètement différente de celle des données d'utilisateur. Il serait alors avantageux de pouvoir utiliser des technologies différentes, mieux adaptées, pour le transport de la signalisation. C'est ce que va permettre le système dit «n° 7».

L'utilisation d'un canal sémaphore

On parle parfois de «signalisation hors bande», mais l'usage de ce terme est flou.

L'idée de base est ici de rendre indépendants les flux de la communication des flux de signalisation. Par exemple, on peut dédier un circuit (ou plusieurs) à la signalisation, qui véhiculera tous les flux de contrôle entre deux nœuds du réseau. Les technologies ATM et Frame Relay mettent en œuvre ce principe, un circuit virtuel y est dédié à la signalisation.

Cette solution permet de séparer complètement l'acheminement et le traitement des informations de signalisation. Ces dernières sont ainsi véhiculées selon les principes de la commutation de paquets, sur un réseau qui transportera indifféremment les informations de signalisation et de service (maintenance, mise à jour du réseau).

On pourra aller plus ou moins loin dans le déploiement de cette idée. Ainsi, dans le mode «associé», un canal de données est ouvert entre les nœuds que le réseau interconnecte.

Dans le mode «non associé», il y a déploiement d'un véritable réseau de données, parallèle au réseau de transport de l'information : les messages de signalisation peuvent suivre un chemin complètement différent, les deux réseaux ayant le plus souvent une topologie différente.

C'est le système n° 7 qui implémente actuellement cette procédure.

1.3 Le système de signalisation n° 7

Ce système est à l'heure actuelle déployé, et tous les réseaux d'un opérateur se basent sur lui (téléphone fixe, réseau de données type ATM, réseau de mobiles).

Le protocole décrit ici a été standardisé au cours des années quatre-vingt. On le désigne du terme «système numéro 7», ou par l'acronyme anglais SS7 (*Signaling System 7*). Le CCITT (Comité consultatif international pour la téléphonie et les télécommunications) a été remplacé en février 1993 par l'Union internationale des télécommunications (UIT), et cela explique que le protocole soit parfois décrit sous le terme CCITT n° 7, ou encore par SS7.

La structure physique

Les informations de signalisation sont produites et consommées par les commutateurs du réseau, mais aussi les centres de maintenance, des bases de données ou des serveurs spécifiques (dans le cadre du réseau intelligent).

Les fonctions liées à la signalisation y sont regroupées en un ensemble qu'on nomme *point de signalisation* (PS) : on peut le voir comme un nœud d'un réseau de données, associé à l'élément du réseau de production. Le réseau de signalisation a une structure maillée et met en jeu des nœuds de transit appelés points de transfert de signalisation (PTS).

Le PTS assure les fonctions 1 à 3 (ou 4) de l'architecture (voir ci-dessous), alors que les PS déroulent la totalité des fonctions, selon la mission de l'hôte qu'ils servent.

La structure logique

La structure logique du système n° 7 s'appuie sur les concepts des architectures en couches (présentées au chapitre «Le modèle en couches»). Le modèle adopté est plus simple, la figure 1 montre son organisation, telle qu'elle correspond à l'architecture OSI.

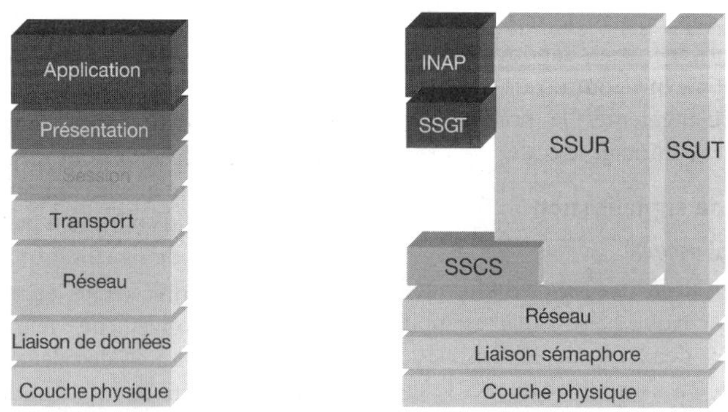

Le modèle OSI **Le modèle SS7**

Figure 1 L'architecture en couches du système n° 7

Les couches basses de la pile (SSTM, sous-système transport de messages, en anglais MTP, *Message Transfer Part*) fournissent un service de transport en mode assuré (détection et correction des erreurs) et non connecté (pas d'établissement de connexion avant le transfert, ce qui assure la plus grande rapidité ; le réseau transporte des datagrammes). Le recouvrement sur panne est également assuré par ce sous-système.

La robustesse – la *fiabilité* – est un point essentiel pour ce réseau, qui supporte tous les réseaux commerciaux d'un opérateur. On demande au réseau sémaphore une disponibilité parfaite et un temps de réponse le plus faible possible. Cela conduit à organiser avec soin la structure physique, et à surdimensionner le réseau physique des couches 1 à 3: liaisons dupliquées, exploitées en *partage de charge* (la moitié des messages est envoyée vers chaque destination intermédiaire, mais une seule voie est capable d'acheminer tout le trafic en cas de problème).

Le SSTM offre un service fiable, sans connexion. Ce mode de travail est bien adapté aux exigences des applications de type «signalisation dans le réseau téléphonique». Les contraintes de certains sous-systèmes utilisateurs développés plus tard (en premier lieu les applications d'administration et de maintenance) ont amené à en compléter les fonctions par une couche spéciale SSCS assurant des services complémentaires, et notamment capables de fournir une liaison en mode connecté. Cette couche, utilisatrice du SSTM, est au niveau 4 de l'architecture SS7.

Au-dessus viennent se connecter les utilisateurs. On voit là encore une justification de la philosophie du modèle d'architecture en couches: les niveaux bas offrent un service, connecté ou non, bien défini, sur lequel les différents utilisateurs (c'est-à-dire les différents réseaux, téléphone, RNIS, GSM, etc.) construisent et implémentent l'application de signalisation spécifique.

La description exacte des fonctions de chaque sous-système utilisateur, et des mécanismes qu'ils mettent en œuvre, dépasse largement le cadre de cet exposé. On se contentera, à titre d'illustration, de montrer au moyen d'un diagramme, à quoi peut ressembler une session d'échange de signalisation. La figure 2 résume l'échange des messages d'établissement d'une communication, via le sous-système utilisateur RNIS.

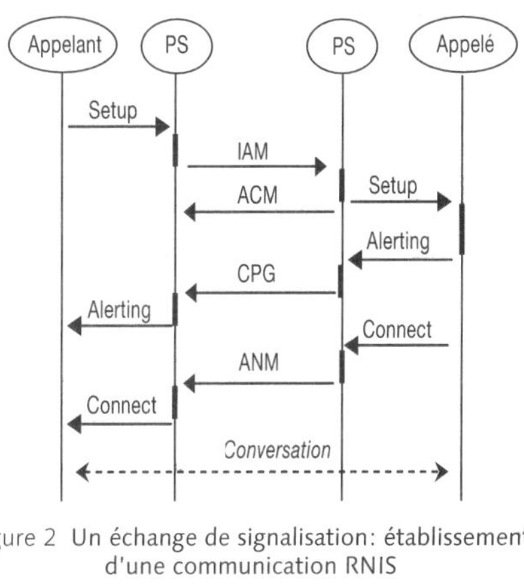

Figure 2 Un échange de signalisation: établissement d'une communication RNIS

On insistera aussi sur l'indépendance relative entre le réseau de production et son réseau de signalisation. Il y a association des deux réseaux, selon un schéma très flexible: la figure 3 illustre ce mode d'opération.

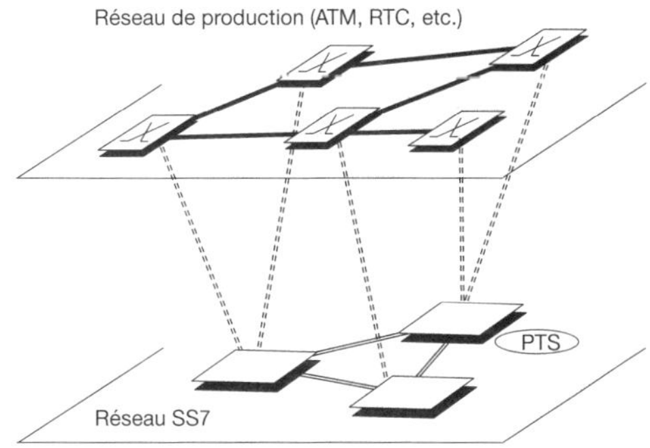

Figure 3 La coexistence entre le réseau de production et le SS7

1.4 D'autres systèmes de signalisation

Le système 7 a été universellement adopté et déployé dans les réseaux de circuits (RTC, RI – voir plus loin –, mobiles). L'évolution des réseaux, et notamment la convergence probable vers un réseau multiservice basé sur le protocole IP (voir à ce sujet le chapitre «Next Generation Networks»), a fait étudier et standardiser d'autres mécanismes, adaptés à l'architecture IP.

C'est notamment le cas du protocole SIP (*Session Initiation Protocol*), décrit à l'IETF dans le RFC 3261, et qui s'appuie sur l'architecture IP, et intègre la prise en compte de tous types de flux (voix, multimédia, etc.), les modèles d'appels correspondants y étant décrits. On consultera le chapitre «*Next Generation Networks*» pour une discussion de ce protocole et de son intégration dans les développements du NGN.

2 Le réseau intelligent

Le nom ne doit pas tromper: il ne s'agit pas de rendre «intelligent» un réseau qui ne l'aurait pas été auparavant! En fait, le terme d'origine (en anglais *intelligent network*) devrait plutôt être traduit par « information » comme dans *intelligence service*. Le réseau intelligent va véhiculer et traiter spécifiquement les informations nécessaires au déroulement des communications. L'idée de réseau intelligent est apparue aux États-Unis dans les années quatre-vingt avec le déploiement par Bellcore du service «numéro vert» (service «libre appel»). Cette réalisation a donné lieu à études et les organismes de normalisation ont défini une architecture dès 1993.

2.1 Le concept du RI

Le réseau intelligent (RI) doit être vu comme une évolution d'un réseau commuté traditionnel. Ce dernier offre un service de base (établissement en mode appel par appel de connexions point à point). Les opérateurs ont très vite songé à concevoir et à déployer des services complémentaires (le libre appel en est un ; on songera aussi au paiement par carte de crédit, etc.). Mais le déploiement d'un tel service est complexe et coûteux, pour plusieurs raisons :

- chaque commutateur du réseau doit être modifié : ceci représente un coût d'autant plus important que le réseau sera hétérogène (présence de matériels de différents constructeurs) ;
- le développement du service dans le commutateur rend l'opérateur dépendant du constructeur ;
- les services font usage de données communes, en continuelle évolution. La complexité, et le coût de réplication et de mise à jour, rendent peu pratique la dissémination de ces données dans chacun des nœuds du réseau ;
- la lourdeur de ces opérations fait que l'introduction d'un service est une opération très longue (plusieurs années).

Le concept de réseau intelligent veut pallier ces faiblesses. C'est une architecture destinée à favoriser la création et à accélérer le déploiement de services de télécommunications. Elle est basée sur la séparation des fonctions du réseau (mise en œuvre des ressources du réseau) de celles des services.

Les fonctions du réseau consistent à établir des connexions, et à mettre en œuvre les équipements spéciaux nécessaires au déroulement de certains services. Schématiquement, ils représentent la couche « matérielle ». Les fonctions des services concentrent l'intelligence : algorithmes de traitement des services et données associées. C'est la couche « logicielle » qui pilote la précédente.

2.2 L'architecture du réseau intelligent

De façon schématique, l'organisation du RI est la suivante : un organe central, nommé *point de commande des services* ou PCS concentre l'algorithme du service. Il est interrogé par les commutateurs du réseau, dès que ceux-ci détectent que la demande le nécessite.

Le plus souvent, l'exécution du service demandera la mise en œuvre d'équipements spécifiques, de type boîtes vocales, générateurs de tonalités, points de conférence, ou autres. Le terme de périphérique intelligent désigne l'ensemble de ces ressources matérielles propres.

Dans le réseau, c'est le *point d'accès au service* (plus communément désigné du terme de *Service Switching Point*, SSP) qui va gouverner l'aiguillage. C'est un commutateur, qui exécute les fonctions de base (fonctions CCF, voir ci-dessous), et est doté de la fonction de détection – de déclenchement – sur laquelle il transfère la requête vers le PCS, *via* le réseau de signalisation SS7.

Les fonctions

L'organisation du RI conduit à définir les « fonctions » dont les principales sont :

- *Call Control Function*, CCF : ensemble des fonctions de base du réseau, qui commandent les ressources (établissement des connexions). Les CCF contiennent un « déclencheur » : détecteur du besoin de passer par une fonction du RI pour satisfaire la demande ;
- *Service Switching Function*, SSF : ces fonctions assurent l'interface entre le réseau (RTC par exemple) et le RI. Elles permettent une séparation et un développement indépendant de chacun d'eux ;
- *Service Control Function*, SCF. Ce sont les fonctions qui décrivent la logique du service. Dans la logique du RI, ces fonctions seront centrales (mais on peut choisir de les répliquer pour besoins de performances) ;
- *Specialized Resource Function,* SRF : ce sont les fonctions qui mettent en œuvre les ressources matérielles spécifiques (périphériques intelligents). Certaines fonctions SRF sont implantées dans le point d'accès ;
- *Service Data Function*, SDF : fonctions de gestion des données associées aux usagers et au réseau, associées au PCS ;
- *Service Management Function*, SMF : l'ensemble des fonctions de gestion du RI. Il faut gérer la configuration et son évolution, l'introduction de services nouveaux, gérer les informations de taxation.

La liste n'est pas complète : on a gardé les plus significatives du concept RI. Le réseau sera construit, par assemblage de ces fonctions selon les besoins de l'opérateur. Le RI est l'association des machines abritant les fonctions, du réseau sémaphore qui les interconnecte et qui véhicule les messages correspondant aux services, et du réseau de transport de l'information (RTC, RNIS, GSM, etc.) qui interconnecte en dernier lieu les sources de trafic.

Le schéma de la figure 4 résume cette architecture.

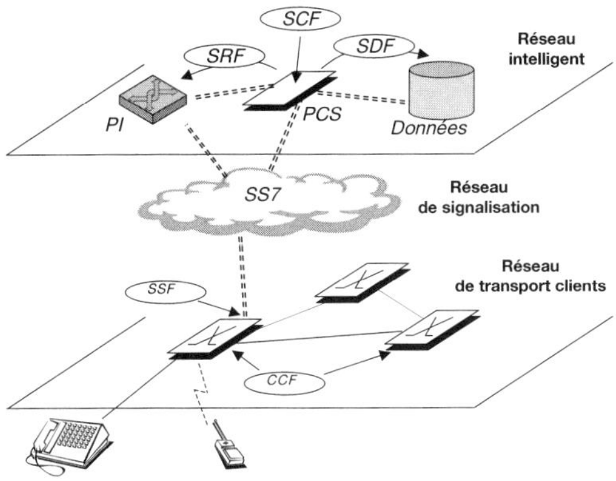

Figure 4 L'architecture du réseau intelligent

2.3 Un exemple: le service «libre appel»

Imaginons un constructeur automobile qui lance une nouvelle gamme et veut inciter les clients éventuels à venir admirer et essayer son modèle. Il va diffuser une annonce nationale, et voudra que chaque consommateur contacte son concessionnaire local. Le RI permet de fournir ce type de service. L'annonceur diffuse un numéro d'appel unique, mais qui sera interprété par chaque commutateur, et traduit en un numéro d'appel réel correspondant au concessionnaire le plus proche.

Pour cela, le commutateur local analyse le numéro et détecte qu'il s'agit d'une demande nécessitant un recours au RI (c'est le déclencheur qui va jouer ce rôle: les premiers chiffres lus «08...» sont l'indication d'un recours au RI). Une session est alors initialisée par le point d'accès (la fonction SSF), qui sollicite la réponse du PCS (le service y est décrit par une fonction SCF, et met en œuvre les données de traduction SDF). Cette réponse permet au commutateur local de terminer l'établissement de la connexion, à partir du numéro traduit.

On réalise la souplesse que cette organisation procure. Un centre d'appel peut ainsi très facilement modifier son offre: requêtes dirigées vers des centres locaux aux heures chargées, mais rapatriées vers un centre unique aux heures creuses, par exemple. Le PCS doit connaître – et lui seul – la logique du choix de l'acheminement, les détails de la mise en œuvre du service, ainsi que les données associées – rendant les mises à jour particulièrement efficaces.

2.4 L'avenir du réseau intelligent

Les rapides développements, et les évolutions spectaculaires que connaissent les réseaux à l'heure actuelle doivent être pris en compte dans toute analyse de l'avenir d'une technologie. Les réseaux sont caractérisés par un glissement de l'origine des flux: la voix (le téléphone) a été longtemps largement majoritaire, mais le trafic Internet est aujourd'hui la principale source des flux, et la voix (déjà minoritaire) pourrait même être rapidement complètement marginale.

Dans ce contexte, le RI, conçu d'abord en fonction des caractéristiques des réseaux téléphoniques, pourrait se révéler mal adapté au réseau à venir.

En particulier, les concepts du RI ont été introduits avec une motivation bien spécifique: donner à l'opérateur la possibilité de concevoir, de déployer et de gérer des services nouveaux de façon la plus efficace possible: la logique du service est centralisée dans une machine unique, de même que les données correspondantes, ou dans des équipements spéciaux, qu'on peut voir comme localisés hors du réseau. Cette logique permet de garder le cœur du réseau de transport aussi simple que possible (le réseau est réduit aux «bras», le RI concentrant tout le «cerveau»). De même les terminaux des utilisateurs sont les plus simples possibles (mises à part les facilités très «locales» qu'ils offrent, de type répertoire par exemple). Cette philosophie correspond naturellement à la situation des technologies et des équipements des utilisateurs à la fin du xxe siècle.

La situation actuelle est toute différente, et en particulier les trafics émergents sont liés à des équipements très sophistiqués – eux aussi «intelligents» – hébergés chez l'utilisateur: ordinateur personnel, équipements vidéo, etc.

Internet a d'ailleurs suivi une voie différente que celle du RI. Les informations de routage, par exemple, sont distribuées dans le réseau, et gérés par celui-ci sur une base coopérative, bien différente des mécanismes du RI. Les terminaux y jouent un rôle actif, très différent de celui que peuvent remplir les terminaux du réseau téléphonique, fixe ou mobile.

L'avenir du RI, tel qu'il existe actuellement, est donc lié au développement du NGN, à la façon qu'il aura d'intégrer les services de type circuit, et aux réponses que les procédures de l'Internet seront capables d'apporter aux impératifs des services nouveaux. Il correspond au choix d'organisation qui prévaudra – réseau très distribué, dans son organisation et sa gestion, ou bien structure centralisée que les opérateurs contrôlent complètement.

Bibliographie

Fiche G., Hébuterne G. (2003), *Trafic et performances des réseaux de télécommunications.* Hermès, Paris. Collection pédagogique des télécommunications.

Pujolle G. (2003), *Les réseaux,* 3e édition, Eyrolles, Paris.

Rigaud C. (1998), *Principes de Commutation Numérique - du téléphone au multimédia.* Hermès, Paris. Collection pédagogique des télécommunications.

Rolin P. (1997), *Les Réseaux. Principes fondamentaux,* Hermès, France.

Russell T. (1998), *The Signaling System N.7.* Mc Graw Hill Series on Computer Communications. Mc Graw Hill.

Znaty S., Gervais M.P. (1997), *Les réseaux intelligents,* Hermès, France.

Next Generation Networks

Emmanuel Bertin, Noël Crespi, Imen Grida Ben Yahia

Mots-clés : NGN, SIP, IMS, voix sur IP.

Résumé : « *Next Generation Network* » (NGN) signifie « réseau de nouvelle génération ». Le NGN repose sur un cœur de réseau paquet mutualisable à tout type d'accès, fixe ou mobile. Le NGN unifie les mondes de la téléphonie et de l'Internet, ouvrant un potentiel considérable de nouveaux services convergents et multimédias. Le présent chapitre introduit l'architecture et les protocoles des réseaux de nouvelles générations, les enjeux économiques ainsi que les perspectives de déploiement

Le sigle NGN est l'abréviation de l'anglais *Next Generation Network*, ce qui signifie réseau de nouvelle génération. Ce terme générique désigne la transformation des architectures et mécanismes des réseaux cœur RTC (réseau téléphonique commuté) et GSM (*Global System for Mobile communications*) pour concilier la fiabilité et la maîtrise de ces réseaux de téléphonie avec la souplesse et l'ouverture de l'Internet. Cette transformation est motivée par un ensemble de facteurs :

- l'évolution des réseaux d'accès et l'arrivée du haut débit ;
- la généralisation du protocole IP comme protocole de transport unique ;
- l'évolution des usages vers des services multimédias convergents voix/donnée (notamment via Internet) et fixe/mobile.

Le choix d'un cœur de réseau paquet pour le NGN a nécessité l'introduction de nouveaux types de protocoles de communication, notamment pour le transport des données, et pour l'établissement des sessions de communication.

Les premiers déploiements que l'on peut qualifier de pré-NGN ont commencé dès 1999 pour des offres de transit de voix sur IP. Avec l'expansion des réseaux d'accès haut-débit de type xDSL ou UMTS, le NGN a petit à petit fait son apparition dans les foyers et permis la diffusion de nouveaux services comme la voix sur IP, la visiophonie, la messagerie instantanée et les services de présence.

De nombreux travaux sont en cours dans les organismes de normalisation pour définir les architectures et les mécanismes NGN, notamment à l'IETF[1] (pour la définition des nouveaux protocoles), au 3GPP[2] (pour l'UMTS, la téléphonie mobile de troisième génération) et à l'ETSI[3] (pour l'évolution du réseau téléphonique commuté dans le groupe TISPAN).

1 NGN : définition

Plusieurs définitions du NGN existent, ce terme pouvant être employé avec différentes significations. On distingue notamment une signification commerciale (désignant tout produit susceptible de participer au renouvellement des réseaux cœur en offrant des services convergents voix/données) et plusieurs significations techniques (désignant la vision cible de l'organisation des réseaux cœur et des services offerts).

Toutes les définitions convergent sur quelques points majeurs qui caractérisent le NGN :

1. Internet Engineering Task Force.
2. Third Generation Project Partnership.
3. European Telecommunications Standards Institute.

- des réseaux d'accès large bande multiples: xDSL (*Digital Subscriber Line*)[1], Câble, Wi-Fi[2], UMTS (*Universal Mobile Telecommunication System*)[3] ;
- un cœur de réseau unique/mutualisable pour différents types d'accès et pour différents types de services multimédia;
- une architecture de réseau cœur en trois couches: Transport, Contrôle et Services à l'utilisateur (cf. figure 1), avec des interfaces standardisées et ouvertes entre chaque couche.

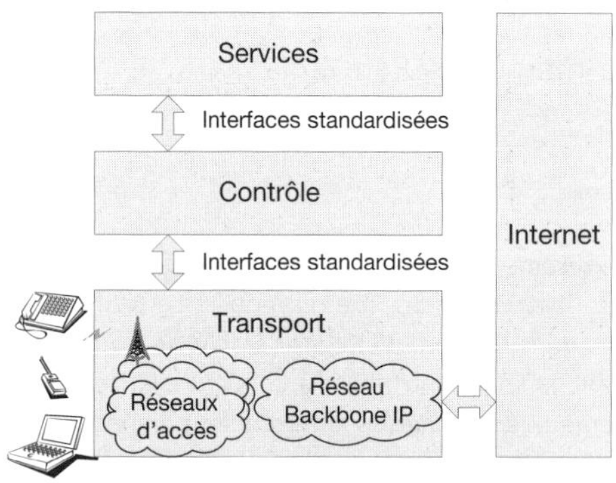

Figure 1 Architecture d'un réseau NGN

Les apports du NGN sont à la fois économiques et techniques.

Économiquement, le NGN permet de créer de la valeur en améliorant la productivité et en créant de nouveaux usages reliant les services de voix et les services de données (voix sur IP, messagerie instantanée, présence, visiophonie, *streaming*, jeux, etc.). Le NGN permet également de réduire les coûts d'infrastructure en utilisant un seul type de réseau unifié tout IP.

Techniquement, le NGN permet de rendre plus souple les infrastructures de télécommunications pour l'intégration rapide de nouveaux services sans couture entre les différents types de réseaux.

2 Principes du NGN

Comme le montre la figure 1, l'architecture NGN repose sur la dissociation entre les fonctions de transport, de contrôle et de service à l'utilisateur.

2.1 La couche de transport

Les fonctions de transport dans un réseau de communication multimédia permettent l'accès physique au réseau et le routage de tous les flux multimédia entre les participants à une communication.

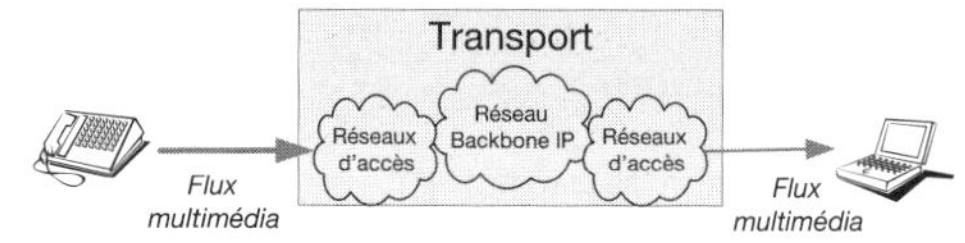

Figure 2 Couche de transport NGN

En revanche, dans une architecture de téléphonie traditionnelle (RTC, GSM), on associe à un type d'accès particulier un réseau cœur et une architecture de service spécifique. Ainsi, dans le RTC, les commutateurs gèrent à la fois l'accès des terminaux analogiques, la commutation et la fourniture de services. L'architecture NGN permet d'ouvrir ce modèle et assure la séparation des fonctions transport et contrôle du cœur de réseau.

2.2 La couche de contrôle

Les fonctions de contrôle d'un réseau de communication multimédia sont multiples: enregistrement des terminaux, contrôle de l'admission de flux multimédia, établissement de sessions multimédia, contrôle des ressources réseau.

Ces fonctions traitent donc la signalisation d'établissement de session issue des terminaux et le pilotage de la couche transport.

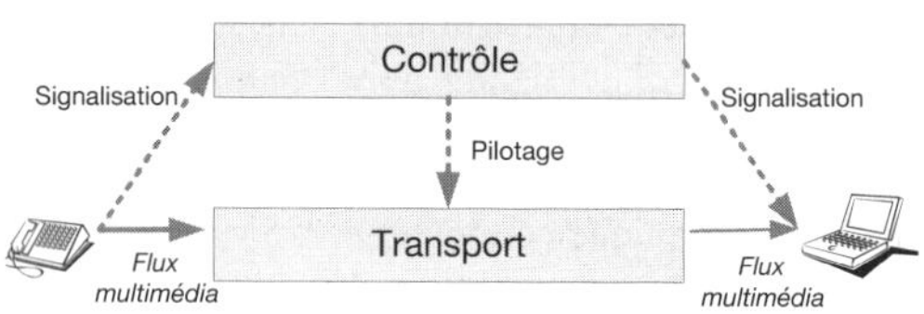

Figure 3 Couche de contrôle dans le NGN

Le protocole de signalisation dominant dans les architectures NGN est SIP (*Session Initiation Protocol*), décrit § 3.5. Les protocoles de pilotage de la couche transport sont multiples, le plus important étant MEGACO/H.248, fruit des travaux de l'IETF en collaboration avec l'UIT (cf. paragraphe 3.4).

2.3 La couche des services à l'utilisateur

Les usages des services de télécommunication ont fortement évolué depuis la normalisation des réseaux RTC et GSM. L'utilisateur est désormais au centre de ses moyens de communication et les utilise de façon complémentaire et coordonnée. L'usage traditionnel (joindre un correspondant distant) a été enrichi par notamment:

- l'utilisation de nouveaux modes de communication (de la messagerie instantanée à la visioconférence);

1. Voir au chapitre «Réseaux d'accès filaires».
2. Voir au chapitre «Réseaux de données sans fil Wi-Fi et Wimax».
3. Voir au chapitre «Réseaux mobiles: l'exemple du GSM».

- l'utilisation de nouveaux moyens de contrôler sa disponibilité (des renvois d'appel à la gestion de présence);
- l'utilisation différenciée des moyens de communication selon son contexte (professionnel, personnel, mobilité...).

Pour fournir ces services modulables, il est nécessaire, face à la multiplication des réseaux d'accès et des terminaux communicants, de définir une architecture globale d'accès aux services. Deux modèles issus d'approches différentes, mais complémentaires, émergent: le modèle OSA/Parlay et le modèle Web Services. Tous deux sont basés sur des protocoles standardisés et des interfaces ouvertes facilitant l'émergence des fournisseurs tiers de services, mais aussi l'interopérabilité entre les solutions.

OSA/Parlay est un ensemble d'API (*Application Programming Interface*) définies par les industriels des télécommunications, permettant l'accès à des capacités de la couche contrôle par des services, y compris des services tiers (c'est-à-dire fournis par un autre acteur).

L'approche Web Services est basée sur les technologies et des protocoles issus du monde Internet avec une architecture distribuée (XML, SOAP, *Simple Object Access Protocol*). Ils permettent de construire des architectures modulaires en mutualisant des composants entre différents types de services. Le lien avec la couche contrôle peut être réalisé par OSA/Parlay, mais aussi par des mécanismes plus frustres tels que les SIP servlet.

3 Architecture fonctionnelle et protocoles du NGN

3.1 Historique

Les tout premiers appels voix sur des réseaux de données ont été établis avec le protocole RTP (*Real Time Transport Protocol*). Il s'agissait alors simplement de mettre en communication deux utilisateurs sur un réseau IP. L'établissement de la connexion suppose alors que les deux interlocuteurs s'entendent, via un autre moyen de communication, sur les paramètres de la communication tels que l'adresse IP, le port, le codec utilisé. Cette méthode simple a des inconvénients majeurs, en particulier les utilisateurs doivent absolument connaître les différentes adresses IP des personnes qu'ils veulent contacter – ce qui n'est pas simple, surtout lorsqu'un système d'adressage dynamique est utilisé. La définition de protocoles complémentaires de niveau applicatif permettant l'établissement des communications s'est donc avérée nécessaire. RTP reste cependant largement utilisé aujourd'hui pour le transport des flux média, par son utilisation conjointe avec les protocoles tels que SIP ou H.323. RTP est présenté § 3.2.

Pour remédier aux précédentes lacunes en termes d'adressage et d'acheminement, l'UIT a normalisé le standard «chapeau» H.323 qui décrit un système complet permettant l'établissement de communications multimédias sur un cœur de réseau paquet (IP en particulier). Les principales spécificités de cette architecture sont décrites § 3.3.

En parallèle de ces développements, le monde de la commutation a lui aussi évolué vers le NGN; d'une part en séparant les fonctions média, transport et contrôle d'appel (colocalisées dans un commutateur traditionnel), d'autre part avec l'utilisation d'un réseau de transport paquet. Cette architecture est présentée § 3.4.

Enfin, le protocole SIP, standardisé par l'IETF, a permis une approche NGN tournée vers la convergence voix/données/Internet. Ce protocole qui s'impose progressivement dans le monde de la voix sur IP et des services multimédias est décrit § 3.5.

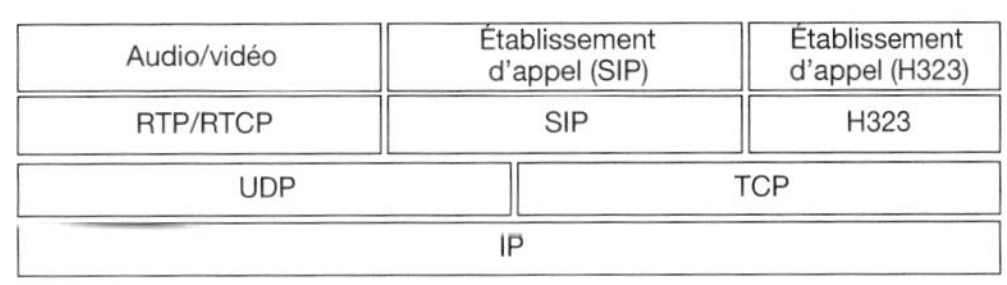

Figure 4 Pile protocolaire simplifiée

3.2 Real-time Transport Protocol

Real-time Transport Protocol (RTP) a été standardisé par l'IETF (RFC 1889) pour permettre le transport de média. RTP fournit donc les fonctionnalités permettant le transport de bout en bout de données pour des applications soumises à des contraintes temps réel, telles que la voix ou la vidéo. Ces fonctionnalités concernent en particulier l'identification du média, le séquencement, le contrôle et le marquage des messages. Ainsi RTP:

- identifie le type de l'information transportée;
- ajoute des marqueurs temporels et des numéros de séquence l'information transportée;
- contrôle l'arrivée à destination des paquets.

RTP peut être véhiculé par des paquets multicast afin d'acheminer des conversations vers des destinataires multiples.

RTP est utilisé conjointement avec RTP *Control Protocol* (RTCP). RTCP est un protocole de contrôle des flux RTP, permettant de véhiculer des informations objectives sur la qualité de service et sur les informations échangées par les participants d'une session. Le principe de RTCP est de retransmettre périodiquement des paquets de contrôle pour tous les participants d'une session.

3.3 H.323

La recommandation H.323 est une norme «chapeau» spécifiée par l'UIT. H.323 et les standards associés définissent les composants, les protocoles et les procédures pour l'établissement de communications multimédia sur un cœur de réseau paquet. Par multimédia, on entend ici des communications voix, vidéo et/ou données.

H.323 apporte les moyens de définir dynamiquement les adresses IP, les ports associés et d'autres paramètres de connexion entre l'appelé et l'appelant. Il devient alors possible de communiquer entre plusieurs téléphones H.323 simplement en connaissant un alias, H.323 permettant de retrouver, d'alerter et de mettre en communications les interlocuteurs.

La gestion des connexions et des alias est confiée au «Gate Keeper» ou garde-barrière. Un téléphone H.323 a la possibilité de communiquer avec des téléphones traditionnels par l'intermédiaire de passerelle entre les mondes H.323 et RTC.

H.323 a été défini pour reproduire les services RTC sur un cœur de réseau IP. Les principes de H.323 restent donc fortement liés à la commutation de circuit et en utilisant et en adaptant des protocoles du RTC - Q.931 par exemple – ce qui limite le potentiel de H.323 pour l'introduction de nouveaux services multimédias. Par exemple il n'est pas possible d'offrir des services convergents avec Internet du type présence, messagerie instantanée, ou jeux avec H.323.

3.4 Évolution de la commutation

La mise en application de l'architecture NGN au niveau de la couche contrôle se traduit par le remplacement des commutateurs traditionnels par une architecture ouverte et distribuée. Cette architecture repose sur les entités fonctionnelles suivantes :

- des serveurs de contrôle d'appel dits *Media Gateway Controller* (MGC) assurant le contrôle des communications et des ressources des autres équipements de la couche contrôle. Le MGC traite la signalisation de niveau appel et en déduit les commandes à transmettre à la *Media Gateway* (MG). Un MGC peut contrôler une ou plusieurs MG ;
- des équipements de médiation et de routage dits *Media Gateway* (MG) qui assurent l'acheminement du trafic et l'interfonctionnement avec les réseaux externes et les divers réseaux d'accès en réalisant la conversion du trafic. La MG assure donc les fonctions d'adaptation de support, de transcodage média et permet la commutation des flux média. Une MG est esclave de son MGC ;
- des *Signalling Gateways* (SG) relayant la signalisation émise/reçue côté RTC/RNIS vis-à-vis du MGC. La SG assure la conversion des couches basses entre le réseau téléphonique et le monde paquet. Cette entité fonctionnelle n'intervient donc que sur le transport de la signalisation. Une SG peut être commune à plusieurs MGC.

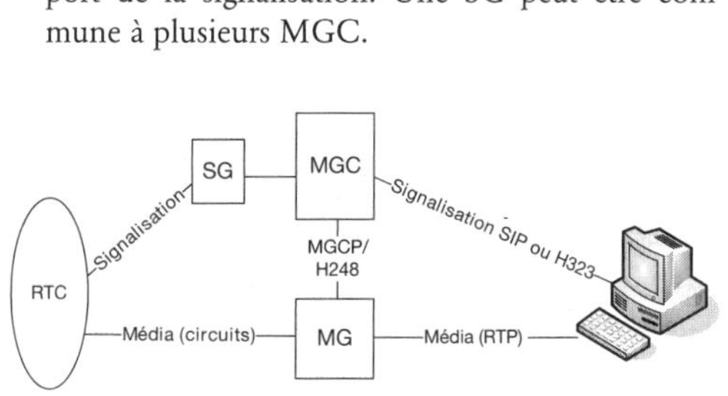

Figure 5 Entités du NGN

Cette architecture distribuée a nécessité la définition d'un protocole de commande de la couche transport, permettant le contrôle des MG par un MGC. Le protocole le plus répandu est MEGACO/H248. MEGACO est un protocole défini par l'IETF (RFC 3015) puis adopté par l'UIT (recommandation H.248). H.248 et MEGACO désignent le même protocole et peuvent être utilisés de façon indifférenciée. Dans cette architecture, le média est transporté par le protocole RTP, décrit plus haut.

3.5 *Session Initiation Protocol* (SIP)

SIP est un protocole de signalisation conçu pour l'établissement, la modification et la terminaison de sessions multimédias de type voix/vidéo, les conférences multimédias, la gestion des informations de présence, la notification d'événements et la messagerie instantanée.

Le protocole SIP est déjà largement adopté par l'industrie pour les services de prochaine génération. Ce protocole standardisé par l'IETF (RFC 3261) permet notamment de déployer des offres de services sur des infrastructures large bande existantes du type IP VPN ou ADSL. Il autorise la mise en œuvre des services multimédia qui ne peuvent être déployés dans une infrastructure SS7 classique ou qui sont trop complexes et/ou coûteux à mettre en œuvre avec les technologies existantes. Les opportunités de développement de ce protocole suscitent depuis quelques années un engouement considérable des communautés informatiques et dans le monde des télécommunications. Ceci laisse à penser que les futurs services de communication multimédia dans les réseaux seront en grande partie basés sur le protocole SIP.

SIP repose sur deux principes fondamentaux :

- un réseau basé sur le protocole IP pour tout type de communication ;
- un modèle d'appel comprenant le multimédia dans chaque entité fonctionnelle SIP (réseau et terminaux).

Les systèmes basés sur SIP permettent de déployer des services convergents fixe/mobiles alliant la voix, l'image, l'Internet, les jeux, les informations de présence, l'envoi de messages, etc.

4 Exemples d'architecture NGN

4.1 Voix sur IP

L'évolution vers la voix sur IP concerne tous les types de commutateurs : les commutateurs dits de classe 4 (commutateurs de transit, CT) et les commutateurs dits de classe 5 (commutateurs d'abonnés, CAA). Les principes de cette évolution sont décrits au § 3.4.

Les solutions NGN de voix sur IP en transit nécessitent l'évolution des commutateurs de classe 4. Les commutateurs de transit CT sont remplacés ou migrent vers la technologie et l'architecture de réseau NGN. Les commutateurs d'abonnés CAA restent alors inchangés.

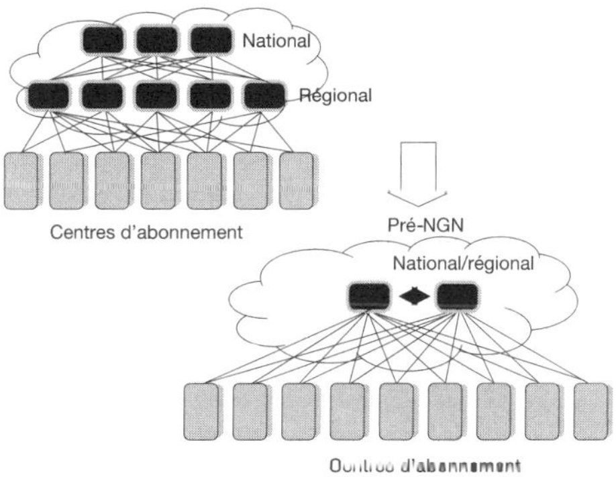

Figure 6 Introduction du cœur de réseau paquet: la classe 4 pré-NGN

La migration de la classe 5 concerne l'évolution des centres d'abonnés CAA vers la technologie et l'architecture de réseau NGN, ce qui implique aussi une évolution du niveau transit.

Un réseau pré-NGN contient les éléments suivants :

- des AG (*Access Gateways*) permettent le raccordement des lignes d'abonnés au réseau de paquets, et convertissent les flux de trafic numériques ou analogiques en paquets. Les AG sont des types particuliers de *Media Gateways* (MG) ;
- des *Trunkings Gateways* (TG), passerelles avec le RTC, qui assurent l'interconnexion entre le réseau téléphonique classique (TDM) et les réseaux de paquets avec services NGN. Les TG convertissent les circuits numériques (64 kb/s) en paquets de données et vice versa. Les TG sont elles aussi des types particuliers de MG ;
- un réseau de transport évoluant vers le tout-IP ;
- un/des MGC, qui assurent le contrôle de la connexion et la livraison des services en temps réels à travers le réseau. Le MGC peut éventuellement assurer aussi l'interfonctionnement avec les serveurs du réseau intelligent pour offrir aux abonnés les services à valeur ajoutée traditionnels tels que les numéros verts ou à taxation partagée, les services à carte et les services de prépaiement.

Le protocole Megaco/H248 (voir § 3.4) permet le contrôle des *Access Gateways* et des *Trunking Gateways* par le MGC.

Dans ces architectures, les services restent souvent propriétaires et liés au MGC.

4.2 Les réseaux 3G : *l'IP Multimedia Subsystem*

Cette évolution majeure de l'UMTS introduit dans le cœur de réseau les mécanismes nécessaires au contrôle d'appel ainsi que les aspects liés aux applications et services multimédias temps réel. L'IP *Multimedia Subsystem* (IMS), permet l'utilisation du protocole SIP en adéquation avec les contraintes du réseau mobile. Ce sous-système est standardisé par le 3GPP dans les Releases 5, 6 et 7.

L'introduction du domaine IMS dans les réseaux mobiles représente un changement fondamental dans les réseaux de télécommunication de type voix. Les nouvelles capacités des réseaux et des terminaux, le mariage entre l'Internet et la voix, le contenu et la mobilité donnent naissance à de nouveaux modèles de réseaux et surtout offrent un formidable potentiel pour développer de nouveaux services. Dans cet objectif, l'IMS a été conçu pour fournir aux utilisateurs la possibilité d'établir des sessions multimédia en utilisant le domaine paquet de l'UMTS. L'architecture de l'IMS utilise le protocole SIP, dans lequel des spécificités liées aux réseaux mobiles ont été introduites. Cette architecture permet de déployer des services temps réel ou non du type téléphonie, visiophonie, conférence, présence, messages instantanés, push-to-talk, click-to-call, jeux...

4.3 Le projet TISPAN

TISPAN (*Telecommunications & Internet converged Services & Protocols for Advanced Networking*) est un projet en cours à l'ETSI pour définir une infrastrcture mutualisable pour le contrôle des sessions voix, vidéo ou multimédia entre de multiples réseaux d'accès, xDSL en particulier.

Il s'agit de standardiser les réseaux de nouvelle génération pour la fourniture de service NGN en prenant en charge les réseaux classiques à base de commutation de circuit et en mettant en œuvre la téléphonie sur IP. Plusieurs aspects sont abordés dans différents groupe de travail : services, architecture, protocoles, numérotation, sécurité, qualité de service, administration

TISPAN définit la nouvelle architecture du réseau fixe, les résultats de ce projet devraient être utilisés pour le renouvellement du réseau téléphonique commuté entre 2006 et 2010.

5 Conclusion

La migration vers le NGN est une tendance lourde pour tous les opérateurs et fournisseurs de service, même si la cohabitation avec les réseaux traditionnels est inévitable.

Le renouvellement des réseaux classique fixes et mobiles à base de commutation de circuit se fera en appliquant les principes du NGN. L'utilisateur sera alors pleinement au centre de son univers de communication voix/données/image, en utilisant de façon transparente de multiples réseaux d'accès xDSL, câble, Wireless LAN (*Local Area Network*), UMTS UTRAN (*UMTS Terrestrial Radio Access Network*).

De nombreuses questions restent à résoudre pour le déploiement de services sur des réseaux entièrement NGN, et notamment sur la prise en compte de l'hétérogénéité des systèmes et la problématique globale de gestion de services.

Bibliographie

Servin C. (2001), *Réseaux et Télécoms,* Dunod, Paris.

Wilkinson N. (2002)., *Next Generation Network Services,* Wiley & Sons.

Réseaux mobiles : l'exemple du GSM

Emmanuelle Vivier, Guillaume Vivier

Mots-clés : GSM, GPRS, EDGE, UMTS, itinérance, *roaming*, circuit, paquet.

Résumé : ce chapitre introduit les grands principes de fonctionnement d'un réseau de mobiles à travers la description du GSM. Les techniques de partage de la ressource radio, TDMA, FDMA, CDMA, mais aussi certains protocoles permettant d'accéder à cette ressource (Aloha, CSMA, *polling*) sont présentés. L'architecture générale du GSM est ensuite décrite, détaillant les parties réseau et radio. L'accent est mis sur des méthodes de gestion de la mobilité et de l'itinérance. Enfin, GPRS, EDGE et UMTS sont passés en revue plus brièvement pour illustrer l'évolution du GSM vers les communications de données. Ce chapitre se conclut sur une évocation de ce que pourraient devenir les réseaux de mobiles dans le cadre d'une convergence autour de IP et des protocoles associés.

Ces quinze dernières années ont connu deux révolutions majeures. La première correspond au développement de l'Internet, réseau de réseaux interconnectés ; la seconde se situe dans l'essor des communications mobiles. Ces révolutions sont non seulement techniques, par l'introduction rapide de technologies innovantes, mais également sociales par l'adoption toute aussi rapide de nouveaux modes de vie et d'échange. Aujourd'hui, nous parlons de société de l'information, dans laquelle la connaissance et le fait « d'être connecté » confèrent une forme de statut. On doit être informé de tout, le plus rapidement possible et en tout lieu. Le développement des ordinateurs portables, des assistants personnels, des objets numériques (baladeurs, appareil photos, etc.) et évidemment du téléphone portable témoignent de l'entrée dans nos habitudes de la mobilité et du nomadisme.

Les réseaux de mobiles, l'Internet et la convergence du contenu vers le tout numérique sont les principaux acteurs de cette évolution majeure. Ce chapitre présente à travers l'exemple du GSM et de ses évolutions le fonctionnement typique d'un réseau de mobiles.

La première partie introduit les principes généraux d'un système cellulaire. La deuxième partie présente l'architecture générale du GSM. La troisième partie décrit les procédures relatives à la gestion de la mobilité. La quatrième partie traite des évolutions présentes et futures du GSM.

1 Principe d'un système cellulaire

Un réseau de mobiles n'est envisageable que dans le cadre de transmission sans fil. Alors que les transmissions radio existent depuis quasiment la fin du XIXe siècle, le téléphone mobile n'a connu de succès véritable qu'à partir des années quatre-vingt-dix. Ce décalage est principalement dû à la définition d'un moyen efficace pour utiliser la ressource radio : le spectre radioélectrique. En effet, un système de communication sans fil doit avant tout partager la ressource radio entre tous les utilisateurs, sans qu'ils n'interfèrent les uns avec les autres. De plus dans un système de communication (contrairement à un système de diffusion), les deux sens de transmissions doivent être gérés : le sens montant du mobile vers le réseau et le sens descendant du réseau vers le mobile.

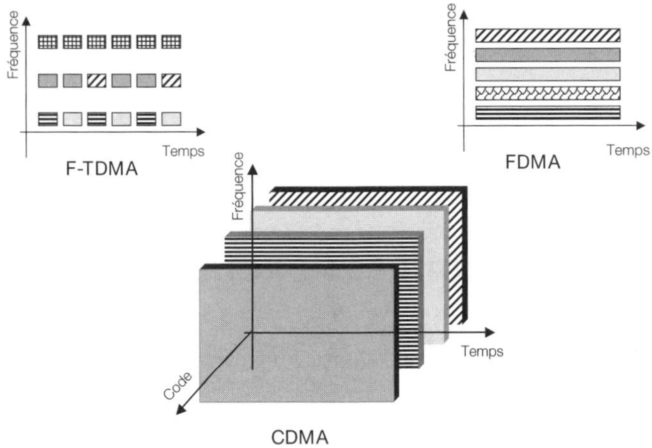

Figure 1 FDMA, TDMA et CDMA

Pour partager la ressource radio, il existe trois grands principes : le partage en fréquence, le partage en temps ou le partage en code. Le paragraphe suivant passe rapidement en revue ces trois types d'accès.

1.1 Technique d'accès radio

Dans un partage en fréquence (FDMA, *Frequency Division Multiple Access* ou accès multiple par répartition en fréquence, AMRF), chaque communication dispose à volonté d'une fréquence particulière pour sa transmission. On associe usuellement cette fréquence à la notion de « canal ». C'est ainsi que sont séparées les chaînes de télévision ou les stations de radiodiffusion. On peut citer aussi l'exemple du « canal 16 » utilisé en navigation pour les appels d'urgence.

La fréquence peut être allouée à demeure (par le régulateur, par exemple en France l'ART – Autorité de régulation des télécommunications), ou allouée de façon temporaire, communication par communication. On rejoint alors une notion de partage de la ressource en temps (TDMA, *Time Division Multiple Access* ou AMRT, accès multiple par répartition en temps)

Ce mode de partage est aussi intuitif : les utilisateurs disposent de la ressource à tour de rôle. C'est par exemple le mode classique de partage du temps de parole de candidats lors de débats préélectoraux !

Le dernier mode de partage, par les codes (CDMA, *Code Division Multiple Access* ou AMRC), consiste à séparer toute la ressource radio (toute fréquence disponible, à tout instant) par l'introduction d'une notion de « code ». Chaque communication « parle » dans une langue (un code) qui lui est propre ; les récepteurs qui ne comprennent pas cette langue ne peuvent pas interpréter, ni même entendre le message (lorsque les codes sont parfaitement orthogonaux).

Ces trois méthodes de partage de la ressource radio, illustrées à la figure 1, se retrouvent dans tous les réseaux mobiles, le plus souvent mélangées. Par exemple, le GSM utilise un partage F-TDMA, c'est-à-dire à la fois en temps et en fréquence. L'IS95 (l'équivalent du GSM outre-Atlantique, mais ayant connu un succès moindre) utilise un accès de type CDMA.

On peut aussi mentionner le SDMA (*Space Division Multiple Access* ou accès par répartition dans l'espace), une méthode très récente permettant de séparer plusieurs utilisateurs par leur positionnement grâce à des techniques d'antenne intelligente.

Détaillons maintenant un peu plus la notion de système cellulaire.

1.2 Système cellulaire

La télévision ou la radiodiffusion sont des systèmes de diffusion : une même information est transmise à de multiples récepteurs. De plus, il n'y a pas de voie de retour, c'est-à-dire aucune possibilité pour un récepteur de transmettre vers la source. Pour réaliser un tel système, il suffit de placer un émetteur puissant au milieu des récepteurs. Le dimensionnement de la puissance d'émission se fait en fonction du récepteur le plus éloigné (compte tenu des affaiblissements dus à la propagation de l'onde radioélectrique). Évidemment, on ne peut pas offrir une couverture de tout un territoire avec un émetteur unique : la couverture s'effectue avec quelques stations émettrices (réparties dans la zone à couvrir à des endroits bien situés – en hauteur).

C'est une situation bien différente d'un système de communication mobile pour lequel, d'une part, la communication peut se faire dans les deux sens et d'autre part, il n'y a pas une émission unique, mais de multiples communications différentes à gérer en parallèle (sans parler de la mobilité elle-même que nous aborderons ultérieurement). De plus, un terminal mobile (un téléphone) n'a pas une puissance d'émission similaire à celle d'une station émettrice. Ainsi, dans le sens montant, la puissance limitée du mobile associée aux affaiblissements de propagation requiert la proximité de la station. Par conséquent, pour offrir une large couverture, il faut déployer de nombreuses stations. Ces stations sont appelées «stations de base» dans le vocabulaire des systèmes radiomobiles et à chaque station de base est associée une cellule. Suivant la taille de la cellule, on parle de pico (quelques mètres), micro (quelques centaines de mètres) ou macrocellule (quelques kilomètres, une trentaine au maximum).

Pour éviter que deux stations de bases proches n'interfèrent (on parle d'interférence intercellulaire), même si leur puissance d'émission est limitée pour ne couvrir que la cellule, il faut leur appliquer une des techniques de partage de la ressource radio introduites précédemment. Dans le GSM, des stations de bases proches utilisent des fréquences différentes. Cependant, une même fréquence peut être réutilisée dans deux cellules, dès lors qu'elles sont éloignées pour qu'il y ait suffisamment peu d'interférence intercellulaire. C'est le principe de couverture cellulaire avec motif de réutilisation illustré par la figure 2. Sur cette figure, le motif de réutilisation est égal à 7.

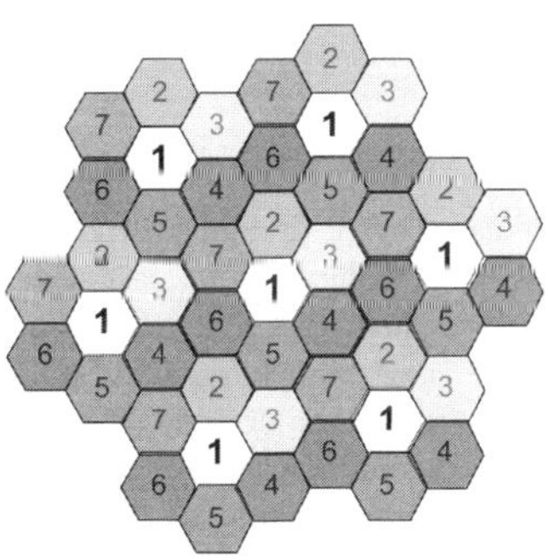

Figure 2 Principe de couverture cellulaire

Lors du déploiement d'un système cellulaire, une première étape de planification est nécessaire, permettant d'optimiser la disposition des cellules et l'allocation de fréquences compte tenu du trafic attendu mais aussi de la disponibilité des sites pour installer les stations de base.

1.3 Protocole d'accès multiple

La gestion des ressources radio diffère suivant le sens de transmission considéré. En effet, comme la station de base a un contrôle parfait des canaux descendants, la gestion de l'accès multiple sur cette voie est par essence centralisée: le partage des ressources est similaire à celui d'un routeur d'un réseau filaire. En revanche, sur la voie montante, tous les utilisateurs de la cellule sont susceptibles de vouloir communiquer, et ce *a priori* de façon non coordonnée. Ainsi, pour qu'au moins une communication puisse avoir lieu, des protocoles d'arbitrage d'accès à la ressource radio doivent être mis en œuvre. Un tel protocole, qui permet aux utilisateurs dispersés dans la cellule de partager la ressource radio commune, doit théoriquement être équitable[1], maximiser l'usage de la ressource radio (le débit agrégé du système), minimiser le surcoût de signalisation et le délai d'accès à la ressource, savoir gérer différentes contraintes de qualité de service, etc. Enfin, avec l'apparition de terminaux de plus en plus légers et nomades, la consommation (la durée de vie des batteries) devient un critère de plus en plus sensible dans la définition des protocoles d'accès.

Satisfaire simultanément à toutes ces contraintes dans les systèmes radiomobiles actuels est loin d'être trivial, même si l'on dispose de l'expérience de plusieurs années dans la définition de protocoles d'accès multiple. Rappelons-en les principaux maintenant (on consultera également le chapitre «Les fonctions constitutives des réseaux» pour une description de ces mécanismes d'accès).

Aloha simple et Aloha discrétisé

Le protocole Aloha, introduit par Abramson (1970) dans les années soixante-dix est le plus simple. Chaque terminal tente une transmission lorsqu'il a un paquet à transmettre. Si la transmission échoue, suite à une collision entre deux tentatives quasi simultanées, le paquet est retransmis après un temps d'attente aléatoire. Lorsque la transmission est correcte, l'acquittement diffusé à tous est reconnu par le terminal émetteur.

Lorsque le système est trop chargé, la probabilité de collision entre plusieurs tentatives de transmission est importante et à l'extrême le débit utile est nul: plus aucun paquet n'arrive à passer. Avec une modélisation mathématique assez raisonnable, qui suppose la durée d'émission d'un paquet constante, le nombre d'utilisateurs infini et les émissions de messages poissonniennes, on peut montrer que le trafic utile que ce protocole peut écouler ne dépasse pas 18 % de la capacité du canal. Au-delà de cette limite, le débit utile diminue jusqu'à l'asphyxie complète du canal, à cause des retransmissions devenues de plus en plus fréquentes.

En introduisant une notion de trame dans laquelle les communications ne peuvent commencer qu'à des instants précis, on peut limiter la probabilité de colli-

1. La définition de l'équité est elle-même source de débat.

sion entre paquets de l'Aloha simple en divisant par deux la durée de vulnérabilité des messages. La capacité maximale est alors double de celle de l'Aloha simple (36 % de la capacité du canal). Ce schéma, appelé Aloha discrétisé, nécessite évidemment une synchronisation entre les différents terminaux du système (ou du moins de la cellule). Cette synchronisation peut être obtenue via l'utilisation d'une référence commune externe (par exemple le GPS) ou interne au système, grâce par exemple à la diffusion par la station de base d'une balise de référence.

Les évolutions avec réservations

De ce schéma découlent de nombreuses variantes, telles que l'Aloha avec réservation (Abramson, 1970), le PRMA (*Packet Reservation Multiple Access*), le RAMA (*Resource Auction Multiple Access*) (Goodman, 1989), le F-RAMA (*Fair Resource Assignment Multiple Access*) (Pinheiro, 1996), le PBMA (*Priority Based Multiple Access*) (Khan, 1996). Le principe de ces variantes est de séparer plus ou moins fortement la demande de ressources de la communication proprement dite. Ainsi, une partie des ressources montantes est uniquement dédiée aux demandes, les communications ayant lieu sur d'autres «canaux». Les terminaux transmettent leurs requêtes sur ce canal de demande (typiquement en Aloha discrétisé) et attendent l'acquittement qui contient alors les descriptifs de la ressource à utiliser pour la communication (référence du canal montant, durée du droit d'utilisation etc.). Pour associer de façon unique une requête à une réponse (ce qui permet à un terminal de savoir si une réponse lui est destinée), la demande comporte souvent un identifiant unique construit autour d'un nombre aléatoire, d'une signature du mobile, etc.

Ce type d'accès multiple permet d'introduire facilement une gestion de priorité entre les mobiles ou entre les services requis. Pour différencier deux classes de mobile, on peut par exemple définir deux canaux pour l'accès : un canal de faible capacité pour les mobiles non prioritaires et un canal de plus grande capacité pour les mobiles prioritaires. Ainsi, ces derniers souffriront de moins de collisions dans leurs demandes. De même, un service prioritaire pourra faire l'objet d'une signature spécifique, indiquant à la station de base qu'elle doit allouer la ressource montante à ce service de façon prioritaire.

Néanmoins, on peut constater que dans ces derniers cas, la décision d'allocation se fait d'une manière centralisée par la station de base, même si les requêtes se font de façon distribuée. Le paragraphe suivant présente une autre famille de protocole d'accès, issue elle aussi de l'Aloha.

Le CSMA

Dans le protocole Aloha et ses dérivés, les stations requérant l'accès à la ressource tentaient leur chance sans se préoccuper de l'existence d'accès concurrents simultanés. Le CSMA (*Carrier Sense Multiple Access*) (Kleinrock, 1975), (Tobagi, 1975), (Tobagi, 1976) consiste à écouter le canal de transmission préalablement à l'envoi d'une requête d'accès. Si le canal est occupé, la station retarde sa transmission. Cela suppose évidemment que les différentes stations puissent s'entendre mutuellement, ce qui est typiquement le cas d'un réseau Ethernet (les terminaux sont tous reliés par un câble), pour lequel le CSMA a été originellement développé dans le cadre du groupe de normalisation IEEE 802.3. En revanche, dans le cas d'un système sans fil, l'affaiblissement des liaisons ou la présence d'obstacles peuvent entraîner la présence de stations cachées comme l'illustre la figure 3 : B voit A et C alors que A et C ne se voient pas. Ce phénomène est décrit (entre autres) dans (Tobagi, 1975) et est développé dans le chapitre «Réseaux de données sans fil Wi-Fi et Wimax».

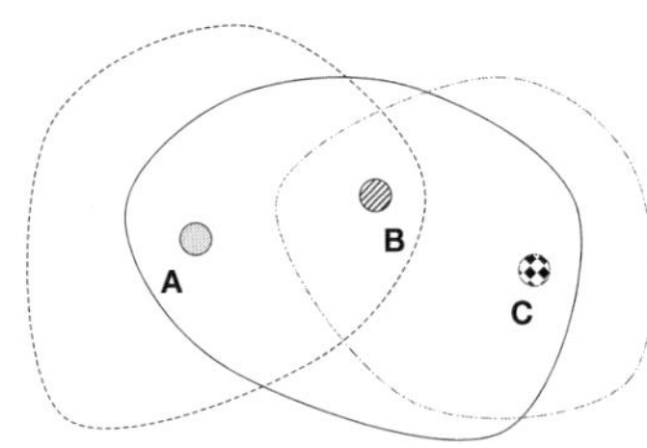

Figure 3 Stations cachées

Écouter le canal avant de transmettre réduit le risque de collision mais ne l'annule pas : deux stations peuvent émettre quasi simultanément après avoir constaté que le canal était libre. C'est pourquoi, le CSMA a été enrichi d'une détection de collision : le CSMA/CD (*Collision Detection*). Sur un réseau filaire, tel que l'Ethernet, la détection de collision peut se faire par une analyse du signal reçu. Les affaiblissements étant limités et les erreurs de transmissions rares, une collision se détecte par l'analyse de la puissance du signal reçu ou par un contrôle de parité sur le paquet reçu. En cas de collision, les stations émettrices peuvent arrêter leurs transmissions et donc libérer le médium de transmission plus rapidement. Comme pour Aloha, les stations réessayent de transmettre après un temps d'attente aléatoire.

Dans le cadre des réseaux sans fil, la détection de collision est beaucoup plus difficile. À l'existence des stations cachées mentionnée précédemment, s'ajoutent la portée limitée, les effets de capture, la corruption des paquets par le bruit, les interférences, les trajets multiples, etc. La position des stations dans la cellule peut aussi influencer les performances d'accès, ce qui va à l'encontre du principe d'équité.

C'est pourquoi l'utilisation directe de ce type de protocole est souvent limitée à la phase de demande de ressources, c'est-à-dire pour des paquets de taille limitée, nécessitant une faible bande passante. La communication à proprement parler s'effectue après autorisation. C'est l'accès en deux temps des réseaux cellulaires de type GSM/GPRS ou UMTS, via les canaux RACH (*Random Access CHannel*) ou de certains modes des réseaux locaux sans fil de type 802.11, via des paquets de demande de transmission.

Ainsi, les protocoles d'accès fondés sur le CSMA tendent aussi à aller vers plus de centralisation, lorsqu'ils sont appliqués aux réseaux sans fil. Pour conclure cette revue rapide des grandes familles de protocole d'accès, il est nécessaire de mentionner les plus centralisés.

L'anneau à jeton et le «polling»

Le principe de l'anneau à jeton fut introduit dans les réseaux locaux filaires. Des terminaux se partagent la ressource (l'accès au réseau) par l'utilisation d'un jeton qui circule d'un terminal à l'autre. Seul le terminal disposant du jeton a le droit de transmettre. Les collisions sont ainsi évitées (voir, là aussi, le chapitre «Les fonctions constitutives des réseaux»).

Du fait des pertes élevées sur un système radio, le passage d'un jeton d'une station à l'autre est périlleux. De plus, le principe d'allocation des ressources par un jeton présuppose une topologie de réseau a priori connue et fixe. Ce n'est évidemment pas le cas des réseaux sans fil dans lesquels des stations peuvent apparaître ou disparaître au cours du temps.

Une évolution naturelle du principe de l'anneau à jeton est le *polling*. La station de base qui effectue le contrôle recense toutes les stations de sa zone de couverture et leur offre à tour de rôle la possibilité de transmettre. Cela suppose au préalable une signalisation adéquate permettant aux stations de s'enregistrer auprès de la station de base.

Ainsi, des évolutions du *polling* ont été proposées pour en assouplir le fonctionnement, telles que le RAP (*Randomly Addressed Polling*) (Chen, 1994). Ce protocole fonctionne en plusieurs temps: la station de base diffuse d'abord un message pour collecter les identités des stations voulant transmettre. Ces dernières transmettent simultanément (et si possible de façon orthogonale) un nombre aléatoire (servant d'identité temporaire), potentiellement accompagné de leurs desiderata. Enfin, la station de base alloue à tour de rôle la ressource demandée.

Il est amusant de constater que ce fonctionnement est très proche de celui utilisé dans les réseaux cellulaires tels que le GPRS ou l'UMTS Ainsi, les protocoles d'accès modernes des systèmes sans fils tendent tous à un fonctionnement en deux phases, qu'ils soient issus du monde des télécommunications ou de l'informatique. Une première phase de demande de la ressource, en compétition, précède la phase de l'allocation de la ressource pour la transmission à proprement parler, dans un mode coordonné, une fois les contentions d'accès résolues.

Détaillons maintenant le fonctionnement d'un système de télécommunication mobile tel que le GSM.

2 Introduction au GSM

2.1 Architecture générale

Le Groupe Spécial Mobile (GSM) avait, dans les années quatre-vingt, la mission au sein de la CEPT (Conférence européenne des postes et télécommunications) de définir un système de téléphonie mobile à vocation internationale. C'est de ce groupe qu'est issu le système GSM (*Global System for Mobile communication*, le premier acronyme francophone ayant cédé sa place) qui offre aujourd'hui à plus d'un milliard d'abonnés un service de communication mobile dans plus de deux cents pays dans le monde.

Pour faire face aux spécificités d'une communication avec un mobile, le GSM a dû introduire dans son architecture des équipements particuliers. De plus il devait être interopérable avec les réseaux téléphoniques existants, tels que les RTC (réseau téléphonique commuté) ou le RNIS (réseau numérique à intégration de services) voire les réseaux de données tels qu'un réseau X25 ou un réseau IP (voir le chapitre «Internet: évolution et perspectives»).

Le GSM a donc introduit la notion de PLMN (*Public Land Mobile Network*), nouveau réseau téléphonique mais pour utilisateur mobile.

Le PLMN est lui-même séparé en trois sous-systèmes:

- le sous-système radio BSS (*Base Station Subsystem*). Il gère l'interface radio. Il est constitué des stations de base BTS (*Base Transceiver Station*) qui assurent le lien radioélectrique avec les abonnés mobiles MS (*Mobile Station*). Les BTS sont gérées par un contrôleur de stations de base BSC (*Base Station Controler*) qui assure également la fonction de concentration du trafic. En outre, le BSC s'interface avec le sous-système réseau;
- le sous-système réseau NSS (*Network Sub-System*). Il regroupe toutes les fonctions de commutation et de routage et les interconnexions avec d'autres réseaux. Le MSC (*Mobile-services Switching Center*) en est le

principal élément, associé à deux bases de données, le HLR (*Home Location Register*) et le VLR (*Visited Location Register*). Les données de référence de tous les abonnés sont enregistrées dans le HLR. Le VLR stocke pour sa part et de façon temporaire les données des utilisateurs présents dans la zone gérée par le MSC. On appelle Gateway MSC, ou MSC passerelle (G-MSC), un MSC interconnecté avec les réseaux extérieurs ;
- le sous-système d'exploitation et de maintenance OSS (*Operation Support Sub-System*). Il est utilisé par l'opérateur pour administrer son réseau, de manière locale par des OMC (*Operation and Maintenance Center*) et centralisé par les NMC (*Network Management Center*).

L'architecture du réseau GSM est présentée figure 4.

Dans cette architecture, le rôle de chaque élément et de chaque interface est parfaitement défini par la norme, permettant ainsi l'interfonctionnement complet entre différents réseaux ou équipements de différents constructeurs.

2.2 L'interface radio

L'interface radio fut l'une des grandes innovations du GSM, en particulier dans l'utilisation des techniques de communication numérique mais aussi dans l'introduction de canaux physiques et logiques permettant de distinguer les informations transportées de la manière dont elles sont transportées.

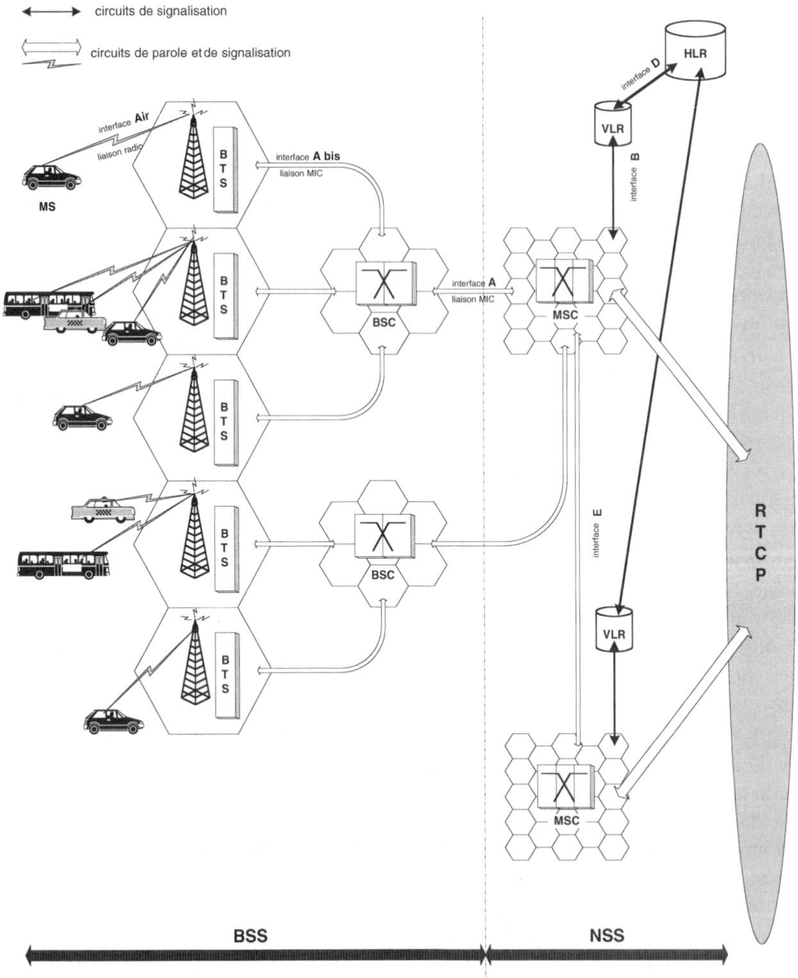

Figure 4 Architecture générale d'un réseau GSM

Canaux physiques

Le GSM est fondé sur un accès multiple F-TDMA. Plusieurs canaux fréquentiels de largeur de bande de 200 kHz ont été libérés autour des fréquences 800 MHz, 900 MHz et 1800 MHz et ceci mondialement. Le fait d'avoir une bande (en fait, deux puis trois, d'où l'appellation des téléphones en bibande ou tribande), disponible dans le monde entier et donc d'autoriser une itinérance mondiale est l'un des facteurs du succès du GSM.

Un canal de 200 kHz est découpé en une trame TDMA de 4,615 ms, elle-même composée de huit slots. Les voies montante et descendante utilisent deux canaux séparés d'un écart fréquentiel fixe (il s'agit de l'écart duplex). On définit un canal physique comme l'association d'un slot dans une trame TDMA et d'un canal fréquentiel.

Une notion de multitrame existe, associée à la répétition dans le temps de la trame TDMA primaire. Ainsi, la répétition d'un slot à chaque trame donnera un canal logique au débit important alors que l'utilisation d'un slot, par exemple toutes les vingt-six trames primaires, donnera un canal logique au débit vingt-six fois plus faible.

Sans entrer dans les détails de l'interface radio – un lecteur intéressé peut consulter (Lagrange, 2000) ou la norme (3GPP) –, il faut néanmoins mentionner qu'elle comporte les éléments nécessaires à une communication sans fil efficace et fiable dans un environnement difficile (utilisateurs mobiles dans des conditions différentes, zone urbaine dense, zones rurales, montagnes, etc.). Pour cela, des techniques de communication numérique ont été mises en œuvre comme:

- du codage de canal, pour protéger les informations des erreurs de transmission;
- de l'entrelacement, pour moyenner l'effet des variations rapides du canal de propagation;
- du filtrage et de l'égalisation pour limiter le bruit en réception et lutter contre les trajets multiples;
- un schéma de modulation/démodulation offrant un débit brut de 270 kbit/s sur la trame TDMA, tout en respectant la largeur de bande de 200 kHz;
- ainsi que d'autres techniques permettant de synchroniser les utilisateurs indépendamment de leur position dans la cellule, d'économiser la puissance de transmission, d'utiliser plusieurs antennes pour augmenter la diversité, etc.

Canaux logiques

Il existe deux sortes de canaux logiques: les canaux dédiés à un utilisateur et les canaux partagés entre tous les utilisateurs. Parmi ces derniers, on peut citer:

- le canal de *broadcast* (BCCH) diffusant des informations générales sur le système (identité de la cellule, de l'opérateur, paramètres pour contrôler le *handover*, c'est-à-dire le passage d'un mobile d'une cellule à une autre);
- le canal de synchronisation fréquentielle (FCCH) permettant aux mobiles de se caler sur un canal;
- le canal de synchronisation temporelle (SCH) permettant aux mobiles de repérer la structure temporelle des trames et multitrames;
- le canal de diffusion des appels (PCH) pour prévenir un mobile d'un appel entrant;
- les canaux d'accès aléatoire (RACH/AGCH). Un mobile souhaitant accéder au réseau fait une demande dans le canal RACH et obtient une réponse dans le canal AGCH.

Les canaux dédiés sont quant à eux spécifiques à un utilisateur. On y trouve des canaux de contrôle et des canaux de trafic:

- les canaux de contrôle (FACCH, SACCH, et SDCCH) utilisés respectivement pour le contrôle rapide (typiquement pour gérer les *handovers*), pour le contrôle lent (rapport de mesures, commande de contrôle de puissance, transport de SMS[1] en cours de communication), et de la signalisation générale de l'utilisateur (mise à jour de localisation, signalisation de début de communication et transport de SMS hors communication);
- le canal de trafic (TCH) véhiculant le trafic utilisateur (voix et données).

Nous venons de voir l'instanciation par le GSM de la notion de canaux physiques et de canaux logiques. Cette distinction est en fait générale à tous les systèmes radio mobiles évolués, comme aussi bien évidemment la faculté de gérer des utilisateurs mobiles.

3 Gestion de la mobilité

Dans un réseau de mobiles, les utilisateurs peuvent être... mobiles et se trouver à tout endroit. Ainsi, le réseau doit être capable de gérer la mobilité en cours d'appel mais aussi l'itinérance ou *roaming*. Le *handover* est le mécanisme qui permet de maintenir une communication alors que le mobile change de cellule. Le *roaming* correspond à la possibilité pour un usager d'utiliser les réseaux partenaires de son opérateur d'origine (celui dont il est l'abonné).

1. SMS (*Short Message Services*). Ce service permet de transmettre des messages courts alphanumériques (de 160 caractères) et n'utilise que les canaux de signalisation. Ainsi, il n'occupe pas de bande passante à proprement parler. L'écriture des «textos» est maintenant devenue un véritable phénomène de société engendrant une syntaxe et des modes de communication particuliers.

3.1 Handover ou gestion de la mobilité

Avant d'avoir la capacité de changer de station de base en cours de communication, un terminal d'un réseau mobile doit être en tout premier lieu capable de s'attacher au réseau. Ainsi, dès la mise en route du terminal, ce dernier balaye toutes les fréquences pouvant héberger un système GSM. Cette recherche pouvant se révéler assez longue, les opérateurs mémorisent dans la carte SIM (*Subscriber Identity Module*, cf. paragraphe 3.3), des fréquences préférées à scanner prioritairement. Cela permet au mobile de connaître les stations de base les plus proches (au sens radio, c'est-à-dire celles dont il reçoit les signaux avec la plus forte puissance). Le mobile peut alors s'inscrire sur le réseau et initier ou recevoir des communications. Cette première étape s'appelle «la sélection de cellule».

Lorsqu'une communication est établie, le mobile continue de mesurer la puissance des voies balises des stations de base voisines. Il reporte au réseau ces mesures, associées aux mesures de performance de sa communication proprement dite (niveau de signal, taux d'erreur). À partir de ces informations, le réseau peut contrôler les puissances d'émission pour maintenir une qualité de service satisfaisante tout en limitant les interférences, ou décider d'un *handover*. Celui-ci permet aussi au réseau d'uniformiser la charge de ses cellules. En cas de *handover*, le réseau réserve un canal dans la future cellule, et si nécessaire, les capacités correspondantes dans le BSS. Il transmet également les caractéristiques du mobile (identité, débits, clés de chiffrement, etc.) à la nouvelle station de base. La commande de *handover* (contenant les paramètres du nouveau lien radio) est alors envoyée au mobile qui l'effectue. Ainsi, l'anticipation du *handover* limite fortement les échecs (communication rompue). La procédure de *handover* requiert des échanges de signalisation ; on retrouve ici une problématique supplémentaire liée à la planification d'un réseau cellulaire : des cellules trop petites engendreraient trop de *handovers*. Pour couvrir des zones à forte mobilité (autoroute, ligne de chemin de fer), il vaut mieux considérer des macrocellules ou mieux, des cellules de forme adaptée (non hexagonale) concentrant leurs couvertures sur la zone appropriée.

3.2 *Roaming* ou gestion de l'itinérance

Nous venons de voir la gestion de la mobilité en cours de communication : le *handover* permet de maintenir cette communication. Mais comment le réseau peut-il suivre un terminal qui ne communique pas ? Comment joindre ce terminal en cas d'appel entrant ? C'est le rôle de la gestion de l'itinérance fondée sur les mises à jour de localisation.

Lorsque le mobile s'attache au réseau, il transmet naturellement à ce dernier sa localisation : le mobile se trouve dans la cellule dans laquelle il vient de s'attacher. Cette information est stockée dans le VLR du MSC correspondant à la cellule alors que le HLR mémorise le VLR courant.

Chaque fois que le mobile change de cellule, il pourrait en informer le réseau par une procédure semblable à l'attachement initial. Ainsi, le réseau maintiendrait une connaissance parfaite de la localisation du mobile, à la cellule près. En contrepartie, cela engendrerait un trafic de signalisation loin d'être négligeable. C'est pourquoi le GSM définit des «zones de localisation», qui sont des ensembles de cellules que l'opérateur peut arranger comme il le souhaite, en fonction des caractéristiques des zones couvertes. Ces zones sont gérées par le VLR. Lorsque le mobile change de zone de localisation, il en informe le réseau. Les informations relatives au mobile sont alors échangées entre l'ancien VLR et le nouveau alors que le HLR est informé du VLR courant dans lequel se trouve le mobile.

Le mobile est donc localisé à la zone de localisation près. En cas d'appel entrant, le réseau appelle le mobile sur toutes les cellules de la zone de localisation grâce à un message de «*paging*». Le mobile, en réponse à ce *paging* ouvre une connexion radio pour établir la communication.

On peut remarquer que la gestion de la mobilité de la couche IP (Mobile IP, cf. chapitre «Internet : évolution et perspectives») s'approche de celle du GSM : on y retrouve la notion de réseau d'origine et de réseau visité ainsi que d'agent local permettant de retrouver les terminaux (HLR et *Home agent*, VLR et *Foreign Agent*). Lorsqu'un terminal itinérant se connecte à un (sous) réseau visité, il est d'abord doté d'une adresse locale et temporaire[1] puis en informe son *Home Agent* dans le réseau d'origine. Tant qu'il ne change pas de (sous) réseau, il n'a pas à informer son *Home Agent*. On peut tracer un parallèle entre zone de localisation et (sous) réseau.

Nous abordons dans le paragraphe suivant les aspects de numérotation d'un réseau de mobiles, toujours dans l'exemple du GSM.

3.3 Numérotation, identification et carte SIM

Contrairement au réseau téléphonique fixe dans lequel à un numéro correspond un unique endroit, le numéro d'appel d'un mobile correspond à l'usager, où qu'il soit. De plus, le numéro doit identifier l'usager et non pas son terminal, et ceci de façon unique.

1. Les aspects relatifs à la sécurité ne sont pas mentionnés.

Le GSM utilise trois identifiants principaux pour l'abonné (l'IMSI, le TMSI et le MSISDN) et un identifiant du terminal (l'IMEI).

- l'IMSI (*International Mobile Subscriber Identity*). C'est l'identifiant unique de l'abonné dans le monde GSM Il est composé au plus de quinze chiffres décimaux. Il est stocké dans la carte SIM du terminal et dans le HLR;
- le TMSI (*Temporary Mobile Subscriber Identity*). C'est un numéro local à un VLR permettant d'identifier de façon temporaire les utilisateurs dans ce VLR. Son format plus court (4 octets) permet d'économiser les ressources radios;
- le MSISDN (*Mobile Station Integrated Services Digital Networks Number*). C'est le numéro classique de l'usager mobile dans le monde téléphonique. Il suit les règles de numérotation du réseau fixe. L'association MSISDN/IMSI est effectuée dans le HLR de l'abonné;
- l'IMEI (*International Mobile Equipment Identity*). C'est l'identifiant unique du terminal. Grâce à cet identifiant, un terminal peut être interdit d'accès aux réseaux GSM.

Nous pouvons illustrer l'utilisation de ces numéros dans le cas d'un appel d'un téléphone fixe vers un mobile.

Le MSISDN est composé. La demande d'appel est acheminée vers la passerelle du réseau mobile la plus proche (G-MSC). Le HLR dans lequel est enregistré le mobile est interrogé pour connaître le VLR courant du mobile. Le HLR traduit le MSISDN en identité propre au réseau mobile, c'est-à-dire l'IMSI. Le VLR appelle en *paging* le mobile, par son TMSI, dans toutes les cellules de la zone de localisation de ce mobile. Ce dernier répond alors en initiant une connexion radio.

Pour reprendre le parallèle avec Mobile IP, une connexion vers un terminal itinérant est aussi dans un premier temps traitée par le *Home Agent* qui la redirige ensuite vers le *Foreign Agent*. Les principes de gestion de l'itinérance sont similaires bien que Mobile IP soit une mobilité de niveau IP alors que la mobilité de GSM est propre à ce système radio.

Une des particularités du GSM réside dans la carte SIM, qui est véritablement un représentant de l'opérateur dans le terminal de l'utilisateur et qui permet d'associer l'un à l'autre. Ainsi, l'utilisateur peut changer de terminal à tout moment, dès lors qu'il garde sa carte SIM. Toutes les informations relatives à son abonnement, mais aussi certaines de ses informations personnelles (par exemple son répertoire) sont contenues dans cette carte. Elle est en outre un élément de sécurité du système car elle contient des clés permettant sont définies, que ce soit au niveau du terminal ou l'authentification de l'utilisateur ainsi que le chiffrement de la communication radio.

4 Évolutions: de la voix aux données

Les premiers systèmes radiomobiles ont été définis pour offrir un service de téléphonie mobile. Pour cela, des choix techniques ont été effectués à tous les niveaux. Or, avec la démocratisation de l'Internet, le développement des réseaux sans fil (cf. chapitre «Réseaux de données sans fil Wi-Fi et Wimax»), les systèmes radiomobiles se devaient d'évoluer pour offrir des services de transfert de données. C'est ainsi que le standard GSM depuis sa création est en constante évolution, pour essayer de suivre voire de devancer les usages. Nous verrons dans un premier temps le GPRS (*General Packet Radio Services*) et EDGE (*Enhanced Data rates for GSM Evolution*), ces derniers étant de temps en temps qualifiés de système 2.5G. Le §4.2 introduit alors l'UMTS (*Universal Mobile Telecommunication System*) correspondant à la troisième génération (3G) de communication mobile. Enfin, nous présenterons le phénomène de convergence entre réseaux mobiles cellulaires et réseaux locaux sans fil, autour du protocole IP, devenant aujourd'hui incontournable dans le monde des télécommunications.

4.1 GPRS, EDGE

Le GSM est un système originellement dédié à la voix. À l'image des systèmes téléphoniques filaires, il est bâti sur des communications en mode circuit. Lors de l'établissement d'une communication, un «tuyau» est ouvert entre l'émetteur et le destinataire et reste ouvert tout le temps de la communication, indépendamment de son contenu. Le mode circuit, en dédiant des ressources (que ce soit sur l'interface radio ou dans le réseau cœur) à une communication, a l'avantage de garantir la qualité de cette communication mais potentiellement risque de ne pas optimiser l'usage global des ressources (c'est la problématique circuit/paquet, voir le chapitre «Modes de transport de l'information»). C'est d'autant plus vrai pour certains services de données ne générant pas un flux continu de paquets (par exemple, lorsqu'on navigue sur le Web, le téléchargement d'une page crée une rafale de paquets alors que pendant la lecture de la page, le trafic est nul).

Les transmissions de données en mode circuit sont ainsi possibles mais non optimales en GSM. Les débits offerts sont de 9,6 kbit/s, ou de 14,4 kbit/s lorsque les conditions de propagation sont exceptionnellement favorables. Des fonctions d'adaptation (pour adapter le flux de données à la transmission GSM) dans le réseau.

Le GPRS apporte le mode paquet au GSM. Pour cela, un nouveau réseau cœur orienté paquet est introduit en parallèle du réseau cœur circuit (cf. figure 5). Deux éléments de réseaux ont été introduits : le SGSN (*Serving GPRS Support Node*) et le GGSN (*Gateway GPRS Support Node*). Ce sont des routeurs paquet dotés de fonctionnalités dédiées à la gestion d'un réseau mobile. Le SGSN s'interface avec les BSC alors que le GGSN s'interface avec les réseaux publics paquets.

De plus, une véritable gestion des ressources radio, orientée paquet, est introduite par le GPRS, toujours fondée sur la même interface radio. Cela d'ailleurs soulève un nouveau problème d'ingénierie pour l'opérateur puisqu'il doit partager ses ressources (radio en particulier) entre le trafic circuit et le trafic paquet. Des canaux logiques de contrôle et de trafic sont introduits, tels que le PBCCH (*Packet Broadcast Control Channel*) ou le PDTCH (*Packet Data Trafic Channel*). De plus, afin d'augmenter les débits offerts par le GPRS, il est possible d'allouer à un utilisateur (dès lors que son terminal le tolère) plusieurs slots dans une trame. On parle par exemple de téléphone « 4+1 », c'est-à-dire qu'il peut recevoir des données dans quatre slots d'une même trame en voie descendante et en transmettre pendant un slot en voie montante. De plus, différents niveaux de codage protecteur d'erreurs sont disponibles, permettant d'adapter le débit aux conditions de propagation. Ainsi, en utilisant 4 slots et sans protection particulière, le GPRS permet un débit de transmission d'environ 80 kbit/s (soit plus qu'un modem téléphonique filaire limité à 56 kbits/s). Ces débits sont théoriques, dans la pratique ils demeurent malheureusement inférieurs.

Pour repousser ces limitations, les groupes de normalisation ont alors défini EDGE (*Enhanced Data for GSM Evolution*). En fait, la limitation de débit du GPRS provenait essentiellement de la couche physique du GSM. C'est pourquoi EDGE introduit des nouveaux schémas de modulation et de codage, compatibles avec les spécifications radios (largeur de bande, puissance d'émission) du GSM mais offrant des débits bruts trois fois plus élevés. Ainsi, toujours dans l'hypothèse d'une utilisation de quatre slot dans une trame, le débit d'un utilisateur EDGE peut atteindre 240 kbit/s.

Bien sûr, l'introduction d'EDGE dans un réseau GSM/GPRS requiert des modifications (somme toute relativement limitées) au niveau des équipements radios (alors que l'introduction du GPRS dans un réseau GSM nécessite lui une évolution du réseau cœur). Quitte à modifier les équipements radio d'un réseau cellulaire, pourquoi ne pas les modifier radicalement ? C'est l'approche proposée par l'UMTS.

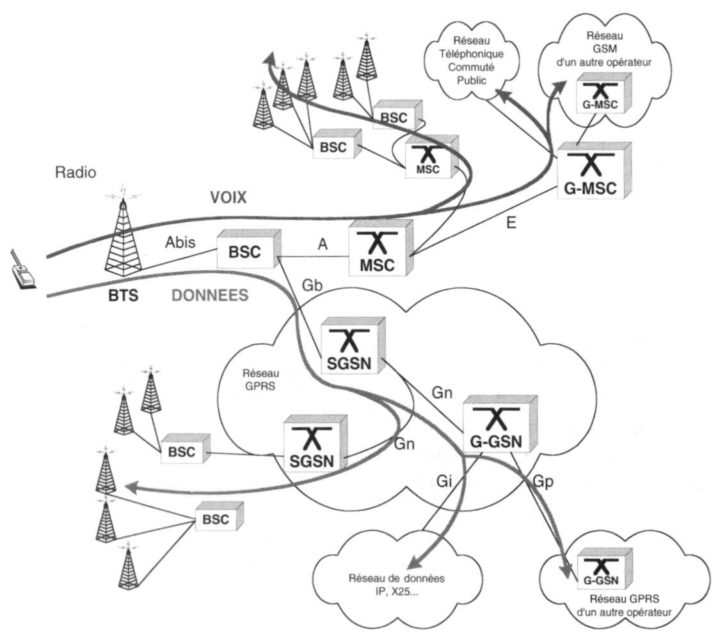

Figure 5 Introduction du GPRS dans un réseau GSM

4.2 UMTS

Face au succès des systèmes de communication mobile de deuxième génération, les instances de normalisation ont décidé d'initier la définition des systèmes de troisième génération, devant généraliser l'offre multimédia mobile: plus de services gourmands en bande passante, plus de flexibilité dans la gestion des qualités de service, une couverture mondiale, etc.

Une bande de fréquence (autour de 2GHz) a été libérée dans pratiquement toutes les régions du monde par l'UIT (Union internationale des télécommunications). Des licences ont été acquises (souvent à des prix prohibitifs) par les opérateurs misant sur un succès de la 3G aussi fulgurant que celui de la 2G, puis vinrent l'éclatement de la «bulle Internet» et une certaine réticence vis-à-vis des nouvelles technologies.

La mise au point de l'UMTS s'est néanmoins poursuivie, au sein du 3GPP (*Third Generation Partnership Project*), un groupe de normalisation à dimension mondiale né du rapprochement d'organes de normalisation «régionaux» (c'est-à-dire européen, asiatique, américain).

Au point de vue technique, l'UMTS (dans la première version normalisée) repose sur un réseau cœur de type GSM/GPRS, c'est-à-dire alliant un réseau cœur circuit et un réseau cœur paquet. On y retrouve les mêmes éléments de réseau même si les acronymes des équipements ou des interfaces peuvent changer (par exemple le MSC du GSM devient le U-MSC, le SGSN se transforme en 3G-SGSN). C'est pourquoi, l'UMTS apparaît souvent comme une évolution naturelle de la 2G (GSM) vers la 3G (UMTS) puisque le réseau cœur est semblable.

En revanche, l'interface radio est radicalement différente de celle du GSM. Elle est fondée sur un accès à répartition par codes (CDMA) et donc sur des modulations à étalement de spectre. Les débits offerts par cette interface vont de quelques kbit/s à 2 Mbit/s. Les notions de canaux physiques, canaux logiques ou canaux de transport permettent de gérer la diversité des débits et des qualités de services offerts. Enfin, l'UMTS est lui-même en constante évolution, toujours vers des débits plus élevés et plus de flexibilité mais aussi une compatibilité croissante avec les autres systèmes de communication. Par exemple, au niveau radio, on peut citer le HSDPA (*High Speed Downlink Packet Access*), offrant des débits de l'ordre de 11 Mbit/s en voie descendante. Au niveau réseau, on constate une importance grandissante des protocoles issus du monde de l'informatique, en particulier d'IP.

4.3 Convergence vers le tout IP

De par son attachement historique au monde des télécommunications, le GSM, mais aussi ses évolutions, GPRS, EDGE voire UMTS, intégrait des piles de protocoles du monde de la téléphonie. La signalisation par exemple était fondée sur le SS7 (Signalisation Sémaphore n° 7, voir le chapitre «Signalisation et réseau intelligent»). Or en s'étendant aux communications de données, le GSM s'est naturellement rapproché du monde IP, dominant de plus en plus les réseaux informatiques.

De plus, ces derniers, tirés par le multimédia, redéfinissent de la signalisation pour gérer des services de type voix (cf. chapitre «Next Generation Networks»)

Un choix devenait nécessaire pour éviter des duplications de pile de protocoles, voire des encapsulations d'une pile dans une autre. La tendance est actuellement vers une convergence autour de IP et des protocoles associés. Ainsi, la version 6 du réseau cœur de l'UMTS est construite autour de l'IMS (*IP Multimedia Subsystem*) qui propose une gestion de tous les services multimédias par des protocoles du monde IP.

Une autre forme de convergence consiste à compléter un accès radio de type cellulaire par des points d'accès de type réseau sans fil (WLAN), en particulier pour offrir une forte capacité dans les zones denses (centres commerciaux, bureaux, aéroports). Une approche intégrée des problématiques de l'identification, de la facturation: de la gestion de mobilité est nécessaire et engendre de ce fait des choix dans les piles de protocoles. On peut se demander si la version 6 du protocole IP, en intégrant par défaut une gestion de mobilité, un adressage simple, une gestion de qualité de service ne va pas à terme simplifier l'architecture des réseaux de mobiles. Dans ce cas cette architecture sera vraisemblablement plus «plate», les stations de bases ou les points d'accès étant reliés directement à un cœur de réseau IP.

5 Conclusion

Les systèmes de communication radiomobile sont devenus aujourd'hui incontournables. Initialement dédiés à la voix, ils ont connu une expansion formidable grâce aux progrès des techniques de transmission numérique. Il faut aussi citer le rôle des organismes de normalisation et de régulation ayant permis d'une part une interopérabilité entre des équipements de différents constructeurs, entre des réseaux de différents opérateurs avec les réseaux de communications existant au préalable (fixes) et d'autre part, l'identification d'une bande de fréquence quasi universelle pour ces systèmes.

Ces premiers réseaux radiomobiles, tel le GSM, ont défini – ou réintroduit – des principes de gestion de mobilité, d'accès multiple, repris aujourd'hui dans les évolutions de ces systèmes ou dans les réseaux sans fil tels que décrits dans le chapitre «Réseaux de données sans fil Wi-Fi et Wimax».

Ils ont aussi évolué pour offrir des débits plus attractifs dans le cadre de communications de données, particulièrement pour répondre à la demande d'un accès universel à l'Internet. IP étant au centre de ce dernier, il est logique de le retrouver au croisement des évolutions des réseaux de mobiles ou des réseaux sans fil.

Bibliographie

3GPP, Third Partnership Project, http://www.3gpp.org

Abramson N. (1970), "The ALOHA System - Another Alternative for Computer Communications", *in Proc. Fall Joint Computer Conference* 1970, p. 281-285.

Amitay N., Nanda S. (1994), "Resource auction multiple access (RAMA) for statistical multiplexing of speech in wireless PCS", *IEEE Trans. Vehicular Tech.*, vol. 43, n° 3, p. 584-596, Aug. 1994.

Chen K-C. (1994), "Medium access control of wireless LANs for mobile computing", *IEEE Network*, vol. 8, n° 5, p. 50-63, 1994.

Goodman D.J., Valenzuela R. A., Gayliard K. T., Ramamurthi B. (1989), "Packet Reservation Multiple Access for Local Wireless Communications", *IEEE Trans. Communications*, vol. 37, n° 8, p. 885-890, Aug. 1989.

Khan F., Zeghlache D. (1996), "Priority Based Multiple Access For Statistical Multiplexing of Multiple Services in Wireless PCS", *in Proc. IEEE International Conference on Universal Personal Communication*, ICUPC'96, 1996.

Kleinrock L., Tobagi F.A. (1975), "Packet switching in radio channels: Part I - carrier sense multiple-access modes and their throughput-delay characteristics", *IEEE Trans. Communications*, vol. 23, n° 12, p. 1400-1416, Dec. 1975.

Lagrange X., Godlewski P., Tabbane S. (2000), *Réseaux GSM,* 5e édition, Éditions Hermès.

Pinheiro A.L.A., de Marca J.R.B. (1996), "Fair deterministic packet access protocol: F-RAMA (Fair resource assignment multiple access)", *Electronics Letters*, vol. 32, n° 25, Dec. 1996.

Tobagi F.A., Kleinrock L. (1975), "Packet switching in radio channels: Part II - the hidden terminal problem in carrier sense multiple-access modes and the busy-tone solution", *IEEE Trans. Communications*, vol. 23, n° 12, p. 1417-1433, Dec. 1975.

Tobagi F.A., Kleinrock L. (1976), "Packet switching in radio channels: Part III- polling and (dynamic) split-channel reservation multiple access", *IEEE Trans. Comm.*, vol. 24, n° 8, p. 832-845, Aug. 1976.

Réseaux de données sans fil Wi-Fi et Wimax

Hossam Afifi

Mots-clés: 802.11, 802.16, protocole MAC.

Résumé: la norme IEEE 802.11 ou commercialement Wi-Fi, constitue une solution de connexion réseau pratique et intéressante offrant mobilité, flexibilité, faible coût de déploiement et d'utilisation. Elle est complétée par une autre série de normes pour les réseaux métropolitains connue sous le nom de Wimax. Ce chapitre a pour objectif de décrire les principaux éléments constituant ces deux normes.

1 Le Wi-Fi

1.1 Introduction

Le réseau local sans fil (WLAN, *Wireless Local Area Network*) est un système de transmission de données conçu pour assurer une liaison indépendante de l'emplacement des périphériques informatiques qui composent le réseau et utilisant les liens sans fil plutôt qu'une infrastructure câblée.

Dans son usage grand public, le Wi-Fi est déployé sous le nom de «HotSpot». Il s'agit d'installer un ensemble de points d'accès gratuits ou payants à vocation publique. Les WLAN se développent dans les campus universitaires, permettant à toute personne munie d'un ordinateur portable ou d'un PDA d'accéder à des services publics d'informations ou encore à se connecter à Internet à travers le réseau local. On les voit apparaître également dans d'autres lieux publics (par exemple les aéroports).

1.2 Les variantes

La standardisation du WLAN se fait à l'IEEE et assure la fiabilité et la compatibilité des produits de divers équipementiers. Ce standard 802.11, dans sa première version, offrait des débits de 1 et 2 Mbit/s. Actuellement, le standard 802.11N offre un débit théorique de 190 Mbits/s avec un débit utile de 100 Mbits/s. Le groupe 802.11 est divisé en sous-groupes qui sont identifiés chacun par une lettre. On peut en noter quelques-unes comme :

- IEEE 802.11a : basée sur une technique OFDM (*Orthogonal Frequency Division Multiplexing*), utilise la bande des 5 GHz et permet un débit de 54 Mbit/s ;
- IEEE 802.11g : utilise aussi la modulation OFDM ;
- IEEE 802.11e : apporte la qualité de service (QoS : Quality of Service) ;
  IEEE 802.11i : corrige les problèmes de sécurité ;
- IEEE 802.11n : norme qui offre des débits plus élevés (108 à 320 Mbit/s) dans les bandes 2,4 et 5 GHz ;
- IEEE 802.11s : réseaux Mesh, où l'aspect du routage ad hoc est intégré dans la couche 2 ;
- IEEE 802.11k : roaming rapide pour la mobilité.

1.3 L'architecture du Wi-Fi

On peut déployer ce réseau avec ou sans un point d'accès central.

Mode Infrastructure

Dans ce mode, on a un point d'accès connecté à l'infrastructure du réseau filaire et un ensemble d'équipements sans fil qui passent par ce point d'accès dans toutes leurs communications. Avant toute communication au sein d'une cellule, les stations sans fil doivent exécuter une procédure d'association avec lepoint d'accès. On identifie la cellule par un nom de cellule qui s'appelle le SSID.

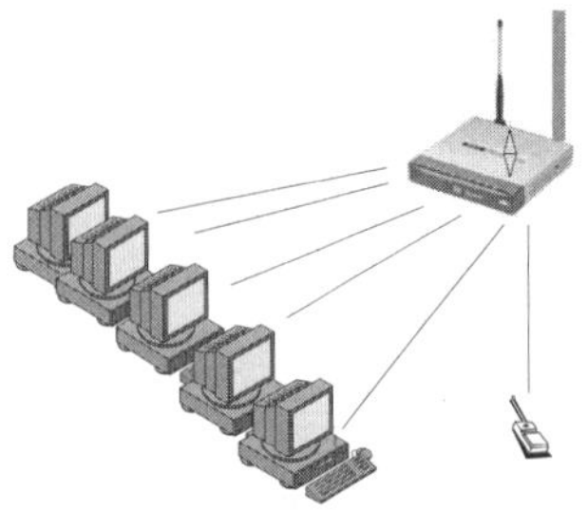

Figure 1 Mode Infrastructure

Le mode *ad hoc*

Le mode *ad hoc* (également baptisé point à point) représente simplement un ensemble de stations sans fil 802.11 qui communiquent directement entre elles sans avoir recours à un point d'accès ou une connexion à un réseau filaire.

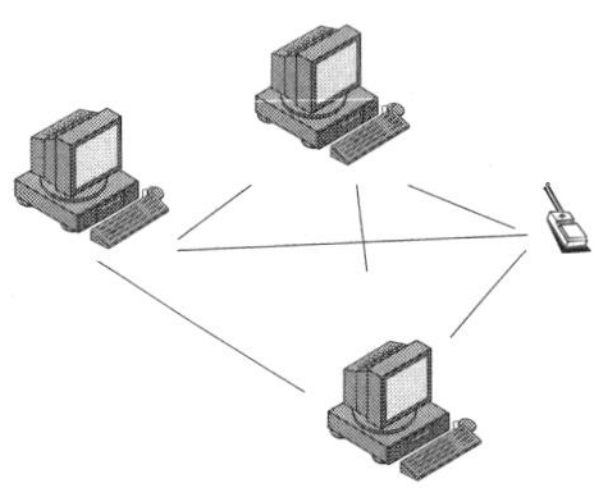

Figure 2 Le mode *ad hoc*

On choisit le même canal de transmission et comme dans le mode infrastructure, un réseau *ad hoc* est également identifié par un identificateur de réseau SSID.

Ce mode permet des débits supérieurs à ceux du mode infrastructure car on ne passe qu'une fois sur le médium sans fil alors que dans le mode infrastructure on peut passer deux fois sur le médium. Il est, de plus, simple à mettre en place.

Le résultat est une configuration simple dans laquelle le réseau est complètement maillé.

Il est enfin possible de combiner plusieurs infrastructures pour obtenir un mode étendu. Dans ce cas, les mobiles changent d'un point d'accès à l'autre plus rapidement et il est possible de maintenir la continuité du service.

1.4 Services de base

Les mécanismes suivants sont nécessaires dans un réseau Wi-Fi :

- authentification/désauthentification ;
- association/désassociation/réassociation ;
- diffusion ;
- annonce du SSID ;
- confidentialité.

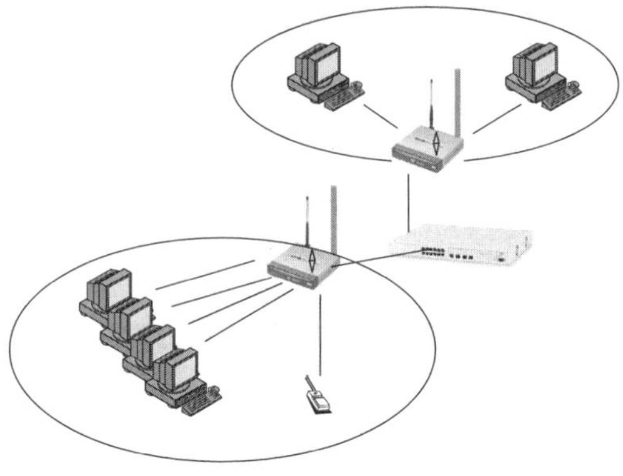

Figure 3 le mode étendu

Clairement, ces mécanismes n'existent pas dans des réseaux Ethernet classiques mais sont nécessaires dans le cas du sans-fil pour améliorer la gestion de l'interface air. L'association permet de connaître pour un point d'accès la liste des terminaux qui lui sont rattachés. La réassociation permet de changer de point d'accès dans un réseau étendu. La balise qui permet d'annoncer le SSID est aussi très utile pour choisir entre les différents réseaux disponibles. Enfin la confidentialité, qui reste assez complexe, permet d'obtenir du chiffrement de bon niveau sur le tronçon sans fil.

La couche MAC définit deux méthodes d'accès différentes, la *Distributed Coordination Function* (DCF) qui est utilisée pour un accès distribué et aléatoire comme celui de 802.3 avec plusieurs autres algorithmes spécifiques aux WLAN et une autre méthode qui est la *Point Coordination Function* (PCF) pour un accès contrôlé. La méthode DCF est conçue pour prendre en charge le transport du trafic asynchrone. Tous les utilisateurs qui veulent transmettre ont une chance égale d'accéder au support. La technique PCF est basée sur l'interrogation des terminaux à tour de rôle (*polling*). Elle nécessite l'existence d'une entité de contrôle. PCF est conçue pour la transmission de données qui ont des contraintes, telles celles du trafic temps réel (voix, vidéo). DCF est donc la méthode d'accès de base avec contention[1] alors que PCF est une méthode optionnelle d'accès sans contention. CFP (*Contention Free Period*) est la période du mode PCF et CP (*Contention Period*) est la durée de contention. Les informations relatives aux deux modes d'accès avec et sans contention sont diffusées dans le BSS à travers les trames balises appelées *beacon frames* ou beacons (un beacon est équivalent à la voie balise dans les réseaux cellulaires GSM). On parle d'une supertrame constituée par une partie CFP à la suite de laquelle le contrôle passe

1. Il y a contention lorsque deux entités veulent accéder en même temps à une ressource.

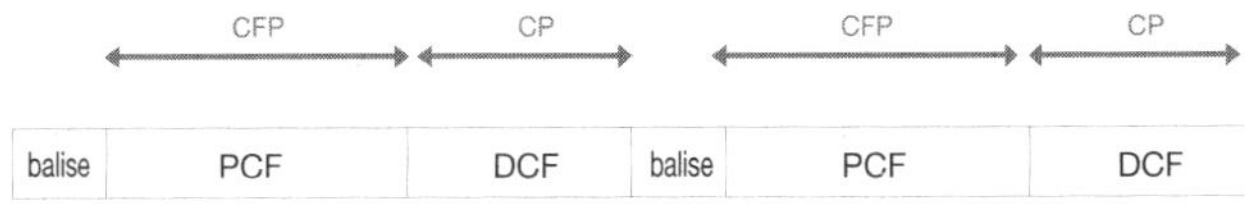

Figure 4 Le format des trames

en mode DCF. Le début d'une supertrame est délimité par une trame balise.

Le mécanisme d'accès de base, appelé *Distributed Coordination Function*, est typiquement le mécanisme *Carrier Sense Multiple Access with Collision Avoidance* (CSMA/CA) ou accès multiple par écoute de la porteuse avec évitement de collisions. C'est un mode d'accès aléatoire. Les protocoles CSMA sont bien connus – le plus célèbre étant Ethernet, qui est un protocole basé sur le mécanisme d'accès CSMA/CD (CD, *Collision Detection*) (voir le chapitre «Les fonctions constitutives des réseaux» pour une présentation générale). Contrairement au mécanisme CSMA/CD qui se base sur la détection de collision, la méthode CSMA/CA permet un accès au support partagé en évitant la collision.

Si les mécanismes de détection de collision s'avèrent adaptés pour un réseau local câblé, ils ne peuvent pas être utilisés dans un environnement sans fil, pour plusieurs raisons:

- implémenter un mécanisme de détection de collision nécessiterait la disponibilité d'une liaison radio full duplex, capable de transmettre et de recevoir simultanément (une approche qui augmenterait significativement le prix);
- dans un environnement sans fil, on ne peut pas être sûr que toutes les stations s'entendent (ce qui est l'hypothèse de base du principe de détection de collision). En outre, le fait qu'une station voulant transmettre teste si le support est libre, ne veut pas forcément dire que le support est libre autour du récepteur (canaux multitrajets, fading...);
- l'écoute de la porteuse prend un temps relativement long en comparaison avec les réseaux filaires (typiquement 30-50 microsecondes en filaire).

Pour comprendre le principe du mécanisme CSMA/CA, nous allons tout d'abord examiner les problèmes radio qui ont conduit à développer un nouveau mécanisme inspiré du CSMA/CD mais adapté au contexte de la transmission sans fil. En effet, la transmission sans fil a entraîné des problèmes nouveaux inconnus dans le monde filaire tels que:

- le problème des stations cachées;
- le problème des stations exposées;
- l'effet «proche-loin» ou *near-far effect* lié à l'atténuation des signaux radio en fonction de la distance parcourue.

La norme 802.11 définit quatre types d'espace entre deux trames qui peuvent être vus comme des temporisateurs classés par ordre croissant:

- SIFS (*Short Inter Frame Space*) est utilisé pour séparer les transmissions appartenant à un même dialogue (trames de données et trames d'acquittement). C'est le plus petit écart entre deux trames et il y a toujours, au plus, une seule station autorisée à transmettre après l'écoulement de cette courte durée, ayant donc la priorité sur toutes les autres stations. Cette valeur est fixée par la couche physique et est calculée de telle façon que la station émettrice sera capable de commuter en mode réception pour pouvoir décoder le paquet entrant. SIFS de priorité élevée est utilisé donc pour transmettre les trames ACK, CTS, réponse à un polling...
- PIFS (*Point coordination IFS*) est utilisé par le point d'accès (appelé point coordinateur dans ce cas) pour gagner l'accès au support avant n'importe quelle autre station. Il reflète une priorité moyenne pour transmettre le trafic avec contrainte de temps;
- DIFS (*Distributed IFS*) est l'IFS de priorité plus faible que les deux précédents (utilisé dans le cas de la transmission du trafic asynchrone);
- EIFS (*Extended IFS*) est l'IFS le plus long. Il est utilisé par une station recevant un paquet corrompu par des collisions pour attendre plus de temps que le DIFS habituel afin d'éviter de futures collisions.

Ces temporisateurs permettent de définir des degrés de priorité. Lorsque plusieurs stations souhaitent émettre simultanément, la station souhaitant émettre les trames les plus prioritaires comme les acquittements pourra les envoyer en premier. Puis seront transmises d'autres trames jugées prioritaires comme celles liées à l'administration réseau ou au trafic qui a des contraintes de délai. Enfin, les informations les moins importantes qui concernent le trafic asynchrone seront émises après un temps d'attente plus long.

Des analyses de performances de ce protocole ont montré qu'il n'était pas adapté aux transmissions d'un trafic avec des contraintes de temps fortes et donc de ce fait aucun produit sur le marché ne l'a implémenté. En effet, si une station prend le canal pour envoyer lentement une longue trame, elle peut le monopoliser.

1.5 La structure en couche du Wi-Fi

La couche physique, qui s'occupe de la transmission des trames MAC sur le support de communication, utilise plusieurs techniques de modulation et de codage binaire :

- la technique d'étalement de spectre par saut de fréquences (FHSS *Frequency Hopping Spread Spectrum*) dans la bande 2,4 GHz ;
- l'étalement de spectre en séquence directe (DSSS *Direct Sequence Spread Spectrum*) dans la bande 2,4 GHz ;
- l'OFDM, multiplexage orthogonal dans l'espace des fréquences.

Pour les standards 802.11, Wi-Fi (802.11b) et 802.11g, la bande de fréquence utilisée est une bande sans licence dite ISM (*Industrial Scientific Medical*) autour de 2,4 GHz. La largeur de bande disponible est de 83 MHz. Pour les systèmes basés sur 802.11a, une plus grande largeur de bande est disponible, elle est environ égale à 455 MHz dans la bande de 5 GHz.

Les systèmes 802.11a et 802.11g utilisent la modulation OFDM dans la bande 5 GHz. La largeur de bande totale disponible est d'environ 455 MHz dont 200 sont alloués à l'usage en intérieur et 255 à l'usage en extérieur. Cette modulation a permis d'atteindre des débits compris entre 6 et 54 Mbit/s et procure de bonnes performances en cas de chemins multiples. La couche MAC est identique à celle définie pour les autres couches physiques (FHSS, DSSS, HR/DSSS, IR). La couche physique supportant la modulation OFDM est complexe car elle fait appel à un ensemble varié de techniques de transmission numérique telles que la modulation de phase, la transmission multiporteuse OFDM, le codage convolutionnel et l'entrelacement. Rappelons que IEEE 802.11a a repris la technique OFDM qui a été proposée pour la première fois par l'ETSI dans le cadre des travaux menés relatifs au système européen Hiperlan 1.

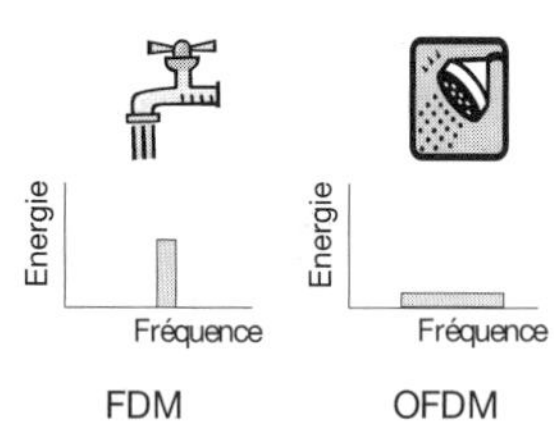

Figure 5 Schéma montrant l'apport de l'OFDM en termes d'étalement de l'énergie sur l'espace des fréquences

La technique OFDM est basée sur un partage fréquentiel où la bande de fréquence est divisée en porteuses qui peuvent être utilisées simultanément en y multiplexant les données. Un canal est constitué de cinquante-deux porteuses de 300 KHz de largeur. Quarante-huit porteuses sont dédiées au transport de l'information utile et quatre, appelées porteuses pilote, à la correction d'erreur. OFDM supporte une série de modulations et de codes permettant d'offrir l'ensemble des débits.

Huit canaux de 20 MHz sont définis dans la bande basse (de 5,15 à 5,35 GHz). Nous pouvons avoir une colocalisation de huit réseaux au sein du même espace et avoir un débit maximal de 432 Mbit/s.

La structure de la trame est classique (proche de celle d'une trame Ethernet). Il en existe trois types : les trames de contrôle, de management et de données. Elles se différencient par un en-tête MAC différent.

La figure suivante montre le format général de la trame MAC, certains champs sont seulement présents dans une partie des trames, comme décrit ultérieurement.

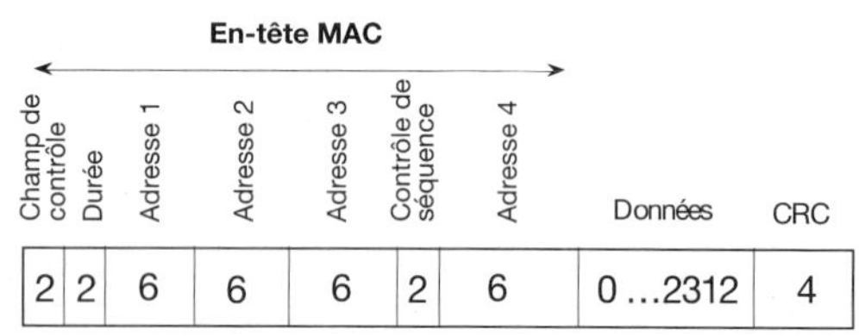

Figure 6 Structure de la trame Wi-Fi

1.6 La sécurité

Les problèmes de sécurité et de confidentialité compliquent la mise en place d'un réseau local sans fil. Par nature, il est facile d'écouter passivement le réseau. De même, on peut s'introduire entre un utilisateur et son réseau en imitant ce dernier, ce qui porte le nom «d'attaque de l'homme au milieu». Mais la plus banale des attaques reste le brouillage simple sur la fréquence du protocole Wi-Fi. Même si certains dispositifs de sécurité sont intégrés aux réseaux locaux sans fil dans leur première version, leur sécurité peut être aisément violée si les précautions pertinentes ne sont pas prises en compte. Le comité 802.11 a en effet apporté une solution au problème de sécurité en élaborant tout au début un protocole appelé WEP (*Wired Equivalent Privacy*) mais des défaillances importantes ont vite été décelées dans les mécanismes proposés. Aujourd'hui la nouvelle norme porte le nom de 802.11i et apporte les modifications suivantes :

- dissociation de l'authentification qui se fait par des procédures du protocole EAP et TLS ;
- chiffrement AES très robuste ;
- clés dynamiques qui changent au gré de l'utilisateur ou du réseau ;
- intégrité et protection contre le rejeu par signature des trames.

De plus, ce système se révélant finalement très lourd, on apporte par le biais du 802.11r des allégements pour la mobilité.

1.7 Gestion d'énergie dans le Wi-Fi

Bien que la couche MAC soit très mal conçue au niveau de ce critère, il existe un mode d'économie d'énergie dans le standard sous le nom de *Power Save Mode*.

En mode infrastructure, le temps est composé des intervalles balises :

- la station informe le point d'accès ;
- le point d'accès stocke les paquets temporairement.

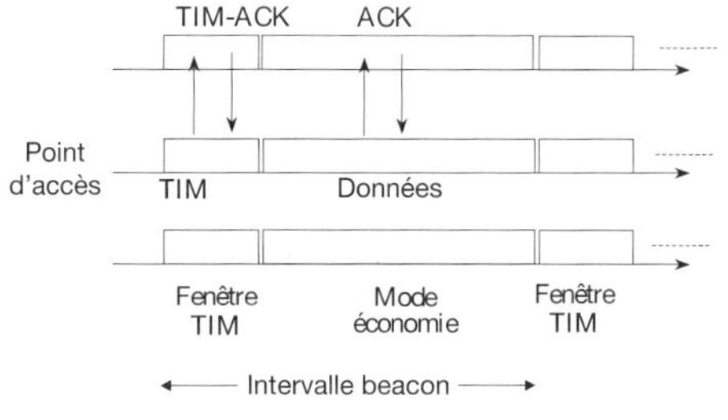

Figure 7 Mode économie en infrastructure

Dans le mode *ad hoc*, il est aussi possible de mettre en œuvre l'économie d'énergie.

Le temps est composé des intervalles balise *beacons*. Tous les nœuds se réveillent à un intervalle constant qui porte le nom de ATIM. Les nœuds utilisent la même taille de fenêtre ATIM.

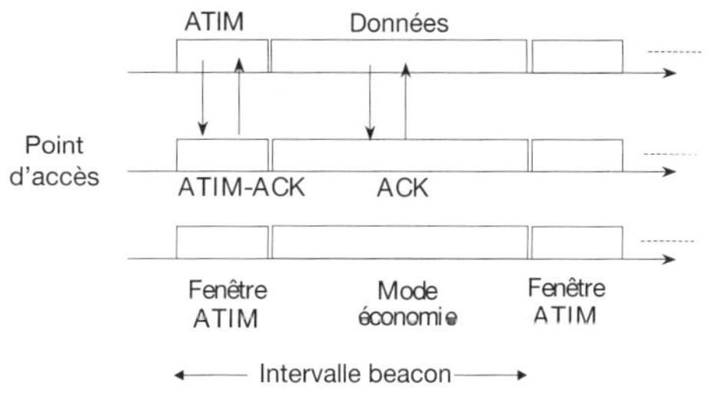

Figure 8 Mode économie *ad hoc*

2 Le 802.16 ou Wimax

Le Wimax constitue la gamme des protocoles métropolitains de l'IEEE. Il est normalisé dans le groupe 802.16 qui s'est organisé en sous-groupes : le A et le E.

Le tableau suivant montre une vue de l'usage actuel du Wimax. On se rend compte que la taille des cellules peut atteindre plusieurs kilomètres et que la version E permet d'éviter le problème de vue directe au prix d'une réduction du débit.

2.1 La couche MAC

La couche MAC permet une réservation de débit. Le mécanisme utilise une fenêtre de contention classique qui permet aux stations sur le lien radio d'exprimer à tour de rôle leurs besoins en bande passante.

Le Wimax 2000 correspond à la norme 802.16a. Les adresses utilisées restent des adresses MAC et il est généralement obligatoire de se configurer en IP au-dessus du protocole.

Plusieurs mécanismes sont possibles dans la norme. Quatre classes de services permettent des réservations différentes. On trouve la classe débit continu (UGS)

	802.16	802.16a
Date de disponibilité	Décembre 2001	Janvier 2003
Spectre	10 – 66 GHz	2 – 11 GHz
Conditions de propagation	Vision directe uniquement	Conçue pour toutes configurations
Débit	32 à 134,4 Mbit/s	1 à 75 Mbit/s
Modulation	QPSK, 16QAM, 64QAM Une seule porteuse	QPSK, 16QAM, 64QAM, (256QAM) - Une seule porteuse - OFDM 256 sous-porteuses - OFDMA 2048 sous-porteuses
Multiplexage sens montant/descendant	TDD/FDD	TDD/FDD
Bande passant des canaux	20, 25 et 28 MHz	Variable, entre 1,25 et 20 MHz
Rayon des cellules	2 à 5 km (1 à 3 miles)	6 à 9 km (4 à 6 miles)

Tableau 1 Caractéristiques des protocoles Wimax

pour les applications temps réel à débit assuré, la classe RTPS qui offre le service temps réel à des flux à débit variable tel que le MPEG, la classe NRTPS qui utilise des rafales telles que le FTP et le best effort (BE).

2.2 Résolution de contentions

Une contention signifie que deux stations souhaitent émettre des données au même moment. Cela cause généralement une collision. La station de base est capable de détecter ce genre de problème car elle gère les tâches sur le canal remontant et détermine quels minislots sont sujets à des collisions. Les collisions peuvent se produire pendant la négociation initiale lors des demandes d'intervalles pour les connexions. L'occurrence potentielle des collisions dans ces intervalles engendre une fenêtre de contention dans la station de base. La méthode utilisée est une méthode où on double la fenêtre d'attente à chaque collision. Dans cette situation, la station tire un chiffre aléatoire à l'intérieur de la valeur de la fenêtre et elle décide de traiter les requêtes en dessous de cette valeur aléatoire. Par exemple, pour une fenêtre de 16, la station tire 9 aléatoire, elle décide de traiter neuf requêtes et de laisser 7 en attente. Les stations attendent et devront retransmettre leur requête plus tard.

2.3 La couche physique

La couche physique dans le sens remontant (PHY) est basée sur une combinaison d'accès multiple dans le temps (TDMA) et d'accès multiple à la demande (DAMA). Tout cela sur une technique OFDM et des modulations multiples. En particulier, le canal remontant est divisé en un certain nombre de périodes assignées en fonction des divers usages (enregistrement d'un nouveau terminal, contention, ou trafic d'utilisateurs classiques). Ces partitions sont commandées par la couche MAC dans la station de base et peuvent varier pour un partage optimal. Le canal descendant est de type TDM, avec l'information dédiée à chaque station d'abonné envoyée sur un flux de données sur un créneau négocié à l'avance, reçu par toutes les stations d'abonnés dans le même secteur. Le sens descendant supporte le mode de multiplexage en fréquences aussi pour les canaux descendants et remontants (FDD). Dans ce cas, on peut émettre et recevoir en même temps sur des fréquences différentes. Chaque rafale peut avoir un débit différent et des caractéristiques de FEC différentes. Ceci confère à la norme une flexibilité formidable mais aussi une complexité très grande.

3 Conclusion

La technologie sans fil, basée sur les normes Wi-Fi, connaît actuellement un déploiement rapide, tant elle répond à un besoin réel. Wimax devrait, mieux encore, combler les besoins des utilisateurs. Il reste néanmoins des inconnues quant à leur avenir : quelle variante s'implantera ; comment les problèmes liés à la sécurité se verront-ils réglés ; et enfin comment ces technologies se positionneront par rapport aux offres concurrentes que pourraient constituer les solutions UMTS.

Bibliographie

Labiod H., Afifi H. (2004), *De Bluetooth à Wifi*, Lavoisier.

IEEE 802.16, *IEEE Standard for Local and metropolitan area networks Part 16: Air Interface for Fixed Broadband Wireless Access Systems,* 2003.

Trafic et qualité de service

Annie Gravey, Gérard Hébuterne

Mots-clés : trafic, télétrafic, dimensionnement, files d'attentes, congestion, QoS, SLA.

Résumé : la notion de trafic est essentielle à la compréhension de l'organisation de l'architecture, et du fonctionnement d'un réseau. Elle rend compte du caractère inévitablement erratique des sollicitations qui lui sont soumises de la part de ses utilisateurs. La description et la prévision des trafics sont les deux ingrédients qui permettent de *dimensionner* le réseau, de sorte à lui permettre de fournir le service demandé avec le niveau de qualité attendu. La connaissance des phénomènes liés au trafic permet aussi de concevoir des mécanismes de régulation, capables de permettre au réseau de fonctionner de façon satisfaisante en cas de situations de surcharge. Tout ceci permet d'aborder la notion de qualité de service : dans un réseau multiservice, l'opérateur doit pouvoir fournir un service adapté à chaque application. Cela passe par la négociation d'un « contrat » et la mise en place de mécanismes différenciant les flux et les ressources qui leur sont attribuées.

Puisque la tâche d'un réseau est d'établir des relations entre terminaux, en réponse aux requêtes des utilisateurs, et puisque ces requêtes ont comme caractère principal leur *imprévisibilité*, on comprend que la description des demandes revête un intérêt fondamental. On comprend aussi que cette description sera de nature statistique.

La notion de *trafic* résume les caractéristiques aléatoires des demandes, en nature et en volume, et tente d'en donner une représentation utilisable pour les fonctions de dimensionnement. Cela fait appel aux notions et aux outils de la théorie des files d'attentes.

Dans ce chapitre, on introduit les notions de trafic, sous leur aspect « opérationnel » (ce qu'on nomme parfois le *télétrafic*).

On introduit également les notions de qualité de service (universellement notée QoS pour *Quality of Service*). Cette notion est inhérente à l'évolution des réseaux, qui deviennent multiservices – c'est un des aspects de ce qu'on appelle la convergence. Puisqu'un réseau peut transporter deux applications aux profils et aux exigences très différentes, il faut que chacune d'elles puisse spécifier ses contraintes, et que le réseau soit en mesure de les traiter de façon appropriée.

On appelle « ingénierie de trafic » l'ensemble des fonctions mises en œuvre par un opérateur de réseau pour optimiser l'utilisation des ressources de ce réseau par les flux de trafic qui l'utilisent.

1 Comment caractériser le trafic

De façon schématique, le trafic mesure la « quantité de travail » que doit fournir un organe du réseau pour écouler l'information. Ainsi, un circuit occupé par une communication téléphonique est-il considéré comme actif, et est indisponible pour une autre connexion. Le concept de trafic cherche à rendre compte globalement du caractère aléatoire (vu du réseau) des apparitions et des durées des connexions. On parle de trafic écoulé, pour représenter ce phénomène et le mesurer. Le trafic écoulé est défini comme la durée cumulée d'activité d'un organe ou d'un groupe d'organes rapporté à la durée totale d'observation (il faut comprendre ici la valeur moyenne de cette quantité).

1.1 Le trafic, dans un réseau à commutation de circuits

Imaginons le cas simple d'un groupe de circuits (on parle d'un *faisceau* en téléphonie) reliant deux commutateurs du réseau, *A* et *B*. Le faisceau comporte un certain nombre de circuits – $N = 30$ pour fixer les idées. Chaque nouvelle connexion occupe un circuit. Une observation sur une durée assez grande (une heure, par exemple) donnera un graphe de l'occupation qui ressemblera à la figure 1 ci-dessous.

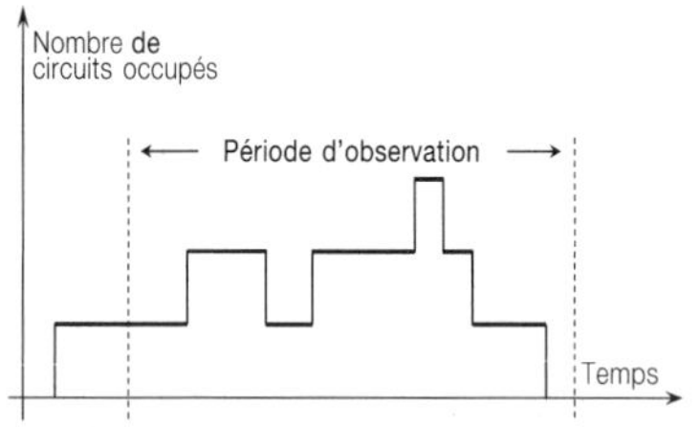

Figure 1 Occupation des circuits entre *A* et *B*

Le nombre de circuits occupés fluctue, au gré des arrivées et fins de communications. Il peut arriver que tous les circuits soient occupés, et alors une nouvelle demande de connexion sera rejetée (on parle parfois de système à appels perdus). On mesure l'intensité du trafic écoulé (c'est-à-dire observé) par la moyenne dans le temps du nombre des circuits occupés, exprimée en *erlangs* – en hommage à Agner Krarup Erlang, ingénieur et mathématicien danois, père de la théorie du télétrafic (1878-1929).

1.2 Le trafic dans un réseau de paquets

Dans un réseau transportant des paquets, qu'il soit de type sans connexion ou circuit virtuel, les notions précédentes vont prendre une autre forme.

Tout d'abord, on notera que la description d'une communication en mode circuit est très simple : l'utilisateur demande un circuit, d'un débit fixé, et l'occupe pour une certaine durée. Le cas d'une session sur Internet se présente différemment.

L'utilisateur connecte son ordinateur personnel (par exemple via son abonnement ADSL). Il débute une session, qui va l'amener à consulter des pages sur un ou plusieurs sites, à télécharger des fichiers, envoyer des courriers, etc. Chacune de ces actions qui composent la session va se traduire par l'envoi ou la réception d'informations – on parlera de fichiers pour simplifier.

Au niveau plus bas encore, l'équipement mis en œuvre va se charger du transport de ces fichiers, sous la forme de paquets. Le mécanisme réel d'échange de ces paquets va dépendre fortement des logiciels et du matériel mis en jeu – et le plus souvent le protocole IP sera utilisé.

Cela conduit, pour décrire un tel échange, à définir trois niveaux successifs :
- le niveau de la session (durée plusieurs minutes) ;
- le niveau de la rafale (transport du fichier, soit quelques fractions de seconde) ;
- le niveau du paquet (micro ou milliseconde).

Le schéma de la figure 2 décrit l'emboîtement de ces niveaux de description.

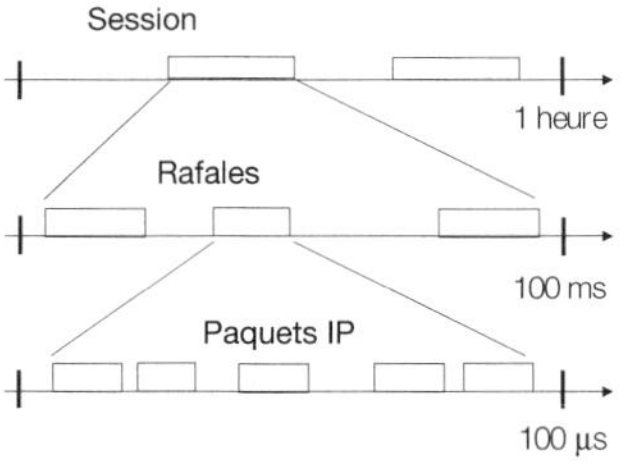

Figure 2 Niveaux de description d'un échange Internet

Comme on le voit, caractériser l'activité induite par ce mécanisme dans le réseau se révèle une tâche plus difficile. Au niveau le plus bas (le seul à avoir une existence « physique », et directement responsable de l'occupation des ressources du réseau), il sera possible de mesurer le débit moyen du flux des paquets. On l'exprimera classiquement en kilobit/s (kbit/s, ou Mbit/s pour une liaison à plus haut débit). La charge d'une liaison s'évaluera par le taux d'activité, rapport du débit total des flux qui la traversent à sa capacité.

En réalité, la définition du trafic n'est pas si simple ici, et l'existence des différents niveaux de description permet de saisir pourquoi : il faut, pour décrire entièrement le phénomène, caractériser l'arrivée des sessions (à quel rythme l'utilisateur se connecte-t-il, pour quelle durée), puis l'arrivée des rafales (longueur des fichiers consultés, fréquence des interrogations) puis au niveau le plus fin caractériser le comportement des paquets IP composant la rafale.

1.3 Les organes de contrôle

Un réseau est constitué de deux catégories d'organes : une première catégorie regroupe tous les éléments qui transportent effectivement les données de l'utilisateur (les circuits du réseau téléphonique, les liaisons Internet, etc.) ; une seconde catégorie rassemble tous les équipements, qu'ils soient de nature matérielle ou logicielle, que le réseau met en jeu pour contrôler les échanges : il s'agit de l'établissement des connexions téléphoniques, des mécanismes par lesquels un routeur aiguille chacun des paquets, des ressources logicielles d'un serveur du RI, etc. On parle d'*organes de contrôle* (ou de commande).

Ces organes ont aussi à traiter une charge de travail, qui se caractérise par une occupation des ressources. On parlera encore de trafic, caractérisé par le rythme d'arrivée des requêtes et leur durée. Il y a évidemment une forte liaison entre le trafic des équipements de contrôle et celui des circuits. On notera cependant que les organes de contrôle sont concernés par le rythme d'arrivée des requêtes (connexions dans le réseau téléphonique, par exemple), alors que les liaisons sont concernées par l'occupation totale (c'est-à-dire par la durée des échanges, en plus du rythme de leur arrivée).

De même, les organes de contrôle sont soumis à la totalité des requêtes, qu'elles aboutissent ou non. Ainsi, dans un commutateur téléphonique, toute demande de connexion vers un terminal occupé, ou qui ne répond pas, provoque une charge du contrôle, mais pas des circuits. On mesure habituellement la charge par le nombre des *tentatives d'appels à l'heure chargée* (TAHC, ou BHCA, *busy hour call attempts*).

1.4 Les variations du trafic

Pour décrire l'état d'un réseau, il faut donc avoir une estimation des volumes de charge (de trafic) échangés entre les différents équipements que l'on considère. On représente cette charge par une *matrice de trafic*, tableau dans lequel l'élément (i, j) indique la valeur de la charge entre les points i et j (observée, ou prévue, selon que l'on s'attache à la représentation du réseau actuel, ou à une prévision à fins de planification).

Une circonstance inévitable va venir compliquer singulièrement cette entreprise : c'est que le trafic qu'on observe ne garde pas une valeur constante au cours du temps. Tout le monde a connu l'expérience de vouloir téléphoner à minuit, au Nouvel An. La Fête des mères est connue comme une autre période exceptionnelle, où le trafic connaît une pointe très forte. Les événements inattendus, catastrophes par exemple, provoquent de même des pointes localisées dans le réseau.

Même si on met de côté ces périodes très particulières, le trafic va varier, par exemple au cours de la journée : période d'activité aux heures chargées des jours ouvrés, quel que soit le type de réseau observé, creux aux heures de déjeuner et la nuit pour le réseau téléphonique (la situation des réseaux de données est moins claire, ils sont utilisés par exemple la nuit pour des sauvegardes, des mises à jour, etc.).

La situation des États-Unis est à cet égard assez typique : le pays s'étendant sur plusieurs fuseaux horaires, les heures d'activité sont décalées à l'est et à l'ouest. Les opérateurs tirent profit de cette circonstance pour adopter un schéma de routage optimisé, les ressources inutilisées étant allouées à l'autre extrémité du continent.

De la même façon, on observera des variations saisonnières, liées également aux variations des activités humaines (les réseaux de communications connaissent le même sort que les réseaux routiers, par exemple).

À partir de ce constat de variabilité périodique, il appartient à l'opérateur de se donner des règles pour choisir une valeur représentative du trafic, de sorte à fournir une donnée d'entrée non ambiguë aux méthodes de dimensionnement. On définit pour cela la notion *d'heure chargée*. Le principe est d'éviter de choisir comme « heure chargée » une période d'activité exceptionnelle ou anecdotique (il ne viendrait pas à l'idée d'un opérateur de dimensionner son réseau pour le 1er janvier !), mais d'assurer malgré tout un fonctionnement correct pendant les périodes d'activité. C'est en fait un problème classique en économie. L'UIT a émis quelques recommandations à ce sujet : à partir de mesures continues, choisir la valeur maximale chaque jour, puis prendre la deuxième valeur la plus forte du mois, puis la deuxième valeur mensuelle la plus forte (le chiffre « 2 » est un exemple, évidemment).

Le trafic et ses variations ont été particulièrement bien étudiés dans le réseau téléphonique. Les études font ressortir l'influence de la tarification sur les usages des utilisateurs, et sur le profil journalier des trafics observés. Des influences analogues ont été observées pour l'usage de l'Internet : voir INDEX, un projet de l'université de Berkeley (Varian, 2001), ou le projet CASHMAN (Songhurst, 1999).

2 Les méthodes : la théorie des files d'attente

La théorie est née avec l'introduction du téléphone. Son usage en a été étendu à l'analyse des systèmes informatiques. Elle a d'autres champs d'application (gestion des stocks, transport aérien, etc.). L'idée générale est de faire un modèle du système, comportant un flux d'arrivée, un tampon (la file d'attente) et un serveur. On schématise ce « paradigme » selon le diagramme de la figure 3.

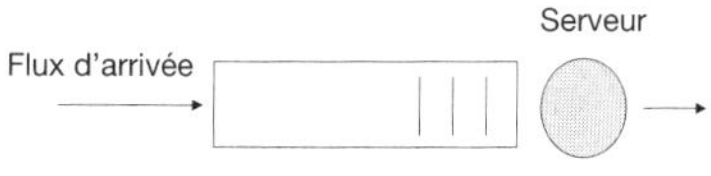

Figure 3 Le modèle à file d'attentes élémentaire

Le serveur peut être simple ou multiple, la discipline de service peut être complexe (dans l'ordre des arrivées, au hasard, etc.).

On décrit les processus d'arrivée ou de service au moyen de lois de probabilités. L'exemple le plus connu est celui de la «loi de Poisson», qu'on peut décrire comme caractérisant le hasard pur. Ainsi, la désintégration d'un bloc de matière radioactive obéit à cette loi. On conçoit que son application soit naturelle, dès lors que l'observateur d'un réseau n'a aucune information sur les comportements des sources de trafic: il doit alors supposer qu'elles se comportent «au hasard», c'est-à-dire indépendamment les unes des autres. On peut montrer que si l'on observe la superposition d'un grand nombre de sources identiques et indépendantes, le processus d'activation de ces sources est un processus de Poisson.

En fait, il a fallu récemment introduire le concept d'«autosimilarité» (ou *self-similarity*) pour décrire les trafics qu'on observe sur l'Internet. Il s'agit de comportements qui restent qualitativement semblables, quelle que soit l'échelle à laquelle on se place. Ces comportements sont évidemment plus difficiles à gérer – pas ou peu d'effet d'économie d'échelle. Il n'est aujourd'hui pas simple de déterminer l'origine de ce phénomène, qu'on qualifie également de «fractal» (on consultera à ce sujet l'ouvrage (Mandelbrot 1995), par exemple). Notons que le comportement fractal n'est pas propre à l'Internet: on l'observe pour décrire les crues du Nil, le découpage des côtes de Bretagne, et bien d'autres phénomènes.

3 Les phénomènes de trafic

L'activité qui parcourt les réseaux, et qu'on symbolise sous le terme «trafic», est le résultat direct de phénomènes aléatoires – imprévisibles. Dans ces circonstances, il peut sembler étonnant qu'on puisse faire des prévisions, énoncer des «lois», trouver des règles de dimensionnement. C'est en fait, là comme dans d'autres domaines, une conséquence de la «loi des grands nombres» – on trouvera d'autres commentaires sur ce point dans la référence (Ruelle, 1991)

3.1 Économie d'échelle

Le premier phénomène typique peut se décrire comme un effet *d'économie d'échelle*. On peut dire que toute la justification du réseau y réside. Si je veux assurer un certain niveau de qualité (un taux de rejet de demande de communication téléphonique; un taux de perte de paquet par encombrement), je dois allouer un certain niveau de ressources. Pour une demande A, la quantité à allouer sera X. Si j'ai deux tels groupes de requêtes, il faut donc prévoir $2X$. Mais si je groupe les requêtes de sorte qu'elles ne forment qu'un groupe, alors il faudra installer $X' < 2X$, pour un même niveau de qualité. Le rapport $2X/X'$ chiffre le *gain de multiplexage*.

Toute l'ingénierie du trafic repose sur ce phénomène, assez naturel, qui tend à concentrer au maximum les trafics dans des équipements de plus en plus gros. Mais cette concentration a un coût, et la conception d'un réseau devient un exercice d'optimisation délicat.

3.2 L'engorgement (la congestion)

L'engorgement caractérise le comportement d'un système qui, soumis à un flux de demandes augmentant, voit son efficacité diminuer. La courbe qui suit schématise ce comportement, qu'on rencontre dans nombre de situations (penser au fonctionnement d'un carrefour routier): quand le système s'engorge, sa performance non seulement cesse de croître, mais en fait s'écroule.

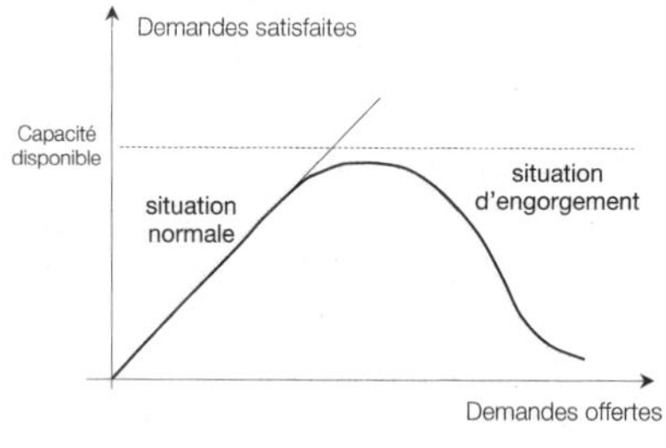

Figure 4 Comportement type d'engorgement

L'origine de ces comportements est diverse, mais très souvent liée au comportement des sources qui tendent à accroître la charge qu'elles provoquent lorsque les performances se dégradent (un temps de réponse s'allonge, provoquant des répétitions intempestives de la demande initiale).

Il existe évidemment des mécanismes qui visent à éviter le phénomène et à le corriger – voir par exemple les mécanismes de contrôle décrits sommairement au chapitre «Les fonctions constitutives des réseaux».

3.3 La sporadicité

On dira d'un trafic qu'il est *sporadique* lorsque son comportement instantané sera très éloigné de son comportement moyen.

L'exemple des flux qui circulent sur un réseau local peut illustrer cette notion. Ce type de réseau a habituellement un trafic moyen faible – un réseau Ethernet, par exemple, ne fonctionne correctement que si son taux d'activité reste inférieur à 10%. Un réseau à 100 Mbit/s écoule donc, en moyenne sur une journée, un débit de 10 Mbit/s.

Il n'empêche que chaque requête soumise au réseau sera accueillie au débit crête, soit ici 100 Mbit/s. C'est précisément l'attrait de ce type de réseau !

On mesure parfois la sporadicité comme le rapport du débit crête au débit moyen. Dans notre exemple, la sporadicité sera de 10 (on trouve souvent le terme de *burstiness*).

La sporadicité autorise des économies d'échelle importantes : ainsi, je peux connecter de nombreuses stations sur mon réseau local, ou concentrer plusieurs liaisons ADSL à 1 Mbit/s à l'entrée du réseau d'un fournisseur d'accès.

Elle reste cependant un souci pour l'ingénierie du trafic, dans la mesure où elle nécessite d'équiper les nœuds du réseau de mémoires de grande taille – le taux d'utilisation de ces mémoires de stockage se comparant avec la sporadicité. De façon générale, pour une charge moyenne donnée, les performances d'un système de service se dégradent lorsque la sporadicité augmente.

4 La qualité de service

4.1 La nature des flux et leurs besoins

Si l'on revient sur la nature des flux à transporter, on se convaincra de la diversité des contraintes qu'ils engendrent : dans le cas d'un flux téléphonique, le message doit être audible et sans retard sensible. Dans le cas des données, le retard prend une importance moindre, et l'accent sera mis sur la *garantie d'intégrité* de l'information transportée. Une analyse même rapide conduit à distinguer les critères qui suivent.

- fidélité du transfert de l'information (absence de toute altération, telle que perte, ajout, erreurs) ;
- délai de transfert ;
- disponibilité du service, c'est-à-dire possibilité d'accéder instantanément au service auquel on a souscrit ;
- sûreté du fonctionnement (pas d'interruption d'une communication, une fois celle-ci établie) ;
- etc.

Parmi tous ces critères, les trois premiers sont du ressort de cet exposé et sont détaillés dans la suite.

Fidélité du transfert

Le transport d'un signal le long d'un canal de transmission, et son passage au travers d'équipements de commutation, peuvent se traduire par une altération. Dans le cas qui nous importe ici, le signal se présente sous forme numérique, c'est-à-dire que le signal consiste en une suite d'éléments binaires. Il est alors facile de définir un taux d'erreur, qui représente la proportion de bits erronés dans le signal reçu.

Le *taux d'erreur binaire* (plus souvent nommé taux d'erreur bit ou *Bit Error Ratio*, BER) est simplement ce rapport. Les systèmes de transmission contemporains, faisant un large usage de la fibre optique, savent réaliser des taux d'erreur très faibles, inférieurs à 10^{-10}. Les réseaux sans fil sont par contre particulièrement concernés par ce phénomène, les phénomènes de propagation pouvant pénaliser l'accès radio.

Dans le cas d'un réseau transportant des données, celles-ci sont organisées en blocs, les *paquets*. Les protocoles de liaison permettent de détecter les erreurs et d'éliminer éventuellement les paquets corrompus ; on s'intéressera alors à la proportion de paquets erronés. Le phénomène fondamental dans les réseaux de paquets est celui de la perte de paquet, qui peut être due à un encombrement du réseau, ou à une politique de *rejet sélectif* mise en œuvre dans le réseau. On s'intéresse alors à la proportion de paquets perdus.

Les indicateurs, tels le taux de bit erronés ou les taux de paquets perdus, conviennent bien à la caractérisation de la performance du réseau mais ne sont pas toujours adaptés à la caractérisation des performances d'un service. Il faut alors définir des indicateurs spécifiques à ce service. Un indicateur bien connu est le *Mean Opinion Score* ou MOS qui permet de caractériser la qualité du service téléphonique par exemple. Le MOS est traditionnellement mesuré de façon subjective par des individus entraînés, qui notent le résultat des opérations successives du codage et du décodage de phrases types. La note obtenue va de 1 (mauvais) à 5 (excellent). Elle atteint en général une valeur de 4,5 pour les traditionnels services de téléphonique fixe, mais descend à 3,6, voire moins, pour les services de téléphonie mobile comme le GSM.

Le problème pour le fournisseur de service est alors de savoir mettre en relation les indicateurs de qualité du réseau, et ceux caractérisant le service fourni ; c'est un problème complexe, que les équipements de mesure de performance tentent de résoudre avec plus ou moins de bonheur.

Délais de transfert

L'émission d'un signal prend un temps proportionnel à sa longueur et au débit disponible. Pour émettre un bloc de 1 000 bits sur une ligne à 64 kbit/s, il faudra de l'ordre de 16 ms. Mais d'autres retards vont s'ajouter et en premier lieu le retard dû à la propagation du signal. Dans le vide, la propagation d'une onde électromagnétique se fera à la vitesse de 300 000 km/s ; dans un câble coaxial, et dans une fibre optique, la vitesse est de l'ordre de 200 000 km/s. La traversée d'équipements électroniques (tels que commutateurs, amplificateurs régénérateurs) allonge le délai de propagation. Il s'agit là de délais inévitables. La traversée de l'Atlantique (6000 km, le long d'un câble transatlantique), demande 30 ms. Les dispositifs d'annulation d'écho permettent de corriger quelques-uns des inconvénients du phénomène sur la conversation téléphonique.

Le délai lié à la distance est l'une des causes, qui provoque d'ordinaire un retard constant. Dans le cas de réseaux de paquets, on a signalé les phénomènes d'attente dans les tampons, qui vont provoquer des délais variables.

On définira finalement le délai de bout en bout, durée qui s'écoule entre l'émission d'un bit au terminal source et sa réception au terminal destinataire. Ce délai est la somme d'une partie fixe et d'une composante variable (aléatoire), qu'on appelle parfois gigue (*jitter*).

Certains services sont relativement insensibles au délai (diffusion d'une station radio sur Internet), mais sont sensibles à la gigue. L'équipement d'extrémité devra corriger ce défaut, inhérent au transport par paquets.

Disponibilité du service

L'utilisateur d'un service de télécommunications demande à celui-ci une *disponibilité* permanente. La disponibilité d'un service dépend du type de services et nous décrivons ci-après les deux principaux cas de figure à considérer.

Supposons que l'usager dispose d'une liaison permanente entre deux points (on parle de *liaison louée*). Dans ce cas, l'utilisateur désire pouvoir utiliser à tout instant sa liaison; toute défaillance sera à mettre au compte d'un incident (panne d'un équipement, rupture d'une liaison). La *disponibilité* du service de liaison louée caractérise la proportion du temps pendant laquelle l'utilisateur peut effectivement utiliser la liaison.

Supposons maintenant que l'utilisateur fasse appel à un service intermittent, en mode commuté appel par appel: l'exemple type en est le service téléphonique. Dans ce cas, la disponibilité du service se traduit par la possibilité d'obtenir la connexion requise. Il peut arriver que le réseau soit dans l'incapacité d'acheminer la demande, par suite d'encombrement interne. On définira alors une probabilité de rejet (on parle aussi de *blocage*), qui caractérise la capacité de non-réponse du réseau.

Le *dimensionnement* du réseau consiste à évaluer le niveau de ressources nécessaires (commutateurs et liaisons) limitant cette probabilité de blocage en deçà d'un seuil déterminé. L'analyse de la disponibilité du service est du ressort d'une étude de la *fiabilité*.

Les réseaux mobiles introduisent une autre contrainte liée à la disponibilité, à cause du mécanisme de *hand over* (transfert de la prise en charge du terminal d'une cellule à la voisine qui peut ne pas être possible, les ressources n'y étant pas réservées *a priori*).

4.2 Pourquoi parler de qualité de service?

L'idée de qualité de service (sous la forme où elle est discutée aujourd'hui) est relativement nouvelle. Jusqu'à très récemment, un réseau supportait un unique type de service (réseau téléphonique, réseau de données) et le contrôle de la qualité de ce service se réduisait au contrôle de la performance du réseau (qu'il ne soit pas congestionné, que les liens utilisés soient de bonne qualité, etc.), et à l'utilisation optimale des ressources (qu'il puisse supporter un maximum de trafic avec un minimum de ressources). L'usager n'avait pas à décrire ses exigences en matière de QoS puisque le réseau ne délivrait qu'un seul service.

Depuis les années quatre-vingt, les opérateurs de réseau cherchent à mettre au point des technologies leur permettant de supporter plusieurs services sur une unique infrastructure réseau: on parle de réseau «multiservice». Les objectifs sont doubles: d'une part, il suffira de maintenir un unique réseau, et d'autre part, il sera plus simple d'introduire de nouveaux services.

Dans un réseau multiservice, l'opérateur ne peut se contenter de contrôler la performance du réseau, il faut s'assurer que le réseau peut satisfaire les exigences de chacun des services (en terme de fidélité, de délai, de disponibilité, etc.), ce qui conduit en général à différencier la façon dont on supporte chaque service. L'usager devra non seulement décrire son profil de trafic, mais également le type de service qu'il requiert, et même possiblement spécifier des exigences particulières.

4.3 Négocier la qualité de service

Toutes les caractéristiques contractuelles d'un service sont rassemblées dans un document qui exprime l'accord de fourniture de service (*Service Level Agreement*, SLA). Ce SLA peut caractériser le service requis, les caractéristiques du trafic que l'usager est autorisé à émettre et recevoir, les indicateurs caractérisant la QoS requise, les bornes sur les valeurs réalisées par ces indicateurs, etc.

Le SLA va ainsi lier la QoS demandée par l'usager avec la caractérisation du trafic que celui-ci est autorisé à émettre. En effet le fournisseur va contrôler le trafic offert (on parle de «police» du trafic) et le filtrer en cas de non-respect des profils agréés. Le trafic non conforme peut même être détruit par le fournisseur puisque les assurances en matière de QoS ne s'appliquent pas à ce trafic. Dans ce cas, la fidélité du service perçue par l'usager est dégradée, mais cette dégradation n'est pas à mettre au compte d'un dysfonctionnement du réseau, mais d'un non-respect par l'usager du SLA.

Qu'est-ce en fait qu'une assurance en matière de QoS ? Ce terme est suffisamment flou pour laisser place à de nombreuses interprétations, et effectivement, on peut mettre en évidence des situations fort différentes.

QoS best effort

Les réseaux ont longtemps vécu sans définition de QoS. C'est le cas de l'Internet actuel, et aussi du réseau téléphonique. L'utilisateur ne dit rien de ses exigences, et le réseau fait au mieux pour écouler sa demande. L'usager peut expérimenter un service médiocre, ou tout du moins incertain comme celui reçu par un client accédant à Internet. Mais il peut également recevoir un service excellent, comme celui reçu habituellement par un usager des réseaux de téléphonie fixe.

On désigne couramment cette situation comme le service *best effort*: le fournisseur n'offre aucune assurance, ni qualitative, ni quantitative à son usager en matière de QoS. Le SLA est alors particulièrement simple, car il ne spécifie aucune exigence en matière de QoS. Il n'y a pas de différentiation entre clients, tous les flux reçoivent une part des ressources disponibles

Qualité de service garantie

La *QoS garantie* représente une situation diamétralement opposée.

Les SLA garantissant un niveau de QoS représentent un cas extrême, que l'on oppose souvent à la QoS «Best Effort». Le SLA, très complet, spécifie les profils de trafic, les paramètres de QoS qui sont en jeu ainsi que leurs valeurs limites contractuelles, et la méthodologie permettant d'établir que la QoS réalisée est dans les limites autorisées. Le SLA indique souvent le temps de réaction du fournisseur.

Un service de liaison louée comprend souvent une garantie de la disponibilité de ce service, et le mécanisme permettant de mettre en jeu cette garantie est basé sur l'émission par l'usager d'un «ticket d'incident» lors d'une panne.

Une situation intermédiaire peut se rencontrer dans certains cas, lorsque l'opérateur propose des *indications de QoS* qui sont des bornes relatives aux valeurs prises par les paramètres de QoS, mais pour lesquels il n'y a pas de garantie en temps réel, mais à plus long terme. Un usager constatant que certains paramètres prennent des valeurs incompatibles avec les indications de QoS de l'opérateur peut se retourner vers l'opérateur pour lui demander de remédier à la situation. C'est une situation que l'on peut comparer avec l'existence d'un service après vente.

4.4 La qualité de service dans un réseau multiservice

Dans un réseau multiservice les flux de données sont différenciés en fonction du service requis.

Ces réseaux offrent donc au minimum plusieurs *classes de service* (CoS). Par exemple, le réseau offrira un ensemble de classes Cos0, Cos1, Cos2, entre lesquelles les applications choisiront.

Dans son SLA, l'usager devra spécifier la CoS requise. Les CoS décrivent les services de transport que le réseau offre alors que la QoS correspond à des propriétés intrinsèques à l'application. L'application qui emprunte un réseau doit choisir une CoS parmi celles que le réseau propose. Ce choix est le *mapping* qui est une opération privée du couple (application-réseau), et qui n'a aucun sens en dehors de ce cadre.

On peut faire ici une analogie avec les chemins de fer. Je dois me rendre d'Orléans à Lille, et je prends le train. J'ai mes propres exigences de QoS en matière de confort, de standing, de budget, etc. Arrivé à la gare, l'employé me propose un billet, 1re ou 2e classe. La QoS décrit ce que je désire, la CoS est l'offre (1re, 2e) du réseau de chemins de fer. Il m'appartient de choisir l'offre la mieux adaptée à mes exigences. Supposons que mon billet couvre la section urbaine (métro). Si je voyage en 1re sur le réseau SNCF (Orléans-Paris), je n'ai plus qu'une seule Cos disponible sur le métro, mais je retrouve les deux Cos sur la ligne Paris-Lille. La QoS que je percevrai sera la résultante des services reçus sur chacun des réseaux empruntés.

Si le SLA se contente de spécifier la CoS requise, peut-on être sûr que l'application aura reçu un service répondant à ses exigences ? En fait un réseau multiservice peut proposer plusieurs services de type *best effort* ou bien des services à QoS garantie, ou encore des indications de QoS, selon ce qui est spécifié dans le SLA.

Négocier une classe de service dans son SLA n'assure donc pas de recevoir un quelconque niveau de QoS et ne garantit pas plus de recevoir un service dont la qualité objective est égale, voire inférieure, à celle reçue par les usagers ayant négocié une classe moins élevée. Il est parfois plus agréable de voyager en seconde classe dans un compartiment vide, qu'en première classe dans un compartiment bondé ! Un fournisseur offrant plusieurs classes de service offre en fait plusieurs services de type *best effort*.

4.5 La problématique du bout en bout

Comme nous l'avons signalé plus haut, la QoS perçue par l'application résulte de l'ensemble des services qui ont été utilisés pour supporter cette application de bout en bout.

Or, un SLA est relatif à un accord individuel entre un usager et un fournisseur de service réseau. Un flux qui traverse plusieurs réseaux sera tributaire de l'ensemble des SLA négociés pour chacun des réseaux traversés. Cela implique d'ailleurs que chaque réseau soit susceptible d'identifier ces flux de sorte de les traiter de façon appropriée.

Or, dans de nombreuses architectures de QoS – dans DiffServ en particulier – les CoS peuvent différer d'un réseau à l'autre. Pour s'assurer que l'application reçoit effectivement un service de bout en bout compatible avec ses exigences, il sera nécessaire d'implémenter des mécanismes supplémentaires permettant des mappings successifs compatibles avec ces exigences.

Par exemple, en ATM, la norme I.356 spécifie comment partager des objectifs de QoS entre opérateurs. Dans des architectures conçues pour les réseaux IP, on fera intervenir des serveurs chargés d'assurer cette fonction (les «*brokers*»).

5 Fournir la qualité de service

5.1 Les modèles d'architectures

Plusieurs schémas ont été imaginés pour fournir une offre de QoS. On décrira ici les deux modèles qui ont été spécifiés dans le cadre de l'IETF. D'autres modèles ont été proposés (pour l'ATM, par exemple).

L'architecture IntServ

Dans ce modèle d'architecture, chaque flux est identifié et donne lieu à réservation de ressources, lors de l'initialisation de la communication. Cela passe par une déclaration du profil de la source, et par la réservation des ressources le long du chemin calculé par les politiques de routage du réseau IP en utilisant le protocole RSVP (voir au chapitre «Internet: évolution et perspectives»).

Pour supporter l'architecture IntServ, il faut que les équipements soient capables d'offrir aux flux de paquets deux services en plus du service «best effort» typique des réseaux IP. Il s'agit du service dit «garanti», qui consiste à fournir une bande passante garantie, et permet en théorie d'offrir l'équivalent d'une liaison louée, et du service dit «contrôlé», qui consiste à fournir une bande passante moyenne fixe.

L'architecture IntServ n'a pas été déployée dans les réseaux IP de grande taille car elle n'est pas capable de «passer à l'échelle», puisqu'elle impose à chaque routeur d'offrir un traitement différencié pour chacun des flux nécessitant le service «garanti» ou le service « contrôlé », ce qui est irréaliste pour un routeur d'épine dorsale.

L'architecture DiffServ

Afin de permettre à un réseau IP d'offrir plusieurs CoS mais en permettant le passage à l'échelle (on parle habituellement de *scalability*), il a été proposé de marquer chaque paquet IP à l'aide d'un champ (inclus dans le second octet de l'en-tête des paquets Ipv4) qui identifie la classe de service requise.

Les routeurs doivent maintenant offrir un petit nombre de traitements différenciés (autant que de classes), et cette architecture peut effectivement être déployée à grande échelle.

Les marques servant à différencier les paquets les uns des autres ne sont pas standardisées: les opérateurs de réseau peuvent ainsi définir des palettes de services qui leur sont propres.

Ce sera donc d'autant plus complexe de s'assurer qu'un flux donné reçoit la QoS de bout en bout qu'il requiert.

5.2 Les mécanismes de gestion du trafic

Gestion du trafic en temps réel

Le concepteur de réseaux multiservices dispose d'un certain nombre de procédures, de mécanismes, pour piloter les flux et leur assurer le niveau de qualité requis.

Ainsi, on pourra mettre en œuvre des disciplines de gestion des files d'attente qui équipent les nœuds du réseau. À côté de la traditionnelle discipline FIFO (*First In-First Out*), où les paquets sont servis dans l'ordre des arrivées, on pourra introduire des traitements prioritaires: un paquet, judicieusement marqué, sera servi avant d'autres moins prioritaires arrivés avant lui.

De même, lorsqu'un tampon est plein, un paquet arrivant classé prioritaire pourra être chargé dans le tampon en écrasant un paquet ordinaire. On notera que les priorités mises en jeu dans ces deux cas peuvent être indépendantes (un paquet d'un service temps réel ne devra pas subir de retard, mais un paquet de données sera jugé précieux et il faudra éviter sa perte, par exemple).

Plus généralement, il est maintenant possible d'implémenter des mécanismes permettant de sélectionner un paquet à servir parmi tous ceux qui sont destinés à une sortie donnée; ces mécanismes savent implémenter des règles permettant de servir un grand nombre de flux qui sont différenciés non seulement par la CoS requise, mais aussi potentiellement par d'autres champs de l'en-tête des paquets, comme le numéro de circuit virtuel en ATM ou le label en MPLS.

Contrôle et conditionnement du trafic

La qualité que promet le réseau ne peut être assurée que dans la mesure où les sources se conforment à la description qu'elles ont donnée de leur comportement. Le réseau peut vouloir vérifier ce point, au moyen de mécanismes souvent dénommés *traffic policing*.

Le mécanisme dit *leaky bucket* (seau percé), ou *token bucket* est l'outil de base associé à cette fonction. Il est spécifié, à la fois à l'UIT et à l'IETF. Le principe en est simple : la source envoie ses blocs d'information vers le mécanisme. Chaque bloc va consommer un jeton, qui se trouve dans un réservoir. Un générateur, indépendant de la source, fabrique les jetons qui viennent s'entasser dans le réservoir. Si le réservoir est plein, les jetons sont perdus. Un paquet qui ne trouverait pas de jeton disponible sera déclaré non conforme au profil de trafic annoncé par la source.

Le rythme de génération des jetons, ainsi que la taille du réservoir, sont les éléments permettant à la source de définir son comportement.

Que fait-on des paquets déclarés non conformes ? Le concepteur peut décider de les éliminer, ou bien de les transmettre avec une priorité moindre, ou encore de les retarder jusqu'à ce qu'un jeton soit disponible.

Pour assurer sa conformité au mécanisme de police, la source peut faire appel à un mécanisme conditionneur – on parle de *shaper*, et de *traffic shaping*. Le même principe du seau percé permet ce conditionnement : les paquets sont émis de sorte de s'y conformer, les paquets non conformes y étant retardés jusqu'à la génération d'un nouveau jeton

Contrôle à l'admission d'appel

L'engorgement du réseau, dont nous avons parlé dans le paragraphe 3.2, dégrade bien évidemment la QoS des flux le traversant. Dans un premier temps, les délais augmentent, puis, quand les tampons sont pleins, ils débordent et des paquets sont perdus. Pour éviter cet engorgement, les opérateurs de réseau disposent de deux stratégies.

La première suppose que l'utilisateur constate que le chemin emprunté par ses paquets est congestionné, et qu'il réduise son débit d'émission (c'est en particulier le principe même du contrôle de congestion implémenté par le protocole de transport TCP).

La seconde stratégie impose au réseau d'utiliser la notion de *circuit virtuel* : avant d'accepter l'établissement d'un nouveau circuit virtuel, le réseau va vérifier que le chemin qu'emprunterait ce circuit virtuel ne subit pas de congestion, et c'est seulement alors que le circuit virtuel est établi. Cette procédure est donc basée sur un *contrôle à l'admission d'appel*, (*Connection Acceptance Control*, CAC).

Une connexion qui n'est pas établie est dite bloquée. C'est un phénomène bien connu dans un réseau téléphonique : quand le réseau est saturé, aucun nouvel appel ne peut être établi. Les technologies ATM et MPLS permettent également la mise en œuvre d'une telle fonction.

Le dimensionnement du réseau visera à ce que ce taux de connexions bloquées soit aussi bas que possible.

Il est intéressant de pouvoir coupler la fonction d'établissement d'appel avec celle de calcul du chemin (on parle alors d'acheminement sensible à la QoS). En effet, le premier chemin choisi (par exemple le plus court chemin) peut traverser une zone congestionnée, et donc ne pas être admissible, alors qu'un chemin plus long n'aura pas de portion congestionnée et pourra alors être utilisé pour porter la connexion.

Le routage

Le terme « routage » recouvre l'ensemble des mécanismes permettant au réseau de calculer des chemins entre sources et destinations. Les protocoles de routage sont utilisés pour échanger des informations entre organes de contrôle du réseau ; les exemples les plus connus en IP sont RIP, OSPF et BGP-4 (voir à ce sujet le chapitre « Internet : évolution et perspectives »).

Les algorithmes de calcul du plus court chemin entre deux points, dont le plus connu est l'algorithme de Dijkstra, permettent de sélectionner des chemins « au moindre coût » entre sources et destinations. Enfin, l'organe de contrôle qui choisit le chemin devra sélectionner l'un des chemins dont il a connaissance pour acheminer le trafic fourni par l'application.

Les fonctions de routage sont parmi les plus complexes à mettre en œuvre et c'est réellement sur cette mise en œuvre que peut s'apprécier l'expertise d'un opérateur.

6 Conclusion

Nous avons fait dans ce chapitre un bref panorama des notions de trafic et de QoS qui sont très liées, en particulier dans le SLA spécifiant le service de transport de l'information offert par le réseau.

Le trafic, qui peut s'observer à plusieurs échelles, conditionne les règles à mettre en œuvre dans le réseau pour remplir les exigences qu'ont les usagers en matière de QoS. Ces règles sont aujourd'hui plus complexes que dans le passé, car les réseaux sont maintenant multiservices, et doivent sur une unique infrastructure, faire cohabiter des flux aux profils de trafic et aux exigences en matières de QoS différents.

Bibliographie

Edell R., Variaya P. (1999), “Providing Internet access: What we learn from the INDEX trial”. *IEEE Network*, 13 (5).

Fiche G. et Hébuterne G. (2003), *Trafic et performances des réseaux de Télécommunications.* Hermès, Paris. Collection Scientifique et Technique des Télécommunications.

Mandelbrot B. (1995), *Objets fractals*, Flammarion.

Odlyzko A. (2001), “Internet pricing and the history of communications”. In Lee W. McKnight and John Wroclawski, editors, *Internet Services : The Economics of Quality of Service in Netowkred Markets.* MIT Press, Cambridge, MA.

Pujolle G. (2003), *Les réseaux,* 3ᵉ édition, Eyrolles, Paris

Ruelle D. (1991), *Hasard et Chaos.* Éditions Odile Jacob.

Songhurst D.J., editor (1999), *Charging Communication networks : from theory to practise.* Elsevier.

Varian H.R. (2001), “Estimating the demand for bandwidth”. In Lee W. McKnight and John Wroclawski, editors, *Internet Services : The Economics of Quality of Service in Networked Markets.* MIT Press, Cambridge, MA.

Méthodes formelles pour l'ingénierie des protocoles

Claude Jard

Mots-clés : ingénierie de protocoles, méthodes formelles, génie logiciel.

Résumé : la conception de systèmes d'information sur les réseaux met en jeu des protocoles. La mise au point de ces protocoles se heurte à la complexité intrinsèque du parallélisme asynchrone. C'est pourquoi une approche fondée sur des modèles mathématiques a ouvert des vraies perspectives d'amélioration de la qualité. Ces modèles peuvent faire l'objet d'un traitement informatique poussé pour offrir toute une panoplie de services comme la réalisation de spécifications non ambiguës maintenables, la simulation précoce des spécifications, la preuve et vérification des propriétés attendues, la synthèse automatique de tests, la supervision et le diagnostic du protocole une fois déployé, et d'autres qui restent encore à explorer. L'ensemble des méthodes et des outils de ce domaine forme ce que l'on appelle l'ingénierie des protocoles. Ce chapitre présente succinctement les grandes techniques de modélisation utilisables actuellement et outillées (automates, ordres partiels, logique, avec leurs extensions temporisées et symboliques). Il aborde ensuite les techniques d'analyse associées, en indiquant les principes de fonctionnement et en mentionnant leurs limites actuelles et les directions de recherche (simulation avec observateur, *model-checking*, preuve, analyse statique).

Dès l'avènement des réseaux informatiques dans les années soixante-dix (la « téléinformatique » de l'époque), il a été clair que la conception des composants logiciels communiquant à travers le réseau (les protocoles, dont l'organisation générale est décrite au chapitre « Le modèle en couches ») demandait un effort particulier. Au-delà des questions traditionnelles du génie logiciel sur la gestion de la complexité de l'architecture logicielle et de son évolution (Gaudel, 1996), (Habrias, 1997), des difficultés spécifiques sont vite apparues. Celles-ci sont dues au fait que les composants (les entités de protocoles) communiquent de façon asynchrone à travers des canaux présentant une certaine mémoire. À cause de l'interaction, les protocoles, même lorsque chaque entité locale apparaît comme un programme simple, construisent des comportements globaux d'une complexité étonnante. Pour les maîtriser, une approche systématique d'ingénierie est nécessaire – le fameux « génie télélogiciel », défendu par H. Zimmerman (Pouzin, 1978) et développé par les organismes de normalisation ISO et CCITT/UIT. Comme par ailleurs les protocoles se trouvent au cœur des systèmes et que leur bon fonctionnement est critique – ils sont souvent impliqués dans les « pannes » qui marquent trop fréquemment le déploiement des systèmes de télécommunication (Newman, 1995), le sujet traité dans ce chapitre est d'une grande importance.

1 Motivation pour une ingénierie formalisée

Une bonne façon de prendre conscience de la complexité liée à l'interaction asynchrone entre composants est de traiter un petit exemple, représentatif des difficultés rencontrées dans la conception des protocoles.

1.1 Exemple du «protocole» de connexion-déconnexion

Considérons un protocole extrêmement simple consistant à permettre l'ouverture et la fermeture d'une connexion entre deux entités communicantes (il s'agit en effet d'une fonction de base dans les systèmes, encadrant en général l'activité de transfert de données). Soit donc deux entités, appelées A et B, communiquant à travers des canaux que l'on considère fiables (c'est-à-dire sans perte ni réordonnancement des messages). Pour simplifier, considérons que seul A peut demander l'ouverture de la connexion en émettant un message «a» vers B (noté !a). Plus tard, A pourra demander la fermeture en émettant un message b (!b). Initialement, l'entité B attend de recevoir le message a pour considérer la connexion ouverte. Dans cet état, B peut recevoir la demande de déconnexion (b) ou bien elle-même demander la fermeture de la connexion en émettant vers A le message c. La figure 1 suivante présente un tel protocole dans lequel le comportement local de chaque entité est représenté par un automate d'état fini classique.

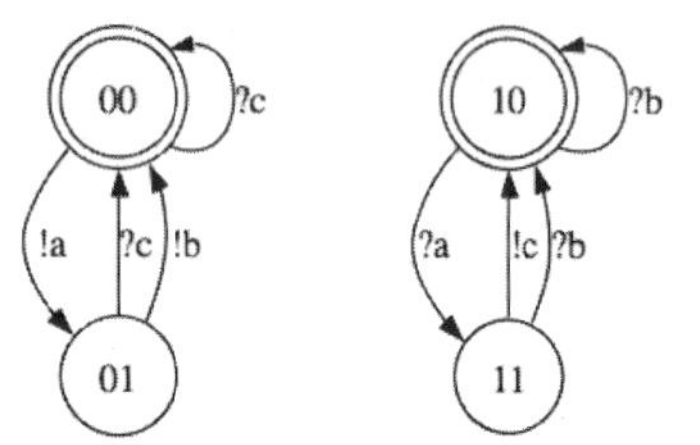

Figure 1 Un petit exemple de protocole de gestion de l'ouverture et fermeture de connexions entre deux entités (A à gauche, B à droite)

2 Les champs d'application

En regardant de plus près les comportements possibles de ce protocole, on s'aperçoit d'abord que le nombre d'états possible pour un tel système est infini. En effet, l'existence du cycle (!a !b) répété un nombre quelconque de fois chez l'entité A montre qu'il peut y avoir une accumulation arbitraire de messages dans le canal de A vers B (la réception éventuelle des messages par B peut être indéfiniment retardée du fait de la communication asynchrone). Fait encore plus surprenant est la possibilité d'avoir deux messages «a» côte à côte dans le canal.

Une compréhension rapide du comportement des automates représentant les entités communicantes pourrait faire croire à l'impossibilité vu l'alternance des émissions des messages a et b chez A et la nécessité de consommer a pour émettre le message c chez B. Le chronogramme montré dans la figure 2 prouve pourtant le contraire: en cas de «collision» de demandes de déconnexion, le message c peut être suffisamment retardé pour être interprété à tort par A comme la fermeture de la connexion suivante.

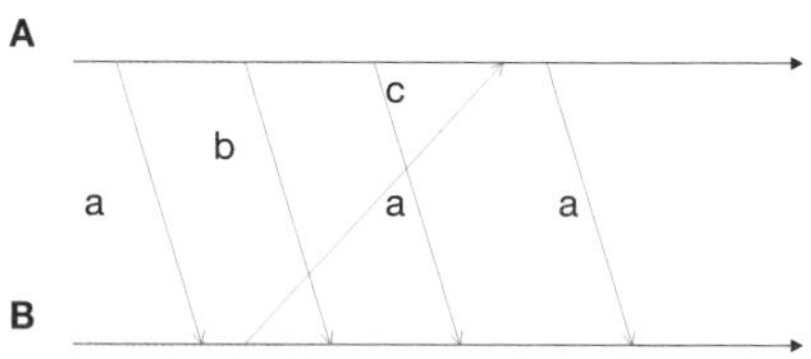

Figure 2 Une exécution montrant une situation de confusion liée à la collision des messages de déconnexion

Cette situation peut être aisément détectée à l'examen des différents états globaux accessibles du protocole (l'état global est formé par l'état local de chaque entité ainsi que par le contenu des canaux de communication). La figure 3 montre le graphe des états accessibles lorsque l'on ne considère que trois messages au plus en transit dans le canal de A vers B. La situation illégale apparaît à l'état 13 (figuré en noir) à la profondeur 8, depuis l'état initial 0, doublement cerclé. Même pour cet exemple trivial, la complexité d'un tel graphe est importante et le rend difficile à explorer «à la main». Un outil informatique spécialisé pour construire ce graphe et détecter des situations prédéfinies arrive à la conclusion quasi instantanément. Ceci est mis en œuvre dans la méthode du *model-checking* que l'on présentera ultérieurement.

3 Les grandes techniques de modélisation

On appelle langage de spécification (ou de modélisation) un langage utilisé pour exprimer des propriétés ou des comportements attendus d'un système. Un aspect important est de savoir si le langage est spécialisé pour un domaine particulier ou, au contraire, à large spectre. Par exemple, les langages synchrones (Esterel, Lustre, Signal) (Boussinot, 1996) sont réservés aux systèmes réactifs, pauvres en structures de données, mais bien armés en structures de contrôle. À l'autre extrême se trouvent des langages s'inspirant directement de notions mathématiques générales, par exemple Z, fondé sur la théorie des ensembles.

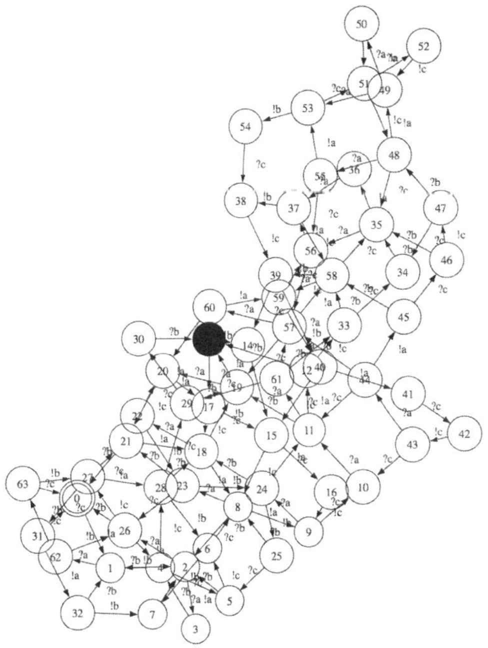

Figure 3 Le graphe d'état global lorsque le canal de A vers B est borné à trois éléments. Le premier état de confusion est indiqué en noir

On peut considérer comme établie la division en deux grandes familles de langages (Monin, 1996). Dans la première, on trouve les *langages généraux*. Ils se fondent sur l'utilisation d'une logique du premier ordre, de la théorie des ensembles – Z, B (Abrial, 1996), Raise, TLA (Lamport, 2003), de l'algèbre universelle – langages de spécification algébrique, par exemple Larch (Dufourd, 1995), ou d'une logique d'ordre supérieur (PVS, HOL, Coq).

La seconde famille contient les *langages dédiés aux descriptions de comportements*. Il s'agit de langages exécutables. On trouve dans cette classe, par exemple, les algèbres de processus Lotos (Bolognesi, 1988), CCS (Milner, 1989), CSP, les langages destinés aux protocoles LDS (Saracco, 1987) et Estelle (Courtiat, 1987) (fondés sur des automates communicants), les réseaux de Petri (Brams, 1983), les langages synchrones, les State-Charts. Leur sémantique est souvent décrite en termes de systèmes de transitions (schématiquement, un ensemble d'états muni d'une relation de transition entre ceux-ci, comme on le verra dans le paragraphe suivant).

3.1 Modèles théoriques du parallélisme

Par modèle, on entend le modèle mathématique qui exprime la sémantique formelle du langage utilisé pour décrire les protocoles. Il est fondamental pour fonder les différents types d'analyse automatique que nous listerons dans la suite. On distingue habituellement deux classes : les modèles basés sur les « ordres partiels » (ou encore dits de « vrai parallélisme ») et les modèles basés sur les automates (avec de nombreuses variations sémantiques comme la vision « entrelacée », la « vision synchrone », la vision « temporisée » et « hybride »).

Le modèle d'automate repose sur les notions fondamentales d'état et de transition.

L'état est un condensé de l'histoire du système : il contient donc éventuellement les entrées reçues, les résultats des calculs (valeur des variables), la position du contrôle (notion d'état principal de contrôle), le résultat de choix internes (non-déterminisme, expiration de délais) et la mesure du temps (valeur des horloges).

La notion de transition correspond à un changement d'état depuis un état de départ vers un état d'arrivée. Ce changement est provoqué par un événement externe (entrée/sortie des automates communiquant avec leur environnement) ou interne (choix, expiration de délais). Un automate qui n'a toujours au plus qu'une possibilité de mouvement sera dit « déterministe »

Un automate est donc donné par un ensemble d'états Σ avec un état initial distingué σ_0, et une relation de transition $\rightarrow \subseteq \Sigma\times\Sigma$. À partir de ce socle commun (Van Leuwen, 1990), plusieurs variantes existent. La plus répandue est le modèle des systèmes de transitions étiquetées (Arnold, 1992) (*Labelled Transition Systems*, LTS) utilisé dans les figures 1 et 3. Ce modèle attache les informations aux transitions en utilisant un ensemble d'action Λ (!a, ?c, etc. dans notre exemple). La relation de transition est alors étendue à $\rightarrow \subseteq \Sigma\times\Lambda\times\Sigma$ et l'action est graphiquement indiquée sur la flèche. Une autre alternative est d'attacher les informations sur les états : on parle alors de structures de Kripke où chaque état est attribué par un ensemble de propositions sur les variables (ce cadre est utilisé notamment pour associer des automates à des logiques pour réaliser le *model-checking*). On trouve aussi des modèles mixtes comme dans les *state graphs* (Muller, 2003) d'UML par exemple. Citons aussi les automates temporisés qui incluent un ensemble de variables spécialisées appelées horloges. L'action de la transition est alors étendue pour faire apparaître une « garde » (expression sur les valeurs des horloges) et une « affectation » (la remise à zéro d'un sous-ensemble des horloges). Enfin, la forme la plus générale des automates consiste à associer à chaque transition une garde sur les variables et une action de calcul sur les variables : on parle alors d'automate étendu (*Extended*

Finite State Machine). À ce niveau de généralité, on est déjà très proche d'un langage de programmation.

Qu'en est-il du traitement du parallélisme ? L'approche la plus répandue consiste tout simplement à l'éliminer ! C'est-à-dire que l'on remplace les aspects parallèles par des aspects séquentiels. Ceci peut se faire par une sémantique d'entrelacement ou une sémantique synchrone.

Dans la sémantique synchrone, la mise en parallèle de deux transitions est définie comme étant simulée par une seule transition effectuant simultanément les deux actions associées aux transitions parallèles. Dans la mesure où les actions peuvent être des entrées et des sorties, cela implique un temps de réaction nul. Le grand avantage est la préservation du déterminisme des automates. La contrepartie est l'apparition de paradoxe de causalité (cycles) et bien sûr la disparition de l'indication de parallélisme (*concurrency*).

La sémantique d'entrelacement est inspirée des systèmes «temps partagé». Ce modèle contient deux types de transitions : les transitions non synchronisées dont la mise en parallèle est représentée par le fait que leur ordre d'occurrence est indifférent (l'action a en parallèle avec l'action b produit le «losange» a puis b ou b puis a). C'est cette «signature» du parallélisme que l'on voit apparaître dans le graphe d'état de la figure 3 ; et les transitions synchronisées qui sont étiquetées par la même action : leur mise en parallèle se réduit à n'en garder qu'une seule. On voit donc que la sémantique d'entrelacement représente le parallélisme par du non-déterminisme (choix + séquence). Si cela permet de considérer qu'une mise en parallèle de plusieurs automates reste un automate, cela se paye par une expansion d'état exponentielle dans le degré de parallélisme du système. La propriété de déterminisme n'est donc évidemment pas préservée.

L'autre alternative réside dans ce que l'on appelle les modèles «d'ordre partiel» (ou encore abusivement «vrai parallélisme», *true-concurrency*). Dans ces modèles, on distingue la causalité séquentielle (représentée par la succession de transitions), le choix (représenté par un branchement entre deux transitions), et le parallélisme (représenté par l'absence de relation entre deux actions, d'où le terme mathématique «ordre partiel»). Dans le modèle entrelacé, la construction des comportements du système est assurée par une «simulation exhaustive» (voir le paragraphe sur le *model-checking*). Dans le modèle d'ordre partiel, l'analogue est obtenu par un *dépliage*. Celui-ci a le mérite de garder explicite le parallélisme et de présenter les comportements comme des chronogrammes du type de la figure 2, plutôt que comme des suites séquentielles d'actions (les chemins dans un automate).

3.2 Les automates communicants

Largement répandu, ce modèle résulte de la fusion de deux courants : l'un informel hérité des tables états/transitions des normes des protocoles, l'autre formel sur la théorie des automates et de leur produit. Des langages associés ont été conçus. Dans le domaine de l'ingénierie des protocoles, on peut mentionner Estelle (Courtiat, 1987), SDL (Saracco, 1987), Promela (Holzmann, 1991). Ils diffèrent par leur langage d'action (Pascal pour Estelle, ADT+ ASN1 pour SDL, C pour Promela), le type de communication entre automates (des files pour Estelle et SDL, des variables partagées pour Promela), la prise en compte du temps, la création et destruction des objets, leur extension «orienté-objet», etc. Ces langages pionniers ont évolué et on assiste aujourd'hui à leur relative intégration autour de la notation UML avec ses facettes diagramme de classes et diagramme d'état.

3.3 Les réseaux de Petri

Il s'agit d'un formalisme historique, particulièrement dédié à la description de phénomènes complexes de parallélisme et de synchronisation (Brams, 1983). Il se trouve souvent comme forme intermédiaire dans les compilateurs des langages utilisés en ingénierie des protocoles. En tant que langage d'entrée, il doit être étendu en pratique pour manipuler des valeurs (les réseaux de Petri «colorés» ou dits de «haut niveau»).

3.4 Algèbres de processus

Le principe est que les automates sont décrits par des «expressions régulières», et non par des listes d'états et de transitions. La communication est généralement exprimée par synchronisation forte («rendez-vous»). Les valeurs sont manipulées de manière fonctionnelle (ADT ou langage fonctionnel du premier ordre) et les structures de contrôle sont décrites par des opérateurs algébriques (composition séquentielle, choix non déterministe, composition parallèle, interruption, etc.) que l'on peut mélanger librement. La spécification est un terme algébrique. La sémantique peut être donnée en terme de LTS (sémantique opérationnelle) ou par les propriétés algébriques des opérateurs (sémantique axiomatique). Les langages les plus connus de cette sorte sont CCS (Milner, 1989) et Lotos (Bolognesi, 1988).

3.5 La logique temporelle

La logique a l'avantage de fournir une spécification déclarative de haut niveau, bien adaptée pour décrire les propriétés attendues du système (dans l'objectif de vérification ou de synthèse guidée par des propriétés). Elle est généralement trop abstraite pour pouvoir décrire les comportements fins dans les étapes suivantes de la conception. La logique classique est étendue avec des connecteurs «temporels» pour exprimer la séquentialité. Elle est souvent utilisée dans la technique du model-checking dans l'objectif de vérification.

3.6 Les langages de scénarios

Les automates ne pas sont forcément bien adaptés à une description de haut niveau des systèmes parallèles puisque la description du système parallèle est obtenue par composition d'un ensemble d'automates, chacun donnant les comportements locaux. Cette façon de faire ne donne pas clairement une vue des comportements globaux du système. D'où l'idée de décrire directement des familles de chronogrammes ou *scénarios* de façon déclarative, comme on peut le faire en utilisant une logique. Une approche est de considérer des «automates de scénarios de base» décrivant la succession possible de schémas d'interaction élémentaires. C'est ce que propose la notation HMSC (MSC) (*High-Level Message Sequence Charts*), reprise pour une bonne part dans la facette diagramme de séquences de la version actuelle de UML.

4 Les grandes techniques d'analyse

L'existence d'une description formelle du protocole permet tout un ensemble d'analyses. Nous avons choisi ici de sélectionner celles qui nous semblent les plus significatives actuellement: simulation, vérification, preuve, génération de code, synthèse de tests, diagnostic. Il est à parier que les champs d'utilisation vont continuer à grandir, sans oublier cependant le coût de l'obtention de ces descriptions, quelquefois spécialisées et pas toujours bien intégrées dans le processus de développement logiciel.

4.1 Valider par simulation

Il existe un besoin d'outils permettant un prototypage rapide des protocoles, avec des débogueurs spécialisés pour les systèmes distribués. Envisager les comportements possibles d'un protocole, même du plus simple (on l'a vu dans l'introduction) nécessite une espèce d'expérimentation numérique. Ceci peut être fait dans le cadre d'une implantation prototype. Cependant, sur une implantation, les événements intéressants (rares) sont difficiles à provoquer. La simulation est un outil plus puissant de ce point de vue. Mettre en place une simulation prend moins de temps que réaliser une implantation (où tout est programmé, souvent dans un langage de bas niveau). La simulation permet de garder un contrôle complet sur tous les paramètres et les événements du système sous observation. La simulation peut être effectuée dans un temps virtuel. Alors qu'une implantation peut être freinée par des retards (les messages en transit par exemple), ceux-ci sont représentés par de simples événements sur l'échéancier du simulateur et sont traités à la vitesse maximale. Il est possible d'inclure des moyens puissants d'observation comme les observateurs de Véda (Jard, 1988) qui sont des démons ayant accès à tout instant à l'ensemble des comportements du système distribué simulé.

La méthodologie sous-jacente est la suivante. En premier lieu, le concepteur décrit formellement son protocole dans un des langages cités précédemment. Grâce à ce langage, le compilateur peut effectuer un certain nombre de vérifications de cohérence (analyse statique). Le simulateur entre en jeu dans la prochaine étape. Les premières simulations seront courtes et faites pour détecter les erreurs simples (les interblocages par exemple). Là, le concepteur utilise la simulation interactive ou aléatoire. La mise au point plus fine du protocole intervient dans l'étape suivante. Pour cela, il est nécessaire de pouvoir observer les différents aspects du comportement du protocole; par exemple, on voudra tracer certains messages échangés, et plus généralement, toutes sortes d'événements pertinents pour observer et comprendre le comportement. La dernière étape de la simulation consiste à tester intensivement la spécification du protocole. C'est le travail de «démons» observateurs. Au-delà de la fonction d'observation, ils peuvent aussi offrir les moyens de guider la simulation, particulièrement vers les situations «à risque», ou les situations qu'il faut tester intensivement; ceci implique que l'ordonnancement des processus, l'échéancier, la gestion du non-déterminisme doivent être paramétrés, voire programmables.

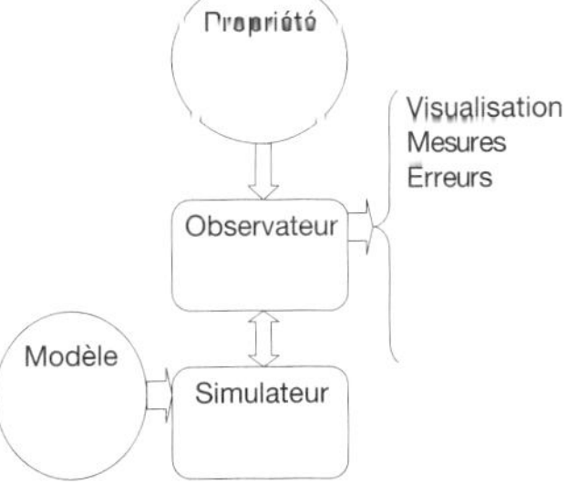

Figure 4 Validation par simulation

4.2 Le *model-checking*

Dans le domaine de l'analyse automatique, qui nous intéresse ici, une méthode simple et présente dans la plupart des vérificateurs existants est l'analyse d'accessibilité (*reachability analysis*). Ses limites pratiques sont la taille de l'espace d'état généré et le temps nécessaire à l'exploration de cet espace. Ces quantités croissent de façon dramatique avec la taille du problème.

L'analyse d'accessibilité est fondamentalement une exploration exhaustive du graphe des états du système.

Elle a été tout d'abord désignée sous le terme d'analyse de perturbation par C. West à Zurich. Partant d'un état initial donné, les états successeurs sont générés et mémorisés. Le calcul s'arrête lorsqu'aucun nouvel état (i.e. un état non encore mémorisé) ne peut plus être généré. La terminaison est garantie si toutes les variables du programme (incluant les canaux de communication) sont bornées. Lorsque cela n'est pas le cas, une technique d'abstraction peut être utilisée pour produire une représentation finie mais plus grossière de la réalité des comportements (e.g. le langage des messages dans les canaux approximé par un langage régulier).

Le graphe d'état résultant est habituellement très gros, et, par exemple, un protocole significatif aura un espace d'état de l'ordre d'au moins un million d'états (ce qui reste parfaitement accessible néanmoins avec les machines actuelles). Traiter des graphes de cette taille pose deux problèmes majeurs : la reconnaissance d'état (pour éviter de faire du travail en double et assurer la terminaison), et la mémorisation d'état. Une étude en profondeur des algorithmes dédiés à l'analyse d'accessiblité a été conduite par G. Holzmann depuis 1985 aux laboratoires de ATT Bell (Holzmann, 1991).

Rappelons quelques résultats de complexité. Soit R le nombre d'états accessibles. On peut supposer que les états sont de taille constante S. Comme on veut stocker et comparer les états, on peut raisonnablement supposer que la mémoire est structurée en arbre équilibré. La taille de la mémoire M nécessaire pour stocker l'espace d'état est donc au moins $R.S$. Soit $C(S)$ le temps requis pour la comparaison de deux états. Lorsque le ième état est généré pour la première fois, la mémoire contient $i - 1$ états, donc son insertion dans l'arbre coûte au pire $C(S).log(i)$. Si d est le degré moyen d'un nœud, chaque nœud est régénéré $d - 1$ fois en moyenne et est recherché dans la mémoire, qui contient au moins i états. Le temps nécessaire à ces recherches peut être approximé par $(d - 1).C(S).log(i)$. En approximant grossièrement $log(R!)$ par $R.log(R)$, on trouve que la complexité temporelle de la technique de perturbation est $T \approx d.C(S).\sum_{i=1,R} log(i) \approx d.C(S).log(R!) \approx d.C(S).R.log(R)$. Par exemple, si $M = 10^7$ octets et $S = 10^2$ octets, la taille des graphes qui peuvent être concrètement analysés est de moins de $R = 10^5$ états. Si $d = 2$, $C(S) = 10^{-4}$ secondes, et les arbres binaires, le temps nécessaire sera de l'ordre de six minutes.

Afin de maîtriser l'explosion d'états, des méthodes complémentaires ont été inventées pour réduire l'espace d'état. Bien sûr, la réduction doit pouvoir être conduite pendant la génération du graphe. L'autre contrainte est que la validité des propriétés à vérifier ne doit pas changer.

En pratique, les propriétés à vérifier peuvent être exprimées par une formule de logique temporelle et compilées en un automate fini détectant la violation de la propriété ou bien données directement sous cette forme d'automate (observateur). L'analyse d'accessibilité est alors conduite sur le modèle synchronisé avec l'automate des propriétés. En général, la vérification des propriétés de sûreté se ramène à la question d'accessibilité. Les propriétés de vivacité nécessitent, elles, le repérage des cycles dans le graphe des états. De nombreux outils existent comme MEC, Caesar-Aldébaran, Auto, Spin, Cospan, SMV, etc.

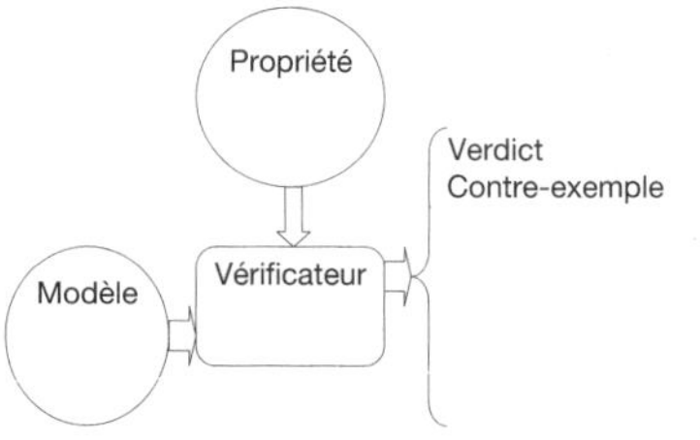

Figure 5 Vérification par modèle

4.3 La preuve de programme

L'autre approche de la vérification, appelée preuve, met en œuvre un *système d'inférence*, c'est-à-dire un ensemble bien défini et formalisé de règles de raisonnement issues de la logique (*modus ponens*, récurrence, substitution de valeurs égales, etc.) ; les outils de supports sont des assistants à la preuve (PVS, HOL, Coq, Atelier B, LP, etc.). Dans ces outils logiques, de nombreuses démonstrations, plus ou moins simples, peuvent être construites automatiquement, en logique propositionnelle bien sûr, mais aussi dans certains fragments d'algèbre, de logique du premier ordre, d'arithmétique, de théorie des automates, etc. L'utilisateur peut alors se concentrer sur l'architecture générale de sa preuve et laisser les détails fastidieux à la machine. Notons aussi que les démonstrations construites avec l'assistance de ces outils peuvent toujours être contrôlées par un être humain (ou à l'aide d'un autre logiciel).

4.4 La compilation

Historiquement, avant même la mise en avant des questions de vérification, les techniques de description formelle avaient pour objectif de faciliter la production du code de programmation des entités de protocoles. On observe en effet qu'une partie significative de la description d'un protocole réside dans la donnée de tables état/transition. L'exécution de ces tables dans une implantation requiert un moteur d'exécution relativement générique. D'où l'idée que l'essentiel du code pourrait être obtenu directement par compilation de ces tables puis lié avec un noyau d'exécution qui peut être relativement indépendant du support matériel d'exécution. De nombreuses expériences ont en effet montré que lorsque le protocole était décrit à haut niveau par des langages exécutables du type LDS, on pouvait obtenir de l'ordre de 90% du code par compilation avec des tailles et des performances du code obtenu tout à fait raisonnables. La qualité se trouve aussi améliorée du fait que le compilateur peut être validé une fois pour toutes. Restent les 10% du code restant, très lié à des questions fines de gestion de la mémoire et des processeurs. Celui-ci reste à valider et malheureusement il est aussi assez complexe à programmer.

4.5 La synthèse de tests

Le test est depuis longtemps un moyen important et pragmatique utilisé pour augmenter la qualité des protocoles. Il n'a pas la prétention de prouver la correction des comportements. Son objectif est de détecter des erreurs et d'aboutir si possible à une évaluation de la couverture quand plus aucune erreur n'est trouvée. L'existence d'un modèle formel du protocole, allié à l'utilisation de techniques de vérification (preuve ou model checking) permet de générer automatiquement des tests, qui seront ensuite passés sur l'implantation sous test. Le gain attendu, et prouvé sur de nombreuses expériences, est l'obtention rapide de grandes suites de tests corrects. La correction d'un test est définie par rapport à un objectif (typiquement l'objectif du *test de conformité*). Elle affirme que les implantations qui vont rejeter le test sont en effet non conformes. Le principe général de la synthèse est de sélectionner des comportements de la spécification répondant à un certain critère (appelé souvent *objectif de test*), puis de les «renverser» (les actions de sortie vers l'environnement deviennent des actions d'entrée pour l'implantation, et réciproquement). Dans le cas fréquent du test «boîte noire» où l'implantation n'est accessible qu'à travers certains points de contrôle et d'observation (PCO), le comportement du test sélectionné doit alors être «abstrait», c'est-à-dire que l'on ne garde que les interactions sur les PCO. Le résultat du passage du test peut être «valide» (l'objectif de test est atteint et l'implantation n'a pas exhibé de comportement en contradiction), «invalide» (l'implantation a produit un comportement non conforme) ou quelquefois «non concluant» (l'objectif de test n'est pas atteint, mais l'implantation n'est pas forcément en faute : c'est souvent dû à du non-déterminisme incontrôlable à l'intérieur de l'implantation). TGV (Jard, 2005), Gatel, BZ-TT (Legeard, 2002) sont des exemples d'outils de synthèse de tests, utilisés sur de vraies applications industrielles. De nombreuses perspectives de recherche portent sur la synthèse de tests temporisés (on teste les aspects temporels de l'implantation) et répartis (on teste les aspects répartis d'une implantation formée par un ensemble d'objets communicants).

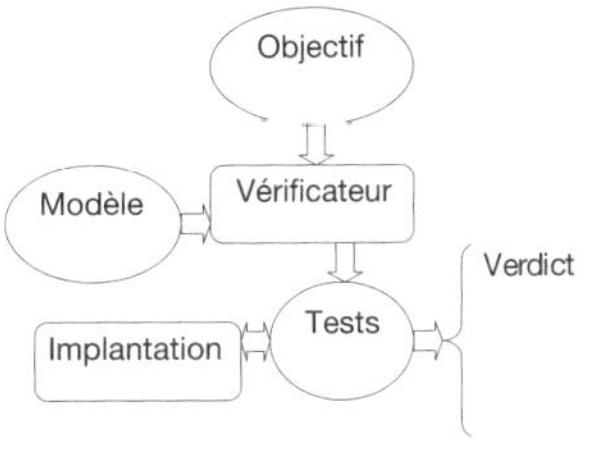

Figure 6 Synthèse de tests

4.6 Diagnostic et supervision

Dans le paragraphe précédent, le modèle formel est utilisé pour produire «hors ligne» des tests qui sont ensuite appliqués sur une implantation. Le contexte du diagnostic et de la supervision est «en ligne». Le système est déjà déployé et en fonctionnement. Le rôle du diagnostiqueur est d'observer tout un ensemble d'événements et d'en inférer les comportements du modèle qui peuvent expliquer les différents événements observés. Par exemple, lorsque les événements observés sont des alarmes, les explications peuvent être les relations de causalité entre ces alarmes permettant de remonter aux causes premières, c'est-à-dire les pannes effectives. La difficulté réside dans le fait que l'observation est partielle et ambiguë vis-à-vis du modèle (plusieurs comportements possibles du modèle peuvent expliquer le même ensemble d'observations). Le travail à réaliser est une sorte « d'inversion » du modèle, généralement en ligne et de façon répartie lorsque l'on est face à de grands systèmes (Benveniste, 2003).

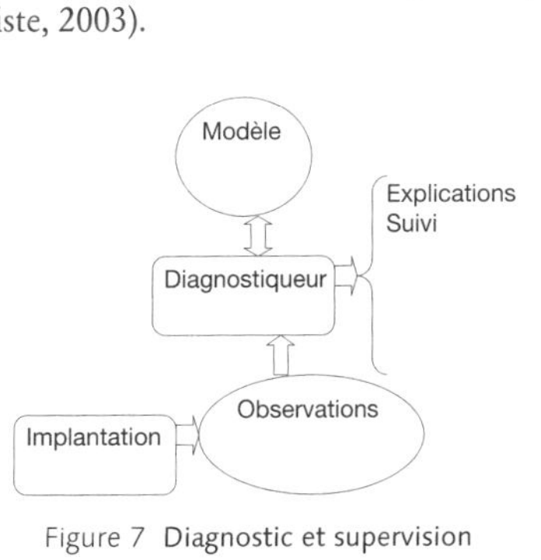

Figure 7 Diagnostic et supervision

4.7 Évaluation de performances et ingénierie des protocoles

L'étude des performances reste aujourd'hui encore confinée à une population d'ingénieurs spécialisés, principalement en raison de la difficulté d'accès aux modèles et simulateurs spécialisés, à forte dominante mathématique et fondés en général sur la théorie des files d'attente (voir à ce sujet le chapitre «Trafic et qualité de service») Dans la pratique, cette étude, pourtant consommatrice d'un coût faible (de l'ordre de 5 %) par rapport au budget complet du projet de développement, est souvent négligée. Or, la non-satisfaction des exigences de performances peut remettre en cause l'ensemble de l'architecture du protocole.

Il est donc très souhaitable d'intégrer des techniques de simulation de performances dans le cycle de développement logiciel: un vieux rêve caressé depuis de nombreuses années et qui reste d'actualité. Cette problématique est discutée notamment dans (Smith, 2002). Une approche possible est de générer automatiquement des modèles spécialisés de simulation de performances (on peut citer QNAP, SIMSCRIPT, OPNET, Hyperformix/Workbench) au cours des différentes étapes du développement. La question de performance peut se poser dès la conception préliminaire à partir de scénarios ou de cas d'utilisation, puis dans les spécifications fonctionnelles par machine à états par exemple et enfin dans les spécifications détaillées. Dans les phases terminales, des mesures pourront être effectuées sur les implantations prototypes pour «caler» les paramètres du modèle.

5 Les applications

Le monde des réseaux a été pionnier dans l'introduction et le développement des méthodes formelles pour les raisons invoquées dans l'introduction. Au-delà de ce domaine d'application, l'utilisation massive de la technologie informatique renforce les exigences de fiabilité dans un nombre croissant d'autres domaines, tels que les transports terrestres, l'avionique, l'énergie nucléaire, les systèmes de commande temps réel, ou encore les applications bancaires.

Annoncées depuis longtemps, les techniques formelles sont en train d'acquérir un niveau de maturité et d'efficacité qui leur permet aujourd'hui de rentrer effectivement dans le cycle de production industrielle de systèmes critiques. Elles se révèlent avantageuses pour la sûreté, la fiabilité et la qualité, mais aussi pour la productivité et la maintenance. Elles peuvent assister le développement en automatisant des tâches fastidieuses (validation de spécification, générations de codes ou de tests) ou en aidant la réalisation des tâches créatrices (amélioration des spécifications, assistant de preuves, de programmation, de génération de tests difficiles).

Des exemples d'utilisation industrielle des méthodes formelles sont régulièrement rapportés dans les livres des promoteurs des méthodes citées dans la bibliographie. La diffusion des méthodes formelles dans les vrais processus industriels est un aspect plus difficile à évaluer et l'information n'est pas toujours facilement accessible. À en croire l'indicateur de la création d'équipes industrielles ou de sociétés spécialisées dans ce domaine des méthodes formelles, on peut considérer qu'elles ont eu déjà un impact très significatif dans la conception des composants matériels, des systèmes embarqués, des protocoles de communication et la preuve (ou l'invalidation) de propriétés de sécurité.

Paradoxalement, eu égard à l'aspect semi-formel de la notation UML – et ses généralisations dans le cadre du modèle MDA (*Model Driven Architecture*), on peut dire que l'utilisation grandissante de modèles dans la conception (de systèmes informatiques, mais même bien au-delà à travers la virtualisation générale de la production dans notre société) ouvre de très nombreuses perspectives pour les méthodes formelles et leurs outils associés. Il est à parier que tout se jouera de plus en plus sur l'outillage associé aux méthodes formelles.

Bibliographie

Abrial J.R. (1996), *The B Book, Assigning programs to meaning*, Cambridge University Press, 1996.

Arnold A. (1992), A. Arnold, *Systèmes de transitions finis et sémantique des processus communicants.* Masson.

Benveniste A., Fabre E., Haar S., Jard C. (2003), "Diagnosis of asynchronous discrete event systems, a net unfolding approach". *IEEE transactions on Automatic Control*, Vol. 48 (5): 714-727, May 2003.

Bolognesi T., Brinksma. Ed. (1988), «Introduction to the ISO Specification Language Lotos". *Computer Networks and ISDN Systems*, 14 (1): 25-29, Jan. 1988.

Boussinot F. (1996), *La programmation réactive, application aux systèmes communicants*, Masson, Collection Technique et Scientifique des Télécommunications.

Brams G.W. (1983), *Réseaux de Petri: théorie et pratique*, tome 1: théorie et analyse, tome 2: modélisation et applications, Masson.

Courtiat J.-P., Dembinski P., Groz R. et Jard C. (1987), «Estelle, un langage ISO pour les algorithmes distribués et les protocoles». *Technique et Science Informatique*, Vol. 6, n° 2, 1987.

J.-F. Dufourd, J.-F., Bechmann D., Bertrand Y. (1995), *Spécifications algébriques, algorithmique et programmation*, Inter-Editions, 1995.

Gaudel M.-C., Marre B., Schlienger F., Bernot G. (1996), *Précis de génie logiciel*, Masson, 1996.

Habrias H. (1997), *Dictionnaire encyclopédique du génie logiciel*, Masson, 1997.

Holzmann G. J (1991), *Design and Validation of Computer Protocols*. Prentice Hall. Englewood Cliffs, NJ, 1991.

Jard C., Groz R., Monin J.-F. (1988) "Development of Véda: a Prototyping Tool for Distributed Systems". *IEEE Trans. On Software Engineering*, 14 (3), Mar. 1988.

Jard C., Jéron T. (2005), "TGV: theory, principles and algorithms. A tool for the automatic synthesis of conformance test cases for non-deterministic reactive systems". *Software Tools for Technology Transfer*. Vol. 7, n° 1, 2005.

Lamport L. (2003), *Specifying Systems: The TLA + Language and Tools for Hardware and Software Engineers*, Addison Wesley Professional, 2003.

Legeard B., Peureux F. (2002), «B-Testing-Tools: génération de tests aux limites à partir de spécifications B». *TSI (Technique et Science Informatiques)*, 21 (9): 1189--1218, 2002.

Milner R. (1989). *Communication and Concurrency*. Prentice-Hall, Englewood Cliffs, NJ, 1989.

Monin J.-F. (1996), *Comprendre les méthodes formelles, panorama et outils logiques*, 1996.

Newman P.G. (1995), *Computer Related Risks*, Addison-Wesley, 1995.

Muller P-A, Gaertner N. (2003), *Modélisation objet avec UML*, Eyrolles, 2003.

Pouzin L., Zimmerman H. (1978), "A Tutorial on Protocols", *Proceedings of the IEEE*, Vol. 66, Nu. 11, Nov. 1978, p. 1346-1370.

Saracco R., Tilanus P.A.J. (1987), "*CCITT SDL:* Overview of the Language and its Applications". *Computer Networks and ISDN Systems*, 13 (2): 65-74, 1987.

Smith C.U., Williams L.G. (2002), *Performance Solutions: a Practical Guide to Creating Responsive, Scalable Software*. Addison-Wesley 2002.

Van Leuwen J., Editor. (1990), *Handbook of Theoretical Computer Science, vol. B, Formal Models and Semantics*, 1990.

Applications Internet

Patrick Maigron

Mots-clés : TCP, UDP, numéro de port, nom de domaine, DNS, TELNET, transfert de fichiers, FTP, TFTP, pair à pair, messagerie électronique, SMTP, POP, IMAP, Web, URL, HTML, HTTP, gestion de réseau, MIB, SNMP, multimédia, RTP, visioconférence, streaming, téléphonie sur IP.

Résumé : la diversité des usages d'Internet se développe parallèlement à la croissance du nombre d'internautes et à la disponibilité de hauts débits dans les réseaux d'accès et les backbones d'opérateurs. À côté des applications classiques telles que la messagerie électronique et le Web sont apparus des services novateurs, basés sur de nouveaux paradigmes de communication (pair à pair) ou sur le transport de nouveaux types de données (téléphonie, visioconférence). Les applications Internet s'appuient sur des protocoles applicatifs normalisés par l'IETF ou le W3C pour ce qui concerne les technologies Web, mais également sur des standards propriétaires. Elles bénéficient de la disponibilité dans les stations d'extrémité de la couche transport de l'architecture TCP/IP, ainsi que du système DNS à la base des noms de domaine.

La diversité des applications disponibles sur Internet s'est beaucoup développée ces dernières années, simultanément avec la croissance du nombre d'internautes. Aux côtés des applications historiques créées dans les années soixante-dix sur le réseau Arpanet (connexion distante, transfert de fichiers, messagerie électronique) sont d'abord apparues les technologies Web, qui ont permis de populariser l'usage du réseau Internet dans le grand public. Ce sont aujourd'hui de nouvelles applications qui constituent l'essentiel du trafic sur les *backbones* nationaux et internationaux : les applications pair à pair, les messageries instantanées et les applications multimédias telles que la visioconférence ou la voix sur IP. Nous passons en revue dans ce chapitre les différentes applications utilisées sur Internet, mais nous rappellerons tout d'abord brièvement, d'une part les fonctions de la couche transport sur laquelle se basent toutes les applications, et d'autre part les techniques de nommage des stations également indispensables pour de nombreuses applications.

1 La couche transport

L'architecture protocolaire TCP/IP se compose essentiellement de trois couches (voir la figure 1). Au-dessus des couches physique et liaison de données liées au support utilisé, on trouve successivement la couche réseau (IP, ICMP...), la couche transport (TCP et UDP) et la couche application. La couche transport possède deux fonctions fondamentales : assurer la qualité de service de bout en bout requise par chacune des applications, et identifier les applications au niveau des stations clientes et des serveurs au moyen de numéros de port. Un protocole applicatif utilise alors l'un des deux protocoles de transport TCP ou UDP, voire les deux, en fonction des contraintes qui lui sont propres.

On pourra se reporter au chapitre « Internet : évolution et perspectives » pour des compléments d'information sur les protocoles évoqués ici.

1.1 Le protocole TCP

Certaines applications nécessitent que les données soient échangées entre les stations sans perte ni erreur

<table>
<tr><th colspan="2">Applications</th></tr>
<tr><td>TELNET, FTP, SMTP, POP, IMAP, HTTP…</td><td>TFTP, SNMP, RTP, RTCP…</td></tr>
<tr><td>TCP</td><td>UDP</td></tr>
<tr><td colspan="2">IP</td></tr>
<tr><td colspan="2">Couche liaison de données</td></tr>
<tr><td colspan="2">Couche physique</td></tr>
</table>

Figure 1 L'architecture protocolaire TCP/IP

de transmission. C'est le cas par exemple d'un transfert de fichiers, où la réception d'un seul octet en erreur peut rendre inutilisable l'ensemble du transfert. Il en est de même de l'échange de messages électroniques ou de pages Web, par exemple en cas d'erreurs dans les éléments de structuration des données (en-têtes de mail, balises HTML). Le protocole IP fonctionnant en mode *best effort* et n'assurant pratiquement aucune fonction de contrôle d'erreur, il était donc nécessaire d'introduire entre la couche réseau et les applications un protocole chargé de corriger cet inconvénient: le protocole TCP (*Transmission Control Protocol*). Il s'agit d'un protocole très complexe, permettant d'assurer un ensemble de fonctions de contrôle sur le transfert de données (contrôle d'erreur, contrôle de flux, contrôle de séquence) au moyen de différents mécanismes: numérotation des octets envoyés, acquittement, fenêtre d'anticipation et temporisateur de retransmission. D'autres mécanismes plus évolués permettent également d'éviter les situations de saturation du réseau. Tous les protocoles applicatifs qui nécessitent une transmission sans erreur utiliseront le protocole TCP.

1.2 Le protocole UDP

Dans le cas des applications multimédias, un transfert exempt d'erreurs de transmission n'est pas une condition primordiale. D'une part, les flux audio et vidéo restent compréhensibles pour un être humain en présence d'un pourcentage faible d'erreurs, d'autre part les logiciels récepteurs de ces flux savent lisser les signaux reçus de manière à reconstituer les flux émis. Par contre, certaines de ces applications multimédias nécessitent d'autres paramètres de qualité de service, à savoir la rapidité et la régularité du transfert. Très complexe, le protocole TCP ne serait pas du tout adapté à de tels cas de figure: les phases d'ouverture et de fermeture de connexion ainsi que les fenêtres d'anticipation impliquent des pertes de temps qui ne sont pas compatibles avec les applications temps réel (téléphonie sur IP, visiophonie…). On utilise dans ce cas le protocole UDP (*User Datagram Protocol*). Ce protocole de transport, considérablement allégé par rapport à TCP, n'assure aucune fonction de contrôle et permet ainsi un transfert beaucoup plus rapide des informations.

1.3 Les numéros de port

Les deux protocoles TCP et UDP utilisent des numéros de port afin d'identifier les applications clientes et serveurs. Lorsqu'une application cliente communique avec une application serveur, les paquets TCP ou UDP qu'elle envoie contiennent deux nombres entiers, appelés numéros de port. Le numéro de port client est choisi arbitrairement par le logiciel client et permet d'identifier cette application sur le poste client. Le numéro de port serveur est normalisé et permet d'identifier l'application sur le serveur. Par exemple, un serveur Web utilise habituellement le port 80, valeur normalisée correspondant au protocole HTTP. Les numéros de port sont codés sur deux octets et varient donc entre 0 et 65 535. Les valeurs inférieures à 1 024 sont classiquement réservées pour les applications serveurs, les valeurs supérieures à 1 024 aux applications clientes. La liste des numéros de port normalisés est maintenue par l'IANA (Internet Assigned Numbers Authority) et disponible sur son site Web (voir en bibliographie).

2 Le nommage des stations

Les serveurs sur lesquels sont implantées les applications Internet sont identifiés par une adresse IP numérique sur quatre octets, telle que « 192.1.2.3 ». Cette adresse est nécessaire au fonctionnement du protocole IP, mais elle est cependant difficilement mémorisable par un être humain. Il a donc été décidé d'identifier également les serveurs par un nom, sous la forme d'une chaîne de caractères alphanumériques plus facile à manipuler par l'utilisateur. Ainsi l'internaute souhaitant se rendre sur le site Web de la société « Exemple » pourra utiliser un nom du type « www.exemple.com » au lieu de l'adresse IP « 192.1.2.3 ». Dans ce cas, le nom et l'adresse numérique identifient tous les deux le même serveur Web. Contrairement à l'adresse IP, le nom présente également l'avantage de ne pas dépendre du fournisseur d'accès Internet (FAI, ou ISP, *Internet service provider*) et de pouvoir être conservé par une entreprise qui change de FAI. Le système DNS permet à une station cliente d'obtenir l'adresse IP correspondant à un nom de station donné et réciproquement.

2.1 Les noms de domaine

Les noms de station sont la plupart du temps structurés de la manière suivante:

```
Nom-station.Nom-domaine.Suffixe
```

Les suffixes ou TLD (*Top-Level Domains*) disponibles aujourd'hui sont les suivants:

- TLD génériques d'origine: COM (sociétés commerciales), NET (opérateurs de réseaux), ORG (organisations non commerciales), INT (organisations internationales), GOV (gouvernement américain), MIL (organismes militaires américains), EDU (établissements d'enseignement supérieur essentiellement américains);
- TLD génériques créés en 2000: BIZ (business), INFO (sites d'information), NAME (noms de particuliers), PRO (professions libérales), AERO (sociétés aéronautiques), COOP (coopératives), MUSEUM (musées);
- TLD par code de pays: 247 suffixes, un par pays ou dépendance territoriale (par exemple: FR pour la France, RE pour la Réunion...).

La création de nouveaux TLD génériques dépend de l'organisation ICANN (Internet Corporation for Assigned Names and Numbers). La gestion de chaque suffixe est déléguée par l'ICANN à une entité nommée registre, par exemple Verisign pour COM et l'AFNIC pour FR. Le registre est essentiellement chargé de la gestion de la base de données des noms de domaine sous le suffixe correspondant (ainsi «exemple.com» dans la base du registre du suffixe COM). Par contre, la vente des noms de domaine aux clients finaux est réalisée par un ensemble de sociétés concurrentes accréditées par l'ICANN, et nommées bureaux d'enregistrement (*registrars*). Enfin, la partie «Nom-station» la plus à gauche d'un nom est sous la responsabilité unique du client propriétaire du nom de domaine (par exemple «www» dans le domaine «exemple.com»).

2.2 Le protocole DNS

L'association entre noms de station et adresses IP est gérée sous la forme d'une base de données mondiale répartie sur un ensemble de serveurs DNS. Les serveurs DNS sont également organisés de manière hiérarchique: les serveurs racines connaissent les serveurs de domaines supérieurs (tels que les serveurs de COM), les serveurs de domaines supérieurs connaissent les serveurs des domaines (par exemple, les serveurs de COM connaissent ceux de «exemple.com»), enfin les serveurs de domaine contrôlent l'association entre noms et adresses IP de leurs stations (par exemple, les serveurs de «exemple.com» connaissent l'adresse IP de «www.exemple.com»). Le protocole DNS (*Domain Name System*) permet ainsi à une station cliente d'interroger de manière itérative cette base de données répartie afin d'obtenir l'adresse IP de n'importe quelle station dans le monde à partir de son nom. L'obtention d'un nom de station à partir de son adresse IP est également possible (DNS inverse). Enfin, les serveurs DNS utilisent des caches de manière à accélérer l'accès aux informations.

On trouvera d'autres informations sur le fonctionnement du DNS au chapitre «Internet: évolution et perspectives».

3 La connexion distante

Le protocole TELNET (*Terminal Network*) permet à une station cliente d'ouvrir un terminal distant sur un serveur, d'exécuter des commandes sur ce serveur et de visualiser les résultats de ces commandes. L'utilisateur travaille sur la session TELNET de la station cliente comme s'il travaillait physiquement sur le serveur, mais à travers un réseau de communication. Ce protocole est principalement utilisé pour la configuration distante de serveurs ou d'équipements réseau (hub, switch, routeur).

Après l'établissement d'une connexion TCP sur le numéro de port 23, le protocole négocie le type de terminal (nombre de lignes et de colonnes, etc.), puis identifie l'utilisateur au moyen d'un login et d'un mot de passe. L'échange des commandes et des réponses peut ensuite avoir lieu (voir la figure 2). À la fin de la session TELNET, la connexion TCP est libérée.

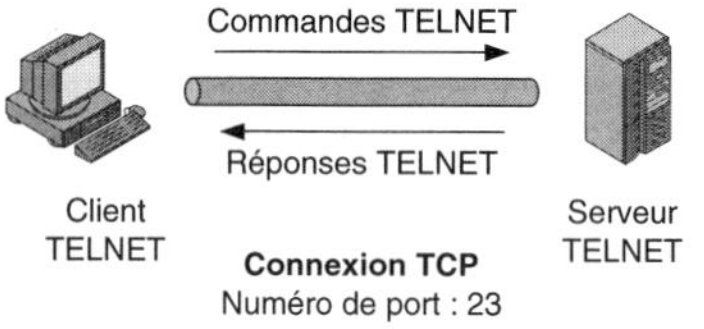

Figure 2 Échange TELNET

Une session TELNET peut fonctionner en mode d'écho local ou distant, selon que les caractères entrés par l'utilisateur sont affichés immédiatement par l'application cliente, ou bien après leur renvoi en écho par le serveur. D'autre part, les caractères peuvent être émis vers le serveur à raison d'un caractère par paquet, ou alors groupés et envoyés simultanément, par exemple après le caractère de fin de ligne.

Le principal inconvénient de ce protocole est la sécurité: les mots de passe sont échangés en clair, de même que les commandes et les réponses. Il est aujourd'hui déconseillé sous sa forme de base. On lui préfère le protocole SSH (*Secure Shell*) qui permet également une connexion distante, mais de manière sécurisée (authentification sans échange de mot de passe, et cryptage des échanges au moyen de clés cryptographiques).

4 L'échange de fichiers

Les échanges de fichiers à travers l'Internet s'opèrent classiquement en mode client-serveur au moyen des protocoles FTP ou TFTP, et plus récemment d'égal à égal au moyen des applications pair à pair.

4.1 Le protocole FTP

Le protocole FTP (*File Transfer Protocol*) permet de transférer des fichiers d'une station cliente vers ou depuis un serveur. D'autres commandes de manipulation de fichiers sont également possibles (lister un répertoire, renommer ou détruire un fichier...). Ce protocole se base sur deux connexions TCP (voir la figure 3) : l'une correspond aux commandes de contrôle (port 21) et l'autre au transfert de données (port 20). Le client FTP établit tout d'abord la connexion TCP de contrôle vers le serveur. L'étape suivante dépend du mode de fonctionnement choisi pour le protocole : la connexion de données est établie par le serveur en mode actif, et par le client en mode passif. Une connexion en mode actif risque d'être bloquée par les règles de filtrage du pare-feu (*firewall*) du site du client, alors qu'en mode passif le trafic FTP pourra souvent traverser sans encombre ce pare-feu.

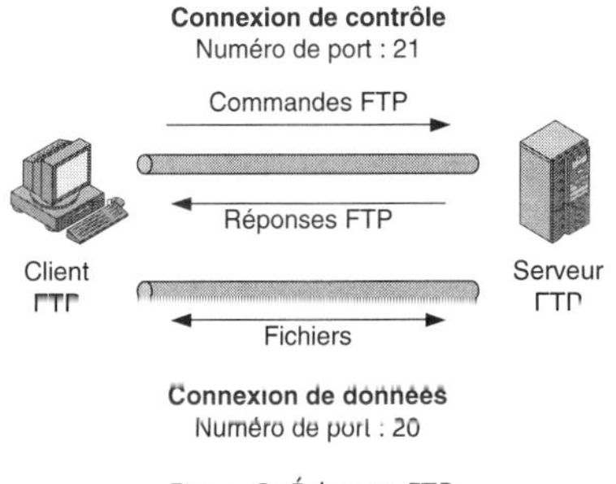

Figure 3 Échange FTP

Une session FTP contient également une phase d'authentification de l'utilisateur, au moyen d'un échange login/mot de passe ou de mécanismes plus élaborés. Il existe aussi des serveurs FTP anonymes, qui permettent d'accéder à des ressources publiques au moyen du login « anonymous ». Enfin, de même que pour TELNET, le protocole FTP échange des fichiers en clair. La version sFTP, basée sur le protocole SSH, permet de chiffrer le transfert d'informations.

4.2 Le protocole TFTP

Le protocole TFTP (*Trivial File Transfer Protocol*) est une version allégée du protocole FTP basée sur UDP au lieu de TCP comme couche transport. Ce protocole est utilisé dans des cas très particuliers où le risque d'erreurs de transmission est faible (par exemple, la sauvegarde de fichiers de configuration d'équipements réseau sur un serveur local).

4.3 Les applications pair à pair

À côté des protocoles FTP et TFTP qui fonctionnent en mode client-serveur, sont apparus des protocoles d'échange de fichiers dits pair à pair (*peer to peer* ou P2P). Les échanges ont alors lieu directement entre deux postes clients sans nécessiter de logiciel serveur spécifique. Les internautes utilisent des applications P2P afin de partager différents types de fichiers (audio, vidéo, jeux...). Les protocoles P2P ne sont pas normalisés par l'IETF, mais développés par différents organismes et souvent incompatibles entre eux. Il existe ainsi de nombreuses applications P2P regroupées dans des réseaux spécifiques, tels que FastTrack (KaZaA), Gnutella (Morpheus), eDonkey (eDonkey, eMule), BitTorrent...

Ces échanges posent de nombreux problèmes concernant le respect des droits d'auteur, l'absence de serveur identifié rendant beaucoup plus complexe la recherche d'infractions par les autorités. Ils présentent également une propriété de symétrie des trafics entrants et sortants à partir des accès des internautes (*download* et *upload*) pour laquelle les infrastructures des fournisseurs d'accès Internet n'ont pas été conçues, ce qui oblige ces derniers à mettre en œuvre différentes solutions techniques (filtrage ou limitation de bande passante des flux pair à pair, utilisation de caches P2P).

5 La messagerie électronique

La messagerie électronique Internet repose sur un ensemble de concepts : un format d'adresses, un format pour les messages échangés, un protocole d'émission de messages et des protocoles de lecture des messages.

5.1 Les adresses électroniques

Les adresses électroniques utilisent un format d'adresse basé sur le nommage Internet, du type suivant :

```
Nom-mailbox@Nom-domaine.Suffixe
```

Voici un exemple d'une telle adresse de « courriel » : `Bernard@exemple.com`. La partie de l'adresse suivant le caractère arobase @ (`exemple.com`) identifie un domaine DNS, le serveur DNS de ce domaine permettant d'obtenir le nom du serveur de messagerie correspondant au moyen du protocole DNS (par exemple, `mail.exemple.com`), ainsi que son adresse IP. La partie précédant le caractère arobase (`Bernard`) identifie une boîte aux lettres gérée localement par ce serveur de messagerie.

5.2 Le format des messages électroniques

Le format des messages électroniques échangés est défini par le RFC 2822. Chaque courriel contient un en-tête constitué par un ensemble de champs. Les champs les plus classiques sont «From:» (adresse de l'expéditeur), «To:» (adresse du destinataire), «Cc:» (Copie conforme), «Date:» (date de composition du message) et «Subject:» (objet du message), mais il en existe des dizaines d'autres. L'en-tête est séparé du corps du message par une ligne blanche. L'ensemble est codé en caractères ASCII. Le format ainsi défini a ensuite été complété par un ensemble d'autres RFC composant le format MIME (*Multipurpose Internet Mail Extensions*), permettant d'inclure des documents attachés de divers types (texte, image, audio, vidéo...), mais aussi de composer des messages au moyen de jeux de caractères autres que l'ASCII (caractères français accentués, caractères chinois...).

5.3 Les protocoles SMTP, POP et IMAP

Le protocole utilisé par un agent de messagerie pour envoyer un message électronique est SMTP (*Simple Mail Transfer Protocol*). Si Alice souhaite envoyer un message à l'adresse Bernard@exemple.com, son agent de messagerie devra tout d'abord déterminer au moyen d'une interrogation DNS le serveur de messagerie du domaine exemple.com, obtenant comme résultat le nom mail.exemple.com et l'adresse IP associée. Le client SMTP d'Alice établira ensuite une connexion TCP vers ce serveur avec le numéro de port normalisé pour SMTP (25), puis la session SMTP permettra de transférer le contenu du message sur le serveur de messagerie où il sera mémorisé pour lecture ultérieure. Le protocole SMTP permet également de retourner au client un code d'erreur, par exemple en cas de boîte aux lettres inexistante. Le message peut également transiter par plusieurs passerelles de messagerie avant d'atteindre sa destination finale, chaque passerelle dialoguant avec ses voisines au moyen du même protocole SMTP. Par ailleurs, chaque passerelle ajoute une information spécifique dans l'en-tête du message, afin de conserver une trace de son cheminement.

Les principaux protocoles utilisés pour consulter les messages électroniques reçus dans une boîte aux lettres sont POP (*Post Office Protocol*) et IMAP (*Internet Message Access Protocol*). Ces deux protocoles ouvrent une connexion TCP vers le serveur de messagerie, puis identifient le propriétaire de la boîte aux lettres au moyen de son login et mot de passe. Les messages présents dans la boîte aux lettres peuvent alors être transférés vers l'agent de messagerie. Le protocole POP est en général utilisé de manière à détruire les messages stockés sur le serveur après leur transfert vers le client, alors qu'IMAP permet de conserver les messages sur le serveur afin de pouvoir les consulter de différents postes de travail (bureau, domicile, en déplacement...). La figure 4 présente les différents protocoles utilisés lors de l'émission, puis de la lecture d'un message.

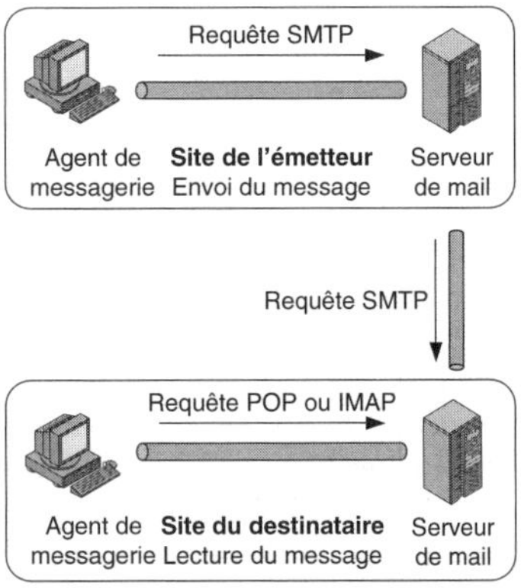

Figure 4 Envoi et lecture d'un courriel

Les serveurs de messagerie sont équipés de logiciels serveurs spécifiques (Lotus Notes, Microsoft Exchange, Postfix, Sendmail...). Côté client, les internautes utilisent différents agents de messagerie (Eudora, Outlook, Thunderbird...) qui doivent être configurés avec les noms des serveurs d'émission (SMTP) et de réception (POP ou IMAP) des messages. Il est également possible d'envoyer et de recevoir des courriels sans disposer de logiciel spécifique, au moyen d'une simple interface Web (*webmail*).

Des services de messagerie sont proposés aux salariés par leurs entreprises, et aux internautes par leurs fournisseurs d'accès Internet. Il existe également des services de messagerie indépendants, souvent gratuits et rémunérés par le biais de publicité en ligne (Hotmail, Voila, Yahoo!...). Enfin, il existe des listes de diffusion qui permettent d'envoyer un même message à un ensemble de boîtes aux lettres à partir d'une adresse unique. Des logiciels gestionnaires de listes (serveurs de liste) permettent de s'abonner ou de se désabonner de telles listes.

5.4 La sécurité

La messagerie électronique est à l'origine de nombreux problèmes de sécurité. Tout d'abord, les échanges SMTP ne sont pas authentifiés, ce qui crée un risque d'usurpation d'identité. D'autre part, le protocole SMTP standard transfère le contenu des messages en clair, d'où un problème de confidentialité. Enfin, les versions de base des protocoles POP et IMAP échangent en clair les mots de passe et les messages électroniques. Des versions sécurisées de ces différents protocoles existent désormais. Il est aussi possible d'utiliser des techniques de signature électronique et de chiffrement directement entre les utilisateurs de la messagerie (S/MIME et PGP).

Un autre problème de sécurité provient de la possibilité d'envoyer à grande échelle, à travers un système de messagerie, des virus et des spams (messages publicitaires non sollicités). La solution consiste alors à mettre en place des outils antivirus et antispam sur les stations clientes et/ou sur des passerelles dédiées. Ces outils doivent être configurés au moyen de bases de «signatures virales» régulièrement mises à jour au fur et à mesure de l'apparition de nouveaux virus et spams.

5.5 Les autres services de communication

D'autres services de communication existent à côté de la messagerie électronique. Les forums de discussion USENET permettent d'envoyer des articles sur des listes de discussion. Les articles sont stockés et propagés par de nombreux serveurs de *news* connectés entre eux. Les articles USENET ont un format très proche des courriels, et le protocole d'échange utilisé est NNTP (*Network News Transfer Protocol*).

D'autres applications permettent des communications en temps réel, ce qui n'est pas le cas du courrier électronique ou des news. Citons par exemple les applications de «chat» basées sur le protocole IRC (*Internet Relay Chat*), ainsi que les messageries instantanées (AIM, ICQ, MSN Messenger, Yahoo! Messenger) utilisant des technologies propriétaires non normalisées.

Un internaute utilisant un outil de messagerie instantanée s'identifie au moyen d'un pseudonyme, puis définit une «liste d'amis» comprenant ses correspondants habituels. Au lancement de l'application cliente, une connexion TCP est ouverte vers le serveur correspondant (MSN, Yahoo!...), et une information sur la disponibilité des correspondants de sa liste est retournée. L'internaute peut alors débuter une session de dialogue synchrone avec l'un des interlocuteurs disponibles.

Les différents outils propriétaires de messagerie instantanée cités ci-dessus sont incompatibles entre eux. L'application Jabber développée par la communauté Open Source offre une alternative, sur laquelle s'est basée l'IETF lors de la conception des protocoles de l'architecture XMPP (*Extensible Messaging and Presence Protocol*).

6 Le Web

Le World Wide Web est une architecture permettant l'accès à un ensemble de documents hypermédias situés dans le monde entier. Composé des termes hypertexte et multimédia, l'adjectif «hypermédia» matérialise les deux aspects fondateurs du Web. Tout d'abord, les documents accessibles au travers de cette architecture possèdent de nombreux formats (ou médias) différents: texte, images fixes, audio, vidéo... D'autre part, chaque document peut contenir des liens hypertextes vers d'autres documents, ce qui permet aux internautes de naviguer entre les pages Web par un simple clic de souris sur un lien. Créé au CERN par Tim Berners-Lee en 1989, le Web est rapidement devenu l'application phare d'Internet, du fait de la diversité des informations disponibles et de la convivialité des outils utilisés.

Les standards du Web sont développés par le W3C (World Wide Web Consortium) et non par l'IETF. Les trois technologies qui constituent le cœur de cette architecture sont: un format d'identification des données (URL), un format de données hypertexte (HTML) et un protocole de communication (HTTP).

6.1 Les URL

L'URL (*Uniform Resource Locator*) permet d'identifier de manière non ambiguë la localisation d'un document disponible sur le Web. Les documents étant stockés sur des serveurs Web, le nom DNS de ces serveurs apparaît comme une composante fondamentale des URL. Voici un exemple d'URL: «http://www.exemple.com/corporate/index.html». Le premier terme indique le protocole qui sera utilisé pour le transfert: HTTP dans ce cas, mais d'autres sont également possibles (FTP, LDAP...). Le nom du serveur est ensuite précisé («www.exemple.com»), suivi de la localisation du document à partir de la racine du serveur («corporate/index.html»). La syntaxe des URL permet également de préciser, de manière optionnelle, le numéro de port TCP utilisé par le serveur Web, des paramètres envoyés par le client au serveur, ou encore la position à l'intérieur d'une page Web.

6.2 Le langage HTML

Le format HTML (*HyperText Markup Language*) est basé sur un ensemble de balises permettant de structurer les documents, de définir leur mise en page et bien sûr de créer des liens hypertextes vers d'autres documents. Pour créer un lien vers une page Web associé au texte «Description de l'entreprise», on pourra ainsi utiliser le code HTML suivant:

```
<A HREF="http://www.exemple.com/
corporate/index.html">Description de
l'entreprise</A>
```

Les balises <A> et </A> permettent de délimiter le lien hypertexte, le paramètre HREF indiquant la destination de ce lien. Des éditeurs graphiques permettent de créer des pages Web sans avoir à manipuler la syntaxe textuelle du langage.

Enfin, d'autres langages sont apparus depuis lors pour la conception de pages Web, tel que XML (*Extensible Markup Language*), un autre langage à base de balises qui, contrairement à HTML, permet d'isoler le contenu (les données) du contenant (leur mise en forme). D'autres technologies sont utilisées dans le cas des pages Web dynamiques : JavaScript, applets et servlets Java, ASP, CGI, JSP, PHP, SSI...

6.3 Le protocole HTTP

Le protocole HTTP (*HyperText Transfer Protocol*) permet la communication entre un navigateur Web (Internet Explorer, Mozilla/Firefox, Opera, Safari, etc.) et un serveur Web (Apache, Lotus Domino, Microsoft IIS, Netscape Entreprise Server...). Lorsqu'un internaute souhaite accéder à l'URL http://www.exemple.com/corporate/index.html, le navigateur interroge tout d'abord le système DNS afin d'obtenir l'adresse IP du serveur Web (www.exemple.com), puis établit vers ce serveur une connexion TCP utilisant le numéro de port 80, valeur par défaut pour HTTP (voir figure 5). Une requête HTTP est alors envoyée vers le serveur à travers cette connexion TCP (demande de la page corporate/index.html). Le serveur répond en envoyant le texte de la page demandée au format HTML. Enfin, le navigateur affiche la page à l'écran en tenant compte des informations de mise en forme contenues dans le code HTML. Si la page inclut d'autres documents tels que des images, de nouvelles requêtes HTTP seront également envoyées afin d'obtenir le contenu de chacun d'entre eux.

Le protocole HTTP définit un ensemble de commandes possibles entre un client et un serveur. Par exemple, « GET » permet à un client de demander le transfert d'un document, et « POST » lui permet d'envoyer un formulaire rempli par l'internaute. Les commandes émises par un navigateur contiennent un entête comportant différentes informations : par exemple, « Accept-Language : fr, en » permet d'indiquer au serveur que l'internaute préfère recevoir une page en langue française plutôt qu'en anglais, si celle-ci est disponible. Les réponses du serveur contiennent également des informations d'en-tête (logiciel utilisé par le serveur, date...). Enfin, le protocole HTTP définit un ensemble de codes d'erreur (page inexistante, accès interdit...).

6.4 Les optimisations

Le temps nécessaire pour l'affichage d'une page est un élément important dans le confort d'utilisation du Web, qui a parfois été qualifié de « World Wide Wait ». Différentes optimisations ont été mises en œuvre afin de réduire le plus possible ces délais d'attente. Des optimisations au niveau du protocole HTTP ont conduit à la version 1.1, où les connexions TCP sont persistantes et peuvent être réutilisées pour transférer les images à la suite du texte HTML de la page. D'autre part, les pages visualisées sont sauvegardées dans un cache de pages Web propre au navigateur, afin d'éviter qu'elles ne soient transférées à nouveau si elles ont déjà été visualisées récemment. Les proxy Web permettent également de maintenir un cache de pages Web, cette fois-ci au niveau de l'ensemble d'une entreprise. Enfin, les réseaux à contenu ou CDN (*Content Delivery Networks*) permettent de dupliquer un site Web sur un ensemble de serveurs répartis dans le monde entier, afin que chaque internaute soit dirigé vers le serveur le plus proche de lui géographiquement.

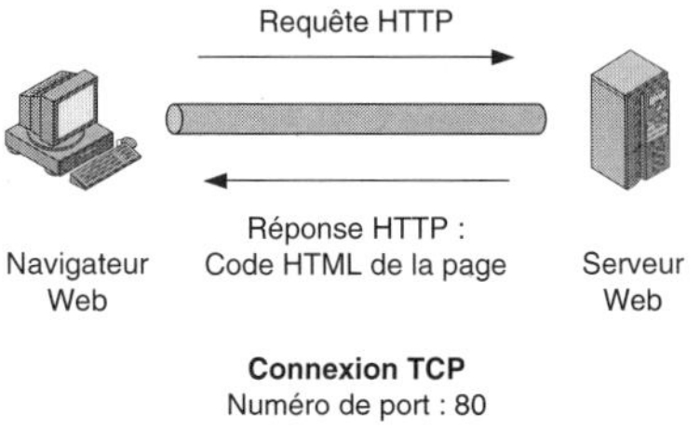

Figure 5 Échange HTTP

D'autres optimisations ont également été apportées, en termes de personnalisation des échanges par l'utilisation de « cookies » permettant de mémoriser différentes informations au niveau du navigateur et de les envoyer sur demande au serveur, et en termes de sécurité : accès aux pages Web protégé par mot de passe, utilisation d'une couche SSL (*Secure Sockets Layer*) afin d'authentifier le client et le serveur puis de chiffrer leurs communications (commerce électronique).

Enfin, signalons l'importance des moteurs de recherche, qui indexent en permanence les milliards de pages Web disponibles sur Internet aujourd'hui, et permettent d'obtenir à partir d'un terme de recherche donné une liste de pages classées selon leur pertinence.

7 La gestion de réseau

Les outils de gestion de réseaux d'opérateur ou de réseaux d'entreprise permettent à un administrateur d'effectuer à distance des actions de configuration sur les équipements qu'il gère, mais aussi de visualiser en temps réel les incidents qui peuvent survenir sur le réseau afin de prendre les mesures correctives appropriées. La fonctionnalité de gestion de réseau définie par l'IETF repose sur un ensemble de technologies complémentaires.

7.1 L'architecture de gestion de réseau

Tout d'abord, l'architecture de gestion se compose d'un ensemble d'éléments logiciels : les agents SNMP implémentés dans les différents équipements à gérer (stations clientes, serveurs, imprimantes, équipements réseau...), et le manager SNMP implémenté dans une plateforme de gestion. Les agents maintiennent une base de données d'information de gestion appelée MIB (*Management Information Base*), contenant l'ensemble des paramètres de fonctionnement de l'équipement géré (état du processeur, des mémoires, des interfaces réseau...).

La syntaxe de chaque paramètre de fonctionnement est définie par une structure dite SMI (*Structure of Management Information*). Par exemple, la structure du paramètre « sysLocation » qui représente la localisation d'un équipement indique que ce paramètre est une chaîne de caractères, obligatoire et accessible en lecture uniquement.

D'autre part, chaque paramètre est identifié à l'intérieur de la MIB par un identifiant d'objet dénommé OID (*Object Identifier*). Les OID sont organisés selon un arbre de nommage normalisé. Chaque nœud de l'arbre est étiqueté par un nombre entier, et par un nom mnémonique. Un OID est alors composé de la suite des entiers ou des mnémoniques situés sur la séquence de nœuds menant de la racine de l'arbre jusqu'au paramètre considéré. Par exemple, le paramètre `sysLocation` cité plus haut est représenté par l'OID « 1.3.6.1.2.1.1.6 », également noté au moyen de mnémoniques « iso.org.dod.internet.mgmt.mib-2.system.sysLocation ». Ce paramètre est défini par la MIB-2 normalisée par l'IETF, et identifiée par le préfixe « 1.3.6.1.2.1 ». À côté des MIB normalisées définies par les organismes internationaux, on trouve de nombreuses MIB propriétaires développées par les équipementiers afin d'assurer la gestion des matériels qu'ils commercialisent. Les MIB constructeurs sont identifiées par le préfixe « 1.3.6.1.4.1 », suivi d'un identifiant propre à chaque entreprise. La liste de ces identifiants peut être visualisée sur le site Web de l'IANA.

7.2 Le protocole SNMP

Le protocole SNMP (*Simple Network Management Protocol*) permet la communication entre un manager et un agent SNMP (voir la figure 6). Il se base sur le protocole de transport UDP, car les informations échangées sont souvent de petite taille et peu sensibles aux erreurs. Ce protocole définit un ensemble de commandes et de réponses. Par exemple, une plateforme d'administration utilisera une commande `GetRequest` afin d'obtenir la valeur d'un paramètre de fonctionnement donné d'un équipement géré, ou une commande `SetRequest` pour modifier la valeur d'un paramètre de fonctionnement. Inversement, un équipement pourra de lui-même envoyer à la plateforme de gestion un avertissement (*trap*) afin de signaler un dysfonctionnement. Les plateformes traduiront alors les traps qu'elles reçoivent sous la forme de messages graphiques ou sonores à l'attention de l'administrateur du réseau (représentation de l'élément défectueux en rouge clignotant, alarme...). Le niveau de gravité des alarmes est également précisé, par exemple au moyen d'un code de couleur.

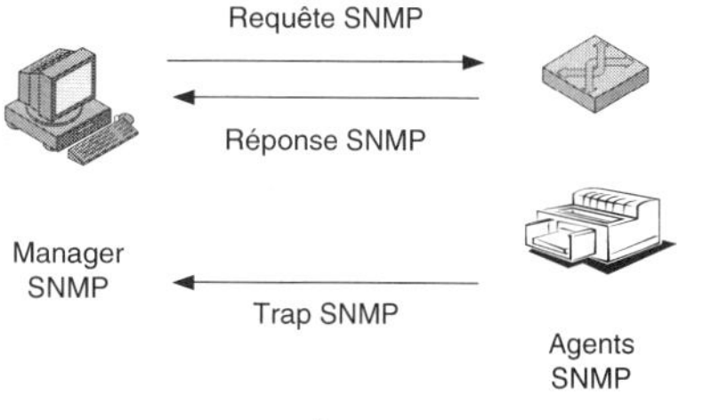

Figure 6 Échange SNMP

Les plateformes de gestion du commerce (Bull ISM, HP OpenView, IBM NetView...) permettent d'accéder aux différentes fonctions de gestion du réseau. Elles contiennent également des outils de visualisation graphique, ainsi que des mécanismes de découverte automatique de la topologie.

Enfin, la sécurité était un point faible de SNMP v1, car elle se basait sur un simple échange en clair de mots de passe (communautés SNMP). Les versions 2 et 3 du protocole ont largement amélioré cet état de choses (authentification réciproque du manager et des agents SNMP, contrôle d'accès aux paramètres de fonctionnement, chiffrement des messages SNMP échangés).

8 Les applications multimédias

Les applications multimédias font partie des usages d'Internet qui se développent le plus actuellement, du fait de la disponibilité d'accès à haut débit (ADSL, câble). Elles nécessitent l'utilisation d'un protocole spécifiquement conçu pour les transferts temps réel, RTP. Les usages principaux concernent la mise en œuvre de téléphonie et de visiophonie sur les réseaux IP, ainsi que l'accès en temps réel aux images et aux sons (*streaming*).

8.1 Le protocole RTP

Les applications multimédias transportent à travers le réseau Internet des flux audio et vidéo au moyen du protocole de transport UDP, car le protocole TCP n'est pas adapté à des échanges de données en temps réel. Cependant, du fait des caractéristiques mêmes d'UDP qui n'assure aucune fonction de contrôle, les fragments des flux audio et vidéo risquent d'être perdus ou déséquencés lors du transfert. D'autre part, peuvent apparaître des phénomènes de gigue (variation des intervalles entre fragments successifs) et de désynchronisation entre les flux.

Pour éviter ces différents problèmes, les applications multimédias utilisent un protocole spécifique mis en œuvre au-dessus d'UDP, et nommé RTP (*Real-Time Transport Protocol*). Sans posséder la complexité du protocole TCP, il offre les mécanismes de base de contrôle d'erreur nécessaires aux flux audio et vidéo (numéro de séquence pour permettre au destinataire de reséquencer les fragments, estampillage temporel pour jouer les fragments des différents flux de manière synchronisée...). L'en-tête RTP contient en outre un champ identifiant le type de flux encapsulé dans les fragments RTP (audio: G.711, G.723.1, G.729A, GSM... ; vidéo: JPEG, MPEG, H.263...). En parallèle aux flux RTP sont émis des flux RTCP (*RTP Control Protocol*) permettant de véhiculer des paramètres de qualité de service mesurés sur les flux audio et vidéo (pourcentage de fragments perdus, estimation de la gigue...), de manière à ce que les émetteurs s'adaptent en temps réel aux variations de la qualité des signaux reçus. La figure 7 illustre les échanges RTP et RTCP établis simultanément entre deux applications multimédias communicantes.

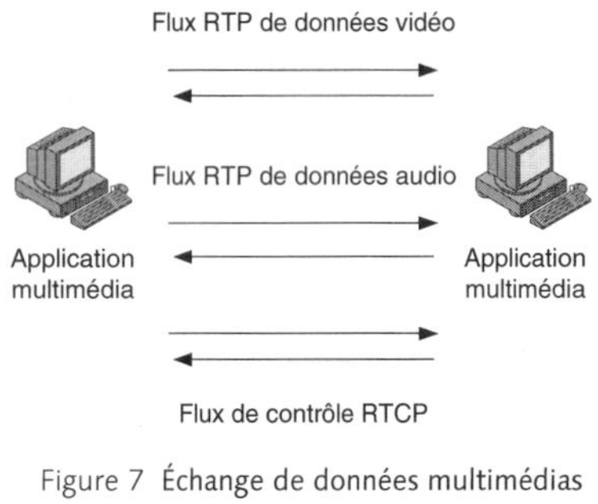

Figure 7 Échange de données multimédias

8.2 La visioconférence, le *streaming* et la téléphonie sur IP

Les différentes applications multimédias utilisent ainsi une pile protocolaire du type: protocole applicatif/RTP/UDP/IP. Parmi les applications les plus utilisées on trouve la visioconférence, par exemple à travers les outils CUseeMe ou NetMeeting, mais également intégrée dans les applications de messagerie instantanée (MSN Messenger, Yahoo! Messenger...). Les internautes peuvent alors capturer leur propre image au travers d'une simple webcam et envoyer le flux vidéo ainsi généré à leur correspondant.

Les applications de *streaming* sont également d'actualité. Contrairement au téléchargement de musiques ou de films sur Internet, le streaming audio ou vidéo se caractérise par le fait que la lecture du flux par le destinataire s'opère simultanément au transfert de ce flux dans le réseau. Les flux émis peuvent contenir, soit des données générées en temps réel (WebTV, WebRadio), soit des données préenregistrées (lecture d'extraits musicaux, vidéo à la demande). Le protocole RTSP (*Real-Time Streaming Protocol*) permet au client de piloter à distance le serveur de streaming (par exemple, interrompre ou reprendre le flux au cours de la lecture). À côté du dialogue de contrôle RTSP, un échange RTP véhicule les flux audio et vidéo du serveur vers le client, codés selon un certain nombre de formats propriétaires concurrents (QuickTime, RealAudio et RealVideo, Windows Media Audio et Windows Media Video...).

Enfin, la téléphonie sur IP connaît également un fort développement chez les particuliers comme dans les entreprises, du fait des réductions de coût qu'elle induit. Elle utilise également une pile de protocole RTP/UDP/IP pour le transport de la voix, mais nécessite en outre RSVP (*Resource ReSerVation Protocol*) pour la réservation des ressources nécessaires dans le réseau, ainsi que des protocoles de signalisation spécifiques (H.323, SIP, MGCP, Megaco). Des passerelles sont utilisées si l'on souhaite connecter un réseau VoIP (*Voice over IP*) avec le réseau téléphonique commuté classique. Enfin, un équipement spécifique nommé «Gatekeeper» permet d'obtenir l'adresse IP d'un correspondant au moyen d'un annuaire, ainsi que d'effectuer diverses fonctions d'administration (facturation). La mise en œuvre de réseaux de téléphonie sur IP utilise, selon le cas, des combinés spécifiques (IP Phones), des émulateurs logiciels (softphones) et/ou des PABX de nouvelle génération (IPBX). Les fournisseurs d'accès Internet proposent au grand public des offres *multiple play* comprenant un service de téléphonie illimitée basé sur les accès ADSL ou câble. Enfin, des offres de téléphonie sur IP indépendantes des FAI sont également disponibles (Skype).

9 Conclusion

Les applications utilisables sur le réseau Internet public et sur les intranets d'entreprises se sont multipliées avec la popularisation des réseaux IP. Alors que les applications historiques fonctionnaient en mode texte, l'augmentation des débits des accès Internet a permis le développement de services multimédia gourmands en bande passante (téléphonie sur IP, vidéoconférence, vidéo à la demande). Des usages temps réel et interactifs sont apparus en complément des applications asynchrones («chat», messageries instantanées). Le Web s'est enrichi d'une palette d'outils de communication innovants (forums de discussion, blogs, partage de photos et de vidéos, plateformes collaboratives). Les nouveaux services électroniques induisent une dématérialisation croissante des échanges (E-Commerce, E-Administration, E-Learning). Les applications du futur devraient s'orienter de plus en plus vers des utilisations en situation de mobilité, mettant à profit les nouvelles technologies sans fil (EDGE, UMTS, Wi-Fi, Wimax, UWB, RFID) pour construire des connexions «quasi permanentes» à l'Internet. Elles devraient également tendre vers une intégration croissante des usages sur une même interface, simplifiant ainsi la prise en main par les utilisateurs (terminaux *multiple play*, messageries unifiées).

Signalons cependant deux écueils qu'il faudra savoir éviter. En premier lieu, la problématique de sécurité est devenue incontournable dans l'Internet d'aujourd'hui. On ne compte plus les types d'attaques existants: écoute passive, intrusion, déni de service, virus, *spam*, *spyware*, *phishing*... Les nouvelles applications doivent désormais prendre en compte cette dimension dès leur conception, puis durant tout leur cycle de vie. Les techniques de sécurisation utilisées devront en permanence progresser afin de s'adapter au contexte (contrôle d'accès, cryptographie, biométrie). D'autre part, les éditeurs de logiciels devancent bien souvent l'IETF en proposant des produits basés sur des technologies propriétaires, souvent incompatibles entre elles. C'est le cas par exemple des messageries instantanées et des réseaux pair à pair. Il faudra veiller à ce que cette dérive ne s'aggrave pas, si l'on souhaite conserver un Internet ouvert et interopérable, aussi bien dans les technologies de transport qu'au niveau des applicatifs disponibles...

Bibliographie

Comer D.E. (2001), *TCP/IP: Architecture, protocoles et applications*, Dunod, traduit de l'américain par Hernandez J.-A., Joachim B. et Joly R., de *Internetworking with TCP/IP, Volume 1*, Prentice Hall, 2000.

Comer D.E. (2004), *Computer Networks and Internets with Internet Applications*, Prentice Hall.

Rodriguez A., Gatrell J., Karas J. et Peschke R. (2001), *TCP/IP Tutorial and Technical Overview*, IBM Redbooks.

Stevens W.R. (1998), *TCP/IP Illustré, Volume 1 : les protocoles*, Vuibert.

Internet Assigned Numbers Authority (IANA), http://www.iana.org/.

Internet Corporation For Assigned Names and Numbers (ICANN), http://www.icann.org/.

Internet Engineering Task Force (IETF), http://www.ietf.org/.

RFC Editor, http://www.rfc-editor.org/.

World Wide Web Consortium (W3C), http://www.w3.org/.

Gestion de réseau et de service

Noëmie Simoni

Mots-clés : gestion de réseau, gestion de service, processus de gestion, qualité de service, modèle informationnel.

Résumé : la gestion de réseau et de service est l'ensemble des moyens pour contrôler, coordonner et surveiller les différentes ressources mises en œuvre. Son périmètre couvre donc la maîtrise des processus constituant le système gérant et la puissance de représentation des ressources gérées. Ce chapitre, après avoir donné, les définitions de base et l'historique des solutions, développe les cinq dimensions de la gestion (architecturale, de communication, fonctionnelle, informationnelle et organisationnelle), en approfondissant le modèle informationnel. Il se termine sur un aperçu des activités de gestion.

Le besoin de réseaux de communication est né de l'intérêt de partager des moyens de mise en relation et de mettre à disposition des utilisateurs, répartis géographiquement, des ressources, qui se veulent être aujourd'hui des services de bout en bout personnalisés.

Ces réseaux, qu'il s'agisse de réseaux d'entreprise, de réseaux locaux interconnectant de petits systèmes, de réseaux grandes distances supportant des applications distribuées, de réseaux sans fils permettant une grande mobilité, sont devenus tout à fait indispensables. Ces réseaux font partie de notre paysage quotidien. C'est dire l'importance de leur gestion, qui ne se résume pas à une surveillance des éléments de réseaux, mais qui se décline en plusieurs activités, ayant pour charge le bon fonctionnement de l'ensemble des ressources, logicielles et matérielles, mis en œuvre, et surtout le *maintien de la qualité de service* (QoS) demandé par l'utilisateur. C'est là la finalité de la gestion.

1 Le périmètre de la gestion

Les autoroutes de l'information ne peuvent se résumer à des infrastructures ; l'accès à des services nouveaux, l'interopérabilité d'applications multi-fournisseurs, la personnalisation des services deviennent fondamentaux. La gestion de ce paysage, celle des réseaux de transport et des services, le *quoi gérer*, passe par la prise en compte de l'ensemble du système, à travers une vision *globale et cohérente* à des fins de qualité de service de bout en bout, le *pourquoi gérer* (figure 1).

L'administration du système, le *comment gérer* (figure 1) repose sur la fourniture de mécanismes pour une exploitation interactive et dynamique, d'automatismes pour contrôler, coordonner et planifier l'ensemble des ressources du système, de moyens pour maîtriser et anticiper les évolutions, dans un budget donné.

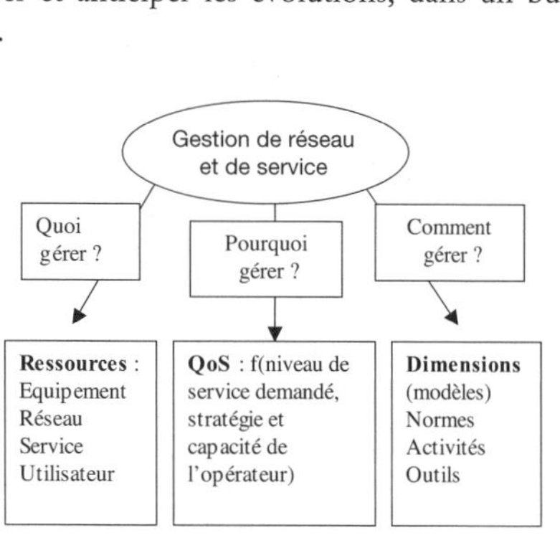

Figure 1 Périmètre de la gestion de réseau et de service

L'administrateur du réseau, quant à lui, doit tirer le meilleur parti de *l'organisation* de cet environnement.

Le périmètre de la gestion que nous venons de décrire impose des défis importants à relever au quotidien et sur la durée, en fonction des enjeux du marché, du niveau d'exigence et des technologies/solutions disponibles. Il induit donc des domaines de responsabilité à délimiter et des rôles à tenir que nous allons définir (§ 2); ainsi que des choix stratégiques et opérationnels pour le «comment faire». L'historique (§ 3) de ce *comment* montre qu'une analyse des solutions passe par la maîtrise des dimensions à couvrir (§ 4), des activités à coordonner (§ 5) et de la large palette des outils (normes, modèles, plates-formes, méthodologie, etc.) mise à la disposition des administrateurs de réseaux et de services.

2 Définitions des concepts de base

La gestion de réseau doit se concevoir en même temps que le réseau lui-même afin d'avoir les informations pertinentes sur son comportement. Or dans la majorité des cas, la relation, la communication de bout en bout traverse différents domaines ne dépendant pas d'une même autorité. Il faut donc bien définir «dans quel domaine est-on ? et qui fait quoi ?» (en droit et en capacité).

2.1 Gestion de réseau

La gestion de réseau recouvre les capacités à maintenir le fonctionnement de l'ensemble des processus de contrôle des ressources réseau (équipements, réseaux de transport, services/applications, services clients) de façon continue conformément à la qualité de service demandé par l'utilisateur. Elle fournit un niveau de service aux utilisateurs et une efficacité de communication aux fournisseurs.

2.2 Les domaines de responsabilité

Les communications représentent des mises en relation de différents types. Nous distinguons celles de «personne à personne», celles de «personne à serveur» et celle de «serveur à serveur». Ces communications sont soit unidirectionnelles, soit bidirectionnelles et elles peuvent être en mode connecté ou non connecté.

La mise en relation de «bout en bout» peut donc traverser plusieurs réseaux juxtaposés et fortement hétérogènes, comprenant:

- des réseaux d'extrémité (RE): suivant la nature de l'extrémité, nous avons le domaine de responsabilité de l'utilisateur (un téléphone portable, un réseau local d'entreprise ou privé), ou le domaine de responsabilité du fournisseur de service (service télécom ou application);
- des réseaux d'accès (RA): c'est le domaine de responsabilité du fournisseur d'accès. Différentes technologies sont proposées aussi bien filaires que sans fil (ADSL, WI-FI, LS, etc.);
- des réseaux de transport (RT) se décomposant en réseaux de bordure et en réseaux cœur relevant du domaine de l'opérateur télécom, fournisseur d'infrastructure, responsable du transport.

2.3 Les rôles

Nous distinguons essentiellement deux rôles, celui du gestionnaire (manager) et celui de l'agent. Le premier est l'acteur principal du réseau gérant, le second celui du réseau géré.

Un *gestionnaire* est un ensemble de fonctions (d'opérations) résidant dans le système de gestion et ayant la possibilité, la capacité d'adresser des requêtes (des commandes) vers des agents. Ces requêtes dépendent du protocole de gestion mis en œuvre. Le gestionnaire est le support, d'une part des communications et de la gestion des objets à distance, et d'autre part des applications et de leur intégration.

Un *agent* est un ensemble de fonctions opérant à l'intérieur d'une ressource à gérer (terminal, serveur, passerelle, routeur, élément de service etc.). Les opérations sur commande du gestionnaire sont soit des consultations soit des modifications des informations de gestion propres au composant qu'il représente. Les opérations à l'initiative de l'agent sont des notifications, à qui de droit, pour signaler un événement remarquable. Les informations dépendent du modèle de référence choisi pour représenter, de façon structurée et cohérente, les éléments à gérer (le quoi gérer).

Organismes de normalisation	Réseaux cibles/ Domaine de responsabilité	Protocoles de gestion	Modèles informationnels de référence
IETF	RE (utilisateur) TCP/IP	SNMP	MIB RMON
ISO	RE (fournisseurs de service) ISO	CMIP	SMF
UIT-T	RT (opérateurs télécoms) TMN	CMIP	GNIM
DMTF	RE (entreprise) PC, Serveurs	DMI	CIM
DMTF/ WBEM	Réseaux d'extrémité TCP/IP, RCP	HMMP	HMMS CIM

Tableau 1 Propositions normatives pour la relation gestionnaire/agent

Pour avoir les informations de gestion durant la phase d'exploitation (phase de vie du réseau), il faut *instrumenter* les ressources que nous voulons gérer pour constituer le SI (système d'information) de l'administrateur. En fait, il faut instrumenter le monde réel indépendamment de son besoin de gestion pour être indépendant des applications de gestion. C'est pourquoi nous parlons de modèle informationnel. C'est donc un rôle qui revient aux concepteurs (humains) de ces ressources, c'est-à-dire le constructeur d'un équipement, le concepteur d'un service, etc. C'est eux qui choisiront le modèle le plus adéquat et/ou la norme à laquelle il désire être conforme. L'administrateur (humain) d'un réseau donné instrumentera à son tour l'ensemble des ressources de son périmètre de responsabilité. C'est-à-dire qu'il choisira, paramétrera et activera les composants selon ses besoins.

La mise en œuvre de la gestion est d'une grande complexité. C'est pourquoi nous avons recours à des approches abstraites, à des modèles permettant ensuite différentes instanciations dans plusieurs mondes technologiques. Nous allons commencer par un historique, qui date et retrace l'évolution des solutions sur le marché avant d'aborder les modèles qui simplifient la complexité de notre contexte multidimensionnel afin de favoriser une évolution incrémentale.

3 Historique des solutions

La période pré-1988 a vu le développement d'architectures propriétaires pour superviser les premières architectures réseaux.

Entre 1988 et 1990 sont apparus les premiers standards :

- 1988 : annonce du protocole SNMP permettant essentiellement la gestion à distance des *équipements réseaux*;
- 1990 : formalisation de l'architecture DME pour palier le manque d'interopérabilité des solutions propriétaires.

Entre 1990 et 2000 se sont développées des stratégies «plate-forme», introduisant la gestion de réseaux (qui doit se comprendre comme une vue de bout en bout de l'ensemble des équipements réseaux et des équipements d'interconnexion) et de trafic.

- 1994 : stratégie «Repository[1]» chez HP (offre OpenView) ; standards CMIP/CMIS qui restent cantonnés au monde des télécommunications.
- 1995 : interopérabilité entre gestionnaires chez SunSoft (offre Solstice), arrivée des standards RGT/TMN, SNMP V2 et RMON (Remote Monitoring).
- 1996 : arrivée sur le marché des standards DMTF (Distributed Management Task Force) et résultats des travaux de TINA-C (Telecommunication Information Network Architecture-Consortium). Mais pas de traduction en offre.
- 1997 : trois avancées importantes : portage des principales plates formes du marché sous Windows NT et tentative de sécurisation de SNMP avec SNMP V3 ; le WEB (convivialité et universalité de l'interface) envahit la gestion des réseaux et systèmes ; prise en compte de la gestion distribuée (Corba, ODMA, *Open Distributed Management Architecture*), RMON2
- 1998 : intégration de la gestion des systèmes et des applications chez BMC (offre Patrol), chez Computer Associates (offre Unicenter) et chez IBM (offre Tivoli).
- 1999 : l'accent est mis sur la qualité de service, sa mesure et les tableaux de bord.

On assiste depuis 2000 à d'importantes évolutions, avec une nouvelle génération de systèmes de gestion :

- gestion par politique avec une approche «Top-Down» ; protocole COPS (*Common Open Policy Service*) avec les composants PDP, PEP et PIB ;
- évolution avec le TMF (TeleManagement Forum) vers une gestion dynamique basée sur les processus (*workflow*) ; standards TOM (Telecommunication Operation Map) et eTOM (extended TOM) pour une couverture globale du monde de l'entreprise ;
- évolution vers l'autogestion pour une complète dynamicité et flexibilité des solutions.

4 Les modèles de gestion

L'administration de réseau et de service relève d'une problématique multidimensionnelle (figure 2). Pour la résoudre, il convient de séparer les problèmes selon leur nature et d'étudier le modèle générique le plus adéquat (Simoni, 1997). Nous avons identifié dans le premier paragraphe une des préoccupations importantes de la gestion, comme étant celle de représenter le *quoi*, qu'il s'agisse d'équipements, de réseaux, de services ou de systèmes. Un modèle *informationnel* (MI) à l'instar du système d'information d'une entreprise donnera l'image du *quoi*. La répartition des rôles induit la référence à un modèle *organisationnel* qui coordonne en rapport avec le modèle *fonctionnel*. Les fonctions reposent sur un ensemble d'actions s'exécutant à travers un modèle *architectural* et conformément à un modèle de *communication*.

1. *Repository* : entrepôt (base de données partagées ayant un rôle de référentiel).

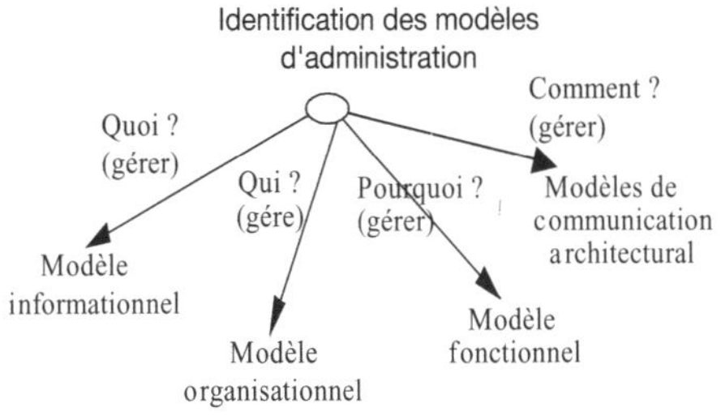

Figure 2 Les modèles de gestion

4.1 Le modèle informationnel (MI)

Les éléments gérés doivent représenter la vue abstraite, définie pour les besoins de la gestion, des ressources qui sont par nature soit physiques, soit logiques.

Ce modèle correspond à une représentation du système par les données. Il doit être en mesure de fournir une vue, à la fois unifiée et précise, des ressources à gérer. Afin d'atteindre ces objectifs, il structure l'information de gestion et doit présenter un certain degré d'abstraction afin de pouvoir s'appliquer à toute architecture et à toute technologie. Les organismes de normalisation proposent des réponses pour la définition du modèle informationnel.

La modélisation des éléments gérés (le quoi)

Avant de développer une application de gestion (ou de construire une solution), il est important de préciser le type de ressource gérée (le quoi gérer). C'est-à-dire, de répondre à la question : «que gère-t-on ?»

S'agit-il de la gestion d'équipements (pont, routeur, etc.), de réseaux (Ethernet, IP, etc.), de services (multimédia, mobile, etc.), d'applications (bancaire, météorologique, etc.), de clients (groupe fermé d'abonnés, profil spécifique, etc.) ? En effet, les actions, les réactions de gestion ne sont pas les mêmes. Selon le cas, on *maintiendra* les équipements, on *pilotera* les réseaux de transmission, on *distribuera* les services et on *spécialisera* les interfaces.

Pour avoir une vue unifiée de cet ensemble, nous avons recours à la modélisation, à l'abstraction[1] qui se décompose en une succession d'opérations de l'esprit. À partir d'une donnée, on extrait une signification utile et on construit un (ou plusieurs) concept manipulable intellectuellement.

La première opération est la *sélection*. On commence par sélectionner la composante la plus spécifique du contexte des télécommunications : *le flux*. On délimite ainsi le champ d'investigation aux échanges et à la mise en relation des composants interagissants. On nomme *lien* l'abstraction de cette mise en relation. Comme les échanges se font entre des composants, qui coopèrent à la fonction distribuée de transfert des unités de données, nous sélectionnons ce composant de traitement et nous dénommons *nœud* son abstraction.

Puis, par simplification on attribue un niveau de visibilité par «service rendu». En effet, les échanges et les traitements s'interprètent entre ressources de même nature. C'est le contexte qui filtre et retient les niveaux de visibilité désirés. Les plus pertinents pour les besoins de gestion sont ceux qui correspondent à des niveaux de prises de décisions pour le service final. Globalement, on retiendra : «équipement, réseau, service/application, utilisateur».

En généralisant à l'ensemble des ressources, on obtient un ensemble de nœuds et de liens par niveau de visibilité et nous dénommons réseau son abstraction. Chaque niveau propose l'image abstraite d'un réseau (v)[2] autonome, capable d'analyser et de traiter les problèmes dans les limites de ses responsabilités.

La dernière opération est la représentation, la schématisation de la réalité pour laquelle on propose les objets abstraits «nœuds, liens, réseaux» et un schéma abstrait «niveau de visibilité».

Par exemple, le niveau «équipement» est composé de dispositifs (les nœuds) coopérant à travers des câbles, des faisceaux, des circuits ou des faisceaux hertziens (les liens). Les nœuds offrent des capacités de traitement et de stockage et les liens offrent des capacités de transmission et des supports associés. L'ensemble constitue un réseau de niveau «équipement».

Par similitude, le niveau «réseau» rend un service d'acheminement à l'aide d'algorithmes distribués (nœuds) et de circuits virtuels (liens).

Quant aux services, l'ensemble des composants élémentaires de ces derniers peut représenter les nœuds coopérant à travers des interactions (les liens).

Cette modélisation «nœud, lien, réseau», par niveau de visibilité, facilite l'appréhension du monde réel.

L'exercice auquel on vient de se livrer avait pour but de faire comprendre la démarche à suivre pour modéliser les ressources à gérer. Dans les détails, il aboutit au modèle défini par l'ENST[3]. Ceux préconisés par les instances de normalisation seront cités dans le paragraphe suivant. Nous retiendrons surtout les définitions de base suivantes :

1. Abstraction : l'*Encyclopedia Universalis* définit l'abstraction comme «un travail formel, structurant la donnée selon quatre opérations mentales bien distinctes» : simplification (en négligeant toutes circonstances environnant un acte), généralisation (en identifiant des propriétés générales), sélection (en isolant un trait spécifique) et schématisation (en analysant un phénomène et en le restituant comme un système de données).

2. Réseau (v) : la modélisation induit un réseau à chaque niveau de visibilité (v).
3. ENST, École nationale supérieure des télécommunications.

- un nœud est un objet capable d'effectuer des traitements, il représente un commutateur, un ordinateur, un processus, une machine protocolaire, un composant de service, etc. ;
- un lien assure le transfert d'informations entre les nœuds, il représente un câble (une ligne physique), un faisceau hertzien, une liaison Ethernet, un circuit virtuel, une association applicative, etc. ;
- un réseau est un ensemble de nœuds et de liens de même nature, coopérant pour fournir de façon transparente un service. Il est identifié par son niveau de visibilité.

Les standards de MI

Le modèle informationnel – tel qu'il est défini par l'ISO (International Standards Organization) – est orienté objet. Il est caractérisé par la définition des objets gérés. Ces objets sont décrits à travers les opérations qu'ils exécutent, les notifications qu'ils émettent, leurs attributs, ainsi que par le comportement qu'ils expriment. Les normes ISO fournissent également des bibliothèques de classes d'objets pour la mise en œuvre de modèles informationnels spécifiques et définissent des formulaires pour la description de ces objets gérés et des relations entre ces objets.

Les normes IETF (Internet Engineering Task Force), spécifiques au début à la gestion de réseaux TCP/IP, perçoivent les objets de gestion à travers des variables stockées dans une base de données virtuelle, la base d'information de gestion (MIB, *Management Information Base*). Aujourd'hui l'IETF se préoccupe également de gestion de systèmes et d'applications. La simplicité du modèle proposé par l'IETF permet de répondre rapidement aux premières préoccupations de l'administrateur.

Le groupe de travail de l'UIT-T (Union internationale des télécommunications, secteur des télécoms) chargé de la gestion des réseaux et des services de télécommunications, applique les directives ISO pour la modélisation de l'information de gestion afin de définir un modèle informationnel générique. Celui-ci identifie les ressources génériques présentes dans un réseau de télécommunication ainsi que leurs caractéristiques, c'est-à-dire attributs, notifications, actions et comportement (UIT-T M.3100, 2005).

NM Forum (actuellement TMF) avec son standard OMNIPoint tenta alors de traiter aussi bien la gestion de réseaux de télécommunications que la gestion de réseaux locaux (TMF NMF 029, 1993). Pour ce faire, il fournit l'interconnectivité entre modèle informationnel ISO et modèle informationnel IETF.

Le DMTF, un des plus actif aujourd'hui, propose le CIM (*Common Information Model*) en se focalisant sur la gestion des composants de base (informatique, réseau, plates formes, etc.), de l'entreprise (les clients, les services clients etc.), de l'Internet et de leurs environnements. L'objectif du DMTF est de fournir les bases nécessaires pour une gestion intégrée et peu coûteuse avec des solutions interopérables et capables de partager des données.

4.2 Le modèle organisationnel

Le modèle organisationnel définit les responsabilités de chacun des acteurs. Le concept de base, repose sur la relation gestionnaire/agent (ISO 10040, 1992). Le gestionnaire et l'agent sont des processus qui échangent des informations de gestion à travers un protocole. L'échange entre le gestionnaire (administrateur) et l'agent (administré) se fait :

- soit par un mécanisme de demande du gestionnaire et réponse de l'agent ;
- soit par un compte rendu spontané de l'agent au gestionnaire lors d'un événement remarquable (notification, trap).

Chaque agent gère sa propre base de données (MIB) sur laquelle le gestionnaire peut travailler.

Afin de partager les responsabilités et de définir des limites entre les différentes fonctionnalités de l'administration de réseaux, l'organisation met en place des domaines et définit leur relation. La définition des règles (ou des critères) pour la mise en œuvre de ces domaines est à la charge de l'administrateur. Des critères, tels que la géographie, l'appartenance, le type de ressources, les capacités du gérant ou du géré, sont utilisés et conduisent à différents types d'organisations (centralisées, distribuées, hiérarchiques ou mixtes).

4.3 Le modèle fonctionnel

Pour la réalisation de l'activité de gestion, des opérations doivent être définies et appliquées aux données du modèle informationnel. Ces opérations concernent les aires fonctionnelles de gestion (ou SMFA, *Specific Management Functional Areas*), (ISO 7498-4, 1989).

La détection des anomalies, leur localisation, identification et correction constituent la gestion des fautes *(Fault Management)*. La gestion des informations comptables *(Accounting Management)* permet le suivi de la consommation des ressources, pour leur tarification et leur facturation. L'initialisation et l'état des ressources sont contrôlés par la gestion de la configuration *(Configuration Management)*. Le comportement relève de la gestion des performances *(Performance Management)*. La cinquième et dernière aire concerne la gestion de la sécurité *(Security Management)*.

L'ISO propose en plus des fonctions de gestion système (SMF) (ISO 10164, 1991), telles que la gestion des objets, la gestion des événements, etc. pour supporter ces cinq aires fonctionnelles.

Le TMF introduit une approche basée sur les *processus* pour réaliser les activités de gestion des réseaux et des services. Cette approche se décline en quatre points : processus de niveau stratégique de l'entreprise ; composants applicatifs et processus d'intégration ; informations échangées entre les processus de gestion ; spécification d'un environnement catalyseur dans lequel l'implémentation, l'expérimentation et la démonstration des préceptes, des outils et des modèles proposés sont réalisées.

4.4 Le modèle architectural

Le modèle architectural décrit la structure générale des entités réalisant les activités de gestion ainsi que leurs interfaces.

La recommandation de l'UIT-T M.3010 «Principes d'un réseau de gestion de télécommunication (RGT)» définit les composant de base de l'architecture de tout système de gestion (UIT-T M.3010, 1993).

Le RGT est le réseau gérant. Il s'interface avec le réseau géré au travers d'un certain nombre de points de référence pour recevoir l'information nécessaire à son contrôle. Il peut emprunter le même réseau de transport pour garantir ses propres communications.

4.5 Le modèle de communication

Quant au modèle de communication, il permet aux gestionnaires et aux agents d'interagir. Au niveau de la «gestion système», deux protocoles sont normalisés, à savoir : CMIP (ISO) (ISO 9596, 1991) et SNMP (IETF), ainsi que ses évolutions SNMPv2 et V3.

Ces protocoles fournissent les moyens de recueillir des informations élémentaires ou statistiques auprès des agents représentant les ressources. Ces remontées d'informations concernaient initialement les éléments réseaux. Les opérations sont traitées par l'interface de l'agent.

4.6 Conclusion sur les modèles

Après avoir décrit séparément chacun des cinq points de vue de gestion, nous précisons ci-dessous leurs relations (figure 3), car c'est l'ensemble des modèles qui répond à la problématique.

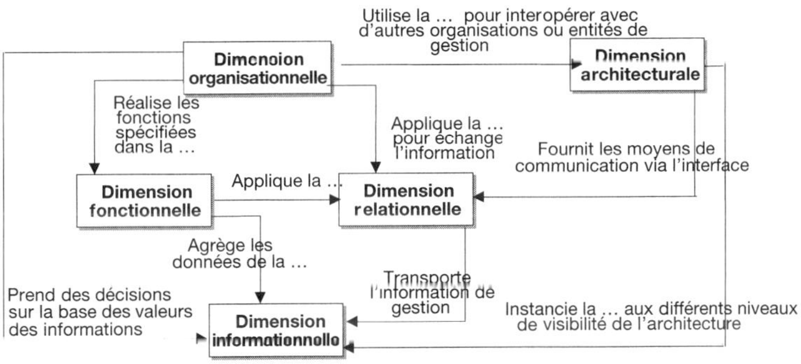

Figure 3 Les relations entre les modèles

Le modèle *fonctionnel* fait usage du modèle de communication pour réaliser les activités de gestion en agissant sur le modèle informationnel qui représente les ressources à gérer. Notons que le modèle informationnel doit être exhaustif afin de supporter toutes les aires fonctionnelles.

Le modèle *organisationnel* applique le modèle de communication pour l'échange d'informations de gestion.

Le modèle *architectural* décrit la structure des entités de gestion ainsi que leurs interfaces qui fournissent les moyens de communication et donc induit le modèle de *communication.*

Ce dernier est aussi un modèle support pour les autres points de vue. Ces modèles sont applicables à tout niveau de gestion, c'est-à-dire une application, un système (architecture distribuée), un multiréseau (interconnexion de sous-réseaux hétérogènes), un sous-réseau, un système d'extrémité, une unité d'interfonctionnement, une couche OSI, etc.

5 Les activités de l'administration

Les personnes ayant en charge l'administration sollicitent et mettent en œuvre les différents logiciels lors des activités de maintenance, d'exploitation, de surveillance, de planification et de sécurité.

La capacité des systèmes d'administration relève des technologies utilisées et de l'architecture mise en œuvre. Jusqu'à un passé encore récent, ces activités relevaient d'entités totalement indépendantes, aux applications disjointes, ce qui rendait difficiles les réactions rapides en temps réel. L'échelle de temps à laquelle on se place est très importante et induit des actions de gestion de nature différente. Pour assurer une transparence complète à l'utilisateur, il a été nécessaire de disposer de systèmes capables d'offrir une gestion intégrée. C'est-à-dire d'assurer l'intégration des activités, d'avoir des processus automatisés. Les objectifs de dynamicité et de flexibilité des décisions tactiques et stratégiques exigent maintenant de trouver des solutions complètement autonomes.

En d'autres termes, la surveillance du réseau qui initialement consistait à faire remonter toutes les informations, pour analyser les dégradations puis, suivant le diagnostic, activait des commandes de réparation, de reconfiguration, d'extension de capacités, etc. tend aujourd'hui vers l'autogestion de chaque ressource.

5.1 Maintenance

La maintenance est l'ensemble des actions permettant de maintenir ou de rétablir un équipement ou une installation dans un état spécifié ou en mesure d'assurer un service déterminé. Les méthodes de maintenance sont soit actives, *maintenance préventive*, soit passives, *maintenance curative*.

Pour la maintenance préventive, on procède soit par télésurveillance, qui, avec des moyens automatiques, consiste à mettre sous contrôle, permanent ou occasionnel, les points clefs de la configuration (tests d'accessibilité) pour en mesurer ou en connaître l'état ; soit par des remplacements systématiques d'un ou plusieurs composants quel que soit son état. Ainsi, on améliore la fiabilité et la maintenabilité du matériel, on diminue les pannes et les imprévus et on réduit les coûts de la maintenance curative.

Car pour la maintenance curative, le problème détecté peut être la conséquence d'un défaut de n'importe quelle catégorie. Il peut s'agir d'une panne matérielle, d'une erreur de paramétrage logiciel ou encore d'une configuration inadaptée du réseau. Il est indispensable de pouvoir cerner rapidement le type d'anomalie pour pouvoir opérer sur un large spectre de pannes. Soit la panne est due à une seule cause et sa localisation est aisée, soit il s'agit d'une panne complexe qui combine plusieurs causes dont les manifestations sont suffisamment similaires pour être confondues, il est alors assez difficile de trouver l'origine de la panne.

5.2 Exploitation

L'exploitation recouvre toutes les actions prises en vue de fournir, modifier et supprimer la mise à disposition d'équipements de services. Elle représente la phase opérationnelle pendant laquelle les décisions doivent être prises en temps réel. Elle comprend l'étape importante de la réservation des ressources (*provisioning*). Elle fait appel à toutes les tâches du contrôle opérationnel. Elle comprend également la fourniture d'information des ressources consommées à des fins de facturation.

5.3 Supervision

Pour assurer une bonne maintenance et maintenir une exploitation conformément à une QoS demandée, il est impératif de superviser tous les éléments du réseau concerné. Cette activité a toujours existé, mais alors qu'elle était spécifique autour des équipements existants, elle se veut générique dans sa surveillance de n'importe quelle ressource (équipement, logiciel réseau, processus applicatif) et intégrée aux autres activités.

De manière synthétique, la supervision se décline à travers les fonctions suivantes :

- *collecter* les informations traduisant le comportement des différentes ressources. Il est important d'étudier les flux générés par cette fonction et suivant leur nature et les types de contraintes à appliquer (délai, volume, etc.), d'associer le traitement adéquat (agent local ou distant). La spécification de cette fonction nécessite de définir quand et qui interroger ;
- *analyser* ces informations pour envisager et définir les actions (de défense, de redéploiement, etc.) à entreprendre. Pour faciliter l'analyse et mettre en évidence un certain nombre de problèmes, il est nécessaire d'appliquer des fonctions de filtrage ;
- *stocker et archiver* les informations sur une période et dans un format donnés. L'usage de ces informations conduit à retenir celles qui sont pertinentes ;
- réagir soit en émettant des commandes (pilotage) et en surveillant leurs effets, soit en informant l'administrateur. Ces actions supposent, entre autres, d'avoir des aides à la décision, une base de connaissance et une interface homme-machine (IHM).

L'IHM se définit en fonction de toutes les interactions entre l'administrateur et l'ensemble du système de gestion. La base de connaissance mémorise la configuration du système géré, ses capacités, la description des ressources, les services à rendre, la qualité de service.

5.4 Planification

Elle consiste à définir la topologie du système et à dimensionner chacune de ses ressources de sorte que chaque usager puisse obtenir une communication quelconque dans des conditions optimales de qualité et de prix.

Pour satisfaire un maximum d'usagers, il faut accomplir un certain nombre de tâches :

- *mesurer et prévoir* la demande du trafic global entrant et sortant ;

- *choisir* pour chaque ressource du système une architecture adaptée à la demande et aux fonctions du système ;
- *optimiser les investissements* en tenant compte des tendances à long terme et de l'évolution du trafic à moyen terme ;
- *optimiser l'utilisation* du système (choix de l'acheminement du trafic par exemple).

Toutes ces tâches doivent être accomplies régulièrement et fréquemment pour l'ensemble du système. Le volume des données à traiter et la complexité des problèmes à résoudre ont rendu nécessaire le développement d'outils informatiques de planification.

La donnée d'entrée de la planification, le trafic global, est relativement bien identifiée et quantitativement connue. L'opérateur dispose de moyens pour mesurer le trafic actuel et pour obtenir des extrapolations sur le trafic futur (mesures et statistiques sur plusieurs années, etc.).

La difficulté majeure réside dans l'optimisation des ressources. On entend par optimisation la minimisation ou la maximisation d'un critère sous contraintes.

Ici, l'optimisation conduit principalement à déterminer la topologie de système de coût minimal sous contraintes de qualité de service. Cette tâche d'optimisation est difficile à cause de la complexité des systèmes et du grand nombre de contraintes à prendre en compte. On fait alors appel à des algorithmes mathématiques sophistiqués et à des outils adaptés.

5.5 Sécurité

La sécurité constitue un domaine à part entière (UIT - X800, 1991) que nous ne traitons pas dans ce chapitre. Il est souhaitable de distinguer, pour résumer cette activité :

- les propriétés que doivent offrir les systèmes de sécurité, propriétés dont le niveau d'exigence doit être fonction des conséquences qu'aurait un sinistre pour le système global. Elles se répartissent en cinq groupes : disponibilité, intégrité, confidentialité, auditabilité et existence de preuve (non-répudiation) ;
- les mesures qui sont les moyens de se protéger pour éviter les sinistres et dont l'importance doit correspondre aux exigences fixées pour les propriétés. Deux groupes se distinguent : le contrôle d'accès, qui recouvre l'authentification et la gestion des droits d'autorisation, et les mesures complémentaires telles que chiffrement, scellement, signature, notarisation, etc.

La sécurité a un impact certain sur l'architecture des réseaux et des services.

5.6 Conclusion sur les activités

L'intégration de ces activités permet de remplacer les applications spécialisées et peu communicantes des premiers systèmes d'exploitation par des applications coopérantes, définies et réalisées pour satisfaire un seul besoin fonctionnel (un processus de bout en bout) et une organisation donnée (NGOSS, *Next Generation Operation Support System*). C'est ainsi que nous améliorerons la QoS et que nous augmenterons les gains de productivité par réduction des coûts de développement et par suppression de la redondance inutile de l'information.

6 Conclusion

La gestion de réseau et service est un domaine multidimensionnel qui requiert de l'efficacité à tous les niveaux pour atteindre son objectif de maintien de la QoS de bout en bout. Elle doit être une valeur ajoutée au système et non pas une charge supplémentaire. C'est pourquoi, elle doit être introduite dès la phase de conception du réseau. Une approche générique permet de surmonter les difficultés d'hétérogénéité et de rentabiliser les outils. L'approche méthodique présentée dans ce chapitre favorise l'analyse de l'existant et la compréhension des évolutions inéluctables. Ce futur s'entend, tant au niveau des processus qui devraient permettre une autonomie complète du système, qu'au niveau de la puissance de représentation des ressources gérées afin d'avoir la bonne information, au bon moment, au bon endroit.

Bibliographie

Alonso G., Casati F. (2004), *Web Services : concepts, architectures and applications*, Springer Édition.

Agoulmine N., Cherkaoui O. (2003), *Pratique de la gestion de réseau - Solutions de contrôle et de supervision d'équipements réseau pour les entreprises et les opérateurs télécoms*, Eyroles.

ISO 7498-4 (1989), ISO 7498 *Part4* : Management framework.

ISO 9596 (1991), ISO 9596/ITU-T X.711 : Common Management Information Protocol Specification.

ISO 10040 (1992), ISO/IEC 10040/UIT-T X.701 : Systems Management Overview.

ISO 10164 (1991), ISO 10164-n/UIT-T X.7xy. Systems Management Functions.

Jean G. (2000), Urbanisation du business et des SI, Hermès Science publications.

Misra K. (2004), *OSS for telecom networks : an introduction to network management*, Springer, London.

Simoni N., Znaty S. (1997), *Gestion de réseau et de service: Similitude des concepts, spécificité des solutions*, Dunod Interedi-tions.

Terplan K. (2001), *OSS essentials: support system solutions for service providers*, John Wiley & sons, New York.

TINA-C (1997), Service architecture, www.tina.org.

TMF NMF029 (1993), Translation of Internet MIB II to ISO/CCITT GDMO MIB, TMF document NMF029.

Udupa D.K. (1999) *TMN*, McGraww-Hill Telecommunication.

UIT-T M.3010 (1993), *Principes pour un réseau de gestion des télécommunications*, Recommandations UIT, http://www.itu.int.

UIT-T M.3100 (2005), *Generic Network Information Model*, Recommandation UIT, http://www.itu.int/.

UIT-T M.3200 (1997), *TMN management services and telecommunications managed areas: overview*, Recommandation UIT, http://www.itu.int.

UIT-T X.800 (1991), Security *architecture for open systems interconnection for CCITT applications*, Recommandation UIT, http://www.itu.int.

Wilkinson N. (2002), *Next generation network services*, John Wiley.

Architectures et systèmes distribués

Coordination : Michel Banâtre

Introduction

Michel Banâtre

Une des raisons d'être d'un système d'exploitation est d'offrir la gestion des ressources disponibles sur une architecture matérielle en vue d'exécuter des applications. Bien entendu, le rôle d'un système d'exploitation n'est pas réduit à la seule gestion des ressources physiques, il traite aussi de leur virtualisation afin d'en faciliter l'accès. Si cette problématique reste au cœur de la recherche en système d'exploitation, il n'en demeure pas moins qu'elle est en renouvellement constant, compte tenu des évolutions des architectures matérielles, centralisées ou distribuées. Cette évolution résulte aussi de l'apparition de nouveaux domaines d'applications. Nous pensons qu'il est important de revenir dans un premier temps sur les grandes classes d'applications et les problèmes que pose leur mise en œuvre. Nous montrons ensuite comment les évolutions des architectures informatiques ont permis de satisfaire les contraintes d'implantation de ces applications.

Les applications considérées

De façon générale, les systèmes distribués sont adaptés à l'exécution de plusieurs classes d'applications. On peut aisément identifier en premier les applications scientifiques qui ont motivé et motivent toujours les travaux autour du parallélisme. Les applications coopératives constituent la deuxième grande classe d'applications aujourd'hui largement reconnue. Nous y retrouvons principalement les applications de type client-service, le multimédia. Les applications embarquées constituent un autre domaine applicatif par le passé un peu «confidentiel» car il concernait principalement l'avionique, le nucléaire. Aujourd'hui il se démocratise, compte tenu de l'explosion de la téléphonie mobile ou des applications embarquées à bord de véhicules. L'informatique diffuse constitue une des dernières classes d'applications apparues récemment. Revenons sur chacune de ces classes d'applications.

Les applications parallèles

L'objectif recherché lors de la mise en œuvre des applications parallèles est d'exploiter au mieux la ressource processeur; ceci conduit indirectement à l'implantation efficace de la communication entre les processeurs d'une même architecture lorsque ces derniers exécutent des processus communicants au sein d'une même application. Cette performance peut être obtenue directement via l'utilisation d'architecture matérielle multiprocesseur à mémoire partagée ou distribuée. Les évolutions récentes des réseaux de communications, surtout en termes de débit, font qu'il est plus intéressant aujourd'hui d'utiliser des réseaux de machines c'est-à-dire des grappes) ou des grilles de calcul pour obtenir les performances désirées. Toutefois, le problème difficile à résoudre demeure celui de la gestion des ressources processeurs ou mémoire. Cette problématique est au centre des deux chapitres de cette section qui traitent à la fois des architectures de machines et des grilles de calcul.

Les applications coopératives

Le modèle de référence des applications coopératives demeure le «client-serveur» dans lequel le service est mis en œuvre au-dessus d'une machine dite «serveur», l'accès à ce service se fait à partir de machines «clients». Les services de consultation bancaire ou de réservation sont les exemples classiques d'applications client-serveur. L'avènement des applications multimédias qui permettent la gestion simultanée de données de natures différentes (son, image, texte), pose de nouveaux défis par rapport aux applications précédentes. Ce sont généralement des applications payantes orientées «grand public» dont une partie de l'architecture se trouve directement chez le client. L'exemple classique de ce type d'application est la vidéo à la demande dont l'objectif ultime est de mettre en œuvre le «magnétoscope virtuel» qui devient de facto un service accessible par un client. Bien entendu la mise en œuvre d'un tel service doit respecter ce que nous appelons des contraintes de qualité de service, qui sont pour ce service, la sûreté de fonctionnement, le temps de réponse ou la qualité des informations transmises.

Les applications embarquées

Les applications embarquées, de par leur nature, ont toujours été traitées en marge des systèmes généralistes. Cependant, la téléphonie mobile et toutes les applications qui s'y rattachent ont démocratisé ce domaine, notamment les applications qui ont des contraintes temps réel souples. En effet, les systèmes supportant les applications qui s'exécutent sur ce type de terminal ont les caractéristiques des systèmes embarqués, dans le sens où un fonctionnement minimal en complète autonomie doit être garanti pendant toute la durée d'une mission dont on ne connaît pas a priori les traitements. Ils peuvent avoir à satisfaire des contraintes de temps réel souples liées aux applications multimédias considérées. Ils doivent s'adapter à la nature «périssable» de certaines ressources (énergie), au fonctionnement aux limites du matériel (surchauffe), ainsi qu'aux capacités limitées de certaines ressources, en particulier la mémoire. Pour conclure, ils doivent intégrer l'instabilité des systèmes de communication cellulaires utilisés, en courte ou longue portée (déconnexion, bande passante,...). On touche ici à une problématique qui est juste esquissée dans le chapitre traitant des systèmes d'exploitation mais dont l'importance devrait s'affirmer avec l'émergence de nouvelles classes d'application comme l'informatique diffuse que nous introduisons maintenant.

L'informatique diffuse

Toujours dans le cadre des applications pouvant s'exécuter au-dessus d'architectures réparties, l'informatique diffuse se caractérise par des capacités de traitements informatiques embarqués sur les personnes, les objets de la vie courante et l'environnement afin de rendre des services implicitement (sans que l'utilisateur ne perçoive la présence de l'informatique).

Embarquer des capacités de traitement ou de stockage n'est pas nouveau en soi. Tous ces composants existent, la nouveauté réside dans leur capacité à «se voir et interagir entre eux», ce qui pose des problèmes complexes comme la gestion des communications sans fil de courte portée en environnement mobile, la sécurité des informations échangées ou bien « l'embarquabilité » des composants en prenant en compte le point critique de la gestion de ressource énergétique.

Après cette revue d'applications s'exécutant au-dessus d'architectures réparties, nous allons brièvement revenir sur l'évolution même des architectures et des systèmes qui a permis leur émergence.

L'évolution des architectures et des systèmes

Pour évoquer cette évolution, nous avons adopté un ordre chronologique qui a l'intérêt de mettre en évidence les avancées majeures des architectures et des systèmes distribués à partir des résultats obtenus conjointement dans les domaines des réseaux et des communications, des architectures matérielles et des mécanismes système.

Il est possible d'évoquer la notion de systèmes répartis, dès lors que deux calculateurs sont reliés via un réseau de communication. Il est évident que les débits des premiers réseaux ne permettaient pas le déploiement transparent de services systèmes au-dessus d'un ensemble de machines. Avec ce type d'architecture, les traitements sont indépendants des communications, un programme qui s'exécute sur un calculateur centralisé produit un résultat qui est ensuite acheminé vers un autre calculateur via le réseau. Ces deux actions sont indépendantes du point de vue de l'application. On ne peut vraiment parler de systèmes distribués qu'avec l'avènement des architectures client-serveur.

Les architectures client-serveur

Un des objectifs initial des systèmes client-serveur, identifiés par les chercheurs du Xerox-Parc, au milieu des années soixante-dix, était de pouvoir répondre au problème du partage des ressources coûteuses et peu utilisées par un seul client, par exemple le cas des ressources disques ou imprimantes. Parmi l'ensemble des solutions possibles, celle qui s'est avérée la plus simple a été l'introduction de la notion de serveur qui, du point de vue interne, implante totalement les mécanismes de la gestion de la ressource (synchronisation, partage,...) et du point de vue externe offre à l'utilisateur un ensemble de services directement utilisables par le client. L'invocation d'un service se fait au travers du très populaire «appel de procédure à distance» ou *Remote Procedure Call* (RPC). Cette notion de client-serveur a ensuite été étendue à la notion de client-service, le service n'étant qu'une abstraction d'un ensemble de *n* serveurs physiques offrant la même interface. L'avènement de ces systèmes clients-serveurs est principalement dû à la fois au développement des réseaux locaux (Ethernet, Token Ring) et à l'apparition des stations de travail autonomes. Indépendamment du problème initial posé ci-dessus, la notion de client-service a permis à l'utilisateur de s'affranchir de la localisation physique des ressources accédées. Elle a aussi permis la construction de services avec de bonnes propriétés comme l'extensibilité ou la disponibilité. Elle est à la base de la notion de systèmes ouverts.

Les systèmes ouverts

Si la notion de client-serveur a été utilisée pour la construction d'applications réparties, elle a été aussi utilisée comme outil pour la structuration de systèmes répartis. En effet, il n'y a pas de différences conceptuelles entre un client qui demande l'exécution d'un service qui lui délivre une place dans le TGV et celui qui demande l'exécution d'un service qui alloue une page mémoire. De façon plus précise, il est possible de considérer un système d'exploitation comme un ensemble de serveurs qui s'exécutent au-dessus d'un micro-noyau. Les serveurs réalisent les fonctions classiques d'un système d'exploitation (gestion mémoire, synchronisation, gestion fichiers,...). Quant au micro-noyau, il réalise l'interface avec le matériel. Avec une telle approche, il n'est pas nécessaire de reconsidérer tout un système dès que l'on souhaite modifier un algorithme de synchronisation, ou de gestion mémoire. Seuls les serveurs concernés sont éventuellement modifiés. C'est pour cela que l'on parle de systèmes ouverts.

Les systèmes intégrés

Avec la notion de système ouvert, il est possible de construire un service global de gestion mémoire qui s'appuie sur l'ensemble des serveurs de gestion mémoire locaux. Dans ce contexte, l'allocation d'une zone mémoire contiguë gérée par deux serveurs de gestion de mémoire distincts est difficile à implanter. Il serait plus simple de prendre en compte dès la phase de conception de la gestion mémoire que des pages d'un même espace mémoire peuvent être locales ou distantes. C'est l'idée de base des systèmes intégrés, qui prennent en compte, dès la phase de conception, l'existence d'une architecture distribuée sous-jacente. Du point de vue de l'utilisateur, la distribution est masquée, tout se passe comme s'il disposait d'une architecture centralisée virtuelle.

Ce sont ces notions d'intégration, ou de virtualisation qui sous-tendent tous les travaux autour des grilles de calcul ou du pair à pair qui sont détaillés dans la suite de cette section.

De façon générale, les raisons de cette évolution des systèmes sont tant technologiques (bande passante des réseaux, architecture des processeurs,...), que dues à une meilleure compréhension des problèmes liés à la distribution (désignation, synchronisation, gestion des ressources,...), ce qui a conduit à la technologie des micro-noyaux. À cela, il ne faut pas oublier l'émergence de la mobilité avec toutes les applications qui en découlent

Le contenu de la section

Vouloir traiter l'ensemble des problèmes évoqués dans les deux points précédents va au-delà de ce qui peut être raisonnablement détaillé dans cette section. Certains des sujets qui sont présentés sont de notre point de vue incontournables pour le lecteur qui souhaite acquérir une connaissance de base dans le domaine des architectures et des systèmes : ce sont les architectures des machines, les systèmes d'exploitation, la synchronisation répartie et la sûreté de fonctionnement. Deux chapitres explorent plus en avant deux thèmes récents dont l'intérêt va grandissant, ce sont les grilles de calcul et le «pair à pair». Bien entendu il eût été intéressant d'aborder des points comme celui de l'impact de la mobilité ou des communications sans fil ; le lecteur intéressé pourra par exemple se reporter aux éditions récentes des *proceedings* de la conférence SOSP qui traite de cette problématique de façon très complète. Il pourra aussi se reporter à des ouvrages spécialisés qui traitent des architectures matérielles ou de la construction des systèmes répartis.

Architecture des machines

Christine Rochange, Pascal Sainrat

Mots-clés : architecture, processeur, multiprocesseur, système sur puce.

Résumé : ce chapitre présente un survol de l'état de l'art de l'architecture des machines et, plus particulièrement, des processeurs qui ont connu une formidable évolution ces vingt dernières années. L'accent sera porté sur l'amélioration de la performance qui a été l'élément moteur du développement de l'architecture des machines mais une attention spéciale sera également portée à plusieurs facteurs ayant influencé, influençant ou susceptibles d'influencer l'évolution de l'architecture des processeurs : évolution technologique, applications particulières, économie d'énergie.

Le processeur qui exécute une et une seule instruction en au moins cinq cycles d'horloge (chargement de l'instruction depuis la mémoire, décodage, lecture des opérandes, exécution, écriture du résultat) n'existe plus guère que dans quelques systemes embarqués particulièrement simples. De nombreux mécanismes, en partie hérités des calculateurs des années soixante, ont été intégrés dans les processeurs grâce aux avancées technologiques afin d'obtenir toujours plus de performance en augmentant le parallélisme d'instructions, le parallélisme de données et même plus récemment du parallélisme de tâches. Dans le même temps, des machines parallèles exploitant du parallélisme de tâche ou de données sont nées puis ont disparu pour des raisons commerciales. Aujourd'hui, les machines parallèles, que ce soit des multiprocesseurs à mémoire partagée utilisés comme serveur ou des clusters de machines utilisés pour le calcul scientifique, comme moteur de recherche ou encore comme nœud d'une grille, exploitent essentiellement du parallélisme de tâches en plus du parallélisme interne au processeur.

Mais il est une autre catégorie de machines dont le chiffre d'affaires augmente aujourd'hui plus vite que celui de l'ordinateur personnel, celles dont la motivation première n'est pas informatique : les systèmes enfouis dont le téléphone portable est le représentant le plus visible. Cette catégorie de machines ne se satisfait pas de la plus grande performance possible. Elles doivent offrir une certaine performance dépendant du problème à traiter, un coût le plus faible possible et une consommation énergétique la plus faible possible. Atteindre ces buts implique le plus souvent, et toujours grâce aux avancées technologiques, d'intégrer le plus possible d'éléments (processeurs, processeurs dédiés, interfaces d'entrée/sortie,...) au sein d'un même boîtier, ce qu'on a dénommé « système sur puce ».

1 Le microprocesseur

On a l'habitude de voir un processeur suivant deux points de vue : le point de vue du programmeur que l'on appelle souvent vue architecturale et celui de l'architecte qui regardera tout autant la microarchitecture. C'est cette dernière qui a connu le plus d'évolution, mais certaines ont eu des répercussions sur la vue architecturale.

1.1 Vue architecturale

Le programmeur, ou le compilateur, a une vue du processeur qui ressemble fort à la vue qu'en avaient von Neumann et ses collègues (Burks, 1946) et qui repose sur le principe de l'exécution séquentielle. C'est également le principe qui prévaut dans les langages de programmation à quelques exceptions près. En général, dans un langage de haut niveau, ce qui doit être exécuté en parallèle et non en séquentiel doit être indiqué explicitement par le programmeur.

Rappelons que le modèle séquentiel consiste à considérer qu'une instruction est exécutée après l'autre dans l'ordre où elles sont édictées dans le programme sauf dans le cas d'instructions de rupture de séquence, instructions qui indiquent quelle est la prochaine instruction à exécuter.

Néanmoins, la volonté d'augmenter la performance des processeurs a poussé les architectes à rechercher des solutions pour effectuer des opérations élémentaires en parallèle. La plupart de ces solutions ne sont pas visibles dans l'architecture du processeur, c'est-à-dire dans le jeu d'instructions de celui-ci. Celles-ci vont être développées dans la deuxième partie de ce chapitre. Quelques-unes sont visibles dans le jeu d'instructions.

On peut classer les jeux d'instructions en trois catégories. Les jeux d'instructions complexes (CISC, *Complex Instruction Set Computer*), dont le représentant majeur est le x86, se distinguent des jeux d'instructions simples (RISC, *Reduced Instruction Set Computer*) par la granularité d'une instruction. Une instruction d'un jeu complexe n'est pas forcément si élémentaire qu'il y paraît. Elle peut indiquer un calcul et deux accès à la mémoire par exemple, ce qui nécessitera au moins trois instructions dans un jeu d'instruction simple. La troisième catégorie de jeu d'instruction (VLIW, *Very Long Instruction Word*) est une catégorie où une instruction est, comme dans le jeu d'instructions complexe, constituée de plusieurs opérations élémentaires mais à la différence du jeu d'instructions complexe, ces opérations ne doivent pas dépendre les unes des autres. Elles peuvent donc être exécutées en parallèle, alors que les opérations d'une instruction complexe doivent être exécutées les unes après les autres (comment ranger le résultat en mémoire si celui-ci n'a pas été calculé ?). Une instruction VLIW est donc le regroupement de plusieurs instructions RISC qui peuvent être exécutées en parallèle. Enfin, on peut considérer que le jeu d'instructions le plus récent (EPIC, *Explicitly Parallel Instruction Computing*) est une forme de VLIW amélioré. L'EPIC présente moins de contraintes sur les opérations que l'on peut regrouper mais il consiste bien à regrouper des instructions destinées à être exécutées en parallèle.

Une autre forme de parallélisme a été introduite dans les jeux d'instructions, le parallélisme de données (modèle SIMD, *Single Instruction Multiple Data*). Cette forme de parallélisme vise un certain nombre d'applications qui répètent les mêmes opérations sur un grand nombre de données. Ces opérations étant indépendantes, elles peuvent être regroupées au sein d'une même instruction. C'est donc, en quelque sorte, le même principe que dans le jeu d'instructions VLIW, excepté le fait que les opérations qui sont groupées au sein d'une instruction sont identiques, seuls leurs opérandes diffèrent.

Enfin, le principe de prédicat ou d'instruction conditionnelle a été introduit afin de pallier à des déficiences de la microarchitecture. Cette notion consiste à indiquer dans l'instruction dans quelles conditions elle doit être exécutée. L'intérêt est de supprimer des instructions de rupture de séquence en les remplaçant par une suite d'instructions ayant un prédicat. Une structure `si`... `alors`... peut être traduite sans aucune instruction de rupture de séquence. L'intérêt d'éviter ces ruptures est décrit § 1.3.

Un autre point qui apparaît dans la vue architecturale d'un processeur est les éléments de mémorisation internes au processeur. Depuis les premiers processeurs qui ne comportaient qu'un registre appelé accumulateur, le nombre de registres n'a eu de cesse d'augmenter. Cette augmentation a été rendue possible par l'adoption de jeux d'instructions simples. Le code décrivant l'opération étant plus petit, il reste plus de place pour indiquer les numéros des registres contenant les opérandes. On trouve aujourd'hui couramment 32 registres entiers dans le jeu d'instructions, ce qui permet d'effectuer plus d'opérations sans avoir à accéder à la mémoire.

1.2 La hiérarchie mémoire

Un certain nombre d'innovations architecturales ont été dues à des contraintes apportées par l'évolution technologique. Il en est ainsi de l'élaboration d'une hiérarchie mémoire de plus en plus complexe qui est due à l'accroissement de la différence de performance entre la mémoire centrale d'un système (mémoire dynamique) et la logique du processeur.

Une hiérarchie mémoire est fondée sur l'existence de deux technologies de mémoire : la mémoire dynamique, assez lente mais très intégrable, et la mémoire statique, beaucoup plus rapide mais ne permettant pas de réaliser de très grandes mémoires.

Le principe sur lequel repose l'idée de hiérarchie mémoire est la notion de localité. Lors de l'exécution d'un programme, les accès à la mémoire sont locaux, dans le sens où ils se font à des emplacements proches les uns des autres et dans le sens où les accès à une même zone de mémoire se font généralement dans un temps restreint. Les programmes reposant sur le principe de séquence et les instructions séquentielles étant stockées dans des emplacements contigus en mémoire, la notion de localité spatiale est évidente. Même si l'on intègre les instructions de rupture de séquences, celles-ci réalisent souvent des boucles, les accès sont donc répétés sur des emplacements. De même, en ce qui concerne les données, si l'on pense à l'initialisation d'un tableau ou à une pile, les accès se feront à des emplacements consécutifs. Le but de la hiérarchie mémoire consiste à exploiter cette localité de manière automatique de sorte que le programmeur n'ait pas à s'en préoccuper. L'implémentation se fait à l'aide de mémoires caches, des mémoires statiques dont le contenu est un sous-ensemble de la mémoire centrale, ce sous-ensemble variant au cours du temps en fonction des accès effectués par le processeur. Le principe de la mémoire cache consiste, lorsque le processeur accède à un emplacement de la mémoire, à ramener depuis la mémoire centrale dans la mémoire cache le contenu de cet emplacement mais également le contenu des emplacements voisins sous la forme de blocs de taille fixe. Par la suite, la mémoire cache tentera de conserver ces informations tant qu'elles seront utilisées.

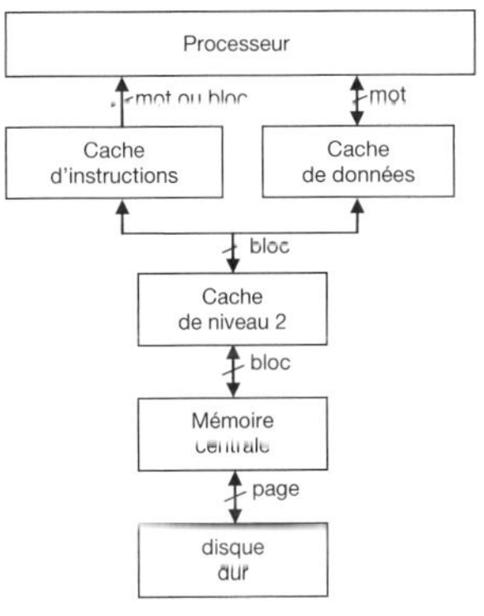

Figure 1 La hiérarchie mémoire

La fréquence des processeurs ayant augmenté considérablement, de même que la taille des programmes et des données qu'ils manipulent, plusieurs niveaux de mémoire cache sont aujourd'hui mis en œuvre dans une hiérarchie mémoire avec, lorsqu'on se rapproche du processeur, des mémoires de plus en plus petites et de plus en plus rapides. De plus, le processeur devant être capable de lire simultanément en mémoire une instruction et une donnée, le premier niveau de la hiérarchie est constitué de deux mémoires caches, une pour les instructions et une pour les données.

Ce fonctionnement reposant sur des mécanismes entièrement matériels et automatiques est totalement transparent à l'utilisateur. Une autre approche utilisée dans certains systèmes embarqués consiste à avoir une mémoire locale rapide et proche du processeur. C'est alors au programmeur de préciser ce qu'il souhaite avoir dans cette mémoire.

Enfin, en présence d'une mémoire virtuelle mise en œuvre dans le système d'exploitation qui permet d'avoir un espace mémoire supérieur à la taille de la mémoire centrale, il convient d'ajouter le disque comme niveau supérieur de la hiérarchie – la taille des objets échangés entre la mémoire et le disque étant la taille d'une page, bien supérieure à celle d'un bloc.

1.3 Microarchitecture

La microarchitecture des processeurs haute performance a considérablement évolué, le but à atteindre étant de rompre avec le modèle de Von Neumann sans que le programmeur en soit conscient.

Plusieurs techniques permettent d'exécuter en parallèle les instructions d'un programme.

Ainsi, le principe de pipeline découpe le traitement d'une instruction en plusieurs étapes, chaque étape pouvant être appliquée simultanément à des instructions différentes. Le gain en performance de cette approche est limité par les instructions de rupture du flot d'instructions (les branchements), elle doit donc être accompagnée par une résolution au plus tôt de ces instructions, ce qui peut se faire par une prédiction du comportement du branchement.

Une autre technique, sorte de prolongement de la notion de pipeline, nécessite la duplication d'un certain nombre de ressources et consiste à exécuter, au moins partiellement, deux instructions en parallèle si elles peuvent l'être.

Enfin, pour mieux exploiter les ressources du processeur et augmenter le parallélisme d'instructions, au-delà d'une simple exécution parallèle, les instructions peuvent être exécutées dans un ordre différent de celui indiqué dans le programme. Le processeur doit être à même de détecter les dépendances entre instructions afin de conserver le modèle de von Neumann. Comme l'exécution dans le désordre de ces instructions est couplée à une prédiction de branchement, certaines instructions peuvent être exécutées sans que le processeur sache si elles font réellement partie des instructions à exécuter où si elles ont été chargées par erreur. Le processeur doit donc avoir un état spéculatif et des copies d'états non spéculatifs permettant de revenir en arrière lorsqu'une prédiction s'avère erronée.

Les trois prochains paragraphes expliquent plus en détail la mise en œuvre de ces techniques mais, auparavant, il convient de préciser les relations de dépendances existant entre instructions du code objet.

Dépendances

Un programme est une suite d'instructions mais ces instructions doivent avoir un rapport entre elles, c'est-à-dire se transmettre des valeurs via des registres ou des emplacements de la mémoire de manière à réaliser des fonctions complexes. Ces dépendances impliquent un ordre d'exécution. On dit qu'il y a une dépendance vraie entre deux instructions si l'une consomme le résultat de l'autre.

Deux autres types de dépendances sont dus à la réutilisation des registres du processeur ou d'emplacements de la mémoire par le compilateur ou le programmeur. Une dépendance de sortie existe entre deux instructions si les deux instructions produisent un résultat dans un même registre ou dans une même cellule mémoire. Une antidépendance existe entre deux instructions si la première consomme une valeur dans un registre (ou une cellule mémoire) et que la deuxième produit une valeur dans ce même registre (ou la même cellule mémoire). La figure 2 illustre ces notions.

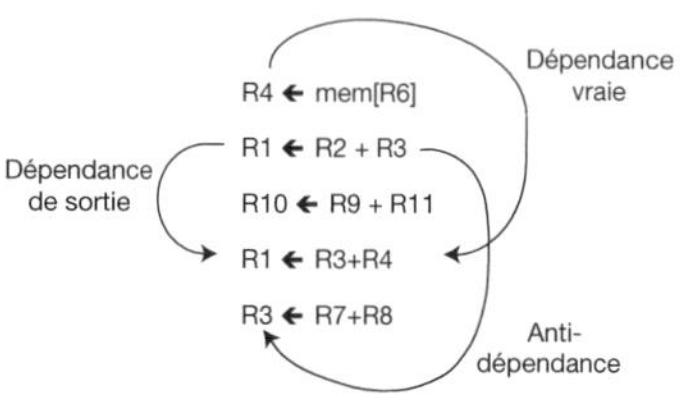

La première instruction lit une valeur en mémoire à l'adresse indiquée par R6 et produit un résultat dans le registre R4. La quatrième instruction doit consommer ce résultat, elle ne peut donc s'exécuter en parallèle avec la première instruction.
La deuxième et la quatrième instruction produisent un résultat dans le même registre. La quatrième instruction doit donc êt re exécutée après la deuxième pour que les futurs consommateurs de R4 y trouvent la bonne valeur.
La dernière instruction produit un résultat dans R3, registre lu précédemment par la seconde instruction. La dernière instruction ne doit donc pas être écrire son résultat avant que la deuxième ait consommé son opérande.

Figure 2 Les dépendances de données

Pipeline

Le traitement d'une instruction peut être découpé en différentes phases devant être exécutées consécutivement. Si on découpe le traitement en p phases alors le traitement d'une instruction est de p cycles et le traitement de n instructions dure $n \times p$ cycles.

Le pipeline est une technique où le traitement de plusieurs instructions est superposé. Comme pour la hiérarchie mémoire, le programmeur n'a pas à connaître la mise en œuvre de cette technique. Chaque phase du traitement est effectuée dans un des étages du pipeline, ceux-ci pouvant traiter des instructions différentes. Chaque étage a un temps donné fixé par l'horloge qui cadence le cheminement des instructions dans le pipeline. En théorie, pour un pipeline de longueur p et un nombre infini d'instructions à exécuter, l'accélération apportée par ce pipeline est p.

Si le traitement d'une instruction est toujours de p cycles, le traitement de n instructions dure $p + n - 1$ cycles puisqu'à chaque cycle une instruction est traitée.

Prenons un exemple très simple de pipeline à cinq étages montré sur la figure 3 et le programme de la figure 1. On peut découper le traitement d'une instruction en cinq opérations : lecture de l'instruction (LI), décodage de l'instruction et lecture des opérandes dans les registres (DE), exécution de l'instruction (EX), accès mémoire (MEM), écriture du résultat dans un registre (ER). L'étage d'accès à la mémoire ne sera utilisé que par les instructions accédant à la mémoire, les autres le traverseront sans y effectuer de traitement.

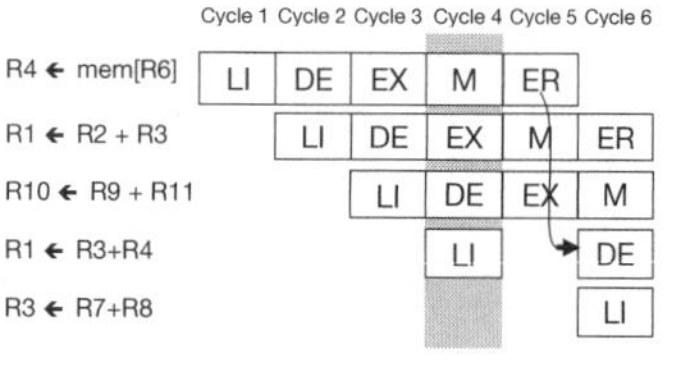

Figure 3 Fonctionnement d'un pipeline simple

La figure 3 représente dans un graphe à deux dimensions le traitement qui va être appliqué cycle par cycle à chaque instruction. Ainsi, la première instruction va passer successivement et sans délai par chaque étage (on suppose que le pipeline est vide avant que cette instruction soit lue) et son traitement se terminera à la fin du cycle 5. On voit sur cette figure que la quatrième instruction est bloquée durant un cycle, c'est-à-dire qu'elle ne peut entrer dans le pipeline qu'au cycle 5. En effet, on a supposé qu'il n'y avait qu'un accès à la mémoire. L'instruction 4 est chargée au cycle 4 mais la dépendance entre l'instruction 1 et l'instruction 4 bloque l'instruction 4 dans l'étage de lecture des opérandes (DE) afin d'attendre que l'instruction 1 ait écrit le résultat. Cet aléa pourrait être levé en créant un chemin en temps voulu entre l'étage d'exécution (EX) (ou l'étage M) et l'étage DE mais au prix d'une complication de l'unité de contrôle qui devrait, en plus de détecter les situations d'aléas par analyse des dépendances entre les instructions, établir ce chemin au bon moment c'est-à-dire quand l'instruction 4 s'apprête à lire ses opérandes.

Cet exemple montre que les dépendances de données empêchent le pipeline de fonctionner à son rendement maximal. Avant de voir comment on peut supprimer certaines dépendances afin de mieux profiter du pipeline, le prochain paragraphe traite des instructions de contrôle qui sont une source bien plus importante de mauvais rendement du pipeline.

Prédiction de branchement

L'effet d'une instruction de rupture de contrôle est important. En effet, au début du pipeline, le processeur ne sait pas quelle instruction il est en train de charger, il charge donc au cycle suivant l'instruction de l'emplacement mémoire suivant. Si l'instruction chargée au cycle *i* s'avère être un branchement effectivement pris, alors l'instruction qui doit être ensuite traitée est l'instruction qui est à l'emplacement indiqué par le branchement (sa cible) et non l'instruction qui suit le branchement en mémoire. Le processeur sait si un branchement est pris lorsqu'il a été exécuté. Les instructions qui se trouvent dans les étages suivants ne sont donc pas valides. Elles doivent être ôtées du pipeline et le pipeline peut alors charger les instructions à exécuter depuis la cible du branchement.

Pour le pipeline de la figure 3, l'étage d'exécution étant le troisième, chaque branchement pris impliquera deux étages vides.

Cet exemple est très simple; si certains processeurs ont encore des pipelines ayant moins d'une dizaine d'étages, d'autres en ont plusieurs dizaines. La pénalité associée à un branchement pris peut alors atteindre plus de dix cycles.

On a vu précédemment les moyens architecturaux pour éliminer certains branchements via les instructions conditionnelles. Le compilateur peut également en réduire la fréquence, par exemple en déroulant des boucles de sorte que le rapport entre le nombre d'instructions constituant le traitement de la boucle et le nombre d'instructions constituant le contrôle de la boucle augmente. Ce n'est toutefois pas suffisant.

Dans l'idéal, il faudrait savoir systématiquement quelle est la prochaine instruction à exécuter dès le premier étage. Ainsi, il n'y aurait pas de pénalité. Mais comment le savoir alors que cette instruction n'a même pas encore été décodée? Il faut effectuer une prédiction la plus fiable possible de sorte à éliminer le plus souvent possible la pénalité associée à un branchement pris. Il est donc nécessaire de prédire que l'instruction que le processeur est en train de charger est un branchement. Si c'est un branchement conditionnel, il est nécessaire de prédire la valeur de la condition. Si le branchement est pris (branchement non conditionnel ou condition vérifiée), il faut prédire l'adresse cible de ce branchement.

La prédiction de branchement a été l'objet de recherches intenses ces vingt dernières années (Smith, 1981) (Yeh, 1991) (Seznec, 1996) (Eden, 1998). Le principe est de se fonder sur l'observation du passé pour prédire l'avenir. Le principe de localité temporelle est mis à profit. Une instruction de branchement est généralement exécutée plusieurs fois parce qu'elle se trouve à l'intérieur d'une boucle ou constitue elle-même la structure de contrôle d'une boucle. Ainsi, on peut mémoriser son comportement passé et lorsqu'on retrouve cette instruction, en déduire un comportement.

L'idée est donc de mémoriser le comportement des branchements rencontrés, dans des tables internes au processeur et accédées au premier étage du pipeline. Ce principe est montré figure 4. Suivant la catégorie de branchements (branchements conditionnels ou non, appels et retours de sous-programmes, branchements indirects dont l'adresse cible est calculée et non fixe), différentes tables vont être utilisées.

En première approximation, on peut distinguer trois structures de mémorisation :

- une table mémorisant l'adresse cible des branchements (BTB ou BTAC). Si l'adresse de l'instruction en cours de chargement est présente alors l'instruction est un branchement et son adresse cible est indiquée dans cette table;
- une table mémorisant la direction des branchements conditionnels;
- une pile mémorisant les adresses de retour des appels de sous-programme. Ces adresses sont utilisées pour prédire les retours de sous-programmes.

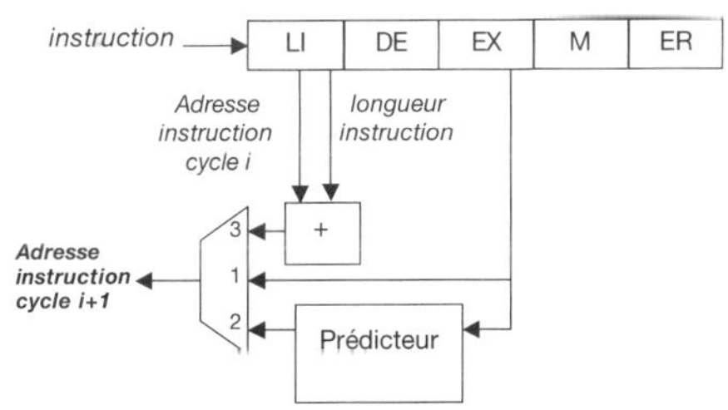

L'adresse de l'instruction à charger au cycle i+1 peut provenir de trois sources :
(1) un branchement a été chargé et prédit précédemment et à l'étage d'exécution EX, il apparaît que le prédiction était mauvaise. Auquel cas, le résultat de l'exécution du branchement est l'adresse de la prochaine instruction à charger.
(2) si ce n'est pas le cas et que le prédicteur donne une prédiction pour l'instruction en cours de chargement, l'adresse de l'instruction à charger est celle fournie par le prédicteur.
(3) si ce n'est pas le cas, l'adresse de la prochaine instruction à charger est l'adresse de l'instruction en séquence qui se calcule par une simple addition.
Enfin, chaque fois qu'un branchement est exécuté dans l'étage EX, le prédicteur en est informé et ses tables sont mises à jour avec cette information.

Figure 4 Chargement des instructions

La difficulté majeure réside dans la prédiction de la direction des branchements conditionnels, celle-ci variant d'une exécution à l'autre de l'instruction. Se rappeler du dernier comportement du branchement nécessite un bit. Ce n'est pas suffisant. Si l'on observe un branchement de contrôle de boucle, deux bits permettront de n'avoir qu'une mauvaise prédiction au lieu de deux grâce à un effet de rémanence. Ce n'est toutefois pas suffisant pour les branchements de type alternative dont le comportement varie fréquemment. Pour ces branchements, on va exploiter la corrélation entre divers branchements et associer à un branchement plusieurs compteurs correspondant au comportement des branchements précédents.

Divers autres mécanismes ont été proposés afin de toujours améliorer la qualité de la prédiction comme, par exemple, l'association de plusieurs prédicteurs à un mécanisme de vote (Seznec, 2002) ou encore l'utilisation de techniques neuronales (Jimenez, 2001).

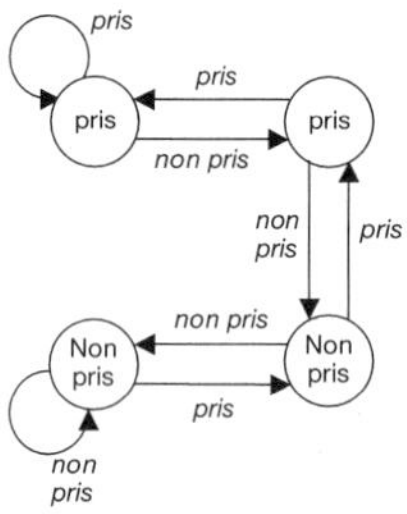

En italique, la condition pour passer d'un état à un autre est donnée par le résultat de l'exécution du branchement dans l'étage EX. Au centre de l'état se trouve la prédiction qui sera donnée par le prédicteur (en fait le bit de poids fort du compteur).

Figure 5 Compteur deux bits

Une autre difficulté apparue récemment est due à l'augmentation de la fréquence de fonctionnement du processeur. Cette augmentation implique que le temps associé à un étage du pipeline est de plus en plus court et il devient difficile de faire une prédiction dès le premier étage. Diverses solutions plus ou moins complexes ont été proposées.

Au final, le mécanisme de prédiction de branchement dynamique est une machine complexe. Il est composé d'au moins trois tables mais le jeu en vaut la chandelle spécialement pour les processeurs capables d'exécuter plusieurs instructions par cycle. En effet, ceux-ci peuvent contenir plusieurs dizaines d'instructions dans leur pipeline et leur principe va être exposé dans les paragraphes qui suivent.

Superscalaire

Outre l'allongement du pipeline qui permet d'augmenter le débit des instructions, une autre solution consiste à augmenter la largeur du pipeline. Ainsi, outre des traitements différents appliqués sur des instructions différentes, le pipeline peut appliquer le même traitement à plusieurs instructions, tout cela de manière simultanée. Cette solution consomme beaucoup plus de transistors que le pipeline, l'augmentation du nombre de transistors étant linéaire avec le nombre d'instructions traitées à chaque étage voire quadratique pour certaines structures. Néanmoins, la technologie offrant de plus en plus de transistors, on peut se permettre d'adopter cette solution.

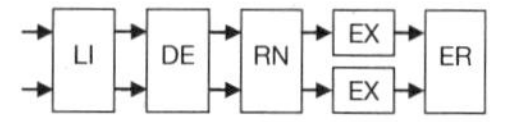

Chaque étage peut traiter 2 instructions. De nombreuses restrictions dues aux dépendances empêchent d'atteindre un débit de 2 instructions/cycle.

Figure 6 Processeur superscalaire de degré 2

Toutefois, si l'on considère un code objet comme celui de la Les dépendances de données, il y aura peu d'opportunités de faire cheminer des instructions en parallèle dans le pipeline du fait des nombreuses dépendances entre les instructions. De plus, il faudra une logique complexe pour déterminer ces dépendances et en déduire les instructions qui devront être bloquées et pendant combien de temps. Ceci est encore plus complexe qu'on ne croit puisque les instructions n'ont en fait pas toutes les mêmes latences, c'est-à-dire qu'elles passent plus ou moins de cycles dans l'étage d'exécution.

A priori, deux instructions doivent mettre à jour les registres dans l'ordre où elles apparaissent dans le programme, sinon des dépendances de sortie risquent d'être violées. De même, les instructions ne devront pas lire leurs opérandes tant que les instructions les produisant n'auront pas encore écrit dans les registres. Ces dépendances induisent donc nombre de blocages qui provoquent une sous-utilisation d'un pipeline superscalaire.

Il est donc nécessaire de diminuer le nombre de dépendances pour profiter au mieux du pipeline et autoriser, autant que faire se peut, des instructions à être exécutées non pas dans l'ordre imposé par le code objet mais uniquement dans l'ordre imposé par les vraies dépendances qui sont les seules à avoir été spécifiées par le programmeur. Les autres dépendances sont dues à un nombre limité de registres dans le jeu d'instructions du fait que l'on souhaite limiter la taille du code d'une instruction. Une fois dans le processeur, ces limitations n'ont plus lieu d'être. Le processeur peut avoir autant de registres physiques que d'instructions présentes dans le pipeline (plus d'une centaine aujourd'hui) alors que le nombre de registres logiques est généralement limité à 32. Le processeur doit donc effectuer un renommage des instructions en remplaçant le nom des registres logiques par le nom de registres physiques. Ainsi, deux instructions différentes et présentes simultanément dans le processeur n'écriront pas leurs résultats dans deux registres identiques. Ces deux instructions peuvent donc écrire dans les registres dans un ordre différent de l'ordre spécifié dans le programme.

Une fois renommées, plus d'instructions peuvent donc s'exécuter en parallèle voire dans le désordre. Il reste néanmoins à respecter les dépendances vraies et à faire en sorte que ces instructions puissent être exécutées aussitôt que possible. Le mécanisme permettant cela est assez proche du principe de *data-flow* (une instruction peut être exécutée dès lors que ses opérandes sont prêts) et est fondé sur une idée de Tomasulo (Tomasulo, 1967).

Ordonnancement dynamique et exécution spéculative

L'exécution dynamique des instructions permise par le renommage n'est pas si simple que ce qui vient d'être exposé. En effet, il est impératif de conserver la sémantique séquentielle du langage. Ainsi, il est nécessaire de conserver la notion de registre logique et de mettre à jour ces registres logiques dans l'ordre indiqué par le programme. Il faut donc une structure qui mémorise l'ordre dans lequel les instructions sont chargées par le processeur, comment sont renommés les registres et qui mette à jour les registres logiques dans l'ordre de chargement des instructions. Cette structure est appelée tampon de réordonnancement (ROB, *reorder buffer*).

Cette façon de procéder est d'autant plus importante en présence d'une prédiction de branchement. En effet, les instructions étant exécutées dans le désordre, il se peut que des instructions situées derrière un branchement mal prédit soient exécutées avant celui-ci. Ces instructions ne doivent pas avoir d'effets irréversibles. En leur faisant produire leurs résultats dans les registres physiques (une sorte de variables temporaires finalement), on évite d'écraser des valeurs produites avant ce branchement et donc correctes. Les registres logiques étant mis à jour dans l'ordre du programme, les instructions situées après un branchement mettront forcément à jour leur registre logique une fois que le branchement aura été vérifié. Bien entendu, le ROB ou une structure annexe permet de retrouver les associations qui étaient effectives au moment où un branchement a été prédit de manière à redémarrer avec les bonnes associations en cas d'erreur de prédiction de branchement.

Enfin, il reste les écritures en mémoire. On diffère les écritures en mémoire en gardant l'adresse de l'emplacement et la valeur à écrire dans une file. Une écriture n'aura réellement lieu que lorsque l'instruction sera en tête du ROB, ce qui assure qu'elle n'est plus spéculative. En conséquence, lorsqu'une lecture mémoire est effectuée, elle doit d'abord vérifier qu'il n'y a pas une écriture antérieure au même emplacement, auquel cas, la valeur recherchée est présente dans la file et non en mémoire. Cela signifie qu'une lecture en mémoire ne peut accéder à la mémoire que si les adresses des écritures antérieures sont toutes calculées. Il faut vérifier s'il existe ou non une dépendance vraie entre la lecture et les écritures antérieures. Une solution pour éviter cette attente consiste à prédire ces dépendances.

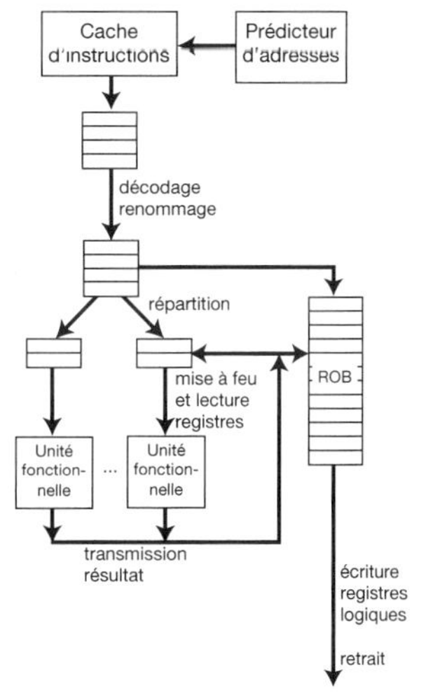

Figure 7 Architecture d'un processeur à exécution non ordonnée

1.4 Parallélisme de flots

En 1978, Burton Smith (Smith, 1978) a suggéré de permettre au processeur de changer de flots d'instruction (*threads*) lorsque le chargement des instructions du thread actif pour cause d'échec dans le cache.

Cette idée a été intégrée dans les microprocesseurs en 2000 mais en profitant au mieux des caractéristiques de ceux-ci, bien différentes des processeurs des années soixante-dix.

Si l'on suppose qu'avec toutes les techniques exposées précédemment, les processeurs exploitent au maximum le parallélisme d'instructions et de données présent dans les programmes, une autre voie, complémentaire et appelée *simultaneous multithreading* (Tullsen, 1995) ou *hyperthreading* (Marr, 2002), est l'exécution simultanée et en parallèle d'instructions provenant de plusieurs threads, morceaux de programmes pouvant s'exécuter en parallèle et concourant au résultat d'une même application ou, dans le cas de l'hyperthreading, des processus indépendants.

Pour apporter un gain de performance sur une application avec cette technique, celle-ci doit avoir été écrite en utilisant le concept de thread, concept bien connu puisqu'appliqué sur des multiprocesseurs où chaque processeur exécute un thread. Aujourd'hui, on la retrouve au sein d'un processeur, le processeur physique apparaissant au système comme plusieurs processeurs logiques. Le système peut donc allouer des threads voire des processus aux processeurs logiques de la même façon qu'il le faisait pour chaque processeur physique d'un multiprocesseur.

Du point de vue de la microarchitecture, exécuter simultanément des instructions de plusieurs flots permet de mieux occuper les ressources du processeur pour un surcoût matériel relativement faible puisque, en première approximation, seul l'état du processeur doit être dupliqué. On compte un surcoût d'environ 5 % pour un processeur capable d'exécuter simultanément deux flots. La détection du parallélisme est confiée au programmeur. En principe, une application n'utilisant pas les threads ne sera exécutée ni plus lentement ni plus rapidement qu'avec un processeur sans ce mécanisme.

En pratique, chaque instruction possède un identificateur indiquant à quel flot elle appartient. Cet identificateur est ajouté lorsque les instructions sont chargées depuis la mémoire. Le processeur possède autant de compteurs ordinaux qu'il peut exécuter de flots simultanément. Chaque compteur ordinal correspond à un flot et est chargé d'indiquer l'adresse de la prochaine instruction à charger pour ce flot. Le tampon d'émission peut être divisé en deux, un pour chaque flot ou être dynamiquement partagé. Les registres de renommage peuvent être partagés mais chaque flot doit posséder sa table de correspondance. A priori, toutes les autres ressources peuvent être partagées y compris le prédicteur de branchement, à l'exception de la pile de retour qu'il vaut mieux dupliquer. Le principal problème est de déterminer dynamiquement quel flot il vaut mieux privilégier et ce, en divers étages du pipeline. Il faut assurer un minimum d'équité et, en même temps, privilégier un flot si l'autre est bloqué. Ainsi, l'approche multiflot simultané permet de conserver le processeur occupé même en présence d'instructions à forte latence comme lors d'un accès à la mémoire centrale.

1.5 Quelques chiffres

Pour fixer un peu les idées, donnons quelques chiffres de l'année 2004. Un processeur haute performance contient plus d'une centaine d'instructions simultanément. Entre six et dix unités fonctionnelles sont consacrées à l'exécution des instructions. Le débit d'instructions maximum est de 3 ou 4. En réalité, il est compris, le plus souvent, entre 1 et 2. La fréquence de fonctionnement est de plusieurs gigahertz, c'est-à-dire qu'un cycle dure quelques centaines de picosecondes.

Les obstacles pour aller au-delà sont nombreux. Ils sont d'ordre technologique, par exemple, les temps de communication entre les unités du processeur sont très variables et fonction de la topologie ce qui rend difficile l'ajout d'unités en conservant un processeur entièrement synchrone. Un autre exemple est la taille et les nombre d'accès à certaines structures comme les registres ou le ROB. Des solutions architecturales peuvent être envisagées mais à quel prix ? Ils sont également d'ordre organisationnel et économique. Le processeur atteint une telle complexité que les moyens humains pour faire un nouveau processeur de ce type sont considérables et la vérification du bon fonctionnement de l'ensemble est extrêmement long.

C'est pourquoi, aujourd'hui, les industriels se dirigent plus vers la duplication de processeurs sur une puce en vue d'exploiter du parallélisme de tâches ou de threads plutôt que de tenter d'exploiter encore plus de parallélisme d'un seul thread.

1.6 La mémoire

Outre la hiérarchie mémoire mise en place grâce à l'utilisation de plusieurs niveaux de caches, la mémoire elle-même a fait de nombreux progrès au cours des dernières années même s'ils sont moins spectaculaires. Les innovations ont été d'une part le mode rafale qui permet d'écourter le temps d'accès à des données consécutives. Seul l'accès à la première donnée est long, les données suivantes étant fournies à la cadence du bus. D'autre part, la principale innovation est la mémoire synchrone, ce qui signifie que la mémoire est synchrone du bus. Ainsi, des délais sont évités et la mémoire apparaît comme ayant une latence plus faible. Quand à la DDR-DRAM, c'est une DRAM synchrone capable de transmettre des données sur les deux fronts d'horloge du bus.

Les circuits d'interface entre le processeur, la mémoire et les entrées/sorties ont également considérablement évolué. Les plus performants permettent des accès en parallèle à deux modules mémoire par exemple. Les entrées/sorties elles-mêmes, en grande partie regroupées dans un seul circuit ont également évolué. Adieu la liaison parallèle et la liaison RS-232, on lui préfère aujourd'hui USB ou PCI-Express dont les atouts principaux sont une plus grande bande passante et la possibilité de détecter la connexion à chaud de nouveaux périphériques.

2 Les multiprocesseurs

Si la performance des processeurs a considérablement augmenté et si on commence à intégrer plusieurs processeurs sur une même puce afin d'exploiter du parallélisme de tâches, il reste de grands problèmes à résoudre qui nécessitent la mise en parallèle de plusieurs processeurs.

Ces processeurs doivent coopérer pour résoudre ces problèmes et doivent donc communiquer. Il en résulte une série de questions sur les multiprocesseurs. Quelle quantité de processeurs est nécessaire ? Comment ces processeurs communiquent et coopèrent ? Comment les données sont-elles transmises d'un processeur à l'autre et comment les actions qui sont effectuées sur des processeurs différents sont-elles ordonnées ?

Contrairement aux processeurs où une constante est la nécessité de réaliser des architectures totalement invisibles pour le programmeur (autrement que par la performance accrue), les machines parallèles ne sont correctement exploitées que si le programmeur sait qu'il va exploiter une machine parallèle. Il reste néanmoins à définir ce qui est de la responsabilité du matériel et ce qui relève du modèle de programmation.

2.1 Les applications

Deux grandes catégories d'application nécessitent des machines parallèles : les applications scientifiques et les applications commerciales.

Concernant les applications scientifiques, il s'agit le plus souvent d'applications modélisant des phénomènes difficiles ou trop coûteux à observer. On peut citer la modélisation du climat, de la galaxie, de la structure atomique de matériaux, de problèmes de turbulences en mécanique des fluides, etc.

Les applications commerciales ont typiquement besoin de moins de parallélisme que les applications scientifiques mais reposent tout de même sur la présence de machines parallèles. Le plus gros besoin en parallélisme est sans doute l'application de service web qui a tendance à rattraper les besoins des applications scientifiques mais présente peu de partage de données entre processus. Ainsi, la solution la plus utilisée pour ce type d'application est le cluster, soit une collection de machines reliées par un réseau rapide. Les applications commerciales et d'ingénierie ont généralement des besoins en parallélisme plus modestes. Les serveurs multiprocesseurs avec un nombre modéré de processeurs sont les machines parallèles les plus vendues du fait qu'elles répondent à ces besoins mais également au besoin toujours existant de machines multiprogrammées et souvent multi-utilisateurs ainsi que les serveurs de données départementaux. Enfin, même la machine de bureau aujourd'hui compte un nombre significatif de processus concurrents mais, de plus en plus, ces processus sont pris en charge par le parallélisme du processeur (voir § 1.4 et § 1.5).

2.2 Modèles de programmation

Si l'on excepte le modèle de multiprogrammation qui consiste en un grand nombre de programmes séquentiels totalement indépendants, les modèles sont la mémoire partagée, le passage de messages et le parallélisme de données. Le modèle de mémoire partagée ressemble à un grand tableau que chaque processus peut voir et où chaque processus peut écrire des informations. L'activité d'un processus est fonction de ce qu'il voit sur le tableau, c'est-à-dire quel processus fait quoi. Le passage de messages ressemble à l'envoi de lettres d'un processus vers un autre processus. L'activité d'un processus est dirigée par la réception de messages et il n'existe pas d'emplacements partagés. Dans le modèle de parallélisme de données, tous les processus effectuent les mêmes actions mais sur des données différentes et les échanges d'information ont lieu globalement. Lorsqu'une réorganisation des données est nécessaire, elle peut être effectuée par mémoire partagée ou passage de messages.

Les primitives de communication et de synchronisation utilisées par le programmeur afin de mettre en œuvre ces modèles peuvent être fournies directement par le matériel, par des bibliothèques utilisant les primitives matérielles, par des bibliothèques et un support du système d'exploitation ou encore par le seul système d'exploitation. Dans ces deux derniers cas, c'est le système d'exploitation qui va utiliser les primitives matérielles.

2.3 Architectures parallèles

On peut mettre en relation les modèles de programmation avec des modèles de machines même si des couches supplémentaires d'abstraction peuvent permettre d'utiliser indifféremment tel ou tel modèle de programmation sur tel ou tel modèle de machine.

Multiprocesseurs à mémoire partagée

Dans les multiprocesseurs à mémoire partagée, la communication est simplement le résultat de lectures et d'écritures en mémoire dans une zone mémoire partagée et la synchronisation est effectuée par des opérations atomiques spéciales. Ainsi, une écriture d'un processus dans une variable partagée est visible lorsqu'un autre processus lit cette variable.

Un multiprocesseur à mémoire partagée peut être vu comme un ensemble de processeurs reliés à un ensemble de mémoires à travers un réseau d'interconnexion. Longtemps, le réseau d'interconnexion a été un bus puis des réseaux plus compliqués comme des réseaux totalement interconnectés ou des grilles, le bus ayant la propriété d'offrir une bande passante fixe, ce qui ne convient pas bien à la nécessité de pouvoir augmenter le nombre de processeurs pour augmenter la performance de la machine. Enfin, deux grandes catégories de machines existent (voir figure 8) : les multiprocesseurs à accès mémoire uniforme et les machines à accès mémoire non uniforme. La principale caractéristique de ces machines est que les primitives de communications sont très proches des primitives matérielles. Chaque processeur accède à une adresse de son espace d'adressage virtuel et la correspondance avec une adresse physique qu'elle soit proche ou éloignée est effectuée par le mécanisme de gestion de la mémoire virtuelle. Le matériel accède à cet emplacement physique sans intervention de l'utilisateur ou du système d'exploitation.

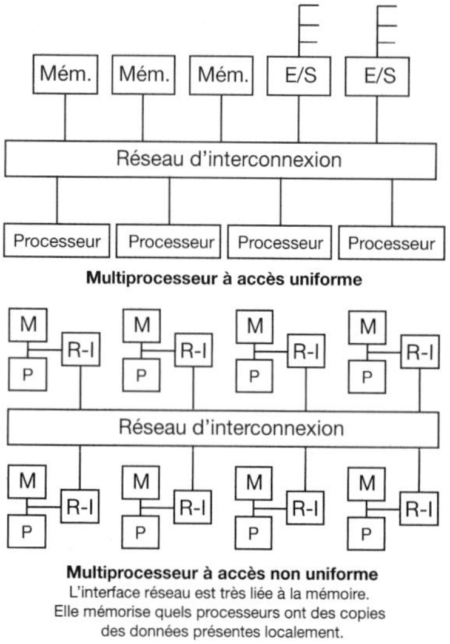

Figure 8 Multiprocesseur à mémoire partagée

La performance d'un tel système dépend de la latence des accès et de la bande passante supportée au regard du nombre de processeurs. La présence de mémoires caches permet la migration et la duplication des données vers les processeurs les utilisant, ce qui nécessite une étude globale incluant les mécanismes d'interconnexion matériels pour assurer la consistance des données.

Multiprocesseurs à passage de message

Le principe de ces multiprocesseurs est de fournir un moyen de communication à un ensemble d'éléments complets (processeur, mémoire, entrées/sorties). Les communications entre processeurs sont des opérations d'entrée/sortie. Une vue macroscopique d'un tel multiprocesseur ressemble à l'architecture d'une NUMA. La différence essentielle est que la communication est intégrée au niveau des entrées/sorties et non au niveau de la mémoire, ce qui explique la nécessité de passer par le système d'exploitation pour implanter les primitives de communication utilisateur. Dans un premier temps, un processeur ne pouvait communiquer qu'avec les processeurs auxquels il était relié et ces communications étaient bloquantes (une communication était terminée lorsque le récepteur avait effectivement lu ce qui lui était transmis). En utilisant les principes de DMA, les communications sont devenues non bloquantes. Enfin, au niveau de chaque nœud de la machine, a été mis en place un contrôleur permettant à tout processeur de communiquer avec n'importe quel autre. Dans un premier temps, le temps de traversée de ces commutateurs était important ainsi, la latence de communication était très variable suivant la distance entre l'émetteur et le récepteur. Aujourd'hui, la latence est majoritairement due au traitement au niveau de l'émetteur et du récepteur et non au temps de traversée du réseau.

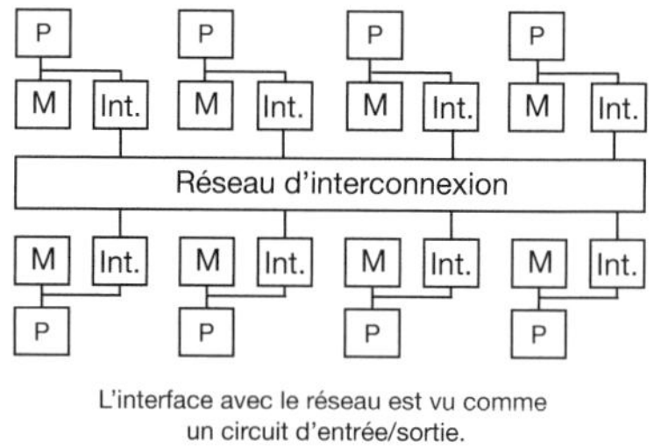

Figure 9 Multiprocesseur à passage de messages

2.4 Convergence

L'évolution de l'architecture et du logiciel a donc quelque peu effacé la distinction claire entre multiprocesseur à mémoire partagée et à mémoire distribuée. Les opérations *send/receive* du modèle de programmation à passage de messages sont supportées sur les multiprocesseurs à mémoire partagée à l'aide d'un tampon de communication partagé. Sur une machine à mémoire distribuée, des primitives utilisateur permettent de définir une adresse globale en spécifiant le processus concerné et l'adresse virtuelle locale. Enfin, un espace virtuel partagé peut être défini au niveau page. Ainsi, un échec d'accès à une page peut provoquer un accès à une machine distante. Dans les deux architectures de multiprocesseurs, on trouve une sorte d'assistant de communication. Il est toutefois plus fortement lié à la mémoire dans le cas des machines à mémoire partagée.

Ainsi, si les modèles de programmation à mémoire partagée et à passage de messages sont assez différents, chacun ayant ses paradigmes pour le partage, la communication et la synchronisation, du point de vue matériel, on retrouve des architectures similaires où chaque nœud est un système complet (le plus souvent un multiprocesseur à mémoire partagée) aidé d'un processeur de communication qui connecte un nœud au réseau.

2.5 Communication, duplication, synchronisation, ordre

Quel que soit le modèle de programmation, celui-ci suppose un certain nombre de propriétés de l'architecture.

Il suppose par exemple que si un thread envoie deux messages dans un certain ordre, ils seront reçus dans le même ordre par le thread récepteur. Ou encore, si une donnée est modifiée deux fois de suite par un thread, les autres threads verront ces deux modifications dans le même ordre.

Lorsque les threads s'exécutent sur un même processeur ou si la machine dispose d'un point de communication unique et visible par tous les threads, assurer que le matériel respecte ces suppositions est relativement simple. Pour les architectures où la communication s'effectue à travers un réseau, cela devient beaucoup plus complexe. De plus, pour des raisons de performance, le concepteur de l'architecture voudra relâcher ces contraintes mais, bien entendu, en garantissant au programmeur une vue abstraite de la communication respectant ses hypothèses. Ainsi, toujours pour des raisons de performance, les données peuvent être dupliquées dans plusieurs nœuds de la machine (ne serait-ce que dans les mémoires caches) et c'est au matériel d'assurer la cohérence de ces multiples copies. De même, c'est au matériel d'assurer que l'ordre des opérations qui doivent être visibles par plusieurs threads soit assuré tout en relâchant l'ordre entre le plus d'opérations possibles de manière à obtenir les meilleures performances. Ainsi, un effort particulier est porté pour assurer au programmeur les hypothèses sur les propriétés de la communication, de la synchronisation, du modèle de mémoire, c'est-à-dire de l'ordre entre les opérations d'accès à la mémoire tout en mettant en œuvre des solutions permettant la meilleure performance, ce qui passe par une minimisation des informations circulant sur le réseau de la machine.

Le lecteur intéressé pourra approfondir ces notions liées aux multiprocesseurs et bien d'autres passées ici sous silence dans (Culler, 1999).

3 Les systèmes enfouis

Un système enfoui est un système informatique enfoui dans un système dont la destination première n'est pas de faire de l'informatique. Les systèmes embarqués sont, eux, enfouis dans un système mobile.

Dans tous les cas, ces systèmes se caractérisent, en général, par le fait qu'on souhaite, pour une performance donnée, optimiser certains autres critères. Souvent, le critère principal est la consommation électrique parce que le système est alimenté par une batterie. Dans le cas de systèmes embarqués dans des moyens de transport, la consommation peut avoir son importance mais c'est plus l'aspect fiabilité, respect de contraintes de temps, tolérance aux fautes qui va primer.

Par ailleurs, ce qui différencie ces systèmes des précédents réside dans le fait qu'ils sont destinés à exécuter une application ou, de plus en plus, une classe d'applications.

Réaliser un système enfoui satisfaisant un certain nombre de contraintes peut être résolu quelquefois par une simple exploration architecturale mais, les contraintes devenant de plus en plus fortes, des solutions architecturales dédiées deviennent nécessaires.

Une contrainte généralement très forte est le coût de ces systèmes et le temps de développement réduit. Ces deux contraintes prônent pour des solutions de réutilisation de composants standard appelés IP (*Intellectual Property*). Cela nécessite toutefois la définition d'un standard d'interconnexion (une API matérielle en quelque sorte) ou l'adjonction de convertisseurs entre divers protocoles qui ajoutent des latences de communication entre les éléments formant le système.

Une caractéristique que l'on retrouve généralement dans ces systèmes est la nécessité de traiter une application type IHM et une application type traitement de signal. C'est pourquoi on retrouve généralement, dans ces systèmes, l'association d'un processeur généraliste peu performant mais économe en énergie et d'un processeur dédié au traitement de signal dont le rapport performance/consommation n'est surpassé que par des circuits sur mesure.

Ces éléments ne sont bien sûr pas indépendants, ils doivent communiquer. On retrouve donc les problématiques des machines parallèles évoqués précédemment. Comment partager des données ? Comment communiquer entre processeurs ? Des solutions différentes de celles envisagées dans les machines parallèles peuvent être envisagées du fait que l'ensemble de la machine se trouve sur une même puce.

L'ingénierie de ces systèmes est complexe et les possibilités sont multiples. Ainsi, le principal problème pour les concepteurs de tels systèmes est l'absence d'outils à même, à partir de la description d'une application, d'aider au choix d'une architecture respectant les contraintes fixées ou aidant l'exploration de l'espace des solutions.

4 Conclusion

L'architecture des machines est en constante évolution. De ce fait, l'architecte de machines doit non seulement savoir comment fonctionne les machines actuelles mais doit aussi savoir comment elles peuvent évoluer et les besoins engendrés par les applications futures.

L'architecture d'une machine est un savant compromis entre différents critères qu'il convient d'optimiser, ces critères variant suivant l'application. Le rapport entre le coût et la performance a longtemps été le seul critère pour les machines haute performance, mais de plus en plus on lui ajoute le critère de consommation énergétique. Suivant les applications, différents critères seront ajoutés : transparence de l'architecture, qualité de service ou contraintes temps réel strictes, fiabilité, etc. En fonction des applications, l'importance des critères varie, ce qui peut avoir des conséquences importantes sur l'architecture.

Bibliographie

Burks A. P., Goldstine H.H. et Von Neumann J. (1946), "Preliminary Discussion of the Logical Design of an Electronic Computing Instrument", *Report to the U.S. Army Ordnance Department* republié dans : Aspray W. et Burks A. P. (1987), *Papers of John Von Neumann*, MIT Press, Cambridge, MA, p. 97-146.

Culler D.E., Singh J. P., Gupta A. (1999), *Parallel Computer Architecture : a Hardware/Software Approach*, San Francisco, Morgan Kaufmann.

Dennis J. B., Misunas D. P. (1975), "A Preliminary Architecture for a Basic Data-flow processor", *2nd Annual Symposium on Computer Architecture, P. 126-132.*

Eden A.N., Mudge T.N. (1998), "The YAGS branch prediction scheme", *31st Annual ACM/IEEE International Symposium on Microarchitecture*, p. 69-77.

Jimenez D. A., Lin C. (2001), "Dynamic branch prediction with perceptrons", *7th International Symposium on High Performance Computer Architecture*, p. 197-206.

Lee J.K.F., Smith A. J. (1984), "Branch Prediction Strategies and Branch Target Buffer Design", *Computer*, volume 17, n° 1, p. 6-22.

Marr D. T., Binns F., Hill D. L., Hinton G., Koufaty D. A., Miller J. A., Upton M., (2002) "Hyper-Threading Technology Architecture and Microarchitecture", *Intel Technology Journal*, vol. 6, n° 1, 14 février 2002, http://developer.intel.com/technology/itj/2002/volume06issue01.

Seznec A., Jourdan S., Sainrat P., Michaud P. (1996), "Multiple-block Ahead Branch Predictors", *7th International Conference on Architectural Support for Programming Languages and Operating Systems*, p. 116-127.

Seznec A., Felix S., Krishnan V., Sazeides Y. (2002), "Design Tradeoffs for the Alpha EV8 Conditional Branch Predictor", *22nd International Symposium on Computer Architecture*, p. 295-306.

Smith A. J. (1982), "Cache Memories", *ACM Computing Surveys*, volume 14, n° 3, p. 473-530.

Smith B. (1978), "A pipelined, shared resource MIMD computer", *International Conference on Parallel Processing*, p. 6-8.

Smith J.E. (1981), "Study of Branch Prediction Strategies", *8th International Symposium on Computer Architecture*, p. 135-148.

Tomasulo R. M. (1967), "An Efficient Algorithm for Exploiting Multiple Arithmetic Units", *IBM journal of Research and Development*, volume 11, n° 1, p. 25-33.

Tullsen D., Eggers S., Levy H. (1995), "Simultaneous Multithreading : Maximizing On-chip Parallelism", *22nd International Symposium on Computer Architecture*, p. 392-403.

Yeh T.Y., Patt Y. N. (1991), "Two-level adaptive training branch prediction", *24th ACM/IEEE International Symposium on Microarchitecture*, p. 51-61.

Systèmes d'exploitation

Ciarán Bryce

Mots-clés : système d'exploitation, SE, programmation de systèmes, Unix, Linux, Windows.

Résumé : ce chapitre explique les principes du système d'exploitation en s'appuyant sur les systèmes d'exploitation actuels. Il examine les rôles des systèmes d'exploitation dans les systèmes d'information puis leurs mécanismes de fonctionnement. Il passe également en revue les systèmes d'exploitation développés au cours de ces dernières décennies ; en effet, la dimension historique est primordiale dans le domaine des systèmes d'exploitation car les choix techniques effectués il y a une trentaine d'années continuent de régir le domaine.

Le système d'exploitation (SE) – ou *operating system*, OS –, est le logiciel le plus répandu et le plus connu du grand public. S'il est facile pour tout un chacun de citer les noms des systèmes d'exploitation actuels (par exemple, Windows et Linux), il devient beaucoup plus difficile d'expliquer leur rôle précis.

Le SE est le dénominateur commun de tout utilisateur informatique, du débutant à l'ingénieur système expert. Cet aspect fédérateur s'explique par la nature fondamentale du SE : une machine doit en posséder un pour être utilisable, c'est donc pour cette raison que le SE se met en marche lors du démarrage. Autre intérêt du SE : il permet à la fois d'exécuter et de développer des applications.

Dans ce chapitre, nous expliquerons les principes de base d'un SE en nous appuyant sur des SE actuels. Cet exposé se concentre autour de deux axes principaux : un axe conceptuel et un axe historique. Le premier a pour objet d'examiner les éléments d'un SE traditionnel. Nous nous intéresserons à ses fondements puis à ses mécanismes de fonctionnement, qui touchent aux domaines les plus variés : stockage d'informations, sécurité et protection, gestion de ressources d'une machine et portabilité des applications entre différentes machines.

Pour sa part, l'axe historique est primordial. Dans le domaine des SE, nous obéissons aujourd'hui aux choix technologiques et commerciaux effectués il y a une trentaine d'années. Il serait illogique de présenter Linux ou Windows sans mentionner les événements qui ont entouré leur création.

1 Les fondements du système d'exploitation

Cette première partie s'intéresse au rôle et à la structure de base d'un SE. Nous constatons que cette structure répond à deux nécessités. La première est l'exécution de plusieurs programmes sur une machine, souvent simultanément, et parfois pour le compte de plusieurs utilisateurs. La seconde est la simplicité de développement des applications, raison pour laquelle les SE sont souvent dotés d'un ensemble d'outils de développement.

1.1 L'exécution de programmes

L'interface homme–machine

La caractéristique principale des systèmes d'information actuels est leur diversité. Il en existe pour contrôler les réseaux bancaires, les centres nucléaires, le tableau de bord des voitures ainsi que les systèmes de gestion des comptes financiers des entreprises. Même un ordinateur possède une multitude d'applications.

Cette diversité est d'autant plus surprenante que le matériel qui compose la machine est toujours basé sur le même principe, à savoir un processeur central avec un accès direct à une mémoire primaire et un accès indirect aux périphériques extérieurs, comme les disques et les terminaux. La diversité des systèmes d'information est rendue possible par la simplicité de programmation de la machine.

Le fonctionnement standard du processeur est présenté dans un autre chapitre. En résumé, le processeur central opère sur des données stockées dans la mémoire primaire de la machine. Le processeur est conçu pour exécuter un certain nombre d'instructions arithmétiques et de flux de données : c'est ce qui confère aux systèmes d'information leur aspect programmable. Les instructions à exécuter sont également stockées dans la mémoire primaire. La mémoire est organisée en une série de cellules, chacune étant identifiée par une adresse unique. Le processeur stocke dans le *compteur ordinal* (CO) l'adresse de la cellule renfermant la prochaine instruction à exécuter. Le processeur interagit également avec d'autres périphériques, tels que le disque, le réseau ou encore l'écran et le clavier.

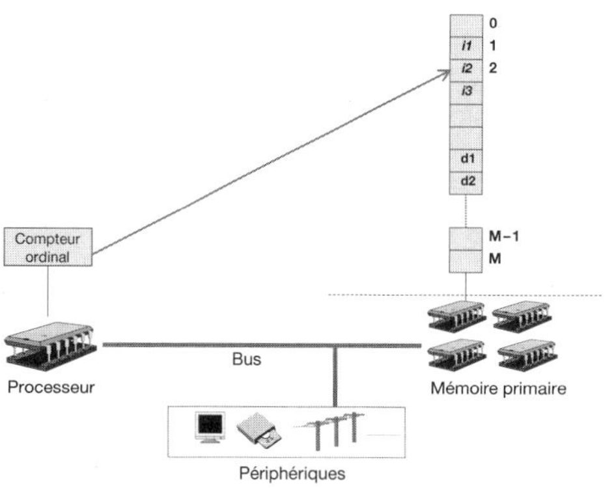

Figure 1 Le fonctionnement d'un ordinateur

Cette architecture s'appelle l'architecture von Neumann. Elle ne dépend pas de la puissance de la machine. De même qu'une voiture de sport et une voiture de ville se conduisent selon le même principe, la différence entre un ordinateur puissant et un ordinateur personnel ne réside pas dans leur mode de fonctionnement mais dans la vitesse d'exécution des instructions et la taille de la mémoire.

L'exécution des instructions dans la mémoire primaire représente la limite de la fonction du processeur central. Or, que faut-il de plus pour exécuter un programme ? Rien, si ce n'est l'installation du programme dans la mémoire de la machine et la mise à jour du compteur ordinal du processeur pour qu'il obtienne l'adresse de la cellule mémoire contenant la première instruction à exécuter. Le chargement a été effectué manuellement sur les premières machines, mais ceci n'est évidemment plus possible. Une possibilité d'installer le programme serait de «brûler» le programme dans la mémoire pour que le contenu ne puisse être effacé. Mais cela ne permet pas de programmer la machine !

La solution est donc de fabriquer un programme de base qui soit toujours présent dans la machine et tourne en boucle. Ce programme de base lit les instructions d'un programme utilisateur d'un périphérique extérieur, un disque par exemple, le place en mémoire primaire et lui «passe la main» en affectant au compteur ordinal l'adresse de la première instruction. Après l'exécution de ce programme, le programme de base copie les données produites vers un périphérique extérieur (imprimante) et attend l'arrivée d'un nouveau programme utilisateur.

Ce programme de base s'appelle un *système d'exploitation*. Les premiers SE étaient limités à cela. Ils consistaient en des interfaces utilisateur-machine et sont apparus au moment où le métier de programmeur se dissociait de celui d'ingénieur électronique. Par exemple, le système IBM 1401 lisait des programmes et imprimait les données sur des cartes perforées.

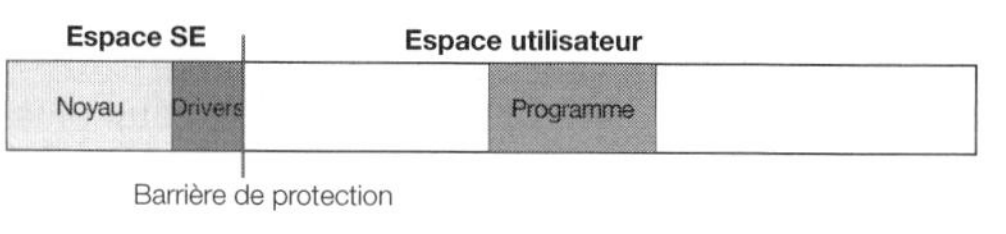

Figure 2 L'espace mémoire d'une machine

Comme le montre la figure 2, une machine possède deux programmes en mémoire : un programme utilisateur et un programme SE. Le programme utilisateur est chargé par le SE depuis l'extérieur. Le SE permet donc à plusieurs programmeurs de partager la même machine, bien que dans le descriptif ci-dessus, le partage soit séparé dans le temps. Néanmoins, ce partage impose une contrainte importante : chaque programme doit laisser la machine dans un état sain pour le prochain programme. En particulier, un programme ne doit pas être capable de contourner le fonctionnement du SE. Ainsi, une barrière de protection (cf. figure 2) sépare la partie de la mémoire occupée par le SE de celle occupée par le programme utilisateur. Le processeur est conçu pour empêcher que les instructions du programme utilisateur puissent accéder aux cellules mémoire utilisées par le SE. Comme le montre le schéma, le SE se compose d'un *noyau* et de modules nommés *drivers*.

La gestion de ressources

La barrière de protection vise à protéger les cellules mémoire utilisées par le SE et, plus globalement, la machine. En d'autres termes, les programmes utilisateurs ne disposent pas d'un accès direct aux périphériques. Le SE s'intercale entre ces accès et les distribue entre les programmes. Ce rôle d'intermédiaire permet de garantir qu'un programme utilisateur n'écrit pas sur les blocs de disque utilisés pour stocker l'image du SE ou des autres programmes, ou d'empêcher qu'un programme ne monopolise une imprimante.

Il existe un second intérêt à passer par le SE pour accéder à un périphérique. Les périphériques étant de nature multiple, les commandes qui les gèrent et qui transitent par le bus de la machine le sont aussi. Il est donc utile de masquer les détails techniques du périphérique du programmeur. Ainsi, chaque périphérique est doté d'un composant logiciel qui interagit avec ce périphérique. Ce composant s'appelle un gestionnaire de périphérique ou *driver*. Les drivers sont généralement stockés dans l'espace mémoire du SE, comme le montre la figure 3.

Pour que le programme puisse accéder aux ressources, le SE lui propose une liste de points d'entrées ou *appels système*. Chaque appel système correspond à une fonction que le SE exécute lorsqu'un programme y fait appel. Ces fonctions donnent accès aux ressources et font donc appel aux drivers. Les appels système sont le seul moyen pour un programme d'accéder à une ressource. Par conséquent le SE est le seul qui puisse intervenir sur les accès aux ressources. Les appels systèmes forment l'interface entre un programme utilisateur et le SE.

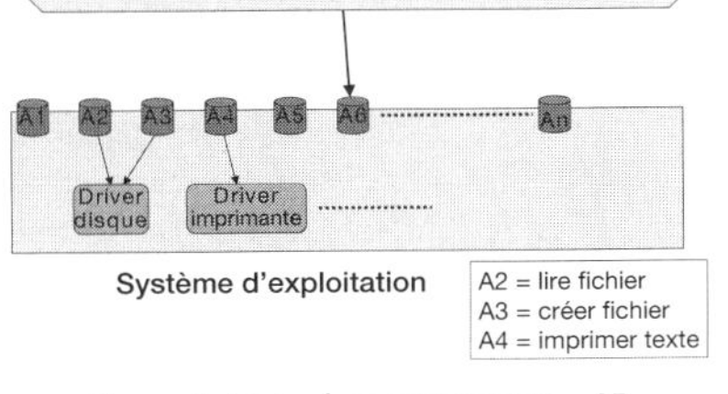

Figure 3 L'interface programme – SE

En général, le SE masque la configuration matérielle de la machine (choix de l'imprimante, des programmes utilisateurs). Les appels systèmes sont donc indépendants des choix matériels. Ils cherchent davantage à proposer des concepts ou des abstractions, plus proches des besoins des programmeurs. Par exemple, un SE propose des fichiers plutôt que des blocs pour stocker les informations. Pour l'imprimante, les appels système appliquent la notion de file d'attente d'impression. La figure 3 présente un SE avec *n* appels système. Un certain nombre d'entre eux traite la gestion des fichiers et des impressions tandis que, comme nous le verrons ci-après, d'autres gèrent l'exécution des programmes.

Les processus

Les données qui décrivent l'exécution d'un programme utilisateur comprennent le compteur ordinal et d'autres informations stockées au sein du processeur ainsi que les cellules mémoires contenant les instructions et les données du programme. Les données qui décrivent le programme en cours d'exécution sont donc bien délimitées, au point qu'on pourrait en faire une copie, arrêter la machine, puis restaurer cette copie pour permettre au programme de continuer son exécution au point où il avait été interrompu. Un programme en cours d'exécution est connu sous le nom de *processus*, et les données du programme sont définies comme son *état d'exécution*. La possibilité d'interrompre un processus de la façon décrite ci-dessus est l'un des éléments centraux de la structuration d'un système d'information.

La simplicité d'interruption d'un processus offre la possibilité d'exécuter d'autres processus pendant l'arrêt du premier. Ainsi, l'exécution de plusieurs processus peut être entremêlée, ce qui donne l'impression que plusieurs processus sont simultanément actifs. La mise en œuvre d'une telle fonctionnalité au sein des SE, qui en sont d'ailleurs tous dotés aujourd'hui, est nécessaire pour deux raisons.

Les programmes à exécuter ont toujours été plus nombreux que les machines sur lesquelles il est possible de les exécuter. Le partage de la machine entre plusieurs programmes s'est effectué dans un premier temps de façon séquentielle, c'est-à-dire un processus après l'autre. Le modèle qui a prévalu un temps consistait à lire plusieurs programmes dans la machine avant de les exécuter de façon séquentielle. Ce modèle est connu sous le nom de traitement par lots (*batch processing*).

Cependant, le traitement par lots s'est avéré inefficace, le processeur tournant à une vitesse nettement supérieure à celle de périphériques comme le disque. En effet, un processus qui demande des données sur le disque ou une saisie de l'utilisateur doit attendre relativement longtemps. Ainsi, une lecture disque peut prendre plusieurs millièmes de seconde avant que les données n'arrivent dans la mémoire primaire de la machine. Pour les saisies ou les paquets de données en provenance du réseau, l'attente peut être encore plus longue. Concernant le disque, un intervalle de plusieurs millièmes de seconde est considérable sachant que le processeur exécute des instructions en quelques microsecondes, voire en nanosecondes. Puisque le processeur fonctionne à une vitesse au moins mille fois supérieure à celle du disque, le temps d'attente est important. Pour éviter une telle perte de temps, il est préférable de mettre le processus courant en attente et d'exécuter un autre processus le temps que le disque effectue sa lecture.

Ce concept de partage du processeur peut être approfondi avec l'exécution de plusieurs processus présents dans la mémoire de la machine. À chaque processus est alloué un quantum de temps, par exemple 10 millièmes de secondes. Le processus tourne pendant ce quantum de temps puis il s'interrompt et un autre processus se met en marche, et ainsi de suite jusqu'à la fin de la liste. Puis, le premier processus est de nouveau lancé pendant un quantum de temps donné. Cette méthode d'ordonnancement des processus, nommée le «tourniquet», a été perfectionnée par le MIT en 1961 avec le SE CTSS (*Compatible Time-Sharing System*).

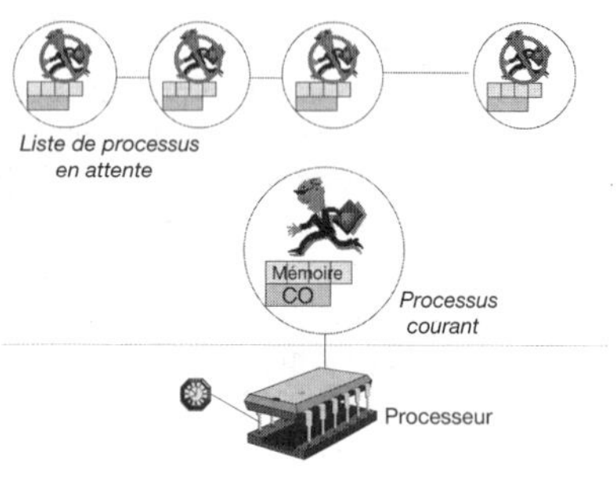

Figure 4 Plusieurs processus

Comme le montre la figure 4, il existe plusieurs processus (programmes actifs) en mémoire. Le processus qui s'exécute à un moment donné est le processus courant. Les données des autres processus sont stockées dans la mémoire. Après un temps donné, une horloge interrompt le processeur qui donne la main au SE. Le processeur sauvegarde l'état du processus courant et le met sur la liste des processus en attente. Il choisit alors un processus de la liste à exécuter tant que ce processus n'est pas en attente de l'achèvement d'une entrée-sortie. Malgré les difficultés que pose sa mise en œuvre, les concepteurs des SE ont privilégié cette méthode en raison de ses nombreux avantages. En effet, elle permet aux programmes courts d'être exécutés en présence de programmes de longue durée. En outre, statistiquement, la méthode du tourniquet met moins de temps à exécuter un programme que la méthode de traitement par lots lorsque la durée des programmes est variable.

La multiprogrammation

Jusque-là, nous avons vu qu'une machine pouvait avoir plusieurs programmes actifs en mémoire et que le processeur répartissait son temps entre ces programmes. Cette approche s'appelle la multiprogrammation : un SE qui peut faire fonctionner plusieurs programmes sur ce mode est qualifié de *multitâche*.

La multiprogrammation permet de faire tourner des programmes de courte et de longue durée sur la même machine. Un programme à durée non limitée peut, par exemple, traiter des requêtes HTTP en provenance d'autres machines ou recevoir des courriels des utilisateurs. Ces processus sont généralement des processus *démons* qui sont lancés dès que le SE commence son exécution.

Les appels système du SE comprennent des fonctions permettant de créer et détruire des processus. Ainsi, un processus de type *shell* peut générer d'autres processus. Un shell est un programme qui saisit des lignes de commande. Dans l'environnement Unix, chaque commande correspond à un nom de programme. Le shell lance le programme comme un nouveau processus en faisant un appel système.

Abordons maintenant le sujet du démarrage. Lorsque la machine est mise en marche, le processeur exécute des instructions à partir de l'adresse 0. Ces premières instructions traitent l'image du SE en mémoire dans la machine, puis initialisent les structures de données.

Le SE crée ensuite un processus de base *init* qui génère à son tour des démons, un environnement graphique ou des processus shell.

La présence de multiples programmes actifs dans le système impose deux contraintes particulières. La première est que le système doit assurer une protection pour que les actions d'un programme n'aient pas de conséquences néfastes, ni sur le SE ni sur les autres programmes. La deuxième contrainte est que le système doit assurer un partage équitable de ressources entre les programmes. Les ressources comprennent les cellules mémoire de la machine, l'espace disque et la bande passante du réseau qui relie plusieurs machines entre elles.

Concernant la protection, il est évident que le code et les données du SE ne doivent pas être modifiés par un programme utilisateur. Un tel changement pourrait tout simplement empêcher le SE de faire tourner des programmes et ainsi faire planter le système. De même, un programme ne doit pas pouvoir accéder aux cellules mémoire d'un autre programme. Cette protection empêche qu'un programme malveillant ou mal programmé ne nuise à un autre programme. Nous utilisons de plus en plus de programmes à l'origine mal définie, notamment ceux qui sont téléchargés depuis des sites Web peu connus. Un virus est l'exemple type d'un programme malveillant. Il faut donc partir du principe que tout programme est mal intentionné et installer une barrière de protection entre ce programme, les autres programmes et le SE. Pour cette raison, le SE a été conçu dans une optique défensive.

Pour ce qui est du partage équitable des ressources, le but est d'empêcher un processus de monopoliser les ressources du système au détriment des autres. Un processus en manque de ressources ne peut pas fonctionner. En outre, le partage de ressources doit permettre d'empêcher un utilisateur malveillant de lancer une attaque de déni de service du système contre les autres utilisateurs.

Afin de garantir un partage équitable, le SE impose des quotas sur les ressources consommées par chaque processus ou par l'ensemble des processus dépendant du même utilisateur. Par exemple, on peut limiter le nombre de blocs du disque qu'un utilisateur peut prendre ou le nombre de connexions réseau qu'un processus peut établir.

Il est intéressant de constater que le système de tourniquet des processus est nécessaire au partage équitable du processeur. Sans cela, un processus en boucle monopoliserait le processeur et empêcherait les autres processus de s'exécuter.

1.2 La programmation de systèmes

Revenons sur la notion de *programme*. Constitué d'une série d'instructions, il peut atteindre une taille importante de l'ordre de plusieurs milliers d'instructions. «Programme» est souvent désigné par le terme *application* qui, stricto sensu, n'est que le raccourci de l'anglais *application programme*. Plus récemment, ce terme est aussi devenu synonyme de «grand programme». Dans le présent chapitre, nous utilisons ces termes de façon interchangeable.

Un SE est presque toujours livré avec un ensemble de programmes prêts à l'utilisation qui offrent quelques activités de base comme un shell, un éditeur de texte, un compilateur, un agenda ou encore un navigateur Web. Si on les nomme *programmes système*, ils n'en demeurent pas moins des programmes fonctionnant en tant que processus indépendants. Au fil des ans, les programmes livrés avec le SE sont devenus plus en plus élaborés et comprennent désormais des environnements graphiques, des jeux ou des programmes multimédias. Le terme «SE» ou «distribution» qualifie l'ensemble tandis que le noyau désigne le code du SE qui gère l'ordonnancement des processus et la gestion de ressources et s'exécute dans la partie de la mémoire protégée par le processeur.

Indépendamment du nombre de programmes installés sur une machine, il ne suffit pas de pouvoir les exécuter, encore faut-il pouvoir les écrire ! Les ordinateurs sont utilisés pour rédiger les programmes. Pour cette raison, les SE sont tous équipés d'outils qui les aident dans cette tâche.

Caractéristiques du développement

Les programmes développés actuellement sont de taille variable. Un programme servant à compter les mots d'un fichier est constitué d'une dizaine de lignes de code. Par contre, le programme navigateur Mozilla possède des milliers de lignes de code. Les gros programmes sont rarement écrits par un seul programmeur mais sont le fruit d'un travail de collaboration.

Les programmeurs utilisent donc des techniques de programmation qui permettent de coder un programme comme un ensemble de composants qui interagissent pour former une application complète. Chaque composant doit disposer d'une interface bien précise qui spécifie les données transmises en entrée, ainsi que les données transmises en retour vers les autres composants.

Les interfaces sont d'autant plus importantes que les programmeurs ne travaillent pas toujours ensemble. Les composants peuvent avoir été programmés à des moments ou dans des langages de programmation différents, bien que les langages de programmation C et C++ soient les plus répandus dans le domaine des SE.

Les enjeux liés à la programmation des applications relèvent souvent des questions de génie logiciel et sont pris en compte dans le domaine des langages de programmation. Citons les langages de programmation orientée objet dans lesquels le programme se compose de classes dont chacune encapsule une partie de la fonctionnalité.

La programmation par composants facilite également la réutilisation des codes. En effet, certains composants sont nécessaires dans différentes applications. Citons notamment les composants d'une interface graphique (*Graphical User Interface*, GUI), des fonctions mathématiques, du traitement de chaînes de caractères ou des expressions régulières. Le but est alors d'écrire le composant une seule fois et de reprendre le code dans toutes les applications nécessaires sans devoir le modifier au préalable. La réutilisation des composants est intéressante en ce qu'elle réduit les coûts de développement, qui se mesurent par le temps et la main-d'œuvre nécessaires pour coder le composant ou simplement en maîtriser la complexité. Certains composants, comme les gestionnaires de périphérique, sont d'une complexité déconcertante pour beaucoup de programmeurs. Il vaut donc mieux pouvoir réutiliser une compétence déjà acquise.

Bibliothèques

L'outil de base dont dispose un langage de programmation pour la réutilisation d'un code est la *procédure* ou la *fonction*. Elle a une interface bien précise qui sert de contrat entre les programmeurs des composants clients et le programmeur de la procédure. Le but principal de la procédure est de permettre aux programmeurs d'éviter la répétition du code à plusieurs endroits dans un programme.

La simplicité de ce concept fait sa force : on s'en sert pour représenter des composants qui sont souvent repris par les programmeurs d'applications. Les procédures sont stockées dans une *bibliothèque* qui va être mise à la disposition des autres programmeurs par le biais du système de fichiers du SE. Il est courant d'organiser les bibliothèques par famille de procédures. Ainsi sous les systèmes Unix, la bibliothèque `math` contient des fonctions pour calculer la racine ou le logarithme d'un nombre, la bibliothèque `stdio` contient des fonctions pour l'emballage des données, l'envoi/la réception de celles-ci vers/depuis des fichiers ou des terminaux.

Les bibliothèques influent à certains égards sur l'organisation d'un SE. D'abord, la compilation du programme – la transformation du langage source d'un programme en code machine – est effectuée indépendamment de la compilation des bibliothèques qu'elles utilisent lorsque ces dernières sont livrées en binaires (versions compilées). Cela signifie que le SE doit également disposer d'un *éditeur de liens*. Cet outil charge les binaires de tous les composants de l'application en mémoire et édite les adresses mémoire de chacun pour qu'ils se référencent. En effet, la compilation d'une bibliothèque ne permet pas de connaître les adresses mémoires des composants. Deuxième impact des bibliothèques sur le SE : le système de fichiers doit permettre une organisation cohérente des bibliothèques. Enfin, elles simplifient la portabilité du SE et des applications sur des machines configurées différemment. En effet, le noyau du SE utilise aussi les bibliothèques – les composants spécifiques à un environnement particulier comme les drivers et les interfaces graphiques sont représentés comme bibliothèques – ce qui permet de développer un noyau unique pour une variété de machines.

Les bibliothèques peuvent êtres *statiques* ou *dynamiques*. Dans le premier cas, un programme qui utilise ou *importe* une bibliothèque est compilé avec cette bibliothèque. En d'autres termes, le code de la bibliothèque est intégré dans l'application au moment de la compilation ou l'édition de liens se fait avant que l'exécution de l'application ne soit lancée. Dans le cas des bibliothèques dynamiques, l'édition de liens s'effectue au moment où l'application fait appel au code de bibliothèque. Sous Windows, les bibliothèques dynamiques sont identifiées par l'extension `.dll`. L'avantage des bibliothèques dynamiques est qu'elles prennent peu de place en mémoire primaire, car elles ne sont chargées que si l'application en a besoin. Par ailleurs, la mise à jour d'une application (nouvelles fonctionnalités ou corrections de bogues) s'effectue en distribuant une nouvelle bibliothèque dynamique. Donc, le programme ne se comporte pas forcément deux fois de suite de la même façon.

Client/serveur

La multiprogrammation mise en œuvre par les SE n'a pas pour seul but de rendre les exécutions de processus plus efficaces et plus équitables, elle donne aussi aux développeurs la possibilité de structurer leurs applications. Le principe de base est assez simple : plutôt que de concevoir une grande application qui fonctionnera comme processus, on la subdivise en programmes de plus petite taille qui s'exécuteront comme processus indépendants mais coopéreront les uns avec les autres pour accomplir la tâche de l'application.

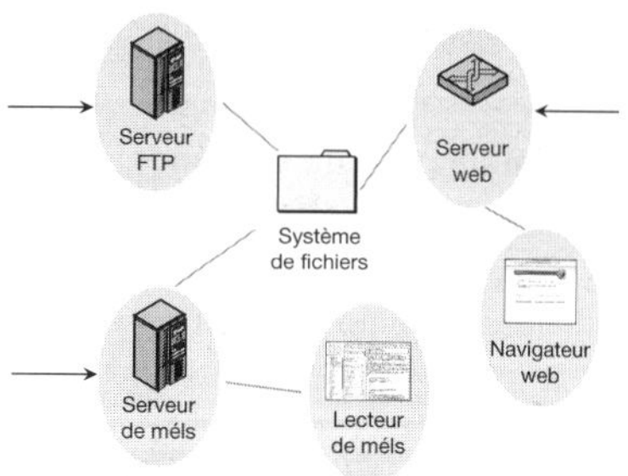

Figure 5 Un ensemble de processus

Prenons un exemple simple avec Unix. Ce SE est distribué avec plusieurs programmes système, dont cat, wc, et grep. Le programme `cat` a pour argument le nom d'un fichier dont il affiche le contenu à l'écran. Le programme `wc - l` compte le nombre de lignes dans le fichier tandis que `grep` prend une chaîne de caractères ainsi que le nom d'un fichier comme argument et retrouve les lignes du fichier qui contiennent les caractères spécifiés.

Imaginons maintenant qu'un programmeur doive élaborer un programme comptant le nombre de lignes d'un fichier contenant une chaîne de caractères donnée. Les trois programmes cat, wc, et grep ne sont pas tout à fait suffisants ; en revanche, une solution existe, qui se base sur la coopération de trois processus incarnant chacun de ces programmes. La commande `cat message.txt | grep bonjour | wc - l` indique le nombre de lignes dans le fichier message. txt qui contiennent le texte «bonjour». En langage Unix, chaque commande est exécutée à l'intérieur de son propre processus. La commande `a | b` signifie qu'il faut créer deux processus, un pour le programme *a* et l'autre pour le programme *b*. Le symbole «|» indique que les données produites par le programme *a* représentent les données d'entrées du programme *b*. Cet exemple montre comment le processus permet de structurer un petit système. En effet, le processus permet la réutilisation de composants à l'exécution.

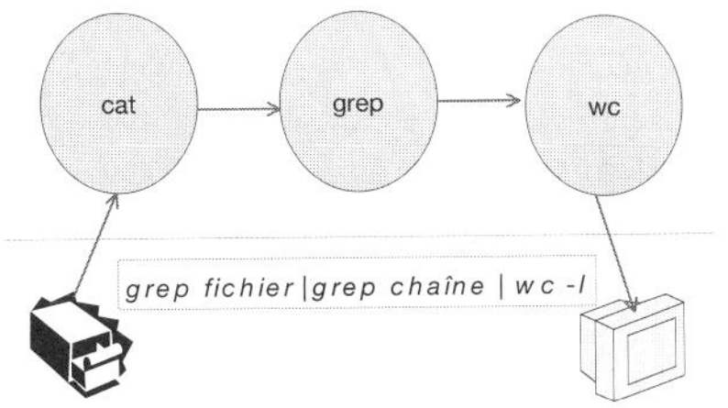

Figure 6 Combinaison de processus

Un exemple plus courant de structuration de système grâce au processus est la programmation *client/serveur*. Un SE peut faire tourner en permanence plusieurs processus qui s'occupent des tâches importantes. L'exemple type de ce genre de processus également appelés démons est le programme `httpd`. Programme «web», il reçoit les requêtes HTTP des clients – généralement des programmes navigateurs – et leur renvoie le contenu demandé. Les programmes mails ou le système de fichiers sont également des démons. Plus généralement, on peut programmer un système de sorte que plusieurs processus s'occupent de tâches précises et fonctionnent comme serveurs pour les autres processus clients.

Nous avons vu ci-dessus qu'un SE doit disposer de mécanismes de protection et de gestion des ressources pour simplifier les systèmes composés de plusieurs processus. De plus, le SE doit fournir un autre ensemble de mécanismes pour la communication des messages entre processus.

Avant de clore cette partie, rappelons que les deux outils de base pour la programmation de systèmes sont les bibliothèques et les processus. Ces deux mécanismes permettent la réutilisation de composants. Le premier est une forme de réutilisation *statique*, puisqu'il s'agit essentiellement de (seulement) reprendre du code et non pas de réutiliser du code en exécution. Les processus permettent une forme de réutilisation *dynamique*. Tous les SE acceptent les deux.

2 Les mécanismes de base

La partie précédente présentait le fonctionnement de base des SE. Or, un SE a besoin d'un ensemble de mécanismes pour exister dans des environnements réels. Par exemple, un système d'information peut avoir à manipuler une grande quantité d'informations et de ressources. Il doit donc pouvoir désigner puis stocker celles-ci. Par ailleurs, le SE a besoin de mécanismes de sécurité pour ne pas exécuter des programmes non fiables. En outre, la construction d'applications client/serveur nécessite des moyens de communication entre processus. Enfin, dernier aspect à considérer : l'hétérogénéité des environnements et la façon dont les programmeurs et les concepteurs de SE peuvent en faire abstraction.

2.1 Le stockage

Dans la première partie de ce chapitre, nous avons décrit le fonctionnement de base d'un processeur et la façon dont il exécute des programmes. Nous avons vu comment le processeur dépend de la mémoire primaire de la machine pour stocker les instructions et les données du programme. Cette mémoire est désignée comme *primaire* car elle est la seule à être directement accessible par le processeur de la machine.

La mémoire primaire a l'avantage d'être rapide. Le temps d'accès à une cellule de la mémoire se mesure en nanosecondes. Mais elle présente trois inconvénients majeurs.

Le premier est que la mémoire est généralement volatile, en d'autres termes, les contenus des cellules sont perdus dès que la machine est éteinte. Or, il est important de pouvoir conserver des informations indépendamment de l'état de la machine et pour une durée indéterminée.

Un deuxième inconvénient est que la capacité de la mémoire primaire est bornée par la taille du bus qui transporte les adresses entre le processeur et la mémoire. Si sa taille est de *n* bits, la capacité maximale de la mémoire primaire sera de 2^n cellules, puisque l'adresse la plus large est $2^n - 1$. Un bus de 32 bits ne permet donc qu'une capacité de stockage de 4 gigaoctets.

Le dernier inconvénient est son prix par rapport à celui du matériel de mémoire secondaire qui sera abordé ultérieurement. En 2005, une barrette de 250 mégaoctets de mémoire RAM coûte environ 50 euros et un disque dur de 100 gigaoctets approximativement 200 euros.

Il existe aujourd'hui divers supports matériels permettant de stocker des informations de façon durable – sans alimentation en continu. Le support le plus utilisé est le disque magnétique. La capacité d'un disque dur pour un ordinateur personnel en 2005 peut avoisiner les 100 gigaoctets. Les cassettes sont également utilisées, mais plutôt pour les sauvegardes. En effet, la perte ou l'endommagement d'un disque est le risque le plus lourd de conséquences, car si le matériel est remplaçable ce n'est pas le cas pour les informations qui y sont stockées. Certaines entreprises ont donc l'habitude de copier les fichiers modifiés dans la journée sur un deuxième support – le plus souvent sur des cassettes qui coûtent un dixième du prix des disques durs.

Un autre support, plus portable, est la disquette. D'une capacité d'environ 1,44 mégaoctets, elle sert généralement à transférer des fichiers entre ordinateurs personnels ou à sauvegarder des données. Les disquettes sont toutefois en train de disparaître au bénéfice des clés (*memory sticks*) qui se connectent à l'ordinateur via un port PCMCIA ou plus couramment un port USB. Les clés USB de 256 mégaoctets sont en vente dans le commerce à moins de 50 euros.

Le SE joue deux rôles en ce qui concerne le stockage d'informations sur les supports secondaires. Premièrement, le SE doit faire abstraction du type de support. Une application doit fonctionner indépendamment du support (cassette ou disque dur) utilisé par l'ordinateur. Deuxièmement, le SE doit aider l'utilisateur ou le programmeur à organiser les informations persistantes. À cette fin, un SE emprunte des abstractions existant dans le monde réel pour l'organisation : fichiers, classeurs ou répertoires.

Un fichier est un conteneur d'informations. Plus précisément, il contient un programme (fichier exécutable), du texte ou des données conformes au format d'une application particulière, par exemple un document Word. Un répertoire contient des fichiers ou d'autres répertoires et facilite ainsi le classement des fichiers par l'utilisateur.

Un SE dispose d'un répertoire de base nommé *racine*. Il est désigné par / sous Unix et \ sous Windows. N'importe quel fichier ou répertoire du système peut être trouvé en parcourant la racine et les répertoires qu'elle contient. L'ensemble des répertoires du système constitue donc une arborescence. Ainsi, `/user/etudiants/dupont/TP.java` indique que le fichier `TP.java` se trouve dans le répertoire `dupont` inclus dans le répertoire `etudiants` dans `user` du répertoire racine.

Le SE dispose d'appels système pour la gestion des fichiers et des répertoires. Les fonctions permettent de créer un fichier, de lire ou d'écrire son contenu et de le détruire. La lecture est l'opération de copie du contenu de la mémoire secondaire vers la mémoire primaire ; l'écriture correspond à l'opération inverse. Par ailleurs, le shell possède un répertoire courant comme attribut. La commande `ls` ou `dir` d'un shell énumère les fichiers dans le répertoire courant du shell. La commande `cd` permet de modifier son répertoire courant. Le SE associe également d'autres données à chaque fichier, comme la date de création et de dernière modification, ainsi que le nom de l'utilisateur et les droits de protection dans un environnement multi-utilisateur.

Le SE se charge de trouver le bloc disque correspondant à un fichier lorsque l'utilisateur en demande l'accès. La structure hiérarchique du système de fichiers révèle son utilité car le SE doit pouvoir localiser la racine sur le disque puis les autres répertoires à partir de celui-ci. Les répertoires sont représentés dans les blocs par la table des *inodes* (sous Unix). Une inode contient des informations sur un fichier ou sous-répertoire telles que son nom, la date de dernière modification etc., ainsi que les adresses des blocs qui stockent les données. La figure 7 montre comment les inodes d'un répertoire permettent de retrouver les données d'un fichier.

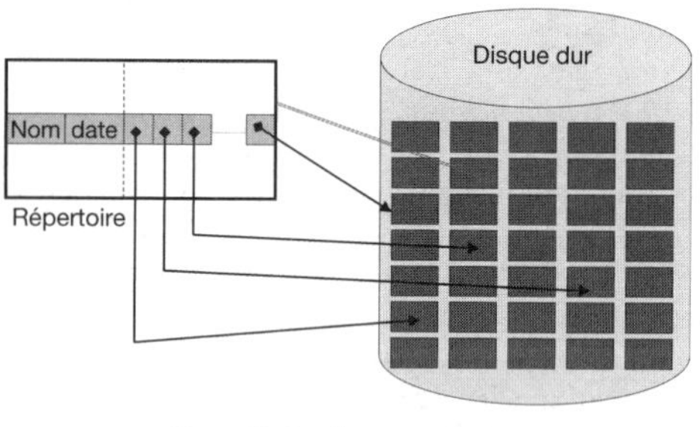

Figure 7 Stockage sur disque

2.2 La désignation

La désignation est un des éléments fondamentaux de tout système d'information. Elle permet d'attribuer des noms aux objets contenant des données (fichiers ou pages Web), aux ressources virtuelles (processus, serveurs et agents représentant l'utilisateur comme les adresses mail), ainsi qu'aux ressources physiques (ordinateurs en réseau et imprimantes). Le système de désignation a pour but d'organiser ou de classifier les ressources et les informations ainsi que de les localiser afin d'en permettre l'accès ou la communication.

Nous avons déjà mentionné deux types de noms : les adresses cellules de la mémoire primaire et les noms de fichier. Dans ces deux cas, la désignation ne joue pas le même rôle. Dans le premier, les noms permettent de désigner une ressource du système de façon unique, et donc de la distinguer des autres ressources. Ainsi, chaque cellule mémoire possède une adresse unique alors que deux fichiers du même répertoire possèdent deux noms différents. Les noms servent également à faciliter la localisation des ressources. Par exemple, pour localiser le fichier `/usr/bin/gcc`, on cherche le répertoire racine du système de fichiers, puis le répertoire *usr* et enfin le répertoire `bin`.

Ces exemples démontrent qu'un SE doit traiter des noms à la fois compréhensibles par le système et par les utilisateurs. Les noms du système comme les adresses s'appellent les *noms internes*. Il s'agit le plus souvent de noms numériques qui commencent par 0. Les noms internes comprennent entre autres les adresses de blocs disques, les adresses réseaux (129.194.14.15 pour l'adresse IP d'une machine), et les numéros de port de périphérique sur une machine.

Les noms choisis par les utilisateurs sont les *noms symboliques*. Généralement, les noms qu'un utilisateur attribue à une ressource sont composés de caractères alphanumériques et forment des mots issus d'une langue naturelle. Les noms attribués aux fichiers (`/user/etudiant/dupont/doc.txt`) et aux machines (duke.-entreprise.ch) se conforment le plus souvent à cette règle. Cette convention s'explique par le fait que ces noms sont facilement mémorisables et qu'ils permettent d'organiser plus logiquement l'ensemble des ressources.

Un des rôles des composants du SE en ce qui concerne la désignation est d'aider à traduire les noms symboliques en noms internes. Cette traduction concerne par exemple l'utilisation des variables dans les langages de programmation pour stocker les données. Chaque variable est représentée à l'exécution par une ou plusieurs cellules mémoire. Le compilateur alloue des cellules mémoire à chaque variable et transforme chaque référence à une variable en accès à ces cellules.

La désignation joue également un rôle important dans la protection des ressources. Il est nécessaire de connaître un nom pour pouvoir accéder à ou communiquer avec la ressource à laquelle ce nom est attribué. Par conséquent, il est impossible d'accéder à la ressource sans en connaître le nom. C'est aussi un moyen de protection : pour protéger une machine ou un fichier, on empêche que le nom soit divulgué en dehors de la communauté d'individus qui ont besoin d'y accéder.

Ce rapport étroit entre désignation et protection a été pleinement exploité dans les *systèmes à capacités*. Une capacité est un nom de ressource (fichier, objet mémoire, processus, périphérique). Ce nom ne peut pas être créé par une entité autre que le SE afin d'empêcher les processus malveillants qui n'en ont pas le droit de forcer l'accès à une ressource. Seul le créateur de la ressource en connaît le nom, c'est à lui de décider à quels autres processus peut être transmise la capacité.

En complément à cette présentation de la désignation, nous allons démontrer à l'aide de deux exemples comment l'aspect désignation est abordé par le SE et les enjeux de la gestion des noms.

Exemple : la mémoire virtuelle

Les adresses de la mémoire primaire sont les noms les plus primitifs. Compris par le processeur, ce sont les seuls noms qui doivent être obligatoirement utilisés par un programme.

L'ensemble des adresses mémoires utilisées forme un espace de désignation pour le programme. Le programmeur verra sa tâche facilitée si son programme est libre de choisir les adresses pour ses données indépendamment des adresses utilisées par d'autres programmes. Par exemple, un programme qui manipule une liste de données doit avoir la possibilité de choisir des (adresses de) cellules contiguës pour cette liste. Le seul problème est la multiprogrammation. Un programme partage la mémoire avec d'autres programmes et bibliothèques. Un programmeur ne peut pas connaître à l'avance l'emplacement de son programme dans la mémoire primaire. Cela dépend du SE et des programmes actifs dans le système au moment du lancement du programme.

La technique de la mémoire virtuelle permet de faire croire à chaque programme qu'il dispose à lui seul de la mémoire primaire de la machine. Un programme peut librement choisir une adresse pour une de ces données. En fait, le programme utilise et génère des adresses virtuelles. Ces adresses sont ensuite transformées en adresses réelles grâce aux tables de translation stockées dans la mémoire du SE. La technique de la mémoire virtuelle est utilisée par tout SE standard. Comme on peut le constater, elle a besoin du support du processeur, qui dispose généralement de cette fonctionnalité.

La figure 8 présente les espaces virtuels de deux processus. Chacun utilise une zone – ou une page – de mémoire virtuelle à l'adresse 1024. Cependant, les adresses réelles utilisées pour ces pages par les processus 1 et 2 sont respectivement 4096 et 5120.

Exemple : DNS

Aujourd'hui, le SE tourne sur des machines généralement reliées à un réseau ou disposant d'une connexion Internet. La connexion en réseau, qu'elle soit réalisée au moyen de câbles ou d'ondes radio, a avant tout besoin d'un programme ou composant logiciel qui implante un protocole. Un protocole décrit la manière dont un message doit être codé pour être envoyé sur le réseau. L'un des protocoles les plus connus est celui utilisé pour la transmission sur Internet : IP ou *Internet Protocol*.

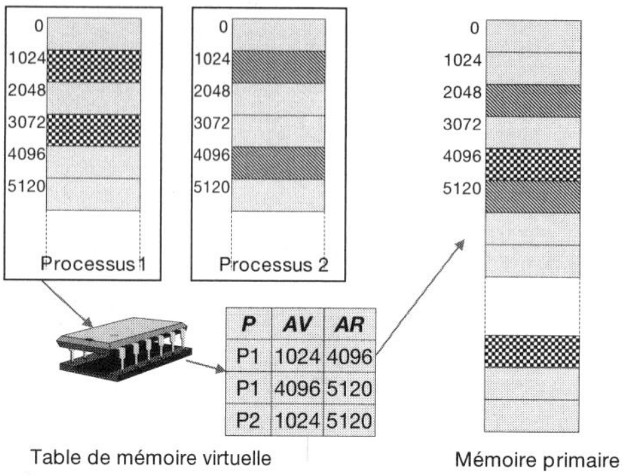

Figure 8 La mémoire virtuelle

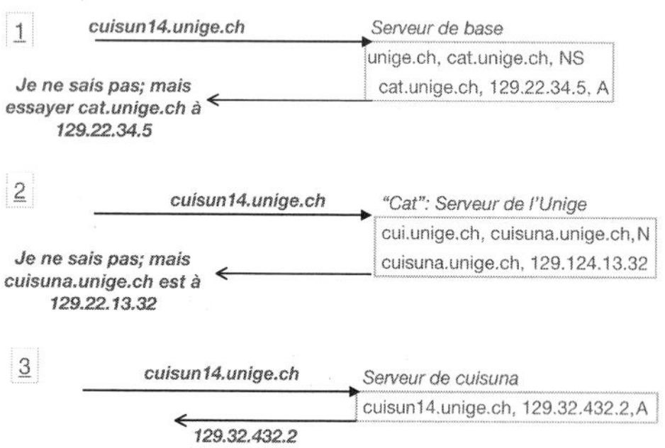

Figure 9 DNS

L'adressage est un aspect important d'un protocole. Dans l'IP (version 4), une adresse est composée de quatre octets. Il est fréquent de représenter ces adresses textuellement par quatre entiers séparés par un point, chaque entier représentant un octet. Ainsi, 129.194.69.27 est l'adresse d'une machine à Genève. Puisque les utilisateurs ne peuvent mémoriser ces adresses, ils leur attribuent des noms symboliques, par exemple www.unige.ch. Le service du DNS (*Domain Name System*) transforme le nom symbolique d'un serveur Web ou mail en adresse IP.

Les noms de domaines sont organisés de façon hiérarchique. Le premier niveau regroupe les domaines principaux : .com, .ch, .fr, .net, etc. Les serveurs de premier niveau font suivre les requêtes d'un domaine particulier vers un serveur de base de ce domaine. Dans le schéma ci-dessus, une requête pour la machine cuisun14.unige.ch est reçue par un serveur de base en Suisse. Le serveur ne connaît pas l'adresse IP de cette machine, mais connaît une adresse IP pour la machine cat.unige.ch qui, elle, pourrait connaître cuisun14.unige.ch.

DNS démontre l'enjeu entre noms symboliques et noms internes. De plus, DNS est un composant que tout SE – quel qu'en soit le fabricant – se doit de posséder.

2.3 La communication

Les processus qui s'exécutent dans un environnement doivent parfois coopérer entre eux pour accomplir leurs tâches. L'exemple que nous avons présenté dans la première partie était celui des processus client qui dépendent de processus serveur, p. ex. : les démons Web ou mail. Un SE doit disposer de mécanismes de communication interprocessus (IPC, *Inter-process communication* en anglais) pour que ces schémas de coopération puissent fonctionner.

Le fichier, notion déjà abordée, est un mécanisme d'IPC. Le processus client qui souhaite envoyer un message au processus serveur n'a qu'à écrire le message dans un fichier que le serveur pourra lire par la suite. Il suffit que les deux processus connaissent le nom du fichier pour pouvoir lancer l'échange du message.

Pour les processus communicants séparés dans le temps, le système de fichiers est leur unique moyen de communication. En revanche, il est inutile de faire intervenir le système de stockage et le disque pour faire communiquer des processus actifs en même temps. D'ailleurs, IPC est également nécessaire pour des processus qui tournent sur des machines différentes, et il est souhaitable de pouvoir utiliser le même mécanisme de communication, indépendamment de la machine où se trouvent les processus. Ceci n'est pas vraiment possible avec un système de fichiers.

Le mécanisme d'IPC le plus courant est le *socket*, qui signifie « prise » ; son principe de base est décrit dans la figure 10. Les processus s'en servent pour établir une connexion permettant ensuite de transmettre un flux de données.

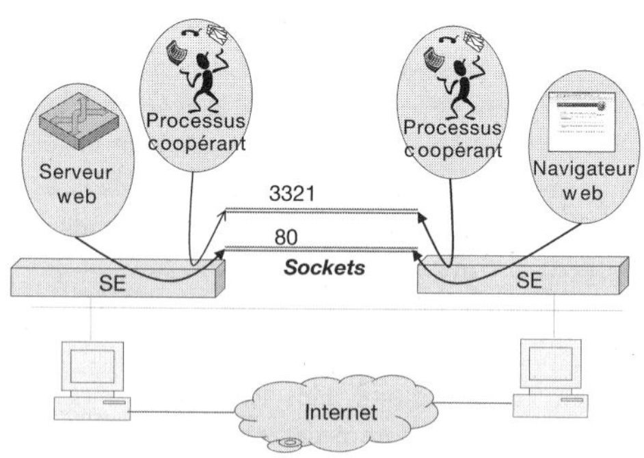

Figure 10 Les sockets

Les opérations principales définies pour les sockets sont `listen`, `bind`, `send` et `receive`. L'opération `listen` permet au processus serveur d'attendre les requêtes des processus client pour établir une connexion. Cette requête est établie avec l'opération `bind`. Les opérations `send` et `receive` permettent au client d'envoyer des données et au serveur de les recevoir.

Une caractéristique importante des sockets est qu'ils permettent la communication entre processus présents sur la même machine ou sur des machines différentes. En fait, les processus peuvent se servir de l'API sans savoir si leurs processus interlocuteurs sont sur la même machine. Cette transparence est très utile pour les programmeurs, qui peuvent alors développer leurs applications sans se soucier de la configuration de celles-ci lors de leur mise en route.

Une deuxième caractéristique intéressante des sockets est que leurs implantations – dans la plupart des systèmes – utilisent le programme (ou protocole) IP pour échanger des données sur le réseau. IP est le programme Internet. Le succès du protocole IP est étroitement lié au développement du SE Unix qui l'utilisait à l'origine. Dans les années soixante-dix, les universités, qui travaillaient sous Unix, ont utilisé ce protocole pour le réseau interuniversité. Ceci mis à part, tous les programmes associés à Internet, comme les navigateurs et serveurs Web, l'email et DNS utilisent les sockets dans leurs implantations.

Pour établir une connexion, le processus doit connaître l'adresse ou le nom de la machine de son interlocuteur. Par ailleurs, pour autoriser plusieurs connexions à la même machine, une machine attribue des numéros de port. La connexion doit spécifier le numéro de port dans l'établissement de la connexion. Le processus serveur désigne un numéro de port comme argument de l'opération `listen`. Le port est désigné par un entier. En général, le SE se réserve l'utilisation des ports numérotés de 0 à 1023 ; les autres ports sont utilisés par les programmes utilisateur. Par exemple, le serveur web utilise le port 80. Le serveur du programme SMTP responsable des envois de messages mail utilise le port 25. Le programme qui implante le protocole IMAP (lecture des messages d'un serveur mail) se sert du port 110.

La communication entre processus n'est pas une simple question de transfert de données, il faut en effet que les interlocuteurs se comprennent. L'interprétation des données échangées est donc importante. Ce problème se pose à plusieurs niveaux. Par exemple, les processeurs peuvent représenter les types de base de façon différente. Par exemple, les processeurs Intel et SPARC représentent les entiers différemment : les octets sont stockés de façon inverse par les deux familles de processeur. La question de compréhension des données se pose également pour les commandes échangées. Dans le cas de programmes Internet, toutes les commandes sont en ASCII et chaque protocole précise la syntaxe des commandes. Par exemple, le protocole HTTP précise que la commande pour télécharger un fichier est `GET <nom de fichier>`. Ces dernières années, les travaux de recherche et de développement se sont concentrés autour des standards de représentation des informations (XML et RDF notamment). Ces technologies sont reprises pour la programmation de systèmes. La technologie SOAP (*Simple Object Access Protocol*) permet la mise en place des appels de procédure à distance où les données sont représentées en XML.

Le dernier élément de communication est la recherche des interlocuteurs. Par exemple, pour établir une connexion sur un socket, il faut connaître l'adresse de la machine destinataire. Le service de recherche (*lookup*) facilite la recherche de machines. Par exemple, le serveur DNS fournit des adresses IP pour des critères de recherche exprimés sous forme de noms de domaines.

2.4 La sécurité et la protection

Tout au long de cette présentation, nous avons constaté que la protection était depuis longtemps un sujet de préoccupation pour les concepteurs des SE. Le problème essentiel est posé par la nécessité de protéger les cellules mémoire utilisées par le SE contre les modifications effectuées par des programmes utilisateur, mais également de protéger les cellules appartenant à un programme contre les autres programmes. Cette protection est nécessaire pour faire respecter les contraintes en matière de sécurité des informations et des ressources d'autrui, mais aussi pour assurer un partage équitable de la machine entre ses différents utilisateurs.

La sécurité des informations recouvre la confidentialité, l'intégrité et la disponibilité des informations. La confidentialité d'un système d'information est sa capacité d'empêcher des accès en lecture aux informations du système qui ne sont pas autorisées par les responsables ou les propriétaires de ces informations. L'intégrité concerne les contraintes sur la création, la modification et la destruction des informations dans le système. Un exemple courant d'une contrainte d'intégrité est celle qui stipule que seul l'administrateur système a le droit de créer des comptes utilisateur sur le SE. Autre exemple : seul le propriétaire d'un fichier peut décider quel autre utilisateur sera habilité à en modifier le contenu. La disponibilité a pour but d'assurer qu'un utilisateur puisse toujours accéder à ses propres informations et aux ressources du système ; elle n'est pas respectée pendant une attaque de déni de service par exemple, où un service est rendu inaccessible à cause d'une action menée par un utilisateur malveillant.

Une *attaque* est une action menée dans le système afin de provoquer une violation de la confidentialité, de l'intégrité ou de la disponibilité. Les attaques sur les systèmes d'information sont aujourd'hui très courantes et très médiatisées. Elles vont des messages SPAM, que l'on peut classifier comme SPAM car ils font perdre énormément de temps aux serveurs mails et aux utilisateurs, jusqu'aux programmes malveillants qui s'introduisent au sein d'un système d'information. Pour les concepteurs et les opérateurs de systèmes d'information actuels, il est primordial de considérer les risques de sécurité comme étant aussi sérieux que ceux posés par les bogues de logiciels.

Tout SE doit évidemment disposer de mécanismes pour contrer les attaques, car on ne peut pas toujours les empêcher. Néanmoins, il est important de signaler que les mesures de protection d'un système d'information commencent à l'extérieur du système, avec des contrôles sur les personnes pouvant accéder au système et la création de comptes utilisateur. Ces utilisateurs doivent donc s'authentifier lorsqu'ils se connectent au système. L'authentification a généralement lieu au moyen d'un mot de passe.

Les méthodes d'attaque des systèmes consistent donc souvent à subtiliser le mot de passe d'un utilisateur. L'attaquant peut ainsi se connecter au système – un acte que l'on qualifie d'intrusion – et se faire passer pour l'individu auquel il a volé le mot de passe. Cette infraction est particulièrement grave si l'on réussit à subtiliser le mot de passe de l'administrateur du système, car il dispose de privilèges très larges au sein du système. Les mots de passe restent le point faible de la sécurité d'un système car les utilisateurs choisissent mal leurs mots de passe, avec souvent des mots faciles à retenir. Une étude[1] a montré qu'entre 2 % et 25 % de mots de passe d'un système Unix étaient relativement faciles à deviner : nom de l'ami(e), noms propres, noms de lieux, combinaisons du nom d'utilisateur et du nom complet, titres de romans, termes sportifs, etc.

À l'heure actuelle, les attaques les plus fréquentes surviennent lorsqu'un utilisateur existant du système fait exécuter un programme qui lance une attaque de sécurité à son insu.

Les *virus* représentent l'une des catégories de ces programmes. On les nomme ainsi à cause de la façon dont ils se répandent. Comme chez les humains, un virus se propage par contact avec un individu infecté. Dans l'univers informatique, un virus se répand par les programmes réseau tels que la messagerie électronique, le Web ou tout autre programme permettant l'échange de programmes par le réseau. Il arrive qu'un utilisateur exécute le programme sans savoir qu'il est infecté. Le problème vient surtout du fait que le programme infecté s'exécute avec les privilèges de l'utilisateur, ce qui signifie que le virus peut détruire les fichiers de l'utilisateur sans qu'il soit possible de l'en empêcher.

Il arrive parfois que le programme contaminé soit un programme système, ce qui peut être le cas suite à une intrusion. L'une des méthodes employées consiste à remplacer un programme de base ou le chemin d'accès à ce programme. Dans la dernière hypothèse, un attaquant substitue une commande standard, «*ls*» par exemple, par un alias qui exécutera sa propre version de cette commande. On emploie alors le terme «cheval de Troie» pour décrire le programme, car il possède un comportement qui n'est pas celui attendu par l'utilisateur.

Une autre façon de corrompre un programme est d'exploiter une faille dans la conception ou la programmation du programme. Les failles sont souvent dues au traitement des arguments, où un argument de longueur importante choisi comme paramètre du programme pourrait être copié dans la zone mémoire contenant le code du programme. Si ce paramètre contient des instructions exécutables, le comportement est alors modifié. Cette technique s'appelle *stack smashing* et de nombreuses attaques connues en résultent.

Pour lutter contre les attaques, les SE disposent des mécanismes de journalisation et d'autorisation. La journalisation consiste à noter dans un fichier protégé toutes les actions principales qu'un utilisateur effectue, par exemple l'ouverture de fichiers ou l'établissement de connexions réseau. Lorsqu'une intrusion est détectée dans le système, la journalisation permet de retracer les séquences d'actions qui l'ont précédée et donc de mieux comprendre par où et par qui cette intrusion s'est produite.

Les mécanismes d'autorisation ont pour but de vérifier toute action entreprise par un processus, et d'empêcher cette action si elle risque de compromettre la sécurité du système. La méthode consiste à associer des domaines de protection aux ressources du système. Un domaine comporte un sous-ensemble de ressources du système ainsi que des droits d'accès sur ces ressources. La figure 11 définit quatre domaines de protection. Certaines ressources font partie de plusieurs domaines. Un processus est toujours associé à un domaine de protection et hérite des droits d'accès de son domaine. Ainsi, un processus qui s'exécute au sein du domaine DP3 peut imprimer des documents, lire les fichiers F3 et F4, écrire dans le fichier F4, et arrêter le processus 2. Le modèle du domaine de protection permet de spécifier les autorisations dans un système indépendamment du nombre de processus contenu dans ce système.

1. D. Kein, *Foiling the Cracker* : *A Survey of, and Improvements to, Unix Password Security*, Usenix Security Workshop, 1990.

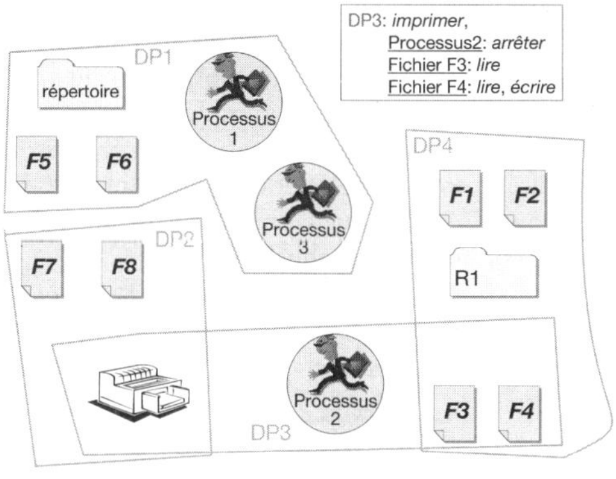

Figure 11 Les domaines de protection

Le modèle Unix reste un des mieux connus en ce qui concerne les domaines de protection. Dans un environnement Unix, les utilisateurs sont classés en groupes de travail. Un identifiant unique est attribué à chaque groupe (GID) et à chaque utilisateur (UID). Un processus lancé par un utilisateur a comme identifiant la combinaison de l'UID et du GID de l'utilisateur. Ces UID sont également associés aux fichiers créés par les processus. Chaque fichier possède une liste de contrôle d'accès qui permet de spécifier les droits d'accès *rwx* pour les processus de l'utilisateur propriétaire, les processus du groupe et les autres processus. Ainsi, pour un fichier avec les droits *rwxrw-r--*, le propriétaire du fichier est autorisé à lire, écrire et exécuter le fichier; les processus appartenant aux autres utilisateurs de son groupe ont le droit de lire et d'écrire le fichier, tandis que les autres processus sont uniquement autorisés à le lire.

Il est possible de changer le domaine de protection dans le modèle Unix avec le mécanisme *setuid*. Il s'agit d'un mode de protection que l'utilisateur peut associer à son fichier exécutable : lorsqu'un processus exécute le programme dans le fichier, ce processus hérite de l'UID du propriétaire (et donc de ses droits d'accès) pendant la durée de l'exécution du programme. Cette technique est par exemple utilisée pour modifier un mot de passe. Les mots de passe du système sont stockés dans un fichier ou dans une base de données dont la lecture doit rester inaccessible aux utilisateurs pour des raisons évidentes. De plus, un utilisateur n'a pas le droit de modifier son propre mot de passe dans cette base – une contrainte d'intégrité. La solution consiste à donner à l'administrateur du système seulement le droit de lire ou de modifier la base. Pour effectuer la modification, il dispose d'un programme baptisé *passwd*. Tout utilisateur a le droit d'exécuter ce programme qui est associé à un *setuid*. L'utilisateur hérite donc du droit de modifier la base par le biais du programme qui contrôle la façon dont cette modification est effectuée.

2.5 La portabilité

La portabilité est aujourd'hui considérée comme l'une des qualités essentielles des logiciels. En bref, la portabilité est ce qui permet à une application de fonctionner dans plusieurs environnements – dotés de SE ou de processeurs différents – sans que son programmeur ait besoin de la modifier. La portabilité donne une vraie liberté au programmeur car il peut développer son application avec un nombre minimum d'hypothèses sur les environnements dans lesquels son application sera utilisée.

Le besoin de portabilité est apparu avec les avancées des années cinquante et soixante dans le domaine du matériel. On souhaitait alors élaborer des systèmes et des applications indépendants d'un processeur particulier. Le développement des langages de programmation a en partie été motivé par cette exigence. Autre besoin évident : concevoir et programmer une application en utilisant des structures de données et de contrôle plus proches de celles employées par un humain que de celles mises en œuvre par une machine.

Après l'indépendance vis-à-vis du processeur, la prochaine étape consistait à pouvoir développer ou exécuter des applications indépendamment du SE.

Concrètement, un moyen de garantir la portabilité est d'adhérer aux standards. Lorsqu'un SE adhère à un standard, toute application développée en conformité avec ce standard est censée fonctionner dans cet environnement. Il existe deux types de standards : les standards *de facto* et les standards *organisationnels*. Un standard se définit comme *de facto* lorsqu'il a été adopté par une majorité d'utilisateurs. Dans le domaine des SE, les SE Windows en sont un exemple puisque plus de 90 % des machines utilisent ces SE. Une application développée pour fonctionner sous Windows est donc compatible avec un grand nombre de machines.

Un standard organisationnel est une définition formelle d'une spécification à laquelle une technologie doit adhérer. Cette spécification est généralement produite par une organisation de standardisation ou par un consortium dont les membres sont issus de l'industrie et du monde universitaire. POSIX (*Portable Operating System Interface Standard*) en est un exemple dans le domaine des SE : il s'agit d'une série de standards développés sous la direction de l'organisation IEEE (Institute of Electrical and Electronics Engineers). Le standard POSIX.1 comprend un ensemble d'appels système qu'un SE POSIX doit comprendre. Cette interface est basée sur celle du SE Unix. Une application développée pour POSIX peut fonctionner sur n'importe quel SE POSIX.1.

Pour être conforme à POSIX, un SE doit subir une procédure de certification. Certains SE ne se sont pas soumis à cette procédure qui peut être onéreuse. Les SE Unix sont aujourd'hui considérés comme comprenant l'API Unix (par exemple, Solaris, Linux et BSD). Ainsi, Mac OS X est également basé sur Unix afin de profiter des nombreuses d'applications Unix.

Pour conclure, signalons qu'une application est «portable» si elle tourne dans n'importe quel environnement, ce qui englobe non seulement le processeur ou le SE mais également les caractéristiques de l'environnement comme les fichiers et les bibliothèques, les droits d'accès, les versions des composants du SE etc.

3 Une brève histoire

L'histoire des systèmes d'exploitation est extrêmement vaste et notre but n'est pas d'en rappeler toutes les étapes. Nous souhaitons plutôt revenir sur quelques événements qui ont marqué l'évolution des SE au cours des années et permettent de comprendre la prédominance des systèmes Unix et Windows.

Le principal fil conducteur de l'histoire des SE est l'évolution impressionnante du matériel. Depuis les années quarante en effet, le prix (et la taille !) des ordinateurs et de leurs composants n'a cessé de diminuer tandis que la fiabilité et la performance allaient en augmentant. Ces tendances ont été exprimées dans deux célèbres règles informelles. Bill Joy – un des fondateurs de Sun Microsystems – a estimé que la vitesse d'un processeur doublait tous les 18 mois. Gordon Moore – fondateur de la société Intel – considérait que la taille d'un circuit intégré était divisée par deux tous les deux ans. Les premiers ordinateurs des années quarante comme l'ENIAC ou l'EDVAC n'étaient pas aussi puissants que les appareils personnels dont nous disposons actuellement. Les progrès réalisés dans le domaine du matériel se sont traduits par un élargissement progressif de la clientèle des ordinateurs, qui sont successivement passés des centres de calcul au domaine bancaire et à l'entreprise avant de s'introduire dans nos foyers et de s'immiscer jusque dans le sac à main. Cette évolution a abouti à une diversification des applications demandées par les utilisateurs et du support que les SE doivent fournir.

Une autre facette de l'histoire est l'apparition progressive des notions de base. À titre d'exemple, de nombreux progrès ont été réalisés durant les années cinquante dans le domaine de la gestion des entrées-sorties. La multiprogrammation est apparue au cours des années soixante. Les années soixante-dix ont apporté des progrès considérables dans le domaine du réseau, avec notamment l'apparition de TCP/IP – une suite de protocoles utilisée pour Internet. Les années quatre-vingt ont vu l'accès du grand public aux ordinateurs personnels et l'apparition des logiciels en accès libre. Ce mouvement a connu un véritable essor à partir des années quatre-vingt-dix grâce à Internet. Enfin, l'année 2000 marque définitivement l'entrée dans l'ère de l'ordinateur personnel.

Apparu autour de 1970, Unix est un des piliers de l'univers des systèmes d'exploitation. Ce SE a donné naissance à Linux et fonctionne sur une variété de plateformes.

3.1 Le monde avant Unix

L'histoire contemporaine de l'informatique est née durant la Seconde Guerre mondiale. Ce sont les Alliés qui ont entrepris les recherches dans ce domaine, poussés par le besoin de déchiffrer des codes nazis ou encore de résoudre des équations différentielles de mouvement pour les missiles. Parmi les premières machines, on retrouve l'ENIAC (1945) et l'EDVAC (1947) qui étaient énormes et plutôt lents. L'ENIAC pesait dans les trente tonnes et consommait 200 kilowatts. Sur l'EDVAC, il fallait près d'une seconde pour faire la somme de deux flottants et presque trois secondes pour les multiplier. Les données et les programmes étant chargés dans la machine de façon manuelle, il n'y avait pas de système d'exploitation.

Les années cinquante ont vu l'invention d'un dispositif révolutionnaire pour l'informatique : le transistor électronique, qui permettait de construire des machines moins chères et plus fiables. Deux familles d'ordinateurs ont marqué la suite de l'histoire : l'IBM 1401 et l'IBM 7094.

La machine IBM 1401 fut en quelque sorte le «modèle T» de l'informatique. Première machine vendue à plus de dix mille exemplaires, elle mesurait un mètre cube et possédait une mémoire primaire de 4 à 16 kilooctets. Elle disposait en outre d'un lecteur de carte perforée et d'une imprimante. Le SE de la machine effectuait un traitement par lots.

La machine IBM 7094 connut un grand succès au milieu des années soixante. Avec une puissance de 0,35 MIPS, elle ne coûtait que 3,5 millions de dollars. Le SE en place lisait les cartes perforées puis copiait les programmes (tâches) dans une mémoire secondaire. Au moment du chargement, une édition de liens devait être effectuée avec le code des bibliothèques sur disque pour faire tourner le programme.

IBM 7094 était l'une des premières machines à mettre en œuvre la multiprogrammation. Un des buts était de permettre l'interruption d'un programme d'un étudiant – et sa sauvegarde sur cassette – afin de pouvoir lancer le programme d'un professeur. Une équipe du MIT dirigée par Fernando Corbató a développé le SE *Compatible Time Sharing System* – ou CTSS – sur l'IBM 7094, ce qui permettait l'interruption de travaux (*jobs*) au profit d'autres.

À partir de 1963, cette même équipe s'est associée aux entreprises General Electric et Bell Labs pour développer le SE Multics. Parmi les particularités de ce système, citons son support pour plusieurs utilisateurs, des modèles de protection et de gestion de la mémoire primaire assez riches, et le fait que le SE était principalement écrit dans le langage de programmation PL/1. Multics fut commercialisé en 1973 sur une machine Honeywell qui opérait à 1 MIPS avec 700 kilooctets de mémoire. Son coût de sept millions de dollars était trop élevé et la machine arrivait trop tard.

À cette période, la société Digital Equipment Corporation (DEC) a développé une série de machines appelées les PDP (*Programmed Data Processors*). La PDP-1 était commercialisée à 120000 dollars alors que la PDP-11, développée en 1970, ne coûtait que 11000 dollars. Les machines PDP ont été remplacées par les VAX à la fin des années soixante-dix. La PDP-11 aura néanmoins marqué le domaine des SE, puisque Dennis Ritchie et Ken Thompson l'ont utilisée pour développer un SE inspiré par Multics et baptisé Unix.

3.2 Le monde Unix

Du point de vue technique, Unix possède tous les aspects dont nous avons parlé dans les premières parties. Système d'exploitation multitâche et multi-utilisateur, Unix tourne sur une grande variété de machines. Ce SE est d'autant plus intéressant qu'il est adopté par une communauté croissante d'utilisateurs.

Propriété de la société Bell Labs dans les années soixante-dix, Unix fut livré à l'université de Berkeley en 1974 et mis à la disposition des chercheurs et des étudiants.

Au cours des trois années qui suivirent, la base de données Ingres fut transférée sur Unix à Berkeley et de nouvelles applications virent le jour (interpréteur pour le langage Pascal, éditeurs de texte ed et vi). Berkeley distribuait les applications sous Unix à d'autres universités, un système appelé le *Berkeley System Distribution*. Le terme «distribution» fut repris plus tard pour Linux. En plus des nouvelles applications, les chercheurs de Berkeley proposaient à Bell Labs des modifications à l'intérieur même d'Unix. Ainsi, la version 5 d'Unix de Bell Labs – le *System V* – est devenue la version stable, tandis que les BSD étaient utilisés par les chercheurs et les universitaires. Ce partage de codes source a permis aux chercheurs de proposer des améliorations du SE, en particulier sur le plan de la performance. Cette quête de la performance fut soutenue par la concurrence qui dura un certain temps entre Unix et le système VMS de DEC, lequel tournait sur une machine VAX.

La télécommunication fut l'un des grands sujets de recherche dans les années soixante-dix, avec le financement par l'organisation DARPA d'une initiative visant à créer un réseau américain. La mise en place de ce réseau nécessitait la mise à jour des SE sur un grand nombre de machines. Unix fut choisi comme le SE de référence en raison de sa grande disponibilité. Par la suite, DARPA contribua beaucoup aux projets de recherche autour de BSD, et la version BSD ne tarda pas à surpasser le *System V*, notamment grâce à son support réseau – avec l'intégration des protocoles TCP et IP – et le *Fast File System*.

La communauté BSD s'est développée avec le portage de la distribution sur la famille des processeurs Intel 386. La distribution NetBSD (nommée ainsi car elle n'était accessible que par Internet) est née au début des années quatre-vingt-dix à partir de 386/BSD. La communauté FreeBSD a vu le jour quelque temps après dans le but d'orienter la distribution vers un public plus large, un peu dans l'esprit de Linux. La distribution OpenBSD comporte un émulateur pour bibliothèques Linux, bien qu'aujourd'hui, elle soit surtout axée sur la sécurité.

Si l'histoire de la distribution du SE Unix a pu avoir lieu, c'est parce que les développeurs d'Unix considéraient le SE et son amélioration comme un défi intellectuel. Ces développeurs étaient des universitaires au service d'une entreprise qui semble avoir tardé à comprendre le potentiel économique du SE, et lorsque la scission eut lieu entre *System V* et BSD, le BSD était suffisamment indépendant et répandu.

Bill Joy quitta Berkeley pour Sun Microsystems au début des années quatre-vingt, et SunOS fut créé sur la base de BSD. Ce SE tourne sur la famille 68000 des processeurs de la société Motorola. SunOS sera remplacé par Solaris dans les années quatre-vingt-dix. Ultrix est développé par DEC. Par ailleurs, le SE VMS donnera naissance à OpenVMS – une version de VMS avec une couche POSIX pour permettre l'exécution des programmes Unix.

Autre grand phénomène des années quatre-vingt : le développement d'ordinateurs à des prix suffisamment bas pour les particuliers. C'est l'avènement de la microinformatique, qui donnera naissance à une nouvelle génération de systèmes d'exploitation.

3.3 L'ère de l'ordinateur personnel

En 1975, la société MITS produit un ordinateur qui ne coûte que 475 dollars. La machine est baptisée Altair 8800, elle comprend 256 octets de RAM et utilise un processeur Intel 8080. C'est un véritable événement, même si la machine ne dispose pas de clavier ni d'écran. Les données sont saisies manuellement à l'aide d'interrupteurs et l'affichage des résultats est confié à des LED. Bill Gates et Paul Allen développeront un interpréteur pour le langage BASIC, ce qui marquera le début de la société Microsoft.

Quelques années plus tard, IBM sort l'«IBM PC» (PC signifiant *personal computer*). La machine est basée sur des composants standard. Elle comprend un processeur Intel 8088 de 4,77 MHz, une mémoire primaire de 16 kilooctets et une mémoire secondaire de 160 kilooctets. Son coût s'élève à 1 500 dollars.

Microsoft fournit le système d'exploitation pour la machine. Baptisé MS-DOS, il est basé sur le SE 86-DOS que Gates achète pour 50 000 dollars. MS-DOS survivra longtemps, mais n'est ni multitâche ni multi-utilisateur.

L'environnement graphique est un autre développement important des années quatre-vingt. Au centre de recherches de Xerox Parc, un groupe dirigé par Alan Kay révolutionne l'utilisation des ordinateurs par la mise en œuvre d'un environnement avec une interface graphique. Cet environnement comportait des icônes pour les fichiers, les programmes et les répertoires, et leur manipulation se faisait à l'aide d'une souris.

En 1984, la société Apple produit sa machine Macintosh, le fameux «Mac», dont l'interface est complètement graphique. En 1985, Microsoft sortira le système d'exploitation Windows qui tourne sur MS-DOS. Aujourd'hui encore, les SE d'Apple ont la réputation de posséder les meilleures interfaces graphiques. La version actuelle est Mac OS X. Il s'agit d'un système Unix – au contraire des versions précédentes. Mac OS tourne sur les machines Apple avec un processeur PowerPC. Le fait que la machine et le système d'exploitation soient contrôlés par la même société donne à ce SE un niveau de stabilité supérieur à celui de ses concurrents. Aujourd'hui, Apple occupe environ 5 % du marché de la micro-informatique. Les 95 % restants sont largement dominés par Windows.

Windows a évolué au travers de ses versions successives : Windows 3, Windows 95, Windows 98, Windows 2000 et Windows NT. Ces systèmes sont disponibles sur une large variété de machines. Windows XP est la version la plus récente. Ce SE est multitâche et multi-utilisateur, avec un support étendu pour la mise en place de serveurs et de réseaux virtuels privés.

Le succès de Windows s'est appuyé sur deux éléments : le développement d'une suite d'applications bureautiques appelée Office dans les années quatre-vingt, et le navigateur Web Explorer dans les années quatre-vingt-dix. Microsoft a très rapidement visé le marché de l'entreprise. En outre, le SE ne dépend pas d'une machine particulière mais peut être customisé pour n'importe quelle machine grâce à l'installation de gestionnaires de périphériques. Cette approche convient à la notion d'ordinateur personnel : pouvoir ajouter n'importe quel dispositif, par exemple une carte graphique, de la mémoire RAM supplémentaire etc. en fonction de ses besoins, sans devoir changer le SE de base.

Mac OS et Windows partagent une caractéristique essentielle : ce sont des SE propriétaires. Compte tenu de l'importance du marché de la micro-informatique, il est logique que des systèmes d'exploitation à bas prix – voire gratuits – apparaissent.

3.4 Le mouvement *Open Source*

Le mouvement *open source* – logiciels en accès libre – est un phénomène qui concerne une très grande variété de logiciels. Citons par exemple le logiciel MySQL dans le domaine des bases de données ou encore Apache dans le domaine des serveurs Web. L'idée sous-jacente à ce mouvement imprègne néanmoins le domaine des systèmes d'exploitation depuis 30 ans.

L'idée fondamentale de l'accès libre consiste à rendre le code source accessible à tout le monde, ce qui permet aux développeurs de tous les pays d'enrichir ce code par des idées ou des mises à jour (des *patchs*). On a souvent tendance à associer la notion de logiciel en accès libre avec le milieu universitaire, dans lequel le partage de la connaissance prime sur tout le reste. En revanche, le logiciel fermé est souvent associé au logiciel propriétaire de l'industrie, qui considère le logiciel comme un outil de simplification des tâches.

Ce contexte a donné naissance au mouvement en faveur des logiciels libres. Nous avons décrit ci-dessus l'effet du partage autour de BSD. Mais ce partage n'a vraiment pris forme que dans les années quatre-vingt, grâce notamment à Richard Stallman.

Au début des années quatre-vingt, l'industrie des logiciels était bien établie et le nombre de logiciels plus propriétaires allait croissant. Pour lutter contre cette situation, la Free Software Foundation a été fondée dans le but de défendre l'idée du logiciel en accès libre et gratuit. Le premier projet lancé par Stallman en 1983 est le projet GNU, qui signifie «*GNU is Not Unix*». Son objectif est de développer une version librement accessible d'Unix en faisant coopérer des chercheurs et des développeurs. Dans un premier temps, le projet a surtout débouché sur des programmes système. Puis, au début des années quatre-vingt-dix, un étudiant nommé Linus Torvalds programme un noyau Unix qu'il fait tourner sur le logiciel GNU : c'est la naissance de Linux.

Il existe aujourd'hui plusieurs distributions de Linux, comme Debian, Mandrakelinux, Red Hat, Suse, etc.

Ces distributions sont orientées vers la communauté PC et serveur. Les différences entre ces distributions concernent les ensembles de programmes – ou *packages* – ainsi que le niveau de contrôle de l'utilisateur sur le processus d'installation.

Les efforts déployés par les communautés BSD et Linux montrent bien que le mouvement pour l'accès libre n'est pas prêt de faiblir. Il est alors permis de s'interroger sur l'apport réel de ce mouvement à l'univers des systèmes d'exploitation.

Nous pourrions invoquer une amélioration de la qualité des codes. C'est en tout cas ce que le mouvement aurait souhaité. Mais la plupart des bogues surviennent lors de l'installation, et sont des bogues de compatibilité qui n'ont *a priori* aucun rapport avec la qualité du code. Dans le cas de Linux, il peut y en avoir plusieurs milliers. On peut également se demander si l'accès libre rend les ordinateurs personnels plus accessibles au public. Mais plus de 90% des utilisateurs possèdent le système d'exploitation Windows, un SE propriétaire.

Le plus gros échec des SE en accès libre est peut-être qu'ils n'ont pas réussi à imprimer un nouvel élan aux systèmes d'exploitation. Linux et BSD restent des SE Unix. Cela dit, des progrès ont été réalisés en matière d'environnement graphique pour les utilisateurs. Les projets KDE et Gnome en sont des exemples.

Davantage que les systèmes d'exploitation en tant que tels, c'est le processus de développement des SE que le mouvement a probablement le mieux réussi à amener vers un public plus vaste.

3.5 Les dispositifs personnels

Une autre évolution qui a marqué ces dernières années est celle de l'agenda numérique – ou *Personal Digital Assistant* (PDA). Les constructeurs 3Com, NEC et HP dominent le marché des PDA qui possèdent aujourd'hui la puissance d'un petit ordinateur personnel : à titre d'exemple, un HP iPAQ peut disposer d'un processeur de 600 MHz et contenir 140 mégaoctets de mémoire. La progression des PDA sur le marché est étroitement liée au domaine de la téléphonie mobile. En effet, quelques téléphones possèdent la gamme d'applications caractéristiques des PDA.

Les SE les plus connus pour les PDA sont Windows CE et Symbian. Tous deux sont multi-tâches avec un support étendu pour le réseau sans fil – par Bluetooth, Wi-Fi ou encore GSM. Symbian offre un environnement de développement élaboré et tourne sur une large gamme de PDA et téléphones mobiles. Il possède des fonctions pour les modules SIM (la carte à puce contenue dans les téléphones).

3.6 Les environnements langage

La technologie Java a été découverte par le grand public en 1995. Cette technologie ne constitue pas encore un SE complet, mais elle remplace progressivement les SE dans certains environnements. Ces environnements sont très variés, depuis les systèmes embarqués jusqu'aux gros serveurs Web.

La technologie Java est en réalité un ensemble de technologies qui comprennent tout d'abord un langage de programmation. Le langage Java s'inscrit dans la famille de langages orientés objet et s'inspire largement des langages C (non orienté objet) et C++. L'un des objectifs du langage Java est la sûreté d'exécution. Pour cette raison, un programme Java ne permet pas la manipulation d'adresses mémoire, à la différence de C/C++. D'autres aspects de la sûreté comprennent l'inclusion d'un modèle assez riche pour le traitement des exceptions et l'interdiction faite aux programmes de détruire des objets de la mémoire – une source d'erreurs nombreuses dans les applications écrites en C++.

Le langage Java est fourni avec un environnement d'exécution pour les programmes Java, appelé la *machine virtuelle*. Un compilateur Java transforme les programmes non pas en code machine pour une plateforme sous-jacente, mais en un code machine de haut niveau appelé le *bytecode*. La machine virtuelle Java (JVM) interprète le bytecode Java comme le ferait le processeur pour le code machine. Il existe une JVM pour tous les SE et processeurs utilisés par le grand public, ce qui permet une grande portabilité pour les applications écrites en Java.

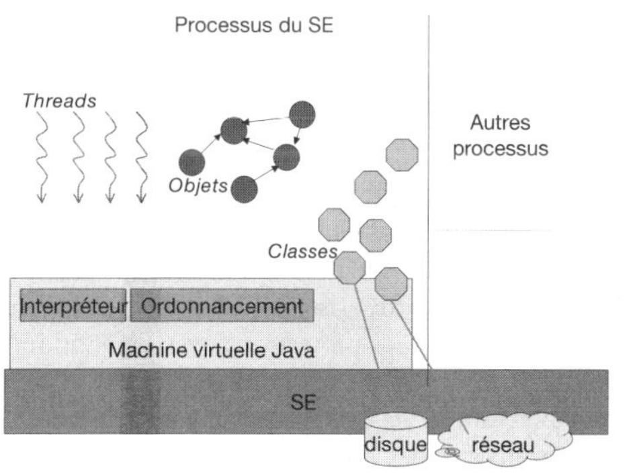

Figure 12 L'environnement Java

Parmi les caractéristiques intéressantes de l'environnement Java, citons le chargement dynamique de classes et le modèle de sécurité. Dans le premier cas, un environnement possède un composant appelé *classloader* et dont le rôle consiste à charger les classes (unités de code dans les environnements orientés objet) au sein de l'application. Ce composant peut être reprogrammé par le développeur afin de spécialiser son application pour des environnements différents. Cela permet de customiser l'endroit où l'environnement recherche les classes : il peut les chercher sur le disque ou sur une autre machine connectée au réseau. Concernant le modèle de sécurité, l'environnement Java permet d'associer un domaine de protection à un programme en fonction de l'endroit à partir duquel ce programme est chargé. Un domaine définit les droits d'accès aux ressources de la plateforme sous-jacente ainsi qu'aux fichiers, réseaux et autres programmes.

Le succès de la technologie Java est initialement dû aux navigateurs Netscape qui ont intégré une machine virtuelle Java à partir de 1995. Les programmes Java – les *applets* – pouvaient ainsi être intégrés dans les pages Web et exécutés au sein d'un navigateur. L'environnement Java est très orienté réseau : il permet de chercher son code ailleurs que sur sa propre plate-forme et offre la possibilité d'attribuer des domaines de protection à ce code, qui n'est pas nécessairement d'une fiabilité absolue puisqu'il provient d'une autre machine.

Java étant un langage et un environnement de programmation, pourquoi l'avons-nous pris en compte en tant que système d'exploitation ? Parce qu'il présente des similitudes intéressantes avec les SE. Tout d'abord, une application Java peut être composée de plusieurs processus, qu'on appelle *threads*. À la différence des processus Unix, les threads partagent des objets dans la mémoire. Néanmoins, la JVM doit pouvoir gérer l'ordonnancement et la synchronisation des threads. Par ailleurs, l'API des bibliothèques Java est enrichi de primitives (méthodes et classes) pour la gestion de la communication, des processus et des fichiers. Bref, l'interface offerte par les bibliothèques Java est tout aussi riche que celle proposée par Unix/ Linux pour les tâches de programmation système les plus courantes.

Une JVM peut être considérée comme un SE pour les programmes Java. Grâce à sa disponibilité sur plusieurs plateformes, elle offre peut-être une plus grande portabilité que les SE existants. En outre, cette technologie implémente les protections avec des notions de langage comme le typage, ce qui permet d'associer des domaines différents : celui des langages de programmation et celui des systèmes d'exploitation. Mais les machines virtuelles ont encore de nombreux défis à relever. Les performances des applications sur une machine virtuelle sont nettement inférieures à celles obtenues en natif ou sur les SE standard.

Java n'est pas la seule machine virtuelle disponible. La plate-forme .NET de Microsoft en intègre une, notamment pour le langage de programmation C# (prononcez « C-sharp »). Citons enfin la technologie Smalltalk développée à Xerox Parc dans les années soixante-dix. La technologie Java a conquis de nombreux utilisateurs, notamment grâce à son intégration dans les navigateurs Netscape.

3.7 Quel avenir pour les SE ?

Il est difficile, voire hasardeux, d'établir des pronostics sur l'évolution des SE. Les événements qui ont jalonné l'histoire de l'informatique nous ont rarement donné raison.

Au début de ce troisième millénaire, les environnements qui prennent une importance croissante englobent notamment les serveurs, les clusters, les grilles ou encore les systèmes embarqués.

Un serveur est une grosse machine – dans le sens physique du terme – qui est connectée à un réseau et centralise un certain nombre de services, souvent pour une entreprise. Ces services sont souvent offerts par une interface Web. Les serveurs ont pris un véritable essor ces dernières années, notamment avec Apache ou les environnements J2EE (*Java 2 Enterprise Edition*) et. NET. La sécurité et la gestion de ressources comptent parmi les enjeux auxquels sont confrontés les SE de ces environnements. En ce qui concerne la sécurité, le SE doit être capable de lutter contre les intrusions et les dénis de service provoqués par les bombardements réseau.

Un *cluster* est une machine composée de plusieurs processeurs interconnectés en haut débit. Le but est d'obtenir une performance élevée avec du matériel à bas prix. Comme pour les serveurs, l'un des enjeux des clusters est la bonne gestion de ressources pour une performance optimale.

Une grille est une interconnexion de machines géographiquement dispersées. Ces machines sont connectées par des liaisons à très haut débit telles que les fibres optiques. À titre d'exemple, le CERN (Organisation européenne pour la recherche nucléaire) de Genève implémente actuellement une grille dont le but est de faciliter l'analyse des données qui seront générées par l'accélérateur de particules, dont l'installation est prévue pour 2007. L'accélérateur générera plus de 12 pétaoctets de données par an et l'analyse nécessitera l'équivalent de 70000 ordinateurs personnels haut de gamme.

Un système embarqué se compose d'un processeur qui interagit avec un sous-système électronique, électrique ou mécanique. Ces systèmes peuvent se trouver dans les voitures, les machines à café ou encore les réseaux de surveillance routière. On estime aujourd'hui que 98 % des processeurs tournent dans des systèmes embarqués, et non dans des ordinateurs standard. Le rôle d'un SE dans ces environnements est de garantir une utilisation efficace de la mémoire, de la batterie lorsque la machine ne dispose pas d'une alimentation directe et d'assurer la sécurité de programmes qui tournent.

4 Conclusion

L'espace dévolu à ce chapitre est trop réduit pour traiter en détail du vaste domaine des systèmes d'exploitation. La bibliographie ci-dessous énumère quelques ouvrages qui permettront aux lecteurs d'approfondir le sujet qui a été abordé ici.

Les ouvrages de Krakowiak et Tanenbaum sont souvent utilisés comme supports pour les cours sur les systèmes d'exploitation. Le livre de Tanenbaum existe également dans une traduction française.

Plus récent, l'ouvrage de Mauro et McDougall sur Solaris traite en détail de la mise en œuvre des systèmes d'exploitation. Les ingénieurs système y trouveront notamment une mine de renseignements utiles.

L'ouvrage de Laurent Bloch sur l'histoire des SE et leurs concepts de base est tout à fait remarquable.

Le livre de Ross Anderson est un excellent ouvrage de référence sur la sécurité des systèmes d'information. Il aborde les problèmes relatifs aux SE, mais les autres aspects traités sont également d'un grand intérêt. Le livre de Henry Levy sur les systèmes à capacités est très exhaustif.

L'ouvrage de référence sur le langage Java reste celui de Gosling, Joy et Steele. Plusieurs livres sur la technologie Java sont également parus chez Addison-Wesley. Les Éditions Eyrolles ont publié un excellent livre de Jean-Pierre Banâtre sur la programmation multiprocessus.

Bibliographie

Anderson, Ross (2001), *A Guide To Building Dependable Distributed Systems*, Wiley.
Banâtre, Jean-Pierre (1991), *La Programmation parallèle*, Eyrolles.
Bloch, Laurent (2003), *Les systèmes d'exploitation des ordinateurs : histoire, fonctionnement, enjeux*, Vuibert.
James Gosling, Bill Joy et Guy Steele (1997), *The Java Language Specification*, Addison-Wesley.
Krakowiak, Sacha (1985), *Principes de systèmes d'exploitation d'ordinateurs*, Dunod.
Levy, Henry (1984), *Capability-Based Computer Systems*, MIT Press.
Mauro, Jim et McDougall, Richard (2001), *Solaris Internals : Core Kernel Architecture*, Sun Microsystems Press.
Tanenbaum, Andrew (1987), *Operating Systems, Design and Implementation*, Prentice Hall.

Algorithmique distribuée des systèmes asynchrones

Michel Raynal

Mots-clés : algorithme réparti, horloge logique, observation répartie, livraison causale des messages, détection de la terminaison, accord asynchrone distribué, détecteur de fautes.

Résumé : ce chapitre est une courte introduction aux algorithmes qui constituent les fondements du calcul réparti, et sont en conséquence au cœur des applications et des systèmes distribués. Après avoir examiné la nature des exécutions réparties, le chapitre visite plusieurs problèmes fondamentaux du calcul réparti et profite de cette visite guidée pour présenter des concepts de base et étudier quelques mécanismes essentiels rencontrés dans ce type de calcul.

Des algorithmes séquentiels ...

Une vision possible de l'algorithmique consiste à la considérer comme la *science des opérations*, c'est-à-dire la science qui vise à construire des opérations « plus sophistiquées » à partir d'opérations « de base » qui nous sont données *a priori*. Un exemple connu de tous est la réalisation d'une multiplication à partir d'additions. Un ensemble d'opérations (dotées de définitions précises) définit un modèle de calcul lorsque l'on se limite à n'utiliser que ces opérations pour effectuer le calcul. Lorsqu'elle est de longueur finie, la description d'un tel calcul (description du genre « faire telle opération, puis telle autre opération, etc. ») définit ce qu'il est convenu d'appeler un *algorithme*. Un algorithme est donc la description finie d'une construction. Étant donné un problème (formulé sous la forme d'une ou de plusieurs opérations à construire) et un modèle de calcul, l'algorithmique a pour but d'une part de déterminer si l'on peut résoudre ce problème à l'aide des opérations du modèle, et d'autre part, lorsque la réponse est oui, de trouver des algorithmes qui en sont des solutions. L'algorithmique s'intéresse aussi à trouver les meilleurs algorithmes résolvant un problème donné, la notion de « meilleure solution » étant définie par rapport à un ou plusieurs critères de coût donnés.

L'algorithmique est loin d'être une science nouvelle. Les méthodes de calcul sexagésimal et d'arpentage trouvées sur les tablette babyloniennes sont là pour en attester (Knuth, 1972). Les constructions géométriques fournissent également de très beaux exemples de ce qu'est l'algorithmique. Considérons pour illustrer notre propos deux problèmes (que l'on trouve dans notre héritage culturel grec) à savoir la bisection et la trisection d'un angle à l'aide de la règle et du compas (ce qui signifie que le modèle de calcul dans lequel on doit résoudre ces problèmes ne contient que deux opérations : utiliser la règle pour tracer des droites, et utiliser le compas pour mesurer des distances ou tracer des arcs de cercle). Une suite simple de manipulations de la règle et du compas permet de diviser un angle en deux angles égaux. Cette suite d'opérations définit un algorithme dans le modèle considéré. Dans ce même modèle, la trisection d'un angle est un problème impossible à résoudre (théorème de Wantzell, 1837). Toujours dans le même modèle de calcul « règle/compas », les constructions (algorithmes) géométriques célèbres que sont la quadrature du cercle et la duplication du cube sont également impossibles.

Les algorithmes sont donc des descriptions finies de calculs. Un calcul est souvent appelé *processus* dans la terminologie informatique. Les algorithmes *séquentiels* sont ceux qui décrivent des calculs séquentiels (ceux où l'on fait une seule chose à la fois). Plusieurs formalismes ont été proposés pour tenter d'appréhender le modèle de calcul séquentiel le plus général c'est-à-dire celui qui permettrait de résoudre (c'est-à-dire de donner des algorithmes pour) le plus grand nombre possible de problèmes. Plusieurs modèles de calcul visant ce but ont été proposés durant la première moitié du XXe siècle : machines de Turing, Lambda calcul, systèmes de Post, etc. De façon à la fois troublante et intéressante, il apparaît que tous ces modèles de calcul (qui ont été developpés indépendamment les uns des autres) sont équivalents du point de vue de la « puissance » de calcul (ce que l'on appelle la *calculabilité*) : ce qui peut être calculé avec n'importe lequel d'entre eux peut l'être également avec n'importe quel autre. Ce constat a amené l'énoncé de ce qu'il est convenu d'appeler la *thèse de Church-Turing*, à savoir : tout ce qui calculable (par un être humain ou une machine) peut l'être avec une machine de Turing. Il s'agit-là, comme son nom l'indique, d'une « thèse » au sens de « proposition que l'on tient pour vraie » (et non de « proposition démontrée »). La thèse de Church Turing (si elle est vraie !) stipule que les problèmes (de nature algorithmique) qui ne peuvent être résolus avec une machine de Turing n'ont pas de solution algorithmique. Le lecteur intéressé par les modèles de calcul séquentiel et la calculabilité pourra consulter (Hopcroft, Motwani et Ullman 2001), (Sipser, 1997). Il pourra également consulter l'ouvrage de vulgarisation et de réflexion (Berlinski 2001) qui décrit le developpement du concept d'algorithme.

Les automates à nombre fini d'états (que l'on rencontre dans nombre de procédés automatiques) constituent un modèle de calcul qui est un sous-ensemble strict des machines de Turing. Ceci signifie qu'il y a des problèmes que l'on ne peut résoudre dans le modèle « automates à nombre fini d'états », mais que l'on peut résoudre avec une machine de Turing (ou un formalisme équivalent). Sur le plan pratique, un microprocesseur (en supposant qu'il est doté d'une mémoire potentiellement infinie) constitue une bonne approximation de ce qu'est une machine de Turing.

Les thèmes privilégiés de l'algorithmique séquentielle classique ont été par le passé les problèmes de tri, la définition de structures de données appropriées et les algorithmes qui permettent de les manipuler (arbres, tables, graphes). Les algorithmes étudiant les chaines de symbole (*pattern matching*) connaissent actuellement un regain d'intérêt motivé et soutenu par la génomique. La cryptographie est aussi un terrain dans lequel l'algorithmique des nombres et du chiffrement a fait d'énormes progrès dans les années passées. Il en est de même pour l'algorithmique des images ou l'algorithmique géométrique (*computational geometry*). Le lecteur intéressé pourra consulter l'ouvrage (Cormen, Leiserson et Rivest, 1998) dans lequel sont présentés et analysés un très grand nombre d'algorithmes qui résolvent des problèmes dans les domaines applicatifs cités précédemment.

... aux algorithmes distribués

Les algorithmes distribués[1] sont nés de préoccupations de nature « système » rencontrées dans les réseaux lorsque sont apparues les premières applications mettant en jeu plusieurs sites de calcul. Sont alors apparus les premiers systèmes répartis, eux-mêmes fondés sur les premiers algorithmes distribués. Ce type d'algorithmes se rencontre désormais dans toutes les applications qui mettent en jeu des sites (souvent géographiquement dispersés) connectés par un médium de communication. À titre d'exemples, on y trouve les domaines applicatifs suivants : télécommunications, traitement de données réparties, contrôle de procédés, systèmes transactionnels (banques, agences de voyages, etc.), systèmes de navigation (aérienne, terrestre, maritime), etc.

De manière générale l'algorithmique répartie nait dès qu'il s'agit de concevoir la solution à un problème donné en termes d'agents qui n'ont chacun qu'une connaissance partielle des divers paramètres du problème à résoudre. Alors que les mécanismes de base de l'algorithmique séquentielle sont connus et maîtrisés depuis longtemps, ce n'est qu'au cours des quinze dernières années que les chercheurs ont commencé à comprendre et maîtriser la spécificité, les fondements et les difficultés intrinsèques du calcul réparti, c'est-à-dire lorsque les échanges entre les entités réalisant le calcul se font à l'aide de messages. En effet ces entités, coopérant à la réalisation d'un but commun, ne peuvent à tout instant obtenir d'informations que sur l'évolution antérieure de leurs partenaires et non sur leur si-

[1] Nous utilisons les termes « distribué » et « réparti » de façon équivalente dans ce article. Ceci consacre l'usage qu'en font les chercheurs et ingénieurs dans la communauté scientifique. On remarquera toutefois que la traduction de « distributed algorithm/system » » est « algorithme/système réparti ». Dans ce contexte, la traduction de « distributed » par « distribué » constitue donc un anglicisme que l'on tolérera.

tuation à l'instant « présent » ; en d'autres termes une entité ne peut capter de manière instantanée ce qu'il est convenu d'appeler un « état global ». De plus l'occurrence de défaillances peut rendre certains problèmes beaucoup plus difficiles voire même impossibles à résoudre dans certains contextes répartis.

Ce que l'on va voir dans ce chapitre

Ce chapitre, qui se veut une introduction à l'algorithmique répartie que l'on rencontre dans les systèmes asynchrones[1] a pour but de montrer au lecteur la spécificité de ce type d'algorithmique (spécificité imposée par le contexte qui est lui-même réparti, comme c'est le cas lorsque les données son géographiquement dispersées). Pour cela, le chapitre d'une part visite plusieurs paradigmes simples du calcul réparti (problèmes-type dont certains ne se rencontrent que dans les systèmes distribués) et présente d'autre part des algorithmes qui les résolvent. Au cours de cette visite des techniques particulières sont vues, des fondements présentés, des modèles définis, des difficultés analysées. À la fin de la visite, en plus des connaissances nouvelles qu'il aura pu acquérir, le lecteur sera à même non seulement de comprendre l'utilité du calcul réparti et certaines de ses subtilités, mais également d'en saisir des difficultés intrinsèques et d'en apprécier une certaine élégance.

De façon schématique, on peut dire que le but du « calcul temps réel » est de contrôler l'exécution d'actions de façon à ce qu'elles se produisent dans des périodes de temps imparties. De la même manière on peut dire que le but du « calcul parallèle » est l'efficacité (on utilise plusieurs machines pour aller plus vite). Dans le même état d'esprit, on peut dire que le but du « calcul réparti » est la maîtrise de la dispersion du calcul lui-même, et de l'incertitude créée par les temps de communication (qui peuvent être arbitraires) et les défaillances. En ce sens-là, le calcul réparti peut être vu comme un calcul de nature *relativiste*.

Avant de commencer la visite, signalons au lecteur intéressé par une connaissance plus approfondie des algorithmes répartis qu'il peut consulter les ouvrages (Attiya et Welch, 1998), (Garg, 2002), (Lynch, 1996), (Peleg, 2000), (Raynal, 1986), (Raynal, 1991), (Raynal, 1992-1), (Raynal, 1992-2), (Raynal et Helary, 1990), (Tel, 2000). Ceux-ci constituent un état de l'art des connaissances actuelles sur le sujet.

1 Un modèle de calcul réparti

1.1 Le modèle réparti asynchrone fiable

Nous considérons un ensemble de n processeurs par un réseau de communication (les processeurs sont parfois appelés sites ou nœuds de calcul). Ces processeurs peuvent s'échanger des messages. Un processeur peut donc être vu comme une machine de Turing qui, en plus de toutes les instructions que l'on rencontre dans un algorithme séquentiel, peut exécuter deux intructions de communication, à savoir l'envoi d'un message et la réception d'un message. On appelle *événement d'émission* tout envoi de message, *événement de réception* toute réception de message. L'exécution de toute autre instruction (ou de toute séquence d'instructions qui ne met en jeu ni émission ni réception) est appelée *événement interne*. Comme on le voit, la définition de la granularité des événements internes est un choix laissé à l'utilisateur du modèle (choix qui va dépendre du problème qu'il veut résoudre).

Les processeurs sont supposés séquentiels (un processeur n'exécute qu'une instruction à la fois) et fiable (au sens où chacun d'eux exécute l'algorithme « local » qui lui est confié et non un code différent ou un code erroné). Par ailleurs les processeurs sont asynchrones au sens où il n'y a aucune hypothèse sur leurs vitesses de calcul respectives : chaque processeur évolue à sa propre vitesse indépendemment des autres processeurs. Le réseau de communication qui permet aux processeurs de communiquer est supposé fiable (les messages ne sont ni perdus, ni altérés ; par contre, il est possible que les messages envoyés par un processus à un autre arrivent dans un ordre différent de leur ordre d'émission). On suppose que les temps de transfert des messages sont arbitraires. En d'autres termes, il n'y a pas d'hypothèses de temps physique dans le modèle de calcul réparti que l'on considère. Il s'agit du modèle connu sous le nom de *modèle réparti fiable et asynchrone*. Ce modèle de calcul est une représentation assez fidèle (à la fiabilité près) du « système Internet » dans lequel il n'y a pas de borne sur les temps de transfert des messages qui serait connue des processus et qu'ils pourraient utiliser.

Un *algorithme distribué* est un algorithme adapté à ce modèle de calcul. Il est formé de n algorithmes locaux (un pour chaque processeur) qui, comme on l'a vu, sont des algorithmes séquentiels qui peuvent en plus utiliser les instructions d'envoi et de réception de message.

[1] Le manque de place ne nous permet pas d'aborder ici les algorithmes répartis synchrones. Le lecteur intéressé se reportera aux ouvrages (Attiya et Welch, 1998), (Garg, 2002), (Lynch, 1996).

1.2 Nature d'une exécution répartie

L'exécution d'un algorithme local par le processeur qui lui associé donne naissance à un processus. On appelle $p_1, \ldots, p_n$ les n processus engendrés par l'exécution d'un algorithme réparti.

Comme tout processus est séquentiel, il peut être représenté par la séquence des événements qu'il produit (cette séquence est parfois appelée histoire ou trace du processus). Notant e_i^x le $x$ème ($x > 0$) événement produit par p_i, son histoire est donc $e_i^1, e_i^2, \ldots, e_i^x, \ldots$, et l'on dit « e_i^x précède localement e_i^y » si $x < y$. Les événements produits sur un site donné sont donc totalement ordonnés. Par ailleurs, lorsque l'on considère un message m échangé entre deux processus, l'événement d'émission (noté $\mathtt{send}(m)$) a toujours lieu avant l'evénement de réception correspondant (noté $\mathtt{receive}(m)$).

Les deux relations de précédence entre événements que nous venons de voir (précédence à l'intérieur de chaque processus et précédence due aux échanges de messages) servent de base à la définition d'un calcul réparti. Plus précisément soit $\rightarrow$ la plus petite relation d'ordre partiel sur les événements produits définie comme suit :

$$e \rightarrow f \;\Leftrightarrow\; \begin{array}{l} (e = e_i^x \wedge f = e_j^y \wedge i = j \wedge x + 1 = y) \\ \vee\, (\exists m \,:\, e = \mathtt{send}(m) \wedge f = \mathtt{receive}(m)) \\ \vee\, (\exists\, g \,:\, e \rightarrow g \,\wedge g \rightarrow f)). \end{array}$$

Formellement un calcul réparti est un ensemble d'événements partiellement ordonnés défini par la paire $(H, \rightarrow)$, où H est l'ensemble de tous les événements produits par l'ensemble des processus. Cette définition d'un calcul réparti est due à Lamport (Lamport, 1978). Elle est remarquable au sens où elle capture la notion intuitive de « causalité potentielle » qui existe entre deux événements : $e \rightarrow f$ si et seulement si e peut affecter f. (Par abus de langage on emploie souvent l'expression « relation de précédence causale » pour parler de « $\rightarrow$ » à la place de « relation de causalité potentielle ».) Il est important de remarquer que la définition de la relation « $\rightarrow$ » ne fait aucune référence à une notion de temps physique. En ce sens elle capture l'essence des calculs asynchrones, calculs dans lesquels il peut être impossible de déterminer l'ordre physique dans lequel se sont produits certains événements.

Les définitions suivantes découlent naturellement de la définition « $\rightarrow$ » (le lecteur pourra vérifier que $e||f$ est équivalent à $f \notin past(e) \cup future(e)$) :

- Une séquence d'événements telle que $e_1 \rightarrow e_2 \rightarrow \ldots e_{x-1} \rightarrow e_x$ est appelée *chemin causal* (ou chaine de causalité) reliant e_1 à e_x.
- Deux événements e et f tels que $\neg(e \rightarrow f)$ et $\neg(f \rightarrow e)$ sont dits *indépendants* (noté $e||f$).
- L'ensemble des événements $\{f \mid f \rightarrow e\}$ est appelé *passé causal* de e (noté $past(e)$).
- L'ensemble des événements $\{f \mid e \rightarrow f\}$ est appelé *futur causal* de e (noté $future(e)$).

Il est souvent utile de représenter un calcul réparti par un diagramme appelé *diagramme espace-temps*. Chaque ligne représente l'évolution d'un processus (mesurée en termes d'événements produits), alors que les flèches (orientées de gauche à droite) représentent les transferts de messages. L'ordre partiel correspondant à un calcul est facilement obtenu à partir d'un tel diagramme. La figure 1 en donne un exemple formé de trois processus p_1, p_2 et p_3 (les petits cercles sur l'axe de chaque processus p_i dénotent les événements produits par p_i). Ces processus ont échangé quatre messages $m1$, $m2$, $m3$ et $m4$. Les événements e_1^1, e_2^2 et e_3^3 sont respectivement des événements interne, d'émission et de réception. On peut constater que $e_1^1 \rightarrow e_3^4$ bien que ces deux événements soient internes et produits par des processus qui ne communiquent pas directement entre eux. On a aussi $e_1^2||e_2^2$ (bien que, comme le suggère le diagramme, ces deux événements ne se soient pas produits « simultanément »).

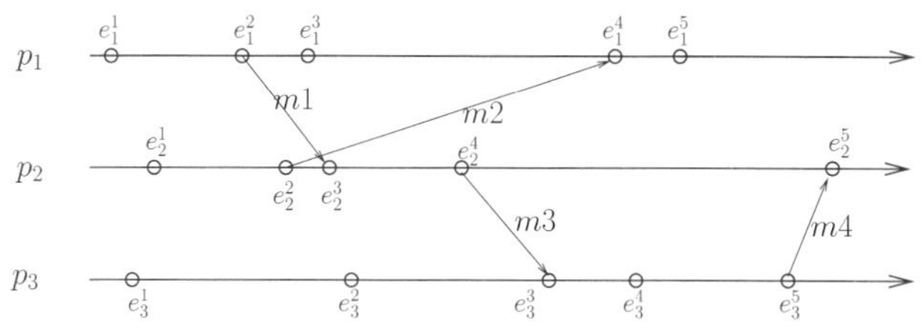

Figure 1 Représentation « espace-temps » d'un calcul réparti

1.3 Raisonner avec le temps

La définition précédente d'une exécution répartie ne fait pas intervenir de référentiel de temps global (tel que le temps physique). Ceci signifie que les processus n'ont pas accès à une horloge globale qui leur permettrait d'observer et de mesurer la progression du temps physique et d'obtenir des états globaux cohérents. De plus, dans le modèle considéré, si un processus utilisait une horloge physique locale, celle-ci n'aurait de signification que pour ce processus.

L'absence d'un référentiel de temps global unique accessible aux processus n'interdit pas d'utiliser un tel référentiel de temps pour raisonner sur une exécution répartie. Dans la suite de ce chapitre, on considèrera qu'il existe une horloge globale discrète denotée $\mathcal{T}$, et qui prend ses valeurs dans les entiers naturels. Une telle horloge globale fictive, bien qu'inconnue des processus (qui ne peuvent donc l'utiliser dans leur code de façon opérationnelle), est un outil conceptuel qui servira à énoncer des propriétés sur les exécutions réparties et à raisonner sur ces exécutions.

2 Un problème d'allocation de ressources

Cette partie présente un problème simple d'allocation de ressources, à savoir le problème de l'exclusion mutuelle. Il s'agit d'un problème classique que l'on rencontre dans la la conception et la réalisation de tout système. Un algorithme distribué d'exclusion mutuelle est ensuite introduit.

2.1 Le problème de l'exclusion mutuelle

Le problème de l'exclusion mutuelle consiste à définir et implémenter deux opérations, que nous appelerons ACQUERIR et LIBERER, qui permettent aux n processus qui constituent le système de partager une resssource à accès exclusif (c'est-à-dire une ressource qui, bien qu'elle puisse être utilisée par chaque processus, ne peut jamais l'être par plusieurs simultanément).

Faire abstraction de ce qui ne concerne pas le problème

Pour donner une définition précise du problème, on associe à chaque processus p_i une variable locale $state_i$ qui représente son état du point de vue de l'exclusion mutuelle. Cette variable permet de s'abstraire de tout ce qui ne concerne pas le problème que l'on veut résoudre ; elle peut prendre trois valeurs. Plus précisément on a :

- $state_i$=*dehors* lorsque p_i n'est pas intéressé par la ressource,
- $state_i$=*dedans* lorsque p_i est en train d'utiliser la ressource, et
- $state_i$=*demandeur* lorsque p_i désire utiliser la ressource mais n'est pas autorisé à le faire.

La variable $state_i$ a initialement la valeur *dehors*. Elle évolue de *dehors* à *demandeur* à la seule initiative du processus p_i lorsque ce dernier invoque l'opération ACQUERIR. La transition depuis *demandeur* vers *dedans* va être gouvernée par l'algorithme. Finalement la transition depuis *dedans* vers *dehors* est à l'initiative de p_i et se produit lorsque ce dernier invoque LIBERER. La séquence des valeurs prises par la variable $state_i$ est donc un préfixe de la séquence infinie *dehors*, *demandeur*, *dedans*, *dehors*, etc.

Un problème est défini par deux propriétés

Pour définir un problème nous utilisons la méthode classique qui consiste à énoncer les propriétés que doivent satisfaire toutes ses solutions. Comme ici une solution est un algorithme, nous dirons qu'un algorithme A résoud un problème P si toutes les exécutions de A satisfont les propriétés qui définissent P.

La définition d'un problème P consiste généralement en l'énoncé de deux propriétés appelées *sûreté* et *vivacité*. La première traduit le fait « si quelque chose est fait, c'est cohérent ». Comme on peut le voir, une façon triviale de garantir une propriété de sûreté consisterait à ne rien faire. La propriété de vivacité quant à elle spécifie que le système doit être vivant (c'est-à-dire si des opérations sont invoquées, elles doivent avoir lieu)[1].

Pour définir le problème de l'exclusion mutuelle nous avons besoin de deux hypothèses sur le comportement des processus afin que le problème puisse être correctement formulé. Ces hypothèses sont « naturelles » : elles ont trait au fait que les processus sont « bien définis ». Plus précisement on suppose que :

H1 Avant d'utiliser la ressource, tout processus p_i invoque ACQUERIR (la variable $state_i$ effectue alors la transition de *dehors* à *demandeur*). De même, tout processus p_i invoque LIBERER après toute utilisation de la ressource (la variable $state_i$ effectue alors la transition de *dedans* à *dehors*).

[1] Si l'on reprend les termes informels utilisés par Lamport pour exprimer l'intuition sous-jacente à ces deux propriétés, la sûreté spécifie « bad things will not happen », alors que la vivacité spécifie « something will happen ». La sûreté peut souvent s'exprimer par un invariant (qui définit la cohérence du système) : l'invariant est initialement vrai, et doit être maintenu par toute opération exécutée par le système. La vivacité porte sur la progression de l'exécution et exprime le fait que les opérations invoquées doivent être exécutées.

H2 Un processus qui utilise la ressource, la restitue au bout d'un temps fini (c'est-à-dire si, à un instant donné on a $etat_i$=*dedans*, on aura nécessairement $etat_i$=*dehors* au bout d'un temps fini).

La syntaxe d'utilisation des opérations ACQUERIR et LIBERER étant maintenant bien précisée, le problème de l'*exclusion mutuelle* peut être défini par les propriétés suivantes dans lesquelles $state_i^t$ dénote la valeur de $state_i$ à l'instant t :

- Propriété de sûreté.
  $\forall t \in \mathcal{T}$: $\{p_i \mid state_i^t = dedans\} \leq 1$.
  (À tout instant le nombre de processus p_i tels que $state_i$ =*dedans* est inférieur ou égal à 1.)
- Propriété de vivacité. $\forall p_i$: $state_i^t$ =*demandeur* $\Rightarrow \exists t' > t$: $state_i^{t'}$ =*dedans*. (Toute invocation de ACQUERIR par un processus p_i sera satisfaite au bout d'un temps fini.)

2.2 Ordonner totalement des événements

Résoudre l'exclusion mutuelle revient à régler des conflits sur des requêtes (invocations de ACQUERIR). Pour y parvenir, une solution consiste à établir un ordre total sur les requêtes, puis à utiliser cet ordre pour les satisfaire l'une après l'autre.

Lamport a proposé un mécanisme d'horlogerie logique que les processus peuvent construire et qui leur permet d'établir un ordre total sur les requêtes, cet ordre total respectant la relation de causalité. Ceci signifie que si $req_1 \rightarrow req_2$, où req_1 et req_2 sont deux événements correspondant à deux invocations de ACQUERIR, req_1 sera ordonné avant req_2 dans l'ordre total. Comme on le verra, le respect de la causalité s'avère crucial pour garantir la propriété de vivacité associée à l'exclusion mutuelle. Lorsque $req_1 || req_2$, les deux événements peuvent être ordonnés de façon arbitraire dans l'ordre total.

Pour cela on partitionne les événements en deux sous-ensembles : ceux que l'on qualifie de *pertinents* et les autres. Pour l'exclusion mutuelle, seules les invocations de ACQUERIR sont des événements *pertinents*, les autres événements ne servant qu'à l'établissement de la relation de causalité. On suppose ici que seuls des événements internes peuvent être pertinents.

Le mécanisme de Lamport associe un entier h_i à chaque processus. Cette variable locale (initialisée à 0) est une horloge logique représentant la vision qu'à p_i de l'avancement de l'exécution, cette progression étant mesurée en nombre événements pertinents. Le protocole de gestion de ces horloges logiques peut être exprimé par trois règles simples (R1, R2 et R3) que suivent les processus :

R1 Lorsqu'il produit un événement pertinent e, le processus p_i incrémente son horloge locale ($h_i \leftarrow h_i + 1$) et, si nécessaire, utilise la nouvelle valeur de h_i comme date de e.

R2 Lorsqu'il envoie un message m à un autre processus, p_i lui associe comme information de contrôle la valeur courante de h_i (date logique de l'émission).

R2 Lorsqu'il reçoit un message m (qui transporte une valeur d'horloge h) le processsus p_i recale son horloge logique en exécutant $h_i \leftarrow \max(h_i, h)$.

Ce protocole simple de recalage des horloges logiques en fonction des messages échangés par les processus garantit que le temps logique croît le long des chemins causaux formés d'événements pertinents. On remarquera que ce système de datation logique présente la propriété suivante : e étant un événement pertinent daté h, la plus longue chaine causale qui se termine en e est formée de $h - 1$ événements pertinents.

S'appuyer sur les dates logiques précédentes pour définir un ordre total sur les événements pertinents permet de façon simple d'obtenir un ordre qui respecte la relation de causalité : par construction leurs dates sont en accord avec la relation « $\rightarrow$ ». En ce qui concerne deux événements indépendants, on peut trivialement constater que, s'ils ont des dates différentes, ils peuvent être ordonnés selon les valeurs de ces dates, ceci ne peut en effet contredire la relation de causalité. Pour obtenir un ordre total, il faut aussi être capable d'ordonner des événements qui ont la même date logique. Observant que deux événements pertinents qui ont la même date ont nécessairement été produits par deux processus différents et sont toujours indépendants, une façon simple de les ordonner consiste à utiliser les identités des processus qui les ont produits afin de les départager (ceci en faisant l'hypothèse supplémentaire, mais réaliste, que les processus ont des identités distinctes et comparables).

On associe donc à tout événement pertinent e ce qu'il est convenu d'appeler une *estampille*, à savoir un couple ordonné formé de la date logique h à laquelle e été produit et de l'identité i du site qui a produit e. La relation d'ordre total sur les événements pertinents, notée « $\rightarrow_T$ » est définie comme suit, où e et f sont deux événements dont les estampilles respectives sont (h, i) et (k, j) :

$$e \rightarrow_T f \stackrel{\text{def}}{=} (\ (h < k) \ \vee \ ((h = k) \wedge (i < j))\ ).$$

Cette définition permet de donner une vision opérationnelle de la relation d'ordre total sur des événements, et donc de pouvoir l'utiliser dans les algorithmes. Cette relation n'est rien d'autre que l'ordre lexicographique (ordre total sur les mots du dictionnaire, ici les « mots » ont tous deux « caractères », une date entière suivie d'un identité de processus). La notation $(h, i) < (k, j)$ sera utilisée comme abrégé de $(h < k) \vee ((h = k) \wedge (i < j))$.

2.3 Un algorithme d'exclusion mutuelle

Description de l'algorithme

L'algorithme d'exclusion mutuelle que nous présentons maintenant (Ricart et Agrawala, 1991) est fondé sur une idée particulièrement simple : lorsqu'un processus p_i invoque ACQUERIR, il demande la permission à chacun des autres processus. Pour cela p_i envoie à chacun des autres processus p_j un message de requête. Ce message est estampillé afin de permettre aux processus d'ordonner les requêtes conflictuelles. Ce n'est que lorsqu'il aura obtenu les $n - 1$ permissions demandées que p_i sera autorisé à utiliser la ressource.

Le cœur de l'algorithme réside dans la règle de renvoi des permissions. En effet celle-ci doit garantir les propriétés qui définissent l'exclusion mutuelle, à savoir toute invocation de ACQUERIR obtiendra les permissions demandées (vivacité), et il n'y a jamais plusieurs processus qui utilisent simutanément la ressource (sûreté). Pour cela, lorsqu'un processus p_i reçoit une requête de p_j, il retourne sa permission par retour du courrier s'il n'est pas intéressé par la ressource (il est alors tel que $state_i$ =*dehors*). Si par contre il est intéressé (il a alors une requête en cours) il compare l'estampille (k, j) de la requête reçue avec l'estampille (h, i) de sa propre requête. Si $(k, j) < (h, i)$, la requête de p_j est ordonnée avant la sienne : il n'est pas prioritaire et renvoie en conséquence sa permission par retour du courrier. Si par contre $(h, i) < (k, j)$, il est prioritaire et ne renvoie pas sa permission par retour du courrier. Il ne l'enverra à p_j que lorsqu'il invoquera LIBERER ; en effet, il aura alors fini d'utiliser la ressource et pourra donc donner sa permission à p_j, permettant à ce dernier de progresser sans que cela ne crée de problème.

On remarquera que les permissions sont des « valeurs consommables » par leurs destinataires (au sens où elles n'ont pas à être restituées à leurs émetteurs après avoir été utilisées). La sémantique d'une permission envoyée par p_j à p_i est donc la suivante : « en ce qui le concerne, p_j autorise p_i à utiliser la ressource ». Par cette permission, le processus p_j n'engage que lui-même. (Il existe d'autres algorithmes fondés sur une notion de permissions « non consommables », celles-ci devant être rendues après utilisation.)

L'algorithme est décrit à la figure 2. En plus des variable locales $state_i$ et h_i, chaque processus p_i gère deux variables auxiliaires $perm\_att_i$ (pour « permissions attendues ») et $perm\_diff_i$ (pour « permissions différées »). La première contient les identités des processus en provenance desquels p_i attend un permission, alors que la seconde contient les identités des processus auxquels p_i devra renvoyer sa permission lorsqu'il aura fini d'utiliser la ressource.

Tous les processus p_i exécutent le même texte (celui-ci ne diffère d'un processus à l'autre que par l'identité du processus, celle-ci apparaissant dans les estampilles associées aux requêtes). À l'exception de la primitive **attendre** les codes décrits sont exécutés de façon indivisible par p_i. (Ce sont les seuls codes qui ont besoin d'être exécutés de façon atomique sur chaque « site » p_i.)

Cet algorithme requiert $2(n - 1)$ messages de contrôle par utilisation de la ressource. Le lecteur intéressé trouvera des algorithmes plus performants dans la monographie (Raynal, 1986).

Correction de l'algorithme

Montrons tout d'abord que l'algorithme satisfait la propriété de sûreté, c'est-à dire que toutes ses exécutions garantissent qu'à tout instant il y au plus un processus dans l'état *dedans*. Pour cela, on va raisonner par contradiction en supposant que p_i et p_j sont simultanément en train d'utiliser la ressource, c'est-à-dire qu'il existe t tel que $state_i^t = state_j^t$ =*dedans*. Avant de l'utiliser p_i a donc émis à $t_r(i) < t$ une requête qui a obtenu la permission de p_j à $t_p(j, i)$ avec $t_r(i) < t_p(j, i) < t$. Cette requête a une estampille que nous dénotons (h, i). De même, à un instant $t_r(j)$, p_j a émis une requête (estampillée (k, j)) qui a obtenu à $t_p(i, j)$ la permission de p_i, et l'on a $t_r(j) < t_p(i, j) < t$.

Suite à ces échanges p_i et p_j sont donc tous deux utilisateurs simultanés de la ressource. Puisque les estampilles sont totalement ordonnées, on a $(h, i) < (k, j)$ ou bien $(k, j) < (h, i)$. Supposons sans perte de généralité $(h, i) < (k, j)$. Dans ce cas l'algorithme d'une part oblige p_j à renvoyer sa permission à p_i lorsqu'il reçoit sa requête, mais d'autre part oblige p_i, lorsqu'il reçoit la requête de p_j, à différer le renvoi de sa permission vers p_j (puisqu'on a alors $state_i$ ≠*dehors* $\vee$ $(h, i) < (k, j)$).

On en conclut qu'il n'est pas possible que chacun des deux processus ait renvoyé par retour du courrier sa permission à l'autre. Il s'en suit que p_i et p_j ne peuvent pas utiliser simultanément la ressource, ce qui démontre la propriété de sûreté.

lorsque p_i **invoque** ACQUERIR
  $state_i \leftarrow$ *demandeur* ;
  $h_i \leftarrow h_i + 1$;
  $last_i \leftarrow hi$; % date de la requête de p_i
  $perm\_diff_i \leftarrow \emptyset$;
  $perm\_att_i \leftarrow \{p_1, \cdots, p_{i-1}, p_{i+1}, \cdots, p_n\}$;
  pour chaque $j \in perm\_att_i$ **faire** `send` $request(last_i, i)$ `to` p_j **fait** ;
  attendre $(perm\_att_i = \emptyset)$;
  $state_i \leftarrow$ *dedans*

lorsque p_i **invoque** LIBERER
  pour chaque $j \in perm\_diff_i$ **faire** `send` $permission(i)$ `to` p_j **fait** ;
  $state_i \leftarrow$ *dehors*

lorsque p_i **reçoit** $request(k, i)$
  $h_i \leftarrow \max(h_i, k)$;
  si ($etat_i$ =*dehors*) $\vee$ $(k, j) < (last_i, i)$
    alors `send` $permission(i)$ `to` p_j
    sinon $perm\_diff_i \leftarrow perm\_diff_i \cup \{j\}$
  fin_si

lorsque p_i **reçoit** $permission(j)$
  $perm\_att_i \leftarrow perm\_att_i - \{j\}$

Figure 2 Un algorithme réparti d'exclusion mutuelle

En ce qui concerne la propriété de vivacité, nous procédons en deux étapes. Considérons tout d'abord parmi les requêtes en cours celle qui a la plus petite estampille. Comme on peut le voir, lorsqu'un processus quelconque reçoit cette requête il renvoie sa permission par retour du courrier (soit parce qu'il est dans l'état *dehors*, soit parce que sa requête en cours a une estampille plus grande). On en conclut que la requête qui a la plus petite estampille ne peut peut être bloquée par aucun processus. En conséquence, l'algorithme garantit l'absence d'interblocage (il y a toujours une invocation de ACQUERIR qui peut être servie).

Pour garantir l'absence de famine (toute demande finira par être satisfaire), nous montrons la propriété P suivante : si deux processus quelconques (mais distincts) p_i et p_j ont émis deux requêtes et si celle de p_i gagne le conflit (parce qu'elle a une estampille plus petite), alors seul un nombre fini de requêtes futures de p_i peuvent encore gagner le conflit avec la requête actuelle de p_j. Ceci signifie qu'une requête donnée d'un processus ne peut perdre qu'un nombre fini de conflits avec chacun des autres processus. Il s'en suit que la requête de p_j finira par obtenir ses permissions, ce qui démontre la propriété de vivacité de l'algorithme.

Pour montrer la propriété P appelons (h, i) et (k, j) les deux estampilles des requêtes de p_i et p_j ; on a de plus $(h, i) < (k, j)$ puisque p_i gagne le conflit. Lorsque le message $request(k, j)$ arrive à p_i, celui-ci met à jour h_i qui devient $\geq k$. La prochaine requête de p_i aura donc une estampille $(h', i) > (k, j)$; elle ne sera donc pas prioritaire par rapport à la requête actuelle de p_j. Puisqu'entre h et h' il n'y a qu'un nombre fini de valeurs entières, et comme un processus incrémente de 1 son horloge locale à chaque requête, le processus p_i ne peut émettre qu'un nombre fini de requêtes entre la requête estampillée (h, i) et sa première requête avec une estampille $\geq (h', i)$. Il s'en suit que le nombre de requêtes émises par p_i qui ont des estampilles plus petites que (k, j) est fini. La propriété P découle de cette observation. (Le lecteur pourra vérifier que les requêtes sont honorées dans l'ordre de leurs estampilles.)

3 Un problème de livraison de messages

Le deuxième problème que nous présentons a trait à la livraison des messages. Il s'agit de ce qu'il est convenu d'appeler la *livraison causale* des messages.

3.1 Livraison causale des messages

Il s'agit de réaliser une opération de diffusion de message (notée DIFFUSER()) et l'opération correspondante de livraison (notée DELIVRER()) telles que si les diffusions de deux messages sont liées causalement (c'est-à-dire par la relation que nous avons notée →) leurs livraisons doivent être réalisées dans le même ordre à chacun des processus destinataires.

Le problème est formellement défini par les deux propriétés suivantes :

- Propriété de sûreté. Soit deux messages m_1 et m_2 tels que DIFFUSER(m_1) → DIFFUSER(m_2). Alors pour tout processus p_i, on ne peut avoir DELIVRER(m_2) → DELIVRER(m_1).
- Propriété de vivacité. Si un processus exécute DIFFUSER (m), $\forall i$, p_i exécutera DELIVRER(m).

Comme on peut le voir, la sûreté spécifie que les livraisons de messages doivent respecter la relation de causalité qui existent entre leurs diffusions si tel est le cas. La vivacité spécifie que tout message diffusé est délivré.

Un exemple de livraison causale est presenté à la figure 3 (les livraisons y sont représentées par des petits cercles placés sur l'axe des processus). Dans les deux diagrammes, les diffusions des messages m_2 et m_3 ne sont pas liées causalement ; leurs livraisons ne sont donc pas assujetties à respecter un ordre particulier. Différemment, la diffusion de m_1 précède causalement celles de m_2 et m_3 dans le diagramme de gauche. On voit que m_1 y est délivré avant m_2 et m_3 sur tous les sites : la propriété de livraison causale y est donc satisfaite. Lorsqu'on regarde le diagramme de droite la livraison des messages met en défaut la livraison causale : en effet, bien que l'on ait DIFFUSER(m_1) → DIFFUSER(m_2), on a sur le site p_3 DELIVRER(m_2) → DELIVRER(m_1).

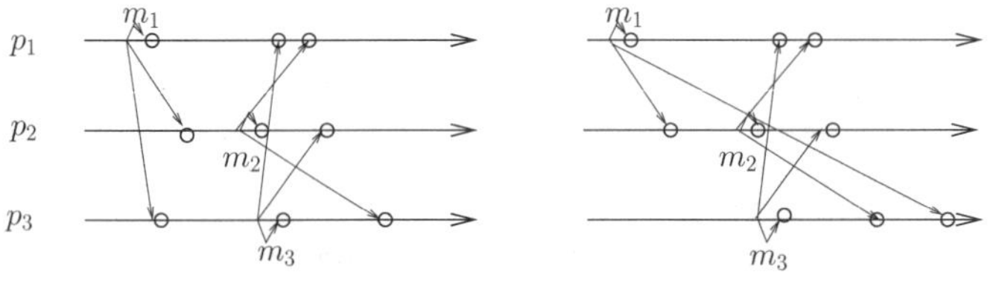

Figure 3 Livraison causale des messages

Une telle propriété sur la livraison des messages réduit l'asynchronisme du système et permet donc, lorsqu'elle est satisfaite, de résoudre plus simplement certains problèmes qui se posent au niveau applicatif. Si on limite la livraison causale aux paires de processus, on obtient la propriété sur les canaux de communication que l'on appelle propriété PEPS (premier entré, premier sorti). La livraison causale peut être donc vue comme une forme d'extension de la propriété PEPS à l'ensemble des communications.

3.2 Un algorithme de livraison causale

L'idée de l'algorithme est simple : elle consiste à retarder la livraison d'un message lorsque celui-ci arrive « trop tôt » chez son destinataire. Sur le diagramme de gauche m_2 arrive trop tôt au processus p_3. Il s'agit donc de retarder sa livraison et de ne la réaliser qu'après la livraison de m_2.

Pour cela on dote chaque processus p_i (site) d'un tableau, appelé $sent_i[1..n]$, qui va contenir l'information de contrôle nécessaire pour retarder les livraisons de messages arrivés trop tôt. Cette information de contrôle est constituée de la partie pertinente (vis-à-vis du problème que l'on veut résoudre) du passé causal d'un processus. Plus précisement, on associe la sémantique suivante à la variable locale $sent_i[j]$. Supposons que $sent_i[j] = x$; cela signifie que les x premières diffusions de messages faites par p_j sont dans le passé causal actuel de p_i. Il est important de noter qu'ici une diffusion n'appartient au passé causal de p_i que lorsque p_i a délivré le message correspondant (ce qui veut dire que p_i ne connaît que les diffusions des messages qu'il a délivrés : un site « reçoit » les messages puis ne les « délivre » au processus que lorsque la condition de livraison est satisfaite). Ces informations de contrôle permettent un test simple pour la livraison des messages dès que l'on demande à chaque message m de transporter le passé causal de son émetteur (au moment de l'émission) que nous appelons $m.sent$. Le test de livraison de m par un destinataire p_i, énonce que les messages qui ont été émis dans le passé de m aient été delivrés par p_i afin qu'il puisse délivrer m. De manière opérationelle, ceci s'exprime par le prédicat suivant :

$$\forall k \in [1..n] : m.sent[k] \leq sent_i[k].$$

L'algorithme résultant est présenté à la figure 4. Il est écrit de façon à présenter une structure simple. Lorsque

p_i diffuse un message m, il l'envoie à tous les autres processus et le délivre localement à lui-même. Les traitements relatifs à la diffusion et la réception d'un message sont exécutés de façon atomique (à l'exception de la primitive **attendre**). [Cet algorithme est une version simplifiée d'un algorithme d'ordre causal plus général dans lequel la communication entre les processus applicatifs se fait par échange entre deux processus et non par diffusion de chacun vers tous (Raynal, Schiper et Toueg, 1991).]

Comme on peut le voir, les messages reçus et non délivrables restent stockés dans les tampons d'entrée de p_i. Une fois un message m en provenance de p_j ($j \neq i$) délivré, p_i met à jour ses données de contrôle : il fait l'union de son passé causal et de celui transporté par le message m (mise à jour du tableau $sent_i$) ; il met également à jour $sent_i[j]$ puisqu'il a délivré un message de plus en provenance de p_j.

lorsque p_i **invoque** DIFFUSER (m)
  pour chaque $j \neq i$ **faire** `send` $message(m, sent_i, i)$ `to` p_j **fait** ;
  $sent_i[i] \leftarrow sent_i[i] + 1$;
  livraison (m)

lorsque $message(m, m.sent, j)$ **est reçu** % On a alors $i \neq j$
  attendre $(\forall k : m.sent[k] \leq sent_i[k])$;
  DELIVRER (m) ;
  pour chaque k **faire** $sent_i[k] \leftarrow \max(sent_i[k], m.sent[k])$ **fait** ;
  $sent_i[j] \leftarrow sent_i[j] + 1$

Figure 4 Un algorithme de livraison causale (code du site p_i)

4 Un problème d'observation répartie

Les problèmes que nous avons examinés précédemment consistaient à construire de opérations offertes aux processus. Il s'agit là de la partie « interpréteur » de tout système : il met à la disposition des processus des opérations « plus sophistiquées » qu'il construit à partir d'opérations « moins sophistiquées »[1].

Une partie totalement différente de l'activité d'un système consiste à observer les processus qui définissent une application. Un exemple classique est la détection de l'interblocage : le système observe les processus et si un interblocage se produit, il doit le détecter (puis l'éliminer). Nous considérons dans la suite un exemple classique d'observation répartie, à savoir la *détection de la terminaison* d'une application répartie.

4.1 La terminaison répartie

Énoncé de façon intuitive, le problème consiste à répondre à la question suivante : est-ce que l'exécution d'une application distribuée (qui a été lancée) précédemment) est terminée ? Comme nous voulons être capable de répondre à la question pour toute une classe d'applications, il convient tout d'abord de modéliser celle-ci.

Pour cela chaque processus applicatif p_i est doté d'une variable locale $state_i$ qui peut prendre les valeurs *actif* ou *passif*. On suppose que, dès qu'un processus attend un message, il devient passif ; un processus ne peut envoyer des messages que lorsqu'il est actif ; enfin tout message reçu par un processus le réactive. Ce modèle de calcul pour les processus applicatifs peut être représenté par les trois règles suivantes qui, en fonction du comportement de p_i, gouvernent les transitions de la variable de contôle $state_i$:

- Un processus p_i ne peut envoyer des messages que lorsque $state_i$=*actif*.
- Dès qu'un processus p_i attend un message il devient passif (on a alors $state_i$=*passif*).
- Un processus p_i qui reçoit un message passe de $state_i$=*passif* à $state_i$=*actif*.

Comme la réception d'un message réactive systématiquement son destinataire, la présence de messages

[1] Il s'agit là de donner du confort d'utilisation aux processus en leur offrant des abstractions adaptées à leur besoins. Il ne s'agit pas de problèmes de calculabilité qui consisteraient à leur offrir des opérations qu'ils ne pourraient réaliser eux-mêmes.

dans les canaux de communication indique que l'application n'a pas terminé. Appelons $chan\_state^t_{i,j}$ l'ensemble des messages en transit sur le canal orienté de p_i vers p_j à l'instant t. L'application a terminé à l'instant t si le prédicat suivant est vrai :

$$(\forall i : state^t_i = \mathit{passif}) \wedge (\forall i, j : chan\_state^t_{i,j} = \emptyset).$$

En effet, s'il existe un instant t où ce prédicat est satisfait, tous les processus sont alors passifs, et tous les canaux étant alors vides, aucun des processus ne pourra être réactivé.

Le problème de la *détection de la terminaison répartie* consiste à positionner un drapeau booléen $term$ (initialisé à *faux*) de façon telle que les deux propriétés suivantes soient satisfaites ($term^t$ représente la valeur du booléen à l'instant t, t étant mesuré par rapport à un temps global ; cette notion de temps global n'est pas connue des processus et leur est donc inaccessible) :

- Propriété de sûreté. $term^t \Rightarrow (\forall i : state^t_i = \mathit{passif}) \wedge (\forall i, j : chan\_state^t_{i,j} = \emptyset)$.
- Propriété de vivacité. Si l'application termine à l'instant $t0$, il existe alors $t1$, $t1 \geq t0$, tel que $\forall t2 \geq t1$, on a $term^{t2} = \mathit{vrai}$.

Comme dans les problèmes précédents, la sûreté décrit la cohérence de l'observation dont le résultat est le booléen $term$, à savoir, si ce booléen indique que l'application a terminé, alors elle a effectivement terminé. La vivacité indique que l'observation doit être vivante, c'est-à-dire si l'application termine on doit le détecter. Un algorithme de détection de la terminaison d'une application répartie est donc une implémentation du booléen $term$ qui satisfait ces deux propriétés.

4.2 Un algorithme de détection de la terminaison répartie

Un modèle de calcul simplifié

Nous présentons dans cette partie un algorithme de détection de la terminaison pour un modèle d'applications plus simple que le modèle utilisé jusqu'à présent. Ce modèle suppose que les communications prennent un temps très long par rapport aux temps de calcul. Etant négligeables ceux-ci y sont considérés comme étant de durée nulle. Comme on va le voir, ce modèle de calcul distribué simplifié est toutefois assez riche pour dévoiler une partie de la difficulté du problème d'observation qui nous intéresse.

On a donc dans ce modèle de calcul $\forall p_i$, $\forall t$: $state^t_i = \mathit{passif}$. L'activité de l'application se réduit aux seuls transferts de messages qui, lorsqu'ils arrivent chez leur destinataires, peuvent générer d'autres messages en fonction du code de ces destinataires. Détecter la terminaison dans ce modèle de calcul consiste donc à résoudre un problème plus simple que le problème général, à savoir déterminer s'il existe un instant t tel que $\forall i, j : chan\_state^t_{i,j} = \emptyset$.

Principe de l'algorithme

L'algorithme (Mattern, 1987) est fondé sur une idée simple : un processus supplémentaire (qui n'appartient pas à l'application, processus que nous appelons Obs) va faire des enquêtes auprès des processus de l'application en leur demandant le nombre de messages qu'ils ont émis et le nombre de messages qu'ils ont reçus depuis le début de l'exécution (ces nombres ne comptabilisent que les messages de l'application, ils n'incluent pas les messages de contrôle utilisés pour réaliser les enquêtes).

Une exécution répartie composée de trois processus et son observateur le processus Obs sont décrits à la figure 5. Cette représentation schématique ne fait apparaître que les transferts de messages. On voit que le code du processus p_3 provoque « atomiquement » l'envoi des messages m_2 vers p_1 et m_3 vers p_2 lors de l'arrivée du message m_1 sur ce processus. Le gros trait noir qui coupe l'axe de chacun des processus p_i représente l'enquête de l'observateur Obs. Plus précisément sa signification est la suivante : t_i $(1 \leq i \leq 3)$ est l'instant auquel p_i répond à l'enquête de Obs, il lui envoie (à l'aide d'un message de contrôle) deux entiers $sent_i$ et rec_i qui indiquent combien de messages ce processus a respectivement envoyés aux autres processus de l'application et combien il en a reçus. On remarquera que l'observation ne pouvant être simultanée sur tous les processus, ceux-ci renvoient des paires d'entiers définis à des instants potentiellement différents (on remarquera aussi que dans un système asynchrone, il n'y a aucun moyen de construire une observation simultanée de tous les processus applicatifs, il n'y a même aucun moyen de savoir si ces observations locales ont ou n'ont pas été simultanées).

Lorsque l'observateur Obs a reçu les trois réponses à son enquête, il fait la somme E des messages émis par l'ensemble des processus applicatifs et la somme R des messages qu'ils ont reçus. Dans l'exemple, Obs reçoit les paires $(0, 1)$ de p_1, $(1, 0)$ de p_1 et $(0, 0)$ de p_3, et l'on a $E = 0 + 1 + 0$ ert $R = 1 + 0 + 0$.

L'algorithme

On peut voir à l'aide de l'exemple précédent que le simple test $E = R$ (le nombre de messages comptés comme émis égal au nombre de messages comptés comme reçus, du point de vue de l'observation répartie) ne garantit pas la propriété de sûreté de l'observation. En effet bien que ce test soit satisfait l'application n'a pas terminé son exécution.

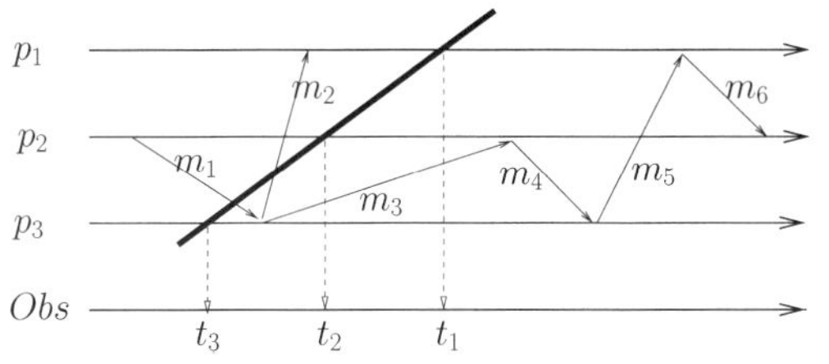

Figure 5 Observation répartie

Considérons deux enquêtes consécutives du processus Obs. Par « consécutives », on signifie que l'observateur Obs ne lance la deuxième enquête que lorsque la première est terminée (Obs a alors calculé les sommes $E1$ et $R1$ relatives à la première enquête). Appelons $E2$ et $R2$ les deux sommes calculées relatives à la deuxième enquête. Nous allons voir que le test $R1 = E2$ permet de conclure que l'application est terminée. L'algorithme correspondant est décrit à la figure 6. Chaque processus p_i est pourvu d'un observateur local qui maintient les compteurs $sent_i$ et rec_i et répond à l'observateur global Obs lorsqu'il reçoit un message d'enquête de celui-ci. Le nombre x ajouté à $sent_i$ est le nombre de messages dont l'envoi par p_i est généré par la réception du message m. L'observateur global Obs est constitué d'une boucle qui se termine lorsque deux enquêtes consécutives sont telles que $R1 = E2$. Le drapeau booléen $term$ est alors levé.

Algorithme d'observation locale de p_i
lorsque un message (applicatif) m **est reçu par** p_i
    $rec_i \leftarrow rec_i + 1$;
    Soit x le nombre de messages dont l'envoi est engendré par la réception de m ;
    $sent_i \leftarrow sent_i + x$

lorsque $request()$ **est reçu par** p_i
    `send` $answer(sent_i, rec_i)$ `to` Obs

Algorithme de l'observateur global Obs
pour chaque i **faire** `send` $request()$ `to` p_i **fait** ;
attendre ($answer(sent\_by(i), rec\_by(i)$ de chaque p_i) ;
$E1 \leftarrow sent\_by(1) + \cdots + sent\_by(n)$;
$R1 \leftarrow sent\_by(1) + \cdots + rec\_by(n)$;
boucler sur
    pour chaque i **faire** `send` $request()$ `to` p_i **fait** ;
    attendre ($answer(sent\_by(i), rec\_by(i))$ de chaque p_i) ;
    $E2 \leftarrow sent\_by(1) + \cdots + sent\_by(n)$;
    $R2 \leftarrow sent\_by(1) + \cdots + rec\_by(n)$;
    si $R1 = E2$ **alors** % terminaison !
        $term \leftarrow vrai$; **exit_boucle**
    sinon $E1 \leftarrow E2$; $R1 \leftarrow R2$
    fin_si
fin_boucle

Figure 6 Un algorithme de détection de la terminaison

Correction de l'algorithme

Montrons tout d'abord la propriété de sûreté, à savoir si la terminaison est annoncée (le booléen $term$ bascule à $vrai$), alors l'application a effectivement terminé.

Pour cela appelons t un instant quelconque entre les deux enquêtes consécutives qui ont ramené au processus observateur Obs respectivement les couples de valeurs $(E1, R1)$ et $(E2, R2)$ (voir la figure 7).

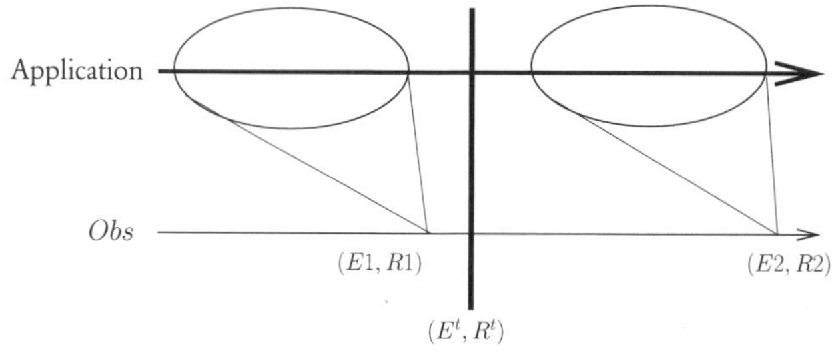

Figure 7 Deux enquêtes consécutives

La preuve est fondée sur la monotonie des compteurs $sent_i$ et rec_i utilisés par chaque processus p_i. Supposons un observateur omniscient capable de calculer le nombre de messages émis (E^t) et le nombre de messages reçus (R^t) par tous les processus à l'instant t, c'est-à-dire $E^t = sent_1^t + \cdots + sent_n^t$ et $R^t = rec_1^t + \cdots + rec_n^t$.

Vu que Obs ne lance la deuxième enquête qu'après avoir obtenu les résultats de la première et la monotonie des compteurs $sent_i$ et rec_i nous avons les inégalités suivantes : $E1 \leq E^t \leq E2$ et $R1 \leq R^t \leq R2$. Nous avons également à l'instant t $R^t \leq E^t$ (à tout instant le nombre de messages reçus est plus petit ou égal au nombre de messages émis).

Si $E2 = R1$, combinant cette égalité avec les deux premières inégalités précédentes on obtient $E^t \leq E2 = R1 \leq R^t$. Comme par ailleurs $R^t \leq E^t$, nous obtenons l'égalité $R^t = E^t$, qui signifie qu'à l'instant t (le même pour tous les processus p_i) il n'y avait pas de messages en transit entre les processus de l'application, ce qui, dans le modèle considéré, signifie quà l'instant t l'application a terminé.

Montrer que l'algorithme satisfait la propriété de vivacité consiste à montrer que si l'application termine, l'observateur Obs le détectera. Ceci est facile à prouver. Appelant $t0$ l'instant auquel l'application termine, considérons les deux premières enquêtes lancées après $t0$. Comme il n'y a alors plus de messages en transit et que les processus sont passifs, on a trivialement $E1 = R1 = E2 = R2$, ce qui sera détecté à la fin de la deuxième des deux enquêtes.

Remarque

Le but de cet algorithme était d'illustrer la détection de la terminaison répartie à l'aide d'un modèle de calcul réparti simple. De nombreux algorithmes de détection pour le modèle général ont été conçus et implémentés. Ils se distinguent les uns des autres par la façon dont ils réalisent l'observation des processus applicatifs et l'information de contrôle transportée par les messages qui réalisent les enquêtes. Le lecteur pourra consulter (Mattern, 1987), (Raynal, 1992-1) où sont décrits de tels algorithmes. Signalons que les meilleurs algorithmes de détection de la terminaison sont particulièrement efficaces (les messages de contrôle ne transportent qu'un seul booléen dans ces algorithmes).

5 L'accord dans un système asynchrone

5.1 Un modèle avec défaillances

Cette partie considère un modèle de calcul plus « faible » (et donc plus général) que le précédent au sens où les processus peuvent subir des défaillances. On suppose maintenant qu'un processus peut s'arrêter de fonctionner de façon définitive et ceci avant la fin de son calcul : il commet alors une faute que nous appellerons *crash* du processus, et l'on dira que le processus est *fautif*. Un processus qui ne crashe pas durant un exécution est dit *correct* par rapport à cette exécution.

Lorsque l'on veut résoudre un problème P dans ce contexte, il est possible que l'on soit capable de concevoir un algorithme qui ne résoud P que lorsque le nombre de processus fautifs ne dépasse pas un certain seuil t. Ce paramètre est crucial. Il apparait parfois dans la définition du modèle lui-même, et l'on parle alors de « système asynchrone formé de n processus dont au plus t peuvent crasher ». Si plus de t processus crashent, l'algorithme n'offre pas la garantie d'un fonctionnement correct. Dans un modèle donné, on peut associer une valeur de t au problème P lui-même : il s'agit de la plus grande valeur de t pour laquelle on sait résoudre P dans le modèle considéré.

La difficulté majeure à laquelle on est confronté dans ce modèle de calcul réside dans le fait qu'il est impossible de distinguer un processus qui a crashé d'un processus qui est lent ou avec lequel les communications sont extrêmement lentes. Comme nous l'avons indiqué dans l'introduction, le modèle asynchrone n'offre aux processus ni horloge globale commune ni bornes sur les temps de calcul ou de transfert des messages (il s'agit là de la différence essentielle avec le modèle synchrone où les processus disposent de telles connaissances).

Lorsque l'on doit résoudre un problème donné, la difficulté est alors d'arriver à maîtriser l'incertitude créée par l'effet combiné de l'asynchronisme et des défaillances des processus.

5.2 Le problème du consensus et son universalité

Le consensus

Nous présentons un grand classique des systèmes répartis asynchrones, le problème du *consensus*. Dans ce problème chaque processus propose une valeur, et les processus corrects doivent se mettre d'accord sur l'une des valeurs proposées. En termes de propriétés que les algorithmes de consensus doivent satisfaire cela donne les énoncés suivants :

- Propriété de sûreté.
  - Validité : une valeur décidée est une valeur proposée.
  - Accord : deux processus qui décident, décident la même valeur.
- Propriété de vivacité. Tout processus correct décide.

Comme on peut le voir, la validité relie la sortie aux entrées, tandis que l'accord définit l'essence du problème.

L'universalité du consensus

Le problème du consensus est universel (Herlihy, 1991) au sens où dès que l'on sait résoudre le consensus on sait implémenter n'importe quel objet partagé entre les processus (dès lors que l'objet a une spécification séquentielle). Prenons à titre d'exemple un fichier accédé par deux opérations, l'une pour la lecture et l'autre pour l'écriture. Le comportement de cet objet peut être facilement décrit à l'aide d'une spécification séquentielle.

L'idée pour construire un tel objet partagé est la suivante. Chaque site gère un représentation de l'objet et y applique une après l'autre les opérations invoquées par les processus. Afin que les copies ne divergent pas, les sites appliquent la même séquence d'opérations à leurs copies. Comme ils peuvent recevoir les opérations à des instants et des ordres différents, ils doivent se mettre d'accord sur un ordre unique dans lequel ils vont appliquer ces opérations. Comme on le voit, il s'agit là d'un cas du problème du consensus, à savoir se mettre d'accord sur un ordre unique dans lequel ils vont appliquer les opérations.

5.3 Le concept de détecteurs de fautes

Un des résultats les plus célèbres du calcul réparti est l'impossibilité de résoudre le consensus dans les systèmes asynchrones sujets au crash des processus (même si on limite à un le nombre de processus qui peuvent crasher) (Fischer, Lynch et Paterson, 1985). Ce résultat d'impossibilité (joint à l'importance pratique du consensus et au fait qu'il peut être résolu dans les systèmes synchrones (Attiya et Welch, 1998), (Lynch, 1996), (Raynal, 2002)) a motivé les chercheurs pour trouver des hypothèses qui, lorsqu'elles sont satisfaites par le système asynchrone, permettent de résoudre le consensus. Nous présentons brièvement ici l'approche fondée sur les détecteurs de fautes (Chandra et Toueg, 1996).

Un détecteur de fautes peut être vu comme un ensemble de modules, un par site/processus, tel que le module associé à p_i lui fournit un ensemble $suspected_i$ (qui évolue au cours du temps et que p_i ne peut que lire) qui comprend les processus suspectés d'avoir crashé. Un classe particulière de détecteur de fautes est définie par deux propriétés (et comprend donc tous les détecteurs de fautes qui les satisfont). La première, appelée *complétude*, stipule quels crashs devront être détectés. La seconde, appelée *précision*, restreint les erreurs qu'est autorisé à faire le détecteur de fautes.

Nous considérons ici la classe appelée $\diamond S$ définie comme suit :

- Complétude. Si un processus p_k crashe, au bout d'un temps fini on aura $p_k \in suspected_i$ pour tout processus non crashé p_i.
- Précision faible inéluctable. Il existe un instant t et un processus correct p_c tel, qu'après l'instant t, p_c n'apparaît plus jamais dans un ensemble $suspected_i$. (Ni t ni p_c ne sont connus.)

Comme on peut le voir, un détecteur de la classe $\diamond S$ peut faire un nombre infini d'erreurs. Il peut par exemple suspecter un processus correct, puis ne plus le suspecter, puis le suspecter à nouveau, etc. Malgré cette imperfection, un résultat important est associé à la classe de détecteurs $\diamond\mathcal{S}$. Lorsque l'on considère tous les détecteurs de fautes possibles, il s'agit de la classe qui a les plus faibles propriétés permettant de résoudre le consensus dans les systèmes asynchrones (lorsque $t < n/2$) (Chandra, Hadzilacos et Toueg, 1996).

Plusieurs travaux de recherche se sont intéressés à la mise en œuvre de tels détecteurs de fautes (Chandra et Toueg, 1996), (Mostefaoui, Mourgaya et Raynal, 2003). La problématique est ici de trouver des hypothéses (aussi faibles que possible) sur le comportement du système, hypothèses qui, lorsqu'elles sont satisfaites, permettent de réaliser des détecteurs de fautes de la classe $\diamond\mathcal{S}$. Dans la suite on se limitera à l'utilisation de tels détecteurs de fautes. On considère donc un modèle de calcul réparti asynchrone (dans lequel les processus peuvent crasher) équipé avec un détecteur de fautes de la classe $\diamond\mathcal{S}$. Ceci signifie que dans ce modèle asynchrone enrichi tout processus p_i peut accéder en lecture à $suspected_i$ et que celui-ci satisfait les deux propriétés indiquées.

5.4 Un algorithme de consensus asynchrone

L'algorithme est décrit à la figure 8 (Mostefaoui et Raynal, 1999). Il requiert une majorité de processus corrects (c'est-à-dire qui ne crashent pas durant l'excution) ; il a été montré que cette contrainte est nécessaire (Chandra et Toueg, 1996). Les principes de l'algorithme sont simples. Les processus exécutent des rondes (itérations) asynchrones, chaque ronde r étant coordonnée par un processus p_c tel que $c = (r \bmod n) + 1$ (comme on peut le voir, si le numéro de ronde croît sans arrêt, chaque processus sera le coordonnateur d'une ronde dans le futur). Il est important de remarquer que, comme le système est asynchrone, tous les processus ne sont pas nécessairement à la même ronde en même temps. Dans la suite $\perp$ désigne une valeur par défaut qui ne peut être proposée par les processus.

Appelons v_i la valeur proposée par p_i. La variable locale est_i représente l'estimation actuelle qu'a p_i de la valeur qui sera décidée. Durant la ronde r, son coordonnateur p_c essaie d'imposer son estimation est_c comme valeur de décision. Pour atteindre ce but, chaque ronde est constituée de deux phases de communication. Lors de la première phase p_c envoie est_c à tous les processus (4). De plus chaque processus p_i attend d'avoir reçu l'estimation de p_c' ou de le suspecter (ligne 5). En fonction du résulat de cette attente, p_i met à jour aux_i soit avec la valeur $v = est_c$ reçue, soit avec une valeur par défaut $\perp$ s'il suspecte p_c (ligne 6) ; $aux_i = \perp$ durant la ronde r signifie donc que p_i a suspecté le coordonnateur de la ronde r. Il est important de voir que la propriété de complétude du détecteur de fautes garantit qu'aucun processus p_i ne peut rester indéfiniment bloqué à la ligne 5. L'exécution par un processus p_i de l'instruction **return**(v) termine sa participation à l'algorithme (v est la valeur qu'il décide).

Les processus entament alors la deuxième phase de la ronde r. Durant celle-ci ils échangent les valeurs de leurs variables aux_i (ligne 7). Notons que l'hypothèse sur la majorité de processus corrects permet de conclure qu'aucun processus ne peut se bloquer de façon définitive à la ligne 8. De plus, on peut constater que, durant la ronde r, seules deux valeurs peuvent être échangées : $v = est_c$ et $\perp$. Il s'en suit que l'ensemble rec_i qui contient les valeurs reçues par p_i ne peut être égal qu'à $\{v\}$, $\{v, \perp\}$, ou bien $\{\perp\}$. Enfin, l'hypothèse sur la majorité de processus corrects permet de conclure qu'il est impossible que deux ensembles rec_i et rec_j soient tels que $rec_i = \{v\}$ et $rec_j = \{\perp\}$. À chaque ronde r, on a donc pour toute paire de processus p_i et p_j qui n'ont pas crashé :

$$rec_i = \{v\} \Rightarrow$$
$$(\forall\, p_j : (rec_j = \{v\}) \ \vee \ (rec_j = \{v, \perp\}))$$
$$rec_i = \{\perp\} \Rightarrow$$
$$(\forall\, p_j : (rec_j = \{\perp\}) \ \vee \ (rec_j = \{v, \perp\})).$$

Ces relations gouvernent le comportement de p_i :

- $rec_i = \{v\}$ (ligne 10). Dans ce cas p_i décide la valeur v. Cela ne peut mettre en défaut la propriété d'accord du consensus puisque dans ce cas si un autre processus p_j décide il décide aussi v, et si p_j ne décide pas il adopte v comme nouvelle estimation. Les processus qui passent à la ronde suivante ont donc tous v comme estimation ; aucune autre valeur ne peut être donc être décidée.
  Dès que des processus décident durant une ronde, ils s'arrêtent et il est donc possible que ceux qui passent à la ronde suivante se bloquent indéfiniment en attendant des messages d'un processus qui a déjà décidé. Pour prévenir de tels blocages, tout processus qui décide, diffuse à tous un message indiquant la valeur décidée. La tâche $T2$ garantit ainsi que tous les processus décideront dès que l'un d'entre eux a décidé.
- $rec_i = \{v, \perp\}$: (ligne 13). Dans ce cas, en cohérence avec le point précédent, p_i adopte v comme nouvelle estimation et passe à la ronde suivante.
- $rec_i = \{\perp\}$ (ligne 14). Dans ce cas p_i a effectué une ronde « pour rien », il passe simplement à la ronde suivante. (Comme on l'a remarqué, si durant une ronde un processus p_i est tel que $rec_i = \{\perp\}$, alors durant cette même ronde aucun autre processus p_j n'est tel que $rec_j = \{v\}$.)

```
Fonction Consensus(v_i)

Tâche T1 :
(1)  r_i ← 0 ; est_i ← v_i ;
(2)  tant_que vrai faire
(3)      c ← (r_i mod n) + 1 ; r_i ← r_i + 1; % 1 ≤ r_i < +∞ %
         -------- Phase 1 de la ronde r : de p_c vers tous ---------
(4)      si (i = c) alors pour chaque j faire send phase1(r_i, est_i) to p_j fait fin_si ;
(5)      attendre (phase1(r_i, v) reçu de p_c ∨ c ∈ suspected_i) ;
(6)      if (phase1(r_i, v) received from p_c) then aux_i ← v else aux_i ← ⊥ endif ;
         --------- Phase 2 de la ronde r : de chacun vers chacun -----
(7)      pour chaque j faire send phase2(r_i, aux_i) to p_j fait ;
(8)      attendre (phase2(r_i, aux) reçus d'une majorité de processus) ;
(9)      soit rec_i l'ensemble des valeurs aux reçues par p_i à la ligne 8 ;
         % L'on a rec_i = {v}, ou bien rec_i = {v, ⊥}, ou bien rec_i = {⊥} où v = est_c %
(10)     cas rec_i = {v}     alors est_i ← v ;
(11)                               pour chaque j ≠ i faire send decision(est) to p_j fait ;
(12)                               return (est)
(13)         rec_i = {v, ⊥} alors est_i ← v
(14)         rec_i = {⊥}     alors skip
(15)     fin_cas
(16) fin_tant_que

Tâche T2 : lorsque decision(est) est reçu de p_k :
           pour chaque j ≠ i, k faire send decision(est) to p_j fait ;
           return(est)
```

Figure 8 Un algorithme de consensus fondé sur $\diamond\mathcal{S}$ $(t < n/2)$

Correction de l'algorithme

Comme on peut le voir, la propriété d'accord du consensus est garantie par l'hypothèse sur la majorité de processus corrects. La vivacité du consensus quant à elle repose sur la propriété de précision faible inéluctable du détecteur de fautes. En effet, si aucun processus n'a décidé avant, il y aura un instant t après lequel un processus correct ne sera plus suspecté. Lorsque ce processus deviendra coordonnateur d'une ronde après t, il ne sera pas suspecté et donc réussira à imposer son estimation à tous les processus non crashés.

Discussion

Cet algorithme est optimal selon plusieurs critères. Tout d'abord la décision est obtenue en deux étapes de communication lorsque le premier coordonnateur est correct et n'est pas suspecté. L'algorithme est également *indulgent* (Guerraoui et Raynal, 2004). Ceci signifie qu'il ne met jamais en défaut les propriétés de sûreté du consensus (validité et accord) même lorsque le détecteur de fautes ne satisfait pas les propriétés qu'il est sensé satisfaire ! L'algorithme est indulgent vis-à-vis du détecteur de fautes. Ceci veut dire que lorsque l'algorithme donne un résultat (des processus décident), le résultat est toujours correct (une seule valeur est décidée, et celle-ci est une valeur proposée) ; l'algorithme termine toujours (les processus corrects décident) lorsque le détecteur de fautes satisfait ses propriétés.

Le lecteur intéressé par une étude sur les relations qui existent entre les problèmes d'accord rencontrés dans les systèmes répartis et les codes correcteurs d'erreurs consultera avec profit (Friedman, Mostefaoui, Rajsbaum et Raynal, 2002).

6 Pour conclure

Le but de ce chapitre était d'initier le lecteur au calcul distribué. Pour cela des problèmes classiques ont été présentés et des algorithmes les résolvant ont été introduits, expliqués et analysés. Cette présentation n'avait d'autre ambition que d'être introductive. Pour des développements approfondis et une étude exhaustive du sujet le lecteur consultera les ouvrages qui apparaissent dans la bibliographie.

Bibliographie

Attiya H. and Welch J., *Distributed Computing : Fundamentals, Simulations and Advanced Topics.* McGraw-Hill, 451 pages, 1998.

Berlinski D., *The Advent of the Algorithm.* Hatrcourt Inc., New York, 345 pages, 2001.

Chandra T.D., Hadzilacos V. and Toueg S., "The Weakest Failure Detector for Solving Consensus". *Journal of the ACM,* 43(4) :685-722, 1996.

Chandra T.D. and Toueg S., "Unreliable Failure Detectors for Reliable Distributed Systems". *Journal of the ACM,* 43(2) :225-267, 1996.

Cormen T.H., Leiserson C.E. and Rivest R.L., *Introduction to Algorithms.* The MIT Press, McGraw-Hill, 1028 pages, 1998.

Fischer M.J., Lynch N. and Paterson M.S., "Impossibility of Distributed Consensus with One Faulty Process". *Journal of the ACM,* 32(2) :374-382, 1985.

Friedman R., Mostefaoui A., Rajsbaum S. and Raynal M., "Asynchronous Distributed Agreement and its Relation with Error Correcting Codes". *16th Int. Symposium on Distributed Computing (DISC'02),* Springer Verlag LNCS #2508, p. 63-87, 2002.

Garg V.K., *Elements of Distributed Computing.* Wiley Interscience, 423 pages, 2002.

Guerraoui R. and Raynal M., "The Information Structure of Indulgent Consensus". *IEEE Transactions on Computers.* 53(4), 53(4) :453-466, 2004.

Herlihy M.P., "Wait-Free Synchronization". *ACM Transactions on Programming Languages and Systems,* 13(1) :124-149, 1991.

Hopcroft J.E., Motwani R. and Ullman J.D., *Introduction to Automata Theory, Languages and Computation (second edition).* Addison Wesley, 521 pages, 2001.

Knuth D.E., "Ancient Babylonian Algorithms". *Communications of the ACM,* 15(7) :671-677, 1972.

Lamport, L., "Time, Clocks and the Ordering of Events in a Distributed System". *Communications of the ACM,* 21(7) :558-565, 1978.

Lynch N.A., *Distributed Algorithms.* Morgan Kaufmann Pub., San Fransisco (CA), 872 pages, 1996.

Mattern F., "Algorithms for Distributed Termination Detection". *Distributed Computing,* 2 :161-175, 1987.

Mostefaoui A., Mourgaya E., and Raynal M., "Asynchronous Implementation of Failure Detectors". *Proc. Int. IEEE Conference on Dependable Systems and Networks (DSN'03),* IEEE Computer Society Press, p. 351-360, 2003.

Mostefaoui A. and Raynal M., "Solving Consensus Using Chandra-Toueg's Unreliable Failure Detectors : a General Quorum-Based Approach". *Proc. 13th Symposium on Distributed Computing (DISC'99),* Springer Verlag LNCS #1693, p. 49-63, 1999.

Peleg D., *Distributed Computing : a Locality-Sensitive Approach.* SIAM Monographs on Discrete Maths and Applications, 343 pages, 2000.

Raynal M., *Algorithms for Mutual Exclusion.* The MIT Press, 107 pages, 1986.

Raynal M., *La communication et le temps dans les réseaux et les systèmes répartis.* Editions Eyrolles, Collection DER-EDF, 230 pages, 1991.

Raynal M., *Synchronisation et état global dans les systèmes répartis.* Editions Eyrolles, Collection DER-EDF, 230 pages, 1992.

Raynal M., *Gestion des données réparties : problèmes et protocoles.* Editions Eyrolles, Collection DER-EDF, 198 pages, 1992.

Raynal M. and Hélary J.-M., *Synchronization and Control of Distributed Systems and Programs.* Wiley Series in Parallel Computing, 124 pages, 1990.

Raynal M., Schiper A. and Toueg S., "The Causal Ordering Abstraction and a Simple Way to Implement it". *Information Processing Letters,* 39 :343-351, 1991.

Raynal M., "Consensus in Synchronous Systems : a Concise Guided Tour". *9th IEEE Pacific Rim Int. Symposium on Dependable Computing (PRDC'02),* IEEE Computer Society Press, p. 221-228, 2002.

Ricart G. and Agrawala A.K., "An Optimal Algorithm for Mutual Exclusion in Computer Networks". *Communication sof the ACM,* 24(1) :9-17, 1981.

Sipser M., *Introduction to the Theory of Computation.* Int. Thomson Publishing Company, 396 pages, 1997.

Tel G., *Introduction to Distributed Algorithms (second edition).* Cambridge University Press, 596 pages, 2000.

Des systèmes client-serveur aux systèmes pair à pair

Franck Cappello, Gilles Fedak, Tangui Morlier, Oleg Lodygensky

Mots-clés : client-serveur, systèmes à trois niveaux, à *n* niveaux, systèmes pair à pair, système centralisé, système totalement répartis.

Résumé : ce chapitre présente l'évolution des architectures d'interaction entre les ordinateurs depuis le modèle client-serveur classique jusqu'au système pair à pair totalement distribué. Le fonctionnement des systèmes client-serveur, des systèmes intermédiaires (trois et *n* niveaux) et de différents types de systèmes pair à pair est expliqué. Nous discutons notamment des raisons qui ont poussé à imaginer des systèmes toujours plus distribués et les conséquences de cette évolution. Les deux approches architecturales actuelles sont détaillées par l'exemple en présentant un système pair à pair monolithique et une couche intergicielle relativement générique pour le développement d'applications pair à pair.

L'évolution en performance des ordinateurs et des réseaux associée à l'augmentation du parc d'ordinateurs personnels a permis l'émergence d'un nouveau mode d'interaction entre les ordinateurs : la communication directe après une phase de recherche de ressources. C'est une des caractéristiques fondamentales des systèmes P2P (*peer-to-peer* en anglais, pair à pair en français), qu'on pourrait aussi traduire par « d'égal à égal » ou de « point à point ». Ce mode d'interaction, d'abord utilisé pour l'échange de fichiers multimédias, trouve aujourd'hui des applications très variées en télécommunication notamment. Les systèmes P2P sont nés d'une évolution à partir de l'architecture client-serveur classique. Ce chapitre présente cette évolution et les caractéristiques des systèmes P2P qui, d'une certaine mesure, réouvrent des champs de recherche en informatique distribuée.

Les différentes architectures d'interaction organisent de façons spécifiques la gestion de trois entités fondamentales : des données, un calcul sur tout ou partie de ces données et la présentation du résultat du calcul. Avant l'apparition des architectures client serveur, l'information était accessible aux utilisateurs seulement depuis des ordinateurs centraux appelés *mainframes*. C'est aussi ce que l'on appelle l'architecture à un niveau (*1 tier*). Via une connexion distante ou directement depuis un terminal, les utilisateurs peuvent consulter les services offerts localement. L'ordinateur gère les données, les opérations sur les données demandées par les utilisateurs et la présentation des résultats.

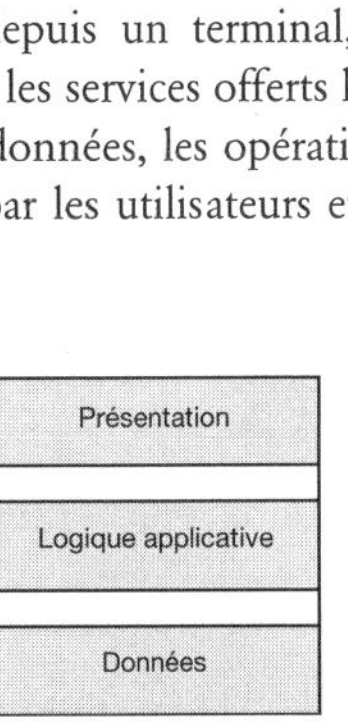

Figure 1 Architecture à un niveau

1 Les systèmes client-serveur

Dans les années quatre-vingt, une première évolution s'opère : l'arrivée des ordinateurs personnels (PC). Les utilisateurs peuvent toujours partager un ordinateur central mais ils peuvent aussi utiliser les ressources de leur propre machine. En effet, elle présente, à échelle réduite, capacités et performances limitées, les mêmes fonctionnalités que l'ordinateur central. La nécessité d'échanger des informations entre les ordinateurs personnels et les serveurs centraux pose alors un problème de communication. Les technologies IP (Internet Protocol) offrent une réponse en permettant au PC de communiquer avec les ordinateurs centraux de façon standardisée. Il reste à définir un modèle d'interaction ; c'est-à-dire à définir les rôles respectifs assurés par le PC et l'ordinateur centralisé pour les besoins des applications.

Les premières applications ont concerné le transfert de fichiers. Les utilisateurs peuvent transférer sur leurs postes de travail les fichiers de données stockés sur les ordinateurs centraux. Mais les faibles puissances des PC et des réseaux rendent l'accès et le traitement de ces informations très lent. L'idée est donc venue de diviser les rôles entre deux entités : le serveur qui gère les données et réalise les opérations sur ces données et le client qui se borne à présenter le résultat de ces opérations à l'utilisateur. C'est une forme de client « léger ». L'évolution des performances des PC et des réseaux va conduire à une nouvelle répartition des rôles : le PC réalisant de plus en plus d'opération sur les données, le serveur peut finir par n'assurer que les services de stockage et d'accès aux données. Cette évolution conduit à la notion de client « lourd ». Quelle que soit la répartition des rôles on considérera que le serveur exécute des services (plus ou moins complexes).

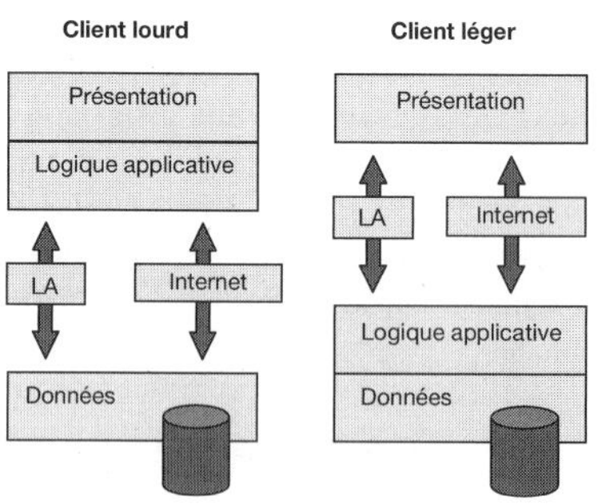

Figure 2 Architecture à deux niveaux

1.1 Présentation de l'architecture

Suivant leur type, les clients sont demandeurs de traitement ou de données qui se trouvent sur le serveur. Celui-ci doit pouvoir, à tout moment, répondre à leurs requêtes. Cela reste une architecture centralisée.

Le serveur, pour se rendre disponible aux clients, attend leurs connexions. Plusieurs services pouvant être disponibles sur une même machine, le serveur, pour se différencier des autres, doit choisir un numéro de port sur lequel attendre les requêtes des clients. Pour s'y connecter, les clients doivent connaître l'adresse et le numéro du port sur lequel écoute le serveur.

Mais il ne suffit pas que ces deux entités soient connectées pour que le client puisse accéder aux informations rendues disponibles par le serveur. Il faut qu'elles parlent le même langage. Cette convention de dialogue s'appelle un protocole et elle est dépendante du type de service et d'information échangé lors de la connexion. Un serveur offrant un service de distribution de couriels n'utilisera pas le même protocole que celui qui propose la diffusion de pages Web. Il existe donc une très grande variété de protocoles utilisant diverses technologies réseau. Pour permettre l'interopérabilité des clients et des serveurs d'un même service, des organismes de standardisation, telle la RFC (*Request For Comment*), ont défini des protocoles et les points d'accès (ports) des principaux services client/serveur.

1.2 Quelques exemples d'architecture client-serveur

L'architecture client-serveur a été introduite dans les années quatre-vingt mais elle a été réellement adoptée à la fin de cette décennie avec l'avènement des SGBD (système de gestion de base de données). Ces systèmes, gourmands en ressources (disques et réseaux), ne pouvaient être exécutés que sur des machines très performantes. L'apparition des clients interrogeant le système central permet aux utilisateurs d'obtenir les informations dont ils ont besoin à partir d'une application exécutée sur leur propre poste. Cette application interroge le serveur de base de données, le serveur lui fournit les données brutes correspondant à sa requête, elle les utilise et les présente ensuite à l'utilisateur. L'intelligence est donc placée dans les deux parties de l'architecture : le serveur offrant le service propre à la base de données, le client réalisant la présentation des données intéressant l'utilisateur. Tous les constructeurs de bases de données, d'Oracle à IBM/DB2 en passant par PostgreSQL ou MySQl offrent un accès aux données en mode client/serveur.

Le succès de l'architecture client-serveur pour les bases de données a aidé à populariser l'utilisation de protocoles basés sur cette architecture. POP (*Post Office Protocol*) pour la récupération de couriels, SMTP (*Simple Mail Transfer Protocol*) pour l'envoi de couriels ou FTP (*File Transfer Protocol*) pour l'échange de fichiers, protocoles définis dans les années quatre-vingt, vont voir leur utilisation grandir au début des années quatre-vingt-dix. Ils sont tous basés sur des architectures client-serveur plus ou moins complexes.

C'est avec l'avènement du réseau Internet dans les années quatre-vingt-dix qu'apparaît l'architecture client/serveur la plus utilisée, celle sur lequel est basé le World Wide Web, HTTP (*Hyper Text Transport Protocol*). Ce protocole, proposé en 1992 par Tim Berners-Lee, permet à n'importe quel utilisateur munit d'un navigateur internet (le client) de consulter une information stockée sur un serveur Web. Le démon HTTP est capable d'offrir de très nombreux documents hypertextes (HTML) à tout client s'y connectant (généralement sur le port 80). Celui-ci doit savoir où se trouve le serveur et quel document il souhaite consulter. Ces informations peuvent être stockées sous une forme unique appelée URL (*Unified Ressource Locator*). À partir de cette URL, le client peut ainsi télécharger le document et l'afficher à l'utilisateur. Le succès de l'architecture client/serveur HTTP repose sur l'interopérabilité entre les clients et les serveurs. Le langage de description de document utilisé (HTML, *Hyper Text Markup Language*) permet en effet de lier une page à d'autres documents stockés sur le même serveur mais également sur d'autres machines. Il est donc primordial que les clients et les serveurs parlent le même langage afin de garantir que tout client puisse accéder à tous les documents liés malgré le fait qu'ils soient situés sur des serveurs distincts.

Les outils de développement d'applications pour PC ainsi que l'accroissement de leur performance ont conduit, au fil du temps, à placer une grande partie de la complexité de la logique applicative (*business logic*) sur les clients qui sont donc devenus des clients «lourds». La logique applicative correspond à l'aspect fonctionnel de l'application ; c'est-à-dire les procédures de calcul et d'accès aux données. La capacité d'exécuter la logique applicative devient dépendante des possibilités de la machine cliente et de sa connexion avec le serveur qui doivent être de plus en plus performantes. Cette évolution finit par être contradictoire avec une autre évolution vers la mobilité des terminaux clients. La logique applicative doit pouvoir fonctionner quel que soit le terminal (un ordinateur portable, un assistant électronique personnel, un téléphone).

1.3 Les avantages et les inconvénients d'un système centralisé

Dans sa version client «léger», l'architecture client/serveur présente de nombreux avantages. Notons qu'elle est destinée à un nombre d'utilisateurs moyen (une centaine de connexions simultanées). Tout d'abord elle permet aux clients de ne pas s'encombrer avec des informations qui ne les intéressent pas. Ils obtiennent uniquement les informations correspondant à leurs requêtes. Les informations obtenues sont de plus cohérentes. Comme il est le seul fournisseur de service, le serveur ne présente pas de problème d'intégrité pour les données qu'il fournit. Les principaux avantages sont liés à l'administration. Les informations étant contenues sur une seule entité, le serveur, l'administrateur verra son travail concentré sur cette partie. Pour maintenir le service, il doit uniquement s'assurer du bon fonctionnement du serveur. Sur le plan de la sécurité, l'aspect centralisé permet de résoudre plus aisément les problèmes qu'un administrateur peut rencontrer. Il n'a en effet qu'une seule machine située sur un seul site à surveiller et à sécuriser. La tache de l'administration est donc bien simplifiée.

L'architecture avec clients «lourds» est beaucoup plus complexe à gérer. D'abord il faut entretenir non seulement les services sur les serveurs, mais aussi la logique applicative qui s'exécute sur les clients qui peuvent être de nature très différente. Il faut être capable de les diffuser et les maintenir à distance. Ensuite, comme une partie du traitement est réalisée sur les clients, l'occupation réseau finit par être significative. Comme une partie des données (copies ou modifications de données) peut résider sur les clients, il existe un problème de tolérance aux défaillances du client et bien entendu un problème de sécurité très important.

Dans les deux types d'organisation (clients «légers» ou «lourds»), l'aspect centralisé de cette architecture est également à la base des inconvénients des systèmes client/serveur. La tolérance aux pannes en est l'un des points faibles. Les clients ne pouvant obtenir les informations que depuis un seul serveur, si celui-ci devient indisponible (pour maintenance, panne franche ou transitoire, surcharge), les clients ne pourront accéder au service. Le serveur devient donc le maillon faible de l'architecture. La place prépondérante qui lui est attribuée le rend extrêmement vulnérable. Les maintenances doivent être opérées avec précaution. De plus d'un point de vue sécurité, cette centralisation est problématique. Si quelqu'un veut empêcher les utilisateurs d'accéder aux informations de l'application client/serveur, il lui suffit de s'attaquer au serveur en le rendant indisponible. C'est ce que l'on appelle une attaque de type déni de service (DoS, *Denial of Service*).

La disponibilité du service est également limitée aux ressources dont dispose le serveur. Les informations qu'il peut offrir sont donc limitées par la taille de son disque dur, la vitesse du processeur et la largeur de sa bande passante. Bref, le serveur ne peut pas être une machine normale, il doit posséder des composants très fiables (si l'un d'eux tombe en panne, le service sera probablement rendu indisponible) et dimensionnés selon le type de service rendu. Les ressources réseau sont également très critiques. Étant la ressource la plus coûteuse lors de l'exploitation et la plus difficile à gérer, elle est souvent critique pour une architecture client-serveur devant gérer plusieurs centaines de connexions simultanées.

2 Les systèmes intermédiaires

Comme nous venons de le voir, l'architecture client-serveur pure présente plusieurs inconvénients quelle que soit la répartition des rôles entre clients et serveurs. Un certain nombre d'architectures s'inspirant de celle que nous avons présentée sont apparues pour corriger ces problèmes.

2.1 Les architectures à trois niveaux

L'architecture à trois niveaux est apparue pour répondre à certaines limitations de l'architecture client-serveur. Elle a pour objectif d'augmenter les performances, la flexibilité, la maintenabilité, la réutilisation, et l'extensibilité. Cette architecture divise le serveur en deux entités, l'une s'occupant de la gestion des données, l'autre exécutant les traitements sur les données. Dans le principe, il s'agit de rapatrier sur cette entité la logique applicative exécutée sur les clients « lourds ». L'architecture passe donc de deux éléments (clients et serveur) à trois : clients, serveur de traitement, serveur de données. Classiquement, le serveur de traitement est un serveur HTTP et le serveur de données est un SGDB.

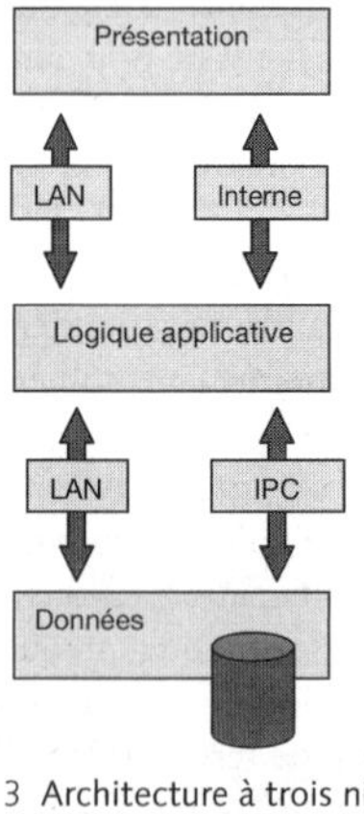

Figure 3 Architecture à trois niveaux

Dans la figure ci-dessus, IPC signifie *Inter Processus Communication*, c'est-à-dire communication intervenant entre des processus d'une même machine.

Pour obtenir l'information qu'il désire, le client continue à se connecter à un serveur. Le programme accueillant les connexions des clients est le serveur de traitement. En fonction de ce que souhaite le client, il prépare sa requête au serveur de données. Pour récupérer les données nécessaires à la requête du client, le serveur de traitement va devenir client du serveur de données. Une fois qu'il a obtenu les données, le serveur de traitement effectue l'opération demandée par le client avant de lui retourner le résultat.

Cette architecture est utilisée pour niveler la charge des serveurs et diminuer les besoins de performance processeur, mémoire et réseau des clients. En distribuant les rôles, cette architecture permet de réduire la charge du serveur de traitement et d'être plus disponible pour répondre aux requêtes d'autres clients. Sun J2EE et IBM WebSphere sont des exemples de technologies utilisées pour des architectures trois niveaux très utilisées sur Internet. La relation de plus en plus importante entre les bases de données et le Web sont à l'origine d'architectures à quatre niveaux. Dans ces architectures, un serveur Web, générant des pages HTML dynamiques, s'intercale entre le client et le niveau exécutant la logique applicative.

Par extension les architectures à *n* niveaux sont apparues, l'idée principale étant qu'un serveur dans une chaîne est aussi le client d'un autre serveur. Bien que des entités du système jouent à la fois les rôles de client et serveur, ces entités ne sont pas symétriques et sont prévues pour être intégrées à un endroit précis dans la chaîne. Dans cette architecture, la programmation par appel de procédure à distance apporte beaucoup de facilité quelle que soit l'approche utilisée (objet par exemple). Ce type d'architectures offre par conséquent une forme de distribution de la charge qui n'est toutefois pas simplement contrôlable. Par ailleurs, plus un calcul dépend d'appels de fonctions distantes, plus il a des risques d'échouer. Afin de pouvoir supporter les pertes de service, les protocoles d'appel de procédures à distances évolués proposent un service de localisation. Ils permettent aussi d'ajouter de la tolérance aux pannes et de l'allocation dynamique de ressources aux architectures à *n* niveaux.

2.2 Quelques approches pour la tolérance aux pannes

Comme nous l'avons vu, le serveur est une ressource très vulnérable dans l'architecture client-serveur. S'il n'est plus disponible, les utilisateurs ne peuvent plus accéder aux informations fournies par ce service. Des adaptations de l'architecture client-serveur ont été implémentées pour résoudre ce problème.

L'une des solutions les plus simples à ce problème est de mettre un serveur redondant capable de prendre en charge le traitement quand le serveur principal se trouve affecté par une panne. Lorsqu'il se connecte, le client doit généralement traduire l'adresse du serveur lisible par des humains (nom de domaine) en une adresse « machine » (IP). La solution est d'inscrire plusieurs adresses IP pour un nom de domaine défini dans les serveurs de nom de domaine (DNS). Imaginons que vous avez donné à votre serveur le nom de domaine suivant : monserveur. exemple. com associé à deux adresses IP (192.0.34.10, la principale et 192.0.34.11 l'auxiliaire). Le serveur de production répondra sur l'IP 192.0.34.10 et s'il n'est plus disponible, les clients iront interroger le serveur de secours : 192.0.34.11. Cette solution ne fonctionne que s'il est facile de « répliquer » le service. De plus, elle n'est malheureusement pas très flexible et ne prend pas en compte la charge des machines. Ce qui ne permet pas de mettre en place une politique de qualité de service afin d'améliorer la disponibilité des services.

Pour résoudre le problème de la qualité de service, la technique de la répartition de charge est couramment utilisée. Le fonctionnement général est le suivant : lorsqu'ils veulent se connecter à un serveur, les clients contactent un serveur virtuel qui redirige la requête à un serveur offrant réellement le service désiré. Pour le client, l'opération est totalement transparente. Le système profite de l'architecture centralisée en ne modifiant que la partie serveur. Le serveur virtuel est en contact avec plusieurs serveurs réels. Lorsqu'il est contacté par le client, il ne fait que transmettre les requêtes et leurs réponses aux clients. L'élection du serveur réel est un des points cruciaux de cette architecture. La plus utilisée est celle basée sur une observation historique du système, le serveur virtuel transférera la requête au serveur qui a répondu plus rapidement aux requêtes précédentes. L'attribution statique basée sur l'adresse IP du client ne fonctionne pas très bien car elle ne prend pas en compte la tolérance aux pannes des serveurs et a tendance à faire travailler certains serveurs plus que d'autres sans réelle raison. Enfin, une dernière technique est basée sur l'envoi de messages testant la disponibilité du serveur. Bien entendu, le serveur virtuel est une ressource critique qui, si elle disparaît provoque un déni de service. L'utilisation d'un système redondant pour le serveur virtuel permet d'avoir une architecture plus tolérante aux pannes.

2.3 Architectures réparties

Comme nous l'avons vu, le problème de l'architecture client-serveur est que le serveur doit répondre à des contraintes sévères de performance et de tolérance aux pannes. Les architectures réparties offrent une alternative a priori structurellement plus efficace sur ces deux propriétés.

Dans l'architecture répartie, le serveur, lorsqu'il ne connaît pas la réponse à une requête d'un client, interroge des serveurs de sa connaissance pour essayer d'obtenir les informations. C'est l'architecture adoptée par les serveurs de nom de domaine (DNS), par exemple. Les clients souhaitant connaître l'adresse IP d'un nom de domaine (service. exemple. com), interrogent le serveur de leur réseau. Ce serveur s'il ne disparaît pas le nom de domaine, va le décomposer. Il va demander aux serveurs maîtres (DNS *root servers*) quels sont les serveurs gérant le domaine. com. Le serveur DNS du réseau initial interrogera ensuite l'un des serveurs de gestion du domaine. com pour lui demander quel est le gestionnaire du domaine exemple. com qu'il interrogera ensuite pour interroger l'adresse IP de la machine service. exemple. com. Dans cette interrogation récursive, le serveur devient donc client d'autres serveurs de domaine et découvre au fur et à mesure des requêtes des clients quelles sont les entités qu'il doit interroger. Ce processus est donc relativement long, il est couplé dans la réalité avec un système de cache, qui permet de ne pas demander perpétuellement les IP des mêmes noms de domaine.

Mais l'implémentation que nous venons de voir est basée sur des éléments stables. Certaines architectures ont implémenté des architectures spécifiques entièrement réparties. C'est le cas de l'infrastructure Usenet. Cet ancêtre des forums web permet à différentes communautés d'échanger des articles et des messages. Le client reste dans son rôle d'interrogateur de service, il peut lire et soumettre un message dans un forum. L'aspect réparti se situe dans le fonctionnement des serveurs. Dans ce modèle, il n'y a pas de hiérarchie entre les serveurs. Régulièrement, ils échangent leurs données avec leurs voisins. L'information diffuse ainsi par échange de messages au voisinage.

3 Les systèmes pair à pair pionniers

Une première proposition d'architecture pair à pair (P2P) a été introduite en 1984 par IBM avec l'introduction de APPN (*Advanced Peer to Peer Network*). Mais il a fallu attendre les années quatre-vingt-dix pour voir implémenter réellement des services reprenant des principes similaires. Il n'y a toutefois pas de relation de descendance entre la proposition IBM et les systèmes pionniers.

Dans la deuxième moitié des années quatre-vingt-dix sont nés des systèmes P2P pionniers qui ont popularisé les systèmes distribués à très grande échelle. Ces systèmes ont tous compté plusieurs millions d'utilisateurs.

3.1 ICQ : messagerie instantanée

Le premier succès important de ce type d'architecture est le programme de messagerie ICQ apparu en 1996. Ce programme permettait à des utilisateurs de dialoguer avec d'autres utilisateurs via Internet. Contrairement à l'IRC où les échanges se faisaient à travers un serveur, ce logiciel développé par Mirabilis permettait, après avoir demandé à un serveur centralisé la liste des contacts, de communiquer directement avec son correspondant. Le serveur était ici utilisé uniquement pour savoir si les contacts étaient sur le réseau et où pouvait-on s'y connecter. Les discussions se réalisaient par une connexion directe entre les deux clients ICQ. Jusqu'en 2000, c'est l'architecture qui a été utilisée pour ce protocole mais avec la multiplication des pare-feu (bloquant les connexions extérieures au réseau) et les trous de sécurité offerts dans le protocole originel, les concepteurs d'ICQ ont réduit l'aspect pair à pair de leur architecture.

3.2 Napster : la popularisation du P2P

Le second système pionnier est apparu en 1999. Créé par Shawn Fanning, Napster a eu un retentissement médiatique gigantesque. Ce logiciel pair à pair permettait de télécharger des milliers de fichiers musicaux. Plutôt que d'y accéder depuis un seul serveur, chaque client mettait à disposition des utilisateurs du réseau Napster les fichiers MP3 en sa possession, en échange de quoi il avait le droit de télécharger les musiques des autres utilisateurs. Comme pour ICQ, les échanges de fichiers se font indépendamment d'un serveur centralisé. Par contre, il existe bien un serveur central, fonctionnant comme un index, qui permet aux utilisateurs de lancer des recherches et de trouver les serveurs proposant les fichiers qu'ils convoitent.

3.3 Freenet : le premier système totalement distribué avec recherche par clé

C'est également en 1999, que Ian Clark proposera un système d'échange de fichiers basé sur une architecture pair à pair totalement distribuée. Dans Freenet, aucun serveur centralisé ne fournit les informations nécessaires au téléchargement de fichiers. L'architecture se base sur des clés de routage distribuées. À partir d'une clé de hachage correspondant au fichier désiré, un client va interroger, parmi son voisinage, le voisin qui a l'identifiant le plus proche de celui du fichier. Ce voisin s'il n'a pas le fichier, interrogera à son tour un voisin le plus proche du fichier, jusqu'à ce que le fichier soit trouvé. Puis chacun des nœuds interrogés téléchargera le fichier voulu avant de le fournir au client l'ayant interrogé. Le fichier téléchargé sera alors répliqué dans le réseau Freenet. A la prochaine requête de ce même fichier, moins de clients seront interrogés pour obtenir le fichier.

3.4 SETI@home : le calcul scientifique distribué

1999 a été une année phare pour le pair à pair, car elle a vu également la sortie d'un projet de calcul utilisant les réseaux pair à pair. Les responsables de Seti@Home ont sollicité des internautes pour installer leur application pair à pair. Ce logiciel, lorsque l'ordinateur n'est pas utilisé par l'utilisateur, réalise un calcul pour la recherche de vie extraterrestre. L'université de Berkeley a pu ainsi profiter durant l'année 2000 de l'équivalent d'un demi-million d'années de temps processeur grâce à l'aide de ses 500 000 volontaires.

Depuis quelques mois, la téléphonie sur IP commence à rencontrer un réel succès. Ces technologies consommant beaucoup de bande passante ne peuvent pas passer par des serveurs centralisés pour fonctionner. Le plus populaire de ces systèmes est actuellement Skype, qui permet de téléphoner à travers Internet.

4 Les systèmes pair à pair

Comme nous allons le voir, les systèmes pair à pair présentent une architecture en rupture avec les systèmes client-serveur à trois et même *n* niveaux. Une expression souvent utilisée pour les qualifier est «technologie de rupture». La rupture concerne la symétrie fondamentale du système : dans une architecture P2P, les entités du système sont à la fois clientes (demandeuses de services) et serveurs (fournisseurs de services).

Définir les systèmes P2P est une tâche difficile et les documents existants ne sont pas tous cohérents sur ce point. En effet, ces définitions se différencient selon qu'elles prennent en compte la nature de l'application (partage de fichiers, messagerie, calcul distribué), le niveau dans la couche logiciel (application, intergiciel, protocole réseau), l'architecture (pour partie centralisée, totalement distribuée, hiérarchique) ou le mode de communication (direct de point à point).

Dans tous les cas, un système pair à pair suppose une grande communauté d'utilisateurs qui partage un objectif commun tel que l'échange de fichiers multimédias, la participation à des téléconférences, ou la résolution de grandes applications de calcul distribués. Le système doit alors mettre en relation les machines et organiser le partage des ressources entre elles. Il doit aussi s'assurer de la maintenance de l'infrastructure lorsque de nouvelles machines s'intègrent au réseau ou lorsque des machines le quittent.

4.1 Architecture générale

Pour concevoir un système pair à pair, il existe plusieurs points de départ suivant le type de réalisations visées. Pour simplifier, nous pouvons considérer trois types de réalisations possibles : créer une application monolithique reposant sur une infrastructure pair à pair, créer un intergiciel distribué pair à pair et créer un protocole de système pair à pair.

Le niveau supérieur dans la hiérarchie des environnements de systèmes pair à pair consiste en des plates-formes monolithiques, complètes et opérationnelles. Pour ces plateformes, les différents mécanismes pair à pair sont intégrés au sein même de l'application et leur mise en œuvre est transparente au développeur.

Par exemple les plates-formes de calcul distribué telles que BOINC (Anderson, 2004) ou XtremWeb (Cappello, 2005) permettent de mettre en œuvre une plate-forme de calcul global à partir d'une application séquentielle sans avoir à intervenir sur cette application. La gestion de l'exécution (diffusion du code, répartition des tâches, transfert des données) est entièrement prise en charge par l'infrastructure sans que le développeur n'ait à paralléliser son code. En revanche, les deux plates-formes mettent à disposition du programmeur des interfaces permettant une spécialisation de l'infrastructure. Par exemple, BOINC permet de paramétrer finement la politique de certification de résultats et XtremWeb permet le support de modèles d'exécution parallèle tels que le maître/esclave ou la programmation par appel de procédure à distance.

Pour simplifier la tâche du développeur, des environnements sont proposés permettant de construire des systèmes pair à pair plus facilement. Ainsi JXTA de Sun propose de structurer un système autour de quatre éléments :

- les *peer pipes*, mécanisme de connexion d'un pair à un autre et de partage d'informations sur le réseau et de manière distribuée ;
- les *peer groups* qui permettent la création de groupes de façon dynamique et le regroupement logique et cohérent de contenu ;
- la possibilité de surveiller et de mesurer les interactions et de définir des politiques de contrôle entre pairs (*peer monitoring*) ;
- des mécanismes de sécurité permettant de garantir la confidentialité, l'identité et l'accès contrôlé aux services. Le projet COSM propose aussi de construire des environnements pair à pair plus simplement qu'en utilisant les protocoles de communication. Les projets Folding@home et Genome @home utilisent COSM comme plate-forme de base.

Au niveau le plus bas dans la hiérarchie des environnements se trouve le protocole. Pour créer un protocole de système pair à pair, les technologies logicielles sont à la base celles associées à l'Internet : protocoles TCP, HTTP. Rapidement, le mode d'interaction par appel de procédures distantes s'est avéré comme particulièrement adapté et des projets comme XtremWeb ont été construits par-dessus Java RMI ou JINI. Depuis les premières expériences et les premiers systèmes, d'autres protocoles ont été proposés comme SOAP et XML RPC. SOAP (*Simple Object Access Protocol*), qui encapsule des appels de procédure à distance encodés au format XML dans des messages HTTP (notons que SOAP n'est pas limité au protocole HTTP) est retenu par beaucoup de projets comme protocole de base pour le développement. Cependant les concepteurs de protocoles pair à pair doivent tenir compte de contraintes telles que les configurations des pare-feu, lors de la conception de la partie transport. Par exemple I2P (http://www.i2p.net) est une couche au-dessus de TCP qui offre la même interface de programmation que TCP, mais qui organise l'anonymat des communications en intercalant des relais entre l'émetteur et le récepteur. De fait une tendance semble émerger qui est de proposer des protocoles comme brique de base, résolvant le problème de la connectivité dans les réseaux pair à pair.

4.2 Propriétés fondamentales des systèmes P2P

Les réseaux pair à pair présentent un certain nombre de caractéristiques fondamentales qui doivent guider la conception de ces systèmes :

- volatilité : la perte d'une machine ou d'un ensemble de machines participantes est un événement intrinsèque du système ;
- extensibilité : les systèmes doivent être extensibles, c'est-à-dire que leur performance augmente avec le nombre de ressources, jusqu'à plusieurs centaines de milliers de nœuds ;
- auto-organisation : le système doit se reconfigurer lui-même et automatiquement en cas de départ ou d'arrivée de nouvelles machines ;
- hétérogénéité : les machines possèdent des configurations matérielles et logicielles très variées.
- connectivité : le système doit pouvoir connecter toutes les ressources, y compris celles protégées par des pare-feu ou situées dans des espaces d'adressage IP privé ;
- dynamicité : le système doit être capable de s'accommoder d'une configuration qui varie constamment ainsi qu'à des communications dont la latence et le débit varient aussi ;
- disponibilité : le propriétaire d'une ressource doit pouvoir définir une politique qui limite la contribution de sa ressource et le système doit respecter cette politique ;
- sécurité : comme tout environnement connecté à Internet, un système pair à pair doit garantir la sécurité des participants.

Dans la suite de ce chapitre, nous verrons quelles sont les approches proposées par les différents systèmes étudiés pour répondre à ces contraintes.

4.3 Dynamique des systèmes à grande échelle

C'est en étudiant plus précisément le comportement des utilisateurs de l'Internet que nous pourrons comprendre la dynamique des systèmes distribués à grande échelle. Une étude a été réalisée par le laboratoire ID (Informatique distribuée) de Grenoble sur des enregistrements de mesures effectués par le logiciel La grenouille (http://www.grenouille.com). Ce programme est un service de «météorologie» de l'ADSL français, dirigé par une association de consommateurs. Chacun des participants exécute un programme de test qui régulièrement mesure, via un téléchargement de fichier, la bande passante allouée par son fournisseur d'accès. Ainsi, les utilisateurs de La grenouille peuvent évaluer la qualité du service rendu par leur fournisseur d'accès Internet. La courbe ci-dessous montre la variation du nombre d'abonnés de l'ADSL, sur une journée, se connectant au serveur de La grenouille pour y réaliser leur mesure.

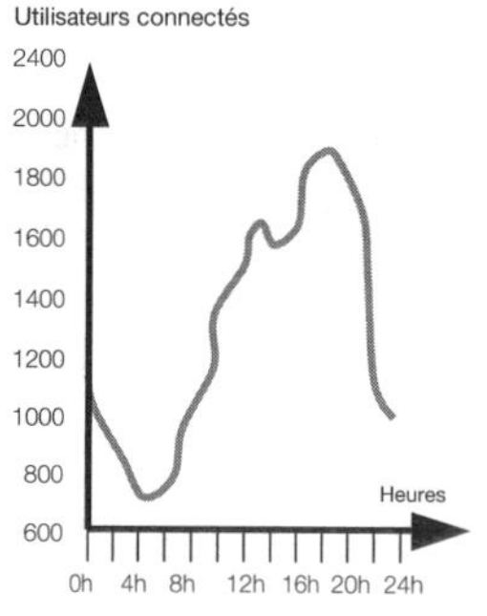

Figure 4 La grenouille

En principe, le logiciel effectue des mesures périodiquement et automatiquement. Aussi, lorsque le serveur de La grenouille n'est plus sollicité par une machine pour réaliser une mesure, il en déduit que la machine est déconnectée.

Comme nous pouvons le constater sur la figure, le nombre d'abonnés connectés sur une période de 24 heures varie d'un facteur supérieur à 3. Un examen plus précis des enregistrements montre que plus de 50% des machines changent d'une heure à l'autre (les points sur la courbe). Ceci illustre parfaitement la grande volatilité des ressources qui quittent ou joignent le réseau à tout instant de manière difficilement prévisible et la grande dynamicité de ces systèmes qui doivent s'accommoder d'un nombre très variable de ressources.

Nous allons maintenant expliquer les différentes technologies qui permettent de concevoir des systèmes pair à pair répondant aux contraintes des systèmes à large échelle. Nous avons choisi de présenter ces technologies par service en nous intéressant particulièrement à la couche transport, au routage, à la recherche de ressources, à la coordination et à la sécurité.

4.4 La couche transport

La première fonctionnalité des systèmes pair à pair est de permettre la mise en relation d'un grand nombre de ressources. Pour cela une première étape est la connexion des machines au réseau pair à pair. La solution la plus répandue est d'utiliser une machine stable (typiquement un serveur web) comme nœud de rendez-vous. Typiquement, il s'agit d'une page web rafraîchie périodiquement contenant les adresses de plusieurs serveurs ou pairs du système.

Lorsque le pair dispose d'une série de points d'entrée dans le réseau, il tente de s'y attacher. Au fur et à mesure du déroulement de l'application, le pair peut sauvegarder dans un tampon local une liste d'adresses de pairs auxquels il a réussi à se connecter. Cette liste est construite différemment selon les algorithmes de routage qui seront présentés § 4.5. À la prochaine tentative de reconnexion du pair, les adresses pour s'attacher au réseau seront puisées dans la liste sauvegardée. Il est important que la liste sélectionne les adresses de manière à éviter les partitionnement du réseau. Pour cela les adresses sont mémorisées selon deux critères : latence de communication pour améliorer les performances et ancienneté du lien de communication pour favoriser les machines les plus stables.

Lorsque le nœud s'est attaché au réseau, le système doit ensuite lui permettre de contacter d'autres nœuds et de se faire contacter par ses pairs. Ici plusieurs difficultés se présentent. La première est due à la translation d'adresse : plusieurs machines situées derrière des routeurs peuvent partager la même adresse IP ou exposer une adresse privée. La solution communément mise en œuvre consiste à associer des identifiants uniques aux nœuds qui soient distincts de l'adressage IP dans les tables de routages.

La difficulté suivante provient des protections réseau telles que les pare-feu qui empêchent la connexion directe vers un port d'un nœud. Les figures ci-dessous présentent deux cas courants et les solutions envisageables.

Dans la figure 5, le nœud A est protégé par un pare feu. Le nœud B ne peut donc le contacter directement, il va s'adresser à un nœud tiers et déposer une demande de rendez-vous. Le nœud A va répondre à cette demande en établissant directement la connexion.

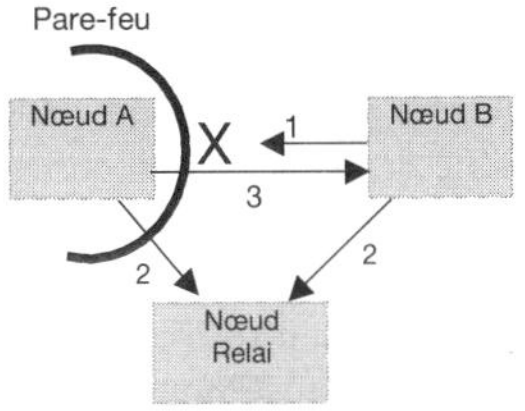

Figure 5 A est protégé par un pare-feu

Dans la figure 6, les deux nœuds sont situés derrière des pare-feu. Les nœuds A et B doivent passer par un intermédiaire pour relayer les messages. Notons qu'il existe une caractéristique de TCP appelée le *TCP splicing* qui permet la mise en relation directe entre les nœuds mais qui est encore peu utilisée.

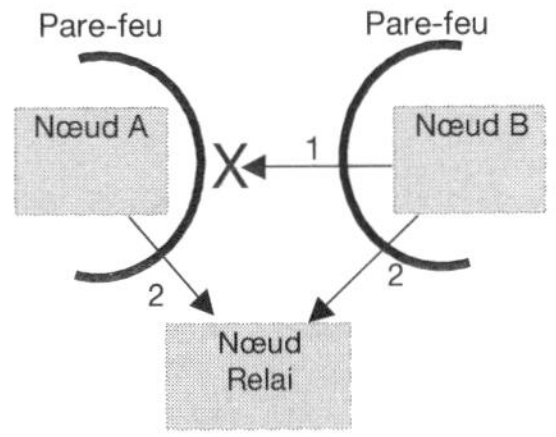

Figure 6 A et B sont protégés par un pare-feu

4.5 Indexation des ressources et routage des requêtes de recherche

Le système de recherche de ressources (ou de mise en relation) sert de mécanisme de recherche et d'identification d'un pair capable de fournir la ressource recherchée. L'indexation et la recherche de ressources sont certainement les éléments de technologie qui ont connu les progrès les plus spectaculaires ces dernières années. À la base, la recherche de ressources suppose deux mécanismes : la publication par les participants des ressources qu'ils souhaitent partager et un système de recherche qui permet aux utilisateurs, à la recherche d'un document, d'identifier le ou les participants qui le possèdent à partir des informations publiées.

Dans la première génération (Napster), le système de recherche de ressources est centralisé et repose sur un répertoire stockant des relations ressource-pair. Lorsqu'un pair recherche une ressource, il obtient auprès du répertoire les adresses IP de pairs disposant de la ressource. Le système FastTrack utilisé dans le logiciel Kazaa suit un principe similaire mais introduit la notion de hiérarchie. L'index centralisé est remplacé par un index centralisé partiellement répliqué sur des index de deuxième niveau. Ainsi de nombreuses requêtes de recherche sont satisfaites simplement par l'accès à l'un des index de deuxième niveau. L'index général conserve l'intégralité de l'information.

Pour répondre au problème de performance et de fragilité des architectures centralisées ou hiérarchiques, des architectures distribuées de publication et de recherche ont été proposées. Une façon très simple mais peu efficace d'organiser un tel système est d'organiser les participants selon une topologie virtuelle en deux dimensions (cf. figure 7).

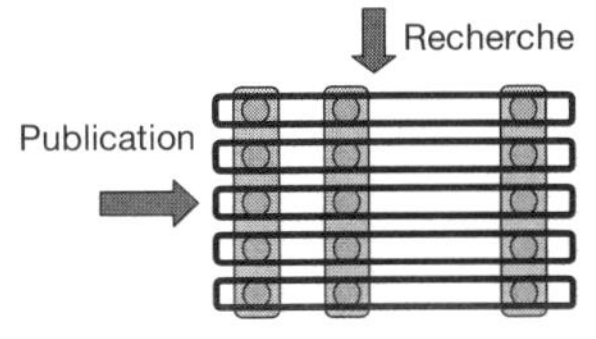

Figure 7 Topologie virtuelle en deux dimensions

Dans un tel système, tous les participants ont des voisins dans les deux dimensions. L'une des dimensions est utilisée pour publier les ressources et l'autre pour la recherche.

On appelle « sur-réseau » (*overlay network*) cette organisation des mécanismes de publication et de recherche. En effet, ces mécanismes sont construits par-dessus un réseau classique (Internet, LAN, etc.) mais ils fonctionnent aussi comme des réseaux : les nœuds sont dans un espace de nommage et des messages sont envoyés entre ces nœuds. Deux types de topologie ont été proposés : les réseaux structurés et les réseaux non structurés. Dans les réseaux structurés, les nœuds sont organisés selon une topologie précise et le routage est possible comme dans la topologie à deux dimensions ci-dessus. L'insertion et le retrait de nœuds sont gérés de façon stricte, de sorte à préserver les capacités de routage et la connexité du réseau. Dans les réseaux non structurés, les messages sont envoyés aux voisins et propagés dans le réseau selon des règles locales. Le retrait ou l'ajout d'un nœud ne nécessite pas de réorganiser tout ou partie du réseau. Ces sur-réseaux sont la base de la seconde et troisième génération de systèmes P2P.

Ainsi, dans la seconde génération de système de recherche de ressources (Gnutella, Freenet), un pair n'est connecté qu'à un ensemble limité de pairs voisins. Il s'agit de voisins logiques identifiés uniquement par leur adresse IP. L'ensemble des connexions forme une topologie logique qui n'a pas de correspondance avec la topologie physique d'Internet. Le système de mise en relation de Gnutella (Adar 2000) est construit par-dessus cette topologie logique et fonctionne par diffusion en utilisant le protocole TCP. Un pair qui recherche un document (ou un service) diffuse une requête à ses voisins dans la topologie logique. La requête est propagée par les voisins à leurs propres voisins. Le protocole agit par inondation des nœuds présents dans le système.

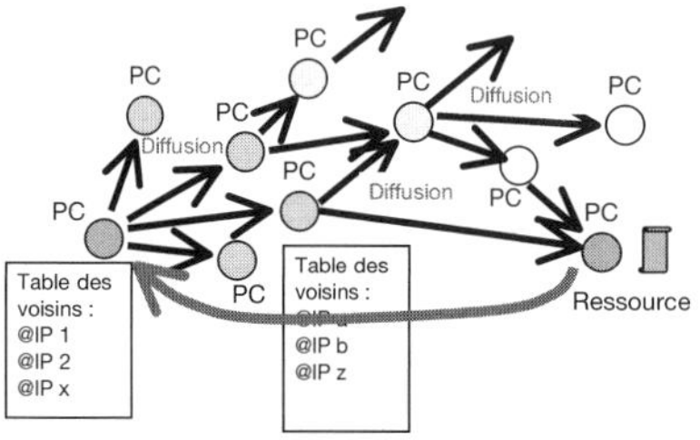

Figure 8 Système par diffusion

Si un pair qui reçoit la requête possède le document recherché, il ne propage plus la requête et envoie une réponse à destination de l'émetteur de la requête, en indiquant son adresse IP. La réponse suit le parcours inverse de la requête en se propageant de Pair en Pair jusqu'au destinataire. Cette méthode fonctionne car tous les pairs propageant une requête retiennent l'origine et la destination (voisins immédiats) par lesquels la requête est passée. Gnutella possède un mécanisme pour limiter l'inondation : chaque requête possède une durée de vie (un compteur de sauts) qui est décrémentée à chaque fois qu'un pair propage la requête. Un mécanisme permet aussi d'éviter les boucles dans le protocole d'inondation.

Dans la dernière génération, le système de mise en relation repose sur un index des documents distribué sur l'ensemble des nœuds du réseau. On appelle aussi ces mécanismes des tables de hachage distribuées ou *distributed hash table* (DHT). Des algorithmes et des structures de données pour de tels index ont été proposés par les projets Chord (Stoika, 2001), CAN, Pastry, Tapestry. Le but de ces algorithmes est similaire. Il s'agit de réduire à un ordre logarithmique, le nombre de sauts nécessaires pour localiser un document à partir d'une clé. Pour chaque document ou ressource une clé est calculée et insérée dans l'index. Le problème devient alors la recherche des clés, qui doit éviter de parcourir l'intégralité de l'index. Par exemple, le logiciel Circle implémente l'algorithme de Chord pour une application de partage de documents. Chord organise les participants du système selon une topologie en anneau augmenté : tous les participants ont un numéro unique et donc une place unique dans l'anneau. En plus des liens entre voisins dans l'anneau, chaque nœud a des liens avec les voisins à distance 2, 4, 8, 16 ; à distance 2^n de lui. Les documents restent sur les participants qui les possèdent. L'index en anneau augmenté ne sert qu'à publier et rechercher des clés représentant les documents publiés. Une clé peut être calculée sur le contenu ou l'en-tête d'un document. L'espace des clés est identique à l'espace des participants. Ainsi, s'il y a autant de participants que de documents différents dans le système, chaque participant sera responsable de la clé d'un document. Le système de recherche est basé sur un routage dans l'anneau augmenté, utilisant les liens de voisinage direct et ceux reliant les voisins à distance 2^n. Un participant recherchant un document, lance une recherche en soumettant la clé dans l'anneau augmenté. Cette clé est routée jusqu'au nœud responsable de cette clé en un nombre d'étapes limité (de l'ordre de log2 (n) si 2^n est la taille de l'espace des clés). Bien sûr, il n'y a jamais autant de participants que de clés et un participant doit donc gérer plusieurs clés. L'anneau n'est pas complet et présente des trous comme le montre la figure suivante. Pour conserver une topologie connexe, les participants gardent en mémoire leur successeur dans l'anneau.

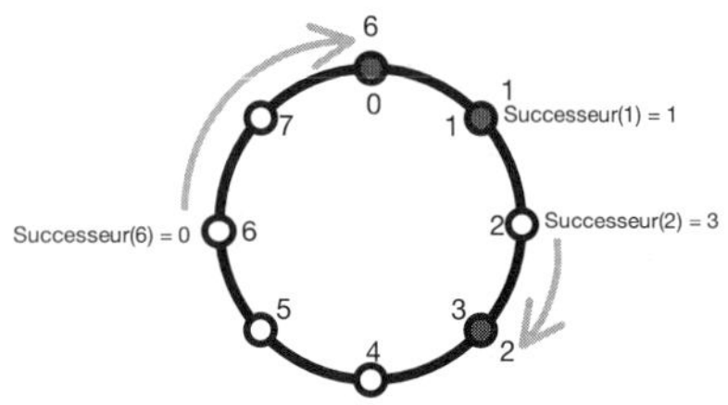

Figure 9 Topologie en anneau

Dans Circle, l'indexation d'un document se fait en calculant des clés uniques (somme MD5) sur des mots clés décrivant le document. Les mots clés sont obtenus en décomposant le nom du fichier et/ou en associant des métadonnées ; par exemple les balises d'un fichier MP3. La recherche d'un mot-clé dans l'index s'effectue en recherchant la clé correspondante.

Une limitation de cette approche est la difficulté d'effectuer des recherches sur des critères dont l'ensemble des clés ne pourraient être générées comme des expressions régulières par exemple. D'autres implémentations d'algorithmes DHT commencent à apparaître tels que Kademlia (Maymounkov, 2002) qui sert aussi de support au logiciel de partage de fichiers Overnet.

La limitation la plus importante des systèmes d'indexation totalement distribués de deuxième et troisième générations est qu'ils utilisent une topologie virtuelle qui ne prend absolument pas en compte la topologie réelle d'interconnexion des participants. Ceci peut entraîner une inefficacité très importante du système. Par exemple, deux voisins dans l'anneau de Chord peuvent être en réalité à des milliers de kilomètres de distance. D'un autre coté, essayer de regrouper les voisins d'une topologie virtuelle sur des machines physiquement proches peut poser des problèmes de résistance aux pannes. Si toutes les machines appartenant à un voisinage physique tombent en panne (coupure d'électricité ou de réseau) au même moment, l'intégrité du système peut être gravement remise en cause.

Des travaux récents tentent d'exploiter les propriétés topologiques de l'Internet et des sur-réseaux pour combiner les propriétés de la recherche par mots clés et la recherche par clé. Selon ces travaux, la topologie de l'Internet, comme celle des systèmes P2P comme Gnutella, peut être modélisée selon un graphe en « loi de puissance » (Faloutsos, 1999) ou selon un graphe « petit monde » (Kleinberg, 2000). Dans ces deux types de graphes, on trouve peu de machines avec beaucoup de voisins et beaucoup de machines avec peu de voisins. Une façon imagée de se représenter cette distribution du nombre de voisins par nœud est la règle des 90/10 : 10 % des machines sont connectées directement à 90 % des machines. Nous ne décrirons pas ici les modèles formels « loi de puissance » et « petit monde ». Des chercheurs ont montré que sur ce type de topologies, les parcours aléatoires avaient de bonnes propriétés. Plutôt que de lancer une recherche exhaustive dans toutes les directions jusqu'à une profondeur déterminée, comme dans Gnutella, la recherche est lancée dans plusieurs directions avec pour chaque direction un choix aléatoire du prochain nœud à visiter. Ce type de recherche, pour un même nombre de messages, peut, selon les conditions, aboutir plus vite à l'objet recherché que la recherche exhaustive.

4.6 La coordination des opérations

La coordination des opérations revêt des aspects différents selon la nature même de l'application pair à pair. Dans le cas des applications de partage de fichiers, il s'agit de coordonner les transferts de blocs de fichiers entre nœuds du système. Dans le cas des applications de calcul distribué, il s'agit d'allouer les tâches aux ressources lorsqu'elles sont disponibles. À travers deux exemples d'applications, nous allons décrire certains des mécanismes mis en œuvre.

BitTorrent (Cohen, 2003) est un système coopératif de distribution de contenu. Le but du projet est d'offrir une alternative au système de miroir pour les serveurs de FTP lorsque le fichier est très populaire. Les fichiers téléchargés par BitTorrent sont découpés en morceaux de taille fixe. Chaque client a la possibilité de télécharger plusieurs blocs à la fois, détenus par d'autres pairs. Régulièrement, un client s'adresse à un *tracker* pour obtenir une liste de pairs susceptibles de détenir les morceaux manquants. Les interactions entre les clients suivent deux principes :

- un pair envoie plus de données à un pair qui lui en a précédemment fourni le plus
- un pair cherche à rendre disponible en priorité les morceaux de fichiers les plus rares.

Finalement BitTorent a montré qu'il était une solution viable pour la distribution de contenu, y compris lors de phénomène de congestion due à la popularité soudaine et imprévisible d'un document en ligne (*flash crowd*).

La coordination dans les systèmes P2P de calcul distribué consiste en deux phases. La première est l'attribution de tâches aux ressources lorsqu'elles le demandent. Plusieurs critères peuvent guider cette allocation selon les caractéristiques statiques de la machine : type de système d'exploitation ou de CPU, espace mémoire et disque disponible ou les caractéristiques dynamiques : taux de charge, espérance de disponibilité etc. La seconde phase est la détection de la défaillance des machines. Par exemple, dans le système de calcul XtremWeb, les ressources de calcul envoient périodiquement un signal de *battement de cœur* vers le coordinateur de l'exécution distribuée. Celui-ci analyse ce signal et en cas de suspicion de faute, redistribue la tâche précédemment allouée à la ressource de calcul à une autre ressource. Ceci assure que l'exécution distribuée aura bien lieu dans son intégrité bien que des PC participants puissent à tout moment être réclamés par leurs utilisateurs.

4.7 Les problèmes de sécurité

Les systèmes pair à pair permettent l'interconnexion d'un grand nombre d'utilisateurs et de machines, dispersés sur Internet. Il est clair que les participants à ces réseaux peuvent potentiellement être les victimes de nombreuses attaques. La sécurité des réseaux pair à pair est rendue difficile à cause de deux contraintes : il n'existe pas de possibilité d'établir l'identité d'un participant ; il n'y a pas de relation de confiance liant les participants. La sécurité doit donc reposer sur des mécanismes autonomes qui protègent les différentes ressources du système.

Avant de présenter quelques-uns des mécanismes existants, examinons d'abord quels sont les types d'attaques possibles :

- attaque sur les machines : par propagation de virus, de codes hostiles, tentative de modification de la configuration système de la machine ou d'accès à des informations privées ;
- attaque sur les données : dans le cas d'une application de calcul, un participant peut tenter de lire les données du calcul ou de modifier les résultats du calcul ;
- attaque sur le système : des participants peuvent tenter d'espionner le système pour obtenir des in-

formations privées sur les utilisateurs (possession de fichiers).

Au vu des attaques possibles, il est clair que les applications de calcul distribué sont les plus sensibles, puisqu'elles reposent sur l'exécution locale de code étranger. Les systèmes de calcul global ont donc recherché et parfois intégré plusieurs technologies de sécurité :

- *Sandbox* : confinement d'exécution. La *sandbox* est un outil qui permet d'isoler l'exécution d'une application en l'enfermant dans une enveloppe incassable. Il s'agit d'un outil qui va s'interposer entre l'application et le système d'exploitation. Pour chaque appel système, la *sandbox* va vérifier la compatibilité des arguments de l'appel à la politique de sécurité définit par l'utilisateur. Selon cette politique l'appel peut être autorisé, interdit ou les arguments peuvent être modifiés.
- *Blackbox* : confinement des données. La *blackbox* est une technique qui permet de rendre les applications et les données illisibles par une machine participante. Les données sont encryptées et les applications contiennent le code pour décrypter les données. Il est important qu'on ne puisse distinguer le code de décryptage du corps de l'application de façon à isoler les données une fois décryptées. Pour ce faire, une technique complémentaire est l'utilisation d'un mécanisme (*obfuscater*) qui rend le code plus difficile à percer (Collberg, 2002). Notons qu'aucun projet n'utilise de *blackbox* à l'heure actuelle.
- *Certification de résultats*. L'expérience SETI@Home a été confrontée à ce problème lorsqu'une partie de ses utilisateurs ont modifié le code de FFT pour obtenir de meilleures performances. Il est donc nécessaire de disposer de mécanismes permettant de vérifier qu'un participant n'a pas altéré un résultat. Plusieurs solutions ont été proposées qui reposent sur la réplication des exécutions de travaux et la comparaison des résultats. Il est aussi possible de tester le bon comportement d'un participant en lui soumettant un calcul dont le résultat est connu par avance (*spot checking*). Le système peut alors exclure les "tricheurs". La réplication complète a un coût très important en termes de ressources et divise les performances du système par un facteur important (au moins 2). Le *spot checking* ne permet pas de déceler systématiquement les machines présentant un comportement malicieux intermittent. Une solution a été proposée récemment associant les deux techniques (Sarmenta, 2002) pour limiter la réduction de performance et rendre très probable la détection de tous les comportements malicieux intermittents.
- *Préservation de l'anonymat*. L'anonymat est une requête forte des utilisateurs de logiciel de partage de fichiers. Par exemple, le système de mise en relation peut être abusé par des tiers qui, en parcourant les index de ressources, chercheraient à déterminer le contenu des disques des utilisateurs. De tels systèmes sont utilisés pour la détection de serveurs diffusant du contenu illicite. Un système tel que Freenet (Clarke, 2000), préserve l'anonymat des utilisateurs en utilisant un index totalement distribué. Les recherches se font systématiquement en utilisant des nœuds relais et sont encryptées. De cette façon, il est impossible pour un nœud qui observerait les messages en transit de déduire l'initiateur et le récepteur d'une requête.

5 Détails de deux systèmes

Nous allons détailler ici deux systèmes P2P proposant des approches différentes : Jxta est une couche de communication P2P pour Java permettant de développer des applications P2P et Bittorent est un système P2P monolithique pour l'échange de fichiers.

5.1 Jxta

De nombreux projets utilisant les technologies pair à pair sont apparus dans des domaines très variés. Mais chacun des projets doit résoudre les mêmes problèmes liés aux interconnexions réseau. Des projets tels que Jxta de Sun et P2Psdk de Microsoft sont apparus pour faciliter la programmation des projets pair à pair. Ils essayent de résoudre les problèmes classiques liés aux architectures pair à pair tels que le passage des protections de sécurité et la communication entre les pairs du réseau.

Jxta (www.jxta.org) est une technologie proposée par Sun permettant de mettre en place des réseaux P2P. Jxta est entièrement basé et dédié au langage Java et à son environnement. Cette technologie est composée d'un ensemble de protocoles permettant de connecter des ressources distribuées sur un réseau, éventuellement l'Internet. Les objectifs que Jxta propose d'atteindre sont ceux de toutes plates-formes P2P : l'interopérabilité entre les participants du système, l'abstraction et l'indépendance matérielle aussi bien que logicielle, ainsi que la gestion de la dynamicité du système P2P.

Cette technologie permet de virtualiser le réseau en créant un ou des groupes dans lesquels les différentes ressources s'inscrivent et communiquent en délégant le transport et la sécurité à la plate-forme elle-même.

Jxta est proposé comme un outil de base (*framework*) pour les plates-formes P2P sur lequel les développeurs peuvent programmer de nouvelles applications. Jxta est voulu suffisamment ouvert afin de faciliter le développement et l'intégration de nouvelles extensions.

Un projet Jxta est composé de trois couches :
- la couche « plate-forme » définit les primitives minimales de toute plate-forme P2P : les pairs, la découverte, la mise en relation, etc. ;
- la couche « service » définit les primitives souhaitables dans une plate-forme P2P : la recherche, l'indexation, le stockage et l'échange de fichiers, etc. ;
- la couche « applicative » contient les applications telles que les systèmes de courrier électronique, de messagerie instantanée, etc.

La distinction entre service et application n'est pas figée et dépend de la vision qu'en ont le développeur et l'utilisateur.

Jxta est basé sur un ensemble de six protocoles permettant chacun de résoudre des classes de problèmes spécifiques. Ces protocoles sont eux-mêmes définis par un ensemble de messages que les participants peuvent échanger.

Les pairs d'une plate-forme Jxta sont libres d'implémenter n'importe quel sous-ensemble de ces protocoles ; certains sont fortement recommandés afin d'assurer un minimum de fonctionnalités, d'autres sont optionnels. Ces protocoles s'appuient sur des concepts tels que les publicités, les groupes de pairs, les pipelines, etc., qui sont présentés plus bas. Ces six protocoles sont :
- le protocole de découverte permet d'aller à la découverte des documents publiés dans la plate-forme par les participants. Ce protocole est celui de plus bas niveau et assure que tout pair Jxta peut se connecter à une plate-forme Jxta. Il est donc fortement recommandé.
- le protocole de résolution permet de gérer les requêtes de recherche dans la plate-forme. Il est typiquement mis en œuvre par des pairs spécialisés dans les recherches d'information, tels que ceux ayant accès à certaines données, par exemple.
- le protocole d'information permet de découvrir les caractéristiques des pairs connectés à la plate-forme.
- le protocole de rendez-vous permet de propager une information à un groupe de pairs.
- le protocole de *pipe binging* permet de router des messages en reliant des pipelines Jxta à des pairs destinataires ;
- le protocole de routage permet à un pair d'obtenir une route vers un pair spécifique. Cette route est fournie par un pair routeur. Ce protocole permet de mettre en relation deux pairs qui en sont a priori incapables parce qu'ils sont, par exemple, séparés par un pare-feu.

Un pair est donc une entité capable d'implémenter ces protocoles, ou, du moins, un sous-ensemble de ceux-ci, c'est-à-dire d'être capable de comprendre un ensemble de messages décrivant un ou plusieurs protocoles.

Dans Jxta, les échanges sont basés sur la publication d'informations (*advertisements*) ; toute ressource, y compris les pairs eux-mêmes, publie ses informations afin d'être visible par l'ensemble de la communauté, d'une part, et de pouvoir faire des recherches de ressources dans cette même communauté, d'autre part.

Tout pair fait partie d'un groupe de pairs. La plate-forme définit un groupe par défaut, le *World Peer Group*, auquel tout pair appartient ; mais un pair peut s'intégrer à d'autres groupes. Un groupe de pairs est une entité virtuelle rassemblant un ensemble de pairs selon certains critères. Par exemple, un groupe de pairs réunira des pairs capables de fournir un ensemble de services communs. Jxta ne fige aucun paramètre permettant de définir un groupe. La notion de groupe est mise en œuvre au niveau applicatif. Appartenir à un groupe ne garantit pas les capacités de communication ; en effet, celles-ci sont dépendantes de l'infrastructure mise en place (passage des pare-feu etc.).

Un pipeline est un canal de communication mono directionnel à travers lequel transitent les messages de manière asynchrone. Il y a des pipelines d'entrée et des pipelines de sortie. Ce sont des entités virtuelles, indépendantes du réseau. Un pipeline ne peut avoir qu'un seul écrivain mais plusieurs lecteurs. Dans le cas où le pipeline ne relie qu'un seul lecteur, on dit qu'il est *point à point*. Le protocole de *pipe binding* permet de connecter les pipelines aux pairs adéquats.

Comme dans tout système informatique, la sécurité dans les systèmes P2P concerne principalement la confidentialité, l'intégrité et la disponibilité des ressources. Jxta ne définit ni n'exige de modèle de sécurité à proprement parler et laisse ces considérations aux applications mettant en œuvre une plate-forme P2P. La cryptographie, par exemple, est à l'entière responsabilité des applications qui peuvent choisir les implémentations et les algorithmes de leur choix. Pour mettre en œuvre l'intégrité et la confidentialité des communications, par exemple, il faut soit implémenter des pipelines sécurisés au niveau applicatif, soit déployer une infrastructure adéquate telle que, par exemple, un réseau privé.

Il en est de même pour la disponibilité des ressources. Afin d'obtenir une plate-forme dite « stable », il faudra prévoir l'infrastructure adéquate en mettant en œuvre, par exemple, la réplication de service.

Une des difficultés rencontrée pour la mise en relation et, plus généralement, pour les communications, est la présence de pare-feu et autre NAT (translation d'adresse réseau) qui empêchent l'accès aux pairs qui sont situés derrière. Les pare-feu sont en général configurés pour bloquer les demandes entrantes, mais laissent passer librement les demandes sortantes. Comme présenté précédemment, deux solutions sont alors envisageables :

- initier les communications par les pairs protégés par les pare-feu puisqu'ils ont généralement le droit d'effectuer des requêtes sortantes ;
- installer une boîte aux lettres en dehors des domaines protégés que les pairs doivent venir consulter périodiquement. Dans Jxta, ces boîtes aux lettres sont appelées des pairs «relais».

Le domaine d'application de Jxta est vaste : calcul distribué, stockage massif de données, échange de données, gestion et administration distribuées etc. Jxta définit toutefois deux niveaux applicatifs : les services et les applications.

L'utilisation de services peut être vue de la même manière que l'utilisation de pages web telles qu'on les connaît aujourd'hui : des services de recherche permettent de trouver et d'accéder aux informations souhaitées en installant, si nécessaire, des services d'accès spécifiques. Pour ces derniers, on parle, dans le cas de pages Web, de *plug-ins*.

Les applications sont des services de plus haut niveau dont la plate-forme n'a pas besoin pour être fonctionnelle : la plate-forme est au service de l'application et non l'inverse.

5.2 BitTorrent

BitTorrent est un système de distribution de fichiers répandu qui vise à réduire les goulots d'étranglement des serveurs FTP pour la diffusion de grands fichiers très populaires. L'idée clé de BitTorrent est que les machines téléchargeant le même fichier au même instant coopèrent en s'échangeant des morceaux du fichier.

Un pair obtient toutes les informations à propos du fichier à télécharger dans un fichier spécial statique appelé le `.torrent`. Ce fichier contient la signature SHA1 (*Secure Hash Algorithm*) de tous les morceaux composant le fichier et l'adresse d'un agent central appelé le *tracker* qui aident les nœuds à se connecter les uns aux autres. Dans le réseau BitTorrent, les *trackers* ont la responsabilité de maintenir la liste des informations nécessaires à établir une connexion vers les pairs : adresses IP, port à contacter, fichiers en cours de téléchargement. Lorsqu'un pair désire télécharger un fichier, il demande d'abord au *tracker* les informations de contact à propos des pairs qui téléchargent le même fichier. Le *tracker* n'organise pas lui-même les téléchargements des morceaux entre les pairs, tous les mouvements de données sont décidés localement par les pairs en fonction d'informations locales collectées auprès de ses voisins.

À partir de la liste de pairs, une machine cliente requiert de ses voisins le transfert d'un morceau du fichier. Dans la terminologie BitTorrent, l'opération de communication en émission (*upload*) est appelée *unchoking*, l'opération duale, appelée *choking*est le refus de fournir un morceau de fichier. La stratégie suivit par un pair pour déterminer les séquences de *choking/unchoking* suit les trois principes suivants : jamais plus de quatre transferts en émission sont menés simultanément ; la sélection des machines destinatrices est basée sur le meilleur taux de transfert obtenu en moyenne sur les dernières 20 secondes ; toutes les 30 secondes une opération d'*unchoking* optimiste est conduite qui consiste à sélectionner au hasard un cinquième pair à qui transférer. Cette opération permet de découvrir de nouveaux pairs possédant une meilleure bande passante.

Plusieurs études de performance et de déploiements à taille réelle de *tracker* BitTorrent ont montré que la performance du système augmente lorsque le nombre de ressources augmente. Une des caractéristiques intéressantes de BitTorrent est son immunité à l'effet *flash-crowd*, dans lequel un très grand nombre d'utilisateurs se connectent à un serveur web et provoquent l'effondrement du serveur. Par exemple une étude sur le *tracker* de RedHat a montré que BitTorren avait été capable de fournir un fichier de 1,77 Go (la distribution Linux RedHat 9) à 51 000 utilisateurs en moins de cinq jours. Actuellement BitTorrent est un nouveau standard émergent pour la diffusion collaborative de contenus.

6 La recherche dans les systèmes P2P

Les systèmes P2P sont encore très jeunes. De nombreux problèmes n'ont pas encore trouvé de solution satisfaisante, comme la sécurité par exemple. Le fait que, dans les cas les plus courants où les machines sont protégées par des pare-feu, il faille être spécialiste réseau et administrateur système pour faire fonctionner des systèmes P2P reste inacceptable pour bien des utilisateurs. Au-delà de la sécurité, c'est la confiance qui présente une grande difficulté. Les participants d'un système P2P sont souvent très volatiles. Comment faire confiance à des machines inconnues qui se connectent au système pour une durée très courte ? L'anonymat reste un objectif pour les systèmes de partage de fichiers. Comment rendre impossible (ou au moins très difficile) la détection de la source et de la destination d'un transfert de fichiers ? Comment garantir l'équité et éviter le plus possible ce qu'on appelle les *free riders*, c'est-à-dire les participants qui ne font que consommer et ne fonctionnent jamais comme serveur (Adar, 2000) ? Comment certifier que les résultats (d'un transfert de fichiers ou d'un calcul) sont corrects quelle que soit l'application avec un coût minimum en messages et en calcul ? Comment organiser des systèmes d'indexation à la fois tolérant à une grande volatilité, acceptant une recherche par mots-clés et garantissant l'obtention du résultat de la recherche en un nombre donné d'étapes (probablement fonction du nombre de nœuds dans le système) ?

Toutes ces questions font l'objet de recherche par de très nombreuses équipes de recherche dans le monde. Quels sont les outils méthodologiques accessibles aux chercheurs dans ce domaine ? Il y a en premier lieu la modélisation mathématique et le calcul ou la preuve sur le modèle. Par exemple les travaux sur la recherche par parcours aléatoires dans un graphe en « loi de puissance » sont typiques des travaux théoriques fondés sur une modélisation et une approximation des propriétés des systèmes P2P. Lorsque les phénomènes étudiés ne sont pas calculables ou trop complexes à modéliser, la simulation devient nécessaire. Dans ce cas, un des mécanismes du système P2P est simulé, généralement à grande échelle. On vérifie alors des propriétés parfois statistiquement. L'émulation est plus proche de la réalité. L'application P2P est réellement exécutée, de même que le système d'exploitation sur des machines réelles. Seul le réseau ne correspond pas à une plate-forme réelle. On utilise par exemple une grappe de PC comme plate-forme d'émulation. Les conditions expérimentales y sont alors complètement contrôlées. Le plus grand émulateur pour les réseaux P2P est la plate-forme Grid eXplorer en France. Il s'agit d'une grappe de mille PC permettant d'émuler des systèmes P2P à cent mille participants. Pour la simulation comme pour l'émulation, les chercheurs ont recourt à des traces d'activité de machines et des enregistrements de trafics réseau. Ces éléments alimentent les simulateurs et les émulateurs en conditions expérimentales proches de la réalité. L'émulation ne parvient pas à capturer et reproduire l'ensemble des composantes des conditions réelles. Aussi lorsque les chercheurs souhaitent effectuer des expériences en conditions réelles, ils ont recours à des plates-formes expérimentales grandeur nature. Par exemple, le projet PlanetLab propose aux chercheurs une plate-forme constituée de 500 PC distribués géographiquement et connectés à l'Internet. Ces PC sont complètement configurables et contrôlables pour réaliser des expériences. Une autre plate-forme expérimentale d'envergure est déployée dans le projet Grid'5000. Dans cette plate-forme cinq mille PC devraient être reliés sur Internet. Ils sont aussi totalement configurables au niveau logiciel et complètement contrôlables. En plus de PlanetLab, Grid'5000 dispose de sondes sur les PC et dans les réseaux permettant de connaître très précisément les conditions expérimentales au moment de l'expérience. Les plates-formes Grid eXplorer et Grid'5000 sont financées par le ministère de la recherche, l'INRIA, le CNRS, les universités et les conseils généraux et régionaux.

7 Pour conclure

Les systèmes P2P représentent la plus importante rupture dans la conception des systèmes client-serveur depuis leur création. Ils offrent un potentiel de propriétés très important mais soulèvent encore de très nombreuses questions. La sécurité est sans nul doute le problème le plus important. Ils doivent aussi faire l'objet d'optimisations dans plusieurs de leurs mécanismes. Ces systèmes peuvent répondre aux contraintes d'extensibilité d'une grande variété d'applications, comme le montrent les projets de partage de fichiers, de calcul distribué et de téléphonie sur IP. Au-delà des applications avec des millions d'utilisateurs, les systèmes P2P pourraient trouver des applications familiales de taille plus modeste, comme par exemple le partage de données et de fichiers entre les ordinateurs, mobiles ou fixes, des membres d'une même famille.

Bibliographie

Eytan Adar et Bernardo A. Huberman (2000), "Free riding on Gnutella", rapport technique, Xerox PARC, 10 August 2000.

David Anderson (2004), "BOINC : A System for Public-Resource Computing and Storage", dans le proceedings du 5e *IEEE/ACM International Workshop on Grid Computing*, Pittsburgh, USA.

Tim Berners-Lee, Robert Cailliau, Jean-Francois Groff, Bernd Pollermann (1992), "World-Wide Web : The Information Universe" dans *Electronic Networking : Research, Applications and Policy*, pages 74-82, Num 2, vol 1.

Ian Clarke, Oskar Sandberg, Brandon Wiley and Theodore W. Hong (2001), "Freenet : A Distributed Anonymous Information Storage and Retrieval System" dans *Lecture Notes in Computer Science*, p. 46, Vol 2009.

Bram Cohen (2003), "Incentives build robustness in BitTorrent", *Workshop on Economics of Peer-to-Peer Systems, Berkeley*, CA, USA.

Christian S. Collberg and Clark Thomborson (2002), "Watermarking, Tamper-Proofing, and Obfuscation - Tools for Software Protection", in *IEEE Transactions on Software Engineering*, volume 28, n° 8, p. 735-746, August 2002.

Michalis Faloutsos, Petros Faloutsos et Christos Faloutsos (1999), "On Power-law Relationships of the Internet Topology", Proceedings de la conférence ACM SIGCOMM, p. 251-262, Cambridge.

Franck Cappello, Samir Djilali, Gilles Fedak, Thomas Herault, Frédéric Magniette, Vincent Néri et Oleg Lodygensky (2005), "Computing on Large Scale Distributed Systems : XtremWeb Architecture, Programming Models, Security, Tests and Convergence with Grid", *FGCS Future Generation Computer Science*, Volume 21, Issue 3, p. 417-437, mars 2005.

Jon Kleinberg (2000), "The Small-World Phenomenon : An Algorithmic Perspective, Proceedings du 32e *ACM Symposium on Theory of Computing*, p. 163-170, Portland, Oregon, USA.

Petar Maymounkov and D. Mazieres (2002), "Kademlia : A peer-to-peer information system based on the XOR metric", Dans le Proceedings de *IPTPS02*, Cambridge, USA, March 2002.

Luis F. G. Sarmenta (2002), "Sabotage-tolerance mechanisms for volunteer computing systems", *Future Generation Computer Systems*, volume 18, number 4, p. 561-572.

Ion Stoica, Robert Morris, David Karger, Frans Kaashoek et Hari Balakrishnan (2001), "Chord : A Scalable Peer-To-Peer Lookup Service for Internet Applications", Proceedings de la conference *ACM SIGCOMM*, p. 149-160.

Des réseaux de calculateurs aux grilles de calcul

Christine Morin, Alexandre Denis, Raymond Namyst,
Olivier Aumage, Renaud Lottiaux

Mots-clés: grappe, grille, gestion de ressources, communication.

Résumé: l'agrégation de ressources de calcul permet de répondre aux besoins toujours croissants des applications en termes de puissance de calcul. Les ressources distribuées au sein de plusieurs machines indépendantes interconnectées par un réseau peuvent être exploitées pour fournir la puissance de calcul nécessaire à une application. Ainsi, les grappes de calculateurs fondées sur des réseaux système ou locaux occupent aujourd'hui une position dominante dans les architectures à haute performance. Les grilles de calcul qui interconnectent des machines sur des réseaux à longue distance sont aussi devenues attrayantes pour l'exécution d'applications très gourmandes en puissance de calcul. Ce chapitre traite des systèmes d'exploitation et des intergiciels système conçus pour gérer les ressources dans les grappes et grilles de calculateurs dans le but de permettre l'exécution d'applications à haute performance.

1 Introduction aux grappes d'ordinateurs

À l'époque «faste» du milieu des années quatre-vingt, la diversité des plates-formes de calcul était considérable. Le déclin de la première moitié des années quatre-vingt-dix a sensiblement réduit cette diversité. Il a favorisé l'émergence de nouvelles approches et potentialités, en conjonction avec les progrès importants de la technologie électronique.

La classe des machines pour le calcul parallèle a sans doute été la plus marquée par cette évolution, avec notamment l'abandon presque intégral des architectures massivement parallèles et des architectures vectorielles. Il faut cependant noter qu'à une échelle plus réduite, le modèle *Single-Instruction, Multiple-Data* (SIMD) connaît finalement un succès tardif avec les fonctionnalités MMX ou assimilées proposées sur une grande partie des processeurs actuels.

Les supercalculateurs parallèles traditionnels qui débutent avec l'ILLIAC-IV et dont le Cray X-MP fut sans doute le premier exemplaire commercial, sont actuellement peu nombreux sur le marché. Les constructeurs s'orientent plutôt vers des architectures distribuées (grappes améliorées, telles les T3E de Cray) ou vers des architectures multiprocesseurs symétriques (ou hybrides) à l'image des calculateurs IBM SP3. Cependant, les Origin 2000 de SGI (multiprocesseurs de type MIPS R10000) ou les serveurs de calcul Enterprise de Sun (multiprocesseurs UltraSPARC) sont des architectures datant déjà de plusieurs années et il ne semble pas y avoir à court terme beaucoup de solutions de remplacement dans cette catégorie.

Les plateformes à multitraitement symétrique (généralement désignées par l'acronyme SMP, *Symmetric Multi-Processing*) présentent en effet un intérêt économique certain. Elles reposent sur l'intégration de plusieurs processeurs classiques (i.e. Pentium d'Intel ou Alpha de Compaq/Digital) sur une même carte mère (support principal des composants internes de l'ordinateur). En revanche, l'intérêt économique mentionné n'est véritablement effectif que si le nombre de processeurs reste faible. En effet, au-delà de deux processeurs, il est presque indispensable de remplacer le bus mémoire par des solutions plus complexes (commutateurs de type *crossbar*, mémoires hiérarchisées à accès non uniforme) pour éviter les contentions d'accès concurrents et les dégradations de performances associées. En pratique, les architectures SMP de huit processeurs et plus restent assez peu diffusées (en volume) et sont le fruit de la reconversion des constructeurs de supercalculateurs.

Contrairement à la classe parallèle, la classe des plateformes de calcul distribuées a plutôt bénéficié des évolutions récentes. En effet, les progrès conjoints de la micro-informatique et des technologies de communication à courte distance ont favorisé l'émergence de plates-formes de petite taille, peu onéreuses et d'une mise en œuvre relativement aisée par rapport aux supercalculateurs, les grappes de stations de travail.

Les années quatre-vingt-dix ont été marquées par la montée en puissance soutenue des microprocesseurs et la mise au point de solutions de communication rapides et à faible coût: Ethernet à l'origine (fin 1972), puis Fast-Ethernet et plus récemment les réseaux hautes performances (i.e. offrant simultanément des débits élevés et des délais de transmission réduits) Myrinet (Boden 1995) (de la société Myricom), SCI (Coherent Interface) (IEE 1993) ou encore Giga-Ethernet. Les architectures en grappes découlent directement de ces deux faits: alors que les supercalculateurs intègrent des technologies propriétaires spécifiquement optimisées pour une machine donnée, le principe directeur de la construction de plates-formes de type grappes est l'usage de composants matériels et logiciels standard (souvent qualifiés de la locution anglaise «*off the shelf*»).

1.1 Les grappes d'ordinateurs aujourd'hui

La grappe typique est constituée de quelques dizaines d'ordinateurs à plusieurs milliers. Chacun de ces ordinateurs est mono- ou biprocesseur SMP et utilise des processeurs communément répandus (x86, Alpha, Sparc, PowerPC, etc.) Les ordinateurs constitutifs de la grappe sont interconnectés par un réseau de type *Fast-Ethernet* pour les communications liées à l'administration et l'exploitation de la machine et par un réseau à hautes performances utilisé uniquement par les applications. Ce dernier permet typiquement des temps de transferts élémentaires de quelques microsecondes et des débits de plus d'un gigaoctet par seconde entre chaque ordinateur.

L'optimisation moindre de cette alternative « composants standard» par rapport aux supercalculateurs propriétaires est compensée à la fois par des coûts d'acquisition/exploitation/maintenance réduits et par l'évolutivité de ces architectures qui leur confère une durée de vie relativement longue. Aujourd'hui, les grappes représentent 60 % des configurations figurant dans le classement du Top500[1] qui répertorie les machines les plus puissantes au monde.

La démocratisation des grappes oblige les concepteurs d'environnements de programmation et de systèmes à proposer des solutions logicielles capables de les exploiter efficacement. Dans les paragraphes suivante, nous abordons quelques aspects centraux relatifs aux solutions logicielles performantes pour l'exploitation des grappes.

2 Systèmes de communication à haute performance pour les grappes

Il existe de multiples manières d'élaborer des applications parallèles capables d'exploiter les grappes d'ordinateurs, qui s'échelonnent depuis les méthodes complètement automatiques où l'effort du concepteur est moindre jusqu'aux méthodes manuelles où le concepteur, en parfaite connaissance de cause, organise et spécifie explicitement le découpage de l'application en tâches parallèles, la distribution des tâches et/ou des données sur les processeurs, etc. Ceci dit, quelle que soit l'approche suivie, les environnements de programmation explicitement ou implicitement utilisés s'appuient forcément, chacun à leur manière, sur les services offerts par une bibliothèque de communication.

Le rôle d'une telle bibliothèque est avant tout de fournir un bon niveau d'abstraction, c'est-à-dire des fonctionnalités de communication facilitant la programmation des transferts de données tout en isolant leur implémentation, souvent très dépendante de la technologie sous-jacente. Bien sûr, la diversité des technologies réseau et la complexité croissante des applications font que la notion de *portabilité* est rapidement devenue une propriété incontournable.

Dans le cadre du calcul parallèle intensif, une troisième propriété essentielle vient bien évidemment s'y ajouter: l'*efficacité*. Hélas, l'association de ces trois propriétés pose des contraintes importantes sur la conception d'une bibliothèque de communication, et l'équilibre parfait n'est pas simple à obtenir. C'est pourquoi de nombreuses bibliothèques de communication sacrifient au moins une de ces propriétés, pour se concentrer sur la plus essentielle dans notre contexte: l'*efficacité*. C'est ce type de bibliothèque, qui permet l'envoi et la réception performante de messages entre deux ma-

1. www.top500.org

chines, que nous allons examiner dans la suite de cette partie.

2.1 Techniques pour l'obtention de hautes performances

Les technologies réseau employées dans les grappes d'aujourd'hui atteignent des performances impressionnantes : elles offrent une latence parfois inférieure à une microseconde et un débit de l'ordre de plusieurs gigabits (parfois gigaoctets) par seconde. À ce niveau de performance, le moindre surcoût logiciel d'une bibliothèque de communication a son importance car il peut très vite devenir un facteur limitant. C'est la raison pour laquelle un protocole de transport tel que TCP/IP, qui introduit de nombreux surcoûts (appels système, traversée de la pile IP, recopies) se révèle incapable d'exploiter efficacement ce type de réseaux. D'une manière générale, on peut distinguer deux catégories de surcoûts : les surcoûts constants et ceux qui dépendent de la taille (et de la forme) des données transmises.

Les surcoûts constants sont généralement imputables à des traitements logiciels purs ainsi qu'à d'éventuels appels système qui peuvent être nécessaires aux opérations d'accès à la carte réseau ou aux opérations de manipulation de la mémoire virtuelle (allocation, protection, etc.). Même s'ils peuvent nuire à la latence de manière importante, ils ne nuisent pas gravement au débit asymptotique obtenu avec de très gros messages[1].

La plupart du temps, les surcoûts non constants sont dus à des *recopies* additionnelles effectuées sur les données en mémoire. Lorsque l'on sait que les réseaux actuels offrent des débits qui sont du même ordre de grandeur que la bande passante de la mémoire primaire, on comprend l'impact que peut avoir une recopie mémoire sur le débit d'une communication.

Parmi les techniques utilisées pour réduire ces surcoûts, nous allons décrire les deux principales : la réalisation des communications en mode utilisateur et l'utilisation de protocoles dit «zéro-copie» pour transférer les données.

Communications en espace utilisateur

Comme évoqué précédemment, la faible latence des réseaux rapides contemporains (à peine quelques centaines de nanosecondes, l'équivalent d'une dizaine d'accès à la mémoire primaire sur les ordinateurs personnels d'aujourd'hui !) impose, si l'on veut la préserver au niveau applicatif, de réduire au maximum les traitements liés à l'émission et à la réception des données au travers du réseau. En particulier, il est une catégorie d'opérations particulièrement coûteuse que les bibliothèques tentent d'éliminer : les appels système.

L'appel système est le mécanisme communément adopté dans les systèmes d'exploitation pour permettre aux applications d'exécuter du code en mode «privilégié». Il s'appuie sur la capacité des processeurs à fonctionner suivant au moins deux modes (le mode privilégié et le mode normal, respectivement appelés *mode noyau* et *mode utilisateur*) et consiste à déclencher une interruption forçant le basculement depuis le mode utilisateur vers le mode noyau. Parce qu'une telle interruption implique des opérations de sauvegarde et restauration des registres du processeur et parce que l'interruption perturbe le pipeline d'instructions au sein du processeur, le coût d'un appel système se mesure en milliers de cycles (environ deux mille cycles avec le noyau Linux sur un processeur Intel Pentium IV).

Comme pour tous les périphériques d'un ordinateur, l'accès à une carte réseau n'est normalement autorisé qu'en mode noyau, au sein duquel il est possible d'accéder aux registres de contrôle de la carte, à sa mémoire embarquée, etc. Par conséquent, l'émission (ou la réception) d'un message depuis une application requiert logiquement un appel système au minimum, d'où un surcoût du même ordre que la latence du réseau !

Pour éviter cela, la plupart des bibliothèques de communication modernes adoptent pour principe de court-circuiter le système d'exploitation le plus souvent possible en permettant à l'application d'accéder directement à la carte réseau, c'est-à-dire de lire et écrire dans ses registres. C'est ce que l'on appelle les *communications en espace utilisateur*. Cette stratégie nécessite bien sûr l'utilisation d'une extension du noyau fournie avec la bibliothèque. À l'initialisation du programme, cette dernière établit des projections de régions mémoire qui permettent de dialoguer avec la carte dans l'espace d'adressage de l'application. Une fois ces projections établies, l'application peut alors lire et écrire dans les registres de la carte (et donc contrôler son fonctionnement) directement, c'est-à-dire sans nécessiter d'appel système.

Si cela fonctionne très bien en pratique, il faut toutefois noter que le court-circuitage du système d'exploitation n'est pas sans poser quelques problèmes, en particulier en matière de sécurité et d'arbitrage d'accès aux ressources. Le problème de sécurité est lié au fait qu'une application ayant un accès illimité à une carte réseau peut éventuellement s'en servir pour lire ou modifier des zones mémoire quelconques de la machine, donc pour étendre ses privilèges à l'ensemble de la machine. Le second problème réside dans l'ex-

1. Sauf, bien sûr, si ce surcoût s'applique à chaque paquet transféré, auquel cas on ne considère pas qu'il est constant…

clusivité d'accès procurée à l'application concernant la carte réseau, qui compromet l'utilisation simultanée de cette carte par une autre application ou par le système lui-même. Autrement dit, il est beaucoup plus délicat de mettre en œuvre une politique de multiplexage des messages entre plusieurs applications, tâche qui incombe au système d'exploitation d'ordinaire. Mais en pratique, les deux inconvénients que nous venons d'évoquer ne sont pas vraiment gênants dans le cas où l'on utilise une grappe en tant que ressource dédiée à une application de calcul à un instant donné.

Protocoles «zéro-copie»

La deuxième cause de surcoût logiciel que les bibliothèques de communication tentent d'éliminer concerne les recopies mémoire intermédiaires qui sont parfois effectuées par la bibliothèque de communication en émission ou en réception.

Les recopies en émission sont typiquement utilisées pour constituer des segments contigus à partir de données éparses en mémoire, pour ajouter des en-têtes spécifiques au protocole sous-jacent, ou encore pour permettre à l'application de réutiliser des emplacements mémoire sans corrompre les données à transmettre. En réception, les recopies sont surtout utilisées dans le cas où les données sont reçues par la carte réseau avant que l'application n'ait indiqué à quel endroit il fallait les placer.

Bien sûr, le coût de ces recopies peut être partiellement masqué par des mécanismes de «pipeline»: en effectuant les recopies par petits morceaux, on peut parvenir à recouvrir le temps de la recopie (effectuée par le processeur) du fragment de message n par l'envoi sur le réseau du fragment $n - 1$. Toutefois, si cette technique réduit effectivement le temps de transmission total des données, elle a le gros désavantage de solliciter énormément le processeur pendant une grande partie de l'opération ! Comme le recouvrement des communications par du calcul est souvent une propriété importante pour les applications de calcul parallèle, cette stratégie est à éviter.

Pour éliminer ces recopies «superflues» (au moins pour les messages de grande taille), il faut faire en sorte que la bibliothèque soit capable d'assurer un transfert direct des données de l'application vers la carte réseau en émission, et que la carte réseau destinataire soit capable de déposer directement les données en mémoire à l'emplacement stipulé par l'application. Pour ce faire, les interfaces de communication obligent souvent l'application à effectuer l'opération d'émission en plusieurs étapes : d'abord l'application déclenche le début de l'opération en indiquant l'emplacement des données à émettre, ensuite elle peut effectuer d'autres tâches en veillant à ne pas modifier les données en cours de transfert, enfin elle doit interroger la bibliothèque pour savoir à quel moment le transfert est terminé.

Pour régler le problème des recopies à la réception, les bibliothèques utilisent des protocoles internes à base de *rendez-vous* qui vont permettre à un émetteur d'attendre que le récepteur soit prêt avant d'envoyer des données. Ainsi, ces dernières pourront être stockées directement au bon endroit par la carte réseau. Parfois, elles proposent une alternative à l'envoi de message traditionnel : l'écriture à distance. Dans ce cas, l'émetteur indique lui-même l'endroit auquel il faut stocker les données, le récepteur étant complètement passif. Toutefois, cette stratégie reporte souvent le problème du rendez-vous au niveau applicatif, car l'émetteur n'a pas toujours connaissance de l'emplacement à utiliser du côté récepteur.

Notons enfin que la suppression des recopies, pour décharger au maximum le processeur lors des émissions, s'accompagne souvent de l'utilisation du mode de transfert DMA (*Direct memory Access*, accès direct à la mémoire) dont sont équipées toutes les cartes réseau contemporaines. Ainsi, l'émission des données peut être effectuée complètement par la carte, sans intervention du processeur (sauf pour initier la transaction). C'est ce qui permet de réaliser le recouvrement des communications évoqué précédemment.

Lorsqu'une bibliothèque effectue des communications en mode utilisateur, une difficulté surgit : le DMA de la carte réseau travaillant avec un adressage physique, il faut non seulement connaître la correspondance entre adresses virtuelles et adresses physiques au niveau utilisateur, mais il faut également s'assurer que celle-ci reste valide pendant toute la durée du transfert ! Pour résoudre le premier point en évitant un appel système par opération, les bibliothèques utilisent un cache d'associations mémoire virtuelle/mémoire physique. Lorsqu'une opération porte sur une région non encore référencée dans le cache, un appel système est effectué pour obtenir les adresses physiques concernées. Ce mécanisme, coûteux en régime transitoire, réussit à éviter les appels système lorsque l'application utilise des schémas de communication répétitifs, ce qui est généralement le cas. Pour résoudre le second point, les bibliothèques profitent des appels système précédemment évoqués pour interdire au système de modifier l'adresse physique des pages concernées (notamment en interdisant la pagination de ces pages) ou en modifiant le code du système de façon à tenir la bibliothèque (ou la carte réseau) informée des modifications éventuelles de la table des pages du processus.

Les bibliothèques que nous allons présenter par la suite implémentent toutes des techniques similaires à celles que nous venons d'aborder.

2.2 Interfaces de communication orientées performance

Partant de ces constats, un certain nombre d'interfaces de programmation ont été développées pour réduire le chemin critique entre les commandes de communication et les médias physiques de transfert d'information.

Ces interfaces se présentent sous la forme d'une couche logicielle extrêmement fine dont la particularité est d'utiliser les appels système du noyau uniquement pour les phases d'initialisation des périphériques de communication. Dès que les cartes de communication sont initialisées, les interactions entre un processus applicatif et une carte ne se font plus qu'en espace utilisateur. En effet, certaines parties des ressources de la carte sont projetées (i.e. incrustées) dans l'espace mémoire virtuel du processus et celui-ci contrôle la carte en effectuant des opérations d'écriture et de lecture à des emplacements spécifiques des zones de mémoire correspondant aux ressources projetées (registres de contrôle) de la carte de communication.

Nous présentons maintenant quelques-unes des nombreuses propositions d'interfaces de communication de bas niveau. Cette présentation débute par l'interface Sisci destinée au contrôle des réseaux SCI. Cette interface présente l'intérêt d'être l'une des plus minimaliste actuellement, en raison du modèle atypique, à ce niveau de fonctionnement, de SCI. Nous poursuivons alors avec la description de deux interfaces de programmation pour les réseaux Myrinet, *Bip* et GM, qui obéissent à des philosophies de conception à la fois similaires sur la forme et radicalement opposées sur le fond. Suit une présentation de l'interface *Gamma* (Chiola 2000) qui permet d'utiliser des composants de communication standard réellement à faible coût (composants *Fast-Ethernet*), avec des performances proches (en temps de transfert) de celle des interfaces précédentes construites sur des réseaux de nature propriétaire, et ceci tout en fonctionnant intégralement en mode noyau. Enfin, nous terminons par l'interface VIA (Dunning 1998) qui est une proposition de standard en matière d'interfaces de bas niveau.

Sisci

L'interface de programmation Sisci (*Infrastructure for SCI*) est destinée à la programmation des cartes de communication des réseaux de type SCI. SCI, qui est l'acronyme de *Scalable Coherent Interface*, est une spécification de réseau standardisée Iso/Ansi/IEEE (IEE 1993). En raison des spécificités de fonctionnement des réseaux SCI, l'interface Sisci est l'archétype même de l'interface de communication de bas niveau. Le modèle de communication de SCI est la communication par mémoire partagée : une partie de l'espace mémoire d'un processus communicant est virtuellement projetée dans l'espace mémoire du processus correspondant, à l'autre extrémité d'une connexion. Le rôle du matériel de communication SCI est alors de faire en sorte que les accès en lecture et en écriture soient transmis de part et d'autre. Ce mode de fonctionnement a pour conséquence un travail extrêmement réduit de la part de l'interface de programmation Sisci. Celle-ci n'est utilisée que pour réaliser l'initialisation et la connexion effective des segments de mémoire partagés. Ensuite, durant la partie productive de la session de travail, seule la fonction de flush permettant de garantir l'envoi effectif des opérations d'écriture précédant l'appel à la fonction – et donc de contrôler la cohérence des données – est utilisée. Les opérations de communication proprement dites ne sont que de simples lectures et écritures directes en mémoire[1].

Bip

L'interface Bip (*Interface for Parallelism*) a été proposée en 1997 par Loïc Prylli et Bernard Tourancheau pour exploiter efficacement les réseaux Myrinet. Le principe de base de l'interface Bip est de fournir un niveau de service limité à sa plus simple expression, avec en contrepartie un surcoût d'utilisation également réduit au strict minimum. L'une des raisons d'être de Bip est que l'interface de programmation GM (décrite plus en détail au paragraphe suivant) fournie en standard avec les cartes de communication de Myricom était à l'origine inefficace en raison des services additionnels offerts. GM intègre notamment des mécanismes assurant une certaine garantie de fiabilité alors que Bip suppose que le taux de panne extrêmement faible des câbles Myrinet est suffisamment bas pour que ceux-ci soient considérés comme purement et simplement fiables.

Le parti pris de Bip est donc de laisser au programmeur le soin d'implémenter, au gré de ses besoins, les services supplémentaires au-dessus de l'interface de Bip. Cette approche permet d'éviter le surcoût de services qui seraient inutiles dans un contexte d'utilisation particulier. Le pari de Bip (qui a principalement été conçu pour servir de support à MPI-BIP (Prylli 1999) est donc que dans un grand nombre de schémas d'utilisation il n'est justement pas nécessaire de rajouter beaucoup de services. De toute évidence, le succès

1. Sisci propose également des modes de transfert dit DMA (*Memory Access*) permettant d'envoyer des volumes importants de données directement vers le réseau.

qu'a connu Bip auprès des utilisateurs démontre que ce pari était justifié.

D'un point de vue plus technique, l'une des particularités essentielles de Bip est d'introduire une distinction entre des messages dits «courts» et des messages «longs». Les messages courts sont réceptionnés dans des tampons intermédiaires avant d'être recopiés vers la zone de mémoire de destination, alors que les messages longs sont transmis directement vers leur cible, sans copie intermédiaire. La contrepartie est qu'un message court peut être transmis de manière asynchrone alors qu'un message long nécessite que le processus de destination ait préalablement posté une requête de réception; une synchronisation stricte entre les deux partenaires est donc nécessaire.

GM

La société Myricom qui commercialise les divers composants des réseaux de communication Myrinet distribue l'interface de communication GM pour la programmation des cartes Myrinet. Contrairement à Bip, l'interface GM vise à une certaine exhaustivité, tout en restant une interface de niveau relativement bas. En particulier, GM dispose de capacités de tolérance aux pannes avancées: l'indisponibilité impromptue d'une partie du réseau ne provoque pas d'erreur fatale ou de perte de données et surtout, GM assure le contournement automatique de la zone inaccessible par les messages. Ces fonctionnalités supplémentaires se traduisent cependant par un coût de fonctionnement plus élevé.

Une autre caractéristique importante de GM que nous retrouverons dans l'interface VIA est que les commandes de transmission de l'interface GM ne peuvent fonctionner que sur des zones de mémoire pouvant être la cible d'opérations de transferts DMA. Ces zones sont soit des blocs de mémoire alloués avec des fonctions spécifiques de l'API[1] de GM, soit des zones allouées de manière quelconque[2].

Dans le second cas, les zones allouées doivent avoir été verrouillées en mémoire physique (à l'aide d'une fonction de GM). Ce verrouillage est indispensable pour éviter, par exemple, que les pages de mémoire correspondantes soient paginées au milieu d'un transfert DMA vers un des fichiers d'échange du système (le résultat d'un tel événement serait presque inévitablement catastrophique).

Contrairement à GM, l'approche de Bip pour le verrouillage est une approche transparente: les zones ciblées par les messages Bip (en émission et en réception) sont automatiquement verrouillées. Cependant, elles ne sont pas déverrouillées immédiatement après le transfert. Bip maintient une sorte de «cache» des zones verrouillées dans l'espoir de rentabiliser les opérations de verrouillage sur plusieurs transferts successifs.

Gamma

Les interfaces présentées jusqu'ici étaient toutes fondées sur des composants de communication soit propriétaires, soit à diffusion relativement limitée. L'objectif du projet Gamma (*Active Message Machine*) est de suivre une approche beaucoup plus respectueuse du modèle «grappe d'ordinateurs» en faisant appel à des composants de communication à large diffusion (technologies Ethernet) et de coût beaucoup plus réduit.

Le but essentiel est d'obtenir des performances de premier plan avec ce type de matériel. L'interface Gamma est en effet capable de réaliser des performances de transfert extrêmement intéressantes: latence de 13 µs et bande passante de 12,2 Mo/s, sur un réseau Fast-Ethernet aux performances brutes de 7 µs en latence et 12,5 Mo/s en bande passante. Elle s'intègre cependant parfaitement à la plate-forme de travail, au sens où les cartes de communication Ethernet sont partagées avec la pile IP du système d'exploitation de manière transparente car Gamma fonctionne intégralement en espace noyau.

Le modèle de programmation de Gamma est dérivé des messages actifs (*Active Messages*) (Eicken 1992). Chaque processus dispose d'un certain nombre de ports auxquels le programmeur associe une zone de mémoire destinée à la réception d'une quantité prédéfinie d'information, ainsi que l'adresse d'un traitant spécifique, c'est-à-dire une fonction chargée d'effectuer un service lorsque des données sont reçues.

VIA

Pour conclure cette présentation des interfaces de communication de bas niveau, nous voyons maintenant une tentative de standardisation pour ce type d'interfaces, incarnée par la proposition VIA (*Virtual Interface Architecture*), une proposition conjointe des sociétés Compaq, Intel et Microsoft. L'objectif de VIA est de standardiser les interfaces de communication fonctionnant en mode utilisateur. Le modèle VIA introduit donc pour cela le concept d'interface virtuelle (*Virtual Interface*, VI) comme représentation logicielle d'une carte. Cette interface virtuelle présente les fonctionnalités classiques du paradigme d'échange de messages, ainsi que des fonctionnalités de type écriture/lecture distante.

Comme avec l'interface GM, les transferts de données ne peuvent concerner que des zones de mémoire préalablement enregistrées au moyen d'une fonction spécifique, impliquant les mêmes remarques concer-

1. *Programming Interface*, interface de programmation applicative.
2. Avec la fonction `malloc` de la bibliothèque standard du langage C par exemple.

nant le coût de l'opération d'enregistrement. La conséquence est qu'un environnement de programmation utilisant VIA devra faire un choix : soit utiliser un ensemble de tampons préenregistrés à l'initialisation, ce qui implique une copie vers un de ces tampons en émission et une copie depuis un de ces tampons en réception ; soit enregistrer dynamiquement les zones de données à transmettre, avec un surcoût fixe important.

2.3 L'interface portable MPI

Contrairement aux interfaces vues précédemment, l'interface MPI (Snir 1995) est décrite par un standard et ne désigne pas une implémentation particulière. La première version majeure du standard d'interface de communication par échange de messages MPI est issue des travaux du «MPI Forum» réunissant les acteurs majeurs du domaine. Cette proposition a été suivie quelques années plus tard par la proposition MPI-2 dont le but est de combler les lacunes et éliminer les défauts constatés à l'usage avec la première proposition. Cependant, alors qu'il existe un nombre relativement important d'implémentations de MPI-1, les implémentations de MPI-2 sont encore fort rares.

L'interface proposée dans le standard MPI est extrêmement riche, avec des fonctionnalités de communications point à point (avec ou sans réception sélective), de communications globales et de gestion des types de données très complètes.

Bien que MPI soit une interface de haut niveau, les mécanismes proposés ont été pensés de manière à pouvoir être implémentés très efficacement sur des réseaux rapides. De ce point de vue, c'est un succès total car il existe aujourd'hui des implémentations performantes de MPI sur la quasi-totalité des technologies réseau existantes ! Ces implémentations, qui ne cèdent que quelques microsecondes en latence sur les interfaces orientées performance présentées précédemment (et sur lesquelles elles s'appuient d'ailleurs), ont l'énorme avantage de ne nécessiter qu'une simple recompilation de l'application pour passer d'un réseau Myrinet à un réseau SCI par exemple.

C'est pourquoi la majeure partie des applications scientifiques parallèles s'appuient sur MPI pour exploiter les réseaux rapides au sein des grappes d'ordinateurs.

2.4 Conclusion

Les réseaux rapides qui forment l'interconnexion des grappes contemporaines sont si performants qu'il est nécessaire de concevoir des interfaces de communication avec le plus grand soin pour en tirer la quintessence. Aux techniques couramment utilisées telles que les communications en mode utilisateur ou les protocoles «zéro copie» s'ajoutent des optimisations spécifiques à chaque technologie, ce qui aboutit à une spécialisation des interfaces en fonction de la technologie visée. Certaines de ces techniques sont directement exploitables pour implémenter des interfaces de communication de très haut niveau, telles que le standard MPI qui permet de concilier portabilité et efficacité pour de nombreuses applications parallèles.

Dans ce domaine, les recherches continuent. D'abord, certaines applications ont des besoins de communication très spécifiques qui diffèrent de l'envoi de message traditionnel (appels de procédure à distance, mémoires virtuellement partagées) et il faut inventer de nouvelles interfaces pour y répondre. Ensuite, l'évolution des machines multiprocesseurs, avec une hiérarchie architecturale qui ne cesse de s'accentuer (processeurs *multicores*, puces *multithreads*), pose de nouveaux problèmes au niveau des modèles de programmation adaptés à ces nouvelles grappes qui ont des répercussions sur les communications (comment régir l'accès de toutes ces unités de calcul à une même carte réseau ?). Enfin, les évolutions des technologies réseau risquent elles aussi de modifier profondément l'architecture des ordinateurs de demain : il se profile des propositions d'unification du bus d'entrées/sorties et du réseau d'interconnexion, ce qui permettrait d'uniformiser les communications entre processeurs et les communications entre processeurs et périphériques (en particulier les disques). Une telle évolution des architectures entraînerait des bouleversements majeurs dans la façon d'organiser les transferts au sein des applications et même des systèmes d'exploitation.

Une chose est sûre : la complexité de conception des interfaces de communication va augmenter dans les années à venir !

3 Les systèmes à image unique pour grappes

Une grappe est constituée d'une collection de machines indépendantes interconnectées, chaque machine exécutant une instance du système d'exploitation (par exemple, un noyau Linux sur chaque nœud d'une grappe de PC). Pour que les utilisateurs d'une grappe la voient comme une seule machine, un système à image unique doit être mis en œuvre. Un système à image unique donne l'illusion aux utilisateurs qu'une grappe est un multiprocesseur virtuel SMP ou MPP (*Massively Parallel Multiprocessing*). Un tel système simplifie considérablement l'utilisation d'une grappe de calculateurs pour l'administrateur, l'utilisateur et le programmeur. C'est en effet le système à image unique qui gère l'allocation des ressources aux applications. Des commandes permettent aux utilisateurs d'agir sur un ensemble de ressources quelle que soit leur localisation.

Un système à image unique (ou SSI, acronyme de l'anglais *Single System Image*) offre la transparence de la distribution des ressources physiques (processeur, mémoire, disque) de la grappe et des ressources du système d'exploitation (processus, segment de mémoire, fichier, flux de données, objet de synchronisation, etc.). Il permet un partage des ressources matérielles entre les différents programmes en cours d'exécution ainsi que le partage de ressources logiques comme dans un système d'exploitation traditionnel (par exemple, partage de fichiers, de segments de mémoire). Un système à image unique a pour objectif non seulement d'offrir une vision simplifiée de l'architecture d'une grappe mais également de tirer le meilleur parti des ressources matérielles disponibles pour l'exécution d'applications séquentielles et parallèles.

La notion de système à image unique ne peut pas être abordée sans parler de haute disponibilité. En effet, des nœuds peuvent être ajoutés ou retirés à chaud dans une grappe. En outre, un nœud est susceptible d'être défaillant, la probabilité de défaillance augmentant avec la taille des grappes. Afin de tolérer la défaillance d'un nœud, des mécanismes de sauvegarde et restauration de points de reprise d'applications peuvent être mis en œuvre (Elnozahy, 2002). La défaillance d'un nœud est susceptible de perturber le fonctionnement des autres nœuds d'une grappe lorsqu'un système à image unique est mis en œuvre du fait de la gestion globale des ressources qui fait intervenir des structures de données du système distribuées dans la grappe. Des mécanismes visant à assurer la haute disponibilité du système dans les différents cas de reconfiguration doivent être implantés, notamment pour éviter que la défaillance d'un seul nœud n'entraîne la défaillance de toute la grappe.

Il est à noter que de nombreux systèmes ne mettent en œuvre que partiellement un système à image unique dans la mesure où ils ne traitent pas de l'accès transparent et du partage de tous les types de ressources.

Un système à image unique peut être mis en œuvre à différents niveaux: matériel, système d'exploitation ou intergiciel. Plusieurs services mettant partiellement en œuvre le concept de système à image unique peuvent cohabiter à différents niveaux sur une même grappe.

Matériel

Des technologies de réseaux telles que *Memory Channel* développé par DEC ou SCI de Dolphin permettent de mettre en œuvre l'accès transparent à la ressource mémoire. Ces technologies de réseaux à capacité d'adressage permettent d'effectuer des projections de zones mémoire entre les nœuds. La grappe est alors vue comme une architecture à mémoire partagée.

Système d'exploitation

Les systèmes d'exploitation pour grappes sont conçus pour permettre une exécution efficace de multiples applications parallèles et séquentielles sur une même grappe. Ils gèrent de manière globale l'ensemble des ressources d'une grappe de sorte à y rendre l'accès transparent et à permettre le partage tout en tirant le meilleur profit des ressources disponibles. Ainsi, un système d'exploitation pour grappe met en œuvre un ordonnanceur global de processus qui équilibre la charge sur les nœuds de la grappe. Les applications sont déployées à l'aide de mécanismes de création de processus à distance et de duplication de processus pour les applications parallèles (*fork* distribué par exemple). Un mécanisme de migration est offert pour déplacer des processus en cours d'exécution. Les processus sont désignés de manière unique à l'échelle de la grappe. Un système d'exploitation pour grappe offre également un système de communication à haute performance tant pour la mise en œuvre efficace des services distribués de gestion globale des ressources qui le compose que pour offrir les meilleures performances possibles aux processus communiquant par flux de données quelle que soit leur localisation et malgré le fait qu'ils peuvent être déplacés du fait de la politique d'équilibrage de charge dynamique. En outre, un système d'exploitation pour grappe offre des mécanismes de gestion globale de la mémoire pour d'une part supporter les applications parallèles fondées sur le modèle de partage de mémoire et pour d'autre part améliorer les performances du mécanisme de pagination du service de gestion de la mémoire virtuelle et des caches de fichiers.

Un système d'exploitation à image unique complet rend toutes les ressources physiques et système visibles et accessibles depuis tous les nœuds de la grappe. Chaque nœud coopère avec les autres nœuds, une instance du système à image unique étant présente sur chaque nœud. Un tel système offre une interface unique identique sur tous les nœuds. Il existe très peu de systèmes d'exploitation à image unique pour grappes. Le système openMosix dérivé du système Mosix (Barak 1998) conçu à l'université hébraïque de Jérusalem, le système OpenSSI développé par HP et le système Kerrighed (Morin 2004) conçu et mis en œuvre à l'INRIA sont trois systèmes à image unique fondés sur le noyau Linux qu'ils étendent pour la gestion globale des ressources d'une grappe. Ils préservent l'interface Linux. L'intérêt de ces systèmes est qu'ils permettent d'exécuter des applications existantes sans modification, recompilation ou édition de lien.

Le système *Bproc* (Hendriks 2002) qui est également mis en œuvre par des modifications au noyau Linux offre un système à image unique partiel. Avec Bproc, les processus sont lancés depuis un nœud frontal sur les nœuds de calcul de la grappe par un mécanisme de migration (qui n'est utilisé que lors de la création des processus, il n'y a pas de déplacement de processus en cours d'exécution dans Bproc). Tous les processus exécutés dans une grappe sont visibles depuis le nœud frontal de la grappe et sont contrôlables depuis ce nœud à l'aide des commandes Unix traditionnelles.

Cependant, la plupart des systèmes à image unique sont conçus non pas au sein d'un système d'exploitation existant mais au-dessus d'un tel système. Ils gèrent essentiellement l'allocation globale des ressources. L'intérêt de cette approche est surtout une moindre complexité de développement et une meilleure portabilité sur différents systèmes ou versions d'un même système. Le système GLUnix développé à l'université de Berkeley repose sur cette approche. GLUnix est un logiciel système mis en œuvre entre le système d'exploitation d'un nœud et les applications qui permet l'exécution transparente à distance de programmes séquentiels et parallèles interactifs et offre de l'équilibrage de charge tout en garantissant une compatibilité binaire pour les applications existantes.

Intergiciel

Le concept de système à image unique peut aussi être offert par des intergiciels ou des applications.

Les systèmes de fichiers distribués pour grappe donnent l'illusion que les disques des nœuds d'une grappe ne forment qu'un seul vaste espace de stockage et garantissent que tous les nœuds de la grappe ont la même vision de cet espace. Ils mettent en œuvre un système à image unique partiel en gérant globalement les disques de la grappe.

Les systèmes de mémoire partagée répartie mettent en œuvre quant à eux une gestion globale de la ressource mémoire pour le service de mémoire virtuelle. Ils sont le plus souvent mis en œuvre au niveau utilisateur. Les systèmes de batch dispatchent les applications sur une grappe en fonction des ressources disponibles en mode non interactif. Ils peuvent être vus comme des systèmes à image unique partiels dans la mesure où ils gèrent globalement les processus.

Des services d'administration globale d'une grappe ont aussi été mis en œuvre. Ces applications offrent une vision globale des ressources de la grappe aux administrateurs.

L'inconvénient de l'approche intergiciel est que différentes applications exécutées sur une même grappe en ont une vision différente car chaque intergiciel offre sa propre vision globale de la grappe. L'interface traditionnelle d'un système d'exploitation n'est pas offerte à l'échelle de la grappe. Les nœuds peuvent toujours être vus comme indépendants par les applications. Cette approche ne facilite pas la réutilisation des applications existantes qui doivent être modifiées.

Dans les paragraphes suivants, nous nous intéressons aux systèmes mettant en œuvre une gestion globale des ressources d'une grappe. Le paragraphe suivant a trait à la gestion globale des processus. Le paragraphe 5 est relatif à la gestion des données en mémoire. Le paragraphe 6 est consacré à la gestion des données sur disque.

4 Gestion des processus dans les grappes

L'ordonnanceur est l'élément d'un système d'exploitation qui gère l'allocation des processeurs d'une machine aux processus. La politique d'ordonnancement qu'il met en œuvre a un impact important sur les performances des applications.

Dans une grappe, deux niveaux d'ordonnancement sont à considérer : l'ordonnanceur local propre à chaque nœud de la grappe et l'ordonnanceur global. Le rôle de l'ordonnanceur global est de répartir les processus des applications sur les différents nœuds d'une grappe. Le choix des nœuds sur lesquels les processus d'une application vont être créés relève d'une politique de placement. Des mécanismes tels que la création de processus à distance ou la duplication de processus permettent de déployer des applications sur une grappe. Afin de garantir une bonne utilisation des ressources au cours de l'exécution d'un ensemble d'applications, l'ordonnanceur global peut être amené à déplacer des processus en cours d'exécution dans le cadre d'une politique d'équilibrage dynamique de charge. Déplacer un processus d'un nœud à l'autre repose sur la mise en œuvre d'un mécanisme de migration de processus qui requiert une coopération entre les nœuds de la grappe.

Dans la suite de ce paragraphe, nous abordons brièvement la problématique de répartition de charge puis nous décrivons les différents aspects de la mise en œuvre d'un mécanisme de migration de processus.

4.1 Répartition de la charge

Historiquement, le placement intelligent des processus à exécuter a été la première approche pour la gestion globale des processus. Sur les premiers systèmes distribués équipés d'un réseau à faible débit, déplacer un processus (par un mécanisme de migration) était d'un coût trop important. On s'est donc attaché à placer efficacement les processus sur les nœuds lors de leur création. Cette solution est cependant loin d'être satisfaisante, car la charge globale des processeurs peut ne pas être équilibrée une fois les processus démarrés sur leur nœud d'exécution respectif.

L'augmentation des performances des réseaux locaux, en termes de latence et de bande passante et l'utilisation d'algorithmes plus performants a permis de diminuer de manière significative le coût de la migration de processus, et ainsi de pouvoir raisonnablement envisager son utilisation dans le cadre d'une politique d'équilibrage de charge sur grappe.

Deux approches permettent de répartir la charge sur les nœuds d'une grappe et éviter l'inactivité des processeurs : l'*équilibrage de charge* et le *partage de charge*. Dans l'équilibrage de charge, le but est de donner une charge uniforme aux nœuds du système. Il s'agit de minimiser l'écart à la moyenne sur tous les nœuds. Dans le partage de charge, on s'assure simplement qu'aucune machine n'est sous- ou surchargée. Par exemple, Condor et Mosix gèrent le partage de charge en permettant la migration d'un processus sur une machine inoccupée.

D'autres critères que la charge des processeurs peuvent être pris en compte par l'ordonnanceur global. Ainsi, le système Mosix prend en compte l'occupation mémoire afin d'éviter de devoir stocker des pages sur disque à cause d'un manque de mémoire. Mosix teste régulièrement la quantité de mémoire disponible sur chaque nœud. Lorsque celle-ci est en dessous d'un certain seuil, un processus est déplacé sur un nœud qui dispose encore de suffisamment de mémoire.

Plus récemment, de nouvelles politiques d'ordonnancement ont été définies afin de réduire la consommation d'énergie d'une grappe sous-chargée. L'idée est de regrouper les processus sur un sous-ensemble des nœuds de la grappe lorsque la charge de travail est faible de sorte à pouvoir arrêter les autres nœuds.

4.2 Migration de processus

La migration de processus est un mécanisme complexe à mettre en œuvre. Un processus est composé de nombreux éléments qu'il est nécessaire de prendre en compte durant la migration (Milojicic 2000) :

- l'état du processus constitué des données sauvegardées par le noyau lors d'un changement de contexte ;
- les données noyau liées au processus telles que l'identifiant de processus, les références aux processus parents et fils, le répertoire courant, les masques de signaux, etc. ;
- l'espace d'adressage virtuel, c'est-à-dire l'ensemble des données projetées en mémoire virtuelle ;
- la liste des fichiers ouverts. Les données de ces fichiers se trouvent dans l'espace d'adressage du processus, mais également dans les caches et tampons du noyau. De plus, l'état des fichiers en cours d'utilisation est stocké dans les structures noyau des processus les utilisant et dans les structures noyau d'interface avec le matériel ;
- l'état des canaux de communication. Les données des canaux se trouvent dans l'espace d'adressage du processus et dans les tampons du système. L'état des canaux de communication est stocké dans les structures des processus les utilisant et dans les structures noyau d'interface avec le matériel ;
- l'accès aux autres périphériques tels que le clavier, la souris, la carte vidéo, l'imprimante, etc.

On peut décomposer la migration d'un processus en deux parties distinctes : (1) le déplacement de son contexte d'exécution et (2) la liaison du processus migré avec les ressources qu'il utilisait sur son nœud d'exécution initial. La première partie représente la partie visible de la migration, c'est-à-dire le déplacement d'une activité d'un nœud vers un autre. Les éléments à prendre en compte pour cette phase sont l'état du processus et les données du noyau liées à ce processus. Néanmoins, la migration du contexte d'exécution ne suffit pas à permettre le redémarrage d'un processus sur un nouveau nœud. Lorsqu'un processus s'exécute sur un nœud, il dispose d'un environnement d'exécution lui permettant d'avoir accès à la mémoire, aux fichiers et aux différents périphériques de ce nœud. Lorsqu'un processus est déplacé, il est nécessaire de lui offrir le même environnement d'exécution afin qu'il puisse continuer son exécution et que la migration ne soit pas perceptible par l'utilisateur. Maintenir un environnement d'exécution homogène pour un processus après sa migration représente la seconde phase de la migration. Les éléments à prendre en compte pour cette phase sont l'espace d'adressage du processus, la liste des fichiers ouverts, l'état des canaux de communication et l'accès aux périphériques. Nous présentons les mécanismes mis en jeu dans cette seconde phase dans la suite de ce paragraphe.

Le problème majeur lors de la migration de processus est de maintenir le lien entre le processus migré et les composants logiques ou physiques qu'il utilisait sur son nœud d'exécution initial. Pour chaque composant, trois alternatives sont possibles : déplacer le composant sur la machine cible ; rediriger les requêtes du processus migré vers le composant laissé sur la machine source ; supprimer la liaison avec le composant, au détriment de la transparence.

Migration de composant

Pour déplacer un composant, il faut l'extraire de la machine source, le transférer vers la machine cible et le réimplanter dans le noyau en reconstruisant les liens avec le processus migré et les données connexes du noyau. Par exemple, il est relativement simple de transférer l'état du processus ou l'espace d'adressage puisqu'il ne s'agit que de données ayant peu ou pas d'interaction avec les autres processus et stockées uniquement en mémoire. Il est en revanche beaucoup plus complexe de transférer la liste des fichiers ouverts, qui dépendent de données stockées sur les disques de la machine source et pouvant être partagées avec d'autres processus.

Redirection de requêtes

La redirection des requêtes d'accès aux composants se déroule de la manière suivante :

1. Détection de l'accès au composant par le processus migré.
2. Transfert de la requête d'accès à la machine source.
3. Accès réel au composant sur la machine source.
4. Transfert du résultat au processus migré de la machine cible.

Cette solution est souvent retenue pour l'accès aux périphériques de la machine source, ainsi que pour certains appels système tel que la communication avec les processus père et fils, l'obtention de la date système, etc. Elle implique cependant une transaction réseau lors de chaque accès à un composant situé sur la machine source.

Suppression de liaison

Enfin, la dernière solution consiste à supprimer la liaison entre le processus et le composant source lorsqu'aucune des deux solutions précédentes n'est envisageable. C'est notamment le cas pour l'accès au *frame buffer* d'une carte vidéo. Dans ce cas, le processus migré pourra soit accéder au *frame buffer* de la machine cible soit ignorer tout accès à celui-ci, altérant ainsi la propriété de transparence à la migration. En dernier recours, la migration peut être prohibée si l'accès à la ressource ne peut être supprimé et que la propriété de transparence doit impérativement être conservée. On comprend aisément qu'un processus assurant un affichage graphique de haute qualité ne peut être déplacé. Ecrire dans le *frame buffer* de la machine cible supprimerait l'affichage sur la machine source et relayer les données du processus migré vers le *frame buffer* source serait d'un coût réseau déraisonnable.

Transfert de l'espace d'adressage

Le temps de transfert de l'espace d'adressage d'un processus a un impact très important sur le coût de migration d'un processus. Plusieurs stratégies ont été proposées :

- *Recopie de l'image mémoire.* La première solution au problème de transfert de l'espace d'adressage virtuel a été de recopier intégralement l'image mémoire d'un processus de la machine source vers la machine cible (voir figure 1.a). Cette approche souffre de deux inconvénients majeurs. Tout d'abord, le temps de transfert de l'image mémoire du processus peut être élevé, de l'ordre de quelques secondes, durant lesquelles le processus ne peut plus s'exécuter ni sur la machine source, ni sur la machine cible. Le second problème est le gaspillage de travail et de bande passante réseau lorsqu'une grande partie des données transférées ne sont pas utilisées par le processus migré.

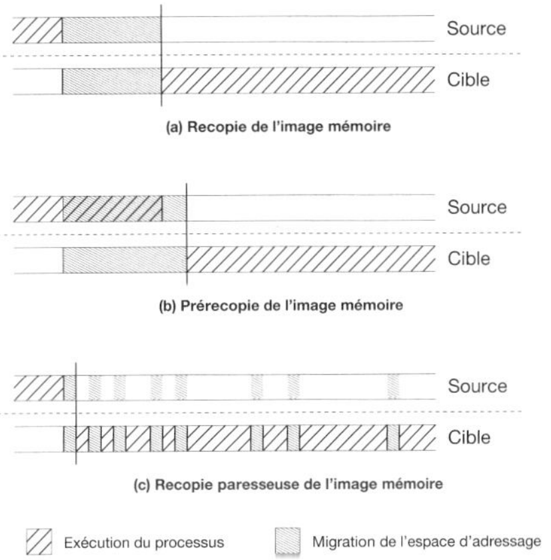

Figure 1 Techniques de migration de l'espace d'adressage d'un processus

- *Précopie de l'image mémoire.* Pour résoudre ce problème, une précopie de l'image mémoire du processus (voir figure 1.b) peut être effectuée. Plutôt que d'être bloqué durant la transmission de son image mémoire, un processus peut continuer son exécution sur le nœud source durant la recopie de son image mémoire. Les données modifiées par le processus durant la copie sont transférées à nouveau sur la machine cible juste avant la migration du processus. Cette méthode permet de limiter le laps de temps durant lequel un processus à migrer ne peut s'exécuter. Il est ici réduit au transfert des pages modifiées durant la précopie. Cependant, subsiste le problème des copies inutiles : celles effectuées pour les pages qui ne seront jamais utilisées sur la machine cible et celles copiées deux fois pour cause de modification durant la précopie.
- *Recopie paresseuse de l'image mémoire.* D'autres systèmes utilisent une approche de copie paresseuse afin

de résoudre les problèmes de copie inutile (voir figure 1.c). Avec cette approche, un processus est redémarré sur le nœud cible sans qu'aucune donnée de son espace d'adressage ne soit transférée. Les données sont transférées à la demande lorsqu'elles ne sont pas présentes sur le nœud cible, grâce au mécanisme de pagination du système d'exploitation. Ainsi, les données qui ne sont pas utilisées par le processus après migration ne sont jamais transférées. De plus, le temps d'inactivité du processus lors de la migration est minimum. Cependant, un surcoût est associé à chaque page devant être transférée à la demande. Mais le principal problème de cette solution est le surcoût logiciel nécessaire à la migration paresseuse des pages et aux résidus du processus sur la machine source, résidus pouvant subsister sur plusieurs machines dans le cas de migrations successives d'un même processus. Une autre solution consiste à sauvegarder l'image du processus dans un fichier partagé avant la migration. Il est ainsi possible de faire disparaître toute trace du processus sur la machine source, tout en permettant un chargement des pages à la demande sur la machine cible. Le chargement est simple puisque reposant sur les mécanismes standard du système d'exploitation.

Traitement des fichiers ouverts

Les fichiers ouverts posent de plusieurs problèmes lors de la migration de processus. De nombreuses structures de données et zones de stockage intermédiaires (tampons, caches, etc.) sont nécessaires au fonctionnement d'un système de fichiers (SGF). Dans le cadre de la migration de processus, il est nécessaire de distinguer deux types d'accès aux fichiers : l'accès aux *fichiers locaux* à un nœud par l'intermédiaire d'un système de gestion de fichiers centralisé et l'accès aux *fichiers distants* par l'intermédiaire d'un système de gestion de fichiers distribué (SGFD). On peut alors mettre en évidence les problèmes suivants :

- *Accès distant à un fichier local.* Lorsqu'un processus est déplacé de son nœud d'origine A vers le nœud cible B, le fichier F qui est local à A et accédé via un SGF centralisé devient distant sur B. L'accès à ce fichier doit être maintenu.
- *Référence interne au fichier.* Au sein du système d'exploitation, l'identification d'un fichier est réalisée grâce à un nom interne local. Lors de la migration d'un processus, cette désignation doit rester cohérente et compréhensible par le système sur le nœud cible.
- *Pointeur de fichier.* Soit deux processus A et B partageant le même pointeur de fichier suite à un *fork* ou à la création d'un *thread*. Après la migration de B, le pointeur est toujours partagé par A et B, mais les deux processus s'exécutent sur des nœuds différents. La question se pose de savoir où placer ce pointeur et comment assurer une gestion distribuée de celui-ci.
- *Cache de fichiers.* Lorsqu'un processus accède à un fichier, les données accédées sont placées dans le cache de fichiers, qui peut contenir des données modifiées par le processus avant sa migration. Ces modifications doivent rester visibles et cohérentes après la migration du processus.
- *Serveur avec état.* Lorsqu'un processus accède à des fichiers distants via un SGFD, le serveur de fichiers peut détenir des informations sur ce processus (nœud d'exécution, liste des blocs accédés, etc.). La migration du processus peut introduire des incohérences au sein des informations manipulées par le serveur de fichier.

Redirection des accès aux fichiers

Le système Mosix ne déplace aucun composant et utilise exclusivement un mécanisme de redirection des requêtes. Tous les appels système relatifs aux fichiers sont détournés et transmis à un *député* (processus spécial représentant un processus migré) situé sur la machine source. Celui-ci transmet la requête au système d'exploitation comme si elle provenait d'un processus local. Le résultat de l'opération est retourné au processus migré par l'intermédiaire du député. Cette méthode très simple résout tous les problèmes évoqués précédemment puisque le système d'exploitation de la machine source a l'illusion que le processus effectuant les opérations d'entrées/sorties n'a pas quitté le nœud et continue à s'exécuter localement. Cependant, cette méthode souffre de nombreux problèmes de performance. Tout d'abord, chaque accès au fichier nécessite une transaction sur le réseau pour atteindre le site source. Ensuite, l'accès à un fichier situé sur un serveur nécessite également de passer par le site source, alors que la requête pourrait être transmise au serveur directement depuis le site d'exécution. Enfin, le processus migré ne dispose plus de cache de fichiers local puisque tous les accès aux fichiers sont systématiquement détournés vers le nœud source.

Utilisation d'un système de gestion de fichiers global

D'autres systèmes comme Sprite (Milojicic 2000) reposent sur un SGFD faisant partie intégrante du système. Tous les accès aux fichiers passent par ce système de fichiers qui assure une grande transparence et indépendance vis-à-vis de la localisation des fichiers et des processus y accédant. Nous détaillons brièvement les solutions retenues dans le système Sprite pour gérer les fichiers ouverts lors d'une migration de processus :

- *Accès distant à un fichier local.* Les nœuds composant un système Sprite ne disposent pas de disque local. Tous les accès aux fichiers sont donc distants.
- *Référence interne au fichier.* Les fichiers ouverts lors de la migration sont fermés sur le nœud source et réouverts sur le site cible, produisant ainsi de nouvelles références internes, ayant un sens sur le nœud cible.
- *Pointeur de fichier.* Lorsqu'un fichier est partagé par plusieurs processus, le pointeur de fichier est géré de façon centralisée par le serveur de fichiers.
- *Cache de fichiers.* Les données du cache modifiées par un processus sont transmises au serveur de fichier avant la migration du processus. Le serveur dispose alors des dernières modifications apportées au fichier. Celles-ci pourront être transmises au processus migré suite à des défauts de cache sur le nœud cible.
- *Serveur avec état.* Les états internes du serveur de fichiers sont mis à jour par le mécanisme de migration grâce à une primitive spécialisée. Ceci est possible grâce à la mise en œuvre conjointe au sein de Sprite du SGFD et du mécanisme de migration.

5 Gestion globale des données en mémoire dans une grappe

Dans une grappe, la mémoire physique est distribuée dans les différents nœuds qui la constituent. La gestion globale de la mémoire dans une grappe a été étudiée sous différents angles, selon les services qui en font usage. Lorsqu'il s'agit d'exécuter une application parallèle fondée sur le modèle de partage de données, un système de mémoire partagée répartie peut être mis en œuvre pour donner l'illusion aux processus de l'application qu'ils partagent une mémoire commune alors que la mémoire est physiquement distribuée. Nous présentons les systèmes de mémoire partagée répartie dans le paragraphe suivant. Les grappes sont souvent utilisées pour exécuter des applications parallèles dont l'ensemble des données ne tient pas dans la mémoire physique d'un seul nœud. Dans un système d'exploitation traditionnel, le mécanisme de pagination du service de mémoire virtuelle évince sur disque des pages qui n'ont pas été récemment utilisées au profit des pages nouvellement référencées. La latence des disques durs induit un surcoût élevé en termes de performance lors du va-et-vient des pages entre la mémoire et les disques. Dans une grappe qui dispose d'un réseau à haute performance pour l'interconnexion des nœuds, un mécanisme de pagination en mémoire distante peut être mis en œuvre pour réduire le coût de la pagination. Nous présentons les systèmes de pagination en mémoire distante au § 5.2.

5.1 Système de mémoire partagée répartie

Les systèmes à mémoire partagée répartie logicielle (MPRL) offrent l'illusion d'une mémoire partagée au-dessus de modules mémoires physiquement distribués. Ils facilitent la programmation des applications à mémoire partagée destinées à être exécutées sur une grappe de calculateurs. Dans un tel système, la mémoire de chaque nœud de la grappe est utilisée comme un cache. Les pages sont déplacées ou dupliquées dans les mémoires des nœuds à la demande. Plusieurs copies d'une même page peuvent exister dans différents nœuds. Il est donc nécessaire de disposer d'un protocole pour garantir la cohérence des exemplaires multiples d'une page.

Modèle de cohérence

Étant donné que l'espace virtuellement partagé est accessible par tous les nœuds de la grappe, il est nécessaire de spécifier la façon dont ils perçoivent les modifications. En effet, des opérations de lecture et d'écriture peuvent potentiellement être effectuées en parallèle par des processus d'exécutant sur différents nœuds. Cette spécification constitue le modèle de cohérence. Un modèle de cohérence est donc un contrat entre une application et la mémoire qui respecte une spécification formelle de la manière dont sont réalisés les accès à la mémoire partagée d'une part et de la manière dont ils apparaissent du point de vue du programmeur d'autre part. Il existe différents types de modèles. Le plus intuitif est le modèle de cohérence stricte qui spécifie qu'un système est strictement cohérent si une opération de lecture sur une donnée à un emplacement mémoire donné retourne la valeur obtenue par la dernière opération d'écriture sur cette donnée. Cette propriété assurée directement en univers séquentiel par l'ordre des opérations dans le programme doit être explicitée dans un système parallèle. Le modèle plus simple est le modèle de cohérence séquentielle (ou cohérence forte). Un système est séquentiellement cohérent si (1) le résultat de chaque exécution est équivalent à une exécution où tous les accès mémoire de tous les processeurs sont effectués de manière séquentielle et (2) du point de vue de chaque processeur, les opérations d'accès mémoire apparaissent comme étant effectués dans l'ordre spécifié par le programme. La mise en œuvre d'un modèle de cohérence séquentielle implique que d'une part une opération mémoire ne puisse commencer à être exécutée que lorsque l'exécution de la précédente est terminée pour garantir le respect de l'ordre du programme et que d'autre part les opérations d'écriture soient atomiques afin de garantir un ordre séquentiel pour l'ensemble des processeurs.

Des modèles de cohérence affaiblis ont été proposés pour pallier les problèmes d'efficacité inhérents à la mise en œuvre du modèle de cohérence séquentielle. Dans un modèle de cohérence faible, deux types de variable sont distingués : les variables partagées classiques et les variables de synchronisation qui assurent la protection des accès en écriture sur les variables partagées en gérant la synchronisation des différents processus.

La cohérence est dite faible dans un système si (1) le modèle de cohérence séquentielle est appliqué aux accès aux variables de synchronisation ; (2) les accès aux variables de synchronisation ne sont autorisés que lorsqu'aucun accès à des variables partagées classiques n'est en cours ; (3) les accès aux variables partagées ne sont autorisés que lorsqu'aucun accès à des variables de synchronisation n'est en cours.

Le premier point stipule que tous les nœuds perçoivent les accès aux variables de synchronisation dans le même ordre. Le second point indique que l'accès à une variable de synchronisation assure que toutes les écritures précédentes ont été effectuées. Enfin, le troisième précise que lorsqu'une variable est accédée, tous les accès aux variables de synchronisation précédents sont terminés. Un gain de performance est obtenu car la cohérence est relâchée entre les accès aux variables de synchronisation.

Les modèles de cohérence relâchée sont des raffinements du modèle de cohérence faible. Les accès aux variables de synchronisation sont de deux types : acquisition et libération, ce qui permet de distinguer les entrées et sorties de section critique pour un gain de performance accru. Le programmeur doit alors explicitement spécifier les opérations d'acquisition et de libération dans le code de l'application. Le modèle de cohérence relâchée consiste à décaler certaines opérations d'écriture afin de diminuer le nombre de communications. Le contrat est le suivant : quand une acquisition est effectuée la mémoire assure que les variables partagées sont cohérentes avec leurs exemplaires présents sur la mémoire des autres nœuds. Quand une libération est effectuée, les modifications des variables partagées sont diffusées à tous les autres nœuds en possédant un exemplaire. Le modèle de cohérence relâchée paresseuse est une variante du modèle de cohérence relâchée dans laquelle la diffusion des modifications n'est pas assurée à la libération (sortie de la section critique dans laquelle les modifications ont été effectuées) mais seulement lors d'opération d'acquisition suivante (entrée dans une nouvelle section critique). Ainsi, seul le nœud ayant besoin des données modifiées les reçoit.

Protocole de cohérence

Un modèle mémoire est mis en œuvre grâce à un *protocole de cohérence*. Un protocole découpe la mémoire en blocs dont la taille peut varier que quelques octets à quelques kilo-octets. À chaque bloc est associé un état qui spécifie les accès autorisés sur l'exemplaire du bloc par le nœud correspondant. Le protocole décrit l'ensemble des opérations à mettre en œuvre lors des accès aux blocs en fonction de l'état associé. Traditionnellement, les protocoles de cohérence sont représentés par des graphes d'états finis.

On peut distinguer deux classes principales de protocoles pour la mise en œuvre d'un modèle mémoire à cohérence séquentielle :

- *Les protocoles à diffusion sur écriture* : la modification d'un bloc est immédiatement diffusée à l'ensemble des nœuds disposant d'un exemplaire. Cette classe de protocole issue des MPR matérielles n'est pas envisageable dans une MRPL, le surcoût de diffusion à chaque écriture étant prohibitif dans le cadre d'un mécanisme logiciel.
- *Les protocoles à invalidation sur écriture* : la modification d'une donnée entraîne immédiatement l'invalidation des exemplaires existants de cette donnée. Pour être autorisé à modifier un bloc, un nœud doit jouir d'un accès exclusif sur ce bloc. Cette classe de protocole a été très utilisée pour la mise en œuvre de MPRL.

Granularité des données partagées

La granularité a une influence importante sur les performances de la gestion mémoire. Pour amortir la latence du réseau de communication et exploiter au mieux la localité spatiale, une granularité importante est un choix judicieux. Toutefois, une granularité importante augmente le risque de *faux partage*. Il y a faux partage lorsque plusieurs processus effectuent des accès simultanés à des variables partagées distinctes situées dans un même bloc. Le faux partage provoque de nombreux déplacements d'un bloc entre les différents nœuds le référençant. Ce phénomène, connu sous le nom de *ping-pong*, surcharge considérablement le réseau et provoque un effondrement des performances.

- *Détournement de la MMU*. En général, le choix de la granularité est fixé par la page mémoire. Parce que la page est l'entité manipulée dans une mémoire virtuelle, le choix de cette dernière comme granularité de maintien de la cohérence offre plusieurs avantages. Tout d'abord, le mécanisme de mémoire virtuelle comporte la notion de droit d'accès. Une combinaison de droits d'accès (lecture, écriture, exécution) est associée à chaque page virtuelle. Ce mécanisme peut être utilisé directement pour représenter les droits d'accès du protocole de cohérence. Ensuite, la MMU détecte automatiquement les violations de droit d'accès aux pages et déclenche des fonctions du système d'exploitation permettant de traiter ces violations. Ce mécanisme peut donc être très simplement détourné pour détecter les fautes de pages au sens du protocole de cohérence de la MPRL.

La création d'un espace d'adressage partagé est effectuée via la réservation d'une plage d'adresses virtuelles dans l'espace d'adressage des processus. Lorsqu'il y a violation des droits d'accès au sein de cet espace, les mécanismes systèmes sont détournés vers la MPRL qui active le protocole de cohérence. Cependant, ceci implique que la MPRL puisse manipuler la table des pages de chaque processus accédant à l'espace partagé et détourner les mécanismes de résolution de défaut de page du système d'exploitation. Pour cela, il est nécessaire de mettre en œuvre la MPRL dans le noyau du système d'exploitation ou de disposer de mécanismes de niveau utilisateur permettant de modifier la table des pages. Cette dernière solution a été utilisée dans Ivy (Li 1989), qui modifie les protections associées aux pages via des appels systèmes et traite les défauts de page grâce à des fonctionnalités offertes au niveau utilisateur par le système d'exploitation.

L'inconvénient de cette approche est que la taille d'une page mémoire n'est pas corrélée à celle des structures de données manipulées par un programme. Il est donc très fréquent que des variables indépendantes soient situées dans la même page, conduisant à des problèmes de faux partage. Ce problème peut être résolu en choisissant une granularité plus faible et plus adaptée aux structures de données manipulées. L'idée est de subdiviser une page en unités de taille plus faible appelées *sous-pages* ou *lignes* et de gérer individuellement la cohérence pour chacune de ces unités. Toutefois, le choix d'une granularité plus faible pose de problème de la détection des accès aux blocs. La MMU et les mécanismes matériels généralement disponibles sur les calculateurs ne permettent pas d'associer des droits d'accès ou de détecter les accès sur des zones de mémoire dont la taille est inférieure à la page. Ces fonctions doivent donc être assurées de manière logicielle par la MPRL ou grâce à des astuces de manipulation des pages.

- *Multivue*. Une solution pour éviter le faux partage serait de placer chaque variable du programme dans une page physique différente. Cette solution conduirait cependant à un important gaspillage de mémoire physique. Une solution intermédiaire est utilisée par le système Millipede grâce au mécanisme de multivue. Cette solution permet de gérer la cohérence avec une granularité égale à la taille des variables utilisées en détournant les mécanismes de mémoire virtuelle tout en évitant le gaspillage de mémoire physique. Ce mécanisme associe plusieurs pages virtuelles à la même page physique, typiquement une page virtuelle par variable. Considérons trois variables x, y et z dont la taille totale est inférieure à la taille d'une page. Dans une MPRL utilisant une granularité de page, ces trois variables pourraient être allouées au sein de la même page virtuelle, au risque d'introduire du faux partage. Dans un système à multivue, chaque variable est allouée dans une page virtuelle différente grâce à une fonction d'allocation spécifique à la MPRL. Chaque variable étant placée dans une page différente, il est possible d'associer une protection différente à chaque page et donc à chaque variable. Le faux partage est ainsi évité.
- *Instrumentation*. L'instrumentation d'un programme consiste à identifier statiquement, dans le code assembleur de l'application, les opérations d'accès aux variables partagées et d'enrichir individuellement chacune de ces instructions par des appels à des fonctions qui déterminent l'état de la variable partagée et, si nécessaire, effectuent une opération de cohérence. Cette méthode est utilisée dans les systèmes Midway, Shasta et Blizzard-S. L'avantage de cette méthode de détection des accès est que la granularité de cohérence est beaucoup plus fine (32 à 128 octets pour Blizzard-S, 64 ou 128 pour Shasta) que pour les méthodes fondées sur le détournement de la MMU. En revanche, elle nécessite une modification de la chaîne de compilation : l'instrumentation est faite par le compilateur lui-même comme dans Midway, ou sur le fichier binaire produit par le compilateur comme dans Shasta. De plus, comme chaque accès mémoire est instrumenté, le coût induit n'est pas négligeable.
- *Autres techniques*. D'autres méthodes permettent de gérer la cohérence sur des blocs dont la taille n'est pas celle d'une page mémoire. On peut citer par exemple le marquage de régions ou d'objets. Dans le *marquage par régions*, le programmeur regroupe les variables partagées en régions et signale l'accès à ces régions par des appels de fonctions. Avec le *marquage par objets* les fonctions explicites d'accès aux régions partagées sont intégrées dans les méthodes d'accès aux objets. Cette technique a l'avantage d'être transparente pour le programmeur puisque l'appel aux fonctions d'accès aux régions partagées est assuré automatiquement par les mécanismes d'accès aux objets.

Systèmes hybrides

Les réseaux à capacité d'adressage offrent un nouveau modèle de communication en permettant des écritures et/ou des lectures sur un nœud distant de manière directe, sans interruption du processeur distant, donc sans intervention d'aucune couche logicielle (voir paragraphe 2). Il est important de noter que ce type de réseau ne permet pas de réaliser directement une MPR matérielle car il n'offre pas la cohérence des différentes mémoires locales. En effet ces interfaces de communication sont placées sur le bus d'entrées/sorties de chaque nœud et n'ont donc pas accès au bus mémoire qui relie processeur et mémoire. Elles ne peuvent donc pas observer le trafic mémoire et répercuter une modification locale sur un nœud distant. Offrir un espace d'adressage partagé au-dessus de SCI revient à projeter la mémoire physique d'un nœud dans l'espace d'adressage de plusieurs processus. Cependant, chaque accès à cet espace partagé nécessite une transaction réseau dont le coût n'est pas négligeable (de 2 à 5 microsecondes).

Pour tirer profit des accès distants offerts par ces réseaux tout en limitant le surcoût réseau potentiellement important, des MPR hybrides ont été étudiées. On peut citer Cashmere ou SCIOS.

5.2 Système de pagination en mémoire distante

La *pagination à distance* est intéressante pour les applications nécessitant de grandes quantités de mémoire physique. L'idée est de conserver le mécanisme de remplacement de pages d'une mémoire virtuelle, mais d'utiliser la mémoire de nœuds distants comme unité de stockage secondaire dans une grappe. Il est ainsi possible de conserver des méthodes de programmation standard tout en réduisant de manière considérable le surcoût de remplacement.

Lors d'un remplacement de page, les accès au disque de pagination sont remplacés par des transferts vers des mémoires distantes à travers le réseau. Lorsqu'une page est évincée de la mémoire physique d'un nœud, elle est transférée dans la mémoire d'un nœud distant (qui n'a pas référencé la page considérée). Ce mécanisme est appelé *injection*. Les réseaux modernes offrant des latences très faibles et des débits importants, même pour des messages de quelques kilo-octets, le coût d'un remplacement de page est réduit d'un facteur 10 à 20.

Les systèmes de pagination en mémoire distante ont été étudiés au début des années quatre-vingt-dix dans le cadre des réseaux de stations de travail (NOW) juste avant l'avènement des grappes. Dans les premiers systèmes, des nœuds dédiés font office de serveurs de mémoire. Ces serveurs sont utilisés comme unités de stockage secondaire pour les clients ayant des besoins importants de ressource mémoire. Ce modèle ne propose pas de partage de ressources entre les clients, mais uniquement entre les clients et les serveurs. Il a été généralisé par la suite pour permettre d'utiliser la mémoire de toutes les machines inactives. Lorsqu'une machine devient inactive, le système d'exploitation active un serveur de mémoire qui s'enregistre auprès d'un serveur central. Lorsqu'une machine décide de remplacer une page, elle contacte le serveur central, qui transmet aléatoirement la requête à l'un des serveurs de mémoire enregistrés.

Global Memory Management (GMS) (Feeley 1995) est un système de gestion globale de la mémoire au sein d'un NOW, qui permet l'injection de pages de n'importe quel nœud vers n'importe quel autre nœud. Contrairement aux systèmes précédents, il ne se contente pas d'injecter les pages de données d'un processus, mais n'importe quelle page du système, y compris les données associées aux systèmes de fichiers. De plus, GMS utilise une gestion globale du remplacement, et non des politiques locales aux différents nœuds du réseau.

Étude du système GMS

Nous présentons dans ce paragraphe l'algorithme de remplacement utilisé par le système GMS qui offre une bonne approximation de l'algorithme LRU pour un remplacement de pages à l'échelle d'une grappe. Nous présentons ensuite les mécanismes utilisés pour mettre en œuvre cet algorithme :

- *Algorithme de remplacement*. Au sein d'un réseau utilisant GMS, la mémoire physique des nœuds est divisée dynamiquement en deux parties : la mémoire dite *locale*, contenant des données utilisées par les processus s'exécutant localement et la mémoire dite *globale* contenant des pages provenant d'un remplacement sur une machine distante. De plus, les pages peuvent être soit *privées* soit *partagées*. Les pages partagées peuvent par exemple appartenir à un fichier provenant d'un serveur de fichiers et partagé par plusieurs processus. La mémoire globale ne contient que des pages privées et *propres* (c'est-à-dire ne nécessitant pas une mise à jour sur disque).

  L'algorithme implémenté par GMS permet une gestion dynamique des mémoires locales et globales. Lorsqu'un nœud est très actif et consomme beaucoup de mémoire, sa mémoire se remplit de pages locales et il commence à utiliser la mémoire globale de nœuds distants lorsque sa mémoire devient saturée. Les nœuds inactifs hébergeant des pages anciennes (au sens LRU) évincent ces pages afin de stocker des pages globales pour le compte de nœuds distants.

- *Gestion des informations globales.* Le mécanisme de remplacement de GMS suppose l'existence d'informations globales sur l'état des nœuds et de leurs pages afin de pouvoir localiser la plus ancienne à l'échelle du réseau. Maintenir une information globale à tout instant étant impossible, chaque nœud ne dispose en fait que d'informations approximatives sur l'état des pages globales. Pour obtenir un compromis acceptable entre la précision des informations globales et le coût de la distribution de ces informations, GMS utilise l'algorithme suivant.

 GMS découpe le temps en tranches appelées *époques*. Une époque a une durée maximale T et un nombre maximum de remplacement de pages dans le réseau M. Les valeurs de T et M varient d'une époque à l'autre en fonction de la charge de calcul et de l'état de la mémoire globale. Une nouvelle époque commence lorsque (1) l'époque courante a atteint sa durée maximale T, (2) M pages globales ont été remplacées ou (3) des imprécisions importantes ont été détectées.

 Sur chaque nœud, le système conserve des informations sur l'âge des pages locales et globales hébergées sur le nœud. Lorsqu'une nouvelle époque commence, chaque nœud envoie un résumé de l'âge de ses pages à un *nœud initiateur*. L'initiateur détermine alors l'âge minimum de remplacement *MinAge*, permettant de remplacer M pages dans la prochaine époque. Il calcule également un poids *wi* associé à chaque nœud i, correspondant au nombre de pages libres ou anciennes dont il dispose, proportionnellement aux autres nœuds du réseau. Plus un nœud dispose de pages libres ou anciennes, plus son poids associé est élevé. L'initiateur transmet la liste des poids *wi* et la valeur *MinAge* à tous les nœuds et désigne la machine disposant du poids le plus élevé comme prochain nœud initiateur.

 Durant une époque, lorsqu'un nœud P doit évincer une page de sa mémoire, il commence par vérifier si l'âge de cette page est supérieur à *MinAge*. Si c'est le cas, la page est simplement détruite. Sinon, P envoie la page au nœud i, où i est choisi aléatoirement avec une probabilité proportionnelle à *wi*. La page la plus ancienne de i est alors détruite et la page évincée de P devient une page globale sur i.

 Cet algorithme permet d'obtenir une approximation de l'algorithme LRU à l'échelle du réseau, puisque si M pages sont détruites globalement durant une époque, ce sont les M plus anciennes du réseau. De plus, il permet de déterminer localement et statiquement lorsque M pages ont été globalement remplacées : lorsque le nœud initiateur a reçu *wi* pages, il déclare la fin de l'époque en cours.

6 Gestion des données sur disque

Une grappe dispose généralement d'un grand nombre de disques, typiquement un disque par nœud. Cependant, seul le disque attaché au nœud où s'exécute un processus peut être vu et accédé par ce processus[1]. Or, il serait très avantageux de pouvoir utiliser les disques situés sur les nœuds distants, afin d'augmenter la capacité de stockage, de répartir la charge d'accès aux disques, voire d'augmenter la bande passante lors de l'accès aux fichiers.

Les propriétés suivantes sont recherchées pour la gestion globale des disques dans un système à image unique pour des grappes dont les nœuds sont dotés de disques :

- transparence de localisation : un processus accède de la même manière aux fichiers qu'ils soient stockés sur son nœud d'exécution ou sur un nœud distant ;
- indépendance de localisation : le déplacement d'un fichier d'un nœud de stockage vers un autre ne modifie ni les méthodes d'accès à ce fichier, ni sa référence externe ;
- partage logique : un fichier peut être ouvert simultanément par plusieurs processus s'exécutant sur des nœuds distincts ;
- partage physique : un fichier créé par un processus s'exécutant sur un nœud peut être stocké sur le disque d'un autre nœud.

Deux types de systèmes de fichiers ont été conçus pour la gestion globale des disques d'une grappe. La première approche consiste à permettre à un nœud d'accéder au disque d'un nœud distant grâce à un *système de gestion de fichiers distribué (SGFD)*. De nombreux systèmes tels que NFS ont été mis en œuvre et sont largement utilisés.

La seconde approche est issue du monde des calculateurs parallèles. Elle consiste à fragmenter un fichier et à stocker les fragments sur plusieurs disques grâce à un *système de gestion de fichiers parallèle (SGFP)*. Un tel système permet d'accéder en parallèle à un ensemble de disques pour la lecture ou l'écriture d'un fichier, augmentant ainsi la bande passante totale et la capacité de stockage.

Afin d'optimiser les performances d'accès aux disques, les SGFD et SFGP utilisent des caches présents sur les différents nœuds de l'architecture. Ces caches distribués peuvent être considérés comme une ressource à part entière, qu'il est possible de partager à travers la grappe grâce à des mécanismes de *caches coopératifs* (Dahlin 1994).

1. En l'absence de système de fichiers distribué tel que NFS par exemple.

Après avoir donné une définition d'un système de gestion de fichiers distribué et d'un système de gestion de fichiers parallèle, nous détaillons dans la suite de ce paragraphe comment ces systèmes réalisent les propriétés de transparence et d'indépendance à la localisation ainsi que les propriétés de partage logique et physique. Enfin, nous présentons les mécanismes de caches de fichiers coopératifs assurant une gestion globale des caches de fichiers.

6.1 Système de gestion de fichiers distribué

Un système de gestion de fichiers distribué est un service système permettant un accès transparent via une interface unique et standard, aussi bien aux disques locaux d'un nœud qu'aux disques de nœuds distants.

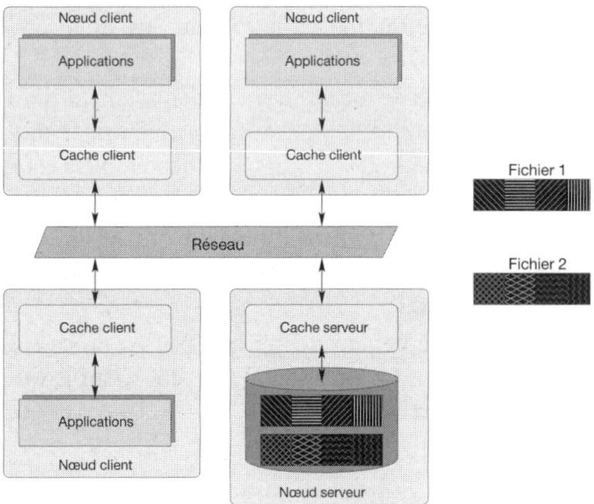

Figure 2 Architecture d'un SGFD et stockage physique des données

Un SGFD est architecturé autour d'un ensemble de clients et de serveurs (voir figure 2). Chaque serveur s'exécute sur son propre nœud et met en œuvre les fonctionnalités d'un SGF centralisé pour son disque local. Les clients s'exécutent sur les nœuds de calcul et font le lien entre les applications et les serveurs distants. Sur certains systèmes, un nœud peut être à la fois client et serveur. Afin d'optimiser les performances, les nœuds serveurs utilisent des caches permettant de stocker des fichiers provenant des disques locaux et donc de limiter le nombre d'accès réels aux disques. Les nœuds clients utilisent des caches permettant de stocker des fichiers provenant des serveurs afin de limiter les transactions réseau.

Au sein d'un SGFD, l'accès à des fichiers stockés sur différents nœuds par des processus s'exécutant sur de multiples nœuds pose de nombreux problèmes :

- désignation : un SGFD doit offrir un système de désignation permettant de désigner de manière unique un fichier donné à travers un ensemble de nœuds ;
- localisation : un utilisateur désigne un fichier grâce à un *nom externe*, typiquement une chaîne de caractère. Un SGFD doit être capable de retrouver le nœud hébergeant le fichier grâce à ce nom ;
- transparence : Un utilisateur ne doit pas avoir à se soucier de la localisation exacte d'un fichier pour pouvoir y accéder ;
- cohérence : au sein d'un SGFD, un même fichier peut être accédé simultanément par plusieurs processus situés sur des nœuds différents. Plusieurs copies d'un même bloc de fichier peuvent donc exister et être modifiées simultanément, posant des problèmes de cohérence.

6.2 Système de gestion de fichiers parallèle

En confinant un fichier sur une unité de stockage unique, on limite la bande passante à celle de l'unité. En distribuant ce fichier sur plusieurs disques, on peut y accéder en parallèle et ainsi augmenter potentiellement la bande passante d'un facteur égal au nombre de disques. C'est sur ce principe que sont bâtis les systèmes de gestion de fichiers parallèles.

Un système de gestion de fichiers parallèle est un service système permettant de gérer l'accès en parallèle à des fichiers dont les données sont physiquement distribuées sur un ensemble de disques répartis au sein d'une grappe.

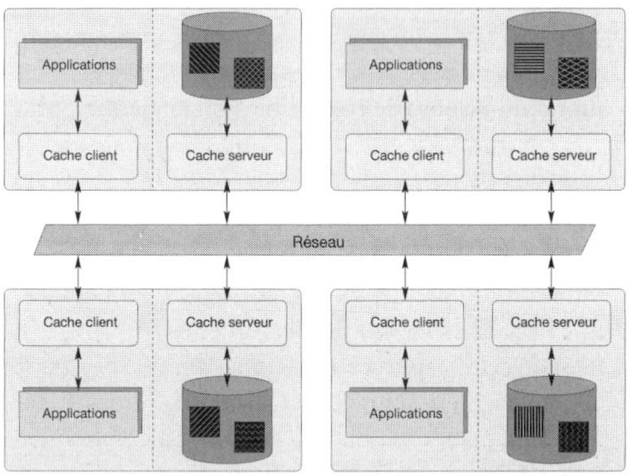

Figure 3 Architecture d'un SGFP et stockage physique des données

Au sein d'un SGFP, les fichiers sont découpés en *fragments*, de taille variable suivant les systèmes. Ces fragments sont distribués sur les disques et peuvent être accédés en parallèle (c.f. figure 2). Un SGFP peut être vu comme une mise en œuvre logicielle d'un système RAID au-dessus d'un ensemble de disques distribués. Le transfert de données entre une mémoire et un ensemble de disques n'est pas assuré par un contrôleur matériel via un DMA, mais par un ensemble de serveurs communicants via un réseau. Les problèmes posés par cette architecture sont nombreux et liés à la distribution de la gestion des données et au coût des transferts sur le réseau :

- distribution : un SGFP doit utiliser une répartition des fragments permettant de réaliser un maximum d'accès aux disques en parallèle quelle que soit la requête. Une mauvaise répartition pouvant conduire à des accès séquentiels ;
- localisation : un SGFP doit pouvoir retrouver rapidement les fragments d'un fichier sans encombrer inutilement le réseau de communication. La structure standard d'i-nœud utilisée dans UNIX ne suffit pas. La gestion d'informations complémentaires est nécessaire afin de localiser l'ensemble des fragments d'un fichier sur les différents disques ;
- cohérence : l'accès simultané à un même fichier depuis les différents processus d'une application parallèle localisés sur différents nœuds pose des problèmes de cohérence et de gestion des accès, notamment pour ce qui concerne la sémantique du pointeur de fichier et la cohérence des données dupliquées.

6.3 Transparence et indépendance à la localisation

La gestion de la transparence et de l'indépendance à la localisation des fichiers est directement liée aux problèmes de désignation et de localisation. La méthode d'accès à un fichier (son nom externe et son interface d'accès) doit être indépendante de la localisation du fichier dans l'architecture distribuée. Nous présentons dans la suite de ce paragraphe un bref aperçu des travaux visant à remplir les objectifs de transparence et d'indépendance à la localisation.

Désignation des fichiers

Le système de désignation est très important dans un SGFD puisqu'il influe directement sur la localisation d'un fichier et la transparence des accès distants. Pour illustrer les différentes méthodes de désignation que nous présentons, nous supposons l'existence d'une machine nommée *serveurf* hébergeant un serveur de fichiers. Sur ce serveur est stocké un fichier nommé *data* situé dans le répertoire *dupont*.

Le mécanisme de désignation le plus simple consiste à associer au nom de chaque fichier, le nom du nœud l'hébergeant. L'accès à notre fichier exemple serait donc le suivant :*/serveurf/dupont/data*. Ce mécanisme très simple n'offre ni transparence, ni indépendance à la localisation. Le chemin d'accès à un fichier est dépendant du nom de la machine l'hébergeant. Une solution plus élégante a été largement popularisée grâce au système de fichier NFS de Sun.

NFS utilise un système de montage permettant d'abstraire la localisation physique d'un fichier. Le protocole de montage permet d'établir une connexion logique initiale entre un client et un serveur. Cette connexion consiste à rendre accessible de manière transparente un répertoire d'une machine serveur à une machine distante. Cette connexion est établie sur un nœud client grâce à une opération de montage. La sémantique de l'opération est la suivante : le répertoire distant est monté sur un répertoire du SGF local au nœud client (*/mnt*, par exemple). Une fois l'opération de montage terminée, le répertoire monté présente l'allure d'une sous-arborescence intégrée au SGF local, en remplaçant la sous-arborescence descendant du répertoire local. Notre fichier exemple est donc accessible grâce au nom*/mnt/dupont/data*. Ce chemin est transparent à la localisation puisqu'il ne dépend pas du nom du nœud hébergeant le fichier, néanmoins si le fichier est déplacé vers un autre serveur, son chemin d'accès n'est plus valide. Cette méthode de désignation n'est donc pas indépendante à la localisation.

Le système de fichier Andrew (AFS) développé à l'université Carnegie Mellon (Morris 1986) distingue deux espaces de désignation : l'*espace local de nom* et l'*espace partagé de nom*. L'espace local de nom est le système de fichier racine d'une station de travail, à travers lequel l'espace global de nom est accessible via le répertoire spécialisé `/cmu`. L'espace local de nom est différent pour chaque station de travail et contient les programmes système essentiels pour un fonctionnement autonome et une meilleure performance, ainsi que les fichiers temporaires. Un réseau de machines utilisant Andrew est découpé en sous-réseaux composés d'un ensemble de stations de travail et d'un serveur de fichier assurant le stockage des fichiers de l'espace partagé de nom. Les serveurs peuvent communiquer pour accéder à un fichier partagé stocké sur un serveur distant. Avec Andrew, notre fichier exemple aura pour nom `/dupont/data` s'il est local à la station de travail et `/cmu/dupont/data` s'il est global et partagé. Le chemin d'accès à un fichier dans l'espace global de nom est transparent et indépendant à la localisation. Il subsiste cependant une différence de désignation entre un fichier local et global, introduisant une légère imperfection dans la transparence de localisation. Cette imperfection est résolue par des systèmes tels que xFS (Anderson 1996), qui ne font aucune distinction entre un fichier local et distant.

Localisation des fichiers

Au sein d'un SGFP, le problème n'est pas de localiser un fichier en fonction de son nom, mais de localiser les blocs constituants ce fichier. La gestion de la localisation des blocs d'un fichier est réalisée grâce à une structure comparable à une structure d'i-nœud composée de tuples de la forme {*nœud, contrôleur, disque*}, qui permettent de définir pour chaque bloc, le nœud, le contrôleur et le disque hébergeant ce bloc. Ces données sont stockées dans des métafichiers associés aux fichiers de données et sont dupliquées sur les différents disques afin d'éviter les problèmes de contention. Dans certains systèmes, la distribution des blocs est cyclique et statique, ce qui permet de déterminer la localisation d'un bloc par un simple calcul, sans nécessiter l'utilisation de métadonnées.

Au sein d'un SGFD, le problème de la localisation consiste à déterminer sur quel nœud est stocké un fichier en fonction de son nom. Cette localisation est étroitement liée au mécanisme de désignation utilisé. Plus la désignation est transparente et indépendante à la localisation, plus le mécanisme de localisation est complexe.

La localisation d'un fichier dans un SGFD adoptant une désignation de type *machine: nom-local* est triviale. Le fichier nommé *machine: nom-local* est stocké sur le nœud *machine* sous le nom *nom-local* dans le SGF de ce nœud.

Au sein du système NFS, la localisation d'un fichier est plus complexe. L'accès aux fichiers distants est réalisé grâce au mécanisme de montage. Le mécanisme de localisation n'est pas utilisé lors de l'accès à chaque fichier, mais uniquement lors de la traversée d'un répertoire monté. Le système d'exploitation dispose d'une table contenant les informations de montage telles que le point de montage, le nom du répertoire monté et le nom du serveur de fichier hébergeant le répertoire monté. Si notre fichier exemple est stocké dans le répertoire*/users/dupont* sur le serveur *serveurf* et que le répertoire*/users* est monté localement sur*/mnt*, le noyau dispose d'une entrée dans la table de montage indiquant que le répertoire local*/mnt* est un point de montage pour le répertoire*/users* hébergé sur la machine *serveurf*. Grâce au nom de fichier et à la table de montage, NFS est en mesure de localiser tous les fichiers de l'arborescence.

Dans le système Andrew, la localisation d'un fichier est assurée par les serveurs des sous-réseaux. L'espace partagé de noms est constitué d'unités appelées *volumes*, regroupant généralement les fichiers d'un client unique. Les volumes sont groupés par un mécanisme similaire à celui du montage de UNIX. L'information sur l'emplacement est stockée dans une *base de données d'emplacements de volumes* entièrement dupliquée sur chaque serveur. Un client peut identifier l'emplacement de chaque volume dans le système en consultant cette base de données. Afin d'équilibrer l'espace disque disponible et l'utilisation des serveurs, les volumes peuvent être déplacés entre les partitions disque et les serveurs. Lors d'une migration, le serveur d'origine continue à servir les requêtes jusqu'à la terminaison de la migration. Une fois la migration terminée, la base de donnée d'emplacement des volumes est mise à jour pour activer le nouveau serveur.

Accès aux données

Au sein d'un SGFD, les fichiers sont accédés grâce à l'interface standard d'accès aux fichiers composée des fonctions *ouverture/déplacement/lecture/écriture/fermeture*. Cette interface est la même que le fichier soit local ou distant. La transparence est donc assurée au niveau de l'interface.

Cette transparence n'est cependant pas assurée par les SGFP. Pour des raisons de performance, des interfaces d'accès spécifiques sont généralement utilisées pour manipuler les fichiers parallèles. Des études sur les accès aux fichiers dans les applications parallèles ont mis en évidence une certaine régularité. De nombreuses applications effectuent des accès par *pas*. Un accès par pas consiste à accéder successivement à un ensemble de blocs de données de taille fixe N espacées de P octets.

Une interface d'accès standard ne permet pas d'effectuer ce genre d'accès facilement et efficacement. C'est pourquoi de nombreuses interfaces spécialisées ont été proposées afin d'offrir des modèles d'accès aux fichiers plus proches des schémas de programmation des applications parallèles. De plus, en connaissant le schéma d'accès aux données, les SGFP peuvent effectuer plus facilement la correspondance entre les accès aux fichiers et la distribution des données sur les disques. Il est ainsi possible de grouper les requêtes d'accès aux fichiers, afin de pouvoir optimiser le préchargement et l'ordonnancement des accès physiques, c'est-à-dire l'ordre dans lequel les blocs sont lus. Un bon ordonnancement doit minimiser les mouvements du bras de lecture du disque, tout en assurant un temps de réponse faible.

6.4 **Partage logique des fichiers**

Un SGFD permet à plusieurs processus s'exécutant sur des nœuds distincts d'accéder simultanément à un même fichier. L'accès distribué à un fichier pose cependant des problèmes de cohérence des données, notamment à cause de la présence de caches de fichiers sur les nœuds clients. Lorsqu'un nœud A écrit dans un fichier, les données correspondantes sont placées dans son cache local. Si un nœud B effectue ensuite une lecture sur ce même fichier, il n'a pas connaissance des modifications effectuées par le nœud A.

Le problème de la cohérence des accès distribués consiste à trouver un compromis acceptable entre une mise en œuvre simple mais conduisant à une incohérence totale des accès distribués et l'introduction de mécanismes complexes et coûteux de gestion de la cohérence des caches clients. Ce compromis a des répercussions sur la gestion des caches et sur la sémantique des accès aux fichiers fournie à l'utilisateur.

Sémantique de partage

Dans un système de gestion de fichiers centralisé, lorsqu'une opération de lecture sur un fichier suit une opération d'écriture, l'opération de lecture retourne la valeur de la dernière écriture. Ce modèle d'accès aux fichiers partagés est connu sous le nom de *sémantique UNIX* (Tanenbaum 1992). Cette sémantique est cependant très difficile à mettre en œuvre dans un système distribué, notamment à cause du problème de gestion de la cohérence des caches clients.

D'autres sémantiques permettent une mise en œuvre plus légère de la cohérence des caches, en relâchant la cohérence des accès. C'est notamment le cas de la *sémantique de session*. La sémantique de session stipule que toutes les modifications apportées à un fichier ne sont visibles par les autres processus qu'après la fermeture du fichier. Si plusieurs processus modifient un même fichier simultanément, le contenu final de ce fichier sera égal au contenu du fichier ayant été fermé le dernier.

On peut citer d'autres sémantiques, telles que la *sémantique de fichiers immuables*, qui précise qu'un fichier peut être créé, lu, mais pas modifié, supprimant ainsi tout problème de cohérence des écritures distribuées.

Enfin, la *sémantique de transaction* assure qu'entre le début et la fin d'une transaction, toutes les opérations d'accès à un fichier sont atomiques et que le résultat de l'exécution de transactions concurrentes est équivalent à l'exécution séquentielle (dans un ordre non défini) de ces transactions.

Impact sur la gestion de la cohérence des caches

La sémantique de partage est intimement liée aux algorithmes et à la granularité de gestion de la cohérence des caches de fichiers distribués. Nous nous attachons ici à présenter les mécanismes utilisés par différents SGFD pour le maintien de la cohérence des caches de fichiers distribués :

- *Cache inactif en écriture*. Une solution consiste à interdire de placer en cache un fichier partagé ouvert en écriture. Ainsi, aucun problème de cohérence ne peut apparaître. Cependant, tous les accès en lecture et écriture étant sérialisés vers le serveur en court-circuitant le cache local, les performances sont très inférieures à celles obtenues dans d'autres systèmes distribués.
- *Vérification sur accès*. Avec le protocole de vérification sur accès, chaque bloc dispose d'une copie maître située sur le serveur et maintenue à jour en permanence. Pour cela, chaque écriture dans un cache local est transmise aussitôt au serveur afin de mettre à jour la copie maître. Lors de chaque accès en lecture à un bloc situé en cache local, le SGFD vérifie auprès du serveur que la copie locale est cohérente avec la copie maître. Si ce n'est pas le cas, la copie locale est remise à jour.
  Ce protocole est très coûteux en termes de consommation de bande passante et peu efficace puisqu'il nécessite de nombreuses communications réseau. Pour améliorer les performances, il est possible de ne vérifier la cohérence des copies locales que périodiquement. Mais dans ce cas, les caches peuvent être temporairement incohérents. C'est la solution retenue par NFS, qui ne vérifie la validité des blocs que s'ils sont dans le cache depuis plus de trois secondes.
- *Jeton*. Les systèmes de cohérence à *jeton* sont très proches des mécanismes de cohérence séquentielle que l'on rencontre dans les systèmes à mémoire partagée répartie. L'objectif est d'autoriser *N* accès simultanés en lecture *ou* un seul accès en écriture. Lorsqu'un nœud désire écrire dans un fichier, il doit tout d'abord obtenir le jeton d'écriture pour ce fichier. Lorsqu'un nœud dispose du jeton il peut écrire dans le fichier à loisir, sans demander aucune autre autorisation. Lorsqu'un autre nœud demande le jeton, le nœud propriétaire invalide sa copie du fichier et transmet le jeton au nouveau propriétaire. Cette solution est très largement utilisée avec cependant des variantes concernant la granularité du maintien de la cohérence, qui peut être par exemple le fichier ou le bloc du cache de fichiers.

6.5 Partage physique de la ressource disque

Le partage physique de la ressource disque est réalisé suivant deux approches différentes par les systèmes de gestion de fichiers distribués et parallèles.

Cas des SGFD

Dans un SGFD, le partage physique des disques est réalisé en autorisant un processus à stocker un fichier sur un disque distant. Dans le cas de NFS par exemple, il est possible pour un processus s'exécutant sur un nœud donné de stocker des fichiers sur les disques de nœuds distants grâce au mécanisme de montage. Chaque disque distant est monté sur un répertoire différent à travers lequel il est possible d'accéder à ce disque. L'utilisation des disques distants est cependant réalisée explicitement par l'utilisateur en stockant un fichier dans un répertoire de montage plutôt que dans un répertoire correspondant à un disque local.

Dans AFS ou xFS, un fichier peut être stocké sur n'importe quel disque de l'architecture sans demande explicite de l'utilisateur. De plus, les fichiers peuvent être automatiquement déplacés du disque d'un nœud vers le disque d'un autre nœud, afin d'équilibrer la charge de stockage des disques ou de diminuer la consommation de bande passante réseau en rapprochant un fichier de son utilisateur.

Cas des SGFP

La distribution des données sur les disques est un problème important lors de la conception d'un SGFP car une mauvaise distribution peut conduire à des accès séquentiels aux fichiers. Une bonne distribution des données doit permettre une utilisation optimale des accès en parallèle. Il faut pour cela déterminer la taille des fragments à utiliser et la répartition de ceux-ci sur les disques. Les données peuvent être distribuées de plusieurs manières dont les plus simples sont les suivantes :

- étendue : le fichier est découpé en *d* fragments, *d* étant le nombre de disques disponibles. Chaque fragment est placé sur un disque différent ;
- bloc : le fichier est découpé en petits fragments de taille fixe. Ceux-ci peuvent être placés sur les disques de manière cyclique, c'est-à-dire que le fragment numéro *n* est placé sur le disque numéro *n* modulo *d*. D'autres méthodes de placement peuvent être utilisées via une interface spécialisée comme c'est le cas dans MPI-IO. Dans le système xFS les fragments sont stockés automatiquement à la manière d'un disque RAID sur un sous-ensemble des disques de l'architecture.

6.6 Gestion globale des caches de fichiers

Les SGFD et les SGFP utilisent intensivement les mécanismes de caches de fichiers afin de masquer les faibles performances des unités de stockage. Typiquement, on trouve un cache disque sur chaque nœud, dont la taille est limitée par la quantité de mémoire physique disponible sur le nœud. Ces caches sont indépendants et gérés localement sur chaque nœud. Or, sur une architecture distribuée il peut être intéressant de gérer les caches situés sur les différents nœuds comme un seul et unique cache de grande taille : un *cache coopératif* (Dahlin 1994). On peut ainsi espérer diminuer le nombre de défauts grâce à l'augmentation de la taille du cache et exploiter les blocs placés en cache par des processus s'exécutant sur des nœuds distants.

Un *cache coopératif* est un service système assurant le partage et la coordination des blocs présents dans les caches de fichiers d'un ensemble de nœuds (clients et/ou serveurs).

Partage physique d'un cache de fichiers

Le partage physique d'un cache de fichiers consiste à utiliser la mémoire de nœuds distants comme une extension du cache local grâce à un mécanisme de cache coopératif privé. Lorsqu'un nœud actif doit évincer des blocs de son cache, il les injecte dans la mémoire d'un nœud distant inactif. Le nœud actif peut alors accéder à des blocs situés dans ce cache privé distant ou dans son cache local. Lorsque le nœud inactif redevient actif, il vide de sa mémoire les blocs du cache coopératif. Cette solution est très proche des mécanismes de pagination à distance.

Ce type de cache coopératif souffre d'importantes limitations. En séparant les données situées dans le cache local et le cache global, un SGF ne peut pas utiliser les blocs situés sur son nœud d'exécution dans le cache global, ce qui réduit le taux de succès potentiel. D'autre part, le SGF d'un nœud ne peut pas accéder aux blocs situés dans le cache global géré par le SGF d'un autre nœud, ce qui réduit également le taux de succès potentiel.

Partage logique d'un cache de fichiers

La plupart des mécanismes de cache coopératif mettent en œuvre à la fois la propriété de partage physique et la propriété de partage logique :

- *Cache coopératif glouton.* Au sein d'un cache coopératif glouton, chaque nœud place des blocs dans son cache de manière classique. Aucune coordination du contenu des caches locaux n'est assurée. Lorsqu'un défaut de cache intervient sur un nœud P, une requête est envoyée au serveur de fichier. Si le serveur de fichiers dispose du bloc dans son cache, il est retourné au nœud P. Sinon, le serveur consulte une structure de données indiquant le contenu des caches de chaque client. Si un client dispose du bloc, la requête lui est transmise, sinon le bloc est lu depuis le disque et envoyé au nœud P. Le serveur mémorise alors que ce bloc est présent dans le cache local du nœud P.

  Cet algorithme permet de partager le contenu des caches de l'ensemble des nœuds du système avec une modification très légère du système. Cependant, le manque de coordination des caches locaux peut conduire à des duplications inutiles de blocs, gaspillant la ressource mémoire. De plus, le serveur centralisé représente un goulot d'étranglement important, préjudiciable en termes de performance.
- *Cache coopératif centralisé.* Un cache coopératif centralisé est une approche intermédiaire entre le cache coopératif glouton et le cache coopératif privé. Le cache de chaque client est divisé en deux parties : le cache local géré localement par le nœud, et le cache global, utilisé comme extension du cache du serveur de fichiers. Lorsqu'un client P ne trouve pas un bloc dans son cache local, il envoie une requête au serveur. Le serveur vérifie si le bloc est présent dans son cache local. Si c'est le cas, il envoie le bloc au

nœud P, sinon il vérifie si le bloc est présent dans une extension de son cache sur d'autres nœuds. Si un nœud distant héberge le bloc demandé, la requête lui est transmise, sinon le bloc est lu depuis le disque, envoyé au nœud P et placé dans le cache local du serveur. Lorsque le cache local du serveur est saturé, le bloc le plus ancien au sens LRU est injecté sur un nœud distant dans le cache global.

Cette solution permet d'assurer un taux de succès dans le cache global très élevé, grâce à une utilisation astucieuse de l'ensemble des mémoires du système. Cependant, la taille restreinte des caches locaux diminue sensiblement le taux de succès local. De plus, la coordination centralisée du cache provoque une charge importante du serveur.

- *Cache coopératif distribué.* Un système de caches coopératifs distribué, appelé *N-Chance Forwarding* (Dahlin 1994), modifie le mécanisme de coopération gloutonne en plaçant de préférence en cache des *singletons*. Un singleton est un bloc présent dans le cache d'un seul client à travers la grappe. Cet algorithme a pour but de limiter les copies d'un bloc tout en évitant l'éviction de singletons des caches des clients. Lorsqu'un client décide d'évincer un bloc, il vérifie s'il s'agit de la dernière copie du bloc. Si le bloc est un singleton, au lieu de le détruire, le client lui associe un *compteur d'injection* initialisé à N et l'injecte aléatoirement dans le cache d'un nœud distant. Si ce bloc est à nouveau évincé, son compteur d'injection est décrémenté et le bloc est injecté dans le cache d'un autre nœud. Lorsque ce compteur arrive à zéro, le bloc est détruit.

La valeur de N est un paramètre du cache. $N = 0$ correspond à un cache coopératif glouton. Cet algorithme permet d'éviter le gaspillage de mémoire tout en tirant partie de la localité temporelle. Si tous les nœuds accèdent régulièrement au même bloc, celui-ci est présent dans le cache local de chaque nœud. Si ce bloc n'est plus utilisé, il finit par être évincé de la mémoire de tous les nœuds au profit de nouveaux blocs. Néanmoins, la dernière copie n'est détruite qu'après avoir été évincée N fois, augmentant les chances d'une réutilisation future.

7 Les grilles de calcul

Lorsque l'on désire utiliser simultanément un très grand nombre de machines pour une application, il vient à l'idée de dépasser le cadre habituel des grappes de calculateurs en regroupant des grappes sur plusieurs sites. Cette idée de départ est à la base de ce qu'on appelle les «grilles de calcul» qui font l'objet de cette partie.

7.1 Notion de grille

Les grilles de calcul sont un domaine en plein essor qui est le point de rencontre de personnes de tous horizons, chaque personne ayant sa propre vision des grilles. La définition de ce qu'est une grille de calcul est sujette à débat et suscite parfois de vives polémiques. Pour appréhender ce qu'est une *grille de calcul*, nous préférons donc retracer les évolutions du domaine depuis les origines pour cerner la définition qui a en fait été variable au cours du temps.

Les grilles: origines et évolution

L'émergence des réseaux longue distance à haut débit a permis d'imaginer d'utiliser des machines sur plusieurs sites pour exécuter des applications parallèles sur un grand nombre de nœuds. En 1995, les États-Unis lancent un réseau expérimental baptisé I-Way (DeFanti 1996) (*Information Wide Area Year*), fondé sur des liens ATM à 155 Mbit/s reliant onze centres de calcul à travers le pays. Une infrastructure logicielle appelée I-Soft (Foster 1997) est mise au point pour gérer les lancements d'application et les transferts de données, en particulier pour les démonstrations de la conférence *SuperComputing 1995*. L'exécutif pour le parallélisme Nexus (Foster 1996) développé au laboratoire national d'Argonne est alors adapté pour cet usage à grande échelle et une implémentation MPI est réalisée sur Nexus (Foster 1996) pour une utilisation sur I-Way. Parallèlement, des travaux effectués à l'université de Virginie visent à exécuter sur le réseau I-Way des applications fondées sur Legion (Grimshaw 1997), à l'origine exécutif pour le langage parallèle *Mentat* dont la portée a été élargie à d'autres langages et à plus large échelle. On employait alors le mot «*metacomputing*» pour désigner ces déploiements à grande échelle.

Très rapidement, le mot *grid* (en français: «grille») a supplanté l'appellation *metacomputing* qui est désormais réservée à quelques cas particuliers. La définition exacte d'une grille de calcul est encore floue. S'agissant d'un domaine relativement récent et encore en pleine ébullition, aucune définition précise universellement reconnue n'existe à l'heure actuelle; l'idée intuitive de *grille* recouvre des conceptions très variées, allant d'une infrastructure «anonyme» fournissant de la puissance de calcul à la demande – de la même façon qu'EDF fournit de la puissance électrique à la demande – aux coopérations entre plusieurs instituts qui s'agrègent alors en *organisations virtuelles*, en passant par tout problème de grande taille résolu en utilisant un grand nombre de machines, tel que SETI@home. Le mot *grille* s'est tellement banalisé et a été employé à tort et à travers, qu'il n'est pas aisé de savoir ce qu'est réellement une grille.

La première définition attestée, largement répandue, et qui a fait autorité pendant quelques années, est celle donnée par Ian Foster et Carl Kesselman, cofondateurs du projet Globus, héritier de I-Soft et Nexus, en 1999 dans leur ouvrage de référence (Foster 1999): *A computational grid is a hardware and software infrastructure that provides dependable, consistent, pervasive, and inexpensive access to high-end computational capabilities.*

Sentant que cette définition était trop vague et collait de moins en moins à la réalité, les mêmes auteurs publient deux ans plus tard une mise à jour sous la forme de leur vision de l'«anatomie» (Foster 2001) d'une grille: *coordinated resource sharing and problem solving in dynamic, multi-institutional virtual organizations.*

L'aspect «puissance à la demande» a disparu pour faire place à un *partage coordonné*, notion qui est appelée *Work as One* (sic!) par les auteurs de Legion (Grimshaw 1997). Devant la jungle régnant pour l'attribution de l'appellation grille, Ian Foster précise dans une chronique intitulée "What is the Grid?" (Foster 2002) sa vision en trois points:

- des ressources coordonnées sans contrôle central ;
- l'utilisation de protocoles et d'interfaces standard, ouverts, et généralistes (i.e. uniquement dédiés aux grilles);
- un service «non-trivial», c'est-à-dire le service offert par une grille est supérieur à la somme des services fournis individuellement par ses constituants.

La réponse (Gentzsch 2002) de Wolfgang Gentzsch, responsable «grille» chez Sun Microsystems, notamment éditeur de Sun Grid Engine, ne s'est pas fait attendre; il s'indigne de l'exclusion des approches centralisées, des solutions propriétaires, et de l'ambiguïté manifeste du dernier point.

Définition des grilles

En l'absence de définition universellement acceptée, nous ne prendrons partie ni pour Globus, ni pour Legion, ni pour Sun, et nous retiendrons pour la suite de ce chapitre la définition suivante pour les grilles:

Nous appelons une *grille* un ensemble de ressources (processeurs, mémoires, disques, réseaux, instruments de mesure, périphériques d'entrée/sortie, etc.) distribuées sur plusieurs sites, domaines d'administration ou institutions, mises en commun pour une utilisation coordonnée.

Cette définition est peu restrictive et englobe des cas qui sont parfois exclus par d'autres définitions.

Architecture des grilles de calcul

Dans ce paragraphe, nous décrivons l'architecture des grilles de calcul. Les grilles sont constituées d'une agrégation des ressources disponibles: stations de travail, grappes, supercalculateurs, reliés par des réseaux SAN, LAN, ou WAN, selon la portée. Les caractéristiques principales des grilles sont la diversité – hétérogénéité des machines et réseaux – et l'utilisation de ressources *parallèles* (grappes, supercalculateurs) reliées par des techniques du *réparti* (WAN).

Ces ressources agrégées gérées de façon coordonnée sont à même de satisfaire les besoins sans cesse croissants des applications – besoins en puissance de calcul, quantité de mémoire, capacité de disque. Le type d'application est souvent utilisé pour préciser le type de grille:

- les grilles de calcul : une *grille de calcul* est une grille destinée à des applications gourmandes en calcul, c'est-à-dire le goulot d'étranglement est situé au niveau du processeur.
- Les grilles de stockage: une *grille de stockage* est une grille destinée à des applications gourmandes en stockage sur disque.
- Les grilles d'information: une *grille d'information* est une grille destinée à partager la connaissance.

Nous parlons de *grille locale* ou *grille privée* dans les cas d'agrégation de ressources sur un même site. Nous distinguons un cas particulier de grilles de calcul fondées sur des serveurs de calcul dédiés auxquels on envoie des calculs en mode client-serveur; il s'agit alors de *metacomputing*, comme mis en œuvre par exemple dans DIET.

Dans la suite de ce chapitre, nous considérons essentiellement le cas de grilles constituées de *grappes* réparties sur plusieurs sites.

7.2 Problématiques des grilles de calcul

Les grilles de calcul apportent de nouvelles problématiques par rapport aux grappes. Ces nouvelles problématiques sont introduites principalement par le fait que, contrairement au cas des grappes, plusieurs sites sont impliqués dans une grille.

Communications

La première problématique propre aux grilles par rapport aux grappes est que les réseaux en jeu sont à la fois les réseaux haute performance des grappes et les réseaux longue distance (WAN) tels que ceux des systèmes client-serveur décrits au chapitre précédent. Or ces réseaux étant conçus avec des objectifs fondamentalement différents, ils s'utilisent de façon différente à plusieurs points de vue.

- *Sécurité.* La sécurité est un aspect crucial lors de la traversée d'un WAN, car à la différence des réseaux des grappes, les paquets qui circulent sur les WAN peuvent être interceptés. La sécurité sur les réseaux longue distance peut se décomposer en deux aspects majeurs: l'authentification (reconnaissance mutuelle des parties en présence – savoir «à qui on parle») et la confidentialité (non-divulgation des informations à une tierce partie). La sécurité concerne toutes les applications, et pas seulement les applications critiques (militaires, etc.). En effet, un défaut d'authentification dans une application l'expose aux intrusions, qui au final risquent de compromettre la sécurité d'un site complet. La solution la plus communément utilisée pour l'authentification et la confidentialité est l'utilisation de TLS (*Transport Layer Security*), standard issu de SSL initié par Netscape Communications.

- *Connectivité.* Lors du passage des grappes aux grilles, la connectivité réseau entre tous les nœuds ne va plus de soi. Le protocole IP, bien qu'omniprésent, ne permet pas toujours de communications entre tous les nœuds de tous les sites. La connectivité peut être rompue par des politiques de filtrage ou de pare-feu. De plus, il est de plus en plus courant que les nœuds des grappes aient des adresses IP privées qui ne sont pas routées entre les sites.

  Il s'agit alors de mettre en place un système de routage ou de *proxy* au niveau applicatif, en prenant garde de ne pas compromettre la sécurité des différents sites.
- *Performances et protocoles.* Les réseaux longue distance sont majoritairement fondés sur le protocole IP, alors que les réseaux haute performance utilisent la plupart du temps leur propre protocole et leur propre interface de programmation. Ceci rend délicat l'adressage et l'utilisation de ces réseaux, en demandant l'utilisation de mécanismes spécifiques à chaque réseau.

  Même sur réseaux longue distance, IP ne fournit pas une interface universelle. Par exemple, du point de vue des performances, la meilleure façon d'utiliser un WAN n'est pas forcément directement TCP/IP. Il existe parfois d'autres méthodes plus performantes, par exemple en compressant les données sur les réseaux lents, ou en utilisant plusieurs connexions physiques pour une seule connexion logique – technique dite des «flux parallèles», notamment utilisée dans GridFTP (Allcock 2002).

  La gestion des communications sur une grille demande donc d'être capable d'utiliser toutes les classes de réseaux présents, en tenant compte pour chaque type de réseau de ses spécificités par rapport à la sécurité, la connectivité, les différences de performances et de protocoles.

Hétérogénéité

L'architecture des grilles de calcul, issue de l'assemblage des ressources de calcul de plusieurs sites, est la plus souvent hétérogène. Les machines sur les différents sites peuvent avoir des architectures différentes, des systèmes d'exploitation différents, des installations logicielles différentes, des configurations différentes ou encore des réseaux différents. La *portabilité* est donc cruciale pour toutes les applications qui visent un déploiement sur grille de calcul. La portabilité consiste en la capacité, pour un code, d'exploiter les différentes variantes d'un certain type de ressource. Ainsi, les codes de calcul doivent être portables par rapport à l'architecture du processeur, les bibliothèques de communication par rapport aux types de réseau, etc.

Essentiellement deux types de solutions existent : au niveau source ou au niveau binaire. Les solutions de niveau *source* consistent en une recompilation de l'application sur chacun des sites ; cette étape est fastidieuse, surtout pendant la mise au point, et reste exposée aux aléas des configurations logicielles différentes entre les sites, mais elle obtient une bonne exploitation des différentes machines. Les solutions de type *binaire* consistent en une compilation une fois pour toutes et un déploiement du même binaire sur tous les sites. Pour parvenir à ce but, un système de *machine virtuelle* de type Java ou autre est nécessaire pour pouvoir faire tourner le même binaire sur différentes architectures. Le développement et le déploiement sont plus aisés qu'en compilant les sources sur tous les sites, mais la machine virtuelle induit un surcoût de performance non négligeable à l'exécution, surcoût pas toujours tolérable pour des codes de calcul intensif déjà très gourmands en ressources. De plus, cette méthode impose de réécrire les nombreuses bibliothèques de calcul existantes et écrites en langage C ou FORTRAN.

Gestion de ressources

Le grand nombre de ressources impliquées dans une grille et leur répartition géographique implique une plus grande rigueur d'utilisation que sur les grappes pour éviter de tomber dans l'anarchie. Les fondations d'une grille de calcul sont les mécanismes de *gestion de ressources*, destinés à connaître les ressources, les allouer aux utilisateurs, et à déployer et lancer les programmes des utilisateurs.

- *Connaître les ressources.* Un utilisateur d'une grille ne connaît pas *a priori* toutes les ressources de tous les sites : les configurations changent, des machines tombent en panne, certaines peuvent être réservées, etc. La première étape dans l'utilisation d'une grille passe par la *connaissance* des ressources disponibles – type et nombre des nœuds, topologie et capacité du réseau, etc. – à l'aide, le plus souvent d'un système d'annuaire.
- *Allocation de ressources.* L'étape suivante consiste en la réservation des nœuds à utiliser. Devant le grand nombre de nœuds d'une grille typique, il semble plus raisonnable de demander à l'utilisateur de for-

muler les besoins et contraintes de son application et de laisser le choix exact des nœuds et leur réservation à un *courtier.* Si l'opération est relativement simple tant qu'un seul site est en jeu – consultation de l'annuaire puis réservation auprès du système local de la grappe choisie –, elle devient beaucoup plus complexe s'il faut allouer des nœuds à plusieurs sites; c'est le problème connu sous le nom de «coallocation». En effet, lorsque les différents sites utilisent des systèmes de réservation qui ne sont pas coordonnés, l'allocateur de ressources peut être amené à réserver «pour rien» des nœuds sur un site, simplement en attendant que ceux d'un autre site soient disponibles.

- *Déploiement.* Une fois les nœuds alloués, il reste encore à transférer les programmes et les données associées vers les différents sites, et à lancer réellement les processus au travers des mécanismes locaux de chaque grappe.

Administration

Enfin, l'une des problématiques les plus importantes des grilles, et sans doute la moins évidente *a priori*, concerne le *facteur humain*, qui se traduit par la politique d'administration des machines. Alors que dans une grappe il est légitime de supposer que l'installation et l'administration système des machines sont réalisées par une seule personne – ou du moins, une équipe coordonnée –, cette hypothèse est remise en cause dans le cas d'une grille regroupant des machines sur plusieurs sites.

Se pose alors la question de savoir qui décide du type des machines, des logiciels à installer, de la création des comptes des utilisateurs, ou encore des politiques de sécurité. Plusieurs approches existent, selon l'étendue géographique de la grille et le but poursuivi:

- une administration totalement *centralisée*, c'est-à-dire une grille gérée par une seule équipe; on parle alors plutôt de «grappe de grappes»;
- une *coopération* entre les sites, avec des administrateurs qui gardent le contrôle total sur les machines qu'ils administrent mais se mettent d'accord sur les politiques de sécurité, les logiciels à installer, et partagent leur base d'utilisateurs; on parle alors parfois de «fédération» de grappes;
- une administration *totalement décentralisée* avec des sites totalement autonomes et séparés. Les utilisateurs sont authentifiés par un certificat; l'allocateur de ressources réalise alors une correspondance entre les certificats (valables sur toute une grille) et les comptes utilisateurs qui doivent alors être ouverts individuellement sur les différentes grappes. On parle alors d'«organisation virtuelle», correspondant à la portée des certificats des utilisateurs, c'est-à-dire l'ensemble des sites les reconnaissant. Avec cette approche, une grappe peut faire partie de plusieurs organisations virtuelles (donc *plusieurs grilles*) en même temps.

Ces différents choix correspondent à des compromis différents entre la facilité de mise en œuvre et la facilité d'utilisation.

7.3 Infrastructures logicielles pour les grilles de calcul

Dans ce paragraphe, nous réalisons un tour d'horizon des infrastructures logicielles existantes pour gérer des grilles de calcul. Ce sont essentiellement Globus, Legion, et Unicore:

- *Globus Toolkit.* Le Globus Toolkit (Foster 1997) est une boîte à outils logicielle développée par l'Alliance Globus composée du laboratoire national d'Argonne (Illinois), de l'USC/Information Sciences Institute (Californie), les deux membres fondateurs, auxquels se sont ajoutés en 2003 l'université d'Edinbourg et le centre suédois pour les calculateurs parallèles (PDC). Globus tire son origine de Nexus (Foster 1996), plate-forme de communication destinée au départ au support du langage parallèle FORTRAN M puis étendue pour être utilisée dans d'autres contextes. En 1996, Nexus a été déployé sur plusieurs sites couplés pour une démonstration inédite; ce fut l'expérience dite «I-Way» (DeFanti 1996), pour laquelle a été développée un ensemble d'outils appelé I-Soft (Foster 1996). Il en a dérivé une version *générique*, c'est-à-dire liée à I-Way, qui a été distribuée sous le nom de Globus.
- *Globus.* Un ensemble modulaire d'outils relativement indépendants les uns des autres. Chaque outil peut être utilisé seul ou avec d'autres. Les outils sont organisés selon trois catégories: gestion de ressources, gestion de données, service d'information, auxquelles s'ajoute l'aspect transversal de la sécurité. L'expérience I-Way a montré (Fitzgerald 1997) que le premier problème au déploiement d'une application sur une grille est la connaissance des ressources existantes et disponibles. La solution proposée dans Globus consiste en la mise en place d'un annuaire de ressources qui enregistre les machines participant à la grille. C'est le MDS (*Metacomputing Directory Service*) (Czajkowski 2001). La première mise en œuvre utilisait un système centralisé qui montrait de faibles performances et une scalabilité restreinte. Dans la version suivante, l'accent a été mis sur la scalabilité, la performance, la décentralisation; des concessions ont été faites à l'uniformité: pour obtenir des performances raisonnables à grande échelle, il ne faut pas avoir à maintenir un *état global.* La gestion des ressources est as-

surée par GRAM (*Globus Resource Allocation Monitor*) qui lance des processus sur une grappe ou une machine parallèle, et DUROC (*Dynamically-Updated Request Online Coallocator*), coallocateur qui réalise des allocations groupées vers plusieurs GRAM pour des applications qui nécessitent plusieurs machines parallèles. La gestion des données est constituée de GASS (*Global Access to Secondary Storage*) qui rend les données accessibles à distance *via* une API depuis les applications, et *GridFTP*, version spécialisée de FTP pour les grilles. Les communications sont assurées successivement, selon les versions, par Nexus, Globus I/O, puis Globus XIO. L'exécutif proposé aux applications est MPICH-G2.

À partir de la version 3 (juin 2003), Globus est fondé sur l'architecture OGSA (*Open Grid Service Architecture*). Globus 3 est conforme aux recommandations OGSI. Il s'agit d'une encapsulation des services Globus dans des *Grid Services*, variantes de *Web Services*, ce qui rend l'accès à distance plus homogène et selon un protocole standardisé par le consortium W3C.

De très nombreux projets à travers le monde utilisent Globus, aussi bien dans les laboratoires de recherche que sur des systèmes en production. Plusieurs industriels, dont IBM, fournissent un support à Globus.

- *Legion.* (Grimshaw 1997) est un projet de l'université de Virginie, démarré en 1994. À l'origine, Legion devait être la plate-forme d'exécution de programmes Mentat, extension parallèle de C++. Il est très vite apparu que l'approche pouvait être généralisée et Legion s'est rapidement détaché de Mentat. Notons que les travaux sur Mentat semblent arrêtés depuis 1996 ; Legion est toujours très actif, et commercialisé par Avaki Corporation (anciennement Applied MetaComputing Inc.) depuis octobre 1999.

  Legion fournit des services de stockage persistant, de gestion de processus, de communication, de sécurité et de gestion de ressources, services qui sont habituellement fournis par le système d'exploitation, ainsi que des services spécifiques aux grilles, tels que l'accès à des données distantes, le support de l'hétérogénéité, et un support multilangage (C, C++, FORTRAN, Java). Legion fournit ces services dans un environnement intégré, cohérent, à la différence des services indépendants les uns des autres – et il est vrai un peu hétéroclites – de Globus.

  Legion propose une abstraction des différentes ressources en une unique « machine virtuelle » (Grimshaw 1997) qui recouvre la grille. Cette machine virtuelle est fondée sur le principe d'objets partagés sécurisés, stockés dans un espace de désignation global. Toutes les ressources sont de tels objets : fichiers, utilisateurs, processus, machines, ordonnanceurs, connexions, etc. Legion unifie tous les espaces de désignation en un unique espace appelé *context space*, largement inspiré de l'arborescence Unix. Cet espace est accessible depuis toute machine participant à une grille Legion, fournissant ainsi une image globale unique de toutes les ressources depuis n'importe quel point de la grille

- *Autres plates-formes.* À côté de Globus et Legion, d'autres projets ont vu le jour. Ce sont par exemple :
  - Unicore – Unicore est un projet anglo-allemand de plate-forme pour grille de calcul. Unicore est un langage de description d'enchaînement et de dépendances des applications, ainsi qu'un outil graphique pour construire de telles descriptions et les envoyer à un serveur de calcul. Unicore propose ses propres serveurs, et peut également utiliser le GRAM de Globus.
  - Sun Grid Engine – Grid Engine de Sun Microsystems est une plate-forme qui prend en charge le lancement d'applications et la gestion multi-utilisateurs sur une grappe ou une grille privée.
  - Condor – Condor (Litzkow 1988) est une plate-forme développée à l'université du Wisconsin. Condor ordonnance l'exécution des applications soumises en traitement par lot, sur des ressources diverses éventuellement éparpillées à grande échelle.

Le domaine des grilles de calcul est en plein essor et, preuve du début de sa maturité, mène à des solutions commercialement viables comme l'attestent la commercialisation de Legion par Avaki et le support de Globus par IBM.

Il existe donc une grande diversité de plates-formes chacune avec ses spécificités – des services à la carte pour Globus, une vision globale uniforme pour Legion, la gestion d'un grand nombre de *jobs* pour Condor. Cependant, nous avons vu que ces solutions sont essentiellement destinées à assurer le déploiement des applications à large échelle, en gardant l'architecture classique des gestionnaires de *jobs* déjà en vigueur sur les machines parallèles. Ces plates-formes maintiennent une liste des machines, un suivi de leur état, et la possibilité de lancer des applications avec décision des ressources à utiliser et transfert des données et codes. La structure interne de l'application reste entièrement à la charge du programmeur.

Bibliographie

B. Allcock, J. Bester, J. Bresnahan, A. L. Chervenak, I. Foster, C. Kesselman, S. Meder, V. Nefedova, D. Quesnal, and S. Tuecke. Data management and transfer in high performance computational grid environments. *Parallel Computing Journal*, 28(5): 749 – 771, May 2002.

Thomas E. Anderson, Michael D. Dahlin, Jeanna M. Neefe, David A. Patterson, Drew S. Roselli, and Randolph Y. Wang. Serverless network file systems. *ACM Transactions on Computer Systems*, 14(1): 41 – 79, February 1996.

N. J. Boden, D. Cohen, R. E. Felderman, A. E. Kulawik, C. L. Seitz, J. N. Seizovic, and W.-K. Su. Myrinet: A gigabit-per-second local area network. *IEEE-Micro*, 15(1): 29 – 36, February 1995.

Amnon Barak and Oren La'adan. The mosix multicomputer operating system for high performance cluster computing. *Future Gener. Comput. Syst.*, 13(4-5): 361 – 372, 1998.

G. Chiola and G. Ciaccio. Efficient parallel processing on low-cost clusters with GAMMA active ports. *Parallel Computing*, 26: 333 – 354, 2000.

Karl Czajkowski, Steven Fitzgerald, Ian Foster, and Carl Kesselman. Grid information services for distributed resource sharing. In *Proc. 10th IEEE International Symposium on High-Performance Distributed Computing (HPDC10)*. IEEE Press, 2001.

Thomas DeFanti, Ian Foster, Michael Papka, Rick Stevens, and Tim Kuhfuss. Overview of the i-way: Wide area visual supercomputing. *International Journal of Supercomputer Applications*, 10(2): 123 – 130, 1996.

D. Dunning, G. Regnier, G. McAlpine, D. Cameron, B. Shubert, F. Berry, A. M. Merrit, E. Gronke, and C. Dodd. The Virtual Interface Architecture. *IEEE Micro*, 18(2): 66 – 76, March 1998.

Mickael D. Dahlin, Randolph Y. Wang, Thomas E. Anderson, and David A. Patterson. Cooperative caching: Using remote client memory to improve file system performance. In *Proceedings of the First Symposium on Operating System Design and Implementation*. USENIX Association, November 1994.

E. N. (Mootaz) Elnozahy, Lorenzo Alvisi, Yi-Min Wang, and David B. Johnson. A survey of rollback-recovery protocols in message-passing systems. *ACM Comput. Surv.*, 34(3): 375 – 408, 2002.

Steven Fitzgerald, Ian Foster, Carl Kesselman, Gregor von Laszewski, Warren Smith, and Steven Tuecke. A directory service for configuring high-performance distributed computations. In *Proc. 6th IEEE Symp. on High-Performance Distributed Computing*, pages 365 – 375, 1997.

Ian Foster, Jonathan Geisler, Bill Nickless, Warren Smith, and Steven Tuecke. Software infrastructure for the i-way high performance distributed computing experiment. In *Proc. 5th IEEE Symposium on High Performance Distributed Computing*, pages 562 – 571, 1997.

Ian Foster and Carl Kesselman. Globus: A metacomputing infrastructure toolkit. *Intl J. Supercomputer Applications*, 11(2): 115 – 128, 1997.

Ian Foster and Carl Kesselman, editors. *The Grid: Blueprint for a New Computing Infrastructure*. Morgan-Kaufmann, 1999.

Ian Foster, Carl Kesselman, and Steven Tuecke. The nexus approach to integrating multithreading and communication. *Journal of Parallel and Distributed Computing*, 37: 70 – 82, 1996.

Ian Foster, Carl Kesselman, and Steven Tuecke. The anatomy of the grid: Enabling scalable virtual organizations. *Intl Journal of Supercomputer Applications*, 15(3), 2001.

M. J. Feeley, W. E. Morgan, F. H. Pighin, A. R. Karlin, and H. M. Levy. Implementing global memory management in a workstation cluster. In *Proc. of the 15th ACM Symp. on Operating Systems Principles*, pages 201 – 212, December 1995.

Ian Foster. What is the grid? a three point checklist. *GRIDtoday*, 1(6), July 2002. http://www.gridtoday.com/02/0722/100136.html.

Wolfgang Gentzsch. Response to Ian Foster's "What is the grid?". *GRIDtoday*, 1(8), August 2002. http://www.gridtoday.com/02/0805/100191.html.

Andrew Grimshaw, Wm Wulf, and the whole Legion team. Legion: The next logical step toward the world-wide virtual computer. *Communications of the ACM*, January 1997.

Erik Hendriks. Bproc: the beowulf distributed process space. In *ICS'02: Proceedings of the 16th international conference on Supercomputing*, pages 129 – 136, New York, NY, USA, 2002. ACM Press.

IEEE. *Standard for Scalable Coherent Interface (SCI)*, August 1993. Standard no. 1596.

Kai Li and Paul Hudak. Memory coherence in shared virtual memory systems. *ACM Trans. Comput. Syst.*, 7(4): 321 – 359, 1989.

Michael Litzkow, Miron Livny, and Matthew Mutka. Condor - a hunter of idle workstations. In *Proceedings of the 8th International Conference of Distributed Computing Systems*, June 1988.

D. Milojicic, F. Douglis, Y. Paindaveine, R. Wheeler, and S. Zhou. Process migration. *ACM Comput. Surv.*, 32(3): 241 – 299, 2000.

Christine Morin, Renaud Lottiaux, Geoffroy Vallée, Pascal Gallard, David Margery, Jean-Yves Berthou, and Isaac Scherson. Kerrighed and data parallelism: Cluster computing on single system image operating systems. In *Proc. of Cluster 2004*. IEEE, September 2004.

James H. Morris, Mahadev Satyanarayanan, Michael H. Conner, John H. Howard, David S. Rosenthal, and F. Donelson Smith. Andrew: A distributed personal computing environment. *Communications of the ACM*, 29(3): 184 - 201, March 1986.

L. Prylli, B. Tourancheau, and R. Westrelin. The design for a high performance MPI implementation on the Myrinet network. In *Recent Advances in Parallel Virtual Machine and Message Passing Interface. Proc. 6th European PVM/MPI Users' Group (EuroPVM/MPI'99)*, volume 1697 of *Lect. Notes in Comp. Science*, p. 223 - 230, Barcelona, Spain, September 1999. Springer Verlag.

M. Snir, S. Otto, S. Huss-Lederman, D. Walker, and J. Dongarra. *MPI: The complete reference.* MIT Press, 1995.

Andrew Tanenbaum. *Systèmes d'exploitation.* Prentice Hall, 1992.

T. von Eicken, D. Culler, S. Goldstein, and K. Schauser. Active messages: a mechanism for integrated communication and computation. In *Proc. 19th Intl. Symposium on Computer Architecture*, p. 256 - 266, Gold Coast, Australia, May 1992.

Tolérance aux fautes

Jean Arlat, Yves Crouzet, Yves Deswarte, Jean-Charles Fabre,
Jean-Claude Laprie, David Powell

Mots-clés : sûreté de fonctionnement, tolérance aux fautes, fautes physiques, fautes de conception, fautes d'interaction, malveillances, détection d'erreur, rétablissement du système, systèmes répartis, architectures tolérantes aux fautes.

Résumé : la tolérance aux fautes est l'aptitude d'un système informatique à accomplir sa fonction malgré la présence ou l'occurrence de fautes, qu'il s'agisse de dégradations physiques du matériel, de défauts logiciels, d'attaques malveillantes, d'erreurs d'interaction homme-machine. Après une vision d'ensemble de la tolérance aux fautes et de sa place au sein de la sûreté de fonctionnement, les techniques de tolérance aux diverses classes de fautes sont présentées, ainsi que leur mise en œuvre. Ces techniques sont illustrées par la description de systèmes opérationnels représentatifs. Le chapitre se conclut par l'examen des défis posés à la tolérance aux fautes par les évolutions des systèmes informatiques.

Différentes formes de redondance ont été employées dès les origines de l'informatique : les composants utilisés dans les premiers calculateurs étaient si peu fiables que le recours à la redondance était essentiel afin de permettre au calculateur de mener à bien un calcul conséquent. En effet, l'UNIVAC 1 (au tout début des années cinquante) mettait en œuvre des unités arithmétiques et logiques dupliquées et faisait un usage intensif de contrôles par parité. Toujours dans les années cinquante, un autre effort significatif, mais moins connu, concerne le calculateur redondant SAPO développé à l'université de Prague.

Le terme «calculateur tolérant aux fautes» (en anglais, *fault-tolerant computer*) est associé aux travaux pionniers relatifs à la fois aux calculateurs (tels que le calculateur STAR du JPL) des premières expériences spatiales visant à assurer des missions de dix ans ou plus, et aux premiers autocommutateurs numériques des centraux téléphoniques (notamment, la série des ESS de Bell).

Bien sûr, depuis, la fiabilité des composants matériels s'est considérablement améliorée. Néanmoins, compte tenu de l'informatisation croissante des différentes facettes de notre société, il faut tenir compte des risques potentiels majeurs pouvant résulter de la défaillance des calculateurs, comme de nombreux exemples l'attestent : pertes de vies humaines, atteinte à la santé, dommages à l'environnement, pertes économiques. Aussi, les techniques de tolérance aux fautes constituent un moyen essentiel pour permettre de faire confiance aux calculateurs mis en jeu dans le cadre d'applications critiques. Actuellement, des mécanismes de tolérance aux fautes sont couramment employés afin de protéger les systèmes informatiques critiques, non seulement vis-à-vis des fautes physiques des composants matériels, mais aussi des fautes de conception du matériel et du logiciel, des fautes des opérateurs lors des interactions homme-machine, y compris les fautes intentionnelles (les malveillances).

Ce chapitre reprend et actualise les points principaux contenus dans (Laprie *et al.* 1996, Arlat *et al.*

1999). Il présente les principes liés à la conception de systèmes informatiques tolérants aux fautes. Nous introduisons tout d'abord les *concepts de base et la terminologie associée* à la sûreté de fonctionnement informatique. Le § 2 présente successivement les techniques clés pour la *détection d'erreur* et le *rétablissement du système*. Le § 3 met l'accent sur les aspects spécifiques à la tolérance aux fautes dans le cadre des systèmes répartis. Les spécificités relatives à la prise en compte des catégories de fautes tout particulièrement sensibles font respectivement l'objet des § 4, 5 et 6 : les *fautes de développement*, les *fautes d'interaction accidentelles homme-machine* et les *malveillances*. Le § 7 présente des *exemples de systèmes opérationnels tolérant les fautes accidentelles*. Enfin, le § 8 identifie quelques *défis et tendances* en tolérance aux fautes informatique.

1 Concepts de base

Ce chapitre a pour objectif d'introduire le concept de sûreté de fonctionnement au sein duquel la tolérance aux fautes joue un rôle majeur. Il vise à donner des définitions précises caractérisant les principes qui entrent en jeu dans la sûreté de fonctionnement des systèmes informatiques. Ce texte résulte d'un résumé de (Avizienis *et al.* 2004, Laprie 2004) ; le lecteur est invité à se reporter à ces références pour une vue plus complète et plus détaillée.

Le chapitre est composé de sept parties : définitions de base sur les notions de fonction et de service, puis de la sûreté de fonctionnement, les attributs et les entraves de la sûreté de fonctionnement, les techniques de la tolérance aux fautes, sa mise en œuvre et son analyse. Les définitions données sont suffisamment générales pour couvrir le spectre complet des systèmes informatiques, des portes logiques aux réseaux d'ordinateurs, y compris leurs opérateurs et utilisateurs humains.

1.1 Fonction et service d'un système

Un *système* est une entité qui interagit avec d'autres entités, donc d'autres systèmes, y compris le matériel, le logiciel, les humains, et le monde physique avec ses phénomènes naturels. Ces autres systèmes qui interagissent avec le système considéré constituent l'*environnement* du système considéré. La *frontière* du système est la limite commune entre le système et son environnement.

La *fonction* d'un système est ce à quoi il est destiné. Elle est décrite par la *spécification fonctionnelle*, qui inclut les performances attendues du système. Le *comportement* d'un système est ce que le système fait pour accomplir sa fonction, et est représenté par une séquence d'états.

Le *service* délivré par un système est son comportement tel que perçu par ses utilisateurs (séquence d'états externes) ; un *utilisateur* est un autre système, éventuellement humain, qui interagit avec le système considéré.

Nous avons utilisé jusqu'à présent le singulier pour fonction et service. Un système généralement accomplit plusieurs fonctions, et délivre plusieurs services. Fonction et service peuvent donc être vus comme constitués de *fonctions élémentaires* et de *services élémentaires*.

1.2 Sûreté de fonctionnement

La *sûreté de fonctionnement* d'un système est son aptitude à délivrer un service de confiance justifiée. Cette définition met l'accent sur la justification de la *confiance*, cette dernière pouvant être définie comme une dépendance acceptée, explicitement ou implicitement. La *dépendance* d'un système d'un autre système est l'influence, réelle ou potentielle, de la sûreté de fonctionnement de ce dernier sur la sûreté de fonctionnement du système considéré.

Selon la, ou les applications auxquelles le système est destiné, l'accent peut être mis sur différentes facettes de la sûreté de fonctionnement, ce qui revient à dire que la sûreté de fonctionnement peut être vue selon des propriétés différentes, mais complémentaires, qui permettent de définir ses *attributs* :

- le fait d'être prêt à l'utilisation conduit à la *disponibilité* ;
- la continuité du service conduit à la *fiabilité* ;
- l'absence de conséquences catastrophiques pour l'environnement conduit à la *sécurité-innocuité* ;
- l'absence de divulgations non autorisées de l'information conduit à la *confidentialité* ;
- l'absence d'altérations inappropriées de l'information conduit à l'*intégrité* ;
- l'aptitude aux réparations et aux évolutions conduit à la *maintenabilité*.

L'association, à la confidentialité, de l'intégrité et de la disponibilité vis-à-vis des actions autorisées, conduit à la *sécurité-immunité*[1].

Un *service correct* est délivré par un système lorsqu'il accomplit sa fonction. Une *défaillance du service*, souvent simplement dénommée *défaillance*, est un événement qui survient lorsque le service délivré dévie du service correct. Le service défaille soit parce qu'il ne respecte plus la spécification fonctionnelle, soit parce que la spécification fonctionnelle ne décrivait pas de

1. L'association des qualificatifs « innocuité » et « immunité » permet de lever l'ambiguïté associée à sécurité. Il est à noter que cette ambiguïté n'existe pas en anglais, qui dispose de *safety* pour la sécurité-innocuité et de *security* pour la sécurité-immunité, sûreté de fonctionnement étant *dependability*.

manière adéquate la fonction du système. Une défaillance du service est donc une transition de service correct à *service incorrect*, c'est-à-dire ne remplissant pas la fonction du système. La délivrance d'un service incorrect est une *panne du service*. La transition de service incorrect à service correct est la *restauration du service*. La déviation du service correct peut prendre plusieurs formes, qui sont les *modes de défaillance*; les conséquences des défaillances sur l'environnement du système sont classées et ordonnées selon la *gravité des défaillances*. Lorsque la fonction du système comporte un ensemble de fonctions élémentaires, la défaillance d'un ou plusieurs services remplissant ces fonctions peut laisser le système dans un *mode dégradé*, qui offre encore un sous-ensemble de services à l'utilisateur. Plusieurs de ces modes dégradés peuvent être identifiés, tels que service ralenti, service restreint, service d'urgence, etc. Dans ce cas, le système est dit avoir souffert *de défaillances partielles*.

Figure 1 L'arbre de la sûreté de fonctionnement

Le service délivré étant une séquence d'états externes, une défaillance du service signifie qu'au moins un état externe dévie du service correct. La déviation est une *erreur*. La cause adjugée ou supposée d'une erreur est une *faute*. Les fautes peuvent être internes ou externes au système. La présence antérieure d'une *vulnérabilité*, c'est-à-dire d'une faute interne qui permet à une faute externe de causer des dommages au système, est nécessaire pour qu'une faute externe entraîne une erreur, et, éventuellement, une défaillance. Généralement, une faute cause d'abord une erreur dans l'état interne d'un composant, l'état externe du système n'étant pas immédiatement affecté. Il s'ensuit la définition d'une *erreur*: partie de l'état total du système qui est susceptible d'entraîner sa défaillance, qui survient lorsque l'erreur affecte le service délivré à l'utilisateur. Il est à noter que nombre d'erreurs n'affectent pas l'état externe du système, et donc ne causent pas de défaillance.

La *spécification de sûreté de fonctionnement* d'un système décrit ce qui est requis pour les attributs de la sûreté de fonctionnement en termes de fréquence et de gravité des défaillances du service pour un ensemble de fautes donné, pour un environnement opérationnel donné. Certains attributs peuvent ne pas être requis pour un système donné.

Il s'ensuit une définition alternative de la *sûreté de fonctionnement*, qui complémente la définition initiale en procurant un critère pour décider si la confiance peut être ou non accordée au service : aptitude à éviter des défaillances du service plus fréquentes ou plus graves qu'acceptable. Des défaillances du service plus fréquentes ou plus graves qu'acceptable manifestent une *défaillance de la sûreté de fonctionnement*.

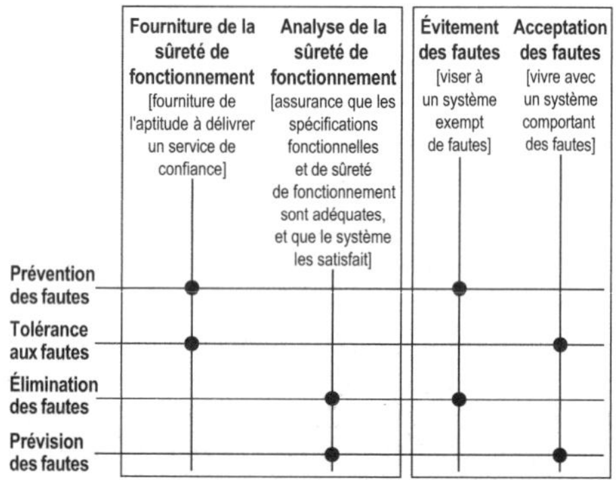

Figure 2 Groupements des moyens pour la sûreté de fonctionnement

Le développement d'un système sûr de fonctionnement passe par l'utilisation combinée d'un ensemble de méthodes qui peuvent être classées en :

- *prévention des fautes*: comment empêcher l'occurrence ou l'introduction de fautes ;
- *tolérance aux fautes*: comment fournir un service à même de remplir la fonction du système en dépit des fautes ;
- *élimination des fautes*: comment réduire la présence (nombre, sévérité) des fautes ;
- *prévision des fautes*: comment estimer la présence, le taux futur, et les possibles conséquences des fautes.

Les principales notions qui ont été introduites peuvent être résumées par l'arbre de la sûreté de fonctionnement, comme indiqué par la figure 1. La figure 2 illustre les différents groupements des moyens pour la sûreté de fonctionnement

Les paragraphes suivants traitent des attributs et des entraves à la sûreté de fonctionnement, puis de la mise en œuvre et l'analyse de la tolérance aux fautes qui est le point central de ce chapitre. Une analyse plus fouillée de ces définitions ainsi que des rôles et des liens entre tolérance aux fautes, élimination de fautes et prévision de fautes peut être trouvée dans (Laprie *et al.* 1996, Avizienis *et al.* 2004, Laprie 2004)

1.3 Attributs de la sûreté de fonctionnement

Les attributs de la sûreté de fonctionnement qui ont été définis au § 1.1 peuvent voir leur importance différer selon l'application à laquelle est destinée le système informatique considéré : disponibilité, intégrité, et maintenabilité sont généralement requis (à des degrés variables selon l'application), alors que fiabilité, sécurité-innocuité, confidentialité peuvent ou non être requis. La mesure dans laquelle un système possède les attributs de la sûreté de fonctionnement doit être considérée de façon relative, probabiliste, et non de façon absolue, déterministe : du fait de l'inévitable présence ou occurrence de fautes, un système n'est jamais totalement disponible, fiable ou sûr.

La définition donnée pour la maintenabilité déborde intentionnellement la maintenance curative ou préventive, pour s'étendre aux autres formes de maintenance, adaptative et perfective.

Nous n'avons pas fait apparaître la sécurité-immunité comme un attribut en tant que tel de la sûreté de fonctionnement. Ceci est en accord avec les définitions usuelles, qui la présentent comme une notion composite : « combinaison de confidentialité, prévention de la divulgation non autorisée de l'information, d'intégrité, prévention d'une modification non autorisée de l'information, et de disponibilité, prévention d'un déni non autorisé d'accès à l'information ou à des ressources ».

Au-delà des attributs définis précédemment, que l'on peut qualifier d'attributs primaires, d'autres attributs peuvent être définis en tant qu'attributs secondaires, qui affinent ou spécialisent les attributs primaires. Un exemple d'attribut secondaire spécialisé est la *robustesse* : la sûreté de fonctionnement par rapport aux fautes externes. La notion d'attribut secondaire est particulièrement pertinente pour la sécurité-immunité, lorsque l'on distingue différents types d'information :

- la *responsabilité*, qui est la disponibilité et l'intégrité de l'identité de la personne qui a effectué une opération ;
- l'*authenticité*, qui est l'intégrité du contenu et de l'origine d'un message, et éventuellement d'autres informations, comme l'instant d'émission ;
- la *non-réfutabilité*, qui est la disponibilité et l'intégrité de l'identité de l'émetteur d'un message (non réfutation de l'origine), ou du destinataire (non réfutation de la destination).

Les variations dans l'accent mis sur les attributs de la sûreté de fonctionnement ont une influence directe sur le dosage des techniques à mettre en œuvre pour que le système résultant soit sûr de fonctionnement. Ceci est un problème d'autant plus délicat que certains attributs sont antagonistes (par exemple, disponibilité et sécurité-innocuité, disponibilité et sécurité-immunité), d'où la nécessité de compromis.

1.4 Entraves à la sûreté de fonctionnement

Fautes

Les fautes susceptibles d'affecter un système peuvent être classées selon huit points de vue, permettant de définir les classes de fautes élémentaires, comme indiqué sur la figure 3.

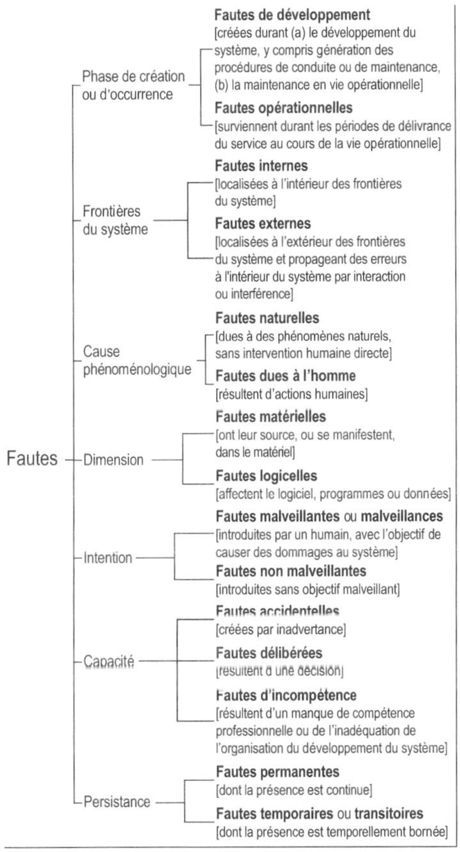

Figure 3 Classes de fautes élémentaires

La figure 4 donne les classes de fautes combinées, résultant de la combinaison des huit classes de fautes élémentaires. Il est à noter que si toutes les combinaisons des classes de fautes élémentaires étaient possibles, il y aurait 192 classes de fautes combinées ; la figure n'en recense que 25, certaines combinaisons n'étant pas pertinentes. Comme l'indique la figure 4, les classes de fautes combinées peuvent être regroupées en trois grandes classes non exclusives :

- fautes de développement, qui rassemblent les fautes pouvant survenir durant le développement ;

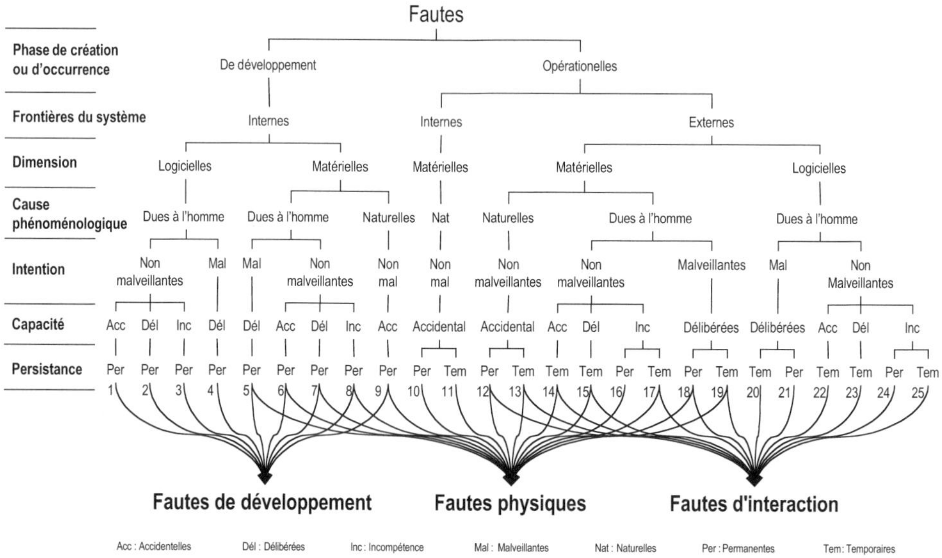

Figure 4 Classes de fautes combinées

<table>
<tr><td colspan="9">Fautes de développement</td><td colspan="2"></td><td colspan="14">Fautes d'interaction</td></tr>
<tr><td colspan="4"></td><td colspan="15">Fautes physiques</td><td colspan="6"></td></tr>
<tr><td>1</td><td>2</td><td>3</td><td>4</td><td>5</td><td>6</td><td>7</td><td>8</td><td>9</td><td>10</td><td>11</td><td>12</td><td>13</td><td>14</td><td>15</td><td>16</td><td>17</td><td>18</td><td>19</td><td>20</td><td>21</td><td>22</td><td>23</td><td>24</td><td>25</td></tr>
<tr><td colspan="3" rowspan="2">Défauts logiciels</td><td colspan="2" rowspan="2">Logiques malignes</td><td colspan="3">Errata matériels</td><td></td><td colspan="2" rowspan="2">Dégradat. physiques</td><td colspan="8" rowspan="2">Agressions physiques</td><td rowspan="2">In-trus.</td><td rowspan="2">Vi-rus</td><td colspan="4" rowspan="2">Erreurs d'entrée</td></tr>
<tr><td colspan="4">Défauts de production</td></tr>
</table>

Figure 5 Exemples de classes de fautes

- fautes physiques, qui rassemblent les fautes affectant le matériel ;
- fautes d'interaction, qui rassemblent les fautes externes.

La figure 5 donne des exemples illustratifs des classes de fautes combinées, les numéros étant ceux des feuilles de l'arbre de la figure 4.

Défaillances du service

L'occurrence d'une défaillance a été définie par rapport à la fonction d'un système, et non par rapport à sa spécification ; en effet, si un comportement inacceptable est généralement identifié comme une défaillance en raison d'une déviation de la conformité à la spécification, il peut se faire qu'il satisfasse la spécification tout en étant inacceptable pour les utilisateurs du système, révélant ainsi une faute de spécification. Dans ce dernier cas, la reconnaissance que l'événement est non désiré (et constitue en fait une défaillance) peut ne s'effectuer qu'après son occurrence, par exemple via ses conséquences.

Un système ne défaille généralement pas toujours de la même façon, ce qui conduit à la notion de mode de défaillance, qui peut être caractérisée selon quatre points de vue, conduisant aux classes de défaillance du service, comme indiqué par la figure 6.

Trois commentaires sur les modes de défaillance :

- une défaillance non signalée résulte d'une défaillance des mécanismes de détection d'une délivrance d'un service incorrect ; un autre mode de défaillance de ces mécanismes est de détecter et signaler une défaillance alors qu'elle n'a pas eu lieu, donc d'émettre une *fausse alarme* ;
- un système dont toutes les défaillances sont, dans une mesure acceptable, des défaillances par arrêt est un *système à arrêt sur défaillance* ; un système dont toutes les défaillances sont, dans une mesure acceptable, des défaillances bénignes est un *système sûr en présence de défaillance* ;
- les malveillances peuvent affecter la disponibilité, sous la forme de *déni de service*.

Pathologie des défaillances du service : relation entre fautes, erreurs et défaillances

Les mécanismes de création et de manifestation des fautes, erreurs, défaillances peuvent être résumés comme suit :

- une faute est *active* lorsqu'elle produit une erreur. Une faute active est soit une faute interne qui était préalablement *dormante* et qui a été activée par le processus de traitement, soit une faute externe qui a profité d'une vulnérabilité. Une faute interne peut évoluer cycliquement entre états dormant et actif;
- une erreur peut être latente ou détectée; une erreur est *latente* tant qu'elle n'a pas été reconnue en tant que telle; une erreur est *détectée* par un algorithme ou un mécanisme de détection qui permet de la reconnaître comme telle. Une erreur peut disparaître avant d'être détectée. Par propagation, une erreur crée de nouvelles erreurs;
- une défaillance survient lorsque, par propagation, elle affecte le service délivré par le système, donc lorsqu'elle est perçue par le ou les utilisateurs – informellement, lorsqu'elle «passe à travers» l'interface système-utilisateur(s). La conséquence de la défaillance d'un composant est une faute pour le système qui le contient ou pour le, ou les composants qui interagissent avec lui; les modes de défaillance d'un composant sont donc des types de fautes pour le système ou pour les composants qui interagissent avec lui.

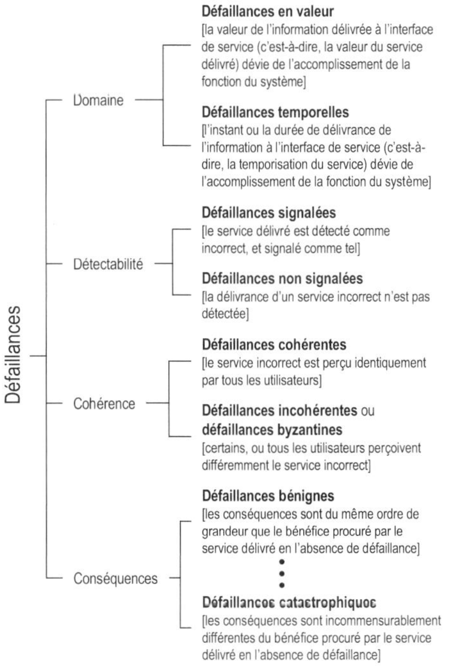

Figure 6 Défaillances du service

Ces mécanismes permettent de compléter la *chaîne fondamentale* donnée par la figure 7. Les flèches de la chaîne expriment la relation causale entre fautes, erreurs et défaillances. Elles doivent être interprétées de façon générique: par propagation, plusieurs erreurs sont généralement générées avant qu'une défaillance ne survienne. Il est à noter que, de par les mécanismes exposés précédemment, la propagation, et donc l'instanciation de cette chaîne, peut survenir dans la création ou la modification d'un système, au-delà des interactions entre composants ou de la composition des composants d'un système.

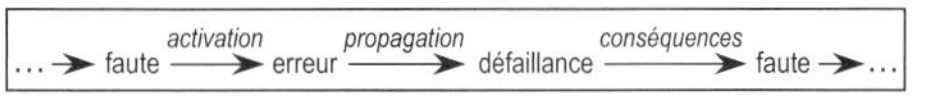

Figure 7 La chaîne fondamentale des entraves à la sûreté de fonctionnement

La possibilité d'identifier les conditions d'activation d'une faute ayant produit une ou plusieurs erreurs est la *reproductibilité d'activation d'une faute*. La figure 8 définit les fautes solides ou furtives selon que leurs conditions d'activation sont reproductibles ou non; elle introduit également la notion de faute intermittente, en raison de la similitude de manifestation des fautes furtives et des fautes temporaires.

Il est à noter que la plupart des fautes de développement résiduelles dans les logiciels complexes sont des fautes furtives: elles sont suffisamment subtiles pour que leurs conditions d'activation dépendent des combinaisons également subtiles de l'état interne du logiciel et de requêtes externes, combinaisons qui surviennent rarement et sont très difficiles à reproduire.

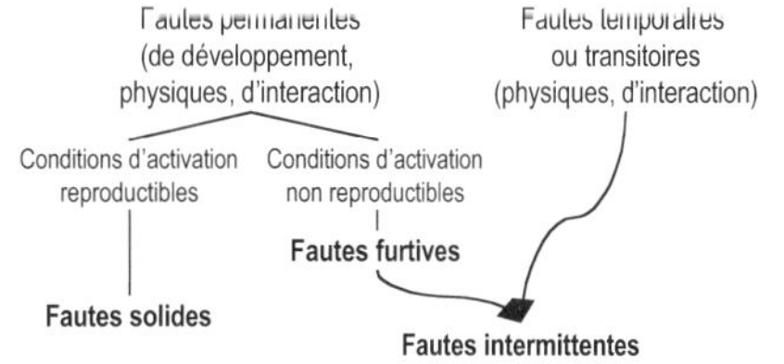

Figure 8 Fautes solides, furtives, intermittentes

Défaillances de la sûreté de fonctionnement

Des défaillances trop fréquentes ou trop sévères, qui caractérisent une défaillance de la sûreté de fonctionnement, ont immanquablement pour origine une ou plusieurs fautes de développement, par exemple des fautes logicielles trop nombreuses, ou une trop faible aptitude à tolérer les fautes.

Comme pour les défaillances du service, nous ne définissons pas les défaillances de la sûreté de fonctionnement par rapport à sa spécification, qui peut également

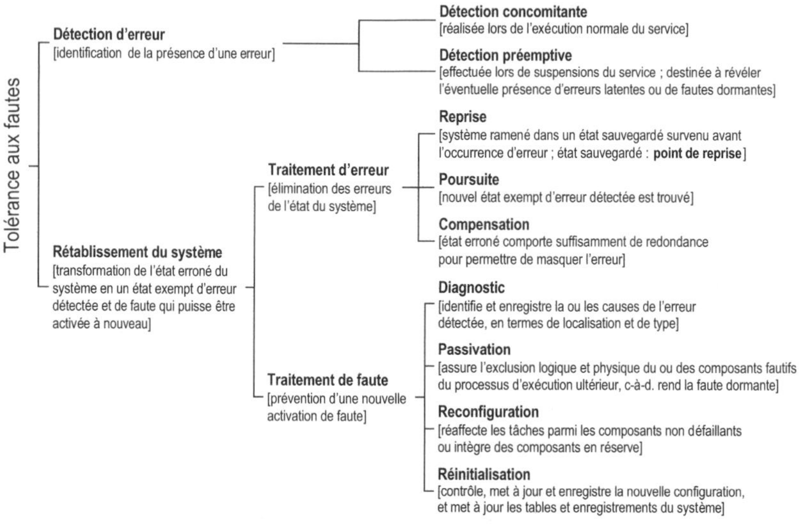

Figure 9 Techniques de tolérance aux fautes

être entachée de faute (par exemple: faute d'omission dans la description de l'environnement opérationnel, des classes de fautes à prévenir ou à tolérer).

1.5 Techniques de la tolérance aux fautes

La tolérance aux fautes vise à éviter les défaillances et est mise en œuvre par la *détection des erreurs* et le *rétablissement du système*. La figure 9 liste les techniques de tolérance aux fautes. Habituellement le traitement de faute est complété par des opérations de maintenance corrective, afin d'éliminer les composants passivés.

Reprise et poursuite sont invoquées à la demande, après qu'une ou plusieurs erreurs aient été détectées, alors que la compensation peut être appliquée à la demande ou systématiquement, indépendamment de la présence ou de l'absence d'erreur. Le traitement d'erreur est, à la demande, suivi du traitement de faute, ce qui constitue le rétablissement du système, d'où le qualificatif de la stratégie de tolérance aux fautes correspondante : *détection et rétablissement* .

Le *masquage de faute* résulte de l'application systématique de la compensation. Un tel masquage pouvant entraîner une diminution non perçue des redondances disponibles, sa mise en œuvre pratique comporte généralement une détection d'erreur, conduisant au masquage et détection.

Il est à noter que :

- reprise et poursuite ne sont pas exclusives : une reprise peut d'abord être tentée; si l'erreur persiste, une poursuite peut alors être entreprise ;
- les fautes intermittentes ne nécessitent ni passivation, ni reconfiguration; identifier si une faute est intermittente ou non peut être effectué par le traitement d'erreur (la récurrence d'une erreur indique que la faute n'est pas intermittente) ou par diagnostic de faute dans le cas de la poursuite.

Détection et traitement d'erreur préemptifs sont des pratiques courantes lors de l'initialisation d'un système informatique. Elles interviennent aussi en opération sous différentes formes : test d'unités en réserve, «nettoyage» de la mémoire (*memory scrubbing*), programmes d'audit ou «rajeunissement» du logiciel (*software rejuvenation*) (Huang *et al.* 1995).

1.6 Mise en œuvre de la tolérance aux fautes

Ce qui vient d'être exposé s'applique tant aux fautes physiques qu'aux fautes de conception ou d'interaction (accidentelles ou malveillantes) : les classes de fautes qui peuvent être réellement tolérées par un système donné dépendent des hypothèses de fautes considérées dans le processus de conception, ce qui est conditionné par l'*indépendance* des redondances par rapport aux processus de création et d'activation des fautes.

Un exemple de ce qui précède est donné lorsque l'on considère la tolérance aux fautes physiques et la tolérance aux fautes de conception. Une méthode (largement utilisée) pour la tolérance aux fautes est d'effectuer des traitements multiples par des voies multiples, séquentiellement ou en parallèle. Lorsque la tolérance aux fautes physiques seules est recherchée, les voies multiples peuvent être identiques, en vertu de l'hypothèse selon laquelle des composants matériels défaillent *indépendamment*. Une telle approche s'est avérée adéquate pour les fautes de développement furtives, par reprise (Gray 1986); elle n'est cependant pas adéquate pour la tolérance aux fautes de développement solides, où les multiples voies mettent en œuvre la même fonction via des conceptions et des réalisations séparées, c'est-à-dire en recourant à la *diversification fonctionnelle* (Avizienis & Kelly 1984, Laprie *et al.* 1990).

L'adjonction dans un composant de mécanismes de détection d'erreur à ses capacités de traitement fonctionnel conduit à la notion de *composant autotestable*; un des principaux intérêts est la possibilité de définir clairement des zones de confinement d'erreur (Siewiorek et Swarz 1992).

Un aspect important dans la coordination des activités de composants multiples est d'éviter que la propagation d'erreurs n'affecte l'activité de composants non défaillants. Cet aspect devient particulièrement important lorsqu'un composant donné doit communiquer à d'autres composants une information qui lui est propre. Des exemples typiques de telles informations issues de sources uniques sont des données locales de capteurs, la valeur d'une horloge locale, la perception locale de l'état d'autres composants,... La conséquence de la nécessité de communiquer d'un composant à d'autres composants des informations issues d'une source unique est que les composants non défaillants doivent s'accorder sur la manière d'utiliser de manière cohérente les informations obtenues, et donc de se prémunir contre des défaillances éventuellement incohérentes. Une attention particulière a été portée à ce problème dans le cas des systèmes répartis (cf. § 3).

La tolérance aux fautes est (également) un concept récursif : les mécanismes destinés à mettre en œuvre la tolérance aux fautes doivent être protégés contre les fautes susceptibles de les affecter eux-mêmes. Des exemples sont fournis par la réplication de voteurs, par les contrôleurs autotestables, par la notion de mémoire «stable» pour les programmes et données de reprise (Muller *et al.* 1996).

1.7 Analyse de la tolérance aux fautes

Comme mentionné au § 1.2 (figure 2), l'analyse de la sûreté de fonctionnement inclut l'élimination de fautes et la prévision des fautes. L'analyse des systèmes informatiques tolérants aux fautes passe par la mise œuvre des mêmes types d'activités que pour les systèmes non tolérants aux fautes. La vérification et l'évaluation sont au cœur de ces activités. Toutefois une différence importante est qu'en plus des entrées fonctionnelles, l'analyse doit aussi être menée en considérant les «entrées» spécifiques – les fautes – que ces systèmes sont destinés à traiter.

La figure 10 résume les techniques d'analyse de la tolérance aux fautes, et leurs contributions à l'élimination et à la prévision des fautes.

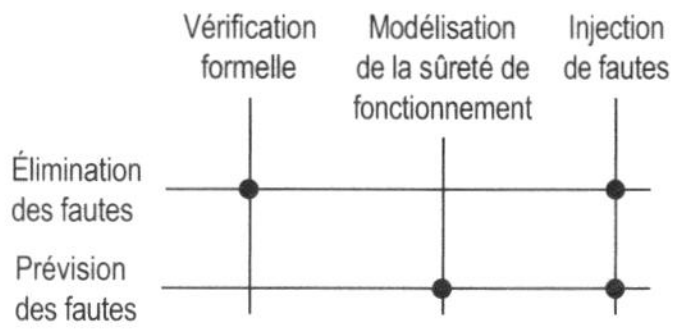

Figure 10 Analyse de la tolérance aux fautes

Vérification formelle

Les techniques de vérification formelle, qu'il s'agisse de la vérification de modèle ou de la preuve de théorème, permettent de déterminer si des algorithmes de tolérance aux fautes satisfont les propriétés exprimées dans leur spécification, ainsi que les hypothèses sur lesquelles sont basées leur conception, en particulier vis-à-vis de l'occurrence de fautes multiples et de leur gravité (Rushby 1992).

Modélisation de la sûreté de fonctionnement

La modélisation de la sûreté de fonctionnement a pour objectif d'évaluer le comportement du système par rapport à l'occurrence ou à l'activation de fautes. L'évaluation a deux facettes :

- évaluation qualitative ou ordinale, destinée à identifier, classer, ordonner les modes de défaillances, ou la combinaison d'événements (défaillances de composants ou conditions environnementales) susceptibles d'entraîner la défaillance du système ;
- évaluation quantitative, ou probabiliste, destinée à évaluer en termes de probabilités les conséquences de l'occurrence ou de l'activation de fautes sur les attributs de la sûreté de fonctionnement, vus alors comme des *mesures* de cette dernière.

Les méthodes d'évaluation peuvent être spécifiques (par exemple, analyse des modes de défaillance et leurs effets pour l'évaluation qualitative, ou chaînes de Markov et réseaux de Petri stochastiques pour l'évaluation quantitative), ou peuvent s'appliquer aux deux formes de l'évaluation (par exemple, diagrammes de fiabilité, arbres de fautes).

La modélisation de systèmes tolérant les fautes peut être conduite vis-à-vis des diverses classes de fautes, de développement, physiques, d'interaction.

Dans l'évaluation de systèmes tolérant les fautes, la *couverture* de la tolérance aux fautes, c'est-à-dire l'efficience des algorithmes et mécanismes de tolérance aux fautes, a une très forte influence sur les mesures de la sûreté de fonctionnement. Les imperfections de la tolérance aux fautes, donc les défauts de couverture de la tolérance aux fautes, entraînent une limitation à l'accroissement de sûreté de fonctionnement. De telles imperfections (figure 11) sont dues :

- aux fautes de développement affectant les mécanismes de tolérance aux fautes par rapport aux hypo-

thèses de fautes prises en compte dans le développement, avec pour conséquence un défaut de couverture du traitement d'erreurs et de fautes ;
- à des hypothèses de fautes qui diffèrent des fautes réellement rencontrées durant la vie opérationnelle, avec pour conséquence un défaut de couverture d'hypothèse, qui peut à son tour être dû soit à des composants dont le comportement à défaillance est différent des hypothèses, c'est-à-dire un défaut de couverture des modes de défaillance, soit à l'occurrence de défaillances de mode commun alors que des défaillances indépendantes ont été supposées, c'est-à-dire un défaut de couverture de l'indépendance des défaillances.

Il a été montré que les défauts de couverture de traitement d'erreurs et de fautes limitent très sévèrement l'amélioration de sûreté de fonctionnement. Des effets similaires résultent d'un défaut de couverture des modes de défaillances : des hypothèses faibles (par exemple, fautes byzantines) ont comme conséquence une couverture élevée des modes de défaillance, mais nécessitent davantage de redondances et des mécanismes de tolérance aux fautes plus complexes, d'où une éventuelle décroissance globale de la sûreté de fonctionnement (Powell 1992).

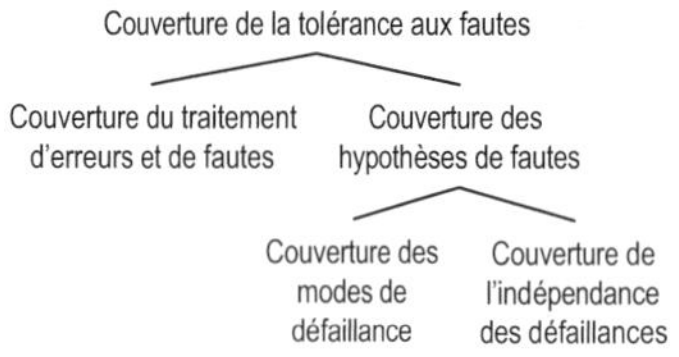

Figure 11 Couverture de la tolérance aux fautes

Injection de fautes

La complexité des phénomènes mis en jeu par la pathologie des fautes et des techniques de tolérance aux fautes confère une place centrale à l'injection de fautes (Arlat *et al.* 1990). De nombreuses techniques et outils les supportant ont été développés. Ces travaux peuvent être classés en fonction des moyens d'injection de fautes : l'injection de fautes au niveau du matériel et l'injection de fautes par logiciel.

Dans le premier cas, les fautes sont injectées directement au niveau des composants matériels par le biais d'altérations électriques ou radiatives. Les travaux se sont tout d'abord focalisés sur les broches des circuits intégrés. De fait, par l'application de niveaux de tensions spécifiques, cette technique vise à provoquer des erreurs simulant les conséquences des fautes physiques (internes ou externes) survenant en opération. L'application de techniques plus sophistiquées (par exemple : bombardement par ions lourds, rayonnement laser) permet de s'approcher un peu plus de la réalité (problème de représentativité des tests) pour une classe spécifique de fautes causées par les perturbations cosmiques ou SEU (*Single Event Upsets*) qui sont d'un intérêt majeur pour les domaines spatial et avionique. En plus du problème de la représentativité des fautes injectées au niveau des broches des circuits, deux autres problèmes importants concernent l'accessibilité et le parasitage. Déjà fortement pénalisants avec les technologies modernes, ces problèmes ne vont pas aller en s'améliorant au cours des années à venir (circuits multibroches à montage de surface, fréquences d'horloge accrues).

Ils peuvent toutefois être contournés par l'emploi de la stratégie alternative agissant explicitement au niveau de l'information manipulée ou mémorisée ; il s'agit de la technique d'injection de fautes par logiciel (SWIFI, *Software Implemented Fault Injection*). Dans ce cas, l'injection correspond à la corruption de variables logiques, de cellules de registres ou de mémoires (Arlat *et al.* 2002). Elle agit donc dans le domaine des erreurs, qui est tout à fait adapté pour analyser la représentativité des tests effectués. En pratique, cette approche permet de simuler les conséquences d'un large spectre de fautes (fautes physiques et aussi, dans une certaine mesure, les fautes logicielles).

Les techniques qui viennent d'être mentionnées s'appliquent à des systèmes déjà réalisés, éventuellement sous forme de prototypes. Une autre tendance naturelle est de conduire des tests par injection de fautes dès les premières étapes de la conception, en s'appuyant sur un modèle de simulation du système cible.

La plupart des travaux et outils visent soit l'évaluation de la couverture de la tolérance aux fautes, soit la caractérisation des modes de défaillance de logiciels COTS (Arlat *et al.* 2002). Le plus souvent, l'élimination des fautes (de conception ou de mise en œuvre) des mécanismes de tolérance aux fautes n'est qu'un « produit secondaire » des expériences d'évaluation ayant révélé un comportement anormal. Aussi, le problème de la définition d'expériences d'injection de fautes à fin explicite d'élimination de défauts au sein des mécanismes de tolérance aux fautes reste encore un domaine de recherche ouvert.

2 Techniques

Sont successivement décrites les principales techniques pour la *détection d'erreur* et le *rétablissement du système* (Siewiorek & Swarz 1992, Laprie *et al.* 1996).

2.1 Détection d'erreur

La détection d'erreur est basée sur une redondance qui peut prendre plusieurs formes : redondance au niveau information ou composant, redondance temporelle ou algorithmique. Nous considérons uniquement les techniques de détection concomitante. La forme la plus sophistiquée de détection d'erreur consiste à construire des composants autotestables en adjoignant au composant purement fonctionnel des éléments de contrôle permettant de vérifier que certaines propriétés entre les entrées et les sorties du composant sont satisfaites (Wakerly 1978). Les formes de détection d'erreur les plus couramment utilisées sont les suivantes :

- codes détecteurs d'erreur ;
- doublement et comparaison ;
- contrôles temporels et d'exécution ;
- contrôles de vraisemblance ;
- contrôles de données structurées.

Les trois derniers types de contrôle peuvent être mis en œuvre par des assertions exécutables au niveau logiciel. Une assertion est une expression logique permettant d'effectuer en ligne un contrôle de vraisemblance sur les objets d'un programme. La valeur de l'expression logique est à VRAI si l'état est correct et à FAUX dans le cas contraire ; dans ce dernier cas, une exception est levée.

En pratique, cette approche se concrétise souvent par la technique d'« empaquetage » qui fait l'objet d'une description rapide à la fin de ce paragraphe.

Codes détecteurs d'erreur

Les codes détecteurs d'erreur ciblent plus particulièrement les erreurs induites par les fautes physiques. La détection est basée sur une redondance dans la représentation de l'information, soit en ajoutant des bits de contrôle aux données, soit en utilisant une nouvelle forme de représentation incluant la redondance (Wakerly 1978). La première forme de redondance constitue la classe de *codes séparables* tandis que la seconde correspond à la classe des *codes non séparables*.

Un concept fondamental caractérisant les codes détecteurs d'erreur est la *distance de Hamming* qui, pour deux mots binaires, correspond au nombre de bits par lesquels les deux mots diffèrent. La *distance d'un code* est définie comme la distance de Hamming minimale entre deux mots quelconques valides du code. Pour qu'un code soit capable de détecter une erreur sur e bits, il faut que la distance du code soit supérieure ou égale à $e + 1$.

Le niveau de redondance utilisé dépend des hypothèses d'erreurs qu'il est possible de répartir en trois classes : erreurs simples, erreurs unidirectionnelles, erreurs multiples.

Concernant les erreurs simples, le contrôle de parité est la forme la plus connue du codage de l'information permettant de détecter de telles erreurs. La détection d'erreurs affectant une tranche de b bits d'information peut être assurée grâce à des codes *b-adjacents*. Lorsque les données codées subissent des traitements arithmétiques (addition, multiplication), il peut être intéressant d'utiliser des *codes arithmétiques*. Ces codes présentent l'avantage d'être préservés lors des opérations arithmétiques (un code C est préservé par une opération $\circ$ si $A, B \in C$ implique que $A \circ B \in C$). Les codes arithmétiques se répartissent en codes séparables et codes non séparables.

Concernant les erreurs unidirectionnelles, les codes peuvent aussi être répartis en codes séparables (par exemple, code de Berger) et codes non séparables (par exemple, codes *K-parmi-N*). La détection des erreurs multiples nécessite un code 1-parmi-2 (code à complémentation ou double-rail) assimilable à une forme de duplication.

Doublement et comparaison

Le doublement et comparaison, malgré un coût matériel important, est un moyen de détection très utilisé en raison de sa simplicité de mise en œuvre. La mise en œuvre repose sur l'hypothèse que les deux unités redondantes sont indépendantes vis-à-vis du processus de création et d'activation de fautes ; il faut notamment s'assurer que, soit les fautes sont créées ou activées indépendamment dans les deux exemplaires, soit que, si une même faute provoque des erreurs dans les deux exemplaires, ces erreurs sont différentes.

Ainsi, si seules les fautes physiques internes sont considérées, les deux canaux peuvent être identiques dans la mesure où il est possible de faire l'hypothèse que les composants matériels défailleront de manière différente dans chaque canal. Dans le cas de fautes physiques externes, il faut éviter des fautes de mode commun en isolant physiquement les deux unités ou décalant dans le temps le traitement sur les deux unités. Lorsqu'une telle hypothèse d'indépendance ne peut être faite (cas où les fautes de conception du matériel ou logiciel sont prises en compte), il est nécessaire que les deux unités fournissent des services identiques mais au travers de conceptions ou mises en œuvre différentes (diversification).

Contrôles temporels et d'exécution

Le contrôle par « chien de garde » est sans doute, compte tenu de son faible coût, le moyen de détection le plus couramment utilisé pour la détection d'erreur en ligne. Il peut être utilisé dans différentes situations telles que la détection de la défaillance d'un périphérique en contrôlant son temps de réponse qui ne doit pas dépasser une valeur maximale (*time-out*) ou la surveillance de l'activité des processeurs. Dans ce dernier cas, le chien de garde doit être périodiquement rafraîchi par le processeur. Ainsi, si le comportement du processeur est altéré de sorte que le chien de garde n'est plus rafraîchi avant qu'il n'expire, une exception est levée. Une telle approche peut être utilisée, pour sortir d'une situation de blocage ou d'une boucle infinie, ou pour détecter l'arrêt d'un processeur distant.

Une amélioration possible de l'efficacité de détection d'un tel mécanisme consiste à vérifier en plus le flot de contrôle du programme exécuté par une unité centrale. Cette méthode, connue aussi sous le nom d'analyse de signature, se base sur un schéma de compression qui produit une signature, qui de manière usuelle correspond à la somme de contrôle de la série d'instructions exécutées. Deux types d'approches peuvent être distingués suivant qu'elles nécessitent une modification du programme initial (contrôle de signature imbriqué) ou que la surveillance est effectuée de manière totalement externe sans modification du programme (contrôle de signature disjoint). L'analyse de signature peut être mise en œuvre via un moniteur matériel (*watchdog processor*).

La surveillance du flot d'exécution peut être appliquée à des niveaux d'abstraction élevés tels que, par exemple, un modèle à base de réseau de Petri pour un protocole de communication. Dans ce cas, l'exécution en parallèle du programme normal et de son modèle abstrait permet de vérifier que les états successifs du protocole sont cohérents.

Une réalisation industrielle qui mérite d'être mentionnée est le processeur codé qui est utilisé dans plusieurs métros automatisés. Elle repose sur l'utilisation conjointe de deux techniques :

- code arithmétique pour détecter les erreurs liées au stockage ou transfert des données ainsi qu'à leur traitement ;
- signature pour détecter les erreurs dans le séquencement du programme et ses itérations ou dans la sélection des données traitées.

Contrôles de vraisemblance

Les contrôles de vraisemblance présentent l'avantage de ne nécessiter généralement qu'un surcoût faible par rapport aux éléments fonctionnels du système. Ils permettent de faire face à des erreurs induites par un large spectre de fautes, mais la couverture associée peut parfois être limitée. Les contrôles de vraisemblance peuvent être mis en œuvre par :

- du matériel spécifique pour détecter des valeurs erronées (instruction illégale, adresse mémoire inexistante) ou des violations de protections de segments mémoire ;
- du logiciel spécifique pour vérifier la conformité des entrées ou des sorties du système à des invariants.

Les contrôles de vraisemblance par logiciel peuvent être intégrés au niveau système, et donc mis en œuvre pour tout programme d'application, (par exemple, contrôle dynamique de type, vérification des indices de tableaux, etc.) ou être spécifiques du programme d'application (par ex., intervalle de valeurs possibles, écart maximal par rapport au résultat précédent dans un contrôle de processus continu, etc.).

Contrôles de données structurées

Deux types de contrôle peuvent être appliqués aux structures complexes de données d'un système informatique. Les contrôles peuvent porter sur l'*intégrité sémantique* des données ou sur l'*intégrité structurelle* de la structure de données.

Les contrôles de l'intégrité sémantique consistent à vérifier la cohérence des informations contenues dans la structure de données en utilisant des tests de vraisemblance décrits dans le paragraphe précédent.

Les contrôles structurels sont particulièrement applicables à des données structurées dont les différents éléments sont liés par des pointeurs. La redondance présente dans ces structures peut prendre les trois principales formes suivantes :

- comptabilisation du nombre d'éléments contenus dans la structure ;
- utilisation de pointeurs redondants incorporés dans la structure (double chaînage) ;
- ajout d'indicateurs sur le type des éléments de la structure.

Compte tenu de ces redondances, une modification valide de la structure nécessite la modification de plusieurs éléments de la structure qui doit être réalisée de manière atomique. La détection des erreurs repose sur le fait, qu'en présence d'un comportement erroné, la modification ne sera pas atomique. Il faut souligner que plus le nombre de changements nécessaires sera important, plus le pouvoir de détection sera élevé.

Empaquetage

La technique d'empaquetage (*wrapping*) permet de mettre en œuvre des mécanismes de détection d'erreur (notamment les contrôles de vraisemblance, la vérification de propriétés, etc.). Cette notion est historiquement issue du monde de la sécurité-immunité, sa vocation première étant d'équiper des composants logiciels de mécanismes de protection. L'idée de base est d'associer à un composant des mécanismes additionnels, externes au composant lui-même, permettant d'améliorer le confinement des erreurs. La protection vise soit des fautes pouvant survenir dans l'environnement opérationnel (fautes physiques ou d'interaction) soit au sein du composant (par exemple, fautes logicielles résiduelles).

En pratique, la couche d'empaquetage d'un composant correspond à un ensemble d'assertions exécutables (les *wrappers*). Typiquement, un *wrapper* se présente comme une commande gardée, de la façon suivante :

<condition>:<assertion>:<action>

La *condition* exprime l'état et les événements qui déclenchent l'évaluation de l'assertion. L'*assertion* est un prédicat qui correspond à une propriété. L'*action* correspond généralement au signalement de l'erreur qui a été détectée par l'assertion, si tel est le cas. La mise en œuvre de ces différents éléments d'un *wrapper* nécessite deux types de mécanismes fondamentaux :

- la capture d'information d'état ou d'événements (appel de fonctions à l'interface du composant, valeur de paramètre ou de variables internes ou externes) ;
- la capacité d'agir sur le composant empaqueté pour réaliser le traitement d'erreur (par exemple, pour placer le composant dans un état sûr).

Les capacités d'observabilité et de commandabilité évoquées ici dépendent fortement de la complexité des propriétés que l'on souhaite vérifier à l'exécution. Leur mise en œuvre dépend, quant à elle, du degré de visibilité associé au composant : «boîte blanche» ou «boîte noire». Dans le premier cas, les mécanismes nécessaires peuvent être facilement adjoints au composant. Dans le second, seules des propriétés faisant intervenir des événements ou informations externes (appel de fonction à l'interface, données d'entrée-sortie) peuvent être vérifiées simplement. Les techniques réflexives (Maes 1987) permettent de contourner cette difficulté, en associant des mécanismes d'observation et de commande au composant cible, et ce de façon peu intrusive. Ces techniques peuvent notamment s'appliquer à des «composants sur étagère», soit en source libre, soit commerciaux (COTS), et dans ce cas par le biais d'une interaction avec le fournisseur. Des travaux récents ont montré l'intérêt des wrappers, au-delà de la détection d'erreur, vis-à-vis de la tolérance aux fautes (Rodríguez *et al.* 2002). En effet, dans certains cas, l'action de traitement d'erreur peut permettre de corriger l'état erroné, tout en restant transparente pour l'utilisateur.

2.2 Rétablissement du système

Suivant le moyen utilisé pour reconstruire un état correct, trois formes de rétablissement du système ont été identifiées : la reprise, la poursuite et la compensation d'erreur.

Reprise

La reprise représente de loin la technique la plus fréquemment utilisée pour assurer le rétablissement du système. Elle consiste en la sauvegarde périodique de l'état du système de façon à pouvoir, après avoir détecté une erreur, ramener le système dans un état antérieur, appelé «point de reprise».

La sauvegarde périodique de l'état du système doit s'effectuer au moyen d'un mécanisme de mémorisation, ou «support stable» qui protège les données contre les effets des fautes (Muller *et al.* 1996). La sauvegarde peut être facilitée par des mécanismes matériels ou logiciels permettant de sauvegarder automatiquement les données modifiées entre deux points de reprise. Si la couverture de détection n'est pas totale (cas général), les points de reprise peuvent être contaminés par une erreur avant qu'elle ne soit détectée. Dans ce cas, la reprise ne pourra être efficace que si est possible de restituer un état exempt d'erreur. Cela implique qu'il existe plusieurs points de reprise successifs ou que la structure de l'application permette de conserver des points de reprise *emboîtés*, comme dans le cas des blocs de recouvrement.

Les techniques de reprise ont quelques inconvénients. Tout d'abord, elles sont généralement incompatibles avec des applications ayant des contraintes temps réel strictes. De plus, la taille des points de reprise et le surcoût temporel nécessaire à leur établissement imposent souvent des contraintes structurelles qui doivent être prises en compte dans le développement de l'application, avec un support spécifique du système d'exploitation. Cela interdit généralement l'usage de systèmes d'exploitation généraux tels qu'Unix et de progiciels qui n'auraient pas été développés spécialement pour l'architecture considérée. Notons, toutefois, que cette structuration permet d'améliorer la qualité – et donc la fiabilité des logiciels correspondants.

Poursuite

Le rétablissement par poursuite constitue une approche alternative ou complémentaire à la reprise – après avoir détecté une erreur, et après avoir éventuellement tenté une reprise, la poursuite consiste en la recherche d'un nouvel état acceptable pour le système à partir duquel celui-ci pourra fonctionner (éventuellement en mode dégradé).

Une approche simple de poursuite consiste à réinitialiser le système et à acquérir un nouveau contexte à partir de l'environnement (par ex., relecture des capteurs dans un système de contrôle-commande).

Une autre approche est celle des *traitements d'exceptions*, en se basant sur des primitives offertes par certains langages de programmation. Dans ce cas, les programmes d'application sont conçus pour prendre en compte des *signaux d'erreur* (issus des mécanismes de détection d'erreur) et passer d'un traitement normal à un traitement d'exception (généralement dans un mode dégradé). En ce qui concerne les systèmes sûrs en présence de défaillance, les traitements d'exception peuvent être limités aux seules tâches critiques. Dans les cas extrêmes, les tâches critiques amènent le système dans un état stable sûr et ensuite arrêtent le processeur. Comme exemple, citons l'arrêt d'un train : un train immobile est dans un état sûr si les passagers peuvent quitter le train (par ex., en cas d'incendie), et si l'arrêt du train est signalé suffisamment tôt aux autres trains circulant sur la même voie.

Il faut souligner que la mise en œuvre du rétablissement par poursuite est toujours spécifique d'une application donnée. De par son principe, et contrairement aux techniques de reprise ou de compensation, la poursuite ne pas servir comme mécanisme de base d'une architecture tolérante aux fautes à usage général.

Compensation

La compensation d'erreur nécessite que l'état du système comporte suffisamment de redondance pour permettre, en dépit des erreurs qui pourraient l'affecter, sa transformation en un état exempt d'erreur.

Avec la compensation, il n'est pas nécessaire de réexécuter une partie de l'application (cas de la reprise) ou d'exécuter une procédure dédiée (cas de la poursuite) pour permettre de continuer le traitement fonctionnel. Ce type de recouvrement est relativement transparent vis-à-vis de l'application : il n'est pas nécessaire de structurer l'application en vue d'un éventuel traitement d'erreur. Ceci peut permettre l'utilisation de systèmes d'exploitation et de progiciels standard.

Comme nous allons le voir dans ce paragraphe, la compensation d'erreur peut être initialisée par une détection d'erreur (détection et compensation), ou être systématique (masquage). Même dans ce cas, il est important de signaler les erreurs pour initialiser un traitement de faute. En effet, si un traitement de faute n'est pas effectué, la redondance peut se dégrader sans que cela soit perçu conduisant ainsi par la suite à une défaillance quand une autre faute surviendra. Enfin, une dernière possibilité de compensation est fournie par les codes correcteurs d'erreur, notamment pour la transmission et ou le stockage de l'information.

Détection d'erreur et compensation

Un exemple typique de la *détection et compensation d'erreur* est l'utilisation des composants autotestables exécutant en redondance active le même traitement ; en cas de défaillance de l'un d'entre eux, il est déconnecté et le traitement se poursuit sans interruption sur les autres. La compensation, dans ce cas, se limite à une commutation éventuelle de composants.

C'est sur ce principe que se basent, par exemple, les architectures des systèmes Stratus S/32 et IBM System/88. C'est aussi le cas du système de gestion de commandes de vol des Airbus 320/330/340 (cf. § 7.2).

Masquage de faute

Contrairement à la technique précédente, le *masquage de faute* est une méthode de compensation d'erreur où la compensation est effectuée de manière systématique, sans détection préalable d'erreur. Un exemple typique est celui du *vote majoritaire* : les traitements sont exécutés par au moins trois composants identiques dont les sorties sont votées ; les résultats majoritaires sont transmis, les résultats minoritaires (supposés erronés) sont éliminés.

Comme le vote est appliqué systématiquement, le traitement, et par conséquent le temps d'exécution, sont identiques qu'il y ait ou non erreur. C'est ce qui différencie le masquage de la technique de détection et compensation.

L'algorithme de vote peut être simple si les exemplaires sont identiques et synchronisés et si le traitement est déterministe. Si ces hypothèses ne peuvent être garanties, il faut considérer que les exemplaires sont diversifiés et appliquer un algorithme de décision plus ou moins complexe, dépendant généralement du type des informations sur lesquelles il faut voter.

Codes correcteurs d'erreurs

Le principe de codage de l'information, introduite au paragraphe portant sur les codes détecteurs d'erreurs (p. 249), peut également être utilisé pour construire des codes correcteurs d'erreur (Wakerly 1978). La correction d'erreur nécessite cependant une distance de Hamming plus grande entre les symboles (mots) du code. Pour corriger une erreur simple, il faut que la distance de Hamming soit supérieure ou égale à 3 (au lieu de 2 pour la détection). Plus généralement, pour corriger e erreurs, un code avec une distance de $2 \times e + 1$ est nécessaire. Il est important de souligner qu'un code de distance d ($d \geq 3$) peut être utilisé soit pour détecter $d - 1$ erreurs, ou corriger $\lfloor (d - 1) / 2 \rfloor$ erreurs. Ainsi, un code de distance d peut corriger e_c erreurs et détecter e_d erreurs supplémentaires, si et seulement si : $d \geqslant 2 \times e_c + e_d + 1$.

Le principe de l'utilisation de la redondance pour assurer la détection ou la correction d'erreur est illustré par le schéma de la figure 12.

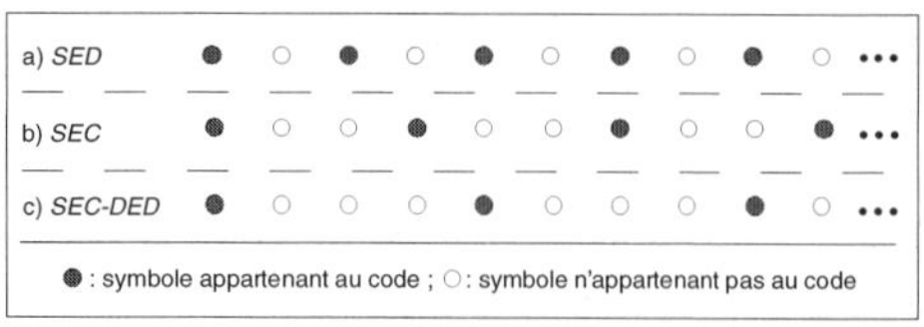

Figure 12 Distance de Hamming et détection – correction d'erreur

Le code de Hamming est le code correcteur d'erreur simple le plus répandu. Un tel code est obtenu par adjonction de plusieurs bits contrôlant sélectivement la parité de certains bits d'information. Ces bits de contrôle sont utilisés pour élaborer un *syndrome* permettant d'effectuer sans ambiguïté le diagnostic d'erreur. Pour que la correction soit possible, il faut donc être capable d'identifier, à l'aide des combinaisons binaires du syndrome, les cas d'absence d'erreur et d'occurrence d'une erreur sur un quelconque des bits du mot (y compris les bits de contrôle). Si *k*, *c* et *n* désignent respectivement le nombre de bits d'information, le nombre de bits de contrôle (et également du syndrome) et le nombre total de bits d'un mot du code ($n = k + c$), cela conduit à la condition suivante : $2^c \geqslant n + 1$. Par exemple, pour un mot de données codé sur 16 bits, 5 bits de contrôle sont nécessaires : le surcoût en nombre de bits est ainsi de l'ordre de 30 % ; ce coût devient inférieur à 15 % pour des données codées sur 64 bits.

L'extension du code de Hamming à la détection systématique et simultanée des erreurs doubles est obtenue par l'ajout d'un bit de contrôle de parité supplémentaire portant sur l'ensemble des *n* bits.

D'autres codes correcteurs plus puissants ont été développés. Il s'agit en tout premier lieu des codes cycliques tout particulièrement adaptés à la transmission de l'information en série. Ils sont intéressants car les opérations de codage et de décodage peuvent être facilement et économiquement réalisées en utilisant des registres à décalage avec des rebouclages. De plus, ces codes se prêtent bien à la correction d'erreurs « en paquets » (erreurs affectant plusieurs bits adjacents). La classe de codes cycliques binaires la plus connue correspond aux codes BCH (Bose, Chauduri et Hocquenghem). Elle constitue une généralisation du code de Hamming à la correction d'erreurs multiples. Parmi les codes d'ordre supérieur (c'est-à-dire portant sur des symboles non binaires), la classe la plus importante correspond aux codes Reed-Solomon. Ils représentent une extension directe des codes binaires et permettent notamment de développer simplement des codes correcteurs d'erreurs en paquets.

Une manière efficace de définir un code puissant est de combiner deux codes, voire plus. De tels codes, dits codes *produits*, permettent d'obtenir d'intéressantes propriétés à faible coût. Par exemple, un code correcteur d'une erreur simple peut être obtenu en utilisant une forme bidimensionnelle de parité. En plus du bit conventionnel de parité associé à chaque mot (ligne) de la matrice représentant l'espace mémoire, un bit de parité est associé à chaque colonne (incluant la colonne des bits de parité sur les lignes). La matrice représentant la mémoire est par conséquent étendue par un mot de parité horizontale et un mot de parité verticale. Une erreur affectant un seul bit peut être facilement détectée et localisée (et par conséquent corrigée) dans la mesure où elle affecte la parité de la ligne et de la colonne correspondantes. Cette technique est à la fois efficace et peu coûteuse, mais elle ne permet pas de corriger des erreurs multiples.

3 Systèmes répartis

Nous développons dans ce paragraphe les techniques propres aux systèmes répartis. La notion de système réparti considérée est tout système composé de plusieurs *processus* communicant par *messages* au moyen de *canaux*. Nous supposons que les défaillances des processus sont indépendantes (par exemple, parce qu'ils s'exécutent sur des processeurs distincts).

L'abstraction de processus communicants offre un cadre intéressant pour aborder la tolérance aux fautes – celui de l'algorithmique répartie – et de la concrétiser par une mise en œuvre par logiciel. Cependant, il faut nuancer ce point de vue par l'observation que la distribution de l'état du système et les incertitudes induites par une communication interprocessus non fiable et non instantanée peuvent nuire à la sûreté de fonctionnement. En pratique, pour être utilisable, un système réparti doit quasi obligatoirement incorporer des mécanismes de tolérance aux fautes.

3.1 Modèles et hypothèses

Il existe une vaste littérature sur la théorie de l'algorithmique répartie (voir le chapitre « Algorithmique distribuée des systèmes asynchrones »). La correction des algorithmes est argumentée dans le cadre d'un modèle logique qui représente les hypothèses prises en compte. Un tel modèle logique est en fait constitué d'au moins deux sous-modèles : un *modèle temporel* décrivant une connaissance a priori sur les aspects temporels et un *modèle de faute* définissant les types de fautes pris en compte au niveau de processus et des canaux.

Modèles temporels

Le modèle temporel le plus simple pour définir et raisonner sur la correction d'algorithmes répartis est le modèle synchrone ou à temps borné : le temps maximum nécessaire pour interroger et recevoir la réponse d'un processus non défaillant est strictement borné. Il s'agit d'un modèle très puissant car il permet d'utiliser des temporisations pour détecter de façon non ambiguë l'arrêt ou le retard de réaction d'un processus distant. Ce modèle est approprié pour des applications critiques qui doivent garantir des propriétés temps réel de terminaison, même en présence de fautes. Par contre, il impose un ordonnancement temps réel strict de la communication et du traitement, et repose sur l'hypothèse que la borne sur le temps de communication est *toujours* respectée.

À l'extrême opposé, le modèle asynchrone ou «sans temps» fait l'abstraction totale de la notion de temps et donc ne suppose aucune borne temporelle. Dans ce modèle, on garantit qu'un message transmis sur un canal sera inéluctablement délivré au processus destinataire (la littérature parle de canal «fiable» ou « équitable »), mais à un instant non défini (puisque le modèle ne comporte aucune notion de temps). Les algorithmes conçus selon ce modèle sont attractifs car leur comportement logique est totalement indépendant des performances des réseaux et des systèmes mis en jeu. Malheureusement, il a été démontré que certains problèmes fondamentaux de tolérance aux fautes (par exemple, le consensus) n'admettent pas de solution déterministe avec ce modèle.

On doit donc faire face au dilemme que le modèle asynchrone ne permet pas de définir des algorithmes tolérants aux fautes et que le modèle synchrone repose sur des hypothèses fortes qui ne sont pas faciles à garantir. Des recherches récentes se sont donc focalisées sur la définition de modèles temporels intermédiaires. Les plus pertinents sont le modèle asynchrone temporisé (Cristian et Fetzer 1998) et le modèle asynchrone augmenté de «détecteurs de défaillances» (Chandra et Toueg 1996). Dans les deux cas, il est possible de garantir le respect d'invariants de sûreté, mais toute garantie de progrès (par exemple, pour assurer un consensus) est conditionnée par le fait qu'au moins une majorité de processus se comporte de façon synchrone pendant «suffisamment» de temps.

En pratique, beaucoup d'applications réparties reposent implicitement sur le modèle synchrone, en faisant appel à des temporisations pour détecter l'arrêt de processus distants, malgré le fait que les hypothèses du modèle synchrone ne puissent pas être garanties (même en surdimensionnant très largement les temporisations). Une telle approche ne peut se justifier que dans le cas d'applications peu critiques, pour lesquelles une incohérence logique occasionnelle n'a pas de conséquences graves.

Modèles de faute

Dans les systèmes répartis, un modèle de faute se définit en termes de défaillances de processus et de canaux de communication entre processus. Au niveau des processus, les défaillances les plus communément admises sont, par ordre croissant de généralité: les arrêts, les omissions, les défaillances temporelles et les défaillances arbitraires, incluant les défaillances en valeur et les défaillances incohérentes ou byzantines. Dans ce dernier cas, aucune hypothèse restrictive n'est faite – un processus défaillant peut même envoyer des messages contradictoires à des destinataires différents. Enfin, notons que: la notion de défaillances temporelles n'a pas de sens dans le cas d'un modèle temporel totalement asynchrone; et l'hypothèse de défaillances par arrêt est parfois augmentée par une hypothèse de rétablissement, par exemple, que l'état antérieur d'un processus survit à l'arrêt car stocké sur mémoire stable.

La même classification de défaillances peut s'appliquer aux canaux de communication, bien que l'utilisation de codes détecteurs d'erreur autorise le plus souvent à négliger les défaillances en valeur. Notons, cependant, que les modèles temporels de base (synchrone et asynchrone) n'admettent pas de défaillances de la communication.

Partitionnement

Un ensemble de processus est partitionné s'il se divise en sous-ensembles qui ne peuvent pas communiquer. Le partitionnement peut avoir lieu en fonctionnement normal, comme dans les systèmes mobiles, ou en raison de défaillances des processus ou des canaux, par exemple, dues à des situations de surcharge.

Certaines techniques de tolérance aux fautes visent à permettre aux composants d'une partition d'assurer un fonctionnement «déconnecté», éventuellement dégradé, jusqu'à ce que les composants puissent fusionner de nouveau, mettant ainsi fin au partitionnement.

Il est à noter que le partitionnement est exclu par principe du modèle synchrone, tandis que le modèle asynchrone suppose que tout partitionnement prendra inéluctablement fin.

3.2 Cohérence

La programmation des systèmes répartis est notoirement difficile, même en l'absence de fautes. Cela est dû au fait que l'état global du système est réparti parmi les processus et les canaux de communication. Puisque la communication ne peut pas être instantanée, aucun processus ne peut avoir une vue globale de cet état. Nous présentons ici des techniques de cohérence qui peuvent grandement faciliter la tâche du programmeur, malgré cette absence de vue globale.

Temps global

Le fait que les processus d'un système réparti n'aient pas accès à une horloge commune complexifie la coordination entre processus et la détermination d'un ordre entre événements. Par conséquent, une notion de temps global constitue une abstraction simplificatrice importante. Deux types de temps globaux peuvent être définis: le temps physique et le temps logique.

Un temps physique global peut être approché en synchronisant des horloges physiques réparties. La synchronisation peut être effectuée de façon pair à pair (synchronisation interne) ou par rapport à une référence de temps tierce (synchronisation externe). Pour effectuer une synchronisation interne, chaque horloge lit périodiquement les valeurs des horloges distantes, génère une fonction de correction (par exemple, une moyenne tolérante aux fautes) et l'applique localement. La synchronisation externe peut s'effectuer en interrogeant périodiquement un serveur de temps, mis en œuvre, par exemple, à l'aide d'un récepteur GPS (*Global Positioning System*), ou au moyen d'un ensemble tolérant aux fautes d'horloges synchronisées de façon interne.

La précision de la synchronisation des horloges dépend essentiellement de l'incertitude sur le temps nécessaire pour lire une horloge distante. Il faut adopter le modèle de temporisation synchrone si l'on veut définir une borne déterministe sur les décalages entre des horloges correctes. Le modèle asynchrone temporisé autorise une synchronisation fine, mais probabiliste. Par exemple, le protocole NTP (*Network Time Protocol*) d'Internet assure une synchronisation avec une précision (non déterministe) de quelques dizaines de millisecondes.

Un temps physique global ne permet pas d'ordonner des événements qui sont séparés par un intervalle de durée inférieure à la précision (qui est forcément non nulle). Par contre, un temps logique global permet d'ordonner des événements selon une relation de causalité potentielle. Un système d'horloges logiques peut être mis en œuvre au moyen de compteurs associés à chaque processus. Ceux-ci sont mis à jour lors de l'occurrence d'événements locaux, et en particulier lors de la réception de messages de processus distants, qui portent les valeurs des horloges logiques correspondantes.

Consensus

Le consensus constitue un problème fondamental de la tolérance aux fautes répartie. Dans sa forme de base, tous les processus d'un ensemble doivent prendre une décision binaire. Chaque processus possède initialement sa propre «valeur» ou avis sur la décision à prendre. La définition du problème requiert que tous les processus corrects prennent la même décision finale. Si tous les processus ont la même valeur initiale (et les deux valeurs sont possibles), c'est cette valeur qui doit être choisie comme décision finale. Un problème équivalent d'*accord* peut être défini pour décider d'une valeur parmi un ensemble de cardinalité supérieure à deux. Le problème d'accord en présence de fautes arbitraires des processus est appelé l'*accord byzantin*. L'accord sur un vecteur de valeurs initiales est appelé la *cohérence interactive*.

Une solution au consensus est nécessaire si les processus exempts de fautes doivent prendre des décisions cohérentes. Malheureusement, il a été démontré qu'il n'est pas possible de résoudre le problème de consensus de façon déterministe si des messages peuvent être perdus (canaux non fiables) ou retardés indéfiniment (modèle asynchrone) et si l'un des processus peut s'arrêter. Il est résoluble cependant avec le modèle synchrone, ou avec le modèle asynchrone temporisé ou augmenté de détecteurs de défaillance. Il existe aussi des solutions non déterministes avec le modèle totalement asynchrone.

Deux autres résultats théoriques importants précisent des conditions nécessaires pour assurer le consensus malgré f processus défaillants : l'obligation d'au moins $f + 1$ tours d'échange d'information et la participation d'au moins $3f+1$ processus si ceux-ci peuvent défaillir de façon arbitraire.

Communication de groupe

Les services de communication de groupe visent à faciliter la communication avec ou parmi des ensembles de processus. Ils sont donc utiles pour la mise en place de services tolérants aux fautes basés sur la réplication. Trois aspects doivent être pris en compte : comment définir les destinataires des messages ; comment acheminer les messages vers ces destinataires ; et, comment fournir des garanties sur l'acceptation et l'ordre d'acceptation des messages.

Un protocole autorisant l'envoi de messages vers tous les processus présents est appelé un protocole de *diffusion générale* (*broadcast*), tandis qu'un protocole qui désigne un sous-ensemble des processus présents est appelé un protocole de *diffusion sélective* (*multicast*). La connaissance mutuelle des destinataires des messages requiert en plus la mise en place d'un service d'*appartenance* (*membership*). Typiquement, un service d'appartenance permet aux processus de joindre ou quitter dynamiquement un groupe, soit volontairement, ou en raison de partitionnements ou de défaillances.

L'acheminement de messages vers des destinations multiples est trivial lorsque les processus peuvent communiquer par un réseau à diffusion (de type Ethernet, par exemple). Lorsque la communication doit s'effectuer au travers d'un réseau maillé (Internet, par exemple), les protocoles doivent faire appel à des listes de diffusion, des arbres d'acheminement, voire à l'inondation.

Un protocole qui garantit que toutes les destinations correctes délivrent les mêmes messages à la couche supérieure est un protocole de *diffusion fiable*. Un protocole de diffusion fiable qui garantit en plus que toutes les destinations acceptent les messages dans le même ordre est un protocole de *diffusion atomique*.

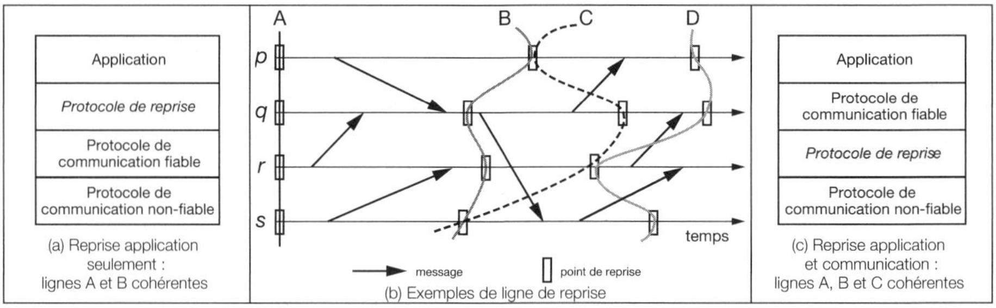

Figure 13 Processus communicants et lignes de reprise

Certains protocoles assurent d'autres propriétés d'ordre, tels que l'ordre «premier entré-premier sorti» ou l'ordre causal. On démontre que, comme pour le consensus, la diffusion atomique n'a pas de solution déterministe avec le modèle totalement asynchrone, alors que la diffusion fiable admet des solutions à la seule condition que les canaux de communication soient équitables.

3.3 Techniques de tolérance

Nous abordons maintenant les techniques de tolérance visant à garantir la disponibilité de services de traitement dans un contexte réparti. Sauf indication contraire, nous supposerons que les processus défaillent seulement en s'arrêtant.

Dans sa forme la plus simple, la tolérance peut se limiter au rétablissement d'un processeur ou nœud de traitement après une défaillance temporaire. Cependant, la continuité de service malgré la défaillance ou l'inaccessibilité de nœuds de traitement nécessite la réplication de processus ou de données sur des nœuds multiples. Nous abordons successivement la reprise locale (d'un seul processus), la reprise répartie (impliquant plusieurs processus), la réplication de processus et la réplication de données.

Reprise locale

La forme minimale de tolérance aux fautes dans un système réparti vise à minimiser l'impact négatif de la défaillance temporaire d'un processus serveur en facilitant un redémarrage rapide. Cela peut être facilité si le serveur est conçu de façon à ne conserver aucun état entre deux requêtes et que toutes ses opérations soient idempotentes. L'absence d'état interne élimine la nécessité même de le restaurer lors d'une reprise. Cela implique aussi qu'aucune information n'est conservée en ce qui concerne les clients – ni client ni serveur ne sont contraints par le fait que l'autre effectue une reprise. Par ailleurs, l'idempotence des opérations du serveur permet à chaque client de pouvoir répéter une requête tant qu'elle n'est pas satisfaite. C'est cette stratégie qui a guidé, par exemple, la conception du système de fichier réseau de Sun (NFS).

Si au contraire un processus serveur comporte un état interne, il faut que celui-ci soit sauvegardé sur une mémoire stable en tant que point de reprise (cf. p. 251). Un processus peut effectuer une reprise purement locale : soit s'il n'a pas interagi avec d'autres processus depuis l'établissement du point de reprise, soit si les interactions éventuelles peuvent être rejouées (par exemple, à partir d'un journal en mémoire stable). Si cela n'est pas le cas, une reprise répartie de plusieurs processus est nécessaire.

Reprise répartie

Une reprise répartie correspond au cas où les dépendances induites par la communication interprocessus ont pour effet que la reprise d'un processus conduit à reprendre aussi d'autres processus ayant interagi avec le premier. Les processus doivent reprendre leur exécution depuis un ensemble de points de reprise qui constituent un état global cohérent. Un effet domino peut survenir lorsque le seul état global cohérent antérieur est l'état initial du système.

La définition d'un état global cohérent dépend du positionnement du protocole de reprise par rapport au protocole assurant la fiabilité des communications (figure 13) (Elnozahy *et al.* 2002). Lorsque le protocole de reprise est situé au-dessus d'un protocole de communication fiable (figure 13-a), un ensemble de points de reprise ne constitue un état global cohérent que si la «ligne de reprise» qui représente cet ensemble n'est traversée par aucun message (A et B sur la figure 13-b). Dans le cas contraire (figure 13-c), une ligne de reprise traversée éventuellement par des messages de gauche à droite (C sur la figure 13-b) représente aussi un état global cohérent, car ces messages «émis» mais pas encore reçus, seront réémis plus tard par le protocole de communication fiable (dont l'état fait parti de l'état sauvegardé par les points de reprise). La ligne D de la figure 13-b ne correspond à aucun état global cohérent, car elle est traversée par un message de droite à gauche, ce qui correspondrait à un message reçu mais pas encore émis.

On distingue généralement trois approches pour la reprise répartie :

- la *création indépendante des points de reprise* autorise chaque processus à créer des points de reprise au moment opportun pour lui (par exemple, lorsque l'état à sauvegarder contient peu d'informations). Cette approche induit un surcoût potentiellement important lors d'une reprise éventuelle, car il faut que les processus recherchent dynamiquement une ligne de reprise cohérente (s'il en existe une, car l'absence de coordination peut donner lieu à l'effet domino) ;
- la *création coordonnée des points de reprise* permet d'assurer que seules des lignes de reprise cohérentes sont créées. On améliore ainsi les performances lors d'une reprise au prix d'un surcoût en fonctionnement normal (c'est-à-dire, en l'absence de fautes). Chaque processus maintient un ou deux points de reprise : un permanent, et un autre temporaire. La transformation de points de reprise temporaires en points permanents s'effectue au moyen d'un protocole à deux phases gérées par le processus qui a déclenché la création coordonnée d'une ligne de reprise ;
- la *création de points de reprise induite par la communication* est un compromis entre les deux approches précédentes. Chaque processus peut créer indépendamment des points de reprise de base qui sont complétés par des points de reprise forcés lors de la réception de certains messages, identifiés comme induisant des dépendances susceptibles d'entraîner un début d'«effet domino».

Les techniques de reprise considérées dans ce paragraphe et dans le précédent peuvent être à même de tolérer des fautes permanentes si les points de reprise sont enregistrés sur une mémoire stable accessible depuis le réseau de communication. En effet, cela autorise la création de nouveaux processus sur des processeurs non défaillants qui peuvent être initialisés à partir de ces points de reprise. On peut même créer, en avance, des processus de secours prêts à se substituer à tout moment aux processus «primaires», conduisant ainsi à la notion de processus répliqués.

Processus répliqués

Un service tolérant aux fautes peut être mis en œuvre en coordonnant un groupe de processus répliqués sur deux ou plusieurs processeurs différents. Le groupe de processus doit être géré de façon à donner l'illusion d'un seul processus logique qui continue à fournir un service correct, malgré la défaillance d'un sous-ensemble des membres du groupe. On distingue généralement trois stratégies : la réplication passive, active et semi-active.

Avec la *réplication passive*, une seule copie (la copie primaire) traite tous les messages reçus, met à jour son état interne et effectue l'envoi de messages de sortie. La copie primaire met à jour régulièrement une copie de son état interne, qui constitue ainsi un point de reprise . Celui-ci est stocké soit, sur une mémoire stable accessible par les copies de secours, qui ne font rien tant que la copie primaire fonctionne – technique appelée «réplication passive froide» dans FT-CORBA (OMG 2004) –, soit, par les copies de secours elles-mêmes, qui maintiennent ainsi à jour leur état interne («réplication passive tiède»). Lorsque la copie primaire défaille, une des copies de secours est élue pour prendre sa place.

La *réplication active* traite toutes les copies sur un pied d'égalité : chacune traite tous les messages reçus, met à jour son état interne de façon autonome, et génère les messages de sortie. Les messages de sortie effectifs sont choisis au moyen d'une fonction de décision qui dépend de l'hypothèse sur les défaillances des processus. Pour des arrêts simples, la fonction de décision peut être de choisir le premier message disponible. Mais la réplication active permet aussi de s'affranchir des défaillances arbitraires, au moyen d'une fonction de décision à vote majoritaire.

La *réplication semi-active* est similaire à la réplication active dans le sens que toutes les copies reçoivent les messages d'entrée et peuvent ainsi les traiter. Cependant, comme pour la réplication passive, le traitement est asymétrique car une copie privilégiée (la meneuse) assume la responsabilité de certaines décisions (par exemple, sur l'acceptation des messages, ou sur la préemption du traitement en cours). La meneuse peut imposer ses décisions aux autres copies (les suiveuses) sans recourir à un vote. De façon optionnelle, la meneuse peut assumer seule la responsabilité d'envoyer les messages de sortie. Bien que visant principalement à tolérer les défaillances par arrêt, cette technique peut être étendue au cas des défaillances arbitraires.

Le rétablissement ou la création d'une copie de processus, et son insertion dans un groupe à réplication active ou semi-active, nécessitent l'initialisation de son état interne à partir de celui des copies existantes. Cette opération est équivalente à la création et le transfert d'un point de reprise dans un groupe à réplication passive tiède.

Données répliquées

Du point de vue des données, la réplication sert à améliorer à la fois la disponibilité de données et la performance des opérations de lecture. D'une part, une donnée dupliquée peut être accédée même si certaines copies résident sur des nœuds défaillants ou inaccessibles. D'autre part, il est habituellement plus rapide de lire une copie proche qu'une copie distante. Cependant, les opérations d'écriture sur des données dupliquées peuvent être ralenties, car elles impliquent potentiellement toutes les copies.

Les protocoles de gestion de données dupliquées sont qualifiés d'*optimistes* ou de *pessimistes* selon qu'ils négligent ou non la probabilité d'accès conflictuels en cas de partitionnement des copies.

Les protocoles pessimistes assurent l'équivalence à une copie (tout utilisateur perçoit la donnée comme si elle n'existait qu'en un seul exemplaire) en forçant l'exclusion mutuelle entre les opérations d'écriture et de lecture. Le protocole le plus simple s'appelle « lire une, écrire toutes » : un processus utilisateur peut lire n'importe quelle copie, mais doit effectuer toute écriture sur l'ensemble des copies. Cette technique fournit une performance excellente en lecture, au prix d'une piètre performance en écriture – les écritures sont même bloquées si une seule copie de la donnée n'est pas accessible. Les protocoles à quorum généralisent cette approche et permettent d'améliorer la performance en écriture au prix de l'implication de plusieurs copies dans toute opération de lecture. D'autres protocoles pessimistes existent, par exemple, les protocoles à copie principale ou à partition virtuelle.

Les protocoles optimistes sacrifient la cohérence afin d'améliorer la disponibilité. Ces protocoles autorisent des opérations d'écriture sur les copies présentes dans des composants distincts d'une partition du système. Par exemple, le protocole à copies disponibles est une variante optimiste du protocole « lire une, écrire toutes » par laquelle seules les copies accessibles sont modifiées lors d'une opération d'écriture. Dès que le partitionnement cesse, tout conflit résultant d'écritures effectuées dans des composants différents doit être détecté et résolu. La résolution de conflit dépend de la sémantique des données et ne peut donc être automatique que dans certains cas spécifiques.

4 Fautes de développement

Bien que la problématique ait été identifiée de longue date, les fautes de conception du logiciel posent toujours un défi pour l'informatique tolérante aux fautes. Les problèmes concernent les logiciels applicatifs, les logiciels exécutifs et aussi les logiciels destinés à mettre en œuvre la tolérance aux fautes.

Dans le premier cas, la difficulté a trait à l'accroissement de la complexité des fonctionnalités et à l'inflation du logiciel qui en résulte, y compris dans les cas des systèmes embarqués. Par exemple, pour l'avionique, le nombre de lignes de code a subi une croissance fulgurante (douze millions de lignes pour l'A320, plus de vingt pour l'A340 et, soixante-cinq pour l'A380 !).

Dans le cas des logiciels exécutifs, les principales difficultés proviennent des pilotes de périphériques qui sont souvent développés par des tiers n'ayant qu'une maîtrise partielle des spécificités du système d'exploitation auxquels ils sont associés. Les pilotes constituent une proportion très large et croissante du code des systèmes d'exploitation (cette part est de 70 % dans le cas de Linux).

Par ailleurs, les logiciels de tolérance aux fautes – même restreinte au cas des fautes physiques – peuvent constituer jusqu'à 50 % ou plus du code relatif à la mise en œuvre d'un système tolérant aux fautes. Les sérieux problèmes rencontrés en 2004 par les opérateurs téléphoniques français attestent bien de la difficulté associée à la maîtrise de ces types de logiciels.

Toutefois, le problème des fautes de conception n'est pas l'exclusivité du logiciel ; il affecte aussi les développements matériels. Le problème rencontré il y a une dizaine d'années par la première version du microprocesseur Pentium (faute de conception affectant l'opération de division) est un exemple bien connu. Il est clair que le développement des processeurs modernes est une tâche tout aussi délicate que celui des logiciels complexes : le chiffre de 170 millions de transistors est affiché pour la dernière version (le Pentium 4), alors que la version de 1993 n'en comportait que 3,3 millions ! Le recensement et l'analyse des statistiques publiées par Intel sur ses familles de processeurs révèlent l'acuité du problème lié aux fautes de conception (Avizienis et He, 1999).

Bien que la tolérance aux fautes de conception (du matériel ou du logiciel) ait reçu une attention moindre que les fautes physiques, il faut toutefois noter des résultats significatifs. En plus du cas des fautes furtives pour lesquelles s'applique la technique de reprise (cf. § 1.6), pour le cas des fautes solides, deux grands types de techniques peuvent être distingués en fonction des objectifs visés afin de maîtriser les fautes de conception en opération : soit, éviter que la défaillance d'une tâche ne provoque la défaillance du système global, soit, assurer la continuité du service.

Dans le premier cas, le but est de détecter rapidement une tâche erronée et de l'éliminer afin d'éviter que l'erreur ne propage ; aussi, cette approche est souvent qualifiée de « défaillance au plus tôt » (*fail-fast*). La détection d'erreur est obtenue au moyen d'une « programmation défensive » (utilisation d'assertions exécutables) et le rétablissement s'appuie généralement sur le traitement d'exception. Comme les erreurs dues au logiciel résultent le plus souvent de conditions de fautes subtiles, difficiles à reproduire, l'expérience montre que l'association d'une simple approche de ce type avec des techniques de recouvrement destinées aux fautes matérielles pouvait constituer un moyen très efficace pour tolérer les fautes du logiciel.

Le second cas suppose que l'on dispose d'au moins un autre composant capable de réaliser la même tâche, et que ce composant a été obtenu en appliquant le principe de *diversification fonctionnelle* (conception et réalisation indépendantes à partir de la même spécification). Trois approches de base peuvent être identifiées (Laprie *et al.* 1990) : les blocs de recouvrement, la programmation N-versions et la programmation N-autotestable. Ces approches correspondent à la transposition au cas du logiciel de techniques classiques de réplication du matériel.

Ces résultats sont largement exploités dans les systèmes réels, qu'il s'agisse des serveurs commerciaux, ou bien des systèmes embarqués de l'avionique ou du ferroviaire (voir par exemple les architectures décrites au § 7). De la même façon, la diversification est aussi explicitement utilisée pour tolérer des fautes de conception du matériel : par exemple, les trois voies redondantes du calculateur de commande de vol du Boeing 777 mettent chacune en œuvre un microprocesseur d'origine distincte (Intel, Motorola et AMD) (Yeh 1998).

5 Fautes d'interaction homme-machine

L'utilisation des principes et techniques de tolérance aux fautes vis-à-vis de fautes du matériel et du logiciel est maintenant habituelle au sein des systèmes critiques. Cette évolution fait que les fautes d'interaction accidentelles entre homme et machine – opérateur(s) et système(s) technique(s) informatisé(s) – revêtent une importance croissante sur la sûreté de fonctionnement des systèmes critiques mettant en jeu des opérateurs.

De plus, les progrès techniques ont induit des modifications importantes dans les formes d'interaction : l'opérateur est de moins en moins impliqué dans des tâches manuelles au profit d'activités mentales plus délicates. En conséquence, il en résulte qu'un grand nombre d'accidents est souvent considéré comme causé par une erreur humaine.

Les statistiques relatives aux causes d'accidents affectant les vols commerciaux illustrent clairement l'impact des fautes humaines : bien que le nombre d'accidents soit en régression, les fautes humaines sont de loin la première cause des accidents. En particulier les statistiques portant sur la période 1996-2005[1], indiquent que les fautes humaines contribuent en tant que facteur principal à 63 % des accidents dont les causes sont connues : équipages 55 %, contrôle aérien 5 %, maintenance 3 %.

Même si une proportion importante des fautes d'interaction peut être associée à des fautes de conception (déficiences au niveau de la conception de l'interface homme-machine, insuffisance de l'aide procurée par le système aux opérateurs, etc.), les actions des opérateurs humains constituent une menace potentielle indéniable. Il est donc primordial de prendre en compte le rôle et les caractéristiques de l'opérateur lors du développement d'un système sociotechnique.

Cette observation a motivé la conduite d'un certain nombre d'études mettant l'accent sur les problèmes liés à la fiabilité humaine au sein d'un système sociotechnique complexe. La plupart des travaux cherchent à éliminer les conditions susceptibles de favoriser la commission des fautes humaines. L'harmonisation de l'allocation des fonctions entre l'homme et la machine et la définition d'interfaces mettant en avant des critères liés à « l'utilisabilité » sont quelques exemples de méthodes susceptibles de réduire les risques de fautes humaines. Ces méthodes sont importantes en vue d'améliorer la sûreté de fonctionnement d'un système sociotechnique, mais l'éradication des fautes des opérateurs humains n'est pas un objectif réaliste. En effet, les opérateurs sont fréquemment confrontés à des situations délicates et urgentes nécessitant un savoir-faire et/ou un niveau de connaissance complexes. En cas de stress, il n'est pas raisonnable d'attendre (Amalberti & Malaterre 2001) que l'opérateur agisse sans commettre d'erreur. Il est donc essentiel de prévoir des moyens pour tolérer les fautes d'interaction homme-machine, au même titre que les autres classes de fautes.

Les méthodes actuelles de tolérance aux fautes des opérateurs sont essentiellement fondées sur la contribution de l'homme en tant que support pour la tolérance, soit par l'opérateur lui-même ou bien par le biais d'une équipe d'opérateurs (tant pour le masquage de commandes erronées que pour l'analyse de situations délicates). Cependant, certains travaux récents explorent les possibilités offertes par l'utilisation de la machine pour contribuer à la tolérance aux fautes de l'opérateur. Pour les systèmes disposant de redondances pour tolérer les fautes physiques ou de conception, il peut être intéressant d'essayer d'analyser comment cette redondance pourrait être mise à profit pour assurer la tolérance aux fautes d'interaction homme-machine.

6 Malveillances

Ces dernières années ont marqué un tournant dans le développement de systèmes critiques : les menaces terroristes ont conduit à prendre conscience que les mal-

1. *Statistical Summary of Commercial Jet Aircraft Accidents – Worldwide Operation 1995-2005*, Boeing Commercial Aircraft Group, Seattle, USA, 2006 (http://www.boeing.com/news/techissues).

veillances représentent un risque prépondérant pour la sécurité-innocuité de ces systèmes, qu'il s'agisse de transport de passagers, d'installations potentiellement dangereuses comme les centrales nucléaires ou les usines chimiques, ou des infrastructures critiques de transport d'énergie, de télécommunications, etc. L'imbrication de l'informatique dans ces systèmes critiques fait qu'une défaillance du système informatique peut avoir des conséquences catastrophiques, alors que pour quelqu'un de malveillant, il est souvent plus facile et moins dangereux d'attaquer le système informatique que le processus ou le système physique contrôlé par l'informatique.

Mais les systèmes critiques ne sont pas les seuls visés par les malveillances. Avec le développement d'Internet, celles-ci sont même devenues le principal souci des administrateurs de systèmes informatiques. En effet, le nombre d'attaquants potentiels sur Internet est très important, même si globalement ils ne forment qu'une très petite proportion de la population totale des utilisateurs. Les motivations des attaquants sont variées. Ils peuvent agir par jeu ou curiosité, par vanité, par plaisir de détruire ou de provoquer des dégâts, par esprit de vengeance, par appât du gain, voire pour des motifs politiques, stratégiques ou terroristes. Les attaquants sont dès lors très divers, tant en ténacité et en compétence qu'en moyens financiers ou en puissance de calcul qu'ils peuvent mettre en œuvre.

Les techniques utilisées pour les attaques sont, elles aussi, nombreuses et variées. Elles peuvent exploiter les vulnérabilités des réseaux et de leurs protocoles : écoute passive, destruction, insertion, modification ou rejeu de messages, falsification d'adresse, injection de faux messages de contrôle du réseau (de routage, par exemple), déni de service par «éblouissement» de réseau, etc. Les attaques peuvent aussi exploiter les multiples failles des systèmes d'exploitation et des logiciels d'application, en particulier les possibilités de débordement de tampon ou de pile.

Nous examinons successivement les principes des parades appropriées et décrivons quelques exemples de leur mise en œuvre.

6.1 Principes

Face à ces attaques, de plus en plus nombreuses, les méthodes traditionnelles de la sécurité informatique sont peu efficaces sur Internet : il n'est pas possible d'utiliser des moyens forts de contrôle d'accès (c'est-à-dire d'authentification et d'autorisation), lorsque le nombre d'utilisateurs potentiels est trop grand ou que ces utilisateurs ne sont pas connus personnellement. D'ailleurs, l'arsenal classique de ces méthodes est également peu efficace pour une autre raison : la plupart des attaques sur Internet exploitent les vulnérabilités des réseaux ou des logiciels, et contournent ainsi les mécanismes d'authentification et d'autorisation. Les fournisseurs de logiciels ont beau développer des «rustines» (*patches*) le plus tôt possible après la découverte des vulnérabilités, ces rustines ne sont pas toujours appliquées, soit par manque de temps ou de compétence des responsables de l'informatique, soit parce que leur application invaliderait des fonctionnalités nécessaires pour le bon fonctionnement des applications existantes.

Les méthodes préventives, qui permettraient d'éviter d'introduire des failles ou des vulnérabilités dans la conception, la réalisation ou l'exploitation des systèmes, sont malheureusement trop souvent réservées aux systèmes les plus critiques. Les systèmes informatiques commerciaux sont, eux, généralement trop complexes pour être totalement maîtrisables, et leur sécurité n'est pas toujours un objectif primordial pour les développeurs. Ainsi un constructeur pourra considérer plus rentable de mettre rapidement sur le marché un système imparfait plutôt que de lui faire subir les méthodes de développement et de validation nécessaires pour obtenir un bon niveau de sécurité-immunité.

Il est donc justifié de tenter d'appliquer aux malveillances les méthodes de la tolérance aux fautes (Deswarte et Powell, 2006). Deux principales classes de fautes sont dès lors à considérer : les logiques malignes, et les intrusions. Les logiques malignes sont des parties du système conçues pour provoquer des dégâts (bombes logiques) ou pour faciliter des intrusions futures (vulnérabilités créées volontairement, par exemple les portes dérobées). Les logiques malignes peuvent être introduites dès la création du système (par un concepteur malveillant), ou en phase opérationnelle, par l'installation d'un logiciel contenant un cheval de Troie ou par une intrusion. Les intrusions sont le résultat d'attaques (fautes externes créées avec l'intention de nuire, y compris les attaques lancées par des outils automatiques : vers, virus, zombies) ayant réussi à exploiter des vulnérabilités (fautes de conception ou d'exploitation, créées accidentellement ou volontairement, avec ou sans l'intention de nuire). Une intrusion est donc une faute interne, résultant de la combinaison d'une faute externe (l'attaque) et d'une autre faute interne (la vulnérabilité). Tolérer les malveillances revient donc à détecter les erreurs créées par les logiques malignes ou par les intrusions, et à les éliminer avant qu'elles ne produisent une défaillance du système.

Pour détecter les erreurs dues aux malveillances, on peut utiliser les mêmes techniques que pour les autres erreurs (cf. § 2.1). En effet, une même erreur peut être créée par différents types de fautes, et la détection ne repose pas sur l'origine de l'erreur (c'est-à-dire, la faute), mais sur l'analyse de l'état du système. Il existe aussi des mécanismes de détection dédiés aux intrusions, couramment appelés systèmes de détection d'intrusions[1]. Ces systèmes de détection d'intrusions utilisent deux types de contrôles de vraisemblance :

- la *détection d'anomalies* (*anomaly detection*) consiste à comparer le comportement observé du système avec une référence de comportement normal, basée sur des profils statistiques d'utilisation, ou créée par apprentissage, ou encore issue de spécifications fonctionnelles ou de la politique de sécurité du système ;
- la *détection d'attaques* (*misuse detection*) analyse le comportement observé du système pour essayer d'y retrouver les symptômes d'attaques connues, généralement stockés dans une base de signatures caractéristiques de ces attaques. Les signatures doivent être suffisamment générales pour reconnaître les attaques connues, mais aussi de légères variantes de ces attaques, sans pour autant déclencher trop de fausses alarmes.

Pour rétablir le système dans un état exempt d'erreurs dues à des malveillances, on peut appliquer les trois types de techniques citées au paragraphe 1.5 :

- *reprise* : cela peut aller du simple redémarrage de l'ordinateur (interrompant ainsi les connexions en cours, et invalidant les codes malveillants actifs en mémoire), jusqu'à la réinstallation du système d'exploitation et des logiciels et la restauration des données depuis un point de reprise ;
- *poursuite* : cela consiste en général à commuter vers un mode de fonctionnement restreint, où seules les tâches les plus critiques sont maintenues, réduisant ainsi les possibilités d'intrusion ;
- *compensation* : dans ce cas, il faut que les traitements soient exécutés en redondance sur des ordinateurs indépendants (du point de vue des attaques), de sorte que les traitements continuent de produire des résultats corrects malgré la défaillance ou l'intrusion de certains de ces ordinateurs.

Mais l'application de ces techniques au cas des malveillances pose de sérieux problèmes :

- pour que la reprise ou la poursuite soient efficaces, il faut avoir une grande probabilité de détecter les erreurs rapidement, alors que les attaquants cherchent, eux, à ne pas être détectés. En particulier, les techniques actuelles de détection d'intrusion sont très imparfaites, avec un taux important de fausses alarmes (qui risquent de déclencher de nombreuses reprises, ou l'abandon de tâches non critiques, contribuant ainsi à des dénis de service), et un taux important de non-détection (en particulier, la détection d'attaques est inefficace sur les attaques encore inconnues) ;
- pour la compensation, il faut que si une attaque a réussi (au moins partiellement) sur une partie du système, il ne soit pas trop facile de réussir la même attaque sur une autre partie. Cela signifie que chaque «partie» soit suffisamment sécurisée et donc, de préférence, qu'elles soient diversifiées pour réduire les risques de vulnérabilités et de bombes communes. Ceci est d'autant plus important que, contrairement aux fautes accidentelles, les attaques ne sont généralement pas indépendantes entre elles : si une attaque a réussi sur une partie du système, l'attaquant ciblera sans doute rapidement d'autres parties ;
- il ne faut pas qu'une seule intrusion dans une partie du système fournisse à l'attaquant des informations sensibles (confidentialité). Ceci est d'autant plus important que la redondance, nécessaire à la tolérance aux fautes, peut fournir plus d'occasions d'attaques aux pirates éventuels.

6.2 Exemples de mise en œuvre

Pour préserver la confidentialité, malgré la redondance nécessaire, une technique de compensation particulière a été développée : la *fragmentation-redondance-dissémination* (FRD) (Fabre *et al.* 1996, Deswarte et Powell 2006). La fragmentation consiste à découper les informations sensibles en fragments de telle sorte qu'un fragment isolé ne contienne pas d'information significative (confidentialité). On ajoute de la redondance à ces fragments de façon à ce que la modification ou la destruction de fragments ou de copie de fragments n'empêche pas la reconstruction de l'information (intégrité et disponibilité). Enfin, la dissémination vise à ce qu'une intrusion ne donne accès qu'à des fragments isolés. La dissémination peut être topologique, en utilisant des sites de stockage différents, ou en transmettant les fragments sur des canaux de communications indépendants. Elle peut être temporelle, en transmettant des fragments dans un ordre aléatoire et en y ajoutant éventuellement des faux fragments de bourrage. La dissémination peut aussi porter sur les privilèges, en exigeant la coopération de plusieurs personnes ayant des privilèges différents pour accomplir une opération (séparation des pouvoirs). Cette technique a été appliquée à un système tolérant les fautes, réparti sur un réseau local, dans le cadre du projet européen Delta-4 (Powell 1991).

Plus récemment, le projet européen MAFTIA (Deswarte et Powell 2006) a visé directement à faciliter les développements d'applications Internet tolérant les intrusions. Pour cela, des protocoles et des intergiciels (*middleware*) ont été développés pour gérer plus

1. Il vaudrait mieux parler de «détection d'erreurs dues à des intrusions».

facilement les communications de groupe tolérant les fautes (y compris les fautes byzantines), avec ou non des contraintes de temps réel, et avec ou non des garanties de confidentialité et d'intégrité. Ces protocoles et intergiciels ont en particulier permis le développement de tierces parties de confiance (par exemple, une autorité de certification) qui tolèrent les intrusions (y compris de certains des administrateurs). Des méthodes de détection d'intrusions répartie sur Internet ont été étudiées avec une attention particulière, puisque la détection d'intrusions contribue à la tolérance aux intrusions, mais c'est aussi l'une des cibles privilégiées des attaquants. Il faut donc faire en sorte que ces mécanismes de détection tolèrent eux-mêmes les intrusions. Enfin des schémas d'autorisation ont été développés pour des applications mettant en jeu des organisations mutuellement méfiantes. Dans ce cadre, un serveur d'autorisation, tierce partie de confiance tolérant les intrusions, vérifie que chaque transaction (mettant en jeu plusieurs parties) est autorisée, et dans ce cas génère les preuves d'autorisation nécessaires pour l'exécution de chaque élément de la transaction (invocation de méthodes sur des objets élémentaires). Sur chacune des machines participant à ces schémas, un moniteur de référence, implémenté par une carte à puce Java, vérifie que chaque invocation de méthode est accompagnée d'une preuve d'autorisation valide.

Un autre exemple récent est l'architecture DIT (*Dependable Intrusion Tolerance*) (Deswarte et Powell 2006) dont l'objectif est de fournir des serveurs Web capables de continuer à fournir un service correct en présence d'attaques. Pour ce type d'application, la confidentialité n'est pas essentielle, en revanche l'intégrité et la disponibilité doivent être assurées, même en cas d'attaque par des adversaires compétents (par exemple, des groupes terroristes ou des services gouvernementaux étrangers).

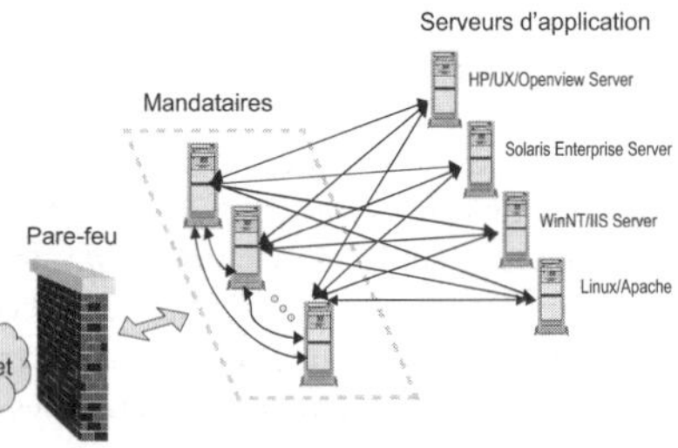

Figure 14 Architecture DIT

L'architecture (figure 14) se compose d'un banc de serveurs web ordinaires, mais aussi diversifiés que possible en ce qui concerne la plateforme matérielle (processeurs Sparc, Pentium, PowerPC, etc.), les logiciels d'exploitation (Solaris, Microsoft Windows, Linux, Mac OS, etc.) et les logiciels d'application Web (Apache, IIS, Enterprise Server, Openview Server, etc.). Seul le contenu des pages Web est identique sur chaque serveur. Les serveurs d'application sont en nombre suffisant pour assurer un temps de réponse satisfaisant sur un taux de requêtes nominal dans un régime de redondance donné (voir ci-après). Les serveurs sont isolés de l'Internet par des «mandataires», eux-mêmes composés d'ordinateurs diversifiés pour ce qui concerne le matériel, mais animés par un logiciel développé spécifiquement. Les requêtes venant de l'Internet, filtrées par un pare-feu, sont prises en compte par l'un des mandataires qui joue le rôle de leader. Le leader répartit les requêtes venant d'Internet vers les différents serveurs et vérifie leurs réponses avant de les envoyer à l'émetteur de la requête. Les mandataires de secours surveillent le fonctionnement du leader en observant les réseaux pare-feu/mandataires et mandataires/serveurs, et en cas de défaillance du leader, élisent entre eux un nouveau leader. Les mandataires traitent également les alarmes émises par les capteurs de détection d'intrusions installés sur les serveurs Web et sur les deux réseaux. Selon le niveau d'alerte, le leader envoie chaque requête à un serveur (régime simplex), deux (régime duplex), trois (régime triplex) ou la totalité des serveurs. Le régime de redondance évolue vers un régime plus sévère (redondance plus élevée) dès que des alarmes sont reçues, mais revient à un régime moins sévère (redondance moindre) lorsque les éléments défaillants ont été diagnostiqués et réparés, et lorsque la fréquence des alarmes diminue.

7 Exemples de systèmes opérationnels tolérant les fautes accidentelles

Sont décrites ici des architectures illustrant trois techniques de tolérance aux fautes : détection d'erreur et reprise ; détection d'erreur et compensation ; et masquage.

7.1 Détection d'erreur et reprise : les serveurs HP (Tandem) NonStop

Depuis les années soixante, plusieurs systèmes commerciaux mettent en exergue les propriétés de disponibilité ou de tolérance aux fautes. On peut notamment citer la famille S/360 d'IBM (et son évolution vers la famille zSeries) et les systèmes NonStop de Tandem (maintenant commercialisés sous la marque HP). À titre d'exemple, nous mettons l'accent sur ces derniers systèmes qui occupent toujours une très large part du marché des systèmes transactionnels critiques (Bartlett & Spainhower 2004).

Les premiers serveurs Tandem NonStop ont été commercialisés en 1976. Leur architecture (figure 15-a) est constituée de composants *à défaillance au plus tôt* :

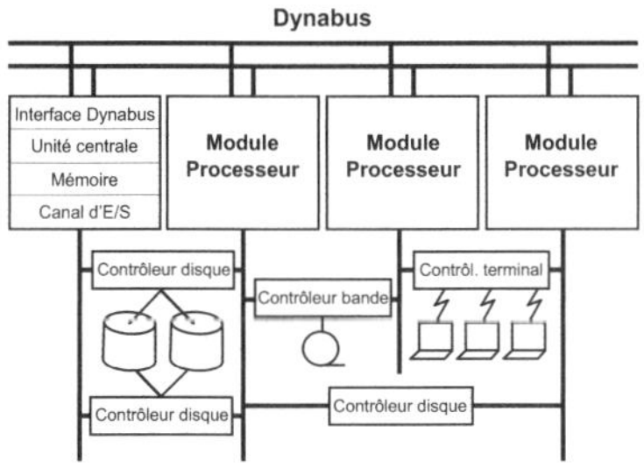

a. architecture initiale : HP K-Series

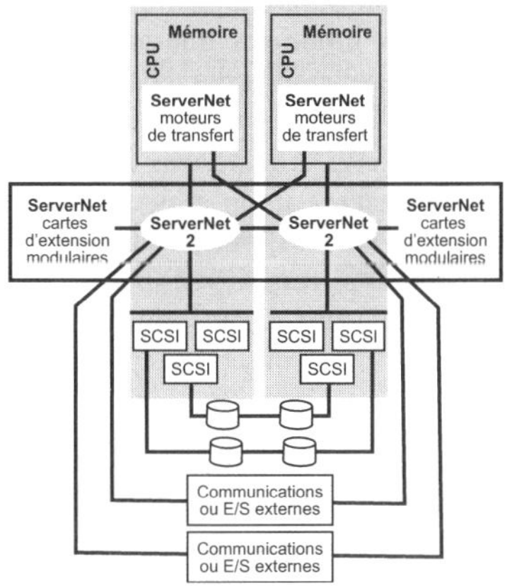

b. HP S-Series (deux processeurs)

Figure 15 Serveurs HP (*Tandem*) *NonStop*

les unités centrales et les contrôleurs d'entrée-sortie intègrent des mécanismes de détection d'erreur qui, lorsqu'ils sont activés, bloquent l'unité où est détectée l'erreur (cf. § 4). La détection d'erreur est essentiellement basée sur le contrôle de parité, le codage et les tests de vraisemblance par logiciel et micrologiciel. Les unités sont également conçues pour limiter la propagation d'erreur : par exemple, les contrôleurs de *Dynabus* et les contrôleurs d'entrée-sortie sont construits de telle sorte qu'aucune faute matérielle unique ne puisse bloquer les deux bus auxquels ils sont connectés. Il existe ainsi toujours un chemin pour accéder à un périphérique à double accès.

Les disques sont organisés en «disques miroirs». Chaque écriture est envoyée aux deux disques, la lecture n'étant faite que sur un seul disque de façon à optimiser le temps d'accès. Si cette lecture déclenche une détection d'erreur, l'ordre de lecture est répercuté sur l'autre disque, qui sert alors d'unité de secours. Cette notion d'unité de secours est généralisée : en cas d'échec d'une opération sur un processeur, un bus ou un contrôleur, il existe une unité de secours capable d'effectuer la même opération.

Ce même principe est appliqué au logiciel, qui est organisé sous forme de paire de processus en duplication passive (cf. p. 257) : à chaque processus actif correspond un processus de secours s'exécutant sur un autre processeur ; le processus actif envoie régulièrement des points de reprise au processus de secours. Ces points de reprise sont soit des copies de l'état du processus actif, soit des écarts par rapport à l'état précédent, soit encore une fonction de transformation de l'état. En fonctionnement normal, le processus de secours ne fait que mettre à jour son état en fonction des points de reprise reçus. Si le processeur hébergeant le processus actif défaille, les autres processeurs le détectent par l'absence de message «je suis vivant» (diffusé toutes les deux secondes par tout processeur opérationnel). Le système d'exploitation du processeur sur lequel s'exécute le processus de secours active alors ce processus qui prend la main au niveau du dernier point de reprise reçu.

Cette architecture a fortement évolué depuis son introduction. Une des principales modifications a consisté en l'amélioration de l'efficacité des mécanismes de détection d'erreur «de bout en bout» : en particulier, adjonction de signatures aux messages et de numéros de séquence aux paquets élémentaires. Un autre changement majeur, introduit en 1997 avec les systèmes HP S-series (figure 15-b), concerne le dispositif d'interconnexion. Il s'appuie sur une approche plus «orientée réseau», mieux à même de faciliter l'adaptation des configurations. Le module ServerNet est au cœur de ce dispositif et assure le trafic entre les processeurs et les E/S. Ce module met en œuvre un routeur 6 voies avec une bande passante cumulée de 300Mb/sec. Il utilise un protocole de routage de type «trou de ver» (*wormhole*) : l'envoi d'un paquet de messages est réalisé dès que suffisamment d'information de l'entête est disponible pour déterminer le chemin de destination du paquet (ceci permet de limiter la latence de diffusion sur le réseau et le besoin de ressources tampon au niveau du routeur). Chaque paquet est protégé par un code CRC qui est recalculé et vérifié par chaque routeur.

Au niveau logiciel, des facilités de programmation ont été introduites (en particulier, avec le moniteur de traitement de transaction PATHWAY), afin de soulager le programmeur d'application de la prise en compte des aspects liés à la répartition et à la tolérance aux fautes. La conception du gestionnaire de la base de données garantit les propriétés transactionnelles d'atomicité, cohérence, isolation et durabilité (ACID) et facilite la réplication de la base sur des sites distants.

Plusieurs aides matérielles et logicielles (infrastructure de recueil de traces d'exécution et de préanalyse d'incidents de rapports d'erreurs) ont été développées afin d'assister les administrateurs. Ces dispositifs doivent être continuellement mis à jour pour s'adapter aux nouvelles formes d'erreur observées en exploitation.

7.2 Détection d'erreur et compensation : le système de commande de vol de l'A320

Les avions civils récents, tels que ceux de la famille Airbus 320/330/340 et le Boeing 777, utilisent des calculateurs numériques dans la boucle principale de commande de vol de l'avion. L'objectif est de renforcer encore plus la sûreté globale de l'avion (via une augmentation de la stabilité, la surveillance de l'enveloppe de vol, une protection contre le cisaillement du vent, etc.), ainsi que réduire la fatigue du pilote. Les effets escomptés ne doivent bien sûr pas être anéantis par de nouveaux risques introduits par la technologie même des calculateurs numériques. C'est pour cela que les systèmes de gestion de commandes de vol de ces avions sont conçus de manière à être tolérants aux fautes.

La tolérance aux fautes du système de gestion de commandes de vol de la famille Airbus 320/330/340 est basée sur la technique de détection et de compensation d'erreur (Traverse *et al.* 2004). Chaque calculateur de commande de vol est conçu de manière autotestable vis-à-vis des fautes physiques et de conception, formant ainsi un sous-système sûr en présence de défaillance. Chaque calculateur est composé de deux voies qui sont fonctionnellement équivalentes, mais exécutent des programmes qui ont été conçus de manière diversifiée (figure 16). Les deux voies reçoivent les mêmes entrées, déterminent les sorties correspondantes et vérifient que celles-ci sont en accord avec l'autre voie, une seule voie pilotant les sorties physiques. Toute divergence entre les résultats produits par chaque voie provoque l'inhibition des sorties physiques.

Chaque axe de commande du vol de l'avion est géré par de tels calculateurs autotestables. Les calculateurs associés à un axe traitent les données des capteurs en exécutant les fonctions de la boucle de commande. Toutefois, à un instant donné, un seul calculateur faisant partie de l'ensemble (calculateur primaire) commande effectivement les actionneurs.

Ce calculateur envoie périodiquement des messages «je suis vivant» aux autres calculateurs leur permettant

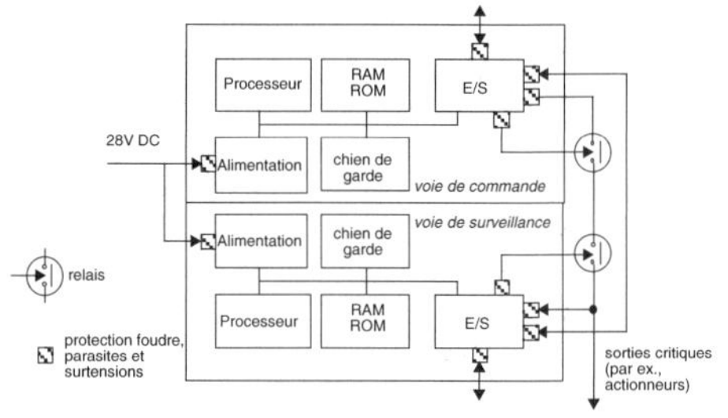

Figure 16 Calculateur autotestable

ainsi de se rendre compte de sa défaillance. Lorsque le calculateur primaire défaille, il le fera dans un mode sûr, c'est-à-dire sans envoyer d'ordre erroné aux actionneurs, ceci grâce à sa conception autotestable. Suivant un ordre prédéterminé, un autre calculateur de l'ensemble devient le nouveau primaire et assure le traitement de la boucle de commande sans aucune secousse notable sur la surface contrôlée.

Le principe de conception diversifiée est appliqué au niveau système. Quatre calculateurs autotestables commandent l'axe de tangage (figure 17) : deux calculateurs (ELAC) associés aux gouvernes de profondeur et aux ailerons, et deux calculateurs (SEC) associés aux aérofreins et aux gouvernes de profondeur. Ces calculateurs sont basés sur des processeurs différents et réalisés par des constructeurs différents. Étant donné que chaque calculateur supporte deux programmes différents, cela fait au total quatre programmes différents pour la commande de tangage.

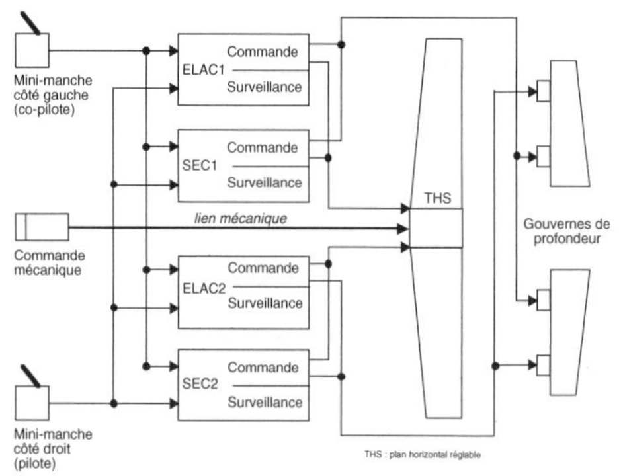

Figure 17 Contrôle du tangage de l'Airbus 320

Par ailleurs, il existe une importante redondance fonctionnelle entre les différentes surfaces de l'avion de sorte qu'il est possible de faire face à la perte de tous les calculateurs associés à certaines surfaces, pour peu que les calculateurs défaillent de manière contrôlée (sûre). De plus, si tous les calculateurs venaient à

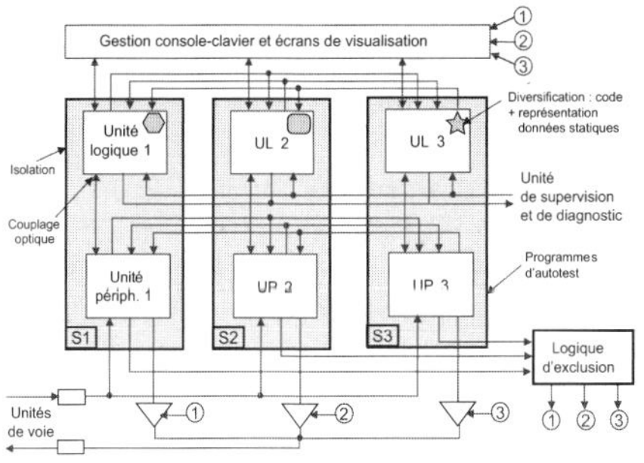

a. Le noyau de sécurité

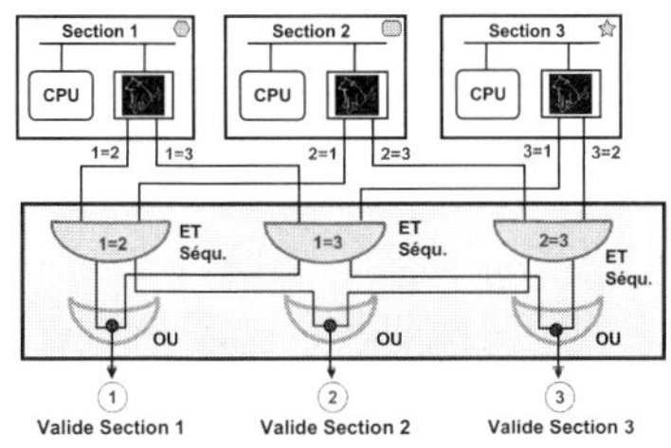

b. La logique d'exclusion (principe)

Figure 18 Le système CBI

défaillir, il reste encore un secours manuel permettant de commander l'avion, de façon certes plus limitée.

7.3 Masquage : le Computer Based Interlocking system (CBI)

Les applications ferroviaires font également de plus en plus appel à des architectures informatiques. C'est en particulier le cas des systèmes embarqués de régulation de vitesse ou de contrôle-commande du trafic. Il est clair que les exigences de sécurité-innocuité ont conduit à développer des architectures tolérantes aux fautes mettant en œuvre des redondances matérielles et aussi bien souvent logicielles.

À titre d'exemple, nous considérons le cas du système de contrôle-commande du trafic ferroviaire développé par Ansaldo Segnalamento Ferroviario (Mongardi 1993) et qui gère la gare Termini de Rome.

Comme la plupart des systèmes de ce type, le CBI met en œuvre une architecture hiérarchique incluant :
- niveau 1 : un centre de commande équipé de stations de travail (ST) pour le pilotage de la gare et la supervision des opérations de diagnostic et de maintenance ;
- niveau 2 : un calculateur central, ou *noyau de sécurité* (NS) du CBI, gérant globalement pour la gare concernée les opérations sécuritaires ;
- niveau 3 : un ensemble de calculateurs déportés, appelées unités *de voie* (UV), destinés à l'acquisition des informations et à l'application des commandes issues du noyau de sécurité (repérage des trains, signalisation, aiguilles).

Différentes formes de redondances sont utilisées à chacun de ces niveaux : (1) ST redondance sélective active, (2) NS en redondance modulaire triple (TMR), (3) UV autotestables (paire de calculateurs). Nous nous focalisons ici sur le calculateur NS (figure 18-a) qui constitue l'épine dorsale du système CBI.

Les trois sections redondantes du NS permettent de réaliser une décision logique de type vote majoritaire et s'appuient sur un dispositif matériel autotestable (*logique d'exclusion* : LE) assurant l'exclusion de la section déclarée défaillante. Chaque module TMR est isolé des deux autres et possède une alimentation propre. Il est constitué d'une unité logique (UL) et d'une unité périphérique (UP). Le NS est ainsi constitué de six unités de traitement interconnectées par le biais de lignes séries dédiées, avec couplage optique. L'architecture logicielle de chaque module est similaire ; le système d'exploitation, les applications et les données sont rangées en mémoire morte. Toutefois, le principe de diversification est utilisé pour le logiciel applicatif : équipes de programmeurs distinctes, langages distincts, différents codages des données, stockage du code et des données à des adresses distinctes.

Compte tenu de sa conception, le NS combine la propriété de sécurité-innocuité d'un « vote 2-sur-2 » et la disponibilité procurée par la structure TMR. L'élimination d'une unité défaillante par la logique d'exclusion évite tout risque de défaillance de mode commun pouvant résulter de la défaillance d'une des deux unités opérationnelles. L'unité isolée peut alors être accédée aux fins de diagnostic et de maintenance puis être réinsérée dans l'architecture opérationnelle du NS.

La logique d'exclusion (figure 18-b) est constituée de trois modules identiques qui traitent les commandes analogiques produites par les modules du NS, après qu'une opération de vote soit effectuée par logiciel. L'information concernant l'accord d'un module (signal actif) – ou désaccord (signal passif) – avec les deux autres est communiquée à la LE en même temps que les commandes. Chaque module de la LE vérifie qu'il y a accord (fonction ET séquentielle) entre les deux signaux correspondants qui lui sont fournis et active le signal de validation de l'alimentation des pilotes de transmission des modules du NS (communication avec les ST du poste de commande et les UV). En cas de désaccord avec les deux autres, l'alimentation des organes de transmission associés à la section défaillante est coupée, ce qui l'isole des deux autres et des UV.

8 Tendances et défis

La plupart des efforts en matière de tolérance aux fautes en informatique ont porté sur les fautes physiques internes ou externes. Des solutions éprouvées existent et cette catégorie de fautes est généralement bien maîtrisée. Ceci est confirmé par les analyses de données d'exploitation concernant les systèmes tolérants aux fautes du matériel – par exemple (Gray 1990) – qui montrent qu'en pratique la tolérance aux fautes se traduit par une amélioration sensible du temps moyen jusqu'à défaillance : de plusieurs semaines à plusieurs années. Par référence à la durée de vie de tels équipements, une interprétation pratique est que, en moyenne, un système tolérant aux fautes ne sera pas soumis à défaillance imputable à des fautes physiques avant de devenir obsolète. Les analyses ont aussi montré que cet état de fait a une influence significative sur la modification du classement des causes des défaillances : les fautes de conception (en particulier, du logiciel) constituent la principale cause, suivie par les fautes d'interaction (qu'il s'agisse de méprises ou de malveillances).

Une douzaine d'années plus tard ce constat est toujours d'actualité : l'analyse de trois sites Internet majeurs rapportée dans (Oppenheimer et Patterson 2002) identifie les erreurs d'opérateurs et les fautes logicielles comme les principales sources de défaillance. Aussi, c'est tout naturellement vers le traitement des fautes logicielles, y compris au niveau des mécanismes logiciels de tolérance aux fautes, et des fautes d'interaction, tant accidentelles que délibérées, que doivent s'orienter les efforts de recherche.

Il faut souligner à nouveau que le déploiement réussi d'un système sûr de fonctionnement nécessite, en plus de l'utilisation de techniques de tolérance aux fautes, la mise en place d'une stratégie volontariste de validation, couvrant à la fois l'élimination de fautes et la prévision de fautes, notamment à des fins :

- de vérification de l'adéquation des mécanismes et algorithmes de tolérance aux fautes vis-à-vis des classes de fautes visées ;
- d'estimation de l'efficacité (facteur de couverture) de la tolérance aux fautes, au moyen d'expériences contrôlées par injection de fautes ;
- d'évaluation des mesures de sûreté de fonctionnement par les processus stochastiques, en tenant compte de l'influence du facteur de couverture.

Les progrès faits par la combinaison de ces approches se concrétisent par l'émergence de propositions d'« étalons » (*benchmarks*) visant à caractériser objectivement la sûreté de fonctionnement des systèmes – voir par exemple (Kalakech *et al.* 2005).

Comme le montrent les exemples du § 7, les techniques de tolérance aux fautes mettant en œuvre des redondances architecturales ont été largement déployées dans la plupart des domaines industriels, tout d'abord dans des domaines spécifiques, tels que l'espace et les télécommunications, puis, suivant en cela la tendance forte vers l'informatisation, dans tous les secteurs de l'industrie et des services : transport, production et fourniture d'énergie, finance, etc.

Dans ce contexte, les besoins en sûreté de fonctionnement et les soucis économiques sont étroitement mêlés. Aussi, les solutions « massives » en particulier, celles basées sur des matériels propriétaires sont devenues difficilement acceptables. Dès lors, il est nécessaire de trouver des compromis qui s'appuient, d'une part sur l'adoption de redondances « à faible coût » (contrôle de flux et de vraisemblance, empaquetage, cf. § 2) en privilégiant une mise en œuvre logicielle, et d'autre part sur l'utilisation de composants préexistants « sur étagère », soit d'origine commerciale (COTS) (Arlat *et al.* 2000), soit en « source libre » (David *et al.* 2003). Cette tendance touche à la fois les composants matériels et les composants logiciels.

En ce qui concerne le matériel, si l'utilisation de composants commerciaux est maintenant largement répandue, il n'en demeure pas moins que les évolutions technologiques ne sont pas sans poser problème. La complexification des architectures (multiplication des registres internes, parallélisme des opérations) se traduit en pratique par des comportements temporels non déterministes et rend l'estimation de bornes sur les temps d'exécution (voir le chapitre « Architecture des machines ») de plus en plus délicate, voire impossible. Par ailleurs, la réduction des dimensions et des énergies mises en jeu augmente significativement la susceptibilité vis-à-vis des perturbations et des radiations. Comme c'est déjà le cas pour la grande majorité des erreurs rencontrées en exploitation, ces nouvelles causes peuvent être considérées comme des fautes furtives. Aussi, il y a lieu de tenir compte a priori du caractère furtif de la faute avant d'entreprendre (inutilement) une action de passivation. Par exemple, l'utilisation de compteurs à seuil (comptabilisant le nombre d'erreurs successives) peut grandement aider pour guider le choix d'une action entre traitement d'erreur et traitement de faute.

Deux principaux problèmes se posent à un intégrateur désirant incorporer des composants logiciels COTS dans des systèmes destinés à des applications critiques : d'une part, le peu d'information objective généralement disponible quant à leur comportement en présence de fautes, et d'autre part, la difficulté, voire l'impossibilité, d'accéder au code source, ce qui peut constituer un blocage vis-à-vis du processus de certification. En réponse au premier point, parmi les méthodes et solutions architecturales proposées dans (Arlat *et al.* 2000), la combinaison des techniques de caractérisation expérimentale (étalonnage) et de programmation défensive (empaquetage) peuvent permettre de proposer des moyens de confinement, voire de tolérance. Même si ce n'est pas encore entré dans les habitudes des entreprises, le recours à des composants en «source libre» permet de lever la limitation posée par le second point et facilite la mise en œuvre des solutions d'empaquetage.

Au-delà de ces tendances, plusieurs défis majeurs se profilent. Quelques exemples concernent :

- la maîtrise du passage à l'échelle, c'est-à-dire le maintien des propriétés de tolérance aux fautes lors des évolutions des configurations ;
- l'ouverture des systèmes, déjà largement entreprise autour des nombreux services déployés sur Internet, et l'augmentation de leur interconnexion de par la généralisation des communications numériques (par exemple, contrôle du trafic aérien par voie satellitaire) ;
- l'accroissement de la complexité et l'hétérogénéité des systèmes matériels et logiciels mettant en œuvre, gérant et utilisant les infrastructures informationnelles ;
- l'évolution vers une plus grande autonomie et vers une mobilité accrue des entités impliquées (nœuds de traitement, code et données), et le développement des architectures pair à pair ;
- les évolutions attendues dans les technologies de base pour le traitement l'information, l'émergence des microsystèmes (par exemple, leur exploitation dans le cadre d'applications médicales) ;
- la conception d'interfaces homme-machine assurant un bon équilibre entre l'augmentation de l'autonomie des systèmes informatiques et le besoin de convivialité et d'interopérabilité sémantique des opérateurs en exploitation ;
- la recherche de compromis acceptables entre les soucis de sécurité vis-à-vis des malveillances et de protection de la vie privée.

Deux facteurs importants sont à prendre en compte pour relever ces défis :

- la tolérance aux fautes est une activité d'ingénierie qui doit suivre des règles précises et s'appuyer sur un cadre rigoureux pour la capture des besoins, l'identification des risques et des solutions potentielles dès les phases amont du développement ;
- une bonne gestion de la redondance est essentielle pour assurer le succès d'un système tolérant aux fautes ; cette réussite dépend fortement des hypothèses de fautes considérées, ainsi que de l'analyse explicite de la couverture de ces hypothèses et de l'influence de cette couverture sur les mesures de sûreté de fonctionnement.

9 Conclusion

Ce chapitre a brossé les grands principes d'obtention de la sûreté de fonctionnement des systèmes informatiques, en s'appuyant sur la notion de tolérance aux fautes. Les principales méthodes ont été détaillées. Des points de focalisation ont été fournis, d'une part sur les techniques propres au cas des systèmes répartis et d'autre part sur la prise en compte spécifique des fautes de développement, des erreurs d'interaction homme-machine et des malveillances. Quelques exemples de systèmes réels ont illustré la mise en pratique de différentes techniques de tolérance aux fautes. Enfin, les principales tendances et les défis posés à l'informatique en ce qui concerne la tolérance aux fautes ont été brièvement exposés. Le lecteur est encouragé à approfondir l'ensemble de ces aspects à partir de la bibliographie.

Remerciements. Les auteurs tiennent à associer l'ensemble des membres du groupe «Tolérance aux fautes et Sûreté de Fonctionnement informatique» du LAAS-CNRS, qui ont largement contribué, depuis plus de trente ans, à la «culture» de la tolérance aux fautes.

Bibliographie

R. Amalberti, G. Malaterre (2001), «De l'erreur humaine au risque : évolution des concepts en psycho-ergonomie», dans *Risques erreurs et défaillances - Approche interdisciplinaire* (Actes de la première séance du séminaire «Le risque de défaillance, son contrôle par les individus et les organisations dans les activités à hauts risques»), (Ed. R. Amalberti. C. Fuchs, C. Gilbert), p. 71-106, Publications de la MSH-Alpes, 2001.

J. Arlat, M. Aguera, L. Amat, Y. Crouzet, J.-C. Fabre, J.-C. Laprie, E. Martins, D. Powell (1990), "Fault Injection for Dependability Validation – A Methodology and Some Applications", *IEEE Trans. on Software Engineering*, 16 (2), p.166-182, février 1990.

J. Arlat, Y. Crouzet, P. David, J.-L. Dega, Y. Deswarte, J.-C. Laprie, D. Powell, C. Rabéjac, H. Schindler, J.-F. Soucailles (1999), "Fault Tolerant Computing", dans *Encyclopedia of Electrical and Electronics Engineering*, (Ed. J. G. Webster), Ch. 7, p. 285-313, J. Wiley & Sons.

J. Arlat, J.-P. Blanquart, T. Boyer, Y. Crouzet, M.-H. Durand, J.-C. Fabre, M. Founau, M. Kaâniche, K. Kanoun, P. Le Meur, C. Mazet, D. Powell, P. Thévenod-Fosse, F. Scheerens, H. Waeselynck (2000), *Composants logiciels sûrs de fonctionnement - intégration de COTS*, Hermès Science Publications, Paris.

J. Arlat, J.-C. Fabre, M. Rodríguez, F. Salles (2002), "Dependability of COTS Microkernel-based Systems". *IEEE Trans. on Computers*, 51 (2), p. 138-163.

A. Avizienis, J. P. J. Kelly (1984), "Fault Tolerance by Design Diversity : Concepts and Experiments", *IEEE Computer*, 17 (8), p. 67-80, août 1984.

A. Avizienis, Y. He (1999), "Microprocessor Entomology: The Taxonomy of Design Faults in COTS Microprocessors", dans *Dependable Computing for Critical Applications (Proc. 7th IFIP Working Conf. on Dependable Computing for Critical Applications: DCCA-7, San Jose, CA, USA, January 1999*, San Jose, CA, USA), (Eds. C. B. Weinstock, J. Rushby), p. 3-23, IEEE CS Press.

A. Avizienis, J.-C. Laprie, B. Randell, C. Landwehr (2004), "Basic Concepts and Taxonomy of Dependable and Secure Computing", *IEEE Trans. on Dependable and Secure Computing*, 1 (1), p. 11-33, janv.-mars 2004.

W. Bartlett, L. Spainhower (2004), "Commercial Fault Tolerance: A Tale of Two Systems", *IEEE Trans. on Dependable and Secure Computing*, 1 (1), p. 87-96, janv.-mars 2004.

R. D. Chandra, S. Toueg (1996), "Unreliable Failure Detectors for Reliable Distributed Systems", *Journal of the ACM*, 43 (2), p. 225-67.

F. Cristian, C. Fetzer (1998), "The Timed Asynchronous System Model", *Proc. 28th IEEE Int. Symp. Fault-Tolerant Computing (FTCS-28)*, (Munich, Allemagne), p. 140-49.

P. David, H. Waeselynck, B. Bérard, P. Coupoux, Y. Crouzet, Y. Garnier, S. Goiffon, G. Mariano, V. Nicomette, L. Planche, I. Puaut, J.-M. Tanneau (2003), *Logiciel libre et sûreté de fonctionnement*, 234 p., Hermès Science Publications, 2003.

Y. Deswarte, D. Powell (2006), "Internet Security: An Intrusion-Tolerance Approach", dans *Proceedongs of the IEEE*, 94 (2), p. 432-441, février 2006.

E. N. Elnozahy, L. Alvisi, Y.-M. Wang, D. B. Johnson (2002), "A Survey of Rollback-Recovery Protocols in Message-Passing Systems", *ACM Computing Surveys*, 34 (3), p. 375-408.

J.-C. Fabre, Y. Deswarte, L. Blain (1996), "Tolérance aux fautes et sécurité par fragmentation-redondance-dissémination", *Technique et Science Informatiques (TSI)*, 15 (4), p. 405-427.

J. Gray (1986), "Why Do Computers Stop and What Can Be Done About It?" *Proc. 5th IEEE Int. Symp. on Reliability in Distributed Software and Database Systems (SRDSDS-5)*, (Los Angeles, CA, USA), p. 3-12, IEEE CS Press.

J. Gray (1990), "A Census of Tandem System Availability Between 1985 and 1990", *IEEE Trans. on Reliability*, 39 (4), p. 409-432, octobre 1990.

Y. Huang, C. Kintala, N. Kolettis, N. Fulton (1995), "Software Rejuvenation: Analysis, Module and Applications", *Proc. 25th IEEE Int. Symp. Fault-Tolerant Computing (FTCS-25)*, (Pasadena, CA, USA), p. 381-390, IEEE CS Press.

K. Kanoun, Y. Crouzet, A. Kalakech, A.E. Rugina, P. Rumeau (2005), "Benchmarking the Dependability of Windows NT and Linux using Postmark Workloads", *Proc. 16 th IEEE Int. Symp. on Software Reliability Engineering (ISSRE-2005)*, (Chicago, IL, USA), p. 11-20, IEEE CS Press, 2005.

J.-C. Laprie, J. Arlat, C. Béounes, K. Kanoun (1990), "Definition and Analysis of Hardware-and-Software Fault-Tolerant Architectures", *IEEE Computer*, 23 (7), p. 39-51.

J.-C. Laprie, J. Arlat, J.-P. Blanquart, A. Costes, Y. Crouzet, Y. Deswarte, J.-C. Fabre, H. Guillermain, M. Kaâniche, K. Kanoun, C. Mazet, D. Powell, C. Rabéjac, P. Thévenod (1996), *Guide de la sûreté de fonctionnement, 2e édition*, Cépaduès-Éditions, Toulouse.

J.-C. Laprie (2004), "Sûreté de fonctionnement des systèmes: concepts de base et terminologie", *Revue de l'Électricité et de l'Électronique (REE)*, (11), p. 95-105, novembre 2004.

P. Maes (1987), "Concepts and Experiments in Computational Reflection", Proc. ACM Conf. on Object-Oriented Programming Systems, Languages, and Applications (OOPSLA'87), (Orlando, FL, USA), p. 147-155.

G. Mongardi (1993), "Dependable Computing for Railway Control Systems", dans *Dependable Computing for Critical Applications (Proc. 3rd IFIP Working Conf. on Dependable Computing for Critical Applications: DCCA-3, Palermo, Italy, September 1992, Vienna, Austria)* (Eds. C. E. Landwehr, B. Randell, L. Simoncini), p. 255-277, Springer-Verlag.

G. Muller, M. Banâtre, N. Peyrouse, B. Rochat (1996), "Lessons from FTM: An Experiment in the Design and Implementation of a Low Cost Fault Tolerant System" *IEEE Transactions on Reliability*, 45 (2), p. 332-340, juin 1996.

OMG (2004), "Fault Tolerant CORBA", dans *Common Object Request Broker Architecture (CORBA), v3.0.3*, p. 23.1-23.106, Object Management Group.

D. Oppenheimer, D. A. Patterson (2002), "Architecture and Dependability of Large-Scale Internet Services", *IEEE Internet Computing*, 6 (5), p. 41-49, sept.-oct. 2002.

D. Powell (Ed.) (1991), *Delta-4: A Generic Architecture for Dependable Distributed Computing*, 484 p., Springer-Verlag.

D. Powell (1992), "Failure Mode Assumptions and Assumption Coverage", *Proc. 22nd IEEE Int. Symp. Fault-Tolerant Computing (FTCS-22),* (Boston, MA, USA), p. 386-395, IEEE CS Press.

M. Rodríguez, J.-C. Fabre, J. Arlat (2002), "Empaquetâches de tolérance aux fautes pour les systèmes temps-réel", *Technique et Science Informatiques* (TSI), 23 (8), p. 179-514.

J. Rushby (1992), "Formal Specification and Verification of a Fault-Masking and Transient-Recovery Model for Digital Flight Control Systems", Proc. 2nd Int. Symp. on Formal Techniques in Real Time and Fault-Tolerant Systems, LNCS 571, p. 237-258, Springer-Verlag, Nijmegen, Pays-Bas.

D. P. Siewiorek, R. S. Swarz (1992), *Reliable Computer Systems – Design and Evaluation,* 908 p., Digital Press, Burlington, MA, USA.

P. Traverse, I. Lacaze, J. Souyris (2004), "Airbus Fly-by-Wire : A Total Approach to Dependability", dans *Building the Information Society - Proc. 18h IFIP World Computer Congress, Toulouse,* (Ed., R. Jacquart), p. 191-212, Kluwer Academic Publishers, Norwell, MA, USA.

J. Wakerly (1978), *Error Detecting Codes, Self-Checking Circuits and Applications,* 231 p., Elsevier North-Holland, New York, NY, USA.

Y. C. Yeh (1998), "Dependability of the 777 Primary Flight Control System", dans *Dependable Computing for Critical Applications (Proc. DCCA-5, Urbana-Champaign, IL, USA, September 1995)* (Eds. R. K. Iyer, M. Morganti, W. K. Fuchs, V. Gligor), p. 1-17, IEEE CS Press.

Interaction homme-machine

Coordination : Michel Beaudouin-Lafon

Introduction

Michel Beaudouin-Lafon

L'interaction homme-machine est un domaine pluridisciplinaire consacré à l'étude, la conception, le développement, l'évaluation de systèmes informatiques interactifs mais aussi, plus largement, à l'impact organisationnel, sociétal et même éthique des technologies de l'information. Cette section s'intéresse plus particulièrement aux aspects les plus informatiques de ce domaine.

L'interaction homme-machine joue un rôle important dans l'informatique moderne. En effet, ces systèmes sont souvent utilisés par des publics non-informaticiens, et la qualité de l'interface utilisateur est bien souvent la mesure principale, pour l'utilisateur final, de la qualité globale du système. Ce court chapitre d'introduction présente quelques concepts de base de l'interaction homme-machine, situe l'état actuel du domaine grâce à un historique rapide et présente brièvement les chapitres de la section.

Quelques concepts de base

Un *système interactif* est une application informatique qui prend en compte, au cours de son exécution, des informations communiquées par le ou les utilisateurs du système, et qui produit, au cours de son exécution, une représentation perceptible de son état interne. Typiquement, les entrées fournies par l'utilisateur dépendent des sorties produites par le système et inversement.

Les systèmes interactifs se distinguent donc des applications de type *batch* qui lisent, au début de leur exécution, des données prédéfinies, et produisent à la fin de leur exécution des résultats. Du point de vue informatique, un système interactif est donc un système ouvert : les entrées fournies au système dépendent de ses sorties, d'une façon qui n'est pas accessible au système.

De nos jours, les systèmes interactifs constituent une part croissante des applications informatiques. Au-delà des critères habituels d'évaluation d'une application informatique, l'évaluation d'un système interactif requiert des critères tels que l'*utilisabilité*, qui mesure l'adéquation du système à ses utilisateurs et ses usages anticipés. Aussi, la conception, le développement et l'évaluation des systèmes interactifs nécessitent des méthodes et des techniques particulières afin de prendre en compte l'utilisateur.

Classiquement, on décompose un système interactif en deux parties : *l'interface utilisateur* et le *noyau fonctionnel*. L'interface utilisateur contient les éléments logiciels et matériels dédiés à la capture des entrées de l'utilisateur, à la restitution des sorties du système et à la logique de l'interaction. Le noyau fonctionnel contient le reste du système, c'est-à-dire ses composants de calcul et de stockage de l'information.

Cette décomposition ne doit pas laisser croire que ces deux parties sont forcément des modules logiciels indépendants, ni surtout qu'elles peuvent être conçues indépendamment. S'il est vrai que l'on est souvent conduit à développer des interfaces pour des noyaux fonctionnels existants (*legacy systems*), la seule façon de développer des systèmes interactifs de qualité est de concevoir l'*ensemble* du système, en prenant en compte les caractéristiques de ses utilisateurs au même titre que les contraintes techniques du noyau fonctionnel.

Modèle conceptuel

Du point de vue de l'utilisateur, le découpage fonctionnel évoqué ci-dessus est peu pertinent : l'utilisateur doit pouvoir fournir des entrées au système (appelées *commandes*) et le système doit pouvoir présenter le résultat des commandes à l'utilisateur. Cela conduit au modèle conceptuel « générique » (c'est-à-dire indépendant de toute application) de la figure suivante.

Dans ce modèle, les *objets* sont les objets du domaine de l'application : les mots, paragraphes et sections d'un éditeur de texte, les enregistrements et les relations d'une base de données, etc. Ces objets sont accédés et modifiés par des *opérations* internes, activées par l'utilisateur par l'intermédiaire de *commandes*. Par exemple, la commande de fermeture d'une fenêtre peut déclencher plusieurs opérations : sauvegarde du contenu de la fenêtre, déverrouillage d'enregistrements dans une base de données, etc.

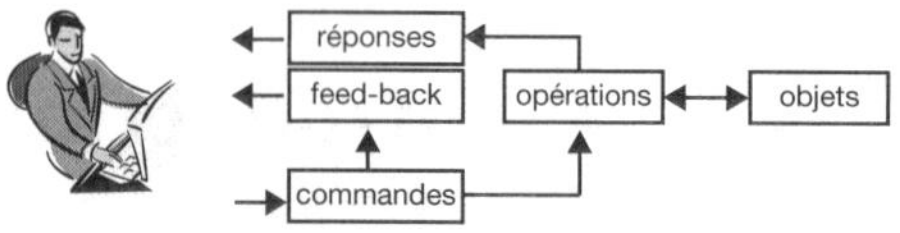

Modèle conceptuel

Certaines commandes correspondent à une action instantanée de l'utilisateur : sélectionner un objet par pointage ou utiliser une touche de fonction par exemple. D'autres commandes nécessitent plusieurs actions élémentaires : déplacer un icone, activer une commande dans un menu qui ouvre une boîte de dialogue, taper une commande textuelle suivie de la touche Entrée, etc. Dans ce cas le système peut (doit) produire des sorties informant l'utilisateur qu'il fait bien ce qu'il pense faire : pendant le déplacement, l'icone du fichier suit le curseur de la souris, au fur et à mesure que l'on tape une commande, les caractères s'affichent, etc. Ce retour d'information est appelé *feedback*. Le système peut également produire des informations indiquant à l'utilisateur ce qu'il peut faire. Par exemple, lorsque l'on déplace l'icone d'un fichier, les icones de la corbeille ou des répertoires changent de couleur lorsque l'on passe dessus, indiquant qu'on peut lâcher l'icone déplacé à cet endroit. Ce retour d'information s'appelle *feed-forward*.

Enfin, lorsque les opérations résultant de l'activation d'une commande sont exécutées, le système produit des *réponses* perceptibles par l'utilisateur : le déplacement de l'icone sur la poubelle fait changer la forme de celle-ci par exemple.

Conception centrée sur l'utilisateur

Lors de la conception d'un système interactif, des connaissances, réelles ou supposées, des utilisateurs et de l'utilisation du système sont fondamentales pour concevoir l'interface qui sera proposée à l'utilisateur. Une fois le système réalisé, il faudra confronter les hypothèses réalisées lors de la conception avec l'utilisation effective du système. La prise en compte de l'utilisateur est donc nécessaire aussi bien dans les phases de conception que d'évaluation. On se rend souvent compte, lors de l'évaluation, que les hypothèses faites étaient erronées, ou que le style d'interaction choisi ne tient pas ses promesses, ou que les utilisateurs inventent des usages non anticipés du système.

Ceci conduit à intégrer la prise en compte des facteurs humains dans les modèles de développement des systèmes interactifs. On regroupe l'ensemble de ces modèles et des techniques associées sous le terme de «conception centrée sur l'utilisateur» (*user-centered design*). La figure suivante illustre le cycle de vie d'un logiciel interactif en mettant l'accent sur la prise en compte des utilisateurs.

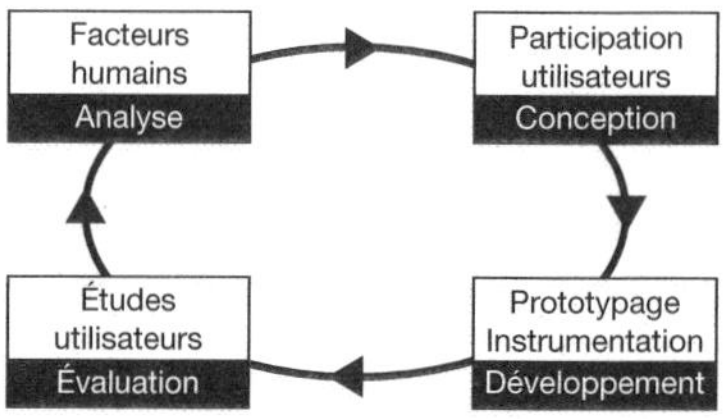

Cycle de conception

Lors de l'analyse, il s'agit notamment de prendre en compte les connaissances issues de la psychologie, d'analyser les outils existants, d'évaluer l'intérêt d'une solution informatique aussi bien au niveau des utilisateurs que de l'organisation, etc. Au niveau de la conception, il s'agit de définir un modèle conceptuel qui sera aussi facile que possible à appréhender par les utilisateurs, et si possible de faire participer les utilisateurs à la conception. Pendant le développement, il s'agit de pouvoir produire des prototypes permettant d'évaluer rapidement certains choix de conception. Enfin lors de l'évaluation il s'agit de vérifier, par des études avec des utilisateurs réels, si les hypothèses réalisées lors de la conception sont vérifiées dans le système final.

Si ce n'est pas le cas, il faut refaire un cycle d'analyse-conception-développement-évaluation pour corriger les problèmes rencontrés. Ce cycle de *conception itérative* est inhérent aux systèmes interactifs : l'utilisateur humain et les modes d'utilisation ne sont pas formalisables d'une façon telle que l'on puisse les considérer comme fixes et connus. Quand bien même cela serait possible, l'usage d'un nouveau système par les utilisateurs change leurs modes de travail et donc leurs habitudes, leurs besoins et leurs attentes. Ainsi, on a *co-adaptation* entre le système et les utilisateurs : le système est conçu en fonction des besoins des utilisateurs, et ces besoins changent en fonction des caractéristiques du système. La seule façon d'atteindre un point d'équilibre est d'itérer la conception.

Bien entendu, l'utilisateur n'est pas le seul facteur à prendre en compte lors de la conception. Comme pour tout système informatique, il faut prendre en compte les facteurs techniques et organisationnels. Cependant, l'importance de la prise en compte des facteurs humains et le fait qu'ils imposent un cycle de développement itératif sont à l'origine du terme de «conception centrée sur l'utilisateur». Pour mettre en œuvre un tel style de conception, il faut un minimum de connaissances sur les utilisateurs, et pour commencer sur les capacités d'interaction des êtres humains. Ces connaissances nous sont fournies par la psychologie expérimentale. D'autres sources d'information sont importantes, comme les travaux issus de l'ergonomie des logiciels.

Historique

L'histoire de l'interaction homme-machine est presque aussi vieille que l'histoire de l'informatique. En 1945, Vannevar Bush, dans son célèbre article "As We May Think" décrit un système électronique (imaginaire) permettant le stockage et la recherche d'informations, et inventait les concepts de l'hypertexte : navigation, indexation, annotation. Au début des années soixante, alors que les systèmes à temps partagé font leurs débuts, Ivan Sutherland crée le système SketchPad (1963), qui utilise comme écran un oscilloscope et préfigure les interfaces graphiques modernes. SketchPad est un outil de dessin qui permet de créer des schémas par instanciation de modèles prédéfinis, à l'instar du modèle classe-instance des langages à objets – le langage Simula date d'ailleurs de la même époque. SketchPad permet la construction de structures hiérarchiques et utilise des contraintes pour définir les objets. L'interaction utilise un crayon optique. À la fin des années soixante, Douglas Engelbart développe le système NLS-Augment. En 1968, il présente une démonstration à San Francisco où l'on voit un système de traitement de texte hiérarchique, multimédia (texte et graphique) et hypertexte. C'est un système permettant le travail coopératif : on peut partager des fichiers, annoter des documents, utiliser une messagerie, et même un système de visioconférence avec partage d'écrans informatiques et télépointeurs.

En 1969, Alan Kay, alors chez Xerox, présente sa vision d'un ordinateur de poche qui préfigure les assistants numériques (*Personal Digital Assistants*, PDA) actuels. Dans les années soixante-dix et quatre-vingt, les laboratoires de Xerox PARC (Xerox Palo Alto Research Center) sont un creuset sans équivalent pour le développement de systèmes interactifs novateurs. Pendant les années soixante-dix, le projet Smalltalk, qui lancera les langages à objets, conduit à la réalisation de la première station de travail à écran graphique et souris, l'Alto, qui dispose également d'un réseau local (Ethernet a été inventé aussi à Xerox PARC). L'interface contient déjà des fenêtres, menus, barres de défilement et utilise la sélection directe à la souris. En 1981, une nouvelle machine, le Star, utilise la métaphore du bureau avec des icones représentant le système de fichiers, accessibles de façon transparente à travers le réseau, et un certain nombre de commandes génériques. Le Star invente aussi la présentation WYSIWYG (*What You See Is What You Get*) : les documents apparaissent à l'écran sous la même forme que lorsqu'ils sont imprimés. Le Star sera un échec commercial (comme beaucoup de tentatives par Xerox de commercialiser ses inventions dans le domaine de l'informatique) mais inspirera Apple : en 1983, l'Apple Lisa est une copie du Star mais, trop cher et trop étriqué, c'est aussi un échec commercial. En 1984, le Macintosh, une évolution du Lisa vendu à un prix plus bas est un succès commercial sans précédent. Il faudra plus de dix ans pour que Microsoft intègre à son interface graphique Windows des fonctionnalités comme l'interaction iconique ou le *drag-and-drop*.

Dans la seconde moitié des années quatre-vingt, au Massachusetts Institute of Technology (MIT) à Boston, l'ambition projet Athena projet financé notamment par Digital Equipment Corp. (DEC), IBM et Tektronix a pour objectif de fournir à tous les étudiants du campus des postes de travail accessibles librement. Ce projet donnera naissance notamment au X Window System, qui deviendra l'interface graphique standard des stations Unix et aujourd'hui Linux. À la fin des années quatre-vingt, on voit apparaître les premiers systèmes de réalité virtuelle qui immergent l'utilisateur dans un monde synthétique. Au début des années quatre-vingt-dix, Robert Caillau et Tim Berners-Lee inventent au CERN un système hypertexte qui s'appellera plus tard le World Wide Web et envahira la planète.

Malgré cette profusion d'inventions, qu'il faudrait compléter par tous les travaux, moins spectaculaires mais indispensables, de nombreux chercheurs et praticiens, il faut reconnaître que les systèmes interactifs actuels sont souvent loin des attentes des utilisateurs. Des études ont montré que l'utilisation de l'informatique n'a pas augmenté la productivité des « cols blancs », et il n'est pas besoin d'étude pour constater que l'informatique n'a pas réduit la quantité de papier que l'on est amené à manipuler, mais au contraire l'a fait augmenter. C'est la preuve que la conception de systèmes interactifs de qualité est encore un domaine mal maîtrisé et souvent sous-estimé. On pourrait espérer que cette situation soit en train de changer et que la qualité de l'interface devienne un argument de vente de plus en plus important, grâce au développement de la concurrence sur un marché en pleine expansion. Malheureusement, lorsque le marché est dominé par des acteurs qui ont la mainmise sur les technologies clé de l'interaction, on ne peut être trop optimiste, d'autant plus que le phénomène de co-adaptation a tendance à rendre les utilisateurs réticents aux changements trop importants.

État actuel de la recherche

D'autres styles d'interaction existent ou émergent dans les laboratoires de recherche. On peut notamment citer la parole, la réalité virtuelle, la réalité mixte ou augmentée, l'interaction multimodale, le collecticiel.

L'usage du langage naturel pour converser avec un ordinateur est un vieux rêve qui a donné lieu à d'innombrables travaux, et continue de faire l'objet de nombreux développements. Les systèmes actuels sont utilisés dans certains domaines, comme les pilotes d'avion de chasse, mais peinent à atteindre des performances suffisantes pour atteindre le grand public.

La réalité virtuelle immerge l'utilisateur dans un monde synthétique : tout ce que l'utilisateur perçoit (vue, ouïe et, idéalement, toucher) est produit par le système et inversement toutes ses actions (actions physiques et parole) sont interprétées par le système. Issue des travaux des militaires dans le domaine des simulateurs de vol, la réalité virtuelle trouve aujourd'hui des applications dans des domaines très spécialisés : médecine, téléopération en milieu hostile, etc.

La réalité mixte ou augmentée procède d'une approche opposée à la réalité virtuelle : au lieu d'immerger l'utilisateur dans un monde synthétique, on intègre l'interface du système informatique dans les objets et l'environnement quotidiens. Par exemple, une feuille de papier peut servir d'interface : une caméra ou une tablette graphique permet de capturer ce que l'on écrit dessus, et un projecteur permet d'afficher des informations sur la feuille. La frontière entre les mondes physiques et informatiques s'efface, rendant l'interface invisible.

L'interaction multimodale cherche à exploiter au mieux les capacités d'action et de perception de l'être humain, en s'intéressant notamment aux combinaisons entre modes d'interaction. Par exemple, en entrée, la combinaison du geste et de la parole est plus puissante que chacune des modalités prise indépendamment : je peux dire « mets ça ici » en désignant du doigt le « ça » et le « ici » alors qu'il est difficile d'exprimer la même commande seulement par la voix ou par le geste. En sortie, la combinaison de l'image et du son permet par exemple d'attirer l'attention (grâce au son) et de communiquer une information sous forme graphique.

Le collecticiel est une extension de la notion de système interactif dans laquelle plusieurs utilisateurs interagissent avec le système afin de communiquer entre eux via le système. Un exemple d'application collecticielle est un éditeur partagé qui permet à plusieurs personnes de modifier, simultanément, le même document, et de voir, en temps réel, les modifications effectuées par les autres personnes. L'intérêt croissant pour le collecticiel vient de la constatation que la plupart de nos activités sont des activités de groupe, alors que l'usage de l'ordinateur est essentiellement individuel.

Le contenu de la section

Cette section est constituée de cinq chapitres. Le premier chapitre aborde, à travers l'approche ergonomique, les aspects de conception et d'évaluation des interfaces. Le deuxième chapitre traite des aspects de conception logicielle et plus particulièrement les questions d'architecture logicielle des systèmes interactifs. Le troisième chapitre approfondit les interfaces graphiques, omniprésentes aujourd'hui, à travers notamment une taxonomie des techniques d'interaction graphique. Le quatrième chapitre donne un aperçu du domaine relativement récent mais très actif de la visualisation interactive d'information. Le cinquième chapitre enfin traite du vaste domaine du travail coopératif assisté par ordinateur.

Ces cinq chapitres sont loin d'épuiser le domaine de l'interaction homme-machine. Ils représentent néanmoins un ensemble d'éclairages pertinents dans le contexte des systèmes informatiques actuels.

Bibliographie

Shneiderman B., et Plaisant, C. (2005), *Designing the User Interface: Strategies for Effective Human-Computer Interaction* (fourth edition), Addison-Wesley.

Preece J., Rogers Y., Sharp H., Benyon D., Holland S. et Carey T. (1994), *Human-Computer Interaction*, Addison-Wesley.

Norman D.A. (1990), *The Design of Everyday Things*, Doubleday.

Jacko J.A. et Sears A. (2003), *The Human-Computer Interaction Handbook*, Lawrence Erlbaum.

Exigences ergonomiques, méthodes et normes pour la conception de systèmes d'information centrés humain

Dominique Scapin

Mots-clés : systèmes d'Information, ergonomie des logiciels, IHM, exigences ergonomiques, méthodes d'évaluation, méthodes de conception, processus centré humain, normes, recommandations méthodologiques.

Résumé : ce chapitre a pour objectif de sensibiliser le lecteur aux aspects humains dans la conception et l'évaluation de systèmes d'information (SI), dans une perspective d'ingénierie ergonomique. Il ne vise pas l'exhaustivité, mais à fournir un panorama des problemes principaux et quelques pointeurs bibliographiques. Après quelques définitions et une mise en perspective des problèmes essentiels, ce chapitre décrit les principales exigences ergonomiques à prendre en compte. Puis, après quelques rappels sur les méthodes ergonomiques et sur les normes, sont évoqués les choix de méthodes ergonomiques par rapport au cycle de vie des systèmes et par rapport aux autres paramètres du contexte des projets de SI.

Les systèmes d'information (SI) peuvent être considérés comme des ensembles complexes de moyens matériels et logiciels (données, traitements, équipements et dispositifs informatiques), organisationnels (objectifs, stratégies, réglementation, procédures et caractéristiques des organisations), et humains (caractéristiques métier, exigences et profils des acteurs et utilisateurs). En conséquence, les questions qui se posent en matière de conception et de suivi des SI sont complexes et variées; leur prise en compte doit donc faire appel à plusieurs spécialités (au sein de l'informatique, de l'ergonomie, de l'organisation, etc.), comme cela est illustré dans les divers chapitres de cet ouvrage.

Ce chapitre traite de la prise en compte des aspects humains des IHM (interaction homme-machine) dans les SI, selon une perspective particulière : l'ergonomie des logiciels interactifs. Il s'agit d'une approche d'ingénierie ergonomique focalisée sur le traitement de l'information par des opérateurs humains. Bien entendu, en ingénierie, de nombreux autres aspects contribuent à l'amélioration des SI, notamment du point de vue technique et organisationnel, l'enjeu étant (cf. Cauvet et Rosenthal-Sabroux, 2001) de « concevoir un système d'information numérique qui permette à l'acteur à son poste de travail, dans sa situation, d'obtenir les informations circulantes, de partager ses connaissances tacites et d'accéder aux informations sources de connaissance qui lui sont nécessaires pour comprendre et résoudre les problèmes qu'il rencontre, prendre des décisions, exercer son activité, et capitaliser les connaissances produites dans l'exercice de cette activité ».

L'expansion indéniable des sciences et technologies de l'information et de la communication (STIC), des systèmes informatiques interactifs et des SI, pose (du fait de la forte augmentation du nombre d'utilisateurs impliqués, et de la variété des domaines d'application concernés), avec encore plus d'acuité le problème de l'utilisabilité de ces systèmes. La demande industrielle et de services, qu'elle soit d'origine professionnelle, syndicale, législative, normative, est en conséquence de plus en plus forte en matière de systèmes adaptés aux besoins de leurs utilisateurs. Selon cet objectif, il s'agit d'adopter une approche centrée sur l'humain (*human- centred*, ou *user- and usability-centred*).

Ce chapitre ne vise pas la complétude sur le sujet, mais il tente d'apporter un éclairage méthodologique structurant à propos de quelques-unes des questions principales qui se posent. Pour chacune des parties de ce chapitre, quelques références bibliographiques sont proposées. Le lecteur pourra également consulter : www.acm.org/sigchi, www.hcibib.org/readings-.html, www.afihm.org/sites-web/documentation.html.

Le plan du chapitre est le suivant : après quelques généralités sur la conception centrée humain, on évoquera les principales exigences ergonomiques à prendre en compte. Puis, après quelques rappels sur les méthodes ergonomiques et les normes, seront évoquées les questions de choix de méthodes ergonomiques pour la conception et l'évaluation de SI par rapport au cycle de vie et par rapport à d'autres paramètres contextuels.

1 Définitions, contexte disciplinaire et importance

1.1 Clarifications définitionnelles

Afin de lever quelques croyances erronées sur la discipline et ses objets d'étude, quelques définitions méritent d'être rappelées.

L'ergonomie[1] est : « une des branches de la science et de la technologie qui incorpore ce qui est connu et conceptualisé des caractéristiques biologiques et comportementales de l'homme et qui peut être appliqué de façon valide à la spécification, à la conception, à l'évaluation, à l'utilisation et à la maintenance des produits et systèmes afin d'en assurer la sécurité, l'efficacité et l'usage satisfaisant par des opérateurs individuels, des groupes et des organisations ».

L'ergonomie des logiciels hérite des caractéristiques de l'ergonomie, mais s'intéresse plus particulièrement à l'amélioration de l'interaction homme-ordinateur en se focalisant sur les aspects relatifs au fonctionnement mental humain. Elle contribue à la connaissance scientifique nécessaire à la conception de logiciels et plus généralement d'environnements de travail informatisé, dans la perspective générale de la sécurité et du confort des utilisateurs, mais aussi dans la perspective d'une amélioration de la productivité des systèmes homme-machine.

1. Définition de l'Executive Council of the Human Factors Society (Christensen, J. M., 1988, Human Factors definitions. *The Human Factors Society Bulletin*, 31(3), p. 7-8).

L'ergonomie des logiciels s'intéresse tout particulièrement à l'IHM[2] considérée comme l'ensemble des éléments matériels, logiciels, humains et environnementaux qui ont une influence sur l'efficacité des systèmes et produits, à la fois du point de vue technologique et du point de vue humain. La qualité ergonomique du logiciel (Scapin et Bastien, 1997) est un objectif primordial dans une perspective centrée humain. Cette notion couvre l'ensemble des aspects du logiciel et de son environnement (par exemple, documentation, aides au travail, formation) qui ont une influence sur la réalisation des objectifs des utilisateurs.

Elle a donc trait à la fois à l'utilisabilité (c'est-à-dire la capacité pour l'utilisateur d'interagir facilement ; et cela concerne notamment les aspects présentation et dialogue), et l'utilité (c'est-à-dire la capacité pour l'utilisateur d'atteindre ses objectifs fondamentaux ; et cela concerne notamment les aspects fonctionnels). Il s'agit de contribuer à l'amélioration d'une compatibilité particulière entre les opérateurs et les SI : la compatibilité entre la manière dont l'information est traitée et représentée, respectivement par l'ordinateur et par les utilisateurs[3].

1.2 Contexte et importance

Il est utile d'évoquer les conséquences d'une mauvaise conception, les lacunes ergonomiques habituelles en conception, et l'intérêt d'une approche centrée humain.

En l'absence de prise en considération des aspects ergonomiques, on constate généralement :

- une diminution de l'utilisation quand celle-ci est optionnelle et une régression à des procédures manuelles ;
- une utilisation partielle, une utilisation d'un sous-ensemble des capacités du système ;
- un contournement des règles du système pour court-circuiter les difficultés rencontrées pour réaliser une opération ;
- une modification de la tâche, activités compensatoires, opérations supplémentaires ou détournées ;
- l'emploi d'un intermédiaire entre l'utilisateur et le système ;

2. Cf. AFIHM : www.afihm.org/general/statuts.html.
3. Dans ce chapitre, on n'évoquera pas d'autres formes de compatibilité, comme la compatibilité du poste de travail physique avec les caractéristiques anatomo-physiologiques de l'utilisateur (cf. biomécanique et physiologie); compatibilité de l'environnement de travail avec les caractéristiques individuelles des utilisateurs (cf. psychologie différentielle); avec les comportements affectifs des utilisateurs (cf. psychologie clinique); avec les caractéristiques, attentes et comportements sociaux des utilisateurs (cf. psychologie sociale), etc.

- une non-utilisation du système et un recours à d'autres sources d'information.

Ceci implique en conséquence frustration, désintérêt, rejet, taux d'erreurs élevés, faible performance, des opérations interrompues, du temps, des efforts et des investissements perdus, et l'échec vis-à-vis des avantages potentiels de l'informatisation.

Certaines lacunes encore trop habituelles dans la conception peuvent être la cause de tels résultats :
- manque de connaissances préalables des tâches et des utilisateurs ;
- conception selon une logique de fonctionnement plutôt que selon une logique d'utilisation ;
- manque d'évaluation précise, combinatoire, des conséquences des interactions proposées ;
- prise en compte préférentielle de la novation, du design, de l'esthétique, au détriment des aspects informationnels ;
- manque d'homogénéité dans la conception ;
- absence de prévision des erreurs humaines ;
- mise en œuvre de toutes les fonctions/informations possibles plutôt que l'ensemble utile des fonctions/informations nécessaires à la tâche.

Au contraire, selon une approche centrée humain, en particulier si elle est mise en œuvre tôt dans le processus de conception, afin de réduire les coûts de la reconception, on peut légitimement espérer : un accroissement des performances, une réduction des erreurs, de l'assistance, et de la formation, une augmentation de la satisfaction et de l'utilisabilité perçue, c'est-à-dire, globalement une augmentation des performances humain-système.

En effet, une conception de SI davantage centrée sur l'humain permet de réaliser des gains substantiels sur le plan socioéconomique. Par exemple[1], sur un système de support à la maintenance déployé sur un continent entier, destiné à 250 employés, payés 15 $ de l'heure et travaillant 230 jours par an, deux à trois écrans importants sont utilisés environs 60 fois par jour. Une évaluation ergonomique permettant une réduction de 5 secondes du temps de transaction (modification de formulaires) a permis un gain potentiel de temps chiffrable à 43 125 $ (250 utilisateurs × 60 écrans × 230 jours × 5 secondes/3 600 × 15 $). (Voir aussi Bias et Mayhew, 1994.)

De plus, cette prise en compte des aspects utilisateurs, notamment en termes de prévention des risques concernant la santé et la sécurité (par exemple pour les systèmes « critiques ») permet de plus en plus d'être en conformité, dans de nombreux pays, avec la législation et les normes.

1. Exemple réel tiré d'une évaluation menée sur un logiciel d'aide à la maintenance d'un réseau national de télécommunications.

Pour résumer, une bonne conception est une conception qui se définit et se mesure non pas seulement selon les propriétés intrinsèques du logiciel et du système, mais selon son utilisation, qui doit être, pour les logiciels interactifs, l'objectif principal, aussi bien pour des raisons économiques qu'humanistes et éthiques.

2 Exigences ergonomiques principales

Si l'on s'accorde sur le fait que la conception de SI doit se faire selon des critères de performance des systèmes, mais aussi et même surtout selon des critères liés aux objectifs des utilisateurs, il convient de définir la manière de s'y prendre selon une approche centrée humain. En particulier, on soulignera ici, sans viser la complétude, quelques exigences ergonomiques principales : la nécessité de prise en compte des utilisateurs, des tâches et du contexte ; la rigueur de la modélisation et des tests ; le caractère itératif du processus ; une conception universaliste.

2.1 Prise en compte des utilisateurs, des tâches et du contexte

Par définition, une approche centrée humain doit prendre en compte les utilisateurs, mais aussi les tâches et le contexte.

La participation des utilisateurs au processus de développement a d'importants avantages, notamment :
- les utilisateurs sont la source principale de connaissances sur leur activité actuelle mais aussi sur la manière dont ils seront amenés à travailler par la suite avec un nouveau système (à des fins d'analyse et d'étude). Ces connaissances concernent par exemple : les compétences, l'expérience, l'éducation, la formation, les caractéristiques physiques, les habitudes, les préférences et les aptitudes. Ces connaissances peuvent souvent se traduire par l'identification de différents groupes, profils, rôles, au sein de populations hétérogènes, mais conjointement impliquées dans l'utilisation du même SI ;
- les utilisateurs en situation d'interaction expérimentale, écologique et située sont la source de données indispensables pour un diagnostic ergonomique (à des fins d'évaluation) ;
- l'implication des utilisateurs tout au long du processus implique en général une adhésion plus forte au projet et donc à l'utilisation ultérieure (si, bien entendu, les choix de conception ont été bien menés et bien expliqués). De plus, l'illustration directe (par exemple à l'aide d'enregistrements vidéo) des difficultés des utilisateurs avec un système est souvent un moyen très efficace pour convaincre, quand nécessaire, les responsables de projet de la nécessité d'investissements supplémentaires pour pallier ces difficultés.

La prise en compte des tâches: il s'agit de décrire les caractéristiques globales des tâches susceptibles d'influer sur l'utilisabilité, comme la fréquence et la durée d'exécution, mais aussi les aspects détaillés des tâches et opérations, interactions matérielles et logicielles, notamment du point de vue du traitement de l'information et des connaissances. Bien entendu, il ne s'agit pas de descriptions en termes de fonctions ou d'attributs d'un produit ou système, mais de descriptions basées sur une activité.

La prise en compte du contexte: la notion de contexte dans lequel le SI sera utilisé inclut les aspects précédents (utilisateurs, tâches), mais aussi les aspects institutionnels (objectifs, organisation, contraintes), environnementaux (ambiant, physique et social, etc.), éléments tous fort importants, mais qui ne seront pas tous développés dans ce chapitre (voir aussi le chapitre «Besoin et interface» de la section I/10).

2.2 La rigueur de l'analyse, de la modélisation et des tests

La complétude, la rigueur, et la précision de l'analyse, de la modélisation, et des tests sont des exigences essentielles d'une approche centrée humain. Pour cela, il faut faire appel aux compétences appropriées; des méthodes éprouvées existent, dont on verra plus loin les critères de choix.

Que ce soit du point de vue de l'analyse, de la conception, ou de l'évaluation, une bonne connaissance des utilisateurs, des tâches, du contexte, constituant un socle fondamental sur lequel baser les décisions de conception (ou de reconception); il est essentiel que cette connaissance soit complète, précise et fiable, notamment dans le cas de systèmes «critiques». De nombreux écueils sont à éviter.

Du point de vue de l'analyse, il convient, par exemple, d'éviter de faire appel, à la place des utilisateurs effectifs, à des représentants utilisateurs inappropriés (supérieurs hiérarchiques, correspondants de projet, consultants, etc., non nécessairement au fait des caractéristiques précises des utilisateurs, des tâches effectives, et des procédures habituelles, voire détournées) ; il convient également de s'assurer des compétences appropriées des analystes dans l'utilisation des méthodes (par exemple pour la conduite d'entretiens, observation non intrusive). De façon générale, l'introspection, que ce soit du côté concepteur ou du coté de l'utilisateur, est à proscrire.

Du point de vue de la conception, il s'agit par exemple, de ne pas considérer que la conception est entièrement du ressort des utilisateurs (bien qu'on ait mis l'accent sur la nécessité de leur participation). En effet, les utilisateurs ne sont pas nécessairement familiers avec l'état de l'art des technologies informatiques ; ils n'ont pas forcément une vue suffisamment globale de leur environnement de travail et des relations avec d'autres opérateurs ou dispositifs; ils ne peuvent pas toujours penser à la meilleure manière de tenir compte de leurs propres besoins. Tout comme pour l'introspection du concepteur, il faut éviter celle des utilisateurs. Par contre, il existe des techniques éprouvées (par exemple itérations en conception participative) qui permettent de faire participer les utilisateurs sur des points particuliers (cf. Damodaran, 1996; Rosson et Carroll, 2002), pour éviter une conception particip-hâtive!

Du point de vue de l'évaluation, de nombreuses précautions sont nécessaires, notamment lors de tests utilisateurs (cf. § 3.2) qui impliquent de nombreuses activités préparatoires, de passation, et d'analyse.

Quelques exemples de précautions méthodologiques familières au spécialiste sont: la définition des objectifs de test et de performances; le choix du plan d'expérience; le choix éventuel d'hypothèses; les choix des mesures et des méthodes de recueil; les choix de méthodes d'analyse et de traitements statistiques; le nombre et les caractéristiques des participants à recruter, leur appartenance à des populations identifiées; leurs caractéristiques; leur regroupement éventuel; la sélection et la mise en œuvre des tâches support au test; la préparation du matériel et de l'environnement de test; la conduite du test à proprement parler (consignes, accompagnement, intervention, etc.); l'analyse des résultats globaux, des résultats spécifiques, des résultats vis-à-vis des hypothèses et des données annexes éventuelles, souvent révélatrices de résultats complémentaires non attendus... Les tests utilisateurs apportent parfois des surprises; l'interprétation des résultats en termes de considérations de conception (passage des problèmes aux solutions); la constitution de rapports d'évaluation et la présentation des résultats (aux concepteurs et aux utilisateurs); le feedback et le suivi avec les équipes de conception.

De plus, que ce soit en analyse, en conception, ou en évaluation, il est important que cette connaissance parvienne aux concepteurs sous une forme utilisable, notamment en matière de langage, de modèle, d'outil.

Enfin, il convient que cela soit mené au moment opportun et auprès des bons interlocuteurs.

2.3 Caractère itératif

Le caractère itératif de la conception et notamment l'itération des solutions de conception est une exigence fondamentale pour une bonne approche centrée humain, y compris dans une perspective qualité.

L'approche centrée humain doit faire partie intégrante du projet dans son ensemble. Elle doit être incorporée aux procédures et normes internes, par exemple pour le prototypage, les tests, l'implication appropriée des utilisateurs, l'assurance d'un bon équilibre des compétences et des connaissances au sein de l'équipe de mise au point, etc.

La planification des aspects centrés humain doit être menée au même titre que les autres activités du projet (par exemple, responsabilités, contrôle des variations), afin d'assurer un suivi permanent et une mise en œuvre concrète du plan. Il convient de réviser le plan lorsque les exigences changent et de le mettre à jour pour qu'il reflète l'état des activités.

Les itérations doivent être la règle afin de permettre le retour d'informations en conception. Il est également nécessaire de consacrer du temps, d'une part à l'instauration d'une communication effective entre les membres des équipes de conception, d'autre part à la résolution des conflits et négociations nécessaires. Ceci permet souvent une créativité additionnelle (idées nouvelles issues de confrontations pluridisciplinaires) ainsi que des communications et échanges supplémentaires.

Quelques exemples des éléments à identifier sont :
- les activités destinées à comprendre et identifier le contexte d'utilisation, à spécifier les exigences liées à l'utilisateur et à l'organisation ;
- les procédures permettant d'intégrer ces activités à d'autres activités de mise au point de systèmes, par exemple analyse, conception, essais, etc. ;
- les individus, le(s) organisme(s) responsable(s) des activités de conception centrées sur l'humain, ainsi que l'étendue de leurs compétences et de leurs points de vue ;
- les procédures concrètes visant à instaurer un retour d'informations et une communication relatifs aux activités centrées sur l'individu, dans la mesure où celles-ci touchent à d'autres activités de conception, ainsi que les méthodes d'objectivation de ces activités ;
- les repères appropriés jalonnant les activités centrées humain intégrés à la totalité du processus de conception et de mise au point ;
- les échéanciers permettant d'incorporer convenablement les retours d'informations et d'éventuelles modifications de conception au programme du projet.

L'évaluation constitue un élément essentiel de la conception itérative centrée humain, qu'il convient d'accomplir à tous les stades de la durée de vie du système. L'évaluation peut être utilisée pour :
- fournir un retour d'informations pouvant contribuer à améliorer la solution conçue ;
- juger si les objectifs liés à l'utilisateur et à l'organisation ont été atteints ;
- surveiller l'utilisation à long terme du produit ou du système.

En termes de compte rendu des résultats, il faut montrer par exemple :
- qu'un nombre approprié de sujets a participé aux tests et que ceux-ci étaient représentatifs des utilisateurs identifiés dans le contexte d'utilisation ;
- que les principaux objectifs centrés sur l'opérateur humain ont fait l'objet de tests ;
- que les tests et la collecte des données ont été effectués selon des méthodes valides ;
- que les résultats des tests ont été traités de façon appropriée ;
- que les conditions de test étaient appropriées.

2.4 Conception « universaliste »

Du point de vue ergonomique, le caractère variable des cultures et caractéristiques humaines est une notion importante, qui a de fortes conséquences sur le plan socioéconomique. Il ne s'agit pas ici d'analyser finement ces aspects, ni de considérer qu'un système peut être conçu pour tous, mais simplement de souligner deux points potentiels d'extension des objectifs de conception des SI interactifs : l'internationalisation et l'accessibilité. En effet, les SI concernent de nombreux domaines d'activité humaine, et donc une grande partie des populations du globe, avec leurs caractéristiques diverses et variables.

Internationalisation : un certain nombre de points doivent être examinés (cf. del Galdo et Nielsen, 1996 ; et http://iwips.org), lesquels vont au-delà des questions langagières :
- questions nationales : langage ; lois et régulations ; systèmes d'unités et formats habituels ;
- aspects culturels collectifs : environnements technologiques en place ; conditions d'utilisation ; traditions professionnelles et sociales ; type d'organisation du travail ; conventions, symboles et habitudes ; modes de lecture et d'écriture ;
- aspects culturels personnels : caractéristiques utilisateurs, en particulier anthropométrie, éducation, valeurs, préférences, attentes, etc.

Accessibilité : il convient de viser un niveau d'accessibilité (cf. ISO-TS 16071, 2003) aussi élevé que possible. Il s'agit d'élargir les spécifications utilisateurs à une grande variété de groupes humains dotés de capacités et de préférence variées, c'est-à-dire, à une population aussi large que possible, avec des besoins spécifiques, par exemple, des déficiences sensorielles et/ou motrices. Ces différentes capacités peuvent être dues à l'âge, à la maladie et/ou au handicap, mais plus généralement, le souci d'accessibilité concerne :
- des déficiences physiques, sensorielles et cognitives de naissance ou apparues au cours de leur vie ;

- des personnes âgées qui présentent des capacités physiques, sensorielles et cognitives réduites ;
- des personnes qui présentent un handicap passager, par exemple une personne avec une fracture du bras ou une personne ayant oublié ses lunettes ;
- des personnes confrontées à des difficultés dans certaines situations, par exemple une personne qui travaille dans un environnement bruyant ou dont les deux mains sont occupées par une autre tâche.

Selon cette approche, de plus en plus développée dans le monde, notamment du fait du vieillissement des populations, on considère qu'un handicap a lieu d'être considéré comme un élément naturel de la vie humaine. Tout le monde peut, à un moment donné de sa vie, être confronté à des circonstances qui lui rendent difficile l'accès à des systèmes, produits et services ainsi que leur utilisation. On peut même considérer que le handicap n'est pas une caractéristique personnelle, mais qu'il est déterminé par la capacité des systèmes, produits et environnements à prendre en compte la variabilité des utilisateurs. Ceci, bien entendu, n'exclut pas des dispositifs d'assistance supplémentaires (par exemple des dispositifs de synthèse vocale, des dispositifs d'entrée et de sortie en braille). Il ne faut pas oublier que, comparé au coût de modification des produits pour les rendre accessibles, il est relativement peu coûteux d'intégrer les caractéristiques d'accessibilité dans une phase précoce de la conception. Par ailleurs, bien souvent, le fait de s'intéresser à l'accessibilité, ou à l'assistance, pour des populations particulières, conduit souvent à des améliorations pour la population tout entière (par exemple le téléphone initialement destiné aux handicapés; les rampes d'accès destinées initialement aux personnes avec difficultés motrices, etc.). Enfin, la prise en compte de l'accessibilité peut conduire à des possibilités de personnalisation supplémentaires; elles peuvent également aider à surmonter un handicap passager. Elles sont utiles aux concepteurs et aux fournisseurs en multipliant le nombre d'utilisateurs et de clients potentiels (et par conséquent les ventes de leur produit), et souvent en les rendant conformes aux exigences légales en termes d'accessibilité. Elles bénéficient aux entreprises qui achètent le logiciel en multipliant le nombre d'employés pouvant se servir du logiciel.

3 Les MRM et MEU

Ce paragraphe est dédié à la description succincte des méthodes de l'ergonomie des logiciels, de leurs avantages et inconvénients respectifs. Pour plus de détails, le lecteur pourra consulter par exemple : Mayhew, 1992 ; Helander *et al.*, 1997 ; Bastien et Scapin, 2004. On évoquera ici les méthodes individuelles, utilisées de façon autonome, sans parler des problèmes posés par leur utilisation conjointe ou successive sous forme de méthodologies, très variables dans leur forme d'organisation par exemple l'analyse de l'activité qui met en œuvre plusieurs méthodes de recueil ; diverses méthodologies prescriptives du domaine de l'informatique et/ou de l'ergonomie, issues de la recherche ou de l'industrie, qui visent une partie ou la totalité du processus de conception, comme certaines méthodologies de conception participative, ou des méthodologies de modélisation et évaluations successives.

On peut décrire les méthodes de l'ergonomie de plusieurs manières, par exemple selon leurs domaines d'appartenance, leur spécialisation, leur fiabilité, leurs contraintes, etc. Ici, on distinguera simplement trois catégories de méthodes :
- les méthodes de recueil et de modélisation (MRM), qui ont préférentiellement vocation à l'analyse, mais qui peuvent cependant être utilisées parfois en évaluation quand il s'agit par exemple de diagnostics d'usage ou de comparaison de produits ;
- les méthodes d'évaluation de l'utilisabilité (MEU), qui concernent par définition l'évaluation, mais qui peuvent cependant être utilisées parfois en conception quand il s'agit par exemple d'identification de solutions à des diagnostics de problèmes d'utilisabilité ;
- les méthodes de créativité (MC), catégorie de méthodes qui a trait à l'analyse, avec l'objectif explicite d'une participation active des utilisateurs à la conception. Ces méthodes font souvent partie des méthodologies dites de conception ou d'évaluation participative.

3.1 Les MRM (méthodes de recueil et de modélisation)

Ces méthodes visent à connaître et à modéliser les caractéristiques pertinentes des utilisateurs, des tâches et du contexte à partir desquelles le SI est conçu. Ces connaissances permettent de guider la conception afin d'en maximiser l'utilisabilité. Souvent, cette voie conduit à la découverte de manières non nécessairement prévues selon lesquelles les utilisateurs appréhendent le fonctionnement ou l'utilisation d'un produit ou système. Cette focalisation peut conduire à la comparaison de conceptions concurrentes afin de déterminer laquelle est la plus facile à utiliser.

On distinguera deux classes de méthodes : les MR (méthodes de recueil) et les MM (méthodes de modélisation).

Les MR (méthodes de recueil)

Il s'agit de méthodes plus particulièrement dédiées au recueil de données, préférentiellement pour en tirer des exigences pour la conception, mais aussi pour alimenter la modélisation, ou bien encore pour établir des diagnostics d'usage. On évoquera ici rapidement les méthodes les plus usuelles (pour plus détail, et plus de méthodes, voir Bastien et Scapin, 2002 ; Bisseret *et al.*, 1999 ; Brangier, 2006) :

- *Les questionnaires* : les questionnaires permettent le recueil de données subjectives relatives aux attitudes, aux opinions des utilisateurs et à leur satisfaction. Ces informations ont diverses utilisations, par exemple pour l'appréhension des grandes lignes d'opinion, voire des informations contextuelles sur l'usage, ou pour compléter les données objectives recueillies lors des tests d'utilisation. Les items de questionnaires peuvent être des questions ouvertes ou bien des questions fermées, check-list ou échelle. Leurs avantages sont de prendre en compte les aspects préférences (si possible en complément des aspects performances), d'être aisés à mettre en place et à gérer. Leur inconvénient majeur, en plus de leur caractère subjectif et parfois de leur lourdeur si le nombre de questions est trop grand, est la difficulté de leur construction et de leur validation qui requièrent des compétences et connaissances particulières. En conséquence, il faut utiliser préférentiellement des questionnaires standardisés, quand ils sont disponibles.
- *Les entretiens* : les entretiens, en relation directe avec les utilisateurs permettent l'investigation en détail des opinions des utilisateurs, mais aussi des éléments factuels sur leur activité. Ils peuvent être mis en œuvre pour explorer des thèmes complexes et permettent d'itérer sur des reformulations. Ils peuvent être plus ou moins dirigés, ce qui conduit à de fortes variations de la fiabilité et de la complétude des informations obtenues. Leur avantage majeur est une grande flexibilité et une grande richesse. L'inconvénient corollaire majeur est d'ordre temporel, aussi bien en termes de temps de passation qu'en termes d'analyse (surtout quand on passe par une phase de retranscription complète des enregistrements, heureusement non nécessaire lorsque l'entretien a des objectifs clairs et une structuration opérative). La maîtrise technique des techniques d'entretien nécessite une formation adéquate.
- *Les verbalisations, penser à haute voix* : penser tout haut implique que les utilisateurs verbalisent continuellement leurs idées, leurs croyances, leurs attentes, leurs doutes, leurs découvertes, etc. tout au long de leur activité lors de l'utilisation du système. Ceci est souvent utilisé dans le cadre d'expérimentations, de tests utilisateurs, mais peut être très utile pour l'analyse d'activités réelles en cours. Ces informations sont un complément à la compréhension des comportements observables des utilisateurs. Ce point constitue l'avantage majeur de cette technique, en plus de sa facilité de mise en place (si adhésion forte des utilisateurs) ; ses inconvénients sont les difficultés méthodologiques d'analyse en parallèle des performances et des verbalisations, et, du fait de sa richesse informationnelle, la lourdeur des analyses ultérieures des protocoles obtenus.
- *L'observation des utilisateurs* : il s'agit de la collecte (généralement outillée, par exemple enregistrements vidéo, logs) précise et systématique d'informations sur le comportement et les performances des utilisateurs, dans le contexte de tâches exécutées en situations d'activité réelle ou en laboratoire. Une telle observation est structurée et s'appuie sur des grilles et des protocoles qui permettent la classification du comportement des utilisateurs. Ses avantages sont d'abord qu'il s'agit d'activités réelles et que les données recueillies le sont directement à la source, et de manière objective. Un intérêt potentiel majeur est également la possibilité, dans le cas d'observations systématiques et outillées, de procéder à des mesures relatives aux performances. L'inconvénient majeur est le coût en temps de préparation, en temps d'analyse, et en matériel. De plus, les données « observables » ne donnent pas nécessairement à elles seules un accès direct aux processus mentaux.
- *L'analyse des incidents critiques* : il s'agit d'une collecte systématique d'événements remarquables, positifs ou négatifs, et pertinents en matière de performances utilisateur. Ces incidents sont décrits sous la forme de comptes rendus des faits intervenant autour de l'incident. Les données peuvent être collectées à partir de documents, et auprès des utilisateurs. Alors que le recueil des mesures relatives aux performances concerne les tâches courantes et des situations existantes, l'analyse d'incidents critiques examine les événements significatifs, sur une période de temps donnée. Ceci se fait notamment à partir des sorties du système, des documents produits, notamment en matière de déviation vis-à-vis des performances attendues. Les avantages sont la collecte, pour des activités réelles, de certaines causes de problèmes souvent significatifs des dysfonctionnements du système. L'inconvénient majeur de la méthode est sa durée souvent longue pour autoriser la parution d'incidents. Une source d'information complémentaire propice à l'analyse est constituée par les éventuels rapports d'incidents lorsqu'ils font partie des procédures de l'organisation.

Les MM (méthodes de modélisation)

Il s'agit de méthodes et de modèles auxquels peuvent êtres associés des méthodes de recueil. Elles sont plus particulièrement dédiées à la modélisation du système homme-machine, selon des objectifs de connaissance, mais aussi pour alimenter la conception de manière plus ou moins directement utilisable par le concepteur, ou pour effectuer des comparaisons de produits. Ici on restreindra ces aspects aux modèles focalisés sur les tâches. D'autres approches basées sur des modèles incorporent des modèles du domaine, des modèles de l'utilisateur, des modèles liés à l'IHM, par exemple présentation, dialogue, plate-forme, aide, etc. (cf. Vanderdonckt et Puerta, 1999).

Dans l'analyse et la modélisation des tâches, il ne s'agit pas de se substituer au concepteur, mais de fournir les données ergonomiques appropriées (contenu et forme de transmission) sur l'activité du point de vue du contenu et de la forme. Les principes et concepts de base de l'analyse et de la modélisation des tâches et des activités humaines sont largement méconnus des concepteurs de systèmes interactifs, par exemple : comment procéder, selon quelles techniques de recueil de données, quelles caractéristiques sont importantes à modéliser en vue de la conception, quels formalismes utiliser, comment passer de l'analyse à la conception ? Bien que ces questions ne soient pas toutes résolues, le lecteur intéressé pourra consulter Scapin et Bastien (2001), Diaper et Stanton (2004). Du point de vue méthodologique, de nombreuses variations doivent être prises en compte :

- La situation examinée peut comporter diverses variations : elle peut correspondre à une activité de type professionnel ou personnel, voire un mélange des deux (par exemple recherche d'informations pour une mission scientifique). Ceci d'ailleurs pose des problèmes nouveaux à l'ergonomie classique, focalisée sur le travail, notamment la caractérisation des objectifs de l'utilisateur qui devient un consommateur, un client. Elle peut aussi varier selon le domaine d'activité ; confection, automobile, surveillance, etc. Parallèlement, la situation examinée peut varier selon les caractéristiques mêmes de l'activité : complexité du travail à analyser, notion de risque, caractère routinier ; elle peut être individuelle ou collective ; elle peut varier selon les types d'utilisateurs en activité, selon leur nombre, leur culture, leur langue, leur métier, leur expérience, leur niveau d'éducation, leur capacité à exprimer le sens de leur travail, leur niveau de responsabilité et d'initiative, leur représentativité. Ces différents paramètres conduisent bien évidemment à des décisions méthodologiques variées en termes de méthodes et de techniques de recueil. Par contre, les modèles de description doivent quant à eux être stables et permettre la description formelle des informations recherchées.
- La nature de l'analyse dépend de plusieurs paramètres comme : l'expertise disciplinaire de l'analyste et son degré de familiarité avec l'activité considérée ; les techniques de recueil employées. Les objectifs de l'analyse des tâches peuvent être également variables. En effet, il peut s'agir de collecter des informations sur la tâche ; de représenter ces informations ; de définir les structures de buts d'un système et d'examiner les limites imposées aux utilisateurs ; il peut s'agir d'analyser le comportement d'experts de la tâche, ou d'analyser ce que peut accomplir un utilisateur lambda. À ces différents objectifs correspondent divers moyens et méthodes.
- Les résultats des analyses sont, bien entendu, fortement liés à ces objectifs : le type de données obtenues ainsi que la manière de les formaliser auront une influence cruciale sur l'utilisation ultérieure dans le processus. Les exigences sur les caractéristiques des modèles utilisés sont notamment : profondeur, validité, fidélité, caractère reproductible, etc., ainsi que leur relation avec le cycle de vie des logiciels. Les écueils à éviter en matière d'analyse sont notamment le manque de complétude et le niveau de granularité insuffisant de l'analyse, ainsi que la variabilité interindividuelle d'un analyste à l'autre, écueils en partie levés par l'utilisation de modélisations plus structurées, plus formelles. Diverses méthodes (diagrammes d'entrées-sorties, organigrammes fonctionnels, de processus, de flots d'informations, réseaux de Petri, graphes de signaux, etc.) existent ; certaines permettent de décrire et de formaliser des tâches réalisées avec des outils logiciels (cf. Scapin et Bastien, 2001, *op. cit.* ; Paterno, 1997 ; Limbourg et Vanderdonckt, 2004). Un point essentiel, toujours du registre de la recherche, est le problème des passerelles entre les différents modèles d'analyse, de conception, de développement, etc., par exemple avec des modèles de type UML ou des langages de développement, et les outils et services associés (cf. Jambon *et al.*, 2001 ; Lucquiaud *et al.*, 2001 ; Abed *et al.*, 2001).

3.2 Les MEU (méthodes d'évaluation de l'utilisabilité)

Ces méthodes visent à déterminer, en fonction d'objectifs (par exemple des objectifs quantitatifs d'utilisabilité, des échelles de mesure de performances ou de préférences, des modèles prédictifs, des normes, etc.) la capacité du système à permettre à l'utilisateur d'atteindre ses objectifs, et sa facilité d'utilisation associée. Au sein des MEU, on distinguera deux classes : les méthodes issues de connaissances avérées et-ou de modèles (MCAM); et les méthodes de type empirique[1] (ME). Les premières ne font pas appel à la participation directe et active des utilisateurs contrairement aux secondes.

MCAM

Dans la mesure où elles sont basées sur des connaissances avérées (expérimentation, recommandations, normes, modèles, etc.), ces méthodes peuvent être utilisées, d'une part, lorsqu'il n'est pas possible de collecter des données directement auprès des utilisateurs; et d'autre part, et c'est fortement recommandé afin de procéder à une première passe évaluative permettant de «nettoyer» le système des erreurs les plus flagrantes, et ainsi permettre des tests utilisateurs sur des versions améliorées du système, et de faciliter l'interprétation des difficultés d'utilisabilité éventuellement restantes. On peut recenser diverses méthodes faisant appel à une connaissance ergonomique préalable:

- *Le recours à l'expertise:* l'évaluation experte est une évaluation informelle basée sur l'expérience et la connaissance de l'expert en utilisabilité. L'expert identifie en principe les problèmes les plus fréquemment observés en référence à ses connaissances et expériences. Elle peut conduire à l'identification rapide de problèmes potentiels et peut également permettre d'éliminer les causes des problèmes. Ces évaluations sont relativement peu coûteuses, car relativement rapides et peuvent survenir assez tôt dans le processus de conception. Cependant, les performances des experts sont très variables quant à leur expérience et à leur connaissance de l'état de l'art, ce qui implique de fortes variations en termes de nombre et de types d'erreurs de conception détectées. Une limitation du recours à l'expert est bien sûr que le diagnostic ne peut concerner que des problèmes relativement connus, et donc exclut les situations nouvelles en termes de technologies, de contextes, ou d'utilisateurs. Par ailleurs, le diagnostic «théorique» d'évaluation peut parfois recéler des surprises par rapport à l'utilisation réelle.
- *Les méthodes basées sur des documents:* ces méthodes (également appelées inspections armées) peuvent compléter le jugement de l'évaluateur. Il existe diverses variations de ces méthodes et différentes sources de documents, par exemple: l'inspection cognitive (*Cognitive walkthrough*); l'évaluation de la conformité à des guides de style de constructeurs, à des guides «maison», à des manuels, à des listes de recommandations; l'évaluation de la conformité à des dimensions ergonomiques (*critères ergonomiques*[2], *heuristiques*); l'évaluation de la conformité à des normes propriétaires, nationales ou internationales (lesquelles peuvent correspondre à des principes généraux ou à des recommandations particulières). Un domaine important de variation de ces divers documents est la manière dont ils ont été construits et validés: *top-down, bottom-up*, théorique, empirique, consensus, compilations bibliographiques, etc.; validations complètes, partielles ou inexistantes. La contribution de ces documents à l'efficacité du diagnostic est bien évidemment liée à la manière plus ou moins rigoureuse avec laquelle ces documents ont été produits. Dans tous les cas, la limitation forte est que cette méthode ne peut que contribuer à détecter des problèmes déjà connus, à partir de connaissances avérées, mais cela est déjà un grand pas (pour plus de détail, voir Bastien et Scapin, 2001, 2002). Une contrainte forte de ces méthodes est que l'évaluateur doit avoir suffisamment d'expérience afin de pouvoir utiliser ces documents d'une manière qui soit appropriée au contexte d'utilisation et de procéder à la conception et à l'évaluation de manière efficace.
- *Les méthodes à base de modèles:* celles-ci permettent, à partir de modèles linguistiques, de modèles à niveaux, de modèles cognitifs, etc., de prédire, dans certains cas, la complexité cognitive d'un système, de comparer des interactions, etc. (cf. Scapin et Bastien, 2001). Leurs avantages sont qu'elles sont largement disponibles; qu'elles normalisent les comparaisons et prévoient les performances; qu'elles permettent une intégration précoce dans la conception. Leurs inconvénients sont qu'elles nécessitent du temps, une expertise élevée requise pour créer et interpréter les modèles. Par ailleurs, leur validité écologique est fortement dépendante du contexte et des méthodes de recueil utilisées; de plus, le lien n'est pas toujours fait avec les méthodes formelles du génie logiciel.
- *Les outils informatiques de support à l'évaluation:* les évaluations automatisées peuvent diagnostiquer les défaillances du système par rapport à des règles prédéfinies. L'intérêt de ces méthodes est leur mise en œuvre aisée (en tout cas peu coûteuse) et le caractère homogène des résultats d'une évaluation à l'autre; par contre les inconvénients sont qu'elles traitent souvent des aspects de surface (organisation graphique des écrans) et qu'elles sont souvent par-

1. Le terme «empirique» est utilisé non pas au sens commun d'essais/erreurs, mais au sens de «issu de l'expérience», l'expérience, ayant essentiellement un caractère de confrontation avec des données réelles issues d'utilisateurs réels, dans le cadre d'expérimentations scientifiques ou à partir d'autres méthodes de recueil sans mise en œuvre de test d'hypothèses.

2. Voir par exemple pour les GUI: Scapin et Bastien, 1997; pour le Web: Leulier *et al.*; pour les EV: Bach et Scapin, 2003.

tielles. Il en existe plusieurs formes, à des degrés divers de sophistication, de l'accès à la documentation, à l'évaluation automatique, en passant par l'aide au diagnostic, à la rédaction de rapports d'évaluation (cf. Mariage et Vanderdonckt, 2001; Bastien et Scapin, 2002; Scapin *et al.*, 2000; Cybis *et al.*, 2005).

ME

Les méthodes empiriques d'évaluation de l'utilisabilité utilisent nombre des techniques de recueil citées précédemment, mais en situation de test utilisateurs, d'usage, ou d'utilisabilité. Ayant évoqué précédemment les méthodes basées sur des méthodes subjectives, cette partie sera réduite aux aspects performances, qui sont, d'une part, la version aboutie de ce qu'est l'empirisme scientifique au sens des sciences dites expérimentales; et d'autre part la méthode la plus complète pour détecter effectivement des problèmes d'utilisation réels, en situation. C'est la méthode étalon de l'ergonomie scientifique, avec ses limites et tous les problèmes méthodologiques qu'elle pose. Sur ces aspects, le lecteur pourra se référer à deux numéros spéciaux du journal *Behaviour and Information Technology*, respectivement sur les laboratoires d'utilisabilité et sur les méthodes d'utilisabilité (Nielsen, 1994; Scapin et Berns, 1997); ainsi qu'à Rubin, 1994; Bastien et Scapin, 2002.

Généralement, lors des tests, une personne participe soit à l'exécution de tâches représentatives des tâches pour lesquelles l'outil informatique ou la nouvelle technologie a été conçu, soit à l'exploration libre de ces derniers. L'objectif de ces tests est d'identifier les difficultés d'usage à partir des verbalisations suscitées ou spontanées des utilisateurs ou à partir d'indices de performances variés tels que le temps requis pour l'exécution d'une tâche, l'exactitude des résultats, le nombre et les types d'erreurs commises. Quelques exemples de mesures effectuées sont: temps passé pour accomplir une tâche; nombre de tâches accomplies pendant une durée prédéfinie; nombre d'erreurs; temps passé à la correction des erreurs; fréquence et temps passé à la localisation et à l'interprétation des informations du manuel utilisateur, de l'aide; nombre de commandes utilisées; nombre de fonctions du système mémorisées; nombre de fois où la tâche de l'utilisateur a été abandonnée; nombre de digressions. Le recueil et l'analyse de ces grands ensembles d'informations étant complexe, ardu et long, il existe nombre d'outils, de technologies destinées à faciliter la détection (par exemple suivi du regard), l'enregistrement (vidéos, logfiles, etc.), la classification des évènements (analyseurs de bandes vidéos, de log files, etc.), et bien sûr de traitement statistique des données, sans parler des aménagements complexes nécessaires aux tests de nouvelles technologies (simulation, environnements virtuels, magicien d'Oz).

Les avantages des tests sont la collecte de données quantifiables, de problèmes effectifs; la possibilité de prédire des performances et de comparer des résultats. Les inconvénients sont de ne pas identifier directement la cause des problèmes; la nécessité de disposer d'une forme relativement aboutie du système à évaluer et donc de ne pouvoir être mise en œuvre lors des toutes premières étapes du processus. Enfin, comme on l'a vu précédemment, afin d'éviter de nombreux écueils, c'est une méthode qui nécessite des compétences précises en matière de modélisation, de plans d'expériences, de méthodes statistiques, etc.

3.3 Les MC (méthodes de créativité)

Les méthodes dites de créativité ont pour objectif l'implication, en individuel, ou plus souvent, en groupe, de manière collaborative, de différents types de participants (utilisateurs, développeurs de produits et spécialistes des facteurs humains, etc.) pour collaborer à l'évaluation ou à la conception des systèmes. Ces méthodes sont issues de diverses disciplines (ergonomie, sociologie, marketing) et offrent de nombreuses techniques, outillées ou non (par exemple *focus groups*, *brainstorming parallel design*; co-conception; utilisation de vidéos, de prototypes, de post-it, simulations dans des environnements réels ou augmentés, etc. Cf. par exemple: Holzblatt et Jones, 1991; Mackay, 1995). Ces méthodes et techniques souvent novatrices, parfois à la frontière entre «design» et ergonomie, sont particulièrement utiles quand la nature et le contexte des systèmes et produits sont très innovants et mal connus, mais aussi pour faciliter les échanges entre concepteurs et utilisateurs. Les avantages de ces méthodes sont leur rapidité de mise en place; la possibilité de les utiliser lors des phases initiales des projets; et l'accès relativement facile à ces compétences de type «remue-méninges». Les inconvénients de leur souplesse sont quant à eux le caractère souvent informel des méthodes et l'absence de prédiction de performances.

4 Les normes en ergonomie de l'informatique

La normalisation en ergonomie prend une place de plus en plus importante du fait de l'application des directives européennes en matière de la prévention des risques professionnels, ou de l'accessibilité; du fait de l'apparition de nouvelles législations en matière d'accessibilité; mais aussi en raison de ses liens avec la certification, et leur harmonisation avec les pratiques et législations internationales. Les normes et spécifications (notamment celles issues du recueil précité peuvent être utilisées selon divers objectifs : aide à la formation car elles correspondent à un état de l'art consensuel, partagé par des experts internationaux ; guide à l'évaluation et à la conception car elles proposent des méthodes et des recommandations applicables à diverses situations informatisées ; support à la documentation des situations et produits informatiques destinés à faire l'objet de négociations entre «producteurs» et «utilisateurs» ; support à la certification, à mesure que cette dernière prend de l'importance).

L'utilisation appropriée de ces normes et spécifications techniques nécessite des précautions, et un certain niveau d'expertise. En effet :

- elles ne remplacent pas l'expertise. Leur mise en application sera d'autant mieux effectuée qu'elle le sera par des ergonomes bien formés ;
- elles ne remplacent pas les méthodes classiques de l'ergonomie, mais en sont un complément pour les aspects considérés comme suffisamment mûrs et de pratique commune ;
- bien que certaines d'entre elles comportent des annexes et des check-lists, il est particulièrement recommandé de ne pas se contenter de ces dernières, mais de consulter le contenu des documents dans leur détail ainsi que les normes connexes ;
- il est souvent judicieux de consulter également les publications scientifiques associées : par exemple, ouvrages didactiques, textes pédagogiques de mise en application, articles scientifiques détaillant tel ou tel aspect spécifique, etc. ;
- la vérification de la conformité aux normes, notamment quand il s'agit de recommandations, comporte généralement deux étapes qu'il convient de respecter : sont-elles applicables, puis sont-elles appliquées ?
- leur mise en application n'est pas automatique : en effet, il existe de nombreux cas de compromis entre les recommandations et méthodes[1] proposées. Il convient de s'assurer de l'adéquation de la norme à la situation visée et d'associer le recours à la norme à toutes autres approches pertinentes de la situation. Par ailleurs, au niveau de la mise en œuvre détaillée, il faut noter que bon nombre des recommandations sont conditionnelles, la condition étant souvent liée au contexte d'utilisation.

Voici un bref aperçu des normes en ergonomie de l'informatique (elles sont regroupées en fonction des thèmes abordés et non en fonction de leur numérotation initiale[2]) :

- *ISO 9241-1.* Cette norme est une introduction générale à l'ensemble des dix-sept parties de la norme 9241 et traite donc aussi bien des aspects logiciels que des aspects matériels de l'ergonomie de l'informatique. À cette norme a été adjoint un amendement, publié en 2001, qui décrit la structure, les caractéristiques et les relations entre les normes 10 à 17, ainsi que leur prise en compte dans les processus d'analyse, de conception et d'évaluation. De plus, cet amendement évoque la sélection et combinaison des techniques de dialogue.
- *ISO 9241-2.* Cette norme constitue un guide général sur les exigences des tâches et leur prise en compte comme étape essentielle de la mise en œuvre de l'ensemble de la norme 9241.

Deux normes concernent les processus de conception et les méthodes d'utilisabilité :

- *ISO 13407.* Cette norme décrit le processus de conception centré sur l'opérateur humain pour les systèmes interactifs. Bien que cette norme ait initialement concerné les logiciels, elle a été étendue à l'ensemble des aspects de l'informatique. Elle a pour objet d'aider les responsables de la conception des matériels et logiciels à identifier et planifier les activités de conception centrée sur l'opérateur humain, de manière efficace et opportune. L'approche décrit notamment quatre activités itératives de conception centrée utilisateur : la compréhension et la spécification du contexte d'utilisation ; la spécification des exigences utilisateur et des exigences organisationnelles ; la production de solutions de conception ; l'évaluation de la conception vis-à-vis des exigences.
- *ISO/TR 16982.* Cette norme a pour objectif d'aider les chefs de projets à prendre des décisions éclairées quant au choix des méthodes d'utilisabilité permettant de prendre en charge la conception centrée sur l'opérateur humain. Chaque méthode est décrite avec ses avantages, ses inconvénients et d'autres facteurs relatifs à sa sélection et à son utilisation.

Certaines normes concernent des principes généraux :

- *ISO 9241-10.* Cette norme a pour but de présenter les grands principes ergonomiques qui s'appliquent à la conception des dialogues entre l'homme et les systèmes d'information. Elle établit sept principes de bonne pratique pour la conception du dialogue entre l'utilisateur et l'interface logicielle (degré

1. On peut cependant considérer que plus le nombre de méthodes ergonomiques (de qualité) utilisé sera grand, plus les chances d'aboutir à un résultat optimal seront grandes !

2. Cette numérotation est d'ailleurs en cours de modification afin de mieux refléter la structure des normes et leurs développements futurs.

d'adaptation à la tâche; caractère autodescriptif; contrôle utilisateur; conformité aux attentes de l'utilisateur ; tolérance à l'erreur; aptitude à l'individualisation ; facilité d'apprentissage).

- *ISO 9241-11.* Cette norme présente des lignes directrices concernant l'utilisabilité. Elle introduit le concept d'utilisabilité, mais ne contient pas de recommandations spécifiques en termes d'attributs de produits. Elle vise uniquement à permettre aux utilisateurs des produits d'atteindre des objectifs spécifiés de façon efficace, efficiente et satisfaisante dans un contexte d'utilisation donné (utilisateurs, tâches et environnement). Elle fournit des descriptions du contexte d'utilisation, des procédures d'évaluation à appliquer et des mesures de critères à satisfaire lors de l'évaluation de l'utilisabilité du système.
- *ISO 9241-12.* Cette norme décrit des caractéristiques de présentation de l'information souhaitables (clarté, discernabilité, concision, cohérence, détectabilité, lisibilité, compréhensibilité). Ces caractéristiques s'appliquent aux aspects visuels de la conception du guidage de l'utilisateur et aux techniques de dialogue spécifiques utilisées par les logiciels. Elle fournit également des recommandations sur la présentation de l'information.
- *ISO 9241-13.* Cette norme fournit des recommandations pour les interfaces utilisateur en matière de guidage; celui-ci étant constitué par les informations fournies par le système en plus du dialogue standard existant entre l'utilisateur et l'ordinateur, à la demande de l'utilisateur ou de manière automatique, par exemple informations d'état, messages de retour d'information et aide en ligne. Cette norme propose des moyens d'évaluer ces aspects guidage.

Une norme particulière concerne l'accessibilité :

- *ISO/TS 16071.* Cette spécification technique est destinée à guider les développeurs dans la conception d'interfaces homme/système proposant un niveau d'accessibilité aussi élevé que possible. La conception d'interactions homme/système à accessibilité accrue favorise l'amélioration de l'efficacité et de l'efficience ainsi que la satisfaction d'une population présentant une grande variété de capacités et de préférences. Cette spécification est principalement fondée sur les connaissances courantes des individus qui présentent des déficiences sensorielles, cognitives, et-ou motrices. Il faut noter que cette spécification technique est en passe de devenir norme ISO, après examen et prise en compte des derniers travaux actuels en matière d'accessibilité, et en cohérence avec les diverses législations internationales en préparation sur ce sujet. Voir aussi, pour le web, la norme *de facto* WCAG (http://www.w3.org/WAI).

Plusieurs normes concernent les techniques de dialogues :

- *ISO 9241-14.* Cette norme traite de la conception ergonomique des dialogues de type menu (menus déroulants et fugitifs, par exemple). Dans les dialogues de type menu, le système de dialogue présente à l'utilisateur un ou plusieurs groupes d'options parmi lesquels ce dernier choisit une ou plusieurs options, et l'ordinateur exécute le processus correspondant à l'option ou aux options sélectionnées.
- *ISO 9241-15.* Cette norme traite de la conception ergonomique des dialogues de type langage de commande. Dans les dialogues de type langage de commande, les entrées utilisateur s'effectuent par le rappel de lignes de commande complètes ou abrégées, suivant la syntaxe du langage de commande, et l'ordinateur effectue les actions associées aux commandes et aux paramètres qu'elles indiquent.
- *ISO 9241-16.* Cette norme traite de la conception ergonomique des dialogues de type manipulation directe. Dans ces dialogues, les utilisateurs effectuent des opérations en agissant sur des objets affichés, selon un mode qui s'apparente à la manipulation d'entités physiques.
- *ISO 9241-17.* Cette norme traite de la conception ergonomique des dialogues de type remplissage de formulaires. Dans ces dialogues, les utilisateurs remplissent des zones libellées de l'écran, sélectionnent des entrées pour ces dernières ou les modifient.

D'autres normes concernent le multimédia :

- *ISO 14915-1.* Cette norme concerne les interfaces utilisateur multimédia, lesquelles incorporent, intègrent et synchronisent différents médias (médias statiques tels que texte, graphique, image, et médias dynamiques tels que son, animation, vidéo ou autres modalités sensorielles). Cette norme établit les principes de conception pour les interfaces utilisateur multimédias et fournit un cadre pour la conception multimédia. Les principes sont introduits de façon à fournir la base de recommandations détaillées spécifiques au multimédia, décrites dans les autres parties de l'ISO 14915. Des recommandations générales sur le processus de conception des interfaces utilisateur multimédias sont proposées.
- *ISO 14915-2.* Cette norme fournit des recommandations pour le contrôle et la navigation relatifs aux médias dans les applications multimédias. Le contrôle des médias se rapporte essentiellement aux fonctions de contrôle des médias dynamiques tels que le son ou la vidéo. La navigation fait référence à

la structure conceptuelle de l'application multimédia et aux interactions de l'utilisateur nécessaires au déplacement dans cette structure. Elle inclut également des recommandations pour la recherche de matériaux multimédias.

- *ISO 14915-3.* Cette norme fournit des recommandations pour la sélection des médias par rapport à l'objectif de communication ou à la tâche, de même qu'aux caractéristiques informationnelles. Elle fournit aussi des indications pour la combinaison de différents médias. Elle inclut en outre des recommandations pour l'intégration de composants multimédias dans la visualisation et la lecture des séquences.

On peut noter qu'une nouvelle norme, initialement prévue comme partie 4 de l'ISO 14915, est en cours de vote (future ISO 23973) sur le thème des applications Web (internet, intranet et extranet).

Certaines normes concernent le poste de travail, et son environnement : ISO 9241-5 traite de l'aménagement du poste de travail et des exigences relatives aux postures ; ISO 9241-6 constitue un guide général relatif à l'environnement de travail.

Enfin, d'autres normes sont axées sur le matériel : ISO 9241-3, 1993, est consacrée aux écrans de visualisation électroniques ; ISO 13406-1 & 2 concernent la qualité d'image et les exigences ergonomiques des écrans à panneau plat ; ISO 9241-4 s'applique aux claviers linéaires séparés, conçus pour une utilisation fixe. ISO 9241-7 traite des ambiances lumineuses qui peuvent produire des réflexions sur l'écran. ISO 9241-8 traite des couleurs associées aux applications graphiques et de texte, et aux images pour lesquelles des couleurs sont associées de façon discrète ; ISO 9241-9 concerne la conception des dispositifs d'entrée autres que les claviers.

5 Cycle de vie et choix de méthodes

On ne reviendra pas ici sur la forme particulière de telle ou telle forme de cycle de conception, domaine de consensus difficile en matière de méthodologie théorique, pratique ou de normalisation. Pour des informations plus détaillées, voir Mayhew (1999), Kolski *et al.* (2001). Historiquement, cet enchaînement qualifié de « cycle de vie du logiciel » est passé d'une forme linéaire (cycle de vie en cascade) à des formes itératives et incrémentales (cycle de vie en spirale, en cascade, etc.) mieux adaptées.

Par contre, on soulignera diverses étapes fondamentales du processus au sein desquelles l'orientation centrée utilisateur doit être mise en œuvre (cf. ISO-IS 13407 ; ISO-TR 16882 ; Fenoulière, 2002). Les points essentiels sont que l'approche centrée humain peut et doit être menée lors de toutes les étapes du cycle de vie ; qu'il est plus rentable de mettre en œuvre des activités de conception centrée humain dès le début du cycle de vie, avant qu'un investissement important soit fait dans l'implémentation de solutions de conception ; et enfin que les méthodes à utiliser peuvent être plus ou moins adaptées selon les étapes, sujet qui fait l'objet de ce paragraphe et du suivant.

Conformément aux recommandations des normes citées ci-dessus, on évoquera trois étapes du cycle de vie des logiciels pour situer les choix de méthodes ergonomiques :

- *acquisition et approvisionnement* : le point important dans ce cas est de bien définir les critères qui serviront de base pour les choix d'acquisition, ainsi que les moyens d'évaluation pour vérifier que les critères ont été respectés. La nature des méthodes d'utilisabilité à utiliser varie selon le contexte du produit à fournir, disponible commercialement ou réalisé conformément aux spécifications fournies, ou encore une combinaison des deux. Toutefois, les méthodes telles que l'observation des utilisateurs et les méthodes basées sur les documents sont particulièrement recommandées. Pour aller plus loin, lors de l'acquisition, un test d'acceptation de livraison, du type test utilisateurs est souvent utile ;
- *développement* : au niveau de l'analyse des exigences, il est très important d'établir de manière précoce les exigences des tâches et des utilisateurs ; dans les premiers stades de l'analyse des exigences, l'observation des utilisateurs et les interviews permettent la participation des utilisateurs de manière efficace. Au niveau de la conception architecturale (système et logiciel), les méthodes d'utilisabilité seront mises en œuvre pour confirmer, modifier ou affiner les précédents résultats ; lors de cette étape, des prototypes ou des systèmes démontrables peuvent être évalués avec plusieurs méthodes ; les méthodes de type empirique (ME) sont conseillées. Au niveau du test de qualification (système et logiciel), les méthodes d'utilisabilité sont appliquées afin de tester le respect des exigences ; ces méthodes permettront de certifier les produits livrés par rapport aux questions ergonomiques ; toutes les méthodes sont appropriées pour les produits finaux, mais celles basées sur l'implication de l'utilisateur donnent les meilleurs résultats ;
- *fonctionnement et maintenance* : les mêmes méthodes peuvent être utilisées ; la différence essentielle avec le processus de développement est qu'il est assuré qu'un groupe d'utilisateurs sera disponible ; l'évaluation peut être effectuée de préférence par l'observation des utilisateurs, par les mesures relatives aux performances ou par les méthodes liées aux inci-

dents critiques. L'objectif consiste à obtenir des informations sur le dysfonctionnement du logiciel existant afin de le corriger ou de l'améliorer.

6 Choix des méthodes (MRM et MEU) selon le contexte des projets

En plus des choix de méthodes guidés par la nature des étapes du cycle de vie des logiciels, de nombreuses autres considérations doivent être prises en compte pour un choix approprié de méthodes (que ce soit des méthodes de recueil et de modélisation, ou des méthodes d'évaluation de l'utilisabilité). Les éléments suivants sont adaptés de ISO-TR 16982, document d'accompagnement méthodologique de l'ISO-IS 13407.

L'environnement du projet de SI peut comporter diverses contraintes :

- lorsque le temps alloué au projet est très limité, on peut s'orienter vers des méthodes peu coûteuses en temps, comme les méthodes d'évaluation basées sur des documents ou l'expertise, les méthodes de recueil basées sur des entretiens, ou certaines méthodes de conception participative, ou encore certaines évaluations automatisées, souvent partielles. Ceci a au moins l'intérêt d'éviter les lacunes ergonomiques les plus évidentes, et c'est toujours mieux que de ne pas se soucier d'aspects ergonomiques du tout. Bien entendu, la magnitude de l'investissement méthodologique est fortement corrélée à la fiabilité et à la qualité des résultats ;
- lorsque le paramètre coût est important (ceci est souvent lié à la taille, à l'importance accordée au projet), les choix se tourneront vers les méthodes les moins onéreuses, en particulier les méthodes d'inspection, notamment basées sur des guides ergonomiques, des normes, etc. Cependant, il peut être utile de tenter de lever cette contrainte en partie en considérant l'intérêt, en termes de retour sur investissement, de méthodes plus coûteuses car celles-ci, plus complètes, peuvent conduire à des bénéfices accrus, du fait d'une meilleure utilisabilité ;
- lorsque le niveau de qualité élevé du système à livrer est l'exigence dominante, plus le nombre de méthodes sera élevé, mieux cela sera, notamment lorsqu'elles impliquent directement les utilisateurs ;
- lorsqu'un retour d'informations, un diagnostic précoce sont nécessaires, toutes les méthodes permettant le retour d'informations direct des utilisateurs sont recommandées, notamment les interviews ;
- lorsque les spécifications d'un projet sont très évolutives, par exemple pour un projet à caractère exploratoire, des prototypes seront particulièrement utiles. Ils seront utilisés conjointement avec les méthodes qui impliquent la participation des utilisateurs pour stabiliser le contenu des fonctions à livrer selon les besoins des utilisateurs.

L'environnement du projet de SI est caractérisé par ses utilisateurs potentiels :

- lorsque la participation des utilisateurs est impossible (distance, accès, disponibilité, etc.) le seul recours possible est celui des méthodes basées sur des connaissances avérées, des modèles, des documents, de l'expertise. Bien entendu, dans ce cas, le risque de surprises en matière d'utilisabilité n'est pas négligeable, surtout s'il s'agit d'un projet novateur et/ou d'utilisateurs au profil mal connu, peu documenté ;
- lorsque la participation des utilisateurs est possible, il est recommandé d'utiliser les méthodes impliquant les utilisateurs (pour l'analyse et la modélisation, ainsi que pour les tests), car impliquer ces derniers est la meilleure solution. Une contrainte méthodologique cependant : si la population est très hétérogène, la validité des tests utilisateurs dépendra de la taille de l'échantillon et de la représentativité de l'ensemble des utilisateurs. Les autres méthodes ne sont donc pas exclues, notamment pour (1) exclure les problèmes ergonomiques les plus évidents afin de mener des tests utilisateurs réellement interprétables ; et (2) pallier l'explosion combinatoire des échantillons d'utilisateurs hétérogènes ;
- lorsque les utilisateurs ont des handicaps importants, les difficultés reposent sur le fait que les connaissances sont rares et que les variations entre individus pour un handicap donné excluent l'utilisation d'un guidage « universel ». Par conséquent, les méthodes impliquant une relation étroite entre l'utilisateur et l'analyste sont particulièrement recommandées (par exemple, observations, interviews, conception collaborative), les solutions ergonomiques apportées étant souvent très spécifiques.

L'environnement du projet de SI est également caractérisé par ses tâches sous-jacentes :

- lorsque la tâche est très complexe, il est souvent utile de solliciter en parallèle plusieurs méthodes, du fait de cette complexité, mais le point fondamental est de s'assurer de la complétude et de la fiabilité des modèles de tâches, lesquels sont manifestement plutôt issus des MRM (notamment, l'analyse des incidents critiques, les interviews et penser à voix haute), plutôt que l'inspection experte ou basée sur des documents (sauf si ceux-ci, cas rare, mais pas exclu, fournissent une modélisation détaillée des tâches, par exemple, sur des activités bien connues comme le contrôle aérien, la régulation ferroviaire, le pilotage d'aéronefs). Ceci est un des contextes qui implique la nécessité de compétences ergonomiques élevées ;

- lorsque les erreurs peuvent entraîner des conséquences graves (systèmes critiques), il est important de rassembler des données détaillées à propos de la situation, à l'aide, par exemple, de l'observation et de mesures relatives aux performances, ainsi que de méthodes basées sur des modèles. Toutefois, lorsque la sécurité est essentielle, plus le nombre de méthodes utilisées est élevé, meilleurs sont les résultats. Ce contexte est assez proche de celui des tâches complexes (les exemples de systèmes critiques étant les mêmes) ;
- lorsque la tâche est totalement nouvelle pour les utilisateurs, il est utile de collaborer avec ceux-ci afin d'identifier les spécifications appropriées. Pour cela, la conception et l'évaluation collaboratives ainsi que les méthodes de créativité sont recommandées. Les tests utilisateurs, dès qu'une maquette ou un prototype sont disponibles, sont nécessaires pour valider les choix de conception effectués ;
- lorsque le spectre de la tâche est large, c'est-à-dire, lorsque les fonctionnalités sont nombreuses et très diverses, toutes les méthodes peuvent être utilisées ; cependant, pour faire face à une telle étendue, l'utilisation de méthodes « normalisées », disposant d'un large domaine d'application, comme les questionnaires, les méthodes basées sur les documents et l'évaluation automatisée, est recommandée ;
- lorsque le projet implique des modifications importantes de l'organisation, des tâches, des techniques, la plupart des méthodes impliquant des utilisateurs sont utiles, notamment celles pouvant traiter des aspects de niveau global (modifications sociales et organisationnelles), telles que les méthodes de créativité et la conception collaborative. Les méthodes basées sur les modèles et l'évaluation automatisée ne s'intéressent pas à de tels changements. On peut également effectuer des évaluations à petite échelle à l'aide d'un site pilote ;
- lorsque le projet concerne des interactions homme-machine avec contraintes élevées de temps, précision et charge de travail (par exemple logiciels temps réel), il est recommandé d'utiliser des méthodes qui permettent l'évaluation des performances de l'utilisateur, comme les mesures relatives aux performances ou des estimations basées sur des modèles, ou encore le suivi des dysfonctionnements et des écarts de performance par rapport aux objectifs au moyen de l'analyse des incidents critiques.

Le projet de SI peut être caractérisé par sa nature, ses paramètres « produit » :

- lorsqu'il s'agit de l'adaptation d'un produit/système existant, la plupart des méthodes sont appropriées : les méthodes avec participation directe des utilisateurs, mais aussi les méthodes basées sur des connaissances ergonomiques existantes ou sur une expertise dans des cas où le système précédent a été largement évalué d'un point de vue ergonomique ;
- lorsque le produit est limité et simple (d'une complexité limitée, sans particularité particulièrement nouvelle), des connaissances ergonomiques « normalisées » peuvent s'appliquer (par exemple, évaluation basée sur des documents et évaluation par expertise), ainsi que des recherches limitées sur les opinions et les perceptions des utilisateurs par l'intermédiaire de questionnaires structurés ;
- lorsque le système/produit est d'un haut degré d'adaptabilité (produit personnalisable, paramétré par l'utilisateur), les méthodes qui impliquent la participation des utilisateurs sont recommandées, afin d'affiner la personnalisation.

Le projet de SI peut être dépendant des capacités-expertises disponibles :

- lorsque le projet a accès aux compétences ergonomiques extensives-expertise en facteurs humains, en interne ou en externe, toutes les méthodes peuvent être utilisées, y compris celles exigeant de hauts niveaux de compétences. Il est évident que cette expertise doit être mise en relation avec le domaine d'application et peut impliquer la participation d'experts dans le domaine de la tâche ;
- lorsque le projet n'a pas accès aux compétences ergonomiques extensives-expertise en facteurs humains, en interne ou en externe, l'accès aux méthodes de pointe est limité. Toutefois, certaines méthodes peuvent être utilisées sans l'application d'une grande expertise, telles que la conception collaborative et les méthodes de créativité (mais probablement avec des résultats non optimaux). De même, les connaissances ergonomiques sont accessibles par le biais de méthodes basées sur les documents et de questionnaires normalisés lorsque les évaluations automatisées peuvent uniquement être pratiquées avec précaution avec des protocoles documentés existants. En outre, l'observation, même non experte, est toujours utile.

7 Conclusion

Ce chapitre a tenté de dresser un panorama des principaux aspects d'une approche centrée humain. On a cherché à définir le domaine disciplinaire majoritairement impliqué dans cette approche : l'ergonomie, ses objets d'études, ses méthodes, ses écueils. Les notions essentielles ont trait aux principales exigences ergonomiques à prendre en compte, aux choix de méthodes au sein du processus, et selon le contexte des projets de conception. Ce court chapitre étant, bien entendu, incomplet, le lecteur intéressé par tel ou tel aspect particulier pourra consulter les références bibliographiques proposées.

Les diverses considérations évoquées méritent attention pour une meilleure insertion des aspects humains dans la conception de SI. Cependant, la situation, en conception, n'est pas exempte de difficultés. En effet, si nombre de considérations recommandées ici (par exemple nécessité de planification, recueil approprié d'informations, choix de méthodes d'évaluation) sont du ressort de l'organisation et de la bonne pratique ergonomique, d'autres aspects demeurent encore incomplètement résolus, notamment en ce qui concerne le passage des descriptions (utilisateurs, tâches, contexte), formelles ou semi-formelles aux exigences de conception, rétroconception à partir d'évaluations, etc. Dans ce domaine, un point difficile est encore celui des passerelles entre les divers modèles et outils utilisés comme support à la conception. En plus, un degré de complexité supplémentaire est issu de la nécessité de disposer d'outils destinés à des concepteurs-utilisateurs forts différents en matière d'expertise et d'orientation disciplinaire, même si de plus en plus de concepteurs suivent des formations pluridisciplinaires. La nécessité de modèles et d'outils génériques, multi-utilisateurs, de passerelles entre modèles est reconnue, mais est encore en grande partie dans les cartons de la recherche, qui promet dans un avenir proche quelques avancées (cf. projet MAUSE: http://www.cost294.org/), mais le passage à l'industrie est parfois long et difficile. Des efforts de recherche communs doivent en effet être entrepris.

Pour terminer, quelques remarques à retenir:

- pour tous les contextes, pour toutes les étapes, il existe des méthodes plus ou moins appropriées; il convient de bien les choisir;
- plus le nombre de méthodes différentes est grand, plus le résultat sera riche et fiable; en particulier, il est conseillé, à la fois pour des raisons d'efficacité, de coût et de fiabilité ultérieure des tests, de mener d'abord des inspections ergonomiques avant de mener des tests utilisateurs;
- plus la méthode envisagée a trait à la description fine des caractéristiques des tâches et des utilisateurs (conduite d'entretiens, analyse de l'activité du point de vue traitement de l'information, etc.), ou à la fiabilité méthodologique (test utilisateurs, plans d'expérience, analyses statistiques, etc.), plus il est crucial de faire appel à des spécialistes formés à ces techniques;
- la pluridisciplinarité au sein des équipes de conception est nécessaire. Celles-ci devraient idéalement comporter les diverses spécialités disciplinaires, mais aussi la diversité des acteurs de la conception, notamment chez les utilisateurs;
- face à de nouvelles technologies, il ne faut pas réinventer la roue. Souvent des réponses existent dans la littérature scientifique, même pour des problèmes apparemment nouveaux (cf., sur les systèmes mixtes: Bach et Scapin, 2004);
- enfin, une bonne ergonomie n'est jamais au détriment de la créativité, elle peut même participer à son élicitation, tout en considérant que ce qui est novateur, esthétiquement satisfaisant doit aussi, et tout d'abord être utilisable.

Bibliographie

Bach, C., et Scapin, D. L. "Adaptation of ergonomic criteria to human-virtual environments interactions", *INTERACT 2003*, Zurich, Switzerland, September 1-5, 2003.

Bach, C., Scapin, D. L. "Obstacles and Perspectives for Evaluating Mixed Reality Systems Usability", *Proceedings of the Workshop MIXER,* IUI-CADUI 2004, Funchal, Portugal, January 13, 2004.

Bastien, J. M. C., et Scapin, D. L.. «Évaluation des systèmes d'information et Critères Ergonomiques» *in Systèmes d'information et Interactions homme-machine,* C. Kolski (Ed.), Hermès, 2001.

Bastien, J. M. C., Scapin, D. L. «Les méthodes ergonomiques: de l'analyse à la conception et à l'évaluation», *Conférence invitée,* ERGO-IA, Biarritz, 8-10 Octobre 2002.

Bastien, J. M. C., & Scapin, D. L. «La conception de logiciels interactifs centrée sur l'utilisateur: étapes et méthodes», in P. Falzon (Ed.), *Traité d'ergonomie.* Paris: Presses Universitaires de France, 2004.

Bias, G. and Mayhew, D. (Eds), *Cost-Justifying Usability.* Academic Press, 1994.

Bisseret A., Sebillotte S. & Falzon P. *Techniques pratiques pour l'étude des activités expertes,* Toulouse, Octarès. 1999.

Brangier, E. «Besoin et interface» *in Encyclopédie des Systèmes d'Information,* Vuibert, 2006.

Cauvet, C., Rosenthal-Sabroux, C., «Ingénierie des systèmes d'information». *Informatique et système d'information,* Hermès Science Publications, 2001.

Cybis, W., Scapin, D. L. and Morandini, M., "Ergomanager: a UIMS for monitoring and revising user interfaces for Web sites", *Proceedings of Webist,* Miami, USA, May 26-28, 2005.

Damodaran, L. "User Involvement in the Systems Design Process – A Practical Guide for Users", *Behaviour and Information Technology*, v.15, n° 6, p. 363-377, 1996.

Del Galdo EM; Nielsen J (Eds.): *International Men-Machine-Interfaces.* New York: Wiley, 1996.

Diaper, D., & Stanton, N.A., *The Handbook of Task Analysis for Human-Computer Interaction*, Lawrence Erlbaum Associates, 2004.

Helander, M.G., Landauer, T.K., et Prabhu, P.V. (Eds), *Handbook of human-computer interaction*, New York, Elsevier Science Publishers, 2e ed, 1997

Holtzblatt, K., Jones S., "Contextual inquiry: a participatory technique for systems design", in Schuler, D. et Namioka A. *Participatory design: Principles and practices*, Erlbaum, 1991

ISO-IS 13407. «Processus de conception centrée sur l'opérateur humain pour les systèmes interactifs», ISO, 1999.

ISO/TS 16071: "Ergonomics of human system interaction - Guidance on accessibility for human-computer interfaces - Ergonomics of human system interaction", ISO 2003.

ISO/TR 16982; «Ergonomie de l'interaction homme-système – Méthodes d'utilisabilité pour la conception centrée sur l'opérateur humain», ISO 2002.

ISO-TR 18529: «Descriptions des processus cycle de vie centrées sur l'opérateur humain», ISO, 2000.

Jambon, F., Brun, P, et Aït-Ameur, «Spécification des systèmes interactifs» *in* C. Kolski (éd.), *Analyse et conception de l'IHM. Interaction homme-machine pour les SI,* Paris, Hermès, vol. 1, 175-203, 2001.

Kolski C., Ezzedine H. & Abed M. «Développement du logiciel: des cycles classiques aux cycles enrichis sous l'angle des IHM», *in* C. Kolski (éd.), *Analyse et conception de l'IHM. Interaction homme-machine pour les SI,* Paris, Hermès, vol. 1, 23-49, 2001.

Leulier, C., Bastien, J. M. C., & Scapin, D. L. «L'évaluation des sites Web: apports respectifs des questionnaires de satisfaction et de l'inspection ergonomique», IHM'99, Montpellier, France, 22-26 Novembre 1999.

Limbourg, Q. and Vanderdonckt, J. "Comparing Task Models for User Interface Design", *In* Diaper, D., & Stanton, N.A.. *The Handbook of Task Analysis for Human-Computer Interaction*, Lawrence Erlbaum Associates, 2004.

Lucquiaud, V., Scapin, D. L. et Jambon, F. «Outils de modélisation des tâches utilisateurs: exigences du point de vue utilisation.» *IHM 2002*, Poitiers, 26-29 Novembre 2002.

Mackay, W.E. "Ethics, lies and videotape", in *Proceedings of the CHI'95 Conference*, Denver, Colorado, May 7th-11th. ACM Press. 138-145, 1995.

Mariage, C., & Vanderdonckt, J. "Mechanization of web design guidelines evaluation", in C. Stephandidis (Ed.), *Proceedings of 1st International Conference on Universal Access in Human-Computer Interaction UAHCI 2001: Towards an Information Society for All.* Mahwah, Erlbaum, 2001.

Mayhew, D. J. *Principles and guidelines in software user interface design,* Englewood Cliffs: Prentice Hall, 1992.

Mayhew, D. J. *The usability engineering lifecycle. A practitioner's handbook for user interface design,* San Francisco, CA: Morgan Kaufmann Publishers, 1999.

Nielsen, J.,(Ed.) Special Issue "Usability laboratories", *Behaviour and Information Technology*, Vol. 13, 1-2, 1994

Nielsen, J. *Usability engineering,* San Diego, CA: Academic Press, 1993.

Paterno, F., Mancini, C., et Meniconi, S. "ConcurTaskTrees: A diagrammatic notation for specifying task models». In S. Howard & J. Hammond & G. Lindgaard (Eds.), *Proceedings of the Sixth IFIP Conference on Human-Computer Interaction, INTERACT'97* (Sydney, Australia, 14-18 July) (p. 362-369), Dordrecht, Kluwer Academic Publishers, 1997.

Rosson, M. B., & Carroll, J. M. *Usability engineering. Scenario-based development of human-computer interaction.* San Francisco, CA: Morgan Kaufmann, 2002.

Rubin, J., *Handbook of Usability Testing: How to Plan, Design & Conduct Effective Tests.*John Wiley & Sons, 1994.

Scapin, D. L., & Bastien, J. M. C. "Ergonomic criteria for evaluating the ergonomic quality of interactive systems", *Behaviour & Information Technology,* 16, 220-231, 1997.

Scapin, D. L., et Bastien, J. M. C. «Analyse des tâches et aide ergonomique à la conception: l'approche MAD*», in C. Kolski (Ed.), *Analyse et conception de l'IHM. Interaction homme-machine pour les SI 1* (Vol. 1, p. 85-116). Paris, Hermès, 2001.

Scapin, D. L., & Berns, T. (Eds.) "Special Issue on Usability methods", *Behaviour & Information Technology,* 16, 185-187, 1997.

Scapin, D. L., Vanderdonckt, J., Farenc, C., Bastide, R., Bastien, J. M. C., Leulier, C. "Transferring knowledge of user interfaces guidelines to the Web", in J. Vanderdonckt & C. Farenc (Eds.), *Tools for Working with Guidelines (TFWWG'2000). Annual Meeting of the Special Interest Group,* (p. 293-304). London, UK: Springer, 2000.

Vanderdonckt, J. et Puerta A.R., "Computer-Aided Design of User Interfaces II". *Proc. of 3rd International Conference of Computer-Aided Design of User Interfaces,* CADUI'99 (Louvain-la-Neuve, 21-23 octobre 1999), Kluwer Academics, Dordrecht, 1999.

Architecture logicielle des systèmes interactifs

Laurence Nigay

Mots-clés : interaction homme-machine, système interactif, modèle d'architecture, architecture logicielle, architecture conceptuelle, architecture d'implémentation.

Résumé : ce chapitre est dédié à la conception logicielle des systèmes interactifs. Étape importante dans le processus de développement, l'objectif est de concevoir une architecture logicielle du système interactif selon un modèle d'architecture. La conception logicielle d'un système interactif est une étape intermédiaire entre la conception ergonomique de l'interface homme-machine (IHM) et son développement. Cette situation charnière se traduit par une tension permanente entre les contraintes techniques imposées par les outils de développement et la satisfaction des requis de l'utilisateur et des spécifications externes de l'IHM. Après des définitions et un rappel de la situation particulière de la conception logicielle d'un système interactif au sein du processus de développement, les modèles d'architecture de référence sont présentés et illustrés.

Au sens commun, l'architecture désigne la structure d'un objet conçu. Dans ce chapitre, l'objet d'étude est le logiciel d'un système interactif.

La mise en œuvre d'un système interactif et en particulier de la partie correspondant à l'interface homme-machine est une tâche difficile, longue et coûteuse. Cette affirmation refuse de disparaître en dépit des progrès techniques et des efforts de recherche dans le domaine de l'interaction homme-machine. Les raisons à cela sont multiples : tout d'abord l'attitude de l'utilisateur change. À l'utilisateur soumis aux « ordres de la machine », succède aujourd'hui un utilisateur plus demandeur qui veut voir en l'ordinateur un outil utile et disponible de partout et à tout instant. De plus l'innovation technologique accélère l'allure. Elle se manifeste par le progrès des performances et de la miniaturisation (comme les ordinateurs de poche et l'informatique vestimentaire) mais aussi par des techniques interactives de plus en plus efficaces (comme la reconnaissance de la parole ou la vision par ordinateur). Les systèmes interactifs doivent donc satisfaire aux exigences grandissantes des utilisateurs et tenir compte d'une technologie hautement évolutive. Or les méthodes actuelles et les outils logiciels de l'interaction homme-machine ne permettent pas de remplir ces conditions facilement :

- les méthodes actuelles de conception ergonomique reposent sur l'expérimentalisme et sont itératives centrées sur l'utilisateur. L'itération a une implication directe sur l'architecture des logiciels : la modifiabilité du code. Dès les années quatre-vingt, l'approche adoptée a été de traduire l'utilisabilité en termes de modifiabilité du code, incontournable dans le cadre d'un processus de conception itérative centrée sur l'utilisateur. Nous verrons que les modèles d'architecture de référence répondent à cette exigence de modifiabilité avec le principe de séparation fonctionnelle ;
- il n'existe pas aujourd'hui d'outils de développement (boîtes à outils ou générateurs d'interfaces)

qui intègrent les technologies innovantes. Par exemple, il n'existe pas d'outil pour développer des interfaces homme-machine multimodales qui offrent plusieurs modalités d'interaction comme la parole ou le geste. En l'absence d'outils logiciels, le logiciel correspondant à l'interface homme-machine doit être au moins partiellement développé manuellement, d'où l'importance de structurer correctement le logiciel selon un modèle d'architecture.

Ainsi, bien que les travaux sur les architectures logicielles des systèmes interactifs aient démarré dès les années quatre-vingt, il s'agit toujours d'un sujet d'étude très actif. Ce chapitre ne vise pas la complétude sur le sujet par un panorama exhaustif des modèles d'architecture logicielle, mais présente les modèles de référence et explique comment appliquer certains des modèles. Le chapitre est structuré comme suit : la première partie contient des définitions et un rappel de la situation particulière de la conception logicielle d'un système interactif au sein du processus de développement. Les modèles d'architecture logicielle de référence sont ensuite présentés. Enfin le modèle hybride PAC-Amodeus est présenté et illustré par deux exemples de systèmes interactifs qui diffèrent par le type d'interaction qu'ils offrent à l'utilisateur.

1 Modèle d'architecture et processus de conception d'une architecture logicielle

1.1 Modèle d'architecture

Un modèle d'architecture définit les éléments directeurs d'aide à l'organisation modulaire du logiciel de l'interface d'un système informatique (Shaw et Garlan, 1985). L'expérience montre que dans le domaine des systèmes interactifs, cette décomposition modulaire est non seulement difficile à établir mais incontournable. Comme esquissée en introduction, l'importance d'un modèle d'architecture logicielle pour système interactif se justifie selon deux volets complémentaires : la complexité du logiciel de l'interface homme-machine (IHM) et la mise au point itérative d'une IHM.

- Une IHM se trouve à la jonction d'un ensemble de services d'une application et d'un utilisateur. Prise entre deux mondes, l'IHM est pilotée par des événements conceptuellement asynchrones et de nature différente. En IHM, la gestion de l'asynchronisme a souvent été détournée au profit de la séquentialité. La séquentialité est une propriété séduisante pour l'informaticien, mais elle correspond mal au comportement opportuniste de l'utilisateur et notamment aux dialogues à plusieurs fils d'activité. A chaque fil d'activité mentale de l'utilisateur doit correspondre un mini-dialogue dans l'IHM. En l'absence d'un modèle d'architecture adapté, la description de ces mini-dialogues est une tâche difficile, longue, voire impossible.
- Dans le cadre d'une conception centrée sur l'utilisateur, la mise au point des interfaces est itérative. Le succès de cette approche repose sur la possibilité de modifier une IHM sans mettre en cause la fiabilité ni atteindre des coûts prohibitifs de mise à jour. Une organisation explicite du logiciel de l'IHM est un facteur de réduction de la complexité des modifications.

Bien que les modèles d'architecture diffèrent, ils répondent tous au même principe de base de la figure 1 : la distinction entre les services d'une application et les fonctions chargées d'assurer l'interaction avec l'utilisateur. L'application, appelée aussi noyau fonctionnel (NF), regroupe les concepts du domaine et les opérations qui leur sont applicables. L'interface a la charge de présenter à l'utilisateur concepts et fonctions et de lui permettre de les manipuler selon un enchaînement défini par le modèle de tâches (la notion de tâche utilisateur étant décrite dans le chapitre « Exigences ergonomiques, méthodes et normes pour la conception de systèmes d'information centrés humain »).

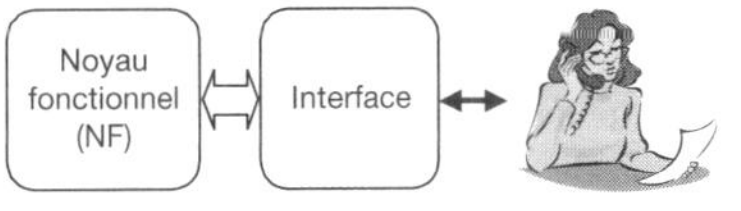

Figure 1 Principe de base: distinction entre le noyau fonctionnel et l'interface

En conclusion, un modèle d'architecture pour systèmes interactifs :

- définit une décomposition modulaire ou stratégie de répartition des services du système interactif qui se traduit par un ensemble de constituants logiciels accompagné du protocole d'échange entre les constituants logiciels ;
- préconise la séparation entre les services du noyau fonctionnel et ceux de l'interface.

1.2 Processus de conception d'une architecture logicielle

Le paragraphe précédent introduit un premier modèle d'architecture de référence qui véhicule une décomposition canonique en deux composants. Nous étudions maintenant comment d'un modèle d'architecture, le concepteur déduit une architecture logicielle.

Une architecture désigne une structure du logiciel selon un point de vue. Comme pour tout objet conçu, plusieurs structures selon des points de vue différents sont possibles. Par exemple en architecture d'intérieur, plusieurs structures d'une cuisine sont manipulées lors de sa conception : un plan électrique, un plan 2D et un plan 3D de l'ameublement de la cuisine. Comme pour la conception d'une cuisine, la conception d'un logiciel nécessite plusieurs architectures selon des points de vue différents correspondant à des étapes de conception distinctes. À la figure 2, nous distinguons trois étapes principales à partir des requis fonctionnels d'un système interactif:

1. Allocation des fonctions aux modules d'un modèle d'architecture logicielle.
2. Allocation des modules aux processus.
3. Allocation des processus aux processeurs.

Le résultat de l'étape (1) est une structure modulaire, vue statique du logiciel ou *architecture logicielle conceptuelle*. Le résultat de l'étape (2) est une structure de coordination ou vue du logiciel à l'exécution tandis que le résultat de l'étape (3) est une structure physique en termes de processeurs. Les deux points de vue, de coordination et physique, constituent *une architecture logicielle d'implémentation*. La figure 2 illustre ces étapes en appliquant le principe de base de la figure 1. Comme expliqué dans (Coutaz et Nigay, 2001), le passage entre une architecture logicielle conceptuelle et d'implémentation peut être manuel selon des heuristiques, ou être automatique. Dans le cas d'un processus purement manuel, le risque est d'obtenir des architectures conceptuelles et d'implémentation non conformes par modifications incrémentales du logiciel et donc de l'architecture d'implémentation sans remise en cause de l'architecture conceptuelle.

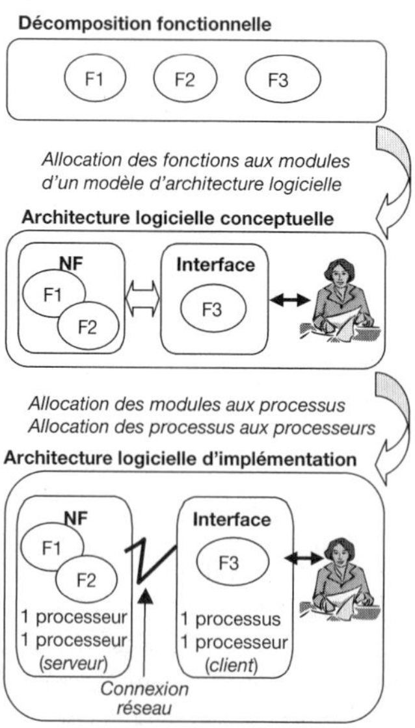

Figure 2 Processus de conception d'une architecture: exemple d'application du principe de base de la figure 1

Dans la suite de ce chapitre, nous focalisons sur les architectures logicielles conceptuelles.

2 À la croisée des sciences cognitives et du génie logiciel

Un modèle d'architecture logicielle conceptuelle constitue un outil dédié à la phase de conception globale du logiciel, phase de transition dans le processus de développement, de l'espace interface homme-machine (IHM) vers l'espace logiciel. En effet, il est classique de répartir les étapes du processus de développement d'un système en deux espaces comme le montre la figure 3 : l'espace IHM et l'espace logiciel.

- l'espace IHM se caractérise par la priorité qu'il faudrait accorder aux aspects ergonomiques et inclut en particulier l'analyse des besoins et la conception de l'interface consignée dans le document de spécifications externes. À cette étape de conception, intervient l'ergonomie pour la définition et la spécification de l'interface utilisateur (se reporter au chapitre «Exigences ergonomiques, méthodes et normes pour la conception de systèmes d'information centrés humain»);
- l'espace logiciel, lié aux techniques d'implémentation logicielles, laisse la place aux compétences informatiques avec les conceptions globales et détaillées, le codage et les tests unitaires et d'intégration.

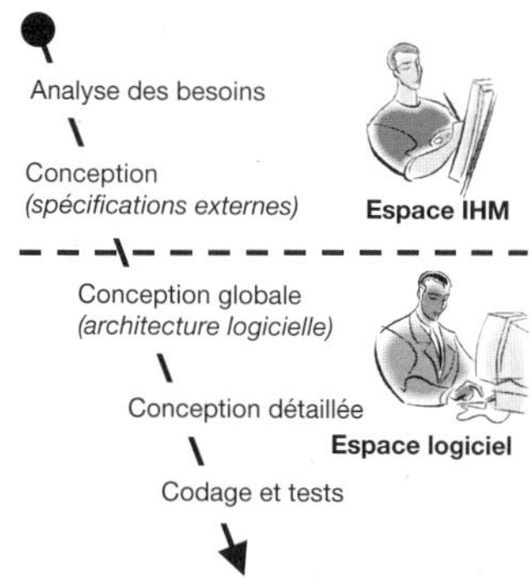

Figure 3 Processus de développement: espace IHM et espace logiciel

La situation charnière de la phase de conception globale (architecture) dans le processus de développement se traduit par une tension permanente entre d'une part la satisfaction des requis de l'utilisateur, des spécifications externes de l'IHM et donc des *propriétés dites externes* d'utilisabilité de l'IHM (Gram et Cockton, 1996) et d'autre part les contraintes techniques imposées par les outils de mise en œuvre, la satisfaction des requis de qualité logicielle et donc des *proprié-*

tés dites internes. Dans ce contexte et au-delà des propriétés internes du génie logiciel comme la portabilité et la modifiabilité du code, il convient d'identifier des liens entre les propriétés externes et l'architecture afin d'accompagner cette transition de l'espace IHM à l'espace logiciel, comme schématisé à la figure 4. Par exemple la propriété externe « interaction multifilaire» qui est définie par la capacité du système à permettre la réalisation «simultanée» de plusieurs tâches implique une architecture logicielle conceptuelle qui autorise le parallélisme au niveau des tâches (passage d'un dialogue à un autre, restauration de l'état courant d'un dialogue).

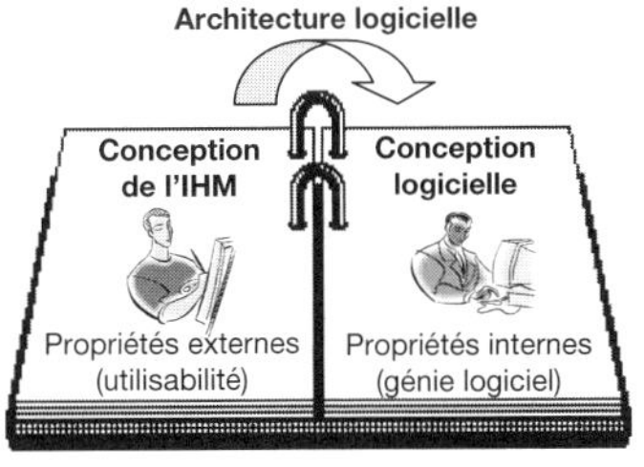

Figure 4 Architecture logicielle: propriétés externes et internes

L'établissement de liens entre les propriétés externes d'utilisabilité de l'IHM et l'architecture logicielle constitue un point d'ancrage des sciences cognitives dans le processus de développement qui est étudié depuis les années quatre-vingt mais qui est encore mal cerné.

L'approche initialement adoptée a été de traduire l'utilisabilité en termes de modifiabilité du code, incontournable dans le cadre d'un processus de conception itérative centrée sur l'utilisateur. Ainsi les modèles de référence répondent à cette exigence de modifiabilité avec le principe de séparation fonctionnelle. Un premier grain de séparation est la distinction entre les services d'une application (noyau fonctionnel) et les fonctions chargées d'assurer l'interaction avec l'utilisateur, présentée à la figure 1.

Une autre approche (Nigay et Coutaz, 1997) va au-delà de la traduction réductrice de l'utilisabilité en termes de modifiabilité du code: des motifs architecturaux liés au modèle d'architecture PAC-Amodeus (Nigay, 1994) décrit au § 4 sont directement dérivés de propriétés externes. Nous rappelons qu'un motif architectural est une micro-architecture répondant à un microproblème récurrent. Par exemple un motif architectural «vue multiple» correspond à la propriété externe «multiplicité des représentations», cette propriété participant à la flexibilité de l'IHM. À plus long terme, un objectif serait de coupler des patrons de conception d'IHM (Bayle *et al.*, 1998) avec des patrons de conception logicielle comme ceux liés à PAC-Amodeus (§ 4.2), afin de systématiser la transition schématisée à la figure 4. Cette approche est esquissée dans la thèse de F. Vernier (Vernier, 2001) pour le cas de la visualisation interactive de grandes quantités d'information. Le modèle PAC-Amodeus n'est certes pas le seul modèle d'architecture avec lequel ces travaux peuvent être entrepris.

Plus récemment, une approche (Bass et John, 2001) pour coupler les aspects d'utilisabilité avec ceux d'architecture logicielle est basée sur des scénarios et considère des mécanismes architecturaux. Cette approche est donc générale car elle ne dépend pas d'un modèle d'architecture particulier. Elle repose sur des scénarios compréhensibles par les concepteurs ergonomes et psychologues, tout comme les concepteurs de logiciel (Carroll, 2000). Ces scénarios constituent le point d'ancrage entre les aspects d'utilisabilité et les mécanismes architecturaux. Par exemple, un scénario (Bass et John, 2001) est dédié à la possibilité d'annuler une action.

Scénario: Possibilité d'annuler une action

Un utilisateur souhaite pouvoir défaire le résultat d'une action. Par exemple l'utilisateur a détruit par accident un paragraphe du document en cours d'édition. Elle/Il souhaite revenir dans l'état précédant cette action de destruction. De plus l'utilisateur doit pouvoir annuler plusieurs actions successives nécessitant un historique des actions.

Du point de vue utilisabilité, ce scénario est mis en relation avec les bénéfices escomptés d'utilisabilité. Dans (Bass et John, 2001), ces bénéfices incluent par exemple l'augmentation de l'efficacité de l'interaction. Pour établir des liens entre cette approche et celle exposée précédemment (Nigay et Coutaz, 1997), nous pouvons mettre en relation les scénarios avec des propriétés externes. Ainsi le scénario ci-dessus est mis en relation avec la propriété externe de curabilité qui se définit par la capacité pour l'utilisateur de corriger une situation non désirée.

Du point de vue architectural, le scénario ci-dessus est associé au mécanisme architectural suivant:

Mécanisme architectural: Enregistrement

Ce mécanisme enregistre les états successifs du système. Les paramètres de ce mécanisme à mettre en œuvre sont les suivants:

- la fréquence d'enregistrement des états,
- l'état courant enregistré,
- l'exploitation des états enregistrés,
- la persistance des données enregistrées,
- la cohérence des données enregistrées.

En synthèse de ces approches, de la situation charnière qu'occupe la conception globale (architecture) au sein du processus de développement, nous retenons que les modèles d'architecture logicielle conceptuelle pour systèmes interactifs véhiculent à la fois des propriétés purement logicielles (propriétés internes) comme la modifiabilité du code mais aussi des propriétés liées à l'utilisabilité (propriétés externes) comme la curabilité.

Ayant introduit les principes et processus de conception d'une architecture logicielle, ainsi que les propriétés que vise un modèle d'architecture, nous sommes en mesure de présenter des modèles de référence pour les systèmes interactifs.

3 Modèles d'architecture pour les systèmes interactifs

Dans (Coutaz et Nigay, 2001), nous proposons une revue des modèles d'architecture conceptuelle applicables aux systèmes interactifs. Nous présentons ici les principaux modèles d'architecture. Tous les modèles présentés répondent à l'exigence de modifiabilité avec le principe de séparation fonctionnelle de la figure 1. Nous distinguons deux classes de modèles d'architecture : les modèles qui fournissent des structures fonctionnelles canoniques à gros grain, objet du § 3.1 et les modèles multi-agent du § 3.2 qui visent une décomposition fonctionnelle plus fine.

3.1 Structures fonctionnelles canoniques: Seeheim et Arch

Modèle Seeheim

Nous prenons comme point de départ cette séparation entre le noyau fonctionnel et l'interface de la figure 1 que nous affinons progressivement :

- le noyau fonctionnel modélise le domaine à l'aide d'objets sémantiques liés par des relations ;
- l'interface ou présentation est un ensemble organisé d'objets interactifs qui définissent la partie perceptible et manipulable du système interactif.

La conception itérative de l'IHM et sa compagne immédiate, la modifiabilité du code, suggèrent que le noyau fonctionnel n'ait aucune connaissance des objets de présentation et réciproquement. Ici, l'absence de connaissance ne signifie pas absence de communication, mais implique des références par indirection et/ou des changements de formalisme.

La double nécessité d'assurer à la fois l'indépendance et les échanges d'information entre le noyau fonctionnel et l'interface décrivant la présentation se traduit par la présence d'un troisième composant: le contrôleur de dialogue. Cette remarque nous conduit au modèle Seeheim (Pfaff, 1985) qui a su clairement identifier le principe de séparation entre un noyau fonctionnel qui implémente les concepts du domaine, et une interface (IHM) chargée de présenter ces concepts. À son tour, cette IHM se voit structurée en trois composants présentés à la figure 5 : l'interface avec le noyau fonctionnel, le contrôleur de dialogue et les techniques de présentation (Pfaff, 1985). Les trois composants sont détaillés dans le paragraphe suivant qui considère une extension du modèle Seeheim. En résumé, l'application et son interface avec l'application mettent en œuvre les objets sémantiques manipulés par le contrôleur de dialogue, le composant de présentation réalise la partie perceptible du système, et le contrôleur de dialogue assure les mécanismes d'indirection et de traduction entre les deux mondes.

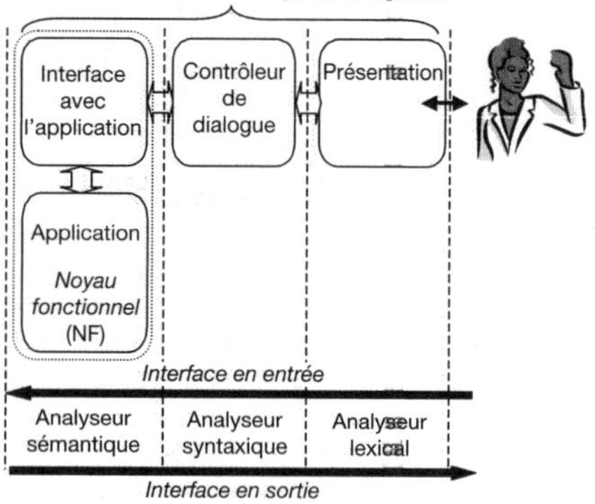

Figure 5 Modèle Seeheim

Bien que le modèle de Seeheim serve de fondement à de nombreux outils, on a assisté à des interprétations quelque peu erronées. Certains ont vu dans ce modèle une analogie entre IHM et langage. Selon la théorie, un langage est défini par une sémantique, une syntaxe et un lexique. En plaquant cette décomposition sur l'organisation du modèle Seeheim comme le montre la figure 5, nous observons que le noyau fonctionnel correspond aux actions sémantiques, que le contrôleur de dialogue remplit les fonctions d'un analyseur syntaxique et que le composant de présentation effectue l'analyse lexicale. Ce faisant, le fonctionnement du système obtenu procède séquentiellement de l'analyse lexicale à l'analyse sémantique pour les entrées spécifiées par l'utilisateur et vice versa pour exprimer un changement d'état interne.

Or dans le domaine de l'interaction homme-machine la séquentialité peut être gênante : la forme d'une expression d'entrée peut évoluer en parallèle avec la production d'une expression de sortie ; ou encore plusieurs expressions d'entrée, éventuellement indépendantes, peuvent être spécifiées en parallèle, ou de manière alternée :

- en particulier, l'entrelacement des expressions d'entrée et de sortie qui se manifeste déjà dans les interfaces à manipulation directe, exige de la part du système, une réaction immédiate et informative ;
- la spécification parallèle ou entrelacée de plusieurs expressions d'entrée est le fait des interfaces à fils d'activité multiples (*multithread dialogues*). Un fil d'activité modélise une branche du plan de résolution de l'utilisateur. Ce dernier peut ainsi passer d'une branche à l'autre de manière opportuniste.

Ces observations ont servi de moteur à la conception des modèles multi-agent exposés au § 3.2 et du modèle Arch, une version révisée du modèle Seeheim.

Modèle Arch

Comme le montre la figure 6, le modèle Arch (UIMS, 1992) s'appuie sur les composants conceptuels du modèle Seeheim (Pfaff, 1985). On y retrouve les notions de noyau fonctionnel et de contrôleur de dialogue.

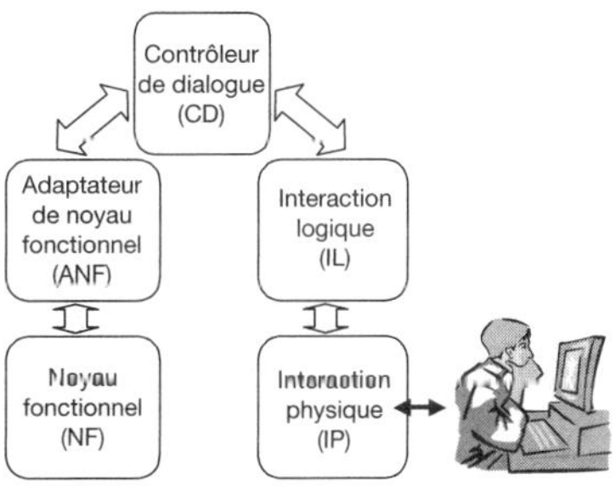

Figure 6 Métamodèle Arch

Les pieds de l'arche constituent les composants imposés par la réalité : le noyau fonctionnel réalise les concepts du domaine ; le composant d'interaction physique, en contact direct avec l'utilisateur, est mis en œuvre au moyen des objets d'interaction d'une boîte à outils. En clé de voûte, le contrôleur de dialogue gère l'enchaînement des tâches ainsi que les liens entre les objets regroupés dans les deux composants voisins : l'adaptateur de noyau fonctionnel et le composant d'interaction logique. L'adaptateur de noyau fonctionnel sert, pour l'essentiel, à ajuster les différences de modélisation des objets conceptuels entre le noyau fonctionnel et le contrôleur de dialogue. Le composant d'interaction logique joue un rôle similaire : il permet au contrôleur de dialogue de s'affranchir du fonctionnement de la boîte à outils du niveau interaction physique. Le composant d'interaction logique peut se voir comme une boîte à outils virtuelle qui implémente des objets d'interaction logique concrétisés par une boîte à outil. Les composants du modèle Arch sont décrits plus en détail lors de la présentation du modèle PAC-Amodeus, § 4. La figure 7 présente un exemple d'architecture Arch pour un système interactif simple d'interrogation d'une base de données distante : l'utilisateur spécifie une requête dans un formulaire et obtient les résultats à l'écran sous la forme d'un tableau.

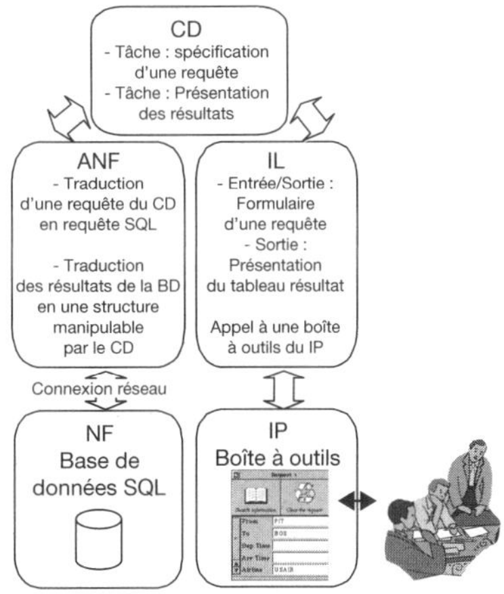

Figure 7 Exemple d'architecture Arch

La figure 6 doit se voir comme une représentation canonique, un métamodèle. En réalité, l'importance relative des cinq composants d'Arch varie en fonction du cas à traiter. Cette migration des fonctions entre les composants s'exprime métaphoriquement au moyen du mécanisme *slinky*, du nom de ce jouet qui, une fois mis en mouvement, voit sa masse se déplacer dynamiquement. Le choix de la répartition des fonctions entre les composants relève du savoir-faire en ingénierie du logiciel. L'équilibre doit être le résultat d'un dosage analytique des facteurs qualité comme l'efficacité, la portabilité et la modifiabilité. Le mécanisme *slinky* concerne les deux composants adaptateurs du métamodèle : « adaptateur du noyau fonctionnel » et « interaction logique ». La figure 8 présente plusieurs modèles d'architecture obtenus en appliquant le mécanisme *slinky* au métamodèle Arch.

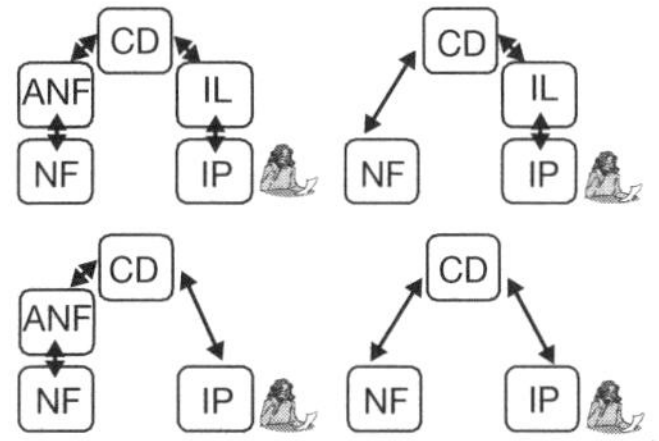

Figure 8 Modèles Arch obtenus par application du mécanisme *slinky*

Outre le mécanisme *slinky*, le métamodèle Arch autorise le mécanisme de branche. Au § 4.4, nous présentons un exemple d'architecture qui applique ce mécanisme de branche pour un système de réalité mixte. Le mécanisme de branche a aussi été exploité pour la conception logicielle de collecticiels, ces derniers faisant l'objet du chapitre « Collecticiels et travail coopératif assisté par ordinateur ». Par exemple le modèle d'architecture Clover (Laurillau, 2002) applique le métamodèle de Dewan (Dewan, 1999) en considérant les cinq composants d'Arch. La figure 9 présente deux exemples d'architecture pour collecticiel illustrant le mécanisme de branche d'Arch.

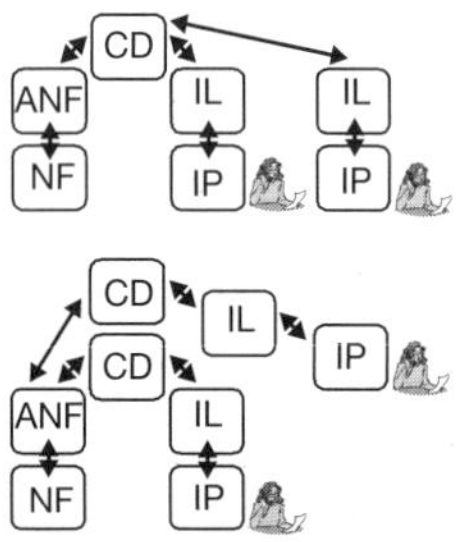

Figure 9 Modèles Arch obtenus par application du mécanisme de branche (collecticiel)

Nous appelons instance d'Arch ou architecture Arch, un exemplaire de métamodèle Arch produit en appliquant les mécanismes de branche et *slinky* à un système interactif particulier. L'IHM d'un système regroupe tous les composants d'une instance d'Arch à l'exception du noyau fonctionnel.

Les modèles Seeheim puis Arch fournissent des structures fonctionnelles canoniques à gros grain. Les modèles multi-agent du paragraphe suivant visent une décomposition fonctionnelle plus fine avec, en filigrane, le support du parallélisme.

3.2 Modèles multi-agent

Les modèles multi-agent, comme PAC (Coutaz, 1987) ou MVC (Krasner et Pope, 1988), structurent un système interactif en un ensemble d'agents spécialisés réactifs. Ces modèles se caractérisent par une organisation fortement modulaire, des traitements exécutés en parallèle et une communication par événements. À la gestion centralisée de l'état de l'interaction de Seeheim ou Arch se substitue une totale répartition des charges. Ce parallélisme et cette répartition sont les conditions nécessaires à la prise en compte des méthodes de résolution de l'utilisateur. La répartition présente en sus deux retombées intéressantes : une forte modularité et l'ouverture vers les traitements physiquement distribués.

Définitions

Le modèle multi-agent structure un système interactif en un ensemble d'agents spécialisés qui produisent et réagissent à des événements (des stimuli).

Un agent est un système de traitement de l'information : il possède des récepteurs et des émetteurs pour acquérir et produire des événements ; il dispose d'une mémoire pour mémoriser un état. Il comprend un processeur spécialisé dans le traitement d'une ou plusieurs classes d'événements. Le résultat d'un traitement se traduit généralement par un changement d'état de l'agent et par l'émission de nouveaux événements.

Le modèle multi-agent se caractérise par une organisation fortement modulaire, des traitements exécutés en parallèle et une communication par événements. Ce modèle abstrait est à rapprocher des modèles à objets pour lesquels il existe des outils de réalisation.

Apport du modèle multi-agent

L'agent définit la granularité de la modularité. Il est donc possible de modifier localement un comportement sans mettre en cause le fonctionnement de l'ensemble.

L'agent définit l'unité d'exécution. Il est donc possible d'exécuter des agents sur des processeurs distincts. Cette propriété est essentielle à la réalisation de systèmes répartis tels les collecticiels (cf. chapitre « Collecticiels et travail coopératif assisté par ordinateur »).

L'agent définit une unité d'état. Cet état peut contenir les informations nécessaires à la reprise d'une activité locale et l'agent modélise alors un fil d'activité interruptible. Un ensemble cohérent d'agents coopérants réalise avec l'utilisateur (ou avec un groupe d'utilisateurs), un dialogue à plusieurs fils d'activité. Un agent, de même qu'un utilisateur, sont les acteurs de l'accomplissement d'une tâche.

Exemples : PAC et MVC

Comme le montre la figure 10, PAC (Coutaz, 1987) structure récursivement un système sous forme d'une hiérarchie d'agents. La hiérarchie permet d'exprimer des relations entre agents et reflète un continuum de niveaux d'abstraction depuis l'application jusqu'aux éléments fins de l'interaction. Un agent PAC définit une compétence à un niveau d'abstraction donné. C'est un acteur à trois facettes : la présentation définit le comportement perceptible de l'agent, l'abstraction représente son expertise, et le contrôle a un double rôle : il sert de lien entre les facettes présentation et abstraction de l'agent et il gère des relations avec d'autres agents PAC de la hiérarchie. À la figure 10, l'abstraction du niveau le plus haut correspond à la notion d'application du modèle Seeheim de la figure 5 et le contrôle du niveau le plus haut remplit des fonctions similaires au contrôleur de dialogue (figure 5).

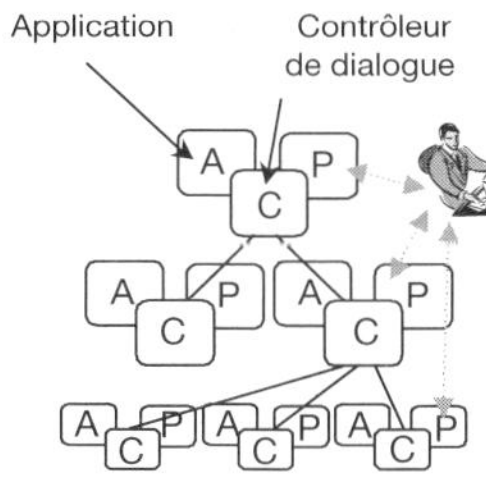

Figure 10 Modèle multi-agent PAC

La figure 11 présente un agent PAC élémentaire, feuille de la hiérarchie : la présentation sait dessiner un formulaire avec deux boutons et reçoit les événements qui traduisent les actions de l'utilisateur ; l'abstraction, avec ses valeurs d'état constitue un modèle de l'état d'une requête ; le contrôle effectue le pont entre les deux facettes en gérant la correspondance des phénomènes abstraits et concrets. Par exemple, lorsque l'utilisateur a saisi au moins les villes de départ et d'arrivée dans le formulaire, l'abstraction déclare que la requête est valide et en informe via le contrôle la présentation. Le bouton « Chercher » (*Search Information*) devient alors actif. À la réception du signal (émis par la présentation) d'une pression sur le bouton « Chercher », le contrôle demande à l'abstraction la structure de requête et la fournit à son agent père, puis demande à ses deux facettes abstraction et présentation de se réinitialiser.

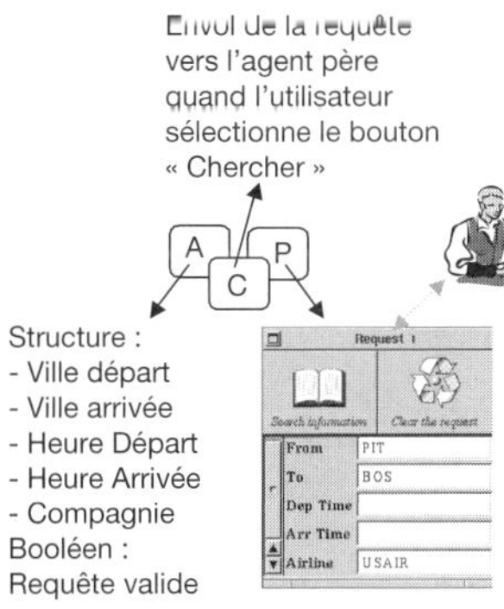

Figure 11 Exemple d'agent PAC : requête

Le modèle multi-agent MVC (Krasner et Pope, 1988) structure aussi un agent en trois composantes, à l'origine réalisables chacune sous forme d'un objet Smalltalk : le modèle pour représenter un comportement interne, la vue pour présenter l'état du modèle, et le contrôle pour interpréter les actions de l'utilisateur sur la vue. Le modèle MVC n'impose pas de contrainte sur la structuration globale d'un système interactif en agents MVC.

MVC et PAC diffèrent en plusieurs points :

- MVC distingue, au sein d'un agent, le traitement des entrées (assuré par un contrôleur) des opérations de sortie (la vue) alors que PAC réunit ces deux aspects dans un composant unique de présentation, comme le montre la figure 12. La distinction entre les comportements d'entrée et de sortie offre une meilleure modularité ;
- PAC explicite la notion de contrôle, organe arbitre et traducteur entre le monde abstrait et concret. Dans MVC, cet aspect est inexistant, mettant en péril l'indépendance entre les deux facettes. Pour rétablir cette indépendance, un deuxième modèle peut être introduit dans un agent MVC qui devient alors un agent M^2VC, présenté à la figure 12 ;
- PAC suggère une organisation systématique par une décomposition récursive. Cette structure est réalisable avec le modèle MVC, mais elle n'est pas explicite. L'expérience montre l'utilité de relations hiérarchiques Par exemple, un agent peut être utilisé pour assurer la cohérence visuelle entre les différentes vues d'un même objet sémantique, chaque vue étant réalisée par un agent.

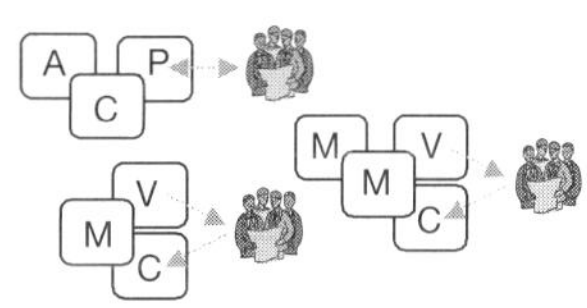

Figure 12 Agent PAC/MVC et agent M^2VC

Modèles multi-agent : conclusion

Nous avons présenté et comparé deux modèles multi-agent PAC et MVC. Ils existent d'autres modèles multi-agent comme AMF-C (Tarpin-Bernard, 1997) ou CLOCK (Graham et Urnes, 1996). Tous les modèles multi-agent répondent à des préoccupations communes : modularité, distinction explicite entre présentation et abstraction, encapsulation et parallélisme.

3.3 Structures fonctionnelles canoniques versus approches multi-agent : conclusion

Deux classes de modèles d'architecture ont été présentées : les modèles qui fournissent des structures fonctionnelles canoniques à gros grain, objet du § 3.1 et les modèles multi-agent du § 3.2 qui visent une décomposition fonctionnelle plus fine.

D'autres approches de classification existent comme celle consistant à distinguer les modèles selon la communication préconisée entre les composants logiciels ou selon la topologie des composants (hiérarchie, réseau, pipeline, etc.) (Cockton, 1991).

Une autre classification adoptant un point de vue différent, celui de l'application du modèle par le concepteur, est proposée dans (Cockton, 1991) et permet de distinguer trois modèles:

- abstractions architecturales du haut vers le bas. Un modèle qui préconise un mécanisme d'abstraction du haut vers le bas définit un ensemble de composants de haut niveau d'abstraction. La tâche du concepteur consiste à répartir les services parmi les composants fixés. Seeheim et Arch induisent ce type d'application;
- abstractions architecturales à partir du milieu. Un modèle de cette classe propose un ensemble de composants de bas niveau et une stratégie pour combiner ces composants afin d'obtenir des composants de plus haut niveau d'abstraction. Le modèle PAC implique ce type de raisonnement;
- abstractions architecturales du bas vers le haut. Un modèle de cette classe s'apparente à un modèle de la classe précédente sans toutefois proposer de stratégie de combinaison. Il propose un ensemble de composants de bas niveau.

Enfin une autre approche de classification des modèles d'architecture est proposée dans (Carlsen, 1991): trois classes de modèles sont identifiées selon la structure du logiciel préconisée.

- la structure en composants hétérogènes implique une organisation en un ensemble de composants qui ne remplissent pas les mêmes services. Typiquement, le modèle Seeheim et Arch en sont des exemples;
- la structure en espace d'objets homogènes organise le logiciel en une collection d'agents de mêmes caractéristiques et de même rôle fonctionnel. Les modèles PAC et MVC en sont des exemples;
- la structure en espace d'objets hétérogènes correspond à une classe de modèles qui allient les caractéristiques des deux classes précédentes. Ce type de modèle est aussi appelé modèle hybride. Le modèle PAC-Amodeus présenté dans le paragraphe suivant vérifie ce type de structure hybride.

4 Modèle hybride PAC-Amodeus

Le modèle hybride PAC-Amodeus (Nigay, 1994) préconise la décomposition fonctionnelle d'Arch et intègre les capacités d'affinement et de prise en compte du parallélisme de PAC. La figure 13 en présente les composants. Dans ses grandes lignes, PAC-Amodeus reprend les composants du modèle Arch dont il affine le contrôleur de dialogue, composant principal, en agents PAC.

4.1 PAC-Amodeus: les composants

Le noyau fonctionnel (NF) et l'utilisateur sont les deux extrêmes du modèle. À gauche de la figure 13, le NF réalise les concepts du domaine en ignorant la façon dont ces concepts sont rendus perceptibles à l'utilisateur. Les autres composants du système, l'adaptateur de noyau fonctionnel (ANF), le contrôleur de dialogue (CD) et les composants d'interaction logique (IL) et physique (IP), constituent l'IHM du système. L'utilisateur et le NF produisent et consomment des informations par l'intermédiaire de l'IHM. Ce fonctionnement symétrique laisse libre le choix du contrôle de l'interaction en fonction du cas à traiter: contrôle par l'utilisateur ou par le NF. Le NF échange des concepts du domaine ou objet du domaine avec son voisin immédiat : l'adaptateur de noyau fonctionnel.

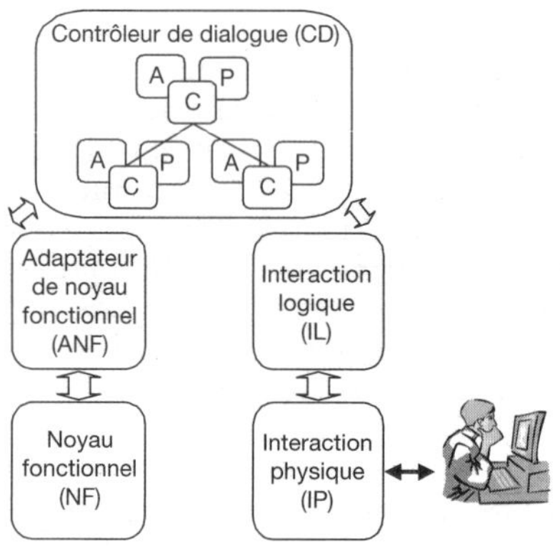

Figure 13 Modèle PAC-Amodeus

L'ANF est une interface conçue pour absorber les changements entre ses voisins directs. Comme toute frontière, il implémente un protocole. Un protocole comprend généralement trois dimensions: stratégies temporelles, nature des informations échangées, et mécanisme de liaison. Les stratégies temporelles instaurent par exemple une communication synchrone ou asynchrone:

- communication synchrone: le NF et l'IHM sont mutuellement asservis. Ce type de communication permet au mieux des fils de dialogue entrelacés;
- communication asynchrone: le NF et l'IHM sont des partenaires égaux dans la conduite de l'interaction. Ce type de communication permet plusieurs fils de dialogue simultanés. C'est le cas par exemple du système interactif de la figure 7 dont le NF serait une base de données distante liée par une connexion serveur avec l'interface. L'utilisateur peut alors continuer à travailler tandis que la base de données est en cours de recherche d'informations suite à la soumission d'une requête.

L'ANF est aussi le lieu approprié pour la mise en œuvre des améliorations sémantiques et délégations sémantiques :

- amélioration sémantique : un concept peut être modélisé dans le NF d'une manière inadaptée aux besoins de l'utilisateur, en raison d'une erreur d'analyse ou par contraintes logicielles et matérielles. Par exemple, ce concept est découpé en de multiples structures disjointes alors qu'il constitue une unité cognitive. Une amélioration (ou une réparation sémantique) peut être pratiquée dans l'ANF en regroupant plusieurs entités du NF au sein d'un objet conceptuel ou inversement, par découpage d'entités en plusieurs objets conceptuels ;
- délégation sémantique : elle relève de l'ingénierie logicielle. Elle consiste à déporter dans l'IHM, et notamment dans l'ANF, les compétences du NF en vue d'améliorer les performances. La qualité sémantique des retours d'information exige de fréquents allers et retours entre l'IHM et le NF. Lorsque la chaîne de transformations et de transferts entre l'utilisateur et le NF ne présente pas les performances requises (c.-à-d. n'est pas en accord avec les temps de réponse attendus de l'utilisateur), la décharge dans l'interface (par exemple, sous formes de caches) doit être pratiquée. L'ANF constitue l'un de ces lieux de délégation lorsque le NF est exécuté à distance. Mais nous l'avons vu page 299, avec le mécanisme *slinky* lié au métamodèle Arch, la délégation peut se pratiquer dans tous les composants de l'IHM.

L'ANF échange des objets conceptuels avec son voisin de droite immédiat : le contrôleur de dialogue.

La première fonction du CD est de gérer l'enchaînement des tâches. La deuxième fonction du CD est d'assurer la transformation de formalisme. Par nature, l'ANF et le composant interaction logique (IL) utilisent des formalismes distincts, le premier dirigé par des considérations opératoires, le second par les techniques des boîtes à outils. Afin que ces formalismes se rejoignent, les informations en transit dans le CD doivent être transformées. On parle d'opérations d'abstraction (dans le sens utilisateur – NF) et de concrétisation (dans le NF – utilisateur). Enfin le CD doit maintenir la relation entre les objets conceptuels et les objets d'interaction. Les changements d'état dans l'ANF doivent être reflétés dans la présentation perceptible par l'utilisateur (et vice versa). Aussi des liens doivent être maintenus entre les objets conceptuels et les objets d'interaction. Un objet conceptuel peut avoir plusieurs représentations. Dans ces conditions, la cohérence doit être assurée entre les divers objets d'interaction reliés au même objet conceptuel par le CD.

Les deux fonctions du CD sont assurées par une hiérarchie d'agents PAC :

- la facette abstraction d'un agent PAC modélise sa compétence opératoire tout comme le NF représente le fonctionnement conceptuel du système interactif. Comme pour l'ANF, cette facette peut être exploitée pour y pratiquer des délégation et amélioration sémantiques. Comme le montre la figure 14, elle est généralement reliée à des objets conceptuels de l'ANF ;
- la facette présentation d'un agent définit son rendu vis-à-vis de l'utilisateur. Comme le montre la figure 14, elle est reliée à un (ou plusieurs) objets d'interaction et peut, si besoin est, maintenir des informations d'état en vue de contrôler son comportement perçu par l'utilisateur. La définition de la facette présentation est indépendante du langage d'interaction (forme de la présentation) et du dispositif physique utilisés pour la rendre perceptible à l'utilisateur. De façon symétrique pour les informations reçues de l'utilisateur, la connaissance du langage et du dispositif d'entrée n'est pas pertinente pour l'agent, sauf si celle-ci est un concept du NF. L'agent reçoit ainsi par sa facette présentation des commandes de l'utilisateur sans connaître comment l'utilisateur les a spécifiées ;
- la facette contrôle est un transformateur de formalisme entre les deux facettes horizontales qu'il relie et intervient dans la chaîne verticale des processus d'abstraction et de concrétisation (communication entre agents PAC de la hiérarchie).

La figure 14 présente le cas le plus général. En effet, un agent peut ne pas être relié à un objet conceptuel : il ne dépend pas alors du NF, mais participe à l'accomplissement de la tâche par réparation sémantique. De plus un agent du CD peut ne pas avoir les trois facettes. Un agent a toujours une facette contrôle (il doit communiquer avec ses pairs) mais ses facettes abstraction et présentation peuvent être absentes :

- la facette abstraction peut être absente : c'est le cas lorsque l'agent est en correspondance directe avec un objet conceptuel. Afin d'éviter des duplications d'information, la compétence abstraite de l'agent est reléguée dans l'objet conceptuel et l'abstraction se limite à l'identification de l'objet conceptuel ;
- la facette présentation est absente lorsque l'agent est utilisé comme unité de calcul ou de contrôle. De tels agents ne sont pas des feuilles de la hiérarchie et doivent avoir des agents PAC fils qui ont des facettes présentation.

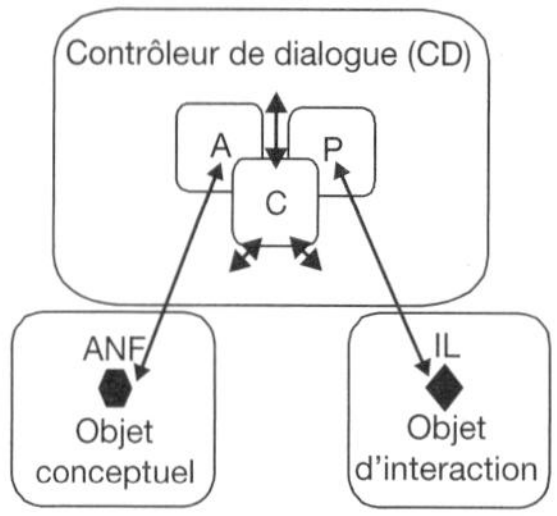

Figure 14 Agent PAC au sein du contrôleur de dialogue du modèle PAC-Amodeus

Le contrôleur de dialogue échange des objets d'interaction logique avec son voisin de droite immédiat : le composant interaction logique.

Le composant IL définit le comportement perceptible logique du système en termes d'objets d'interaction logique. Un objet d'interaction logique est un interacteur abstrait, qui traduit un besoin communicationnel. Le choix, l'alerte, la mesure, la description, la liste, etc. sont des exemples de besoins communicationnels. Ces objets d'interaction logique peuvent donner lieu à différentes incarnations selon leurs attributs et la disponibilité des objets d'interaction concrète du composant interaction physique. Par exemple, le choix devient un menu, l'alerte est traduite en une boîte de dialogue «modale», la mesure est concrétisée par une jauge, la description est véhiculée par un message en langage naturel et la liste devient un tableau. Dans ces conditions, le composant IL est une couche logicielle qui assure la portabilité du CD sur différentes plates-formes d'accueil et rend le CD indépendant des langages et dispositifs du système interactif. Il peut aussi se voir comme l'extension de boîtes à outils si celles-ci ne comportent pas les objets d'interaction concrète idoines. En conséquence, le composant IL comprend deux niveaux d'abstraction : la couche extension des techniques d'interaction concrète et la couche conceptuelle qui assure la portabilité. En pratique, si la portabilité n'est pas requise, la couche conceptuelle peut être éliminée. (Il s'agit ici d'un exemple d'application du mécanisme *slinky* par réduction de l'importance relative du composant IL comme présenté à la figure 8.) Le composant IL échange des objets d'interaction concrète avec son voisin de droite immédiat : le composant interaction physique.

Le composant IP désigne la plate-forme d'accueil à la fois logicielle et matérielle pour l'interaction concrète. Il comprend le système de fenêtrage et ses boîtes à outils. Si l'on considère l'interaction vocale, il inclut un moteur de reconnaissance de la parole et de manière générale tout système de reconnaissance : reconnaissance de geste à partir de la souris, du gant numérique, du stylo, ou de caméras ; reconnaissance de visage, localisation du regard, détection de la présence de l'utilisateur devant le terminal au moyen de caméras, système d'analyse de l'écriture. Le regroupement des systèmes de reconnaissance en un composant unique est une modélisation conceptuelle qui traduit un niveau d'abstraction commun. En pratique, ce niveau est géré par plusieurs processus associés aux canaux d'interaction. Au niveau de l'architecture d'implémentation, ce composant peut donc comporter un processus par reconnaisseur : les processus peuvent alors être centralisés sur un même processeur ou bien répartis sur une architecture matérielle multiprocesseur fortement couplée ou distribuée.

4.2 Règles de construction du CD

PAC-Amodeus définit des niveaux d'abstraction, indique le principe du support des dialogues à plusieurs fils, montre les points d'ancrage avec les boîtes à outils et le noyau fonctionnel. Mais, parce qu'il est conceptuel, le modèle PAC-Amodeus ne fournit aucune indication sur la nature et le rôle des agents du contrôleur de dialogue (CD) qu'il convient de définir pour chaque cas de système. Cette imprécision est une source de difficultés lors de l'application du modèle. Aussi on trouvera dans (Nigay, 1994) un ensemble de règles heuristiques d'aide au processus d'identification des agents du CD en fonction de l'interface à développer (spécifications externes de la figure 3). À titre illustratif, nous présentons une de ces règles, la règle vue multiple.

Règle vue multiple : Pour des raisons de confort, et selon les besoins de la tâche en cours, certains concepts du noyau fonctionnel nécessitent d'être présentés plusieurs fois, quelquefois simultanément, et sous des formes éventuellement distinctes. On parle alors de vues multiples d'un même concept. Qu'il y ait redondance et/ou complémentarité, la cohérence de la présentation entre les vues doit être gérée : si l'utilisateur ou le noyau fonctionnel agit sur l'une des vues du concept, la modification doit être répercutée sur les autres. Si la répercussion ne doit pas avoir lieu, il faut aussi être capable de le décider.

Comme le montre la figure 15, les vues sont assurées par les facettes présentation d'agents distincts. À la figure 15, deux agents présentent le même espace de données temporelles de façon distincte. L'un présente l'espace sous la forme d'étoiles (Daassi, 2003) tandis que l'autre présente l'espace sous la forme de diagrammes superposés. Un agent père «vue multiple» assure la cohérence en répercutant ou non les modifications. Son abstraction maintient l'espace de données temporelles.

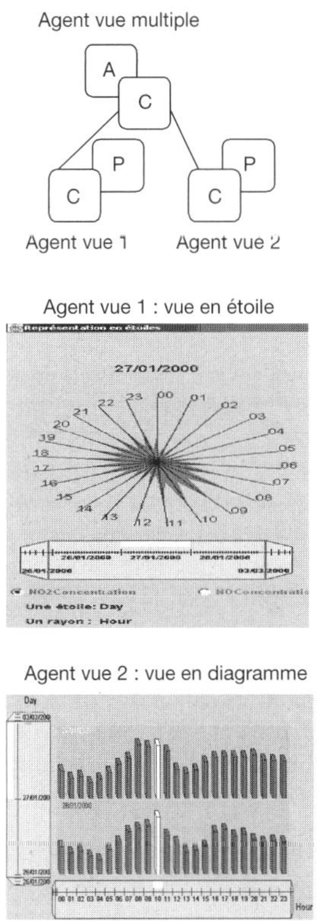

Figure 15 Vue multiple d'un même concept. Un agent père gère la cohérence

Les règles de construction, comme celle de la figure 15 constituent des solutions architecturales à un problème récurrent, que l'on peut lier à une propriété ergonomique. Par exemple la règle vue multiple est liée à la propriété externe « multiplicité des représentations », qui concoure à la flexibilité de l'interaction (§ 2). En cela les règles constituent des motifs architecturaux PAC-Amodeus.

Le modèle PAC-Amodeus a été appliqué pour concevoir le logiciel de nombreux systèmes interactifs. À titre illustratif, nous présentons l'architecture de deux systèmes interactifs, l'un de visualisation d'information, l'autre de réalité mixte.

4.3 Exemple d'application: visualisation d'information dans VITESSE

VITESSE (Vernier, 2001) est un système interactif écrit en Java qui visualise sous différentes formes graphiques l'ensemble des réponses obtenues suite à une requête soumise à un moteur de recherche sur le web. La figure 16 présente une représentation des résultats d'une requête sous la forme d'une pyramide. Une réponse ou page web retrouvée y est représentée par un quadrilatère. La position et la couleur du quadrilatère traduisent la pertinence de la réponse.

À tout instant l'utilisateur peut changer de visualisation (voir le chapitre « Visualisation d'information ») grâce à la palette d'icônes à gauche de l'espace des réponses. Chaque icône correspond à une visualisation (sphère, pyramide, cylindre ou colline). Le changement de visualisation est progressif pour garantir la continuité visuelle. Il est accompagné d'un son continu pour souligner la phase de transition. En dessous de l'espace des réponses se trouvent les outils de navigation (déplacement à droite, à gauche, vers le haut, vers le bas et repositionnement de l'espace au centre) : ils sont communs à toutes les visualisations.

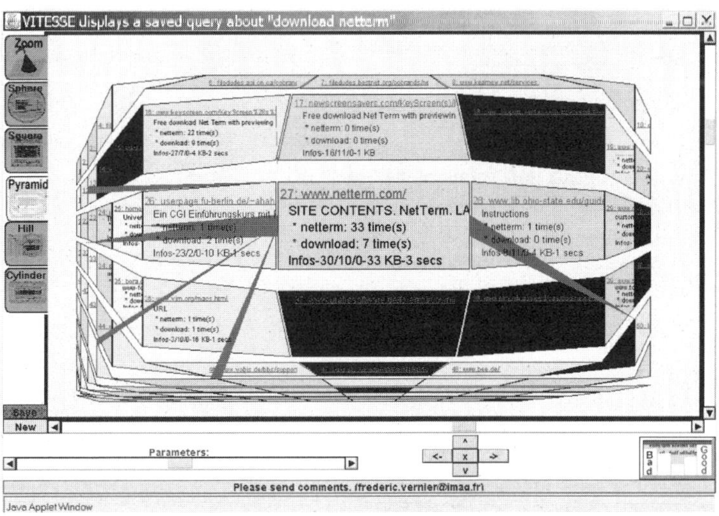

Figure 16 Vue en pyramide des résultats d'une requête dans VITESSE

L'architecture globale PAC-Amodeus de VITESSE est présentée à la figure 17. Le noyau fonctionnel (NF) maintient les concepts du domaine applicatif : le moteur de recherche. C'est le rôle de l'adaptateur de noyau fonctionnel (ANF) de communiquer avec le NF par des envois de requête. L'ANF sert d'adaptateur et permet de rendre le contrôleur de dialogue indépendant du moteur de recherche utilisé. De plus l'ANF peut transformer les informations reçues du NF : par exemple l'ANF vérifie la validité des réponses (liens inexistants) et calcule le nombre d'occurrences des mots de la requête pour chaque réponse. À l'opposé de l'arche, le composant interaction physique (IP) désigne la plate-forme d'accueil logicielle et matérielle. Il contient en particulier l'interpréteur Java, la boîte à outils AWT. Aucun code supplémentaire n'a été nécessaire pour ce composant. Le composant interaction logique (IL) n'est pas présent (mécanisme *slinky*, page 299). Le contrôleur de dialogue par les facettes présentation des agents PAC, est alors dépendant de la boîte à outils AWT. Le contrôleur de dialogue (CD), clé de voûte du système, prend en charge l'enchaînement des tâches et gère chaque fil de dialogue grâce à une hiérarchie d'agents PAC.

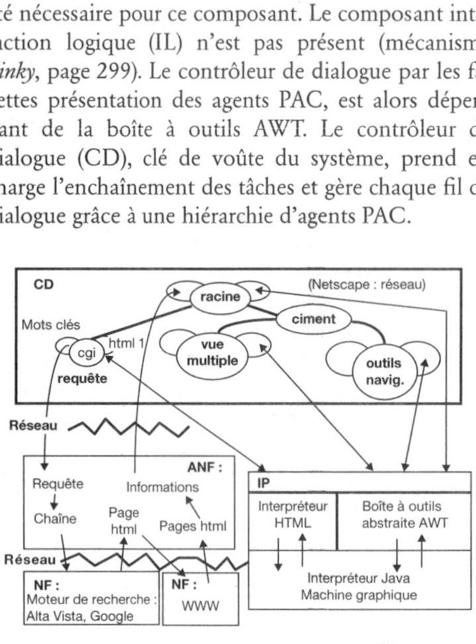

Figure 17 Architecture globale de VITESSE selon PAC-Amodeus

Pour définir la hiérarchie d'agents PAC, nous avons d'abord appliqué la règle vue multiple énoncée au § 4.2. La hiérarchie résultante est présentée à la figure 18. L'abstraction de l'agent « vue multiple » contient l'espace des informations non déformé (les coordonnées des quatre sommets des quadrilatères sans déformation). Sa présentation définit la palette qui permet de changer de visualisation. Son contrôle maintient le type de visualisation courante sélectionnée. Chaque agent « visualisation » contient dans son contrôle la fonction de déformation. L'abstraction maintient l'espace déformé selon la fonction. Les données ne sont pas dupliquées, seules les positions des emplacements sont stockées (c'est-à-dire. les positions

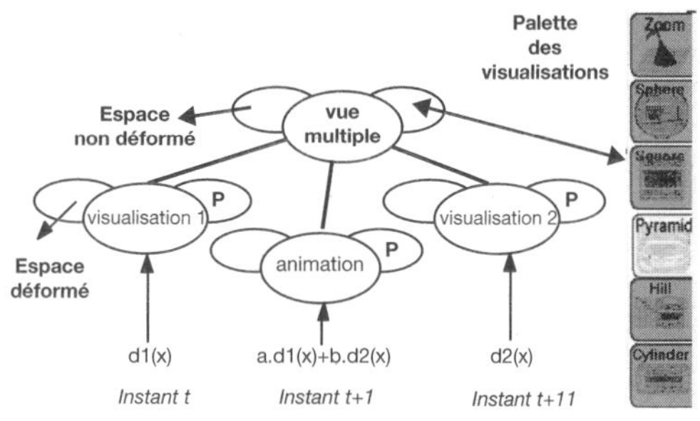

Figure 18 Première étape de la construction du contrôleur de dialogue de VITESSE

des quatre sommets des quadrilatères). La présentation gère la visualisation. À un instant donné, un seul agent « visualisation » est créé. Au changement de visualisation, un agent éphémère « animation » est créé dynamiquement pour gérer le passage d'une visualisation à l'autre. Cet agent « animation » reçoit de son agent père « vue multiple » la déformation courante (d1) et la déformation à atteindre (d2). Après n affichages ($n = 10$ dans VITESSE), cet agent possède la même présentation que l'agent « visualisation 2 » correspondant à la visualisation à atteindre. L'agent « animation » est alors détruit et un agent « visualisation 2 » est créé.

Nous appliquons ensuite la règle « ciment » pour gérer les outils de navigation. Cette règle préconise un agent père « ciment » pour répercuter les actions reçues par un agent fils à un autre agent fils. Nous obtenons la hiérarchie de la figure 19. L'agent « outils de navigation » reçoit par sa présentation les événements de l'utilisateur. Ceux-ci sont envoyés à l'agent « vue multiple » par l'intermédiaire de l'agent « ciment ».

La décomposition en une hiérarchie d'agents PAC permet une forte modularité du code. En particulier chaque visualisation est gérée par un agent distinct : ceci permet par exemple de facilement rajouter une visualisation sans remettre en cause le code qui réalise les autres visualisations.

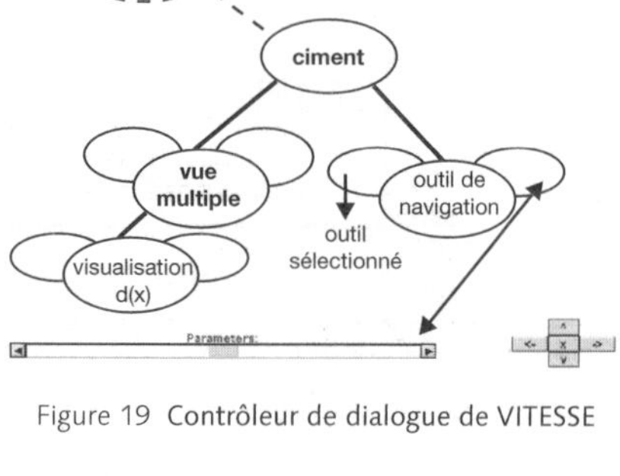

Figure 19 Contrôleur de dialogue de VITESSE

4.4 Exemple d'application: réalité mixte

Le paradigme de réalité mixte en interaction homme-machine repose sur la fusion des mondes physique et numérique, affranchissant ainsi les utilisateurs des barrières séparant les deux mondes. Le monde ainsi obtenu est qualifié de mixte. Pour réaliser des systèmes mixtes, le contexte physique de l'utilisateur devient une information importante à capturer et à modéliser. La nécessité de prendre en compte le contexte dans les systèmes interactifs est devenue une évidence du moment que l'utilisateur n'était plus figé à son bureau et devenait mobile. La capture du contexte repose sur des données en provenance de capteurs comme un GPS ou un magnétomètre. Comme le montre la figure 20, le modèle PAC-Amodeus est étendu en ajoutant deux composants dédiés à la capture du contexte. Les deux nouveaux composants, contexte physique et contexte logique, forment une nouvelle branche. Nous appliquons ici le mécanisme de branche hérité du modèle Arch (page 299). Ainsi le contrôleur de dialogue, qui à l'origine était à l'écoute des informations en provenance du noyau fonctionnel et de l'utilisateur, doit gérer une nouvelle source d'informations, celles en provenance du contexte. Utilisateur, noyau fonctionnel et contexte sont placés au même niveau comme trois sources d'informations pour le contrôleur de dialogue.

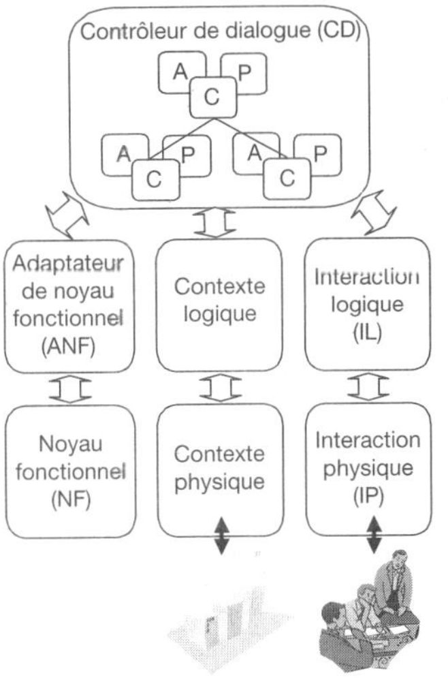

Figure 20 Modèle PAC-Amodeus étendu pour la réalité mixte

Tandis que le composant contexte physique est dédié aux traitements qui sont dépendants des capteurs physiques, le composant contexte logique contient les traitements d'abstraction des données en provenance des capteurs. L'un des rôles principal du composant contexte logique est de rendre le contrôleur de dialogue indépendant des capteurs utilisés, augmentant ainsi la modifiabilité du code. Dans le cas où la fusion des informations en provenance du composant contexte logique est nécessaire, un serveur de contexte faisant partie de l'architecture d'implémentation (Rey et Coutaz, 2004) est un service accessible par le contrôleur de dialogue.

Le modèle d'architecture de la figure 20 a été appliqué à la conception logicielle de plusieurs systèmes de réalité mixte, comme la plate-forme MAGIC (*Mobile Augmented reality Group in Context*). MAGIC (Renevier, 2004) est une plate-forme matérielle et logicielle destinée à une activité collaborative en situation de mobilité, et initialement conçue pour la prospection archéologique. Un jeu basé sur le troc qui repose sur la plate-forme MAGIC a aussi été développé et testé. La plate-forme matérielle de la figure 21 est un assemblage de dispositifs commercialisés : elle comprend une tablette et un casque semi-transparent. Une caméra est fixée entre les deux écrans du casque. La plate-forme contient aussi un magnétomètre qui détermine l'orientation de la caméra ainsi qu'un GPS qui localise l'utilisateur mobile dans le champ de fouille ou dans le terrain de jeu.

Figure 21 Utilisatrice de la plate-forme MAGIC

La capture de contexte consiste en la position de l'utilisateur et son orientation. Les informations de localisation en provenance du composant contexte logique sont directement exploitées par le contrôleur de dialogue. L'architecture résultante est présentée à la figure 22 et est détaillée dans (Renevier, 2004).

Le mécanisme de localisation (GPS) n'étant pas assez précis, un compère humain (technique du magicien d'Oz) a simulé la localisation lors des tests du jeu de troc basé sur la plate-forme MAGIC. La figure 22 montre les changements au sein de l'architecture pour simuler la localisation par un compère humain : deux composants (en gris) sont ajoutés à la place des deux composants contexte logique et physique. Le reste de l'architecture est inchangé.

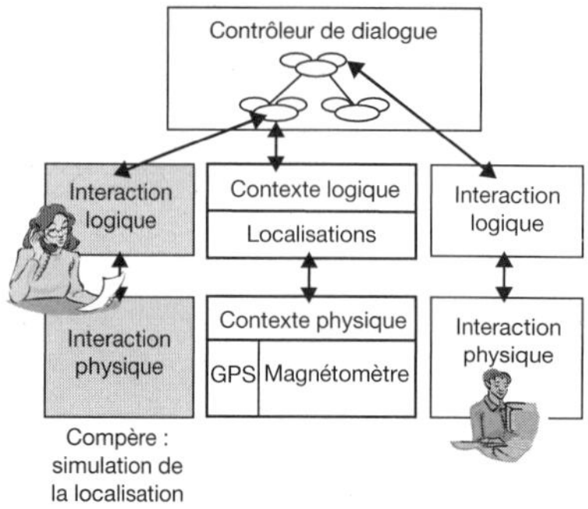

Figure 22 Architecture de MAGIC

5 Conclusion

L'architecture logicielle est un ensemble de structures (conceptuelle, modulaire, de coordination et physique). Il n'y a donc pas une architecture pour un système interactif donné mais plusieurs, correspondant à des perspectives différentes. Aussi, au sein de ce vaste domaine, nous avons consacré ce chapitre aux modèles d'architecture conceptuelle pour les systèmes interactifs. Nous avons souligné la situation particulière et charnière d'une architecture conceptuelle au sein du processus de conception et développement des systèmes interactifs qui se traduit par une tension permanente entre les contraintes de développement et la satisfaction des requis de l'utilisateur.

Les modèles d'architecture logicielle sont souvent liés aux outils de développement de systèmes interactifs (Myers, 1995).

D'une part, les générateurs d'interfaces sont, en général, fondés sur un modèle d'architecture qui définit les points d'ancrage du code généré entre le noyau fonctionnel et les objets de présentation d'une boîte à outils. Pour certains générateurs les protocoles d'accès au noyau fonctionnel et aux boîtes à outils sont clairement définis. Le générateur SERPENT (Bass et Coutaz, 1990) illustre parfaitement ce lien entre modèle d'architecture et outil de développement puisque SERPENT repose explicitement sur le modèle d'architecture Arch.

D'autre part les éléments graphiques (*widgets*) d'une boîte à outils sont structurés selon un modèle d'architecture, comme le modèle MVC pour la boîte à outils Java Swing (http://java.sun.com/products/jfc/). Nous constatons aujourd'hui de nombreux travaux sur l'architecture des objets graphiques fournis par les boîtes à outils destinées aux interfaces évoluées post-WIMP (*Window Icon Mouse Pointer*). Par exemple certaines boîtes à outils soulignent l'importance de découpler l'objet graphique des traitements des entrées comme dans la boîte à outils SubArtic (Hudson, Mankoff et Smith, 2005).

Enfin dans ce chapitre, nous avons présenté une architecture d'un système de réalité mixte sensible au contexte. Ce sont des premiers résultats qui s'inscrivent dans le cadre plus général de l'informatique omniprésente ou « intelligence ambiante ». L'informatique ambiante définit les verrous actuels pour l'architecture logicielle des systèmes interactifs avec en particulier la gestion de la dynamicité, de l'hétérogénéité et du multi-échelle des plate-formes interactionnelles. Tandis que ces défis ont des impacts immédiats sur les architectures d'implémentation des systèmes interactifs, dans le cadre d'une approche qui par nature est dirigée par les modèles (MDE, *Model Driven Engineering*), il convient d'en étudier les enjeux au niveau de l'architecture logicielle conceptuelle.

Bibliographie

Bass L., Coutaz J. (1990), *Developing Software for the User Interface*, SEI Series in Software engineering, Addison-Wesley.

Bass L., John B. (2001), "Achieving Usability Through Software Architecture", *Proceedings of ISCE 2001*, p. 684, ACM Press. (CMU/SEI-2001-TR-005).

Bayle E., Bellamy R., Casaday G., Erickson T., Fincher S., Grinter B., Gross B., Lehder D., Marmolin H., Potts C., Skousen G., Thomas J. (1998), "Putting It All Together: Towards a Pattern Language for Interaction Design", *CHI'97 Workshop, SIGCHI Bulletin*, 30,1, p. 17-23, ACM Press. http://www.pliant.org/personal/Tom_Erickson/Patterns. WrkShpRep. html.

Carlsen N. (1991), *Modelling User Interface Software*, Thèse de l'université technique du Danemark, département de la communication graphique, Vol. 1.

Carroll J.M. (2000) *Making use. Scenario-based design of computer interactions*, MIT Press.

Cockton G. (1991), "The Architectural Bases of Design Re-Use", in Duce D., Gomes M., Hopgood F. & Lee J. Eds., *Management and Design*, Springer-Verlag.

Coutaz J. (1987), "PAC: an Implementation Model for Dialog Design", *Proceedings of Interact'87*, p. 431-436, North Holland.

Coutaz J., Nigay L. (2001), «Architecture logicielle conceptuelle des systèmes interactifs», chapitre 7, dans *Analyse et conception de l'IHM: interaction homme-machine pour les SI 1*, p. 207-246, Hermès.

Daassi C. (2003) *Techniques d'interaction avec un espace de données temporelles*, Thèse de l'université Joseph Fourier, Grenoble 1.

Dewan P. (1999), "Architecture for Collaborative Applications", in Beaudouin-Lafon M. Ed., *Computer Supported Cooperative Work*, p. 169-193 John Wiley & Sons Ltd.

Graham T., Urnes T. (1996), "Linguistic support for the evolutionary design of software architectures", *Proceedings of ICSE 1996*, p. 418-427, IEEE Computer Society.

Gram C., Cockton G. Eds. (1996), *Design Principles for Interactive Software*, Chapman & Hall.

Krasner, G., Pope, S. (1988), "A Cookbook for Using the Model-View-Controller User Interface Paradigm in Smalltalk-80", *Journal of Object Oriented Programming*, 1, 3, p. 26-49.

Hudson S., Mankoff J., Smith I. (2005), "Extensible input handling in the subArctic toolkit", *Proceedings of CHI'05*, p. 381-390, ACM Press.

Laurillau Y., (2002), *Conception et réalisation logicielles de collecticiels centrées sur l'activité de groupe: le modèle d'architecture et la plate-forme Clover*, Thèse de l'université Joseph Fourier Grenoble 1.

Myers B (1995), "User Interface Software Tools", *ACM Transactions on Computer-Human Interaction*, 2,1, p. 64-103, ACM Press.

Nigay L. (1994), *Conception et modélisation logicielles des systèmes interactifs : application aux interfaces multimodales*, Thèse de l'Université Joseph Fourier, Grenoble 1.

Nigay L., Coutaz J. (1997), "Software architecture modelling: Bridging Two Worlds using Ergonomics and Software Properties", in Palanque P. & Paterno F. Eds., *Formal Methods in Human-Computer Interaction*, p. 49-73, Springer-Verlag.

Pfaff G. Ed. (1995), *User Interface Management Systems*, Springer-Verlag.

Renevier P. (2004), *Systèmes Mixtes Collaboratifs sur Supports Mobiles : Conception et Réalisation*, Thèse de l'université Joseph Fourier Grenoble 1.

Rey G., Coutaz J. (2004), «Le Contexteur: Capture et distribution dynamique d'information contextuelle», *Actes de Mobilité et Ubiquité 2004*, p. 131-138, ACM Press.

Shaw M., Garlan D. (1995), *Software Architecture : Perspectives on an Emerging Discipline*, Prentice Hall.

Tarpin-Bernard F. (1997), *Travail Coopératif Asynchrone Assisté par Ordinateur : Approche AMF-C*, Thèse de l'École centrale de Lyon.

Vernier F. (2001) *La multimodalité en sortie et son application à la visualisation de grandes quantités d'information*, Thèse de l'université Joseph Fourier Grenoble 1.

UIMS (1992), "The UIMS Workshop Tool Developers : A Metamodel for the Runtime Architecture of an Interactive System", *SIGCHI Bulletin*, 24, 1, p. 32-37, ACM Press.

Interaction graphique

Michel Beaudouin-Lafon

Mots-clés : interaction homme-machine, interface graphique, dispositifs d'entrée-sortie, styles d'interaction, tâches d'interaction, pointage, modèle conceptuel, boîte à outils d'interface, générateur d'interface.

Résumé : les interfaces graphiques sont très largement répandues aujourd'hui et sont particulièrement utilisées par les publics non-informaticiens. Développées depuis plus de vingt ans, elles sont arrivées à un stade de quasi-standardisation qui malheureusement bride un peu l'innovation qui permettrait de mieux tirer parti de la puissance des machines et des nouveaux concepts développés par la recherche en interaction homme-machine. Ce chapitre fait un tour d'horizon de l'interaction graphique en présentant d'abord les dispositifs d'entrée-sortie, puis les styles et techniques d'interaction graphique, enfin en abordant deux étapes du processus de conception : la conception détaillée et le développement logiciel.

L'interaction graphique regroupe l'ensemble des moyens matériels et logiciels qui permettent d'interagir avec des représentations graphiques affichées sur un écran. Dans ce chapitre sont abordés : les dispositifs matériels d'affichage et d'entrée ; une description des principaux styles d'interaction graphique ; une taxonomie détaillée des tâches d'interaction de la manipulation directe et des techniques d'interaction associées ; un aperçu des nouvelles techniques d'interaction issues de la recherche ; quelques éléments sur la conception des applications graphiques ; enfin une description des outils d'aide au développement d'applications graphiques.

1 Dispositifs matériels

1.1 Dispositifs d'affichage

L'interaction graphique nécessite un dispositif d'affichage, dont les plus répandus actuellement sont les écrans cathodiques et les écrans à cristaux liquides (LCD). La taille et surtout la résolution de ces écrans ont peu varié au cours de ces vingt dernières années, l'évolution principale étant l'avènement de la couleur. La taille des écrans LCD varie de quelques centimètres, ce qui a permis le développement des dispositifs portables (montre, téléphone, PDA, etc.), jusqu'à environ 70 cm. Les écrans à plasma peuvent avoir une taille encore plus importante (1,50 m). La résolution des écrans, qui est d'une centaine de points par pouce, est très inférieure à la résolution de la vision humaine, qui est environ dix fois supérieure. Il en résulte des problèmes spécifiques comme celui de l'aliassage (crénelage visible des graphiques ou du texte) qui peuvent causer une fatigue visuelle. La création d'animations fluides nécessite un rafraîchissement de l'affichage au rythme d'au moins dix images par seconde, ce qui peut nécessiter des puissances de calcul importantes, puisqu'un écran actuel comporte entre un et deux millions de pixels. Heureusement, les cartes graphiques actuelles, qui ont beaucoup évolué grâce au marché des jeux vidéo, ont des performances suffisantes pour la plupart des interfaces graphiques.

Afin de dépasser la taille maximale des écrans LCD actuels, on utilise des projecteurs vidéo. Cependant, la résolution des matrices LCD étant limitée, la taille des pixels augmente en même temps que la taille de l'image affichée. Des dispositifs expérimentaux, appelés murs d'image, utilisent plusieurs projecteurs disposés de façon à juxtaposer leurs images, chaque projecteur étant contrôlé par un ordinateur. Ces dispositifs sont coûteux et difficiles à mettre en œuvre, mais il n'existe pas d'alternative à l'heure actuelle. Les projecteurs ou les grands écrans à plasma sont également utilisés pour créer des tables interactives, où l'affichage est horizontal. Enfin, des dispositifs expérimentaux d'affichage en trois dimensions commencent à exister, mais ils sont d'un usage encore très confidentiel. Les techniques d'interaction graphique sont donc actuellement dévolues pour l'essentiel à des écrans de 10 cm à 50 cm de diagonale (entre 200 × 300 points et 1200 × 1600 points).

1.2 Dispositifs de pointage

L'interaction graphique nécessite des dispositifs d'entrée spécifiques, appelés dispositifs de pointage, permettant de désigner des objets ou des positions à l'écran. Historiquement, le stylo optique a été utilisé le premier, dès 1961 par Ivan Sutherland. La souris a été inventée peu après par Douglas Englebart. Aujourd'hui, une grande variété de dispositifs de pointage est disponible, dont nous donnons un bref aperçu.

Souris, trackballs et joysticks

Les souris sont les périphériques d'entrée les plus répandus, grâce à leur faible coût, leur polyvalence et leur faible encombrement. Mécaniques à l'origine, elles sont aujourd'hui le plus souvent optiques : le déplacement est calculé à partir des changements dans le flux d'images capté par une micro-caméra placée sous la souris.

Les *trackballs* peuvent être décrites comme des souris mécaniques inversées. Elles ont l'avantage d'un encombrement faible et d'une position fixe. Cependant, la précision est en général moins bonne que celle d'une souris.

Les *joysticks* ou manches à balai sont munis de ressorts qui ramènent le manche à sa position de repos. Certains joysticks sont à jauge de contrainte : c'est l'effort sur le manche à balai qui est mesuré et non pas son déplacement. Les joysticks contrôlent la vitesse du curseur plutôt que sa position, ce qui introduit une indirection qui peut poser des problèmes à certains utilisateurs. Certains joysticks offrent un troisième degré de liberté avec la rotation du manche sur lui-même.

Tablettes et écrans tactiles

Les tablettes graphiques fonctionnent selon différents principes : électromagnétique, ultrasonore, résistif. Elles ont en commun l'utilisation d'un stylet ou d'un « puck » similaire à une souris. Certaines tablettes captent, en plus de la position, la pression, voire l'inclinaison du stylet, et même les positions de deux périphériques utilisés simultanément, par exemple un stylet et un puck tenus dans chaque main. La fréquence d'envoi des informations est de l'ordre de 30 à 60 Hz.

Les tablettes ont une meilleure résolution que tous les autres dispositifs : plus de 100 points par mm. Cette résolution, associée à l'utilisation d'un stylet et à la possibilité de capter d'autres informations comme la pression, font des tablettes un périphérique de choix pour les arts graphiques.

À la différence des tablettes, les écrans tactiles permettent une désignation directe sur l'écran des objets affichés. Les écrans tactiles de très faible résolution (10 × 10 à 50 × 50) utilisent un mécanisme optique : une grille de faisceaux infrarouge est interrompue par le doigt lorsqu'il touche l'écran. Les écrans capacitifs et les écrans ultrasonores ont une meilleure résolution, qui atteint celle de l'écran mais reste loin de celle des tablettes. Les écrans capacitifs sont utilisés en particulier sur les PDA et sur les grands écrans muraux. La technologie ultrasonore est peu précise mais peut être utilisée avec les murs d'images. Un problème fréquent avec les écrans tactiles est l'erreur de parallaxe, due au fait que l'image est produite sous la vitre de l'écran. Cela conduit souvent à conserver l'affichage du curseur pour réduire les erreurs de pointage.

Autres dispositifs

De nombreux dispositifs ont été développés afin de multiplier le nombre de degrés de liberté (DDL) pouvant être captés, notamment pour l'interaction avec des objets à trois dimensions. Nous avons déjà vu que certaines tablettes captent une position, une pression et un angle d'inclinaison, soit cinq DDL.

Il existe divers dispositifs électromagnétiques permettant de capter la position (tois DDL) et l'orientation (trois DDL) d'un ou plusieurs capteurs dans l'espace. Ces dispositifs peuvent être associés à des gants de données qui captent la position des doigts (dix DDL environ). Cependant l'utilisation des mains libres dans l'espace devient rapidement fatigante et réserve ce type de système à des applications particulières, notamment la réalité virtuelle.

D'autres dispositifs, plus adaptés à une interaction sur le bureau, sont fondés sur des jauges de contraintes. Ainsi, la SpaceBall de Logitech ressemble à un joystick et capte six DDL (trois directions et trois rotations). Un autre dispositif, le Phantom de Sensable, est constitué d'un stylet attaché au bout d'un bras. Il fournit également six DDL et de plus offre un retour de force et de texture (retour haptique).

Enfin, les techniques de vision par machine commencent à être utilisées pour reconnaître les gestes de la main et permettre ainsi une interaction gestuelle libre. Ces techniques sont encore, pour l'instant, du domaine de la recherche.

1.3 Couplage entre entrées et sorties

Les dispositifs de pointage sont destinés à désigner des positions ou des objets à l'écran, leur utilisation efficace dépend donc d'un bon couplage entre les actions de l'utilisateur et leur effet visible à l'écran. Ce couplage se manifeste le plus souvent par un curseur visible à l'écran dont on contrôle la position en agissant sur le dispositif d'entrée. La nature du couplage est caractérisée par sa fonction de transfert.

Fonction de transfert

L'information captée par un dispositif de pointage peut être une position absolue, comme pour une tablette ou un écran tactile, un déplacement, comme pour la souris, ou un effort, comme pour le mini-joystick au milieu de certains claviers d'ordinateurs portables. Dans le premier cas (tablette ou écran tactile), la correspondance entre position du dispositif et position du curseur à l'écran est directe, et la fonction de transfert est alors l'identité ou une simple mise à l'échelle.

Dans le second cas (souris), à chaque déplacement dS de la souris correspond un déplacement proportionnel $dC = k.dS$ du curseur. Rien n'exige que le facteur k soit constant. Ainsi, ce que l'on appelle improprement l'« accélération » de la souris correspond à un facteur k qui croît avec dS. Cette « accélération » permet de traverser un grand écran d'un geste rapide du poignet, tout en conservant une bonne précision lors des déplacements lents.

Dans le dernier cas (joystick), la fonction de transfert est plus complexe car elle doit transformer un effort sur le joystick en déplacement du curseur. Comme un joystick est un dispositif qui revient à zéro lorsqu'on le lâche, on l'utilise pour contrôler la vitesse de déplacement, et non la position, du curseur. Ainsi, au repos, la vitesse est nulle et le curseur ne bouge pas ; lorsque l'on agit sur le joystick, on fixe la vitesse (et la direction) de déplacement du curseur, comme lorsque l'on pousse un objet. Malgré cette analogie avec le monde réel, ce type de contrôle est moins naturel et moins efficace que les autres techniques, et n'est justifié que par le faible encombrement d'un joystick.

Loi de Fitts

Le mouvement de pointage est une action très commune dans les interfaces graphiques, comme d'ailleurs dans le monde réel. Une loi empirique très robuste, la loi de Fitts, permet de prédire le temps de pointage d'un objet (réel ou virtuel) en fonction de son *indice de difficulté* ID. Si l'objet, de taille L, est situé à une distance D du pointeur, l'indice de difficulté de la tâche de pointage est $ID = \log_2(1 + D/L)$ et le temps de mouvement TM pour pointer cet objet est proportionnel à ID: $TM = a + b\ ID$. Le facteur de proportionnalité b varie peu d'un individu à l'autre, par contre il peut changer considérablement d'un dispositif de pointage à un autre et peut servir à comparer leurs performances.

L'élément remarquable de la loi de Fitts est le rapport D/L qui détermine, seul, le temps de pointage. Un pointage rapide nécessite une cible à la fois grande et proche, inversement, doubler la taille a le même effet que diviser la distance par deux. Une bonne exploitation de ces propriétés permet d'augmenter significativement l'efficacité des techniques d'interaction, en faisant en sorte par exemple que les objets les plus susceptibles d'être accédés par l'utilisateur soient proches du curseur et de grande taille (voir Guiard et Beaudouin-Lafon, 2004, pour un état de l'art sur la loi de Fitts en interaction homme-machine).

1.4 Interactions élémentaires

Les interactions élémentaires dans un système muni d'un dispositif de pointage sont les suivantes :

- *pointage*: déplacer le curseur vers une zone de l'écran ;
- *sélection*: appuyer puis relâcher le bouton de la souris (clic) ou taper la pointe du stylet sur la tablette ou sur l'écran (tap). L'utilisation simultanée de touches du clavier (Majuscules, Contrôle, Option, Alt, etc.) et/ou de clics multiples permet de distinguer différentes actions de sélection. La plus connue est le double-clic, souvent interprété comme « ouvrir » l'objet sélectionné ;
- *tracé*: appuyer sur le bouton de la souris ou poser le stylet, déplacer le curseur selon une certaine trajectoire puis relâcher le bouton (cliquer-tirer ou « drag-and-drop »). Comme pour la sélection, l'usage simultané de touches de clavier permet de distinguer plusieurs actions de tracé.

L'interaction de tracé peut interférer avec la sélection : lorsque l'on fait un clic ou un tap, la souris ou le stylet peut bouger pendant que le bouton est enfoncé, et déclencher une interaction de tracé. Pour éviter cela, on prévoit généralement une *hystérésis*: l'interaction de tracé n'est reconnue après l'appui sur le bouton ou la pose du stylet que lorsque le curseur a bougé suffisamment.

Ce vocabulaire d'interaction, très simple, permet de créer, comme on va le voir dans la suite de ce chapitre, une grande variété de techniques d'interaction. De nouveaux dispositifs d'entrée sont à même d'enrichir ce vocabulaire de base, comme par exemple la présence d'une molette sur la souris, ou les surfaces tactiles des ordinateurs portables, qui peuvent détecter le contact simultané de deux doigts et interpréter alors le déplacement des deux doigts comme une commande de défilement.

2 Styles d'interaction graphique

L'avènement des interfaces graphique résulte d'une part de l'évolution des styles d'interaction, destinés à rendre les ordinateurs plus accessibles, d'autre part à l'évolution des capacités, notamment graphiques, des ordinateurs. Nous retraçons ici l'évolution des styles d'interaction

2.1 Systèmes conversationnels

Le style conversationnel correspond à un mode d'interaction langagière inspiré de la conversation entre humains. Il a été le premier à être développé car il réclame peu de moyens d'interaction (un clavier et une sortie papier suffisent). Il est encore largement répandu aujourd'hui, par exemple avec le *shell* Unix/ Linux.

Dans un système conversationnel, les commandes sont fournies en tapant une ligne au clavier, validée par un retour chariot. La commande est alors interprétée et transformée en opérations sur les objets internes du système (voir le modèle conceptuel dans le chapitre d'introduction de la section). Le système fournit une réponse qui est soit un message d'erreur, soit le résultat, éventuellement vide, de la commande. L'utilisateur peut alors entrer une nouvelle commande, etc.

L'inconvénient principal d'un système conversationnel est que l'utilisateur doit apprendre le langage de commande et que les réponses du systeme sont parfois difficiles à interpréter. Par contre, pour des utilisateurs experts, ce mode d'interaction peut être plus efficace que tout autre, notamment par la possibilité d'étendre le système en programmant ses propres commandes (comme par exemple les scripts *shell* sous Unix). D'autre part, les systèmes conversationnels impliquent un séquencement strict entre actions de l'utilisateur et réponses du système. Il est donc difficile de mener plusieurs tâches simultanément, alors que c'est une activité courante dans la vie quotidienne.

2.2 Menus, formulaires

Les systèmes à base de menus et de formulaires sont une extension du modèle conversationnel destinée à faciliter l'interaction en rendant le langage de commande explicite. Ainsi, la sélection d'une commande dans un menu demande seulement de reconnaître cette commande, alors qu'une interface conversationnelle oblige à se souvenir de son nom. Les menus hiérarchiques permettent d'accéder à un grand nombre de commandes, au prix de commandes de navigation (voir ci-dessous).

La syntaxe disponible avec un simple système de menus est très primitive, c'est pourquoi ce style d'interaction est complété par l'usage de formulaires, similaires dans leur principe aux formulaires papier: lorsque le formulaire lui est présenté à l'écran, l'utilisateur doit remplir ses champs (dans un ordre quelconque), puis valider le formulaire. La validation déclenche l'exécution d'une commande par le système, puis une réponse qui peut être un message d'erreur, un nouveau formulaire, un menu ou un document. La plupart des applications Web et des services Minitel sont des systèmes à base de menus et de formulaires, de même que beaucoup d'applications de gestion, au sens large du terme: voir par exemple les systèmes de réservation d'avions ou de trains.

Les systèmes à base de menus et de formulaires imposent, comme les systèmes conversationnels, un dialogue strict entre l'utilisateur et le système. Cependant, ils assistent l'utilisateur en lui fournissant des informations permettant de guider ses actions: liste des commandes disponibles dans les menus, noms des champs dans les formulaires, etc. De plus l'interaction avec un formulaire n'impose pas d'ordre de remplissage et en cas d'erreur, il n'est en général pas nécessaire de tout ressaisir. Le fait de présenter les objets informatiques sous une forme graphique et la possibilité d'agir directement sur ces objets (cliquer dans un champ pour le remplir, sur un bouton OK pour valider) renforce la sensation d'engagement de l'utilisateur. L'inconvénient de ce style d'interaction est qu'il ne peut convenir qu'à des tâches prédéfinies. Comme pour le style conversationnel, il n'est en général pas possible de traiter plusieurs tâches en parallèle ou même hiérarchiquement. Par exemple, si l'un des champs à saisir est un numéro de client et que l'on ne connaît que son nom, il faudrait pouvoir utiliser le formulaire d'accès à la base de données des clients, sans avoir à abandonner le formulaire en cours.

2.3 Navigation hypertexte

Un système hypertexte permet la navigation dans un ensemble de nœuds, reliés entre eux par un ensemble de liens. Un nœud se présente typiquement comme une page à l'écran. Les liens peuvent apparaître dans le corps de la page (mots soulignés ou encadrés) et/ou dans des menus/palettes. L'interaction consiste à sélectionner un lien pour atteindre le nœud à l'autre extrémité. D'autres primitives de navigation complètent les liens: navigation avant et arrière dans les nœuds visités récemment, navigation directe vers un nœud par son nom, etc.

Le plus connu des systèmes de navigation est le World Wide Web. On trouve également des systèmes de navigation comme sous-systèmes d'autres systèmes interactifs, notamment les systèmes d'aide en ligne.

2.4 Manipulation directe

L'avènement des stations de travail à écran graphique a amené les concepteurs d'interfaces à rapprocher l'interaction avec les objets informatiques de l'interaction avec les objets physiques. Dans les interfaces à manipulation directe, l'utilisateur a l'impression d'agir directement sur un monde qui s'apparente à un monde physique. Plutôt que de communiquer avec un interlocuteur auquel il demande des informations ou ordonne d'exécuter des actions, l'utilisateur a l'impression que c'est lui-même qui agit sur des objets dotés de réactions spécifiques. Ainsi, on présente les documents à l'écran sous une forme comparable à leur forme imprimée, tout en permettant de les modifier en agissant directement dessus. De même la métaphore du bureau, représenter des objets informatiques tels que fichiers et dossiers par des images évocatrices (les icones), permet d'agir sur ces icones par l'intermédiaire de la souris. Ces métaphores d'interaction ont pour but de rendre l'interface suffisamment intuitive et d'éviter à l'utilisateur un apprentissage long et fastidieux.

Le terme de manipulation directe a été inventé par Ben Shneiderman en 1983, inspiré par certains logiciels de l'époque, notamment les premiers tableurs et les jeux vidéo. Shneiderman caractérise les applications à manipulation directe par quatre principes (Shneiderman et Plaisant, 2005):

- affichage permanent des objets d'intérêt (les objets d'intérêt sont les objets qui ont un sens pour l'utilisateur, qui appartiennent à son modèle mental : par exemple les mots, lignes et paragraphes d'un texte) ;
- actions physiques directes (via un dispositif de pointage comme la souris) sur les objets d'intérêt plutôt que syntaxe complexe ;
- opérations rapides, incrémentales et réversibles dont l'effet sur les objets d'intérêt est immédiatement visible ;
- structuration de l'interface en couches afin de faciliter l'apprentissage.

Ces principes impliquent que l'état du système doit être présenté à l'utilisateur de façon permanente par l'intermédiaire d'objets pouvant être manipulés directement par des actions physiques. Les effets de ces actions sur les objets concernés doivent être continus et immédiatement visibles, comme dans le monde réel. Les actions doivent être réversibles, c'est-à-dire que leurs effets peuvent être annulés afin de remettre le système dans son état antérieur. Cette caractéristique encourage l'utilisateur à expérimenter le système en osant exécuter des actions dont les effets lui sont inconnus ou incertains. Ceci permet donc d'assurer un apprentissage progressif et au rythme de l'utilisateur.

Comparée aux styles d'interaction précédents, la manipulation directe permet de traiter des tâches non prédéfinies, en particulier les tâches créatives : édition de texte, de dessins, de schémas, de partitions, etc. L'invention des systèmes de multifenêtrage, qui a accompagné celle de la manipulation directe, permet de mener de front plusieurs tâches : chaque fenêtre est dédiée à une tâche, et on peut passer d'une fenêtre à l'autre. La manipulation directe permet non seulement d'interagir avec plusieurs applications, mais aussi de transférer des données entre applications (par «drag-and-drop» ou copier-coller, notamment). L'inconvénient principal de la manipulation directe est de ne pas permettre aisément la programmation par l'utilisateur : si l'on doit renommer tous les fichiers qui ont un nom se terminant par «.txt» en «.doc», il est probable que l'on doive faire cette opération en traitant les fichiers un par un.

Deux catégories très répandues d'interfaces à manipulation directe sont l'édition de documents et l'interaction iconique.

Édition de documents

Le principe du WYSIWYG ("What You See Is What You Get") est de présenter un document à l'écran sous une forme la plus proche possible de sa forme imprimée : texte, schéma, partition musicale, etc. Ainsi, dans un système de traitement de texte WYSIWIG, l'équation

$$d = \sqrt{b^2 - 4ac}$$

apparaît telle quelle, tandis que dans un système non WYSIWYG, elle aurait par exemple la forme :

```
$d \equal \sqrt{b^2 - 4 a c}$
```

L'édition WYSIWYG, si elle est simple dans son principe, peut être difficile à mettre en œuvre. Par exemple, dans l'équation ci-dessus, si l'on place le curseur après le *c*, est-ce que l'on est sous la racine ou pas ? Pour résoudre ce genre de problème, il est souvent nécessaire de violer le principe de WYSIWYG. Par exemple, dans un logiciel de traitement de texte, on peut visualiser le texte en mode pleine page ou en mode défilement, on peut afficher les caractères normalement invisibles (tabulations, espaces, retour chariot), les marges, etc. D'autre part, les éditeurs de documents contiennent en général un grand nombre de commandes et de boîtes de dialogues qui rendent l'interaction plus proche des menus et formulaires que de la manipulation directe.

Les éditeurs de documents sont souvent spécialisés dans l'édition d'un type de données : texte, tableau, graphique, photo, etc. La fonction de copier-coller, qui permet de mettre une partie d'un document dans un autre, permet de créer des documents composites, mais demande de jongler avec plusieurs applications. Certains systèmes comme le Xerox Star et plus récemment OpenDoc d'Apple ont tenté de mettre les documents, plutôt que les applications, au centre de l'environnement interactif (Beaudoux, 2004), mais cette approche n'a malheureusement pas encore fait école.

Interaction iconique

Un icone est une représentation graphique d'un objet ou d'un concept. Les icones doivent être conçus pour être aisément reconnaissables, mémorisables, et différentiables les uns des autres. Une stratégie efficace consiste à créer des familles d'icones (figure 1): la forme générale de l'icone indique s'il s'agit d'un dossier, d'un document ou d'une application, son contenu indique de quel type de document il s'agit (texte, graphique...).

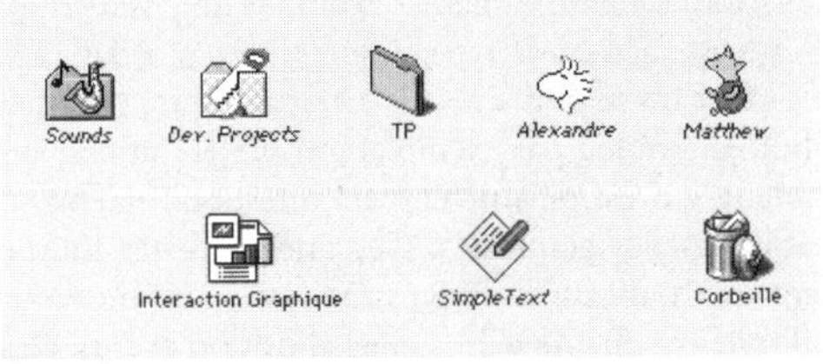

Figure 1 Vocabulaire d'icones

L'interaction iconique consiste à effectuer des commandes par manipulation directe des icones: sélection par un simple clic, ouverture par un double clic, déplacement d'un ou plusieurs icones vers une autre fenêtre ou vers un autre icone par *drag and drop*. Cette dernière interaction permet d'activer des commandes arbitraires en utilisant des icones qui représentent des actions, comme la corbeille pour détruire, une imprimante pour imprimer ou une boîte aux lettres pour envoyer un message.

L'interaction iconique est utilisée aujourd'hui essentiellement pour l'interaction avec le système de fichiers. Rien n'empêche cependant de la mettre en œuvre dans d'autres contextes, à condition de veiller à ce que les manipulations soient naturelles pour les utilisateurs visés.

2.5 Reconnaissance de traces

L'interaction par reconnaissance de traces, parfois appelée interaction gestuelle ou reconnaissance de gestes, consiste à reconnaître les mouvements effectués avec le dispositif de pointage par rapport à un vocabulaire gestuel prédéfini (figure 2). Ce mode d'interaction est particulièrement approprié aux interfaces à stylo (PDA, TabletPC) car le stylet permet une grande dextérité dans les gestes effectués. Lorsque le stylet est en contact avec l'écran ou la tablette, il laisse une trace sur l'écran, comme de l'encre, d'où le nom du style d'interaction.

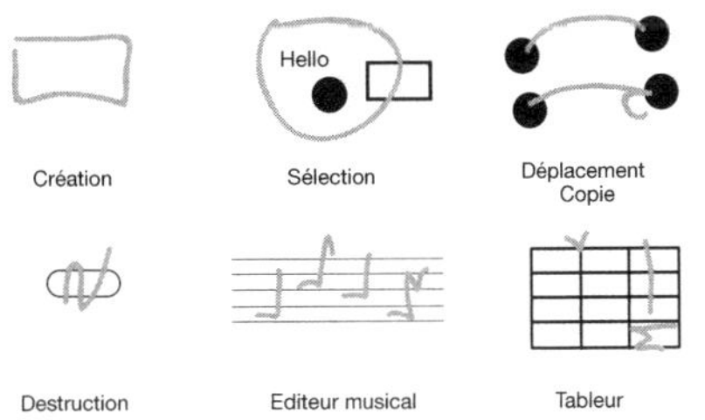

Figure 2 Exemple de vocabulaire gestuel

La forme de la trace définit généralement la commande à activer, tandis que sa position détermine son objet. De plus, certaines caractéristiques de la trace (taille, zone englobée, point de départ et/ou d'arrivée) peuvent servir à spécifier des paramètres de la commande. L'interaction est donc concise, puisqu'un seul geste peut spécifier l'objet, la commande et ses paramètres. La reconnaissance de traces est aussi utilisée pour l'entrée de texte, avec des vocabulaires spécifiques comme Graffiti.

L'inconvénient principal de ce style d'interaction est l'ambiguïté inhérente à tout système fondé sur la reconnaissance: le système peut faire des erreurs, qui peuvent être longues à réparer ou, pire, passer inaperçu. Un autre inconvénient est qu'il est difficile de connaître, a priori, le vocabulaire de traces car celui ci n'est pas révélé à l'utilisateur. À l'inverse, il est facile de parcourir un système de menus pour voir les commandes disponibles. Enfin, le nombre de commandes gestuelles est nécessairement limité pour permettre une reconnaissance de bonne qualité. Les meilleurs systèmes actuels peuvent discriminer de vingt à trente symboles gestuels.

3 Tâches de l'interaction graphique

Les applications graphiques à base de manipulation directe sont fondées sur un nombre relativement petit de techniques d'interaction élémentaires. Une bonne façon de classer et de présenter ces techniques est de les grouper par tâches élémentaires d'interaction (Foley *et al.*, 1990). Dans ce paragraphe, nous présentons les tâches suivantes et les techniques d'interaction associées:

- saisie de valeurs;
- sélection d'objets parmi un ensemble;
- déclenchement de commandes;

- défilement de documents;
- spécification d'arguments et de propriétés;
- transformations graphiques.

3.1 Tâches de saisie

Les tâches de saisie sont destinées à entrer des informations dont le système ne dispose pas: nom d'un nouveau fichier, valeur numérique, position à l'écran, etc. Les techniques dépendent essentiellement du type de donnée à saisir.

Saisie de texte

La saisie de texte s'effectue essentiellement au clavier. Une boîte de saisie permet à l'utilisateur d'entrer et d'éditer le texte. Il en existe plusieurs sortes: ligne unique, multiligne, conversion automatique des minuscules en majuscules, masquage de l'affichage (pour les mots de passe).

Si l'on ne dispose pas de clavier alphanumérique, il faut utiliser les dispositifs d'entrée disponibles. Les deux situations les plus fréquentes sont la saisie de texte sur téléphone portable, à l'aide du clavier numérique du téléphone, et la saisie de texte à main levée, au stylet. De nombreuses techniques ont été développées dans les deux cas, qu'il serait trop long de détailler ici (voir par exemple MacKenzie et Soukoreff, 2002). Pour l'entrée de texte au stylet, typiquement sur PDA ou TabletPC, comme la reconnaissance de l'écriture manuscrite est encore loin d'être parfaite, on utilise le plus souvent la reconnaissance de gestes, l'exemple le plus connu étant l'alphabet Graffiti utilisé sur les Palm Pilot.

Saisie de quantités numériques

Différentes techniques sont utilisables selon l'ensemble des valeurs possibles et leur type: valeurs continues (réelles) ou discontinues (entières), nombre de valeurs, taille de l'intervalle, etc. Les méthodes les plus courantes sont:

- taper la valeur au clavier;
- positionner l'aiguille d'un compteur ou d'un potentiomètre rotatif, ou le curseur d'un potentiomètre linéaire;
- incrémenter/décrémenter un compteur à l'aide de deux boutons (haut, bas).

Des techniques spécifiques qui tirent parti de la sémantique des valeurs saisies sont cependant souvent préférables. Par exemple, dans Microsoft Word, on crée un tableau en «tirant» sur un bouton; un tableau en sort, dont on contrôle facilement le nombre de lignes et de colonnes (figure 3).

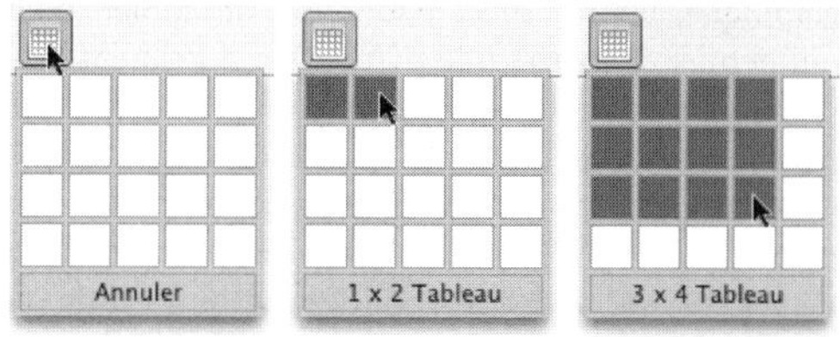

Figure 3 Spécification de la taille d'un tableau (d'après Microsoft Word)

Saisie de positions et de tracés

La saisie de positions et de tracés est utile dans les applications de dessin, mais également dans l'interaction iconique lorsque l'on veut spécifier un groupe d'icones en l'entourant d'un rectangle ou d'un «lasso». La saisie de tracés est également utilisée dans l'interaction au stylo, par exemple pour entrer du texte avec un alphabet tel que Graffiti.

La saisie d'une unique position se fait par un simple clic, la saisie d'un rectangle par un cliquer-tirer qui spécifie la diagonale du rectangle. La saisie de tracé consiste à échantillonner les positions du pointeur lors d'une interaction de type cliquer-tirer. Pour des applications dans le domaine des arts graphiques (retouche photographique par exemple), on préfère utiliser une tablette qui est plus précise et correspond mieux aux habitudes des graphistes. Certaines tablettes fournissent une indication de pression qui peut être échantillonnée en même temps que la position et enrichir le tracé. Par exemple, la pression peut être interprétée comme l'épaisseur du trait. Un retour d'information, l'encre, permet de visualiser le tracé. Cette encre disparaît à la fin de l'interaction et est remplacée par le résultat de la saisie.

3.2 Tâches de sélection

La sélection est l'opération qui consiste à choisir un élément (ou plusieurs) parmi un ensemble. On peut distinguer plusieurs types de sélections selon que l'ensemble est de cardinal fixe ou variable, selon que le nombre d'éléments est faible ou important, et selon que l'on veut pouvoir sélectionner un seul élément ou plusieurs (sélection simple ou multiple).

L'ensemble de choix est en général constitué de commandes, d'objets, d'attributs d'un objet, ou de types d'objets. Le cardinal de l'ensemble est variable lorsqu'il s'agit d'objets qui peuvent créés et détruits dynamiquement par l'utilisateur. Il est souvent fixe dans les autres cas.

La sélection dans un ensemble variable peut se faire par sélection directe, par sélection dans une liste ou par saisie d'un nom. La sélection dans un ensemble fixe de choix peut se faire par l'intermédiaire d'un menu, de cases à cocher ou de boutons radio.

Sélection directe

La sélection directe (ou désignation) consiste à spécifier un objet présent à l'écran en le pointant avec la souris et en validant par un clic. Cette spécification se fait à l'aide de la souris et éventuellement en utilisant les touches de contrôle du curseur (flèches). Pour aider le positionnement, plusieurs techniques peuvent être utilisées. La cible (l'objet couramment sous le curseur) peut être mise en évidence par une mise en surbrillance, ou par le changement de forme du curseur. Le pointage d'objets de petite taille (segments de droite par exemple) peut être facilité en ajoutant une tolérance lors du pointage et de la sélection : l'objet est désigné lorsque le curseur est dans son champ de gravité.

La sélection de plusieurs éléments peut se faire avec une interaction de tracé (rectangle, lasso), ou par ajout/retrait de l'élément sélectionné à la sélection courante, en utilisant un clic altéré (Majuscules-clic par exemple).

Après sélection, l'objet ou les objets sélectionnés sont souvent mis en évidence (changement de couleur, surbrillance, ajout de «poignées», etc.) car la sélection est souvent utilisée comme paramètre implicite des commandes (par exemple, couper/copier).

Sélection dans une liste

Une liste permet à l'utilisateur de choisir un élément (ou plusieurs) dans une liste d'éléments. Parfois, le contenu de la liste est hiérarchisé : on peut ouvrir ou fermer des sous-sections de la liste. La sélection de plusieurs éléments peut se faire par intervalle, en sélectionnant le premier puis le dernier élément, ou par ajout/retrait comme indiqué ci-dessus, ou bien en utilisant deux listes et deux boutons permettant de transférer les objets entre la liste complète et la liste de la sélection.

La sélection d'un élément dont on connaît le nom peut être accélérée par une saisie au clavier : au fur et à mesure que l'utilisateur tape le nom de l'élément, le curseur de la liste se positionne automatiquement sur le premier élément commençant par les lettres tapées. Ainsi, l'utilisateur peut combiner la sélection par saisie de texte et la sélection par pointage.

Sélection par saisie d'un nom

Cette technique consiste à utiliser une technique de saisie de texte pour spécifier le nom de l'objet à sélectionner. Elle n'est efficace que si l'on a de bonnes raisons de penser que l'utilisateur connaît le nom et que la liste serait trop longue, par exemple pour entrer un URL dans un navigateur Web. En effet, de façon générale, il est beaucoup plus facile de retrouver un nom dans une liste que de s'en souvenir pour pouvoir le taper. Cette technique peut être améliorée en ajoutant un menu déroulant (voir ci-dessous) qui mémorise les valeurs entrées récemment, exploitant le fait que l'utilisateur a de bonnes chances de réutiliser plusieurs fois les mêmes valeurs.

Sélection par menu

Les menus servent soit à déclencher des commandes (Couper, Enregistrer, etc.), soit à sélectionner un état (outil courant, police de caractère, etc.). On peut distinguer deux sortes de menus (figure 4) : les menus fixes, toujours présents à l'écran (souvent appelés palettes ou barres d'outils), et les menus contextuels, qui n'apparaissent que le temps de la sélection dans le menu. Alors qu'un menu fixe a l'avantage de présenter les choix disponibles de façon permanente à l'écran, un menu contextuel a l'avantage de ne pas prendre de place lorsqu'il n'est pas utilisé. De plus, en vertu de la loi de Fitts, un menu contextuel est en général plus efficace qu'un menu fixe car il apparaît à la position du curseur, minimisant ainsi la distance à la cible. Enfin, un menu contextuel ne contient que les entrées qui sont pertinentes dans le contexte courant, par exemple en fonction de l'objet couramment sélectionné ou de l'objet sous le curseur.

Les barres de menus (figure 4, droite) sont une combinaison particulière d'un menu fixe horizontal contenant les en-têtes des sous-menus, ceux-ci n'apparaissant que le temps de la sélection : on parle alors de menus déroulants. Il est possible de laisser l'utilisateur choisir entre l'économie d'espace du menu déroulant et la facilité d'accès à un menu fixe : les menus détachables sont des menus déroulants que l'on peut rendre fixes. Le menu se transforme alors en palette que l'on peut fermer lorsque l'on veut faire de la place à l'écran.

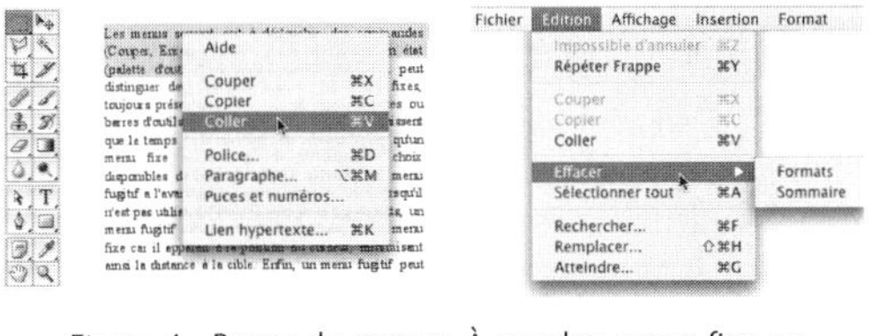

Figure 4 Barres de menus. À gauche : menu fixe ou palette (Adobe Photoshop) ; au centre : menu contextuel ; à droite : barre de menus avec menu hiérarchique (Microsoft Word)

La taille d'un menu doit être limitée à cinq à dix entrées s'il s'agit d'une liste non homogène, par exemple des commandes. Pour une liste homogène (polices de caractères, fenêtres), le menu peut être plus long. Dans ce cas, elle doit être ordonnée et l'on peut mettre une section en tête du menu avec les sélections les plus récentes ou les plus fréquentes. Dans tous les cas, il est souhaitable de garder le menu aussi stable que possible. En effet, des expérimentations ont montré qu'un menu qui change dynamiquement perturbe l'utilisateur. Ainsi, il est préférable de griser les entrées non pertinentes plutôt que de les enlever.

Les menus sont parfois définis par une structure de données hiérarchique. Une entrée correspondant à un nœud de l'arbre est alors l'en-tête d'un sous-menu. La barre de menus peut ainsi être considérée comme le premier niveau d'une hiérarchie de menus. Il convient de ne pas abuser des niveaux de hiérarchie pour une meilleure mémorisation et pour éviter une navigation trop longue.

Boutons radio et cases à cocher

Les boutons radio permettent de sélectionner une option parmi un ensemble d'options exclusives : un seul des boutons du groupe peut être activé à un instant donné (comme les bandes de fréquence sur les anciens modèles de radios). Ils ont une fonctionnalité similaire à une liste à sélection simple, cependant ils sont préférés à la liste lorsque le nombre de choix est faible et qu'il est fixe, comme par exemple un type d'alignement (gauche, centre, droit).

Les cases à cocher permettent des sélections binaires. Elles ont une fonctionnalité similaire à une liste à sélection multiple. Comme pour les boutons radio, on utilise une liste lorsque le nombre d'options est petit et fixe.

3.3 Tâches de déclenchement

Les tâches de déclenchement servent à activer des commandes. Nous avons déjà vu que les entrées d'un menu peuvent être des commandes, déclenchées par sélection dans le menu. Ce paragraphe présente d'autres techniques pour réaliser les tâches de déclenchement.

Boutons

Un bouton est une zone de l'écran que l'on peut activer par pointage et sélection. De la même façon que les rubriques d'un menu peuvent être grisées lorsqu'elles correspondent à des commandes invalides, on peut griser un bouton lorsque sa commande associée est invalide.

« Drag and drop »

L'interaction *drag-and-drop* consiste à utiliser une interaction de tracé pour déplacer un objet source vers un objet cible. La trajectoire utilisée entre la source et la cible n'est pas prise en compte. À la fin de l'action, une commande qui dépend de la source et de la cible est déclenchée.

Pendant l'interaction, un retour d'information visuel permet d'indiquer quels sont les objets cibles possibles : lorsque la souris passe sur une cible possible, celle-ci change d'aspect (surbrillance, encadrement, etc.), ou le curseur change de forme. Le drag-and-drop peut déclencher un défilement automatique (voir plus loin) lorsque la cible n'est pas visible dans une fenêtre. Il peut aussi être utilisé entre des fenêtres, pour transférer des données entre applications (figure 5).

Figure 5 Drag-and-drop d'une adresse entre le carnet d'adresses et la messagerie (d'après Mac OS X)

Entrée gestuelle

La saisie de tracé peut être utilisée pour déclencher des commandes, dites commandes gestuelles. Dans ce cas il est préférable d'utiliser un stylet pour la saisie, soit sur une tablette graphique, soit sur un écran tactile, car la précision est meilleure.

La commande déclenchée dépend de la forme du tracé. Cette forme doit être interprétée et reconnue par rapport à un vocabulaire prédéfini, à l'aide d'un algorithme de reconnaissance de gestes. De cette forme sont extraits la commande à exécuter et ses paramètres (taille, position, etc.). Nous avons déjà montré un exemple de vocabulaire gestuel (figure 2).

3.4 Tâches de navigation

Très souvent, les informations à présenter ne peuvent être affichées dans l'espace disponible : texte d'un document, liste, long menu, etc. Il faut donc pouvoir accéder aux parties non visibles. Dans ce paragraphe, nous appelons « document » l'ensemble des informations à rendre accessible par le défilement. Il peut s'agir d'un document au sens habituel du terme (texte, dessin, etc.) mais aussi une liste de noms, un ensemble d'icones, etc.

Barres de défilement

Le défilement est le plus souvent réalisé par une ou deux barres de défilement : le curseur de la barre, appelé ascenseur, indique la position relative de la partie visible par rapport à l'ensemble des informations et peut être manipulé directement. Les flèches permettent un déplacement incrémental dont la granularité dépend des informations : ligne par ligne pour le texte, pixel par pixel pour un dessin, etc. Parfois, il est possible de faire défiler les informations par page entière.

Les barres de défilement posent un problème d'utilisabilité car elles imposent une division du point d'attention : l'utilisateur doit maintenir le curseur dans la zone de la barre de défilement, mais il doit regarder également le document car c'est son contenu qui détermine l'arrêt du défilement. Ceci a motivé l'avènement de la molette (*scrollwheel*) sur les souris, qui évite la division du point d'attention en donnant un contrôle direct du défilement vertical.

Défilement direct

Une façon intuitive de contrôler le défilement est d'agir directement sur le document à faire défiler par une interaction de type tracé : le document suit les déplacements de la souris, de telle sorte que la position relative du curseur et du document reste la même (mode « main » des outils de dessin par exemple). De plus cela permet d'économiser l'espace de l'écran puisque les barres de défilement deviennent inutiles.

Le défilement direct a néanmoins des inconvénients. L'action directe sur le document (pointage ou tracé) est généralement utilisée pour l'édition du document, et il faut donc que le défilement direct soit activé par une commande explicite. Ici aussi, la molette des souris modernes apporte un avantage. D'autre part, il peut être fastidieux de faire défiler de longs documents, à moins d'utiliser le défilement automatique (ci-dessous) ou un mode de défilement qui est proche du joystick : on clique et à partir de là, la distance entre le curseur et le clic initial contrôle la vitesse de défilement. Il a été montré (Jones *et al.*, 2005) que la performance du défilement est améliorée si l'on réduit l'échelle du document au fur et à mesure que l'on accélère, de manière à conserver un flux d'information à peu près constant (figure 6).

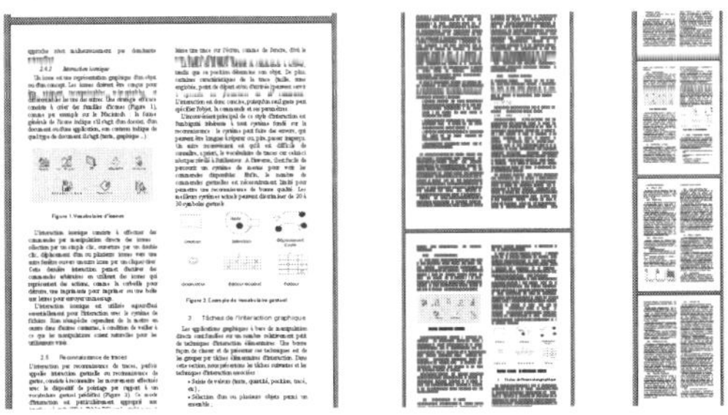

Figure 6 Asservissement de l'échelle du document à la vitesse de défilement: plus on défile rapidement (au milieu et à droite), plus le document apparaît dézoomé.

Défilement automatique

Dans certains cas, le défilement peut être automatiquement déclenché en fonction de la position du curseur. Par exemple, si un menu est trop long pour être affiché, on présente un sous-ensemble des rubriques et le déplacement du curseur au début ou à la fin du menu déclenche le défilement. De la même façon, lorsque l'on fait défiler un document par défilement direct ou lors d'un *drag-and-drop*, on peut déclencher le défilement automatique lorsque le curseur sort de la fenêtre.

Pour faciliter le contrôle par l'utilisateur, la vitesse de défilement doit être progressive. Une possibilité est d'augmenter la vitesse tant que le curseur est immobile et de la réduire lorsqu'il bouge. Le défilement automatique donne cependant le sentiment d'un manque de contrôle à l'utilisateur, et il vaut mieux l'éviter.

3.5 Tâches de spécification d'arguments et de propriétés

L'interaction par manipulation directe consiste à activer des commandes par action directe sur des éléments graphiques présents à l'écran. La spécification des arguments de ces commandes peut se faire de plusieurs façons :

- directement : l'action spécifiant la commande inclut également les arguments (comme par exemple dans l'interaction gestuelle) ;
- implicitement : un ensemble distingué d'objets, appelé sélection, sert d'argument implicite à la commande ;
- explicitement : une boîte de dialogue permet de spécifier les arguments complémentaires.

Les boîtes de propriétés ou inspecteurs sont proches des boîtes de dialogue, elles sont utilisées pour présenter des informations sur les objets (appelées propriétés) et permettre leur modification.

Boîtes de dialogue

Les boîtes de dialogue sont des fenêtres grâce auxquelles un programme peut demander à l'utilisateur les informations nécessaires à l'exécution d'une commande. Elles apparaissent en général à la suite de la sélection d'une commande dans un menu et elles contiennent des champs, comme un formulaire, et des boutons : OK pour valider, Annuler pour annuler la commande et Appliquer pour l'exécuter sans fermer la boîte de dialogue (figure 7, gauche).

Les applications actuelles tendent à abuser des boîtes de dialogue. D'une version d'un logiciel à la suivante, on observe immanquablement un accroissement du nombre de commandes qui conduisent à une boîte de dialogue, et du nombre de champs dans les boîtes de dialogue. On voit même apparaître des boîtes à onglets, similaires à des formulaires à plusieurs feuilles. Dès lors, l'interaction de l'utilisateur avec ses objets d'intérêt n'est plus réellement directe s'il doit systématiquement passer par l'intermédiaire de ces boîtes.

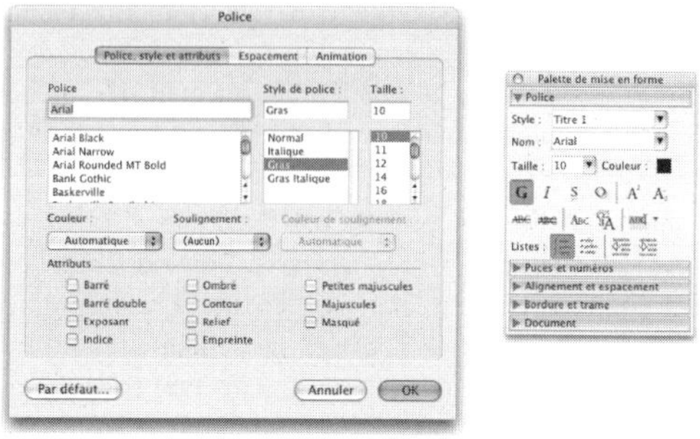

Figure 7 Boîte de dialogue (à gauche) et boîte de propriétés (à droite) (d'après Microsoft Word)

De plus, les boîtes de dialogue sont souvent modales, c'est-à-dire qu'elles interdisent l'accès au reste de l'interface, parfois aux autres applications, tant qu'elles n'ont pas été fermées. Cela empêche l'utilisateur de traiter plusieurs fils d'activité en parallèle, ou d'aller chercher dans une autre fenêtre l'information dont il a besoin pour compléter les champs de la boîte.

Les boîtes de dialogue, particulièrement si elles sont modales, imposent un séquencement des opérations à l'utilisateur qui est digne des systèmes conversationnels. Aussi, l'utilisation de boîtes de propriétés ou inspecteurs est une alternative plus compatible avec les principes de la manipulation directe.

Boîtes de propriétés et inspecteurs

Une boîte de propriétés ou inspecteur affiche en permanence les propriétés d'un objet, comme par exemple les attributs typographiques d'un texte (figure 7, droite), les attributs graphiques d'un élément de dessin ou les paramètres d'un outil d'édition. La plupart du temps, l'inspecteur affiche les propriétés de l'objet sélectionné, son contenu change donc à chaque modification de la sélection.

Les valeurs des attributs sont affichées dans des champs éditables. Toute action sur un champ a un effet immédiat sur le ou les objets concernés. Inversement, toute action sur l'objet concerné (ou la sélection d'un objet différent) met à jour les champs de la boîte de propriétés. Ainsi, contrairement aux boîtes de dialogue, les boîtes de propriétés n'ont pas de bouton de validation, et elles ne sont pas modales.

3.6 Tâches de transformation

Alors que les boîtes de dialogues et de propriétés agissent sur les objets de façon indirecte, à travers une sorte de formulaire, les tâches de transformation ont pour but de modifier les objets en agissant directement sur leur représentation graphique. Cela s'applique particulièrement à l'édition de formes graphiques dans les éditeurs de dessins, mais également à d'autres contextes.

La technique la plus commune est l'utilisation de poignées de manipulation, petits rectangles pouvant être déplacés directement par un cliquer-tirer. Selon le cas, les poignées permettent de déplacer, changer la taille, transformer géométriquement, et de manière générale modifier la géométrie d'un objet. Voici quelques exemples qui montrent comment l'usage des poignées peut être adapté à des applications diverses :

- dans un éditeur de schémas, la taille de chaque forme peut être changée en déplaçant ses poignées (4 ou 8) ;
- dans un éditeur de schémas, les poignées permettent de modifier les sommets d'un polygone et les points de contrôle d'une courbe ;
- dans un tableur, des poignées permettent de régler la largeur de chaque colonne et la hauteur de chaque ligne ;
- dans un traitement de texte des poignées permettent de régler les marges et la position des tabulations ;
- dans une boîte de dialogue ou une boîte de propriétés d'un éditeur de schémas, des poignées permettent de régler la taille des pointillés ;
- dans une boîte de dialogue d'impression ou de numérisation, des poignées permettent de définir la zone à imprimer ou à numériser.

4 Nouvelles techniques d'interaction

Les techniques d'interaction graphique décrites dans le paragraphe précédent sont les plus répandues. Elles ont peu évolué depuis les travaux fondateurs du Xerox Star, et ont abouti à une standardisation de l'interface des applications. Cette standardisation a l'avantage de faciliter l'apprentissage de nouvelles applications par les utilisateurs, mais elle a également l'inconvénient de brider la créativité, et de priver les utilisateurs de nouvelles techniques d'interaction plus efficaces. Ce paragraphe présente quelques-unes de ces nouvelles techniques, qui ont toutes fait l'objet de travaux de recherche avancés qui attestent de leur efficacité accrue par rapport aux techniques existantes.

4.1 Interaction bimanuelle

La plupart d'entre nous avons deux mains, et nous les utilisons constamment dans les tâches quotidiennes. Derrière cette lapalissade se cache un paradoxe : alors que la plupart de nos actions sont bimanuelles, les ordinateurs actuels sont munis d'un seul dispositif de pointage, en général la souris, et nous n'utilisons nos deux mains de façon efficace que pour la saisie de texte. Les applications actuelles exploitent cependant une forme simple d'interaction bimanuelle : la main dominante (main droite pour les droitiers) utilise la souris, tandis que la main non dominante active des commandes par l'intermédiaire du clavier. Mais que peut-on attendre d'une «vraie» interaction bimanuelle, qui utiliserait deux dispositifs de pointage ?

Avec deux dispositifs de pointage, on dispose de quatre degrés de liberté, qui peuvent servir par exemple à positionner les deux coins opposés d'un rectangle ou d'une fenêtre, ou la position et la rotation d'un objet graphique. On a démontré que le contrôle intégré de telles dimensions plutôt que leur contrôle séparé permettait de réduire les temps d'exécution et les taux d'erreurs des tâches de positionnement (Jacob *et al*, 1994).

Cependant, les gains les plus importants sont atteints lorsque les rôles des deux mains sont différenciés et suivent les principes d'action bimanuelle énoncés par Guiard (1987) : la main non dominante intervient la première, elle agit à un niveau d'échelle ou de granularité plus grossier que la main droite, et elle situe le contexte d'action de la main dominante. Par exemple, la main non dominante peut servir à contrôler le défilement d'un document tandis que la main dominante permet d'interagir avec son contenu, ou bien la main non dominante permet de sélectionner les outils dans une palette tandis que la main dominante applique l'outil sélectionné dans le contexte du document.

Les *toolglasses* (Bier *et al*, 1994) sont une technique d'interaction qui exploite également ces principes. L'idée de base est de permettre à l'utilisateur de déplacer une palette d'outils avec la main non dominante, de façon à ce qu'elle puisse être maintenue proche de la zone de travail. Les *toolglasses* vont plus loin en fusionnant le clic nécessaire aux choix de l'outil et le clic nécessaire à son application : la palette est semi-transparente, on place l'outil souhaité au-dessus de l'objet auquel on veut l'appliquer, et on clique l'objet «à travers» la palette (figure 8). Des expérimentations ont montré que cette technique pouvait être jusqu'à 40 % plus rapide que les palettes fixes traditionnelles. De plus, les *toolglasses* peuvent être combinées avec la technique de la lentille magique (*magic lens*) : la palette modifie ce qui est affiché en dessous d'elle de façon à faciliter l'interaction. Par exemple, la lentille magique agit comme une loupe, ou ne montre que les contours des objets.

4.2 Interaction fluide

Les techniques d'interaction des interfaces actuelles favorisent un style d'interaction «haché» : sélection d'un objet, recherche d'une commande dans un menu, remplissage d'une boîte de dialogue, validation. Un certain nombre de techniques visent une interaction plus fluide afin de permettre un contrôle plus continu des paramètres et un enchaînement plus naturel des commandes.

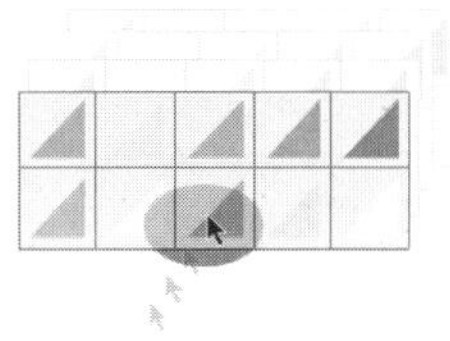

Figure 8 Utilisation d'une «toolglass» pour changer la couleur d'un objet. La main non dominante déplace la toolglass de telle sorte que la couleur souhaitée soit au-dessus de l'objet. La main dominante clique l'objet à travers la cellule de la toolglass.

Un premier ensemble de techniques a trait à l'amélioration des menus contextuels. Les menus circulaires (*pie menus*) présentent leurs entrées sous forme radiale, comme les parts d'un gâteau (d'où leur nom). La sélection se fait par un geste allant dans la direction de l'entrée (figure 9, gauche), ce qui est beaucoup plus rapide, en vertu de la loi de Fitts, que de sélectionner une entrée dans un menu linéaire (Callahan *et al*, 1988). L'inconvénient des menus circulaires est qu'ils ne sont efficaces que jusqu'à huit entrées. Au-delà, il faut créer des menus hiérarchiques (figure 9, centre), ce qui fait perdre un peu d'efficacité. Dans la variante des *marking menus* (Kurtenbach et Buxton, 1993), si le geste de sélection est effectué rapidement, le menu n'apparaît même pas (figure 9, droite). Cela permet une transition rapide entre un mode novice et un mode expert.

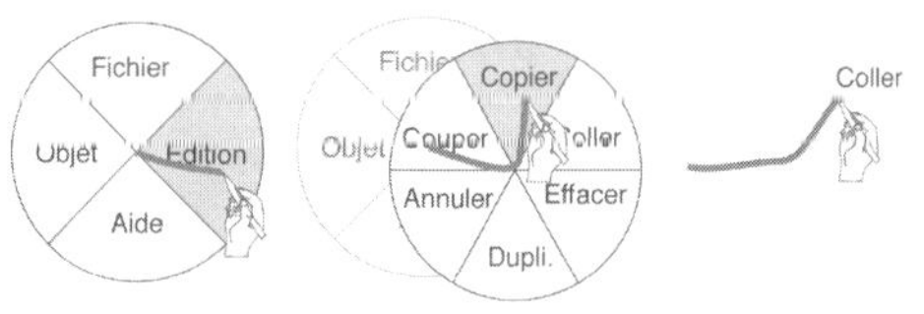

Figure 9 Menu circulaire simple (à droite), hiérarchique (au milieu), sélection rapide sans affichage du menu (à droite)

Les *flow menus* (Guimbretière et Winograd, 2000) et *control menus* (Pook *et al*, 2000) sont une évolution des menus circulaires contextuels. Au lieu d'arrêter le geste lorsque la commande choisie est sélectionnée, on enchaîne directement une interaction de tracé qui spécifie un ou deux paramètres de la commande, rendant l'interaction encore plus fluide. Par exemple, une commande de déplacement peut enchaîner directement sur le déplacement de l'objet, une commande de zoom sur la spécification interactive du facteur de zoom (figure 10).

Enfin, des techniques d'interaction particulières ont été développées pour l'interaction au stylet. En effet,

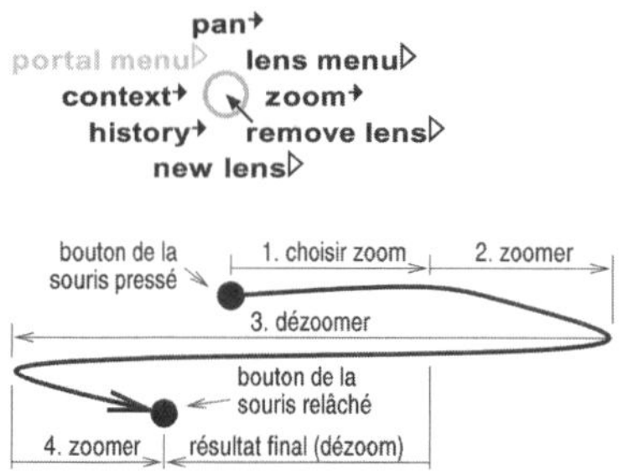

Figure 10 «Control menu» qui permet, en un seul geste, de spécifier la commande *zoom* et de contrôler interactivement le facteur de zoom

les types de gestes qui sont réalisés avec un stylet ne sont pas les mêmes que ceux réalisés avec une souris. En particulier, il est difficile de cliquer, encore plus de double-cliquer: la pointe glisse souvent, et déclenche une interaction de tracé. On peut remplacer l'action élémentaire de sélection par pointage par celle du franchissement d'un but. Ainsi, dans l'interface Crossy (Apitz et Guimbretière, 2004), les boutons sont sélectionnés en effectuant un tracé horizontal entre les deux marques noires qui encadrent chaque bouton (figure 10, gauche). L'avantage de cette technique est que plusieurs franchissements peuvent être effectués en une seule trace (figure 10, droite), rendant l'interaction plus fluide et plus efficace.

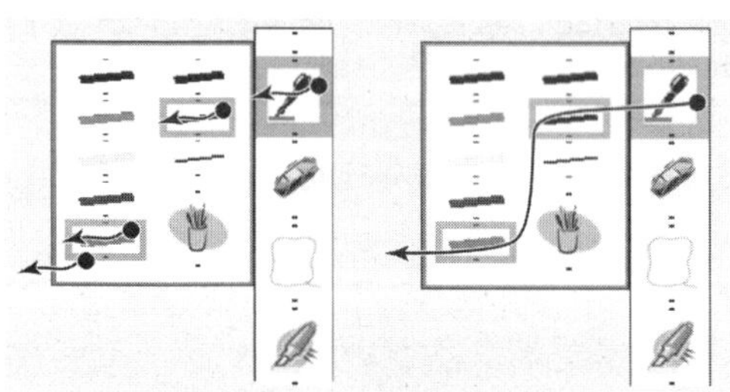

Figure 11 Interface de Crossy: sélection des outils et paramètres par franchissement (à gauche), enchaînement fluide de commandes (à droite)

4.3 Interaction instrumentale

Comme nous l'avons vu, les applications graphiques n'utilisent pas toujours au mieux les principes de la manipulation directe. Par exemple, elles utilisent souvent les boîtes de dialogue alors que des techniques plus directes et plus intuitives pourraient être imaginées. L'interaction instrumentale (Beaudouin-Lafon, 2000) s'inspire de la façon dont nous interagissons avec les objets du monde réel: cette interaction est rarement directe, «à main nue», elle utilise souvent des outils ou instruments adaptés à chaque opération. Ainsi, nous utilisons des stylos pour écrire, des règles pour tracer des traits, etc. Les boîtes de propriétés et les poignées de manipulation sont des instruments de l'interaction graphique, de même que les *toolglass*, mais on peut imaginer bien d'autres instruments d'interaction.

Le guide magnétique (Beaudouin-Lafon et Mackay, 2000) est un bon exemple. Au lieu d'utiliser une boîte de dialogue pour spécifier les paramètres permettant d'aligner un ensemble d'objets, le guide magnétique est un objet graphique (une ligne) que l'on insère dans le document. Lorsque l'on déplace les objets près du guide, ils s'accrochent à celui-ci, lorsqu'on les éloigne ils se détachent. Tous les objets accrochés au guide sont donc alignés. On peut avoir des guides rectilignes, circulaires, voire de forme quelconque, on peut aussi spécifier que les objets doivent être équirépartis le long du guide. Le guide permet aussi de conserver les objets alignés: lorsqu'on déplace un guide, tous les objets accrochés se déplacent avec. L'introduction de ce nouvel objet rend ainsi l'interaction plus directe, plus intuitive et plus puissante.

4.4 Interaction multisurface

Avec l'avènement des ordinateurs portables, des TabletPC et des assistants numériques (PDA), nous sommes de plus en plus confrontés à des situations où les ressources d'interaction sont réparties sur plusieurs machines. Un certain nombre de techniques ont été explorées afin de faciliter l'interaction dans un tel environnement.

Ainsi, le *pick-and-drop* (Rekimoto, 1988) est une variante du *drag-and-drop* dans laquelle la source et la destination sont sur les écrans d'ordinateurs distincts. L'utilisateur sélectionne la donnée source avec un stylet, et la dépose simplement sur l'écran destination, comme si elle avait transité à l'intérieur du stylet. Cette technique peut aussi servir pour l'interaction avec un grand écran mural ou un mur d'image: l'utilisateur dispose d'un PDA sur lequel il sélectionne les commandes, un peu à la manière de la palette d'un peintre, puis, avec le même stylet, il applique la commande à un objet de l'écran mural. D'autres techniques permettent de combiner les écrans de plusieurs ordinateurs en une seule surface continue. Chaque utilisateur peut alors interagir avec l'ensemble de la surface, et chacun peut ainsi accéder aux données produites par les autres utilisateurs. On obtient alors un collecticiel (voir le chapitre «Collecticiels et travail coopératif assisté par ordinateur»).

L'interaction multisurface combine des surfaces d'affichage de taille très diverses, du téléphone ou du PDA au mur d'image en passant par l'écran traditionnel ou la table interactive. Chacune de ces surfaces réclame des techniques d'interaction adaptées. Par exemple, un écran mural nécessite de pouvoir accéder aisément aux objets à l'autre bout du mur, tandis que sur une table il faut pouvoir tourner aisément les objets pour qu'ils soient lisibles par les interlocuteurs. Ce domaine fait l'objet de nombreux travaux de recherche actuellement, et l'on peut s'attendre à une standardisation progressive des techniques d'interaction, comme pour les interfaces graphiques traditionnelles.

5 Conception des applications graphiques

La conception d'applications graphiques suit le même processus que la conception de tout système interactif (voir le chapitre «Exigences ergonomiques, méthodes et normes pour la conception de systèmes d'information centrés humain»). Ce paragraphe aborde les aspects spécifiques aux interfaces graphiques, dans la phase de conception détaillée.

Tout d'abord, les applications graphiques sont généralement intégrées au sein d'une plate-forme ou d'un environnement qui a ses propres règles et recommandations, recensées dans un guide de style. Il est important que la nouvelle application s'intègre de manière harmonieuse à cet environnement, il faut donc suivre ces règles et recommandations autant que possible. Mais il faut aussi savoir ne pas les suivre lorsqu'elles pénalisent l'application ou lorsque des solutions plus adaptées existent (Tognazzini, 1992). Les guides de style ne sont en effet pas des outils de conception : de la même façon qu'un bon langage de programmation permet d'écrire de mauvais programmes, un bon guide de style peut être utilisé pour concevoir une mauvaise application (Johnson, 2000).

Le point central du processus de conception est le modèle conceptuel, décrit dans l'introduction de cette section. Dans le cadre des interfaces graphiques, les questions à se poser pour construire le modèle conceptuel sont les suivantes :

- Quels sont les *objets d'intérêt* de l'utilisateur, leurs propriétés qu'il faut pouvoir accéder et modifier, et les opérations qu'il faut pouvoir effectuer sur ces objets ?
- Quelles sont les *représentations graphiques* de ces objets qui sont naturelles pour l'utilisateur ?
- Quelles sont les *techniques d'interaction* qui vont permettre de manipuler les objets et déclencher les opérations ?
- Comment *organiser l'interface* pour qu'il soit à la fois simple, efficace et puissant ?

5.1 Les objets d'intérêt

L'identification des objets d'intérêt commence par les objets qui font directement l'objet de l'application. Par exemple, pour un traitement de texte, l'objet principal est un texte, structuré en sections, sous-sections, paragraphes, etc. À ces objets primaires s'ajoutent des objets secondaires : les fichiers dans lesquels on stocke les textes, éventuellement les modèles qui permettent de créer plus rapidement certains types de documents, etc.

Pour chaque type d'objet, on identifie ses propriétés et ses liens avec d'autres objets. Souvent, certains objets sont des conteneurs pour d'autres objets, il est alors utile de se demander la taille typique de ces conteneurs : l'interface ne sera pas la même si l'on s'attend à traiter des textes d'une dizaine ou de plusieurs milliers de sections. L'identification des propriétés amène souvent à définir une troisième catégorie d'objets d'intérêt : les styles, qui sont des agrégats de propriétés. La possibilité d'affecter un même style à plusieurs objets et donc de changer plusieurs objets en modifiant un seul style donne en effet une plus grande puissance à l'application.

Enfin, on identifie les opérations qui s'appliquent aux objets. Ici, il est utile d'essayer de se ramener à des opérations génériques, telles que créer, détruire, modifier une propriété. Cette factorisation permettra de réduire le nombre de commandes de l'interface sans réduire les commandes de l'application, et ainsi de rendre l'interface plus homogène et plus simple. L'identification des opérations peut mener à un quatrième type d'objets d'intérêt : ceux qui représentent des opérations, comme les guides magnétiques du § 4.3. Remplacer une commande par un objet de l'interface permet souvent de mettre en œuvre une interaction plus directe et plus intuitive.

5.2 Les représentations graphiques

Une fois les objets d'intérêt identifiés, on définit leurs représentations graphiques. Chaque classe d'objets peut avoir plusieurs représentations, chacune donnant accès à des propriétés et opérations différentes.

Très souvent, les objets ont des représentations graphiques naturelles. Par exemple, un texte apparaît sous sa forme mise en page. Il est important de travailler avec les utilisateurs à ces représentations, car chaque métier a ses habitudes et ses pratiques. Ainsi, la présentation d'un texte pour une secrétaire ne sera sans doute pas la même que pour un typographe.

Si les objets n'ont pas de représentation graphique naturelle, il faut en inventer une. On peut se ramener à une forme générique, comme un formulaire qui liste les propriétés et leurs valeurs. On peut aussi s'inspirer d'applications existantes. Ainsi, les applications qui gèrent des données temporelles (logiciels d'animation, de musique, de vidéo, etc.) utilisent souvent une ligne de temps structurée en pistes, qui n'a pas d'équivalent dans le monde réel. Si l'on manipule des données volumineuses, on pourra se référer utilement au domaine de la visualisation d'information (voir le chapitre «Visualisation d'information»).

Dans tous les cas, le but d'une bonne représentation graphique est d'être concise, complète et compréhensible : concise car l'espace de l'écran est toujours trop petit, complète car sinon l'utilisateur devra utiliser des commandes supplémentaires pour accéder aux informations cachées, compréhensible car l'utilisateur doit pouvoir identifier les objets à leur représentation. Bien entendu, ces trois critères sont antagonistes et il faut trouver, par tâtonnements, un compromis. Une façon de concilier concision et complétude est de donner à l'utilisateur la possibilité de contrôler simplement la quantité d'information affichée. Par exemple, dans un éditeur de texte, on peut montrer ou cacher les caractères invisibles (espaces, fin de paragraphes, sauts de pages, etc.) ; dans une interface iconique pour un système de fichiers, on peut faire afficher la taille de chaque fichier en dessous de son nom.

5.3 Les techniques d'interaction

Nous avons décrit précédemment dans ce chapitre un grand nombre de techniques d'interaction en les organisant en tâches d'interaction. Cette classification permet d'identifier facilement la ou les techniques utilisables pour éditer telle propriété d'un objet ou pour activer telle opération.

Inversement, le choix d'une technique peut conduire à revoir les étapes précédentes de la conception : modifier une représentation graphique pour qu'elle donne accès à telle propriété, ajouter un objet d'intérêt pour faciliter l'activation de telle opération, etc.

Nous n'avons pas abordé la question des erreurs dans le reste de ce chapitre. Idéalement, une interface bien conçue évite les erreurs de la part du système, c'est-à-dire les situations où le système doit dire à l'utilisateur qu'il ne peut pas faire telle opération. C'est ainsi que l'on grise les éléments de l'interface (menus, champs de formulaires, etc.) qui ne sont pas activables, que seules les cibles possibles d'un *drag-and-drop* peuvent recevoir l'objet source, etc. Les seules erreurs système qui devraient subsister sont celles qui sont trop coûteuses à éviter ou que l'on ne peut pas anticiper, comme une panne réseau lors de la copie d'un fichier à distance. Quant aux erreurs de l'utilisateur, c'est-à-dire les opérations qu'il effectue alors qu'il voulait faire autre chose, il faut lui permettre de revenir en arrière avec une commande «annuler».

5.4 L'organisation de l'interface

Le plus gros travail dans la conception de l'interface est son organisation générale. Il ne suffit pas d'assembler des représentations graphiques appropriées et des techniques d'interaction adéquates pour obtenir une bonne interface. Les guides de style fournissent des recommandations utiles, comme la structuration en fenêtres, palettes fixes, menus, etc. Mais ces recommandations se bornent souvent à des règles générales alors que les détails de l'interaction sont aussi importants : il faut souvent peu de changements pour rendre une interface agréable et efficace ou au contraire pénible et frustrante.

L'un des facteurs majeurs de l'efficacité d'une interface est sa structuration en *modes*. Un mode est un état de l'interface dans lequel les actions de l'utilisateur sont interprétées par le système de manière homogène et différente des autres modes. Les modes peuvent être *spatiaux* ou *temporels* : un mode spatial est actif lorsque le curseur est dans une zone de l'écran, un mode temporel est actif entre son activation explicite par l'utilisateur et sa désactivation.

Les modes spatiaux passent le plus souvent inaperçus, car ils sont naturels : il est normal que le même clic ait un effet différent selon que le curseur est sur un bouton ou sur un champ texte. Les modes temporels, par contre, peuvent poser des problèmes si l'utilisateur n'a pas conscience qu'il a changé de mode : il ne comprend pas pourquoi la même action n'a plus le même effet. Une façon d'éviter cela est d'associer le mode à un outil activable dans une palette : lorsque l'on clique dans la palette, le curseur prend la forme de l'outil et le mode correspondant est activé jusqu'à ce que l'on sélectionne un autre outil, ou, parfois, que le système décide de revenir dans le mode par défaut. L'association forte entre forme du curseur et mode permet de réduire les erreurs. Une autre façon de rendre un mode temporel plus utilisable est de le coupler à une action physique continue. Par exemple, dans les applications de la suite Adobe, la barre d'espace passe dans le mode déplacement du document. La forme du curseur se change en petite main tant que la barre d'espace est enfoncée, et une interaction de tracé permet de faire défiler le document.

De façon générale, il est préférable de structurer l'interface autour de modes spatiaux et de limiter les modes temporels aux situations décrites ci-dessus. C'est pour cette raison que beaucoup d'interfaces sont fondées sur une syntaxe des commandes de la forme «objet-verbe» : la notion de sélection (ensemble des objets sélectionnés) permet de définir l'objet de la commande par un mode spatial (sélection directe des objets) ; le verbe est sélectionné dans une palette ou un menu, qui sont des modes spatiaux. De plus, la connaissance de l'objet au moment de la sélection du verbe permet de ne rendre activable que les commandes concernées. Si l'on choisit une syntaxe de type «verbe-objet», on impose un mode temporel par verbe, ou au moins un mode temporel de sélection de verbe et un mode temporel de sélection d'objet.

6 Mise en œuvre

Le développement d'applications graphiques est une tâche difficile. Tout d'abord le modèle de programmation d'une application interactive n'est pas le modèle algorithmique auquel les programmeurs sont habitués : l'application doit, à tout instant, réagir en un temps aussi court que possible aux actions de l'utilisateur, traduites sous forme d'événements par les dispositifs d'entrée. Il s'agit donc d'un modèle réactif de programmation, or les applications sont programmées avec des langages algorithmiques classiques. D'autre part, il faut respecter les règles d'interface de la plateforme pour laquelle on développe, or ces guides de style deviennent de plus en plus sophistiqués.

Pour faciliter le développement, il existe aujourd'hui de nombreuses bibliothèques d'interaction graphique, appelées boîtes à outils d'interface. Au-dessus des boîtes à outils, il existe également des outils interactifs qui permettent de réduire considérablement la quantité de code à écrire et donc le temps de développement. Nous donnons un aperçu rapide de ces deux familles d'outils (Olsen, 1998).

6.1 Boîtes à outils d'interface

Les boîtes à outils d'interface (*user interface toolkit*) fournissent un ensemble de composants appelés objets interactifs ou *widgets* (abréviation de *window object*) et un ensemble de fonctionnalités destinées à faciliter la programmation d'applications graphiques interactives. À travers son jeu de widgets, une boîte à outils implémente un *look and feel* particulier, c'est-à-dire un ensemble de règles de présentation et de comportement qui caractérisent la boîte à outils. L'inconvénient majeur des boîtes à outils est qu'elles limitent le programmeur à l'utilisation des widgets qu'elle offre, car la création de nouveaux widgets est une tâche ardue. Cela ralentit la diffusion de nouvelles techniques d'interaction car en pratique, tant qu'elles ne sont pas intégrées à une boîte à outils, elles ne sont pas utilisées.

Les widgets d'une boîte à outils sont regroupés en classes (au sens des langages à objets). Chaque classe de widget détermine :

- son apparence graphique (ou présentation) ;
- son comportement en réaction aux actions de l'utilisateur ;
- son interface avec le reste de l'application.

Par exemple, la classe des boutons définit leur apparence graphique (un cadre avec un nom à l'intérieur), leur comportement (effet d'enfoncement ou inversion vidéo lorsque l'on clique dessus) et la façon dont ils sont liés au reste de l'application (par exemple une fonction appelée lorsque le bouton est cliqué). Les widgets suivent ainsi un modèle d'architecture composite à agents de type MVC ou PAC (voir le chapitre « Architecture logicielle des systèmes interactifs »).

Les widgets sont organisés en un arbre dont les nœuds sont des widgets composites et les feuilles des widgets simples (boutons, entrées de menus, champs de saisie d'un formulaire, etc.). Chaque nœud contrôle le placement de ses widgets fils. Par exemple, un nœud de type liste place ses fils sous forme d'un empilement vertical. En général, les fils sont inclus géométriquement dans leur parent, mais il peut y avoir des exceptions, comme les menus contextuels ou hiérarchiques.

L'apparence d'un widget est paramétrée par un ensemble d'attributs (couleurs, titres, tailles, etc.) qui peuvent parfois être spécifiés de façon externe à l'application. Cela permet notamment de « localiser » une application, c'est-à-dire de changer sa langue sans avoir à toucher à son code source.

Le comportement d'un widget est le plus souvent complètement prédéfini dans sa classe : un bouton est un bouton parce qu'il se comporte comme un bouton. Dans certains cas, comme une surface de dessin, l'application peut définir les liaisons d'événements, c'est-à-dire les opérations à réaliser en fonction des actions de l'utilisateur.

Pour être utile un widget doit pouvoir communiquer avec le reste de l'application. Ainsi, lorsque l'utilisateur clique sur un bouton, le widget doit informer l'application que ce bouton a été activé. Il existe trois principaux mécanismes de communication entre un widget et l'application : les fonctions de rappel, les variables actives et les messages.

Les fonctions de rappel consistent à enregistrer l'adresse d'une fonction qui sera appelée lorsque le comportement le décidera. L'avantage de cette méthode est sa généralité, l'inconvénient est que le code de l'application interactive devient rapidement un « plat de spaghetti » où la logique d'exécution est difficile à suivre.

Les variables actives sont un lien bidirectionnel établi de manière déclarative entre un widget représentant un état et une variable de l'application. Dès que l'on manipule le widget, la valeur de la variable est mise à jour et, inversement, si l'application change la valeur de la variable, le widget affiche la nouvelle valeur. Les variables actives simplifient la programmation, mais ne s'appliquent qu'aux widgets qui affichent un état, et pas par exemple aux boutons.

Les messages sont une variante des fonctions de rappel adaptée aux langages à objets. On attache un objet, appelé écouteur (*listener*) au widget. Lorsque le comportement du widget le décide, il notifie l'écouteur par un message, par exemple «activation du bouton». Celui-ci peut alors interpréter le message et agir en conséquence.

6.2 Générateurs d'interfaces

Même avec une boîte à outils d'interface, le développement d'une application graphique est fastidieux. Par exemple, il faut écrire un programme qui construit l'arbre de widgets qui produit l'apparence de l'application, y compris ses menus et boîtes de dialogue. Or cet arbre peut contenir plusieurs milliers de widgets. Les générateurs d'interfaces sont des outils de plus haut niveau qui produisent une partie de l'application interactive à partir d'une description de l'interface.

Le principe des générateurs d'interface peut être comparé aux générateurs de compilateurs : à partir d'une description du lexique et de la syntaxe d'un langage, le générateur produit une partie du compilateur. Non seulement on diminue les risques d'erreurs et le temps de développement, mais il est aussi beaucoup plus facile de modifier le lexique ou la syntaxe que si l'on avait écrit le code à la main.

Certains générateurs d'interfaces sont construits comme des générateurs de compilateurs : ils prennent en entrée une description textuelle d'une partie de l'application interactive et produisent du code qui implémente cette partie. Cependant la plupart des générateurs sont des outils interactifs, qui permettent de «dessiner» l'interface et parfois de spécifier graphiquement une partie de son comportement. Ainsi, l'InterfaceBuilder d'Apple permet de manipuler interactivement non seulement les objets de l'interface mais aussi les objets de l'application et ainsi de spécifier leurs liens de façon graphique, ce qui réduit les temps de développement et de maintenance.

Les générateurs d'interface sont composés en général de trois parties :

- un *éditeur interactif* qui permet de construire, par manipulation directe, la présentation de l'interface et de spécifier au moins en partie son lien avec le reste de l'application. Cet éditeur dispose en général d'un mode «test» qui permet de faire fonctionner l'interface construite ;
- un *compilateur* qui permet de traduire la description de l'interface produite par l'éditeur en un module exécutable ;
- un *module d'exécution* ou *run-time* qui doit être inclus dans l'application finale. Ce module contient les fonctions utilisées par le code généré par le compilateur ainsi que le code qui peut charger une description de l'interface telle qu'elle est produite par l'éditeur.

Afin de tester facilement l'application interactive complète, celle-ci peut être compilée avec une version du module d'exécution du générateur qui charge le fichier de description de l'interface au lancement (figure 12, haut). Ainsi, tant que l'on ne modifie que la partie éditable interactivement, on peut tester la nouvelle interface sans recompiler l'application. Pour une version de production, l'interface est compilée de manière à être intégrée à l'application interactive finale, et le module d'exécution du générateur est alors plus petit (figure 12, bas).

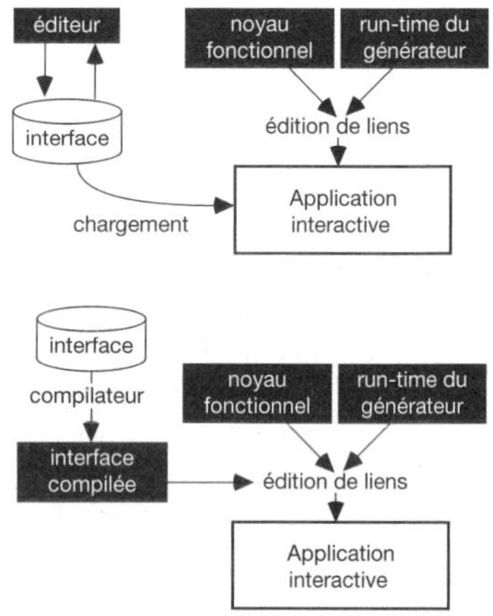

Figure 12 Application interactive créée avec un générateur d'interfaces. En haut, l'application charge au démarrage l'interface créée avec l'éditeur d'interface. En bas, l'interface est compilée de façon à produire une application autonome.

7 Conclusion

Ce chapitre a présenté l'interaction graphique, depuis les dispositifs matériels jusqu'aux outils logiciels, en passant par les styles et techniques d'interaction graphique et la conception d'applications graphiques. Alors que les interfaces graphiques sont désormais omniprésentes, la qualité et l'utilisabilité de celles-ci ne sont pas toujours au rendez-vous. D'une part, les outils de développement et les guides de style limitent la créativité des concepteurs, d'autre part les applications sont de plus en plus complexes et réclament un travail de conception de plus en plus important et des techniques d'interaction de plus en plus pointues.

L'évolution prévisible de ce domaine se place sur deux plans. D'une part, de nouvelles techniques d'interaction vont continuer à être développées, notamment pour améliorer l'interaction dans les nouveaux environnements interactifs qui mélangent dispositifs d'entrée et d'affichage de toutes sortes et de toutes tailles, d'autre part des outils de développement plus sophistiqués vont apparaître afin de réduire le coût de développement et améliorer la qualité des logiciels.

Bibliographie

Apitz G. et Guimbretière F. (2004), "CrossY : a crossing-based drawing application", in *Proc. ACM Symposium on User Interface Software and Technology (UIST '04)*, ACM, p. 3-12.

Beaudouin-Lafon M. (2000), "Instrumental interaction : an interaction model for designing post-WIMP user interfaces", in *Proc. ACM Human Factors in Computing Systems (CHI '88)*, ACM, p. 446-453.

Beaudouin-Lafon M. et Mackay W.E. (2000), "Reification, polymorphism and reuse : Three principles for designing visual interfaces", in *Proc. Conference on Advanced Visual Interfaces (AVI '00)*, ACM, p. 102-109.

Beaudoux O. (2004), «Un modèle de composants (inter)actifs centré sur les documents», *Revue Information, Interaction, Intelligence*, n° 4(1), Cépaduès Éditions, p. 41-58.

Bier E.A, Stone M.C., Pier K., Buxton W. et Rose T.D. (1994), "Toolglass and magic lenses : The seethrough interface", in *Proc. ACM Human Factors in Computing Systems (CHI '94)*, ACM, p. 73-80.

Callahan J., Hopkins D., Weiser M. et Shneiderman B. (1988), "An empirical comparison of pie vs. linear menus", in *Proc. ACM Human Factors in Computing Systems (CHI '88)*, ACM, p. 95-100.

Foley J.D., van Dam A., Feiner S.K. et Hughes J.F. (1990), *Computer Graphics : Principles and Practice* (2nd Edition), Addison-Wesley.

Guiard Y. (1987), "Asymmetric division of labor in human skilled bimanual action: The kinematic chain as a model", *Journal of Motor Behavior*, Heldref publications, n° 19, p. 486-517.

Guiard Y. et Beaudouin-Lafon M., rédacteurs (2004) Special issue on Fitts' law 50 years later, *Int. J. Human-Computer Studies*, Elsevier, n° 61(6).

Guimbretière F. et Winograd T. (2000), "FlowMenu : Combining command, text, and data entry", in *Proc. ACM Symposium on User Interface Software and Technology (UIST '00)*, ACM, p. 213-216.

Jacob R.J., Sibert L.E., McFarlane D.C. et Mullen M.P. (1994), "Integrality and separability of input devices", *ACM Trans. Computer-Human Interaction*, ACM, n° 1(1), p. 3-26.

Johnson J. (2000), *GUI Bloopers*, Morgan Kaufmann.

Jones S., Jones M., Marsden G., Patel D. et Cockburn A. (2005), "An evaluation of integrated zooming and scrolling on small screens", *Int. J. Human-Computer Studies*, Elsevier, n° 63 (2), p. 271-303.

Kurtenbach G. et Buxton W. (1993), "The limits of expert performance using hierarchic marking menus", in *Proc. Joint ACM/IFIP Conference on Human Factors in Computing Systems (INTERCHI '93)*, ACM, p. 482-487.

MacKenzie I.S. et Soukoreff R.W. (2002). "Text entry for mobile computing: Models and methods, theory and practice", *Human-Computer Interaction*, Lawrence Erlbaum, n° 17, p. 147-198.

Pook S., Lecolinet E., Vaysseix G. et Barillot E. (2000), "Context and interaction in zoomable user interfaces", in *Proc. Conference on Advanced Visual Interfaces (AVI '00)*, ACM, p. 227-232.

Rekimoto J. (1998), "A multiple device approach for supporting whiteboard-based interactions", in *Proc. ACM Human Factors in Computing Systems (CHI '98)*, ACM, p. 344-351.

Shneiderman B., et Plaisant, C. (2005), *Designing the User Interface : Strategies for Effective Human-Computer Interaction* (fourth edition), Addison-Wesley.

Olsen D.R. Jr (1998), *Developing User Interfaces*, Morgan Kaufmann.

Tognazzini B. (1992), *Tog on Interface*, Addison-Wesley.

Visualisation d'information

Jean-Daniel Fekete

Mots-clés : visualisation, communication visuelle, interaction.

Résumé : la visualisation d'information est l'utilisation de représentations visuelles et interactives de données abstraites à l'aide d'un ordinateur dans le but d'amplifier la cognition. La visualisation d'information est plus que jamais importante dans notre environnement où l'information prolifère et circule librement. L'article présente une perspective historique et décrit les méthodes et principes qui permettent d'utiliser et de concevoir des représentations visuelles interactives qui aident à comprendre les données complexes.

Nous assistons aujourd'hui à un changement d'échelle des données qui transitent sur nos ordinateurs. Ce changement d'échelle nous vient à la fois de l'accès aux données via le World Wide Web, mais aussi de la part croissante des communications qui transitent sur nos ordinateurs tels le courrier électronique, les photographies numériques et la vidéo numérique. Cet accroissement a été d'environ 30 % par an entre 1999 et 2002 selon les recherches du groupe « How Much Information 2003 ? »

L'accroissement à lui seul est important, mais la quantité est encore plus impressionnante : non seulement les données sont produites, mais elles sont de plus en plus accessibles. Selon les études de la société Search Engine Watch, le nombre de pages indexées par les moteurs de recherche a augmenté de manière exponentielle depuis dix ans (figure 1). Cette augmentation est aussi soutenue par l'accroissement des capacités des disques durs.

Selon des chercheurs d'IBM, l'accroissement de la capacité de stockage par unité de surface a été plus qu'exponentielle depuis les années soixante-dix et le prix est resté à peu près constant par unité de surface ou a baissé exponentiellement pour une capacité de stockage donnée. Toutes ces données accessibles posent un problème fondamental car le cerveau humain, lui, n'a pas évolué. Il est donc plus que jamais nécessaire de trouver des méthodes pour faciliter l'assimilation de ces données.

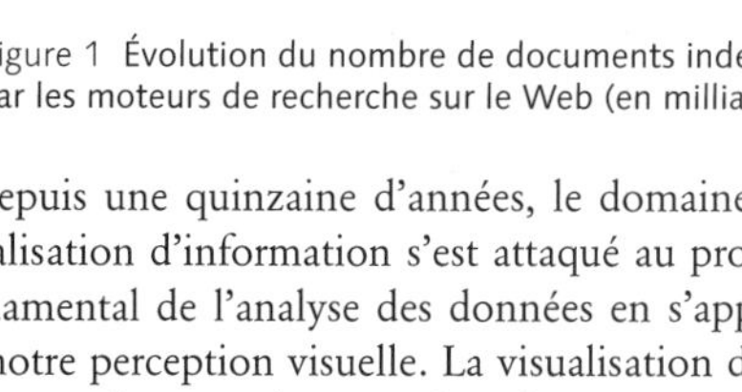

Figure 1 Évolution du nombre de documents indexés par les moteurs de recherche sur le Web (en milliards)

Depuis une quinzaine d'années, le domaine de la visualisation d'information s'est attaqué au problème fondamental de l'analyse des données en s'appuyant sur notre perception visuelle. La visualisation d'information se base sur les capacités de traitement de la perception humaine pour effectuer l'analyse des données. Elle cherche les représentations graphiques les plus appropriées pour que notre système perceptif puisse faire des analyses de manière rapide et sûre.

1 Historique

La visualisation informatique est composée de trois domaines : la visualisation scientifique, la cartographie et la visualisation d'information (figure 2). La cartographie est sans conteste le domaine le plus ancien et est utilisée depuis plusieurs millénaires par l'armée et les responsables politiques. Ce domaine cherche à représenter le territoire de manière pratique en fonction de besoins spécifiques : déplacements (cartes topographiques ou routières), ou support d'analyses économiques, démographiques ou de santé.

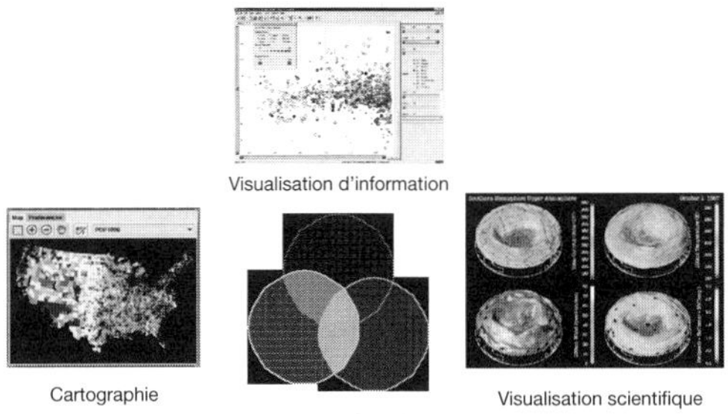

Figure 2 Relations entre les trois domaines de visualisations: visualisation d'information, visualisation scientifique et cartographie

La visualisation scientifique est née dans les années soixante-dix avec l'informatique graphique dont elle reste un sous-domaine. Son objet est la représentation de phénomènes physiques, comme par exemple l'échauffement des ailes d'un avion en fonction de sa vitesse ou la force d'une turbulence.

La visualisation d'information est née dans les années quatre-vingt-dix et est principalement un sous-domaine de l'interaction homme machine. La visualisation d'information est l'*utilisation de l'informatique graphique interactive pour représenter visuellement des données abstraites afin d'amplifier la cognition.* Un exemple de données abstraites est l'ensemble des relations entre plusieurs personnes réunies dans une pièce. Certaines peuvent appartenir à la même famille, d'autres à la même entreprise, etc. Il n'existe pas de représentation *canonique* ou naturelle pour ces relations. Nous avons donc le choix entre une infinité de possibilités. Cependant, parmi cette infinité, seul un petit nombre fonctionnera et permettra effectivement de comprendre les relations. Toutes les autres seront au mieux esthétiques mais plus généralement inexploitables. La visualisation d'information étudie donc les représentations qui fonctionnent selon des données à représenter, ainsi que les méthodes d'interaction pour faciliter leur analyse.

Dans les trois domaines de la visualisation, quatre disciplines collaborent : l'informatique bien évidemment, mais aussi la psychologie qui cherche des théories liées à la perception visuelle et cognitive pour faciliter la compréhension de représentations graphiques (Ware 2004), la statistique qui recherche des méthodes pour analyser des données de manière sûre et rapide, et le design graphique qui conçoit des représentations graphiques fonctionnelles.

2 Fondements

Avant d'exposer les principes et méthodes de la visualisation d'information, il faut se poser une question fondamentale : peut-on vraiment faire confiance à notre perception visuelle pour faire des analyses rapides et sûres ? On peut répondre de trois manières à cette question :

- l'expérience accumulée par l'utilisation de la visualisation d'information dans des domaines variés nous montre que des résultats sont effectivement obtenus ;
- la psychologie cognitive a montré qu'en utilisant la perception préattentive (Treisman 1985), l'Homme est capable de réaliser des tâches particulières avec une grande rapidité, une grande précision et sans effort ;
- enfin, on peut aussi se demander si les autres méthodes exploratoires nous disent toute la vérité, et la réponse est non.

2.1 Quelques exemples éloquents

L'utilisation de représentations graphiques pour mettre en évidence des phénomènes quantitatifs n'est pas récente. E. Tufte montre dans (Tufte 1997) plusieurs graphiques très convaincants, comme la représentation de la campagne de Russie de Napoléon (figure 3).

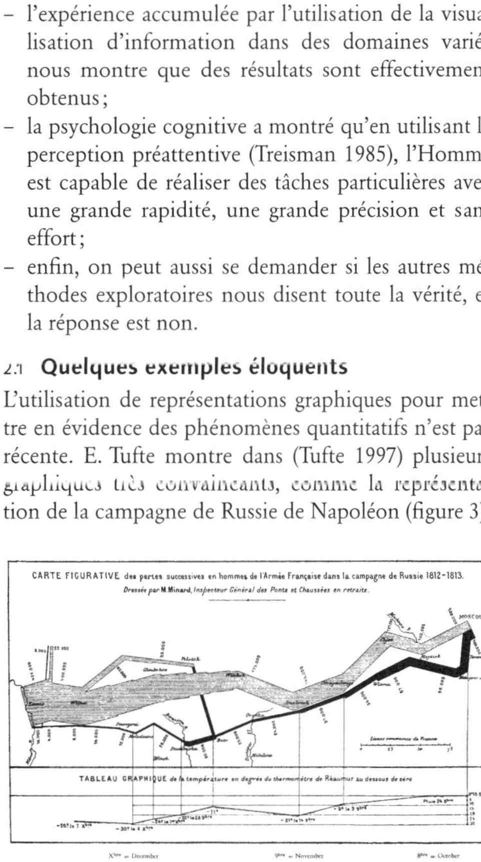

Figure 3 Carte figurative de la campagne de Russie de Napoléon par Étienne-Jules Minard (1830-1904). Le trajet de l'armée est représenté par un trait dont l'épaisseur indique l'effectif et la couleur la direction. Au bas de la carte, une courbe indique la température pendant le chemin du retour.

Dans les années soixante, J. Bertin a formulé une théorie sur le système graphique (Bertin 1967) et a réalisé un grand nombre de graphiques extrêmement éloquents. Par exemple, la figure 4 nous montre qu'une représentation graphique bien choisie permet une compréhension sans effort à la fois des détails et de l'ensemble de la production de viandes dans cinq pays européens. Cette représentation permet de comprendre, mais surtout de prendre des décisions : lors de discussions sur les aides européennes à la production de viande, quel pays la France doit-elle essayer de convaincre de mieux financer la production de viande de chevaux et d'ovins ? Pas l'Allemagne ou les Pays-Bas qui ont un intérêt contraire ! Seuls la Belgique et le Luxembourg peuvent être convaincus, et c'est ce que ce graphique fait ressortir spontanément.

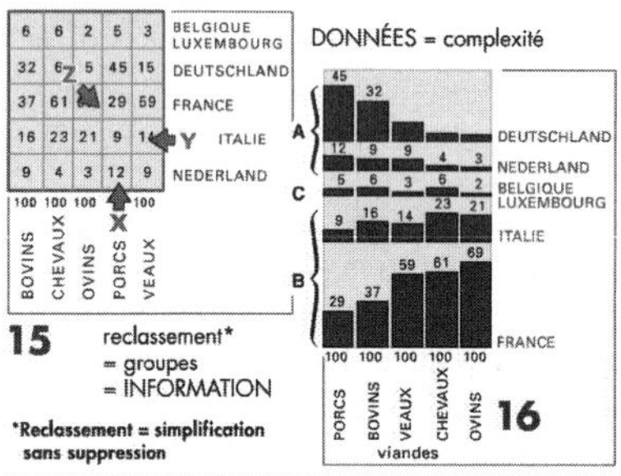

Figure 4 Représentation visuelle d'une table à deux entrées selon J. Bertin (Bertin 1967).Le tableau de chiffres ne permet pas d'avoir une vue d'ensemble tandis que la matrice ordonnée permet à la fois une compréhension d'ensemble et de détail

Avec l'avènement de l'informatique, les représentations graphiques ont pu bénéficier de la vitesse de traitement et de techniques d'interaction qui ont décuplé l'expressivité des représentations graphiques. Non seulement les représentations existantes ont pu être informatisées mais de nouvelles représentations ont vu le jour. Nous présentons ici deux exemples significatifs.

La carte du marché bousier (*Map of the Market*) de SmartMoney.com (figure 5), construite à base de visualisation en Treemap inventée par B. Johnson et B. Shneiderman (Johnson et Shneiderman 1991).

Chaque secteur boursier (santé, finance, énergie, etc.) est représenté par un rectangle dont la surface est proportionnelle à la somme des capitalisations boursières des entreprises du secteur. Dans chacun de ces rectangles, chaque entreprise est représentée par un rectangle dont les proportions représentent la capitalisation boursière et dont la couleur indique la tendance : rouge pour négative, verte pour positive. On voit d'un seul coup d'œil la tendance du marché et les exceptions.

Quand à l'interaction, elle a permis d'analyser de grandes quantités de données de manière simple et efficace. Un des premiers exemples a aussi été présenté par C. Ahlberg et B. Shneiderman avec un système de recherche de logement appelé « *Dynamic HomeFinder* » (Ahlberg et Shneiderman 1994) (figure 6).

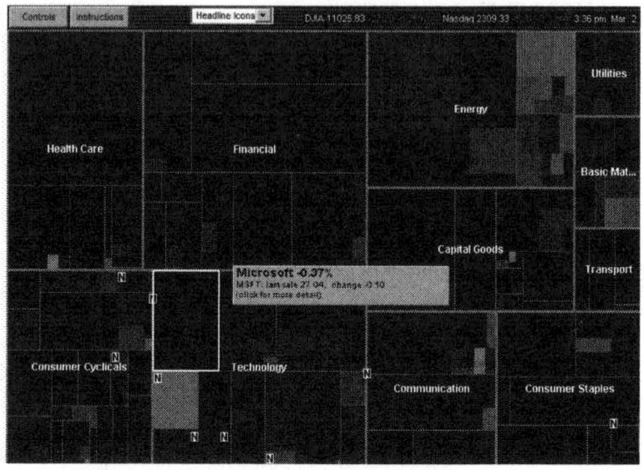

Figure 5 Carte du marché boursier (SmartMoney.com/marketmap) : représentation de la variation du marché boursier américain par secteur et entreprise

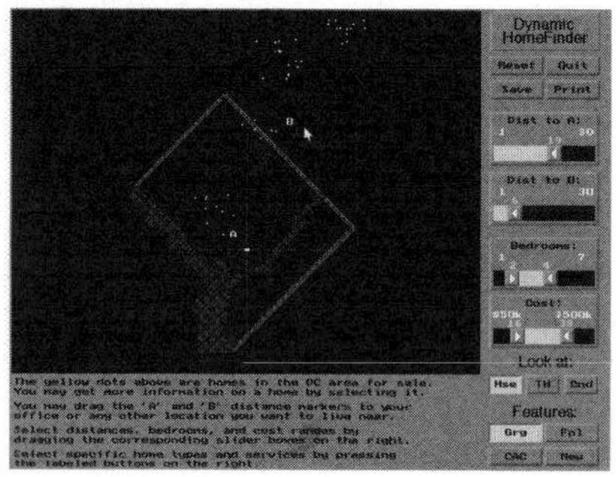

Figure 6 Visualisation interactive dans le « Dynamic HomeFinder ». Les logements disponibles et correspondant aux critères demandés par l'utilisateur sont représentés par des points jaunes sur une carte autour de la ville de Washington DC.

La partie droite de l'écran est ici utilisée pour présenter une interface de contrôle. En déplaçant la flèche placée en haut à droite avec la souris, l'utilisateur sélectionne la distance maximale entre le point A et les logements proposés, ce qui permet de restreindre par exemple la distance à son lieu de travail. De même la flèche du dessous limite la distance à un point B qui pourrait être le lieu de travail du conjoint. Les autres flèches et boutons agissent sur d'autres paramètres : nombre de chambres, prix, type d'habitation, etc.

Avec ce type d'interface, il est facile d'explorer rapidement une offre très riche de logements de manière interactive plutôt qu'en remplissant des champs de requêtes dans un formulaire et en essuyant des réponses nulles ou inappropriées. Mieux encore, il est possible de trouver les zones dangereuses autour de Washington D.C., qui sont proches du centre et très bon marché !

2.2 La perception préattentive

La vision préattentive a été mise en évidence par Treisman en 1985. Elle a montré que certaines configurations graphiques pouvaient être perçues et traitées de manière immédiate et sans effort. Par exemple, il est très facile de repérer un point bleu dans un grand nombre de points rouges. Il est aussi facile de repérer un cercle dans un nuage de carrés (figure 7).

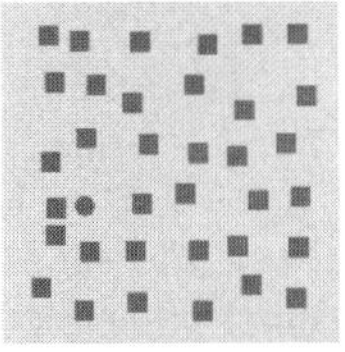

Figure 7 La courbure est une propriété préattentive : il est très facile de distinguer le cercle dans un nuage de carrés (exemple de C. Healey)

Plusieurs caractéristiques visuelles peuvent être perçues de manières préattentives : en un clin d'œil et sans effort. En s'appuyant sur ces caractéristiques, une bonne visualisation peut être lue en un clin d'œil et sans effort.

Cependant, les caractéristiques préattentives sont délicates à manier : elles sont préattentives dans certaines limites et se brouillent entre elles. Par exemple, il est possible de trouver des points rouges parmi des points bleus (répondre à la question : y a-t-il un point rouge ? Y a-t-il plus de rouge que de bleu) mais on ne peut augmenter indéfiniment le nombre de couleurs distinguables immédiatement. En choisissant les couleurs avec soin, on ne peut distinguer que cinq ou sept couleurs de manière préattentive.

De plus, certaines caractéristiques ne sont pas préattentives mais sont néanmoins très utiles comme le texte. Les bonnes méthodes de visualisation arrivent à concilier ces contraintes.

2.3 Le traitement automatique face à la visualisation

Ne peut-on pas faire des systèmes automatiques qui interpréteraient automatiquement des données et en extrairaient des informations utiles ? Plusieurs domaines gravitant autour du traitement automatique des données tentent de répondre à cette question (fouille de données, apprentissage automatique pour ne citer qu'eux). Notre perception visuelle est-elle moins capable que ces traitements automatiques ? La réponse est non : la visualisation et l'analyse automatique se complètent.

Un exemple intéressant est le diagramme de Hertzsprung Russell (figure 8), représentant la température des étoiles sur l'axe des X et leur magnitude sur l'axe des Y. Cette représentation est un diagramme cartésien des données issues d'observations astronomiques.
L'interprétation de ce diagramme est assez facile à faire visuellement : on distingue quatre régions décrites dans à la Diagramme de Hertzsprung Russell et son interprétation usuelle. Il s'avère que cette interprétation a été jusqu'à présent impossible à faire à partir de système automatique de classification.

Notre système visuel est entraîné à reconnaître des motifs visuels complexes et à les interpréter rapidement. Moyennant un apprentissage rapide, chaque humain peut comprendre comment interpréter un codage visuel comme ceux décrits dans les figures précédentes. En apprenant quelques techniques d'interaction simples, nous pouvons décupler notre perception visuelle et explorer et comprendre de grandes quantités de données. Dans les paragraphes qui suivent, nous décrivons les principes et réalisations principales disponibles aujourd'hui.

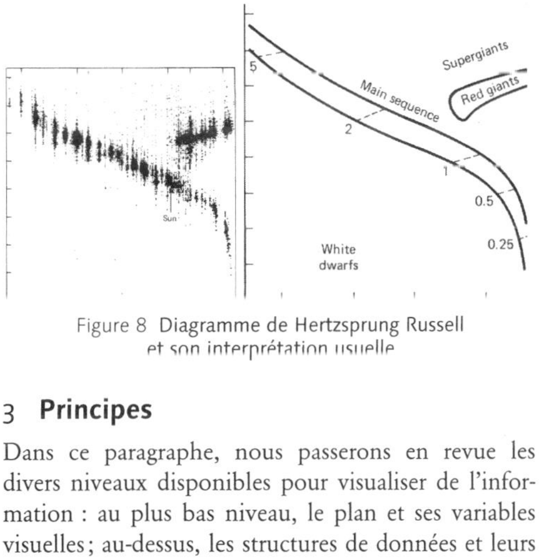

Figure 8 Diagramme de Hertzsprung Russell et son interprétation usuelle

3 Principes

Dans ce paragraphe, nous passerons en revue les divers niveaux disponibles pour visualiser de l'information : au plus bas niveau, le plan et ses variables visuelles ; au-dessus, les structures de données et leurs représentations : parallèlement à ces structures et variables visuelles, les interactions disponibles pour accéder à l'information de manière directe, rapide, incrémentale et réversible.

3.1 Les variables visuelles

J. Bertin définit *la graphique* comme l'imposition de marques sur une surface plane. La liste des *variables visuelles* disponible pour exprimer des données qualitatives ou quantitatives est limitée : une *image instantanée* a trois dimensions : l'axe des X, l'axe des Y et la variation de l'énergie lumineuse. Les deux premières sont les dimensions du plan. La dernière équivaut à une intensité et peut être représentée par un niveau de gris ou par une taille de point. Les autres variables visuelles ne servent selon Bertin qu'à séparer plusieurs images instantanées. Les variables visuelles sont définies dans la figure 9.

	Spatial	Objet
Étendue	Position Taille ●●●•	Intensité : ■ ■ ■ ■
Différentiation	Orientation \ | /–	Couleur Grain : □ ■ ■ ■ Forme : ■●★◆

Figure 9 Les variables visuelles du plan servant à former une image selon J. Bertin

Avec les études des psychologues sur la perception préattentive, cette figure a un peu évolué. Tout d'abord, il existe beaucoup plus de variables visuelles et elles sont plus subtiles. Par exemple, la forme n'est pas une variable primitive au sens de la perception, c'est plutôt le rayon de courbure. Ainsi, il est facile de distinguer des rectangles et des cercles, mais pas des cercles et des ellipses. C. Healey distingue vingt caractéristiques qui peuvent être utilisées de manière préattentive. En particulier, le clignotement est préattentif, ainsi que la vibration. On comprend qu'elles ne fassent pas partie de la figure 9 car elles ne peuvent pas être utilisées sur papier ! Néanmoins, il reste essentiel de constater qu'au-delà de trois variables, les représentations graphiques deviennent sensiblement plus difficiles à percevoir spontanément.

3.2 Les structures de données

Les données abstraites ont toujours une structure. Par exemple, les notes des élèves d'une classe sont représentées par un tableau à double entrée : les élèves sur un axe et les matières sur un autre axe. Cette structure de données est très classique et permet d'exprimer un grand nombre de données réelles. Sa popularité est attestée par les outils informatiques qui aident à leur création et manipulation : les tableurs.

Pour cette structure, il existe plusieurs représentations visuelles qui favorisent plus ou moins la lecture. Nous allons les passer en revue au § 4, mais pour présenter les représentations graphiques, il est commode de s'appuyer sur les structures de données.

En dehors des tables, on distingue les arbres et les graphes. D'autres structures existent bien entendu, nous les appelons *ad hoc*, mais elles sortent du cadre de ce chapitre.

Les arbres sont des structures de données que nous rencontrons fréquemment : les organigrammes ou les classifications en sont des exemples. Par exemple, le budget d'une entreprise importante est toujours organisé hiérarchiquement – par service et sous-service – et suit une structure d'arbre. La représentation des arbres est décrite § 5.

Enfin, les graphes sont des structures rencontrées fréquemment dans des domaines très divers. Les arbres généalogiques, malgré leur nom, sont des graphes qui relient des personnes suivant leurs relations de parenté. Plus généralement, les réseaux sociaux relient des personnes à d'autres personnes ou à des entités plus abstraites en fonction de relations diverses : personnes travaillant ensemble, personnes travaillant dans le même lieu, etc. Le Web forme aussi un graphe entre des pages. On parle généralement de graphe pour la structure et de réseau pour les objets concrets mais la nuance n'est généralement pas très utile. Le § 6 décrit les représentations principales pour les graphes ou les réseaux.

3.3 Les interactions

L'utilisation de l'interaction a décuplé les capacités exploratoires de la visualisation d'information. Le concept fondamental a été exprimé par B. Shneiderman en 1994 sous le nom de *requêtes dynamiques*. Une requête dynamique permet de filtrer des données affichées de manière interactive. Elle est définie par les propriétés suivantes :

- une représentation visuelle des actions et des objets sur lesquelles elles portent ;
- des actions rapides, incrémentales et réversibles ;
- la sélection par pointage (pas de saisie au clavier) ;
- la représentation immédiate et continue des résultats.

Les logiciels de visualisation se distinguent donc par des objets d'interaction, parfois très spécifiques, permettant de mettre en œuvre les requêtes dynamiques, comme on peut le voir à droite de la figure 6.

Les requêtes dynamiques permettent de filtrer les données affichées. Dans l'exemple de la recherche de logement, ce filtrage se fait sur la distance du logement aux points A ou B, ainsi que sur le prix du logement et certaines de ses caractéristiques. En interagissant par requêtes dynamiques, le système efface de la visualisation des logements qui ne correspondent plus à la requête, et cela à chaque mouvement de la souris.

D'autres interactions peuvent être utilisées pour naviguer dans la visualisation ou faire correspondre des points d'une visualisation à une autre visualisation, entre autres. Le § 7 décrit plus en détail ces requêtes dynamiques et autres interactions.

4 Visualisation de tables

Les tables sont certainement les structures de données les plus fréquemment utilisées. Elles peuvent décrire une multitude d'informations comme des relations entre deux axes. Les résultats d'une classe d'école décrivent la relation entre chaque élève de la classe et chaque matière enseignée. Les notes se trouvent à l'intersection entre ces deux axes.

Les séries temporelles décrivent les relations entre une quantité et le temps. Par exemple, les cours de la bourse se décrivent comme une valeur variant par unité de temps.

La représentation la plus simple pour les tables est le tableau, comme ceux présentés dans les tableurs. Cependant, un tableau est composé de nombres qui ne peuvent pas être lus de manière préattentive. C'est pourquoi J. Bertin recommande d'utiliser une matrice de valeurs où chaque cellule contient une intensité lumineuse. Cette intensité peut être affichée comme une couleur allant d'une teinte claire à une teinte sombre, ou par une taille, comme le montre la figure 10. La représentation sous forme de matrice n'est vraiment lisible que lorsque la matrice est ordonnée.

	Porcs	Bovins	Veaux	Chevaux	Ovins
Deutschland	45	32	15	0	5
Nederland	12	9	9	4	3
Belgique-Luxembourg	5	6	3	6	2
Italie	9	16	14	23	21
France	29	37	59	61	69

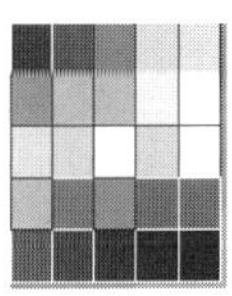

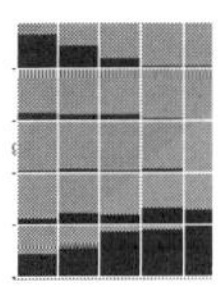

Figure 10 Représentation d'une table de données comme tableau de chiffres ou d'intensités

La même matrice non ordonnée est beaucoup moins facile à interpréter (figure 11). Dans notre exemple, les axes de la matrice sont des pays et des productions; ils sont *nominaux* et n'ont pas d'ordre particulier. La matrice peut donc être permutée en ligne ou en colonne sans perturber son interprétation.

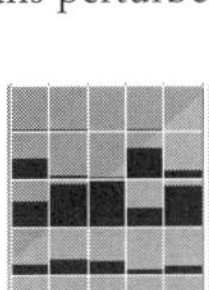

Figure 11 Matrice de valeurs non ordonnées. L'interprétation n'est plus immédiate

Selon J. Bertin, les axes peuvent aussi être *ordonnés* ou *quantitatifs*. Dans ces deux cas, ils induisent un ordre naturel qui ne peut être modifié sous peine de brouiller l'interprétation de la table.

Par exemple, si un axe de la table est temporel, comme la production de viande par année, alors l'axe des années est ordonné et ne peut plus être réordonné.

Plusieurs systèmes de visualisation ont été conçus pour manipuler des tables de valeurs et les réordonner interactivement. Le plus populaire est Table Lens (figure 12) de R. Rao et S. Card (Rao et Card 1994). Ce système permet de visualiser une table de très grande taille, de permuter interactivement ses colonnes et de pouvoir accéder aux détails de la table ou à la vue d'ensemble.

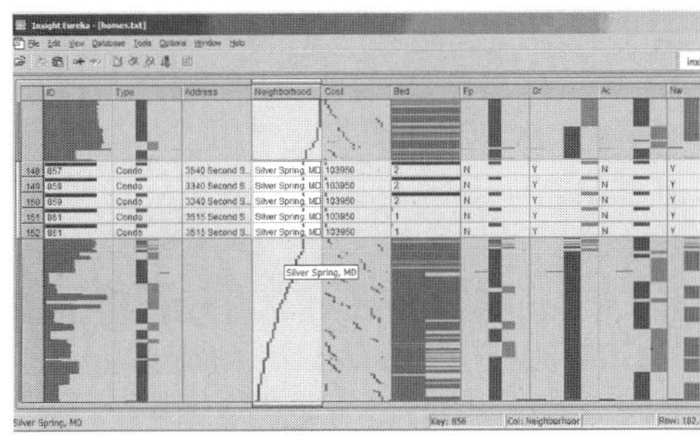

Figure 12 Visualisation matricielle d'une table de 1114 offres de logements qualifiés par dix attributs avec Table Lens (Inxight Eureka). Les attributs sont affichés en colonne et les logements sont triés par prix. Quelques logements sont sélectionnés et visible en détail tandis que les autres sont compressés

Les représentations matricielles de tables font apparaître chaque valeur d'attribut dans une cellule séparée. Une autre méthode de visualisation consiste à superposer les cellules. Les *séries temporelles* utilisent ce principe. Une série temporelle est une table dont un axe représente le temps et l'autre axe représente des mesures. Chaque cellule contient donc une mesure prise à un temps particulier. En considérant que le temps est représenté de gauche à droite et que la valeur des attributs va de bas en haut, on peut utiliser une ligne brisée reliant les valeurs de chaque échantillon. C'est ainsi qu'on a l'habitude de voir les cours de la bourse par exemple, ou chaque valeur d'action est représentée par une ligne brisée qui monte ou qui descend (figure 13).

Si la série temporelle doit mettre en évidence un phénomène cyclique, alors l'axe temporel, ici linéaire, peut être remplacé par un axe en spirale.

La superposition de valeurs peut aussi être utilisée pour des tables non temporelles. Les coordonnées parallèles (Inselberg et Dimsdale 1990) utilisent cette méthode (figure 14). Chaque axe est représenté par une ligne verticale dont l'étendue représente l'échelle des valeurs sur cet axe. Les données sont des lignes qui joignent chacune de leurs valeurs sur les axes. Ainsi, sur

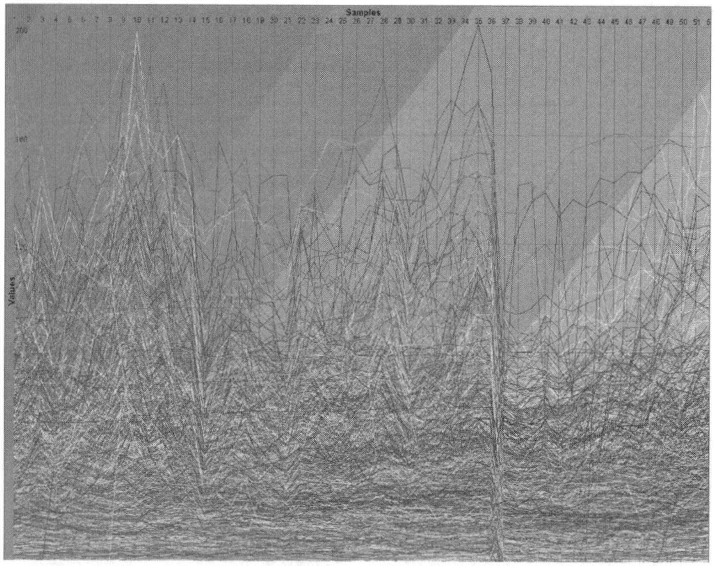

Figure 13 Représentation de table en série temporelle : évolution des valeurs d'actions pendant cinquante-deux semaines (une année). Chaque ligne représente une action

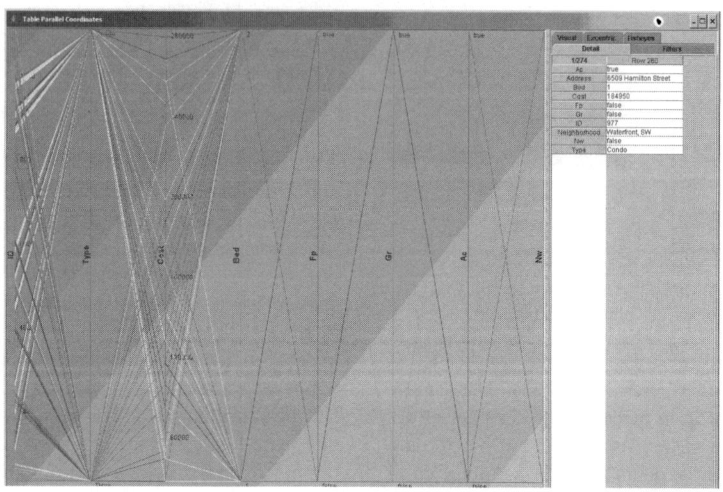

Figure 14 Visualisation en coordonnées parallèles de la table de logements. Les attributs sont des axes verticaux parallèles placés de gauche à droite. Les logements sont représentés par des lignes qui connectent les valeurs des attributs sur les axes

la figure 14, un appartement dont le prix est de 210000 $ sera visualisé par une ligne qui passera par la valeur 210000 sur l'axe des prix et par la valeur «Condo» sur l'axe des types. Si elle a deux chambres, la ligne passera aussi par la valeur 2 sur l'axe «Bed», etc. Dans cette visualisation, on peut voir les distributions des valeurs sur les axes. Par exemple, on peut voir que certains appartements à deux chambres sont plus chers que les maisons à deux chambres, ce qui peut paraître surprenant.

Les coordonnées parallèles sont surtout utiles lorsqu'elles sont couplées à des interactions qui filtrent des valeurs et permettent de réordonner les axes de manière à rendre consécutifs des axes corrélés. Ils sont aussi populaires lorsque les axes sont placés en étoile (en coordonnées polaires).

Une des visualisations les plus utilisées pour explorer des données tabulaires est le diagramme cartésien ou *scatter plot* en anglais (figure 15★). Dans ce type de diagramme, deux attributs sont choisis pour les axes X

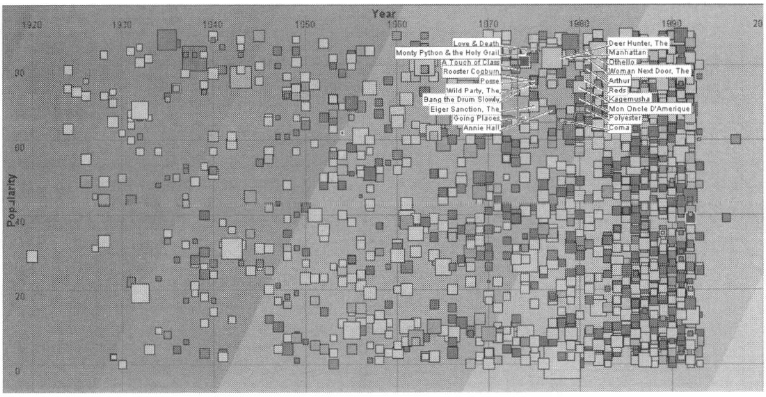

Figure 15 Diagramme cartésien (*scatter plot*) représentant une base de données de films. L'année de réalisation est sur l'axe des X, la popularité sur l'axe des Y, la longueur est associée à la taille des points et le type de film à la couleur. Le nom des films apparaît dynamiquement lorsque le curseur se déplace afin de ne pas surcharger la visualisation

et Y. Chaque valeur est représentée comme un point sur le plan, placée aux coordonnées cartésiennes (x, y).

Le diagramme cartésien est une des visualisations les plus utilisées car il fait le pont entre la visualisation abstraite et la cartographie. En cartographie, les axes X et Y représentent respectivement la longitude et la latitude. Sur ce plan, on superpose un fond de carte et des informations de nature géographique (rivières, montagnes) ou abstraites (densité de population, pollution).

Les visualisations dont nous avons donné un échantillon ici peuvent être organisées à l'aide d'un système formel mis au point par J. Bertin et amélioré par S. Card *et al* (Card, Mackinlay *et al.* 1999).

Une visualisation se lit à plusieurs niveaux : globalement, dans les détails et en exploration. Plus une représentation graphique permet une lecture à ces trois niveaux, plus elle est intéressante pour la visualisation. Certaines représentations moins performantes pour la visualisation peuvent cependant être utilisées pour la *communication visuelle* où un message particulier doit ressortir rapidement.

L'image *instantanée* n'a que trois dimensions immédiatement perceptibles : les deux dimensions du plan et une intensité. Les autres variables visuelles sont beaucoup moins bien perçues.

Les représentations du plan peuvent être faites de tâches *ponctuelles, linéaires* ou *zonales*. Les tâches zonales sont principalement utilisées en cartographie.

Les trois dimensions principales doivent être utilisées pour représenter les dimensions principales de la table. D'autres variables perceptives peuvent être utilisées en prenant garde à ne pas brouiller la perception préattentive.

Les dimensions des données peuvent être classées en trois catégories : *nominales, ordonnées* ou *quantitatives*. Une dimension nominale est généralement une liste de valeurs symboliques (noms de personnes, de régions, de type de production, etc.). Ces valeurs n'ont pas d'ordre a priori. Les dimensions ordonnées sont généralement symboliques mais possèdent un ordre naturel. Par exemple, on peut classer les humains en trois catégories : enfants, adultes et personnes âgées. Enfin, une dimension quantitative a une métrique associée qui permet non seulement de les comparer mais aussi de les placer dans un repère absolu. Par exemple un âge, une date, un prix, etc.

Seules les deux dimensions du plan et, dans une moindre mesure, la taille, peuvent restituer fidèlement les dimensions numériques. Les contraintes liées aux variables visuelles sont représentées sur la figure 16.

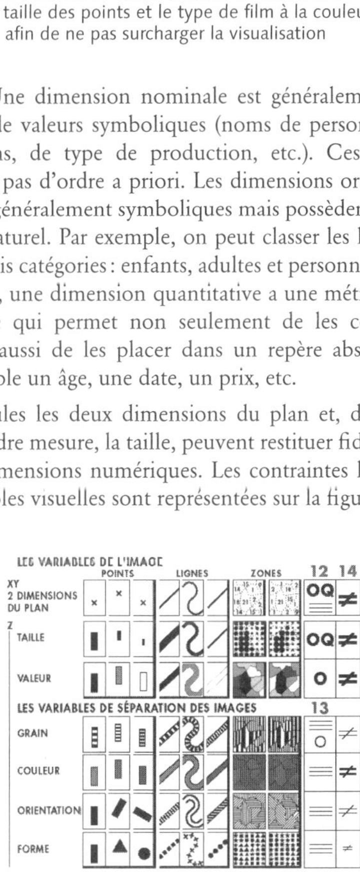

Figure 16 Variables visuelles utilisables selon la nature des représentations et des dimensions selon (Bertin 67). O signifie ordonné, Q quantitatif, ≡ associatif et ≠ dissociatif

Lorsque les données ont trop de dimensions, une seule représentation ne suffit plus. On peut alors utiliser deux méthodes : le multiplexage spatial ou tempo-

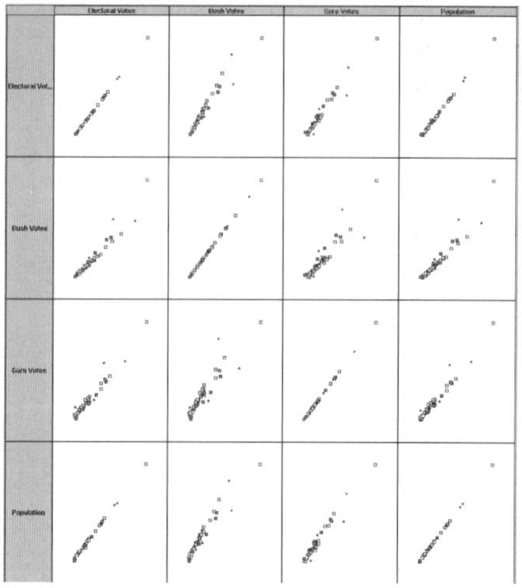

Figure 17 Matrice de diagrammes cartésiens montrant toutes les affectations possibles des attributs des données aux variables du plan

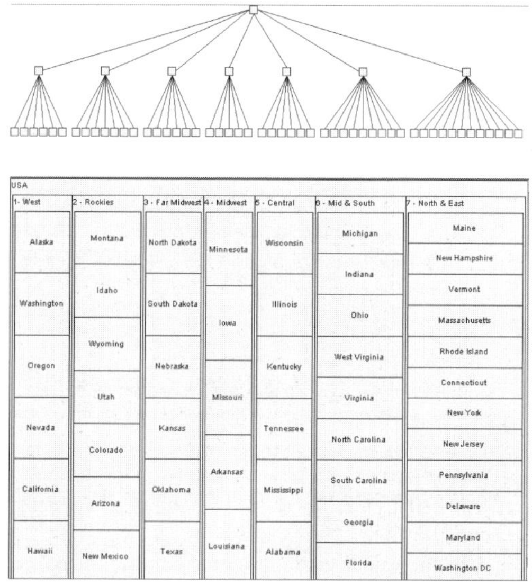

Figure 18 Deux représentations du même arbre:en haut, un diagramme nœuds-liens, en bas un treemap

rel. Dans le premier cas, on crée plusieurs visualisations que l'on dispose consécutivement. Dans le second cas, on change ces représentations au cours du temps. Le multiplexage spatial peut être optimisé dans des situations particulières comme les matrices de diagrammes cartésiens (figure 17).

Lorsque les données sont trop nombreuses pour être affichées raisonnablement, il existe trois stratégies possibles : le multiplexage temporel comme dans le cas précédent, l'échantillonnage et l'agrégation. L'échantillonnage consiste à ne retenir qu'une fraction des données en essayant de ne pas biaiser cette fraction. L'agrégation consiste à remplacer les données par des groupes qui représentent plusieurs individus, liés par des caractéristiques communes. Nous reviendrons sur ces notions §8.

5 Visualisations d'arbres

Les arbres sont des structures qui servent généralement à décrire des hiérarchies. Ce sont alors des arbres enracinés qui partent d'une racine et vont vers des feuilles en passant par des branches, en suivant un vocabulaire botanique facile à comprendre. Il existe trois représentations de base pour les arbres : les diagrammes nœuds-liens, les diagrammes de Venn restreints et les matrices d'adjacence que nous verrons dans le paragraphe consacré aux graphes (figure 18).

Dans les diagrammes nœuds-liens, les nœuds de l'arbre sont représentés par des points et les liens par des lignes. C'est une représentation très connue qui a le défaut majeur de demander une surface très importante lorsque l'arbre grossit.

La représentation par diagramme de Venn utilise l'inclusion de formes pour représenter la hiérarchie. On peut utiliser des formes quelconques, comme des cercles par exemple, mais les treemaps proposent une utilisation plus judicieuse du plan.

La représentation de la racine de l'arbre doit contenir tous les nœuds inclus dans l'arbre, donc on peut lui donner l'ensemble de l'écran. Cette racine contient des fils, sept dans l'exemple de la figure 18. On subdivise alors la surface du père en sept parties verticales ici, qu'on distribue aux fils. Chacun des nœuds fils a lui aussi des fils ; on subdivise donc sa surface en autant de parts qu'il y a de fils et on recommence. L'algorithme utilisé ici alterne une subdivision horizontale et verticale.

La visualisation d'arbre a beaucoup évolué en partant de ces deux représentations. Les évolutions ont essentiellement porté sur la géométrie et la navigation dans l'arbre.

5.1 Diagrammes nœuds-liens

Le problème principal de la représentation nœuds-liens est la place occupée par les nœuds lorsqu'ils s'éloignent de la racine. Pour remédier à ce problème, il est possible de modifier la géométrie de la représentation ou de la rendre dynamique.

Une variante simple consiste à utiliser des coordonnées polaires, comme le montre la figure 19.

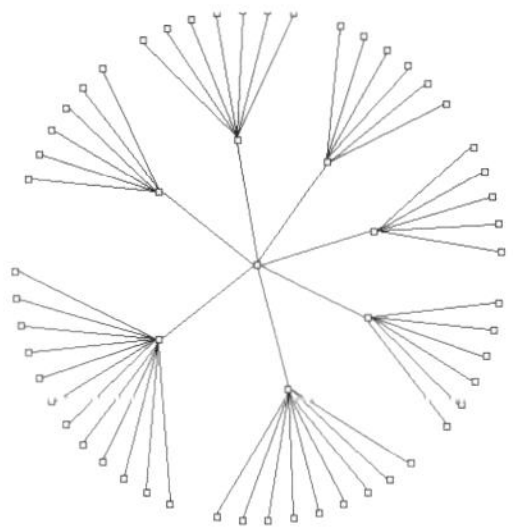

Figure 19 Diagramme nœuds-liens de la figure 18 représenté en coordonnées polaires

Cette représentation utilise un peu mieux l'espace, mais les arbres ont besoin de plus d'espace encore. En effet, si on simplifie un arbre et qu'on suppose un nombre moyen de fils fixe – deux pour un arbre binaire par exemple – alors l'arbre aura une croissance exponentielle en s'éloignant de la racine tandis qu'une représentation cartésienne n'aura qu'une croissance linéaire.

Pour répondre à ce problème, J. Lamping *et al.* ont créés les arbres *hyperboliques* (Lamping, Rao *et al.* 1995) (figure 20).

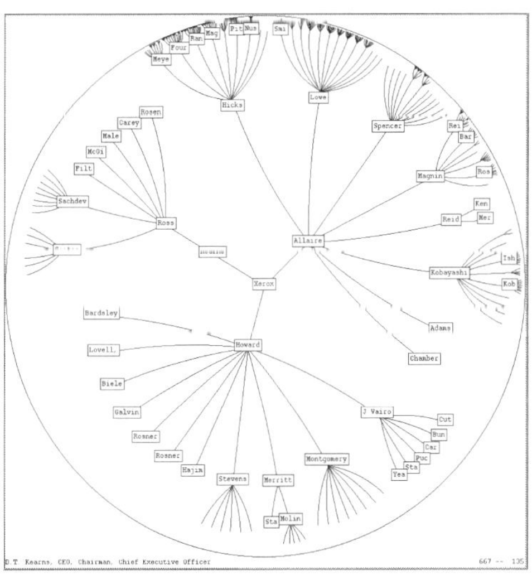

Figure 20 Représentation d'un arbre dans une géométrie hyperbolique (Lamping 95)

Un espace hyperbolique diffère d'un espace euclidien dans ses axiomes de construction : par un point A extérieur à une droite L, au moins deux droites existent qui sont parallèles à L. On ne peut représenter ce type de géométrie qu'en la projetant sur un plan. Dans ce cas, tout l'espace hyperbolique est visible sur un cercle. Le centre du cercle est le centre focal. Tout se passe un peu comme si on regardait un diagramme dessiné sur une demi-sphère, sauf que le support n'est pas sphérique mais hyperbolique, donc le plan est infini mais devient perpendiculaire au plan de projection. En dessinant un arbre dans un espace hyperbolique, ses feuilles restent visibles mais deviennent de plus en plus petites à mesure qu'on s'éloignent du point focal. En déplaçant le point focal, on peut donc mieux voir une partie de l'arbre au détriment d'une autre. Les arbres hyperboliques sont utilisés avec des interactions de navigation. La navigation dans l'espace hyperbolique se fait en cliquant sur un nœud particulier qui devient alors le centre focal. Cette opération paraît simple mais nécessite des opérations compliquées de stabilisation pour éviter que l'espace ne tourne et que l'utilisateur ne perde ses repères. Certaines manipulations interactives permettent d'explorer rapidement l'arbre mais elles demandent un apprentissage car l'espace hyperbolique est moins intuitif qu'il n'y paraît.

Enfin, l'utilisation d'une représentation radiale pour les arbres ne permet pas de rapidement comparer la profondeur de deux nœuds, ce qui peut être important pour certaines tâches (la profondeur est une dimension quantitative qui ne se représente bien que sur une des dimensions du plan).

Il existe donc une alternative interactive à la navigation dans les grands arbres : le *fisheye sémantique*, inventé par G. Furnas (Furnas 1986).

Un *fisheye* est un objectif grand angle qui permet de prendre en photo ou en film avec un champ angulaire important, tout en déformant les objets de la scène. L'idée de G. Furnas est qu'il est possible d'appliquer le même genre de déformation à la structure de donnée et non à sa représentation. Par exemple, lorsqu'on explore une structure d'arbre, on n'est pas intéressé par tous les éléments en même temps. On a généralement un centre d'intérêt autour duquel on veut explorer les nœuds. G. Furnas formalise cette idée en expliquant qu'on peut associer à chaque nœud de l'arbre deux valeurs : l'*importance a priori* et le *degré d'intérêt*. Par exemple, pour un arbre, l'intérêt a priori pourrait être décroissant à partir de la racine : la racine est le nœud le plus important et plus on s'en éloigne et plus l'importance diminue. G. Furnas associe une valeur numérique à l'importance et la fait partir de 0 et diminuer ensuite. La racine a donc une importance de 0, les fils de la racine ont une importance de –1, –2, etc. jusqu'aux feuilles. Le degré d'intérêt dépend, lui, d'un point focal ou centre d'intérêt qui est un nœud particulier de l'arbre. Le degré d'intérêt d'un nœud décroît en fonction de sa distance au centre d'intérêt. La formule de Furnas est :

$$DOI_{\text{fisheye}}(x \mid . = y) = API(x) - D(x, y)$$

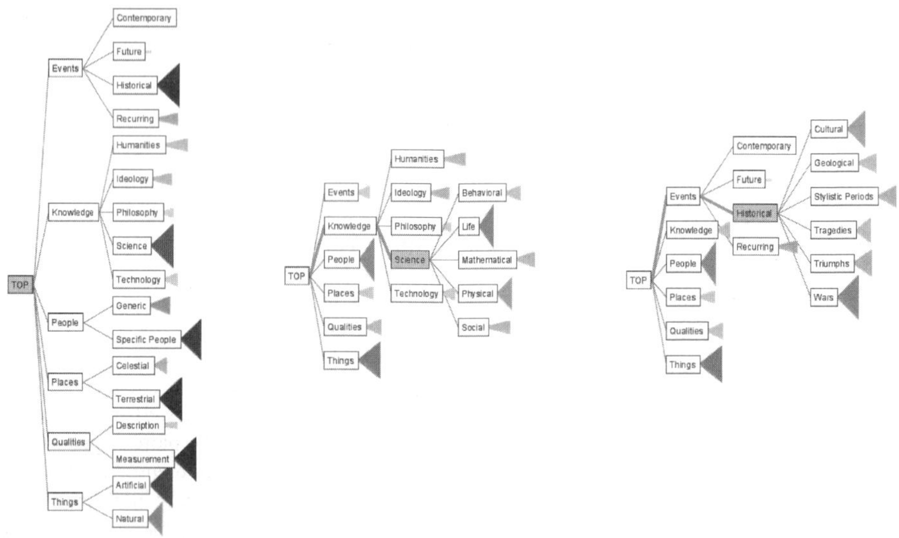

Figure 21 Fisheye sémantique dans SpaceTree : à gauche la vue initiale de l'arbre, à droite deux vues où le point focal n'est plus à la racine mais sur les deux autres nœuds en surbrillance. Les nœuds ne sont affichés que s'ils ont un degré d'intérêt élevé et qu'ils tiennent à l'écran. Les autres sont évoqués par une silhouette (Plaisant 02)

où DOI est le degré d'intérêt d'un élément x par rapport à un centre focal y. API est l'importance a priori et D est une fonction de distance entre x et y.

Une fois ce degré d'intérêt calculé, il est possible de simplifier la structure d'arbre en n'affichant que les éléments ayant un certain intérêt. Furnas parle d'intérêt à l'ordre 0, 1, etc.

Deux systèmes de visualisation ont mis en œuvre cette idée : les DOI Trees de Parc et les SpaceTrees (Plaisant, Grosjean *et al.* 2002) de l'université du Maryland (figure 21).

L'utilisation du fisheye sémantique permet une représentation familière des arbres tout en proposant une navigation relativement intuitive. Des extensions simples du modèle de Furnas permettent de gérer plusieurs centres d'intérêts pour faciliter la comparaison entre des parties distantes de l'arbre.

Le principe du fisheye sémantique s'applique à des structures extrêmement variées, de la table à l'arbre ou au graphe. L'idée de n'afficher que les parties importantes est extrêmement générale mais nécessite de l'interaction pour naviguer d'un centre d'intérêt à un autre et spécifier les centres d'intérêt.

5.2 Treemaps

La représentation en nœuds-liens met bien en évidence les profondeurs et connexités de la structure d'arbre. Parfois, il est aussi important de rendre visible des attributs associés à cette structure. Par exemple, un système de fichiers informatique est une structure hiérarchique où les nœuds ont un nom, une taille, un type, une date de création, etc. Les Treemaps permettent d'afficher certains de ces attributs en plus de la structure. La figure 22 montre une hiérarchie de fichiers sous forme de Treemap. On voit immédiatement que la méthode de calcul des bandes horizontales et verticales produit des effets indésirables. Un effort important a été porté vers des améliorations tendant à éviter ces bandes longues pour que les nœuds soient les plus carrés possibles.

Enfin, la taille des nœuds peut aussi être modifiée en fonction d'un attribut quantitatif comme la taille des fichiers (figure 22). L'attribut associé à la taille a néanmoins une contrainte importante : elle doit être additive avec la hiérarchie. La taille des fichiers est bien additive : la taille d'un répertoire est la somme de la taille des éléments qu'il contient. En revanche, la date de création des fichiers par exemple est quantitative mais pas additive et ne peut être associée à la taille dans les Treemaps. Elle peut l'être à l'intensité.

Les Treemaps permettent de comprendre très rapidement la distribution des valeurs dans un arbre, ainsi que leur adjacence. Ainsi, la carte du marché boursier (figure 5) permet de répondre très rapidement à la question : quel est l'état général du marché, quelles sont les tendances par secteur et quelles sont les exceptions. En revanche, les Treemaps sont notoirement inefficaces à montrer la profondeur des nœuds. Il convient donc de choisir une représentation d'arbre appropriée aux tâches les plus importantes envisagées, quitte à utiliser les deux représentations en synchroni-

Figure 22 Représentation en Treemap d'une hiérarchie de fichiers. L'intensité est proportionnelle à la taille des fichiers. À gauche, l'algorithme initial qui découpe des tranches de plus en plus fines. Au milieu, l'algorithme qui tente de rendre les éléments carrés. À droite, la taille des éléments est proportionnelle à la taille des fichiers

sant leur navigation et sélection pour faciliter leur mise en relation.

6 Visualisation de graphes

La structure de graphe est très utilisée en informatique, mais aussi dans diverses disciplines : réseaux sociaux en sciences sociales, arbres généalogiques, reseaux routiers, etc. Le dessin de graphe est depuis longtemps un sous-domaine de l'algorithmique informatique, ainsi que de la géométrie calculatoire. Ces domaines ont formalisé des méthodes de calcul permettant d'afficher des graphes en tentant de mettre en évidence des propriétés importantes.

Formellement, un graphe est défini par deux ensembles : l'ensemble des sommets S et l'ensemble A des arêtes, chaque arête étant un couple de sommets adjacents de S.

S est l'ensemble des *sommets* du graphe et A est l'ensemble des arêtes. Un graphe est orienté si l'ordre des couples a_i est significatif. Si l'ordre n'est pas significatif, alors le graphe n'est pas orienté. Le graphe d'amitié entre personnes n'est pas orienté (être amis est une relation symétrique) tandis qu'un arbre généalogique est orienté : les sommets sont des personnes et les relations sont « enfant de », qui n'est pas symétrique.

La visualisation de graphe est parfois trop utilisée : lorsqu'on dispose d'une structure complexe, il est tentant de la voir comme un graphe et d'essayer de la représenter ainsi. Cependant, beaucoup de structures complexes se décomposent en structures plus simples qui sont beaucoup plus faciles à représenter que des graphes généraux. Une première recommandation est donc d'éviter la représentation de graphe si possible.

Enfin, les graphes réels ont des attributs. Un réseau routier est un graphe dont les sommets sont des villes et les arêtes sont des routes. Les attributs des villes sont leur nom, éventuellement leur nombre d'habitants, etc. Les routes ont une longueur, mais aussi une catégorie (nationale, autoroute, départementale), un nom, éventuellement un coût pour une autoroute à péage, etc.

Le problème est donc généralement la représentation des graphes et de leurs attributs.

Il existe deux représentations classiques pour les graphes : les diagrammes nœuds-liens et les matrices d'adjacence (figure 23). D'autres représentations existent mais ne s'appliquent pas de manière aussi universelle aux graphes.

Le diagramme nœuds-liens est immédiat à comprendre. En revanche, la matrice requiert une explication. Les sommets sont placés en lignes et en colonnes. Lorsqu'un sommet est connecté à un autre sommet, la cellule à l'intersection de la ligne et de la colonne est cochée. Dans notre exemple, les sommets

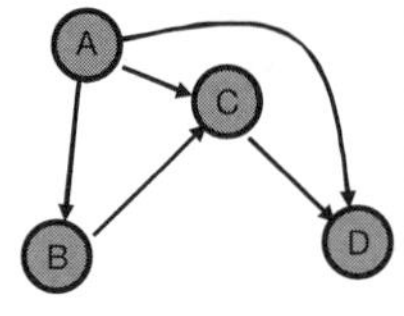

	A	B	C	D
A		X	X	X
B			X	
C				X
D				

Figure 23 Les deux représentations classiques du même graphe: à gauche un diagramme nœuds-liens, à droite une matrice d'adjacence

de départ sont placés à gauche (les lignes) et les sommets d'arrivés sont placés en haut (les colonnes). La première ligne de la table est donc l'ensemble des connexions partant du sommet nommé «A» qui se connecte à «B», «C» et «D».

Si le graphe n'était pas orienté, les flèches seraient remplacées par des lignes sur le diagramme nœuds-liens et la matrice serait symétrique par rapport à la diagonale car si «A» est connecté à «B», alors «B» est aussi connecté à «A».

6.1 Diagrammes nœuds-liens

Les diagrammes nœuds-liens des graphes sont des généralisations des diagrammes nœuds-liens des arbres. Le problème consiste à calculer une position pour les sommets qui facilite la compréhension globale tout en permettant des analyses locales. Par exemple, la figure 24★ représente des personnes qui ont collaboré pour rédiger des articles. Sur cette représentation, il est facile de répondre à des questions globales (quelles sont les personnes principales, comment collaborent-elles) ainsi qu'à des questions particulières (telle personne a-t-elle déjà travaillé avec telle autre ?).

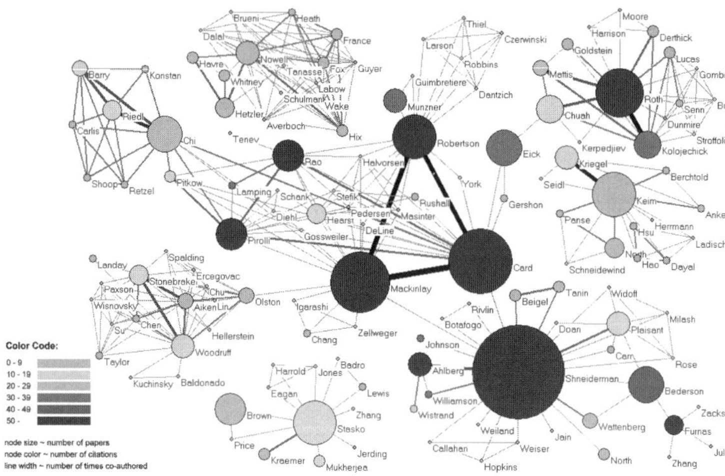

Figure 24 Graphe de collaboration entre plusieurs auteurs d'articles scientifiques sur la visualisation d'information (Ke *et al* 2004)

Les théoriciens du placement des graphes ont cherché à exprimer mathématiquement les caractéristiques souhaitables pour représenter les graphes. Ce sont les «critères esthétiques» des graphes (Battista, Eades *et al.* 1998). Mais ces critères n'ont d'esthétiques que le nom, ce sont en réalité des métriques : nombre de croisements, distance maximale des liens, orientation principale du graphe, nombre de symétries, etc. Une des grandes difficultés est de comprendre la relation entre les caractéristiques cognitives que l'on désire et leur expression sous forme de métrique mathématique.

La figure 25 montre trois représentations qui optimisent trois mesures différentes. Seule la troisième représentation nous permet immédiatement de comprendre la nature du graphe : c'est un cube. Hélas, la troisième métrique est la plus compliquée à calculer car il faudrait trouver une forme connue qui serait une bonne représentation du graphe, ce qui n'est possible que dans des configurations très particulières.

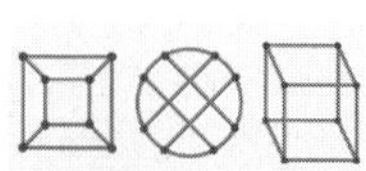

Figure 25 Trois représentations du même graphe qui optimisent trois métriques: le nombre de croisement, le nombre de symétries et la similarité à une figure connue

Concrètement, les algorithmes de *placement de graphe* se classent en trois catégories : les placements *a priori*, les placements *par force* et les placements *analytiques*.

Les placements *a priori*

De nombreux réseaux ont une représentation géométrique. Le réseau routier a déjà ses sommets et ses arêtes placés. De même pour le réseau ferroviaire ou, dans une moindre mesure, le réseau téléphonique (les arêtes, c'est-à-dire les fils ou fibres optiques ne sont pas visibles, mais les centraux le sont). On n'a alors pas besoin de calcul pour placer le graphe.

On peut aussi décider de placer les sommets du graphe de manière simple, autour d'un cercle par exemple. Le calcul est alors très simple et peut suffire pour des petits graphes ou des graphes très peu connectés.

Les placements par force

Une méthode très populaire de placement de graphe consiste à simuler un système physique dynamique qui représente le graphe. Le premier article décrivant cette méthode utilisait un système masse-ressort où les sommets sont des masses et les arêtes des ressorts ayant une longueur naturelle et un coefficient d'élasticité. Lorsqu'on réalise un tel système, on sait calculer les forces qui s'exercent sur les masses et la dynamique du système qui va osciller et se stabiliser si on lui applique de la friction. Ce genre de simulation donne des résultats intéressants sur les graphes, comme on peut le voir en figure 24. Son défaut est la complexité de l'algorithme qui est en $O(n^2)$ pour un graphe contenant n sommets. Plusieurs améliorations de l'algorithme de base rendent cette méthode applicable à de très grands graphes aujourd'hui. Les résultats sont souvent corrects et ont la bonne propriété d'être relativement stables et modifiables interactivement.

Les placements analytiques

Plusieurs méthodes existent pour calculer un placement de graphe en respectant plusieurs propriétés. Un placement très populaire consiste à attribuer à chaque nœud un «rang». Tous les nœuds du même rang doivent être alignés horizontalement ou verticalement (le problème est le même). Une fois le rang assigné, le problème est de minimiser le nombre de croisement entre les nœuds, ce qui nécessite des heuristiques car le calcul de la configuration avec le nombre de croisements minimum est trop complexe.

Plusieurs méthodes analytiques existent qui sont pour la plupart disponibles dans des logiciels gratuits et libres. Il est donc possible de les utiliser dans des systèmes de visualisation.

Placement de graphe et visualisation d'information

Le placement de graphe n'est pas identifiable à de la visualisation d'information, mais c'est une composante essentielle de la visualisation de graphe. Pour visualiser un graphe, il faut ajouter de l'interaction et des attributs visuels.

De plus, certains graphes ne peuvent pas être visualisés sous forme de diagrammes nœuds-liens : les graphes denses ou les très gros graphes (Ghoniem, Fekete *et al.* 2005). On sait qu'un graphe planaire ne peut pas avoir plus que $3n - 6$ arêtes pour n sommets. Au-delà, tout placement du graphe comportera des croisements de liens. Ces croisements peuvent nuire à la lisibilité du graphe car il devient vite difficile de suivre un lien lorsqu'il en croise plusieurs autres, surtout avec un angle plat. Ainsi, pour des graphes denses, les diagrammes nœuds-liens sont totalement inutiles et produisent des «plats de spaghettis». Il est en revanche possible d'utiliser des matrices d'adjacence.

6.2 Matrices d'adjacence

La représentation matricielle de graphe est beaucoup moins naturelle que la représentation en nœuds-liens, mais elle évite les problèmes d'occlusion des liens et permet, comme la matrice réordonnable pour les tables, de répondre à des questions globales et locales sur le graphe à condition d'être convenablement ordonnée.

Les matrices ont été utilisées pour visualiser des phénomènes variés comme le trafic téléphonique américain durant le tremblement de terre de San Francisco de 1989 (figure 26).

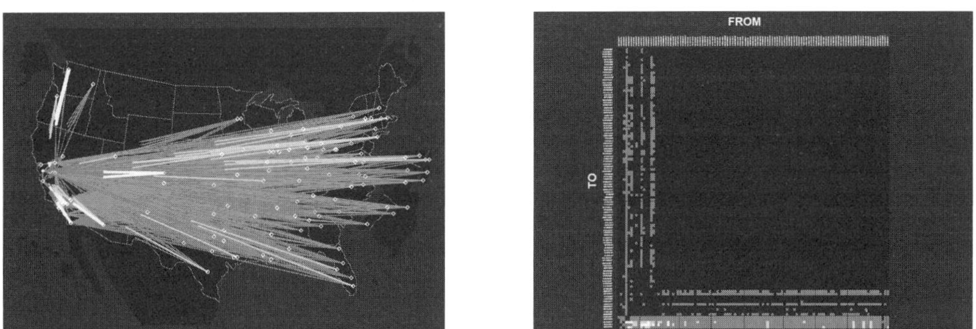

Figure 26 Représentation du trafic téléphonique lors du tremblement de terre de San Francisco le 17 octobre 1989. La densité des liens gène la lecture tandis que la matrice reste lisible (Becker, Eick *et al.* 1995)

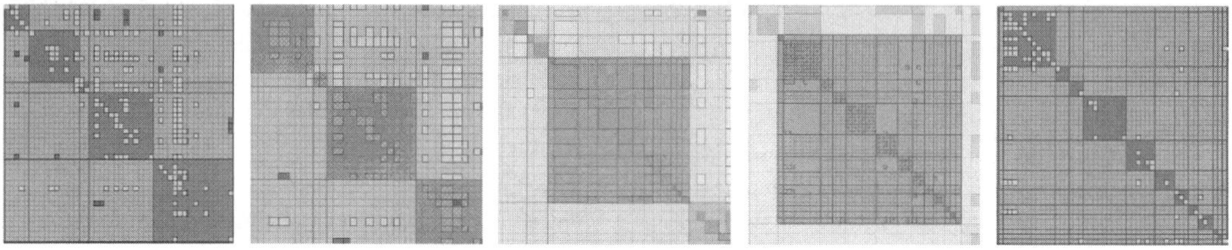

Figure 27 Navigation dans la matrice d'appels de méthodes Java, de gauche à droite. Le zoom dans la zone centrale fait apparaître les détails et disparaître la configuration initiale (van Ham 2003)

Les matrices d'adjacence deviennent populaires en visualisation car elles sont très rapides à afficher et permettent une agrégation simple. Si elles ne sont pas ordonnées, elles peuvent répondre à des questions de détails (y a-t-il une arête entre tel et tel sommet ?), de densité ou de quantité. Leur point faible réside principalement dans la détermination de chemins dans le graphe. Il est relativement aisé de trouver si deux sommets sont connectés mais trouver un chemin à plusieurs sauts entre deux sommets est très difficile, surtout sur des matrices de graphe orienté car les arêtes entrantes et sortantes ne sont même pas connexes, elles sont symétriques par rapport à la diagonale.

Néanmoins, les matrices restent très utiles dans de nombreux cas. F. van Hamm (van Ham 2003) décrit un système de visualisation pour analyser de très gros programmes écrits en langage Java. Ces programmes sont visualisés par leur matrice d'appels agrégée. Les sommets du graphe sont les fichiers de programme Java (les classes). Lorsqu'un fichier de programme Java utilise un autre fichier (une classe Java utilise une autre classe), alors une arête lie les deux fichiers. Le langage Java utilise une organisation hiérarchique : chaque fichier appartient à un module qui peut lui-même appartenir à un module etc. La représentation matricielle permet de visualiser cette structure et de naviguer interactivement dans la hiérarchie des modules (figure 27).

7 Requêtes dynamiques

Les représentations graphiques permettent de comprendre des phénomènes mais l'interaction facilite encore plus la compréhension en permettant de se concentrer sur les données intéressantes ou importantes. B. Shneiderman décrit le processus de recherche interactive comme une psalmodie :

```
Vue d'ensemble, filtrer et zoomer,
détails à la demande.
Vue d'ensemble, filtrer et zoomer,
détails à la demande.
Vue d'ensemble, filtrer et zoomer,
détails à la demande.
Vue d'ensemble, filtrer et zoomer,
détails à la demande.
Vue d'ensemble, filtrer et zoomer,
détails à la demande.
Vue d'ensemble, filtrer et zoomer,
détails à la demande.
```

Les représentations que nous avons passées en revue, permettent d'obtenir des vues d'ensemble satisfaisantes. Nous allons dans ce paragraphe décrire les méthodes de filtrage, de navigation et de sélection nécessaires pour tirer parti d'un système de visualisation.

7.1 Filtrage

Le filtrage consiste à ne pas afficher certaines données. Lorsqu'il est dynamique, le filtrage retire les données de manière immédiate en réponse à un dispositif de contrôle. Pour des attributs quantitatifs ou ordonnés, le filtrage peut être fait à l'aide d'un contrôleur d'intervalle ou *range slider* en anglais. La figure 28 montre trois types de contrôleurs de filtrage.

Le premier en haut permet de choisir un intervalle de valeurs entre un minimum et un maximum. Deux zones sont disponibles à droite et à gauche pour régler la valeur la plus grande et la plus petite que l'on désire voir afficher. La manipulation interactive de ces zones produit immédiatement un effet sur la visualisation. L'objet de contrôle en haut à droite de la figure filtre les années de réalisation. Ces années étant affichées en X, toute la partie droite de la visualisation est vide.

Les sujets de films sont des catégories affichées par des couleurs. L'objet de contrôle est une fenêtre présentant des cases à cocher. Toutes les cases sont cochées donc aucun type n'est filtré.

Le dernier type d'objet de contrôle, en bas à droite de l'écran, est un curseur alphanumérique ou *alpha slider*. Il permet de choisir un nom parmi une liste potentiellement longue. Le maniement de ce curseur est plus subtil que celui des autres contrôles : suivant qu'on clique dans la partie haute ou dans la partie basse du curseur, délimité par une fine barre noire, la sélection se fera de manière grossière ou de manière fine. Pour trouver une actrice particulière comme Sophia Loren, on prend le curseur dans sa partie haute et on le tire jusqu'à approcher du nom recherché (Loren). Ensuite, on prend la partie basse et on peut cher-

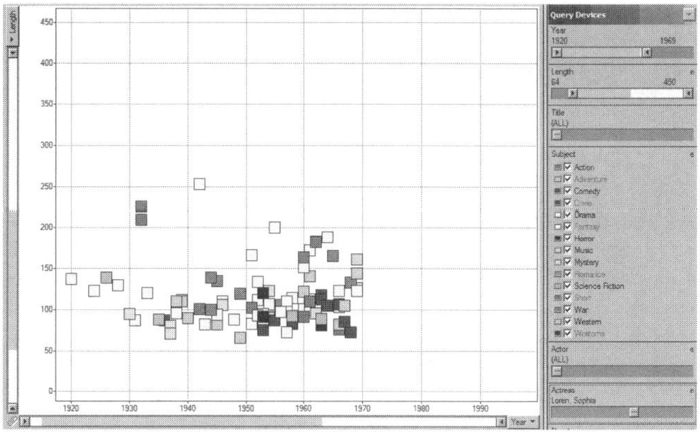

Figure 28 Panneau de contrôle du programme SpotFire à droite, permettant trois types de requêtes dynamiques: par intervalle, par catégorie ou par nom. Il s'agit de la représentation d'une base de données de films où l'axe des X représente l'année de réalisation, l'axe des Y la longueur et la couleur représente le type du film

cher nom par nom, de manière un peu plus lente mais aussi plus précise.

Il existe d'autres types d'objets de contrôle qui permettent de filtrer des attributs de différentes natures ou de manière différente. Une des difficultés initiale de la visualisation d'information vient du fait que ces objets ne sont pas familiers aux utilisateurs et demandent un apprentissage, même s'il est très court. Par exemple, le bureau du recensement américain fournit de courtes vidéos permettant de montrer la manipulation de ces objets et leur effet aux utilisateurs novices pour les inviter à essayer à leur tour.

7.2 Sélection et brossage

La sélection est aussi une fonction interactive essentielle à la visualisation d'information. En cliquant sur une donnée affichée, les systèmes de visualisation sélectionnent cette donnée et affichent tous les détails la concernant dans une fenêtre spécifique. La sélection est représentée par un effet visuel quelconque qui peut être très utile en lui-même. En particulier, lorsque deux ou plusieurs visualisations des mêmes données sont affichées, alors les sélections peuvent être liées: sélectionner une donnée sur une représentation la sélectionnera aussi sur les autres.

Cette fonctionnalité a été développée dans certains systèmes et appelée «*brushing and linking*»: brossage et liaison (Becker et Cleveland 1987). Comme nous l'avons expliqué au § 4, certaines structures de données sont trop complexes pour être représentée avec une seule visualisation. Lorsque plusieurs représentations des mêmes données cohabitent, alors il est essentiel de pouvoir facilement mettre en relation les données sur toutes les vues où elles apparaissent. Le brossage étend cette fonctionnalité en utilisant un effet visuel juste en passant au-dessus d'une donnée avec le pointeur.

7.3 Interaction et visualisation

L'interaction est plus qu'un moyen commode de filtrer ou naviguer dans les données: c'est un moyen de s'approprier une représentation et de se familiariser avec les données. La mémorisation fonctionne mieux lorsqu'elle couple plusieurs sens: vision et mouvement, son et odeur, etc. Il faut donc considérer la visualisation comme un couple de modalités d'interaction, l'une en entrée et l'autre en sortie, destinées toutes deux à amplifier la cognition.

8 Passage à l'échelle

La visualisation d'information permet de comprendre des données en passant par des représentations visuelles et des interactions. Cependant, notre perception visuelle a des limites, ainsi que les ordinateurs et notre cognition. Jusqu'où la visualisation peut-elle aller?

Dans nos expériences, la limite semble être de l'ordre du million de données affichées (Fekete et Plaisant 2002) (figure 29★), mais il faut bien s'entendre sur ce que signifie «données» et «affichées». Une donnée affichée, pour nous, est une marque visuelle isolable et visible. Certains auteurs décrivent des systèmes qui visualisent des milliards de données, mais nos écrans n'ont même pas un milliard de pixels!

Compte tenu de l'évolution des matériels informatiques, il est possible de gérer quelques millions de pixels sur une machine à une vitesse décente. Les écrans les plus denses ont environ dix millions de pixels aujourd'hui et cette valeur ne devrait pas augmenter significativement. D'un point de vue physiologique, on pourrait saturer nos récepteurs avec une

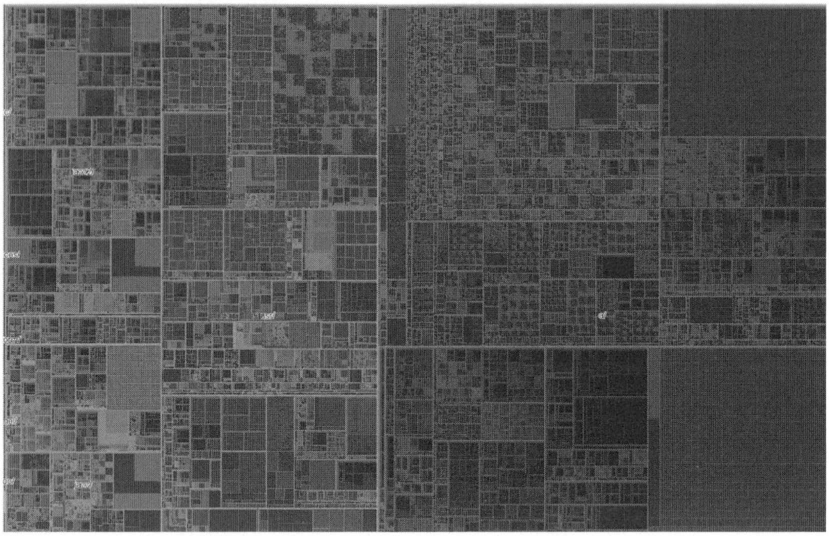

Figure 29 Visualisation de presque un million de fichiers sous forme de Treemap (Fekete and Plaisant 2002)

trentaine de millions de pixels, ce qui reste du même ordre de grandeur que les 10 millions de pixels atteints actuellement.

On peut effectivement analyser et comprendre la structure du système de fichiers de la figure 29. Que faire lorsqu'on doit manipuler des données d'ordre de grandeurs supérieur? Trois stratégies sont possibles: le multiplexage temporel, l'agrégation et l'échantillonnage.

Le multiplexage temporel consiste à naviguer dans une très grande structure en la voyant par partie. C'est ce que nous faisons lorsque nous lisons une carte dans une voiture: ne pouvant la déplier, on la parcourt par morceaux.

L'agrégation consiste à simplifier la structure pour ne faire apparaître que les détails importants, généralement en groupant les données similaires pour ne faire apparaître que des classes de données. Cette modification change aussi les attributs associés aux données. Par exemple, agréger le système de fichier hiérarchique peut se faire en groupant les fichiers du même type par répertoire ou par hiérarchie. On saura alors qu'il existe trente documents PDF sous un répertoire, sans les voir tous en détail. En opérant cette agrégation, on perd l'attribut «nom du document» puisqu'on n'a plus que des groupes. On peut collecter les tailles de documents, mais là encore, il convient de décider si l'on veut agréger les tailles en les ajoutant (il y a trente documents PDF qui prennent au total 3 Mo) ou en donnant la moyenne de leurs tailles, etc. Dans tous les cas, l'agrégation est un compromis ou l'on perd de l'information. Il convient donc de prendre la plus grande attention avant de décider les dimensions que l'on veut agréger.

Enfin, la dernière méthode pour gérer de grosses quantités de données est l'échantillonnage: on choisit de ne représenter qu'une partie des données. Cette méthode fonctionne à condition d'avoir un contrôle précis sur la qualité de l'échantillonnage ou, mieux encore, de pouvoir modifier l'échantillonnage dynamiquement en fonction du filtrage opéré.

Tous ces modes de contrôle sont encore mal intégrés aux systèmes de visualisation, mais c'est un travail en cours dans la communauté de recherche.

9 Perspectives et conclusion

La visualisation d'information est un nouveau mode d'analyse et d'exploration de données abstraites, basé sur des représentations graphiques et des interactions adaptées. Nous avons passé en revue les principales représentations, mais beaucoup d'autres existent dans des domaines aussi divers que la biologie, les bibliothèques numériques ou les dossiers médicaux.

Toutes ces représentations et interactions sont destinées à nous faciliter le traitement des données que nous recevons et que nous voulons comprendre et analyser. Ces besoins ont toujours existés mais ils semblent devenir plus nombreux jour après jour et leur maîtrise devient un enjeu commercial et intellectuel. Il n'y a aucun doute que les outils de visualisation d'information vont toucher les applications de tous les jours: messagerie, tableurs, accès aux bases de données, etc.

Quels sont les derniers obstacles à l'adoption de ces outils ? Nous en voyons deux :

- Le besoin d'apprentissage pour comprendre les représentations graphiques et pour les manipulations interactives. Cet apprentissage est relativement court, de l'ordre de quelques minutes à une heure, mais l'adoption de tels systèmes va nécessiter une propagation de bouche à oreille car personne n'a envie spontanément de passer du temps à apprendre un nouveau logiciel.
- La familiarisation avec les représentations graphiques est un problème qui semble plus aigu. Nous avons appris, depuis notre entrée à la maternelle, à penser de manière symbolique et non visuelle. La pensée symbolique est incontestablement puissante et utile, mais pour beaucoup, la représentation visuelle n'est pas utile.

Pourtant, à partir du système graphique utilisé par la visualisation d'information, il est possible de comprendre certains phénomènes beaucoup plus rapidement et sûrement qu'avec un raisonnement symbolique.

Bibliographie

Ahlberg, C., B. Shneiderman (1994). "Visual information seeking: tight coupling of dynamic query filters with starfield displays", *Proceedings of the SIGCHI conference on Human factors in computing systems: celebrating interdependence* Boston, Massachusetts, United States ACM Press : 313-317

Battista, G. D., P. Eades, R. Tamassia et I. G. Tollis (1998). *Graph Drawing: Algorithms for the Visualization of Graphs*, Prentice Hall PTR.

Becker, R. A., W. S. Cleveland (1987). "Brushing scatterplots", *Technometrics* 29 (2): 127-142

Becker, R. A., S. G. Eick et G. J. Wills (1995). "Visualizing network data", *IEEE Transaction on Visualizations and Graphics* 1(1): 16-28.

Bertin, J. (1967). *Sémiologie graphique : Les diagrammes - Les réseaux - Les cartes.* Paris, France, Éditions de l'École des Hautes Études en Sciences.

Card, S. K., J. D. Mackinlay and B. Shneiderman (1999). *Readings in Information Visualization*, Morgan-Kaufmann Publishers Inc.

Fekete, J.-D., C. Plaisant (2002). "Interactive Information Visualization of a Million Items", *IEEE Symposium on Information Visualization* (InfoVis'02), Boston, MA, IEEE Press.

Furnas, G. (1986). "Generalized fisheye views", *Proceedings of CHI '86*, Boston, MA, ACM Press.

Ghoniem, M., J.-D. Fekete et P. Castagliola (2005). "On the readability of graphs using node-link and matrix-based representations : a controlled experiment and statistical analysis", *Information Visualization* 4(2): 114-135.

Inselberg, A., B. Dimsdale (1990). "Parallel coordinates : a tool for visualizing multi-dimensional geometry", *Proceedings of the 1st conference on Visualization'90* San Francisco, California IEEE Computer Society Press : 361 378

Johnson, B., B. Shneiderman (1991). "Tree-Maps : a space-filling approach to the visualization of hierarchical information structures", *Proceedings of the 2nd conference on Visualization'91* San Diego, California IEEE Computer Society Press : 284-291

Lamping, J., R. Rao, P. Pirolli (1995). "A focus + context technique based on hyperbolic geometry for visualizing large hierarchies", *Proceedings of the SIGCHI conference on Human factors in computing systems* Denver, Colorado, United States ACM Press/Addison-Wesley Publishing Co. : 401-408

Plaisant, C., J. Grosjean, B. B. Bederson (2002). "SpaceTree : Supporting Exploration in Large Node Link Tree, Design Evolution and Empirical Evaluation", *Proceedings of the IEEE Symposium on Information Visualization (InfoVis'02)* IEEE Computer Society : 57

Rao, R. and S. K. Card (1994). "The table lens : merging graphical and symbolic representations in an interactive focus + context visualization for tabular information", *Proceedings of the SIGCHI conference on Human factors in computing systems : celebrating interdependence* Boston, Massachusetts, United States ACM Press : 318-322

Treisman, A. (1985). "Preattentive processing in vision", *Comput. Vision Graph. Image Process.* 31(2): 156-177.

Tufte, E. R. (1997). *The Visual Display of Quantitative Information*, Graphics Press.

van Ham, F. (2003). "Using Multilevel Call Matrices in Large Software Projects", Proc. IEEE Symp. Information Visualization 2003, Seattle, WA, USA, IEEE Press.

Ware, C. (2004). *Information Visualization : Perception for Design*, Morgan Kaufmann Publishers Inc.

Collecticiels et travail coopératif assisté par ordinateur

Alain Derycke

Mots-clés: collecticiels, interactions multi-utilisateurs, groupware, coordination, communication médiatisée, TCAO.

Résumé: le travail coopératif assisté par ordinateur est apparu dans le champ des systèmes d'information dans la fin des années quatre-vingt, comme un domaine d'application chargé de faire le lien entre l'informatique des organisations et l'informatique personnelle et la bureautique. Les applications interactives logicielles pour l'activité humaine menée en collaboration, les collecticiels, ont fait apparaître de nouveaux besoins en matière de conception et de réalisation des interfaces homme-machine. Cela s'est traduit par la prise en compte de nouvelles contraintes liées à la collaboration entre usagers distribués dans le temps et dans l'espace, par exemple la conscience de la collaboration ou les problèmes de coordination au travers de réseaux numériques de communication. Cette nouvelle classe de problèmes pour les IHM a fait émerger des solutions, tant sur le plan technologique (cadres de développement et de déploiement des IHM dans un contexte multi-utilisateur) que sur le plan des démarches de conception centrées sur l'usage. C'est par un rapprochement et une confrontation avec les sciences sociales, entre autres, que les concepteurs de collecticiels ont progressivement développé une nouvelle classe de logiciels applicatifs et d'infrastructures distribuées qui répondent à toutes les caractéristiques de la collaboration humaine, pas seulement cognitives mais aussi sociales et culturelles.

Dans l'évolution des systèmes d'information il est possible de distinguer plusieurs stades de développement correspondant à de grandes classes de besoins des organisations. Ainsi les années soixante et soixante-dix ont correspondu à l'informatisation des organisations pour ce qui touche à leur gestion interne, ainsi qu'au support de leurs missions premières vis-à-vis de leurs environnements: clients, partenaires... Avec l'arrivée de l'ordinateur personnel et des logiciels destinés à la productivité personnelle comme les tableurs et les suites bureautique, les années quatre-vingt ont consacré les usages individuels par une population toujours plus grande, et le débordement de l'informatique au dehors de la sphère professionnelle.

Les années quatre-vingt-dix ont vu l'apparition d'une classe d'applications, ou d'outils informatiques, destinés à de nouveaux besoins émergeants, visant le support aux activités humaines menées en collaboration, dans des groupes humains de tailles plus restreintes que celles des organisations. Cette évolution peut s'expliquer simplement par la conjonction de plusieurs facteurs, technologiques et managerielles, interdépendants: la reprise en main de l'informatique personnelle rendue possible par l'essor des réseaux locaux d'entreprise et le développement d'une informatique départementale afin de partager des ressources; la prise de conscience de la dimension communicationnelle, et pas seulement computationnelle, de la bureautique, ceci étant conforté par l'introduction au sein des organisations des premières fonctions de l'Internet comme le courrier électronique; et enfin de nouvelles pratiques managerielles mettant en avant les logiques de projets, dans une organisation matricielle, et le travail d'équipe. Ceci a rencontré, de plus, des besoins nouveaux liés au développement de collaborations interorganisationnelles, avec le développement de la co-conception par exemple. Ceci a conduit aujourd'hui au concept d'organisations agiles ou virtuelles, fondé sur la dynamique de la collaboration.

Ce nouveau champ d'application de l'informatique aux organisations est appelé «travail coopératif assisté par ordinateur», ou TCAO dans la suite du texte. Il est intéressant de constater qu'il vient se placer entre l'informatique de gestion des organisations, avec sa suite de grandes applications plus ou moins intégrées, et l'informatique personnelle. C'est-à-dire qu'il doit d'une part posséder des caractéristiques appartenant à ces deux formes d'informatique et d'autre part permettre une meilleure articulation entre elles. Du point de vue de la communication ou de l'interaction homme-machine les environnements informatiques de TCAO, que nous appellerons collecticiels (ou quelques fois synergiciels), doivent présenter des qualités et propriétés proches de celles de l'informatique personnelle, avec la prise en compte d'usagers non professionnels de l'informatique, et/ou occasionnels, et des capacités à stocker, retrouver, traiter des données communes, provenant, soit des applications informatiques de l'organisation, soit de la production du collectif lui-même. Il s'agit souvent dans ce cas de données multimédias faiblement structurées et hétérogènes.

Il faut remarquer que, comme l'informatique personnelle, ce champ d'application de l'informatique a lui aussi débordé la sphère professionnelle, n'en est pour preuve le succès des sites Web de type communautaires.

Quelques pionniers de l'informatique avaient largement anticipé cette évolution vers le support aux pratiques collectives distribuées, grâce aux réseaux de communications numériques. C'est ainsi que R. Hiltz et M. Turoff avaient montré l'intérêt d'environnements informatiques comme les forums en ligne pour la résolution collective de problèmes ou le partage d'expertise, et avaient prédit l'essor de ce qu'allait devenir l'Internet avec un ouvrage prophétique appelé *The Network Nation* (Hiltz, Turoff 1978). Nous pourrions aussi évoquer D. Engelbart, à qui l'informatique moderne doit beaucoup, en particulier la communauté IHM, qui a développé et expérimenté les premiers collecticiels, et qui a proposé une philosophie de conception pour l'usage des artefacts informatiques, fondée sur l'augmentation de l'intellect par les moyens informatiques, le développement de l'intelligence collective et une stratégie pour l'amorçage des usages, le *bootstrapping*.

Il y a donc, du point de vue des IHM, une spécificité du champ du TCAO et de la conception des interfaces utilisateurs des collecticiels, qui a amené un certain nombre de chercheurs reconnus du champ de l'informatique, comme par exemple T. Winograd (Winograd et Flores, 1989) ou L. Bannon (1991), à proposer des nouvelles voies pour l'analyse, la conception et l'évaluation des environnements informatiques destinés aux pratiques collectives distribuées. Ces propositions faites au milieu des années quatre-vingt, ont eu un grand retentissement, notamment au sein de la communauté scientifique IHM, avec la prise de conscience de la nature sociale, située, culturelle des interactions avec des artefacts informatiques.

Enfin, il est clair aujourd'hui que le TCAO et les collecticiels constituent une réalité économique du secteur de l'informatique et des télécommunications que cela soit par la fourniture de logiciels et plates-formes technologiques spécialisés, comme les portails collaboratifs, l'intégration de fonctions de type collecticiels dans des environnements informatiques de conception (outils de CAO utilisés en co-conception) ou la fourniture de services pour la communication de groupe (conférences audio/vidéo, partage de présentation de documents, par exemple) ou enfin des offres de conseils à la mise en place d'environnements de TCAO ainsi que des liens avec les politiques de gestion de la connaissance au sein des organisations.

1 Une approche taxinomique du TCAO et des collecticiels

1.1 Quelques définitions du TCAO, collecticiels et domaines connexes

Le mot collecticiel vient d'une traduction de *groupware* qui a pour définition: un logiciel visant à supporter les processus et procédures intentionnelles mis en œuvre au sein d'un groupe de personne. À l'origine d'autres termes ont été employés comme par exemple *computer mediated communication* (CMC) qui met l'emphase sur la communication interpersonnelle au travers d'un médium numérique (mail, messagerie instantanée, audio/vidéo conférence, forums...), ou *group decision support systems* (GDSS) qui caractérise la classe de logiciels de systèmes d'aide à la décision collective: accélération et amélioration des consensus, mémorisation dans une mémoire organisationnelle des rationnels des décisions... (Gray, Nunamaker, 1996). Il faudrait également citer tout ce qui touche à la technologie de gestion de la coordination avec par exemple les *workflows* de type administratifs ou les logiciels dits centrés sur l'activité (*Activity-Based Computing*), ou encore tout ce qui a trait aux *Online Communities* et le développement des environnements informatiques destinés aux communautés de pratiques.

En tant que champ scientifique spécifique, au sein des sciences et technologies de l'information et de la communication, tous ces sous-domaines d'application à l'activité humaine collective ont été regroupés au sein d'un champ de recherche portant sur le *Computer Supported Cooperative Work* (ou CSCW), dont le sigle TCAO est la traduction. C'est devenu une communauté scientifique très vivace, comme en témoignent l'intérêt des grandes sociétés savantes et les nombreuses conférences ou revues internationales (JCSCW) dédiées à ce champ. C'est une communauté scientifique pluridisciplinaire où l'on retrouve non seulement l'informatique, la psychologie et l'ergonomie comme en IHM classique, mais aussi des chercheurs issus des sciences sociales.

1.2 Classification dans l'espace temps/lieux

Une première clé pour analyser simplement le champ du TCAO, et pour pouvoir classer les différents collecticiels, consiste à prendre le point de vue de l'utilisateur et de sa position, vis-à-vis de la collaboration, dans le temps et dans sa localisation. Cela conduit classiquement à considérer deux discriminants pour chaque dimension :

- si le temps est le même pour les acteurs engagés dans la collaboration, on parle alors de collaboration synchrone, comme dans les face-à-face ou au téléphone. Si le temps est différent la collaboration est alors asynchrone comme dans le cas du courrier électronique ou d'une participation à un forum ;
- si l'on se trouve dans un même lieu, en présence des autres participants, ce lieu pouvant être « augmenté » par l'informatique. Si on est présent dans des lieux distincts, sous une forme de *téléprésence* plus ou moins marquée.

Mais certains auteurs ont montré que la situation est plus complexe, notamment aujourd'hui avec l'apparition de l'informatique mobile, ubiquitaire, car la localisation et le temps peuvent avoir une caractéristique plus ou moins non déterministe : Le lieu est différent mais certaines localisations sont imprédictibles ou continûment évolutives, y compris dans leur connectivité (cas d'un véhicule par exemple), alors que d'autres localisations sont parfaitement connues et déterminées quant à leurs capacités technologies (par exemple existence d'une infrastructure de conférence audio/vidéo) ; De même le temps peut être parfaitement imprédictible, c'est-à-dire seulement soumis à la volonté de l'acteur, alors que dans d'autres cas, comme dans les systèmes de coordination, il y aura des garde-fous temporels permettant de limiter le caractère aléatoire des activités de chacun, et pour renforcer la quasi-synchronisation des actions.

Un des enjeux majeurs dans la conception d'environnements informatiques riches pour le TCAO, sera donc la capacité à maintenir la collaboration d'une manière continue, quelles que soient les dimensions spatiotemporelles, leur prédictibilité plus ou moins grande, et les évolutions des participants eux-mêmes dans l'activité collaborative au sein de ce continuum.

1.3 Classification selon la taille des populations impliqués dans le TCAO

Un autre critère simple, pour la classification des collecticiels, consiste à regarder la granularité de population, c'est-à-dire la taille du collectif participant à l'activité collaborative. En effet les spécialistes en sciences humaines ou en sciences de la communication savent que cette taille, N, est déterminante quant au processus de collaboration, pour son style et sa gestion. Nous pouvons distinguer trois niveaux de tailles :

- Les très petits groupes : les dyades ou triades. Du point de vue communicationnel ou du point de vue de la coordination de l'action, ces très petits groupes, même distribués dans le temps et dans l'espace, ne posent pas de problèmes très importants. En effet chaque participant connaît les mécanismes de régulation tant pour la communication que pour l'action, et dispose au travers des interfaces utilisateurs d'indices sur l'état de la collaboration qui sont suffisants. De plus, du point de vue des jeux de langage et des mécanismes de conversation, ces dyades ou triades on fait l'objet de très nombreuses études notamment en linguistique pragmatique ou en psycholinguistique (Clark, Brennan, 1991). Il en ressort que l'on peut caractériser les conversations comme des mécanismes de collaboration, d'actions jointes et de maintenance réciproque d'un contexte commun, le *grounding* ;
- Les groupes de taille restreinte, de trois à une vingtaine de participants. Ces groupes sont moins bien connus quant au mécanisme des communications multilocuteurs, sauf à se ramener au cas du dialogue en considérant que le groupe constitue un conversant virtuel de chaque participant. Par contre ils ont fait l'objet de nombreuses études, plus sociologiques ou de type psychologie des organisations, sur les dynamiques de collaboration, les rapports entre l'individualité et le groupe avec ses normes sociales, ses tabous et ses déviances (la dictature et l'éviction). Du point de vue de la conception des collecticiels cela conduit à pouvoir dégager des enjeux de

conception vis-à-vis de la vie d'un groupe de travail : constitution, maintenance...

- Les communautés où les implications peuvent être moins fortes, les mécanismes de régulation plus légers et qui sont toujours asynchrones dans le cas d'une médiation par les technologies. Un bon exemple est le forum de discussion avec ses nombreuses variantes, dont la contextualisation dans un espace de documents et ses domaines d'application très larges comme l'e-formation, les communautés de développeurs de type Open Source... Dans ce cas, les approches pour l'analyse et la conception sont plus ancrées dans la sociologie des réseaux d'acteurs, la production du capital social, et les dimensions culturelles d'une collaboration non contrainte.

1.4 Classification fonctionnelle

Il est très classique pour la communauté IHM d'analyser les collecticiels par les grandes fonctions qu'ils permettent : le partage et la coproduction de données faiblement structurées, la communication interpersonnelle au travers du collecticiel, et la coordination des actions, que celles-ci soient d'ordre de la production ou de l'ordre de la conversation. Ceci peut être symbolisé par le « trèfle » du collecticiel (figure 1)

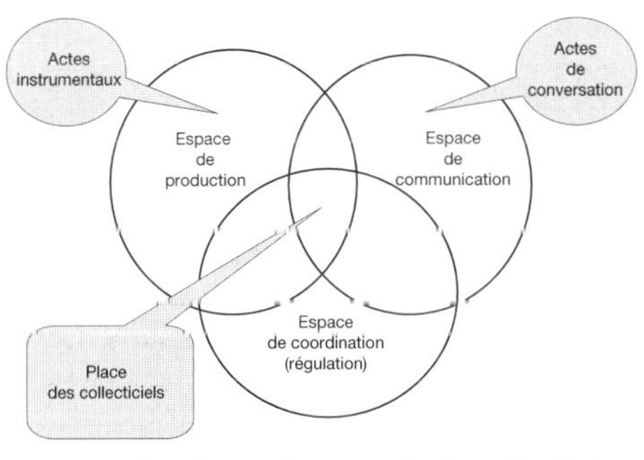

Figure 1 Classification fonctionnelle des collecticiels

L'espace fonctionnel de production correspond aux fonctions classiques de l'informatique et aux outils d'édition. Cependant le fait de prendre en considération les actions jointes des différents participants, de les rendre visibles, et de mettre en évidence des conflits potentiels (plutôt que de s'en prémunir a priori comme dans les applications informatiques multi-utilisateurs classiques), entraîne des approches différentes en terme de conception. Ces différences portent non seulement sur les interfaces utilisateurs comme nous le verrons dans le paragraphe suivant, mais aussi sur la conception profonde des systèmes de production, de stockage et de partage, avec la résolution des problèmes de cohérence dus à une production multi-auteurs, et de gestion des versions. Systèmes pouvant être vus comme une extension naturelle des systèmes de gestion électronique de documents plus classiques. C'est le secteur qui porte dans le TCAO sur les espaces d'information partagés (*shared workspaces*) pouvant même déboucher sur la dimension sociale des « places » de travail virtuelles : dichotomie public/privé, négociation des catégories servant à l'indexation collective, reconnaissance des contributions de chacun, mécanismes d'échange allant du centralisé au pair à pair.

L'espace de communication décrit comment, aux travers des collecticiels, des « conversations » peuvent initialisées, gérées dans leurs progressions, monitorées, voire réparées quand il y a rupture, en s'appuyant pour cela sur quelques modèles prédictifs des mécanismes de conversation (Winograd et Flores, 1989). Cela a constitué un domaine nouveau, la communication personne/système/personne, pour la communauté scientifique IHM. Il faut préciser que cette communication synchrone ou asynchrone peut être textuelle, comme dans le cas du mail ou des messageries instantanées, ou vocale comme dans les systèmes de téléphonie augmentée : conférences audio, voire même multimédias et tridimensionnelles comme dans les espaces virtuels collaboratifs. Dans un collecticiel, la distribution dans l'espace et dans le temps des acteurs entraîne des besoins nouveaux d'artefacts pouvant donner une indication sur l'état de la communication et des indices suffisants pour renforcer la conscience sociale et cognitive de la collaboration.

La coordination de l'action porte sur l'enchaînement logique des actions internes à chaque espace décrit ci avant, production, communication, mais aussi sur l'articulation des actions entre ces espaces. Ainsi la deixis, qui est la conjonction d'une action langagière et d'une action gestuelle de désignation, requiert au sein d'un collecticiel synchrone et son IHM que des indices graphiques, comme ceux relatifs au télépointeur partagé, soit synchronisés et reliés avec le ou les locuteurs actifs, et avec les états des canaux de communication. Mais cette coordination, qui peut devenir un champ scientifique en lui-même allant au-delà du TCAO (intérêt également en tant que formalisation dans les systèmes multiagents ou en informatique ubiquitaire), intervient aussi à un niveau plus élevé de l'activité humaine menée en collaboration, en considérant les suites d'actions comme des activités de travail devant être coordonnées soit de façon préventive et prescrite, comme dans le système de gestion de flux de travail (les *workflows*) ou de façon plus souple comme dans la notion de travail articulatoire. Ce dernier traduit le surtravail qu'il faut mettre en œuvre pour gérer, contrôler le travail collaboratif : mise en évidence, explicitation, négociation. Selon certains chercheurs dans le champ du TCAO, comme (Schmidt, Simone, 1996) ce sont les caractéristiques de cette coordination de l'activité qui donnent le véritable style de la collaboration : de la division du travail à la collaboration dans l'adversité ! Nous verrons § que cela a conduit à rechercher de nouveaux modèles pour l'activité humaine menée en collaboration, qui puissent rendre compte de la nature évolutive, fragile, renégociée, contextualisée de l'activité.

Il apparaît enfin qu'un collecticiel, en tant qu'artéfact informatique, résulte de l'intégration harmonieuse de ces trois espaces fonctionnels, quel que soit le poids fonctionnel de chacun. Il existe des éditeurs de textes collaboratifs où l'espace de communication est très réduit, offrant simplement un mécanisme d'annotation par des Post-It, de fragments du document en cours de production, mais aussi des systèmes de conférences distribuées synchrones multimédias où l'espace de production est réduit à un tableau blanc pour la présentation de documents produits au préalable, et enfin des systèmes de communication de groupe comme les forums où l'espace de coordination peut être quasiment invisible. Mais il existe également des collecticiels plus ambitieux, des environnements de TCAO, qui présentent sous une forme intégrée ces trois espaces avec une grande richesse fonctionnelle.

1.5 Classification par grands domaines d'application et usages

Nous ne serons pas exhaustif ici sur les grands domaines d'application des collecticiels. Nous en présentons quelques-uns pouvant être significatifs des différents styles de collaboration (plus ou moins formalisées ou contraintes) ou des enjeux de collaboration : professionnels, organisationnels ou relevant de la sphère privée.

- le domaine de la gestion de projet collaboratif (le *teamwork*) où l'accent est mis sur les mécanismes d'explicitation des tâches de chacun, de leurs interdépendances notamment par les productions (GED et *workflows*) l'organisation des réunions, les agendas partagés, les annuaires intelligents de recherche de compétences ;
- le domaine de l'édition coopérative et de la conception. C'est ainsi que l'on voit des systèmes de CAO, en mécanique, conception des infrastructures et bâtiments ou électronique permettant le partage à distance de points de vue sur les objets en cours de conception et de pouvoir articuler un espace de communication, par exemple par une conférence audio-vidéo, avec les représentations complexes et multiples partagées, par exemple sous la forme de tableaux de données ou de visualisation graphique de ces objets ;
- le domaine de l'apprentissage collaboratif assisté par ordinateur (le *computer supported collaborative learning* ou CSCL) est un domaine scientifique très vivace du champ de recherche sur les environnements informatiques pour l'apprentissage humain. Cet engouement est justifié par plusieurs courants pédagogiques importants appelant un renouvellement des façons d'appréhender les processus d'apprentissage et redonnant une place importante à la dimension sociale et contextuelle (le *constructivisme social*) et visant à corriger les défauts évidents de l'e-formation vue comme un processus isolé d'apprentissage entre un humain et une machine. Cette nouvelle perspective sur l'acquisition des connaissances recoupe les besoins des organisations, avec la mise en place de processus de gestion de la connaissance, où l'accent est également mis sur les échanges de connaissances tacites et l'importance de communautés de pratique médiatisées par les technologies. De nombreux travaux portent sur la conception de collecticiels dédiés à la production d'apprentissages collaboratifs : comment développer des conversations plus épistémique, portant sur le sens de la connaissance, son interprétation, sa négociation. Comment produire des infrastructures informatiques capables d'intégrer des environnements de CSCL au sein de plates-formes technologiques pour l'e-formation ?
- enfin le domaine des loisirs ou du jeu : il est apparu de nombreux jeux qui au travers de l'Internet mettent en œuvre des processus de collaboration et de compétition entre les joueurs, que leurs actions soient synchrones ou asynchrones. On voit alors émerger des communautés de joueurs avec leurs normes, codes, langages, mécanismes spontanés de régulation… Du point de vue informatique cela pose de beaux problèmes scientifiques comme par exemple la coordination à large échelle, et en temps réel, sur des infrastructures très distribuées, où les délais de propagation des réseaux numériques sont à prendre sérieusement en considération.

2 Interaction homme-machine dans les collecticiels

2.1 Les enjeux de la conception de l'interaction dans les collecticiels

La conception, pour le domaine du TCAO, de systèmes informatiques interactifs pose de nouvelles questions aux concepteurs, qui vont au-delà des approches centrées sur les usagers, usagers considérés alors comme quasiment isolés face au système. Les règles d'ergonomie des interfaces utilisateurs classiques, fondées en grande partie sur des approches cognitives et perceptuelles, avec des concepts comme celui d'affordance, ne sont plus suffisantes. Nous pouvons résumer les enjeux de la conception des collecticiels en deux grandes catégories :

- la conscience de la collaboration qui doit être préservée : il faut que chaque participant à l'activité menée en collaboration puisse connaître, à chaque instant, l'état de la collaboration : acteurs, rôles, tâches en cours, ressources disponibles, états de la coordination… Ceci est nécessaire pour le maintien de la collaboration et l'implication de chaque membre du groupe de travail. C'est aussi important à un niveau plus social ou culturel, avec l'expression d'une identité (numérique ?), la reconnaissance des contributions, et l'établissement ou le maintien de normes sociales propres au groupe ;
- la continuité qui traduit le concept de « *seamlessness* » utilisé par le monde du TCAO. Il est nécessaire que les environnements de TCAO puissent permettre un passage fluide, sans rupture entre plusieurs modalités de travail ou plusieurs activités. Il faut pouvoir passer d'une activité individuelle (privée) à une activité collective (publique) avec des facilités pour importer des données d'une activité à une autre. Il faut pouvoir interrompre une activité pour en traiter une autre plus importante ou urgente. Et enfin il faut pouvoir articuler des actions sur les systèmes d'informations de l'organisation avec des actions, au travers des collecticiels, effectuées au sein des groupes de travail. Ceci implique une certaine perméabilité des frontières entre les groupes et leurs environnements technologiques (pour faciliter les fusions ou fissions d'activités collaboratives menées par des groupes différents) et la capacité à générer des *objets frontières*, susceptibles de servir de passage entre des groupes de compétences et de missions différentes. Du point de vue des IHM, cela revient à questionner les modèles de tâches et les approches de la modélisation des activités humaines avec artéfacts informatiques dans une vision moins taylorienne. Nous reviendrons sur cette avancée au § 3. Il apparaît rapidement que le travail, plus ou moins collaboratif, peut être vu, dans le contexte actuel des organisations, comme un flot d'événements à traiter, et que l'activité consiste continuellement à replanifier l'action pour tenir compte des évolutions du contexte.

La première catégorie d'enjeux avec son emphase sur les nécessaires rétroactions de groupe au travers de l'IHM des collecticiels a fait l'objet de beaucoup de travaux et de propositions que nous présenterons ci-après. Par contre la seconde catégorie d'enjeux, qui demande aussi une nouvelle façon d'aborder la conception profonde du système, et pas seulement son interface utilisateur, a fait seulement récemment l'objet de nouvelles propositions en terme de méthodes et modèles de conception. Propositions sur lesquelles nous reviendrons au § 3.

2.2 Quelques exemples d'interfaces utilisateurs de collecticiels classiques

Du point de vue de la conception de l'IHM, il convient là aussi de distinguer deux grandes familles de collecticiels selon que leur usage principal vise une collaboration humaine asynchrone ou synchrone.

Les interfaces des collecticiels asynchrones

En effet dans le cas de la collaboration asynchrone cela signifie que beaucoup des actions de l'utilisateur ont une portée locale et n'ont pas besoin d'être répercutées sur les interfaces des autres participants au groupe de travail. De plus les IHM de ces collecticiels asynchrones sont conçues pratiquement comme s'il s'agissait d'une application mono-utilisateur. La collaboration est alors soutenue à un autre niveau qui correspond à l'échange de messages ou de documents via un espace partagé d'information, ce qui peut impliquer, à la différence des applications de gestion classiques, que l'on rende visible au niveau de l'interface des mécanismes de partage et de protection des données partagées, et que l'on donne des rétroactions sur les conflits d'accès possibles. De plus, il faut inclure des éléments d'interfaces susceptibles de renforcer la conscience de la collaboration et l'appartenance au groupe. Cela est réalisé en ajoutant aux différentes zones fonctionnelles de l'interface (panneaux, menus, sous-fenêtres…) une zone dédiée à cela, où l'on peut trouver : un visuel, un logo, destiné à donner une identité au groupe, un annuaire du groupe sous la forme d'une collection de cartes de visite détaillées, les états des travaux, tâches, en cours et les engagements réciproques, surtout si un mécanisme de type workflow a été employé, un agenda partagé… Il faut noter que ces nouvelles fonctionnalités ont été maintenant reprises dans des logiciels de génération de portails de type collaboratif.

Les premières expériences en matière de partage coopératif d'information ont également montré qu'il fallait maintenir l'identité des contributions (les Url peuvent également posséder une dimension sociale comme dans www.univ-lille1.fr/~Dupont/ma-contribution). C'est ce qui a conduit aussi les chercheurs à considérer des approches de type pair à pair (P2P) pour le partage de documents, où chaque participant conserve un contrôle de la publication de ses documents. Ce qui est en partie perdu avec des espaces de partage centralisés et administrés par des tiers. Cette approche P2P a aussi le mérite de s'adapter à la collaboration dans la phase d'émergence, par exemple en utilisant des réseaux sans fil ad hoc.

Des recherches plus récentes ont porté sur la construction d'éléments d'interfaces (des *widgets*) pouvant donner, sous une forme synthétique, une vue plus globale de l'état de la collaboration, tant sous la forme de production collective, que du plan de l'implication des participants. Il s'agit alors de «radars» de type social utilisant les traces des activités des participants pour créer une vue dynamique de la collaboration. Ces vues utilisent des métaphores visuelles pour rendre compte aux usagers : il s'agit par exemple de Babbles, de Erickson et autres chercheurs de l'unité Notes d'IBM (Erickson, Kellog, 2000), où des cercles de couleurs indiquent des activités et leur intensité, et où chaque participant se situe plus ou moins loin du centre selon son degré de participation. Cela peut constituer dans le cas d'une application au champ du CSCL des indicateurs intéressants pour le tuteurage et la médiation d'un groupe d'apprentissage.

Les interfaces de collecticiels synchrones

Dans ce cas la conception des IHM pose de nouveaux problèmes, différents de ceux rencontrés dans les IHM traditionnelles. En effet la coordination et la perception des actions de chacun, au travers des objets d'interaction de son interface locale, doivent être perçues, quasiment en temps réel, par les autres participants distants. En résumé on peut dire que l'enjeu est «*tout ce que vous faites sur les objets de l'espace de production, tout ce que vous faites dans l'espace de communication, que ce soit des actes de paroles, via l'audioconférence, des signes, via la vidéoconférence, ou des textes, via la messagerie instantanée, doit être perçu par moi, sans que cela introduise une surcharge d'information liée à la rétroaction de groupe*». Du point de vue visuel ceci a été traduit dans le concept WYSIWIS : *ce que vous voyez je le vois aussi.* Mais cette contrainte peut être plus ou moins stricte. Dans le cas du WYSIWIS relaxé, il se peut que la taille et le placement sur les écrans des objets visuels soient différents selon le participant considéré (relaxation spatiale), que des changements d'apparences visuelles ne soient pas réalisés toutes en même temps sur les interfaces distantes (relaxation temporelle) ou encore que tous les membres du groupe ne soient pas mis à jour de la même façon en terme de contenus (relaxation de la congruence). Il faut, de plus, avoir une perception des états de la coordination entre les activités et actions de chacun. Il existe un cas particulier d'interface multi-utilisateur de type WYSIWIS, celui du partage en colocation par deux ou trois usagers, chacun muni de périphérique comme une souris, d'une même surface d'affichage graphique (en 2D, 3D, voire stéréoscopique) que ce soit un grand écran (SDG pour *single display groupware*, supporté par des dispositifs LCD, vidéoprojecteur...) ou une table de visualisation où chaque usager est situé autour la table.

Les problèmes que pose le cahier des charges des interactions de type WYSIWIS sont à plusieurs niveaux :

- la capture, le filtrage et la propagation des événements produits sur l'interface locale. Par exemple l'usage d'un télépointeur partagé, destiné à designer des objets d'interface, doit entraîner la propagation des mouvements (échantillonnés) de la souris de celui qui est en possession du pointeur vers les sites distants ;
- la coordination, à un niveau de granularité très fin, des actions sur des objets de l'interface : widgets ou objets graphiques en cours de production dans un tableau blanc partagé par exemple. Pour le télépointeur, il faut régler le problème de la possession d'un pointeur par un seul des participants, la possibilité de faire changer cette possession selon une politique donnée, et de donner des indicateurs visuels, par exemple en jouant sur la couleur et l'apparence du curseur, pour que les autres participants soient conscients des mécanismes de partage. Dans le champ de la recherche sur le «*cooperation awareness*», cela a conduit des chercheurs, comme Roseman et Greenberg (1996), à proposer de nouvelles boîtes à outils graphiques pour l'implémentation des IHM de collecticiels offrant des widgets spécifiques à la collaboration : par exemple un widget de défilement de document dans une fenêtre qui soit «multi-ascenseur» pour rendre compte à tous de la vue qu'a chacun sur le même document. C'est le cas du co-browsing sur le Web via un navigateur Web devenu collecticiel ;
- les mécanismes de partage d'objets. Ceux traditionnellement utilisés, par exemple dans les bases de données, ne sont plus pertinents car trop « défensifs » (sérialisation forte des activités) et prévus pour une exécution centralisée. C'est un secteur spécifique et très vivace de la recherche sur le TCAO avec la production de nouveaux algorithmes de partages distribués, ou *floor algorithm*, qui tiennent compte non seulement de la nature de l'activité sur les objets en cours de production (édition de dessins, schémas, objets 3D, fragments de texte...) mais aussi des événements liés au fonctionnement des réseaux de télécommunication numériques : différences dans la qualité de services selon les participants, déconnexions temporaires et intermittence (plus fréquentes dans le cas de réseaux sans fil). Pour une vue plus détaillée on peut consulter (Karsenty, 1994) pour la présentation d'un algorithme particulier, et (Lonchamp, 2004, ch 8) pour une vue d'ensemble. Le problème de coordination sur les accès

et d'opérations sur des espaces partagés d'information, que l'usage soit synchrone ou asynchrone, devient encore plus délicat et complexe : lorsque les informations sont faiblement structurées et multimédias, comme dans les hypermédias coopératifs ; lorsqu'il faut gérer des versions et une historicité des opérations ; ou enfin lorsque certaines informations doivent être maintenues cohérentes alors qu'elles font parties d'espaces partagés relatifs à des groupes et activités distinctes. Ce dernier cas arrive lorsqu'il s'agit d'activités industrielles de coconception ou d'ingénierie simultanée dans des projets complexes ;

- il existe enfin des problèmes spécifiques liés aux infrastructures de réseaux pour la propagation des événements relatifs à l'interaction au sein d'un groupe. Plusieurs problèmes se posent : améliorer la fiabilité des mécanismes de transports d'information, avec dans certains cas l'objectif de rendre impossible toute perte d'information pouvant entraîner un état inconsistant de l'interface ; maintenir en séquence des messages liés aux événements, et ce quel que soit les problèmes réseaux ; maintenir la qualité de services et des délais minimums (choix d'un protocole IP temps réel) ; et enfin éviter la duplication inutile de messages et la surcharge du réseau en utilisant des protocoles de transport et de routage adaptés à la communication au sein de groupes (diffusion sélective, multicast, mécanisme publier/souscrire...).

De nouvelles métaphores d'interaction pour les collecticiels synchrones

La conception des IHM pour les collecticiels synchrones a conduit à aller plus loin que les styles d'interaction classique, à la WIMP, et la métaphore du bureau. Puisque la collaboration implique la réunion et la collaboration au sein d'un groupe, il était assez naturel de prolonger la métaphore du bureau par une autre métaphore spatiale et visuelle, la métaphore de la pièce qui permet de mettre au sein d'une même unité logique les outils, les documents, la représentation des autres participants et l'état de l'infrastructure (le réseau). Changer d'activité ou de groupe correspond à changer de pièces. Les pièces peuvent être assemblées, nommées et spécialisées en fonction de leur spécialisation, de leurs conditions d'accès, etc. L'ensemble se voit alors doté d'une interface d'administration de type organisationnel : l'entreprise est décrite sous la forme d'un « plan de bâtiment ». Cette métaphore spatiale est intéressante car assez intuitive : dans ces lieux virtuels de collaboration les participants disent assez facilement « Thomas vient d'arriver... ». La représentation visuelle peut être : réaliste, afin de renforcer la métaphore (on peut choisir la couleur du papier peint !), voire même utiliser le potentiel de l'infographie 3D comme dans les jeux vidéos ; ou au contraire elle peut être plus abstraite. Dans la figure 2 nous donnons un exemple d'interface pour ce type d'environnement de TCAO.

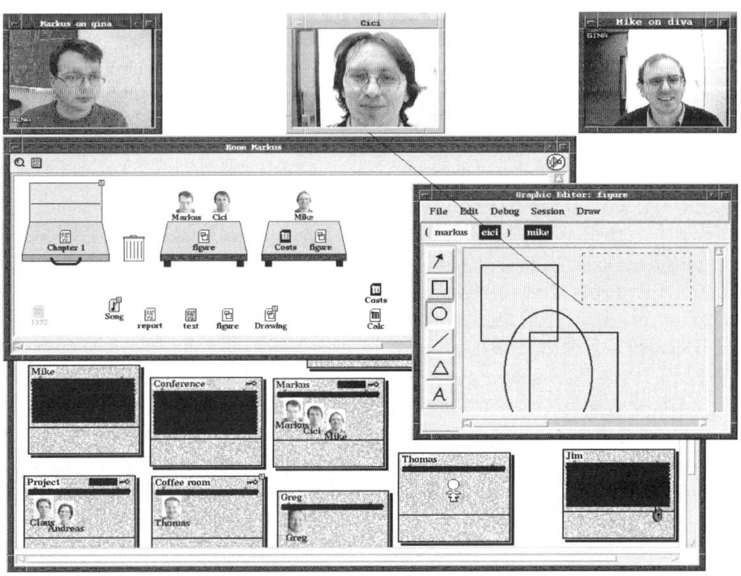

Figure 2 Interface de type Room dans le monde du Web (projet DIVA, GMD)

Un problème plus spécifique d'IHM apparaît dans les collecticiels synchrones lorsque la conscience de la coopération, dans l'espace de communication, se fait, au travers de flux vidéo, en montrant les visages des autres participants voire les gestes, ou audio, avec les paroles. Cela veut dire qu'il y a au sein de l'interface utilisateur une réelle intégration multimédia et des indices en rétroaction sur le bon fonctionnement (*suis-je vu ? suis-je entendu ?*) et la dimension sociale (*qui est cette personne en train de parler ? Est-ce corrélé avec le détenteur du télépointeur ?*) Dans la métaphore des pièces cela peut conduire à créer des pièces (studios) dédiées à l'audio/vidéo conférence avec les outils de communication et de partage de documents comme les tableaux blancs pouvant être coupler avec des logiciels de présentation ou d'édition: tableurs, visionneuse, dessin structuré, enregistreur des productions... Ces environnements de collaboration sont aussi devenus autonomes et on les retrouve maintenant dans les logiciels de communication instantanée (*Chat*), où des nœuds de réseaux opérés par des fournisseurs de services Internet ou des grands portails fournissent les moyens de communication au sein d'un groupe: rendez-vous, liste de personnes participantes, diffusion multicast des flux audio-vidéo, synchronisation...

Influence des collecticiels synchrones sur les architectures logicielles pour les IHM

Tout ce qui précède, relatif aux problèmes et solutions quant à la conception des IHM de collecticiels synchrones, a amené la communauté scientifique IHM à reconsidérer les architectures logicielles destinées à la réalisation des IHM (voir chapitre «Architecture logicielle des systèmes interactifs»). Dans les grandes lignes, les architectures logicielles des systèmes pour l'IHM reposent sur des principes de séparation des responsabilités des composants entre le noyau fonctionnel, la présentation et la gestion du dialogue. C'est le cas de beaucoup de modèles architecturaux (Seenheim, PAC, MVC ou ARCH). La dimension multi-utilisateur et collaborative introduit des besoins nouveaux amenant à reconsidérer ces modèles d'architectures (Dewan, Choudhary, 1991). Les présentations sont forcément dupliquées si les participants sont situés dans des sites distants, avec une gestion plus moins locale du WYSIWIS: la duplication peut être faite au niveau des images déjà calculées au niveau central ou au niveau des données destinés à chaque moteur local de rendu graphique. De même le noyau fonctionnel, qui donne les fonctionnalités du collecticiel, peut être unique ou lui aussi dupliqué dans chaque site avec des mécanismes de maintien de la cohérence et de synchronisation identiques aux algorithmes évoqués précédemment pour les espaces partagés d'information. Le même constat pourrait être fait pour le contrôleur de dialogue. Il est également possible de prendre des solutions hybrides où le composant considéré (noyau, dialogue, présentation) peut être décomposé en une partie centralisée unique et des parties identiques réparties sur les sites distants. Toutes ces variations architecturales entraînent une très grande variété de solutions retenues pour les collecticiels synchrones qui dépendent tant de la nature de l'activité menée avec les collecticiel, de l'édition graphique à la conavigation sur le Web, que des contraintes de synchronisation et de charges sur les réseaux numériques. Des solutions, où la duplication est forte, sont plus performantes au niveau de la réactivité de l'interface car des opérations n'ayant qu'un impact local ne génèrent pas de trafic réseau, mais elles sont beaucoup plus délicates à mettre au point. Pour pallier cela, des travaux ont porté sur la réalisation d'architectures logicielles cadres dans une approche à objets ou à composants logiciels, en s'appuyant sur des couches réseaux adaptés et/ou sur des middlewares spécifiques au TCAO.

2.3 La collaboration au sein d'environnements de type réalité augmentée ou réalité virtuelle

Une classe particulière de collecticiels synchrone met en œuvre les avancées récentes en matière d'IHM représentées par la réalité augmentée (RA) et la réalité virtuelle (RV). Nous ne présenterons pas les grands principes et ce qui différencie ces deux modes d'interaction. Notons que tous les deux sont rendus possibles par les développements des capacités, même sur des ordinateurs personnels, de traitements au niveau local des images naturelles (sources photo, vidéo...) ou de synthèse d'image, en 2D, 3D, stéréoscopique: opérations de transformation, superposition, fusion, reconnaissance de formes particulières comme les gestes ou des tags particuliers.

Dans le domaine des collecticiels, les applications de la réalité augmentée consistent à considérer l'environnement physique de travail d'une personne, par exemple son bureau, et à l'augmenter par des moyens informatiques couplés avec des instruments audiovisuels : vidéoprojecteurs, systèmes sonores supportant la spatialisation du son par exemple.

Les applications de la réalité virtuelle proposent au contraire aux participants à l'activité menée en collaboration, de s'abstraire du contexte physique où ils sont, pour participer à la collaboration menée dans un «lieu» virtuel (la métaphore de la pièce, voire de la grotte avec les CAVE, comme à la NASA). Cela peut être obtenu par une immersion plus ou moins totale.

L'immersion totale demandant un équipement particulier comme les casques de visualisation et des détecteurs des positions du corps, voire des gestes (*datagloves*) des participants. De nouveaux problèmes apparaissent pour ce type de collecticiels basé sur la RV, tant sur le plan de la réalisation technologique que sur le plan de l'ergonomie, parce que les règles de conception ne sont pas encore bien connues, et que la RV peut donner parfois le mal de mer ! C'est donc en général réservé à des formes particulières de TCAO, en particulier dans le domaine de la collaboration scientifique. Domaine où, grâce au développement du concept de « collaboratoire » (un laboratoire distribué et collaboratif) et des technologies performantes de middleware, de type GRID, il est possible à des scientifiques distants : d'être immergés ensembles, avec une conscience de l'autre, dans une paysage tridimensionnel représentant des données (visualisation scientifique) ou des objets en cours de conception (modèles issus de la CAO) ; et de pouvoir en parler et désigner des éléments particuliers de la représentation ou scène.

Dans les *collaborative virtual environments* ou CVE l'immersion n'est pas nécessairement totale, et cela peut être supporté par un équipement normal composant une station de travail informatique. L'utilisateur se regarde alors agir dans une scène graphique tridimensionnelle, où il est représenté lui-même par un artéfact plus ou moins réaliste : d'une simple figure géométrique jusqu'à un avatar pouvant être animé en fonction de la détection du mouvement des lèvres face à une caméra locale ou de la prosodie de la parole détectée par le microphone local. Le visage de l'avatar peut être même habillé en 3D, via des mécanismes de plaquage de textures, d'une image animée correspondant à l'un des flux vidéo des interlocuteurs distants. La figure 3 donne un exemple d'interface réalisée au laboratoire LIFL.

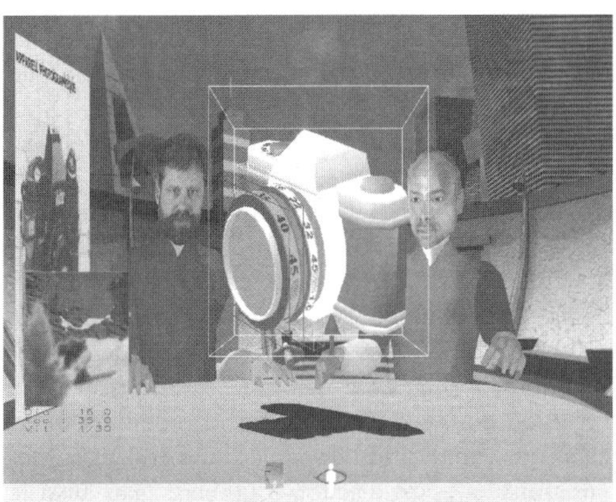

Figure 3 Un exemple de CVE avec avatars en 3D

Suite aux progrès technologiques de l'infographie et à sa démocratisation entraînée par le monde du jeu vidéo, c'est plus accessible que la RV. Mais ce type de collecticiels synchrones est à réserver à des classes d'applications particulières, en particuliers à chaque fois que les objets, dont la représentation est au centre de la collaboration, dans un *focus* partagé, sont eux également tridimensionnels : productions issues des outils de CAO, imageurs 3D en médecine, apprentissage du geste... Il faut savoir que le standard MPEG4, qui porte sur les flux audio-vidéo composites (naturels et synthétiques), donne des éléments pour la conception de ces CVE, notamment pour tout ce qui touche à la modélisation des avatars et à leur animation.

3 Aspects avancés de la conception des collecticiels : une démarche anthropo-technologique

3.1 Une remise en cause des points de vue développés sur la conception des systèmes d'information

D'un point de vue plus fondamental pour la science des IHM, et pour celle de la conception des systèmes d'information, le travail coopératif assisté par ordinateur, et l'intérêt pour de nouvelles pratiques collectives distribuées avec instruments, ont entraîné une remise en cause des fondements théoriques et méthodologiques qui prévalaient pour la conception des IHM traditionnelles. En effet il y a une focalisation sur le travail et l'activité humains, dans leur dimension collaborative, communicationnelle, et donc aussi sociale et culturelle. Cela signifie qu'il faut un autre regard, qui soit complémentaire de celui des approches classiques de la conception fondées sur les apports de l'ergonomie et des sciences du comportement, avec leurs aspects perceptuels et cognitifs du processeur humain. Cette remise en cause a été préparée vers les années mi-quatre-vingt par des écrits venant des chercheurs réfléchissant sur la conception des systèmes d'information dans une perspective plus démocratique, où la tâche est moins prescriptive, et critiquant des approches jugées trop cognitives. Comme le dit L. Bannon (1991), un spécialiste du TCAO, il était tant de reconsidérer la place de l'usager, non plus en tant que facteur humain ou opérateur, dont il faut prendre en considération les caractéristiques, mais en tant qu'acteur agissant aussi à sa manière, au travers des processus nécessaires d'acceptation et d'appropriation de ces instruments technologiques, au processus de conception, et de finalisation des artéfacts.

De nouvelles voix se sont élevées pour appeler à prendre en compte la dimension sociale de la conception et des usages. Certaines de ces voix étayaient leurs arguments sur des théories issues de disciplines comme la philosophie et la linguistique pragmatique pour Flores et Winograd (1989) ou les sciences sociales, avec les dérivées de la sociologie comme l'ethnographie, retenue par L. Suchman pour décrire l'action située avec des instruments.

Enfin plus récemment, en particulier lors de réflexions pour envisager le futur des IHM à l'orée du troisième millénaire, des auteurs ont mis en avant les problèmes posés aux futurs concepteurs de systèmes interactifs dans le contexte de l'émergence d'une informatique ubiquitaire avec des emprunts à d'autres branches de la philosophie comme la phénoménologie, ou aux évolutions récentes des sciences cognitives avec l'apport de la cognition distribuée (Hutchins, 1994).

3.2 Quelques cadres théoriques pour l'analyse et la conception des collecticiels

Apports des sciences sociales

Il est impossible de résumer ici tous les apports des sciences sociales et quels sont les différents courants des sciences sociales qui peuvent être mobilisés. Cependant, dans le cadre des démarches de type anthropologique, en particulier dans les phases d'analyse des besoins utilisateurs, on peut distinguer d'une part celles qui s'appuient sur l'ethnographie en tant que technique de recueil de données permettant une prise en compte systématique de la nature réelle du travail humain dans son contexte social, et d'autre part celles basées sur l'ethnométhodologie.

Cependant pour l'ethnographie, les résultats d'analyse de besoins apparaissent, pour les technologues, comme pas assez génériques et souvent vagues, et ne se traduisent uniquement, le plus souvent, qu'en contraintes pour la conception du système, plutôt qu'en de réelles spécifications fonctionnelles (Sommerville *et al*, 94).

Le cas de l'ethnométhodologie est différent parce que son champ d'action se veut plus large que celui d'un outil pour l'observation, et parce qu'elle a rencontré un certain succès dans le champ du TCAO. En effet son objectif n'est pas de donner une nouvelle méthode pour l'ethnologie, mais plutôt de fournir un cadre conceptuel pour la révélation et la compréhension de l'action sociale quotidienne. Cependant jusqu'à maintenant l'ethnométhodologie a trouvé uniquement sa place dans les phases préliminaires de la conception, analyse de l'existant et des besoins, et dans les dernières phases, évaluation du système et les critiques qui en résultent, en particulier pour montrer les difficultés d'usage et d'appropriation. Cela a particulièrement été mis en œuvre dans l'étude de situations de travail coopératif avec instruments dans le cas du contrôle aérien, ou dans les salles de coordination de situation de crises (SAMU, pompiers, militaires...).

La «technomethodologie» proposée par Dourish et Button (1998) veut dépasser cette simple contribution en capitalisant, au niveau du processus de conception lui-même des collecticiels, les acquis obtenus par l'usage de l'ethnométhodologie dans le champ du TCAO en tant que méthodes d'analyse. Les concepts clés de l'ethnométhodologie sont utilisés comme fondation du modèle conceptuel du système. Cette expérience a amené à utiliser les propriétés réflexives de certains environnements informatiques pour obtenir les caractéristiques souhaitées pour ces nouveaux systèmes interactifs fondés sur l'ethnométhodologie.

Apports des sciences du langage et des théories de la conversation

Au travers des approches plus anthropologiques des méthodes d'analyse des besoins ou des méthodes d'évaluation des usages, il est apparu que les jeux de langages entre acteurs participants à l'activité collective, constituaient des traces très intéressantes. Ces nouvelles méthodes de recueil d'information et d'expérimentation sont apparues en lien avec le champ de l'ethnométhodologie, avec celui de la linguistique pragmatique, comme avec le langage d'action, mais aussi avec les apports de la psycho-linguistique, comme avec le *grounding* proposé par H. Clark (1996). Cette vision langagière de l'activité humaine a reçu également l'intérêt des chercheurs qui avaient proposé, comme T. Winograd quelques années avant, une révision de la façon de concevoir le rôle de l'ordinateur dans l'activité humaine et demandant de concevoir les applications informatiques en prenant conscience que fondamentalement l'ordinateur est d'abord un medium langagier.

Ces nouvelles approches d'analyse du TCAO sont fondées en grande partie sur les catégories d'actes de langages issues des travaux de Searle et autres, et sur une modélisation des mécanismes fondamentaux de la conversation : gestion du contexte ou *grounding*, gestion des actions jointes, tour de paroles... Elles permettent de révéler ce que les approches cognitives de l'ergonomie du logiciel classique ne voient pas à savoir la nature située, contextuelle, sociale, culturelle et historique de l'activité humaine collective avec instruments. Ce courant du TCAO, dit de l'action située, a pris naissance avec les premières analyses des usages des photocopieurs chez Xerox par L. Suchman, et la révélation de la capacité humaine à produire des erreurs dans l'application des procédures et dans la mobilisation des plans d'action routiniers, mais aussi la grande capacité humaine à s'adapter aux situations imprévues, comme la panne, et à modifier les plans d'action pour tenir compte du changement dans la situation en tirant parti du contexte d'usage. D'un point de vue plus conceptuel, cela a conduit à prendre plus sérieusement en considération la notion de contexte physique et communicationnel.

La proposition d'une théorie de l'activité

Au sein de la communauté scientifique IHM, notamment celle concernée par le TCAO, un nouveau cadre théorique a émergé, celui de la théorie de l'activité, encore appelé théorie instrumentale puisqu'elle cherche à comprendre et à interpréter l'activité humaine menée avec des instruments, informatiques dans le cadre présent. Les racines de cette théorie de l'activité sont assez anciennes et plongent notamment dans la nouvelle psychologie du comportement fondée par l'école soviétique des années vingt–trente avec le travail séminale de Lev Vygotsky (1997). La théorie de l'activité (AT), telle que présentée par Nardi (1996), est donc un autre de ces courants issus, pour partie, des sciences sociales, et ayant obtenu une large audience dans le domaine de la recherche en IHM ou sur le TCAO. L'AT a été reconnue comme un domaine actif de recherche, pour le TCAO en particulier, avec d'abord les contributions de Engeström (1987), Kuutti (1991). Par exemple pour Kuutti le concept d'activité est vu comme *l'unité de base* d'analyse pour les recherches sur le TCAO.

Engeström (1987) donne un modèle structurel simple, (voir figure 4) du concept d'activité par l'expression de la médiation entre le sujet (un individu ou un groupe) et l'objet (un matériau brut ou un espace problème vers lesquels l'activité est dirigée) au travers d'un instrument (outils, signes...).

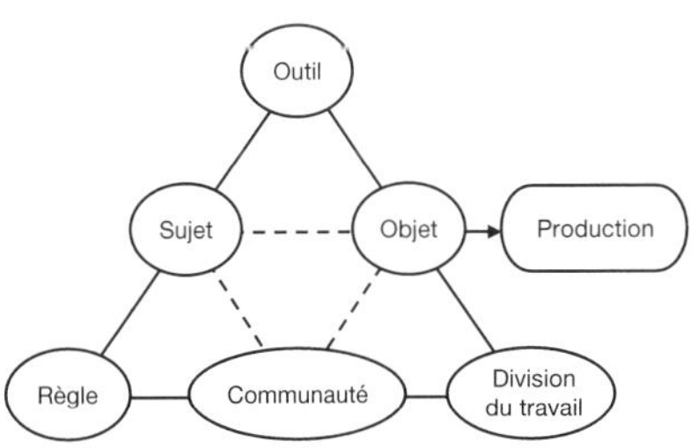

Figure 4 La structure basique de l'activité schématisée par Engeström

Le modèle proposé par Engeström a été utilisé avec des extensions proposées par Kuutti pour replacer l'analyse et la modélisation de l'activité humaine dans son contexte organisationnel pris au sens large et pour introduire le concept «*d'expansiveness*». Ce dernier concept est tout particulièrement intéressant car il correspond à la construction dynamique de l'activité obtenue en faisant des *changements* dans la nature et la composition des éléments qui constituent le système interactif. Il permet donc de traiter du caractère émergeant et non donné a priori de la collaboration humaine.

La théorie de l'activité a reçu beaucoup d'intérêt de la part des communautés scientifiques des champs du TCAO ou du CSCL. Elle est souvent vue comme un cadre pour les phases préalables, par exemple lors de l'analyse des besoins du système, en révélant le travail dit invisible, celui que les méthodes traditionnelles de l'ergonomie du logiciel ne considéraient pas, et pour les phases d'évaluation des pratiques et usages des nouveaux instruments afin de faire émerger notamment les contradictions internes à l'activité ou externes, avec les autres activités qui lui servent de contexte. Ces contradictions ou tensions perceptibles pour les participants à l'activité collective constituent le moteur du changement au sein même de cette activité, et de besoins de réajustement. L'activité rentre alors, lorsque c'est permis, c'est-à-dire si le système sous-jacent est suffisamment souple, dans une phase de renégociation et de redéfinition (Bourguin, Derycke, 2005).

3.3 Systèmes de TCAO supportant l'émergence et l'évolution continue de la collaboration

Les premières approches au travers de la malléabilité des environnements de TCAO

Une première approche, relative au support de l'émergence des organisations de l'activité coopérative, consiste à prendre sérieusement, dès la conception la nature :

- des attentes et des besoins fonctionnels différents selon les individus considérés parmi les participants à l'activité collective. C'est la prise en compte de l'hétérogénéité des groupes et l'accommodation des différences interindividuelles ;
- des besoins d'ajuster l'environnement informatique de TCAO, en fonction de l'évolution des pratiques collectives distribuées, au cours même de l'activité collective.

Pour cela le champ du TCAO a développé, voire amplifié, une stratégie déjà mise en œuvre pour les logiciels mono-utilisateur de type bureautique, celle de l'adaptation par les usagers eux-mêmes. On parle alors de «*tailorability*» ou de malléabilité fonctionnelle. Cela peut être une malléabilité de surface, bien connue maintenant avec la possibilité de personnaliser l'apparence de l'interface (les *skins*). Mais dans certains cas cela peut être une malléabilité plus profonde, jouant sur la composition de l'interface lui-même (comme avec les choix de palettes d'outils) ou sur le comportement lui-même de l'application informatique via des langages de macro ou des possibilités d'assemblage dynamique de composants logiciels fournissant les services du noyau fonctionnel de l'application. Pour les logiciels mono-utilisateur, il a déjà été montré que cette stratégie n'était efficace que pour certains usagers avertis, car cette malléabilité a un prix (Mackay, 1990) (Morch, 1997).

Dans le cas des groupwares, c'est encore un peu plus compliqué de supporter cette malléabilité, car il faut que cela ne nuise pas aux enjeux fondamentaux du TCAO, comme le maintien de l'implication des participants et leurs identités, et que la cohérence des informations partagées soit garantie, même si des participants ont décidé unilatéralement de changer de logiciels de production de cette information. Il faut donc que certains changements dans l'environnement informatique, de l'un ou plusieurs des participants à la coopération, soient détectés et répercutés vers les autres environnements. Pour que la cohérence soit maintenue il est nécessaire que les mécanismes de gestion de l'activité coopérative, par exemple ceux liés à la coordination, soient conscients, informés de ces transformations. L'évolution de l'activité menée collectivement peut être également motivée par des défaillances, des manques, tels que la non-disponibilité de l'un des participants (il faut alors réassigner éventuellement son rôle et sa tâche) ou par des problèmes technologiques survenus sur l'infrastructure de collaboration.

Une approche de l'évolution par le traitement des exceptions

Le traitement des exceptions est en effet une des voies qui s'avère aujourd'hui fortement explorée pour satisfaire l'enjeu de la gestion des changements intervenus dans le contexte de l'usager tant sur le plan technique, avec des modifications des technologies et de possibles défaillances, que sur le plan organisationnel. Cette approche s'est traduite tout récemment, au niveau des IHM, par l'étude des impacts des changements sur la tâche considérée comme l'attribut le plus important d'un système utilisable (Wild, Macredie, 2000). Les méthodes classiques de conception pour l'utilisabilité fondées sur l'analyse et la modélisation des tâches n'accordent que peu de place à la gestion du changement et à sa présence au sein de l'organisation. Wild et Macredie proposent d'étendre certaines méthodes d'analyse de tâches afin de les rendre plus souples quant à l'introduction des changements et ils introduisent le concept d'exception, quelque chose d'imprévu dans le modèle normatif de la tâche, qui constitue une autre source d'information sur les évolutions nécessaires de la tâche et sur l'altération des besoins du système. L'approche basée sur le concept d'exception est intéressante, mais il faut rappeler que, dans les systèmes sociotechniques complexes qui nous intéressent maintenant, par exemple dans les organisations agiles, l'exception est la règle. De plus il faudra redonner une place à l'utilisateur pour un traitement coopératif, entre hommes et système, de ces exceptions et des transformations à apporter au système. En effet la nature même de ces exceptions est imprédictible et le changement est la norme.

La co-évolution dans les futurs groupwares

Un groupware doit donc pouvoir s'adapter également aux besoins émergeants, à la transformation de besoins ayant servi à l'analyse initiale, ainsi qu'aux évolutions des contextes d'usages et des technologies utilisées. Ces nouveaux environnements informatiques pour le TCAO peuvent être vus à double titre comme une intermédiation (un passage plus qu'une séparation) entre les concepteurs et les usagers :

- une intermédiation entre les besoins, compétences, désirs... des usagers et les contraintes, technologiques ou autre, les compétences et les désirs des concepteurs. Le système est une inscription dans la technologie qui traduit l'équilibre local, temporaire, négocié, fragile entre les parties ;
- une intermédiation entre les deux parties, usagers et concepteurs, pour en assurer la maintenance et l'évolution dans la durée. Il est clair que dans la plupart des approches ou méthodes de développement classiques des IHM, l'usager est laissé à lui-même pour tout ce qui suit la phase de tests et de déploiement. Il est donc nécessaire que le système interactif initialement développé puisse servir lui-même de pont entre les deux parties au travers de l'artéfact proposé. Cela implique, nous le justifierons après, que l'environnement informatique de TCAO contienne sa propre représentation (un métamodèle) et être capable de réflexivité (introspection et intercession).

L'expérience acquise au sein de la communauté du TCAO, notamment au travers de l'apport des sciences sociales et de la théorie de l'activité, nous montre que cette transformation continue possède une dimension collective et historique. C'est au sein de la communauté de pratique, au sens de la sociologie des usages, que les artéfacts informatiques proposés doivent être adaptés afin de refléter la cristallisation des compétences et des attitudes de ses membres.

Nous avons choisi le terme *co-évolution* (Bourguin, Derycke, Tarby, 2001) pour traduire le fait que les environnements informatiques de TCAO doivent être continûment évolutifs, sans l'être toutefois de façon autonome ou auto-adaptative, car ils doivent rendre compte, de manière consciente, des évolutions des besoins, des attitudes et des compétences des usagers, individuellement ou collectivement. Mais il n'y a pas que le système qui doive évoluer, l'usager doit également transformer, adapter, ses pratiques et ses méthodes de travail, c'est-à-dire ses rôles, pour satisfaire les besoins évolutifs de l'organisation. La co-évolution traduit tant les ajustements continus, négociés et socialement situés, des pratiques de la part des individus, que les ajustements apportés au comportement du système interactif considéré. Ceci peut être synthétisé par le schéma donné dans la figure 5, où il apparaît que l'environnement global fixe le contexte de la tâche.

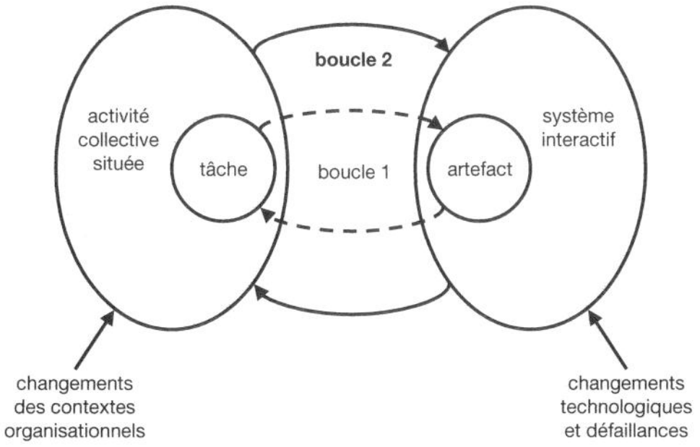

Figure 5 Une vue schématique des deux contextes à la co-évolution de l'activité collective

Vers des systèmes de TCAO réflexifs supportant la co-évolution

La réflexivité est une propriété qui a été déjà identifiée par d'autres chercheurs dans le domaine du TCAO comme étant consubstantielle des activités coopératives. La littérature fait apparaître différentes approches de la réflexivité, mais la plupart ne la considèrent que du point de vue des développeurs. Dans ce cas, l'environnement est malléable car ses concepteurs peuvent accéder et modifier sa définition. Cette malléabilité du système est en général souhaitée comme accessible au cours de sa propre exécution. Mais on est plus proche de mécanismes de migration planifiée (anticipation dans la conception) que de véritable co-évolution dans l'usage. Il est donc préférable de s'inscrire dans une approche qui tente d'aller plus loin et qui veut fournir un accès à ces mécanismes réflexifs aux utilisateurs finaux. Ainsi, la malléabilité sera directement accessible à ceux qui en ressentent le besoin, *in situ*. Ainsi (Bourguin et Derycke, 2005) proposent une nouvelle approche en termes d'infrastructure informatique pour le TCAO et les pratiques collectives distribuées qui s'appuient sur les apports de la théorie de l'activité vue § «La proposition d'une théorie de l'activité», p. 357.

Cette approche de la conception des futurs systèmes de TCAO est présentée dans la figure 6. L'adjonction d'un métamodèle et d'une infrastructure constitue un cadre de conception pour la génération et la gestion des changements du modèle conceptuel propre à un système de TCAO donné. Ce cadre va supporter un comportement réflexif car il pourra être interrogé par une instance particulière de collecticiel afin de connaître son propre comportement (l'introspection) et offrir un contexte clair et un support aux transformations que ce système devra opérer sur lui-même (l'intercession) pour satisfaire aux évolutions des tâches et de leurs contextes. Le besoin de faire appel à la réflexivité des systèmes est lié aux contraintes découlant de la nécessité de gérer cela au cœur même du système : pour et par le système.

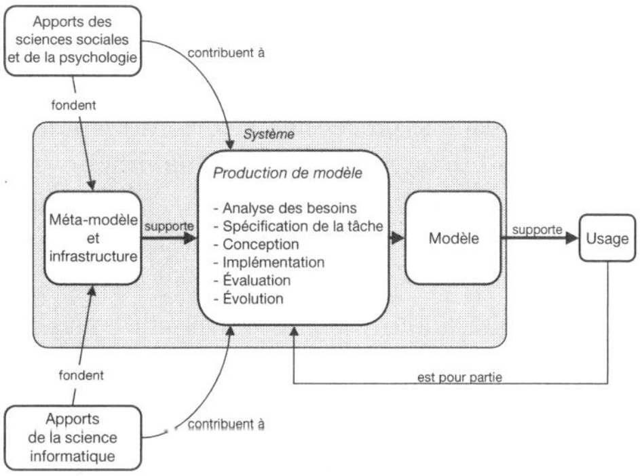

Figure 6 L'introduction d'un métamodèle, et d'une infrastructure, qui intègre des apports de la science informatique et des fondations venant des sciences humaines et sociales

4 Conclusion

La conception des outils logiciels pour le TCAO, les collecticiels, a entraîné une évolution tant des techniques d'interaction homme machine que de la façon de concevoir pour l'utilisabilité et les usages en prenant plus en compte les dimensions sociales, situées, renégociables de l'activité humaine menée en collaboration. Progressivement, cette nouvelle façon d'appréhender la conception de systèmes d'information, destinés à faciliter, encourager, des pratiques collectives distribuées, a élargi l'horizon des concepteurs et utilisateurs des systèmes d'information, en jetant un pont plus solide entre ces deux communautés, et en permettant de voir les phases de conception, de réalisation et de mise en œuvre comme des processus plus participatifs et en constante évolution. Dans le domaine de l'ingénierie des besoins, cela renouvelle la manière dont l'analyse et la spécification des besoins sont conduites.

Dans le domaine des IHM, les collecticiels, avec leurs dimensions multi-utilisateurs distribuées dans le temps et dans l'espace, ont introduit le développement de nouvelles approches tant au niveau technologique, avec l'apparition de nouveaux cadres de développement du logiciel IHM intégrant les contraintes spécifiques de la coordination et de la communication multimédia, qu'au niveau conceptuel avec l'apparition de nouvelles métaphores spatiales pour l'interaction, et des démarches de conception se fondant de plus en plus sur une approche de type anthropo-technique. La communauté informatique des développeurs et concepteurs d'IHM s'était déjà enrichie de sa confrontation avec l'ergonomie, la psychologie, les sciences du langage et sciences cognitives, pour aller vers des démarches plus centrées sur l'utilisateur. Progressivement c'est tous les fondements de la science IHM, qui sont revisités et qui donnent naissance à de nouvelles classes de systèmes informatiques plus réflexifs, laissant par là une place plus importante aux usagers dans le processus de co-construction des futures infrastructures pour la communication et la collaboration et leur participation aux futurs ajustements qui seront nécessaires dans l'usage (Bourguin et Derycke, 2005).

L'essor de technologies, plus universelles, plus omniprésentes, comme celles de l'Internet et du Web, est en train d'accélérer les processus de dissémination et d'appropriation des technologies pour le TCAO, avec des champs d'application de plus en plus nombreux et sortant largement du domaine professionnel. L'apparition de véritables communautés virtuelles en ligne, de communautés de pratiques s'appuyant sur le potentiel des TIC, montre que les processus d'appropriation ont fait leur chemin.

Dans le champ actuel de la recherche en TCAO, il existe de nouveaux enjeux que nous n'avons pas traités ici. Il apparaît en effet que les conséquences de la mobilité, de l'utilisation de plateformes d'interaction utilisateurs de plus en plus nomades, et des services à valeurs ajoutées des nouveaux réseaux numériques intelligents, appellent des nouvelles démarches de conception des futurs collecticiels qui puissent tirer parti du potentiel de ces nouvelles technologies et des nouveaux contextes d'usage dans le cadre de l'informatique devenue ubiquitaire. Le support aux pratiques collectives distribuées, au travail en équipe, à la collaboration interorganisationnelle, doit prendre en compte :

- le fait que l'espace temps/lieu décrit § 1.2 possède ces caractéristiques encore plus dynamiques et imprévisibles. Mais que l'on pourra tirer parti des processus de géolocalisation pour apporter de l'information contextualisée ;
- les phénomènes d'intermittence dans la communication avec les mobiles pourraient affecter la collaboration ;
- le fait que les usagers utiliseront pour leur participation à l'activité collective des objets de communication de plus en plus hétérogènes tant en terme de capacités et de standards techniques, que dans le type de communication soutenues : textuelles, vocales, autres…

Dans le champ des IHM, le TCAO est lui aussi en train de prendre en compte les avancées récentes, par exemple dans le domaine de la plasticité des interfaces, pour les adapter à la conception des collecticiels.

Bibliographie

Bannon, L. "From Human Factor to Human Actor: The Role of Psychology and Human-Computer Interaction Studies in Systems Design". In *Greenbaum, J. & Kyng, M. (Eds.) (1991) Design at work.: Cooperative Design of Computer Systems.* Hillsdale: Lawrence Erlbaum Associates, p. 25-

Bourguin, G. Derycke, A, Tarby, JC. "Beyond the Interface: Co-evolution inside Interactive Systems - A proposal founded on Activity Theory", *Proceedings of IHM-HCI 2001*, Lille, France, 10-14 September 2001, Springer Verlag, 297-310

Bourguin, G. Derycke, A. «Systèmes interactifs en co-évolution: réflexions sur les apports de la théorie de l'activité au support des pratiques collectives distribuées». *Revue d'Interaction Homme-Machine*, AFIHM Europia, volume 6, juin 2005, 29 pages.

Clark, H. H., Brennan, S. A. "Grounding in communication". In: Resnick, L.B., J.M. Levine et S.D. Teasley (Eds.). *Perspectives on socially shared cognition.* Washington: APA Books, 1991.

Dewan, P. and R. Choudhary, "Coupling the user interfaces of a multiuser program". *ACM Transactions on Computer-Human Interaction*, 2 (March 1995), 1, p. 1-39.

Dourish, P. Button, G. "On 'Technomethodology': foundational relationships between ethnomethodology and system design". *Human-Computer Interaction*, volume 13, Lawrence Erlbaum Associates, 1998, p. 395-432.

Engeström, Y. "Learning by Expanding: an activity theoretical approach to developmental research". Orienta Konsultit Oy, Helsinki, 1987.

Erickson, T. Kellog, W. "Social Transluscence: an approach to design systems that support social processes". *ACM transactions of Compter Human Interface* (TOCHI), vol. 7(1), 2000, p. 59-83.

Gray, P. and Nunamaker, J.F. “Group Decision Support Systems”. In R. Sprague et H.J. Watson (eds.) *Decision Support For Management,* Upper Saddle River, New Jersey: Prentice Hall, 1996.

Hilz, R. et Turrof, M. *The Network Nation: Human Communication via Computer.* Addison Wesley, London, 1978.

Hughes, J., King, V., Rodden, T., Anderson, H. “Ethnography in interactive systems design”. ACM *Interaction,* April 95, vol. 11.2, p. 57-65.

Hutchins, E. «Comment le cockpit se souvient de la vitesse». In *Le Travail Humain,* 1994.

Karsenty, A. *Groupdesign: un collecticiel synchrone pour l'édition partagée de documents.* Thèse de doctorat en informatique, LRI, Université de Paris-Sud, 1994.

Kuutti, K. “Activity Theory and its applications to information systems research and development”. In *Information systems Research: Contemporary Approaches and Emergent Traditions,* Nissen, H, Klein, H. Hirschheim, R. (eds), Elesevier Science Publishers, BV (North Holland), 1991, p. 529-549,

Longchamp, J. *Le travail Coopératif et ses Technologies.* Hermès Lavoisier, Paris, 2003.

MacKay, W. “Patterns of sharing customisable software”. *Proceeding of the ACM CSCW conference,* 1990.

Morch, A. “Three Levels of End-user Tailoring: Customization, Integration, and Extension”. In M. Kyng et L. Mathiassen (eds), *Computers and Design in Context,* The MIT Press, Cambridge MA, 1997.

Nardi, B. *Context and consciousness: activity theory and Human-Computer Interaction.* Eds., Cambridge, Ma, MIT Press, 1996.

Roseman, M. and Greenberg, S. (1996). “Building Real Time Groupware with GroupKit, A Groupware Toolkit”. ACM *Transactions on Computer Human Interaction* 3(1), March 1996

Schmidt, K. Simone, C. “Coordination Mechanisms: towards a conceptual foundations of CSCW systems design”. In *Computer Supported Cooperative Work: The Journal of Collaborative Computing,* vol. 5, n° 2-3, 1196, p. 155-200.

Sommerville, I. Bentley, R. Rodden, T. Sawyer, P. “Co-operative systems design”, *The Computer Journal,* vol. 37, n° 5, 1994, p. 357-366.

Vicente, K. “HCI in the Global Knowledge Based Economy: Designing to Support Worker Adaptation”, ACM *Transactions on Computer-Human Interaction,* vol. 7, n° 2, 2000, p. 263-280

Vygosky, L. *Pensée et Langage.* Nouvelle édition, traduction de F. Sève, Édition La Dispute, 1997.

Wild, P. Macredie, R. “On Change and tasks”, in McDonald, Waern, Cockton (eds) *People and Computer XIV – Usability or Else,* Proceedings of BCS HCI'2000, Springer Verlag, 2002, p. 45-59

Winograd, T. Flores, F. *L'Intelligence Artificielle en question.* PUF, Paris, 1989 (version anglaise 1986)

Systèmes multimédias

Coordination : Atilla Baskurt

Introduction

Atilla Baskurt

Le développement des nouvelles technologies de l'information et de la communication (NTIC) bouleverse le quotidien de nos concitoyens. Il est difficile aujourd'hui d'imaginer ce que sera l'ordinateur individuel de demain. La course à la puissance des microprocesseurs a laissé place à la concurrence en bande passante pour accéder à ces NTIC : les problématiques se posent en termes de contenus multimédias, de supports et protocoles de transmission, de services et usages, de partage d'information et de sécurité.

Les avancées spectaculaires visibles ces dernières années sont issues d'une activité très soutenue de recherche et de développement commencée dans les années quatre-vingt. À titre d'exemple, nous pouvons citer la norme JPEG pour la compression des images fixes (chapitre « Compression des images »). L'étude JPEG fait partie des projets scientifiques ayant mobilisé une très large communauté de chercheurs. Cette étude, démarrée en 1987, est devenue une norme en 1993. Notons que les travaux en compression des images qui ont permis d'établir cette norme, ont été initiés bien plus tôt, en 1974 pour la transformée cosinus discrète. De plus, toute la théorie de l'information et les méthodes de codage sans perte (chapitre « Théorie de l'information et codage de source ») ont été mises à contribution.

Cet exemple de transfert technologique (dans un laps de temps de quinze à vingt années) peut être aisément généralisé à d'autres méthodes et normes concernant le multimédia au sens large. La dynamique de recherche et de collaboration internationale démarrée par JPEG, s'est poursuivie avec les développements pour la compression de la vidéo (chapitre « Codage vidéo et normes ») et de l'audio (chapitre « Codage audio et normes ») et plus tard des objets 3D (chapitre « Modélisation des objets 3D, représentation et codage »). Dans cette période (1980-1996), la communauté scientifique a apporté des solutions visibles et efficaces à la problématique suivante : comment comprimer les données multimédia de manière optimale au sens débit-distorsion en se basant sur la théorie de l'information et les méthodes de quantification et de codage (chapitre « Théorie de l'information et codage de source »)?. Les supports de transmission et de stockage véhiculent ou sauvegardent aujourd'hui des quantités phénoménales de données grâce à ces solutions en compression. Les caractéristiques de ces supports mesurées en débit (en bande passante) et en octets, influent directement sur la qualité des données reconstruites. Ainsi, un débit de 3-5 Mbit/s permet d'obtenir la qualité visuelle d'un DVD pour la vidéo. Alors que les 64 kbit/s de la visiophonie imposent une autre qualité (nettement plus dégradée) pour la transmission de la même séquence vidéo.

En ce qui concerne la musique, la méthode MP3 permet aujourd'hui de stocker dix fois plus de musique sur un même support que la méthode utilisée pour les CD audio (cent cinquante chansons au lieu de quinze...) et ceci avec une dégradation quasi inaudible de la qualité sonore.

En parallèle de ces développements, la communauté des chercheurs en protocoles de réseaux, a proposé des protocoles dédiés au multimédia. Ces protocoles, appelés RTP, RTCP, permettent une transmission temps réel en assurant une qualité de service de bout en bout (chapitre « Voix, multimédia sur réseau IP »). On parle de convergence voix, données, images sur l'Internet.

En plus des protocoles dédiés, les débits accessibles pour le grand public ont fait un bon spectaculaire ces dernières années. Les 64 kbit/s des modems sont oubliés. La technologie XDSL permet d'atteindre les 8 Mbit/s sur une simple ligne téléphonique. C'est une vraie révolution en termes de services et d'usages que l'on peut offrir à l'utilisateur final. Il ne suffit pas en effet d'augmenter la cadence. Il faut proposer du contenu multimédia et des services et usages innovants pour générer des flux de données adaptés aux offres de débit. Citons quelques exemples de travaux de recherche en cours :

- l'accès rapide à une information ciblée se trouvant dans une large base d'images ou de vidéos : cela nécessite une indexation intelligente et un service offrant la possibilité d'utiliser une image ou une séquence vidéo comme requête (à la place d'un mot-clé) : le chapitre « Indexation des données et recherche dans les bases multimédias » détaille les enjeux et les techniques d'indexation ;
- la sécurisation des échanges en termes de cryptage et surtout en termes de protection du contenu multimédia pour assurer les droits d'auteur. Les techniques de tatouage permettent aujourd'hui d'intégrer des signatures numériques invisibles dans les images, vidéos, objets 3D (cf. le chapitre « Tatouage des données multimédias, enjeux et applications potentielles ») ;
- il est possible aujourd'hui de mélanger les données réelles et les données synthétiques 2D et 3D. Le 3D fait l'objet d'un chapitre entier (chapitre « Modélisation des objets 3D, représentation et codage »). Cela permet, comme on peut voit au cinéma, de renforcer l'effet visuel ; on parle de réalité augmentée. Une autre thématique concerne le rendu réaliste des scènes réelles, autrement dit, créer de manière synthétique, des rendus quasi identiques à une photo réelle par exemple ; ces techniques sont présentées dans le chapitre « Rendu réaliste ».

Cette section est composée de quatre parties :
- la première (chapitres 1, 2 et 3) constitue une introduction aux techniques de base nécessaires à la compréhension de toute la section : sur la théorie de l'information, sur les méthodes d'analyse et de synthèse des images ;
- la seconde (chapitres 4, 5, 6 et 7) est consacrée aux normes de compression des données image, audio, vidéo et 3D, méthodes et technologies qui permettent aujourd'hui de transmettre, de visualiser ou d'écouter ces données avec une qualité quasi parfaite et qui conduisent ainsi à de nombreuses applications multimédia grand public ;
- la troisième (chapitres 8, 9 et 10) présente des fonctionnalités multimédias nouvelles telles que l'indexation et le tatouage pour accéder rapidement et de manière sécurisée aux données. Elle consacre aussi un chapitre aux techniques de rendu réaliste qu'il est important de voir comme une fonctionnalité permettant de visualiser des données synthétiques proches de scènes réelles ;
- la quatrième et dernière partie (chapitre « Voix, multimédia sur réseau IP ») concerne les protocoles de réseaux dédiés au multimédia, ces protocoles temps réel qui transmettent les données multimédia (réelles ou réalistes) codées, tatouées et indexées en assurant une qualité de service de bout en bout.

Cette section a donc pour objectif de donner envie aux lecteurs d'aller plus loin dans leur compréhension des divers concepts et techniques qui la composent. S'il faut résumer le contenu de cette section par un seul mot-clé (entreprise délicate), il faudra choisir le mot « innovation ». Ce fut le cas de JPEG à MPEG 7. L'innovation devra continuer dans les services, en particulier dans le 3D, dans le partage d'information sécurisé et dans le travail collaboratif. Les usages à imaginer devront être « naturels », interactifs et permettre l'ubiquité des utilisateurs.

Théorie de l'information et codage de source

H. Benoit-Cattin

Mots-clés : entropie, codage entropique, codage par longueur de plage, codage dictionnaire.

Résumé : ce chapitre présente quelques points clés de la théorie de l'information comme la notion d'entropie, de débit d'information, de codage de source ou de codage de canal. On donne ensuite les principes de fonctionnement illustrés par des exemples des principaux codeurs de sources (Huffman, arithmétique, longueur de plage, dictionnaire) que l'on retrouve à l'intérieur de standards multimédias comme les formats GIF, JPEG, ou MPEG.

À la fin des années quarante, les premières idées sur la compression de données émergent avec le développement de la théorie de l'information par C. Shannon (Shannon, 1949) (Battail, 1997). Cette théorie propose une vue d'ensemble des systèmes de communication indépendante des supports et moyens de transmission. Elle donne une définition de la quantité d'information. Elle étudie la représentation de l'information (codage) sa transmission et sa dégradation. Avec cette théorie, et ses deux théorèmes fondamentaux (le théorème ducodage de source et le théorème du codage de canal), C. Shannon ouvre la voie aux techniques de codage. Le codage cherche à représenter l'information de façon optimale par rapport à un objectif. On définit trois grandes familles de codage :

- le codage de source qui vise à minimiser la place occupée par l'information, que l'on appelle également le codage sans perte dans le domaine de la compression ;
- le codage de canal qui vise à protéger l'information contre les erreurs de transmission ;
- le chiffrage qui cherche à protéger l'information des personnes qui n'en sont pas les destinataires.

Nous donnerons ici quelques points clés de la théorie de l'information proposée par C. Shannon comme l'entropie et le théorème du codage de source. Nous aborderons ensuite les principales techniques de codage utilisées aujourd'hui comme le codeur d'Huffman, le codeur arithmétique ou les codeurs par dictionnaires.

1 Théorie de l'information

Pour développer sa théorie, C. Shannon introduit une modélisation générale des systèmes de communication connue sous le nom de *paradigme de Shannon*. Dans ce modèle, il y a ce qui est appelé une source, un canal et un destinataire. La source est le siège d'événements aléatoires qui constituent les messages. Les messages portent l'information. Ils sont composés à partir des symboles élémentaires que peut émettre la source, encore appelés lettres. L'ensemble des lettres est appelé alphabet. Le canal transporte les messages au destinataire. Ces messages peuvent être dégradés par les perturbations qui affectent le canal.

Une source d'information est caractérisée par la quantité d'information qu'elle émet (on parle d'entropie) et le canal par la quantité d'information qu'il peut transmettre (on parle de capacité).

1.1 Quantité d'information, entropie et débit

La quantité d'information est définie comme une mesure statistique de l'inattendu, de l'improbable. Elle est donc différente de ce que l'on appelle «information» dans le langage usuel et qui est fortement liée à la sémantique.

Soit une source S, qui émet n symboles différents notés s_i avec une probabilité p_i.

La quantité d'information associée à l'émission d'un symbole est définie par:

$h(s_i) = -\log_2(p_i)$

Son unité est le bit *(binary information unit)*. Ainsi, plus un symbole possède une probabilité d'apparition faible, plus son émission apportera une grande quantité d'information.

On appelle entropie, la quantité d'information moyenne émise par une source. Elle est définie par:

$$H(S) = -\sum_{i=1}^{n} p_i \log_2(p_i)$$

Son unité est le bit par symbole.

La connaissance de la durée moyenne d'émission d'un symbole de la source (notée τ), permet à partir de l'entropie d'en déduire le débit d'information d'une source exprimé en bit par seconde (noté D) par:

$$D = \frac{H(S)}{\tau}$$

L'entropie est toujours positive et elle est bornée. Pour un alphabet de taille n, la valeur maximale de l'entropie est $log_2(n)$. On obtient ce maximum lorsque tous les symboles ont la même probabilité d'apparition.

Pour une source binaire qui n'émet que deux symboles (0 et 1 par exemple), l'entropie maximale vaut un bit par symbole. C'est-à-dire qu'au mieux, un symbole binaire transporte un bit d'information. Sachant qu'un symbole binaire est associé en informatique à ce que l'on appelle un bit, on peut en conclure qu'au mieux un bit informatique est capable de transporter un bit d'information.

Ainsi, grâce au calcul de l'entropie et au débit d'information associé, il est aisé de prévoir le type de support de transmission nécessaire. Ces supports doivent offrir un débit binaire au moins égal au débit d'information.

L'entropie étant bornée, on peut calculer la redondance d'une source notée R. Elle est égale à l'entropie maximale que pourrait avoir cette source ($log_2(n)$) moins l'entropie de la source.

L'objectif du codage de source est de chercher à supprimer cette redondance pour obtenir la représentation la plus compacte possible de l'information émise par une source.

1.2 Théorèmes et codage

Le codage de source s'est développé à partir du théorème du codage de source proposé et démontré par Shannon. Ce dernier dit qu'il est toujours possible par un codage approprié (basé sur le codage de paquet de symboles de la source), de supprimer toute la redondance d'une source. Ce théorème se place dans le cas d'un canal sans perturbation, sachant que c'est le codage de canal qui protégera les messages des perturbations.

Le codage de canal s'appuie sur le théorème de codage de canal de C. Shannon. Ce dernier dit que le taux d'erreur de transmission peut être diminué autant que voulu en rajoutant une redondance calculée aux messages transmis. La redondance est introduite par des symboles supplémentaires appelés caractères de contrôle. Plus on en rajoute, plus on est résistant aux erreurs. Les exemples de codage de canal sont multiples. Cela peut être une simple répétition de mots que l'on a tous pratiquée lorsque l'on parle dans des environnements très bruités, ou encore les annonces de voies dans les gares (voie B comme Bernard, voie D comme Daniel). Le codage de canal est également implanté dans les protocoles de réseau mis en œuvre sur Internet par exemple à travers ce que l'on appelle les *check sum* ou les CRC (*Cycle Redundancy Check*).

Dans la suite du chapitre, nous aborderons uniquement les algorithmes de codage de source.

2 Codage de source

2.1 Généralités

On appelle un code un ensemble de mots codes. Chaque mot code est associé à un symbole de la source. Un mot code est fabriqué à partir de l'alphabet du codeur. On parle de codeur binaire lorsque les mots codes sont composés de 0 et de 1.

s_i	Code A	Code B	Code C
A	00	0	0
E	01	10	01
I	10	110	011
O	11	111	111

Tableau 1 Exemple de codes binaires pour une source émettant quatre symboles (A, E, I, O). Le code A est un code de longueur fixe. Les codes B et C sont des codes à longueur variable. Le code B (mais pas le C) est un code instantané car aucun mot code n'est le préfixe d'un autre ce qui permet un décodage instantané des mots code reçus.

Il y a des codes de longueur fixe (tableau 1, code A) pour lequel tous les mots codes ont la même longueur, c'est-à-dire qu'ils sont formés avec un nombre identique de symboles. Il y a des codes de longueur variable (tableau 1, codes B et C) pour lesquels les mots codes ont des longueurs différentes. Pour ce type de code, on cherchera à fabriquer des codes dits séparables, c'est-à-dire pour lesquels il n'est pas nécessaire de rajouter des symboles particuliers pour séparer les mots codes.

On peut calculer l'efficacité d'un codeur de source. Elle est donnée par :

$$\eta = \frac{H(S)}{\bar{l}.\log_2(M)}$$

où $H(S)$ est l'entropie de la source à coder, M la taille de l'alphabet utilisé par le codeur pour fabriquer les mots code, et $\bar{l}$ la longueur moyenne des mots codes.

2.2 Codage d'Huffman

Le codeur d'Huffman proposé en 1952 (Huffman, 1952) est un codeur à longueur variable. Il découle directement de la théorie de l'information. Il consiste à coder les symboles les plus rares par des mots codes les plus longs et les symboles fréquents par des mots code courts. C'est un code dit optimal, c'est-à-dire que pour un ensemble de symboles codés séparément, il donne la meilleure efficacité. Il est intégré à des standards de compression actuels comme celui du fax, JPEG pour les images fixes, MPEG-2 pour la vidéo, ou MP3 pour l'audio. Nous allons détailler son principe à travers un exemple.

Considérons une source qui émet cinq symboles notés (A, B, C, D, E). L'étude des messages émis par cette source a permis d'estimer la probabilité d'émission de chaque symbole.

Étape 1 : À partir des probabilités, on fabrique un arbre en recherchant les deux probabilités les plus faibles, et en les additionnant pour former un nœud de l'arbre. On répète cette opération jusqu'à la racine de l'arbre comme le montre la figure 1.

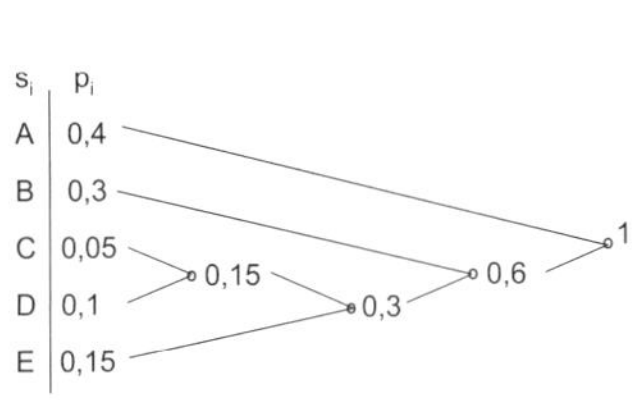

Figure 1 Exemple de construction de l'arbre d'Huffman pour une source à cinq symboles

Étape 2 : On étiquette chacune des deux branches qui partent d'un nœud avec soit 0, soit 1. On génère les mots code, en associant les étiquettes des branches rencontrées de la racine de l'arbre à chacun des symboles (figure 2).

L'association « symbole/mot code » forme le code et est appelée table d'Huffman. Seule la connaissance de cette table est nécessaire pour coder et décoder.

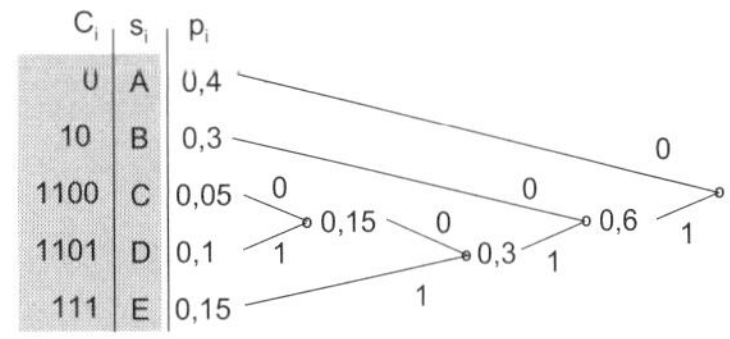

Figure 2 Génération des mots codes. La table d'Huffman apparaît en grisé

Étape 3 : Pour coder un message, il suffit de remplacer les symboles par les mots codes associés. Ainsi, le message « DAEBABEACAB » sera codé par « 11010111100 1011101100010 ».

On peut remarquer qu'il n'y a pas de séparation entre les mots codes du message codé. Ce n'est pas nécessaire car le code d'Huffman est un code séparable et instantané. Cette propriété est obtenue grâce à l'arbre utilisé pour générer les codes qui garantit qu'aucun mot code ne peut être le préfixe d'un autre.

On peut calculer l'efficacité du codeur obtenu selon la formule donnée plus haut. On calcule l'entropie de la source et on trouve $H(S) = 2{,}01$ bit par symbole. On calcule la longueur moyenne des mots codes en faisant la somme des longueurs de chaque mot code pondérée par sa probabilité d'émission. On trouve $\bar{l} = 2{,}05$ symboles. On est dans le cas d'un codeur binaire donc la taille de son alphabet M est égale à 2. Le calcul donne alors une efficacité pour ce codeur de 98 %.

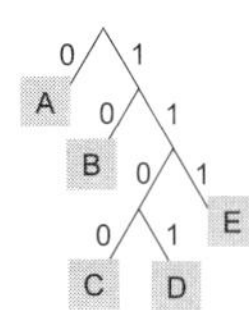

Figure 3 Arbre de décodage associé à la table d'Huffman de la figure 2

Étape 4 : Pour décoder, il faut générer l'arbre de décodage à partir de la table d'Huffman, comme montré figure 3. Le décodage peut alors commencer. On se place à la racine de l'arbre, et en fonction des symboles reçus (0 ou 1), on se déplace dans l'arbre jusqu'à arriver dans une feuille qui est associée à un symbole de la source et nous permet donc de décoder. On repart ensuite à la racine de l'arbre et ainsi de suite.

On peut remarquer que ce codeur ne nécessite aucun calcul ni pour coder ni pour décoder. Grâce à l'usage d'un arbre, il n'y a aucune comparaison à faire entre un mot code reçu et tous les mots codes possibles.

Il possède néanmoins quelques limites. En effet, dans le cas d'une source où les probabilités sont très déséquilibrées, il nécessite le codage de groupes de symboles pour arriver à une bonne efficacité. Pour contourner ce défaut, il est souvent associé à du codage dit par longueur de plage.

2.3 Codage par longueur de plage

Le codage par longueur de plage consiste à coder un nombre de symboles identiques plutôt qu'une simple succession de symboles. Il trouve tout son intérêt dans le cas de source binaire très redondante, c'est-à-dire pour lesquelles un symbole apparaît beaucoup plus souvent qu'un autre. C'est le cas par exemple du fax.

Dans ce cas, une feuille de papier A4 censée contenir un texte est découpée à raison de 4 lignes par mm et de 1728 colonnes par ligne. Une case plutôt sombre générera le symbole *1*, et une case plutôt claire le symbole *0*. Pour un texte, on obtiendra donc souvent de longues plages de *0*. La norme de codage actuelle (CCITT fax III) met en œuvre le codage par longueur de plage suivant. On utilise une table d'Huffman à 92 entrées. Les 64 premiers mots code (C_0 à C_{63}) codent une plage de *0* (allant de 0 à 63) devant un *1*. Les 27 mots code suivants codent un nombre de *0* multiple de 64 (C_{64}, C_{128}, C_{192}... C_{1728}). Le dernier mot code (C_{FLI}) est appelé «code fin de ligne». Il est utilisé dès lors qu'après un *1*, il n'y a plus que des *0* jusqu'à la fin de la ligne.

La ligne suivante «$0_3110_{12}10_{63}10_{64}10_{132}10_{1448}$» sera codée donc par les mots code $C_3C_0C_{12}C_{63}C_{64}C_0C_{128}$ C_4C_{FLI}.

La table d'Huffman du fax est incluse dans la norme et elle est donc connue de fait à l'émission et à la réception. Cette table a été définie après une étude statistique de nombreux courriers standard. En moyenne, cela permet de diviser par sept le temps d'émission d'un fax. Par contre, dès lors que l'on utilise le fax pour transmettre des documents qui ne sont pas du texte, on peut perdre du temps par rapport à la transmission brute des symboles binaires initiaux. Ceci s'explique par le fait que l'on s'éloigne trop de la statistique utilisée pour définir la table d'Huffman du fax.

On retrouve un codage similaire à celui du fax dans les normes JPEG et MPEG où un codeur d'Huffman à 162 mots codes sert à coder un nombre de valeurs nulles devant une valeur non nulle.

Dans les nouvelles normes de compression comme JPEG2000 ou fax IV, le codage par longueur de plage a laissé la place à une approche plus simple à mettre en œuvre, le codage arithmétique.

2.4 Codage arithmétique

Par principe, un codeur arithmétique va coder une succession de symboles par un nombre à virgule flottante. Ce nombre correspondant au mot code est construit à la volée en traitant un à un les symboles d'un message. Ce mécanisme astucieux proposé en 1976 par J. Rissanen (Rissanen, 1976) permet de se rapprocher de la compression optimale au sens de la théorie de l'information.

s_i	p_i	a_i	b_i
A	1/9	0	1/9
E	3/9	1/9	4/9
J	1/9	4/9	5/9
N	2/9	5/9	7/9
T	2/9	7/9	1

Tableau 2 Exemple de table de codage arithmétique. s_i correspond aux symboles de la source, p_i à leur probabilité d'émission et $[a_i: b_i[$ au sous-intervalle associé à chaque symbole

Le codeur arithmétique est un codeur dit statistique ou encore entropique comme celui d'Huffman car il a besoin des probabilités d'émission des symboles. À partir de là, il associe à chaque symbole un sous-intervalle de l'intervalle [0:1[proportionnel à l'apparition des symboles comme dans l'exemple donné tableau 2. La table associant symbole et intervalle est le seul élément nécessaire pour le codage et le décodage.

```
m = 0; M = 1;
Tant que !(fin de message)
{
   si = symbole suivant;
   soit [ai;bi] associé à si;
   d = M - m;
   M = m + d.bi;
   m = m + d.ai;
} Fin tant que
Renvoyer C = m, le code du message
```

Figure 4 Algorithme de codage arithmétique

L'algorithme de codage est donné figure 4. Si on l'applique au message «JEANNETTE», on obtient les étapes données tableau 3. Au final, ce message sera codé par le nombre 0,5474066.

Coté décodeur, l'algorithme donné figure 5 réalise les opérations inverses.

```
C = nombre codé
Faire
{
   Trouver i tel que C ∈ [ai; bi [
   Sortir si
```

s_i	d	m	M
J	1.0000000	0.4444444	1.0000000
JE	0.5555555	0.5061728	0.7530864
JEA	0.2469135	0.5061728	0.5336076
JEAN	0.0274348	0.5214144	0.5427526
JEANN	0.0213382	0.5332689	0.5498653
JEANNE	0.0165963	0.5351130	0.5424891
JEANNET	0.0073761	0.5408500	0.5482262
JEANNETT	0.0073761	0.5465870	0.5539632
JEANNETTE	0.0073761	0.5474066	0.5506849

Tableau 3 Évolution de l'intervalle de codage [m:M[et de sa taille d au cours du codage du message JEANNETTE

```
        k = b_i - a_i;
        C = (C - a_i)/k;
    }
    Jusqu'à C ∉ [0:1[
```

Figure 5 Algorithme de décodage arithmétique

Sans prendre en compte de considération pratique, un message de longueur quelconque peut toujours être représenté par un nombre à virgule flottante compris entre 0 et 1 en utilisant l'algorithme de la figure 4. En pratique, la limite est fixée par la dynamique de représentation des nombres des codeurs/décodeurs. Un message sera alors codé comme une suite de nombres et non pas par un seul nombre.

Pour un codeur donné, un nombre (qui correspond à un mot code) pourra coder un nombre variable de symboles. En effet, plus les symboles qui constituent un message ont des probabilites d'apparition fortes, moins ils vont réduire l'intervalle [m :M[, et donc plus on va pouvoir en coder sur un nombre de précision donnée.

Si le codage arithmétique a aujourd'hui remplacé le codage d'Huffman dans les nouveaux standards de compression, il possède néanmoins une limitation propre au codage statistique. Il requiert la connaissance de la statistique d'émission des symboles. Cette dernière n'est pas toujours accessible ou bien est très variable au cours du temps (cas des sources dites non stationnaires). Dans ce cas, on peut faire appel à des codeurs dits «dictionnaire» qui sont largement utilisés dans le domaine du codage de fichiers informatiques puisqu'il sont au cœur des logiciels de compression de fichiers comme *winzip* ou *gnuzip*.

2.5 Codage dictionnaire

Le principe des codeurs dictionnaire, introduits dès 1977 par A. Lempel et J. Ziv (Ziv, 1977), consiste à coder un message en en codant chaque mot par leur numéro à l'intérieur d'un dictionnaire. Le numéro est en fait lui-même codé, par exemple par un mot code binaire de longueur fixe dont la longueur dépend du nombre de mots du dictionnaire. Pour que le décodage puisse avoir lieu, codeur et décodeur doivent partager le même dictionnaire. On rappelle que dans le contexte du codage, un mot est un ensemble de symboles ou lettres sans signification sémantique, et qu'un message est un ensemble de mots.

On peut penser coder les messages avec un dictionnaire unique contenant tous les mots possibles que peut émettre une source. Dans ce cas, le problème suivant apparaît. Il y aura un très grand nombre de mots dans le dictionnaire et leur numéro associé demandera un mot code très long alors que dans un message donné, seul un nombre très restreint de mots sera utilisé.

Pour contourner ce problème, on pense naturellement à utiliser un dictionnaire adapté au message à coder ne contenant que les mots du message. Dans ce cas, un petit nombre de mots formera le dictionnaire, et leur numéro pourra être représenté sur un mot code court. Mais le dictionnaire étant spécifique à chaque message, il faut le transmettre au décodeur avec le message. Le coût de transmission d'un dictionnaire adapté peut alors annuler le gain de codage obtenu.

C'est en 1984 que T. Welch (Welch, 1984) trouve une solution pour pouvoir coder un message avec un dictionnaire adapté au message sans avoir besoin de le transmettre. On parle alors de codeur type LZW (Lempel, Ziv, Welch). Le principe est le suivant. Le codeur et le décodeur commencent par utiliser un dictionnaire élémentaire composé des symboles que peut émettre la source (alphabet de la source). Lorsque le codeur doit coder un mot nouveau, il code les symboles du mot par leur numéro dans le dictionnaire et rajoute ce mot dans son dictionnaire. Le décodeur décode chacun des symboles composant le mot et rajoute à son tour le mot dans son dictionnaire. À ce moment-là, codeur et décodeur auront enrichi leur dictionnaire respectif sans avoir eu besoin de s'échanger les dictionnaires. La deuxième fois que le codeur aura à coder ce mot, il pourra utiliser son numéro dans le dictionnaire, et le décodeur pourra le décoder. Ainsi, au fil du message les dictionnaires du codeur et du décodeur évolueront en parallèle. Plus, les mots se répéteront dans le message et plus le codeur sera efficace.

Le codeur LZW est le cœur des logiciels de compression de fichiers mais il est également intégré depuis 1987 dans les formats d'images GIF ou TIFF.

```
D = {Mi,i,Ci}, P = ∅
Tant que !(fin de message)
{
   S = symbole suivant;
   Si (P ⊕ S) ∈ D
   Alors P = P ⊕ S
   Sinon
    Rajouter (P ⊕ S) à D
    Coder P par le Ci correspondant
    P = S
   Fin si
} Fin tant que
Coder P par le Ci correspondant
```

Figure 6 Algorithme de codage LZW. Le dictionnaire D est composé de mots (M_i), de leur numéro (i) et de leur mot code associé (C_i). P représente le préfixe, il est initialisé à vide au départ. Le symbole ⊕ indique une concaténation.

Analysons plus en détail l'algorithme de codage (figure 6) et appliquons-le au message suivant (01000-1001001011010101001 01) émis par une source binaire. Le dictionnaire obtenu après le codage de ce message est donné dans le tableau 4. Le dictionnaire initial ne contient que deux mots correspondant aux deux symboles binaires 0 et 1. À la fin du message, le dictionnaire contiendra 14 mots. Le message est codé par l'émission des mots code associés aux numéros «0 1 0 4 3 2 5 2 3 10 7 7 1». Le code du message n'utilise donc que 7 des 14 mots du dictionnaire. Les mots non utilisés sont des mots qui n'ont été rencontrés qu'une fois.

L'algorithme de décodage est légèrement plus complexe et il est donné figure 7. Il démarre avec le même dictionnaire binaire que le codeur et va le faire évoluer au fur et à mesure des mots code reçus.

```
D = {Mi,i,Ci}
C = premier mot code
Décoder (C) par Mi (C)
Tant que (mot code à décoder)
{
   W = C
   C = mot code suivant
   Si (C ∈ D)
    Décoder (C) par Mi(C)
    P = Mi(W)
    S = 1er symbole de Mi(C)
    Ajouter (P ⊕ S) à D
   Sinon
    P = Mi(W)
    S = 1er symbole de Mi(W)
    Ajouter (P ⊕ S) à D
    Décoder (P ⊕ S) par Mi(P ⊕ S)
   Fin si
} Fin tant que
```

Figure 7 Algorithme de décodage LZW. Le dictionnaire D va évoluer de façon similaire à celui du codeur

M_i	i
0	0
1	1
01	2
10	3
00	4
001	5
100	6

M_i	i
010	7
0010	8
011	9
101	10
1010	11
0100	12
0101	13

Tableau 4 Dictionnaire obtenu après le codage LZW du message (0100010010010110101010 01 01). M_i correspond au mot du dictionnaire et i à leur numéro. Le dictionnaire initial ne contient que deux mots: '0'et '1'

Une des problématiques liées à ce type de codeur est la gestion des mots codes associés aux numéros des mots du dictionnaire. En effet, comme le dictionnaire évolue au fil du codage, comment coder les numéros des mots du dictionnaire?

La stratégie de base consiste à utiliser un code binaire de longueur fixe mais qui varie chaque fois que la taille du dictionnaire atteint une nouvelle puissance de 2. En effet, avec n symboles binaires (bits), on peut coder des numéros allant de 0 à 2^{n-1}. Dans notre exemple, on peut commencer en codant les numéros sur deux bits. Dès que le mot numéro 4 «00» entre dans le dictionnaire, on code les numéros sur 3 bits jusqu'à l'entrée du mot numéro 8 «0010» où on passera à 4 bits par numéro. De ce fait, au fil du codage, un même mot du dictionnaire sera codé par deux mots code différents. Dans notre exemple, c'est le cas du «1» qui sera codé par «01» la première fois et par «0001» la deuxième. Le décodeur suivra la même stratégie puisqu'il construit son dictionnaire de la même façon que le codeur.

En pratique, le dictionnaire est initialisé avec les 256 mots binaires donnant toutes combinaisons possibles de 8 symboles 0 et 1. Les numéros des mots du dictionnaire sont initialement codés sur 9 bits. La taille du dictionnaire est plafonnée à 6 536 (=2^{16}) mots qui seront codables sur 16 bits.

D'autres stratégies sont imaginables dès lors que les messages sont très longs comme des fichiers informatiques. Par exemple, on décide de la taille maximale du dictionnaire, et on applique l'algorithme de base jusqu'à ce que la taille maximale du dictionnaire soit atteinte. Dans une deuxième phase définie par un nombre de symboles à coder, on continue à coder le message en utilisant des mots codes de longueur fixe pour les numéros des mots du dictionnaire tout en observant quels sont les mots du dictionnaire qui sont utilisés. Cette observation nous donne une statistique qui nous permet de bâtir un code d'Huffman et ainsi avoir des mots codes courts pour les mots du dictionnaire souvent utilisés et des mots codes longs pour ceux rarement rencontrés. Dans une troisième phase, on utilise ce code d'Huffman pour coder les numéros des mots constituant la suite du message. Comme le décodeur peut mettre en place un mécanisme similaire à celui du codeur, il n'est pas nécessaire de transmettre au décodeur la table d'Huffman construite par le codeur.

Ce dernier exemple illustre les évolutions des techniques de codage. Initialement, ces techniques comme le codeur d'Huffman, étaient fortement basées sur une théorie. Aujourd'hui, on parle de codeurs hybrides, qui cherchent à tirer partie de toutes les techniques dans des algorithmes se complexifiant mais utilisables grâce à l'évolution des puissances de calcul.

Les codeurs de source que nous venons de voir sont une des briques qui composent les standards de compression d'images (cf. le chapitre «Compression des images»). Ces codeurs associés à une représentation complémentaire des données et à un bloc de quantification permettent de réduire considérablement la place occupée par les images pour mieux les transmettre et les stocker. Néanmoins, cette représentation très compacte des données les rend sensibles aux erreurs de transmission et ce sera le rôle du codage de canal intégré aux systèmes et protocoles de transmission de protéger les données compressées (cf. chapitre «Voix, multimédia sur réseau IP»).

Bibliographie

Nous donnons ici les références originales des principaux travaux liés à la théorie de l'information et aux codeurs de source.

Battail G. (1997), *Théorie de l'information: applications aux techniques de communication*, Ed. Masson, Paris.

Huffman D.A. (1952), "A method for the construction of minimum redundancy codes", *Proceedings of the I.R.E.*, sept 1952.

Rissanen J. (1976), "Generalised Kraft inequality and arithmetic coding", *IBM J. Res. Dev*, n° 20.

Shannon C.E. (1949), *A mathematical theory of communication*, University of Illinois Press.

Welch T. (1984), "A Technique for High-Performance Data Compression", *Computer*, Juin 1984.

Ziv J., Lempel A. (1977), "A Universal Algorithm for Sequential Data Compression", *IEEE Transactions on Information Theory*, mai 1977.

Le site web anglophone donné ci-dessous est également très complet:
http://en.wikipedia.org/wiki/Category:Lossless_compression_algorithms

Traitement des images

Christine Fernandez-Maloigne, Noël Richard

Mots-clés : traitement et analyse d'images couleurs, filtrage, segmentation, classification, indexation.

Résumé : ce chapitre donne les bases des principaux algorithmes de traitement et d'analyse d'images numériques niveaux de gris et couleur, tout au long d'une chaîne traditionnelle de traitements de telles données. On trouvera sur le site de Pandore[1] une bibliothèque d'algorithmes pour tester ces traitements.

Le XXIe siècle est celui de l'image numérique, vecteur d'information pour la presse, les artistes, le monde médical mais aussi celui de l'industrie. Le traitement d'images est une science récente qui a pour but d'offrir aux spécialistes de différents domaines, comme au grand public, des outils de manipulation de ces données digitales issues du monde réel. L'histoire commence dans les années cinquante avec les rayons X. Puis vint l'étude de méthodes d'extraction automatique d'informations avec de nombreuses applications en reconnaissance de caractères et en contrôle qualité. Dans les années quatre-vingt, les efforts se poursuivirent avec l'introduction des systèmes experts qui devaient remplacer l'homme dans ses différents diagnostics ! Enfin dans le courant des années quatre-vingt et quatre-vingt-dix, le traitement d'images passe du 2D au *n*D grâce aux nouvelles possibilités technologiques. Les supports de stockage, les processeurs permettent désormais de traiter des informations multidimensionnelles de couleur et de mouvement.

Puis dans les années deux mille, l'intérêt se porte de plus en plus sur les modèles perceptifs afin d'optimiser les modèles usuels. Par ailleurs, plutôt que de développer des algorithmes utilisables dans toutes les situations, des méthodes dédiées sont développées, en intégrant de la connaissance a priori sur les contenus et surtout sur la finalité de l'exploitation des données. Le traitement d'images est donc une science en pleine évolution qu'il n'est pas possible de décrire pleinement dans ces quelques pages. Nous allons tenter de donner les bases de cette science qui a pour objectifs principaux (cf. figure 1) :

- de saisir une scène réelle pour constituer un fichier informatique, c'est l'étape d'acquisition ;
- de mettre en évidence les informations intéressantes : c'est l'étape de traitement dans laquelle on distinguera tout particulièrement les étapes de débruitage puis la segmentation ;
- d'interpréter ces informations pour décider d'un diagnostic ou d'une action à engager : c'est l'étape d'analyse ;

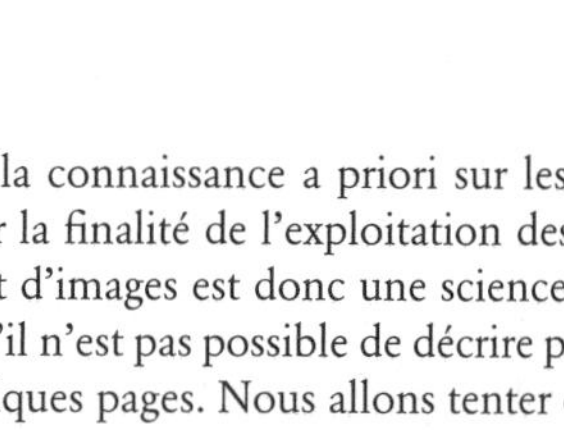

Figure 1 Chaîne de traitement et d'analyse d'images

[1] http ://uranus.greyc.ismra.fr/~regis/pandore.

- sans oublier les étapes de stockage des informations, à différentes étapes de la chaîne, et de visualisation et/ou d'impression des résultats.

Dans la suite de ce chapitre, nous allons expliciter ces différents stades de manière succincte. Le lecteur pourra se référer à (Cocquerez et Philipp, 1995; Bonton et al., 2004) pour aller plus loin.

1 Acquisition

1.1 Généralités

La première étape d'une chaîne de traitement et d'analyse des images numériques est celle de l'acquisition d'une scène. Les objets de cette scène peuvent émettre de l'énergie, on parle alors d'imagerie en émission, comme l'imagerie infrarouge. Mais le plus souvent ils reçoivent une énergie lumineuse qu'ils vont en partie absorber et en partie réfléchir. L'analyse de l'énergie absorbée est le fait de l'imagerie en absorption, comme dans le cas de l'imagerie ultrasonore (échographie par exemple). L'analyse de l'énergie réfléchie concerne la majorité des applications de traitement d'images, où un capteur se substitue à l'œil d'un observateur. Un objet n'est alors visible que s'il est éclairé. Plus un objet réfléchit l'énergie lumineuse qu'il reçoit, plus il sera clair. Ce sont par ailleurs les différences d'absorption et donc de réflexion, des différentes longueur d'ondes d'un spectre lumineux qui vont donner la couleur d'un objet.

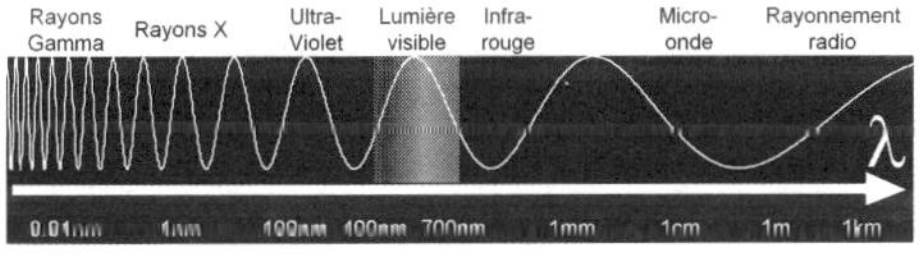

Figure 2 Le spectre visible

Les longueurs d'onde perceptibles par le système de vision humaine sont comprises environ entre 380 nm pour le violet et 780 nm pour le rouge (figure 2). Le spectre visible correspond à cette plage de longueurs d'onde. Dans l'étape d'acquisition d'une image numérique, un capteur électronique va remplacer le capteur biologique. Si l'on reste dans le domaine du visible, il existe aujourd'hui deux principales technologies basées respectivement sur les CCD (*Charge Coupled Devices*) et la technologie CMOS (Berry, 2005). Pour passer ensuite de ce phénomène continu à une image numérique, la première étape est celle de la discrétisation. Elle s'opère en deux temps : une discrétisation spatiale qui organise l'image continue généralement selon une grille de L lignes et C colonnes puis une quantification qui permet d'associer un codage numérique à la quantité d'énergie captée par chaque élément de cette grille. Le nombre b de bits de codage définit la dimension de l'espace de représentation et le nombre N de valeurs possibles ($N = 2^b$).

Soit I une image numérique :

$$I = \{(i, j) \in \{0, \ldots, m-1\} \times \{0, \ldots, n-1\}\} \tag{1.1}$$

Chaque élément $I(i, j)$ de la matrice est appelé *pixel* (contraction de *picture element*). Lorsque le nombre de bits b de codage vaut 1, l'image est dite binaire. Les images en niveaux de gris sont généralement codées sur 8 bits, la valeur 0 codant le noir et la valeur maximum 255 ($2^8 - 1$) codant le blanc. Dans le cas des images couleurs, à chaque pixel est associé un vecteur à trois composantes codées classiquement chacune sur 8 bits. L'espace de représentation choisi définit la signification des composantes (RGB, HLS, …).

1.2 Les représentations numériques de la couleur

Un espace couleur, ou système de représentation, se définit par le choix des primaires utilisées et du blanc de référence qui fixe leurs valeurs unitaires. Il peut être défini quatre familles de systèmes de représentation : les systèmes de primaires, les systèmes luminance-chrominance, les systèmes liées à la perception humaine et les systèmes d'axes indépendants. Des versions normalisées de ces systèmes sont proposées par la CIE (Commission international de l'éclairage).

Les systèmes de primaires

Le principe de la trivariance visuelle est un principe selon lequel toute couleur peut être reproduite visuellement à l'identique[1] par le mélange algébrique, en proportions définies de manière unique, de trois couleurs, appelées *primaires*, choisies sous réserve qu'aucune d'entre elles ne puisse être reproduite par un mélange des deux autres. L'ensemble des couleurs reproductibles est appelé *espace des couleurs* : espace *RVB* par exemple. Il existe autant d'espaces *RVB* qu'il y a de primaires *R*, *V* et *B* et de blancs de référence. L'espace des couleurs forme un cube selon les primaires conservées (figure 3). L'espace RVB présente quelques inconvénients, d'où la proposition de la CIE qui a défini un espace de représentation basé sur trois primaires virtuelles X, Y et Z (figure 4).

[1] La reproduction impose des conditions d'observation déterminées.

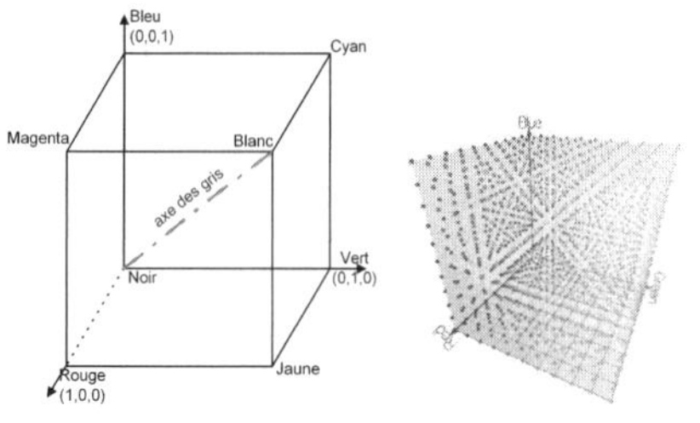

Figure 3 Discrétisation uniforme de l'espace couleur RVB (RGB) en volumes cubiques

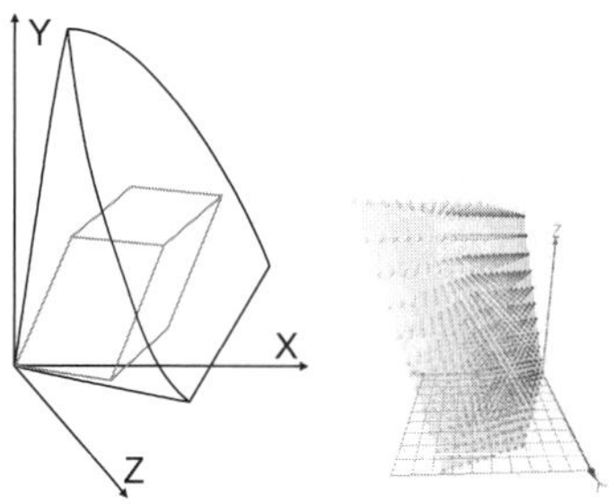

Figure 4 Discrétisation uniforme de l'espace couleur CIEXYZ en volumes cubiques

Le complémentaire de l'espace RVB est l'espace CMJ, qui est dédié à l'impression des couleurs. Il résulte d'une synthèse soustractive et est représenté par un cube comme l'espace RGB.

Les systèmes luminance chrominance

L'intérêt des espaces de type luminance-chrominance est qu'ils dissocient la composante de luminance des composantes de chrominance, suffisantes pour quantifier le caractère chromatique d'un stimulus. On peut distinguer les systèmes perceptuellement uniformes (Lab, Luv), les systèmes de télévision (YCrCb, YIQ, YUV) ou les systèmes antagonistes (AC_1C_2, OCS).

Les systèmes liés à la perception humaine

L'homme ne perçoit pas la couleur comme une combinaison de chromaticités mais selon des entités subjectives liées à la clarté, la teinte et la saturation. La teinte indique le type de couleur (rouge, jaune, bleu, etc.). La saturation indique si la couleur est pâle (ton pastel) ou vive. La clarté indique si la couleur est claire ou sombre. Il existe plusieurs systèmes de ce type. Leurs principales différences proviennent des unités et de la dynamique de chacun des trois axes couleur : *teinte, intensité, saturation*. La non-linéarité des expressions pour l'estimation de la saturation et de la teinte entraîne des discontinuités, qui sont caractérisées par le fait que deux couleurs perceptuellement proches peuvent se transformer en des composantes teinte et saturation très différentes.

Les systèmes décorrélés

Suivant la distribution des couleurs considérées, une corrélation entre les composantes du système de représentation choisi peut être observée. Il existe plusieurs méthodes pour décorréler les composantes d'un espace. L'une des plus utilisées est la transformée de Karhunen-Loeve. Ohta a également proposé un espace décorrélé pertinent (Bonton et al., 2004).

2 Traitement

Le premier objectif du traitement est l'élimination des informations non pertinentes pour faciliter l'extraction des informations utiles à l'analyse. Toute acquisition est bruitée, le bruit dépendant de la technologie (capteur, échantillonnage) ; mais aussi de la scène, du contexte (plein soleil, ombres), ou de la nature des objets eux-mêmes (spécularités, transparence). Selon sa nature, le bruit induit un effet qui peut être localisé sur un pixel ou sur un voisinage de pixels spatial ou temporel, par exemple le bruit dit «poivre-et-sel» très localisé, le bruit de *speckle*, provoquant un chatoiement, bruit granulaire de type multiplicatif ou encore le bruit additif gaussien, introduisant un flou (figure 5).

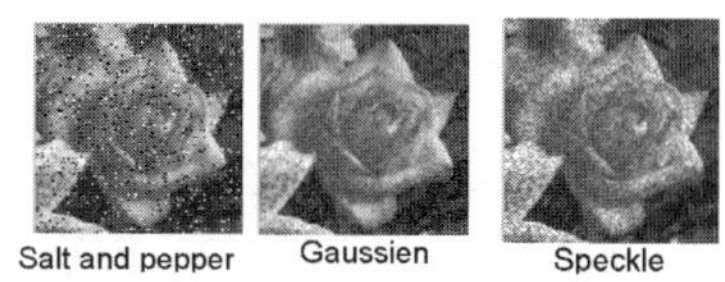

Figure 5 Différents types de bruit

Les traitements préliminaires visent à améliorer la qualité d'une image ; cependant cette notion est très subjective et souvent assujettie à un objectif. Or cet objectif peut différer entre un système automatisé et un humain. Dans tous le cas, pour les images couleur deux approches sont possibles : soit un traitement marginal[1] de chacune des trois composantes ; soit directement un traitement vectoriel sur les pixels auxquels sont associés non plus un scalaire mais un vecteur de dimension trois. Une quantification sur une palette de couleurs réduite peut permettre d'appliquer des traitements de type niveaux de gris. Des changements d'espace de représentation sont toujours bien sûr envisageables avant d'opérer les traitements.

[1]Traitement marginal : traitement séparé et indépendant sur chacun des axes de représentation.

2.1 Restauration

L'objet de la restauration est la réduction, voire l'élimination des distorsions introduites (bruits) par le système ayant servi à acquérir l'image. Le principe est de modéliser le bruit pour retrouver l'image idéale, non bruitée, à partir de l'image dégradée. Pour les bruits introduits par le capteur (bougé, défocalisation), la transformée de Fourier est utilisée. Dans ce cas, les dégradations sont supposées invariantes spatialement ce qui permet d'écrire le modèle suivant : soit f l'image à restaurer, g l'image idéale, h la réponse impulsionnelle du système linéaire modèle de la source de dégradation et b un bruit additif,

$$f(x, y) = |h * g|(x, y) + b(x, y) \tag{1.2}$$

Si h et b sont connus et si h correspond à une dégradation linéaire et invariante par translation :

$$F(u, v) = H(u, v).G(u, v) + B(u, v) \tag{1.3}$$

La restauration est effectuée par inversion du phénomène de dégradation grâce à la transformée de Fourier et à sa propriété de transformation du produit de convolution en produit fréquentiel.

2.2 L'amélioration

Le problème de l'amélioration est quant à lui lié à la perception humaine. C'est donc un problème subjectif. Le système visuel humain étant particulièrement sensible aux forts contrastes, les techniques d'amélioration tentent d'augmenter ceux-ci pour accroître la séparabilité des régions composant une scène (figure 6). Il existe deux grandes familles de méthodes : les méthodes dites globales ou ponctuelles et les méthodes locales ou dites de voisinage.

Figure 6 Rehaussement de contraste

Débruitage par méthodes globales

Les méthodes globales modifient chaque point de l'image en fonction d'une information globale sur les niveaux de gris ou les couleurs présentes dans l'image. Les méthodes les plus utilisées sont la modification de l'échelle des niveaux (contrastage, négatif, extraction de bits, découpage de l'intensité, troncature, seuillage) et la modification de l'histogramme (égalisation, spécification).

Modification de l'échelle des niveaux de gris ou des couleurs

Chaque niveau de gris est modifié dans le but d'accroître le contraste. Ce type de correction est adapté aux images dont la majeure partie des niveaux de gris (ou de couleurs) présents dans l'image est concentrée dans un faible intervalle sur l'échelle des intensités lumineuses ou chromatiques. Soit g l'image de départ et $\widetilde{g}$ l'image après une telle transformation notée t :

$$\widetilde{g}(x, y) = t\,(g(x, y)) \tag{1.4}$$

La figure 7 illustre quelques transformations possibles. En plus de celles-ci, il est possible de distinguer une transformation particulière qui consiste à sélectionner une valeur, dite *seuil*, en dessous de laquelle les valeurs des pixels sont mises à 0 et au-delà de laquelle elles sont placées à 255. On parle alors de binarisation.

$$\widetilde{g} = \begin{cases} 0 & \text{si } g(x, y) \leq T \\ 1 & \text{si } g(x, y) > T \end{cases} \tag{1.5}$$

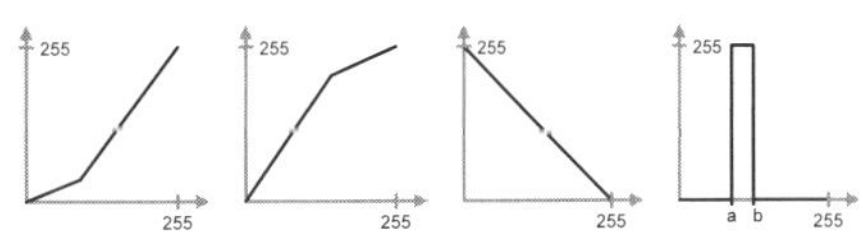

Figure 7 Modifications de l'échelle des niveaux de gris ou de couleur

Modification de l'histogramme

L'histogramme de l'image I est une fonction H définie sur l'ensemble des entiers naturels par :

$$H(x) = card\,\{P : I(P) = x\} \tag{1.6}$$

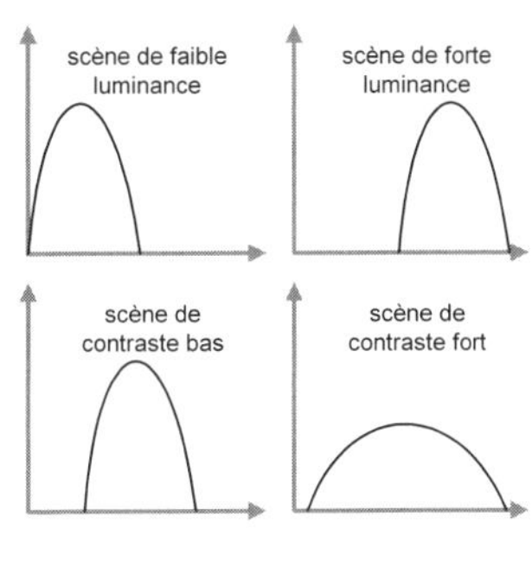

Figure 8 Différentes formes d'histogrammes

$H(x)$ correspond au nombre d'occurrences de la couleur (ou du niveau de gris) x dans l'image I [1]. L'histogramme résume une image à l'ensemble des couleurs présentes et offre un moyen simple d'appréhender le contenu numérique. Il ne contient néanmoins aucune information quant à la répartition spatiale des niveaux de gris ou de couleur. Pour améliorer ou normaliser une image, il est utilisé une linéarisation, afin de répartir uniformément les valeurs des pixels sur l'ensemble de l'histogramme. Soit g l'image de départ, $\widetilde{g}$ l'image après linéarisation et T la transformation appliquée (équation 1.7). Dans ce contexte, T est une fonction de distribution cumulative représentée par la figure 9.

$$\widetilde{g} = (g_{max} - g_{min})\, T\,(g(x,y)) + g_{min} \qquad (1.7)$$

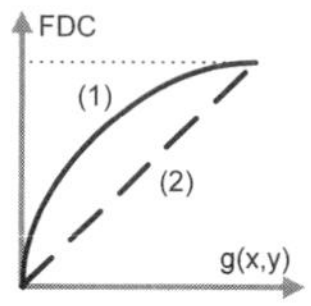

Figure 9 Transformation d'histogramme : (1) FDC[2] de l'histogramme initial,(2) FDC du nouvel histogramme

Un exemple de ces méthodes, dite d'égalisation d'histogramme, est donné par les formules[3] 1.8 et 1.9. La figure 10 illustre les résultats obtenus sur une image niveaux de gris.

$$v = \sum_{i=0}^{u} H(i) \qquad (1.8)$$

$$\widetilde{v} = Ent\left(\left((N-1)\frac{v - v_{min}}{1 - v_{min}} + 0.5\right)\right) \qquad (1.9)$$

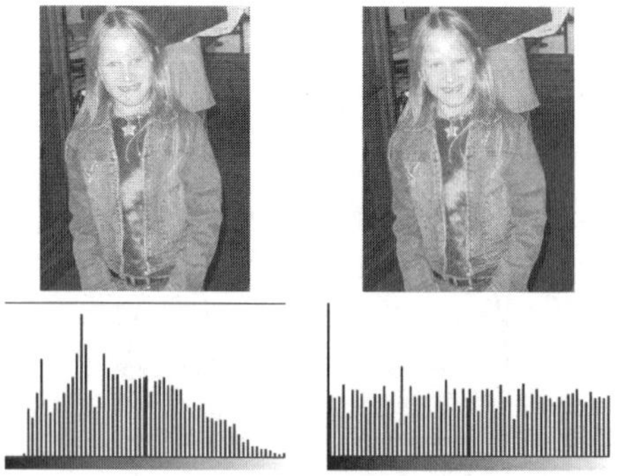

Figure 10 Exemple d'égalisation d'histogramme

Dans le cadre des images couleur, la taille de l'histogramme pose de nombreux problèmes (aspect vectoriel induisant une dimension trois), souvent résolus au travers d'une réduction du nombre de couleurs (quantification), ou d'un traitement marginal après changement d'espace.

Débruitage par méthodes locales

Plutôt que de travailler sur des informations globales, certaines méthodes travaillent localement sur des pixels ou sur un voisinage de pixels. Les techniques employées sont de type filtrage avec des approches de type fréquentielles et son corollaire dans l'espace pixel : le filtrage linéaire. Le traitement d'images a également développé des méthodes spécifiques de filtrage non linéaire dont le filtre médian est un cas particulier.

Le filtrage fréquentiel

Il consiste à calculer la transformée de Fourier d'une image numérique, puis à multiplier cette transformée par une fonction de fenêtrage, dans laquelle l'information pertinente est supposée contenue. Le retour à l'espace pixel s'effectue par transformation inverse. La transformée de Fourier $F(u,v)$ d'une image $I(l,c)$ est donnée par la formule 1.10, le retour dans l'espace pixel exploite l'équation 1.11.

$$F(u,v) = \frac{1}{N^2}\sum_{l}\sum_{c} I(l,c)e^{-\frac{2j\pi(lu+cv)}{N}} \qquad (1.10)$$

$$I(l,c) = \sum_{u}\sum_{v} F(u,v)e^{\frac{2j\pi(lu+cv)}{N}} \qquad (1.11)$$

Le filtrage linéaire

Comme multiplier dans le domaine fréquentiel revient à convoluer dans le domaine temporel, la fenêtre fréquentielle se transforme en un masque dans l'espace pixel. Il est alors appliqué à une image selon la formule de convolution discrète suivante :

$$g'(p,q) = \sum_{i}^{l-1}\sum_{c}^{c-1} g(p-i, q-j) \cdot h(i,h) \qquad (1.12)$$

avec g image de départ, h le filtre de taille l, et g' l'image traitée.

[1] $H(x)$ est souvent normalisée par le nombre de pixels de l'image.

[2] FDC : fonction de cumul.

[3] La fonction Ent correspond à la partie entière du résultat.

Dans les deux cas, le principal problème est le choix de l'opérateur de lissage qui doit être lié à la nature du bruit. Attention au fait que, sur une image couleur, le flou d'un filtrage linéaire en niveaux de gris se traduit, en application marginale, par l'apparition de fausses couleurs. Généralement, le bruit se situe dans les hautes fréquences et un simple filtre passe-bas peut l'atténuer. Dans ce cas, l'opérateur W pourra être un filtre moyenneur simple sur un voisinage 3×3 (tableau 1). Ainsi, chaque pixel est remplacé par la moyenne pondérée de ses voisins. On remarquera que la convolution ne peut être effectuée sur les bords de l'image. Ainsi, si l'image originale est de taille $N \times M$ et que le filtre est un masque de taille $l \times c$, l'image filtrée sera de taille $(N - (l - 1)) \times (M - (c - 1))$.

1/9	1/9	1/9
1/9	1/9	1/9
1/9	1/9	1/9

Tableau 1 Filtre moyenneur 3 x 3

Dans le cas des filtres moyenneurs, augmenter la taille du masque revient à augmenter la largeur du masque fréquentiel donc l'importance du filtrage. Pour limiter l'effet de flou introduit et donc préserver les directions des contours principaux, un lissage adaptatif peut être utilisé, bien que plus coûteux en temps (équations 1.13 et 1.14).

$$g'(m, n, i, j) = \frac{1}{2} \frac{d(m, n, i, j)}{\sum_{i=-k}^{k} \sum_{j=-l}^{l} d(m, n, i, j)} \tag{1.13}$$

avec

$$d(m, n, i, j) = \frac{1}{g(m_i, n - j) - g(m, n)}, g(m, n, 0, 0) = \frac{1}{2} \tag{1.14}$$

Le filtrage non linéaire

Pour éviter le flou introduit par les filtres passe-bas classiques, une autre famille de méthode existe : les filtres non linéaires ou filtres d'ordre. Ces filtres opèrent d'abord le tri des pixels du voisinage de référence par ordre croissant des niveaux de gris ou de couleur (équation 1.15). Soit N la taille du voisinage et $X_{(j)}$ le voisin trié au rang j, on note Y la valeur du pixel central du voisinage après filtrage :

$$Y = \sum_{j=1}^{N} c_j X_{(j)} \tag{1.15}$$

Selon les valeurs des coefficients c_j, on obtiendra :

- Filtre max : $c_j = 0$ si $j \neq N$ et $N = 1$
- Filtre min : $c_j = 0$ si $j \neq 1$ et $c_1 = 1$
- Filtre médian : $c_j = 0$ si $j \neq n + 1$ et $c_{n+1} = 1$
- Filtre de rang k : $c_j = 0$ si $j \neq k$ et $c_k = 1$
- Filtre milieu : $c_j = 0$ si $j \neq 1$ et $j \neq N$ et $c_1 = c_N = 0.5$

C'est le filtre médian qui est utilisé généralement à la place du moyenneur pour éliminer les problèmes de flou, au prix d'une complexité et d'un temps de calcul un peu plus élevé. Les voisinages de travail choisis sont là encore le plus souvent des voisinages symétriques de taille impaire (3×3, 5×5, etc.). Un résultat comparatif de ces différents filtres est donné par la figure 11.

Figure 11 De haut en bas et de gauche à droite : image d'origine bruitée par un bruit «salt and pepper», images débruitées par un moyenneur 3x3, un filtre adaptatif 3x3 et un median 3x3

On remarque bien l'efficacité du médian sur ces bruits ponctuels tout en respectant les contours. Le moyenneur introduit nettement du flou sans éliminer totalement le bruit. Le filtre adaptatif respecte les contours mais aussi les bruits ! Cependant de nombreux problèmes se posent lorsque l'on passe à la couleur : en effet il n'existe pas d'ordre naturel entre vecteurs. Il faut donc choisir des ordres partiels ou des modes de codage adaptés (Bonton et al., 2004).

3 Segmentation

Le cœur d'un système d'analyse automatique d'images est l'étape de la segmentation ou d'extraction des caractéristiques. La segmentation des images consiste à regrouper les pixels de ces images qui partagent une même propriété pour former des régions connexes. Il existe deux familles d'approches que l'on peut faire coopérer : les approches « contours » et les approches « régions ». Dans le premier cas, les régions sont délimitées par les contours des objets qu'elles représentent (séparation). Dans le second cas, les régions sont déterminées en fonction de leurs propriétés intrinsèques (agrégation de pixels fonction d'un critère d'homogénéité). Les deux approches sont duales. Une image est donc une mosaïque de régions homogènes séparées par des zones de transitions.

3.1 Segmentation en contours

Le principe d'une chaîne d'extraction automatique des contours est le suivant :

1. Extraction des points de contour
2. Binarisation des contours
3. Réduction de l'épaisseur des contours à un pixel
4. Fermeture et suivi de contours
5. Codage et description des contours.

La dernière étape a pour objectif d'organiser les contours en structures simples telles que suites numériques, segments de droite, arcs de cercle, etc. Pour extraire les points de contours, on cherche les variations de niveaux de gris ou de couleurs (figure 12). Une variation existe si la dérivée première est localement maximum et si la dérivée seconde présente un passage par zéro (figure 13). Les deux familles d'algorithmes les plus connues pour la détection de contours exploitent soit une approximation de la dérivée première, ou gradient, soit une approximation de la dérivée seconde, ou laplacien.

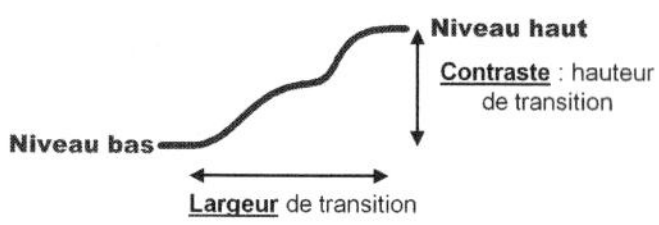

Figure 12 Variation de niveau de gris ou de couleur provoquant l'apparition d'un contour

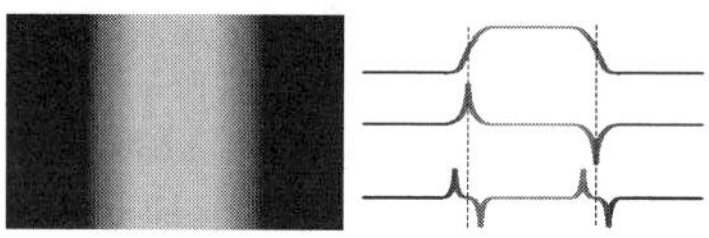

Figure 13 Une image avec son profil associé (en haut) et ses dérivées première (au milieu) et seconde (en bas)

L'approche gradient

L'estimation de la dérivée première en un point de coordonnée (p, q) selon les lignes x et les colonnes y peut être obtenue grâce aux formules suivantes :

$$\left.\frac{\partial f}{\partial x}\right|_{p,q} \approx \frac{1}{2\lambda_x}\left[f(p+1,q) - f(p-1,q)\right]$$
$$\left.\frac{\partial f}{\partial y}\right|_{p,q} \approx \frac{1}{2\lambda_y}\left[f(p,q+1) - f(p,q-1)\right]$$

Transformées en opérations matricielles, ces formules permettent d'aboutir aux masques (taille 3 × 3) décrits dans les tableaux 2. Selon la décomposition des équations (1.16) et (1.16), il est possible d'obtenir des tailles de masque plus élevées. L'accroissement de taille permet d'améliorer la qualité d'estimation de la dérivée (débruitage) mais a pour conséquence d'augmenter le temps de calcul et de réduire la précision de localisation du contour. Les deux masques sont convolués de manière indépendante avec l'image. Ensuite, pour chaque pixel un module et une direction du gradient peuvent être établis selon les formules (1.16), (1.17), (1.18).

$$\nabla f = \begin{bmatrix} G_x \\ G_y \end{bmatrix} = \begin{bmatrix} \frac{\partial f}{\partial x} \\ \frac{\partial f}{\partial y} \end{bmatrix} \quad (1.16)$$
$$Module = |\nabla f| = \sqrt{G_x^2 + G_y^2} \quad (1.17)$$
$$Direction = \arg(\nabla f) = \tan^{-1}\left[\frac{G_y}{G_x}\right] \quad (1.18)$$

-1	-1	-1
0	0	0
1	1	1

-1	0	1
-1	0	1
-1	0	1

-1	-2	-1
0	0	0
1	2	1

-1	0	1
-2	0	2
-1	0	1

Tableau 2 Dérivées selon y (colonne de gauche) et selon x (colonne de droite), filtres Prewit (en haut) et Sobel (en bas)

Notons que la direction du gradient en un point est perpendiculaire à la direction du contour en ce point (équation 1.18). À partir des valeurs du module, une extraction des valeurs importantes permet de ne retenir que les variations de niveaux de gris ou de couleur significatives (supérieures à un seuil), donc à un contour. Une variante pour ce calcul du gradient en x et en y est le gradient directionnel, appelé aussi gradient boussole, qui consiste à convoluer l'image avec huit masques obtenus par rotations successives de $\pi/4$ du masque de base, indiquant ainsi les huit directions possibles pour un contour (tableaux 3).

5	5	5
-3	0	-3
-3	-3	-3

5	5	-3
5	0	-3
-3	-3	-3

5	-3	-3
5	0	-3
5	-3	-3

Tableau 3 Les trois premiers masques de Kirsh

L'approche laplacien

L'approximation des dérivées secondes peut être effectuée de la même manière par un développement limité (équations 1.19, 1.20), à partir duquel il est possible de proposer les masques des filtres (tableaux 4).

$$\left.\frac{\partial^2 f}{\partial x^2}\right|_{p,q} \approx \frac{1}{4\lambda_x^2}\left[f(p+1,q) - 2f(p,q) + f(p-1,q)\right] \tag{1.19}$$

$$\left.\frac{\partial^2 f}{\partial y^2}\right|_{p,q} \approx \frac{1}{4\lambda_y^2}\left[f(p,q+1) - 2f(p,q) + f(p,q-1)\right] \tag{1.20}$$

0	-1	0
-1	4	-1
0	-1	0

-1	-1	-1
-1	8	-1
-1	-1	-1

Tableau 4 Filtres laplaciens

Conformément aux propos précédents (figure 13), l'extraction des contours grâce aux dérivées secondes se fait à partir d'une seule convolution et n'exploite pas les maxima mais les passages par zéro de la fonction bidimensionnelle. À la différence du gradient, la détection du contour produit une ligne double (figure 14). Néanmoins ces lignes de contours sont fermées et d'épaisseur 1 pixel, alors qu'avec un gradient le seuillage introduit des coupures dues aux effets du seuillage. Cependant l'opérateur laplacien est sensible au bruit et ne donne aucune indication quant à la direction des contours.

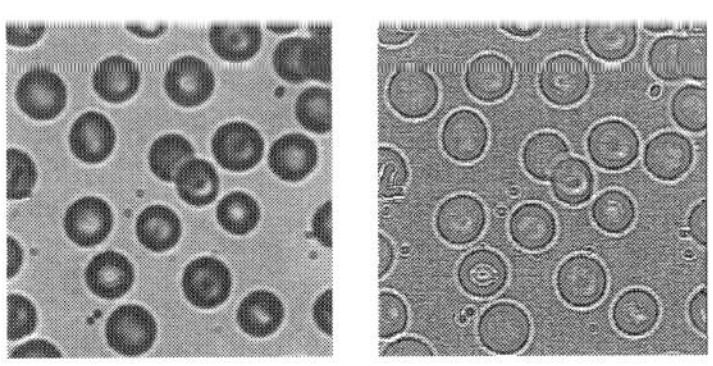

Figure 14 Extraction de contours par le laplacien (zero-crossing)

Le passage à la couleur est plus délicat à cause de l'expression vectorielle de l'information. Une première solution consiste à travailler en marginal sur chaque composante puis à fusionner les cartes des contours. Les alternatives exploitent des méthodes vectorielles comme le gradient couleur de Di Zenzo, ou encore des méthodes adaptatives comme le gradient sur la teinte pondéré par la saturation pour une image codée dans un espace de représentation de type TLS. Cette technique permet l'élimination des contours induits par les ombres (figure 15). L'ensemble des méthodes est détaillé dans (Bonton et al., 2004). Il peut être nécessaire d'opérer un suivi de contours afin d'obtenir des régions fermées interprétables comme projections des objets de la scène, ce qui peut nécessiter des techniques d'exploration des graphes (IA, programmation dynamique) ou des méthodes neuromimétiques (réseaux de neurones). Ces techniques se retrouvent dans (Cocquerez et Philipp, 1995). La description du contour passe par une modélisation de celui-ci ou un codage tel que celui de Freeman (figure 16) qui caractérise le passage d'un pixel à son voisin. La suite des codes locaux donne le codage du contour (exemple : 00564412).

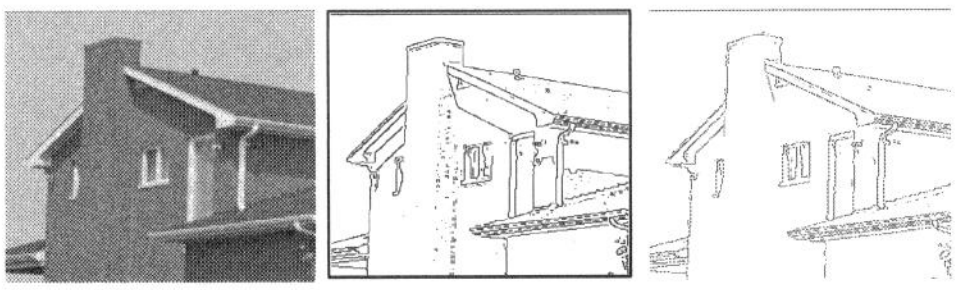

Figure 15 Image originale, filtrée par un Sobel sur la luminance et un Sobel «teinte»

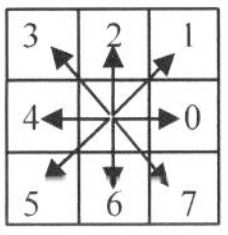

Figure 16 Codage de l'orientation du contour (codage de Freeman)

3.2 Segmentation en région

La segmentation en régions homogènes vise à partitionner l'image en se basant sur des propriétés intrinsèques des régions. Un critère simple est celui du niveau de gris ou de la couleur identique à ϵ près pour tous les pixels d'une même région. Mais les critères peuvent s'appuyer sur des statistiques beaucoup plus complexes de l'image, comme ceux décrivant la texture (voir section 4). Il est courant de visualiser le partitionnement d'une image en régions en leur associant à chacune une couleur différente.

Figure 17 Segmentation par critère de texture

Soit une image I partitionnée en un ensemble de régions R et soit P prédicat, ou critère, d'homogénéité :

- $I = \bigcup R_i$
- $\forall i, R_i$ est connexe, c'est-à-dire constituée de pixels voisins

- $\forall(i,j), R_i \bigcap R_j = \emptyset$ *ssi* $i \neq j$
- $\forall i, P(R_i) = \text{VRAI}$
- $\forall(i,j), P(R_i \bigcap R_j) = \text{FAUX}$ *ssi* $i \neq j$

Le seuillage : un cas particulier

Le seuillage a pour objectif de segmenter une image en plusieurs classes en n'utilisant que l'histogramme, qui est supposé caractéristique du contenu. Les creux ou vallées d'un histogramme correspondent à des couleurs peu représentées dans l'image. À chaque pic de l'histogramme est associée une classe. On dit qu'un histogramme est bimodal lorsque deux pics (deux modes) sont clairement identifiables. Comme l'histogramme ne contient pas d'information sur la répartition spatiale des couleurs, des pixels non connexes peuvent être associés à la même classe. Il existe de très nombreuses méthodes de seuillage d'un histogramme (manuelle, sélection de minima absolus et locaux, minimisation de variance, entropique, classification bayésienne, méthodes locales adaptatives ou par ligne de partage des eaux) (Cocquerez et Philipp, 1995).

Segmentation par division

Le principe consiste à tester d'abord le critère d'homogénéité retenu sur l'image entière. Si le critère est valide, l'image est considérée comme segmentée ; sinon, l'image est découpée en zones plus petites et la méthode est réappliquée sur chacune des zones. La division peut se faire en quatre parties, en six parties, en polygones, etc. Le plus souvent une méthode dite de *quadtree* est appliquée, à savoir que tant que tous les pixels ne sont pas identiques dans la région au sens du critère choisi, celle-ci est divisée par 4. L'inconvénient de ces méthodes est que deux parties adjacentes peuvent vérifier le même critère sans avoir été regroupées dans la même région. Ces méthodes font partie des approches descendantes.

Segmentation par fusion

À l'inverse de la démarche précédente, l'image est explorée en partant de petites régions. Ces germes vont croître en taille en agglomérant des pixels ou des régions connexes satisfaisant un critère d'homogénéité. Le balayage de l'image se fait à partir d'un germe initial et suivant un ordre déterminé. Un exemple d'une technique dédiée aux images couleur est donnée dans (Bonton et al., 2004). Un pixel fusionne avec ses voisins si trois prédicats sont vérifiés. Soit R l'ensemble des pixels déjà agrégés dans la région considérée, soit V l'ensemble des pixels voisins du pixel courant et déjà agrégés dans la région courante et p le pixel à traiter. On note $\overrightarrow{c_p}$ sa couleur.

p est agrégé au pixel p' si :

- $d^2(\overrightarrow{c_p}, \overrightarrow{c_{p'}}) < s1$
- $d^2(\overrightarrow{c_p}, \overrightarrow{\mu_V}) < s2$
- $d^2(\overrightarrow{c_p}, \overrightarrow{\mu_R}) < s3$

avec $\overrightarrow{\mu_V}$ la couleur moyenne du voisinage V et $\overrightarrow{\mu_R}$ la couleur moyenne de la région R.

Si le pixel courant peut fusionner avec plusieurs voisins, il est affecté à la région qui minimise les trois distances. Si le pixel courant ne peut fusionner, il est le germe d'une nouvelle région. Les inconvénients majeurs de cette méthode reposent sur l'influence de la position initiale du germe et du type de balayage.

Segmentation par division/fusion

La segmentation par division induit une structure hiérarchisée qui permet d'établir des relations de proximité entre les régions, mais qui peut fractionner une même région en plusieurs ensembles distincts. La segmentation par fusion produit un nombre minimal de régions connexes, mais décrit celles-ci dans une structure horizontale qui n'exprime pas de relation de proximité. La combinaison des deux approches (appelée *Split and Merge*) est d'exploiter un étage de fusion de régions à partir d'une division grossière obtenue par division de l'image. L'étape de division (*split*) divise l'image en régions jusqu'à ce que la propriété d'homogénéité soit vraie dans la sous-image. Dans l'étape de fusion (*merge*), les régions adjacentes dont l'union vérifie un prédicat (pas forcément identique à celui de la première phase) sont regroupées.

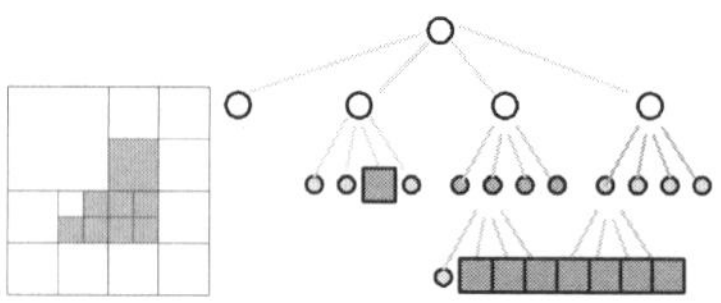

Figure 18 Principe du Split and Merge

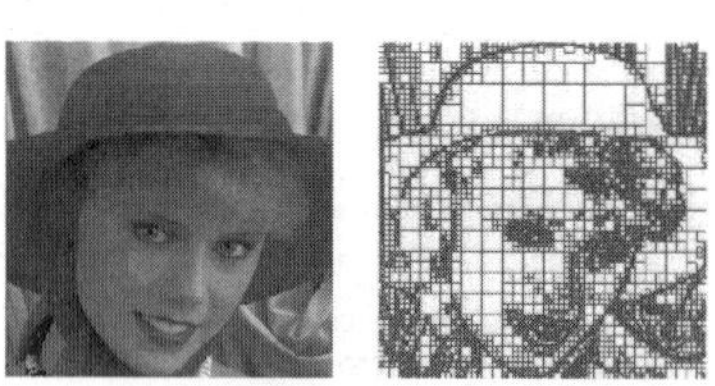

Figure 19 * Split and Merge (4431 divisions pour obtenir 13294 régions homogènes puis fusion pour segmenter en 7995 régions homogènes)

3.3 Une méthodologie à part : la morphologie mathématique

La morphologie mathématique ensembliste a été développée par Jean Serra à l'Ecole des Mines de Fontainebleau (Serra, 1982; Dougherty, 1992). Elle s'est d'abord développée en binaire puis en niveaux de gris et aujourd'hui en couleur. La morphologie mathématique binaire fait appel à la théorie des ensembles. Elle utilise un ensemble de centre X, de géométrie et de taille connues, appelé élément structurant. L'élément structurant choisi est déplacé de façon à ce que son centre X passe par tous les pixels de l'image. Pour chacune des positions de X, l'intersection ou l'union de l'élément structurant avec les objets de l'image est évaluée. L'ensemble des points correspondant à une réponse positive permet de construire une nouvelle image qui constitue l'image résultat. À partir de ces principes, il est possible de construire les opérateurs de base de la morphologie mathématique que sont l'érosion et la dilatation, définies par :

$$E(I) = \{X/Bx \subset I\} \quad (1.21)$$

$$D(I) = \{X/Bx \subset \cap I \neq \emptyset\} \quad (1.22)$$

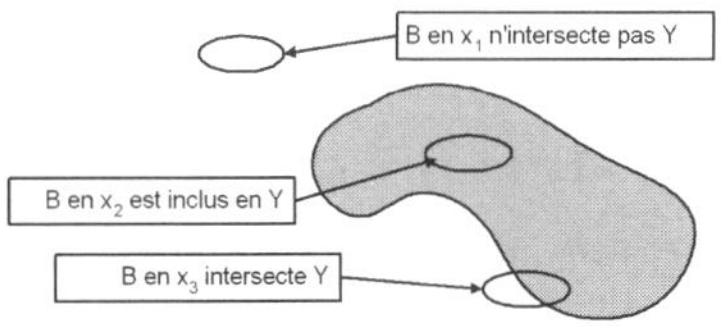

Figure 20 Principe de la morphologie mathématique

L'érodé s'obtient en ne gardant que les pixels X qui permettent d'inclure complètement l'élément structurant centré sur X. Le dilaté s'obtient en gardant les pixels tels que l'intersection entre l'élément structurant centré sur X et l'image soit non vide. Après une érosion, les objets de taille inférieure à celle de l'élément structurant vont disparaître, les autres seront «amputés» d'une partie correspondant à la taille de l'élément structurant. S'il existe des trous dans les objets, c'est-à-dire des «morceaux» de fond à l'intérieur des objets, ils seront accentués et les objets reliés entre eux vont être séparés. Remarquons également qu'une érosion de taille n peut se réaliser en répétant une érosion n fois avec un élément structurant de taille 1 ou en appliquant une seule érosion avec un élément structurant de taille n. La dilatation est l'opération duale (ou inverse) de l'érosion. Une érosion suivie d'une dilatation s'appelle une ouverture. L'ouverture a pour propriété d'éliminer toutes les parties des objets qui ne peuvent pas contenir l'élément structurant. Une dilatation suivie d'une érosion s'appelle une fermeture. La fermeture a pour propriété de combler tout ce qui est de taille inférieure à l'élément structurant. On peut ainsi traiter l'image pour en éliminer des bruits mais aussi permettre l'extraction de forme type correspondant à l'élément structurant. On peut aussi extraire des contours par le gradient morphologique qui consiste à faire la différence entre l'image dilatée et l'image érodée par le même élément structurant.

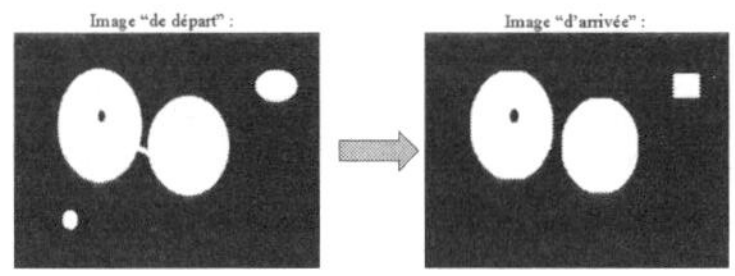

Figure 21 Ouverture morphologique

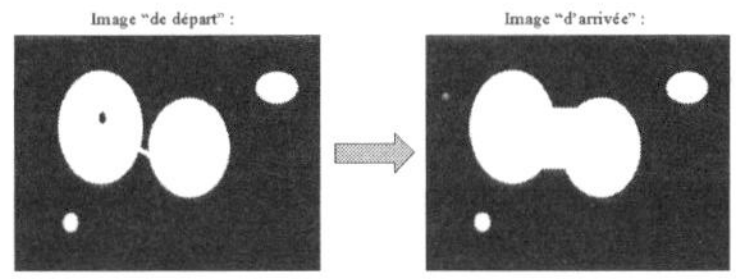

Figure 22 Fermeture morphologique

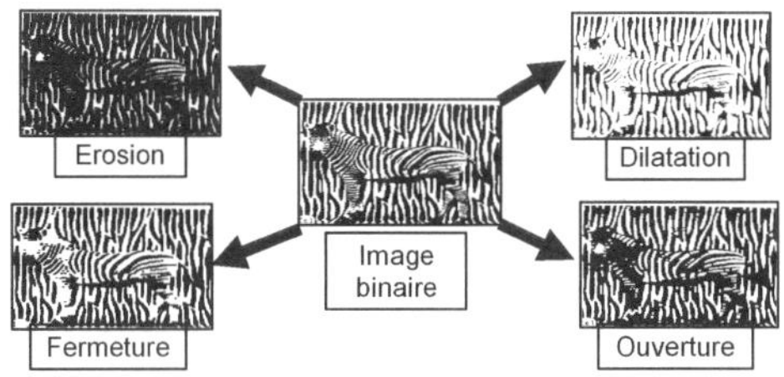

Figure 23 Les différents opérateurs morphologiques

La morphologie mathématique en niveaux de gris et en couleur s'apparente quant à elle à un filtrage d'ordre. Ainsi l'érosion consiste à affecter à un pixel P la valeur la plus petite de tous ses voisins pris dans la configuration de l'élément structurant centré sur P. À l'inverse, la dilatation lui affecte la valeur la plus élevée. L'utilisation de ces opérateurs occasionne de fausses couleurs lorsqu'ils sont appliqués de façon marginale. Mais comme évoqué précédemment pour les prétraitements, le choix d'un ordre pour des vecteurs est délicat. C'est pourquoi on les utilise plutôt sur une image recodée en associant à chaque pixel un entier par entrelacement de bits codant chaque composante couleur.

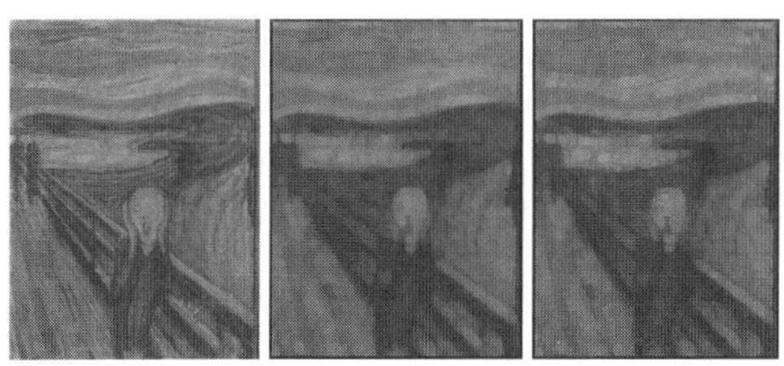

Figure 24 * À gauche image originale, au centre ouverture marginale (fausses couleurs vertes au centre), à droite ouverture par entrelacement de bits par un élément structurant 7 x 7

La morphologie mathématique qui «nettoie» les petites régions de taille inférieure à celle de l'élément structurant, qui ferme les contours peut donc être utilisée comme pré ou post traitement d'une segmentation. Mais elle peut elle-même constituer une étape de segmentation, par l'extraction d'un contour à l'aide du gradient morphologique ou par la mise en évidence d'une forme de référence, celle de l'élément structurant. On en arrive ainsi à l'étape finale d'une chaîne de traitement, l'analyse.

4 Analyse d'images

L'objectif de l'analyse est de permettre l'exploitation du contenu de l'image à des fins d'interprétation (aide au diagnostic en imagerie aérienne, satellitaire, médicale par exemple), de localisation et de reconnaissance (vidéosurveillance, contrôle robotique) ou de mesure des évolutions (contrôle qualité, suivi thérapeutique, etc.).

Suivant la nature de la tâche, la phase d'analyse exploite un ou plusieurs types d'informations estimés à partir des données pixels. Le passage à l'interprétation ou la reconnaissance peut nécessiter une phase d'apprentissage à partir d'une base de cas. Les informations susceptibles d'être extraites à partir d'une image numérique ont trait à la couleur, la texture, la forme des objets présents et leur organisation dans l'image. Le complémentaire de l'information est l'outil de mesure de la ressemblance, c'est-à-dire une fonction de mesure de distance entre deux informations de même nature.

4.1 Cadre général de l'analyse

L'analyse d'images exploite des informations, qui selon leur nature peuvent être exprimées sous forme de scalaire (intensité moyenne), de vecteurs (couleur prédominante) ou de matrices (matrice de coocurrence). La nature de l'information qui peut être extraite est diverse, des caractéristiques couleur ou luminance, des caractéristiques d'aspect de surface (rugosité, texture, brillance), des caractéristiques de forme ou de construction (courbe, segments, courbure), des caractéristiques d'organisation (voisinage, inclusion, hiérarchie).

À partir de ces informations, l'analyse permet de mesurer des ressemblances ou des dissemblance entre deux images ou parties d'images. Dans le cadre générique de la reconnaissance des formes (RdF), l'enjeu est d'identifier un objet. Selon qu'il existe un modèle de cet objet, ou un ensemble d'objets identifiés comme appartenant à la même catégorie, on parlera de méthodes supervisées. Dans le cas où une telle organisation n'est pas connue a priori, nous serons dans le contexte de méthodes non supervisées. Les techniques d'identification font ainsi appel aux méthodes de classification, qui selon leurs formalismes nécessitent ou non une phase d'apprentissage.

Dans tous les cas, deux aspects fondamentaux sont à prendre en compte : la nature de l'information à utiliser dans un premier temps et la métrique qui est associée à la formalisation utilisée.

Les principales métriques

Parmi les métriques traditionnelles, celles dérivant du cadre classique des distances de Minkowski L_p sont les plus usitées, notamment la classique distance euclidienne L_2 qui ne devrait être utilisée que dans un espace orthonormé. L'expression pour une distance entre deux vecteurs H^1 et H^2, de taille n est :

$$L_p : d_{Lp}\left(\mathbf{H^1}, \mathbf{H^2}\right) = \left(\sum_{i=1}^{n} \left(h^1_{ci} - h^2_{ci}\right)^p\right)^{1/p}$$

Citons également dans cette veine des dérivées efficaces de ces mesures qui prennent en compte l'importance en nombre de pixels de la couleur considérée : distance de Geman-McClure et distance pondérée par la masse (Huang et al., 1998).

Lorsque les informations considérées sont des variables aléatoires, il est conseillé d'utiliser des mesures de divergences ou des mesures de test d'hypothèse. Le point de départ de ces métriques est la divergence de Kullback-Leibler[1] :

$$d_{KL}(\mathbf{H^1}, \mathbf{H^2}) = \sum_{i=1}^{n} h^1_{ci} \log \frac{h^1_{ci}}{h^2_{ci}}$$

Les versions plus robustes de ce test sont obtenus par un test du Chi-2 ou de Bhattacharyya.

4.2 Gérer l'information couleur

L'information couleur généralise l'information en niveau de gris en apportant une touche de complexité par la dimension du problème. Cette information résume la distribution de couleur présente dans la zone d'étude (image entière ou portion d'images). L'exploitation de ces distributions passe soit par des statistiques (moyennes, écart-types, etc.), soit par l'analyse d'histogrammes.

Mesures de ressemblance sur un ensemble de couleurs commun

Dans le cadre de l'analyse d'images professionnelles, les conditions d'acquisition sont maîtrisées et permettent de numériser chaque image sur un ensemble de couleurs identiques pour chaque image. Sous cette

[1] Cependant, la version de Jeffrey lui est préférée pour son respect de la symétrie et de l'inégalité triangulaire (Puzicha et al., 1997).

contrainte, toutes les métriques présentées précédemment peuvent être utilisées pour comparer deux images ou portions d'images. Globalement, l'utilisation des histogrammes cumulés se révèle être plus robuste que l'utilisation directe des histogrammes, mais reste très sensible à l'ordonnancement des couleurs (Stricker et Orengo, 1995).

Exemples de mesures

La figure 25 présente quatre images d'une base d'images multimédia classique, le tableau 5 résume pour les trois premières images, les mesures de distance à partir d'histogrammes simples h^n (en norme L_1, L_2 et intersection d'histogramme), et à partir d'histogrammes cumulés h^c (en norme L_1, L_2 ou test de Cramer-Von Mises et intersection d'histogramme). Chacune des images a été quantifiée en 216 *bins*[1], la méthode employée est une quantification régulière. Les trois images ont donc le même support de représentation, ce qui autorise dès lors l'utilisation de ces métriques.

Figure 25 Les images comparées

Toutes les mesures du tableau 5 sont normalisées par rapport au nombre de couleurs de l'image. Pour chacune des mesures, les images 1 et 2 sont les plus ressemblantes parce que présentant un grand nombre de couleurs pour lesquelles les différences de nombre d'occurrences sont faibles et ce même avec les différences d'échelle. Les différences de dynamique s'expliquent par les différences de linéarité entre les fonctions.

Métrique	img1/img2	img1/img3	img2/img3
L_1^n	0.029	0.030	0.036
L_2^n	0.0063	0.0069	0.0076
L_{inter}^n	0.32	0.54	0.40
L_1^c	0.053	0.193	0.179
L_2^c	0.042	0.014	0.015
L_{inter}^c	0.003	0.097	0.037

Tableau 5 Exemple de mesure de distance entre images à partir d'histogrammes

Mesures de ressemblance entre ensembles de couleurs différents

La contrainte des méthodes précédentes est de pouvoir disposer d'une base commune pour la représentation des couleurs (même *bins*). Ce type de base ne peut être obtenu que par une quantification uniforme. Pour lever cette contrainte, il est nécessaire d'utiliser des techniques de mesure de distance plus complexes. Ces méthodes prennent en compte la ressemblance d'un bin couleur avec tous les autres bins couleur dans le calcul de la distance (figure 26).

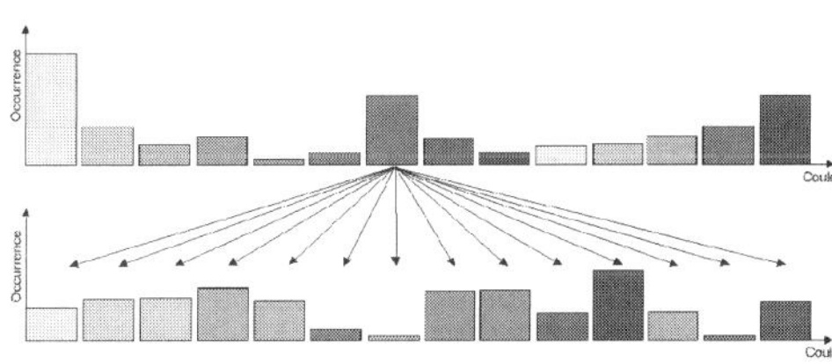

Figure 26 Problème de l'appariement couleur

Distances quadratiques généralisées

La méthode la plus simple pour ce type de distance généralise la distance euclidienne par l'introduction de termes de pondération entre les différents éléments. La fonction de distance s'exprime alors par :

$$d_{QG}\left(\mathbf{H^1},\mathbf{H^2}\right)=\sqrt{\sum_i \sum_j w_{ij}\left(h_i^1-h_i^2\right)\left(h_j^1-h_j^2\right)} \quad (1.23)$$

Les coefficients w_{ij} forment une matrice $\boldsymbol{W}$ d'indices de similarité entre une couleur c_i et une couleur c_j. Le calcul de ces indices peut être effectué dans tout espace adapté pour la mesure de proximité visuelle de deux couleurs. Cependant lorsqu'un tel espace n'est

[1]Un *bin* correspond à un ensemble de couleurs proche dans l'image initiale et regroupée dans un même classe représentée par une couleur unique dans l'image quantifiée.

pas exploité, une pondération perceptuelle est nécessaire (Hafner et al.,1995 ; Faloutsos et al., 1993). Par exemple MPEG7 utilise un partitionnement irrégulier selon la luminance (dans l'espace HSV).

$$w_{i,j} = 1 - \sqrt{\frac{A+B+C}{2}}$$

$$\text{Avec} \begin{cases} A = & (v_i - v_j)^2 \\ B = & (s_i \cos(h_i) - s_j \cos(h_j))^2 \\ C = & (s_i \sin(h_i) - s_j \sin(h_j))^2 \end{cases}$$

4.3 Gérer l'information de texture

De nombreuses études ont proposé des définitions au terme de texture en associant à chaque fois les schémas d'analyse permettant d'atteindre les paramètres ainsi définis (Haralick et al., 1973), (Gagalowicz, 1983). Les méthodes proposées expriment l'interaction spatiale existant entre un pixel et ses voisins, à une distance donnée (corrélogramme), à une distance donnée pour une direction imposée (coocurrence) ou sur une séquence de pixels proches dans une direction donnée (longueur de plages) (figure 27).

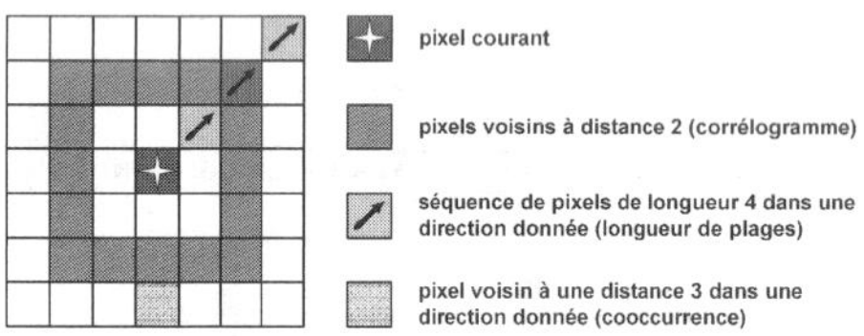

Figure 27 Les voisinages exploités par les méthodes textures

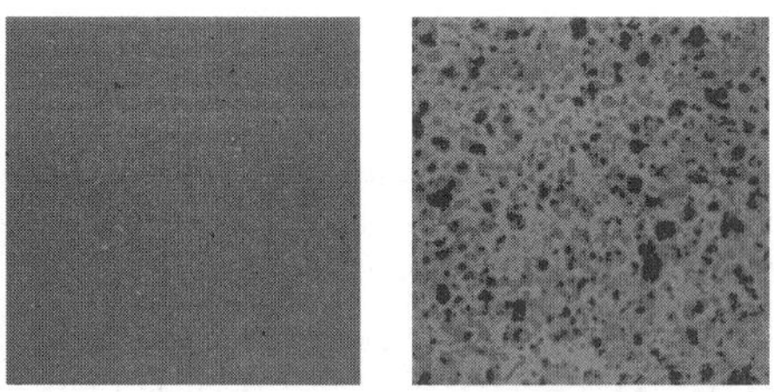

Texture 1 Texture 2

Figure 28 Exemple de texture

Le corrélogramme

Un corrélogramme présente les corrélations spatiales entre couleurs en fonction de la distance interpixel (Huang et al., 1997). Pour une image A de N pixels, quantifiée sur n couleurs $\{c_1, c_2, \ldots .c_n\}$. Chaque pixel p en (x,y) est doté d'une couleur $A(p)$:

$$p \in \mathbf{A}_c \triangleq \mathbf{A}(p) = c$$

La distance interpixel est prise au sens de la norme L_∞ :

$$|p_1 - p_2| \triangleq \max\{|x_1 - x_2|\ ,\ |y_1 - y_2|\}. \quad (1.24)$$

Pour une distance $d \in \{1,\ 2,\ \ldots N\}$ fixée à priori, le corrélogramme de la couleur i par rapport à la couleur j est défini par :

$$\gamma^{(k)}_{c_i,c_j} \triangleq \underset{p1 \in \mathbf{A}_{c_i}}{prob}\ [p_2 \in \mathbf{A}_{c_j} /\ |p_1 - p_2| = k]$$

$$\forall k \in \{1,\ 2,\ \ldots d\} \quad (1.25)$$

Pour tout pixel de couleur c_i dans l'image, $\gamma^{(k)}_{c_i,c_j}$ donne la probabilité de trouver à une distance k un pixel de couleur c_j. La taille mémoire de stockage du corrélogramme est de l'ordre de $O(n^2d)$.

La matrice de coocurrence couleur

La notion de voisinage est ici limitée à une proximité à une distance d dans une direction θ. La matrice de coocurrence établit la probabilité de retrouver dans ce voisinage la couleur j en partant d'une couleur i.

$$\chi^{(k,\theta)}_{c_i,c_j} \triangleq \underset{p1 \in \mathbf{A}_{c_i}}{prob}\ [p_2 \in \mathbf{A}_{c_j} /\ |p_1 - p_2| = d, \llcorner(p_1,p_2) = \theta]$$

La matrice de longueurs de plages

Une plage correspond à une séquence de pixels de même couleur dans une direction θ donnée. $L_\theta(c_i, l_j)$ représente alors le nombre de plages de couleur c_i ayant une longueur l_j dans l'image. Le nombre total de plages dans l'image est alors :

$$RN_\theta = \sum_{c_i=1}^{N} \sum_{l_j=1}^{L_{max}} L_\theta(c_i, l_j)$$

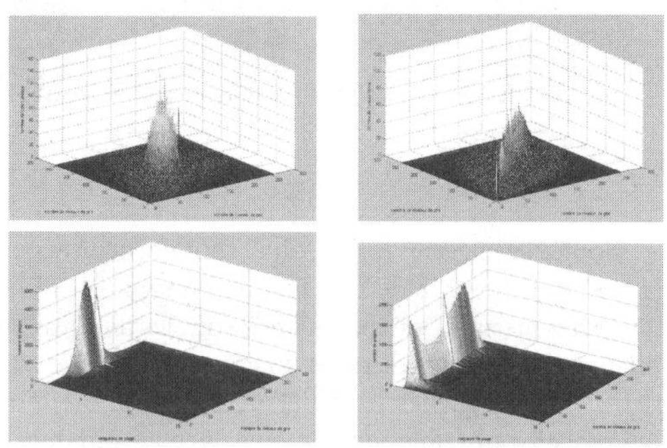

Texture 1 Texture 2

Figure 29 Représentation des matrices de coocurrences (en haut) et longueurs de plage (en bas)

Mesures de ressemblance sur textures

Il est difficile d'exploiter directement les informations matricielles. C'est pourquoi des descripteurs spécifiques sont utilisés : attributs de Haralick (Haralick et al., 1973) pour les coocurrences et les corrélogrammes et attributs de Galloway pour les longueurs de plage. L'équation 1.26 montre un exemple de construction dans le cas d'une matrice de coocurrence pour l'attribut de contraste définit par Haralick.

$$CTR = \sum_{n=1}^{K-1} n^2 \sum_{i=1}^{K} \sum_{j=1,|i-j|=n}^{K-1} \chi_{i,j}^{(k,\theta)} \quad (1.26)$$

4.4 Gérer l'information de forme

Décrire la forme d'un objet

Les moments géométriques

La méthode la plus simple pour décrire un objet est d'utiliser les moments géométriques, basés sur la formulation classique des moments bidimensionnels. L'équation 1.27 fournit la formulation générale pour un moment d'ordre $p+q$.

$$m_{pq} = \sum_{(x,y)\in I} x^p y^q f(x,y)\,, \forall (p,q) \in N^2 \quad (1.27)$$

Pour obtenir une formulation qui soit indépendante de la position de l'objet et du changement d'échelle, la formulation 1.28 est normalisée par :

$$\mu_{pq} = \sum_{(x,y)\in I} (x-\overline{x})^p (y-\overline{y})^q f(x,y) \quad (1.28)$$

avec $\overline{x} = \frac{m_{10}}{m_{00}}$ *et* $\overline{y} = \frac{m_{01}}{m_{00}}$ $\overline{x}$ et $\overline{y}$ les coordonnées du centre de gravité de l'objet.

Les moments de Hu

La limite des moments géométriques est de n'être pas invariant par rotation, d'où la formulation proposée par Hu (Hu, 1962).

$$\eta_{pq} = \frac{\mu_{pq}}{\mu_{00}^{1+(p+q)/2}} \forall (p+q) \geq 2 \; et \; (p,q) \in N^2 \quad (1.29)$$

η_{pq} est un moment centré normalisé par la masse de l'objet (équation 1.29). Hu formule alors les sept premiers moments d'ordre 2 et 3 qui sont des combinaisons des η_{pq} (équation 1.30), d'autres auteurs ont étendu ces formulations jusqu'à l'ordre 7.

$$\begin{aligned} \phi_1 &= \eta_{20} + \eta_{02} \\ \phi_2 &= (\eta_{20} - \eta_{02})^2 + 4\eta_{11}^2 \\ \phi_3 &= (\eta_{30} - 3\eta_{12})^2 + 3(\eta_{21} - \eta_{03})^2 \\ \ldots & \end{aligned} \quad (1.30)$$

D'autres bases de décomposition sont possibles pour représenter la forme d'une région, notamment celles basées sur les moments de Zernike autout d'une famille de polynômes complexes formant une base orthogonale dans le cercle unité. À la suite de normalisations similaires aux précédentes, il est également possible d'atteindre une invariance de ces descripteurs aux transformations impliquant des rotations, translations et changement d'échelles. L'apport de la formulation par les moments de Zernike réside dans le choix d'une base orthogonale qui réduit la redondance entre moments(Zernike, 1934).

Mesures de ressemblance entre formes

Chacune des méthodes permet de résumer la forme d'un objet au travers son contour ou son masque par un ensemble de variables scalaires. L'idée générale est alors d'exploiter cet ensemble d'information comme un vecteur pour utiliser des métriques ad-hoc dans l'estimation de la ressemblance entre deux formes d'objets. Dans ce choix la formulation de Zernike est la plus adaptée, puisque construite à partir d'une base de décomposition orthonormée. Le choix de la base de représentation de la forme dépend de sa complexité et nature. Pour des objets de forme plus circulaire, une formulation de Zernike est préférable, alors qu'à l'inverse pour des objets plus anguleux les dérivées de moments géométriques sont plus adaptées. De plus, le nombre de moments nécessaire pour discriminer un objet croît avec la complexité de celui-ci. Cependant, il ne faut pas oublier que dans ces calculs, le bruit croît également avec l'ordre des moments et lorsque l'ordre dépasse le niveau de complexité, ils perdent leur sens. Ce comportement se retrouve dans la figure 30, les deux jeux de courbes montrent la distance entre des caractères (manuscrits et typographiques) selon l'ordre des moments géométriques, centrés pour la courbe de gauche et de Zernike pour la courbe de droite. Selon la complexité des caractères, les comportements sont différents. Mais dans les deux cas, au-delà d'un certain ordre, les moments perdent de leur intérêt en apportant plus de bruit que d'information.

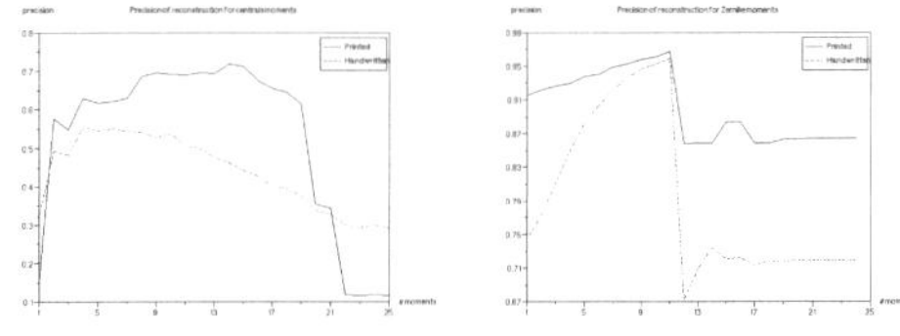

Figure 30 Précisions de reconstruction pour les moments géométriques centrés et les moments de Zernike

4.5 Gérer l'organisation de l'image

La reconnaissance dépend en grande partie du contexte de la scène et de son arrangement, c'est-à-dire la présence en certains endroits d'éléments caractéristiques selon leur couleur, ou leur aspect textural, mais surtout selon un arrangement précis. Pour capter l'organisation spatiale dans la scène, il faut utiliser des structures particulières basées sur des graphes : graphes d'adjacence de région, cartes topologiques ou pyramide combinatoire.

Figure 31 * Image et contour segmentés avec les relations prises en compte dans le graphe

Capter et représenter l'organisation spatiale

Les graphes sont utilisés depuis longtemps en traitement et analyse d'images pour essayer de représenter la topologie de l'image. Un graphe est une structure de maillage, dont les nœuds portent généralement l'information concernant les régions. Chaque nœud est relié aux autres par des arcs auxquels peuvent être associés des informations concernant les contours communs aux deux régions concernées par les nœuds d'extrémités. La figure 31 montre l'équivalent graphique des relations prises en compte (le fond est volontairement omis). Selon les relations choisies, seuls les voisinages sont conservés (graphes d'adjacence de régions) ou le positionnement relatif des régions les unes par rapport aux autres (cartes topologique, graphe d'adjacence avec relations de positionnement).

Mesure de ressemblance entre organisations spatiales

À la différence des informations de couleur, forme et texture la complexité de l'information topologique n'est pas dans la construction des graphes, puisque celles-ci se déduisent directement de la segmentation. La complexité d'usage réside dans la construction d'opérateur de mesure de ressemblance (Eshera et Fu, 1984; Shapiro et Haralick, 1981). La mesure de ressemblance entre deux images doit intégrer deux étages d'estimation des dissemblances/ressemblances. Le premier correspond à la mesure de similarité entre les structures (nombre de nœuds, présence/absence de relations de voisinage). Le second étage inclut l'estimation des ressemblances en termes de couleur/forme/texture ou tout autre descripteur pour les nœuds et/ou les arcs. Les méthodes qui permettent ce type de mesure rentrent dans le cadre des algorithmes d'appariement («*graph-matching algorithm*») (Gold et Rangarajan, 1996; Ranganath et Chipman, 1992).

5 Conclusion

La vue est l'un des sens privilégié de l'être humain. Pour passer de la sensation, stimulation des organes des sens, à la perception, impression obtenue à partir des sens et appréhendé par l'esprit, de nombreux traitements sont effectués dans notre cerveau par des processeurs massivement parallèles : les neurones, connectés entre eux par des synapses. La perception fait ainsi suite à la sensation, en incluant des traitements des stimuli perçus consciemment ou inconsciemment et en prenant en considération des informations contextuelles et des expériences passées, stockées dans une bibliothèque de taille impressionnante. Cette bibliothèque inclut des images, des sons, des odeurs. De plus, les interactions entre les différentes aires cérébrales motrice, sensitive, visuelle, auditive sont encore mal connues. C'est pourquoi vouloir automatiser le traitement et l'analyse de scènes est une mission particulièrement difficile. Si de nombreuses applications permettent d'automatiser des tâches liées à la perception humaine, comme le contrôle qualité sur des objets manufacturés ou la conduite autonome de véhicules, ceci ne peut être réalisé que dans des cas bien particuliers, avec des contraintes très fortes quant à l'environnement et la nature des objets eux-mêmes. Ainsi, guider un robot mobile dans un environnement d'intérieur, structuré, connu à l'avance, dans lequel peu de choses peuvent évoluer est envisageable. Alors que remplacer le système visuel d'un conducteur à l'intérieur d'une voiture lancée dans une agglomération est aujourd'hui impossible. L'amélioration des technologies le permettra peut être un jour, tout comme l'avancée dans les connaissances physiologiques sur le cerveau visuel, qu'on pourra peut-être, dans un avenir plus ou moins proche, modéliser. En attendant, la recherche en imagerie numérique a de beaux jours devant elle et on peut juste faire un parallèle de principe entre le cerveau visuel biologique et les technologies permettant le traitement et l'analyse numérique des images que nous avons abordé dans ce chapitre.

Bibliographie

Berry, F. (2005). Technologies des capteurs d'images couleurs. In *Imagerie Numérique Couleur* (GFINC), G. F., editor, *EHINC'05*, Lille.

Bonton, P., Fernandez-Maloigne, C., (ouvrage collectif) (2004). *Image Numérique Couleur : de l'acquisition au traitement.* Dunod.

Cocquerez, J. et Philipp, S. (1995). *Analyses d'images : filtrage et segmentation.* Masson, Paris.

Dougherty (1992). *An introduction to morphological image processing.* SPIE press.

Eshera, M. et Fu, K. (1984). A graph distance measure for image analysis. *IEEE transactions on systems, mans and cybernetics*, 14(3) :353–363.

Faloutsos C., M. Flickner, W. Niblack et al. (1993) *Efficient and effective querying by image content*, IBM, August 1993, RJ 9453 (83074)

Gagalowicz, A. (1983). *Vers un modèle de texture.* PhD thesis, Université Pierre et Marie Curie, Paris VI.

Gold, S. et Rangarajan, A. (1996). A graduated assignment algorithm for graph matching. *IEEE Transactions on Pattern Analysis and Machine Intelligence*, 18(4) :377–388.

Hafner, J., Sawhney, H., et Equitz, W. (1995). Efficient color histogram indexing for quadratic form distance functions. *IEEE Transactions on Pattern Analysis and Machine Intelligence*, 17(7) :729–736.

Haralick, R., Shanmugam, K., et Dinstein, I. (1973). Textural feature for image classification. In *IEEE Transactions on System Man and Cybernetics*, volume 3(6), pages 610–621.

Hu, M. (1962). Visual pattern recognition by invariants moment. In *IEEE Transactions on Information Theory*, volume 8, pages 179–187.

Huang, J., Kumar, S. R., Mitra, M., et Zhu, W.-J. (1998). Spatial color indexing and applications. In *ICCV*, pages 602–607.

Huang, J., Kumar, S., Mitra, M., Zhu, W., et Zabih, R. (1997). Image indexing using color correlograms. In *IEEE Computer Vision and Pattern Recognition Conference*, pages 762–768, San Juan, Puerto Rico.

Puzicha, J., Hofman, T., et Buhman, J. (1997). Non-parametric similarity measures for unsupervised texture segmentation and image retrieval. In *IEEE Conference on Computer Vision and Pattern Recognition*, pages 267–272.

Ranganath, H. S. et Chipman, L. J. (1992). Fuzzy relaxation approach for inexact scene matching. In *International Conference on Image and Vision Computing (IVC)*, volume 10, pages 631–640.

Serra, J. (1982). *Image Analysis and Mathematical Morphology*, volume I. Ac. Press.

Shapiro, L. et Haralick, R. (1981). Structural description and inexact matching. *IEEE transactions on systems, mans and cybernetics*, 3(5) :504–519.

Stricker, M. et Orengo, M. (1995). Similarity of color images. In *SPIE Conference on Storage and Retrieval for Image and Video Databases III*, pages 381–392.

Zernike, F. (1934). Diffraction theory of the cut procedure and its improved form, the phase contrast method. *Physica*, 1 :689–704.

Synthèse d'images

Anne Verroust-Blondet, Marie-Luce Viaud

Mots-clés : informatique graphique, modélisation, objet 3D, rendu réaliste, rendu non photoréaliste, animation, placage de texture.

Résumé : après un bref historique du domaine de la synthèse d'images, nous décrivons les principales étapes de construction d'une image de synthèse 3D. Puis nous nous intéressons plus particulièrement à certaines problématiques de la synthèse d'images, à savoir, le placage de texture, le rendu non photoréaliste et l'animation d'images de synthèse. Ce chapitre complète les chapitres « Rendu réaliste » et « Modélisation des objets 3D, représentation et codage ».

La synthèse d'images regroupe l'ensemble des processus permettant la création d'images via un ordinateur. Les images de synthèse sont généralement classées en deux catégories. Les images 2D proviennent de logiciels de dessins assistés par ordinateur et de traitements appliqués à des images numérisées. Ces images font partie intégrante de notre vie quotidienne car elles sont utilisées dans tous les médias. Dès la fin des années soixante-dix, des palettes graphiques performantes ont été intégrées aux systèmes de postproduction des grands studios et Photoshop constitue depuis longtemps l'un des logiciels les plus communément utilisés. Les images 3D sont créées à partir de modèles de scènes tridimensionnelles. La réalisation d'images ou de séquences d'images de synthèse tridimensionnelle a concentré la majeure partie des efforts de recherche et constituera l'essentiel de ce chapitre.

La synthèse d'images est l'art de l'artifice ; seul importe le résultat visuel final. Ainsi tout modèle sera-t-il conçu pour satisfaire deux contraintes : qualité visuelle et efficacité. De fait, ce domaine se caractérise par la diversité des méthodes qu'il exploite et détourne. Les modèles sont avant tout géométriques : il faut décrire et placer les objets dans l'espace afin de construire l'image. Mais ils s'inspirent aussi de l'optique pour le rendu et de la mécanique pour la modélisation et l'animation. Puis les chercheurs ont emprunté, simplifié, modifié et intégré toutes sortes de modèles issus de la biologie, la biomécanique et la botanique ou d'autres domaines de l'informatique comme la robotique, l'analyse d'images ou l'intelligence artificielle. Les travaux et œuvres de Karl Sims sont caractéristiques d'une telle intégration.

1 Historique

Les premières images calculées par ordinateur sont obtenues au début des années soixante. On notera alors les travaux de Sutherland et son logiciel de dessin assisté par ordinateur Sketchpad.

Les principes géométriques de base de la synthèse d'images ont été introduits dans les années soixante-dix et quatre-vingt. La modélisation géométrique des objets s'effectue avec des maillages polygonaux ou des courbes ou surfaces paramétrées telles les surfaces de Bézier généralisées par les *splines*. Les principes d'affichage sont mis en place avec des algorithmes d'élimination des parties cachées. Les premiers algorithmes de rendu réaliste apparaissent : ombrage de Gouraud et Phong.

Puis dans les années quatre-vingt et quatre-vingt-dix, la question du réalisme des images et des animations devient un des principaux sujets d'investigation des chercheurs en informatique graphique. L'introduction du tracé de rayon et de la radiosité dans le rendu permet des simulations d'éclairement extrêmement réalistes. En parallèle, l'animation exploite les équations de la dynamique pour modéliser des mouvements de plus en plus crédibles. C'est l'époque des premiers longs métrages en image de synthèse, et où Pixar (*Toy Story*, etc.) gagne son premier Academy Award avec son court-métrage *Tin Toy*.

À partir des années quatre-vingt-dix, l'utilisation des images de synthèse se généralise dans les productions cinématographiques et dans la visualisation scientifique et médicale. Parallèlement, l'accroissement de la puissance des machines et des cartes graphiques permettent la réalisation d'images temps réel de plus en plus complexes et déclenche un essor important des jeux vidéo et de la réalité virtuelle. Cette dichotomie dans les applications induit deux tendances opposées et complémentaires. D'une part, la création d'images de plus en plus élaborées nécessite l'introduction de modèles de plus en plus complexes pour représenter des effets ou objets comme les «phénomènes naturels» (animaux, êtres humains, forêts, mer, nuages), ou pour simuler des effets lumineux complexes (brouillard, fumée, etc.). D'autre part, l'exigence du temps réel conduit à simplifier les modèles afin d'accélérer le calcul d'une image ou d'une séquence d'images, quitte à en réduire la qualité visuelle.

2 Les principales étapes de construction d'une image de synthèse 3D

L'élaboration d'une image de synthèse 3D s'effectue généralement en une suite de trois processus, couramment appelée le «pipeline graphique». La première étape consiste à créer une scène modélisée en trois dimensions, comprenant les sources de lumière et les objets constituant la scène. Puis, il s'agit de projeter cette scène sur un plan afin d'obtenir une image bidimensionnelle: on calcule alors la transformation perspective, compte tenu des paramètres modélisant la caméra. Enfin, l'image est «rendue»: une texture est associée à chaque objet, une couleur et une amplitude à chaque lumière; et la couleur de chaque élément de surface visible des objets composant la scène peut être calculée afin de produire l'ensemble continu des pixels composant l'image.

2.1 Modélisation d'une scène

Le choix d'un modèle de représentation d'un objet tridimensionnel est directement lié au type d'objet que l'on veut modéliser. Les modèles les plus couramment utilisés sont les suivants: maillage polygonal, surface paramétrée, surface implicite, objet conçu en géométrie solide constructive dit objet CSG, matrice de voxels (pour plus de détails le lecteur est invité à se référer au chapitre «Modélisation des objets 3D, représentation et codage»). Le choix d'un modèle de représentation influence celui des algorithmes d'animation, de rendu et d'élimination des surfaces cachées utilisés dans la suite du processus. Pour des questions d'efficacité, les objets tridimensionnels sont le plus souvent transformés sous forme de maillage polygonal avant les étapes d'élimination des parties cachées et de rendu.

Pour enrichir la palette des formes obtenues, les logiciels de création d'objets tridimensionnels, appelés modeleurs, intègrent des outils interactifs de déformation permettant à l'utilisateur de créer de nouvelles formes par déformation d'un objet 3D existant. Les modèles les plus répandus sont les déformations de forme libre. Le principe de ces techniques est le suivant: l'objet est plongé dans une portion de l'espace dit «volume de forme libre», plus facile à contrôler que l'objet initial. Chaque point de l'objet est donc repéré dans ce volume. Puis, le volume de forme libre est déformé et cette déformation se répercute sur la position des points de l'objet initial. Le volume de forme libre peut être défini par une boîte, ou une courbe de l'espace avec sa zone d'influence ou par des contraintes de déplacement sur des points de l'espace. Ce type de technique ne modifie pas le genre de l'objet initial.

2.2 Mise en perspective

La projection la plus courante en informatique graphique est la projection perspective introduite à la Renaissance et utilisée par les peintres et les architectes. L'œil est assimilé à un point où convergeraient les rayons lumineux issus de la scène et l'image est située sur un plan dit plan de projection entre l'œil et la scène. Le dispositif (œil, plan de projection) constitue la «caméra». Les relations entre l'œil et le plan de projection peuvent être exprimées par la focale et le champ de la caméra. La projection perspective est une projection centrale: projection de centre O (l'œil), sur le plan P de projection qui, à tout point M d'un objet de l'espace, associe le point M′ de P tel que O, M et M′ soient alignés.

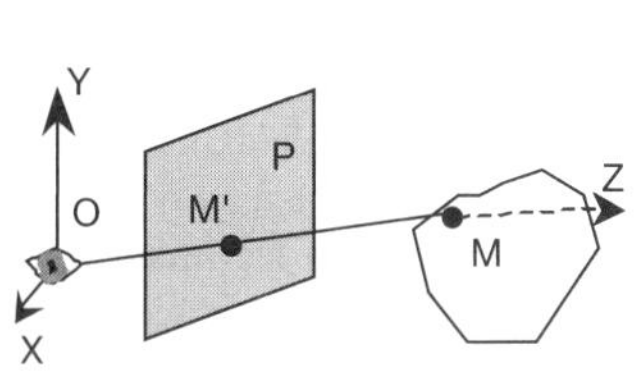

Figure 1 Principe de la projection perspective

2.3 Élimination des parties cachées

L'élimination des parties cachées consiste à déterminer quelles sont les parties des objets visibles sur l'image finale. Donc, du point de vue de la caméra, ce sont les éléments de surface les plus proches, non obstrués par d'autres surfaces et situés dans le champ de la caméra. Le *back-face culling* consiste à supprimer les faces tournées dans la direction opposée à celle de l'œil. Le *clipping* ou élagage consiste à supprimer les parties projetées de la scène qui sont externes à la zone de projection qu'est l'image.

Les algorithmes d'élimination des parties cachées sont le plus souvent imbriqués dans l'étape de rendu. Ils en constituent la partie géométrique et se répartissent en deux catégories :

- *approches à précision objet* : pour chaque objet, on détermine sa partie visible. Ces méthodes sont plus coûteuses en temps mais permettent d'être indépendantes de la résolution de l'écran. Ces algorithmes sont basés sur des tris en profondeur des faces de l'objet. L'algorithme du peintre affiche toutes les faces de l'objet en partant des faces les plus éloignées de l'écran jusqu'aux faces les plus proches. Une autre technique utilise les arbres BSP (voir le chapitre « Modélisation des objets 3D, représentation et codage » pour une description des arbres BSP) ;
- *approches à précision image* : pour chaque pixel de l'écran, on détermine l'objet le plus proche. C'est le cas de l'algorithme de Warnock, qui consiste à subdiviser récursivement l'image en quadrants en fonction du nombre de faces visibles sur chaque quadrant ; de l'algorithme de lancer de rayon et de l'algorithme de tampon de profondeur.

Si l'on veut obtenir un affichage rapide de la scène, comme c'est le cas dans les modeleurs, on ne calcule que les contours ou arêtes des objets. Cette visualisation est appelée communément la « visualisation fil de fer ».

2.4 Rendu

Il existe essentiellement deux classes de rendu. Le rendu réaliste permet d'obtenir une image ressemblant le plus possible à une photographie. Les méthodes de rendu sont inspirées de modèles physiques plus ou moins simplifiés. Les méthodes rapides modélisant l'interaction entre les objets et les sources lumineuses, basées sur le modèle de réflexion spéculaire de Phong, sont utilisées dans les modeleurs. Les méthodes globales, comme celles du tracé de rayon ou de la radiosité, prennent aussi en compte les interactions entre les objets de la scène. Elles sont basées sur un modèle d'illumination globale (voir le chapitre « Le rendu réaliste » pour plus de détails). Le rendu non photoréaliste cherche à produire des effets tels que la gravure, le trait du dessin, la peinture à l'huile, les bandes dessinées, etc. mais aussi de nouveaux rendus visuels.

3 Placage de texture

Pour enrichir l'aspect visuel d'un objet tridimensionnel, on utilise la notion de texture. Les textures définissent certaines caractéristiques en chaque point de la surface de l'objet, telles que :

- la couleur ou la transparence de l'objet ;
- la matière, pour donner un aspect particulier à la surface de l'objet : plastique, métallisé, etc. ;
- la rugosité. On peut perturber les normales à la surface de l'objet (*bump mapping*) pour donner une certaine irrégularité à une surface.

On peut aussi associer une texture volumique de surface, accumulation de petits éléments de volume plaqués sur la surface pour simuler à moindre coût une fourrure ou de l'herbe sur la surface de l'objet.

La première façon d'obtenir une texture est de capturer un échantillon digitalisé.

Si l'on veut générer automatiquement une texture, on applique le plus couramment des modèles de répartitions probabilistes ou fractales sur les caractéristiques citées ci-dessus. Dans le cas de textures existantes, un échantillon peut être analysé afin d'extraire les paramètres nécessaires au modèle probabiliste. Cette méthode est extrêmement efficace sur des textures naturelles telles le bois ou le marbre et sur des textures à motifs fins et répétitifs.

Il existe deux familles de techniques de placage de texture :

- *les approches 3D* : l'objet à texturer est plongé dans un volume où chaque élément de volume a une couleur. L'objet semble alors sculpté dans le bloc de couleurs. Ce type de technique est adapté pour des objets en marbre ou en bois ;
- *les approches 2D* : la texture est une image plane. Elle est appliquée sur la surface de l'objet comme du papier peint.

Les approches bidimensionnelles ont fait l'objet de nombreux travaux de recherche au niveau de la génération et du placage. La génération de texture répétitive est un processus délicat car, lorsque l'objet texturé se déplace devant la caméra, la texture doit intégrer la notion de changement d'échelle afin d'éviter l'apparition de motifs ou d'artefacts non désirés. Le placage de texture 2D consiste à établir une fonction de projection entre les points de l'image et les points de la surface de l'objet tridimensionnel. Quand la surface de l'objet est fermée, cette projection ne peut s'effectuer sans l'apparition de coutures joignant les bords de l'image 2D sur la surface. Ces raccords de texture sont susceptibles d'introduire des discontinuités visuelles dans la perception de l'objet. Dès lors, la difficulté du placage réside dans le contrôle des distorsions et des raccords. Les premières méthodes de placage de texture utilisent des projections intermédiaires sphériques ou cylindriques : la texture est appliquée sur une boîte englobant l'objet et le placage de texture correspond à une projection. Plus récemment, des méthodes d'optimisation, minimisant les déformations lors du placage de la texture et permettant à l'utilisateur de positionner des points de la texture sur la surface de l'objet ont été introduites.

Figure 2 Trois placages de texture : projection sphérique, projection cylindrique et placage minimisant les distorsions

4 Rendu non photoréaliste

On regroupe sous le terme rendu non photoréaliste des techniques produisant des images dont le but n'est pas le réalisme de la photographie mais plutôt l'expressivité artistique, la ressemblance avec des techniques graphiques traditionnelles ou l'efficacité du point de vue de la communication visuelle. Ce type de rendu est adapté à l'illustration artistique et technique (architecture, archéologie, médecine, dessin de pièces mécaniques, etc.). Il s'applique sur des images 2D ou sur des scènes tridimensionnelles. Des modèles spécifiques associés aux différentes techniques (gravure au burin, trait de crayon, fusain, aquarelle, etc.) sont élaborés en étudiant les savoir-faire du métier ou en effectuant une modélisation physique des outils.

Au lieu d'énumérer l'ensemble des techniques utilisées dans le rendu non photoréaliste, nous prendrons ici l'exemple du rendu par traits.

Dans ce cas, les silhouettes ou les contours internes des objets sont des éléments significatifs dans la compréhension de l'image. Le contour d'un objet est apparent quand il définit sa frontière avec l'environnement sur l'image ou quand il correspond à un élément (ligne, courbe) saillant visible sur la surface de l'objet 3D représenté. Dans le cas d'une image 2D, les contours des objets sont extraits par des méthodes d'analyse d'image. Pour des scènes tridimensionnelles, les contours sont repérés en considérant les normales à la surface de l'objet. Une arête appartient à la silhouette de l'objet si l'arête est visible et si les faces qui lui sont adjacentes ont leurs normales orientées différemment par rapport à la caméra. Une arête visible appartient au contour interne de l'objet si les écarts d'orientation de ses faces adjacentes sont suffisamment grands.

Les contours étant déterminés et tracés, il faut remplir les faces par des traits. On utilise une bibliothèque de textures (donnant un effet de brique, de bois, de surface vitrée, de pierre, etc.) où l'on peut modifier l'orientation, l'espacement et l'épaisseur des traits. Ces textures varient en fonction de l'orientation de la surface, de la distance de la surface à la caméra et de l'intensité de la lumière à la surface de l'objet. Dans le cas des images 2D, les gradients d'éclairement sont utilisés pour simuler le dessin au trait.

On obtient ainsi une image qui semble avoir été dessinée avec un crayon.

5 Synthèse d'images animées

Dans la plupart des applications, les images calculées ne sont pas isolées mais constituent des séquences animées. L'ensemble des processus construisant la succession d'images d'une séquence animée doit être conçu de manière à assurer une continuité visuelle dans le temps.

L'animation s'applique à un ensemble d'objets. Chaque objet est associé à un repère orthonormé propre dans l'espace tridimensionnel. Un objet articulé est défini par un repère propre et un ensemble de sous-objets munis de repères relatifs. L'animation calcule, à chaque instant, les positions et orientations de ces repères et si nécessaire la forme de ces objets.

Les modèles d'animation sont scindés en deux familles qui correspondent au type de contrôle donné à l'utilisateur. Les modèles descriptifs sont inspirés du dessin animé ou du cinéma et proposent un contrôle sur les positions ou les formes des objets en mouvement. Les modèles générateurs demandent à l'utilisateur de spécifier les lois régissant les mouvements et/ou les déformations des objets au cours du temps. Ils sont en général plus compacts, plus réalistes, plus coûteux en temps de calcul, et enfin plus spécialisés dans l'usage.

5.1 Modèles descriptifs

Dans le dessin animé traditionnel, l'animateur dessine les formes des personnages à des instants clefs et les formes intermédiaires sont dessinées pour assurer une continuité temporelle. Dans le contexte numérique qui nous intéresse, les positions et orientations de la caméra et des objets sont décrits à des instants clefs de l'animation et la séquence animée résulte de l'interpolation des positions, des formes et des orientations entre ces instants clefs. Si la qualité d'une animation effectuée avec un modèle descriptif est due en priorité au savoir-faire traditionnel issu des dessins animés et au potentiel artistique de l'animateur, certaines techniques ont été développées pour faciliter la mise en œuvre de l'animation.

Les centres des repères des objets aux instants clefs dessinent une courbe dans l'espace. Ils sont utilisés comme points de contrôle pour définir une courbe spline d'interpolation. En introduisant un paramètre de vitesse sur cette courbe, on peut définir alors les positions des centres à chaque instant intermédiaire de l'animation. Afin de faciliter l'interpolation des orientations des objets entre deux instants clefs, chaque repère est exprimé sous forme de quaternion. Le calcul de l'interpolation se ramène alors au calcul d'une spline sur l'hypersphère unité de dimension 4.

Des méthodes de cinématique inverse issues de la robotique sont utilisées pour assister la création des objets articulés aux instants clefs. Ces techniques permettent, par exemple, de contrôler automatiquement l'ensemble d'une chaîne articulée quand on en déplace l'extrémité.

Les actions décrites précédemment génèrent des animations d'objets rigides. Le challenge des quinze dernières années fut d'introduire des déformations complexes et contrôlables dans l'animation.

Dans un premier temps, des méthodes d'animation issues des déformations de forme libre ont été introduites. Les volumes de forme libre étant en général de complexité géométrique restreinte, ils sont aisément manipulables et permettent alors de constituer des formes clefs. Les métamorphoses résolvent un problème différent : il s'agit de calculer une suite de formes intermédiaires entre deux formes clefs données et de proposer à l'utilisateur un contrôle de la déformation.

5.2 Modèles générateurs

Dans les modèles générateurs, les mouvements ou les déformations des objets à animer sont régis par des « lois ». Ces lois peuvent être décrites par des procédures, comme c'est le cas dans les systèmes de particules, ou construites à partir de modèles physiques plus ou moins simplifiés et combinés. La modélisation de l'interaction entre deux objets se décompose en deux phases : une phase géométrique pour repérer l'instant de contact entre deux objets et une phase dérivée de modèles physiques pour calculer la réponse au choc.

On distingue deux grandes classes d'objets : les objets déformables, de type corps mou ou tissu, et les objets rigides articulés. Pour la première classe, les lois de déformation utilisent le plus souvent des modèles masses-ressorts-frottements, des systèmes de particules avec force d'attraction-répulsion ou des modèles issus de la mécanique des milieux continus. L'introduction de la dynamique dans les modèles d'animation d'objets articulés a évolué au cours du temps : au départ, le contrôle de l'utilisateur était réduit à la donnée des conditions initiales (masses, positions, vitesses, forces en présence) et les lois de la dynamique étaient utilisées pour produire l'animation. Plus récemment, le contrôle du mouvement s'est enrichi en proposant à l'animateur une interaction de plus en plus fine utilisant la dynamique inverse et autres méthodes issues de la robotique.

5.3 Animation de personnages

La création et l'animation de personnages réalistes ou non réalistes ont fait l'objet de nombreuses recherches, proposant des modèles de représentation et d'animation hybrides. En effet, un modèle de personnage est généralement muni d'un squelette, objet rigide articulé, recouvert d'une ou plusieurs couches déformables représentant les muscles et la peau. Le mouvement global du personnage est régi par l'animation du squelette et les mouvements secondaires par la déformation des différentes couches. La difficulté de modéliser un personnage est amplifiée par l'acuité particulièrement aiguë dont nous faisons preuve lors de la perception d'un mouvement familier. Dans le cas de la simulation d'acteurs virtuels, les postures, les petits gestes, les expressions et les mimiques constituent autant de signes subtils de différenciation et d'identification d'un individu. Dès la fin des années quatre-vingt-dix, les systèmes de capture de mouvements se développent, permettant de restituer cette complexité du mouvement qui rend les personnages crédibles. Si la capture ne permet pas tout, son couplage avec des techniques de traitement du signal peut alimenter des systèmes d'animation basés sur la dynamique : des bibliothèques de mouvements types sont ainsi créées et la modification de ces mouvements en fréquence permet de varier à l'infini un mouvement d'une classe pour le caractériser. Si l'on prend l'exemple de la course à pied, la modification des paramètres fréquentiels permet de passer de la foulée d'un grand sportif à la démarche d'un chimpanzé. Dans un deuxième temps, le modèle dynamique permet de réintroduire l'objet en mouvement dans un environnement de synthèse géométriquement différent de l'environnement de capture sans rien avoir à modifier. En couplant ces modèles avec des modèles de comportement sociétaux, des simulations de comportement de foules peuvent ainsi être réalisées : chaque personnage est considéré comme un acteur virtuel autonome en mouvement et en interaction avec le monde extérieur composé de l'environnement et des autres acteurs virtuels.

De par ses applications dans le domaine de la production audiovisuelle, l'animation faciale constitue depuis longtemps un enjeu pour les chercheurs. Premier élément visuel complexe décodé par le nourrisson, le visage est le lieu de la communication, verbale et non verbale, et sa perception est une des tâches visuelles les plus performantes effectuées par le cerveau. L'animation faciale s'intéresse à deux problèmes : la simulation des expressions faciales et de la parole. Trois grandes tendances se détachent. Les premiers systèmes modélisent le visage à partir de son modèle anatomique, à savoir les couches osseuses, musculaires et l'épiderme, et créent l'animation en les faisant interagir les unes sur les autres. Au début les années quatre-vingt-dix, apparaissent les systèmes «cyberware» qui capturent avec beaucoup de détails la surface puis les mouvements du visage, mais ceux-ci restent coûteux et délicats à mettre en œuvre. Le besoin de logiciel de capture plus simple et financièrement accessible débouche sur des systèmes mixtes : la capture des mouvements faciaux est réalisée par une analyse d'image effectuée en temps réel sur des séquences vidéo. Les données partielles ainsi générées sont réinjectées dans un système d'animation faciale plus complexe qui «complète automatiquement» l'animation. Enfin, les derniers travaux réalisés dans ce domaine proposent une modélisation basée sur l'analyse statistique d'un ensemble de modèles tridimensionnels.

Quant à l'animation parlée du visage, deux types de travaux, l'un couplant l'analyse des phonèmes et des visèmes et leur enchaînement, et l'autre effectuant une prédiction bayésienne à partir d'un apprentissage, ont donné des résultats impressionnants.

La modélisation et l'animation des cheveux restent encore un problème ouvert dans le cas général. En effet une chevelure est constituée d'une multitude d'éléments ayant chacun un comportement complexe, et susceptibles d'être en interaction (contact, collision)les uns avec les autres. Leurs caractéristiques (raides, souples, bouclés, crépus, longs, courts, épais ou fin, denses ou clairsemés) peuvent changer totalement le comportement de l'ensemble de la chevelure. Enfin, le rendu des cheveux doit faire l'objet d'un processus spécifique approprié pour traiter l'ensemble de la chevelure sans avoir à considérer chaque cheveu. Les dernières méthodes proposent de calculer un mouvement global sur un échantillon bien choisi et d'interpoler «en mèches» pour reconstituer l'intégralité de la chevelure.

L'habillage des personnages est un processus délicat à mettre en œuvre. Les vêtements forment des plis selon la matière et en fonction des mouvements, ont des coutures et des volumes sous-jacents. Ils ont été peu réalistes jusqu'à l'introduction de modèles physiques d'animation de tissus. Ces techniques sont basées sur des modèles masse-ressort : chaque pièce de tissu est assimilée à un maillage de petites masses liées par des ressorts très raides. La résolution des équations peut alors s'avérer très coûteuse et pose des problèmes de stabilité numérique. Des contraintes sont ajoutées pour contrôler les élongations du tissu durant l'animation. Comme dans le cas de la chevelure, la détection des collisions du tissu avec les autres objets et avec lui-même est lourde et délicate à résoudre. Des méthodes hybrides, exploitant les modèles physiques et les modèles géométriques de déformation sont introduites dans le cas d'une animation temps réel.

6 Conclusion

Dans ce chapitre, nous avons essayé de donner un aperçu des techniques intervenant dans la création d'une image de synthèse. Ces techniques sont extrêmement diverses, mais on peut néanmoins dégager des similitudes dans les problématiques rencontrées par les chercheurs en informatique graphique. Il s'agit essentiellement de «modéliser», c'est-à-dire de concevoir un algorithme qui construira/animera un objet ou qui produira un effet visuel tout en laissant à l'utilisateur suffisamment de paramètres de liberté pour pouvoir le contrôler simplement.

Prenons l'exemple de la modélisation de ce qu'on appelle communément «les phénomènes naturels» en informatique graphique ; c'est-à-dire les plantes, les nuages, les vagues, les écoulements d'eau, la fumée, le feu, etc.

Supposons qu'un nouveau phénomène soit à représenter, visualiser ou animer. En premier lieu, on observera et analysera le phénomène à modéliser en consultant les disciplines scientifiques qui lui sont liées. En particulier, il faudra extraire les points essentiels nécessaires à sa perception. Puis on en dégagera une représentation géométrique appropriée. Si la modélisation du phénomène fait intervenir un trop grand nombre de paramètres et si des informations géométriques ou photométriques peuvent être extraites d'une séquence d'images associée, il peut être plus simple de procéder par analyse-synthèse, c'est-à-dire d'élaborer un modèle de synthèse dont les paramètres sont obtenus par une technique d'analyse d'images.

Dans le cas particulier des plantes, on obtient deux modèles de croissance. D'une part, comme dans l'approche de P. Prusinkiewicz et A. Lindenmayer, des plantes sont générées en utilisant des règles de réécriture arbitraires mais visuellement crédibles pour modéliser leur évolution ; d'autre part des méthodes sont directement déduites des modèles botaniques de croissance des arbres. Dans ce deuxième cas, le modèle botanique est suffisamment efficace et fidèle au réel pour aboutir à une méthode de simulation, comme le montrent les résultats de P. de Reffye *et al.*

L'exemple de la modélisation de la croissance des plantes est caractéristique des interactions de la synthèse d'images avec d'autres disciplines scientifiques ou techniques : disposer d'outils de visualisation ou d'animation performants est nécessaire pour comprendre des phénomènes ou valider des hypothèses. Et l'élaboration d'outils de visualisation spécifique fait intervenir des modèles issus des disciplines concernées.

De grands pas ont été franchis en synthèse d'images depuis les années soixante, mais des défis scientifiques existent. Nous en citerons deux, en nous référant aux applications concernées :

- les systèmes de réalité virtuelle, mixte et augmentée, requièrent l'emploi de méthodes d'animation et de rendu temps réel et interactive sur des données de plus en plus complexes et intégrant objets réels et virtuels ;
- les applications audiovisuelles nécessitent des modélisations de plus en plus fines d'êtres humains virtuels et de phénomènes naturels très réaliste.

Les avancées en synthèse d'images ne pourront se faire sans des interactions plus étroites avec d'autres domaines de l'informatique tels l'analyse d'image, l'algorithmique géométrique, la robotique et l'intelligence artificielle.

Bibliographie

Bechmann D. , "Space deformation models survey", *Computers & Graphics*, Vol. 18 (4), Juillet 1995, p. 571-586.

Blanz V. et T. Vetter, "A morphable model for the synthesis of 3D faces", *Computer Graphics* (SIGGRAPH), 1999, p. 187-194.

Baraff D. et A. Witkin, "Large steps in cloth simulation", *Computer Graphics* (SIGGRAPH), 1998, p. 43-54.

Brand M. , "Voice puppetry", *Computer Graphics* (SIGGRAPH), 1999, 21-28.

Cordier F. et N. Magnenat-Thalmann, "Real-time animation of dressed virtual humans", *Eurographics Conference Proceedings*, Blackwell Publishers, Juillet 2002.

De Bonet J.S. , "Multiresolution sampling procedure for analysis and synthesis of texture images", *Computer Graphics* (SIGGRAPH), 1997, p. 361-368.

Dischler J.-M. et D. Ghazanfarpour, "A survey of 3D texturing", *Computers & Graphics*, Vol. 25 (10), Janvier 2001.

Foley J.D. , A. van Dam, S.K. Feiner, J.F. Hughes et R.L. Philips, *Introduction à l'infographie*, Vuibert, Novembre 2000.

Foley J.D. , A. van Dam, S.K. Feiner et J.F. Hughes, *Computer graphics : principles and practice, Second Edition in C*, Addison-Wesley, 1995.

Lasseter J., "Principles of traditional animation applied to 3D computer animation". *Computer Graphics* (SIGGRAPH), Vol. 21 (4), 1987, p. 35-44.

Lazarus F. et A. Verroust, "3D metamorphosis : a survey", *The Visual Computer.* Vol. 14 (8-9), 1998.

Lévy B. , "Constrained texture mapping", *Computer Graphics* (SIGGRAPH), 2001, p. 417-424.

Mandelbrot B. , *The fractal geometry of nature.*, Editions W. H. Freeman & Co., 1982.

Neyret F. , "Modeling animating and rendering complex scenes using volumetric textures", *IEEE Transactions on Visualization and Computer Graphics*, Vol 4 (1), 1998, p. 55-70.

Parent R. , *Animatique : algorithmes et techniques*, Vuibert, Février 2003.

Prusinkiewicz P. et A. Lindenmayer, *The algorithmic beauty of plants*, Springer-Verlag New York, Inc., 1990.

de Reffye P. , C. Edelin, J. Françon, M. Jaeger, et C. Puech, "Plant models faithful to botanical structure and development", *Computer Graphics* (SIGGRAPH), Vol. 22 (4), 1988, p. 151-158.

Sims, K. "Artificial evolution for computer graphics", *Computer Graphics* (SIGGRAPH), Vol. 25 (4), 1991, p. 319-328.

Strothotte T. et S. Schlechtweg, *Non-photorealistic computer graphics : Modeling, Rendering and Animation*, Morgan Kaufmann Publishers Inc., 2002.

Sutherland I.E., Sketchpad : "A man-machine graphical communication system", *AFIPS Spring Joint Computer Conference* Washington, D.C. 1963, p. 329-346.

Teschner M., S. Kimmerle, B. Heidelberger, G. Zachmann, L. Raghupathi, A. Fuhrmann, M-P. Cani, F. Faure, N. Magnenat-Thalmann, W. Strasser et P. Volino, "Collision detection for deformable objects", *Computer Graphics Forum*, Vol 24 (1), Mars 2005.

Compression des images

Atilla Baskurt

Mots-clés : compression d'images, redondance, quantification, codage

Résumé : dans le domaine de l'imagerie, la compression des images a certainement une place très importante. Ceci peut s'expliquer à trois niveaux. Premièrement, les besoins issus des applications de tous les jours (Internet, photos numériques, services de téléphonie mobile, imagerie satellitaire, imagerie médicale, digitalisation de documents, etc.) croissent régulièrement depuis une vingtaine d'années. Deuxièmement, le nombre d'équipes de recherche et de développement travaillant dans ce domaine constitue certainement une des grandes communautés liées aux NTIC. Rappelons que toutes les normes multimédias allant de JPEG à MPEG 21, ont été proposées par cette communauté de chercheurs. Enfin troisièmement, la compression d'images est attrayante scientifiquement et techniquement, car elle fait appel à une vaste connaissance en traitement des images allant de l'acquisition jusqu'à la transmission et le stockage, en passant par des étapes clés comme l'analyse de contenu, la segmentation, la réduction de redondance, étapes basées sur des modèles et outils mathématiques solides.

Les méthodes de compression d'images visent à quantifier et à coder une information source (image) sur un nombre restreint de bits proche de l'entropie de cette source (mesure de l'information moyenne contenue dans un message de la source ; cette quantité s'exprime en bits/message) en exploitant la redondance (notion détaillée plus loin) qui peut exister dans une image, surtout s'il s'agit d'images naturelles. Cette redondance peut être spatiale (entre pixels ou régions voisines), spectrale (entre bandes de spectre, ou composantes couleur) ou temporelle (entre images successives de séquences vidéo). Les méthodes de compression exploitent ces différents types de redondance et réduisent le nombre de bits moyen nécessaire pour coder un symbole de la source (pixel de l'image). Tout en minimisant la perte d'information, ces techniques assurent une qualité visuelle acceptable pour l'application visée et permettent de s'adapter aux contraintes de stockage et aux débits de transmission.

Certaines techniques permettent une reconstruction (décompression) exacte de l'information. On parle alors de méthode sans perte ou sans distorsion (*lossless*). Ces techniques engendrent cependant des taux de compression relativement faibles et ne sont utilisées que dans des applications sensibles telles que la compression des images médicales et des images satellites, ainsi que la compression des fichiers informatiques. On citera des codages entropiques (ou statistiques) comme le codage de Shannon-Fano, ou le codage de Huffman, le codage arithmétique, le codage de Lempel-Ziv (codage des fichiers informatiques comme ZIP, PDF, GIF, PNG, etc.), la méthode des plages. L'objectif général de ces méthodes de codage est de s'approcher au mieux de l'entropie réelle de l'image. Le lecteur peut consulter le chapitre « Théorie de l'information et codage de source » de cette même section pour obtenir plus de détail sur ces méthodes de codage sans perte.

Les méthodes les plus courantes sont celles qui tolèrent un niveau de distorsion contrôlé (souvent imperceptible à l'œil). Les expérimentations menées montrent que ce sont ces méthodes dites avec perte ou avec distorsion (*lossy*) qui permettent d'atteindre des taux de compression élevés avec une qualité visuelle acceptable (taux de 8-10 pour la norme JPEG et de 20-30 pour la norme JPEG2000). Les pertes dues à la compression se traduisent par des artéfacts tels que du flou ou discontinuité ou oscillation sur les transitions, des effets de bloc, des distorsions géométriques et des altérations des couleurs.

Les méthodes avec perte sont plus attrayantes à étudier car d'une part elles permettent d'obtenir des taux de compression élevés nécessaires pour les applications bas débit liées aux images ou vidéos ; d'autre part elles se basent sur les récentes avancées scientifiques et offrent de réelles perspectives pour la compression. Parmi ces méthodes, celles basées sur les transformées ont une place privilégiée : norme JPEG basée sur la transformée cosinus et norme JPEG2000 basée sur la transformée en ondelettes.

Le taux de compression se mesure en faisant le rapport entre le nombre de bits de l'image originale et le nombre de bits du fichier binaire à stocker. Pour mesurer la qualité de l'image décodée, on fait généralement appel à l'erreur quadratique EQM entre les images originale et décodée. On peut également exprimer la qualité en dB par un rapport signal à bruit PSNR :

$$MSE = \frac{1}{NM}\sum_{i=0}^{N-1}\sum_{j=0}^{M-1}\left[X(i,j) - \hat{X}(i,j)\right]^2$$

$$PSNR = 10\log_{10}\frac{255^2}{EQM}$$

où N × M donne la taille de l'image originale dont les pixels varient de 0 à 255.

1 Schéma général d'une méthode de compression

Le schéma fonctionnel de la figure 1 représente les différentes étapes d'une méthode de compression avec perte.

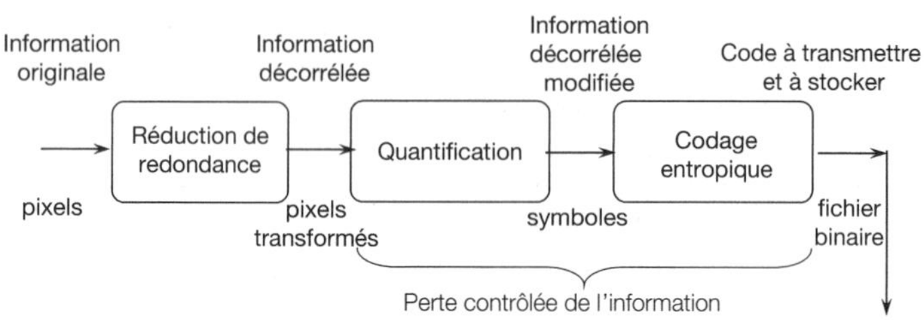

Figure 1 Schéma d'une méthode de compression d'images

1.1 Étape Réduction de redondance

La première étape consiste à détecter et à réduire la redondance spectrale, spatiale et temporelle de l'information source. La notion de redondance peut être associée à la ressemblance entre des symboles générés par une source d'information (par exemple, les pixels voisins dans une image). Cette redondance existe lorsqu'il s'agit d'une image représentant une scène naturelle dans laquelle l'intensité lumineuse varie lentement dans un voisinage. Les pixels adjacents ont donc des valeurs de niveaux de gris (ou couleur) proches. Il est alors utile de procéder à une méthode de détection et de réduction de cette ressemblance appliquée sur un ensemble de pixels connexes. Deux exemples peuvent être donnés :

- sur le plan spatial (méthode spatiale) : l'exemple le plus représentatif est le codage prédictif ou DPCM (*Differential Pulse Code Modulation*). Dans cette approche, le pixel suivant est prédit par N pixels précédents, donc il n'est pas transmis. Ainsi, on profite de la redondance inter pixel pour économiser en nombre de pixels donc en nombre de digits à transmettre ou à stocker.
- sur un plan transformé (méthode par transformée) : on transforme l'image pour travailler avec des coefficients qui sont quasi décorrélés entre eux (propriété des transformées utilisées comme la transformée cosinus pour la norme JPEG ou la transformée en ondelettes pour la nouvelle norme JPEG2000).

1.2 Étape Quantification

La deuxième étape est la quantification de l'information décorrélée qui consiste à réduire le nombre de symboles nécessaire et suffisant pour obtenir une représentation fidèle (approximation) de l'information originale. Les méthodes de quantification sont principalement de deux types : quantification scalaire et quantification vectorielle. La première est appliquée sur des scalaires comme l'intensité d'un pixel ou la valeur d'un coefficient tandis que la seconde est appliquée sur des vecteurs constitués de blocs de pixels ou coefficients voisins. Cette étape introduit une perte d'information, donc une dégradation de la qualité de restitution. C'est ce qui fait la nature irréversible d'un tel processus de compression. Dans ce document, nous ne détaillerons pas ces aspects qui peuvent être découverts et étudiés dans les références (Max, 1960), (Linde, 1980), (Gray, 1984).

1.3 Étape Codage

Dans l'étape de codage, les symboles issus de l'étape de quantification sont codés par une technique similaire à celles utilisées pour la compression non destructive, comme le codage entropique de type Huffman.

Notons que les trois étapes ne sont pas toujours distinctes et indépendantes. En effet, dans le cas d'une méthode fractale, le modèle fractal intègre ces trois étapes : la réduction de redondance par détection et modélisation de l'autosimilarité dans l'image, la quantification implicite au modèle utilisé qui est très compact et le codage des paramètres du modèle.

Le schéma général développé ici s'adapte aussi au cas des images couleur par généralisation aux composantes RVB des approches classiques, même si la quantification vectorielle ouvre la voix à des techniques plus adaptées à l'aspect multicomposant de la couleur. Les travaux les plus usuels consistent à essayer de choisir un espace de représentation le plus adapté à un type d'image donné. Après cette étape, l'image est représentée par un canal achromatique et deux canaux chromatiques portant les informations liées à la différence entre couleurs (typiquement l'espace Y Cb Cr).

De très nombreuses méthodes de compression d'images et de vidéos existent. Dans ce document, nous nous limitons à quelques méthodes connues de compression avec perte : les méthodes utilisées dans les normes JPEG et JPEG2000.

2 Norme de compression d'images fixes avec perte JPEG

Dans cette section, nous décrivons la philosophie de JPEG sans rentrer dans le détail de la norme. La figure 2 présente l'approche JPEG qui reprend exactement les trois étapes du schéma général d'une méthode de compression.

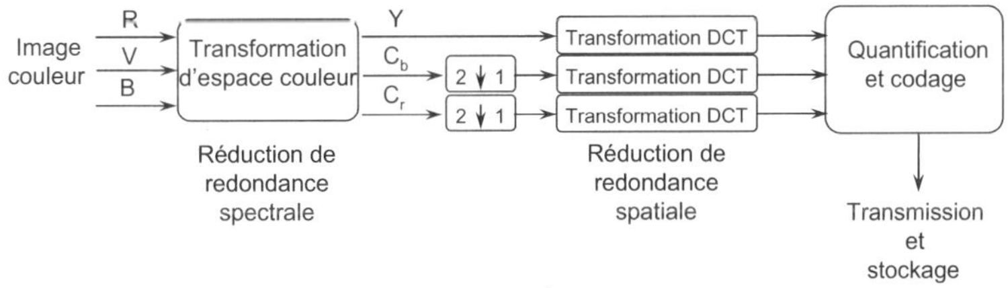

Figure 2 Les trois étapes dans la méthode JPEG

L'étape réduction de redondance traite la redondance spectrale (élimination de la corrélation entre les composantes RVB), la redondance spatiale des composantes Cb et Cr ayant une bande passante plus faible que la luminance (sous-échantillonnage par 2), puis la redondance spatiale réalisée en parallèle sur les trois composantes Y, Cb et Cr par application de la transformée cosinus discrète (DCT) .

La DCT a été introduite par (Ahmed, 1974) et a fait l'objet de nombreuses études dans le domaine de l'imagerie. Son principe consiste à transformer une matrice pixels en matrice des fréquences, permettant de révéler les caractéristiques propres de l'information contenue dans l'image. La DCT a deux principaux avantages : décorréler l'information en générant des coefficients quasi indépendants les uns des autres ; concentrer cette information sur un nombre très réduit de coefficients. L'efficacité de la DCT en termes de compactage d'énergie a été comparée à celle de la transformée Karhunen – Loeve (KLT) connue comme étant la transformée optimale. En pratique, pour les images montrant une forte corrélation interpixel, l'efficacité de décorrélation et de compacité de la DCT est quasi semblable à celle de la KLT.

L'image est subdivisée en blocs de taille réduite (8 × 8 pour JPEG) pour apporter une adaptabilité locale. De plus, la quantité importante de calcul demandée pour effectuer la transformation sur l'image entière est ainsi réduite. Chaque bloc est transformé par la DCT, indépendamment des autres blocs. On obtient 8 × 8 coefficients fréquentiels quasi indépendants. Les coefficients obtenus sont alors quantifiés (étape 2) avec une quantification scalaire et sont codés (étape 3) par un codage entropique (codage Huffman) en vue de leur transmission ou de leur stockage. Le fichier binaire complet «.jpg» est enfin obtenu en enchaînant le train binaire associé à chacun des blocs composant l'image originale. Pour retrouver l'intensité des pixels de l'image décodée, on applique sur ces coefficients les étapes inverses. La figure 3 détaille la

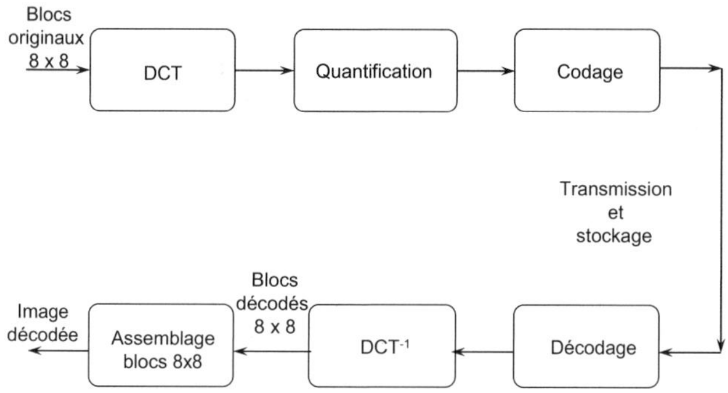

Figure 3 Schéma bloc de la norme JPEG

méthode JPEG. Plus de détails peuvent être trouvés dans (Rao, 1990) pour la DCT et sur le site http:// www.jpeg.org pour JPEG.

3 Vers une nouvelle norme de compression d'images fixes: JPEG2000

La nouvelle norme de compression d'images fixes JPEG2000 est basée sur la transformée en ondelettes. En appliquant cette transformée, l'image est décomposée en une pyramide de sous-images faisant apparaître l'ensemble des détails à différents niveaux de résolution. Les détails d'une image sont définis comme la différence d'information entre deux niveaux de résolution successifs. Ainsi, étant donnée une séquence de résolutions (r_j), les détails à la résolution r_j correspondent à la différence d'information entre les approximations de l'image à la résolution r_j et r_{j-1}. Les sous-images «approximations» et «détails» de l'image initiale à différentes résolutions sont obtenues par des opérations de filtrage et sous-échantillonnage successives. Chaque sous-image correspond en effet au contenu d'une bande de fréquence particulière. C'est pourquoi on parle aussi de sous-bandes (Woods, 1986). La figure 4 montre la décomposition pyramidale en quatre sous-bandes (schéma d'analyse). Les sous-images de détail représentent des variations horizontales, verticales et diagonales.

3.1 Décomposition en sous-bandes

Rentrons un peu plus dans le détail. Dans les schémas classiques de décomposition en sous-bandes (phase d'analyse), la bande spectrale du signal original est d'abord divisée en deux parties à l'aide de deux (ou M) filtres numériques passe-bas et passe-haut (ou un banc de filtres). Les signaux obtenus sont sous-échantillonnés par 2 (ou par M). Cette procédure est ensuite répétée dans chacune des sous-bandes fréquentielles (ou dans certaines d'entre elles). Le résultat constitue alors une structure arborescente, symétrique ou non, composée d'un nombre entier de sous-bandes. Ceci permet de générer différentes bandes de fréquences spatiales avec des stratégies de quantification et codage adaptées à leurs contenus énergétiques. La figure 5 permet d'analyser le contenu des sous-bandes obtenues à trois niveaux de résolution différents. Tout comme les méthodes par transformées, on tend à privilégier les basses fréquences qui sont riches en énergie, et à coder les hautes fréquences en prenant en compte la sensibilité de l'œil humain.

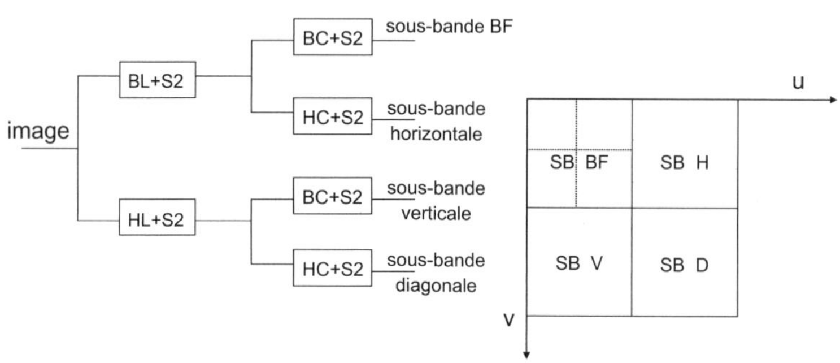

Figure 4 Décomposition pyramidale d'une image par la transformée en ondelettes

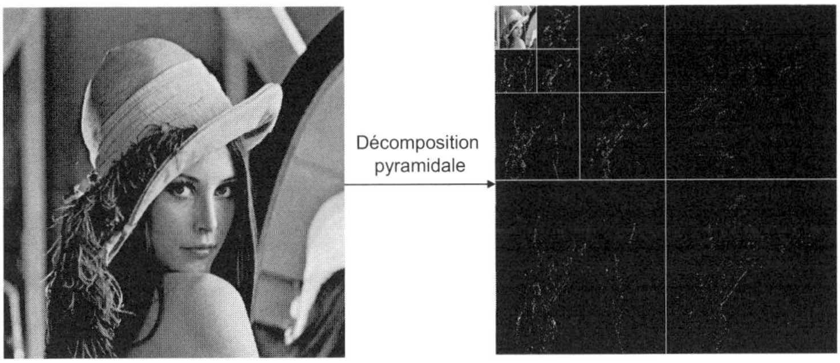

Figure 5 Décomposition pyramidale de l'image en dix sous-bandes

Un élément important est le choix des filtres d'analyse et de reconstruction utilisés. Les filtres utilisés pour la décomposition en ondelettes sont caractérisés par plusieurs propriétés. La plus importante est sans doute de fournir une représentation spectrale relativement fine qui permet une reconstruction exacte. En effet, un schéma inverse à la décomposition pyramidale (schéma de reconstruction) doit conduire à reconstruire parfaitement l'image originale. Cette propriété est indispensable pour la compression. En effet, sans procéder à la quantification et au codage des sous-bandes, la transformée utilisée ne doit pas introduire de perte d'information.

Dans la littérature, plusieurs filtres ont été proposés comme les filtres miroir en quadrature (Esteban, 1977), les filtres conjugués en quadrature (Smith, 1986) et les filtres biorthogonaux (Antonini, 1992). Ces derniers sont parmi les filtres les plus utilisés en théorie des ondelettes, notamment dans le domaine de la compression.

3.2 Quantification et codage des sous-bandes

La quantification et le codage des sous-bandes sont en général précédés d'une phase d'allocation binaire. Soit un nombre total de bits donné pour coder l'image originale. Il faudra définir comment on partage ce nombre entre les différentes sous-bandes obtenues par décomposition. Le nombre de bits alloués à chacune des sous-bandes est variable et calculé de manière à minimiser la distorsion globale que subira cette image (Ramchandran, 1993). Cette phase peut être précédée d'une phase de pondération psychovisuelle de la variance des sous-bandes, basée sur la sensibilité de l'œil humain à des images de fréquences spatiales différentes.

La quantification des sous-bandes peut être scalaire (Max, 1960) ou bien vectorielle (Linde, 1980), (Gray, 1983). Elle se fait d'une manière indépendante sur chacune des images des sous-bandes, tandis que le codage peut, lui, se faire en considérant plusieurs images du même type (orientation horizontale, verticale où diagonale) dans différentes sous-bandes.

Notons enfin que la représentation pyramidale avec des résolutions différentes conduit à la transmission progressive de l'information. C'est un des atouts majeurs de ce schéma de compression qui permet d'introduire de nouvelles fonctionnalités impossibles à réaliser par exemple avec le schéma DCT.

Intéressons-nous maintenant en détail à la norme JPEG2000.

3.3 Techniques de sélection des coefficients d'ondelettes pour JPEG2000

Comme pour les méthodes basées DCT, une étape de sélection des coefficients d'ondelettes est nécessaire avant l'étape de quantification. L'étude de la répartition spatiale de ces coefficients permet de dégager deux classes :

- la classe des coefficients significatifs : ceux-ci correspondent aux coefficients d'amplitude importante, et en particulier à la description des contours pour une image naturelle. L'œil humain est très sensible à ces coefficients qui contribuent le plus à l'énergie du signal ;
- la classe des coefficients non significatifs : ceux-ci correspondent aux coefficients de faible amplitude, et en particulier aux régions dans une image naturelle qui ont des valeurs proches les unes des autres.

Nous pouvons distinguer deux principaux types de seuillage qui permettent d'éliminer les coefficients non significatifs :

- le seuillage multirésolution qui consiste à tenir compte des seuillages effectués à travers les sous-bandes d'une même direction (technique inter-bande) (Shapiro, 1993), (Said, 1996) ;
- le seuillage par sous-bande qui consiste à mettre à zéro tous les coefficients non significatifs inférieurs au seuil dans chaque sous-bande (technique intra-bande).

Technique interbande

Ces techniques exploitent la corrélation inter sous-bande des coefficients d'ondelettes en définissant un arbre de descendance entre ces coefficients. Initialement proposé par Shapiro (Shapiro, 1993), l'algorithme EZW (*Embedded Zero Wavelets*) (approche par «arbre de zéros») procède à un regroupement des coefficients non significatifs sous forme d'arbres de zéros suivant les directions horizontale, verticale et diagonale. Cette structure permet de détecter les zones de l'image qui ne contiennent pas d'information significative (donc, par complémentarité, les zones à fort contenu sont également mises en évidence). Les étapes suivantes résument l'algorithme EZW :

- une transformée en ondelettes discrète (étape de décorrélation) pour obtenir une représentation multi-résolution de l'image;
- un codage dit «arbre de zéro» constitué de cartes de signifiance qui indiquent la position des coefficients significatifs (fortes amplitudes) pour un pas de quantification donné;
- une approximation successive, par passes, des coefficients significatifs entraînant une notion de progressivité du codage selon un critère d'arrêt de débit-distorsion;
- un codeur arithmétique dynamique pour atteindre l'entropie des chaînes de symboles.

Notons que la chaîne binaire obtenue est « imbriquée » : cela signifie que le décodage de l'image à un taux de compression donné T, peut débuter et se poursuivre par des décodages successifs avec des taux croissants régulièrement jusqu'à la valeur T (notion de transmission progressive).

L'algorithme EZW a été par la suite amélioré par l'algorithme SPIHT (Said, 1996) qui est considéré aujourd'hui comme la méthode de référence en termes de compression d'images fixes. Cependant, visuellement, certains détails ou textures ne sont pas toujours aussi bien préservés que par les techniques intrabandes détaillées ci-après.

Technique intrabande

Ces techniques considèrent les sous-bandes indépendantes les unes des autres et les traitent séparément. La corrélation interbande n'est donc pas prise en compte. La sélection des coefficients est effectuée par l'algorithme EBCOT (sélection par contexte) (*Embedded Block Coding with Optimized Truncation*) (Taubmann, 2000), (Taubmann, 2002). Cette approche est en grande partie intégrée dans la nouvelle norme JPEG2000 que les sections suivantes détaillent.

3.4 Schéma de compression JPEG2000

Pourquoi une nouvelle norme?

Ce standard apporte une solution unifiée aux nombreux besoins générés par les nouvelles applications (Internet, photos numériques, imagerie spatiale, imagerie médicale, digitalisation et conservation de documents anciens, services liés aux mobiles, PDA, etc.).

JPEG2000 vise de nombreuses fonctionnalités dont les plus importantes sont :

- codage avec ou sans perte de documents numériques de différentes natures (images naturelles, synthétiques, binaires, multi-canaux, etc.);
- décodage progressif: cette fonctionnalité vise la transmission progressive en qualité ou en résolution (transmettre rapidement une image de qualité correcte pour un aperçu puis, si l'utilisateur le souhaite, la compléter progressivement par les détails de l'image pour tendre vers des qualités croissantes) ;
- définition des régions d'intérêt (ROI, *Region Of Interest*): l'utilisateur peut allouer un débit important dans une ROI (tumeur dans une image médicale, un avion dans le ciel, etc.) afin d'obtenir une bonne qualité dans la ROI, alors que le reste de l'image sera codé avec une qualité inférieure;
- accès aléatoire aux données: ce qui permet de ne décoder qu'une certaine zone de l'image sans être obligé d'effectuer un décodage complet.

Le lecteur peut consulter l'adresse https://www.jpeg.org/JPEG2000.html pour accéder à l'ensemble des documents liés à ce nouveau standard.

Description du schéma de compression JPEG2000

La figure 6 présente le schéma global simplifié de la méthode JPEG2000. On retrouve les trois étapes du schéma générique de la compression (figure 1). Cette dernière est appliquée sur l'image entière ou sur des portions de l'image :

- une transformation (découpage en «tuiles») en ondelettes permet une décomposition hiérarchique en sous-bandes;
- les coefficients d'ondelettes subissent une étape de quantification scalaire uniforme: les coefficients peu significatifs sont ainsi mis à zéro; par ailleurs, cette étape fixe le taux de compression minimal;
- dans chaque sous-bande, les coefficients ainsi quantifiés, sont réunis dans des «codes-blocs» de taille 64 × 64 ou 32 × 32. Chaque code-bloc formé est par la suite traité indépendamment;
- codage d'un «code-bloc»: Le code-bloc est divisé en plans binaires allant du plus significatif (MSB) au moins significatif (LSB). Chaque plan binaire est codé en trois passes: *Signifiance*, *Refinement* et *Cleanup*. Chacune de ces passes permet de recueillir

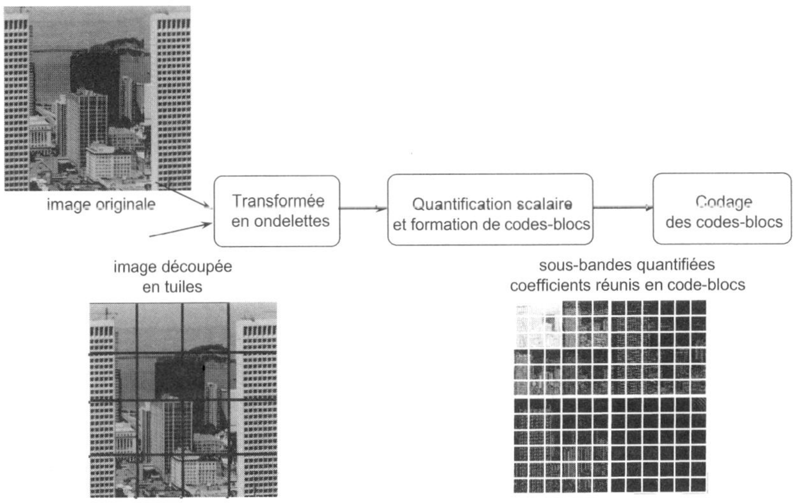

Figure 6 Schéma bloc de JPEG2000

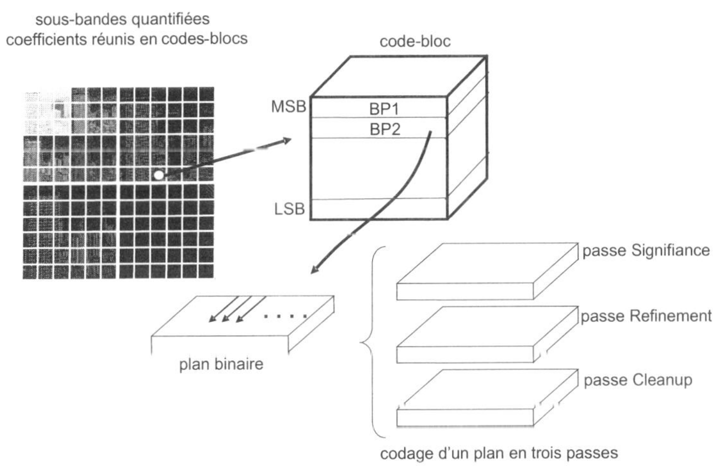

Figure 7 Codage arithmétique par plans binaires des codes-blocs

des informations contextuelles sur les différents plans (figure 7). Ces informations associées à chacun des plans binaires sont codées par un codeur arithmétique ;

- une deuxième étape de codage génère des couches (*layer*) de flux binaires successifs pour construire l'image avec un débit croissant. Chaque couche est constituée d'un ensemble de passes par plan binaire, d'un ensemble de plans binaires, de la contribution de tous les codes-blocs de toutes les sous-bandes associées à une tuile. Cette multitude d'information permet une grande flexibilité en terme de débit. Un algorithme d'allocation de débit optimise le couple débit-distorsion global.

Notons que le flux binaire (*bit stream*) associé à un code-bloc peut être décodé à différents niveaux de qualités progressives. Cette propriété est à la base de l'algorithme EBCOT.

4 Conclusion, perspectives

Si les équipes de recherche et de développement avaient arrêté de s'intéresser aux nouvelles méthodes de compression d'images dans les années quatre-vingt et quatre-ving-dix notamment à cause de l'existence d'une norme telle que JPEG, nous n'aurions pas aujourd'hui JPEG2000. Il est vrai qu'actuellement, le compromis qualité/débit offert par cette nouvelle norme décourage de nombreux jeunes chercheurs à se pencher sur de nouvelles idées de codage source.

L'avenir reste cependant prometteur : la grande tendance sera certainement le développement de nouvelles fonctionnalités qui se grefferont aux méthodes de compression existantes. Cette tendance sera guidée par les idées innovantes dans les services et usages multimédias. Par ailleurs, les besoins en sécurité d'accès au contenu conduiront à des méthodes hybrides compression-tatouage. De même, les accès à de larges bases d'images nécessiteront d'imaginer des approches qui fusionnent l'indexation et la compression. Enfin, le travail collaboratif des communautés « compression » et «modélisation de connaissance», permettra à long terme de comprendre le contenu sémantique des images et ainsi ouvrir des perspectives nouvelles pour la compression des images.

Bibliographie

Ahmed N., Natarajan T., Rao K.R. (1974), "Discrete cosine transform", *IEEE Signal Processing Magazine*, vol. 14, n° 2, p. 24–41.

Antonini M., Barlaud M., Mathieu P., Daubechies I. (1992), "Image coding using wavelet Transform", *IEEE Trans. on Image Processing*, vol. IP-1, n° 2, p. 205-220.

Esteban D., Galand C. (1977), "Application of Quadrature Mirror Filters to Split Band Voice Coding Schemes", *IEEE Proc. ICASSP-77*, p. 191-195.

R.M. Gray R.M. (1984), "Vector quantization", *IEEE ASSP Magazine*, vol. 1, p. 4-29.

Linde Y.L., Buzo A., Gray R.M. (1980), "An algorithm for vector quantizer design", *IEEE Trans. on Communications*, vol. COM-28, p. 84-95.

Max J. (1960), "Quantizing for minimum distortion", *IEEE Trans. on Information Theory*, vol. IT-6, p. 7-12.

Ramchandran K., Vetterli M. (1993), "Best Wavelet Packet Bases in a Rate-Distortion Sense", *IEEE Trans. on Image Processing*, vol. IP-2, n° 2, p. 160-175.

Rao K.R., Yip P. (1990), *Discrete Cosine Transform – Algortihms, Advantages, Applications*, Academic Press, San Diego, CA, USA, 1990.

Said A., Pearlman W. (1996), "A new fast and efficient image coder based on Set Partitioning on Hieardhical Trees», *IEEE Trans. on Circuits and Systems for Video Technology*, vol. 6, n° 3, p. 243-250.

Shapiro J.M. (1993), "Embedded image coding using zerotrees of wavelet coefficients", *IEEE Trans. on Signal Processing*, vol. 41, n° 12, p. 3445 - 3462.

Smith M.J.T., Barnwell T.P. (1986), "Exact Reconstruction Techniques for Three Structured Subband Coders", *IEEE Trans. on Acoustics, Speech and Signal Processing*, vol. ASSP-34, n° 3, p. 434-441.

Woods J.W., S.D. O'neil S.D. (1986), "Subband Coding of Images", *IEEE Trans. on Acoustics, Speech, and Signal Processing*, vol. ASSP-34, n° 5, p. 1278-1288.

Taubman D. (2000), "High performance scalable image compression with EBCOT", *IEEE Transactions on Image Processing*, vol. 9, n° 7, p. 1158-70.

Taubman D., Ordentlich E. , Weinberger M., Seroussi G. (2002), "Embedded block coding in JPEG2000", *Signal Processing: Image Communication*, vol. 17, n° 1, p. 49-72.

Codage vidéo et normes

Thomas André, Marc Antonini, Michel Barlaud

Mots-clés : normes vidéo, compression de vidéo, compensation de mouvement, ondelettes, MPEG, H.264.

Résumé : avec l'introduction du DVD et de la télévision numérique haute définition (TVHD), et le développement des communications via Internet, la vidéo numérique est actuellement en plein essor. Les normes vieillissantes NTSC et PAL sont appelées à laisser leur place à des normes de codage numérique. La compression des données joue ici un rôle primordial, que ce soit dans le stockage ou dans la diffusion des vidéos, puisqu'elle doit permettre de stocker plus de données sur moins d'espace, de diffuser plus de chaînes numériques sur une même bande passante disponible, etc. L'objectif de ce chapitre est de présenter les normes de compression vidéo définies à ce jour, de H.261 à MPEG-4, ainsi que les récentes avancées dans le domaine du codage vidéo par ondelettes. Il inclut notamment une description des différents formats vidéo existants, et de quelques normes établies, de H.261 à MPEG-4 AVC, qui donnera au lecteur les bases nécessaires pour se lancer dans la compression des vidéos.

1 Formats vidéo

Avant d'aborder le problème de la compression vidéo, il est utile de s'intéresser aux formats vidéo. Quels sont les différents types de vidéo disponibles ? Comment les informations y sont-elles représentées ? Pourquoi doit-on les compresser et quelles sont les applications qui font appel à la compression ?

1.1 Échantillonnage et composantes couleur

En premier lieu, il convient de rappeler que l'espace de couleurs utilisé en vidéo analogique (télévision) est le Y Cb Cr. Il permet de distinguer la luminance (Y), qui représente l'image en noir et blanc, des chrominances bleue (Cb) et rouge (Cr) qui portent l'information sur la couleur. Ce format permet d'assurer la compatibilité avec les anciens téléviseurs noir et blanc.

Lors de l'acquisition d'une vidéo numérique, il existe plusieurs façons d'échantillonner les différentes composantes de la couleur, qui prennent en compte le fait que l'œil humain est plus sensible à la précision de la luminance qu'à celle de la chrominance. Les différents modes d'échantillonnage sont décrits sur la figure 1. Si l'échantillonnage 4 : 4 : 4 donne la même importance à toutes les composantes couleur, le mode 4 : 2 : 2, ne prélève qu'un échantillon de chrominance sur deux pixels, et les modes 4 : 1 : 1 et 4 : 2 : 0 n'en prélèvent qu'un sur quatre. En pratique, les deux derniers modes permettent d'obtenir une image de qualité suffisante pour la plupart des applications.

Le mode 4 : 2 : 0 est le plus fréquemment utilisé en compression numérique des images. En utilisant ce format, à raison de 8 bits par pixel et par composante couleur, la quantité d'information à coder est de 12 bits par pixel en moyenne, au lieu de 24 bits par pixel pour le mode 4 : 4 : 4.

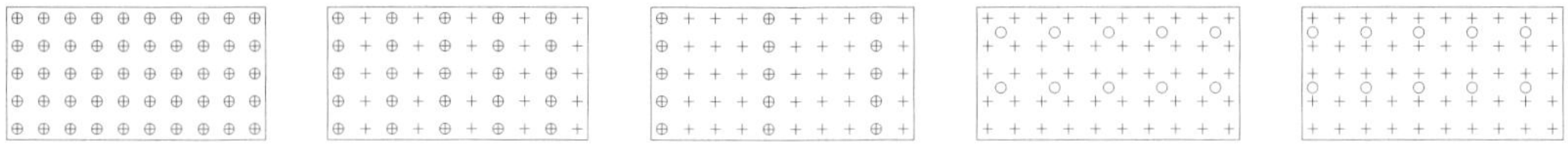

(a) Format 4 : 4 : 4 (b) Format 4 : 2 : 2 (c) Format 4 : 1 : 1 (d) Format 4 : 2 : 0 (e) Format 4 : 2 : 0

Figure 1 Différentes méthodes d'échantillonnage de la luminance (croix) et de la chrominance (cercles). Notons que le 4 : 2 : 0 nécessite de sous-échantillonner les chrominances sur une grille au demi-pixel. Le format décrit en (e) est utilisé dans le cadre du standard MPEG-2

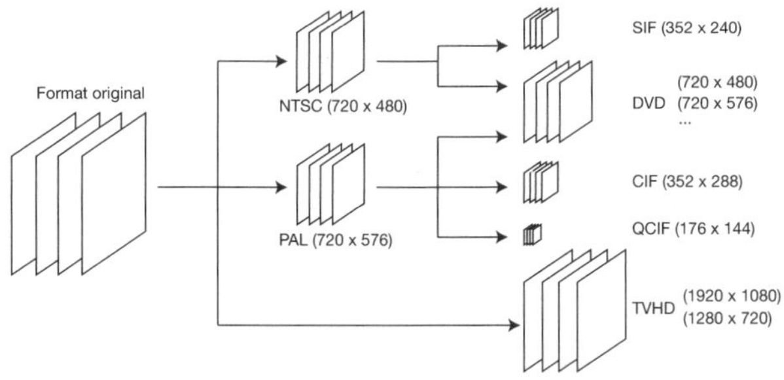

Figure 2 Différents formats utilisés en vidéo numérique

1.2 Résolutions et fréquences

Il existe de multiples formats de vidéo numérique. La figure 2 en décrit quelques-uns. Ils sont caractérisés notamment par la dimension des images (nombre de colonnes × nombre de lignes) et le nombre d'images par seconde.

L'échantillonnage d'un signal vidéo analogique TV de type PAL (*Phase Alternating Line*)/SECAM (Système Électronique Couleur Avec Mémoire) (Phase Alternating Line/Système Électronique Couleur Avec Mémoire, 720 × 576 à 25 images/s) ou NTSC (National Television System Committee, 720 × 480 à 30 images/s) permet d'obtenir une vidéo numérique à un débit non compressé de 166 Mbit/s en 4 : 2 : 2. En divisant par deux les dimensions des images suivant chacun des axes, on obtient des séquences à des résolutions de 360 × 240 pour le NTSC et 360 × 288 pour le PAL. On échantillonne ensuite la couleur en 4 : 2 : 0. Pour des raisons décrites plus loin, on souhaite enfin que les dimensions des images soient des multiples de 16 ; en éliminant les quatre colonnes extérieures de chaque côté des images, on obtient finalement le *Standard Interchange Format* (SIF, 352 × 240 à 30 images/s) et le *Common Intermediate Format* (CIF, 352 × 288 à 25 images/s), qui codent tous deux des vidéos non entrelacées à un débit non compressé de 30,4 Mbit/s. Le format CIF à 30 images/s (36,5 Mbit/s) est également utilisé, ainsi que le QCIF (quart de CIF).

Les formats disponibles pour le DVD sont également dérivés du PAL et du NTSC. Les résolutions possibles vont de 720 × 480 à 352 × 240 pour les signaux dérivés du NTSC, et de 720 × 576 à 352 × 288 pour ceux dérivés du PAL. La résolution 720 × 480 est également appelée 525 SD (*Standard Definition*), et de même, le 625 SD représente la résolution 720 × 576.

En ce qui concerne la télévision numérique haute définition (TVHD) et le cinéma numérique, trois résolutions ont été définies : le 1080i à 1920 × 1080 pixels, et le 720i et 720p à 1280 × 720 pixels. Le « i » signifie que la vidéo est entrelacée (*interlaced*), par opposition au « p » qui signifie *progressive*. En résolution 1080i, on atteint des débits non compressés d'au moins 1,5 Gbit/s.

Pour le futur, on parle déjà de l'*Ultra-High Definition TV* (UHDTV). Les vidéos produites pour ce format auront une résolution maximale de 7680 × 4320, soit 32 millions de pixels, avec une fréquence de 60 images par seconde et un son sur 22.2 canaux. Une minute de UHDTV non compressée demanderait environ 195 Go d'espace de stockage, soit plus de quarante DVD !

1.3 Applications, normes et objectifs

Les besoins en compression apparaissent clairement au vu du paragraphe précédent. Cependant, les besoins des applications de visioconférence sont différents de ceux des applications de stockage temporaire (DVD), d'archivage, de télédiffusion ou encore de vidéo à la demande. Les principales normes de codage vidéo ainsi que leurs applications sont résumées dans le tableau 1.

La première norme de compression vidéo, H.261, établie par l'ITU Experts Group for Very Low Bit-Rate Video Telephony (International Telecommunication Union) en 1990, est une norme adaptée à la visioconférence (CCITT, 1990). Les principes décrits par cette norme seront repris par toutes les normes ultérieures, de MPEG-1 à MPEG-4 ; elle-même évolue en 1995

Norme	Débit typique	Applications
H.261	64 kbit/s	Visioconférence (ISDN)
MPEG-1	1,5 Mbit/s	Vidéo à la demande (Internet) Stockage et lecture (cédérom) Visioconférence (WAN)
MPEG-2/H.262	1,5 Mbit/s 1,5 - 9,72 Mbit/s 10 - 20 Mbit/s	Stockage et lecture (cédérom) Stockage et lecture (DVD) TVHD
H.263	64 kbit/s 1,5 Mbit/s	Visioconférence (ISDN) Visioconférence (WAN)
MPEG-4 & H.264	64 kbit/s 56 kbit/s - 1 Mbit/s 1 Mbit/s	Visioconférence (ISDN) Vidéo à la demande (Internet) Stockage et lecture (cédérom)

Tableau 1 Principales normes de codage vidéo et leurs applications

vers la norme H.263 (ITU, 1996), créée pour la visioconférence sur les canaux numériques à 64 kbit/s des réseaux téléphoniques commutés (RTC). Enfin, les normes H.263+, puis H.263++ en 1998, apportent quelques améliorations supplémentaires.

Les normes MPEG-1 (ISO, 1993) et MPEG-2 (ISO, 1995), établies par le Motion Picture Experts Group (MPEG), l'International Organization for Standardization (ISO) et l'International Electrotechnical Commission (IEC), sont plutôt adaptées aux applications de stockage, de diffusion, et de vidéo à la demande. Si MPEG-1 et MPEG-2 visent plutôt les hauts débits (de 1,5 Mbit/s à 15 voire 20 Mbit/s), MPEG-4 (MPEG, 2002) et H.264 (JVT, 2002) se spécialisent dans les bas débits (inférieurs à 1 Mbit/s).

MPEG-4 introduit également la notion de codage vidéo par objets. MPEG-7 vise à standardiser le stockage et l'indexation des vidéos. Ces deux normes sont donc également adaptées au stockage et à l'indexation des vidéos.

Enfin, à l'instar de H.264/AVC qui inclut une couche réseau spécifique, on se dirige vers l'intégration dans la norme de compression vidéo de toutes les étapes de transmission. Une norme de compression universelle, MPEG-21, est même en cours d'élaboration, avec pour objectif de pouvoir traiter tout type de contenu (données, texte, sons, vidéos, images, etc.) pouvant être transmis sur tout type de réseau (TV hertzienne, satellite ou câble, Internet, téléphonie sans fil, etc.), et avec une gestion des droits numériques.

En termes de fonctionnalités, les exigences diffèrent également selon les normes et les applications, à commencer par les objectifs en termes de débit cible. Pour la visioconférence, le codage doit être résistant aux erreurs de transmission, s'effectuer assez rapidement, et introduire suffisamment peu de délai pour garantir un bon confort d'utilisation. Les décodeurs grand public doivent être capables de décoder le flux binaire en temps réel, et offrir à l'utilisateur la possiblité de faire un arrêt sur image, une avance ou un retour rapide, de recommencer la lecture à l'endroit où elle s'était arrêtée (accès aléatoire), etc. Enfin, pour le stockage et la diffusion sur Internet, il est utile de pouvoir extraire du même fichier compressé plusieurs versions différentes de la même vidéo, avec une qualité, une résolution, une fréquence d'affichage ajustables. Cette propriété est connue sous le nom de «scalabilité». La figure 3 illustre la scalabilité en qualité, en résolution (scalabilité spatiale) et en fréquence (scalabilité temporelle).

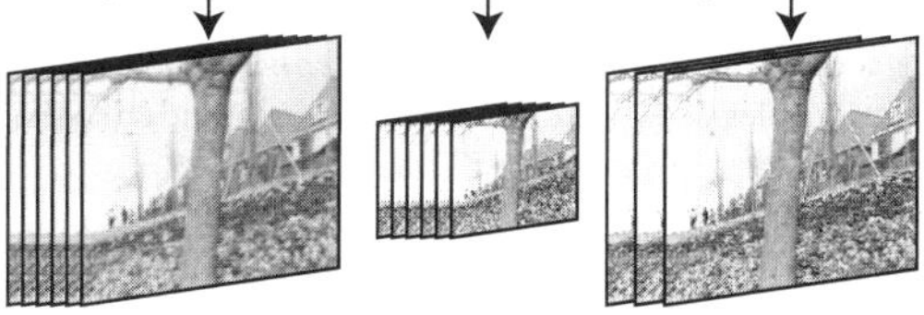

Figure 3 Scalabilité en qualité, en résolution, en fréquence

2 Les codeurs hybrides

Si chaque codeur est dédié à une application donnée, tous les codeurs dits «hybrides» ont un socle commun : ils sont bâtis sur une étape de prédiction temporelle et sur une transformée spatiale en cosinus discrète (DCT). Dans ce paragraphe, nous décrivons le schéma général de fonctionnement des codeurs hybrides, ainsi que les techniques d'estimation et de compensation de mouvement, de quantification et de codage qui sont mises en œuvre dans ces codeurs.

Il est important de noter que chaque norme définit la syntaxe du flux binaire ainsi que le décodeur, mais laisse libre l'implémentation du codeur. Par conséquent, les algorithmes utilisés lors du codage, les options utilisées, les valeurs des paramètres, et donc les performances, sont susceptibles de varier entre deux codeurs compatibles avec la même norme. Cependant, certaines applications ont des exigences, notamment en termes de délai, que le codeur se doit de satisfaire.

2.1 Schéma général de fonctionnement

Le schéma général de fonctionnement du codeur H.261, indiqué sur la figure 4, est caractéristique des codeurs hybrides. Les images subissent une transformation spatiale (DCT), puis sont quantifiées et enfin codées. Éventuellement, certaines images sont décodées, reconstruites, et sont utilisées comme références pour prédire d'autres images.

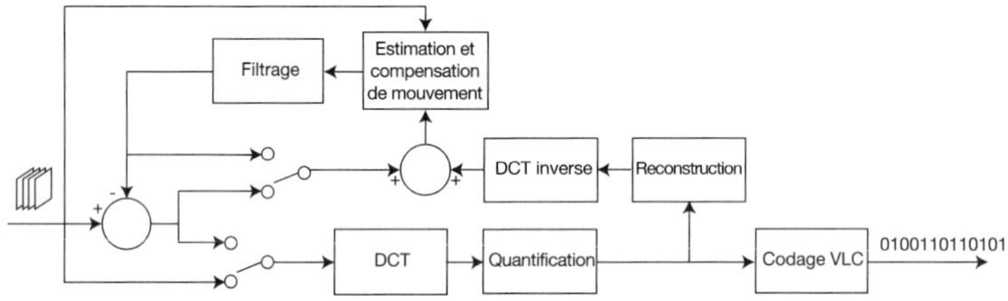

Figure 4 Schéma du codeur H.261

2.2 Compensation de mouvement

La prédiction est une étape clé dans le codage des vidéos. Elle consiste à remplacer une image par la différence entre cette image et une autre de son voisinage, que l'on nomme image référence. La prédiction peut même se faire à partir de la moyenne de deux images voisines; on parle alors de prédiction bidirectionnelle. Les images qui ne font pas l'objet d'une prédiction à partir d'autres images sont appelées «intra».

L'intérêt de cette technique réside dans le fait qu'une image correctement prédite a une dynamique très réduite et une régularité accrue par rapport à l'image originale, et peut donc être codée beaucoup plus efficacement. Le nombre d'images prédites et d'images intra influe alors sur plusieurs choses. Ainsi, le taux de compression de la vidéo sera d'autant meilleur qu'il y aura plus d'images prédites; en revanche, le codage sera d'autant plus résistant aux erreurs, et permettra une souplesse de lecture d'autant plus grande (accès aléatoire), qu'il y aura plus d'images intra.

Dans le cas où la vidéo, en particulier le fond, bouge peu, la différence entre deux images successives est presque uniformément nulle. En revanche, la technique de prédiction simple devient inefficace dès lors qu'il y a trop de mouvement, par exemple en cas de translation, de rotation ou de zoom de la caméra, ou bien si des objets se déplacent. Pour obtenir une image différence qui soit la plus proche possible de zéro, il faut donc compenser en mouvement l'image de référence. L'erreur de prédiction n'est alors plus la différence point à point entre les deux images, mais la différence entre les pixels de l'image et ceux qui leur ressemblent le plus dans l'image de référence. Un exemple de compensation en mouvement est donné sur la figure 5(a).

Une étape préalable à la compensation en mouvement est, bien sûr, l'estimation du mouvement entre deux images. L'objectif est de trouver, pour chaque zone de l'image à prédire, la zone la plus ressemblante dans l'image de référence. On détermine donc le vecteur qui décrit le déplacement de chaque zone d'une image à l'autre. Mais cette recherche doit se faire sous certaines contraintes. En effet, le champ de vecteurs calculé devra être inséré dans le flux binaire; par conséquent, il doit occuper une taille minimale une fois codé. De plus, l'estimation et la compensation de mouvement doivent être suffisamment rapides pour que le décodage (et, dans certains cas, l'encodage) puisse se faire en temps réel. Pour ces raisons, dans le cadre des normes MPEG, l'image à prédire est découpée en blocs, et un seul vecteur mouvement est calculé par bloc.

La mise en correspondance de ces blocs (*block-matching*) se fait par la minimisation de critères de similarité ou de corrélation (erreur quadratique moyenne, erreur quadratique centrée normée, etc.). Ces critères peuvent prendre en compte une ou plusieurs composantes couleur. L'algorithme de recherche des blocs n'est pas spécifié par la norme MPEG; cependant, deux méthodes de référence

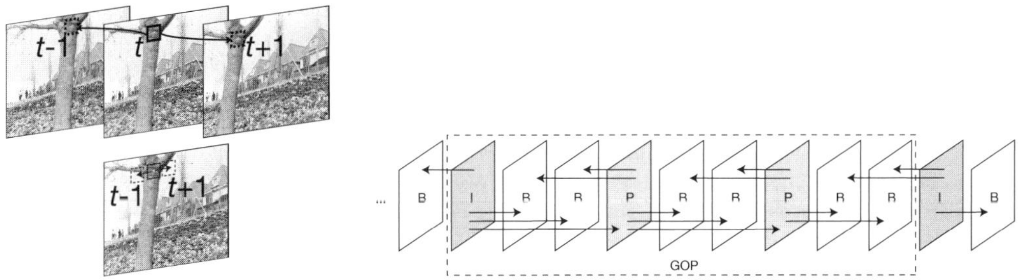

(a) Compensation de mouvement

(b) Groupe d'images (GOP) I, B et P, dans le cadre de MPEG-1. Les flèches

Figure 5 Prise en compte du mouvement

sont proposées, la méthode de recherche exhaustive et la recherche en trois étapes (*3-steps search*), présentées sur la figure 6. La méthode exhaustive consiste à tester tous les blocs voisins du bloc à prédire dans une fenêtre de recherche donnée. Cette méthode permet de trouver effectivement le meilleur bloc de référence, mais sa complexité est très importante. La recherche en trois étapes constitue une alternative rapide. Neufs blocs régulièrement espacés autour du bloc central sont tout d'abord testés (cercles). Le meilleur d'entre eux est ensuite retenu, et comparé avec ses huit voisins distants de 2 pixels (hexagones). Le meilleur de ces blocs candidats est finalement comparé avec ses huit voisins immédiats (étoiles). Cet algorithme converge beaucoup plus rapidement qu'une recherche exhaustive (25 blocs testés au lieu de 225, sur la même fenêtre de 15 × 15 pixels), mais est sensible aux minima locaux, et donc moins efficace en termes de prédiction. Nous pouvons également citer l'algorithme de recherche en diamant, qui donne de meilleurs résultats que le précédent. Dans une première étape, le bloc central et ses voisins éloignés de 2 pixels sont testés (cercles). Le meilleur bloc est retenu, et lui-même comparé avec ses voisins éloignés de 2 pixels; cette étape est réitérée jusqu'à ce que le meilleur bloc se situe au centre (hexagones). Ce bloc est alors finalement comparé avec ses voisins immédiats (étoiles).

Pour améliorer l'efficacité de la compensation en mouvement, il est possible d'augmenter la précision de l'estimation. En effet, le mouvement des objets filmés correspond rarement à un nombre entier de pixels. Dans ce cas, il suffit d'interpoler les images sur une grille sub-pixellique et d'appliquer les algorithmes classiques de mise en correspondance des blocs. L'interpolation au demi, au quart, ou même au huitième de pixel, permet d'améliorer grandement la qualité de la prédiction, au prix d'une complexité accrue.

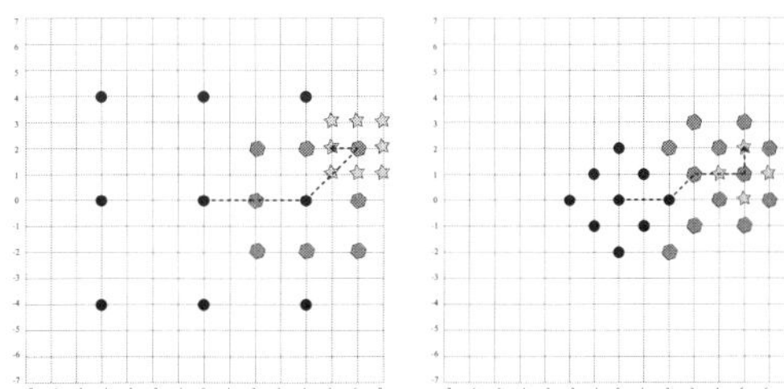

Figure 6 Algorithmes sub-optimaux d'estimation du mouvement par blocs («*3-steps search*» à gauche et «diamant» à droite)

D'autres techniques de compensation de mouvement existent en dehors du cadre de MPEG, comme par exemple le découpage selon une grille triangulaire déformable (Cammas, 2003), qui permet de corriger certains défauts du découpage en blocs. Ce modèle limite le nombre de zones (blocs ou triangles) recouvrant plusieurs objets, et est capable de gérer les mouvements affines, là où le modèle par blocs ne gère que les translations. Cependant, la complexité de ces méthodes, souvent trop importante, est rédhibitoire pour une utilisation dans les normes de codage vidéo.

Notons par ailleurs que les images intra peuvent tout de même être représentées par prédiction spatiale. Dans ce cas, l'image est également divisée par blocs, mais chaque bloc est prédit à l'aide de l'un de ses voisins dans la même image. Cette technique est efficace pour les images qui présentent une forte redondance spatiale.

2.3 DCT, quantification et codage

Les images, intra et prédites, font l'objet d'une DCT. Cette étape a pour but de représenter les données dans un autre espace, en l'occurrence celui des fréquences spatiales. Pour cela, l'image est divisée par blocs, typiquement de 8 × 8 pixels, sur lesquels la transformée est calculée indépendamment des autres blocs. Les coefficients obtenus correspondent aux fréquences spatiales du bloc, par ordre croissant de haut en bas et de gauche à droite. Le coefficient en haut à gauche correspond à la fréquence nulle (valeur moyenne du bloc) ; on le nomme «coefficient DC».

Les coefficients DCT sont ensuite quantifiés, c'est-à-dire arrondis autour d'un nombre fini de valeurs possibles. Il s'agit de la seule étape de la chaîne de compression qui occasionne des pertes de données ; la quantification des coefficients DCT a moins d'effets visibles que la quantification dans le domaine spatial. Les pas de quantification pourront varier d'une norme à l'autre, et d'un type de coefficient à l'autre.

La dernière étape vise à représenter les coefficients DCT quantifiés de la façon la plus efficace possible en exploitant la redondance des données. Elle peut faire appel à différents types de codage, parmi lesquels le codage de Huffman, le codage arithmétique, etc. Ces codeurs étant très sensibles à l'ordre d'apparition des données, les blocs de coefficients DCT ne sont pas transmis au codeur ligne par ligne ou colonne par colonne. Ils sont lus suivant une trajectoire en zigzag, ce qui permet de mieux prendre en compte la redondance dans le bloc, à la fois horizontalement et verticalement. Par ailleurs, afin d'augmenter la robustesse aux erreurs de transmission, l'image de coefficients est transmise au codeur par tranches indépendantes ; un plus grand nombre de tranches résultera en une plus grande robustesse, mais en une moins grande efficacité de codage.

3 Les normes de codage vidéo hybride

Dans ce paragraphe, nous étudions les spécificités de chaque norme de codage hybride un peu plus en détail.

3.1 La norme H.261

Historiquement, H.261 a été la première norme finalisée. Destinée à la visioconférence sur des canaux ISDN (multiples de 64 kbit/s), elle code les formats CIF et QCIF non entrelacés avec un délai inférieur à 150 ms.

La prédiction utilisée dans H.261 est une prédiction simple (DPCM) ; la compensation en mouvement est optionnelle, et pour des raisons de délai, uniquement possible à partir des images précédentes. Les images prédites sont appelées «images P» ; les images intra sont appelées «images I». L'estimation du mouvement se fait sur des blocs de 16 × 16 pixels, et peut capturer les déplacements d'un nombre entier de pixels inférieur à 15.

H.261 gère trois modes de fonctionnement ; le critère de sélection du mode n'est pas précisé dans la norme. Dans le mode «Intraframe», l'image intra subit une DCT calculée sur des blocs de 8 × 8 pixels. Dans le mode «Interframe», qui concerne des images prédites sans compensation en mouvement, la DCT est optionnelle. Enfin, dans le mode «Interframe + MC», les images sont prédites avec compensation en mouvement, et filtrées passe-bas de manière optionnelle ; le filtre, situé dans la boucle de codage, permet de réduire le bruit de quantification.

Avant la quantification, un seuillage variable est appliqué aux coefficients DCT, afin d'augmenter le nombre de zéros. Ensuite, le même quantificateur quasi uniforme, parmi 31 possibles, est utilisé pour toutes les fréquences de la luminance et chrominance. Seul le coefficient DC (fréquence nulle) est spécialement quantifié par un quantificateur uniforme de pas 8, plus précis.

L'image de coefficients quantifiés est alors structurée en 3 couches. Le bloc de base 8 × 8 correspond au bloc de DCT. Le macrobloc, qui regroupe 4 blocs, correspond aux blocs de compensation en mouvement. Enfin, le groupe de blocs (GOB) contient 33 macroblocs. Le codeur utilisé, un codeur hybride par plages de zéros (RLC)/Huffman sans perte, traite les macroblocs de façon indépendante les uns des autres, afin d'améliorer la robustesse aux erreurs de transmission. Dans ce même but, un code correcteur d'erreur (ECC) est inclus dans le flux binaire : l'algorithme BCH, qui insère 18 bits de parité tous les 493 bits de données, est capable de corriger 2 bits tous les 511.

3.2 La norme MPEG-1

La norme MPEG-1 s'appuie très largement sur H.261 qu'elle améliore sur quelques points. Elle a été créée pour coder les vidéos à un débit de 1,5 Mbit/s, qui correspond à la vitesse de lecture d'un cédérom, ou bien à celle d'un réseau Ethernet T1. Il s'agit d'un standard générique qui doit permettre la lecture normale, l'accès aléatoire, les accélérés avant et arrière, mais aussi l'encodage d'images fixes haute résolution. De plus, il doit pouvoir encoder les vidéos non entrelacées de résolutions et de fréquences variées : le CIF et QCIF sont gérés, mais aussi le SIF, le SD, et des formats personnalisés jusqu'à 4096 × 4096 pixels à 24, 25 ou 30 images/s. Le codeur doit fonctionner à une vitesse raisonnable ; le décodeur doit, pour sa part, pouvoir être implémenté facilement et à un coût peu élevé. Enfin, à l'image de H.261, il doit également être résistant aux erreurs de transmission.

La principale évolution proposée par MPEG-1 concerne la prédiction temporelle. En premier lieu, l'estimation du mouvement est possible en précision demi-pixellique, avec une amplitude maximale de 512 pixels, au lieu de 15 pour H.261. De plus, alors que

H.261 ne gère que le DPCM, MPEG-1 travaille sur des groupes d'images (GOP) de taille flexible, qui peuvent contenir quatre types d'images différentes. En effet, les images B et D font leur apparition, en plus des images I et P introduites par H.261. Les images B sont prédites en bidirectionnel à partir des images I ou P voisines, ce qui permet de réduire le bruit causé par exemple par une mauvaise estimation de mouvement, au prix d'une complexité et d'un délai de codage accrus. Le choix du mode de prédiction est fait au niveau des macroblocs. Les images D sont des images basse résolution obtenues en ne conservant que les coefficients DC des blocs DCT ; peu utilisées, elles servent à rendre plus efficace la recherche rapide dans la vidéo. La figure 5(b) donne un exemple de GOP.

MPEG-1 améliore également l'étape de quantification en tenant compte des caractéristiques de l'œil humain, qui est plus sensible aux effets de la quantification sur les basses fréquences. Les pas de quantification sont adaptables en fonction de la fréquence, sur tout le bloc DCT 8 × 8.

La structure en couches de H.261 est légèrement modifiée pour plus de flexibilité. MPEG-1 remplace les GOB de H.261 par des tranches, dont la taille est adaptable en fonction du compromis que l'on souhaite atteindre entre l'efficacité du codage et la robustesse aux erreurs.

Bien entendu, toutes ces améliorations ont un coût, et la complexité de l'algorithme de codage de MPEG-1 est bien supérieure à celle de H.261. C'est la raison pour laquelle un jeu de paramètres restreints a été prévu pour permettre une implémentation plus rapide.

3.3 La norme MPEG-2

Les travaux sur MPEG-2, commencés dès 1991, visaient à bâtir un codeur pouvant gérer efficacement des débits plus hauts que MPEG-1, typiquement de 4 à 15 Mbit/s, pour obtenir des vidéos de haute qualité pouvant être exploitées en vidéo à la demande, télévision numérique, TVHD, etc. La syntaxe et le contenu de la norme MPEG-2 ont été définis en 1993 ; le standard a également été adopté par l'ITU sous le nom de H.262. Le MPEG-2 permet de compresser une vidéo NTSC à 4-6 Mbit/s avec une bonne qualité ; la différence avec l'original est à peine perceptible dès 8 à 10 Mbit/s. Cette norme est utilisée sur les supports DVD, avec des débits compris entre 1,5 et 9,72 Mbit/s.

Concernant les fonctionnalités, MPEG-2 reprend celles de MPEG-1 (accès aléatoire, recherche rapide, etc.) en y ajoutant un mode à faible délai pour les applications qui le requièrent, et autorise jusqu'à trois couches de scalabilité. MPEG-2 supporte la scalabilité en qualité (SNR), en résolution spatiale, et en fréquence (voir figure 3) ; dans tous les cas, la scalabilité est obtenue en codant une couche « basse résolution » et une couche « d'amélioration ». Il est possible de combiner au maximum deux modes de scalabilité : c'est le mode « hybride », dans lequel trois couches sont présentes. Dans le cas de la scalabilité en SNR, la couche de base contient les coefficients DCT quantifiés grossièrement, et la couche de raffinement contient la différence entre les coefficients non quantifiés et quantifiés grossièrement, elle-même quantifiée finement. En scalabilité spatiale, la couche de base contient la vidéo d'entrée sous-échantillonnée spatialement et encodée ; cette couche, suréchantillonnée par interpolation, puis pondérée, est utilisée comme référence pour un codage prédictif qui donne la couche de raffinement. De même, en scalabilité temporelle, la couche de base contient la vidéo d'entrée sous-échantillonnée temporellement et encodée ; cette couche de base, décodée, sert de prédiction compensée en mouvement pour encoder la couche de raffinement.

Un décodeur MPEG-2 est compatible avec MPEG-1 et possède une complexité raisonnable. Afin de mieux s'adapter aux différents besoins, et pour éviter d'obtenir un codeur unique aux multiples possibilités mais extrêmement lourd, des groupes de caractéristiques, appelés profils, sont définis pour des besoins donnés. Les profils décrivent l'ensemble des algorithmes et des outils utilisables, comme par exemple les types d'images (I, P, B et D) que l'on peut gérer ou non. Il existe un profil pour les applications de visioconférence à bas délai, un profil pour le stockage, etc. De plus, pour chaque profil, différents niveaux de qualité sont définis, permettant de s'adapter avec précision aux applications ciblées en imposant des contraintes sur les valeurs de certains paramètres (fréquence, résolution, débit, niveaux de scalabilité).

MPEG-2 peut gérer tous les formats d'entrée de résolution pouvant atteindre 16384 × 16384 pixels, et jusqu'à 60 images/s. L'échantillonnage des couleurs en 4 : 2 : 0 utilisé est différent de celui de MPEG-1 (voir figure 1 : la grille d'échantillonnage des couleurs est alignée en colonnes sur celle de la luminance.

Mais la principale évolution par rapport à MPEG-1 concerne la gestion des vidéos entrelacées. Dans chaque étape de la chaîne de codage, MPEG-2 propose deux modes : le mode « image », où les images sont traitées comme étant non entrelacées, et le mode « champ », dans lequel les spécificités du signal entrelacé sont prises en compte. Ainsi, pour la compensation en mouvement, le choix du mode optimal est fait au cas par cas, la seule contrainte étant que l'image et ses références doivent être du même type. En mode « champ », les blocs utilisés pour l'estimation du mouvement ont une taille de 16 × 8 pixels. Le codage DCT possède également un mode « champ », dans lequel chaque macrobloc de 16 × 16 pixels est divisé en 4 blocs de 8 × 8 regroupant chacun les pixels d'un même champ. Ce mode permet d'améliorer grandement le rendu final, surtout dans le cas où les objets subissent un mouvement rapide. Enfin, une trajectoire de parcours des blocs spécifique au mode «champ» est définie; elle tient compte du fait que les images entrelacées ont tendance à produire beaucoup de hautes fréquences dans le sens vertical.

Notons que les normes H.263, puis H.263+ et H.263++, destinées à la visioconférence à bas débit, améliorent la norme H.261 de la même façon que MPEG-2 améliore MPEG-1. Elles autorisent le codage de formats d'entrée personnalisés et même inférieurs au QCIF, introduisent la prédiction bidirectionnelle, la précision au demi-pixel, etc.

3.4 MPEG-4 et H.264

La norme MPEG-4 introduit principalement la notion d'objets audio et vidéo, dans le but de donner aux utilisateurs un peu d'interactivité. Elle comporte deux grandes parties: un ensemble d'outils de codage pour l'audio et la vidéo, et un langage syntaxique pour décrire les objets audio/vidéo et les outils. La partie objet prévoit notamment une description des objets par maillage, un codage spéficique pour chaque type de données à coder (mouvement, texture, et forme des objets). À l'instar des normes antérieures, MPEG-4 définit la syntaxe du flux binaire ainsi que la structure du décodeur, et laisse libre l'implémentation du codeur. Malheureusement, les techniques actuelles ne permettent pas de mettre en œuvre un codeur par objets. Il est par exemple très difficile de segmenter efficacement un objet sans supervision. En conséquence, la plupart des possibilités prévues par MPEG-4 ne sont pas exploitées.

Le codage des textures est effectué de manière très semblable à celui de MPEG-2, avec quelques améliorations. Par exemple, la version de base MPEG-4 ASP (*Advanced Simple Profile*) prévoit une précision au quart de pixel pour l'estimation du mouvement.

Un nouveau palier de performances est cependant franchi avec la version AVC. En 1998, le groupe VCEG (Video Coding Experts Group) de l'UIT-T fonde le projet H.26L avec pour objectif de multiplier par deux l'efficacité du codage par rapport aux normes existantes. En 2001, VCEG et MPEG forment conjointement le JVT (Joint Video Team) et concrétisent la norme H.264/AVC. Cette norme propose de nombreuses petites améliorations de MPEG-4 ASP qui, mises bout à bout, améliorent grandement le gain de codage, au prix d'une complexité en forte hausse.

La compensation en mouvement, tout d'abord, gère des blocs de tailles variant de 16 × 16 à 4 × 4 pixels, carrés ou rectangulaires, afin de mieux s'adapter à la forme des objets évoluant dans la vidéo. La notion d'image B est généralisée, l'image étant prédite à partir de la somme pondérée d'images voisines; il est possible de spécifier une référence différente pour chaque macrobloc. De plus, afin de limiter les effets de bloc, un filtre adaptatif est inséré dans la boucle de codage, permettant de réduire à la fois la pixellisation de l'image et le débit binaire pour une même qualité objective de l'image reconstruite. Enfin, deux types d'images supplémentaires sont introduits, les images SP (Switch P) et SI (Switch I), qui permettent de mieux gérer les transitions.

La prédiction intra image est également améliorée. Elle est désormais possible dans huit directions. Réalisée de façon indépendante sur chaque tranche pour conserver leur indépendance, elle est faite suivant deux modes possibles. Le mode INTRA-4 × 4 prévoit neuf prédictions possibles pour la luminance et quatre pour la chrominance; le mode INTRA-16 × 16 en prévoit quatre pour la luminance et la chrominance. La prédiction est faite dans le domaine spatial et non dans le domaine transformé.

La DCT est remplacée par une transformée en entiers séparable sur des blocs 4 × 4. Cette transformée a les mêmes propriétés que la DCT, mais présente l'avantage d'être réversible sans arrondi. Une transformée 2 × 2 supplémentaire est appliquée aux chrominances.

Lors de l'étape de quantification, 52 quantificateurs scalaires différents peuvent être utilisés. Ils ne sont pas uniformes; leurs pas de quantification augmentent successivement de 12,5 %. Des quantificateurs différents sont utilisés pour la luminance et pour la chrominance.

Un mode de parcours supplémentaire est introduit, le zigzag à l'envers, qui permet un meilleur fonctionnement conjoint avec un codeur entropique adaptatif, très sensible à l'ordre d'apparition des symboles. Par ailleurs, le processus de regroupement des macroblocs en tranches est amélioré par le FMO (*Flexible Macroblock Ordering*). Les macroblocs sont assignés à une ou plusieurs tranches de façon totalement libre, les tranches étant transmises par groupes indépendants pouvant contenir des tranches disjointes. Le codeur est ainsi plus robuste face aux erreurs de transmission: si un groupe se perd, les groupes voisins peuvent être utilisés pour masquer l'erreur.

Enfin, le flux binaire est généré par codage entropique. UVLC (*Unified Variable Length Coding*) est utilisé pour coder les en-têtes, et CAVLC (*Context Adaptive Variable Length Coding*) ou CABAC (*Context Adaptive Binary Arithmetic Coding*) pour les autres parties du bitstream. Le taux de compression spatial s'en trouve très nettement amélioré par rapport à MPEG-4 ASP.

Le gain en performances observé entre MPEG-4 ASP et MPEG-4 AVC est de +2 dB en moyenne. D'un autre point de vue, pour une qualité identique, le débit est divisé par deux.

À l'image de MPEG-2, MPEG-4 AVC propose plusieurs profils différents: le profil de base n'utilise pas les tranches B, SP et SI, ni la prédiction pondérée, ni le codeur CABAC, ni le mode champ/image adaptatif; le profil principal ne gère pas le FMO; enfin, le profil X n'utilise pas le codeur CABAC, ni le mode champ/ image adaptatif. De plus, onze niveaux sont définis, spécifiant par exemple la taille des images, la vitesse du décodeur, le nombre d'images pouvant servir de référence à une prédiction inter image, le débit binaire, la taille de la mémoire vidéo, etc. Par ailleurs, la version MPEG-4 FGS (*Fine Granularity Scalability*) (MPEG, 2000) apporte une gestion de la scalabilité MPEG-4 FGS ainsi qu'une meilleure résistance aux erreurs, mais au prix d'une perte de performances assez importante. Enfin, précisons qu'un grand nombre de codecs grand public s'appuient sur MPEG-4 AVC, notamment le DivX, le XviD, le WM9, etc. Actuellement, les codeurs vidéo fondés sur MPEG-4 AVC sont les plus performants.

4 Le futur: vers les codeurs *t* + 2*D* à base d'ondelettes

Les passages successifs de H.261 à H.264 peuvent donc être perçus comme des évolutions plus que des révolutions. En effet, la structure de base de codeur hybride (prédiction temporelle puis DCT ou transformée équivalente) est conservée, et simplement améliorée d'une norme à l'autre. Cette structure a le mérite d'être très performante et peu complexe. Cependant, en termes de scalabilité, elle a des capacités limitées. Il serait en effet appréciable de pouvoir régler plus finement le nombre et le type des couches de qualité. De plus, les performances en compression d'images des algorithmes à base de DCT (JPEG) sont nettement moins bonnes que celles de JPEG2000, qui s'appuie sur une transformée en ondelettes (Antonini, 1992).

Ainsi, ces dernières années, de nombreux travaux de recherche ont concerné les codeurs vidéo *t* + 2*D* basés ondelettes (Parisot, 2003). Le schéma général de tels codeurs se distingue de celui des codeurs hybrides par l'utilisation d'une transformée en ondelettes temporelle en lieu et place de la prédiction temporelle, et le remplacement de la DCT par des algorithmes de type JPEG2000.

La figure 7 (à gauche) illustre la transformée en ondelettes temporelle. Elle consiste principalement en un filtrage passe-haut et passe-bas suivi d'un sous-échantillonnage. Si les filtres 5/3 sont les plus utilisés, sous leur forme compensée en mouvement (Secker, 2001) et par schéma lifting (Barlaud, 2002), de nombreuses recherches ont visé à les modifier pour les adapter au mieux au filtrage temporel. Le principal intérêt du filtrage temporel en ondelettes est qu'il offre un support natif à la scalabilité, grâce à l'analyse multirésolution, illustrée sur la figure 7 (à droite). Le filtrage temporel ayant été effectué, les images de coefficients obtenues subissent une transformée en ondelettes spatiale. Par exemple, JPEG2000 utilise les filtres 9/7 qui ont montré une grande efficacité pour le codage d'images fixes. Le débit disponible est alors partagé entre les coefficients d'ondelettes 3D (Cagnazzo, 2004), qui sont quantifiés et traités par un codeur entropique tel qu'EBCOT.

L'avantage d'utiliser de tels codeurs réside surtout dans la flexibilité totale qu'ils offrent en matière de scalabilité, que ce soit en fréquence, en résolution ou en qualité. Les derniers travaux ont démontré de surcroît que le support de la scalabilité peut se faire quasiment sans perte de performances; celles-ci s'approchent de plus en plus de celles de MPEG-4 AVC. Malheureusement, la complexité de ces codeurs est encore souvent trop élevée. C'est peut-être la raison pour laquelle aucune norme de codage vidéo n'utilise encore les techniques de transformée en ondelettes, pourtant très prometteuses.

Bibliographie

M. Antonini, M. Barlaud, P. Mathieu et I. Daubechies (1992), "Image coding using wavelet transforms", *IEEE Transactions on Image Processing*, vol. 1, n° 2, p. 205-220, avril 1992.

M. Barlaud et C. Labit (2002), *Traité IC2*, Hermès, janvier 2002.

"CCITT Recommendation H.261: Video codec for audio visual services at px64 kbits/s", COM XV - R 37 - E, 1990.

M. Cagnazzo, T. André, M. Antonini et M. Barlaud (2004), "A model-based motion compensated video coder with JPEG2000 compatibility", *Proceedings of IEEE International Conference on Image Processing*, Singapour, octobre 2004, p. 2255-2258.

N. Cammas et S. Pateux (2003), "Fine grain scalable video coding using 3D wavelets and active meshes", *SPIE Visual Communications and Image Processing* (VCIP), janvier 2003.

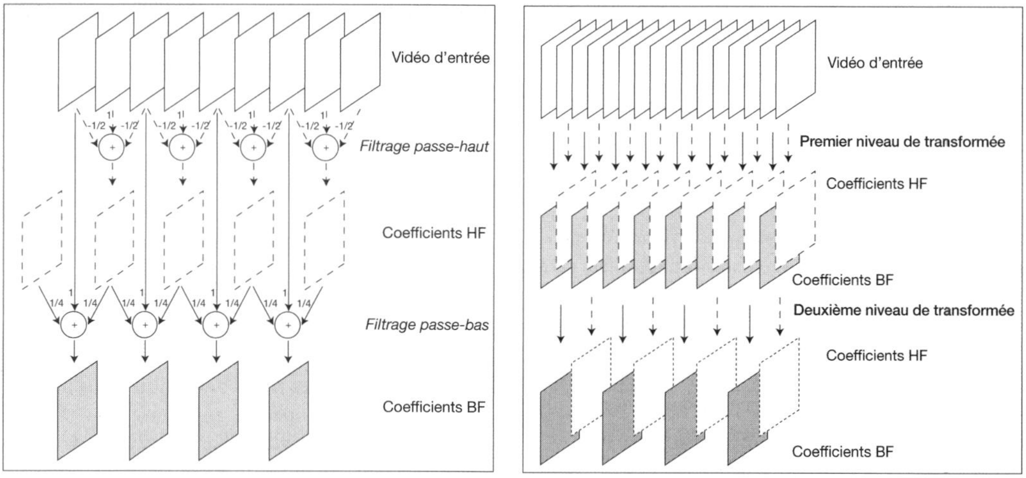

Figure 7 Transformée en ondelette temporelle, par schéma lifting à gauche et analyse multirésolution sur deux niveaux à droite

ISO/IEC (1993), "Information technology – coding of moving pictures and associated audio for digital storage media at up to about 1.5 mbits/s: video", 11172 - 2.

ISO/IEC (1995), "Information technology – generic coding of moving pictures and associated audio information: video", 13818 - 2.

ITU-T (1996), "Video coding for low bit rate communication", recommendation H.263.

"Joint Committee Draft, JVT-C167", Joint Video Team of ISO/IEC MPEG and ITU-T VCEG, mai 2002.

MPEG-4 Video Group (1998), "Coding of audio-visual objects: video", ISO/IEC JTC1/SC29/WG11 N2202, mars 1998.

"Information Technology – coding of audio visual objects - Part 2: Visual AMENDMENT 4: Streaming Video Profile", MPEG 2000/N3518, juillet 2000

C. Parisot, M. Antonini et M. Barlaud (2003), "3D scan based wavelet transform and quality control for video coding", *EURASIP Journal on Applied Signal Processing*, janvier 2003.

A. Secker et D. Taubman (2001), "Motion-compensated highly scalable video compression using an adaptive 3D wavelet transform based on lifting", *Proceedings of IEEE International Conference on Image Processing*, Thessalonique (Grèce), octobre 2001, p. 1029-1032.

Codage audio et normes

Nicolas Moreau

Mots-clés: signal de parole en bande téléphonique, en bande élargie, musique en bande Hi-Fi, quantification scalaire, quantification vectorielle, modèle de production de la parole, modèle d'audition, codeur CELP, codeur perceptuel.

Résumé: dans ce document, on explique d'abord pourquoi il est nécessaire de coder des signaux de parole ou de musique et quelles sont les contraintes que doit vérifier un «bon» codeur. On donne ensuite une liste de codeurs normalisés ou recommandés par des organismes internationaux. On fournit enfin quelques informations permettant de comprendre comment fonctionnent ces codeurs.

Depuis de nombreuses années, tous les signaux de parole circulant dans le réseau téléphonique commuté ou dans les réseaux mobiles, tous les signaux de musique gravés sur des CD, stockés dans des baladeurs ou transmis sur Internet sont sous forme numérique. L'onde sonore issue des lèvres d'un locuteur ou produite par un instrument de musique a d'abord été captée par un microphone, puis échantillonnée (prélèvement de valeurs numériques à cadence régulière définie par la période T_e ou la fréquence $f_e = 1/T_e$ d'échantillonnage). Cette opération d'échantillonnage n'est pas suffisante pour que le signal audio puisse être manipulé par une machine. Il faut faire subir à ce signal une nouvelle opération: une opération de quantification des amplitudes caractérisée par le choix du nombre de bits b, la résolution, pour représenter chaque échantillon. On peut remarquer qu'un simple convertisseur analogique/numérique réalise directement cette double opération.

Donnons quelques exemples permettant de réaliser quels sont les débits (le nombre de bits transmis ou stockés par seconde) auxquels on arrive.

- Pour du signal de parole dit *en bande téléphonique* assurant une bonne intelligibilité, on choisit $f_e = 8$ kHz et $b \approx 13$ bits ce qui entraîne un débit d'une centaine de kbits par seconde. La perte de qualité qui en résulte relativement au signal original est gênante pour de la téléphonie sur haut-parleurs, dans le cadre de téléconférences par exemple. Pour respecter le naturel de la voix il faut «élargir la bande» en choisissant une fréquence d'échantillonnage plus élevée. Pour des signaux de parole *en bande élargie*, on prend $f_e = 16$ kHz et $b \approx 14$ bits ce qui entraîne un débit approximativement deux fois plus élevé.
- La bande passante permise (de l'ordre de 7 kHz dans le cas précédent) reste encore insuffisante pour des signaux de musique. Pour les signaux *en bande Hi-Fi* (20 Hz/20 kHz), la référence est le format CD où la fréquence d'échantillonnage f_e et la résolution b sont respectivement égales à 44,1 kHz et 16 bits ce qui entraîne un débit de 705 kbit/s (en monophonie ou 1,4 Mbit/s en stéréophonie). Rappelons qu'il existe plusieurs autres formats correspondant à d'autres fréquences d'échantillonnage (32 kHz pour des signaux dits de qualité «FM», 48 kHz dans les studios de production ou en diffusion, etc.).

Les débits auxquels on arrive sont trop importants pour pouvoir transmettre ou stocker ces signaux à coût réduit. Il est donc nécessaire de chercher à comprimer cette information : c'est le rôle d'un codeur. Un «bon» codeur est le résultat d'un compromis subtil entre trois paramètres[1] : le débit, la qualité et la complexité (Moreau, 1995).

Chiffrer le débit est très simple comme on vient de le voir. Il en est de même pour la complexité. Il suffit de compter le nombre d'instructions par seconde nécessaire pour réaliser la compression et d'en déduire si le traitement peut être réalisé en temps réel ou pas. Par contre l'évaluation de la qualité pose un problème délicat car cette évaluation ne peut être réalisée qu'au travers de tests subjectifs (des écoutes). Ces tests obéissent à des protocoles complètement définis. Pour des signaux de parole, de qualité médiocre, il s'agit de tests d'intelligibilité (méthode de jugement par catégories absolues ACR (*Absolute Category Rating*), par catégories de dégradation DCR (*Degradation Category Rating*), etc.). Pour des codeurs audio de très bonne qualité, on réclame la «transparence» : un auditeur, même le plus exigeant, ne doit pas faire de différence entre la version originale et sa version codée/reconstruite. L'Union Internationale des Télécommunications, secteur Radiocommunications (UIT-R) a précisé la « recommandation » BS.1116 qui est généralement employée. Cette recommandation consiste à répéter trois fois des enregistrements courts (entre 5 et 10 secondes) dont une fois la version reconstruite en deuxième ou troisième position. La question posée à l'auditeur est de dire en quelle position se trouve la version reconstruite et de fournir une note à cinq niveaux (d'imperceptible à gênant) de la dégradation constatée. C'est un test qui permet de comparer de façon objective et fiable des codeurs entre eux.

Dans le paragraphe suivant, on va voir qu'il existe un grand nombre de codeurs, chacun cherchant à réaliser un bon compromis entre les trois paramètres définis précédemment dans le cadre d'une application spécifique. On donnera ensuite quelques informations permettant de comprendre comment fonctionnent ces codeurs et, accessoirement, pourquoi il n'existe pas un seul schéma de codage qui soit adapté aussi bien aux signaux de parole qu'aux signaux de musique, schéma qu'il suffirait de régler pour qu'il devienne spécifique d'une application donnée.

1 Normes et recommandations

On se reportera pour plus de détails à l'excellent article (Le Guyader, 2000).

1.1 Codeurs de parole

On les a classés en trois grandes catégories.

Réseau téléphonique commuté (RTC)

Pour que tous les réseaux soient compatibles entre eux, l'Union Internationale des Télécommunications, secteur Télécommunication (UIT-T) émet des « recommandations » numérotées G.XXX. Le codeur G.711 à 64 kbit/s, adopté en 1972, réalise une simple quantification scalaire non-uniforme avec une loi de compression de type logarithmique. Il est connu sous la dénomination de codeur MIC ou PCM (modulation par impulsions codées, *Pulse Code Modulation*). C'est le codeur de base utilisé par la plupart des opérateurs. Pour des transmissions plus chères (transmissions par câbles sous-marins, par satellites), le codeur G.721 à 32 kbit/s a été finalisé en 1984. Son acronyme (MICDA, ADPCM, *Adaptive Differential PCM*) met en évidence le fait qu'il code la différence entre chaque échantillon et sa valeur prédite. Il exploite des techniques bien connues en traitement du signal (Hayes, 1996). Il a été choisi récemment comme norme européenne de téléphone sans cordon DECT (*Digital Enhanced Cordless Telecommunications*). Une version multidébit à 16/24/32/40 kbit/s (G.726) et une version à codes imbriqués (G.727) sont recommandées pour les protocoles de transmission par paquets PVP (*Packetized Voiced Protocol*). Il existe des codeurs à débits encore plus faibles délivrant une qualité comparable au codeur G.721 : le codeur G.728 à 16 kbit/s et le codeur G.729 à 8 kbit/s définis respectivement en 1991 et en 1995. Ce sont des codeurs de type CELP (*Code Excited Linear Prediction*) dont on donnera par la suite le principe de fonctionnement. Enfin le codeur G.723.1 à 5,3/6,3 kbit/s a été sélectionné en 1995 pour la partie son du visiophone.

Communication avec les mobiles

L'ETSI en Europe (European Telecommunications Standards Institute) s'est chargé de normaliser des codeurs employés dans les réseaux pour mobiles. On peut parler de trois générations de codeurs. Le premier codeur exploité dans le réseau Itinéris de France Télécom (normalisation en 1988, mise en œuvre quelques années plus tard), le codeur GSM 06.10, est un codeur à 13 kbit/s[2]. Il a rapidement été remplacé en 1996 par le codeur GSM 06.60 au même débit mais de meilleure qualité que le précédent (qualité équivalente à celle du codeur à 32 kbit/s). Il est connu sous le qualificatif «*Enhanced Full-Rate*» pour souligner ce fait. Le nouveau codeur GSM 06.90 réalise un partage du débit entre codage de source et codage de canal

1. Dans ce développement sommaire, on ne développera pas deux autres contraintes pour faire un bon codeur : il faut qu'il soit résistant aux erreurs de transmission dans les communications avec les mobiles et aux pertes de paquets dans les communications sur IP et que le délai de reconstruction soit faible pour des applications bidirectionnelles (conversations téléphoniques).

2. Dans ce paragraphe, il faudrait tenir compte du fait que le canal de transmission, le canal radio, est de mauvaise qualité. Il faut donc rajouter des bits pour corriger des erreurs entraînant un débit véritable de 22,8 kbit/s.

dépendant des conditions de propagation. On parle du codeur AMR (*Adaptive Multi Rate*). Les codeurs de troisième génération (3GPP, *3rd Generation Partnership Project*) sont en cours d'études dans le cadre d'une collaboration entre l'UIT et l'ETSI. Il s'agirait d'un codeur AMR en bande élargie.

Autres applications

On peut rajouter à cette liste d'autres codeurs de parole à débit plus faible qui n'ont pas les mêmes contraintes de qualité. Par exemple, le Département de la Défense américain a défini en 1976 un codeur à 2,4 kbit/s pour des communications sécurisées (transmission de la parole cryptée sur RTC en utilisant des modems qui, à cette époque, fonctionnaient à ce débit). Il est connu sous le nom de codeur LPC10. Une nouvelle version actualisée en 1991 existe à 4,8 kbit/s. Dans le cadre des communications avec les mobiles par satellite, l'organisme INMARSAT a choisi en 1990 un codeur (le codeur IMBE) à approximativement 6 kbit/s. Pour des applications militaires (normes OTAN), il existe des codeurs à débits très faibles (quelques centaines de bits par seconde) mais évidemment ces codeurs ne sont pas exploitables pour des applications civiles car le signal reconstruit est de nature très synthétique. L'intelligibilité du message peut être maintenue mais pas l'identification du locuteur.

Il faudrait citer également des codeurs de parole en bande élargie pour des applications de communications de groupe (téléconférence, téléphonie sur haut-parleurs) : le codeur G.722 à 48/56/64 kbit/s défini en 1986 et sa nouvelle version actualisée en 1999, le codeur G.722.1 à 24/32 kbit/s.

1.2 Codeurs de musique

Les codeurs de musique sont définis sous l'égide de l'ISO/IEC (International Standard Organisation). Le groupe MPEG (Moving Picture Expert Group) normalise des systèmes de compression créant un seul flux numérique multiplexant un flux audio et un flux vidéo. On ne s'intéresse ici qu'au flux audio.

MPEG-1, MPEG-2

Le codeur MPEG-1 a été étudié à la fin des années quatre-vingt dans le cadre d'un projet européen ayant comme application la diffusion audio numérique (DAB). Cette étude a abouti à une normalisation (ISO/IEC 11172) en 1993 pour des signaux mono ou stéréophoniques échantillonnés à 32, 44,1 ou 48 kHz (ISO/IEC 11172, 1993), (Noll, 1997). Ce codeur comporte trois couches (*layer*) correspondants à des débits de 192, 128 et 96 kbit/s, de qualité équivalente (assurant la transparence) mais de complexité croissante. Le codeur correspondant à la troisième couche, la plus performante, est devenu célèbre sous la dénomination de codeur MP3. Très rapidement ce codeur a été modifié en vue de nouvelles applications de type diffusion (TNT) ou de stockage (DVD). Les deux codeurs MPEG-2 (ISO/IEC 13818 et 13818-7) peuvent être vus comme une extension multivoie (5.1) du MPEG-1 avec davantage de fréquences d'échantillonnage et de débits possibles. Le premier codeur, le codeur MPEG2-BC (*Backward Compatible*), normalisé en 1994, s'est imposé comme contrainte de créer un flux décodable par un décodeur MPEG-1. Le second codeur, le codeur MPEG2-AAC (*Audio Advanced Coder*), normalisé en 1997, n'a pas introduit cette contrainte (ISO/IEC 13818-7, 1997), (Derrien, 2000). Il peut être considéré actuellement comme le codeur le plus performant. Il assure la transparence à 384 kbit/s dans la configuration 5.1 pour une complexité approximative de 100 MIPS à l'encodeur et de 10 MIPS au décodeur. Il comporte plusieurs «profils» (*Main Profile, Low Complexity Profile, Scalable Sampling Rate Profile*) et de nombreux «outils» (masquage temporel, quantification prédictive des coefficients de la transformée, etc.).

Il existe d'autres codeurs qui n'ont pas été étudiés dans le cadre du groupe MPEG. Ce sont des codeurs «propriétaire»: le codeur Dolby AC3 paru en 1995 utilisé dans les DVD, le codeur Sony ATRAC3 pour le minidisque, le codeur PAC, etc.

MPEG-4

MPEG-4 est très orienté vers le multimédia (ISO/IEC 14496-3, 1998). Il a pour vocation de représenter des sons (parole et musique) d'origine naturelle (issu d'un microphone) ou d'origine synthétique (fabriqué par une machine). Il a aussi pour vocation de définir des «objets sonores» susceptibles d'être manipulés de façon à former des «scènes sonores».

Pour des sons d'origine naturelle, MPEG-4 fournit une boîte à outils regroupant plusieurs algorithmes de compression. De 6 à 24 kbit/s pour des signaux de parole en bande téléphonique ou en bande élargie, il y a exploitation du codeur CELP UIT-T G.729. De 16 à 64 kbit/s pour des signaux de musique, on retrouve plusieurs codeurs : le codeur ISO/MPEG-2 AAC et le codeur TWIN-VQ (*Transform Weighted INterleave-Vector Quantization*) assurant de meilleures performances à 16 kbit/s. De 2 à 24 kbit/s pour des signaux de parole et de musique, de nouveaux codeurs paramétriques ont été proposés (HVXC, *Harmonic Vector eXcitation Coding*; HILN, *Harmonic and Individual Line plus Noise coding*). MPEG-4 définit aussi une famille de codeurs hiérarchiques pour avoir la possibilité de modifier le débit en cas de congestion dans un réseau. Le train binaire est construit en plusieurs «couches» de telle sorte que le décodeur puisse traiter tout ou une partie du train binaire (au détriment de la qualité).

Pour des sons d'origine synthétique, il existe un algorithme de synthèse de la parole (synthèse *Text-to-Speech*), un langage pour engendrer de la musique (langage SAOL, *Structured Audio Orchestra Language*). MPEG-4 permet d'exploiter le format MIDI.

MPEG-4 standardise la façon de décrire une scène. Il définit l'endroit dans un système de coordonnées où se trouve (se déplace) un objet sonore (navigation dans une scène). Il décrit également la façon dont est modifiée l'apparence de chaque objet (modifications prosodiques pour de la parole, réverbération, spatialisation pour de la musique).

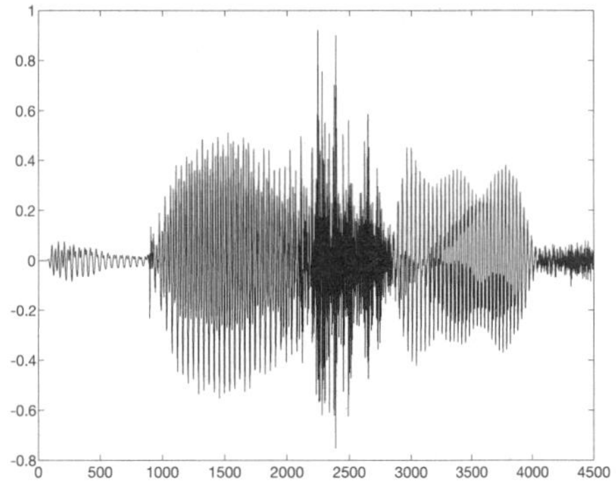

Figure 1 Exemple d'un signal de parole prononcé par un locuteur féminin. La fréquence d'échantillonnage étant de 8 kHz, les 4500 échantillons visualisés représentent environ une demi-seconde de signal.

2 Principe des codeurs audio

La situation idéale consisterait à ne disposer que d'un seul codeur, ou tout au moins un seul type de codage, capable de comprimer aussi bien des signaux de parole en bande téléphonique que des signaux de musique en bande hi-fi et de n'avoir qu'à fixer la valeur numérique de quelques paramètres pour obtenir un débit et une qualité donnés. Ce codeur n'existe pas comme le montre la liste impressionnante des codeurs précédents. En réalité, les objectifs ne sont pas vraiment comparables. Pour des signaux de parole en bande téléphonique, on veut un débit faible (quelques kbit/s) mais on n'est pas exigeant en termes de qualité : on se contente d'assurer l'intelligibilité du message et de permettre l'identification du locuteur. Pour des signaux de musique, on accepte un débit plus élevé (quelques dizaines de kbit/s) mais on veut assurer la transparence. Pour atteindre ces objectifs différents, les codeurs actuels exploitent deux principes distincts. Les codeurs de parole utilisent un modèle de production : ils miment le fonctionnement de l'appareil vocal. Pour réduire le débit, les codeurs de musique cherchent à éliminer toutes les composantes du signal qui ne seront pas perçues : ils exploitent un modèle d'audition.

2.1 Codeurs de signaux de parole

Production de la parole et modélisation : le codeur LPC10

La figure 1 montre du signal de parole. Les caractéristiques de ce signal changent évidemment à chaque instant mais on peut d'abord observer des «zones de stationnarité» pendant des durées de l'ordre de quelques dizaines de ms. En codage de la parole, il est tout à fait standard de définir des fenêtres dites d'analyse de 20 ms (ce qui représente 160 échantillons pour du signal échantillonné à 8 kHz). Dans tous ces codeurs, l'algorithme de compression traduit l'information contenue dans chaque ensemble de 160 échantillons en un certain nombre de bits, transmet ces bits dans un canal, reconstruit au décodeur un ensemble de 160 échantillons homogènes aux précédents à partir des bits transmis puis refait le même type de traitement aux 160 échantillons suivants, etc. On peut tout de suite remarquer que la reconstruction des échantillons peut être réalisée non seulement au décodeur mais aussi au codeur. On peut donc au codeur déterminer explicitement l'erreur introduite par le codage et chercher à minimiser un critère de ressemblance (une erreur quadratique par exemple) pour déterminer les meilleurs bits à transmettre. Si on définit le mode de reconstruction à l'aide d'un certain nombre de paramètres, on constate qu'une méthode de codage consiste à déterminer d'abord la valeur numérique de ces paramètres spécifiques de la fenêtre d'analyse courante puis à coder par quantification scalaire ou vectorielle ces valeurs numériques. On parle de « modélisation paramétrique » si on se contente de la première opération (une opération très standard en traitement du signal) et de codage «d'analyse par la synthèse» si on réalise l'ensemble.

Le signal de parole admet un modèle paramétrique simple et efficace. En effet, on montre que l'on peut distinguer, en première analyse, deux types de sons. Les sons qui ont l'aspect d'une vibration harmonique et que l'on dit «voisés». Les voyelles illustrent parfaitement ce type de son. Les sons qui nous font davantage penser à un bruit et que l'on dit «non voisés», par exemple les sifflantes. Cette distinction correspond à deux modes de fonctionnement du système phonatoire. Lorsque l'on prononce un son voisé, les cordes vocales entrent en vibration et produisent un flux d'air qui peut être modélisé par un signal périodique. Lorsque l'on produit un son non voisé, le flux d'air adopte un régime turbulent qui peut être modélisé par un bruit blanc. Le flux d'air créé par les cordes vocales passe ensuite au travers du conduit vocal formé par les positions relatives de la langue, du palais et des lèvres. La relation qui existe entre le flux d'air en entrée du conduit vocal et le flux d'air en sortie est une opération de filtrage dont les caractéristiques évoluent au cours du temps. C'est ce modèle «source/filtre» qui est largement utilisé dans les codeurs de parole. On détermine d'abord les caractéristiques de l'opération de filtrage puis on détermine les caractéristiques de l'entrée du filtre. La première opération est communément appelée «faire une analyse LPC (*Linear Predictive coding*)» car elle met en œuvre des résultats classiques de la théorie de la «prédiction linéaire». Elle est employée dans la plupart des codeurs de parole. Les coefficients d'un filtre linéaire d'ordre compris entre 8 et 16 sont actualisés toutes les 20 ms. La façon dont est réalisée la seconde opération est spécifique de chaque codeur.

Prenons l'exemple du codeur de parole le plus simple (et le plus ancien), le codeur LPC10 à 2,4 kbit/s, et examinons le nombre de bits réservés à chaque paramètre dans le flux binaire toutes les 20 ms. Ce codeur utilise un filtre d'ordre 10. En prenant comme ordre de grandeur 3 ou 4 bits pour coder chaque coefficient, les paramètres définissant le filtre réclament environ 35 bits. La puissance du bruit blanc dans le cas d'un son non voisé ou le coefficient définissant l'amplitude du signal périodique (un train d'impulsions) dans le cas d'un son voisé doivent être quantifiés de façon à couvrir une cinquantaine de dB par pas de 1 dB (limite de distinction entre deux puissances acoustiques par l'oreille humaine) ce qui réclame 6 bits. La distinction voisé/non voisé coûte 1 bit. Il reste à transmettre une information spécifique de la périodicité dans le cas d'un son voisé. La fréquence fondamentale (l'inverse de cette périodicité) variant entre approximativement 70 Hz pour une voix assez grave et 400 Hz pour une voix assez aiguë (donc une périodicité comprise entre $8000/70 = 115$ et $8000/400 = 20$ échantillons), cette information nécessite 7 bits. On obtient donc un total d'une cinquantaine de bits toutes les 20 ms soit un débit de 2,4 kbit/s.

Le codeur CELP

La plupart des codeurs de parole en bande téléphonique, spécialement dans la gamme des débits de 4,8 à 16 kbit/s, sont des codeurs de type «CELP, *Code Excited Linear Predictive coder*»[1]. Le schéma de principe du codeur CELP est donné figure 2. L'entrée du filtre de synthèse, un vecteur de 160 échantillons noté $\hat{\underline{r}}(m)$,

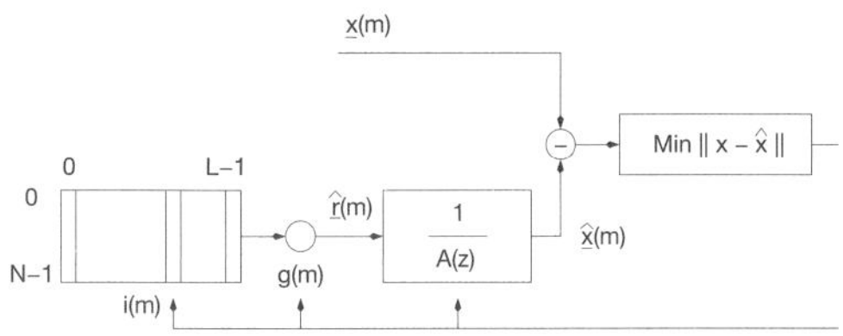

Figure 2 Schéma de principe du codeur CELP

doit être choisie dans un dictionnaire, une collection de vecteurs prédéfinis, en minimisant la norme d'un vecteur d'erreur ce qui est la caractéristique essentielle d'un quantificateur vectoriel (Gersho, 1992). On peut se demander combien faut-il prévoir de vecteurs pour construire un codeur à 8 kbit/s par exemple. En se rappelant que les coefficients du filtre qui doivent être transmis réclament approximativement 2 kbit/s, il reste 6 kbit/s pour représenter l'entrée soit 120 bits toutes les 20 ms. On comprend alors qu'une quantification vectorielle standard ne soit pas acceptable puisque le dictionnaire serait alors composé de 2^{120} vecteurs ! Un grand nombre de travaux entre 1985 et 1995 ont eu essentiellement pour but de réduire la complexité de ce traitement pour que celui-ci puisse être réalisé dans un microprocesseur de traitement du signal. On peut, par exemple, introduire un «gain», un «facteur d'échelle». Ceci permet de gérer beaucoup plus simplement l'évolution au cours du temps de la puissance instantanée du signal (mais ne réduit pas de façon considérable la complexité). Il faut surtout traiter des vecteurs de dimension beaucoup plus faible ce qui impose de gérer des sous-fenêtres. On peut aussi structurer astucieusement le dictionnaire en le remplissant des valeurs ternaires $\{+1,-1,0\}$ pour supprimer de nombreuses opérations, etc.

En réalité dans un codeur CELP on ne minimise pas directement la norme du vecteur d'erreur. On introduit une fonction de pondération dans le domaine fréquentiel de façon à mettre en forme spectralement le bruit de quantification. On exploite un modèle d'audition. Cette mise en forme est grossière contrairement au cas des codeurs de musique où on utilise un modèle d'audition élaboré car, pour les débits visés (de 4,8 à 16 kbit/s), le bruit de quantification est trop élevé et la bande utile (inférieure à 4 kHz) est trop réduite pour justifier un modèle précis.

2.2 Codeurs de signaux de musique

Principe des codeurs perceptuels

Le tracé de gauche de la figure 3 montre un signal de violon d'une durée d'un dixième de seconde. Comme pour le signal de parole, on remarque des variations de puissance instantanée importantes. Elles peuvent être

1. Pour plus de détails, on consultera l'article (Salami, 1998) qui décrit un codeur CELP typique, le codeur G.729, de façon plus pédagogique que le texte de la recommandation.

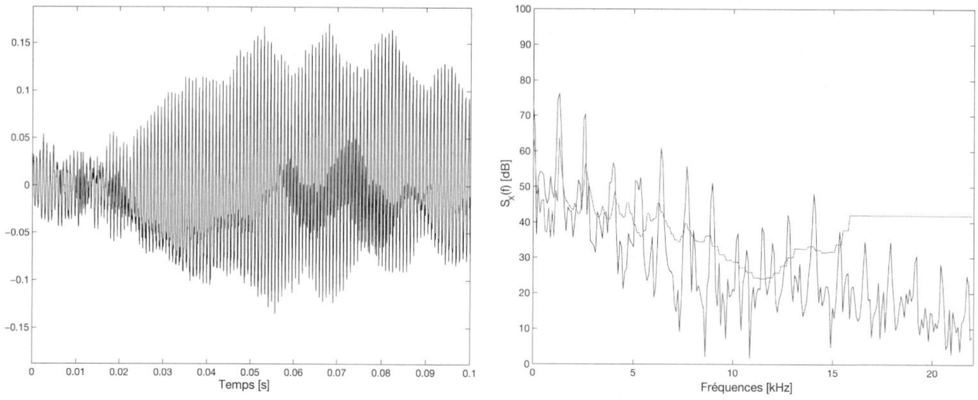

Figure 3 Exemple d'un signal de violon dans le domaine temporel (à gauche) et dans le domaine fréquentiel (à droite en trait fin)

considérables, jusqu'à 90 dB, et pas uniquement pour des signaux très percussifs. Cela peut être le cas par exemple dans une symphonie de Mahler entre des passages pianissimo et des passages fortissimo. La représentation spectrale sur le tracé de droite, entre 0 et 22 kHz (ce signal est échantillonné à 44,1 kHz), traduit le timbre de l'instrument. Les «partiels» qui sont les composantes spectrales prédominantes peuvent être reliées harmoniquement ou pas. Dans le cas du violon, on peut observer que c'est approximativement le cas. Ce qu'il faut surtout noter c'est qu'il n'existe plus de modèle de production simple à mettre en œuvre. Les sons musicaux sont produits de façons trop différentes.

On donne à la figure 4 le schéma de principe d'un codeur «perceptuel». Ce schéma de principe peut être décomposé en plusieurs modules distincts qui sont activés dans chaque fenêtre d'analyse :

- un module correspondant à une transformation temps/fréquence définie par une opération matricielle de la forme $\underline{X}(m) = H\,\underline{x}(m)$ où $\underline{x}(m)$ est un vecteur construit à partir du signal original dans la fenêtre d'analyse courante et $\underline{X}(m)$ le vecteur correspondant dans le domaine transformé, H caractérise la transformation employée,
- un module réalisant la quantification scalaire (vectorielle, prédictive, entropique) des composantes $\underline{X}(m)$,
- un module réalisant une «allocation de bits» sous le contrôle d'un modèle d'audition,
- au récepteur, il y a reconstruction du signal $\hat{\underline{x}}(m) = F\,\hat{\underline{X}}(m)$ en exploitant une transformation inverse.

Le cœur de l'algorithme de compression consiste à répartir les bits disponibles sur les composantes fréquentielles (les composantes du vecteur $\underline{X}(m)$) de telle sorte que l'erreur introduite par l'opération de quanti-

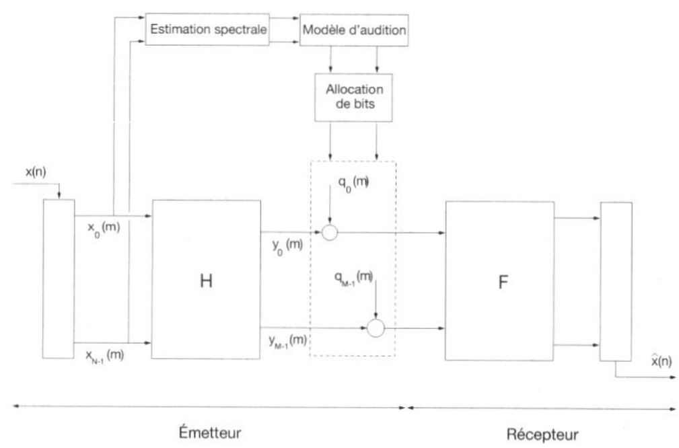

Figure 4 Schéma de principe d'un codeur perceptuel

fication ne soit pas perçue. On montre que cela consiste à déterminer un «seuil de masquage» (la courbe en trait gras sur les tracés de droite de la figure 3) qui a la signification suivante : toute composante du vecteur $\underline{X}(m)$ qui a une amplitude inférieure à ce seuil n'a pas besoin d'être codée, de façon plus générale toutes les composantes du vecteur $\underline{X}(m)$ se voient attribuer un nombre de bits proportionnel au rapport «signal à masque». La qualité d'un codeur perceptuel est donc essentiellement fonction de la qualité de la détermination de ce seuil de masquage. Quelques éléments de psychoacoustique permettant de comprendre comment on peut déterminer ce seuil sont fournis à la section suivante.

Modèle psychoacoustique : calcul du seuil de masquage

Parmi de nombreuses propriétés[1], l'oreille a celle de ne pas percevoir un son en présence d'un autre pourvu que les caractéristiques de ces deux sons aient des relations particulières. C'est le «phénomène de mas-

1. Pour plus de détails concernant le domaine de la perception des sons, on consultera par exemple (Zwicker, 1981), (Moore, 1982).

quage ». Il existe deux types de masquage d'un son par un autre. On parle de masquage temporel si deux sons apparaissent de façon successive et de masquage fréquentiel si deux sons apparaissent simultanément. En codage, on exploite essentiellement le masquage fréquentiel.

Remarquons d'abord qu'une sinusoïde de fréquence donnée n'est audible, dans une ambiance parfaitement silencieuse, qu'à la condition que sa puissance soit supérieure à une certaine valeur que l'on appelle seuil d'audition absolu à cette fréquence. Considérons maintenant le cas de deux sinusoïdes et supposons que la première sinusoïde, réglée à une fréquence donnée, ait une puissance suffisante pour être nettement audible. Si on mesure, pour toutes les fréquences dans la bande audible, la puissance de la deuxième sinusoïde à la limite d'audition en présence de la première, on caractérise une courbe qui s'appelle la « courbe de masquage ». Cette courbe a une forme particulière, une forme en triangle présentant un maximum lorsque la fréquence de la « sinusoïde masquée » est égale à la fréquence de la « sinusoïde masquante ». Ce résultat classique de psychoacoustique est insuffisant pour une application de codage. En effet, un son n'est pas décomposable en une seule sinusoïde mais en un grand nombre comme le montre le tracé de droite (en trait fin) de la figure 3 qui représente la répartition de la puissance d'un signal de violon en fonction de la fréquence. Pour obtenir le « seuil de masquage », il faut « additionner » toutes les courbes de masquage associées à chaque composante fréquentielle du signal original. La façon dont on réalise cette addition n'obéit pas à des règles précises, les psychoacousticiens ne sachant pas décrire le phénomène de masquage lorsque le nombre de composantes masquantes est supérieur à 2 ou 3 ! Dans le cadre des codeurs MPEG, il existe deux modèles psychoacoustiques différents, chacun d'eux ayant été optimisé dans un codeur particulier.

Ce phénomène de masquage a une explication physiologique. En effet, on sait que la transformation des sons en impulsions électriques réalisée par l'oreille se fait en trois étapes. L'oreille externe formée du pavillon et du conduit auditif réalise une fonction de filtrage de type passe-bande entre 20 Hz et 20 kHz. L'oreille moyenne comprenant le tympan et la chaîne ossiculaire a pour fonction une adaptation d'impédance entre le milieu aérien de propagation des ondes et le milieu liquide de l'oreille interne. La transformation proprement dite est faite dans l'oreille interne. Celle-ci est composée de la cochlée qui contient un liquide dans lequel baigne la membrane basilaire, stimulée par le mouvement de l'étrier. Cette membrane peut être vue, une fois déroulée, comme un segment de droite de longueur donnée (3,5 cm) d'où part un grand nombre de fibres nerveuses. Toute excitation sonore met en vibration cette membrane. Pour un son pur (une sinusoïde), cette vibration est caractérisée par un ventre à un emplacement donné créant d'autant plus de « décharges de potentiel d'action » dans les neurones du nerf auditif que l'amplitude de ce ventre est importante. Tout se passe comme si un son pur de fréquence et puissance données voyait sa puissance « étalée » sur une portion de la membrane basilaire centrée autour d'une position particulière fonction de la fréquence. Zwicker suggère que le phénomène de masquage a lieu lorsque la fonction d'étalement d'une sinusoïde est totalement « sous » la fonction d'étalement de la deuxième sinusoïde.

3 Conclusion

Ayant fait l'objet de nombreuses études ces vingt dernières années, le domaine du codage audio atteint maintenant un degré de maturité important. De nombreux codeurs performants permettent de couvrir la majeure partie des applications réelles ou potentielles. De nombreux outils, en particulier dans le cadre de MPEG-4, sont disponibles. Cependant ces codeurs et ces outils restent d'un maniement assez délicat. On peut peut-être espérer voir arriver de nouvelles familles de codeurs plus facilement exploitables.

Bibliographie

Derrien O., Larbi S., Perreau-Guimaraes M. et Moreau N. (2000), « Le codeur MPEG-2 AAC expliqué aux traiteurs de signaux », *Annales des Télécommunications*, n° 9-10.

Gersho A. et Gray R. (1992), *Vector quantization and signal compression*, Kluwer Academic Publishers.

Hayes M. (1996), *Statistical digital signal processing and modeling*, Wiley.

ISO/IEC 11172 (1993), *Codage de l'image animée et du son associé pour les supports de stockage numérique jusqu'à environ 1,5 Mbit/s*, Norme internationale.

ISO/IEC 13818-7 (1997), *MPEG-2 Advanced Audio Coding, AAC*, Norme internationale.

ISO/IEC 14496-3 (1998), *Information technology - Very low bitrate audio-visual coding*, Norme internationale.

Le Guyader A., Philippe P. et Rault J. (2000), « Synthèse des normes de codage de la parole et du son (UIT-T, ETSI et ISO/MPEG) », *Annales des Télécommunications*, n° 9-10.

Moore B. (1982), *An introduction to the psychology of hearing*, Academic Press, Second edition.

Moreau N. (1995), *Techniques de compression des signaux*, Masson, Collection technique et scientifique des télécommunications.

Noll P. (1997), «MPEG digital audio coding», *IEEE Signal Processing Magazine*, p. 59–81, September 1997.

Salami R., Laflamme C., Adoul J., Kataoka A., Hayashi S., Lamblin C., Massaloux D., Proust S., Kroon P. et Shoham Y. (1998), «Design and description of CS-ACELP: a toll quality 8 kb/s speech coder», *IEEE Trans. on Speech and Audio Processing*, vol. 6, n° 2, March.

Zwicker E. et Feldtkeller E. (1981), *Psychoacoustique, l'oreille récepteur d'information*, Masson, Collection technique et scientifique des télécommunications.

Modélisation des objets 3D, représentation et codage

Florent Dupont

Mots-clés : modélisation, surface, objet 3D, compression, codage.

Résumé : les objets tridimensionnels sont de plus en plus présents dans le domaine industriel, médical, domaine du patrimoine culturel, etc. Les données initiales sont de nature très diverses : nuages de points, données surfaciques, données volumiques. Par conséquent, la représentation de ces données doit répondre à des exigences assez larges : d'une part, la variété des formes représentables par l'étape de modélisation devra être importante et adaptée à l'utilisation qui en sera faite (transmission, stockage, visualisation) ; d'autre part, le modèle choisi sera suffisamment simple à manipuler pour l'utilisateur final et pour les algorithmes qui traiteront ces représentations. L'utilisation systématique des maillages polygonaux en infographie, pour la visualisation d'objet 3D, a conduit de nombreux chercheurs à s'intéresser à la compression de la structure de données associée : connectivité du maillage et géométrie. Sur les autres modèles qui sont pour la plupart très compacts, très peu de travaux de compression existent actuellement.

Dans la société d'information contemporaine, les réseaux de communication et les technologies multimédias autorisent de nouveaux types d'échanges avec de nouveaux types de données. Ainsi, les objets tridimensionnels (3D) sont de plus en plus présents dans le domaine industriel, médical, le commerce électronique ou bien le domaine du patrimoine culturel, l'univers des jeux, pour ne citer que ces quelques exemples. Depuis plusieurs dizaines d'années, la modélisation de ces données 3D reste une étape primordiale, en amont de tout autre traitement. La modélisation est définie comme « une technique qui permet de restituer sous une forme compréhensible par l'ordinateur un objet ou un phénomène quelconque et qui pourra être par la suite manipulé et visualisé » ; elle consiste, en règle générale, en une simplification mathématique.

Les données initiales visant à être représentées sont de nature très diverses : nuages de points, données surfaciques, données volumiques et sont issues de systèmes de numérisation 3D tout aussi variés (scanner 3D, IRM, laser, etc.) ou bien de logiciels de conception assistée par ordinateur (CAO). Par conséquent, la représentation de ces données doit répondre à des exigences assez larges : d'une part, la variété des formes représentables par l'étape de modélisation devra être importante et adaptée à l'utilisation qui en sera faite (transmission, stockage, visualisation sur un support bidimensionnel, etc.) ; d'autre part, le modèle choisi sera suffisamment simple à manipuler pour l'utilisateur final et pour les algorithmes qui traiteront ces représentations (cf. figure 1).

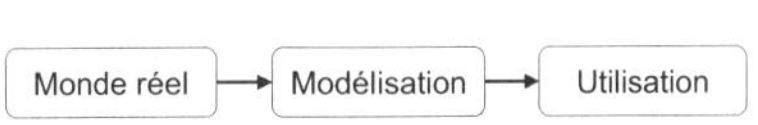

Figure 1 Étape de modélisation

Les structures de données qui seront associées au mode de représentation choisi, détermineront en grande partie la nature des algorithmes qui seront utilisés par la suite sur le modèle réalisé.

Deux grands types de représentation s'opposent :

- la *représentation surfacique*, qui ne tient compte que de la surface de l'objet et pas de l'intérieur de celui-ci (exemple : la représentation polygonale) est très largement utilisée dès lors que ces données sont destinées à être affichées sur un écran d'ordinateur ;
- la *représentation volumique*, qui tient compte également de l'intérieur de l'objet.

1 Représentation d'objet 3D

Nous donnons dans cette partie une classification possible des différents modes de représentation d'un objet 3D.

La modélisation directe est issue d'un système de numérisation 3D. Par exemple, les nuages de points non organisés sont un type de représentation de données utilisé lors de l'acquisition avec certains systèmes (avec un balayage laser par exemple). Cependant, les nuages de points non organisés sont généralement l'entrée d'une étape de reconstruction de données 3D qui fournira une représentation surfacique maillée. Nous détaillons dans cette partie les différents types de représentations surfaciques ou de représentations volumiques issues d'une modélisation 3D procédurale.

1.1 Représentation surfacique

La représentation de surfaces (*boundary representation* ou *B-reps*) est de loin la plus utilisée. En effet, l'utilisation finale principale que représente la visualisation, ne nécessite pas la connaissance des données intérieures à l'objet. Plusieurs modèles surfaciques coexistent et nous allons détailler les principaux.

Maillage polygonal

Un maillage polygonal est défini par un ensemble de sommets, un ensemble de facettes orientées à partir desquelles les arêtes peuvent être déduites. Les faces décrivent généralement la connectivité des sommets du maillage, elles sont polygonales et le plus souvent se réduisent à des triangles, on parle alors de maillage triangulaire (cf. figure 2★).

Cette classe de représentation nécessite de prendre en compte la topologie de l'objet : les relations d'adjacence entre les faces, les arêtes et les sommets. Ceci peut être réalisé dans un graphe d'adjacence des faces ou bien être mémorisé dans une structure d'arêtes « ailées ».

Un exemple de maillage d'un objet 3D très simple est donné dans la figure 3 ; il comporte cinq sommets notés S_i décrits par leurs coordonnées qui définissent la géométrie de l'objet ainsi que cinq faces F_i définies par une liste de sommets connectés entre eux qui définissent la topologie de l'objet (voir le tableau 1). À chaque face, d'autres paramètres peuvent être associés, tels que le vecteur normal, des propriétés de texture et de coloration par exemple.

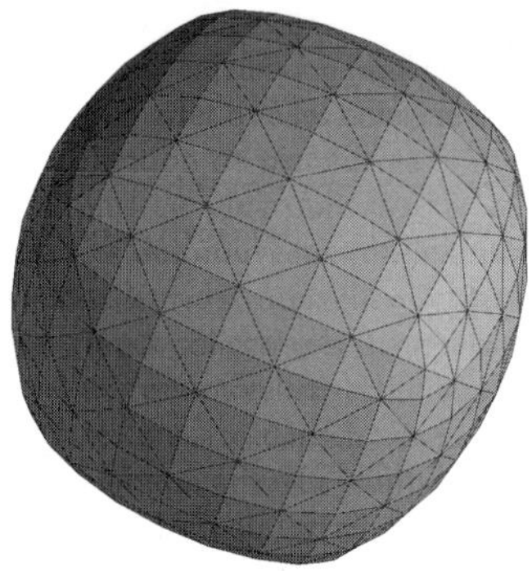

Figure 2 Exemple de maillage triangulaire

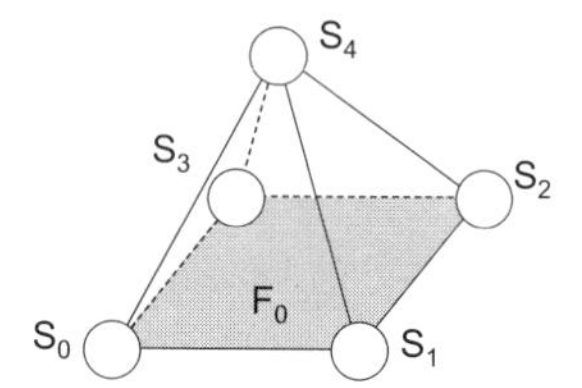

Figure 3 Exemple d'objet composé de cinq sommets S_i et de cinq faces F_i

Géométrie	Connectivité ou topologie
Liste de sommets S_i (X_i ; Y_i ; Z_i)	Liste de faces F_i (S_j...)
S_0 (0,0 ; 0,0 ; 0,0) S_1 (1,0 ; 0,0 ; 0,0) S_2 (1,0 ; 1,0 ; 0,0) S_3 (0,0 ; 1,0 ; 0,0) S_4 (0,5 ; 0,5 ; 1,0)	F_0 (S_0 S_1 S_2 S_3) F_1 (S_2 S_3 S_1) F_2 (S_0 S_1 S_4) F_3 (S_1 S_2 S_4) F_4 (S_2 S_3 S_4) F_5 (S_3 S_0 S_4)

Tableau 1 Géométrie et connectivité associées à la figure 3

Surfaces paramétriques

L'idée principale des modèles paramétriques est de définir des courbes et surfaces en utilisant une formule paramétrique, qui permet aux concepteurs, architectes, graphistes de manipuler des primitives graphiques avec un outil de modélisation. La position et le nombre de points de contrôle détermineront la forme voulue. Une surface S est définie à partir de deux variables paramétriques u et v, arguments des fonctions f, g et h.

$$S(u,v) = \begin{bmatrix} x = f(u,v) \\ y = g(u,v) \\ z = h(u,v) \end{bmatrix}$$

Surfaces de Bézier

Les surfaces de Bézier ont été définies à partir des courbes du même nom par Pierre Bézier, ingénieur chez Renault, dans les années cinquante. Une courbe de Bézier de degré *n* est définie par:

$$C(u)=\sum_{i=0}^{n}P_iB_{i,n}(u)$$

avec $u \in [0,1]$ et $n+1$ points de contrôle. Les courbes de Bézier sont dites d'approximation en opposition aux courbes dites d'interpolation qui passent par les points de contrôle (cf. figure 4). Tous les points de contrôle ont une influence sur la courbe. Cet inconvénient est contourné en définissant des courbes par morceau afin d'obtenir un contrôle local. La difficulté réside alors dans la conservation de la continuité C_1.

Les surfaces de Bézier sont définies par:

$$S(u,v)=\sum_{i=0}^{n}\sum_{j=0}^{m}P_{ij}B_{i,n}(u)B_{j,m}(v)$$

et utilisent les polynômes de Bernstein $B_{i,n}$:

$$B_{i,n}(u)=\frac{n!}{i!\times(n-i)!}\times u^i\times(1-u)^{n-i}$$

Le nombre de points de contrôle P_{ij} utilisés est donc égal à $(n+1).(m+1)$, et les paramètres u et $v \in [0,1]^2$.

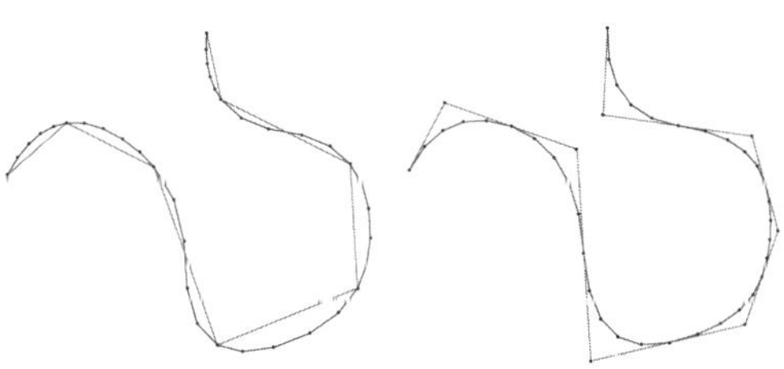

Figure 4 Exemple d'une courbe interpolée à gauche et de courbe approximée à droite

Surfaces B-Spline

Les surfaces B-Spline sont des surfaces d'approximation définies à partir des courbes B-Spline. Une courbe B-Spline de degré *m* ayant *n* points de contrôle correspond à *n-m* segments de courbe de Bézier. Les B-Spline cubiques (d'ordre 3) sont les plus utilisées en informatique graphique. La continuité est alors C_2 sur les points de raccordement appelés nœuds qui sont au nombre de $n+4$ pour des B-Spline cubiques et de $n+m+1$ dans le cas général. Ces points définissent des intervalles, qui, s'ils sont réguliers, engendrent une B-Spline uniforme (non uniforme dans le cas contraire).

Les $B_{i,n}$ sont les fonctions B-Spline de base d'ordre *n*, définies récursivement:

$$B_{i,1}(t)=\begin{cases}1 & si\ t_i \le t \le t_{i+1}\\ 0 & sinon\end{cases}$$

et

$$B_{i,n}(t)=\frac{(t-t_i)}{t_{i+n-1}-t_i}B_{i,n-1}(t)+\frac{(t_{i+n}-t)}{t_{i+n}-t_{i+1}}B_{i+1,n-1}(t)$$

pour $n > 1$.

Les courbes B-Spline sont définies par:

$$C_k(u)=\sum_{i=0}^{n}P_iB_{i,k}(u)$$

Les surfaces B-Spline sont une extension directe:

$$S_{k,l}(u,v)=\sum_{i=0}^{n}\sum_{j=0}^{m}P_{ij}B_{i,k}(u)B_{j,l}(v)$$

Elles présentent l'avantage de fournir un contrôle local et d'avoir un degré indépendant du nombre de points de contrôle.

D'autres familles de courbes et surfaces Spline existent, par exemple les courbes Catmull-Rom qui sont des courbes d'interpolations entre les différents points de contrôle.

Surfaces NURBS

Les surfaces NURBS (*Non-Uniform Rational B-Spline*) sont très utilisées dans les modeleurs et par conséquent en informatique graphique de manière plus générale. Une surface NURBS est une surface B-Spline pour laquelle un facteur de poids est associé à chaque point de contrôle (cf. figure 5). Ce coefficient traduit le pouvoir d'attraction du point de contrôle. Pour un coefficient élevé, la surface peut devenir interpolante pour les points de contrôle en question. Cette surface est alors définie par:

$$S_{k,l}(u,v)=\frac{\sum_{i=0}^{n}\sum_{j=0}^{m}w_{ij}P_{ij}B_{i,k}(u)B_{j,l}(v)}{\sum_{i=0}^{n}\sum_{j=0}^{m}w_{ij}B_{i,k}(u)B_{j,l}(v)}$$

Les surfaces NURBS ont une très grande capacité de description. Elles permettent de modéliser des objets complexes et possèdent de très bonnes propriétés de continuité.

Surfaces implicites

Les surfaces implicites sont obtenues par une fonction mathématique F(*x*, *y*, *z*) définie dans l'espace 3D, et dont on extrait une iso-surface (en général, la surface recherchée est le lieu de F(*x*, *y*, *z*) = 0). L'espace est découpé par une grille régulière 3D, dont le pas détermine la finesse du maillage obtenu en sortie (cf. figure 6★).

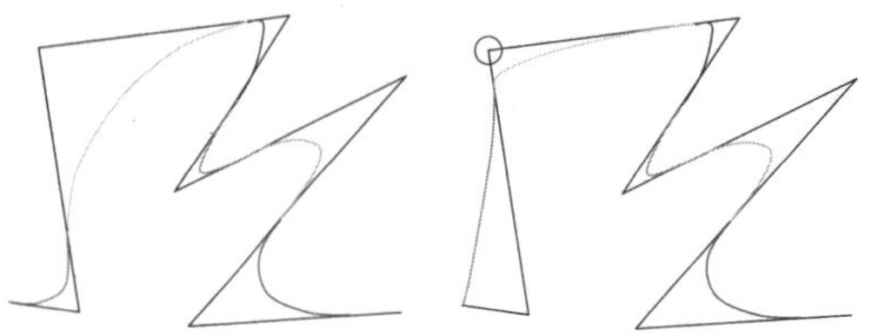

Figure 5 Courbes NURBS avec le même polygone de contrôle : à gauche tous les coefficients sont identiques, à droite, le coefficient du point de contrôle entouré a été augmenté

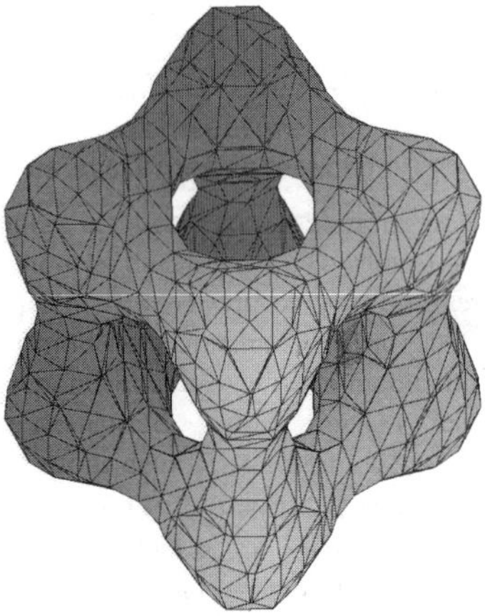

Figure 6 Cube troué défini par $x^4 - 5x^2 + y^4 - 5y^2 + z^4 - 5z^2 + 10 = 0$ pour $-3 < x, y, z < 3$ sur une grille de 15^3 voxels

Le modèle de surfaces implicites est très compact et les opérations d'intersection, de mélange sont très simples. En revanche, la polygonalisation est relativement complexe.

Surfaces de subdivision

Grâce à leurs propriétés de lissage, les surfaces de subdivision rencontrent un succès grandissant. Elles associent des règles de subdivision à un maillage de contrôle. La surface lisse finale correspond à la limite du processus de raffinement du maillage initial. La figure 7 présente un exemple de l'application d'un schéma de subdivision de trois itérations sur un maillage de contrôle. Un schéma de subdivision comporte :

- une composante topologique : l'insertion de nouveaux sommets résulte de la subdivision de chaque face du maillage initial ;
- une composante géométrique : la modification de la position des sommets initiaux correspond à un lissage et est définie en fonction de règles prédéfinies.

Les algorithmes de subdivision s'appliquent soit sur des maillages triangulaires (Loop, Butterfly), soit sur des maillages composés de quadrangles (Catmull-Clark, Kobbelt).

Outre le lissage, les surfaces de subdivision présentent de nombreux avantages en termes de simplicité de programmation, de topologie arbitraire sous-jacente pour le maillage de contrôle, de compacité, mais aussi de contrôle local.

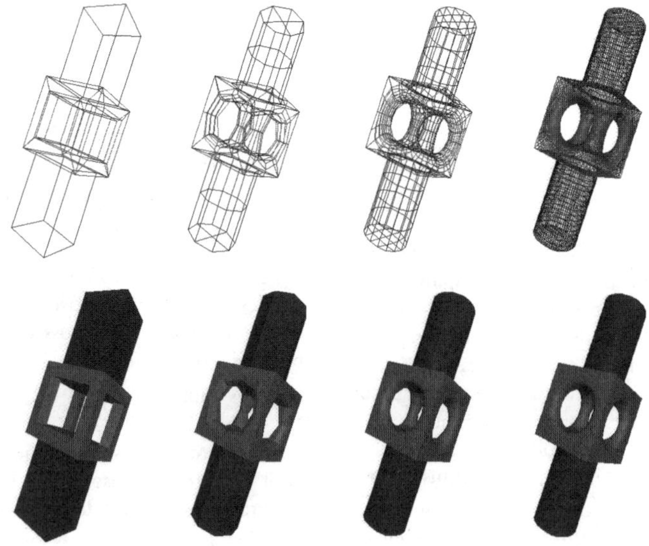

Figure 7 Surfaces de subdivision : en haut, maillage de contrôle et trois itérations du processus de subdivision (de gauche à droite) ; en bas, rendu des différents maillages

1.2 Représentation volumique

Cette classe de représentation prend en compte l'intérieur des objets 3D.

Voxel

Il existe un mode de représentation très proche des données d'origine, obtenues par un système d'acquisition tel qu'un scanner 3D par exemple. Les données correspondent à des images 3D à niveaux de gris dans lesquelles chaque point est appelé un voxel. Les traitements associés à ce mode de représentation sont proches des données.

Arbre CSG

L'arbre CSG (*Constructive Solid Geometry*) décrit un objet 3D comme une combinaison de primitives volumiques assemblées à l'aide d'opérateurs ensemblistes, objet pour lequel la topologie est définie par un arbre appelé «arbre CSG» dont les feuilles correspondent aux formes élémentaires (cube, cylindre, etc.) et les nœuds correspondent aux opérations ensemblistes (translation, rotation, union, intersection, différence, déformation, etc.).

Un exemple d'un objet simple et de l'arbre CSG associé est donné dans la figure 8.

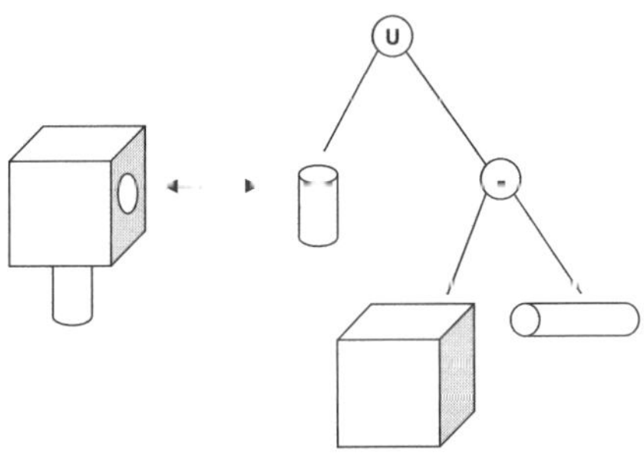

Figure 8 Exemple d'assemblage de formes et arbre CSG associé

Arbres

De nombreuses représentations à base d'arbre ont été développées pour optimiser la mémoire utilisée lors de la manipulation d'objets. En effet, ce type de structure réduit l'occupation liée aux zones vides qui sont en général nombreuses. L'inconvénient réside alors dans la transposition des algorithmes dans ce type de grilles irrégulières. Par exemple, la durée d'exploration d'une telle structure de données est beaucoup plus importante que pour les grilles régulières.

Pour l'arbre octal (*octree*), la racine représente l'objet entier; tout nœud interne de l'arbre possède huit fils, correspondant aux octants définis par le centre de la région associée à ce nœud. Un nœud est terminal lorsque la région associée est homogène (cf. figure 9).

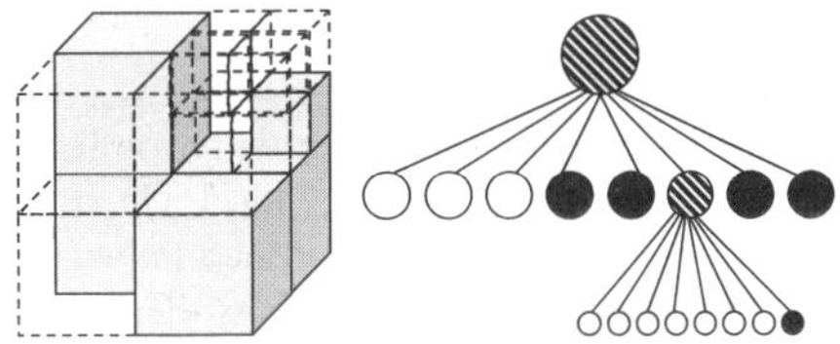
Figure 9 Exemple d'objet et octree associé

Les kd-arbres («kd» pour «*k-dimensional*») sont des arbres de recherche binaire dans lesquels la dimension change pour connaître ce qui appartient à chaque sous-arbre.

L'arbre BSP (*Boundary space partition*) est une division récursive de l'espace 3D qui considère chaque polygone comme un plan de coupe utilisé pour séparer l'espace en deux parties.

1.3 Autres modèles

De nombreux autres modèles de représentation 3D plus marginaux, mais avec des propriétés parfois très intéressantes, ont été développés: des représentations par squelettes ou axes médians, par unions de boules, etc.

2 Compression de maillage

Parmi l'ensemble des modèles de représentation d'objet 3D présentés dans la section précédente, les maillages polygonaux constituent une très grande part des modèles utilisés. L'utilisation systématique de ce type de maillage en infographie pour la visualisation d'objet 3D, a conduit de nombreux chercheurs à s'intéresser à la compression de la structure de données associée. Les autres modèles présentés (surfaces de Bézier, B-Spline, NURBS, etc.) étant pour la plupart très compacts, très peu de travaux de compression existent actuellement. C'est pourquoi cette section traite spécifiquement de la compression de maillages.

Le triangle présentant l'avantage de coplanarité, il est très proche des cartes graphiques utilisées dans les ordinateurs et est par conséquent massivement utilisé. La contrepartie est la taille des fichiers associés à un maillage triangulaire qui peut comporter plusieurs millions de triangles pour un objet complexe.

Après avoir rappelé quelques définitions, nous décrirons tout d'abord une première phase de réduction de la complexité d'un maillage que nous appellerons étape de simplification, puis l'opération de codage qui, appliquée sur le maillage simplifié, produit le fichier binaire de l'objet 3D compressé.

2.1 Définitions

Adjacence

L'adjacence est déterminée à partir de la connectivité du maillage et définit le voisinage local. Un élément E_1 (sommet, arête ou face) est adjacent à un autre élément E_2 s'il partage un ou plusieurs éléments. La figure 10 présente un exemple d'adjacence sommet/sommet : un sommet connaît la liste des sommets voisins (ceux qui partagent une arête).

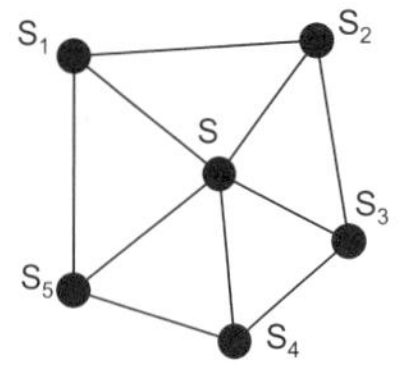

Figure 10 Adjacence sommet/sommet, valence 5 du sommet S

Valence

La valence est le nombre de sommets voisins d'un sommet (cf. figure 10). Pour un maillage triangulaire régulier, les sommets ont une valence égale à 6.

2.2 Simplification de maillage

La problématique de simplification de maillage consiste en la réduction de la complexité géométrique tout en conservant l'aspect visuel le plus proche possible du maillage d'origine. Pour cela, une mesure de distorsion doit être utilisée. Le thème de recherche actuellement appelé compression géométrique fait l'hypothèse que le maillage n'est qu'une représentation de la géométrie de l'objet et élargit la notion de simplification. Par conséquent, un changement de modèle ou un remaillage de la surface peut permettre d'obtenir de nouvelles propriétés plus adéquates pour les méthodes de codage.

Plusieurs techniques de simplification se dégagent : la décimation de maillage, les méthodes spectrales ainsi que l'échantillonnage de surface.

Décimation de maillage

La décimation de maillage (cf. figure 11) opère une suppression successive d'éléments du maillage (sommet, arête ou face) jusqu'à l'obtention d'une complexité minimale avec une distorsion minimale (seuil de tolérance à définir).

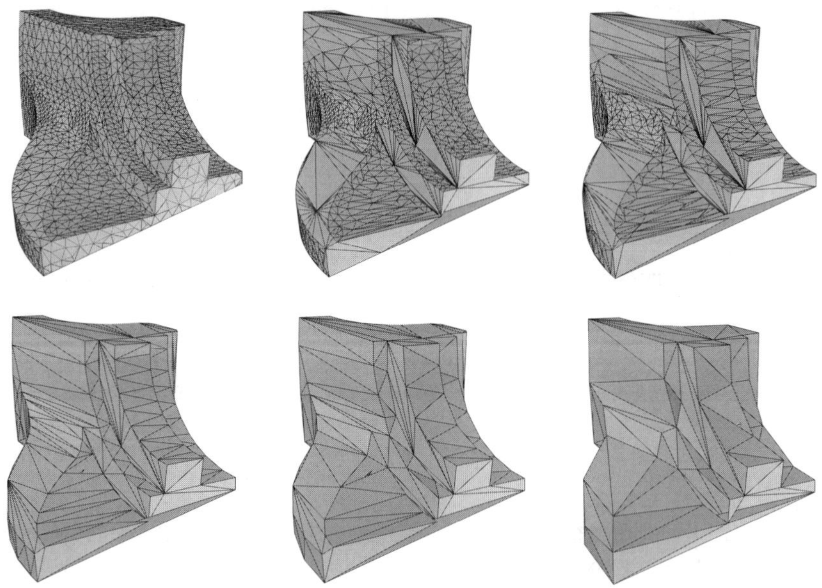

Figure 11 Exemple de décimation du maillage fandisk de 8000 à 120 faces par la méthode de Heckbert et Garland

On distingue les opérations suivantes :

- *suppression de sommet*: la suppression d'un sommet engendre celle des arêtes ainsi que de ses faces adjacentes. Une triangulation est nécessaire pour rétablir une connectivité triangulée du maillage. Deux triangles sont ainsi supprimés du maillage à chaque opération.
- *fusion d'arête*: la fusion d'une arête est réalisée en fusionnant deux sommets. Ceci entraîne la suppression d'une ou deux faces adjacentes en plus d'un sommet. Le sommet restant peut alors être positionné soit en réalisant une optimisation locale soit en conservant la position d'un des deux sommets. On parle alors d'une demi-fusion d'arête.

- *fusion de face*: la fusion d'une face est réalisée en fusionnant trois sommets d'une face triangulaire. Deux sommets et en général quatre faces sont ainsi supprimées. Toutes ces opérations réalisent une simplification du maillage, mais avec des atouts différents. D'une manière générale, le degré de liberté laissé à l'algorithme, par exemple pour la position d'un sommet, permet une meilleure optimisation du maillage en termes de distorsion géométrique, mais au détriment de la complexité.

Méthodes spectrales

Plusieurs techniques d'analyse spectrale permettent de décomposer un maillage initial en une somme d'un maillage grossier et d'une succession de raffinements (méthode multirésolution). Le raffinement de maillage est l'opération inverse de la décimation et consiste à recréer un maillage aussi fin que souhaité, à partir du maillage grossier. Cette opération de décomposition est réalisée sur une base de fonctions:

- vecteurs propres de la matrice laplacienne pour le codage spectral;
- bases d'ondelettes pour les approches du même nom.

Cette dernière méthode nécessite un maillage avec une topologie régulière et par conséquent, un remaillage initial est souvent nécessaire.

Un processus de subdivision tel que présenté dans la section Surfaces de subdivision peut permettre un raffinement régulier à partir d'un maillage grossier calculé avec une méthode spectrale.

Approximation de surface

L'approximation de surface vise à passer d'un maillage d'origine d'un objet 3D à un autre maillage, plus simple pour l'étape de codage, tout en contrôlant l'erreur visuelle introduite. Cette étape peut également s'appeler étape de modélisation dans le sens où un nouveau modèle maillé est calculé. Les critères d'erreur utilisés pour cette optimisation sont principalement la distance de Hausdorff ou la mesure de volume compris entre le maillage initial et le modèle obtenu. Toutefois, ces distances ne prennent pas vraiment en compte l'aspect visuel des objets.

C'est pourquoi de nouvelles approches d'approximation intègrent une recherche d'arêtes vives dans le maillage original afin d'assurer leur conservation dans le modèle final.

Échantillonnage de surface

L'échantillonnage de surface est une autre voie qui consiste à positionner un grand nombre de sommets sur la surface du maillage d'origine, puis de les déplacer en fonction de la courbure par exemple, tout en réalisant une triangulation. Un critère de distorsion peut là encore servir à simplifier progressivement le maillage obtenu.

2.3 Codage

Lorsque la représentation maillée d'un objet a été simplifiée, l'étape de codage doit conduire à une réduction du volume de données nécessaires à leur stockage ou à leur transmission sur un réseau de communication.

Le codage de maillage 3D se décompose généralement en un codage de la connectivité et un codage de la géométrie qui peut être lié à ce dernier. Certaines approches ne tiennent pas compte de cette connectivité : ainsi, la méthode d'échantillonnage de surface présentée brièvement dans la section précédente, utilise une densité spatiale de l'échantillonnage suffisamment grande et laisse l'étape de reconstruction recréer ce voisinage local.

Dans la suite de cette section, nous rappelons dans un premier temps quelques principes de base de codage, puis nous abordons les techniques de codage de la géométrie avant de décrire enfin les deux grandes classes de méthodes de codage de la connectivité : celles qui codent la valence des sommets et celles qui codent le graphe de connexité.

Principes de codage

On distingue couramment la compression de données sans perte, pour laquelle les données peuvent être retrouvées dans leur intégralité après décompression, et la compression de données avec perte, pour laquelle la distorsion doit être contrôlée et maîtrisée par l'algorithme de compression afin de fournir à l'utilisateur final des données de qualité suffisante pour l'application.

La compression sans perte visant à pouvoir reproduire les données de manière exacte après décompression, la compression se limite à enlever toute redondance au sein de ces données. Des approches statistiques de type codage de Huffman puis des approches par dictionnaire fixe puis dynamique ont été utilisées en compression sans perte. Elles consistent à attribuer peu de bits (codes courts) aux symboles dont la fréquence d'apparition est importante et des codes plus longs aux symboles plus rares. La limite théorique pour une source, émettant des symboles non corrélés entre eux, est donnée par le calcul de l'entropie. Le codage par plage (longueur/valeur) vient aussi parfois se mêler au codage entropique décrit auparavant pour accélérer le décodage.

Le taux de compression est généralement considéré comme étant le rapport entre la taille du fichier d'origine et celle du fichier binaire obtenu par l'étape de codage. Ce calcul permet une comparaison objective de la qualité de différentes méthodes de compression en utilisant les mêmes fichiers d'origine. Une autre expression, souvent utilisée, ne tient compte que du nombre de bits par polygone et permet une comparaison de méthodes dans un cadre général, mais plus éloigné des données.

Compression de la géométrie

Quantification

La géométrie liste les coordonnées des sommets d'un maillage. Dans les formats de stockage les plus basiques (VRML, par exemple), chaque coordonnée est stockée sur 32 bits, ce qui correspond au format de représentation d'un nombre flottant dans un ordinateur. La visualisation des objets étant l'utilisation finale du maillage, la résolution d'un écran détermine en grande partie la résolution minimale du maillage. C'est la raison pour laquelle des études montrent que l'attribution d'une dizaine de bits pour chaque coordonnée suffit à visualiser un maillage sans distorsion visuelle. Si une partie du maillage est agrandie, il sera nécessaire d'ajouter un nombre de bits correspondant à $\log_2 N$ pour un agrandissement de N fois.

Par conséquent, il devient évident que la quantification permettra de réduire de manière drastique la taille dédiée au codage de la géométrie. Cette étape de quantification (scalaire) attribue pour chaque axe de coordonnées un nombre de bits permettant de découper chaque côté du parallélépipède englobant l'objet en intervalles égaux (quantification uniforme) ou non (quantification non-uniforme).

La quantification vectorielle ne traite pas les sommets indépendamment les uns des autres mais plutôt par bloc. Elle permet de décorréler l'information et peut mêler l'étape de quantification et de prédiction décrite dans le paragraphe suivant. La contrepartie de cette quantification est bien évidemment l'introduction d'une distorsion qui peut être contrôlée.

Prédiction

Plutôt que de coder les coordonnées absolues des sommets, il est plus efficace de coder l'erreur commise sur la prédiction de la position du prochain sommet, après avoir estimé cette position par une technique dite de prédiction. Plusieurs schémas de prédiction existent. Un exemple du schéma de prédiction du parallélogramme est illustré dans la figure 12 : en fonction du maillage déjà codé, la position du sommet suivant est prédite. Elle correspond à un point formant un parallélogramme avec un triangle déjà codé. C'est ensuite l'erreur qui sera codée.

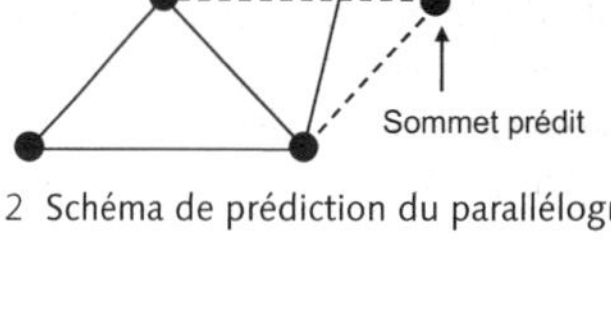

Figure 12 Schéma de prédiction du parallélogramme

Codage de valence

La distribution statistique des valences des sommets d'un maillage permet d'envisager un codage de type entropique ou bien un codage arithmétique. En effet, pour un maillage régulier, la valence égale à 6 est très présente. Cette méthode consiste à coder les valences successives rencontrées lors d'un parcours de la surface en agglomérant les triangles un à un par l'intermédiaire de listes. Ce codage est pénalisé par la gestion de divisions et unions de listes. C'est pourquoi, il a été ensuite proposé d'effectuer des transformations pour réduire ces opérations coûteuses ; dans le cas idéal avec uniquement des sommets de valence égale à 6, le coût de codage de la connectivité serait nul.

Codage en structures connexes simples

Pour réduire la quantité de données associée à la description de la connectivité, le codage de maillage triangulaire exploite très souvent la décomposition en structures connexes simples.

Méthode par bande de triangles

La structure simple la plus utilisée est la bande de triangles. Deux triangles successifs ont une arête commune (cf. figure 13). En conséquence, comme il s'agit de parcourir l'ensemble des faces triangulaires de l'objet considéré tout en minimisant la complexité des formes décrites et obtenir de longues bandes de triangles, le problème se ramène à une optimisation qui peut se révéler complexe.

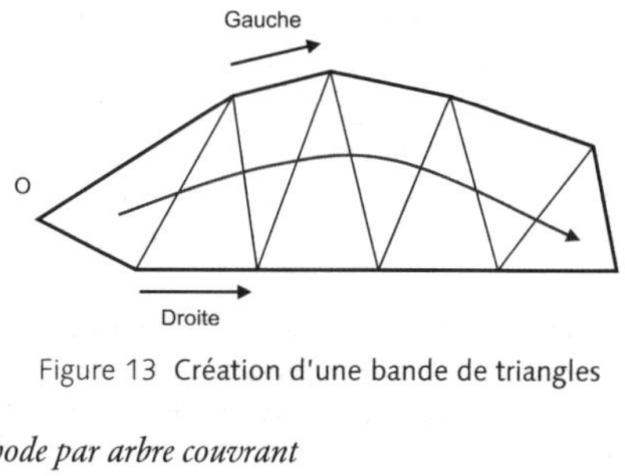

Figure 13 Création d'une bande de triangles

Méthode par arbre couvrant

Une autre solution propose une structure composée de deux arbres couvrants entrelacés. Un premier arbre est utilisé pour les faces et un second pour les sommets. Le graphe de connexité est découpé et transformé en un graphe planaire et permet ainsi un codage avec un nombre de bits constant par sommet.

Méthode Forest Split

La technique d'arbres couvrants est reprise dans cette méthode appelée « *Forest Split* » en ajoutant un bit à chaque arête pour préciser si celle-ci appartient à la forêt de triangles. Une version progressive de cette méthode a été développée.

Méthode Edgebreaker

Une autre technique nommée «*Edgebreaker*» de couverture de la surface par une séquence de triangles code avec un symbole les cinq cas rencontrés : à chaque fois qu'un nouveau triangle est inséré dans la liste, un symbole permet de traduire dans quelle configuration se trouve le sommet S face à l'arête traversée symbolisée par une flèche sur la figure 14. Les cinq cas sont symbolisés par les lettres suivantes : C (*Create*), L (*Left*), R (*Right*), E (*End*), S (*Split*). Le coût de codage de la connectivité atteint environ 2 bits par face suivant la topologie du maillage.

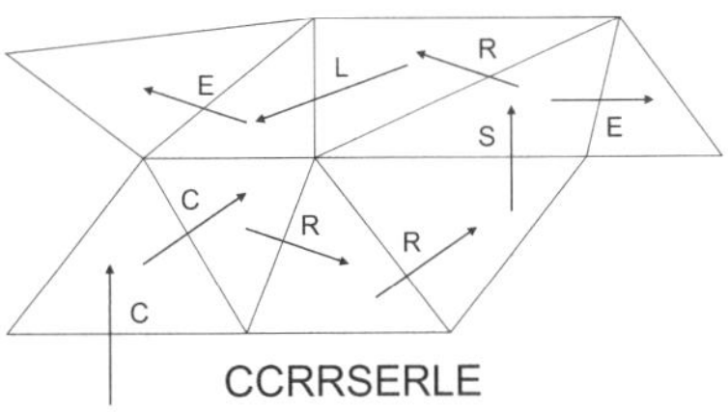

Figure 14 Exemple de séquence de codes associée à une forme simple

3 Perspectives : transmission progressive et normalisation

Actuellement, la compression de données 3D vise à intégrer des contraintes d'adaptabilité locale et de progressivité, le tout dans un processus de normalisation.

3.1 Transmission progressive

Avec l'arrivée de terminaux très divers et de réseaux de communication ayant des débits très différents, la représentation multi-échelle (*scalability*) est devenue primordiale pour un grand nombre d'acteurs dans le domaine des télécommunications.

La progressivité de la transmission d'un maillage réside dans la capacité de séparer un maillage grossier, des raffinements successifs qui enrichiront les données déjà transmises. Parmi l'ensemble des méthodes de compression présentées dans la section précédente, certaines conduisent tout naturellement à un maillage progressif : les méthodes spectrales, par exemple, fournissent une décomposition d'un maillage avec différents niveaux de résolution. Le maillage de base sera codé et transmis en premier. Les autres niveaux de détail viendront enrichir la forme jusqu'à l'obtention d'un niveau de qualité visuelle acceptable. D'autres méthodes n'ont pas cette capacité. Un surcoût de codage peut alors être nécessaire pour transmettre des informations prioritaires qui permettent une reconstruction de l'objet.

3.2 Normalisation

Pour la compression de données 3D, le standard MPEG-4 dans sa version 2 comporte plusieurs méthodes de compression de maillage 3D : la méthode des arbres couvrants pour le codage de la connexité associée au schéma de prédiction du parallélogramme ainsi que la version progressive de la méthode *Forest Split*. L'extension MPEG-4 AFX *(Animation eXtension Framework)* inclut désormais une approche basée sur les ondelettes, ainsi que des surfaces implicites, NURBS et de subdivision.

Bibliographie

Alliez P. (2000), *Étude de la représentation géométrique et texturelle de scènes 3D pour les services de visualisation dans un contexte télécommunicant.* Thèse Informatique, Laboratoire de recherche de France Télécom R & D DIH, Télécom Paris.

Catmull E. and Clark J. (1978), "Recursively generated B-spline surfaces on arbitrary topological meshes", *Computer-Aided Design*, 10, p. 350-355.

Foley J., Van Dam A. and Feiner S. (1995) *Introduction à l'infographie*, Vuibert.

Heckbert P. and Garland M. (1999), "Optimal Triangulation and Quadric-Based Surface Simplification", *Journal of Computational Geometry : Theory and Applications*, vol. 14 n° 1-3, p. 49-65.

Hoppe H. (1996), "Progressive meshes", *Proc. of ACM SIGGRAPH,* 1996, p. 99-108.

MPEG-4 AFX, (2003), *Coding of audio-visual objects. Part 16: Animation Framework eXtension*, International standard ISO/IEC/JTC1/SC29/WG11 14496-16: 2003, Information technology, International Organization for Standardization, Swiss.

Piegl L. and Tiller W. (1995), *The Nurbs Book*, Springer.

Rossignac J. (1999), "Edgebreaker: Connectivity compression for triangle meshes", *IEEE Trans. Visualization and Computer Graphics*, 5 (1), p. 47-61.

Taubin G., Gueziec A., Horn W. and Lazarus F., (1998), "Progressive forest split compression", *Proc. of ACM SIGGRAPH,* 1998, 32, p. 123-132.

Taubin G. and Rossignac J. (1998), "Geometric compression through topological surgery", *ACM Trans. Graphics*, 17 (2), p. 84 – 115.

Touma C. and Gotsman, C. (1998), "Triangle mesh compression", *Proc. of Graphics Interface*, p. 26 – 34.

Turan G. (1984), "On the succinct representations of graphs", *Discrete Applied Mathematics*, (8), p. 289-294.

Terzopoulos D. and Metaxas D. (1991), "Dynamic 3D Models with Local and Global Deformations: Deformable Superquadrics", *IEEE Trans. Pattern Anal. Mach. Intell.*, Vol. 13, n° 7, p. 703-714.

Warren J. and Weimer H. (2002), *Subdivision methods for geometric design: A constructive approach*, Morgan Kaufman Publishers.

Wyvill B. (1994), "Building and Animating implicit surface models", *SIGGRAPH'93 Course Notes.*

Zorin D., Schroder P., DeRose T., Kobbelt L., Levin A., Sweldens W. (2000), "Subdivision for Modeling and Animation", *ACM Siggraph.*

Rendu réaliste

Bernard Péroche

Mots-clés : informatique graphique, radiosité, méthodes stochastiques, perception visuelle.

Résumé : ce chapitre définit le rendu réaliste comme étant l'ensemble des méthodes permettant de simuler la lumière et son comportement vis-à-vis des matériaux, de façon globale. Nous montrerons d'abord que ce problème peut se formaliser par une équation intégrale et récursive, appelée équation de rendu, équation que l'on ne sait pas résoudre analytiquement. Nous présenterons ensuite deux grandes classes de méthodes permettant de résoudre de manière approchée l'équation de rendu (méthodes par éléments finis et méthodes stochastiques), avant de présenter de manière rapide les méthodes multipasses qui essaient de combiner les avantages de chacune des deux classes précédentes. Nous évoquerons ensuite l'importance du système visuel humain dans le domaine du rendu réaliste, avant de conclure sur l'avenir de ce domaine.

En synthèse d'images, l'étape de rendu est constituée de l'ensemble des processus qui conduisent à calculer la couleur de chacun des pixels qui vont constituer l'image que l'on veut produire.

Au début de l'informatique graphique, ces processus étaient empiriques et n'avaient pour objectif que de produire de « belles images ». Depuis près de vingt ans maintenant, beaucoup de recherches ont été menées pour s'approcher le plus possible de la réalité, conduisant à ce que l'on appelle le rendu réaliste.

En fait, depuis l'article fondateur de J. Kajiya en 1985, on sait que pour produire des images réalistes, il faut simuler la lumière et son comportement vis-à-vis des matériaux. C'est cette approche que nous allons présenter dans ce chapitre. Nous commencerons par les éléments de physique qui permettent d'aboutir à l'équation fondamentale (dite équation de rendu) du domaine, qui permet de formaliser le problème posé. Nous exposerons ensuite deux grandes classes de méthodes permettant de résoudre, de façon approchée, l'équation de rendu, les méthodes par éléments finis et les méthodes stochastiques, puis nous insisterons sur l'importance du système visuel humain dans la perception des images et son influence sur les méthodes de résolution.

1 L'équation de rendu

Il existe deux notions physiques qui sont fondamentales quand on veut faire du rendu réaliste : la luminance et la fonction de distribution de la réflectance bidirectionnelle.

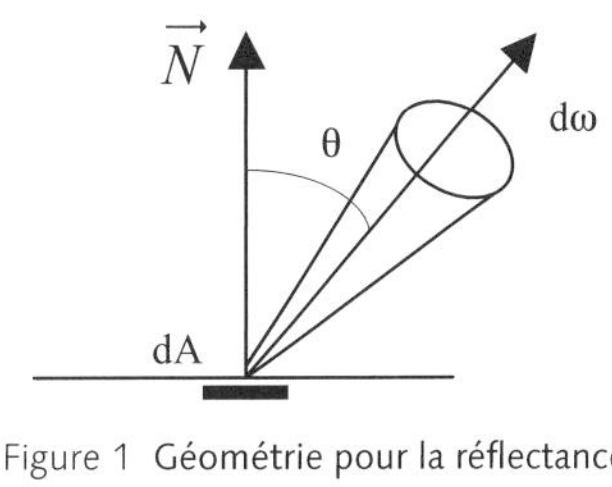

Figure 1 Géométrie pour la réflectance

La luminance est le flux lumineux émis en un point x d'une surface et dans une direction $\vec{\omega}$, par unité de surface et par unité d'angle solide projeté. Si on utilise les notations de la figure 1, on a :

$$dL(x,\vec{\omega})=\frac{d^2\phi}{dA\, d\omega \cos\theta}$$

La luminance est très importante en synthèse d'images car c'est la notion physique la plus proche de la sensation de perception lumineuse pour l'œil. Pour produire des images réalistes, il faut donc calculer en chaque pixel la luminance réfléchie en direction de l'œil.

La fonction de distribution de la réflectance bidirectionnelle (BRDF) est définie comme le rapport du flux dL_r réfléchi par unité de surface dans une direction θ_r sur le flux reçu par unité de surface provenant d'une direction θ_i (cf. figure 2) :

$$f_r(x,\vec{\omega}_i \rightarrow \vec{\omega}_r)=\frac{dL_r(x,\vec{\omega}_r)}{L_i(x,\vec{\omega}_i)\cos\theta_i\, d\omega_i}$$

À partir de l'équation de la BRDF, on peut exprimer la luminance réfléchie au point x dans la direction θ_r due à un éclairement incident provenant d'un angle solide élémentaire $d\omega_i$ autour de la direction d'incidence $\vec{\omega}_i$:

$$dL_r(x,\omega_r)=f_r(x,\vec{\omega}_i \rightarrow \vec{\omega}_r)L_i(x,\vec{\omega}_i)\cos\theta_i d\omega_i$$

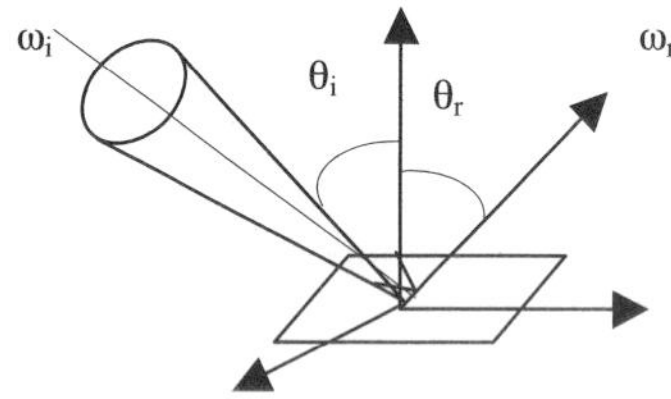

Figure 2 Géométrie pour la BRDF

La luminance réfléchie au point x dans la direction $\vec{\omega}_i$ est donc

$$L_r(x,\vec{\omega}_r)=\int_\Omega f_r(x,\vec{\omega}_i \rightarrow \vec{\omega}_r)L_i(x,\vec{\omega}_i)\cos\theta_i d\omega_i$$

où Ω est l'ensemble des directions incidentes au-dessus de la surface considérée. Enfin, si la surface émet de l'énergie lumineuse L_e au point x dans la direction $\vec{\omega}_r$, on obtient l'équation de rendu :

$$L_r(x,\vec{\omega}_r)=L_e(x,\vec{\omega}_r)+ \int_\Omega f_r(x,\vec{\omega}_i \rightarrow \vec{\omega}_r)L_i(x,\vec{\omega}_i)\cos\theta_i d\omega_i \qquad (1)$$

Remarque 1 : Cette équation n'est pas la plus générale possible. On peut prendre en compte les effets de transmission en utilisant une BTDF (fonction de distribution de la transmission bidirectionnelle) en plus de la BRDF. On peut également prendre en compte les milieux participants (brouillard, fumées, etc.) avec une équation plus complexe (équation du rendu volumique). En effet, l'équation (1) suppose qu'il y a le vide entre les objets de la scène.

Remarque 2 : Cette équation devrait aussi dépendre de la longueur d'onde qui a été omise pour des questions de simplification d'écriture (cf. § 3).

Sur un plan théorique, calculer une image réaliste revient donc à calculer, en chaque pixel, la solution de l'équation (1) où la direction $\vec{\omega}_r$ est celle définie par l'œil et le pixel. Cependant, cette équation est intégrale et récursive (le terme $L_i(x, \vec{\omega}_i)$ vérifie aussi une équation du type (1)). Il est impossible de trouver une solution analytique de cette équation, même dans des cas très simples. L'essentiel des recherches dans le domaine du rendu réaliste depuis vingt ans a donc consisté à proposer des solutions approchées de cette équation, dans des temps acceptables. Ceci va faire l'objet du prochain paragraphe.

2 Méthodes de résolution de l'équation de rendu

On peut distinguer deux grandes classes de méthodes de résolution de l'équation de rendu, celles dérivées du formalisme des éléments finis (méthodes de radiosité) et celles reposant sur les méthodes stochastiques (tracé de rayons). Mais, comme nous le verrons, aucune n'est aujourd'hui totalement satisfaisante, d'où l'apparition de méthodes multipasses, introduisant un biais par rapport aux méthodes stochastiques « pures ».

2.1 Méthodes par éléments finis

Ce type de méthode consiste à discrétiser l'équation de rendu en supposant que la fonction de luminance peut s'exprimer comme combinaison linéaire de fonctions de base. La résolution de l'équation de rendu revient donc à calculer des coefficients de combinaison permettant d'obtenir la meilleure solution de l'équation.

Le choix des fonctions de base est important pour la qualité de la solution obtenue. La recherche de la solution peut se faire selon deux types de critères : on peut forcer l'équation de rendu à être vérifiée en certains points fixés de la scène ou on peut assurer un critère global de minimisation.

Pour parvenir à formaliser complètement le problème, il faut commencer par modifier l'expression de l'équation de rendu. Au lieu de considérer une intégrale sur les angles solides, on se ramène à une intégrale sur l'ensemble S des surfaces de la scène :

$$L_r(x,\vec{\omega}_r) = L_e(x,\vec{\omega}_r) + \int_{y\in S} f_r(x,\vec{\omega}_i \to \vec{\omega}_r) L(y,\vec{\omega}_i) K(x,y) dy$$

en définissant la fonction noyau K par :

$$K(x,y) = V(x,y)\frac{\cos\theta_{x,i}\cos\theta_{y,r}}{\|x-y\|^2}$$

où V (x, y) est la fonction de visibilité qui vaut 1 si les points x et y se voient mutuellement et 0 sinon.

Si on fait l'hypothèse que les surfaces sont diffuses, c'est-à-dire que la BRDF est indépendante de la direction ($f_r(x, \vec{\omega}_i \to \vec{\omega}_r) = \rho(x)$), l'équation de rendu peut se simplifier grandement : si on note N_i, $1 \le i \le N$, les fonctions de base utilisées, on peut chercher L comme une combinaison linéaire de ces fonctions N_i :

$$\tilde{L}(x) = \sum_{i=1}^{N} B_i N_i(x)$$

En utilisant les notations

$$\varepsilon_i = \int_{x\in S} L_e(x) N_i(x) dx \quad \text{et}$$

$$\Delta_{ij} = \int_{x\in S} N_i(x) N_j(x) dx$$

on obtient le système d'équations (2) :

$$\varepsilon_i = \sum_{j=1}^{N} B_i (\Delta_{ij} - \int_{x\in S} \rho(x) N_i(x) dx \int_{y\in S} K(x,y) N_j(y) dy), \quad 1 \le i \le N \qquad (2)$$

dont la résolution fournit les coefficients B_i

Si on suppose que la BRDF est uniforme sur chaque carreau de surface et si on note ρ_i sa composante sur le support de N_i, le coefficient représentant l'influence d'une fonction de base de l'élément émetteur sur une fonction de base de l'élément récepteur est donné par la formule :

$$\tilde{F}_{ij} = \int_{x\in S} N_i(x) dx \int_{y\in S} K(x,y) N_j(y) dy$$

et le système (2) peut alors s'écrire :

$$\varepsilon_i = \sum_{j=1}^{N} B_i (\Delta_{ij} - \rho_i \tilde{F}_{ij}), \quad 1 \le i \le N \qquad (3)$$

Le cas le plus classique des méthodes de radiosité est celui où l'on suppose les fonctions de base constantes. B_i représente alors la radiosité du carreau S_i et le système d'équations (3) se simplifie en :

$$B_i = E_i + \rho_i \sum_{j=1}^{N} F_{ij} B_j, \quad 1 \le i \le N$$

où

$$F_{ij} = \frac{1}{A_i}\int_{x\in S_i}\int_{y\in S_j} \frac{\cos\theta \cos\theta'}{\pi r^2} V(x,y) dx dy$$

est appelé facteur de forme et représente la quantité d'énergie émise par le carreau S_i qui atteint le carreau S_j. Ce terme est relativement complexe à calculer car il prend en compte la visibilité V (x, y) entre les points des carreaux.

La méthode la plus utilisée pour calculer les facteurs de forme est celle de l'hémicube qui consiste à utiliser un tampon de profondeur (*z-buffer*) sur chacune des cinq faces d'un hémicube placé au centre de chaque carreau pour calculer la visibilité.

De nombreux travaux ont été consacrés pendant 15 ans à la radiosité et à ses variantes, soit pour diminuer les temps de calcul, soit pour augmenter le réalisme des images produites (en ne supposant pas les surfaces diffuses par exemple). Il serait trop long de tout détailler dans ce court chapitre. On peut cependant signaler les méthodes hiérarchiques où le maillage est construit par l'algorithme lui-même (à partir d'un maillage initial assez grossier) en fonction des échanges énergétiques dans la scène.

Après avoir été pendant de nombreuses années le principal thème de recherche en rendu réaliste, les méthodes de radiosité sont aujourd'hui beaucoup moins étudiées. Il semble qu'il y a à cela deux raisons principales :
- la difficulté de résoudre l'équation de rendu pour des scènes quelconques, avec des surfaces brillantes ou transparentes, des effets de caustiques ;
- la difficulté de produire des logiciels utilisables facilement par des non-spécialistes de la méthode dans l'industrie.

Une autre classe de méthode a émergé entre-temps, qui semble avoir plus d'avenir : les méthodes stochastiques.

2.2 Méthodes stochastiques

Ces méthodes reposent sur la méthode d'intégration de Monte Carlo, dont nous allons rappeler rapidement le principe.

Soit $I = \int_0^1 f(x) dx$ une intégrale à calculer ; en effectuant N tirages aléatoires uniformes sur [0,1] et indépendants, on définit une variable aléatoire $\tilde{I} = \frac{1}{N}\sum_{(i=1)}^{N} f(\zeta_i)$ que l'on appelle un estimateur de I. Cet estimateur est sans biais et on montre que l'erreur commise en prenant $\tilde{I}$ à la place de I est de l'ordre de $\frac{1}{\sqrt{N}}$. On peut améliorer la méthode classique précédente en utilisant l'échantillonnage d'importance : si

p: $[0,1] \rightarrow \Re$ est une densité de probabilité ($p(x)) \geq 0$ $\forall x \in [0,1]$ et $_0\int^1 p(x)\,dx = 1$), alors $I = \int_0^1 \left(\frac{f(x)}{p(x)} p(x) dx\right)$. Si une variable aléatoire ξ est tirée suivant la densité de probabilité p, $\tilde{I} = \frac{f(\xi)}{p(\xi)}$ est un estimateur de I non biaisé.

Considérons alors l'équation intégrale

$$f(x) = g(x) + {}_0\int^1 K(x,y) f(y)\,dy$$

où f est inconnue, g et K connues. Si $p_1, p_2, \ldots p_i$ est une suite de densités de probabilité, un estimateur de f est:

$$\tilde{f}(x) = g(x) + \frac{K(x,\xi_1)}{p_1(\xi_1)} \tilde{f}(\xi_1)$$

$$= g(x) + \frac{K(x,\xi_1)}{p_1(\xi_1)} \left[g(\xi_1) + \frac{K(\xi_1,\xi_2)}{p_2(\xi_2)} \tilde{f}(\xi_2) \right]$$

$$= \sum_{i=0}^{\infty} \left[\prod_{j=1}^{i} \frac{K(\xi_{j-1},\xi_j)}{p_j(\xi_j)} g(\xi_g) \right] \quad \text{avec}\ \xi_0 = x$$

La suite ξ_0, ξ_1,... est appelée une marche aléatoire.

La méthode précédente nécessite un nombre infini de termes pour son calcul, ce qui la rend inutilisable en pratique. Pour rendre cette méthode applicable, on peut utiliser la méthode de la roulette russe,qui est définie de la manière suivante: soit$u$: $\Re \rightarrow [0,1]$

$$x \rightarrow \begin{cases} 1 \text{ si } x \leq 1 \\ 0 \text{ si } x > 1 \end{cases}$$

Soit $I = \int_0^1 f(x)dx$ et P un nombre fixé appartenant à] 0,1 [.

$$I = \int_0^P \frac{1}{P} f\left(\frac{y}{P}\right) dy$$

$$= \int_0^1 \frac{1}{P} f\left(\frac{y}{P}\right) u\left(\frac{y}{P}\right) dy$$

Si on applique la méthode de Monte Carlo à la dernière intégrale avec un échantillonnage uniforme sur [0,1], on obtient l'estimateur sans biais:

$$\tilde{I} = \begin{cases} \frac{1}{P} f\left(\frac{\xi}{P}\right) & \text{si } \xi \leq P \\ 0 & \text{sinon} \end{cases}$$

En combinant la roulette russe avec la marche aléatoire vue ci-dessus, on obtient:

$$\tilde{f}(x) = \sum_{i=0}^{k} \left[\prod_{j=1}^{i} \frac{K(\xi_{j-1},\xi_j)}{p_j(\xi_j)} g(\xi_g) \right]$$

où l'arrêt de la marche aléatoire est obtenu au rang k grâce à la roulette russe.

La méthode générale décrite ci-dessus s'applique bien entendu à l'équation de rendu, et ce de plusieurs manières possibles. Le cas le plus classique de la méthode générale décrite ci-dessus est le tracé de chemins (*path tracing*): pour chaque pixel de l'image, on trace une marche aléatoire x_0, x_1,...x_i partant de l'œil de la manière suivante: en chaque point x_{i-1}, on lance un rayon dont la direction est donnée par une densité de probabilité p_i (θ_i) et le premier point touché par ce rayon définit le point x_i. La densité de probabilité p_i (θ_i) est associée à la BRDF du matériau au point x_{i-1}, ce qui permet de prendre en compte tous les types de matériaux. Quand une source lumineuse est atteinte au cours d'une marche aléatoire, elle contribue à l'estimation du flux lumineux atteignant l'œil à travers le pixel concerné. Pour que cette méthode fournisse des résultats assez précis, il faut tracer N chemins pour chaque pixel. De ce fait, cette méthode est coûteuse, car N peut prendre des valeurs entre 64 et 1024. De plus, elle a tendance à fournir des images bruitées.

Il existe une seconde approche (*light tracing*) reposant sur les méthodes stochastiques: elle consiste à lancer des rayons possédant de l'énergie (appelés photons) depuis les sources de lumière, qui vont rebondir sur les surfaces rencontrées. À chaque fois qu'un tel chemin passera à travers la surface d'un pixel de l'écran, son énergie (atténuée par les rebonds sur les surfaces) sera ajoutée à celle du pixel. Cette méthode souffre cependant des mêmes inconvénients que ceux décrits pour le tracé de chemins.

Cependant, l'algorithme le plus simple de cette classe est le tracé de rayons. Introduit par Appel en 1968 comme méthode simple mais brutale, le tracé de rayons a été popularisé par Whitted en 1980. Il s'agit d'un algorithme simple et général, qui prend en compte la majorité des effets d'optique géométrique: réflexions multiples, réfractions, ombres portées, etc.

Le principe de l'algorithme est celui vu ci-dessus, mais très simplifié (il n'y a pas d'aspect stochastique): pour chaque pixel de l'écran, on lance un rayon provenant de l'œil. On cherche l'intersection de ce rayon avec tous les objets de la scène. Si au moins une intersection est trouvée, on garde la plus proche de l'œil. À partir de ce point, on peut lancer des rayons d'ombre en direction de chaque source de lumière pour savoir si le point est éclairé ou pas. Si le matériau de la surface rencontrée est spéculaire (resp. transparent), on peut lancer récursivement un rayon secondaire réfléchi (resp. réfracté). Cette méthode revient donc à construire, pour chaque pixel, un arbre des rayons dont l'évaluation fournira l'énergie atteignant le pixel dans la direction de l'œil, donc la couleur de ce pixel.

Cet algorithme a été très populaire pendant de nombreuses années, car il permettait d'obtenir de «belles» images en synthèse d'images. Puis il a été supplanté par la radiosité qui fournissait des images plus réalistes, dans la mesure où cette méthode réalisait un équilibre énergétique dans la scène et produisait des ombres douces. Le tracé de rayons est revenu en grâce il y a quelques années quand plusieurs équipes dans le monde ont proposé un tracé de rayons optimisé et capable de fournir des images de qualité en temps interactif, sur des bases de données complexes pour lesquelles les solutions matérielles (OpenGL par exemple) ne pouvaient pas obtenir des résultats aussi probants.

Cependant, malgré les progrès réalisés, il n'est pas actuellement possible de résoudre complètement l'équation de rendu par une méthode stochastique en temps interactif, pour des scènes un peu complexes. Il est cependant vraisemblable que ceci arrivera dans les toutes prochaines années.

2.3 Méthodes multipasses

Comme il a été dit plus haut, les méthodes stochastiques permettent de résoudre l'équation de rendu avec des erreurs tout à fait acceptables, sous réserve de lancer beaucoup de chemins (il faut se souvenir que l'erreur est de l'ordre de $\frac{1}{\sqrt{N}}$ où N est le nombre de chemins lancés). De plus, ces méthodes produisent des images très bruitées qui ne sont pas satisfaisantes pour l'œil humain.

Les chercheurs ont donc introduit des méthodes biaisées qui reposent sur le principe des méthodes stochastiques et qui permettent d'obtenir plus rapidement des images non bruitées. La plupart de ces méthodes sont multipasses, c'est-à-dire associent plusieurs techniques, en essayant de garder les avantages de chaque technique.

La méthode la plus simple et la plus ancienne consiste à associer la radiosité et le tracé de rayons : une première passe de radiosité permet de calculer des valeurs de luminance indépendantes de la position de l'œil en chaque point d'un maillage, en supposant les surfaces diffuses. Une seconde passe effectue un tracé de rayons depuis l'œil. Cette passe permet de visualiser la scène, en prenant comme terme «ambiant» de la scène la valeur calculée par l'algorithme de radiosité. Les effets spéculaires ou de transparence peuvent être pris en charge par le tracé de rayons, ce qui permet d'obtenir des images de bonne qualité.

Ce principe a été repris par beaucoup d'autres chercheurs, le principe étant d'obtenir des effets de réflexion, de réfraction, de caustiques et d'éclairement indirect en utilisant l'algorithme le plus efficace pour chaque composante de la luminance. On peut ainsi citer la *photon map*, de H. Jensen, ou la méthode des vecteurs lumineux, par exemple comme méthodes en deux passes utilisant l'estimation de densité après un tracé de chemins ou de lumière. Ces méthodes sont biaisées, au sens stochastique du terme, mais elles fournissent des images de très grande qualité, non bruitées, en des temps qui paraissent acceptables pour les utilisateurs.

3 Aspects psychovisuels

Comme il a déjà été signalé au début de ce chapitre, les images produites en synthèse d'images sont destinées à être vues par un être humain. Nous allons considérer ici uniquement le cas des moniteurs d'affichage. D'autres problèmes se posent quand on veut imprimer de telles images ; nous ne les étudierons pas ici.

Nous allons décrire deux problèmes liés aux aspects visuels : l'affichage sur un moniteur et les liens possibles entre le rendu réaliste et le système visuel humain.

3.1 Affichage sur un moniteur

Les moniteurs d'affichage utilisés en informatique graphique peuvent être des tubes à rayons cathodiques ou des écrans plats. Quel que soit le type de l'écran, l'affichage d'une image de synthèse réaliste se heurte aux trois problèmes suivants.

La calibration de l'écran

Il s'agit des réglages à appliquer à un moniteur pour qu'il affiche des images les plus proches possibles de celles qui ont été calculées. C'est un processus délicat à mettre en œuvre, car il demande notamment de mesurer certaines caractéristiques du moniteur (avec un luminance-mètre ou un spectrophotomètre). La démarche la plus classique consiste à effectuer une γ-correction. Il faut savoir que les excitations des luminophores de l'écran sont reliées, en première approximation, aux voltages appliqués aux canons à électrons par une loi du type

$$E_a = \left(\frac{V_a}{V_{max}}\right)^{\gamma}$$

(avec a = r, v ou b). Il faut donc calculer cette valeur γ pour chaque canal couleur pour le moniteur concerné.

La dynamique de l'écran

Les valeurs de luminance que l'on peut mesurer dans le monde réel vont de 10^{-5} cd m^{-2} (sol d'une forêt éclairée par les étoiles) à 10^5 cd m^{-2} (soleil réfléchi par la neige). Or un écran de type tube à rayons cathodiques peut afficher des luminances dans un intervalle allant de 1 à une centaine de cd m^{-2}. Il se pose donc un problème pour afficher des images ayant une grande dynamique sur un écran. Ce problème est appelé reproduction de tons (*tone mapping* en anglais) en synthèse d'images. Un certain nombre de solutions ont été proposées ces dernières années pour résoudre ce problème, par exemple en utilisant les lois de Stevens et Stevens qui relient la luminosité apparente à la luminance. Le problème de la reproduction de tons est parfois associé à celui de la simulation de l'éblouissement en synthèse d'images, problème qui a été cependant moins étudié.

Affichage des couleurs

Rappelons tout d'abord que l'ensemble des couleurs affichables sur un moniteur est un triangle strictement inclus dans le diagramme de chromaticité de la CIE. Toutes les couleurs visibles ne sont donc pas affichables sur un moniteur. Un second problème est celui du passage de données spectrales calculées par un logiciel de rendu réaliste à un triplet RVB affichable. Ce problème se pose, par exemple, avec des sources de lumière fluorescentes qui ont des spectres avec des raies d'émission. La solution consistant à travailler en RVB d'un bout à l'autre de la chaîne de traitement (comme OpenGL) n'est pas satisfaisante, car elle ne prend pas en compte ces raies d'émission par exemple.

3.2 La perception visuelle

La perception visuelle n'est pas utilisée depuis longtemps en synthèse d'images. Dans ce paragraphe, nous allons décrire deux types de travaux : ceux destinés à mesurer la similarité entre deux images et les algorithmes de rendu perceptuels.

Métriques perceptuelles

L'objectif de ces méthodes est d'offrir une mesure de similarité entre deux images qui corresponde le plus possible à la réponse que fournirait le système visuel humain. Par exemple, si on considère une image et que l'on en construise une seconde en translatant de quelques pixels la première image, une métrique euclidienne appliquée à ces deux images donnera un écart important, alors que le système visuel humain « verra » que ces deux images sont très proches. Alors que beaucoup de travaux ont été conduits sur ce point en analyse et traitement d'images, les travaux sur ce domaine en synthèse d'images sont plutôt rares. Il existe cependant plusieurs métriques perceptuelles reposant sur des modèles de vision, qui fournissent des résultats probants.

Le rendu perceptuel

L'idée ici est de prendre en compte la perception de la scène de synthèse par le système visuel humain pour économiser du temps en ne calculant pas des détails que l'œil ne sera pas en mesure de voir. Sans prétendre à l'exhaustivité, on peut signaler que de tels travaux ont été utilisés pour

- piloter des logiciels de simplification de maillage ;
- piloter un logiciel de radiosité hiérarchique, en utilisant un modèle du système visuel humain pour subdiviser le maillage, puis simplifier celui-ci ;
- définir un logiciel de lancer de rayons travaillant dans le domaine fréquentiel, et non dans le domaine spatial comme le font les logiciels classiques ;
- piloter un algorithme de rendu stochastique progressif, où une métrique perceptuelle permet de comparer deux images successives et de choisir où lancer de nouveaux échantillons pour affiner la scène.

4 Conclusion

Dans ce court chapitre, nous avons essayé de montrer quels sont les fondements théoriques (l'équation de rendu) permettant de calculer des images simulant la lumière, les matériaux les plus complexes et l'interaction entre la lumière et les matériaux. Nous avons aussi décrit les deux principales méthodes capables de résoudre, de façon approchée, cette équation intégrale et récursive : la méthode des éléments finis et les méthodes stochastiques. Nous avons également évoqué les méthodes multipasses qui combinent les approches précédentes pour augmenter les possibilités de simulation. Nous avons enfin présenté les relations qui peuvent exister entre le rendu réaliste et le système visuel humain.

Nous avons axé notre exposé sur les méthodes prenant en compte l'éclairement global, c'est-à-dire l'ensemble des échanges lumineux à l'intérieur d'une scène. Il faut cependant noter qu'il existe de nombreuses autres méthodes produisant des images réalistes et qui ne résolvent pas le problème de l'éclairement global. C'est le cas de la majorité des techniques s'appuyant sur un pipeline de type OpenGL. Ces techniques sont tout à fait susceptibles de fournir des images de grande qualité, notamment en utilisant les possibilités de programmation des cartes graphiques (les *shaders*) qui existent depuis quelques années ou en calculant des textures en plusieurs passes permettant de rajouter des effets d'ombres portées, de textures d'environnement, Le choix qui a été fait est lié à l'existence de très nombreuses recherches depuis quinze ans dans le domaine de l'éclairement global.

Aujourd'hui, le problème de l'éclairement global en temps interactif n'est pas encore résolu. Les progrès réalisés en quinze ans sont pourtant impressionnants, mais pas suffisants. Cependant, les chercheurs se rapprochent régulièrement de cet objectif, et il est vraisemblable qu'il sera atteint avant longtemps.

Il est possible aujourd'hui, si on accepte un certain temps de calcul (quelques minutes ou quelques dizaines de minutes), d'obtenir des images photoréalistes,

Figure 3 Photoréalisme : photographie d'une scène à gauche, image de synthèse à droite

c'est-à-dire non distinguables d'une photographie de la même scène (cf. figure 3★). L'objectif actuel de la recherche est d'obtenir des images de même qualité, mais en temps interactif. L'utilisation des possibilités des nouvelles cartes graphiques programmables devrait jouer un rôle dans cette quête de l'interactivité, sans que l'on puisse encore garantir précisément comment. Les développements récents sur l'optimisation du tracé de rayons, de nouveaux développements sur les méthodes stochastiques devraient également participer à cette quête.

Bibliographie

M. Cohen and D. Greenberg (1988), "The hemi-cube: a radiosity solution for complex environments", *Computer Graphics*, Vol. 22 (4), 75-84.

A. Glassner (1995), *Principles of Digital Image Synthesis*, Vol. 1 and 2, Morgan Kaufmann Publishers Inc., San Francisco.

P. Hanrahan, D. Saltzmann and L. Aupperle (1991), "A rapid hierarchical radiosity algorithm", *Computer Graphics*, Vol. 25 (4), p. 197-206.

H. Jensen (1996), "Global illumination using photon maps", in *Rendering Techniques'96*, Springer Verlag/Wien, 21-30.

J. Kajiya (1986), "The rendering equation", *Computer Graphics*, Vol. 20 (3), p. 143-150.

T. Möller and E. Haines, *Real-time Rendering*, A.K. Peters editors, 1999.

B. Péroche, D. Ghazentarpour, D. Michelucci et M. Roelens (1998), *Informatique graphique : méthodes et modèles*, Hermès.

R. Sève (1996), *Physique de la couleur, Physique fondamentale et appliquée*, Masson.

F. Sillion and C. Puech (1994), *Radiosity and global illumination*, Morgan Kauffmann publishers, San Francisco.

T. Whitted (1980), "An improved illumination model for shaded display", *Communications of the ACM*, 32 (6), p. 343-349.

J. Zaninetti, X. Serpaggi and B. Péroche (1998), "A vector approach for global illumination in ray tracing", *Computer Graphics Forum (Proceedings of Eurographics'98)* 17 (3): p. 149-158.

Indexation des données et recherche dans les bases multimédias

Khalid Idrissi, Jean-Michel Jolion

Mots-clés: indexation, recherche, navigation, texte, image, sémantique, descripteur.

Résumé: l'évolution des technologies a amené le multimédia à portée de tous. Qu'il s'agisse de transmission ou de stockage, dans les deux cas les contraintes dues à la nature de ce type de données diminuent progressivement. Dans ce contexte d'explosion de la quantité d'information et du nombre d'usagers, une nouvelle problématique apparaît, à savoir, comment partager l'information. Nous tentons, dans ce chapitre, de dresser un état de l'art, en abordant légèrement les données textuelles, car les techniques utilisées sont plus anciennes, puis en détaillant un peu plus ce qui concerne l'image. Le problème reste largement abordé actuellement de manière monomédia, et il apparaît clairement que les développements futurs ne pourront se faire que part l'intégration du caractère multimédia, et en associant de nombreuses communautés scientifiques œuvrant dans des domaines complémentaires (signal, base de donnée, psychologie cognitive et perceptuelle, interface homme/machine, etc.)

En l'espace d'une cinquantaine d'années, la donnée numérique est devenue omniprésente dans nos sociétés. Les développements extraordinaires qu'ont connu pendant ce laps de temps l'électronique, puis l'informatique et enfin les télécommunications, ont offert tous les ingrédients nécessaires pour la création, l'accès et le partage des bases de données numériques, qu'elles soient textuelles ou multimédias. L'image occupe une place privilégiée dans cet espace, car elle se situe entre le texte qu'elle complète bien par l'apport visuel, et la vidéo dont elle n'a pas les contraintes relatives au volume et au temps. De ce fait, l'image a conquis pratiquement tous les domaines et il semble difficile de trouver des applications qui n'y font pas appel.

Aujourd'hui, les progrès technologiques, notamment ceux concernant les bandes passantes dans les transmissions, ont ouvert la porte à la vidéo. De nouveaux services sont proposés chaque jour, alliant image, voix et données, et dans lesquels le mot «multimédia» prend tout son sens.

Or, l'information, aussi abondante soit-elle, n'a d'intérêt que si elle est disponible pour qui en a besoin. Et c'est précisément à ce niveau que l'abondance peut devenir un handicap. L'accès aux bases de données textuelles a fait l'objet de nombreuses recherches, bien avant l'avènement d'Internet, car la problématique concernait de très nombreux domaines (notamment la recherche documentaire au sens large). En revanche pour l'accès aux bases multimédias, les premiers travaux datent des années quatre-vingt-dix. Depuis, des systèmes, notamment de recherche d'images par le contenu, sont apparus, généralement issus des laboratoires de recherche, bien qu'en définitif, très peu de produits commerciaux soient proposés.

De tels systèmes sont en fait des systèmes intégrateurs, incluant plusieurs techniques émanant de disciplines complémentaires : traitement d'images, bases de données, analyse cognitive, techniques de visualisation, etc. Ceci pourrait être une des raisons pour justifier l'absence de produits complets grand public sur le marché. Une autre raison plus technique, est certainement liée à la difficulté à cerner exactement le souhait d'un utilisateur qui soumet une requête à une base d'images. Il existe encore à ce jour un réel fossé, dit sémantique, entre les informations que les outils de traitement sont capables d'extraire d'un document, et la sémantique portée par celui-ci.

Plus généralement, le domaine de la recherche et de l'indexation de données multimédias a, dans ces premières années, simplement réutilisé les nombreuses connaissances relatives en particulier au traitement d'images, ce qui a conduit à des produits soit inefficaces, soit ce qui est plus grave, inadaptés. Ce n'est que récemment que cette problématique a fait émerger une vraie formulation des questions (tant fondamentale que technologiques) qui la fondent.

1 Les systèmes de recherche

Les problématiques de recherche de document multimédia et d'indexation sont très liées, la première ne pouvant considérer comme critères de discrimination, uniquement ceux auxquels la seconde fait appel pour décrire les contenus. On fait appel à un descripteur, car il n'est pas envisageable de comparer directement une requête multimédia avec l'ensemble d'une base. Un descripteur devra être à la fois discriminant (donc proche de l'objet qu'il représente) et compact (pour optimiser les recherches). Ces deux processus vont se trouver au cœur de tout système de recherche de document multimédia (figure 1).

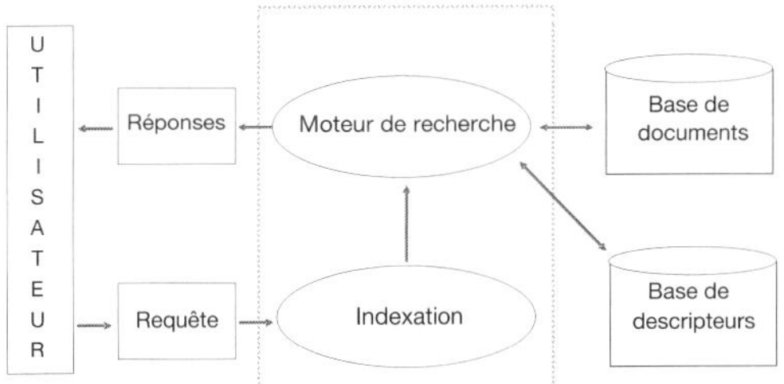

Figure 1 Schéma général d'un système de recherche

Le schéma général est celui d'un utilisateur qui soumet une requête sous forme d'un mot-clef, d'une image, d'une mélodie fredonnée ou d'une séquence vidéo, ou encore d'une combinaison de ces éléments.

Le processus d'indexation devra extraire de la requête le descripteur relatif aux différents attributs jugés pertinents pour saisir le contenu du document, puis le transmettre au moteur de recherche. Celui-ci aura pour rôle de chercher dans la base de descripteurs, tous ceux dont la distance au descripteur de la requête est inférieure à un certain seuil de ressemblance, puis d'extraire les documents correspondants de la base de données.

1.1 Recherche textuelle

De très nombreux travaux ont été menés sur les techniques d'indexation et de recherche textuelle, et ceci bien avant l'arrivée d'Internet, pour les applications de base de données, de gestion documentaire, etc. Avec Internet, la demande d'accès aux documents s'est accrue et le besoin aussi, en même temps la quantité d'informations traitées a considérablement augmenté, ce qui a eu pour conséquence de doper la recherche dans ce domaine. La TREC (*Text Retrieval Conference*) (http://trec.nist.gov) a pour but d'encourager la recherche, notamment en comparant les différentes technologies et en fournissant des bases textuelles de grande taille ainsi que des procédures communes d'évaluation.

La tendance récente est la sémantique. Il s'agit d'être capable de fournir en réponse à une requête, un document se rattachant au même thème que la requête même s'il n'existe pas (ou peu) de mots communs entre l'un et l'autre. Cette orientation a été rendue possible, entre autre, par des notions telles que les ontologies qui organisent des corpus relativement à des concepts.

L'approche «texte intégral» entraînant des volumes d'index exagérément grands, a fait appel aux méthodes utilisées en statistique lexicale et en linguistique, cherchant un accès au contenu sémantique du texte.On distingue principalement deux techniques d'indexation pour le texte ; d'une part celle du langage contrôlé (par mots clés et thésaurus) et d'autre part celle du texte intégral (présence de mots de la requête dans le texte). Ces deux techniques sont complémentaires, chacune s'adaptant à un contexte donné. Une solution plus globale consisterait à intégrer ces deux approches au sein d'un même système. Parfois, des techniques issues de la reconnaissance de formes ou de la logique floue sont utilisées pour apporter une certaine tolérance ou marge d'erreur sur le contenu des documents indexés ou de la question, vis-à-vis de l'orthographe, des caractères parasites ou des formes fléchies par exemple (Leloup, 1998).

Des travaux en psychologie cognitive montrent que la majorité des mots sont acquis par la lecture, l'apprenant affinant progressivement le sens des mots grâce aux occurrences conjointes de ces mots avec d'autres. Par ailleurs, un modèle d'indexation de sémantique latente (LSI) est proposé par Deerwester (1990) pour la recherche sémantique d'informations dans le texte, s'appuyant sur l'analyse de sémantique latente (LTA), modèle de représentation de la connaissance conçu par Furnasas (1983). On cherche par cette méthode à mettre en évidence une structure sémantique, c'est-à-dire une association de termes et de documents permettant de dégager un lien entre les termes de la requête et des documents de la base.

La LSI est une technique qui vise à décrire de manière économique les cooccurrences de termes qui surviennent au sein d'un ensemble de documents, puis d'en déduire des proximités sémantiques entre termes. Ainsi, les termes *voiture* et *automobile* seront considérés comme sémantiquement proches car ils apparaissent avec *locomotion*, *volant* ou *accélérateur*. En fait, le sens de chaque mot est caractérisé par un vecteur de grande dimension, et la mesure de la proximité entre les sens de deux mots se fait en évaluant la distance entre les deux vecteurs correspondants. Ainsi, pour la représentation d'un ensemble de d documents par m mots, nous aurons une matrice A de taille $m \times d$, dont chaque colonne est associée à un document et contient le nombre d'occurrences des m mots dans le document. L'idée consiste ensuite à obtenir les valeurs et vecteurs propres de $A.A^T$ et $A^T.A$ représentant respectivement la proximité entre documents et entre mots. Le rang de A pouvant atteindre quelques centaines voire quelques milliers, une réduction de la dimension de cette matrice (ou de sa transposée) est réalisée par décomposition en valeurs singulières (SVD).

Les dimensions restant importantes même après réduction – entre 100 et 300 (Deerwester, 1990) – l'utilisation d'algorithmes optimisés est souvent requise. Notons que cette analyse de sémantique est statistique, par conséquent elle n'est significative que dans le cas de manipulation de larges bases de documents.

Son intérêt principal réside dans sa généralité et son utilisation potentielle pour tout type de document qui peut se projeter sur un corpus d'élément de référence (les mots d'un texte peuvent être des formes dans une image).

Une autre technique de structuration est le *PathFinder Network Scalling*. Initialement développée par Schvaneveldt (1989) pour modéliser la ressemblance de données en psychologie, cette méthode est appliquée pour simplifier un réseau dont les nœuds représentent les documents, et les arêtes entre deux nœuds, la distance entre les vecteurs correspondants. La simplification consiste alors à ne garder le lien existant entre deux nœuds quelconques que s'il n'existe aucun autre chemin entre ces deux nœuds, passant par d'autres nœuds, plus court que le lien direct. Ainsi deux documents A et B sur des sujets différents, qui n'ont rien à voir l'un avec l'autre directement, se retrouveront liés par l'intermédiaire d'un document C qui traite des deux sujets relatifs à A et B. L'arête qui liait A et B et qui était coûteuse (grande distance en terme de similarité) est supprimée et remplacée par les deux arêtes reliant (C et A) et (C et B).

1.2 Recherche d'image

Si pour le texte, le mot-clef utilisé comme requête est porteur de sémantique, il en va autrement pour l'image. En effet, celle-ci sera généralement décrite, au moins dans un premier temps, par l'intermédiaire de caractéristiques de bas niveau (couleur, texture, forme) dont le contenu sémantique est très pauvre, au regard de celui de l'image. Le parallèle que l'on pourrait faire serait celui de comparer une image à un poème. En effet, pour ce dernier, le sens suggéré par le poète est loin d'être obtenu par la simple juxtaposition des sens de chaque mot.

Ceci pose naturellement le problème de la sémantique qui sera abordé dans le paragraphe Réduction du fossé sémantique.

Nous allons faire un tour d'horizon des principales techniques utilisées pour l'indexation de l'image, à l'aide des trois attributs les plus communément usités.

Avant de pouvoir construire les descripteurs représentatifs du contenu de l'image, il est nécessaire de procéder à sa segmentation. Cette étape est cruciale, car elle conditionnera la qualité des informations qui en découle. Un compromis subtil doit être trouvé entre précision et temps de calcul.

Dans la majorité des cas, la segmentation est réalisée sur la couleur. On peut distinguer alors trois grandes méthodes.

Dans la première approche, l'espace couleur est partitionné, souvent à partir de l'analyse de l'histogramme (1D, 2D ou 3D), puis une phase d'affectation permet de classer chaque pixel en fonction de l'intervalle auquel il appartient.

Dans l'approche contour, on cherche à évaluer des variations dans le plan image. Celles-ci peuvent être calculées sur chaque composante couleur puis les résultats marginaux sont fusionnés, ou bien calculées directement sur un champ vectoriel.

Enfin, l'approche région met l'accent sur la relation d'un pixel avec ses voisins, privilégiant ainsi l'interaction entre l'espace couleur et l'espace image. On parle alors d'information structurelle.

Description de la couleur

L'approche la plus courante et la plus rencontrée dans la littérature est l'Histogramme couleur. De très nombreux auteurs ont proposé diverses manières d'utiliser l'histogramme comme descripteur, ainsi que diverses distances associées qui permettent de mesurer la similarité entre deux histogrammes.

Dans (Swain, 1991), Swain et Ballard ont suggéré de décrire la couleur d'une image à l'aide de son histogramme couleur et ont défini l'intersection d'histogrammes couleur comme mesure de similarité entre une image d'histogramme I et un modèle d'histogramme M par :

$$\sum_{j=1}^{n} \min(I_j, M_j)$$

où n est la dynamique de l'histogramme.

Cette mesure semble la plus référencée dans la littérature car ayant servi de base à bon nombre de travaux qui ont cherché à l'améliorer (Stricker, 1995), (Syeda, 2000), (Hafner, 1995).

Une autre approche pour caractériser la couleur est l'utilisation des moments statistiques, l'histogramme étant considéré comme une densité de probabilité. Stricker (1996) propose de calculer pour chaque canal la moyenne, la variance et le moment d'ordre 3, afin de caractériser la distribution de la couleur. Cependant, cette approche sous-entend une distribution unimodale qui est rarement vérifiée.

Pour combler l'absence de l'information spatiale dans les approches à base d'histogramme, diverses techniques sont proposées notamment l'histogramme chromatique spatial, qui intègre la position des pixels ayant la même couleur, ou encore le corrélogramme, qui donne la probabilité pour qu'un pixel de couleur c_i se trouve à la distance spatiale k d'un pixel de couleur c_j. Le corrélogramme semble robuste par rapport aux changements d'apparence dus aux changements de point de vue, à l'occlusion partielle et aux changements d'échelle.

Toutefois, dans la méthode la plus utilisée par les systèmes de recherche, les couleurs sont quantifiées et les descripteurs couleurs utilisés sont constitués des couleurs quantifiées relatives à chaque région détectée dans l'image et de leur pourcentage associés. Quant aux distances, celles-ci dépendent de l'espace couleur utilisé (selon qu'il est uniforme ou non).

Description de la texture

Alors que les descripteurs couleur sont calculés sur les statistiques des pixels, ceux de la texture doivent tenir compte des relations qui existent entre pixels se situant dans un voisinage donné. Les outils les plus utilisés dans le domaine de l'indexation et la recherche dans les bases d'images sont les transformations fréquentielles et les fonctions de corrélation, à travers la matrice de cooccurrence.

L'analyse de la texture à l'aide des transformations en fréquence (Fourier, ondelettes, etc.) a connu un fort développement ces dernières années. Elle utilise des statistiques calculées sur les images sous-bandes (moyenne et variance) pour caractériser la texture, reconnaissant ainsi 90 % des 112 textures de Brodatz.

Jain (1998) se base sur le modèle rétinien proposé tout d'abord par Hering dans les années 1800 et confirmé par Jameson en 1957, pour déterminer les filtres de Gabor à utiliser (les filtres de Gabor étant une approche proche de celle des ondelettes).

L'autre méthode, plus classique, d'analyse de texture est celle proposée par Haralick (1979), dans laquelle une texture est caractérisée par quatorze paramètres calculés à partir de la matrice de cooccurrence. Différentes adaptations de cette méthode pour les images couleur ont été considérées. La plus simple consiste à ne tenir compte que de l'image de luminance pour le calcul de la matrice de cooccurrence, bien que celle-ci puisse être déduite à partir de l'image couleur préalablement quantifiée.

Enfin il est possible de combiner plusieurs approches afin de tirer profit des différents types d'analyse : matrice de cooccurrence et décomposition en sous-bandes, ondelettes et réseaux de neurones.

De nombreuses études comparatives ont été réalisées, et elles tendent à montrer, qu'en fonction du type d'images, de meilleurs résultats sont obtenus avec l'une ou l'autre des méthodes (Ohanian, 1992), (Drimbarean, 2001).

Description de la forme

Le troisième attribut de bas niveau utilisé pour la description locale est la forme. Pour être efficace, le descripteur choisi doit vérifier la propriété d'invariance en translation, rotation et changement d'échelle, du fait que l'être humain corrige instinctivement les effets de ces transformations lors de la recherche d'un objet. De manière générale, les descripteurs de forme sont divisés en deux grandes familles : ceux orientés contour et ceux orientés région.

Les descripteurs de forme les plus utilisés par les systèmes de recherche d'images par le contenu sont les descripteurs de Fourier, les moments de Zernike et Zernike modifié, et les descripteurs élémentaires, comme le rapport longueur/largeur du rectangle englobant, l'isotropie, etc.

2 Norme de description : MPEG-7

L'accroissement à prix constant des puissances de calcul, des capacités de stockage et des débits de transmission a démocratisé la donnée multimédia et l'a mise à la portée du grand public. En conséquence, un marché potentiel s'est ouvert, et notamment pour ce qui concerne la gestion des données. Dans ce contexte, l'identification de l'information multimédia (MM) devient un challenge pour l'optimisation de la recherche et de l'accès à l'information souhaitée. C'est précisément ce thème qui a fait l'objet d'études dans le cadre de MPEG-7 sous l'appellation *MM Content Description Interface*.

Créé en 1988, MPEG (Moving Picture Experts Group) a eu pour objectif de développer des standards de compression pour les données audiovisuelles (vidéo, image et son). C'est ainsi que les normes MPEG-1, MPEG-2 et MPEG-4 ont vu le jour. MPEG-1 et MPEG-2 définissent des normes de compression des signaux vidéo basées sur la transformée cosinus discrète. MPEG-1 vise des applications pour des débits de 1,5 Mbits/s (qualité VHS). MPEG-2 vise des débits plus élevés (10 Mbits/s) pour la télévision numérique et la TVHD.

MPEG-4 quant à lui est un standard de représentation vidéo dont l'objectif est de décomposer le contenu audiovisuel d'une scène en objets élémentaires afin de permettre à l'utilisateur d'interagir avec la scène en modifiant les caractéristiques d'un ou plusieurs objets. Par exemple, si une scène comporte une voiture bleue et que celle-ci a été identifiée en tant qu'objet élémentaire, l'utilisateur pourra en changer la couleur en agissant sur les caractéristiques qui lui sont associées, la déplacer ou la supprimer de la scène.

MPEG-7 aborde un aspect totalement différent des versions précédentes (d'où l'indice 7 de MPEG-7 qui marque une rupture avec les normes précédentes) car il ne s'agit ni de compression ni de représentation, mais de description. Cette norme a en effet pour but la spécification et la standardisation d'un ensemble de descripteurs qui peuvent être utilisés pour décrire l'information MM (IMM) : images fixes, graphiques, modèles 3D, audio, vidéo, et la combinaison de ces types (scénario). MPEG-7 doit également standardiser la manière de définir de nouveaux descripteurs ainsi que les structures pour ces descripteurs et les liens entre eux. On parlera alors de schémas de description.

Les descripteurs et les schémas de description seront associés au contenu informationnel autorisant l'indexation, puis la recherche rapide et aisée d'informations multimédias.

La standardisation proposée par MPEG-7 porte sur quatre éléments (Manjunath, 2002) :

- les descripteurs (D) : ceux-ci servent à représenter les attributs ou «*features*» qui vont être utilisés pour décrire le contenu des données ;
- les schémas de description (DS) : ceux-ci peuvent être constitués de descripteurs et de schémas de description. Ils spécifient les relations qui lient ces différents constituants en termes de structure et de sémantique ;
- le langage de définition de descripteurs : pour permettre la création, la modification et l'extension de descripteurs et de schémas de description ;
- les outils système : permettent le multiplexage, la synchronisation et la transmission des descriptions, précisent les formats des fichiers, etc.

En aucun cas MPEG-7 ne normalise les méthodes pour calculer les descripteurs, ou pour extraire des primitives des données multimédias.

2.1 Les descripteurs pour la couleur

Espace couleur

Le premier descripteur normalisé par MPEG-7 concerne l'espace couleur de travail. La norme gère les espaces (R, G, B), (Y, C_b, C_r), (H, S, V), (HMMD), les espaces déduits du (R, G, B) à partir d'une transformation matricielle linéaire, et l'espace monochrome.

Couleurs dominantes

Le descripteur «couleurs dominantes» fournit une description compacte des couleurs représentatives d'une image ou d'une partie de celle-ci. Il peut être vu comme un histogramme calculé dans un espace couleur quantifié, et dont la quantification est fonction de l'image de travail. Il est de la forme :

$$F = \{(c_i, p_i, v_i), s\} \quad \text{avec} \quad i = 1,2,\ldots,N$$

où p_i et v_i représentent respectivement le pourcentage et la variance de la couleur dominante c_i, s est la cohérence spatiale dont le rôle est d'évaluer la distribution spatiale des couleurs dans l'image et N est le nombre de couleurs dominantes détectées. La distance suggérée par MPEG-7 dépend de l'espace couleur de travail. Dans le cas d'un espace uniforme, Lab ou Luv, la distance proposée prend en compte le pourcentage de chaque couleur, et le coefficient de similarité entre couleurs.

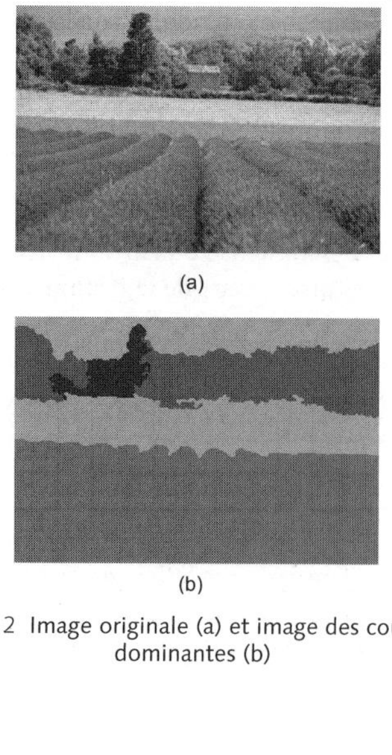

(a)

(b)

Figure 2 Image originale (a) et image des couleurs dominantes (b)

Quantification

MPEG-7 définit la quantification de l'espace couleur. Quatre types de quantifications sont supportés : uniforme, sous-espace uniforme, sous-espace non uniforme, table de quantification.

Cependant, certains descripteurs proposés par MPEG-7 sont liés à des espaces particuliers. MPEG-7 fournit alors la quantification à appliquer dans chaque cas.

Color layout

Il s'agit ici de décrire la répartition spatiale de la couleur, que ce soit sur toute l'image ou seulement sur une partie de celle-ci. Ce descripteur peut s'avérer très utile pour la recherche d'images basée sur des croquis fournis par l'utilisateur et où la disposition spatiale de la couleur est importante.

Chacune des composantes couleur de l'image est traitée séparément. L'image est partitionnée en 64 blocs, puis une couleur représentative par bloc est retenue. Une approche simple consiste à considérer la couleur moyenne du bloc. Ensuite, une DCT est appliquée à l'image 8 × 8 ainsi construite, à l'aide des 64 couleurs précédemment retenues. Des 192 (3 × 64) coefficients obtenus, on n'en retiendra que 12:6 pour la luminance et 3 pour chacune des composantes de chrominance, le bloc DCT étant parcouru en zigzag. Les coefficients sont ensuite quantifiés. Une distance est proposée pour mesurer la similarité entre deux images.

Structure couleur

Ce descripteur est similaire à l'histogramme couleur, sauf qu'au lieu de caractériser la fréquence d'apparition d'une couleur donnée dans une image, la structure couleur va caractériser la fréquence d'une couleur donnée dans un élément structurant qui va balayer toute l'image.

Ainsi une couleur de la structure couleur sera incrémentée à chaque fois que cette couleur appartiendra à l'élément structurant, celui-ci parcourant toute l'image. Ce descripteur apporte une information supplémentaire relative à la disposition spatiale de la couleur, en référence à un élément structurant particulier. MPEG-7 associe ce descripteur à l'espace couleur HMMD quantifié de manière non uniforme. La mesure de similarité est réalisée à l'aide de la distance L_1.

Scalar color

Il correspond à l'histogramme couleur calculé dans l'espace couleur (H, S, V) codé par une transformation de Haar. Ceci permet d'avoir une représentation progressive aussi bien pour le nombre d'éléments de l'histogramme que pour le codage de ceux-ci.

2.2 Descripteurs pour la texture

La norme spécifie trois descripteurs pour la texture, le premier (HTD) pour caractériser les régions de texture homogène, le deuxième (TBD) pour l'aspect général de la texture et enfin le troisième (EHD) pour estimer la non-homogénéité de la texture dans une image.

HTD (*Homogeneous Texture Descriptor*)

Ce descripteur caractérise la texture d'une région à travers la moyenne et l'écart type de l'énergie contenue dans trente bandes de fréquence. Cette forme de répartition (uniforme en angulaire et en octave dans la direction radiale) est conforme à la modélisation de la perception humaine.

TBD (*Texture Browsing Descriptor*)

Il est composé de cinq coefficients. Le premier quantifie la régularité de la texture, les deux suivants quantifient la direction qui permet d'appréhender au mieux sa directivité et les deux derniers indiquent l'échelle de la texture.

EHD (*Edge Histogram Descriptor*)

Ce dernier permet de mesurer la distribution spatiale des contours dans l'image. En fait, l'image est décomposée en 16 blocs, dont on calcule pour chacun l'histogramme des contours. Ces derniers sont catégorisés en cinq types à savoir, les contours verticaux, horizontaux, à 45°, à 135° et les contours non directionnels. Chaque bloc est décomposé en N × N images-blocs dont on détermine l'orientation du contour et que l'on classe dans l'un des cinq types prédéfinis. Un histogramme de contour peut alors être calculé.

2.3 Descripteurs pour la forme

La norme MPEG-7 propose deux types de descripteurs de forme 2D ; ART et CSS qui sont orientés respectivement région et contour, et un descripteur 3D désigné par 3D-SSD (Shape Spectrum Descriptor). Nous nous limiterons aux descripteurs 2D

ART (*Angular Radial Transform*)

Il s'agit d'une transformation 2D complexe, définie sur un disque unité, en coordonnées polaires :

$$F_{nm} = \langle V_{nm}(\rho,\theta), f(\rho,\theta)\rangle = \int_0^{2\pi}\int_0^1 V_{nm}^*(\rho,\theta), f(\rho,\theta)\rho d\rho d\theta$$

où F_{nm} est un coefficient d'ART d'ordre n et m, $f(\rho, \theta)$ est une fonction image définie en coordonnées polaires, et $V_{nm}(\rho, \theta)$ est une fonction de base d'ART, séparable dans les directions angulaire et radiale.

La mesure de similarité proposée par MPEG-7 est basée sur la métrique L_1, et consiste à faire la somme des différences entre coefficients de même ordre.

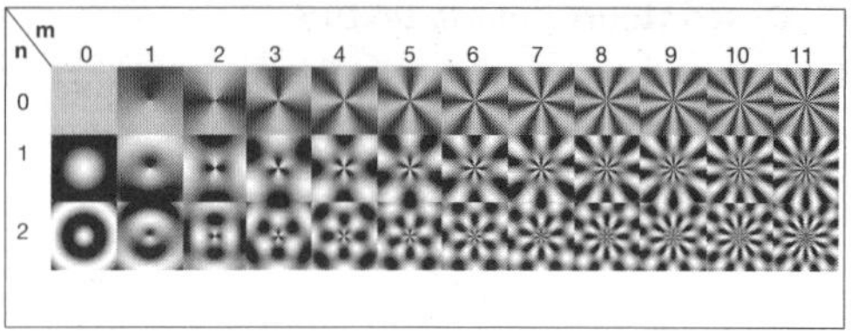

Figure 3 Fonctions de base ART

CSS (*Curvature Scale Space*)

Cette méthode a été initialement décrite par Mokhtarian (1996). Elle se limite à des formes au contour unique. Le principe de cette approche consiste à détecter les points d'inflexion d'un contour fermé, auquel on fait subir des filtrages passe-bas successifs.

Considérant une courbe fermée Γ, la convolution de celle-ci par un noyau Gaussien 1D de paramètre σ, donnera une courbe résultante Γ_s plus lisse que Γ, et le nombre de points d'inflexion de la courbe diminue. Ce processus est appliqué itérativement jusqu'à l'obtention d'une forme convexe, puis la description du contour se fait par la projection des points d'inflexion détectés sur le plan (u, σ), u représentant l'indice curviligne du contour. Cette représentation est souvent appelée «empreinte digitale du contour» car sa forme ressemble à une empreinte digitale.

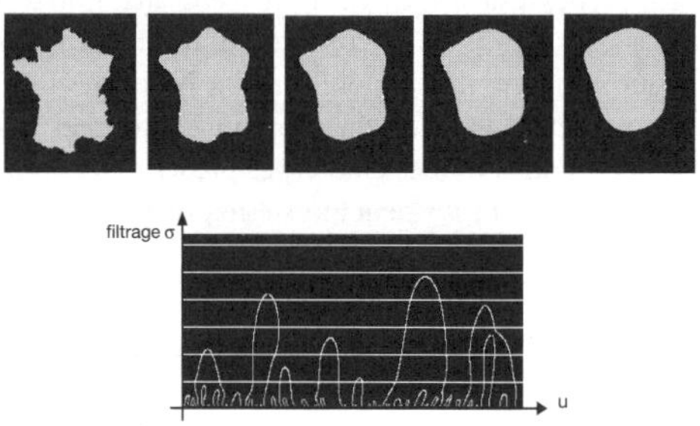

Figure 4 Empreinte digitale du contour par CSS

2.4 Évaluation des systèmes de recherche

L'évaluation des systèmes de recherche d'images n'est pas aisée, principalement en raison de la perception subjective du contenu de celles-ci. Les autres disciplines de recherche d'information ont réussi à développer des critères d'évaluation sophistiqués et efficaces. C'est d'ailleurs à ces disciplines que l'on a emprunté les paramètres *Recall* (rappel) et *Precision* (précision) qui sont les deux paramètres les plus couramment utilisés dans l'évaluation des systèmes de recherche d'images.

Pour mesurer ces paramètres, on suppose que la base d'images est constituée de classes d'images disjointes dont on connaît les cardinaux respectifs. Toutes les images de la base sont prises successivement en tant qu'image requête, et on observe les images retournées jusqu'à un rang k variable.

MPEG7 utilise le paramètre ANMRR comme critère d'évaluation pour tous ses descripteurs. Ce paramètre mesure la qualité des systèmes de recherche à travers les rangs de détection des images positives. q étant une requête, on désigne par $NG(q)$ la taille de la classe de l'image-clef et $K(q)$ le rang maximal toléré pour récupérer toutes les images de la classe. En général $K(q) = 2 \times NG(q)$. On définit $Rank(k)$ représentant la position à laquelle on retrouve la k-ième image de la classe par :

$$Rank(k) = \begin{cases} Rank(k) & si \quad Rank(k) \leq K(q) \\ 1{,}25.K(q) & si \quad Rank(k) > K(q) \end{cases}$$

avec

$$K(q) = \min\{4.NG(q), 2.\max[NG(q), \forall q]\}$$

On définit alors le rang moyen par :

$$AVR(q) = \frac{1}{NG(q)} \sum_{k=1}^{NG(q)} Rank(k)$$

et pour éliminer l'influence de la valeur de $NG(q)$ on définit la quantité :

$$MRR(q) = AVR(q) - 0.5[1 + NG(q)]$$

que l'on normalise afin de se ramener à un nombre compris entre 0, lorsque toutes les images de la classe ont été détectées avant $K(q)$, et 1 lorsqu'aucune image n'a été trouvée :

$$NMMR(q) = \frac{MRR(q)}{1{,}25\ K(q) - 0{,}5\,[1 + NG(q)]}$$

Ce paramètre est lié à une requête. Il convient d'avoir une quantité relative à l'ensemble des requêtes à faire sur la base. On définit alors :

$$ANMRR = \frac{1}{NQ} \sum_{q=1}^{NQ} NMRR(q)$$

NQ étant le nombre total de requêtes.

Les expériences menées par Ndjiki (2000) ont montré que le paramètre ANMRR coïncide avec l'évaluation subjective faite sur la performance des systèmes de recherche.

Une autre approche est également proposée par MPEG-7, consistant à considérer le nombre d'images positives retournées pour un rang fixe, égal à 2 fois le cardinal de la classe de l'image requête.

MPEG-7 est donc plus un cadre organisant en ensemble de descripteurs connus qu'une réelle approche de description d'images.

3 Voies de recherche actuelles

Le besoin en recherche de données multimédias est réel, et les problématiques sont nombreuses et variées. La recherche d'une pathologie de la peau dans une base d'images dermatologiques ne présente pas les mêmes contraintes que la recherche d'un acteur dans une séquence vidéo ou une mélodie dans une compilation musicale, pour ne rester que dans la requête unimodale.

La notion de fossé sémantique renvoie principalement à celle d'usage. En effet, les approches présentées supposent une description complexe du document multimédia mais fixe, qui pourra répondre à toutes les attentes de l'utilisateur. En ce sens, on les qualifie souvent d'approches relevant de la théorie de D. Marr, qui fût le premier à formaliser le concept de vision passive à la fin des années soixante-dix. Pour prendre en compte la notion d'usage, et donc intégrer l'utilisateur dans la boucle, il est nécessaire d'utiliser une approche plus active. Ce concept a été formalisé à la fin des années quatre-vingt par des chercheurs tels que Bajcsy ou Aloimonos.

Dans le contexte de l'indexation, et afin de ne pas remettre en question la description du document, on utilise le principe du bouclage de pertinence. Cela consiste à demander à l'utilisateur d'évaluer le résultat fourni par le système. De cette évaluation, on tente alors de trouver une nouvelle composition des descripteurs plus en accord avec cette expertise.

Par itérations successives, on espère que la recherche dans la base de données pourra focaliser plus efficacement vers les attentes de l'utilisateur. Le résultat dépend tout à la fois du contenu du document et de son appréciation par l'utilisateur, validant en cela le principe de la vision active, qui postule qu'il n'y a de scène que si elle est observée. Afin de mener à bien ce processus, il faut disposer d'une description initiale très riche et d'un processus d'analyse et d'expertise très performant. Beaucoup de recherches se développent dans ce sens.

En fonction des cas, le fossé sémantique entre le besoin de l'utilisateur et les outils de description dont on dispose peut être très important. Il semble que l'un des défis actuels est justement de parvenir à combler ce fossé.

Nous allons présenter quelques pistes explorées, dans le cas des images fixes, pour accéder à la sémantique, et rapprocher autant que possible les résultats d'une recherche d'image du besoin exprimé par l'utilisateur.

3.1 Réduction du fossé sémantique

L'approche la plus couramment rencontrée dans la littérature consiste à chercher à établir des corrélations existantes entre des attributs calculés sur l'image et des concepts de plus haut niveau, et qui se rapprochent de la sémantique (Del Bimbo, 1999). L'hypothèse qu'une région bleue représente le ciel se vérifiera dans un certain nombre de cas, mais sera fausse dans beaucoup d'autres. Le fait de rajouter une autre condition, par exemple, si la région est bleue et qu'elle se trouve en haut de l'image alors elle représentera le ciel, fera que l'on réduira le nombre de faux cas au profit des situations où l'implication est vraie. En continuant ainsi, il serait possible d'identifier, au moins partiellement un concept, toutefois, nous ne serions qu'au premier stade de la sémantique, où celle-ci est associée aux objets, et non pas au stade d'une sémantique associée à l'image et à l'ensemble de son contenu. La propriété polysémique de l'image nous obligerait à aller encore plus loin, et à envisager plusieurs sémantiques pour la même image.

Différentes méthodes sont utilisées pour déterminer la sémantique d'une image en fonction de la nature de celle-ci et du domaine d'application considéré. Néanmoins, il est possible de distinguer deux catégories ; soit en traitant l'image de manière globale, généralement à l'aide d'approches statistiques, soit en reconnaissant les objets constituant l'image, puis en en déduisant la sémantique à partir d'un modèle de connaissances. Nous n'aborderons dans ce chapitre que la première démarche, un aperçu de l'état de l'art de la seconde étant fourni par Eakins (2002). Les approches proposées pour classer les bases d'images font appel aux méthodes de classification classiques, généralement de type supervisée, en considérant que chaque image de la base est décrite par un vecteur. Ces approches semblent adaptées lorsque la base est constituée de classes identifiées. Il est alors possible d'extraire de chaque classe un ensemble d'apprentissage, servant à associer à chacune d'elles un modèle.

La majorité des méthodes proposées dans la littérature cherche à diviser une base d'images en deux ou trois classes (intérieur/extérieur, villes/campagnes, images naturelles/graphiques, etc.) (Wang, 2001). Les attributs à considérer sont alors à déterminer en fonction de la différenciation à réaliser.

Vailaya (1999) propose un schéma bayesien pour une classification sémantique hiérarchique. L'auteur fait appel à des personnes pour classer des images de ville, de forêt, de montagne et de coucher de soleil, puis cet ensemble sert de base d'apprentissage, ce qui permet d'en déterminer les modèles probabilistes. Les images sont décrites par des attributs bas niveau choisis en fonction des types de classes, puis la dimension de ceux-ci est réduite par quantification vectorielle.

De nombreuses recherches ont montré que dans certains cas, l'identification de scènes ne nécessite pas la reconnaissance des objets qui la constituent. Biederman (1988) montre que la disposition de primitives volumétriques (geons) représentant chacune un objet de la scène permet une identification rapide de celle-ci sans pour autant avoir à identifier les objets eux-mêmes. Il est ainsi possible de réaliser une préclassification, même grossière, des images de la base, à partir d'attributs bas niveau globaux. Pour améliorer les performances du système, l'auteur élargit la base d'apprentissage en créant des mots-codes à partir de ceux qui existent déjà.

Dans l'une des approches proposées, il est procédé à la classification des images en naturelles/artificielles, intérieur/extérieur, et verticales/horizontales, par une analyse discriminante linéaire sur les spectres des images en considérant l'orientation et la distribution spatiale du spectre. Pour chaque classe, le système détermine un gabarit DST (*discriminant spectral template*), puis calcule l'attribut :

$$u = \iint \Gamma(f_x, f_y).DST(f_x, f_y).df_x.df_y$$

où $\Gamma(f_x, f_y)$ est la densité spectrale de l'image, ce qui revient à projeter celle-ci sur le gabarit associé à chaque classe.

Dans le même ordre d'idée, il est possible d'associer à chaque concept un modèle visuel (*semantic visual template*). Le SVT est construit par l'utilisateur de manière interactive, en précisant les objets constituant le modèle et les attributs associés à chacun d'eux. Le système génère ensuite automatiquement un ensemble de modèles tests, dérivés de l'original, que l'utilisateur valide ou non, afin d'associer à ce modèle les variations tolérées pour chaque attribut relatif à chaque constituant du modèle. Le SVT inclut des attributs spatiaux et temporels, ce qui lui permet d'être appliqué aussi bien aux images fixes qu'à la vidéo.

Une autre idée consiste à utiliser les CRT (*composite region templates*) pour l'accès à la sémantique en analysant la composition du contenu de l'image en fonction de la répartition spatiale des régions qui la composent. Ainsi, une image d'un paysage de montagne enneigée présentera une région bleue (ciel) au-dessus d'une région blanche (neige). Après segmentation de l'image en régions, celle-ci est décomposée en bandes verticales, puis chaque bande est parcourue de haut en bas et le décompte des transitions entre régions est rangé dans une matrice CRT associée à l'image. La mesure de similarité se fait à l'aide d'une distance faisant intervenir les matrices CRT des images requête et cible.

La texture a également été utilisée comme attribut pour la classification sémantique des images, intérieur/extérieur et villes/campagnes, associée à un classifieur *k-means*.

Un autre moyen d'accéder à la sémantique, ou du moins, d'émettre des hypothèses sur son sens consiste à utiliser le texte qui accompagne l'image. Celui-ci peut soit figurer sur l'image, soit faire partie des métadonnées qui lui sont associées. Il peut être constitué des mots-clefs utilisés lors de l'indexation ou encore figurant par exemple dans l'URL qui a permis d'obtenir cette image. Certains travaux se sont concentrés sur cette approche en ciblant les images du Web.

Notamment dans les systèmes qui retrouvent l'ensemble des images associées à un document Web, en déterminent certaines caractéristiques (textes ou attributs) pour en cerner le contenu. Ils utilisent l'URL du document pour récupérer le fichier HTML de la page dont ils extraient les URL des images associées. Le tag `ALT` permet de connaître le texte devant s'afficher si l'image n'existe pas. Le système cherche alors les mots communs entre ce texte et le texte de la page Web. D'autres attributs sont extraits de l'image. La classification se fait à l'aide d'un arbre de décision construit par apprentissage.

Dans une autre approche, on étudie la relation pouvant exister entre le contenu d'une image et le texte qui l'accompagne. Le cas le plus simple est quand le texte explique ce que l'image doit signifier. En revanche, il est plus intéressant d'avoir à considérer le cas où la relation entre le texte et l'image est flexible et complexe, par exemple lorsque des images font partie, avec le texte, d'une page web. Les systèmes VisualSeek et MAVIS2 exploitent ce type d'analyse. Des règles textuelles syntaxiques et sémantiques sont mises en œuvre en s'appuyant sur le texte contenu dans les liens hypermédia pointant sur la page pour déduire des informations sur le contenu de l'image. Certains tags sont également utilisés pour cela (`IMG`, `META` et le titre).

D'autres approches sont exploitées, faisant intervenir l'utilisateur dans une boucle de retour. Il est procédé à une modélisation du comportement de l'utilisateur, modèle qui sera ensuite exploité pour guider la recherche (Cox, 2000).

3.2 La navigation

La navigation dans une base de données est un cas particulier de la recherche avec bouclage de pertinence où l'on ne cherche pas obligatoirement la focalisation. Au contraire, à chaque étape, il s'agit plutôt de fournir à l'utilisateur un état le plus représentatif possible du contenu de la base de données (Santini, 2001).

En fonction des impressions de l'utilisateur, qui pourra sélectionner certains documents, il s'agira alors de proposer un nouveau point de vue sur l'ensemble de la base de documents. Très souvent, cette approche de navigation est le prélude à une recherche plus focalisée, lorsque l'utilisateur construit son besoin au cours de la navigation, sans être apte à fournir dès le départ un document fortement représentatif de son désir.

Tout en prenant les techniques précitées, ce domaine fait largement appel aux résultats de la recherche sur les interfaces homme-machine (IHM). En effet, le mode de communication avec l'utilisateur (l'interface) jour un rôle prépondérant. Depuis quelques années, ce domaine s'est aussi enrichi des résultats de la recherche en fouille de données (*data mining*), qui permettent d'extraire automatiquement des invariants d'une collection très vaste de documents.

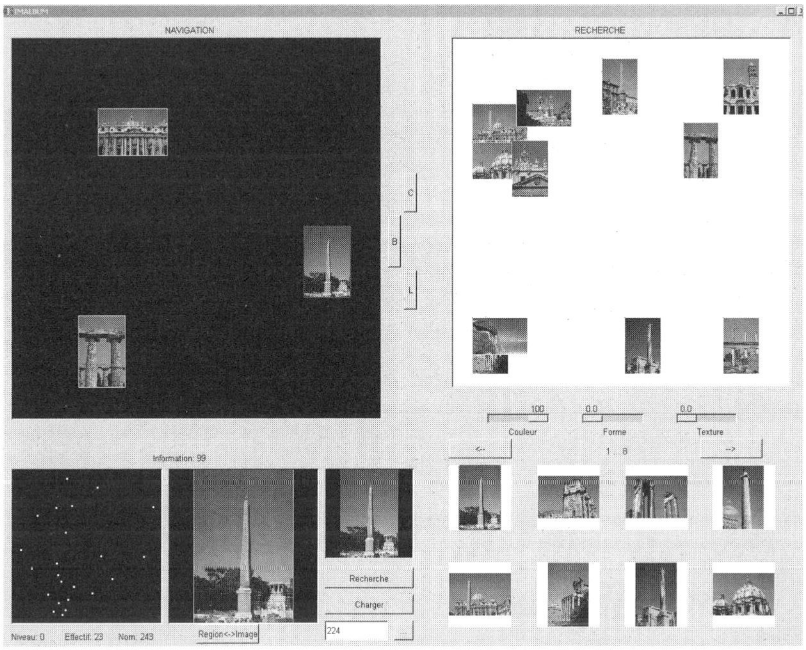

Figure 5 Exemple d'interface de recherche et navigation

4 Perspectives

Le domaine de l'indexation multimédia (qui regroupe tout à la fois les étapes d'indexation, de recherche et de navigation) est encore neuf. Il fait appel à des domaines scientifiques jusque-là séparés comme le traitement d'images ou de sons, les interfaces homme/machine, les bases de données et la psychologie perceptive. Des solutions viables ne pourront émerger que d'une collaboration de tous ces aspects (Jorgensen, 2003).

Tout particulièrement, une des voies les plus prometteuses, est la vraie collaboration multimédia, c'est-à-dire la prise en compte simultanée d'informations de type texte, image, son (ce qui est différent de la superposition de descripteurs monomédia). Très peu d'études incorporent réellement ces différents aspects, de part la complexité que cela représente. Cependant, comme le préconise l'approche systémique, la complexité est source de richesse : plutôt que de la simplifier et donc de la dénaturer, ne pouvons-nous pas l'assumer dans la modélisation ? Cependant, nous n'avons pas appris à penser de cette manière. C'est pourquoi le premier pas vers le développement d'une solution aux problèmes de l'indexation multimédia, sera de développer notre intelligence de la complexité.

Bibliographie

Biederman I. (1988), "Aspects and extensions of a theory of human image understanding", in *Computational Process in human Vision : An Interdisciplinary Perspectives*, Z. W. Pylyshyn Ed., p. 370-428.

Cox I.J., Miller M.L., Minka T.P., Papathomas T. et Yianilos P.N. (2000), "The bayesian image retrieval, PicHunter : theory, implementation and psychophysical experiments", *IEEE Transaction on Image Processing*. Vol 9, p. 20-37.

Deerwester S., Dumais S.T., Furnas G.W., Landauer T. K et Harshman R. (1990), "Indexing by latent semantic analysis", *Journal of the American Society for Information Science*, Vol 41, p. 391-407.

Del Bimbo A. (1999), *Visual information retrieval*, Morgan Kaufmann Publishers, San Francisco, California.

Drimbarean A. et Whelan P.F. (2001), "Experiments in colour texture analysis". *Pattern Recognition Letters*, Vol. 22, p. 1161-1167.

Eakins J.P. (2002), "Towards intelligent image retrieval", *Pattern Recognition*, Vol 35, pp 3-14.

Furnasas G.W., Laudauer T.K., Gomes, L.M. et Dumais S.T. (1983), "Statistical semantics: analysis of the potential performance of key-word information systems", *Bell System Technical Journal*, 62 (6), p. 1753-1806.

Hafner J., Sawhney H.S., Equitz W., Flickner M. et Niblack W. (1995), "Efficient color histogram indexing for quadratic form distance functions", *IEEE trans. Pattern Analysis and Machine Intelligence*, Vol. 17, pp 729-736.

Haralick R. (1979), "Statistical and structural approches to textures". *Proceedings of the IEEE*, Vol. 67, n° 5, p. 786-804.

Jain A. et Healy G. (1998), "À multiscale representation including opponent color features for texture recognition", In *IEEE Transaction on Image Processing*, Vol. 7, n° 1, January.

Jorgensen C. (2003), *Image Retrieval*, The Scarecrow Press, Inc. Oxford.

Leloup C. (1998), *Moteurs d'indexation et de recherche*, Ed. Eyrolles.

Manjunath B. S., Salembier P. et Sikora T. (2002), *Introduction to MPEG-7*, Willey.

Mokhtarian F., Abbasi S. et Kittler J. (1996), "Efficient and robust retrieval by shape content through curvature scale space". In *Proc. International Workshop on Image Databases and Multimedia Search*, p. 35-42, Amsterdam, The Netherlands.

Ndjiki-Nya P., Restat J., Meiers T., Ohm J.R., Seyferth A. et Sniehotta R. (2000), "Subjective evaluation of the MPEG-7 retrieval accuracy measure (ANMMR)", *ISO/IEC JTC1/SC29/WG11 (MPEG) document no M6029*, Geneva,.

Ohanian P.P. et Dubes R.C. (1992), "Performance evaluation for four classes of texture features", *Pattern Recognition*, Vol. 25, n° 8, p. 819-833,

Santini S. (2001), *Exporatory image databases: content-base retrieval*, Academic Press.

Schvaneveldt R.W., Durso F.T. et Dearholt D.W. (1989). "Network structures in proximity data". In G. Bower (Ed.), *The psychology of learning and motivation: Advances in research and theory*, Vol. 24, p. 249-284, New York: Academic Press.

Stricker M. et Orengo A. (1995), "Similarity of color images", In *Proc. SPIE Storage and Retrieval for Image and Video Databases* III, Vol 2420, February, p. 381-392.

Stricker M. et Dimai A. (1996), "Color indexing with weak spatial constraints", In *Proc. SPIE Storage and Retrieval for Image and Video Databases* IV, Vol 2670, p. 29-40.

Swain M. J. et Ballard D. H. (1991), "Color indexing", *International Journal of Computer Vision*, 7 (1), p. 11-32.

Syeda-Mahmood T. et Petkovic D. (2000), "On describing color and shape information in images", *Signal Processing: Image Communication*, Vol 16, p. 15-31.

Vailaya A., Jain A. et Zhang H.J. (1998), "On image classification: city images vs. landscape", *Pattern recognition*, Vol. 3, n° 12, p. 1921-1935.

Wang J.Z. (2001), *Integrated region-based image retrieval*, Kluwer Academic Publisher.

Tatouage des données multimédias, enjeux et applications potentielles

Florence Denis, Jean-Luc Dugelay

Mots-clés : tatouage, sécurité, audio, image, vidéo, maillages, 2D, 3D, attaques.

Résumé : les techniques de tatouage de données numériques consistent à insérer dans des documents multimédias de toutes natures (fichiers audio 1D, images fixes 2D, vidéos 2D + t, objets 3D), des informations supplémentaires destinées à protéger la propriété de ces documents ou en enrichir le contenu. Ces informations ne doivent en aucun cas dégrader la qualité du document original, c'est-à-dire qu'elles doivent rester imperceptibles. On leur demande néanmoins de résister aux traitements les plus courants (compression, filtrage, etc.) voire à des attaques délibérées pour les faire disparaître. Quel que soit le type de support, les techniques utilisées sont souvent similaires et travaillent, soit directement dans le domaine initial (temps, coordonnées spatiales), soit dans un espace obtenu par application d'une transformation éventuellement multirésolution (transformée de Fourier discrète, transformée cosinus discrète, transformée en ondelettes, etc.).

Les développements récents de l'Internet haut débit mettent désormais à la portée de tous une énorme quantité d'information. La circulation de toutes sortes de données numériques est ainsi devenue extrêmement rapide et peu coûteuse. Chaque utilisateur a alors la liberté de copier des données, les modifier, les redistribuer et en faire commerce, sans guère de contrôle de l'authenticité des documents ou de la légalité de leur mise en circulation. Dans le domaine de la création musicale, on se souvient des actions engagées par des artistes et des distributeurs de disques et qui ont conduit à la fermeture temporaire de Napster.com, site distribuant gratuitement de la musique sans l'accord des auteurs. La musique est maintenant distribuée sur Internet légalement et pour des sommes abordables, mais les fichiers piratés continuent de circuler de poste à poste (*peer to peer*) et les logiciels, tels que Kazaa, qui permettent les échanges, sont considérés comme légaux. Le domaine musical n'est pas le seul touché et l'apparition du format DivX, a largement facilité la circulation des films. Certains sont mêmes disponibles sur Internet avant leur sortie dans les salles. Les lecteurs de DVD sont désormais compatibles DivX ce qui facilite à tout particulier non spécialiste la visualisation de films téléchargés sur Internet. Le nombre de ces films disponibles sur Internet est estimé à plus d'un million, et les logiciels permettant la copie de DVD font partie des meilleures ventes.

Dans un autre ordre d'idées, l'accès facile à l'outil informatique et à des moyens de reproduction et d'impression de plus en plus performants rend également plus aisée la fabrication de faux documents (pièces d'identité, cartes grises, cartes d'accès, diplômes, documents bancaires, contrats...), la falsification, la contrefaçon. De même, la tendance à substituer le document électronique aux documents papier dans de nombreux domaines permet tout type de transactions malhonnêtes, si aucune précaution n'est prise pour s'assurer de l'authenticité des documents, de leur traçabilité et de leur confidentialité. L'industrie est donc de plus en plus demandeuse de produits d'authentification et de marquage.

Dans ce contexte, la protection des documents multimédias contre le piratage constitue un enjeu important. La cryptographie offre dans certains cas une solution satisfaisante, en réservant l'accès à un document à des utilisateurs autorisés à l'aide d'une clé secrète. Cependant, rien n'interdit à un utilisateur autorisé de redistribuer ensuite illégalement un document décrypté. La cryptographie ne s'adapte pas, en revanche, à des documents accessibles en consultation libre, mais dont la copie et la redistribution ne sont pas autorisées.

Dans le cas des images, il existe des solutions de tatouage visible qui consistent à superposer à l'image une information de copyright ou un logo, comme c'est le cas sur la plupart des images télévisuelles. Mais, soit cette marque est très marginale et s'enlève par une découpe, soit elle est présente sur toute l'image et peut en gêner la perception. Ce genre de solution n'est de surcroît pas applicable pour les données non visuelles. La solution qui consiste à insérer des informations dans l'en-tête du fichier du document n'est pas plus satisfaisante, car ces données disparaîtront avec la moindre conversion de format.

La solution à de nombreux problèmes de sécurité semble donc passer par l'insertion dans les contenus multimédias d'informations permanentes, invisibles, robustes ou fragiles, mais permettant de les authentifier, de les protéger ou de les enrichir. Elle est désignée par le terme de «tatouage» et vise comme objectifs principaux :

- *la protection des droits d'auteur*, par l'insertion dans un document, avec une clé secrète, d'une signature permettant à son auteur d'en revendiquer la propriété ;
- *le contrôle de copie*, pour assurer la traçabilité des documents et identifier la source de diffusion de copies illégales, chaque exemplaire initial devant être tatoué avec une signature différente ;
- *l'authentification de documents*, permettant de s'assurer de l'intégrité d'un document avec l'insertion d'une marque fragile disparaissant à la moindre falsification ;
- *l'enrichissement du contenu*, en ajoutant aux documents des informations annexes. Dans le cas des images, ce peut être pour en faciliter l'indexation, ou leur ajouter un signal sonore, etc. Dans le domaine médical, l'idée est d'adjoindre aux images des informations concernant le patient. S'agissant de signaux de parole, on peut penser, par exemple, à des informations sur le locuteur ou permettant de générer des animations en langue des signes à destination de personnes malentendantes.

Des informations plus détaillées sur les techniques de tatouage pourront être trouvées dans les ouvrages édités par Katzenbeisser et Petitcolas (1999), Cox, Miller et Blum (2001), et par Davoine et Pateux (2004)

1 Principe

1.1 Insertion

Le fonctionnement typique d'une application de tatouage est résumé sur la figure 1. Pour des questions de sécurité, le message est crypté à l'aide d'une clé secrète détenue par le propriétaire seul. Ainsi, la connaissance de l'algorithme d'insertion ne suffira pas à extraire le message. Le message crypté est ensuite inséré dans le support (image, vidéo, signal sonore, etc.)

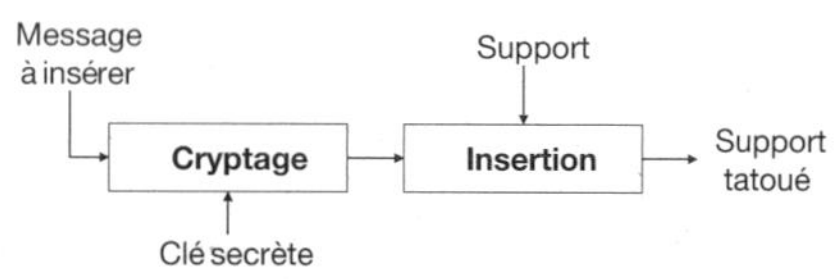

Figure 1 Schéma général d'insertion de la signature

1.2 Extraction

L'extraction s'opère généralement suivant un schéma inverse de celui d'insertion (figure 2).

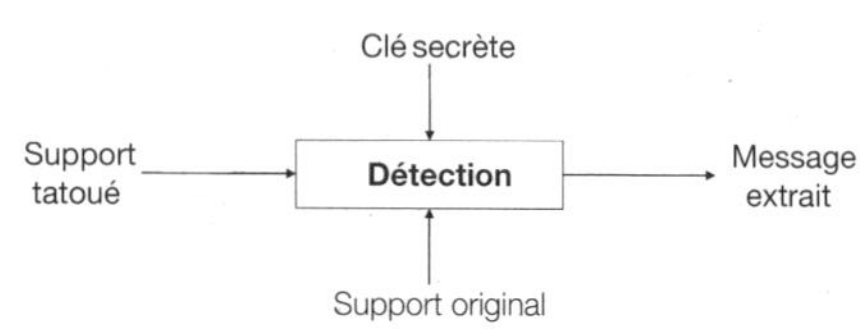

Figure 2 Schéma général d'extraction de la signature

Les différentes méthodes se distinguent par la manière dont est exploitée l'information tatouée. Certaines applications, comme la protection des droits d'auteur, ne nécessitent pas l'extraction de la marque, mais doivent seulement apporter la preuve de sa présence dans le support, ce qui est fait au moyen d'un score de corrélation. En revanche, pour des documents enrichis, il est nécessaire d'extraire la marque dans son intégralité. La détection peut dans ce cas être aveugle si elle peut s'opérer à partir du support tatoué et de la clé, ou non aveugle si le document original non tatoué est également nécessaire.

1.3 Contraintes

Les caractéristiques des schémas de tatouage utilisés dépendront évidemment des applications visées et du type de documents concerné. De manière générale, un schéma de tatouage est soumis à trois contraintes essentielles :

- *inaudibilité ou invisibilité* : s'agissant d'un document audio, l'insertion de la signature ne doit pas entraîner de dégradation audible. Elle devra rester imperceptible après un traitement de compression, par exemple.
  Dans une image ou une vidéo, l'insertion de la signature ne doit évidemment pas dégrader la qualité visuelle. On se devra donc d'insérer des modifications auxquelles l'œil, ou le média de reproduction soient insensibles. De même que pour les signaux audio, la marque doit rester imperceptible après des modifications standard de l'image comme un changement d'échelle. Le problème est que la perception d'une dégradation est éminemment dépendante du contenu de l'image. Par ailleurs, une dégradation peut être perceptible, sans que l'interprétation de l'image soit modifiée.
- *capacité* : la capacité décrit la quantité d'information qui peut être insérée dans un document. Les besoins en la matière dépendent de l'utilisation visée et l'enrichissement de contenu sera par exemple plus exigeant que la simple protection du droit d'auteur. Dans le cas où une faible quantité d'information est à insérer, la capacité de la méthode pourra alors permettre d'introduire des marques redondantes ou des codes correcteurs d'erreurs de manière à améliorer la robustesse du tatouage aux différentes manipulations que pourra subir le document.
- *robustesse* : la robustesse, quant à elle, est liée à la manière dont la marque peut résister à différents traitements. Pour des applications de protection des droits d'auteur, la contrainte de robustesse est forte. À l'extrême, pour un tatouage robuste, on cherche des méthodes avec lesquelles la marque ne pourra être « lessivée » par un pirate qu'au prix d'une dégradation intolérable du support. À l'inverse, l'authentification demande un tatouage fragile qui s'altère lorsque le support est modifié.

Toute méthode de tatouage doit gérer un double compromis invisibilité (ou inaudibilité) – robustesse - capacité. Un marquage pourra être robuste s'il est inséré avec une forte redondance ou si la puissance de la marque est importante. Mais cette dernière doit rester faible devant la puissance du signal porteur pour satisfaire la contrainte d'invisibilité. Certains systèmes de tatouage tirent avantage des phénomènes de masquage par lesquels la perception de certaines informations peut être occultée par d'autres de plus forte amplitude, en se basant sur des modèles psychovisuels ou psychoacoustiques.

Pour assurer une bonne protection du document, la marque devra aussi être indétectable par un pirate qui pourrait alors aisément la faire disparaître. Elle ne devra pas, en particulier, altérer les propriétés statistiques du document.

2 Tatouage de documents sonores

2.1 Méthodes de tatouage audio

Les méthodes de tatouage des signaux sonores se différencient les unes des autres par le domaine d'insertion utilisé pour incruster la signature.

- *domaine temporel* : ces techniques sont faciles à mettre en œuvre et demandent peu de calculs. En revanche, elles sont généralement peu robustes aux attaques.
- *domaine spectral* : l'insertion de la signature peut également se faire après une transformation spectrale du signal découpé en blocs (transformée de Fourier discrète, transformée cosinus discrète). Ces techniques résistent en général mal à des attaques désynchronisantes qui modifient la localisation des blocs.
- *domaine multirésolution* : une autre solution est d'incruster la signature dans une décomposition multirésolution du signal telle que la transformée en ondelettes discrète.

Quelques exemples de techniques proposées pour les signaux audionumériques sont présentés ci-dessous.

Insertion dans le domaine temporel et détection non aveugle

L'une des premières méthodes de tatouage appliquée aux signaux audio a été proposée par Boney et col. en 1996. Dans un premier temps, un seuil de masquage est calculé à partir du modèle psychoacoustique de MPEG et utilisé pour filtrer une séquence pseudo-aléatoire de longueur donnée. Cette séquence filtrée est alors pondérée par l'énergie relative du signal audio puis ajoutée à celui-ci.

La détection se fait par une mesure de corrélation à partir du signal audio original, soustrait du signal tatoué éventuellement bruité.

Insertion dans le domaine temporel et détection aveugle

En 1996, Gruhl, Bender et Lu ont proposé une méthode, appelée « echo hiding », qui consiste à introduire dans le signal des échos de très courte durée imperceptibles lors de l'écoute, avec deux valeurs de retard pour coder la valeur 0 ou 1. La détection se fait par calcul de la fonction d'autocorrélation du cepstre du signal tatoué (le cepstre d'un signal est défini comme la transformée de Fourier inverse du logarithme de sa transformée de Fourier). Cependant cette méthode est peu résistante à une attaque ciblée car la méthode d'analyse utilisée pour la détection peut aussi être employée pour éliminer les échos.

La technique proposée par Bassia et Pitas (1998) consiste en une insertion additive de la marque sur le signal temporel avec une pondération qui prend en compte les propriétés de masquage. La détection se fait en aveugle, par sommation du produit entre le signal tatoué et la marque insérée.

Étalement de spectre et détection aveugle

Les travaux de Garcia (1999) s'appuient sur un modèle psychoacoustique d'audition. La signature est substituée aux composantes du signal situées en deçà d'un seuil de masquage, après application d'un procédé d'étalement de spectre, par une modulation de phase du signal. La détection se fait en aveugle par extraction des composantes de la marque à l'aide du seuil de masquage.

Insertion dans le domaine multirésolution et détection aveugle

Une méthode proposée par Kim et col. (2001) utilise une décomposition du signal en ondelettes afin d'insérer la signature selon l'algorithme du patchwork (voir § 3.2). Des bits de synchronisation sont ajoutés à la signature pour permettre la localisation des blocs lors de la détection sans avoir recours au signal original.

2.2 Attaques

On attend généralement d'un tatouage inséré sur un document sonore ou visuel qu'il résiste à des changements de format, à des conversions numérique-analogique et analogique-numérique avec d'éventuels changements de la fréquence d'échantillonnage, à la compression en particulier de type MP3, au filtrage, à des coupes (suppression de séquences) ou encore à l'ajout de bruit.

Le surtatouage qui consiste à incruster une seconde marque sur un document déjà tatoué et les attaques dites désynchronisantes, consistant à supprimer ou à rajouter des échantillons sur le signal ou à lui appliquer d'imperceptibles homothéties temporelles peuvent mettre en défaut beaucoup de méthodes de tatouage (Petitcolas, Anderson et Kuhn, 1998). Il existe également des méthodes basées sur un modèle autorégressif du signal, similaires à ceux utilisés pour la restauration de documents anciens, dont l'effet est d'éliminer le signal de tatouage.

3 Tatouage des images fixes

Le tatouage d'images fixes est un domaine en rapide évolution depuis les dix dernières années, car l'image constitue une large part des contenus multimédias qui circulent sur l'Internet.

3.1 Méthodes de tatouage d'images fixes

Schéma de tatouage

Il existe de nombreuses méthodes de tatouage destinées aux images fixes et nous n'en présenterons pas une liste exhaustive. Néanmoins, elles se classent globalement en différentes grandes catégories selon le type de schéma de tatouage utilisé et le domaine de travail choisi, toutes les combinaisons entre ces deux caractéristiques étant possibles.

- *insertion additive*: dans le cas d'un schéma additif l'information cachée est ajoutée à des composantes de l'image;
- *insertion substitutive*: les schémas substitutifs, remplacent, quant à eux, certaines composantes de l'image par l'information à dissimuler.

Domaine d'insertion

Comme dans le cas d'un document sonore, plusieurs domaines de représentation peuvent être considérés pour l'ajout d'une signature à une image.

- *domaine spatial*: l'information est insérée en perturbant directement les niveaux de gris de l'image;
- *domaine fréquentiel* : de nombreuses méthodes ont choisi le domaine de la transformée cosinus discrète (DCT) comme espace d'insertion, pour accroître la robustesse face à la compression JPEG. Dans ce cas, le tatouage peut être inséré sur les coefficients DCT de l'image complète ou sur des blocs de 8 × 8 pixels. D'autres techniques utilisent la transformée de Fourier-Mellin pour ses propriétés d'invariance en rotation-translation et changement d'échelle, la tranformée de Fourier ou la transformée de Walsh-Hadamard;
- *domaine multirésolution* : dans le domaine multirésolution, la transformée en ondelettes est choisie pour résister à la compression JPEG 2000. D'autres techniques sont basées sur les fractales.

3.2 Quelques exemples de méthodes

La technique patchwork

L'algorithme du patchwork travaille dans le domaine spatial, par modification des niveaux de gris sur deux ensembles distincts de pixels, choisis en fonction d'une clé secrète. Si le nombre n de pixels de chaque ensemble est important, les moyennes des niveaux de gris sur les deux ensembles sont identiques.

Lors du tatouage, les niveaux de gris de l'un des groupes sont augmentés d'une quantité α, tandis que ceux de l'autre groupe sont diminués de la même quantité, la luminance moyenne de l'image restant inchangée.

Lors de la détection, les deux ensembles de points sont reconstitués à l'aide de la clé secrète. Si la signature est effectivement présente, les niveaux de gris moyens de deux groupes doivent différer d'une quantité voisine de 2α. En l'absence de clé secrète, les localisations des pixels marqués ne pourront pas être déterminées, et la marque ne sera pas détectée.

Cet algorithme est néanmoins peu résistant à des attaques courantes telles que le filtrage. Il sera également mis en défaut si l'image subit de faibles transformations géométriques, ou des attaques dites désynchronisantes, telles que la suppression ou la duplication de quelques lignes et colonnes.

Le tatouage par étalement de spectre

Les techniques à étalement de spectre consistent à étaler le message à dissimuler sur tout le support de l'image puis à le moduler avec un signal large bande pseudoaléatoire. L'image résultante est alors pondérée et ajoutée à l'image. Le fait d'insérer un signal large bande permet d'améliorer la robustesse du tatouage vis-à-vis du filtrage ou de la compression.

L'extraction se fait par démodulation à partir du signal pseudo-aléatoire de départ.

Tatouage dans le domaine DCT

Un exemple de méthode travaillant dans le plan DCT est celle proposée par Cox et col. en 1995. Elle travaille sur une transformation cosinus discrète de toute l'image dont elle modifie les mille coefficients les plus significatifs (de plus forte amplitude) en excluant la composante continue, suivant la formule ci-dessous :

$$v_i' = v_i(1 + \alpha x_i)$$

où v_i' désigne la composante DCT après tatouage, v_i la composante à tatouer, x_i le coefficient inséré et α la force de la signature, qui peut être adaptée en fonction de la position des coefficients à tatouer dans le plan DCT, et des effets visuels de leur modification.

Les coefficients marqués correspondent plutôt aux basses fréquences de l'image (figure 3) et ne sont pas altérés par la compression JPEG. Les valeurs x_i de la signature sont définies de manière à suivre une loi normale.

Dans ce schéma, la détection de la signature se fait par différence avec l'image originale : il s'agit donc d'une méthode non aveugle.

3.3 Attaques

Les tatoueurs visent à insérer des signatures résistantes à certains traitements. Ceux-ci peuvent être de simples manipulations couramment appliquées aux images telles que la compression ou le changement de format,

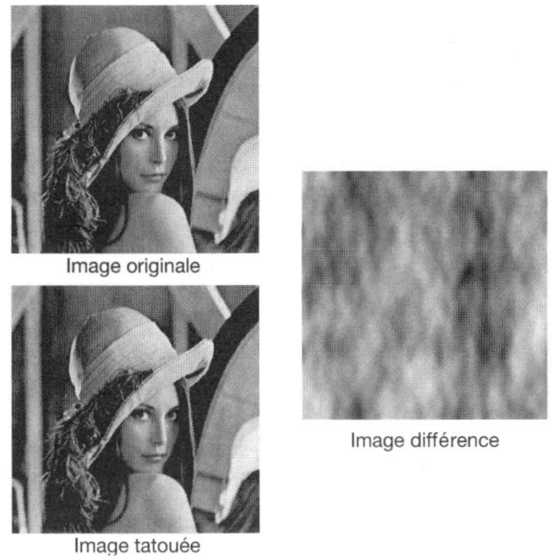

Figure 3 Image avant et après tatouage avec la méthode de Cox et image différence après recadrage

les filtrages de réduction de bruit (lissage, filtrage médian) ou de rehaussement de contour, les manipulations du contraste (recadrage linéaire de contraste, égalisation d'histogramme, transformation gamma, etc.) ou encore des opérations de découpe de l'image qui peuvent altérer la signature sans que l'utilisateur soit malveillant.

La deuxième catégorie d'attaques consiste en des traitements délibérés pour mettre en défaut le système d'extraction, en appliquant du bruit, de faibles déformations géométriques locales ou des rotations, en insérant ou en dupliquant de petites parties de l'image, ou en appliquant sur l'image une nouvelle marque. Le logiciel Stirmark fournit un exemple de ce type d'attaques en simulant une opération de rééchantillonnage de l'image analogue à une impression sur papier suivie d'une numérisation à l'aide d'un scanner, par l'application de faibles déformations (décalages, rotations, etc.). D'autres logiciels tels que Checkmark ou Optimark, sont également disponibles pour simuler des attaques.

Une autre technique consiste à découper l'image en une mosaïque de petites images sur lesquelles la marque ne peut plus être extraite, puis les afficher côte à côte pour reconstituer l'image complète (Petitcolas et col., 1998).

Enfin, lorsque de nombreuses copies du document, possédant chacune une signature différente sont disponibles, un pirate peut procéder à une attaque dite « par collusion ». L'image originale peut être estimée par une moyenne de toutes les images tatouées et une fois cette image obtenue, les différences image originale – images tatouées peuvent renseigner le fraudeur sur la méthode de tatouage et lui permettre d'ôter la marque présente sur d'autres images de même provenance.

3.4 Logiciels commerciaux

Un certain nombre de sociétés commercialisent d'ores et déjà des logiciels permettant le marquage des images. Digimarc est présent sur le marché depuis près de dix ans et propose actuellement différents produits pour l'authentification de pièces d'identité (IDmark), le tatouage d'images et la recherche de copies sur Internet (ImageBridge), la création de brochures imprimées contenant des liens vers des pages web (MediaBridge). Le document papier est numérisé par une caméra et l'utilisateur est connecté à la page correspondante. La fonctionnalité de tatouage d'ImageBridge est également intégrée dans des logiciels de traitement et retouche d'images comme Paint Shop Pro de Jasc Software.

Des solutions pour l'authentification d'image et la preuve de propriété sont également distribuées par Alphatec LTD (EIKONAmark) MediaSec Technologies (MediaSign, Print, MediaSign Digital) ou Signum Technologies (VeriData, SureSign)

Alphatec LTD propose aussi des produits pour le tatouage d'images volumiques, de vidéos, de documents sonores ou de maillages 3D.

4 Tatouage des vidéos

Le compromis général (capacité, visibilité et robustesse) du tatouage est bien évidemment fortement modifié si l'on considère de la vidéo plutôt que des images fixes.

Pour une marque à cacher donnée, nous disposons de beaucoup plus de place. Cependant, à cause de la dimension temporelle, la distorsion visuelle introduite par le marquage est plus difficile à maîtriser. La liste des attaques possibles sur une vidéo augmente : par exemple, un schéma de tatouage vidéo doit considérer les conversions de format en termes de nombre d'images par seconde. Enfin, plus que jamais, les problèmes de complexité algorithmique et de temps de calcul sont à considérer si le temps réel est recherché. Le lecteur plus particulièrement intéressé par la vidéo pourra se reporter à l'article de Doërr, et Dugelay (2003)

4.1 Méthodes de tatouage vidéo

On peut distinguer trois grandes approches :

- adaptation d'algorithmes définis pour les images fixes à la vidéo en tatouant image par image ;
- prise en compte explicite de la dimension temporelle ; par exemple via les vecteurs mouvements (dans le travail de Jordan, Kutter, et Ebrahimi (1997) les vecteurs sont quantifiés au niveau pair ou impair le plus proche en fonction du bit 0/1 à cacher) ;
- opération de marquage effectué dans le monde compressé ; par exemple coefficients DCT dans les images I d'un flux MPEG comme proposé par Hartung et Girod (1998).

L'approche la plus répandue en tatouage vidéo (Kalker, Depovere, Haitsma et Maes, 1999) est celle proposée par Philips et intitulée JAWS (*Yet Another Watermarking System*). Dans cette approche, la vidéo est tatouée image par image avec la même marque. Un bruit de référence est choisi à partir d'une clé secrète. La marque est définie comme ce bruit de référence moins ce même bruit répété et décalé d'un déplacement qui code le message à enfouir. La marque est ensuite répétée pour couvrir la taille des images. Le tout est modulé et ajouté dans le domaine spatial en tenant compte du contenu local des zones d'image. La détection se fait par corrélation entre la vidéo à tester et le signal recherché (motif de référence). Il est à noter que le score de corrélation peut se calculer assez souplement par accumulation. La technique proposée est robuste aux translations car à la récupération, deux pics dont la distance code le message sont détectés (le bruit et « sa réplique inversée »).

4.2 Attaques

Parmi les attaques particulièrement critiques en vidéo, on peut citer la collusion (Doërr et Dugelay, 2004). En effet, il a été montré que quelle que soit la stratégie adoptée : une marque différente par image ou bien une même marque pour toutes les images de la vidéo, il existe une faille en termes de sécurité : dans le premier cas, un attaquant peut moyenner plusieurs images d'un plan fixe et dans le second estimer le marquage en moyennant les différences entre images originales et filtrées passe-bas sur plusieurs images d'un plan animé.

4.3 Applications

Les grands domaines d'applications du tatouage vidéo sont :

- le contrôle de copie (pour prévenir les copies pirates) ;
- l'audimétrie (pour identifier et compter les films diffusés) ;
- la non-répudiation (pour remonter à un utilisateur malveillant) ;
- l'intégrité (pour vérifier que le contenu n'a pas été manipulé) ;
- l'optimisation des flux vidéo (pour corriger des erreurs de transmissions) ;
- le contrôle d'accès et embrouillage (Bodo, Laurent, Laurent et Dugelay, 2004).

5 Tatouage d'objets 3D

Peu de travaux existent à ce jour sur le tatouage d'objets 3D (classés parmi les nouveaux objets). Selon les domaines (CAO, imagerie de synthèse) la notion et la représentation informatique des objets 3D varient sensiblement. En multimédia, un objet vidéo 3D est le plus souvent composé d'un maillage associé à une texture (figure 4).

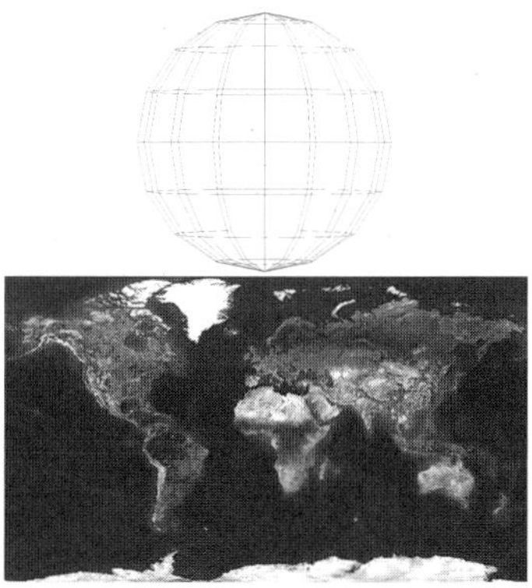

Figure 4 Exemple d'objet vidéo 3D

Actuellement, les quelques travaux déjà publiés dans le domaine du tatouage d'objets 3D se basent sur des modifications mineures sur le maillage via les données géométriques et/ou topologiques (Ohbuchi et col., 1998, Benedens, 1999, Praun et col., 1999)

Les notions en tatouage vues pour l'audio ou la vidéo, à savoir capacité, visibilité, robustesse, modes d'extraction sont toujours présentes mais sous une forme sensiblement différente.

6 Conclusion

Le domaine du tatouage de documents multimédias est en pleine évolution, en raison de la rapide progression des moyens de communication, en particulier avec la progression rapide de l'Internet haut-débit, qui facilite la circulation, la manipulation et le piratage de documents numériques de toutes sortes. Les méthodes existantes sont déjà nombreuses et ont donné naissance à des produits commerciaux. Néanmoins la recherche dans ce domaine est très active et vise surtout à optimiser la robustesse des tatoueurs face aux attaques.

Bibliographie

Bassia P, Pitas I, *Robust audio watermarking in the time domain,* EUSIPCO, 1998, p. 25-28.

Bender W., Gruhl D., Morimoto N., LU A., "Techniques for Data Hiding". *IBM Systems Journal,* vol. 35, n° 3-4. (1996) 313-336 (http://www.research.ibm.com/journal/sj/393/part1/bender.pdf).

Benedens O., "Watermarking of 3-D polygon based models with robustness against mesh simplification", *Proceedings of SPIE: Security and Watermarking of Multimedia Contents,* SPIE, 1999, p. 329-340.

Bodo Yann, Laurent Nathalie, Laurent Christophe, Dugelay, Jean-Luc, "Video waterscrambling: towards a video protection scheme based on the disturbance of motion vectors", *EURASIP Journal of Applied Signal Processing,* Volume 2004, n° 14 -October 2004, p. 2224-2237.

Boney L., Tewfik A., Hamdy K, "Digital watermarks for audio signals", *IEEE int. conf. on Multimedia Computing Systems,* Hiroshima, 1996.

Cox I. J., Kilian J., Leighton T., Shamoon T., *Secure Spread Spectrum Watermarking for Multimedia.* Technical Report 95-10, NEC Research Institute, Princeton, NJ, 1995. http://www.ee.ucl.ac.uk/~icox.

Cox I., Miller M. L., Bloom J. A., *Digital watermarking,* San Francisco, CA, USA, Morgan Kaufmann Publishers Inc., 2001.

Doërr, Gwenaël J; Dugelay, Jean-Luc, "A guide tour of video watermarking", *Signal Processing: Image Communication,* Volume 18, n° 4 - April 2003, p. 263-282.

Doërr, Gwenaël J; Dugelay, Jean-Luc, "Security pitfalls of frame-by-frame approaches to video watermarking", *IEEE transactions on signal processing, supplement on secure media,* Volume 52 N°10 - October 2004, pp 2955-2964.

Garcia R., "Digital Watermarking of audio signals using a psychoacoustic auditory model and spread spectrum", *107th Convention of AES,* Septembre 1999. http://www.ragomusic.com/ragoAES1999.pdf.

Gruhl D. Lu A, Bender W., "Echo Hiding", *Proceedings of Information Hiding Workshop,* Cambridge, England, June 1996, pp 295-315.

Hartung F. and Girod B., "Watermarking of uncompressed and compressed video", In *Signal Processing,* 66 (3): 283-301, 1998.

Information Hiding Techniques for Steganography and Digital Watermarking, S. Katzenbeisser et F. A.P. Petitcolas Editeurs, Computer Security Series, Artech House Publishers, décembre 1999.

Jordan F., Kutter M., Ebrahimi T., "Proposal of watermarking technique for hiding/retrieving data in compressed and decompressed video", In *ISO/IEC JTC1/SC29/WG11,* 1997.

Kalker T., Depovere G., Haitsma J., Maes M. J., “A video watermarking system for broadcast monitoring”, in *Proc. SPIE, Security & Watermarking Multimedia Contents*, vol. 3657, San Jose, CA, Jan. 1999, p. 103–112.

Kim H. O., Lee B. K., Lee N. Y., “Wavelet-based Audio Watermarking Techniques: Robustness and Fast Synchronization”, KAIST Division of Applied Mathematics, *Research Report 01-11*, 2001 (amath. kaist. ac. kr/research/paper/01-11.pdf)

Ohbuchi Y., Masuda H., Aono M., “Geometrical and Non-Geometrical Targets for Data Embedding in Three-Dimensional Polygonal Models”, *Computer communications*, Elsevier, August 1998.

Petitcolas F., Anderson R., Kuhn M. “Attacks on Copyright Marking Systems”. D. Aucsmith, editor, Information Hiding’98, volume 1525 of *Lectures Notes in Computer Science* (LNCS), p. 219–239, Portland, Oregon, USA, 1998. Springer-Verlag. 89, 95

Praun E., Hoppe H., Finkelstein A., “Robust Mesh Watermarking”, *ACM Siggraph 99 Conference Proceedings*, Los Angeles, California, August 1999.

Tatouage de documents audiovisuels numériques, Paris, F. Davoine et S. Pateux éditeurs, Traité IC2, Hermès-Lavoisier, 2004.

Voix, multimédia sur réseau IP

Philippe Isorce

Mots-clés : VoIP, multimédia, H.323, RTP/RTCP, RSVP, COPS, SIP, MGCP

Résumé : depuis plus de dix ans le secteur des télécommunications a opéré de profonds changements dans les usages de la téléphonie et les services proposés par les opérateurs et les fournisseurs d'accès à l'Internet. Après l'explosion de la bulle Internet et la percée de l'accès haut débit avec l'ADSL, les applications multimédias comme la téléphonie sur IP, la vidéo à la demande et la télévision interactive, sortent des laboratoires et le rêve devient enfin réalité pour l'usager non expert. Il ne faut pas perdre de vue que tous ces services sont disponibles grâce principalement au développement des protocoles VoIP, voix sur IP tels que H.323 et SIP. Ils sont nés dans les années quatre-vingt-dix, tout comme les protocoles temps réel RTP et RTCP ou encore le protocole de signalisation Q.931 dérivé de notre ancêtre réseau multimédia, le RNIS. H.323 est le protocole dominant et transporte la majorité des minutes voix sur IP dans le monde. Nous examinerons dans ce chapitre les principaux protocoles qui ont déclenché le démarrage du marché de la voix et du multimédia sur IP.

Le RTC (réseau téléphonique commuté) est le réseau historique et centenaire qu'utilise encore notre téléphone actuel. La version numérique de celui-ci, le RNIS (réseau numérique à intégration de service), existe depuis vingt ans. L'évolution des technologies a ensuite permis d'envisager d'autres supports de transmission pour le transport de la voix avec les réseaux ATM, Frame Relay et les réseaux IP (Intranet pour le réseau d'entreprise et l'Internet pour le grand public). Toujours grâce à cette évolution, il est devenu possible d'y ajouter l'image, la vidéo et le partage de données.

Accompagnant ce mouvement, les normes H.32x de l'UIT (Union internationale des télécommunications), sur lesquelles reposent le RTC et le RNIS, ont été adaptées aux nouveaux supports de transmission et aux nouveaux besoins du multimédia.

Ces normes, énumérées dans la figure précédente sous la forme de piles de protocoles, décrivent un cadre général de fonctionnement et préconisent l'utilisation d'autres normes de l'UIT et de l'IETF (Internet Engineering Task Force) en fonction du support de transmission (IP, RTC, RNIS, etc.). Elles décrivent aussi bien les codages audio, vidéo que l'adaptation au support de transmission, la signalisation, etc.

Réseau	Caractéristiques du réseau	Norme ITU-T
RNIS	Commutation de circuits Voix numérique	H.320
ATM	Commutation de cellules Voix numérique	H.321
WAN	Frame Relay Voix numérique	H.322
VoIP	Commutation de paquets IP Voix numérique	H.323
RTC	Commutation de circuits Voix numérique	H.324

Tableau 1 Réseaux, usages et normes

	H.320	H.321	H.322	H.323	H.324
Réseau	RNIS	ATM	WAN QoS	VoIP	RTC
Codec vidéo	H.261 H.263	H.261 H.263	H.261 H.263	H.261 H.263	H.261 H.263
Codec audio	G.711 G.722 G.728	G.711 G.722 G.728	G.711 G.722 G.728	G.711 G.722 G.728 G.723 G.729	G.723
Adaptation	H.221	H.222	H.221	H.225	H.223
Signalisation	H.242 H.230	H.242	H.242 H.230	H.245 H.225	H.245
Conférences multipoints	H.231 H.243	H.231 H.243	H.231 H.243	H.323	
Données	T.120	T.120	T.120	T.120	
Couche de transport	I.400	I.363 AAL	I.400	TCP/IP	Fils

Tableau 2 Réseaux, usages et normes

1 H.323 et le multimédia sur IP

Ainsi, la norme H.323 décrit un cadre général de fonctionnement pour un terminal multimédia fonctionnant sur un réseau IP. Cette norme implique l'utilisation d'autres normes de l'IETF comme les RFC (*Request For Comments*). Il s'agit notamment de RTP (*Real-time Transport Protocol*) qui décrit le format d'un paquet transportant des données (un échantillon musical, une source vidéo, etc.).

La norme H.323 décrit le fonctionnement et l'interaction de quatre entités principales :

- le *terminal*, supporte la voix et, optionnellement la vidéo et les données ;
- la *passerelle*, permet l'interconnexion avec les autres réseaux H.32x tels que le RTC ou le RNIS ;
- le MCU (*Multipoint Control Units*) ou encore appelé pont de conférence ;
- le *gatekeeper* (PABX IP) ou encore appelé portier ou garde-barrière, offre le routage, la conversion d'adresses ainsi que la coordination de l'activité de toutes les entités H.323.

La figure 1 illustre les entités d'un système H.323 que nous allons décrire maintenant. La passerelle permet d'interconnecter le réseau téléphonique IP à d'autres réseaux tels que le RTC ou le RNIS. Elle assure la conversion des codecs audio et vidéo, de la signalisation et du support de transmission. Le MCU contrôle l'entrée et la sortie des participants à une conférence, rediffuse le flux entre émetteurs et récepteurs en minimisant le trafic du réseau, et assure l'éventuelle conversion de codec.

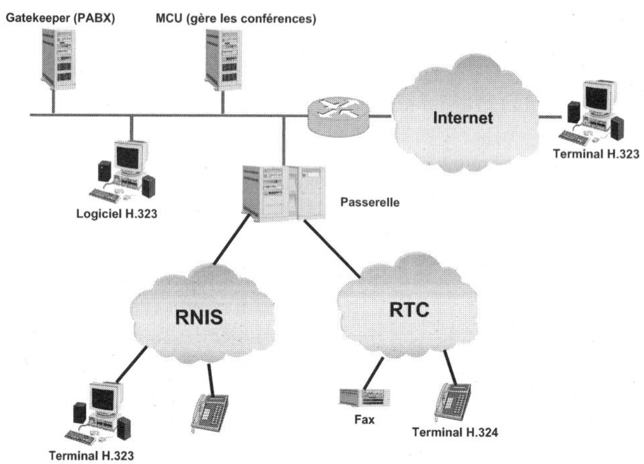

Figure 1 Entités d'un système H.323

Le gatekeeper est le véritable cerveau. Il gère des services pour le compte des entités H.323 de sa zone de couverture, tels que :

- la gestion des tables de correspondance entre les noms des terminaux, un numéro de téléphone selon la norme E.164, une adresse e-mail et des adresses IP ;
- le contrôle d'admission : autorisation ou non de l'ouverture d'une communication ;
- la gestion de la bande passante sur le réseau, le nombre maximal de conférences, d'utilisateurs, etc. ;
- la localisation des passerelles et des MCU ;
- le routage des appels au sein de la zone et entre les zones.

Le terminal se présente sous des formes diverses. Il peut prendre l'aspect d'un téléphone classique équipé d'une interface Ethernet dont la prise RJ45 est connec-

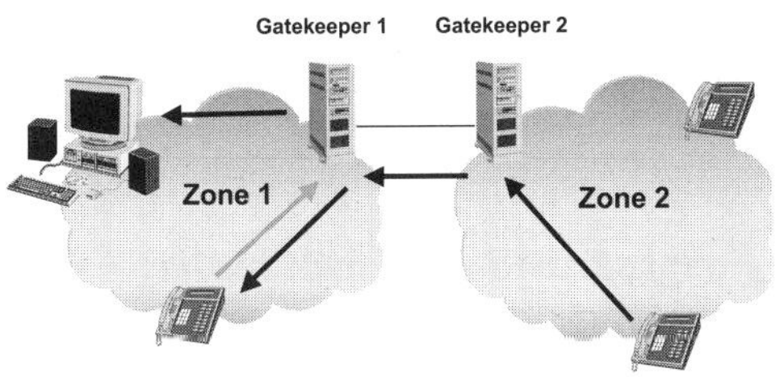

Figure 2 Gestion des services par zone

tée à un commutateur du réseau local. Il peut également être un PC doté d'un logiciel de communication compatible H.323. Ce terminal permet d'établir des visioconférences entre utilisateurs. Le PC devient ainsi un terminal multimédia traitant à la fois la voix, les données et l'image.

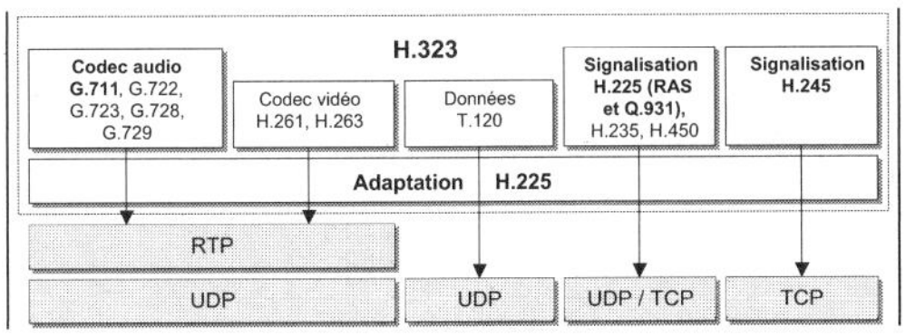

Figure 3 Pile de protocoles H.323

La figure 3 résume l'ensemble des protocoles que recouvre H.323 et que nous allons décrire maintenant. Un terminal H.323 est constitué des composants suivants :

- un codec audio (au minimum G.711);
- un codec vidéo (au minimum H.261);
- un échange des données (conforme à T.120);
- les protocoles de signalisation RAS, Q.931 et H.245;
- une couche d'adaptation H.225, entre les protocoles de l'UIT et ceux de l'IETF;
- les protocoles TCP, IP, UDP, RTP et RTCP.

En théorie, une entité H.323 comprend deux composants fonctionnels :

- un MC (*Multipoint Controler*) pour négocier, via H.245, les niveaux de service entre les terminaux et les ressources utilisées au sein d'une conférence tels que les canaux audio et vidéo, les adresses multicast, etc.
- un MP (*Multipoint Processor*) pour traiter les flux multimédias comme le mixage, la synchronisation de la parole et des images, la diffusion, le chiffrement, etc.

Dans la pratique, toutes les entités H.323 intègrent un MC pour pouvoir participer à des conférences, tandis qu'un MCU intègre les deux composants MC et MP pour gérer ces conférences. Relativement à la sécurité, la norme H.235 propose les fonctions d'authentification, intégrité des données, de chiffrement, etc. La norme H.450 quant à elle, décrit des services complémentaires tels que l'identification de l'appelant, le transfert d'appel, le rappel sur occupation, etc.

2 L'établissement d'une communication

Pour communiquer entre elles, les entités H.323 ouvrent des canaux logiques sous la forme de sessions TCP, UDP et RTP.

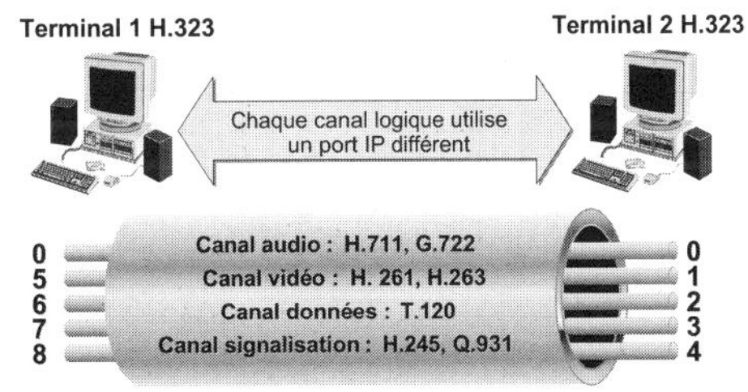

Figure 4 Canaux logiques dédiés

Ces canaux sont dédiés soit à la signalisation, soit au transport des flux multimédias. On en distingue plusieurs sortes :

- un canal de signalisation RAS (*Registration, Admission and Status*) qui permet à un terminal de s'enregistrer auprès du gatekeeper de sa zone;
- un canal de signalisation d'appel Q.931 (numérotation, sonnerie, etc.) qui permet à un terminal H.323 d'en appeler un autre;
- un canal de contrôle H.245 qui permet d'échanger les fonctionnalités supportées par les entités (codecs audio et vidéo, T.120) ainsi que d'ouvrir et de fermer les canaux audio, vidéo et données;
- des canaux audio, vidéo et données.

L'utilisation des services d'un gatekeeper, et donc l'ouverture d'un canal RAS, est optionnelle. Les entités H.323 peuvent communiquer directement entre elles.

La première phase de l'établissement d'une communication utilise le protocole H.225/RAS. Le terminal qui lance l'établissement requiert, au préalable, une autorisation de la part du gatekeeper. Ensuite par l'intermédiaire du protocole Q.931, le terminal ouvre la connexion vers son partenaire. Le partenaire doit également demander son admission au gatekeeper, avant de confirmer l'établissement de la connexion. Lorsque les deux terminaux ont achevé la phase de connexion, une phase d'échange de paramètres, basée sur le protocole H.245, se déroule. Dès que le canal logique est disponible, la communication audio et vidéo peut alors débuter. Cette communication va ensuite utiliser les protocoles RTP et RTCP pour l'échange du flux multimédia.

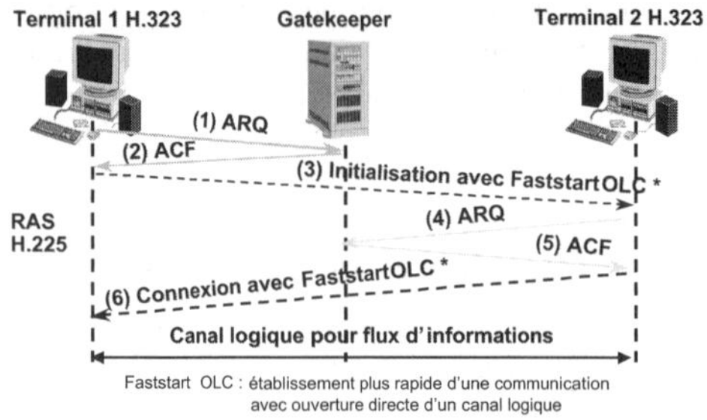

Figure 5 Scénario d'une communication

La procédure «fast connect» a été introduite avec la version 2 de H.323 pour permettre à des canaux média unidirectionnels ou bidirectionnels d'être établis immédiatement après l'envoi du message Q.931 SETUP. Un terminal qui décide d'utiliser cette procédure va inclure le paramètre *faststart* dans le message SETUP. Ce paramètre décrit les codecs qui sont prêts à être utilisés dans l'émetteur et dans le récepteur.

3 Transporter les flux multimédias

Un terminal H.323 utilise les services de la couche d'adaptation H.225 pour envoyer et recevoir des messages. En plus des signalisations Q.931 et RAS, cette couche réalise l'interface entre la gestion des canaux logiques par le terminal et la gestion des paquets sur un réseau IP. En fonction de leur nature, la couche H.225 sélectionne le type de paquet dans lequel elle enverra les données : TCP, UDP, RTP ou RTCP. Dans le tableau suivant on peut découvrir une partie des ports IP attribués aux canaux logiques.

Canal logique	Protocole de transport / Numéro de port IP
Canal RAS : découverte du gatekeeper	UDP / 1718 ou adresse multicast
Canal RAS : enregistrement au gatekeeper	UDP / 1719
Canal de signalisation Q.931	TCP / 1720
Canal de contrôle H.245	Port TCP alloué dynamiquement par Q.931
Sessions RTP/RTCP	Port UDP alloué dynamiquement par H.245
Échange de données T.120	TCP / 1503

Tableau 3 Affectation des canaux logiques sur IP

Une conversation téléphonique génère un flux audio découpé en tranches et représente seulement quelques millisecondes d'un son. De même, une image vidéo est découpée en tranches représentant un groupe de pixels. Une tranche, appelée aussi *sampling*, correspond donc à un échantillonnage, d'un son ou d'une image vidéo numérisée et représentée par des octets.

Ces octets sont ensuite placés dans des paquets RTP (*Real-time Transport Protocol*). Ce protocole ne décrit aucun mécanisme de contrôle ni de récupération d'erreur : il se contente seulement de définir le format des paquets et des données transportées. Ces paquets RTP sont ensuite encapsulés dans des paquets UDP, eux-mêmes transportés dans des paquets IP.

RTP est associé à RTCP (*RTP Control Protocol*), également transporté dans des paquets UDP. Le protocole RTCP renvoie à l'émetteur un retour sur la qualité de service perçue par les récepteurs d'un flux.

Deux couples de ports UDP, un pour la source et un pour la destination, sont alloués pour un flux audio ou vidéo : l'un pour RTP, l'autre pour RTCP. Le protocole UDP étant orienté sans connexion, les sessions sont gérées par H.245 qui assure l'association avec les numéros de canaux logiques.

Le transport des flux multimédias est donc assuré par la couche d'adaptation H.225.

Un flux ne transporte jamais de données mixtes audio et vidéo. Par exemple, dans une visioconférence, les paquets audio et vidéo sont transportés dans deux sessions RTP différentes, chacune étant associée à une session RTCP. Le codage peut être modifié au cours d'une session pour s'adapter à un changement du niveau de la qualité de transmission, notamment en matière de débit, de taux d'erreurs, etc. L'émetteur peut également modifier la nature du flux au cours d'une session et basculer, par exemple, de la vidéo à l'audio

4 Le protocole RTP

Le protocole RTP décrit le format des paquets transportant des flux audio ou vidéo. Utilisant les services de la couche UDP, RTP n'assure pas pour autant un quelconque contrôle de flux, de reprise sur erreur ou même de contrôle d'intégrité du paquet. Son but est simplement de transporter des millisecondes de voix

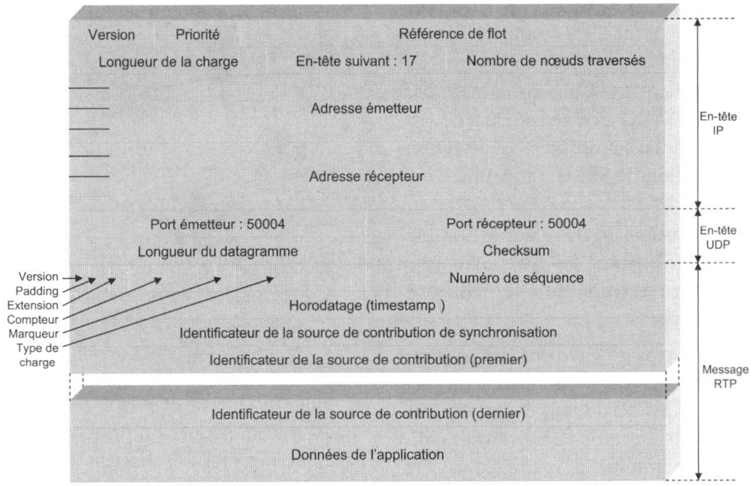

Figure 6 Format des messages RTP

ou des portions d'image et d'inclure des informations relatives au temps et permettant d'identifier les émetteurs qui génèrent le signal multimédia audio ou vidéo.

Les deux premiers octets contiennent six champs distincts. Les deux premiers bits indiquent le numéro de version. Le troisième bit indique si des informations de bourrage ou *padding* ont été ajoutées. Si la valeur de ce bit est égale à 1, le dernier octet du paquet indique le nombre d'octets de bourrage. Le bit suivant précise s'il existe une extension au champ d'en-tête de RTP, mais, en pratique, aucune extension n'a été définie jusqu'à présent par l'IETF. Le champ suivant est un compteur, *Contributor Count*. Il indique le nombre d'identificateurs de flux relatifs à la session RTP qui doivent être indiqués dans la suite du message. Le bit *Marker* met à la disposition de l'utilisateur une marque indiquant la fin d'un ensemble de données. Les sept bits suivants complètent les deux premiers octets et indiquent le type de contenu qui est transporté dans le paquet RTP. C'est l'information temps réel effectivement transportée. Ces types sont appelés des *Payload*. Ils sont définis en fonction des applications.

L'horodatage ou *Timestamp*, dépend de l'horloge de l'émetteur, et représente l'instant où le premier octet des données transportées a été échantillonné.

Le champ SSRC, *Synchronization Source*, est un numéro unique, généré de manière aléatoire, qui identifie l'émetteur du flux. Un mécanisme permet de gérer les problèmes de collision entre deux SSRC identiques. Le tableau 3 précise les RFC qui traitent des protocoles RTP et RTCP et du transport des différents codecs vidéo et audio dans un échange de flux multimédias.

La RFC 1889, relative à RTP, prévoit l'utilisation de mixeurs dont le rôle est de mélanger les flux pour n'en faire qu'un et qui sera redistribué, par exemple, aux participants d'une conférence audio. Il synchronise les flux combinés issus des différentes sources n'utilisant pas le même codage et ne disposant pas de la même source d'horloge ni de la même fréquence d'échantillonnage. Le paquet RTP résultant contient la liste des SSRC qui ont contribué à la formation du flux mélangé, par exemple, la liste des participants qui ont parlé en même temps. Le *mixer* s'apparente aux fonctions d'un MCU H.323, mais assure des fonctions plus évoluées liées à la signalisation. En pratique, un serveur de conférence implémente les fonctions de MCU et de *mixer*.

RFC	Sujet traité par le Request For Comments
1889	Spécifications de RTP et de RTCP
1890	Définition des profils pour les conférences audio et vidéo
2032	Transport des codecs vidéo H.261
2190	Transport des codecs vidéo H.263
2198	Transport des codecs audio

Tableau 4 RFC liées au multimédia sur IP

5 Le protocole RTCP

RTCP décrit le format des informations remontées par le ou les récepteurs d'un flux. Il est utilisé concurremment avec RTP pour remplir trois fonctions principales :

- fournir un retour sur la qualité de service perçue par les récepteurs en envoyant des rapports d'émetteurs ;
- identifier tous les participants à une conférence par un nom unique. Si le SSRC change en cours de session, suite à une réinitialisation ou à la détection d'un conflit d'attribution de SSRC, on peut retrouver le participant ;
- permettre à chaque participant d'évaluer le nombre de participants afin d'adapter les flux en conséquence en agissant par exemple, sur la fréquence d'émission des paquets.

Comme tous les participants envoient des paquets RTCP, cela peut rapidement causer des problèmes de dimensionnement pour les sessions qui comportent de nombreux participants. Le trafic RTCP devrait croître linéairement avec le nombre de participants. Ce problème n'existe pas pour les flux audio, si la suppression de silence est activée. La RFC 1889 spécifie une limite du trafic RTCP équivalente à 5 % du débit d'information généré par les sessions média, y compris les *overheads* IP/UDP/RTP.

Un paquet RTCP contient donc des informations relatives à l'horodatage des paquets reçus, à la variation du délai de transmission constatée par les récepteurs, au nombre de paquets perdus par période et en cumulé. Les informations recueillies par les émetteurs et les récepteurs permettent de vérifier que le niveau de la qualité de service correspond à celui demandé à l'aide du protocole RSVP.

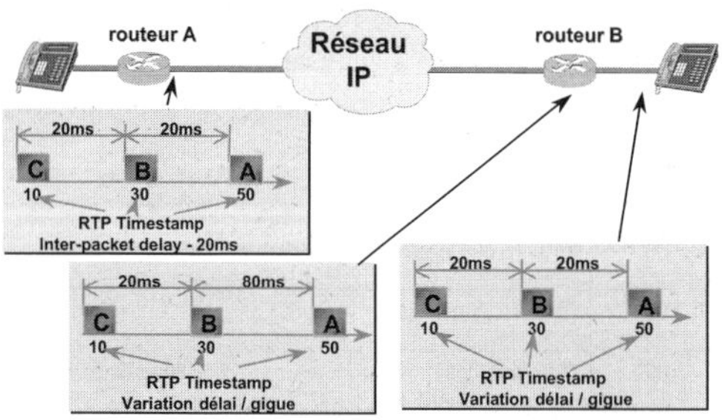

Figure 7 Horodatage des paquets avec RTCP

On distingue les types de paquets RTCP suivants :
- rapport de récepteur (type RR, *Receiver Report*) ;
- rapport d'émetteur (type SR, *Sender Report*) si le récepteur est également un émetteur ;
- descriptions de la source (type SDES, *Source Description*) ;
- le signal de fin d'émission (BYE), envoyé par un participant quand il quitte une conférence ;
- fonctions spécifiques à une application (type APP), par exemple audio, vidéo, etc.

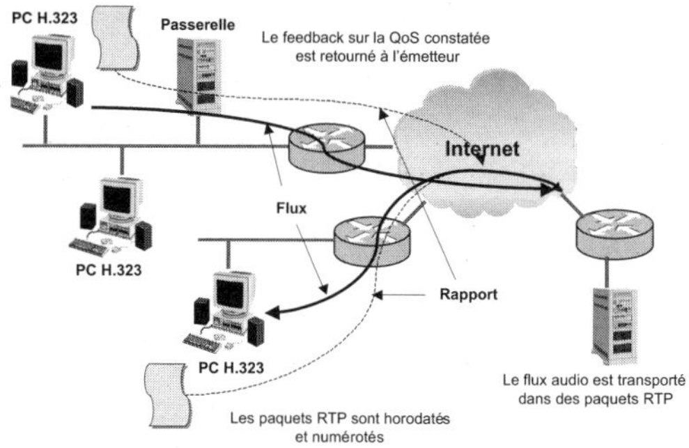

Figure 8 Échange de rapports avec RTCP

Plusieurs messages RTCP peuvent être encapsulés dans un seul paquet du protocole de transport. Chaque message RTCP contient en effet assez d'informations sur sa longueur totale pour permettre le décodage même si plusieurs messages sont présents dans un seul paquet UDP.

Le rapport SDES contient, quant à lui, toutes les informations concernant l'émetteur : nom, adresse e-mail, numéro de téléphone, localisation géographique, nom du logiciel utilisé, etc. Pour consommer le moins de bande passante possible on peut recommander les règles suivantes :
- les différents types de paquets RTCP sont regroupés dans un seul paquet UDP ;
- la périodicité d'émission des paquets RTCP est aléatoire (entre 2 et 5 minutes) ;
- le flux RTCP ne doit pas dépasser 5 % de la bande passante utilisée par RTP ;
- un participant ne doit pas générer plus de 20 % du total des flux RTCP.

6 Capacité des flux multimédias

Un paquet RTP transporte 2 à 30 ms de voix, ce qui représente 20 à 150 octets selon le codec utilisé. La RFC 2298 illustrée dans le tableau suivant montre l'exemple d'un paquet RTP transportant 20 ms de voix échantillonnée à 8 kHz et dont les données utiles ne représentent que 98 octets.

Codec	Données numériques
G.722	8 bits par échantillonnage
G.723	30 ms par trame
G.728	3,1 ms par trame
G.729	10 ms par trame

Tableau 5 Échantillonnage d'un paquet RTP

Afin d'augmenter la taille des données utiles, on pourrait augmenter la taille des données transportées en envoyant plusieurs trames dans un seul paquet. L'inconvénient de cette approche est qu'elle engendre un délai de transit supplémentaire dans une passerelle ou au départ du PC émetteur. Par exemple, au lieu d'attendre 30 ms pour envoyer une trame G.723, on attendra 60 ms pour envoyer deux trames. Le résultat est que le délai d'attente de la première trame du paquet est allongé de 30 ms, et ce pour une trame sur deux dans le flux.

7 Contrôle des flux multimédias

Les flux audio et, dans une moindre mesure, les flux vidéo sont sensibles à plusieurs phénomènes :
- l'écho ;
- le délai de transit, appelé latence, c'est-à-dire le temps qui s'écoule entre la prononciation d'un mot et sa restitution côté récepteur ;
- la variation du délai de transit, appelée « gigue » ou *Jitter*.

Le phénomène d'écho provient de la réflexion du signal sur le câble, surtout au niveau des convertisseurs 2 fils/4 fils présents en nombre sur le RTC. Il est surtout perceptible sur de longues distances et est amplifié si les délais de transit sont importants. Si ces derniers sont assez bas, c'est-à-dire à moins de 50 ms, l'écho n'est pas perceptible et est masqué par la conversation.

Étant donné que les délais de transit sont, la plupart du temps, supérieurs à 50 ms, des appareils spécifiques, appelés « annuleurs » d'écho selon la norme de l'UIT G.165, sont systématiquement utilisés sur le réseau RTC.

Le délai de transit affecte une conversation téléphonique : si le temps qui s'écoule entre la fin d'une phrase et sa réception complète par le récepteur est trop important, les personnes commencent alors à parler en même temps, puis s'arrêtent en même temps ou se coupent la parole, etc.

La norme G.114 préconise un délai de transmission maximal de 400 ms pour le RTC. Dans les faits, la dégradation de la qualité de la voix est nettement perceptible lorsque les délais dépassent 300 ms. De plus, l'écho devient perceptible, ce qui dégrade encore plus la qualité.

Les variations des délais de transit sont essentiellement dues à la charge du réseau qui doit traiter différents types de flux. Le RTC fonctionne en mode commutation de circuit : un canal de 64 kbit/s est réservé pendant toute la durée de la conversation. Il y a donc très peu de gigue, voire pas du tout. L'inconvénient est que la bande passante du réseau n'est pas optimisée : les 64 kbit/s restent réservés même lorsqu'ils ne sont pas utilisés, pendant les silences ou en l'absence de transmission.

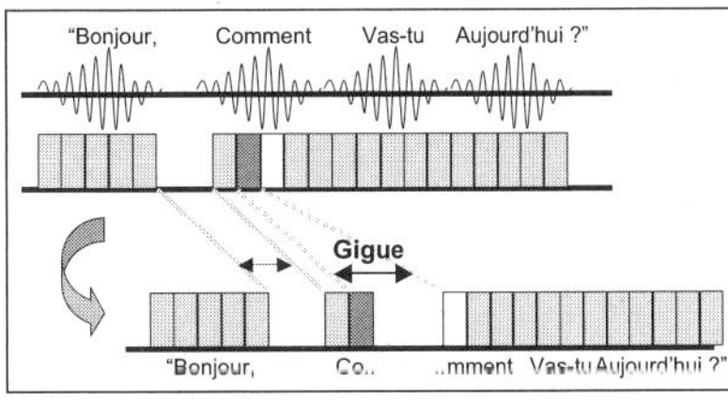

Figure 9 Effet de la gigue sur la voix

En revanche, un réseau de paquets, de trames ou de cellules véhicule simultanément une multitude de flux et exploite au mieux ses ressources en les partageant entre plusieurs utilisateurs.

Le délai de traitement varie donc en fonction de sa charge. La variation du délai crée ainsi des interruptions inattendues au milieu d'une phrase ou d'un mot, qui peuvent rendre une conversation inintelligible. Pour compenser la gigue, on utilise des tampons mémoire. Les trames arrivant en retard, par rapport à la moyenne, sont restituées immédiatement. Mais celles arrivant en avance, par rapport à cette même moyenne, restent plus longtemps dans la mémoire tampon.

L'inconvénient est donc que le délai de transit est augmenté proportionnellement à la taille du tampon. Généralement, sa taille correspond à un délai égal à environ deux fois celui du traitement du codec. Dans la pratique, les équipements font varier dynamiquement leur taille.

Concernant le téléphone, notons également une spécificité liée aux fonctionnalités offertes par le DTMF (*Dual-Tone MultiFrequency*). Ce signal permet à un utilisateur de dialoguer avec un serveur vocal de type Audiotel, pour accéder par exemple au rappel sur occupation ou pour consulter son compte bancaire. La compression de la voix empêche la transmission de ce type de signal. Celui-ci est donc codé, puis régénéré à son arrivée selon le codec G.729.

8 Estimation du délai de transmission

Le délai de transit sur le réseau est la somme des délais induits par tous les équipements traversés : câbles, routeurs, commutateurs, etc. Le délai de transit est donc la somme :
- du délai de sérialisation déterminé par la vitesse de la ligne et la taille du paquet ;
- des délais de traitement propres au codec ;
- du délai de transit dans un nœud de type routeur, IPBX ou passerelle, déterminé par l'empaquetage et

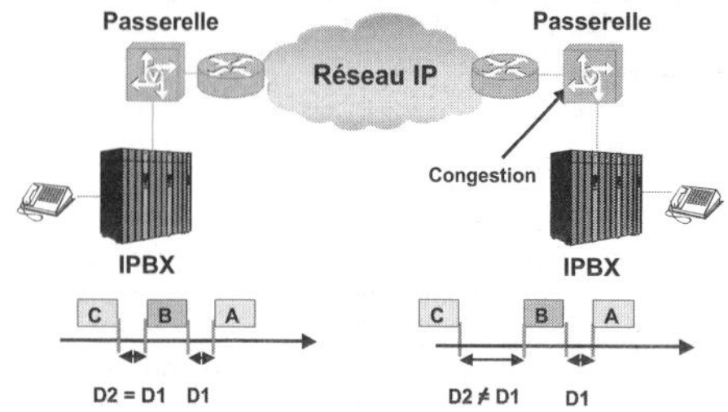

Figure 10 Différents délais de transmission

le dépaquetage des données, augmentés des temps de traitement dus aux protocoles réseau comme l'interprétation des en-têtes, le routage, etc.

La sérialisation, appelée aussi paquétisation est l'action d'envoyer des bits sur le câble. Plus le débit de la liaison est élevé, plus le temps de sérialisation est court. Par exemple, il faut 125 microsecondes pour envoyer un octet sur une LS (liaison spécialisée) à 64 Kbit/s contre 0,05 microseconde sur une liaison à 155 Mbit/s. De même, plus les sites sont rapprochés, plus le délai de propagation est court. La vitesse de propagation sur un réseau filaire est proche de 200 000 km/s. Il faudra donc compter 5 ms pour parcourir 1 000 km. Par exemple, il faut compter 32 ms de délai de propagation sur une LS 64 kbit/s entre l'Europe et les États-Unis.

À la différence des données applicatives, la voix et la vidéo acceptent une altération des données. Il en résulte une dégradation de la qualité du son ou de l'image, qui peut toutefois être tolérée par les personnes qui les reçoivent. En plus du délai de transit et de sa variation, des paquets peuvent donc être perdus, mais bien sûr dans une certaine limite.

9 Échange de données multimédias

La recommandation H.323 fait appel à une autre recommandation de l'UIT pour traiter des échanges de données au sein d'une vidéoconférence et via des sessions TCP gérées par H.245. La norme T.120 propose un ensemble de procédures pour le contrôle des échanges de données temps réel et multipoint. Cet ensemble de normes permet l'organisation de conférences multimédias, de travail collaboratif, de partage d'applications ou de jeux en réseau. Elle vise à assurer la fiabilité des échanges, ainsi que l'interopérabilité entre les différents constructeurs.

T.120 est indépendante des autres couches fonctionnelles. Les protocoles pourront être employés audessus de tout type de réseaux, plateformes ou applications. Les couches de plus bas niveau de T.122 à T.125 sont indépendantes des applications et leur fournissent un service fiable de communication de données multipoint. Les couches supérieures de l'architecture, T.126 à T.134 sont spécifiques à chaque application. Les couches T.122 et T.125 définissent le MCS, *Multipoint Communication Service*, présent dans chacun des nœuds du domaine T.120.

En mode multipoint, chacun de ces nœuds communique avec le site central, le MCU présenté au début du chapitre. La série T.130 définit les contrôles et la gestion des éléments audio et vidéo d'une conférence. Le protocole T.123 définit le NTSP, *Network Specific Transport Protocol*, qui assure l'interface entre les applications T.120 et le réseau. Il réalise l'adaptation à différents supports, tels que RNIS et TCP/IP tout en gérant les erreurs de transmission.

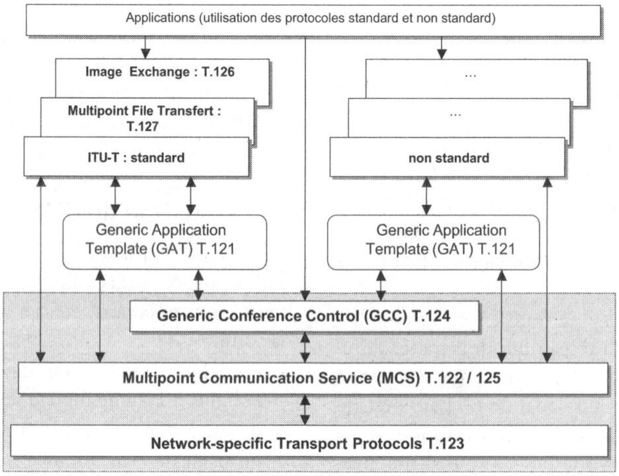

Figure 11 Architecture T.120

10 Nécessité d'une qualité de service

Des applications temps réel critiques, telles que la téléphonie ou la vidéo, ne migreront définitivement sur IP que lorsque la fiabilité aura atteint un niveau équivalent à celui de la téléphonie actuelle. Le multimédia sur réseau IP devait relever un double défi, se rénover sans pour autant renier ses principes fondamentaux, à savoir la simplicité, la robustesse et l'universalité. Dans le contexte initial de la voix sur IP la seule qualité de service QoS, pertinente était de ne pas perdre ou corrompre les données transportées. Aujourd'hui il est nécessaire de savoir contrôler et de caractériser la qualité de service d'un réseau IP. Nous avons décrit dans les paragraphes précédents les principaux paramètres de QoS :

- la capacité disponible, aussi appelée bande passante ;
- le délai de transmission de bout en bout (latence), et la variation de ce délai (gigue) ;
- le taux de perte de paquets et le taux de « déséquencement ».

La notion de qualité de service QoS, prend toute sa dimension lorsqu'il y a un partage des ressources. Il est bien entendu évident que le préjudice causé par les baisses de performances du réseau n'affecte pas toutes les applications de la même façon. Un fichier qui met une minute de plus pour être chargé n'aura pas la même conséquence qu'une interruption de 60 secondes au milieu d'une conversation téléphonique. Pour résoudre le problème posé par le partage des ressources, plusieurs techniques sont proposées, que nous allons examiner dans les paragraphes suivants.

11 La réservation de ressources RSVP

Il est bien plus commode pour les applications de laisser au réseau la gestion des ressources en terme de bande passante et de délai et de laisser ce dernier fournir le niveau approprié de qualité de service. Pour cela il est nécessaire de disposer d'un protocole de signalisation entre l'application et le réseau, c'est là que RSVP joue un rôle clé. Il fournit un cadre général pour négocier dynamiquement un certain niveau de QoS pour un flux donné. Les services rendus par le protocole RSVP sont les suivants :

- le service à charge contrôlée : une application exige un taux de perte et une gigue très faible ;
- le service garanti : ce niveau de service exige une bande passante suffisante et un délai de transit maximum.

L'IETF n'a pas donné de directive claire pour indiquer dans quel cas utiliser le mode garanti par rapport au mode à charge contrôlée. La principale différence est que le mode à charge contrôlée ne spécifie aucune limite pour le délai de bout en bout.

Le protocole RSVP est la clé de voûte de l'architecture définie par l'IETF sous le nom IntServ, *Integrated Services*, et utilise principalement deux types de messages : PATH et RESV.

Le message PATH est envoyé par la source du flux de données et contient initialement une description de ce flux. Ce message suit exactement le même chemin que le flux. Il est préparé par l'émetteur dans un descripteur de trafic, TSPEC. Le message est acheminé jusqu'à destination en appliquant le protocole de routage RIP ou OSPF. Chaque routeur traversé enregistre le PATH-STATE qui permettra le retour du message RESV. Le paramètre ADSPEC est modifié pour refléter les ressources disponibles qui peuvent être attribuées. Le récepteur détermine grâce aux paramètres ADPEC et TSPEC, les ressources minimales requises pour la transmission du flux.

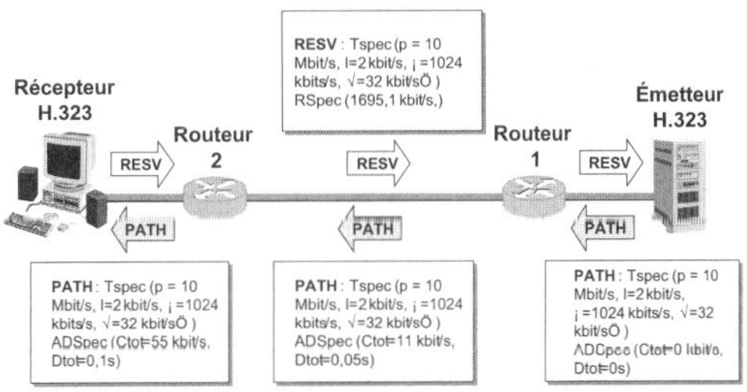

Figure 12 Réservation en mode service garanti

Le message RESV est préparé avec le paramètre RSPEC précisant ces ressources minimales. Le message RESV peut également donner une marge d'erreur sur le délai maximum cible, si le besoin est par exemple une certaine capacité de transmission réservée et non pas un délai faible (cas de la diffusion de la télévision). Ce message revient en amont en empruntant le même chemin que le message PATH. La figure 12 illustre un scénario de réservation de ressources en mode service garanti à l'aide des messages PATH et RESV. Quand un routeur reçoit le message RESV, il met en œuvre ses modules Contrôle d'Admission et Traitement des réservations.

12 Les services différenciés

Un autre mécanisme défini par l'IETF consiste en les services différenciés, appelés DiffServ. Le modèle DiffServ introduit plusieurs classes de service offrant chacune une qualité de service différente. Chaque flux de trafic se voit attribuer une classe de service appropriée comme l'illustre la figure 13.

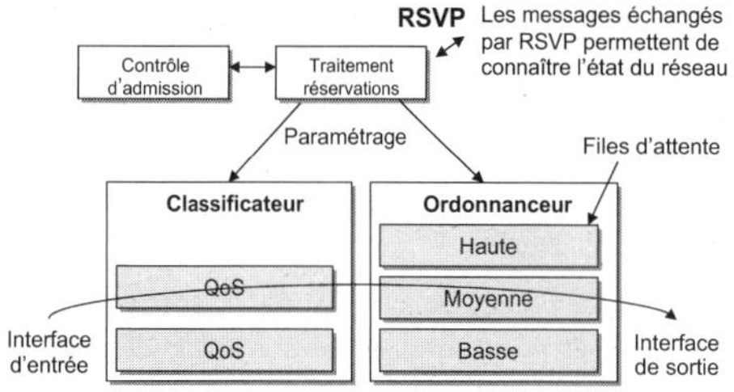

Figure 13 Gestion des files d'attente

Cette classification de trafic est effectuée en périphérie du réseau, directement à la source ou sur un routeur d'accès, selon des critères prédéfinis sur des adresses IP ou des ports TCP/UDP. Chaque paquet est marqué avec un champ TOS, *Type Of Service*, qui indique la classe de trafic assignée. Les routeurs utilisent ce code, transporté dans le champ TOS du datagramme IP, pour déterminer la qualité de service requise par le paquet. Tous les paquets ayant le même code reçoivent ainsi le même traitement. Les critères de classification des paquets doivent refléter les besoins réels de l'information qu'ils transportent en termes de largeur de bande, sensibilité aux pertes de paquets, sensibilité aux délais et aux variations de délai. Par exemple, la voix sur IP, qui justifie à elle seule l'introduction de la QoS, est sensible aux délais ainsi qu'aux variations de délai, beaucoup plus qu'à la perte de paquets.

IntServ est un modèle d'architecture qui propose de réserver des ressources dans les nœuds intermédiaires avant de commencer à les utiliser. Contrairement au modèle DiffServ, chaque application est libre de demander une qualité de service spécifique à ses besoins. Les routeurs le long du chemin de transmission, vérifient s'ils peuvent accorder cette qualité de service ou non, et acceptent ou refusent en conséquence la réservation de l'application. Si la réservation est acceptée, l'application est alors assurée d'obtenir des garanties pour le transfert des données, selon ce qui a été négocié lors de la réservation. Le principal défaut du modèle IntServ est que tous les routeurs, même ceux au cœur du réseau travaillant à haut débit, doivent inspecter plusieurs champs de chaque paquet afin de déterminer la réservation associée à ce dernier.

Après la classification, chaque paquet est placé dans la file d'attente qui correspond à la réservation. La classification et la gestion de files d'attentes pour chaque flux individuel empêchent l'utilisation du modèle IntServ dans les réseaux à haut débit. De plus il suffit qu'un seul routeur, sur le chemin de transmission, n'offre pas le service pour que IntServ soit mis à mal. Pour mettre en œuvre la QoS, il faut la contrôler de bout en bout. À ce niveau, l'alternative la plus souvent utilisée consiste à surdimensionner les réseaux. Il existe néanmoins des mécanismes permettant de contrôler le trafic au niveau de la liaison, couche 2 du modèle OSI, *Open Systems Interconnection*, comme le protocole SBM, *Subnet Bandwidth Manager*, qui est une extension de l'architecture IntServ-RSVP. SBM est un protocole de signalisation basé sur le contrôle d'admission de RSVP, et permet la gestion de la largeur de bande. Il fait le lien entre la couche 2 et la couche 3, la couche réseau du modèle OSI et comble ainsi le vide entre le routeur et l'utilisateur.

13 Gestion de la qualité de service

La qualité de service se réfère à la classification des paquets dans le but de traiter différemment certaines classes ou flots de paquets par rapport à d'autres. Idéalement, la QoS va rendre le service d'acheminement de paquets déterministe, contrairement à ce qui se passe normalement sur Internet avec le service *best effort*. Puisque les services sont différenciés, il est admis que ceux qui bénéficient de la meilleure qualité de service devront payer plus que ceux qui devront se contenter de la moindre qualité. Nous pouvons par exemple penser à une entreprise qui a besoin d'assurer un service de qualité à large bande et dont le temps est une denrée précieuse par rapport à ceux qui consomment une grande largeur de bande pour télécharger des fichiers MP3, DivX, etc. Il serait raisonnable de traiter différemment ces deux types d'utilisateurs, en leur offrant des qualités de service différentes mais aussi en les faisant payer différemment le service. Il y a donc un besoin de vérifier l'identité de l'utilisateur et d'identifier le trafic transporté sur le réseau à partir des paquets échangés. L'introduction de règles est insuffisante si elles ne peuvent pas être contrôlées et si leur violation ne peut pas être sanctionnée. Donc il faut introduire un système qui permette de satisfaire ces contraintes. Une politique de règles, au même titre qu'un contrat d'assurance, correspond à un contrat de service ou SLA, *Service Level Agreement* passé entre le fournisseur qui gère le réseau et le client. Les termes de ce contrat sont très génériques et de haut niveau. Néanmoins les règles à appliquer pour satisfaire le client doivent être vérifiables et ne pas comporter d'ambiguïté. À chaque règle doit correspondre une série d'actions. Un groupe de travail de l'IETF, RAP a défini un protocole d'allocation de ressources et a commencé son activité dans le cadre des services intégrés. Il a été vite reconnu que les résultats étaient applicables aux services différenciés. Le modèle nécessite deux composants distincts : un PEP, *Policy Enforcement Point* et un PDP, *Policy Decision Point*. Le PEP contrôle et le PDP prend des décisions basées sur une politique des règles qui a été définie au préalable. Les échanges entre PEP et PDP sont effectués à l'aide du protocole COPS (*Common Open Policy Service Protocol*). Un schéma de fonctionnement de COPS est représenté à la figure suivante.

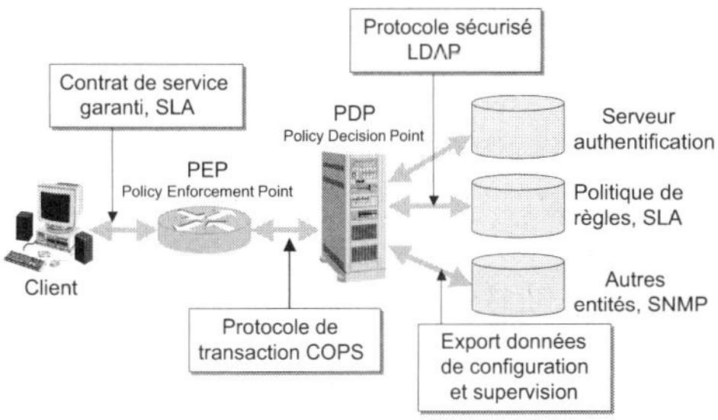

Figure 14 Schéma de fonctionnement de COPS

Dans ce modèle, un routeur devant prendre une décision sur l'admission d'une réservation envoie une requête de type RSVP au PDP et celui-ci renvoie la décision prise à partir des règles des politiques. Ce dernier envoie des directives de configuration aux entités du réseau pour mettre en place la réservation de ces ressources.

La principale faiblesse du modèle DiffServ est que la configuration des classes de qualité de service est statique. Les routeurs d'accès doivent être configurés pour assigner une classe à chaque type d'application, donc pour marquer tous les paquets entrant avec un code. Pour chaque classe, il est nécessaire de configurer les ressources utilisées comme la largeur de bande par exemple. Cependant, le trafic dans un réseau change périodiquement et d'une manière imprévisible.

Comme c'est le cas dans un réseau proposant le service voix sur IP, il faudra normalement réserver des ressources pour la classe DiffServ transportant ce service. Or, pendant la nuit, il y aura peu de trafic voix sur IP mais peut-être des flux des données importants lors de la sauvegarde des serveurs. Un tel réseau travaille donc dans deux régimes très différents et nécessite une modification périodique de la configuration des routeurs. En utilisant le modèle de gestion de qualité de service, COPS, un administrateur de réseau peut définir deux types de politiques, appropriées pour les deux régimes de trafic et les stocker sur le contrôleur central, PDP. Quand une modification de la configuration des routeurs est nécessaire, le PDP communique à travers le protocole COPS avec les routeurs et leur transmet la nouvelle configuration. Ces nouvelles méthodes aident à la gestion des réseaux et des applications de manière indépendante, et offrent une large palette de fonctions de support pour l'administration de réseaux.

Nous allons terminer notre chapitre par l'étude de l'interopérabilité de notre réseau voix et multimédia sur IP, avec l'intégration des réseaux RTC, RNIS, IP et la problématique de la signalisation multiprotocole.

14 L'interopérabilité avec MGCP

Conséquence de la complexité des normes H.323, les constructeurs ont interprété ou simplifié leurs solutions en les rendant incompatibles les unes avec les autres. L'IETF a soutenu largement un groupe de travail, MMUSIC, *Multiparty Multimedia Session Control*, qui a développé SIP, *Session Initiation Protocol* un protocole de signalisation au niveau de la couche application, pour la téléphonie et la vidéoconférence. Sa syntaxe reprend celle de HTTP ce qui en fait un protocole simple à intégrer. SIP fournit toutes les fonctions de la signalisation que l'on connaît sur les réseaux intelligents SS7. L'implantation de SIP dans les matériels des constructeurs est très légère. SIP offre les moyens de signalisation nécessaires à l'établissement de conférences multimédias. Les messages échangés sont des requêtes ou des réponses. SIP est indépendant de la couche de transport sous-jacente. Il se contente d'un service de datagramme UDP, et contient son propre mécanisme de fiabilité. SIP peut être exploité pour déterminer le type de réseau à emprunter pour joindre un correspondant, le RTC ou la zone H.323. Dans le cas d'un réseau H.323, SIP s'accommode de tous les modes de transport, fiables ou non. Il peut s'utiliser au-dessus de protocoles ATM, IPX, Frame Relay ou X.25.

Nous terminerons notre chapitre par une introduction au protocole MGCP qui a été développé pour résoudre l'interopérabilité entre les passerelles H.323. L'architecture MGCP aurait pu faire l'économie d'un nouveau protocole, en empruntant certaines procédures aux protocoles H.323 ou SIP. En suivant la logique de l'architecture H.323, chaque passerelle devrait être équipée d'une interface SS7, lui permettant de communiquer avec les réseaux intelligents du RTC. Cette interface suppose de convertir les protocoles SS7/ISUP en RNIS/Q.931, dont un sous-ensemble est implémenté dans H.225. De la même façon, SIP est un protocole conçu pour la communication entre entités de même niveau. Le protocole MGCP concerne le pilotage à distance des passerelles à l'aide d'un serveur spécialisé : le *Call Agent*. Les deux protocoles H.323 et SIP continuent de jouer leur rôle de procédure de signalisation. Le réseau conserve donc un fonctionnement multiprotocole, et le Call Agent assure l'interface entre les signalisations SS7/ISUP et SIP ou H.323.

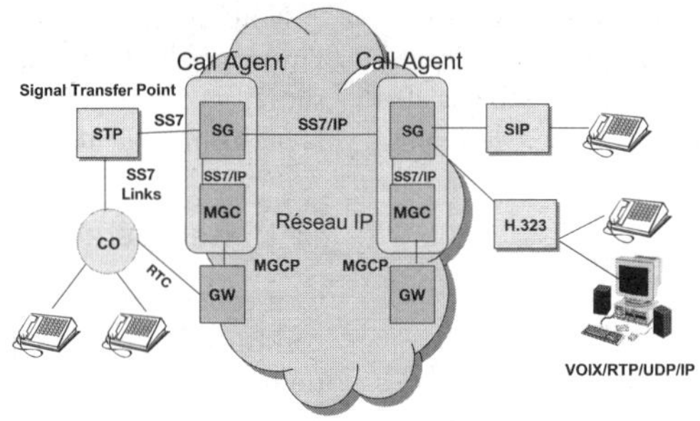

Figure 15 Architecture de MGCP

Contrairement aux idées préconçues le multimédia sur réseau IP ne sera pas seulement H.323, mais multi-protocole selon les besoins des services et du type de signalisation.

Bibliographie

Olivier Hersent, David Gurle, Jean-Pierre Petit (2003), *La voix sur IP*, Dunod.
Jean-François Susbielle (2000), *Internet multimédia et temps réel*, Eyrolles.
Jean-Luc Montagnier (2001), *Construire son réseau d'entreprise*, Eyrolles.

Bases de données

Coordination : Michel Scholl

Introduction

Michel Scholl

Qu'est-ce qu'une base de données ?

C'est la représentation informatique d'une information sur un sujet donné. Cette information est représentée par un certain nombre de collections. Celles-ci ont en général une structure appelée *schéma* que doivent respecter tous les éléments de la collection. Ainsi chaque individu d'une collection de personnes est représenté par un numéro de sécurité sociale, un nom, un prénom, etc. On peut alors se servir de cette structure pour rechercher des informations dans la base : on peut par exemple demander le nom de la personne de numéro de sécurité sociale 1630798034008.

Qu'est-ce qu'un système de gestion de bases de données ?

C'est un ensemble de logiciels qui permettent de représenter, interroger, stocker, échanger des données. Il est utile de souligner que le volume des données gérées par un système de gestion de bases de données (SGBD) est en général important : il peut facilement être de l'ordre de péta octets. Ces données sont créées pour être partagées et consultées de manière simple et confidentielle par de nombreux utilisateurs. Si elles sont quelquefois assez volatiles, elles ont, la plupart du temps, une durée de vie importante. L'utilisation simultanée par plusieurs utilisateurs et l'éventualité de pannes nécessitent le maintien de la cohérence des données. Par ailleurs les données évoluent au cours du temps. Les SGBD respectent ces nombreuses caractéristiques et de plus doivent être performants c'est-à-dire qu'ils doivent s'adapter à une charge significative (en taille des données stockées, en nombre d'utilisateurs) et permettre l'accès à l'information en un temps suffisamment court.

Des formes primitives de stockage, codage et collecte aux bases de données

Quinze à vingt mille ans séparent les peintures et gravures murales des grottes de Lascaux, formes de stockage connues les plus anciennes, du premier disque dur magnétique développé par IBM en 1956 (Model 305 RAMAC, 5 Mo de mémoire) (Stein, 2003). Avec le disque magnétique, l'accès direct aux données est né et avec lui les structures de fichiers et d'index. Plus de trois mille ans se sont écoulés entre l'apparition de l'alphabet Ugaret en Syrie (entre 1400 et 1300 av. J.-C.) et la représentation informatique de l'information alphanumérique. Enfin il a fallu presqu'un millénaire pour passer du *Domesday Book* (1086) aux premières bases de données informatiques. Ce livre de 413 pages de parchemin, commandé par Guillaume Le Conquérant contient 13418 articles (un par ville ou village recensé). Il a été pendant des siècles une source d'informations importante sur la vie au XIe siècle en Angleterre (Stein, 2003). Ce recensement constitue probablement la première activité de collecte d'information structurée à grande échelle en Europe occidentale.

En 1961, Charles Brachman (A.M. Turing Award 1973) développe pour General Electric le premier SGBD, Integrated Data Store (IDS), commercialisé sous le nom d'IDMS. La représentation, l'interrogation et la gestion de données volumineuses constituent alors une discipline de l'informatique à part entière et permettent le développement de grands systèmes d'information en entreprise. En 1968, IBM commercialise IMS. En quinze ans, la discipline vit des évolutions majeures depuis les premiers systèmes de fichiers et leur accès par des programmes écrits en COBOL jusqu'à l'avènement du modèle relationnel. Dès le début, s'impose la nécessité d'une représentation abstraite de l'information appelée *modèle de données* qui permet de séparer la manipulation des données par l'utilisateur, des détails d'implantation. Tandis qu'IMS d'IBM utilise un modèle *hiérarchique*, la norme Codasyl (*Conference on Data Systems Languages*) installe le modèle *réseau*. Le SGBD Socrate, créé en France chez CII en 1967 par Jean-Raymond Abrial, s'appuie également sur un modèle réseau. Les SGBD de cette génération privilégient toutefois l'accès rapide aux données, aux dépens d'une véritable abstraction : leur gestion efficace est obtenue au prix d'une connaissance trop grande des détails d'implantation ; elle demande une forte expertise et est difficilement évolutive.

Le modèle relationnel proposé en 1970 par Ted Codd (A.M. Turing Award 1981) (Codd, 1970), permet enfin de séparer élégamment la représentation des données et leur manipulation, de leur implantation et déploiement sur des plateformes différentes. Les idées de Codd sont reprises dans trois projets qui vont donner naissance à la fin des années soixante-dix à un standard d'interrogation et de manipulation, le langage SQL et à trois SGBD relationnels, System R d'IBM, Ingres de l'université de Berkeley, et SDL qui sera renommé en 1983 Oracle. Dès le début des années quatre-vingt, les SGBD relationnels conquièrent le marché aux dépens des SGBD réseaux et hiérarchiques. Ils sont universellement utilisés dans tous les secteurs de l'économie. Ils sont au cœur de cette section.

Les bases de données relationnelles

Les bases de données relationnelles s'appuient sur de nombreux fondements qui sont étudiés dans le chapitre «Théorie des bases de données». Les centres de recherche américains et notamment celui d'IBM à San Jose, ont accueilli les premières recherches théoriques dans ce domaine au début des années soixante-dix. Claude Delobel est le premier chercheur français qui contribue à cet effort (Delobel and Casey, 1973). Le chapitre «Bases de données relationnelles» étudie le modèle relationnel et l'interrogation de l'information qui a donné naissance au langage standard SQL. Le chapitre «Conception et mise en œuvre des bases de données» étudie la conception d'une base de données et la mise en œuvre pratique des SGBD. Le chapitre «Architecture et performances» entre dans le cœur du système et regarde quelques aspects liés à l'architecture d'un SGBD et ses performances. Il introduit les méthodes d'accès aux données, l'optimisation des requêtes et l'architecture de SGBD répartis et parallèles. Il existe des mécanismes qui permettent un accès simultané cohérent à une base de données de la part de plusieurs utilisateurs dont certains modifient le contenu de la base. Cette gestion de la concurrence qui est liée à la fiabilité d'un SGBD est étudiée dans le chapitre «Concurrence et reprise sur pannes». La croissance des entrepôts de données comme outil d'aide à la décision donne naissance à d'autres types de systèmes de gestion de données dits décisionnels qui sont abordés dans le chapitre «Bases de données décisionnelles».

Une nouvelle vision des données

Jusqu'à la fin des années quatre-vingt, la majeure partie de l'information manipulée visait des besoins industriels pour lesquels la représentation simple relationnelle de l'information est bien adaptée. Les années quatre-vingt-dix et surtout deux mille suite à l'utilisation universelle du Web, ont vu le développement de nouveaux besoins et nouvelles applications qui toutes échangent, interrogent et manipulent des documents et non plus de simples listes de champs de type alphanumérique. Ces documents ont parfois une structure unique, mais le plus souvent celle-ci est mal définie ; ils mélangent souvent information structurée et texte, parfois des images, des graphiques ou des données multidimensionnelles. Cette section n'a pas pour objectif de passer en revue tous les aspects liés à la gestion de documents, mais d'en aborder certains parmi les plus importants et qui correspondent à des secteurs économiques en pleine croissance.

Le chapitre «Bases de documents XML» étudie un nouveau modèle de documents et donc de systèmes de gestion de documents basé sur la norme XML et qui a donné naissance au standard d'interrogation Xquery proposé par le W3C, standard qui n'est pas encore stabilisé. Le chapitre «Recherche d'information sur le Web» met l'accent à la recherche d'information sur le Web. Il met l'accent sur les moteurs de recherche mais regarde aussi quelques problèmes liés à l'échange et à la publication de données sur le Web. Ce chapitre aborde un domaine en pleine évolution appelé Web sémantique et étudié plus en détail dans la section « Intelligence artificielle ». Le développement spectaculaire des bases d'images et de vidéos a donné naissance à des techniques d'indexation des images par leur contenu visuel et la recherche dans de grandes collections d'images par ce contenu visuel. Cette nouvelle technologie est étudiée dans le chapitre «Recherche par contenu visuel dans les grandes collections d'images». La prise en compte du temps dans l'information en particulier comme critère d'interrogation a de vastes débouchés. Le chapitre «Bases de données temporelles» étudie ces aspects. De très nombreux secteurs gèrent des données géo-référencées, c'est-à-dire qui sont associées à un point ou à une zone du territoire. Les systèmes d'information géographique répondent depuis longtemps aux besoins de ce marché en expansion. Leur cœur est un SGBD qui traite des données hybrides relationnelles et spatiales. Ces SGBD doivent prendre en compte l'évolution au cours du temps de ces données et en particulier leur déplacement dans l'espace (intempéries, objets mobiles). Le chapitre «Bases de données spatio-temporelles» donne les bases de ces SGBD. Enfin la mobilité croissante des utilisateurs qui interrogent au cours de leur déplacement des données publiques ou personnelles ou associées au lieu où elles se trouvent donne naissance à une évolution des besoins qui est étudiée dans le chapitre «Bases de données et mobilité» qui traite également du problème des SGBD embarqués.

Par manque de place, de nombreux aspects importants liés à la gestion des données ne sont pas étudiés dans cette section. Citons, les SGBD orienté objet et le standard d'interrogation OQL (Bancilhon, 1988), (Adiba and Collet, 1993), (Cluet, 1998), les bases de données déductives et le langage Datalog (Gallaire et al., 1984), (Bidoit, 1992). L'aspect sécuritaire des données est étudié dans la section «Sécurité informatique».

Un domaine plein de vitalité à la frontière de nombreuses autres disciplines

On assiste donc à un double enrichissement: celui de l'information à représenter, échanger, interroger et stocker, et celui des fonctions nouvelles de gestion de données qui dépassent le cadre de la simple gestion relationnelle des données. Ainsi les frontières de la discipline ne sont plus aussi nettes qu'il y a vingt ans. Parmi la multitude de thèmes qui font l'objet de développements, citons-en quelques-uns dans le désordre: le tatouage comme solution à la reconnaissance de l'origine d'une copie de données qui a peut-être été détournée illégalement, les SGBD actifs à base de règles, le stockage et l'interrogation de versions antérieures, la qualité et le nettoyage des données, etc. (Doucet and Jomier, 2001) décrit certains de ces thèmes.

Une synergie plus grande se met en place entre modèles et techniques de bases de données d'une part et techniques liées à la recherche d'information textuelle, la représentation des connaissances, l'analyse de données, les architectures en grille et orientées service, d'autre part. Le Web sémantique est un exemple d'intégration verticale entre des mécanismes de gestion de données et d'autres mécanismes plus abstraits permettant d'assister l'utilisateur dans sa recherche d'une information dont il ne connaît pas bien ni la structure ni la localisation. Une approche complémentaire est d'aider l'utilisateur par un processus plus itératif de recherche de l'information s'appuyant par exemple sur des résumés (la logique floue est parfois utilisée pour obtenir un résumé de la base mais aussi pour l'interroger) ou une classification des objets qu'il recherche. Ces nouvelles interfaces sont en pleine évolution. Enfin l'analyse de données, l'apprentissage, la classification et la fouille deviennent incontournables pour extraire du sens d'une quantité gigantesque de données dont ni la structure ni la nature ne sont bien connues lorsque ces données sont captées, ou bien dont la structure, établie pour un usage particulier, est obsolète pour un nouvel usage. Parmi ces données à fouiller, citons, dans le désordre, les journaux d'incidents dans une exploitation (téléphonique, réseau, informatique), les comportements d'utilisateurs dans les grandes surfaces, les séries de données financières, les données environnementales, les données des pages Web, celles qui sont collectées dans des réseaux de capteurs. Certains de ces thèmes liés à l'analyse de données sont étudiés dans la section «Intelligence artificielle». L'avènement de nouvelles architectures et notamment les organisations en grilles de calcul ont naturellement un impact important sur le déploiement des SGBD, l'architecture et les performances de la gestion de grands volumes de données. Le développement d'architectures orientées service et des réseaux pair à pair donne naissance à de nouveaux modèles et outils de gestion de données. Par exemple, l'approche déclarative des bases de données est certainement utile pour décrire, découvrir et composer des services Web.

Bibliographie

Adiba M., Collet C. (1993), *Objets et bases de données, le SGD O_2*. Hermès.

Bancilhon F. (1988), *Object-Oriented Database Systems*. PODS 152-162.

Bidoit N. (1992), *Bases de données déductives: presentation de DATALOG*, A. Colin, Paris.

Cluet S. (1998), "Designing OQL: Allowing Objects to be Queried". *Inf. Syst.* 23(5): 279-305.

Codd E.F. (1970), "A Relational Model of Data for Large Shared Data Banks". *Commun. ACM* 13(6): 377-387.

Delobel C. and Richard G. Casey (1973), "Decomposition of a Data Base and the Theory of Boolean Switching Functions". *IBM Journal of Research and Development* 17(5): 374-386.

Doucet A. and Jomier G. (2001), «Base de données et Internet: modèles, langages, et systèmes, coordination d'un ouvrage multi-auteur», *Traité IC2 Informatique et Systèmes d'Information*, Éditions Lavoisier - Hermès Science, Paris.

Gallaire H., Minker J. and Nicolas J.M. (1984), "Logic and Databases: A Deductive Approach". *ACM Comp. Surv.* 16 (2): 153-185

Stein R.D. (2003), "History of Database Notes", 17/11/2003, http://www-compsci.swan.ac.uk/~csroger/2004cs-309.htm

Théorie des bases de données

Serge Abiteboul

Mots-clés : théorie des bases de données, algèbre relationnelle, calcul relationnel, logique, théorie des modèles finis, complexité.

Résumé : la théorie des données a été développée pour expliquer les fondements des systèmes de gestion de bases de données et de manière plus générale, les techniques liées à la gestion de données. Depuis la théorie du modèle relationnel, jusqu'aux bases de données déductives et aux modèles de données arborescentes popularisés par XML, ce domaine à la frontière de la logique (théorie des modèles finis) et de la théorie de la complexité est le sujet de ce chapitre.

La gestion d'information est au centre de la plupart des activités humaines. Un ensemble de données pour une activité particulière est appelé une base de données. Le système informatique permettant de gérer ces données est appelé un système de gestion de bases de données (SGBD). Depuis les systèmes relationnels des débuts basés sur des architectures client serveur jusqu'à l'échange de documents XML en pair-à-pair, le domaine a énormément évolué non sans heurts et remises en question. Une théorie a vu le jour (Abiteboul et al., 1995), enrichissant le domaine de ses idées et ses résultats, s'attachant à expliquer cette nouvelle classe de systèmes, à les maîtriser. Cette théorie forme le sujet de ce chapitre.

Is "database theory" an oxymoron ? Or is it a platitude ? What is the fitness measure that decides the survival of ideas (and areas) in mathematics, in applied science, and in computer science ? Which ideas from database theory during the past twenty-five years have influenced research in other fields of computer science ? Christos Papadimitriou (Papadimitriou, 1995)

L'intérêt des systèmes de gestion de bases de données est démontré par les très nombreuses applications qui les utilisent et des succès commerciaux comme les SGBD d'IBM et d'Oracle. En étroite liaison avec le développement des SGBD, par définition très appliqué, s'est développée une théorie. Cependant, il n'est pas simple d'en donner une définition exacte. On comprend facilement le contenu de la théorie des langages ou de la théorie des types. Mais la théorie des bases de données ? La difficulté tient de la richesse du domaine, de son manque de frontière rigide. Il s'agit de sémantique de langage ou de concurrence quand on parle de transactions ; de compilation et d'optimisation pour ce qui est des langages de requêtes. On pourrait dresser un long catalogue de sujets d'étude en relation avec les bases de données : calcul distribué, parallélisme, interfaces personne-machine, etc. La théorie des bases de données empiète sur la plupart des domaines de l'informatique théorique, un peu comme la gestion de données se retrouve dans la plupart des applications informatiques.

À défaut de frontières, on peut s'intéresser aux résultats obtenus par la communauté de chercheurs qui s'identifient au domaine. C'est ce que nous ferons ici. Nous aborderons les sujets suivants :

- le résultat fondateur du domaine qui a permis le succès des systèmes relationnels (§ 1) ;
- les grandes contributions du domaine (§ 2) et son dynamisme attesté par de son renouvellement permanent (§ 3) ;
- des spécificités du domaine qui découlent principalement de l'accent mis sur les données, plutôt

que sur le calcul comme dans d'autres domaines de l'informatique (§ 4) ;

- son influence sur d'autres domaines et notamment sur la théorie des modèles finis, une branche de la logique mathématique (§ 5).

1 La naissance d'un mythe

Nous sommes dans les années soixante et les premiers SGBD sortent des ateliers de constructeurs comme IBM. Ce sont de gros systèmes, que l'on maîtrise mal. Surtout, il n'est pas simple d'écrire des applications avec ces systèmes. Tout est dans ces simples remarques. Vous pouvez choisir les meilleurs ingénieurs pour concevoir votre SGBD. Si c'est un succès, des centaines voire des milliers d'ingénieurs moins talentueux passeront leurs journées à écrire des applications. Le système peut être complexe, son utilisation doit être simple.

R	A	B
	1	0
	1	1
	2	2

$\sigma_{A=1}(R)$	A	B
	1	0
	1	1

$\pi_A(R)$	A
	1
	2

S	B	C
	1	1
	2	2
	2	0

$R \bowtie S$	A	B	C
	1	1	1
	2	2	2
	2	2	0

Figure 1 Des opérations relationnelles

Simple comme quoi ? Ted Codd propose le modèle relationnel (Codd, 1970). Une base de données selon lui est un ensemble fini de relations. Un exemple est donné en figure 1. On utilise des *attributs* comme A ou B, pour dénoter les colonnes. Une relation est un ensemble fini de *nuplets* (les lignes des tables). Cela ressemble à s'y méprendre aux structures utilisées en logique des prédicats. D'ailleurs, Codd propose comme langage de requête, le calcul relationnel, quasiment identique au calcul des prédicats du premier ordre (basé sur des formules construites avec $\wedge, \vee, \neg, \forall, \exists$). Nous noterons ce langage FO, pour *first-order* (premier ordre, en anglais). Le second langage, l'algèbre relationnelle, utilise un ensemble d'opérations sur les relations : les opérations ensemblistes classiques (*union, intersection, différence*), une opération pour « enlever des colonnes » (la *projection* π), une pour « sélectionner des lignes » (la *sélection* $\sigma_{A=5}$ garde les lignes dont la colonne A vaut 5), le *renommage* pour modifier l'attribut d'une colonne (par exemple, $\rho_{A \to B}$) et la *jointure* ($\bowtie$) qui permet d'associer des nuplets de deux relations. Par exemple, on peut poser les deux requêtes « équivalentes » suivantes aux relations R et S de la figure 1 :

en algèbre relationnelle $R \bowtie S$
en FO $\{x, y, z \mid R(x, y) \wedge R(y, z)\}$

Bien sûr, nous ne venons pas de donner une véritable définition du modèle ni des deux langages, mais le lecteur sera facilement convaincu qu'une définition précise et compacte existe (voir le chapitre « Bases de données relationnelles »). Le modèle relationnel est bâti sur des bases mathématiques, ce qui est en soi un avantage considérable comparé aux autres modèles de l'époque. On va pouvoir par exemple définir formellement la sémantique d'une requête. Nous allons ignorer ici de nombreux détails du modèle, les réplicats, l'ordre entre les nuplets (*order by*), le regroupement de nuplets (*group by*), les valeurs nulles, les agrégats comme somme et moyenne, etc. Mais n'est-ce pas le propre de la théorie de se concentrer sur l'essentiel ? D'autres modèles mathématiques existent qui capturent ces différents aspects.

Nous pouvons maintenant citer le théorème de Codd :

> L'algèbre relationnelle et FO sont équivalents.

C'est sans doute le résultat le plus célébré du domaine. Sa signification ? Un utilisateur, un programmeur d'application, une interface, peut produire une requête dans le langage FO, c'est-à-dire définir de manière déclarative son besoin, son intention, son souhait. Le système peut ensuite « compiler » cette requête en une requête de l'algèbre relationnelle que le moteur du SGBD sait évaluer. Et voilà ! On dispose d'un moyen simple d'exprimer des requêtes.

Il faut noter que cette dualité entre calcul et algèbre est tout à fait représentative du domaine. Le SGBD est un *intermédiaire* entre une présentation pour un être humain de l'information et l'organisation de cette information sur un support physique. Le langage FO est orienté vers l'être humain qui décrit ses souhaits. L'algèbre est orientée vers la machine et permet d'écrire des programmes. Le système forme un pont entre les deux mondes.

Les bases de données naissent donc ancrées dans la logique, en fait bien plus ancrées que l'on veut ne le dire. Il faut reconnaître que Codd ne fait que réinventer un résultat de Tarski (Tarski, 1955) qui proposait une algébraïsation du calcul des prédicats du premier ordre. Une curiosité, Tarski utilisait une opération de cylindrification à la place de la projection. Par exemple, la cylindrification de la relation R sur sa colonne A revient à faire le produit cartésien de $\pi_A R$ avec D^{n-1}, où D est le domaine de la relation et n son nombre de colonnes. (La cylindrification et la projection correspondent chacune à sa manière à la quantification existentielle.) Un avantage de la cylindrification d'un point de vue mathématique est que l'on peut se limiter à des relations avec le même nombre de colonnes, c'est-à-dire homogènes d'un certain point de vue. La projection correspond mieux à une opération que l'on voudrait vraiment implanter dans un moteur de bases de données.

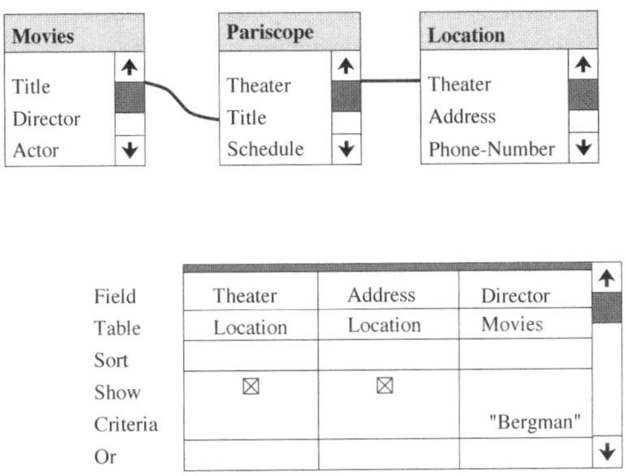

Figure 2 Une requête Access

Codd aurait-il réinventé la roue ? Non ! Il a su transformer un théorème mathématique assez ésotérique en un outil pratique. Il ouvrait la porte à *la* success story des bases de données. Les langages de Codd connaîtront un succès phénoménal. D'abord, on va déguiser FO en un langage facile à utiliser, SQL. Comme l'utilisateur de base n'aime pas les variables, on va les cacher, ainsi que les quantificateurs. Voici un exemple de requête SQL :

```
select Location.Theater, Address
from Movies, Location, Pariscope
where Director =  Bergman and
      Movies.Title = Pariscope.Title and
      Pariscope.Theater = Location.Theater
```

Cela semble si naturel que l'on ne ressent même pas le besoin d'expliquer la sémantique de sa question. La même requête est donnée dans le langage graphique Access de Microsoft en figure 2. La logique est bien là mais elle ne s'affiche pas. Ainsi SQL deviendra le standard universel pour la gestion de données.

Tout cela serait pourtant resté dans les poubelles de l'histoire si on n'était arrivé à implanter l'algèbre relationnelle de manière très efficace, notamment sa partie positive (sélection, projection, jointure). N'importe qui peut disposer aujourd'hui sur son PC d'une base de données relationnelle, et exprimer ses souhaits en termes de données, en logique des prédicats du premier ordre ou en tout cas dans un langage qui déguise cette logique pour le non initié. On peut voir cela comme le plus grand succès de la logique depuis les circuits booléens.

FO + une ingénierie solide = BD relationnelles

Ce grand succès de la logique et d'autres résultats sont discutés dans (Halpern et al., 2001).

La théorie des bases de données ne s'est pas contentée de fournir les fondations du domaine ; elle en a accompagné le développement. Nous considérons brièvement certains de ses accomplissements dans le paragraphe suivant.

2 Les contributions autour du modèle relationnel

On peut regrouper les contributions principales autour du modèle relationnel dans trois grandes classes : les dépendances, la gestion de transactions et l'optimisation de requêtes.

2.1 Dépendances

Les dépendances sont des propriétés logiques que les données doivent satisfaire. Ces dépendances jouent de nombreux rôles. D'abord, elles permettent de protéger les données en interdisant des mises à jour qui contrediraient les dépendances. Ensuite, on peut les utiliser pour optimiser les requêtes. Enfin, elles sont un outil indispensable pour aider le concepteur d'une base de données à bien choisir son « schéma », c'est-à-dire la structure logique des données et leur organisation physique. Formellement, une dépendance peut être vue comme une formule logique. Pour continuer l'exemple de la figure 2, on peut vouloir spécifier que le nom du cinéma est une « clé » pour la relation *Location* et que tous les cinémas présents dans la relation *Pariscope* sont référencés dans la relation *Location* (on parlera de clé étrangère) :

$$\forall x, y, z, y', z'(Location(x, y, z) \wedge Location(x, y', z') \Rightarrow y = y' \wedge z = z')$$

$$\forall x, y, z(Pariscope(x, y, z) \Rightarrow \exists y', z' Location(x, y', z'))$$

Ces aspects sont traités plus en détail dans le chapitre « Bases de données relationnelles ».

2.2 La gestion de transactions

Il s'agit ici de maîtriser des problèmes système comme la concurrence, la reprise sur panne, la distribution, la réplication. Les problèmes sont concrets et si complexes qu'ils exigent une approche formelle. L'apport sans doute le plus fondamental dans ce cadre est d'être arrivé à formaliser ce que veut dire calculer de manière « correcte » quand plusieurs applications se partagent les données. On veut pouvoir garantir par exemple que si deux transactions bancaires réalisent simultanément des dépôts sur le même compte, les lectures et écritures n'en arrivent pas, en se croisant, à faire disparaître l'effet de l'une d'entre elles. La théorie de la concurrence a permis de « prouver » que des algorithmes proposés étaient corrects (et d'invalider d'autres propositions qui ne l'étaient pas).

Ces aspects sont traités plus en détail dans le chapitre « Concurrence et reprise sur pannes ».

2.3 L'optimisation de requêtes

Comme nous l'avons déjà indiqué, le modèle relationnel ne pouvait réussir que si l'on arrivait à ce que les avantages qu'il apportait en termes de facilité d'écriture d'applications ne soient pas payés trop cher en perte de performances. La même requête exprimée par exemple en SQL peut s'implanter de nombreuses manières en algèbre relationnelle. Le système doit choisir la plus efficace. Ce choix exige de pouvoir découvrir ces requêtes algébriques candidates (typiquement à l'aide de réécriture d'arbres de requêtes) et de savoir estimer le coût de ces requêtes. L'optimisation repose principalement sur des méthodes d'accès comme le hachage, les arbres B, les arbres R, etc., qui permettent de retrouver très rapidement des informations pertinentes. On ne retrouve pas de la même manière les occurrences d'une chaîne de caractères dans un corpus de textes (comme le font les moteurs de recherche), des réels se situant dans un certain intervalle (des prix), ou des objets dans un espace de plusieurs dimensions (des villes dans une région). La conception et l'étude des méthodes d'accès sont depuis les origines une direction active du domaine.

Nous reviendrons sur l'optimisation de requêtes pour illustrer des particularités du domaine des bases données par rapport à d'autres domaines de l'informatique.

3 Toujours plus loin

Les constructeurs de SGBD relationnels disposaient de beaux systèmes et ne voyaient pas l'intérêt d'étudier des modèles plus complexes, plus exotiques. Tout était pourtant dans le programme de départ : la quête de modèles puissants pour modéliser les données des utilisateurs et leur faciliter l'accès à ces données. On pouvait faire mieux que des tables pour représenter les données. On pouvait offrir des langages plus puissants que les langages relationnels pour interroger ces données. Mais bien sûr, il ne fallait pas jeter le bébé avec l'eau du bain. Il fallait obtenir ces classes d'extensions sans sacrifier l'élégance du modèle originel.

Nous considérerons ici deux grandes classes d'extension : remplacer les tableaux à deux dimensions par des arbres, et rajouter de la récursion au langage.

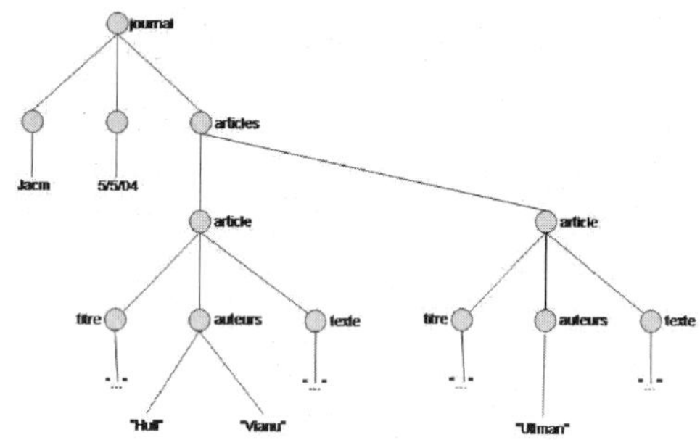

Figure 3 Un arbre XML

3.1 Les arbres

Supposons qu'un journal J consiste en un titre, une date et un ensemble d'articles composés d'un titre, d'un texte et d'un ensemble d'auteurs (figure 3). La requête suivante en « calcul pour objets complexes » permet de regrouper pour chaque auteur, l'ensemble des articles qu'il a écrit :

$$\left\{ \left[\begin{array}{c} nom\ : x\ ; \\ titres\ : \{Z'.titre \mid \exists Z'(Z' \in J.articles \wedge x \in Z'.auteurs)\} \end{array} \right] \middle| \begin{array}{c} \exists Z(Z \in J.articles \\ \wedge x \in Z.auteurs)\}) \end{array} \right\}$$

On peut aussi définir une algèbre pour objets complexes et formuler un théorème analogue de celui de Codd (Abiteboul et Beeri, 1995). Ces travaux théoriques ont été réalisés en parallèle à des développements de systèmes.

On a vu une série de modèles voir le jour. Certains comme le modèle de bases de données objet ont eu un succès mitigé dans l'industrie. Mais leurs idées ont influencé de manière essentielle les systèmes relationnels (on parle alors de « relationnel-objet ») et se retrouvent dans des langages de programmation avec persistance des données ou des bibliothèques de gestion de données.

Tout cela se passait à la fin du siècle dernier. Et maintenant ? Une grande partie de l'activité de modélisation s'est concentrée sur des modèles de données semi-structurés, parce que leur dernier rejeton XML est devenu *le* standard pour échanger des données sur la Toile. Un document XML peut être vu comme un arbre étiqueté, ordonné ; voir de nouveau la figure 3 mais considérer cette fois les enfants de chaque nœud comme ordonnés. En plus de l'ordre, une différence essentielle réside dans un typage beaucoup plus flexible, d'ailleurs optionnel. Pour interroger des données semi-structurées, les « praticiens » ont une longueur d'avance ; ils disposent déjà de langages. Mais les « théoriciens » proposent des débuts de réponse à quelques questions ouvertes. D'abord, la structure est assez semblable à celle des objets complexes étudiés par le passé, si on oublie l'ordre des nœuds. Ensuite, on peut s'appuyer sur des automates ou des traducteurs d'arbre. De nombreuses questions restent ouvertes et ce domaine est particulièrement actif.

3.2 datalog

Les langages relationnels permettent d'exprimer les requêtes les plus naturelles, des requêtes utiles pour extraire des données pertinentes. Pourtant, des requêtes très pratiques et importantes ne peuvent s'exprimer dans ces langages, et notamment, la fermeture transitive d'une relation. Par exemple, si on a stocké le graphe du métro (un jour de grève) dans une base de données relationnelle, on ne peut demander si deux points sont reliés, ou quel est le plus court chemin entre ces deux points. Pour palier cette insuffisance, l'introduction de la récursion dans les langages relationnels a été une direction de recherche très active dans les années quatre-vingt.

Cela a conduit à étudier le langage *datalog*, un Prolog simplifié, en particulier sans symbole de fonction. Le programme datalog suivant permet de spécifier que la relation S consiste en la fermeture transitive de la relation R :

$$\begin{array}{lcl} S(x,y) & \leftarrow & R(x,y) \\ S(x,y) & \leftarrow & S(x,z), R(z,y) \end{array}$$

Contrairement à la programmation logique, on va insister sur la distinction entre les données (ici l'extension de R) qui sont très grandes, et les règles (ici l'intention de S) que l'on supposera en petit nombre. On insistera sur l'optimisation du calcul des réponses à des requêtes, comme trouver tous les y tels que $S(\text{“a”}, y)$.

Les travaux autour de datalog ont sûrement formé le plus grand phénomène de mode pour la théorie des bases de données et aussi la plus grande désillusion du domaine. Les théoriciens ont adoré datalog quand les développeurs choisissaient de l'ignorer. Pour ces derniers, il suffisait d'ajouter un opérateur de fermeture transitive aux systèmes relationnels sans s'interroger sur le fait que le modèle s'en trouvait totalement bouleversé. On assiste aujourd'hui à une renaissance timide de cette branche de la théorie des bases de données. Le langage datalog pourrait un jour trouver son utilité, peut-être comme nous sommes quelques-uns à le penser, pour la gestion de données en pair-à-pair.

4 Les spécificités du domaine

Qu'est-ce qui est si particulier aux bases de données ? Pour faire court, on manipule de grosses quantités d'information et le traitement qu'on leur fait subir est souvent très simple. On verra bien le biais que cela implique en examinant le problème sous deux angles, la complexité et l'optimisation.

4.1 Complexité

On peut évaluer très efficacement des requêtes relationnelles, donc utiliser le modèle relationnel sur de grosses bases de données. Les ingénieurs systèmes le savent bien qui gèrent des bases de giga-octets voire plus. Les théoriciens se sont appliqués à confirmer cette expérience en étudiant la complexité de FO. Il s'avère que pour une entrée donnée (une requête FO et une base de données), il faut dans le pire des cas un temps exponentiel pour évaluer la réponse à la requête. Cela semblait contredire les ingénieurs jusqu'à ce que Vardi articule la différence qu'il y a entre la complexité classique et la complexité en termes de données. En complexité classique, on estime les ressources nécessaires (typiquement le temps de calcul ou l'espace nécessaire) en fonction de la taille de toute l'entrée. En complexité données, on estime les ressources nécessaires en fonction de la taille des données, sans considérer la taille de la requête qui est typiquement vue comme très petite en comparaison. L'analogie pratique est que l'on s'intéresse moins au nombre d'opérations réalisées par un processeur (typiquement des microsecondes) qu'aux nombres d'accès disques ou d'accès sur le réseau (typiquement millisecondes voire plus pour les accès au réseau). On peut montrer que l'on peut répondre aux requêtes FO en temps *polynomial* en fonction de la taille de la base de données. Une complexité polynomiale en la taille des données, c'est encore trop. Immerman a prouvé que les requêtes de bases de données étaient fortement parallélisables (Immerman, 1987) :

FO inclus dans AC_0

Sans entrer dans les détails, un problème est dans la classe AC_0 si, en disposant de suffisamment de processeurs, on peut le résoudre en temps constant (en un temps qui ne dépend pas de la taille des données). En pratique, on dispose rarement d'autant de processeurs, mais on peut vérifier que l'on peut obtenir des accélérations proportionnelles au nombre de processeurs.

Une première particularité du domaine est donc de considérer la complexité données au lieu de la complexité standard. Une autre particularité est que des complexités considérées comme acceptables en général, ne le sont pas en bases de données. Que serait quadratique sur 20 giga-octets alors qu'une lecture séquentielle des données devient problématique ? Pour un exemple encore plus convaincant, on peut imaginer un internaute posant une requête à la Toile qui exigerait un parcours des milliards de ses pages et qui demanderait donc des jours de calcul. On privilégie donc le plus possible des traitements en temps constant en s'appuyant sur des structures d'accès auxiliaires, des index.

4.2 Optimisation : théorie et pratique

A priori, optimisation de programmes, optimisation de requêtes, on ne voit pas trop la différence. Pourtant, les langages de programmation s'appuient sur des structures ordonnées (tableaux ou fichiers) quand les langages bases de données privilégient les ensembles (ensembles de nuplets). De plus, en optimisation de programme, il s'agit typiquement d'améliorer au mieux les performances de 20, 30 %. Les langages de requêtes de bases de données ont des fonctionnalités bien plus limitées, bien plus focalisées. On peut donc attendre beaucoup plus de l'optimisation. En bases de données, on vise les ordres de grandeurs. Un accès par index prend par exemple quelques millisecondes quand une lecture séquentielle de la base peut prendre plusieurs secondes, minutes, voire plus.

L'optimisation de requêtes est donc une partie essentielle des bases de données. C'est un art que les constructeurs de bases de données ont su développer. C'est aussi une théorie. L'exemple suivant emprunté à (Suciu, 2001) va nous permettre d'illustrer pourquoi on peut espérer tant de l'optimisation de requêtes mais aussi comment les travaux théoriques du domaine peuvent parfois s'écarter de ce qui est utilisé dans les systèmes.

Considérons les deux requêtes suivantes :

```
Q1 = select distinct x.name
     from Person x
     where x.department = "sales"
Q2 = select distinct x.name
     from Person x, Person y, Person z
     where x.department = "sales" and
           x.manager = y.manager and
           y.fax = z.fax
```

Ces deux requêtes calculent la même chose, de manière un peu alambiquée, il faut le reconnaître, pour Q2. Elles sont équivalentes et on peut montrer que Q1 est « minimale ». De fait, Chandra et Merlin ont développé une technique basée sur des homomorphismes de tableaux pour minimiser les requêtes d'une classe importante, les requêtes conjonctives (Chandra et Merlin, 1977). Ce sont des requêtes de FO sans négation, sans quantificateur universel et sans disjonction. La technique permet notamment de transformer Q2 en Q1.

Pour des raisons d'indécidabilité, on ne peut pas obtenir de tels outils permettant de « minimiser » les programmes. On peut le faire pour les langages relationnels sous certaines contraintes.

Il se trouve que les développeurs de systèmes ont choisi d'ignorer ce résultat ; c'est selon eux une optimisation trop complexe et inutile car personne n'irait écrire Q2. Cela n'a pas empêché les théoriciens de poursuivre leurs travaux autour de l'équivalence et l'inclusion de requêtes en intégrant la disjonction, des dépendances, des données plus riches, des langages de requêtes avec récursion, etc. Toute cette théorie est inutile ? Sans doute, jusqu'à ce qu'on lui trouve une utilité, dirait La Palisse. Par exemple, l'empilement de systèmes de médiation d'information (intégration de sources de données) conduit à la génération automatique de requêtes très complexes, souvent redondantes. Un débouché pour les aficionados de Chandra et Merlin ?

5 Théorie des modèles finis

Un domaine se juge aussi à ses influences sur les domaines voisins. Nous illustrerons cet aspect en considérant la théorie des modèles finis.

Si les algèbres de Codd et de Tarski sont d'un certain point de vue équivalentes, Codd impose une contrainte aux relations que n'exige pas Tarski : elles doivent avoir un nombre fini de nuplets. De manière générale, la logique des prédicats du premier ordre étudie des structures arbitraires (finies ou pas). La théorie des modèles finis est une branche de la logique mathématique qui se concentre sur les modèles finis et de ce fait se retrouve extrêmement proche des bases de données. Nous considérons ici les influences que les bases de données ont pu avoir sur cette discipline.

On voit parfois la source de la théorie des modèles finis (Ebbinghaus et al., 1984; Libkin, 2004) dans le résultat de Trakhtenbrot qui dit que le théorème de complétude échoue dans le cas fini. Plus précisément, on disposait déjà alors de systèmes formels pour énumérer toutes les formules valides sur des modèles quelconques (c'est le théorème de complétude de Gödel). La question restait d'énumérer toutes celles qui étaient valides sur des modèles finis. Trakhtenbrot a prouvé l'absence de telle énumération. Très vite la théorie des modèles finis s'est focalisée sur la construction de ponts entre des logiques (des manières de spécifier des questions) et des classes de complexité (les ressources nécessaires pour y répondre). Cela ne semble pas si loin du théorème de Codd. On appelle parfois ce programme : la complexité descriptive (Immerman, 1999). Peut-être le plus célèbre des résultats de complexité descriptive est dû à Fagin : un problème peut être exprimé en logique existentielle du second ordre (∃SO) si et seulement s'il est dans la classe NP, ou :

NP = ∃SO

On rappellera que NP est la classe des problèmes que l'on peut résoudre en temps polynomial avec une machine de Turing non déterministe et que la logique existentielle du second ordre consiste en FO étendu par la quantification existentielle sur des relations, ce qui permet d'exprimer par exemple $\exists R(\varphi)$.

La théorie des modèles finis a beaucoup évolué depuis ses débuts. Nous en mentionnerons quelques résultats que l'on peut attribuer en quelque sorte aux bases de données. Immerman et Vardi ont montré indépendamment que PTIME sur des structures finies ordonnées (munies d'une relation d'ordre total) pouvait être « capturé » comme le point fixe de formules de logique du premier ordre (langage FP). Vardi a aussi montré comment obtenir PSPACE sur des structures finies ordonnées avec un « point fixe partiel » (PFP). Évidemment, cette contrainte de ne considérer que des structures munies d'un ordre total si elle est naturelle en complexité, l'est beaucoup moins en logique ou en bases de données. Cela conduit à ce que l'on peut voir comme le problème ouvert peut-être le plus célèbre du domaine :

Existe-t-il une logique pour PTIME (sur des structures quelconques) ?

Le pouvoir d'expression de logiques sur des structures finies non ordonnées a été étudié par Abiteboul et Vianu, qui ont montré notamment que PTIME = PSPACE si et seulement si FP = PFP sur des structures finies (Abiteboul et Vianu, 1994). Le pont avec les langages s'est aussi renforcé depuis le résultat de Büchi qui a montré que les langages réguliers sont exactement les ensembles de mots que l'on peut définir avec des formules monadiques du second ordre sur les chaînes de caractères.

Il n'existe pas de frontière précise entre la théorie des bases de données et la théorie des modèles finies. (Les relations entre les deux domaines sont discutées dans (Vianu, 1996).) Reste que le cœur de la théorie des bases de données se situe plus directement en prise avec des problèmes concrets. Ceci n'est pas pour essayer d'installer de hiérarchie. Les résultats de complexité descriptive aux applications peu claires sont parmi les plus beaux du domaine des bases de données comme peut l'être, par exemple, la preuve très simple de correction de l'algorithme de verrous à deux phases, aux implications pratiques immédiates.

6 Conclusion

Les premiers ouvrages traitant du domaine sont (Maier, 1983; Ullman, 1988). Kanellakis propose un excellent état de l'art (Kanellakis, 1991) qui maintenant date un peu. Une partie importante des résultats du domaine est traitée dans (Abiteboul et al., 1995). On pourra trouver des présentations de parties importantes qui n'y sont pas couvertes dans des ouvrages comme (Garcia-Molina et al., 2004).

La théorie des bases de données existe avant tout pour un problème très concret, la gestion de données. Des contacts étroits avec des développeurs de systèmes (parfois les mêmes chercheurs sous une autre casquette) posent des exigences permanentes. Le domaine trouve l'énergie de ses renouvellements dans des défis pratiques. C'est donc dans ces défis qu'il faut chercher à deviner le futur du domaine. Il se lit en quelques mots :

La Toile, systèmes pair-à-pair, distribution, sécurité

Les sujets se diversifient. C'est sûrement un signe de maturité.

Bibliographie

Abiteboul, S. et Vianu, V. (1994). Computing with first-order logic. *Journal of Computer and System Sciences*. Vol. 50, Nb 2, 4/1995, p. 309-335.

Abiteboul, S. et Beeri, C. (1995). On the manipulation of complex objects. *Very Large Data Bases Journal*, 4(4) :727–794.

Abiteboul, S., Hull, R. et Vianu, V. (1995). *Foundations of Databases*. Addison-Wesley, Reading-Massachusetts.

Chandra, A. K. et Merlin, P. M. (1977). Optimal implementation on conjunctive queries in relational data bases. In *Proc. ACM SIGACT Symp. on the Theory of Computing*, p. 77–90.

Codd, E. F. (1970). A relational model of data for large shared data banks. *Comm. of the ACM*, 13(6) :377–387.

Ebbinghaus, H., Flum, J. et Thomas, W. (1984). *Mathematical Logic*. Springer-Verlag, New York.

Garcia-Molina, H., Ullman, J. D. et Widom, J. (2004). *Database systems : the complete book*. Prentice-Hall.

Halpern, J. Y., Harper, R., Immerman, N., Kolaitis, P. G., Vardi, M. Y. et Vianu, V. (2001). On the unusual effectiveness of logic in computer science. *The Bulletin of Symbolic Logic*, 7(2) :213–236.

Immerman, N. (1987). Languages which capture complexity classes. *SIAM Journal on Computing*, 16(4) :760–778.

Immerman, N. (1999). *Descriptive Complexity*. Springer.

Kanellakis, P. C. (1991). Elements of relational database theory. In Leeuwen, J.V., editor, *Handbook of Theoretical Computer Science*, p. 1074–1156. Elsevier.

Libkin, L. (2004). *Elements of Finite Model Theory*. Springer.

Maier, D. (1983). *The Theory of Relational Databases*. Computer Science Press.

Papadimitriou, C. H. (1995). Database metatheory : asking the big queries. In *PODS '95 : Proceedings of the fourteenth ACM SIGACT-SIGMOD-SIGART symposium on Principles of database systems*, p. 1–10. ACM Press.

Suciu, D. (2001). On database theory and XML. *SIGMOD Record*, 30(3) :39–45.

Tarski, A. (1955). A lattice theoretical fixpoint theorem and its applications. *Pacific J. Math*, 5 :2 :285–309.

Ullman, J. (1988). *Principles of Database and Knowledge Base Systems, Volume I,II*. Computer Science Press.

Vianu, V. (1996). Databases and finite-model theory. In *Descriptive Complexity and Finite Models*, p. 97–148.

Bases de données relationnelles

Nicolas Spyratos

Mots-clés : base de données, modèle relationnel, langage de requête, dépendance fonctionnelle, clé.

Résumé : on présente les concepts de base du modèle relationnel, concernant la définition, la mise à jour, l'interrogation et les contraintes d'intégrités d'une base de données relationnelle.

Une base de données est un ensemble de données représentant une partie du monde réel et pouvant être consultées et mises à jour. Ces données sont souvent stockées en mémoire auxiliaire et servent de support à une ou plusieurs applications.

L'ensemble des outils logiciels qui permettent aux utilisateurs de mettre en place une base de données, ainsi que d'accéder ensuite à ces données et de les manipuler (les consulter ou les mettre a jour), est connu sous le nom de *système de gestion de bases de données* (SGBD). Ce système constitue l'interface entre les utilisateurs et les données qui, elles, sont stockées sur un support physique (par exemple sur disque).

Il s'en suit que la manière dont le SGBD présente à ses utilisateurs, ou décrit les données stockées joue un rôle essentiel quant à la facilité de leur manipulation. La description des données de la base constitue ce qu'il est convenu d'appeler *la base de données conceptuelle*, et c'est justement cette dernière que l'utilisateur « voit » et manipule. En conséquence, nous sommes en présence de deux niveaux de fonctionnement dans le système :

- le niveau physique, où les données sont effectivement stockées ;
- et le niveau conceptuel, où les données sont décrites.

En fait, c'est avec ce deuxième niveau appelé aussi niveau logique qu'interagit l'utilisateur de la base, et où il exprime les manipulations souhaitées sur les données physiques. C'est au système de traduire ensuite ces manipulations au niveau conceptuel en des manipulations au niveau physique.

Au niveau physique, les données sont stockées en utilisant des structures appropriées, souvent des fichiers organisés d'une des manières bien connues (fichier séquentiel, haché ou autre), et on accède aux données en écrivant des programmes dans un langage dit *procédural* : on spécifie ce qu'on souhaite faire mais aussi *comment* le faire.

Au niveau conceptuel, on souhaite que les données soient décrites de manière simple et que les programmes d'accès aux données (appelés aussi *programmes d'applications*) soient écrits dans un langage non procédural, ou *déclaratif* : on spécifie ce qu'on souhaite faire mais pas comment le faire ; c'est au système d'en décider.

Le choix d'une structure simple pour la description de données au niveau conceptuel ainsi que des langages de manipulation fondés sur cette structure, constituent ce qu'il est convenu d'appeler un *modèle de données* et la conception d'un SGBD se fait autour d'un tel modèle.

Dans les premiers modèles de données (modèle hiérarchique, modèle réseau, voir (Date, 1999; Ramakrishnan et Gehrke, 2003), la séparation entre les deux niveaux cités plus haut n'était pas très prononcée, le niveau conceptuel étant assez proche du niveau physique. Cet état des choses a deux conséquences peu souhaitables :

- d'une part, toute modification de structures au niveau physique entraîne des modifications au niveau conceptuel (donc au niveau des programmes d'application) ;
- d'autre part, l'accès aux bases de données est essentiellement réservé aux seuls informaticiens, ou tout au moins à des utilisateurs ayant de bonnes connaissances en programmation.

À la différence des modèles qui l'ont précédé, *le modèle relationnel* assure une séparation très claire entre le niveau physique et le niveau conceptuel, ce qui permet un degré élevé d'indépendance entre les données et leur description. Aussi, l'organisation au niveau physique peut être modifiée sans pour autant avoir à modifier le niveau conceptuel (ni les programmes d'application associés à ce niveau). Par ailleurs, la structure de base de ce modèle (c'est-à-dire, la *relation* au sens mathématique de ce terme) se prête facilement à la définition de langages déclaratifs.

Dans ce chapitre, nous verrons les définitions de base concernant le modèle relationnel, à savoir :
- la définition d'une base de données au niveau conceptuel ;
- les langages de manipulations du niveau conceptuel ;
- un type de contraintes d'intégrité de données : les dépendances fonctionnelles ;

Notons enfin que, en dehors de sa fonction d'interface entre données et utilisateurs, un SGBD assure également un certain nombre de fonctionnalités (persistance de données, accès concurrent, protection de données, etc.) que nous ne verrons pas dans ce chapitre, et dont certaines font l'objet de chapitres séparés dans cette section.

1 Définition d'une base de données au niveau conceptuel

Intuitivement, au niveau conceptuel, une base de données relationnelle est constituée d'un ensemble de tables contenant des informations relatives à une application. Par exemple, une base de données relative aux articles fournis par un ensemble de fournisseurs contiendrait les deux tables suivantes :

```
FOURNISSEUR (Num_Fourn, Adr_Fourn)
ARTICLE (Num_Fourn, Num_Article,
Prix_Unité, Quantité)
```

Chaque ligne de la première table contient des informations sur l'adresse d'un fournisseur alors que chaque ligne de la deuxième contient des informations sur les articles fournis par un fournisseur.

La définition formelle d'une base de données relationnelle suppose l'existence de trois ensembles disjoints et dénombrables, comme suit :
- un ensemble $\mathcal{A}$ d'*attributs* ;
- un ensemble $\mathcal{D}$ de *domaines* (ou *ensembles de valeurs*, ou encore *types*) ;
- un ensemble $\mathcal{T}$ de *tables* (ou *variables relationnelles*).

Un *schéma de relation* $\mathcal{R}$ est constitué d'un ensemble fini d'attributs $att_{\mathcal{R}}$ et d'une fonction $dom_{\mathcal{R}}$ qui associe chaque attribut A à un domaine, $dom_{\mathcal{R}}(A)$. Les indices $\mathcal{R}$ sont omis lorsqu'il n'y a pas d'ambiguïté. On désigne un tel schéma comme un ensemble de couples $\mathcal{R} = \{A_1 : dom(A_1), \ldots, A_n : dom(A_n)\}$. Si les domaines sont entendus, alors on écrit $\mathcal{R} = \{A_1, \ldots A_n\}$ ou encore $\mathcal{R} = A_1 \ldots A_n$. Notons que deux attributs peuvent avoir le même domaine. Voici deux exemples de schéma de relation :

$$R = \{EMP : char, DEP : char\} ,$$
$$S = \{DEP : int, MGR : char\}$$

Étant donné un schéma de relation $\mathcal{R} = \{A_1, \ldots A_n\}$, un *n-uplet* sur $\mathcal{R}$ est une fonction (ou affectation) t qui associe chaque attribut A_i à une valeur $t(A_i) \in dom(A_i)$, pour $i = 1, \ldots, n$. $\mathcal{R}$ est appelé le schéma de t, noté $sch(t)$. Voici deux n-uplets sur le schéma $\mathcal{R}$ de notre exemple :

$$t_1 = \{EMP := e, DEP := d\}$$
$$t_2 = \{EMP := e', DEP := d\}$$

En supposant que l'ensemble des attributs de $\mathcal{R}$ est ordonné, et que $t(A_i) = a_i$, alors on peut représenter t par $a_1 \ldots a_n$, c'est-à-dire par la suite de ses valeurs dans l'ordre des attributs. Ainsi dans l'exemple précédent nous pouvons écrire $t_1 = ed$ et $t_2 = e'd$ si on suppose que les attributs EMP et DEP sont ordonnés dans l'ordre de leur apparition dans le schéma $\mathcal{R}$. Une *relation* sur $\mathcal{R}$ est un ensemble r de n-uplets sur $\mathcal{R}$. $\mathcal{R}$ est appelé le schéma de r, noté $sch(r)$. Voici un exemple de relation sur le schéma $\mathcal{R}$ de notre exemple : $r = \{t_1, t_2\}$, où t_1 et t_2 sont les n-uplets définis plus haut.

Un *schéma de base de données* $\mathcal{S}$ est constitué d'un ensemble fini de tables $tables_{\mathcal{S}}$ et d'une fonction $sch_{\mathcal{S}}$, qui associe chaque table T à un schéma de relation, $sch_{\mathcal{S}}(T)$. Les indices $\mathcal{S}$ sont omis lorsqu'il n'y a pas d'ambiguïté. On désigne un tel schéma de base de données comme un ensemble de couples $\mathcal{S} = \{T_1 : sch(T_1), \ldots, T_m : sch(T_m)\}$. Une table T telle que $sch(T) = \{A_1, \ldots, A_n\}$, est notée $T(A_1, \ldots, A_n)$ si les domaines sont entendus. Notons que deux tables peuvent être associées au même schéma de relation. Voici un exemple de schéma de base (en utilisant la notation simplifiée que nous venons d'introduire) :

$$\mathcal{S} = \{E(EMP : char, DEP : int),$$

$$M(DEP : int, MGR : char)\}$$

ou encore :

$$\mathcal{S} = \{E(EMP, DEP), M(DEP, MGR)\}$$

Notons aussi que, suivant cette définition, le même attribut peut figurer dans deux tables différentes avec des domaines différents. Cependant, en pratique, lors de la définition du schéma d'une base de données, on commence souvent par identifier les caractéristiques pertinentes de l'application modélisée, c'est-à-dire les attributs, chacun avec son domaine, avant de les regrouper en tables. Aussi, chaque attribut est supposé (tacitement) être associé au même domaine, indépendamment de la table où il figure. Nous ferons cette hypothèse tout au long de cet exposé.

Étant donné un schéma de base $\mathcal{S}$, une *base de données sur* $\mathcal{S}$ est une fonction δ qui associe chaque table T de $\mathcal{S}$ à une relation finie $\delta(T)$ sur $sch(T)$. Voici un exemple de base de données sur le schéma de base $\mathcal{S}$ défini plus haut :

$$\begin{aligned}\delta(E) = \{&\{EMP := e, DEP := d\},\\ &\{EMP := e', DEP := d\}\}\\ \delta(M) = \{&\{DEP := d, MGR := m\},\\ &\{DEP := d', MGR := m\}\}\end{aligned}$$

Une telle base peut être représentée de manière tabulaire comme suit :

E

EMP	DEP
e	d
e'	d

M

DEP	MGR
d	m
d'	m

Une base δ sur $\mathcal{S}$ est aussi appelée *une instance de* $\mathcal{S}$, et $\delta(T)$ *une instance de* T. Notons que, si on appelle domaine de T l'ensemble de toutes les relations finies sur $sch(T)$, noté $dom(T)$, alors δ peut être vu comme un n-uplet sur $\mathcal{S}$ (en considérant chaque table T comme un attribut avec $dom(T)$ comme domaine associé).

La représentation d'une base de données relationnelle sous forme d'un ensemble de tables constitue une description simple et homogène de données stockées physiquement. Rappelons cependant que ces données ne sont pas forcément stockées sous forme de tables au niveau physique et qu'une traduction est nécessaire pour passer du niveau conceptuel au niveau physique (traduction dont se charge le SGBD).

Notons enfin qu'une des hypothèses de base du modèle relationnel stipule que les valeurs des domaines sont indivisibles (on dit que les relations sont en *première forme normale*). Cette hypothèse restreint le champ d'applications du modèle relationnel essentiellement à celles de gestion, constituant ainsi une des faiblesses majeures de ce modèle.

2 Mise à jour

Dans le modèle relationnel, la mise à jour d'une base de données consiste en *l'insertion*, la *suppression* ou la *modification* d'un ou plusieurs n-uplets dans une relation donnée de la base. Elle ne représente donc aucune difficulté sur le plan conceptuel.

Cependant, en pratique, une mise à jour se fait rarement de manière isolée. En effet, une base de données est utilisée par de nombreux utilisateurs (ou programmes) qui consultent ses informations et les mettent à jour. La notion de *transaction* répond au besoin fondamental de garantir la cohérence des informations en cas d'*accès concurrents* ou de *défaillances*.

Pour illustrer ces deux causes d'incohérence, il suffit de considérer un programme qui effectue un transfert de fonds à partir d'un compte bancaire A vers un compte bancaire B.

Accès concurrent : Supposons qu'un autre programme consulte, en même temps, l'état des comptes A et B. Cette consultation peut conduire à un résultat incohérent si elle est effectuée au moment où le compte A a été débité et le compte B toujours pas crédité.

Défaillance : Supposons qu'il n'y a pas de programme concurrent. Une défaillance au milieu du virement peut conduire à un état dans lequel le compte A a été débité et le compte B toujours pas crédité.

Dans ce contexte, garantir la cohérence des informations nécessite la mise en œuvre de protocoles permettant d'une part, de synchroniser les traitements concurrents, et d'autre part, d'annuler, ou de compléter les effets partiels des opérations interrompues par des défaillances. De plus en plus de systèmes d'informations offrent de tels protocoles, et évitent aux utilisateurs de les programmer eux-mêmes. Ces protocoles sont encapsulés dans le concept de transaction, et leur gestion est assurée par un module logiciel appelé *le gestionnaire de transactions* (voir (Abiteboul et al., 1995; Ramakrishnan et Gehrke, 2003) pour plus d'informations).

La gestion de la concurrence et des défaillances fait l'objet du chapitre « Concurrence et reprise sur pannes » de cette section.

3 Consultation

Il y a deux types de langages pour la consultation d'une base de données relationnelle : le langage algébrique, fondé sur l'algèbre relationnelle, et le langage calcul, fondé sur le calcul relationnel.

3.1 Le langage algébrique

Les informations stockées sous forme de relations dans les tables d'une base de données représentent des faits du monde réel. Il est souvent nécessaire de combiner ces faits, qui sont stockés explicitement, pour en déduire d'autres qui ne sont stockés qu'implicitement dans la base. Par exemple, à partir des deux n-uplets $\{EMP := "Jean", DEP := "Jouets"\}$ et $\{DEP := "Jouets", MGR := "Mark"\}$ nous pouvons déduire le n-uplet $\{EMP := "Jean", MGR := "Mark"\}$. Dans le modèle relationnel, la manipulation de relations se fait à l'aide d'une algèbre.

L'algèbre relationnelle

L'algèbre relationnelle comporte six opérations de base, à savoir : l'*union*, la *différence*, la *projection*, la *sélection*, le *produit* et le *renommage*.

- **Union :** Elle prend en argument deux relations r et s telles que $sch(r) = sch(s)$ et renvoie une relation sur $sch(r)$ notée $r \cup s$ et définie par :

$$r \cup s = \{t \mid t \in r \text{ ou } t \in s\}$$

- **Différence :** Elle prend en argument deux relations r et s telles que $sch(r) = sch(s)$ et renvoie une relation sur $sch(r)$ notée $r \setminus s$ et définie par :

$$r \setminus s = \{t \mid t \in r \text{ et } t \notin s\}$$

- **Projection :** Elle prend en argument une relation r et un schéma de relation $X \subseteq sch(r)$, et renvoie une relation sur X notée $\Pi_X(r)$ et définie par :

$$\Pi_X(r) = \{t_{/X} \mid t \in r\}$$

  où $t_{/X}$ est la restriction de t sur X, cette restriction étant souvent notée $t(X)$.

  Notons que si $r = \emptyset$ alors $\Pi_X(r) = \emptyset$, et si $r \neq \emptyset$ et $X = \emptyset$ alors $\Pi_X(r) = \{\lambda\}$, où λ est le n-uplet vide sur X.

- **Sélection :** Elle prend en argument une relation r et une condition de sélection φ sur $sch(r)$ et renvoie une relation sur $sch(r)$ notée $\sigma_\varphi(r)$ et définie par :

$$\sigma_\varphi(r) = \{t \mid t \in r \text{ et } t \ satisfait \ \varphi\}$$

  La condition de sélection φ est définie comme suit :

  - Si t, t' sont des n-uplets et A, B sont des attributs de $sch(r)$, alors :

$$t(A) = t'(B), \ t(A) < t'(B),$$

$$t(A) = a, \ t(A) < a$$

    sont des conditions de sélection (en supposant que $dom(A) = dom(B)$ et que a est une valeur de $dom(A)$).
  - Si f et f' sont des conditions de sélection alors : (f), $\neg f$, $f \wedge f'$, $f \vee f'$ sont des conditions de sélection. Notons que les connecteurs $\neg$, $\wedge$ et $\vee$ ont le sens habituel de la logique, à savoir « non », « et » et « ou ».

- **Produit :** Il prend en argument deux relations r et s telles que $sch(r) \cap sch(s) = \emptyset$ et renvoie une relation sur $sch(r) \cup sch(s)$ notée $r \times s$ et définie par :

$$r \times s = \{t \mid t(sch(r)) \in r \text{ et } t(sch(s)) \in s\}$$

- **Renommage :** Il prend en argument une relation r et une fonction injective $f : sch(r) \longrightarrow \mathcal{A}$ telle que : $dom(f(A)) = dom(A)$, pour tout $A \in sch(r)$, et renvoie une relation sur $f(sch(r))$ notée $\rho_f(r)$ et définie par :

$$\rho_f(r) = \{s \mid \exists t \in r \ / \ s(f(A)) = t(A), \forall A \in sch(r)\}$$
$$= \{ f^{-1}(t(A)) \mid t \in r, A \in sch(r)\}$$

Exemple :

f		
A	$\longrightarrow$	A
B	$\longrightarrow$	B'

r :

A	B
a	b
a'	b

$\rho_f(r)$:

A	B'
a	b
a'	b

Notons que pour simplifier la notation, nous pouvons spécifier f en ne donnant que les couples $A \longrightarrow f(A)$ tels que $A \neq f(A)$. Aussi, dans notre exemple, nous pouvons écrire $\rho_{B \longrightarrow B'}(r)$ au lieu de $\rho_{\substack{A \longrightarrow A \\ B \longrightarrow B'}}(r)$.

À part ces six opérations de base, il y a d'autres opérations qui peuvent être exprimées à partir d'opérations de base. Voici quelques exemples :

- **Intersection :** Elle prend en argument deux relations r et s, telles que $ch(r) = sch(s)$, et renvoie une relation sur $sch(r)$ notée $r \cap s$ et définie par :

$$r \cap s = \{t \mid t \in r \text{ et } t \in s\}$$

L'intersection peut être exprimée à partir d'opérations de base comme suit :

$$r \cap s = r \setminus (r \setminus s)) = s \setminus (s \setminus r)$$

- **Jointure naturelle :** Elle prend en argument deux relations r et s , et renvoie une relation sur $sch(r) \cup sch(s)$ notée $r \bowtie s$ et définie par :

$$r \bowtie s = \{t \mid t(sch(r)) \in r \text{ et } t(sch(s)) \in s\}$$

Notons que :
- si $sch(r) \cap sch(s) = \emptyset$ alors $r \bowtie s$ est « isomorphe » au produit,
- si $sch(r) \subseteq sch(s)$ alors $r \bowtie s$ revient à une « sélection de s par r », et
- si $sch(r) = sch(s)$ alors $r \bowtie s$ est en fait l'intersection de r et s.

Notons également que la jointure (comme le produit) est une opération commutative et associative, et il est donc possible de « parenthéser » comme on le souhaite ou encore d'omettre les parenthèses. Cette caractéristique est importante lorsqu'il s'agit d'optimiser l'évaluation des expressions de l'algèbre (voir plus loin).

- **Division :** Elle prend en argument deux relations r et s, telles que $sch(s) \subseteq sch(r)$, et renvoie une relation sur $X = sch(r) \setminus sch(s)$ notée $r \div s$ et définie par :

$$r \div s = \{t \mid t \in \Pi_X(r) \; et \; (\{t\} \times s) \subseteq r)\}$$

La division peut être exprimée à partir des opérations de base comme suit :

$$r \div s = \Pi_X(r) \setminus \Pi_X((\Pi_X(r) \times s) \setminus r)$$

Notons que, si $r = \emptyset$ ou $s = \emptyset$ ou encore $sch(s) = sch(r)$, alors $r \div s = \emptyset$.

Exemple :

R (r)

A	B	C	D
a	b	c	d
a	b'	c'	d
a'	b	c	d
a	b	c'	d
a'	b	c'	d'
a'	b	c'	d

S (s)

C	D
c	d
c'	d

$\Pi_{R \setminus S}(r)$

A	B
a	b
a	b'
a'	b

$r \div s$

A	B
a	b
a'	b

- **Semi-jointure :** Elle prend en argument deux relations r et s, telles que $sch(r) \cap sch(s) \neq \emptyset$, et renvoie une relation sur $sch(r)$ notée $r \propto s$ et définie par :

$$r \propto s = r \bowtie \Pi_{sch(r) \cap sch(s)}(s)$$

Notons que la semi-jointure est une opération utilisée dans le contexte des bases de données dites « réparties ».

Il est important de noter que toutes les opérations de l'algèbre relationnelle prennent des relations comme arguments et renvoient également des relations comme résultat. Cette propriété de l'algèbre relationnelle est connue sous le nom de « fermeture ». Elle permet de composer les opérations entre elles. Notons aussi que si les arguments d'une opération relationnelle sont des relations finies alors le résultat est une relation finie également.

Le langage algébrique

Chaque schéma de base $\mathcal{S}$ est associé à un langage, appelé le langage algébrique de $\mathcal{S}$, fondé sur l'algèbre relationnelle. De manière intuitive, ce langage est l'ensemble de toutes les *expressions relationnelles* sur $\mathcal{S}$, où une expression relationnelle est une expression « bien formée » dont les opérandes sont des tables de $\mathcal{S}$ (ou des relations constantes) et dont les opérateurs sont ceux de l'algèbre relationnelle.

De façon plus formelle, une expression relationnelle e sur $\mathcal{S}$ est définie comme suit, où la notation « ::= » signifie « peut être », T est une table de $\mathcal{S}$, et e_1, e_2, sont des expressions relationnelles sur $\mathcal{S}$. Notons que chaque expression relationnelle e est associée à un schéma de relation, que nous noterons $sch(e)$, et que nous appellerons le *schéma* de l'expression :

$e ::= \emptyset$, avec $sch(e) = \emptyset$

$e ::= T$, où $T \in \mathcal{S}$, avec $\text{sch}(e) = \text{sch}(T)$

$e ::= \Pi_X(e_1)$, où $X \subseteq sch(e_1)$, avec $sch(e) = X$

$e ::= \sigma_\varphi(e_1)$, où les attributs de φ figurent dans $sch(e_1)$, avec $sch(e) = sch(e_1)$

$e ::= e_1 \cup e_2$, où $sch(e_1) = sch(e_2)$,
avec $sch(e) = sch(e_1)$
$e ::= e_1 \setminus e_2$, où $sch(e_1) = sch(e_2)$,
avec $sch(e) = sch(e_1)$
$e ::= e_1 \times e_2$, où $sch(e_1) \cap sch(e_2) = \emptyset$,
avec $sch(e) = sch(e_1) \cup sch(e_2)$
$e ::= \rho_f(e_1)$, avec $sch(e) = f(sch(e_1))$

Chaque expression relationnelle exprime une manipulation de relations stockées dans la base de données avec comme but l'extraction de nouvelles informations, à partir de celles qui sont stockées dans la base de données.

Soit e une expression relationnelle sur $\mathcal{S}$, et soit δ une base de données sur $\mathcal{S}$. L'évaluation de e sur δ est une relation sur $sch(e)$ notée $eval(e, \delta)$ et définie par :

```
Si e ≠ ∅ alors
   debut
     pour chaque opérande T de e faire
        T := δ(T) ;
     effectuer les opérations dans e
     et renvoyer le résultat
   fin
sinon renvoyer ∅
```

Il est utile de comparer une expression relationnelle avec une expression arithmétique entière : une table correspond à une variable, une relation constante à un entier, et les opérateurs relationnels aux opérateurs arithmétiques ; dans les deux cas, l'évaluation d'une expression comporte une affectation de valeurs aux variables suivie de l'exécution des opérations.

Chaque expression e du langage algébrique sur $\mathcal{S}$ est appelée *une requête sur* $\mathcal{S}$, et le résultat de l'évaluation de e sur une base δ est appelé *la réponse de* e *sur* δ.

Il est évident que l'évaluation d'une expression relationnelle se prête à un traitement parallèle, c'est-à-dire, à une évaluation simultanée de sous-expressions. Par exemple, dans l'expression $\sigma_\varphi(R) \bowtie \Pi_X(S)$ nous pouvons traiter en parallèle les sous-expressions $\sigma_\varphi(R)$ et $\Pi_X(S)$.

Notons que chaque expression relationnelle e peut être considérée comme un programme et l'évaluation de e sur une base δ comme une exécution de ce programme avec comme entrée δ et comme sortie $eval(e, \delta)$. Nous pouvons comparer deux expressions relationnelles e et e' par rapport au résultat de leur évaluation comme suit :

$e \leq e'$ ssi
$sch(e) = sch(e')$ et $eval(e, \delta) \subseteq eval(e', \delta)\ \forall \delta$

Par exemple $\Pi_{sch(R)}(R \bowtie T) \leq R$.

De plus, nous définissons :

$e \equiv e'$ ssi ($e \leq e'$ et $e' \leq e$)

Par exemple, si $X \subseteq Y \subseteq sch(R)$ alors
$\Pi_X(R) \equiv \Pi_X(\Pi_Y(R))$

Voici deux exemples d'équivalence entre expressions, que l'on peut démontrer aisément, à l'aide des définitions des opérations de l'algèbre relationnelle :

$(R \cup S)\backslash[(R\backslash S) \cup (S\backslash R)] \equiv R\backslash(R\backslash S)$ (1)
$(R \cup Q) \bowtie S \equiv (R \bowtie S) \cup (Q \bowtie S)$ (2)

De manière informelle, le premier exemple fournit deux façons différentes pour calculer l'intersection, alors que le deuxième montre une propriété de distribution entre la jointure et l'union. Nous allons utiliser le premier exemple pour illustrer l'importance des équivalences dans le traitement des requêtes, et le deuxième pour illustrer l'importance des équivalences dans le traitement des mises à jour.

Dans le premier exemple, la partie gauche et la partie droite représentent deux requêtes différentes, mais équivalentes. Il s'en suit que ces deux requêtes renvoient toujours la même réponse lorsqu'elles sont évaluées sur la même base de données, et ceci indépendamment de la base de données sur laquelle elles sont évaluées. Cependant, la requête à gauche est plus « coûteuse » que celle à droite, en ce sens que son évaluation nécessite l'exécution de deux unions et de trois différences alors que l'évaluation de celle à droite ne nécessite que deux différences. Il est alors évident que si la requête à gauche est soumise au système, nous avons intérêt de la remplacer (pour l'évaluation) par celle à droite.

Dans le deuxième exemple, supposons que R et S soient deux tables, parmi plusieurs figurant dans une base de données. De plus, supposons que des statistiques effectuées sur la nature des requêtes soumises à la base, lors de son fonctionnement, ont montré que ces deux tables sont très souvent utilisées en jointure, suivie d'une sélection et/ou d'une projection. Dans ce cas, une technique assez courante en bases de données est de calculer en avance la jointure de relations r et s contenues dans les deux tables, et de stocker le résultat dans une mémoire cache. Ceci permet d'accélérer la réponse aux requêtes, la sélection et la projection étant des opérations rapides, relativement à la jointure. Évidemment, lorsque l'une de deux tables est mise à jour il faudra calculer à nouveau la jointure et stocker le nouveau résultat dans le cache.

Supposons que le cache contient actuellement la jointure $r \bowtie s$ et que la table R est mise à jour en lui ajoutant un ensemble q de n-uplets. Ceci entraîne un nouveau calcul de jointure : $(r \cup q) \bowtie s$, dont le résultat va remplacer le contenu du cache. La question qui se pose alors est de savoir si on peut réutiliser le contenu du cache, c'est-à-dire, si on peut incrémenter ce contenu pour obtenir le nouveau résultat de la jointure. Au vu de (2) ceci est possible :

$$(r \cup q) \bowtie s = (r \bowtie s) \cup (q \bowtie s)$$
$$=(\text{contenu actuel}) \cup (q \bowtie s)$$

où $q \bowtie s$ représente l'incrément souhaité.

Il est évident que, si les tailles de r et s sont grandes, cette manière incrémentale de mise à jour du cache est non seulement souhaitable, mais indispensable pour certains types de bases de données (telles que les entrepôts de données).

Nota : Il est utile de considérer une base δ comme un ensemble d'informations initiales, et l'évaluation des requêtes comme un moyen d'accroître ces informations. Par exemple, soit δ une base définie comme suit :

R	S
AB	AC
$a\ b$	$a\ c$
$a'\ b$	

Soit la requête $e = \Pi_{AC}(R \bowtie \Pi_{BC}(R \bowtie S))$. L'évaluation de cette requête sur δ accroît les informations données par δ, puisque cette évaluation engendre le n-uplet $a'c$ (n-uplet que nous pouvons considérer comme conséquence de la base, et que nous pouvons « ajouter » à la base, si nous le souhaitons).

3.2 Le langage calcul

Le calcul relationnel est un langage logique à partir duquel la plupart des langages de requêtes relationnels ont été construits. Le principe du calcul relationnel est d'identifier chaque table T d'un schéma $\mathcal{S}$ avec un prédicat et les n-uplets de la relation $\delta(T)$ avec des valeurs satisfaisant ce prédicat. Plus précisément, on suppose donné un ensemble (infini) de variables représentant les valeurs des différents domaines. Les formules du calcul relationnel sont construites de la façon suivante :

- Les valeurs des domaines et les variables sont des *termes*.
- Si $x_1, \ldots, x_n$ sont des termes, alors les expressions $R(x_1, \ldots, x_n)$ et $x_i \Theta x_j$ sont des *formules*.
  Le symbole Θ correspond à l'un des comparateurs usuels ($=, \leq$, etc.) utilisables sur les domaines considérés.
- Si F_1 et F_2 sont des formules, alors $F_1 \wedge F2$, $F_1 \vee F_2$, $F_1 \Rightarrow F_2$, et $\neg F1$ sont des formules.
- Si F est une formule dans laquelle la variable x est libre, alors $\forall\ x\ F$ et $\exists\ x\ F$ sont des formules.

L'interprétation des formules du calcul relationnel est la même que pour un langage logique du premier ordre. Une formule $T(x_1 \ldots x_n)$ pour une valuation donnée des variables est vraie si et seulement si le n-uplet correspondant se trouve dans la relation $\delta(T)$ de la base.

Une requête dans le calcul relationnel est une expression de la forme

$$\{(x_1, \ldots, x_k) \mid F(x_1, \ldots, x_n)\}$$

où $x_1, \ldots, x_k$ sont les variables libres. La réponse à la requête ci-dessus est l'ensemble des valeurs de $(x_1, \ldots, x_k)$ pour lesquelles la formule F est vraie.

Exemple :
Si l'on considère le schéma relationnel suivant :

```
Villes (nom, population, pays)
Monuments (nom, tarif, numéro, rue, ville)
```

On peut exprimer les requêtes suivantes :
- Donner les noms des villes ayant un million d'habitants
  $\{n \mid \exists\ p\ \texttt{Villes}(n, 1000000, p)\}$
- Donner les tarifs des monuments de Paris
  $\{t \mid \exists\ m,\ n,\ r\ \texttt{Monuments}(m, t, n, r, \text{"Paris"})\}$

En réalité, deux calculs relationnels ont été définis : le calcul relationnel à variables-domaine, où les termes dénotent des éléments des domaines des attributs (celui que nous avons utilisé dans l'exemple précédent), et le calcul relationnel à variables-n-uplet, où les termes dénotent des n-uplets. Le calcul que nous avons présenté est le calcul relationnel à variables-domaine. Ces deux langages calcul sont équivalents et, sous certaines conditions raisonnables, ils sont aussi équivalents au langage algébrique (Abiteboul et al., 1995; Ramakrishnan et Gehrke, 2003).

Nota : Deux langages $\mathcal{L}$ et $\mathcal{L}'$ sur le même schéma de base sont dits équivalents, si $\forall e \in \mathcal{L}\ \exists e' \in \mathcal{L}'\ e \equiv e'$, et réciproquement.

3.3 Optimisation de l'évaluation des requêtes

Les fondements mathématiques du modèle relationnel fournissent une propriété à la fois intéressante et importante : la fermeture. En effet, la structure de base du modèle relationnel est la relation, et toutes les opérations de l'algèbre relationnelle renvoient également des relations comme résultat. Cette fermeture rend possible la preuve de correction de plusieurs manipulations de données. En effet, les opérations de l'algèbre relationnelle possèdent des propriétés telles que la commutativité ou l'associativité, qui nous permettent de montrer des équivalences entre expressions relationnelles. Ces équivalences peuvent être utilisées par des modules d'optimisation pour réaliser des méthodes efficaces pour la manipulation des données. La démonstration de l'équivalence entre deux expressions relationnelles se fait souvent à l'aide de quelques propriétés élémentaires, qui sont des conséquences directes des définitions des opérations de l'algèbre relationnelle. En voici quelques exemples :

(1) $t \in r \bowtie s \quad ssi \quad (t(R) \in r \quad et \quad t(S) \in s)$

(2) si $t \in \Pi_X(r)$ alors il existe $t' \in r$ tel que $t'(X) = t$

(3) si $t \in r$ alors $t(X) \in \Pi_X(r)$, pour tout $X \subseteq R$

Par exemple, pour montrer que si $r \subseteq r'$ alors $\Pi_X(r) \subseteq \Pi_X(r')$, on procède comme suit : Soit $t \in \Pi_X(r)$. Il résulte de (2) qu'il existe $t' \in r$ tel que $t'(X) = t$. Comme $t' \in r$ et $r \subseteq r'$, nous avons que $t' \in r'$. Il en résulte de (3) que $t \in \Pi_X(r')$; et ceci implique que $\Pi_X(r) \subseteq \Pi_X(r')$, CQFD.

Notons que l'optimisation « par réécriture de la requête » que nous venons d'esquisser est complétée par des optimisations au niveau physique que nous ne présenterons pas ici (Ramakrishnan et Gehrke, 2003).

3.4 Le langage SQL

Comme nous l'avons déjà vu dans l'introduction, une base de données est gérée par un ensemble de logiciels connu sous le nom de système de gestion de bases de données (SGBD). SQL est le standard pour définir, interroger et manipuler une base de données relationnelle. Dans ce standard la définition d'un schéma de base, la consultation d'une base et sa mise à jour se font à l'aide de commandes spéciales dont nous donnons ici un aperçu très bref. Notons que le langage SQL n'est pas entièrement fidèle au modèle relationnel. En effet, la structure de base du modèle relationnel est la relation, qui est un *ensemble* de n-uplets, tandis que la structure de base de SQL est le *multi-ensemble*, c'est-à-dire un ensemble de n-uplets avec répétition possible d'éléments.

Définition d'un schéma de base

La définition d'un schéma de base se fait à l'aide des deux commandes (une pour la création l'autre pour la destruction d'une table) comme suit :

- **CREATE TABLE** $R(A_1 : dom(A_1); \ldots; A_n : dom(A_n))$
  (la table R est créée)
- **DROP TABLE** R
  (la table R est détruite, y compris les n-uplets contenus dans R)

Notons que, lors de la définition d'une table, nous pouvons également définir une ou plusieurs clés (notion que nous verrons plus tard) ainsi que certains aspects de l'implantation physique (si nous le souhaitons). Par exemple, les déclarations

```
CREATE TABLE Vols (numero :int ;
date :char(6) ; dep :char(3) ;
dest :char(3)) ;
KEY : numéro, date
CREATE INDEX FOR Vols ON numéro ;
```

ont comme résultat la création d'une table **Vols** avec **numéro** et **date** comme clé et la création d'un index sur numéro au niveau physique.

L'index est une structure de données qui permet d'accélérer l'accès aux données. Elle est étudiée dans le chapitre sur l'architecture des SGBD.

Pour résumer, en SQL, le schéma d'une base est déclaré sous forme d'un ensemble de tables (à l'aide d'une commande CREATE TABLE par table), où chaque table est définie par un nom associé à un schéma de relation et il est accompagné éventuellement par la déclaration d'une ou plusieurs clés et des index pour faciliter l'accès aux données.

Consultation

Le langage algébrique et le langage calcul ne sont évidemment pas utilisés tels qu'ils ont été définis plus haut. En pratique (c'est-à-dire dans un SGBD réel), ces langages servent plutôt comme base pour la définition de langages de requêtes plus conviviaux, en ce sens que les symboles d'opérations ou même des expressions sont remplacés par des mots-clés plus proches du langage naturel. Ainsi dans le langage SQL la consultation d'une base est faite à l'aide d'une commande dont la forme générale est la suivante :

SELECT $A_1, \ldots, A_m$
FROM $R_1, \ldots, R_n$
WHERE φ

Dans cette commande, $R_1, \ldots, R_n$ sont des tables figurant dans la base de données, $A_1, \ldots, A_m$ sont des attributs parmi ceux figurant dans $R_1, \ldots, R_n$ et φ est une condition de sélection portant sur les schémas de relations de $R_1, \ldots R_n$ (les mots-clés **SELECT**, **FROM** et **WHERE**, signifiant « choisir », « à partir de » et « où », respectivement). Cette commande est interprétée par le système comme l'expression suivante de l'algèbre relationnelle :

$$\Pi_{A_1 \ldots A_m}(\sigma_\varphi(R_1 \times \ldots \times R_n))$$

Reprenons l'exemple de schéma relationnel utilisé dans le paragraphe 3.2, à savoir les deux tables suivantes :

```
Villes (nom, population, pays)
Monuments (nom, tarif,numéro, rue, ville)
```

Dans le cadre de ce schéma, nous avons vu deux exemples de requête que nous avons exprimées en langage calcul. Voici comment ces mêmes requêtes peuvent être exprimées en SQL :
- Donner les noms des villes ayant un million d'habitants :

```
SELECT nom
FROM Villes
WHERE population =1000000;
```

- Donner les tarifs des monuments de Paris :

```
SELECT tarif
FROM Monuments
WHERE ville="Paris";
```

Il existe également deux formes restreintes de la commande générale que voici :

SELECT $*$
FROM $R_1, \ldots, R_n$ et **SELECT** $A_1, \ldots, A_m$
WHERE φ **FROM** $R_1, \ldots, Rn$

Ces deux commandes sont interprétées par le système comme les expressions suivantes de l'algèbre relationnelle :

$$\sigma_\varphi(R_1 \times \quad \times R_n) \quad et \quad \Pi_{A_1 \ldots A_m}(R_1 \times \ldots \times R_n)$$

Notons également, l'existence des commandes suivantes :

(SELECT $A_1, \ldots, A_m$
FROM $R_1, \ldots, R_n$
WHERE φ)
UNION
(SELECT $A_1, \ldots, A_m$
FROM $R'_1, \ldots, R'_k$
WHERE φ')

(SELECT $A_1, \ldots, A_m$
FROM $R_1, \ldots, R_n$
WHERE φ)
DIFF
(SELECT $A_1, \ldots, A_m$
FROM $R'_1, \ldots, R'_k$
WHERE φ')

Ces deux commandes sont interprétées par le système comme les expressions suivantes de l'algèbre relationnelle :

$$\Pi_{A_1 \ldots A_m}(\sigma_\varphi(R_1 \times \ldots \times R_n)) \cup \Pi_{A_1 \ldots A_m}(\sigma_{\varphi'}(R'_1 \times \ldots \times R'_k))$$

$$\Pi_{A_1 \ldots A_m}(\sigma_\varphi(R_1 \times \ldots \times R_n)) \setminus \Pi_{A_1 \ldots A_m}(\sigma_{\varphi'}(R'_1 \times \ldots \times R'_k))$$

Mise à jour

Dans le langage SQL, la mise à jour d'une base est faite à l'aide de commandes spéciales que voici :

DELETE R **WHERE** φ	tous les n-plets satisfaisant φ sont supprimés de la table R
DELETE R	tous les n-plets de la table R sont supprimés (R reste dans la base mais elle est vide)
INSERT INTO R **VALUES** $(v_1, v_2, \ldots, v_k)$	le n-uplet $(v_1, v_2, \ldots, v_k)$ est inséré dans la table R
INSERT INTO R **SELECT** $A_1, \ldots, A_m$ **FROM** $R_1, \ldots, R_n$ **WHERE** φ	la requête **select-from-where** est evaluée et tous les n-uplets de la réponse à la requête sont insérés dans la table R
UPDATE R **SET** $A - expr$ **WHERE** φ	pour tout n-uplet t de R satisfaisant φ, $t(A)$ reçoit le résultat de l'évaluation de l'expression expr, par exemple $SAL = 1.1 * SAL$.

D'autres langages ont existé ou même précédé SQL notamment celui d'INGRES ou RDML ou encore celui de Relational Software Inc., aujourd'hui connu sous le nom Oracle Corporation. Cependant, dès le début des années quatre-vingt, SQL était devenu le standard *de facto*, et en 1986 devient également le standard *de jure* (ANSI : American National Standards Institute). Depuis, trois nouveaux standards ont apparu, en 1989 (SQL-89), en 1992 (SQL-92), et 1999.

Valeurs Nulles

Un problème fréquent dans les applications bases de données est l'absence de valeur pour un ou plusieurs attributs dans une table, la raison étant qu'une valeur n'est pas encore disponible ou bien qu'une valeur n'existe pas, ou encore que nous ne disposons d'aucune information sur la valeur. Par exemple, il est fréquent qu'une personne soit embauchée, et qu'un salaire lui soit attribué sans qu'elle soit affectée à un projet avant la fin d'une période initiale de formation dans l'entreprise. D'autre part, dans une table contenant l'attribut nom-de-jeune-fille, il n'y aura pas de valeur d'attribut pour toute personne de sexe masculin.

Pendant longtemps ce problème a été traité par les programmeurs des applications qui adoptaient des solutions pas forcément homogènes :

- la chaîne de caractères « * * * * » ou bien « -1 » pour une valeur non disponible ;
- la chaîne de caractères « non applicable » ou bien « non existant » pour une valeur qui n'existe pas.

Aussi, non seulement les symboles mais également les mécanismes utilisés pour traiter ces problèmes variaient d'un programmeur à l'autre. Dans un tel contexte, lorsqu'un programme stockait des données qu'un autre programme allait lire, le résultat pouvait être pour le moins surprenant !

Il est donc devenu clair que la seule solution serait que le système adopte une approche homogène et des mécanismes appropriés de traitement. En SQL, la solution adoptée est de stocker une marque avec toute valeur d'attribut, marque qui indique si la valeur d'attribut est une valeur du domaine ou non. Si la marque indique que l'attribut n'a pas une valeur de son domaine alors on dit que l'attribut à une *valeur nulle.*

Cependant, l'introduction de valeurs nulles conduit à des complications au niveau des opérations de l'algèbre et, par conséquent, au niveau du langage de requêtes. Par exemple, comparer une valeur nulle à une valeur réelle figurant dans la condition d'une opération de sélection pose problème. De même, combiner des réponses booléennes à des requêtes par les connecteurs logiques « et », « ou,» ou « non,» pose également problème, bien que de nature différente. En effet, en présence de valeurs nulles, la réponse à la question « est-ce que le salaire de 'jean' est supérieur à 100 », peut être « oui,», « non,» ou encore « je ne sais pas,», cette troisième possibilité correspondant à la présence d'une valeur nulle.

Pour pouvoir combiner des réponses booléennes à des requêtes, nous sommes donc amenés à l'introduction d'une logique à trois valeurs, donc à des traitements plus compliqués. De plus, les tables de vérité d'une telle logique ne sont pas forcément intuitives pour les programmeurs. Notons également que certains proposent d'abandonner la notion de valeur nulle et d'adopter la notion de « valeur par défaut », alors que d'autres encore proposent deux sortes de valeurs nulles pour résoudre le problème d'une manière propre, prônant ainsi une logique à quatre valeurs !

Enfin, le débat s'est compliqué davantage depuis que le groupe DBSSG (Database Systems Study Group) a publié un rapport dans lequel sont répertoriées vingt-neuf significations différentes pour les valeurs nulles !

Il est évident que les révisions futures de SQL offriront plusieurs types de valeurs nulles. Cependant, de toute vraisemblance, au lieu de fixer une logique à plusieurs valeurs, les versions futures de **SQL** permettront aux applications de définir les types de valeurs nulles souhaitées.

Dans ce chapitre on ne s'autorise pas de valeurs nulles, c'est-à-dire, on supposera que toutes les valeurs des attributs dans une relation sont non nulles.

4 Contraintes d'intégrité

4.1 Conception d'un schéma de base

Dans les applications pratiques, le schéma d'une base reste fixe pendant de longues périodes, c'est-à-dire qu'un choix initial est fait quant au regroupement des attributs en schémas de relation associés à des tables, et ce choix ne change que très rarement pendant le fonctionnement de la base. De ce fait, le choix d'un schéma de base satisfaisant certains critères devient important. C'est le processus qui conduit à un tel choix que l'on appelle souvent la *conception du schéma.* Le but de ce processus peut se résumer ainsi : à partir de la description d'une application, fournir un « bon » schéma de base (qui sera ensuite déclaré, par exemple en SQL, pour créer la base de données de l'application).

La description d'une application met en évidence deux éléments qui s'avèrent essentiels pour la conception du schéma :

- les attributs, c'est-à-dire, les caractéristiques pertinentes des informations contenues dans la description, tels que *département, nom,* etc. L'ensemble de ces attributs constitue *l'univers* de l'application ;
- les liens sémantiques entre attributs, souvent appelés « dépendances de données » ou encore « contraintes d'intégrité ». Ces liens sémantiques jouent un rôle fondamental dans le processus de conception car ils suggèrent les « bons » regroupements d'attributs en schémas de relation.

Nous soulignons tout particulièrement l'importance de ce processus, étant donné que le schéma de la base qu'il construit représente en fait l'univers de discours de l'application. En effet, le dialogue entre l'utilisateur et la base (requête et réponse, mise à jour et son traitement) est défini en termes des tables qui figurent dans le schéma de base.

Ainsi, l'univers $\mathcal{U}$ des attributs et l'ensemble $\mathcal{F}$ des dépendances entre données provenant de la description d'une application constituent « l'entrée » du processus de la conception. Ce dernier procède par exemple, par « décompositions » successives de l'univers pour aboutir à un ou plusieurs schémas de base possibles pour l'application donnée. De manière plus formelle nous appelons *décomposition* de $\mathcal{U}$ tout ensemble $\mathcal{S} = \{R_1, \ldots, R_n\}$ de schémas de relation dont l'union est $\mathcal{U}$, c'est-à-dire $R_1 \cup \ldots \cup R_n = \mathcal{U}$. Chaque décomposition représente en fait un schéma de base possible.

Pendant ces décompositions successives de l'univers, le processus de conception est dirigé par certains critères que les décompositions finales doivent satisfaire. Ces critères reflètent des aspects différents du schéma de la base :

- économie de stockage de données ;
- économie dans le traitement des mises à jour ;
- une forme appropriée pour les dépendances dans chaque schéma de relation.

Dans ce qui suit, nous verrons un type particulier de dépendances entre données, à savoir, les dépendances fonctionnelles. Notons qu'il y a plusieurs types de dépendances entre données que l'on observe dans les applications réelles et qui ont fait l'objet d'études approfondies. Les dépendances fonctionnelles, que nous verrons dans ce chapitre, ne constituent qu'un exemple, probablement le plus important et certainement le plus étudié.

Notons également que les dépendances entre données en général, et les dépendances fonctionnelles en particulier, représentent des propriétés que les données doivent satisfaire. De ce fait, les dépendances restreignent les bases possibles sur un schéma de base donné, d'où leur deuxième nom souvent utilisé : *contraintes d'intégrité.*

4.2 Dépendances fonctionnelles

Étant donné un schéma de relation $\mathcal{U}$, nous appelons dépendance fonctionnelle sur $\mathcal{U}$, tout symbole de la forme $X \longrightarrow Y$, où X et Y sont des sous-ensembles de $\mathcal{U}$. Nous dirons qu'une relation u sur $\mathcal{U}$ *satisfait* $X \longrightarrow Y$, noté $u \models X \longrightarrow Y$, si :

$$\text{pour tout } t, t' \text{ dans } u \text{ : si } t(X) = t'(X) \text{ alors } t(Y) = t'(Y)$$

ou encore, d'une façon équivalente, si :

$$\text{il n'existe pas de } t, t' \text{ dans } u \text{ tels que } t(X) = t'(X) \text{ et } t(Y) \neq t'(Y)$$

Si $u \models X \longrightarrow Y$ nous dirons également que X *détermine* Y dans u, ou encore que X *donne* Y dans u. Notons que $u \models \emptyset \longrightarrow Y$ seulement si $t(Y) = t'(Y)$ pour tout t, t' dans u, et que si u est singleton alors u satisfait toutes les dépendances sur $\mathcal{U}$. Notons également que, si : $X \supseteq Y$ alors $u \models X \longrightarrow Y$ pour tout u. Nous appelons une telle dépendance *triviale.* En particulier, $X \longrightarrow \emptyset$ et $\emptyset \longrightarrow \emptyset$ sont des dépendances triviales. Notons que les dépendances triviales sont connues dès la donnée de l'univers $\mathcal{U}$ et qu'elles sont satisfaites par toute relation u sur $\mathcal{U}$. Elles ne donnent, donc, que des informations triviales (et sans intérêt) sur les données. En revanche, les dépendances non triviales donnent des informations intéressantes sur les données et feront l'objet d'une étude approfondie. Si $\mathcal{F}$ est un ensemble de dépendances fonctionnelles, nous dirons que u *satisfait* $\mathcal{F}$, noté $u \models \mathcal{F}$, si $u \models f$ pour tout f dans $\mathcal{F}$.

Nota : soit $sat(\mathcal{F})$ l'ensemble de toutes les relations u qui satisfont $\mathcal{F}$, c'est-à-dire :

$$sat(\mathcal{F}) = \{u \mid u \models \mathcal{F}\}$$

Il s'en suit que sat est une fonction qui associe tout $\mathcal{F}$ à un ensemble de relations $sat(\mathcal{F})$ sur $\mathcal{U}$ (mais tout ensemble $\mathcal{R}$ de relations sur $\mathcal{U}$ n'est pas forcément définissable de cette façon, c'est-à-dire, qu'il n'existe pas forcément un ensemble $\mathcal{F}$ tel que $sat(\mathcal{F}) = \mathcal{R}$).

Nous noterons $\mathcal{F} = \emptyset$, pour indiquer qu'un ensemble $\mathcal{F}$ de dépendances fonctionnelles ne contient que des dépendances triviales.

Implication sémantique

Soit $\mathcal{F}$ un ensemble de dépendances fonctionnelles sur $\mathcal{U}$, et soit f une dépendance fonctionnelle sur $\mathcal{U}$ (n'appartenant pas forcément à $\mathcal{F}$). Nous dirons que $\mathcal{F}$ *implique* f, noté $\mathcal{F} \models f$, si :

$$\text{pour tout } u \text{ : si } u \models \mathcal{F} \text{ alors } u \models f$$

Si $\mathcal{F}$, $\mathcal{G}$ sont deux ensembles de dépendances fonctionnelles sur $\mathcal{U}$, nous dirons que $\mathcal{F}$ implique G, noté $\mathcal{F} \models \mathcal{G}$, si $\mathcal{F} \models g$ pour tout g dans $\mathcal{G}$; nous dirons que $\mathcal{F}$ est équivalent à $\mathcal{G}$, noté $\mathcal{F} \equiv G$, si $\mathcal{F} \models \mathcal{G}$ et $\mathcal{G} \models \mathcal{F}$. Notons que, afin de montrer que $\mathcal{F}$ n'implique pas $\mathcal{G}$, il suffit de trouver une relation u telle que u satisfait $\mathcal{F}$ mais pas $\mathcal{G}$. Une telle relation est appelée *contre-exemple* de $\mathcal{F} \models \mathcal{G}$. La convention suivante sera utilisée : si R, S sont des sous-ensembles de $\mathcal{U}$, et A est un attribut de $\mathcal{U}$, alors nous écrirons RS au lieu de $R \cup S$, et RA au lieu de $R \cup \{A\}$. Voici quelques propriétés intéressantes de l'implication, que l'on peut démontrer aisément :

Proposition 1 Pour tous schémas de relation X, Y, Z, W sur $\mathcal{U}$, nous avons :

1. $\mathcal{F} \models X \longrightarrow \emptyset$, pour tout ensemble de dépendances fonctionnelles $\mathcal{F}$ sur $\mathcal{U}$
2. $X \longrightarrow Y \models XZ \longrightarrow YZ$
3. $X \longrightarrow Y,\ Y \longrightarrow Z \models X \longrightarrow Z$
4. $X \longrightarrow Y,\ X \longrightarrow Z \models X \longrightarrow YZ$
5. $X \longrightarrow YZ \models X \longrightarrow Y, X \longrightarrow Z$
6. $X \longrightarrow Y,\ YZ \longrightarrow W \models XZ \longrightarrow W$

■

La notion d'implication entre contraintes d'intégrité en général, et entre dépendances fonctionnelles en particulier, joue un rôle important pendant le processus de conception du schéma de base pour une application. En effet, ce processus est fondé sur la description de l'application qui, elle, est donnée sous forme d'un ensemble d'attributs et d'un ensemble de contraintes d'intégrité, en l'occurrence, de dépendances fonctionnelles. Or, la description d'une application est la synthèse des informations provenant de plusieurs sources, souvent autonomes (des individus, des documents de travail, des archives, etc.), et de ce fait, ces informations risquent d'être redondantes, voire contradictoires. C'est précisément la notion d'implication entre contraintes qui permet de mettre en évidence les contradictions éventuelles ou de supprimer les redondances dans une description. Notons que si la nécessité pour une description d'être non contradictoire (on dit aussi « cohérente ») paraît évidente, la nécessité pour une description d'être non redondante le parait moins. Or, il suffit de remarquer qu'une description redondante conduit au stockage de données redondantes et à des vérifications inutiles lors des mises à jour (entre autre) pour se convaincre de l'utilité d'avoir des descriptions non redondantes.

Axiomatisation

L'implication sémantique entre dépendances fonctionnelles peut être caractérisée syntaxiquement en se servant d'un axiome (axiome de dépendances fonctionnelles) et de deux règles (augmentation et transitivité) énoncés ci-dessous. Le système d'inférence qui en résulte est connu sous le nom de système d'*Armstrong*, et il est défini comme suit : nous dirons que $\mathcal{F}$ *engendre* (ou *entraîne*) f, noté $\mathcal{F} \vdash f$, s'il existe une suite de dépendances fonctionnelles $f_1, f_2, \ldots, f_n$ avec les propriétés suivantes :

1. $f = f_n$
2. pour tout $i = 1, 2, \ldots, n$, soit f_i est dans $\mathcal{F}$ soit il est engendré par l'ensemble $f_1, f_2, \ldots, f_{i-1}$ en se servant de l'axiome et des règles suivantes (où $X, Y, Z \subseteq U$) :

- **Axiome** $\mathcal{F} \vdash X \longrightarrow \emptyset$, pour tout ensemble $\mathcal{F}$ de dépendances fonctionnelles
- **Augmentation** $X \longrightarrow Y \vdash XZ \longrightarrow YZ$
- **Transitivité** $X \longrightarrow Y,\ Y \longrightarrow Z \vdash X \longrightarrow Z$

La suite $f_1, f_2, \ldots, f_n$ est alors appelée une *dérivation* (ou encore une *démonstration*) de f à partir de $\mathcal{F}$. Notons que : si f est dans $\mathcal{F}$ alors $\mathcal{F} \vdash f$ (la suite ne contenant que f étant une démonstration). Par exemple, l'ensemble $\mathcal{F} = \{A \longrightarrow C, B \longrightarrow D\}$ engendre la dépendance $f : AB \longrightarrow CD$, car la suite f_1, f_2, f_3, f_4, f_5 ci-dessous constitue une démonstration de f à partir de F :

$f_1 : A \longrightarrow C$, dans $\mathcal{F}$
$f_2 : AB \longrightarrow BC$, augmentation de f_1 par B
$f_3 : B \longrightarrow D$, dans $\mathcal{F}$
$f_4 : BC \longrightarrow CD$, augmentation de f_3 par C
$f_5 : AB \longrightarrow CD$, transitivité sur f_2 et f_4

Nota : Nous appelons *fermeture* de $\mathcal{F}$, notée $\mathcal{F}^+$, l'ensemble de toutes les dépendances fonctionnelles engendrées par $\mathcal{F}$, c'est-à-dire, $\mathcal{F}^+ = \{f \mid \mathcal{F} \vdash f\}$.

Le théorème suivant montre que la notion de dérivation est équivalente à celle d'implication. En d'autres mots, que le système d'Armstrong est *sain* (c'est-à-dire : si $\mathcal{F} \vdash f$ alors $\mathcal{F} \models f$) et *complet* (c'est-à-dire : si $\mathcal{F} \models f$ alors $\mathcal{F} \vdash f$) :

Théorème 1 *(Armstrong)*
$\mathcal{F} \vdash f \quad ssi \quad \mathcal{F} \models f$

Les règles suivantes, qui sont des conséquences immédiates du système d'*Armstrong*, simplifient souvent les démonstrations :

- **Union** $X \longrightarrow Y,\ X \longrightarrow Z \vdash X \longrightarrow YZ$
- **Décomposition** $X \longrightarrow YZ \vdash X \longrightarrow Y, X \longrightarrow Z$
- **Pseudo-transitivité** $X \longrightarrow Y,\ YZ \longrightarrow W \vdash XZ \longrightarrow W$
- **Augmentation à gauche** $X \longrightarrow Y \vdash XZ \longrightarrow Y$
- **Inclusion** si $X \supseteq Y$ alors $\mathcal{F} \vdash X \longrightarrow Y$, pour tout $\mathcal{F}$.

Notons que pour répondre à la question « $\mathcal{F}$ engendre-t-il f ? » nous devons chercher une démonstration ce qui n'est pas toujours chose facile (et qui repose sur les connaissances et l'expérience de celui qui cherche !). D'où l'idée de chercher un algorithme efficace qui permet de répondre à cette question de manière « mécanique ». Un tel algorithme existe et la notion clé qu'il utilise est celle de *la fermeture d'un ensemble d'attributs*.

Soit X un sous-ensemble de $\mathcal{U}$. La *fermeture* de X par rapport à $\mathcal{F}$, notée $X^+_\mathcal{F}$ (ou X^+ lorsque $\mathcal{F}$ est entendu), est l'ensemble maximal Y tel que $\mathcal{F} \vdash X \longrightarrow Y$, c'est-à-dire :

$$X^+_\mathcal{F} = max\{Y \subseteq \mathcal{U} \mid \mathcal{F} \vdash X \longrightarrow Y\}$$

Notons qu'il existe au moins un Y tel que $\mathcal{F} \vdash X \longrightarrow Y$, à savoir $Y = X$, et que grâce à la règle d'union, un tel Y maximal existe et il est unique. Le théorème suivant (qui découle immédiatement de la définition de $X^+_\mathcal{F}$) donne une caractérisation équivalente de la dérivation $\mathcal{F} \vdash f$, en termes de la fermeture $X^+_\mathcal{F}$.

Théorème 2 $\mathcal{F} \vdash X \longrightarrow Y$ ssi $Y \subseteq X^+_\mathcal{F}$

Ce théorème suggère l'algorithme suivant pour répondre à la question « $\mathcal{F}$ engendre-t-il $X \longrightarrow Y$? » :

1. calculer $X^+_\mathcal{F}$
2. si $Y \subseteq X^+_\mathcal{F}$ alors $\mathcal{F}$ engendre $X \longrightarrow Y$ sinon $\mathcal{F}$ n'engendre pas $X \longrightarrow Y$

Notons, cependant, que cet algorithme nous dit uniquement s'il existe une dérivation de $X \longrightarrow Y$ à partir de $\mathcal{F}$ (il ne nous donne pas une telle dérivation !).

Cet algorithme s'écrit comme suit :

```
fonction engendre( F : setof dep ;
X ⟶ Y :dep) :booleen ;
debut
  Si inclus(Y, ferm(X, F))alors
    engendre := vrai
  sinon engendre := faux
fin ;
```

où **inclus** est une fonction qui renvoie « true » si $Y \subseteq X^+_\mathcal{F}$ et "false" sinon, et **ferm** une fonction qui calcule $X^+_\mathcal{F}$. D'où l'importance d'un algorithme efficace pour le calcul de $X^+_\mathcal{F}$.

Le théorème suivant donne un algorithme efficace pour le calcul de X^+ et permet ainsi de répondre à la question « $\mathcal{F}$ engendre-t-il f ? » de manière mécanique.

Théorème 3 *L'algorithme* $ferm$ *suivant termine, et si* $ferm_f$ *est la valeur finale de la variable* $ferm$, *alors* $ferm_f = X^+_\mathcal{F}$:

Algorithme $ferm(X, \mathcal{F})$;
Entrée : un schéma de relation $\mathcal{U}$, un ensemble $X \subseteq \mathcal{U}$, et un ensemble de dépendances fonctionnelles $\mathcal{F}$ (sur $\mathcal{U}$)
Sortie : la fermeture de X par rapport à $\mathcal{F}$, c'est-à-dire $X^+_\mathcal{F}$
Méthode :

```
ferm := X ;
repeter pour chaque Y ⟶ Z dans F faire
             Si Y ⊆ ferm alors ferm := ferm ∪ Z
jusqu'à ferm n'a pas changé ou ferm = U
renvoyer ferm
```

Notons que la complexité de cet algorithme est en $|\mathcal{F}| * |\mathcal{U}|^2$, dans le pire des cas.

Exemple :

Soit un univers U et un ensemble F de dépendances fonctionnelles sur U comme suit :
$U = \{A, B, C, D, E, F\}$
$F = \{CDEF \rightarrow A,\ ACE \rightarrow B,\ CE \rightarrow DF,\ BDF \rightarrow E,\ F \rightarrow C,\ D \rightarrow E\}$

En appliquant l'algorithme ci-dessus, pour $X = \{A, C, D\}$, nous trouvons $X^+_\mathcal{F} = U$, au terme de trois itérations comme suit :

$ferm := ACD$

E	1re itération
BDF	2e itération
EC	3e itération

Clés

Intuitivement, une clé K est un ensemble d'attributs représentant une information minimale nécessaire pour identifier les n-uplets sur $\mathcal{U}$ d'une manière unique. Autrement dit, la donnée d'un ensemble de valeurs, une pour chaque attribut de K, suffit pour identifier au plus un n-uplet sur $\mathcal{U}$. De manière plus formelle, étant donnés $\mathcal{U}$, $\mathcal{F}$, un ensemble $K \subseteq \mathcal{U}$ est une clé de $\mathcal{U}$ par rapport à $\mathcal{F}$ si :

1. $\mathcal{F} \vdash K \longrightarrow \mathcal{U}$, c'est-à-dire, $K^+ = \mathcal{U}$
2. K est minimal, c'est-à-dire, il n'y a pas de sous-ensemble strict K' de K tel que $\mathcal{F} \vdash K' \longrightarrow \mathcal{U}$.

Nous dirons qu'un ensemble $S \subseteq \mathcal{U}$ est une *surclé* de $\mathcal{U}$ si $\mathcal{F} \vdash S \longrightarrow \mathcal{U}$, c'est-à-dire, si $S^+ = \mathcal{U}$. Il s'en suit que S est une surclé de $\mathcal{U}$ ssi S contient une clé. Notons qu'il existe toujours une clé de $\mathcal{U}$, par rapport à n'importe quel $\mathcal{F}$ ($\mathcal{U}$ est toujours une surclé). Notons également que si $\mathcal{F} = \emptyset$ alors $\mathcal{U}$ est l'unique clé. Intuitivement, ceci signifie qu'en l'absence d'informations sur les données, nous devons spécifier les valeurs de tous les attributs de $\mathcal{U}$ afin d'identifier un n-uplet de manière unique.

Notons qu'un attribut qui ne figure pas dans une partie droite de $\mathcal{F}$ appartient à toute clé. Il en résulte que l'on a intérêt à commencer la recherche d'une clé à partir de l'ensemble X de tous les attributs qui ne figurent pas dans une partie droite de $\mathcal{F}$. Si $X^+ = \mathcal{U}$ alors X est l'unique clé de $\mathcal{U}$, sinon nous essayons avec des sur-ensembles de X. Si $X^+ \neq \mathcal{U}$ alors la règle suivante s'avère souvent utile lors de la recherche des clés : Si Y est une surclé et $\mathcal{F} \vdash X \longrightarrow Y$ alors X est une surclé aussi (voir théorème 2). En particulier, si un attribut B est une clé et si $\mathcal{F} \vdash A \longrightarrow B$, alors A est une clé aussi (en supposant que $\mathcal{F} \not\vdash \emptyset \longrightarrow A$).

Dans les applications, souvent, une parmi les clés de chaque table est privilégiée pour l'accès aux données. Cette clé est alors déclarée pendant la définition du schéma (cf déclaration d'une table en SQL) et est appelée *clé primaire* de la table, les autres clés (s'il en existe) devenant ainsi des *clés secondaires*. En outre, si un ensemble X d'attributs, figurant dans une table R, est clé d'une autre table S de la même base, sans être clé de R, alors X est appelé une *clé étrangère* de R. Par exemple, soit une base constituée des deux tables suivantes, où on suppose une seule dépendance fonctionnelle, à savoir **`vendeur`** $\longrightarrow$ **`age`** :
`Ventes(vendeur, article)`,
`Perso(vendeur, age)`
Alors l'attribut **`vendeur`** est clé étrangère de **`Ventes`**, car cet attribut est clé de **`Perso`** sans être clé de **`Ventes`**.

Dans les applications pratiques, la présence d'une clé étrangère X dans une table R est souvent accompagnée de la contrainte $\Pi_X(R) \leq \Pi_X(S)$, qui stipule que :

pour toute base δ et pour tout $t \in \delta(R)$ il existe $t' \in \delta(S)$ tel que $t(X) = t'(X)$.

Cette contrainte, souvent appelée une *contrainte référentielle*, constitue un cas spécial de contraintes plus générales, appelées *contraintes d'inclusion*.

Dans notre exemple, cette contrainte s'énonce comme suit : $\Pi_{\texttt{vendeur}}(\texttt{Ventes}) \leq \Pi_{\texttt{Vendeur}}(\texttt{Perso})$, et stipule que tout vendeur figurant dans la table **`Ventes`** doit également figurer dans la table **`Perso`**.

Couvertures

Étant donnés $\mathcal{U}$, $\mathcal{F}$, un ensemble de dépendances fonctionnelles, $\mathcal{G}$ est une *couverture* de $\mathcal{F}$ si $\mathcal{G} \equiv \mathcal{F}$.

Comme nous le verrons par la suite, les couvertures jouent un rôle important dans le processus de conception d'un schéma, en particulier les couvertures satisfaisant certaines propriétés supplémentaires que nous définissons maintenant.

- Étant donnée $\mathcal{U}$, $\mathcal{F}$, une dépendance fonctionnelle $X \longrightarrow Y$ de $\mathcal{F}$ est *réduite à droite* s'il n'existe pas de sous-ensemble strict et non vide Y' de Y tel que $\mathcal{F} \vdash X \longrightarrow Y'$. L'ensemble $\mathcal{F}$ est *réduit à droite* si chaque dépendance de $\mathcal{F}$ est réduite à droite.

L'algorithme suivant prend en entrée un ensemble $\mathcal{F}$ et renvoie une couverture de $\mathcal{F}$ réduite à droite.

Algorithme : $red\text{-}d(\mathcal{F})$
Entrée : un ensemble $\mathcal{F} = \{f_1, \ldots, f_n\}$ de dépendances fonctionnelles
Sortie : une couverture $red\text{-}d$ de $\mathcal{F}$, qui est réduite à droite.
Méthode :
  $red\text{-}d := \emptyset$;
  pour $i = 1, .., n$ faire
    %soit $f_i = X_i \longrightarrow A_1 \ldots A_{n_i}$%
    $red\text{-}d := red\text{-}d \cup \{X_i \longrightarrow A_1, \ldots X_i \longrightarrow A_{n_i}\}$

Notons qu'une dépendance fonctionnelle n'est réduite à droite que si sa partie droite est un singleton (conséquence immédiate des règles d'union et de décomposition).

- Étant donnés $\mathcal{U}$, $\mathcal{F}$, une dépendance fonctionnelle $X \longrightarrow Y$ de $\mathcal{F}$ est *réduite à gauche* s'il n'existe pas de sous-ensemble strict et non vide X' de X tel que $\mathcal{F} \vdash X' \longrightarrow Y$. L'ensemble $\mathcal{F}$ est *réduit à gauche* si chaque dépendance de $\mathcal{F}$ est réduite à gauche.

L'algorithme suivant prend en entrée un ensemble $\mathcal{F}$ et renvoie une couverture de $\mathcal{F}$ réduite à gauche.

Algorithme : $red\text{-}g(\mathcal{F})$
Entrée : un ensemble $\mathcal{F} = \{f_1, \ldots, f_n\}$ de dépendances fonctionnelles
Sortie : une couverture $red\text{-}g$ de $\mathcal{F}$, qui est réduite à gauche
Méthode :
  $red\text{-}g := \mathcal{F}$;
  pour $i = 1, .., n$ faire
    % soit $f_i = X \longrightarrow Y$ %
    début
      trouver un X' minimal tel que :
      $X' \subseteq X$ et $red\text{-}g \vdash X' \longrightarrow Y$;
      $red\text{-}g := (red\text{-}g \setminus \{X \longrightarrow Y\}) \cup \{X' \longrightarrow Y\}$
      % c'est-à-dire remplacer $X \longrightarrow Y$ par $X' \longrightarrow Y$ dans $red\text{-}g$ %
    fin

Notons que, dans l'algorithme précédent, il est possible qu'il n'existe qu'un seul X' ; de plus, si ce X' unique est X lui-même, ceci signifie alors que la dépendance $X \longrightarrow Y$ est réduite à gauche. Il est possible également qu'il existe plus qu'un X', et ceci signifie qu'il peut y avoir plus d'une couverture de $\mathcal{F}$ qui soit réduite à gauche. Notons enfin que la condition $red\text{-}g \vdash X' \longrightarrow Y$ signifie que $(red\text{-}g \setminus \{X \longrightarrow Y\}) \cup \{X' \longrightarrow Y\} \equiv red\text{-}g$, ce qui implique que le(s) résultat(s) de cet algorithme est toujours une couverture de $\mathcal{F}$.

- Étant donnés $\mathcal{U}$, $\mathcal{F}$, nous dirons que $\mathcal{F}$ est *redondant* s'il existe f dans $\mathcal{F}$ tel que $\mathcal{F} \setminus \{f\} \vdash f$. L'algorithme suivant renvoie une couverture non redondante de $\mathcal{F}$:

Algorithme : $non\text{-}red(\mathcal{F})$
Entrée : un ensemble $\mathcal{F} = \{f_1, \ldots, f_n\}$ de dépendances fonctionnelles
Sortie : une couverture $non\text{-}red$ de $\mathcal{F}$, qui est non redondante
Méthode :
$non\text{-}red := \mathcal{F}$;
pour $i = 1, .., n$ faire
si $(non\text{-}red \setminus \{f_i\}) \vdash f_i$ alors
$non\text{-}red := non\text{-}red \setminus \{f_i\}$

Notons que suivant l'ordre de parcours de l'ensemble $\mathcal{F}$ nous pouvons avoir des résultats différents, donc il peut y avoir plus qu'une couverture non redondante de $\mathcal{F}$.

- Étant donnés $\mathcal{U}$, $\mathcal{F}$, nous dirons que $\mathcal{F}$ est *réduit* si $\mathcal{F}$ est réduit à droite et à gauche et il est non redondant. L'algorithme suivant renvoie une couverture réduite de $\mathcal{F}$, appelée aussi une *réduction* de $\mathcal{F}$:

Algorithme : $red(\mathcal{F})$
Entrée : un ensemble $\mathcal{F} = \{f_1, \ldots, f_n\}$ de dépendances fonctionnelles
Sortie : une réduction de $\mathcal{F}$
Méthode :
$red\text{-}d := red\text{-}d(\mathcal{F})$;
$red\text{-}g := red\text{-}g(red\text{-}d)$;
$red := non\text{-}red(red\text{-}g)$

Notons que l'ordre dans lequel les trois étapes de cet algorithme sont exécutées est important. Par exemple, si on supprime les redondances avant de réduire à gauche, le résultat obtenu par cet algorithme peut ne pas être une réduction (essayer sur l'ensemble $\mathcal{F} = \{AB \longrightarrow C, B \longrightarrow A, C \longrightarrow A\}$).

Notons que, outre le rôle qu'elles jouent dans la définition de la cohérence et la suppression de redondances, lors de la conception du schéma d'une base, les dépendances fonctionnelles fournissent également un moyen d'inférence lors du traitement des requêtes.

Bibliographie

Abiteboul, S., Hull, R., Vianu, V. (1995). *Foundations of Databases.* Addison-Wesley Longman Publishing Co., Inc.

Date C.J. (1999). *An Introduction to Database Systems.* Addison-Wesley Longman Publishing Co., Inc.

Kanellakis, P. C. (1990). *Elements of relational database theory*, volume B. Handbook of theoretical computer science (vol. B) : formal models and semantics.

Ramakrishnan R., Gehrke J. (2003). *Database Management Systems.* McGraw-Hill Higher Education.

Conception et mise en œuvre des bases de données

Isabelle Comyn-Wattiau, Jacky Akoka

Mots-clés : conception de base de données, mise en œuvre de base de données, évolution de base de données, administration de base de données.

Résumé : la mise en œuvre des applications à base de données est un problème ardu. Elle implique une phase de conception qui doit produire la meilleure représentation interne des données au vu des besoins des utilisateurs, des performances souhaitées et doit assurer à la fois un niveau de disponibilité maximal et une sécurité efficace. Au-delà de cette phase de conception, la mise en œuvre de la base de données nécessite le développement de toutes les interfaces et programmes d'accès à ces données. Une fois mise en exploitation, l'administrateur de la base en gère l'évolution au quotidien, affecte des droits d'accès aux utilisateurs selon des profils et effectue les restructurations et aménagements nécessaires au bon fonctionnement de la base. Il est fréquent ensuite que la base subisse de lourdes modifications. Charge alors à l'équipe de conception et/ou d'administration de la base de procéder aux évolutions rendues nécessaires. Dans ce chapitre, nous faisons le point sur les modèles, méthodes et outils utilisés pour la conception, le développement, la mise en œuvre, l'administration et l'évolution des bases de données.

Depuis plusieurs décennies, les chercheurs et les industriels ont conçu et mis au point des logiciels dédiés à la gestion des bases de données. Historiquement, ce choix de spécialiser la gestion des données d'une application informatique faisait suite à la constatation selon laquelle les données étaient largement partagées dans les entreprises. Ainsi, il était illusoire et inefficace de définir un ensemble de données propre à chaque application. On a alors imaginé un logiciel d'un type nouveau, le système de gestion de base de données (SGBD) dont l'objectif est de mettre à la disposition des utilisateurs, directement ou via des programmes, l'ensemble des données auxquelles il doit accéder.

Ceci implique un ensemble de fonctions essentielles, notamment la création, la mise à jour ou l'extraction de données, mais aussi la description de ces dernières. Cette nécessité de décrire les données a conduit à la définition de modèles abstraits dont la typologie permet maintenant de classifier les différentes générations de SGBD : hiérarchique, réseau, relationnel, objet, multidimensionnel.

Outre ces fonctions essentielles, le SGBD, de par son rôle de sas unique entre les données et leurs utilisateurs, s'est vu octroyer un ensemble de fonctions additionnelles fondamentales :

- le contrôle du partage des données, ou *contrôle de concurrence* (se reporter au chapitre « Concurrence et reprise sur pannes »), dont le but est d'éviter les conflits dus aux accès simultanés de plusieurs utilisateurs ;
- *l'optimisation de l'accès* aux données qui décharge l'utilisateur de la recherche du chemin d'accès le plus efficace ;

- le *contrôle d'intégrité* (voir le chapitre «Bases de données relationnelles») qui empêche les modifications portant atteinte à la cohérence de la base ;
- le *contrôle d'accès* dont l'objectif est d'assurer la confidentialité des données ;
- la *résistance aux pannes* (se reporter au chapitre «Concurrence et reprise sur pannes») qui assure, en cas de problème de fonctionnement, la récupération des données les plus fraîches possibles dans un état cohérent.

Doté de cet outil dédié qu'est le SGBD, l'équipe à la tête d'un projet informatique, doit définir et mettre en place la base de données adaptée aux besoins des utilisateurs consignés dans le cahier des charges. Une fois opérationnelle, la base de données subit de nombreuses évolutions. L'administration de cette base comprend toutes les facettes de cette tâche de gestion à court et à moyen terme.

Ce chapitre décrit succinctement l'état de connaissances relatives aux modèles, méthodes et approches de la conception, la mise en œuvre et l'évolution des bases de données. La difficulté principale de cette tâche est son aspect multidimensionnel, incluant les considérations technologiques qui nécessitent la connaissance fine du noyau SGBD, les considérations organisationnelles qui décrivent l'insertion de la base de données dans une logique de gestion et les considérations «métiers» qui traduisent, dans la base, le mode de fonctionnement de l'application informatique. À cette difficulté principale, s'ajoutent souvent des considérations «politiques» dans la mesure où la base de données (BD), réservoir contenant une information de grande valeur, se révèle parfois comme étant un enjeu de pouvoir.

Ce chapitre est organisé selon les phases du cycle de vie de la BD. Après la conception (§ 1), nous abordons au § 2 l'étape du développement, et de la mise en œuvre ou implantation. Le § 3 décrit les tâches d'administration alors que le § 4 traite plus spécifiquement de l'évolution de la BD. Enfin, nous tentons de conclure par un ensemble de perspectives.

1 La conception des BD

L'approche BD a dissocié, au moins en partie, la conception de la structure des données de celle des programmes gérant ces données. En particulier, la nécessité de concevoir une structure de données adaptée à plusieurs programmes rend le processus de conception de la BD très spécifique.

Dès le début des années soixante-dix, le besoin de structurer ce processus de conception s'est fait ressentir. La conception d'une base de données est un processus complexe qui nécessite d'abstraire une réalité peu structurée ou, au moins, peu formalisée pour en fournir une représentation formelle conforme aux règles de gestion des données et compatible avec le modèle sous-jacent au SGBD. Enfin, cette représentation, ou ce schéma, doit être optimisée au regard des traitements les plus fréquents sur la BD. Pour prendre en charge ces différents aspects, le processus a été décomposé en différentes étapes, chaque étape ayant un objet propre (figure 1).

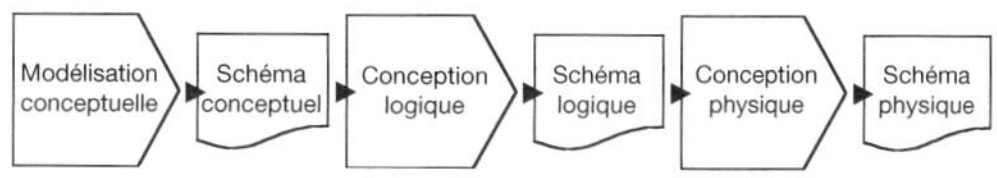

Figure 1 Les étapes du processus de conception

1.1 La modélisation conceptuelle

La modélisation conceptuelle est la première étape. Elle consiste à représenter, à un haut niveau d'abstraction indépendant du SGBD, les données et leurs liens sémantiques. Différents formalismes ont été proposés pour représenter ces données. Le modèle entité-relation (ER) ou entité-association (EA) est sans doute le plus largement diffusé (Chen, 1976) même s'il tend maintenant à marquer le pas au profit du diagramme de classes UML (Naiburg, 2002). En francophonie, la diffusion de ces concepts s'est faite principalement au travers de la méthode Merise (Nanci et Espinasse, 2001). dont le modèle conceptuel de données (MCD) est une variante du modèle ER. Le modèle ER représente la réalité au moyen de trois concepts :

- l'*entité* (ou entité-type) décrit un élément structuré de la réalité, qui a une existence propre et dont on souhaite gérer les occurrences dans la BD. Dans une gestion de stocks pour un ensemble d'entrepôts, l'entrepôt sera une entité, le produit sera une autre entité ;
- l'*attribut* décrit une caractéristique de l'entité dont on souhaite stocker la valeur dans la BD. Ainsi, le produit sera décrit par les attributs code, libellé, prix de vente, etc. Un attribut est identifiant s'il permet d'identifier sans ambiguïté une occurrence d'entité. Par exemple, le code est un identifiant du produit : deux produits différents ont des codes différents ;
- la *relation* (ou relation-type) lie deux entités ou plus. La relation stock permet d'associer le produit et l'entrepôt : un produit est stocké dans un entrepôt. Une relation peut être, elle aussi, caractérisée par des attributs.

Le modèle ER est fondé sur la théorie des ensembles et la théorie des relations. Ainsi, un attribut est une fonction entre un ensemble d'entités et un ensemble de valeurs. Un identifiant est une application injective. Une relation lie deux ensembles d'entités (ou plus). La relation stock relie certains produits à certains entrepôts. Elle est un sous-ensemble du produit cartésien entre ces deux ensembles. Elle est de type M-N (ou plusieurs-plusieurs) dans la mesure où un même type de produit peut être stocké dans plusieurs entrepôts et, de même, un entrepôt contient généralement différents produits. La relation stock a un attribut propre : la quantité d'un produit stockée dans un entrepôt. Un produit est classé dans une seule famille qui, à l'inverse, peut en contenir plusieurs (relation de type 1-N). Le modèle ER est assorti d'un formalisme graphique qui facilite la communication entre les utilisateurs qui définissent et valident leurs besoins et les concepteurs qui les modélisent (figure 2).

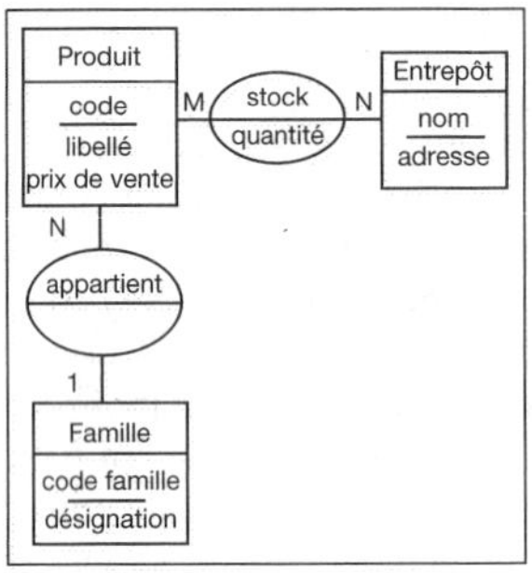

Figure 2 Exemple de schéma ER

Le modèle ER comporte d'autres concepts (entités faibles, relations récursives, ternaires, etc.). D'autre part, il a été étendu pour intégrer des notions supplémentaires, notamment le concept de hiérarchie de généralisation. Le formalisme du diagramme de classes UML peut aussi être utilisé. Il contient des concepts plus riches. Il permet notamment de distinguer certaines relations particulières, comme l'agrégation ou la composition (se reporter au chapitre «Modèle dans le domaine des systèmes d'information» de la section II.3).

1.2 La conception logique

Une fois construit et validé, le schéma conceptuel peut être traduit en un schéma logique, c'est-à-dire une représentation conforme au modèle du SGBD, par exemple un schéma relationnel (voir le chapitre «Bases de données relationnelles») constitué d'un ensemble de tables avec les contraintes d'intégrité associées. La traduction du schéma conceptuel en un schéma logique est la partie la plus systématique du processus, ce qui explique que beaucoup d'ateliers de génie logiciel (AGL), tel MEGA, l'effectuent de façon automatique. Toutefois, les règles de passage utilisées sont, dans certains cas, inadaptées et l'intervention du concepteur est alors nécessaire.

Citons les règles principales : 1) une entité est traduite en une table relationnelle : l'identifiant de l'entité est une clé de la table, les autres attributs forment les autres colonnes de la table ; 2) une relation de type 1-N est traduite par un report de clé d'une table dans l'autre ; 3) une relation de type M-N est traduite par une table spécifique : les identifiants des entités participant à la relation forment la clé de la table, les attributs spécifiques à la relation constituent les autres colonnes de la table. Reprenons l'exemple de la figure 2. En appliquant ces règles, on obtient le schéma relationnel ci-dessous, dans lequel la clé de chaque table est constituée des colonnes soulignées :

```
Produit(code, libellé, prix de vente,
codefamille)
Entrepôt(nom, adresse)
Stock(code, nom, quantité)
Famille(codefamille, désignation)
```

1.3 La conception physique

La troisième étape dite de conception physique prend en compte les traitements les plus importants et en déduit, éventuellement, des restructurations du schéma relationnel et, dans tous les cas, une organisation primaire et des chemins d'accès complémentaires, principalement des index dans le monde relationnel. Les restructurations peuvent inclure une dénormalisation[1] des tables dictée par des besoins de performance. La conception physique est la phase la moins formalisée. Elle est rarement décrite en tant que tel. Les ouvrages mentionnent son importance et les outils nécessaires à sa réalisation, mais ils font l'impasse sur une description systématique des étapes à respecter, des méthodes à utiliser et des résultats à obtenir. La raison principale de cette lacune réside, à notre sens, dans la difficulté à définir une démarche précise qui soit indépendante du SGBD. À titre d'exemple, la création des index est fondée sur l'optimisation des requêtes les plus fréquentes et les plus lourdes en termes de données manipulées. Or les optimiseurs de requêtes sont très spécifiques aux SGBD. Pour une même requête, un index donné sera exploité par un SGBD et ignoré par l'autre. Tentons néanmoins de définir les étapes principales d'une démarche de conception physique.

1. Dénormaliser une relation revient à la restructurer de façon contraire aux règles décrites par les formes normales (voir le chapitre «Bases de données relationnelles»), introduisant des redondances dans les données afin d'améliorer les performances des requêtes

Choix de la structure logique

Parmi toutes les représentations possibles, normalisées (voir le chapitre «Bases de données relationnelles») ou non, quelle est celle qui doit être mise en œuvre ? Ce choix doit être guidé principalement par les requêtes les plus fréquentes. Il faut pour cela obtenir des utilisateurs, et faire valider, les besoins en termes de requêtes d'interrogation et de mise à jour, puis estimer les performances des différentes structures logiques vis-à-vis de ces requêtes. On peut ainsi définir la complexité d'une requête en fonction de trois éléments : le nombre d'opérations élémentaires effectuées par la requête; le volume de données manipulées par la requête; la fréquence et les pics d'activité. Prenons un exemple pour illustrer ce choix : on considère deux tables Commande et Client. Supposons que la requête qui extrait une commande avec les coordonnées du client qui l'a passée est la plus fréquente. Si la mise en place d'index et le choix du mode de calcul de la jointure entre les tables Commande et Client ne suffisent pas à obtenir un temps de réponse satisfaisant, une solution peut être de composer les deux tables et de stocker le résultat de cette composition. C'est un choix lourd de conséquence en termes de redondance, puisque cela revient à stocker les coordonnées d'un client autant de fois qu'il passe de commandes. Ainsi, les alternatives de conception physique sont multiples, elles combinent des restructurations logiques et des choix physiques et influencent éventuellement la volumétrie de la base de données avec le principal objectif de satisfaire les contraintes de performance.

Choix des structures physiques

L'organisation primaire définit la façon dont les données sont rangées dans les fichiers. Une organisation secondaire désigne une structure de donnée complémentaire permettant de «voir» les données dans un ordre différent. L'index est le type d'organisation secondaire le plus répandu dans les SGBD relationnels. Un index est une structure arborescente qui, étant donné une valeur d'attribut, donne l'adresse d'un ou plusieurs enregistrements correspondant à cette valeur. Ainsi, au lieu de parcourir séquentiellement tout le fichier qui contient les enregistrements, ce qui peut conduire à de nombreux accès disque coûteux, on obtient en traversant l'index en quelques accès disque directement les enregistrements souhaités. On peut ainsi, à partir d'un nom, retrouver rapidement l'étudiant (ou les étudiants) portant ce nom. Chaque SGBD offre différentes organisations primaires des tables sur les disques. Citons les organisations primaires les plus communes : l'organisation en tas (*heap*), l'organisation hachée, l'organisation séquentielle indexée.

Le choix de l'organisation est, lui aussi, dicté par les besoins de traitement. Plus précisément, chaque organisation présente des avantages et des inconvénients en termes de rapidité d'accès mais aussi en fonction des coûts des mises à jour. Pour chaque table, il convient donc d'évaluer ses besoins en termes d'interrogation mais aussi en termes de mise à jour. Une fois que l'organisation primaire est choisie pour chacune des tables, on étudie l'intérêt d'ajouter des structures d'accès complémentaires, ou organisations secondaires.

Estimation volumétrique

Enfin, la conception physique doit comprendre aussi une estimation des besoins en termes de stockage. Ce calcul est possible si on dispose : 1) des structures logiques de la base incluant les types de données retenues ; 2) des caractéristiques du SGBD : mode de représentation des données, parties fixes liées à chaque table et à chaque nuplet ; 3) des prévisions de volumes : nombre de nuplets de chaque table en moyenne et au maximum ; 4) du taux de croissance prévisible de chaque table. À l'aide de ces données, on peut estimer l'espace de stockage initial moyen et maximum nécessaire au démarrage et le besoin à terme. Il faut ajouter à ce calcul une estimation de l'espace occupé par les index et anticiper le besoin en espace temporaire pour les requêtes complexes (agrégats, tris, etc.).

Ces différentes étapes peuvent être itératives. En effet, si une restructuration logique est rendue nécessaire pour des raisons de performance, l'estimation volumétrique doit être ajustée. Une fois définie et mise en œuvre, la structure physique de la base sera décrite dans la documentation du système. Si la BD s'avère insuffisamment performante, notamment parce que les prévisions de traitement n'auront pas été exactes, l'administrateur de la base, au vu des indicateurs fournis par les outils d'analyse du SGBD, pourra et devra prendre des mesures de restructurations plus ou moins «lourdes». Une restructuration minimale consiste à modifier les organisations secondaires : ajouter, modifier ou supprimer un index. Une modification plus importante consiste à revoir l'organisation primaire des tables. Enfin, une restructuration «lourde» comportera éventuellement une transformation de certaines structures logiques : composition[1] ou décomposition[2] de tables, aplatissement, etc. L'aplatissement consiste à transférer une information du niveau des données au niveau du schéma. Considérons

1. Une composition est une jointure ou une union de relations (voir le chapitre «Bases de données relationnelles»).
2. Une décomposition peut être construite au moyen de projections ou de restrictions relationnelles (voir le chapitre «Bases de données relationnelles»).

par exemple la table d'emploi du temps dont le schéma simplifié est `E(codecours, jour, heure)` qui permet de donner, pour chaque cours, et chaque jour, l'heure à laquelle est donné le cours ce jour-là. Ainsi, la table aplatie aura le schéma `E'(codecours, heurelundi, heuremardi, heuremercredi, heurejeudi, heurevendredi)` qui indique, pour chaque jour de la semaine, l'heure de ce cours. L'information contenue est la même, mais elle n'est pas du tout représentée de la même façon.

Dès 1975, un effort important de standardisation a été fourni par l'organisme de normalisation américain ANSI qui a conduit à la spécification ANSI/X3/SPARC. Celle-ci préconise notamment trois visions d'une BD :
- le *schéma interne* correspondant à la description physique issue de la troisième phase ;
- le *schéma conceptuel* modélisant de façon abstraite les données de la base ;
- les *schémas externes* qui sont des extraits du schéma conceptuel, décrivant la partie de la BD utile à un groupe d'utilisateurs.

Le découpage du processus de conception selon les trois phases décrites plus haut permet de traiter séparément les problèmes de spécification des besoins (modélisation conceptuelle), de définition d'une structure de données correcte (conception logique) et d'obtention de bonnes performances (conception physique).

Les faiblesses inhérentes au processus de conception peuvent être classées en trois ensembles principaux :
- la difficulté à spécifier de façon complète et non ambiguë les besoins et les règles de gestion ;
- la prise en charge par le SGBD de tous ces besoins de façon cohérente : seules les spécifications traduites dans une métabase sous forme de contraintes d'intégrité[1] ou de déclencheurs (ou « triggers » définis plus loin dans ce chapitre) sont ensuite prises en charge par le SGBD ;
- la difficulté à anticiper les traitements lourds et fréquents vis-à-vis desquels l'effort d'optimisation doit être maximal.

À la fin de l'étape de conception, on doit disposer de la définition complète :
- des tables et de leur contenu,
- des types de données choisis pour chaque information,
- des contraintes d'intégrité,
- des choix d'organisation des espaces physiques,
- des structures d'accès complémentaires,
- d'une estimation de la volumétrie de la BD.

1. Propriété que les données de la base doivent respecter à tout moment (voir chapitre « Bases de données relationnelles »).

2 Le développement et la mise en œuvre d'une BD

Le développement de la BD comprend principalement :
- la création effective des tables ;
- la programmation des triggers ;
- le développement des interfaces et programmes d'accès aux données.

2.1 Les outils de développement

Les ateliers de génie logiciel

L'utilisation d'un atelier de génie logiciel permet de générer les ordres de création des tables. Toutefois, il convient souvent de les remanier et/ou de les compléter. À partir d'une description conceptuelle (ER ou UML) de la future base, l'AGL dérive un ensemble de schémas de tables assortis de clés, de contraintes d'unicité et d'obligation[2].

Parmi les différentes règles de passage d'un modèle conceptuel à un ensemble de tables relationnelles, l'AGL applique la plus usuelle. Par exemple, nous avons vu que, pour traduire une relation 1-N entre les deux entités Employé et Département exprimant le rattachement d'un employé à un seul département, l'AGL va effectuer un report de clé en ajoutant dans la table Employé la clé du département. C'est en effet la traduction la plus probable. Toutefois, certaines relations 1-N peu utilisées peuvent, dans certains cas, être avantageusement traduites par des tables spécifiques.

Les déclencheurs (triggers)

Outre les structures de tables et les contraintes d'intégrité, la mise en œuvre de la base de données comprend aussi la programmation des déclencheurs ou *triggers*. Un déclencheur est un programme associé à une table relationnelle et qui est exécuté automatiquement si l'un des événements qui le définit se produit. On peut par exemple écrire un « trigger » qui vérifie que le salaire d'un employé ne peut qu'augmenter. Ce trigger est associé à la table Employé. Il se déclenche en cas de mise à jour du salaire d'un ou plusieurs employés. Il provoque une erreur si la mise à jour est une diminution de la valeur de ce salaire. L'erreur entraîne l'arrêt de la transaction qui contient la mise à jour. Ces triggers peuvent être utilisés pour vérifier des contraintes d'intégrité qui ne sont pas déclarables dans le schéma de la table. Ils peuvent être utilisés aussi pour propager des mises à jour sur des données redondantes, pour enregistrer des informations sur l'activité des tables, pour historiser des données ou encore pour répliquer des mises à jour sur des sites distants.

L'intérêt des triggers est double :

2. Une contrainte d'obligation caractérise un attribut ne pouvant pas prendre de valeur nulle.

- une fois créés et compilés, ils sont exécutés automatiquement et libèrent ainsi le programmeur de toute référence à leur utilisation;
- ils font partie de la structure même de la base et sont déclenchés quel que soit le moyen d'accès aux données: un utilisateur qui effectue une opération sur une table de façon interactive en SQL (*Structured Query Language*) ou via une interface graphique, ou encore au travers d'un programme écrit dans un langage quelconque et qui interagit avec la base de données, provoquera le déclenchement éventuel des triggers associés à la table.

À noter que certains SGBD ne possèdent pas le mécanisme de triggers.

Les interfaces d'accès

Les SGBD offrent de nombreux moyens d'accès aux données. L'utilisateur initié à SQL peut directement écrire et lancer des requêtes en interrogation et en mise à jour sur les bases auxquelles il a un droit d'accès. Toutefois, SQL n'est pas un langage d'usage aisé pour les non-informaticiens. Au-delà des requêtes simples de sélection et même de jointure, son utilisation n'est pas à la portée de tous. De plus, le recours à SQL implique une connaissance complète de la structure des tables de la base. C'est la raison pour laquelle la mise en œuvre d'une base de données nécessite aussi le développement d'interfaces d'accès à la base qui permettent aux utilisateurs non-spécialistes d'être guidés et contrôlés dans leurs actions sur la base.

Les outils du SGBD

Pour mettre au point de telles interfaces, différents outils sont disponibles parmi lesquels nous citons ci-dessous les plus répandus:
- les *générateurs de formulaires* qui permettent de mettre au point des grilles de visualisation et/ou de modification des données issues d'une ou plusieurs tables;
- les *générateurs de rapports* qui facilitent la création des états de gestion, incluant notamment des tris et des totalisations;
- les *langages de programmation* classiques, tels C, Java ou, auparavant, COBOL, FORTRAN, etc., qui permettent l'écriture de programmes d'accès aux données. On les appelle langages hôtes puisqu'ils «accueillent» dans leur code, des requêtes d'accès aux données. Une fois écrits, les programmes de ce type sont soumis à une phase de précompilation pendant laquelle, dans le code source, les instructions d'accès à la base sont transformées en appels de fonctions d'une bibliothèque spécialisée et dédiée au SGBD choisi. Ainsi, à la sortie du précompilateur, le programme C par exemple, peut être compilé normalement au moyen d'un compilateur C standard.

Les différents modes de développement

Le développement de toutes ces interfaces n'est pas chose aisée. La difficulté principale réside dans la confrontation de deux logiques:
- la logique procédurale inhérente à tout langage de programmation classique;
- la logique déclarative caractéristique des langages du type SQL.

Ainsi, quand une requête SQL ramène un ensemble de nuplets dans un programme C, cet ensemble doit être pris en charge par un traitement répétitif qui va systématiquement parcourir cet ensemble de nuplets. Ce mécanisme, appelé curseur, consiste à définir une zone mémoire de stockage des nuplets, une instruction d'ouverture du curseur qui déclenche l'exécution de la requête et place les nuplets dans la zone, une instruction répétitive qui traite, un par un, ces nuplets, et enfin, une instruction de fermeture du curseur qui libère la zone curseur après avoir validé les mises à jour de nuplets le cas échéant. Les requêtes SQL peuvent être paramétrées à l'aide de variables dites variables hôtes. Une autre difficulté vient des différences pouvant exister entre les types de données du langage de programmation et ceux offerts par le SGBD. Certains logiciels offrent la possibilité de construire des requêtes qui sont instanciées à l'exécution. On parle alors de SQL dynamique. Le programme source contient la requête sous forme de texte souvent décrit en plusieurs portions disséminées dans le code. C'est à l'exécution et, selon les résultats de l'interaction avec l'utilisateur, que l'expression complète de la requête est construite.

En fait, il existe trois moyens principaux de combiner SQL avec un langage de programmation:
- le SQL étendu en procédural, tel PL/SQL,
- le SQL enchâssé (*embedded* SQL);
- l'interface de programmation (ou API).

Le SQL procédural est un langage de programmation complet qui contient des structures de contrôle (boucles, alternatives, etc.), des fonctions, des procédures et des accès à la BD dans une logique de programmation. Il est généralement fondé sur la notion de curseur. SQL/PSM désigne le standard SQL pour ce type de langage. PL/SQL désigne l'offre Oracle en matière de SQL procédural. Le langage PL/SQL est en particulier utilisé pour décrire les déclencheurs. Il permet de définir des procédures stockées et de faire exécuter le traitement au niveau du serveur de données. La limite principale de ce langage est sa dépendance au SGBD Oracle, ce qui limite la portabilité des applications.

Le SQL enchâssé désigne les programmes écrits dans les langages de programmation classiques et qui contiennent des instructions SQL qui sont ensuite repérées et traduites par le précompilateur. Là encore, la syntaxe des instructions SQL est liée au SGBD. Il faut disposer d'un précompilateur pour chaque langage de programmation utilisé et pour chaque SGBD. Le standard SQL2 traite de ces instructions spécifiques.

Dans les interfaces de programmation de type SQL-CLI (*Call Level Interface*), les instructions SQL sont incluses en paramètres dans des appels de fonctions. Ces fonctions permettent d'établir une connexion entre le programme et un serveur de BD, d'envoyer des commandes de manipulation des données et de récupérer le résultat. ODBC est un exemple d'interface très utilisée pour le langage C. Elle a été définie par Microsoft. Sa grande popularité en fait un quasi-standard. JDBC est une adaptation de ODBC pour le langage Java. SQL/CLI désigne la norme SQL pour ce type d'interface.

2.2 Chargement et reprise des données

L'implantation de la base débute avec la création des structures logiques (tables, vues, etc.) et physiques (index, espaces physiques, segments, etc.) et le développement évoqué plus haut des « triggers » et de toutes les interfaces.

La phase suivante comprend le chargement initial des données. Les SGBD contiennent des utilitaires dédiés à cette tâche. La difficulté de la tâche peut être liée aux différences de format entre le stockage initial (qu'il s'agisse de fichiers plats, ou de structures issues d'un autre SGBD), mais aussi à la présence fréquente de données incomplètes ou erronées. La reprise des données peut alors nécessiter le développement de programmes spécifiques qui vont parcourir les données sources et compléter les données manquantes par des valeurs par défaut ou déclencher des interactions avec l'équipe de concepteurs-développeurs pour résoudre les problèmes pratiques liés à ces données incomplètes ou erronées. En général, ces programmes sont peu interactifs. Ils sont conçus pour traiter des masses de données importantes et génèrent des listes d'anomalies qu'il convient ensuite d'analyser pour trouver la solution la plus appropriée. Ainsi, on voit que ces programmes ne sont pas uniquement de simples écritures de transfert de données d'une structure dans une autre. De plus, la détection et la résolution des anomalies peuvent nécessiter un grand nombre de tests à l'issue desquels ces programmes doivent être revus et complétés afin que, finalement, leur exécution puisse non plus générer des listes d'erreurs mais procéder véritablement au chargement des données dans la base.

2.3 Répartition des données

Lors de l'implantation, il convient aussi de décider de la répartition des données. Les SGBD assurent la transparence des données réparties, permettant de localiser les données sur différents ordinateurs géographiquement proches ou éloignés mais reliés via un réseau. La répartition des données permet d'en améliorer l'accessibilité, le partage, la disponibilité et les performances. Le choix de la répartition est dicté par ces considérations. Toutefois, il importe d'estimer les coûts induits par celle-ci. La fragmentation des tables désigne la répartition des tables sur plusieurs sites en vue d'améliorer leur utilisation. L'allocation des fragments ainsi obtenus désigne le processus de choix de la localisation des fragments. Il existe deux modes principaux de répartition qui peuvent être combinés :

- la *réplication* consiste à stocker et gérer plusieurs copies des données, généralement en différents lieux. Elle permet d'améliorer la disponibilité de la base, dans la mesure où une panne sur un site n'empêche pas l'accès aux autres copies des données présentes sur d'autres sites. Globalement, elle accélère aussi la recherche des données, puisque la présence de plusieurs copies des données autorise l'utilisation des informations les plus proches, minimisant le temps d'attente et le transfert des données entre les sites. Toutefois, la réplication pénalise les mises à jour, dont il faut assurer, bien entendu, la propagation sur l'ensemble des copies ;
- le *partitionnement*, au contraire, consiste à découper les ensembles de données et à les stocker sur le site le plus approprié, c'est-à-dire généralement le site le plus utilisateur de ces données. Le partitionnement repose sur le mécanisme de fragmentation : 1) la fragmentation verticale, qui subdivise une table en plusieurs, contenant toutes les attributs-clés, les attributs non clés étant répartis dans les tables selon les traitements et 2) la fragmentation horizontale qui répartit les nuplets d'une table dans plusieurs tables de même schéma localisées sur différents sites. La fragmentation mixte désigne une combinaison de ces deux techniques.

Le concepteur doit décider, pour chaque table de la base, du site sur lequel elle sera implantée, de son éventuelle fragmentation sur plusieurs sites et de sa réplication. Différentes méthodes sont disponibles pour aider le concepteur dans ces choix. Par exemple, la méthode *Best Fit* permet de déterminer, pour chaque fragment, le site sur lequel stocker ce fragment, c'est-à-dire le site qui maximise les traitements locaux. Pour chaque site, pour chaque transaction et pour chaque fragment, on calcule le produit de la fréquence de la transaction par le nombre d'opérations effectuées sur le fragment. On effectue la somme de tous ces produits par site. On stocke alors le fragment sur le site pour lequel la somme est maximale. Cette méthode très simple ne considère que le mécanisme de partitionnement. Elle permet de déterminer le site le plus utilisateur du fragment, mais n'intègre pas, dans son raisonnement, la possibilité de répliquer le fragment. La méthode ABS (*All Beneficial Sites*) permet de déterminer, pour un fragment donné, les sites sur lesquels ce fragment doit être stocké. Le principe est le suivant : un fragment doit être stocké sur tous les sites sur lesquels le bénéfice du stockage est supérieur à son coût. Le bénéfice est évalué au moyen de la formule suivante :

(temps traitement distant – temps traitement local) × fréquence

Ce bénéfice estime le temps « économisé » par la réalisation de traitements locaux ne nécessitant pas d'accéder à d'autres sites. Cette économie doit être pondérée par la fréquence des requêtes. Le coût du stockage doit intégrer le temps nécessaire pour la mise à jour locale et pour les mises à jour distantes des copies de fragments. Finalement, on stocke le fragment F sur chaque site S où la formule bénéfice-coût est évaluée positivement. Si elle est négative sur tous les sites, on stocke F sur le site où la différence est minimale. Dans ce cas, cela signifie qu'il n'y a pas d'intérêt à la réplication de ce fragment. Cette méthode permet une décision rapide et rationnelle à la fois sur le partitionnement et la réplication de chaque fragment. Toutefois, elle est fondée sur deux hypothèses fortes :

- le découpage en fragments est défini et optimisé au préalable,
- les estimations de coûts et de fréquence sont fiables.

En cas de réplication, la mise à jour peut être synchrone c'est-à-dire immédiate ou, au contraire, asynchrone. Différents modes de propagation des mises à jour sont proposés dans les SGBD (maître-esclave, multimaître, etc.).

La qualité d'un SGBD réparti peut être définie par le niveau de transparence offert aux utilisateurs. On dit qu'il y a une transparence de langage si, tout en accédant à une base hétérogène utilisant plusieurs SGBD, l'utilisateur peut exprimer ses requêtes dans le langage d'un SGBD et les exécuter sur l'ensemble des sites de la base. On parle de transparence d'allocation si l'utilisateur peut exprimer sa requête sur l'ensemble des tables utilisées sans devoir préciser dans la requête la localisation des tables. Enfin, la transparence de fragmentation autorise la définition d'une requête sur la table initiale, le SGBD assurant sa traduction sur les éventuels fragments de cette table.

3 L'administration de la base de données

L'administration de la BD désigne toutes les tâches qui ne relèvent pas de la conception ni de la mise en œuvre et qui ne sont pas, non plus, du ressort de l'utilisateur final. Il est plus facile de la définir par rapport au cycle de vie de la base. Elle commence en effet dès que la base est opérationnelle et elle comprend toutes les opérations sur cette base qui ne relèvent pas de sa simple utilisation. Citons principalement :

- l'analyse et le réglage (*tuning*) des performances ;
- l'optimisation des structures et des requêtes ;
- la gestion des espaces physiques ;
- la gestion des droits d'accès, des utilisateurs, des profils, etc. ;
- la définition et la gestion des procédures de sauvegarde des données et de reprise en cas de panne ;
- la maintenance corrective et évolutive de l'ensemble des composants de la base.

L'administrateur de base de données (ABD) doit aussi auditer le comportement des utilisateurs, de façon à préconiser des actions d'amélioration de la BD. Il doit donc viser trois objectifs souvent contradictoires :

- la sécurité de la BD incluant le respect de l'intégrité et de la confidentialité des données ;
- la performance de la BD ;
- et enfin, la disponibilité.

Il est en relation avec les utilisateurs pour lesquels il conçoit des profils. Ces profils leur sont ensuite affectés, définissant les droits d'accès des utilisateurs à la BD. Il est en relation aussi avec l'équipe réseau tant il est vrai que les performances de la BD sont souvent dépendantes de l'architecture et de l'efficacité du réseau. Il interagit avec les chefs de projet en charge des applications utilisant la base et des autres SI communiquant avec elles. Il dialogue avec les ingénieurs système pour assurer dans la durée une exploitation judicieuse de la base sur le serveur. Il est l'interlocuteur de l'éditeur du SGBD et doit évaluer l'opportunité et le moment des changements de version. Nous décrivons plus en détail trois tâches principales dont l'administrateur assume la responsabilité.

3.1 La gestion des droits d'accès

Tous les SGBD permettent le contrôle de l'accès. Ils fournissent une fonction permettant à l'utilisateur de s'identifier et de s'authentifier à l'aide d'un mot de passe. L'administrateur de la base a la responsabilité de la création de ces « comptes utilisateurs ». Tout utilisateur d'un SGBD dispose d'un droit de création et de gestion de ses propres objets : tables, vues, index, etc. Pour accéder à d'autres objets, il faut qu'il y soit autorisé. La gestion de ces droits d'accès n'est pas standardisée. La norme SQL3 préconise l'utilisation d'un ensemble de concepts, notamment le concept de catalogue. Toutefois, sur ce point, les SGBD sont loin de respecter ces préconisations. De plus, ils diffèrent de façon notable les uns des autres. On peut néanmoins retrouver des mécanismes similaires. Prenons l'exemple du SGBD Oracle. Un utilisateur se voit affecter un profil, c'est-à-dire un ensemble de limitations de ressources qui contrôlent l'espace mémoire qui lui est réservé, le temps de connexion, le volume de données qu'il peut lire lors d'une session, etc. D'autre part, à un utilisateur, on attribue un ou plusieurs rôles. Un rôle est un ensemble de privilèges, parmi lesquels on distingue les privilèges système, ou plus simplement les commandes autorisées pour cet utilisateur, et les privilèges objets, c'est-à-dire, les tables, vues, procédures, etc., auxquelles ce rôle donne le droit d'accéder en limitant, le cas échéant, les opérations autorisées.

Il est important de noter que la définition des rôles et leur affectation à des utilisateurs sont des tâches cruciales dans la définition d'une base de données intègre. Cependant, il faut bien avouer que ces choix sont souvent effectués de façon tardive et sans le recours à des méthodes structurées. Contraint de fournir rapidement un accès à tous les utilisateurs qui en ont besoin, l'administrateur peut être tenté de négliger la réflexion sur cet aspect et de donner aux utilisateurs des privilèges plus larges que souhaitable. Certains experts ont préconisé la définition des droits en amont du processus de conception, mais cette pratique est peu répandue.

3.2 La gestion des espaces physiques

L'administrateur de BD a aussi en charge la gestion des espaces physiques. Cette gestion efficace est un autre levier important pour l'optimisation des performances de la BD. Elle comporte notamment la définition précise des espaces de stockage de chaque objet de la base : tables, index, espaces temporaires, etc. et le paramétrage de plusieurs éléments-clés de la base. Citons par exemple la taille et le mode de gestion de la zone tampon. Ce paramètre est crucial. La zone tampon est l'espace en mémoire centrale dans lequel sont entreposées les données, avant et après leur utilisation. Toutes les données présentes dans cette zone sont accessibles instantanément. Une zone tampon trop petite va entraîner des entrées/sorties disques très fréquentes, pénalisant les temps de réponse. Une zone tampon trop grande risque d'être mal utilisée et de handicaper les autres processus s'exécutant en mémoire. L'administrateur de la BD se fonde à la fois sur son expérience, sur la documentation du SGBD et sur les conseils de l'éditeur pour définir ce paramètre. Il n'existe pas de méthode proprement dite : tout au plus, des simulations peuvent être réalisées pour anticiper le comportement de l'application en fonction de ces choix de paramétrage. Il est important de noter que les différents choix laissés à l'administrateur dans cette phase n'ont pas seulement un impact sur la performance. Ils représentent aussi des alternatives de sécurité.

3.3 La politique de sauvegarde et de gestion des reprises

La BD est sujette aux pannes (voir le chapitre « Concurrence et reprise sur pannes »), quelle que soit leur origine. Les pannes matérielles ou logicielles peuvent endommager le contenu de la mémoire centrale ou, pire, les données stockées sur le disque. Les SGBD disposent d'un mécanisme dit de résistance aux pannes fondé notamment sur les sauvegardes et la journalisation. Le rôle de l'ABD est de mettre en place les conditions satisfaisantes de gestion de ces éléments.

L'ABD doit définir le type et la fréquence des sauvegardes. Une sauvegarde intégrale désigne la réalisation d'une copie des fichiers de la base de données et des journaux de transactions. Une sauvegarde incrémentale consiste à effectuer une copie des seuls journaux de transactions. On peut espacer des sauvegardes intégrales si l'on réalise régulièrement ces sauvegardes incrémentales. La sauvegarde peut être réalisée pendant que la base de données est en fonctionnement – sauvegarde en ligne – ou lorsqu'elle est arrêtée (sauvegarde hors ligne). En amont, l'ABD détermine la taille et le mode de gestion des journaux de transactions.

En cas de panne, l'administrateur doit déterminer l'étendue de la panne afin de mettre en place la procédure de reprise ou restauration la plus adaptée. L'abandon d'une transaction n'est pas une panne mais une procédure fréquente complètement gérée par le SGBD.

La perte de la mémoire centrale, par exemple par rupture d'alimentation, entraîne une reprise dite à chaud. Cette dernière est aussi assumée par le SGBD qui donne accès à la base dans l'état cohérent correspondant au dernier point de validation.

La perte du contenu de la mémoire secondaire nécessite une reprise dite à froid. À partir de la version la plus récente de la base de données, on réexécute les transactions validées et enregistrées dans le journal.

4 L'évolution des BD

L'évolution des BD est une problématique majeure dans la mesure où :

- les besoins des utilisateurs sont souvent définis de façon très incomplète. Leur évolution est donc liée à une meilleure définition qui n'est souvent effective que pendant la phase d'exploitation de la BD.

- au-delà de la difficulté de prendre en charge dès le départ l'ensemble des besoins des utilisateurs, la prise en compte des contraintes de l'organisation et de l'évolution de celles-ci nécessite de fréquentes et nombreuses évolutions du périmètre et du contenu de la BD.

Il est important dès lors d'évaluer l'impact des évolutions afin de mettre en œuvre la méthode adéquate à leur prise en charge. Dans la suite, nous proposons une typologie des évolutions subies par les BD. Puis, nous décrivons deux techniques parmi toutes les approches facilitant la prise en charge méthodologique de ces évolutions.

4.1 Typologie des évolutions

La prise en compte d'une évolution doit tenir compte de trois éléments :
- le moment où parvient l'évolution ;
- l'impact de l'évolution ;
- le niveau d'évolution.

L'évolution peut être demandée pendant le processus de conception, ou pendant la phase d'exploitation de la base. Les deux situations sont très différentes et ne seront pas traitées de la même façon.

L'impact de l'évolution peut être limité. Dans ce cas, les modifications seront mineures et pourront être prises en charge par un processus simple. Si l'impact, au contraire, est important, on peut considérer que l'on est en face de deux bases de données : l'une actuelle reflétant l'ancienne vision de la réalité, la seconde traduisant l'évolution souhaitée. Dans ce cas, on fera appel à une technique d'intégration de deux bases de données (voir plus loin dans ce chapitre) pour prendre en compte cette évolution. L'impact de l'évolution peut être caractérisé par une sphère d'impact contenant tous les éléments de la base de données concernés, directement ou indirectement, par cette évolution.

Le type d'évolution se réfère à la nature du changement souhaité : ce changement peut être de type conceptuel (par exemple la modification d'une règle de gestion, ou la prise en compte de nouvelles fonctions) ou interne (la volumétrie évolue à un point tel que les choix physiques sont à reconsidérer).

4.2 La rétroconception de base de données

Quelle que soit l'évolution souhaitée, il est important de disposer d'une représentation abstraite des données. En effet, quel que soit l'objectif de l'évolution, qu'il s'agisse d'une migration vers un autre environnement, d'une restructuration des données en vue d'améliorer les performances, d'une extension du périmètre de l'application, la prise en compte de l'évolution va impliquer des choix non techniques qui sont du ressort de l'utilisateur. Pour que ces choix soient effectués avec une bonne connaissance de leur impact, l'équipe en charge de l'évolution doit fournir une visualisation de la BD compréhensible par l'utilisateur.

On constate que bon nombre des BD actuellement en exploitation dans les organisations ne sont pas documentées. Les raisons sont multiples : la BD a été développée sans méthode et sans le souci de sa maintenance ; la BD a évolué et sa documentation est devenue obsolète ; la BD a été acquise dans le cadre d'un progiciel sans que sa structure ne soit directement accessible ; la documentation ne contient pas certains éléments-clés comme le schéma conceptuel des données.

La rétroconception désigne le processus de récupération d'une représentation conceptuelle des données d'une base existante. À partir des sources d'information disponibles, la rétroconception construit un schéma conceptuel ER ou UML. Idéalement, ce schéma couvre l'ensemble de la base et contient les contraintes d'intégrité. La rétroconception est rendue difficile par le fait même que la conception (ou *forward engineering*) est un processus de dégradation sémantique : d'une représentation abstraite de haut niveau, on passe successivement à un niveau logique, puis à un niveau physique de représentation des données. Toutefois, cette sémantique est disponible mais sous une autre forme dans les programmes d'accès à la base ou même dans les données. Le principe de la rétroconception est de formuler des hypothèses sur la sémantique à partir de l'observation des structures de données (fichiers, métabase), de l'utilisation de la base (par examen des programmes d'accès) et du comportement de la BD (au moyen de requêtes sur les données). Il est important en effet d'utiliser toutes les sources d'information disponibles : la métabase, les programmes d'accès, les données, la documentation, les utilisateurs et les concepteurs. Cependant, toutes ces sources ne sont pas nécessairement disponibles (les concepteurs peuvent avoir quitté l'entreprise) ni exploitables (la documentation est fréquemment obsolète). D'autre part, la qualité des sources est, elle aussi, variable. En effet, certaines bases très anciennes sont dépourvues de contraintes d'intégrité. On ne peut donc se fier aux données, qui, dans ce cas, ne reflètent pas nécessairement la sémantique exacte de la base.

Il existe de nombreuses approches de rétroconception de BD qui se distinguent par :
- le type de base qu'elles sont capables de prendre en compte. Toutefois, la plupart des approches sont dédiées à la rétroconception des BD relationnelles ;
- le degré d'automatisation qu'elles proposent : les approches complètement automatiques sont effica-

ces sur de grandes bases. Toutefois, elles font généralement des hypothèses fortes, restreignant leur utilisabilité;

- les sources d'information exploitées: Chiang (1994) explore la métabase puis interroge les données. Petit (1996) extrait la structure des tables de la métabase puis analyse les requêtes accédant à ces tables. Davis (1985) se fonde sur les descriptions de fichiers contenues dans les programmes COBOL pour retrouver des entités ou des associations.

Nous avons proposé une approche de rétroconception exploitant structures, programmes et données et fondée sur des règles de passage entre métamodèles (Comyn-Wattiau et Akoka, 1999). À titre d'illustration, nous décrivons comment on peut retrouver des clés candidates dans une table relationnelle. On explore le code SQL contenu dans les programmes d'accès. Si l'on rencontre des requêtes du type:

```
SELECT... INTO... FROM T WHERE C = valeur;
```

la colonne C est vraisemblablement une clé candidate puisqu'aucun curseur n'est prévu pour gérer un résultat contenant plusieurs nuplets. On peut ensuite conforter cette hypothèse en interrogeant les données au moyen d'une requête du type:

```
SELECT COUNT(*) FROM T GROUP BY C;
```

Si la requête renvoie au moins une valeur supérieure à 1, C n'est pas clé de T. Signalons enfin que l'on peut trouver des outils de rétroconception, tel l'atelier DBMAIN (Hainaut, 1996), facilitant la tâche du concepteur dans ce type d'analyse.

4.3 L'intégration des bases de données

Dans les techniques utilisées pour l'évolution des bases de données, citons l'intégration de base de données. Il existe de nombreux contextes dans lesquels le concepteur est amené à fusionner plusieurs bases, soit virtuellement soit réellement. La conception d'une BD peut, par exemple, être effectuée par différentes équipes qui, en parallèle, élaborent une modélisation conceptuelle d'une partie de la future base. Les différents schémas obtenus devront ensuite être confondus en un seul. Si l'on veut créer un accès centralisé à différentes bases localisées sur plusieurs sites, il faut au préalable définir une vue conceptuelle commune de la BD répartie ainsi constituée. Cette vue est une intégration des parties communes des bases locales. La constitution d'un entrepôt de données à partir de bases sources résulte aussi d'une intégration de tout ou partie des schémas sources.

L'intégration de bases de données comprend deux phases principales: l'intégration des structures et l'intégration des données. Les méthodes d'intégration préconisent une intégration des structures à un niveau conceptuel. En effet, c'est à ce niveau qu'on peut détecter de la façon la plus fine les conflits existants entre les BD à intégrer. Il peut s'agir de conflits de terminologie (synonymie, homonymie), de conflits dans le niveau de représentation des concepts (hyperonymie, hyponymie). On rencontre aussi des représentations différentes mais équivalentes qui s'expliquent par la richesse des modèles conceptuels et leur non-déterminisme. Enfin, les contraintes d'intégrité des deux (ou plus) BD à intégrer peuvent être différentes. De nombreuses méthodes d'intégration ont été proposées : toutes peuvent être ramenées à cinq étapes principales décrites dans (Batini, Lenzerini et Navathe, 1986):

1. Une transformation des schémas pour qu'ils soient exprimés dans le même modèle.
2. La comparaison deux à deux des concepts contenus dans les schémas, qui vise à détecter les conflits listés plus haut.
3. La mise en conformité des schémas qui, sur la base des correspondances détectées à l'étape 2, procède aux transformations nécessaires de l'un ou des deux schémas de sorte que les parties communes de ces deux schémas soient semblables.
4. La fusion des schémas construit le schéma global dans lequel à la partie commune, sont ajoutées les portions des schémas initiaux spécifiques (figure 3).

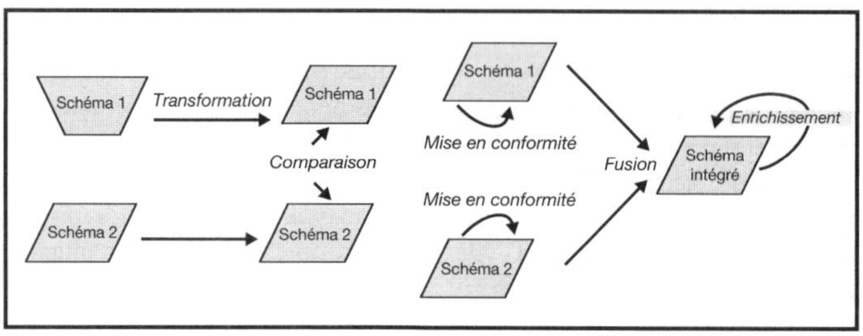

Figure 3 Les étapes de l'intégration

5. La dernière étape est une phase d'enrichissement du schéma résultant. En effet, la fusion réalisée à l'étape 4 conduit à la cohabitation de concepts jusque-là propres à un seul schéma. Leur mise en commun permet, dans certains cas, de compléter le schéma par des relations entre ces concepts. Ceci est particulièrement opportun dans le contexte des entrepôts de données (voir le chapitre «Bases de données décisionnelles»).

Les étapes 1 et 4 sont automatisables. Certains AGL effectuent les transformations requises à l'étape 1. Ils assurent aussi la fusion, une fois résolus tous les conflits entre les schémas. Les travaux sur l'intégration visent à définir des méthodes souvent heuristiques pour guider le concepteur dans les phases les plus complexes (2, 3 et 5). Cette complexité est notamment due au fait que l'on cherche à intégrer des structures mais que les règles d'intégration sont fondées sur la sémantique profonde des concepts. L'utilisation d'un dictionnaire sémantique est alors recommandée pour éviter la confusion entre des concepts structurellement proches mais sémantiquement différents[1]. Le résultat du processus d'intégration de structure est un schéma unique fédérant l'ensemble des bases de données sources. S'il s'agit uniquement de construire un accès unique à l'ensemble des bases de données existantes, ce schéma suffit à définir l'interface unique à la BD globale. Si l'objectif est de fusionner les BD, il faut alors enclencher une phase d'intégration des données. Cette intégration des données pose des problèmes nombreux mais de nature différente : format, échelle, unité, précision. Toutefois, le problème d'intégration de données est ramené à celui du choix de la meilleure représentation des données puis à la conversion de celles non exprimées dans le format retenu.

1. Par exemple `Département(nom, adresse)` et `Etudiant(nom, adresse)` sont structurellement proches mais sémantiquement différents.

5 Conclusion

La recherche a permis l'élaboration de SGBD puissants et performants prenant en charge l'ensemble des fonctionnalités attendues de tels logiciels. La conception et la mise en œuvre des BD à l'aide de ces logiciels nécessitent le recours à l'expertise des concepteurs et administrateurs de BD. Une rétrospective de la recherche en conception de BD depuis le début des années soixante-dix nous conduit à la synthèse suivante. Les années soixante-dix ont été dédiées à la réflexion sur le problème de la mise en place des BD et ont consacré le découpage en étapes de modélisation conceptuelle, conception logique et conception physique. Les années quatre-vingt ont permis l'élaboration des règles de passage entre ces différents niveaux et ont vu éclore des AGL prenant en charge tout ou partie de ces transformations. Enfin, les années quatre-vingt-dix ont vu apparaître les approches d'évolution des BD fondées sur des techniques avancées telles la rétroconception ou l'intégration citées dans ce chapitre. Finalement, l'administration de la BD est le parent pauvre de ces travaux de recherche. Il reste donc à explorer la possibilité de développer des méthodes et outils d'aide à l'administration des bases de données.

Bibliographie

Akoka J., Comyn-Wattiau I. (2001), *Conception des bases de données relationnelles – En pratique*, Vuibert.

Akoka J., Comyn-Wattiau I. (2001), «La rétroconception des bases de données et des systèmes de fichiers – Un état de l'art», *Ingénierie des Systèmes d'Information* (ISI-NIS), Hermès, Vol. 6.

ANSI/X3/SPARC (1975), "Study group on data base management systems", Interim Report 75-02-08, *Bulletin of ACM SIGMOD*, Vol. 7.

Batini C., Lenzerini M., Navathe S.B. (1986), "A comparative analysis of methodologies for database schema integration", *ACM Computing Surveys*, Vol. 15.

Batini C., Ceri S., Navathe S.B. (1992), *Conceptual database design: An entity-relationship approach*, Benjamin/Cummings, California, USA.

Boujlida N. (2003), *Gestion et administration des bases de données*, Dunod.

Bouzeghoub M., Comyn-Wattiau I. (1990), "View integration by semantic unification and transformation of data structures", *Proceedings of 9th International Conference on ER Approach*, Lausanne.

Chapuis R. (2001), *Les bases de données Oracle 8i – Développement, administration, optimisation*, Dunod.

Chen P.P. (1976), "The entity-relationship model: Toward a unified view of data", *ACM Transactions on Database Systems*, Vol. 1.

Chiang R.H.L., Barron T.M., Storey V.C. (1994), "Reverse Engineering of Relational Database: Extraction of an EER model from a relational database", *Data and Knowledge Engineering*, Vol n° 12.

Comyn-Wattiau I., Akoka J. (1999), "Relational database reverse engineering – logical schema conceptualization", *Networking and Information Systems*, Hermès, Vol 2.

Davis K.H., Arora A.K. (1985), "A Methodology for Translating a Conventional File System into an Entity-Relationship Model", Int. Conf. on ER Approach, Chicago.

Elmasri R., Navathe S.B. (2004), *Conception et architecture des bases de données*, 4e edition, Pearson Education.

Hainaut J.L. (1996), "Specification preservation in schema transformations – application to semantics and statistics", Data and Knowledge Engineering, Vol. 19.

Naiburg E.J. (2002) *Conception de base de données avec UML*, Campus Press.

Nanci D., Espinasse B. (2001), *Ingénierie des systèmes d'information Merise*, Vuibert.

Petit J.M., Toumani F., Boulicaut J.F., Kouloumdjian J. (1996), "Towards the Reverse Engineering of Denormalized Relational Databases", *12th Int Conf on Data Engineering*, IEEE Computer Society, New Orleans.

Sheth A., Larson J. (1990), "Federated database systems for merging distributed, heterogeneous and autonomous databases", ACM Computing Surveys, Vol. 22.

Stephens R.K., Plew R.R. (2001), *Conception de bases de données*, Campus Press.

Teorey T. (1999), *Database modeling and design*, Morgan Kaufmann.

Architecture et performances

Hubert Naacke

Mots-clés : architecture des bases de données, techniques d'indexation, traitement de requêtes, SGBD réparti, SGBD parallèle, évaluation des performances.

Résumé : ce chapitre présente l'architecture d'un SGBD. Le rôle des différents modules de gestion des données est exposé, dans un contexte où le besoin de performances est prépondérant. La description détaillée des techniques d'indexation et d'évaluation de requêtes, apporte une illustration de l'expertise logicielle dont bénéficient les bases de données. Un aperçu des SGBD répartis et parallèles ainsi que des grandes familles d'applications qui profitent de telles architectures vient compléter ce chapitre. Repérer quelle est l'architecture la plus adéquate pour une application donnée n'est pas aisé ; les méthodes d'évaluation des performances des SGBD, présentées en fin de chapitre, apportent une aide importante pour le choix d'une architecture.

Un SGBD est un logiciel complexe, employé pour des applications très diverses. L'interface SQL permet de faire abstraction des techniques mises en œuvre au sein du logiciel. Cependant l'usage efficace d'un SGBD demande le réglage fin des diverses parties du logiciel. La maîtrise de l'architecture interne d'un SGBD est utile, voire indispensable pour réussir à adapter au mieux un SGBD à un contexte applicatif particulier. Les § 1, 2 et 3 décrivent les principes essentiels du fonctionnement d'un SGBD relationnel.

Face à la croissance rapide de la taille des bases de données et de la complexité des requêtes, l'architecture classique a évolué. Les SGBD répartis et parallèles, objet des § 4 et § 5, rendent désormais possible la mutualisation des ressources de plusieurs machines. Le § 6 présente les grandes familles d'application auxquelles ces SGBD sont destinés.

Repérer quelle est l'architecture la plus adéquate pour une application donnée n'est pas aisé ; les méthodes d'évaluation des performances des SGBD, présentées § 7, apportent une aide importante pour le choix d'une architecture.

1 Architecture d'un SGBD

Un SGBD offre aux utilisateurs des fonctionnalités pour la gestion des données plus évoluées que celles d'un système de fichiers. La structure d'un SGBD relationnel est organisée en plusieurs modules décrits sur la figure 1. La motivation principale du découpage stratifié est un besoin de performances. Dans chaque couche les données sont vues sous un certain angle (depuis une simple suite d'octets pour la couche basse jusqu'à une base relationnelle pour la couche haute). Ainsi, chaque module est spécialisé pour apporter, à son niveau d'abstraction, un complément d'efficacité. Le moteur de requête sera étudié § 3. On décrit maintenant les trois couches basses.

Le gestionnaire de l'espace disque s'appuie sur le système d'exploitation de l'ordinateur pour accéder aux données résidant sur un disque dur. Le gestionnaire de mémoire transfère les données entre le disque et la mémoire vive. Les méthodes d'accès permettent de sélectionner une ou plusieurs données en mémoire en fonction d'un certain critère. Le moteur de requête combine des appels aux méthodes d'accès afin de dé-

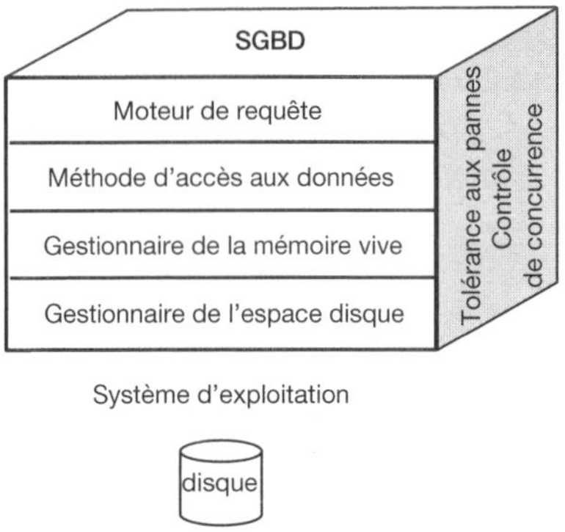

Figure 1 Architecture générale d'un SGBD

terminer le résultat d'une requête SQL[1], elle-même provenant de l'application d'un utilisateur.

Transversalement les fonctionnalités de contrôle de concurrence et de tolérance aux pannes (détaillées au chapitre «Concurrence et reprise sur pannes») ont un impact sur chaque couche du SGBD.

1.1 Le gestionnaire de l'espace disque

Sur le disque dur, les données sont stockées sur des pistes circulaires concentriques découpées en plusieurs secteurs. Un bloc est formé de plusieurs secteurs contigus de la même piste et correspond à la quantité élémentaire d'information pouvant être lue ou écrite en une seule opération. La taille d'un bloc, généralement 4000 octets, est fixée lors du formatage du disque et est indépendante des spécificités de la base de données.

Pour accéder rapidement à des données stockées sur plusieurs blocs il est important que ces blocs soient proches entre eux. En effet, le temps d'accès à un bloc quelconque dépend de la durée de déplacement radial de la tête vers la piste, de la rotation du disque jusqu'à ce que le premier secteur à lire soit placé sous la tête et du temps de lecture des secteurs. L'accès à des blocs consécutifs est rapide car la tête est déjà bien positionnée en fin de chaque bloc pour lire le bloc suivant. Le gain obtenu peut être d'un facteur 10 par rapport à la lecture de blocs positionnés aléatoirement sur le disque.

Le gestionnaire de l'espace disque manipule des données organisées en pages. Une page correspond généralement à un seul bloc de disque afin d'accéder à une page en une seule opération. Le rôle du gestionnaire consiste à trouver un espace libre sur le disque pour stocker une nouvelle page, et à libérer l'espace occupé par une page supprimée. Il est important, pour accélérer l'accès, que les pages lues fréquemment ensemble soient stockées dans des blocs consécutifs. Or les données sont rarement insérées dans l'ordre des accès ultérieurs. Ainsi, le gestionnaire peut-il réserver des zones de plusieurs pages et donc de blocs contigus qui serviront par la suite à stocker les données qui sont lues ensemble. Cette fonctionnalité est essentielle pour organiser les données selon une structure particulière (arbre ou table de hachage détaillés § 2). Cependant, la suppression des données libère des blocs quelconques ce qui provoque des « trous » dans l'espace de stockage. Le recyclage des espaces libérés permet de réduire l'espace total qu'occupe la base de données sur le disque, mais peut éloigner des blocs qui sont lus ensemble. Une réorganisation des données a posteriori améliore généralement le placement des données sur le disque.

Le gestionnaire de l'espace disque a besoin de connaître précisément l'emplacement des blocs afin de déterminer leur proximité. Mais la plupart des systèmes d'exploitation masquent l'emplacement réel des blocs pour n'offrir qu'un accès au nième octet d'un fichier quelconque. Dans ce cas, le gestionnaire de l'espace disque contourne le système d'exploitation afin de pouvoir localiser les blocs d'un fichier sur le disque.

1.2 Le gestionnaire de la mémoire vive

En général, la taille de la base de données est très supérieure à celle de la mémoire vive disponible ; il est donc impossible de charger en mémoire toute la base de données. Dans ces circonstances, le traitement d'une requête peut provoquer de nombreux accès au disque si la page recherchée n'est pas en mémoire vive. Ces accès au disque vont alors représenter la majeure partie du temps écoulé. Pour accélérer le traitement en réduisant le nombre d'accès au disque, le gestionnaire de la mémoire détermine quelle page conserver en mémoire et quelle page remplacer lorsque la mémoire est pleine (Garcia-Molina, Ullman et Widom 2001).

Stratégies de remplacement des pages

Il existe plusieurs stratégies de remplacement des pages en mémoire. La première stratégie suppose qu'une page récemment lue a une forte probabilité d'être à nouveau lue par la suite. Ainsi, si on a besoin de place en mémoire vive pour y lire une page, elle prendra la place de la page la plus anciennement accédée. Mais cela nécessite de mémoriser la date du dernier accès de chaque page en mémoire, ce qui consomme de la mémoire. Une variante simplifiée de cette stratégie consiste à gérer les pages en mémoire comme une file « premier entré, premier sorti », et à remplacer la page la plus anciennement chargée en mémoire, même lorsqu'elle a été accédée récemment. Une autre stratégie consiste à affecter un niveau de

1. Voir le chapitre «Bases de données relationnelles», § 3.4 pour une définition du langage SQL.

priorité aux pages en mémoire de manière à conserver plus longtemps les pages prioritaires (par exemple, une page d'index utilisée par plusieurs requêtes).

Lors du traitement d'une requête, certaines données sont lues une seule fois sans resservir par la suite. Dans ce cas, il est préférable de désigner la page la plus récemment accédée pour être remplacée afin de ne conserver aucune page inutile en mémoire et ainsi réduire à une seule page la mémoire nécessaire pour lire ces données.

Pour faire face à toutes ces éventualités, la mémoire est divisée en plusieurs zones gérées avec des stratégies de remplacement différentes. Une zone pour la lecture séquentielle des données traitées en flux sans être conservées en mémoire, une zone dédiée au tri des données et une zone principale pour stocker toutes les autres données. Certains SGBD offrent la possibilité de dédier plus de mémoire aux requêtes qui exigent des performances élevées.

Mémoire virtuelle

Tous les systèmes d'exploitation proposent d'augmenter virtuellement la taille de la mémoire vive en la complétant avec une partie du disque dur. Ainsi, la taille réelle de la mémoire est masquée pour donner l'illusion d'une taille beaucoup plus grande. Mais cette solution n'est pas envisageable pour les SGBD car le traitement des requêtes ne peut plus prendre en compte la taille réelle de la mémoire disponible, ce qui provoque de nombreux accès supplémentaires au disque et par conséquent un fort ralentissement. Prenons l'exemple d'une requête devant trier un million de livres dans l'ordre alphabétique du titre. Or, seuls mille livres tiennent en mémoire. Un algorithme de tri classique provoquera approximativement sept fois plus d'accès au disque qu'un tri tenant compte de la mémoire disponible.

1.3 Les méthodes d'accès aux données

Les pages en mémoire, reflet des blocs du disque, contiennent les nuplets de la base de données. Des algorithmes appelés *méthodes d'accès* permettent de retrouver un ou plusieurs nuplets à partir d'un identifiant ou d'un critère. On n'étudie ici que l'accès par identifiant. L'accès par critère repose sur la définition d'index. Il fait l'objet du § 2.

L'accès par identifiant consiste à retrouver la valeur des attributs du nuplet à partir d'un *identifiant* précisant généralement un numéro de page et un numéro de nuplet dans la page. À l'intérieur d'une page, les nuplets d'une même relation sont rangés dans l'ordre d'insertion. Tous les nuplets ont le même nombre d'attributs mais n'ont pas la même taille car un attribut peut être une chaîne de caractères de taille variable. Donc, on ne peut pas les retrouver par leur numéro dans la page. Ainsi, l'en-tête de la page contient un tableau pour établir le lien entre le numéro du nuplet et sa position relative dans la page. Pour retrouver les nuplets d'une relation à partir de son nom mais sans devoir préciser d'identifiant, le gestionnaire maintient la liste chaînée de toutes les pages contenant les nuplets de cette relation. Cela permet la lecture séquentielle des nuplets de la base de données.

En cas de mise à jour des données, la modification d'un nuplet (par exemple changer la description d'un produit) doit être rapide, sans trop dégrader les performances des prochaines lectures. C'est pourquoi, lors de la modification d'un nuplet, le contenu de la page est restructuré de manière à conserver le nuplet dans la même page. Pour faire face à l'élargissement ultérieur d'un nuplet, le taux de remplissage initial d'une page est limité généralement à 70%, valeur ajustable en fonction des applications. Lorsqu'une modification élargit un nuplet au-delà de l'espace disponible dans la page, le nuplet est déplacé vers une nouvelle page. Cependant un chaînage est effectué depuis l'ancien vers le nouvel emplacement de manière à conserver la validité de l'identifiant du nuplet pouvant être référencé (par cet identifiant) autre part dans la base de données. En effet, il serait trop long de mettre à jour toutes les structures faisant référence au nuplet modifié. En contrepartie, l'accès au nuplet chaîné est légèrement plus lent car il nécessite la lecture de deux pages au lieu d'une seule auparavant.

2 Les index

Les techniques d'indexation permettent une recherche rapide par critère dans la base de données.

2.1 L'accès par critère

Une *requête* SQL se traduit par un accès aux nuplets. Pour obtenir le résultat d'une requête, il est possible de parcourir séquentiellement l'ensemble des nuplets, puis de filtrer ceux qui satisfont le critère de recherche. Une autre méthode consiste à organiser les données de façon adéquate pour retrouver plus rapidement le résultat sans lire tous les nuplets.

Exemple

Pour illustrer ce paragraphe, nous prenons l'exemple d'une bibliothèque et de son fonds documentaire. Le bibliothécaire constate que la majorité des lecteurs font une recherche par thème. Il classe donc les ouvrages par thème, afin que les lecteurs retrouvent sur un seul rayon tous les ouvrages correspondant à un thème. En revanche, ce classement ne facilite pas la recherche de tous les ouvrages d'un certain auteur. Le lecteur devra accéder à plusieurs rayons si l'œuvre de l'auteur couvre plusieurs thèmes.

Le bibliothécaire met à la disposition des lecteurs un classeur qui contient un index répertoriant pour divers thèmes, le numéro des rayons correspondants. Ainsi, le lecteur peut retrouver un ouvrage sans parcourir toutes les allées de la bibliothèque. Le bibliothécaire met également à disposition des usagers un autre classeur indiquant la place de chaque ouvrage en fonction de son numéro ISBN, ce qui permet de retrouver directement des ouvrages, bien qu'ils ne soient pas triés en rayon selon leur numéro ISBN. Finalement, pour ajouter des nouveautés sans réorganiser toute la bibliothèque, les ouvrages de deux thèmes consécutifs sont séparés par un espace libre sur le rayon.

Définition d'un critère de recherche

Un critère de recherche précise quelle doit être la valeur d'un attribut pour les nuplets retrouvés, en indiquant une valeur ou une plage de valeurs possibles. Un critère correspond à la clause `WHERE` d'une requête SQL. Il s'exprime sous la forme d'une composition logique de prédicats simples. Les trois opérateurs de composition sont le *et*, le *ou* et le *non* logique. Un prédicat simple est constitué de trois termes : un nom d'attribut suivi d'un opérateur de comparaison (inférieur, égal, supérieur), suivi d'une valeur (par exemple: `prix < 10`). L'opérateur `LIKE` permet de tester la correspondance entre un attribut textuel et un motif décrivant la partie commune d'un ensemble de mots (par exemple, `prénom LIKE 'an%'` sera vrai pour tous les abonnés dont le prénom commence par *an* tels que *an*émone ou *an*atole, mais pas je*an*).

Lorsque le critère de recherche est suffisamment précis, seul un ou quelques nuplets sont retrouvés. Dans ce cas, le critère est qualifié de sélectif. Plus le critère est sélectif, plus une recherche sera rapide en comparaison avec un parcours de la relation tout entière.

2.2 Regroupement des données sur disque

Pour retrouver efficacement les nuplets qui satisfont un même critère, ceux-ci doivent être proches sur disque, afin de pouvoir lire des blocs contigus. L'objectif principal du regroupement est d'améliorer la proximité des nuplets satisfaisant le même critère.

Choix de la clé de tri

Dans un SGBD, les nuplets sont regroupés selon une clé de tri composée d'un ou plusieurs attributs. Le choix de la clé de tri dépend des applications interrogeant la base de données et en particulier de leurs requêtes. Un recensement des requêtes les plus fréquentes permet de choisir une clé de tri pour chaque relation (par exemple, les ouvrages touristiques sont triés par pays, les romans par auteur). Lorsqu'une requête interroge au moins deux relations, les relations en question peuvent être triées ensemble selon leurs attributs communs. Cela facilite les opérations de jointure entre relations (ex., placer la biographie d'un musicien et ses disques sur le même rayon). Les requêtes fortement sélectives retrouvant *un seul* nuplet (ex., retrouver un ouvrage à partir de son numéro ISBN) ne sont pas prises en compte pour choisir la clé de tri. En effet, l'accès au résultat de ce type de requête entraîne la lecture d'une seule page, que les données soient triées ou non.

Tri et mise à jour

Le tri des données sur disque doit tenir compte des mises à jour de la base de données. Initialement, il faut prévoir un espace suffisant pour insérer de nouveaux nuplets à côté des nuplets répondant au même critère (ex., espace libre entre deux thèmes pour l'ajout de nouveaux ouvrages). Toutefois, si l'espace prévu initialement pour un groupe de nuplets, est plein, il n'est pas possible d'ajouter un nouvel nuplet juxtaposé aux autres. Cette situation s'appelle un débordement. Il faut alors allouer un espace supplémentaire non contigu au premier, au détriment de l'objectif de proximité. Une autre solution consiste à réorganiser entièrement la base de donnée afin d'agrandir l'espace insuffisant, mais cela peut nécessiter le déplacement de la majeure partie des données, par un effet de dominos, ce qui nuit à la disponibilité du système. Une telle solution est envisageable occasionnellement pendant une opération de maintenance, hors période d'utilisation.

Ainsi, deux objectifs s'opposent : d'une part, prévoir initialement suffisamment d'espace libre afin de limiter les débordements et la réorganisation complète des données, d'autre part limiter la taille totale de la base de données (ex., la superficie de la bibliothèque n'est pas extensible). La taille de l'espace libre initial est le résultat d'un compromis entre ces deux objectifs ; sa valeur sera d'autant plus satisfaisante que la fréquence des mises à jour est connue avec précision. Dans le cas particulier où les données sont triées selon la date d'insertion des nuplets dans la base, l'ajout de données ne pose aucun problème de débordement.

Après avoir regroupé les données sur disque, l'accès à un groupe précis s'effectue rapidement grâce aux index.

2.3 Propriétés et structures d'un index

Un index offre un accès direct aux nuplets possédant des valeurs communes, et seulement ceux-ci, sans lire inutilement aucun autre nuplet. La partie commune peut être constituée de plusieurs attributs (ex., tous les ouvrages dont l'auteur est Sartre et publiés en 1950). L'index est une structure auxiliaire faisant référence à des nuplets mais sans les contenir : il fournit une liste de numéros de nuplets, à partir d'une valeur d'attribut donnée. Cet attribut est appelé clé de l'index. La structure d'un index est conçue pour localiser très rapidement les données pertinentes. Par exemple, il est possible de retrouver un livre précis, parmi une collection de plusieurs millions d'ouvrages, en lisant moins de trois pages.

Un index dont la clé est identique à celle du tri des données sur disque, est qualifié de *plaçant* ; car il retrouve des nuplets «placés» au même endroit sur le disque ; les autres index sont dits non plaçants ou secondaires. Afin d'améliorer la recherche des nuplets d'une relation selon différents critères, il peut exister plusieurs index par relation, mais un seul est plaçant. Un index plaçant apporte plus d'efficacité car les nuplets à retrouver sont regroupés sur le disque. Ce n'est pas le cas avec un index non plaçant pour lequel les nuplets à retrouver sont dispersés sur un plus grand nombre de pages (dans le pire des cas, un seul nuplet pertinent par page).

La structure élémentaire composant un index est un couple, appelé *entrée*, qui associe une clé (c'est-à-dire, la valeur d'un ou plusieurs attributs) avec les numéros de nuplets correspondants. Par exemple, une entrée de l'index des thèmes associe un thème avec la liste des ouvrages du thème.

Afin de retrouver rapidement une entrée, étant donné une certaine clé, il existe principalement deux façons d'organiser les entrées : en arbre ou en table (Ramakrishnan R. et Gehrke 2002).

2.4 L'arbre équilibré

La plupart des SGBD disposent d'index en arbre équilibré ou arbre B (*B Tree*, ou *Balanced Tree*). De nombreuses variantes de l'arbre équilibré existent pour indexer efficacement divers types de données (par exemple, l'arbre R pour les données multidimensionnelles, voir les chapitres «Recherche par contenu visuel dans les grandes collections d'images», § 3 et «Bases de données spatio-temporelles», § 3).

L'ensemble des entrées est scindé en sous-listes, de la taille d'une page, qui forment les feuilles de l'arbre. Le problème se réduit alors, à retrouver rapidement une feuille à partir d'une valeur de clé. Pour cela la liste des couples [clé de la 1re entrée de la feuille, n° de la feuille] est construite ; elle est plus petite que la liste précédente mais contient suffisamment d'information pour retrouver un numéro de feuille, quelle que soit la clé. Cette liste est également scindée en sous-listes, de la taille d'une page, qui forment un niveau intermédiaire au-dessus des feuilles. Puis, le procédé est réitéré, ainsi de suite, jusqu'à obtenir une liste, tenant sur une seule page, qui forme la racine de l'arbre.

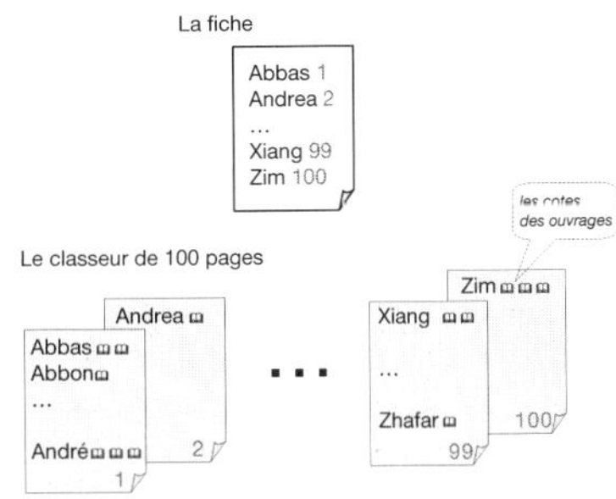

Figure 2 Exemple d'arbre équilibré

La figure 2 illustre la construction d'un index en arbre pour l'exemple de la bibliothèque. L'index des auteurs est un classeur contenant la liste de toutes les entrées *[auteur, cote des ouvrages]*. Toutefois, le classeur s'avère volumineux car les auteurs sont nombreux. Le lecteur devra au préalable parcourir de nombreuses pages du classeur avant de retrouver l'entrée qui l'intéresse. Pour éviter cela, le bibliothécaire établit une fiche indiquant, pour le premier auteur de chaque page du classeur, quelle est la page à consulter. Le lecteur consulte la fiche et obtient directement la page du classeur à lire. Cela donne la structure suivante.

Cette structure est un arbre à deux niveaux. Le niveau des feuilles correspond aux pages du classeur. La fiche représente la racine qui permet d'accéder rapidement aux feuilles. Cette structure est, en général, un arbre à plusieurs niveaux. Par exemple, l'arbre à trois niveaux de la figure 3 indexe les lettres de l'alphabet. Les noeuds intermédiaires servent à atteindre les feuilles. En pratique, un nœud peut contenir une centaine de clés, ainsi les arbres sont larges mais peu profonds afin d'atteindre rapidement une feuille. Par exemple, avec cent valeurs de clé par noeud, un arbre à trois niveaux peut indexer plus d'un million de valeurs. L'arbre est dit *équilibré* car la distance de la racine à une feuille quelconque est constante.

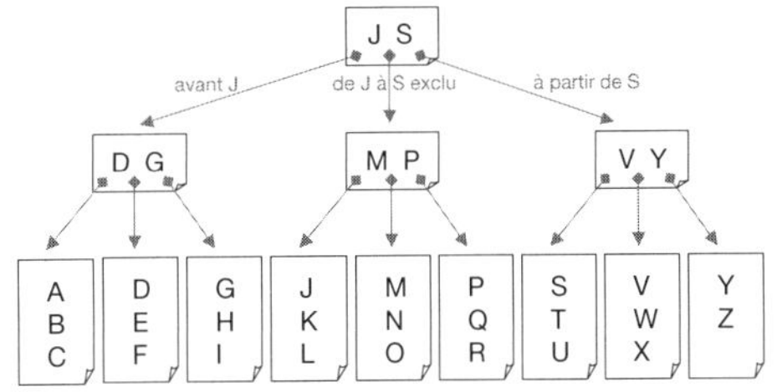

Figure 3 Arbre à trois niveaux

Usage d'un arbre équilibré

L'arbre équilibré sert à traiter des requêtes exprimant la recherche d'une valeur, d'une plage de valeurs ou une recherche multicritère :

- *Recherche d'une valeur.* L'accès aux nuplets, via l'index, consiste à traverser l'arbre depuis la racine vers une feuille. Il s'agit tout d'abord de sélectionner, parmi les couples [clé, n° de noeud] contenus dans la racine, celui dont la clé est la plus proche valeur inférieure (ou égale) à la valeur recherchée, puis de « descendre » vers le nœud référencé dans ce couple. On procède ainsi de suite, jusqu'à aboutir à une feuille de l'arbre, puis à l'entrée contenant les numéros de nuplets recherchés. Grâce à la structure équilibrée de l'arbre, l'accès à toute feuille nécessite de traverser le même nombre de nœuds, ce qui garantit un accès aussi rapide à tous les nœuds.
- *Recherche d'une plage de valeurs.* Pour retrouver toutes les entrées comprises dans un intervalle donné, il suffit de traverser l'arbre pour atteindre la feuille contenant la borne inférieure de l'intervalle, puis de lire directement les feuilles voisines jusqu'à la borne supérieure. Cet accès permet de traiter efficacement les requêtes dont le critère contient une inégalité, par exemple retrouver tous les livres publiés entre 1850 et 1900.
- *Recherche multicritère.* Un index sur plusieurs attributs peut être défini en combinant plusieurs arbres. Cela permet par exemple d'indexer tout d'abord l'année de publication des ouvrages, et ensuite, pour chaque année, le thème d'un ouvrage. Un tel index sert pour traiter une requête multi critères telle que la recherche des ouvrages publiés après 2000 dont le thème est « tourisme ».

Insertion et suppression d'une entrée

La mise à jour d'un nuplet peut provoquer la restructuration des index associés lorsqu'une entrée est insérée ou supprimée, tout en préservant la structure équilibrée de l'arbre. Le nombre d'entrées contenues dans une feuille étant limité, l'insertion d'une entrée peut déclencher l'éclatement d'une feuille en deux feuilles qui se répartissent équitablement les clés. Réciproquement, la suppression d'une entrée peut déclencher la fusion de deux feuilles de l'arbre. Episodiquement, la restructuration s'avère coûteuse lorsqu'elle se propage en cascade à d'autres nœuds, entraînant une modification en chaîne jusqu'à la racine.

2.5 La table de hachage

Une table de hachage permet de retrouver directement une entrée au moyen d'une fonction de hachage qui donne la localisation de l'entrée recherchée. Dans une table de hachage, les entrées ne sont pas triées selon la valeur d'un attribut ; elles sont organisées en *compartiments* (*buckets*), chacun de la taille d'une page. La fonction de hachage transforme une valeur de l'attribut indexé en une valeur entière (inférieure au nombre de compartiments) représentant un indice de compartiment. De plus, un vecteur appelé *répertoire*, associe l'indice d'un compartiment avec son identifiant (c'est-à-dire, information de localisation du compartiment). Par exemple, sur la figure 4 la fonction de hachage est appliquée à l'auteur *Abbas* et renvoie le numéro 5. Donc la liste des ouvrages écrits par *Abbas* est stockée dans le cinquième compartiment.

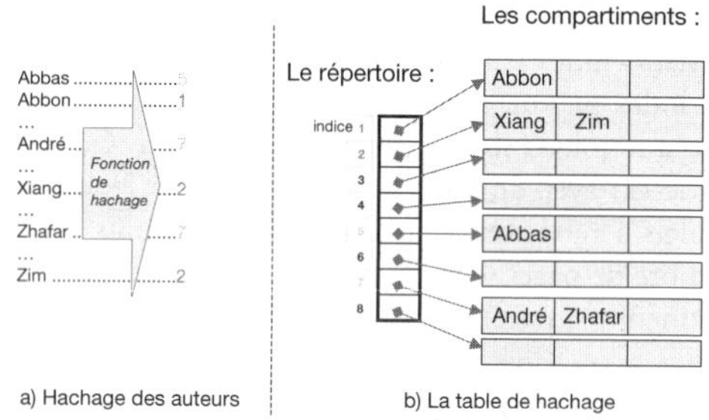

Figure 4 Table de hachage

Usage d'une table de hachage

L'accès à une entrée, à partir d'une valeur d'attribut, se déroule en plusieurs étapes : appliquer la fonction de hachage pour obtenir l'indice du compartiment, consulter le répertoire pour obtenir le numéro de page localisant le compartiment, lire le compartiment contenant l'entrée, puis obtenir les numéros de nuplets contenus dans l'entrée désirée en parcourant la page.

Un index organisé en table de hachage s'utilise pour des requêtes contenant un prédicat d'égalité. Une fonction de hachage calculant l'indice d'un compartiment à partir des valeurs de plusieurs attributs, permet l'usage de l'index pour des requêtes multicritères. Contrairement aux arbres équilibrés, la recherche d'une plage de valeurs n'est pas permise car les entrées ne sont pas triées.

Insertion et suppression d'une entrée

L'insertion d'une entrée peut provoquer un débordement lorsque les entrées qui ont la même valeur de hachage sont trop nombreuses pour tenir dans un seul compartiment. Pour pallier une telle situation, de nouveaux compartiments sont ajoutés et la fonction de hachage est adaptée afin de répartir plus uniformément les entrées parmi tous les compartiments. Réciproquement, en cas de suppression d'entrées, les compartiments vides sont supprimés afin que l'index demeure compact et efficace (Gardarin 1999).

3 Le moteur de requête

Une requête SQL correspond à une série d'opérations sur la base. Le moteur de requêtes (*query engine* ou *query processor*) reçoit une requête provenant de l'application. Cette requête est déclarative, i.e. elle ne dit pas quelles opérations effectuer ni dans quel ordre. Elle est tout d'abord transformée en un programme impératif qui sera ensuite exécuté pour calculer le résultat de la requête. Le programme correspondant à la requête est appelé *plan d'exécution*. Plusieurs étapes sont nécessaires pour obtenir un plan d'exécution.

Dans un premier temps, la syntaxe de la requête SQL est vérifiée. La requête doit être conforme à la grammaire du langage SQL. Les noms des relations mentionnés dans la clause `FROM` doivent correspondre à une relation de la base de données. Les noms d'attributs se trouvant dans les autres clauses (`SELECT`, `WHERE`, `ORDER BY` et `GROUP BY`) doivent correspondre à un attribut d'une relation, sans ambiguïté. La concordance des types est vérifiée pour chaque prédicat, par exemple, `prix < 9,5` n'est pas correct si l'attribut prix est un nombre entier.

Les noms de vues[1] apparaissant dans la clause `FROM` sont remplacés par leur définition en SQL. Plusieurs substitutions de vues s'enchaînent en cascade lorsqu'une vue est définie en fonction d'une autre vue, pour aboutir finalement à une requête SQL composée de plusieurs imbrications de clauses. Par exemple, la clause `SELECT` de la requête suivante contient une autre clause `SELECT`.

```
select titre
from Ouvrage
where année = (select min(année)
                from Ouvrage)
```

Puis la requête SQL est simplifiée de manière à obtenir une requête SQL constituée de plusieurs expressions simples qui sont des blocs formés d'une seule clause `SELECT` et `FROM`. Les blocs indépendants des autres sont repérés car ils pourront être évalués séparément. Par contre, deux blocs corrélés seront traités itérativement ; le bloc englobant détermine les valeurs nécessaires pour évaluer le bloc imbriqué.

3.1 Réécriture algébrique

La requête est ensuite transformée en une expression algébrique constituée d'*opérateurs* (par ex. les opérateurs de sélection, projection, jointure, union, tri ou regroupement[2]). Chaque opérateur possède des opérandes qui sont soit une relation de la base de données, soit un autre opérateur. La requête devient un arbre d'opérateurs dont les feuilles sont les fichiers où sont stockées les relations. L'opérateur racine représente le dernier traitement à effectuer afin d'obtenir le résultat de la requête. Par exemple, la figure 5 montre une requête SQL et son arbre algébrique associé. Dans cet exemple on fait d'abord la sélection des auteurs de nationalité française et celle des ouvrages sur le thème des oiseaux. Puis on fait la jointure entre les deux relations résultantes, telle que le nom de l'auteur corresponde à l'auteur de l'ouvrage, c'est-à-dire que chaque ouvrage est relié avec son auteur. Finalement on projette sur l'attribut titre pour ne garder que le titre des ouvrages.

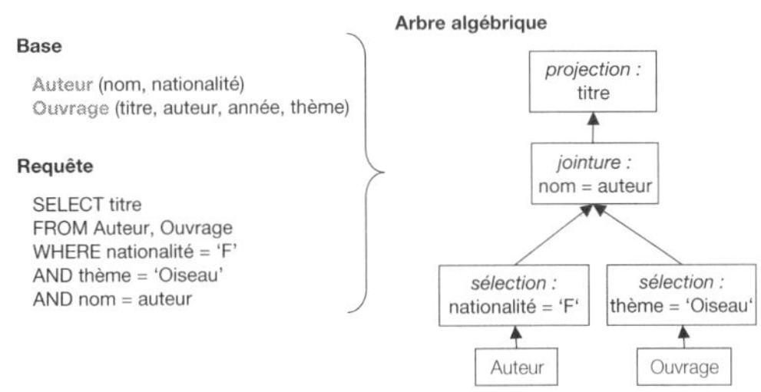

Figure 5 Arbre algébrique d'une requête

Les expressions algébriques sont à leur tour restructurées grâce à des règles d'équivalence fondées sur les propriétés de l'algèbre relationnelle telles que la commutativité, l'associativité ou la distributivité entre opérateurs. Par exemple, une union de deux relations suivie d'une sélection équivaut à deux sélections suivies d'une union. Les expressions algébriques équivalentes sont potentiellement très nombreuses, mais seules quelques-unes pourront s'évaluer rapidement. Il s'agit de repérer celles qui aboutiront à un traitement efficace de la requête. Pour cela, les règles sont appliquées dans un ordre pertinent traduisant des méthodes heuristiques. Une heuristique souvent utilisée repose sur l'hypothèse que plus les données que traite un opérateur sont petites, plus l'exécution sera rapide. Or un moyen de réduire la taille des données est de les filtrer à travers des sélections et des projections. En conséquence, afin de traiter en premier les opérations les plus réductrices, les sélections et projections sont rapprochées des feuilles de l'arbre d'opérateurs.

3.2 Optimisation de requêtes basée sur le coût

L'usage exclusif de méthodes heuristiques a montré ses limites lorsque les requêtes sont complexes et accèdent à plusieurs relations. Par exemple, pour une requête contenant une jointure, il n'est pas toujours judicieux de traiter une sélection en priorité si cela empêche l'usage d'un index pour la jointure. Dans la

1. Une vue (*view*) est une relation « virtuelle » définie par un nom et une requête SQL.
2. Les opérateurs ne sont pas seulement ceux de l'algèbre relationnelle définis dans le chapitre «Bases de données relationnelles».

plupart des SGBD, l'estimation du coût relatif pour traiter une expression permet de ne retenir que les expressions présumées comme les moins coûteuses. On appelle cette méthode l'optimisation de requêtes basée sur le coût. Le modèle de coût doit être suffisamment précis pour prendre en compte la complexité de chaque algorithme utilisé pour traiter un opérateur. Par exemple, une jointure par boucles imbriquées a un coût différent d'une jointure par tri et fusion, les sélections par index ou par lecture séquentielle n'ont pas le même coût. Ainsi, pour chaque opérateur de l'arbre, un algorithme de coût minimal est choisi. L'arbre est alors appelé plan d'exécution car toutes les informations nécessaires au traitement de la requête sont réunies.

Directives d'optimisation et extensibilité

Dans la majorité des cas, le plan d'exécution que construit le SGBD a des performances satisfaisantes, mais parfois ce plan n'est pas optimal à cause de certaines particularités des données. L'utilisateur averti peut alors influencer la décision prise par l'optimisateur, en complétant sa requête SQL avec des directives d'optimisation qui précisent la forme du plan souhaitée.

Le langage SQL permet à un utilisateur de définir ses propres fonctions et de les utiliser dans une requête. Lorsque la requête SQL contient les appels de fonctions définies par l'utilisateur, l'optimisateur a besoin de connaître le coût de telles fonctions afin d'estimer le coût total de la requête. C'est pourquoi certains SGBD proposent aux utilisateurs de spécifier conjointement le coût de leurs fonctions, ce qui améliore l'optimisation qui est alors qualifiée d'extensible.

3.3 Exécution du plan

L'ultime étape de l'évaluation de requêtes consiste à traiter le plan d'exécution pour fournir le résultat de la requête à l'utilisateur. L'accès aux nuplets se fait soit en parcourant séquentiellement les relations, soit au moyen d'index. Puis les nuplets transitent à travers les opérateurs du plan d'exécution pour être filtrés, composés, et triés jusqu'à obtenir le résultat final.

Lorsqu'une application pose fréquemment la même requête, le plan d'exécution prêt à l'emploi peut être conservé dans le SGDB pour être réutilisé directement par la suite. Or, le contexte d'exécution peut varier fortement entre deux instants, par exemple, un plan efficace il y a une heure peut ne plus l'être maintenant si la quantité de mémoire disponible a fortement baissé à cause de l'arrivée de nombreux utilisateurs. Certains SGBD produisent un plan d'exécution capable de s'adapter au contexte courant. L'optimisation devient dynamique pendant l'exécution, ce qui s'avère intéressant dans un contexte très instable où les ressources disponibles (mémoire et processeur) sont imprévisibles.

4 Architecture des SGBD répartis

L'architecture de bases de données réparties consiste à bâtir un SGBD global à partir de plusieurs SGBD indépendants appelés bases locales (figure 6) souvent réparties sur un réseau à large échelle. Les données sont fragmentées et résident dans les bases locales. Le point d'entrée du SGBD réparti semble offrir l'image d'une base globale unique mais fournit en réalité l'accès à de multiples bases locales. Cette architecture réussit à préserver l'indépendance des bases locales qui sont faiblement couplées et ne doivent pas se conformer à un modèle de fonctionnement unique. Les bases sont qualifiées d'hétérogènes lorsqu'elles possèdent des fonctionnalités de représentation et de manipulation des données très différentes. Par exemple, un SGBD réparti réunissant une base relationnelle, une base orientée objet et une dernière base relationnelle ne pouvant pas traiter de requêtes imbriquées.

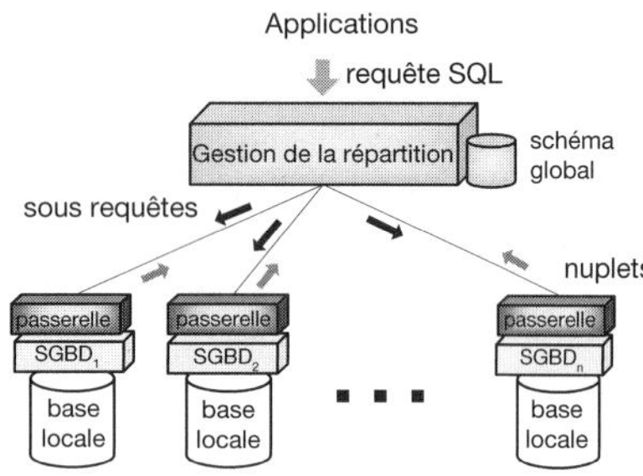

Figure 6 Architecture d'un SGBD réparti

4.1 Architecture modulaire détaillée

L'objectif est de conserver l'autonomie de fonctionnement des bases, tout en les invitant à participer au traitement de requêtes plus globales. Pour résoudre ce problème, une architecture non intrusive définit deux types de logiciels intermédiaires.

Passerelle

Premièrement, chaque base locale comporte une passerelle qui offre une interface commune pour manipuler les données locales. Par exemple, si la base locale n'est pas relationnelle, une passerelle ajoute des fonctionnalités d'accès relationnel distant à cette base, conformément à une interface standardisée telle que JDBC. La passerelle traduit une requête SQL dans le langage spécifique de la base par exemple un dialecte dérivé du SQL normalisé, puis convertit les données résultant de la requête, en un ensemble de nuplets.

Gestionnaire de la répartition

Un module, gérant la répartition, est inséré entre l'application et les passerelles pour contrôler l'exécution des requêtes et des transactions globales, notamment, choisir un SGBD en fonction des données à lire ou à modifier et valider une transaction qui modifie des données résidant sur plusieurs SGBD.

Le logiciel qui traite une requête globale est lui-même un SGBD qui ne stocke pas les données applicatives mais leur description. Des vues relationnelles sont définies pour établir la correspondance entre les données locales et celles globales visibles depuis les applications. Par exemple le SGBD réparti donne accès à la vue abonnés qui est en réalité l'ensemble des clients de la première base, dont le n° de téléphone se trouve dans l'annuaire de la deuxième base.

La définition des vues est une phase préparatoire servant à construire le schéma global du SGBD réparti, afin de rendre opérationnel le traitement des requêtes globales.

Migration vers une architecture répartie

La décision d'opter pour un SGBD réparti doit prendre en compte l'effort important pour concevoir les passerelles et définir les vues utilisées par le gestionnaire de la répartition. La difficulté principale vient du fait que ces modules dépendent fortement de la fragmentation des données et doivent être maintenus lorsque les bases locales évoluent.

4.2 Manipulation des données réparties

L'architecture répartie a un impact sur les deux types de manipulation: le traitement des requêtes et celui des mises à jour.

Traitement des requêtes réparties

Lorsque le SGBD réparti reçoit une requête, elle est décomposée en plusieurs sous-requêtes telles que chacune interroge les relations d'une seule base locale. Les nuplets provenant des bases locales sont assemblés pour produire le résultat complet de la requête globale. Par exemple, une requête demandant la liste des abonnés avec leur numéro de téléphone provoquera l'interrogation des deux bases, les résultats locaux seront reliés par une jointure.

L'ordre d'accès aux bases locales est déterminé dans l'objectif de réduire les transferts à partir des bases. Pendant l'optimisation d'une requête, des stratégies de jointures réparties sont envisagées, dont la plus connue repose sur un calcul efficace d'intersection de clés. Pour traiter la jointure naturelle entre deux relations situées sur deux bases distinctes, les bases peuvent s'échanger leur liste de clés afin de filtrer localement les données nécessaires pour construire le résultat final. Cela permet de calculer la jointure sans devoir transférer la totalité d'aucune relation.

L'optimisateur de requêtes estime le coût d'une requête répartie en tenant compte de la durée des transferts entre les bases. Le coût des traitements s'effectuant simultanément sur plusieurs bases est soit le coût le plus long d'entre eux lorsque l'objectif est de minimiser le temps de réponse, soit leur somme lorsque l'objectif est de minimiser les ressources consommées par les SGBD locaux (Özsu et Valduriez 1999).

Mises à jour réparties

La mise à jour transparente des données globales est rarement supportée par les SGBD répartis. Toutefois, les déclencheurs permettent de définir les opérations de mise à jour répartie. Par exemple, l'insertion d'un nouvel abonné déclenchera les insertions d'un nouveau client et d'une nouvelle entrée dans l'annuaire. La validation d'une mise à jour répartie s'appuie sur le protocole dit de validation en deux phases, pendant lequel les bases locales doivent s'engager à valider la mise à jour. Mais cela nuit à l'autonomie des bases locales qui doivent accepter de participer à la validation.

5 Architecture des SGBD parallèles

Un SGBD parallèle permet le traitement de plusieurs requêtes et transactions en parallèle sur plusieurs machines.

5.1 Machines parallèles avec partage

Une première solution, consiste à déléguer la gestion du parallélisme au niveau de l'architecture matérielle sous-jacente de la machine, afin de faire fonctionner le SGBD sur une machine parallèle disposant de plusieurs dizaines de processeurs, chacun associé avec une grande quantité de mémoire.

Les solutions matérielles pour interconnecter les processeurs, les mémoires et les disques, se caractérisent par la nature des ressources mises en commun (voir le chapitre «Architecture des machines» de la section I/2). Dans l'architecture à mémoire partagée (*shared memoty*), les processeurs sont directement reliés par un bus qui donne accès à toutes les unités de mémoire. Dans l'architecture à disque partagé (*shared disk*), un processeur accède à tous les disques, mais seulement à sa propre mémoire.

Les deux types d'architectures à disque et à mémoire partagés s'avèrent peu adaptés au traitement de requêtes en général car les interférences pour coordonner les accès en mémoire et au disque sont trop élevées, ce qui neutralise presque tout gain de performances.

5.2 Architecture parallèle sans partage

Une deuxième solution consiste également à utiliser plusieurs machines, mais à prendre en charge le parallélisme des traitements sans tenir compte de l'architecture matérielle sous-jacente. Cette solution appelée architecture sans partage (*shared nothing*) ne présente pas d'interférence, mais demande en contrepartie au SGBD de gérer efficacement la mise en parallèle des traitements afin d'obtenir de bonnes performances. De plus, l'architecture sans partage est peu coûteuse car elle repose sur des composants matériels très répandus (une grappe de machines banalisées) et flexible car les machines peuvent être de différente puissance, ce qui facilite l'évolution progressive de l'architecture au rythme de l'avancée technologique des processeurs et des disques. Au contraire, l'architecture d'une machine parallèle à mémoire partagée est plus contraignante et nécessite une forte homogénéité des composants matériels utilisés, ce qui engendre un surcoût important pour accroître sa puissance.

5.3 SGBD parallèle bâti sur une architecture sans partage

Le SGBD prend en charge la mise en parallèle des traitements pour offrir aux applications l'illusion d'une seule machine dont la puissance de calcul serait proportionnelle au nombre de machines employées. Pour cela, il s'agit de partager les ressources entre les machines, puis de coordonner au sein du SGBD, l'utilisation de ces ressources. Par exemple, une donnée stockée sur la première machine doit pouvoir être modifiée par le processeur de la deuxième machine.

Mise à disposition des ressources

Afin de mettre les disques en commun, le système d'exploitation dispose d'outils standard pour manipuler des fichiers stockés sur une machine distante, mais il ne permet généralement pas de partager la mémoire vive de plusieurs machines. C'est pourquoi le gestionnaire de mémoire du SGBD est complété pour pouvoir accéder, via le réseau d'interconnexion, à la mémoire vive des autres machines. En résultat, chaque machine héberge un « clone » du SGBD qui dispose de la totalité des ressources mémoire et disque de l'ensemble. Ainsi lorsqu'un clone souhaite accéder à une donnée présente dans la mémoire d'un autre clone, il copie la donnée dans sa mémoire propre, puis la manipule. Le gestionnaire de mémoire garantit la cohérence d'une donnée présente simultanément dans la mémoire de plusieurs clones ; il évite notamment que deux transactions concurrentes modifient le même nuplet en même temps. De plus, une couche logicielle est insérée entre l'application et les clones afin d'assurer l'équilibrage de la charge supportée par chaque machine. Pour garantir le fonctionnement correct du SGBD parallèle, de nombreux messages sont échangés entre les clones, ce qui implique une bande passante du réseau d'interconnexion suffisamment élevée pour éviter toute congestion.

Traitement parallèle des requêtes et des transactions

Cette architecture parallèle offre de nombreuses opportunités pour des performances élevées. D'une part, des transactions concurrentes peuvent s'exécuter sur deux clones distincts sans compromettre la cohérence des données. D'autre part, une requête complexe peut être décomposée en sous-requêtes traitées simultanément sur des clones différents. Par exemple, la jointure de deux relations est décomposée en plusieurs jointures accédant chacune à un fragment des relations. Les résultats des jointures sont unis pour former le résultat complet de la requête. Pour traiter rapidement cette requête, le SGBD doit déterminer le nombre optimal de jointures parallèles, sachant qu'un degré élevé de parallélisme réduit la quantité de données que traite chaque jointure mais en contrepartie augmente les transferts entre les machines (Cruanes, Dageville et Ghosh 2004).

6 Architecture ciblée selon le type d'application

On distingue deux types de traitements reçus par un SGBD : les requêtes en lecture seule et les transactions de mise à jour. Or la plupart des applications soumettent au SGBD un seul type de traitement en large majorité. Ainsi deux grandes familles d'applications se distinguent.

6.1 Les applications OLTP

Les applications transactionnelles (dites OLTP, *Online Transaction Processing*) effectuent de nombreuses transactions, chacune ne modifiant qu'une très petite portion de la base de données. Les transactions sont simples (accès à quelques nuplets au moyen d'index et modification de quelques attributs) et doivent s'exécuter très rapidement pour préserver l'interactivité de l'application vis-à-vis de l'utilisateur. Le temps de réponse d'une transaction doit être de l'ordre de la seconde, ce qui est difficile à supporter car le SGBD reçoit un nombre élevé de transactions simultanées (d'une centaine à plusieurs milliers). De plus, quelques rares utilisateurs posent des requêtes peu complexes mais concernant l'ensemble de la base de données, avec une exigence sur le temps de réponse de l'ordre de la minute.

Pour améliorer les performances de telles applications, les ressources dont dispose le SGBD sont multipliées afin de traiter en parallèle plusieurs transactions.

Ainsi, plusieurs unités centrales sont interconnectées pour fournir davantage d'espace disque, de processeurs et de mémoire. Les SGBD parallèles s'avèrent bien adaptés pour ce type d'application. Les données sont fragmentées sur plusieurs disques, tout en demeurant accessibles depuis tous les processeurs.

6.2 Les applications OLAP

Les applications décisionnelles (dites OLAP, *Online Analytical Processing*) effectuent des traitements analytiques complexes sur des données de taille massive, dans le but d'éclairer l'utilisateur devant prendre des décisions stratégiques qui auront un impact sur l'activité à l'origine des données. Elles se caractérisent par :

- des données issues de diverses bases qui n'ont pas été conçues initialement pour être mises en liaison ;
- des données volumineuses représentant la situation actuelle mais aussi passée d'une activité ;
- des requêtes complexes avec de nombreuses jointures et agrégations ;
- de nombreux utilisateurs posant continuellement des requêtes complexes à l'aide d'applications graphiques sophistiquées ;
- un flux « léger » de transactions de mises à jour, s'exécutant en séquence.

Deux principaux problèmes d'architecture se posent pour bâtir un SGBD dédié aux applications décisionnelles. Le premier problème est l'intégration des données fortement hétérogènes. Les SGBD répartis apportent une solution intéressante pour intégrer les diverses bases de données. Des passerelles spécifiques sont définies pour chaque type de base afin de rendre transparent l'hétérogénéité de représentation des données. Le mécanisme de vues aide à résoudre les discordances entre les bases. Les données intégrées subissent ensuite une transformation structurelle pour mettre en évidence les dimensions de l'analyse décisionnelle. Cette étape, répondant plus à un besoin d'expressivité qu'à un besoin de performances, est détaillée dans le chapitre «Bases de données décisionnelles».

Le deuxième problème est le traitement efficace d'une requête complexe. Dans la situation «idéale» la plus favorable, bien que toutes les ressources du SGBD soient entièrement disponibles, la complexité d'une seule requête est telle que son traitement demeurerait trop long. Pour réduire la durée du traitement, deux directions sont suivies : paralléliser les opérations internes d'une requête et précalculer partiellement une requête.

Parallélisme intrarequête

L'objectif est d'utiliser simultanément plusieurs processeurs et disques pour évaluer une requête SQL complexe composée généralement de jointures et d'agrégations. Ces deux opérations impliquent des comparaisons de valeurs d'attributs. En effet, l'agrégation consiste d'abord à regrouper les nuplets qui ont la même valeur pour les attributs de la clause `GROUP BY`; puis les fonctions agrégatives de la clause `SELECT` sont appliquées séparément sur chaque groupe. La jointure naturelle consiste à associer les nuplets de deux relations, tels que les valeurs de l'attribut commun soient identiques. Or, en fragmentant au préalable les données selon les attributs comparés, il devient possible de décomposer la requête en sous-tâches indépendantes qui manipulent simultanément des nuplets distincts. Dans ces circonstances, l'usage d'un SGBD parallèle permet de répartir les comparaisons d'attributs sur plusieurs processeurs.

Cette solution générale, nécessitant la fragmentation appropriée des données «à la volée», selon les attributs mentionnés dans la requête, s'applique à toute requête. Toutefois la durée de construction des fragments s'ajoute au temps de traitement de la requête, ce qui limite le bénéfice de l'approche. Afin d'accélérer davantage le traitement de certaines requêtes, les données peuvent être initialement fragmentées, avant d'être stockées, de façon à refléter la fragmentation adéquate des requêtes réclamant les meilleures performances. Chaque fragment d'une relation est stocké sur un disque distinct. Ainsi, pour évaluer la jointure entre deux relations, chaque processeur responsable d'une partie de la jointure accède à un disque différent. Cela accélère fortement le traitement de la jointure, sous réserve que le réseau connectant les machines supporte un débit égal à la somme des débits des disques utilisés.

Certains SGBD parallèles acceptent la spécification en SQL de la fragmentation des nuplets, lors de la création d'une relation. Cela permet au moteur de requêtes d'avoir connaissance de la fragmentation pour générer des plans d'exécution efficaces des requêtes.

Réplication et vue matérialisée

Les requêtes décisionnelles consistent principalement à synthétiser des données provenant des diverses bases, dans le but de calculer des indicateurs globaux, peu sensibles à la mise à jour d'une faible quantité de données. Ainsi les mises à jour peuvent être différées sans provoquer d'erreur d'analyse ; ce qui autorise le stockage redondant des données, et la mise à jour occasionnelle ou périodique des données répliquées. En conséquence, les données intégrées et restructurées sont généralement dupliquées dans une base de données centrale. On parle alors de *vue matérialisée*. On s'affranchit ainsi du surcoût induit par les couches intermédiaires (passerelles, module de conversion de structure). Cependant, la mise à jour des vues matérialisées, bien que rare, s'avère très longue, nécessitant parfois le recalcul complet de la vue. Par conséquent, il s'agit de matérialiser seulement l'essentiel. La comparaison des expressions algébriques des requêtes fréquentes, permet d'isoler les sous-expressions communes; parmi ces dernières, seules les plus complexes et fréquentes sont désignées pour être matérialisées. Ce processus de factorisation s'appuie sur des techniques de test d'inclusion entre deux expressions. Certains SGBD proposent l'ajout automatique des vues les plus pertinentes en s'appuyant sur l'historique des requêtes récemment traitées pour déterminer leur fréquence.

7 Évaluation des performances d'un SGBD

Depuis les années quatre-vingt-dix, un effort important a été fait afin de comparer les performances des divers SGBD existants. Or, les performances d'un SGBD dépendent fortement de la nature des applications qui utilisent la base de données. Il n'est pas significatif d'affecter un score à chaque SGBD pour les classer sur une échelle unique. Une solution plus réaliste pour comparer deux SGBD est de mesurer leurs performances dans la même situation. Ainsi, un effort important a été fait pour spécifier très précisément les cas d'utilisations les plus fréquemment rencontrés, en définissant la nature des données (schéma et taille de la base), celle des traitements (requêtes et transactions de mise à jour) et la charge que subit le SGBD lors de son utilisation. Cet effort, orchestré par le consortium TPC a abouti à la spécification de plusieurs applications type, couvrant les deux grandes familles d'applications transactionnelles et décisionnelles (Transaction Processing Performance Council 2005).

7.1 Performances des applications OLTP

L'application transactionnelle typique représente l'activité d'une chaîne de magasins qui vendent des produits stockés sur plusieurs lieux. La plupart des traitements demandés au SGBD sont des transactions de vente ou de réapprovisionnement. Chaque transaction accède à une très petite portion de la base et doit se conclure dans un temps limité afin que chaque vendeur puisse effectuer un certain nombre de transactions par minute.

L'évaluation des performances consiste à augmenter le nombre maximum d'utilisateurs travaillant dans les conditions spécifiées, jusqu'à atteindre le seuil maximum que peut supporter le SGBD. La mesure relevée est le nombre total de transactions par minute (TPM). À titre indicatif, les meilleurs SGBD supportent plusieurs millions de TPM, performances bien supérieures aux besoins de la plupart des applications. Toutefois, pour être significatif, ce résultat doit être mis en rapport avec le coût financier de mise en œuvre de la solution. Il est souvent préférable d'opter pour une solution moins coûteuse bien qu'elle n'offre pas les meilleures performances, dans la mesure où elle répond aux besoins des applications.

7.2 Performances des applications OLAP

L'application décisionnelle typique représente l'analyse des ventes d'une entreprise sur plusieurs années. La base contient des données sur les produits, les clients, les fournisseurs, les délais de livraison et la facturation. Les requêtes analysent le profil des clients et des fournisseurs, l'efficacité de la chaîne de livraison, les opportunités de croissance et divers indicateurs évaluant la compétitivité de l'entreprise.

Parmi les applications décisionnelles on distingue les applications de type édition de rapport pour lesquelles les requêtes posées fréquemment sont connues du SGBD dès l'origine, et les applications *ad hoc* pour lesquelles les requêtes produites au fil du temps par le décisionnaire, ne sont pas connues au préalable. Seul le premier type d'application autorise le réglage initial du SGBD se basant sur l'anticipation des requêtes ultérieures.

L'évaluation des performances d'une application décisionnelle consiste à mesurer le temps de réponse moyen obtenu pour divers types de requêtes et pour diverses tailles de bases de données. Les mesures relevées prennent un sens lorsqu'elles sont comparées avec les résultats d'une expérience similaire effectuée avec un autre SGBD.

7.3 Performances des applications Web

Avec l'essor de l'Internet, les sites marchands sont très répandus et font l'objet d'une catégorie spécifique pour laquelle les contraintes de performances concernent non seulement le SGBD mais également les intergiciels (*middleware*) chargés de produire le site web. Ce type d'application rassemble des traitements transactionnels et analytiques: les transactions de vente en ligne sont couplées à des requêtes nécessaires à la navigation dans un catalogue de produits. L'évaluation des performances mesure en particulier la fluidité offerte à l'utilisateur final, i.e. le temps de réponse pour obtenir une page web.

Bibliographie

Cruanes T., Dageville B. et Ghosh B. (2004), Parallel SQL Execution in Oracle 10g, *ACM Int'l Conference on Management of Data (SIGMOD)*, p. 850-854.

Garcia-Molina H., Ullman J. et Widom J. (2001); *Database Systems : The Complete Book*, Prentice Hall.

Gardarin G. (1999), *Bases de données*, Eyrolles.

Özsu T. et Valduriez P. (1999), *Principles of Distributed Database Systems*, Second Edition, Prentice Hall.

Ramakrishnan R. et Gehrke J. (2002), *Database Management Systems*, Third Edition, McGraw-Hill.

Transaction Processing Performance Council, (2005), "TPC Benchmark C Standard Specification Revision 5.4". Publié sur le site http://www.tpc.org

Concurrence et reprise sur pannes

Laurent Amanton

Mots-clés : transactions, contrôle de concurrence, verrou, sérialisation, tolérance aux fautes, journal d'exécution.

Résumé : lorsque plusieurs transactions s'exécutent sur une même machine ou sur des serveurs différents, une des méthodologies utilisées pour augmenter les performances d'un système de gestion de bases de données est d'exécuter ces transactions en les entrelaçant. La démarche ressemble à celle qu'utilisent les systèmes d'exploitation pour faire du multitâche, avec toutefois une contrainte supplémentaire : le partage des données en lecture mais également en écriture. Mais alors, que se passe-t-il lorsque des transactions différentes veulent modifier la même donnée, comment peut-on gérer ce type de conflit ? L'objectif général des contrôleurs de concurrence des transactions est de rendre invisible aux utilisateurs, autant que faire se peut, le partage simultané des données de la base, tout en conservant la cohérence globale de cette dernière.

Une autre problématique vient se greffer à celle-ci : comment conserver cette cohérence en cas de panne ? Il faut alors être en mesure de terminer les transactions après la reprise sachant qu'il faut retrouver les conflits avant panne.

1 Problématique de la concurrence

Un système de gestion de bases de données est, par définition, multi-utilisateur. Cela signifie que l'exécution simultanée de plusieurs applications peut engendrer des problèmes d'accès simultanés à la même information. Que se passe-t-il par exemple lorsque deux applications veulent modifier la même donnée ? L'objectif général des contrôleurs de concurrence des transactions est de rendre invisible aux utilisateurs le partage simultané des données de la base, en garantissant la cohérence globale de cette dernière.

L'unité de concurrence qui est choisie dans les SGBD est la transaction, qui joue également un rôle pour le contrôle de l'intégrité des données de la base. Une base de données doit être cohérente avant et après l'exécution d'une transaction, quel que soit le nombre de transactions simultanées.

Une autre question se pose : comment conserver cette cohérence en cas de panne ? Il faut pouvoir terminer les transactions après la reprise sachant qu'il faut retrouver les conflits avant panne.

L'échec d'une transaction, par suicide ou par *assassinat*, laisse parfois la base de données dans un état incohérent. Il faut alors ramener la base dans l'état cohérent précédent antérieur à la transaction. Le mécanisme de reprise sur pannes classique propose deux opérations de base, *défaire* et *refaire*, qui permettent de réorganiser la base en supprimant l'effet de certaines transactions et en rejouant d'autres transactions (Bernstein, 1987), jusqu'à l'obtention de la cohérence.

2 La concurrence des transactions

Une transaction est une suite d'opérations dépendantes qui doivent toutes vérifier les propriétés d'atomicité, de cohérence, d'isolation et de durabilité (propriétés ACID) :

- *atomicité*: une transaction est atomique si son effet sur la base de données peut être considéré comme un tout unique. L'atomicité garantit qu'une transaction est soit complètement exécutée, soit ne l'est pas du tout;
- *consistance ou cohérence*: une transaction doit veiller au respect des contraintes d'intégrités sur les données manipulées, et doit laisser la base dans un nouvel état cohérent, ou sinon revenir à l'état cohérent précédent (critère d'atomicité). Les données peuvent être incohérentes uniquement pendant l'exécution de la transaction, mais ces données ne doivent alors être visibles que de cette seule transaction (critère d'isolation);
- *isolation*: les résultats d'une transaction ne sont connus des autres utilisateurs qu'après validation de cette transaction. Les autres transactions n'ont pas la possibilité de voir les résultats intermédiaires;
- *durabilité*: à la suite d'une validation, les résultats d'une transaction deviennent permanents, accessibles aux autres transactions de la base, et sont censés résister à tous les types de panne.

Une fois validés, les résultats d'une transaction deviennent permanents, et sont censés résister à tous les types de pannes. Lorsque plusieurs transactions entremêlent leur exécution, la cohérence et l'isolation des mises à jour de ces transactions prennent tout leur sens. On dit alors que ces transactions s'exécutent de manière concurrente (Levy, 1991).

Une définition générique de la concurrence pourrait être ainsi: *une forme d'organisation sociale des relations où domine un souci d'égalité des positions*. Appliquée aux transactions, la concurrence devient une organisation spécifique de l'exécution des opérations, qui, de façon équitable, permet de fournir les ressources nécessaires aux transactions dans un ordre particulier.

Aussi, afin de déterminer l'organisation des opérations à accomplir pour l'exécution des transactions, il faut définir un mécanisme ayant pour objectif de régir la concurrence entre elles: un contrôleur de concurrence.

2.1 Théorie de la sérialisation

Une manière d'éviter les conflits d'accès aux mêmes données entre deux transactions T_1 et T_2 est de les exécuter en séquence, par exemple T_1 puis T_2, ce qui peut conduire à un temps de réponse prohibitif pour T_2.

Une bonne solution consiste à entrelacer les opérations des deux transactions afin que afin que le résultat soit équivalent à une exécution une par une de ces transactions: on dit alors que l'exécution est *sérialisable*. Le contrôle de concurrence est basé sur le principe de la sérialisabilité de l'exécution d'un ensemble de transactions.

Ce principe peut se définir ainsi: *l'exécution d'un ensemble de transactions est sérialisable si, pour tout couple de transactions, tous les événements de l'une précèdent tous les événements de l'autre sur une même donnée.*

On en déduit que deux exécutions d'un même ensemble de transactions sont équivalentes si et seulement si elles produisent le même état final de la base de données et les mêmes résultats pour les transactions.

En conclusion, une exécution concurrente d'un ensemble de transactions est dite sérialisable si et seulement s'il existe une exécution en série équivalente.

La figure 1 montre deux exécutions de transactions simples, avec des résultats différents.

Exécution 1	Exécution 2
T1: Lire X (X = 200)	T1: Lire X (X = 200)
T1: X←X + 1000 (X = 1200)	T1: X←X + 1000 (X = 1200)
T1: Écrire X (X = 1200)	T2: Lire X (X = 200)
T2: Lire X (X = 1200)	T1: Écrire X (X = 1200)
T2: X←X-1200 (X = 0)	T2: X←X-1200 (X = -1000)
T2: Écrire X (X = 0)	T2: Écrire X (X = -1000)

Figure 1 Exécution concurrente non sérialisable

Nous imaginons alors les conséquences si cela est appliqué sur notre compte bancaire...

2.2 La concurrence par verrouillage

Dans la vie courante, plusieurs personnes peuvent lire des journaux en même temps, par contre il est difficile de créer la même information à plusieurs de manière simultanée, sans concertation permanente. Par exemple pour écrire une phrase, peut-on accepter que chacun donne un mot à tour de rôle? Pour les bases de données, le problème de mise à jour des données est similaire. Il faut prévoir un mécanisme capable de gérer simultanément plusieurs accès en lecture, et de limiter la création ou la modification d'une donnée à un unique acteur.

La technique la plus classique pour éviter les problèmes dus à la concurrence est le verrouillage: chaque transaction verrouille les données qu'elle lit ou écrit pour en interdire l'accès à d'autres transactions. Deux approches sont utilisées afin de garantir les propriétés ACID tout en assurant la sérialisation (Dan, 1992) des traitements:

- *protocole optimiste*: cette approche considère qu'il n'y aura pas de conflit entre les transactions qui s'exécutent simultanément, et le gestionnaire laisse donc ces transactions se dérouler sans aucune contrainte.

Toutefois, la vérification de la sérialisabilité des transactions est effectuée juste avant la validation ;
- *protocole pessimiste*: dans ce second cas, le gestionnaire de concurrence considère que dès qu'un conflit apparaît entre deux transactions, il faut donner la priorité à l'une des deux et interrompre l'autre. Les exécutions sont ainsi sérialisées par des techniques de verrouillage ou d'estampillage.

La plupart des systèmes commerciaux n'implémentent que des méthodes pessimistes, et utilisent cette notion de verrouillage afin de conserver la cohérence des données dans la base.

Le verrou représente l'état d'une donnée ou d'un objet de la base de données. Il change d'état suivant les opérations (lectures ou écritures) qui sont appliquées aux données. Un verrou peut être binaire, avec les états *ouvert* ou *fermé*. Ce type de verrou reste par contre trop restrictif pour certaines applications où de simples lectures simultanées sont faites par des transactions différentes.

Pour pallier ce problème, un verrou ternaire peut être utilisé. Son troisième état, intermédiaire, permet de *partager* une donnée entre plusieurs actions, qui doivent bien entendu rester sérialisables, comme par exemple deux lectures d'une même donnée.

La figure 2 montre l'état d'un verrou ternaire, en fonction des actions de deux transactions sur une même donnée. Lorsque deux transactions souhaitent mettre à jour une même donnée, il y a conflit, et une seule en obtiendra l'accès.

opérations	lecture de T_1	écriture de T_1
lecture de T_2	partagée	bloquée par T_1
écriture de T_2	bloquée par T_2	conflit

Figure 2 Matrice de compatibilité

De nombreux protocoles ont été proposés, le plus classique étant le protocole de verrouillage à deux phases *2PL* (*two phases locking*).

2.3 Verrouillage à deux phases (*two phases locking)*

Dans ce protocole, la transaction qui désire lire ou écrire une donnée verrouillée (verrou dans l'état fermé) attend que la donnée soit déverrouillée (verrou dans l'état ouvert). Les verrous sont posés pendant la première phase, dite phase d'expansion. Puis les données ainsi bloquées sont déverrouillées pendant une seconde phase, dite phase de libération, après exécution complète de la transaction. Il est démontré que l'exécution d'un ensemble de transactions par ce protocole à deux phases est équivalente à une exécution en série. L'ordre de sérialisation est celui des instants d'acquisition du dernier verrou. Par conséquent, il ne peut y avoir ni pertes de mise à jour, ni lectures impropres ou non reproductibles.

Si le protocole *2PL* garantit la sérialisabilité des transactions, il n'exclut pas des situations d'interblocage. Ces situations surviennent lorsqu'une transaction attend une donnée bloquée par une autre transaction, qui attend elle-même une donnée verrouillée par la première. De façon générale, un interblocage peut avoir lieu entre plusieurs transactions.

La figure 3 représente l'exécution de deux transactions T_1 et T_2 qui effectuent des opérations sur deux données A et B d'une base. La colonne de droite de la base contient les données dont l'accès est réservé par T_1, celle de gauche étant pour les données verrouillées par T_2. Lorsque T_2 demande l'accès à la donnée A qui est verrouillée par t_1, la transaction T_2 attend que le verrou soit relâché par T_1 pour continuer son exécution.

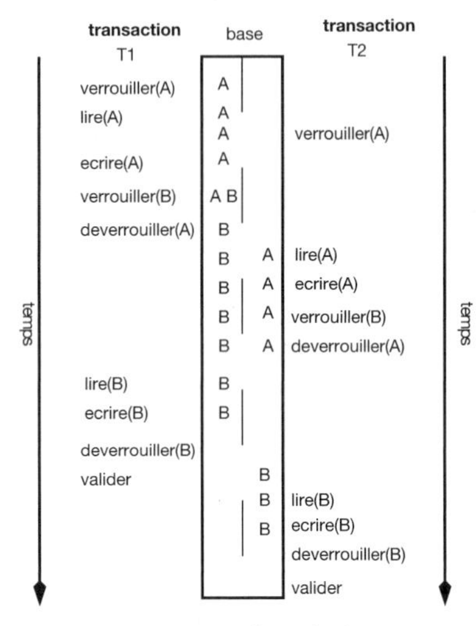

Figure 3 Two phases locking

2.4 Les contrôleurs de concurrence

Un gestionnaire de transactions d'un SGBD assure le respect des propriétés de cohérence et d'isolation par l'action d'un contrôleur de concurrence.

Le verrouillage dégrade les performances d'un SGBD en imposant des temps d'attente. Pour traiter ces problèmes (interblocage et performances), trois méthodologies ont été proposées (Howard, 1973):
- la *prévention* consiste à supprimer les conditions qui rendent possibles les situations d'interblocage. Les deux méthodes généralement utilisées sont les algorithmes DIE-WAIT et WOUND-WAIT (Rosenkrantz, 1978), ils sont basés sur un préordonnancement des transactions (méthode pessimiste) ;

- pendant l'exécution des transactions, le système construit un graphe des dépendances entre ces transactions. Si un cycle est détecté dans ce graphe, cela signifie que l'on se trouve dans un cas d'interblocage. En utilisant une heuristique (par exemple la transaction la plus récente), le système choisit une transaction appartenant au cycle et la supprime. Cette méthode appelée *détection* est optimiste et est la plus couramment implantée dans les SGBD commerciaux, car elle laisse les transactions se dérouler de manière concurrente sachant que les interblocages restent assez rares en général ;
- la méthode d'*évitement* consiste, en gérant le graphe de précédence des transactions, à empêcher la formation de circuits sur celui-ci, en retardant certaines opérations ou en forçant le redémarrage de transactions.

Si la technique de verrouillage est la plus utilisée, il existe tout de même d'autres techniques qui s'appuient sur la notion d'ordonnancement, soit par estampillage, soit par certification. Contrairement au verrouillage, la méthode utilisant les estampilles ne cherche pas à maintenir la sérialisabilité par exclusion mutuelle. Les estampilles permettent de garantir un ordre total entre les transactions et ainsi de les sérialiser. Il s'agit en pratique d'un identifiant unique des transactions, utilisé via un compteur global, comme une horloge logique de Lamport.

Néanmoins, toutes ces méthodes ne sont valables que pour des transactions de courte durée d'exécution et sérialisables. Pour les autres cas, plusieurs solutions ont été proposées également :

- la *notification* ne bloque pas les données sur lesquelles une transaction travaille, mais avertit simplement les autres transactions, sans toutefois résoudre les conflits potentiels ;
- le *verrouillage sémantique* (Muth, 1993) est utilisé avec des langages persistants en environnement transactionnel multi-utilisateurs. L'accès à des structures de données particulières comme les catalogues ou des données globales partagées par plusieurs utilisateurs requiert un traitement spécifique du contrôle de concurrence ; les verrous ne sont utilisés que pour des accès en écriture, sur une durée la plus courte possible (Hanson, 1991) ;
- des *versions* d'une même donnée peuvent être créées par différentes transactions, avec bien évidemment le risque de voir se multiplier les versions incompatibles. Très dépendant des applications, ce type de gestion de la concurrence doit pouvoir permettre, à terme, de fusionner des versions parallèles d'un même objet ou d'une même donnée (Dittrich, 1988).

Les bases de données actuelles sont essentiellement construites sur cette hypothèse : les objets ou données sont de taille relativement petite et sont bien isolés les uns des autres.

Les objets sont simples en ce sens qu'ils ne sont logiquement rattachés qu'à un petit nombre d'autres objets, et qu'ils ne sont pas des compositions d'objets. De même, les objets interdépendants sont souvent groupés et seront verrouillés ensemble pour assurer qu'une mise à jour d'un objet soit réalisée de façon cohérente.

Dans le cas contraire, pour des objets très complexes en relation avec de nombreux autres objets de la base, la frontière de l'objet n'est plus définie facilement, et le verrouillage d'une donnée pourrait alors conduire à bloquer une grande partie de la base (par exemple en conception et fabrication assistées par ordinateur, CFAO).

3 Reprise sur pannes

Lorsque l'on parle de bases de données, il faut distinguer d'une part le stockage des informations et d'autre part les traitements de ces informations. Que ce soient des données bancaires, des données relatives à des personnes, des données résultant d'un calcul, ou autre, il faut, autant que faire se peut, éviter la perte d'une ou plusieurs informations, mais également la perte de la cohérence globale de la base de donnée. Que se passe-t-il en cas d'arrêt soudain d'une application qui effectue des modifications sur une base de données ? Pire, qu'advient-il de cette base si le système de gestion de la base vient à tomber en panne ? Comment retrouver un état cohérent de la base sachant que plusieurs transactions étaient exécutées simultanément, peut-être via différentes applications, et comment rejouer ces transactions pour faire comme si il n'y avait eu aucun problème ?

Nous allons tenter de répondre à ces questions en analysant dans un premier temps les types de pannes qui peuvent survenir. Puis nous présenterons un organe essentiel de reprise sur pannes : les journaux. Enfin, nous étudierons différents moyens de réactiver des transactions stoppées par des pannes, tout en conservant la cohérence de la base.

3.1 Tolérance aux pannes: pourquoi ?

La tolérance aux pannes est un point essentiel des applications professionnelles, comme les SGBD, que l'on soit dans un environnement centralisé (toutes les données sont accessibles en un même lieu) ou distribué (les données sont localisées dans des sites différents). Lorsque des transactions modifient des données ou des objets, il faut garantir la quatrième des propriétés ACID, la durabilité, et ce quelle que soit la panne.

Si la panne entraîne l'échec d'une transaction, la base de données est laissée dans un état incohérent. Il faut ramener la base de données dans l'état cohérent précédent le plus proche en *défaisant* certaines opérations, sachant que défaire une opération peut amener en à défaire d'autres (Bohannon, 2003).

En environnement distribué, le problème se complique si la panne intervient alors que des transactions distribuées sont en cours de validation sur différents sites du système et que certains de ces sites ne reçoivent pas les bonnes informations.

Pour la suite de ce chapitre, nous nous plaçons dans le cas d'un environnement centralisé, et nous invitons le lecteur à lire (Kumar, 1998) pour ce qui concerne les SGBD distribués.

3.2 Les types de pannes

Les pannes d'un SGBD peuvent être classées en trois catégories :

- l'*abandon* d'une transaction peut être causé suite à une erreur de programme, provoqué par le gestionnaire de transactions ou encore décidé par le programme de la transaction (arrêt logiciel) ;
- la *panne matérielle d'exécution* provient par exemple d'une coupure de courant. Les mémoires volatiles sont affectées, mais pas les données des mémoires de masse comme le disque dur ;
- la *détérioration d'un disque* engendre la perte d'une partie importante des données enregistrées (problème mécanique, virus,...).

La panne de disque est particulière, car sa résolution nécessite de remettre à jour le disque via des copies de sauvegarde régulières de la base (reprise à froid).

En ce qui concerne les deux premiers types de panne, la résolution peut être réalisée automatiquement et rapidement, en s'appuyant sur la tenue d'un journal qui garde en mémoire tous les événements d'une transaction (reprise à chaud). Nous allons étudier plus avant les journaux dans le paragraphe suivant.

3.3 Les journaux (ou fichiers *log*)

Afin de retrouver un état cohérent de la base après une panne, donc une interruption d'exécution de transactions, il faut remettre de l'ordre dans la mémoire de masse en fonction des dernières opérations effectuées en mémoire vive, et pas forcément sauvegardées sur disque. Le journal est un fichier séquentiel (sur disque ou une autre mémoire stable non volatile) qui contient la suite des événements concernant la vie des transactions et les modifications de la base de données, depuis un instant donné. Dans ce journal, des *points de reprise* sont définis : il s'agit d'instants où la base est dans un état cohérent (coupe consistante).

Voici par exemple quelques événements qui peuvent être insérés dans un journal :

- `T start` : début de la transaction T;
- `T d x y` : T remplace la valeur x de la donnée d par la nouvelle valeur y;
- **T commit** : la transaction T valide, les effets de cette transaction deviennent visibles par les autres transactions ;
- **checkpoint** : point de reprise, instant pendant lequel aucune transaction était en cours d'exécution.

Il est possible de forcer l'obtention de points de reprise en cinq actions :

- interdire l'exécution de toute nouvelle transaction (momentanément) ;
- attendre la terminaison de toutes les transactions en cours d'exécution ;
- synchroniser toutes les données présentes en mémoire vive avec le disque. Cette synchronisation consiste à écrire dans la mémoire non volatile du disque les données qui diffèrent entre la mémoire vive et le disque ;
- inscrire *checkpoint* dans le journal ;
- enfin, sauvegarder le journal sur un disque stable.

3.4 Reprise d'après le journal

Comment se passe une reprise après panne à l'aide d'un tel journal ?

Nous considérons que toutes les transactions sont à deux phases (voir § 2.3). Afin d'éviter d'avoir à défaire des transactions en cascade, les verrous posés par une transaction ne sont libérés qu'après validation.

De plus, généralement, une transaction écrit des données dans une mémoire tampon (volatile), qui n'est sauvegardée sur le disque que bien plus tard. Deux méthodes de mise à jour sont utilisées :

- *immédiate* : les écritures dans la base de données sont effectuées immédiatement, une transaction non confirmée (non encore validée) peut aussi écrire dans la base. L'inconvénient de cette méthode apparaît lorsqu'une transaction dont certains résultats sont écrits sur disque n'est finalement pas autorisée à valider, pour cause de conflit d'accès par exemple ; il faut alors remettre à jour les données sur disque avec les valeurs consistantes d'avant la transaction, et défaire les transactions qui auraient pu les utiliser ;
- *différée* : les nouvelles valeurs des données sont stockées dans le journal et ne sont écrites dans la base qu'après validation. Une transaction non confirmée n'écrit rien dans la base. On distingue trois catégories de transactions :

- celles qui ont été terminées avant le dernier point de reprise, leurs mises à jour sont donc enregistrées sur disque ;
- celles commencées après le dernier point de reprise mais validées avant la panne. Les nouvelles valeurs des données peuvent résider dans le tampon sans avoir été écrites sur disque. Il faudra donc refaire les modifications de ces transactions en réécrivant les nouvelles valeurs des données mémorisées dans le journal ;
- celles en cours d'exécution au moment de la panne. D'après la propriété d'atomicité, leurs effets doivent être annulés. Dans le mode de mise à jour immédiate, il faut défaire les mises à jour de ces transactions en réécrivant les anciennes valeurs des données mémorisées dans le journal.

Le journal est relu à l'envers jusqu'au dernier point de reprise, en notant les transactions confirmées. Puis on le relit normalement à partir du point de reprise, en écrivant dans la base les bonnes valeurs.

4 En pratique...

Dans les systèmes actuels de gestion de base de données, la plupart de ces mécanismes de gestion de la concurrence et de la reprise après panne sont implémentés.

4.1 La norme SQL

La norme SQL n'impose aucun choix sur l'implantation des mécanismes de concurrence, mais formalise les problèmes que le gestionnaire de concurrence doit résoudre. En effet, cette norme spécifie des propriétés sur :

- la *transaction* : une transaction se termine par une commande de validation ou une commande d'annulation (*rollback*) avant le début d'une nouvelle transaction. Deux transactions ne peuvent pas être imbriquées : il est impossible de démarrer une transaction tant que la transaction courante n'est pas terminée, ce qui élimine la concurrence pour une même session utilisateur ;
- *l'isolation* : plusieurs niveaux d'isolation sont définis, dont par exemple `read uncommited`, qui signifie que la transaction autorise des lectures incohérentes, des lectures non reproductibles, et des objets fantômes. `Serializable` est un autre exemple où l'isolation est totale, il faut attendre la validation de la transaction avant de modifier des données. Il s'agit par ailleurs du niveau d'isolation par défaut de la plupart des systèmes.

4.2 La méthode ARIES

Dans de nombreux systèmes, la méthode ARIES (Mohan, 1992) (*Algorithm for Recovery and Isolation Exploiting Semantics*) est implémentée, du fait de sa simplicité (relative) et de son efficacité.

Cet algorithme de reprise après panne utilise une journalisation des valeurs et des opérations, en permettant notamment le verrouillage sémantique. La mémoire cache est également gérée et paramétrable. La granularité (Gray, 1976) de la reprise sur panne est variable, celle des verrouillages des données également : en effet, il est parfois utile de distinguer chaque action d'une transaction pour la reprise sur panne, et pour d'autres cas, on se contentera de groupes de transactions.

La méthode ARIES est aussi très efficace dans le sens ou elle n'utilise que peu de mémoire pour fonctionner, elle supporte les objets multipages et les bases distribuées.

4.3 Le cas d'Oracle

Le système de gestion de transactions du SGBD Oracle a été conçu pour qu'une lecture ne bloque pas une mise à jour et pour qu'une mise à jour ne bloque pas une lecture.

Pour ce faire, ce système utilise un mécanisme de contrôle de concurrence multiversion.

Seuls deux niveaux d'isolation sont permis par Oracle : `serializable` et par défaut `read commited` (on ne peut lire que des données validées) qui assure que les modifications réalisées par une transaction ne sont pas visibles par une autre, tant que la validation finale n'est pas réalisée.

Pour assurer la reproductibilité des lectures, Oracle offre trois possibilités :

- démarrer la transaction en mode `read only` si elle ne fait aucune mise à jour ;
- démarrer la transaction au niveau d'isolation `serializable` qui garantit alors cette reproductibilité ;
- poser des verrous explicites, avec des commandes adéquates dans les transactions.

5 Conclusion

La gestion des transactions est un thème de recherche très important, qui ne s'arrête pas à la concurrence ou à la reprise après pannes. Cependant, ces deux aspects liés à la validation des transactions sont essentiels aux SGBD et ne doivent pas être négligés.

Le contrôle de concurrence peut s'étendre à d'autres types de transactions, comme les transactions emboîtées (Beeri, 1989) ou les *sagas* (Garcia-Molina, 1987). Les problèmes se compliquent également en environnement distribué (Chrysantis, 1998), avec des bases de données réparties (Gardarin, 1978), des données répliquées, etc.

Depuis quelques années, le nombre d'informations s'accroît très fortement. Il est souvent nécessaire de gérer des bases de données contenant des millions d'enregistrements avec parfois des milliards de liens. Nous imaginons donc que les mécanismes simples mais indispensables comme le contrôle de concurrence ou la reprise sur panne doivent être de plus en plus efficaces. À ces problématiques ajoutons celle du temps réel, qui contraint les transactions mais ouvre le monde des bases de données au multimédia et à la mobilité.

Bibliographie

Beeri, C., Bernstein, P. A., and Goodman, N. "A model for concurrency in nested transactions systems". *Journal of the ACM* 36(2), Apr. 1989.

Bernstein P. , Hadzilacos V. and Goodman N. (1987), *Concurrency Control and Recovery in Database Systems*, Addison-Wesley.

P. Bohannon, R. Rastogi, S. Seshadri, A. Silberschatz, S. Sudarshan (2003), "Detection and Recovery Techniques for Database Corruption", *IEEE Transactions on knowledge and data engineering,* vol. 15, n° 5.

P. Chrysantis, G. Samaras and Y. Al-Houmaily (1998), "Recovery and Performance of Atomic Commit Processing in Distributed Database Systems", *In Recovery Mecanisms in Database Systems*, V. Kumar and M. Hsu eds, Prentice-Hall.

A. Dan and P. S. Yu (1992). "Performance analysis of coherency control policies through lock retention", In *Proceedings of ACM SIGMOD Conference*, p. 114 - 123, California, U.S.A, June 1992

Klaus R. Dittrich and Raymond A. Lorie (1988), "Version Support for Engineering Database Systems, *IEEE Transactions on Software Engineering*", Vol. 14, n° 4, April 1988, p. 429-437

H. Garcia-Molina and K. Salem (1987), "Sagas", *SIGMOD'87: ACM SIGMOD international conference on Management of data*, 1987

G. Gardarin (1978), «Résolution des conflits d'accès simultanés à un ensemble d'Informations - Applications aux bases de données réparties», Thèse d'État, Paris VI.

J. Gray, R. Lorie, G. Putzolu, and I. Traiger (1976), "Granularity of Locks and Degrees of Consistency in a Shared Database", *Modeling in Data Base Management Systems*, Amsterdam: Elsevier North-Holland.

Eric N. Hanson, Tina M. Harvey, Mark A. Roth (1991), "Experiences in DBMS Implementation Using an Object-oriented Persistent Programming Language and a Database Toolkit", *OOPSLA91*, p. 314-328.

J.H. Howard (1973), "Mixed solutions for the deadlock problem", *Communication of the ACM*, Vol 16, n° 7, july 1973, p. 427-430

Vijay Kumar and Meichun Hsu (1998). *Recovery Mechanisms in Database Systems*, Prentice Hall PTR, vol 989.

E. Levy, H. Korth and A. Silberschatz (1991), "An Optimistic Commit Protocol for Distributed Transaction Management", *ACM SIGMOD Intl. Conf. on Management of Data.*

Mohan C., Haderle D. and al (1992), "ARIES: a transaction recovery method supporting fine-granularity locking and partial rollbacks using write-ahead logging, *ACM Transactions on Database Systems*, vol. 17, n° 1, p 94-162, mars 1992.

Muth, P., Rakow, T.C., Weikum, G., Brössler, P., Hasse, C. (1993), "Semantic Concurrency Control in Object - Oriented Database Systems", *IEEE Data Engineering Conference.*

D.J. Rosenkrantz, R.E. Stearns, P.W. Lewis (1978), "System level concurrency control for distributed database systems", *ACM Transactions on Database Systems*, Vol 2, n° 3, september 1978, p. 233-246.

Bases de données décisionnelles

Claude Chrisment, Geneviève Pujolle,
Franck Ravat, Olivier Teste, Gilles Zurfluh

Mots-clés : entrepôts et magasins de données, modèles multidimensionnels, manipulations OLAP.

Résumé : ce chapitre présente les principales caractéristiques des bases de données destinées aux décideurs des entreprises. Ces bases de données, appelées entrepôts de données, sont organisées selon des modèles de données particuliers et sont manipulées grâce à des opérateurs spécifiques, adaptés aux besoins de ce type d'usagers.

1 L'évolution des systèmes d'information

Dans une entreprise, les systèmes d'information (SI) sont exploités par les décideurs pour piloter l'entreprise. Naturellement, plus le SI est performant, plus les décisions prises sur cette base seront de qualité. On comprend aisément que, face à une forte concurrence, les entreprises cherchent à élaborer des SI :

- complets, contenant les informations utiles aux décideurs ;
- cohérents ;
- compréhensibles ;
- faciles d'accès et d'utilisation.

Une SI est un artéfact élaboré à partir des systèmes de production internes et de l'environnement de l'entreprise. La diversité des sources qui l'alimentent fait que le SI correspond à un agrégat de données et de traitements parfois très hétérogènes.

On considère généralement deux types de traitement de l'information dans les SI :

- les *traitements transactionnels* mis en œuvre par les opérateurs de l'entreprise pour alimenter le SI : par exemple, le traitement des commandes de produits pour mémoriser l'évolution des stocks et préparer les livraisons.
- les *traitements décisionnels* permettant aux décideurs d'interroger les données et de leur appliquer des processus d'analyse pour la prise de décision : par exemple, le traitement qui détermine le chemin optimal pour livrer les clients à une date donnée.

Les entrepôts de données se positionnent en informatique décisionnelle et mémorisent des données exclusivement utilisées par les traitements décisionnels.

2 Entrepôt et magasin de données

Un entrepôt de données (ED) est une collection de données homogènes extraites du SI et destinées à la prise de décision (Inmon 96).

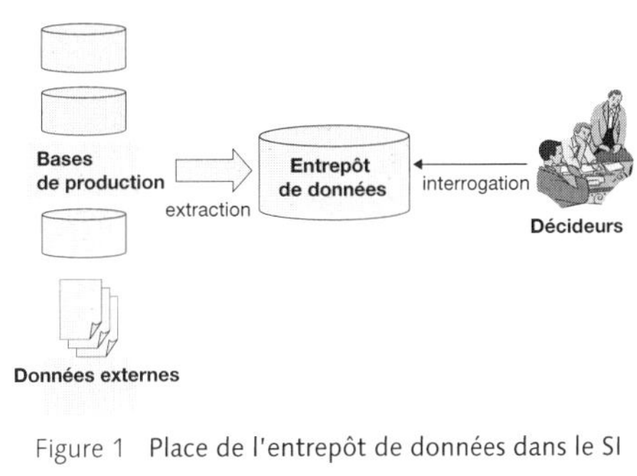

Figure 1 Place de l'entrepôt de données dans le SI

Les bases de production de l'entreprise et les données externes sont difficilement exploitables directement par les décideurs du fait de l'hétérogénéité des formats, de la multiplicité des modèles d'organisation sous-jacents, du niveau de détail des données... Un ED est une interface entre l'ensemble des données du SI et les décideurs qui disposent alors des informations utiles et ciblées par rapport à leurs objectifs décisionnels.

Les informaticiens distinguent généralement 3 niveaux dans la préparation des données :
- les *sources* dont on extrait les données utiles aux décideurs ;
- l'*entrepôt* regroupant l'ensemble des informations décisionnelles ;
- des *magasins* extraits de l'entrepôt et destinés à une classe de décideurs.

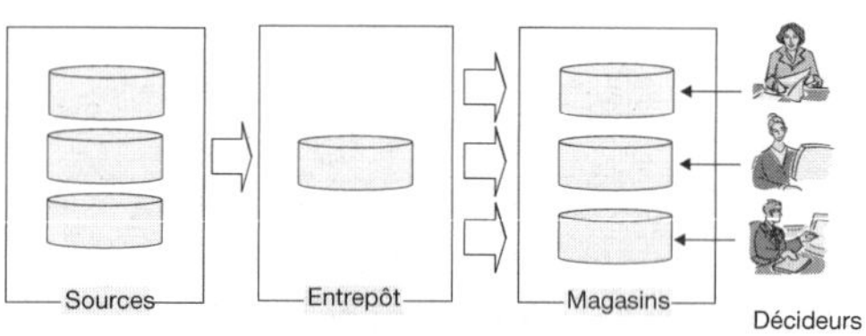

Figure 2 L'architecture à trois niveaux

Il convient de souligner que cette architecture préserve une certaine indépendance entre les trois niveaux. Ainsi, les modèles de données utilisés dans les sources, l'entrepôt et les magasins peuvent être différents.

2.1 Les sources

Elles correspondent à l'ensemble des bases de données d'où l'on extrait les informations décisionnelles. Ces sources peuvent être aussi diverses que :
- des bases de production de l'entreprise : données commerciales, de fabrication, du personnel, etc. ;
- des données de partenaires commerciaux : fournisseurs, entreprises clientes, etc. ;
- des sites de la toile contenant des données utiles aux décideurs : sites de l'administration fiscale, de l'INSEE, études de marché, etc.

La diversité de l'origine de ces sources entraîne une disparité des formats des supports, de stockage et des modèles de description de données.

Les données stockées dans les sources doivent être :
- sélectionnées pour extraire l'information utile à la prise de décision ;
- vérifiées pour en garantir la fiabilité ;
- agrégées lorsque le niveau de détail est trop important.

2.2 L'entrepôt

Un entrepôt est une base de données contenant des informations décisionnelles extraites des sources. L'efficacité du processus de prise de décisions ne nécessite généralement pas que l'entrepôt soit mis à jour au rythme de l'évolution des sources. L'administrateur de l'entrepôt détermine, en accord avec les décideurs, la fréquence des « rafraîchissements » des données. Lors de chaque rafraîchissement, les données antérieures sont remplacées par des données plus récentes.

Les données de l'entrepôt peuvent être enrichies par *historisation*. Les données rafraîchies sont alors juxtaposées aux données antérieures formant ainsi une suite temporelle exploitable par les décideurs. Par exemple, un entrepôt peut contenir l'évolution des salaires des employés sur les dernières années.

2.3 Les magasins

Un magasin est une base de données dédiée à une classe de décideurs particulière. Les données sont extraites de l'entrepôt et sont organisées selon un modèle approprié à leur usage. Ainsi, pour des décideurs analysant des données commerciales selon différents axes d'étude, le magasin sera organisé selon *un modèle multidimensionnel* (Kimball 96) favorisant cette analyse de données.

Un magasin peut être :
- une simple vue virtuelle appliquée sur un entrepôt ;
- une base matérialisée dont les données sont extraites de l'entrepôt.

3 L'alimentation de l'entrepôt

3.1 Hétérogénéité et qualité des données

Les entrepôts de données sont alimentés à partir de différentes sources. Ces sources peuvent être gérées par des systèmes différents et indépendants, non nécessairement homogènes.

La première étape dans la démarche d'alimentation d'un entrepôt de données consiste à identifier les sources fiables à partir desquelles le processus d'alimentation sera réalisé. Il est nécessaire d'utiliser des procédures de validation sur les sources douteuses afin de ne manipuler que des données certifiées. Il est aussi souvent nécessaire de mesurer le degré de complétude des données collectées descriptives des entités manipulées au sein de l'entrepôt pour réaliser des calculs significatifs. On utilise pour cela un certain nombre d'indices de mesure de confiance.

Les principaux problèmes à traiter ensuite concernent la résolution d'incompatibilités entre les données de sources différentes.
- *hétérogénéité sémantique* : des attributs de sens différents peuvent porter le même nom, ou au contraire des attributs de même nom peuvent avoir des sens différents.

- *hétérogénéité lexicale*: pour des attributs sémantiquement compatibles, les valeurs peuvent être codées différemment: «film» pour genre et «movie» pour type. Il est dans ce cas nécessaire de procéder à des alignements de codage, c'est-à-dire établir des correspondances entre les vocabulaires des différentes bases.
- *homogénéisation des référencements*: les mécanismes d'identification, par exemple ceux induits par des valeurs de clés primaires, peuvent être différents selon les bases: il faut donc spécifier des mécanismes de correspondance pour pouvoir associer des descriptions d'une même entité apparaissant dans des sources différentes.
- *homogénéisation des référentiels*: ces associations, afin d'établir correctement les correspondances doivent s'inscrire dans un même référentiel spatio-temporel. Par exemple, il ne faut pas croiser, sauf contexte spécifique, via les clés des données de la période 2004 pour la première source avec celles de la période 2005 pour la deuxième source.
- *gestion de l'incomplétude*: les entités pouvant être décrites différemment selon les bases, leur spécification est plus ou moins complète ce qui se traduit par la présence de valeurs nulles pour lesquelles il faut des mécanismes de gestion appropriés.

Pour avoir une approche générique du traitement de ces problématiques, chaque source peut être associée à un guide de données appelé «Data Guide» intégrant des métadonnées. Ces métadonnées seront utilisées pour expliciter les règles permettant de régler les problèmes d'hétérogénéité et d'homogénéisation.

3.2 Modalité d'alimentation des entrepôts

La première approche pour alimenter l'entrepôt à partir des sources consiste à écrire, pour chaque source, un programme *ad hoc* réalisant la sélection des données pertinentes de la source pour les adapter aux exigences du système qui gère l'entrepôt de données ainsi qu'aux objectifs de constitution de l'entrepôt. Cette démarche est particulièrement contraignante car toute évolution nécessite des interventions pour adapter ces programmes *ad hoc*. Cet aspect contraignant se retrouve aussi au niveau de la politique de rafraîchissement de l'entrepôt, ainsi que de la manipulation d'images d'entrepôts avec des référentiels temporels différents.

Une démarche intermédiaire pour s'adapter à l'hétérogénéité des systèmes gestionnaires des sources tout en préservant leur autonomie, consiste à produire pour chaque source une image dans un modèle pivot compatible avec celui de l'entrepôt au moyen d'un adaptateur qui se sert du guide de données. Un processus générique d'unification permettra ensuite l'alimentation de l'entrepôt. Généralement, le modèle pivot utilisé est le modèle relationnel: l'utilisation de la fonction d'exportation de données intégrée au système source suffit pour obtenir cette image. Ce processus se simplifie lorsque toutes les sources ainsi que l'entrepôt sont relationnelles ou pseudo-relationnelles. Il peut être piloté par des systèmes génériques avec des interfaces graphiques spécifiant les caractéristiques de l'image à partir de la source, comme c'est le cas par exemple avec les outils d'extraction, de transformation et de chargement, appelés outils ETL (*Extract, Transform, Loading*). À partir de cet ensemble d'images on alimente soit directement les tables de l'entrepôt de données, soit les tables couplées aux vues d'un système d'intégration de données, appelé système médiateur, et associées à un *schéma médiateur.*

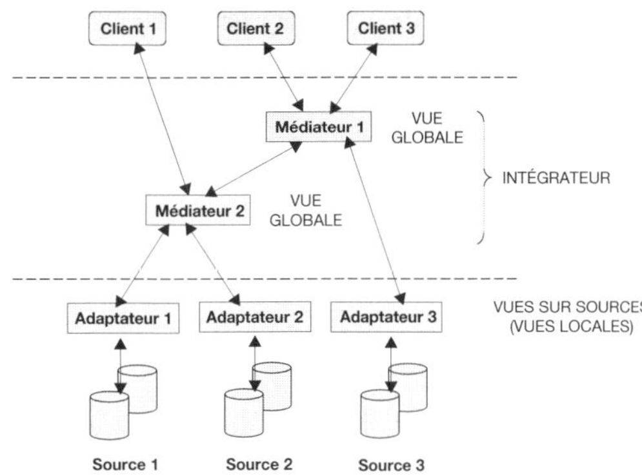

Figure 3 Approche entrepôt à base de médiateurs

3.3 Système de médiation

L'architecture d'un tel système est représentée sur la figure 3, où l'on remarquera que pour avoir une grande flexibilité un système médiateur peut solliciter un autre système médiateur.

Deux approches sont proposées pour définir le schéma médiateur d'un système d'intégration de données:
- ascendante: approche «Global As View» (GAV);
- descendante: approche «Local As View» (LAV).

Intégration ascendante

Dans l'approche GAV, le schéma médiateur correspond à un ensemble de vues sur les sources. Un ensemble de règles spécifie comment se calculent les vues du médiateur à partir des vues images des sources.

Supposons que l'on dispose de vues images de deux sources:

```
Source S1 - 2 Vues:
Film[titre, année, genre] et
Joue[titre, nom]
Source S2 - 2 Vues:
```

```
Movie[mid, title, year, type] et
Plays[mid, actor]
```

Le médiateur comporte deux vues :

```
Comédie[titre, annee] et
Acteurs[nom, titre]
```

À partir de ces vues, les règles suivantes vont permettre la construction des vues du médiateur :

```
Règle 1.
Comedie(x, y): Film(x, y,'comédie') v
Movie(-, x, y,'comedy')
```

Cette règle permet d'extraire des sources les éléments de description des films qui sont des comédies.

```
Règle 2.
Acteurs(x):
Joue(y, x) ∧ Film(y,-,'comedie')
v Plays(y, x) ∧ Movie(y, -, -,'comedy')
```

Cette règle permet de caractériser la population des acteurs jouant dans les comédies.

Intégration descendante

Dans l'approche LAV, le processus s'inverse : le schéma médiateur est spécifié a priori et les vues image sur les sources sont dérivées du schéma médiateur. On part donc du schéma médiateur : Comédie [titre, annee] et Acteurs [nom, titre]. Sur ce schéma sont spécifiées des règles de dérivation pour établir la correspondance avec les vues image des sources soit :

```
Règle 1.
Film(x, y, z): Comédie(x, y, null) ∧ z
='comedie'
```

Cette règle établit la correspondance avec la première vue de la première source.

```
Règle 2.
Movie(x, y, z, w): Comedie(y, z, x) ∧ w
='comedy'
```

Cette règle établit la correspondance avec la deuxième vue de la première source.

```
Règle 3.
Joue(x, y): Comedie(x,-,-) ∧ Acteurs(y,
x)
Règle 4.
Plays(x, y): Comedie(z,-, x) ∧ Acteurs(y,
z)
```

L'utilisation d'un médiateur est assez générique : l'intégration de nouvelles sources (et/ou schéma médiateur) ou une évolution de source (et/ou schéma médiateur) se traduit par une mise à jour de l'ensemble des règles.

GAV versus LAV

Le choix d'une approche GAV ou LAV dépend des caractéristiques fonctionnelles souhaitées pour le système d'intégration. Dans une approche GAV, les sources sont le centre d'intérêt ; l'adjonction ou la modification structurelle d'une source se répercute potentiellement sur le schéma médiateur. L'approche LAV permet plus de souplesse pour ajouter une nouvelle source et permet un plus grand nombre de sources. C'est plutôt dans ce contexte que s'inscrit l'approche d'extraction de données à partir de sources pour l'alimentation des entrepôts.

4 Modélisation d'un système décisionnel

Pour constituer un système décisionnel, l'administrateur doit modéliser l'entrepôt et les magasins associés. Mais il doit aussi spécifier les interfaces, c'est-à-dire les processus de correspondance entre les sources et l'entrepôt d'une part, et entre l'entrepôt et les magasins, d'autre part.

Les méthodes utilisées pour le développement des traitements transactionnels s'avèrent inadaptées, notamment les démarches en « cascade » ou en « V ». Notons que certains de leurs modèles ou étapes peuvent être avantageusement réutilisés dans le développement des systèmes décisionnels.

Le cas des traitements décisionnels est différent. Il s'agit généralement de traitements non structurés, peu ou pas répétitifs et évolutifs. Par exemple, lors de la définition d'un plan de recrutement, extraire des indicateurs des données opérationnelles concernant les fonctions et âges des salariés de l'entreprise. Les décideurs doivent donc être capables d'accéder eux-mêmes aux données du système d'information et d'effectuer les traitements qui leur seront nécessaires au moment où ils en exprimeront le besoin.

4.1 Démarches

Selon le point de départ, on considère plusieurs types de démarche pour modéliser un système décisionnel :

- *La démarche descendante* : elle consiste à partir des besoins exprimés par les décideurs en termes de traitements sur les données : analyse de données, requêtes, etc.

  Ces traitements utilisent des données issues des magasins qui peuvent être structurés selon un modèle multidimensionnel.

  Les magasins sont extraits d'un entrepôt et correspondent à des vues éventuellement matérialisées de celui-ci. Ils contiennent des données plus ou moins élaborées dont il faut déterminer les algorithmes de calcul pour obtenir les données de base stockées dans les sources.

  L'entrepôt est extrait des bases de données sources existantes dans l'entreprise. L'administrateur doit donc déterminer la provenance des données, leur qualité, les transformations qu'elles doivent subir pour être stockées dans l'entrepôt.

- *La démarche ascendante*: il s'agit du processus inverse. L'administrateur étudie les données source pour sélectionner celles qui seront utiles aux décideurs. Il détermine les processus de transformation de certaines données pour ne stocker dans l'entrepôt que les données utiles.

  Une fois la structure de l'entrepôt spécifiée, l'administrateur propose aux décideurs des magasins permettant de répondre à leurs besoins en traitement.
- *La démarche mixte*: ce processus utilise alternativement certaines étapes des deux démarches précédentes. Les traitements effectués par les décideurs constituent le point de départ; ils permettent d'élaborer les schémas des magasins. La démarche descendante est alors interrompue au profit de l'ascendante: l'administrateur recherche les données d'analyse dans les sources, établit la correspondance avec les magasins et élabore le schéma de l'entrepôt.

4.2 L'analyse des besoins décisionnels

Les logiciels utilisés par les décideurs permettent d'élaborer des mesures, d'analyser des données, de constituer des tableaux de bord, de suivre en temps réel les informations commerciales ou techniques. Les besoins métier correspondant à ces informations de pilotage sont élaborés à partir de données opérationnelles. Celles-ci sont stockées soit dans les bases de données de l'entreprise, soit dans des sources extérieures.

La première phase consiste donc à identifier des classes de décideurs et à recenser pour chacune d'elles:

- la nature des analyses effectuées régulièrement ou exceptionnellement;
- les données brutes permettant d'élaborer ces analyses;
- les sources de ces données et leur localisation.

Par exemple, un gestionnaire-produit analyse régulièrement le montant des ventes pour les produits relevant de sa responsabilité. Le montant est obtenu en cumulant les ventes réalisées dans les magasins sur une période donnée.

L'implication des utilisateurs dans la définition des besoins est primordiale. Or, ils ne sont pas toujours en mesure d'exprimer leurs attentes. Leurs besoins s'affineront dès l'instant où ils disposeront de premiers résultats; d'où la nécessité d'une démarche itérative à cycles courts.

La qualité des données brutes issues des sources s'avère un point crucial. Elle conditionne naturellement la qualité des analyses et des décisions qui en découlent. D'autre part, le coût lié à la transformation et à la disponibilité des données brutes doit être étudié. Ceci permet d'éviter de lourds calculs ou des coûts d'obtention de données prohibitifs.

4.3 La définition de l'entrepôt

Le modèle relationnel (voir le chapitre «Bases de données relationnelles») est généralement utilisé pour structurer les données de l'entrepôt. Les règles de normalisation permettant d'éliminer la redondance, ne sont pas appliquées dans l'entrepôt puisque sa mise à jour s'effectue par extraction périodique à partir de sources supposées fiables.

L'évolution des données dans le temps exige le stockage dans l'entrepôt des différentes versions des objets sur une période. Par exemple, une base de production peut uniquement contenir les derniers montants des salaires du personnel pour effectuer la paye; mais l'analyse de l'évolution de ces salaires sur les cinq dernières années nécessite que l'entrepôt mémorise les différents montants des salaires sur cette période. La gestion des versions peut naturellement engendrer un volume considérable de données à mémoriser selon des schémas variables et à gérer.

5 Les modèles multidimensionnels

5.1 La métaphore du «cube de données»

La modélisation multidimensionnelle consiste à quantifier un sujet d'analyse ou fait par un ensemble d'indicateurs. Chaque indicateur est représenté par un point dans un espace à plusieurs dimensions. Un prix d'achats, un montant de ventes, un nombre de produits achetés sont des exemples d'indicateurs. Chaque dimension représente un axe d'analyse discret selon lequel l'indicateur varie.

La figure 4.a présente un exemple 3D où un fait concerne des prix d'achats analysés en fonction d'années, d'identifiants de produits et de villes dans lesquelles sont situés les fournisseurs. Chaque cube élémentaire ou cellule représente la valeur d'un prix d'achat pour une date, un identifiant de produit et une ville d'un fournisseur.

Cette métaphore du cube ou de l'hyper-cube n'est pas le support sur lequel s'appuient les analyses multidimensionnelles. Elle sert seulement de support à une vision 2D des données analysées obtenues par projections.

Dans notre exemple, la tranche du cube correspondant aux achats réalisés auprès de fournisseurs basés à Toulouse (`FOURNISSEURS.villes ='Toulouse'`), est projetée dans la table relationnelle triée sur deux axes (figure 4.b) ou bien dans un tableau croisé (figure 4.c).

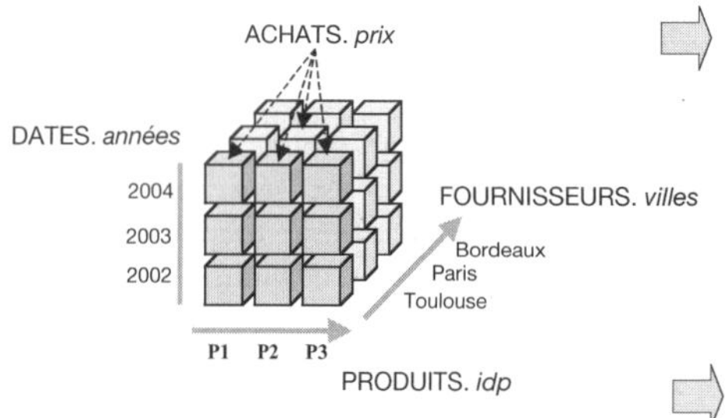

(a) Cube

DATES.années	PRODUITS.idp	ACHATS.prix
2004	P1	10,2
2004	P2	14,1
2004	P3	13,9
2003	P1	12,2
2003	P2	15,4
2003	P3	13,8
2002	P1	13,5
2002	P2	15,1
2002	P3	14,2

(b) Représentation relationnelle

ACHATS.prix				
	PRODUITS.idp	P1	P2	P3
DATES.années				
2004		10,2	14,1	13,9
2003		12,2	15,4	13,8
2002		13,5	15,1	14,2
FOURNISSEURS.villes='Toulouse'				

(c) Tableau croisé

Figure 4 Exemple d'un cube de données

5.2 Modèle en étoile

La métaphore du cube de données a donné lieu à l'apparition d'une terminologie spécifique reposant sur les concepts de fait, de dimension et de hiérarchie afin de constituer un schéma en forme d'«étoile». Ces concepts servent de fondement à la modélisation conceptuelle de données multidimensionnelles (MCDM).

- Le *fait* désigne le sujet de l'analyse. Il est constitué d'un ensemble d'indicateurs d'analyse. Ainsi, chaque cellule du cube de données représente une valeur associée aux différents indicateurs qui composent le fait. L'exemple 4.a indique que l'analyse des prix d'achats peut être modélisée au travers d'un fait nommé ACHAT et constitué de l'indicateur d'analyse PRIX.
- Une *dimension* représente un des axes de l'analyse. Il est discrétisé selon différentes granularités. Par exemple, l'axe temps peut être partitionné en années ou en trimestres.
- Une *hiérarchie* est définie sur une dimension; elle représente l'échelle des partitions utilisée sur un axe d'analyse de la plus fine à la plus générale. Plus précisément, une hiérarchie consiste à spécifier un ordre naturel selon lequel les différentes graduations peuvent être enchaînées dans le processus d'analyse multidimensionnelle. Le fait ACHAT peut faire l'objet d'analyses en fonction d'axes tels que le temps. Cet axe temporel se modélise par une dimension appelée TEMPS, formée des attributs numéro_mois, trimestre, année.

MCDM en étoile

La modélisation conceptuelle de données multidimensionnelles (MCDM) vue précédemment repose sur quatre concepts: fait, dimension, hiérarchie, schéma en étoile. Elle intègre donc des concepts spécifiques pour lesquels les notations existantes, telles que

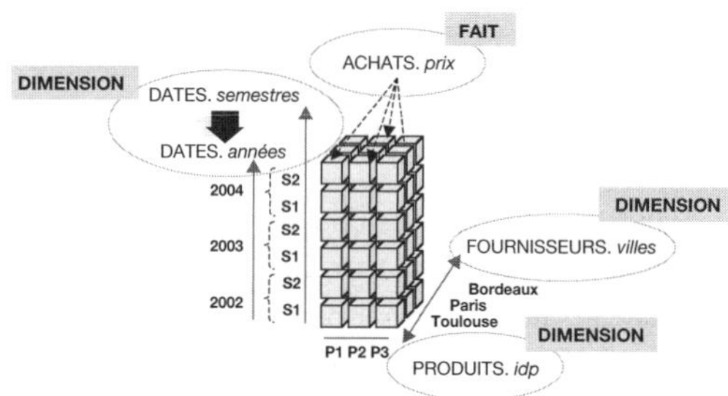

Figure 5 Exemple d'un cube de données

Entité/Association et diagramme des classes UML, s'avèrent imparfaites.

Définition 1: Un *fait* F est défini par le couple (NF, MF) où:

- NF est le nom du fait;
- MF = $\{m_1, m_2, ...\}$ est l'ensemble des propriétés du fait. Les propriétés constituant un fait sont appelées *mesures* ou indicateurs du fait.

Définition 2: Une *dimension* est définie par le triplet (ND, PD, HD) où

- ND est le nom de la dimension;
- PD = $\{p_1, p_2, ...\}$ est l'ensemble des propriétés de la dimension;
- HD = $\{H_1, H_2, ...\}$ est l'ensemble des hiérarchies organisant les propriétés de la dimension en fonction des niveaux de granularité quelles représentent.

Définition 3: Une *hiérarchie* H_i est définie par le triplet (NH_i, $Param_i$, $Suppl_i$) où:

- NH_i est le nom de la hiérarchie;
- $Param_i$ est un ensemble ordonné ($Param_i \subseteq PD$) définissant l'ordre hiérarchique des propriétés (de la propriété représentant la granularité la plus fine vers

la propriété représentant la granularité la plus générale) ;

- $Suppl_i = \{(p_u, p_v) \mid p_u \in Param_i \wedge p_v \in PD\text{-}Param_i\}$ est un ensemble de couples représentant des propriétés, non directement utilisées pour définir les niveaux de granularité de la hiérarchie, mais qui complètent la sémantique de ces dernières.

Les propriétés appartenant aux ensembles $Param_i$ des hiérarchies d'une dimension sont appelées *paramètres* tandis que les propriétés complétant la sémantique sont appelées *attributs faibles*.

Définition 4: Un *schéma en étoile* SC est défini par le triplet (NC, FC, DC) où:

- NC est le nom du schéma;
- FC est un fait;
- DC = $\{D_1, D_2, \ldots\}$ est un ensemble de dimensions associées au fait FC.

Un schéma en étoile permettant d'analyser des achats de produits à des fournisseurs au cours du temps se modélise de la manière suivante:

```
SC = ("Schéma_des_Achats", FC, DC)
FC = ("Achats", {prix, marge})
DC = {D1, D2, D3}
```

Les dimensions sont définies ainsi:

```
D1 = ("Dates", {idd, date_desc, semestre,
  année}, {H1})
D2 = ("Produits", {idp, libelle_prod,
  catégorie}, {H2})
D3 = ("Fournisseurs", {idf,
  fournisseur_desc, ville, département,
  département_num, région, enseigne},
  {H3,H4})
H1 = ("h_an", <idd, semestre, année>,
  {(idd, date_desc)})
H2 = ("h_prod", <idp, catégorie>, {(idp,
  libelle_prod)})
H3 = ("h_région", <idf, ville,
  département, région>, {(idf,
  fournisseur_desc),(département,
  département_num)})
H4 = ("h_enseigne", <idf, enseigne>,
  {(idf, fournisseur_desc)})
```

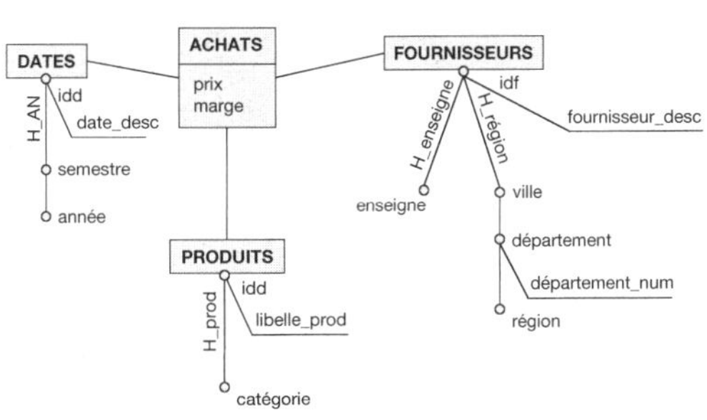

Figure 6 Exemple de schéma en étoile

Une notation graphique spécifique peut être utilisée pour représenter l'ensemble des concepts du modèle:

- chaque dimension est représentée par un rectangle contenant son nom. Ses propriétés sont organisées sous la forme d'un arbre; chaque nœud de l'arbre représente une propriété. Il existe deux types de nœud:
  - les nœuds formés par un cercle sont des paramètres,
  - les nœuds formés du nom de la propriété soulignée décrivent les attributs faibles.
- chaque hiérarchie est représentée par une branche de l'arbre. Une étiquette positionnée sur le premier arc contient le nom de la hiérarchie;
- chaque fait est représenté par un rectangle contenant son nom et la liste des mesures du fait. Le fait est relié à chaque dimension qui lui est associée.

L'exemple de la figure 6 illustre la représentation graphique du schéma en étoile précédent; il permet d'analyser des achats de produits à des fournisseurs au cours du temps.

Le MCDM est ensuite dérivé en un modèle logique (MLDM) dépendant des caractéristiques du système multidimensionnel auquel on aura recours.

MLDM en étoile

Pour la modélisation logique des bases de données multidimensionnelles plusieurs possibilités sont offertes.

Approche relationnelle ou R-OLAP

Dans l'approche R-OLAP (*Relational-On-Line Analytical Processing*) la base multidimensionnelle est implantée avec une base de données relationnelle. L'avantage d'une telle approche réside dans la capacité des SGBD relationnels à gérer efficacement des volumes de données très importants, leur sûreté et la garantie d'une certaine pérennité. En outre, ces dernières années, les constructeurs de SGBDR ont introduit dans leurs systèmes de nouvelles fonctionnalités inhérentes à l'approche.

Approche native ou M-OLAP

L'approche M-OLAP (*Multidimensional-OLAP*) propose de développer entièrement un nouveau système de gestion de données implantant directement le modèle multidimensionnel. L'avantage espéré de cette approche est l'efficacité et la rapidité du système. Cependant, pour avoir un système complet il faut développer l'ensemble des mécanismes de gestion des données (gestion des volumes de données, accès aux données au travers d'un langage d'interrogation, optimisation, sûreté, reprise sur panne, accès concurrents, etc.).

Approche hybride ou H-OLAP

L'approche H-OLAP (*Hybrid-OLAP*) vise à combiner au sein d'un même système l'approche R-OLAP et M-OLAP, ceci afin de tirer partie des avantages des deux approches. Ainsi, une partie des données, généralement les données les plus détaillées, reste stockée dans un système relationnel, tandis qu'une autre partie des données est stockée directement dans des structures multidimensionnelles.

[Règle 1] Traduction des dimensions

Chaque dimension du MCDM est transcrite dans une relation de même nom dont le schéma est constitué d'attributs issus des paramètres et attributs faibles de la dimension.

L'attribut racine commune des hiérarchies forme la clé primaire.

[Règle 2] Traduction des faits

Chaque fait donne lieu à une relation de même nom dont le schéma est formé des mesures du fait.

Le schéma est complété par les attributs clés primaires de chaque relation obtenue à partir des dimensions liées au fait. Ces derniers forment un ensemble de clés étrangères.

La clé primaire de la relation peut être constituée de deux manières:

- La clé primaire est formée par concaténation des clés étrangères.
- La clé primaire est formée par un nouvel attribut de type entier servant à numéroter de manière unique les n-uplets.

Considérons le schéma en étoile défini précédemment (les achats en fonction de dates, de fournisseurs et de produits). En appliquant les règles de passages proposées, nous obtenons le schéma R-OLAP suivant.

```
Dates[idd, date_desc, semestre, année]
Produits[idp, libelle_prod, catégorie]
Fournisseurs[idf, fournisseur_desc,
  ville, département, département_num,
  région, enseigne]
```

Chaque dimension est traduite par une relation de même nom comportant des attributs issus des paramètres et attributs faibles.

Le fait est traduit par une relation dont les attributs sont issus des mesures et complétés par des clés étrangères référençant chaque clé primaire des relations issues des dimensions reliées au fait. Dans l'exemple, nous avons choisi de former la clé primaire par concaténation de ces clés étrangères.

```
Achats[prix, marge, idd#, idp#, idf#]
```

5.3 Modèle en constellation

Par extension, il est possible de décrire plusieurs faits suivant des dimensions communes et/ou spécifiques. Le schéma ainsi formé est constitué de plusieurs sous-schémas en étoile; on parle de *schéma en constellation*.

MCDM en constellation

Définition 5: Un *schéma en constellation* SC est défini par le quadruplet (NC, FC, DC, StarC) où:

- NC est le nom du schéma,
- FC = {F_1, F_2,...} est un ensemble de faits,
- DC = {D_1, D_2,...} est un ensemble de dimensions,
- StarC est une fonction associant chaque fait F_i à l'ensemble des dimensions qui lui sont liées au travers d'un de leur paramètre.

Définition 6: Un *schéma en étoile* est donc un cas particulier du schéma en constellation dans lequel l'ensemble des faits FC est réduit à un singleton.

Considérons le schéma en constellation représentant les achats en fonction de dates, de fournisseurs et de produits ainsi que des ventes en fonction de dates, de clients et de produits. Un tel schéma se modélise de la manière suivante:

```
SC = ("Schéma_des_Achats_et_des_ Ventes",
       FC, DC, StarC)
FC = {F1, F2}
DC = {D1, D2, D3, D4}
```

Les faits sont définis de la manière suivante:

```
F1 = ("Achats", {prix, marge})
F2 = ("Ventes", {montantHT, montantTTC,
   TVA})
```

Les dimensions sont définies de la manière suivante:

```
D1 = ("Dates", {idd, date_desc, semestre,
  année}, {H1})
D2 = ("Produits", {idp, libelle_prod,
  catégorie}, {H2})
D3 = ("Fournisseurs", {idf,
  fournisseur_desc, ville, département,
  département_num, région, enseigne}, {H3,
  H4})
D4 = ("Clients", {idc, nom, prénom, ville,
  département, département_num, région},
  {H5, H6})
H1 = ("h_an", <idd, semestre, année >,
  {(idd, date_desc)})
H2 = ("h_prod", <idp, catégorie >, {(idp,
  libelle_prod)})
H3 = ("h_région", <idf, ville,
  département, région >, {(idf,
  fournisseur_desc),(département,
  département_num)})
H4 = ("h_enseigne", <idf, enseigne >,
  {(idf, fournisseur_desc)})
```

```
H5 = ("h_adresse", <idc, ville,
  département, région >, {(idc, nom),
  (idc, prénom), (département,
  département_num)})
H6 = ("h_zone", <idc, ville, département,
  zone >, {(idc, nom), (idc, prénom),
  (département, département_num)})
```

La fonction StarC se définit de la manière suivante :

```
StarC(F1) = {D1, D2, D3}
StarC(F2) = {D1, D2, D4}
```

La figure 7 donne la représentation graphique correspondant à ce schéma en constellation

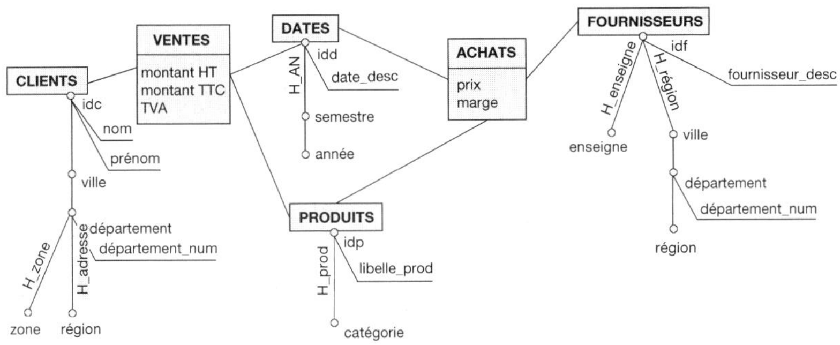

Figure 7 Exemple de schéma en constellation

MLDM en constellation

Au niveau logique (R-OLAP), un schéma en constellation est vu comme un ensemble de relations obtenues en appliquant les règles de passage (décrite page ci-contre) sur chaque sous-schéma en étoile constituant la constellation.

Considérons le schéma en constellation précédent. En appliquant les règles de passages proposées, nous obtenons le schéma R-OLAP suivant.

```
Dates[idd, date_desc, semestre, année]
Produits [idp, libelle_prod, catégorie]
Fournisseurs [idf, fournisseur_desc,
  ville, département, département_num,
  région, enseigne]
Clients[idc, nom, prénom, ville,
  département, département_num, région]
Achats[prix, marge, idd#, idp#, idf#]
Ventes[montantHT, montantTTC, TVA, idd#,
  idp#, idc#]
```

5.4 Modèle en flocon

Les schémas en flocon sont une extension qui consiste en une normalisation des tables de dimension permettant de spécifier de manière explicite les hiérarchies (*cf.* le chapitre intitulé « Bases de Données Relationnelles », Nicolas Spyratos).

6 Manipulation de données multidimensionnelles

Le pararaphe précédent s'est centré sur la modélisation des bases de données multidimensionnelles (BDM). Nous allons maintenant étudier la manipulation OLAP (Codd 93). Ces manipulations peuvent revêtir différentes formes en fonction de la connaissance des outils informatiques des décideurs :

- requêtes *ad hoc* à l'aide d'un langage graphique ou assertionnel ;
- *reporting* : construction de manière rapide et ergonomique des tableaux et des graphiques associés ;
- analyse multidimensionnelle : analyse en ligne avec intégration d'opérateurs adaptés pour restituer les données de la BDM ;
- fouille de données afin de spécifier des tendances, des corrélations voire de découvrir de nouvelles connaissances dans un ensemble important d'information.

Nous nous concentrons ici sur l'analyse multidimensionnelle. Dans les paragraphes suivants, nous présentons le concept de table multidimensionnelle (§ 6.1) et la liste des opérateurs de l'algèbre multidimensionnelle sous-tendant les principaux outils de manipulation graphique présents sur le marché (§ 6.2, 6.3 et 6.4).

6.1 Table multidimensionnelle

Les interrogations décisionnelles visent à manipuler les concepts d'un schéma multidimensionnel afin de faciliter la prise de décision. Dans ce cadre, l'algèbre que nous proposons dans les paragraphes suivants vise à fournir les données sous une forme expressive pour un décideur. Comme indiqué au § 5, il s'avère que le cube de données n'est pas toujours aisé à interpréter. Les décideurs préfèrent travailler avec des tableaux croisés. On parle alors de tranche de cube ou de *table multidimensionnelle*. La représentation sous forme de table est motivée par sa simplicité et sa précision ; il s'agit d'une représentation très répandue à laquelle les décideurs sont habitués (Agrawal95) (Gyssen 97) notamment au travers des différents outils du marché.

Définition

Une table multidimensionnelle correspond à la projection d'un cube dans laquelle une ou plusieurs mesures peuvent être analysées selon deux dimensions détaillées. Ces dernières regroupent un ou plusieurs paramètres de la granularité la plus générale vers des granularités plus fines. Nous définissons une table multidimensionnelle (TD) dans la figure 8.

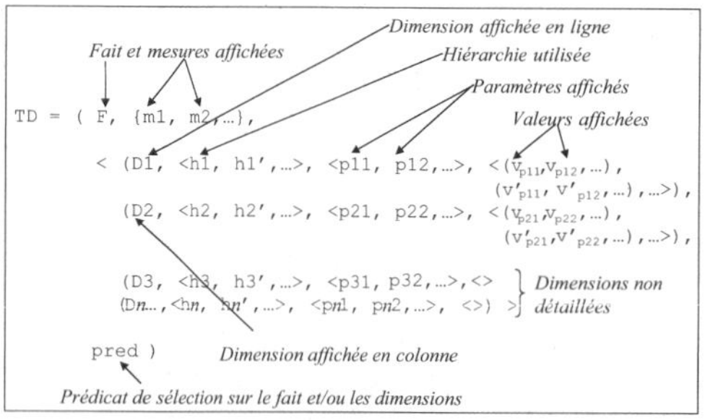

Figure 8 Définition textuelle d'une table multidimensionnelle

Exemple: Un décideur souhaite analyser les montants hors taxe des ventes annuelles de produits selon les régions françaises. Pour répondre à ce besoin, il doit spécifier la commande suivante:

```
TD1 = (VENTES, montantHT},
 < (DATES, < H_AN >,<année >,
         <(2001),(2000),(1999)>),
       (CLIENTS, < H_adresse >,<région >,
        <(Midi-Pyrénées),(Aquitaine),
 (Centre)> ),
 (PRODUITS, < H_prod >, <>, <>)
       >)
```

Cette commande algébrique permet de construire la table multidimensionnelle suivante.

VENTES (montantHT)		CLIENTS | H_adresse			
		région	Midi-Pyrénées	Aquitaine	Centre
DATES | H_AN	année				
	2001		200	150	300
	2000		250	240	260
	1999		200	210	220
PRODUITS.all					

Figure 9 Représentation graphique d'une table multidimensionnelle

Opérateur de construction d'une table multidimensionnelle

Le premier opérateur de l'algèbre consiste à construire une table multidimensionnelle à partir des données d'une BDM.

```
DISPLAY(Nom^S, Nom^F [, {m1, m2,...}] [,(D1
[,h]), (D2 [,h'])]) = TD
```

Cet opérateur possède les arguments suivants:

- Nom^S nom du schéma en constellation;
- Nom^F sujet d'analyse (fait);
- {m1, m2,...} ensemble des mesures affichées (courantes) ;
- D1, D2 dimensions affichées respectivement en ligne et colonne;
- h, h' hiérarchies utilisées pour naviguer respectivement sur D1 et D2;

Par défaut cet opérateur intègre les paramètres suivants :

- affichage de toutes les mesures du fait courant;
- utilisation des deux premières dimensions associées à F;
- positionnement sur la première hiérarchie des dimensions courantes;
- positionnement sur le paramètre de granularité maximale.

Exemple: la commande suivante permet de construire la table multidimensionnelle de la figure 9.

```
DISPLAY(SC, VENTES, {montantHT}, DATES,
H_AN, CLIENTS, H_adresse) = TD1
```

6.2 Opérateurs de paramétrage d'une TD

Nous étudions maintenant l'ensemble des opérateurs permettant de paramétrer une table multidimensionnelle. Nous introduisons successivement les opérateurs de forage, de rotation et de sélection.

Catégorie	Opérateur	Description
Forage	DrillDown	Forage vers le bas
	RollUp	Forage vers le haut
Rotation	Frotate	Rotation de faits
	Drotate	Rotation de dimensions
	Hrotate	Rotation de hiérarchies d'une dimension
Sélection	Select	Sélection de valeurs de paramètres ou de mesures

Tableau 1 Opérations de paramétrage

Les forages

Les forages permettent de visualiser les mesures du fait de manière plus ou moins détaillée en parcourant les niveaux d'une hiérarchie d'une dimension. Dans cette catégorie, nous retrouvons les deux opérateurs suivants :

```
DrillDown(TD, Di, pk) = TD'
```

- diminution de la granularité des données visualisées;

- forage vers le bas (zoom avant) sur la hiérarchie courante de la dimension Di (en ligne ou colonne) jusqu'au grain p_k;
- ajout d'un (ou plusieurs) paramètres en ligne ou en colonne.

```
RollUp(TD, Di, pk) = TD'
```

- augmentation de la granularité des données visualisées;
- forage vers le haut (zoom arrière avec calcul d'agrégation) sur la hiérarchie courante de la dimension D_i (en ligne ou colonne) jusqu'au grain p_k;
- suppression d'un (ou plusieurs) paramètres en ligne ou en colonne.

Exemple: la figure 10 représente le forage de régions en départements et l'opération inverse.

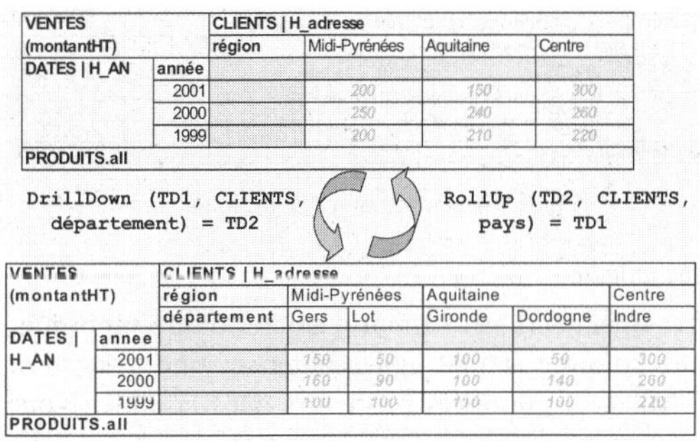

VENTES (montantHT)		CLIENTS | H_adresse			
		région	Midi-Pyrénées	Aquitaine	Centre
DATES | H_AN	année				
	2001		200	150	300
	2000		250	240	260
	1999		200	210	220
PRODUITS.all					

VENTES (montantHT)		CLIENTS | H_adresse					
		région	Midi-Pyrénées		Aquitaine		Centre
		département	Gers	Lot	Gironde	Dordogne	Indre
DATES | H_AN	annee						
	2001		150	50	100	50	300
	2000		160	90	100	140	260
	1999		100	100	110	100	220
PRODUITS.all							

Figure 10 Opérations de forage

Les rotations

Ces opérateurs permettent de changer de sujet d'analyse (rotation de faits), d'axes d'analyse (rotations de dimensions) ou de vues d'une même dimension (rotation de hiérarchies). Ces opérateurs sont définis comme suit:

```
FRotate(TD, F2) = TD'
```

- rotation du fait courant pour visualiser les mesures du fait F2;
- partage au minimum les deux dimensions visualisées.

```
DRotate(TD, D1, D2 [,Hi]) = TD'
```

- rotation de la dimension D1 vers la dimension D2;
- il est possible de préciser la hiérarchie Hi (définie sur la dimension D2) à utiliser pour la visualisation;
- positionnement sur le paramètre de granularité maximale de la nouvelle hiérarchie.

```
HRotate(TD, D, H1, H2) = TD'
```

- rotation de la hiérarchie H1 vers la hiérarchie H2 (utilisée pour visualiser les données de la dimension D).

Exemple: Dans TD1, les décideurs analysaient les montants des ventes annuelles par région. Pour analyser les ventes par zones de chalandises, ils doivent effectuer une rotation de hiérarchies. La figure 11 illustre l'application de cette commande algébrique.

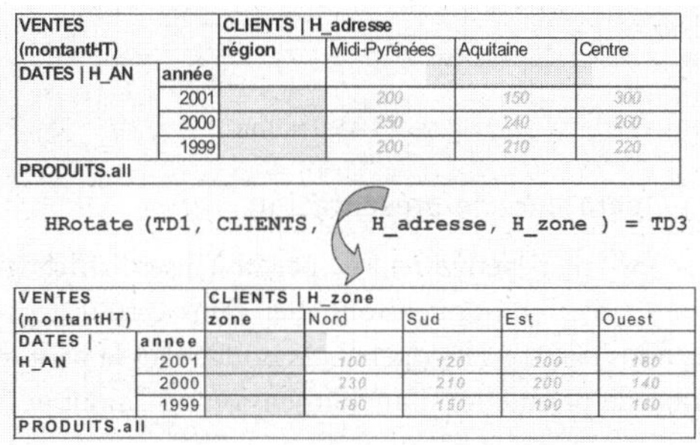

VENTES (montantHT)		CLIENTS | H_adresse			
		région	Midi-Pyrénées	Aquitaine	Centre
DATES | H_AN	année				
	2001		200	150	300
	2000		250	240	260
	1999		200	210	220
PRODUITS.all					

VENTES (montantHT)		CLIENTS | H_zone				
		zone	Nord	Sud	Est	Ouest
DATES | H_AN	annee					
	2001		100	120	200	180
	2000		230	210	200	140
	1999		180	150	190	160
PRODUITS.all						

Figure 11 Rotation de hiérarchies

À partir de TD1, pour analyser les achats annuels par catégorie de produits, les décideurs doivent appliquer la combinaison d'opérateurs algébriques présentée à la figure 12.

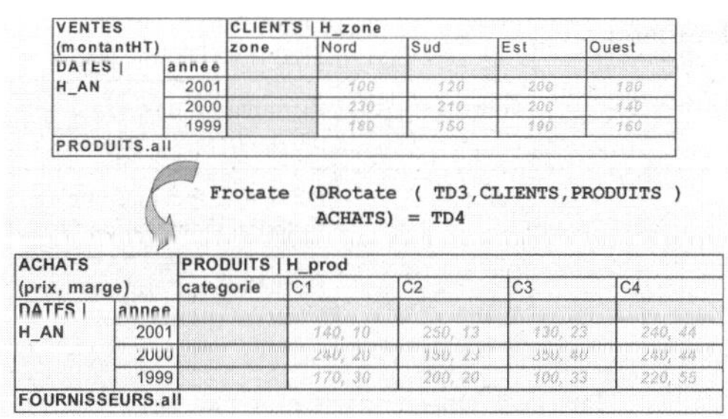

VENTES (montantHT)		CLIENTS | H_zone				
		zone	Nord	Sud	Est	Ouest
DATES | H_AN	annee					
	2001		100	120	200	180
	2000		230	210	200	140
	1999		180	150	190	160
PRODUITS.all						

ACHATS (prix, marge)		PRODUITS | H_prod				
		categorie	C1	C2	C3	C4
DATES | H_AN	annee					
	2001		140, 10	250, 13	130, 23	240, 44
	2000		240, 20	150, 23	350, 40	240, 44
	1999		170, 30	200, 20	100, 33	220, 55
FOURNISSEURS.all						

Figure 12 Rotations de faits et de dimensions

Les sélections

Dans cette catégorie, nous trouvons un seul opérateur permettant de spécifier un prédicat de sélection utilisant les opérateurs de comparaisons <, >, <=, =>, <>, = sur les valeurs des paramètres ou des mesures.

```
Select(TD, predσ) = TD'
```

- sélection des mesures satisfaisant predσ et/ou projection sur les paramètres satisfaisant predσ.

Exemple: Si les décideurs souhaitent limiter leurs analyses aux achats de plus de 200 € pour les produits de la catégorie C1, ils doivent appliquer la commande algébrique suivante et obtiennent la table multidimensionnelle TD5 définie ci-après.

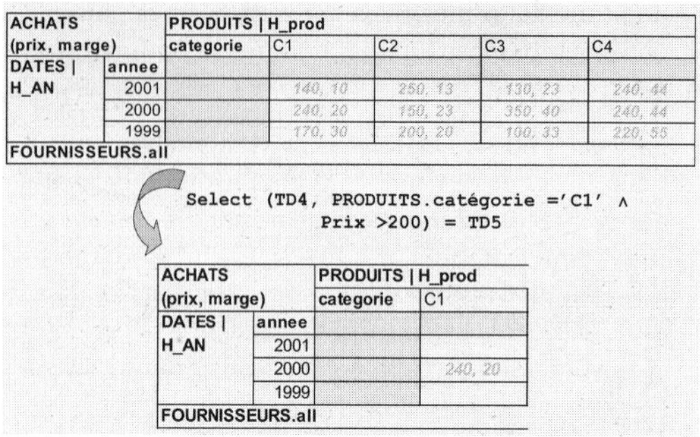

Figure 13 Sélection

6.3 Opérateurs de présentation

Ces opérateurs permettent de personnaliser l'affichage d'une table multidimensionnelle. Dans cette catégorie, nous trouvons les opérateurs portant sur la permutation de paramètres d'une dimension ou l'ajout et la suppression d'une fonction d'agrégation au sein de la table multidimensionnelle résultat.

Catégorie	Opérateur	Description
Permutation de paramètres	Switch	Permutation de deux valeurs d'un même paramètre
	Order	Ordonnancement de valeurs de paramètres
	Nest	Permutation de deux paramètres
Calcul	Cube	Permet de spécifier une fonction d'agrégation
	Uncube	Permet de supprimer une fonction d'agrégation

Tableau 2 Opérations de présentation

Les permutations au niveau des paramètres

Ces opérateurs agissent sur les paramètres (ainsi que sur leurs valeurs) servant de base à la définition de la table multidimensionnelle.

```
Switch(TD, D, p, v1, v2) = TD'
```

- permutation des valeurs v1 et v2 du paramètre p avec répercussion sur les valeurs des paramètres de granularité inférieure

```
Order(TD, D, p, s) = TD'
```

- ordonnancement des valeurs du paramètre p ;
- s = 'ASC' classement croissant (ascendant) ;
- s = 'DESC' classement décroissant (descendant).

```
Nest (TD, D, p1, p2) = TD'
```

- permutation des paramètres p1 et p2 sur la hiérarchie courante ;
- le paramètre p1 est imbriqué dans le paramètre p2.

L'utilisation de l'opérateur Nest est illustrée dans la figure 15.

Exemple: Pour spécifier, l'ordre de tri désiré sur les valeurs du paramètre `année`, les décideurs peuvent appliquer l'opérateur algébrique `Order` comme indiqué dans la figure 14.

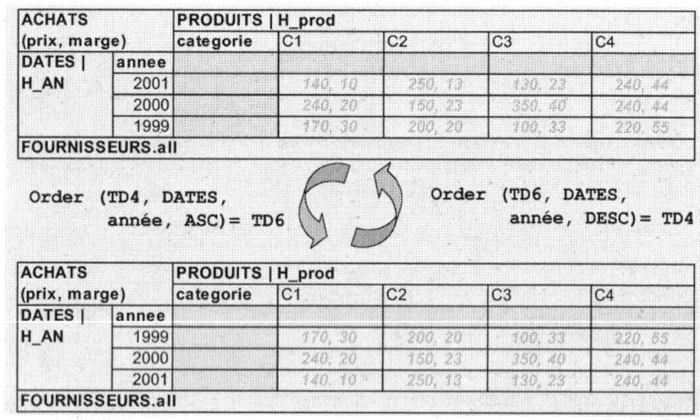

Figure 14 Ordonnancement de valeurs

Les calculs

Ces opérateurs permettent d'ajouter ou de supprimer une colonne et une ligne contenant une agrégation calculée des données contenues dans la table. Nous retrouvons les opérateurs `Cube` et `Uncube` définis comme suit :

```
Cube(TD, Fnct) = TD'
```

- `Fnct` ∈ {`SUM, COUNT, AVG, MIN, MAX, DVT,...`}
- calculs d'agrégations ajoutés pour chaque ligne et colonne ;
- ajout d'une ligne et d'une colonne contenant les calculs d'agrégation.

```
UnCube(TD) = TD'
```

- opération inverse, qui supprime la ligne et la colonne contenant les calculs d'agrégation.

Exemple: `Cube` avec l'option `Sum` à partir de la table multidimensionnelle TD1 permet de calculer la table multidimensionnelle TD7 dans laquelle apparaît le cumul des valeurs de chaque ligne et de chaque colonne. De même, comme indiqué dans la figure 15, l'application de l'opérateur Uncube permet de passer de la TD7 à la TD1.

6.4 Opérateurs de modification

Ces opérateurs permettent de modifier la structure d'une table multidimensionnelle. Cette modification

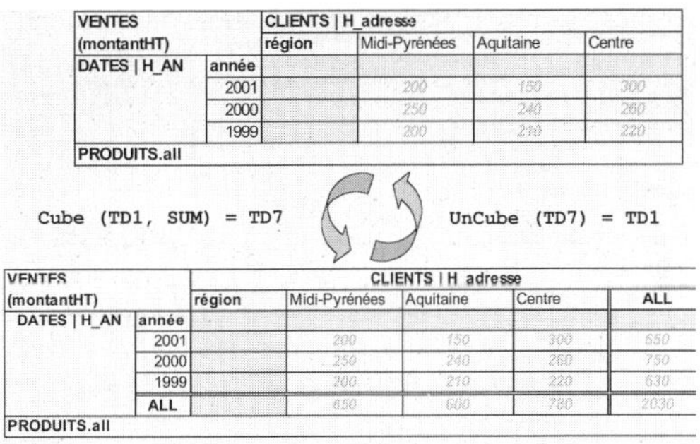

Figure 15 Calcul sur une table multidimensionnelle

peut être relative à un fait ou à la transformation d'un paramètre en mesure et vice versa.

Catégorie	Opérateur	Description
Modification du fait	DelM	Suppression d'une mesure
	AddM	Ajout d'une mesure
Modification des paramètres d'une dimension	Push	Transformation d'un paramètre en mesure
	Pull	Transformation d'une mesure en paramètre.

Tableau 3 Opérations de modification

Modification du fait

Ces opérateurs permettent d'ajouter ou de supprimer une mesure dans la table multidimensionnelle affichée. Ces opérateurs sont définis comme suit :

```
AddM/DelM(TD, m) = TD'
```

- ajout/suppression d'une mesure intitulée m dans le fait visualisé au travers de la table TD.

Exemple: TD1 permet d'analyser les montants annuels hors taxe par région. Pour compléter l'analyse en

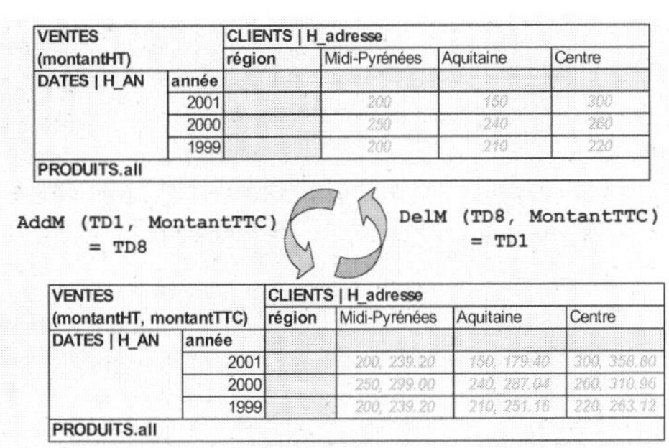

Figure 16 Opérations de modification d'un fait

ajoutant les montants toutes taxes comprises le décideur applique l'opération AddM pour construire TD8. Inversement, l'application de DellM sur TD8 permet de retrouver la table multidimensionnelle originelle.

Modification des paramètres d'une dimension

Ces opérateurs permettent de transformer une mesure en paramètre et vice versa. Nous pouvons définir ces deux opérateurs comme suit :

```
Push(TD, D, p) = TD'
```

- conversion (transformation) du paramètre p en mesure dans le fait courant ;
- p ne doit pas être le paramètre de plus bas niveau ;
- D est affichée avec au moins deux paramètres.

```
Pull(TD, D, m) = TD'
```

- conversion (transformation) d'une mesure du fait courant en paramètre de la dimension courante D ;
- le nouveau paramètre est positionné comme granularité minimale des paramètres affichés ;
- le fait courant est visualisé avec au moins deux mesures.

Exemple: TD2 permet d'analyser les montants annuels hors taxe, par région et département. Pour faciliter la lecture de cette table multidimensionnelle, le décideur souhaite visualiser avec le montant hors taxe la région associée. Pour ce faire, il applique l'opération Push et obtient la table multidimensionnelle TD9.

L'opération inverse s'effectue en combinant deux opérateurs : l'opération Pull restituant la région en paramètre, et l'opération Nest imbriquant les départements dans les regions.

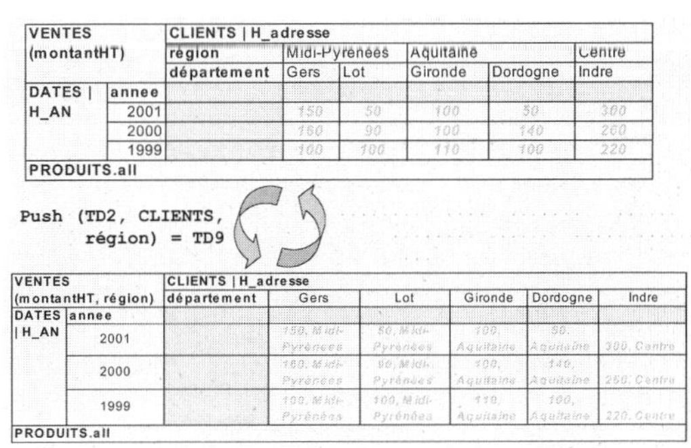

Figure 17 Opérations de modification des paramètres d'une dimension

7 Conclusion

Ce chapitre présente l'architecture fonctionnelle des bases de données décisionnelles. En raison de la spécificité des besoins des décideurs, de nouveaux modèles de données et de nouvelles techniques de manipulation ont été proposés. Le processus d'extraction des données pour alimenter un entrepôt ainsi que les procédures de manipulation des données multidimensionnelles sont successivement étudiés.

Bibliographie

Agrawal R. , Gupta A. , Sarawagi S. (1995), "Modeling Multidimensional Databases", Research Report, IBM Almaden Research Center, San Jose (California). Parus dans les *Actes de ICDE'97.*

Codd E.F. (1993), "Providing OLAP (on-line analytical processing) to user-analysts: an IT mandate", *Technical Report*, E.F. Codd and Associates.

Gyssen M., Lakshmanan L.V.S. (1997), "A Foundation for Multi-Dimensional Databases", *Proceedings of the 23rd International Conference on Very Large Data Bases – VLDB'97,* Athène (Grèce), 25-29 août 1997.

Inmon W.H. (1996), *Building the Data Warehouse*, Wiley and Sons.

Kimball R. (1996), *The data warehouse toolkit,* Wiley and Sons.

Bases de documents XML

Georges Gardarin

Mots-clés : XML, XQuery, SGBD.

Résumé : XML s'impose comme modèle universel d'échange de données. La gestion de documents XML en base de données devient en conséquence une nécessité. Ce chapitre introduit tout d'abord le modèle de description de données proposé par le W3C pour XML. Ce modèle revient vers les modèles hiérarchiques et réseaux des années soixante-dix, mais apporte beaucoup plus de flexibilité. Il est formalisé par la recommandation «XML Schema» du W3C. Ensuite, nous développons le langage de requête XQuery en voie de standardisation par le W3C. Ce langage, qui est parfois perçu comme le successeur de SQL, permet aussi bien d'interroger des données structurées que des données sous forme de texte libre. Les deux aspects sont intégrés. Nous les illustrons en présentant les constructions essentielles. Finalement, nous ébauchons les traits essentiels des deux types de SGBD permettant aujourd'hui de manipuler des documents XML: SGBD objet-relationnel étendu et SGBD natif XML. Nous soulignons les points forts de chacun.

Dans les années soixante-dix, la gestion de documents s'est distinguée de la gestion de données. Ces deux techniques ont rapidement divergé. La gestion de données a évolué vers le standard relationnel modélisant les données sous forme de tables à structure régulière interrogées par le langage de requêtes SQL. Les requêtes sont exactes, dérivées de la logique du premier ordre et traduites en algèbre des relations. La gestion de documents a abouti à SGML, langage de modélisation de documents textuels à structures flexibles (ISO SGML, 1986). Les requêtes sont approchées, basées sur des mots-clés ou des phrases, avec des réponses rangées par ordre de pertinence.

Dérivé de SGML, XML (W3C XML, 1998) devient le standard d'échange des systèmes d'information ouverts au-dessus du protocole HTTP. Il devient donc nécessaire d'une part de stocker les documents XML reçus dans une base de données et d'autre part de publier les données des bases en XML directement sur le Web. Avec ses structures arborescentes flexibles, XML est en passe de réconcilier les données relationnelles (très structurées) et les données documentaires (faiblement structurées, avec beaucoup de texte libre). Apparaît ainsi la notion de base de données semi-structurées, aujourd'hui standardisée autour de XML.

Dans ce chapitre, nous introduisons les techniques de base des systèmes de gestion de bases de données XML. Nous présentons tout d'abord dans le § 1 le modèle de données pour les bases XML dérivé des schémas XML. Le § 2 donne un aperçu du langage de requête XQuery proposé par le W3C pour les bases XML. Le § 3 résume les caractéristiques et souligne les points forts des deux types de SGBD aujourd'hui préconisés pour gérer des bases de documents XML: SBD relationnel étendu ou SGBD natif XML. En conclusion, nous résumons les apports de ce chapitre et introduisons les perspectives de XML en matière d'intégration de données hétérogènes.

1 Modèle de données

1.1 Document, arbre et forêt

XML s'appuie sur une modélisation des documents sous forme d'arbres (Abiteboul, 1999). Un arbre correspond à un document. Une collection de documents dans une base de données constitue une forêt. Une forêt peut être vue comme un arbre unique composé d'une racine fictive et de sous-arbres correspondant aux documents de la collection. Avec XML, une donnée peut être portée par un élément structurel (valeur entre balise de début et de fin d'élément) ou un attribut (doublet nom = «valeur»). Les nœuds des arbres sont étiquetés. Les nœuds internes d'un arbre représentent les éléments structurels et les feuilles, les données souvent textuelles (voir figure 1). Un arc d'un nœud N0 à un nœud N1 signifie que N1 est imbriqué dans N0. L'ordre des arcs issus d'un même nœud est significatif.

Pour l'échange, un arbre XML est sérialisé sous forme textuelle (voir figure 2). Les nœuds de l'arbre sont codés sous la forme de balises ouvrantes (`<nom_balise>`) et fermantes (`</nom_balise>`). Les feuilles sont codées sous forme de texte entre balises ouvrantes et fermantes. Le codage s'effectue par un parcours préfixé de l'arbre.

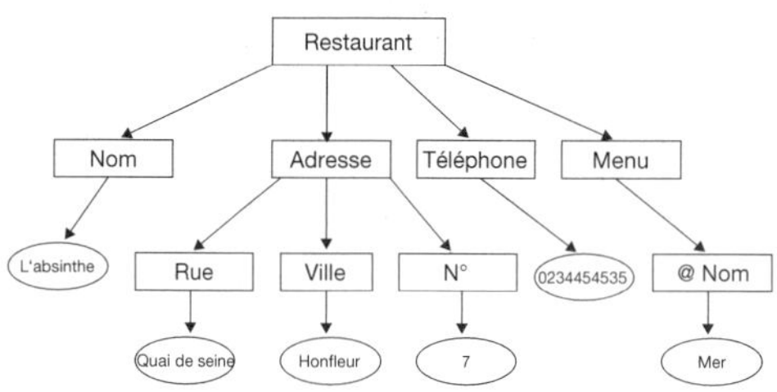

Figure 1 Exemple d'arbre XML

```
< Restaurant categorie = "**">
<Nom> L'absinthe </Nom>
 <Adresse>
    <Rue> Quai de Seine </Rue>
    <Ville > Honfleur </Ville>
    <No > 7 </No>
 </Adresse>
 <Telephone > 0234454535 </Telephone>
 <Menu Nom = "Mer"/>
</Restaurant>
```

Figure 2 Document XML bien formé

Nous définissons ci-dessous les concepts essentiels à la base du modèle de données XML.

Définition: Balise (ou tag ou label). Marque de début et fin permettant de repérer un élément textuel
Exemple: `<Restaurant> </Restaurant>`

Définition: Élément de données. Texte encadré par une balise de début et une de fin. Les éléments de données peuvent être imbriqués.
Exemples: `<Nom>L'absinthe</Nom>`; `<Restaurant><Nom>L'absinthe</Nom> </Restaurant>`.

Définition: Attribut. Doublet nom = "valeur" qualifiant une balise.
Exemple: `<restaurant region = "Normandie">`

Définition: Document bien formé. Instance XML composée d'un élément racine et d'éléments imbriqués sans chevauchement, pouvant être représentée par un arbre.
Exemple: voir figure 2.

Définition: Forêt. Collection de documents XML bien formés pouvant persister dans une base de données.

1.2 DTD

La structure d'un document ou d'une forêt doit être définie par un langage de description de données. Historiquement, les DTD (*Document Type Definition*) ont été empruntées à SGML pour cela. Une DTD se définit par un langage particulier qui permet de déclarer les éléments et attributs composant le ou les documents.

Un élément se définit simplement par la commande `<!ELEMENT balise (composition)>`, où balise est un nom de balise et composition une suite de balises ou un type de base limité à chaîne de caractère (#PCDATA). Chaque balise de la composition peut être affectée d'un opérateur de cardinalité comme + (de 1 à N), * (de 0 à N), ? (0 ou 1). Les balises successives sont séparées par des virgules (séquences) ou des barres verticales (ou).

Un attribut s'attache à une balise par la commande `<!ATTLIST balise Attribut Type Mode>` où balise est le nom de la balise, Attribut le nom de l'attribut, Type le type de l'attribut (généralement du texte entre guillemets CDATA) et Mode une modalité spécifiant le caractère obligatoire ou optionnel de l'attribut.

En résumé, une DTD peut être vue comme une spécification de grammaire dont les documents sont les phrases. Ceci conduit à la notion de document valide, c'est-à-dire respectant la grammaire.

Définition: DTD. Spécification de la grammaire d'un document en termes de balises et d'attributs attachés.
Exemple: Nous proposons ci-dessous une DTD possible pour les restaurants. À noter les mots clés `EMPTY` signifiant élément sans donnée et `REQUIRED` signifiant attribut obligatoire.

```
<!DOCTYPE Restaurant [
<!ELEMENT Restaurant (Nom, Adresse,
   Telephone?, Menu*)>
```

```
    <!ATTLIST Restaurant
       categorie CDATA #REQUIRED>
    <!ELEMENT Nom (#PCDATA)>
    <!ELEMENT Adresse (Rue, Ville, No)>
    <!ELEMENT Rue (#PCDATA)>
    <!ELEMENT Ville (#PCDATA)>
    <!ELEMENT No (#PCDATA)>
    <!ELEMENT Telephone (#PCDATA)>
    <!ELEMENT Menu EMPTY>
     <!ATTLIST Menu Nom CDATA #REQUIRED>
]>
```

1.3 Schéma XML

Les DTD permettent de définir les structures des documents XML. Elles présentent cependant des insuffisances pour définir les types et les contraintes d'intégrité des données XML. Pour pallier ces faiblesses, notamment l'absence de typage fin et le manque d'extensibilité, le W3C a proposé les schémas XML, recommandation acceptée depuis 2001 et très utilisée, notamment en bases de données (W3C Schema, 2001).

Un schéma d'un document définit les éléments possibles dans le document, les attributs associés à ces éléments, la structure du document et les types de données élémentaires ou composées.

Le schéma est spécifié en utilisant XML lui-même. La définition ne nécessite pas de nouveau langage, mais s'effectue par des déclarations de balises spécifiques aux schémas (xsd: element, xsd: attribut,...). Les schémas présentent de nombreux avantages, notamment la définition de structures de données avec types de données simples très variés (chaîne de caractères, entier, flottant, date, URL, etc.) et types de données complexes.

Fondamentalement, un type de données complexe est composé de types de données simples spécialisés par des contraintes ou agrégés par un constructeur de collection. Séquence, choix (a ou b), et tas (a et b dans n'importe que ordre) sont les constructeurs de base. Les contraintes peuvent porter sur les liens entre éléments, les cardinalités (minOccurs et maxOccurs), mais aussi sur les patterns (expressions régulières pour spécifier un motif de chaîne de caractères). Les types sont extensibles par héritage et ouverts.

En résumé, un schéma peut être vu comme une spécification en termes de type d'objets agrégés de documents XML. Ceci permet d'introduire la notion de document valide par rapport à un schéma, c'est-à-dire respectant les types, structures et contraintes du schéma.

Définition: Schéma. Spécification de la structure fine d'un document en termes d'agrégation de type d'objets.

1.4 Génération automatique de schémas

Les SGBD XML gèrent des forêts de documents XML partagés sur des serveurs. Souvent, les schémas des documents d'une forêt sont connus par avance. L'approche est alors classique: l'administrateur définit les schémas des forêts et le SGBD contrôle la validité des documents par rapport au schéma de la forêt lors des insertions et mises à jour. La forêt remplace la table relationnelle et le tuple est devenu un document arborescent instance de la forêt. À noter que les documents peuvent être liés entre eux par des hyperliens M-N selon le standard XLink, ce qui permet en particulier de modéliser des contraintes référentielles entre forêts.

Parfois, les schémas des documents ne sont pas connus par avance: des documents XML plus ou moins apparentés sont simplement rangés dans une forêt au fur et à mesure des arrivées. Le SGBD se doit alors de construire dynamiquement un schéma pour la forêt, ceci afin de permettre les recherches basées sur la structure. Ainsi, la plupart des SGBD XML permettent de gérer des forêts ouvertes sans schéma associé a priori. La conception du schéma est automatique (plus besoin de concepteur). Ceci est possible car le schéma est partiellement porté par les données sous forme de balises. Lors de l'insertion d'un nouveau document dans une forêt ouverte, le schéma S de la forêt est mis à jour schématiquement comme suit:

1. Calculer un schéma couvrant s pour le document en remplaçant les feuilles de l'arbre XML par un type correspondant à la donnée et en réduisant les éléments répétitifs, c'est-à-dire en fusionnant les éléments successifs répétés en un seul marqué par une cardinalité multiple.
2. Remplacer S par $S \cup s$, où $\cup$ désigne l'union d'arbre suivie par la réduction des éléments répétitifs.

Les mises à jour du schéma ainsi calculé lors des suppressions sont un peu plus difficiles, mais le schéma calculé doit être maintenu de sorte à couvrir au mieux les documents de la collection. Une des spécificités importantes des SGBD XML est ainsi de pouvoir interroger des documents de structure mal connue a priori.

2 Le langage XQuery

2.1 Objectifs et aperçu

XQuery est le nouveau standard proposé par le W3C qui devrait bientôt atteindre l'état de recommandation après de multiples versions (W3C XQuery, 2005). Il intègre la navigation dans des arbres XML avec filtrages et compositions d'arbres. Il peut être vu comme une généralisation de SQL aux données semi-structurées. De plus, son inspiration est celle d'un langage de type fonctionnel à la CAML. C'est aussi un langage fortement typé. Cette approche permet de composer fonctionnellement les requêtes et d'utiliser toute opération valide sur un résultat typé.

D'un autre côté, XQuery peut être perçu comme un surensemble de SQL. Les fonctionnalités de SQL sur les tables (collections de tuples) sont étendues pour supporter des opérations similaires sur les forêts (collections d'arbres). Ces extensions ont conduit à intégrer les fonctions suivantes (Gardarin, 2003) :

- projection d'arbres sur des sous-arbres ; il s'agit d'extraire des sous-arbres des arbres des collections ; cette fonction est à la base assurée par les expressions de chemin issues du standard XPath du W3C ;
- sélection d'arbres et de sous-arbres en utilisant des prédicats sur les valeurs des feuilles ; les prédicats classiques =, <=, >=, >, != peuvent être utilisés ; des recherches textuelles sont aussi possibles ;
- toute opération valide sur un type de données peut être effectuée pour composer une requête XQuery ; le langage est fortement typé et une requête pour être valide doit être correctement typée ; les règles d'inférence de types sont précisément définies et font partie de la sémantique du langage ;
- des variables sont utilisables dans les requêtes pour mémoriser un arbre ou pour itérer sur des collections d'arbres ; elles sont similaires aux variables SQL et peuvent être quantifiées ; la quantification existentielle est supposée par défaut ;
- les arbres extraits de collections peuvent être combinés en utilisant des jointures d'arbres extensions des jointures relationnelles ou des produits cartésiens ;
- les arbres peuvent être réordonnés et les résultats peuvent être triés selon les valeurs d'éléments en ordre ascendant ou descendant ;
- les requêtes peuvent être imbriquées de différentes manières, notamment pour produire des documents imbriqués en résultat ; de cette manière l'utilisateur peut restructurer et reconstruire des hiérarchies comme désiré ;
- les calculs d'agrégats sont possibles sur des collections partitionnées ou non par les fonctions classiques incluant count, sum, avg, min et max ;
- des fonctions utilisateurs peuvent être définies et intégrées n'importe où dans les requêtes à condition de respecter le typage.

De plus, XQuery supporte les fonctions des systèmes documentaires. En particulier, un prédicat `contains` est intégré pour la recherche par mots-clés. Ces fonctionnalités sont en cours d'extension pour la recherche plein texte en éléments, par exemple pour retrouver les documents les plus pertinents par rapport à une liste de mots-clés.

Aussi, pour faciliter la recherche dans les structures mal connues, XQuery permet d'exprimer des chemins indéterminés ou partiellement connus tout comme XPath. Ainsi, à tout niveau dans une expression de chemins, on peut utiliser des jokers (notés *) ou l'opérateur star de Kleene (noté//).

En résumé, XQuery ajoute à SQL la manipulation des arbres XML typés et la recherche d'information par requêtes approchées. La syntaxe est différente de celle de SQL. Nous détaillons ci-dessous quelques types de requêtes.

2.2 La navigation avec XPath

XQuery permet de naviguer dans les arbres XML à l'aide d'expressions de chemin XPath. XPath est une recommandation du W3C (W3C XPath, 1999) qui standardise l'adressage des nœuds dans un arbre XML. Il existe des chemins absolus issus de la racine (notée /) et des chemins relatifs issus d'un nœud courant précédemment sélectionné. Un chemin se compose d'une suite d'étapes de navigation séparées par des slashs (/). Chaque étape comporte une direction optionnelle, un sélecteur correspondant à l'étiquette des nœuds retenus et un prédicat optionnel du type [fonction() = valeur], permettant d'appliquer un filtre sur les nœuds traversés lors du cheminement. Parmi les fonctions, la fonction ième élément notée i et la fonction contenu textuel notée text() sont souvent utilisées, mais il existe plus d'une trentaine de fonctions standard possibles.

De manière plus précise, une étape s'écrit :

```
direction::sélecteur[predicat].
```

Direction et prédicat sont optionnels. Le sélecteur peut être un joker noté *, signifiant une étiquette quelconque. Les directions possibles sont parent, ancêtre, enfant, descendant, précédent, suivant, attribut, etc. Par défaut, la direction est enfant (*child*). Une étape vide notée / correspondant à une traversée récursive des descendants. Voici quelques exemples d'expression XPath sur les arbres restaurants :

- noms des restaurants affichés comme des fragments XML (morceaux de documents) :

```
/Restaurant/Nom;
```

- noms des restaurants affichés comme des textes (suite de chaînes de caractères) :

```
/Restaurant/Nom/text();
```

- rues des restaurants de Paris :

```
/Restaurant/Adresse [Ville = "Paris"]/
Rue;
```

- remonter depuis les nœuds Rue précédemment sélectionnés aux nœuds Restaurant :

```
Parent::Adresse/Parent::Restaurant;
```

- afficher tous les noms des menus des restaurants :

```
//Menu/@Nom.
```

Pour terminer, nous définirons une requête XPath comme suit.

Définition : Requête XPath. Expression de chemins généralisée appliquée à un document ou à une forêt permettant de sélectionner les nœuds cibles du cheminement dans chacun des documents.

2.3 Les requêtes FLWR

Au-delà des cheminements XPath, XQuery introduit les expressions FLWR (*flower*) appliquées sur des forêts d'arbres XML. Les expressions FLWR sont le pendant des blocs `select... from... where... group by...` de SQL, mais elles sont beaucoup plus puissantes.

Définition : Requête FLWR. Expression de la forme :

```
for $<var> in <forest> [,$<var> in
<forest>]*
let $<var>: = <subtree>
where <condition>
return <result>
```

permettant de calculer des fragments de documents XML par sélection, composition et projection de documents extraits de base de données.

L'itération `for` permet de lier un tuple (ou n-uplet) de variables à des arbres instances de forêts. Chaque instance de variable représente un arbre. Les forêts sont des collections d'arbres définies par une source qualifiée par une éventuelle expression XPath, donc de la forme : `source[/<expression XPath>]`, où source désigne une forêt (notation `collection ("<nom>")`) ou un document (notation `document (("<nom>"))`.

La clause `let` permet de collecter dans des variables un ou plusieurs arbres définis par des expressions XPath soit absolues, soit définies par rapport aux variables d'itération figurant dans la clause `for`. La clause `let` est optionnelle, mais peut figurer en début de requête en place de la clause `for`. En effet, comme elle, elle permet de lier des variables.

La clause `where` permet de sélectionner les tuples de variables pertinents pour construire la réponse. La sélection s'effectue par une expression logique de prédicats élémentaires. Les types de prédicats élémentaires les plus simples expriment des restrictions :

```
$<variable>/<expression XPath>=
      <Constante>
```

ou des jointures :

```
$<variable>/<expression XPath >=
      $<variable>/<expression XPath >
```

Il existe beaucoup d'autres formes de prédicats, comme par exemple :

```
$<variable >/<expression XPath >
```

qui permet de tester l'existence d'un chemin dans un document, `empty` pour tester si un élément est vide, `contains` pour tester l'inclusion de mots-clés, etc. La clause `where` est aussi optionnelle.

La clause `return` permet de construire les instances de document résultat à partir des tuples de variables liées sélectionnés. Les fragments XML sont présentés selon la structure désirée ; en quelque sorte, la clause return permet de fixer la grammaire des documents de variables pertinentes en imposant des contraintes sur leurs contenus. La clause `return` publie le résultat. Elle peut intégrer des constantes (balises notamment) et des données calculées par évaluation de variables. Ces dernières doivent être mises entre crochets pour être évaluées à l'intérieur des tags fixes (constantes). Elle peut aussi contenir d'autres clauses FLWR imbriquées, pouvant utiliser des variables de la clause externe.

Voici une requête FLWR réalisant une sélection suivie d'une projection dans la forêt des restaurants. Elle retourne le nom des restaurants de Honfleur :

```
for $R in collection("Restaurants")/
Restaurant
where $R/Adresse/Ville = "Honfleur"
return $R/Nom
```

Soulignons que la requête retourne un fragment de document XML composé d'arbres comme `<Nom> L'absinthe</Nom>`, plus précisément un arbre pour chaque restaurant qualifiant. La comparaison de l'arbre Ville à la chaîne « Honfleur » pourrait sembler abusive : il n'en est rien car la fonction `text()` est appliquée par défaut lors d'une comparaison d'un nœud à une chaîne. Par contre, elle n'est pas appliquée par défaut au niveau de la clause `return`.

Il est aussi possible de réaliser des jointures d'arbres à l'aide des expressions FLWR. Par exemple, supposons une collection d'hôtels avec Nom et Adresse. La requête suivante retrouve les couples restaurant/hôtel dans la même ville.

```
for $R in collection("Restaurants")/
Restaurant,
$H in collection("Hotels")/Hotel
where $R/Adresse/Ville = $H/Adresse/Ville
return <Couple>
      <Restaurant>{$R}</Restaurant>
      <Hotel>{$H}</Hotel >
      </Couple>
```

2.4 Un langage complet

XQuery propose beaucoup d'autres constructions, ce qui en fait un véritable langage de programmation pour bases de données XML. Citons en particulier:

- l'utilisation de fonctions internes et externes. XQuery propose un grand nombre de fonctions internes communes avec XPath, par exemple pour extraire des chaînes de caractères de balises ou pour éliminer les doublons (fonction `distinct`). L'utilisateur peut aussi définir des fonctions écrites en XQuery (avec des constructions classiques `if`, `case`, `while`, etc.) et appeler ces fonctions depuis un prédicat ou pour calculer un élément résultat.
- les calculs d'agrégats. Ils s'effectuent par mémorisation de collection d'arbres à l'aide d'une clause «let» et application de fonctions de calculs sur ces variables collection. Par exemple, la requête suivante retourne le nombre de restaurants par ville:

```
for $V in distinct
(collection("Restaurants")/Restaurant/
 Ville)
let $R: = collection("Restaurants")/
 Restaurant
[Ville = $V]
return <Resultat>
        <ville> {$V} </ville>
        <nombre> {count($R)}</Nombre>
</Resultat>
```

  Cette requête calcule un compteur par ville en profitant de la puissance de mémorisation du let. Elle utilise la fonction `distinct` pour éliminer les villes en double.
- la recherche plein texte. Les recherches textuelles simples s'effectuent par un prédicat spécial `contains` placé en argument de la clause `where`. Par exemple, la requête suivante retrouve les adresses des restaurants dont la rue contient le mot «Seine»:

```
for $R in collection("Restaurants")/
 Restaurant
where contains($R//rue, "Seine")
return < Adresse >{$R/Adresse//text()}
        </Adresse >
```

Une extension appelée «XQuery Text» (W3C Text, 2003) est en cours de standardisation. Elle vise à permettre la recherche des documents les plus pertinents pour une liste de mots-clés, la recherche de phrases en prenant en compte ou non les mots de liaison, la recherche sur préfixe, suffixe, infixe de mots, la recherche sur des mots normalisés (sans accent, en capitale,...), la recherche par proximité exprimée en nombre de mots, tout ceci dans un élément XML ou dans un ensemble d'éléments XML. Ces fonctionnalités doivent être normalisées dans un futur proche pour intégrer complètement les recherches de type documentaire dans XQuery.

3 Les SGBD XML

Deux familles de SGBD s'opposent sur le marché pour gérer des documents XML en bases de données: les SGBDR étendus et les SGBD faits pour XML appelés natifs.

3.1 Extension des SGBD SQL

Les grands SGBD relationnels comme DB2, Oracle, SQL Server, souvent issus de prototypes de recherche, par exemple PostGres à Berkeley et StarBust chez IBM, ont tout d'abord intégré le support de l'objet. Les colonnes des tables peuvent alors contenir des objets plus ou moins complexes comme des textes libres ou des images. L'objet-relationnel échappe ainsi à la trop grande rigueur de la première forme normale (toute valeur de colonne doit être atomique).

Deux techniques sont utilisées pour stocker un document XML en table: selon les principes de l'objet-relationnel, un document XML peut être rangé comme une valeur de colonne; dans la ligne de la première forme normale, les documents XML peuvent être projetés sur plusieurs tables et les éléments aplatis en tuples. La première technique consiste à typer des colonnes comme «objet XML»; la seconde à projeter un document sur plusieurs tables. Dans les deux cas, il faut définir le schéma des documents XML et associer les éléments du schéma à une ou plusieurs colonnes de tables. Il s'agit de définir la correspondance XML à tables relationnelles (Florescu, 1999) ou, si l'on préfère, hiérarchique à relationnel, problème plutôt classique.

Un document XML stocké en table doit pouvoir être interrogé. Avec ce type de SGBD, SQL est étendu avec des fonctionnalités de type XQuery. XQuery peut être utilisé pour interroger des bases relationnelles, mais ceci est encore rare. SQL/XML est un dialecte de type SQL proposé par IBM et Oracle pour manipuler des types de données XML en base relationnelle (Funderburk, 2002). Le principe consiste à ajouter à SQL3 des fonctions d'extraction d'éléments désignés par un chemin XPath. Des fonctions de construction de documents XML à partir d'attributs relationnels sont aussi proposées. Des fonctions d'insertion et de mise à jour de XML en colonne(s) sont en plus fournies.

Pour illustrer, voici un exemple de requête SQL/XML. Elle publie une table relationnelle avec des colonnes Nom, Ville, XMLdoc (un document XML décrivant les menus du restaurant) pour les restaurants ayant un menu de prix supérieur à 50 euros.

```
SELECT XMLElement("Restaurant",
XMLForest (R.Nom, R.categorie
   AS "catégorie", R.XMLdoc))
FROM Restaurants R
WHERE ExtractValue(R.XMLdoc,
   //menu/@prix)> 50.
```

SQL/XML est un langage hybride un peu complexe qui gagnerait sans doute à être remplacé par XQuery. Ceci est prévu chez certains constructeurs.

Les points forts des SGBD OR (objet-relationnel) étendus pour XML (appelés parfois XOR DBMS) sont la non-nécessité pour l'utilisateur d'acquérir un nouveau SGBD pour supporter XML, la possibilité de normaliser les données hiérarchiques et une bonne intégration avec les systèmes existants. Du point de vue performance, les SGBD XOR sont efficaces pour l'accès à grains fins, c'est-à-dire à des petits fragments de documents indépendants.

3.2 Les SGBD natifs XML

Les SGBD natifs XML (Bourret, 2005) sont de nouveaux systèmes conçus pour XML, stockant les documents en entiers sans les décomposer en lignes de tables. Ces SGBD supportent en général le langage de requêtes XQuery. Tout comme ceux des SGBD relationnels, leurs optimiseurs transforment les requêtes en plans d'exécution optimisés. Ces plans sont exprimés sous forme d'arbres d'opérateurs généralement plus complexes que ceux des SGBDR. Les opérateurs constituent une algèbre pour XML, avec par exemple des opérations de sélection et de jointures d'arbres.

Les méthodes d'accès utilisent des techniques d'indexation d'arbres développées pour XML (Gardarin, 2004). Les arbres sont stockés dans des pages disques, éventuellement éclatés sur plusieurs pages. Ils sont souvent indexés et par un index de contenu et par un index de structure. L'index de contenu est une liste inversée classique : il donne pour chaque mot important les identifiants des documents (et bien souvent des nœuds – voir technique de numérotation ci-dessous) contenant ce mot.

L'index de structure est utilisé pour réaliser efficacement la navigation XPath. Les requêtes contenant une ou plusieurs expressions XPath nécessitent en effet une méthode efficace pour déterminer si un nœud est parent ou enfant d'un nœud donné dans un arbre XML. Ceci peut être effectué par traversée explicite du graphe du document, par utilisation d'une relation parent-enfant maintenue comme un index séparé, ou par utilisation de techniques intelligentes de numérotation de nœuds. Un autre problème avec les requêtes structurelles est la présence de jokers simples (*) ou récursifs (//) dans les expressions de chemins ; les index doivent permettre de résoudre les jokers en trouvant les étiquettes qualifiantes.

Les index de type guide de données mémorisent, pour chaque chemin syntaxique (suite de labels), les identifiant des nœuds cibles d'un tel chemin. Ils sont volumineux. Des améliorations consistent à conserver seulement les chemins les plus utilisés APEX, A(k) index, D(k) index ou vérifiant certains patterns (T-index) L'index Fabric encode les chemins de manière compacte dans un arbre lexicographique trié.

Les techniques de numérotation de nœud attribuent un identifiant à chaque nœud d'un arbre XML lors de son insertion en base. Ces identifiants ont la propriété de ramener la détermination de la relation parent-enfant à de simples comparaisons d'entiers. Deux méthodes sont souvent utilisées : numérotation par traversée de l'arbre en ordre préfixe avec identification des nœuds par un triplet (ordre de prétraversée, ordre de post-traversée et niveau) (Abiteboul, 2001) ; numérotation par une adresse hiérarchique donnant le rang du nœud par niveau depuis la racine. Dans les deux cas, la comparaison des identifiants de nœuds permet de déterminer la filiation. De multiples techniques d'indexation s'appuient sur de tels identifiants ou des variantes.

Grâce aux index de contenu et de structure et à leur optimiseur de plus en plus sophistiqué, les SGBD natifs XML commencent à passer à l'échelle sur de larges bases de documents (quelques giga-octets par exemple). Il reste cependant beaucoup à faire, notamment pour assurer la gestion des mises à jour concurrentes et la gestion de versions souvent nécessaire avec les applications documentaires.

Outre les performances (Schmidt, 2005) (Gardarin, 2005) qui restent quelque peu à étalonner, les points forts des SGBD natifs sont leur conception faite pour XML, le maintien de documents entiers et intègres, l'absence de correspondance à définir et maintenir, le développement des techniques de recherche par mots-clés en liaison avec les index et la possibilité de gérer des collections sans schéma.

4 Conclusion

Dans ce chapitre, nous avons introduit les principes des bases de documents XML. Basé sur un schéma flexible et optionnel, par certains côtés, similaire au modèle objet, le modèle XML peut être perçu comme un retour vers une approche hiérarchique pour la modélisation des données. Nous n'avons pas insisté sur les hyperliens, mais ceux-ci permettent de référencer plusieurs documents cibles depuis un nœud d'un document source ; la référence peut porter des données et des modalités de traversée. On se rapproche donc du modèle réseau des années soixante-dix tout en le généralisant.

D'un point de vue base de données, la force du modèle XML réside pour l'essentiel dans le langage XQuery proposé par le W3C. Celui-ci réalise dans un paradigme fonctionnel l'intégration des requêtes exactes à la SQL et des requêtes approchées de la gestion documentaire. L'avenir de XQuery n'est certes pas totalement assuré, car d'une part le langage est complexe et d'autre part il souffre de la concurrence des dialectes SQL étendus (SQL/XML). Cependant, de nombreux moteurs de requêtes commencent à supporter l'essentiel de XQuery.

D'un autre côté, XML s'impose dans les entreprises et entre partenaires comme modèle d'échange de données entre applications. De ce fait, les sources de données pouvant être publiées en XML deviennent de plus en plus nombreuses. Ceci pousse le développement des SGBD XML et aussi les plateformes d'intégration de données (EAI, *Entreprise Application Integrator* et EII, *Enterprise Information Integrator*). La plupart de ces plateformes de médiation nécessitent un langage de requêtes puissant pour définir et interroger des vues XML unifiées des sources. XQuery est en voie de s'imposer dans ce contexte par sa puissance et son adéquation à XML.

Bibliographie

Abiteboul S., P. Buneman, Suciu D. (1999): *Data on the Web: from relations to semistructured data and XML*, Morgan Kaufmann, San Francisco.

Abiteboul S, Cluet S., Ferran G., Rousset M.C.(2002) : "The Xyleme project", *Computer Networks* 39(3): 225-238.

Bourret R. (2005) : *XML Database Products*, 2005, www.rpbourret.com/xml/XMLDatabaseProds.htm

Dragan F., Gardarin G. (2005) : "Benchmarking an XML Mediator", *7th International Conference on Enterprise Information Systems*, Miami, May 24-28, (2005), http://georges.gardarin.free.fr/Articles/Articles.htm

Florescu D., Kossmann D. (1999) : "Storing and Querying XML Data using an RDMBS", *IEEE Data Eng. Bull.* 22(3): 27-34 (1999).

Funderburk E., Malaika S., Reinwald B.(2002) : "XML programming with SQL/XML and XQuery", *IBM Systems Journal*, Vol 41, n° 4.

Gardarin G. (2003) : *XML: Des bases de données aux services Web*, Dunod.

Gardarin G., Yeh L.(2004) : "Treeguide Index: Enabling Efficient XML Query Processing", *Bases de Données Avancées*, Montpellier, Octobre 2004, http://georges.gardarin.free.fr/Articles/Articles.htm

ISO 8879 JTC 1/SG 34 (1986) : *Information processing – Text and office systems – Standard Generalized Markup Language (SGML)*, Standard ISO, www.iso.org.

Schmidt A., Waas F., Kersten M., Florescu D., Carey M., Manolescu I., Busse R. (2001) : "Why And How To Benchmark XML Databases". *SIGMOD Record* 30(3): 27-32.

W3C (1998): *XML Recommendation*, www.w3.org/XML

W3C (1999) : *XML Path Language (XPath)*, www.w3.org/TR/xpath

W3C (2001): *XML Schema*, www.w3.org/XML/Schema

W3C (2003): *XQuery and XPath Full-Text Requirements*, W3C Working Draft, www.w3.org/TR/xquery-full-text-requirements

W3C (2005): *XML Query (XQuery)*, www.w3.org/XML/Query.

Recherche d'information sur le Web

Bernd Amann

Mots-clés : recherche d'information, moteurs de recherche, portails sémantiques, XML.

Résumé : le Web s'est transformé en quelques années en source d'information à l'échelle mondiale avec des outils spécialisés pour faciliter l'exploitation de milliards de ressources disponibles. Parmi ces outils, les moteurs de recherche sont aujourd'hui les plus sollicités grâce à la possibilité d'identifier efficacement des documents HTML, PDF, etc. à partir de leur contenu textuel. D'autres solutions exploitent le standard XML pour rendre la structure de l'information explicite pendant l'interrogation du Web. Le Web sémantique essaie d'enrichir le Web existant par des ressources sémantiques qui facilitent l'interprétation et l'interrogation de l'information publiée. Dans ce chapitre nous aborderons ces différentes solutions apportées à la recherche d'information sur le Web. Nous essaierons de mettre en évidence les technologies utilisées et terminerons le chapitre par une description de l'évolution actuelle et des perspectives pour le futur.

La vision fondatrice du Web *de créer un univers d'information global à partir de technologies existantes* (Berners-Lee et al., 1992) est aujourd'hui une réalité et le Web est devenu le plus grand espace d'information accessible à l'échelle mondiale. Ce succès est fondé sur quelques principes simples et efficaces pour le partage d'informations sur Internet. Le premier principe important est appliqué par le standard HTML (*Hypertext Markup Language*) et consiste dans la transformation systématique de l'information en documents textuels structurés par des balises. Le deuxième principe est la définition d'un *mécanisme d'adressage universel* qui permet de localiser des informations sur Internet grâce à des URL (*Uniform Resource Locator*). En combinaison avec les *protocoles d'échange de données sur Internet* comme FTP (*File Transfer Protocol*) et HTTP (*Hypertext Transfer Protocol*), ces standards permettent de publier, de référencer, de relier et d'échanger très facilement des informations sur Internet.

Les standards Web sont universels et neutres par rapport aux technologies qui les utilisent. Il suffit par exemple d'un simple éditeur de texte pour créer un document HTML qui contient toutes les informations qu'on veut publier. À l'opposé de ce type de ressource statique, on peut également créer des ressources dynamiques sous forme de programmes qui *génèrent* des documents au format HTML, XML, PDF, etc. à partir de données dans une ou plusieurs bases de données (voir § 3.4 et 4).

Les nombreuses technologies pour créer des ressources Web statiques et dynamiques ont été développées et intégrées dans les environnements informatiques existants et ont permis la construction d'un immense graphe de ressources Web. Pour estimer la taille de ce graphe, il suffit de compter le nombre de documents indexés par le moteur de recherche Google (voir § 3) qui s'élevait à 8 milliards de pages en mars 2005 – sachant que ce chiffre est largement inférieur au nombre total de pages accessibles sur le Web (Lawrence et Giles, 2000).

L'information contenue dans ce graphe peut être consultée grâce à des navigateurs Web qui affichent le contenu des documents et permettent d'activer les liens hypertextes entre ces documents. Ce mode de consultation atteint rapidement ses limites quand on veut *chercher* une information et il a créé le besoin d'outils complémentaires pour la *recherche d'information sur le Web*. L'objectif de ce chapitre est de comparer ces outils du point de vue de leurs modèles sous-jacents, leur utilisation et leur réalisation informatique. Il montrera que le problème de la recherche d'information sur le Web est complexe et sollicite différents domaines informatiques comme la recherche documentaire, les bases de données et la représentation de connaissances. Notre but n'est pas de donner une description détaillée de ces domaines, mais de décrire surtout leur contribution à la recherche d'information sur le Web. Nous invitons le lecteur à consulter les sections référencées pour avoir des informations complémentaires.

1 Modéliser le Web

La recherche d'information sur le Web pose des problèmes complexes qui sollicitent une variété de techniques traditionnelles pour la recherche documentaire, l'interrogation de données structurées, la manipulation de graphes et la représentation de connaissances. Chacune de ces techniques est fondée sur un modèle différent qui met en avant certaines particularités de l'information disponible sur le Web. Les modèles documentaires considèrent le Web comme une grande collection de documents textuels non structurés et sont bien adaptés à l'indexation et l'interrogation de pages HTML ou d'autres documents dont la structure sert essentiellement à la présentation du contenu (voir § 3.1). Les modèles hypertextes partent des modèles documentaires et prennent également en compte les liens hypertextes qui existent entre les documents. Du point de vue d'un utilisateur ces liens permettent de découvrir des ressources nouvelles à partir de ressources connues, mais ils expriment également des liens sémantiques entre ces ressources générées par les auteurs (voir § 3.2).

Les modèles de données semi-structurées interprètent le Web comme un ensemble d'arbres étiquetés et éventuellement reliés (graphe d'arbres). Ce type de modèle est bien adapté à la modélisation d'informations structurées et permet de créer des langages d'interrogation très expressifs fondés sur des expressions de chemins dans les arbres (voir § 4). Finalement, les modèles Web sémantiques considèrent que le contenu textuel publié par une ressource Web statique ou dynamique n'est pas toujours suffisant pour décider si elle est pertinente pour une requête. L'idée des modèles sémantiques est de faciliter l'interprétation et le traitement de l'information du Web traditionnel par la création d'un Web sémantique de connaissances et de métadonnées sémantiques (voir § 5).

Chacune de ces approches met en avant certaines caractéristiques du Web pour la recherche d'information. Ainsi, par exemple, l'approche documentaire permet d'utiliser et d'adapter des techniques de la recherche d'information documentaire, tandis que l'approche données semi-structurées emprunte plus aux systèmes de gestion de bases de données spécialisés dans l'interrogation de données structurées. Finalement, l'approche Web sémantique s'adresse au domaine de la représentation des connaissances et la gestion de métadonnées sémantiques. Une observation importante est le rapprochement de ces différents domaines informatiques autour du défi commun de faciliter la recherche d'information sur le Web.

2 Interroger le Web

La diversité des modèles possibles est une première caractéristique importante quand on considère le Web comme une source d'information que l'on veut interroger.

Une autre caractéristique essentielle pour l'interrogation du Web est la distribution des ressources à l'échelle de l'Internet et la très grande quantité de données et de requêtes à traiter. Ce *passage à l'échelle* au niveau distribution, taille de données et nombre de requêtes simultanées pose des problèmes importants dans le traitement de l'information et nécessite des architectures et des algorithmes nouveaux qui prennent en compte la *structure* (Kumar et al., 2000) et la *dynamique* (Cho et Garcia-Molina, 2003) du Web (voir aussi § 3).

Le deuxième aspect qui rend le problème de l'interrogation difficile est l'*absence de contraintes explicites* sur le contenu et la structure de l'information disponible sur le Web. La recherche documentaire et l'interrogation de données structurées exploitent souvent des connaissances explicites sur le domaine d'application et/ou la structure des documents ou données interrogés. La publication d'une information sur le Web n'impose aucune description de ce type ce qui rend leur interrogation et interprétation plus difficiles et nécessite des traitements complexes sur le contenu, la structure et le contexte des ressources pour obtenir des résultats satisfaisants (voir § 3.2).

Une troisième caractéristique importante du Web par rapport aux systèmes d'informations classiques est *l'absence d'un contrôle centralisé* sur les ressources et les informations publiées. Ce manque de contrôle se situe au niveau physique (disponibilité des ressources), au niveau logique (structuration des ressources) et au niveau sémantique (contenu des ressources). Bien que l'absence de contrôle et de surveillance soit un facteur essentiel pour garantir la liberté d'expression sur le Web, elle permet l'apparition d'informations contradictoires, fausses et même illicites qui mettent en avant la notion de qualité de l'information publiée et interrogée.

Deux observations principales s'imposent quand on compare le problème de la recherche d'information sur le Web à celui de l'interrogation d'une base de données traditionnelle (voir le chapitre « Bases de données relationnelles »). Tout d'abord, à cause de l'autonomie des ressources et le passage à l'échelle mentionné plus haut, il est impossible de contrôler ou d'interroger toutes les données publiées sur le Web. Ensuite, ces données n'ont pas une structure homogène qui peut être décrite par un schéma de données. Le Web est ainsi souvent caractérisé comme un monde ouvert contrairement au monde fermé d'une base de données où les requêtes sont évaluées sur un ensemble fini de données structurées et cohérentes. Cette caractéristique a des conséquences fondamentales concernant la modélisation des données sur le Web et empêchent l'application de la sémantique des langages de requêtes traditionnels (Abiteboul et Vianu, 2000; Mendelzon et Milo, 1997).

3 Les moteurs de recherche

La tâche principale d'un moteur de recherche ressemble à celle d'un système de recherche documentaire classique et consiste à trouver les ressources/documents sur le Web dont le contenu publié est pertinent pour une requête posée par l'utilisateur. Pour accomplir cette tâche, les moteurs de recherche construisent d'abord un *index* (§ 3.1) qui sert ensuite à identifier des documents à partir des mots dans leur contenu (§ 3.2). Cette séparation fonctionnelle en une phase d'indexation et une phase d'interrogation est illustrée dans la figure 1 qui montre l'architecture fonctionnelle d'un moteur de recherche moderne comme Google ou Yahoo ! (Arasu et al., 2001).

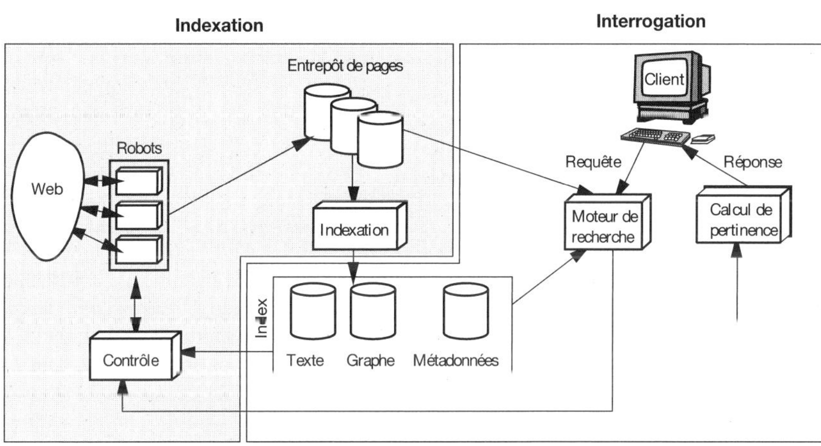

Figure 1 Architecture fonctionnelle d'un moteur de recherche

3.1 Acquisition et indexation

Un moteur de recherche est tout d'abord un immense index inversé créé à partir des informations textuelles et des liens publiés par les ressources (index *Texte* et *Graphe* dans la figure 1). Cette information est récupérée automatiquement à l'aide d'un ensemble de robots qui parcourent le graphe du Web et téléchargent les documents (pages HTML, mais également documents PDF, Word, ...) rencontrés pour les stocker dans un entrepôt de pages. Le module *indexation* extrait les mots et les liens des documents entreposés pour mettre à jour les index correspondants. Il applique également des opérations de normalisation de textes comme l'élimination de mots fonctionnels sans information sémantiquement riche et la réduction des mots à leurs racines (lemmatisation). L'index *Texte* est un index inversé qui stocke pour chaque terme (mot normalisé) la liste des localisations de ses occurrences dans la collection des pages indexées. La localisation contient l'identifiant de la page (son URL ou un identifiant plus court obtenu, par exemple, par l'application d'une fonction de hachage) et éventuellement des informations supplémentaires comme les positions des mots dans les pages et les balises HTML entourant les mots. Ces informations supplémentaires peuvent être prises en compte pendant l'interrogation et l'ordonnancement des documents (voir § 3.2) mais augmentent également la taille de l'index. L'index *Métadonnées* contient des métadonnées de gestion qui sont utiles pour la maintenance de l'index : longueur et type de la page pour estimer la durée de téléchargement et les traitements à effectuer pour l'indexation, le nombre d'images dans la page, le nombre de liens sortants (voir § 3.2), l'empreinte MD5[1] de la page pour détecter des changements, etc.

La complexité du processus de téléchargement vient du fait qu'il doit respecter des contraintes imposées par les capacités des ressources réseaux (bande passante) et des serveurs Web (nombre maximum de connections simultanées). La tâche du module de *contrôle* est alors de définir et d'exécuter une stratégie de chargement dont l'objectif est d'obtenir un index qui reflète le « mieux possible » le contenu de la plus grande partie du Web possible. Cette stratégie exploite des heuristiques sur la structure et l'évolution du Web pour choisir les pages à télécharger ou à rafraîchir, pour minimiser la charge sur chaque serveur Web, pour paralléliser le processus de téléchargement, etc. (Cho et Garcia-Molina, 2003).

Un deuxième problème important à traiter par les moteurs de recherche est la taille des index et le nombre de requêtes posées simultanément. Il peut être résolu par la fragmentation de l'index et la distribution des fragments sur plusieurs machines. La fragmentation est possible au niveau du vocabulaire des mots (index inversé global) ou au niveau des documents à indexer (index inversé local). Dans le premier cas, l'évaluation d'une requête nécessite l'intégration (la jointure) des résultats obtenus par les différents index, tandis que dans le deuxième cas, il suffit de faire l'union des résultats partiels. Pour des raisons d'efficacité, les moteurs de recherche actuels exploitent des index inversés locaux et effectuent des unions partielles de résultats (la plupart du temps l'utilisateur ne s'intéresse qu'aux dix ou vingt premiers éléments de la réponse). Cette optimisation est possible quand les identifiants sont triés localement par rapport à une mesure globale d'ordonnancement (voir § 3.2).

3.2 Interrogation et ordonnancement

L'interrogation d'un index consiste à trouver pour une requête donnée tous les (identifiants de) documents qui satisfont la requête. Dans le cas général, on suppose que les pages retrouvées contiennent tout ou partie des termes de la requête ce qui correspond à l'intersection des ensembles d'identifiants de pages trouvées pour chaque terme. D'autres opérations ensemblistes comme l'union et la différence permettent d'évaluer des combinaisons logiques (disjonction, négation) de termes.

Le nombre d'identifiants retournés dans une réponse peut être très élevé (plusieurs milliers) et oblige à trier les documents trouvés par rapport à une estimation de leur pertinence pour une requête et/ou leur importance parmi les autres documents. Une mesure de pertinence classique dans la recherche documentaire est fondée sur une représentation vectorielle des documents et de la requête. Les documents et la requête sont transformés en vecteurs pondérés où chaque dimension d'un vecteur correspond à un terme dont le poids est calculé en utilisant le schéma de pondération tf*idf (Salton et Buckley, 1988). La pertinence du document pour la requête est obtenue par le calcul du produit scalaire entre ces deux vecteurs (inversement proportionnelle à l'angle entre ces deux vecteurs). L'idée principale de la pondération *tf*idf* est (1) qu'un terme qui apparaît souvent dans un document (*tf* ou *term frequency*) « décrit mieux » le contenu du document qu'un terme moins fréquent et (2) qu'un terme qui apparaît dans moins de documents (*idf* ou *inverse document frequency*) est plus « informatif » qu'un terme qui apparaît dans tous les documents. Une multitude de variations de cette mesure améliorent sa qualité et sa précision dans différents contextes d'applications. Par exemple, quelques moteurs de recherche prennent en compte la position des mots dans les documents indexés et favorisent les mots qui apparaissent à l'intérieur de certaines balises comme `title` ou `h1`, `h2`, etc.

Les mesures de pertinence vectorielles sont largement utilisées dans la recherche documentaire et par les moteurs de recherche à cause de leur simplicité et leur efficacité. Le prix à payer pour cette efficacité est la possibilité d'influencer la pertinence d'un document et son rang dans le résultat en adaptant artificiellement son contenu. Par exemple, il est très facile pour un auteur d'ajouter des mots de recherche fréquents sous forme de commentaires et de faire ainsi apparaître son document en bonne position dans beaucoup de résultats de recherche. Ce type d'attaques est difficile à détecter automatiquement et nécessite des traitements

[1] MD5 (*Message Digest version 5*) est un algorithme d'identification qui permet d'obtenir pour chaque message une empreinte numérique (en l'occurrence une séquence de 128 bits) avec une probabilité forte que, pour deux messages différents, leurs empreintes soient différentes.

coûteux de la part des moteurs de recherche. Une solution est l'utilisation de mesures plus difficiles à contrôler et à influencer par l'auteur du document. Les mesures d'importance font partie de ce type de mesures qui calculent l'importance d'un document par l'analyse des liens générés par des auteurs supposés indépendants. Cette analyse peut être dépendante ou indépendante de la requête posée. Dans le premier cas, la mesure peut être calculée pendant la phase d'indexation des pages. Elle est appliquée par le moteur de recherche Google qui associe à chaque URL indexée un nombre appelé *PageRank*. Le deuxième type de mesure prend en compte les liens et la requête posée pour trier les éléments du résultat. Par exemple, l'algorithme HITS (Kleinberg, 1999) est fondé sur l'analyse des pages voisines autour du résultat de la requête. Elle associe à chaque page deux mesures qui expriment son autorité concernant la requête posée et son utilité pour retrouver des autorités.

Pour comprendre le principe des mesures d'importance fondées sur l'analyse des liens nous présentons brièvement la mesure *PageRank* comme elle a été définie par les fondateurs de Google (Brin et Page, 1998). L'idée principale est que chaque lien d'une page A vers une page B augmente le *PageRank* de la page B et que cette augmentation est proportionnelle au *PageRank* de la page A. Cette idée peut être formulée mathématiquement de la façon suivante : soient n pages $A_1, A_2, ..., A_n$ pointant vers une page B. Notons $PR(A_k)$ le *PageRank* de la page A_k, $N(A_k)$ le nombre de liens sortants présents dans la page A_k, et d un facteur compris entre 0 et 1, fixé en général à la valeur $0,85$. Alors le *PageRank* de la page B se calcule à partir du *PageRank* de toutes les pages A_k de la manière suivante :

$$PR(B) = d * \sum_{i=1}^{n} \frac{PR(A_i)}{N(A_i)} + \frac{1-d}{n}$$

Il est possible de donner à cette mesure une sémantique à la fois formelle et intuitive qui est fondée sur une représentation probabiliste du graphe du Web pour modéliser le parcours d'un « surfeur aléatoire ». Le *PageRank* d'une page A_i exprime ainsi la probabilité que le surfeur se trouve dans cette page A_i et la division $\frac{PR(A_i)}{N(A_i)}$ est la probabilité que le surfeur se trouve dans la page A_i et suit le lien sortant vers la page B. Le facteur $(1 - d)$ est la probabilité que l'utilisateur arrête la navigation pour tomber avec une probabilité $\frac{(1-d)}{n}$ sur une autre page choisie aléatoirement (par exemple après avoir posé une requête à un moteur de recherche).

La définition de la fonction $PR(X)$ est récursive et nécessite un calcul itératif jusqu'à la convergence (les valeurs de *PageRank* de chaque page ne bougent plus entre deux itérations). Un état de l'art des méthodes formelles pour calculer *PageRank* et d'autres mesures fondées sur une analyse des liens est présenté dans (Langville et Meyer, 2005).

3.3 Les métamoteurs

L'index de chaque moteur de recherche ne couvre qu'une partie du Web et aucun moteur de recherche ne peut prétendre aujourd'hui couvrir les index de tous ses concurrents. Les métamoteurs exploitent cette observation en fournissant un point d'accès unique qui intègre les réponses obtenues par un ensemble de moteurs de recherche. L'avantage de cette solution est évidente, car elle permet de prendre en compte une plus grande fraction du Web dans la réponse. Néanmoins, elle pose également un certain nombre de problèmes d'intégration et, plus particulièrement, le problème de fusionner des listes ordonnées par rapport à différentes mesures de pertinence (Dwork et al., 2001).

3.4 Le Web invisible

Les ressources dynamiques sont généralement ignorées par les robots et forment une sorte de Web invisible pour les moteurs de recherche. La première raison est la difficulté d'extraire automatiquement un échantillon ou la totalité du contenu d'une ressource dynamique (Raghavan et Garcia-Molina, 2001). La deuxième raison est liée au coût et à l'efficacité. Quand la génération automatique est possible (par exemple à travers un accès navigationnel) le nombre de pages créées peut devenir très important et rendre l'indexation par un moteur de recherche inefficace. Une meilleure solution est alors d'indexer uniquement les métadonnées associées à ces ressources (par exemple les formulaires d'interrogation), ce qui permet de les découvrir, et de les interroger directement ensuite (voir § 4).

4 XML et les bases de données

Les SGBD (systèmes de gestion de bases de données) représentent depuis longtemps une technologie importante du Web et différentes études (Bergman, 2000; Lawrence et Giles, 2000) montrent que le volume d'informations publiées par des ressources dynamiques est beaucoup (400 à 500 fois) plus important que le volume total des ressources statiques.

L'utilisation massive des bases de données dans les infrastructures de publication Web s'explique tout d'abord par le besoin d'outils performants de gestion de l'information quand le volume d'informations à publier devient important. Mais la longue expérience dans la modélisation de données structurées a également permis aux bases de données de jouer un rôle primordial dans la transformation et l'intégration d'information sur le Web (Florescu et al., 1998). Ce rôle est devenu encore plus important avec l'apparition du standard XML (*eXtended Markup Language*) qui a également élargi les possibilités de recherche d'information sur le Web.

4.1 Interrogation XML

À l'opposé du format HTML, XML permet de préserver la structure de l'information publiée grâce à des balises qui décrivent l'information qu'elles entourent. Initialement conçu pour la représentation et l'échange de documents structurés, XML est aujourd'hui considéré comme le format et modèle universel pour la représentation et l'interrogation de données semi-structurées sur le Web (Abiteboul et al., 1999). Mais XML a gagné sa place centrale dans les infrastructures Web aussi grâce à un ensemble de langages et outils pour la génération et la manipulation de documents XML. Ainsi tous les SGBD modernes proposent aujourd'hui des extensions XML pour le chargement, le stockage, la publication et l'interrogation de documents XML et deviennent ainsi des ressources Web dynamiques et *structurées*.

XQuery est le langage de requête XML proposé comme standard par le consortium W3C. Il s'agit d'un langage fonctionnel puissant qui permet d'interroger des ensembles de documents XML et de construire des documents nouveaux. Comme le langage de transformation XSLT, XQuery est fondé sur XPath pour la sélection de fragments XML à travers des *expressions de chemins* et sur un ensemble de fonctions et d'opérateurs pour la définition de prédicats et la construction de fragments nouveaux. En particulier, il est possible de formuler des requêtes structurées avec des prédicats plein-texte pour interroger des documents qui mélangent des fragments de texte avec des données structurées (voir le chapitre « Bases de documents XML »).

4.2 Intégration de données

L'utilisation de XML comme format de publication d'information ne donne pas seulement la possibilité de poser des requêtes structurées sur des ensembles de documents, mais permet également d'intégrer des fragments d'information qui proviennent de ressources de données différentes. On peut distinguer deux approches d'intégration de données. La première approche considère des ressources de données *dynamiques* qui sont capable d'évaluer des requêtes et de renvoyer des résultats sous forme de documents XML. Ce type de ressource peut être interrogé directement ou à travers un médiateur (Wiederhold, 1992) qui fournit une vue intégrée sur un ensemble de ressources hétérogènes. La deuxième approche est fondée sur la construction d'entrepôts de données qui contiennent une copie des informations récupérées sur le Web. Les fonctionnalitées d'un entrepôt XML (Xyleme, 2001) se situent entre celle d'un moteur de recherche en ce qui concerne l'acquisition et l'indexation des documents XML et celles d'un des entrepôts de données classiques (voir aussi le chapitre « Bases de données décisionelles ») en ce qui concerne les problèmes de l'intégration et l'interrogation des données.

L'approche médiateur favorise l'intégration de ressources qui sont toujours disponibles avec des mises à jour fréquentes. L'approche entrepôt facilite l'intégration de ressources statiques ou de ressources dynamiques avec des capacités d'interrogation limitées. Il existe également des approches hybrides qui essaient de combiner les avantages de ces deux approches en matérialisant les données dans un entrepôt et en utilisant l'approche médiateur pour leur intégration. Les deux approches doivent résoudre le problème de l'hétérogénéité structurelle et sémantique de l'information (voir le chapitre « Web sémantique » de la section I/11).

5 Les portails Web sémantiques

Les moteurs de recherche sont fondés sur l'indexation automatique et l'interrogation du *contenu textuel* des ressources Web. Même si cette technique donne des bons résultats, elle néglige les ressources dynamiques et tous les autres ressources dont le contenu textuel n'est pas suffisant pour mesurer et détecter la pertinence d'une ressource pour une requête donnée (Web invisible). Les portails sémantiques proposent une approche complémentaire à la recherche par contenu par l'interrogation de métadonnées sémantiques ou annotations qui décrivent les ressources indépendamment leur contenu textuel.

Le processus de création et d'interrogation de métadonnées sémantiques est contrôlé par l'utilisation d'ontologies. Similaire à un schéma de données, qui décrit la structure des données dans une base de données, une ontologie peut être considérée comme un schéma de métadonnées, qui définit le vocabulaire pour la création contrôlée de métadonnées sémantiques. On peut distinguer entre les portails thématiques qui utilisent des ontologies spécialisées dans des domaines précis (football, rock, etc.), et les portails universels dont l'ontologie décrit des connaissances plus générales sans cibler des communautés de personnes précises.

Il existe de nombreuses approches pour la construction de portails sémantiques, chacune étant confrontée au problème de la définition et de la gestion des ontologies et des métadonnées associées aux ressources.

5.1 Annuaires Web

Les annuaires Web sont des portails sémantiques où les ontologies correspondent à des hiérarchies de classes ou de catégories avec une sémantique d'inclusion entre les ensembles des instances (toutes les instances d'une classe sont également des instances de toutes ses superclasses). L'indexation consiste à classer les ressources à l'intérieur de cette hiérarchie (instancier les classes) qui devient un index sémantique pour la localisation de ressources.

Le problème principal des annuaires consiste à définir la hiérarchie des catégories et à maintenir l'index (les métadonnées). Cette tâche est généralement effectuée manuellement ou par un processus semi-automatique qui passe difficilement à l'échelle. Une solution adoptée par le projet ODP (*Open Directory Project*) est de fournir un protocole et des outils qui permettent à des volontaires de contribuer facilement à la définition des catégories et l'indexation des ressources.

La plupart des moteurs de recherche proposent des annuaires Web comme outils complémentaires à la recherche par contenu. Par exemple le moteur de recherche Google utilise la hiérarchie ODP pour la gestion d'un annuaire avec plus de 1,5 millions d'URL. Il est possible d'effectuer des recherches par contenu parmi les ressources d'une catégorie (et de toutes ses sous-catégories) et la mesure *PageRank* est utilisée pour trier les ressources à l'intérieur de chaque catégorie.

5.2 Portails Web sémantique

Les standards RDF (*Ressource Description Framework*) et OWL (*Web Ontology Language*) proposent des langages de métadonnées fondés sur des modèles de *représentation de connaissances* pour l'interrogation et l'intégration de ressources Web (voir aussi le chapitre « Web sémantique »).

RDF est une recommandation du consortium W3C qui propose un modèle de graphes pour représenter des métadonnées. Un graphe RDF est un ensemble de triplets de la forme $\{sujet, predicat, objet\}$ où, par exemple, le sujet peut être une ressource Web à décrire, le prédicat, une propriété de cette ressource comme son auteur et l'objet, la valeur de cette propriété (qui peut à son tour être une ressource avec des propriétés). Les différents composants d'un triplet RDF peuvent être des instances d'un schéma RDFS qui est un ensemble de classes reliées par des types de propriétés (graphe RDFS). Grâce à une syntaxe XML pour *sérialiser* les graphes RDF et RDFS, il est possible d'annoter des ressources Web et d'échanger ces annotations entre des applications et des utilisateurs. Le fonctionnement d'un entrepôt RDF peut être comparé à celui d'un moteur de recherche classique où les ressources HTML sont remplacées par des ressources RDF/XML qui représentent des ontologies et des métadonnées. La principale différence est la richesse du modèle RDF qui implique des traitements sémantiques complexes pendant l'interrogation des métadonnées. Par exemple, la possibilité de définir des hiérarchies de classes et de propriétés nécessite le développement de nouvelles techniques et structures d'indexation pour l'évaluation efficace de requêtes qui prennent en compte la sémantique d'inclusion de ces hiérarchies (Christophides et al., 2004).

Le langage OWL permet la définition de concepts nouveaux par des *expressions logiques* impliquant d'autres concepts et propriétés. Comme RDF, il utilise une syntaxe XML pour faciliter l'échange d'ontologies et de métadonnées. La grande différence se situe dans sa puissance d'expression qui est fondée sur la théorie des logiques de description. Par exemple, si dans RDF on peut définir le concept $Mere$ comme un sous-concept de $Femme$ avec une propriété $enfant$, OWL permet une définition plus précise par l'expression $Mere \sqsubseteq Femme \sqcap \exists enfant$, c'est-à-dire une mère est une femme qui a au moins un enfant. Les instances d'un tel concept ne sont plus créées explicitement (définition par extension), mais définies comme l'ensemble des objets qui satisfont la formule de définition. Cette représentation logique autorise la création d'ontologies très expressives et surtout l'analyse et la validation automatique par des algorithmes de raisonnement adaptés. Le calcul d'inclusion de concepts (subsomption) fait partie des problèmes de raisonnement les plus étudiés et utilisés pour la validation d'ontologies, la sélection et l'intégration de ressources dynamiques et l'optimisation de requêtes (voir § 4 et le chapitre « Web sémantique », section I/11).

6 Que choisir ?

Les propriétés des différents outils de recherche d'informations sur le Web sont résumées le tableau 1.

Les moteurs de recherche sont fondés sur l'indexation et l'interrogation du contenu du Web statique composé essentiellement de documents HTML. Ils représentent aujourd'hui les points d'accès principaux pour commencer une recherche d'information sur le Web. Les ressources dynamiques (bases de données et entrepôts XML) autorisent l'interrogation de données (semi-)structurées à travers des interfaces et langages d'interrogation qui prennent en compte le contenu et la structure de l'information. L'avantage est la possibilité d'intégrer et d'interroger des informations prove-

	Moteurs de recherche	BD et XML	Portails sémantiques
Couverture	Web statique	Web dynamique	Web sémantique
Interrogation	contenu	données (semi-)structurées	métadonnées
Indexation	automatique	automatique	semi-automatique
Avantages	universels	intégration	expressivité

Tableau 1 Comparaison de technologies de recherche d'informations

nant de différentes ressources. Le portails sémantiques exploitent le Web sémantique créé à partir d'ontologies et de métadonnées sémantiques pour découvrir des ressources Web. L'avantage principal est la prise en compte des connaissances partagées dans un domaine pendant l'indexation, l'interrogation et la présentation du résultat.

7 Conclusion

La recherche d'information sur le Web reste encore une tâche difficile qui nécessite une bonne compréhension des différents outils proposés. Parmi les perspectives d'amélioration de ces outils on peut citer trois directions de recherche et de développement qui sont complémentaires et dont la convergence fera évoluer le Web des pages HTML d'origine vers un *Web d'informations et de connaissances partagées*.

Le première direction est la construction et l'exploitation du Web sémantique qui a encore une place trop marginale parmi les outils de recherche d'information sur le Web. Les limitations actuelles se situent moins dans l'expressivité des modèles proposés par les standards, que dans la mise en œuvre de ces modèles et leur application concrète.

Une deuxième direction concerne l'approche centralisée dans l'indexation et l'interrogation des systèmes de recherche actuels. Cette approche nécessite des infrastructures très coûteuses pour maintenir des index de plus en plus grands avec des performances suffisantes. L'approche pair à pair est une approche alternative fondée sur des réseaux de « pairs » qui remplissent à la fois le rôle de fournisseur d'information, d'index et de client d'interrogation. L'avantage de cette solution est la possibilité de créer dynamiquement des « communautés » qui partagent des informations sans maintenir des structures centralisées.

La troisième direction est liée à XML, qui a fait évoluer la notion de ressource HTML dynamique vers la notion de *services Web* qui permet l'échange d'informations structurées sous forme de documents XML. Les services Web proposent un nouveau paradigme de programmation distribuée sur le Web utile pour la mise en œuvre de nouveaux modèles et infrastructures de partage d'informations.

Bibliographie

Abiteboul, S., Vianu, V. (2000). Queries and computation on the web. *Theor. Comput. Sci.*, 239(2) :231–255.

Abiteboul, S., Buneman, P., Suciu, D. (1999). *Data On the Web : From Relations to Semistructured Data and XML*. Morgan Kaufmann.

Arasu, A., Cho, J., Garcia-Molina, H., Paepcke, A., Raghavan, S. (2001). Searching the web. *ACM Transactions on Internet Technology*, 1(1).

Bergman, M. (2000). The deep web : Surfacing hidden value. White Paper. http ://www.brightplanet.com/deepcontent/tutorials/deepweb/index.asp.

Berners-Lee, T., Cailliau, R., Groff, J., Pollermann, B. (1992). World-Wide Web : The information universe. *Electronic Networking : Research, Applications and Policy*, 2(1) :52–58. Meckler Publishing, CT, USA.

Brin, S., Page, L. (1998). The anatomy of a large-scale hypertextual Web search engine. *Computer Networks and ISDN Systems*, 30(1–7) :107–117.

Cho, J., Garcia-Molina, H. (2003). Effective page refresh policies for web crawlers. *ACM Transactions on Database Systems*.

Christophides, V., Karvounarakis, G., Plexousakis, D., Scholl, M., and Tourtounis, S. (2004). Optimizing taxonomic semantic web queries using labeling schemes. *Journal of Web Semantics*, 1(2) :207–228.

Dwork, C., Kumary, R., Naor, M., Sivakumar, D. (2001). Rank aggregation methods for the web. In *WWW10*.

Florescu, D., Levy, A., Mendelzon, A. (1998). Database techniques for the world-wide web : A survey. *SIGMOD Record*, 27(3) :59–74.

Kleinberg, J. M. (1999). Authoritative sources in a hyperlinked environment. *Journal of the ACM*, 46(5) :604–632.

Kumar, S., Raghavan, P., Rajagopalan, S., Sivakumar, D., Tomkins, A., and Upfal, E. (2000). The web as a graph. In *Proceedings of the 19th ACM Symposium on Principles of Database Systems*.

Langville, A., Meyer, C. (2005). A survey of eigenvector methods of web information retrieval. *SIAM Review*, 47(1).

Lawrence, S., Giles, C. (2000). Accessibility of information on the web. *Intelligence*. article publi dans *Nature* en 1999.

Mendelzon, A. O., Milo, T. (1997). Formal models of web queries. In *PODS '97 : Proceedings of the sixteenth ACM SIGACT-SIGMOD-SIGART symposium on Principles of database systems*, pages 134–143, New York, NY, USA. ACM Press.

Raghavan, S., Garcia-Molina, H. (2001). Crawling the hidden web. In *Proceedings of the Twenty-seventh International Conference on Very Large Databases*.

Salton, G., Buckley, C. (1988). Term-weighting approaches in automatic text retrieval. *Inf. Process. Management*, 24(5) :513–523.

Wiederhold, G. (1992). Mediators in the architecture of future information systems. *IEEE Computer*, 25(3) :38–49.

Xyleme, L. (2001). A dynamic warehouse for xml data of the web. *IEEE Data Engineering Bulletin*, 24(2) :40–47.

Recherche par contenu visuel dans les grandes collections d'images

Valérie Gouet-Brunet

Mots-clés : descripteurs d'image, structures d'index multidimensionnels, malédiction de la dimension.

Résumé : à l'heure où la technoglogie numérique permet de produire, stocker et disséminer des volumes importants de données multimédia, automatiser la recherche d'images devient un enjeu crucial pour bon nombre d'applications. L'indexation d'une image à partir de l'analyse de son contenu visuel est une approche récente qui permet de réduire les ambiguïtés ou lacunes des techniques maintenant classiques d'indexation par le texte. Elle devient même la seule solution lorsque le volume d'images rend l'annotation textuelle irréalisable. La recherche par contenu visuel dans les grandes collections d'images est une problématique émergente née de l'intersection de deux domaines de recherche en informatique : l'analyse d'images et les bases de données. Dans ce chapitre, nous aborderons les solutions apportées par ces deux domaines pour cette problématique. Nous nous attacherons également à présenter les concepts et les nouvelles solutions qui en font désormais un domaine de recherche à part entière.

La technologie numérique permet aujourd'hui de nouvelles applications multimédia pour de nombreuses communautés. Par exemple, les professionnels de l'audiovisuel tels que les grandes chaînes de télévision numérisent et archivent les journaux télévisés, de même que l'Institut national de l'audiovisuel avec le patrimoine audiovisuel français. À la Bibliothèque nationale de France, les chercheurs numérisent les fonds patrimoniaux, dont une grande partie est disponible gratuitement grâce au projet Gallica. Et tout simplement le grand public avec la démocratisation de l'imagerie numérique, au travers des magnétoscopes et autres appareils-photos numériques. Ces nouvelles fonctionnalités conduisent à la production et au stockage de grands volumes de données numériques. Celles-ci peuvent être de plus en plus facilement disséminées avec l'essor des nouvelles techniques de diffusion comme la télévision numérique ou des réseaux ouverts comme l'Internet (catalogues en ligne, connections pair à pair, etc). Rechercher une ou plusieurs images dans une telle masse de données numériques n'est plus trivial. Le volume produit rend désormais insuffisantes et inadaptées les approches classiques d'exploration par le texte telles que l'utilisation de mots-clés ou de métadonnées associés aux images. D'autres modes doivent être envisagés. L'indexation d'une image à partir de l'analyse de son contenu visuel est une alternative récente qui permet de réduire les ambiguïtés ou lacunes des techniques d'indexation par le texte. Elle devient même la seule solution lorsque le volume d'images rend l'annotation textuelle irréalisable.

La problématique de la recherche par contenu visuel dans de grands volumes d'images se situe à l'intersection de deux domaines de l'informatique : l'*analyse d'images* et les *bases de données*. Les chercheurs en bases de données ont depuis longtemps proposé une large palette de méthodes d'optimisation permettant de faciliter la recherche dans les grands volumes de données. Jusqu'à récemment, les chercheurs en analyse d'images ont exclusivement concentré leurs efforts sur la mise au point d'approches de description du contenu visuel de l'image qui soient performantes en termes de reconnaissance. Les architectures développées étaient rarement organisées autour de bases de données et travaillaient pour la plupart en mémoire principale, sans l'aide d'aucune structure d'index. Les principales raisons invoquées étaient que d'une part, les volumes de données manipulés permettaient de se passer d'une organisation physique particulière et que d'autre part, les structures d'index proposées en bases de données n'étaient pas bien adaptées aux informations complexes extraites des images. Mais aujourd'hui, l'augmentation du volume des bases d'images et le développement de techniques de reconnaissance de plus en plus sophistiquées font que la problématique du *passage à l'échelle* des structures traditionnelles d'index trouve un regain d'intérêt auprès de ces deux communautés.

Développer un système de recherche d'images par contenu visuel (SRI) qui soit efficace pour les grandes collections d'images requiert ainsi une expertise à la fois en analyse d'images et en bases de données. En particulier, pour être performantes, les approches de description étudiées doivent tenir compte des problèmes inhérents aux espaces de grande dimension, de même que les structures d'index multidimensionnels doivent être appropriées à la distribution des descripteurs d'images.

Classiquement, un système de recherche d'images par contenu visuel comporte une phase hors ligne d'*indexation* de la base d'images et une phase en ligne de *recherche* à proprement dit, que nous décrivons dans les deux paragraphes suivants.

Indexation de la base d'images

La phase d'indexation suit deux étapes successives :

1. *Extraction des caractéristiques visuelles.* Cette étape consiste à extraire de l'image un résumé de son apparence visuelle par des méthodes d'analyse d'images. La méthode employée pour extraire ce résumé porte le nom de *descripteur* d'image. Après extraction des caractéristiques visuelles, le contenu visuel de l'image est décrit par un vecteur numérique (ou un ensemble de vecteurs), que l'on appelle généralement *signature* de l'image. La mise en place d'un descripteur consiste également à associer aux signatures une *mesure de similarité.* Au moment de la recherche, deux images seront jugées similaires si leurs signatures sont similaires au sens de cette mesure de similarité. Le descripteur n'est pas universel pour une image donnée, l'information extraite devant être pertinente pour l'usage visé. Il doit être fidèle au contenu *syntaxique* et *sémantique* de l'image tout en étant *compact.* Le § 1 passe en revue les principales catégories de descripteurs d'images existant.

2. *Structuration de l'espace des signatures.* Indexer l'espace des signatures consiste à organiser cet espace selon une structure d'index (généralement multidimensionnel) permettant d'accélérer la recherche. Si l'ensemble de l'espace et de la structure ne peuvent pas être chargés en mémoire principale, l'optimisation porte sur la réduction du nombre d'accès au disque. Les approches les plus récentes s'attachent également à réduire les coûts en temps processeur correspondant généralement au calcul de la mesure de similarité. La recherche via un index doit naturellement être plus rapide qu'un parcours exhaustif de l'espace. Pour être efficace, la structure développée doit prendre en compte les propriétés de l'espace des signatures. Cet aspect est traité § 2. Les principales techniques de structuration sont quant à elles décrites § 3.

Le rapprochement de deux communautés de recherche peut poser quelques problèmes de vocabulaire. Notamment, il est important de souligner que le terme « indexation » est employé dans la communauté de l'analyse d'images comme dans celle des bases de données, mais n'y revêt pas la même signification ! En analyse d'images, *indexer une image* correspond à l'étape (1) d'extraction des caractéristiques visuelles. Ici, l'index est la signature de l'image. La communauté des bases de données parle quant à elle d'*indexation de la base d'images*, ce qui correspond à l'étape (2) de structuration de l'espace des signatures. Dans ce cas, l'index est la structure issue de cette organisation.

Recherche dans la base d'images

Une fois la base d'images indexée, la phase de recherche peut revêtir plusieurs formes. La plus ancienne et la plus classique est la *recherche par similarité visuelle à partir d'un exemple.* Dans sa forme la plus simple, le système reçoit en entrée une image exemple et retourne l'ensemble des images les plus similaires à cette image, au sens de la mesure de similarité associée à la signature. La recherche implique de trouver *les plus proches voisins* de la signature associée à l'image requête (voir § 3). Ce mode est illustré par l'exemple (a) de la figure 1⋆ obtenu à partir du moteur IKONA[1]. La requête peut aussi porter sur une partie ou un objet de l'image requête, voir l'exemple (b) de la figure 1 ; dans ce cas, le système retourne les images impliquant les parties/objets les plus similaires. La recherche par l'exemple convient bien à une grande partie des besoins, comme nous le verrons § 4 à travers deux applications.

(a) Recherche globale approximative, à partir de descripteurs de couleur, texture et forme

(b) Recherche locale précise, à partir de descripteur de points d'intérêt

Figure 1 Recherche d'images par contenu visuel : Deux scénarios de recherche par l'exemple dans une base d'images généraliste (sources : Images Du Sud et INA) à partir du moteur de recherche IKONA. Chaque requête porte sur le rectangle blanc de la photo présentée en haut à gauche dans l'interface de visualisation. La requête (a) est réalisée sur l'image entière et la requête (b) sur une partie de l'image (un tournesol) détourée manuellement par l'utilisateur. Les photos retournées sont classées par ordre décroissant de similarité visuelle, seules les neuf premières réponses sont présentées ici. On observe que la requête (a) retourne des images traduisant une ambiance globale de « jardins en fleur » alors que la requête (b) permet de retrouver des images contenant précisément l'objet d'intérêt.

1 Aperçu des méthodes d'extraction de caractéristiques visuelles

Les méthodes de description de l'image dépendent des applications considérées. Pour des bases d'images au contenu hétérogène (on parle de bases d'images *génériques*) , il existe deux classes de descripteurs d'images : les descripteurs *globaux* qui sont présentés § 1.1 et les descripteurs *locaux* présentés § 1.2. Lorsque les bases d'images sont relatives à un domaine *spécifique*, des descripteurs spécifiques sont alors préconisés (cf. § 1.3).

1.1 Description globale de l'image

En indexation d'images, l'apparence visuelle globale d'une image est résumée par trois attributs de bas niveau : la *couleur*, la *texture* et la *forme*. Ces attributs ont été intégrés dans la norme MPEG-7[2]. Nous les présentons brièvement ci-dessous et renvoyons le lecteur au chapitre « Indexation des données et recherche dans les bases multimédias » de la section I/4 pour plus de détails.

La *couleur* est l'un des éléments les plus représentatifs du contenu d'une image. Les travaux de Swain et Ballard (Swain and Ballard, 1991) relatifs à l'indexa-

[1]IKONA est un moteur de recherche d'images par contenu visuel développé par l'INRIA.

[2]MPEG-7 : standard ISO/IEC pour la description de contenus multimédias. Parmi un large spectre d'applications, cette norme traite de la problématique de l'indexation d'images (fixes ou animées) par contenu visuel. Pour une introduction à MPEG-7, le lecteur peut consulter le chapitre « Indexation des données et recherche dans les bases multimédias » de la section I/4.

tion de la couleur constituent la référence et marquent même les débuts de l'indexation d'images. De nombreux espaces colorimétriques existent : RVB est le plus classique mais des espaces comme CIELab ou CIELuv s'avèrent mieux adaptés à la perception humaine de la couleur et donc à la recherche d'images par similarité visuelle. La distribution des couleurs dans l'image est le plus souvent décrite par un histogramme couleur qui représente la fréquence d'apparition des différentes couleurs. Un tel descripteur est résistant aux principales transformations géométriques que peut subir l'image, ce qui le rend bien adapté à une recherche approximative globale.

Caractériser la *texture* de l'image fournit une bonne information sur l'arrangement structurel des surfaces dans l'image. Deux grandes classes d'approches existent, l'une est basée sur des mesures statistiques alors que l'autre implique des mesures fréquentielles. Une approche statistique répandue est basée sur une analyse psychovisuelle de la texture particulièrement bien adaptée pour l'indexation d'images. Quant aux approches fréquentielles, elles proviennent largement du domaine du traitement du signal. Citons la transformée de Fourier et ses variantes, les filtres de Gabor et la transformée en ondelettes.

La description de la *forme* ou de la structure de l'image requiert en général deux niveaux de traitement. Elle nécessite en premier lieu une segmentation de l'image en régions ou au moins une extraction des contours. Ensuite, outre l'utilisation de caractéristiques simples comme la longueur ou la courbure des formes extraites, une technique simple consiste à caractériser la distribution de l'orientation des gradients sur les contours, sous la forme d'un histogramme par exemple. D'autres approches plus sophistiquées existent, citons le codage par chaines (codage de Freeman, codage différentiel), les descripteurs de Fourier, les moments de Hu ou de Zernike.

Les trois classes de descripteurs qui viennent d'être présentées étant complémentaires, elles peuvent être combinées selon les besoins. La figure 1(a) illustre un scénario de recherche à partir d'une combinaison linéaire de ces descripteurs. Dans la mesure où elles caractérisent l'image dans sa globalité, ces approches permettent une recherche que l'on qualifie d'*approximative*. Elles rendent compte d'une *ambiance visuelle* mais ne permettent pas la recherche de parties d'images ou d'objets. Les § 1.2 et 1.3 ci-après concernent ce type de requêtes.

1.2 Description locale de l'image

À l'opposé des approches globales, les approches de description locale visent à décrire le contenu de l'image *localement*. Elles offrent ainsi la possibilité d'effectuer une recherche sur une partie de l'image ou encore sur un objet présent dans l'image. La sélection étant définie explicitement sur une partie de l'image, on a l'habitude de leur associer le paradigme de *requêtes partielles*. Pour les bases d'images génériques, deux techniques de description entrent dans ce cadre. Elles mettent en jeu des primitives de l'image de nature différente :

- *des régions d'intérêt* : la phase d'indexation de l'image consiste à découper celle-ci en régions selon une approche de segmentation. Lorsque l'on n'a aucune connaissance a priori sur le contenu de la base d'images, il est difficile de réaliser une segmentation qui corresponde précisément aux objets que l'on souhaitera reconnaître par la suite. En général, il est préférable que la segmentation réalisée reste assez grossière, de façon à produire un petit nombre de régions qui constituent des zones visuellement cohérentes et pertinentes comme requête. Pour être discriminantes, ces régions doivent présenter une certaine variabilité photométrique, qu'il faut décrire finement. Nous renvoyons le lecteur à l'ouvrage (Boujemaa et al., 2004) ainsi qu'au chapitre « Indexation des données et recherche dans les bases multimédia » de la section I/4 pour un éventail des techniques de segmentation en régions et les méthodes de caractérisation associées.
- *des points d'intérêt* : l'image est décrite dans son intégralité par un ensemble de *points d'intérêt*, également appelés *points clés* ou *points saillants*, qui sont extraits automatiquement pendant la phase d'indexation. Ces points représentent les sites de l'image caractérisés par une forte variabilité locale, jugée discriminante et plutôt stable face au bruit et aux transformations photométriques ou géométriques que peut subir l'image. C'est cette variabilité locale modélisée pour chaque point extrait qui est retenue comme descripteur du point. L'ensemble de vecteurs obtenu constitue un *résumé compact* de l'image. Au moment de la recherche, l'utilisateur définit dynamiquement la partie de l'image qui l'intéresse et seul le sous-ensemble de points d'intérêt correspondant est recherché dans la base. En outre, la répartition spatiale des points dans l'image rend cette technique résistante aux occultations. La figure 1(b) illustre la notion de requêtes partielles par points d'intérêt. De nombreuses méthodes d'extraction et de caractérisation de points d'intérêt existent dans la littérature, un point de départ est (Boujemaa et al., 2004). Le lecteur peut aussi se référer au chapitre « Traitement des images numériques »

de la section I/8 qui traite de l'extraction de telles primitives dans les images.

Les deux approches venant d'être présentées ne décrivent pas la même information visuelle dans l'image, ce qui les destine à des usages différents : les points d'intérêt se prêtent mieux à la recherche fine d'objets ou de parties d'images au contenu hétérogène, alors que l'approche basée sur une segmentation en régions se focalise sur les zones dominantes de l'image. Le support région étant déterminé pendant la phase d'indexation, la sélection au moment de la recherche se limite à choisir parmi les régions proposées. Le support point permet quant à lui une sélection interactive de la zone de recherche. En contrepartie, le prix à payer pour cette flexibilité est l'extrême lourdeur du descripteur, qui impose l'utilisation de structures d'index multidimensionnels pour être opérationnel. Le choix entre ces deux approches doit être motivé par l'application ou par les besoins de l'utilisateur en termes de précision de la recherche au prix du temps de réponse. En tout cas, leur complémentarité en fait un atout pour répondre aux différents scénarios de requêtes partielles (Boujemaa et al., 2004).

1.3 Descripteurs spécifiques

Les descripteurs sus-cités ne supposent aucune connaissance a priori sur la nature des images/objets à indexer. Par descripteurs spécifiques, on entend des descripteurs dédiés à des bases d'images ou des classes d'objets relatifs à un domaine particulier, la biométrie ou la numismatique par exemple. Ces descripteurs exploitent la spécificité de la classe des objets à reconnaître et s'attachent à caractériser la variabilité des objets dans cette classe. Idéalement, cette variabilité est estimée par apprentissage statistique à partir d'un ensemble de vues représentatives des objets de la classe. Pour la reconnaissance de visages, les approches *EigenFaces* et *FisherFaces*, étudiées et comparées par exemple dans (Belhumeur et al., 1997), illustrent bien ce type d'approche.

1.4 Composition de requêtes

Rechercher dans une base de photos aériennes une image représentant « une caserne à côté d'un aéroport dans le désert » implique l'utilisation conjointe de plusieurs des descripteurs que nous avons passés en revue. Dans ce cas, la requête est composée de plusieurs parties d'image. Mais surtout, elle met en jeu des relations ou contraintes spatiales (« à côté de », « dans ») entre les différents éléments qui la composent. Ces relations sont souvent modélisées par des graphes d'adjacence entre régions. Le lecteur peut par exemple consulter (Rigaux et al., 2001) pour plus de détails sur les bases de données spatiales.

2 Structure des espaces de description

Les différents descripteurs d'images que nous avons passés en revue dans précédemment font apparaître plusieurs catégories d'espaces de description pour lesquels nous proposons une typologie § 2.1. Au § 2.2, nous introduisons quelques-uns des phénomènes bien connus qui se produisent lorsque la dimension de l'espace de description est grande. Une alternative pour minimiser ces effets est de réduire cette dimension. Les approches de réduction de la dimension sont décrites § 2.3.

2.1 Une typologie des espaces de description

La distribution des signatures dans l'espace de description des images dépend naturellement des descripteurs employés et des images de la base. Néanmoins à l'heure actuelle, une signature d'image se place généralement dans l'une des deux catégories suivantes :

- elle est représentée par un seul vecteur par image. C'est le cas avec les descripteurs globaux ou bien avec certains descripteurs spécifiques comme les descripteurs de visage. L'espace engendré est généralement de grande dimension et moyennement peuplé (par rapport à l'autre catégorie). Par exemple, une base de 100 000 images décrites par un histogramme couleur échantillonné sur 216 couleurs conduit à un espace de 216 dimensions contenant 100 000 points ;
- elle est représentée par plusieurs vecteurs de même dimension par image, avec potentiellement des relations ou contraintes entre vecteurs. C'est le cas avec l'approche par descripteurs locaux. L'espace engendré est de moindre dimension mais contient un grand nombre de vecteurs. Par exemple, une base de 100 000 images décrites par 300 points d'intérêt caractérisés par 17 invariants conduit à un espace de 17 dimensions contenant 30 millions de points reliés par des contraintes géométriques.

Une telle typologie fait apparaître des catégories d'espaces de description spécifiques aux bases d'images, qui diffèrent fondamentalement en termes de *dimension des données* et de *taille de la population des données*. Pour être efficaces, nous verrons que les techniques d'indexation multidimensionnelle ne doivent négliger aucun de ces deux paramètres. Des exemples de signatures de différente nature sont donnés dans le tableau 2.1.

Descripteur	Classe	Taille/image	Dimension
Histogramme couleur	global	1	>200
Filtres de Gabor	global	1	$\sim$48
Régions d'intérêt	local	2-20	$\sim$20
Points d'intérêt	local	100-500	8-30

Tableau 1 Caractéristiques des espaces de description associés à différents descripteurs d'images. Les taille et dimension données sont des ordres de grandeur représentatifs des descripteurs existants

2.2 La malédiction de la dimension

Des phénomènes mathématiques particulièrement non intuitifs peuvent être observés quand la dimension de l'espace des données augmente. Ces effets portent le nom de *malédiction de la dimension*, qui est une traduction de l'anglais *curse of dimensionality*. Ils sont notamment passés en revue dans les études (Weber et al., 1998; Böhm et al., 2001) menées pour l'indexation multidimensionnelle, mais seulement dans le cadre d'une *distribution uniforme* des données. De nombreuses techniques d'indexation sont basées sur le partitionnement de l'espace en volumes englobant les données. Or on peut observer que les volumes et les surfaces augmentent de manière exponentielle avec la dimension de l'espace, ce qui conduit à une forte augmentation du temps de réponse des algorithmes de recherche. Au-delà d'une certaine dimension, un parcours séquentiel de l'espace devient même plus performant qu'un parcours d'index.

Une autre observation révèle que le nombre de cellules obtenues par partitionnement de l'espace croît exponentiellement avec la dimension. Elle porte généralement le nom de *phénomène de l'espace vide* qui indique que plus la dimension est grande, plus le nombre de cellules vides est important pour un nombre de vecteurs fixe.

Un autre phénomène, dit de *concentration des mesures*, est lié aux distances entre vecteurs : en grande dimension, les distances deviennent statistiquement identiques. Dans ces conditions, le bruit provenant de l'acquisition des données perturbe trop les métriques habituelles.

D'autres effets encore sont observables (Weber et al., 1998; Böhm et al., 2001). Tous mettent clairement en lumière que les structures d'index multidimensionnels, très souvent pensées pour des petites dimensions, peuvent devenir inefficaces en grande dimension. Ceci nous amène naturellement à poser la question suivante : *quelle est la limite entre les espaces de faible et de grande dimension ?* La littérature actuelle ne fournit malheureusement pas de réponse unique et définitive. Au premier abord, certains considèrent qu'un espace est de grande dimension lorsqu'il dépasse les trois dimensions du monde réel, devenant ainsi non visualisable.

Dans le cadre de l'indexation multidimensionnelle, une solution consiste à dire qu'un espace est de grande dimension dès lors qu'un parcours séquentiel est plus performant qu'un parcours d'index. L'analyse quantitative faite par Weber et al. (Weber et al., 1998) sur des données suivant une distribution uniforme, montre ainsi qu'à partir d'une dimension moyenne de 10, un parcours exhaustif est plus rapide qu'un parcours d'index tels que le X-tree ou le R*-tree.

L'année d'après, en apportant une preuve mathématique au phénomène de concentration des mesures, Beyer et al. (Beyer et al., 1999) ont validé expérimentalement que, sous certaines hypothèses d'indépendance sur la distribution des données, la recherche des plus proches voisins devient réellement instable lorsque la dimension dépasse 20.

Il n'y a cependant pas d'école unique : les chercheurs en apprentissage statistique sont aujourd,hui eux aussi confrontés à des données de grande dimension, ce qui les obligent à repenser les modes de représentation, d'accès et de traitement des données issus des années quatre-vingt-dix. Dans ce contexte, une proposition intéressante a été faite plus récemment dans (Verleysen, 2003) : elle consiste à mettre en rapport la dimension avec la taille de la population de l'espace. Faisant référence au phénomène de l'espace vide sus-cité, l'auteur pose qu'un espace est *de grande dimension* (ou *de petite taille*) quand la taille de sa population n'augmente pas exponentiellement avec sa dimension. Bien que difficilement évaluable, cette analyse illustre bien l'idée que *taille* et *dimension* des données sont intimement liées en indexation multidimensionnelle. Appliquée aux bases d'images, une telle proposition étiquette la première catégorie d'espace introduite § 2.1 comme étant de grande dimension.

Face à la problématique de la malédiction de la dimension, le domaine de l'analyse des données peut fournir des alternatives : celles-ci consistent à réduire la dimension de l'espace en réorganisant l'information portée par les données. Nous en abordons les grands principes dans la section suivante.

2.3 Réduction de la dimension

Par manque de connaissance sur la distribution des données collectées, il peut arriver que des relations existent entre composantes de vecteurs, ou même que certaines composantes véhiculent une information non réellement pertinente. L'espace engendré exprime alors plusieurs fois le même type d'information ou est caractérisé par des dimensions superflues. Cette information inutile peut être éliminée ou au moins réduite en déterminant la *dimension intrinsèque* des données : c'est la dimension du plus petit sous-espace qui permet de représenter les données tout en conservant la même quantité d'information.

Les méthodes qui permettent de transformer les données dans l'espace correspondant à leur dimension intrinsèque portent le nom de *méthodes de réduction de la dimension*. Lorsqu'elles sont linéaires, ces méthodes consistent à estimer une transformation linéaire entre l'espace original et un nouvel espace dans lequel chaque axe représente la quantité d'information portée par la composante associée. L'approche linéaire la plus répandue est certainement l'analyse en composantes principales (ACP), pour laquelle il existe plusieurs variantes (Gerbrands, 1981). Le principe général de l'ACP réside dans l'estimation d'un nouvel espace dont les axes sont orthogonaux et assurent une dispersion maximale de chaque composante. La réduction de la dimension s'effectue en éliminant les axes porteurs de peu d'information, autrement dit ceux pour lesquels la variance des données est faible.

Des approches non linéaires ont également été proposées. Elles permettent de tenir compte de dépendances non linéaires entre composantes et sont en général moins sensibles au bruit des données que les approches linéaires. En revanche, leur inconvénient majeur est que la dimension de l'espace réduit doit être fixée a priori. La plupart d'entre elles sont itératives et consistent à minimiser une fonction de coût relative aux distances entre vecteurs. Les plus connues relèvent principalement de la statistique, citons l'analyse en composantes curvilinéaires (Demartines and Hérault, 1997) et le cadrage multidimensionnel (Cox and Cox, 2001). En parallèle, l'approche *FastMap* (Faloutsos and Lin, 1995) a été spécifiquement développée à des fins d'indexation de grands volumes de données multidimensionnelles. Elle est purement heuristique, mais contrairement aux autres approches, elle possède les avantages d'avoir une complexité linéaire et de permettre les insertions.

À l'heure actuelle, il n'existe malheureusement pas de solution idéale pour réduire efficacement les espaces de données de grande dimension. En effet, il est rare que dans la pratique les données aient des composantes en dépendance linéaire et soient exemptes de bruit, limitant ainsi les approches linéaires. Quant aux approches non linéaires, elles semblent difficilement exploitables puisqu'elles nécessitent généralement la connaissance de la dimension intrinsèque des données.

3 Indexation multidimensionnelle

Les requêtes associées aux bases de données image sont différentes de celles associées aux bases de données traditionnelles, où la recherche dite *exacte* est la plus courante (« Je recherche les employés âgés de 25 ans »). Comme cela a déjà été dit § 1, c'est principalement la recherche d'images par similarité à partir d'un exemple qui fait référence en indexation d'images. Elle peut revêtir plusieurs formes, que nous explicitons § 3.1. Le § 3.2 dresse ensuite un panorama des principales structures d'index multidimensionnels existantes et est illustrée en donnant le principe général de la structure M-Tree. Enfin, pour clôturer ce panorama, nous présentons § 3.3 le nouveau concept de recherche qu'est la recherche approximative.

3.1 Taxonomie des types de requêtes

Qu'il s'agisse de descripteurs globaux, locaux our spécifiques, la recherche d'images par similarité visuelle à partir d'un exemple passe par la recherche des vecteurs voisins d'un vecteur requête q. Cette opération peut se décliner en trois stratégies :

1. *Recherche par intervalle :* chercher les vecteurs r dont les composantes r_i sont telles que : $|q_i - r_i| < s_i$, où les $\{s_i\}$ représentent les seuils associés à chaque dimension. En d'autres termes, il s'agit de déterminer les vecteurs présents dans un hyper-rectangle centré en q.
2. *Recherche des k plus proches voisins :* chercher les k vecteurs les plus proches de q, au sens de la mesure de similarité associée aux vecteurs.
3. *Recherche à ϵ près :* chercher les vecteurs se trouvant à une distance inférieure à un seuil ϵ, au sens de la même mesure de similarité. Si par exemple cette mesure est la distance euclidienne, cela revient à déterminer l'ensemble des vecteurs présents dans l'hypersphère (q,ϵ).

Très classique en bases de données spatiotemporelles où la dimension des données est faible (≤ 4), la recherche par intervalle n'a que peu d'applications en recherche d'images par contenu visuel. En effet, si la signature d'une image est représentée par un ou plusieurs vecteurs, rechercher des images similaires revient plutôt à déterminer les vecteurs les plus proches au sens de la mesure de similarité qui leur est associée.

Les stratégies (2) et (3) sont donc mieux adaptées à la recherche d'images. Elles diffèrent fondamentalement de part la nature de leurs paramètres : k est fonction du contenu de la base puisqu'il doit correspondre au nombre de vecteurs similaires au vecteur requête, alors que le paramètre ϵ est généralement lié à la méthode de description de l'image et plus précisément à la variabilité de la signature d'image pour un ensemble d'images similaires. En conséquence, ces stratégies ont certains avantages et inconvénients : k est en général facile à fixer et la recherche des k plus proches voisins garantit k vecteurs résultats. En revanche, les réponses peuvent impliquer des vecteurs trop éloignés correspondant à des images non similaires. Ce problème est contourné avec la recherche à ϵ près, mais celle-ci nécessite une bonne connaissance de la distribution des vecteurs pour déterminer ϵ. Une telle connaissance est souvent difficile à modéliser. Une solution consiste à estimer ϵ par apprentissage de la variabilité de la description sur un jeu de données, ce que l'application ne rend pas toujours possible.

La plupart des structures d'index qui vont être présentées ci-après prend en compte ces deux stratégies de recherche.

3.2 Structures d'index multidimensionnels

Une grande partie des structures multidimensionnelles a été développée pour l'indexation des bases de données en général ou des bases de données spatiales. Elles s'attachent à traiter l'accès à la mémoire secondaire. D'autres sont plus récentes et affrontent notamment les problèmes inhérents aux espaces de grande dimension. Nous ne rentrons pas dans les spécificités de ces approches qui sont trop nombreuses pour être détaillées ici.

Principe général

L'idée maîtresse des méthodes de structuration des espaces de données réside dans le regroupement des données en *paquets*. Chaque paquet regroupe un ensemble de données proches dans une zone de l'espace. Les paquets proches peuvent être assemblés pour constituer un plus gros paquet, et ainsi de suite, donnant naissance à une structure hiérarchique arborescente dans laquelle chaque nœud est associé à un paquet de données. Le principe de la recherche des plus proches voisins d'un vecteur requête consiste alors à mesurer la distance entre ce vecteur et un paquet de la hiérarchie. Si ce dernier est jugé suffisamment proche, il faut continuer la recherche dans les paquets de niveau inférieur, sinon cette partie de l'espace peut être d'emblée éliminée de la recherche. Une telle structuration permet de minimiser le nombre de vecteurs de l'espace à considérer pendant la recherche. Par conséquent, le temps processeur global, correspondant au calcul des mesures de similarité, s'en trouve notablement réduit. Si la structure et les données sont intégralement contenues en mémoire principale, alors le nombre d'entrées/sorties reste inchangé. Dans le cas contraire, les entrées/sorties correspondant à la lecture des données sur le disque (ou mémoire secondaire) peuvent être avantageusement réduites si le contenu d'un nœud à visiter est regroupé sur un minimum de pages du disque. Cette organisation physique favorise une gestion efficace des données sur disque. Elle est à l'origine des structures d'index en bases de données, la toute première étant le B-tree[1].

Selon la structure d'index considérée, il existe de nombreuses stratégies pour regrouper les données en paquets. Ces derniers sont la plupart du temps répartis dans des volumes de forme géométrique élémentaire, comme des hypercubes, des hypersphères ou parfois leur intersection. S'assurer alors de la proximité du vecteur requête de telles formes n'est pas cher en temps de calcul. Les algorithmes associés diffèrent bien sûr si la requête est de type recherche des k plus proches voisins ou bien recherche à ϵ près (Böhm et al., 2001).

Les structures d'index multidimensionnels traditionnelles en bases de données se répartissent en deux catégories qui diffèrent de la façon dont les paquets de données sont construits : les techniques basées sur le *partitionnement des données* et celles basées sur le *partitionnement de l'espace*. Pour la plupart, ces structures favorisent une gestion efficace des données en mémoire secondaire et visent donc à réduire les entrées/sorties. Nous passons en revue ces deux catégories ci-dessous, avant de présenter d'autres types d'approches.

Partitionnement des données

Ces techniques consistent à regrouper les données en paquets en tenant compte de leur distribution dans l'espace. La technique la plus connue est le R-tree pour *Rectangle tree* (Guttman, 1984). Toutes les autres techniques de cette catégorie en sont des variantes. À l'origine, le R-tree a été développé pour les bases de données spatiales. Dérivée de la classique structure arbre B, c'est une structure arborescente qui regroupe les données en rectangles. Chaque rectangle est le rectangle minimal englobant les données ; il est associé à un

[1] Le B-tree, pour *Balanced tree* (Bayer and McCreight, 1972), permet de structurer les données selon l'une des dimensions. Consulter par exemple le chapitre « Architecture et performances » pour davantage de détails sur cette structure ainsi qu'un exemple.

nœud de l'arbre et à une page disque qui en détermine la taille. Les feuilles de l'arbre contiennent les données alors que les nœuds intermédiaires stockent la hiérarchie de rectangles englobants. Le lecteur peut se reporter au chapitre « Bases de données spatio-temporelles » pour un exemple de R-tree.

Les R^+-tree, R^*-tree et X-tree sont des adaptations de cette technique aux espaces multidimensionnels (Böhm et al., 2001). Elles s'attachent en particulier à éliminer ou à réduire le recouvrement entre les hyper-rectangles, de façon à minimiser les branches d'arbre à parcourir. Le R-tree et ses variantes ont été évalués pour l'indexation d'espaces multidimensionnels. Malgré toutes les précautions prises, elles ont montré une dégradation des performances dans les grandes dimensions. En effet, le volume du recouvrement entre hyper-rectangles augmente avec la dimension, ce qui a pour conséquence de faire tendre la recherche vers un parcours complet de l'arbre.

Les techniques SS-tree (*Similarity Search tree*) et SR-tree (*Sphere Rectangle tree*) (Böhm et al., 2001) sont assez proches de la famille R-tree. Ces techniques s'appuient sur certaines des propriétés des hypersphères pour minimiser les phénomènes liés à la malédiction de la dimension. Le SS-tree a de meilleures performances que le R^*-tree mais n'atteint pas celles du X-tree. Le SR-tree peut être vu comme la combinaison du R^*-tree et du SS-tree, les nœuds étant définis comme l'intersection de rectangles et de sphères. Des évaluations ont montré que le SR-tree est plus performant que le SS-tree et le R^*-tree, mais nous n'avons répertorié aucune comparaison avec le X-tree.

D'autres techniques de partitionnement des données existent (voir par exemple (Böhm et al., 2001) pour un état de l'art avancé).

Partitionnement de l'espace

Les approches par partitionnement de l'espace consistent à découper *a priori* l'espace en régions, sans tenir compte de la distribution des données. Les structures d'index qui en découlent sont en général simples à mettre en place et à gérer. Les régions ainsi générées ont l'avantage de ne présenter aucun recouvrement. L'inconvénient est que l'espace entier est représenté dans ce type de structures, certaines parties vides seront donc inutilement visitées pendant la recherche.

Ces techniques sont dérivées du k-d-tree (Bentley, 1979) , qui est un arbre binaire multidimensionnel consistant pour chaque niveau de l'arbre à partitionner l'espace en deux sous-espaces successivement selon chaque dimension.

Le LSD-tree (Böhm et al., 2001) pour *Local Split Decision tree* est une structure d'index simple similaire au k-d-tree mais organisée en deux niveaux : le premier niveau est entièrement stocké en mémoire principale et caractérise le partitionnement réalisé (à la façon du k-d-tree). Le deuxième niveau représente les feuilles qui contiennent les pages de données. Lorsque la base de données est trop volumineuse, les nœuds sont répartis sur deux niveaux, dont l'un est stocké sur le disque. Le LSD^h-tree (Böhm et al., 2001) est une amélioration du LSD-tree pour les données de très grande dimension, qui s'attache à minimiser le nombre de sous-espaces vides, très nombreux en grande dimension.

Citons également les algorithmes de type grille ou *grid-file* introduits dans (Nievergelt et al., 1984) qui se basent sur le même algorithme de partitionnement que le k-d-tree. Le contenu de chaque partition obtenue est stocké sur une page disque et les adresses de ces partitions sont représentées en mémoire par une table de hachage dynamique.

Indexation dans les espaces métriques

Certaines données peuvent ne pas être traduites sous forme de vecteurs ou être géométriquement difficiles à interpréter. Cependant, si on peut leur associer une mesure de similarité exprimable sous forme de distance, alors il est possible d'appliquer des structures d'index dédiées aux espaces métriques. Plusieurs structures de ce type existent dans la littérature : elles définissent pour la plupart des points de l'espace spécifiques appelés *pivots* à partir desquels la propriété d'inégalité triangulaire entre distances est judicieusement exploitée, de façon à réduire le temps processeur lié au nombre de distances à calculer au moment de la recherche. Leur pertinence dépend bien sûr du rapport entre le coût d'un calcul de distance et d'une comparaison de distances. La toute première structure appliquant ce principe est le VP-tree (*Vantage Points tree*), mais on lui préférera une extension plus récente : le M-tree pour *Metric-tree* (Ciaccia et al., 1997), qui s'attache à minimiser le nombre de calculs de distances, tout en ayant une structure similaire à celle du R-tree, lui permettant de gérer les accès au disque à la façon des méthodes traditionnelles. Dans un M-tree, les données sont stockées au niveau des feuilles. Chaque nœud interne contient un ou plusieurs objets dits *routeurs*. Chaque objet routeur O_p a tous ses descendants O_r tels que $d(O_p, O_r) < r(O_p)$, d étant la distance associée aux objets. Le paramètre $r(O_p)$ représente le *rayon de couverture* de O_p, la forme de la région de l'espace effectivement couverte dépendant de la distance d utilisée. La recherche par le biais d'une telle structure est fondée sur deux lemmes exploitant l'inégalité triangulaire. Ils sont présentés à la figure 2 pour la recherche à ϵ près. Les auteurs du M-tree ont montré que l'utilisation de ces lemmes permet d'économiser jusqu'à 40 % de calcul de distances.

Filtrage des données

Les approches procédant par filtrage des données consistent à accélérer le parcours séquentiel de l'espace en utilisant une version quantifiée des vecteurs pendant la recherche des plus proches voisins. Ces approches peuvent être qualifiées de *pessimistes* : quitte à parcourir tout l'espace, autant le faire le plus vite possible.

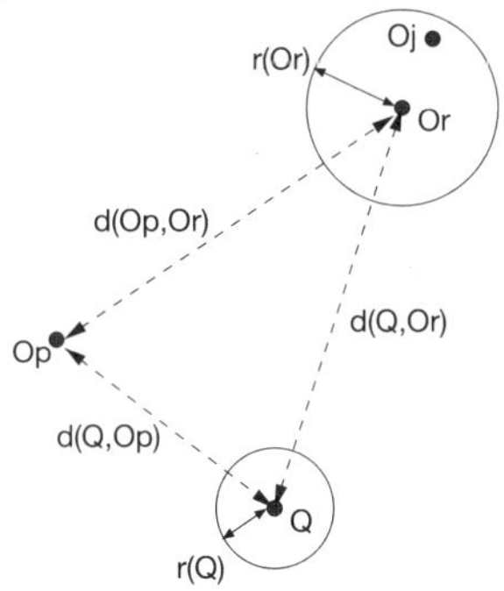

Lemme 1 :

Si $d(Q, O_r) > r(Q) + r(O_r)$ alors on a : $d(Q, O_j) > r(Q)$.

Lemme 2 :

Si $|d(Q, O_p) - d(O_r, O_p)| > r(Q) + r(O_r)$ alors on a : $d(Q, O_r) > r(Q) + r(O_r)$.

Figure 2 Illustration de la stratégie de recherche à ϵ près dans un M-tree, par l'utilisation de l'inégalité triangulaire pour éviter certains calculs de distances. Q est l'objet requête (ici $\epsilon = r(Q)$), O_r un objet routeur de parent O_p et O_j un descendant de O_r. Le calcul de la distance $d(Q, O_j)$ peut être évité si le lemme 1 est vérifié. Celui-ci suppose la donnée de la distance $d(Q, O_r)$ dont le calcul peut également être évité si le lemme 2 est vérifié. La distance $d(O_r, O_p)$ entre un objet routeur et son parent a été calculée au moment de la construction de l'arbre.

La technique la plus connue est celle du VA-File, pour *Vector Approximation File* (Weber et al., 1998). Ici l'espace est régulièrement subdivisé en cellules et chaque vecteur est approché par la cellule qui l'englobe. Seules ces approximations sont chargées en mémoire principale et elles sont toutes passées en revue durant la recherche. La quantification utilisée permet de mettre en place une distance peu coûteuse entre le vecteur requête et les vecteurs quantifiés sous forme de cellules. Lors de la recherche, le parcours des vecteurs non candidats est ainsi plus rapide qu'un parcours séquentiel classique des vecteurs réels. Lorsqu'il y a ambiguïté, c'est-à-dire lorsque les approximations ne permettent pas de décider, on charge depuis le disque les données réelles afin de réaliser la comparaison. Cette technique de filtrage des données permet de réduire considérablement les entrées/sorties ainsi que le temps processeur relatif au calcul des distances qui ne sont plus réalisées que sur une très faible partie de l'espace.

Les auteurs de cette technique montrent qu'au-delà de six dimensions pour une distribution uniforme des données, le VA-File atteint des performances supérieures à la plupart des structures d'index hiérarchiques telles que R*-tree et X-tree. Ceci est vrai à condition que le fichier des approximations tienne en mémoire principale. Dans le cas contraire, ses performances deviennent inférieures à un parcours séquentiel.

Plusieurs optimisations du VA-File ont été proposées depuis : le VA$^+$-File, le IQ-tree et le LPC-File (Böhm et al., 2001).

Linéarisation de l'espace

Les courbes de remplissage, plus communément appelées *Space Filling Curves* sont des approches non hiérarchiques. Elles peuvent être apparentées aux techniques de réduction de la dimension puisqu'elles consistent à déterminer une transformation bijective entre l'espace multidimensionnel et un espace à une dimension, ou en d'autres termes à faire passer une courbe par tous les points de l'espace (d'où leur nom). La projection opérée ne préserve pas réellement les distances entre les données mais celles qui étaient proches dans l'espace original restent proches dans l'espace projeté. Ensuite, une structure d'index simple (un B-tree par exemple), peut être utilisée pour parcourir efficacement l'espace à une dimension.

Plusieurs manières de positionner la courbe dans l'espace original existent, citons la technique de l'ordre Z, les courbes de Hilbert ou les *Gray codes*. Pour un panorama de ces techniques, le lecteur peut consulter (Sagan, 1994).

Un autre concept, celui du *Pyramid-tree* (Berchtold et al., 1998) n'est pas très éloigné de celui qui vient d'être présenté. L'espace multidimensionnel est partitionné selon un ensemble de *pyramides* ayant comme sommet commun le centre de l'hyper-rectangle englobant les données et comme bases les côtés de cet hyper-rectangle. Cette construction est une sorte de repère dans lequel il est assez facile de représenter chaque donnée par une seule coordonnée qui est une combinaison astucieuse du numéro de la pyramide qui la contient et de sa position dans cette pyramide. Cette technique peut donc être vue comme une projection de l'espace multidimensionnel dans un espace à une dimension.

3.3 Compromis entre efficacité et précision : la recherche approximative

Les techniques de recherche dite *approximative* sont récentes, puisque les premiers travaux datent de 1999. Elles représentent une alternative intéressante lorsque la recherche dans des espaces de données de grande dimension est confrontée à la malédiction de la dimension. Leur principe est judicieux : il s'agit d'échanger une certaine imprécision dans les réponses contre une forte réduction du temps de recherche. Ces approches sont développées pour la recherche des k plus proches voisins, qui revient alors à chercher k vecteurs parmi les voisins plus ou moins proches du vecteur requête. Selon le cas, le degré d'imprécision dépend de la proportion de réponses *exactes* retournées ou bien de la distance entre le vecteur requête et les voisins retournés. Les solutions les plus évoluées permettent à l'utilisateur de connaître mais surtout de fixer le niveau d'imprécision du résultat, ce qui les rend exploitables. Parmi ces approches, certaines sont l'adaptation à la recherche approximative de structures d'index jusqu'alors dédiées à la recherche classique, comme le VA-File et le M-tree. Des approches développées spécifiquement pour la recherche approximative ont aussi vu le jour ; elles sont pour la plupart basées sur le regroupement des données en classes. Pour plus de détails, le lecteur est invité à se reporter par exemple à (Berrani et al., 2003) qui explore la recherche approximative avec contrôle probabiliste de la précision.

4 Deux cas concrets d'utilisation

Nous présentons maintenant deux utilisations réelles d'un SRI et qui sont d'utilité publique. Elles sont issues de domaines très différents pour lesquels la recherche par contenu visuel dans les grandes collections d'images constitue une avancée notable.

4.1 Traçabilité de corpus multimédia

L'essor des nouveaux médias numériques comme les chaînes de télévision satellitaires ou bien Internet contribue largement à la dissémination de contenu multimédia. Ceci n'est pas sans susciter de nouveaux dangers pour la propriété intellectuelle et les droits de diffusion de ces données[1]. Plus généralement, faire de la veille de documents multimédia au sein des réseaux de diffusion standard (exemple : statistiques de diffusion d'une publicité à la télévision, d'une photo de presse sur l'Internet) n'est plus trivial. Dans ce contexte, la problématique de la traçabilité de corpus d'images peut être vue comme la *détection de copies par analyse du contenu visuel des images*. Il se distingue du tatouage d'images qui consiste à introduire dans le signal une information cachée et discriminante identifiant son propriétaire. Si les techniques de tatouage permettent d'exhiber l'antériorité du dépôt de l'image tout en caractérisant de manière irréfutable son propriétaire, elles restent à l'heure actuelle fortement sensibles aux traitements que la copie a pu subir (recadrage, échantillonnage, ajustement colorimétrique, incrustation de logos, etc). Les techniques de détection de copie s'apparentent quant à elles à celles de l'indexation et de la recherche d'images par contenu visuel. Elles possèdent les avantages d'être plus résistantes aux transformations de l'image et de pouvoir s'appliquer à des documents diffusés qui n'ont pas été déposés. En revanche, elles ne peuvent pas fournir de preuve légale de copie, ce qui implique que dans le cas particulier de la recherche de copies illicites, les images semblables retrouvées restent soumises à une expertise humaine.

De telles techniques de détection de copies sont depuis peu utilisées par l'Institut national de l'audiovisuel. L'INA, qui a pour mission la conservation et l'exploitation du patrimoine audiovisuel français, est actuellement détenteur d'un fonds télévisé particulièrement conséquent dont 200 000 heures sont déjà numérisées. À partir de descripteurs locaux d'images tels que ceux décrits § 1.2 couplés avec une structure d'index adéquate, l'INA a ainsi développé un dispositif permettant de détecter et de comptabiliser automatiquement les éventuelles retransmissions de ce fonds sur les grandes chaînes de télévision française, avec comme principal objectif d'en contrôler les droits de diffusion.

4.2 Lutte contre le crime

La Division nationale pour la répression des atteintes aux personnes et aux biens (DNRAPB) de la Direction centrale de la police judiciaire (DCPJ) a mis en

[1] L'adoption en 2004 du projet de loi pour la confiance dans l'économie numérique montre l'intérêt que porte le législateur aux dangers engendrés par la dissémination des contenus numériques.

place un service de lutte contre la pornographie enfantine. Ce service collecte de nombreuses images par le biais d'Internet et de perquisitions effectuées chez des particuliers suspectés de pédophilie. À l'heure actuelle, le nombre d'images accumulées (environ 300 000 clichés en constante augmentation) ne leur permet plus de croiser manuellement les informations visuelles pertinentes. Les techniques de recherche automatique par contenu ont été mises à profit et sont utilisées depuis 2000 comme outils d'aide à l'investigation : au fur et à mesure de leur saisie, les clichés sont indexés et classés en fonction de divers critères visuels tel que le vêtement de l'enfant impliqué ou le détail d'un décor. Cette structuration permet de regrouper automatiquement les images relatives à une scène donnée et ainsi de faciliter l'identification de l'auteur de ces clichés ou de l'adulte impliqué.

Les bases de données ainsi constituées sont désormais mises en commun entre la police et la gendarmerie française. Plus encore, la politique menée actuellement par la Commission européenne vise une coopération européenne et même internationale des polices. Un tel déploiement rend les techniques d'indexation par contenu visuel prépondérantes pour la lutte contre le crime.

5 Conclusion

Dans ce chapitre, nous avons présenté la problématique de la recherche par contenu visuel dans les grands volumes d'images. Abordée du point de vue des bases de données, le principal obstacle scientifique à surmonter reste le *passage à l'échelle* des techniques d'optimisation physique. Plusieurs solutions ont été proposées dans ce sens récemment. Néanmoins, le volume d'information grandissant de manière spectaculaire, il conviendra certainement assez rapidement d'envisager d'autre solutions. Dans un certain nombre de cas, la variabilité des images contenues dans des bases volumineuses doit permettre de répartir ces images en sous-bases ou catégories pour lesquelles les techniques d'indexation et de recherche actuelles restent applicables. Dans les autres cas, la seule solution passera certainement par la conception de systèmes de recherche exploitant des bases de données réparties sur plusieurs machines. C'est déjà ce que fait le moteur de recherche Google pour la recherche par le texte, avec plus de 100 000 processeurs et 250 000 disques (données 2004).

Si l'on se place ensuite du point de vue de l'analyse d'images, le principal défi à résoudre est le problème du *fossé sémantique*. Résumer le contenu visuel d'une image par l'analyse automatique de ses pixels ne peut pas se mesurer à ce que l'humain voit, ou plutôt perçoit lorsqu'il regarde cette image. Pour s'en rapprocher, l'analyse des images doit être combinée avec d'autres modes, le texte étant sémantiquement le plus riche. Au moment de l'indexation de la base d'images, l'analyse du contenu visuel peut permettre de propager automatiquement des mots-clés d'images annotées vers des images visuellement similaires mais non annotées. Au moment de la recherche, l'interrogation plurimodale doit pouvoir permettre de réduire les ambiguïtés ou lacunes du texte par l'apparence visuelle, comme de combler l'insuffisance sémantique des descripteurs image.

Bibliographie

Bayer, R. and McCreight, E. (1972). Organization and maintenance of large ordered indices. *Acta Informatica*, 1(3) :173–189.

Belhumeur, P., Hespanha, J., and Kriegman, D. (1997). Eigenfaces vs. fisherfaces : Recognition using class specic linear projection. *IEEE Transactions on Pattern Analysis and Machine Intelligence*, 19(7) :711–720.

Bentley, J. (1979). Multidimensional binary search in database applications. *IEEE Transactions on Software Engineering*, 4(5) :333–340.

Berchtold, S., Bohm, C., and Kriegel, H. (1998). The pyramid-technique : towards indexing beyond the curse of dimensionality. In *ACM SIGMOD Int. Conf. on Management of Data*, p. 142–153, Seattle, WA.

Berrani, S.-A., Amsaleg, L., and Gros, P. (2003). Approximate searches : k-neighbors + precision. In *Conference on Information and Knowledge Management*, pages 24–31.

Beyer, K., Goldstein, J., Ramakrishnan, R., and Shaft, U. (1999). When is "nearest neighbor" meaningful ? In *7th International Conference on Database Theory*, pages 217–235, Jerusalem, Israel.

Böhm, C., Berchtold, S., and Keim, D. (2001). Searching in high-dimensional spaces - index structures for improving the performance of multimedia databases. *ACM Computing Survey*, 33(3) :322–373.

Boujemaa, N., Fauqueur, J., and Gouet, V. (2004). What's beyond query by example ? In L. Shapiro, H.P. Kriegel, R. V., editor, *Trends and Advances in Content-Based Image and Video Retrieval*. LNCS, Springer Verlag.

Ciaccia, P., Patella, M., and Zezula, P. (1997). M-tree : An efficient access method for similarity search in metric spaces. In *23th Int. Conf. on Very Large Databases*, p. 426–435, Greece.

Cox, T. and Cox, M. (2001). *Multidimensional Scaling, Second edition.* Chapman & Hall, London.

Demartines, P. and Hérault, J. (1997). Curvilinear component analysis : A self-organizing neural network for non linear mapping of data sets. *IEEE Transactions on Neural Networks*, 8(1) :148–154.

Faloutsos, C. and Lin, K. (1995). Fastmap : A fast algorithm for indexing, data-mining and visualization of traditional and multimedia datasets. In *ACM SIGMOD International Conference on Management of Data*, p. 163–174, San Jose, CA, USA.

Gerbrands, J. (1981). On the relationship between SVD, KLT and PCA. *Pattern Recognition*, 14(1-6) :375–381.

Guttman, A. (1984). R-trees : a dynamic index structure for spatial searching. In *ACM SIGMOD Int. Conf. on Management of Data*, p. 47–57, Boston, MA.

Nievergelt, J., Hinterberger, H., and Sevcik, K. C. (1984). The Grid File : An adaptable, symmetric multikey file structure. *ACM Transactions on Database Systems*, 9(1) :38–71.

Rigaux, P., Scholl, M., and Voisard, A. (2001). *Spatial Databases.* Morgan Kaufmann.

Sagan, H. (1994). *Space Filling Curves.* Springer, Berlin/Heidelberg/New york.

Swain, M. and Ballard, D. (1991). Color indexing. *International Journal of Computer Vision*, 7(1) :11–32.

Verleysen, M. (2003). *Limitations and future trends in neural computation*, chapter Learning high-dimensional data, p. 141–162. IOS Press.

Weber, R., Schek, H., and Blott, S. (1998). A quantitative analysis and performance study for similarity search methods in high-dimensional spaces. In *24th International Conference on Very Large Databases*, New york, NY.

Le site web du projet IKONA : www-rocq.inria.fr/imedia/ikona.html.

Bases de données temporelles

Marie-Christine Fauvet, Marlon Dumas, Pierre-Claude Scholl

Mots-clés : temps, historique, valeur temporelle, relation, objet, requêtes.

Résumé : dans la plupart des SGBD, le temps est l'un des types de données élémentaires fournis pour dater entités et associations. On peut ainsi enregistrer la date de naissance d'une personne. Selon les systèmes, les fonctionnalités pour la manipulation de dates sont plus ou moins complètes à plusieurs égards : variété des modes d'expression et calendriers utilisables, variété des niveaux de granularité et précision imposée, richesse du jeu d'opérateurs, etc. Dans tous les cas, les SGBD ne rendent accessibles qu'une vision instantanée des données définie par la dernière mise à jour de la base. Lorsque la prise en compte de l'évolution des données est requise, leur historique doit être géré au niveau des programmes d'application, ce qui en accroît la complexité. Dans ce chapitre, nous discutons des problèmes posés par la modélisation logique et l'interrogation de données temporelles.

Les données temporelles interviennent dans un grand nombre de domaines d'application utilisant des SGBD : analyse financière, gestion de documents multimédias, systèmes d'information géographique, etc. Aussi, la plupart des SGBD fournissent des types correspondant aux concepts de date et de durée, grâce auxquels il est possible de modéliser des associations temporelles simples, comme par exemple la date de naissance d'une personne. Toutefois, à quelques nuances près, aucun de ces systèmes n'offre des abstractions dédiées à la modélisation d'associations temporelles plus complexes, telles que l'historique du salaire d'un employé, ou la suite des activités d'un individu au cours d'une journée. Lorsque la prise en compte de l'évolution des données est requise, leur historique doit alors être codé à partir des types temporels élémentaires, et la sémantique de ce codage doit être intégrée dans la logique des programmes applicatifs. Ceci introduit une certaine complexité lors de la conception et du développement d'applications, dont la maîtrise requiert des techniques spécifiques.

Dans ce chapitre, nous donnons tout d'abord un aperçu des problèmes posés par la modélisation logique (§ 1) et l'interrogation de données temporelles (§ 2). Au cours de cette présentation nous esquissons quelques solutions, issues pour l'essentiel des recherches autour des bases de données temporelles (Tansel et al., 1993; Etzion et al., 1998). Nous concluons § 3, où nous présentons aussi quelques perspectives.

1 Modélisation

Dans cette partie, nous étudions quelques questions soulevées par la modélisation de données temporelles dans les SGBD. Pour chacune de ces questions, nous présentons quelques approches issues des recherches dans le domaine des bases de données temporelles. Dans un premier temps, nous nous plaçons dans le contexte du modèle relationnel (se reporter au chapitre « Bases de données relationnelles »). Nous transposons ensuite ces discussions aux modèles à objets – voir par exemple (Cattell and Barry, 2000).

En ce qui concerne la modélisation de valeurs temporelles, aussi bien SQL2 (ANSI, 1992) que l'ODMG (Cattell and Barry, 2000) s'appuient sur un modèle du temps linéaire dans lequel la droite réelle du temps est discrétisée en une suite d'intervalles consécutifs de même taille, appelés des *chronons* (voir (Etzion et al., 1998) p. 367-413). Cette taille, dépendante du SGBD, fixe la précision la plus fine d'observation du temps admise. Les unités de temps sont alors définies comme des partitions de l'ensemble des chronons. Dans SQL2 et l'ODMG, le jeu d'unités est fixé : Année, Mois, Jour, Heure, Minute et Seconde.

1.1 Instants ou intervalles ?

De façon générale, une association est dite temporelle si elle est destinée à situer un fait dans le temps. Les associations temporelles peuvent être classées en *instantanées* ou *duratives*[1], selon que les faits sont associés aux instants ou aux intervalles. Une association durative qualifie un fait par un intervalle (par exemple, *l'indice CAC 40 a augmenté de 80 % entre 1995 et 1999*), sans impliquer pour autant que le fait ait lieu à chaque instant dans cet intervalle (le CAC 40 n'a pas augmenté de 80 % chaque année entre 1995 et 1999 !). D'autre part, une association instantanée établit qu'un fait a lieu à un instant donné, observé à une certaine granularité (par exemple, *le magasin de Grenoble a vendu 10 000 unités du produit X2PZ le 15 janvier 99*).

Dans ce chapitre, nous nous intéressons uniquement aux associations temporelles instantanées. En effet, c'est ce type d'associations qui intervient lors de l'observation de l'évolution d'une variable au cours du temps (une variable prenant une valeur à chaque instant). Le fait qu'on se restreigne aux associations temporelles instantanées n'entraîne pas que la notion d'intervalle soit absente des modèles que nous étudions. Au contraire, dans la plupart des modèles pour associations temporelles instantanées, les intervalles sont utilisés comme moyen de représentation d'un ensemble d'instants, dans le but de réduire la cardinalité des relations ou des collections manipulées.

Pour illustrer ce propos, considérons une application qui gère des informations sur les ventes et les employés d'une chaîne de magasins. À chaque instant dans la vie d'un magasin, on s'intéresse à ses ventes journalières, à ses responsables successifs, et à l'évolution du salaire de chacun de ses employés au cours du temps. Ces informations peuvent être modélisées sous forme de deux relations.

Schéma n° 1 :
/* les attributs soulignés dénotent les clés de chaque relation. */
LesMagasins (codeM, jour, ventes, resp)
/* <m, d, v, r> ∈ LesMagasins ⟹ à la date d (dénotant un jour), le magasin de code m a fait un volume v de ventes et son responsable a été l'employé de code r. */
LesEmployés (codeE, jour, sal)
/* <e, d, s > ∈ LesEmployés ⟹ à la date d, l'employé de code e a perçu un salaire journalier s. */

Cette modélisation logique conduit à des relations dont la cardinalité est proportionnelle au nombre d'instants pendant lesquels l'évolution des données est observée. Dans de nombreuses applications, ceci produit des situations inacceptables. Ainsi, en supposant que les données ci-dessus sont observées sur une période de 15 ans, la cardinalité de la relation LesEmployés est de l'ordre de $15 \times 365 \times N = 5475 \times N$ (N étant le nombre d'employés), alors qu'il existe d'autres modélisations donnant lieu à des cardinalités très inférieures.

Une approche classique pour diminuer la cardinalité des relations représentant des associations temporelles, consiste à estampiller les n-uplets non pas par des instants, mais par des intervalles. Dans une telle modélisation, un n-uplet estampillé par un intervalle [i1, i2], traduit le fait que l'information contenue dans ce n-uplet est *observée* (valide ou connue de la base), *à chaque instant* entre i1 et i2. Dans l'exemple ci-dessus, cette approche conduit au schéma suivant.

Schéma n° 2 :
LesMagasins (codeM, dateD, dateF, ventes, resp)
/* <m, d, f, v, r> ∈ LesMagasins ⟹ depuis la date d et jusqu'à la date f incluse (d et f dénotant des jours et d ≤ f), le magasin de code m a fait un volume v de ventes et son responsable est l'employé de code r ; codeM, dateF est aussi une clé. */
LesEmployés (codeE, dateD, dateF, sal)
/* <e, d, f, s> ∈ LesEmployés ⟹ depuis la date d et jusqu'à la date f (d ≤ f), l'employé de code e perçoit un salaire mensuel s ; codeE, dateF est aussi une clé. */

On remarque qu'en l'état, ce schéma admet des instances redondantes et incohérentes. Ainsi, il est possible d'avoir dans la relation LesEmployés, deux n-uplets <10, 1/1/99, 25/3/99, 10000> et <10, 1/3/99, 31/8/99, 12000> (sans violer la contrainte d'unicité de clé), ce qui voudrait dire qu'entre le 1/3/99 et le 25/3/99, l'employé 10 gagnait à la fois 10 000 et 12 000 ! Ces incohérences peuvent être évitées en introduisant des contraintes sur les es-

[1]Traductions des termes anglo-saxons *instant-based* et *interval-based* proposés dans (Chomicki, 1994).

tampilles temporelles. Plus précisément, étant donné deux n-uplets n1 et n2 dans la relation LesEmployés, tels que n1[codeE] = n2[codeE], on impose que les intervalles représentés par les attributs dateD et dateF de ces deux n-uplets, ne s'intersectent pas. La même remarque s'applique à la relation LesMagasins.

Notons aussi que le schéma ci-dessus (avec la contrainte qu'on vient d'introduire) permet plusieurs représentations d'une même information. Ainsi, l'information *« entre le 1/3/99 et le 31/8/99, l'employé de code 10 a pour salaire 12000 »*, peut être représentée soit par un seul n-uplet <10, 1/3/99, 31/8/99, 12000>, soit par deux n-uplets <10, 1/3/99, 31/5/99, 12000> et <10, 1/6/99, 31/8/99, 12000>. Dans le pire des cas, cette information peut être dispersée sur autant de n-uplets qu'il y a d'instants entre le 1/3/99 et le 31/8/99, se ramenant ainsi à une représentation « par instants ». Afin d'éviter cette situation, il est nécessaire d'introduire une contrainte supplémentaire : étant donné deux n-uplets dans une relation temporelle, dont les valeurs coïncident sur tous les attributs sauf sur ceux dénotant l'estampille temporelle, il faut que ces estampilles ne se jouxtent pas (deux intervalles se *jouxtent*, s'ils ne s'intersectent pas et si leur union est un intervalle).

La cardinalité de la relation LesEmployés dans cette représentation par *intervalles maximaux* est proportionnelle non pas à la taille de la période pendant laquelle les salaires sont observés, mais plutôt au nombre de changements de salaire qui ont eu lieu au cours de cette période. En supposant que le salaire d'un employé ne varie que deux fois par an, la cardinalité de la relation LesEmployés est alors de l'ordre de $30 \times N$, au lieu de $5475 \times N$ comme dans le schéma n° 1

Dans le cas de la relation LesMagasins, la taille de la relation dépend aussi bien du nombre de changements de valeur de l'attribut ventes pour un magasin donné, que du nombre de changements de responsables. Si l'on veut que la cardinalité de la relation utilisée pour modéliser l'évolution des reponsables des magasins, ne dépende pas du nombre de changements de valeurs de l'attribut ventes (attribut susceptible de varier tous les jours), il faut éclater la relation LesMagasins en deux, comme suit :

Schéma n° 2 bis :
LesEmployés (codeE, dateD, dateF, sal)
LesMagasins (codeM, dateD, dateF, resp)
/* <m, d, f, r> ∈ LesMagasins ⟹ depuis la date d et jusqu'à la date f incluse (d et f dénotant des jours et d ≤ f), le magasin de code m est sous la responsabilité de l'employé de code r. */
LesVentes (codeM, jour, ventes)
/* <m, d, f, v> ∈ LesMagasins ⟹ à la date d, le volume de ventes du magasin m est v. */

Dans ce schéma, nous avons modélisé l'évolution des ventes d'un magasin « par instants ». Ce choix est naturel si l'on suppose que le volume des ventes d'un magasin est rarement le même pendant plusieurs jours consécutifs.

Un point notoire qui différencie la modélisation de relations temporelles par instants, de celle par intervalles (maximaux), concerne la complexité de l'expression de certaines contraintes d'intégrité. Par exemple, la contrainte *à un instant donné, un magasin ne possède qu'un seul responsable* s'exprime dans le schéma n° 1 par une simple contrainte de clé, alors que dans les schémas n° 2 et 2 bis, son intégration dans le schéma passe par l'introduction d'assertions complexes (contraintes de type check en SQL2). De plus, la plupart des SGBD relationnels commerciaux n'implantant qu'une version restreinte de ce type de contraintes, il est nécessaire de recourir aux déclencheurs (*triggers*) pour assurer leur vérification, ou alternativement, les prendre en compte au niveau des programmes d'applications.

De même, dans le schéma n° 1, la contrainte *à chaque instant, le responsable d'un magasin est un employé*, correspond à une simple contrainte d'intégrité référentielle, alors que dans le cadre des schémas n° 2 et 2 bis, son expression fait appel à des déclencheurs relativement complexes (Snodgrass, 1999).

Ainsi, la modélisation des associations temporelles par instants possède l'avantage de sa simplicité conceptuelle, simplicité qui se traduit par une prise en compte naturelle de l'intégrité des données. La modélisation par intervalles en revanche, possède l'avantage de permettre la représentation d'un ensemble important d'associations temporelles élémentaires au travers d'un nombre réduit de n-uplets, surtout lorsqu'il s'agit de modéliser des phénomènes qui évoluent « en escalier ».

Pour faire face à ce constat, SQL/TP, une extension temporelle de SQL qui concilie ces deux types de modélisation au sein d'un même modèle de données, a été proposée ((Etzion et al., 1998), p. 211-237). Pour atteindre ce but, SQL/TP distingue deux niveaux de modélisation : le niveau *abstrait* sur lequel sont basées la syntaxe et la sémantique des contraintes d'intégrité et celle du langage de requêtes, du niveau *concret* sur lequel le modèle de stockage est défini. Au niveau abstrait, les n-uplets d'une relation temporelle sont estampillés par des instants, alors qu'au niveau concret, ils peuvent l'être par des intervalles.

Le modèle du temps adopté par SQL/TP est discret, linéaire et borné à gauche. Le temps est associé aux n-uplets au travers d'un attribut explicite. Le langage de définition de données étend celui de SQL2 au travers d'une clause nommée using, qui sert à fixer le mode de représentation utilisé au niveau concret. Les schémas des relations de notre base de données exemple peuvent être spécifiés comme suit :

```
create table LesMagasins (
   codeM number (10), resp number (5),
   ts time using unbounded intervals)
/* <m, r, t> ∈ LesMagasins ⟹ à la date t, le magasin m a pour responsable l'employé r. Au niveau concret, la relation est représentée par intervalles non bornés; les constantes −∞ et +∞ peuvant constituer l'une, ou les deux bornes, de ces intervalles. */
create table LesVentes (
   codeM number (10), ventes number (14,2),
   ts time using points)
/* <m, v, t> ∈ LesVentes ⟹ à la date t, le magasin m a effectué v de ventes. La relation est représentée par instants au niveau concret. */
create table LesEmployés (
   codeE number (5), sal number (10,2),
   ts time using unbounded intervals)
/* <e, s, t> ∈ LesEmployés ⟹ à la date t, l'employé e, perçoit un salaire mensuel s. */
```

1.2 Dimensions temporelles

Les valeurs temporelles estampillant les n-uplets d'une relation temporelle peuvent dater l'occurrence d'un événement par rapport à l'évolution du monde réel (*date à laquelle un fait a eu lieu dans la réalité modélisée*) ou par rapport à celle de la base de données (*date à laquelle un fait a été connu de la base de données*). Ainsi par exemple, le n-uplet <10, 1/1/99, 23/3/99, 10000> dans la relation LesEmployés du schéma n° 2 ci-dessus, peut dénoter l'information *« à l'heure actuelle, il est enregistré qu'entre le 1/1/99 et le 31/3/99 le salaire de l'employé de code 10 a été 10000*, ou alors *« entre le 1/1/99 et le 23/3/99, le fait que l'employé de code 10 a un salaire de 10000, était enregistré dans la base de données »*.

Chacune de ces deux interprétations correspond à une vision différente du temps associé aux données, appelées respectivement *temps de validité* et *temps de transaction* (voir (Etzion et al., 1998), p. 367-413). Dans le cas général, ces deux visions sont orthogonales : un fait peut se produire dans le monde modélisé à un instant donné, mais n'être enregistré que plus tard dans la base de données et réciproquement. On parle ainsi de *dimensions temporelles*.

En estampillant les n-uplets d'une relation par deux valeurs temporelles au lieu d'une seule, il est possible d'observer à la fois l'évolution des données selon le temps de validité et selon le temps de transaction. Dans ce cas on parle de relation *bi temporelle*. L'intérêt majeur des relations bi temporelles est de permettre, par la comparaison des temps de validité et de transaction des n-uplets, la recherche et la correction d'erreurs (par exemple, *« quand a-t-on enregistré que le magasin M a pour responsable R ? »*. Voir par exemple (Tansel et al., 1993), Chap. 2). Par contre, les expressions de requêtes sur ce type de relations se révèlent souvent très complexes (Snodgrass, 1999). Afin de maîtriser cette complexité, des langages de requêtes dits *bi temporels* ont été proposés. Dans le cadre du modèle relationnel, l'exemple le plus représentatif de ce type de langage est sans aucun doute TSQL2 (Snodgrass, 1995).

1.3 Le cas des modèles à objets

La différence majeure entre la modélisation d'associations temporelles dans les modèles relationnels classiques par rapport aux modèles à objets, provient des possibilités de structuration offerts par ces derniers. Ainsi, les associations temporelles peuvent être structurées d'au moins deux manières. La première consiste à associer à chaque objet, un ensemble de versions estampillées, correspondant aux différents états de l'objet au cours de son évolution. Dans le cas de notre base de données exemple, cela revient à dire qu'un magasin est modélisé par une suite de « versions de magasin », chacune de ces versions pouvant être vue comme un n-uplet <codeM, dateD, ventes, resp>.

L'alternative consiste à estampiller les valeurs prises par chacun des attributs temporels pris séparément. Cette alternative possède l'avantage, par rapport à la première, de permettre le choix d'une représentation différente pour chaque attribut temporel. Ainsi, dans le schéma ci-dessous, l'attribut ventes de la classe Magasin est modélisé « par instants », alors que l'attribut resp est modélisé « par intervalles ».

Schéma n° 3 :

```
/* dans le langage ODL d'ODMG. */
typedef struct { float val ;
      Timestamp dateD ;
      Timestamp dateF ; }
   InstantanéSal ;
typedef struct { short val ; Timestamp date ; }
   InstantanéVentes ;
class Employé
(key codeE, extent LesEmployés) {
   attribute string codeE ;
   attribute set<InstantanéSal> sal ; } ;
typedef struct { Employé val ;
      Timestamp dateD ;
      Timestamp dateF ; }
   InstantanéEmp ;
class Magasin
(key codeM, extent LesMagasins) {
   attribute string codeM ;
   attribute set<InstantanéEmp> resp ;
   attribute set<InstantanéVentes> ventes ; } ;
```

Par ailleurs, la deuxième approche permet d'observer des attributs temporels d'une même classe à différents niveaux de granularité, alors que ceci n'est pas possible dans l'approche à base de versions. Ainsi, les valeurs de l'attribut ventes de la classe Magasin pourraient être estampillées par des mois, et celles de l'attribut resp, par des jours.

On remarque que le schéma ci-dessus ne prend pas en compte la contrainte « *à chaque instant, un employé ne possède qu'un seul salaire* ». Cette contrainte doit être assurée au niveau des programmes d'application puisque l'ODMG ne supporte ni la notion de contrainte d'intégrité ni celle de déclencheur.

En Tempos (Dumas et al., 2004) (une extension temporelle du standard ODMG) ces contraintes sont encapsulées dans un type paramétré appelé Historique<T>. Une instance de ce type modélise une fonction à domaine sur un ensemble d'instants et à valeurs de type T. Un attribut temporel est alors défini comme un attribut dont la valeur est une instance du type Historique<T>. Les constructeurs du type Historique<T> prennent en compte la contrainte décrite au précédent alinéa.

Schéma n° 4 :

```
/* dans le langage TempODL de Tempos. */
class Employé (key codeE, extent LesEmployés) {
  attribute string codeE ;
  validtime granularity Day
    stepwise attribute float sal ; } ;
/* sal est un historique de flottants
(Historique<float>) à la granularité du jour.
Entre deux saisies, le salaire est constant (le phé-
nomène observé évolue en escalier). La dimension
temporelle est celle du temps de validité. */
class Magasin (key codeM, extent LesMagasins) {
  attribute string codeM ;
  validtime granularity Day
    stepwise attribute Employé resp ;} ;
  validtime granularity Day
    discrete attribute short ventes = 0 ;
  /* Entre deux valeurs saisies, le volume des ventes
  est 0 */
```

Par ailleurs, le type Historique<T> est muni d'un jeu d'opérateurs permettant de manipuler des instances de ce type au niveau des programmes en faisant abstraction de leur mode de représentation (par instants ou par intervalles). Cette caractéristique différencie Tempos de propositions similaires telles que TOOBIS (Toobis), dans lesquelles les valeurs des attributs temporels sont des collections d'objets estampillés soit par des instants, soit par des intervalles.

2 Interrogation

Les expressions de requêtes temporelles dans la modélisation par intervalles (schéma n° 2 bis, § 1.1) sont souvent plus complexes que celles de leurs contreparties dans la modélisation par instants (schéma n° 1). (Snodgrass, 1999) par exemple, fournit un corpus intéressant de requêtes temporelles, et analyse la complexité de leurs expressions en SQL2 sous l'hypothèse d'une modélisation par intervalles. Il ressort de cette étude, que la complexité de l'expression de requêtes temporelles sur des modélisations par intervalles provient du fait que l'on doit exprimer non seulement *ce que l'on veut obtenir* mais aussi *la manière dont les relations paramètres de la requête ainsi que la relation résultante sont représentées*.

Nous illustrons ces propos sur deux classes de requêtes : les requêtes de *synchronisation*[1] et les requêtes de *groupement selon une granularité*. À chaque fois, nous nous plaçons dans le cadre du modèle relationnel, et étudions la formulation des requêtes en SQL2, puis nous transposons la discussion aux modèles à objets et étudions les expressions en OQL et en Tempos.

OQL est le langage de requêtes de l'ODMG. Dans un style fonctionnel, les requêtes sont construites par composition d'opérateurs sur des littéraux et des objets. Certains opérateurs d'ordre supérieur, tels que les itérateurs, admettent en paramètre des fonctions elles-mêmes décrites en OQL. L'appel de méthodes, admis en OQL, peut être vu comme un opérateur d'ordre supérieur dans lequel la fonction paramètre est décrite dans un langage de programmation hôte.

2.1 Requêtes de synchronisation

En SQL2

Les requêtes de *produit naturel temporel* sont parmi les plus représentatives des requêtes de synchronisation. Dans ce type de requêtes, il s'agit d'effectuer un produit entre deux relations temporelles, suivi d'une sélection exprimant une condition de synchronisation entre les attributs temporels de chaque relation participante. Ceci est illustré par la requête suivante que nous formulons en SQL2.

Q.1 : Produit naturel temporel

Pour chaque magasin, donner l'historique du salaire de son responsable.

```
/* Dans le schéma n° 1 (représentation par instants)
*/
select M.codeM, E.sal, M.jour
from LesMagasins M, LesEmployés E
where M.Resp = E.code and E.jour = M.jour
```

[1] Appelées *sequenced queries* dans (Snodgrass, 1999).

```
/* Dans le schéma n° 2bis (représentation par in-
tervalles) */
select M.codeM, E.sal,
  case when M.dateD > E.dateD
    then M.dateD else E.dateD end
  as dateD,
  case when M.dateF > E.dateF
    then E.dateF else M.dateF end
  as dateF
from LesMagasins M, LesEmployés E
where M.Resp = E.codeE and
  E.dateF >= M.dateD and
  M.dateF >= E.dateD
```

Dans la seconde de ces expressions, la clause where exprime une condition de synchronisation entre intervalles : seuls les n-uplets dans le produit cartésien de LesEmployés par LesMagasins qui font référence à un même employé et dont les estampilles temporelles se chevauchent, sont sélectionnés. Dans la clause select, les estampilles des n-uplets du résultat sont calculées en prenant l'intersection des estampilles des n-uplets mis en correspondance par le produit ([i1,i2] ∩ [i3,i4] = [max(i1,i3), min(i2,i4)]).

La différence de complexité entre les expressions de requêtes dans la modélisation par instants, et celles dans la modélisation par intervalles, est encore plus évidente dans le cas des requêtes de *groupement instant par instant*. Dans cet autre type de requêtes de synchronisation, il s'agit de mettre ensemble des n-uplets synchrones comme illustré ci-dessous.

Q.2 : Groupement instant par instant

À chaque instant, combien d'employés gagnent plus de 10000 ?

Dans la représentation par instants, cette requête décrit une relation ayant le schéma Res (jour, qte), et elle s'écrit simplement :

```
select jour, count(*) as qte
from LesEmployés
where sal > 10000 group by jour
```

Dans la représentation par intervalles, cette requête décrit une relation dont le schéma est Res (qte, dateD, dateF), avec des conditions de maximalité sur les intervalles représentés par les attributs dateD et dateF. Pour des raisons de place, nous ne donnons pas l'expression correspondante (cf. (Snodgrass, 1995)). Les expressions les plus concises dont nous avons connaissance comportent quatre requêtes intermédiaires et quelque vingt lignes au total.

Comme nous l'avons signalé § 1.1, le schéma n° 1 possède toutefois le désavantage de conduire à des relations de cardinalités trop importantes, surtout lorsqu'il s'agit de modéliser des phénomènes évoluant en escalier. La notion de vue abstraite d'une base de données temporelles introduite dans SQL/TP, permet justement d'exprimer les requêtes dans le schéma n° 1, tout en évitant l'explosion de la cardinalité des relations (celles-ci étant représentées par intervalles dans la vue concrète). L'interpréteur de requêtes traduit chaque requête exprimée dans la vue abstraite, en une requête équivalente dans la vue concrète.

En OQL-ODMG et Tempos

Généralement, dans le cas des requêtes portant sur plusieurs classes d'objets, reliées entre elles par une association, le principe de navigation remplace celui de produit appliqué aux relations. Dans la requête ci-dessous, formulée en OQL, la navigation est exploitée pour passer d'un magasin à l'historique de ses responsables, puis pour chaque responsable atteindre l'historique de ses salaires. La clause where, comme dans la requête SQL, contient la condition de synchronisation entre les intervalles.

Q.1 : Navigation (produit naturel temporel)

Pour chaque magasin, donner l'historique du salaire de son responsable.

```
/* Dans le schéma n° 3 */
select magasin : m, sal : irs.val,
      dateD : max(ir.dd,irs.dd),
      dateF : min(ir.df,irs.df)
from LesMagasins as m,
      m.resp as ir,
      ir.val.sal as irs
where ir.df >= irs.dd and irs.df >= ir.dd
/* m désigne un magasin, ir est un instantané de
l'historique des responsables de m ; irs dénote donc
un instantané de l'historique des salaires de l'em-
ployé donné par ir.val */
```

Tempos offre un opérateur de navigation point par point au travers d'un historique. Cet opérateur est la généralisation aux historiques des propriétés temporelles. En d'autres termes, la propriété sal, appliquée à un historique d'employés responsables d'un magasin M, retourne un historique de salaires dont la valeur à un instant donné (soit i) est égale au salaire de l'employé responsable de M à l'instant i.

L'expression de Q.1 donnée ci-dessous illustre l'utilisation de cet opérateur :

```
{ Dans le schéma n° 4 }
select magasin : m,
      hist_sal : m.resp.sal
from LesMagasins as m
```

2.2 Requêtes de groupement selon une granularité

En SQL2

Dans les requêtes de *groupement selon une granularité*, il s'agit de construire une partition sur les n-uplets d'une relation temporelle selon l'approximation de leur estampille temporelle dans une certaine granularité. Par exemple, si l'on considère la relation LesEmployés modélisée par instants (schéma n° 1), une requête de groupement selon la granularité « Année », regroupe dans la même partition les n-uplets <10, 1/1/99, 10000> et <10, 26/2/99, 11000>, puisque les instants 1/1/99 et 26/2/99 sont tous les deux dans la même année. Ceci est illustré par la requête suivante.

Q.3 : Groupement selon une granularité

Pour chaque employé et pour chaque mois où cet employé a perçu un salaire, donner le salaire maximal de cet employé au cours de ce mois.

Dans la représentation par instants, cette requête décrit une relation de schéma Res (codeE, mois, salMax), et elle s'écrit :

```
/* Dans le schéma n° 1 : */
select codeE, mois, max (sal) as salMax
from (select codeE, sal,
            extract (month from jour) as mois
      from LesEmployés) A
group by codeE, mois
/* <e, s, m> ∈ A ⟹ à un moment au cours du
mois m, l'employé de code e a perçu un sal s.
L'expression SQL2 extract (month from J) retrouve
le mois dans lequel se trouve la date J. */
```

Dans la représentation par intervalles, cette requête décrit une relation dont le schéma est Res (codeE, moisD, moisF, salMax), avec des conditions de maximalité sur les intervalles représentés par les attributs moisD et moisF. Une méthode consiste à construire une relation intermédiaire Rint (codeE, dateD, dateF, sal), telle que <e,d,f,v> ∈ Rint ⟺ *entre les dates d et f l'employé e perçoit un salaire v ; d et f soit sont dans le même mois, soit décrivent un nombre entier de mois (> 1).*

La requête ci-dessous construit la relation Res sans contrainte de maximalité sur les intervalles (voir (Snodgrass, 1999) pour la description de la requête, qui à partir de Rint permet d'obtenir une relation respectant la condition de maximalité).

```
/* Dans le schéma n° 2 : */
select codeE, moisD, moisF, max(sal)
from (select codeE,
        extract (month from dateD) as moisD,
        extract (month from dateF) as moisF,
        sal
     from Rint)
group by codeE, moisD, moisF
```

Remarque : cette méthode ne s'applique plus dès lors que la fonction d'agrégation s'appuie sur la connaissance du nombre de jours par mois (comme c'est le cas pour la somme ou la moyenne). Par exemple, pour obtenir la somme des salaires perçus dans l'intervalle [3/98, 7/98], il faut connaître pour chaque mois de mars à juillet, le nombre de jours par mois (ce calcul nécessite une énumération qui doit être programmée par une itération). Le langage OQL-ODMG pose le même problème.

En Tempos

Q.3 : Groupement selon une granularité

Pour chaque employé et pour chaque mois où cet employé a perçu un salaire, donner le salaire maximal de cet employé au cours de ce mois.

L'opérateur map ... on ... group by ... permet d'exprimer des changements de granularité, en structurant selon une granularité G2, un historique donné à une granularité G1 (G2 est plus grossière que G1). Dans la requête ci-dessous, la partition introduite par la clause group by Mois construit un historique, à la granularité du mois, d'historiques chacun (dénoté par le mot-clef partition) à la granularité du jour.

```
/* Dans le schéma n° 4 : */
select employé : e,
       hist_maxSal : map hmax (partition))
                     on e.sal
                     group by Mois
       /* partition est un historique de salaires à la
       granularité du jour; hmax, appliquée à cet
       historique, retrouve la valeur maximale des
       salaires. */
from LesEmployés as e
```

3 Conclusion

La modélisation et la manipulation de données temporelles posent de nombreux défis aux utilisateurs des SGBD. Dans ce chapitre, nous avons examiné quelques-uns d'entre eux, et nous avons montré comment ils peuvent être abordés en s'appuyant sur des modèles et des outils spécifiques. Nous nous sommes concentrés sur la modélisation logique et l'interrogation, laissant de côté le stockage, l'indexation (Salzberg and Tsotras, 1999) et l'évaluation de requêtes (Tansel et al., 1993), et la modélisation conceptuelle d'applications (Theodoulidis and Loucopoulos, 1991).

Après avoir connu un essor important vers la fin des années quatre-vingt et la première moitié des années quatre-vingt-dix, les bases de données temporelles en tant que domaine de recherche ont perdu une grande partie de leur activité. Nous pensons que ceci est dû, d'une part au degré de maturité atteint, et d'autre part aux problèmes liés au transfert industriel des résultats existants et à la standardisation. L'intégration dans SQL3, d'une variante de TSQL2 nommée SQL/Temporal – voir (Etzion et al., 1998), p. 150-194 –, a été à l'étude dans le cadre du comité de standardisation ISO, puis abandonnée en 2001.

Cependant, les concepts et techniques proposés dans ce domaine restent d'actualité, et leur importance est accentuée par des applications émergentes (constitution d'entrepôts de données, systèmes d'information géographique, etc). D'ailleurs, les recherches dans le domaine s'orientent vers ces nouvelles applications. Ainsi, un domaine proche des bases de données temporelles ayant connu une grande activité ces dernières années, est celui de la modélisation et de l'interrogation d'objets mobiles (se reporter au chapitre « Bases de données spatio-temporelles »). De plus, avec l'émergence de XML comme standard pour la représentation et l'échange des données sur l'Internet, des études visent à étendre XML et XQuery (W3C,) pour la prise en compte de documents variant dans le temps (Gao and Snodgrass, 2003). D'autres études dans ce contexte portent en particulier sur l'évaluation de requêtes sur des données issues de flux continus (Bose and Fegaras, 2004).

Bibliographie

ANSI (1992). *American National Standard for Information Systems - Database Language - SQL. ANSI X3, 135-1992. Revision and consolidation of ANSI X3, 135-1989 and ANSI X3, 168-1989.*

Bose, S. and Fegaras, L. (2004). Data Stream Management for Historical XML Data. In *Proc. of ACM SIGMOD Conference*, Paris, France.

Cattell, R. and Barry, D., editors (2000). *The Object Database Standard : ODMG 3.0.* Morgan Kaufmann.

Chomicki, J. (1994). Temporal Query Languages : A Survey. In *Proceedings of the International Conference on Temporal Logic*, Bonn, DE.

Dumas, M., Fauvet, M.-C., and Scholl, P.-C. (2004). TEMPOS : a platform for developing temporal applications on top of Object DBMS. *IEEE Transactions on Knowledge and Data Engineering*, 16(3) :354–374.

Etzion, O., Jajodia, S., and Sripada, S., editors (1998). *Temporal Databases : Research and Practice.* Springer Verlag, LNCS 1399.

Gao, D. and Snodgrass, R.-T. (2003). Temporal slicing in the evaluation of XML queries. In *Proc. of the VLDB Conference*, Berlin, Germany.

Salzberg, B. and Tsotras, V. (1999). A comparison of access methods for time-evolving data. *ACM Computing Surveys*, 31(2).

Snodgrass, R. (1999). *Developing Time-Oriented Database Applications in SQL.* Morgan Kaufmann.

Snodgrass, R. T., editor (1995). *The TSQL2 temporal query language.* Kluwer Academic Publishers.

Tansel, A. U., Clifford, J., Gadia, S., Jajodia, S., Segev, A., and Snodgrass, R., editors (1993). *Temporal Databases.* The Benjamins/Cummings Publishing Company.

Theodoulidis, C. and Loucopoulos, P. (1991). The time dimension in conceptual modelling. *Information Systems*, 16(3) :273–300.

Toobis, E. P. . Temporal object oriented databases within information systems. http ://www.cordis.lu/esprit /src/20671.htm (accès le 13/1/05).

W3C. The W3 Consortium documentation. http ://www.w3.org/.

Bases de données spatio-temporelles

Philippe Rigaux

Mots-clés : données spatiales et spatio-temporelles, objets mobiles.

Résumé : ce chapitre est une introduction aux problèmes soulevés par la gestion de données spatiales et spatio-temporelles dans un système de gestion de bases de données (SGBD) et aux solutions proposées aussi bien dans les systèmes commerciaux que par la recherche ces dernières années. Nous proposons une introduction générale consacrée aux bases de données spatiales, suivie de quelques développements consacrés à la gestion d'objets mobiles. Deux des aspects essentiels au support de tels objets dans un SGBD sont la définition d'une part d'un modèle cohérent et expressif de représentation et d'interrogation, et d'autre part de structures permettant des algorithmes efficaces. Le chapitre aborde successivement ces deux aspects.

Les bases de données dites *spatiales* associent aux données alphanumériques classiques des informations de nature géométrique (la forme et/ou la position d'un objet dans l'espace). Les extensions nécessaires à la gestion de telles données, relativement récentes, s'inscrivent dans une démarche globale d'élargissement des SGBD à des informations non traditionnelles. Les besoins sont initialement issus d'une application qui reste encore à ce jour prédominante dans ce domaine : la gestion de données géographiques. Durant les dix dernières années, avec le développement rapide de techniques d'acquisition sur le terrain et de numérisation des cartes existantes, le volume des données de ce type, disponibles au format électronique, a crû considérablement et continue de progresser à un rythme extrêmement rapide. L'objectif initial était restreint à la production de cartes, éventuellement à plusieurs échelles, à partir d'une version numérique. Il s'est rapidement étendu à de très nombreuses applications, incluant la gestion de cadastre et des divers types de réseau (hydrographique, routier, d'assainissement, de transport), l'analyse spatiale, l'aménagement du territoire, etc.

Les SGBD relationnels ne sont pas adaptés à la représentation et à l'interrogation de données géographiques à cause de la présence d'une donnée de nature géométrique (le tracé d'une route, les contours d'une zone) qui est d'une part complexe à représenter, et ne se manipule d'autre part qu'avec des opérateurs qui vont bien au-delà des capacités des langages relationnels. Les applications se sont donc appuyées sur des logiciels spécialisés, les *systèmes d'information géographiques* (SIG). Ces systèmes font plus que proposer un stockage des données géographiques : ils comprennent des modules d'affichage, d'analyse spatiale, d'acquisition et de transformation, de mise en forme cartographique, etc. Un des rôles majeurs des SIG reste cependant le stockage sur disque de gros volumes de données localisées et la fourniture d'outils permettant de rechercher et d'extraire l'information, rôle habituellement dévolu à un SGBD.

Les premiers SIG ont développé leur propre module de stockage, utilisé parfois en parallèle avec un SGBD relationnel auquel étaient confiées uniquement les données de nature alphanumérique. Cette situation est relativement insatisfaisante car elle entraîne une hétérogénéité qui soulève toutes sortes de difficultés : complexité d'apprentissage pour les utilisateurs confrontés à des représentations et des langages différents, impossibilité de passer sans effort d'un système à un autre, problèmes techniques liés, par exemple, à la concurrence d'accès ou à l'optimisation. Ces limites ont motivé la recherche d'une évolution des SGBD classiques vers la prise en compte de données géométriques afin d'offrir un mode plus uniforme de représentation et de gestion des données. Une telle recherche dépasse le cadre des applications géographiques puisque tout système intéressé par la manipulation de données comportant une composante géométrique est potentiellement concerné par l'intégration de fonctionnalités « spatiales » dans un SGBD. Récemment, ces recherches ont convergé vers les données spatio-temporelles (Koubarakis et al., 2003), notamment avec les applications émergentes de suivi d'objets mobiles, basées sur les dispositifs d'acquisition de la localisation de type GPS (*Global Positioning System*), auxquelles ce chapitre est partiellement consacré.

1 Bases de données spatiales

Commençons par examiner les problèmes soulevés par la gestion de données géométriques dans un espace à deux dimensions, avant d'aborder les données spatio-temporelles. Le lecteur intéressé par une information plus complète sur le domaine peut se reporter à (Laurini et Thompson, 1992; Güting, 1994; Worboys, 1995; RSV01) ou, en français, à (Scholl, 2001).

1.1 Objets géographiques et objets spatiaux

Comme déjà signalé dans l'introduction, la recherche et le développement de SGBD spatiaux sont essentiellement motivés par la gestion d'objets géographiques. Il est assez facile de fournir des exemples de tels objets : une route, une parcelle, une zone administrative. Il est beaucoup plus difficile d'en donner une définition précise. Cette notion résulte en fait de l'interprétation de la surface terrestre (un espace à deux dimensions) comme un ensemble d'« objets » dotés des caractéristiques suivantes : ils sont distinguables l'un de l'autre, ils possèdent des caractéristiques propres, enfin ils sont *localisés*. On connaît donc leur position et leur forme.

Cette approche mène à modéliser de tels objets en distinguant deux types de propriétés : une propriété *spatiale* et une ou plusieurs propriétés *descriptives*. La description d'une commune par exemple comprend son nom et le nombre d'habitants, tandis que la propriété spatiale est une description de la zone administrative. Cette distinction met en évidence les limites du modèle relationnel quand il s'agit de représenter des objets géographiques : tandis que les propriétés descriptives entrent dans un cadre traditionnel, la propriété spatiale ne peut être représentée de manière standard.

Si on met de côté les architectures des premiers SIG qui traitaient par des modules séparés les deux types d'information, l'intégration d'objets géographiques dans un SGBD est traditionnellement conçue comme une *extension* du modèle (relationnel) de ces systèmes, et notamment du typage. On parle alors *d'attributs descriptifs* dont les types sont standard (entiers, flottants, chaînes de caractères) et *d'attribut spatial* dont le type, ajouté au système, fournit une structure de représentation de données géométriques ainsi que des opérations associées à cette structure. Cette approche, dite par *type abstrait de données* (TAD) offre *a priori* une intégration satisfaisante avec les modèles et langages existant (SQL). En particulier elle permet de distinguer deux niveaux de modélisation. Le *modèle géographique* s'appuie sur tous les types du système – y compris les TAD spatiaux – et on peut alors élaborer le schéma de données d'une application selon des techniques traditionnelles, par exemple la modélisation entité/association. Le *modèle spatial* se situe à un niveau inférieur et consiste à définir un ensemble cohérent de types permettant de représenter les différentes figures géométriques.

L'élaboration d'un modèle spatial ne va cependant pas sans soulever quelques problèmes délicats. Disons en résumé, pour éviter d'entrer dans une longue discussion, qu'il n'existe pas vraiment d'accord sur les types d'un SGBD spatial. Les modèles proposés – voir par exemple (Güting, 1988; Scholl et Voisard, 1989; Güting, 1994) – varient en fonction des présupposés sur les applications visées, sur la puissance de la représentation ou, au contraire, sur les contraintes destinées à renforcer le typage. En pratique, au-delà des quelques types de base communément employés (points, lignes, polygones simples[1]), chaque système propose son propre typage, plus ou moins puissant, ce qui contrarie toute normalisation et interopérabilité.

L'approche par TAD est utilisée dans quelques systèmes relationnels étendus, comme Oracle (Sharam 1999) ou Postgres (Momjian, 2000). Le tableau 1donne, à titre d'illustration, les principaux types de ce dernier système.

En ce qui concerne les opérations, il n'est pas facile de déterminer quel est le « bon » choix. Il faut en particulier être attentif au problème de clôture des opérations. L'intersection de deux polygones, par exemple, peut être un ensemble de polygones, non représentable si le système ne fournit pas cette structure. Là

[1]Un polygone est dit « simple » si deux segments non adjacents de son contour ne se croisent pas : un nœud papillon n'est pas un polygone simple.

Type spatial	Représentation	Description
point	(x, y)	Un point dans l'espace 2D.
line	$((x_1, y_1), (x_2, y_2))$	Une ligne droite définie par deux points.
lseg	$((x_1, y_1), (x_2, y_2))$	Un segment de droite défini par ses deux extrêmités.
box	$((x_1, y_1), (x_2, y_2))$	Un rectangle.
path	$[(x_1, y_1), ...]$	Une polyligne (liste de segments connectés deux à deux).
polygon	$((x_1, y_1), ...)$	Un polygone.

Tableau 1 Les types spatiaux du SGBD Postgres

encore, on obtient en pratique des systèmes qui s'accordent sur quelques opérations de base (pointé dans un polygone ou sur une ligne, tests d'intersection de polygones, calculs de longueur et de surface, etc) et diffèrent sur beaucoup d'autres. Les relations topologiques (relations entre objets insensibles aux déformations du plan) constituent une exception et peuvent se définir de manière rigoureuse et systématique (Egenhofer et Franzosa, 1991).

Voici un exemple simple illustrant un schéma de base de données géographiques et d'interrogation de la base avec Postgres. Le schéma comprend deux tables, une pour les communes, avec un attribut spatial de type *polygon*, l'autre pour les routes, avec un attribut spatial de type *path* (voir tableau 1) :

- *Communes (idCommune : int, nomC : string, geomC : polygon)*
- *Routes (idRoute, nomR : string, geomR : path)*

Ces tables peuvent être créées sous Postgres avec les commandes standard du SQL ANSI. De même on peut exprimer des requêtes en SQL en y incluant les opérations des types *polygon* et *path*. La requête suivante sélectionne par exemple toutes les routes qui traversent Nouméa.

```
select  R.*
from  Communes C, Routes R
where geomC overlaps geomR
and  nomC = 'Nouméa'
```

Il n'est pas inutile de souligner quelques limitations consécutives au typage spatial. On ne peut pas par exemple représenter des routes ou des rivières qui se divisent parfois en deux ou trois branches (restriction du type *path*). Il n'est pas possible non plus de calculer la partie d'une route située *dans* une commune, puisqu'une telle requête peut renvoyer une liste de tronçons, non représentable par Postgres. Cela empêche également certaines compositions d'opérations. Une requête comme « quelle est la longueur de la route RT02 dans Nouméa », bien que son résultat soit en principe de type numérique, n'est pas exprimable à cause du résultat intermédiaire, de type « ensemble de tronçons de routes », non représentable avec Postgres.

Un reproche souvent adressé à cette technique d'extension par TAD est que le choix des types et des opérations est surtout motivé par les besoins d'une application donnée. Cette méthode est valide dans le cas d'un SIG qui est par nature dédié à l'information géographique. Elle l'est moins dans le cas de SGBD qui se doivent d'adopter un attitude plus « généraliste ». Si un typage est conçu pour une certaine application, il faudra l'enrichir par de nouveaux types au fur et à mesure de l'apparition de nouveaux besoins, avec le risque d'aboutir à un système très complexe et difficile à maîtriser pour l'utilisateur.

1.2 Modes intentionnel et extensionnel

Plus fondamentalement, cette modélisation, bien que respectant en apparence les bases du modèle relationnel, rompt en fait avec quelques-uns de ses principaux concepts. Il ne s'agit pas seulement d'un problème « théorique », mais de la manière dont on conçoit une requête. En relationnel, on considère la base comme un ensemble de valeurs, et l'interrogation consiste à extraire de la base, par des opérations ensemblistes, les valeurs qui satisfont une ou plusieurs propriétés.

L'introduction de TAD mène à recourir à un paradigme différent. Contrairement aux bases de données relationnelles classiques, on adopte une représentation *intentionnelle* consistant à coder grâce à des structures l'ensemble des points constituant un objet, sans chercher à représenter *extensionnellement* tous ces points. Le codage classique des données géométriques (polygones, polylignes, objets en trois dimensions) ne représente pas ces objets par l'ensemble de leurs points (il peut y en avoir une infinité). La représentation est le plus souvent basée sur le stockage des sommets (d'un polygone, d'un polyhèdre) dans des structures plus ou moins complexes (Goodman et O'Rourke, 1997).

Cete approche « en intention » rompt avec la pratique habituelle des bases de données où toute les données sont, en principe, présentes dans la base. La représentation intentionnelle permet d'obtenir une structure compacte, mais impose, au moment des opérations de recherche ou d'affichage, une opération de décodage qui peut être coûteuse. Elle empêche surtout d'adopter directement les opérations ensemblistes comme base du langage d'interrogation. Le recours aux TAD impose à l'utilisateur d'analyser les types manipulés et de choisir le ou les opération(s) appropriées. SQL y perd son caractère « déclaratif » pour se rapprocher d'un langage de programmation.

On peut mentionner à ce sujet une approche complètement différente, apparue au début des années quatre-vingt-dix, consistant à construire des langages d'interrogation basés sur l'hypothèse que la base contient *tous* les points d'un objet géométrique, même si cet ensemble de points est infini. Cette approche s'appuie sur une représentation finie, sous forme de *contraintes linéaires*, de ces ensembles infinis, et mène à d'intéressants résultats qui n'ont pour l'instant pas trouvé de débouché au niveau industriel (Kuper et al., 2000)

2 Objets mobiles

Si on considère qu'un objet spatial est caractérisé, entre autres, par un attribut géométrique décrivant sa *forme* et sa *position*, on peut définir un objet spatio-temporel comme un objet spatial dont la forme et/ou la position varient au cours du temps. En fait la recherche porte essentiellement sur les mouvements d'objets dont on néglige la forme (que l'on peut donc assimiler à un point). Cela revient à ignorer les zones à surface variable (incendies, déserts, marées, évolution des paysages).

2.1 Applications

On peut distinguer deux types d'applications parmi celles qui gèrent des objets mobiles. Les premières s'intéressent principalement à l'analyse des flux d'une population donnée, et considèrent des *trajectoires* décrivant l'historique, pour chaque objet, de ses déplacements successifs au cours d'un intervalle de temps qui peut être arbitrairement grand. Les requêtes envisageables sur ce type de données sont par exemple :

- donner la trajectoire de l'objet o entre t_1 et t_2 (requête temporelle) ;
- donner tous les objets dont la trajectoire passe dans la région R (requête spatiale) ;
- donner tous les objets dont la trajectoire passe dans la région R entre t_1 et t_2 (requête spatio-temporelle).

Le second type d'applications est beaucoup plus orienté vers le suivi (*tracking* en anglais) des objets en temps réel. On s'intéresse par exemple aux mouvements d'une flotte de taxis, d'avions s'approchant d'un aéroport ou aux engins militaires sur un champ de bataille. Dans de tels cas, on cherche à satisfaire des besoins nouveaux ou à prévoir la situation dans un avenir proche plutôt qu'à faire une analyse *a posteriori* des événements. Les requêtes typiques de ce genre d'application sont (Wolfson et al., 1998) :

- trouver les taxis les plus proches du point p (un client qui attend) ;
- trouver les hôtels les plus proches de l'objet o (un voyageur qui voit la nuit approcher) ;
- trouver tous les avions qui vont entrer dans la région R dans moins de dix minutes.

C'est donc la position *courante* des objets qui est primordiale, et éventuellement la position prévisible des objets dans un futur très proche.

2.2 Représentation des trajectoires

Dans les deux cas, le problème consiste à représenter une valeur qui varie continument. Le problème est similaire à celui consistant à représenter des données géographiques linéaires (routes, rivières) : à un ensemble infini d'instants correspond un ensemble infini de points que l'on ne peut représenter finiment qu'à l'aide de structures plus ou moins complexes. Le cas des trajectoires introduit un degré de complexité supplémentaire puisque ces données linéaires sont décrites non pas dans un espace à deux dimensions (x et y correspondant à la longitude et à la latitude), mais dans un espace à trois dimensions où la troisième coordonnée, le temps t, joue un rôle essentiel. Il n'y a pas de support dans les systèmes actuels pour ce type d'information.

Quelques idées de base sont communes à tous les modèles élaborés par la recherche pour pallier ce manque. En premier lieu, on assimile la trajectoire d'un objet à une courbe dans un espace défini par trois variables représentant le temps t, et l'espace x et y avec l'interprétation habituelle. De plus, on ne considère le plus souvent qu'une *approximation linéaire* de la courbe, pour des raisons de simplicité de description, et également d'efficacité algorithmique. Ensuite on se place dans un espace dense, disons $\mathbb{R}^3$, ce qui permet d'obtenir la continuité du mouvement. Dans une telle interprétation, la trajectoire d'un objet mobile est constituée d'un ensemble *infini* de points, ensemble pour lequel on doit définir une représentation *finie*.

Dans le cas des trajectoires, un choix essentiel pour la représentation intentionnelle est celui de la fonction exprimant la variabilité temporelle de la composante spatiale. On peut envisager des fonctions discrètes (cas des zones viticoles qui évoluent en fonction des décisions administratives), des fonctions continues mais linéaires (cas de véhicules évoluant à vitesse constante), enfin des fonctions polynomiales (cas de véhicules effectuant des accélérations).

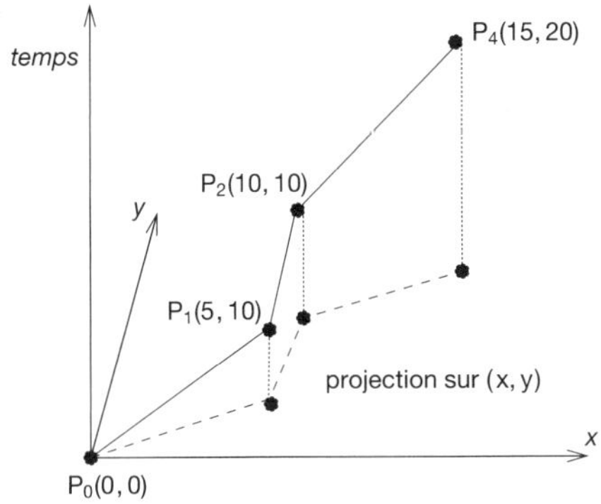

Figure 1 Une trajectoire

L'exemple de la figure 1 représente l'approximation linéaire d'une trajectoire. On peut voir, au niveau abstrait, cette trajectoire comme une fonction par morceaux qui, à chaque valeur de t sur l'intervalle $[0, 5]$, associe une paire $[x, y]$. Il existe plusieurs représentations finies (ou symboliques) possibles pour ces fonctions. On peut par exemple stocker les points définissant les segments, et reconstruire ensuite les fonctions par interpolation. La forme générale d'une fonction donnant une coordonnée en fonction du temps est :

$$x(t) = x_0 + v(t - t_0)$$

Donc on peut la représenter par un triplet $[x_0, t_0, v]$. Noter que la restriction à des données linéaires implique que la vitesse est supposée constante sur un segment.

2.3 Extension par types abstraits

Une fois la représentation définie, il faut l'implanter sous forme de *types*, et étendre le SGBD pour qu'il supporte le stockage d'instances de ces types. La définition de TAD spatio-temporels qui suit est reprise (de manière simplifiée) de (Forlizzi et al., 2000).

Ce modèle repose sur deux niveaux d'abstractions : le modèle « abstrait » qui permet de raisonner sur des *ensembles infinis*, sans se soucier de savoir si une représentation finie de ces ensembles existe, et le modèle dit « discret », basé sur une *représentation finie*, proche de l'implémentation.

Le modèle abstrait se base sur un ensemble de types comprenant les *types atomiques* (*int, real, string, bool*, des *types spatiaux* pour représenter des données dans l'espace 2D (*point*, un point, *points*, un ensemble fini de points, *line*, une suite de courbes continues dans le plan, et *region*, ensemble fini de polygones disjoints) et enfin des *types temporels* (*instant*).

Les instances de ces types sont des valeurs *statiques* qui ne dépendent pas du temps. Afin de pouvoir instancier des types dont les valeurs sont dynamiques, on utilise le *constructeur de type moving*. Pour un type de données α appartenant aux types de base, on construit un *type dont les valeurs sont fonction du temps*, *moving(α)*. Une instance de ce type est un objet $\alpha(t)$. Un véhicule se déplaçant de manière continue est donc une instance de *moving(point)*.

Dans le modèle abstrait, la sémantique d'une opération ou d'une fonction se définit de manière simple, du fait que l'on ne se préoccupe pas de savoir si la représentation finie existe ou non. On peut définir la syntaxe des opérateurs comme :

- **at** : *mpoint* × *time* → *point*, qui permet de connaître la position à un temps t donné ;
- **mdistance** : *mpoint* × *mpoint* → *mreal*, qui renvoie un réel mobile représentant la distance (variable en fonction du temps) entre deux points.

On peut dès lors formuler des requêtes en un langage SQL étendu incorporant les opérateurs ci-dessus. Voici l'expression retournant les couples d'avions qui se croisent à moins de 500 m.

select *A.id, B.id*
from *flights A, flights B*
where *A.id != B.id*
and min_t*(mdistance(A.route, B.route,t))* < *0.5*

Le *modèle discret* constitue un niveau proche de l'implémentation, codant dans une structure finie les ensembles infinis du modèle abstrait. Les définitions des fonctions dans ce modèle sont considérablement plus complexes. Cela étant, cette partie ne concerne que le fournisseur du système et pas l'utilisateur qui ne voit que la partie abstraite. Toute la difficulté d'une modélisation comme celle-ci repose sur la nécessité d'établir une transposition complète et efficace entre les structures et opérations du modèle abstrait et ceux du modèle discret. Ce type de mécanisme, caractéristique d'une approche bases de données, consiste donc à réécrire des opérations exprimées par l'utilisateur sur une représentation simple des données vers une représentation adaptée au traitement par la machine. Des propositions suivant la même démarche conceptuelle mais s'appuyant sur des formalismes différents peuvent être trouvées dans (Sistla et al., 1997; Grumbach et al., 2000).

3 Stockage et indexation

Les recherches visant à pallier les limites des SGBD en matière de gestion de données spatiales ou spatio-

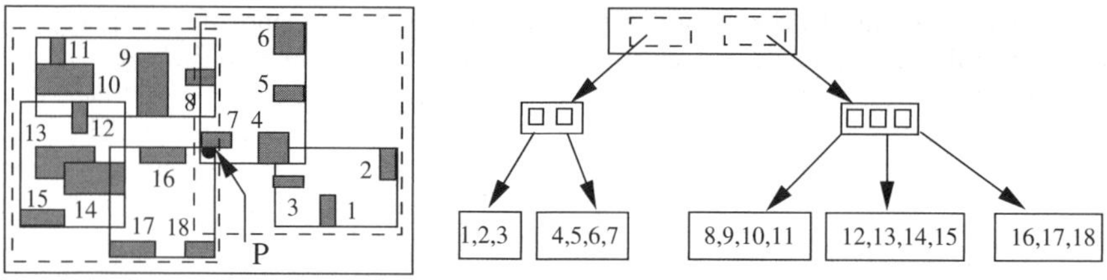

Figure 2 Indexation par R-tree

temporelles consistent non seulement à élaborer des solutions pour *représenter* l'information et associer à cette représentation des *opérations* qui permettent d'interroger la base, mais aussi à proposer des *structures* d'accès aux données qui garantissent des temps de réponse acceptables même en présence de volumes très importants.

Ces aspects traditionnels sont bien représentés dans les SGBD classiques par le modèle relationnel (doté du langage SQL) et les structures d'index (arbre B) qui offrent des propriétés optimales en termes d'occupation de l'espace et de performances. Ces questions ont étés partiellement résolues au cours des dix dernières années pour les données spatiales ou temporelles, elles restent à explorer pour les données spatio-temporelles.

3.1 Indexation spatiale

Il existe une multitude de techniques d'indexation d'objets multidimensionels (Gaede et Guenther, 1998). La plupart sont des variantes de l'une des deux catégories suivantes :

- *partitionnement du jeu de données* en fonction de leur répartition dans l'espace. Essentiellement, on cherche à regrouper dans les mêmes pages du disque les objets proches dans l'espace ;
- *découpage régulier de l'espace*. Dans ce cas on ne tient pas compte de la distribution du jeu de données à indexer. L'espace de référence est découpé *a priori* en cellules, régulières ou non. Les objets sont ensuite affectés aux cellules avec lesquelles ils ont une intersection.

La principale structure de la première catégorie est l'arbre R (voir figure 2). Cet index est construit sur une hiérarchie de rectangles contenus les uns dans les autres, le niveau le plus bas étant constitué des rectangles minimaux englobant la géométrie des objets spatiaux. À chaque niveau, les rectangles sont groupés en « paquets » pouvant être efficacement stockés sur le disque magnétique.

Dans l'exemple de la figure 2, on suppose qu'une page peut stocker au plus quatre objets, ce qui donne les groupes {1, 2, 3}, {4, 5, 6, 7}, etc. Le regroupement des objets est basé sur leur proximité dans l'espace. On cherche en fait à minimiser le recouvrement des rectangles englobant de chaque groupe (les rectangles dessinés en traits fins sur la figure). Ces rectangles sont à leur tour regroupés pour former le niveau supérieur, et ainsi de suite jusqu'à ce que l'on obtienne un dernier groupe de moins de quatre éléments, stockés sur une page qui forme la racine de l'arbre.

L'arbre R a des propriétés comparables à celles de l'arbre B : l'index est équilibré, sa hauteur est logarithmique dans la taille du jeu de données, et sa complexité en espace est linéaire. La recherche (pointé par exemple) basée sur un arbre R consiste à parcourir, à chaque niveau (en partant de la racine) le sous-arbre dont le rectangle englobant contient le point argument.

3.2 Indexation d'objets mobiles

L'arbre R ne convient pas pour indexer des objets mobiles car les rectangles constituant la hiérarchie de l'index sont fixes. Une proposition d'extension est le TPR-tree (*Time-Parameterized R-tree*). Il permet d'indexer les positions actuelles et futures d'objets mobiles, mais pas les historiques des positions (Saltenis et al., 2000). Chaque objet est décrit par une position de référence $x^i(t_0), v^i(t_0)$, i variant entre 1 et la dimension de l'espace considéré. La position sur l'axe i à un instant $t > t_0$ est obtenue par $x^i(t) = x^i(t_0)+v^i(t_0 \times (t-t_0))$. L'instant t_0 correspondant à la position de référence de chaque objet mobile indexé est l'instant de chargement de l'index. De plus la période de validité d'un index doit être fixée, afin d'avoir une indexation pertinente, en fonction des caractéristiques des objets étudiés.

Dans un arbre R, chaque rectangle à n'importe quel niveau de l'arbre englobe un ensemble d'objets. Cette propriété est essentielle pour garantir la possibilité d'effectuer correctement une recherche. L'idée de base de l'index TPR est que les rectangles doivent évoluer avec le temps de manière à préserver cette propriété à tout instant. La figure 3 illustre l'intuition. On considère six objets mobiles, et on suppose qu'une page peut contenir au plus trois objets. La partie haute représente les

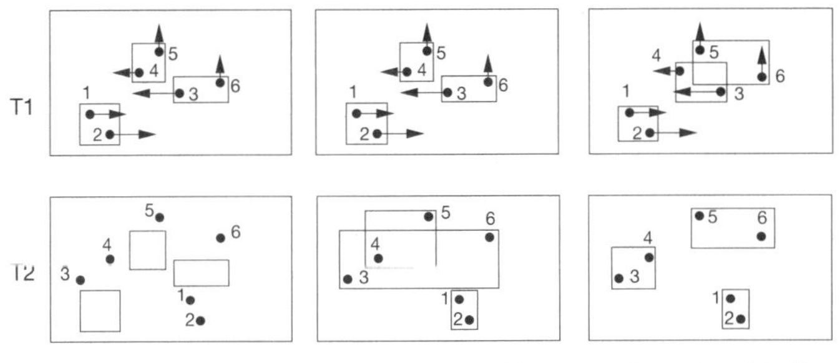

Figure 3 Rectangles mobiles dans le TPR-tree

positions à l'instant T1, et la partie basse les mêmes objets à l'instant T2 (T2 > T1).

Clairement un rectangle fixe est obsolète à T2 (partie gauche de la figure), et ne peut plus servir à la recherche. Si on prend maintenant des rectangles mobiles, le choix des groupes d'objets ne doit plus seulement tenir compte de la proximité dans l'espace, mais aussi de leur position future. Par exemple (partie centrale de la figure) grouper les objets d'après leur proximité donne un bon résultat pour le groupe $\{1, 2, 3\}$, mais pas pour $\{4, 5\}$ et $\{3, 6\}$ puisque au sein de chaque groupe les directions sont divergentes, ce qui aboutit à de très larges rectangles au temps T2. En revanche, un regroupement qui tient compte des deux paramètres (partie droite de la figure) donne de bons résultats.

Pour éviter les mises à jour permanentes, on renonce à avoir à tout instant le rectangle englobant minimal. Le rectangle englobant est donc minimal pour $t = t_0$ et croit suivant les vitesses maximales des objets qu'il contient, ce qui signifie que la taille d'un rectangle augmente toujours.

3.3 Recherche

L'index permet de résoudre trois types de requêtes, le critère temporel de ces requêtes devant toujours être inclus dans la période de validité de l'index :

1. Les requêtes correspondant à un fenêtrage spatial R à un temps t donné.
2. Les requêtes correspondant à un fenêtrage spatial R lors d'un intervalle de temps $[t_{deb}, t_{fin}]$.
3. Les requêtes correspondant à un fenêtrage mobile, valant R_{deb} à t_{deb} et R_{fin} à t_{fin}.

Dans le cas d'une requête de type 1, la recherche s'effectue de manière assez semblable à l'arbre R classique : on sélectionne un rectangle englobant $mbb(t)$ si à l'instant t où la requête est évaluée, la fenêtre de la requête R intersecte à l'instant t le rectangle englobant $mbb(t)$. Ainsi en dimension 1 par exemple, si $R = (a_{min}, a_{max})$ et le rectangle englobant est défini par $(x_{min}, x_{max}, v_{min}, v_{max})$, on sélectionne ce rectangle englobant si $a_{min} \leq x_{max} + v_{max}(t - t_0) \wedge a_{max} \geq x_{min} + v_{min}(t - t_0)$ Pour répondre aux requêtes de types 2 et 3, définies sur un intervalle de temps $[t_{deb}, t_{fin}]$, il faut sélectionner les rectangles englobants qui intersectent la fenêtre de requête entre t_{deb} et t_{fin}.

3.4 Discussion

Deux des principales limites de la structure ci-dessus sont l'impossibilité de modifier les trajectoires dans un index existant, et la nécessité de la reconstruire périodiquement. Ce dernier est en effet optimisé pour une période déterminée au-delà de laquelle il devient obsolète. Malheureusement la reconstruction peut être très coûteuse et compromettre sérieusement l'applicabilité de cette solution. Cette proposition a cependant ouvert la voie à de nombreuses autres recherches voir par exemple (Hadjieleftheriou et al., 2002; Tao et al., 2003). Il n'existe cependant pas à l'heure actuelle de solution complète – autrement dit s'adressant aussi bien au positions historisées qu'aux positions futures prédites – permettant de satisfaire des recherches optimisées par index sur des trajectoires.

4 Conclusion

Ce chapitre a abordé quelques-unes des principales difficultés relatives à la gestion des données spatiales et spatio-temporelles dans une base de données. Quelques propositions assez représentatives de l'état de l'art ont été partiellement développées, et montrent les obstacles qui se dressent dès que l'on cherche à obtenir des solutions à la fois simples et efficaces pour manipuler ce type de données. Le lecteur trouvera dans les références mentionnées au cours de la présentation matière à étudier plus précisément des détails non couverts ici, faute de place.

La recherche sur les bases de données spatiales et spatio-temporelles est encore, au moment où ces lignes sont écrites, extrêmement active et donne lieu à des publications régulières dans les grandes conférences et revues du domaine. Il est clair que certains problèmes (comme l'indexation d'objets mobiles) n'ont pas encore trouvé de solution satisfaisante, ce qui ralentit la prise en charge d'extensions adaptées à ce type de données. Pour mémoire, il a fallu plus de dix ans pour qu'un index aussi simple et robuste que le R-tree soit adopté dans des SGBD très répandus comme Oracle. Dans l'intervalle, les fonctionnalités géo-localisées des applications n'étaient pas prises en compte par le SGBD mais par des modules externes, certes efficaces et adaptés, mais dont le couplage avec la gestion des données classiques s'avérait parfois problématique. Une solution intégrée est préférable, mais il est probable qu'elle prendra au moins autant de temps à s'imposer pour les donnnées spatio-temporelles. Entretemps –- autrement dit avant que les choix industriels viennent figer certaines solutions parmi celles proposées par la recherche fondamentale –- la voie reste ouverte pour de nombreux axes de recherche.

Bibliographie

M. J. Egenhofer et R. Franzosa. Point-set topological spatial relations. *Int. J. Geo. Info. Sys.*, 5(2), 1991.

ESRI, editor. *Understanding GIS : the Arc/Info method.* ESRI Press, 1996.

L. Forlizzi, R.H. Güting, E. Nardelli et M. Schneider. A Data Model and Data Structures for Moving Objects Databases. In *Proc. ACM SIGMOD Symp. on the Management of Data*, 2000.

V. Gaede, O. Guenther. Multidimensional Access Methods. *ACM Computing Surveys*, 30(2), 1998.

Jacod E. Goodman, Joseph O'Rourke. *Handbook of Discrete and Computational Geometry.* CRC Press, 1997.

S. Grumbach, P. Rigaux, L. Segoufin. Manipulating Interpolated Data is Easier than you Thought. In *Proc. Intl. Conf. on Very Large Data Bases (VLDB)*, 2000.

R. H. Güting. Geo-Relational Algebra : A Model and Query Language for Geometric Database Systems. In *Proc. Intl. Conf. on Extending Data Base Technology (EDBT)*, pages 506–527, 1988.

R.H. Güting. An Introduction to Spatial Database Systems. *The VLDB Journal*, 3(4) :357–399, 1994.

M. Hadjieleftheriou, G. Kollios, V.S. Tsotras et D. Gunopoulos. Efficient Indexing of Spatio-temporal Objects. In *Proc. Intl. Conf. on Extending Data Base Technology*, pages 251–268, 2002.

M. van Kreveld. Digital Elevation Models and TIN Algorithms. In *Algorithmic foundations of Geographic Information Systems*, number 1340 in LNCS, pages 37–78. Springer Verlag, 1997.

G. Kuper, B. Libkin, J. Paradaens, editors. *Constraint Database Systems.* Springer Verlag, 2000.

M. Koubarakis, T. Sellis et *al.*, editors. *Spatiotemporal Databases : The* CHOROCHRONOS *Approach.* Springer Verlag, 2003.

R. Laurini, D. Thompson. *Fundamentals of Spatial Information Systems.* Number 37 in The A.P.I.C. Series. Academic Press, New York, 1992.

J. Melton. *Understanding the New SQL : A Complete Guide.* Morgan Kaufmann, 2000.

Bruce Momjian. *PostgreSQL, Introduction and Concepts.* Addison Wesley, 2000.

P. Rigaux, M. Scholl, A. Voisard. *Spatial Databases.* Morgan Kaufmann, 2001.

M. Scholl. Bases de données géographiques. In Anne Doucet et Geneviève Jomier, editor, *Bases de données et Internet*, pages 181–212. Hermès Sciences, 2001.

J. Sharma. Oracle8i Spatial : Experiences with Extensible Databases. An Oracle Technical White Paper, May 1999.

S. Saltenis, C. S. Jensen, S. T. Leutenegger et M. A. Lopez. Indexing the Positions of Continuously Moving Objects. In *Proc. ACM SIGMOD Symp. on the Management of Data*, 2000.

M. Scholl, A. Voisard. Thematic Map Modeling. In *Proc. Intl. Symp. on Large Spatial Databases (SSD)*, LNCS No. 409, pages 167–192. Springer-Verlag, 1989.

A. Sistla, O. Wolfson, S. Chamberlain et S. Dao. Modeling and Querying Moving Objects. In *Proc. IEEE Intl. Conf. on Data Engineering (ICDE)*, pages 422–433, 1997.

Y. Tao, D. Papadias et J. Sun. The TPR*-Tree : An Optimized Spatio-Temporal Access Method for Predictive Queries. In *Proc. Intl. Conf. on Very Large Data Bases (VLDB)*, Berlin, Germany, 2003.

M. Worboys. *GIS : A Computing Perspective.* Taylor and Francis, London, 1995.

O. Wolfson, B. Xu, S. Chamberlain et L. Jiang. Moving Objects Databases : Issues and Solutions. In *Proc. Intl. Conf. on Scientific and Statistical Databases (SSDBM)*, pages 111–122, 1998.

Bases de données et mobilité

Bruno Defude

Mots-clés : bases de données, mobilité, diffusion de données, gestion de cache logiciel, synchronisation des copies, réconciliation de copies, transactions mobiles, gestion de données embarquées, adaptation, résolution de données.

Résumé : la généralisation des télécommunications sans fil combinée à la prolifération des calculateurs ultralégers (assistants personnels, capteurs,...) connectés à l'Internet ou via des réseaux locaux (domotique, avionique...) amène une profonde mutation dans la conception, le déploiement et l'utilisation des systèmes d'information. Il ne s'agit pas seulement d'une variante de la gestion de données réparties mais d'une problématique de recherche à part entière : les bases de données mobiles. Dans ce chapitre, nous présentons les grandes dimensions de cette problématique comme la synchronisation et la cohérence des données mobiles ainsi que les nouveaux modes d'accès et d'évaluation de requêtes. Nous donnons également un éclairage sur les logiciels de gestion de données embarqués ainsi que les intergiciels adaptatifs.

La généralisation des télécommunications sans fil (Tabbane, 1997) combinée à la prolifération des calculateurs ultralégers (assistants personnels, téléphones cellulaires, cartes à puce, capteurs,...) connectés à l'Internet ou via des réseaux locaux (domotique, automobile, avionique...) amène une profonde mutation dans la conception, le déploiement et l'utilisation des systèmes d'information. Un utilisateur doit pouvoir accéder à ses données et exécuter des traitements n'importe où, n'importe quand et à partir de n'importe quel terminal (on parle alors d'informatique ambiante ou informatique diffuse). À titre d'exemple on peut citer des applications personnelles offrant l'accès à tout moment à des données publiques (météo, cours de la bourse...) ou privées (données bancaires, dossier médical...). Il peut également s'agir d'applications professionnelles dans lesquelles des employés itinérants doivent accéder et partager en permanence, et où qu'ils se trouvent, des données relatives à leur entreprise.

L'environnement matériel et logiciel utilisé apporte de nombreuses contraintes : faible débit des réseaux hertziens, déconnexions fréquentes (volontaires ou non), faibles capacités des terminaux mobiles en termes d'affichage, d'autonomie électrique, de puissance de traitement et de stockage, inadéquation des intergiciels conçus jusqu'à présent pour interconnecter des clients fixes avec des serveurs fixes.

Les bases de données mobiles essayent de prendre en compte ces contraintes pour permettre la construction d'applications de type informatique ambiante. Cette problématique n'est pas seulement une variante de la gestion de données réparties dont (Oszu et Valduriez, 1999) donne une très bonne présentation, car la mobilité introduit une nouvelle dimension. Le lecteur intéressé pourra lire plusieurs références détaillées sur données et mobilité comme (Barbarà, 1999), (Defude, 2001), (Jing et Helal et Elmagarmid, 1999) ou (Pucheral, 2003). Ce chapitre est structuré comme suit. Le § 1 introduit une architecture logicielle et matérielle de référence. Le § 2 porte sur les modes d'accès à l'information particulièrement bien adaptés aux environnements mobiles. Les § 3 et 4 traitent du problème de cohérence des traitements en environnement mobile; le § 3 aborde ce problème du point de vue de la synchronisation des mises à jour effectuées par des mobiles notamment en mode déconnecté alors que le § 4 aborde ce problème sous l'angle de transactions impliquant des mobiles au cours de leur exécution. Le § 5 présente les problèmes liés à la gestion de données embarquées dans des calculateurs mobiles ultralégers. Le § 6 discute de la façon d'introduire un degré d'adaptabilité dans les applications et les ressources utilisées (intergiciels, réseaux, bases de données...) afin de supporter au mieux les conséquences de la mobilité.

1 Architecture de référence

Une architecture de réseau mobile est généralement composée d'un ensemble de terminaux mobiles (assistants personnels numériques, téléphones, ordinateurs portables...) reliés à un réseau fixe via une connexion sans fil. Cela recouvre les réseaux cellulaires (par exemple la téléphonie mobile GSM), les réseaux sans fils (ensemble de terminaux interconnectés via une liaison WiFi ou BlueTooth par exemple) ou tout simplement la connexion de terminaux mobiles à un serveur fixe.

Généralement, le terminal mobile joue le rôle de client et on a alors des applications de type client/serveur dans lesquelles il y a néanmoins besoin d'offrir un mode déconnecté. Dans ce mode de fonctionnement, une partie des données du serveur est dupliquée sur le client qui peut les mettre à jour et il faut ensuite réconcilier les différentes copies. Dans certains cas, les terminaux peuvent également jouer le rôle de serveurs (soit pour d'autres terminaux mobiles, soit pour les serveurs fixes). C'est le cas, par exemple, d'un dossier médical sécurisé sur carte à puce. Enfin, le serveur fixe peut adapter ses services à la mobilité de ses clients (cas de requêtes basées sur la localisation, comme la recherche du plus proche médecin).

2 Modes d'accès à l'information

Le mode classique d'accès à l'information dans lequel les clients envoient des requêtes aux serveurs, n'est pas nécessairement le plus adapté en environnement mobile. En effet, en mode synchrone cela va induire un «gaspillage» d'énergie de la part des clients durant l'attente des résultats. Si on fonctionne en mode asynchrone, les serveurs vont devoir supporter une demande très importante et éventuellement redondante (par exemple si un grand nombre de clients demandent l'accès à des informations boursières).

D'autres schémas de communication sont utilisables, comme la publication et souscription ou la diffusion de données. Dans le premier schéma, un serveur publie les informations qu'il peut fournir et les clients souscrivent ou non à ces informations. Lorsqu'elles sont produites par le serveur celui-ci va les délivrer à tous les clients y ayant souscrit. Dans le schéma de la diffusion de données, un serveur diffuse périodiquement un ensemble de données à l'ensemble des clients du réseau. Ceux-ci vont filtrer ce flot en fonction de leurs besoins. De nombreux travaux ont porté sur l'organisation du flot diffusé en fonction de la demande des clients. En effet, toutes les informations n'ont pas le même intérêt pour tous les clients et il faut que la fréquence de diffusion soit proportionnelle à leurs demandes pour diminuer la latence. Les *broadcast disks* (Acharya et al, 1995) sont une proposition intéressante pour organiser l'information diffusée. Cela consiste en une hiérarchie de mémoires dans laquelle le niveau le plus haut contient très peu de données qui sont diffusées avec une grande fréquence, alors que les niveaux inférieurs contiennent de plus en plus de données qui sont diffusées avec une fréquence de plus en plus faible. Il faut en plus pouvoir indexer le flot pour éviter que les clients soient obligés d'écouter de manière continue. (Imielinski et al, 1994) proposent de diffuser périodiquement l'index dans le flot. Lorsqu'un client se connecte, il écoute le flot diffusé jusqu'à ce qu'il reconnaisse un index. En analysant l'index, il sait ensuite à quel moment l'information qui l'intéresse va être diffusée et donc il peut se mettre en veille en attendant. Ces techniques de diffusion peuvent être généralisées en communiquant non plus directement entre le serveur et les clients, mais en créant des chaînes de diffusion où l'information va transiter par plusieurs serveurs (ou clients). Dans cette catégorie, on trouve les algorithmes épidémiques ou les approches pair à pair. L'intérêt majeur de ces solutions est leur facilité à passer à l'échelle et leur bonne tolérance aux fautes.

3 Traitements déconnectés et synchronisation

Lorsqu'un client mobile accède à une information (quel que soit le mode d'accès), celle-ci se trouve présente en deux copies: la copie du serveur et la copie du client. Le problème est alors d'assurer la cohérence entre ces deux copies (N + 1 si on considère que N clients ont accédé à la même information). Si seul le serveur peut mettre à jour les données, le problème est ramené à une gestion de cache de données dans un contexte mobile. Il faut que le client puisse se rendre compte, de manière efficace, que la donnée qu'il possède a changé de valeur. Si le client peut mettre lui-même à jour la donnée, il faut alors assurer la convergence entre la copie du serveur et celle du client, ce qui est un problème de réconciliation de copies.

(Barbarà et Imielinski, 1995) ont proposé plusieurs algorithmes de cohérence de cache en environnement mobile qu'ils ont comparés selon le comportement des clients. Ces algorithmes sont de type serveur sans état (le serveur ne connaît pas les clients des données) et utilisent la diffusion comme mode de communication. Un rapport d'invalidation (ensemble des données qui ont été modifiées) est diffusé toutes les *L* secondes. Selon les algorithmes, le rapport peut contenir les données modifiées depuis les *n* dernières secondes ou bien celles modifiées depuis la dernière diffusion. Le client maintient l'estampille du dernier rapport traité et, s'il s'aperçoit qu'il a manqué un rapport, il invalide toutes les données, sinon il invalide seulement les données contenues dans le rapport.

La synchronisation de copies a été fortement étudiée dans plusieurs cadres applicatifs. On la trouve dans le domaine des bases de données réparties avec la cohérence des copies de données, dans les applications nomades avec les synchroniseurs de fichiers pour les dispositifs portables par exemple, ou les synchroniseurs de données spécifiques à une application comme le courrier électronique et qui peuvent travailler à une granularité plus fine que le fichier et dans les applications collaboratives, comme l'édition simultanée et collaborative de documents.

Les solutions habituellement proposées sont adaptées à un contexte de réseau fixe où on peut accéder à chaque instant à toutes les copies. Par exemple, la cohérence des copies de données dans les bases de données réparties se fait en principe de manière synchrone en propageant les mises à jour sur l'ensemble des copies dans une même transaction. Dans un contexte mobile, ceci est rédhibitoire car les terminaux ne sont pas connectés en permanence et on doit utiliser des approches optimistes dans lesquelles on laisse diverger les copies que l'on va ensuite chercher à réconcilier lors d'une phase de réintégration. Ceci n'est pas toujours possible de manière automatique (cela dépend de la sémantique de l'application) et il faut alors fournir aux utilisateurs les moyens de détecter les divergences et de les intégrer manuellement.

Pour faciliter la réconciliation, il est également possible de contrôler la divergence des copies (par exemple, on peut limiter le nombre de mises à jour faites sur une copie locale).

Pour traiter ce problème de réconciliation, les algorithmes collaboratifs proposent de mémoriser pour chaque copie, l'histoire des opérations exécutées sur celle-ci à partir d'un état initial pour produire l'état courant. Toute opération générée localement est exécutée avant d'être ajoutée à l'histoire et transmise aux autres sites. En revanche, la réception d'une opération distante `op` nécessite une phase d'intégration qui consiste d'abord à transformer `op` par transposition pour déterminer l'opération `op'` réalisant la même intention que `op`, puis à exécuter `op'` sur l'état courant. Les algorithmes collaboratifs se différencient par les traitements qu'ils font sur les histoires associées aux copies mais ils doivent garantir trois propriétés : respect de la causalité, respect de l'intention de l'utilisateur, convergence des copies. Les transformées opérationnelles sont une approche intéressante pour définir les transpositions d'opérations. Les concepteurs doivent définir pour tout couple d'opérations concurrentes (`op1`, `op2`) une opération réalisant la même intention que `op2` mais à partir de l'état résultant de l'exécution de `op1`. Cette fonction de transformation est appelée *transposition en avant* (Ellis et Gibbs, 1989). En supposant remplies certaines conditions (par exemple l'existence d'un ordre global unique sur les opérations), ce modèle assure les trois propriétés définies ci-dessus.

4 Cohérence transactionnelle

Le concept de transaction est fondamental pour l'exécution de programmes accédant à des bases de données. Une transaction doit respecter les propriétés ACID (Atomicité, Cohérence, Isolation et Durabilité) et l'exécution d'un ensemble de transactions concurrentes doit être sérialisable, c'est-à-dire équivalente à une exécution séquentielle (voir le chapitre « Concurrence et reprise sur pannes »). Les applications mobiles utilisant des bases de données ont également des besoins transactionnels.

Nous considérons des applications manipulant des données et intégrant des unités mobiles (UM) et au moins une unité fixe (UF) afin d'assurer la durabilité globale. Les transactions sont initiées par des unités mobiles ou fixes, et sont potentiellement distribuées sur l'ensemble des unités. Les transactions peuvent être :

- exclusivement exécutées sur une ou plusieurs UM ;
- demandées par une UM et exclusivement exécutées sur l'UF ;
- exécutées partiellement sur une ou plusieurs UM et partiellement sur l'UF (ou plusieurs UF).

Une transaction mobile n'est pas exactement une transaction répartie. Certaines caractéristiques essentielles lui sont propres : *les déplacements, les déconnexions et les durées des déconnexions*. Lors de déplacements, l'UF coordinatrice de la transaction mobile doit garder la trace de ces déplacements et dans certains cas la coordination doit être transmise à une autre UF. La déconnexion conduit à la création d'une copie des données sur l'UM afin de permettre l'exécution de transactions en mode déconnecté. La réintégration de la copie dans la base de données de l'UF doit être prise en charge par le mécanisme de gestion des transactions. La durée non bornée de la déconnexion a des conséquences plus importantes encore, en particulier sur l'isolation.

En effet, le choix de maintenir l'isolation, et donc de conserver des données inaccessibles aux transactions concurrentes, peut devenir inacceptable au-delà d'un certain délai. D'un autre côté, le choix de rompre l'isolation peut conduire à des modifications concurrentes et simultanées de données sur l'UM et sur l'UF, ce qui rend difficile la réintégration des données après les modifications locales. Cette réintégration est d'autant plus difficile lorsque la déconnexion n'est pas anticipée, empêchant ainsi l'échange de messages et/ou de données de synchronisation en avance.

De nombreux modèles de transactions pour les mobiles ont été proposés et Serrano-Alvarado (2004) en fait une présentation détaillée. Ces modèles sont en général issus des modèles de transactions longues proposés pour les transactions multibases où l'autonomie des sites est importante. En principe, ils prennent en compte une des caractéristiques propres à la mobilité (généralement la déconnexion), mais rarement l'ensemble. La plupart remettent en cause les propriétés ACID.

PRO-MOTION (Walborn et Chrysanthis, 1999) est une infrastructure de gestion de transactions prenant en compte la déconnexion et les ressources limitées des clients. Le concept de base est le «*compact*». Un *compact* est une requête d'accès aux données associée à des obligations (par exemple une date limite d'utilisation de la donnée), à des restrictions (un ensemble d'opérations possibles) et des informations d'état (par exemple le nombre d'accès aux données). On peut voir le *compact* comme un contrat entre le serveur et le client mobile. Le serveur délègue le contrôle des données au client mobile pour ses transactions locales et en contrepartie le client s'engage à respecter les conditions fixées par le serveur (obligations et restrictions). Ces conditions permettent au serveur d'assurer la cohérence des données lorsqu'elles seront réintégrées après mise à jour sur le client mobile.

Le modèle transactionnel sous-jacent est une variante des transactions emboîtées. Le système mobile est vu comme une transaction à longue durée de vie s'exécutant sur le serveur et découpée en *n* sous-transactions s'exécutant sur les clients mobiles. Chaque sous-transaction peut être, à son tour, une transaction emboîtée. Les *compacts* sont obtenus du serveur de base de données à partir des requêtes émises par le client mobile. Si les données sont disponibles le serveur crée un *compact* et le transmet au client. Celui-ci enregistre le *compact* pour pouvoir garder une trace et maintenir son statut. Côté client, une entité spécifique, appelée *Compact Agent*, gère les déconnexions, assure la gestion des transactions locales et est en charge du contrôle de concurrence, de la journalisation et de la reprise.

Quatre types de traitements transactionnels sont possibles :

- préchargement : le client mobile est connecté au réseau et le serveur stocke des *compacts* en prévision d'éventuelles déconnexions ;
- traitement connecté : le client mobile est connecté au réseau et le serveur exécute les transactions ;
- traitement déconnecté : le client mobile est déconnecté du réseau et exécute donc les transactions localement ;
- réconciliation : lorsque le client mobile se reconnecte au réseau, il faut réconcilier les mises à jour validées durant la déconnexion avec la base de données serveur.

5 Gestion de données embarquées

L'avènement de l'informatique ambiante voit une prolifération de calculateurs légers se déployer dans notre vie quotidienne. Bien qu'ayant des caractéristiques techniques très contraintes (en termes de puissance processeur, de mémoire...), ces calculateurs ont une intelligence logicielle de plus en plus développée. L'évolution naturelle est donc de développer des outils de gestion de données (même simplifiés) sur ces calculateurs. Deux grandes approches sont utilisées dans ce contexte. Tout d'abord, les éditeurs de SGBD classiques proposent des versions «légères» de leurs produits conçus principalement pour des ordinateurs portables et des assistants personnels. Ils ont une petite empreinte mémoire obtenue en simplifiant et en modularisant le code du SGBD. Le problème est que les techniques de stockage, d'indexation ou d'interrogation n'ont pas été adaptées aux spécificités des calculateurs. La deuxième approche consiste à définir des SGBD adaptés aux spécificités matérielles et logicielles des terminaux mobiles. Par exemple, l'utilisation de mémoire flash nécessite des mises à jour par «bancs» afin d'éviter des performances d'écriture désastreuses. (Pucheral et al., 2001) a proposé un SGBD sur carte à puces, appelé PicoDBMS, supportant des requêtes *Select-Project-Join* avec agrégation en complément des mécanismes traditionnels de vues et de droits. PicoDBMS est basé sur un modèle de stockage compact et efficace, tirant avantage de l'accès direct en EEPROM (*Electrically Erasable Programmable*

Read-Only Memory) par l'utilisation extensive de pointeurs. Le point central de cette architecture est un évaluateur de requêtes capable de traiter tout type de requête SQL sans consommation de RAM, quel que soit le volume de données interrogées.

Les réseaux de capteurs ont fait émerger de nouvelles problématiques en bases de données (Bonnet et Gehrke et Seshadri, 2001). Il s'agit d'interroger de manière déclarative des flux de données fournis par des capteurs de manière continue, en minimisant l'énergie électrique requise pour les capteurs. Les requêtes sont exprimées en utilisant un langage SQL étendu pour prendre en compte la localisation des capteurs, la fréquence d'échantillonnage ainsi que la durée de la requête. L'optimisation de requêtes porte sur deux aspects complémentaires : d'une part «pousser» les opérateurs (agrégation, filtrage) vers les capteurs eux-mêmes et d'autre part pouvoir choisir quand, où et avec quelle fréquence échantillonner des données (Madden et al., 2005).

6 Adaptabilité des applications et des ressources

L'adaptabilité consiste à offrir à l'utilisateur, quels que soit sa localisation et son type de terminal, un service aussi proche que possible de celui fourni dans un contexte statique, où le terminal de l'utilisateur est fixe, dispose de ressources importantes et est relié aux serveurs par un réseau fiable et performant. L'adaptabilité a un impact à tous les niveaux de l'architecture logicielle : application, intergiciels, couche réseau et SGBD. Elle est faite par le système (côté client, côté serveur ou les deux) en fonction de «contrats» définis par les utilisateurs et d'observations faites sur l'utilisation des ressources. On distingue généralement les approches statiques, où l'adaptation est faite lors du lancement de l'application et n'est plus remise en cause jusqu'à sa terminaison, des approches dynamiques où l'adaptation est faite de manière quasi continue.

Les premiers travaux sur le domaine ont porté sur l'adaptabilité à la variation de la bande passante. L'idée est de stocker une même donnée sur les serveurs à différents niveaux de précision. Par exemple, une vidéo à différents taux de compression. En fonction des variations de bande passante observées, le système est alors capable de commuter automatiquement d'un niveau de précision à un autre (lorsque la bande passante est faible, le système transmet une vidéo très compressée et inversement). Dans le système Odyssey (Noble et al, 1997) la «fidélité» est définie comme une mesure de similarité entre la donnée réelle et la donnée telle qu'elle est sur le terminal client. Une interface de programmation permet alors de définir le contrat (ici la limite de «fidélité» acceptable) entre le client et le serveur. La notion de précision doit être étendue pour pouvoir traiter des données autres que multimédia. Par exemple, pour des relations, la fragmentation horizontale ou verticale ou bien des calculs d'agrégats peuvent être utilisés pour définir des niveaux de précision plus faibles.

Précision et fidélité peuvent être aussi utilisées pour faire du «rechargement de données» (*data recharging*). Par analogie avec le rechargement des batteries, le rechargement de données consiste à rafraîchir les données présentes sur le client en fonction de la durée de la connexion (plus on reste connecté longtemps, meilleur sera le rafraîchissement des données). Pour un temps de chargement donné, il faut donc déterminer quelle est la charge optimale. Ceci dépend bien évidemment de l'importance des données, qui peut être estimée via un profil utilisateur.

7 Conclusion

Nous avons dans ce chapitre fait une présentation générale des principaux problèmes posés par la prise en compte de la mobilité dans les bases de données. Ceux-ci sont très nombreux et ouvrent des domaines de recherche nouveaux ou compliquent des domaines existants. Deux d'entre eux sont particulièrement importants : le fonctionnement en mode déconnecté et l'optimisation de la gestion des ressources. Un important travail de recherche reste à faire pour généraliser beaucoup de propositions qui sont faites dans un cadre restrictif mais aussi pour évaluer et comparer ces propositions.

Nous n'avons pas abordé ici la gestion de données spatio-temporelles car elle est traitée dans le chapitre «Bases de données spatio-temporelles». En effet, dans le cadre d'applications mobiles, les données elles-mêmes peuvent être mobiles (de manière continue) et nécessitent des modèles spécifiques de représentation et des structures de données efficaces pour l'interrogation.

D'autres aspects interviennent de manière plus marginale, notamment les interfaces personne-machine et la sécurité (voir le chapitre «Sécurité des bases de données» de la section I/6). La taille et les capacités graphiques réduites des calculateurs ultralégers et de leurs dispositifs d'entrée posent des problèmes spécifiques d'interface personne-machine. La confidentialité des données est également cruciale dans ce type d'environnement. Par exemple, l'utilisation massive des assistants personnels pose le problème de la sauvegarde des données personnelles et critiques qui y sont stockées. Un tel service de sauvegarde doit offrir, en plus de sa fonction de persistance des données, un niveau de sécurité qui garantit que seul le propriétaire des données peut y accéder. Si les données sont partagées (comme des données médicales partagées entre différents médecins, infirmiers...), le problème est encore plus complexe. Les dispositifs mobiles ultra-sécurisés comme la carte à puce peuvent également être au cœur de systèmes hautement sécurisés.

Bibliographie

Acharya S. et Alonso R. et Franklin M. et Zdonik S. (1995), "Broadcast Disks: Data Management for Asymmetric Communication Environments", *Proceedings ACM International Conference On Management of Data (SIGMOD).*

Barbarà D. et Imielinski T. (1995), "Sleepers and Workaholics: Caching Strategies in Mobile Environments", *Very Large Data Base Journal*, Volume 4, Number 4.

Barbarà D. (1999), "Mobile Computing and Databases -- A Survey", *IEEE Transactions on Knowledge and Data Engineering*, Volume 11, Number 1.

Bonnet P. et Gehrke J. et Seshadri P. (2001), "Towards Sensor Database Systems". *Proceedings International Conference on Mobile Data Management.*

Defude B. (2001), «Bases de données et mobilité», dans *Bases de données et Internet*, éditeurs A. Doucet et G. Jomier, Hermès Sciences Publications.

Ellis C.A. et Gibbs S.J. (1989), "Concurency Control in Groupware Systems", *Proceedings ACM International Conference on Management of Data (SIGMOD).*

Imielinski T. et Wiswanathan S. et Badrinath B.R. (1994), "Energy Efficient Indexing on Air", *Proceedings ACM International Conference On Management of Data (SIGMOD).*

Jing, J. et Helal, A. et Elmagarmid, A. (1999), "Client-server computing in mobile environments", *ACM Computing Surveys*, Volume 31, Number 2.

Madden S. et Franklin M. et Hellerstein J. et Hong W. (2005), "TinyDB: An Acquisitional Query Processing System for Sensor Networks", *ACM Transactions on Database Systems*, Volume 30, Number 1.

Noble B.D. et Satyanaratanan M. et Narayanan D. et Tilton J.E. et Flinn J. et Walker K.R. (1997), "Agile Application-Aware for Mobility", *Proceedings ACM Symposium on Operating Systems Principles.*

Özsu T. et Valduriez P. (1999), "*Principles of Distributed Database Systems*, Second edition, Prentice Hall.

Pucheral P. et Bouganim L. et Valduriez P. et Bobineau C. (2001), "PicoDBMS: Scaling down Database Techniques for the Smartcard", *Very Large Data Base Journal*, Volume 10, Number 2-3.

Pucheral P. et al (2003), «Mobilité et bases de données: état de l'art et perspectives», *Technique et Science Informatiques (TSI)*, Volume 22, n° 3 et n° 4

Serrano-Alvarado P. et Roncancio C. L. et Adiba M. E. (2004), "A Survey of Mobile Transactions", *Distributed and Parallel Databases*, Volume 16, Number 2.

Tabbane S. (1997), *Réseaux mobiles*, Hermès, 1997.

Walborn G.D et Chrysanthis P.K. (1997), "Transaction Processing in PRO-MOTION", *Proceedings ACM Symposium on Applied Computing.*

Sécurité informatique

Coordination : Claude Kirchner

Introduction

Claude Kirchner

La sécurité a été depuis toujours une composante cruciale de l'activité humaine en concernant aussi bien la sécurité des personnes que celle des biens et des informations.

Notre histoire, ancienne ou récente, regorge de situations où les questions de sécurité de l'information ont joué un rôle fondamental. Utilisée plus de trois millénaires avant notre ère, une manière de sécuriser l'information consistait à utiliser des bulles-enveloppes en argile, signées et contenant des *calculi*, jetons de taille et de forme différentes. Les communications entre les bergers, les acheteurs et les propriétaires pouvaient alors être vérifiées en brisant la bulle (Ifrah, 2000).

Plus récemment, le décryptage par Alan Turing et ses collègues de la machine Enigma (voir figure ci-dessous) utilisée par l'armée allemande pendant la seconde guerre mondiale pour chiffrer ses communications, a joué un rôle fondamental dans l'acquisition d'informations dès 1940 (Hodges, 1989).

La sécurité des informations a donc été, est et restera un élément fondamental lié à toute activité humaine. Mais la situation est aujourd'hui profondément différente de celle d'hier. En effet, l'informatisation de la plupart des activités humaines ne fait que commencer et il est clair que nous vivons actuellement une révolution au moins aussi importante que la révolution industrielle du XIXe siècle. Des conséquences de cette évolution majeure concernent :

- la quantité extraordinaire de données numériques qui deviennent explicitement accessibles ;
- notre dépendance de plus en plus importante envers les logiciels et matériels associés ;
- l'accessibilité aux informations numériques et à leur transport ;
- les nouvelles utilisations permises par le développement du corpus des connaissances informatiques ;
- la maîtrise individuelle et sociale des éléments issus de cette révolution.

Dans ce contexte d'urbanisation numérique globale, les problèmes de sécurité, de vulnérabilité, de sûreté, de fiabilité se posent avec une importance cruciale voire vitale, dans les domaines économiques, écologiques, juridiques, médicaux, militaires, policiers. Ils concernent aussi bien les aspects de souveraineté nationale que les libertés individuelles.

Si, comme nous venons de l'évoquer, l'informatisation repose les questions de sécurité avec une acuité considérable, une seconde caractéristique fondamentale concerne la transversalité des disciplines concernées. Un exemple typique concerne les protocoles de communication utilisant des primitives cryptographiques. La figure suivante, due à Florent Jacquemard, schématise l'utilisation d'un protocole où le personnage de gauche (*Aline*) et celui de droite (*Bernard*), en utilisant un procédé cryptographique représenté par le cadenas, communiquent sans que le réseau, représenté par le personnage central, puisse accéder au contenu de la mallette.

Comme cela est développé dans le chapitre «Preuve et vérification pour la sécurité et la sûreté», la logique sous jacente au protocole peut permettre à un intrus de s'approprier des informations sans avoir à casser le mécanisme cryptographique, illustrée ici par le cadenas.

Il suffit pour cela que le personnage central fasse croire à *Aline* que le cadenas est celui de *Bernard* alors que c'est le sien ! Cette erreur, maintenant bien connue et corrigée, a été présente dans un protocole utilisé pendant plus de dix ans.

On voit donc ici qu'un procédé cryptographique aussi bon soit-il ne peut être considéré indépendamment de son contexte logique d'utilisation. Cette interdépendance des éléments de sécurité se retrouve partout, depuis la combinaison classique entre matériel et logiciel, jusqu'à la mise en œuvre juridique.

Quelques enjeux de la sécurité informatique

Cet ouvrage et particulièrement cette section montrent combien les enjeux de la sécurité informatique sont omniprésents et importants. Rappelons en ici des éléments saillants.

Parmi les vulnérabilités induites par la mise en place d'une société profondément informatisée, on trouve tout particulièrement les programmes ou matériels informatiques défectueux *i.e.* incorrects (bogues) ou hostiles (virus, vers, etc.), qui mettent en scène des personnes ou des systèmes inattentionnés (sans intention préalable) ou malintentionnés (hostiles), dans un contexte où ils interagissent avec des systèmes (ensemble matériel et logiciel) et des communications.

Outre le volet important de la sûreté des systèmes mis en œuvre, la mise en cause de la sécurité peut provenir non seulement de l'intention de perturber par des actions de sabotage ou de vandalisme des informations ou des services, mais aussi de l'intention de s'approprier illégalement des valeurs monétaires ou des informations économiques, privées, politiques, militaires, policières, etc.

Les enjeux sécuritaires de l'informatique sont omniprésents depuis notre vie quotidienne jusqu'à l'organisation des entreprises et des États. On pense bien entendu aux virus qui peuvent se diffuser à des vitesses impressionnantes, ou aux cartes bancaires et au fait qu'elles doivent résister à une utilisation frauduleuse, éventuellement réalisée par des individus avertis. Ces enjeux concernent naturellement les réseaux qu'ils soient filaires, radio, infrarouges ou optiques, quelles que soient les applications qu'ils supportent, comme par exemple les transferts interbancaires. Les accès aux machines et serveurs individuels, d'entreprises ou gouvernementaux doivent être sécurisés, et ce dans un cadre d'interconnexion globale. Dans ce contexte, les bases de données sont un enjeu fondamental puisqu'elles centralisent en particulier les connaissances et les compétences des entreprises.

Dans notre vie sociale, la sécurité informatique est amenée à jouer un rôle toujours plus important, par exemple via le vote électronique. De même les données médicales ou juridiques doivent être entourées d'une garantie de confidentialité claire et efficace, la signature électronique doit être garantie en qualité immédiate, mais aussi, de façon fondamentale, dans le temps.

L'informatisation globale concerne également les systèmes d'armement. Leur informatisation, leur interopérabilité et leur mise en réseau permettent par exemple d'activer ou désactiver à distance des champs de mines selon les mouvements de troupes désirés. Il est clair qu'on doit dans ces conditions être sûr du réseau qui contrôle ces éléments et de son accès !

La biométrie permet de nous identifier et pourrait dans certains scénarios remplacer à terme les clefs traditionnelles. Elle permet aussi de mieux contrôler les accès et par conséquent de potentiellement limiter les actes terroristes. Mais l'impact sur les libertés individuelles reste à comprendre, à mesurer et à contrôler.

Certains enjeux peuvent être plus difficiles à cerner. Par exemple, l'émergence actuelle de « plateformes de confiance », consistant en systèmes logiciels couplés aux matériels appropriés permet d'assurer un degré de sécurité important sur l'accès aux logiciels et aux données. Cela peut par exemple permettre la diffusion de musiques ou films de façon fortement contrôlée. L'un des écueils est qu'alors le contrôle de la machine (et donc de ses programmes et de ses données) peut échapper totalement à son utilisateur, par exemple lors de son identification. On pourrait alors imaginer que le centre de validation des identités ne délivre pas les autorisations, non pour des raisons de copyright, mais pour des raisons par exemple économiques ou politiques. L'autonomie des individus, des entreprises, voire des États, pourrait alors être mise en cause.

Sécurité et confiance

La sécurité joue un rôle essentiel dans l'établissement de la confiance. Jusqu'à récemment, les archives d'une entreprise ou les photographies familiales étaient conservées dans un coffre-fort, au fond d'une armoire ou chez un notaire. Il peut en aller tout autrement dans notre société numérique puisque ces archives numériques, outre la question de leur persistance temporelle, ne doivent pas pouvoir être accédées, modifiées, falsifiées ou transmises sans autorisation. La confiance que l'on accorde à de tels documents dépend donc crucialement de la sécurité qui entoure leur utilisation. Elle dépend aussi de la transparence des solutions mises en jeu. Il est en effet difficile de faire confiance à des procédés dont le fonctionnement est caché. Un exemple simple concerne la cryptographie. Lorsque l'on utilise un schéma comme RSA, l'algorithme utilisé est accessible et parfaitement compréhensible par tout un chacun dans son principe. Ce qui en fait la force et l'intérêt n'est pas que le procédé soit secret mais que son décodage soit complexe. On sait donc, une fois configurée la taille des clefs utilisées et compte tenu de la rapidité des ordinateurs à une date donnée, évaluer la difficulté du déchiffrement de l'information et comprendre quel degré de confiance on peut lui accorder. Cet exemple nous montre également que cette confiance peut varier dans le temps, en particulier du fait des progrès technologiques. Comme cela est présenté dans le chapitre « Cryptographie », la réalisation de machines basées sur le calcul quantique remettrait en particulier complètement en cause la plupart des fondements actuels de la cryptographie et par conséquent notre confiance dans son utilisation.

Sur ces liens entre sécurité et confiance, on pourra consulter le document réalisé par le groupe de travail « confiance et sécurité » de la FING (Fondation Internet Nouvelle Génération) et disponible à l'url (http://www.fing.org/confiance) (Belleil, Kaplan, 2004).

Sécurité informatique et sûreté

Les systèmes informatiques sur lesquels reposent de plus en plus nos activités deviennent extrêmement complexes tant dans leur conception que dans leur réalisation.

Les liens entre les aspects sécurité (c'est-à-dire résistant à des actions délibérées) et les aspects sûreté (c'est-à-dire dont le fonctionnement nominal est validé) sont extrêmement imbriqués. Typiquement, une politique de sécurité dont l'implantation ne serait pas sûre ne serait évidemment pas sécuritaire.

Outre une frontière floue entre sûreté et sécurité, les deux concepts sont étroitement liés. Par exemple, des erreurs de programmes non sûrs sont exploitées pour créer des failles de sécurité, de la même manière qu'une erreur dans la conception informatique d'un système de freinage pourra entraîner des conséquences dramatiques sur la sécurité physique des passagers d'un véhicule.

Par ailleurs, il faut se donner les moyens de prouver la correction de la sécurité mise en œuvre et on pourra utiliser pour la sécurité les méthodes mises au point dans le domaine de la sûreté.

La sécurité informatique aujourd'hui et demain

L'ensemble de cette section montre combien la sécurité informatique a évolué ces dernières années. Elle montre également la nécessité d'une réflexion profonde aux niveaux scientifiques, juridiques et législatifs, couplée à une mise en œuvre technologique adaptée. Ces éléments reposent sur l'organisation de l'activité actuelle et sur la préparation de demain.

Aujourd'hui, la sécurité informatique est au centre de l'organisation tant des entreprises que des États. Les CERT (Computer Emergency Response Team) ont été mis en place dès le début des années quatre-vingt-dix suite à des incidents de sécurité de grande ampleur survenus à cette époque sur les réseaux de la recherche américains. Dans les années qui ont suivi, des CERT ont été mis en place dans la plupart des autres pays dans lesquels l'Internet s'est développé. Les CERT veillent à limiter l'envergure et le nombre des attaques malveillantes en organisant les moyens de défense et de réaction et en assurant la prévention par la diffusion d'informations.

Les CERT sont eux-mêmes organisés au sein d'une structure appelée FIRST (Forum of Incident Response and Security Team).

Au niveau français (et on retrouve des organisations similaires dans la plupart des pays), la DCSSI (Direction centrale de la sécurité des systèmes d'information) est placée sous l'autorité du Premier ministre. Elle a entre autres la responsabilité de la validation des procédures de sécurité des systèmes d'information. La coordination globale est assurée par le CISSI, comité interministériel pour la sécurité des systèmes d'information, en particulier dans le contexte de développement de l'administration électronique (www.adae.-gouv.fr/adele) pour laquelle on comprend bien que les enjeux liés à la sécurité informatique soient considérables.

La pression sécuritaire due aux évolutions internationales et aux conflits politiques, économiques, militaires et terroristes qui en résultent, et la nouveauté de la problématique sécuritaire due à l'informatisation générale de nos activités, font de la recherche en sécurité informatique et de sa mise en œuvre technologique une priorité importante au niveau national et international. De nombreux rapports tant publics que confidentiels motivent et se font l'écho de ces priorités. On pourra par exemple consulter (Belleil, Kaplan-2004), (Kirsten 2004) (Pitac 2005) (Labordes 2005).

Les moyens financiers et humains pour dynamiser la recherche fondamentale et appliquée se développent en particulier aux niveaux français et européen. En France, la recherche fondamentale en sécurité a été reconnue en tant que telle par les programmes de recherche de type ACI (actions concertées incitatives) du ministère de la Recherche depuis 2000 et, depuis la mise en place de l'Agence nationale pour la recherche (ANR), par une action de recherche amont. Les recherches avec partenariat industriel sont également soutenues, dans le cadre des réseaux de recherche et d'innovation technologique, par le ministère de la Recherche et maintenant par l'ANR. Au niveau européen, un très vaste programme concernant la sécurité est mis en place dès 2007 et dynamise également la recherche en sécurité informatique.

Ces efforts de recherche accompagnés des formations associées sont une priorité pour maîtriser une problématique en évolution constante et particulièrement rapide. Ils concernent aussi bien les disciplines informatique que mathématiques, physique, juridique ou automatique. Les thèmes couverts par ces recherches sont nombreux et concernent en autres, composants, surveillance, diagnostic, sûreté de fonctionnement, preuve, vérification, tests, tolérance aux fautes, cryptographie et cryptanalyse, tatouage, identification, authentification, certification, méthodes statistiques, traitement du signal, approches métiers, aspects légaux et éthiques de la sécurité.

Le contenu de cette section

Comme cette courte introduction l'évoque, le domaine de la sécurité informatique est particulièrement large et il a fallu faire des choix sur les points à développer ici en une centaine de pages.

Le premier chapitre, « Sécurité des réseaux et des systèmes » donne la vue générale des questions de sécurité liées à l'infrastructure globale du monde numérique : les matériels, les réseaux et les systèmes logiciels associés.

La cryptographie, centrale dans la mise en œuvre de la sécurité puisqu'elle permet en particulier le chiffrement des informations est présentée dans le deuxième chapitre.

L'une des menaces les plus visibles auxquelles nous sommes confrontés, les virus, est introduite dans le chapitre « Virus et antivirus », de leur conception à leur interception.

Les bases de données sont le lieu stratégique de conservation des données. Les questions posées par leur sécurisation sont traitées dans le chapitre « Sécurité des bases de données ».

Comme nous l'avons vu, les questions de sécurité et de sûreté sont étroitement liées et interdépendantes. Comment s'assurer de la qualité de la sûreté ou de la sécurité d'un système informatique est la question abordée dans le chapitre «Preuve et vérification pour la sécurité et la sûreté».

Si les aspects techniques sont fondamentaux, leur mise en œuvre et leur interaction avec les domaines juridiques le sont tout autant. Ces chantiers législatifs récents sont traités dans le dernier chapitre, «Lecture juridique de la sécurité informatique».

J'espère que ces éléments encyclopédiques permettront de mieux comprendre la sécurité informatique, élément fondamental de notre société de l'information, et qu'ils stimuleront l'intérêt comme la curiosité pour que chacun puisse comprendre et agir en *honnête homme.*

Bibliographie

Belleil, A. and Kaplan, D. (2004). «Confiance et sécurité sur les réseaux». Rapport de la Fondation Internet nouvelle génération.

Hodges, A. (1989). *Alan Turing, Enigma.* Kammerer & Unverzagt, Berlin.

Ifrah, G. (2000). *The Universal History of Numbers from Prehistory to the Invention of the Computer.* John Wiley and Sons, Inc., New York, NY, USA. Translated from the French edition, *Histoire universelle des chiffres*, by David Bellos, E. F. Harding, Sophie Wood, and Ian Monk.

Kirsten, M. (2004). "Security research in selected EU member states". Étude commanditée par l'État suédois.

Lasbordes, P. (2005). «La sécurité des systèmes d'information - Un enjeu majeur pour la France», Rapport du député Pierre Lasbordes, novembre 2005.

(http://www.lasbordes.fr/IMG/pdf/26_novembre_doc_definitif.pdf).

Pitac (2005). "Cyber security: A crisis of prioritization". President's Information Technology Advisory Committee Report.

Sécurité des réseaux et des systèmes

Michel Riguidel

Mots-clés : sécurité, sûreté, confiance, confidentialité, intégrité, disponibilité, infrastructure critique, système embarqué, menace, vulnérabilité, piratage, cybercriminalité, cyberterrorisme, traçabilité, cryptographie, chiffrement, signature, authentification, protocole cryptographique, pare-feu, pot de miel, biométrie, stéganographie, tatouage, carte à puce, IGC, PKI, SSL, IPSec, VPN, PGP, IDS, SIM, WEP.

Résumé : la sécurité est un enjeu majeur des technologies numériques modernes. Infrastructures de télécommunication (GSM, GPRS, UMTS), réseaux sans fils (Bluetooth, WiFi, WiMax), Internet, systèmes d'information, routeurs, ordinateurs, téléphones, décodeurs de télévision, assistants numériques, systèmes d'exploitation, applications informatiques, toutes ces entités présentent des vulnérabilités : faille de sécurité, défaut de conception ou de configuration. Ces systèmes tombent en panne, subissent des erreurs d'utilisation et sont attaqués de l'extérieur ou de l'intérieur par des pirates ludiques, des cybercriminels, ou sont la proie d'espionnage industriel. Une approche globale de la sécurité des systèmes est essentielle pour protéger la vie privée, pour défendre le patrimoine d'une entreprise ou pour réduire les vulnérabilités des grands systèmes d'information. Ce chapitre présente d'abord les différents aspects de la sécurité : politique et fonctions de sécurité, menaces et vulnérabilités. Il introduit les principes et les mécanismes de sécurité et expose les solutions de sécurité : infrastructure de confiance (IGC ou PKI, certificats), SSL, IPSec, VPN, sécurité des réseaux cellulaires, de l'Internet et sans fil, pare-feu, système de détection d'intrusion, pot de miel, biométrie, carte à puce, sécurité des systèmes embarqués, des systèmes d'exploitation, des logiciels et tatouage.

Virus informatiques, actes de malveillance interne ou externe, failles de sécurité, espionnage industriel, tous ces dangers constituent la préoccupation majeure des responsables informatiques des entreprises. Cette inquiétude se manifeste aussi chez les utilisateurs et parvient même à troubler la confiance des citoyens dans leur relation avec les technologies numériques. Tout le monde a été confronté aux phénomènes suivants : fraude informatique, usurpation de numéro de carte bancaire, vol de carte de téléphonie mobile, irruption de sites sordides sur Internet, invasion de la messagerie non sollicitée, atteinte à la vie privée, filature électronique, vidéosurveillance, inquisition numérique. La sécurité des réseaux et des systèmes est une discipline en pleine évolution, au rythme du déploiement d'une urbanisation numérique autour de l'activité humaine, de l'appropriation concomitante des technologies numériques par un large public sous le joug fatal et incontournable de la société numérique, et même de l'addiction à Internet ou au téléphone mobile d'une partie de la population. La naissance d'une ubiquité de la communication qui permet de se brancher sur les infrastructures de réseaux, en tout lieu et en tout temps, et l'émergence d'une ubiquité du calcul qui permet de traiter l'information sur ces infrastructures ont provoqué des phénomènes croissants de délinquance informatique. La cybercriminalité, prolongement de la violence du monde réel qui se reflète dans le monde virtuel, emprunte la brèche essentielle des systèmes numériques: la volatilité de l'information. Une donnée numérique peut être divulguée, copiée, plagiée, falsifiée ou détruite. Dans l'univers numérique, véritable village virtuel violent, il n'existe pas une œuvre originale avec des éventuelles copies, il n'existe que des clones identiques que l'on peut reproduire à l'infini. Ce miroir multiplicateur est une vulnérabilité engendrée par l'indépendance consubstantielle à la nature numérique entre le support physique et le contenu intangible de l'information.

Pour accompagner la croissance[1] incoercible des patrimoines numériques des personnes et des entreprises, il est indispensable de contrecarrer les accidents dus à la fatalité aussi bien que les actions malveillantes des pirates par une politique de sécurité qui doit être mise en vigueur, par chaque citoyen et dans chaque institution, grâce à un dispositif, à la fois technique et organisationnel. La gamme des méthodes actuelles et des outils existants permet de parer aux erreurs humaines et aux périls qui risquent de porter atteinte à la confidentialité, à l'intégrité ou à la disponibilité des réseaux et des systèmes.

Par ailleurs, la recherche en sécurité est en plein essor. L'objectif est d'améliorer la maîtrise de la circulation des informations sur les réseaux, de favoriser la dissémination des applications informatiques et d'encourager l'appropriation des technologies numériques par un large public.

Dans ce chapitre sur la sécurité, nous rappellerons les impératifs de sécurité, les menaces et les risques. Nous exposerons ensuite les techniques de sécurité, qui s'appuient essentiellement sur un catalogue de fonctions de sécurité servant à contrer les menaces. Ces fonctions de sécurité mettent en œuvre des techniques cryptographiques pour protéger les informations ou pour sécuriser les interfaces entre les ordinateurs. De plus, des dispositifs particuliers de sécurité existent et sont déployés pour sécuriser des zones sensibles des réseaux, comme les points d'accès ou les frontières des systèmes. La gestion de la sécurité est le sujet délicat de ces techniques car il faut notamment sécuriser ces fonctions de sécurité. Après un tour d'horizon des protocoles cryptographiques, des architectures de sécurité des différents réseaux, des dispositifs de sécurité, de la sécurité des divers systèmes et des contenus, nous esquisserons les verrous technologiques de la recherche en sécurité numérique.

1. Le volume des données double tous les ans. Il est en relation avec le coût du stockage qui baisse d'un facteur 2 chaque année.

1 Une urbanisation numérique fragile

Depuis la chute du mur de Berlin, on observe un mouvement général dans le monde, l'effondrement des frontières accordant une libre circulation des marchandises, des individus et des idées. Les systèmes numériques n'échappent pas à cette tendance. Une évolution des services, des infrastructures, des réseaux et des architectures informatiques, s'organise autour d'utilisateurs plus nomades, avec des éléments mobiles ou déplaçables[2], par du matériel informatique modulaire[3], du logiciel mobile et des données fluides[4]. De vastes infrastructures s'échafaudent depuis le succès d'Internet. Une urbanisation hétérogène s'installe au niveau des réseaux d'accès pour quadriller la Terre et créer une ubiquité de la communication. Des initiatives de métacalcul[5] briguent la complexion d'une ubiquité des calculs pour entrer en compétition avec les réseaux d'information actuels. Tous ces mouvements se construisent autour des deux ressorts de la technologie moderne: Internet et les réseaux cellulaires.

- Internet s'est révélé un authentique laboratoire informatique en vraie grandeur, un pur accélérateur d'expérimentation et d'usage et a fédéré grâce à sa capacité d'interconnexion (réseau de réseaux, avec le protocole IP comme point focal) de nouveaux concepts[6] sur des principes efficaces de simplicité et a balayé sur son passage des concepts désormais caducs[7]. Malgré cette réussite, Internet a acquis au fil du temps une mauvaise réputation, en termes de sécurité et d'intimité numérique, forgée sur le caractère anonyme et virtuel de son fonctionnement.
- Les réseaux cellulaires ont réuni les utilisateurs autour du sentiment d'appartenir à une communauté délivrée du carcan des fils et des câbles, branchée sur le monde, et ont ressuscité au niveau du développement logiciel, l'informatique « janséniste » et confinée du temps réel embarqué[8]. Les réseaux

2. Les constellations de satellites ou les réseaux *ad hoc* sont des exemples d'infrastructures mobiles.
3. Les périphériques en *plug & play* se sont généralisés.
4. Par exemple, technologie *push*, messagerie, flux vidéo, téléchargement de fichiers, applets Java.
5. Les grilles et l'externalisation de l'informatique sont à la mode mais présentent de réels problèmes de sécurité.
6. Citons XML, Java, navigateur asynchrone, lecteur synchrone, sites Web, protocoles Internet de l'IETF, architecture en pair à pair.
7. On observe une réelle crainte envers les structures propriétaires, l'informatique cloîtrée et l'ordinateur personnel hypertrophié. Cependant le marché informatique fonctionne souvent encore avec des innovations propriétaires qui évoluent, ne s'ouvrent et se standardisent que bien plus tard, avec le succès de la technologie en question.
8. Elle se caractérise par de nouveaux systèmes d'exploitation temps réel, des ateliers de développement logiciel formel, des optimisations de compilation du code en taille ou en temps, de la validation plus sûre.

sans fil WiFi à la bordure de l'Internet ont connu des failles de sécurité, la nomadicité des usagers et la portabilité des terminaux (téléphone mobile avec carte SIM, agenda électronique) ont suscité des vols et déclenché des fraudes et des abus.

Notre société de l'information est ainsi devenue complexe et fragile. Il s'établit de fréquentes interdépendances entre les différents systèmes d'information et de communication et les nombreux domaines d'activités: administration, banque, énergie, transport, santé et défense. Deux tendances inquiétantes doivent faire l'objet d'un éclairage spécifique:

- *monochromie*: la société de l'information converge vers un monde plus interconnecté et uniformisé, suite au nivellement de la technologie par les standards du marché. En informatique et communication, l'étanchéité et l'hétérogénéité des systèmes propriétaires jouent de moins en moins leur rôle protecteur. Ce monde décloisonné et monochrome favorise la vulnérabilité à toutes sortes d'agressions fortuites ou préméditées, parfois propagées en cascade par les infrastructures qui fonctionnent de plus en plus en interdépendance.
- *flux tendus*: l'évolution à venir imbriquera changements techniques, comportementaux et organisationnels et même psychologiques comme en témoigne notre addiction grandissante aux technologies des communications. Les entreprises sont dites agiles, avec des cycles de décision à boucle de réaction courte et des cycles d'approvisionnement à flux tendus. Or la sécurité évolue elle-même vers le flux tendu (mise à jour de logiciels, d'antivirus) et son efficacité sera ainsi de plus en plus précaire et confrontée à des menaces croissantes. La sécurité de la reconfigurabilité et de la mise à jour du matériel et du logiciel accueillant les évolutions technologiques, est un défi majeur pour les techniques numériques.

2 Le domaine de la sécurité

2.1 Les enjeux

La sécurité comporte des enjeux essentiels d'ordre stratégique puisque, dans le monde contemporain, les individus physiques (mais aussi les robots ou les machines) doivent pouvoir communiquer, l'information doit être accessible sur les réseaux, que l'on soit au bureau, en voyage ou à domicile.

Le premier enjeu est de maîtriser le cycle de vie, le transport, le traitement et le stockage des patrimoines numériques. Le patrimoine numérique peut être personnel, industriel, intellectuel ou culturel. Il s'agit d'un enjeu politique de souveraineté pour enrayer la régence des contenus intangibles dans le cadre de la mondialisation. La technique maîtresse est ici la cryptographie, avec son cortège de protocoles cryptographiques utilisés à travers les réseaux.

Le deuxième enjeu est de valoriser les contenus[1] immatériels afin d'assurer la libre circulation des contenus, de disséminer les œuvres, de rétribuer les auteurs et d'essaimer le savoir-faire. Il s'agit d'un enjeu économique. Les techniques font ici appel à la cryptographie mais aussi au tatouage électronique ou à la stéganographie, afin de dissimuler des détails secrets dans le corps même des œuvres, décelables exclusivement par leurs auteurs et les ayants droit et de garantir ainsi leur propriété.

Le troisième enjeu est d'instaurer ou de restaurer la confiance dans l'univers numérique pour intensifier le commerce électronique, les échanges immatériels, l'administration électronique, voire la république[2] numérique. Il s'agit d'un enjeu social pour faciliter l'usage des nouvelles technologies et lutter contre la fracture numérique. Les techniques sont encore la cryptographie, mais aussi la sociologie de la confiance, car les usages, et notamment l'idée que l'on se fait de l'assurance de sécurité, ont ici un impact fort. Les infrastructures de confiance vont consister à administrer le cycle de vie de certificats, véritables cartes d'identité électroniques des interlocuteurs afin d'authentifier leurs échanges.

Le quatrième enjeu est de sécuriser les infosphères, c'est-à-dire la sphère privée immatérielle, ou bien le nuage de données, de programmes et de connexions appartenant à un sujet, selon les trois granularités suivantes:

- l'infosphère de l'individu pour protéger sa liberté et préserver son intimité. Parmi la palette des techniques utilisées, la biométrie va permettre d'identifier les individus physiques, responsables des actions informatiques. Les personnes physiques se déplacent désormais avec un attirail électronique qui les assujettit à une traçabilité à leur insu. Le téléphone portable ou la carte bancaire peuvent être utilisés comme des instruments de filature électronique. Les enregistrements de factures détaillées, les agendas électroniques livrent des indications qui peuvent porter atteinte à la vie privée.
- l'infosphère des organisations pour prévenir les attaques contre les biens ou l'image de marque de la personne morale, et pour lutter contre l'espionnage, le renseignement informatique. L'ouverture des systèmes d'information vers l'extérieur constitue un défi stratégique pour les entreprises. La sécu-

1. Les contenus sont des données ou des programmes, comme les contenus multimédias, les logiciels, les «*Intellectual Properties*» (schémas informatiques de composants matériels) ou les bases de données (encyclopédies, programmes d'éducation à distance).
2. Vote électronique, carte d'identité biométrique numérique.

rité de leur système d'information est donc devenue un élément crucial de la protection des actifs de l'entreprise. C'est ici que toute l'ingénierie des réseaux intervient. Des architectures de sécurité vont être mises en place afin de protéger la confidentialité des informations sensibles, de sécuriser l'intégrité des systèmes d'information (SI) et d'assurer la disponibilité des réseaux. On va installer des produits de sécurité aux endroits stratégiques du SI de l'entreprise: pare-feu à la frontière du SI pour filtrer les accès entrant et sortant, pots de miel dans une zone démilitarisée où est érigé le site Web, chiffreur IP à la lisière d'Internet, pour franchir, en toute confiance, le no man's land que sont les réseaux publics, système de détection d'intrusion au cœur du SI pour vérifier l'état du réseau et pour établir des lignes de défense en profondeur.

- l'infosphère de l'État[1] dans l'objectif de réduire les vulnérabilités des infrastructures critiques avec leurs interdépendances (catastrophes à effet domino) et de traquer la cybercriminalité lourde.

Comme il n'existe pas de sécurité à 100 % ou de construction à zéro défaut, le dernier enjeu est de gérer rapidement et efficacement les crises quand elles se déroulent, sans s'engouffrer inexorablement dans un engrenage vicieux de surenchères entre l'armure et la cuirasse, mais plutôt en tentant de surmonter le syndrome sécuritaire voire paranoïaque, qui guette souvent dès que l'on veut protéger le monde virtuel. Les techniques font appel aux modèles dynamiques de politique de sécurité, aux méthodologies de gestion de crises (par escalades et paliers), aux modèles de confiance, aux méthodes d'autocicatrisation et à la théorie des jeux.

2.2 La typologie des réseaux et des systèmes

Le monde numérique des réseaux et des systèmes comprend:

- les réseaux informatiques: les réseaux locaux d'entreprises, les réseaux de vidéosurveillance sur IP, Internet, les réseaux sans fil (WiMax, WiFi, Bluetooth), les réseaux passifs d'étiquettes intelligentes (RFId);
- les réseaux de télécoms: les réseaux satellites, les réseaux de localisation GPS ou Galiléo, les réseaux téléphoniques, les réseaux d'opérateurs de téléphonie mobile (GSM, GPRS, EDGE, UMTS);
- les réseaux de diffusion de télévision (TNT, câble) et de radio mais aussi les réseaux résultant de la numérisation de la totalité du processus de production audiovisuelle, et ceux qui émergeront du déploiement des salles de cinéma numérique;
- les SI de l'État, des institutions, des entreprises, des banques, des organisations, des réseaux à domicile (réseau domestique), de gestion des infrastructures critiques et du patrimoine numérique naissant des familles et des individus.

2.3 Le périmètre et la segmentation

Sécuriser un système impose de maîtriser son cycle de vie et son utilisation à bon escient, de contrôler son fonctionnement, de pérenniser son évolution et consiste à s'assurer que les ressources matérielles et logicielles ainsi que les informations d'une personne ou d'une organisation sont strictement utilisées dans le cadre général qui est prévu. La sécurité est une propriété qui contribue à l'intégrité d'un système dans son acception la plus large. Elle permet d'empêcher la conjoncture d'événements accidentels (perte de données, pannes de serveurs) ou intentionnels (messages parasites, saturations intempestives des ressources) qui le perturberaient. Ces périls d'occurrences aléatoires ou ces menaces issues d'une volonté malveillante, peuvent ou veulent porter atteinte à son domaine privé ou à ses secrets, altérer tout ou partie de ses organes, corrompre son environnement ou bien empêcher ou ralentir son fonctionnement habituel.

La sécurité englobe la sécurité des systèmes d'exploitation, des logiciels, des communications interpersonnelles, de la messagerie, des données elles-mêmes, du partage des connaissances et de la propriété intellectuelle. La sécurité de l'informatique et des télécoms conjugue la liberté et la volonté de protéger les valeurs matérielles ou intangibles et leur image de marque, avec la correction des logiciels, la robustesse des architectures, l'immunité des applications, la résilience des systèmes, l'instillation et le maintien de la confiance dans les édifices numériques. L'importance croissante des liens hertziens, particulièrement sensibles, vient renforcer et compliquer cette priorité de sécurité.

La sécurité se décompose en plusieurs volets:

- la sécurité physique (l'innocuité) des lieux, des personnes et des biens, des infrastructures et des ressources matérielles[2], relative à des accidents (dégâts des eaux, sinistres) ou des sabotages;
- la sécurité logique, la sûreté de fonctionnement, la fiabilité des systèmes embarqués, relative à la bonne marche, à la robustesse ou à la survie d'un système, suite à des dysfonctionnements internes ou externes ou des perturbations accidentelles ou intentionnelles de l'environnement. La sécurité (qui inclut aussi

1. Les infrastructures critiques ne sont pas forcément directement dépendantes des États. Mais les opérateurs privés qui gèrent ces infrastructures ont en général des obligations vis-à-vis des États.

2. Les ordinateurs centraux, les accès aux salles informatiques ou les endroits de sauvegarde sont particulièrement sensibles.

la correction et la conformité des logiciels) des applications et des données rentrent dans ce contexte ;
- la sécurité des infrastructures, des systèmes de télécommunication, des réseaux et des systèmes répartis, utilisant une informatique prépondérante en réseau, relative à la perturbation par des attaques ou des propagations d'erreurs via le réseau ;
- la sécurité des SI de nature personnelle, technique[1], bureautique ou administrative[2], relative à la divulgation d'informations confidentielles ou à la corruption de base de données.

La sécurité moderne se concentre donc sur l'intimité numérique (*privacy*) des personnes, sur la protection du patrimoine et des idées (*Intellectual Property Rights*), sur la distribution des contenus en lignes tout en gérant les droits d'auteur et de marques déposées (*Digital Rights Management*), sur la sécurité classique des réseaux et des SI et sur la protection des grandes infrastructures.

Il s'agit techniquement de cryptographie, de stéganographie, de biométrie, mais aussi d'ingénierie de sécurité dans les architectures et les protocoles de réseau. En outre, le facteur humain est essentiel en sécurité. La pédagogie vers une responsabilité proportionnée de tous les acteurs de la chaîne de confiance, la formation à l'administration vigilante des systèmes et des applications ainsi que la sensibilisation volontariste de tous les utilisateurs sont les critères primordiaux de la réussite d'une démarche de sécurité dans une structure. Enfin, la sociologie de la confiance, les aspects réglementaires, juridiques et éthiques ne doivent pas être sous-estimés.

3 Les concepts et la démarche de la sécurité

La démarche traditionnelle de la sécurité consiste à cloisonner les ressources (réseaux et serveurs) et les informations (programmes et données) en fonction de leur sensibilité et de leur domaine d'application, dans le respect de la réglementation.

3.1 Les objectifs de la sécurité

La sécurité numérique brigue trois objectifs : la confidentialité, l'intégrité et la disponibilité des ressources et des informations des réseaux et des systèmes :
- la confidentialité, vise à assurer que seuls les sujets (les personnes, les machines ou les logiciels) autorisés aient accès aux ressources et aux informations auxquelles ils ont droit. La confidentialité a pour objectif d'empêcher que des informations secrètes soient divulguées à des sujets non autorisés. L'objectif des attaques sur la confidentialité est d'extorquer des informations ;
- l'intégrité vise à assurer que les ressources et les informations ne soient pas corrompues, altérées ou détruites par des sujets non autorisés. L'objectif des attaques sur l'intégrité est de changer, d'ajouter ou de supprimer des informations ou des ressources ;
- la disponibilité vise à assurer que le système soit bien prêt à l'emploi, que les ressources et les informations soient en quelque sorte consommables, que les ressources ne soient pas saturées, que les informations, les services soient accessibles et que l'accès au système par des sujets non autorisés soit prohibé. L'objectif des attaques sur la disponibilité est de rendre le système inexploitable ou inutilisable.

La cryptologie permet de remplir largement les deux premiers objectifs en confidentialité et en intégrité. Malheureusement, il n'existe pas de modèles pour parvenir entièrement à la finalité de disponibilité[3].

3.2 La politique de sécurité

Pour atteindre ces objectifs de sécurité, il est nécessaire de mettre en œuvre une politique de sécurité, applicable à l'ensemble des entités à l'intérieur d'un domaine géographique ou fonctionnel. Cette politique désigne l'ensemble des lois et des consignes aux fins de protéger les ressources et les informations contre tout préjudice à leur confidentialité, leur intégrité et leur disponibilité, lequel serait dû à un usage inapproprié (incorrect, abusif ou frauduleux). La politique exhibe, dans sa rédaction sous forme de règles, des sujets et des objets et précise les activités et opérations autorisées et interdites. Pour ce qui concerne la sécurité logique, il est essentiel de connaître la part de la politique de sécurité, traitée informatiquement et dévolue intrinsèquement au réseau et au système. Le reste de la politique sera pris en charge par des mesures non techniques, organisationnelles ou juridiques.

3.3 Les fonctions de sécurité

La politique de sécurité utilise un catalogue de fonctions de sécurité, parmi lesquelles on peut trouver :
- l'identification des sujets, des objets et des opérations effectuées par ces sujets sur ces objets. Il s'agit de donner un nom à une personne, à une carte graphique, à un document, à un paquet IP. Un sujet qui n'a pas de nom est anonyme. Dans ce cas, le sujet ne peut être tenu responsable d'une action fautive. Un sujet peut avoir un pseudonyme (un alias) :

1. Applications scientifiques et techniques, gestion de production.
2. Logistique, gestion des achats, des clients ou du personnel.
3. Les attaques de dénis de services sont par ailleurs simples à mettre en œuvre sur les réseaux. C'est en dernier ressort la législation qui reste un garde-fou contre ces attaques techniquement faciles mais judiciairement périlleuses pour leurs auteurs.

il cache alors son vrai nom, mais reste responsable des actions qu'il pourrait exécuter sous son faux nom ;

- l'authentification, c'est-à-dire la preuve de l'identité de ces entités ou de ces opérations. Il s'agit d'un processus incorruptible pour garantir que le sujet est bien celui qu'il prétend être, pour garantir que l'objet est bien celui que l'entité responsable nomme ou bien que l'opération est bien celle qu'elle doit être ;
- l'intimité numérique est une fonction qui consiste à abriter l'identité d'une entité et ses activités, en masquant son observation et en rendant impraticable le croisement d'informations (statut d'un sujet, état d'un objet) sporadiques et disparates. Une manière de satisfaire cette intimité est de rester anonyme, mais un anonymat sévère peut à son tour devenir un danger pour autrui, se traduire par une irresponsabilité des actes et affaiblir la sécurité de l'ensemble du système ;
- la traçabilité, c'est-à-dire une fonction qui consiste à repérer l'histoire des entités (ou des fractions d'entités) et leur cinématique dans un monde mobile. La traçabilité peut localiser par intermittence la position d'un sujet ou d'un objet, peut dater des transactions, peut noter des renseignements sur des situations, le tout avec des attributs de sécurité. Cette fonction s'avère irremplaçable pour contrôler un objet, pour pister un suspect ou pour reconstituer un scénario lors d'une enquête ou d'une perquisition informatique ;
- l'audit du système, c'est-à-dire l'observation, l'enregistrement, l'analyse et la compréhension des événements importants ou anormaux qui vont concourir à reconstituer le fil de son histoire, après la constatation d'une panne ou d'une attaque. Dans la pratique, on enregistre, dans les différents dispositifs de sécurité, des journaux infalsifiables qui seront des témoins de confiance chargés d'interpréter la trame des opérations et d'imputer la responsabilité d'une erreur ou d'un acte malveillant à son initiateur. Cette fonction d'audit, témoin de la mémoire du système, est déterminante dans un système. Le cybercriminel s'efforce de dissimuler les traces de son passage en tentant de détériorer ces fichiers d'audit. L'auditabilité est une fonction qui consiste à pouvoir récupérer des preuves numériques incontestables, en cas de perquisition des données ou d'examen ultérieur des activités ;
- l'imputabilité des actions d'un sujet sur des objets, en relation avec sa responsabilité. Par exemple, la non-répudiation est une fonction qui permet de garantir qu'une communication ou une transaction ne peut être niée, ni à l'émission, ni à la destination par ses responsables ;
- l'autorisation des actions par un sujet sur des objets. Les droits spécifiques et les privilèges des sujets sont définis par cette fonction ;
- le contrôle d'accès, c'est-à-dire la restriction d'accès aux ressources et aux informations, aux seuls sujets qui sont autorisés. Il s'agit, par exemple, de filtrer les flux entrant et sortant dans un périmètre selon des règles définies ;
- la protection des contenus, c'est-à-dire ici la confidentialité et l'intégrité des informations des utilisateurs. Il s'agit de cacher la signification des informations aux sujets non autorisés, en utilisant des primitives cryptographiques. La protection des contenus, dans le domaine du multimédia, signifie plutôt la disponibilité et le contrôle d'usage des informations. Il s'agit alors de contrôler et de restreindre l'usage des contenus aux seuls sujets autorisés par tatouage, sans nécessairement cacher ces informations pour des exécutions de logiciels, ou des lectures de documents audiovisuels ;
- la gestion de la sécurité, c'est-à-dire la gestion du cycle de vie de toutes les fonctions précédentes, essentiellement la configuration et la protection de ces fonctions de sécurité. L'objectif de la gestion[1] de la sécurité est d'établir et de maintenir un état de sécurité conforme à la politique en vigueur.

3.4 La mise en vigueur de la sécurité

Au commencement, il faut définir un état de sécurité pour les services[2] de sécurité et leur gestion[3]. Celui qui procure la sécurité doit être de confiance[4]. La sécurité exige une permanence des prescriptions : celles-ci ne doivent pas changer sans cesse et les états[5] de confiance doivent se maintenir beaucoup plus longtemps que leurs transitions. Dans les règles de cette politique, il est capital d'octroyer une priorité aux opérations de configuration de la sécurité.

Pour mettre en place la politique de sécurité, il faut déployer toute la panoplie des fonctions de sécurité qui permettront de résister aux menaces potentielles.

1. La gestion de la sécurité est un ensemble d'opérations, en dehors des instances normales de l'utilisation du système mais indispensables, pour supporter et contrôler la sécurité du système.
2. Essentiellement les services de confidentialité, d'intégrité, de disponibilité, d'authentification, de contrôle d'accès.
3. La création des fonctions de sécurité et la modification des paramètres des fonctions de sécurité sont, à cet effet, cruciales.
4. Clés pour l'authentification, le chiffrement d'un message.
5. Il existe, du reste, un principe d'urgence : la politique de sécurité doit être installée promptement, les transitions lors des changements d'états doivent être rapides et contrôlées et les ordres de sécurité doivent avoir la priorité. Les considérations de temps sont importantes entre la gestion de la sécurité et les systèmes gérés, par exemple, pour mettre à jour des listes de contrôle d'accès.

Les personnes, les entreprises et les États implémentent de nos jours des solutions compétitives relatives à ces fonctions :

- l'identité d'une personne[1], d'une application, d'un document, d'un réseau, d'une entité informatique[2] ; depuis les événements du 11 septembre 2001, une compétition rude est en cours pour gagner les standards de l'identification physique, biométrique de chaque individu[3] ;
- la preuve de l'identité (l'authentification) par l'authenticité d'un titre, d'une étiquette, d'un tatouage par signature numérique ;
- l'audit des faits, l'imputabilité, l'enregistrement de l'histoire du système à partir de capteurs et de sondes, la traçabilité des mouvements des divers sujets et des objets ;
- la preuve d'une communication (non-répudiation), d'un consentement avec des signatures numériques de toutes sortes ;
- la protection du transport, du traitement, du stockage et de l'archivage de documents ou de bases de données, et la sécurité de transactions et d'actes, le tout par chiffrement cryptographique ;
- la gestion des droits et des devoirs des propriétaires, des auteurs, des distributeurs, des abonnés : protection contre le piratage, la modification, le plagiat, la rediffusion ;
- la restriction d'accès, les autorisations en accord avec des politiques de sécurité, variables avec le temps, l'espace et le contexte ;
- l'intégrité d'un document, preuve de sa non-manipulation, par signature numérique ;
- la gestion de la sécurité : administration des outils et dispositifs de sécurité, évaluation globale du niveau d'assurance de sécurité. Afin de simplifier cette administration de la sécurité, les entreprises ont tendance à regrouper au sein d'un centre de gestion centralisée de la sécurité, les fonctions critiques (cellule de crise, système de secours). Cet organe vital devra à son tour être protégé.

4 Les menaces et les vulnérabilités

Les risques[4] potentiels sur le fonctionnement conforme des réseaux, des systèmes et des infrastructures sont de types variés qui vont de la panne ordinaire à la malveillance technique en passant par la maladresse humaine.

4.1 Les menaces

La construction effrénée du cyberespace ne s'élabore pas sans essais et erreurs, sans conséquences néfastes qu'il faut affronter et, pour le moins, restreindre.

Les menaces sont incarnées pêle-mêle par l'irruption de sites qui hébergent des serveurs suspects, par l'encombrement des réseaux sous forme de contenus illicites ou de messages non sollicités, par la pollution des messageries, la propagation de virus (voir le chapitre « Virus et antivirus »), le téléchargement illégal de fichiers audio et vidéo, la circulation de fausses informations et par l'intrusion d'informations cachées ou de logiciels malveillants. Enfin le réseau favorise la création de nids pour des implantations de sectes, de mafias ou bien de refuges pour les réseaux de cybercriminels, voire bientôt de cyberterroristes.

L'impact de ces agressions peut être fatal en termes économiques[5], sociaux[6] ou juridiques[7].

Les entreprises du secteur de l'audiovisuel et du multimédia cumulent la plupart des problématiques de sécurité précitées, dans le contexte spécifique de ce métier et de ses usages : l'inéluctable dématérialisation des contenus impose non seulement de trouver des parades acceptables aux phénomènes de piratage, mais de garantir leur traçabilité et leur intégration dans les processus de production, ainsi que leur transparence pour les utilisateurs finaux légitimes.

4.2 Statistiques[8] sur la sécurité et sur le coût de l'insécurité

Il existe de nos jours 20000 attaques réussies (sur un ou plusieurs sites) par mois dans le monde. Cependant la cartographie et le volume de la délinquance dans le cyberespace sont mal connus car la plupart des infractions commises ne sont pas portées à la connaissance des autorités. De plus, la métrologie des attaques est un domaine de recherche pour mesurer, en toute intelligibilité, avec une toise irrécusable la dangerosité d'un site, d'un système ou d'un réseau et pour jauger ou annoncer une « météorologie des attaques » sur un réseau.

On comptait environ 70000 virus en 2004 (se reporter au chapitre « Virus et antivirus »). L'augmentation est d'environ 1000 par mois, mais il n'existe environ que 10000 virus actifs en permanence. Pendant le pic d'une infection, 10 % des mails de l'Inter-

1. Par biométrie, par entité de confiance personnelle comme une carte à puce ou par nom de compte informatique.
2. Un paquet IP, une connexion, une station relais téléphonique.
3. Passeport électronique en Europe, initiative américaine pour les passeports et les visas.
4. Les CERT (*Computer Emergency Response Teams*) – www.cert.org – sont des organismes qui gèrent les vulnérabilités.
5. Perte financière, vol d'information, destruction logique de systèmes, perte de la confiance des clients.
6. Perturbation dans la disponibilité des systèmes, déstabilisation de l'organisation de la société.
7. Mise en cause de la responsabilité de personnes physique ou morale.
8. Tous les chiffres de ce paragraphe sont des estimations de l'auteur qui ne sont données qu'à titre indicatif de l'ordre de grandeur.

net sont infectés. En 2005, le spam comprend quelque 20 milliards de messages par jour à l'échelle mondiale. Les fraudes sur les cartes bancaires et sur les téléphones sont finalement plus importantes, car elles se caractérisent par des pertes financières directes, alors que les virus et les spams n'engendrent en général qu'indirectement des coûts financiers qui se comptent toutefois par milliards d'euros par an, à l'échelle mondiale. On peut estimer le coût des dommages directs de la cybercriminalité dans les entreprises à un milliard d'euros par an, mais le coût global de l'insécurité[1] numérique culmine plutôt vers 50 milliards d'euros par an.

Le marché mondial de la sécurité des systèmes d'information est de l'ordre de 20 milliards d'euros, mais le marché mondial de la sécurité numérique dans le cadre de la convergence avoisine 80 milliards d'euros. Les dépenses en sécurité ne doivent pas être calculées sur des critères classiques de modèles financiers avec un retour sur investissement, car la sécurité ne contribue pas directement au chiffre d'affaire. La cyberassurance a d'ailleurs du mal à trouver son bien-fondé. En règle générale, les dépenses de sécurité sont de l'ordre de 5% à 10% du budget correspondant aux technologies numériques.

4.3 La typologie des attaquants

Les pirates du numérique appartiennent à des catégories très hétéroclites. Ce sont :

- des cybercriminels qui cultivent la dimension de communication du réseau pour gagner de l'argent (vol, extorsion) de manière frauduleuse et pour fertiliser leur propre réseau de diffusion : délinquance, mafia, casinos, blanchiment d'argent, narcotique, contrefaçon, proxénétisme, pédophilie, racisme, sectes en tout genre ;
- des *hackers*, des *cyberpunks* : sur un mode ludique, ces amateurs (souvent informaticiens adolescents) se lancent des défis, publient les découvertes de failles de sécurité sur les systèmes d'exploitation et les protocoles, jouent sur le réseau à déverrouiller des accès, transgressant la législation à leurs risques et périls ;
- des organisations privées ou gouvernementales qui commanditent des interventions[2] peu recommandables ou délictueuses : intelligence économique sur Internet, surveillance, écoutes, interceptions, infractions envers des concurrents ;
- des utilisateurs standard qui ont des pratiques illégales comme le téléchargement de fichiers musicaux ou l'utilisation illégale de logiciels ;
- des cyberterroristes qui exploiteront bientôt le côté virtuel du réseau pour harceler et atteindre des cibles stratégiques, dans l'intention de déstabiliser les États et terroriser les populations.

Sur le plan juridique, la délinquance et la cybercriminalité englobent les infractions[3] liées aux technologies numériques et celles[4] dont la commission est facilitée ou liée à l'utilisation de ces technologies.

4.4 Les attaques traditionnelles

Toute stratégie d'intrusion est construite autour de l'exploitation des vulnérabilités de l'application concrète de la politique de sécurité d'un système par ses utilisateurs. La méthode pour organiser des attaques informatiques est donc d'exploiter systématiquement la mise en échec de la politique de sécurité en vigueur (expression prise ici au sens très large du terme), c'est-à-dire d'exploiter les failles dans l'état de confiance et dans la gestion de la sécurité.

En matière d'attaque, il existe deux phases capitales :

- l'accès au système ou au réseau de communication (par le renseignement, par des essais et erreurs) qui peut demander beaucoup de temps et de ressources, l'apparition des réseaux radio facilitant cette phase ;
- une fois la pénétration réalisée, il convient de naviguer discrètement (ou pas) dans le système pour toucher les zones[5] sensibles du système.

Les moyens mis en œuvre vont dépendre :

- de la connaissance a priori de la cible attaquée, allant d'une connaissance nulle exigeant des attaques aveugles jusqu'à une connaissance idéale soulageant les prospections, suite à une compromission de l'ingénieur responsable du système, en passant par une connaissance moyenne, suite à une phase de renseignement informatique ;
- de la volonté de la détectabilité de l'attaque : volonté d'être indécelable dans le cas de l'espionnage

1. Pour une entreprise, il faut considérer le coût de l'atteinte à l'image de marque. Par exemple, pour un opérateur, de nos jours, c'est catastrophique de ne plus fournir un service GSM. Si pour une mise à jour ratée de logiciels, le manque à gagner par les clients est de 10 millions d'euros, la perte par l'image de marque est sans doute de l'ordre du quintuple, sinon plus.
2. On désigne parfois ces activités sous l'expression de guerre de l'information, la *soft war* par le *software* !
3. Atteinte aux SI, diffusion de logiciels permettant de commettre ces atteintes, infraction aux lois sur la protection des données personnelles, infractions aux cartes de paiements, et infractions à la législation sur la cryptologie.
4. Diffusion de contenus illicites, escroquerie par utilisation frauduleuse de numéro de carte bancaire lors de transactions numériques, escroquerie de commerce électronique, contrefaçons de logiciels ou d'œuvres audiovisuelles. Pour les infractions d'ordre sexuel, l'utilisation d'Internet est une circonstance aggravante.
5. Le cœur du système, l'annuaire des abonnés, le centre de gestion des clés cryptographiques, un nœud du réseau important pour les flux.

ou, au contraire, intention de médiatisation de l'agression comme faisant partie de sa réussite dans le cas d'attaques symboliques ;

- du degré de compromission que l'attaquant souhaite avoir avec cette cible : attaque directe par pénétration physique ou compromission avec le personnel de l'entreprise attaquée ou, au contraire, attaque indirecte via la mise à contribution de serveurs informatiques externes, compromis au préalable. Internet, devenu un refuge et un support d'attaques, a acquis cette mauvaise réputation de sécurité en éloignant les attaquants de leur cible, hors des frontières nationales.

Un système possède un cycle de vie : conception et développement avant la mise en service, installation, déploiement, exploitation et maintenance pendant son utilisation, puis obsolescence et destruction. L'attaque d'un système peut se préparer pendant la phase de conception et développement, lorsqu'on est fournisseur d'éléments du système, par l'insertion de chevaux de Troie dans l'architecture, de portes dérobées dans les applications. On peut aussi profiter des défaillances dans la chaîne de distribution des matériels et logiciels en interceptant et en corrompant ces produits. Dans la phase exploitation, c'est au cours des phases de maintenance (matérielle, logicielle, mise à niveau d'un logiciel en flux tendus) que les politiques de sécurité sont mises en péril. En phase de maintenance, des personnes étrangères au système sont amenées à fréquenter des zones sensibles du système[1]. C'est cette vulnérabilité qui peut être exploitée à fond pour avoir accès à un système ou pénétrer un réseau, en provoquant ultérieurement des pannes ou en obligeant le système à être exploité en mode dégradé.

4.5 Les attaques modernes

Les attaques ont évolué, ces dernières années, tant en volume qu'en nature. Autrefois, les attaques ciblaient toujours un gain tangible. Il faut de nos jours considérer l'éventail des motivations hétéroclites des attaquants : récupérer la connaissance d'une donnée, modifier ou détruire un fichier, ternir l'image de marque d'une entreprise, offenser la notoriété d'une personne, déstabiliser une institution ou un pays. Les attaques devraient encore s'intensifier dans l'avenir.

- les systèmes numériques peuvent être exploités pour perpétrer à distance des attentats à l'aide de télécommande informatique. Ces agressions vont se sophistiquer ;
- le cœur des réseaux est encore épargné[2] par les attaques. Avec la fragmentation du marché et le partage des infrastructures de communication, les modules racines des réseaux seront bientôt vulnérables à des assauts redoutables ;
- les communications cellulaires sont protégées par leur structure centralisée sous forme d'une gestion par un opérateur de télécoms et par la notion de circuit virtuel encore présente dans le GSM. L'évolution vers des télécoms « informatiques » (voix sur IP, GPRS, UMTS) devrait briser la confiance dans ce secteur : écoutes et dérivations téléphoniques, dénis de services, virus dans les téléphones. Comme Internet, le GSM est victime de son succès qui le rend vulnérable par l'ampleur de son déploiement et de son utilisation, par la multiplication des opérateurs de télécoms qui interviennent dans le trafic international, lesquels se doivent une confiance réciproque, et par l'addiction des usagers pour qui le téléphone mobile est devenu un compagnon inséparable de la vie quotidienne ;
- l'évolution vers la diffusion interactive et numérique d'émissions de télévision devrait aussi venir à bout de la confiance en une télévision passive, en direct du producteur (les grandes chaînes de télévision) au consommateur passif. Les émissions incontrôlées de télévision sont apparues avec la diffusion par satellite et pourraient se généraliser avec la convergence audiovisuelle. De plus, la vidéosurveillance risque de se banaliser pour enregistrer et contrôler l'activité urbaine. Elle peut, à son tour, devenir la proie d'attaques insidieuses.

4.6 Le cyberterrorisme à venir

La mondialisation a modifié les enjeux et de nouvelles formes d'offensives apparaissent. Avec les attentats du 11 Septembre 2001, le monde a pris conscience qu'une nouvelle ère dans les formes d'agression pouvait survenir. Les causes profondes des conflits ne prendraient plus racine dans des enjeux territoriaux, ni même dans la convoitise économique, mais l'origine des conflits futurs serait plutôt dans la contestation des systèmes de valeurs. Les guerres « symboliques » utilisant les technologies numériques, conduites par des petits groupes motivés, dotés de peu de ressources, prendraient une dimension inédite[3].

1. Accès au mot de passe de l'ingénieur système, remplacement de modules en salle informatique, substitution de disque de photocopieurs en maintenance préventive.

2. Bien qu'il y ait déjà eu des attaques des DNS racines sur Internet.

3. Les moyens pour mettre en œuvre ces guerres de symboles pourront être numériques, car le cyberterrorisme est une menace dont le rapport coût/efficacité est très favorable. Il pourra infliger un préjudice aveugle de grande ampleur et propager un message avec vigueur. En outre, il est coûteux d'anticiper et de combattre de tels risques.

Le cyberterrorisme n'existe pas encore dans ces premières années deux mille. Il apparaîtra sans doute vers la fin de la décennie, quand la convergence numérique sera établie[1] et quand l'informatique répartie sera effective[2] sur les réseaux.

4.7 Les atteintes à la liberté individuelle: la filature électronique

Dans le monde numérique, il existe des menaces réelles contre la sphère privée de la personne, physique et morale, créées par les traces numériques laissées par chacun d'entre nous, suite à une navigation dans le monde virtuel. Des filatures électroniques sont fatalement réalisables, suite au repérage continu par GPS, suite à la localisation permanente enregistrée par un téléphone portable chez l'opérateur de télécoms, suite aux dépenses inscrites sur la carte bancaire dans les divers magasins, suite aux multiples photographies mémorisées par les caméras citadines. Les recoupements avec les sites Web visités, les numéros de téléphones joints, les citations détectées sur les moteurs de recherche, tout concourt à confectionner une glu numérique qui emprisonne chaque individu dans sa vie quotidienne. De nos jours, tout citoyen est enregistré sur environ cinq cents fichiers, tout individu circulant dans les grandes villes est filmé une dizaine, voire une centaine de fois par jour par des entités publiques ou privées et tous les utilisateurs[3] d'un téléphone portable sont pistés dans d'immenses fichiers. Ces enregistrements d'itinéraires électroniques ont des utilisations indirectes justifiées pour repérer efficacement des terroristes ou des criminels, mais pourraient être détournés pour connaître les activités intimes des personnes: dates et heures du téléphone portable allumé et éteint, position dans les cellules des réseaux, circulation à travers les cellules[4].

1. La convergence, synonyme de compatibilité générale, aura pour conséquence la monochromie, l'uniformisation, l'interopérabilité, l'interfonctionnement des infrastructures informatiques, téléphoniques et audiovisuelles.
2. L'incarnation de cette informatique répartie, amplifiée par le haut débit, fragilisée par le flux tendu, se présentera sous forme de grilles étendues avec des calculs illicites potentiels et de prolifération d'objets communicants qui occasionneront des risques dans la vie quotidienne lors de dysfonctionnements aléatoires ou provoqués.
3. 70 % de la population française et 1,4 milliards d'individus dans le monde, en 2005.
4. On peut induire, à partir de ces enregistrements, des situations ou des comportements: un changement de cellules GSM à 300 km/h suggère que le propriétaire du téléphone portable est dans un TGV, les propriétaires d'un téléphone portable proche du lieu d'un attentat au moment du déroulement, sont ou bien des victimes éventuelles ou bien des terroristes potentiels. Ceux qui éteignent leur téléphone portable au début de la messe le dimanche et qui l'allument à la fin de la messe près d'une église sont probablement des catholiques pratiquants.

Les menaces d'inquisition numérique doivent être réduites par un encadrement strict de l'utilisation des fichiers nominaux ainsi que des registres de traçabilité des personnes ou des biens[5] (objets communicants, voitures) qui les accompagnent.

4.8 Les vulnérabilités des systèmes

Les vulnérabilités d'un système dépendent de nombreux facteurs. Les critères primordiaux sont la complexité du système, sa répartition, sa sensibilité et sa mobilité. La complexité dépend elle-même de multiples éléments:

- les ontologies (c'est-à-dire les entités informatiques en tant que telles) qui composent le système et leur structuration;
- l'hétérogénéité du système. Le pluralisme des technologies présentes, la diversité des acteurs, des entités et des actions sur le système sont des facteurs de complication qui créent des erreurs de conformité, mais aussi des facteurs de cloisonnement qui jouent un rôle d'étanchéité dans la propagation des attaques;
- la taille du système, c'est-à-dire le nombre des diverses ontologies qui composent ce système;
- les architectures, c'est-à-dire les composants et les liens entre ces composants, avec leurs articulations aux différentes échelles de temps, d'espace et de géométrie de ce système;
- la virtualité des abstractions qui sont mises en jeu. La complexité des systèmes augmente avec le degré d'abstraction des paradigmes[6] qui sont utilisés pour concevoir le système.

D'une manière schématique, les attaques sur les réseaux filaires vont se situer plutôt dans les couches hautes du modèle OSI de référence, alors que les attaques sur les réseaux sans fil vont se situer plutôt dans les couches basses. En effet, les vulnérabilités[7] des réseaux filaires (Internet sur fibre optique ou sur cuivre, réseaux locaux sur fibre ou sur câble) sont plus dans les protocoles de couches hautes, les intergiciels, les applications et les contenus. Au contraire, les vulnéra-

5. Les bracelets électroniques apparaissent pour le suivi de personnes considérées comme dangereuses pour la société (prisonniers) ou pour elles-mêmes (enfants, personnes atteintes de la maladie d'Alzheimer). Les animaux domestiques auront bientôt un tatouage interne constitué d'une puce informatique incrustée sous la peau.
6. Il est de plus en plus difficile d'identifier des ontologies virtuelles distribuées sur tout le réseau. Il est d'ailleurs remarquable d'observer cette similitude partagée à la fois par les attaques sophistiquées, les mécanismes de sécurité et l'informatique moderne. Ces trois éléments progressent en consacrant ce paradigme d'ontologie virtuelle répartie, comme si les attaquants, les défenseurs et les informaticiens prenaient le même sillage pour innover et employaient les mêmes armes.
7. Dans la couche application avec des contenus ou services illicites, dans la couche réseau avec des attaques par déni de service.

bilités des réseaux sans fil vont plutôt résider dans la couche physique et provoquer des attaques par des brouillages possibles de la transmission et dans la couche de liaison de données, par des tentatives intempestives à l'accès de la communication.

4.9 Les défaillances dans la conception et la fabrication des systèmes

La fragilité du monde numérique provient intrinsèquement de l'insuffisante maîtrise des infrastructures informatiques par les concepteurs (fabricants, distributeurs, équipementiers et systémiers) et par leur absence de transparence pour les usagers (utilisateurs des entreprises et utilisateurs personnels, managers et ingénieurs). Les raisons sont théoriques[1], pratiques[2], économiques[3] et sociologiques[4]. Une surenchère dans l'accélération des techniques ne favorise pas un déploiement mature des solutions.

L'ingénieur concepteur de système et de service est devenu un architecte qui ne maîtrise plus ses composants ; dès lors la sécurité des infrastructures est édifiée sur des sables mouvants. L'intégration des composants s'opère plus avec des obligations de délai et des objectifs de coût, que des enjeux de sécurité pour l'exploitant et l'utilisateur. Les préoccupations sont plus dans le respect de l'interopérabilité et l'interfonctionnement que dans la sécurité et la sûreté de fonctionnement[5].

L'informatique est une industrie où la latitude envers les écarts de conformité aux spécifications et aux services attendus a toujours été surprenante :

- tolérance aux bogues : les utilisateurs acceptent d'acheter des logiciels avec des erreurs sans protester. Ils admettent d'acheter plusieurs fois les nouvel les versions des programmes. La notion de *copyright* vient d'ailleurs de cette incapacité à produire des logiciels sans erreurs. Pour éviter les poursuites judiciaires, on a décrété que le logiciel était une œuvre d'art[6] plutôt qu'une marchandise qui rendait un service spécifié ;
- tolérance aux spams (courriers électroniques non sollicités), aux virus : les Internautes consentent à équiper leurs ordinateurs de logiciels antivirus, lesquels vampirisent les ressources de calcul. Les logiciels d'antivirus sont en tête des ventes de logiciels (se reporter au chapitre « Virus et antivirus »). On peut s'en réjouir car ce palmarès montre la sensibilisation des utilisateurs. On peut aussi s'en désoler quand on considère le problème dans sa globalité. La gouvernance numérique de la communauté internationale devra tôt ou tard prendre en compte sérieusement cette question de l'économie de la sécurité numérique au niveau de la planète.

4.10 Le maillon faible : l'intervention humaine

Les réseaux et les SI sont sous la responsabilité d'entités physiques ou morales. Ils sont toujours actionnés par un individu. Cet individu est pleinement responsable de ses actes et de ses conséquences. Il constitue toujours le maillon faible dans les systèmes numériques.

Il va se tromper de manière involontaire, provoquer des effacements de fichiers, des dérèglements dans le fonctionnement normal d'un système.

Il peut agir de manière intentionnelle et tenter de pénétrer dans un réseau, dans un ordinateur, dans un SI, pour percer les secrets d'une institution, d'une organisation, pour modifier la configuration du parc de machines, de logiciels ou des données, pour utiliser les ressources illégalement, ou pour empêcher les personnes autorisées à les utiliser.

5 Les principes de la sécurité numérique

La sécurité numérique, c'est l'art de partager un secret. Ce secret est dissimulé dans un coffre-fort (mémoire d'un individu ou de carte à puce, tiers de confiance). Quand ces secrets sont numériques (clés transitant sur un réseau), ils sont chiffrés, ce qui nécessite encore un autre secret, et ainsi de suite. Si tout était numérique, il ne subsisterait que des secrets de polichinelle. Les entités de confiance sur un réseau sont là pour amorcer la pompe de la confiance, en se prolongeant par capillarité dans les méandres des réseaux et des systèmes, via des protocoles cryptographiques implantant ces secrets, spatialement et temporellement.

5.1 Les modèles opérationnels

Un système en état de sécurité est un système « tranquille » qui peut fonctionner et vaquer à son occupation réelle, sans se soucier de sa mise en danger dans son propre cycle de vie. Pour sécuriser un système :

- on peut le plonger dans un bain de totale confiance, auquel cas des dispositifs de protection sont superflus. C'est l'organisation qui prend alors en charge les effractions potentielles et les fautes des utilisateurs légitimes ;

---

1. Sémantique des langages de programmation procéduraux.
2. Absence d'environnement correct et efficace de développement logiciel, lacunes dans les méthodologies de conception et de développement de systèmes à logiciels prépondérants.
3. Modèles économiques des logiciels vendus et distribués sous forme de versions révisées, suite aux réactions des usagers.
4. Appropriation du numérique par une faible partie de la population.
5. D'ailleurs, la sûreté de fonctionnement des grands systèmes déployés dans les années quatre-vingt-dix a fortement baissé par rapport à celle des anciennes infrastructures : Internet et le GSM ont des sûretés de fonctionnement plus faibles que le téléphone fixe et les systèmes de distribution d'énergie conçus naguère.
6. Désignation inconvenante quand on considère les sources de certains logiciels !

- on peut le protéger, avec des dispositifs de défense, mais ce n'est pas le seul modèle de sécurité ;
- on peut, ne pas le protéger, mais dissuader[1] les assaillants potentiels ;
- on peut désinformer ou leurrer les adversaires. Pour éviter le piratage des œuvres sur Internet, le propriétaire des œuvres peut mettre en place un serveur de distribution pirate pour repérer les gens qui viennent s'abreuver à sa source. Pour ralentir les éventuelles écoutes indiscrètes sur un réseau, on engendre de faux messages correspondant à de nombreux leurres, ce qui a pour effet de camoufler dans la pluralité le vrai message. Les pots de miel, décrits ci-dessous, sont aussi des exemples de leurres.

Quand on sécurise un système, il faut apprécier la situation dans laquelle on se place : contexte hostile où les attaques sont régulières, contexte défavorable où il faut être vigilant, contexte neutre où il convient d'être prudent, contexte clément où la confiance est de mise, où il est inutile de se protéger des attaques et où il faut simplement se prémunir d'erreurs humaines toujours possibles.

Quand on sécurise[2] un système, il est rentable de se servir de son architecture[3] informatique. Mais il est aussi intéressant de s'appuyer sur sa composition[4]. Les solutions techniques de sécurité doivent se répartir de manière harmonieuse et efficace dans le contenu des données, dans le cœur des réseaux, dans les serveurs des opérateurs, des fournisseurs d'accès et de services, et dans les entités[5] informatiques des utilisateurs.

5.2 La dualité de l'intimité numérique et de la sécurité collective: la dignité numérique

En sécurité, il existe toujours deux angles de vue : le point de vue de l'utilisateur qui veut se protéger du réseau (c'est la perspective de l'intimité numérique avec une exigence de préservation de la liberté individuelle) et le point de vue du réseau ou de la société qui veut se prémunir de l'utilisateur malveillant ou imprudent (c'est la perspective de la sécurité ambiante avec une exigence de défense de la collectivité).

Pour protéger ses objets intangibles, un propriétaire va les dupliquer et stocker une copie dans un endroit sûr. Pour les transporter et protéger leur contenu sémantique et esthétique, il va brouiller, selon un code secret, le contenu de l'information et/ou son formatage.

Pour protéger l'intégrité de son infosphère :
- il va encapsuler le contenu dans une enveloppe intangible sécurisée ;
- il va souder et coupler le message formaté avec une signature électronique, laquelle dépend secrètement du texte intégral formaté, signature que pourra vérifier un partenaire ;
- il va taguer le message ou estampiller ses transactions avec horodatage pour en authentifier l'heure et la date ;
- il va incruster de façon secrète et répartir de manière continue dans tout le message, une marque invisible, indélébile et éventuellement indécelable pour marquer de sa griffe, qu'il est bien l'auteur ou le propriétaire de ce message.

Pour se protéger en tant que sujet, un être informatique (un programme informatique ou un dispositif) doit être discret, surveiller son territoire (les ressources qu'il utilise); il doit filtrer les accès aux frontières, guetter ses voisins, en les discernant ou au moins en les traçant.

Pour se protéger des objets des autres, le propriétaire va filtrer les objets (suivant leur nom, leur contenu, leur syntaxe) et inspecter les actions des sujets qui les commandent. Il va contrôler les mouvements à la frontière et dans son environnement pour repérer les événements anormaux.

On conçoit ainsi la compétition subtile et assidue qui se joue entre, d'une part les méthodes qui préservent l'intimité d'un sujet et les procédures légales pour observer ce sujet, et d'autre part les pratiques qui immunisent le reste du monde des exactions et bévues potentielles de ce sujet, et les recours indispensables du sujet afin d'accéder à la connaissance des moyens mis en œuvre pour le contrôler. L'instauration d'un climat de respect et de confiance n'entrave pas la mise en place de procédures croisées de défenses réciproques. Une dialectique transparente doit permettre de négocier les règles et de souscrire à des politiques de sécurité, claires et harmonieuses. La valeur démocrati-

1. Le tatouage électronique des documents est une technique qui rejoint cette stratégie.
2. De manière schématique, on peut dire qu'il est plus aisé de sécuriser un huis clos qu'un campus ! Il est ainsi facile de sécuriser un territoire de faible volume, convexe, avec une frontière nette, peuplé de peu d'entités, celles-ci étant simples, confinées, statiques et dotées d'une identité. Il est plus difficile de protéger un vaste domaine, non connexe, composé de petites enclaves, éventuellement sans frontières précises, peuplé d'une multitude d'entités distinctes, lesquelles sont abstraites, anonymes, ou identifiées avec des noms versatiles, et se déplacent en entrant et en sortant du domaine.
3. En effet, il est facile de s'introduire dans un système avec une architecture en bus (c'est-à-dire, une structure où toutes les entités peuvent communiquer et où les informations sont publiques). Mais il est plus difficile de pénétrer dans un système dont l'architecture se présente avec des liaisons ramifiées en point à point, à l'image des réseaux terroristes.
4. L'hétérogénéité et la diversité des instanciations sont un rempart à la propagation des attaques et des erreurs : un monde uniforme avec des ordinateurs dotés d'un système d'exploitation identique est très vulnérable.
5. Ordinateur personnel, téléphone portable, agenda électronique.

que de notre civilisation est au prix de cette dignité numérique[1].

5.3 La confiance en la sécurité offerte: la souveraineté numérique

Il est essentiel que l'utilisateur final, conservant son libre arbitre, ne puisse être l'otage de solutions obligatoires secrètes de sécurité dont il n'aurait ni l'information sur la présence, ni le contrôle sur la marche et l'arrêt. Il faut offrir à l'utilisateur une sécurité concrète, vérifiable ou vérifiée et certifiée par une entité garante, digne de confiance (comme l'État) de façon qu'il garde confiance dans l'arsenal des outils de sécurité proposés. Il faut donc insister sur la garantie, la certification ou la qualification effectuée par une entité de confiance disposant d'experts. Il ne faut pas confondre la véritable sécurité informatique et l'illusion de sécurité. Pour éviter cette méprise, il suffit de donner, à l'utilisateur final, la possibilité de connaître les défenses et les protections mises en place. Si la sécurité, dite dans l'obscurité, s'abrite sous l'égide d'une boîte noire, il est non seulement impossible d'analyser les faiblesses et les vulnérabilités résiduelles, et donc de faire confiance au dispositif, mais il est impossible d'intervenir en cas d'attaques. Les spécifications de sécurité mises en place ne peuvent être donc un secret absolu de fabrication. Le fournisseur de solutions de sécurité, à l'ambition parfois hégémonique, ne doit pas établir un rapport de force intolérable entre lui et l'utilisateur en sorte que ce dernier devienne esclave, lui abandonnant ainsi toute sa confiance. Au bas mot, un tiers de confiance, habilité par les deux protagonistes, devrait être capable d'apprécier les mesures techniques et de valider la réelle sécurité mise en vigueur. Mais les techniques, opérationnelles pour la sécurité des biens et des personnes dans les secteurs du transport ou de la santé ne sont pas du tout ébauchées ni transposées pour la sécurité logique dans le secteur de l'informatique.

5.4 Les méthodologies d'évaluation

Les critères communs (CC) sont une méthodologie pour l'évaluation des propriétés de sécurité des produits et systèmes numériques. Les CC permettent un étalonnage des résultats d'évaluations de sécurité menées indépendamment les unes des autres. Cette comparaison est rendue possible grâce à un ensemble d'exigences pour les fonctions de sécurité des produits et systèmes et pour les mesures d'assurance qui leur sont appliquées. Le processus d'évaluation établit un niveau de confiance, s'échelonnant de 1 à 7, par le fait que les fonctions de sécurité de tels produits et systèmes et les mesures d'assurance qui leur sont appliquées satisfont à ces exigences.

La norme ISO 17799 constitue un guide de bonnes pratiques pour la gestion de la sécurité, avec une centaine de recommandations d'ordre organisationnel et technique.

1. On comprend le rôle primordial des fonctions d'identification et d'authentification d'une entité parée de ses attributs de sécurité (droits, devoirs, accès, autorisations, privilèges, traçabilité). Les fonctions de sécurité (protection des données) relatives aux échanges entre ces entités interviennent dans un second temps, les fonctions relatives à la gestion de l'état de sécurité opèrent en dernier lieu.

6 Les outils cryptographiques de sécurité

(Pour une approche plus complète et plus théorique, se reporter au chapitre «Cryptographie»)

6.1 Les outils cryptographiques fondamentaux

La cryptographie demeure la technique indispensable pour, d'une part, protéger la confidentialité des informations transmises sur les réseaux ou stockées dans les serveurs de données et pour, d'autre part, assurer l'intégrité d'un document ou pour prouver l'authenticité d'une opération ou d'une transaction. Elle applique des concepts mathématiques et met en place des paradigmes informatiques afin de résister aux attaques potentielles d'assaillants ou de prouver, de manière quasi sûre, qu'une procédure est incorruptible.

La cryptographie symétrique n'emploie qu'une unique clé pour chiffrer et déchiffrer un message, et sert à chiffrer en temps réel ou en différé, des documents, des flots d'information, car ces algorithmes sont puissants et nécessitent assez peu de ressources.

La cryptographie asymétrique emploie deux clés différentes: si l'on chiffre avec une clé, il faut déchiffrer avec l'autre.

Ces deux familles d'algorithmes sont exploitées de manière complémentaire et successive dans les protocoles cryptographiques pour authentifier l'émetteur, le récepteur, énoncer la non-répudiation des interlocuteurs, et déployer les systèmes de secrets qui vont permettre de communiquer de manière sécurisée.

Une fonction de hachage calcule un résumé (une empreinte, un condensé) de taille réduite et fixe d'un document volumineux, écrit au niveau atomique à l'aide de 0 et de 1. On utilise ces fonctions de hachage pour valider l'intégrité d'un transfert de documents ou pour vérifier qu'un fichier n'a pas été corrompu sur un disque d'ordinateur.

6.2 L'application classique des outils cryptographiques

Le chiffrement des communications et des fichiers

Pour que deux personnes échangent des documents de manière sécurisée, il suffit que ces deux personnes partagent au préalable un secret (une clé de longueur 128 bits, par exemple) qui va permettre à l'émetteur de broyer le message intelligible en une farine numérique indistincte grâce à un algorithme de cryptographie symétrique. Le récepteur va ensuite déchiffrer le message avec ce même algorithme réversible et cette même clé.

Pour stocker de l'information sur un support physique, la personne qui archive procède de la même façon. Elle chiffre l'information avec une clé et stocke cette information chiffrée. Pour la relire, elle utilise la même clé secrète afin de déchiffrer l'information.

Si ces algorithmes sont performants, leur défaut majeur est la gestion lourde des clés dont le nombre croît avec le carré du nombre de partenaires dans le réseau, et ce d'autant plus qu'il convient de changer fréquemment les clés pour empêcher leur compromission.

La double utilisation de la cryptographie asymétrique

La cryptographie asymétrique résout le problème de la distribution initiale des clés secrètes qui doivent être partagées par les interlocuteurs d'une communication, dans le cas de la cryptographie symétrique. Elle attribue à chaque personne un couple d'éléments associés, une clé privée qui doit rester connue de son seul propriétaire, et une autre clé associée, publique qui, au contraire, doit être connue de tous. Munie de ce couple de clés qui sont reliées entre elles par une solidarité mathématique difficile à briser, chaque personne peut ainsi communiquer de manière sécurisée de deux façons. L'ensemble des partenaires connaissant la clé publique de cette personne ne peut pas découvrir la clé privée car il faudrait, pour percer ce secret, des ressources incommensurables de calcul.

Les messages peuvent être chiffrés avec une clé et déchiffrés avec l'autre qui est différente. On peut ainsi grâce à ce stratagème, communiquer de manière sécurisée, sans partager de secret initial. En chiffrant un message avec sa clé privée, l'émetteur assure aux récepteurs, sa propre authentification. En chiffrant un message avec la clé publique d'un destinataire, l'émetteur permet, à ce seul récepteur, d'être capable de déchiffrer ce message avec sa clé privée (celle du destinataire), et donc d'assurer la confidentialité du message.

Dans la pratique, un émetteur peut ainsi choisir une clé symétrique qui va servir de clé de session pour une communication avec un destinataire, la chiffrer avec sa clé privée asymétrique, rechiffrer le résultat avec la clé publique du récepteur. En envoyant ce message doublement codé, au récepteur, ce dernier pourra seul le déchiffrer avec sa clé privée, puis redéchiffrer avec la clé publique de l'émetteur et recevra ainsi la clé symétrique pour communiquer avec cet émetteur. Des travaux récents portent sur des algorithmes associant une seule clé de chiffrement à plusieurs clés de déchiffrement distinctes, notamment dans le cas de la télévision cryptée. La clé de chiffrement du diffuseur de la télévision peut être une fonction mathématique de l'ensemble des clés de déchiffrement conservées dans les décodeurs des abonnés de la télévision cryptée. Ainsi, pour désactiver un récepteur, il suffit d'éliminer son secret de la fonction calculant la clé de chiffrement de l'abonné sans pour autant affecter les autres récepteurs[1]. Pour admettre un nouvel élément dans le groupe, il suffit d'ajouter sa clé de chiffrement dans la fonction précitée.

La signature numérique

Une signature numérique est une empreinte (d'un document) chiffrée par la clé privée de l'auteur, cette empreinte chiffrée étant jointe au document originel. La signature[2] permet ainsi de vérifier l'intégrité du document et l'identité de l'expéditeur. On signe un document via des fonctions de hachage.

6.3 Les infrastructures de confiance

La difficulté de la cryptographie asymétrique provient de l'authenticité non établie de la clé publique d'un interlocuteur. N'importe qui peut, à présent, engendrer un couple de clés privée-publique en récupérant un algorithme sur Internet. Aussi, lorsqu'une personne publie son nom et sa clé publique associée, un pirate peut se glisser sous cet affichage et usurper la clé, en proposant sa propre clé publique. De cette façon, le pirate pourra décoder avec sa propre clé privée les messages à destination de l'interlocuteur véridique, quitte à restituer les messages chiffrés à l'interlocuteur de départ avec la clé publique originelle. C'est ce qu'on appelle une attaque par l'homme au milieu.

Les autorités de confiance

Pour éviter cette méprise, la solution consiste à s'en remettre à un tiers, en faisant signer la clé publique par une autorité digne de confiance, qui va ainsi garantir que la clé publique appartient bien au bon interlocuteur. On va donc signer numériquement le couple composé du nom du propriétaire de la clé publique et de la clé publique. La clé privée de l'autorité va donc signer ce couple de manière que la clé publique de cette autorité puisse permettre de vérifier cette signature.

1. Plusieurs travaux ont développé des schémas de ce genre. Citons Yi M., Varadharajan V., *Robust and Secure Broadcasting.*
2. La signature numérique a une propriété de non-répudiation, car seule la personne digne de confiance doit être capable d'exécuter cette signature valide. Le processus de signature doit être accompli par le signataire et la vérification doit pouvoir être exécutée par n'importe qui, d'où cette utilisation de la propriété de dissymétrie propre à la cryptographie asymétrique.

Les certificats numériques

Un certificat numérique est un message signé par la clé privée d'une autorité de confiance. Cette autorité de confiance est un tiers qui est reconnu digne de confiance par les deux parties d'une transaction. Un certificat X.509 version 3 est un standard qui contient notamment les renseignements suivants :

- l'identité du porteur du certificat ;
- l'identité de l'autorité de certification ;
- les coordonnées de l'émetteur du certificat ;
- la clé publique, objet du certificat ;
- les paramètres de sécurité utilisés ;
- la période de validité du certificat ;
- la signature numérique de l'autorité émettrice pour valider le certificat.

Avant tout échange, il convient donc de se procurer un certificat auprès d'une autorité de certification. Le partenaire doit fournir son identité.

- on y adjoint sa clé publique ;
- l'autorité ajoute ses propres informations dont sa propre clé publique ;
- l'autorité calcule l'empreinte du tout et chiffre avec sa clé privée ;
- l'autorité signe un certificat pour le partenaire à l'aide de cette empreinte.

Le récepteur peut récupérer ce certificat, recalculer l'empreinte correspondante pour vérifier l'intégrité du certificat, déchiffrer la signature du certificat avec la clé publique de l'autorité et vérifier que les deux empreintes sont identiques. On peut donc faire la preuve de son identité, produire sa clé publique avec le certificat associé qui est une assurance de sécurité entre un nom de personne et sa clé publique associée. Quiconque peut ainsi vérifier la validité de la relation entre la clé publique et le nom associé.

Les infrastructures de gestion de clés (IGC)

Le mécanisme de gestion de ces certificats est mis en place dans les infrastructures de gestion de clés qui sont des infrastructures de confiance sur les réseaux pour vérifier l'identité des partenaires dans une communication ou une transaction.

Les IGC (*Public Key Infrastructure*, PKI) sont des infrastructures matérielles et logicielles dont le déploiement et les procédures sont en définitive assez lourdes.

Une IGC comprend donc :

- une autorité d'enregistrement : cette autorité recueille en différé les demandes de certificats et prépare les certificats à valider ;
- une autorité de certification : cette autorité signe les certificats à l'aide de sa clé privée ;
- une autorité de dépôt et de séquestre : cette autorité permet de conserver et éventuellement de régénérer un certificat délivré à un utilisateur pour déchiffrer des messages quand le certificat n'est plus valable ou s'il a été perdu.

6.4 Les protocoles cryptographiques

PGP, S/MIME

PGP, acronyme de *Pretty Good Privacy*, a été créé en 1991 par un militant, Philip Zimmermann, objecteur de la vision cryptologique autocratique des organisations gouvernementales américaines. PGP a été conçu pour offrir aux citoyens une solution de sécurité, librement téléchargeable sur le Web, pour se protéger de l'État en particulier. Au départ, il s'agissait de protéger un fichier informatique. PGP est à présent utilisé pour protéger la messagerie personnelle ou l'échange d'information entre deux partenaires. Il garantit l'origine des messages et leur confidentialité.

S/MIME (*Secure/Multipurpose Internet Mail Extension*) est une extension de sécurité du protocole de messagerie MIME, définie dans les RFC 3850 et RFC 3851 de l'IETF. C'est un format de message qui inclut les paramètres de sécurité comme, par exemple, la signature du message, le certificat du signataire et le corps du message éventuellement chiffré.

Il faut souligner que les formats PGP et S/MIME sont distincts et qu'il n'existe pas d'interopérabilité entre les deux protocoles.

SSL

Le protocole SSL[1] (*Secure Socket Layer*) est un protocole cryptographique, défini en 1994 par Netscape, appliqué à la communication sécurisée point à point entre deux entités d'un réseau. C'est un protocole de sécurisation des échanges électroniques, qui est intégré dans tous les butineurs (les navigateurs) des terminaux connectables à Internet. C'est le protocole de sécurité, le plus déployé, pour sécuriser le canal de transmission d'informations entre deux ordinateurs. Son application la plus répandue est la connexion sécurisée sur un serveur pour éviter les abus et les fraudes, pendant une transaction de commerce électronique.

SSL, au niveau 5 de la couche session du modèle de référence, sécurise toutes les applications qui fonctionnent nativement sur le protocole TCP[2]. Il utilise les fonctionnalités du protocole TCP/IP pour permettre aux applications d'accéder à un mode sécurisé pour la transmission sécurisée de documents ou l'exécution de transactions sécurisées. SSL n'implique aucune modification au niveau des applications pourvu qu'il

1. TLS est le standard IETF qui doit remplacer SSL.
2. Un port de TCP est dédié à chacune des applications. Le port 80 est réservé à HTTP pour l'affichage des pages Web, le port 25 à SMTP pour la messagerie, le port 21 à FTP pour le transfert de fichiers, le port 23 à Telnet pour émuler un accès par terminal à une machine distante.

soit incorporé dans le navigateur, ce qui a concouru à faciliter son déploiement.

SSL permet donc d'assurer la confidentialité et l'intégrité des données échangées comme un numéro de carte bancaire au cours de la communication. Toutes les données sont chiffrées afin d'empêcher leur lecture par des tiers, si bien que rien ne transite en clair. Le chiffrement de ces données mobilise d'importantes ressources de processeurs, ce qui ralentit les échanges et réduit les performances globales des systèmes.

SSL permet d'assurer l'authentification[1] du serveur et, optionnellement, l'ordinateur du client. En d'autres termes, le client peut être sûr de s'adresser au bon serveur sur Internet lors d'une transaction sécurisée pour acheter sur Internet ou pour déclarer ses impôts. SSL nécessite pour cette authentification l'entremise d'un certificat X509 valide afin de garantir l'identité du serveur (en fait l'organisme qui exploite ce serveur) et le cas échéant l'ordinateur du client[2] (en fait l'identité de l'utilisateur) pendant la session.

SSL offre enfin le service de sécurité de non-rejeu.

SSL, qui fonctionne sous un mode client/serveur, est en fait composé de quatre protocoles : *Handshake*, *Record*, *Alert* et *Change Cipher Spec*. Il fonctionne en deux étapes : la première phase est assurée par le protocole *Handshake*, durant laquelle les deux protagonistes négocient les algorithmes de chiffrement, la création et le partage des secrets, ainsi que l'authentification des parties. Dans la deuxième phase, le protocole *Change Cipher Spec* active les paramètres négociés entre les parties, le protocole *Record* assure les services de sécurité du protocole SSL, décrits plus haut. Enfin, le protocole *Alert* gère les erreurs et les dysfonctionnements.

IPSec

IPSec (*Internet Protocol Security*) est une collection de protocoles cryptographiques de sécurisation des réseaux IP. C'est un protocole de niveau 3 du modèle de référence. IPSec est indépendant des applications et du transport fiable TCP ou du transport UDP. Il peut se déployer sur les réseaux, indépendamment des utilisateurs, car il est transparent aux applications.

Il est défini dans le RFC 2401 de l'IETF. Son élaboration fut laborieuse de 1992 à 1998 dans le cadre de la nouvelle version v6 du protocole IP, qui tarde toujours à être déployée à grande échelle. IPSec est désormais un module indépendant qui fonctionne sur IPv6, mais aussi sur la version la plus courante IPv4. Il est disponible sur tous les systèmes d'exploitation des stations de travail et des serveurs.

IPSec peut être installé en natif dans la pile protocolaire du système d'exploitation de l'ordinateur, du serveur, du routeur ou de la passerelle. Mais il est plus simple de l'insérer comme un module autonome entre la couche 3 et la couche 2, au-dessus de la couche de liaison des entités du réseau.

IPSec peut être aussi déporté dans un boîtier dédié, indépendant des machines, module géré par le responsable réseau, de manière analogue à la gestion d'un routeur ou d'un pare-feu.

IPSec est composé de deux protocoles, AH (*Authentication Header*) défini dans le RFC 2406 et ESP (*Encapsulating Security Payload*) défini dans le RFC 2402. ESP offre les services d'authentification, d'intégrité et de confidentialité des données utiles associées au paquet IP. AH, moins utilisé qu'ESP, offre les services d'authentification et d'intégrité de la totalité du paquet IP.

IPSec fonctionne sous deux modes. Dans le mode tunnel, le paquet IP initial est totalement encapsulé dans un nouveau paquet IP. C'est avec ce mode que le service VPN (voir le paragraphe suivant) est mis en œuvre. Dans le mode transport, on conserve le paquet initial. Dans les deux modes, les champs spécifiques des protocoles AH et ESP sont ajoutés à la suite des rubriques classiques du format IP et les données du paquet sont signées ou chiffrées selon la politique en vigueur.

Comme pour SSL, une phase initiale est nécessaire pour la négociation des algorithmes de chiffrement, la génération des clés et de l'authentification des parties. Cette phase est assurée par le protocole IKE (*Internet Key Exchange*) défini dans le RFC 2409.

PPTP

PPTP (*Point-to-Point Tunneling Protocol*) est une extension du protocole PPP (*Point-to-Point Protocol*), soumise à l'IETF en 1996. PPTP est un protocole de tunnel de la couche 2, qui permet aux données passant d'une extrémité à l'autre du tunnel d'être sécurisées par des algorithmes de cryptographie. PPTP encapsule des trames PPP dans des datagrammes IP pour une transmission sur un réseau IP, tel qu'Internet. C'est un protocole utilisé dans la mise en place des VPN.

Les réseaux virtuels privés (VPN)

Les entreprises et les organisations possèdent en général plusieurs sites[3] géographiques qui travaillent conjointement en permanence. Dans chaque site

1. Deux versions de SSL sont supportées par les applications. La version 3 de SSL, la plus usuelle, exige l'authentification pour le serveur. L'authentification est basée sur les certificats X.509v3.
2. En général, le client n'a pas de certificat, ce qui signifie que le serveur ne peut pas s'assurer de l'identité de ce client. Ce dernier pourra donc potentiellement répudier une commande réalisée sur son ordinateur via SSL.
3. Siège social, site de production, agences.

géographique, les utilisateurs sont connectés ensemble grâce à un réseau local. Ces réseaux locaux sont souvent connectés via Internet. En outre, certains utilisateurs peuvent vouloir se connecter aux réseaux de l'entreprise en étant à l'extérieur chez un client ou en déplacement.

Il existait autrefois des liaisons physiques spécialisées, qui sont maintenant abandonnées au profit de liaisons logiques.

Un réseau virtuel privé (*Virtual Private Network*, VPN) consiste en la fabrication d'un tunnel logique qui sera contracté par les communications de l'entreprise, lesquelles seront véhiculées dans cette tranchée numérique construite sur un réseau fréquenté par d'autres usagers. Dans la pratique, il s'agit d'un artifice, car les données vont utiliser un chemin ordinaire, emprunté par tout le monde, mais ces données chiffrées et taguées seront sécurisées, à l'image du transport de containers plombés sur une route. Le caractère privé du réseau est donc complètement virtuel puisqu'il ne s'agit pas de liaison physique spécialisée. Le caractère privé est créé par un protocole cryptographique (IPSec ou PPTP). Un VPN est donc une communication sécurisée entre deux points d'un réseau public, d'où l'expression de tunnel.

7 La sécurité des réseaux

En sécurité, on distingue deux styles d'architecture de réseaux : les réseaux gérés par une autorité, comme les réseaux d'entreprise ou les réseaux d'opérateurs de télécoms et les réseaux comme Internet qui ne sont pas administrés pour les fonctions de sécurité de manière centralisée par une tutelle.

Pour les réseaux gérés par une autorité, l'architecture est centralisée et les utilisateurs du réseau sont comme des abonnés appartenant à un club fermé. Chaque membre de ce club possède un secret (une carte à puce, un jeton, un mot de passe) et doit d'abord s'identifier, puis s'authentifier auprès de l'autorité de sécurité. Il peut alors, selon son profil dans l'institution ou selon les privilèges de son contrat d'abonné, solliciter les services du réseau auxquels il a droit.

Pour les réseaux non protégés par un office administrateur, les utilisateurs doivent se débrouiller seuls en installant des outils de sécurité sur leur propre machine ou se procurer des solutions de sécurité en faisant appel à des fournisseurs qui sont en intermédiation sur le réseau. Dans ces réseaux, la sécurité globale ne règne donc pas et le risque prévaut puisqu'il existe toujours une machine non protégée qu'une personne imprudente ou malveillante va utiliser à l'origine d'une attaque.

7.1 La sécurité des réseaux cellulaires

La sécurité des réseaux cellulaires nécessite de prendre en compte d'une part, les spécificités du fragment radio du circuit emprunté par les communications et d'autre part, la mobilité de l'utilisateur qui est repéré dans ses déplacements par une segmentation radio de l'espace géographique en cellules disjointes. Une cellule est un domaine radio au centre duquel se situe une station relais qui raccorde le téléphone portable à une infrastructure filaire.

La sécurité des réseaux cellulaires doit donc protéger notamment le canal de l'interface air des transmissions pour inhiber des interceptions et restreindre les brouillages. On doit donc spécifier le protocole d'identification et d'authentification du téléphone mobile de l'abonné. On doit aussi définir la protection du canal radio, en général, par le chiffrement des trames qui transitent entre le terminal et la station de base. Les brouillages sont plutôt traités par des algorithmes de traitement de signal de diversité, des sauts de fréquence ou un étalement du spectre.

La disponibilité du réseau est critique pour les réseaux cellulaires comme pour tout type de réseaux sans fil, à cause de la rareté des ressources radio. Les réseaux cellulaires sont donc vulnérables à différentes attaques de type déni de service.

De plus, il faut aussi protéger le terminal miniature nomade devenu la proie des pickpockets et le profil de l'utilisateur stocké dans la carte à puce susceptible d'être disséquée puis triturée par des fraudeurs.

Du point de vue de l'abonné, la sécurité du GSM est une sécurité centralisée, fondée sur un secret partagé entre l'opérateur de télécoms et l'utilisateur. Ce secret est stocké dans une carte à puce SIM (*Subscriber Identification Module*) encastrée dans le téléphone portable. Il s'agit en fait d'une clé connue de l'opérateur et exploitée par les protocoles, et d'un identifiant unique IMSI (*International Mobile Subscriber Identity*) permettant notamment l'itinérance, c'est-à-dire d'être reconnu des autres opérateurs de télécoms et de pouvoir ainsi téléphoner à partir d'un autre pays ou d'un autre réseau d'opérateur que le sien. Cet identifiant est remplacé par un numéro temporaire, renégocié régulièrement, pour assurer un certain anonymat. Le protocole vérifie également le numéro du téléphone, un code unique composé de quinze chiffres, identifiant le terminal, le code IMEI (*International Mobile Equipment Identity*) pour limiter les vols.

Du point de vue de l'infrastructure mondiale, la sécurité du GSM repose sur la confiance mutuelle entre tous les opérateurs de télécoms. Ceux-ci sont garants du trafic international, administré sous la tutelle de cette sécurité fédérée.

La sécurité des réseaux GSM se manifeste donc par les éléments suivants :

- l'authentification de l'utilisateur repose sur le principe défi-réponse, en utilisant l'algorithme d'authentification A3 ;
- la confidentialité des données de l'utilisateur est assurée sur le segment radio par un chiffrement symétrique ; l'algorithme A8 est utilisé pour la génération de clés de chiffrement, l'algorithme A5[1] pour le chiffrement des données. Cet algorithme A5, relativement faible, fut cassé plusieurs fois par des cryptanalystes et dut supporter des améliorations ;
- la confidentialité de l'identité de l'utilisateur est assurée par la génération d'une identité temporaire pour l'utilisateur appelée TMSI (*Temporary Mobile Subscriber Identity*).

Les vulnérabilités du GSM proviennent surtout de la dissymétrie de traitement entre le terminal et la station relais. Des attaques de type homme au milieu sont possibles en se plaçant en coupure entre une station relais et un téléphone portable, dans le but d'intercepter les numéros ou les champs des protocoles et de capter finalement les communications.

Les réseaux GSM sont vulnérables à plusieurs attaques de type déni de service. Divers scénarios[2] existent, analogues aux attaques par inondation sur Internet.

La sécurité du GPRS ou de l'UMTS est similaire à celle du GSM dans son esprit et son architecture. L'UMTS protège les nouveaux services et apporte des améliorations significatives pour prendre en compte le retour sur expérience du GSM. En particulier, on a rééquilibré la symétrie de sécurité entre le téléphone et la station relais qui s'authentifient mutuellement.

7.2 La sécurité des accès sur Internet

La structure Internet est telle que les menaces ne sont jamais interceptées par le réseau, pour le moment. On peut les bloquer à une extrémité du réseau, mais le réseau lui-même est incapable de reconnaître ce qui devrait ou non circuler librement. Les fournisseurs d'accès relient les utilisateurs à Internet et ont par conséquent une situation clef pour contrôler les menaces entrantes et sortantes envers les ordinateurs de leurs clients. Ils pourraient éliminer un certain nombre de ces menaces avant même leur apparition sur les ordinateurs personnels et commencent à proposer des dispositifs de sécurité tels que des filtrages dans la messagerie, mais cette démarche n'est pas facile, surtout si on demande une obligation de résultats.

Pour concevoir une sécurité des accès sur Internet, il faut mettre en œuvre des mécanismes très généraux pour intégrer tous les nouveaux services. La première préoccupation est la gestion sécurisée des accès à ces services. Aussi, les mécanismes ont été regroupés par l'IETF, autour de trois fonctions principales, sous le sigle AAA, l'authentification, l'autorisation et l'imputation (*accounting*). L'objectif originel d'AAA était d'offrir aux abonnés en déplacement la possibilité de se connecter à Internet depuis un modem téléphonique.

Le protocole AAA[3] utilise une architecture client-serveur classique. Il identifie et authentifie l'utilisateur par l'intermédiaire d'un secret partagé par l'utilisateur et le serveur d'authentification, détermine les droits de cet utilisateur et impute l'utilisation des ressources à des fins de facturation. Les serveurs AAA sont sur des serveurs d'accès au réseau, gérés par des opérateurs offrant des services de télécommunication.

RADIUS (*Remote Access Dial-In User Service*) est un standard de l'IETF (RFC 2138-2139) pour les utilisateurs qui se connectent à Internet par modem. C'est le protocole AAA le plus répandu chez les fournisseurs d'accès à Internet, mais il comporte des limitations. DIAMETER (RFC 3588) améliore les fonctionnalités de RADIUS, pour notamment la gestion des interdomaines et le passage à l'échelle. TACACS + (*Terminal Access Controller Access Control System*) est une solution propriétaire reprise par Cisco, qui utilise TCP et gère séparément les trois fonctions AAA.

7.3 La sécurité des réseaux sans fil

L'utilisation accrue de réseaux radio pour accéder à d'autres réseaux adjacents et aux réseaux d'entreprise aggrave les préoccupations d'ensemble de sécurité.

Les réseaux de faible portée comme Bluetooth se banalisent pour des connexions en point à point, par exemple, entre le clavier ou la souris et son ordinateur, ou bien entre le téléphone portable et un assistant numérique. Les vulnérabilités sont des interceptions (capture du mot de passe) ou des intrusions (diffusion de virus). Le protocole de sécurité de Bluetooth met en œuvre des mécanismes particuliers mais performants qui ne sont hélas pas souvent activés.

Les réseaux Wi-Fi se déploient à la périphérie des réseaux filaires, dans les sites privés comme les entreprises, les institutions ou à la maison pour partager une connexion Internet et dans les sites publics ouverts (aéroport, campus) avec des portées radio de l'ordre de

1. L'algorithme A5 existe en différentes versions avec des niveaux de chiffrement variés : A5/0, sans chiffrement, A5/1, niveau élevé, utilisé en Europe, A5/2, niveau faible, utilisé aux États-Unis.
2. Par exemple, un terminal envoie plusieurs requêtes d'allocation sans compléter les échanges nécessaires. La limitation des canaux de signalisation va causer la congestion locale du réseau et les requêtes légitimes seront rejetées par manque de canaux disponibles.
3. Le concept AAA apparu au début des années quatre-vingt-dix s'inspire du protocole d'authentification Kerberos, développé en 1978 au MIT.

la centaine de mètres. Les vulnérabilités sont nombreuses : connexions pirates, usurpations, écoutes intempestives... La mauvaise conception initiale de la sécurité des réseaux sans fil IEEE 802.11 paralysa son déploiement. La première génération de réseau sans fil IEEE 802.11, normalisée en 1997, comporte un protocole de sécurité, WEP (*Wired Equivalent Privacy*), qui délivre les services d'authentification par une méthode de défi, de confidentialité en chiffrant les trames et d'intégrité en signant les trames par le chiffrement de leur empreinte. Le protocole WEP comporte d'importantes faiblesses : l'authentification n'est pas fiable car elle peut être corrompue par rejeu, la signature n'est pas efficace, enfin la saisie d'environ un million de trames chiffrées permet de déduire la valeur du secret partagé. Face à ces insuffisances, diverses méthodes, en particulier le protocole TKIP (*Temporal Key Integrity Protocol*), sont venues se greffer pour résoudre ces lacunes. La norme IEEE 802.1X, dédiée initialement au contrôle d'accès des réseaux utilisant des commutateurs de paquets, réalise l'authentification des utilisateurs et le filtrage des trames qu'ils échangent. Toutefois, la norme ne définit pas expressément le procédé de distribution des clés entre le point d'accès et le client. En outre, l'application de l'architecture IEEE 802.1X aux réseaux sans fil 802.11 peut introduire des problèmes de sécurité comme les attaques de l'homme au milieu ou l'usurpation de session, notamment quand il n'y a pas d'authentification mutuelle.

Consciente des failles de sécurité, l'IEEE a proposé en juillet 2004, comme extension du protocole de base, la norme IEEE 802.11i qui introduit des protocoles de sécurité renforcés au niveau de la couche MAC de liaison de données ; elle décrit également le protocole d'échange de clés entre le point d'accès et le terminal sans fil. Elle supporte le protocole WEP, ainsi que les protocoles TKIP et CCMP (*Counter Mode/CBC-MAC*) qui améliorent les mécanismes de chiffrement des standards précédents.

Le WPA (*WiFi Protected Access*) est une norme destinée à accélérer la diffusion des réseaux sans fil. C'est un sous-ensemble de la norme IEEE 802.11i, basé sur le protocole TKIP. WPA définit des éléments d'informations spécifiques et des machines d'états de gestion de clés partiellement compatibles avec 802.11i. Le déploiement de cette norme implique donc la disponibilité de points d'accès, de cartes réseaux et de logiciels clients spécifiques.

Le WPA2 est conforme au standard IEEE 802.11i et inclut le chiffrement AES (*Advanced Encryption Standard*) plus robuste. Le WPA2 est compatible avec les produits supportant le WPA, mais la compatibilité avec les produits utilisant le protocole WEP n'est pas assurée.

8 Les dispositifs de sécurité

8.1 Les pare-feu

Un pare-feu (*firewall*) est un dispositif matériel et/ou logiciel qui implémente la fonction de sécurité de contrôle d'accès. Un pare-feu est donc un dispositif pour filtrer les accès, les paquets IP, les flux entrant et sortant d'un système[1]. Un pare-feu est installé en coupure sur un réseau lorsqu'il sert de passerelle filtrante pour un domaine à la frontière d'un périmètre fermé. Dans le cas d'un pare-feu personnel, sur une machine cliente, il est installé en son cœur pour y contrôler et filtrer les accès au réseau.

Un pare-feu met en vigueur une politique de sécurité qui laisse passer, ou arrête les trames ou les paquets d'information selon cette politique. Il peut donc autoriser ou empêcher des communications selon leur origine, leur destination ou leur contenu. Dans la pratique, un pare-feu lit et analyse chacun des paquets qui arrivent. Après analyse, il décide du passage ou de l'arrêt selon l'adresse IP de l'émetteur, du récepteur, selon le type de transport (TCP ou UDP) et le numéro de port, en relation avec le type d'application réseau.

Quand la politique de sécurité ne concerne que les couches basses, la seule analyse du paquet permet d'autoriser, de rejeter ou d'ignorer le paquet.

Quand la politique décrit des règles de sécurité qui mettent en jeu le transport fiable (TCP), les sessions ou les applications, le pare-feu doit connaître l'état momentané de la connexion et doit garder en mémoire de nombreux paquets pendant un certain temps de façon qu'il puisse décider de l'autorisation ou du rejet des paquets.

Les pare-feu ont des limitations : ils doivent être très puissants en termes de ressources pour ne pas ralentir le trafic dans un sens ou dans un autre, puisqu'ils sont en coupure sur le réseau. Ils ne doivent pas être court-circuités par d'autres passerelles ou des modems connectés directement à l'extérieur. Ils sont des « bastions », c'est-à-dire des cibles pour les attaquants qui peuvent les assaillir pour saturer leur ressource.

Un pare-feu doit posséder un système de journalisation (.log) sophistiqué de manière à analyser a posteriori tous les faits importants qui jalonnent la vie de cette passerelle filtrante : tentatives d'intrusion, événements anormaux, attaques par saturation, par balayage.

Un pare-feu est en général architecturé de telle manière que l'on puisse distinguer physiquement les communications avec l'extérieur, celles avec le réseau à protéger et enfin celles qui sont déviées vers une

1. Un réseau local d'entreprise connecté à Internet ou un ordinateur connecté à ADSL sur Internet.

zone tampon de parking, souvent appelée zone démilitarisée (*demilitarized zone*, DMZ). C'est dans cette zone qu'on place le site Web, ouvert sur Internet, à l'abri d'un pare-feu, mais nettement séparé du réseau interne à protéger.

8.2 Les systèmes de détection et de prévention d'intrusion

Un système de détection d'intrusion (*Intrusion Detection System*, IDS) est un dispositif[1] matériel et/ou logiciel de surveillance qui permet de détecter en temps réel et de façon continue des tentatives d'intrusion dans un réseau, dans un SI ou dans un ordinateur seul, de présenter des alertes à l'administrateur, voire pour certains IDS plus sophistiqués, de neutraliser ces pénétrations éventuelles et de prendre en compte ces intrusions afin de sécuriser davantage le système agressé.

Un IDS réagit en cas d'anomalies, à condition que le système puisse bien identifier les intrus externes ou internes qui ont un comportement anormal, en déclenchant un avertissement, une alerte, en analysant éventuellement cette intrusion pour empêcher qu'elle ne se reproduise, ou en paralysant même l'intrusion.

Un IDS est donc un capteur informatique qui écoute de manière furtive le trafic sur un système, vérifie, filtre et repère les activités anormales ou suspectes, ce qui permet ultérieurement de décider d'actions de prévention. Sur un réseau, l'IDS est souvent réparti dans tous les emplacements stratégiques du réseau.

Les techniques sont différentes selon que l'IDS inspecte un réseau ou que l'IDS contrôle l'activité d'une machine (hôte, serveur) :

- sur un réseau, il existe en général plusieurs sondes qui analysent de concert, les attaques en amont d'un pare-feu ou d'un serveur ;
- sur un système hôte, les IDS sont incarnés par des démons ou des applications standards furtives qui analysent des fichiers de journalisation et examinent certains paquets issus du réseau.

La détection d'intrusion est un problème[2] difficile que des chercheurs ont appréhendé, il y a maintenant plus de trente ans. Le problème était assez simple à exprimer lorsque ces systèmes étaient des systèmes fermés, à l'intérieur d'un périmètre défini, avec des utilisateurs connus. Le problème s'est compliqué notablement depuis que les systèmes sont sans fil et ouverts (le périmètre est presque impossible à cerner), que les utilisateurs sont nomades (avec des entrants, des sortants et parfois des anonymes), que les services[3] sont mobiles et que ces systèmes s'étendent par interconnexion sur de grands espaces géographiques (infrastructure de télécommunications). Pour vaincre les tentatives d'intrusion, il faut définir un schéma d'identification, d'authentification et d'autorisation destiné à des utilisateurs légitimes et aux matériels et logiciels qui se situent à l'intérieur du système. On soulage fortement l'IDS en filtrant au préalable le trafic forcément régulier et légitime. On définit alors une sonde intelligente qui observe, enregistre et analyse le comportement des sujets, des objets et des événements. À partir d'un modèle de normalité et conformément à certains seuils, on décrète que le comportement du système et des personnes est normal ou suspect. On en déduit des actions à mettre en œuvre, immédiatement ou non.

Ces dispositifs ont des défauts majeurs (fausse alerte et carence de détection), bien décrits dans la littérature.

8.3 Les pots de miel

Les pots de miel (*honey pots*) sont des dispositifs de leurre, à la frontière des SI, destinés à piéger les attaques des pirates. Les attaques par balayage, en particulier, ont tendance à tomber dans le panneau de ces attrape-nigauds.

Un pot de miel est un mécanisme qui permet d'augmenter la sécurité d'un réseau ou d'un système, pourvu qu'on soit capable d'analyser les profils des attaques tombées dans l'embuscade. Un pot de miel peut venir en complément d'un pare-feu. Mais les mises en œuvre concrètes sont plutôt rares.

Les pots de miel sont répertoriés selon deux catégories, à faible ou à forte interaction. L'interaction représente l'intensité de l'activité que peut avoir un attaquant avec le pot de miel.

Les pots de miel à faible interaction consistent à émuler des systèmes d'exploitation et des services. L'émulation présente l'avantage de circonscrire les possibilités de l'attaquant incapable de prendre le contrôle du véritable système d'exploitation pour endommager d'autres systèmes. L'activité est réduite au degré d'émulation offerte. Ainsi, ces pots de miel offrent peu de prérogatives à l'intrus qui aura un champ d'action limité, car ils ne font que proposer des services factices et ne renvoient jamais de réponse. L'avantage des pots de miel à faible interaction est leur simplicité. Ils sont faciles à implémenter, à gérer et présentent peu de danger avec des attaquants très cantonnés. En

1. Dans ce paragraphe, on a réuni sous le même vocable IDS, les IDS et les IPS (*Intrusion Prevention System*).
2. La formalisation des systèmes de détection d'intrusion est classique. Dans un système, on spécifie des sujets, des objets et des opérations licites et on essaie d'appréhender des situations et des ontologies avec leur comportement normal ou anormal.
3. Services reconfigurables dynamiquement, caches, applications téléchargeables, intergiciels de distribution.

pratique, on installe un logiciel, on sélectionne les systèmes d'exploitation et les services qu'on veut émuler et on surveille l'activité en laissant le pot de miel fonctionner. Les inconvénients sont que ces pots de miel examinent une information limitée et ne peuvent épier que des activités connues. Enfin ces pots de miel à faible interaction sont aisément détectables par un attaquant.

Les pots de miel à forte interaction n'émulent rien mais engagent des systèmes d'exploitation véritables et des applications réelles. L'avantage de cette solution est qu'il est possible de recueillir des informations nombreuses. Comme les attaquants ont accès à de vrais systèmes, on peut observer l'intégralité de leur comportement et on peut analyser ainsi les méthodes et les outils qu'ils utilisent. Ce type de pots de miel ne fait pas de suppositions sur le comportement probable de l'attaquant et capture tout ce qu'il peut. Ces pots de miels permettent donc de révéler des modes d'attaques encore insoupçonnées. Néanmoins, leur utilisation comprend des risques élevés puisque la machine, désignée comme pot de miel, est destinée à être compromise. Il existe donc un risque que l'attaquant puisse utiliser les vrais services du pot de miel comme rebond pour affronter d'autres systèmes voisins. Enfin, ces pots de miel sont plus compliqués à mettre en place et à gérer.

9 Les solutions d'identification et d'authentification

9.1 La biométrie: une présence numérique liant l'homme au système

La biométrie est une technique ancienne qui connaît un engouement récent dans son application électronique. Elle a pour but d'identifier les personnes physiques par des caractéristiques physiologiques[1] ou comportementales[2]. La mesure d'une grandeur de l'apparence du vivant et le calcul du représentant biométrique pour assurer l'identification doivent être discriminants, fidèles, automatiques et rapides. La biométrie identifie[3] donc un individu par ce qu'il est, et qui est unique et caractéristique de la personne. On peut ensuite l'authentifier par le respect d'un procédé sûr de validation biométrique ou bien par la vérification de ce qu'il sait, comme un mot de passe dont il se souvient.

Pour déployer un système biométrique, il est nécessaire de recueillir tout d'abord un échantillon de référence et d'extraire ensuite une représentation[4] numérique réduite, opérations qui doivent être réalisées par une institution de confiance. Les échantillons sont alors stockés globalement dans une base de données sous la responsabilité d'une organisation de confiance ou localement, dans une carte à puce par exemple, sous la responsabilité du propriétaire. Lorsque cette infrastructure biométrique est déployée, une personne physique peut alors être identifiée, après capture en temps réel d'un nouvel échantillon, calcul de la représentation numérique caractéristique de la personne, et comparaison avec le gabarit.

Les inconvénients des méthodes biométriques sont connus: l'enregistrement et le déploiement sont lourds, le coût d'exploitation est élevé, l'interopérabilité des infrastructures biométriques est faible, la durée de vie des informations de référence est limitée, mais surtout le contrôle, c'est-à-dire la comparaison entre un étalon et un échantillon prélevé en temps réel est statistique, sans garantie totale de succès. Les procédés possèdent donc des performances qui varient avec la source biométrique. Pour chaque mode d'identification, il faut estimer statistiquement le taux de mauvais rejets (on a refusé des personnes légitimes) et le taux d'acceptations incorrectes (on a admis des personnes illégitimes). La conjonction de plusieurs modes[5] biométriques est indispensable pour atténuer le risque d'erreur. Ensuite, plutôt que d'attaquer en amont la chaîne de traitement de biométrie, les attaquants préfèrent mettre en défaut l'algorithme final de comparaison des deux échantillons et faire en sorte que sa réponse[6] soit constamment positive, ce qui annihile alors tout le dispositif de biométrie. Par ailleurs, l'introduction de la biométrie soulève des questions délicates de protection de la vie privée et des difficultés culturelles et sociologiques qui ne manqueront pas de tempérer l'enthousiasme envers cette technique.

9.2 La carte à puce: un écrin de confiance pour amorcer la sécurité

Une carte à puce (*smart card*) est une enceinte hermétique portable de sécurité, une entité de confiance attachée à un individu par l'intermédiaire d'un code secret. C'est un authentique micro-ordinateur doté d'un coffre-fort qui renferme des secrets, assisté par un

1. Empreinte digitale, morphométrie de la main ou du visage, iris, rétine, voix. L'ADN n'intervient pas ici car le code génétique ne peut pas être révélé en temps réel.
2. Manière de saisir au clavier ou de signer manuellement.
3. La biométrie n'authentifie pas le sujet, comme on le croit souvent, car la caractéristique biométrique d'un sujet n'est pas secrète. La confusion provient du fait que la biométrie est utilisée de deux façons: d'une part, on cherche une donnée parmi n dans une base de données – et on parle d'identification, d'autre part, on met en correspondance une donnée avec une donnée de référence – et par abus de langage, on parle d'authentification.
4. Les minuties des empreintes digitales n'occupent que 300 octets.
5. Par exemple, l'empreinte digitale et la morphométrie du visage.
6. Un seul bit, 0 ou 1, est à falsifier.

processeur spécifique étanche capable d'exécuter des primitives cryptographiques.

La carte à puce offre principalement une authentification efficace, mais fournit également des fonctions d'identification comme une carte d'identité électronique. Elle est en outre un moteur miniature de sécurité, une machine de chiffrement de messages courts et de calcul de signatures.

La carte à puce déployée en Europe, a connu son essor depuis trente ans grâce à la carte bancaire, aux télécartes de téléphonie, puis grâce à la carte SIM du GSM. La carte à puce peut stocker des certificats X.509[1] pour l'identification et des caractéristiques biométriques. Elle connaît une puissance croissante de calcul, améliorant ainsi les performances[2] de résistance aux attaques par essais et erreurs, et une ouverture plus grande grâce à l'émergence d'applications en langage Java, au sein même de la carte. Le cryptoprocesseur permet de calculer en toute confidentialité les opérations de sécurité : la clé privée reste secrète à l'intérieur de la carte à puce.

Avec la commercialisation massive des cartes à puces et leur rôle dans les transactions de paiement, les pirates redoublent d'imagination pour élaborer de nouvelles attaques[3] physiques ou par canaux cachés sur le matériel afin de contourner la sécurité toujours plus ferme de ces micro-ordinateurs de confiance.

La carte à puce demeure un dispositif de sécurité très fiable grâce aux contre-mesures des fabricants. Elle évite la multiplication des mots de passe souvent peu protégés par les utilisateurs négligents. Elle obéit à des normes de sécurité (FIPS I40) et se généralise dans les applications des réseaux et des SI pour la sécurité de bout en bout entre deux protagonistes, le client, l'abonné ou l'utilisateur d'une part et le vendeur, l'opérateur ou le serveur informatique, d'autre part.

10 La sécurité des systèmes confinés

(Pour une approche plus complète et plus technique, se reporter au chapitre « Preuve et vérification pour la sécurité et la sûreté »).

10.1 La sécurité des systèmes embarqués

Les systèmes embarqués ou les logiciels enfouis (*embedded systems or software*), sont des entités autonomes qui remplissent une mission indépendante, parfois critique, sans intervention humaine, en général en interaction directe avec l'environnement extérieur que celui-ci soit physique ou informatique. Ces systèmes[4] autonomes miniaturisés peuvent être isolés mais ils sont la plupart du temps reliés et communiquent à travers un réseau. Ces systèmes sont soumis à des contraintes fonctionnelles qui mettent en jeu leur définition, leur robustesse, leur conception, leur capacité à accomplir une tâche avec des ressources déterminées souvent liées aux astreintes temporelles ou à la consommation énergétique.

Le comportement de ces systèmes doit être blindé, voire garanti avec un haut niveau de sécurité et de sûreté[5], pendant tout leur cycle de vie. Ces systèmes doivent être protégés, mais ils doivent avant tout fonctionner correctement tant dans leurs fonctions purement intestines que dans leurs interactions avec le monde extérieur, d'autant plus que ces systèmes embarqués sont plongés de nos jours dans une « intelligence ambiante », de sorte que les interlocuteurs et les voisins du système peuvent être eux-mêmes des ordinateurs.

Avec la diffusion massive des capteurs et des actuateurs électroniques, les systèmes complexes bénéficient d'une instrumentation importante. Les échanges d'information avec l'extérieur et la faculté d'adaptation de ces systèmes à l'environnement nécessitent des contrôles sévères sur la bonne marche de ces systèmes avec des modules flexibles, autochargeables, autoconfigurables. Les systèmes embarqués ou les logiciels enfouis doivent donc posséder des propriétés de sécurité et de sûreté de fonctionnement, localement, puisque ces systèmes autonomes doivent résister seuls à des sollicitations imprévisibles de leur entourage. Ils sont donc munis d'algorithmes de sécurité et de fonctions de survie, le tout étant conçu et calculé à partir des données et des traitements in situ, disponibles. Sur la base des informations fournies par l'instrumentation en place et des connaissances disponibles par des modèles mathématiques, physiques et de sécurité, il s'agit d'implanter localement une carapace de sécurité et de sûreté, voire de résilience pour d'abord percevoir (observer, détecter, localiser, diagnostiquer), analyser (selon la politique en vigueur) la situation *hic et nunc* en

1. La taille d'un certificat est de l'ordre de 1 à 2 ko et les cartes à puces actuelles ont une capacité mémoire d'environ 128 ko, voire plus.
2. Un calcul RSA s'effectue en une demi-seconde avec une clé de longueur 1 024.
3. Attaques en observant finement la consommation électrique ou bien le temps d'exécution des opérations, attaques par champs électromagnétiques, attaques par injection de fautes en perturbant le fonctionnement.
4. Ce sont des terminaux communicants (téléphones portables, cartes à puce), des capteurs intelligents (robots, instruments de contrôle dans l'avionique ou les ouvrages de génie civil), des actuateurs critiques (composants dans les centrales nucléaires ou les missiles balistiques) ou des appareils électroniques dans le domaine de la santé (stimulateur cardiaque, instrument de chirurgie), de l'automobile (modules de contrôle-commande du moteur ou du conducteur) ou du grand public (électroménager, appareils de photos, jouets).
5. Freins d'automobile, capteurs dans les engins spatiaux, équipements dans une chaîne de fabrication, organes de répartiteur téléphonique.

fonction des événements imprévus, des occurrences aléatoires, des dangers et réagir (corriger, se cicatriser, tolérer, se maintenir, s'adapter, se dégrader, survivre en autarcie, voire s'anéantir) en fonction des évolutions et des déviations par rapport à un état ou un comportement de référence normal, souhaitable ou nominal.

La sécurité et la sûreté des systèmes et logiciels embarqués se construisent donc en plusieurs phases :

- pendant la spécification du système : maîtrise de sa complexité, de son architecture et claire séparation entre le module autonome et son infrastructure en considérant l'énergie consommée et les flux de communication : application traditionnelle des méthodologies pour la spécification de sécurité et de sûreté[1] ;
- pendant la conception du système : utilisation de techniques de modélisation, d'abstraction et de techniques du comportement dynamique des systèmes, temps réel strict ou adaptatif, méthodes mathématiques et ingénierie système ;
- pendant l'implantation : épargne rigoureuse des ressources spatiotemporelles, parcimonie dans les communications avec les périphériques, économie temporelle intransigeante dans les réseaux, calcul d'horloge, ordonnancement des messages, compilation optimisée des algorithmes en travaillant à l'aide d'ateliers de développements informatiques spécifiques ;
- pendant la validation : vérification formelle, simulation et test, évaluation de l'assurance de sécurité et de sûreté.

La conception du système doit prendre en compte les aspects mathématiques, informatiques, électroniques et architecturaux, les aspects de normalisation et de standardisations (interopérabilité) et les impératifs[2] économiques. La difficulté porte en général sur l'assemblage hétérogène de composants et de modules.

La correction de la spécification[3] ainsi que la conformité de l'implantation réelle par rapport à la spécification[4] sont des étapes importantes qui ne doivent pas être confondues. Dans sa spécification, il faut scrupuleusement définir les menaces et l'intelligence locale de sécurité et de sûreté du système. Il faut le rendre tolérant aux fautes, aux incertitudes de l'environnement et des situations. Il faut l'immuniser contre des agressions potentielles. La sécurité d'un système, c'est-à-dire d'une part la non-agressivité du monde extérieur face aux vulnérabilités résiduelles du système embarqué et d'autre part son caractère inoffensif vis-à-vis de l'entourage reste en définitive une question complexe à cause de l'incomplétude de sa caractérisation.

10.2 La sécurité des terminaux

Alors que SSL résout la sécurité des communications de point à point sur un réseau et que la carte à puce est le lien sécurisé entre l'utilisateur final et le SI, il convient aussi de préserver le terminal lui-même d'une utilisation dangereuse ou frauduleuse, soit que son utilisateur laisse ouvertes des brèches ou bien outrepasse ses droits (utilisation irrégulière de licence logicielle), soit que les éditeurs de logiciels abusent de leur position dominante, en interdisant l'installation de logiciels concurrents.

Pour sécuriser un terminal, il est nécessaire de cacher un ensemble de secrets dans ce terminal. Ces éléments secrets peuvent être partagés et exploités par le fournisseur de matériel, les éditeurs de logiciels, les applications et l'utilisateur. Définir une politique de sécurité fédérative pour l'exploitation du poste de travail, est une question qui relève de la quadrature du cercle, puisque le terminal devient un espace où maintes politiques aux intérêts paradoxaux s'affrontent. Pour son implémentation, l'articulation sécurisée entre le matériel et le logiciel demeure toujours un point dur à résoudre. Les secrets peuvent être insérés en dur dans le cœur du matériel ou bien être enfouis en périphérie dans une carte modulaire de chiffrement.

L'architecture de sécurité d'un poste de travail se décompose en trois parties :

- une ressource matérielle avec un processeur sécurisé qui offre des fonctions cryptographiques, qui exécute les tâches sensibles et une mémoire qui stocke les éléments secrets et les informations sensibles ;
- un noyau minimum digne de confiance, qui assure les fonctions de base du système d'exploitation ;
- une interface logicielle sécurisée avec les applications.

La sécurité des applications prend alors racine dans cette infrastructure native de base. Les applications peuvent puiser dans cette plate-forme, les ressources de sécurité dont elles ont besoin. Les outils de sécurité d'un poste de travail permettent :

- de vérifier l'intégrité du poste : à l'amorce, la ressource matérielle vérifie l'identification et la configuration des composants matériels et la certification des composants logiciels ;
- de développer la sécurité des applications grâce à une bibliothèque sécurisée de primitives de sécurité : chiffrement, signature, authentification, gestion de confiance des clés.

1. Définition notamment de l'autonomie, de la réactivité, de la criticité et définition de la politique de prévention des risques, de tolérance, de défense et de gestion des crises, des conflits.
2. Complexité, consommation d'énergie, longévité, mise à jour.
3. C'est-à-dire le système est bien défini.
4. C'est-à-dire le système réalisé correspond bien à sa définition.

TPM (*Trusted Platform Module*) est le résultat des recommandations précisées par TCPA (voir La sécurité des logiciels : les réponses providentielles, propriétaires ou publiques). C'est un composant informatique installé sur la carte mère ou intégré au processeur. TPM est capable de chiffrer les données et de les stocker dans des espaces sécurisés.

Indépendamment de ces tentatives de normalisation, il existe sur le marché maintes solutions propriétaires, sous forme de cartes modulaires, utilisées dans les grandes entreprises et gérées par le responsable de sécurité.

11 La sécurité des systèmes et des logiciels

11.1 La sécurité des systèmes d'exploitation : la faille essentielle

Les systèmes d'exploitation sont le talon d'Achille des SI. Les attaquants externes d'un système doivent toujours, à un moment donné, emprunter leur chemin et utiliser leurs services.

Les systèmes d'exploitation (Unix, Linux, Windows) et les moniteurs en temps réel (Symbian, Linux embarqué) proposent un ensemble de fonctions mises à la disposition des processus d'applications. Ils possèdent des interfaces qui contiennent habituellement des appels pour ouvrir, fermer, lire, écrire des fichiers et des appels pour communiquer (transferts de messages, appels de procédures). Mais ces systèmes d'exploitation ne sont, en général, pas sécurisés[1]. Sous Unix, la politique de sécurité est discrétionnaire, c'est-à-dire que les propriétaires des fichiers décident eux-mêmes des attributs de sécurité de leurs fichiers. Avec la structure actuelle des SI, le système d'exploitation est un élément prépondérant. S'il est acheté sur étagère avec la machine, c'est un progiciel hermétique avec toutes les répercussions fâcheuses que cette méconnaissance implique. La gravité des conséquences d'une intrusion dans un SI par la prise de contrôle du système d'exploitation est très élevée. La faiblesse des SI provient souvent de la non-maîtrise de l'élément primordial de ces systèmes : le système d'exploitation des serveurs ou des stations terminales. La faiblesse des réseaux découle aussi de l'opacité des systèmes d'exploitation des routeurs ou des passerelles. Le risque encouru est similaire à la remise d'une clé secrète à un utilisateur non autorisé.

1. Quand ils le sont, cette sécurité n'est pas toujours évaluée, ni même pas évaluable à un niveau convenable. Par exemple, le niveau EAL4 des CC ne semble pas toujours suffisant pour un serveur de sécurité sous UNIX, compte tenu des menaces. La sécurisation de ce noyau monolithique et imposant, à un niveau d'assurance EAL5 des CC est une entreprise téméraire voire insurmontable.

La sécurité minimum d'un système d'exploitation comprend deux types de fonctions de sécurité : les fonctions intrinsèques[2] et les services supplémentaires offerts aux applications[3]. Avec cet arsenal de fonctions, on peut ainsi sécuriser les principales fonctionnalités vulnérables d'un système d'exploitation[4].

11.2 La sécurité des logiciels : les réponses providentielles, propriétaires ou publiques

La sécurité des applications ou des logiciels est un thème difficile car un logiciel seul n'a pas de propriété réflexive pour déclarer la confiance qu'on peut lui accorder ou décréter la confiance qu'il peut avoir envers telle autre entité. Il est donc nécessaire d'ancrer la sécurité des applications à l'infrastructure générale de sécurité. En pratique, on arrime l'application à un crochet sécurisé qui est relié aux parties sécurisées du terminal (voir § 10.2) ou aux protocoles d'authentification et d'autorisation du réseau ou du système (voir La sécurité des accès sur Internet). La sécurité des logiciels se scinde de nos jours en deux volets contradictoires :

- d'une part, les éditeurs désirent enrayer le vol de logiciels et l'usage abusif de licences, distribuer leurs contenus intangibles en les valorisant (DRM) et conserver la confidentialité du texte (IPR) de leur logiciel. S'ils ne sont pas eux-mêmes dignes de confiance, ils peuvent à leur tour abuser les utilisateurs en adjoignant des sondes secrètes pour espionner à leur insu les utilisateurs, ce qui constitue une sécurité dans l'obscurité ;
- d'autre part, la communauté des utilisateurs redoute les positions économiques dominantes des éditeurs qui fort de leur avantage veulent en profiter de manière déloyale. Cette tendance de pensée informatique de type altermondialiste préconise de dépouiller l'informatique de son caractère opaque et libéral, en distribuant[5] des logiciels nus, c'est-à-dire transparents, lisibles par quiconque souhaite inspecter les textes de l'application informatique.

Face à la montée de la menace du piratage de logiciels et de l'hégémonie des logiciels propriétaires, certaines réponses sont inappropriées :

2. Blanchiment des zones de mémoire, authentification des objets pour le cloisonnement, l'invocation et le contrôle d'accès, journalisation des événements liés à la sécurité.
3. Gestion des clés, génération et gestion des aléas, chiffrement des données dès que les objets communiquent à travers un réseau.
4. L'accès au réseau par protocole TCP/IP, le stockage structuré sur disque par l'intermédiaire d'un système de gestion de fichiers, et la connexion à des périphériques.
5. La distribution n'est ni forcément gratuite, ni forcément libre. La traduction de l'expression *free software* en logiciel libre ne facilite pas la compréhension.

- des éditeurs de logiciels et les industriels de l'électronique se regroupent avec des initiatives propriétaires et conservatrices qui sont plus d'ordre géostratégique, avec des intérêts plus égoïstes que sécuritaires ;

et d'autres ne sont pas encore arrivées à maturité :

- la montée en puissance des standards ouverts et des logiciels libres, notamment sur les serveurs, prouve l'existence d'un modèle économique original. Néanmoins et malgré le soutien d'acteurs majeurs, les logiciels libres ne constituent pas aujourd'hui une alternative complète, mature et sûre aux éditeurs de logiciels habituels.

Afin de protéger les applications sur les postes de travail connectés à des réseaux, deux approches très différentes sont apparues dans la dernière décennie :

- en 1995, la sécurité par le langage Java et sa machine virtuelle sécurisée a connu un succès éclatant et a même contribué à la réussite d'Internet. C'est une sécurité partielle qui a permis la diffusion des logiciels Java sur le Web ;
- en 1999, la sécurité par le matériel et son prolongement logiciel, sous le sigle de TCPA[1] est réapparue. C'est une approche classique dans l'informatique de défense, qui suscite depuis son introduction une polémique qui concerne les arrière-pensées protectionnistes supposées des concepteurs, pour juguler la progression du logiciel libre et entraver la concurrence apportées par les cartes à puce.

La sécurité des logiciels Java fut conçue au départ pour protéger le poste de travail récepteur des logiciels téléchargés à partir d'Internet. La machine virtuelle Java fait office de réceptacle de sécurité. Le modèle de sécurité de Java est un modèle appelé *sandbox* en anglais, c'est-à-dire bac à sable, à l'image du terrain de jeu pour les enfants où ils peuvent s'amuser sans crainte. Les applications Java s'exécutent alors sûrement dans cette machine virtuelle puisqu'à l'intérieur de cette zone tous les appels à des fonctions abrogatives du système sont proscrits.

TCPA[2] (*Trusted Computing Platform Alliance*), Alliance pour une informatique de confiance, fut un projet lancé par Intel en 1999, très controversé dans le monde de la sécurité. TCPA a évolué, suite à ce tollé, s'est étendu, a modifié certaines ambitions mais la motivation géostratégique monopolistique est restée. L'objectif affiché de TCPA est de protéger les droits des éditeurs de logiciels. TCPA propose les spécifications d'un module (voir La sécurité des terminaux) de sécurité, de surveillance et d'alerte grâce à une puce ou à un périphérique soudé à la carte mère. C'est l'équivalent d'une carte à puce associée non pas à l'utilisateur mais au poste de travail.

12 La sécurité des contenus

12.1 La sécurité dans un monde en clair

Pour protéger les objets nomades intangibles, les techniques cryptographiques permettent d'assurer leur sécurité, de leur faire franchir les régions hostiles sans dommage tout au long de leur pérégrination par le chiffrement des objets et par des protocoles cryptographiques pour leurs déplacements. Mais tôt ou tard, ces objets doivent être vus, entendus, lus ou exécutés en clair. Ils sont alors à la merci de leur utilisateur (copie pirate, falsification, détournement). Une solution pour réduire les vulnérabilités des objets mobiles est de leur laisser transporter eux-mêmes leur sécurité, par exemple en les marquant.

Si cette marque est perceptible (étiquette, code-barres, logo), il est relativement aisé d'ôter cette étiquette et de la substituer pour usurper l'identification de cet objet, même si cette étiquette est signée électroniquement.

Si cette marque est indécelable et intimement fondue dans le corps de l'objet, il est plus difficile de l'arracher ou de l'effacer. C'est le but des techniques de tatouage qui consistent à incruster un message dissimulé dans le contenu (syntaxique ou sémantique) même de l'objet numérique. Cette greffe doit posséder de bonnes propriétés de robustesse et résister aux différents filtres automatiques de suppression ou de neutralisation.

Une infrastructure minimale est indispensable pour instiller la confiance dans ces univers numériques mobiles. Des entités (notaire numérique, tierce partie de confiance) vont établir une cartographie de la confiance qui permettra de faire appliquer une politique de sécurité. En effet, le code mobile ou les peuples d'agents mobiles intelligents circulant dans Internet pour le compte d'un usager ne sont pas protégés s'ils ne rendent pas compte à des entités de confiance, situées à des endroits stratégiques.

12.2 Le tatouage : une marque pour attester sa propriété

(Pour une approche plus complète et plus technique, se reporter au chapitre « Tatouage des données multimédias, enjeux et applications potentielles » de la section I/4).

Le mot stéganographie[3] signifie « écriture cachée ». La stéganographie est l'art de dissimuler intimement

1. TCPA (www.trustedcomputing.org) a changé de nom, à la suite de sa mauvaise réputation. Il a maintenant pour nom TCG (Trusted Computing Group). https://www.trustedcomputinggroup.org.
2. L'alliance TCPA inclut Intel, IBM, HP, Microsoft.

un message clandestin dans le corps d'un autre message, en général de caractère anodin, de sorte que la présence même du message secret en soit cachée.

Le mot tatouage[1] (*watermarking*), désigne une technique stéganographique, qui incruste électroniquement dans une œuvre, un message clandestin. Ce court message subliminal est inséré de manière robuste (souvent par redondance), indécelable par les organes des sens humains[2] ou par une machine automatique[3] et indélébile, dans toute l'étendue du document. Il sert à étiqueter la propriété de l'auteur ou il peut être exploité à des fins de lecture[4] sous-jacente parallèle par une machine annexe de façon que cette empreinte invisible ne gêne pas une lecture standard.

Les mécanismes de tatouage reposent sur des approches multiples selon le type[5] de support et selon les contraintes[6] imposées pour remplir l'objectif de sécurité souhaité[7]. Une méthode de tatouage englobe des composantes de communication numérique, de traitement du signal, de cryptographie et de capacités physiologiques. Le tatouage est une technique de dissuasion : si la politique de sécurité consiste à prévenir les attaquants potentiels que les images sont tatouées, le pirate peut être découragé de tenter de dérober les œuvres. Encore faut-il, quand on dissuade, que la riposte soit crédible, c'est-à-dire que l'on puisse effectivement détecter et tracer[8] les œuvres tatouées.

Les applications du marquage et du traçage sont nombreuses: contrôle de l'origine (IPR), du contenu, de la destination (DRM) pour la propriété intellectuelle, pour le filtrage, pour l'indexation de contenu, pour la mesure objective (facturation, surveillance). La supervision d'objets répartis mobiles peut être aussi envisagée à travers ces marques, dans un contexte de réseaux hétérogènes. Le tatouage n'est pas encore parvenu à un stade de déploiement industriel. L'absence de standards et la multiplicité des procédés ne facilitent pas sa dissémination.

La stéganographie ne protège pas a priori les objets numériques, elle assure seulement leur sécurité dans l'obscurité. Néanmoins, la stéganographie risque de prendre de l'importance dans l'avenir, car les objets qui navigueront, seront de plus en plus exploités par de multiples utilisateurs qui manipuleront ces objets en clair.

13 Les perspectives de recherche

L'informatique a atteint une dimension planétaire et touche un large public amené à véhiculer et traiter un très grand nombre d'informations vulnérables. Il est donc indispensable de concevoir de nos jours la sécurité comme un état de vigilance à mettre en œuvre de manière proportionnée, une anticipation permanente à diffuser dans les infrastructures numériques, plutôt que de subir des attaques comme une fatalité moderne et de cicatriser en bout de chaîne les dommages déclenchés par les violences et les incivilités immatérielles. C'est le défi à relever pour gagner la confiance auprès des citoyens et des entreprises afin qu'ils utilisent fructueusement ces technologies.

À brève échéance, les thèmes de recherche portent essentiellement sur:

- la cryptographie (voir le chapitre «Cryptographie»);
- les modélisations et mises en œuvre de politiques de sécurité: introduire l'espace, le temps, le contexte, la mobilité, gérer les conflits de politiques de sécurité, modéliser les grandes infrastructures et modéliser les politiques de sécurité pour le dossier médical;
- la gestion des crises amplifiées par effet domino: protéger les infrastructures critiques et les rendre résilientes;
- la sécurité de l'urbanisation numérique et la sécurité du virtuel: nouveaux paradigmes de sécurité répondant aux besoins des applications ubiquitaires, établissement de confiance sans se baser sur une infrastructure existante ou une organisation a priori, structures avec faible connectivité ou connectivité intermittente, niveau de garanties intermédiaires par rapport à la recherche habituelle d'une assurance absolue;
- la certification, l'assurance de sécurité: introduction de méthodologies d'évaluation de la sécurité, incrémentales, plus rapides et moins coûteuses.

À plus long terme, la sécurité numérique devrait affronter la fin annoncée de la loi de Moore, parvenir à l'âge quantique, aborder la sécurité des nanotechnolo-

3. La stéganographie qui consiste à élaborer des canaux cachés dans une communication, est une discipline ancienne, qui remonte aux Grecs du Ve siècle avant J.-C.
1. Ce terme français fut proposé par l'auteur de ce chapitre en 1992.
2. Les yeux pour les images, les oreilles pour les sons et la voix.
3. Un algorithme de traitement de signal pour un contenu multimédia, un analyseur sémantique pour un logiciel.
4. Marque d'annotation pour un film ou signe d'indexation pour une base de données d'images.
5. Photographie, image animée, son musical, voix humaine, flux audio-vidéo, logiciel.
6. Les stigmates indécelables doivent être résistants à un passage de l'image à l'analogique, à un passage à l'écran de télévision pour des images MPEG2, à une compilation optimisée pour un logiciel.
7. Contrôle de l'origine, de la destination ou du contenu du document, c'est-à-dire authentification du propriétaire ou du destinataire et intégrité du document.
8. Lecture automatique d'images ou de bibliothèques de logiciels sur des sites Web, balayage de réseau pour scanner les flux MPEG2.

gies et de la bioinformatique, et se saisir des questions suivantes :

- la cryptographie quantique (se reporter au chapitre « Cryptographie ») ;
- la sécurité des nanotechnologies sur le marquage à une échelle invisible du monde physique et la traçabilité de la future génération des ordinateurs passifs qui vont jalonner bientôt notre espace ambiant, étiqueter nos vêtements et escorter nos objets familiers ;
- la sécurité numérique du monde vivant : recherche en amont, avec des principes éthiques, sur le marquage et la traçabilité du règne animal et végétal, avec des prothèses numériques ou une intrication du numérique dans le cœur des cellules vivantes ;
- la sécurité de la prochaine convergence à l'horizon, celle du numérique, du quantique avec les bionanotechnologies, c'est-à-dire amorcer une synthèse humaniste du traitement de la connaissance du monde artificiel créé *ex nihilo*, afin de contrôler l'écosystème artificiel que l'Homme vient d'engendrer depuis plus d'un demi-siècle, d'apprivoiser les créatures ultérieures, d'explorer sereinement les nouveaux territoires et d'appréhender les ruptures technologiques à venir.

14 Conclusion

Avec l'explosion des contenus, l'architecture des cybersphères (données et programmes associés) est rhizomorphe. Ce sont des bulbes de données et de programmes qui (grâce à la convergence informatique et télécoms) sont en train de s'installer durablement et parfois d'échapper à leur propriétaire. Il existe une réelle inquiétude face à l'urbanisation numérique en cours : perplexité des utilisateurs, mais aussi difficulté des développeurs et des exploitants. L'utilisateur va disposer bientôt d'un nouvel écosystème, d'une immense machine de communication où l'on pourra relier les êtres humains nomades et leurs appareils électroniques usuels interconnectés. On assiste à la naissance d'un règne numérique composé d'entités autonomes qui vivent leur propre cycle. La perspective de cette communication généralisée, en réseau, sans hiérarchie, en utilisant ce nouveau règne, soulève des questions de sécurité, listées ci-dessous, qui n'ont pas trouvé de réponses à ce jour :

- la disparition des cloisons étanches séparant les vies privées, professionnelle et publique. Tout individu construit, sur cette unique infrastructure commune, en prolongement de son corps, un réseau virtuel privé avec ses propres données. Ce réseau commence dans les prochaines prothèses numériques du corps biologique et finit par se dissoudre aux confins de la planète dans la masse chaotique de la pâte numérique indifférenciée de l'information fongible de la Toile. Ce réseau propre à chaque individu est perméable, vulnérable et finalement lui échappe. L'individu laisse aussi des empreintes, des traces numériques indélébiles que d'autres humains peuvent retrouver après enquête, pour reconstituer une biographie à son insu ;
- la construction complexe au-dessus du monde physique, de plusieurs étages de mondes logiques virtuels, toujours plus symboliques et abstraits. La sécurité numérique consiste justement à amarrer, coûte que coûte dans ces entrelacs virtuels, ces divers étages à des instances physiques réelles, afin de se raccrocher au monde réel. Les concepteurs de ces édifices sont prisonniers de ces paradigmes qui s'accumulent au fil du temps de l'évolution technologique et qui finissent par paralyser l'essor des techniques numériques ;
- l'édification d'une masse de données (pépites d'information enfouies dans un chaos de déchets informationnels) qui gonfle à vue d'œil et que les moteurs de recherche généralistes ont du mal à vaincre : information fongible, tout venant, qu'il est nécessaire de rechercher, de saisir, de trier, de sélectionner, de vérifier, créant ainsi une entropie envahissante ;
- l'effacement des frontières des espèces :
  - espèces géographiques comme les États (Internet ignore les contours des pays et transgresse les barrières nationales), les systèmes d'information des entreprises (l'informatique est de plus en plus externalisée), les huis clos (les ondes hertziennes débordent les murs de nos constructions physiques),
  - espèces temporelles comme les réunions en chair et en os, les discussions en direct ; la messagerie, les forums permettent le foisonnement de rencontres et de conversations en dehors du temps,
  - espèces informatiques qui se fondent dans un syncrétisme indescriptible avec des ontologies distinctes mais entremêlées, comme les constructions d'entités protocolaires encapsulées, interopérables qui s'enchevêtrent et deviennent interdépendantes,
- la relative disgrâce de la notion d'identité, avec la prévalence de l'anonymat, si essentiel dans la philosophie de l'Internet, et le recul concomitant de la notion d'auteur dans la masse de documents disponibles sur le Web.

Cette vision suscite des interrogations sur les effets regrettables de l'univers numérique, auxquels on n'a pas encore découvert de parades. Le système globalement n'est pas maîtrisé en temps réel. La généralisation des virus n'avait pas été prévue avec l'arrivée du haut débit, la congestion des réseaux par les spams n'a pas été non plus annoncée[1].

1. Il existe toutefois des satisfactions, c'est la déviance heureuse de certains services, c'est l'imprédictible succès de certains usages: les messages courts (SMS) du téléphone portable n'ont pas été conçus pour les conversations entre utilisateurs, les utilisations légales des architectures P2P ont eu un succès fulgurant au-delà des prédictions de ses précurseurs. Toutes ces réussites n'avaient été pas prévues par les concepteurs de ces systèmes. En sécurité, le pouvoir d'imagination et la capacité de détournement sont plutôt dans le camp des attaquants.

La sécurité du XXIe siècle devra élaborer une confiance renouvelée, dans une clarté numérique assumée par tous les acteurs[2], guidée par une éthique persévérante, dans un esprit civique, entre les deux mondes biologique et numérique, à l'échelle d'une gouvernance numérique planétaire.

2. Chercheurs, concepteurs, éditeurs de logiciels et de contenus, distributeurs, exploitants, équipementiers, systémiers, opérateurs, fournisseurs d'accès, de contenus et de services, dirigeants d'entreprise, utilisateurs, services de lutte contre la cybercriminalité, associations.

Bibliographie

Lagrange X., Godlewski P., Sami Tabbane S. (2000), *Réseaux GSM-DCS*, 5e édition revue et augmentée, Éditions Hermès Sciences Publications.

Lagrange X. et al (2005), *Principes et évolutions de l'UMTS*, Éditions Hermès Sciences Publications.

Natkin S. (2001), *Les protocoles de sécurité*, Paris, Éditions Dunod.

Péliks G. (2005), *La sécurité à l'usage des décideurs*, Éditions Etna France, Coll. Ténor. www.etnafrance.org.

Riguidel M. (2000), «Pour l'émergence d'une nouvelle sécurité dans les réseaux de communications et les systèmes d'information futurs», OFTA, *Arago Vol. 23*, Paris.

Riguidel M. (2003), «Les infrastructures critiques et leurs interdépendances», Paris, *Revue de l'Électricité et de l'Électronique*, Septembre 2003.

Riguidel M. (2004), *La sécurité à l'ère numérique*, Paris, Éditions Hermès Lavoisier, Coll. «Les Cahiers du Numérique»

Riguidel M. (2004) et al, «Intimité et sécurité, les clefs de la confiance dans l'économie numérique», *Rapport du club.sénat.fr*, Sénat, http://www.club.senat.fr.

Riguidel M. (2004), *Le téléphone de demain*, Paris, Éditions Le Pommier.

Schneier B. (1996), *Cryptographie appliquée, algorithmes, protocoles et codes source en C*, 2e édition, Éditions Vuibert, France.

Yi M., Varadharajan V. (2001), "Robust and Secure Broadcasting". *In proc. of International Conference on Cryptology* in India (INDOCRYPT'01). Chennai, India. December 2001.

Zémor G. (2000), *Cours de cryptographie*, Paris, Éditions Cassini.

Cryptographie

Françoise Levy-dit-Vehel, Harold Ollivier

Mots-clés : algorithme de chiffrement symétrique/asymétrique, cryptanalyse, théorie de l'information, sécurité inconditionnelle, sécurité calculatoire, fonction à sens unique, hachage, authentification, identification, signature, information quantique.

Résumé : ce chapitre présente les outils fondamentaux issus de l'informatique théorique et des mathématiques, permettant de protéger l'information numérique. L'approche adoptée est historique. On introduit les primitives cryptographiques de base — chiffrement symétrique et asymétrique, signature, fonctions de hachage, échange de clefs, authentification — ainsi que les fonctionnalités plus élaborées — protocoles d'identification, protocoles complexes —, illustrées par la présentation des principaux schémas actuels. Les techniques cryptanalytiques utilisées tant en clef secrète qu'en clef publique sont également présentées, ainsi que l'approche quantique de la cryptographie, récemment apparue.

La cryptographie est une discipline ancienne. Déjà dans l'antiquité, les Grecs avaient inventé des méthodes pour chiffrer les messages. L'une d'entre elles, datant du ve siècle avant J.-C. et connue sous le nom de *scytale*, consistait à enrouler une bande de cuir ou de parchemin autour d'un baton de bois, puis à écrire le message sur toute la longueur du bâton. Une fois déroulée, la bande, sur laquelle figurait alors une suite de lettres apparemment incohérente, était envoyée au destinataire qui, dès lors qu'il possédait le diamètre du bâton, pouvait déchiffrer le message. Ce procédé est d'ailleurs le premier exemple de cryptographie militaire connu (à cette époque, il a servi notamment à prévenir les Spartiates de l'attaque des Perses).

Pendant de nombreuses années, la cryptographie était exclusivement réservée au domaine militaire et diplomatique. Les services secrets des différentes puissances consacraient beaucoup de temps et d'énergie à sécuriser leurs communications, ainsi qu'à espionner celles de leurs ennemis. La littérature sur le sujet était donc quasiment inexistante. Telle était la situation jusqu'à la fin de la deuxième guerre mondiale.

La première avancée fondamentale dans ce domaine est l'article de Claude Shannon de 1949 ("The communication theory of secrecy systems") dans lequel il jette les bases mathématiques d'un système de communication chiffrée, à partir de la définition d'un nouveau modèle : la théorie de l'information.

En 1967, David Kahn publie l'ouvrage *The codebreakers*, où il retrace toute l'histoire de la cryptographie jusqu'alors, incluant notamment des techniques de cryptanalyse que la National Security Agency n'avait pas dévoilées, comme par exemple celle de la machine Enigma, utilisée par les Allemands pendant la deuxième guerre mondiale, et « cassée » par des Polonais d'une part, des Anglais d'autre part. Le succès de ce livre a suscité un regain d'interêt pour la discipline, et les articles sur le sujet ont commencé à être plus nombreux.

Une contribution importante a ensuite été celle de Feistel, avec la publication, au début des années soixante-dix, de ses travaux sur les schémas de chiffrement itératifs par blocs, qui ont conduit à la proposition de l'algorithme DES comme standard de chiffrement à clef secrète pour des applications non classifiées. Cette proposition venait en réponse à l'appel d'offre lancé par le National Bureau of Standards américain. En 1977, DES devait être adopté. Il reste le standard pour beaucoup d'applications, dans le domaine bancaire notamment.

Mais l'avancée majeure en cryptographie a incontestablement été la publication, en 1976, de l'article "New directions in cryptography", de Whitfield Diffie et Martin Hellman. Cet article introduit le concept révolutionnaire de cryptographie *à clef publique*. Même si les auteurs ne donnent pas de réalisation pratique d'un système à clef publique, les propriétés d'un tel système sont clairement énoncées. En outre, ils présentent un protocole par lequel deux entités peuvent convenir d'une clef secrète à partir de la connaissance préalable de seules données publiques.

La première réalisation d'un système à clef publique est due à Ronald Rivest, Adi Shamir et Leonard Adleman, en 1978 : c'est le RSA. Dès lors, la littérature sur ce sujet se développe rapidement. De nombreux systèmes à clef publique sont proposés ; la plupart d'entre eux ont été cassés, et RSA reste en pratique[1] un des seuls schémas qui ait résisté à la cryptanalyse. Parallèlement, des thèmes de recherche issus d'autres disciplines, comme la théorie des nombres, connaissent un nouvel intérêt (méthodes de factorisation, tests de primalité, algorithmes de résolution de logarithmes discrets...).

La cryptographie à clef publique a également donné naissance[2] à la *signature numérique*, devenue depuis fondamentale et utilisée dans toutes les applications où l'authenticité de l'émetteur doit être assurée. Enfin, des protocoles élaborés réalisant des fonctionalités complexes ont vu le jour (jeu à pile ou face par téléphone, vote electronique ...), donnant lieu par là-même à de nouvelles briques cryptographiques (mises en gage notamment).

Le plan de ce chapitre suivra cette progression chronologique en en détaillant les différentes étapes. Nous le terminerons par la présentation des problématiques actuelles et des perspectives de recherche.

Situation du sujet

Lorsque deux entités, que l'on nomme généralement Alice et Bob dans le contexte cryptographique, veulent communiquer à travers une ligne non sécurisée, ils s'exposent à divers dangers. Ceux-ci sont « matérialisés » par un attaquant appelé Charlie, qui se place sur la ligne de communication entre Alice et Bob. Charlie peut simplement écouter les communications ; on parle d'*attaque passive*. Dans ce cas, la confidentialité des messages n'est plus assurée. Il peut également agir sur les messages transmis – on parle alors *d'attaque active* – par exemple en altérant les messages (modification du contenu, mais aussi délai dans la transmission, répétition, etc.) ou en se faisant passer pour Alice ou Bob (personnification). De son côté, Alice peut nier l'envoi d'un message antérieur (répudiation).

L'objectif principal de la cryptographie est de proposer des parades à ces quatre types de menaces : pour préserver la confidentialité, on a recours à des algorithmes de *chiffrement* ; contre l'altération des messages, on utilise des algorithmes d'*authentification* (de données) ; le problème de la personnification est résolu par des algorithmes *d'identification* (ou authentification d'entités) ; enfin, les algorithmes de *signature* permettent d'empêcher la répudiation.

La cryptanalyse quant à elle s'applique à trouver des failles de sécurité dans les algorithmes ou systèmes élaborés par la cryptogaphie. À proprement parler, cryptographie et cryptanalyse forment la *cryptologie*. Mais on utilise communement le terme cryptographie pour désigner à la fois l'élaboration de systèmes et leur cryptanalyse. Notons que ces deux aspects ne peuvent être dissociés ; en effet, tout nouveau système est, dès sa publication, soumis à la critique de la communauté cryptographique. Mieux encore, un système existant depuis plusieurs années, ayant fait l'objet d'une scrutation intense, et ayant résisté à la cryptanalyse, est réputé être sûr, même s'il n'existe pas de preuve mathématique de sa sécurité.

1 Les méthodes anciennes de chiffrement

Depuis l'antiquité jusqu'à la deuxième moitié du XXe siècle, essentiellement deux types de methodes étaient utilisés pour assurer la confidentialité[3] : la première est le chiffrement par *substitution*, dont le principe est de remplacer un groupe de lettres – éventuellement une seule – par un autre : c'est le cas par exemple du chiffre de César, utilisé au premier siècle avant J.-

[1] Citons également ici les schémas basés sur des problèmes de théorie des codes, qui sont robustes, mais pour lesquels la taille de la clef publique rend difficile leur utilisation.

[2] Le concept de signature numérique existait avant celui de clef publique, mais la clef publique à apporté une véritable solution à cette problématique, que n'avait pas fourni la cryptographie à clef secrète.

[3] Les autres fonctionnalités offertes par la cryptographie n'étant apparues que bien plus tard.

C., qui consiste simplement à décaler chaque lettre du texte clair de trois lettres, ou de celui de Vigenère (XVIe siècle), dans lequel un mot-clef definit le décalage à opérer sur chaque lettre ; ainsi une lettre n'est-elle pas toujours chiffrée en la même lettre, mais il suffit d'avoir le mot-clef pour déchiffrer le texte clair.

La deuxième est le chiffrement par *transposition*, où il s'agit d'opérer une permutation des lettres à l'intérieur du texte clair, découpé au préalable en blocs de taille fixée.

Ces méthodes étaient bien évidemment empiriques, c'est-à-dire qu'elles n'étaient pas fondées sur des critères précis de sécurité. Elles sont d'ailleurs toutes très faibles du point de vue cryptographique : les premières sont vulnérables à des attaques basées sur une analyse statistique de fréquence des lettres dans le texte chiffré, en utilisant le fait que les langages naturels sont redondants[1]. Pour les deuxièmes, dès lors que l'on connait suffisamment[2] de couples de messages (clairs,chiffrés), on peut construire un système linéaire dont la résolution donne la matrice de permutation.

2 La formalisation des concepts

Un début de formalisation apparaît en 1883, avec les lois énoncées par A. Kerckhoffs dans son traité de cryptogaphie militaire. Essentiellement, le système doit être, sinon théoriquement sûr, au moins invulnérable en pratique. Ensuite, il stipule que le secret doit résider dans la clef seule, et non pas dans la méthode utilisée pour chiffrer. En d'autres termes, les algorithmes de chiffrement doivent etre publics, seule la clef de chiffrement doit rester secrète. Viennent enfin des considérations pratiques que doivent vérifier les systèmes de chiffrement : facilité de renouvellement de la clef, de transmission du cryptogramme, du dispositif de chiffrement. Ces lois, même si elles apparaissent formulées différemment, constituent encore aujourd'hui la base d'un bon système de chiffrement.

C'est en 1949 qu'apparaît le modèle théorique d'un système de communication chiffrée. Il est dû à Claude Shannon. Le fondement mathématique de ce modèle est la *théorie de l'information*, énoncée dans son article de 1948 sur *une théorie mathématique de la communication*.

2.1 Le modèle de communication chiffrée de Shannon

Le schéma général d'une communication chiffrée entre Alice et Bob est indiqué figure 1.

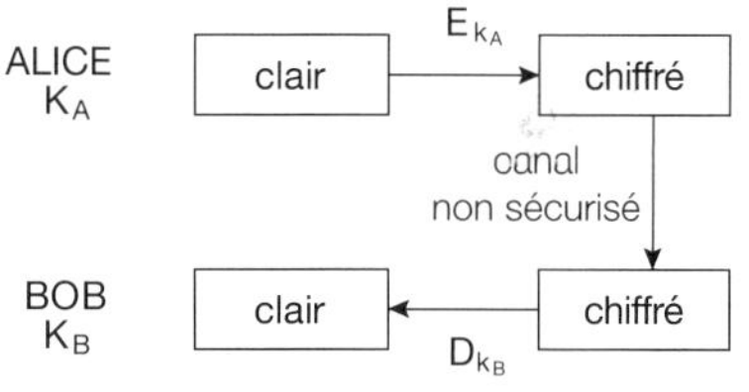

Figure 1 Schéma de communication chiffrée entre Alice et Bob

La fonction E est l'algorithme de chiffrement, D est l'algorithme de déchiffrement, et k_A, k_B sont les clefs d'Alice et de Bob respectivement. Elles vérifient :

$$D_{k_B} \circ E_{k_A} = Id.$$

Dans un schéma de chiffrement *à clef secrète* ou *symétrique*, $k_A = k_B$, et cette clef doit rester secrète. Dans un schéma de chiffrement *à clef publique* ou *asymétrique*, E ne fait intervenir que des données publiques, k_A est donc une donnée publique, seule k_B est secrète (ces deux clefs sont donc bien différentes). De façon évidente[3], le schéma de communication originellement présenté par Shannon considère uniquement le cas $k_A = k_B$. Il diffère également du schéma ci-dessus en ceci qu'il ajoute une source de messages ainsi qu'une source de clefs[4]. Ce modèle est adapté à son traitement probabiliste du chiffrement, comme nous allons brièvement l'expliquer ici. Une notion fondamentale développée dans cet article est celle d'*entropie*. L'entropie mesure l'information contenue dans un évenement lorsqu'il a lieu (*a posteriori*), ou de manière équivalente l'incertitude liée à cet évenement (*a priori*). Par exemple, soit X, une variable aléatoire discrète, et soit A, l'évenement $\{X = a\}$, cet évenement se produisant avec probabilité $P(A)$. Si $P(A) = 1 - 10^{-2}$, on est presque assuré que A va se produire. Inversement, si $P(A) = 10^{-2}$, il est raisonnable de croire que A ne va pas avoir lieu. Dans les deux cas, l'incertitude sur l'occurrence (ou non) de A est faible. En revanche, elle est maximale si $P(A) = 1/2$. En outre, elle ne dépend pas de la valeur a. Ainsi, la mesure de

[1] Dans un alphabet à 26 lettres, l'information moyenne par lettre est théoriquement de $log_2(26) \simeq 4,7$ bits. Mais l'information moyenne par lettre dans un texte français par exemple est environ 1,2 bits ; le français a donc une redondance d'à peu près 3,5 bits par lettre.

[2] Plus précisément autant de couples que la taille des blocs.

[3] Le concept de clef publique n'ayant vu le jour qu'en 1976 !

[4] Générant respectivement les messages et les clefs.

l'incertitude d'une variable aléatoire est une fonction de sa distribution de probabilité seulement. On définit alors l'entropie d'une variable aléatoire X prenant chaque valeur x_i, $1 \leq i \leq n$ avec probabilité p_i, par $H(X) = -\sum_{i=1}^{n} p_i \lg(p_i)$. L'unité d'entropie est le bit.

Cette approche probabiliste permet à Shannon de mesurer l'information véhiculée par les différentes composantes d'un système de chiffrement. Soit donc E, une fonction de chiffrement. On note $\mathcal{P}$, $\mathcal{K}$ et $\mathcal{C}$ l'espace des clairs, des clefs et des chiffrés. M, K et C sont les variables aléatoires, à valeurs dans $\mathcal{P}$, $\mathcal{K}$ et $\mathcal{C}$ respectivement, représentant le message, la clef et le chiffré. On suppose en outre que M et K sont indépendantes, ce qui signifie que la clef est choisie indépendamment du message à chiffrer (elle est en général choisie avant tout chiffrement). Les distributions de probabilités sur $\mathcal{P}$ et $\mathcal{K}$ induisent de manière naturelle une distribution de probabilité sur $\mathcal{C}$. Un résultat important est alors que l'incertitude sur la clef, connaissant un chiffré - autrement dit $H(K|C)$ – est au moins aussi grande que celle sur le message, connaissant un chiffré. (De manière précise, on a $H(K|C) = H(M|C) + H(K|M, C)$.) Shannon définit également un système de chiffrement *parfaitement secret* ou *inconditionnellement sûr* comme étant un système $E(\mathcal{P}, \mathcal{K}, \mathcal{C})$ vérifiant $H(M|C) = H(M)$. Autrement dit, dans un tel système, la probabilité *a posteriori* que le clair soit m, étant donné que le chiffré observé est c, est égale à la probabilité *a priori* que le clair soit m ; ou encore, la connaissance de c ne donne aucune information sur le clair[1].

Malheureusement, le nombre de clefs doit alors être au moins aussi grand que le nombre de messages, c'est-à-dire $|\mathcal{K}| \geq |\mathcal{P}|$. Ce résultat fondamental implique, dans le cas où la clef et le clair sont des mots sur le même alphabet, que, pour assurer un chiffrement parfait, il faut que la clef soit au moins aussi longue que le message.

Ceci rend difficile la distribution d'une telle clef, qui doit être réalisée par un canal sécurisé (il apparaîtrait alors moins couteux de transmettre directement le message par canal sécurisé).

Citons néanmoins le schéma de chiffrement inventé par Gilles Vernam en 1926 : à l'origine, ce système chiffrait des messages de l'alphabet A, ... ,Z, mais aujourd'hui, on le présente généralement sous sa forme binaire. L'espace des clairs est $\{0, 1\}^n$, l'ensemble des chaînes binaires de taille n ($n \in \mathbb{N}^*$ fixé). La clef k est également une suite binaire de taille n, et le chiffrement consiste simplement en la somme modulo 2 de chaque bit du clair avec chaque bit de la clef : autrement dit, pour $m = (m_1 \ldots m_n) \in \{0, 1\}^n$,

$$E_K(m) = c_1 \ldots c_n,$$

avec $c_i = m_i + k_i \bmod 2$, $1 \leq i \leq n$. Le déchiffrement est identique au chiffrement.

Lorsque la clef est choisie aléatoirement et uniformément dans $\{0, 1\}^n$, et que chaque clef n'est utilisée que pour un seul chiffrement, ce système est appelé *masque jetable* ou *one-time pad*. On peut montrer que le masque jetable est un chiffrement parfait. Au sens du résultat de Shannon, ce système est même optimal (la taille de la clef est la plus petite possible). Notons que ce système a été utilisé dans des contextes militaires et diplomatiques (par exemple dans le cas du téléphone rouge entre Moscou et Washington pendant la guerre froide).

C'est ce constat d'impraticabilité des systèmes parfaits qui a conduit à l'essor de la cryptographie à partir de la deuxième moitié du XXe siècle, par la recherche de techniques permettant d'élaborer des systèmes sûrs selon d'autres modèles que la sécurité inconditionnelle. Avant de préciser ces autres modèles, mentionnons les niveaux d'attaques que l'on distingue sur un système de chiffrement.

2.2 Classes d'attaques et modèles de sécurité

Dans le cadre d'une communication protégée par chiffrement, le but de l'attaquant Charlie est de retrouver le message clair à partir du message chiffré qu'il peut écouter, ou mieux retrouver la clef de chiffrement. S'il y parvient par un procédé moins couteux que la *recherche exhaustive* (qui consiste à essayer toutes les clefs) on dit qu'il « casse » une instance du schéma de chiffrement[2]. Pour arriver à ses fins, Charlie peut disposer de plusieurs niveaux d'attaques, selon l'information à laquelle il peut avoir accès (attaque *à chiffré seul* : Charlie ne connait que le chiffré qui passe sur la ligne ; attaque *à clair connu* (resp. *choisi*), où Charlie a accès à (resp. choisit) des couples de messages (clairs, chiffrés) ; attaque *à chiffré choisi*, dans laquelle Charlie choisit des chiffrés[3], et a accès aux clairs correspondants...)

[1] Même pour un adversaire disposant de ressources illimitées.

[2] Il est à noter que cette définition de la cryptanalyse s'applique uniquement à des schémas de chiffrement à clef secrète. Pour les systèmes à clef publique, la définition est plus floue : on considère qu'un schéma à clef publique est cassé lorsqu'il est vulnérable à une attaque « calculatoirement faisable » ; cf. définition de la sécurité calculatoire ci-après.

[3] Cette attaque s'applique aux schémas de chiffrement à clef publique.

On considère qu'un schéma de chiffrement vulnérable aux attaques à chiffré seul n'est pas sûr. En général, on requiert qu'un schéma soit résistant aux attaques à clair choisi (resp. chiffré choisi pour les schémas à clef publique). Autrement dit, un bon schéma de chiffrement est un schéma pour lequel une attaque à clair choisi n'est pas meilleure que la recherche exhaustive. En outre, la résistance aux attaques à clair connu est considérée comme le strict minimum. À titre d'illustration, les attaques sur les schémas classiques que nous avons mentionnées plus haut sont toutes à chiffré seul, exceptée celle concernant le schéma de chiffrement par transposition, qui est à clair connu.

Nous avons introduit précédemment la notion de sécurité inconditionnelle ou parfaite. Dans ce modèle, même si l'adversaire dispose de ressources illimitées, il ne peut rien déduire sur le clair à partir de la seule connaissance du chiffré. Du fait de l'impraticabilité de tels systèmes, et étant donné que ce modèle ne s'applique pas aux systèmes à clef publique[1], deux autres modèles se sont développés, le premier depuis les années cinquante, le second en même temps que le concept de clef publique :

- *La sécurité calculatoire, ou pratique.* Dans ce modèle, le niveau de sécurité se mesure en nombre d'opérations nécessaires pour attaquer le système. On appelle *facteur de travail* $W(k)$, le travail minimum requis pour trouver la clef secrète k (mesuré en nombre d'opérations élémentaires, ou en temps de cycle, en utilisant la meilleure méthode connue). Cette définition doit se comprendre *à un moment donné*; en effet, $W(k)$ varie avec les progrès des méthodes de cryptanalyse, et des technologies. Un système est dit *calculatoirement sûr* si $W(k)$ excède largement la puissance de calcul d'un adversaire éventuel. Ce modèle est le plus couramment utilisé.
- *La sécurité prouvée.* Un système est *prouvé sûr* lorsque la difficulté de le casser (c'est-à-dire trouver la clef secrète) est prouvée être équivalente à celle de résoudre un problème réputé difficile (comme la factorisation entière par exemple). Notons à ce propos qu'il existe des algorithmes à clef publique prouvés sûrs, mais que la sécurité prouvée pour les algorithmes à clef secrète reste un problème ouvert.

Comme dit plus haut, un bon schéma de chiffrement doit être tel que la meilleure attaque est la recherche exhaustive sur l'espace des clefs. Cet espace de clefs doit donc être « grand ».

À l'heure actuelle, pour les schémas à clef secrète, on considère qu'une clef de 40 bits (c'est-à-dire un espace de clefs de taille 2^{40}) offre une sécurité totalement insuffisante, 64 bits est à la portée des ordinateurs actuels, et 80 bits constituent la borne inférieure d'une sécurité raisonnable. Aujourd'hui, on élabore et utilise des schémas dont les clefs font 128 ou 256 bits. À titre indicatif, le nombre de chaînes binaires de 64 bits est comparable au nombre de secondes écoulées depuis la création du système solaire ($\simeq 2 \times 10^{17}$), le nombre de nombres premiers de 75 chiffres est environ $5,2 \times 10^{72}$, et le nombre d'électrons dans l'univers est de l'ordre de $8,37 \times 10^{77}$ (soit du même ordre que le nombre de chaînes binaires de 256 bits : $2^{256} \simeq 1,2 \times 10^{77}$).

3 Les systèmes modernes à clef secrète

Depuis les premières publications de Shannon, la cryptographie s'est développée autour de l'élaboration de schémas dans lesquels une clef, relativement courte, peut être utilisée pour chiffrer de longs messages (ou un grand nombre de messages), tout en assurant un niveau raisonnable de sécurité[2].

Il existe deux grandes familles de systèmes à clef secrète : les schémas de chiffrement à flot, en particulier ceux basés sur des registres à décalage, et les schémas de chiffrement par blocs. Nous supposons dans la suite que le message à chiffrer est une suite binaire ; en pratique, diverses techniques d'encodage du clair permettent de se ramener à ce cas.

3.1 Les schémas itératifs par blocs

Dans les schémas de chiffrement par blocs, le clair est découpé en blocs de taille fixe n et chiffré bloc par bloc. La fonction de chiffrement E est donc une fonction de $\{0,1\}^n \times \mathcal{K} \rightarrow \{0,1\}^n$, où $\mathcal{K}$ est l'espace des clefs. Pour tout $k \in \mathcal{K}$, $E(.,k)$ est inversible, la fonction de déchiffrement $E(.,k)^{-1}$ étant notée $D(.,k)$.

Supposons que le clair soit formé de t blocs de n bits $m = m_1 \ldots m_t$. On peut chiffrer les blocs l'un après l'autre, c'est-à-dire $E(m,k) = E(m_1,k) \ldots E(m_t,k)$. Ce procédé est appelé mode *ECB* (*electronic codebook*). Dans ce mode, un message clair est toujours chiffré en le même message (si l'on utilise la même clef) ; ce

[1] En effet, étant donné un chiffré c, il suffit d'appliquer l'algorithme de chiffrement à tous les clairs possibles pour retrouver celui correspondant à c.

[2] Étant donné que de tels systèmes ne peuvent être inconditionnellement sûrs, la sécurité mentionnée ici est calculatoire.

mode est donc vulnérable à des attaques « par dictionnaire » (construction d'un « dictionnaire » contenant des blocs de clairs-chiffrés, permettant de déchiffrer des messages contenant ces mêmes blocs) et par manipulation des blocs. Pour ces raisons, le mode ECB n'est pas recommandé lorsque l'on veut chiffrer des messages de plus d'un bloc. Un autre mode plus satisfaisant est le *mode CBC* (*cipher block chaining*). Dans ce mode, on choisit d'abord un vecteur d'initialisation IV (public) de n bits, et on chiffre le clair $m_1, \ldots, m_t$ par $c_0 = IV$, $c_i = E_k(m_i \oplus c_{i-1})$, $1 \leq i \leq t$. Autrement dit, le chiffré courant est obtenu par chiffrement du message constitué du xor bit à bit du clair courant et du chiffré précédent.

Le déchiffrement est simplement : $c_0 = IV$, $m_i = c_{i-1} \oplus D_k(c_i)$, $1 \leq i \leq t$. Ainsi, un changement de vecteur IV résulte en un chiffré différent, et un blocs chiffré dépend de tous les blocs de clairs précédents. Ce mode est le plus largement utilisé.

Comme nous l'avons vu précédemment, le chiffrement par transposition ou substitution n'offre pas un niveau acceptable de sécurité. La substitution ajoute de la *confusion* au procédé de chiffrement, c'est-à-dire qu'elle a pour but de masquer la relation entre le clair et le chiffré. La transposition ajoute de la *diffusion* au chiffrement, dans le sens où elle sert à « éparpiller » la redondance du message, par permutation des bits de celui-ci. On voit donc que ces deux opérations n'offrent pas le même type de sécurité. Tout en n'étant pas satisfaisantes individuellement, celles-ci peuvent être combinées pour construire des chiffrements sûrs, l'idée étant de bénéficier de la sécurité partielle, et complémentaire, de chacune. On définit alors un *chiffrement produit* comme étant un chiffrement par blocs qui combine plusieurs opérations élementaires : substitutions, transpositions, mais aussi opérations linéaires ou arithmétiques. Un chiffrement *itératif par blocs* est un chiffrement résultant de l'application itérée d'une fonction F à chaque bloc du clair, F étant un chiffrement produit. Chaque application de F est appelé tour[1]. Un tel chiffrement est caractérisé par son nombre de tours, la taille de ses blocs, et la taille de sa clef.

Dans un chiffrement itératif par blocs, chaque tour fait intervenir une *sous-clef*, qui est dérivée de la clef de départ. Le schéma global d'un chiffrement itératif par blocs est donc comme indiqué figure 2.

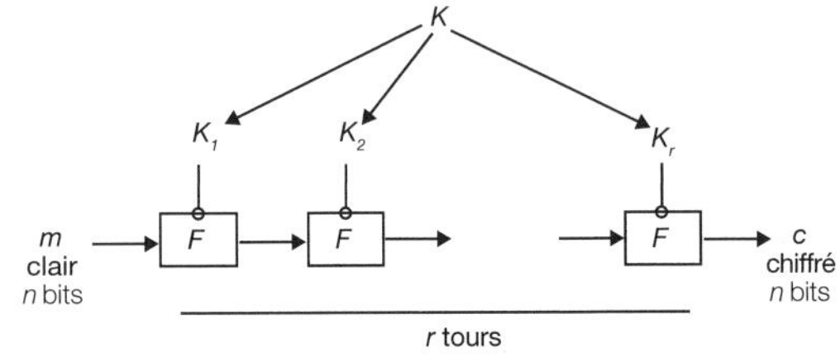

Figure 2 Chiffrement itératif par blocs

Pour rendre le chiffrement inversible (c'est-à-dire garantir l'unicité du déchiffrement), la fonction F doit être une bijection (sur l'entrée du tour), et ce pour chaque sous-clef.

Il existe essentiellement deux structures de chiffrement itératif par blocs : la première est appelée réseau de substitution-permutation, ou *réseau-SP* : dans cette structure[2], F ne fait intervenir que des substitutions et des permutations. Nous verrons que le standard actuel de chiffrement à clef secrète (AES) est construit sur ce modèle.

La deuxième structure est appelée *schéma de Feistel*. Elle est à la base de nombreux systèmes à clef secrète, dont l'algorithme DES. Formellement, un schéma de Feistel est un chiffrement itératif par blocs associant, à un bloc de clair de $2t$ bits (L_0, R_0), un bloc de chiffré (R_r, L_r) de taille $2t$ par un procédé à r tours, $r \geq 1$. Plus précisément, chaque tour i, $1 \leq i \leq r$, transforme (L_{i-1}, R_{i-1}) en $F(L_{i-1}, R_{i-1}) = (L_i, R_i)$ à l'aide d'une sous-clef K_i par :

$$L_i = R_{i-1}, \; R_i = L_{i-1} \oplus f(R_{i-1}, K_i), \qquad (1.1)$$

où f est un chiffrement produit.

La propriété remarquable d'un tel modèle est que l'opération F effectuée à chaque tour est *inversible*, et ce quelle que soit la nature de f (inversible ou non). En effet, étant donné (L_i, R_i), on retrouve (L_{i-1}, R_{i-1}) par $R_{i-1} = L_i$, $L_{i-1} = R_i \oplus f(L_i, K_i)$. Pour retrouver le clair à partir du chiffré, il suffit donc d'effectuer le même algorithme, en utilisant les sous-clefs dans l'ordre inverse de celui du chiffrement.

3.2 Le DES

Le DES, ou *Data Encryption Standard* – développé par IBM – est le système de chiffrement à clef secrète le plus connu et certainement encore le plus utilisé au monde[3]. Il est né en 1977 suite à un appel d'offre de

[1] *Round*.

[2] Voir § 3.3 le schéma d'un réseau SP, dans le cas particulier de l'AES.

[3] DES ou triple DES (cf. ci-après) sont actuellement utilisés dans toutes sortes d'applications commerciales, principalement dans le secteur bancaire (chiffrement du PIN code, des transactions interbancaires, etc.)

1973 du NBS[1] pour un système de chiffrement à clef secrète en vue d'applications non classifiées.

Description

DES est un chiffrement de type Feistel qui opère sur des blocs de 64 bits, et fait intervenir une clef K de 64 bits (dont 8 bits de redondance). Le clair de 64 bits est d'abord permuté selon une permutation initiale IP dont le résultat est un mot de 64 bits noté (L_0, R_0). Ensuite, seize itérations de la même opération F sont effectuées. À chaque tour i, $1 \leq i \leq 16$, un mot de 64 bits (L_i, R_i) est calculé selon la formule (1.1). Ici, K_i est une sous-clef de K de 48 bits. Après les seize tours, la permutation inverse IP^{-1} est appliquée au mot (R_{16}, L_{16}). La fonction f utilisée dans (1.1) est la combinaison des opérations suivantes : une permutation expansive E, qui transforme les 32 bits R_{i-1} du chiffré à l'entrée du tour i en 48 bits ; un xor du résultat avec la sous-clef K_i ; une application S (ou boîtes S) non linéaire, qui transforme les 48 bits précédents en 32 bits selon une table de substitutions, et enfin une permutation linéaire P. Les seize sous-clefs K_i de 48 bits sont dérivées de la clef K par des permutations et décalages circulaires. Précisons que la sécurité de DES repose essentiellement sur les boîtes S. En effet, toutes les autres opérations sur le clair sont $\mathbb{F}_2$-linéaires, et ne contribuent qu'à apporter de la diffusion au procédé de chiffrement.

DES étant un chiffrement de Feistel, le déchiffrement est identique au chiffrement, à ceci près que les sous-clefs sont utilisées dans l'ordre inverse. Le succès de DES est en grande partie dû à son efficacité. En effet, les opérations en jeu peuvent être implantées de manière très rapide. En ce qui concerne les implantations matérielles, les vitesses de chiffrement sont de l'ordre de 1 Gbit/s (implantation DEC, utilisant une puce avec 50 000 transistors, cadencée à 250 MHz), soit 16,8 millions de blocs par seconde. Les implantations logicielles atteignent typiquement 192 Mbit/s (soit 3 millions de blocs par seconde).

Sécurité

Cryptanalyse différentielle

Cette attaque à clair choisi, qui concerne tous les chiffrements à clef secrète par blocs, a été publiée en 1990 par deux cryptographes israéliens, E. Biham et A. Shamir. Très brièvement, le principe est d'étudier l'évolution, au cours du chiffrement, d'une différence entre deux textes clairs fixée au départ, afin d'en déduire des informations sur la sous-clef utilisée au dernier tour. Elle constitue la première attaque sur DES à proprement parler[2], étant donné qu'elle casse DES avec une complexité de 2^{47}.

Cryptanalyse linéaire

Alors que la cryptanalyse différentielle est basée sur l'étude de l'évolution des différences entre deux clairs tout au long des tours de l'algorithme, la cryptanalyse linéaire[3], introduite par le Japonais M. Matsui en 1993, consiste à trouver des relations *linéaires* entre le clair, le chiffré, et la clef, qui ont lieu avec probabilité éloignée de $1/2$. Pour trouver une telle relation, on essaie d'approcher les boîtes-S par des fonctions linéaires, et on « chaîne » les approximations linéaires obtenues à chaque tour. La complexité de cette attaque est de 2^{43} sur DES.

Recherche exhaustive

En janvier 1998, une attaque sur DES par recherche exhaustive sur la clef a été réalisée en 39 jours en utilisant 10 000 Pentium en parallèle ; En juillet de la même année, l'attaque n'a pris que 56 heures avec une machine dédiée[4], comportant plus de 1500 composants DES (le coût d'une telle machine était inférieur à 250 000 dollars[5]). En janvier 1999, une attaque similaire à la première mettant à contribution 100 000 machines a retrouvé une clef DES en 23 heures (250 milliards de clefs étaient testées chaque seconde).

Triple DES

Pour renforcer la robustesse de DES, une méthode peu coûteuse (car utilisant la brique DES de base) et efficace est de chiffrer plusieurs fois avec des clefs différentes. L'implantation la plus courante est celle du triple DES à deux clefs ; à un clair m correspond le chiffré c donné par $c = \mathrm{DES}_{k_1}(\mathrm{DES}_{k_2}^{-1}(\mathrm{DES}_{k_1}(m)))$, où, DES^{-1} désigne le déchiffrement DES. L'avantage de cette variante par rapport à un chiffrement avec trois clefs distinctes est la gestion moins lourde des clefs, et la compatibilité avec le simple DES (il suffit de faire $k_1 = k_2$). Ce mode de chiffrement a été adopté

[1] National Bureau of Standards américain.

[2] C'est-à-dire qui casse DES avec une complexité inférieure à celle de la recherche exhaustive, soit 2^{56}.

[3] C'est également une attaque qui concerne tous les chiffrements à clef secrète par blocs.

[4] http ://lasecwww.epfl.ch/memo_des.shtml, voir également http ://www.tropsoft.com/strongenc/des.htm

[5] Aujourd'hui, on estime qu'une machine dédiée cassant DES en 3 heures 30 environ par recherche exhaustive sur l'espace des clefs couterait un million de dollars.

par l'ANSI[1] en 1985 et l'ISO[2] en 1987 pour renforcer les chiffrements DES dans le cadre d'applications bancaires. La complexité d'une recherche exhaustive sur triple DES est 2^{112}.

3.3 AES

Les progrès technologiques compromettant la pérennité de DES, le NIST (National Institute of Standards and Technology) décide en 1997 de lancer un nouvel appel d'offre (Advanced Encryption Standard solicitation, ou AES) pour un successeur au DES, qui soit plus efficace et plus sûr que triple DES. Suite à cet appel d'offres, quinze candidats ont été proposés – quasiment tous basés sur un schéma de type Feistel ou réseau SP – et présentés lors de la première conférence AES en août 1998. Après un processus de sélection complètement ouvert[3], le NIST annonce, en octobre 2001, que l'algorithme élu est Rijndael.

Rijndael, que l'on nommera à présent AES, a été proposé par Joan Daemen et Vincent Rijmen, de l'université catholique de Louvain. C'est un chiffrement itératif par blocs de type réseau SP, dont les tailles de clefs et de blocs sont variables, leurs valeurs étant indépendamment prises dans l'ensemble $\{128, 192, 256\}$. Le nombre r de tours de l'algorithme dépend des tailles de la clef et des blocs. Pour 128 bits de clef et de taille de blocs, $r = 10$. À partir de la clef initiale K, on dérive $r + 1$ sous-clefs, chacune de 128 bits pour une clef K de 128 bits. Un tour de l'AES est constitué de trois types de transformations :

- substitution non linéaire S. Celle-ci opère sur les octets de l'état courant[4] et est définie par combinaison de la fonction $\mathbb{F}_{2^8} \rightarrow \mathbb{F}_{2^8}, x \neq 0 \mapsto x^{-1}$, $0 \mapsto 0$, et d'une transformation affine ;
- permutation linéaire, garantissant une grande diffusion sur des tours multiples. Elle résulte d'une permutation circulaire des lignes de l'état courant, suivi d'une permutation linéaire de ses colonnes ;
- addition de la clef, c'est-à-dire simple « XOR » de la clef du tour avec l'état courant.

Un tour de l'AES est représenté figure 3.

Chaque transformation est inversible et uniforme, c'est-à-dire qu'elle traite tous les bits de l'état courant de manière similaire. La dérivation des sous-clefs est obtenue par expansion et transformation de la clef initiale K par les opérations suivantes : décalage circulaire, application de la fonction S, « xor » avec des constantes dépendant des tours. La structure SP du chiffrement implique que le déchiffrement n'est pas identique au chiffrement. Il est à noter que le dernier tour diffère légèrement des tours précédents.

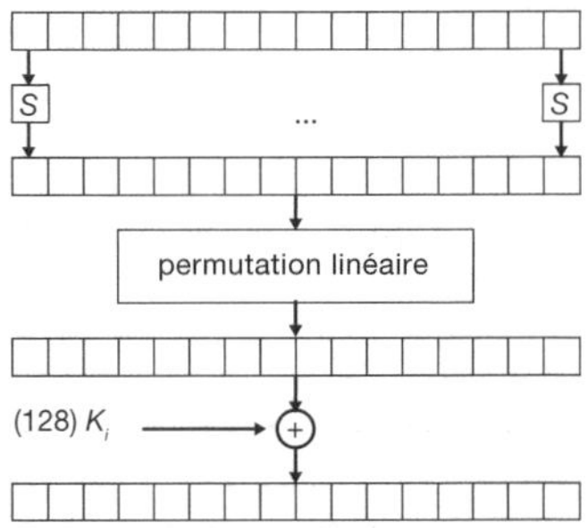

Figure 3 Fonction itérée de l'AES

Performances

En hardware, un ASIC peut chiffrer 2 Gbit/s. Sur FPGA (ex. Virtex E), on a un débit de l'ordre de 700 Mbit/s. AES est aussi très rapide en software. Par exemple, on atteint 500 Mbit/s sur une machine à 3 GHz (type Pentium 4). Pour plus de détails sur l'implantation et la description du schéma en général, on peut se référer au site du NIST : csrc.nist.gov/encryption/aes/rijndael.

Sécurité

Contrairement à DES, dont les critères d'élaboration ont été tenus secrets, les opérations utilisées dans l'AES ont été complètement motivées : en particulier, la fonction S possède des propriétés optimales de non linéarité, qui rendent le schéma totalement hors de portée des cryptanalyses différentielle et linéaire. Egalement, la transformation affine utilisée dans S permet de renforcer le schéma contre les attaques algébriques, comme par exemple l'attaque par interpolation, qui consiste à trouver un polynôme de $\mathbb{F}_{2^n}[x]$ représentant la fonction de chiffrement.

3.4 Autres schémas de chiffrement par blocs

Il existe de nombreux autres schémas de chiffrement par blocs ; leur description peut être trouvée dans (Menezes, Van Oorchot et Vanstone 1997). Citons par exemple IDEA (*International Data Encryption Algorithm*), introduit par X. Lai et J. Massey en 1992, ainsi que la famille des algorithmes RC∗ (RC2, RC5, RC6), due à Rivest dans les années quatre-vingt-dix.

[1] American National Standards Institute.

[2] International Standard Organization.

[3] C'est principalement la communauté cryptographique qui a analysé les candidats.

[4] L'état courant est le résultat intermédiaire obtenu à chaque étape de l'algorithme.

3.5 Schémas de chiffrement à flot

Un schéma de chiffrement à flot chiffre le message bit par bit, par une transformation qui varie au cours du temps. De tels schémas sont simples à implanter en hardware, et en général plus rapides que les chiffrements par blocs. De plus, lorsque la taille mémoire est limitée, ou lorsque les bits du message doivent être chiffrés dès réception, leur utilisation s'impose[1]. En outre, ils sont adaptés à des contextes dans lesquels les erreurs de transmission sont fréquentes (la propagation d'erreurs dans ces schémas est limitée).

Dans tout schéma de chiffrement à flot, un *flot de clef* est généré, et combiné avec le message. La sécurité d'un tel système repose de façon cruciale sur la méthode de génération du flot de clef : en effet, il doit être infaisable pour un attaquant de pouvoir le générer. La méthode la plus courante est celle basée sur l'utilisation de *registres à décalage*. Un registre à décalage de longueur L est constitué de L cases mémoire numérotées de 0 à $L-1$, chacune pouvant contenir un bit, et ayant une entrée et une sortie, et d'une horloge contrôlant le mouvement des données. À chaque coup d'horloge,

- un bit (de rétroaction) s est calculé par combinaison des bits des cases 0 à $L-1$;
- le contenu de la case 0 sort du registre, pour former la *séquence de sortie* ;
- le contenu de la case i passe dans la case $(i-1)$, $1 \leq i \leq L-1$;
- la case $L-1$ est remplie avec le bit s.

Lorsque la combinaison est un simple « xor » de certaines des cases du registre, on parle de *rétroaction linéaire*, les registres correspondants étant alors nommés LFSR[2]. Ce sont les plus utilisés (simplicité d'implantation, bonnes propriétés des suites générées, etc.). Pour fonctionner, un registre doit au préalable être rempli avec une séquence de L bits $[s_{L-1}, \ldots, s_0]$, appelée *état initial* du registre. Il est à noter que les L premiers bits de la séquence produite par le registre sont $s_0, \ldots, s_{L-1}$. Un LFSR est complètement déterminé par sa longueur L et son *polynôme de rétroaction* $C(x) = 1 + \sum_{i=1}^{L} c_i x^i$, $c_i \in \mathbb{F}_2$, $1 \leq i \leq L$, tel que le bit s_j ($j \geq L$) de rétroaction à un instant donné soit $s_j = \sum_{i=1}^{L} c_i s_{j-i}$. Lorsque l'on génère un flot de clef à partir d'un LFSR, on suppose toujours que l'état initial est une donnée secrète, et fréquemment que le polynôme de rétroaction est aussi secret. Ces deux données déterminent complètement la séquence générée[3]. La suite générée par un LFSR est périodique[4]. Sa période est au plus égale à $2^L - 1$. Dès lors que $C(x)$ est choisi primitif de degré L dans $\mathbb{F}_2[x]$, la séquence produite est de longueur maximale (m-séquence). On peut montrer que les m-séquences ont de bonnes propriétés statistiques. Néanmoins, ces propriétés ne suffisent pas à générer un flot de clef sûr car, dès lors que l'on connait suffisamment[5] de bits de sortie du LFSR (c'est le cas lors d'une attaque à clair connu, si la sortie du LFSR est combinée avec le message clair par un simple xor pour produire le flot chiffré), il est possible de retrouver le polynôme de rétroaction par simple résolution d'un système linéaire (algorithme de Berlelamp-Massey), et ainsi de générer la reste de la séquence. Pour détruire la linéarité des LFSR, cause de leur vulnérabilité aux attaques à clair connu, plusieurs méthodes sont possibles : utiliser plusieurs LFSR en combinant leurs sorties par une fontion f non linéaire, le flot de clef étant alors la sortie de f. Cependant, un tel dispositif peut être vulnérable à des *attaques par corrélation* qui consistent à utiliser un biais statistique entre la sortie observée de F et la sortie d'un des LFSR R_i pour retrouver l'état initial correct de R_i. Lorsque les états initiaux de tous les registres sont retrouvés, on peut générer le reste du flot de clef. Mais cette solution est satisfaisante dès lors que f possède de bonnes propriétés de résistance aux corrélations, à savoir que la distribution de probabilité de sa sortie demeure inchangée lorsque l'on fixe un certain nombre de ses entrées. D'autres méthodes pour générer un flot de clef sûr existent, notamment l'utilisation de registres à décalage non linéaires.

Pour conclure cette brève partie, insistons sur le fait que les registres à décalages ou les combinaisons de LFSR telles que celle présentée plus haut sont fréquemment utilisés comme générateurs de clefs secrètes pour des chiffrements par blocs.

4 La révolution cryptographique

La mise en œuvre des systèmes que nous avons présentés jusqu'à présent suppose l'échange préalable d'une

1 Notamment en télécommunications.

2 *Linear Feedback Shift Register.*

3 Également, la connaissance d'un certain nombre de bits de la séquence produite permet de générer le reste de la séquence (cf. ci-après).

4 Si $c_L = 1$; elle est ultimement périodique sinon.

5 Précisément, $2L$ bits suffisent.

clef secrète à travers un canal sécurisé[1]. Or, un tel canal n'est pas très aisé à établir. De plus, si n entités veulent communiquer deux à deux de toutes les façons possibles, il est nécessaire d'avoir $n(n-1)/2$ clefs, et autant de liaisons sécurisées. Une solution pourrait être de recourir à un *tiers de confiance* ou TTP[2], et de faire appel à lui dès que l'on souhaite établir une communication (le tiers joue ici le rôle de serveur de clefs) : celui-ci génère alors une *clef de session*, et l'envoie sous forme chiffrée aux deux entités concernées. Cela réduit à n le nombre de clefs nécessaires (une clef par entité, pour communiquer avec le serveur). Mais l'intervention d'un TTP est en général lourde à mettre en œuvre, sans parler du fait que, la paranoïa des cryptographes aidant, il est difficile de trouver une entité en laquelle tout le monde ait confiance. Ainsi, les solutions « tripartites » de cette forme ne sont pas réellement satisfaisantes.

Nous allons voir que la cryptographie à clef publique fournit une méthode élégante pour réaliser la distribution des clefs. Mais nous verrons également que, bien qu'ayant été motivée par ce problème, cette branche de la cryptographie a beaucoup d'autres applications (chiffrement, signature, etc.).

4.1 L'article de Diffie et Hellman

Dans leur article "New Directions in Cryptography", W. Diffie et M. Hellman adressent le problème de l'échange de clefs, et proposent deux approches pour le résoudre : dans la première, ils présentent un protocole à l'issue duquel les deux parties ont convenu d'une donnée secrète commune, sans avoir au préalable partagé de donnée secrète. La seconde est l'essence même du concept de clef publique : elle permet à deux entités de communiquer de manière chiffrée sans avoir recours à l'échange préalable d'une clef secrète. L'idée est la suivante : le procédé de chiffrement des messages est public, seul le procédé de déchiffrement est secret. Ceci implique que les deux fonctionnalités doivent utiliser des clefs distinctes : l'une publique, l'autre secrète. En somme, le mécanisme de chiffrement-déchiffrement se comporte comme une boîte cadenassée : tout le monde peut mettre quelque chose dans la boîte et fermer le cadenas, mais seul celui qui en possède la clef peut l'ouvrir et récupérer le contenu de la boîte.

Nous présentons ci-après le protocole d'échange de clefs de Diffie et Hellman. Ici, p désigne un nombre premier, et g, un élément primitif de $\mathbb{F}_p^*$. Ce sont des paramètres publics (appelés également paramètres système). Ils peuvent être communs à plusieurs paires d'entités, ou bien être choisis par Alice ou Bob au début du protocole, et envoyés à l'autre comme première étape. Le protocole se déroule alors comme suit :

Alice		Bob
choisit $x_a \leq p-2$ $X_a = g^{x_a} \bmod p$		choisit $x_b \leq p-2$ $X_b = g^{x_b} \bmod p$
	$\xrightarrow{X_a}$	
	$\xleftarrow{X_b}$	
$K = X_b^{x_a} \bmod p$		$K = X_a^{x_b} \bmod p$

À la fin du protocole, Alice et Bob partagent la clef $K = g^{x_a x_b} \bmod p$. Charlie, qui est sur la ligne de communication, n'apprend rien sur K en écoutant $g^{x_a} \bmod p$ et $g^{x_b} \bmod p$. En effet, il est très difficile[3] de calculer $g^{x_a x_b} \bmod p$ à partir de $g^{x_a} \bmod p$ et $g^{x_b} \bmod p$. Ce problème est connu sous le nom de problème de Diffie-Hellman (voir aussi § 4.5).

4.2 Problèmes difficiles et fonctions à sens unique

Pour construire des schémas à clef publique, on a recours à des *fonctions à sens unique avec trappe* : de manière intuitive, une fonction à sens unique avec trappe est une fonction facile à calculer, mais difficile à inverser, sauf lorsque l'on connaît une information suplémentaire. Plus précisément, une fonction $f : X \to Y$, est dite à sens unique avec trappe, si :

- $\forall x \in X$, $f(x)$ est calculable en temps polynomial ;
- pour presque tout $y \in Im(f)$, il est calculatoirement infaisable de trouver $x \in X$, tel que $f(x) = y$;
- connaissant une information supplémentaire – appelée *trappe* – le calcul, pour tout $y \in Im(f)$, de $x \in X$ tel que $f(x) = y$ est réalisable en temps polynomial.

Ici, l'expression « pour presque tout y dans $Im(f)$ » signifie qu'il peut y avoir des éléments de $Im(f)$ pour lesquels la préimage est facile à calculer, mais ces éléments sont en proportion extrêmement faible dans

[1] Un canal sécurisé est un canal dans lequel l'attaquant ne peut lire ou modifier l'information qui y transite. Un canal peut être sécurisé par des moyens physiques (canal de communication dédié) ou cryptographiques. Un canal sûr est un canal qui n'est pas physiquement accessible à l'adversaire (une valise diplomatique, la communication orale entre les deux entités dans une pièce isolée, en sont, théoriquement, des exemples).

[2] *Trusted third party.*

[3] Il n'y a pas d'algorithme polynomial connu.

$Im(f)$, ce qui assure que, pour un y choisi aléatoirement dans cet ensemble, la probabilité que sa pré-image soit difficile à calculer est extrêmement proche de 1 (lorsque la trappe est inconnue). De telles fonctions – ou plus exactement des candidates, car aucune fonction n'a à ce jour mathématiquement été prouvée à sens unique – sont construites à partir de problèmes difficiles. Les deux problèmes les plus utilisés sont la factorisation entière et le logarithme discret.

Le problème de la factorisation est le suivant :
Étant donné $n \in \mathbb{N}^*$, trouver les p_i, e_i, tels que $n = \prod_i p_i^{e_i}$, les p_i étant des nombres premiers deux à deux distincts, et les $e_i \geq 1$, $\forall i$. Ce problème appartient à la classe de complexité NP ∩ co-NP. Du point de vue difficulté, cela signifie que c'est un problème qui se situe « juste au-dessus de la classe P ». Néanmoins, il n'existe à ce jour pas d'algorithme polynomial pour le résoudre. Le meilleur algorithme actuellement est le *crible algébrique*, qui admet une complexité sous-exponentielle égale à $O(exp((c+o(1))(\ln n)^{1/3}(\ln \ln n)^{2/3}))$, avec $c \simeq 1,923$. Il permet de factoriser des nombres jusqu'à 158 chiffres décimaux, soit 525 bits[1]. Actuellement, un défi[2] lancé à la communauté cryptographique internationale est celui de factoriser un nombre de 174 chiffres décimaux, soit 785 bits. La factorisation, bien qu'ayant connu des progrès considérables depuis ces dernières années, reste donc encore un problème « difficile », sous réserve de choisir des entiers de taille convenable.

4.3 RSA

On définit alors une fonction à sens unique avec trappe basée sur la factorisation de la manière suivante :
Soit $n \in \mathbb{N}^*$, $n = pq$, où p et q sont deux premiers de même taille Actuellement, on prend au minimum 512 bits, d'où n est de taille 1024. Soit

$$F : \mathbb{Z}/n\mathbb{Z} \to \mathbb{Z}/n\mathbb{Z},\ x \mapsto x^e \bmod n,$$

où $e \in \mathbb{N}^*$ est tel que $\text{pgcd}(e,(p-1)(q-1)) = 1$. Alors on peut vérifier que F ainsi définie est une fonction à sens unique, sous l'hypothèse selon laquelle factoriser est difficile. La trappe est l'entier d vérifiant $ed \equiv 1 \bmod \phi(n)$ ($\phi(.)$ désignant la fonction d'Euler). Il est à noter que, connaissant e et $\phi(n)$, on peut calculer d en temps polynomial. On a alors, par le théorème d'Euler[3] :

$$c^d \bmod n \equiv m^{ed} \bmod n = m^{1\ [\phi(n)]} \bmod n.$$

Ainsi, connaissant d, il est facile d'inverser la fonction de chiffrement F, c'est-à-dire de retrouver m à partir de c.

Nous venons ici de décrire le schéma RSA, publié en 1978 par Rivest, Shamir et Adleman. En pratique, lorsque l'on chiffre un message m avec RSA, et plus généralement avec un schéma asymétrique, on lui applique au préalable un formatage, du type OAEP ou REACT. Ce formatage permet, sous réserve de bonnes propriétés de la fonction de chiffrement sous-jacente[4], de prémunir le chiffrement contre les attaques à chiffré choisi, ainsi que d'autres attaques (typiquement les attaques multiplicatives ou les attaques exploitant la petite taille des messages, le cas échéant). Des attaques sur RSA exploitant la taille de l'exposant d (typiquement $d < n^{1/3}$) ou la connaissance d'une fraction des bits de d existent. Il convient donc d'apporter quelques précautions dans le choix des paramètres du système. En pratique, le chiffrement RSA est à peu près 200 fois (resp. 2000 fois) plus lent que DES en software (resp. en hardware). Précisons enfin que casser RSA n'a pas été prouvé équivalent à résoudre le problème de factorisation sous-jacent. En revanche, un schéma de chiffrement dû à M. Rabin en 1979 est tel que le problème auquel fait face un attaquant voulant retrouver le clair correspondant à un chiffré donné dans le cadre d'une attaque à clair choisi[5] est calculatoirement équivalent au problème de la factorisation. C'est donc un système *prouvé sûr* contre une attaque à clair choisi, au sens de la définition donnée §2.2. Ce schéma est basé sur le problème d'extraction de racines carrées modulo un nombre composé n, lorsque la factorisation de n est inconnue[6].

[1] Record obtenu en janvier 2002 par F. Bahr, J. Franke and T. Kleinjung.

[2] RSA-174 challenge.

[3] En toute rigueur, ces congruences sont vraies sous réserve que $\text{pgcd}(m,n) = 1$; mais si $\text{pgcd}(m,n) > 1$, c'est que l'on a factorisé n ; cet évènement se produit avec une probabilité de l'ordre de 2^{-512}, pour $|p| = |q| = 512$. De plus, lorsque $m = p$ ou q, il est facile de voir que l'on a encore $(m^e)^d \equiv m \bmod n$, de sorte que F est bien une permutation sur $\mathbb{Z}/n\mathbb{Z}$ tout entier.

[4] Ce doit être une permutation à sens unique, ce qui est le cas de RSA par exemple.

[5] Notons qu'un adversaire peut toujours monter une attaque à clair choisi sur un système de chiffrement asymétrique. En effet, il peut chiffrer les clairs de son choix. C'est donc l'attaque la plus faible sur ce type de chiffrement.

[6] Au sens de la théorie de la complexité, ce problème est calculatoirement équivalent au problème de la factorisation, c'est-à-dire qu'il existe des réductions polynomiales probabilistes permettant de passer d'un problème à l'autre.

4.4 Schémas basés sur le logarithme discret

L'autre problème difficile largement utilisé en cryptographie est celui de l'extraction de logarithmes discrets dans un groupe cyclique G :
Étant donné un groupe cyclique G d'ordre n noté multiplicativement, $g \in G$, et β, un élément quelconque de G, trouver s'il existe, x, $0 \leq x \leq n-1$, tel que $\beta = g^x$ dans G.
Ce problème appartient également à la classe NP ∩ co-NP. En cryptographie, les groupes les plus utilisés sont $\mathbb{F}_p^*$, p premier, et $\mathbb{F}_{2^k}^*$, $k \in \mathbb{N}^*$. Comme pour la factorisation, le meilleur algorithme connu à ce jour appartient à la famille des algorithmes de crible. Sur $\mathbb{F}_p^*$, il s'agit du *crible du corps de fonctions* (*Function Field Sieve*), qui admet une complexité sous-exponentielle égale à $O(\exp(c(\log p)^{\frac{1}{3}}(\log\log p)^{\frac{2}{3}}))$, $c > 0$. Le record[1] d'extraction de logarithmes discrets avec cette méthode est pour $|p| = 120$ chiffres décimaux. En caratéristique 2, par un algorithme de calcul d'indices (de complexité $O(\exp(c\,m^{\frac{1}{3}}(\log m)^{\frac{2}{3}}))$, $c \simeq 1,6$) dû à D. Coppersmith, le plus grand groupe[2] dans lequel on a pu extraire des logarithmes est le groupe $\mathbb{F}_{2^{607}}^*$. Actuellement, lorsque l'on utilise des schémas basés sur ce problème, on choisit des groupes de taille 2^{1024} (ou des premiers p de 1024 bits) au minimum.

Si le problème du logarithme discret dans un groupe cyclique multiplicatif ne connaît pas, à ce jour, de solution en temps polynomial, l'exponentiation discrète

$$F : \{0, \ldots, n-1\} \to G,\ x \mapsto g^x,$$

où $n = |G|$, se calcule en temps polynomial (en au plus $2\lg(n)$ multiplications dans G). La fonction F peut donc être utilisée comme « fonction à sens unique ». Nous en avons d'ailleurs vu un exemple lorsque nous avons présenté l'échange de clefs Diffie-Hellmann – où $G = \mathbb{F}_p^*$ – et le problème associé. Notons que le problème de Diffie-Hellman est polynomialement réductible au problème du logarithme discret, mais l'équivalence entre ces deux problèmes reste une question ouverte.

Cette fonction F est également à la base d'un schéma de chiffrement dû à T. El Gamal en 1984.

Cryptosystèmes sur courbes elliptiques

Observons que la difficulté du logarithme discret dépend de manière essentielle de la représentation du groupe choisie[3]. Cette constatation a conduit V. Miller et indépendamment N. Koblitz en 1985 à s'intéresser au problème du logarithme discret sur le groupe additif constitué des points d'une courbe elliptique sur un corps fini $\mathbb{F}_q$. Dans un tel groupe, il s'avère que le logarithme discret est encore plus difficile à résoudre[4] ce qui permet de réduire drastiquement la taille des groupes utilisés pour des applications cryptographiques. Ainsi, la difficulté d'extraire des logarithmes discrets sur une courbe elliptique sur $\mathbb{F}_q$ avec $|q| = 170$ bits équivaut à celle d'extraire des logarithmes dans le groupe multiplicatif $\mathbb{F}_{2^{1024}}$. On peut donc par exemple faire de l'échange de clefs Diffie-Hellman sur courbes elliptiques à bien moindre coût. Il faut néanmoins tenir compte du coût des opérations sur courbes elliptiques, qui est plus élevé que celui dans des corps finis. D'ailleurs, une direction de recherche active sur ce sujet est l'optimisation des calculs avec la loi de groupe en environnement contraint, par exemple sur carte à puce, qui implique une adaptation à chaque architecture utilisée. Un autre axe important est le calcul de la cardinalité d'une courbe elliptique, avec des algorithmes p-adiques introduits au début des années deux mille. Enfin, reste la recherche de « bonnes courbes » du point de vue du logarithme discret, c'est-à-dire pour lesquelles ce problème n'admet pas d'algorithme sous-exponentiel.

4.5 Autres schémas à clef publique

D'autres problèmes, combinatoires ou algébriques, sont à la base de cryptosystèmes à clef publique. Nous ne nous étendrons pas ici sur les tentatives infructueuses, c'est-à-dire ayant été cryptanalysées (ex. les systèmes basés sur le problème dit du « sac-à-dos »). En revanche, les systèmes basés sur la théorie des codes correcteurs d'erreurs méritent l'attention, puisque ce sont essentiellement les seuls qui constituent potentiellement une alternative sérieuse aux systèmes relevant de la théorie des nombres. Parmi eux, le plus célèbre[5] est sans doute le système de McEliece (1978). Il est basé sur le problème du décodage borné d'un code linéaire :
Étant donnés une matrice binaire $(k \times n)$ G de rang

[1] Record dû à A. Joux et R. Lercier en 2001.

[2] Record dû à E. Thomé et le projet SPACES en 2002.

[3] Prendre par exemple la groupe additif $(\mathbb{Z}/n\mathbb{Z}, +)$.

[4] Les algorithmes mentionnés ci-dessus ne s'appliquent pas à de tels groupes en général. Cependant, il existe des courbes pour lesquelles l'extraction de logarithmes est sous-exponentielle.

[5] Bien que le système de Niederreiter – qui est une variante de celui de McEliece – soit plus intéressant, puisqu'il permet, à sécurité égale, de réduire de moitié la taille de clef publique et d'avoir de meilleures performances en chiffrement.

k, un vecteur $c' \in \mathbb{F}_2^n$, et un entier w, trouver, s'il existe, un vecteur $m \in \mathbb{F}_2^k$, tel que $d(c', mG) \leq w$, où $d(.,.)$ désigne la distance de Hamming sur $\mathbb{F}_2^n$. Ce problème est NP-dur. Néanmoins, certaines classes de codes possèdent un algorithme de décodage en temps polynomial. C'est le cas par exemple de la classe des codes de Goppa. Ceci permet de construire une fonction à sens unique avec trappe basée sur ces codes : on choisit un code de Goppa, et on transforme sa matrice génératrice G en une matrice G', telle que G' ressemble à une matrice génératrice d'un code linéaire quelconque, et de telle sorte que la transformation préserve les paramètres du code initial (dimension, distance minimale, etc.). La clef secrète est le code de Goppa de départ (donné par sa matrice G), ainsi que la connaissance de la transformation permettant de passer de G à G' (la trappe). C'est exactement le principe du schéma de McEliece. Les opérations de chiffrement et déchiffrement sont très rapides (deux à trois fois plus rapides que RSA). Mais la taille prohibitive de la clef publique – typiquement plusieurs dizaines de ko – rend le schéma peu utilisé en pratique. À noter également le facteur d'expansion n/k ($\simeq 2$) entre le clair et le chiffré.

5 Le chiffrement en pratique

Comme on l'a vu, les systèmes de chiffrement à clef publique sont beaucoup plus lents que les systèmes à clef secrète. Donc, en pratique, lorsque deux entités Alice et Bob veulent communiquer de manière chiffrée, ils utilisent un schéma symétrique, du type AES par exemple. Pour cela, il est nécessaire qu'ils conviennent d'une clef secrète au préalable. Alice et Bob peuvent procéder à un échange de clefs du type Diffie-Hellman[1], puis utiliser cette clef pour chiffrer leur communication. Une autre possibilité est que l'une des entités, par exemple Alice, choisisse une clef k, et la transmette à Bob en la chiffrant avec RSA, à l'aide de la clef publique pk_{Bob} de celui-ci. Le message d'Alice à Bob est alors de la forme (c, k'), où $c = AES_k(m)$ et $k' = RSA_{pk_{Bob}}(k)$. Bob peut alors déchiffrer k', retrouver k, et déchiffrer le message c envoyé par Alice.

6 Les fonctions de hachage et l'authentification de données

Élaborées initialement pour détecter la modification de données, les fonctions de hachage constituent aujourd'hui une primitive essentielle en cryptographie. Elles sont utilisées aussi bien pour l'authentification que dans les algorithmes de signature numérique ou le chiffrement à clef publique. Une fonction de hachage fait correspondre, à une chaîne binaire de longueur arbitraire, une chaîne binaire de longueur n fixée, appelée *valeur hachée*, ou simplement *haché*, et servant de représentation compacte de la chaîne de départ. Une telle définition implique évidemment l'existence de *collisions*, c'est-à-dire de paires d'entrées possédant la même image. En particulier, si $h : X \to Y$, avec $X = \{0,1\}^t$ où $t > n = |Y|$, en moyenne 2^{t-n} entrées ont la même valeur hachée, en supposant que h se comporte comme une fonction aléatoire, c'est-à-dire que les 2^n sorties de h sont équiprobables. On dit qu'une fonction h est *sans collisions* s'il est calculatoirement infaisable de trouver $x, x' \in X$, tels que $h(x) = h(x')$. Cette propriété est évidemment primordiale pour permettre l'utilisation de la valeur hachée $h(x)$ comme représentant de x. Un résultat classique de combinatoire permet de prouver que, étant donné une fonction de hachage $h : X \to Y$, avec $|Y| = n$, il suffit de hacher $O(\sqrt{n})$ éléments de X pour trouver une collision avec probabilité supérieure ou égale à $1/2$ (paradoxe de l'anniversaire). Il convient donc de choisir n suffisamment grand pour rendre cette recherche infaisable.

Il n'existe pas de méthode systématique pour construire une fonction de hachage sûre[2]. On peut simplement dégager des critères que doit vérifier une telle fonction, le principal étant le *critère d'avalanche* : si l'on change un bit de l'entrée de h, alors en moyenne la moitié des bits de sa sortie sont modifiés. Dans cette direction, le modèle le plus utilisé est la construction itérative : la chaîne x (de longueur arbitraire) à hacher subit un prétraitement à l'issue duquel elle est transformée en t blocs de r bits $x_1, \ldots, x_t$. Chaque bloc x_i passe alors dans une *fonction de compression* f, qui prend en paramètre x_i et H_{i-1}, et retourne H_i, $|H_i| = n$ (avec $H_0 = IV$, vecteur d'initialisation). f est donc une fonction de $\{0,1\}^{n+r}$ dans $\{0,1\}^n$. La dernière valeur H_t calculée par f est l'entrée d'une fonction $g : \{0,1\}^n \to \{0,1\}^m$, et la valeur hachée obtenue est finalement $h(x) = g(H_t)$. En résumé, notant $x_1, \ldots, x_t$, l'entrée formatée, on a $H_0 = IV$, puis

$$H_i = f(H_{i-1}, x_i),\ 1 \leq i \leq t,\ h(x) = g(H_t).$$

Un algorithme basé sur ce principe itératif, et dû à Merkle et Damgård (1990), permet alors d'assurer que

[1] Avec une fonctionnalité d'authentification supplémentaire, qui permet d'être sûr de l'identité des protagonistes ; voir § 7.3.

[2] Au sens de l'immunité aux collisions.

la fonction de hachage h obtenue à partir de f est sans collisions, dès lors que f l'est ; en d'autres termes, leur résultat permet de réduire le problème de trouver une fonction de hachage sans collisions à celui de trouver une fonction de compression sans collisions.

Des constructions pour f utilisant la fonction de chiffrement d'un schéma à clef secrète par blocs ont été proposées, mais la plupart des fonctions de hachage utilisées actuellement sont des fonctions dédiées. Citons par exemple MD4 (Rivest 1990), produisant des valeurs hachées de 128 bits, cassée en 1995 (collisions en 2^{20} calculs de la fonction de compression) ; MD5 (Rivest 1991), cassée en 2004, et SHA, la fonction utilisée dans le standard de signature DSA. SHA produit des valeurs hachées de 160 bits, ce qui la rend moins vulnérable à des attaques basées sur le paradoxe de l'anniversaire[1]. Les fonctions de hachage résistant encore aux attaques sont SHA-1, une version renforcée de SHA-0, et RIPE-MD160[2].

Les fonctions de hachage peuvent prendre, en plus d'un message binaire, un deuxième paramètre, à savoir une clef secrète : elles servent alors à *l'authentification de données*, et sont dans ce cas appelées MAC (message authentication code), ou code d'authentification. Le but ici est de garantir l'intégrité d'un message en même temps que l'authenticité de sa provenance. Plusieurs constructions de MAC ont été proposées. On peut citer en référence la construction HMAC, due à M. Bellare, R. Canetti, et H. Krawczyk (1996), et standardisée[3] en 2002 :

$$\mathrm{HMAC}_k(m) = h(\bar{k} \oplus \mathrm{opad} \,|\, h(\bar{k} \oplus \mathrm{ipad} \,|\, m)),$$

où h est une fonction de hachage sans collisions, $\bar{k}$ désigne la clef k complétée avec des 0 jusqu'à obtenir la longueur d'entrée de la fonction de compression de h (notée r plus haut), et ipad, opad sont des chaînes de formatage fixées. En pratique, lorsqu'Alice veut envoyer un message à Bob, elle lui envoie $(m \,|\, \mathrm{MAC}_k(m))$. Bob récupère la première partie du message, à savoir m, puis recalcule le MAC et teste sa validité en le comparant avec la deuxième partie de la donnée reçue. On voit donc qu'Alice et Bob doivent partager la même clef k. Notons que l'utilisation d'un MAC garantit aussi l'intégrité des données : l'envoi de $(m \,|\, \mathrm{MAC}_k(m))$ assure que, si m a été altéré en m', alors $\mathrm{MAC}_k(m)$ n'est plus un MAC valide[4] sur m', et il n'est en principe pas possible de calculer un MAC correspondant à m' sans connaître k.

7 La signature numérique

Le concept de signature numérique existait avant celui de clef publique, mais la clef publique a apporté une véritable solution à cette problématique, que n'avait pas fourni la cryptographie symétrique. Nous mentionnerons donc ici uniquement les solutions asymétriques trouvées.

Le but de la signature numérique est de réaliser les mêmes fonctionnalités, pour un document électronique, que la signature manuscrite pour les documents papiers (signature possible par une seule entité, vérification par tous, utilisation unique, obsolescence lorsque le document est altéré, non répudiation). Différents problèmes se posent lorsque l'on veut réaliser l'analogue numérique de ces propriétés. D'abord, une signature numérique ne peut être « physiquement » attachée à un document électronique, donc il faut trouver un moyen de « lier » la signature au message, d'autant plus qu'il est très facile de couper des morceaux d'un tel document, pour les copier dans un autre. D'autre part, une copie électronique est rigoureusement identique à « l'original », autorisant ainsi à avoir autant de documents signés que l'on veut. En outre, la vérification d'une signature manuscrite se fait par comparaison avec une autre, le plus souvent de manière visuelle ; comment vérifier une signature électronique ? Observons que, étant donné que l'on requiert que seul le signataire légitime puisse produire la signature, mais que toute autre entité soit capable de la vérifier, il suffit que l'opération de signature utilise une clef secrète, tandis que l'opération de vérification ne fasse intervenir que des paramètres publics. Ainsi, le signataire peut utiliser la fonction de déchiffrement d'un algorithme asymétrique[5] pour signer un message, et les entités souhaitant vérifier la signature la fonction de chiffrement correspondante. La plupart[6] des schémas de signature sont construits sur le modèle suivant : le signataire Alice génère un nombre $s = \mathcal{S}(f(m), k)$, dépendant du message m à signer et d'une clef k connue d'elle seule. Alice transmet alors

[1] Pour cette raison, les fonctions produisant une sortie < 160 bits tendent à ne plus être utilisées.

[2] *Race Integrity Primitive Evaluation*, Projet Européen, 1988-92.

[3] *The keyed Message Authentication Code (HMAC)*, FIPS-198, NIST 2002.

[4] D'après les propriétés de la fonction de hachage sous-jacente.

[5] De taux 1.

[6] Les schémas de signature dits *avec recouvrement de message* évitent la transmission du message, ce qui résulte en un procédé de vérification un peu différent. Ils sont beaucoup moins utilisés dans la pratique, car plus vulnérables.

(m, s) à Bob. À reception, Bob vérifie la signature s en calculant $\mathcal{V}(f(m), s) \in \{\text{vrai}, \text{faux}\}$, et accepte si $\mathcal{V}(f(m), s) = \text{vrai}$. La fonction (publique) f sert ici à pallier certaines attaques visant à contrefaire des signatures, en particulier lorsque les messages à signer sont courts, ou si l'algorithme de signature possède des propriétés homomorphiques[1]. En pratique, on utilise pour f la combinaison d'une fonction de hachage (voir § 6) et d'un formatage.

7.1 Signature RSA

Soit (p, q, d), la clef privée d'Alice et (n, e), sa clef publique, où $n = pq$. L'espace des messages à signer est $\mathbb{Z}/n\mathbb{Z}$. Pour signer un message $m \in \mathbb{Z}/n\mathbb{Z}$, Alice calcule $s = \mathcal{S}(f(m), d) = f(m)^d \bmod n$. Pour vérifier s, Bob calcule $f(m)$ et $m' = s^e \bmod n$. La vérification $\mathcal{V}(f(m), s)$ consiste alors à tester $(m' \stackrel{?}{=} f(m))$. Jusqu'à présent, le procédé (hachage + formattage) utilisé était PKCS#1 , utilisant notamment la fonction de hachage MD5 . PKCS#1 fait partie d'un ensemble de standards[2] *de facto*, établis par des industriels à l'initiative de la société RSA Data Security Inc. Les récentes attaques sur MD5 (présentées à la conférence Crypto'04) laissent penser que l'on aura probablement recours à un autre procédé. Les performances de la signature RSA sont identiques à celles du chiffrement.

7.2 Schémas de signature basés sur le logarithme discret

Relativement peu utilisé en chiffrement, le problème du logarithme discret trouve de nombreuses applications en signature. Le premier schéma de signature basé sur le logarithme discret date de 1984 : c'est le schéma d'El Gamal. Celui-ci a donné lieu à plusieurs variantes, la plus intéressante étant la signature de Schnorr (1991) : le niveau de sécurité est le même que celui de la signature El Gamal, mais la taille des signatures est réduite de manière drastique : typiquement 320 bits au lieu de 2048 bits. Ceci est rendu possible grâce à l'utilisation d'un sous-groupe de $\mathbb{F}_p^*$, de taille 160 (pour $|p| = 1024$), et par le fait qu'il n'est pas possible d'appliquer la meilleure méthode connue (de complexité sous-exponentielle) pour résoudre le logarithme discret directement sur ce sous-groupe. Un algorithme très similaire à celui de Schnorr a d'ailleurs été adopté aux Etats-Unis en 1993 comme standard de signature numérique pour la protection des informations non classifiées : il s'agit de l'algorithme DSA (*Digital Signature Algorithm*). Nous renvoyons au texte du standard pour une description détaillée de cet algorithme (NIST 1994). Les performances de DSA peuvent (par précalcul de certaines valeurs) être bien meilleures que celles de RSA en signature, mais sont de l'ordre de deux fois plus coûteuses en vérification. Citons également la version « courbes elliptiques » de cet algorithme, à savoir ECDSA (FIPS 186-2, ANSI X9.62, IEEE P1363).

7.3 Application de la signature numérique : authentification de clefs publiques

Dans un scénario classique de chiffrement à clef publique (par exemple pour faire du transport de clef), Bob envoie sa clef publique PK_B à Alice afin qu'elle puisse lui envoyer un message chiffré $c = E_{PK_B}(m)$. Le problème est ici qu'Alice n'est pas assurée de l'authenticité[3] de la clef publique de Bob. En effet, Charlie peut très bien se placer au milieu de la ligne de communication entre Alice et Bob, intercepter PK_B, et substituer sa clef publique PK_C ; (cette attaque est appelée *attaque par le milieu*). Ainsi, lorsque Alice, croyant dialoguer avec Bob, envoie $c' = E_{PK_C}(m)$, Charlie n'a simplement qu'à déchiffrer c' à l'aide de sa clef privée, rechiffrer le message m obtenu avec PK_B, et envoyer c à Bob, qui ne se sera aperçu de rien non plus[4].

Pour pallier ce défaut de confidentialité, on utilise un mécanisme appelé *certificat*, qui permet de lier une entité à sa clef publique. La création de certificats suppose l'existence d'un tiers de confiance, qui joue ici le rôle d'autorité de certification (CA). Le CA possède une paire de clefs (PK, SK) d'un schéma de signature à clef publique. On note $\mathcal{S}$, l'algorithme de signature de ce schéma, et $\mathcal{V}$, le procédé de vérification associé. Bob, souhaitant obtenir une clef publique certifiée, se présente devant le CA avec une preuve de son identité (carte d'identité par exemple). Le CA génère[5] pour Bob un couple (PK_B, SK_B), puis lui délivre un certificat Cert_B de PK_B de la manière suivante : le CA

[1] C'est le cas de RSA.

[2] PKCS#1 à PKCS#11 spécifient des normes pour l'implantation de systèmes de chiffrement et de signature à clef publique. Pour plus de détails, on peut consulter le site www.rsa.com.

[3] Autrement dit, que PK_B est bien la clef publique de Bob.

[4] Cette attaque passsive ne peut être détectée par aucune des parties légitimes.

[5] Bob peut également avoir généré un couple clef publique – clef privée (PK_B, SK_B), et il demande au CA de lui certifier PK_B. Le CA doit alors s'assurer que Bob possède bien SK_B, sans que Bob ait à lui révéler cette valeur. Ils peuvent pour cela effectuer un protocole d'identification *à apport nul de connaissance*.

calcule DATA= $(id_{Bob} \mid PK_B \mid infos)$, où id_{Bob} désigne une chaîne binaire identifiant Bob, et $infos$ peut contenir des informations telles que la date de validité de PK_B, le schéma dans lequel est utilisée PK_B, le nom du CA, des informations diverses sur Bob, le numéro de série du certificat ; etc., et $s = \mathcal{S}_{SK}(\mathrm{DATA})$. Le certificat sur PK_B est alors : $\mathrm{Cert}_B = (\mathrm{DATA}, s)$.

Dans le contexte ci-dessus, Bob enverra à Alice non pas PK_B, mais Cert_B. Alice vérifiera la signature du CA (en calculant $\mathcal{V}(S)$), puis, si la signature est valide, considèrera la clef publique de Bob comme authentique. Elle enverra alors le message à Bob. En pratique, la vérification d'une clef publique pk donnée pour une entité Alice consiste en une chaîne de vérifications : pk est certifiée par une CA, dont la clef publique est elle-même certifiée par une CA. On distingue alors deux types de vérification : l'une est hiérarchique (cf. protocoles X.509) : Alice effectue une chaîne de vérifications croissante dans la hiérarchie de la confiance, jusqu'à aboutir à la vérification d'une clef publique d'une entité en laquelle elle ait confiance. L'autre est basée sur la confiance et utilise des *anneaux de certification* (cf. « Web of trust » de PGP (Zimmermann 1995)) : toute entité peut potentiellement certifier une clef publique, et pour vérifier l'authenticité de pk, il suffit à Alice de trouver un chemin de certification dans lequel elle connaîtra une entité en qui elle ait confiance.

Pour les aspects juridiques de la signature numérique[1], se référer au chapitre « Lecture juridique de la sécurité informatique ».

8 Fonctionalités nouvelles

Il existe de nombreuses fonctionnalités combinant des primitives cryptographiques de base, et répondant à des problématiques bien définies. Citons par exemple les schémas de partage de secret, l'échange de clef basé sur des mots de passe, les schémas de signature indéniables, les signatures de groupe, le chiffrement authentifié, etc. Explicitons plus avant l'une d'elles, qui nous parait particulièrement intéressante.

8.1 Systèmes basés sur l'identité

Le concept de chiffrement basé sur l'identité a été introduit en 1984 par A. Shamir, dans le but d'alléger la gestion des certificats de clefs publiques dans les systèmes de messagerie électronique. Mais c'est surtout à partir de la fin des années quatre-vingt-dix que les publications ont été les plus nombreuses sur ce sujet. Le principe de la cryptographie basée sur l'identité est d'utiliser comme clef publique une chaîne binaire arbitraire – par exemple l'identité de l'entité concernée, ou toute autre donnée dérivée de manière simple de l'identité. L'intérêt principal de cette approche est que, lorque Bob veut envoyer un message à Alice, il n'a pas besoin de faire appel à une autorité de certification pour obtenir la clef publique de celle-ci ; il peut même *choisir* une clef publique arbitrairement (ex. l'adresse électronique d'Alice). Néanmoins, pour qu'Alice puisse déchiffrer les messages qui lui sont adressés, il est nécessaire qu'elle ait recours à l'autorité au moins une fois, car c'est elle seule qui peut lui délivrer la clef secrète correspondant à la clef publique utilisée par Bob. On voit donc que, bien que possédant des avantages certains[2], les systèmes basés sur l'identité nécessitent l'existence d'une autorité de certification, qui calcule et détient toutes les clefs secrètes des participants, ce qui peut poser un problème de séquestre[3] de clefs.

Il a fallu attendre le début des années deux mille pour voir apparaître la réalisation pratique d'un schéma de chiffrement basé sur l'identité. Il est dû à D. Boneh et M. Franklin, et utilise le couplage de Weil sur une courbe elliptique. Singulièrement, le problème de réaliser un schéma de signature ou d'authentification d'entités (cf. § 9) basé sur l'identité était résolu bien avant (voir les travaux de A. Fiat et A. Shamir sur les preuves d'identité à apport nul de connaissance, en 1986 et 1988).

9 Les protocoles

En toute généralité, un protocole est une communication entre deux entités ou plus, respectant un format établi. En cryptographie, on élabore des protocoles essentiellement pour réaliser des fonctionnalités d'identification, ou des fonctionnalités spécifiques, comme le jeu à pile ou face par téléphone[4] (*coin-flipping*), le vote électronique, les mise en gage, la signature simultanée de contrats, etc. Nous présentons ici brièvement les techniques utilisées pour l'identification. Un autre traitement des protocoles cryptographiques, davantage orienté sur l'aspect « preuves de sécurité de protocoles », est abordé au chapitre « Preuve et vérifica-

[1] Il existe de nombreuses applications de la signature numérique. Voir par exemple § 8.

[2] Facilité de révocation de clefs, utilisation de clefs éphémères, etc.

[3] *Key-escrow.*

[4] Primitive devant permettre à deux utilisateurs de tirer à pile ou face par téléphone et de s'assurer qu'il n'y pas eu tricherie.

tion pour la sécurité et la sûreté ».

9.1 Protocoles d'identification

Les protocoles d'identification (ou d'authentification d'entités) sont des techniques par lesquelles les protagonistes d'une communication sont assurés qu'ils dialoguent bien avec les entités supposées. De tels protocoles sont utilisés lorsque l'accès à une ressource – machine, distributeurs de billets, lieu physique, applications software – doit être contrôlé.

On distingue trois familles de protocoles d'identification :

- *les protocoles statiques* : c'est le cas par exemple de l'identification par mots de passe : pour s'identifier, l'utilisateur – ou prouveur – envoie un mot de passe que le système – ou vérifieur – compare avec le mot de passe stocké[1] dans sa base. Ce principe est à la base du système Unix, bien que ce système possède plusieurs fonctionnalités permettant d'en améliorer la sécurité. De tels protocoles n'utilisent aucune donnée qui dépend du moment d'exécution du protocole, et sont donc vulnérables à des attaques par rejeu. Pour pallier ce problème, on utilise plutôt des protocoles utilisant des « nonce », c'est-à-dire des nombres variant avec le temps (nombres séquentiels, aléas, etc.) ;
- *les protocoles défi-réponse* : le prouveur possède un secret s. Pour s'identifier, il répond à une question (défi) du vérifieur, question qui varie avec le temps. Sa réponse apporte au vérifieur la preuve qu'il connait s, dans le sens où aucun autre utilisateur ne peut, avec probabilité non négligeable, répondre correctement à la question sans connaître s. La question peut par exemple être un aléa r, et la réponse du prouveur la signature de r par un algorithme asymétrique, utilisant sa clef secrète s ; la vérification de la signature par le vérifieur avec la clef publique correspondant à s permettant alors de retrouver le défi r initialement envoyé. Cette technique a été standardisée (X.509, ISO 9798-3) ;
- *les protocoles à apport nul de connaissance* : il peut être souhaitable de ne pas utiliser de primitives offrant des fonctionnalités autres que l'identification (dans l'exemple, on utilise en effet une primitive de signature). Pour cela, on dispose d'une primitive puissante : les protocoles à apport nul de connaissance. Les preuves à apport nul de connaissance, ou *preuves à divulgation nulle* (*zero-knowledge*) ont été introduites[2] par S. Goldwasser, S. Micali et C. Rackoff en 1985. Ces protocoles de preuves s'apparentent aux protocoles défi-réponse, mais ils emploient des aléas non seulement comme défi, mais aussi comme engagement de la part du prouveur ; également, ils ne nécessitent ni chiffrement, ni signature. La propriété remarquable d'un tel protocole est qu'il permet au prouveur de démontrer la connaissance d'un secret sans révéler le moindre bit d'information sur celui-ci. À l'issue d'un tel protocole, le seul bit d'information obtenu par le vérifieur est si oui ou non le prouveur connaît le secret.

Le modèle général d'un protocole à apport nul de connaissance est le suivant :

Prouveur		Vérifieur
engagement r		
	témoin $x(r)$ $\longrightarrow$	
	défi e $\longleftarrow$	
	réponse y $\longrightarrow$	

Le témoin correspond à un ensemble de questions auxquelles le prouveur affirme pouvoir répondre. Le défi du vérifieur correspond à l'une de ces questions. La réponse du prouveur à e ne révèle aucune information sur le secret qu'il possède. L'échange ci-dessus est itéré, le cas échéant, pour augmenter la probabilité de succès de la preuve. Le premier exemple d'une telle preuve est le protocole de Fiat-Shamir (1986). Le prouveur et le vérifeur ont en commun un module RSA $n = pq$ (généré par un tiers de confiance). Le prouveur possède un secret s, $\text{pgcd}(s, n) = 1$. Il rend public l'entier $v = s^2 \bmod n$. Une éxécution du protocole se déroule alors comme suit : le prouveur choisit aléatoirement un engagement r, $1 \leq r \leq n - 1$, qu'il tient secret, et envoie $x = r^2 \bmod n$. Le vérifieur envoie un défi $e \in \{0, 1\}$. Le prouveur répond en envoyant $y = rs^e \bmod n$. Le vérifieur vérifie que $y^2 = xv^e \bmod n$. Il est clair que, si le prouveur connait s, il peut répondre correctement aux deux questions, c'est-à-dire fournir soit la racine carrée de x modulo n, soit la racine carrée de xv modulo n ; ceci prouve au vérifieur que le prouveur possède bien s (la racine carrée de v modulo n), sans lui donner d'information sur s. D'un autre coté, un faux prouveur peut réussir le protocole (c'est-à-dire répondre correctement

[1] C'est en général une valeur hachée de ce mot de passe qui est stockée.

[2] Elles font partie de la classe plus générale des *systèmes de preuves intéractives*.

à la question) avec probabilité 1/2. En itérant t fois l'échange ci-dessus, la probabilité de réussite d'un faux prouveur est de 2^{-t}. Cette fonctionnalité est très utilisée en cryptographie, pour l'identification, mais également comme brique de base dans des protocoles plus complexes.

10 Cryptographie quantique

(Partie rédigée par Harold Ollivier)

10.1 Naissance de la théorie de l'information quantique

Alors que la théorie de l'information était destinée principalement à un public de mathématiciens, et plus tard d'informaticiens, elle a également eu un impact majeur sur la physique, et plus particulièrement sur la thermodynamique. La raison est l'utilisation d'une même quantité : l'entropie. Elle mesure à la fois l'information – c'est l'approche de Shannon – et le désordre – c'est l'approche privilégiée par la thermodynamique. Un exemple de la complémentarité de ces approches est la résolution définitive au cours des années soixante-dix du paradoxe du démon de Maxwell – un mécanisme qui aurait la capacité d'extraire de l'entropie d'un gaz de façon réversible, ce qui violerait le second principe de la thermodynamique.

La résolution du paradoxe du démon de Maxwell a eu pour effet de promouvoir une recherche systématique des liens pouvant exister entre physique et information. Une voie qui a été particulièrement explorée – principalement depuis le début des années quatre-vingt-dix – est celle de la théorie de l'information quantique. Cette dernière a pour objet la description du stockage de l'information à l'échelle atomique, c'est-à-dire à l'aide de systèmes physiques obéissant aux lois de la mécanique quantique. Dans cette perspective, on peut dire que la cryptographie quantique est une discipline issue de la théorie de l'information quantique, au même titre que la cryptographie classique est issue de la théorie de Shannon.

Bien sûr, l'étude de l'information quantique ne se résout pas à la seule cryptographie quantique. En effet, tout système physique stockant de l'information est intrinsèquement quantique. Par conséquent, tout système automatisé de traitement de l'information est concerné par les développements de l'information quantique. En particulier, la taille des composants informatiques se réduit conformément à la loi de Moore et ces derniers vont bientôt atteindre des tailles auxquelles les effets de la mécanique quantique seront inévitables et où la théorie de l'information quantique sera la seule à pouvoir être appliquée. Par ailleurs, on peut également mentionner que la théorie de l'information quantique trouve aussi son intérêt dans l'étude de processus physiques fondamentaux comme par exemple l'évaporation des trous noirs telle que l'a décrite S. Hawking.

10.2 Qu'est-ce que la cryptographie quantique ?

On peut résumer les sujets abordés par la cryptographie quantique en disant qu'elle étudie les tâches cryptographiques à l'aune d'une manipulation quantique de l'information. Ceci donne lieu à deux approches possibles :

- le réexamen des primitives cryptographiques classiques existantes lorsque l'information est manipulée de façon quantique ;
- la description de nouvelles primitives cryptographiques classiques ou quantiques accessibles lorsque l'information est manipulée de façon quantique.

Dans la première des deux approches, on compte par exemple la distribution de clefs, la mise en gage binaire, l'authentification d'un message classique, etc. Dans la seconde, on trouvera le chiffrement non copiable, l'authentification de messages quantiques, etc.

La motivation qui préside à l'étude de la cryptographie est en premier lieu la curiosité de savoir quelles sont les tâches que la mécanique quantique permet de réaliser plus efficacement que la mécanique classique quand il s'agit du traitement de l'information. Parfois, comme pour la mise en gage binaire, il s'agit au contraire de montrer que certaines tâches ne peuvent être effectuées d'aucune manière – que la manipulation soit quantique ou classique. En effet la mise en gage inconditionnelle est impossible car la mécanique quantique permet toujours à celui qui s'est engagé de changer la valeur de son engagement. Dans d'autres cas, comme pour le « coin-flipping », le résultat est inversé : dans le cas classique il est toujours possible à l'un des deux protagonistes de forcer le protocole à produire un résultat pile sans être détecté par l'autre joueur. Dans le cas quantique, certains protocoles existent pour lesquels une tricherie non détectée ne réussira que dans 69,2 % des cas.

Des préoccupations pragmatiques sont également à la base de certains développements de la cryptographie quantique. Par exemple, en 1995 P. Shor a montré comment factoriser efficacement de grands nombres entiers à l'aide d'un ordinateur quantique. Or la difficulté d'effectuer cette tâche avec un ordinateur classique est à la base de la sécurité attribuée à des systèmes de chiffrement à cléfs publiques tels que RSA. Faut-il pour autant arrêter d'utiliser RSA dès aujourd'hui ? Certainement pas si les secrets que l'on pense protéger n'auront plus de valeur d'ici à ce qu'un ordinateur quantique ne soit construit. Mais en revanche, si on veut protéger un secret des avancées futures du calcul quantique alors il semble qu'une attitude prudente serait de se tourner vers d'autres systèmes cryptographiques dont la sécurité est inconditionnelle. C'est-à-dire vers le chiffre de Vernam avec échange de clefs quantiques. Une autre alternative serait d'employer une des nouvelles primitives proposées par la cryptographie quantique : le chiffrement non copiable. Cette primitive permet de transmettre quantiquement un message chiffré par des méthodes classiques – par exemple RSA – et de se savoir si le message a potentiellement été intercepté par une personne qui n'était pas le destinataire originel. L'intérêt d'une telle primitive est de pouvoir s'assurer qu'aucun espion n'a pu acquérir suffisament d'information sur le message chiffré pour pouvoir percer le secret à la faveur d'une avancée technologique future rendant caduc le cryptosystème classique utilisé.

10.3 Un exemple : distribution quantique de clefs inconditionnellement sûres

Pour donner une vue plus concrète des concepts utilisés dans le cadre de la cryptographie quantique, nous allons décrire succinctement l'un des divers protocoles permettant de réaliser un échange de clefs de façon inconditionnellement sûre.

Le premier protocole de ce type a été décrit et analysé par C. Bennett et G. Brassard en 1984. Ici, nous préférons introduire le protocole découvert par A. Ekert en 1991. Ce protocole a pour avantage de faire apparaître une ressource quantique utilisée dans pratiquement toutes les tâches de traitement quantique de l'information : l'enchevêtrement. Mais avant d'expliquer plus en détail en quoi consiste cette notion, décrivons le protocole en lui même.

La situation est la suivante : Alice et Bob souhaitent partager une suite de bits aléatoires afin de l'utiliser ultérieurement dans le chiffre de Vernam. Pour cela ils ont accès à un canal quantique et un canal classique public.

Un protocole naïf

Imaginons dans un premier temps la séquence d'opérations suivantes : Alice crée une paire de photons avec la propriété « les deux photons sont polarisés verticalement, ou les deux photons sont polarisés horizontalement ». Alice envoie l'un des deux photons à Bob et analyse l'autre photon avec un polariseur vertical. Si le photon passe à travers le polariseur, il est polarisé verticalement et par construction celui de Bob également. Si le photon ne passe pas à travers le polariseur, elle en conclut que les deux photons sont polarisés horizontalement. Ainsi en analysant chacun la polarisation de leur photon, Alice et Bob obtiennent un bit aléatoire en commun : la polarisation initiale de la paire. Ce bit est-il secret ? La réponse est non : un espion aurait pu intercepter le photon envoyé à Bob, détecter sa polarisation verticale ou horizontale, noter le résultat obtenu et renvoyer un photon identiquement polarisé à Bob sans pouvoir être détecté. Ainsi, l'appareil de mesure de l'espion devient corrélé à la polarisation commune des photons d'Alice et Bob – révélant ainsi le bit échangé – sans pour autant que l'état physique de la paire soit modifié – évitant donc toute détection.

L'enchevêtrement : première rencontre

Mais il existe un moyen de remédier au problème : plutôt que d'utiliser des paires de photons que nous venons de décrire, Alice va utiliser des paires de photons maximalement enchevêtrés. Ces paires de photons ont la propriété de présenter des corrélations parfaites de leurs polarisation non seulement si le polariseur est vertical mais pour tous les autres angles possibles. Par exemple si Alice et Bob décident d'orienter leur polariseur à 45 degrés, soit les deux photons seront arrêtés soit les deux photons passeront au travers.

Le protocole E91

Modifions le protocole précédent afin de tirer parti de ces corrélations quantiques. Alice prépare une paire de photons enchevêtrés et transmet l'un des deux photons de la paire à Bob en utilisant le canal quantique. Alice choisit aléatoirement d'orienter son polariseur verticalement ou à 45 degrés. Bob en fait autant et de façon indépendante d'Alice. Ils révèlent alors l'orientation de leur polariseur à l'aide du canal classique. S'ils ont choisi la même orientation, ils savent qu'ils partagent un bit aléatoire – correspondant au passage de leur photon à travers leur polariseur. Si, en revanche, leurs polariseurs sont orientés différemment, ils ne peuvent conclure. Dans un cas sur deux ils sont donc assurés de posséder un bit aléatoire en commun. En moyenne, en répétant l'opération N fois, ils possèdent donc $N/2$ bits aléatoires.

Aperçu de la preuve de sécurité

La différence entre ce protocole et celui que nous avons décrit précédemment est qu'Alice et Bob peuvent être sûrs de ne pas avoir été espionnés. C'est la structure de la mécanique quantique qui le leur garantit. En effet, on peut montrer que lorsque les polarisations de deux photons sont enchevêtrées – c'est à dire donnant des corrélations parfaites quel que soit l'angle commun des polariseurs d'Alice et Bob – alors ces polarisations ne peuvent partager aucune corrélation supplémentaire avec d'autres systèmes physiques. En d'autre termes, si Alice et Bob sont certains d'avoir partagé des paires de photons enchevêtrés, alors ils savent qu'aucun espion n'a pu corréler d'appareil de mesure avec les résultats de leurs analyses successives. L'espion n'a donc pu tirer de la transmission quantique aucune information utile sur les bits aléatoires qu'Alice et Bob partagent lorsque le protocole s'achève. Quant à la transmission sur le canal classique, elle est en fait constituée des divers choix d'orientation des polariseurs et est totalement aléatoire et indépendante des bits partagés. Elle ne révèle donc pas plus d'information sur les bits partagés.

On voit donc qu'Alice et Bob peuvent s'assurer de la confidentialité des bits extraits de ce protocole s'ils ont la capacité de s'assurer qu'ils ont bien reçu des paires de photons à la polarisation enchevêtrée. Ils peuvent acquérir cette certitude simplement en comparant à l'aide du canal classique une partie des bits obtenus par le protocole, et au besoin appliquer des techniques d'amplification de secret.

Distribution de clefs ou amplification de secret ?

Il va sans dire que comme tous les cryptosystèmes, la distribution quantique de clefs est sensible aux attaques du type attaque par le milieu. Cette attaque peut néanmoins être déjouée si les messages classiques d'Alice et Bob sont authentifiés. Pour cela Alice et Bob doivent disposer d'un secret initial, l'utiliser pour authentifier les messages qu'ils utilisent et renouveler ce secret initial en prélevant quelques bits de la clef en cours d'établissement.

11 Problématiques actuelles et perspectives

En cryptographie à clef secrète, un large champ d'investigation concerne le standard AES. Par exemple, on cherche à établir des preuves théoriques de sa résistance aux attaques différentielles et linéaires, pour toute clef fixée. Egalement, il est intéressant de voir si la structure algébrique forte des opérations en jeu dans ce schéma n'induit pas des vulnérabilités. D'un autre côté, il existe plusieurs attaques algébriques[1] sur les schémas de chiffrement ; la question de l'adaptabilité de ce type d'attaques à AES est un thème en plein essor. Bien entendu, un axe de recherche général sur les schémas de chiffrement à clef secrète – et en particulier les schémas de chiffrement à flot – est la conception de schémas qui soient à la fois très rapides en software, et peu consommateurs de ressources en hardware, tout en restant très solides du point de vue de la sécurité. Dans cette optique, une étude approfondie des fonctions booléennes vectorielles a permis de dégager des critères de résistance aux cryptanalyses différentielle et linéaire. Par exemple, les fonctions offrant la meilleure résistance à l'attaque différentielle sont les fonctions *presque parfaitement non linéaires*[2], tandis que les fonctions *courbes* ou *presque courbes*[3] (selon le domaine de définition de la fonction) résistent le mieux à l'attaque linéaire. La recherche de fonctions booléennes ayant de telles propriétés, ainsi que de fonctions permettant d'assurer une diffusion optimale – tout en veillant à ne pas introduire des faiblesses dues à la structure algébrique forte de ces fonctions – comme composantes élementaires d'un système à clef secrète, est très active.

Concernant les fonctions de hachage, il s'agit d'étudier la possibilité de généraliser à SHA-1 les attaques sur SHA-0, MD4, et MD5 trouvées en 2004. Plus généralement, on cherche à construire

[1] L'attaque par interpolation mentionnée § 3.3 en étant un exemple.

[2] Ou APN (*almost perfect non-linear*).

[3] *Bent*, ou *almost bent* (AB).

des fonctions de hachage dont on puisse prouver la sécurité.

En cryptographie à clef publique, on peut distinguer plusieurs grands axes de recherche. Le premier concerne l'élaboration de systèmes constituant des alternatives aux schémas basés sur les problèmes de théorie des nombres. Les problèmes « difficiles » utilisés pour contruire des fonctions à sens unique à trappe sont alors issus de l'algèbre linéaire, comme les schémas basés sur la théorie des codes mentionnés § 4.5, mais aussi de la combinatoire sur les mots finis, ou de l'algèbre des polynômes multivariés sur les corps finis. Ce dernier cadre de travail est d'ailleurs actuellement le plus prometteur dans la construction de schémas, et le plus actif du point de vue de la cryptanalyse[1]. Un autre volet est l'amélioration des méthodes de factorisation et de résolution de logarithmes discrets. Une composante également très active est la réalisation de fonctionnalités complexes combinant des primitives cryptographiques de base, comme mentionné § 8. Il s'agit essentiellement ici, outre de répondre à des problématiques bien définies, de réaliser des protocoles sûrs ayant une complexité (de communication, de stockage, etc.) raisonnable. Enfin, un axe majeur reste la sécurité prouvée – ou comment prouver la sécurité d'un schéma – qui peut conduire à l'introduction de nouveaux modèles de sécurité.

La cryptographie quantique, bien qu'étant encore une discipline jeune, est en passe de voir ses premières réalisations pratiques commercialisées. Plusieurs prototypes ont déjà été construits ; quelques liaisons pour des réseaux militaires sont opérationnelles. Les débits restent bien sûr modestes, mais les performances sont constamment améliorées par de nombreux groupes expérimentaux en Europe et aux États-Unis.

Bibliographie

Bellare M., Canetti R. et Krawczyk H. (1997), "Keying hash functions for message authentication", *Advances in Cryptology, CRYPTO'96*, LNCS 1109, p. 1-15.

Biham E. et Shamir A. (1991), "Differential cryptanalysis of DES-like cryptosystems", *Advances in Cryptology, CRYPTO'90*, LNCS 537, p. 2-21.

Coppersmith D. (1984), "Fast evaluations of logarithms in fields of characteristic two", *IEEE Transactions on Information Theory*, volume 30, p. 587-594.

Diffie W. et Hellman M.E. (1976), "New Directions in Cryptography", *IEEE Transactions on Information Theory*, volume 22, p. 644-654.

Feistel H. (1974), "Block cipher cryptographic system", U.S. Patent # 3,798,359, March 19th.

Fiat A., Shamir A. (1987), "How to prove yourself : practical solutions to identification and signature problems", *Advances in Cryptology, CRYPTO'86*, LNCS 263, p. 186-194.

Goldwasser S., Micali S. et Rackoff C. (1985), "The knowledge complexity of interactive proof-systems", *Proceedings of the 17th Annual ACM Symposium on Theory of Computing*, p. 291-304.

International Organization for Standardisation (1993), "ISO/IEC 9594-8 : Information technology - Open Systems Interconnection - The Directory : authentication framework", equivalent to ITU-T Rec. X.509. Geneva, Switzerland.

Kahn D. (1967), *The Codebreakers*, New York, MacMillan Publishing Company.

Kerckhoffs A. (1883), "La cryptographie militaire", *Journal des sciences militaires*, 9e série, p. 161-191.

Koblitz N. (1987), "Elliptic curve cryptosystems", *Mathematics of Computation*, volume 48, p. 203-209.

Matsui M. (1994), "Linear cryptanalysis method for DES cipher", *Advances in Cryptology, EUROCRYPT'93*, LNCS 765, p. 386-397.

McEliece R.J. (1978), "A public-key cryptosystem based on algebraic coding theory", *DSN progress report 42-44*, Jet Propulsion Laboratory, Pasadena.

Menezes A.J., Van Oorchot P.C. et Vanstone S.A (1997), "Hanbook of Applied Cryptography", USA, CRC Press.

Miller V. (1986), "Use of elliptic curves in cryptography", *Advances in Cryptology, CRYPTO'85*, LNCS 218, p. 417-426.

Nielsen M.A. et Chuang I.L. (2000), *Quantum Computation and Quantum Information*, Cambridge, Cambridge University Press, UK.

[1] Tant en clef secrète qu'en clef publique – voir plus haut la modélisation de schémas de chiffrement à clef secrète par de tels outils algébriques.

Rivest R.L. (1991), "The MD4 message digest algorithm", *Advances in Cryptology, CRYPTO'90*, LNCS 537, p. 303-311.

Rivest R.L., Shamir A et Adleman L.M. (1978), "A method for obtaining digital signatures and public-key cryptosystems", *Communications of the ACM*, volume 21m p. 120-126.

Schnorr C.P. (1991), "Efficient signature generation by smart cards", *Journal of Cryptology*, volume 4, p. 161-174.

Shamir A. (1985), "Identity-based cryptosystems and signature schemes", *Advances in Cryptology, CRYPTO'84*, LNCS 196, p. 47-53.

Shannon C. (1949), "The communication theory of secrecy systems", *Bell System Technical Journal*, 28, p. 656-715.

U.S. Department of Commerce/National Bureau of Standards, National Technical Information Service (1977), "FIPS 46 - Data encryption standard", Springfield, Virginia, Federal Information Processing Standards Publication 46.

U.S. Department of Commerce/N.I.S.T., National Technical Information Service (1994), "FIPS 186 - Digital signature standard", Springfield, Virginia, Federal Information Processing Standards Publication 186.

U.S. Department of Commerce/N.I.S.T., National Technical Information Service (2001), "FIPS 197 - Advanced encryption standard", Springfield, Virginia, Federal Information Processing Standards Publication 197.

Zimmermann P.R. (1995), *The Official PGP User's Guide*, Cambridge, Massachussets, MIT Press.

Virus et antivirus

Eric Filiol

Mots-clés : virus informatiques, vers informatiques, détection virale, logiciel antivirus

Résumé : les virus informatiques ont fait leur apparition il y a une trentaine d'années. Danger d'abord marginal, ils représentent de nos jours une menace d'autant plus importante qu'elle reste assez méconnue dans l'esprit de la très grande majorité des utilisateurs de l'informatique. La vision fantasmatique de ces codes s'accompagne le plus souvent d'une perception erronée de ce que sont réellement ou peuvent être les virus, au point soit de minimiser le niveau de risque soit, contraire d'exagérer inutilement ce dernier. Ce défaut de perception s'accompagne d'une vision généralement fausse de la protection que peuvent offrir les logiciels chargés de nous protéger des virus, les antivirus. Imaginés et présentés comme des protections absolues, leur relative inefficacité contribue à troubler l'utilisateur. L'objet de ce chapitre est de présenter de manière objective et technique ce que sont les codes autoreproducteurs connus sous le nom de virus ou de vers, d'en préciser les principales classes et de répertorier les grandes fonctionnalités virales connues à ce jour. Les grands principes de la lutte antivirale seront ensuite présentés, chaque fois en expliquant leurs limites et leurs contraintes.

Le terme de virus informatique date de 1986 mais en réalité ces programmes ont fait l'objet d'études tant théoriques que pratiques dès les années quarante. Bien que les fondements théoriques de la virologie informatique soient intimement liés à ceux de l'informatique – les travaux d'Alan Turing et de ses successeurs – ce n'est en effet qu'une dizaine d'années plus tard qu'est né l'intérêt pour des programmes capables de produire une exacte copie d'eux-mêmes. Les travaux de John von Neumann (von Neumann, 1966) sur les automates autoreproducteurs vont en effet donner naissance à la virologie informatique telle que nous la connaissons aujourd'hui[1].

Il faudra cependant attendre les années quatre-vingt, avec la thèse fondamentale de Fred Cohen (Cohen, 1986), pour que le terme de virus informatique soit adopté et que la formalisation des techniques virales et antivirales, et avec elle des résultats théoriques fondamentaux fasse de la virologie informatique une science à part entière. Mais cet élan initial va très vite être stoppé – si l'on excepte quelques publications de temps à autre – pour laisser place à une exploitation commerciale de la virologie informatique. L'absence d'une réflexion scientifique aboutie dont ce domaine de connaissances a été privé[2], s'est traduite pour le décideur, l'utilisateur et en général pour les principaux acteurs du monde informatique, par une situation où le fantasme, quelquefois irrationnel, le dispute à une méconnaissance dont les conséquences peuvent être dramatiques.

Pourtant le risque viral ne cesse de grandir et de faire toujours plus de dégâts. Afin d'illustrer son importance, résumons-le par quelques chiffres : le ver

1. Les travaux de von Neumann ne seront publiés qu'en 1966, par son élève A. Burks.

2. Depuis la thèse de Fred Cohen en 1986, à ce jour, à la connaissance de l'auteur, seulement six thèses ont été publiées en virologie informatique.

ILoveYou a infecté en 1999 plus de 45 millions d'ordinateurs dans le monde[1]. Plus récemment, le ver Sapphire/Slammer (Brulez et Filiol, 2003) a infecté plus de 75 000 serveurs sur toute la planète, en dix minutes environ (sur un total de 200 000 serveurs infectés) et le ver W32/Sobig. F, a infecté en août 2003, plus de cent millions d'utilisateurs (source F-Secure). Le virus CIH dit Chernobyl (Filiol, 2002) a obligé des milliers d'utilisateurs, en 1998, à changer la carte mère de leur ordinateur après en avoir détruit le programme BIOS. Les dégâts provoqués par ce virus sont estimés à près de 250 millions d'euros pour la seule Corée du Sud tandis que ce chiffre atteint plusieurs milliards d'euros pour un ver informatique classique. Enfin, fin janvier 2004, le ver d'emails MyDoom a infecté plus de cent millions de mails dans les trente-six premières heures après le début de l'infection (Filiol, 2004a). Ces chiffres montrent avec force l'importance d'une compréhension rationnelle et technique de la menace virale.

Dans ce chapitre, nous allons présenter les virus et les vers informatiques[2], essentiellement sous l'angle algorithmique. Nous définirons d'abord les concepts et définitions de base de la virologie informatique avant de procéder à une classification des différentes catégories de virus et de vers. Le lecteur pourra consulter (Filiol, 2003) pour plus de détails. L'histoire de la virologie informatique ne sera pas non plus abordée, par manque de place mais le lecteur consultera également (Filiol, 2004b) pour une vision historique synthétique de la virologie informatique. Puis sont présentés les grandes fonctions virales et le diagramme fonctionnel d'un virus. Enfin, est abordée le problème de la lutte antivirale et ses principales techniques.

1 Définitions de base et taxonomie virale

1.1 Définitions et concepts de base

Pour commencer, nous donnerons la définition de référence, due à Fred Cohen, d'un virus informatique.

Définition 1 (Cohen, 1986) Un virus est une suite de symboles qui, interprétée dans un environnement donné (adéquat), modifie d'autres séquences de symboles dans cet environnement, de manière à y inclure une copie de lui-même, cette copie ayant éventuellement évolué.

Un virus ou un ver[3] est donc simplement un programme autoreproducteur, au sens où John von Neumann l'a défini (von Neumann, 1966). D'un point de vue algorithmique, il s'agit donc de codes ayant la capacité à produire de multiples copies de leur propre code (binaire le plus souvent) et à l'injecter dans des cibles (programmes, documents, machines dans un réseau) qui ont elles-mêmes la capacité d'activer ces copies – poursuivant le processus d'autoreproduction – à un moment ou à un autre. Fred Cohen a généralisé le concept en considérant la notion de mutation ou d'évolution de code lors du processus de copie. Nous l'étendrons pour tenir compte, dans ce chapitre, des évolutions techniques rencontrées dans les codes viraux modernes.

Le mode général de propagation et d'action de ces programmes est le suivant :

1. Le programme infectant proprement dit est porté par un programme hôte (dit programme infecté) ; dans le cas de la première infection réalisée par l'attaquant, le terme de *dropper* (« largueur » ou « installeur ») est utilisé.
2. Lorsque le dropper est exécuté :

(a) Le programme infectant prend la main et agit selon son mode propre, le programme hôte est alors temporairement mis en sommeil.

(b) Puis il rend la main au programme hôte qui s'exécute alors normalement sans trahir la présence du programme infectant.

Les virus informatiques existent pour tous les environnements informatiques et ne sont pas le fait exclusif d'un système d'exploitation particulier. Les techniques peuvent certes varier d'un système à l'autre, et être plus ou moins difficiles à mener selon le système mais toutes ces infections informatiques étant avant tout de simples programmes, certes particuliers, leur viabilité technique est assurée dès lors que les éléments suivants sont présents :

- de la mémoire de masse (périphérique de stockage), dans laquelle le programme infecté se trouve sous forme inactive, sous forme d'un ou plusieurs fichiers infectés ;
- de la mémoire vive, dans laquelle est copié le programme (création de processus) lorsqu'il est exécuté (virus actif en mémoire) ;
- un processeur ou un microcontrôleur, pour l'exécution proprement dite du programme ;
- un système d'exploitation ou équivalent.

L'évolution récente des programmes viraux vers des plateformes différentes – code Phage pour Palm Pilot, virus Duts infectant les ordinateurs de poche de type PocketPC (Filiol, 2004c), le ver Cabir se propageant

1. http://news.bbc.co.uk/hi/english/sci/tech/newsid_782000/782099.stm
2. Les programmes offensifs dits « simples », comme les bombes logiques ou les chevaux de Troie, ne seront pas abordés ici. Ces programmes ne mettent pas en œuvre de mécanismes d'autoreproduction. Pour une présentation de ces codes malveillants, voir (Filiol, 2003).
3. Il n'existe pas de différence algorithmique fondamentale entre un virus et un ver, que nous décrirons en première approche comme un virus orienté réseau. C'est la raison pour laquelle le terme générique de virus sera seul utilisé dans ce qui suit.

via les téléphones portables fonctionnant sous le système SymbOS (Filiol, 2004c), virus Trémor utilisant le réseau de télévision allemand par câble pour infecter les ordinateurs, virus ayant infecté l'informatique embarquée d'automobiles (en janvier 2005, notamment) – a montré que le cadre limité de l'ordinateur traditionnel est désormais dépassé et que la menace devient globale.

1.2 Taxonomie des programmes viraux

Le principal problème qui survient lorsque l'on tente de répertorier les différentes classes de virus et de vers tient principalement au fait qu'il n'existe pas de nomenclature normalisée. Chaque éditeur d'antivirus possède la sienne, et toutes diffèrent suffisamment pour jeter quelquefois le trouble dans l'esprit de l'utilisateur. Si à l'origine, les choses étaient relativement simples, à l'heure actuelle, face à la tendance des programmeurs de virus de combiner plusieurs techniques et types, toute tentative de classification devient difficile voire artificielle. Il en résulte que les statistiques fournies doivent être soigneusement interprétées et analysées[1].

Les différentes classes de virus

Les virus comptent de très nombreuses classes et sous-classes. La classification est encore une fois d'autant plus difficile que certains codes possèdent des caractéristiques susceptibles de les faire appartenir simultanément à plusieurs catégories différentes. Les principales classes sont les suivantes – une présentation détaillée est donnée dans (Filiol, 2003, § 4.5) :

– *Les virus d'exécutables*. Ce sont les premiers types de virus connus. L'infection vise un ou plusieurs fichiers binaires à partir d'un fichier binaire infecté. Il s'agit donc de mécanismes de bas niveau. Le mode d'infection est l'un des quatre décrits plus loin, § 2.2.

  Les mécanismes d'action virale, pour cette catégorie, sont fortement déterminés par le format de l'exécutable cible. Ces différents formats décrivent la manière dont le code binaire (instructions et données) est organisé et comment doit s'effectuer la projection des données. Les virus doivent donc absolument en tenir compte pour infecter avec succès les cibles choisies. Par conséquent, l'une des premières étapes de la propagation consiste à analyser le format de la ou des cibles. Les principaux formats sont les suivants :

  - exécutables *.COM. D'une taille inférieure à 64 ko (un seul segment mémoire au plus). La contrainte forte est que la taille du fichier, après infection, ne doit pas excéder 64 ko sinon le programme ne fonctionnera plus ; le virus devra donc également calculer la taille après injection de son code pour décider si l'infection peut avoir lieu ou non ;
  - exécutables *.EXE. Ces programmes, occupant plusieurs segments (pour le code, les données, la pile…), sont décrits par une structure d'en-tête plus complexe. Elle permet de gérer plusieurs segments lors de la projection en mémoire et de passer d'un adressage relatif (celui du fichier sur le disque) à un adressage absolu (en mémoire). Le virus, en infectant la cible, va augmenter en général la taille du fichier, ce qui peut se traduire par une augmentation du nombre de segments. Il faut dans ce cas modifier et renseigner de manière adéquate l'en-tête d'exécutable et notamment la table de translation des pointeurs, afin de ne pas provoquer d'erreurs lors de la projection en mémoire ;
  - exécutables au format PE (binaires 32 bits). La structure considérée est l'en-tête PE. Cette structure est en fait une généralisation, à partir de 1995, du format précédent. La structure d'en-tête est plus complexe ;
  - fichiers de drivers (virus de pilotes de périphériques). L'en-tête de ces fichiers est similaire à celui des fichiers *. COM et *. EXE (seul l'offset de début change) ;
  - fichiers VxD de Windows ;
  - fichiers exécutables au format ELF (Unix) (en-tête ELF et table d'en-tête).

  Seul le format de l'exécutable cible va finalement dicter les mécanismes d'action du virus, et en particulier de copie. Le programmeur doit donc connaître intimement le format considéré. En revanche, ces formats d'exécutables, de par leur forte structure, sont faciles à surveiller, en termes de modification d'intégrité.

– *Les virus de documents*. Les plus connus sont les macro-virus dont la cible est tout document bureautique produit ou géré par la suite Office de Microsoft. Cependant, la classe des virus de documents est beaucoup plus large. Ces virus peuvent être définis (Filiol, 2003, p. 116 et suivantes), d'une manière générale, comme des codes viraux contenus dans un fichier de données, non exécutable, activés par l'interpréteur contenu de façon native dans l'application associée au format de ce fichier

1. Le nombre total de souches principales et de variantes oscille, fin 2004, entre 40000 et 80000 selon les éditeurs d'antivirus. Ces statistiques qui varient du simple au double montrent la difficulté de toute classification et statistique dans ce domaine. De plus, l'absence de normalisation en matière d'appellation et de classification des différents types d'infections informatiques complique l'établissement de statistiques fiables.

(déterminé par son extension). L'activation du code malveillant est réalisée, soit par une fonctionnalité prévue dans l'application (cas le plus fréquent), soit en vertu d'une faille interne de l'application considérée (de type *buffer overflow* par exemple). De nombreux formats ont été identifiés comme dangereux, d'autres représentent des risques potentiels. Le lecteur pourra consulter (Filiol, 2003, Chap. 4) ou (Lagadec, 2003) pour une liste détaillée de ces formats.

– *Les virus de démarrage.* Ces virus visent ou utilisent les organes spécifiquement destinés à amorcer le système d'exploitation : le Bios (*Basic Input/Output System*), le secteur de démarrage maître (MBR ou *Master Boot record*) ou les secteurs de démarrage secondaires (encore appelés secteurs d'amorce du système d'exploitation). L'intérêt principal de ces virus de boot réside dans le fait qu'ils interviennent avant le lancement du système d'exploitation, et donc de tout logiciel, en premier lieu l'antivirus. Il est donc impossible d'interrompre son lancement au niveau du système d'exploitation par le biais d'un quelconque antivirus. Ce dernier doit intervenir en amont, c'est-à-dire directement au niveau du Bios. Si plusieurs constructeurs de Bios intègrent effectivement de tels antivirus, leur efficacité est limitée car ils ne savent gérer que le démarrage de Windows. Rappelons que ces virus peuvent concerner n'importe quel système d'exploitation.

– *Les virus résidents.* Il s'agit de virus qui, une fois exécutés, restent dans la mémoire, en tant que processus actif indépendant. Seul l'arrêt de la machine met fin à ce processus viral. Une fois logé en mémoire, le virus peut intervenir plus largement sur le système, son activité et les actions de l'utilisateur, en utilisant essentiellement les interruptions ou les API (13H pour les accès disques sous DOS, l'API Windows IFS, etc.). Le pouvoir infectieux est alors décuplé. L'exécution d'un seul code infecté peut se traduire par l'infection de très nombreux exécutables.

  Le passage en résident dépend de la nature du système d'exploitation. Les différents cas sont les suivants :

  • sous DOS, le passage en résident se fait par l'utilisation de l'interruption logicielle 21H (DOS), service 31H ou l'interruption 27H. Le programme reste actif et le contrôle est redonné au DOS.

  • sous Windows, le passage en résident peut se faire de différentes façons : utilisation de clefs de registres pour lancer l'infection virale au démarrage et changer la durée d'exécution (*TimeOut*) ; réservation de blocs de mémoire via l'interface DPMI (*DOS Protected Mode Interface*) (service 100H) et installation de l'infection dans ce bloc ; installation sous forme d'un *Virtual Device Driver* (VxD) (chargé statiquement via le fichier SYSTEM.INI ou par le système, lors de la séquence de chargement du système d'exploitation. L'activation peut encore être dynamique, par l'intermédiaire d'un autre VxD (le VxD VXDLDR.386 est prévu à cet effet)) ou d'un driver NT.

    L'accès aux fichiers à infecter se fait par interception des appels à l'interruption 21H ou via les appels à certaines API Windows.

  • sous Unix, le passage en résident est plus compliqué ou d'un esprit différent. La première solution consiste à lancer un processus infectieux sous forme de processus système (*démon*) mais cela nécessite d'avoir des privilèges particuliers. L'autre solution est de lancer le processus infectieux en tâche de fond (utilisation du symbole &). Cette technique est employée par le virus Ymun20, présenté dans (Filiol, 2003, Chap. 13).

– *Les virus comportementaux.* Cette catégorie assez disparate regroupe des virus qui se distinguent par leur comportement spécifique : celui-ci a, en général, pour but de leurrer les antivirus, ou, au minimum, de les contrarier fortement. Il s'agit également, pour certains, d'augmenter leur virulence. Ce qui a été privilégié ici, c'est la manière particulière d'agir de ces virus, plus que les techniques mises en œuvre. Les principaux types sont :

  • les virus résidents, vus précédemment. Le fait de se dissimuler en mémoire est un comportement propre à augmenter la capacité de ces codes ;

  • les virus binaires, le terme *binaire* indiquant le fait que ces virus agissent par paires (il est possible de généraliser à des *n*-uplets ; on parlera alors de virus *n*-aires). Le virus Ymun20 est l'un des seuls exemples connus dans cette catégorie[1] ;

  • les rétrovirus désignent des virus utilisant les points faibles ou limitations d'un ou plusieurs antivirus particuliers afin de les leurrer et de ne pas se faire détecter ;

  • les virus lents et les virus rapides. Ces virus tirent leur nom de leur action qui consiste à n'infecter les fichiers qu'après un accès en écriture (modification ou création, événement peu fréquent d'où le terme de « lents » pour les virus qui s'y rapportent) ou en lecture/exécution (événements fréquents d'où le terme de « rapides » pour les virus s'y rapportant). L'approche générale est de combiner l'infection avec une modification (due à

1. En 1989, deux virus, nvirA et nvirB, fonctionnant par paire, sous Macintosh, ont été identifiés. Ils se combinaient pour produire de nouvelles générations virales.

l'utilisateur) ou une action (réalisée par un antivirus) légitimes, de sorte qu'elle demeure non détectée.

Les différentes classes de vers

Les vers appartiennent à la famille des programmes autoreproducteurs et sont de fait une sous-classe particulière de virus – existence d'un processus de duplication de code – capables de propager l'infection à travers un réseau (le lecteur pourra utilement consulter le chapitre «Sécurité des réseaux et des systèmes»). La spécificité des vers, par rapport aux virus, vient de ce que leur pouvoir infectieux ne requiert pas d'être nécessairement attaché à un autre fichier et d'infecter tout en restant exclusivement dans la mémoire des machines infectées. La simple création de processus permet au ver de se déplacer. L'algorithmique des vers est la même, à quelques spécificités près, que celle des virus. Une étude détaillée sur l'algorithmique des vers pourra être trouvée dans (Filiol, 2003, chap. 9).

Le ver se distingue également du virus par son pouvoir infectieux. Si l'effet d'un virus classique est généralement limité dans l'espace à une région ou un petit groupe de pays, celui du ver, en particulier pour les dernières générations, est planétaire. Un ver comme Sapphire/Slammer s'est répandu dans tous les réseaux informatiques mondiaux... en moins de trente minutes.

Trois grandes classes de vers sont habituellement répertoriées :

- *Les vers simples* (encore appelés *worm*) du type du ver Internet (1988). Ils exploitent généralement des failles logicielles permettant l'exécution de programmes sur une machine distante, ou des faiblesses dans les protocoles réseau (mots de passe faibles, authentification sur la seule adresse IP...) pour se propager. À titre d'exemple, citons dans cette catégorie, les vers Sapphire/Slammer (janvier 2003), W32/Lovsan (août 2003) et W32/Sasser (avril 2004).
- *Les macro-vers*. Ce sont plutôt des programmes hybrides virus (infection de fichiers transmis via le réseau) et vers (utilisation de la messagerie ou des répertoires partagés pour la transmission). D'une manière générale, le mode d'activation est le plus souvent le fait d'une action humaine, ce qui correspond plus à un mécanisme de virus. Le mode de propagation se fait par des pièces jointes contenant des documents bureautiques infectés ou bien par des fichiers partagés. L'ouverture du document infecté provoque dans un premier temps l'infection du logiciel orienté réseau concerné (client messagerie, pair à pair, IRC...). Ensuite, le ver propage l'infection via ce client de manière automatique et autonome. L'exemple le plus célèbre est celui du ver Melissa en 1999. Cette technique est aisément généralisable à tout format de documents (virus de documents) permettant l'exécution de code malveillant.
- *Les vers de courrier électronique*. Ces vers sont encore appelés *mass-mailing worm*. Là encore, le principal medium de propagation est la pièce jointe, de type exécutable (fichier de type EXE, PIF, LNK, SCR notamment) contenant un code malicieux activé soit directement par l'utilisateur soit indirectement par l'application de courrier électronique, en vertu de failles. L'exemple le plus célèbre, pour cette catégorie, est le ver ILoveYou qui a frappé en 2000 (près de 45 millions d'ordinateurs infectés). Des vers plus récents comme MyDoom, Bagle ou Netsky appartiennent encore à cette catégorie.

2 Les grandes fonctions virales

Après avoir présenté le mode d'action générale d'un virus ou d'un ver, et passé en revue les différents types qui les composent, nous allons maintenant présenter les principales fonctions virales, que tous ces programmes ont en commun. En effet, des programmes en apparence aussi différents qu'un virus de démarrage et un macro-virus fonctionnent en réalité sur le même principe : leur diagramme fonctionnel est le même, ils agissent selon les mêmes modes possibles et tous mettent en œuvre les mêmes mécanismes de protection contre les antivirus.

2.1 Diagramme fonctionnel d'un virus ou d'un ver

La structure générale (encore appelée *diagramme fonctionnel*) des programmes de type autoreproducteur est la suivante :

- une routine de recherche des programmes cibles. Un virus (ou un ver) efficace vérifiera que le fichier est exécutable, qu'il est d'un format approprié, et que la cible n'est pas déjà infectée – pour ce dernier point, il s'agit de minimiser les risques de détection de l'activité virale en interdisant la surinfection[1] ; cette dernière est susceptible, assez souvent, de trahir la présence du virus ou du ver, par une augmentation intempestive de la taille des fichiers infectés ou par d'autres effets de bord à l'exécution. Cette partie du virus détermine directement son effica-

1. Le virus utilise le plus souvent un «marqueur d'infection» qui peut être une simple chaîne de caractères, une portion de code, une fonctionnalité système (comme un *mutex*), etc. Ce marqueur permet au virus de détecter une infection préalable. Il est intéressant de noter l'aspect dual d'un marqueur d'infection. En effet, ce dernier peut également être utilisé, par l'antivirus cette fois, comme une signature utile pour détecter le virus.

cité, en termes de portée (action limitée au répertoire courant ou sur tout ou partie de l'arborescence du système de fichiers) et de rapidité (limitation des accès disques en lecture par exemple) ;

- une routine de copie. Son but est de copier, selon les modes d'infection possibles décrits § 2.2, dans la cible préalablement identifiée, une copie de son propre code, ce dernier ayant éventuellement muté ;
- une routine d'antidétection. Son but est de contrer l'action des antivirus pour assurer la survie du virus. Les techniques utilisées seront décrites § 2.4. Précisons que ces fonctionnalités ne sont pas considérées dans la définition donnée par Fred Cohen. Elles sont cependant présentes de manière quasi systématique, et à des degrés divers de raffinement, dans la plupart des codes viraux modernes ;
- éventuellement une charge finale, couplée ou non à un mécanisme de déclenchement différé (gâchette). La présence de cette routine n'est pas obligatoirement présente (pour définir un virus qui n'est à l'origine qu'un simple programme autoreproducteur).

2.2 Modes d'infection

Les virus infectent leur cible selon quatre modes[1]. Le processus est simple : l'exécutable cible, une fois identifié, va recevoir une copie du virus, directement au niveau du fichier exécutable sur le disque. Ce processus de copie s'effectue au niveau du code binaire, la copie du virus étant sous forme d'un code exécutable.

Il en résulte une hétérogénéité du code exécutable infecté résultant. Une analyse directe du code binaire permettra rapidement et facilement de détecter la présence d'un code viral, aisément reconnaissable dans la plupart des cas.

Virus par écrasement de code

Ces virus sont encore appelés virus agissant par recouvrement de code. Lorsque le virus est exécuté (via un programme infecté), il infecte les cibles préalablement identifiées par la routine de recherche en écrasant leur code exécutable (en tout ou partie) avec son propre code.

Entre autres possibilités (Filiol, 2003, chap. 4), le virus remplace purement et simplement le code cible par son propre code. Cette technique est facilement détectable, puisque tous les exécutables infectés ont la même taille, en l'absence de tout mécanisme de furtivité. À titre d'illustration, le code suivant (en langage Bash sous Linux) réalise, en 87 octets, une telle infection par écrasement de code.

```
for i in *; do
 if test "./$i" != "$0"; then
   tail -n 5 $0 | cat > $i;
 fi
done
```

Le code suivant, en 30 octets, réalise le même type d'infection.

```
for i in *; do
 cp $0 $i
done
```

Virus par recouvrement de code

Les virus fonctionnant selon ce mode vont accoler leur code à celui de la cible. Il en résulte une augmentation de la taille du programme infecté, si aucune technique de furtivité n'est appliquée. La technique la plus utilisée est celle des codes dits *appenders*. Le code viral est ajouté en fin du code de la cible. Toutefois, comme le virus doit en général se lancer en premier, il est nécessaire de modifier légèrement l'exécutable infecté. Les octets initiaux de la cible sont déplacés (par exemple mémorisés dans la copie virale sur le disque) et remplacés par une fonction de saut vers le code viral. Lors de la projection en mémoire (exécution de la cible infectée), le virus est exécuté en premier, grâce à cette fonction de saut. Il restaure ensuite les octets d'origine et transfère normalement le contrôle au programme cible. L'autre mode de recouvrement consiste à rajouter le code viral en fin de programme (mode *append*). Il est plus facile à réaliser, comme le montre le code suivant, connu sous le nom de *Unix_Tail. a*, en Bash.

```
for F in *
do
 if ["$(head -c9 $F 2 >/dev/null)"
      = "#!/bin/sh"
   -a "$(tail -1 $F 2 >/dev/null)"
      != "# :- P" ]
 then
   tail -11 $0 >> $F 2 >/dev/null
 fi
done
# :-P
```

Le seul inconvénient de ce dernier mode réside dans le fait que le virus se lance seulement après l'exécution normale du programme cible.

Virus par entrelacement de code

Ces virus exploitent essentiellement le format PE des exécutables 32 bits de Windows (format d'exécutables commun aux versions professionnelles et domestiques du système d'exploitation Windows, et ce depuis les

1. Un cinquième mode consiste, pour le virus, à injecter son propre code source dans le code source de la cible. Une fois recompilé – par le virus lui-même, ou l'utilisateur – le virus devient actif en même temps que la cible porteuse. Toutefois ce mode ne concerne pas directement l'infection d'exécutables. C'est pourquoi il est généralement considéré à part, sous le nom d'infection de code source.

versions 95/NT). Cet en-tête permet, lors de la projection du code en mémoire :

- de donner les informations adéquates pour l'installation en mémoire (établissement d'une image mémoire) ;
- de permettre la mise en commun optimale pour plusieurs processus, de fichiers EXE et DLL.

Toutes les données contenues dans les structures de ce format sont établies par le compilateur. Toute la puissance de l'infection, ici, repose sur l'exploitation optimale de certaines caractéristiques qui permettent au virus de se loger dans des espaces alloués mais partiellement inutilisés (technique d'entrelacement de code ou *Hole Cavity Infection*).

La principale faiblesse de ce format est la granularité d'allocation lors de la compilation. Pour infecter par entrelacement de code sans provoquer d'augmentation de taille du fichier exécutable sur le disque, le virus va utiliser certains champs de l'en-tête contenant les tailles des sections correspondantes, arrondies à un multiple pair de 512 octets. Si le code utile d'une section est, par exemple, de 1 600 octets, la place disque réellement réservée sera de 2 048 octets. Il reste 448 octets inoccupés, disponibles pour le virus.

L'en-tête PE contient toutes les données pour déterminer où se situent exactement ces zones inutilisées. Le virus doit donc s'installer dans les espaces alloués inutilement et met à jour un certain nombre de variables dans l'en-tête PE afin de respecter la cohérence du fichier après infection (en particulier, il faut que le virus puisse lui-même être projeté en mémoire pour agir, de la même manière que l'hôte).

Au total, les virus fonctionnant par entrelacement de code conjuguent les avantages des virus par écrasement de code (pas d'augmentation de la taille du fichier) et par ajout de code (pas de perturbation du fonctionnement du code hôte). L'exemple le plus célèbre de virus fonctionnant selon ce mode est le virus CIH (Filiol, 2002).

2.3 Virus par accompagnement de code

Contrairement aux deux modes précédents, l'infection par accompagnement de code ne modifie pas l'intégrité de la cible.

Le principe général est le suivant : le code viral identifie une cible et duplique son code, non pas en l'insérant dans le code cible, mais en créant un fichier supplémentaire (dans un répertoire éventuellement différent) qui va « accompagner » la cible (d'où le terme de virus *compagnon*). Lorsque l'utilisateur exécute le programme cible infecté selon ce mode, la copie virale contenue dans ce fichier supplémentaire est en réalité exécutée en tout premier, de manière transparente, permettant ainsi au virus de propager, selon le même mode, l'infection. Ensuite, ce dernier exécute lui-même le programme cible légitime afin de lui redonner le contrôle.

Il existe plusieurs types principaux de virus compagnons, selon le mécanisme permettant à la copie virale de se lancer prioritairement.

- Le premier type est celui de l'*exécution préemptive* ou *hiérarchisée*. Il consiste à exploiter une caractéristique particulière du système d'exploitation considéré, qui hiérarchise l'exécution des binaires (un type de binaire étant prioritairement exécuté avant les autres types ; par exemple, sous DOS/Windows, les fichiers de type COM sont exécutés avant les fichiers de type EXE. Le virus se copiera sous la forme du programme cible de type EXE, avec même nom mais avec l'extention prioritaire COM, permettant au virus d'être exécuté en premier).
- Le second type exploite la hiérarchie des chemins de recherche des exécutables. Il est connu quelquefois sous le nom de virus de type PATH, correspondant à celui de la variable d'environnement d'Unix du même nom (mais d'autres systèmes d'exploitation sont concernés). Cette variable permet d'indiquer les répertoires d'exécution possibles.

  Le virus procède à l'infection par création d'un fichier supplémentaire, de même nom, mais placé dans un répertoire qui sera, dans la variable d'environnement de localisation des exécutables (variable PATH sous Unix, par exemple), en amont du répertoire du programme légitime (sous réserve de posséder les droits en écriture). Le code viral sera, en conséquence, exécuté en premier. De nombreuses variantes existent pour ce cas-là (Filiol, 2003, Chap. 8).
- Le troisième type est totalement indépendant du système d'exploitation (aux droits sur les fichiers près). Une fois une cible identifiée, le virus la renomme en préservant toutefois ses droits en exécution (au moins temporairement). Le virus ensuite se copie en lieu et place du programme attaqué. Il y a donc bien toujours deux programmes. À l'exécution du programme cible, le virus est lancé en premier, propage si cela est possible l'infection, puis finalement exécute le programme appelé, qu'il avait renommé.

2.4 Techniques d'antidétection

Les techniques anti-antivirales développées par les virus informatiques ont pour but de contrer et de défaire les protections mises en place par les logiciels antivirus ou les pare-feux. Trois grandes techniques sont rencontrées :

- La *furtivité*. Il s'agit d'un ensemble de techniques[1]. visant à leurrer l'utilisateur, le système et les logiciels de protection ou d'analyse afin de faire croire à l'absence d'un code malveillant, en le rendant hors de portée de la surveillance. L'approche générale consiste pour le virus à créer un jeu de miroir et/ou un système de «double fond» afin de renvoyer à l'utilisateur et aux logiciels de surveillance, une image normale et propre – mais fausse – du système.

- Le *polymorphisme*. Les antivirus fonctionnant en grande partie, entre autres techniques, sur la recherche de signatures virales et plus généralement sur l'analyse de forme, le but du polymorphisme est de faire varier, de copie en copie virale, tout élément fixe pouvant être exploité par l'antivirus pour identifier le virus. Les deux principales familles de techniques sont les suivantes :
  - réécriture de code par utilisation de code équivalent. Par exemple, le code suivant, en langage assembleur :

```
val1 db 1Ah
val2 db 23h
.........
mov ax, val1
mov bx, val2
```

peut être réécrit de la manière équivalente suivante :

```
val1 db 18h
val2 db 03h
.........
mov ax, val2
mov bx, val1
xor ax, 20h
xor bx, 02h
xchg ax, bx
```

  Si la première version de code constitue la signature, la seconde ne sera pas détectée.
  - utilisation de techniques de chiffrement basique sur tout ou partie du virus ou du ver (pour la présentation des concepts de la cryptographie le lecteur se reportera au chapitre «Cryptographie»). En général, il s'agit plutôt d'un procédé de masquage par une addition modulo 2 (XOR) avec une valeur constante.

    Le code viral débute par une procédure, en clair, dont la fonction est de «déchiffrer» le corps principal viral avant son exécution. Il est alors nécessaire, lors du processus d'infection, de changer, à chaque fois, la procédure de déchiffrement (comme elle est en clair, elle peut être utilisée par l'antivirus) et donc de façon correspondante la procédure de chiffrement. Toutefois, dans la plupart des cas, la procédure de chiffrement reste la même. Seuls quelques virus et vers très évolués font varier véritablement la procédure de chiffrement à chaque infection.
- Le *blindage*. Les virus blindés (*armored virus*) sont des virus particulièrement redoutables, non pas tant par leur action virale proprement dite, que par leur capacité à inclure des fonctionnalités contrariant plus ou moins fortement leur étude par désassemblage et exécution en mode pas à pas (techniques de *debugging*).

  Le principe général est le suivant. Pour étudier un virus, lorsque le code source n'est pas disponible, il est alors nécessaire de le désassembler et de l'exécuter instruction par instruction, afin de comprendre son mode de fonctionnement. Certains auteurs de virus, conscients de cela, ont alors imaginé de contrarier autant que faire se peut, cette approche. Le premier exemple connu et célèbre est celui du virus Whale (Filiol, 2005). Son code contient un grand nombre de mécanismes destinés à fortement contrarier son désassemblage et son analyse (détection de débogueur actif, code leurre, chiffrement/déchiffrement dynamique...). Le virus chiffré existe dans le fichier cible infecté sous trente variantes.

  Des études récentes (Filiol, 2005b) ont permis de montrer comment un blindage définitif pouvait être mis en œuvre pour interdire l'analyse de code.

À côté de ces trois techniques anti-antivirales, plutôt passives, il en existe d'autres, actives :
- mise en sommeil des logiciels de protection (bascule du mode de protection dynamique en mode statique de l'antivirus, modification des règles de filtrage d'un pare-feu...) ;
- répression de ces logiciels par une action directe et agressive visant à les perturber, à les saturer... en vue d'en empêcher le fonctionnement normal ;
- désinstallation pure et simple de ces logiciels.

3 La lutte antivirale

Plusieurs études théoriques ont été menées dans les années quatre-vingt (Filiol, 2003, chap. 3). Elles ont jeté les bases de la virologie informatique, notamment dans le domaine de la lutte antivirale. Le résultat théorique le plus important reste celui de Fred Cohen (Cohen, 1986), qui démontra, en 1986, que déterminer si un programme est infecté, est un problème en général indécidable (au sens mathématique du terme). Un corollaire important est qu'il est *toujours* possible de leurrer un logiciel antivirus et que par conséquent il n'existe pas d'antivirus universel. Par la suite, certains auteurs (Adleman, 1988 – Chess et White, 2000 – Spinellis, 2003 – Zuo et Zhou, 2004) ont complété ce résultat en établissant la complexité algorithmique de

1. Ces techniques de dissimulation sont regroupées sous l'appellation générique de *Rootkits* (Hoglund et Bulter, 2005).

certaines classes de problèmes de détection virale. Dans cette partie, nous allons présenter les principales techniques antivirales.

3.1 Les techniques antivirales

À quelques rares exceptions près, un antivirus fonctionne selon deux modes :

- en mode statique : l'antivirus n'est alors actif que par une action volontaire de l'utilisateur (déclenchement manuel ou préprogrammé). Il est donc le plus souvent inactif et aucune détection de virus n'est possible. Le système est sans protection ;
- en mode dynamique : l'antivirus est, en fait, résident et surveille en permanence l'activité du système d'exploitation, du réseau et surtout de l'utilisateur. Il prend la main avant toute action et tente de déterminer si un risque viral existe, lié à cette action.

Les antivirus modernes, pour les plus efficaces, conjuguent plusieurs techniques (programmées dans des modules dénommés moteurs) afin de réduire le risque de fausses alarmes et de non-détection, au minimum. Elles peuvent être classées en deux groupes. Nous reprenons ici la classification élaborée dans (Filiol, 2003).

Techniques antivirales statiques

Essentiellement trois techniques principales peuvent être citées.

Recherche de signatures

Cette technique consiste à rechercher une suite de bits, caractéristique d'un virus donné. Cette suite est analogue à l'empreinte digitale d'une personne. Utilisée comme signature, elle doit posséder deux propriétés fondamentales :

- elle doit être *discriminante*. Cela signifie que la signature doit identifier spécifiquement le virus. En particulier, si deux versions d'un même programme infectant existent, la signature doit être telle qu'un seul des deux doit être détecté. À titre d'exemple, considérons l'exemple suivant, dans lequel la signature est constituée du bout de code suivant :

```
mov ax, word ptr [fsize]
add ax, offset endvirus - offset virus
jc fok_nzend
cmp byte ptr [start_image], 0e9h
jnz fok_zend
cmp word ptr [start_image + 3], 4956h
jnz fok_nzend
```

  Ce bout de code vérifie si la taille finale après infection du fichier cible dépasse ou non 64 ko et si le marqueur d'infection « VI » est présent dans le code. Si une nouvelle variante de ce virus apparaît, qui ne modifie pas cette zone de code (ajout d'une charge finale, par exemple), la même signature désignera deux variantes différentes. Elles ne pourront pas être discriminées. Notons que cette propriété est loin d'être systématique chez certains antivirus actuels. Il en résulte une identification imparfaite des virus et autres infections ;
- elle doit être *non incriminante*. Autrement dit, elle ne doit théoriquement pas incriminer un autre virus, ou un programme sain. Elle doit donc posséder une taille et des caractéristiques suffisamment pertinentes pour ne pas provoquer de fausses alarmes.

À titre d'illustration, considérons maintenant comme signature, le bout de code suivant :

```
mov dx, offset fname
mov ax, 3d02h
int 21h
mov word ptr [handle], ax

xor cx, cx
mov dx, cx
mov bx, word ptr [handle]
mov ax, 4202h
int 21h
```

Il réalise la préparation préalable à une écriture en fin d'un fichier (système DOS/Windows). Cette signature n'est pas discriminante car elle est susceptible d'incriminer d'autres fichiers (viraux ou non). En effet, cette suite d'instructions est assez courante car elle correspond à une action générique dans la gestion de fichiers.

En général, plus la séquence utilisée pour définir la signature est longue, plus cette signature réalisera ces deux propriétés avec une probabilité forte.

La base de signatures comporte essentiellement, pour chaque virus qui s'y trouve recensé :

- la signature proprement dite ;
- l'endroit où la chercher (en-tête de l'exécutable, début ou fin du code...). Plutôt que de rechercher la séquence de bits qui la définit dans tout l'exécutable, l'antivirus se limite à une zone spécifique de cet exécutable, cela permet d'accélérer la recherche.

Si la détection par signatures peut se révéler très efficace, elle se limite aux virus connus et analysés. Le problème avec cette technique est qu'elle est facilement contournable. Une étude de la base de signatures permettra de déterminer ses limites. Elle ne permet de gérer ni les virus polymorphes, ni certains virus chiffrés, et encore moins les virus inconnus. Le taux de fausses alarmes est faible bien que l'identification correcte laisse quelquefois à désirer (problème de fausse incrimination).

Le principal problème de ce mode de détection est la nécessité de maintenir la base de signatures virales avec souvent de lourdes contraintes : taille de la base, stockage et gestion sécurisés des transferts de fichiers de signatures, fréquence des mises à jour.

Analyse spectrale

Cette technique consiste à établir la liste des instructions d'un programme (le spectre) et à y rechercher des instructions peu courantes dans la plupart des programmes non viraux mais caractéristiques de virus ou de vers ou plus fréquemment utilisées dans ce type de codes.

Par exemple, pour annuler le contenu du registre `AX`, l'instruction généralement utilisée est l'instruction `XOR AX, AX`. Dans le cadre du polymorphisme par réécriture du code, le virus pourra la remplacer par l'instruction `MOV AX, 0`, moins fréquemment utilisée par le compilateur.

Pour un type de compilateur donné, le spectre est constitué d'une liste d'instructions $(I_i)_{1 \leq i \leq N}$, chacune d'entre elles étant accompagnée d'une fréquence théorique d'apparition, caractérisant son occurrence dans des programmes « normaux », générés par le compilateur considéré. Lors de l'analyse d'un programme, pour chacune de ces instructions, l'effectif observé est alors calculé. Si intructions composent le spectre, l'estimateur

$$D^2 = \sum_{i=1}^{N} \frac{(o_i - n_i)^2}{n_i}$$

est calculé. Si la valeur de cet estimateur dépasse un certain seuil (seuil de décision), pour un risque d'erreur fixé, l'infection est alors suspectée.

Pour résumer, le spectre d'un virus diffère de manière significative de celui d'un programme « normal » mais la notion de « normalité » est, encore une fois, très relative. Elle repose sur une modélisation statistique de la fréquence des instructions et sur un comportement en moyenne des compilateurs. Le processus de décision (infection ou non) repose donc sur un ou plusieurs tests statistiques (généralement, tests unilatéraux du χ^2), auxquels sont donc attachées des probabilités d'erreur de première (fausse alarme) et seconde espèce (non-détection). Ceci explique pourquoi cette technique provoque davantage de fausses alertes.

Analyse heuristique

Cette technique consiste à utiliser des règles, des stratégies en vue d'étudier le comportement d'un programme. Le but est de détecter des actions potentiellement virales. La difficulté de cette technique est du même ordre que pour l'analyse spectrale (problème de fiabilité et nombre de fausses alertes). Elle est facile à leurrer, dès lors que l'attaquant a pu déterminer quelles sont les règles ou les heuristiques utilisées, ou encore les comportements surveillés.

À titre d'exemple simple, considérons le cas suivant. Un exemple de comportement surveillé pourrait concerner les opérations de calcul de somme ou de différence d'offsets :

```
sub word ptr [vir_start],
 offset get_start - offset virus
.....
mov ax, word ptr [bx + (offset
 start_code)-(offset virus)]
.....
mov ax, word ptr [bx + (offset
 start_code)-(offset virus)+2]
.....
mov al, byte ptr [bx + (offset
 start_code)-(offset virus)+4]
.....
add dx, offset comfile
  - offset virus
```

Cette surveillance peut être pondérée par un relevé de fréquences de ces événements (et utilisé d'une manière similaire à l'analyse spectrale, en considérant dans ce cas un spectre de comportements).

Le problème dans notre exemple vient du fait qu'un nombre significatif de programmes non viraux utilisent ce type d'opérations sur des offsets. Il s'ensuivra une probabilité élevée de fausses alarmes. Il est donc nécessaire de considérer simultanément plusieurs comportements.

Le contrôle d'intégrité

Avec cette technique, c'est la modification des fichiers sensibles (exécutables, documents...) qui est surveillée. Pour chaque fichier, on calcule une empreinte numérique infalsifiable (le plus souvent, avec une fonction de hachage de type SHA-1 ; voir le chapitre « Cryptographie »). Autrement dit, il est calculatoirement impossible de modifier en pratique un fichier, de sorte qu'un recalcul d'empreinte fournisse celle initialement produite.

En cas de modification, la vérification de l'empreinte est négative et une infection suspectée. Il est nécessaire d'enregistrer toute modification « légitime ». Ces modifications peuvent provenir de la recompilation de programmes ou de modifications de documents. L'utilisation du chiffrement pour protéger les empreintes, *in situ*, peut être contournée (Filiol, 2003, chap. 13).

Certaines familles de virus (notamment les virus compagnons) parviennent aisément à contourner le contrôle d'intégrité, car ils ne modifient pas l'intégrité des fichiers.

Techniques antivirales dynamiques

Deux techniques principales existent.

La surveillance comportementale

L'antivirus est résident en mémoire et tente de détecter tout comportement suspect (la définition d'un tel comportement se faisant par rapport à une base de comportements viraux) et le bloquer si nécessaire : tentatives d'ouvertures en lecture/écriture de fichiers exécutables, écriture sur des secteurs orientés système (partition ou démarrage), tentative de mise en résident, etc.

Cette technique permet de détecter quelquefois des virus inconnus (utilisant cependant des techniques connues) et de lutter avant l'infection. Toutefois, certaines techniques virales y échappent. De plus, l'antivirus doit être en mode dynamique ce qui ralentit, quelquefois sensiblement, le travail. Les fausses alarmes sont relativement nombreuses. Notons que l'analyse de l'antivirus permet de connaître la base de comportements et tout le jeu du programmeur de virus consistera à utiliser cette connaissance pour mieux contourner la protection.

L'émulation de code

Cette technique permet de disposer de l'analyse de comportement tout en étant en mode statique, ce qui est assez utile car beaucoup d'utilisateurs impatients préfèrent ce mode pourtant dangereux. Lors du scan d'un support (disque dur par exemple), le code étudié est chargé dans une zone mémoire confinée, puis est émulé afin de détecter un comportement potentiellement viral. L'émulation de code est particulièrement adaptée à la lutte contre les virus polymorphes. Cette technique souffre toutefois des mêmes limitations que son homologue purement dynamique.

4 Conclusion

Les aspects génériques de la virologie informatique ont été abordés dans ce chapitre. Ils montrent que la gestion des virus impose de considérer en permanence l'aspect « attaque » (étude des techniques virales, recherche prospective, imagination et anticipation des nouvelles menaces) et l'aspect « défense » (analyse de codes viraux, veille technologique, mise au point de nouvelles techniques de détection...). Négliger l'un au profit de l'autre ne peut qu'avoir des conséquences préjudiciables.

Enfin, il est un aspect intéressant des codes « autoreproducteurs » qu'il convient de ne pas oublier, même s'il est encore l'objet de vifs débats : celui des applications bénéfiques. La capacité d'autoreproduction d'un code permet de résoudre élégamment et de manière plus efficace que des codes traditionnels, un grand nombre de problèmes : virus enquêteurs, vers administrateurs de réseaux, virus ou vers antivirus, protection des données sensibles, calcul distribué... Le lecteur trouvera dans (Filiol, 2003, chap. 11) une présentation détaillée concernant les virus « utiles ».

Bibliographie

Adleman L. M. (1988), "An Abstract Theory of Computer Viruses", In *Advances in Cryptology - CRYPTO'88*, p. 354-374, Springer Verlag.

Brulez N. et Filiol E. (2003), « Analyse d'un ver ultra rapide : Sapphire/Slammer », *MISC, Le journal de la sécurité informatique*, N 8.

Burks A. W. (1970), *Essays on Cellular Automata*, University of Illinois Press, Urbana and London.

Chess D. M. et White S. R. (2000), "An undetectable computer virus", *Virus Bulletin Conference*, September.

Cohen F. (1986), *Computer Viruses*, Ph. D Thesis, University of Southern California.

Filiol E. (2002), « Le virus CIH dit Chernobyl », *MISC, Le journal de la sécurité informatique*, N 3, p. 13-17.

Filiol E. (2003), *Les virus informatiques : théorie, pratique et applications*, Paris, Springer, Collection « Iris ».

Filiol E. (2004), « Le ver MyDoom », *MISC, Le journal de la sécurité informatique*, N 13, p. 4-7.

Filiol E. (2004), « Évolution des idées en virologie informatique », *Actes du 7e Colloque d'Histoire de l'Informatique et de Télécommunications - CHIR 2004*, Rennes, Éditions Irisa/INRIA Rennes, p. 155-170.

Filiol E. (2004), « Analyses de codes malveillants pour mobiles : le ver CABIR et le virus DUTS », *MISC, Le journal de la sécurité informatique*, n° 16, p. 20-22.

Filiol E. (2005), « Whale, le virus se rebiffe », *MISC, Le journal de la sécurité informatique*, N 19, p. 16-19.

Filiol E. (2005), "Strong Cryptography Armoured Computer Viruses Forbidding Code Analysis : the Bradley virus", In *Proceedings of the 14th EICAR Conference*, p. 201–217.

Filiol E. (2005), « Évaluation des logiciels antiviraux : quand le marketing s'oppose à la technique ». *Journal de la sécurité informatique*, MISC 21, septembre 2005.

Hoglund G. et Bulter J. (2005), *Rootkits - Subverting the Windows kernel*, Addison Wesley Professional.

Ilachinski A. (2001) *Cellular Automata : A Discrete Universe*, World Scientific.

Lagadec P. (2003), «Formats de fichiers et codes malveillants», *Actes de la conférence SSTIC 2003*, p. 198-214, www.sstic.org. Une version actualisée est disponible sur http://www.ossir.org/windows/supports/liste-windows-2003.shtml

Spinellis D. (2003) "Reliable Identification of Bounded-length Viruses is NP-complete", *IEEE Transactions in Information Theory*, Vol. 49, n° 1, janvier.

Thatcher J. (1962) "Universality in the von Neumann cellular model", p. 132-186 in (Burks, 1970).

Von Neumann J. (1966), *Theory of Self-reproducing Automata*, edited and completed by Burks, A. W., Urbana and London, University of Illinois Press.

Zuo Z. et Zhou M. (2004), "Some further theoretical results about computer viruses", *The Computer Journal*, Vol. 47, n° 6.

Sécurité des bases de données

Frédéric Cuppens, Philippe Pucheral

Mots-clés : bases de données, confidentialité, intégrité, disponibilité, contrôle d'accès et d'usage.

Résumé : la protection des bases de données est devenue un véritable challenge face à de multiples menaces: attaques externes et internes, croisement de bases de données, hébergement de données, utilisation illicite du contenu, etc. Si la législation impose certaines règles de protection des données, encore faut-il être capable de les mettre en œuvre dans un système d'information. L'objet de ce chapitre est précisément d'étudier ce point. Seront abordés les aspects suivants: définition de la sécurité des bases de données en termes de confidentialité, intégrité et disponibilité, modélisation du contrôle d'accès, déclaration des politiques de contrôle d'accès, classification des attaques et contre-mesures. Les concepts et mécanismes introduits seront illustrés dans un contexte de bases de données relationnelles et de bases de données XML.

La protection du contenu des bases de données est devenue une des préoccupations majeures des individus, des administrations et des entreprises et constitue aujourd'hui un véritable challenge pour la communauté scientifique. Il convient de s'interroger sur les causes de ce phénomène avant de s'intéresser aux mécanismes de protection en eux-mêmes.

L'omniprésence des bases de données est indubitablement le premier facteur de risques. La mise en place de grands systèmes d'informations gérant des données personnelles, comme par exemple le dossier médical partagé (*J.O.*, 2004), génère des débats passionnés entre représentants de la CNIL, professionnels et représentants de la société civile sur la propriété des données et le respect du consentement des individus. À l'autre bout du spectre, les bases de données se miniaturisent (agenda sur assistant personnel, carnet d'adresses sur téléphone cellulaire, etc.) et vont jusqu'à s'intégrer de façon transparente dans les objets les plus usuels (puces pour la domotique, les transports, la santé, etc.). Ces objets, constituant le tissu de l'intelligence ambiante, accumulent des données historiques sur les habitudes de leur porteur dans le but de lui offrir un service personnalisé. Mais une fois décrites, organisées et centralisées, même les données les plus insignifiantes deviennent sensibles.

L'interconnexion croissante des bases de données est un second facteur de risques. De nombreuses bases de données sont librement accessibles via l'Internet et leur contenu est désormais indexé par des moteurs de recherche de plus en plus intrusifs. Le recoupement de données en est d'autant facilité. Le croisement de bases de données commerciales et gouvernementales est parfois même autorisé par la législation sous couvert de lutte contre le terrorisme (par exemple CAPPS-II: *Computer Assisted Passenger Pre-Screening System*).

Parallèlement, la complexité d'administration des systèmes de gestion de bases de données (SGBD) a fait naître une tendance à l'externalisation des systèmes d'informations des petites et moyennes entreprises au profit d'hébergeurs de données. Se pose alors la question légitime de la confiance que le propriétaire des données prête à ces prestataires de services. Enfin, le dernier facteur de risque est lié à la vulnérabilité des serveurs face aux attaques. Les rapports sur la criminalité informatique placent les SGBD au premier rang des cibles d'attaques et précisent que près de la moitié des attaques proviennent de l'intérieur (CSI et FBI, 2004). Malgré quelques annonces commerciales (rapidement démenties par les faits), le principe de SGBD inviolable paraît bien illusoire.

Face à ces menaces, les points de vue divergent selon les États pour protéger les données à caractère personnel (voir le chapitre «Lecture juridique de la sécurité informatique»). Alors que les États-Unis privilégient une certaine forme d'autorégulation, l'Europe se dote d'un arsenal législatif plus contraignant avec la directive européenne du 24 octobre 1995. La France est également, et depuis longtemps, active dans le domaine de la protection de la vie privée avec la loi du 6 janvier 1978. Le problème n'est cependant pas simplement législatif. Encore faut-il être capable de mettre au point les mécanismes permettant de faire respecter les règles édictées. L'objectif de ce chapitre est précisément d'étudier les principes qui sous-tendent ces mécanismes et leur mise en œuvre.

Le chapitre est organisé comme suit. Une définition de la sécurité des bases de données est donnée, en termes de propriétés, ainsi qu'une classification des attaques pouvant porter atteinte à ces propriétés. Un cas d'école virtuel est décrit § 2 (une base de données avec ses règles de contrôle d'accès) dont l'objectif est de servir d'exemple illustratif tout au long du chapitre. Puis sont décrits (§ 3) Les principes fondamentaux des modèles de contrôle d'accès permettant de déclarer ce qui est communément appelé une politique de contrôle d'accès, à savoir un ensemble de règles précisant *qui* est habilité à faire *quoi* sur *quelles données*. Ces principes sont illustrés dans le cas des bases de données relationnelles. Les attaques visant à contourner le contrôle d'accès mis en œuvre par le SGBD et aux contre-mesures envisageables sont présentées § 5, et le cas particulier du contrôle d'accès pour des bases de données XML § 6.

1 Définitions de base

Lorsque l'on souhaite sécuriser un système d'information (SI), la première question que l'on doit se poser est : à quelles menaces ce SI doit-il faire face ? L'analyse de risque permet d'identifier ces menaces. La politique de sécurité a ensuite pour but de réglementer le SI afin de mettre en place des protections efficaces pour répondre aux menaces identifiées par l'analyse de risque. Une fois cette politique définie, il faut pouvoir la mettre en œuvre, c'est-à-dire configurer les composants de sécurité afin d'appliquer la politique de sécurité sur le SI.

La définition de la politique de sécurité d'un SI doit être globale. Ainsi, lorsque le SI contient un système de gestion de base de données (SGBD), la politique de sécurité ne doit pas se limiter à contrôler l'accès au SGBD. En effet, un attaquant en profitera alors pour attaquer le réseau par lequel les données sont transmises ou le système d'exploitation sur lequel est installé le SGBD. La politique de sécurité du SI doit également s'intégrer dans une politique de sécurité organisationnelle qui définira par exemple les moyens physiques à mettre en place pour contrôler l'accès aux locaux hébergeant le SI et sensibilisera les utilisateurs du SI aux risques informatiques.

Garantir la sécurité d'un SI quelconque revient à assurer trois propriétés fondamentales : (1) la *confidentialité* assurant que seules les personnes autorisées ont accès aux ressources du système, (2) *l'intégrité* garantissant que ces ressources ne sont pas corrompues et (3) la *disponibilité* assurant un accès permanent à ces ressources. Ces propriétés peuvent être plus précisément définies dans un contexte bases de données de la façon suivante :

- *confidentialité des données :* dans une base de données, les ressources sont caractérisées par les données stockées dans la base ainsi que par les traitements activables sur ces données. Le respect de cette propriété est conditionné par la mise en œuvre d'une politique de contrôle d'accès qui précise qui a le droit d'accéder à quelle information. L'accès s'entend ici dans le sens visualisation et l'information peut être une donnée physiquement stockée dans la base ou le résultat d'un traitement sur ces données.
- *intégrité des données :* l'intégrité des données doit protéger le contenu de la base et des messages échangés contre toute modification illicite. Par modification illicite, on entend destruction de données, altération (remplacement d'une donnée valide par une donnée invalide), substitution (remplacement d'une donnée valide par une autre donnée valide) et rejeu (remplacement d'une donnée valide par une ancienne version de cette même donnée). Le respect de cette propriété est à nouveau conditionné par la mise en œuvre d'une politique de contrôle d'accès précisant qui est habilité à modifier quelle information.
- *disponibilité des données :* cette propriété garantit que les données restent toujours accessibles et les traitements qui s'appliquent dessus toujours activables dans le respect de contraintes temporelles et de performances. L'objectif est en particulier de se prémunir contre des attaques en déni de service.

Dans un monde parfait où les acteurs useraient de leurs privilèges sans en abuser, ces trois propriétés seraient assurées sans nécessité de contrôle. Dans un monde réel, le SGBD se doit de mettre en œuvre des contrôles inviolables pour faire face à des usages malveillants. La garantie d'inviolabilité doit s'appliquer à toute la chaîne reliant un utilisateur aux données accédées (voir le chapitre «Sécurité des réseaux et des systèmes»). Cette garantie ne peut être obtenue que sous l'hypothèse de l'existence d'un *noyau de sécurité* ou *Trusted Computing Base* (TCB).

Par définition inviolable et incontournable, le noyau de sécurité est l'unique élément de confiance du système. Il assure des fonctions de base telles que l'authentification des utilisateurs (prouver que l'utilisateur est bien celui qu'il prétend être), l'application d'une politique de contrôle d'accès (ne permettre à cet utilisateur que ce qui lui est autorisé) et l'établissement de canaux sécurisés entre les différents éléments du système (ex: intégrité des messages échangés). Un noyau de sécurité est constitué d'éléments logiciels et/ ou matériels.

Les fonctions présentes dans le noyau de sécurité ont pour objectif d'étendre la sphère de confiance à l'ensemble de l'architecture. Elles constituent donc les briques de base de tout mécanisme de sécurité. Ces mécanismes dépendent eux-mêmes du type d'attaque considéré (voir le chapitre «Preuve et vérification pour la sécurité et la sûreté»). Nous proposons une classification des attaquants (et donc des attaques) adaptée aux bases de données. Cette classification est déterminée par les privilèges initiaux détenus par un attaquant et la façon dont il peut en abuser:

- *utilisateur:* un utilisateur dûment authentifié peut croiser les résultats d'un ensemble de requêtes autorisées pour en déduire une information qui lui est interdite. On parle alors d'attaque par *inférence*;
- *pirate distant:* un pirate distant est supposé capable d'intercepter et de modifier les communications émanant d'un serveur ou à destination de ce serveur. Cette capacité est source de multiples attaques (usurpation d'identité, rejeu, violation de confidentialité, déni de service, etc.);
- *pirate local:* un pirate local peut essayer de prendre le contrôle de la machine sur laquelle s'exécute le serveur du SGBD. Il peut ainsi mener des attaques dirigées sur l'empreinte disque de la base de données, c'est-à-dire l'ensemble des fichiers que le SGBD utilise pour gérer la base de données;
- *administrateur des données:* un DBA (*Data Base Administrator*) à tous les privilèges nécessaires pour administrer la base de données (création des utilisateurs, administration des droits, outils d'audit pour observer et modifier le comportement du SGBD). Utilisés à mauvais escient, ces privilèges permettent au DBA de contourner la plupart des mécanismes de sécurité;
- *dépositaire des données:* le dépositaire des données est la personne ou l'entité exploitant la base de données. À ce titre, il définit les politiques de contrôle d'accès sur les données qu'il crée ainsi que sur celles qui lui sont confiées par des tiers. Pour ces dernières, il doit respecter une charte de protection de la confidentialité et de l'intégrité (ex: charte de confidentialité des sites Web, charte de non-piratage d'une donnée numérique acquise légalement). Lorsque cet engagement est purement moral, il peut être violé et constituer une attaque *d'usage illicite*.

Cette classification n'est pas étanche dans le sens où, par exemple, un pirate distant peut usurper l'identité d'un DBA. Elle permet simplement de caractériser les attaques rendues possibles par l'acquisition de certains privilèges.

2 Exemple illustratif

Cette partie présente un cas d'étude illustrant la définition d'une politique de contrôle d'accès sur une base de données. Ce cas d'étude servira d'exemple de référence tout au long du chapitre. Pour faciliter sa compréhension, nous rappelons brièvement quelques concepts essentiels des bases de données relationnelles. Une introduction plus complète aux bases de données peut être trouvée dans le chapitre «Bases de données relationnelles» de la section I/5.

Une base de données relationnelle est constituée d'un ensemble de *tables*. Dans l'exemple ci-dessous, la base est composée de trois tables `Client`, `Employe` et `Compte` décrivant respectivement les clients de chaque agence d'une banque, les employés des agences de cette banque et enfin les comptes bancaires avec leur propriétaire et leur solde. Chaque table est définie en intention par un *schéma*, c'est-à-dire une liste d'*attributs* associés à leur *domaine* de variation. Par exemple, l'attribut `solde` de la table `Compte` varie sur le domaine des réels. L'extension d'une table est constituée par l'ensemble des instances, appelés *tuples*, conformes à ce schéma. Pour simplifier, on peut faire un parallèle entre table et fichier, entre tuple et enregistrement et entre attribut et champ. Chaque table possède une clé, c'est-à-dire un attribut ou un groupe d'attributs déterminant un tuple unique à l'intérieur de cette table. Dans l'exemple, la clé de chaque table est soulignée. Une table est donc un ensemble de tuples sans doublon. Des opérateurs permettent de manipuler ces ensembles de tuples: union, différence, intersection, produit, projection (sélection d'un sous-ensemble d'attributs d'une table), restriction (sélection d'un sous-ensemble de tuples d'une table) et jointure (composition de deux tables selon un critère particulier, comme par exemple `Client.id_client = Compte.id_client` permettant d'associer chaque client à tous ses comptes bancaires). Ces opérateurs sont à la base du langage d'interrogation de bases de données SQL (Gennick, 2003). Dans sa forme la plus simplifiée, une requête de recherche SQL s'exprime par les clauses :

```
Select <attributs de projection>
From <tables >
Where <restriction/jointure>
```

Un autre concept essentiel des bases de données relationnelles, est le concept de *vue*. Ce concept, qui joue un rôle central dans la déclaration des droits d'accès, est présenté plus en détail § 3.2. Dans la suite de ce chapitre, nous prenons l'exemple d'une politique de contrôle d'accès s'appliquant à la base de données bancaire suivante :

```
Client(id_client, id_agence)
Employe(id_employe, id_agence)
Compte(id_compte, id_client, solde)
```

Les règles de contrôles d'accès correspondant aux différentes classes d'utilisateurs clients, guichetiers et responsables clientèle de chaque agence sont :

- R1 : un guichetier peut consulter la table client.
- R2 : un client peut consulter le solde de ses comptes.
- R3 : un responsable clientèle peut insérer un nouveau client de l'agence dans laquelle il est employé.
- R4 : pendant les heures de travail, un guichetier peut consulter et mettre à jour le solde des comptes de n'importe quel client.

3 Modèles de contrôle d'accès

3.1 Politique de contrôle d'accès

Développer une base de données sécurisée suppose l'expression d'une politique de contrôle d'accès qui définit à quelles conditions un utilisateur est autorisé à accéder à une information et à quelles conditions cet accès doit au contraire lui être interdit. La politique de contrôle d'accès est un des éléments définissant la politique de sécurité (voir le chapitre « Politique de sécurité » de la section II/4). De manière plus formelle, la politique de contrôle d'accès peut être représentée par un ensemble de règles exprimant qu'un sujet peut exécuter une certaine action sur un objet géré par le SI :

- Le *sujet* est l'entité active du SI. Il désigne le plus souvent un utilisateur ou une application qui va interagir avec le SI.
- L'*objet* est l'entité passive du SI. Il désigne une information ou une ressource à laquelle un sujet peut accéder pour réaliser une action.
- L'*action* désigne l'effet recherché lorsqu'un sujet accède à un objet. On peut par exemple consulter un compte ou accorder un prêt à un client.

La façon la plus simple d'exprimer une politique de contrôle d'accès consiste donc à exprimer un ensemble de triplets <sujet, action, objet> appelés listes de contrôle d'accès (ACL, *Access Control List*). Le modèle HRU (Harrisson et *al.*, 1976) propose de représenter les ACL sous forme d'une matrice, les lignes de la matrice correspondant aux sujets, les colonnes aux objets et les cases de la matrice représentant les actions autorisées.

Dans ce cas, la décision d'accepter ou de refuser une requête dépend de l'identité de l'utilisateur formulant la requête. Une fois l'utilisateur authentifié et son identité connue, la matrice de contrôle d'accès permet de complètement déterminer l'ensemble des droits de cet utilisateur. Dans la suite, nous dirons que ce type de politique de contrôle d'accès est basé sur l'identité de l'utilisateur (IBAC, *Identity Based Access Control*).

La norme SQL/92 (Gennick, 2003) permet d'exprimer et de mettre en œuvre une politique IBAC dans un SGBD relationnel. Ainsi, reprenons l'exemple bancaire introduit précédemment. Supposons que Jean soit un guichetier de la banque. La règle R1 « Un guichetier peut consulter la table client » s'applique à Jean et s'exprime en utilisant l'instruction `GRANT` de SQL de la façon suivante :

```
GRANT SELECT ON Client TO Jean;
```

L'interprétation de cette instruction sous forme d'une matrice de contrôle d'accès est simple. Elle correspond à l'insertion du triplet <`Jean`, `SELECT`, `Client`> dans la matrice, `Jean` désignant ici l'identifiant que l'utilisateur Jean utilise pour s'identifier auprès du SGBD bancaire.

L'instruction `GRANT` permet donc d'accorder un droit à un utilisateur de réaliser une action (par exemple `SELECT`, `INSERT`, `UPDATE` ou `DELETE`) sur la base de données. L'instruction `REVOKE` réalise l'opération inverse, c'est-à-dire la suppression d'un droit, par exemple :

```
REVOKE SELECT ON Client TO Jean;
```

On peut remarquer que la norme SQL ne permet de spécifier que des autorisations positives (ou permissions) en utilisant l'instruction `GRANT`. L'expression d'autorisations négatives (ou interdictions) n'est pas possible. En fait, SQL suppose que la politique de contrôle d'accès est dite « fermée » : si la politique de contrôle d'accès ne spécifie pas explicitement une permission, alors l'accès sera interdit. L'hypothèse inverse, « si la politique de contrôle d'accès ne spécifie pas explicitement une interdiction, alors l'accès sera permis », est dite politique de contrôle d'accès « ouverte ». C'est dernière hypothèse n'est que rarement utilisée dans les SI actuels.

3.2 Structuration des objets: les vues

La règle R1 est simple car elle donne l'accès à l'ensemble de la table `Client`. La plupart du temps, un utilisateur n'aura pas la permission d'accéder à l'ensemble du contenu d'une table. Ainsi, considérons la règle R2 «Un client peut consulter le solde de ses comptes» et supposons que Marie soit une cliente de la banque. Dans ce cas, Marie ne doit avoir accès qu'à ses propres comptes.

On peut exprimer une telle restriction en SQL en définissant une vue `Comptes_de_Marie` de la façon suivante:

```
CREATE VIEW Comptes_de_Marie AS
SELECT * FROM Compte
WHERE id_client = 'Marie';
```

On peut ensuite accorder à Marie un droit de consultation sur cette vue:

```
GRANT SELECT ON Comptes_de_Marie TO Marie;
```

La définition de la vue `Comptes_de_Marie` permet d'exprimer la règle R2 dans le cas de Marie mais cette approche est quelque peu fastidieuse car il faudrait écrire une telle vue pour chaque client de la banque. En fait, il est possible d'écrire en SQL une vue unique pour l'ensemble de clients en utilisant la variable `USER`:

```
CREATE VIEW Comptes_Client AS
SELECT * FROM Compte
WHERE id_client = USER;
```

La variable `USER` s'unifie automatiquement avec l'identificateur de l'utilisateur qui formule la requête. Ainsi, si Marie pose une requête sur la vue `Comptes_Client`, alors cette vue sera identique à la vue `Comptes_de_Marie`.

Techniquement, une vue SQL correspond à n'importe quelle expression `SELECT`, `FROM`, `WHERE` à laquelle un nom a été donné. Utilisée pour exprimer une politique de contrôle d'accès, une vue permet de regrouper un ensemble de tuples sur lesquels s'applique une même règle de contrôle d'accès. Une vue n'est pas matérialisée statiquement mais évaluée dynamiquement lorsqu'une requête fait appel à cette vue. Le SGBD applique alors un mécanisme de réécriture ou «*view expansion*» pour remplacer la vue par sa définition. C'est à ce moment que la variable `USER` apparaissant dans la vue `Comptes_Client` est remplacée par l'identificateur de l'utilisateur qui pose la requête.

Les règles R1 et R2 donnent des droits de consultation (`SELECT`) à certains utilisateurs. Nous allons maintenant étudier comment accorder des droits de mise à jour (`INSERT` ou `UPDATE`). Par exemple, considérons la règle R3 «Un responsable clientèle peut insérer un nouveau client de l'agence dans laquelle il est employé». Supposons que Pierre soit un responsable clientèle de la banque. L'expression de cette règle se fait de la façon suivante:

```
CREATE VIEW Client_Agence AS
SELECT * FROM Client
WHERE id_agence IN
 (SELECT id_agence FROM Employe
 WHERE id_employe = USER)
WITH CHECK OPTION;
GRANT INSERT ON Client_Agence TO Pierre;
```

Cette expression amène deux remarques. Tout d'abord, la plupart des SGBD n'acceptent des mises à jour que sur des vues qui correspondent à des sélections sur des tables de base. Ceci explique que la définition de la vue `Client_Agence` s'exprime par des requêtes imbriquées plutôt que des jointures. Ensuite, la clause `WITH CHECK OPTION` a pour objectif d'interdire toute mise à jour de la vue qui violerait la définition de cette vue, et ainsi d'empêcher Pierre de créer un nouveau client dans une agence qui n'est pas la sienne. Dans la pratique, il est recommandé d'utiliser l'instruction `WITH CHECK OPTION` dans toutes les définitions de vues. C'est ce que nous ferons dans la suite.

3.3 Structuration des sujets: les rôles

Nous venons de montrer que les vues constituent un moyen élégant et puissant de structurer les objets. Néanmoins, reprenons l'expression de la règle R2 proposée précédemment. En utilisant l'instruction `GRANT`, il va falloir accorder, à chaque client de la banque, un droit d'accès sur la table `Comptes_Client`. Ceci peut rapidement devenir fastidieux lorsque le nombre de clients de la banque est grand. De plus, chaque fois qu'un nouveau client est créé ou qu'un client existant est supprimé, il va falloir mettre à jour la politique de sécurité pour accorder ou supprimer les droits de cet utilisateur.

C'est pour structurer davantage l'expression de la politique de contrôle d'accès et en faciliter l'administration que le concept de rôle a été introduit (Sandhu et *al.*, 1996). Ainsi, dans le modèle RBAC (*Role Based Access Control*), les droits ne sont plus directement accordés aux utilisateurs mais aux rôles. Les utilisateurs obtiennent ensuite les droits en fonction du rôle qu'ils jouent dans l'organisation. Le modèle RBAC propose également de structurer les rôles hiérarchiquement et d'associer un mécanisme d'héritage des droits à cette hiérarchie.

Le concept de rôle a été introduit dans le langage SQL depuis la norme SQL/99 (Lentzner, 2004) et plusieurs SGBD relationnels (par exemple Oracle ou PostgreSQL) implantent la gestion des rôles conformément au modèle RBAC. En SQL, les instructions suivantes permettent de créer les rôles `Guichetier` et `Responsable_Clientèle`:

```
CREATE ROLE Guichetier;
CREATE ROLE Responsable_Clientèle;
```

On peut ensuite respectivement accorder à tous les guichetiers un droit SELECT sur la table Client et à tous les responsables clientèles un droit INSERT sur la vue Client_Agence:

```
GRANT SELECT ON Client TO Guichetier;
GRANT INSERT ON Client_Agence TO
Responsable_Clientèle;
```

Il suffit ensuite d'affecter Pierre au rôle de Responsable_Clientèle pour qu'il obtienne automatiquement le droit INSERT sur la table Client-_Agence:

```
GRANT Responsable_Clientèle TO Pierre;
```

Le modèle RBAC permet également de structurer hiérarchiquement les rôles afin qu'un rôle senior (par exemple Responsable_Clientèle) puisse hériter des droits d'un rôle junior (par exemple Guichetier). Enfin, le modèle RBAC introduit la notion de session. Dans une session, un utilisateur, pour obtenir des droits, doit activer certains des rôles qui lui ont été accordés. Des contraintes peuvent être imposées sur cette activation (par exemple, certains cumuls de rôles dans une même session peuvent être interdits).

3.4 Structuration des actions: les activités

Dans le modèle IBAC, le modèle de contrôle d'accès le plus simple, l'expression de la politique de sécurité consiste à énumérer des triplets <sujet, action, objet>. Nous avons vu précédemment qu'il est commode d'introduire des «abstractions» des sujets et des objets pour exprimer la politique de sécurité. En suivant cette ligne directrice, on peut de façon naturelle envisager de structurer les actions.

Le modèle Or-BAC (Cuppens et Miège, 2003), propose une telle structuration des actions en introduisant le concept d'activité. Par exemple, on peut définir une activité METTRE_A_JOUR regroupant les opérations INSERT, UPDATE et DELETE et accorder les droits de réaliser cette activité:

```
GRANT METTRE_A_JOUR ON Client_Agence
TO Responsable_Clientele;
```

Une telle structuration des actions n'existe pas actuellement dans la norme SQL. La seule structuration proposée par SQL pour éviter l'énumération des actions dans une instruction GRANT consiste à utiliser l'abréviation ALL PRIVILEGES.

3.5 Structuration des bases de données: les organisations

Le modèle Or-BAC, déjà mentionné, propose d'utiliser le concept d'organisation pour structurer l'expression d'une politique de contrôle d'accès. L'idée centrale de ce modèle est de considérer qu'une politique de sécurité est définie par une organisation, une banque dans notre exemple; les différents rôles, vues et activités introduits précédemment sont en fait des concepts organisationnels utilisés par la banque pour structurer sa politique de contrôle d'accès.

L'un des intérêts du concept d'organisation est qu'il est ensuite possible de structurer hiérarchiquement les organisations. Par exemple, la banque traitée dans notre exemple pourrait avoir deux sous-organisations, une banque de dépôt et une banque d'entreprise. La politique de contrôle d'accès s'appliquant à la banque peut ainsi être raffinée pour prendre en compte les spécificités de chaque sous-organisation. Par exemple, le rôle responsable clientèle peut différer suivant qu'il est défini par la banque de dépôt ou par la banque d'entreprise. On peut également considérer qu'un rôle défini par une sous-organisation hérite des droits du même rôle défini par l'organisation supérieure dans la hiérarchie.

Un autre intérêt du concept d'organisation est qu'il permet de définir la politique de sécurité associée aux interactions entre deux organisations, par exemple deux banques différentes. Les applications sont nombreuses, en particulier pour exprimer la politique de contrôle d'accès de bases de données distribuées gérées par des organisations différentes. Par conséquent, la prise en compte de ce concept d'organisation dans un SGBD paraît importante, mais constitue un problème de recherche restant à étudier.

3.6 Expression de droits contextuels

Le modèle Or-BAC introduit également la notion de règle contextuelle. La règle «R4: Pendant les heures de travail, un guichetier peut consulter et mettre à jour le solde des comptes de n'importe quel client» donne un exemple de règle contextuelle. La condition «Pendant les heures de travail» est un contexte temporel qui doit être satisfait pour que la règle soit applicable.

SQL ne permet pas d'exprimer directement la notion de contexte. En revanche, il est possible d'exprimer la règle R4 en intégrant la condition contextuelle dans l'expression de la vue. En supposant que les guichetiers commencent à travailler à 9 heures et terminent à 18 heures, on peut ainsi exprimer la règle R4 en définissant une «vue contextuelle» de la façon suivante:

```
CREATE VIEW Comptes_Heure_Travail AS
SELECT * FROM Compte
WHERE to_char(SYSDATE,'HH24:MI:SS') >=
'09:00:00' AND to_char(SYSDATE,'HH24:MI:SS')
<= '18:00:00'
WITH CHECK OPTION;
```

```
GRANT SELECT, UPDATE(solde) ON
Comptes_Agence TO Guichetier;
```

La vue Comptes_Heure_Travail est assez particulière car son contenu change au cours du temps, même si les données de la table Compte ne sont pas mises à jour. En dehors des heures de travail, un guichetier peut accéder à cette vue mais son contenu sera vide puisque la condition WHERE de la vue ne sera pas satisfaite. En dehors des heures de travail, un guichetier ne peut mettre à jour la vue car toute tentative d'insertion dans cette vue viole la condition temporelle de définition de la vue. Cette tentative d'insertion sera donc rejetée par l'instruction WITH CHECK OPTION. Remarquons enfin que le droit UPDATE n'est pas accordé aux guichetiers sur l'ensemble des attributs de la table COMPTE mais uniquement sur l'attribut solde. En SQL, le droit UPDATE est le seul à fournir la possibilité de préciser les attributs sur lesquels le droit s'applique.

D'autres conditions contextuelles sont envisageables. Le modèle Or-BAC en propose une taxonomie (Cuppens et Miège, 2003) : contexte temporel comme ci-dessus, contexte spatial dépendant du lieu où est formulée la requête, contexte provisionnel dépendant des actions passées déjà réalisées dans le SI, contexte déclaré par l'utilisateur comme par exemple VACANCES.

La norme SQL actuelle ne permet pas d'exprimer l'ensemble de ces conditions contextuelles. En particulier, l'expression des contextes provisionnels est un besoin important que ne prend pas en compte SQL et qui nécessite des travaux de recherche futurs.

3.7 Administration de la politique de contrôle d'accès

L'administration d'une politique de contrôle d'accès proposée par SQL repose sur le modèle discrétionnaire (DAC, *Discretionary Access Control*) (Harrisson et *al.*, 1976). Le créateur d'une table devient son propriétaire et peut « à sa discrétion » définir les droits d'accès accordés à cette table aux autres utilisateurs.

Précédemment, nous avons présenté les droits SELECT, INSERT, UPDATE et DELETE. Il est possible d'accorder en SQL de nombreux autres droits comme par exemple CREATE USER (pour créer un nouvel utilisateur) ou CONNECT (indispensable pour qu'un utilisateur puisse se connecter à la base).

Le propriétaire d'une table peut accorder un droit sur cette table à un utilisateur ou un rôle avec la possibilité pour cet utilisateur ou ce rôle de transmettre ce droit. Il faut pour cela utiliser l'instruction « WITH GRANT OPTION » de la manière suivante :

```
GRANT SELECT ON EMPLOYE TO
RESPONSABLE_CLIENTELE
WITH GRANT OPTION;
```

Le responsable clientèle peut à son tour accorder un droit SELECT sur la table EMPLOYE à n'importe quel autre utilisateur. En SQL, il n'est pas possible de restreindre davantage la transmission des droits, par exemple exprimer qu'un responsable clientèle peut accorder un droit sur la table EMPLOYE à un guichetier de son agence mais pas à un client de la banque.

Le modèle d'administration des droits proposés par SQL repose donc entièrement sur la confiance accordée aux utilisateurs qui ont le pouvoir de mettre à jour la politique de contrôle d'accès (l'administrateur de la base, les propriétaires des tables ainsi que les utilisateurs qui possèdent un droit sur une table avec WITH GRANT OPTION).

3.8 Contrôle de flux et politique de sécurité par mandats

L'hypothèse de confiance accordée aux utilisateurs dans le modèle DAC mis en œuvre par SQL s'applique également aux programmes exécutés par ces utilisateurs. Malheureusement, cette hypothèse peut être exploitée par des agents malveillants pour contourner les contrôles de sécurité en introduisant des applications piégées qui seront utilisées à leur insu par les utilisateurs légitimes. Ces applications piégées portent le nom de « chevaux de Troie ».

Les politiques de sécurité par mandats (MAC, *Mandatory Access Control*) (Bell et LaPadula, 1976) ont été définies pour se protéger contre les attaques par chevaux de Troie visant à transmettre illégalement des informations confidentielles. Dans une politique de sécurité par mandats, chaque objet reçoit une mention de sécurité appelée classification et les utilisateurs une habilitation. Ces politiques visent ensuite à empêcher les déclassifications des objets par des programmes piégés. Les contrôles de sécurité sont définis suivant que l'action considérée effectue des opérations de lecture ou d'écriture : une opération de lecture est autorisée si le niveau d'habilitation du sujet est supérieur ou égal au niveau de classification de l'objet (*no read up*) et une opération d'écriture est autorisée si le niveau d'habilitation du sujet est inférieur ou égal au niveau de classification de l'objet (*no write down*).

Les politiques de contrôle de flux dépassent donc les principes du contrôle d'accès. Il s'agit non seulement de contrôler l'accès aux informations mais également toute recopie (ou plus généralement, toute transmission) illégale d'une information. On parle alors de contrôle de flux.

Certains SGBD actuels permettent de mettre en œuvre une politique de type MAC. Par exemple, le module OLS (Oracle Label Security, 2002) proposé par Oracle permet d'associer une classification aux différents tuples présents dans une table. OLS met ensuite en œuvre un mécanisme de filtrage des requêtes visant à garantir que la réponse à la requête ne contient que des tuples pour lesquels l'utilisateur posant la requête a reçu une habilitation.

Nous ne détaillons pas davantage les approches de type MAC dans ce chapitre et nous renvoyons à (Cuppens, 2003) pour plus de détail sur ce type de politiques de sécurité et sur les différentes architectures envisageables pour mettre en œuvre ces politiques dans un SGBD.

4 Attaques et contre-mesures

Les différents modèles permettant de définir une politique de contrôle d'accès ayant été introduits, étudions les attaques pouvant être conduites pour contourner ces politiques et détaillons les contre-mesures permettant d'y résister. L'organisation de cette partie reprend la classification des attaquants introduite § 1.

4.1 Attaques du pirate distant

Par pirate distant, nous entendons tout agent malveillant qui n'a pas un accès direct à la machine hôte hébergeant la base de données, mais qui peut tenter d'y avoir un accès indirectement: soit via le réseau par lequel transitent des informations envoyées ou émises par le SGBD, soit via une machine client dans une architecture client/serveur. Les attaques que peut tenter de réaliser un pirate distant sont très variées et il est naturellement impossible d'être exhaustif. Nous ne présentons donc que les attaques les plus représentatives.

Attaque par injection de code

Les premières attaques par injection de code SQL ont été conçues par le pirate Rain Forest Puppy et sont apparues en 1998. Elles fonctionnent dans les architectures client/serveur, le serveur hébergeant le SGBD étant accessible via un client offrant une interface de dialogue avec l'utilisateur dans un langage de script tel que PHP, JavaScript ou Visual Basic. Les échanges entre le client et le serveur s'effectuent par des requêtes générées par le client, évaluées par le SGBD, le résultat étant ensuite présenté à l'utilisateur par le client. De plus, le SGBD délègue une partie des contrôles de sécurité au client.

Le principe de ce type d'attaque est que le pirate va introduire au niveau de l'interface client des chaînes de caractère incorrectes qui vont lui permettre de détourner l'évaluation de la requête à son profit. Nous présentons une attaque contre la confidentialité mais en utilisant les mêmes principes, on peut réaliser d'autres types d'attaque contre l'intégrité ou l'authentification par exemple. Supposons qu'un client malveillant de la banque se soit authentifié et cherche à connaître le solde des comptes des autres clients. Supposons qu'une interface permette à ce client de consulter l'un de ses comptes via un script en Visual Basic qui construit les requêtes de consultation par l'instruction suivante :

```
Sql = "SELECT solde FROM Compte
WHERE id_client = '" & client & "'
AND id_compte = " & compte & ";"
```

Dans cette expression, `client` et `compte` correspondent respectivement au nom du client authentifié par l'interface et au numéro de compte que le client veut consulter. Le script utilise ces données pour construire une requête qui est transmise au SGBD. Par exemple, si le client s'appelle Jean et qu'il souhaite consulter le compte « 123456 », alors on obtient la requête :

```
SELECT solde FROM Compte
WHERE id_client = 'Jean'
AND id_compte = 123456;
```

Pour réaliser l'attaque, il suffit que Jean demande à consulter le compte `111111 OR 1 = 1`. Dans ce cas, la clause `WHERE` générée par le script devient :

```
id_client = 'Jean' AND id_compte = 111111
OR 1 = 1;
```

Compte tenu des règles de priorités entre le `AND` et le `OR` en SQL, cette expression est équivalente à 1 = 1, c'est-à-dire à vrai. La clause `WHERE` est donc toujours satisfaite et l'évaluation de la requête retourne les soldes de tous les comptes de la banque, et l'attaquant a ainsi atteint son objectif.

Pour éviter ce type d'attaque, Oracle a introduit le concept de bases de données privées virtuelles (VPD, *Virtual Private Database*) (Loney, 2004). Lorsqu'une application souhaitant accéder à un serveur active le module VPD, cette application amène avec elle un contexte qui permet au SGBD de connaître diverses informations telles que l'identificateur de l'utilisateur, son rôle, la machine hôte qui a émis la requête, etc. Ce contexte applicatif est utilisé par le SGBD pour transformer la requête de manière à garantir que son évaluation ne puisse pas avoir d'effet indésirable, comme c'est le cas pour les attaques par injection de code.

Usurpation d'identité

L'authentification d'un utilisateur auprès du SGBD se fait habituellement par le biais d'un mot de passe. Outre les attaques par force brute ou par dictionnaire qui peuvent permettre à un pirate d'obtenir illégalement un mot de passe, il faut également savoir que de nombreux comptes sont en général créés par défaut au moment où le SGBD est installé. À titre d'exemple, l'installation d'Oracle conduit à la création de plus d'une vingtaine de comptes ayant tous un mot de passe par défaut. Si l'administrateur n'a pas pris le soin de changer le mot de passe de tous ces comptes, le mot de passe par défaut sera utilisé par l'attaquant pour s'introduire de façon illégale dans le SGBD, souvent avec des privilèges élevés. Lors de la création d'un nouveau compte, un risque existe également si le mot de passe est transmis par courrier électronique (ce qui est fréquent), un pirate pouvant réussir à détourner le courrier pour récupérer le mot de passe. Pour limiter ce risque, des SGBD comme Oracle proposent des mécanismes d'authentification par certificats via un tiers de confiance (PKI, *Public Key Infrastructure*) et assurent une authentification mutuelle reposant sur le protocole Kerberos.

Risques liés aux transmissions des données entre le client et le serveur

Dans une architecture client/serveur, de nombreux risques sont associés à la transmission entre le client et le serveur hébergeant le SGBD : écoute passive, altération des requêtes ou des réponses, rejeu de requêtes, détournement de la connexion, etc. Les solutions pour limiter ces risques passent par l'application de mécanismes de chiffrement pour protéger les communications entre le client et le serveur. La plupart des SGBD actuels proposent de tels mécanismes. Par exemple, on peut activer sous Oracle le module Oracle Advanced Security (Oracle, 2002) qui assure le chiffrement de bout en bout des communications ainsi que la signature et la datation des messages pour éviter toute manipulation illégale des données ou rejeu des requêtes. Nous ne détaillons pas plus avant ces mécanismes car ils ne sont pas spécifiques aux bases de données.

Exploitation d'erreur de programmation

Les attaques reposant sur l'exploitation d'une erreur de programmation sont extrêmement nombreuses et permettent de mener des attaques très variées. Dans le contexte des SGBD, l'attaque la plus connue est probablement celle réalisée par le ver Saphire/Slammer en janvier 2003. Cette attaque simple à réaliser et qui exploite d'ailleurs une vulnérabilité connue depuis juillet 2002, a permis de rendre indisponible plus de 90 % des serveurs SQL Server dans le monde. L'attaque consiste à envoyer un simple paquet UDP de 404 octets qui provoque un débordement de pile et permet au ver de se propager vers d'autres serveurs. Ce ver est tout à fait remarquable par la vitesse à laquelle il s'est propagé, quelques minutes ayant suffi pour infecter la quasi-totalité des serveurs SQL Server du monde entier.

Contre ce type d'attaque, les techniques de protection sont en général inefficaces. Avant de pouvoir corriger l'erreur de programmation, il faut tout d'abord détecter l'attaque puis la bloquer au niveau des pare-feux (par exemple fermeture du port UDP 1434 utilisé par Slammer pour se propager). Lorsque des patchs sont disponibles, il est indispensable de les appliquer au SI.

4.2 Attaques du pirate local

L'attaque la plus classique pouvant être menée par un pirate local est celle dirigée contre l'empreinte disque de la base de données, c'est-à-dire les fichiers contenant physiquement les données. Ce type d'attaque peut porter atteinte aussi bien à la confidentialité qu'à l'intégrité ou la disponibilité des données.

Pour préserver la confidentialité, la seule solution robuste consiste à chiffrer les données avec un algorithme cryptographique éprouvé, aucune méthode artisanale ne résistant à la cryptanalyse. Dans un contexte de base de données, le choix de l'algorithme de chiffrement est guidé par des critères de robustesse (les données sont stockées pour longtemps et des attaques statistiques sont possibles), de performance (de gros volumes de données sont considérés et le temps d'exécution des requêtes doit rester acceptable) et de granularité (de petits blocs de données doivent pouvoir être chiffrés indépendamment, par exemple des attributs). Les algorithmes de chiffrement *par bloc* à clé secrète, par exemple DES (*Data Encryption Standard*) ou son successeur AES (*Advanced Encryption Standard*), répondent bien à ces critères. Ils prennent en entrée une chaîne d'octets de taille fixe (par exemple, 16 octets pour AES) et une clé (chaîne de bits) et délivrent en sortie une nouvelle chaîne d'octets indéchiffrable à l'échelle humaine pour quiconque ne possède pas la clé de chiffrement (voir le chapitre « Cryptographie »). Au-delà du choix de l'algorithme lui-même, le chiffrement pose plusieurs problèmes. Tout d'abord, il ne doit pas interférer avec le contrôle d'accès (deux sujets ayant accès à une même donnée doivent pouvoir partager la clé) ni se substituer à lui (les règles de contrôle d'accès sont dynamiques et peuvent s'appliquer à des objets virtuels, offrant une finesse de partage incomparable avec le chiffrement). Ensuite, chiffrer un attribut indexé génère un index contenant des valeurs chiffrées, limitant l'usage de cet index à des critères de recherche basés sur l'égalité (les algorithmes de chiffrement préservant l'ordre étant réputés non robustes). Enfin, plus le nombre de clés utilisées sera élevé, plus la quantité de données dévoilées en cas de cassage d'une clé sera faible et meilleure sera la protection. Se pose alors la question du stockage des clés et de leur association avec les données chiffrées. Clés et associations peuvent être stockées dans la base de données ou dans des fichiers externes (sur le serveur ou les clients) et doivent être à leur tour protégées (il s'agit de la racine de sécurité) et persistantes (au risque de ne plus pouvoir relire les données de la base). La majorité des éditeurs de SGBD proposent aujourd'hui des outils de chiffrement de bases de données (Oracle, 2002) (IBM, 2003).

S'il paraît difficile d'éviter des attaques portant atteinte à l'intégrité des données, et a fortiori à leur disponibilité en cas d'attaque destructrice, il est néanmoins possible de mettre en œuvre des mécanismes de détection. Des principes de sauvegarde des données permettront alors de restaurer une empreinte disque cohérente de la base de données. De nouveau, détecter une violation de l'intégrité des données passe par l'utilisation d'algorithmes cryptographiques. Des fonctions de hachage sans collision, telles que MD5 ou SHA (Schneier, 1996), permettent de générer une empreinte (chaîne de bits) d'une chaîne d'octets quelconque telle que toute modification de cette chaîne d'octets à un impact sur son empreinte. Le hachage peut s'appliquer a des attributs, des tuples, voire des ensembles de tuples (par exemple pour tester la complétude d'une table relationnelle).

4.3 Attaques de l'utilisateur

Un utilisateur une fois connecté à la base de données peut essayer d'obtenir des informations auxquelles la politique de contrôle d'accès lui interdit l'accès. Un exemple représentatif de ce type d'attaques est celle qu'un agent malveillant peut mener contre une base de données statistiques pour essayer d'inférer des informations confidentielles.

Dans une base de données statistiques, les requêtes qui permettent de calculer des informations d'agrégation (par exemple des totaux, des moyennes) sont autorisées alors que les requêtes sur des informations à caractère nominatif sont interdites. Ainsi, dans notre exemple bancaire, la requête «quelle est le solde de compte moyen des informaticiens?» est une requête autorisée alors que la requête «quelle est le solde de compte de Dupont?» est interdite.

La gestion de la confidentialité dans les bases de données statistiques est un problème complexe car il est souvent possible de déduire des informations sensibles en combinant plusieurs requêtes statistiques. Comme en font état (Denning et Denning, 1979): «Les requêtes statistiques contiennent des traces des informations initiales; un agent malveillant sera capable de reconstruire ces informations par le traitement d'un nombre suffisant de requêtes statistiques.» On peut remarquer que ce problème devient de plus en plus critique avec l'accroissement de l'utilisation des *entrepôts de données*.

Les travaux de recherche ont montré que de nombreuses techniques sont envisageables pour attaquer une base de données statistiques. À titre d'exemple, on peut citer les attaques par traqueur local ou global ainsi que les attaques par système linéaire. Un traqueur local est une expression booléenne qui permet de caractériser de façon unique un individu sur lequel l'attaquant essaye d'obtenir des informations confidentielles. Par exemple, un traqueur local pour Dupont peut être sa profession et la date de naissance de ses enfants. En général, si l'attaquant connaît un traqueur local, alors une attaque permettant d'obtenir des informations confidentielles sur cet individu est très rapide et ne nécessite qu'un petit nombre de requêtes statistiques. Le traqueur global généralise le principe du traqueur local. Il s'agit d'une expression booléenne qui peut être utilisée pour obtenir la réponse à n'importe quelle requête interdite. (Denning et Denning, 1979) ont montré que pour pratiquement toutes les bases de données statistiques, un traqueur global existe et il est habituellement facile à trouver. Enfin, même si l'on ne parvient pas à trouver un traqueur global, d'autres attaques restent possibles, par exemple les attaques par système linéaire. Il s'agit de formuler un ensemble de requêtes statistiques qui permettent de construire un système d'équations linéaires qu'il suffit de résoudre pour obtenir des informations confidentielles.

Les problèmes d'inférence d'informations confidentielles dans les bases de données statistiques constituent donc une menace bien réelle contre laquelle il n'existe pas actuellement de véritables parades. Les travaux de recherche ont montré que les méthodes visant à perturber les données sans altérer la précision des statistiques globales ont toutes des limites. Des travaux de recherche complémentaires reposant sur des techniques de détection d'intrusions sont actuellement menés. Par exemple, (Chung et *al.*, 1999) et (Lundin et Johnson, 2000) proposent des approches par analyse comportementale pour détecter les utilisations frauduleuses de la base de données.

4.4 Attaques de l'administrateur des données

Les attaques menées par un administrateur de données sont particulièrement difficiles à contrecarrer. Par définition, ce super-utilisateur possède tous les privilèges nécessaires à l'administration de toutes les fonctions du serveur, et notamment celles liées au contrôle d'accès. Bien entendu, le DBA est censé être une personne de confiance mais l'hypothèse d'attaques de sa part ne peut être écartée vu la forte proportion d'attaques internes (CSI et FBI, 2004) et l'externalisation croissante des systèmes d'information d'entreprise au profit de fournisseurs de services bases de données (DSP: *Database Service Providers*) dont l'intégrité peut parfois être sujette à caution (Hacigumus et al, 2002).

Une première protection tient dans la séparation des pouvoirs entre un DBA chargé strictement de l'administration des données et un DSA (*Database Security Administrator*) chargé strictement de l'administration des utilisateurs et du contrôle d'accès (Oracle, 2002). Il faut alors une collusion d'intérêt pour attaquer la base de données. Une seconde protection réside dans le chiffrement des données. Il faut cependant être vigilant sur la façon dont il est mis en œuvre. Pour des raisons de performance, chiffrement et déchiffrement s'opèrent généralement sur le serveur, permettant ainsi d'exécuter les requêtes sur des données en clair. La base de données reste protégée contre les attaques d'un pirate local (l'empreinte disque de la base de données restant chiffrée comme indiqué § 4.2) mais pas contre celles d'un DBA qui peut espionner le serveur au moment de l'exécution des requêtes.

Pour se prémunir des attaques du DBA, chiffrement et déchiffrement doivent s'opérer sur le(s) client(s). Se posent alors deux questions. La première question est comment déléguer une partie du traitement au serveur afin de préserver des performances acceptables ? Les algorithmes de chiffrement préservant l'ordre ou autorisant des opérations arithmétiques sur les données chiffrées sont considérés comme non robustes et même préserver la propriété d'égalité dans le chiffrement est source d'attaques. Il convient alors d'associer aux données chiffrées des valeurs d'index interprétables par le seul client (Hacigumus et al, 2002). Dans l'exemple de la base de données bancaire, le domaine solde compte peut être décomposé en intervalles auxquelles on associe une valeur d'index aléatoire (par exemple 7B correspond à [0, 1000[et 1Z correspond à [1000-1800[), seul le client connaissant l'association entre valeurs d'index et intervalles. Ces valeurs d'index peuvent alors être utilisées pour faire des traitements approximatifs sur le serveur (exemple : retrouver les comptes dont le solde est inférieur à 500 revient en premier lieu à sélectionner tous les tuples chiffrés associés à l'index 7B) qui sont raffinés ensuite sur le client. La seconde question porte sur le partage de données chiffrées entre sujets ayant des privilèges différents. Le partage de clés doit se faire de façon sécurisée, soit par un découpage statique des données, chaque sujet recevant alors les clés lui permettant de déchiffrer les données auxquelles il a droit (Bertino et Ferrari, 2002), soit par l'utilisation de composants sécurisés (exemple : cartes à puce) détenant les clés de déchiffrement et contrôlant les droits d'accès de chaque sujet sans que ceux-ci puissent interférer dans le contrôle (Bouganim et al, 2002).

4.5 Attaques du dépositaire des données

Tout prestataire de services Internet détient légalement des informations sur ses clients (identité, adresse, informations bancaires, statistiques sur l'utilisation du service offert, etc.) et est tenu de respecter une charte de confidentialité relative à l'utilisation de ces informations. Cependant, de nombreuses violations de chartes de confidentialité sont régulièrement relevées (Olsen, 1999) et sont qualifiées d'attaques d'usage illicite.

Le concept de SGBD hippocratique, à savoir de SGBD donnant l'assurance du respect d'un serment de confidentialité, a été introduit dans (Agrawal et al, 2002). Un tel SGBD se doit de respecter un ensemble de principes fondateurs parmi lesquels : préciser l'objectif d'utilisation de chaque donnée collectée sur un utilisateur, recueillir le consentement de l'utilisateur vis-à-vis de cet objectif, ne stocker que l'information strictement nécessaire à l'atteinte de cet objectif et uniquement pendant le laps de temps strictement nécessaire, ne pas divulguer cette information à des tiers sans autorisation préalable de l'utilisateur, assurer l'exactitude et la sécurité des données collectées, donner à l'utilisateur la possibilité de consulter les informations qui le concernent et enfin offrir des outils permettant à un tiers de contrôler que tous ces principes sont bien respectés. Le standard P3P (*Platform for Privacy Preferences*) promu par le W3C est également un moyen donné aux utilisateurs pour mieux contrôler les informations que les sites Web accumulent sur eux.

En d'autres termes, il s'agit de traduire en termes informatiques les préceptes énoncés dans les directives et lois relatives à la protection des données à caractère personnel, par exemple (European Directive 95/46/EC, 1995). Si les principes d'un SGBD hippocratique ont été énoncés, il reste à mettre en œuvre de tels systèmes. Ceci nécessite la définition de nouveaux noyaux de SGBD capables d'intégrer ces principes et offrant des outils d'audit non falsifiables.

5 Contrôle d'accès dans XML

XML (*Extensible Markup Language*) est devenu le standard de facto pour échanger tout type de données (données tabulaires, textes, images, séquences audio ou vidéo, etc.) entre applications. Se pose donc la question de stocker des données XML dans des bases de données (qu'elles soient natives XML ou relationnelles) et de les protéger avec un modèle de contrôle d'accès adapté. Avant de détailler les caractéristiques du contrôle d'accès pour XML, nous rappelons brièvement les principes de base du modèle de données XML. Le lecteur intéressé trouvera de plus amples informations sur la relation entre XML et bases de données dans le chapitre «Bases de documents XML» de la section I.5.

Dans le modèle XML, les données sont organisées de façon hiérarchique dans un document. La figure 1 donne une représentation XML textuelle et arborescente de la base de données bancaire introduite § 2. Chaque donnée, également appelée *élément*[1], est délimitée par une balise ouvrante et fermante (ex: `<Agence>...</Agence>`). Les éléments terminaux sont représentés par du texte (exemple: `<Type> CEL </Type>`). Des requêtes simples peuvent être exprimées à l'aide du langage XPath pour sélectionner les nœuds (ici éléments) d'un arbre XML satisfaisant certains critères. La sélection se fait via des expressions régulières de parcours d'arbre dans lesquelles / dénote l'axe parent, // dénote l'axe descendant et [ ] dénote un prédicat. Par exemple, l'expression `//Compte[solde > 1000]/nro` sélectionne l'élément `nro` de tous les comptes (quelle que soit leur position dans le document) dont le solde est supérieur à 1 000. Le langage XQuery permet d'exprimer des requêtes plus puissantes (définition de variables, récursion, test, jointures multidocuments, etc.) dans l'esprit de SQL.

Plusieurs modèles d'autorisation ont été récemment proposés pour réguler l'accès à des documents XML. La plupart de ces modèles suivent le modèle discrétionnaire DAC (Bertino *et al.*, 2000) (Gabillon, 2004), même si les modèles RBAC et MAC ont également été considérés (Chandramouli, 2000) (Cho *et al.*, 2002). La difficulté dans ces différents modèles réside dans la définition de la vue autorisée du document XML pour chaque sujet. Dans une base de données relationnelle, cette vue est définie par une expression SQL (`Create View`) et une simple opération `Grant` permet d'autoriser un sujet à y accéder. Une démarche similaire pourrait être envisagée dans un contexte XML. Hélas, XQuery ne bénéficie pas de la simplicité et de la déclarativité de SQL. En effet, la structure arborescente des données rend leur manipulation plus complexe qu'une structure tabulaire. L'approche généralement suivie pour définir la vue autorisée d'un document XML consiste à isoler les sous-arbres autorisés ou interdits par une succession d'expressions XPath. Pour illustrer ce principe, nous introduisons ci-dessous un modèle simplifié de contrôle d'accès pour XML, inspiré du modèle de (Bertino *et al.*, 2000).

Dans ce modèle simplifié, la politique de contrôle d'accès s'exprime par un ensemble de règles de la forme *<Sujet, Signe, Opération, Propagation, Objet>*. *Sujet* représente le destinataire de la règle. *Signe* désigne soit une permission (règle positive), soit une interdiction (règle négative). Opération représente l'action permise ou interdite.

Pour des raisons de simplicité, seule l'opération de lecture sera considérée dans la suite. Nous renvoyons le lecteur à (Gabillon, 2004) pour une discussion plus précise sur le contrôle des opérations de mise à jour.

Objet correspond aux éléments du document XML ciblés par la règle. Ces éléments sont identifiés par une expression XPath. Enfin, *Propagation* est une valeur booléenne indiquant si la règle s'applique uniquement aux éléments identifiés par *Objet* ou bien si elle s'applique de façon récursive à tous les sous-arbres dont ces éléments sont racines. L'intérêt de la propagation est d'éviter la déclaration explicite d'une règle pour chaque élément d'un sous-arbre partageant une même politique de contrôle d'accès.

La présence de règles positives et négatives dans une même politique de contrôle d'accès ainsi que la possibilité d'utiliser un mécanisme de propagation peuvent générer des conflits entre règles. Les conflits sont résolus en utilisant deux principes : *Interdiction-Prioritaire* et *Plus-Spécifique-Prioritaire*. Considérons deux règles R1 et R2 de signes opposés. Ces règles peuvent être en

1. Le modèle XML distingue la notion d'élément et d'attribut. Pour des raisons de simplicité, nous considérons ici uniquement des éléments.

```
<Banque>
  <Agence>
    <Client>
      <id> 145234 </id>
      <Compte>
        <nro> 3357078N </nro>
        <type> CEL </type>
        <solde> 2500 </solde>
      </Compte>
      </Compte> ... </Compte>
    </Client>
    <Client>....</Client>
    ....
  </Agence>
  <Agence> ... </Agence>
  ....
</Banque>
```

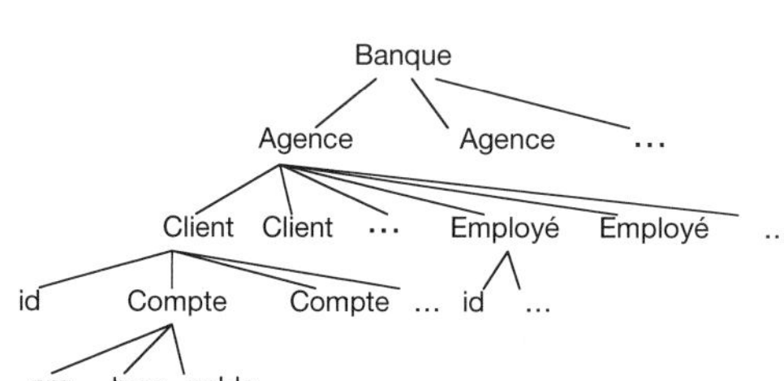

Figure 1 Représentation XML de la base de données bancaire

conflit soit parce qu'elles sont définies sur le même objet, soit parce qu'elles sont définies respectivement sur deux objets différents O1 et O2, reliés par une relation ancêtre-descendant (c'est-à-dire, O1 est l'ancêtre de O2). Dans le premier cas, le principe *Interdiction-Prioritaire* donne priorité à la règle négative. Ce principe, que l'on pourrait qualifier de principe de précaution, est généralement partagé par les modèles de contrôle d'accès (XML ou non) dans lesquels des conflits doivent être gérés. Dans le second cas, le principe *Plus-Spécifique-Prioritaire* donne la priorité à la règle qui s'applique directement sur l'objet par rapport à celle qui est héritée (c'est-à-dire, R2 est prioritaire sur R1 pour l'objet O2). Ce principe permet d'exprimer des exceptions dans la politique de contrôle d'accès (par exemple autoriser un sous-arbre, à l'exception d'un de ses nœuds).

En suivant ce modèle simplifié, les deux premières règles de la politique de contrôle d'accès bancaire (cf. § 2) pourraient s'exprimer par les règles suivantes :
Règle R1 : un guichetier peut visualiser tous les clients (mais pas leurs comptes).

```
<Guichetier,+,read,true,//Client>
<Guichetier,-,read,true,//Client/Compte>
```

Règle R2 : un client peut consulter le solde de ses comptes.

```
<Client, +, read, false,
 /Agence/Client[id = USER]/Compte/solde>
```

Le contrôle d'accès peut s'appliquer aussi bien au niveau des instances (cf. ci-dessus) qu'au niveau du schéma (DTD ou XML Schema) permettant d'exprimer une politique de contrôle d'accès unique pour un ensemble de documents conformes à cette DTD ou schéma. Il s'agit d'un point très important compte tenu de la floraison de standards XML permettant de décrire tout type de contenu numérique (par exemple, MPEG-21 pour n'en citer qu'un). Pour autant, la modélisation du contrôle d'accès pour XML n'a pas atteint la maturité du contrôle d'accès pour SQL. Par exemple, la protection des liens de descendance entre éléments n'est pas totalement intégrée dans les modèles actuels, de même que la prise en compte de fonctions générant de nouveaux éléments (exemple: agrégats) et/ou modifiant la structure initiale du document.

6 Conclusion

La sécurité des bases de données est un vaste problème, tant la diversité des menaces est grande : attaques externes et internes, croisement de bases de données, hébergement de données dans des environnements non sûrs, usage illicite des contenus, etc. Ce chapitre a introduit les principes fondamentaux nécessaires à la sécurisation des bases de données, à savoir les modèles permettant de déclarer les politiques de contrôle d'accès et de les administrer ainsi que la mise en œuvre de ces modèles dans des environnements sujets aux attaques.

La problématique de sécurisation des bases de données est cependant loin d'être close, comme en témoigne la place grandissante qu'elle occupe dans les conférences et journaux majeurs du domaine des bases de données comme du domaine de la sécurité. Sans prétendre à l'exhaustivité, la liste suivante indique des sujets de recherche d'une grande actualité : k-anonymisation de bases de données (une donnée particulière ne doit pas pouvoir être identifiée dans une population de k individus), interrogation anonyme (la séquence des requêtes d'un client à un serveur ne doit pas pouvoir être dévoilée), mise en œuvre effective des principes hippocratiques dans les SGBD, intégration de concepts sémantiques (exemple : ontologies) dans la définition des politiques de contrôle d'accès pour en accroître la portée (exemple : sources de données hétérogènes), administration et sécurisation du contrôle d'accès dans des environnements décentralisés (architectures de médiation, systèmes pair à pair, diffusion sélective d'information), contrôle d'usage de données numériques (*Digital Right Management*) et contrôle d'inférence.

Bibliographie

Agrawal R., Kiernan J., Srikant R., Xu Y. (2002), "Hippocratic Databases", *28th International Conference on Very Large Data Bases (VLDB)*, 2002.

Bell D. E., LaPadula L.J. (1976), "Secure computer systems: Unified exposition and multics interpretation", *Technical Report ESD-TR-73-306, The MITRE Corporation*, 1976.

Bertino, E., Ferrari, E. (2002), "Secure and Selective Dissemination of XML Documents", *ACM TISSEC 5(2)*, 2002.

Bertino, E., Castano, S., Ferrari, E., Mesiti, M. (2000), "Specifying and Enforcing Access Control Policies for XML Document Sources", *WWW Journal 3(3)*, 2000.

Bouganim L., Pucheral P. (2002), "Chip-Secured Data Access: Confidential Data on Untrusted Servers", *28th International Conference on Very Large Data Bases (VLDB)*, 2002.

Chandramouli R. (2000), "Application of XML Tools for Enterprise-Wide RBAC Implementation Tasks", *5th ACM workshop on Role-based Access Control*, 2000.

Cho S., Amer-Yahia S., Lakshmanan L., Srivastava D., "Optimizing the secure evaluation of twig queries", *28th International Conference on Very Large Data Bases (VLDB)*, 2002.

Chung C. Y., Gertz M., Levitt K (1999), "DEMIDS : A Misuse Detection System for Database Systems", *Third International IFIP TC-11 WG11.5 Working Conference on Integrity and Internal Control in Information Systems*, Kluwer Academic Publishers, 1999.

CSI (Computer Security Institute), FBI (Federal Bureau of Investigation). (2004), "CSI/FBI Computer Crime and Security Survey", http://www.gocsi.com/forms/fbi/pdf.html, 2004.

Cuppens F. (2003), *Sécurité des bases de données, Sécurité des réseaux et systèmes répartis* dans la série «Réseaux et Télécoms. Information, Commande et Communication», Éditions Hermès, sous la direction de Yves Deswarte et Ludovic Mé, 2003.

Cuppens F., Miège A. (2003), "Modelling contexts in the Or-BAC model", *19th Annual Computer Security Applications Conference*, 2003.

Denning D., Denning P. (1979), "Data Security", ACM Comp. Survey, 11(3), 1979.

European Directive 95/46/EC (1995), "Protection of individuals with regard the processing of personal data", Official Journal L 281, 1995.

Gabillon A. (2004), "An Authorisation Model for XML DataBases", *11th ACM Conference on Computer Security*, 2004.

Gennick J. (2003), *SQL Pocket Guide*, O'Reilly, collection Pocket Reference, 2003.

Hacigumus H., Iyer B., Li C., Mehrotra S. (2002), "Executing SQL over Encrypted Data in the Database-Service-Provider Model", *ACM International Conference on Management of Data (SIGMOD)*, 2002.

Harrison M. A., Ruzzo W. L., Ullman, J. D. (1976), "Protection in Operating Systems", *Communication of the ACM*, 19(8), 1976.

IBM corporation. (2003), "IBM Data Encryption for IMS and DB2 Databases v. 1.1", 2003.

J.O n° 190, p. 14598, Loi n° 2004-810 du 13 août 2004, relative à l'assurance-maladie, 2004.

Lentzner R. (2004), *SQL 3 : Initiation et Programmation*, Dunod, 2004.

Loney K. (2004), *Oracle Database 10g: The Complete Reference (Oracle Press Series)*, McGraw-Hill Osborne Media, 2004.

Lundin E., Johnson E. (2000), *Anomaly-Based Intrusion Detection – Privacy Concerns and Other Problems*, Computer Networks, Elsevier, 34(4), p. 623-640, octobre.

Olsen S. (1999), "Top Web Sites Compromise Consumer Privacy", *CNET News Archive*, 1999.

Oracle. (2002), *Oracle Advanced Security - Administrator's Guide*, Release 2 (9.2), Part No. A96573-01, 2002.

Oracle Label Security. (2002), *Oracle Label Security Administrator's Guide*, Release 2 (9.2), Part No. A96578-01.

Sandhu R., Coyne E. J., Feinstein H. L., Youman C. E. (1996), "Role-based access control models", *IEEE Computer*, 29(2), 1996.

Schneier B. (1996), *Applied Cryptography*, 2nd Edition, John Wiley & Sons.

Preuve et vérification pour la sécurité et la sûreté

Jean Goubault-Larrecq

Mots-clés : sûreté, sécurité, vérification, model-checking, interprétation abstraite, systèmes de transitions, automates, logiques temporelles, simulations, protocoles cryptographiques.

Résumé : la sûreté, comme la sécurité, énonce qu'un mal n'arrive jamais. Le but de cet article est de définir la notion de propriété de sûreté, et d'en décrire quelques techniques de vérification et de preuve : model-checking, interprétation abstraite notamment. Après avoir remarqué qu'il n'y avait pas de sécurité sans sûreté, il est expliqué que l'analyse de sécurité d'un système repose sur un modèle, des hypothèses, des propriétés à vérifier, et une architecture de sécurité. Finalement, il est donné un aperçu de quelques modèles et méthodes de preuve de protocoles cryptographiques.

1 Sûreté, sécurité

Sûreté et sécurité recouvrent une réalité simple : le fait que rien de mal n'arrive à, ou par la faute d'un système informatique. Le mot « mal » est vague, mais ignorons pour l'instant la difficulté sémantique. Nous y reviendrons.

Un système informatique est sûr, au sens de la *sûreté*, lorsqu'il ne fait rien de mal par lui-même. Un système informatique est sûr, au sens de la *sécurité*, lorsqu'un adversaire (humain ou non) ne peut pas profiter du système pour l'aider à faire quelque chose de mal.

Quelques exemples

Tout un chacun a sans doute déjà vécu l'expérience du « plantage » d'un programme, d'une machine, ou même d'un réseau informatique. Souvent, une ou plusieurs erreurs de programmation ont provoqué une erreur fatale, qui a interrompu ou bloqué le fonctionnement attendu du programme, de la machine, du réseau. L'erreur de programmation est intrinsèque au programme qui a planté : c'est un problème de *sûreté*.

Ceci peut avoir des conséquences très graves. C'est une erreur de débordement arithmétique dans un code de statistiques par ailleurs inutile qui a provoqué l'explosion en vol de la fusée Ariane 5 le 4 juin 1996, causant 7 milliards de dollars de dégâts. L'exemple peut-être le plus frappant est celui du Thérac-25, un appareil de radiothérapie qui a été à l'origine de plusieurs morts en Amérique du Nord entre 1985 et 1987, à cause de diverses erreurs de conception tant matérielles que logicielles. Il est important de comprendre qu'un problème de sûreté logicielle peut aller jusqu'à tuer.

En revanche, si votre machine plante, ou si vous perdez des fichiers importants à cause d'un virus, ce n'est pas parce que votre machine contient des fonctions de plantage ou d'effacement inopiné de fichiers, mais parce qu'elle est *vulnérable* à des attaques. Le virus a par exemple été amené sur votre machine via un courrier électronique, et il a été démarré automatiquement par votre navigateur Web. Ce mécanisme d'exécution automatique a été utilisé de façon détournée pour planter votre machine, ou pour effacer des fichiers. C'est un problème de *sécurité*.

Les problèmes de sécurité peuvent eux aussi avoir des conséquences graves. Le 25 janvier 2003, le ver Slammer a commencé à se propager sur l'Internet, utilisant une vulnérabilité de type *buffer overflow* (débordement de tampon, voir § 3). Environ 75 000 machines sont infectées en dix minutes. Les réseaux informatiques et de téléphonie portable s'écroulent, notamment au Portugal, ou en Corée du Sud où il n'y a plus aucune communication ni téléphonique ni informatique vers ou depuis l'étranger. Le service d'urgence 911 (police, pompiers) à Seattle ne fonctionne plus. Continental Airlines doit annuler des vols faute de pouvoir traiter les billets. Le coût total est de l'ordre du milliard de dollars (voir le chapitre « Virus et antivirus » pour davantage de précisions sur ce qu'est un ver).

Slammer n'est malheureusement plus un cas isolé. Tous les jours sont annoncées de nouvelles vulnérabilités sur les serveurs de SecurityFocus ou du CERT, des attaques de plus en plus virulentes, sophistiquées, et difficiles à détecter et à contrer.

Plan

Notre but ici est de décrire plusieurs moyens permettant d'assurer diverses familles importantes de propriétés de sûreté et de sécurité. Nous traitons d'abord de la sûreté en § 2. Avant de passer aux problématiques spécifiques de la sécurité (§ 4), nous expliquons qu'il n'y a pas de sécurité sans sûreté (§ 3).

Remarques

En premier, le plus difficile en matière de sûreté et de sécurité est de définir ce qui est « mal ». C'est loin d'être une figure de rhétorique. Il est tentant de croire que si le logiciel X a été vérifié en utilisant l'outil Y, alors X est « sûr ». Mais si Y garantit que X n'est pas sujet aux débordements arithmétiques, ce n'est pas pour cela que X ne plante pas, par exemple en déréférençant un pointeur nul. Si Y garantit que les données confidentielles de X ne sont effectivement pas divulguées, ce n'est pas pour cela que les données communiquées par X sont authentiques.

Il est tentant de simplifier les résultats fournis par un outil de vérification. Ceci est particulièrement tentant lorsque les propriétés vérifiées (voir par exemple l'authentification § 4.5) sont subtiles, et difficilement explicables en quelques mots. Le risque est le contresens pur et simple. On doit rester très rigoureux sur ce point.

En second, nous nous limiterons dans la suite aux notions de sûreté et de sécurité *informatiques*. Les aspects juridiques, de responsabilité, de faute, la notion usuelle de sécurité des biens et des personnes sortent du cadre de ce chapitre. On pourra se reporter au chapitre « Lecture juridique de la sécurité informatique » pour une lecture juridique complémentaire.

Enfin, nous nous intéresserons à établir qu'un programme ne fait pas de mal, mais pas qu'il fasse quoi que ce soit de bien. Les moyens abondent de se convaincre que le programme fait ce qu'on veut, ne serait-ce que par le test. Vérifier qu'il ne fera jamais ce qu'on ne veut pas – la problématique de la sûreté et de la sécurité – est plus complexe.

2 Vérification de propriétés de sûreté

Voici quelques exemples classiques de propriétés de sûreté portant sur des programmes π.

D'abord, le fait qu'aucun débordement arithmétique n'a lieu dans π. Un débordement arithmétique a lieu lorsque le résultat calculé ne correspond pas à la définition mathématique de l'opération. Par exemple, sur une architecture 32 bits en complément à 2, $x + y$ produit un débordement arithmétique si $x = 1\ 793\ 281\ 892$ et $y = 1\ 113\ 002\ 003$, car le résultat exact est $2\ 906\ 283\ 895$, mais l'ordinateur répondra $-1\ 388\ 683\ 401$. Le calcul d'un infini en virgule flottante IEEE 754/954 peut aussi être vu comme un débordement arithmétique. En Ada, tout calcul qui dépasse les bornes déclarées d'un type *range* est aussi un débordement arithmétique.

Ensuite, l'absence de débordement d'indice de tableau, le fait que tout pointeur déréférencé soit non nul, et en général que tout accès mémoire effectué soit légal. Le cas des indices de tableaux est typique : si a est un tableau à n éléments, les accès légaux en C sont `a[i]` avec $0 \leq i < n$, et les calculs de pointeurs légaux à l'intérieur de `a` sont `&a[i]` avec cette fois $0 \leq i \leq n$. Tout autre accès est un débordement d'indice de tableau.

Finalement, l'absence d'erreur de typage à l'exécution. Les différents langages sont plus ou moins permissifs sur ce point. En C, il est par exemple possible de déclarer une variable `double x;` en virgule flottante, puis de récupérer les 32 premiers bits de `x` par `*(int *)&x`. Ceci est autorisé par C, mais donnera en général des résultats non portables et imprédictibles.

Il existe bien d'autres propriétés de sûreté, que nous citerons au fur et à mesure.

2.1 Systèmes de transitions, accessibilité

À un niveau d'abstraction suffisant, on peut voir tout système informatique comme un *système de transitions*, ou *automate*. Il s'agit de la donnée d'un ensemble Q, dit de *configurations* ou d'*états*, d'un ensemble $\mathcal{A}$ dit d'*actions*, d'une *relation de transition* $\delta \subseteq Q \times \mathcal{A} \times Q$, et d'un ensemble $Q_0 \subseteq Q$ d'états dits *initiaux*. On note $q_1 \xrightarrow{a} q_2$ au lieu de $(q_1, a, q_2) \in \delta$, et l'intuition est que si le système est dans la configuration q_1, alors il peut passer à l'état q_2 en faisant l'action a. Un tel triplet $q_1 \xrightarrow{a} q_2$ est une *transition*.

Ceci est a fortiori vrai d'un programme informatique, mais il est plus facile de présenter le concept sur des systèmes simples en premier. Considérons un distributeur de café, dont le graphe d'états est donné à la figure 1.

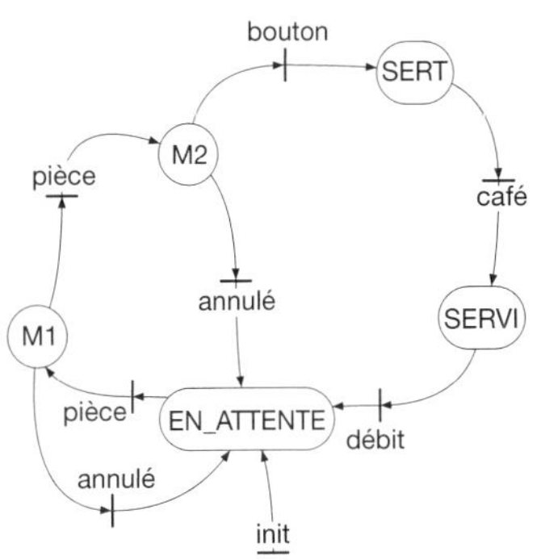

Figure 1 Un distributeur simple

Le distributeur peut être dans l'un des états EN_ATTENTE (inactif, en attente), SERT (en train de servir un gobelet de café), SERVI (gobelet rempli), M1 (une pièce a été introduite), M2 (deux pièces). Initialement, le distributeur est dans l'état EN_ATTENTE. Le distributeur peut ensuite passer d'un état à un autre en réponse à des actions extérieures, ou bien de lui-même. Si quelqu'un insère une pièce (action `piece`) et que le distributeur était dans l'état EN_ATTENTE, il passera dans l'état M1 ; s'il était dans l'état M1, il ira en M2. L'action `annule` représente une demande de remboursement par l'utilisateur, `bouton` l'appui sur le bouton pour demander le café. L'action `cafe` est une action interne, que le distributeur déclenche spontanément pour aller de SERT à SERVI.

Une propriété de ce distributeur, qu'un fabricant sera probablement intéressé d'assurer, est qu'on ne peut pas obtenir de café sans payer, et même sans payer exactement deux pièces. Autrement dit, partant de l'état initial EN_ATTENTE, si on arrive un jour dans l'état SERVI, c'est qu'il y a deux pièces dans le distributeur. Ceci peut être vérifié en modifiant l'automate, pour garder la trace du nombre de pièces. On fabrique un nouvel automate, dont les états sont des couples (q, n), où q est un état de l'automate ci-dessus, n est le nombre de pièces. Par souci de simplicité, on va supposer qu'on ne peut pas (physiquement) rajouter de pièces quand on en a déjà mis deux. L'automate obtenu est déjà plus compliqué (cf. figure 2).

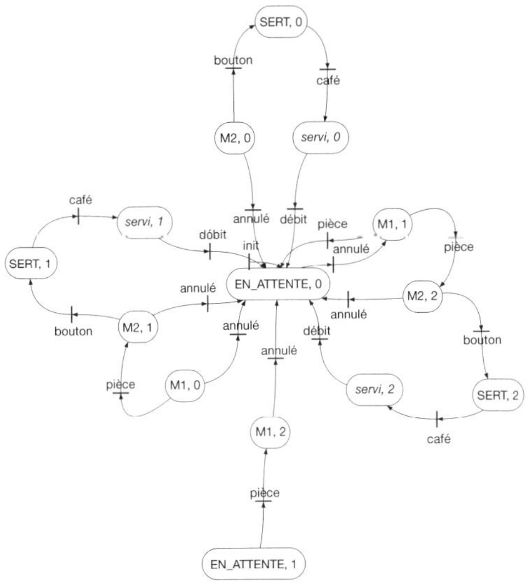

Figure 2 Le distributeur, avec des compteurs

La propriété désirée s'exprime simplement sur ce nouvel automate : on souhaite vérifier que si en partant de l'état (EN_ATTENTE,0) on arrive à un état de la forme (SERVI,n), alors $n = 2$. En d'autres termes, les états *mauvais*, c'est-à-dire ceux dont on veut montrer qu'on n'y aboutit jamais, sont les états $(servi, 0)$ et $(servi, 1)$.

Notre propriété de sûreté est que l'on ne peut atteindre aucun état mauvais en partant de l'état initial : il s'agit d'une propriété d'*inaccessibilité*. Il y a essentiellement deux façons de la démontrer.

La première est par exploration *en avant*. Étant donné un ensemble d'états S, soit $Post(S)$ l'ensemble de tous les états *successeurs* d'un état de S. Par exemple, $Post(\{(\text{EN\_ATTENTE},0)\}) = \{(\text{M1},1)\}$. L'ensemble $Post^*(S)$ des états accessibles depuis S se calcule par :

$Post^*(S) = \{$

soit $S' = S \cup Post(S)$,

si $S' = S$ **alors**

retourner S

sinon

retourner $Post^*(S')$

fin si

$\}$

Ceci termine, car l'automate n'a qu'un nombre fini d'états. Dans notre exemple, $Post^*(\{(\text{EN\_ATTENTE},0)\}) = \{(\text{EN\_ATTENTE}, 0), (\text{M1}, 1), (\text{M2}, 2), (\text{SERT}, 2), (\text{SERVI}, 2)\}$. Aucun des états mauvais $(servi, 0)$, $(servi, 1)$ n'est dans $Post^*(\{(\text{EN\_ATTENTE},0)\})$. Ils sont *inaccessibles* depuis l'état initial (EN_ATTENTE,0), la propriété « on ne peut pas obtenir de café sans avoir mis deux pièces dans le distributeur » est donc vraie.

La deuxième technique est l'exploration *en arrière*. Elle est entièrement symétrique. Soit $Pre(S)$ l'ensemble de tous les états *prédécesseurs* d'un état de S. L'ensemble $Pre^*(S)$ de tous les états à partir desquels il y a un chemin menant jusqu'à un état de S (les états *coaccessibles* depuis S) se calcule par un algorithme similaire. L'état initial (EN_ATTENTE,0) n'est pas dans $Pre^*(\{(servi, 0), (servi, 1)\})$, autrement dit il n'est pas coaccessible depuis l'ensemble des états mauvais $\{(servi, 0), (servi, 1)\}$. C'est une autre façon de montrer notre propriété de sécurité.

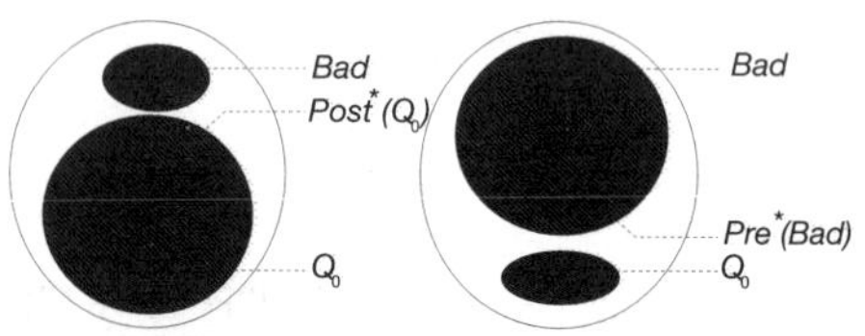

Figure 3 Accessibilité, en avant, en arrière

L'utilisation de $Post^*$ et de Pre^* pour tester l'accessibilité ne se limite en aucun cas à l'exemple du distributeur de café. En général, si l'ensemble de tous les états est représenté comme ci-dessus à gauche, Q_0 étant l'ensemble des états initiaux et Bad l'ensemble des états mauvais, la propriété de sûreté ainsi modélisée est vraie si et seulement si :

$$Post^*(Q_0) \cap Bad = \emptyset \qquad (1.1)$$

De façon équivalente, si et seulement si :

$$Pre^*(Bad) \cap Q_0 = \emptyset \qquad (1.2)$$

2.2 Programmes et systèmes de transitions

L'exemple du distributeur n'est bien sûr pas réaliste. La plupart des systèmes informatiques contiennent un nombre astronomique, voire infini d'états. Mais on peut tous, au moins en principe, les voir comme des systèmes de transitions.

On peut notamment décrire la sémantique d'un *programme* π par un système de transitions. Considérons un langage jouet disposant de n variables entières $\mathtt{x}_1$, …, $\mathtt{x}_n$. Sa syntaxe est :

$c, c_1, \ldots$	$::=$	$\mathtt{x}_i \leftarrow e$	affectation
	|	`input` $\mathtt{x}_i$	lecture
	|	$c_1 ; c_2$	séquence
	|	`if` e `then` c_1 `else` c_2	test
	|	`while` e $\{ c \}$	boucle
	|	`skip`	instruction vide

où e désigne une expression sur les variables $\mathtt{x}_1, \ldots, \mathtt{x}_n$ (évaluée uniquement pour son résultat ; on supposera qu'elle ne peut pas changer les valeurs des variables). On peut représenter tout programme par un *graphe de contrôle*, c'est-à-dire un système de transitions abstrait dont les états sont les points de programme (les numéros de ligne, disons) et les actions sont des affectations $\mathtt{x} \leftarrow e$, `input` $\mathtt{x}_i$, l'action vide `skip`, et les tests e vrai ? et e faux ?. Par exemple, le programme ci-dessous à gauche, où les points de programme sont des numéros encerclés, a le graphe de contrôle de droite.

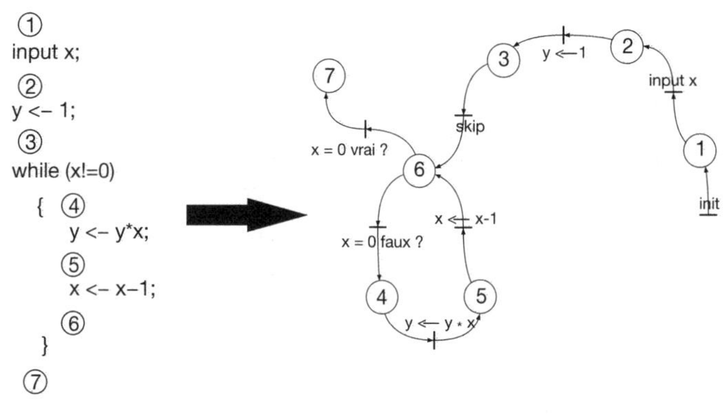

Figure 4 Un programme et son graphe de contrôle

Le graphe de contrôle est une représentation compacte du système de transitions réel ST correspondant au programme. Les configurations sont $(\ell, k_1, \ldots, k_n)$ où ℓ est un point de programme et k_1, …, k_n sont les valeurs des variables $\mathtt{x}_1$, …, $\mathtt{x}_n$. La relation de transition δ est formée des transitions $(\ell, k_1, \ldots, k_n) \stackrel{\mathtt{x}_i \leftarrow e}{\longrightarrow} (\ell', k_1, \ldots, k'_i, \ldots, k_n)$ pour tout arc $\ell \stackrel{\mathtt{x}_i \leftarrow e}{\longrightarrow} \ell'$ du graphe de contrôle, où $k_1, \ldots, k_n$ sont arbitraires et k'_i est la valeur de e lorsque $\mathtt{x}_j$ vaut k_j, $1 \leq j \leq n$; des transitions $(\ell, k_1, \ldots, k_n) \stackrel{\mathtt{input}\ \mathtt{x}_i}{\longrightarrow} (\ell', k_1, \ldots, k'_i, \ldots, k_n)$ pour tout arc $\ell \stackrel{\mathtt{input}\ \mathtt{x}_i}{\longrightarrow} \ell'$, où $k_1, \ldots, k_n$ et k'_i sont arbitraires (`input` $\mathtt{x}_i$ met n'importe quelle valeur dans $\mathtt{x}_i$) ; des transitions $(\ell, k_1, \ldots, k_n) \stackrel{a}{\longrightarrow} (\ell', k_1, \ldots, k_n)$ pour tout arc $\ell \stackrel{a}{\longrightarrow} \ell'$ avec soit $a =$ `skip`, soit $a = e$ vrai ? avec e vraie, soit $a = e$ faux ? avec e fausse. L'ensemble Q_0 des configurations initiales est, disons, l'ensemble des $(n+1)$-uplets $(\ell_0, k_1, \ldots, k_n)$, où ℓ_0 est le point de programme initial (numéro 1 dans l'exemple ci-dessus) et k_1, …, k_n sont arbitraires.

Lorsque les différentes variables $\mathtt{x}_1$, …, $\mathtt{x}_n$ ne peuvent prendre qu'un nombre fini de valeurs, cette sémantique donne, comme dans l'exemple du distributeur, un automate fini. Le calcul de $Post^*$ comme celui de Pre^* termine, et on peut donc décider effectivement les propriétés de sûreté.

Il est cependant plus pratique de ne pas expliciter l'automate correspondant à un programme donné. Donnons un exemple avec l'algorithme de Peterson. La propriété de sûreté à vérifier ici est l'*exclusion mutuelle*. Considérons les deux programmes suivants, similaires mais pas identiques, donnés par leurs graphes de contrôles (cf. figure 5).

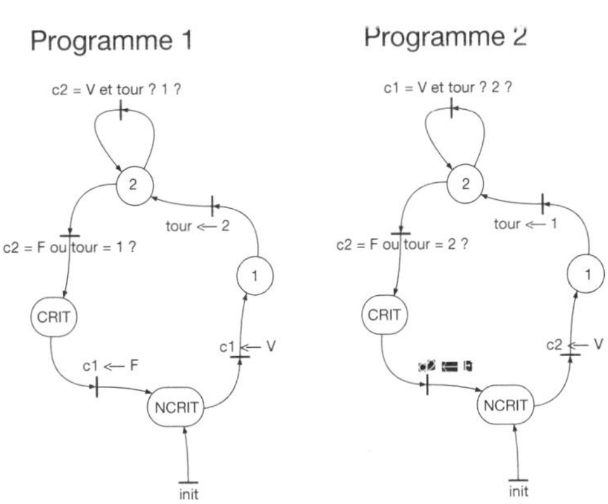

Figure 5 L'algorithme de Peterson

Les configurations de chacun de ces deux programmes sont des 4-uplets $(\ell, c_1, c_2, tour)$, où $\ell \in \{1, 2, \text{CRIT}, \text{NCRIT}\}$ est le point de programme, et c_1, c_2, et $tour$ sont les valeurs des variables partagées `c1`, `c2`, et `tour`. Soit δ_1 la relation de transition du programme 1, δ_2 celle du programme 2. On exécute ces programmes en parallèle, ce qui signifie que l'on considère le système de transitions ST dont les configurations sont les 5-uplets $(\ell_1, \ell_2, c_1, c_2, tour)$, où ℓ_1 et ℓ_2 sont les points de programme courants des programmes 1 et 2 respectivement, et dont les transitions sont celles faites par l'un ou l'autre programme, c'est-à-dire forment l'ensemble $\delta = \{(\ell_1, \ell_2, c_1, c_2, tour) \stackrel{a}{\longrightarrow} (\ell'_1, \ell_2, c'_1, c'_2, tour') \mid (\ell_1, c_1, c_2, tour) \stackrel{a}{\longrightarrow} (\ell'_1, c'_1, c'_2, tour') \in \delta_1\} \cup \{(\ell_1, \ell_2, c_1, c_2, tour) \stackrel{a}{\longrightarrow} (\ell_1, \ell'_2, c'_1, c'_2, tour') \mid (\ell_2, c_1, c_2, tour) \stackrel{a}{\longrightarrow} (\ell'_2, c'_1, c'_2, tour') \in \delta_2\}$. Chacun des deux programmes démarre à NCRIT, avec `c1` $=$ `c2` $=$ `V` et `tour` quelconque ; autrement dit l'ensemble des états initiaux est $Q_0 = \{(\text{NCRIT}, \text{NCRIT}, \mathtt{V}, \mathtt{V}, tour) \mid tour \in \{1, 2\}\}$.

La propriété d'*exclusion mutuelle* est que jamais les deux programmes ne se retrouvent en même temps au point CRIT. L'ensemble Bad des états mauvais est donc $\{(\text{CRIT}, \text{CRIT}, c_1, c_2, tour) \mid c_1, c_2 \in \{\mathtt{F}, \mathtt{V}\}, tour \in \{1, 2\}\}$. Pourquoi cette propriété ? Imaginons deux programmes pouvant accéder à une ressource, disons une imprimante. Mais cette ressource ne peut être utilisée que par un programme à la fois. (Nous voulons éviter que les fichiers imprimés par les deux programmes ne se retrouvent mélangés.) Le point de programme CRIT est une abstraction de l'opération d'accès à la ressource, et est appelé la *section critique*.

Le calcul de $Post^*(Q_0) \cap Bad$ ou de $Pre^*(Bad) \cap Q_0$ permet de montrer la propriété d'exclusion mutuelle désirée : l'algorithme de Peterson réalise correctement cette propriété de sûreté. Mais c'est malaisé. D'abord, l'automate induit par la mise en parallèle des deux programmes, certes fini, est déjà gros. Il contient 128 configurations, ce qui empêche de le dessiner sous une forme compréhensible. Les model-checkers comme SMV (Carnegie-Mellon University, Pittsburgh) ou Spin (Bell Labs, Murray Hill) permettent d'écrire des programmes en notation algorithmique, qu'ils convertissent en interne en automates pour vérification.

Non seulement l'écriture de l'automate décrivant la sémantique du programme serait fastidieuse, mais la description de l'ensemble Bad des mauvaises configurations devient, elle aussi, compliquée. Il est plus agréable de spécifier l'ensemble Bad, ou bien son complémentaire *Good*, par une formule d'une logique appropriée.

Au passage, on peut reformuler notre exigence de sûreté en terme de l'ensemble *Good* plutôt que de Bad.

La formule (1.1) est alors équivalente à :

$$Post^*(Q_0) \quad \subseteq \quad Good \qquad (1.3)$$

Dans l'exemple de l'algorithme de Peterson, l'ensemble $Good$ est celui de tous les états $(\ell_1, \ell_2, c_1, c_2, tour)$ tels que $\neg(\ell_1 = \text{CRIT} \wedge \ell_2 = \text{CRIT})$. (Le symbole $\neg$ est la négation logique, $\wedge$ le et logique, $\vee$ le ou logique.) Le fait que (1.3) soit vraie dit que la propriété $\neg(\ell_1 = \text{CRIT} \wedge \ell_2 = \text{CRIT})$ est un *invariant* du système : c'est une propriété qui est vraie de tout état accessible. La notion d'invariant est une notion cruciale en vérification.

2.3 Logiques temporelles

Un outil classique est celui des logiques *temporelles*(Audureau et al., 1990) . Elles permettent de spécifier simplement des propriétés, de façon générale et uniforme. Considérons la logique LTL (*logique du temps linéaire*), de grammaire :

F	$::=$	A	formules atomiques
	$\mid$	$\top$	vrai
	$\mid$	$F \wedge F$	conjonction (et)
	$\mid$	$F \vee F$	disjonction (ou)
	$\mid$	$\neg F$	négation (non)
	$\mid$	$\mathsf{X}\, F$	next
	$\mid$	$F\ \mathsf{U}\ F$	until
	$\mid$	$\mathsf{P}\, F$	previous
	$\mid$	$F\ \mathsf{S}\ F$	since

Les formules atomiques sont prises parmi un ensemble fixé, qui peut varier et que l'on ne précisera pas. Nous aurons typiquement besoin de formules atomiques de la forme $e_1 = e_2$ (des *équations*), où e_1 et e_2 sont des expressions, formées à partir des variables de programme comme $\texttt{c}_1$ ou `tour`, de variables de point de programme comme $\texttt{l}_1$ ou $\texttt{l}_2$ (dénotant ℓ_1, ℓ_2), de constantes telles que CRIT, `F` ou 2. (SMV et Spin définissent chacun leurs grammaires d'expressions et de formules atomiques.)

L'important ici est la sémantique des formules $\mathsf{X}\, F$, $\mathsf{P}\, F$, $F\ \mathsf{U}\ G$, $F\ \mathsf{S}\ G$ de LTL. Contrairement à la logique mathématique usuelle, les formules de LTL ne sont pas en général vraies dans l'absolu ; par exemple, dans le cas de l'algorithme de Peterson, $\ell_1 = \text{CRIT}$ est vraie quand le programme 1 est en section critique, et fausse quand il en est sorti. Il est donc sensé de parler de ce qui se passe avant ou après tel ou tel état. $\mathsf{X}\, F$ signifie « à l'état suivant, F sera vrai » ; $\mathsf{P}\, F$ signifie « à l'état précédent, F était vrai » ; $F\ \mathsf{U}\ G$ signifie « G est ou deviendra vraie plus tard, et F est vraie en attendant » ; $F\ \mathsf{S}\ G$ signifie « G est ou a été vrai dans le passé, et depuis F est resté vraie ».

Plus formellement, la sémantique de LTL fait appel à la notion de *trace*, c'est-à-dire une suite $q_\bullet = q_0, q_1, \ldots, q_i, \ldots$, finie ou infinie, d'états de l'automate correspondant à une suite de transitions $q_0 \xrightarrow{a_1} q_1 \xrightarrow{a_2} \ldots \xrightarrow{a_i} q_i \xrightarrow{a_{i+1}} \ldots$. Une trace $q_\bullet$ est *maximale* si et seulement si on ne peut pas l'étendre, autrement dit si et seulement si $q_\bullet$ est infinie, ou bien $q_\bullet$ est une suite finie $q_0, q_1, \ldots, q_n$ et q_n est un *deadlock*, c'est-à-dire un état d'où ne part aucune transition. On notera $|q_\bullet|$ la longueur de $q_\bullet$, $+\infty$ si $q_\bullet$ est infinie, n si q_n est un deadlock.

La sémantique formelle de LTL est décrite par une relation $q_\bullet, i \models F$ qui exprime sous quelles conditions la formule F est vraie à l'état q_i d'une trace $q_\bullet$. D'abord, $q_\bullet, i \models A$ est supposé donnée pour chaque formule atomique A, par une fonction sémantique $[\![A]\!](q_i)$. (Dans l'algorithme de Peterson, $[\![\ell_1 = \text{CRIT}]\!](q_i)$ est vraie si et seulement si q_i est un état où le programme 1 est au point CRIT, c'est-à-dire de la forme $(\text{CRIT}, \ell_2, c_1, c_2, tour)$.) Ensuite, $q_\bullet, i \models \top$ est toujours vrai ; $q_\bullet, i \models F \wedge G$ si et seulement si $q_\bullet, i \models F$ et $q_\bullet, i \models G$; $q_\bullet, i \models F \vee G$ si et seulement si $q_\bullet, i \models F$ ou $q_\bullet, i \models G$; $q_\bullet, i \models \neg F$ est vrai si et seulement si $q_\bullet, i \models F$ est faux. (Ce qui est classique.) Au tour des opérateurs temporels. D'abord, $q_\bullet, i \models \mathsf{X}\, F$ si et seulement si $i < |q_\bullet|$ et $q_\bullet, i+1 \models F$ – l'état suivant q_{i+1} existe, et F est vraie en q_{i+1}. De même, $q_\bullet, i \models \mathsf{P}\, F$ si et seulement si $i > 0$ et $q_\bullet, i-1 \models F$. Plus compliqué, $q_\bullet, i \models F\ \mathsf{U}\ G$ si et seulement s'il existe j avec $i \leq j \leq |q_\bullet|$ tel que $q_\bullet, j \models G$ (« G est ou deviendra vraie »), et de plus $q_\bullet, k \models F$ pour tout k, $i \leq k < j$ (« F est vraie en attendant »). De façon similaire, $q_\bullet, i \models F\ \mathsf{S}\ G$ si et seulement s'il existe j avec $0 \leq j \leq i$ tel que $q_\bullet, j \models G$, et $q_\bullet, k \models F$ pour tout k, $j < k \leq i$.

On définit traditionnellement d'autres opérateurs temporels en LTL. $\mathsf{F}\, F$ (« dans le futur, F ») est vraie si et seulement si F est vraie maintenant ou plus tard : $\mathsf{F}\, F$ est $\top\ \mathsf{U}\ F$. $\mathsf{G}\, F$ (« globalement F ») est vraie si et seulement si F est vraie maintenant et le reste pour toujours : $\mathsf{G}\, F$ est $\neg\mathsf{F}\ \neg F$.

Finalement, on dit que F est *vraie* d'un système de transitions $ST = (Q, \mathcal{A}, \delta, Q_0)$, et on note $ST \models F$, si et seulement si $q_\bullet, 0 \models F$ pour toute trace maximale $q_\bullet$ de ST telle que $q_0 \in Q_0$. Autrement dit, si et seulement si, quoi que fasse le système en partant d'un état initial quelconque, la trace obtenue vérifie F à l'instant 0.

La propriété d'exclusion mutuelle, par exemple, s'exprime simplement par la formule :

$$\mathsf{G}\,(\neg(\ell_1 = \text{CRIT} \wedge \ell_2 = \text{CRIT})) \qquad (1.4)$$

En général, si Inv est une formule *du présent*, c'est-à-dire sans opérateur temporel (juste les opérateurs $\top$, $\neg$, $\wedge$, $\vee$ donc), la formule

$$\mathsf{G}\ Inv \tag{1.5}$$

exprime que Inv est un *invariant*. La notion d'invariant est la même que celle présentée § 2.1 : l'ensemble des états $Good$ d'alors est l'ensemble des états q qui vérifient Inv – tels que $[\![Inv]\!](q)$ soit vraie. A contrario, soit Mal la formule $\neg Inv$, vraie exactement aux états mauvais, et qui dénote donc l'ensemble Bad, alors (1.5) est équivalente à

$$\neg\mathsf{F}\ Mal \tag{1.6}$$

autrement dit, rien de Mal n'arrive jamais.

Les logiques temporelles ont de multiples avantages. D'abord, la description des propriétés d'intérêt est largement indépendante du système de transitions. La propriété d'exclusion mutuelle (1.4) par exemple, sera la même quel que soit l'algorithme que l'on utilisera pour assurer la propriété – pas seulement l'algorithme de Peterson.

En deuxième, la vérification de propriétés de la forme $ST \models F$, où ST est un système de transitions (fini) et F une formule d'une logique temporelle, est automatisable. La vérification de $ST \models F$ s'appelle le *model-checking*. Le model-checking de LTL est relativement complexe, et exploite le fait que l'ensemble des traces vérifiant une formule donnée F est reconnaissable par un automate de Büchi $\mathcal{A}(F)$ calculable à partir de F. Pour ce qui est des propriétés de sûreté, nous n'aurons pas besoin d'y recourir. On consultera Schnoebelen et al. (1999) pour creuser le sujet. Ce livre propose une vision générale et pratique des différents modèles de systèmes de transitions, des logiques pertinentes, et des outils disponibles.

En troisième, l'utilisation de logiques mène naturellement à la notion de preuve dans cette logique. On notera en particulier l'outil STeP, développé à Stanford, qui traite d'une extension de LTL, et utilise des techniques mêlant model-checking et preuve assistée par ordinateur.

Finalement, les logiques temporelles, comme LTL, sont très *expressives*. On voit bien que les propriétés d'invariance, c'est-à-dire d'inaccessibilité, comme (1.5), sont d'une forme très particulière. Mais LTL permet d'exprimer des propriétés beaucoup plus complexes. Par exemple, $\mathsf{GF}\ (\ell_1 = 2) \Rightarrow \mathsf{GF}\ (\ell_1 = \textsc{crit})$ exprime une forme d'*équité*, demandant à ce qu'on ne puisse pas empêcher indéfiniment le programme 1 de rentrer en section critique.

L'équité n'est pas une propriété de sûreté, et nous n'en parlerons plus. Il existe cependant des propriétés plus complexes que (1.5) ou (1.6) qui sont quand même des propriétés de sûreté. De nouveau, ces propriétés de sûreté sont de la forme « rien de mal n'arrive jamais », plus précisément :

$$\mathsf{G}\ F_{past} \tag{1.7}$$

où F_{past} est une formule *du passé*, c'est-à-dire construite uniquement à partir de formules atomiques, de $\top$, $\neg$, $\wedge$ et $\vee$, et des opérateurs temporels du passé P et $\_\ \mathsf{S}\ \_$ – donc sans les opérateurs du futur X et $\_\ \mathsf{U}\ \_$. Cette notion généralise la notion d'invariant : les formules du présent sont bien des cas particuliers de formules du passé.

Sur l'exemple du distributeur de café de la figure 1, la propriété

$$\mathsf{G}\ (servi \Rightarrow (\neg annule\ \mathsf{S}\ deux\_pieces)) \tag{1.8}$$

est une propriété de sûreté. On suppose ici que $servi$ est une formule atomique vraie à l'état SERVI uniquement, $annule$ est une formule atomique vraie en tous les états sur lesquels une transition `annule` aboutit, et $deux\_pieces$ est une formule atomique vraie lorsqu'on a juste mis deux pièces dans le distributeur, c'est-à-dire à l'état M2.

Ce qui serait « mal » ici, ce n'est pas que l'on soit servi ! C'est que l'on puisse être servi sans être passé par un certain nombre d'étapes préliminaires, ici d'avoir payé deux pièces, et depuis de ne pas avoir annulé sa commande.

Les propriétés de sûreté sont donc en général strictement plus générales que les seuls invariants.

Il existe une façon plus synthétique, plus abstraite, et indépendante de la logique LTL, de la notion de propriété de sûreté. Une propriété F est une propriété de *sûreté*, dans ce nouveau sens, si et seulement si $q_\bullet, 0 \models F$ implique $q_{0\ldots n}, 0 \models F$ pour tout $n \leq |q_\bullet|$, où $q_{0,\ldots n}$ est le *préfixe* des $n+1$ premiers états $q_0, \ldots, q_n$ de $q_\bullet$: si rien de mal n'arrive dans une trace, rien de mal n'arrive non plus dans une trace plus courte. Par contraposée, si quelque chose de mal arrive, alors dans tout futur ce quelque chose de mal sera toujours survenu : « le mal est fait ». Toute propriété (1.7) est une propriété de sûreté dans ce nouveau sens.

2.4 Variables d'historique

Les propriétés de sûreté sont plus générales que les invariants... oui, mais on peut toujours ramener la vérification d'une propriété de sûreté à la vérification d'un invariant, et donc à une question d'inaccessibilité. L'astuce consiste en l'introduction de *variables d'historique* dans le système de transitions. Si l'on veut vérifier une formule G F_{past} sur un automate $ST = (Q, \mathcal{A}, \delta, Q_0)$, on fabrique un nouvel automate dont les états sont des $(2n+1)$-uplets $(q, \mathtt{b}_1, \ldots, \mathtt{b}_n, \mathtt{b}_1^{\leftharpoonup}, \ldots, \mathtt{b}_n^{\leftharpoonup})$, où $q \in Q$, $\mathtt{b}_1$, …, $\mathtt{b}_n$, $\mathtt{b}_1^{\leftharpoonup}$, …, $\mathtt{b}_n^{\leftharpoonup}$ sont des booléens, V ou F, deux pour chaque sous-formule F_i, atomique ou de la forme P F ou F S G de F_{past}, $1 \leq i \leq n$. L'automate modifié sera tel que $\mathtt{b}_i$ sera vrai à l'étape numéro j d'une trace si et seulement si F_i est vraie à cette même étape, et $\mathtt{b}_i^{\leftharpoonup}$ sera vrai à l'étape j si et seulement si $j \geq 1$ et F_i était vraie à l'étape $j-1$. Posons, pour chaque sous-formule F, $\langle F \rangle$, resp. $\langle F \rangle^{\leftharpoonup}$, l'expression obtenue à partir de F en remplaçant toute sous-formule F_i de F par $\mathtt{b}_i$, resp. $\mathtt{b}_i^{\leftharpoonup}$. L'effet de chaque transition est d'exécuter les affectations suivantes : pour chaque sous-formule F_i qui est atomique, $\mathtt{b}_i \leftarrow$ V ou $\mathtt{b}_i \leftarrow$ F selon que F_i est vraie ou non à l'état d'arrivée ; pour chaque F_i de la forme P F, $\mathtt{b}_i \leftarrow \langle F \rangle^{\leftharpoonup}$; pour chaque F_i de la forme F S G, $\mathtt{b}_i \leftarrow \langle G \rangle \vee (\langle F \rangle \wedge \mathtt{b}_i^{\leftharpoonup})$; finalement, $\mathtt{b}_i^{\leftharpoonup} \leftarrow \mathtt{b}_i$ pour tout i, $1 \leq i \leq n$, ces dernières affectations étant exécutées après les précédentes. On peut faire plus économique, au prix d'une perte de lisibilité, et se passer entièrement des $\mathtt{b}_i^{\leftharpoonup}$, à condition de produire les affectations $\mathtt{b}_i \leftarrow \langle F \rangle$ pour chaque F_i de la forme P F, en partant des plus externes jusqu'au plus internes, puis en produisant les $\mathtt{b}_i \leftarrow$ V ou $\mathtt{b}_i \leftarrow$ F pour chaque F_i atomique (selon que F_i est vraie ou fausse à l'état d'arrivée), enfin les $\mathtt{b}_i \leftarrow \langle G \rangle \vee (\langle F \rangle \wedge \mathtt{b}_i)$ pour chaque F_i de la forme F S G, cette fois des internes vers les externes.

Si l'on applique cette construction à la formule (1.8) pour le distributeur de café, on obtient l'automate décrit par le graphe de contrôle de la figure 6, où la notation $c_1; c_2; \ldots; c_n$ abrège n transitions étiquetées c_1, c_2, …, c_n qui se suivent.

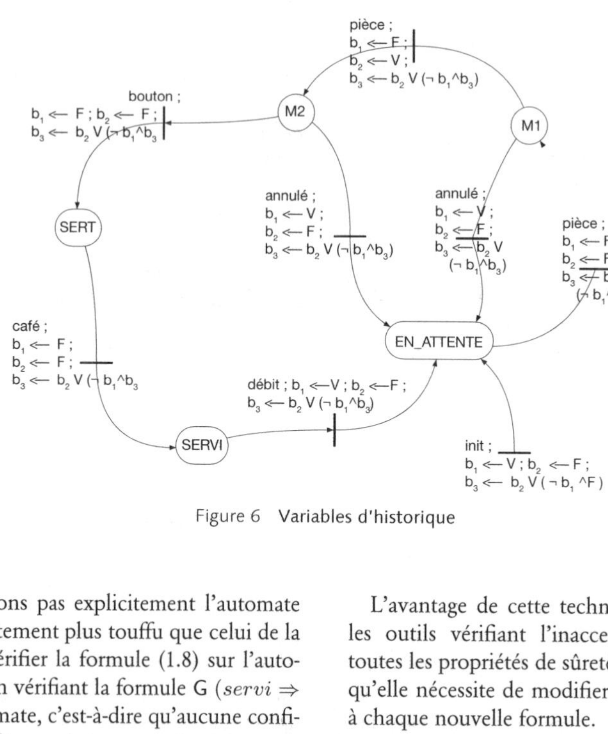

Figure 6 Variables d'historique

Nous ne montrerons pas explicitement l'automate résultant, qui est nettement plus touffu que celui de la figure 2. On peut vérifier la formule (1.8) sur l'automate de la figure 1 en vérifiant la formule G ($servi \Rightarrow \mathtt{b}_3 =$ V) sur cet automate, c'est-à-dire qu'aucune configuration où l'on serait au point SERVI mais où $\mathtt{b}_3$ serait F n'est accessible.

On peut, au passage, voir l'automate de la figure 2 comme obtenu à partir de celui de la figure 1 par une variante de cette méthode, où l'on a, de façon plus intelligente, ajouté une variable de comptage plutôt qu'une variable d'historique.

L'avantage de cette technique est de montrer que les outils vérifiant l'inaccessibilité peuvent vérifier toutes les propriétés de sûreté (1.7). L'inconvénient est qu'elle nécessite de modifier le système de transitions à chaque nouvelle formule.

2.5 Interprétation abstraite

Le model-checking permet de traiter de systèmes de transitions finis, ou bien de classes décidables de systèmes de transitions infinis, voir Schnoebelen et al. (1999). Sur des systèmes de transitions plus généraux, correspondant à des programmes dans un langage Turing-complet (autrement dit, tout langage de programmation réaliste), c'est sans espoir : par le théorème de Rice, *toute* propriété extensionnelle et non-triviale de programmes est indécidable. Une propriété est *extensionnelle* si et seulement si elle ne dépend que de la sémantique du programme, pas de sa présentation syntaxique : la propriété « le programme a plus de cent lignes » n'est pas extensionnelle ; mais toute propriété des configurations accessibles, en particulier toute propriété de sûreté, est extensionnelle. Une propriété est *non triviale* si et seulement s'il existe au moins un programme vérifiant la propriété, et un autre ne la vérifiant pas. Le théorème de Rice implique qu'il n'y a aucun algorithme terminant qui décide les propriétés de sûreté utiles de programmes réels. Doit-on abandonner pour autant ? Non, bien sûr.

Une astuce bien connue des mathématiciens pour attaquer des problèmes difficiles est la notion de *critère*. Un exemple est la *preuve par neuf*. Pour vérifier qu'une addition ou une multiplication est juste, par exemple $4\ 379 \times 2\ 122 = 9\ 292\ 238$, on vérifie que les deux côtés sont égaux modulo 9. On exploite le fait que le reste modulo 9 d'un nombre écrit en décimal est aussi celui de la somme de ses chiffres. Donc, modulo 9, $4\ 379 = 5$, $2\ 122 = 7$, $5 \times 7 = 8$, et on a bien $9\ 292\ 238 = 8$. Il est donc plausible que le calcul ci-dessus soit correct, mais, malgré le nom, la preuve par neuf ne constitue pas une preuve de l'égalité $4\ 379 \times 2\ 122 = 9\ 292\ 238$. En revanche, si les deux côtés avaient des restes différents modulo 9, on serait sûr que notre calcul aurait été incorrect. Il s'agit d'un critère *nécessaire* d'égalité. Sa négation est un critère *suffisant* de différence.

En matière de sûreté, l'*interprétation abstraite* est une théorie mathématique des critères suffisants. L'idée est simple : au lieu de calculer $Pre^*(Bad)$ ou $Post^*(Q_0)$, ou même Q_0 et Bad, on calcule une *sur-approximation* de ces ensembles, c'est-à-dire des sur-ensembles $\overline{Pre^*(Bad)} \supseteq Pre^*(Bad)$ ou $\overline{Post^*(Q_0)} \supseteq Post^*(Q_0)$, et $\overline{Q}_0 \supseteq Q_0$, $\overline{Bad} \supseteq Bad$. Si $\overline{Pre^*(Bad)} \cap \overline{Q}_0 = \emptyset$, alors $Pre^*(Bad) \cap Q_0 = \emptyset$ est vraie (1.2) ; si $\overline{Post^*(Q_0)} \cap \overline{Bad} = \emptyset$, alors $Post^*(Q_0) \cap Bad = \emptyset$ est vraie (1.1). Dans les deux cas, on a prouvé un invariant.

Ce faisant, on a possiblement perdu en *précision*. Autrement dit, il se peut que notre critère ne nous permette pas de conclure. C'est le cas si $\overline{Post^*(Q_0)} \cap \overline{Bad} \neq \emptyset$ (en avant), ou si $\overline{Pre^*(Bad)} \cap \overline{Q_0} \neq \emptyset$ (en arrière).

Ce qu'on perd en précision, on le gagne en calculabilité et en efficacité. Considérons par exemple la question d'accessibilité dans les programmes jouets du § 2.2, avec comme expressions $e ::= \mathtt{x}_i | e+e | e-e | e \times e$. Si l'on calcule les valeurs des variables modulo N, où N est fixé, on ramène l'espace des états à des $(n+1)$-uplets $(\ell, k_1, \ldots, k_n)$, où $k_1, \ldots, k_n$ sont pris modulo N. L'automate obtenu $ST^\sharp$ est fini et la question de l'accessibilité y est donc décidable.

La théorie de l'interprétation abstraite permet ensuite de relier la question de l'accessibilité dans deux automates $ST = (Q, \mathcal{A}, \delta, Q_0)$ (l'automate *concret*) et $ST^\sharp = (Q^\sharp, \mathcal{A}^\sharp, \delta^\sharp, Q_0^\sharp)$ (l'automate *abstrait*), par le biais d'une *relation d'abstraction*. Soit $R_\mathcal{A} \subseteq \mathcal{A} \times \mathcal{A}^\sharp$ une relation de correspondance fixée entre actions concrètes et abstraites. On dit qu'une relation $R \subseteq Q \times Q^\sharp$ est une relation d'abstraction entre ST et $ST^\sharp$, ou bien encore une *simulation* de ST par $ST^\sharp$, si et seulement si :

- pour tout état initial concret $q_0 \in Q_0$, il existe un état initial abstrait $q_0^\sharp \in Q_0^\sharp$ tel que $(q_0, q_0^\sharp) \in R$;
- et si $(q_1, q_1^\sharp) \in R$ et $(q_1, a, q_2) \in \delta$, alors il existe une transition abstraite $(q_1^\sharp, a^\sharp, q_2^\sharp) \in \delta^\sharp$, avec $(a, a^\sharp) \in R_\mathcal{A}$ et $(q_2, q_2^\sharp) \in R$.

Si R est une simulation de ST par $ST^\sharp$, toute trace $q_0 \xrightarrow{a_1} q_1 \xrightarrow{a_2} \ldots \xrightarrow{a_i} q_i \xrightarrow{a_{i+1}} \ldots$ de ST depuis un état initial $q_0 \in Q_0$ peut être simulée par une trace $q_0^\sharp \xrightarrow{a_1^\sharp} q_1^\sharp \xrightarrow{a_2^\sharp} \ldots \xrightarrow{a_i^\sharp} q_i^\sharp \xrightarrow{a_{i+1}^\sharp} \ldots$ de $ST^\sharp$, où $(q_i, q_i^\sharp) \in R$ pour tout $i \in \mathbb{N}$. $ST^\sharp$ est donc capable de simuler toutes les traces de ST, modulo la correspondance entre états décrite par R : $ST^\sharp$ est une *sur-approximation* de ST. On retrouve la notion de sur-approximation plus haut en posant $\overline{Post^*(Q_0)} = \{q \in Q \mid \exists q^\sharp \in Post^{\sharp *}(Q_0^\sharp) \cdot (q, q^\sharp) \in R\}$, où $Post^{\sharp *}$ est l'opérateur $Post^*$ de $ST^\sharp$: comme R est une simulation, cet ensemble contient $Post^*(Q_0)$. De même, si l'on choisit un ensemble $Bad^\sharp$ de sorte que pour tout $q \in Bad$, tout $q^\sharp$ tel que $(q, q^\sharp) \in R$ est dans $Bad^\sharp$, alors $\overline{Bad} = \{q \in Q \mid \forall q^\sharp \in Q^\sharp \cdot (q, q^\sharp) \in R \Rightarrow q^\sharp \in Bad^\sharp\}$ contient Bad.

On peut montrer directement que si l'automate abstrait est sûr ($Post^{\sharp *}(Q_0^\sharp) \cap Bad^\sharp = \emptyset$) alors le système concret est sûr ($Post^*(Q_0) \cap Bad = \emptyset$). Par contraposée, si $Post^*(Q_0) \cap Bad \neq \emptyset$, alors $Post^{\sharp *}(Q_0^\sharp) \cap Bad^\sharp \neq \emptyset$. En effet, si $q \in Post^*(Q_0) \cap Bad$, alors q est accessible depuis un $q_0 \in Q_0$, donc par les propriétés de la simulation, il existe $q^\sharp$ accessible depuis un $q_0^\sharp \in Q_0^\sharp$ – donc $q^\sharp \in Post^{\sharp *}(Q_0^\sharp)$ – tel que $(q, q^\sharp) \in R$; par construction de $Bad^\sharp$, $q^\sharp \in Bad^\sharp$.

De façon symétrique aux sur-approximations de la sémantique *en avant*, c'est-à-dire de $Post^*$, on peut définir une notion d'*op-simulation*, qui simule l'exploration *en arrière*. Le raisonnement est symétrique, et est laissé au lecteur.

Avant de continuer, revenons à l'exemple des programmes jouets plus haut, et illustrons la simulation obtenue en calculant modulo N. La relation d'abstraction est définie par $((\ell, k_1, \ldots, k_n), (\ell', k'_1, \ldots, k'_n)) \in R$ si et seulement si $\ell' = \ell$ et k'_i est le reste de la division euclidienne de k_i par N pour tout i, $1 \leq i \leq n$. Définissons $\delta^\sharp$. Pour tout arc $\ell \xrightarrow{\mathtt{x}_i \leftarrow e} \ell'$ du graphe de contrôle, on produit les transitions abstraites $(\ell, k'_1, \ldots, k'_n) \xrightarrow{\mathtt{x}_i \leftarrow e} (\ell', k'_1, \ldots, e \bmod N, \ldots, k'_n)$, pour tous $k'_1, \ldots, k'_n \in \{0, 1, \ldots, N-1\}$. Pour tout arc $\ell \xrightarrow{a} \ell'$, où $a = e$ faux ?, en supposant que le faux est l'entier 0, on produit les transitions abstraites $(\ell, k'_1, \ldots, k'_n) \xrightarrow{a} (\ell', k'_1, \ldots, k'_n)$ pour tous les $k'_1, \ldots$, k'_n qui rendent e égale à 0 modulo N. On perd ici de la précision : l'automate abstrait simule bien le passage de ℓ à ℓ' si e vaut 0, mais aussi si e est n'importe quel multiple de N.

On peut appliquer la méthode à des programmes plus compliqués. Imaginons que nos programmes disposent aussi d'une opération div, telle que m div n retourne la partie entière de m/n. Abstraire m div n par $(m \bmod N)$ div $(n \bmod N)$ modulo N, comme ci-dessus, est incorrect : par exemple, si $N = 3$, 4 div 2 vaut 2, mais modulo 3 on trouve 1 div 2 $= 0$, qui est différent de 2 modulo 3. Ceci ne veut pas dire que l'on ne peut pas abstraire le quotient div ! Ceci signifie juste que l'abstraction ne peut pas être aussi simpliste. À la place, référons-nous à la définition d'une simulation, et définissons la relation de quotient abstraite $div^\sharp(m', n', q')$ de sorte que pour tous entiers m, n, q, si $n \neq 0$ et $q = m$ div n, alors $div^\sharp(m \bmod N, n \bmod N, q \bmod N)$. On définit $\delta^\sharp$ de sorte que si l'on passe de ℓ à ℓ' par une opération a de la forme $\mathtt{x}_i = \mathtt{x}_k$ div $\mathtt{x}_k$, alors $\delta^\sharp$ contient toutes les transitions $(\ell, k'_1, \ldots, k'_n) \xrightarrow{a} (\ell', k'_1, \ldots, k''_i, \ldots, k'_n)$ pour tous $k'_1, \ldots, k'_n$ et k''_i dans $\{0, 1, \ldots, N-1\}$ tels que $div^\sharp(k'_j, k'_k, k''_i)$ soit vraie.
Généralisons. Une façon de voir ce qu'on a fait est de dire qu'on a produit un système de transitions abstrait dont les configurations sont des *propriétés* P des configurations. Par exemple, la configuration $(\ell, 1, 0, 2)$ modulo 3 est la propriété « le point de programme est ℓ, et $\mathtt{x}_1$ vaut 1 mod 3, et $\mathtt{x}_2$ vaut 0 mod 3, et $\mathtt{x}_3$ vaut 2 mod 3 ». De plus, l'ensemble $L^\sharp$ des propriétés qui nous intéressent est fixé : ce sont des conjonctions de propriétés de la forme « $\mathtt{x}_i$ vaut k_i mod 3 » ($1 \leq i \leq n$, $0 \leq k_i \leq 2$) ou « le point de programme est ℓ ».

Le cadre usuel de l'interprétation abstraite est ainsi décrit par la donnée d'un ensemble $L^\sharp$ de propriétés, ordonné par une relation d'ordre $\leq^\sharp$ (l'implication logique $\Rightarrow$). On demande souvent que $(L^\sharp, \leq^\sharp)$ soit un treillis complet, c'est-à-dire que toute famille d'éléments de $L^\sharp$ ait une borne supérieure et une borne inférieure. Cette condition de treillis complet facilite nombre d'arguments mathématiques, et surtout, elle est pratiquement toujours satisfaite. (Dans l'exemple ci-dessus, la borne supérieure de « $\mathtt{x}_1$ vaut 1 mod 3 et $\mathtt{x}_2$ vaut 2 mod 3 » et de « $\mathtt{x}_1$ vaut 0 mod 3 et $\mathtt{x}_2$ vaut 2 mod 3 » est « $\mathtt{x}_2$ vaut 2 mod 3 ».)

Notons qu'il existe un treillis complet $(L^\flat, \leq^\flat)$ de *toutes* les propriétés possibles des configurations. À isomorphisme près, c'est l'espace $\mathbb{P}(Q)$ des ensembles de configurations possibles, ordonné par inclusion $\subseteq$; les bornes supérieures sont les unions, les bornes inférieures les intersections. (L'isomorphisme est le suivant : toute propriété P définit l'ensemble des configurations vérifiant P ; réciproquement, tout ensemble S définit une propriété, celle d'appartenir à S.) Posons $Q_0^\flat = \{Q_0\}$, $\mathcal{A}^\flat$ l'ensemble formé d'une seule action τ, la relation de correspondance $R_\mathcal{A}$ étant donnée par $(a, \tau) \in L$ pour toute action concrète a, et $\delta^\flat$ la relation de transition donnée par les transitions $P \xrightarrow{\tau} P'$ où $P' = \{q' \in Q \mid \exists q \in P \cdot q \xrightarrow{a} q' \in \delta\}$, pour toute propriété $P \in L^\flat$. Soit $ST^\flat$ le système de transitions $(L^\flat, \mathcal{A}^\flat, \delta^\flat, Q_0^\flat)$. La relation de simulation entre $q \in Q$ et $P \in Q^\flat$ est l'appartenance $q \in P$. Cette construction est la construction classique de *déterminisation* d'un automate.

L'automate $ST^\flat$ est *déterministe* et *complet* : il existe exactement un état initial ($Q_0^\flat$), et, partant de toute configuration (propriété) P, il existe exactement une configuration P' telle que $P \xrightarrow{\tau} P'$ soit une transition de $ST^\flat$. Ainsi $ST^\flat$ définit une *fonction de transition* $F^\flat$, qui à P associe P'. La fonction *collectrice* (en avant) $E^\flat$ définie par $E^\flat(P) = P \cup F^\flat(P)$ calcule, appliquée à l'ensemble P_n des configurations de ST accessibles en au plus n transitions, l'ensemble P_{n+1} de celles accessibles en au plus $n+1$ transitions : $P_{n+1} = E^\flat(P_n)$. Le plus petit point fixe de $E^\flat$ au-dessus de Q_0 :

$$P_\infty = \bigcup_{n=0}^{+\infty} {E^\flat}^n(Q_0) \tag{1.9}$$

est donc exactement l'ensemble des états accessibles $Post^*(Q_0)$. (Symétriquement, on peut définir une fonction collectrice arrière, à partir de laquelle on calcule $Pre^*(Bad)$.)

L'automate $ST^\flat$ est en général infini, et est certainement incalculable en général ! Son intérêt est de permettre une définition relativement souple d'autres automates abstraits $ST^\sharp$ (sur lesquels on pourra calculer des sur-approximations de $Post^*(Q_0) = P_\infty$) par l'utilisation systématique de correspondances de Galois. Formellement, une *correspondance de Galois* $\alpha \dashv \gamma$ entre deux ensembles ordonnés $(L^\flat, \leq^\flat)$ et $(L^\sharp, \leq^\sharp)$ est la donnée de deux fonctions monotones $\alpha : L^\flat \to L^\sharp$ (l'*abstraction*) et $\gamma : L^\sharp \to L^\flat$ (la *concrétisation*) telles que $\alpha(P) \leq^\sharp P^\sharp$ si et seulement si $P \leq^\flat \gamma(P^\sharp)$ pour tous $P \in L^\flat$, $P^\sharp \in L^\sharp$. La donnée d'une correspondance de Galois $\alpha \dashv \gamma$ est celle d'une relation entre *valeurs concrètes* (ou propriétés, dans $L^\flat$) et *valeurs abstraites*, qui est définie de façon équivalente par $\alpha(P) \leq^\sharp P^\sharp$ ou par $P \leq^\flat \gamma(P^\sharp)$. Si $\gamma(P^\sharp)$ est la *sémantique* de la propriété abstraite $P^\sharp$–typiquement, γ(« $\mathtt{x}_1$ vaut 1 mod 3 et $\mathtt{x}_2$ vaut 2 mod 3 ») $= \{(\ell, k_1, k_2, \ldots, k_n) \mid k_1 = 1 \bmod 3 \text{ et } k_2 = 2 \bmod 3\}$–, l'abstraction $\alpha(P)$ sera automatiquement la *meilleure approximation* de la propriété P dans $L^\sharp$: on peut montrer que $\alpha(P)$ est la plus petite (pour $\leq^\sharp$) des valeurs abstraites $P^\sharp$ qui sont *correctes*, c'est-à-dire telles que $P \leq^\flat \gamma(P^\sharp)$. Dans notre exemple de calcul modulo N, avec $N = 3$, si P est l'ensemble $\{(\ell, k_1, k_2, \ldots, k_n) \mid \ell = 1, k_1 = 1, k_2 \in \{2, 8, 14, 20, \ldots\}, k_3 \text{ pair}\}$, $\alpha(P)$ sera la valeur abstraite « le point de programme est 1 et $\mathtt{x}_1$ vaut 1 mod 3 et $\mathtt{x}_2$ vaut 2 mod 3 » (aucune contrainte sur $\mathtt{x}_3$) : $\alpha(P)$ est ce qu'on peut dire de plus précis pour décrire les valeurs de P dans le langage des propriétés abstraites $L^\sharp$.

Étant donnée une telle correspondance de Galois, on peut définir un système de transitions abstrait $ST^\sharp = (L^\sharp, \mathcal{A}^\sharp, \delta^\sharp, Q_0^\sharp)$ où $Q_0^\sharp = \alpha(Q_0^\flat)$, $\mathcal{A}^\sharp = \mathcal{A}^\flat$, et $P^\sharp \xrightarrow{\tau} P'^\sharp$ dans $\delta^\sharp$ si et seulement si $P'^\sharp = \alpha(F^\flat(\gamma(P^\sharp)))$. Il s'agit encore une fois d'un automate déterministe complet, d'état initial $Q_0^\sharp$, et de fonction de transition $F^\sharp(P^\sharp) = \alpha(F^\flat(\gamma(P^\sharp)))$. (Il est possible que $Q^\sharp$ ne soit pas fini. En tout état de cause, il est important que $Q_0^\sharp$ et $\delta^\sharp$ restent calculables, et l'on pourra à défaut demander un $Q_0^\sharp$ calculable tel que $\alpha(Q_0^\flat) \leq^\sharp Q_0^\sharp$, et une fonction de transition $F^\sharp$ calculable telle que $\alpha(F^\flat(\gamma(P^\sharp))) \leq^\sharp F^\sharp(P^\sharp)$.) Il est facile de montrer que la relation définie par $\alpha(P) \leq^\sharp P^\sharp$, ou de façon équivalente par $P \leq^\flat \gamma(P^\sharp)$, est une simulation de $ST^\flat$ par $ST^\sharp$. En la composant avec celle de ST par $ST^\flat$, on obtient une simulation de ST par $ST^\sharp$. Ceci fournit automatiquement une sur-approximation $Post^{\sharp *}(Q_0^\sharp)$, qui est le plus petit point fixe de $E^\sharp$ au-dessus de $Q_0^\sharp$, où $E^\sharp(P^\sharp)$ est la borne supérieure dans $L^\sharp$ de $P^\sharp$ et de $F^\sharp(P^\sharp)$. (De même que $Post^*(Q_0)$ est le plus petit point fixe de $E^\flat$ au-dessus de Q_0.)

Lorsque $L^\sharp$ est un treillis fini, $ST^\sharp$ est un système de transitions fini, ce qui nous ramène au calcul d'états accessibles (§ 2.1). (C'est le cas du treillis des valeurs modulo N.) Mais la construction est plus générale. Elle s'applique notamment aux treillis $L^\sharp$, infinis, mais ayant la *propriété de finitude des chaînes ascendantes*, c'est-à-dire où toute suite infinie croissante $P_1^\sharp \leq^\sharp P_2^\sharp \leq^\sharp \ldots \leq^\sharp P_k^\sharp \leq^\sharp \ldots$ est stationnaire (i.e., tous les $P_k^\sharp$ sont égaux à partir d'un certain rang). Alors

$$Post^{\sharp *}(Q_0^\sharp) = \bigsqcup_{n=0}^{+\infty} E^{\sharp n}(Q_0^\sharp) \qquad (1.10)$$

où $\bigsqcup$ est la borne supérieure, et où la suite $Q_0^\sharp \leq^\sharp E^\sharp(Q_0^\sharp) \leq^\sharp E^{\sharp 2}(Q_0^\sharp) \leq^\sharp \ldots \leq^\sharp E^{\sharp k}(Q_0^\sharp) \leq^\sharp \ldots$ est stationnaire par hypothèse. Ceci se calcule en fabriquant la suite $P_0^\sharp = Q_0^\sharp$, $P_{k+1}^\sharp = E^\sharp(P_k^\sharp)$, et en s'arrêtant lorsque $P_{k+1}^\sharp = P_k^\sharp$: alors $Post^{\sharp *}(Q_0^\sharp) = P_k^\sharp$. (On peut même utiliser certains treillis $L^\sharp$ ne possédant pas la propriété de finitude des chaînes croissantes, grâce à des opérateurs d'*élargissement*, voir Cousot et Cousot, 1992.)

Reprenons l'exemple de l'approximation du calcul du quotient m div n modulo N. On peut calculer la relation abstraite $div^\sharp(m', n', q')$ par les techniques indiquées ci-dessus. En l'occurrence, $div^\sharp(m', n', q')$ doit être vraie de *tous* les triplets $m', n', q' \in \{0, 1, \ldots, N-1\}$. L'abstraction modulo N perd donc *toute* précision sur l'opération div : modulo N, tout ce qu'on peut dire sur $\mathtt{x}_j$ div $\mathtt{x}_k$ c'est qu'il rend un entier arbitraire. On observe ainsi qu'une abstraction donnée, ici, le calcul modulo N, permet de garder beaucoup de précision sur certaines opérations (ici, $+$, $-$, $\times$), un peu moins sur d'autres (tests), et même de perdre toute précision sur certaines (div). D'autres abstractions perdront moins de précision sur div, possiblement en en perdant plus sur les autres opérations. En général, il est important de concevoir une abstraction adaptée à la forme du programme analysé et à la propriété à résoudre.

L'abstraction de *propagation des constantes* est celle des conjonctions de propriétés « $\mathtt{x}_i$ vaut k_i » ($1 \leq i \leq n$, k_i quelconque) ou « le point de programme est ℓ ». Ceci tombe dans le cadre de l'interprétation abstraite sur un treillis $L^\sharp$ vérifiant la condition de finitude des chaînes croissantes. L'abstraction par *intervalles* est celui des propriétés de la forme « $\mathtt{x}_i$ est dans l'intervalle $[k_i, k_i']$ », $L^\sharp$ ne vérifie plus la condition de finitude des chaînes croissantes, mais dispose d'un opérateur d'élargissement (Cousot et Cousot, 1992). Ces abstractions sont *non relationnelles*, au sens où elles perdent en général toute relation, notamment d'égalité, entre deux variables. Le treillis des *relations affines* entre variables, ou treillis de Karr, est formé des conjonctions de propriétés de la forme « $\sum_{i=1}^n a_i x_i = b$ ». Il est relationnel, et vérifie la condition de finitude des chaînes croissantes. Celui des *polyèdres convexes* est formé des conjonctions de propriétés de la forme « $\sum_{i=1}^n a_i x_i \leq b$ ». Il est relationnel, ne vérifie pas la condition de finitude des chaînes croissantes, et dispose d'un opérateur d'élargissement.

Ce dernier, ainsi que certaines formes plus simples (aujourd'hui appelées *faiblement relationnelles*), ou encore le treillis non relationnel des intervalles, sont les abstractions tout indiquées pour détecter les débordements arithmétiques et les débordements d'indices de tableaux.

Citons finalement la classe importante des *abstractions par prédicats*, où le treillis $L^\sharp$ est défini en fonction de l'invariant Inv à vérifier, comme un treillis de conjonctions de formules atomiques prises parmi celles de Inv, et possiblement d'autres. Le treillis obtenu est toujours fini, et des méthodes de raffinement permettent d'enrichir $L^\sharp$ de nouvelles formules atomiques selon le besoin.

Des outils d'interprétation abstraite existent depuis les années quatre-vingt-dix, à commencer par l'analyseur PolySpace, de la société PolySpace technologies, un outil général de détection d'erreur de débordement, de deadlocks, etc., en C et Ada ; l'analyseur Astrée, qui vise sensiblement les mêmes buts, en privilégiant la précision et l'analyse de grands programmes, est développé dans l'équipe de P. Cousot à l'École normale supérieure.La société AbsInt angewandte Informatik (Saarbrücken, Allemagne) a appliqué les techniques d'interprétation abstraite à la détermination précise des temps maximum d'exécution de code sur microprocesseurs possédant caches, pipelines et autres mécanismes d'optimisation. Ceci permet de garantir des réponses temps réel, c'est-à-dire dans un temps maximum garanti.

Il n'existe malheureusement pas encore de référence complète sur l'interprétation abstraite. Les livres sur la conception de compilateurs sont souvent une source utile d'informations, quoiqu'incomplète : l'interprétation abstraite, et sa cousine l'*analyse dataflow*, y sont en général traitées comme techniques d'optimisation du code. En tout état de cause, l'article de Cousot et Cousot (1992) est une bonne introduction au domaine.

2.6 Autres techniques

Il existe bien d'autres techniques pour montrer des propriétés de sûreté.

D'abord, toutes les techniques de *preuve de programme* s'appliquent. On citera notamment le calcul des *strongest postconditions* (postcondition la plus forte) de R. W. Floyd et celui, symétrique, des *weakest preconditions* (précondition la plus faible) de E. W. Dijkstra, des façons d'axiomatiser les opérateurs $sp(\pi)(P)$, resp. $wp(\pi)(P)$, dénotant l'ensemble des états finaux (resp. initiaux) du programme π à partir desquels il existe une trace venant de (resp. arrivant à) un état dans l'ensemble P. Il s'agit de variations sur le thème des calculs de $Post^*$ et Pre^* respectivement. Citons encore la *logique de Hoare*, dont les triplets $\{P\}\pi\{Q\}$ se lisent « en partant d'un état où la propriété P est vraie, toute exécution du programme π qui termine aboutit à un état où Q est vraie » (une propriété dite de *correction partielle* car elle ne demande pas à ce que π termine). La notion d'invariant est, au passage, fondamentale en preuve de programme. On pourra consulter Cousot (1990).

Parmi les outils de vérification de programmes, on retiendra l'outil STeP, développé à Stanford, qui mêle model-checking, abstraction par prédicats, et preuve assistée par ordinateur. Des outils plus généralistes sont les *assistants de preuve*, qui sont des environnements d'aide à la démonstration de théorèmes mathématiques. Parmi ceux-ci, l'outil B est davantage orienté vers la conception prouvée de programmes à partir de spécifications de haut niveau, par *raffinements* successifs, et l'outil Coq, développé dans les équipes-projets LogiCal et ProVal de l'INRIA, propose notamment une approche originale d'*extraction* de programmes certifiés à partir d'une preuve.

Une autre technique importante qui contribue grandement à la sûreté des programmes est le *typage*, en particulier via des disciplines de typage fort comme celles du langage ML (et donc de CAML, une réalisation complète et libre de ML, développée dans l'équipe-projet Cristal de l'INRIA). Le point fort ici est le slogan « *well-typed programs do not go Wrong* » (« les programmes bien typés ne font pas de mal/ne produisent jamais la valeur d'erreur Wrong »). Ce slogan est un théorème, démontré dans un article célèbre de R. Milner (1978), qui énonce qu'un programme ML bien typé ne peut pas provoquer une certaine classe d'erreurs, dites de *confusion de types*. Par exemple, considérons la fonction `size`, qui calcule la longueur (un entier) d'une chaîne de caractères. Le théorème de Milner garantit notamment que, dans tout programme bien typé, si `size` est appliqué à un argument e, cet argument sera nécessairement une chaîne de caractères. Plus important, que tout appel d'une fonction appelle *réellement* une fonction légale, et non un morceau de code à un endroit arbitraire de la mémoire.

La conception même du langage garantit donc certaines propriétés de sûreté. Ceci facilite une analyse de la sûreté des programmes écrits dans ces langages. Ceci a bien été compris, outre le cas de ML, dans des langages comme Java, de Sun Microsystems, ou C$^\#$, de Microsoft.

3 La sûreté, un prérequis à la sécurité

Assurer la sécurité d'un système informatique est autrement plus difficile que d'en assurer la sûreté. Si, en sûreté, on raisonne sur un système *clos*, composé exclusivement d'un programme ST bien connu, en sécurité on doit considérer ST comme un système *ouvert*, en interaction avec un environnement inconnu et possiblement mal intentionné.

Avant de passer à quelques problématiques de sécurité (§ 4), remarquons qu'il n'y a *pas de sécurité sans sûreté*. Ceci est illustré notamment par le cas des attaques par *débordement de tampon*. Il en existe plusieurs classes, et la plus connue est celle des débordements de tampon *en pile* (*stack overflows*). L'exemple introductif suivant est tiré de Gay (2002) :

```
int main (int argc, char *argv[]) {
  char buffer[256];
  if (argc>1) strcpy(buffer,argv[1]);
}
```

Si on appelle ce programme avec un argument argv[1] de longueur supérieure ou égale à 256, la fonction strcpy va non seulement remplir le tableau buffer, mais aussi continuer d'écrire dans la mémoire au-delà de l'espace alloué à ce tableau. Or, sur la plupart des architectures, buffer est alloué en pile, et juste après se trouve l'endroit où est l'adresse de retour de la fonction main.

Ceci est exploitable par un attaquant comme suit. D'abord, sur encore de nombreuses architectures, l'adresse a où se trouve l'adresse de retour (typiquement &buffer[256]) est connue, ou peut être estimée, disons à 128 octets près. Un attaquant pourra donc lancer le programme ci-dessus avec un argument argv[1] de la forme : 256 caractères quelconques, puis 4 octets représentant l'adresse a (correcte à 128 près), puis au moins 128 instructions NOP ($0x90 = 144$ sur les architectures Intel i386), puis un *shellcode*, c'est-à-dire un programme arbitraire. (L'utilisation la plus courante est de lancer un interpréteur de commandes, un *shell*, pour le compte de l'attaquant, voir le chapitre « Virus et antivirus ».)

Si le programme vulnérable main ci-dessus a les droits du super-utilisateur (root sous Unix), le lancer avec la chaîne argv[1] décrite ci-dessus donnera à l'attaquant un interpréteur de commandes avec tous les droits du super-utilisateur. Il existe de nombreuses variantes de cette attaque, et si l'exemple ci-dessus n'est pas très réaliste, une de ces variantes est à la base du ver Slammer mentionné dans l'introduction.

Nous souhaitons insister sur un point : le programme ci-dessus est vulnérable à une attaque par débordement de tampon parce que, déjà, il n'est pas sûr au sens de la *sûreté*. En effet, rien ne garantit que la fonction strcpy n'écrira pas au-delà des bornes du tableau buffer. Il s'agit d'un cas de violation d'une propriété classique de sûreté, l'absence de débordement d'indice de tableau, que l'on peut en principe détecter par des techniques d'interprétation abstraite. L'état de l'art en la matière est l'article de Simon et King (2002).

Avant de continuer, répondons à deux objections courantes. D'abord, l'exemple ci-dessus n'est pas *portable*. Oui, mais il fonctionne sur certaines des machines visées, et c'est tout ce qui compte pour l'attaquant. Ensuite, l'attaque semble *improbable*. Ceci est fallacieux : de nombreuses attaques apparemment improbables ont en fait un bon taux de réussite. Face à un attaquant, on doit imaginer le pire, pas le comportement moyen.

Les techniques de débordement de tampon sont à la base de la plupart des attaques en ce début de XXIe siècle. Mais ce ne sont pas les seules. Depuis le milieu des années quatre-vingt-dix et l'arrivée du langage et de l'architecture Java, de Sun Microsystems, un effort considérable a été effectué par la communauté des chercheurs pour comprendre quelle sécurité Java pouvait garantir. Or, malgré un effort de rigueur de conception de l'architecture jusque là sans précédent dans le monde industriel, Java compte encore aujourd'hui un certain nombre de faiblesses (dont certaines partagées par son concurrent plus jeune C#, de Microsoft). D'abord, la vérification de types du bytecode Java, un point charnière de la sûreté et de la sécurité en Java, pose des problèmes non triviaux, et plusieurs attaques permettant de faire passer un objet d'un type τ pour un objet d'un autre type τ' existaient dans les premières versions, qui permettaient à un attaquant de faire exécuter du code arbitraire par la machine virtuelle Java. Ensuite, la complexité des mécanismes de sous-classage, d'héritage, et de permissions liées aux packages Java est à la source de vulnérabilités. L'une de celles-ci a été exploitée dans l'applet Java Brown-Orifice, qui permettait à un attaquant de lire tout le contenu du disque dur d'une machine cible. Il s'agit ici d'une attaque sur la *confidentialité* des données des utilisateurs. Par extension, cette attaque permet typiquement à l'attaquant de récupérer des clés secrètes de l'utilisateur, ce qui lui permettra ensuite de fabriquer de faux certificats d'authentification, de se faire passer pour l'utilisateur, et par exemple, de débiter son compte en banque à sa place.

Il faut se souvenir d'une chose : la plus petite vulnérabilité, même improbable, peut être amplifiée arbitrairement pour monter des attaques dont les conséquences peuvent être désastreuses.

L'information sur les attaques est en générale relativement dispersée, relativement secrète, ou l'apanage de groupes de hackers. Une bonne source d'informations sur les débordements de tampon est Gay (2002). Une source très complète de risques liés à la sécurité, quoique plus particulièrement axée sur le code mobile et donc en particulier Java et C#, est due à Leroy (2005).

4 Vérification de la sécurité

Commençons par un constat. Un attaquant déterminé trouvera toujours un moyen d'attaquer un système, aussi sécurisé soit-il. De même, un cambrioleur déterminé trouvera toujours un moyen de rentrer dans le musée le mieux protégé.

4.1 Modèles de sécurité

La vérification de propriétés de sécurité commence donc par la mise au propre des limites raisonnables sur ce que l'on estime qu'un attaquant pourra faire. L'analyse de sûreté permet de commencer à cerner ces risques. Par exemple, à écarter toute vulnérabilité à des attaques par débordement de tampon. La conception du cadre des risques s'appelle le *modèle de sécurité*. Il formalise les capacités de malveillance de l'environnement, de l'attaquant.

4.2 Propriétés de sécurité

Il s'agit ensuite de définir ce qui est « mal ». Que veut-on garantir ? Ici, il importe de raisonner non en termes de moyens (empêcher les débordements de tampon, empêcher que X lise la mémoire Y, etc.) mais en termes d'*avantages* qu'un attaquant pourrait obtenir. Ce n'est pas le débordement de tampon qui est mal, c'est la possibilité pour un attaquant de se faire passer pour le super-utilisateur. Il pourra aussi s'agir de garantir la *confidentialité* de certaines données, l'*authenticité* de certaines transactions, la *non-duplication* (d'ordres de paiement), etc. Définir ce qui est « mal », c'est définir les *propriétés de sécurité* que l'on souhaite établir. Certaines prendront la forme de propriétés de sûreté au sens du slogan « le mal est fait » (§ 2.3), d'autres seront plus subtiles.

4.3 Hypothèses de sécurité

Si les propriétés de sécurité représentent le fait que rien de mal n'arrive, les *hypothèses de sécurité* précisent les conditions initiales (Q_0, voir § 2.1).

Par exemple, supposons que nous cherchions à concevoir un système d'achat en ligne, où l'acheteur s'assurera que les messages qu'il obtient proviennent bien authentiquement du serveur du vendeur. Ceci se fera par exemple par des moyens cryptographiques, et l'on demandera que le vendeur signe ses messages avec sa clé privée K_s^{-1}. L'acheteur pourra vérifier la signature en déchiffrant à l'aide de la clé publique correspondante K_s. Les hypothèses de sécurité implicites ici sont : d'abord, K_s^{-1} est initialement secrète, au sens où seul le serveur a connaissance de sa valeur ; ensuite, La valeur de K_s utilisée par l'acheteur est bien, authentiquement, la clé publique du serveur (et non celle d'un attaquant). Il est clair que le protocole n'offrira aucune garantie d'authenticité si l'une de ces propriétés est violée.

4.4 Architecture de sécurité

L'ingrédient final est l'*architecture de sécurité* : l'ensemble des moyens concrets mis en œuvre pour réaliser un système obéissant aux contraintes du modèle de sécurité, et vérifiant les hypothèses de sécurité.

Par exemple, un serveur qui stocke ses clés secrètes K_s^{-1} sur son disque dur ne peut pas vérifier l'hypothèse de secret de K_s^{-1} s'il est vulnérable à l'applet BrownOrifice. Cet exemple montre plusieurs points importants. D'abord, un disque dur n'est pas un coffre-fort. Il est important de stocker les données sensibles en les chiffrant à l'aide de clés dérivées de moyens auxiliaires de sécurité (mots de passe, cartes à puce). Ensuite, redisons-le, on doit vérifier la *sûreté* du système, pour interdire de telles vulnérabilités ; mais pas seulement la sûreté du sous-système responsable de la cryptographie ! Ici l'attaque via BrownOrifice vient d'une absence de sûreté sur un autre composant du système, qui *partage* les accès au même disque dur.

Finalement, la sécurité est une question *globale*. Une idée préconçue sur la sécurité est qu'il suffirait d'ajouter un « module de sécurité » à un logiciel vulnérable pour le rendre sûr. Par exemple, un détecteur de virus, ou bien l'API de sécurité Java. Ce sont des outils qui assurent une meilleure sécurité, oui, de même qu'ajouter une serrure à la porte d'entrée la rend plus difficile à ouvrir. Mais cette nouvelle serrure n'empêchera pas un cambrioleur de passer par la fenêtre, de défoncer la porte, ou de prendre un otage si rien d'autre ne fonctionne. (Ce n'est pas légal ; les attaques en sécurité informatique non plus.) Un système doit être *pensé* pour la sécurité, globalement.

4.5 Protocoles cryptographiques

Les *protocoles cryptographiques* sont des schémas d'échanges de messages entre agents (ordinateurs, programmes, êtres humains) appelés *principaux*, utilisant des moyens cryptographiques pour assurer la confidentialité (par chiffrement), la fraîcheur (par utilisation d'*hapax* – *nonces* en anglais –, c'est-à-dire de nombres frais, aléatoires, imprévisibles par un attaquant), ou encore le caractère authentique des messages transmis (par des mécanismes de signature), par exemple.

Nous renvoyons le lecteur intéressé au chapitre « Cryptographie », § 9, pour une vision complémentaire de la notion de protocole cryptographique. Nous nous concentrerons ici sur les méthodes de vérification, qui se fondent davantage sur des techniques logiques.

L'un des protocoles cryptographiques les plus répandus est SSL. Il permet à un navigateur Web de se connecter authentiquement à un serveur sécurisé. D'autres protocoles cryptographiques sont utilisés, sans même que leurs utilisateurs en soient conscients : le protocole Visa Open Platform (VOP) entre cartes bancaires et terminaux d'accueil (de paiement, distributeurs de billet, etc.) ; ou les protocoles d'authentification et de confidentialité de la norme de téléphonie portable GSM. Les domaines d'application des protocoles cryptographiques sont de plus en plus divers : vidéo à la demande, gestion sécurisée de grandes grilles de calcul, courrier électronique, etc.

Cependant, la plupart des protocoles cryptographiques publiés se sont révélés vulnérables, à des attaques de rejeu de messages notamment (l'attaquant s'insère dans une communication et renvoie à un principal honnête un vieux message d'un autre principal – d'où l'importance de la notion de fraîcheur). Si l'on veut être sûr qu'un protocole cryptographique assure une propriété de sécurité donnée, il faudra en faire la preuve. On a alors besoin de modèles précis de sécurité.

4.6 Un exemple

Un des exemples les plus simples de protocole cryptographique est celui de Needham-Schroeder à clés publiques :

1. $A \to B : \{N_a, A\}_{K_b}$
2. $B \to A : \{N_a, N_b\}_{K_a}$
3. $A \to B : \{N_b\}_{K_b}$

Les deux principaux en présence, A et B, cherchent à s'échanger un document N_a (appartenant à A) et N_b (appartenant à B) de telle sorte que chacun soit convaincu du fait que le document qu'il reçoit vient bien authentiquement de l'autre. Pour ceci (message 1), A envoie à B le message $\{N_a, A\}_{K_b}$, formé du couple (N_a, A), où A est l'identité de A, chiffré avec la clé publique K_b de B. L'*identité* A du principal A est non précisée, mais caractérise A de façon unique (en pratique, une combinaison d'un numéro de téléphone, d'assuré social, ou de l'URL de A par exemple).

Parmi les hypothèses de sécurité de ce protocole, on doit supposer, d'abord, qu'il n'y a pas deux principaux avec la même identité ; puis, que seul A possède N_a, et que seul B possède N_b, sinon un tiers possédant l'un ou l'autre pourrait jouer le protocole en se faisant passer pour A ou B. On a de plus les hypothèses usuelles sur les paires de clés asymétriques : K_b^{-1} et K_a^{-1} ne sont connues que de B, resp. de A ; et les clés publiques K_b et K_a sont authentiquement celles de B et de A.

Le seul principal capable de déchiffrer le message 1 est donc B. Même si un attaquant arrive à intercepter le message 1, il ne pourra rien en faire. Lorsque B renvoie le message 2, de même, seul A pourra le déchiffrer. De plus, comme B a apparié son document N_b avec le document N_a de A dans ce message, A peut vérifier que c'est bien B qui lui a envoyé le message 2, et que N_b vient bien authentiquement de B. Les deux messages 2 et 3, de même, confirment à B que c'est bien de A que venait au message 1 le document N_a.

Malgré ces arguments apparemment probants, le protocole de Needham-Schroeder est sujet à une attaque, dite *par le milieu* ou *de l'intercepteur* (*man-in-the-middle*), dans laquelle deux sessions du même protocole se déroulent simultanément, l'une entre deux principaux A et C, l'autre entre C et B, mais où C triche dans la deuxième session, et se fait passer pour A. Voici l'attaque, trouvée par G. Lowe en 1995, dix-sept ans après l'invention du protocole ($C(A)$ désigne C se faisant passer pour A) :

1. $A \to C : \{N_a, A\}_{K_c}$
$\quad C(A) \to B : \{N_a, A\}_{K_b}$
$\quad B \to C(A) : \{N_a, N_b\}_{K_a}$
2. $C \to A : \{N_a, N_b\}_{K_a}$
3. $A \to C : \{N_b\}_{K_c}$
$\quad C(A) \to B : \{N_b\}_{K_b}$

C peut en effet déchiffrer le message 1 avec K_c^{-1}, et rechiffrer avec la clé publique K_b de B. Lorsque B répond $\{N_a, N_b\}_{K_a}$ à $C(A)$, C ne peut pas le déchiffrer, mais le passe tel quel à A en message 2. À la fin, si A communique authentiquement avec C (comme il le souhaite), en revanche B parle avec C au lieu de A (contrairement à ce qu'il croyait).

La solution de G. Lowe – le protocole de Needham-Schroeder-Lowe – consiste à inclure l'identité de B dans le message 2 :

1. $A \to B : \{N_a, A\}_{K_b}$
2. $B \to A : \{N_a, N_b, B\}_{K_a}$
3. $A \to B : \{N_b\}_{K_b}$

Comment montrer que de tels protocoles sont sûrs ? Notons qu'on souhaite non seulement montrer que les attaques connues (celle de Lowe, par exemple) ne peuvent pas aboutir, mais de façon plus ambitieuse qu'*aucune* attaque ne peut réussir, dans un modèle de sécurité donné et sous des hypothèses de sécurité données.

Avant de continuer, fixons un peu de vocabulaire. Rappelons qu'un principal est un participant donné d'un protocole ; concrètement, une machine ou une copie donnée d'un programme M sur une machine. Un *rôle* est une suite d'instructions de chiffrement, d'envoi et de réception des messages ; c'est le texte du programme M lui-même. Le rôle de A dans le protocole de Needham-Schroeder à clés publiques est d'envoyer $\{N_a, A\}_{K_b}$ à B, d'attendre une réponse et de vérifier qu'elle est de la forme $\{N_a, N_b\}_{K_a}$ (avec le même N_a, mais un N_b quelconque), et d'envoyer à B le message $\{N_b\}_{K_b}$. Un principal qui effectue les instructions du rôle R est dit *obéir* au rôle R. On dit encore alors que le principal est *honnête* relativement au rôle R. Sinon, il est *malhonnête*. Il n'y a pas ici de jugement de valeur ou de sous-entendu légal à ces notions, purement techniques, d'honnêteté.

4.7 Preuves cryptologiques

Une approche rigoureuse et réaliste modélise les principaux, honnêtes ou non, par des machines de Turing communiquant entre elles. On examine s'il existe une machine de Turing M_{att} qui, en interagissant avec les machines M_a codant le rôle de A et M_b codant le rôle de B, obtient un secret de A ou de B (violant ainsi une propriété de *confidentialité*) ou bien se fait passer pour l'un ou l'autre principal honnête (violant ainsi une propriété d'*authenticité*).

Les attaquants peuvent compter sur la chance. De plus, le tirage de nombres aléatoires est une caractéristique importante des protocoles cryptographiques, ne serait-ce que pour fabriquer des hapax. On doit donc considérer des machines de Turing *probabilistes*, et on demande que, pour toute machine M_{att} probabiliste de l'attaquant, la probabilité P_{att} que M_{att} réussisse à violer la propriété de sécurité visée ne dépasse pas une certaine quantité. Les primitives cryptographiques ayant elles-mêmes leurs imperfections, la probabilité P_{prim} que l'une des primitives utilisées ne remplisse pas son rôle (par exemple, qu'une fonction de hachage donnée ait une collision) est en général non nulle. On demande donc que l'*avantage* $P_{att} - P_{prim}$ soit borné par une quantité faible $\epsilon(N)$ dépendant d'un paramètre de sécurité $N \in \mathbb{N}$ (typiquement la taille des clés en bits).

Effectuer ce genre de preuve n'est pas une tâche aisée, parce que l'on doit quantifier sur toutes les machines M_{att} notamment (leur nombre est infini). Mais ce n'est pas la seule difficulté. En pratique, la plus grande difficulté est de définir correctement les propriétés de sécurité, et surtout un modèle de sécurité réaliste. La description informelle ci-dessus, en termes de machines de Turing, est insuffisante si l'on suppose qu'il n'y a que deux machines M_a et M_b (les deux principaux honnêtes, A et B) qui interagissent avec la machine inconnue M_{att}. En général, et ceci est particulièrement clair si l'on pense à un protocole tel que SSL, plusieurs sessions du même protocole peuvent se dérouler, même simultanément : un nombre arbitraire de principaux peuvent obéir à un rôle donné. (Voir aussi l'attaque de Lowe.) De façon peut-être plus subtile encore, on doit prévoir un modèle suffisamment général pour qu'un attaquant puisse être honnête dans certaines sessions (la session de gauche dans l'attaque de Lowe) et malhonnête dans d'autres (la session de droite).

4.8 Modèle de Needham-Dolev-Yao

Le modèle de Needham-Dolev-Yao est probablement le modèle de sécurité le plus simple et le plus utilisé dans les preuves de sécurité aujourd'hui. Même s'il est relativement idéalisé, des travaux récents montrent que, dans un certain nombre de cas, une preuve de sécurité dans ce modèle implique la sécurité au sens cryptologique.

En un mot, ce modèle, quelle que soit la façon de le présenter, est un modèle de traces dans un système de transitions infini, et la sécurité s'y exprime par des propriétés d'inaccessibilité.

L'idée fondamentale de ce modèle est de surapproximer tous les attaquants par un unique intrus qui a toutes les capacités de communication et de chiffrement possibles, mais pas plus. On supposera donc que l'intrus peut effectuer tous les chiffrements et tous les déchiffrements possibles. Ceci se modélise par un système déductif :

$$\frac{M \in E}{E \vdash M}\,(Ax)$$

$$\frac{E \vdash M \quad E \vdash K}{E \vdash \{M\}_K}\,(Encrypt) \qquad \frac{E \vdash \{M\}_K \quad E \vdash K^{-1}}{E \vdash M}\,(Decrypt)$$

$$\frac{E \vdash M_1 \quad \ldots \quad E \vdash M_k}{E \vdash (M_1, \ldots, M_k)}\,(Pair) \qquad \frac{E \vdash (M_1, \ldots, M_k) \quad 1 \leq i \leq k}{E \vdash M_i}\,(Proj)$$

Le *jugement* $E \vdash M$ décrit la propriété pour l'intrus de fabriquer le message M, s'il connaît déjà les messages de l'ensemble E. On dit que $E \vdash M$ est *dérivable* s'il est obtenu par une suite finie d'application des règles ci-dessus. Par exemple, le fait que l'intrus puisse fabriquer le message $\{N_a, A\}_{K_b}$ à partir de $\{N_a, A\}_{K_c}$ à réception du message 1 de l'attaque de Lowe, est modélisé par le fait que $E \vdash \{N_a, A\}_{K_b}$ est dérivable, où E contient $\{N_a, A\}_{K_c}$ ainsi que les clés publiques K_a, K_b, K_c et sa propre clé privée K_c^{-1} :

$$\frac{\dfrac{\dfrac{}{E \vdash \{N_a, A\}_{K_c}}\,(Ax) \quad \dfrac{}{E \vdash K_c^{-1}}\,(Ax)}{E \vdash (N_a, A)}\,(Decrypt) \quad \dfrac{}{E \vdash K_b}\,(Ax)}{E \vdash \{N_a, A\}_{K_b}}\,(Encrypt)$$

$(Encrypt)$ modélise le fait que l'intrus peut chiffrer tout message M qu'il peut déduire avec toute clé K qu'il peut déduire. Par $(Decrypt)$, il peut déchiffrer tout message chiffré $\{M\}_K$ déductible s'il peut aussi déduire la clé inverse K^{-1}.

Ensuite, on sur-approxime les capacités de communication des attaquants. Un attaquant peut en effet écouter une ligne de communication entre deux principaux A et B ; il peut interrompre la ligne de sorte qu'un message envoyé par A n'arrive pas à B ; il peut envoyer tout message déductible à partir de l'ensemble E des messages écoutés à tout principal de son choix. Ceci permet paradoxalement de simplifier le modèle : on ne perd pas de généralité en supposant que tout message envoyé est tout simplement fourni à l'intrus, et que tout message reçu l'est de l'intrus.

Il y a plusieurs façons de modéliser le protocole résultant : systèmes de réécriture, automates d'arbres, clauses, *strand spaces*, etc. En termes de systèmes de transitions, elles reviennent, à quelques variations près, à la construction suivante. Soit m principaux honnêtes $A_1, \ldots, A_m$, obéissant aux rôles $R_1, \ldots, R_m$. Les rôles sont des programmes, écrivons-les dans un langage dédié. Les *expressions*, dénotant des messages, sont :

$e, \ldots$	$::=$	x	variables
	$\mid$	$\{e_1\}_{e_2}$	chiffrements
	$\mid$	$\langle e_1, e_2\rangle$	paires
	$\mid$	$f(e_1, \ldots, e_k)$	

(Nous omettons d'autres constructions, regroupées dans la dernière ligne, où f est un symbole de fonction.) Les instructions sont :

$c, \ldots$	$::= \mathtt{x}_i := e$	affectation
	$\mid [e = e']$	test d'égalité
	$\mid \mathtt{dec}\ e'\ \mathtt{with}\ e\ \mathtt{as}\ \mathtt{x}_i$	déchiffrement
	$\mid \langle \mathtt{x}_i, \mathtt{x}_j\rangle := e'$	projections
	$\mid \nu\mathtt{x}_i$	nouvel hapax
	$\mid \mathtt{send}\langle e\rangle$	envoi de message
	$\mid \mathtt{recv}(\mathtt{x}_i)$	réception de message

La sémantique de ces instructions est la suivante. D'abord, les configurations de R_j sont des triplets (ρ_j, N, E) où ρ_j est le $(n_j + 1)$-uplet du point de programme ℓ_j de A_j et des valeurs des variables $\mathtt{x}_1, \ldots, \mathtt{x}_{n_j}$, qui sont des messages ; où N est l'ensemble des hapax déjà fabriqués ; et où E est l'ensemble courant des messages connus de l'intrus. L'affectation $\mathtt{x}_i := e$ met la valeur $[\![e]\!]\rho_j$ dans la variable $\mathtt{x}_i$. Le test d'égalité $[e = e']$ réussit si $[\![e]\!]\rho_j = [\![e']\!]\rho_j$ – autrement dit $(\rho_j, N, E)\xrightarrow{[e=e']}(\rho'_j, N', E')$ si et seulement si $[\![e]\!]\rho_j = [\![e']\!]\rho_j$, $\rho'_j = \rho_j$, $N' = N$, et $E' = E$. L'instruction $\mathtt{dec}\ e'\ \mathtt{with}\ e\ \mathtt{as}\ \mathtt{x}_i$ tente de déchiffrer $[\![e']\!]\rho_j$ avec la clé $[\![e]\!]\rho_j$, et met le résultat dans $\mathtt{x}_i$ si ceci réussit ; $\langle \mathtt{x}_i, \mathtt{x}_j\rangle := e'$ réussit si $[\![e']\!]\rho_j$ est une paire, et si c'est le cas met ses deux composantes dans $\mathtt{x}_i$ et $\mathtt{x}_j$. On crée un hapax frais avec l'instruction $\nu\mathtt{x}_i$: ceci crée un nouveau symbole de constante c (hors de N), le stocke dans la variable $\mathtt{x}_i$, et le rajoute à N. Finalement, $\mathtt{send}\langle e\rangle$ ajoute $[\![e]\!]\rho_j$ à l'ensemble E, et $\mathtt{recv}(\mathtt{x}_i)$ met n'importe quel M tel que $E \vdash M$ soit déductible dans $\mathtt{x}_i$.

Par exemple, le rôle de A dans le protocole de Needham-Schroeder à clés publiques est la suite d'instructions $\nu\mathtt{x}_1$ (par laquelle on code de façon succincte, à défaut d'élégance, les hypothèses de sécurité sur $N_a = \mathtt{x}_1$), $\mathtt{send}\langle\{\mathtt{x}_1, a\}_{\mathtt{pub}(b)}\rangle$, $\mathtt{recv}(\mathtt{x}_2)$, $\mathtt{dec}\ \mathtt{x}_2\ \mathtt{with}\ \mathtt{prv}(a)\ \mathtt{as}\ \mathtt{x}_3$, $\langle \mathtt{x}_4, \mathtt{x}_5\rangle := \mathtt{x}_3$, $[\mathtt{x}_4 = \mathtt{x}_1]$, $\mathtt{send}\langle\{\mathtt{x}_5\}_{\mathtt{pub}(b)}\rangle$, où a, b sont des symboles de constantes distinctes représentant les identités des participants A et B, $\mathtt{pub}(X)$ est la clé publique du principal X, et $\mathtt{prv}(X)$ sa clé privée.

La sémantique des m principaux honnêtes $A_1, \ldots, A_m$ et de l'intrus en parallèle est le système de transitions dont les configurations sont les $(m + 2)$-uplets $(\rho_1, \ldots, \rho_m, N, E)$, et les transitions sont les

$$(\rho_1, \ldots, \rho_m, N, E)\xrightarrow{a,j}(\rho_1, \ldots, \rho'_j, \ldots, \rho_m, N', E')$$

pour toutes les transitions $(\rho_j, N, E)\xrightarrow{a}(\rho'_j, N', E')$ de R_j, $1 \leq j \leq m$. Les configurations initiales sont les $(\rho_1, \ldots, \rho_m, \emptyset, E_0)$, où $\rho_1, \ldots, \rho_m$ sont les valeurs initiales des variables de chaque principal, et où E_0 est un ensemble de connaissances *initiales* de l'intrus, par exemple l'ensemble de toutes les clés publiques, plus la clé privée de l'intrus, plus tous les messages venant de vieilles sessions et supposés compromis (c'est-à-dire possiblement découverts par l'intrus) – en général, E_0 est fonction des hypothèses de sécurité.

La propriété de *confidentialité*, ou *secret*, du message M revient à demander qu'aucune configuration $(\rho_1, \ldots, \rho_m, N, E)$ avec $E \vdash M$ dérivable ne soit accessible.

Le cas de la propriété d'*authentification* est plus délicat, d'abord dans la mesure où il existe *plusieurs* propriétés d'authenticité. Dans un protocole comme celui de Needham-Schroeder-Lowe, la propriété de *survivance* (*aliveness*) exprime l'authentification de A par B par le fait que lorsque B termine son rôle, c'est que A a nécessairement envoyé son message 3 avant. Il s'agit d'une propriété de sûreté de la forme (1.7) ; bien que ce ne soit pas directement une propriété d'inaccessibilité, elle peut être transformée en une propriété d'inaccessibilité par l'introduction de variables d'historique, comme § 2.4. En l'occurrence, il s'agit d'ajouter une variable booléenne exprimant si A est passé ou non par le point de programme où il envoie le message 3. La propriété de survivance ne garantit pas l'*intégrité*, c'est-à-dire que le message reçu par B soit de plus le même que celui envoyé par A. Cette propriété peut elle aussi se formaliser comme une propriété d'inaccessibilité par l'introduction d'une variable $\mathtt{last}_A$ qui contient le dernier message envoyé par A, et en vérifiant que dans toute configuration accessible où B a terminé son rôle, la valeur de la variable N_a de B est égale à celle de $\mathtt{last}_A$.

L'inaccessibilité dans de tels systèmes de transitions est, encore, indécidable. Cependant, en supposant que toutes les primitives cryptographiques sont *non malléables* (une notion très forte de sécurité des primitives cryptographiques, énonçant essentiellement que les seules équations entre messages qui soient valides avec probabilité non négligeable sont les équations de réflexivité $M = M$), on peut supposer que la sémantique d'une expression $[\![e]\!]\rho$ est juste $e\rho$, c'est-à-dire le terme e lui-même où chaque variable $\mathtt{x}_i$ est remplacée par le term $\rho(\mathtt{x}_i)$. On peut alors écrire un ensemble de clauses de Horn, c'est-à-dire un programme Prolog pur, qui exprime exactement l'accessibilité. On écrit ainsi d'abord la clause $\mathcal{R}(X) \Leftarrow Init(X)$, où $Init$ est un prédicat reconnaissant exactement les configurations initiales, donc les hypothèses de sécurité. Puis, pour chaque instruction a du principal A_j, on écrit une clause exprimant que si la configuration $(\rho_1, \ldots, \rho_m, N, E)$ est accessible, alors $(\rho_1, \ldots, \rho'_j, \ldots, \rho_m, N', E')$ aussi, où $(\rho_j, N, E) \xrightarrow{a} (\rho'_j, N', E')$ dans le système de transitions R_j. Par exemple, si $j = 1$ et a est l'instruction $\mathtt{recv}(\mathtt{x}_1)$ depuis le point de programme 2 vers le point de programme 3, on écrira :

$$\begin{aligned}&\mathcal{R}((3, M, X_2, \ldots, X_{n_1}), Q_2, \ldots, Q_m, E) \Leftarrow\\&\quad \mathcal{R}((2, X_1, X_2, \ldots, X_{n_1}), Q_2, \ldots, Q_m, E), E \vdash M\end{aligned}$$

Le système déductif de l'intrus est aussi codé sous forme de clauses de Horn. Représentons E par une liste $M_1 :: M_2 :: \ldots :: M_k : \mathtt{nil}$ de ses éléments M_1, ..., M_k, et supposons écrites les clauses définissant un prédicat i reconnaissant les paires de clés inverses :

$$\begin{array}{rcl} M :: E \vdash M & & M' :: E \vdash M \Leftarrow E \vdash M \\ E \vdash \{M\}_K & \Leftarrow & E \vdash M,\ E \vdash K \\ E \vdash M & \Leftarrow & E \vdash \{M\}_K, E \vdash K', \\ & & i(K, K') \\ E \vdash (M_1, \ldots, M_k) & \Leftarrow & E \vdash M_1,\ \ldots,\ E \vdash M_k \\ E \vdash M_i & \Leftarrow & E \vdash (M_1, \ldots, M_k) \end{array}$$

On peut ensuite coder les propriétés d'inaccessibilité par l'ajout de clauses but. Par exemple, exprimer le secret de la variable $\mathtt{x}_1$ du principal A_1 lorsqu'il arrive au point de programme 5 se fait en ajoutant la clause

$$\bot \Leftarrow \mathcal{R}((5, X_1, \ldots, X_{m_1}), Q_2, \ldots, Q_m, E), E \vdash X_1$$

où $\bot$ est le faux logique. Si l'ensemble résultant de clauses est insatisfiable, c'est-à-dire si l'on peut déduire $\bot$ à partir de ces clauses, il y a une attaque. Ceci peut être testé à l'aide de démonstrateurs automatiques comme SPASS, développé au MPI à Saarbrücken, Allemagne.

Cependant, nous souhaitons surtout montrer qu'un protocole cryptographique donné est *sûr*, c'est-à-dire qu'il vérifie une propriété de sécurité donnée. Ceci revient à démontrer que l'ensemble de clauses ci-dessus (ou une variante) est *satisfiable*, c'est-à-dire ne présente aucune contradiction. Différentes variantes du codage ci-dessus permettent d'y arriver en pratique. On notera notamment que l'abstraction due à B. Blanchet d'une part, et celle de F. Nielson, H.-R. Nielson, et H. Seidl d'autre part, et qui peuvent être vues comme des abstractions des systèmes de transitions développés ci-dessus, sont plus adaptées à montrer des propriétés de sécurité. Dans le cas de l'abstraction de B. Blanchet, c'est pour une raison relativement subtile, liée à une notion de *tagging* des protocoles, qui entraîne la terminaison de l'algorithme de preuve utilisé. Dans le cas de celle de F. Nielson, H.-R. Nielson, et H. Seidl, c'est parce que l'ensemble de clauses obtenu tombe dans une classe *décidable* de clauses de Horn, la classe $\mathcal{H}_1$. De plus, ces abstractions traitent naturellement des protocoles en *multi-sessions*, c'est-à-dire où l'on a un nombre arbitrairement grand de principaux obéissant à chaque rôle de chaque protocole. (Ceci est donc plus réaliste en pratique.)

On consultera Goubault-Larrecq (2004) pour une introduction douce à ce style de modèles, pour une liste de références, ainsi que pour la relation avec la théorie des automates d'arbres, et une méthode de génération automatique de preuves de sécurité dans des assistants de preuve comme Coq. L'abstraction de B. Blanchet est implémentée dans l'outil ProVerif.

4.9 Propriétés de sécurité plus complexes

Certaines propriétés de sécurité ne sont *pas* des propriétés de sûreté au sens de (1.7) ou du slogan « le mal est fait ». En fait, ces autres propriétés ne sont même pas des propriétés de traces.

Considérons par exemple la *confidentialité forte*. La notion de confidentialité ci-dessus est faible : un message M était confidentiel si et seulement si l'intrus était incapable de le déduire, en un sens si l'intrus n'était pas capable de connaître tous les bits de M. M est *fortement* confidentiel si et seulement si aucun attaquant ne peut connaître quoi que ce soit de M (sauf sa longueur) – si la proportion de bits connus par l'intrus de M est 0.

Une façon élégante de modéliser la notion de confidentialité forte est la suivante. Soit $ST(x)$ un système de transitions, comme plus haut, modélisant les différents principaux d'un protocole cryptographique, et paramétré par la valeur x du secret à protéger. Ce système de transitions est souvent écrit, de façon synthétique, dans un calcul comme le spi-calcul de M. Abadi et A. Gordon, ou le pi-calcul appliqué de C. Fournet et

M. Abadi. Dans ce cadre, x est fortement confidentiel si et seulement si $ST(x_1)$, où x_1 est le secret à protéger, et $ST(x_2)$, où x_2 est frais, sont *observationnellement équivalents*, c'est-à-dire qu'aucune différence entre leurs comportements n'est observable.

Nous ne définirons pas l'équivalence observationnelle du spi-calcul. Disons seulement qu'un critère suffisant pour que P et Q soient observationnellement équivalents est que P et Q soient *bisimilaires*. Dans le cadre des systèmes de transitions, une *bisimulation* R entre $ST = (Q, \mathcal{A}, \delta, Q_0)$ et $ST' = (Q', \mathcal{A}', \delta', Q'_0)$ est une simulation de ST par ST', pour une correspondance $R_{\mathcal{A}}$, dont l'inverse $R^{-1} = \{(q', q) \mid (q, q') \in R\}$ est une simulation de ST' par ST, pour la correspondance $R_{\mathcal{A}}^{-1}$ (voir § 2.5). ST et ST' sont *bisimilaires* si et seulement s'il existe une bisimulation entre ST et ST'. On conçoit bien que deux systèmes bisimilaires ont les mêmes comportements. On peut même espérer trouver une notion de bisimulation *complète*, au sens où deux processus seront observationnellement équivalents *si et seulement s'*ils sont bisimilaires. Dans le cas du spi-calcul, c'est le cas de la *bisimulation en haie*, ou « hedged bisimulation » ; voir Borgström et Nestmann (2002) pour une présentation claire et détaillée.

L'outil ProVerif de B. Blanchet dispose d'une abstraction donnant un critère suffisant de confidentialité forte. La confidentialité forte est aussi appelée *non-interférence* dans le cadre non de protocoles cryptographiques, mais de programmes.

La notion d'équivalence observationnelle, comme la notion de bisimilarité, n'est pas une propriété de traces. L'exemple classique est celui des deux systèmes de transitions suivants, qui ont exactement les mêmes traces (a, b et a, c), mais qui ne sont pas bisimilaires pour la correspondance $R_{\mathcal{A}}$ d'égalité entre actions :

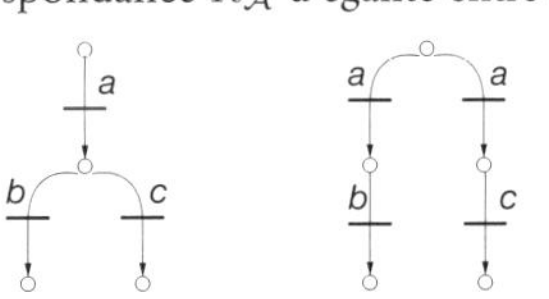

De plus, la bisimilarité en haie du spi-calcul – dont la définition est plus compliquée, il faut bien le dire – est indécidable. On peut cependant en trouver des abstractions sous forme de systèmes de typage, par exemple ceux de M. Abadi ou de B. Blanchet pour la confidentialité forte, ou ceux de D. Volpano et de G. Smith, ou de G. Boudol et I. Castellani pour la non-interférence.

La notion d'équivalence observationnelle est particulièrement utile pour définir l'*authentification forte*, caractérisée par le fait que le protocole cryptographique considéré est observationnellement équivalent à un protocole « magique » (car irréalisable) où le message reçu est défini comme étant directement le message envoyé par le principal en vis-à-vis (Abadi et Gordon, 1999). Elle est d'autre part particulièrement utile pour définir des propriétés plus subtiles d'*anonymat* (l'impossibilité pour un attaquant de déduire les relations liant les votes aux votants par exemple, même si les valeurs possibles du vote ainsi que les identités des votants sont publiques). Des variantes d'équivalence observationnelle (l'équivalence statique en pi-calcul appliqué) permettent de plus de modéliser des propriétés fines de confidentialité en présence de secrets faibles, vulnérables aux attaques par dictionnaire. Ceci est cependant davantage encore du domaine de la recherche à l'heure de la rédaction de ce chapitre, et nous en resterons donc là.

4.10 Importance de l'architecture

Nous avons déjà mentionné que la sécurité était un problème global. La sécurité d'un protocole cryptographique dépend aussi de la façon dont il est codé, et des précautions prises – c'est-à-dire de l'*architecture de sécurité*. Un certain nombre de ces précautions sont des secrets du métier : effacer les tampons auxiliaires contenant des secrets, allouer ces tampons de sorte qu'ils ne soient jamais envoyés dans le swap (le fichier d'échange, sous Windows) même en cas de congestion mémoire, détecter les debuggers, etc. (On consultera Leroy, 2005, pour quelques-uns de ces risques.)

Certaines interactions entre le protocole cryptographique et sa réalisation sont peut-être plus surprenantes. Terminons cette partie sur un exemple et un avertissement, dû à A. Joux en 2002, et redécouvert depuis par d'autres.

Considérons le protocole de Needham-Schroeder-Lowe. Il assure les propriétés d'authentification mutuelle souhaitées, on peut le démontrer dans le modèle de Needham-Dolev-Yao.

Pour assurer le maximum de sécurité, décidons de réaliser les fonctions de chiffrement en utilisant l'unique méthode de chiffrement dont la sécurité est formellement prouvée, inconditionnellement : le *masque jetable*. Autrement dit, on calcule le message chiffré $\{M\}_K$ en calculant le ou exclusif bit à bit $M \oplus x_i$ de M avec la valeur x_i d'un générateur aléatoire cryptographiquement sûr dont la graine est initialisée à l'aide de la clé K.

Paradoxalement, le protocole ainsi obtenu n'est *plus* sûr. En fait, l'attaque de Lowe peut être rejouée : $C(A)$ récupère $\{N_a, N_b, B\}_{K_a}$ de B, et alors même qu'il ne peut pas déchiffrer ce message, il peut quand même en déduire le message $\{N_a, N_b, C\}_{K_a}$ nécessaire pour tromper A au message 2, en calculant

$\{N_a, N_b, B\}_{K_a} \oplus (0, 0, B \oplus C) = ((N_a, N_b, B) \oplus x_i) \oplus (0, 0, B \oplus C) = \{N_a, N_b, C\}_K$. Ce paradoxe s'explique : le masque jetable est malléable (et la preuve de sécurité inconditionnelle du masque jetable est, en fait, hors sujet), alors que la preuve de sécurité du protocole dépend de la non-malléabilité du chiffrement.

Il est malheureusement nécessaire d'être au fait de telles complications pour garantir la sécurité d'un système informatique.

4.11 Dénis de service

En pratique, une autre famille d'attaques qui a des conséquences préjudiciables sur les systèmes informatiques est le *déni de service*, ou *DoS* (*denial of service*). Ces attaques consistent à mettre hors service une ou plusieurs machines cibles en les surchargeant de requêtes.

Les plus connues de ces attaques sont le *SYN flood* (inondation par requêtes SYN), le *ping of death* ou *POD* (ping de la mort), les attaques par réflexion (*smurfing*) comme l'*ECHO broadcast* (diffusion à tous d'un message ECHO, avec une adresse de multidiffusion comme adresse de retour). L'attaque du SYN flood, par exemple, consiste pour l'attaquant à répétitivement créer un paquet TCP/IP, avec une nouvelle adresse source inexistante a, en positionnant l'indicateur SYN, et à l'envoyer au serveur cible. Le fait de positionner l'indicateur SYN est une demande de nouvelle connexion. Le serveur tente de répondre à l'adresse a. Comme celle-ci n'existe pas, le serveur attend en vain, et ceci pendant environ 3 minutes typiquement. Pendant ce temps, l'attaquant continue à envoyer de nouveaux paquets, ce qui remplit la table des connexions du serveur cible. Une fois cette table remplie, plus personne ne peut se connecter au serveur, notamment les utilisateurs honnêtes. (Les serveurs modernes gèrent mieux les ressources, mais subissent tout de même un certain ralentissement.)

Ici, ce qui est mal, et dont on souhaiterait se protéger, c'est l'*indisponibilité* d'un service. En termes de formules temporelles, on souhaite garantir une formule d'équité : si l'utilisateur demande un service, il finira par l'obtenir. Ceci peut prendre plusieurs formes : la *justice* $\mathsf{G}(\mathsf{G}\ demande \Rightarrow \mathsf{F}\ servi)$ (si la demande $demande$ est posée et maintenue, alors le service $servi$ finira par être rendu), la propriété plus forte de *compassion* $\mathsf{GF}\ demande \Rightarrow \mathsf{GF}\ servi$ (si la demande $demande$ est posée, peut-être pas maintenue, mais reposée encore et encore, infiniment souvent, alors le service finira par être rendu, et ce infiniment souvent). Ces propriétés sont, comme on le voit, nettement plus complexes que les propriétés de sûreté du § 2.

En pratique, aucune méthode de preuve ne permet de se prémunir des dénis de service. On peut cependant prendre des mesures techniques les rendant plus difficiles à mettre en œuvre. Dans le cas du SYN flood, par exemple, l'idée est que le serveur ne réponde à la requête SYN qu'après un certain délai dépendant de sa charge courante.

Une seconde vague d'attaques de ce type est représentée par les dénis de service *distribués* ou *DDoS*. Dans ce cas, typiquement, c'est un ver qui infecte une famille de machines (voir le chapitre « Virus et antivirus »). Ces machines sont typiquement celles d'utilisateurs honnêtes à travers le monde, et sont appelées les cibles secondaires. À une date donnée, les vers présents sur les cibles secondaires montent une attaque coordonnée contre la cible primaire. Ceci permet d'amplifier une attaque de déni de service, en multipliant le nombre de connexions vers la cible primaire par le nombre de cibles secondaires.

On consultera Specht et Lee (2004) pour plus d'informations sur le sujet. Disons tout de suite qu'il y a peu de façons satisfaisantes de contrer ce genre d'attaques. Les techniques de détection d'intrusions offrent cependant une réponse partielle.

4.12 Détection d'intrusions

Comme la fin du paragraphe § 4.5 l'a sans doute montré, et même en laissant de côté le problème épineux des dénis de service, il est difficile d'assurer qu'un système informatique présente toutes les garanties souhaitées de sécurité, même après une modélisation et une démonstration rigoureuses. Il ne s'agit pas de verser dans la paranoïa, et de ne pouvoir trouver le repos avant d'avoir effectué une preuve complète des propriétés de sécurité d'un programme ou d'un système réel. Il est raisonnable, en revanche, de voir les moyens de preuve de propriétés de sûreté et de sécurité comme des moyens d'accroître la *confiance* que l'on peut avoir en un système. Si l'on souhaite rester désespérément pessimiste, prouver un protocole cryptographique permet au moins de s'assurer qu'aucune attaque contre le système informatique ne pourra avoir lieu contre le protocole lui-même. Ceci permet, en cas d'attaque, de s'orienter vers d'autres pistes.

Il est en tout cas nécessaire de disposer de plusieurs sources de vérification de la sécurité, même si elles peuvent sembler redondantes. En particulier, même sur un système prouvé, il est utile de se tourner vers les techniques et les outils de *détection et de prévention d'intrusions* (certaines sont mentionnées dans le chapitre « Virus et antivirus »).

De façon intéressante, la détection d'intrusions profite des modèles et des techniques de preuve dont nous avons donné un aperçu. On peut voir la détection d'intrusions comme des moyens de détecter, parmi un flux d'événements système ou réseau, vu comme une trace $q_\bullet$, les instants caractéristiques i tels que $q_\bullet, i \models Mal$, où $Mal = \neg F_{past}$ est une formule du passé décrivant des signatures d'attaques (voir § 2.3). Si l'on spécifie les attaques par une formule Mal, on parle en général de *misuse detection*, si en revanche on fournit la formule F_{past}, c'est-à-dire ce qui doit *normalement* se passer, on parle de *détection d'anomalies* guidée par une *politique de sécurité* F_{past}.

On peut donc voir ces formes de détection d'intrusion comme des formes de model-checking, avec des contraintes supplémentaires : on veut davantage d'informations que juste savoir que $q_\bullet, 0 \models \mathsf{F}\ Mal$, on veut aussi savoir quand l'attaque réussit, quels sont les événements de $q_\bullet$ concernés, ainsi que diverses informations permettant de monter une riposte ; on veut aussi détecter les attaques en temps réel, pour riposter le plus efficacement possible. Cette approche est en particulier celle du système de détection d'intrusions Orchids, développé au LSV (CNRS, INRIA, ENS de Cachan, France).

En pratique, si le model-checking des événements produits est une technique souple et générale de détection d'intrusions, on peut aussi détecter des instants où F_{past} serait vraie par la technique des *variables d'historique*, que nous avons vue § 2.4. Ceci peut se faire en ajoutant directement les variables d'historique à un programme vulnérable que l'on souhaite surveiller : c'est l'*instrumentation* de code. Quoiqu'élégante et efficace, cette technique est aussi vulnérable aux débordements de tampon que le programme instrumenté. La vérification de la conformité d'un flux d'événements $q_\bullet$ par rapport à une formule F_{past}, ou de façon équivalente – via l'automate de Büchi $\mathcal{A}(F_{past})$ – par rapport à un automate, le *moniteur*, définissant les comportements corrects du système est donc souvent plus sûre.

Une fois une attaque détectée, on souhaite riposter. Se pose alors le problème de savoir comment. La plupart des approches sont relativement ad hoc : coupure de connexion réseau, envoi d'alerte à l'officier de sécurité par exemple. Plus rigoureusement, on peut se demander si l'on peut *imposer* une politique de sécurité donnée, autrement dit, à prendre des actions correctives avant que l'attaque soit terminée, de sorte que la politique de sécurité F_{past} reste toujours vraie quelles que soient les actions des attaquants : c'est la *prévention d'intrusions*. Les *automates de sécurité* de F. Schneider sont un outil théorique récent permettant d'approcher rigoureusement cette problématique. Ceci est encore un sujet de recherche.

Merci à C. Rinderknecht pour m'avoir indiqué l'existence du terme « hapax », et à S. Demri et à N. Tawbi pour leur aide. Merci aussi à Françoise Lévy-dit-Véhel, à Claude et Hélène Kirchner pour leur relecture attentive.

Bibliographie

Audureau, E., Enjalbert, P., Fariñas del Cerro, L., 1990. *Logique temporelle : sémantique et validation de programmes parallèles.* Masson.

Borgström, J., Nestmann, U., 2002. On bisimulations for the spi calculus. In : Kirchner et Ringeissen (2002), p. 287–303.

Cousot, P., 1990. Methods and logics for proving programs. In : van Leeuwen, J. (Ed.), *Handbook of Theoretical Computer Science.* Elsevier Science Publishers b.v., Ch. 15, p. 841–993.

Cousot, P., Cousot, R., 1992. Abstract interpretation and application to logic programs. *Journal of Logic Programming.* http ://www.di.ens.fr/~cousot/COUSOTpapers.shtml

Gay, O., juin 2002. Exploitation avancée de buffer overflows. Rapport technique, Laboratoire de Sécurité et Cryptographie (LASEC), École Polytechnique Fédérale de Lausanne. http ://www.k-otik.com/papers/Exploitation_Avancee_BOF.pdf

Goubault-Larrecq, J., 2004. Une fois qu'on n'a pas trouvé de preuve, comment le faire comprendre à un assistant de preuve ? In : *Actes 15e journées francophones sur les langages applicatifs* (JFLA 2004), Sainte-Marie-de-Ré, France, jan. 2004. INRIA, collection didactique, p. 1–40. http ://www.lsv.ens-cachan.fr/Publis/PAPERS/JGL-JFLA2004.ps

Kirchner, H., Ringeissen, C. (Eds.), 2002. *Proc. 9th Int. Conf. Algebraic Methodology and Software Technology (AMAST'2002)*, Saint-Gilles-les-Bains, La Réunion, France, sep. 2002. Springer Verlag LNCS 2422.

Leroy, X., 2005. Language-based security for mobile code with applications to smart cards. In : *TCS Excellence in Computer Science* (TECS), Pune, Inde, jan. 2005. http ://www.tcs-trddc.com/tecs

Schnoebelen, Ph., Bérard, B., Bidoit, M., Finkel, A., Laroussinie, F., Petit, A., Petrucci, L., avril 1999. *Vérification de logiciels : techniques et outils du model-checking.* Vuibert.

Simon, A., King, A., 2002. Analyzing string buffers in C. In : Kirchner et Ringeissen (2002), p. 365–379.

Specht, S. M., Lee, R. B., 2004. Distributed denial of service : Taxonomies of attacks, tools and countermeasures. In : *Proc. 17th Int. Conf. Parallel and Distributed Computing Systems* (PDCS'04), San Francisco, CA, USA.

Lecture juridique de la sécurité informatique

Isabelle de Lamberterie

Mots-clés : droit, contrefaçon, copie, données personnelles, vie privée, contrat, responsabilités, chartes, bonnes pratiques, fiabilité, intégrité.

Résumé : les chantiers législatifs récents de la société de l'information ont permis une formalisation des cadres normatifs de la sécurité informatique. La loi sur la confiance dans l'économie numérique comme la loi de transposition de la directive sur la protection des données personnelles au regard du traitement de l'information prennent en compte, de façon explicite, les aspects sécuritaires. Mais aujourd'hui, c'est autant l'aspect défensif que l'aspect préventif qui caractérise la gestion juridique des risques induits par les atteintes à la sécurité informatique. La présente étude traite donc, en premier lieu, de la mise en place d'un régime répressif pour sanctionner les atteintes visant tant les données (ou système) que les mesures techniques elles-mêmes. Elle aborde ensuite la question de la prévention des atteintes qui s'inscrit dans une culture de la sécurité.

Peut-on parler aujourd'hui d'un « droit à la sécurité informatique » ? Cette approche défensive de la sécurité ne semble plus suffire pour caractériser les nombreux textes juridiques où il est question de sécurité informatique. Le « droit de la sécurité » présente aussi sa dynamique avec un passage du concept de protection à celui de prévention. Cette dualité n'est pas spécifique à la sécurité informatique qui rencontre les problèmes communs à toute recherche de sécurité. La définition juridique (*Vocabulaire Cornu*) du concept de sécurité est, sur ce point, très éclairante. Les juristes entendent à la fois :

- La « situation de celui ou de ce qui est à l'abri des risques (s'agissant de risques concrets : agressions, accidents, atteintes matérielles...)... ».
- La « prévention de tels risques, mesures et moyens de protection tendant à prévenir la réalisation de ces risques, ensemble de précautions incombant à certaines personnes envers d'autres (ex. dispositif de sécurité, devoir de sécurité...) ».
- La « compensation des risques réalisés, mesures tendant à compenser, chez la victime, la réalisation des risques ».

Les professionnels de l'informatique distinguent, eux, les différentes formes de sécurité :

- la sécurité logique des composants du système et des connexions : il s'agit d'éviter l'accès au système que ce soit en production ou en consultation ;
- la sécurité physique des installations, indispensable pour éviter une tentative d'intrusion sur le système ;
- la sécurité des procédures : il s'agit de garantir par des procédures exigeantes et par une répression pénale renforcée un niveau de confiance le plus élevé possible.

Derrière ces différentes approches du concept de sécurité, il y a, donc, à prendre en compte celui de « gestion des risques » qui couvre à la fois la prévention des risques potentiels et le traitement des situations d'atteinte à la sécurité informatique. Cette double approche invite à se demander comment les cadres juridiques existants organisent cette prévention (prise en charge, responsabilité) et traitent les atteintes (réparation).

De la répression des atteintes à la prévention des risques

Pour répondre à cette interrogation qui est le cœur de ce chapitre, se pose la question des sources normatives qui traitent de la sécurité informatique. Pendant longtemps, le droit s'est surtout placé sur le terrain répressif. Mais, la peur du gendarme et des sanctions lourdes – même si elle a un rôle important à jouer – n'est pas l'unique moyen de réguler la sécurité informatique. C'est aussi, comme le remarque Me Valérie Sédalian, la vulnérabilité des systèmes d'information qui a imposé, petit à petit, le développement d'une culture de la sécurité informatique. La régulation juridique «fait partie de l'arsenal des mesures destinées à améliorer la sécurité informatique[1]».

Nous traiterons donc, tout d'abord de l'organisation de la répression des atteintes à la sécurité pour ensuite analyser comment aujourd'hui la prévention est au cœur des différentes formes de régulation.

Les différentes formes de régulation

Il y a – et ce sera l'objet de la présente étude – des règles juridiques spécifiques à la sécurité informatique. Mais l'existence de telles règles ne doit pas faire oublier – même si elles ne sont pas traitées ici – la possibilité de mettre en œuvre aussi les régimes mis en place pour tous les types de risques relevant du droit commun de la responsabilité (responsabilité pour faute ou responsabilité sans faute du fait des choses que l'on a sous sa garde).

À côté des règles juridiques «top down» qui émanent des pouvoirs publics, d'autres formes de régulation méritent un examen. On en mentionnera deux exemples. D'une part, les chartes ou codes de bonnes pratiques qui émanent des acteurs eux-mêmes et qui sont aujourd'hui encouragés par le législateur. D'autre part, les interventions des autorités de régulation, comme la Commission nationale Informatique et Libertés, qui, par des recommandations ou l'attribution de labels veillent à forger une effectivité plus grande aux principes posés par la loi.

Ces sources normatives peuvent, par ailleurs s'inscrire dans divers contextes géopolitiques. Le contexte international reste un cadre privilégié pour une régulation par les acteurs eux-mêmes (normes techniques, chartes et pratiques souvent imposées par la loi du marché mais pas uniquement). Le cadre européen est, par ailleurs, aujourd'hui le lieu où se négocient les grandes règles de droit dans la mesure où celles-ci ont un impact sur la libre circulation des biens et des personnes dans l'Union européenne. Le cadre national ne doit pas être considéré pour autant comme une chambre d'enregistrement des directives européennes. C'est en particulier de la manière dont sont gérées les transpositions – avec leurs règles obligatoires et la levée des options – que dépend la capacité de faire évoluer de façon harmonieuse le droit français en assimilant dans son propre système de référence les règles posées par l'Europe.

Qu'il s'agisse de répression ou de prévention, la demande de régulation et les réponses juridiques touchent à de si nombreux domaines qu'il est difficile, voire impossible de toutes les appréhender. Il fallait faire des choix et nous avons opté pour des questions traditionnelles (l'atteinte aux biens informationnels, la protection de la vie privée) comme des questions qui font émerger des interrogations sur le positionnement et la finalité de la sécurité technique (entre autres, créer la confiance). Nous traiterons donc, principalement, de la régulation juridique visant tant les moyens informatiques que les contenus informationnels susceptibles d'être protégés. On aurait pu évoquer, aussi, la sécurité des personnes destinataires de ces contenus mais la problématique centrale que soulève ce sujet étant plus la place de la sécurité dans l'ordre public de protection que celle de la sécurité informatique, nous renverrons le lecteur à d'autres travaux, dont ceux, nombreux, qui ont traité de la protection des mineurs ou qui ont commenté l'affaire «Yahoo» sur l'accessibilité depuis la France de vente aux enchères d'objets nazis[2].

1 La mise en place d'un régime répressif pour sanctionner des atteintes à la sécurité informatique

La plupart des juristes ont montré que l'informatique pouvait être à la fois «instrument» et «objet» d'infractions à la loi ou encore à la fois l'un et l'autre. Dans l'un et l'autre cas, la question est de savoir comment dans les textes traitant des incriminations nées de l'informatique ou adaptées à l'informatique, le droit appréhende de façon expresse ou implicite les manquements à la sécurité. En premier lieu, il sera ques-

1. Valérie Sédalian, «Légiférer sur la sécurité informatique : la quadrature du cercle ?», *Lamy droit de l'Informatique et des réseaux*, n° 164, (première partie), décembre 2003, p. 1-6.

2. Voir sur le site du Forum des droits sur l'Internet http://www.foruminternet.org/, les deux recommandations sur la pédopornographie. Pour l'affaire Yahoo voir les différents points de vue et commentaires sur le site Juriscom (http://www.juriscom.net/txt/jurisfr/cti/tgiparis20000522-asg.htm).

tion des atteintes aux données ou aux systèmes, pour lesquelles la jurisprudence donne des éclairages sur la place accordée à la sécurité. Puis nous traiterons de l'émergence, avec la directive sur le droit d'auteur dans la société de l'information, d'une protection juridique des mesures de sécurité pour lutter contre la contrefaçon. Enfin, les textes relatifs à la protection des données personnelles au regard du traitement de l'information, consacrent l'obligation de sécurité du responsable du traitement.

1.1 Les atteintes aux données ou aux systèmes

Depuis 1988, le législateur sanctionne pénalement les atteintes aux systèmes de traitement informatisé comme les atteintes aux données traitées par ces systèmes. Depuis lors, à plusieurs occasions, ces textes ont été toilettés. En 2004, la loi pour la confiance dans l'économie numérique[1], tout en gardant les principes énoncés à l'origine, renforce les pénalités et crée une nouvelle incrimination.

L'intrusion dans un système

La première atteinte visée est celle de l'accès ou du maintien frauduleux dans un système qui est puni de deux ans d'emprisonnement et de 30 000 euros d'amende[2]. Ces sanctions sont alourdies si cet accès a eu pour conséquence une altération des données ou un dysfonctionnement du système.

Pour apprécier la sécurité d'un système, il faut accéder à celui-ci et la question s'est posée de savoir si ces accès non autorisés pour une bonne cause étaient ou non des faits passibles de sanctions pénales. Quelques affaires portées devant les tribunaux ont permis de cerner ce qu'il fallait entendre par «accès et maintien frauduleux». Il apparaît que la recherche et l'identification des algorithmes de cryptage sur des systèmes inertes pour mettre en évidence des failles de sécurité caractérisent l'accès et le maintien frauduleux[3]. Même si l'accès frauduleux peut être facilité par la faiblesse des sécurités informatiques, le simple fait d'entrer est incriminable[4].

Toutefois, l'accès frauduleux suppose non seulement un fait matériel mais aussi un élément moral. Ainsi, la cour d'appel de Paris, dans l'affaire Kitetoa, a relaxé un internaute qui avait dénoncé les failles de sécurité d'un système informatique en utilisant un logiciel grand public de navigation pour atteindre des parties d'un site qui ne faisait l'objet d'aucune protection de la part du responsable[5]. En effet, ne sont punissables que les accès et maintiens pour lesquels les auteurs ont eu conscience de l'irrégularité de leurs actes. L'élément moral de l'infraction ne peut être constitué quand, à défaut de toute indication contraire et de tout obstacle à l'accès, rien n'indique que les données non protégées soient réputées confidentielles.

Entrave au fonctionnement d'un système

L'article 323-2 du code pénal punit de trois ans d'emprisonnement et de 45 000 euros d'amende le fait d'entraver ou de fausser le fonctionnement d'un système de traitement automatisé de données.

Comme le remarque le sénateur Turk dans son rapport au Sénat[6], «l'entrave du fonctionnement d'un système de traitement automatisé de données correspond parfois à une impossibilité totale d'utiliser le système, par exemple le blocage d'un code d'accès ou la paralysie de son fonctionnement». Elle peut également consister en une simple diminution de la capacité de traitement. Cette infraction vise, notamment, l'introduction de programmes susceptibles d'entraîner une perturbation du système, tels que les virus, les bombes logiques, etc[7].

Toutefois doit être relaxé – l'élément moral faisant défaut – le prévenu (un employé) qui n'a pas volontairement verrouillé le système informatique mis en place par lui faute d'avoir eu le temps de transmettre ses connaissances en raison d'une mise à pied brutale[8]. De même, ne peut être incriminé le salarié qui a refusé la restitution à son ancien employeur d'une partie des codes d'accès à un programme informatique, dès lors que cette rétention n'a pas paralysé le fonctionnement quotidien du système et dans la mesure où ce délit suppose un acte positif de nature à altérer ce fonctionnement[9].

Enfin, il faut indiquer que le trouble, causé par cette entrave au fonctionnement, peut être permanent, par exemple lorsque le système est infesté d'un virus. Il peut également se reproduire à échéance régulière, notamment lorsqu'une «bombe logique» a été insérée pour paralyser régulièrement le fonctionnement du système.

1. Loi 2004-575 du 21 juin 2004 pour la confiance dans l'économie numérique, *JORF*, 22 juin 2004.
2. Article 323-1 du code pénal.
3. TGI Paris, 25 février 2000, *Expertises*, n° 235, p. 49 et n° 236, p. 112.
4. Voir les exemples donnés par M. Vivant et al., in *Lamy droit de l'informatique et des réseaux*, 2005, n° 3059 et suivants.
5. CA Paris, 30 octobre 2002, affaire Kitetoa, *Expertises*, n° 266, p. 36, *Communication-Commerce électronique*, n° 1, janvier 2003, p. 30, note Luc Grynbaun. Voir aussi les commentaires de Valérie Sédalian in «Légiférer sur la sécurité informatique: la quadrature du cercle?», précité supra.
6. Avis n° 351 (11 juin 2003) du sénateur Turk sur le projet de loi adopté par l'Assemblée nationale pour la confiance dans l'économie numérique, p. 132.
7. Voir Cass. Crim., 12 décembre 1996, *Revue de Sciences Criminelles*, 1998, 144, obs. Francillon.
8. Tribunal correctionnel de Poitiers, 26 juin 1997, *Gaz. Pal.*, 1997, 2, chronique 215.
9. Cour d'appel de Poitiers, 20 janvier 1998, *Gaz. Pal.*, 14-15 janvier 2000, p. 37, obs. Virginie Prat.

Détention ou mise à disposition de virus informatiques

Dans la loi pour la confiance dans l'économie numérique, le législateur a voulu renforcer l'arsenal répressif et viser directement la détention et la mise à disposition «d'équipements» conçus pour commettre les faits d'intrusion dans un système ou d'entrave au fonctionnement de ce système[1]. Cette nouvelle infraction permet de sanctionner la détention d'un virus informatique avant que le virus n'ait été introduit frauduleusement dans un système informatique. Comme le fait remarquer le sénateur Turk dans son rapport[2], la comparaison peut être faite avec une disposition du code monétaire et financier qui punit «le fait de détenir, d'offrir, de céder ou de mettre à disposition des équipements, instruments, programmes informatiques ou toutes données conçues ou spécialement adaptés pour commettre les délits de contrefaçon ou de falsification de cartes de paiement[3]».

Afin de permettre – entre autres – aux laboratoires en informatique de poursuivre leur recherche en sécurité informatique, le projet de loi initial limitait le champ d'application de l'infraction: celle-ci n'était pas applicable «lorsque la détention, l'offre, la cession et la mise à disposition de l'instrument, du programme informatique ou de toute donnée» pouvaient être justifiées par les besoins de la recherche scientifique et technique ou de la protection et de la sécurité des réseaux de communications électroniques et des systèmes d'information[4].

Lors des débats parlementaires, les notions de «besoins de la recherche scientifique et technique» ou de «protection de la sécurité des réseaux de communication» ont été qualifiées de particulièrement imprécises, susceptibles de recouvrir des organismes irréprochables et d'autres qui le seraient moins, certains pouvant être tentés de développer des virus informatiques en excipant de leur mission de sécurisation des réseaux[5].

Prenant en compte ces arguments, le Sénat a proposé la suppression du deuxième alinéa et l'introduction dans l'article 323-3-1 de la mention «sans motif légitime». Pour mieux comprendre ce qu'il faut entendre par «motif légitime», il faut se rapporter aux commentaires du sénateur Turk qui précise que la recherche scientifique et la sécurisation des réseaux pourraient, naturellement, entrer dans le champ des motifs légitimes. Il reviendra, bien entendu, au juge d'apprécier la légitimité des motifs, dès lors qu'il est impossible dans la loi d'envisager toutes les hypothèses dans une telle matière.

1. Article 323-3-1 «Le fait, sans motif légitime, d'importer, de détenir, d'offrir, de céder ou de mettre à disposition un équipement, un instrument, un programme informatique ou toute donnée conçus ou spécialement adaptés pour commettre une ou plusieurs des infractions prévues par les articles 323-1 à 323-3 est puni des peines prévues respectivement pour l'infraction elle-même ou pour l'infraction la plus sévèrement réprimée».
2. Avis n° 351 du sénateur Turk, précité, p. 133.
3. Article L. 163-4-1 du Code monétaire et financier.
4. Avis n° 351 du sénateur Turk, précité, p 134.
5. Avis n° 608 de Madame Michèle Tabarot, député, au nom de la commission des lois, 11 février 2003.

1.2 La protection juridique des mesures techniques de protection des œuvres contre la contrefaçon[6]

Pour lutter contre les dispositifs illicites qui permettent un accès non autorisé à un service ou à un contenu protégé, les instances communautaires ont eu pour objectif de rapprocher les législations[7] des États membres afin que celles-ci mettent en place des sanctions «effectives, dissuasives et proportionnées à l'incidence potentielle de l'activité illicite[8]». Cette incitation, appliquée à la protection du droit d'auteur, trouvait un terrain propice face à la multiplication des reproductions et représentations des œuvres non autorisées.

Le 20 décembre 1996, le traité OMPI sur le droit d'auteur[9] introduit une obligation de protéger juridiquement la neutralisation des mesures techniques[10]. Cette obligation est reprise par le *Digital Millenium Copyright Act* américain de 1998 comme par la directive européenne du 22 mai 2001[11]. Les articles 6 à 15 du projet de loi français relatif aux droits d'auteur et aux droits voisins dans la société de l'information transposent de façon stricte la directive en introduisant et aménageant des sanctions en cas de contournement des mesures techniques de protection et d'identification des œuvres[12]. Dans le dessein de lutter efficace-

6. Voir sur ce sujet, l'étude très détaillée d'Antoine Latreille et Thierry Maillard, *Jurisclasseur de Propriété intellectuelle*, Fascicule 1660, 2005.
7. Directive 98/84/CE du 20 novembre 1998 concernant la protection juridique des services à accès conditionnel et des services d'accès conditionnel, *JOCE*, L 330/54 du 28 novembre 1998.
8. Article 5-1 de la directive 98/84 précitée.
9. http://www.wipo.int/documents/fr/diplconf/distrib/94dc.htm
10. Article 11 - Obligations relatives aux mesures techniques: «Les Parties contractantes doivent prévoir une protection juridique appropriée et des sanctions juridiques efficaces contre la neutralisation des mesures techniques efficaces qui sont mises en œuvre par les auteurs dans le cadre de l'exercice de leurs droits en vertu du présent traité et qui restreignent l'accomplissement, à l'égard de leurs œuvres, d'actes qui ne sont pas autorisés par les auteurs concernés ou permis par la loi».
11. Directive n° 2001/29/CE sur l'harmonisation de certains aspects du droit d'auteur et des droits voisins dans la société de l'information, *JOCE*, L 167/10, 22 juin 2001.
12. Pour une étude plus approfondie de la question voir Thierry Maillard, «La réception des mesures techniques de protection des œuvres en droit français», *Légipresse*, n° 208, Janvier/février 2004, p. 8-15. Voir aussi Guillaume Gomis, «Réflexions sur l'impact des mesures techniques de protection des œuvres», *Lamy Droit de l'informatique et des réseaux*, n° 162, octobre 2003, p. 1-10.

ment contre la contrefaçon des œuvres protégées, les mesures techniques visées, objet de la protection juridique (conformément aux critères de la directive) sont les technologies, dispositifs, composants ou services efficaces qui, dans le cadre normal de leur fonctionnement, ont pour fonction de prévenir ou limiter les utilisations non autorisées des œuvres protégées. Sont ainsi protégées tant les mesures techniques contrôlant l'accès à l'œuvre que les mesures techniques contrôlant les actes de reproduction et de mise à disposition du public.

Les mesures «efficaces»

Le texte précise ce qu'il faut entendre par «efficaces»: les mesures techniques «sont réputées efficaces» lorsqu'elles permettent de contrôler une utilisation non autorisée «grâce à l'application d'un code d'accès, d'un procédé de protection, tel que le cryptage, le brouillage ou toute autre transformation de l'objet de la protection ou d'un mécanisme de contrôle de la copie qui atteint cet objectif de protection».

Comme la directive, le projet de loi français prohibe d'une part les atteintes aux mesures techniques et d'autre part les activités préparatoires à ces atteintes. La finalité de ces prohibitions étant d'assurer une efficacité à la protection des œuvres protégées par le droit d'auteur. Ainsi, tant la directive que le projet de loi accordent aux titulaires des droits l'opportunité d'aménager la protection technique de leurs droits sur les œuvres.

Protection versus droit d'accès légitime

Les opportunités qu'offrent les techniques de protection ne doivent pas faire oublier que le droit exclusif dont disposent les auteurs souffre des exceptions fondées sur le principe d'un droit d'accès à l'information. Comment assurer la compatibilité des mesures techniques et des exceptions ? Comment éviter que les mesures techniques empêchent les bénéficiaires de ces exceptions d'accéder aux œuvres ?

Pour certaines de ces exceptions, la directive impose la prise de mesures appropriées pour assurer aux bénéficiaires l'accès aux œuvres[1]. Pour d'autres exceptions, dont la copie privée, il n'y a pas d'obligation de garantir l'accessibilité aux œuvres mais uniquement une simple faculté de prendre les mesures assurant le bénéfice de l'exception.

Le projet de loi français a repris à son compte cette faculté pour l'exception de copie privée[2]. L'article 8 prévoit pour les titulaires de droits une obligation de prendre, dans un délai raisonnable, les mesures qui permettent le bénéfice effectif des exceptions dès lors que les personnes bénéficiaires de cette exception ont un accès licite à l'œuvre. Le texte impose certaines conditions aux utilisateurs bénéficiaires: il faut que l'exception ne porte pas atteinte à l'exploitation normale de l'œuvre ou à un autre objet protégé.

Les mesures techniques ne doivent pas, non plus, être un obstacle à l'interopérabilité. C'est pourquoi, l'article 7 du projet de loi français reprenant les principes de la directive, offre aux fabricants de systèmes techniques ou autres exploitants de service qui souhaitent mettre en œuvre l'interopérabilité dans des conditions équitables et non discriminatoires, la possibilité de bénéficier de licences de développement des mesures techniques.

La jurisprudence sur les dispositifs anticopie

Les titulaires de droits n'ont pas attendu le vote de la loi pour mettre en place des dispositifs anticopie particulièrement sur des CD. Du fait de ces dispositifs techniques, les acheteurs légitimes n'ont pu utiliser les CD protégés sur certains matériels de lecture (autoradios, lecteurs PC ou Mac). Plusieurs affaires ont été portées devant les tribunaux et à deux reprises, le tribunal de grande instance de Nanterre a eu à se prononcer à la suite d'une saisine d'une association de défense des consommateurs. Dans les deux affaires, le tribunal n'a pas remis en cause les mesures techniques anticopie. Toutefois, dans la première affaire, il a été reproché au producteur d'avoir manqué à son obligation d'information du consommateur en n'indiquant pas que le CD était protégé par une mesure technique limitant les possibilités d'usage. Ce jugement a été confirmé par la cour d'appel de Versailles[3] qui reprend le principe d'un devoir d'information positif: «considérant qu'en se bornant à aviser les acquéreurs de la présence du système de protection sans attirer leur attention sur les restrictions d'utilisation sur certains supports, la société EMI a manqué à son devoir d'information et s'est rendue coupable par omission ou insuffisance d'information de tromperie sur l'aptitude à l'emploi». Dans la seconde affaire, le fait que le CD soit illisible sur un autoradio a été considéré comme une «anomalie qui restreint son utilisation et constitue un vice caché[4]».

1. Article 6-4 : Il s'agit des reproductions sur papier avec compensation équitable (photocopies par exemple), des reproductions effectuées par les bibliothèques, des enregistrements éphémères, reproduction des émissions dans les institutions sociales, des reproductions à des fins d'illustration dans le cadre des enseignements, de l'utilisation au bénéfice des handicapés, etc.

2. Projet de loi relatif au droit d'auteur et aux droits voisins dans la société de l'information, Assemblé nationale, n° 1206, novembre 2003.

3. CA Versailles, 30 septembre 2004, Sté EMI c/CLCV accessible sur http://www.juriscom.net/.

4. TGI Nanterre, 2 septembre 2003, Mme F.M. et UFC Que Choisir c/SA Emi Music France et Sté Auchan, http://www.juriscom.net/jpt/visu.php?ID=348. Ce jugement a été confirmé sur ce point par la Cour d'appel de Versailles (3e ch., 15 avril 2005), *Revue Lamy droit de l'immatériel*, n° 6, juin 2005.

1.3 Les atteintes aux droits des personnes sur les données personnelles: le délit de manquement à la sécurité

Une obligation de sécurité sanctionnée pénalement

Déjà dans la loi «Informatique et libertés» du 6 janvier 1978 (art. 29), était mise en place une obligation de sécurité sanctionnée pénalement. C'est aujourd'hui l'article 34 de la nouvelle loi «Informatique et Libertés» (6 août 2004) qui met à la charge du responsable du traitement une obligation de prendre toutes les précautions utiles au regard de la nature des données et des risques présentés par le traitement pour préserver la sécurité des données et empêcher qu'elles soient déformées, endommagées ou que des tiers non autorisés y aient accès. Le non-respect de cette obligation, comme le non-respect des autres obligations imposées par la loi Informatique et Libertés, est sanctionné très lourdement par l'article 226-17 du code pénal: «Le fait de procéder ou de faire procéder à un traitement de données à caractère personnel sans mettre en œuvre les mesures prescrites à l'article 34 de la loi n° 78-17 du 6 janvier 1978 précitée est puni de cinq ans d'emprisonnement et de 300000 euros d'amende.»

Le contenu de l'obligation de sécurité

L'article 34 transpose en droit français l'article 17-1 de la directive 95/46 du 24 octobre 1995 [1]. Si le législateur français a choisi une formulation lapidaire pour décrire les risques contre lesquels il convient de protéger les données (déformation, altération, accessibilité à des tiers non autorisés) comme les précautions à prendre (toutes précautions utiles), la directive est plus détaillée: «Le responsable du traitement doit mettre en œuvre les mesures techniques et d'organisation appropriées pour protéger les données à caractère personnel contre la destruction accidentelle ou illicite, la perte accidentelle, l'altération, la diffusion ou l'accès non autorisés, notamment lorsque le traitement comporte des transmissions de données dans un réseau, ainsi que toute autre forme de traitement illicite.»

On notera que les risques visés sont d'une part les atteintes à l'intégrité des données et d'autre part les atteintes à la confidentialité des données. Quant aux moyens à mettre en œuvre, ils sont aussi bien techniques qu'organisationnels.

Responsables et responsabilités

On notera, aussi, que les textes européen et français précisent qui a en charge l'obligation de sécurité. Il s'agit du responsable du traitement dont les fonctions et missions sont définies à l'article 3 de la loi française transposant l'article 2 d) de la directive: c'est la personne, l'autorité publique, le service ou l'organisme qui détermine les finalités et les moyens du traitement.

Le responsable du traitement, le plus souvent, n'effectue pas lui-même le traitement et sous-traite celui-ci aux hommes de l'art, qui ont la compétence pour le faire. C'est pourquoi, la directive comme la loi française aménagent la répartition des responsabilités entre ces deux catégories d'acteurs.

Tout d'abord, le responsable du traitement engage sa responsabilité dans le choix du sous-traitant. Il doit le faire en prenant en compte les garanties que celui-ci apporte sur ses capacités à assurer la mise en œuvre des mesures de sécurité et de confidentialité (article 35, 3e alinéa de la loi française transposant l'article 17-2 de la directive).

Ensuite, c'est dans le contrat entre le responsable du traitement et le sous-traitant que doivent être précisées les obligations incombant au sous-traitant en matière de protection de la sécurité et de la confidentialité des données (article 35, 4e alinéa transposant l'article 17-3 de la directive).

Contrat et obligation de sécurité

La loi précise, enfin, que le sous-traitant ne peut agir que sur instruction du responsable du traitement (article 35, 4e alinéa in fine transposant l'article 17-3, 3e ligne) et les obligations contractuelles qu'il a souscrites ne déchargent pas le responsable du traitement de son obligation de veiller au respect des mesures de sécurité (article 35, 3e alinéa in fine transposant l'article 17-2 in fine). Pour montrer l'importance attachée à cette question, la directive ajoute une condition de forme au contrat entre le responsable du traitement et son sous-traitant: «aux fins de conservation des preuves, les éléments du contrat ou de l'acte juridique relatifs à la protection des données et les exigences portant sur les mesures visées sont consignés par écrit ou sous une autre forme équivalente [2]».

Le droit commun des contrats s'applique et le non-respect par le sous-traitant de ses obligations mentionnées au contrat, engage sa responsabilité contractuelle. Est-il, lui aussi, engagé à une obligation de sécurité délictuelle sur le fondement de l'article 34 (voir note n° 22), au même titre que le responsable du fichier? Si dans l'article 226-17 du code pénal, il est question de la responsabilité de celui qui «procède» ou «qui fait procéder» au traitement des données, l'article 34 ne parle que du responsable du traitement. Dans la mesure où le sous-traitant agit sous la responsabilité et sur instruction de celui-ci, ce dernier doit assumer seul l'obligation de sécurité délictuelle.

1. Directive 95/46/CE du Parlement européen et du Conseil, du 24 octobre 1995, relative à la protection des personnes physiques à l'égard du traitement des données à caractère personnel et à la libre circulation de ces données, *JOCE*, L 281 du 23/11/1995, p. 0031- 0050.

2. Art 17-4 de la directive 95/46/CE.

Toutefois, le sous-traitant aura à répondre à l'égard de son cocontractant, de la bonne exécution des mesures de sécurité visées au contrat y compris pour réparer les conséquences de l'inexécution de ces mesures.

Effectivité de la répression des manquements à la sécurité?

Même si comme on vient de le voir, le législateur a mis en place tous les moyens[1] d'imposer cette obligation de sécurité dans les traitements de données personnelles, force est de constater que les poursuites sont apparemment exceptionnelles.

Parmi celles-ci, on donnera quelques exemples qui illustrent ce en quoi peut consister le délit pour défaut de prise de précautions utiles quand il est constitué et les responsables sanctionnés pénalement. Il s'agit, dans un premier cas, d'un directeur de banque qui a diffusé une liste de clients à des commerçants sans attirer l'attention de ceux-ci sur la confidentialité des informations diffusées[2]. Dans un autre cas, le responsable du fichier n'avait pas prévu la gestion des homonymies dans un fichier de mauvais payeur[3]. Enfin, le responsable du fichier n'avait pas fait assurer une formation suffisante pour que soit empêchée la communication d'informations médicales à des personnes non autorisées à en prendre connaissance[4].

Et pourtant, les exemples de manquements à l'obligation de sécurité non sanctionnée sont nombreux. On en a une illustration dans l'affaire Kitetoa/Tati où Tati n'a pas été poursuivi pour non-respect de l'obligation de sécurité alors que le tribunal poursuivait celui qui avait dénoncé ce manquement[5].

Les raisons avancées par Valérie Sédalian pour expliquer la faiblesse de ce contentieux nous semblent convaincantes[6]. Il y a, bien sûr, le fait que les victimes n'ont pas, le plus souvent, connaissance des manquements à la sécurité ou encore que le préjudice soit difficile à apprécier, mais c'est surtout la difficulté d'une instruction pénale qui nécessite des preuves que les mesures de sécurité sont effectivement nécessaires et n'ont pas été mises en œuvre. D'autres formes de régulation pourraient mieux répondre que la loi pénale aux besoins de développer la culture de la sécurité.

1. Le rapport Braibant (*Données personnelles et société de l'information*, La Documentation française, rapport officiel, 1998) comme Jean Frayssinet, auteur spécialisé dans la protection des données personnelles (in Lucas (A.), Devèze (J), Frayssinet (J.) *Droit de l'informatique et de l'Internet*, PUF, coll. Droit, 2001), soulignent la faible effectivité de la loi pénale en la matière.
2. CA Rennes, 13 janvier 1992, Jurisdata n° 42488.
3. Cass. crim., 19 décembre 1995, *Expertises*, janvier 1997, 34, obs. J. Frayssinet.
4. Cass. crim., 30 octobre 2001, *Gaz. Pal.*, 12 octobre 2002.
5. Voir supra n° 9.
6. Valérie Sédalian, précité.

2 La prévention des atteintes: la culture de la sécurité

«La référence au principe de précaution nous paraît essentielle pour aider à déterminer la frontière entre le licite et l'illicite.» Cette remarque d'un universitaire spécialiste des technologies de l'information[7] invite à poser la question de savoir si l'on peut se poser en victime quand on n'a pas pris les précautions requises pour se protéger. Chacun s'accorde à reconnaître aujourd'hui l'importance et la nécessité de développer une culture de la sécurité.

Cet objectif est aujourd'hui partagé par les instances internationales comme par les législateurs nationaux. Les acteurs eux aussi ont repris à leur compte ce souci de développer de bonnes pratiques mettant en œuvre cette culture de la sécurité.

La sécurité à l'échelle internationale

Ce besoin d'une plus grande attention portée à la sécurité informatique est développé dans les lignes directrices régissant la sécurité des systèmes et réseaux d'information de l'OCDE: «Chaque partie prenante a un rôle important à jouer pour assurer la sécurité. Les parties prenantes, en fonction de leurs rôles respectifs, doivent être sensibilisées aux risques liés à la sécurité ainsi qu'aux parades appropriées, et doivent assumer leurs responsabilités et prendre des mesures de nature à améliorer la sécurité des systèmes et réseaux d'information. » Comme on le voit, ces recommandations s'adressent à tous les acteurs concernés, les gouvernements, comme les acteurs économiques ou encore les utilisateurs. Dans le cadre de ces recommandations, le développement d'une culture de la sécurité passe par un renforcement de la sensibilisation aux risques (information, évaluation) d'une part et d'autre part par la promotion d'une plus grande confiance dans les systèmes et les réseaux. Qu'en est-il aujourd'hui en France? Comment ces recommandations sont-elles mises en œuvres par les différents lieux de régulation de la société de l'information?

2.1 Sensibilisation, formation, évaluation des risques

Parmi les parties prenantes, les responsables de traitements de données personnelles sont, plus que d'autres, appelés à être sensibilisés au besoin d'assurer la sécurité et aux actions à entreprendre pour renforcer cette sécurité. La Commission nationale Informatique et Libertés a joué et continue à jouer un rôle essentiel dans cette sensibilisation. Elle a aussi à prendre des initiatives et nous ferons un bref rappel des missions que la loi confie à la CNIL en matière de sécurité.

7. Xavier Linant de Bellefonds, «Le principe de précaution», *Communication Commerce électronique*, n° 5, mai 2002, p. 3.

Nous verrons aussi les quelques autres exemples d'obligations légales, relatives à la prévention de la sécurité.

Des recommandations aux détenteurs de fichiers d'informations nominatives et aux utilisateurs de ces données

Nous l'avons vu ci-dessus, les responsables des traitements de données personnelles ont à assumer une obligation générale de sécurité. Pour les aider dans l'appréhension de ce que recouvre la sécurité, la CNIL a aujourd'hui – dans la nouvelle loi – une mission d'information, de formation et de sensibilisation y compris sur les questions de sécurité. Ce sujet sensible avait déjà été l'objet de recommandations dans les premières années de l'application de la loi de 1978.

En effet, peu de temps après sa mise en place, la première Commission s'est saisie de la question de la sécurité informatique. Dans une délibération du 21 juillet 1981 (n° 81-094) elle émet des recommandations relatives aux mesures générales de sécurité des systèmes d'information. Même si elles remontent à près de vingt-cinq ans, on reprendra les grandes lignes de ce texte en le comparant avec la délibération de l'actuelle CNIL relative à la sécurité des systèmes de vote électronique[1]. Si le vocabulaire utilisé a parfois changé, les principes restent les mêmes.

Dans l'un et l'autre cas, les mesures recommandées visent :

- *au contrôle de la fiabilité* des matériels et logiciels ou aujourd'hui à vérifier la réalité des éléments d'architecture. En 1981 la recommandation précisait que ce contrôle devait « faire l'objet d'une étude attentive afin que des erreurs, lacunes et cas particuliers ne puissent conduire à des résultats préjudiciables aux personnes ». En 2003, il est question de « s'assurer de la sécurité de la fixation des données (processus de gravure) » et de la présence des éléments de traçabilité ou encore de la mise en place de procédés permettant de déceler les modifications du système, enfin d'existence de solutions de secours, ou enfin de l'accès possible aux codes sources ;
- *à la capacité de résistance* aux « atteintes accidentelles ou volontaires extérieures ou intérieures... ». En 1981, la capacité de résistance impose de prendre en compte l'implantation géographique, les conditions d'environnement, les aménagements des locaux. La CNIL précise, aussi, ce qu'elle entend par les différentes formes d'atteintes. Par atteintes accidentelles, elle vise les désastres naturels, incendie, inondation, tremblement de terre... ou qui proviennent des sources assurant le fonctionnement (alimentation électrique). Par atteintes volontaires, celles qui visent à la destruction totale ou partielle des installations (vol, altération des logiciels, des informations). En 2003, la capacité de résistance aux intrusions implique la « prise en compte des mesures physiques (contrôle d'accès, détermination des personnes habilitées à intervenir...) et logiques (firewall, protection d'accès...) pour garantir la sécurité et la confidentialité des données ». Ces vérifications doivent être préalables à l'aide de tests appropriés.

Comme nous venons de le voir les recommandations de 1981, de par leur généralité, gardent toute leur actualité : nécessité d'évaluer les risques, besoin d'un effort d'information et de sensibilisation, attention à apporter à la confidentialité des données, responsabilités des personnels au respect des mesures de sécurité, prise en compte de la sécurité dès la conception des produits matériels et logiciels.

Adapter la sécurité au contexte

Toutefois, ces recommandations invitent, aussi, à adapter la sécurité au contexte du traitement des données. Ainsi, en 2003, l'expertise des systèmes de vote électronique doit apprécier la capacité des conditions techniques à garantir les principes fondamentaux qui commandent les opérations électorales : secret du scrutin, caractère personnel, libre et anonyme du vote, sincérité des opérations électorales, surveillance effective du vote et possibilité de contrôle *a posteriori*.

La CNIL entre dans les détails et indique dans sa recommandation, à propos du scrutin, que doivent être prises en compte les questions liées à la confidentialité des données. Les clés de chiffrement et de déchiffrement et le contenu de l'urne ne doivent pas être accessibles et les communes doivent vérifier que l'accès des applications et informations est réservé aux seules personnes habilitées.

Les mesures de sécurité « toutes simples »

Dans ses recommandations, la CNIL rappelle, enfin, qu'au-delà des mesures techniques appropriées nécessaires, la sécurité passe aussi par des mesures toutes simples et non techniques, comme une gestion des mots de passe (renouvellement régulier) ou encore la fermeture des logiciels lors des pauses. Il s'agit bien, à travers ces différents exemples, d'une sensibilisation à une culture de la sécurité.

Des obligations légales de la CNIL : veille, labellisation, information

Au-delà de sa mission d'information, la CNIL a la mission de veiller à ce que les traitements soient mis

1. Recommandations de la CNIL (délibération du 1er juillet 2003 portant adoption d'une recommandation relative à la sécurité des systèmes de vote électronique).

en œuvre conformément aux dispositions de la loi y compris les obligations de sécurité.

Dans le cadre de cette mission, la CNIL dispose de par la loi d'un pouvoir normatif et pourra édicter, le cas échéant, «des règlements types en vue d'assurer la sécurité des systèmes[1]». On peut penser que ces règlements types ne se limiteront pas à traiter des prescriptions techniques mais pourront aussi viser des prescriptions relatives à l'organisation des traitements.

Les labels de la CNIL

Après avoir procédé aux vérifications sur la conformité des produits ou procédures qui sont soumis aux dispositions de la loi, la CNIL est autorisée par les textes à délivrer des labels à ces produits ou procédures. Sont susceptibles d'être labellisés, les produits techniques ou les procédures qui ont fait la preuve de leur capacité à garantir la sécurité et la protection des données[2].

La CNIL et les innovations technologiques

Enfin, la loi du 6 août 2004 institue, dans le cadre de la mission de veille de la CNIL, une obligation pour celle-ci de se tenir informée de l'évolution des technologies de l'information et de rendre publique son appréciation sur ces technologies et leurs conséquences «pour l'exercice des droits et libertés[3]». Prenant en compte ces évolutions technologiques, elle peut proposer au gouvernement les mesures législatives et réglementaires rendues nécessaires pour tenir compte de ces évolutions[4].

Le devoir d'information sur la sécurité des responsables des traitements

Si la CNIL a des obligations d'informer, les responsables des traitements eux aussi se doivent de remplir leurs propres obligations d'information. Lors des différentes procédures préalables détaillées dans la loi du 6 août 2004[5], ils sont dans l'obligation de préciser les dispositions qu'ils ont prises pour assurer la sécurité des traitements et des données et la garantie des secrets protégés par la loi[6]. On peut toutefois s'étonner que les informations relatives à la sécurité ne fassent pas partie des informations que le responsable du traitement doit donner spontanément ou des informations qui doivent être fournies à la demande de la personne concernée[7].

Fournisseur de réseau et information sur la sécurité

On relèvera par ailleurs, que la directive 2002/58 du 12 juillet 2002 concernant le traitement des données à caractère personnel et la vie privée dans le secteur des communications électroniques[8], fait état du principe[9] – à la charge du fournisseur du réseau – d'une information des abonnés sur les risques particuliers liés à une violation de la sécurité. Le texte européen souligne l'importance particulière de cette information quand il s'agit de risques contre lesquels le fournisseur est dépourvu de moyens d'action.

L'autorégulation de la sécurité : les chartes contractuelles

À travers quelques exemples de chartes «utilisateur[10]», nous analyserons quelques aspects des clauses contractuelles, traitant des obligations en matière de sécurité mises tant à la charge de l'utilisateur que du responsable de la sécurité (administrateur réseau, correspondant sécurité, etc.).

L'utilisateur doit contribuer à la sécurité générale comme à la sienne propre

L'utilisateur doit être conscient que les mesures de sécurité qu'il doit appliquer permettront non seulement d'assurer sa propre protection mais aussi celle de ceux avec qui il est en relation à travers les réseaux.

L'utilisateur doit préserver l'intégrité des systèmes informatiques

L'utilisateur s'engage à ne pas apporter volontairement des perturbations au bon fonctionnement des systèmes qu'il utilise et qui sont en réseau. Les clauses visent explicitement l'introduction de logiciels parasites (virus, bombes logiques, chevaux de Troie...).

Les droits des utilisateurs de connaître leurs droits et obligations de sécurité

Dans la plupart des chartes, il faut mettre l'accent sur l'attention apportée à la prise de connaissance par les utilisateurs finaux des conditions d'utilisation des systèmes y compris les questions relatives à la sécurité.

La sécurité et l'urgence peuvent justifier les contrôles de bonne utilisation

La condamnation d'un administrateur réseau, qui était intervenu dans une «boîte aux lettres» d'un chercheur, a été l'occasion de rappeler que les principes de la correspondance privée s'appliquent aux courriers électroniques. Toutefois, les magistrats ont aussi reconnu la possibilité d'intervention, pour des raisons de sécurité, dans lesdites boîtes aux lettres, quand les

1. Article 11 2° b) in fine, loi du 6 août 2004.
2. Article 11 3° c), loi du 6 août 2004.
3. Article 11 4°, loi du 6 août 2004.
4. Article 11 4° b, loi du 6 août 2004.
5. Articles 24 et suivants, loi du 6 août 2004.
6. Article 39 9°, loi du 6 août 2004.
7. Article 39, loi du 6 août 2004.
8. JOCE L 201/37
9. Considérant 20, directive 2005/58.
10. On trouve de nombreux exemples de chartes sur Internet dont certaines ont été validées par les instances responsables (voir la charte Renater, la charte du CNRS, du ministère de l'Éducation nationale). Ces chartes doivent être signées par les futurs utilisateurs qui engagent leur responsabilité contractuelle, voire professionnelle quand les chartes sont assimilées à des obligations déontologiques.

personnes concernées ont été informées préalablement et ont accepté cette éventualité en signant la charte d'utilisation.

Ainsi, dans les chartes, sont évoquées de façon explicite les possibilités de contrôle quand la sécurité est en jeu.

Les chartes participent à la culture de sécurité

La finalité poursuivie par les rédacteurs et promoteurs de ces chartes est d'inscrire celles-ci dans un objectif de sensibilisation et de responsabilisation. Le ministère de l'Éducation nationale les présente comme visant « à promouvoir des comportements de vigilance et de sécurité et à renforcer la prévention d'actes illicites en amenant les utilisateurs à constamment s'interroger sur la licéité de leurs actes » [1].

2.2 Créer la confiance

Promouvoir la confiance dans les systèmes informatiques et dans les réseaux passe par la prise en compte de la sécurité informatique. Dans la directive pour les signatures électroniques, l'usage des procédés techniques a eu pour objectif « d'assurer la sécurité et la confiance dans la communication électronique[2] », de « renforcer la confiance dans les nouvelles technologies et en favoriser l'acceptation générale[3] ». Enfin, « d'accroître la confiance des utilisateurs dans les communications et le commerce électroniques[4] ». Développer la confiance dans l'économie numérique, tel était aussi l'objectif du législateur français dans la loi du 21 juin 2004[5] dont le titre même indique la finalité. C'est dans le cadre de ce texte qu'ont été réaménagées les règles juridiques du régime de la cryptologie dans un intitulé « De la sécurité dans l'économie numérique[6] ».

La confiance juridique dans la signature électronique

La reconnaissance par le droit français de la signature électronique

Le souci d'adapter le cadre juridique national à la société de l'information a été l'occasion pour le législateur et les pouvoirs publics français d'intervenir sur les conditions de mise en œuvre de la signature électronique. Deux dates essentielles ont marqué cette mise en œuvre et assuré en partie la transposition de la directive de 1999 « sur un cadre communautaire pour les signatures électroniques ». Tout d'abord, le 13 mars 2000, avec la loi « portant adaptation du droit de la preuve aux technologies de l'information et relative à la signature électronique[7] ». Ensuite dans un deuxième temps le 30 mars 2001, avec l'adoption du décret « pris pour l'application de l'article 1316-4 du code civil et relatif à la signature électronique[8] ».

Dans le premier texte, en définissant l'écrit et la signature indépendamment d'un support ou d'une technique, le législateur français a laissé ouverte la possibilité de reconnaître la valeur probatoire de différents supports et différentes techniques. C'est ce même esprit qui a présidé à la réflexion internationale sur ces questions, à la CNUDCI où la loi modèle sur la signature électronique prend en compte la diversité des techniques de signature électronique[9].

Le décret du 31 mars 2001 poursuit la transposition en droit français de la directive européenne du 13 décembre 1999.

Fiabilité et intégrité

Dans ces deux textes, la notion de fiabilité de la signature électronique et par conséquent, la garantie de l'intégrité des documents signés sont au cœur d'une problématique dans laquelle il s'agit de concilier sécurité juridique et technique[10].

C'est dans la loi de 2000 qu'il faut chercher les éléments permettant de cerner le cadre juridique de la signature électronique : « ... Lorsqu'elle est électronique, elle consiste en l'usage d'un procédé fiable d'identification garantissant son lien avec l'acte auquel elle s'attache[11] ». Que faut-il entendre par « procédé fiable d'identification » ? L'adjectif « fiable » caractérise un objet ou une personne en qui l'on a confiance, à qui l'on peut se fier. Le procédé « fiable » ne sera-t-il pas entendu comme celui qui garantira l'identité du signataire, le lien entre l'acte et la signature et l'intégrité du document signé ?

Le contrôle a priori de la fiabilité

Le législateur, conscient des difficultés d'appréciation, introduit un contrôle a priori de la fiabilité du procédé : « la fiabilité est présumée, jusqu'à preuve du

1. Charte type d'utilisation de l'internet, des réseaux et des services multimédia au sein de l'établissement scolaire, version du 8/03/2002.
2. Considérant 2 de la directive 1999/93/CE du 13 décembre 1999 sur un cadre communautaire pour les signatures électroniques.
3. Considérant 4 de la directive 1999/93 précitée
4. Considérant 24 de la directive 1999/93 précitée
5. Loi n° 2004-575 du 21 juin 2004, *JORF*, 22 juin 2004.
6. Titre 3 de la loi du 21 juin 2004.
7. Loi 2000-230 du 13 mars 2000 portant adaptation du droit de la preuve aux technologies de l'information et relative à la signature électronique, *JORF*, 14 mars 2000, p. 3968.
8. Décret n° 2001-272 du 30 mars 2001 pris pour l'application de l'article 1316-4 du code civil et relatif à la signature électronique, *JORF*, 31 mars 2001, p. 5070.
9. Loi type de la CNUDCI sur les signatures électroniques et guide pour son incorporation adoptée le 5 juillet 2001 http://www.uncitral.org/fr-index.htm
10. Pour une étude plus approfondie sur le sujet voir, entre autres, I. de Lamberterie et J.F. Blanchette, « Le décret du 30 mars 2001 relatif à la signature électronique : lecture critique, technique et juridique », *JCP entreprises et Affaires*, n° 30, 26 juillet 2001, 1269.
11. Article 1316-4 al. 2 du code civil

contraire, lorsque la signature est créée, l'identité du signataire assurée, l'intégrité de l'acte garantie, dans des conditions fixées par décret en Conseil d'État[1]».

Ces conditions ont été fixées par le décret de 2001 qui introduit une distinction entre signature électronique sécurisée[2] et signature électronique que l'on qualifie d'ordinaire. La signature électronique sécurisée doit satisfaire, non seulement aux mêmes exigences que la signature électronique (usage d'un procédé fiable garantissant son lien avec l'acte auquel elle s'attache) mais aussi «être propre au signataire, être créée par des moyens que le signataire puisse garder sous son contrôle exclusif, garantir avec l'acte auquel elle s'attache un lien tel que toute modification ultérieure de l'acte soit détectable»[3]. Ces exigences viennent affiner les fonctions d'identification et de manifestation du consentement de la signature électronique ordinaire.

La double caractérisation de l'intégrité

Ce serait réducteur d'arrêter l'analyse de la fiabilité et de l'intégrité aux seules définitions de la signature, qu'elle soit simple ou sécurisée. En effet, la signature doit être appréciée par rapport à l'écrit qu'elle signe. Si la loi de 2000 reconnaît l'équivalence fonctionnelle entre un écrit papier et un écrit électronique, elle précise les conditions d'acceptabilité – comme preuve – de l'écrit électronique: «l'écrit sous forme électronique est admis en preuve au même titre que l'écrit papier, sous réserve que puisse être identifiée la personne dont il émane et qu'il soit établi et conservé dans des conditions de nature à en garantir l'intégrité[4]». Ainsi comme le remarque J.-F. Blanchette, la réforme de 2000 «articule une double caractérisation du concept d'intégrité de l'écrit électronique[5]». Si l'intégrité est assurée par le recours à la signature sécurisée[6], elle dépend aussi des conditions d'établissement et de conservation qui déterminent l'intégrité de l'écrit et son admissibilité en preuve.

Les cryptologues....

Dans le premier cas, l'appréciation de l'intégrité, par les spécialistes de la cryptologie, relève du constat de l'absence d'altération des données[7].

et les archivistes

Dans le second cas, les spécialistes de l'archivage [8] apportent aujourd'hui des éclairages tout à fait intéressants pour appréhender la notion d'intégrité et définir des politiques pertinentes d'établissement et de conservation. Ils se placent sur trois terrains complémentaires :

- tout d'abord celui d'une remise en cause du lien entre «intégrité physique» et «authenticité» du document. Même si la chaîne de bits est modifiée, ces modifications ne suffisent pas pour remettre en cause l'authenticité du document. Pour Interpares, «il n'est pas possible de conserver un écrit électronique en tant qu'objet physique entreposé. Il est seulement possible de préserver un document manifeste[9]»;
- ensuite, il faut distinguer «authenticité d'un document qu'il soit ou non électronique» d'une part et «l'authentification» de la signature électronique d'autre part. L'authentification de la signature électronique doit être entendue dans son sens *technique* se limitant aux moyens mis en œuvre pour atteindre l'identification alors que l'archiviste vérifiera au sens *juridique* l'authentification d'un document (identification et adhésion au contenu d'un acte). La signature n'est alors qu'un élément parmi d'autres qui permet d'apprécier la valeur probatoire d'un document;
- enfin, pour les archivistes, c'est sur le respect de la chaîne de préservation que s'apprécie l'authenticité d'un document, cette chaîne étant «l'ensemble des contrôles et des procédures qui assurent l'identité et l'intégrité d'un document au travers de la totalité de son cycle de vie [10]».

Comment pérenniser la société de l'information ?

Même si les textes réglementaires, organisant la mise en œuvre des signatures électroniques, ne semblent pas prendre en considération les questions que soulève la pérennisation de ces moyens de sécuriser les échanges, le droit français ne peut ignorer cette inscription dans la durée de la société de l'information. Toutes les précautions requises pour la préparation des

1. Article 1316-4 in fine du code civil.
2. Dans la directive, il est question de «signature électronique avancée».
3. Article 1-2 du décret 2001-272 précité.
4. Article 1316-1 du code civil.
5. Jean-François Blanchette, «Modernité et intelligibilité du droit de la preuve français», *Communication Commerce électronique*, n° 3, mars 2005, p. 21-26.
6. Pour des précisions techniques sur la signature sécurisée, voir le chapitre «Cryptographie», section I/6.
7. J.F. Blanchette renvoie à la définition que font les cryptologues de l'intégrité «la propriété selon laquelle des données n'ont pas été altérées par l'insertion, suppression, substitution de bits d'une façon non autorisée depuis le moment où ces données ont été créées, transmises ou entreposées par une source autorisée...».
8. On renverra, entre autres, aux travaux du programme Interpares qui vise à déterminer les principes archivistiques pertinents à la conservation de documents électroniques authentiques. Il regroupe des représentants de nombreuses archives nationales. Voir le site http://www.interpares.org.
9. Voir Duranti et al., «Strategy Task Force Report» in *The Long Term Preservation of Authentic Electronic Records: Findings of the Interpares Project*, 2002, p. 4.
10. J.F. Blanchette, «Modernité et intelligibilité du droit de la preuve français», précité.

textes organisant l'établissement et la conservation des actes authentiques électroniques en témoignent[1].

Droit et neutralité technologique

La jurisprudence avait ouvert la voie d'une neutralité technologique. Pour la Cour de cassation[2], la force probante d'un écrit (indépendamment de la nature de son support) dépend soit de la vérification de son intégrité soit de sa non-contestation. La vérification renvoie à une preuve positive de ceux qui produisent l'acte. La non-contestation renvoie à une présomption : la force probante de l'écrit est présumée s'il n'est pas contesté. On peut en déduire que la vérification de l'intégrité ou de l'imputabilité ne s'impose pas si celles-ci ne sont pas contestées.

La régulation juridique des différentes fonctions de la cryptologie

La libéralisation de la cryptologie

Un auteur spécialiste du domaine parlait, à propos de la réglementation des moyens cryptologiques, de « l'art et la manière de développer la confiance[3] ». Aujourd'hui c'est de « libéralisation de la cryptologie[4] » dont il s'agit avec la loi du 21 juin 2004 pour la confiance dans l'économie numérique[5].

Ce sont les multiples usages de la cryptologie pour des besoins civils (y compris les signatures électroniques sécurisées) qui ont justifié la nécessité de faire évoluer une réglementation fondée sur les besoins de la défense nationale et de la sécurité de l'État.

Un statut qui dépend des finalités

Si la cryptologie est le plus souvent entendue comme permettant de garantir la confidentialité, les finalités des usages se sont beaucoup diversifiées : la cryptologie permet non seulement l'identification de l'auteur d'un message, elle permet aussi de contrôler l'intégrité dudit message. Le nouveau texte distingue l'utilisation de la cryptologie d'une part, qui est reconnue comme étant libre quelle que soit la finalité de cette utilisation. Quant à la fourniture, transfert, importation et exportation de moyens ou de prestations de cryptologie, la liberté est limitée aux moyens fournis qui assurent « exclusivement des fonctions d'authentification ou de contrôle d'intégrité[6] ». La fourniture des moyens n'assurant pas ces finalités reste soumise à un régime de déclaration préalable obligatoire auprès du Premier ministre de même qu'à un régime d'autorisation pour les moyens devant être exportés[7]. Il en est ainsi de la fourniture des moyens susceptibles d'assurer une fonction de confidentialité. Toutefois, des exceptions à cette lourde procédure peuvent être accordées quand les caractéristiques techniques ou les conditions d'utilisation des moyens – autres que ceux dont la fourniture est libre – ne présentent pas de danger « au regard des intérêts de la défense nationale et de la sécurité intérieure ou extérieure de l'État[8] ».

La responsabilité des fournisseurs de prestations de cryptologie

Parmi, les autres points traités par le nouveau texte, la question de la responsabilité des fournisseurs de prestations de cryptologie en général et plus particulièrement des prestataires de services de certification mérite une attention particulière. Elle met à leur charge une présomption de responsabilité. Cette présomption de responsabilité est levée quand ceux-ci démontrent « qu'ils n'ont commis aucune faute intentionnelle ou négligence[9] ». Même si le texte a été voté en l'état, il est intéressant d'analyser les critiques faites à cette rédaction lors du débat à l'Assemblée nationale. Comme l'a rappelé le rapporteur[10], « une négligence constitue une faute susceptible d'engager la responsabilité de son auteur conformément à l'article 1383 du code civil[11] ». En cas de négligence ou d'imprudence du prestataire, la présomption de responsabilité ne joue pas, ce qui ne veut pas dire que le prestataire n'est pas responsable mais que celui qui invoque cette négligence doit apporter la preuve de celle-ci pour engager la responsabilité du prestataire.

3 Conclusion

La gestion des conflits d'intérêt

Telle est la fonction des règles juridiques qui déterminent les critères pour défendre tel droit plutôt que tel autre.

Le droit balance depuis toujours, dans les démocraties, entre liberté et sécurité[12]. Aujourd'hui le balancier

1. Depuis cinq ans, deux groupes de travail et de nombreuses instances se sont penchés sur la question. La publication des décrets concernant les signatures électroniques des actes authentiques des notaires et des huissiers sont en phase de finalisation.
2. Cass. com., 2 décembre 1997, *D.* 98, J., 192, note D. Martin. Voir aussi le commentaire de cet arrêt, P. Catala et P.Y. Gautier, « L'audace technologique à la Cour de cassation : vers la libération de la preuve contractuelle », *JCP*, 98, Aperçu rapide, p. 905.
3. Daniel Guinier, « Approche stratégique et politique de la cryptologie », *Expertises des Systèmes d'information,* janvier 1997, p. 29.
4. Il est difficile de citer les nombreuses études sur le droit de la cryptologie. On renverra aux rapports d'Axel Turk, pour le Sénat (précité) et de Jean Dionis du Séjour (http://www.assemblee-nationale.fr/12/rapports/r0612.asp#P656), pour l'Assemblée nationale qui font l'un et l'autre le point sur les différentes étapes de cette libéralisation.
5. Précité
6. Art. 30 I et 30 III de la loi du 21 juin 2004.
7. Art. 30 IV de la loi du 21 juin 2004.
8. Art. 30 IV b) de la loi du 21 juin 2004.
9. Art. 32 et 33 de la loi du 21 juin 2004.
10. Jean Dionis du Séjour, rapport précité.
11. « Chacun est responsable du dommage qu'il a causé non seulement par son fait, mais encore par sa négligence ou par son imprudence. »
12. Voir le chapitre « Les aspects juridiques des systèmes d'information », section II/7.

n'est-il pas plutôt – du moins en apparence – du côté de la sécurité? Quelles sont les incidences sur les rôles respectifs de la puissance publique et des acteurs privés dans le processus?

Les instances européennes ont eu à se prononcer sur ce point. Leurs directives ou recommandations illustrent bien la recherche d'un bon équilibre et le rappel des valeurs à défendre.

Comment concilier les impératifs de sécurité et le respect des intérêts légitimes?

La directive de 2002[1] concernant le traitement des données à caractère personnel et la vie privée dans le secteur des communications électroniques, rappelle, dans l'un de ses considérants, que les mesures de sécurité «doivent être appropriées, rigoureusement proportionnées au but poursuivi et nécessaires dans une société démocratique». Ces mesures doivent donc être subordonnées à des garanties appropriées dans le respect de la convention européenne de sauvegarde des droits de l'homme et des libertés fondamentales.

Vie privée et gestion des droits de propriété intellectuelle

Là encore, les instances communautaires ont un discours clair et tranché. Le groupe de travail dit «de l'article 29[2]» a adopté en janvier 2005 une recommandation dans laquelle il reconnaît «la nécessité de mettre en œuvre des mesures pour protéger les intérêts légitimes des détenteurs de droits de propriété intellectuelle contre la fraude présumée». Toutefois il précise, aussi, que cet objectif légitime de mise en place des sécurités techniques ne doit pas porter préjudice au principe de la protection des données[3]. Il recommande donc la prise en compte du principe de nécessité et d'anonymat: «Le marquage d'un document ne devrait pas être associé à une personne, sauf si ce lien est nécessaire pour la prestation du service ou si la personne en a été informée et a donné son consentement en ce sens[4]».

Ce rapport se termine par un appel «à un développement d'outils techniques offrant des propriétés respectant la vie privée et plus généralement à une utilisation transparente et limitée des identifiants uniques, laissant une possibilité de choix à l'utilisateur».

N'est-ce pas une incitation à développer la recherche sur les mesures techniques de protection et d'information sur les droits dès lors que ces mesures ont pour objectifs de garantir la mise en œuvre des principes prévus par la loi[5]?

1. Considérant 11 de la directive 2002/58 CE du 12 juillet 2002, *JOCE*, L 201/37.
2. L'article 29 de la directive 95/46 a institué un groupe consultatif et indépendant de protection des personnes à l'égard du traitement des données à caractère personnel que l'on désigne «groupe de travail article 29». Se composant de représentants de chacune des autorités de contrôle national, sa mission est de donner des avis et d'émettre des recommandations sur toute question portant sur la mise en œuvre des dispositions nationales prises en application de la directive.
3. La directive 2004/48/CE du 29 avril 2004 relative au respect des droits de propriété intellectuelle dit explicitement (art. 2-3 a) que ses dispositions ne doivent pas affecter les dispositions communautaires régissant la protection de la vie privée au regard du traitement de l'information.
4. Page 6 de la recommandation de janvier 2005.
5. Considérant 13 de la directive 2001/29 précitée.

Bibliographie

Blanchette J.F. (2005), «Modernité et intelligibilité du droit de la preuve français», *Communication Commerce électronique,* n° 3, mars, p. 21-26.

Catala P. et Gautier P.Y., (1998), «L'audace technologique à la Cour de cassation: vers la libération de la preuve contractuelle», *JCP,* Aperçu rapide, p. 905.

Duranti L. et al (2005)., *The Long Term Preservation of Authentic Electronic Records: Findings of the Interpares Project,* Archilab, San Miniato (Italy), p. 364

Dusollier S. (2005), *Droit d'auteur et protection des œuvres dans l'univers numérique,* Larcier, Bruxelles, p. 582

Gomis G. (2003), «Réflexions sur l'impact des mesures techniques de protection des œuvres», *Lamy Droit de l'informatique et des réseaux,* n° 162, octobre, p. 1-10.

Lamberterie I. de et Blanchette J.F (2001), «Le décret du 30 mars 2001 relatif à la signature électronique: lecture critique, technique et juridique», *JCP Entreprises et Affaires,* n° 30, 26 juillet, p. 1269.

Latreille A. et Maillard T. (2005), *Jurisclasseur de Propriété intellectuelle,* Fascicule 1660.

Maillard T. (2004), «La réception des mesures techniques de protection des œuvres en droit français», *Légipresse,* n° 208, janvier/février, p. 8-15.

Reidenberg J.R. (2002), "Yahoo and Democracy on the Internet", *Jurimetrics* J. Vol. 42, p. 261 et s.

Sédalian V. (2003), «Légiférer sur la sécurité informatique: la quadrature du cercle?», *Lamy droit de l'Informatique et des réseaux,* n° 164 (première partie), décembre, p. 1-6; *Lamy droit de l'Informatique et des réseaux,* n° 15 (deuxième partie), janvier 2004, p. 1-11.

Vivant M. et al. (2005), *Lamy Droit de l'informatique et des réseaux,* Lamy, éd., p. 1900.

Systèmes temps réel

Coordination : Yvon Trinquet

Introduction

Yvon Trinquet

Cadre des systèmes temps réel

À l'origine, le domaine spécifique de l'informatique temps réel est apparu au travers de la réalisation d'applications d'automatique à l'aide de systèmes dits numériques. La problématique propre à cette discipline a donc naturellement été, dès son apparition, particulièrement liée aux notions de dynamique des systèmes contrôlés ainsi que de qualité du système de contrôle. Ainsi, une spécificité intrinsèque première qui recouvre les notions précédentes est la prise en compte du temps (physique, réel). Depuis l'apparition de ces premiers systèmes numériques de contrôle-commande, le champ de l'informatique temps réel s'est accru et touche actuellement pratiquement tous les secteurs de la production de matières, de produits ou de services.

Concevoir et mettre en œuvre des systèmes temps réel est un challenge important pour les industriels. En effet, si cette technologie apporte flexibilité, souplesse et facilite l'évolutivité des systèmes, et, par là même, présente un indéniable intérêt économique, elle nécessite des efforts considérables pour garantir un fonctionnement correct des systèmes l'intégrant. En fait, sur le plan de la recherche académique, la problématique du temps réel se heurte à des verrous scientifiques importants, dont certains avaient déjà été identifiés dans Elloy (1988). Les domaines d'application qui s'ouvrent à l'informatique temps réel peuvent être sommairement classés comme suit :

- tout d'abord, les systèmes embarqués dans des équipements de haute technologie, et dont la sécurité est un souci majeur. Le prix de l'informatique y est considéré comme de peu d'importance, relativement aux coûts qui seraient engendrés par la défaillance du procédé piloté. La garantie de bon fonctionnement est un critère primordial de conception et de développement de ces systèmes. Ils font généralement l'objet d'une réglementation reposant sur des normes nationales ou internationales et sont donc soumis à des procédures de certification. Les secteurs aéronautique, ferroviaire, nucléaire sont des exemples significatifs de tels domaines ;
- une deuxième classe concerne les systèmes embarqués produits en très grande quantité, et à intégrer dans des équipements mis à disposition du grand public. Ils doivent être à la fois de coût modéré, offrir des garanties de fonctionnement sûr sous des hypothèses fixées, présenter des propriétés essentielles de modularité, évolutivité, maintenabilité, etc. Exemples : automobile, équipements ménagers, équipements audiovisuels, capteurs et actionneurs intelligents, signalisation et gestion technique, etc. ;
- les deux classes identifiées ci-dessus relèvent d'applications pour lesquelles l'environnement, source de stimuli de ces systèmes, peut être modélisé de manière déterministe ; il s'agit d'identifier tous les états possibles d'un environnement, donc toutes les occurrences possibles de stimuli et donc de concevoir un système capable de réagir correctement à toutes ces situations identifiées ; face à cette contrainte, la troisième classe d'applications regroupe les systèmes pour lesquels il est irréaliste voire impossible de faire un modèle déterministe, en particulier, de l'environnement. D'une part, ceci englobe les systèmes de contrôle de lignes de production en continu (production d'énergie, par exemple), de production en lots (par exemple, dans l'industrie chimique) qui impliquent des reconfigurations dynamiques en fonction de la charge due à l'environnement, aux perturbations, aux actions des opérateurs ainsi qu'aux changements de mode de fonctionnement du procédé ; dans ce cas, les points de reconfiguration sont généralement identifiés *a priori*. D'autre part, on inclut également dans cette classe les systèmes de transport d'informations pour lesquels les stimuli ne sont *a priori* pas connus mais nécessitent cependant d'être traités avec une certaine garantie sur la date de la réaction attendue, comme c'est le cas, par exemple, pour les applications de télésurveillance interactive ou multimédia

via Internet; on parle, dans ce cas, de «systèmes ouverts» et d'autoconfiguration en ligne. Cette classe d'applications temps réel conditionne la conception, la validation et la mise en œuvre de l'application à l'aide d'autres techniques que celles utilisées dans les deux classes précédemment citées.

Il apparaît clairement que les champs d'application de ces différentes classes sont particulièrement vastes, et qu'il s'agit donc d'un marché économique en pleine expansion.

Définition et particularités d'un système temps réel

Donner une définition simple et synthétique d'un système temps réel n'est pas aisé car il met en œuvre des moyens informatiques ou informatisés coopérant avec l'homme et destinés à la perception, l'observation, l'aide à la décision et la conduite de procédés dynamiques. Néanmoins, on peut tenter une définition partielle en mettant l'accent sur ce qui le distingue principalement des autres types de système informatique : la prise en compte du temps. Voici, à titre d'exemple, quelques exemples de définitions issues de la littérature:

- dans Elloy (1988), le rapport d'un groupe de travail du CNRS sur le temps réel propose: «est qualifié de temps réel le comportement d'un système informatique lorsqu'il est assujetti à l'évolution dynamique d'un procédé qui lui est connecté, et qu'il doit piloter ou suivre en «réagissant» à tous ses changements d'état»;
- dans Halang (1992) citant la norme allemande DIN 44300: "*The operating mode of a computer system in which the programs for the processing of data arriving from the outside are permanently ready, so that their results will be available within predetermined periods of time*";
- dans l'*Oxford Dictionary of Computing* cité dans Burns et Wellings (1997): "*Any system in which the time at which output is produced is significant.*"

Ces définitions permettent de mettre en évidence les spécificités de l'informatique temps réel.

Le vocable «réactif» (Pnueli et Harel, 1985), est souvent utilisé en synonyme de «temps réel»; il a l'intérêt de souligner deux concepts à la base de ces systèmes.

Tout d'abord, il se réfère aux interactions entre le procédé et le système informatique réactif:

- des mesures produites en continu par le procédé et prélevées par le système de contrôle;
- des «événements» que le procédé signale au système de contrôle;
- enfin, et en retour, des commandes qui sont des signaux qui portent les ordres fournis au procédé par le système de contrôle.

Un deuxième concept se réfère au «temps». Fondamentalement, un système temps réel doit être à l'écoute permanente des variations du procédé, et agir en retour «assez vite» pour le contraindre à adopter le comportement souhaité. Ce concept s'applique aux procédés qui possèdent des dynamiques internes. Or, par principe, le fonctionnement d'un système informatique ne permet qu'une observation échantillonnée de son environnement et par ailleurs, émettre une nouvelle commande est une opération du système informatique qui ne peut être instantanée (temps de traitement et de transmission de l'information). Pour un système de contrôle, réagir «dans les temps» implique donc une observation et une action suffisamment rapides pour que le procédé n'ait pas le temps d'évoluer de façon significative entre une variation d'état et l'action qui en résulte. Le temps réel reflète donc une capacité de réaction à l'échelle de temps du procédé. Si le procédé contrôlé est une ligne de production, un ordre de grandeur d'une seconde entre une observation du procédé et l'ordre calculé par le système informatique et fourni au procédé pourra être convenable. S'il s'agit d'un système de contrôle du moteur dans une automobile, pour, par exemple, une commande d'injection, l'ordre de grandeur se rapproche plutôt de la milliseconde.

De nombreux auteurs ont apporté leur contribution dans l'énoncé et l'étude des caractéristiques des systèmes réactifs temps réel, par exemple: Elloy (1988), Stankovick (1988), Halang (1992), Shin et Ramanathan (1994), Burns et Wellings (1997), Laplante (1997). De manière succincte on peut mentionner les points importants suivants.

Tout d'abord, la solution logicielle étant souvent conçue comme un ensemble d'activités parallèles coopérantes (cas de l'approche asynchrone détaillée au chapitre suivant), les problèmes temporels viennent alors s'ajouter aux problèmes de parallélisme: synchronisation, communication, accès aux ressources partagées en exclusion mutuelle, vérification des propriétés de sûreté, de vivacité.

Un autre point important est le couplage fort avec le procédé contrôlé, par les mesures et les commandes. Ceci place le système informatique dans la boucle de contrôle et la qualité du contrôle est alors sensible aux délais dans la boucle de retour (Blum et Juanole, 1999) (Jumel, Navet et Simonot-Lion, 2004). Ceci impose, entre autres, le respect de bornes supérieures pour les temps de réaction aux sollicitations de l'environnement, qui se traduisent par des échéances temporelles sur les activités au sein du système informatique (exécution des algorithmes, transmission des messages). Si une échéance n'est pas respectée, le procédé contrôlé peut défaillir. Cette défaillance peut relever de niveaux de gravité différents; par exemple, cela peut rendre illisible une séquence d'images vidéo ou avoir des conséquences plus graves si la réaction à une sollicitation de freinage ne respecte pas son échéance.

Il faut donc prendre en compte le fait qu'une défaillance du système peut avoir des conséquences importantes qui peuvent s'exprimer en termes économiques, voire en termes de dangers pour les humains; le cadre d'étude est alors celui de la sûreté de fonctionnement (Arlat, 1996), (Laprie, 1995), (Avizienis, 2004). Le lecteur intéressé par plus de précisions sur ce sujet est invité à se reporter au chapitre «Tolérance aux fautes» de la section 1.2, « Architectures et systèmes distribués». Un système sûr de fonctionnement est un système dont le comportement est déterminé par des algorithmes conçus pour faire face à des événements hostiles. On doit donc considérer les occurrences de fautes et les défaillances résultantes (du matériel, du logiciel, d'une partie du procédé) comme des situations à prendre en compte lors de la conception. De plus les fautes peuvent être très variées et d'origines diverses: si le matériel vieillit, ce qui peut engendrer des fautes, le logiciel, lui, ne vieillit pas mais porte en lui d'éventuelles fautes susceptibles de se produire; dans la problématique des systèmes temps réel, une étude de sûreté de fonctionnement doit prendre en compte les causes de défaillances dues, par exemple, à des dépassements d'échéances (on parle alors de fautes temporelles).

Il s'ensuit que toute vérification sur un système temps réel, qu'elle soit sur les aspects fonctionnels, sur les aspects temporels ou sur ceux liés à la sûreté de fonctionnement, doit conclure à la prédictibilité du système. Un système est dit prédictible (Stankovic et Ramamritham, 1990) s'il est possible de prouver que les exigences fonctionnelles, temporelles et de sûreté de fonctionnement sont garanties vis-à-vis des hypothèses utilisées pour la conception du système, par exemple les hypothèses de défaillance ou de surcharge.

Cette recherche d'un comportement prédictible (Halang et Stoyenko, 1991) a des conséquences importantes aussi bien pour le support d'exécution (matériel et logiciel) que pour l'application, par les règles de conception qui seront utilisées. Assurer la prédictibilité des services gérant le matériel informatique support (les systèmes d'exploitation ou les protocoles d'accès aux réseaux de communication) n'est pas suffisant, c'est la prédictibilité de l'application, s'exécutant sous le contrôle de ces services sur une plate-forme informatique matérielle donnée, qui importe. Cet objectif n'est pas toujours pris en compte dans les réalisations, notamment conçues avec les systèmes d'exploitation commerciaux qui peuvent mettre l'accent sur la vitesse plutôt que sur la prédictibilité, perpétuant ainsi l'idée fausse selon laquelle l'informatique temps réel se ramène à du calcul rapide.

En s'appuyant sur les quelques idées développées dans cette introduction, les chapitres de cette section vont détailler certains aspects liés à la conception des systèmes temps réel. Tout d'abord le chapitre 1, en s'appuyant sur des exemples variés, va mettre en évidence les notions d'architectures du système et aborder les problèmes de l'implémentation. Puis les chapitres 2 et 3, qui se placent dans le cadre de la démarche asynchrone, vont présenter: pour le premier la structure et les services d'un noyau d'exécutif temps réel, et pour le second les principales techniques d'ordonnancement d'une configuration. Le chapitre 4, quant à lui, présentera les résultats essentiels concernant les techniques de vérification adaptées aux systèmes temps réel. Enfin, le dernier chapitre présentera l'approche synchrone pour le développement des systèmes temps réel, approche qui a été principalement développée par des laboratoires français.

Cette section, compte tenu de sa taille limitée ne peut prétendre offrir une vue complète des problèmes scientifiques et techniques liés aux systèmes temps réel. Dans tous les chapitres qui suivent de nombreux développements pourraient être faits, aussi bien sur les aspects très techniques comme les exécutifs temps réels, que sur des aspects plus théoriques comme la vérification, l'ordonnancement ou la programmation synchrone. Des sujets n'ont également été qu'effleurés comme celui des réseaux locaux temps réel et la problématique très actuelle des *Network Controlled Systems*, c'est-à-dire les systèmes répartis de contrôle/commande via un réseau.

Bibliographie

Arlat J. (1996), «Informatique sûre de fonctionnement: défis et solutions», *RAIRO-APII-JESA*, volume 30, n° 10, p. 1433-1465.

Avizienis A., Laprie J.C., Randell B., Landwehr C. (2004), "Basic Concepts and Taxonomy of Dependable and Secure Computing", *IEEE Trans. on Dependable and Secure Computing*, volume 1, number 1, janvier-mars.

Blum I., Juanole G. (1999), «Modélisation et évaluation du protocole MAC du réseau CAN et étude de l'influence de sa qualité de service sur les performances d'une boucle d'asservissement», *Real-Time Systems RTS'99*, Teknéa, février, p. 22-32.

Burns A., Wellings A. (1997), *Real-Time Systems and Programming Language*, Addison-Wesley.

Elloy J.P. (1988), «Le temps réel, Rapport établi par le Groupe de réflexion du CNRS-SPI», *TSI*, volume 7, n° 5, Hermès.

Halang W.A. (1992), "Real-Time Systems: Another Perspective", *The Journal of Systems and Software*, volume 18, n° 1.

Halang W.A., Stoyenko A.D. (1991), *Constructing Predictable Real-Time Systems*, Kluwer Academic Publishers.

Jumel F., Navet N., Simonot-Lion F. (2004), «Influence des performances d'une architecture informatique sur la fiabilité des systèmes échantillonnés», *Real-Time Systems*, RTS'2003, Teknéa, Mars.

Laplante A. (1997), *Real-Time Systems Design and Analysis*, IEEE Press.

Laprie J.C., Arlat J., Blanquart J.P., Costes A., Crouzet Y., Deswarte Y., Fabre J.C., Guillermain H., Kaâniche M., Kanoun K., Mazet C., Powell D., Rabéjac C., Thévenod P. (1995), *Guide de la sûreté de fonctionnement*, Cépaduès.

Pnueli A.,Harel D. (1985), *On the Development of Reactive Systems, NATO ASI*, Springer Verlag, volume F13, p. 477-498.

Shin K.G., Ramanathan P. (1994), "Real-time computing: a new discipline of computer science and engineering", *Proc. of the IEEE*, volume 82, number 1, January, p. 6-23.

Stankovic J. (1988), "Misconceptions About Real-Time Computing", *IEEE Computer*, volume 21, number 10, octo-ber, p. 10-19.

Stankovic J., Ramamritham K. (1990), "Editorial: What is Predictability for Real-Time Systems", *Journal of Real-Time Systems*, volume 2, p. 247-254.

Exemples de systèmes temps réel et choix d'implémentation

Françoise Simonot-Lion, Yvon Trinquet

Mots-clés : systèmes temps réel, implémentation d'une application, approche asynchrone, exécutif temps réel, approche synchrone.

Résumé : ce chapitre présente les concepts de base liés aux systèmes temps réel. Après avoir illustré la problématique correspondante au travers d'exemples variés, il introduit les concepts techniques développés dans les chapitres suivants en se focalisant sur l'importance du choix d'implémentation des systèmes.

1 Exemples d'application temps réel

Comme cela a été montré dans l'introduction, le terme «temps réel» peut être utilisé pour plusieurs catégories d'applications[1]. Nous présentons ci-dessous trois exemples illustratifs de ces catégories, avec pour objectif d'identifier à chaque fois des problèmes spécifiques.

1.1 Application de contrôle de production

Soit, à titre d'exemple, une application de fabrication d'un produit illustrée par la figure 1. On ne donne que peu de détails sur le cahier des charges, l'exemple étant de compréhension assez intuitive. Le procédé sert à fabriquer un produit liquide, selon une recette, par:

- le mélange, selon une proportion définie par la recette, de deux produits liquides (bacs A et B, et C pour le mélange). La disponibilité des produits de base est supposée être assurée par une régulation à seuils pour chaque bac (capteurs à seuil Nmax et Nmin), à l'aide des vannes d'alimentation tout-ou-rien. La proportion est calculée à l'aide du capteur de niveau du bac C;
- la dissolution de «pains» convoyés par un tapis roulant, en nombre défini par la recette. Un détecteur permet de connaître l'arrivée d'un pain soluble dans le bac, le tapis roulant étant à commande tout-ou-rien;
- le brassage du mélange (hélice à commande tout-ou-rien) durant un temps défini par la recette, pour en assurer l'homogénéité.

L'ensemble des paramètres de la recette de fabrication sont variables (données utilisateur pour chaque lot de fabrication). Les pains solubles sont fabriqués par une autre unité en amont et le produit résultant est conditionné par une autre unité en aval, ces deux unités n'étant pas évoquées dans cet exemple.

Diverses méthodes ont été proposées pour faire l'analyse d'un cahier des charges et en déduire par exemple l'architecture logicielle (ensemble d'entités logicielles coopérantes) s'exécutant sur une architecture matérielle donnée – ensemblede processeur(s) et réseau(x). Il existe également des techniques permettant la conception conjointe (*co-design*) du matériel et du logiciel par partitionnement des fonctionnalités à

1. Les appellations «application temps réel» et «système temps réel» sont souvent utilisées comme synonymes dans ce texte. Elles désignent alors l'intégralité du système informatique réalisé. Lorsqu'on souhaite les différencier, on peut considérer que «l'application» représente le logiciel créé par l'utilisateur pour le besoin applicatif spécifique, alors que le «système» représente les logiciels du support d'exécution (exécutif temps réel, pile de communication, etc.).

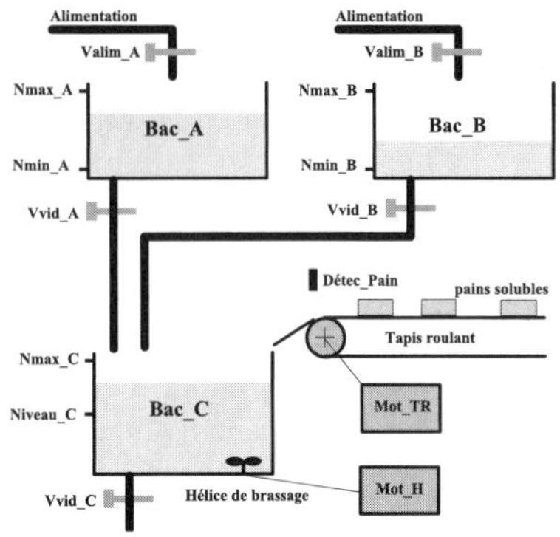

Figure 1 Synoptique du procédé de fabrication

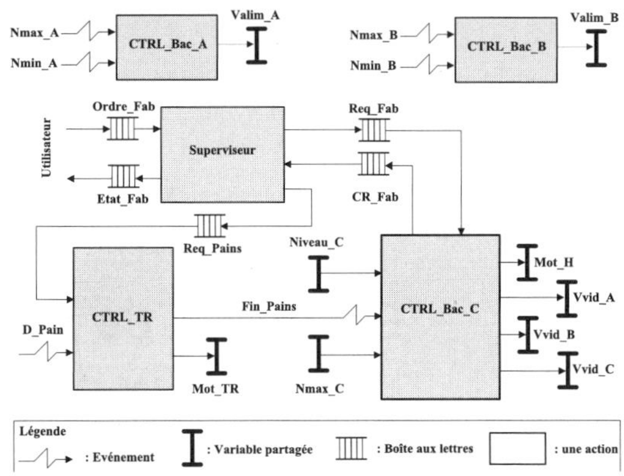

Figure 2 Un exemple d'architecture fonctionnelle solution au problème

assurer (Calvez, 1990), (Comete, 1998). Nous ne nous intéressons ici qu'au cas de la conception du logiciel pour une architecture matérielle donnée, ceci sans faire référence à une méthode particulière de conception.

Architecture fonctionnelle de l'application

L'analyse du cahier des charges de cette simple application, conduit à la mise en évidence des fonctionnalités à assurer par le système de contrôle. Ces fonctionnalités peuvent être réalisées au travers d'un ensemble de fonctions logicielles, dont l'exécution dépend de certaines conditions événementielles qui traduisent les coopérations entre les fonctions. La spécification du comportement est naturelle et lisible si on l'exprime sous formes d'actions parallèles, mais ce parallélisme d'expression repose sur l'hypothèse implicite que chaque traitement est réalisé sur un processeur dédié, ce qui ne sera pas forcément vrai à l'exécution. La figure 2 propose un exemple de solution (d'autres sont possibles), dans lequel on peut recenser les actions suivantes :

- deux actions, «CTR_Bac_A» et «CTR_Bac_B», pour maintenir le niveau entre deux seuils pour les bacs A et B;
- une action «Supervision» pour la gestion de la fabrication. Cette action coopère avec l'utilisateur et avec les actions de contrôle du bac C et du tapis roulant;
- une action «CTR_Bac_C» pour le contrôle du mélange des deux produits et le brassage;
- une action «CTR_TR» pour le contrôle du tapis roulant et la détection des pains chutant dans le bac C.

La figure 2 illustre l'architecture fonctionnelle résultante sous la forme d'un schéma à flots d'événements. Cette architecture est, comme son nom l'indique, une organisation d'éléments. Elle ne peut à elle seule décrire la solution; notamment chacune des actions doit être décrite, quant à son comportement, par un algorithme. On trouve sur la figure 2:

- des variables d'entrées/sorties (variables partagées) représentant des éléments physiques du procédé accessibles via les capteurs/actionneurs (niveau mesuré, commande de vanne, commande de moteur…);
- des liens de coopération entre les actions ou entre les actions et l'environnement qui sont matérialisés par le concept d'«événement». Par exemple, la signalisation du franchissement d'un seuil sur un capteur de niveau à seuil est en relation avec l'action de contrôle du bac correspondant;
- des liens de coopération entre les actions ou entre les actions et l'environnement qui sont matérialisés par le concept de messagerie asynchrone (boîte aux lettres). Par exemple, la transmission au tapis roulant par l'action superviseur d'une requête d'envoi de *n* pains dans le bac C.

Architectures matérielle et opérationnelle de l'application

L'application représentée par la structure fonctionnelle de la figure 2 est supposée être exécutée via un support d'exécution. Ce dernier doit fournir les moyens d'exécuter les algorithmes des actions, mais fournir également les services implémentant les diverses techniques de coopération entre les entités. Traditionnellement on découpe le support d'exécution en deux parties: celle qui concerne le support matériel d'exécution (processeur(s), réseau(x)), et celle qui concerne les services de base nécessaires à l'exécution des logiciels d'application (par exemple l'exécutif temps réel dans le cas de l'approche asynchrone). En ce qui concerne l'architecture matérielle proprement dite, plusieurs configurations sont envisageables, même dans le cas de cet exemple simple. Le choix de la configuration et la sélection des équipements sont naturellement intimement liés, et outre les critères de coût ou de fiabilité, ils dépendent essentiellement des trois facteurs suivants. Tout d'abord les contraintes « topologiques ». Ces contraintes apparaissent lorsque le procédé est une installation éclatée géographiquement, ou quand le procédé est doté d'une instrumentation intelligente qui en déporte certains traitements. Un autre facteur concerne les contraintes de «sûreté de fonctionnement». C'est l'impératif de maintien du service du système de contrôle (nominal ou dégradé) en cas d'anomalie partielle des équipements. Satisfaire cet impératif se traite par la redondance. Cette redondance peut concerner l'instrumentation mais elle concerne également le système informatique car sa défaillance engendre la perte totale du contrôle du procédé. Ainsi une architecture avec plusieurs calculateurs peut devenir nécessaire pour maintenir la continuité du service fourni en cas de défaillance d'un ou plusieurs calculateurs. Enfin le dernier facteur concerne les contraintes «temporelles». Comme les actions sont sollicitées par des événements (au sens large du terme) aux occurrences asynchrones, il se peut qu'à certains moments plusieurs actions entrent en concurrence pour leur exécution. Si le nombre ou la puissance des processeurs du système de pilotage sont sous dimensionnés, il se peut qu'ils ne puissent satisfaire les contraintes temporelles de toutes les actions en concurrence, c'est-à-dire répondre à toutes «à temps». À titre d'illustration, pour notre exemple, des contraintes de temps de réaction maximal peuvent exister pour la fermeture des vannes (débordement d'un bac, précision pour le niveau admis dans le bac C,...), ou encore l'arrêt du tapis roulant. Pour éviter une situation dans laquelle une contrainte temporelle ne serait pas respectée, il faudra peut-être modifier l'architecture matérielle en conséquence: accroissement de la puissance des unités de traitement, utilisation de processeurs spécialisés, répartition des actions sur les processeurs, ou encore jouer sur les paramètres d'implémentation des actions, selon la technique utilisée (voir approches synchrone et asynchrone ci-dessous et le paragraphe sur l'ordonnancement). Comme cela vient d'être évoqué, pour satisfaire une ou plusieurs de ces contraintes, on peut être amené à adopter un système informatique de pilotage composé de plusieurs stations de traitement interconnectées en réseau. Le réseau devient alors la colonne vertébrale des communications intersystèmes et ses performances et capacités jouent, à leur tour, un rôle essentiel dans le respect des contraintes de sûreté et de temps. Cependant l'introduction des réseaux amène son lot de difficultés nouvelles qui n'existaient pas dans le cas monoprocesseur. En effet, lorsque les actions à entreprendre sur le procédé sont calculées en parallèle sur des calculateurs distincts, leurs observations de l'état du procédé peuvent différer de l'une à l'autre en raison de l'asynchronisme du fonctionnement des processeurs et des délais de communication. Dans ce cas, les actions appliquées au système séparément par ces stations peuvent ne pas être cohérentes entre elles. C'est pourquoi l'introduction d'un réseau dans l'architecture matérielle du système de commande est une donnée qui en conditionne également la réalisation logicielle. Ces deux aspects ne sont plus à dissocier et leur développement conjoint est nécessaire à la réalisation de l'application. L'aboutissement de ce développement conduit alors à la définition d'un matériel, d'une décomposition fonctionnelle et d'une répartition des actions implémentant les fonctionnalités sur le matériel, le tout garantissant les contraintes temporelles de l'application: ce résultat est appelé « architecture opérationnelle» de l'application. Il est bien évident qu'une telle architecture doit être validée par rapport aux contraintes mentionnées ci-avant, à la fois sur les aspects fonctionnels et non fonctionnels (temporels, sûreté de fonctionnement, etc.).

1.2 Application embarquée dans l'automobile

La part de l'électronique embarquée dans les véhicules automobiles s'accroît constamment. Le terme « électronique embarquée» recouvre, en fait, la mise en œuvre de techniques numériques pour réaliser des applications de contrôle. Certains de ces systèmes sont déjà opérationnels (système contrôlant l'injection au niveau du moteur, commande électronique des essuie-glaces, gestion des équipements multimédia intégrés dans l'habitacle, etc.). Actuellement, à l'instar de ce qui se passe dans l'avionique, émerge la notion de «tout électronique» (désigné plus souvent selon le terme anglais «*X-by-Wire*») qui désigne le remplacement des systèmes de contrôle mécaniques et/ou hydrauliques par des systèmes uniquement numériques. Des études déjà avancées chez de nombreux constructeurs automobiles sont consacrées, notamment, au contrôle de direction ou *steer-by-wire* (Wilwert et al., 2004) dont un exemple simplifié est présenté ci-dessous. Il s'agit d'un système qui est, pour des raisons topologiques, entièrement distribué; de plus, les lois de contrôle, par exemple celle qui commande la crémaillère d'entraînement de l'axe de direction, imposent des propriétés temporelles fortes au système. Enfin, le bon fonctionnement de ce système est crucial pour la sécurité du véhicule. Dans l'exemple qui suit, les noms utilisés dans la description sont volontairement tirés de l'application réelle.

Architecture fonctionnelle d'un système *steer-by-wire*

Fonctionnellement, ce système doit fournir, à tout instant, deux services. Le premier, FA (FA, *front axle actua-*

tor), a pour objectif de braquer les roues selon la requête du conducteur, captée au niveau du volant (angle de rotation par rapport à une position de référence et couple); cette requête constitue la consigne fournie à une loi de commande dont l'objectif est de commander la crémaillère d'entraînement de l'axe de direction, en fonction de valeurs représentatives de l'état du véhicule, comme sa vitesse, son adhérence et de l'état de l'environnement (état de la route, force du vent...).

La deuxième fonction, HW (*hand wheel*), fournit un retour d'effort au volant à partir du couple appliqué par le conducteur sur le volant et qui soit cohérent, notamment, avec l'état courant de la crémaillère.

Architecture matérielle et opérationnelle d'un système *steer-by-wire*

Une architecture informatique supportant les deux services listés ci-dessus est représentée à la figure 3.

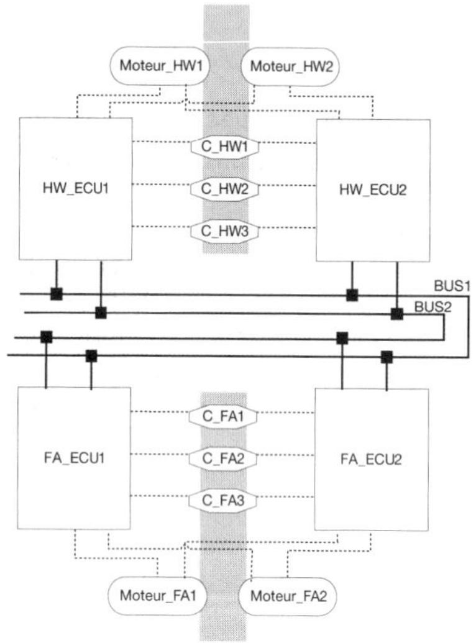

Figure 3 Architecture informatique support d'un système *steer-by-wire*

Cette architecture physique très redondante inclut:

- les capteurs, C_HW1, C_HW2, C_HW3 (respectivement C_FA1, C_FA2, C_FA3), qui lisent de façon identique les consignes du conducteur (respectivement, la position de la crémaillère);
- les actionneurs, Moteur_ FA1, Moteur_ FA2 (respectivement, Moteur_ HW1, Moteur_ HW2) qui appliquent la même force d'entraînement (respectivement, le même retour de force) sur la crémaillère (respectivement, sur le volant);
- les calculateurs ou *Electronic Control Unit* (ECU), HW_ECU1 et HW_ECU2 (respectivement, FAA_ECU1 et FAA_ECU2) géographiquement implantés près du volant (respectivement, près de la crémaillère);
- le bus redondé, dont les canaux sont désignés par BUS1 et BUS2 et sont gérés par un protocole à accès guidé par le temps (TDMA, *Time Division Multiple Access*). Dans ce type de protocole, l'intégralité de la bande passante est allouée à chaque station au cours d'un intervalle de temps prédéterminé (time slot) et un cycle TDMA correspond à la séquence prédéfinie des *time slots*; ce cycle est indéfiniment répété.

Les capteurs C_HW1, C_HW2, C_HW3 (respectivement C_FA1, C_FA2, C_FA3) et les actionneurs Moteur_HW1, Moteur_HW2 (respectivement, Moteur_FA1, Moteur_FA2) sont reliés en point à point aux ECU HW_ECU1 et HW_ECU2 (respectivement, FAA_ECU1 et FAA_ECU2). Chaque ECU est connecté sur les deux canaux BUS1 et BUS2. Dans la suite de l'exemple, nous n'étudions que l'implantation du service FA. Les requêtes (demandes de braquage) du conducteur sont mesurées par les trois capteurs répliqués C_HW1, C_HW2, C_HW3 et lues par les applications implantées dans les ECU redondants HW_ECU1 et HW_ECU2. Chaque application réalise un vote sur les trois valeurs lues et produit une donnée, ou signal, dite «sécurisée». Ce signal est transmis via les deux bus de communication BUS1 et BUS2. Les applications localisées sur les ECU redondants FAA_ECU1 et FAA_ECU2 consomment, à chacune de leur activation, un tel signal ainsi que la situation de vie[1] du véhicule et la dernière position de la crémaillère (fournie par les capteurs répliqués C_FA1, C_FA2, C_FA3) pour élaborer la consigne à donner aux actionneurs de la crémaillère.

Caractéristiques temporelles du service FA et propriétés temporelles

Les caractéristiques temporelles du service FA concernent la période de production des signaux par les applications émettrices. L'application localisée sur l'ECU HW_ECU1 (respectivement, sur l'ECU redondant, HW_ECU2) produit les signaux Angle_HW et Couple_HW tous les e_{HW}; ces signaux sont regroupés au sein d'une trame de nom HW_Tr_ECU1 (respectivement HW_Tr_ECU2). La loi de commande élaborant les consignes à l'actionneur de la crémaillère, doit être activée périodiquement selon une période définie par une étude amont d'automatique et égale à e_{com}. À chacune de ses activations l'algorithme implantant la loi de commande consomme la dernière requête du conducteur transmise. La longueur du cycle de com-

1. Situation de vie: ensemble des conditions instantanées appliquées au véhicule (vitesse, accélération, direction, adhérence de la route, etc.).

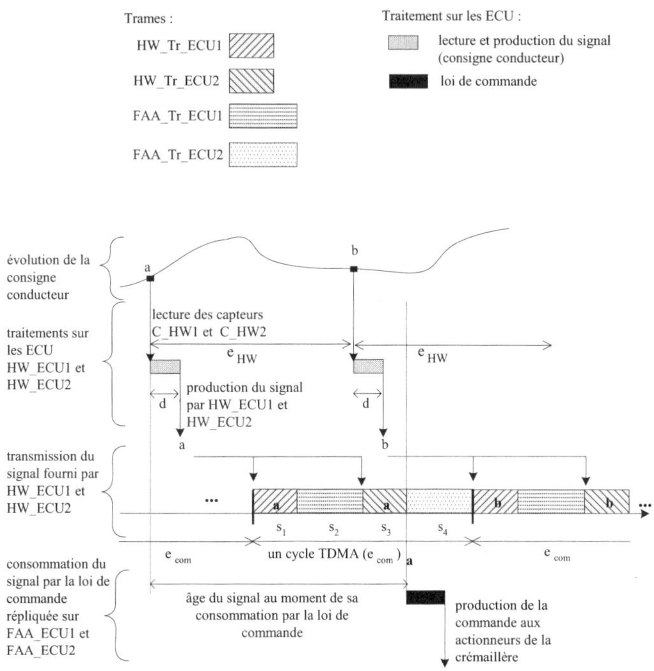

Figure 4 Diagramme temporel des différentes activités

munication est donc e_{com}. Notons de plus que le service HW nécessite également l'émission de la trame FAA_Tr_ECU1 par l'ECU FAA_ECU1, et de son réplica par l'ECU redondant FAA_ECU2. Nous considérerons, ici, qu'elles sont produites avec une période $e_{FAA} = e_{HW}$. Une configuration possible du cycle de communication est visualisée à la figure 4.

Propriété 1. La propriété de sûreté d'un véhicule est directement liée aux propriétés temporelles et de performances du système ; en effet, en raison du traitement et de la transmission par le réseau de la consigne conducteur, celle-ci est consommée par la loi de commande avec un certain retard par rapport à l'instant où cette consigne a effectivement été lue au volant. Des expériences sur banc de test et/ou des simulations permettent d'évaluer l'âge maximal, t_{max}, que cette consigne peut avoir lors de son traitement par la loi de commande sans que la sécurité des passagers et de l'environnement ne soit affectée. La propriété imposée au système est que, dans le pire des cas, l'âge de la donnée, c'est-à-dire le délai T entre la lecture de l'information au volant et sa consommation par l'ECU FAA_ECU1 (respectivement, l'ECU redondant FAA_ECU2) soit tel que $T < t_{max}$. Il s'agit donc de fixer certains paramètres afin de garantir toujours cette propriété ; par exemple, pour un e_{com}, il faut fixer la taille et la place des trames dans les *time slots* d'un cycle et, éventuellement jouer sur la durée du traitement sur les nœuds HW_ECU1 et HW_ECU2 (durée d sur la figure 4) ainsi que sur la période d'activation de ces traitements (e_{HW}, sur la figure 4).

Propriété 2. Les systèmes électroniques embarqués dans un véhicule sont très sensibles aux perturbations électromagnétiques provoquées, par exemple, par les puissants radars d'aéroport. Si on désire prouver des propriétés de sûreté du système dans un environnement potentiellement perturbé, on ne peut plus utiliser le principe de vérification de propriété vu ci-dessus puisque, en présence de perturbations, il existe un risque que des erreurs de transmission aient pour conséquence la perte de signaux. Par contre, les lois de commande ont une certaine robustesse intrinsèque et, par une série d'expériences sur banc test, ou en simulation, on peut déterminer n_{max}, le plus grand nombre de signaux perdus consécutivement, tel que la réaction du système n'affecte pas la sécurité du véhicule. L'environnement perturbant n'étant, par nature, pas déterministe, les propriétés à vérifier s'exprimeront de manière probabiliste. Il s'agit alors de prouver que la probabilité P de perdre plus de n_{max} signaux consécutifs est inférieure à un seuil fixé, pour l'instant, par des exigences internes aux entreprises du secteur (notons, que ce seuil est, comme pour l'avionique, de l'ordre de 10^{-9}).

En conclusion de cet exemple, on remarque que, d'emblée, les applications sont synchronisées sur des périodes liées à la production des signaux et à l'activation de la loi de commande ; l'accès au réseau de communication suit la même règle (protocole TDMA). Cette approche, entièrement guidée par le temps, offre des facilités pour vérifier de façon déterministe, en l'absence de perturbations, des propriétés sur la fraîcheur des données consommées et, donc d'assurer, sous ces mêmes hypothèses, la sûreté du système. C'est généralement l'approche préconisée pour tout système critique embarqué.

1.3 Qualité de service pour des réseaux supportant des applications multimédias temps réel

Ce dernier exemple d'applications qui nous permet d'illustrer le concept de « temps réel » se situe dans le contexte du contrôle des grands réseaux de communication à commutation de paquets (TCP/IP, ATM ou, plus généralement l'Internet). En effet, ces réseaux supportent de plus en plus des applications pour lesquelles des propriétés temporelles doivent être garanties. Parmi celles-ci, on peut noter les applications de téléopération, la vidéoconférence, la transmission vidéo à la demande. Les propriétés à respecter par ces applications peuvent s'exprimer différemment : ce peut être une garantie de délai minimal entre la production d'une information par une station source jusqu'à la délivrance de cette information à son ou ses consommateurs et/ou la régularité de réception d'une suite de paquets comme dans le cas de transmission de flux vidéo. Cependant, pour vérifier le respect de ces propriétés et les assurer en ligne, les outils usuels de la communauté du temps réel ne sont pas directement applicables dans ce nouveau contexte. Entre autres, il n'est pas possible de caractériser le trafic circulant par exemple dans l'Internet, sous la forme d'arrivées périodiques ou sporadiques d'activités ; on doit, alors, avoir recours à des modèles d'arrivées aléatoires (loi de Poisson, loi exponentielle, etc.) ou à des modèles de rafales. Dans ce contexte, la communauté de la qualité de service (QdS) propose ce qui est usuellement désigné sous le terme d'architecture de qualité de service afin de répondre aux besoins en termes de temps réel de ces nouveaux types d'applications et ceci, sans modifier l'infrastructure initiale. La problématique générale se situe au niveau de l'adaptation des ressources disponibles du réseau (bande passante, tampons de stockage dans les différents nœuds traversés), pour assurer une qualité de service permettant le respect des propriétés attachées aux différents flux circulant sur ce réseau.

Les deux architectures de qualité de service actuellement déployées sont IntServ et DiffServ (pour plus de précision, se reporter aux sections I/1, « Réseaux et télécommunications » et I/4, « Systèmes multimédias ». Dans chaque cas, il s'agit d'évaluer les ressources nécessaires et de mettre en place les mécanismes associés, lors d'une demande de connexion, à partir des caractéristiques annoncées du flux. IntServ, proposée en 1994 par l'IETF (IETF, 1994), repose sur le principe de la réservation de bande passante, par flux, sur le chemin de la source vers la destination. Cette approche, si elle assure une garantie de qualité de service devient vite inapplicable sur des réseaux à large échelle. Pour pallier cet écueil, l'IETF a apporté en 1998 l'architecture DiffServ (IETF, 1998), qui consiste en l'agrégation des flux individuels dans un nombre limité de classes de service. Une demande de connexion, sous Diff-Serv, ne s'accompagne pas de réservation pour le flux. Par contre, dans un domaine DiffServ, sont mis en place des mécanismes de contrôle d'admission, généralement localisés à l'entrée des nœuds frontières du réseau, afin de refuser ou accepter l'entrée d'un flux, dans la classe de service demandée. Une caractéristique importante d'un flux, vis-à-vis de la qualité de service temps réel, est fournie par la spécification de la borne, sous la forme d'une fonction multilinéaire concave, de la quantité de travail cumulative induite par le flux. Dans chaque routeur sur le chemin d'un flux, est alors assuré un ensemble de mécanismes temps réel, dont le rôle est d'acheminer tout flux, accepté par le contrôle d'admission, de sa source à sa destination. Ces mécanismes sont représentés sur la figure 5. Les paquets sont orientés vers une des files d'attente en fonction de leurs caractéristiques par un service de classification. Les mécanismes de mise en forme et mise en vigueur garantissent qu'un flux reste conforme à la spécification qu'il avait lors de son admission, à savoir qu'il est toujours compris dans son enveloppe ; ils sont complétés par des algorithmes de gestion des files d'attente afin d'éviter les phénomènes de congestion. Ces deux types de mécanismes reposent sur des stratégies de rejet de paquets. Enfin, le dernier mécanisme ordonnance les demandes stockées dans les files d'attente. L'ensemble de ces mécanismes assure une qualité de service donnée à chacun des flux admis dans le domaine, en particulier, cet ensemble garantit qu'un paquet qui arrive à sa destination respecte l'échéance imposée à son temps de réponse.

2 Implémentation d'une application temps réel

Dans un premier temps on va se limiter au cas d'une implémentation des actions d'une structure fonctionnelle, sur un support d'exécution monoprocesseur, équipé des interfaces d'entrées/sorties nécessaires à

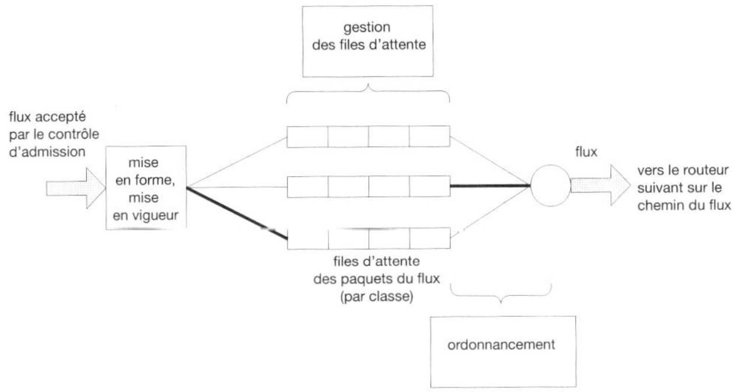

Figure 5 Mécanismes de gestion de la qualité de service

l'application. À première vue, il pourrait sembler que cette phase d'implémentation relève uniquement de techniques de développement, et que les décisions qui conditionnent le bon fonctionnement de l'application sont déjà prises. Or si cela est vrai sur le plan fonctionnel, rien n'est encore vraiment résolu sur le plan temporel. Le traitement des contraintes temporelles va être étroitement conditionné à ce moment par un choix majeur : celui de la réalisation du lien entre les actions et leurs événements activateurs. En effet, quels que soient les langages ou formalismes utilisés pour décrire l'application, quels que soient les outils adoptés pour l'implémentation, tous peuvent conduire, au niveau « machine », à deux techniques différentes de réalisation du mécanisme d'invocation des actions. Ces deux techniques relèvent de deux principes fondamentaux différents, l'approche « synchrone » et l'approche « asynchrone ».

2.1 La démarche synchrone

Cette démarche, qui a été à l'origine (principalement en France) de langages et environnements de développement pour les systèmes temps réel sera expliquée et détaillé dans le chapitre « Approche synchrone pour le développement des systèmes temps réel » de cette même section. Aussi seules quelques idées directrices sont données dans ce paragraphe. La démarche est fondée sur deux idées principales : l'hypothèse de réalisation des actions en temps nul et la possibilité de perception simultanée d'occurrences d'événements dans le système. De manière sous-jacente cela implique la non-préemption[1] des traitements, ce qui évite l'accès aux ressources critiques partagées en exclusion mutuelle. L'adoption de ces hypothèses n'est pas sans conséquence, notamment sur le plan temporel.

1. La préemption est l'action qui consiste à suspendre l'exécution d'une action au profit d'une autre jugée plus prioritaire (critère d'urgence par exemple).

En effet, la perception qu'a le système de l'occurrence de tout événement est différée du temps d'exécution (réel) de l'action en cours (au moment de l'occurrence). Ce retard à la prise en compte peut affecter n'importe quel événement, quelle qu'en soit la gravité pour l'application. Il faudra donc vérifier sur l'architecture opérationnelle si l'hypothèse d'instantanéité des actions est valide, c'est-à-dire n'engendre pas le dépassement de certaines échéances temporelles quand on passe en situation réelle, c'est-à-dire avec les véritables durées d'exécution des actions (une action ne peut jamais être de durée nulle).

De plus, comme le système de contrôle ne constate l'arrivée de nouveaux événements qu'à la terminaison de chaque action, il reçoit à cet instant tous les événements en attente sans connaître leur ordre d'arrivée. Si cet ordre est important pour l'application, c'est-à-dire conditionne l'action du système de pilotage, quelle action alors entreprendre ? La technique adoptée dans l'approche synchrone pour traiter cette circonstance consiste à considérer tous les événements observés au même instant comme étant survenus en même temps, c'est-à-dire comme simultanés. Cette simultanéité peut être alors perçue comme un nouvel événement pour lequel l'utilisateur peut définir une action spécifique à entreprendre en ce cas.

2.2 La démarche asynchrone et l'exécutif temps réel

La technique de mise en œuvre asynchrone consiste à observer en permanence les occurrences d'événement, y compris au cours de l'exécution des actions. Leurs dates d'arrivée et leurs ordres relatifs sont donc connus : la nature de l'action à entreprendre n'est pas ambiguë et son urgence peut être immédiatement prise en compte. Malheureusement, la préemption qui devient donc naturelle, outre son coût temporel, engendre de nouveaux problèmes.

À la différence de la démarche synchrone, il devient beaucoup plus difficile d'observer et donc de vérifier le bon comportement du système de contrôle. Il faut, comme en synchrone d'ailleurs, passer par une modélisation formelle du comportement de l'application pour pouvoir la vérifier, mais les modèles asynchrones qui permettent une telle preuve sont actuellement plus complexes qu'en démarche synchrone. Cela est en partie dû au fait que, macroscopiquement, des occurrences d'événement très voisines peuvent engendrer des réactions parfois bien différentes du même système; certes, à l'examen très fin du déroulement de l'évolution de chaque action, ces différences de réaction sont parfaitement justifiées, et prédictibles, mais, à l'échelle temporelle du procédé, on prête parfois aux réactions asynchrones le caractère «d'indéterminisme» pour cette raison.

À l'instant d'occurrence de tout nouvel événement, on peut décider à qui allouer le processeur entre: la nouvelle action activée par cet événement; celle qui était déjà en exécution à ce même moment; une autre action en attente du processeur. De ce choix peut dépendre le respect des contraintes temporelles et les modalités de ce choix sont donc primordiales. Elles constituent ce qu'on appelle une «politique d'ordonnancement». La mise en œuvre à l'exécution de la plupart de ces politiques s'appuie sur un mécanisme de base bien connu, la priorité. L'emploi de ce mécanisme en ligne est alors très simple: pour suivre la politique d'ordonnancement adoptée, il suffit de choisir comme action à exécuter celle de plus forte priorité parmi toutes celles en concurrence. Les techniques d'ordonnancement ainsi que l'analyse d'ordonnançabilité d'une configuration constituent un domaine de recherche en soi. Ces aspects sont présentés et détaillés dans le chapitre «Ordonnancement temps réel et ordonnançabilité d'une application» de cette même section.

Une fois la politique d'ordonnancement choisie, une fois son mécanisme de mise en œuvre défini, il s'agit de le réaliser. Pour cela il faut construire le dispositif qui centralisera la réception de tous les événements, qui suivra l'évolution de l'exécution des actions et qui, en conséquence, effectuera le choix à tout instant de l'action à exécuter. Ce centralisateur s'appelle «l'exécutif», et la composante de l'exécutif qui met en œuvre la politique d'ordonnancement s'appelle «l'ordonnanceur». La structure d'un exécutif ainsi que des exemples de services offerts pour la coopération entre actions seront détaillés dans le chapitre suivant.

2.3 Architectures matérielles réparties

Lorsqu'on étend l'étude de la mise en œuvre d'une application temps réel aux implémentations sur une architecture matérielle constituée d'un réseau de calculateurs, les mêmes réflexions peuvent être menées qu'en implémentation centralisée, et le même choix entre synchrone et asynchrone peut être étudié et décidé, station par station. Mais il s'y rajoute maintenant un impératif majeur, celui de la coordination des actions qui sont exécutées en parallèle sur les différents calculateurs, chacun fonctionnant à sa vitesse propre. Il devient maintenant nécessaire de garantir la cohérence temporelle des actions s'exécutant sur des calculateurs différents. En effet, les observations des dynamiques du procédé effectuées par des actions réparties dans le réseau ne sont pas obligatoirement identiques car elles sont collectées ou reçues à des instants qui peuvent légèrement différer. Or, un faible décalage peut renverser un ordre d'apparition d'événements; de même un délai de transmission dans l'actualisation d'une variable peut faire opérer deux actions à partir de deux valeurs différentes de cette variable. Éviter ce type d'incohérence implique fortement un nouvel acteur: le protocole de transmission des informations sur le réseau. Les caractéristiques de ce protocole conditionnent fortement la possibilité de pouvoir garantir le respect de propriétés du système temps réel. Ces caractéristiques sont de plusieurs ordres.

Tout d'abord la politique d'ordonnancement des messages. La détermination de cette politique est délicate à définir car s'entremêlent alors la priorité de l'action émettrice du message (sur son site), l'ordonnancement des messages dans les couches du protocole d'émission ainsi que dans celles du protocole de réception, la priorité de l'action réceptrice (sur le site de réception). Une autre caractéristique est la politique d'accès au médium. Comme le médium est lui-même une ressource partagée entre les stations, il faut donc lui appliquer une politique d'allocation, c'est-à-dire un ordonnancement spécifique. Avec certaines politiques, la transmission d'un message pourra être garantie bornée (le réseau est alors qualifié de déterministe) et cette borne pourra même être calibrée en fonction des caractéristiques et des contraintes temporelles des données échangées. De telles possibilités sont, par exemple, offertes par certains réseaux de terrain dont le médium est rendu accessible aux stations connectées sur la base d'un cadencement cyclique – voir par exemple (Kopetz et Grünsteidl, 1994). Des tranches temporelles (slot) sont ainsi allouées périodiquement à chaque station qui peut ainsi, soit transmettre les messages qu'elle a préalablement ordonnancés, soit transmettre des données désignées par le protocole lui-même. Cette technique, dite «dirigée par le temps» permet ainsi de garantir précisément le délai maximum d'échanges de données entre actions (hors défaillances non supportées bien sûr).

Enfin une dernière caractéristique est la qualification temporelle des données échangées. En accompagnant les données transmises d'indicateurs traduisant leur «fraîcheur» à la production comme à la consommation, on peut offrir aux actions réceptrices d'une donnée la possibilité d'adapter en conséquence le traitement à entreprendre sur cette donnée. Ces indicateurs sont mis à jour sur la base d'une datation globale (ou d'une synchronisation commune à toutes les stations) qui est offerte par le réseau. C'est l'ouverture vers la tolérance aux fautes temporelles, les origines des fautes pouvant être multiples: défaillances matérielles, surcharge sporadique et imprévue…

Le lecteur intéressé pourra se reporter à Thomesse (1999) pour des informations plus détaillées sur les réseaux utilisables pour les applications temps réel.

2.4 La démarche TT (*Time Triggered*)

Dans le cadre de l'approche asynchrone, la démarche qui vient d'être présentée au § 2.2. est aussi parfois dénommée «*Event Driven*» ou «*Event Triggered*» car le comportement du système de contrôle est déterminé par l'occurrence des événements (au sens large du terme). Ce qualificatif illustre bien le comportement du logiciel applicatif de contrôle et de l'exécutif. En effet, les appels à l'exécutif sont la conséquence, par exemple:

- des occurrences d'événements issus du procédé; concrètement, l'appel à l'exécutif est effectué par la procédure de réception et de traitement de l'interruption matérielle associée à ces événements;
- du temps; concrètement, l'appel à l'exécutif est provoqué par l'interruption régulièrement engendrée par une horloge temps réel équipant le calculateur;
- des tâches elles-mêmes; c'est le cas lorsqu'une tâche requiert des services offerts par l'exécutif (signalisation d'une occurrence d'événement, mise en attente d'une occurrence d'événement, transmission d'un message dans une boîte aux lettres, etc.).

Toujours dans le cadre de l'approche asynchrone (qui tient compte des temps d'exécution des traitements), on peut concevoir le système de contrôle avec un seul événement externe, celui provenant d'une horloge périodique. Tous les traitements deviennent alors des activités périodiques dont les instants d'activation peuvent être planifiés afin de respecter les contraintes temporelles. Il n'y a plus d'ordonnancement en ligne comme dans le cas précédent mais un ordonnancement précalculé (et donc vérifié) hors ligne. Les actions procèdent par scrutation pour connaître l'état des entrées du procédé; ainsi l'état d'un capteur dans les deux premiers exemples donnés précédemment, sera examiné régulièrement avant d'effectuer un éventuel traitement. Dans de tels systèmes la préemption n'a plus de sens puisque tous les traitements sont organisés hors ligne. De tels systèmes sont qualifiés de «*Time Driven*» ou «*Time Triggered*», l'exemple par excellence étant le système MARS (Kopetz et al., 1989). On notera qu'ils présentent une grande rigidité conceptuelle par rapport à l'approche *Event Driven*, mais que par contre ils sont très prédictibles, bien sûr sous le respect des hypothèses utilisées pour la conception. C'est la démarche suivie pour l'exemple de l'application automobile décrite au § 1.2.

3 Le besoin de vérification des systèmes temps réel

Quelle que soit l'approche suivie pour l'implémentation d'une application temps réel, son développement doit inclure une phase essentielle de vérification. Ainsi, développer des systèmes temps réel inclut de vérifier que les propriétés qui sont imposées, par leurs missions et par les caractéristiques des systèmes physiques avec lesquels ils interagissent, seront respectées durant la vie de ce système. Les propriétés particulières qui nous intéressent dans ce contexte sont celles qui s'expriment sous la forme de contraintes de temps et de performance. Deux voies sont exploitables pour garantir ces propriétés. La première consiste à les assurer par conception du système, par exemple, en construisant l'ordonnancement d'activités sous ces contraintes. La deuxième, nécessaire dès que le système devient complexe ou dès qu'il est conçu dans une démarche impliquant plusieurs acteurs, met en œuvre des techniques de vérification de ce système à toute étape de son développement; il s'agit, dans les phases de spécification et conception de ce système, d'en faire un modèle, c'est-à-dire une abstraction, sur lequel des techniques d'analyse peuvent être appliquées. Ces techniques relèvent de méthodes mathématiques, reposant sur des calculs exacts ou approchés, ou sur la simulation/exécution de modèles. Une dernière voie pour vérifier qu'un système temps réel respecte les propriétés qui lui sont imposées est le test de ce système, ou d'une de ses parties, une fois qu'il est réalisé. Les techniques de test s'appuient soit sur des modèles construits lors du développement du système, soit sur des scénarios issus de mesures réelles ou statistiques.

Les chapitres suivants de cette section vont permettre de détailler un ensemble de points présentés dans ce chapitre. Ainsi, les chapitres «Noyau d'exécutif temps réel» et «Ordonnancement temps réel et ordonnançabilité d'une application» se placent dans le cadre de la démarche asynchrone et vont présenter, pour le premier la structure et les services d'un noyau d'exécutif temps réel, et pour le second les principales techniques d'ordonnancement et d'analyse de l'ordonnançabilité d'une configuration d'actions (appelées tâches par la suite). Le chapitre «Vérification des applications temps réel», quant à lui, présentera les résultats essentiels concernant les techniques de vérification adaptées aux systèmes temps réel. Enfin, le dernier chapitre présentera l'approche synchrone pour le développement des systèmes temps réel.

Bibliographie

Calvez J.P. (1990), *Spécification et conception des systèmes, une méthodologie*, Masson.

Comete (1998), *Co-design: conception conjointe logiciel-matériel*, C.T.I, COMETE, ouvrage collectif, Collection Technique et Scientifique des Télécommunications, Eyrolles.

IEF (1994), RFC1633, "Integrated Services in the Internet Architecture: an overview", R. Braden, D. Clark, S. Schenker, *IETF*, Juillet.

IETF (1998), RFC2475, "An Architecture for Differentiated Service", S. Blake et al., *IETF*, Décembre.

Kopetz H., Damm A., Koza C., Mulazzani M., Senft C., Zainlinger R. (1989), "The MARS approach", *IEEE Micro*, volume 9, number 1, p. 25-40.

Kopetz H., Grünsteidl G. (1994), "TTP -A Protocol for Fault-Tolerant Real-Time Systems", *IEEE Computer*, volume 27, number 1, p. 14-23.

Thomesse J.P. (1999), *Les réseaux temps réel industriels*, Editeur Innovation, Paris.

Wilwert C., Navet N., Song Y.Q.,Simonot-Lion F. (2004), "Design of automotive x-by-wire system", *The IndustrialCommunication Technology Handbook*, Editeur R. Zurawski, Décembre.

Noyau d'exécutif temps réel

Yvon Trinquet

Mots-clés : exécutif temps réel, OSEK/VDX.

Résumé : ce chapitre présente quelques concepts des exécutifs temps réel centralisés, logiciels de base permettant d'exécuter sur une machine monoprocesseur un ensemble d'activités coopérantes mais néanmoins concurrentes. L'exposé s'appuie sur un standard du milieu automobile, OSEK/VDX, indépendant de tout éditeur de logiciels. Les services de ce noyau ont été conçus pour pouvoir être utilisés aussi bien dans des domaines tels que le contrôle moteur ou le châssis (domaines très contraints temporellement), que dans un domaine comme l'habitacle ayant moins de contraintes temps réel mais des besoins importants de communication entre les systèmes.

1 Présentation des exécutifs temps réel

Dans ce chapitre, nous allons présenter quelques idées liées à l'implémentation d'une application temps réel avec une démarche asynchrone, dirigée par les événements, donc en utilisant un exécutif temps réel comme élément central du support logiciel d'exécution. De plus, la présentation se limitera au cas de l'architecture matérielle monoprocesseur.

L'analyse du cahier des charges d'une application conduit au recensement des actions élémentaires que doit effectuer le système de pilotage, comme cela a été montré au chapitre « Exemples de systèmes temps réel et choix d'implémentation » de cette section, ceci amenant à la définition d'une architecture fonctionnelle. Une démarche simple conduit alors à implémenter cette architecture en associant à chaque action (voir la figure 2 du chapitre cité ci-avant) un programme, traduction de l'algorithme de l'action, qui peut prendre par exemple la forme d'une fonction ou d'une procédure dans un langage de programmation. Ce code (et sa perception par l'exécutif) porte en général le nom de tâche, terme que nous utiliserons maintenant pour désigner ce qui implémente une action.

1.1 Classification des exécutifs temps réel

Les exécutifs peuvent être sommairement classés en plusieurs catégories (Trinquet et Elloy, 1999), (Stankovic et Rajkumar, 2004).

Tout d'abord, les exécutifs « généralistes » pour des modèles d'application variés et incluant de nombreux mécanismes de coopération entre tâches, ouverts sur l'extérieur par des protocoles standard. Ils sont utilisés dans les applications temps réel que l'on peut qualifier de généralistes, présentant des contraintes de temps plus ou moins critiques. On les rencontre dans les systèmes civils et militaires. Ils ont conduit à des produits commerciaux et des produits propriétaires.

Ensuite, les exécutifs Unix temps réel, appelés ainsi car ils offrent aux applications une interface POSIX – extensions temps réel d'Unix (Gallmeister, 1995). Les applications visées sont plutôt le marché des applications transactionnelles, mais ces produits introduisent en fait Unix dans les marchés temps réel traditionnels. Il faut noter les développements autour de Linux, en logiciel libre, comme par exemple RTAI (2005) ou encore RTLinux (2005).

On trouve également les exécutifs issus de la recherche, qui ont souvent servi de base expérimentale pour la mise en œuvre de nouveaux concepts dans les techniques de synchronisation, coopération, tolérance aux fautes etc.

Enfin, il existe aussi les exécutifs conçus dans un objectif de certification de l'application temps réel. Ils supportent en général le langage ADA (un sous-ensemble du modèle de tâches); le modèle d'application est simplifié et les mécanismes de coopération sont limités. Ils sont utilisés pour les applications, civiles ou militaires, dans lesquelles un haut niveau de certification est exigé.

Cette classification, bien que sommaire car certains produits du marché peuvent se trouver dans deux catégories, nous amènera à présenter les services de base (les services du noyau) pour les exécutifs généralistes, dans le cas monoprocesseur. Le choix de s'appuyer principalement sur l'exécutif généraliste se justifie car, pour les exécutifs support d'exécution de programmes ADA, les services sont cachés par les structures du langage. De même, pour les exécutifs UNIX temps réel, l'application ne voit que l'interface POSIX par exemple, qui peut être implantée de différentes manières selon le noyau temps réel sous-jacent.

1.2 Services du noyau d'un exécutif temps réel

Au-delà de son rôle premier d'ordonnancer les exécutions des tâches pour le partage du processeur, et de celui de protéger l'accès aux ressources partagées, l'exécutif joue un rôle centralisateur, un véritable rôle d'interface qui aiguille le traitement des différents «événements» se produisant dans le système. Les appels à l'exécutif sont ainsi la conséquence :

- des occurrences d'événements issus du procédé. L'appel à l'exécutif est effectué par la procédure de réception et de traitement de l'interruption matérielle associée à un événement ;
- de l'écoulement du temps (physique). L'appel à l'exécutif est provoqué par l'interruption régulièrement engendrée par une horloge temps réel équipant le calculateur ;
- des tâches elles-mêmes ; c'est le cas lorsqu'une tâche requiert des services offerts par l'exécutif.

Les services offerts par l'exécutif à l'application sont de différentes natures. Ils permettent :

- la gestion des tâches : l'exécutif offre tous les services qui contrôlent l'exécution des tâches : leur activation, leur suspension, leur reprise, leur terminaison forcée... ;
- la gestion de la synchronisation entre tâches ou entre les tâches et l'environnement (relais des événements externes associés aux interruptions). L'exécutif offre pour cela des services de signalisation et d'attente d'occurrence sur les événements ;
- la gestion de la communication entre tâches au moyen de divers mécanismes : boîte aux lettres, tableau noir, appels du type client-serveur, etc. ;
- la gestion du temps : il s'agit essentiellement de permettre le réveil différé, daté ou périodique des tâches qui le sollicitent, ainsi que la surveillance des attentes (chien de garde) ;
- la gestion des ressources partagées, de la mémoire, des interruptions, des exceptions etc.

La figure 1 représente l'architecture résultante. On y retrouve le rôle de centralisateur que joue l'exécutif par rapport à l'application et l'environnement, et on y a illustré certaines de ses «agences» (entités regroupant l'ensemble des services (ou primitives) manipulant les mêmes types d'objets).

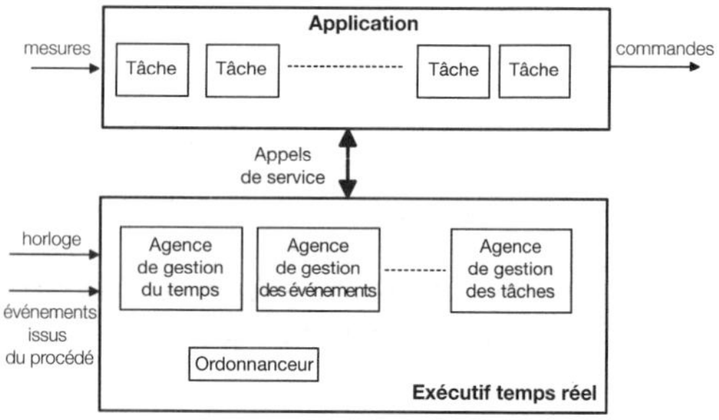

Figure 1 Exécutif, application et environnement

Pour éviter de présenter les concepts en s'appuyant sur des exemples issus de produits commerciaux, nous utilisons dans ce chapitre, le standard OSEK/VDX qui est la référence pour les applications embarquées dans le secteur automobile.

2 Le standard OSEK/VDX

2.1 Historique de la proposition OSEK/VDX

OSEK/VDX[1] est une proposition d'exécutif pour l'électronique embarquée dans les automobiles. Elle est le fruit des travaux de nombreux constructeurs automobiles et équipementiers européens depuis septembre 1995. OSEK a été étudié par les équipes principalement allemandes et VDX par le GIE PSA-Renault; OSEK/VDX (OSEK Group, 2005) est le résultat des travaux communs. L'un des objectifs visés par le consortium est de standardiser les interfaces du système d'exploitation afin de faciliter la fourniture de logiciels par de multiples sources, la portabilité, l'interopérabilité et la réutilisation. Différents travaux ont été menés dans le cadre d'OSEK/VDX, les versions pouvant maintenant être considérées comme stables. Le

1. OSEK/VDX : *Offene Systeme und deren Schnittstellen für dir Elektronik im Kraftfahrzeug/Vehicle Distributed eXecutive.*

standard définit des services dans quatre domaines: OSEK/VDX OS est le domaine des services de base du noyau du système d'exploitation; OSEK/VDX COM est celui des services pour la communication entre des nœuds d'un système réparti ou la communication locale; OSEK/VDX NM (*Network Management*) concerne les services de gestion et de surveillance du réseau; OSEK/VDX OIL (*OSEK Implementation Language*) définit un langage de description pour la mise en œuvre automatisée d'une application.

L'ensemble des documents de spécification peut être trouvé sur le site OSEK Group (2005). La présentation ci-après porte essentiellement sur le noyau du système d'exploitation et elle ne peut prétendre à être complète compte tenu de la place disponible.

Remarques: tous les objets de la spécification OSEK/VDX sont des objets «statiques», ce qui est naturel dans ce cadre applicatif. Une application peut être qualifiée de statique si la durée de vie des objets qui la composent est égale à celle de l'application: les objets sont créés avant le lancement de l'application et ne sont jamais détruits. Par opposition, des objets sont dits «dynamiques» lorsqu'ils peuvent être créés et détruits à tout moment dans la vie de l'application.

La notion de «classe de conformité» permet d'adapter l'exécutif aux besoins différents des organes de contrôle et aux caractéristiques de supports d'exécution, depuis les petits microcontrôleurs avec peu de mémoire jusqu'à des unités de contrôle complexes et puissantes. Dans OSEK/VDX OS quatre classes de conformité ont été définies qui s'appuient sur les trois attributs suivants: le type de tâche (basique ou étendue); la possibilité de mémoriser les requêtes d'activation pour une tâche; le nombre de tâches par niveau de priorité. Les classes de conformité concernent aussi le sous-système de communication OSE/VDX COM qui définit cinq classes de conformité. Pour plus de détails voir (OSEK Group, 2005).

2.2 La gestion des tâches

La tâche est l'agent actif de l'application. Comme indiqué précédemment c'est une portion de code séquentiel correspondant souvent à la notion de procédure (ou fonction) dans le langage de programmation utilisé pour coder l'application. La tâche étant un agent actif, il est naturel de lui associer un diagramme d'état qui représente l'ensemble de ses états possibles ainsi que les conditions associées aux transitions d'états (voir figure 2). OSEK/VDX utilise deux types de tâches définis ci-après. Les tâches basiques sont des modules sans point bloquant, c'est-à-dire sans appel de service pouvant provoquer une mise en attente de la tâche. La tâche est activée, elle s'exécute puis elle doit se terminer; les points de synchronisation sont donc seulement au début et à la fin de la tâche. Elle ne possède que trois états: *suspended* (inactive), *ready* (attente du processeur), *running* (elle a le processeur). Les tâches étendues, quant à elles, sont composées de un ou plusieurs modules séparés par des invocations de services éventuellement bloquants à l'exécution (comme WaitEvent). Le diagramme d'état possède donc un état supplémentaire: l'état *waiting*.

Voici quelques exemples de services:

- ActivateTask (<TaskName >) : activation de la tâche désignée;
- TerminateTask () : termine la tâche appelante;
- ChainTask (<TaskName >) : termine la tâche appelante et active la tâche désignée.

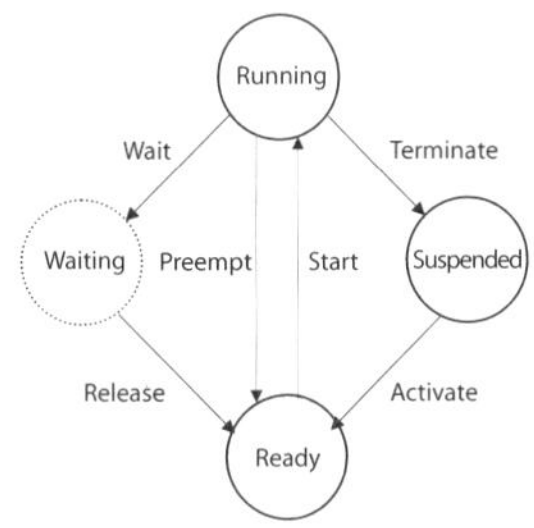

Figure 2 Les états des tâches OSEK/VDX

Remarque: une application temps réel comporte souvent des tâches périodiques. Nous verrons au paraphe 2.5 les mécanismes permettant de gérer l'activation de telles tâches.

Ordonnancement des tâches

Les tâches possèdent une priorité utilisée pour l'ordonnancement. La valeur de priorité est statique, non modifiable sauf par l'exécutif lorsqu'il met en œuvre l'algorithme OSEK-PCP pour la gestion des ressources (voir § 2.4). Plusieurs tâches peuvent être sur le même niveau de priorité selon la classe de conformité mais les techniques d'ordonnancement utilisables sont indépendantes de la classe de conformité et du type de tâche (basique ou étendue). L'ordonnancement peut être non préemptif, préemptif ou mixte. Dans le cas non préemptif, la tâche rend le processeur lorsqu'elle se termine (TerminateTask), lorsqu'elle active une autre tâche (ChainTask), lorsqu'elle demande un réordonnancement (service Schedule) ou lorsqu'elle entre dans un état d'attente (WaitEvent). Dans le cas préemptif, toute tâche réveillée et plus prioritaire que la tâche en cours prend le processeur. Le module d'ordonnancement étant considéré comme une ressource occupée ou relâchée, une tâche peut se l'approprier (voir le § 2.4) dans un contexte préemptif pour passer en mode non préemptif. Enfin, dans le cas mixte, les deux modes d'ordonnancement sont utilisés en même temps pour des tâches différentes. Dans ce cas, chaque tâche possède un attribut indiquant son mode d'ordonnancement. La possibilité d'avoir des tâches ordonnancées selon un mode non préemptif dans un contexte préemptif est utile lorsque des tâches sont courtes (temps d'exécution voisin du temps de changement de contexte), si l'espace en mémoire vive doit être économisé ou encore si la non-préemption est nécessaire.

2.3 La synchronisation des tâches

La synchronisation est mise en œuvre au sein d'un exécutif OSEK/VDX à l'aide de l'objet «événement». Avec un tel objet, il est possible de: signaler une occurrence de l'événement; attendre une occurrence; effacer une occurrence. Chaque tâche (étendue) possède un ensemble d'événements, par exemple seize pour une implémentation donnée du standard, et elle seule peut se mettre en attente sur l'occurrence d'un ou de plusieurs de ses événements (fonction logique OU), les signalisations d'occurrences étant faites par les autres tâches du système (tâche basique ou étendue, ISR[1]). C'est donc un modèle à *n* producteurs et un seul consommateur. De plus, toute occurrence est mémorisée si elle n'est pas attendue à sa date de production et l'effacement de l'occurrence est à la charge de la tâche propriétaire. Le choix du non-effacement automatique de l'occurrence lors de la consommation (comme c'est le cas dans beaucoup d'exécutifs) s'explique par le fait que l'attente se fait avec une fonction logique OU sur les événements nommés. Comme plusieurs occurrences peuvent être présentes, seule la tâche peut décider de l'occurrence à effacer (voire toutes). Voici quelques exemples de services utilisables par les tâches:

- SetEvent (<EventName>,<TaskName>) : signale l'occurrence de l'événement nommé pour la tâche nommée;
- WaitEvent (<EventMask>) : met la tâche appelante en attente sur le(s) événement(s) nommé(s);
- ClearEvent (<EventMask>) : efface le(s) événement(s) nommé(s) (de la tâche appelante);
- GetEvent (<TaskName>,<Events>) : donne l'état des événements de la tâche nommée, ce qui permet de savoir, en sortie d'une attente, l'événement arrivé.

La figure 3 montre un exemple tiré de la figure 2 du chapitre «Exemples de systèmes temps réel et choix d'implémentation» (fonction de régulation de niveau du bac A).

1. ISR: *Interrupt Service Routine*, la routine chargée du traitement de l'interruption matérielle. Elle fait, dans ce contexte, le relais entre le mécanisme matériel d'interruption et le mécanisme logiciel de signalisation.

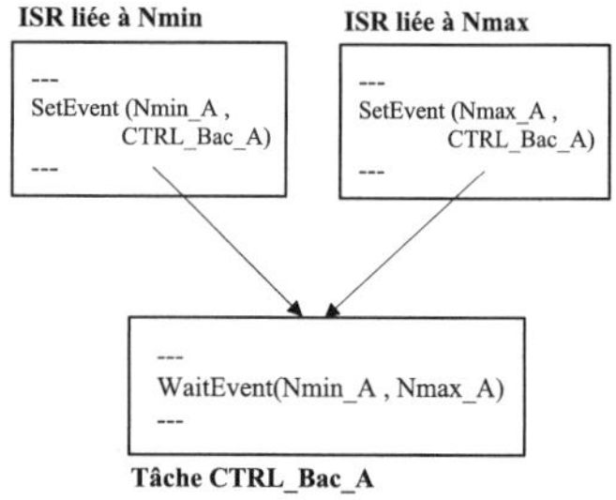

Figure 3 Exemple de synchronisation par événement

Remarques: le service d'attente d'une occurrence (WaitEvent) n'a pas de paramètre pour borner temporellement l'attente de l'occurrence (mécanisme du chien de garde). Si nécessaire, pour réaliser cela, il faut utiliser le mécanisme d'alarme (voir le § 2.5).

On distingue en général dans les exécutifs deux types de synchronisation: la signalisation *synchrone*, telle que présentée ici, nommée ainsi car la tâche se met explicitement en attente de l'occurrence, et la signalisation *asynchrone*. La signalisation asynchrone, utilisée par exemple dans les exécutifs Unix temps réel pour traiter certains types d'exception, consiste à associer à la tâche une procédure. Elle est alors exécutée, à la place de la tâche, lors de la signalisation d'une occurrence.

2.4 Partage de ressources et exclusion mutuelle

Il est naturel, dans un contexte préemptif où plusieurs tâches coopérantes sont en concurrence, d'avoir à contrôler et obtenir l'accès cohérent à des ressources partagées par les tâches. En effet, comme toute tâche est susceptible d'être préemptée à tout moment par d'autres tâches plus prioritaires, les ressources qu'elles se partagent risquent de devenir incohérentes en cas de préemption au milieu de leur manipulation. Il est nécessaire de garantir cette cohérence par un mécanisme approprié. C'est un des rôles qui est confié à l'exécutif puisqu'il est indépendant des tâches et déjà gestionnaire de la ressource commune qu'est le processeur. Les ressources peuvent être de natures très diverses, comme par exemple un système de fichiers accessible en lecture par plusieurs tâches, ou encore une imprimante accessible en exclusion mutuelle par les tâches, ou encore un élément physique du procédé contrôlé qui ne peut être utilisé que par une tâche à la fois, ou tout simplement des données communes. On se trouve donc confronté à un problème de synchronisation entre tâches afin de respecter le protocole d'accès aux ressources, la politique la plus classique étant celle de l'accès en exclusion mutuelle pour une ressource non partageable. Plusieurs techniques sont utilisables pour protéger une section critique, par exemple: le blocage des interruptions, ce qui n'est envisageable que pour une section très courte et n'est pas toujours possible ; le blocage de la préemption pour la tâche courante (blocage de l'ordonnanceur) qui peut être utilisé pour de courtes sections critiques ; l'usage d'objets spécialisés comme les sémaphores ou encore des protocoles plus élaborés comme c'est le cas dans OSEK/VDX.

OSEK/VDX assure la gestion de l'accès concurrent aux ressources partagées par une version simplifiée du protocole PCP *(Priority Ceiling Protocol*, (Rajkumar et Lehocsky 1990)), ce qui garantit la non-inversion de priorité et l'absence de blocage, sous réserve d'une gestion bien ordonnée des prises de ressources multiples. À l'intérieur de la section critique, les restrictions (classiques) sur l'appel des services concernent les services de terminaison ou de blocage de la tâche.

Deux services permettent de contrôler l'accès aux ressources :

- GetResource (<Res_Name>) : demande l'accès à la ressource désignée ;
- ReleaseResource (<Res_Name>) : libère l'accès à la ressource désignée.

Le principe du protocole complet est détaillé dans le chapitre « Ordonnancement temps réel et ordonnançabilité d'une application », dédié à l'ordonnancement.

2.5 Les objets Alarmes et Compteurs

Ces objets, propres à la spécification OSEK/VDX, permettent principalement le traitement de phénomènes récurrents dans le temps, comme par exemple une horloge ou des signaux en provenance d'organes mécaniques d'un moteur d'automobile (calcul de l'avance à l'allumage). Ils constituent des compléments des mécanismes de synchronisation par événement. Ils permettent également la mise en œuvre des chiens de garde, par exemple sur l'émission ou la réception des messages, ou encore sur l'attente dune occurrence d'événement. C'est un mécanisme à deux « étages » pour lequel deux objets sont associés : les compteurs, qui ne font pas partie de l'API OSEK mais du langage OIL, et les alarmes.

Un compteur est un objet destiné à l'enregistrement de « tops » en provenance d'une horloge ou d'un dispositif quelconque émettant des stimulis. C'est un dispositif de comptage ayant une certaine dynamique, qui repasse à zéro après avoir atteint sa valeur maximale (valeur définie à la génération de l'application). Il compte les tops après une éventuelle prédivision (par exemple 10 tops représentent une unité pour le compteur). Plusieurs alarmes peuvent être associées à un même compteur, ce qui permet de constituer facilement, par exemple, des bases de temps.

Une alarme est associée (statiquement) à un compteur et une tâche. L'action associée, lors de l'occurrence de l'alarme, peut être : l'activation de la tâche ; la signalisation d'une occurrence pour un événement de la tâche ; l'activation d'une routine pour faire un traitement spécifique (*Alarm Callback routine*). Cette routine s'exécute avec certaines restrictions puisqu'elle est dans le contexte de l'exécutif (ce n'est pas une tâche).

Une alarme peut être unique ou cyclique, absolue ou relative. Si elle est relative, la valeur spécifiée par un paramètre du service est un incrément par rapport à la valeur courante du compteur (expression d'un délai de garde par exemple) ; si elle est absolue, la valeur spécifiée par un paramètre du service définit la valeur particulière du compteur qui active l'alarme. Une autre valeur est spécifiée dans le cas d'une alarme cyclique afin de préciser (en nombre de tops) la valeur du cycle. Ainsi on sait simplement, sur un compteur lié à l'horloge temps réel, définir au travers de plusieurs alarmes, des tâches périodiques de périodes différentes. La figure 4 montre des exemples d'alarmes unique ou cyclique à partir d'un compteur de dynamique huit tops.

Voici des exemples de services :

- SetRelAlarm (<AlarmName>, <Increment>, <Cycle>) : arme l'alarme désignée, éventuellement cyclique, avec une valeur relative ;
- SetAbsAlarm (<AlarmName>,<Start>,<Cycle>) : arme l'alarme désignée, éventuellement cyclique, avec une valeur absolue ;
- CancelAlarm (<AlarmName>) : arrête l'alarme désignée (la désactive).

2.6 La communication

Les services de l'API pour la communication sont proposés dans la spécification OSEK/VDX COM, qui ne sera que brièvement évoquée ici. La communication est construite autour des objets « message ». Deux types de messages sont utilisés : ceux qui utilisent le modèle du tableau noir (*Unqueued Message*, tampon à une place) : le message lu est toujours le dernier reçu, il remplace le précédent ; ceux qui utilisent une file FIFO (*Queued Message*), donc une boîte aux lettres utilisant une file de messages, mais contrairement aux boîtes aux lettres classiques il n'y a pas de file de tâches. Il ne peut donc y avoir qu'une seule tâche en attente d'un message.

Le modèle de communication retenu s'appuie sur celui de la communication asynchrone : l'émetteur n'est pas bloqué pendant la transmission, le récepteur n'est pas bloqué s'il n'y a pas de message disponible. Afin d'assurer la « resynchronisation » sur l'état final de la communication, plusieurs techniques peuvent alors être utilisées : la surveillance (périodique) sur l'état

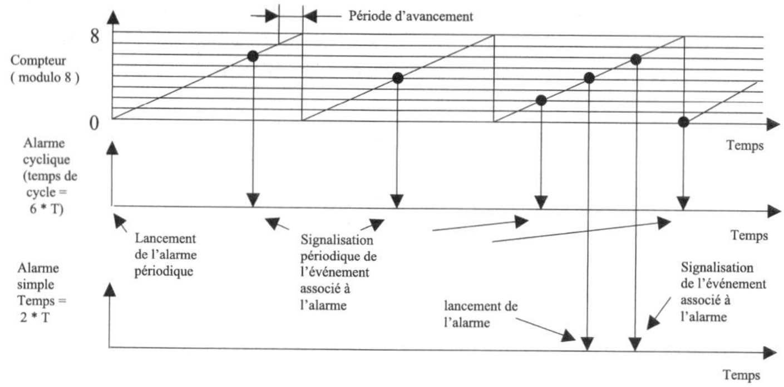

Figure 4 Fonctionnement des alarmes

d'avancement de l'opération ; l'activation d'une tâche sur fin d'envoi ou réception d'un message ; la signalisation d'une occurrence d'événement sur fin d'envoi ou réception d'un message ; l'exécution d'une routine de « callback » ; l'occurrence d'une alarme si un message n'est pas fini d'envoyer ou reçu dans un délai de garde.

La transmission d'un message peut se faire de trois manières : sur demande de l'application lors de l'invocation du service d'envoi (service SendMessage) ; périodiquement, et dans ce cas une écriture sur le message en fait la mise à jour mais pas la transmission ; cette dernière est gérée entièrement par le sous-système de communication ; en mode mixte : transmission périodique et envoi sur détection de changements significatifs pour la variable.

La surveillance temporelle des communications se fait à l'aide de chiens de garde associés à des alarmes. Ainsi l'expiration d'un délai de garde, qui déclenche une alarme, peut être relayée par l'activation d'une tâche ou la signalisation d'une occurrence d'événement pour une tâche applicative.

La communication dans OSEK/VDX constitue un sous-système assez complexe. Le lecteur intéressé est invité à se reporter à OSEK Group (2005).

2.7 Prise en compte des « événements » externes

En réponse à une sollicitation externe (niveau maximum d'une cuve, réception d'un message sur un contrôleur réseau, etc.) se traduisant par une requête d'interruption matérielle, il y a exécution d'une routine de traitement ISR (*Interrupt Service Routine*), en général dans le contexte de la tâche interrompue. Le but de cette routine est de prendre en compte la requête en l'acquittant sur le contrôleur correspondant, puis de transformer cette requête en une action utilisable par les tâches de l'application, par exemple en signalant une occurrence d'un événement ou en activant une tâche. Dans le code de cette routine on trouve donc : un appel à un service signalant le début de l'ISR ; généralement un appel à un service OSEK, la majorité des services de l'API pouvant être utilisés sauf bien sûr les services bloquants ; un appel à un service signalant la fin d'exécution de l'ISR.

Par ailleurs, il existe de multiples lignes de requêtes d'interruption sur un processeur et ces dernières peuvent donc se trouver en concurrence. Dans ce cas, l'ordonnancement des interruptions est purement matériel, c'est le contrôleur qui le fixe et donc les routines d'interruptions peuvent être imbriquées selon la priorité (matérielle) qui leur est associée. Cependant, lors de l'appel d'un service à l'intérieur d'une ISR il ne faut pas qu'il y ait un réordonnancement, afin de laisser se terminer l'ISR. Celui-ci ne peut avoir lieu que lors de l'invocation du service de terminaison de l'ISR la plus « externe » dans l'éventuelle imbrication des ISR.

3 Une approche différente : OSKtime OS

Avec l'arrivée dans quelques années, dans le secteur automobile, des technologies « *X by Wire* » (plus de liaison mécanique, par exemple pour la direction, mais un contrôle électronique à partir d'un capteur d'angle volant : voir le deuxième exemple du chapitre « Exemples de systèmes temps réel et choix d'implémentation »), le besoin de systèmes très prédictibles devient crucial aussi bien pour les applications que pour les réseaux de communications. Ainsi, dans ce dernier cas la compétition fait actuellement rage entre des offres de réseaux sécuritaires tels que TTP/C (TTTech, 2005), TTCAN (Bosch, 2005) ou encore Flexray (Flexray, 2005). Le consortium OSEK a de son côté fait la proposition OSEKtime (OSEK Group, 2005) rapidement évoquée ici. Il faut la comprendre comme une proposition concurrente avec l'approche totalement *Time Triggered* (voir au § 2.4 du chapitre

« Exemples de systèmes temps réel et choix d'implémentation ») prônée par H. Kopetz (TTTech, 2005).

Une application OSEKtime peut comporter deux types de tâches : celles dites TT (*Time Triggered*) dont l'exécution est contrôlée par le noyau OSEKtime OS ; les autres qui ont les caractéristiques des tâches OSEK-VDX OS et peuvent donc invoquer les services précédents.

Les tâches TT sont des modules (un point d'activation et un point de sortie). Elles ne possèdent que trois états : *suspended* (elle est inactive) ; *running* (elle a le processeur) ; *preempted* (elle a été préemptée par une autre tâche TT). Cela est donc similaire aux tâches basiques, mais l'ordonnancement n'est pas le même.

Les tâches TT sont activées par le noyau à partir d'une table statique d'ordonnancement déterminée hors ligne. Cette table définit les débuts temporels d'exécution des tâches TT à partir d'un temps local, éventuellement synchronisé avec un temps global (système). Dès qu'une tâche doit être active elle le devient et préempte éventuellement une autre tâche TT qui n'aurait pas fini son exécution. Celle-ci la reprendra dès que le processeur redeviendra libre. L'ensemble des tâches TT doit s'exécuter dans le temps qui a été prévu hors ligne (le dispatcher round). Les échéances sont surveillées par le noyau au moyen de marques spécifiques dans la table d'ordonnancement. Une violation d'échéance entraîne l'exécution d'une routine utilisatcur.

Dans le «temps libre», non occupé par les tâches TT, les tâches utilisant le modèle d'application et les services présentés précédemment peuvent s'exécuter, mais, même si elles sont en mode non préemptif, elles seront systématiquement préemptées par les tâches TT.

La proposition de l'exécutif OSEKtime OS est complétée par une proposition pour le système de communication : OSEKtime FTCom (*Fault Tolerant Communication*). Cette dernière offre les services nécessaires à la réalisation d'applications tolérantes aux fautes, par exemple : les services de gestion des messages émis par des nœuds redondants (gestion de la réplication), ou encore la gestion d'une horloge globale au niveau du réseau (synchronisation temporelle entre les nœuds). Le lecteur intéressé est invité à se reporter à OSEK Group (2005).

4 Conclusion

Ce chapitre a présenté les concepts de base d'un exécutif temps réel sans toutefois, compte tenu de la place disponible, prétendre faire une analyse exhaustive ; d'autres points seraient encore à aborder tels que la gestion de la mémoire, la gestion des exceptions et erreurs, un approfondissement de la communication inter-système, tous présents dans de nombreux exécutifs. Le noyau d'OSEK/VDX, un exemple d'exécutif statique, développé dans le contexte de «l'électronique embarquée» pour l'automobile, a été utilisé afin d'illustrer la nature des services que peut apporter un exécutif et donc montrer tout l'intérêt de la conception d'une application s'exécutant sous le contrôle d'un d'exécutif. C'est là une démarche naturelle puisque la programmation d'une application sous forme de tâches reflète bien le découpage fonctionnel que fait le concepteur lors de l'analyse du cahier des charges

Bibliographie

Bosch (2005), site web : http://www.can.bosch.com

Flexray (2005), site web : http://www.flexray-group.org

Gallmeister B (1995), *Programming for the real world: Posix 4*, O'Reilly & Associates Inc.

OSEK Group (2005), site web : http://www.osek-vdx.org

RTAI (2005), site web : http://www.rtai.org

RTLinux (2005), site web : http://www.rtlinux-gpl.org

Sha L., Rajkumar R., Lehocsky. J-P. (1990), "Priority Inheritance Protocols; an Approach to Real-Time Synchronisation", *IEEE Trans. on Computers*, volume 39, n° 9, p. 1175-1185.

Stankovic J.A. and Rajkumar R. (2004), "Real-Time Operating Systems", *The Journal of Real-Time Systems*, volume 28, Number 2/3, November/December, p. 237-253.

Trinquet Y. et Elloy J-P. (1999), *Systèmes d'exploitation temps réel: les principes*, Techniques de l'Ingénieur, Traité Contrôle et Mesures, R8050.

Trinquet Y. et Elloy J-P. (1999), *Systèmes d'exploitation temps réel: exemples d'exécutifs industriels*, Techniques de l'Ingénieur, Traité Contrôle et Mesures, R8052.

TTTech (2005), site web : http://www.tttech.com

Ordonnancement temps réel et ordonnançabilité d'une application

Francis Cottet, Anne-Marie Déplanche

Mots-clés: tâches temps réel, politiques d'ordonnancement en ligne, priorités fixes et dynamiques, analyse d'ordonnançabilité, systèmes monoprocesseurs et multiprocesseurs.

Résumé: ce chapitre présente les principales politiques d'ordonnancement en ligne permettant d'organiser l'exécution des tâches d'une application temps réel à contraintes strictes. Les bases de l'ordonnancement temps réel y sont ainsi décrites avec les terminologie et notations usuelles du domaine. Le cadre des systèmes matériels monoprocesseurs y est principalement traité et diverses configurations de tâches sont étudiées: tâches périodiques ou apériodiques, tâches indépendantes ou avec relations de précédence ou encore partage de ressources. Dans chaque cas, le principe des politiques d'ordonnancement est exposé ainsi que leur puissance et leurs éventuels critères d'analyse d'ordonnançabilité. Cette présentation est complétée par des éléments d'analyse d'ordonnançabilité visant la vérification *a priori* de la satisfaction des contraintes temporelles d'une application ordonnancée. Enfin le contexte des systèmes matériels à processeurs multiples, systèmes multiprocesseurs voire répartis, est succinctement abordé.

De manière générale, les applications temps réel se caractérisent par un fort degré de parallélisme et de coopération entre activités de fonctionnalité différente. Comme le chapitre «Noyau d'exécutif temps réel» le montre, la mise en œuvre d'une telle application s'appuie sur un ensemble d'entités informatiques de base dont les tâches, unités d'exécution des programmes applicatifs. Que l'architecture matérielle support soit monoprocesseur, multiprocesseur, voire répartie, ses ressources d'exécution restent limitées et doivent donc être partagées, dans l'espace et dans le temps: c'est le problème de l'ordonnancement. Comme l'illustre l'exemple suivant, selon l'organisation temporelle choisie, les exécutions des tâches diffèrent.

Prenons l'exemple d'une configuration de deux tâches τ_1 et τ_2, à exécution périodiquement répétée (périodes respectives de quatre et sept unités de temps) et de durées d'exécution respectives de deux et trois unités de temps. Ces tâches partagent un unique processeur. La figure 1 montre les chronogrammes d'exécution qui résultent d'un côté, du partage égalitaire du processeur par unité de temps (principe dit «du tourniquet») et de l'autre, du partage basé sur des priorités (en supposant τ_1 plus prioritaire que τ_2). On peut ainsi observer la variation des entrelacements d'exécution des tâches selon la règle choisie et en conséquence la variation de leurs instants successifs de terminaison.

La caractéristique fondamentale d'une application qualifiée «temps réel» est de faire état d'exigences temporelles d'exécution (en rapport avec les dynamiques de son environnement). Ces exigences se trouvent reportées au niveau de l'exécution des tâches et donc implicitement contraignent le problème de l'ordonnancement. Ainsi, en reprenant l'exemple de la figure 1, on constate que si la tâche τ_2 est temporelle-

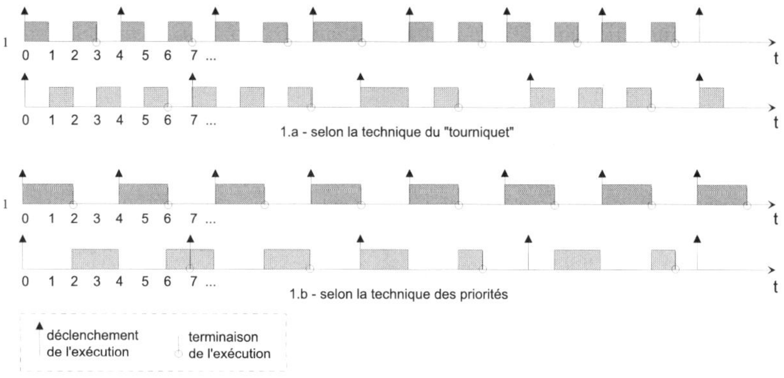

Figure 1 Chronogramme d'exécution de deux tâches

ment contrainte pour se terminer 6 unités de temps après chacun de ses lancements, cette contrainte est respectée par le premier chronogramme mais pas par le second. On préférera alors la première stratégie de partage du processeur à l'autre (un autre exemple aurait pu afficher la constatation inverse).

En outre, en raison du caractère critique de bon nombre d'applications temps réel, une exigence de prédictibilité leur est attachée : le comportement temporel des tâches doit pouvoir être déterminé a priori et ainsi le respect de leurs exigences temporelles vérifié lui aussi *a priori*. C'est en cela que le problème de l'ordonnancement est qualifié du vocable «temps réel»; l'ordonnançabilité quant à elle traite plus particulièrement des moyens de vérification de la satisfaction des contraintes temporelles.

Dans ce chapitre, nous nous intéresserons essentiellement à l'ordonnancement du point de vue de l'organisation temporelle des exécutions des tâches. Leur organisation spatiale, c'est-à-dire le placement des tâches sur les ressources physiques, comme leur migration en cours d'exécution, ne sera que très succinctement évoquée en fin de chapitre. En outre, l'ordonnançabilité sera abordée au travers des méthodes dites analytiques. Le lecteur pourra se reporter au chapitre «Vérification des applications temps réel» où des approches complémentaires de type *model checking* ou simulation sont présentées.

Le chapitre est ainsi organisé. Pour commencer, nous situons les différentes classes de politiques d'ordonnancement rencontrées dans le domaine de l'ordonnancement temps réel et les qualificatifs qui leur sont habituellement associés; la suite du chapitre se focalisant sur la classe particulière des politiques d'ordonnancement en ligne, préemptives et non oisives. Après avoir précisé la nature discrète donnée au temps dans cet exposé, nous mettons en place (§ 2), les diverses composantes de la modélisation d'une configuration de tâches à ordonnancer. Ceci nous amène à définir un certain nombre de paramètres temporels et à identifier quelques relations possibles entre tâches. Pour des classes de configurations de tâches particulières et pour des systèmes matériels monoprocesseurs, nous présentons les politiques d'ordonnancement majeures qui leur sont classiquement associées ainsi que les propriétés dont elles peuvent faire état. Ainsi, le § 4 s'attache au cas de tâches indépendantes et périodiques ; le § 5 traite des tâches indépendantes et apériodiques ; le § 6 aborde le cas de tâches avec relations de précédence et périodiques ; enfin, c'est celui des tâches avec partage de ressources et périodiques qui fait l'objet du § 7. La présentation de toutes ces politiques est agrémentée d'exemples simples visant à illustrer les principes de base introduits. Puisqu'en contexte temps réel, l'ordonnancement ne peut être abordé sans le souci de la vérification temporelle, nous donnons (§ 8), quelques éléments d'analyse d'ordonnançabilité. Cette très vaste problématique ne peut être ici complètement abordée faute de place et c'est pourquoi la technique d'analyse du pire temps de réponse se limite ici à sa plus simple déclinaison. La présentation aborde pour finir l'ordonnancement de tâches sur des architectures matérielles à processeurs multiples. Il s'agit principalement de suggérer les problèmes en matière d'ordonnancement inhérents à ce contexte pour lequel peu de résultats sont actuellement disponibles et des travaux de recherche sont en cours.

1 Politiques d'ordonnancement

Comme introduit au chapitre «Noyau d'exécutif temps réel», l'ordonnanceur est le module de l'exécutif chargé de gérer la répartition dans le temps du (ou des) processeur(s) entre les tâches. L'ensemble des règles qui le conduisent à élire, à un instant donné, parmi l'ensemble des tâches prêtes, celle qui va s'exécuter, définit une *politique d'ordonnancement*. Il est possible de distinguer en fonction des mécanismes mis en œuvre différentes classes de politiques d'ordonnancement.

1.1 Classes de politiques d'ordonnancement

Politiques hors ligne et en ligne

Une politique d'ordonnancement *hors ligne* repose sur la construction *a priori* d'un cycle d'exécution statique des différentes tâches de l'application et suppose une connaissance complète du système. Ce cycle est ensuite mis à la disposition de l'ordonnanceur pour que celui-ci le «déroule» en ligne, au fur et à mesure du temps et produise l'exécution attendue. Le cycle d'exécution est une suite finie de dates auxquelles doivent être exécutées certaines tâches. Il est naturellement périodique, dans le sens où il est répété indéfiniment par l'ordonnanceur. Le rôle de l'ordonnanceur est de ce fait réduit; il est un simple séquenceur.

Une politique d'ordonnancement *en ligne* se base sur l'état instantané du système pour décider quelle tâche exécuter. Le mécanisme de décision habituellement utilisé repose sur la notion de priorité: à chaque tâche est attribué un niveau de priorité et l'ordonnanceur alloue le processeur à la tâche prête ayant la priorité la plus élevée.

Divers avantages et inconvénients peuvent être attachés à ces deux classes de politiques d'ordonnancement. D'une manière générale et résumée, une politique hors ligne est mal adaptée aux systèmes évolutifs qui amènent à remettre en cause le cycle d'exécution construit. En revanche, une telle politique intègre par essence même la validation puisque le respect des contraintes est intégré, par construction, au cycle d'exécution. En outre, l'implémentation d'une telle politique est plus efficace que celle d'une politique en ligne.

Politiques à priorités fixes et à priorités dynamiques

Comme indiqué précédemment, les politiques d'ordonnancement en ligne fonctionnent sur le principe de priorités associées aux tâches. Selon que ces valeurs de priorité sont fixées a priori au démarrage et ne changent pas au cours du temps, ou bien qu'elles évoluent au cours de la vie de l'application, on distingue politiques à *priorités fixes* et politiques à *priorités dynamiques*.

Dans le cas où les priorités sont dynamiques, c'est à l'ordonnanceur de les mettre à jour à chaque apparition d'une nouvelle tâche prête, aux instants des appels de service de l'exécutif et à chaque top d'horloge.

On peut noter qu'à ce jour, tous les exécutifs du commerce mettent en œuvre une politique d'ordonnancement à priorités fixes, offrant parfois aux tâches la possibilité de changer leur priorité. Il convient également de nuancer vis-à-vis de l'utilisation de protocoles de gestion de ressources: dans ce cas, la priorité des tâches bien que fixe au début, peut évoluer au cours de la vie de l'application (mais c'est l'exécutif qui prend en charge entièrement ce changement).

Politiques préemptive et non préemptive

Une politique d'ordonnancement *préemptive* autorise que l'exécution de la tâche en cours soit interrompue même si celle-ci n'est pas encore terminée et que toutes ses conditions d'exécution sont remplies par ailleurs. Lorsque l'ordonnanceur décide d'interrompre la tâche en cours, il doit en sauvegarder le contexte d'exécution ce qui permettra par la suite de reprendre son exécution exactement à l'endroit de la préemption.

A contrario, une politique d'ordonnancement *non préemptive* ne peut interrompre l'exécution de la tâche en cours; celle-ci est assurée de poursuivre son exécution jusqu'à sa terminaison.

Les dates auxquelles l'ordonnanceur est activé sont conditionnées par le caractère préemptif ou non de la politique qu'il implémente. Ainsi, dans le cas préemptif, toute apparition d'une nouvelle tâche prête sollicite l'ordonnanceur; dans le cas non préemptif, ce n'est qu'à la terminaison de la tâche en cours que l'ordonnanceur doit agir.

On notera qu'il existe des politiques dites *mixtes* qui permettent l'ordonnancement en mode préemptif d'un côté et en mode non préemptif de l'autre pour des ensembles de tâches au préalable spécifiés.

Politiques oisive et non oisive

Une politique d'ordonnancement *oisive* permet de ne pas allouer le processeur même si des tâches sont prêtes, forçant ainsi des intervalles d'inactivité ou temps creux.

A contrario, une politique *non oisive* doit exécuter une tâche dès lors que l'ensemble des tâches prêtes est non vide. On parle aussi de politique *au plus tôt*.

Face à cet éventail de politiques d'ordonnancement dans ce qui suit, nous limiterons nos propos aux politiques d'ordonnancement en ligne, préemptives et non oisives. Le lecteur est invité à se reporter à (Audsley et al., 1995) (Buttazzo et al., 2002) (Sha et al, 2004) pour compléments.

1.2 Propriétés associées

Pour une configuration de tâches donnée:

- une politique d'ordonnancement définit une séquence d'exécution des tâches sur le (ou les) processeur(s). Cette séquence est appelée un *ordonnancement*;
- un ordonnancement est dit *valide* si et seulement si toutes les tâches y respectent leurs contraintes tem-

porelles. La configuration de tâches est alors dite *ordonnançable pour la politique d'ordonnancement* considérée ;

- la configuration de tâches est dite *ordonnançable pour une classe de politiques d'ordonnancement* si et seulement s'il existe au moins un ordonnancement produit par une politique de cette classe qui soit valide ;
- et plus généralement la configuration de tâches est dite *ordonnançable* si et seulement s'il existe au moins un ordonnancement produit par une politique d'ordonnancement qui soit valide.

Pour une classe de configurations de tâches et une classe de politiques d'ordonnancement, une politique d'ordonnancement est dite *optimale* si et seulement si toute configuration de tâches ordonnançable (de cette classe) pour une politique (de cette classe), est ordonnançable pour la dite politique.

2 Temps discret

Dans la suite de ce chapitre, nous allons utiliser un temps discret, c'est-à-dire que le temps est considéré comme une valeur entière qui évolue par incrément de 1. De même les paramètres des tâches vont être affichés sous forme de valeurs entières sans unité temporelle précisée. Dans les applications industrielles, ces grandeurs sont exprimées en fraction de milliseconde, voire en microseconde et la précision dépend de l'horloge du processeur. Pour faire la traduction de l'application réelle (grandeurs réelles) vers l'application formalisée (grandeurs entières), nous pouvons soit procéder à un arrondi au plus proche entier, soit considérer un quantum équivalent au temps unité de base, par exemple 25 μs correspond à une unité de temps dans l'analyse formelle de l'application. De plus les temps affichés dans une application sont en général considérés comme des temps relatifs au lancement de l'application.

3 Tâches

3.1 Contraintes temporelles

Dans un système temps réel, les contraintes de temps découlent de la dynamique du procédé contrôlé. Il existe différents types de contraintes de temps :

- contraintes de bout en bout : le procédé doit effectuer une ou des réactions sur le procédé (via des actionneurs) en un temps contraint. Typiquement, de ces contraintes dérivent des contraintes portant sur les tâches faisant partie de la chaîne de réaction, de l'acquisition à la commande ;
- contraintes de non réentrance : dans un système temps réel, la plupart des tâches effectuent un traitement cyclique (c'est-à-dire soit périodique, soit répété à chaque événement attendu). Lorsque le code de cette « boucle » ne peut être réentrant, chaque itération de la tâche doit se terminer avant son prochain événement déclencheur, ou avant sa prochaine période ;
- contraintes de régularité (ou gigue) : lorsqu'une tâche réalise un échantillonnage sur un signal d'entrée ou une commande, elle est périodique et doit être la plus régulière possible.

Tous ces types de contraintes sur le système se traduisent en termes de contraintes temporelles individuelles sur les tâches.

Selon le niveau de tolérance que l'application peut avoir vis-à-vis de leur non-respect, sont distinguées les contraintes temporelles *strictes* et les contraintes temporelles *relatives*. Les premières sont telles que toute faute temporelle est intolérable en raison des coûts humains, économiques ou autres qu'elle peut engendrer. Toute approche de résolution de type probabiliste est d'emblée exclue au profit de techniques déterministes. À l'inverse, lorsque les contraintes temporelles sont dites relatives, c'est que leur non-respect est tolérable dans une certaine mesure.

Dans ce chapitre, à l'exception d'une mention explicite, les contraintes temporelles seront toujours considérées strictes.

3.2 Modélisation des tâches

Afin de pouvoir analyser de manière rigoureuse l'ordonnancement et l'ordonnançabilité d'une configuration de tâches, ou l'optimalité d'une politique d'ordonnancement, il est nécessaire de disposer d'un modèle (mathématique) des tâches. Ce modèle doit permettre de prendre en compte toutes les caractéristiques opérationnelles et temporelles de toute tâche. Il présente des éléments communs à toute configuration de tâches et d'autres plus spécifiques à certaines configurations. Nous considérerons donc successivement les différents cas : tâches indépendantes, tâches avec relations de précédence et tâches avec partage de ressources critiques.

Tâches indépendantes

Le premier paramètre caractéristique d'une tâche τ_i est sa *durée d'exécution* (sans préemption) C_i. Elle est directement liée au code de la tâche et au processeur qui l'exécute. On évalue généralement la durée d'exécution pire cas C_i^{max} et une durée minimale C_i^{min} ; ces durées sont aussi habituellement désignées respectivement par *Worst Case Execution Time* (WCET), et *Best Case Execution Time* (BCET). L'évaluation de ces durées de la tâche peut être effectuée de deux manières différentes (Colin et al., 2003). Soit le code est analysé instruction par instruction et l'ensemble des durées de ces instructions est additionné (toutes ces durées référencées pour un processeur et une fréquence quartz donnés). Soit la durée de la partie de code analysée est mesurée directement lors de son exécution par un système d'espionnage des signaux (analyseur logique par exemple). Mais, dans ces deux cas, une évaluation précise de ces durées d'exécution est difficile pour essentiellement deux raisons :

- une analyse exhaustive de tous les chemins d'exécution du code est parfois impossible (jeux de tests complexes, nombre de combinaisons très élevé) ;
- les capacités d'exécution des processeurs pour améliorer leur efficacité (mémoire cache à plusieurs niveaux, pipeline multiple, etc.) vont conduire à une incertitude sur la durée d'exécution qui dépend fortement du contexte précédent du processeur.

Pour cette étude, sauf mention particulière, nous considérerons une valeur de la durée d'exécution pire cas $C_i = C_i^{max}$.

Au cours de la vie de l'application, une tâche peut être amenée à s'exécuter plusieurs fois. C'est le cas par exemple lorsque celle-ci est en charge d'échantillonner un signal en entrée. Une telle tâche est alors qualifiée de récurrente et l'on introduit la notion d'*instance de tâche* pour désigner une de ses exécutions. Les instances d'une tâche peuvent être ordonnées selon leur ordre d'apparition ; on parle ainsi de la *k*-ième instance de τ_i que l'on désigne par τ_i^k (avec *k*, entier strictement positif).

Afin de caractériser dans le temps les demandes d'exécution d'une tâche, on associe à chaque instance τ_i^k de τ_i sa *date d'activation* notée ici a_i^k.

L'intervalle de temps entre deux activations successives d'une même tâche est appelé *durée d'inter-arrivée*. Si cette durée est constante, la tâche est *périodique* et la durée d'inter-arrivée est sa *période* T_i. On a alors : $\forall\, k > 0,\ a_i^k = a_i^1 + (k - 1).T_i$.

Si ces durées sont minimisées par une valeur, la tâche est dite *sporadique* et le minimum des durées d'inter-arrivée est aussi noté T_i. L'analyse de l'ordonnançabilité de telles tâches est généralement menée de façon pessimiste quand elles présentent des contraintes temporelles strictes : elles sont en effet traitées comme des tâches périodiques de période T_i.

Lorsque les durées d'inter-arrivée ne peuvent être caractérisées, la tâche est dite *apériodique*.

Pour un ensemble de tâches, les valeurs des dates d'activation de leurs premières instances permettent de distinguer :

- les tâches *synchrones* qui commencent leur première exécution à l'instant initial, soit $a_i^1 = 0$;
- les tâches *concrètes* qui présentent un retard au démarrage connu pour leur première instance. On appelle *retard au démarrage*, ou *offset* ou encore *phase*, ce décalage ; il est noté O_i et $a_i^1 = O_i$ ($\neq 0$) ;
- les tâches *non concrètes* dont la première exécution peut survenir n'importe quand, soit a_i^1 non connu a priori.

Les paramètres présentés ci-avant permettent de caractériser les tâches et la façon selon laquelle elles s'exécutent. Lorsque les tâches font état de contraintes temporelles, de nouvelles grandeurs sont introduites pour les spécifier. Par exemple, on introduit classiquement la notion de *délai critique* D_i pour une tâche τ_i pour définir le délai au bout duquel chacune des instances de la tâche doit être terminée, délai compté à partir de la date d'activation. Apparaît alors la notion d'*échéance* d_i^k pour une instance comme étant la date (absolue) à laquelle τ_i^k doit être terminée et l'on a : $d_i^k = a_i^k + D_i$.

Pour une tâche périodique, si $D_i = T_i$, la tâche est dite *à échéance sur requête*. Une telle contrainte survient lorsqu'on veut interdire la réentrance au niveau du programme d'une tâche.

Dans la suite de ce chapitre, seules les contraintes temporelles dont dérivent des délais critiques pour les tâches seront considérées.

La figure 2 positionne ces différents paramètres vis-à-vis de l'exécution d'une tâche supposée ici périodique, concrète et à délai critique inférieur à sa période. On notera la convention retenue par la suite pour symboliser les dates d'activation et d'échéance dans la vie d'une tâche.

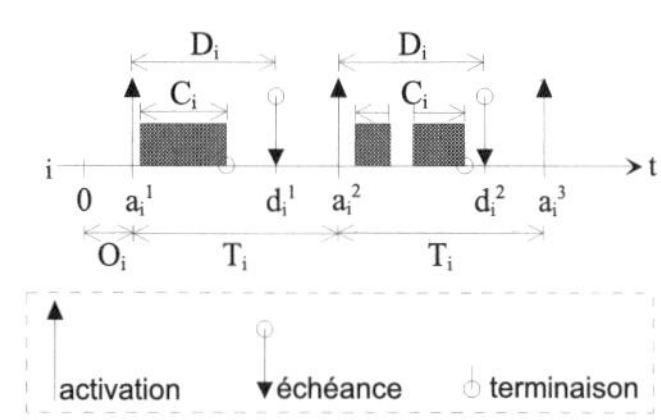

Figure 2 Modèle canonique d'une tâche périodique concrète et à délai critique inférieur à la période

Tâches avec relations de précédence

La coopération entre les tâches d'un même système temps réel se traduit par des synchronisations et des communications entre celles-ci, mises en œuvre dans leur code par des appels aux services adéquats de l'exécutif sous-jacent (sémaphores, événements, boîtes à lettres, rendez-vous). Du point de vue de la modélisation, une transformation simple permet alors d'introduire un modèle équivalent de tâches dites atomiques dont l'ordre d'exécution est contraint. C'est ce que montre en guise d'exemple la figure 3 : la tâche τ_2

signale l'événement *evt* dont l'occurrence conditionne la poursuite de l'exécution de la tâche τ_1. En découpant ces tâches au niveau de leur appel aux services de synchronisation, on obtient quatre tâches τ_{11}, τ_{12}, τ_{21} et τ_{22} sous forme atomique c'est-à-dire pour lesquelles les appels aux services de synchronisation sont soit au début (appel bloquant), soit à la fin (appel non bloquant), mais pas à l'intérieur du code de la tâche. L'ensemble des quatre tâches ainsi obtenu est équivalent au niveau de l'exécution à l'ensemble des deux tâches originelles, sous réserve d'y adjoindre des *relations dites de précédence* portant sur leur ordre d'exécution : relations issues de la séquentialité et relation issue de la synchronisation proprement dite.

Cette transformation se généralise aisément dans le cas de services de communication et d'acteurs multiples.

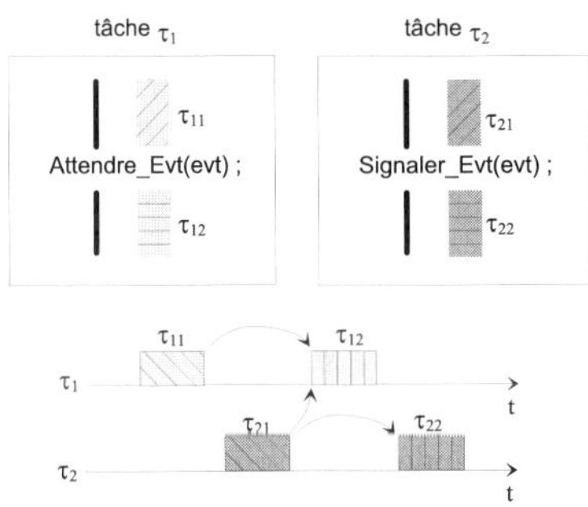

Figure 3 Transformation en tâches atomiques

Ces relations de précédence sont le plus souvent spécifiées par un graphe orienté dit *graphe de précédence* qui traduit toutes les relations nécessaires au comportement correct de l'application conforme au comportement initial souhaité par le concepteur. La figure 4 présente le graphe de précédence de l'exemple traité en figure 3.

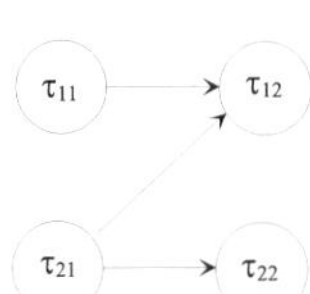

Figure 4 Expression des relations de précédence par un graphe de précédence

Lorsqu'au sein d'un graphe de précédence, une tâche τ_i est en relation avec une tâche τ_j, relation orientée de τ_i vers τ_j, on dit que *τ_i précède τ_j* c'est-à-dire que τ_j doit attendre la fin d'exécution de τ_i pour commencer sa propre exécution. On le note aussi $\tau_i \prec \tau_j$. On précise que lorsque les relations de précédence sont dérivées de communications entre tâches, les arcs correspondants du graphe de précédence peuvent présenter en outre une valuation en rapport avec le volume des données échangées entre les tâches.

Dans un souci de simplicité, nous considérerons uniquement des *relations de précédence simples* c'est-à-dire que deux tâches liées par une relation de précédence s'exécutent un même nombre de fois (par opposition aux *relations de précédence généralisées* pour lesquelles plusieurs instances d'une tâche peuvent précéder une instance d'une autre tâche ou bien une instance d'une tâche peut précéder plusieurs instances d'une autre). Dans le cas de la précédence simple, il est souhaitable que les tâches en relation opèrent à la même cadence et nous supposons que de telles tâches périodiques ont alors la même période. De plus, lorsqu'une tâche est en relation avec plusieurs tâches prédécesseurs, les relations de précédence sont considérées de manière conjonctive : toutes les tâches prédécesseurs doivent être terminées pour que la tâche puisse débuter son exécution (par opposition à une interprétation disjonctive pour laquelle la terminaison d'un sous-ensemble à spécifier des tâches prédécesseurs suffit).

Tâches avec partage de ressources

Au sein d'une application temps réel, des ressources qu'elles soient logiques (des données mémorisées en mémoire commune) ou physiques (un périphérique d'entrée-sortie) peuvent être partagées entre plusieurs tâches. Lorsque, pour des questions de maintien d'intégrité, la manipulation d'une telle ressource doit être réalisée en exclusion mutuelle entre les tâches, on qualifie la ressource de *critique*. La portion du code d'une tâche au sein duquel elle accède à une ressource critique constitue alors une zone appelée *section critique* qui est protégée par des appels de service permettant de gérer l'exclusion mutuelle comme un sémaphore (voir chapitre « Noyau d'exécutif temps réel »).

Soit une tâche τ_i de durée totale C_i qui présente une section critique Sc_i pour l'utilisation d'une ressource critique R. En terme de temps, l'exécution de cette tâche peut être décrite par trois valeurs (cf. figure 5) :

- $C_{i,\alpha}$: temps avant la section critique ;
- $C_{i,\beta}$: durée de la section critique (durée d'utilisation de la ressource) ;
- $C_{i,\gamma}$: temps après la section critique.

Ces trois valeurs sont telles que : $C_i = C_{i,\alpha} + C_{i,\beta} + C_{i,\gamma}$

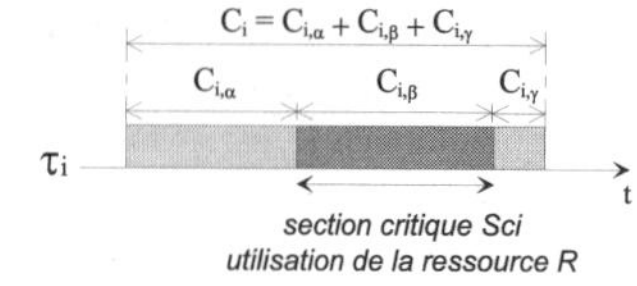

Figure 5 Durées d'exécution relatives à l'utilisation d'une ressource critique

Ces données s'étendent au cas où une tâche utilise plusieurs ressources critiques. Les sections critiques correspondantes doivent toutefois être soit complètement disjointes, soit strictement imbriquées les unes dans les autres.

Autres paramètres temporels des tâches

Pour caractériser le comportement d'une tâche au travers de ses éventuelles multiples instances dans un ordonnancement, des paramètres supplémentaires sont introduits dont :

- les dates de *début d'exécution* et de *fin d'exécution d'une instance* τ_i^k notées respectivement s_i^k et e_i^k. Étant donné les caractéristiques associées par ailleurs à une tâche, on a : $a_i^k \le s_i^k$ et $C_i^{max} \le e_i^k - s_i^k$;
- le *temps de réponse de la k-ième instance de la tâche* τ_i défini par : $TR_i^k = e_i^k - a_i^k$;
- le *pire temps de réponse de la tâche* τ_i est alors le maximum des temps de réponse de ses instances, soit : $TR_i = \max_{k \ge 1} \{TR_i^k\}$.

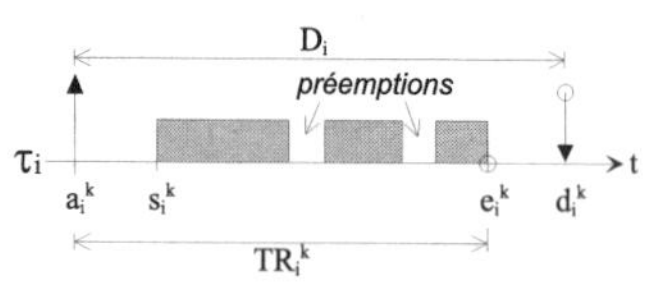

Figure 6 Paramètres temporels complémentaires

Propriétés d'une configuration de tâches périodiques

Indépendamment de la politique d'ordonnancement appliquée à une configuration de tâches périodiques, celle-ci présente quelques propriétés relatives à son ordonnançabilité.

Ainsi, on définit le *facteur d'utilisation* U d'une configuration de *n* tâches périodiques comme le pourcentage de ressource processeur nécessaire à son exécution. On a :

$$U = \sum_{i=1}^{n} \frac{C_i}{T_i}$$

De façon évidente, une condition nécessaire d'ordonnançabilité de la configuration est que les ressources processeurs offertes par la plate-forme d'exécution soient suffisantes vis-à-vis de l'utilisation qu'en fera la configuration de tâches. Soit autrement dit à vérifier :

$$U = \sum_{i=1}^{n} \frac{C_i}{T_i} \le p \qquad (1)$$

où *p* désigne le nombre de processeurs homogènes disponibles.

D'autre part, même si l'exécution d'une configuration de tâches périodiques dure indéfiniment, il s'avère que celle-ci présente un comportement périodique en matière de charge processeur demandée, s'étalant sur un intervalle de temps de longueur égale au plus petit commun multiple des périodes des tâches, $PPCM\{T_i\}_{i=1...n}$. Si toutes les tâches sont synchrones, ce comportement périodique se produit dès le départ. Si les tâches ne sont pas toutes synchrones, celui-ci survient après une phase dite transitoire qui peut durer au maximum $\max_{i=1...n}\{0_i\} + PPCM\{T_i\}_{i=1...n}$.

Ainsi l'étude d'un ordonnancement d'une telle configuration de tâches produit par une politique d'ordonnancement peut se limiter à un intervalle de temps appelé *période d'étude*, défini au maximum par une borne inférieure égale à $\min_{i=1...n}\{0_i\}$ et une borne supérieure égale à $\max_{i=1...n}\{0_i\} + 2.PPCM\{T_i\}_{i=1...n}$. La figure 7 montre ces régimes transitoire et permanent pour une configuration de trois tâches ($C_1 = 1$, $C_2 = 3$, $C_3 = 1$) périodiques ($T_1 = 4$, $T_2 = 6$, $T_3 = 4$) et concrètes ($0_1 = 0$, $0_2 = 1$, $0_3 = 3$). Il est important de noter qu'il existe d'autres séquences d'exécution mais que la périodicité et la durée de la phase transitoire sont indépendantes de la politique d'ordonnancement utilisée (Grolleau, 1999).

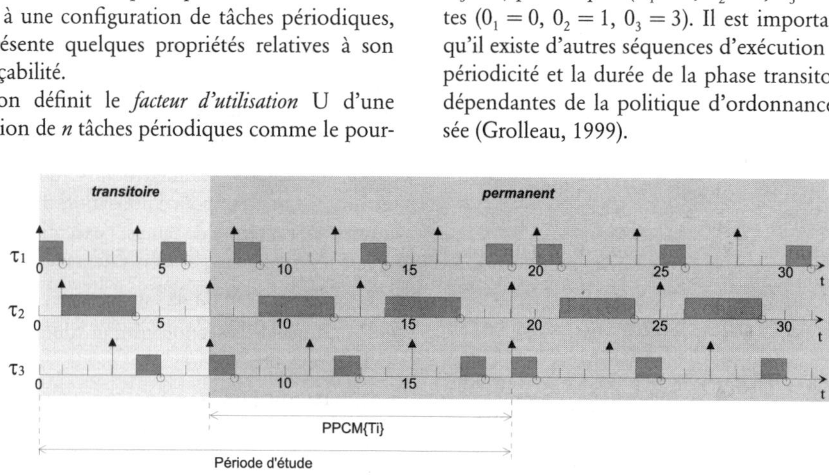

Figure 7 Période d'étude d'une configuration de tâches périodiques

4 Politiques d'ordonnancement de tâches indépendantes et périodiques

Nous rappelons que dans ce paragraphe et ses suivants (à l'exception du dernier cas, celui des architectures à processeurs multiples), nous considérons un système matériel monoprocesseur c'est-à-dire offrant aux tâches une ressource de traitement unique.

4.1 Politiques d'ordonnancement à priorités fixes

Politique d'ordonnancement «Rate Monotonic»

L'affectation des priorités aux tâches est effectuée selon la période T_i : une tâche est d'autant plus prioritaire que sa période est petite. Cette règle d'affectation des priorités et d'ordonnancement qui en résulte est appelée «*Rate Monotonic*» ou RM. Elle est issue des travaux de Liu et Layland présentés dans une publication de 1973 et qui fait référence dans le domaine de l'ordonnancement temps réel (Liu et Layland, 1973). Si les périodes de plusieurs tâches sont identiques, il faut alors adjoindre une politique complémentaire de résolution des accès égalitaires (le plus souvent de type FIFO).

La figure 8 donne un exemple d'ordonnancement construit par RM. La configuration considérée est composée de trois tâches ($C_1 = 2$, $C_2 = 4$, $C_3 = 10$) périodiques ($T_1 = 10$, $T_2 = 15$, $T_3 = 35$), synchrones et à échéance sur requête. Pour RM, τ_1 est donc plus prioritaire que τ_2, elle-même plus prioritaire que τ_3. Ceci explique que l'exécution de τ_3 subisse des préemptions lors des activations des différentes instances de τ_2 et τ_1.

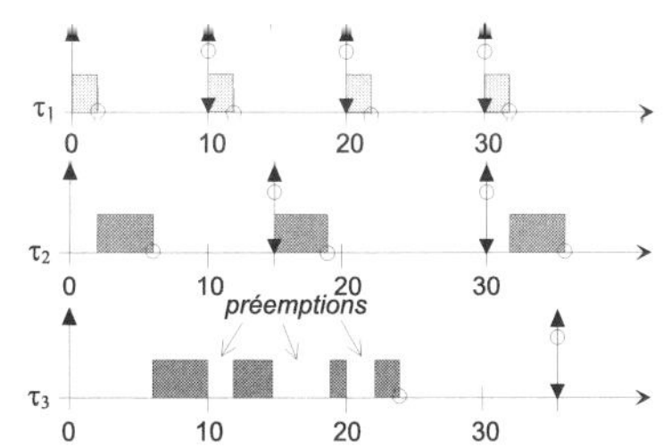

Figure 8 Exemple d'un ordonnancement construit par la politique RM

Dans la classe des politiques d'ordonnancement préemptives et à priorités fixes, et pour des configurations de tâches indépendantes, périodiques, synchrones et à échéance sur requête, *la politique RM est optimale*. Cela signifie donc que si une telle configuration de tâches n'est pas ordonnançable en appliquant la politique RM, elle ne l'est pas non plus par toute autre politique de cette classe. Pour une telle configuration de *n* tâches, on dispose d'une *condition suffisante d'ordonnançabilité* exprimée par l'inégalité suivante :

$$\sum_{i=1}^{n} \frac{C_i}{T_i} \leq n \cdot (2^{1/n} - 1) \qquad (2)$$

Cette condition exprime le facteur d'utilisation maximal pour lequel cette politique garantit le respect des échéances des tâches. Pour *n* qui tend vers l'infini, ce facteur tend vers *ln*(2), soit 69 %. La condition étant suffisante, si pour une configuration de tâches donnée, l'inégalité n'est pas respectée, il se peut que l'ordonnancement produit par RM soit valide malgré tout. Ainsi, une étude expérimentale a montré qu'en moyenne cette borne supérieure avoisine 88 %.

Sur l'exemple correspondant à la figure 8, l'évaluation du facteur d'utilisation donne U = 2/10 + 4/15 + 10/35 ≈ 0,74 et la limite donnée par l'expression vaut $3.(2^{1/3}-1) \approx 0{,}77$.

Bien que cette condition soit seulement suffisante, elle présente l'avantage d'être simple à évaluer. Toutefois, on dispose d'une condition nécessaire et suffisante plus complexe exprimée par l'inégalité suivante :

$$\forall i \in [1, n], \min_{0 < t \leq T_i} \sum_{j=1}^{i} \frac{C_j}{t} \cdot \left\lceil \frac{t}{T_j} \right\rceil \leq 1 \qquad (3)$$

pour laquelle les indices des tâches sont supposés dans l'ordre contraire des priorités des tâches (τ_1 est la plus prioritaire et τ_n la moins).

Ces propriétés énoncées pour des configurations de tâches périodiques et synchrones peuvent être étendues à celles de tâches sporadiques (en les considérant activées périodiquement avec leur durée d'inter-arrivée) ou encore non concrètes (puisqu'on montre que c'est lorsque les tâches sont toutes activées en même temps, que leurs exécutions sont les plus pénalisées). On précise toutefois que la condition n'est que suffisante dans le cas de tâches concrètes. Ces propriétés ne sont plus conservées si les tâches ne sont plus toutes à échéance sur requête.

Politique d'ordonnancement «Deadline Monotonic»

Avec la politique «*Deadline Monotonic*» ou DM (appelée aussi «*Inverse Deadline*»), l'affectation des priorités aux tâches est effectuée selon le délai critique D_i (au lieu de la période pour RM) : la tâche la plus prioritaire est celle dont le délai critique est le plus petit. Les performances de cette politique sont équivalentes à celles de RM dans le cas de tâches à échéance sur requête ($D_i = T_i$) mais meilleures lorsque les délais critiques sont plus petits que les périodes.

La figure 9 donne un exemple d'ordonnancement construit par DM. La configuration considérée est composée de trois tâches ($C_1 = 8$, $C_2 = 2$, $C_3 = 4$) périodiques ($T_1 = 40$, $T_2 = 20$, $T_3 = 10$), synchrones et à délais critiques ($D_1 = 18$, $D_2 = 20$, $D_3 = 8$). Pour DM,

τ_3 est donc plus prioritaire que τ_1, elle-même plus prioritaire que τ_2.

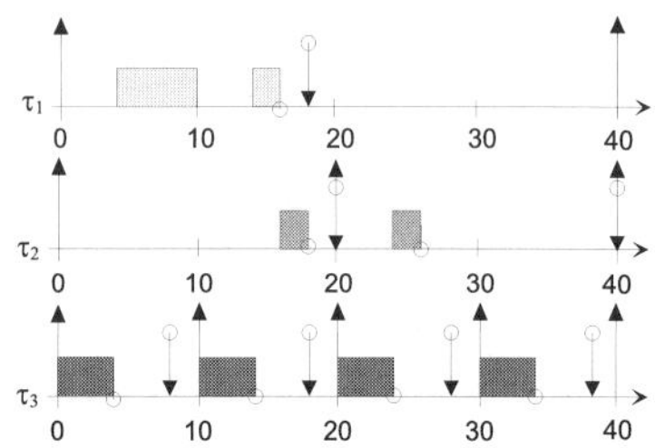

Figure 9 Exemple d'un ordonnancement construit par la politique DM

Dans la classe des politiques d'ordonnancement préemptives et à priorités fixes, et pour des configurations de tâches indépendantes, périodiques, synchrones et à délais critiques plus petits que les périodes, la *politique DM est optimale.*

Pour une telle configuration de n tâches, on dispose d'une condition suffisante d'ordonnançabilité exprimée par l'inégalité suivante:

$$\sum_{i=1}^{n} \frac{C_i}{D_i} \leq n \cdot (2^{1/n} - 1) \quad (4)$$

Comme pour la politique RM, cette condition simple n'est que suffisante. En effet, pour l'exemple présenté, on a: $8/18 + 2/20 + 4/8 = 1{,}04 > 0{,}77 = 3.(2^{1/3} - 1)$; mais le chronogramme de la figure 9 construit sur la période d'étude prouve que l'ordonnancement des trois tâches s'effectue sans faute temporelle. Sur le même principe que pour RM, une condition nécessaire et suffisante existe.

$$\forall i \in [1, n], \min_{0 < t \leq D_i} \sum_{j=1}^{i} \frac{C_j}{t} \cdot \left\lceil \frac{t}{T_j} \right\rceil \leq 1 \quad (5)$$

Pour les mêmes raisons qu'exposées avec RM, il est possible d'étendre ces résultats aux tâches sporadiques et non concrètes. En revanche, ils perdent toute valeur dès qu'une tâche fait état d'un délai critique supérieur à sa période.

4.2 Politiques d'ordonnancement à priorités dynamiques

Nous nous intéressons dans cette section à la catégorie des politiques d'ordonnancement pour lesquelles la priorité des tâches varie au cours de l'exécution d'une tâche. La priorité est dans ce cas davantage liée à l'instance de tâche et est fonction d'une caractéristique temporelle dynamique de celle-ci.

Politique d'ordonnancement «Earliest Deadline First»

Avec la politique d'ordonnancement «*Earliest Deadline First*» ou EDF, la priorité de l'instance k de la tâche τ_i est fonction de son échéance d_i^k; elle peut être calculée à partir du *délai critique dynamique* D_i^k (t) défini par: $D_i^k(t) = d_i^k - t$ (voir la figure 11). L'instance de tâche la plus prioritaire est celle dont l'échéance est la plus proche, c'est-à-dire dont le délai critique dynamique est le plus petit.

La figure 10 donne un exemple d'ordonnancement construit par EDF. La configuration considérée est composée de trois tâches ($C_1 = C_2 = C_3 = 2$) périodiques ($T_1 = 10$, $T_2 = 5$, $T_3 = 6$), synchrones et à délais critiques ($D_1 = 8$, $D_2 = 4$, $D_3 = T_3 = 6$). On remarque qu'à l'instant initial $t = 0$, les trois tâches sont réveillées et l'échéance de la première instance de τ_2 étant la plus proche, c'est elle qui est la plus prioritaire. En revanche, à l'instant $t = 5$, les deux tâches τ_1 et τ_2 sont prêtes mais l'échéance de la première instance de τ_1 étant alors la plus proche, c'est elle qui est la plus prioritaire.

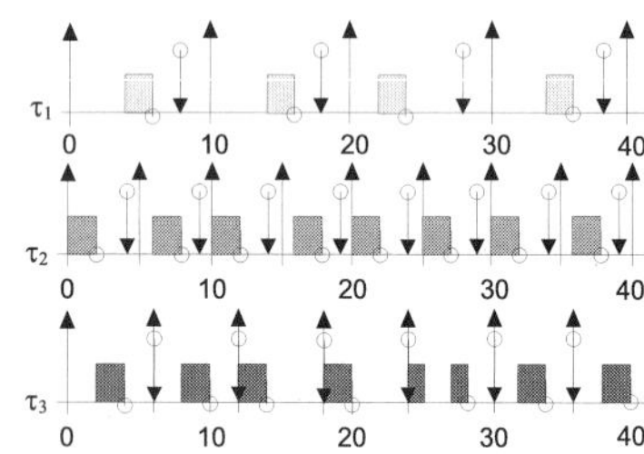

Figure 10 Exemple d'un ordonnancement construit par la politique EDF

La mise en œuvre de cette politique d'ordonnancement impose que l'actualisation des priorités soit réalisée par l'ordonnanceur à chaque fois qu'une nouvelle tâche est insérée dans sa liste des tâches prêtes.

Dans la classe des politiques d'ordonnancement préemptives et à priorités dynamiques, et pour des configurations de tâches indépendantes, périodiques, synchrones et à délais critiques inférieurs ou égaux aux périodes, la *politique EDF est optimale.*

Une condition d'ordonnançabilité nécessaire et suffisante simple a été établie pour le cas des tâches à échéance sur requête, à savoir:

$$U = \sum_{i=1}^{n} \frac{C_i}{T_i} \leq 1 \quad (6)$$

Pour un ensemble de tâches dont les délais critiques peuvent être inférieurs aux périodes, cette condition n'est plus suffisante puisque le délai critique D_i peut être arbitrairement petit. Elle est remplacée par la condition suffisante suivante:

$$U = \sum_{i=1}^{n} \frac{C_i}{D_i} \leq 1 \quad (7)$$

D'autres expressions de conditions nécessaires et suffisantes existent mais sont plus complexes et restent délicates à mettre en œuvre.

Ici encore, l'extension à des configurations de tâches sporadiques et non concrètes est possible.

Politique d'ordonnancement « Least Laxity First »

La notion de délai critique dynamique d'une instance (introduite à la section précédente) peut être étendue de sorte que sa durée d'exécution restante à l'instant t, notée $C_i^k(t)$, soit intégrée. On parle alors de *laxité dynamique* définie par : $L_i^k(t) = D_i^k(t) - C_i^k(t) = d_i^k - t - C_i^k(t)$.

La figure 11 positionne ces grandeurs. On constate que la laxité dynamique correspond au retard maximum tolérable pour reprendre l'exécution de l'instance de tâche seule tout en respectant son échéance.

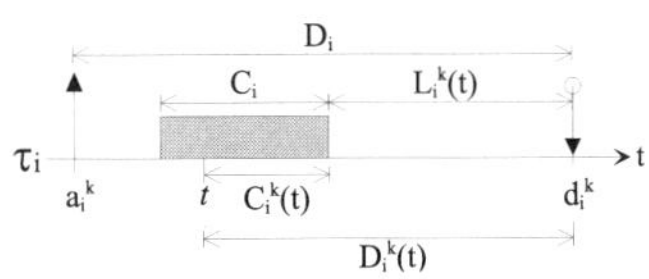

Figure 11 Délai critique et laxité dynamiques

Avec la politique d'ordonnancement *Least Laxity First* ou LLF (appelée aussi tout simplement *Least Laxity* ou LL), la priorité d'une instance de tâche est affectée à l'inverse de sa laxité dynamique : l'instance de tâche la plus prioritaire est celle dont la laxité dynamique est la plus petite.

Les ordonnancements produits par LLF sont équivalents à ceux produits par EDF si, comme pour EDF, l'actualisation des priorités est réalisée aux seuls instants de réveil des tâches. En revanche, si on recalcule les laxités dynamiques de manière régulière, alors l'ordonnancement produit par LLF se caractérise par un nombre de changements de contexte d'autant plus important que la cadence d'actualisation est rapide. En effet, la laxité dynamique de l'instance de tâche en cours demeure constante tandis que celles des instances de tâches prêtes diminuent.

Pour une même configuration composée de deux tâches ($C_1 = 5$, $C_2 = 4$) périodiques ($T_1 = 10$, $T_2 = 9$), synchrones et à échéance sur requête, la figure 12 met en parallèle les ordonnancements construits par EDF d'une part et par LLF d'autre part, pour lequel l'évaluation des laxités dynamiques a lieu toutes les unités de temps. Comme on peut le constater, l'ordonnancement obtenu par la politique LLF contient plus de cinq fois plus de changements de contexte que celui produit par la politique EDF. Cet inconvénient de la politique LLF conduit à lui préférer la politique EDF en environnement monoprocesseur.

L'optimalité de cette politique LLF et les conditions d'ordonnançabilité sont les mêmes que pour EDF.

5 Politiques d'ordonnancement de tâches indépendantes et apériodiques

Dans cette section, nous nous intéressons à la prise en compte de tâches apériodiques à contraintes temporelles relatives ou strictes, au sein d'un ordonnancement de tâches périodiques à contraintes temporelles strictes conduit par l'une des politiques précédemment introduites. On considère les contraintes temporelles des tâches périodiques satisfaites et l'ordonnancement des tâches apériodiques doit se faire sans remettre en cause cette condition.

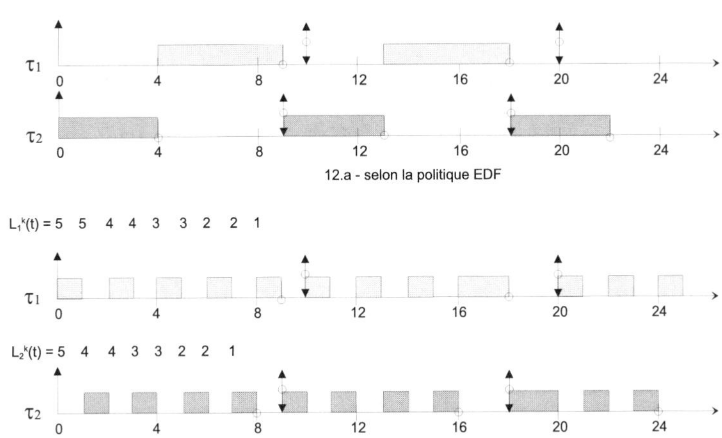

Figure 12 Comparaison d'ordonnancements produits par les politiques EDF et LLF

Il existe un large éventail de techniques pour répondre à ce problème qu'il nous est impossible de détailler ici. Schématiquement on peut distinguer deux types de stratégies :

- les techniques de réquisition de temps creux qui consistent à utiliser les intervalles de temps pendant lesquels le processeur n'exécute pas les tâches périodiques pour réaliser les tâches apériodiques ;
- les techniques par tâche serveur qui consistent à déclarer une nouvelle tâche périodique dédiée exclusivement au traitement des tâches apériodiques.

Dans les deux sections suivantes, à des seules fins d'introduction des principes, nous présentons une technique de chacune de ces catégories, choisie pour sa simplicité. Nous invitons le lecteur à se reporter à (Cottet et al., 2000) (Cottet et al., 2002) pour une présentation de leurs nombreuses autres déclinaisons.

5.1 Traitement en arrière-plan

Les tâches apériodiques sont traitées pendant les temps d'oisiveté du processeur, c'est-à-dire lorsqu'aucune tâche périodique n'est prête à s'exécuter. C'est pourquoi cette méthode est appelée aussi «vol de temps creux». Si plusieurs tâches apériodiques sont prêtes, elles sont stockées dans une file d'attente gérée en FIFO selon leur ordre d'activation ou par priorité.

La figure 13 donne un exemple d'un tel ordonnancement pour une configuration composée de deux tâches ($C_1 = C_2 = 2$) périodiques ($T_1 = 5$, $T_2 = 10$), synchrones et à échéance sur requête, ordonnancée selon RM. On considère trois tâches apériodiques ($C_3 = 2$, $C_4 = 1$, $C_5 = 2$), activées aux instants ($a_3 = 4$, $a_4 = 10$, $a_5 = 11$)

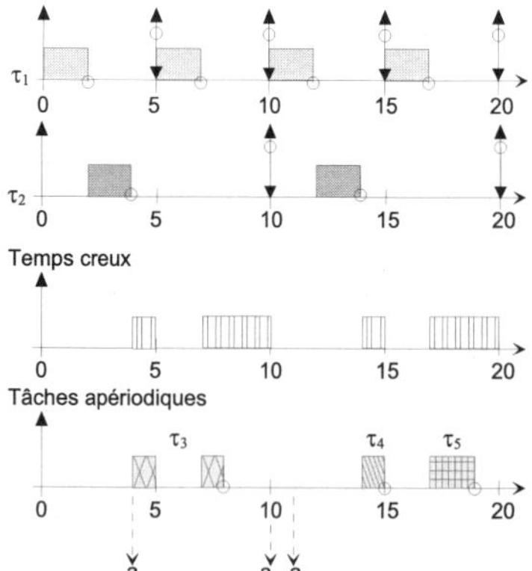

Figure 13 Exemple d'un ordonnancement avec traitement des tâches apériodiques en arrière-plan

Cette méthode d'ordonnancement des tâches apériodiques en arrière-plan est très simple, peu coûteuse et applicable quelle que soit la politique d'ordonnancement mise en œuvre pour les tâches périodiques. Toutefois, dans la mesure où les temps de réponse des tâches apériodiques ne peuvent pas être bornés, elle n'est envisageable que pour des tâches apériodiques à contraintes relatives et ne fonctionne correctement que si le facteur d'utilisation du processeur n'est pas trop élevé.

Des améliorations de cette technique existent comme les méthodes *slack stealer* ou d'*ordonnancement conjoint*. Elles visent à dynamiquement agencer les temps creux en fonction de l'apparition des tâches apériodiques et tout en garantissant l'ordonnançabilité des tâches périodiques.

5.2 Traitement par serveur à scrutation

Cette version du traitement des tâches apériodiques par serveur est la plus simple. Le serveur se présente sous la forme d'une tâche périodique, notée ici τ_S, qui possède les paramètres temporels fondamentaux, notamment une durée d'exécution (C_S) et une période d'activation (T_S). La durée d'exécution du serveur est à relier à ce que l'on appelle sa *capacité* (de traitement). La tâche serveur est généralement ordonnancée selon la même politique que les autres tâches périodiques et lorsqu'elle devient en cours, elle sert les éventuelles tâches apériodiques en attente depuis son activation précédente et ce, soit jusqu'à épuisement de sa capacité, soit jusqu'à ce qu'il n'y ait plus de tâche apériodique à servir. L'ordre dans lequel les tâches apériodiques sont traitées par le serveur est indépendant de la politique d'ordonnancement des tâches périodiques et peut être conduit par des critères comme l'arrivée des tâches, leurs durées d'exécution, leurs échéances, etc. Si, lorsque le serveur commence son exécution, il n'y a aucune tâche apériodique en attente, celui-ci se suspend jusqu'à son activation suivante en perdant sa capacité qui peut alors être récupérée au profit des tâches périodiques.

La figure 14 donne un exemple de fonctionnement du serveur à scrutation. La configuration de tâches périodiques est composée de deux tâches applicatives et de la tâche serveur ($C_1 = 4$, $C_2 = 8$, $C_S = 1$) avec ($T_1 = 10$, $T_2 = 20$, $T_S = 5$), synchrones et à échéance sur requête. Ces trois tâches sont ordonnancées selon RM. On considère deux tâches apériodiques ($C_3 = 1$, $C_4 = 2$), activées aux instants ($a_3 = 5$, $a_4 = 12$). On observe que lors du premier réveil du serveur ($t = 0$), aucune tâche périodique n'étant en attente, le serveur se suspend immédiatement permettant ainsi à τ_1 de démarrer. L'activation de la tâche apériodique τ_3 à l'instant $t = 5$ coïncidant avec celle du serveur, τ_3 est immédiatement servie et consomme toute la capacité du serveur. En revanche, la tâche apériodique τ_4 doit attendre l'activation suivante du serveur à l'instant $t = 15$ pour s'exécuter et, dans la mesure où elle épuise la capacité du serveur sans se terminer, elle doit encore attendre l'activation suivante de celui-ci à l'instant t = 20 pour achever son exécution.

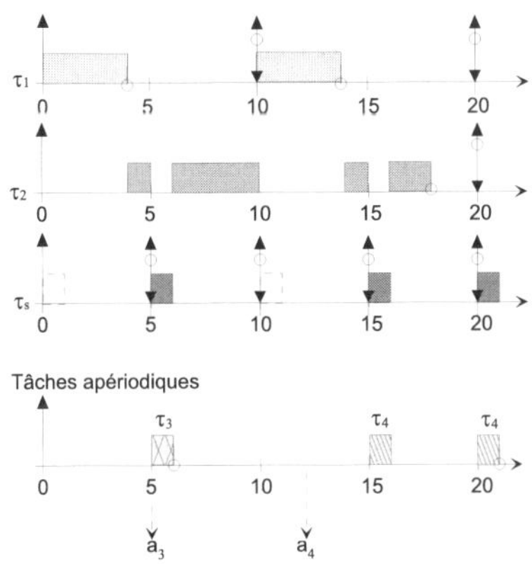

Figure 14 Exemple d'un ordonnancement avec traitement des tâches apériodiques par un serveur à scrutation

Le mode très basique de gestion de la capacité du serveur à scrutation est à l'origine de ses faiblesses : d'un côté, le serveur perd sa capacité lorsqu'il n'y a pas ou plus de tâches apériodiques à traiter ; de l'autre, une tâche apériodique qui se trouve activée juste après la suspension du serveur, est contrainte d'attendre une prochaine activation de celui-ci pour être servie. Des améliorations existent donc visant à conserver la capacité du serveur, comme le *serveur ajournable*, le *serveur sporadique*, le *serveur à échange de priorités*, etc. (Cottet et al., 2000) (Cottet et al., 2002).Le point crucial est de déterminer les paramètres temporels de la tâche serveur par rapport à ceux des tâches apériodiques à servir, si l'on veut pouvoir borner leur temps de réponse quelle que soit leur date d'activation. On dispose pour cela de conditions (élaborées à partir des situations les plus défavorables d'activation des tâches apériodiques vis-à-vis de l'activation de la tâche serveur) non présentées ici, faute de place. Cette technique est donc adaptée au traitement de tâches apériodiques à contraintes strictes.

6 Politiques d'ordonnancement de tâches avec relations de précédence et périodiques

Comme présenté au paragraphe 3.2.2, les relations de précédence entre tâches sont considérées exprimées sous la forme d'un graphe de précédence. Deux approches sont envisageables pour traiter de l'ordonnancement de telles tâches :

- soit on se ramène à des tâches réellement indépendantes en poussant la transformation de la section Tâches avec relations de précédence jusqu'à éliminer de leur code tout appel aux services de synchronisation et on modifie de manière adéquate les paramètres d'ordonnancement de ces tâches de façon à ce que ce soit la politique d'ordonnancement qui implicitement réalise leur exécution correctement ordonnée, selon les relations de précédence. La vérification de l'ordonnançabilité peut alors être menée comme sur une configuration de tâches indépendantes, en notant bien qu'il ne peut y avoir alors nécessairement synchronisme sur l'ensemble des tâches ;
- soit on laisse au niveau des services de l'exécutif la mise en œuvre de la synchronisation entre tâches liées par une relation de précédence et on applique telle quelle une politique d'ordonnancement. Il faut alors prendre en compte l'ordre d'exécution des tâches lors de la vérification de l'ordonnançabilité.

Ci-après on s'intéresse à la transformation des paramètres des tâches du premier cas ; la vérification de l'ordonnançabilité sera abordée au § 8. Cette transformation porte sur les dates de première activation et sur les priorités. Ainsi, si $\tau_i \prec \tau_j$, les règles suivantes doivent être respectées par les nouveaux paramètres associés aux tâches (repérés par *) :

- $a_i^{1*} \leq a_j^{1*}$;
- priorité*(τ_i) > priorité*(τ_j), dans le respect de la politique d'ordonnancement utilisée.

6.1 Prise en compte des relations de précédence avec RM

Dans le cas où les tâches faisant état des relations de précédence sont ordonnancées selon la politique RM, le calcul des paramètres modifiés est tel que :

- $a_i^{1*} = \max\{a_i^1, (a_j^{1*})\}$ pour j tel que $\tau_j \prec \tau_i$;
- si $\tau_i \prec \tau_j$, priorité*(τ_i) > priorité*(τ_j), tout en vérifiant que si la période de τ_i est supérieure à celle de τ_k, on a bien priorité*(τ_i) < priorité*(τ_k).

Considérons l'exemple du graphe de précédence de la figure 15 pour lequel les tâches ($C_1 = 1$, $C_2 = 2$, $C_3 = 2$, $C_4 = 3$, $C_5 = 1$, $C_6 = 2$) sont périodiques ($T_1 = T_2 = 10$, $T_3 = T_4 = T_5 = T_6 = 20$) et concrètes ($a_1^1 = a_2^1 = a_3^1 = a_5^1 = a_6^1 = 0$, $a_4^1 = 3$). Les dates de première activation sont donc modifiées et deviennent ($a_1^{1*} = a_2^{1*} = a_3^{1*} = 0$, $a_4^{1*} = a_5^{1*} = a_6^{1*} = 3$). Les priorités quant à elles sont adaptées de sorte à respecter :

- la règle d'affectation des priorités de RM, soit : priorité*(τ_1, τ_2) > priorité*(τ_3, τ_4, τ_5, τ_6) ;
- ainsi que les relations de précédence, soit : priorité*(τ_1) > priorité*(τ_2) et priorité*(τ_3) > priorité*(τ_5) et priorité*(τ_4) > priorité*(τ_5) et priorité*(τ_4) > priorité*(τ_6).

Une solution possible est: priorité*(τ_1) = 6, priorité*(τ_2) = 5, priorité*(τ_3) = 4, priorité*(τ_4) = 3, priorité*(τ_5) = 2 et priorité*(τ_6) = 1.

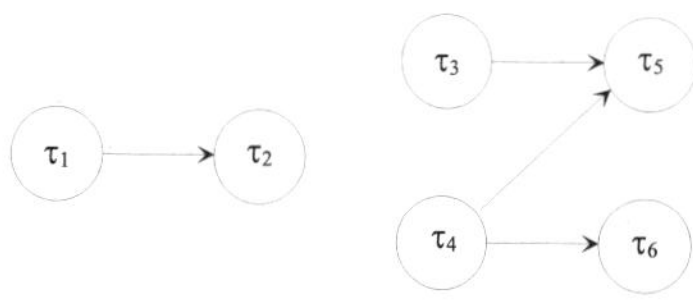

Figure 15 Graphe de précédence

6.2 Prise en compte des relations de précédence avec EDF

Dans la mesure où la priorité est reliée à l'échéance pour la politique EDF, la transformation opère ici sur les échéances. Soit les transformations suivantes à réaliser:

- $a_i^{1*} = \max\{a_i^1, \max\{a_j^{1*} + C_j\}\}$ pour j tel que $\tau_j \prec \tau_i$; autrement dit, une tâche ne peut débuter son exécution que si tous ses prédécesseurs ont terminé la leur;
- $d_i^{1*} = \min\{d_i^1, \min\{d_j^{1*} - C_j\}\}$ pour j tel que $\tau_i \prec \tau_j$; autrement dit une tâche a toujours une échéance plus petite que celle de chacun de ses successeurs, les échéances suivantes étant données par $d_i^{k*} = d_i^{1*} + (k - 1)\, T_i$.

Reprenons l'exemple du graphe de précédence de la figure 15 dont on rappelle les caractéristiques temporelles: ($C_1 = 1$, $C_2 = 2$, $C_3 = 2$, $C_4 = 3$, $C_5 = 1$, $C_6 = 2$); ($T_1 = T_2 = 10$, $T_3 = T_4 = T_5 = T_6 = 20$); ($a_1^1 = a_2^1 = a_3^1 = a_5^1 = a_6^1 = 0$, $a_4^1 = 3$); et que l'on complète par la spécification de délais critiques ($D_1 = 9$, $D_2 = 10$, $D_3 = 15$, $D_4 = 12$, $D_5 = 18$, $D_6 = 16$). On en déduit les dates de première échéance: ($d_1^1 = 9$, $d_2^1 = 10$, $d_3^1 = 15$, $d_4^1 = 15$, $d_5^1 = 18$, $d_6^1 = 16$). Les dates de première activation sont modifiées en parcourant le graphe depuis les prédécesseurs d'abord et deviennent ($a_1^{1*}= 0$, $a_2^{1*}= 1$, $a_3^{1*}= 0$, $a_4^{1*}= 3$, $a_5^{1*}= 6$, $a_6^{1*}= 6$). Pour la réévaluation des dates de première échéance, on parcourt le graphe en sens inverse, depuis les successeurs d'abord, et l'on obtient: ($d_1^{1*}= 8$, $d_2^{1*}= 10$, $d_3^{1*}= 15$, $d_4^{1*}= 14$, $d_5^{1*}= 18$, $d_6^{1*}= 16$).

Il est important de remarquer que l'équivalence de la configuration de tâches ainsi modifiée avec la configuration de tâches initiale a été démontrée: si la configuration initiale est ordonnançable avec le respect des relations de précédence alors la configuration modifiée l'est aussi, et réciproquement.

7 Politiques d'ordonnancement de tâches avec partage de ressources et périodiques

7.1 Les difficultés

Le partage de ressources critiques entre tâches peut être à l'origine de quelques anomalies de fonctionnement que nous illustrons dans cette section.

Un premier dysfonctionnement est connu sous le terme d'*interblocage* (ou aussi *blocage fatal*). Il survient lorsque deux tâches τ_1 et τ_2 (ou plus) utilisent deux mêmes ressources critiques R_1 et R_2 (ou plus), selon le scénario illustré par la figure 16 (on y suppose τ_2 plus prioritaire que τ_1). La demande de R_1 et R_2 par τ_1 et τ_2 dans un ordre inverse conduit les deux tâches à se mettre dans une situation d'attente réciproque (par exemple, sur l'attente de la prise de sémaphore).

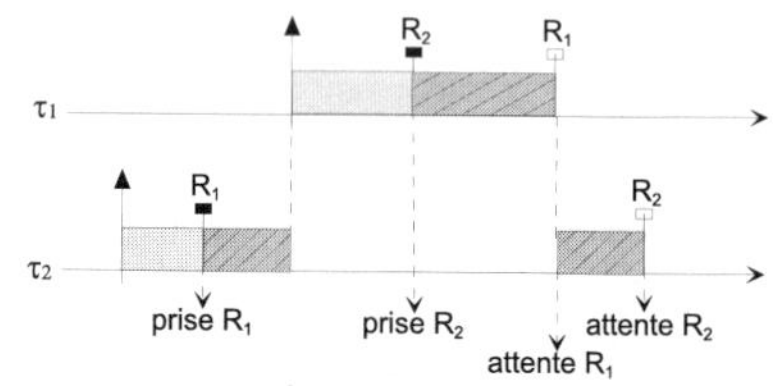

Figure 16 Interblocage

Un autre phénomène dit d'*inversion de priorité* peut également survenir, comme le montre la figure 17. Les tâches sont telles que τ_{i+1} est plus prioritaire que τ_i, et τ_1 et τ_4 partagent une même ressource critique R. On constate que la durée d'attente par τ_4 de la libération de R par τ_1 peut être allongée du fait de l'exécution intercalée des tâches τ_2 et τ_3 pourtant moins prioritaires que τ_4 et non concernées par R.

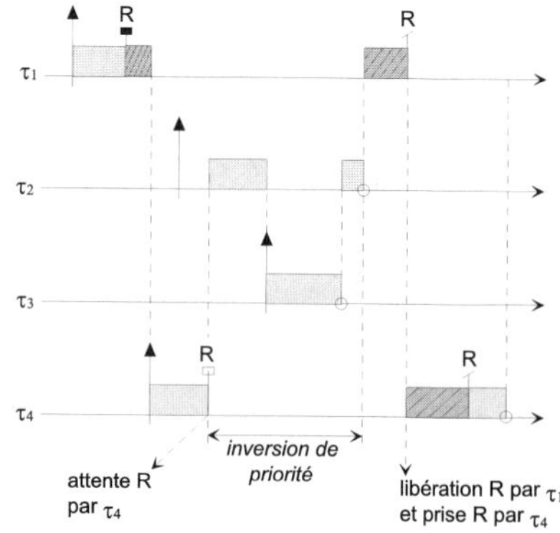

Figure 17 Inversion de priorité

Enfin, en matière d'ordonnancement et surtout d'ordonnançabilité, il est naturel de penser que raisonner avec des durées d'exécution maximales pour les tâches correspond à la situation la plus difficile. On montre aisément qu'il n'en est rien dès lors que les tâches sont dépendantes, qu'il s'agisse d'ailleurs de partage de ressource critique ou de relation de précédence. Ainsi, dans l'exemple de la figure 18 où deux tâches périodiques τ_1 et τ_2 partagent la même ressource R (on y suppose τ_2 plus prioritaire que τ_1), on constate que l'exécution plus rapide de la deuxième instance de τ_1 conduit la deuxième instance de τ_2 à se bloquer en attente de la libération de R et ainsi à dépasser son échéance ; anomalie qui n'était pas apparue pour sa première instance en dépit d'une exécution plus longue de τ_1.

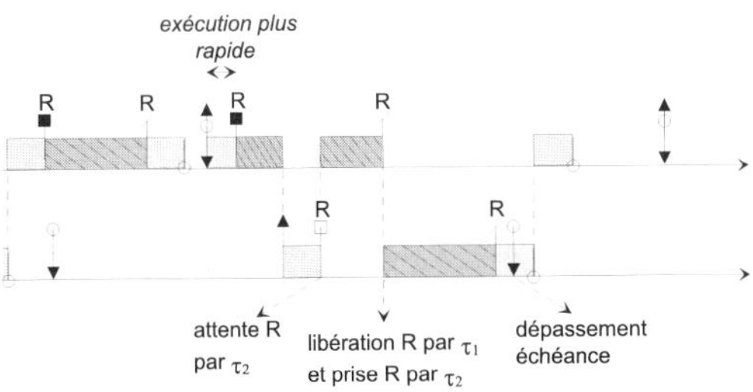

Figure 18 Anomalie liée à la réduction d'une durée d'exécution

Pour éviter ce genre de dysfonctionnements ou du moins être en mesure de borner les temps de blocage qu'ils peuvent induire, des méthodes spécifiques ont été développées que l'on connaît sous le nom de *protocole de gestion de ressource critique* et qui viennent en complément des politiques d'ordonnancement des tâches (habituellement soit RM, soit EDF). Ici encore diverses variantes existent et nous nous contenterons de decrire les plus classiques dans les deux sections qui suivent.

7.2 Protocole à priorité héritée

Dans ce protocole appelé aussi «*Priority Inheritance Protocol*» ou PIP, lorsqu'une tâche τ' se suspend en attente de la libération d'une ressource critique utilisée par une tâche τ moins prioritaire qu'elle, la priorité de τ est provisoirement augmentée au niveau de celle de τ'. On favorise ainsi une libération plus rapide de la ressource par τ et donc une réduction de l'attente de τ'. La tâche τ retrouve sa priorité originelle à la libération de la ressource. Ce protocole peut s'appliquer pour des ressources multiples sous réserve que les sections critiques correspondantes soient exactement emboîtées.

La figure 19 donne un exemple de l'application de ce protocole pour une configuration de trois tâches. Les tâches sont telles que τ_{i+1} est plus prioritaire que τ_i, et τ_1 et τ_3 partagent une même ressource critique R. On observe que la priorité plus élevée de τ_3 dont hérite τ_1 dès lors que τ_3 a demandé la ressource R, empêche τ_1 d'être préemptée par τ_2 pendant la fin de sa section critique et donc, ainsi, de pénaliser τ_3 par l'exécution de τ_2 moins prioritaire qu'elle.

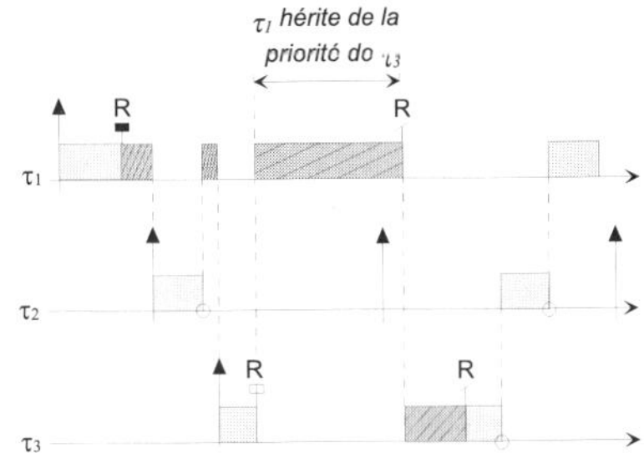

Figure 19 Protocole à priorité héritée

Ce protocole permet donc d'éviter l'inversion de priorité et de borner le temps d'attente de la libération d'une ressource. En effet, on montre que, pour une tâche τ_i, une borne supérieure du temps de blocage B_i sur l'attente d'une ressource est donnée par la somme des durées $C_{j,\beta}$ des sections critiques (liées à cette même ressource) des tâches τ_j de plus faible priorité (Klein et al., 1993). Ce calcul constitue généralement une surévaluation de B_i.

Toutefois, le protocole à priorité héritée ne prévient aucunement le phénomène d'interblocage. Pour répondre à la fois à ces deux inconvénients (inversion de priorité et interblocage), il est possible d'utiliser le protocole à priorité plafond décrit ci-après.

7.3 Protocole à priorité plafond

Dans ce protocole appelé aussi «*Priority Ceiling Protocol*» ou PCP, une priorité appelée *priorité plafond* est initialement associée à chaque ressource critique. Elle va agir comme un seuil et sa valeur est la priorité de la tâche la plus prioritaire y accédant. Ce protocole reprend le principe de l'héritage de priorité de façon à minimiser l'attente d'une tâche plus prioritaire et le complète par la règle suivante : une tâche ne peut accéder à une ressource libre que si sa priorité plafond est strictement supérieure aux priorités plafond des ressources déjà possédées par d'autres tâches au sein de l'application.

Le principe de fonctionnement est illustré par la figure 20. Les trois tâches sont telles que τ_3 est plus prioritaire que τ_2, elle-même plus prioritaire que τ_1. τ_1 utilise deux ressources critiques R_1 et R_2 ; τ_2 utilise R_2 ; τ_3 utilise R_1. La priorité plafond de R_1 (notée PP sur la figure 20) est donc identique à la priorité de τ_3, tandis que celle de R_2 est égale à la priorité de τ_2. ; la priorité plafond de R_1 est ainsi supérieure à celle de R_2.

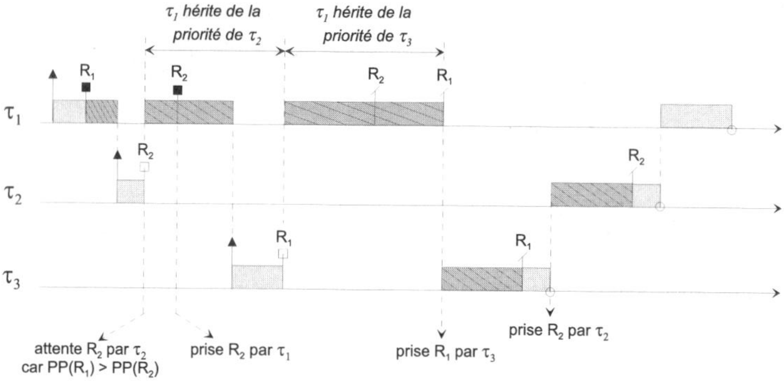

Figure 20 Protocole à priorité plafond

La règle liée à la priorité plafond prévient les chaînes de blocage dès que plus de deux ressources critiques sont partagées. Elle conduit également à affiner l'évaluation d'une borne supérieure du temps de blocage B_i. On montre qu'elle est donnée par la plus grande durée des sections critiques d'une tâche moins prioritaire que τ_i et dont la priorité plafond d'une de ses ressources est au moins aussi grande que la priorité de τ_i (Klein et al., 1993).

On notera que la mise en œuvre de ce protocole requiert la connaissance des besoins en ressources de chaque tâche, ainsi que sa priorité. C'est pourquoi même si elle est envisageable dans le contexte de la politique d'ordonnancement EDF, elle s'avère alors coûteuse.

8 Analyse d'ordonnançabilité

Comme précisé en introduction de ce chapitre, le caractère critique de bon nombre des applications visées dans le domaine temps réel exige que les choix effectués en matière de politique d'ordonnancement fassent l'objet d'une validation. L'*analyse d'ordonnançabilité* consiste donc, pour une configuration de tâches donnée, à établir *a priori* la validité de l'ordonnancement résultant d'une politique d'ordonnancement donnée. On rappelle que validité fait ici référence au respect des contraintes temporelles portant sur l'exécution des tâches de la configuration considérée. Dans les sections qui font suite, nous ne traitons que des méthodes d'analyse d'ordonnançabilité directement issues et étroitement corrélées aux travaux sur l'ordonnancement tel que nous l'avons abordé. Elles sont complémentaires d'autres approches comme le *model checking* ou la simulation qui visent respectivement (voir le chapitre «Vérification des applications temps réel»):

- une exploration exhaustive de l'espace des comportements d'une configuration à partir de sa modélisation à l'aide d'un système de transitions étendu temporellement (automate, réseau de Petri, etc);
- une exploration partielle par «exécution» du code des tâches et système, ou de son modèle sur des scénarios préalablement spécifiés.

8.1 Tests d'ordonnançabilité

Comme nous l'avons précédemment en partie introduit, outre leur éventuel caractère optimal, les politiques d'ordonnancement sont en général accompagnées de diverses conditions d'ordonnançabilité.

Il s'agit le plus souvent de critères analytiques mettant en avant, pour les plus simples, le facteur d'utilisation limite ne pouvant être dépassé sans mettre en cause l'ordonnançabilité, ceci de manière suffisante, et plus rarement nécessaire et suffisante. Ils s'adressent à des configurations de tâches spécifiques (par exemple, tâches toutes indépendantes, toutes synchrones, toutes à échéance sur requête, ou encore présentant des périodes harmoniques, etc.).

Lorsque ces hypothèses sont effectivement satisfaites par les tâches de la configuration étudiée, il est alors «simple» (dans la mesure où le critère est calculable en un temps polynomial) de statuer sur l'ordonnançabilité de cette configuration. Dans le cas contraire, une voie possible consiste à transformer la configuration originelle en une configuration «équivalente» du point de vue de l'ordonnancement et compatible avec les conditions d'ordonnançabilité disponibles. C'est ce que nous avons suggéré dans les sections Politiques d'ordonnancement de tâches avec relations de précédence et périodiques et Politiques d'ordonnancement de tâches avec partage de ressources et périodiques: (a) les tâches liées par des relations de précédence sont ramenées à des tâches indépendantes aux paramètres temporels modifiés; (b) l'utilisation des protocoles de gestion des ressources partagées permet de borner la durée d'exécution des tâches et ainsi de les considérer comme indépendantes.

Nous prenons ci-après l'exemple d'une configuration composée de trois tâches indépendantes ($C_1 = 40$, $C_2 = 10$, $C_3 = 5$), périodiques ($T_1 = 80$, $T_2 = 40$, $T_3 = 20$), toutes synchrones et à échéance sur requête, ordonnancées par la politique RM. La condition (2) conduit à calculer le facteur d'utilisation résultant, soit $U = 40/80 + 10/40 + 5/20 = 0{,}5 + 0{,}25 + 0{,}25 = 1$. La condition d'ordonnançabilité (2) n'est donc pas satisfaite. Dans la mesure où il s'agit d'une seule condition suffisante, rien ne peut être affirmé quant à l'ordonnançabilité de cette configuration pourtant simple…

8.2 Construction de l'ordonnancement

Lorsque la démarche précédente ne peut apporter réponse :

- soit comme l'exemple ci-dessus l'a montré parce qu'il s'agit d'une condition suffisante ;
- soit parce que la configuration de tâches considérée est atypique et ne peut être ramenée à une configuration de tâches équivalente analysable ;
- soit enfin parce que les critères disponibles sont calculatoirement trop complexes ;

une approche envisageable consiste à simuler la politique d'ordonnancement et à contrôler sur l'ordonnancement ainsi construit les dates particulières de la vie des tâches vis-à-vis de leurs contraintes temporelles.

Lorsque les tâches sont toutes périodiques, nous avons ainsi souligné en section Propriétés d'une configuration de tâches périodiques que l'étude de l'ordonnancement pouvait se limiter à la période d'étude de borne inférieure égale à $\min_{i=1\ldots n}\{0_i\}$ et de borne supérieure égale à $\max_{i=1\ldots n}\{0_i\} + 2\,\mathrm{PPCM}\{T_i\}_{i=1\ldots n}$. Aussi, pour l'exemple précédent, particulier du fait que toutes les tâches sont synchrones, la figure 21 montre l'ordonnancement construit par RM sur la période d'étude de longueur PPCM (80, 40, 20) = 80. On peut y observer que toutes les tâches se terminent avant leur prochaine activation, respectant ainsi leurs échéances. Et un tel comportement se reproduira ensuite indéfiniment. La configuration de tâches est donc bien ordonnançable par RM ; on affine ainsi le résultat de validation du § 8.1.

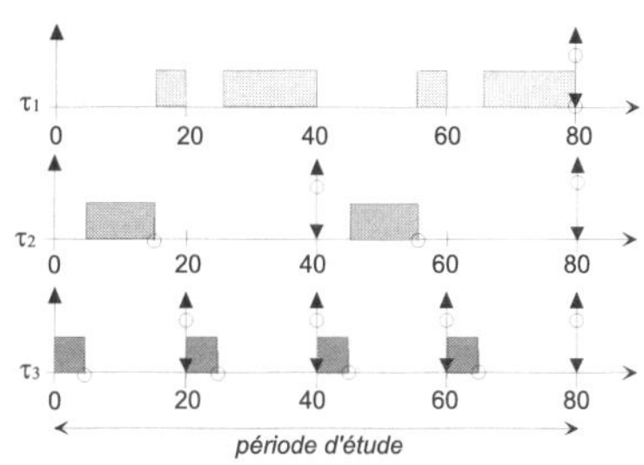

Figure 21 Ordonnancement construit par la politique RM

Les limites de cette approche sont liées : (a) d'une part, à l'existence d'une fenêtre de simulation de longueur bornée et raisonnable (des valeurs de période premières entre elles peuvent par exemple produire une fenêtre démesurée…) ; (b) d'autre part, à la constance des caractéristiques temporelles des tâches (d'une instance à l'autre). En effet, dans ce cas, la simulation de l'ordonnancement n'est plus en mesure de produire de manière exhaustive les comportements possibles et l'on se contente alors de statuer sur la non-ordonnançabilité d'une configuration de tâches mais pas sur son ordonnançabilité.

8.3 Analyse du pire temps de réponse

Une approche plus générale peut enfin être retenue pour la validation temporelle, connue sous le nom de «*response time analysis*». Elle a été au centre de beaucoup de travaux et mise en œuvre dans le cadre de différents projets (de l'US Navy, de la NASA, ou encore de l'ESA). Historiquement, les premiers ont traité de la politique RM et sont regroupés sous l'appellation «*rate monotonic analysis*» (Klein et al., 1993)

Simplement dit, pour une politique d'ordonnancement et une configuration donnée de tâches soumises à délais critiques, le calcul du pire temps de réponse de chacune des tâches suivi de sa comparaison au délai critique permet de vérifier le respect des contraintes temporelles. Une condition nécessaire et suffisante d'ordonnançabilité est alors exprimée par :

$$\forall i \in [1,n],\ TR_i \leq D_i \Leftrightarrow \text{la configuration est ordonnançable} \qquad (8)$$

Toute la question est alors de calculer pour chacune des tâches son pire temps de réponse.

Comme défini page 746, le pire temps de réponse d'une tâche τ_i est le plus grand des temps de réponse produits par ses instances. Pour calculer TR_i, il faut donc déterminer quelle instance k de τ_i et sous quelles conditions de compétition avec les autres tâches, τ_i^k présente le temps de réponse maximum. On résume cela sous le terme d'*instant critique pour* τ_i, c'est-à-dire la date caractérisée à laquelle l'activation de (l'instance k de) la tâche produit le plus long temps de réponse.

Dans le cas simple de la politique d'ordonnancement RM et d'une configuration de tâches indépendantes, périodiques, non concrètes et à échéance sur requête, on montre qu'*un instant critique de* τ_i *survient lorsque l'une de ses instances est activée simultanément avec l'ensemble des tâches plus prioritaires qu'elle.* L'instant initial $t = 0$, en considérant que τ_i et toutes les tâches plus prioritaires que τ_i y sont en même temps activées, est donc un instant critique pour τ_i et dans ce cas, $TR_i = TR_i^1$. On calcule TR_i par :

$$TR_i = C_i + I_i$$

où I_i représente l'interférence subie par τ_i[1] entre son activation et sa terminaison (c'est-à-dire le retard engendré par l'exécution des tâches plus prioritaires qu'elle).

On exprime ensuite I_i par :

$$I_i = \sum_{\tau_j \in hp_i} \left\lceil \frac{TR_i}{T_j} \right\rceil C_j$$

où hp_i représente l'ensemble des tâches plus prioritaires que τ_i.

Soit comme expression finale du pire temps de réponse de τ_i :

$$TR_i = \sum_{\tau_j \in hp_i} \left\lceil \frac{TR_i}{T_j} \right\rceil C_j + C_i \qquad (9)$$

Le calcul de TR_i repose donc sur une évaluation récurrente (le rang étant indexé par *n*) de la forme :

$$TR_i^{(0)} = C_i$$

$$TR_i^{(n+1)} = \sum_{\tau_j \in hp_i} \left\lceil \frac{TR_i^{(n)}}{T_j} \right\rceil C_j + C_i$$

qui s'arrête lorsqu'un point fixe est obtenu : $TR_i^{(k)} = TR_i^{(k+1)} = TR_i$.

Appliquons ce calcul à la tâche τ_1, tâche la moins prioritaire de l'exemple précédent (introduit au § 8.1) :

$$\begin{cases} TR_1^{(0)} = C_1 = 40 \\ TR_1^{(1)} = 40 + \left\lceil \frac{40}{40} \right\rceil 10 + \left\lceil \frac{40}{20} \right\rceil 5 = 40 + 10 + 10 = 60 \\ TR_1^{(2)} = 40 + \left\lceil \frac{60}{40} \right\rceil 10 + \left\lceil \frac{60}{20} \right\rceil 5 = 40 + 20 + 15 = 75 \\ TR_1^{(3)} = 40 + \left\lceil \frac{75}{40} \right\rceil 10 + \left\lceil \frac{75}{20} \right\rceil 5 = 40 + 20 + 20 = 80 \\ TR_1^{(4)} = 40 + \left\lceil \frac{80}{40} \right\rceil 10 + \left\lceil \frac{80}{20} \right\rceil 5 = 40 + 20 + 20 = 80 \\ TR_1^{(4)} = TR_1^{(3)} = TR_1 \end{cases}$$

La valeur ainsi obtenue est bien en accord avec la valeur observable sur le chronogramme de la figure 21.

Il doit être noté que ce calcul de TR_i donné par l'équation (9) est en réalité généralisable à toute politique d'ordonnancement à priorités fixes. En outre, il n'exclut pas le cas où les délais critiques sont inférieurs aux périodes et, par une adaptation très simple de ce calcul, il est même possible de l'appliquer au cas des délais critiques quelconques (notamment $D_i > T_i$).

De nombreux travaux ont donc été menés pour étendre cette approche à d'autres configurations de tâches : par exemple, des tâches concrètes, des tâches partageant des ressources, des tâches liées par des relations de précédence, des tâches avec gigue sur leur réveil (c'est-à-dire dont le démarrage présente un retard borné par rapport à la date d'activation) (Hladik, 2004). Ces principes s'appliquent aussi aux politiques d'ordonnancement à priorités dynamiques. Toute la difficulté réside alors dans l'identification d'un instant critique pour chacune des tâches. En effet, plus l'ensemble des comportements possibles d'une configuration de tâches se complexifie, plus il est compliqué d'exhiber a priori les conditions d'exécution conduisant au pire temps de réponse pour une tâche. Les méthodes proposées se contentent alors d'évaluer plus simplement une borne supérieure de ce pire temps de réponse ; la perte en précision du résultat étant compensée par une meilleure efficacité calculatoire. Il n'en reste pas moins que les réponses ainsi apportées en matière d'ordonnançabilité sont pessimistes...

9 Cas des architectures à processeurs multiples

L'exposé s'est jusqu'ici cantonné au contexte monoprocesseur c'est-à-dire celui où une seule ressource de traitement est partagée par l'ensemble des tâches de l'application. Or les architectures matérielles impliquées dans bon nombre de systèmes de contrôle temps réel mettent en œuvre de multiples processeurs (que ce soit pour des raisons d'éclatement géographique du procédé, de sûreté de fonctionnement ou encore de nécessité de vrai parallélisme d'exécution), multipliant ainsi les ressources de traitement disponibles pour les tâches et compliquant par là même leur partage. L'objectif de ce paragraphe est uniquement de sensibiliser le lecteur aux quelques problèmes sous-jacents en matière d'ordonnancement.

9.1 Le contexte

Les architectures à base de processeurs multiples sont habituellement classées en deux grandes catégories :

- les *systèmes multiprocesseurs* (dits aussi *fortement couplés*) pour lesquels un ensemble de processeurs partage une base de temps commune et une mémoire unique (jouant alors le rôle de vecteur de la communication entre les tâches). Ils présentent une vue globale de leur état, à tout instant d'observation. L'ordonnancement peut y être local au niveau de chacun des processeurs ou bien centralisé au niveau de l'un d'entre eux ;
- les *systèmes répartis* ou *distribués* (dits aussi *faiblement couplés*) composés de nœuds monoprocesseurs (voire multiprocesseurs) sans horloge ni mémoire communes et entre lesquels la synchronisation et la communication se font par messages échangés à travers un (ou plusieurs) réseau qui les relie. Chaque nœud dispose alors de son ordonnanceur propre.

Au problème de l'organisation temporelle des exécutions des tâches s'ajoute celui de leur organisation «spatiale». Deux approches sont envisageables:

- une allocation préalable et définitive des tâches aux processeurs accompagnée ensuite de politiques d'ordonnancement locales (sur le modèle de ce qui a été exposé précédemment);
- une allocation préalable des tâches aux processeurs pouvant être remise en cause en ligne et amenant les tâches (du moins leur exécution) à migrer d'un processeur à un autre selon les besoins de l'application. Lorsque l'ordonnanceur n'est pas centralisé, cela requiert alors que les ordonnanceurs locaux coopèrent pour un contrôle global.

Ces nouveaux problèmes d'allocation (ou dit aussi de placement) et de migration sont de manière générale des problèmes difficiles qui nécessitent de prendre en compte les caractéristiques variées des tâches comme de l'architecture matérielle, mais aussi de multiples contraintes voire critères à optimiser. Ils sont l'objet de travaux de recherche que nous ne pouvons aborder faute de place (Beauvais, 1996) (Altenbernd et Hansson, 1998) (Hladik, 2004).

9.2 Nouvelles anomalies d'ordonnancement

En contexte multiprocesseur

À l'image des difficultés présentées au § 7.1, il est important de souligner que des changements apparemment favorables des paramètres de la configuration de tâches considérée (comme un accroissement du nombre des processeurs, une réduction de la durée d'exécution d'une tâche ou encore un relâchement des relations de précédence) peuvent donner lieu à des anomalies dans un environnement multiprocesseur. Ceci a d'ailleurs été démontré dès 1976 par R. Graham. Nous nous limiterons à en donner une illustration à l'aide de l'exemple suivant.

La configuration considérée est composée de six tâches indépendantes ($C_1 = 5$, $C_2 \in [2,6]$, $C_3 = 8$, $C_4 = 10$, $C_5 = 100$, $C_6 = 2$), périodiques ($\forall i$, $T_i = 200$), concrètes ($O_1 = 0$, $O_2 = 0$, $O_3 = 4$, $O_4 = 0$, $O_5 = 5$, $O_6 = 7$) et à délais critiques ($D_1 = 10$, $D_2 = 10$, $D_3 = 15$, $D_4 = 20$, $D_5 = 200$, $D_6 = 22$). Cette configuration est à exécuter sur deux processeurs identiques (sans possibilité de migration des tâches en cours d'exécution) et en supposant une politique d'ordonnancement conduite par des priorités fixes affectées dans l'ordre inverse des indices (τ_1 est plus prioritaire que τ_2, elle-même plus prioritaire que τ_3, etc.). La figure 22 illustre différents ordonnancements pour différentes valeurs de C_2:

- cas (a) et (b): ils correspondent aux valeurs extrêmes du domaine de variation de C_2 (respectivement $C_2 = 2$ et $C_2 = 6$). Les séquences sont toutes deux valides. Cependant un phénomène d'inversion de priorité survient dans le cas (a) puisque τ_5 s'exécute alors que τ_4 n'est pas terminée;
- cas (c): il correspond à une valeur intermédiaire faible de C_2 ($C_2 = 3$). Cette séquence présente également un phénomène d'inversion de priorité mais surtout conduit à un dépassement d'échéance pour τ_4 et τ_6.

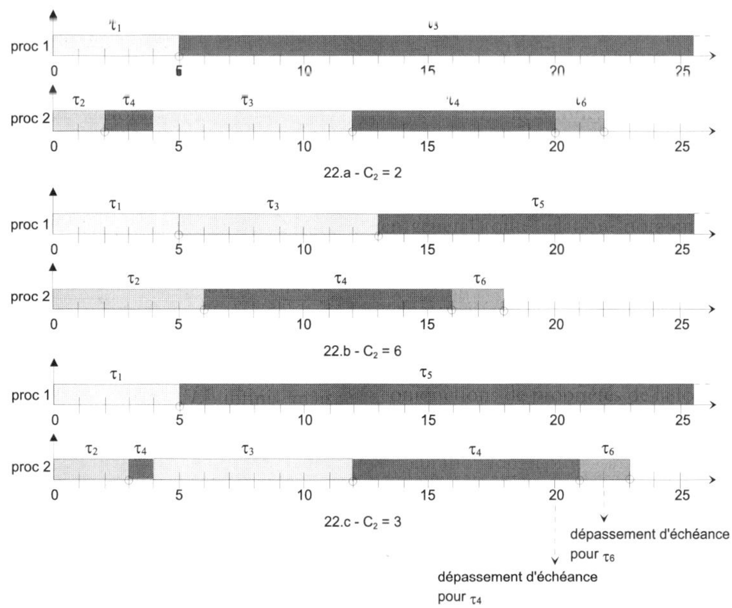

Figure 22 Anomalies d'ordonnancement en contexte multiprocesseur

En contexte réparti

Lorsque le système est réparti et que les tâches sont liées entre elles par des échanges de données, le réseau informatique constitue alors une ressource partagée en tant qu'unique moyen de communication entre les tâches. D'une part les délais de transmission des messages peuvent introduire des retards sur le réveil des tâches destinataires de tels messages ; d'autre part, puisque la transmission d'un message ne peut être interrompue par un autre message une fois l'accès au réseau obtenu, des phénomènes d'inversion de priorité sont susceptibles de survenir dans des conditions analogues à celles du § 7.1.

En effet, considérons une configuration de quatre tâches coopérantes ($C_1 = 2$, $C_2 \in [1,3]$, $C_3 = 2$, $C_4 = 3$), synchrones, à délais critiques ($D_1 = 3$, $D_2 = 4$, $D_3 = 6$, $D_4 = 10$) et affectées à deux sites monoprocesseurs comme le montre la figure 23. τ_1 produit des données à destination de τ_3 et transportées par un message M_1, et τ_2 produit des données à destination de τ_4 et transportées par un message M_2.

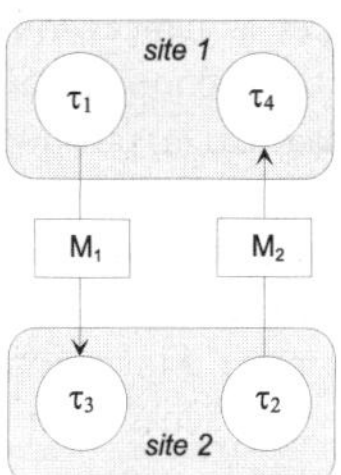

Figure 23 Une application distribuée

Chaque site disposant d'un ordonnanceur local selon la politique EDF, la figure 24 montre deux séquences possibles selon la durée d'exécution de τ_2. Dans chacun des cas, on observe que le réveil de τ_3 et τ_4, tâches destinataires d'un message, est conditionnel à l'acheminement de celui-ci et donc à l'ordonnancement même des messages que le protocole de communication réalise :

- cas (a) : la durée d'exécution de τ_2 ($C_2 = 3$) est supérieure à celle de τ_1. C'est donc M_1 qui est le premier acheminé retardant M_2. Toutefois la séquence est valide ;
- cas (b) : la durée d'exécution de τ_2 ($C_2 = 1$) est inférieure à celle de τ_1. C'est donc M_2 qui est acheminé le premier et en conséquence τ_3 viole sa contrainte d'échéance.

En conclusion de ces deux paragraphes, on constate que le comportement obtenu en contexte multiprocesseur comme réparti n'est pas « logiquement » lié aux paramètres temporels des tâches, comme leur durée d'exécution.

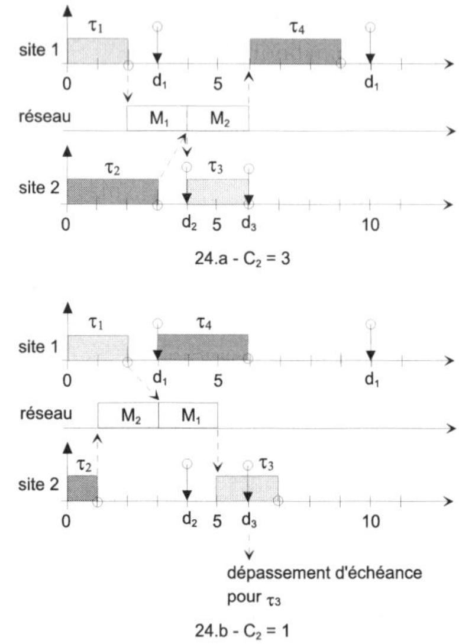

Figure 24 Anomalie d'ordonnancement en contexte réparti

9.3 Politiques d'ordonnancement

Il doit être noté que le comportement des politiques d'ordonnancement en contexte multiprocesseur ne peut être rapproché de celui établi en contexte monoprocesseur. En effet, les propriétés affichées par certaines politiques ne sont pas conservées, en particulier en matière d'optimalité (Goossens et al., 2003). Par exemple, on montre que :

- la politique EDF (*Earliest Deadline First*, cf. p. 748) n'est plus optimale en environnement multiprocesseur ;
- toute configuration de tâches périodiques ordonnançables par EDF dans un système multiprocesseur l'est aussi par la politique LLF (*Least Laxity First*, cf. p. 749). En revanche, la réciproque est fausse laissant ainsi à LLF la supériorité (alors que ces politiques étaient comparables en environnement monoprocesseur).

De manière plus générale, un résultat important quant à l'absence d'optimalité a été démontré par S.K. Sahni en 1979 : « Il ne peut exister de politique d'ordonnancement en ligne qui construise une séquence valide sur une architecture matérielle comportant p ($p \geq 2$) processeurs pour une configuration de tâches à délais critiques ».

Il en résulte que seules des politiques d'ordonnancement hors ligne peuvent être envisagées. À l'aide d'heuristiques adaptées (et exploitant judicieusement les éventuelles propriétés particulières des configurations de tâches considérées), voire par une analyse exhaustive des scénarios d'exécution, les décisions d'ordonnancement sont établies a priori.

9.4 Ordonnançabilité

Enfin, en matière d'analyse d'ordonnançabilité, sur le modèle du § 8, nous énonçons quelques résultats disponibles.

Comme évoqué au § «Propriétés d'une configuration de tâches périodiques», p. 746), on dispose d'une condition nécessaire d'ordonnançabilité d'une configuration de tâches périodiques sur une architecture matérielle constituée de p processeurs : condition (1) basée sur le facteur d'utilisation U de la configuration.

De plus, la propriété de cyclicité de la séquence d'exécution d'une configuration de tâches périodiques et synchrones demeure dans un contexte multiprocesseur. Dans ce cas, la période d'étude se limite à l'intervalle $[0, PPCM\{T_i\}_{i=1...n}]$.

L'analyse du pire temps de réponse a été étendue au cas d'un environnement réparti sous certaines hypothèses, entre autres : (a) les tâches sont synchrones ; (b) les messages sont lus par les tâches destinataires au début de leur exécution ; (c) les messages sont émis à la fin de l'exécution des tâches qui les produisent ; (d) la migration de tâches est impossible. Comme suggéré page 758, l'ordonnancement des tâches et celui des messages sont fortement dépendants ; le temps de réponse des tâches et celui des messages sont donc liés. L'analyse qui en résulte, a donc été qualifiée d'*holistique* (Tindell et Clark, 1994). On en explique ci-après le principe de manière simplifiée.

Pour modéliser le décalage temporel imposé par la précédence entre tâches et messages, un terme, appelé *gigue* et noté J_i, est introduit. Cette gigue exprime que le réveil effectif de la tâche (ou par analogie du message) peut être retardé vis-à-vis de sa date d'activation, comme le montre la figure 25.

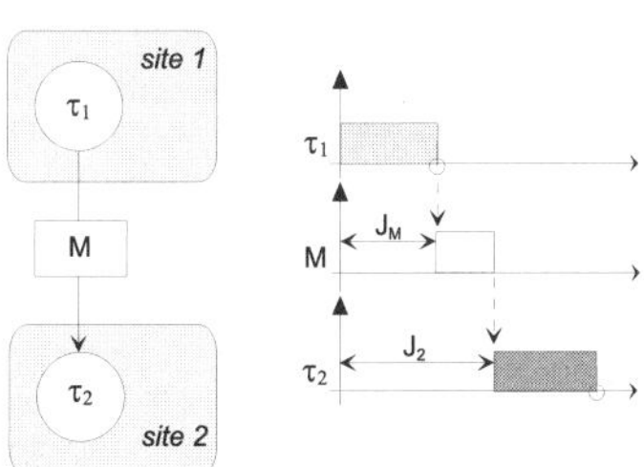

Figure 25 Gigue des tâches et message

Pour une configuration de tâches périodiques, indépendantes et avec gigue, dans un contexte monoprocesseur avec une politique d'ordonnancement conduite par des priorités fixes, on dispose d'une expression du pire temps de réponse. Dans le cas le plus simple de tâches synchrones et à échéance sur requête, elle est une généralisation de l'expression (9) et prend la forme :

$$TR_i = w_i + J_i \qquad (10)$$

avec

$$w_i = \sum_{\tau_j \in hp_i} \left\lceil \frac{w_i + J_j}{T_j} \right\rceil C_j + C_i \qquad (11)$$

On considère que l'on dispose de la même manière d'un calcul du pire temps de réponse (c'est-à-dire d'acheminement) des messages. Celui-ci est plus ou moins simple selon le type de protocole du réseau de communication et donc de la politique d'ordonnancement des messages.

La démarche mise en avant par l'analyse holistique est alors la suivante. Les tâches et les messages sont groupés selon le site et le réseau où ils s'exécutent. On procède ensuite en deux étapes et ceci de manière itérative :

- Étape 1 : on calcule le pire temps de réponse pour toutes les tâches localement site par site ainsi que pour tous les messages, sans gigue – selon l'expression (9).
- Étape 2 : les tâches et les messages qui sont liés à d'autres messages et tâches héritent de ces derniers d'une gigue égale à leur pire temps de réponse évalué à l'étape 1, soit :
  $J_k = TR_i$ si $\tau_i \prec M_k$
- et $J_j = TR_k$ si $M_k \prec \tau_j$

L'étape 1 est ensuite répétée avec ces nouvelles valeurs de gigue – selon les expressions (10) et (11) en place de (9). Les itérations continuent ainsi jusqu'à ce qu'un point fixe soit obtenu sur l'ensemble des temps de réponse des tâches et des messages. Ce point fixe constitue alors une borne supérieure des pires temps de réponse des tâches et des messages.

10 Conclusion

Au cours de ce chapitre, nous nous sommes efforcé de mettre en place les principes de base relatifs à l'ordonnancement de tâches dans un contexte temps réel dans lequel le respect des contraintes temporelles est une spécification majeure. La présentation n'a pas suivi un objectif d'exhaustivité mais a permis de mettre en exergue les notions les plus significatives. Ainsi, elle s'est cantonnée à la classe des politiques d'ordonnancement en ligne, préemptives et non oisives, et seules les politiques majeures ont été évoquées. Des éléments d'analyse d'ordonnançabilité, facette indissociable de l'ordonnancement, ont complété l'exposé. C'est le cas des architectures matérielles monoprocesseurs qui a été principalement abordé. Ce contexte affiche des solutions efficaces en termes de modélisation et validation. Seules les difficultés inhérentes aux architectures à processeurs multiples ont été suggérées ; il s'agit là d'un domaine où des études supplémentaires restent à conduire.

La théorie de l'ordonnancement a été initialement développée (Liu et Layland, 1973) pour un modèle basique de tâches périodiques soumises à des délais critiques stricts. Au fil des années, ce modèle a été progressivement étendu et des généralisations substantielles visant à y autoriser plus « d'imprécision » ont été considérées. Par exemple : (a) admettre que la durée d'exécution d'une tâche varie d'une instance à l'autre (on parle d'un modèle *multi-frame*) ; (b) prendre en compte une certaine variabilité sur les lois périodiques d'activation des tâches (on parle d'ordonnancement *rate-based*). Une approche plus globale dite d'« ordonnancement adaptatif » émerge actuellement. On vise ici à mettre en place des mécanismes d'ordonnancement qui adaptent dynamiquement la charge et la répartition des ressources du système d'une manière contrôlée et analysable de façon à produire un comportement temporellement correct. Des travaux autour de l'ordonnancement régulé (*feedback scheduling*) (Sha et al., 2004) s'inspirent de la théorie de la commande (au sens de l'automatique) et par exemple, intègrent l'ordonnanceur dans une boucle de contrôle visant à réguler le taux des échéances violées.

Face à la profusion de telles études menées par le milieu académique, force est de constater que leur mise en œuvre se cantonne à des implémentations prototypes à des fins d'évaluation de faisabilité ou de performances. Au jour d'aujourd'hui, l'offre commerciale au niveau des noyaux d'exécutif temps réel (voir le chapitre « Noyau d'exécutif temps réel ») reste majoritairement limitée à la classe des politiques d'ordonnancement à priorités fixes. Des efforts visant à en étendre les capacités doivent donc être faits.

Bibliographie

Altenbernd P., Hansson H. (1998), "The slack method – A new method for static allocation of hard real-time tasks", *Real-time Systems*, Volume 15, Number 2, September, p. 103-130.

Audsley N. C., Burns A., Davis R., Tindell K., Wellings A.J. (1995), "Fixed priority preemptive scheduling – An historical perspective", *Real-Time Systems*, Volume 8, Number 2/3, May, p. 173-198.

Beauvais J.P. (1996), « Étude d'algorithmes de placement de tâches temps réel périodiques complexes dans un système réparti », Thèse de Doctorat, Université de Nantes et Ecole Centrale de Nantes, juin 1996.

Buttazzo G.C. (2002), *Hard Real-Time Computing Systems – Predictable scheduling algorithms and applications*, Kluwer Academic Publishers.

Colin A., Puaut I., Rochange C., Sainrat P. (2003), « Calcul de majorants de pire temps de réponse : état de l'art », *RSTI-TSI*, Volume 22, Numéro 5, p. 651-677.

Cottet F., Delacroix J., Kaiser C., Mammeri Z. (2000), *Ordonnancement temps réel, Cours et exercices corrigés*, Hermès Science Publications.

Cottet F., Delacroix J., Kaiser C., Mammeri Z. (2002), *Scheduling in real-time systems*, Wiley.

Goossens J., Funk S., Baruah S. (2003), "Priority-driven scheduling of periodic task systems on multiprocessors", *Real-time Systems*, Volume 25, Number 2/3, September/November, p. 187-205.

Grolleau E. (1999), « Ordonnancement temps réel hors ligne optimal à l'aide de réseaux de Petri en environnement monoprocesseur et multiprocesseur », Thèse de Doctorat, Université de Poitiers, novembre 1999.

Hladik P.E. (2004), « Ordonnançabilité et placement pour des systèmes temps réel distribués préemptifs à priorités fixes », Thèse de Doctorat, Université de Nantes et École Centrale de Nantes, décembre 2004.

Klein M., Ralya T., Pollak B., Obenza R., Harbour M.G. (1993), *A practitioner's handbook for real-time analysis – A guide to Rate Monotonic Analysis for real-time systems*, Boston-Dordrecht-London, Kluwer.

Liu C., Layland J.W. (1973), "Scheduling algorithms for multiprogramming in a hard real-time environment", *Journal of the ACM*, Volume 20, Number 1, January, p. 46-61.

Sha L., Abdelzaher T., Arzen K.E., Cervin A., Baker T., Burns A., Buttazzo G., Caccamo M., Lehoczky J., Mok A.K. (2004), "Real Time Scheduling Theory: a historical perspective", *Real-Time Systems*, Volume 28, Number 2/3, November/December, p. 101-156.

Tindell K., Clark J. (1994), "Holistic schedulability analysis for distributed hard real-time systems", *Microprocessing & Microprogramming*, Volume 50, p. 117-134.

Vérification des applications temps réel

Françoise Simonot-Lion, YeQiong Song,
Bernard Berthomieu, François Vernadat

Mots-clés : vérification, temps réel, garantie déterministe, garantie probabiliste.

Résumé : ce chapitre présente les moyens usuellement disponibles pour vérifier qu'un système temps réel respecte les propriétés qui lui sont imposées. Ceci recouvre des techniques de vérification qui reposent sur des modèles mathématiquement analysables de manière exhaustive ou partielle. Les garanties exigées quant au respect des contraintes pouvant être de nature déterministe ou probabiliste, nous proposons des techniques pour ces deux types d'objectifs.

Les propriétés des systèmes temps réel sont imposées par les missions qui leur sont demandées et par la dynamique des systèmes physiques sous leur contrôle (que ce soit dans le contexte d'une ligne de production ou d'un système embarqué). Nous nous intéressons, dans ce chapitre, aux méthodes qui garantissent qu'un tel système est correct. Ce terme signifie qu'il doit assurer la mission demandée et respecter toutes les propriétés spécifiées. Prouver que ces systèmes respectent les propriétés qui leurs sont imposées passe, entre autres, par deux activités fondamentales.

La première relève de la conception d'une solution qui garantisse les propriétés « fonctionnelles ». Il s'agit, dans ce cas, d'analyser les fonctions du système, leurs interactions ainsi que l'architecture logicielle qui les implémente.

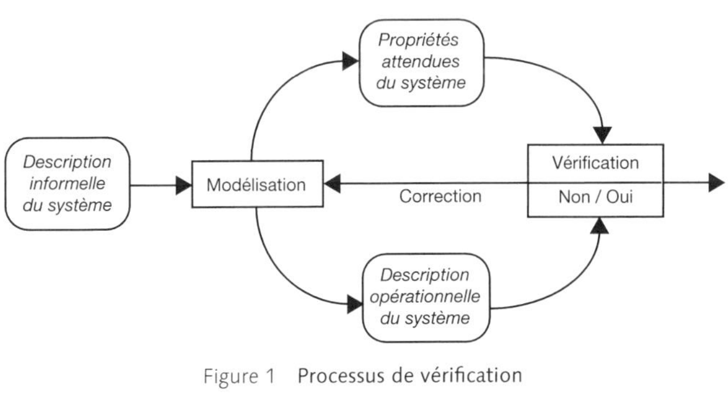

Figure 1 Processus de vérification

La figure 1 présente les principales étapes de la vérification. Ce type d'approche nécessite trois ingrédients :

- une description opérationnelle du système explicitant son fonctionnement ;
- un langage de spécification permettant d'exprimer les propriétés du système que l'on souhaite vérifier (cf. § 1.3, les logiques temporelles comme outil de spécification) ;

– une procédure de décision permettant de contrôler la conformité entre la description opérationnelle du système et sa spécification, c'est-à-dire une procédure qui permet de vérifier que le système satisfait effectivement les propriétés que l'on attend de lui. Cette phase de vérification du modèle est souvent appelée « contrôle de modèles » ou « *model-checking* » (cf. § 2.1, les principes algorithmiques du *model-checking*).

La deuxième activité consiste à prendre en compte l'implantation des logiciels sur une architecture matérielle, à savoir sur un ou plusieurs calculateurs, chacun géré par un système d'exploitation, et communiquant, le cas échéant, via une architecture de communication sous forme de réseau, munis de protocoles, et interconnectés par des passerelles. Le résultat de cette activité sera nommé par la suite « architecture opérationnelle ». Les propriétés qui doivent être vérifiées lors de cette activité sont des propriétés usuellement appelées « non fonctionnelles ». Celles-ci dépendent, en particulier, des performances des matériels support (puissance de processeurs, débit de réseaux, etc.) et des temps induits par les stratégies de partage de ressources (protocoles d'accès au médium, ordonnanceurs locaux). La vérification de propriétés non fonctionnelles revient globalement à évaluer deux types de caractéristiques : les dates d'occurrences de certains événements et les besoins en termes de ressources. Les caractéristiques relevant de l'un ou l'autre point peuvent apparaître dans l'expression de contraintes à respecter (contraintes temporelles, contraintes d'occupation mémoire, contraintes de consommation d'énergie, etc.) ou, le cas échéant, comme critères à optimiser (minimiser un temps de réponse, une bande passante, l'énergie consommée, etc.). De plus, le comportement de tout système temps réel est étroitement dépendant de son environnement. Aussi, les propriétés en général devront-elles être prouvées en prenant en compte l'impact de cet environnement sur le système.

Enfin, on peut aborder le problème de la vérification de propriétés pour des systèmes temps réel de deux manières qui, d'ailleurs, peuvent s'avérer complémentaires dans certains cas :

– soit on conçoit un système de telle manière que les propriétés soient obtenues par construction ; l'application de méthodes formelles qui partant de la spécification des propriétés attendues et opérant par raffinement et/ou dérivation construit automatiquement la solution ; dans le domaine du temps réel, on peut citer, notamment, la construction d'un ordonnancement faisable de tâches, la construction d'une messagerie (configuration/ordonnancement de trames transmises sur un réseau) faisable ou la synthèse de contrôleur temps réel ;

– soit, dans le cas de systèmes complexes pour lesquels de telles méthodes ne sont pas applicables au système dans sa globalité ou dont le développement est partagé par plusieurs acteurs, on vérifie à chaque étape de la conception que la solution en cours d'élaboration vérifiera les propriétés ; là encore, suivant la place dans le cycle de développement du système où la vérification est opérée, on distinguera : *la vérification a priori*, c'est-à-dire avant la réalisation du système ; ce type de vérification implique de construire un modèle de ces systèmes qui soit pertinent pour les propriétés à vérifier ; *le test* qui se fait sur tout ou partie du système avant la mise en service de celui-ci ; et enfin, *la vérification* qui peut être faite *en ligne* pour garantir lors de l'exploitation et de la vie du système que certaines propriétés sont toujours préservées.

Dans ce chapitre, nous aborderons principalement le problème de la vérification de propriétés qui soient spécifiques aux systèmes temps réel et ce par construction de modèles de ces systèmes puis d'analyses de ces modèles. Les techniques proposées concerneront, alors, majoritairement, la vérification *a priori*. De plus, deux méthodes peuvent être déployées : l'une fondée sur une analyse mathématique exhaustive, l'autre sur une analyse partielle. L'idéal est d'opérer la vérification par analyse mathématique du modèle du système. Malheureusement, la plupart des techniques de ce type (voir le chapitre «Automates et vérification» de la section I.9) sont difficilement applicables pour des modèles complexes (la complexité d'un modèle peut venir d'une représentation du système à un fin niveau de granularité ou de la complexité intrinsèque du système lui-même). Dans ce cas, la vérification peut être faite par simulation, c'est-à-dire, exécution du modèle. Si le problème de l'analyse mathématique est celui d'une précision du modèle qui soit pertinente pour la vérification à réaliser, celui de la simulation tient dans la difficulté d'exécuter le modèle sur une exhaustivité des scénarios. Ces deux méthodes sont en fait complémentaires.

1 Propriétés et garanties exigées

Avant de décrire les techniques qu'il est possible de mettre en œuvre pour opérer des vérifications dans les systèmes temps réel, nous introduisons deux notions importantes. La première recouvre l'expression des propriétés dans le contexte temps réel tandis que la deuxième concerne le type de garantie exigée quant au respect de ces propriétés.

1.1 Expression des propriétés

Dans le contexte des systèmes temps réel, une grande partie des propriétés s'exprime sous la forme de contraintes appliquées aux dates d'occurrences d'événements significatifs. Ci-dessous, nous donnons l'expression de quelques contraintes élémentaires.

Contraintes sur des temps de réponse du système

Elles sont utilisées pour spécifier la capacité exigée d'un système à répondre aux sollicitations tant internes qu'externes. Ce peut être la promptitude du système à réagir à une situation détectée, l'aptitude de l'architecture logicielle implantant une loi de commande à fournir une consigne à un actionneur dans des temps raisonnables (par exemple, l'actionnement de la crémaillère entraînant l'axe de direction d'un véhicule en fonction de l'angle et du couple volant fourni par le conducteur, ...). Concrètement, il s'agit d'exprimer le fait que la durée séparant les occurrences de même rang i de deux événements (dénommés, généralement, stimulus S et réponse R) est inférieure à un délai donné δ_{sup} et supérieure à δ_{inf}. Notons, qu'usuellement cette propriété considère $\delta_{inf} = 0$.

$$\delta_{inf} < date(R_i) - date(S_i) < \delta_{sup}$$

Contraintes sur la régularité d'occurrence d'un événement

Dans ce cas, il s'agit de borner la variation de durée qui sépare les occurrences successives, i, $i+1$, ... d'un même événement périodique. Par exemple, l'existence d'une gigue, c'est-à-dire d'une variation de cette durée sur les dates d'acquisition des grandeurs significatives d'un système physique peut entraîner une incohérence pour une loi de commande qui reposerait sur des reconstructions de l'évolution de ces grandeurs par calculs approchés de leur dérivée. Dans un autre domaine, la « non régularité » de diffusion d'une image vidéo peut restituer un film avec une piètre qualité. On considère, pour exprimer une telle contrainte, que E est l'événement considéré, T la période spécifiée d'occurrence de cet événement et ε, une valeur quantifiant la tolérance sur l'irrégularité d'occurrence de E de la manière suivante :

$$T - \varepsilon < date(E_{i+1}) - date(E_i) < T + \varepsilon$$

Contraintes sur la simultanéité d'occurrences d'événements

Ce type de contraintes s'applique, par exemple, à toute application devant diagnostiquer l'état d'un système physique à partir d'un ensemble de mesures sur ce système ou de stimulus venant de ce système ; la qualité du diagnostic est largement dépendante de la durée de l'intervalle pendant lequel les mesures ont été réalisées sur le système physique. Un autre cadre concerne les contraintes de synchronisation entre la production de flux audio et vidéo. Une contrainte de simultanéité s'exprime sur un ensemble d'événements E pour imposer que les occurrences des événements de l'ensemble se produisent dans un intervalle borné par ε ; elle peut se présenter selon deux formes : l'intervalle doit contenir une occurrence au moins de chaque événement (simultanéité faible, équation 1.1) ou l'intervalle doit contenir les occurrences de même rang de tous les événements (simultanéité forte, équation 1.2) :

$$\forall e, f \in E, \exists i, j, \left|date(e^i) - date(f^j)\right| < \varepsilon \quad (1.1)$$

$$\forall e, f \in E, \forall i, \left|date(e^i) - date(f^i)\right| < \varepsilon \quad (1.2)$$

1.2 Types de garanties de propriétés

Les exigences imposées à un système temps réel relèvent de plusieurs types de garanties sur le respect des propriétés spécifiées.

Une garantie, dite déterministe, nécessite que la contrainte soit vérifiée à tout instant. Les techniques qui permettent d'obtenir un tel type de garantie sur un système reposent généralement sur une identification du pire cas et peuvent conduire à un surdimmensionnement du système dès que celui-ci devient complexe.

Une garantie en moyenne ou probabiliste, est un autre moyen d'expression d'une exigence. Il s'agit de spécifier, que sur une suite d'instances (par exemple les occurrences successives des couples d'événements stimulus et réponse), un pourcentage de celles-ci doit respecter la contrainte donnée. On utilise généralement ce type d'expression pour des contraintes de temps dites souples ou faibles. Notons que dans nombre d'applications temps réel, respecter ce type d'exigences ne garantit pas la qualité du système. Par exemple, garantir qu'un temps de réponse est inférieur à une borne dans 90% des cas ne spécifie pas la répartition des 10% de cas où cette contrainte n'est pas vérifiée. Sur mille instances, ce peut être une tous les cent ou les cent premières ; si le système temps réel implante une application de contrôle-commande, l'impact sur l'environnement contrôlé n'est pas le même et le système peut, même, ne plus assurer sa mission de façon sûre.

Afin de palier l'imprécision que peut révéler une garantie en moyenne, il est possible d'exiger des garanties déterministes qui tolèrent le non-respect d'une contrainte par toutes les instances à la condition que la distribution des échecs relève d'un modèle spécifié formellement. On parle alors de garantie déterministe $(m, k) - firm$. Supposons que la propriété s'exprime par une contrainte bornant supérieurement un temps de réponse entre un événement stimulus et un événement réponse ; une garantie $(m, k) - firm$ signifie que, à tout instant, pour les k dernières occurrences successives de l'événement stimulus, m, au moins ont conduit à une occurrence de l'événement réponse respectant la contrainte.

1.3 Formalismes d'expression des propriétés

Après avoir vu ces différents exemples de propriétés, nous introduisons maintenant quelques formalismes, basés sur la logique temporelle, spécifiquement dédiés à l'expression et à la vérification de propriétés des systèmes dont l'état évolue dynamiquement avec le temps. On peut s'intéresser à des propriétés purement qualitatives telles que l'absence de blocage, la potentialité/inévitabilité d'un événement, etc. On classe souvent les propriétés à satisfaire en deux types complémentaires : les propriétés de « sûreté » exprimant le fait que « Rien de mauvais ne peut arriver » et les propriétés de « vivacité » exprimant le fait que « Quelque chose de bon va arriver ». On peut aussi vouloir quantifier la propriété (temps de réponse, temps d'utilisation d'une ressource, etc). Le bref panorama qui suit introduit les logiques temporelles « qualitatives » et une « logique temporelle temporisée » permettant quant à elle d'adresser des propriétés de nature plus quantitative. Pour ce paragraphe ainsi que pour le § 2.1, nous invitons le lecteur intéressé à se reporter à (Arnold 1992), (Diaz 2003), (Schnoebelen 1999).

Aspects qualitatifs

Les logiques temporelles sont des extensions du calcul propositionnel obtenues en ajoutant de nouveaux connecteurs – des opérateurs temporels – permettant de décrire l'évolution dynamique d'un système. Cette dynamique peut être perçue soit comme un ensemble d'exécutions (approche linéaire), soit comme l'arborescence des exécutions possibles (approche arborescente). À chacune de ces perceptions est associée une logique que nous décrivons maintenant.

Par la suite, on considère un ensemble de variables propositionnelles $\mathcal{P}$ permettant de capturer l'état du système.

La logique temporelle linéaire LTL exprime des propriétés sur des séquences d'états que le système atteint au cours d'une de ses exécutions. Une propriété LTL est satisfaite par un système si toute exécution du système la satisfait. Parmi les opérateurs temporels de LTL, on trouve $\Box$ permettant d'exprimer l'invariance et $\Diamond$ permettant d'exprimer la possibilité. De facon informelle, une séquence satisfait $\Box\ \phi$ si la propriété ϕ est vraie sur tous les états de la séquence tandis qu'on notera $\Diamond\ \phi$ pour spécifier que la séquence passe par un état où la propriété ϕ est vraie. L'expressivité de LTL tient à la possibilité d'imbriquer les différents opérateurs temporels, comme le montrent les quelques exemples suivants :

Exclusion mutuelle : $\Box\ \neg(\mathrm{Sc}_1 \wedge \mathrm{Sc}_2)$
« On n'atteint jamais un état où deux processus sont en section critique. »

Vivacité : $\Box\ (\mathrm{Requete} \Rightarrow \Diamond\ \mathrm{Reponse})$
« Toute requête sera suivie au bout d'un temps fini par une réponse »

Equité : $(\Box\ \Diamond\ \mathrm{Demande}) \Rightarrow (\Box\ \Diamond\ \mathrm{Accord})$
« Toute requête infiniment posée recevra une infinité d'accords »

La logique temporelle arborescente CTL exprime des propriétés sur les exécutions possibles d'un système, matérialisées par une arboresence de ses états successifs. Une exécution particulière du système correspond donc à une branche (éventuellement infinie) de cet arbre. CTL utilise par exemple les quatre opérateurs suivants dont la sémantique intuitive est illustrée par la figure 2.

AF ϕ *Toujours finalement* ϕ
EF ϕ *Il est possible que finalement* ϕ
AG ϕ *Toujours partout* ϕ
EG ϕ *Il est possible que partout* ϕ

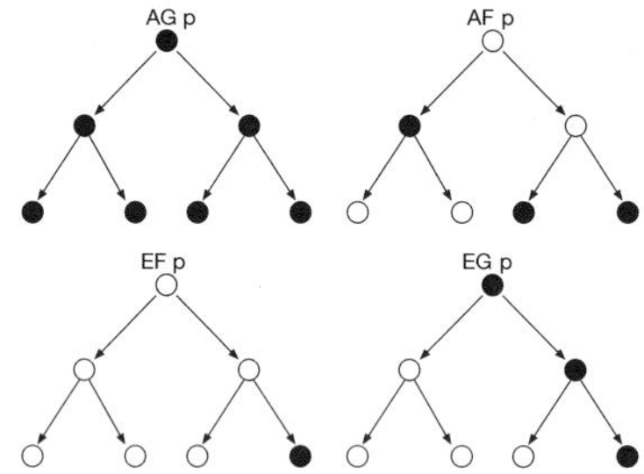

Figure 2 Exemples de satisfaction des modalités de CTL

Comme pour LTL, l'expressivité de CTL tient à la possibilité d'imbriquer les différents opérateurs temporels, comme le montrent ces quelques exemples :

Exclusion mutuelle : $AG\ (\neg(\mathrm{Sc}_1 \wedge \mathrm{Sc}_2))$
« On n'atteint jamais un état où deux processus sont en section critique. »

Potentialité : $AG\ (\ \mathrm{Requete} \Rightarrow EF\ \mathrm{Reponse})$
« Toute requête sera potentiellement suivie au bout d'un temps fini par une réponse »

Inévitabilité : $AG\ (\ \mathrm{Requete} \Rightarrow AF\ \mathrm{Reponse})$
« Toute requête sera inévitablement suivie au bout d'un temps fini par une réponse »

CTL et LTL ont des expressivités complémentaires : CTL comme LTL permet d'exprimer des propriétés de sûreté et de vivacité. CTL permet aussi d'exprimer des propriétés de potentialité. Par contre, les propriétés d'équité ne sont pas exprimables en CTL. Dans les deux cas, ces logiques ne permettent d'exprimer que des notions qualitatives : ainsi on peut spécifier qu'*une réponse arrive en un temps fini* mais on ne peut pas spécifier que cette réponse doit arriver en moins de k unités de temps. Pour permettre ce type de spécification, les logiques temporelles classiques (LTL ou CTL) ont été étendues afin de pouvoir « quantifier » le temps : on parle alors de logiques temporelles temporisées. On retrouve des logiques temporisées linéaires et arborescentes. À titre d'exemple nous introduisons TCTL, l'extension temporisée de la logique CTL.

Logique temporelle temporisée TCTL. TCTL enrichit les opérateurs temporels de CTL en prenant en compte des informations quantitatives sur l'écoulement du temps. Ainsi les formules de TCTL font appel à un symbole relationel $\sim \in \{<, \leq, =, >, \geq\}$ et un rationnel θ qui va permettre de quantifier l'écoulement du temps. Nous ne rentrerons pas plus en détail dans l'exposé de TCTL et renvoyons à (Schnoebelen, 1999) pour plus d'informations. Nous concluons en donnant quelques exemples de propriétés TCTL.

Séjour borné en section critique :
AG (Sc $\Rightarrow$ $AF_{\leq K} \neg$ Sc)
« *Un processus ne reste pas plus de k unités de temps en section critique* »

Réactivité bornée :
AG ($Probleme \Rightarrow \neg AG_{\leq 5}\ Alarme$) :
« *Lorsqu'un problème survient, l'alarme se déclenche et se prolonge au moins 5 unités de temps* »

Inévitabilité bornée :
AG (Requete $\Rightarrow$ $AF_{\leq k}$ Reponse)
« *Toute requête sera inévitablement suivie en moins de k unités de temps par une réponse* »

Latence minimale :
AG (Requete $\wedge \neg$ $EF_{\leq k}$ Reponse)
« *Une requête ne peut pas recevoir de réponse en moins de k unités de temps* »

En combinant les deux dernières formules, on peut exprimer des contraintes temporelles appliquées aux dates d'occurrences d'événements significatifs telles que celles présentées précédemment. Ainsi une contrainte du type

$$\delta_{inf} < date(R_i) - date(S_i) < \delta_{sup}$$

pourra s'exprimer par la formule suivante :
$[AG\ (R_i \wedge \neg EF_{\leq \delta_{inf}}\ S_i)] \wedge$
$[AG\ (R_i \Rightarrow AF_{\leq \delta_{sup}}\ S_i)]$

2 Vérification à garantie déterministe

L'objectif de cette partie est de présenter quelques techniques permettant de vérifier qu'une garantie déterministe de propriété est assurée par un système. En particulier, nous proposons dans un premier temps des techniques qui s'appliquent de manière générique à des modèles exprimés dans un formalisme donné. Il s'agit notamment des méthodes d'analyse de modèles (ou *model-checking*) de systèmes discrets temporisés. Dans un deuxième temps, nous prenons en compte les objets classiquement manipulés au sein d'un système temps réel, à savoir les ressources, les tâches et les messages/paquets, et nous introduisons quelques méthodes propres à la vérification de systèmes décrits sous forme de ce type d'objets.

2.1 Analyse de modèles – *model-checking*

Nous donnons maintenant les grands principes du model-checking de formules de logiques temporelles. Le lecteur intéressé se reportera avec profit à (Arnold, 1992), (Diaz, 2003), (Schnoebelen, 1999).

Une propriété exprimée en LTL (cf. § 1.3) est satisfaite par un système si toute exécution de celui-ci la satisfait. Pour s'assurer de cette propriéte, on vérifie en fait qu'aucune exécution du système ne satisfait la négation de la formule à vérifier. Pour ce faire, on associe à la négation de la propriété un automate de Bucchi qui la caractérise et on effectue un produit synchrone entre le comportement du système et cet automate. On s'assure ensuite que les conditions d'acceptation données par l'automate de Bucchi ne sont pas satisfaites. Dans la négative, on dispose d'une séquence satisfaisant la négation de la propriété que l'on cherchait à vérifier, donc d'un contre-exemple. On peut procéder à la volée – construire en même temps le produit synchrone et le graphe de comportement – et stopper cette construction dès qu'un contre-exemple a été détecté. Lorsque la propriété à vérifier est satisfaite, il faut bien sûr construire complètement le produit synchrone.

La vérification d'une propriété φ de CTL (cf. § 1.3) consiste à calculer sa « théorie » notée $TH(\varphi)$: i.e., l'ensemble des états satisfaisant la formule à vérifier. Une propriété φ est satisfaite par un système si tous les états de celui-ci la vérifient : $TH(\varphi) = S$. Opérationnellement, le contrôle de modèles revient donc à définir une application $TH : CTL \mapsto \mathcal{P}(S)$ où $TH(f) = \{s \in S : M, s \models f\}$.
Dans le cadre propositionnel, l'application TH se définit par induction sur la structure de la formule f : $TH(p) = \{s \in S : p \in \mathcal{P}\ et\ s \models p\}$, $TH(\neg F) = S \setminus TH(F)$ et $TH(F \wedge G) = TH(F) \bigcap TH(G)$.
Pour les modalités de CTL (EF, AF, ...), le problème revient à trouver des « applications » X et Y de telle sorte que : $TH(EF\ G) = X(TH(G))$ et $TH(AF\ G) = Y(TH(G))$. À titre d'exemple, nous présentons la caractérisation opérationnelle de l'opéra-

teur EF. Celle-ci est obtenue comme la limite d'une suite monotone à valeurs dans $\mathcal{P}(S)$. Cette suite est construite à l'aide du transformateur de prédicats Pre défini ainsi :

$Pre(U) = \{t \in S : t \rightarrow s \text{ et } s \in U\}$ et

$TH(EF\ G) = \bigcup_{n \geq 0} X_n$ où

$X_0 = TH(F)$ et $X_k = Pre(X_{k-1}) \bigcup X_{k-1}$

Pre est une fonction croissante, de sorte que la suite (X_n) est elle-même croissante dans un treillis complet (à valeurs dans un ensemble de parties : $\mathcal{P}(S)$) et donc convergente.

Limites opérationnelles du model-checking

Il faut noter que l'analyse de modèles n'agit pas directement sur la description formelle du système (automates, réseaux de Petri, ...) mais sur le graphe de comportement qui lui est associé. Un premier problème réside dans la décidabilité de la finitude du graphe de comportement. Karp et Miller (Karp, 1969) ont donné une réponse positive lorsque la description du système est donnée sous forme de réseaux de Petri de base ; le résultat précédent a été étendu par (Finkel, 2001) pour les systèmes de transitions bien formés, mais le problème est indécidable dans le cas général (Brand, 1983). Lorsque le graphe est fini, un deuxième problème est de lutter contre l'explosion combinatoire. De nombreux travaux ont été menés pour faire face à ce problème. On peut citer les techniques de compression de graphes par les BDD (*Binary Decision Diagram*) (Burch, 1990) qui gèrent l'explosion en permettant le stockage de graphes de grande taille et les méthodes (voir par exemple (Diaz, 2003)) qui évitent cette explosion en construisant un graphe de comportement réduit : symétries, contrôle de modèles structurel, ou les techniques « ordre partiel », qui tentent d'éviter la part d'explosion combinatoire due à la représentation du parallélisme par l'entrelacement d'actions.

Cas des descriptions temporisées

Construire le graphe de comportement d'une description temporisée – qu'il s'agisse de réseaux de Petri ou d'automates – est en général impossible : les transitions pouvant être tirées à tout instant dans leur domaine de tir, les états admettent en général une infinité de successeurs. Pour se ramener à un graphe de comportement fini, des techniques d'abstractions sont proposées permettant d'obtenir une représentation finie du comportement du système équivalent – pour une classe de propriétés données – au graphe infini qu'il symbolise.

Contrairement aux automates classiques, de part la nature des horloges, le modèle des automates temporisés est un modèle infini. Le concept de région (Alur, 1990) définit un modèle fini sémantiquement équivalent sur lequel pourront donc être appliquées les techniques classiques de vérification de formules. Plus précisément, le modèle des régions définit une relation d'équivalence sur un ensemble fini d'horloges telle que : (1) le nombre de classes d'équivalence est fini, (2) les valuations d'horloges d'une même classe satisfont les mêmes formules de la logique TCTL. Dans un automate de régions, le nombre de régions croit exponentiellement avec le nombre d'horloges et est proportionnel à la plus grande constante manipulée dans les contraintes. Les automates de zones ont pour but de réduire cette complexité : une zone est un regroupement de une ou plusieurs régions convexes. Des algorithmes de construction à la volée de l'automate de zone ainsi que des structures de données dédiées permettent de construire et de décider des propriétés sur l'automate de zone de manière efficace.

Dans le cas des réseaux de Petri temporels, on peut citer deux abstractions utiles, obtenues par groupement de certains ensembles d'états en *classes d'états*. La première, introduite dans (Berthomieu, 1983) permet l'analyse d'accessibilité des réseaux temporels et la vérification de leurs propriétés exprimables dans les logiques temporelles à temps linéaire (cf. § 1.3). La seconde (Berthomieu, 2003) permet l'analyse de vivacité des réseaux temporels et la vérification de leurs propriétés exprimables en logiques temporelles à temps arborescent (cf. § 1.3). Pour ces deux abstractions, la finitude du graphe de classes est indécidable dans le cas général, toutefois ces graphes sont finis lorsque le réseau atemporel sous-jacent est borné.

2.2 Vérification par analyse de trajectoire majorante du flux d'arrivée

Cette partie propose deux techniques qui s'appliquent à un modèle de systèmes temps réel exprimé sous forme de ressources (processeurs, mémoires, réseaux) et d'activités occupant ou partageant ces ressources (tâches, messages/paquets). Ces techniques reposent sur une connaissance de l'arrivée de ces activités dans le système au cours de la vie de celui-ci (on parle de flux d'activités) et donc de la demande de ressources liée à ces flux. Dans le contexte de la vérification à garantie déterministe, une condition nécessaire d'obtention de résultats est d'avoir une majoration des flux d'arrivée d'activités ; ceci implique notamment des hypothèses déterministes sur l'environnement et les perturbations pouvant affecter le système.

Ci-dessous, nous nous intéressons à une propriété s'exprimant par une contrainte de temps de réponse, les événements stimulus et réponse étant respectivement l'arrivée d'une activité et la fin de cette activité (activation d'une tâche / fin d'exécution de la tâche, demande d'émission d'un message / fin de transmission du message) et nous montrons comment évaluer quel sera le temps de réponse au cours de la vie du système, tout d'abord par l'analyse du pire temps de réponse (théorie de l'ordonnancement), puis par la méthode de « calcul de réseau » (*network calculus*).

Évaluation analytique du pire temps de réponse

Dans la communauté de l'ordonnancement temps réel, il est d'usage d'évaluer le temps de réponse en considérant le pire cas afin de déterminer l'ordonnançabilité d'un ensemble de tâches périodiques/sporadiques. Pour un ensemble de N tâches de ce type, chaque tâche (ou source) τ_i $(i = 1, 2, ..., N)$ est caractérisée par :

- une période (ou l'intervalle minimale d'interarrivée si l'arrivée de la tâche est sporadique) T_i avec laquelle la source génère une demande de travail (appelée par la suite une instance) ;
- une durée d'occupation de la ressource (ou serveur) C_i ; elle correspond à une demande de traitement de l'instance dans le serveur ;
- éventuellement le déphasage maximal de l'arrivée d'une instance par rapport au début prévu de sa période ; ce délai est appelé gigue maximale J_i (quand la source τ_i est strictement périodique, $J_i = 0$) ;
- ainsi que la borne supérieure sur le temps de réponse de cette tâche, ou contrainte d'échéance, δ_i.

Selon la politique d'ordonnancement du serveur, le pire temps de réponse d'une tâche (source) peut être obtenu en appliquant des résultats connus issus de la théorie de l'ordonnancement (Liu, 2000). À titre d'exemple, nous donnons les formules de calcul du pire temps de réponse *pour une politique d'ordonnancement à priorité fixe et sans préemption* (le cas non préemptif recouvre également l'ordonnancement de messages/paquets dans un réseau).

On note par i la priorité d'une source τ_i avec τ_i plus prioritaire que τ_j si $i < j$. Le pire cas pour une source périodique de priorité i correspond à la situation où au moment de la génération d'une instance, il y a une instance de priorité inférieure qui vient de commencer son traitement dans le serveur et où toutes les instances plus prioritaires sont aussi prêtes à être soumises au serveur.

Dans ce pire cas, le temps de réponse de la source de priorité i noté R_i est donné par :

$$R_i = C_i + J_i + I_i; \; R_i \leq T_i \tag{1.3}$$

où I_i est le temps d'interférence durant lequel le serveur est occupé par le traitement des instances générées par les sources plus prioritaires que τ_i et par une instance d'une source moins prioritaire générée juste avant l'arrivée de l'instance de priorité i.

I_i est donné par l'équation récurrente suivante :

$$I_i^{n+1} = \max_{i+1 \leq j \leq N}(C_j) + \sum_{j=1}^{i-1}\left(\left\lfloor \frac{I_i^n + J_j}{T_j} \right\rfloor + 1\right)C_j \tag{1.4}$$

où $max_{i+1 \leq j \leq N}(C_j)$ est le facteur de blocage dû à la non préemption. Cette équation récurrente peut être calculée à partir de $I_i^0 = 0$ et l'itération s'arrête quand $I_i^{n+1} = I_i^n$. La solution existe quand la charge normalisée du serveur générée par les sources, dont les priorités sont supérieures ou égales à i, est inférieure ou égale à 1 (i.e., $\sum_{j \leq i} \frac{C_j}{T_j} \leq 1$).

Évaluation de temps de réponse par la technique de « network calculus »

Fournir une garantie de temps de réponse pour des messages ou paquets peut reposer sur la technique précédente. Néanmoins, d'une part, celle-ci repose sur de fortes hypothèses de périodicité et, d'autre part, elle est utilisable uniquement dans le cadre d'une vérification *a priori* et peut difficilement, en raison du coût de calcul, être utilisée en ligne.

Dans le contexte de la communication temps réel, on peut prendre en compte le fait que les réseaux implantent des limiteurs du trafic en entrée ; c'est sous ces hypothèses qu'un modèle de trafic, dit $(\sigma, \rho) - borné$, a été proposé. Ce modèle est très utilisé dans la communauté de l'Internet pour le contrôle de la qualité de service car il est, de plus, simple à implémenter dans des mécanismes de contrôle d'admission pour estimer en ligne des temps de réponse. Cette approche considère le système comme un ensemble de N sources ayant des fonctions cumulatives d'arrivées correspondant, pour chaque source τ_i à une demande de quantité de ressource (ou demande de travail) $F_i(t)$ caractérisée par :

$$F_i(t) - F_i(s) \leq \sigma_i + \rho_i(t - s); \; \forall 0 \leq s \leq t \tag{1.5}$$

où σ_i représente la taille de la rafale maximale et ρ_i le débit moyen à long terme de la $i^{\text{ème}}$ source. La quantité du travail apportée par un paquet généré par la source τ_i c'est-à-dire le nombre de bits à traiter par le serveur, est définie par W_i bits. On considère que le serveur a un débit c (en bit/s).

Considérons maintenant un ensemble de N sources $(\sigma_i, \rho_i) - bornées$ $(i = 1, 2, ..., N)$ partageant un serveur non préemptif de capacité de traitement c bit/s et dans lequel les paquets sont servis selon la politique à priorité fixe. Rappelons qu'un paquet de la source τ_i est plus prioritaire qu'un paquet de τ_j si et seulement si $i < j$. La borne du temps de réponse D_i d'un paquet de la $i^{\text{ème}}$ source (c'est-à-dire celle de priorité i) est obtenue, selon la technique de *network calculus* (Le Boudec, 2002) et est définie par :

$$D_i = \frac{\sum_{j=1}^{i} \sigma_j + \max_{i+1 \leq j \leq N}(W_j)}{c - \sum_{j=1}^{i-1} \rho_j} \quad (1.6)$$

Pour que D_i soit borné, il faut que $c \geq \sum_{j=1}^{i} \rho_j$.

3 Vérification probabiliste

Dans cette partie, nous proposons des méthodes permettant de vérifier que des exigences en termes de garanties probabilistes sont assurées par un système temps réel. De la même manière que précédemment, nous fournirons dans un premier temps des techniques d'analyse de modèles reposant sur un formalisme générique de modélisation de systèmes discrets temporisés et stochastiques, puis, dans un deuxième temps, nous considérerons des modèles de systèmes exprimés en termes d'activités (tâches, messages/paquets) et de ressources (processeurs, réseaux, mémoires). L'objectif général de ces méthodes est d'estimer la probabilité qu'une propriété soit respectée. Dans ce cas, on prend en compte des environnements et des perturbations aléatoires et, donc, des modèles d'arrivées de tâches et de messages/paquets également aléatoires.

3.1 Vérification par analyse de réseaux de files d'attente

Un système temps réel ou un réseau peut être modélisé sous la forme de réseaux de files d'attente. Ce formalisme permet de modéliser des *ressources* de capacité donnée (par exemple, le débit d'un réseau) et des demandes d'accès à cette ressource générées par des activités (par exemple, des messages/paquets) appelées *clients*. Les clients sont servis selon une politique d'accès à la ressource (politique d'ordonancement). L'élément de base d'un tel modèle est la station. Celle-ci est constituée d'un ou plusieurs serveurs, qui mettent en œuvre la politique d'accès à la ressource, et d'une file d'attente où sont classés les clients en attente d'accès à cette ressource. Le modèle du système dans ce formalisme comprend, pour chaque station : la spécification du flux d'arrivée des clients, généralement sous la forme d'un processus stochastique et le temps de service des clients dans le serveur, exprimé classiquement à l'aide d'une loi probabiliste. Parmi de tels modèles, certains sont analysables mathématiquement (Allen, 1990), comme c'est le cas pour les files d'attente dites M/G/1, qui représentent un système à demandes d'accès multiples à un serveur unique. Dans un tel modèle, il est donc possible de représenter la partie d'un système qui réalise l'accès à un bus de communication ou l'accès à un processeur. Nous considérons, donc, une file M/G/1 pour laquelle le flux d'arrivée des demandes est Markovien, le temps de service de chaque instance suit une distribution de probabilité générale et le nombre de serveurs est égal à 1, pour évaluer les temps de réponse de messages/paquets partageant un bus.

Dans le cas où la politique de gestion d'accès à la ressource ne repose pas sur la priorité des clients, il est possible d'obtenir la distribution de probabilité des temps d'attente de ces clients ; ceci permet alors de vérifier si la probabilité de respect d'une propriété exprimée par une contrainte de temps de réponse est supérieure à un seuil donné.

Par contre, lorsque la politique d'accès repose sur les priorités, ce qui est le cas le plus fréquent dans les systèmes temps réel, il est impossible d'obtenir analytiquement, à l'aide du formalisme des files d'attente , la distribution des temps d'attente des clients. Il est néanmoins possible de construire un modèle du système, selon ce formalisme, avec lequel les seuls résultats qu'on peut déduire sont les moments, à savoir la moyenne, la variance, etc. Supposons que chaque activité ou source de messages τ_i génère un flux de messages de priorité i qui suit une loi de Poisson avec un taux d'arrivée λ_i (cette hypothèse est classique en l'absence de connaissance plus précise sur l'application). Chaque instance de message de priorité i a une durée de transmission constante C_i (temps de service) sur le bus. Ce système de communication peut alors être modélisé par une file M/G/1 avec une politique de service par priorité et sans préemption du serveur ; plus précisémment, ce système relève alors d'une sous-classe du modèle M/G/1, notée M/D/1 (D comme déterministe), pour laquelle il est possible de calculer le temps de réponse moyen (Allen, 1990).

On note :

- $\lambda = \lambda_1 + \lambda_2 + ... + \lambda_N$ avec N le nombre de sources dans le système,
- $a_j = \sum_{i=1}^{j} \lambda_j C_j$,
- $E[C^2] = \frac{\lambda_1}{\lambda} E[C_1^2] + ... + \frac{\lambda_N}{\lambda} E[C_N^2]$.

Comme signalé ci-dessus, seuls les moments peuvent être évalués ; en particulier, le temps moyen de réponse d'un message de priorité i est donné par :

$$E[Q_i] = E[q_i] + C_i = \frac{\lambda E[C^2]}{2(1-a_{i-1})(1-a_i)} + C_i \quad (1.7)$$

avec $a_0 = 0$.

Ce temps moyen de réponse est composé d'une part, du temps de traitement du message C_i et d'autre part, du temps moyen d'attente d'un message dans la file $E[q_i]$. On voit bien que $E[q_i]$ dépend non seulement des messages de priorités supérieures à i mais aussi de ceux de priorités inférieures à i à cause de la non-préemption. Notons que ce temps moyen ne donne qu'une indication et que, ni la moyenne, ni la variance ne peuvent apporter de garantie en termes de probabilité de respect d'une propriété sur un temps de réponse. Pour obtenir de telles garanties, on peut, soit utiliser le formalisme des réseaux de files d'attente ou de machines à états temporisées et stochastiques et appliquer une approche de simulation (Allen, 1990), soit mettre en œuvre des techniques spécifiques aux types d'objets et de systèmes impliqués ; une telle technique est proposée au paragraphe suivant.

3.2 Estimation de probabilité de non-respect de propriété

Dans le cas où une politique d'accès à une ressource repose sur la notion de priorité, d'une part et, dès qu'on intègre la modélisation de perturbations aléatoires de l'environnement susceptibles d'altérer le service des clients, d'autre part, il est indispensable de développer des techniques spécifiques pour évaluer des distributions des temps d'attente pour l'accès à la ressource. Notons que l'altération du service d'une instance générée par une source (par exemple, un message/paquet généré par un ordre d'émission sur un réseau) peut avoir des conséquences différentes selon que le système est guidé par le temps (*time-driven*) ou par les événements (*event-driven*). Dans le premier cas, les instances sont générées périodiquement et une altération du service de l'instance conduit à la perte de celle-ci. Cette perte peut, suivant l'état du système, être tolérée. Néanmoins, il faut dans ce cas évaluer le nombre maximal d'instances consécutives perdues, qui n'altère pas le comportement global du système. Dans le cas où le système est guidé par les événements, la perte d'une instance, si elle est détectée, provoque un traitement supplémentaire (par exemple, réactivation de la tâche ou retransmission du message), surchargeant ainsi le système. Dans ces deux cas, il est nécessaire d'évaluer par des techniques spécifiques les garanties probabilistes de respect des propriétés à savoir, par exemple, probabilité de dépasser le nombre maximal de pertes successives d'instances, pour des systèmes guidés par le temps, ou probabilité de dépasser un temps de réponse donné pour chaque instance, pour des systèmes guidés par les événements.

Dans ce paragraphe, nous introduisons une méthode analytique spécifique pour évaluer la probabilité du non-respect de la contrainte sur un temps de réponse dans le pire cas en présence des erreurs aléatoires pour un système guidé par les événements et composé de N sources τ_i, partageant un même serveur avec priorité et sans préemption. On suppose qu'une erreur arrivant lors du service d'une instance est toujours détectée par le système et, alors, provoque une nouvelle génération de la même instance. Le temps de réponse d'une instance de priorité i dans un système avec perte est défini comme l'intervalle entre la date de sa génération initiale et la date à laquelle cette instance est effectivement servie ; on note par k le nombre total de générations de cette instance pour aboutir à un service correct. Pour chaque instance, nous obtenons alors le pire temps de réponse de cette instance en modifiant le calcul de la période d'interférence (équation 1.4), obtenue au § 2.2) :

$$I_i^{n+1}(k) = B_i + \sum_{j=1}^{i-1}\left(\left\lfloor \frac{I_i^n + J_j}{T_j} \right\rfloor + 1\right)C_j + E_i(k) \quad (1.8)$$

où

$$B_i = \max_{i+1 \le j \le N}(C_j)$$

La fonction $E_i(k)$ dépend du nombre d'erreurs k survenues durant l'intervalle $[0, t]$ et du temps SC_i nécessaire avant une nouvelle génération de l'instance de τ_i, soit :

$$E_i(k) = k \times SC_i \quad (1.9)$$

Il est évident que le temps de réponse augmente quand le nombre d'erreurs, k, sur la même instance augmente. Pour chaque source τ_i, il existe une valeur maximale de k, notée K_i^{max}, au-delà de laquelle la contrainte de temps de réponse des instances générées par la source n'est plus respectée. Il s'agit de la plus grande valeur de k telle que :

$$R_i^{max} \le \delta_i$$

$$R_i^{max} = C_i + J_i + I_i(k) \quad (1.10)$$

Le calcul des temps de k est déterministe. Considérons, à présent, un modèle probabiliste d'occurrence des erreurs, la probabilité du non-respect de la contrainte sur le temps de réponse peut alors être évaluée. Soit $N_{err}(t)$ la variable aléatoire qui représente le nombre de fois où une instance est erronée pendant $[0, t]$, la probabilité p_i du non-respect pour une activité τ_i de priorité i donnée, est évaluée pour $t = R_i^{max}$ et $k = K_i^{max}$ et est donnée par :

$$p_i = 1 - P[N_{err}(R_i^{max}) \leq K_i^{max}] \quad (1.11)$$

Nous appelons cette probabilité *la probabilité du non-respect dans le pire cas* car le temps de réponse calculé est celui du pire cas. L'évaluation va dépendre du modèle probabiliste de $N_{err}(t)$ selon lequel une erreur survient.

4 Exemple

Pour illustrer les apports de l'ensemble de techniques ci-dessus et leur complémentarité, nous considérons une application embarquée distribuée autour du réseau CAN (*Controller Area Network*) (Paret, 1996) dans l'automobile. Le protocole d'accès au médium de CAN suit le principe de bus priorisé.

L'exemple choisi, « réseau inter - système », provient d'une étude de cas proposée par PSA Peugeot-Citroën. Elle met en œuvre une architecture matérielle (des calculateurs connectés sur un réseau CAN dont le débit est 250 Kbit/s). Dans ce contexte, les calculateurs sont désignés sous le nom d'ECU (*Electronic Control Unit*). L'abstraction que nous avons de l'architecture opérationnelle de ce système est limitée au réseau et aux messages échangés entre calculateurs sous des hypothèses d'envoi de messages de la part des tâches localisées sur chaque ECU. Dans le contexte de l'électronique embarquée dans les automobiles, cette partie du système s'appelle une messagerie. Les calculateurs connectés sur CAN sont :

- CM : il supporte les tâches implantant les fonctions de contrôle du moteur ;
- ABS/CDS : sur ce calculateur s'exécutent les tâches concernant le contrôle de l'ABS (*Anti Blocking System* ou système anti-blocage des freins) et le contrôle de stabilité ;
- BSI : (Boîtier de Servitude Intelligent) il s'agit du centre du système embarqué ; il sert de passerelle entre différents réseaux présents dans l'architecture et transmet certains ordres du conducteur aux fonctions chargées de les mettre en œuvre sur d'autres calculateurs ;
- SUS : les tâches implantées sur ce calculateur sont en charge du contrôle de la suspension dynamique ;
- BVA : les tâches implantées sur ce calculateur concernent la gestion de la Boîte de Vitesse Automatique ;
- CAV/CdP : la mesure de l'angle volant (Capteur d'Angle Volant) et un correcteur de phare constituent les deux fonctionnalités supportées par ce calculateur.

La spécification de la messagerie, c'est-à-dire de l'ensemble des messages qui transitent sur le réseau CAN est donnée dans le tableau 1. Cette messagerie est entièrement définie sous des hypothèses de périodicité des demandes d'émission des messages de la part des tâches localisées sur les calculateurs cités ci-dessus. Les messages sont classés par priorité décroissante (M_i est plus prioritaire que M_j si $i < j$) ; pour chaque message, on donne sa source d'émission, ECU_i, c'est-à-dire le calculateur qui supporte la tâche émettant ce message, s_i la taille, en octets, des données utiles qu'il contient (rappelons que, lors de la transmission d'une information « applicative », des champs supplémentaires sont ajoutés à cette information pour en constituer une « trame » ; dans le cas du réseau CAN, la taille réelle de la trame est majorée par $\left\lfloor \frac{34+8\times s_i}{4} \right\rfloor + 47 + 8 \times s_i$ bits), T_i la période, en ms, d'émission du message.

L'avant-dernière colonne du tableau 1 donne C_i la durée de transmission, en ms, de la trame contenant le message M_i, à partir de sa taille réelle et de τ_{bit}, la durée de transmission d'un bit (soit, $\tau_{bit} = \frac{1}{250} ms$ pour un débit du réseau de 250 Kbits/s) : $C_i = (\left\lfloor \frac{34+8\times s_i}{4} \right\rfloor + 47 + 8 \times s_i)\tau_{bit}$. Enfin, dans la dernière colonne, δ_i représente la borne imposée sur le temps de réponse de chaque instance du message M_i. Nous considérons que la propriété à vérifier s'exprime par une contrainte sur le temps de réponse de chaque message : la durée entre la date d'émission de toute instance d'un message M_i et la fin de sa transmission sur le réseau doit être inférieure à δ_i. Nous appliquons dans un premier temps les techniques vues ci-dessus, pour obtenir une garantie déterministe de cette propriété, puis, dans un deuxième temps, nous regardons comment obtenir des garanties probabilistes.

4.1 Garantie déterministe

Dans cette partie, on s'attache à vérifier que la propriété est respectée par toute instance de chaque message. Pour cela, il est possible d'appliquer directement les formules 1.3 et 1.4 pour obtenir le pire temps de réponse par la méthode vue au paragraphe 2.2. Les résultats, obtenus pour une gigue maximale J_i nulle, figurent dans la deuxième colonne, R_i, du tableau 2.

Pour appliquer la technique vue en 2.2, il est nécessaire, au préalable, de traduire le modèle initial (tableau 1) en un modèle de trafic $(\sigma, \rho) - borné$, soit :

- ρ_i, valeur du débit moyen à long terme pour une source τ_i

$$\rho_i = \frac{W_i}{T_i} \quad (1.12)$$

Notons que pour évaluer W_i, il suffit de constater que le temps de traitement C_i induit par toute instance de τ_i est dû à une charge W_i pour un serveur de débit c ($C_i = W_i/c$).

- σ_i, la taille maximale de la rafale ; celle-ci est définie comme étant la plus petite valeur de σ_i qui satisfait la contrainte 1.5. En général la rafale existe quand le trafic périodique est perturbé par une variation de gigue. La taille de la rafale dépend alors fortement des valeurs de la gigue. En considérant le pire cas qui correspond à une arrivée générée effectivement J_i unités de temps avant l'instant d'activation prévu, il a été montré dans (Koubâa, 2004) que la taille optimale de la rafale (σ_i minimale qui majore la courbe d'arrivée) est donnée par :

$$\sigma_i = \frac{W_i}{T_i}(T_i + J_i) \quad (1.13)$$

Dans l'exemple considéré, par application des formules 1.12, 1.13 et 1.6, on obtient une borne supérieure pour le temps de réponse de chaque message. Ce résultat est donné dans la troisième colonne, D_i, du tableau 2.

Message	ECU_i	s_i	T_i	C_i	δ_i
M_1	CM	8	10	0,54	2
M_2	CAV/CdP	3	14	0,34	2
M_3	CM	3	20	0,34	2
M_4	BVA	2	15	0,30	2,5
M_5	ABS/CDS	5	20	0,42	2,5
M_6	ABS/CDS	5	40	0,42	10
M_7	ABS/CDS	4	15	0,38	10
M_8	BSI	5	50	0,42	10
M_9	SUS	4	20	0,38	10
M_{10}	CM	7	100	0,50	10
M_{11}	BVA	5	50	0,42	10
M_{12}	ABS/CDS	1	100	0,26	100

Tableau 1 Spécification de la messagerie (temps en ms)

Message	R_i	D_i	$E[Q_i]$	$E[q_i]$	K_i^{max}	R_i^{max}	p_i
M_1	1,04	1,04	0,587	0,047	1	1,67	0,01
M_2	1,38	1,46	0,391	0,051	0	1,38	0,1
M_3	1,72	1,87	0,394	0,054	0	1,72	0,1
M_4	2,02	2,23	0,356	0,056	0	2,02	0,1
M_5	2,44	2,76	0,479	0,059	0	2,44	0,1
M_6	2,86	3,31	0,481	0,061	11	9,81	10^{-12}
M_7	3,24	3,80	0,443	0,063	10	9,56	10^{-11}
M_8	3,66	4,42	0,486	0,066	10	9,98	10^{-11}
M_9	4,04	4,93	0,448	0,068	9	9,73	10^{-10}
M_{10}	4,46	5,57	0,570	0,070	8	9,52	10^{-9}
M_{11}	4,72	5,93	0,491	0,071	8	9,78	10^{-9}
M_{12}	4,72	6,0	0,332	0,072	122	99,38	0

Tableau 2 Résultats obtenus par application des techniques présentées dans les paragraphes 2.2 (colonnes R_i et D_i) , 3.1 (colonnes $E[Q_i]$ et $E[q_i]$) et 3.2 (colonnes K_i^{max}, R_i^{max}, p_i)

Nous pouvons remarquer que les deux techniques appliquées ci-dessus permettent, chacune, d'obtenir une borne sur le temps de réponse et, ainsi de vérifier de manière déterministe qu'une contrainte de temps de réponse est respectée. L'évaluation analytique de pire temps de réponse fournit des bornes plus petites ou égales à celles fournies par l'approche du *network calculus* et, ainsi, les résultats obtenus par la dernière sont plus pessimistes. En effet, dans l'exemple présenté ici, il n'est pas possible d'obtenir de garantie déterministe de la propriété sur le temps de réponse du message M_5 en appliquant la technique du *network calculus* alors qu'il est possible de la garantir par l'approche fournie § 2.2. En revanche, il faut noter que la technique de *network calculus* peut prendre en compte un modèle de trafic plus général (borné supérieurement), incluant le trafic périodique/sporadique et être utilisée pour intégrer des vérifications en ligne (par exemple, pour des mécanismes de contrôle d'admission dans les architectures de qualité de service).

4.2 Garantie probabiliste

En modélisant ce système sous la forme d'un réseau de files d'attente et en appliquant la formule 1.7, pour $\lambda_i = 1/T_i$, nous pouvons évaluer les valeurs de $E[q_i]$ et $E[Q_i]$ pour chacun des messages. En ce qui concerne le temps moyen de réponse, comme la charge du réseau n'est pas importante ($\sum_{j=1}^{N} \frac{C_j}{T_j} \approx 0,22$), nous pouvons constater que la moyenne du temps d'attente est très faible, la majeure partie du temps de réponse étant due à la durée de transmission. Ce résultat ne fournit aucune garantie probabiliste sur la faisabilité de cette messagerie ; par contre, il apporte une aide au concepteur de la messagerie pour paramétrer son application (choix de la priorité des messages au vu des temps moyens de réponse obtenus, dimensionnement du débit du réseau, ...). Pour compléter ces évaluations et, en particulier, obtenir des résultats en termes de garantie probabiliste, en prenant en compte les erreurs, il faut recourir à d'autres moyens.

Aussi, dans ce qui suit, nous cherchons à évaluer, pour chaque message M_i, sa probabilité de non-respect de l'échéance pour un modèle d'erreurs donné. Dans la réalité, la plupart des bus CAN embarqués dans l'automobile sont soumis à des erreurs de transmission car les supports de transmission de type « paires torsadées non blindées », en particulier, sont sensibles à des perturbations dues aux champs électromagnétiques. Dans CAN, chaque trame erronée est retransmise automatiquement augmentant ainsi le temps de réponse global du message. Le pire temps supplémentaire induit par *k* retransmissions peut être estimé par :

$$E_i(k) = k \times (23\tau_{bit} + \max_{j \leq i}(C_j)) \qquad (1.14)$$

Le temps supplémentaire induit par une erreur de transmission est composé d'une part de la trame de signalisation d'erreurs ($23\tau_{bit}$ dans le pire cas) et d'autre part de la retransmission de la trame corrompue. Dans le pire cas, toutes les erreurs se produisent au dernier bit de la plus longue trame susceptible d'être retransmise. Compte tenu du protocole d'accès qui repose sur la priorité, seule une trame plus prioritaire ou égale à la priorité *i* peut être retransmise.

En appliquant les formules 1.8, 1.14 et 1.10, on obtient K_i^{max} correspondant au plus grand R_i^{max} tel que $R_i^{max} \leq \delta_i$ (voir tableau 2). La probabilité p_i de non-respect de la propriété a été calculée sous l'hypothèse que chaque transmission a une probabilité d'erreur $p = 0,1$ (dernière colonne du tableau 2). La probabilité d'avoir exactement k erreurs (forcément consécutives dans notre cas) suit une distribution géométrique. Selon la formule 1.11, on a :

$$p_i = 1 - \sum_{k=0}^{K_i^{max}} P[N_{err}(R_i^{max}) = k]$$

$$p_i = 1 - \sum_{k=0}^{K_i^{max}} p^k(1-p) \qquad (1.15)$$

La probabilité de non-respect est fonction du nombre maximal de retransmissions autorisé. Ainsi nous pouvons constater que des messages prioritaires mais ayant des échéances serrées ont des probabilités de non-respect plus importantes. Cette information permet au concepteur d'applications de bien dimensionner le système s'il exige une certaine robustesse vis à vis du respect des contraintes sur des messages de priorité élevée.

5 Conclusion

La vérification d'applications est une activité complexe qui est souvent imposée par des réglementations internationales, nationales ou internes à une entreprise. En effet, ces applications relèvent de systèmes dits critiques dont la mise en service passe par une garantie déterministe ou probabiliste de leur bon fonctionnement. Cette garantie s'obtient de plus en plus tout au long de leur développement par analyse de modèles du système. Ceci amène deux problèmes principaux. Le premier est celui de la modélisation, c'est-à-dire de la spécification d'une abstraction du système telle qu'elle puisse être analysée et que cette analyse fournisse un verdict pertinent pour les garanties attendues. Le deuxième problème est celui de l'exploitation des modèles soit par son analyse mathématique, soit par simulation. Résoudre ces deux problèmes repose sur les formalismes qui supportent la représentation des systèmes à événements discrets temporisés et éventuellement probabilistes. Si de nombreuses avancées ont été obtenues ces dernières années sur ce sujet (développement de nouveaux formalismes, maîtrise de la complexité de l'analyse) et si on commence à voir quelques outils industriels appliquant ces résultats, il n'en demeure pas moins que la généralisation de l'application des techniques de vérification reste à pénétrer tous les secteurs industriels concernés par la conception d'applications temps réel. Dans ce chapitre, nous avons présenté la problématique de la vérification dans le contexte du temps réel. Puis, nous avons identifié quelques formalismes et techniques d'analyse qui ont atteint un degré significatif de maturité et qui, pour certaines, sont déjà appliquées dans l'industrie. Enfin, grâce à l'exemple concret d'un système embarqué dans une automobile, nous avons montré comment certaines des techniques présentées pouvaient s'appliquer, quelles abstractions du système devaient être construites et quels résultats pratiques on pouvait en attendre.

Bibliographie

A.O. Allen (1990), *Probability, statistics and queueing theory with computer science applications*, Academic Press, Inc.

R. Alur, C. Courcoubetis, D. Dill (1990), *Model-Checking for real-time systems*, Proc of 5th IEEE Symp. on Logic in Computer Science

A. Arnold (1992), *Systèmes de transitions finis et sémantique des processus communicants*, Masson Paris.

B. Berthomieu and M. Menasche (1983), *An Enumerative Approach for Analyzing Time Petri Nets*, IFIP Congress 1983.

B. Berthomieu, F. Vernadat (2003), *State class constructions for branching analysis of Time Petri nets*, In Proceedings of TACAS 2003. Springer Verlag, LNCS 2619.

D. Brand, P. Zafiropolo (1983), *On Communicating Finite-State Machines*, J.A.C.M, Vol. n° 2

J.R Burch, E.M Clark, K. L McMillan, DL Dill and J.L Hwang (1990), *Symbolic model-checking : 10^{20} states and beyond*, Proc of 5th IEEE Symp. on Logic in Computer Science, Avril 83

M. Diaz (2003), *Vérification et mise en œuvre des réseaux de Petri*, Hermès Science.

A. Finkel, Ph. Schnoebelen (2001), *Well-structured transition systems everywhere !*, Theoretical Computer Science 256(1-2) : 63-92.

R. Karp, R. Miller (1969), *Parallel Program Shemata*, Journal of Computer and System Science, Vol. 3,4.

A. Koubâa and Y. Q. Song (2004), *Evaluation and improvement of response time bounds for real-time applications under non pre-emptive fixed priority scheduling*, International Journal of Production Research, Vol.42, n° 14, p. 2899-2913, July 2004, Taylor & Francis Ltd.

J.Y. Le Boudec and P. Thiran (2002), *Network Calculus : A Theory of Deterministic Queuing Systems For The Internet*, Editions Springer Verlag New-York, Inc.

J.W.S. Liu (2000), *Real-Time Systems*, Upper Saddle River, New Jersey, USA, Editions Prentice-Hall, Inc.

D. Paret (1996), *Le bus CAN (controller Area Network)*, Dunod.

Ph. Schnoebelen, B. Bérard, M. Bidoit, F. Laroussinie et A. Petit (1999), *Vérification de logiciels : techniques et outils du model-checking*, Vuibert.

Approche synchrone pour le développement des systèmes temps réel

Charles André

Mots-clés : approche synchrone, systèmes réactifs, temps logique, programmation, vérification.

Résumé : les langages synchrones sont des langages spécialisés conçus pour la programmation sûre de systèmes réactifs et temps réel. Ils savent concilier parallélisme, communications et déterminisme. Cette possibilité, essentielle pour des systèmes critiques, ils la doivent aux modèles mathématiques qui définissent leurs sémantiques. Il en résulte des langages simples et expressifs. La compilation des programmes synchrones s'appuie sur des transformations mathématiques. Certaines propriétés des programmes, comme la sûreté, peuvent être vérifiées formellement. Les concepts introduits par l'approche synchrone, les styles de programmation, les possibilités d'analyse et de vérification formelle des programmes vont être présentés au travers d'exemples simples, sans utilisation explicite des mathématiques sous-jacentes.

Dans les années quatre-vingt, des études indépendantes ont conduit à l'apparition de langages spécialisés dits langages synchrones (Halbwachs, 1993) comme ESTEREL, LUSTRE et SIGNAL, ainsi qu'à celle d'un formalisme graphique appelé STATECHARTS (Harel, 1987). Ces langages et formalismes répondaient à des besoins de programmation et modélisation des *systèmes réactifs*, c'est-à-dire des systèmes qui sont en interaction permanente avec leur environnement. La nature des applications considérées explique que ces langages aient été initialement conçus par des équipes mixtes comprenant des automaticiens et des informaticiens. Quant aux STATECHARTS, ils avaient été introduits par D. Harel pour décrire le comportement de systèmes rencontrés dans des applications avioniques. Ce modèle était destiné à des ingénieurs et des pilotes d'avions.

Objectifs

Le but initial était de développer des langages *spécialisés* qui facilitent la conception sûre de systèmes réactifs souvent *critiques* (systèmes dans lesquels les défaillances ont de graves conséquences). Visant des applications industrielles, il est vite apparu que ces langages devaient être expressifs et compilables de façon efficace afin de pouvoir traiter de « gros » programmes. Les techniques de compilation des langages synchrones ont fait de grands progrès dans les années quatre-vingt-dix, permettant ainsi à ces langages de passer du statut académique au statut industriel. L'application des langages synchrones à la *conception des circuits numériques* n'avait pas été initialement ciblée. Elle est maintenant un domaine d'application en plein essor.

Fondements

Ces langages et formalismes s'appuient sur des *modèles mathématiques* simples, suffisamment expressifs et sur lesquels on peut efficacement mener des analyses.

ESTEREL et STATECHARTS sont basés sur la notion d'état discret. LUSTRE et SIGNAL s'appuient sur des systèmes récurrents multi-horloges.

Dans la suite nous traitons essentiellement des modèles qui ont adopté le *synchronisme parfait* (Benveniste et Berry, 1991) (calculs et communications internes en temps nul).

Par leur expressivité, les langages synchrones permettent de programmer des contrôleurs sophistiqués. Ils peuvent aussi modéliser certains aspects du système à contrôler. Étant basés sur des modèles mathématiques, les programmes synchrones se prètent bien à des analyses formelles supportées par des outils aussi bien universitaires qu'industriels. Ces analyses permettent, d'une part, de révéler des erreurs difficiles à trouver par des tests à base de scenarii (*corner bugs*) et, d'autre part, d'établir de manière formelle que des propriétés critiques pour le système sont effectivement assurées.

Une première partie est consacrée aux systèmes réactifs, leurs caractéristiques et leurs modélisations (§ 1). Un exemple de système réactif simple qui illustre nos propos est introduit § 2. Le § 3 traite du modèle synchrone et de ses relations avec le temps réel. Le § 4 présente les styles de programmation synchrone. Le § 5 aborde des techniques de validation, un des points forts de l'approche synchrone.

1 Modélisation des systèmes réactifs

1.1 Systèmes réactifs

La fonction principale des ordinateurs a longtemps été d'effectuer des traitements (transformations) sur des données prises en entrée et de restituer des résultats en sortie.

Avec les *systèmes embarqués*, les processeurs de calcul (microprocesseurs, microcontrôleurs ou circuits spécialisés) sont devenus des composants du système parmi d'autres. Leur présence est souvent discrète, voire ignorée. À titre d'exemple, dans un véhicule automobile moderne, on peut compter une cinquantaine de processeurs. Chacun de ces processeurs gère en permanence des interactions avec son environnement. On est ainsi passé de systèmes *transformationnels* à des systèmes *réactifs*.

Les stations de travail et les ordinateurs de bureau ont connu une évolution analogue. Leurs réponses aux sollicitations multiples de l'utilisateur (clavier, souris) ou à celles de nombreux périphériques et ordinateurs distants, sont de nature *interactive*.

Les systèmes interactifs et réactifs sont caractérisés par un couplage fort avec leur environnement. Ce qui les distingue, c'est leur finalité et leur façon de gérer ces interactions (Berry, 2000). Les systèmes interactifs couvrent en partie les systèmes d'exploitation, les bases de données, les exécutions réparties, etc. L'ordinateur choisit quand et comment il répond aux sollicitations des clients. Les soucis essentiels sont alors d'éviter les blocages, de servir équitablement les clients, d'assurer la cohérence des informations. Pour les systèmes réactifs, également qualifiés de systèmes *réflexes*, c'est l'environnement qui impose le rythme des évolutions : aux unités de calculs de suivre ce rythme. C'est bien sûr le cas des applications temps réel. Le souci majeur est alors de faire les bonnes réactions (correction logique) et en temps voulu (respect des contraintes temporelles).

Un système complexe comprend à la fois des parties interactives et des parties réactives. Les langages et les formalismes synchrones ont été particulièrement étudiés pour la modélisation et la programmation de ces dernières.

Les interactions avec l'environnement ont des sources multiples. Un système réactif est généralement composé de sous-systèmes réactifs, chacun d'eux gérant un nombre restreint de sources d'interactions. Nous conviendrons d'appeler dans la suite *agents* ces sous-systèmes. D'autres termes auraient été possibles comme acteurs, composants, processus, etc. Ils sont tous, y compris le terme agent, largement surchargés et ils ont des significations précises, parfois divergentes, dans des domaines particuliers. Nos agents sont simplement des entités (encore un mot surchargé !) capables de *réagir* à des sollicitations et de *communiquer*. Leurs évolutions sont éminemment parallèles. Il en résulte que les modèles et langages de programmation pour systèmes réactifs doivent exprimer le parallélisme et supporter la modularité.

1.2 Réactivité et déterminisme

La *réactivité* est la capacité de pouvoir réagir en toute circonstance. Un programme réactif réagit à chaque sollicitation (stimulus). Généralement cette réaction se manifeste par des changements en sortie. Parfois la réaction peut être « silencieuse ». Dans ce cas, l'état interne du programme peut très bien avoir changé. En cas de blocage (*deadlock*) le programme n'est plus réactif.

Le *déterminisme* est la propriété de réagir, à partir d'un état donné, toujours de la même façon à la même séquence de stimuli.

Les évolutions concurrentes peuvent faire apparaître des blocages ou des comportements non déterministes. Les langages synchrones ont été conçus pour avoir des comportements réactifs et déterministes, même en présence d'évolutions concurrentes. Cette qualité, comme nous le montrons dans la suite, résulte des modèles de communication et d'exécution retenus pour les langages synchrones.

1.3 Abstractions

Modéliser un système c'est en donner une vision simplifiée, dans laquelle ne sont retenus que certains aspects du système, ceux jugés pertinents pour l'étude menée. Un *modèle* est ainsi un ensemble organisé et cohérent d'*abstractions* permettant de décrire le système à un niveau de détail choisi en fonction des objectifs fixés.

Dans ce paragraphe, nous dégageons des abstractions couramment faites pour la modélisation des systèmes réactifs. Certaines abstractions sont spécifiques de l'approche synchrone : la référence au synchrone sera alors explicitée.

Un ordinateur travaille sur des valeurs discrètes. Lorsqu'il faut contrôler un processus continu, les valeurs sont quantifiées et les temps discrétisés. D'autres applications sont discrètes par nature. Les modèles que nous adoptons sont discrets. Les informations échangées sont des *événements* ou des *données*. Un événement est une information fugace, qui révèle un *changement*. Des exemples typiques d'événements envoyés par un environnement physique sont le dépassement d'un seuil de température, l'appui sur un bouton, etc. Dans les systèmes réactifs, les données sont souvent associées à des mesures. Elles peuvent également être des données plus « informatiques » échangées entre agents.

Le concept de *communication* couvre tous les échanges d'information (événements ou données). Les informations échangées dans les modèles synchrones sont des *signaux*.

Les effets des systèmes réactifs sont également discrets. Les réactions sont constituées d'*actions* considérées comme élémentaires. Une action peut transformer des données. Elle peut aussi tester ou créer des événements. L'exécution d'une action est conditionnée par la présence de données (contrôle implicite) ou par du contrôle explicite. Il en résulte que les actions sont partiellement ordonnées lors d'une réaction. Un ensemble partiellement ordonné d'actions est appelé *activité*. Le problème est d'exprimer, d'analyser et de contrôler ces enchaînements d'actions.

Une autre abstraction est celle du temps adoptée par les modèles. Ce point est très délicat, car il s'agit souvent de lier la dynamique du modèle au « temps physique ». Pour cela, on a généralement recours à des modèles de *temps quantitatif.* L'approche synchrone a une vision différente qui s'appuie sur un *temps logique*. Cette décision fait l'objet d'une analyse particulière (§ 3.2).

2 Une application réactive simple

Au travers de cet exemple de système réactif très simple, nous allons identifier des difficultés particulières et les réponses apportées par l'approche synchrone.

Le système est composé de deux compteurs (un pour les unités CU et un pour les dizaines : CD) et d'un gestionnaire d'événements (GE). Sa structure est donnée dans la figure 1.1. Les entrées sont de nature événementielle :

- RAZ (remise à zéro),
- BA (bouton appuyé),
- BR (bouton relâché),
- et H un signal répétitif (horloge).

Les sorties AU (affichage des unités) et AD (affichage des dizaines) sont porteuses de données de type entier compris entre 0 et 9.

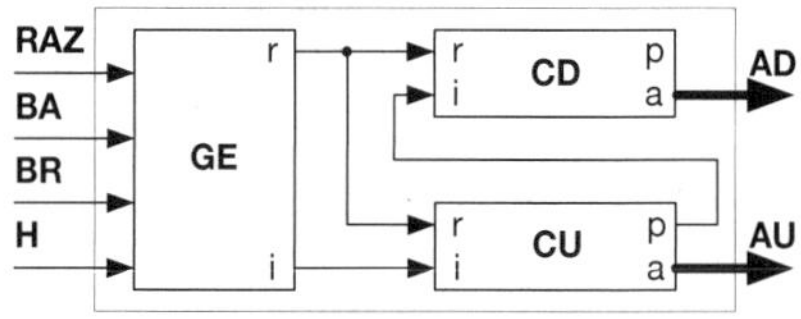

Figure 1.1: Système de comptage

2.1 Spécification informelle

Le fonctionnement attendu du système est le suivant : l'occurrence de RAZ remet les deux compteurs à 0. L'appui sur le bouton produit une incrémentation de 1 modulo 100 du compteur. Si le bouton est maintenu appuyé pendant *N* occurrences de H, le système passe en mode de *répétition automatique*. Dans ce mode, l'incrémentation se fait à chaque occurrence de H. On revient au mode *normal* en relâchant le bouton. Il reste des ambiguïtés dans cette spécification ; elles seront levées progressivement.

Dans notre modélisation, ce système est constitué de trois agents qui ont des évolutions parallèles et échangent des informations, essentiellement des informations de contrôle. Les agents Compteur réalisent deux actions élémentaires : la remise à zéro (R) et l'incrémentation (I). L'interface d'un compteur C comprend deux signaux d'entrée : C.i pour invoquer l'action d'incrémentation et C.r pour invoquer la mise à zéro. Les signaux de sorties révèlent les effets des actions : C.a donne la valeur du compteur (entier de 0 à 9) et C.p permet la propagation de la retenue. L'agent de gestion des événements GE réalise une action de décision (D). Ses entrées sont les signaux d'entrée du système, déjà décrits. Les sorties sont des signaux de contrôle : GE.i qui demande l'incrémentation du compteur CU et GE.r qui sollicite la remise à zéro des deux compteurs.

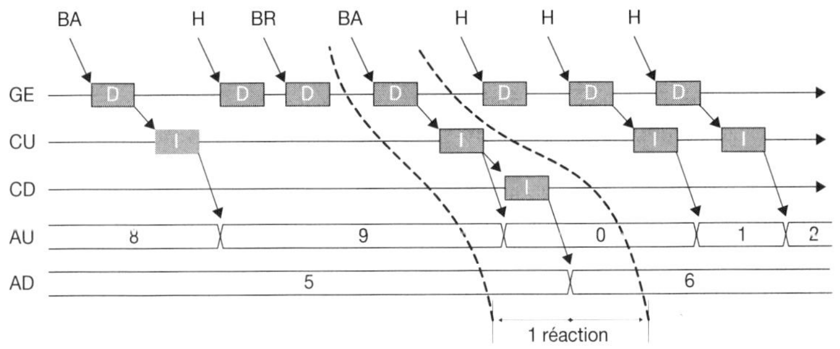

Figure 1.2: Évolution possible du système de comptage

2.2 Évolutions du système

Le diagramme temporel de la figure 1.2 représente la réponse du système à une séquence d'entrée particulière. Le temps croît vers la droite. Les rectangles sombres indiquent les exécutions d'actions avec leur durée. Les flèches obliques matérialisent des interactions (échanges de signaux). Dans la situation initiale choisie, les compteurs sont à 8 pour les unités et 5 pour les dizaines. Pour simplifier, le nombre d'occurrences de H pour entrer en mode répétition est pris petit ($N = 2$). Il apparaît que les actions à réaliser en réponse à un événement ne sont pas toujours les mêmes : le système a de la mémoire. L'usage de ce type de description pour représenter les évolutions parallèles devient vite inexploitable lorsque le nombre d'actions augmente.

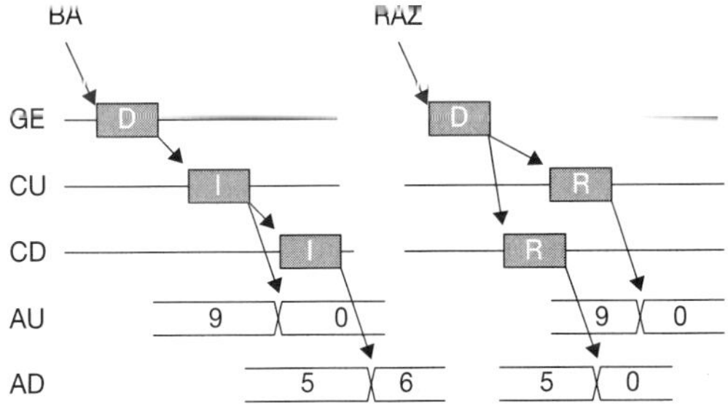

Figure 1.3: Situation conflictuelle

Dans le scénario représenté, il n'apparaît pas de *conflit* entre agents. Un agent est supposé ne faire qu'une action à la fois et de manière atomique. Que se passe-t-il s'il y a à la fois une demande d'incrémentation par une occurrence de BA et une demande de remise à zéro par RAZ ? La figure 1.3 représente les évolutions séparément. Dans la pratique elles peuvent interférer. La figure 1.4 est une exécution possible (rappelons que les actions élémentaires sont atomiques). Elle conduit au résultat 0 pour AU et 1 pour AD. Si le concepteur a pris la précaution de rendre atomique les séquences « Décision + incrémentation(s) » et « Décision + remises à zéro », il y aura soit exécution des incrémentations, *puis* des remises à zéro, ce qui conduit à 0 pour les deux affichages, soit la séquence inverse. Dans ce cas AU prend la valeur 1 et AD la valeur 0. On constate que même la précaution d'exécuter les séquences critiques de façon indivisible, analogue au « *run-to-completion* » préconisé pour les objets, n'assure pas le déterminisme. Pour éviter une telle situation il faudrait décider qu'une évolution (la remise à zéro) est *prioritaire* par rapport à l'autre (l'incrémentation) et qu'on ait donc la possibilité d'inhiber la seconde. Cette possibilité pour certains agents ou groupes d'agents d'empêcher les activités d'autres agents est connue sous le terme de *préemption* en programmation synchrone.

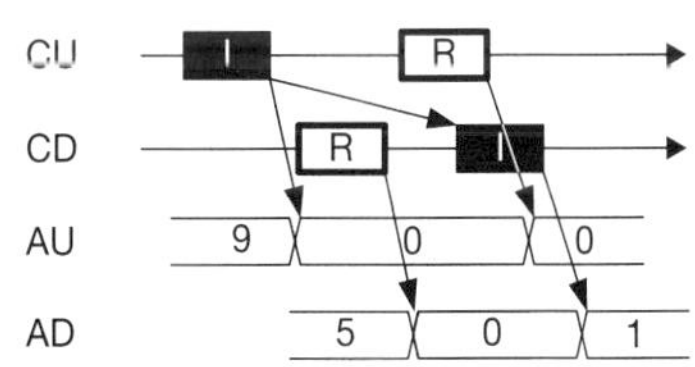

Figure 1.4: Entrelacement d'exécutions

2.3 Problèmes à résoudre

En résumé, considérer qu'un système est composé d'agents concurrents communicants soulève des problèmes d'expression, de programmation et de vérification complexes. Les principales causes sont :

- les évolutions parallèles ;
- les communications et partages d'information ;
- les courses critiques (sensibilité aux durées d'exécution) ;

– et les possibilités d'inhibition.

Alors que les approches classiques de programmation multitâche gérées par un exécutif temps réel s'efforcent de résoudre ces problèmes par l'introduction de concepts souvent externes aux langages (tâches, événements, régions, etc.) et de mécanismes adaptés (sémaphores, moniteurs, mémoires partagées, ...), l'approche synchrone adopte une vision de plus haut niveau. Le parallélisme, les communications, les synchronisations sont des concepts directement intégrés dans les langages. Ceci est rendu possible, entre autres, par une vision plus abstraite du temps.

3 Le modèle synchrone

La complexité des évolutions observées dans les chronogrammes de la figure 1.2 résulte en grande partie du caractère asynchrone des communications et des exécutions. Il est difficile d'observer des configurations stables (tous les agents au repos).

3.1 Analogie avec les circuits

Un problème analogue s'était posé pour les circuits logiques complexes. Les évolutions concurrentes de circuits conduisaient souvent à des fonctionnements non souhaités (aléas dus à des courses critiques entre variables). Une des réponses apportées est la réalisation de circuits dits « synchrones ». Le principe est le suivant :

- Le circuit complexe est constitué d'îlots combinatoires (assemblage de portes et de connexions formant un réseau *acyclique*) et de circuits spéciaux appelés registres. Les registres permettent des communications contrôlées entre ces îlots combinatoires.
- Dans une réalisation synchrone, les registres sont contrôlés par un signal répétitif unique appelé *horloge* du système.
- Le système fonctionne de façon cyclique. Sur l'occurrence du signal d'horloge les registres changent d'état. Les signaux de sortie des registres, qui sont signaux d'entrée pour les îlots combinatoires, provoquent des changements électriques qui se propagent (de façon asynchrone) dans les parties combinatoires. L'absence de boucle garantit une stabilisation des parties combinatoires en un temps borné et calculable pour une technologie donnée. Le circuit atteint donc une configuration stable en temps borné. Un autre cycle d'évolution peut alors commencer.
- Pour éviter des aléas, les entrées doivent être elles-mêmes synchronisées : des registres sont utilisés en entrée.

Ce mode de fonctionnement est en fait un mode asynchrone, synchronisé sur un signal particulier (l'horloge). Un observateur extérieur peut observer le système dans ses configurations stables en ignorant le détail des évolutions.

Cette solution est à la fois structurelle (organisation du système) et comportementale (règles d'évolutions).

3.2 Notion d'instant

Le succès de l'approche synchrone en circuits montre qu'évolutions concurrentes et déterminisme ne sont pas inconciliables pourvu que certaines précautions soient prises.

Bien que l'approche (logicielle) synchrone ait été développée initialement sans référence aux circuits synchrones, il apparaît maintenant que les convergences sont très fortes. Nous choisissons d'exploiter cette analogie pour présenter (et justifier) les hypothèses synchrones.

Pour modéliser les systèmes réactifs nous retenons les choix suivants :

1. Le système réactif évolue par une suite de réactions disjointes dans le temps.
2. Une réaction est un ensemble *fini* d'actions.
3. Cet ensemble est *maximal* dans le sens qu'il contient toutes les actions causalement liées.
4. L'effet d'une réaction est *déterminé* de façon unique.

Le fonctionnement cyclique des circuits synchrones répond à la condition 1. En se référant à la figure 1.2, une réaction a été matérialisée entre deux lignes pointillées. La condition 3 interdit d'exclure l'action AD de cette réaction. Avant la réaction, l'affichage était 59 ; l'effet de la réaction est de faire passer l'affichage à 60. Le report de l'action AD à l'instant suivant aurait conduit à l'affichage 50, ce qui est incorrect.

Les conditions 2 et 3 peuvent être reformulées en une seule condition : « Une réaction est un ensemble fini d'actions partiellement ordonnées. La relation d'ordre est une relation de causalité. »

Pour remplir la condition 4, il faut que les agents aient une *vision cohérente* de l'état de l'environnement et des autres agents. Il est particulièrement important d'avoir une vision unique des événements car ceux-ci ne sont significatifs que pour la réaction courante.

L'extension temporelle d'une réaction est appelée *instant*. Puisque les réactions sont disjointes et totalement ordonnées, les instants peuvent être indexés par les entiers naturels et la succession des instants définit un *temps logique*. Tous les événements relatifs à un instant, qu'ils soient issus de l'environnement ou qu'ils résultent d'interactions entre agents, sont dits *simultanés*. Dans un instant un événement est soit *présent* (il y a une occurrence de cet événement), soit *absent*. Pour tout événement, à chaque instant, son statut de présence doit être perçu de façon identique par tous les agents.

3.3 Terminaison d'une réaction

Afin de satisfaire la condition de maximalité d'une réaction, il faut pouvoir déterminer sa terminaison. Cette terminaison peut être décidée par les agents ou leur être imposée.

La première situation est celle qui convient pour des systèmes réactifs ayant une structure dynamique (agents créés et détruits dynamiquement). Les *objets réactifs* (Boussinot, 2000) ont été spécialement développés pour ces systèmes. Un objet réactif joue le rôle d'un agent dans notre modélisation. Les objets réactifs sont répartis et peuvent interagir au travers d'un réseau. Ils doivent donc décider d'une terminaison distribuée. Généralement, il n'est pas possible de borner supérieurement la « durée » d'une réaction. Les objets réactifs ne sont pas faits (et n'ont pas été conçus) pour des applications temps réel.

Quand la structure est statique, comme dans le cas des circuits, une analyse peut déterminer l'ordre partiel d'exécution des actions. La terminaison peut alors être décidée quand toutes les actions ont été effectuées. On peut aussi déterminer la durée maximale Δ de la réaction et considérer que la réaction est certainement terminée après que la durée Δ s'est écoulée. C'est ce qui se passe dans les circuits synchrones. Le calcul de Δ nécessite que l'on connaisse pour chaque action A sa durée d'exécution maximale δ_A. Rappelons que l'exécution en parallèle de deux actions A et B dure $\delta_{A\|B} = \max(\delta_A, \delta_B)$; leur exécution en séquence dure $\delta_{A;B} = \delta_A + \delta_B$. Dans le cas d'un graphe acyclique d'exécution d'actions (lié à l'ordre partiel), Δ est obtenu par un calcul de chemins dans un graphe. Δ est compris entre le maximum des δ_A et la somme de tous les δ_A en étendant les opérations à toutes les actions impliquées dans la réaction. Il est également possible de tenir compte des durées des communications internes en les assimilant à des actions particulières. Ces résultats sont à exploiter pour les exécutions temps réel (section 3.5).

3.4 Les hypothèses synchrones

Les discussions précédentes nous ont permis d'introduire les concepts de réaction, d'instant et de temps logique. Leur intérêt dépasse largement le cadre de l'exécution de circuits synchrones ou d'actions. Notre objectif initial était de proposer un modèle de haut niveau pour les systèmes réactifs, modèle indépendant des plates-formes d'exécution. Ce modèle doit être simple mais expressif, rigoureux et analysable.

Le modèle synchrone s'appuie sur les *hypothèses* suivantes (connues sous le nom de *synchronisme parfait*) :

1. Les évolutions sont discrètes et sont déterminées à des *instants* logiques.
2. Les calculs (actions) se font en temps nul.
3. Les communications sont réalisées par *diffusion instantanée*.

L'hypothèse 1 fait abstraction du temps physique pour privilégier un temps logique. L'hypothèse 2 simplifie les problèmes de composition : la « durée » des actions étant nulle, toute composition (finie) d'actions a aussi une durée nulle. La troisième hypothèse est une façon élégante d'assurer la perception globale et cohérente du système. Une conséquence de ces hypothèses est que les événements d'entrée et ceux de sortie sont simultanés. Le scénario de la figure 1.2 devient sous ces hypothèses celui de la figure 1.5.

Il convient de souligner qu'il s'agit d'*abstractions*. La règle 2 exprime le fait que les calculs se font *dans* l'instant et la règle 3 que les communications sont aussi *dans* l'instant.

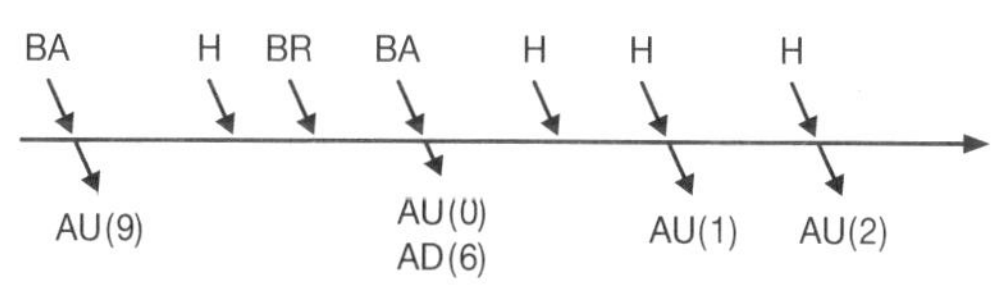

Figure 1.5: Une évolution synchrone du système de comptage

3.5 Relations avec le temps réel

Le temps logique sur lequel travaillent les modèles synchrones permet au concepteur de se concentrer sur la *correction logique* de son application. Par exemple, dans le système de comptage, le concepteur doit définir avec soin quand le compteur doit être incrémenté. Lorsque l'incrémentation doit être faite il peut spécifier que les actions associées seront simultanées. Il n'a pas besoin à ce niveau de prendre en compte les durées des actions concernées : incrémentation du compteur CU, propagation éventuelle du signal de retenue, incrémentation éventuelle du compteur CD et affichages. Les questions typiquement posées pour la correction logique sont de garantir que les exécutions de certaines actions seront correctement ordonnées entre elles, que d'autres actions ne seront jamais exécutées en même temps, etc.

Cette approche qui fait abstraction complète des durées d'exécution n'est en aucun cas suffisante pour garantir un fonctionnement en temps réel. Il semble incontournable de recourir au *temps physique*. Cette notion prête à débats philosophiques. Le lecteur peut, par exemple, consulter le chapitre écrit par L. Motus dans l'ouvrage *"UML for real"* (Motus, 2003). En fait, pour les applications temps réel, on a besoin d'un temps quantitatif qui exprime les dates et les durées. Ce *temps chronométrique* n'est lui-même qu'un modèle du temps physique. Le profil UML SPT (*Scheduling, Performance and Time*) va dans ce sens. Dans la partie de modélisation du temps, aux concepts d'instant physique et de durée, SPT associe des événements particuliers dont les occurrences reflètent (SPT emploie « mesurent ») l'écoulement du temps. Les aspects quantitatifs sont traités aux travers de services particuliers offerts par des *clocks* et *timers*. Ce profil permet d'exprimer des paramètres quantitatifs liés au temps. Ces paramètres sont utilisés dans des analyses de performances ou d'ordonnançabilité. Une approche synchrone peut très bien exploiter ces paramètres temporels mais la méthode est très différente. En synchrone, les analyses temporelles sont faites *a posteriori*, en prenant en compte les performances effectives des supports d'exécution et la façon d'exécuter du code « synchrone ».

Un modèle d'exécution très simple, efficace et prévisible est l'*exécution cyclique*. Elle est très utilisée en automatique et traitement du signal, ainsi que dans les applications critiques comme les programmes de surveillance des centrales nucléaires. L'exécution d'une réaction est déclenchée par un signal particulier (horloge) généralement périodique. La plupart des machines d'exécution pour programmes synchrones adoptent ce schéma d'exécution (*clock-driven*).

```
faire sans fin
  attendre Horloge
  lire les entrées
  calculer la réaction
  écrire les sorties
fait
```

Les programmes synchrones sont généralement compilés en code purement *séquentiel*, sous forme de liste d'équations booléennes triées, définissant des variables de contrôle. Ces variables servent ensuite de déclencheurs pour les actions. Il est également possible de produire le code sous forme d'automate : cette solution conduit à des réalisations plus rapides, mais pas toujours faisables à cause de la taille des automates. Quelle que soit la forme retenue, *les exécutions sont déterministes*, et il est possible, pour une plate-forme d'exécution donnée, de déterminer la durée maximale d'une réaction. Notons Δ cette durée.

Pour fonctionner en temps réel il faut que Δ, déterminé *a posteriori*, soit inférieur à la période de l'horloge. La période d'horloge doit être elle-même inférieure à la plus petite constante de temps du système à commander. Le rapport exact entre ces deux paramètres doit être déterminé par la personne qui a défini le système (un automaticien par exemple). C'est cette personne qui jugera de l'adéquation de la solution synchrone à son application temps réel.

Il existe d'ailleurs un logiciel de CAO niveau système appelé SynDEx (Sorel, 2001) pour l'aide à l'implantation d'applications distribuées temps réel embarquées. SynDEx prend en entrée des algorithmes précisant les traitements à réaliser, une description d'architecture et des contraintes temps réel à satisfaire. Il s'appuie sur des sémantiques synchrones (notion d'instant) en relaxant la contrainte de durée nulle pour les calculs et les communications. Il fournit en sortie des implantations optimisées en ressources et qui respectent les contraintes temps réel requises.

4 Style de programmation

La programmation en langage synchrone peut adopter un style soit *déclaratif*, soit *impératif*. Signal et Lustre, ainsi que Scade la forme graphique de Lustre, sont des langages déclaratifs *flot de données synchrones*. Le style impératif est représenté par Esterel et le format graphique associé SyncCharts.

4.1 Style flot de données

Ce style est particulièrement bien adapté aux applications de commande/contrôle à temps discret et au traitement numérique du signal. Pour ces systèmes les modèles sous-jacents sont généralement des systèmes d'équations récurrentes.

Nous présentons des exemples écrits en Lustre (Halbwachs et al., 1991) qui est plus simple que Signal (Le Guernic et al., 1991).

Le langage Lustre manipule des variables et des expressions qui dénotent des *flots*. Un flot est une suite de valeurs d'un type donné $X = (X_1, X_2, \cdots, X_n, \cdots)$ où X_n est la valeur de X à l'instant n. De fait, un programme Lustre décrit un réseau d'opérateurs travaillant sur des flots. Chaque opérateur consomme des données en entrée et produit des données en sortie. L'ordre d'évaluation des opérateurs découle des hypothèses synchrones. Les calculs sont instantanés. Les échanges de données entre opérateurs sont également instantanés. Il n'y a donc pas besoin de files pour les communications, contrairement à un schéma flot de données classique. En fait, un programme Lustre dénote une *fonction* entre l'ensemble des séquences de n-uplets (« vecteurs ») d'entrée et l'ensemble des séquences de n-uplets (« vecteurs ») de sortie.

En s'appuyant sur quelques exemples simples et utiles en contrôle, nous introduisons les opérateurs

LUSTRE : –>, pre, when et current. L'utilisateur peut définir ses propres opérateurs par des nœuds (*node*) LUSTRE.

Compteur

Le premier exemple présenté est un compteur. Les flots d'entrée sont un flot entier Incr représentant l'incrément de comptage et un flot booléen RAZ pour forcer la remise à zéro du compteur. Initialement ce compteur est à zéro.

```
node Compteur(Incr:int,RAZ:bool)
     returns (C:int);
let
  C = 0 -> if RAZ then 0
     else pre(C)+Incr;
tel
```

L'entête du nœud déclare les flots entrant et sortant. Le corps du nœud, entre les mots clés let et tel, définit un ensemble d'équations. Chaque équation comprend un nom de flot, à gauche du signe égal (qui signifie « est défini par ») et une expression de flots à droite. Une équation LUSTRE dénote en fait des équations de récurrence.

Dans Compteur on utilise les opérateurs d'initialisation (–>) et de retard (pre). Ils sont définis par :

$$
\begin{aligned}
(X->Y)_1 &= X_1\\
(X->Y)_k &= Y_k \text{ pour } k>1\\
(\text{pre } X)_k &= X_{k-1} \text{ pour } k>1\\
(\text{pre } X)_1 & \quad \text{est non défini}
\end{aligned}
$$

Les opérateurs classiques +, and, if then else, ... et autres fonctions, qui ordinairement travaillent sur des valeurs, sont étendus aux flots : $f(X,Y)_k = f(X_k,Y_k)$. Notons aussi qu'une constante, par exemple 1, n'est pas un scalaire mais un flot dont les valeurs sont les mêmes à chaque instant : $1 = (1_1, 1_2, \cdots, 1_n, \cdots)$. Dans la suite nous omettrons l'indice dans le cas des flots constants.

En appliquant ces règles, il est aisé de vérifier que Compteur correspond aux équations de récurrence suivantes :

$$
\begin{aligned}
C_1 &= 0\\
(k>1)\ C_k &= 0 \text{ si } RAZ_k\\
&= C_{k-1} + Incr_k \text{ autrement}
\end{aligned}
$$

À partir de ce compteur on peut construire un compteur modulo M, nœud qui prend un seul flot en entrée, le flot entier M :

```
node CompteurModulo(M:int)
     returns (C:int);
var R:bool;
let
  C = Compteur(1,R);
  R = false -> (pre(C) = M-1);
tel
```

Dans ce nœud, le flot auxiliaire R, déclaré après le mot clé var, est introduit pour améliorer la lisibilité du code. On remarque aussi que la place de la définition de ce flot auxiliaire dans le corps du nœud n'est pas significative (caractère déclaratif du code). Il convient de noter que dans les équations LUSTRE le symbole '=' le plus à gauche dénote la définition, alors que des possibles occurrences de ce symbole plus à droite correspondent à l'opérateur polymorphique de test d'égalité.

Pour $k > 1$, cette définition correspond à l'équation de récurrence :

$$
\begin{aligned}
R_k &= (pre(C) = M-1)_k\\
&= \big(pre(C)_k = (M-1)_k\big)\\
&= (C_{k-1} = M_k - 1)
\end{aligned}
$$

En substituant cette expression dans les équations du compteur on obtient :

$$
\begin{aligned}
C_1 &= 0\\
C_k &= 0 \text{ si } (C_{k-1} = M_k - 1)\\
&= C_{k-1} + 1 \text{ autrement}
\end{aligned}
$$

ce qui correspond bien au comportement d'un compteur modulo M lorsque M est une constante entière positive.

Génération d'horloges

Un programme LUSTRE a une *horloge de base*. À chaque instant de cette horloge le programme fait une réaction. Lorsque qu'un flot doit être calculé à un rythme plus lent (sous-échantillonnage) il faut le définir sur une *horloge dérivée* qui est simplement un flot booléen. Les instants de ce flot sont alors ceux pour lesquels l'horloge associée est à true. Un compteur permet de créer aisément des horloges dérivées comme le montre le nœud UnSurN. Il définit une horloge qui présente une impulsion (sortie à true) toutes les N réactions. Il réutilise le nœud CompteurModulo.

```
node UnSurN (N:int)
      returns (H:bool);
let
  H = (CompteurModulo(N) = 0);
tel
```

Variante

Une horloge périodique avec un retard initial donné est couramment utilisée dans les applications temps réel sous forme de *timer*. Chaque fois que le timer termine, une fonction est invoquée. Le nœud DPuisTousLesP engendre l'horloge correspondante.

```
node DPuisTousLesP (D,P:int)
      returns (H:bool);
var
  t:bool; -- pour transitoire
  C,N:int;
let
  t = true -> pre(t) and (C>0);
  C = CompteurModulo(N);
  N = D -> if pre t then D else P;
  H = false -> (C=0);
tel
```

Le modulo du compteur C est N. N prend la valeur D pendant la phase initiale transitoire, lorque t est vrai. N prend ensuite la valeur P pour le régime permanent. t est alors faux. Le comportement d'un programme LUSTRE qui invoque DPuisTousLesP(2,3) est précisé dans les chronogrammes de la figure 1.6.

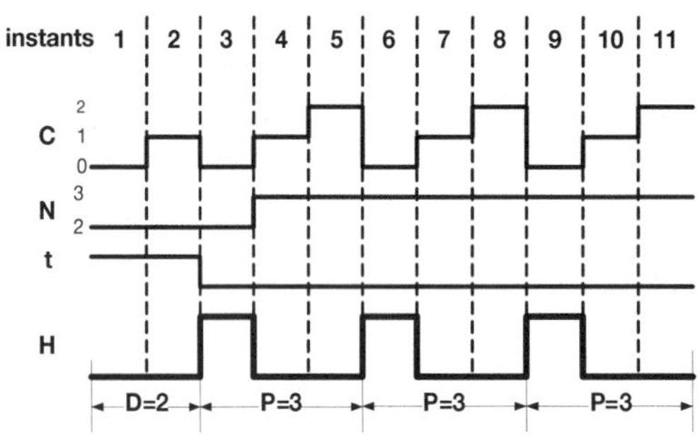

Figure 1.6: Chronogramme d'un Timer

PID

Un langage comme LUSTRE est également très commode pour programmer des contrôleurs discrets définis par des schéma-blocs. La figure 1.7 représente une boucle de régulation numérique classique. R est la consigne, C est la commande produite par le PID (contrôleur Proportionnel, Intégral, Différentiel). M est la mesure effectuée sur le système à réguler. e est le signal d'erreur ($e = R - M$). Les signaux sont échantillonnés par une horloge H.

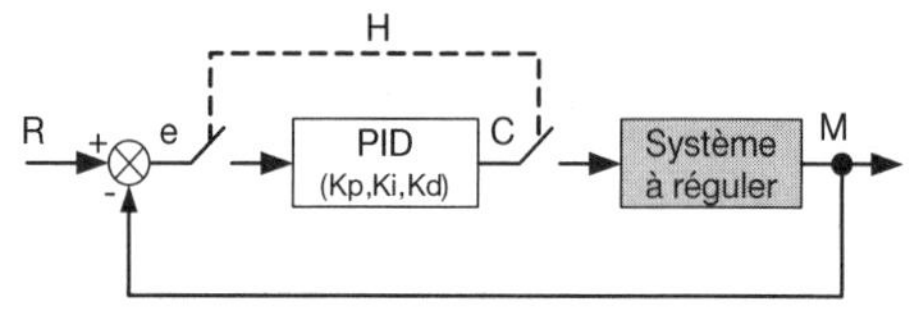

Figure 1.7: Boucle de régulation

```
node PID (e,Kp,Ki,Kd:real)
      returns (C:real);
var s,ep:real;
let
  s = e -> e + pre(s);
  ep = 0.0 -> pre(e);
  C = Kp*e + Ki*s + Kd*(e-ep);
tel

node REG (
  R,M,Kp,Ki,Kd:real;
  N:int) returns (C:real);
var
  H: bool;e:real;
  (c:real) when H;
let
  e = R - M;
  H = UnSurN(N);
  c = PID((e,Kp,Ki,Kd) when H);
  C = current(c);
tel
```

Le nœud PID est la traduction directe des équations d'un PID numérique. Les flots auxiliaires s et ep représentent respectivement l'erreur cumulée et l'erreur à l'itération précédente. Le nœud REG est déduit du schéma. Il utilise l'opérateur de sous-échantillonnage when. L'instruction,

```
c = PID((e,Kp,Ki,Kd) when H);
```

permet de n'appeler PID que lorsque H est vrai. Les arguments passés sont alors les valeurs des flots échantillonnés sur cette horloge. Si le flot de sortie était directement le flot c, on violerait la règle qui impose que tous les flots relatifs à un opérateur aient même horloge. Il faut donc « interpoler » le flot c pour obtenir un flot C défini sur l'horloge de base. C'est l'opérateur current qui réalise cette transformation : il agit comme un « bloqueur » en maintenant la valeur du flot lorsque l'horloge est fausse. Le fonctionnement précis est un peu plus complexe et il convient de traiter avec soin les cas où le flot sur lequel on applique current n'est pas encore défini.

Pour les applications pratiques ayant plusieurs boucles de régulation de fréquences différentes, on peut utiliser le nœud DPuisTousLesP pour créer une famille d'horloges avec fréquence et phase adaptées.

Signal

Nous avons vu que LUSTRE permettait le sous-échantillonnage. SIGNAL supporte en plus le *sur-échantillonnage*. Il autorise également des opérations sur des signaux n'ayant pas la même horloge. Au lieu d'une simple hiérarchie d'horloges, SIGNAL peut créer une forêt d'horloges. SIGNAL est également utilisé en spécification de systèmes ouverts et à ce titre il admet des spécifications non déterministes. En fait SIGNAL est plus général que LUSTRE car il travaille sur des *relations* alors que LUSTRE se limite à des *fonctions*.

4.2 Style impératif

ESTEREL (Boussinot et De Simone, 1991) et SYNCCHARTS (André, 1996) adoptent un style de programmation impératif. Ce style convient bien aux systèmes dans lequel le contrôle est prépondérant. Plutôt que de traiter des flots de données, les programmes doivent réagir à des événements qui peuvent être sporadiques.

Exemple de programme Esterel : ABRO

Cet exemple est dû à G. Berry (Berry, 2000). Il est particulièrement simple tout en permettant d'introduire les notions d'émissions de signaux par le programme, de compsition séquentielle (;), de composition parallèle (||) ainsi que deux formes de préemption.

Spécification

Émettre la sortie O dès que les deux entrées A et B ont été reçues. La réception de R réinitialise les attentes.

Ce comportement est exprimé par le programme ESTEREL suivant :

```
module ABRO;
input A,B,R;
output O;
loop
  [ await A || await B];
  emit O
each R
end module
```

L'unité de programmation en ESTEREL est le *module*. Un module a un nom, il comprend une partie déclarative qui définit son interface et une partie impérative qui exprime son comportement. Un module communique avec son environnement par des *signaux*. Les signaux utilisés dans ABRO ne sont porteurs d'aucune valeur particulière, la seule information qu'ils véhiculent est leur statut de présence (absent ou présent). Ces signaux sont appelés *signaux purs*.

À chaque instant (du temps logique du programme synchrone), l'environnement fixe le statut de présence des signaux d'entrée. Le programme doit alors déterminer, en fonction de cette information et de son état interne, quel est le statut des signaux de sortie et son nouvel état interne. Lorsqu'un signal doit devenir présent, le programme l'émet explicitement (instruction **`emit`**).

ESTEREL est un langage structuré avec une grande richesse de constructions de contrôle. Le comportement d'un programme peut se comprendre plus facilement lorsqu'on imagine des fils d'exécution (*threads*). Ces threads sont conceptuels, ce ne sont pas nécessairement des threads d'exécution de la réalisation. Pour ABRO il existe deux threads : l'un attend l'apparition de A (c'est à dire l'instant où le signal A devient présent), l'autre attend l'apparition de B. L'opérateur || indique que les attentes (await) se font en parallèle. L'opérateur ' ;' impose une séquence : quand l'attente des deux signaux se termine (on a reçu les deux), le contrôle passe en séquence à l'instruction suivante d'émission de O. Ce passage est *instantané* : le contrôle dans un programme synchrone ne prend pas de temps. Les seules instructions qui prennent du temps sont des instructions réactives comme le await.

La boucle de contrôle qui englobe les attentes et l'émission ne doit pas être confondue avec une boucle « jusqu'à ». Non seulement il faut attendre une occurrence de R pour reboucler, mais en plus cette occurrence a un *effet préemptif* : même si le corps n'est pas terminé (par exemple le thread d'attente de A est toujours actif), les threads actifs dans le corps de la boucle sont instantanément tués. Le contrôle étant instantané, dans le même instant il revient au début de la boucle et lance l'exécution parallèle de deux threads d'attente nouveaux.

Forme graphique : SyncCharts

ABRO peut être programmé en SYNCCHARTS (figure 1.8). Il s'agit d'un modèle proche des STATECHARTS qui reprend de ces derniers les notions de machine à états hiérachiques avec représentation explicite du parallélisme. Les différences essentielles entre les deux modèles sont une richesse d'expression des préemptions plus grande pour les SYNCCHARTS, une meilleure structuration (pas de transitions interniveaux) et surtout une sémantique de synchronisme parfait. De fait, les SYNCCHARTS et ESTEREL ont une sémantique commune qui permet de mélanger les deux représentations au sein d'un même programme.

La figure 1.8 contient, en plus du syncChart lui-même, des renvois (qui ne font pas partie du formalisme) et que nous utilisons pour préciser quelques éléments du modèle :

1. état simple (ne contient pas d'autres états) ;
2. macro-état (contient ou plusieurs machines à états concurrentes) ;

3. état final (joue un rôle particulier dans la synchronisation d'activités parallèles) ;
4. transition (de préemption forte) ;
5. transition (de terminaison normale) ;
6. séparateur de machines concurrentes (parallélisme) ;
7. pseudo-transition vers un état initial.

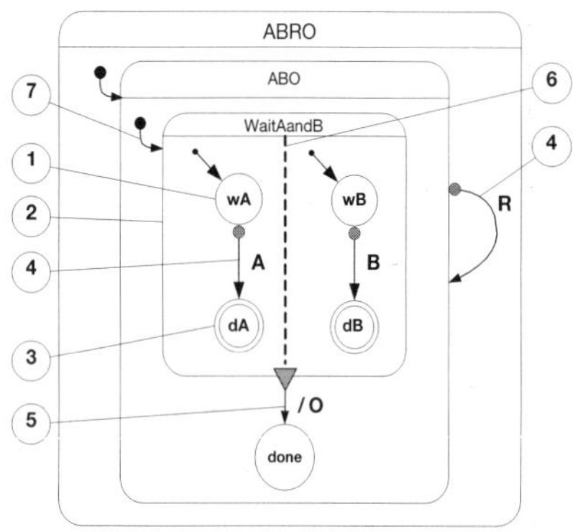

Figure 1.8: SyncChart décrivant le comportement d'ABRO

Le franchissement des transitions permet de quitter des (macro)états source pour atteindre des (macro)états cible. Ces franchissements sont contrôlés par des événements, des conditions ou les deux. Ils peuvent également provoquer des effets, qui dans les cas les plus simples, sont des émissions de signaux. La syntaxe des étiquettes de transition est :

<déclencheur> [<garde>] / <effet>

Les trois champs sont optionnels.

Les formes de préemption

Les préemptions sont beaucoup plus générales que celles contenues dans ABRO. Elles sont utilisées couramment en ESTEREL comme moyen pour gérer la terminaison forcée (avortement[1], *abort* en anglais) ou la suspension temporaire d'activité. De plus, un avortement d'activité peut donner naissance à une nouvelle activité (traitement d'exception). Les préemptions sont très différentes du concept de même nom que l'on trouve dans les systèmes d'exploitation dits préemptifs. En ESTEREL, les préemptions et les exceptions sont des moyens de synchronisation très efficaces et parfaitement déterministes. Il n'est pas besoin en ESTEREL d'avoir recours à des mécanismes spécifiques comme les sémaphores, verrous, barrières, régions, mémoires partagées, ...

Programmation du système de comptage

Nous avons choisi une programmation mixte ESTEREL/SYNCCHARTS. Cet exemple permet d'introduire les *signaux valués* et les instanciations multiples de modules (modularité du langage).

```
module C10:
input i,r;
output p,C:integer;
loop
  emit C(0);
  every i do
    if pre(?C)=9 then
      emit p; emit C(0)
    else
      emit C(pre(?C)+1)
    end if
  end every
each r
end module
```

Ce premier module définit le comportement du compteur modulo 10, incrémenté à chaque occurrence de i et qui émet le signal p à chaque remise à zéro. L'accès à la valeur d'un signal se fait en préfixant le nom du signal par un point d'interrogation. L'opérateur pre donne accès aux informations de présence et valeur portées par le signal *avant* la réaction.

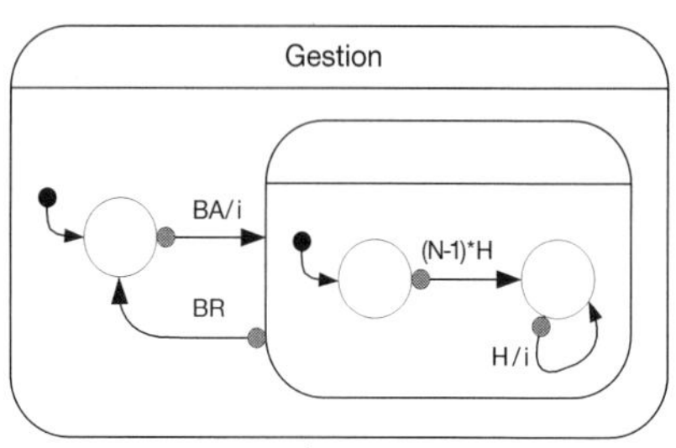

Figure 1.9: SyncCharts pour la gestion des modes

La gestion des modes est programmée en SYNCCHARTS (figure 1.9). L'attente de plusieurs occurrences du même signal s'exprime aisément par un facteur de répétition.

```
module Comptage:
input BA, BR, H, RAZ;
output AU:integer, AD:integer;
signal ui,up,di,dp in
  run Gestion [signal ui/i]
||
  run CU/C10 [signal
    ui/i, up/p, RAZ/r, AU/C]
```

[1]Prendre le verbe avorter dans le sens « ne pas aboutir » et avortement « ne pas mener à son terme ».

```
||
  run CD/C10 [signal
     di/i, dp/p, RAZ/r, AD/C]
end signal
end module
```

Le module principal nommé Comptage intancie les modules précédents par l'instruction run. Un module instancié et ses signaux peuvent être renommés en utilisant la notation « nouveau/ancien » nom. Certaines communications entre modules se font par l'intermédiaire de *signaux locaux* comme les signaux ui, up, di et dp de l'exemple. Ces signaux ont une visibilité limité au corps d'une instruction signal ... in ... end signal en ESTEREL ou au corps d'un macro-état en SYNCCHARTS.

5 Validation

Les langages synchrones sont fondés sur des modèles mathématiques, ceci facilite la liaison avec les outils d'analyse et de vérification.

5.1 Plates-formes logicielles

Les modèles synchrones mentionnés plus haut bénéficient d'environnement de développement industriels :
- Sildex (TNI [1]) pour SIGNAL ;
- Esterel Studio (Esterel Technologies [2]) pour ESTEREL et SYNCCHARTS ;
- Scade (Esterel Technologies) pour SCADE.

Ces environnements sont souvent doublés par des environnements académiques, moins conviviaux mais permettant d'explorer des possibilités avancées.

Les plates-formes permettent l'édition, la compilation, l'optimisation de programmes, la génération de codes pour diverses cibles, la génération de tests et l'analyse de propriétés. Ce dernier point est développé dans cette section.

Simulations

Les programmes synchrones peuvent être vus comme des *spécifications exécutables*. On peut donc aisément les simuler et tester leur comportement de façon interactive. C'est la façon la plus intuitive de vérifier les comportements attendus du système (fonctionnalités essentielles) par application de scenarii jugés significatifs pour le système. Cette technique permet de détecter très vite des erreurs fonctionnelles.

Les outils de simulation permettent des remontées d'information dans le code source. Il est ainsi possible de visualiser dynamiquement les points de contrôle, qui sont généralement nombreux à cause du parallélisme. Dans un syncChart, il est également possible de mettre en évidence les transitions franchies au cours de la réaction. Ces informations sont précieuses lorsqu'il s'agit de comprendre et de corriger un comportement erroné.

Les traces d'exécution peuvent aussi être produites sous forme de chronogrammes, une représentation familière aux concepteurs de circuits et d'automatismes.

Ces simulations « humaines » sont forcément limitées, ne serait-ce que par la difficulté d'imaginer toutes les situations possibles. C'est là que les fondements mathématiques des modèles synchrones s'avèrent très utiles : des propriétés peuvent être établies de façon analytique ou par recherche exhaustive. Cette dernière solution suppose des modèles finis et d'une taille compatible avec les techniques actuelles d'exploration de modèles. Le paragraphe suivant traite de ces questions.

5.2 Vérification de modèles

Analyses statiques

Par des *analyses statiques* des programmes, les compilateurs détectent des erreurs comportementales conduisant à des bloquages (le programme ne serait pas réactif) ou à des solutions multiples (le programme ne serait pas déterministe). Dans le cas des langages impératifs, on peut également écrire des programmes syntaxiquement corrects mais qui ne respectent pas la sémantique de la séquence (le ';' en ESTEREL). Pour interpréter de tels programmes on est amené à considérer qu'un effet précède (dans l'instant) sa cause. Ceci est contraire à l'intuition. Dans le souci de garder une sémantique claire (et intuitive), de tels programmes sont rejetés.

À côté de ces propriétés très générales, qui doivent être garanties quelle que soit l'application, il existe les propriétés spécifiques à chaque application. Elles font intervenir à la fois le contrôle et les données. Leur analyse passe par une étude de la *dynamique* du système. Pour mener à bien ces analyses sur des applications réelles il faut, d'une part, avoir des moyens d'exprimer les propriétés de façon précise (et si possible dans un vocabulaire proche de celui des utilisateurs). D'autre part, il faut des techniques automatisables de vérification de ces propriétés. Nous abordons ces problèmes dans le paragraphe suivant.

[1] www.tni-valiosys.com

[2] www.esterel-technologies.com

Propriétés étudiées

Dans les systèmes critiques, les propriétés de *sûreté* (*safety*) sont essentielles. Elles expriment le fait que « rien de néfaste ne se produira », par exemple qu'un four micro-onde ne rayonne jamais lorque sa porte est ouverte. Une autre grande famille de propriétés concerne le fait qu'un résultat attendu finira bien par se réaliser. Ce sont des propriétés de *vivacité* (*liveness*). Cette seconde catégorie de propriétés est de peu d'intérêt pour les systèmes temps réel. On lui préfère une forme « bornée » de vivacité (*bounded-responsiveness*) qui exprime le fait qu'un événement B, conséquence d'un événement A, se réalisera avant l'occurrence d'un événement C. Dans les applications temps réel, C est souvent l'échéance d'un délai temporel. Il apparaît que ces réponses bornées ne sont en fait que des formes particulières de propriétés de sûreté.

Les propriétés de sûreté sont plus simples à étudier que les propriétés de vivacité. Il suffit en effet de vérifier qu'aucun état accessible du système ne viole la propriété, peu importe la manière dont cet état a été atteint. Une autre caractéristique intéressante des propriétés de sûreté est que, si la propriété est vraie sur un *sur-ensemble* des états accessibles, la propriété est vraie aussi sur l'ensemble des états *effectivement* accessibles. Comme il est généralement plus simple d'engendrer un sur-ensemble d'états, cette technique est souvent employée. Enfin les propriétés de sûreté peuvent être testées de façon modulaire.

Il reste une question essentielle à résoudre : comment calculer l'ensemble (ou un sur-ensemble) des états accessibles ? Les systèmes mélangeant contrôle et données, l'espace d'état est généralement infini. Il faut donc procéder à une « bonne » *abstraction* conduisant à un modèle fini. Cette abstraction doit bien sûr préserver les propriétés analysées. Les compilateurs de langages synchrones facilitent les choses : le code produit est essentiellement du calcul de contrôle qui déclenche de possibles traitements de données. Dans de nombreuses applications, les données n'agissent pas directement sur le contrôle ; il suffit alors de limiter l'analyse aux états de la partie contrôle. Si ce n'est pas le cas, il faudra recourir à des techniques plus fines et plus coûteuses.

Expression des propriétés

Les langages synchrones travaillent sur un temps logique et non sur un temps quantitatif. Les propriétés s'expriment alors comme des formules de *logiques temporelles* : l'ordre des événements est significatif mais pas les durées qui les séparent. Le but n'est pas de faire de l'évaluation de performance, mais bien d'établir une *correction logique*. Nous n'utilisons donc pas les logiques dites temps réel avec temps quantitatif. Pour une présentation détaillée des logiques et des techniques de vérification nous renvoyons le lecteur à l'ouvrage (Schnoebelen *et al.*, 1999).

Les langages synchrones visent les applications industrielles, ils ne peuvent donc pas demander à leurs utilisateurs d'être spécialistes en logiques temporelles. Nous allons voir aux travers d'exemples comment les langages synchrones arrivent à exprimer des propriétés logiques avec leur propre syntaxe. Ceci présente un double avantage : l'utilisateur fait l'économie de l'apprentissage d'un langage supplémentaire et on évite les problèmes induits par les traductions d'un langage d'expression de propriétés vers un autre modèle pour l'analyse.

Lustre illustre bien ces possibilités. Il présente d'ailleurs des caractéristiques qui font de lui un « langage logique » capable d'exprimer de nombreuses formules de logiques temporelles. L'idée de base est d'écrire en Lustre des *observateurs* de propriétés (figure 1.10). Ces observateurs (boîte « Prop. » sur la figure) prennent en entrée les entrées et les sorties du programme. Ils ont une sortie unique qui est un flot booléen qui doit rester toujours à vrai pour que la propriété soit satisfaite. La boîte appelée « Hypo. » a un autre usage expliqué plus loin.

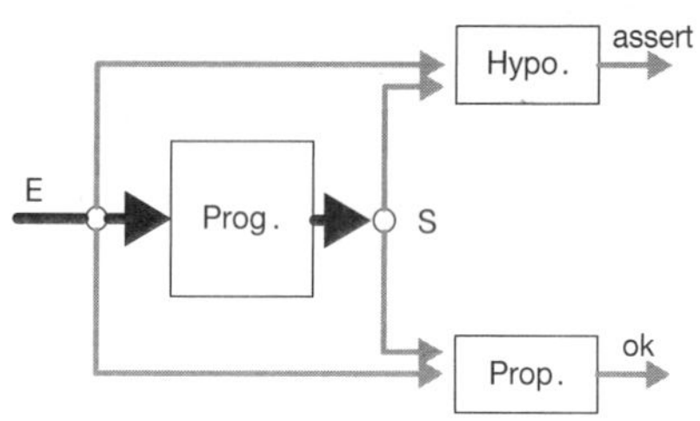

Figure 1.10: Principe de la vérification de propriété

Équivalences

Nous illustrons l'usage des observateurs pour montrer l'*équivalence* de deux programmes. C'est un exemple très simple mais significatif. Les nœuds Lustre SR1 et SR2 correspondent à deux formes de bascules SR (*Set-Reset*), la première est à set prioritaire, la seconde à reset prioritaire.

```
node SR1 (I,S,R:bool)
      returns (Q:bool);
-- I stands for Initial
let
  Q = I ->
    if S then true else
      if R then false else
        pre(Q);
tel
```

```
node SR2 (I,S,R:bool)
      returns (Q:bool);
let
  Q = I ->
    if R then false else
      if S then true else
        pre(Q);
tel
```

Le nœud verif1 est un observateur qui compare les sorties de ces deux bascules.

```
node verif1 (I,S,R:bool)
      returns (ok:bool);
var
  q1, q2:bool;
let
  q1 = SR1(I,S,R);
  q2 = SR2(I,S,R);
  ok = (q1 = q2);
tel
```

L'outil d'analyse associé à LUSTRE diagnostique une *violation de la propriété*. Pour aider l'utilisateur il fournit un contre-exemple (une séquence conduisant à la violation). Voici le contre-exemple trouvé : 1° instant) mettre I à true ; les deux bascules sont alors mises à true ; 2° instant) considérer S et R à true ; SR1 reste à true alors que SR2 passe à false. Les deux bascules ne sont donc pas équivalentes.

Toutefois les deux bascules sont des réalisations d'une spécification commune. Dans la spécification de la SR il est précisé que les entrées S et R ne doivent pas être actives en même temps. Ceci devient une contrainte que l'environnement est censé respecter. LUSTRE exprime ces conditions restrictives à l'aide d'*assertions* (boîte « Hypo. » dans la figure 1.10).

Il faut alors tester l'équivalence sous cette contrainte qui s'exprime en rajoutant l'instruction

```
  assert not (S and R);
```

dans le nœud verif1. Cette fois la propriété est vraie.

Formules logiques

Pour montrer l'adéquation de LUSTRE à exprimer des *formules logiques* donnons trois exemples.

Le premier nœud est une formule de logique classique exprimant l'*implication*.

```
node Implique(A,B:bool)
    returns (P:bool);
tel
  P = not A or B;
tel
```

Le second est une formule de logique temporelle qui exprime la propriété suivante : « A n'est pas encore passé à vrai ».

```
node Avant(A:bool)
    returns (P:bool);
let
  P = not A -> pre(P) and not A;
tel
```

La troisième propriété est également temporelle. Il s'agit d'exprimer le fait que A est passé au moins une fois à vrai *depuis* la dernière fois que B est passé à vrai. Cette formulation ne précise pas ce qu'il en est avant le premier passage de B à vrai. Une formulation plus complète est « la propriété est vrai si, soit B n'est pas encore passé à vrai, soit A est passé à vrai au moins une fois depuis le dernier passage de B à vrai, soit A et B sont passés en même temps à vrai ». Cet exemple illustre bien les difficultés pour exprimer ce genre de propriété en langage naturel. Le nœud LUSTRE Depuis exprime cette propriété de façon concise et non ambiguë. Toutefois, sa compréhension demande un minimum de familiarité avec les expressions logiques.

```
node Depuis(A,B:bool)
    returns (P:bool);
let
  P = if B then A else
    true -> pre(P) or A;
tel
```

À l'aide de ces trois nœuds on peut vérifier une propriété de réponse bornée énoncée ainsi : « Toute occurrence de A est suivie par une occurrence de B avant l'occurrence suivante de C ». Cette formulation orientée vers le futur (suivi par) ne convient pas pour LUSTRE qui utilise des opérateurs orientés vers le passé (pre). Dans l'article d'introduction au langage LUSTRE (Halbwachs et al., 1991), il est montré que cette propriété revient à la propriété suivante : « Quand C se réalise, soit A ne s'est jamais réalisé, soit il y a eu une occurrence de B depuis la dernière occurrence de A. »

Pour établir que la propriété est vraie, il suffit alors d'écrire un observateur du flot booléen défini par :

```
node RepBornee(A,B,C:bool)
    returns (P:bool);
let
  P = Implique (C, Avant(A)
    or Depuis(B,A));
tel
```

Comme annoncé plus haut, l'expression de la propriété se fait uniquement en LUSTRE. Toutefois, l'élaboration de cet observateur est un exercice difficile pour la plupart des programmeurs. Nous proposons donc une alternative beaucoup plus intuitive, mais tout aussi rigoureuse. Cette solution part de la constatation suivante : il s'agit d'une propriété séquentielle ; elle peut donc s'exprimer plus aisément à l'aide d'un formalisme à états, comme les SyncCharts. Le syncChart de la figure 1.11 détecte une possible violation de la propriété en émettant le signal Viol. Compte tenu de l'état initial, cette violation ne peut pas se produire avant la première occurrence de A. Après la réception d'un A, si C arrive avant B, le contrôle passe dans un état puits avec émission du signal de violation. La priorité choisie (entier situé à proximité du début d'une transition) fait qu'en cas d'arrivée simultanée de C et B la propriété est violée. Si le concepteur estime qu'en cas d'arrivée simultanée de C et B il n'y a pas de problème, il suffit alors qu'il inverse les priorités sur le syncChart.

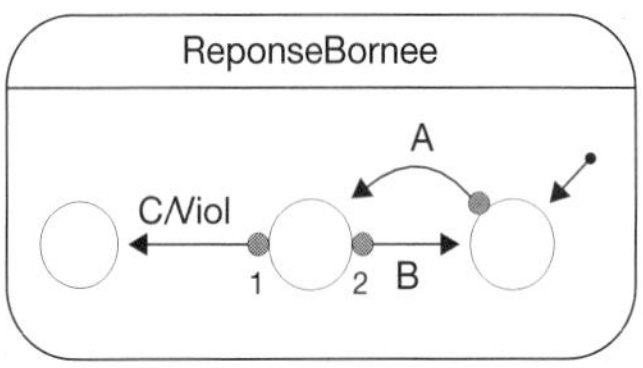

Figure 1.11: Observateur de réponse bornée exprimé en SyncCharts

Nous pouvons faire deux remarques générales à propos de la programmation de l'observateur de réponse bornée en langages synchrones :

- avec Esterel et les SyncCharts, les informations de nature booléenne sont avantageusement représentées par des signaux purs en adoptant la convention que la présence représente la valeur vraie et l'absence la valeur fausse. La convention inverse est également possible ;
- avec Esterel ou les SyncCharts, l'observateur est conçu pour émettre un signal particulier en cas de violation de la propriété, alors qu'en Lustre la sortie de l'observateur devait être un flot booléen toujours vrai pour que la propriété soit vérifiée. Les outils de vérification tiennent bien sûr compte de cette différence d'expression.

6 Conclusion

L'approche synchrone est maintenant mature et connaît des succès industriels (Benveniste *et al.*, 2003). C'est une technique appréciée pour modéliser, spécifier, valider et implanter des systèmes réactifs critiques. Les aspects temps réel sont efficacement supportés par des outils comme SynDEx. La qualité du code produit reste un objectif majeur pour les langages et formalismes synchrones. Des outils de génération de test, de simulation et de vérification formelle ont été développés. Ils sont capables de traiter des applications industrielles.

Les langages synchrones sont des langages spécialisés pour l'expression des comportements réactifs. Ils expriment les comportements attendus et les contraintes à haut niveau. L'utilisateur porte son attention sur la logique de ces applications plutôt que sur des mécanismes de mise en œuvre.

Les langages synchrones sont particulièrement performants lorsqu'il s'agit de programmer des applications à comportement déterministe centralisées (monoprocesseur) ou réparties sur une architecture spécialisée. Ils ont également des applications en simulation et en conception de circuits.

Toutes ces possibilités sont dues aux fondements mêmes des modèles synchrones. Ils s'appuient sur des modèles mathématiques relativement simples qui se prêtent à des analyses efficaces.

Bibliographie

André C. (1996), "Representation and analysis of reactive behaviors : A synchronous Approach", *Computational Engineering in Systems Applications (CESA)*, IEEE-SMC, Lille, July, p. 19–29.

Benveniste A. et Berry G. (1991), "The synchronous approach to reactive and real-time systems", *Proceeding of the IEEE*, IEEE, n° 79, September, p. 1270–1282.

Benveniste A., Caspi P., Edwards S.A., Halbwachs N., Le Guernic P. et De Simone R (2003), "The synchronous languages 12 years later", *Proceedings of the IEEE*, IEEE, n° 91, January, p. 64–83.

Berry G. (2000), "The foundations of Esterel", dans Stirling C., Plotkin G. et Tofte M., *Proof, Language and Interaction : Essays in Honour of Robin Milner*, MIT Press.

Boussinot F. (2000), *Objets réactifs en Java*, Suisse, Presses Polytechniques et Universitaires Romandes, Collection technique et scientifique des télécommunications.

Boussinot F. et De Simone R. (1991), "The esterel language", *Proceeding of the IEEE*, IEEE, n° 79, September, p. 1293–1304.

Halbwachs N. (1993), *Synchronous Programming of Reactive Systems*, Amsterdam, Kluwer Academic Publishers.

Halbwachs N., Caspi P., Raymond P. et Pilaud D. (1991), "The synchronous data flow programming language lustre", *Proceeding of the IEEE*, IEEE, n° 79, September, p. 1305–1320.

Harel D. (1987), "Statecharts : A visual formalism for complex systems", *Science of computer programming*, n° 8, p. 231–274.

Le Guernic P., Gautier T., Le Borgne M. et Le Maire C. (1991), “Programming real-time applications with SIGNAL”, *Proceeding of the IEEE*, IEEE, n° 79, September, p. 1321–1336.

Motus L. (2003), “Modeling Metric Time”, dans Lavagno L., Martin G. et Selic B., *UML for Real – Design of Embedded Real-Time Systems*, Kluwer Academic Publishers, p. 205–220.

Schnoebelen Ph., Bérard B., Bidoit M., Laroussinie F. et Petit A. (1999), *Vérification de logiciels : Techniques et outils du model-checking*, Paris, Vuibert.

Sorel Y. (2001), « Méthodologie AAA et logiciel SynDEx », dans Belhaire E., Bourennane E., Bouvier G., Demigny D., Garda P., Kessal L., Lacassagne L., Lohier F., Paindavoine M., Sorel Y., Torres L. et Weber S., *Méthodes et architectures pour le traitement du signal et des images en temps réel*, Hermès, p. 79-108.

Calcul scientifique

Coordination : Philippe Destuynder

Introduction

Philippe Destuynder

Position du calcul scientifique dans les sciences de l'ingénieur

Le calcul scientifique est apparu sous cette terminologie au cours des années soixante-dix pour formaliser une activité transverse des sciences de l'ingénieur et ayant pour objet de simuler des phénomènes physiques sur ordinateur. Historiquement, les premiers problèmes traités par cette approche, furent ceux de la physique atomique puis de la mécanique des solides avec l'apparition de la fameuse méthode des éléments finis. Plus récemment, les ingénieurs se sont attaqués à la simulation des écoulements, à la chimie et à l'électromagétisme. Des approches prospectives ont actuellement lieu en simulation des mécanismes financiers et pour les phénomènes biologiques ainsi que pour améliorer la qualité des sons et des images (ondelettes en particulier). En fait, deux populations de scientifiques ayant des formations distinctes se sont retrouvées sur ce nouveau terrain des sciences de l'ingénieur. D'une part les mathématiciens appliqués qui fort de leurs capacités d'analyse et de maîtrise des calculs, ont trouvé dans cette discipline un champ de problèmes riches et féconds et d'autre part, les mécaniciens, physiciens, électroniciens, chimistes et géologues qui ont trouvé dans le formidable outil qu'est l'ordinateur, la possibilité de résoudre des équations jusqu'alors inabordables sauf pour des cas bien particuliers. Mais si les résolutions analytiques ont perdu un moment de leur intérêt, elles connaissent un regain évident dans la mesure où le comportement local des solutions des fameuses équations aux dérivées partielles de la physique permet de mieux maîtriser les schémas de résolution. Un exemple frappant est celui de la mécanique de la rupture fragile pour lequel la connaissance des champs de déformations au voisinage du fond de fissure permet d'adapter les maillages, voire d'introduire des fonctions d'approximation mieux adaptées que les polynômes classiques utilisés dans les méthodes d'éléments finis. D'une manière générale une des règles fondamentales du calcul scientifique est que l'on calcule d'autant mieux que l'on sait ce que l'on calcule. Cette remarque qui pourrait paraître une tautologie, est pourtant encore fort discutée entre les ingénieurs de terrain, c'est-à-dire des bureaux d'études et des centres de recherches appliquées, et les théoriciens. Et c'est peut-être là que se joue l'avenir de cette nouvelle science qu'est le calcul scientifique. Les premiers pensent (pour résumer) que les progrès de l'informatique permettront prochainement de résoudre n'importe quelle équation avec de millions d'inconnues et que dans l'océan de données qui en résulte l'ingénieur y trouvera sa vérité, a posteriori en quelque sorte. Les autres pensent que le numérique est là pour conforter, étayer et chiffrer une théorie. Cette dualité n'a pas changé véritablement la démarche de l'ingénieur. Par contre, elle a conduit à deux approches complémentaires apparemment distinctes de la démarche scientifique. De toute façon, l'immense quantité de données fournie par la première, ne peut être exploitée qu'en la projetant sur des bases réduites issues de modèles simples. Alors, tant qu'à faire, autant utiliser ces informations pour mieux calculer et de façon plus simple. On voit donc que le débat n'est pas fini, d'autant plus que cela remet continuellement en cause les grands codes de calcul qui parfois peuvent remplacer l'initiative de l'utilisateur grâce à l'utilisation de systèmes experts. Pour cette raison peut-être, on a vu apparaître ces dernières décennies des boîtes à outils très performantes comme Matlab, Scilab ou Horace qui permettent à un chercheur ou à un ingénieur de développer rapidement sa propre application avec un maximum de sécurité sur le plan de la fiabilité informatique et d'incorporer ses propres réflexions. Il existe d'ailleurs une attitude nouvelle rendue possible grâce à la mise à disposition sur Internet de logiciels libres : utiliser plusieurs logiciels pour résoudre un même problème. Si les résultats sont différents cela lui permet de soupçonner la présence d'une difficulté cachée. Par contre on ne peut rien dire dans le cas contraire. Il faut alors avoir recours au raisonnement mathématique déductif pour consolider l'argumentation et valider un résultat.

La démarche du calcul scientifique

Au départ, il y a un problème physique. Par exemple la tenue d'un réservoir de carburant dans une fusée et soumis aux vibrations provenant du moteur. Les objets concernés sont le réservoir, le liquide intérieur et les structures auxiliaires auxquelles est rattaché le réservoir. Les sollicitations sont dues aux instabilités de combustion du moteur. La résolution du système complet est hors de portée pour l'instant. L'ingénieur décompose alors son problème de la façon suivante : Il caractérise le spectre de vibrations induites par le moteur. Cela se traduit par une fluctuation de l'accélération d'entraînement du repère lié à la fusée. Dans un second temps, il calcule les modes propres du système mécanique que constituent la fusée et le réservoir à l'aide d'une méthode d'éléments finis. Le fluide représentant le carburant est en général considéré comme incompressible. Ceci le conduit à le prendre en compte comme une masse ajoutée déformable au niveau du réservoir. Il calcule alors les modes propres de ce système et les compare aux fréquences d'excitation. S'il y a rapprochement (fréquences voisines) il regarde si les déformées propres sont susceptibles d'être excitées par les fluctuations de l'accélération. Et le point important est que les résultats dépendent du niveau de liquide dans le réservoir. On peut ainsi définir si pendant la vidange du réservoir correspondant à l'envol, il y a un risque de résonance (effet POGO). Si c'est le cas, il peut faire intervenir des systèmes de contrôle au niveau des fixations du réservoir de façon à éviter cette résonance. Ici encore la mise au point et l'efficacité de ce contrôle sont simulées sur ordinateur. On voit que cette approche combine un astucieux mélange de modélisation à l'aide de principes et de lois mécaniques et une mise en place d'outils de calcul. Sur cet exemple, l'ingénieur doit donc être aussi à l'aise en mécanique qu'en numérique et en informatique.

La place du calcul scientifique

Les grands projets scientifiques comme la météorologie sont des enjeux majeurs du calcul scientifique. Le défi est de prédire le temps localement (au niveau d'un village) à partir d'informations prélevées à un instant donné et cela plus vite que le temps réel. Faute de quoi la prédiction ne serait qu'une constatation. Or la complexité des équations de l'atmosphère et des océans est tellement déroutante, qu'il n'y a pas d'espoir dans l'immédiat, même avec des calculateurs très puissants, de simuler la réalité. La présence de micro-instabilités pouvant intervenir à de très grandes distances (effet papillon) par des effets de convection, rend les modèles peut déterministes. Il faut avoir recours à des hypothèses de fermetures locales et pour cela, le chercheur et l'ingénieur doivent mener de front une étude précise des modèles mécaniques, des propriétés mathématiques des équations et une algorithmique de résolution fiable et rapide (vectorisation et parallélisation massives). En clair il faut que numériciens, physiciens et météorologues collaborent de façon étroite. En fait, le calcul scientifique est la discipline transverse qu'ils construisent en travaillant ensemble. Exceptionnellement, il arrive qu'un chercheur ou un ingénieur arrive à maîtriser ces trois composantes à un instant donné et sur une application précise, mais il a alors les plus grandes difficultés à mettre à jour ses compétences dans toutes les facettes de cette activité qui évoluent très vite. En résumé, le calcul scientifique est une discipline de fédération d'équipes. Et tout naturellement, c'est souvent au sein des grands projets qu'elle trouve le mieux sa place.

La diversité des problèmes et la nécessité de décentraliser vers des thématiques appliquées

La simulation numérique des problèmes de l'ingénieur est devenue l'un des outils fondamentaux de ce dernier et il a pris une telle importance qu'il bouleverse sa façon de travailler. Beaucoup d'enseignants de mécanique, de physique de chimie, etc., l'ont compris et introduisent la modélisation et la résolution des phénomènes naturels très tôt dans les cursus de formation. Mais il est en général nécessaire d'aborder les méthodes numériques avec un vocabulaire propre à la discipline, même si c'est pour désigner des grandeurs équivalentes sur le plan mathématique ; par exemple un flux de chaleur en thermique, une contrainte en mécanique, un prix en finance, un champ électrique ou magnétique en électronique, etc. Et les choses se compliquent lorsqu'on fait appel aux lois qui régissent les phénomènes. Elles sont propres à chaque groupement disciplinaire. Pour cette raison le mathématicien qui souhaite faire du calcul scientifique doit faire la démarche d'aller séjourner dans les laboratoires et bureaux d'études qui traitent les vrais problèmes. Mais cela ne veut pas dire expatrier les mathématiques vers des centres d'applications. Bien au contraire ; il s'agit d'apprendre à connaître les autres domaines qui sont utilisateurs de la simulation numérique et en comprendre les règles, les objectifs et surtout les contraintes. En outre la confrontation avec l'expérience est le seul juge de paix d'une théorie mathématique.

Les quelques chapitres que nous avons regroupés ci-après ont pour ambition de montrer au lecteur comment procèdent les chercheurs et ingénieurs dans le domaine du calcul scientifique.

Les thématiques présentées dans ce chapitre

Bien conscients d'être incomplets, nous avons retenu huit exemples d'intervention du calcul scientifique. Le premier est celui de la modélisation en mécanique. Le deuxième est consacré aux méthodes numériques fondamentales comme la méthode des éléments finis et ses variantes et le troisième aux algorithmes de résolution qui, de plus en plus utilisent les machines parallèles. L'optimisation des systèmes ainsi que leur contrôle sont présentés dans un cinquième article et des applications du calcul scientifique à la biologie font l'objet du sixième. C'est dans le septième article que le traitement des images est présenté de façon synthétique. C'est un outil en plein développement qui, en particulier, peut servir à exploiter les immenses fichiers de données issus des calculs, alors que leur codage/décodage ainsi que la cryptographie numérique font l'objet du huitième. Dans chaque cas l'auteur est un praticien expérimenté du sujet. On aurait bien entendu pu ajouter beaucoup d'autres articles, par exemple sur la finance, le traitement du signal, la mécanique des polymères, la simulation du crash des voitures, l'électromagnétisme, la chimie moléculaire ainsi que l'aéroélasticité, l'aéroacoustique et bien d'autres exemples encore. Mais ce sera sans doute l'occasion d'une future édition.

Quelques aspects de la modélisation en mécanique

Philippe Destuynder

Mots-clés : modélisation, équations aux dérivées partielles, approximation, optimisation.

Résumé : les phénomènes de la physique obéissent à des lois et à des principes. Les lois sont souvent des relations différentielles entre les grandeurs intensives et extensives alors que les principes traduisent des conservations portant sur des grandeurs intensives et donc non soumises au phénomène d'échelle. La formulation des principes fait intervenir des équations aux dérivées partielles. L'ensemble des lois et des principes constitue le modèle. Sa complexité est telle, qu'il est en général nécessaire de simplifier les équations obtenues pour permettre leur approximation et leur résolution. Nous donnerons quelques exemples en mécanique de cette démarche qui peut aller jusqu'a la résolution sur ordinateur et qui constitue le calcul scientifique.

Le rêve de tout scientifique est de comprendre et de deviner les réactions de la nature qui l'entoure. Pour cela, depuis l'antiquité, les hommes de sciences ont formulé des lois reliant des grandeurs observables à d'autres qui le sont moins, mais dont les effets se font sentir intuitivement. Par exemple, l'allongement d'une corde (qui est observable) est manifestement relié aux efforts que l'on exerce dessus (non directement visibles) et évalués par comparaison à partir des effets qu'ils produisent. En l'occurrence, dans l'exemple cité, il s'agit de l'allongement de la corde. La première grandeur est extensive (une corde deux fois plus longue que la première et soumise au même effort, aura un allongement double). La seconde est intensive et ne bénéficie pas des effets d'échelle. Elle est plus cachée et ne peut pas être décelée sans faire appel à un équilibre, une comparaison. On admet que les causes (ici les efforts) qui produisent les mêmes effets (ici l'allongement) sur un même corps (ici la même corde), sont égaux. On vient de formuler un principe de conservation : celui des puissances virtuelles que les mécaniciens ont mis plusieurs millénaires à formuler dans un cadre mathématiquement correct. La loi qui relie les efforts à l'allongement n'est pas unique suivant l'importance des efforts qui sont appliqués et bien entendu, le matériau utilisé. On admet par exemple, que pour de petits allongements, les efforts seront proportionnels à ces derniers. En outre, ils sont réversibles, c'est-à-dire que si les efforts diminuent, il en est de même de l'allongement et ceci sans perte d'énergie. C'est le cadre de *l'élasticité linéaire*. Mais en y regardant de plus près, la corde est constituée de filins enroulés de façon hélicoidale et collés entre eux. Si l'allongement devient trop important, les joints de colle vont se détériorer et permettre un glissement des filins les uns par rapport aux autres. Si bien qu'une fois les efforts supprimés, il restera un allongement rémanant de la corde. Cependant, une fois déchargée, elle présentera sous l'effet de petits efforts, le même comportement élastique que lorsqu'elle était neuve : elle sera simplement un peu plus longue. On entre alors dans un domaine appelé *la plasticité* et qui présente un caractère non linéaire (c'est-à-dire non proportionnel) de la loi reliant les efforts aux allongements. Si on augmente encore les efforts, les brins commenceront à s'effilocher, puis à se rompre, créant une détérioration définitive que l'on appelle *l'endommagement*.

Ici encore on aborde un domaine de lois de comportement non linéaires. La corde endommagée n'aura plus la même loi de proportionnalité entre efforts et allongements et ceci même si on l'utilise dans un contexte de petites élongations. Les alpinistes connaissent bien ces phénomènes qui les conduisent à rebuter une corde qui a encaissé un choc. L'étude de cet exemple, apparemment simple, montre la démarche de la modélisation physique qui permet de comprendre et de deviner le comportement de cette corde.

Tout d'abord, la nature dans laquelle nous vivons est tridimensionnelle. Chaque point de la corde peut se déplacer dans les trois directions d'espace. Mais manifestement, celle qui est dans le sens de la corde est plus importante que les autres dans le cas d'une traction longitudinale. Cette remarque intuitive est guidée par le rapport des dimensions longitudinales et transversales. On voit apparaître un petit paramètre (rapports des dimensions) qui, une fois mis en évidence dans une formulation tridimensionnelle des équations de la mécanique, permet d'envisager des simplifications au niveau de la cinématique de description du mouvement de la corde. Le comportement mécanique des filins est très complexe et il ne semble pas nécessaire de tout représenter (les filins, les joints de colle...) pour proposer une représentation fiable de l'allongement de la corde. Ce comportement, dit « microscopique », est certes important pour bien comprendre l'apparition d'une rupture de colle ou de filins, mais on peut avantageusement le remplacer par un comportement « macroscopique » équivalent et plus simple à manipuler. Il en est de même pour des efforts plus importants lorsqu'on entre dans le domaine de la plasticité ou encore de l'endommagement. C'est alors *la théorie de l'homogénéisation* qui est utilisée. Cette dernière a connu un succès considérable avec le développement des matériaux composites, notamment dans l'aéronautique. On pourra également remarquer que si les mouvements de la corde devenaient plus amples, il conviendrait de prendre en compte des modifications significatives de la géométrie initiale ce qui rend le problème géométriquement non linéaire et par conséquent beaucoup plus difficile. Il se peut également que des vibrations viennent compliquer l'ensemble (cables de téléphérique par exemple), sans parler de problème de contact avec un autre corps, une roche par exemple et l'interaction avec un fluide environnant (cable de remorquage d'un navire...). Mais arrêtons nous là pour l'énumération des phénomènes complexes qui peuvent apparaître sur un exemple apparemment simple. La modélisation est la première étape de l'ingénieur ou du chercheur en calcul scientifique. Nous allons en donner une description plus précise à l'aide d'exemples choisis à nouveau en mécanique, mais qui pourrait se retrouver en électromagnétisme, en chimie ou en biologie.

1 Les équations de conservation

De façon un peu familière, une équation de conservation traduit en termes mathématiques que ce qui entre dans un volume de matière diminué de ce qui en sort est égal à ce qui y reste. Prenons l'exemple de la thermique : la quantité de chaleur qui passe d'un point à un autre est représentée par un vecteur flux de chaleur noté q. Si on note Ω un volume de l'espace, $\partial\Omega$ sa frontière, ν la normale unitaire à cette dernière et dirigée vers l'extérieur de Ω, la quantité de chaleur reçue par le corps intérieur à Ω est (le point désigne le produit scalaire dans $\mathbb{R}^3$) :

$$\delta Q = -\int_{\partial\Omega} q.\nu \qquad (1.1)$$

Le premier principe de la thermodynamique nous dit qu'en l'absence de travail mécanique et en notant $E = \int_{\Omega} \varrho e$ (ϱ est la masse volumique et e l'énergie interne spécifique) l'énergie interne contenue dans Ω, nous avons l'équation de conservation suivante (en l'abscence d'apport de chaleur extérieur par radiation ou réaction chimique) :

$$\frac{dE}{dt} = \delta Q \qquad (1.2)$$

Un simple calcul utilisant la formule de Stokes :

$$\int_{\Omega} div(q) = \int_{\partial\Omega} q.\nu,$$

donne alors en chaque point de l'espace et en supposant que les particules de matière restent inchangées dans Ω car les principes sont universels, c'est-à-dire vrai pour tout choix de Ω :

$$\varrho\frac{de}{dt} + div(q) = 0. \qquad (1.3)$$

Pour compléter cette équation il convient de lui adjoindre des lois de comportement : l'une reliant par exemple le flux de chaleur à une grandeur intensive observable (la température) et l'autre reliant l'énergie interne spécifique e à cette même température. Donnons d'autres exemples d'équations de conservation en mécanique.

La conservation de la matière

$$\frac{\partial\varrho}{\partial t} + div(\varrho u) = 0 \qquad (1.4)$$

où u est la vitesse des particules de matière.

Le principe des puissances virtuelles

$$\varrho \frac{du}{dt} = div(C) + f, \tag{1.5}$$

où $C = C_{ij},\ i, j \in \{13\}$ est le tenseur symétrique des contraintes (de Cauchy), $\frac{du}{dt}$ est l'accélération et f la densité des forces de volume.

Toutes ces relations ont une propriété remarquable : elles sont vraies pour tous les milieux solides, fluides ou gazeux.

2 Les lois rhéologiques

Les équations de conservation que nous avons formulées au paragraphe précédent font intervenir des grandeurs extensives comme l'énergie, la quantité de chaleur où la masse. Pour rendre le système résoluble il est en général nécessaire d'introduire des relations complémentaires appelées lois de comportement. Par exemple l'énergie interne est reliée à la température (qui est une notion introduite par le second principe de la thermodynamique), par la loi (c_v est la capacité calorifique à volume constant du milieu) :

$$c = c_v T \tag{1.6}$$

Le flux de chaleur q est relié au gradient de température par la loi de Fourier (k est un coefficient de conduction du milieu) :

$$q = -k\nabla T \tag{1.7}$$

Les contraintes mécaniques C sont reliées aux déformations γ par la loi suivante dans le cas de l'élasticité linéaire des corps solides :

$$C = R\gamma \tag{1.8}$$

où γ est la partie symétrique du gradient de déplacement au point considéré et R un isomorphisme de l'ensemble des matrices 3×3 symétriques dans lui-même. On obtient ainsi dans le cas de l'équation provenant du premier principe de la thermodynamique :

$$c_v \frac{dT}{dt} - div(k\nabla T) = 0 \tag{1.9}$$

que l'on appelle *équation de la chaleur*.

3 Les conditions aux limites

Prenons à nouveau l'exemple de l'équation de la chaleur traduisant le premier principe de la thermodynamique (1.9) et plaçons-nous pour simplifier dans le cas d'un équilibre thermique pour un milieu homogène (k =constante). L'équation devient dans ce milieu :

$$-\Delta T = 0 \tag{1.10}$$

Il existe alors une infinité de solutions à (1.10) constituée de l'ensemble des fonctions harmoniques. Or, sur un ouvert Ω régulier, de telles fonctions (formule de Poisson) ne dépendent que des valeurs sur la frontière $\partial\Omega$ de l'ouvert Ω. C'est ainsi que si l'on fixe T sur $\partial\Omega$ alors T est parfaitement définie. Cette nécessité d'adjoindre des informations complémentaires sur $\partial\Omega$ constitue les conditions aux limites. Fixer la température T (condition de Dirichlet), n'est pas l'unique possibilité. On peut aussi imposer la composante normale du flux de chaleur (condition de Neumann) et il existe bien d'autres possibilités.

4 La formulation variationnelle dans le cas stationnaire

La résolution numérique sur ordinateur de l'équation (1.10) nécessite de construire des fonctions qui soient aux moins deux fois dérivables, ce qui est un challenge redoutable. Une astuce remarquable fut suggérée par Peter Lax. Elle consiste à multiplier (1.10) par une fonction test v, à intégrer sur l'ouvert Ω et à appliquer la formule d'intégration par parties, souvent appelée formule de Green qui est *une petite variante* de la formule de Stokes. On obtient ainsi la suite de relations ci-dessous pour l'exemple de choix de conditions aux limites : Dirichlet sur Γ_0 et Neumann sur le complémentaire Γ_1 de Γ_0 sur $\partial\Omega$;

$$\begin{cases} -\Delta T = 0 \text{ dans } \Omega, \\ T = T_0 \text{ sur } \Gamma_0, \\ \dfrac{\partial T}{\partial \nu} = g \text{ sur } \Gamma_1 \end{cases} \tag{1.11}$$

puis en multipliant par une fonction test v, en intégrant sur l'ouvert Ω et en appliquant la formule de Stokes (Green dans la version utilisée), nous obtenons :

$$\forall v \quad -\int_\Omega \Delta T v = 0,$$

$$=> \tag{1.12}$$

$$\forall v \int_{\Gamma_0} \frac{\partial T}{\partial \nu} v + \int_{\Gamma_1} gv + \int_\Omega \nabla T . \nabla v = 0.$$

Puisque la dérivée normale de T notée $\frac{\partial T}{\partial \nu}$ est inconnue sur Γ_0 on y choisit $v = 0$ et T sera recherchée sous la forme suivante :

$$T = RT_0 + \delta T,$$

où RT_0 est un relèvement dans Ω de la donnée de Dirichlet sur Γ_0 et δT est nulle sur Γ_0 comme la fonction test v.

5 Les problèmes dynamiques

L'exemple le plus simple est celui de la vibration d'une corde. En fait, il s'agit d'une ancienne expérience de cours de mécanique, l'expérience de Melde.

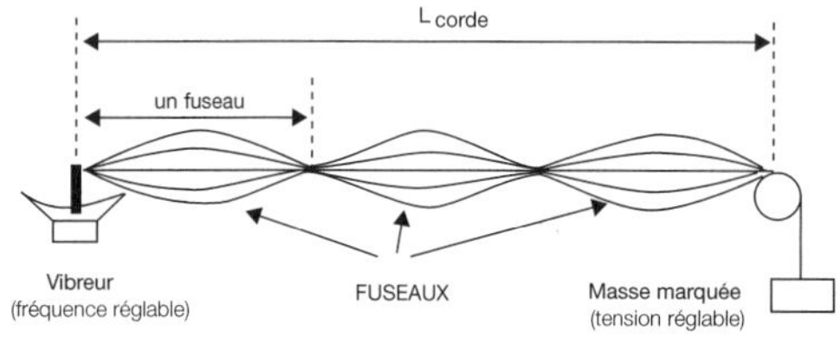

Figure 1 Expérience de Melde

En adoptant un modèle élastique linéaire et en désignant par d le déplacement transverse des points de la ligne moyenne de la corde, on construit le modèle suivant dans lequel A est la section de la corde, ϱ sa masse volumique et mg le poids des masselottes placées sur le plateau de la figure. Par ailleurs f est une force tranverse linéique appliquée le long de la corde :

$$\left\{\begin{array}{l} \forall(x,t) \in]0,L[\times]0,t_0[: \\ \varrho A\dfrac{\partial^2 d}{\partial t^2} - mg\dfrac{\partial^2 d}{\partial x^2} = f. \end{array}\right. \tag{1.13}$$

auquel on adjoint les conditions aux limites suivantes :

$$d(0,t) = d(L,t) = 0 \ \forall t \in]0,t_0[\tag{1.14}$$

et des conditions initiales :

$$\left\{\begin{array}{l} d(x,0) = d_0(x) \ \forall x \in]0,L[, \\ \dfrac{\partial d}{\partial t}(x,0) = d_1(x) \ \forall x \in]0,L[. \end{array}\right. \tag{1.15}$$

Bien entendu, une équation aussi simple peut être résolue quasiment analytiquement. On obtient ainsi :

$$\begin{array}{l} d(x,t) = \sum_{n\in} \ \alpha_n(t) w_n(x), \\ \text{avec la notation :} \\ \alpha_n(t) = a_n cos(\omega_n t) + b_n sin(\omega_n t) \\ +\dfrac{1}{\omega_n}\displaystyle\int_0^t f_n(s) sin(\omega_n(t-s))ds \end{array} \tag{1.16}$$

où nous avons posé :

$$\left\{\begin{array}{l} a_n = \displaystyle\int_0^L w_n d_0 dx, \ b_n = \int_0^L w_n d_1 dx, \\ f_n = \displaystyle\int_0^L w_n f dx, \ \omega_n = \frac{n\pi}{L}\sqrt{\frac{mg}{A\varrho}} \\ w_n(x) = \sqrt{\dfrac{2}{L}} sin(\dfrac{n\pi x}{L}) \end{array}\right. \tag{1.17}$$

Lorsque l'une des fonctions f_n est de la forme $f_n(t) = F_n sin(\omega_n t + \phi)$, la solution du modèle (1.13) diverge avec le temps. On a un phénomène de résonance qui est destructeur pour la structure.

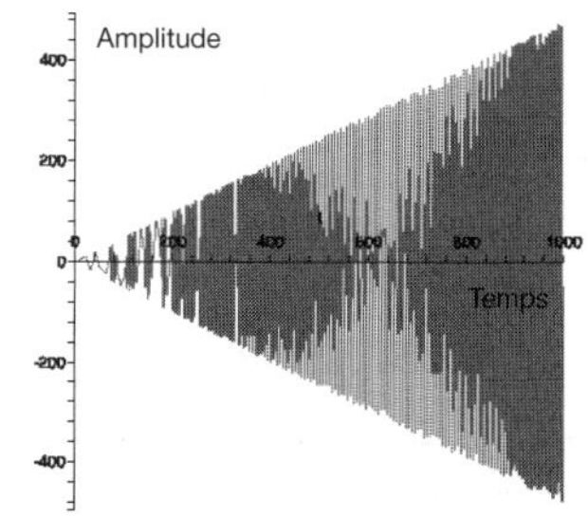

Figure 2 Mise en résonance linéaire

Les nombres ω_n sont les pulsations propres et on comprend qu'il s'agisse de valeurs particulièrement critiques. Prenons le cas d'une structure complexe, par exemple un dirigeable. Le modèle de la corde peut être étendu à cette structure, mais il faut faire intervenir la théorie des coques minces pour modéliser la structure dans son ensemble. On calcule l'analogue des pulsations propres ω_n ainsi que les modes propres associés et l'ingénieur se doit de comparer les valeurs obtenues à celle de la vitesse angulaire de rotation des moteurs, ainsi que leurs multiples en fonction du nombre de pales de ce dernier. S'il y a coïncidence, un risque de résonance peut apparaître et il faudra en protéger la structure.

Figure 3 Un mode de vibration d'un grand dirigeable (CNAM)

6 La simplification des modèles

Dès qu'un scientifique voit apparaître un petit paramètre ϵ quelque part, il recherche si cela lui permet de simplifier son modèle complet. Dans un premier temps, il calcule les termes dominants, puis il essaye d'affiner la solution initiale à l'aide d'un correcteur local. Par exemple, cela peut conduire à des problèmes de couches limites (concentration de phénomènes au voisinage d'une frontière), ou à des problèmes raides (perte de régularité ou très fortes variations de la solution au voisinage de certains points).
Donnons deux approches d'analyse multiéchelle qui font partie de la panoplie du mathématicien appliqué. L'une est l'homogénéisation qui joue un rôle particulier pour les matériaux composites et l'autre, est la réduction de dimension largement utilisée pour la théorie des poutres, des plaques et des coques.

6.1 L'homogénéisation des structures périodiques

Commençons par une approche intuitive. Imaginons deux ressorts de raideurs respectives k_1 et k_2 que l'on monte en série puis en parallèle. Dans le premier cas le ressort équivalent aura une raideur $k_1 + k_2$. Dans le second ce sera $\frac{k_1 k_2}{k_1 + k_2}$. Considérons maintenant une situation plus complexe, celle d'un matériau composé de trous régulièrement répartis.

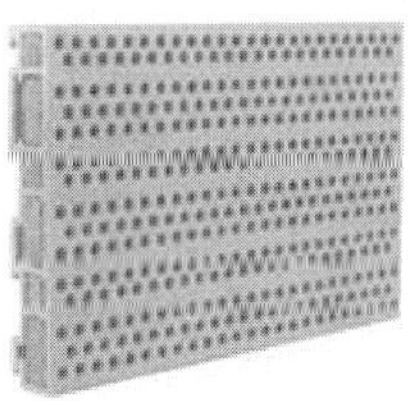

Figure 4 Plaque multiperforée

Le principe de l'homogénéisation est de remplacer le milieu troué par un milieu homogène sans trou. Pour cela on considére une cellule élémentaire et on effectue des simulations de comportement sous différentes sollicitations mécaniques. Cela permet de déduire des relations *en moyenne* sur la cellule reliant les contraintes moyennes aux déformations moyennes. En passant à une échelle macroscopique où la cellule devient un point, on définit ainsi une nouvelle loi de comportement en moyenne dite homogénéisée. Il est ensuite possible de retrouver une information locale (dites microscopique), en effectuant un calcul local sur une cellule et ceci en respectant les valeurs moyennes trouvées à l'aide du modèle homogénéisé. En fait pour obtenir la localisation des effets microscopiques il faut trouver des conditions aux limites sur la cellule qui le permettent. Dans la mesure où les cellules sont réparties périodiquement, des conditions de périodicité sont les bonnes conditions comme cela fut démontré par Luc Tartar.

6.2 Réduction de dimension

Que ce soit des voiles minces en béton ou des ailes d'avion, voire des carrosseries de voitures, ou encore des coques de navires, beaucoup de structures mécaniques sont assimilables à des surfaces. Et l'ingénieur est fortement tenté de construire une théorie bidimensionnelle qui serait plus simple que la théorie tridimensionnelle pour analyser, prédire et même optimiser le comportement de tels objets. L'idée naturelle est alors d'utiliser l'épaisseur comparée aux autres dimensions comme un petit paramètre. En fait, il apparaît deux petits paramètres : l'un noté ε, est l'épaisseur comparée aux dimensions tranverses et l'autre noté η, est le rapport entre l'épaisseur et le rayon de courbure locale de la coque. Suivant les ordres de grandeurs respectifs de ces deux petits paramètres on peut alors construire un modèle approché du modèle tridimensionnel et qui lui, est bidimensionnel, c'est-à-dire ne fait intervenir que des grandeurs (les inconnues) définies sur la surface moyenne de la coque.

Figure 5 Aéroréfrigérant atmosphérique de centrale nucléaire

Par exemple pour $\eta = 0$ on trouve les modèles de plaques minces, pour $\eta \simeq \varepsilon$ on trouve des modèles de membrane et enfin pour $\eta \simeq \varepsilon^2$ on trouve les modèles de coques les plus classiques. Cependant il existe d'autres approches mieux adaptées et qui permettent de regrouper tous ces modèles en un seul lui-même surfacique et pouvant redonner l'une des trois situations précédentes suivant, par exemple, les valeurs de la courbure locale de la surface moyenne. C'est la théorie de W.T. Koiter.

6.3 L'énergie et l'équilibre, seuls liens entre les modèles originaux et simplifiés

Les simplifications que l'on peut apporter aux différents modèles doivent trouver un cadre de justification. D'un point de vue à la fois mathématique et physique deux propriétés sont fondamentales : l'une est la conservation des énergies par unité de matière mises en jeu (premier principe de la thermodynamique) que se soit pour le modèle complet ou celui obtenu après simplification ; l'autre concerne le principe fondamental de la mécanique et traduit que dans les deux cas l'équilibre des efforts doit être conservés. Cependant, les lois de comportement peuvent être violées sans état d'âme car elles ne sont pas des vérités absolues, mais seulement des approximations heuristiques de ce que l'on observe expérimentalement, par exemple lors d'un essai de traction sur une éprouvette.

Figure 6 Machine de traction sur éprouvettes

Si on utilise une représentation eulérienne, c'est-à-dire liée à un point géométrique et non pas matériel comme dans une représentation Lagrangienne, il convient également de prendre en compte la conservation de la matière, ce qui est le cas en mécanique des fluides et en aéroacoustique pour lesquels la description eulérienne (celle du laboratoire !) est souvent mieux adaptée. En fait, les équations d'équilibre permettent de compenser certaines imprécisions au niveau de la conservation de l'énergie. Donnons un exemple un peu surprenant, celui de la mécanique de la rupture dîte fragile. On considère un milieu présentant une fente et on utilise un modèle d'élasticité linéaire pour représenter les champs de déformations et de contraintes. Or un calcul analytique mené au voisinage de la pointe de la fissure nous montre que la solution devient infinie (en contraintes et en déformations), ce qui est en contradiction avec l'utilisation d'un modèle élastique. Il conviendrait donc de faire appel à un modèle rhéologique faisant intervenir la plasticité voire l'endommagement. Cependant, d'une part les équations d'équilibre sont vérifiées et d'autre part, l'énergie reste finie. Il y a donc quelque chose de vrai dans un tel modèle. C'est le paradoxe de *l'invraissemblance rhéologique locale*. En fait on peut montrer que l'énergie liée à ces singularités peut également s'exprimer à l'aide des contraintes et des déformations estimées loin du fond de fissure et qu'elles peuvent être calculées en utilisant un modèle d'élasticité. Cette propriété permet de rendre compte de façon fiable et d'un point de vue global de mécanismes localement très complexes.

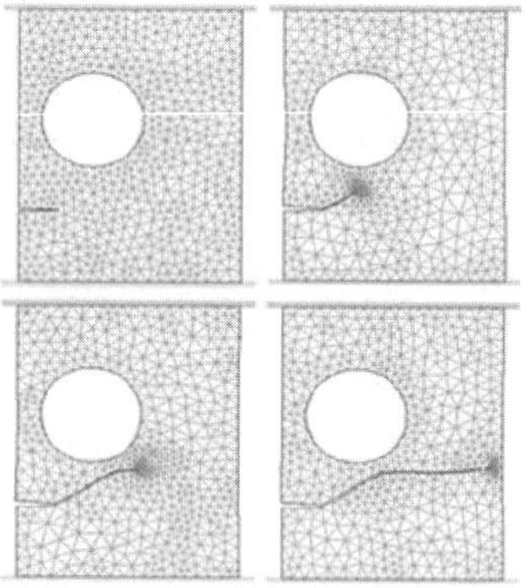

Figure 7 Évolution d'une fissure par simulation (CEMEF)

7 Validité des modèles

La réalité physique est tridimensionnelle et *a priori* tout ce qui est visible doit être pris en compte à la fois au niveau des détails de la géométrie mais aussi des lois de comportement rhéologique. Les simplifications ne sont valables que si elles sont argumentées par rapport au problème posé. Elles doivent être justifiées à trois niveaux :

- *niveau 1* : le modèle simplifié doit avoir une solution (si possible une seule). Sa classe de régularité doit permettre de définir pour la matière une énergie finie. En général cette démarche relève de l'analyse fonctionnelle. C'est l'une des grandes contributions mathématiques du XXe siècle aux sciences de l'ingénieur.
- *niveau 2* : un modèle doit permettre de reproduire qualitativement et quantitativement les phénomènes qui intéressent l'ingénieur. Par exemple le

flambage d'une structure, ou une instabilité dynamique.

- *niveau 3* : il est nécessaire d'estimer l'erreur commise en remplaçant le modèle complet par le modèle approché. À cette erreur viendra s'ajouter l'erreur qui intervient dans l'approximation numérique du modèle approché. Si une procédure d'optimisation ou de contrôle est effectuée sur le modèle approché, il faut veiller à ce qu'elle ne conduise pas à des résultats contraires à ce que l'on obtiendrait sur le modèle complet. L'outil le plus classique est l'estimation à priori qui est une information utilisant l'énergie. Mais de plus en plus les chercheurs font appel à une estimation a posteriori qui utilise les équations d'équilibre et fut suggérée initialement par Prager et Synge.

8 Les phénomènes couplés

8.1 Fluide incompressible avec une structure

Traditionnellement le problème couplé type est celui de l'interaction entre un liquide et une structure. Le cas le plus simple dans cette vaste gamme de problèmes, est celui d'un carburant liquide et incompressible contenu dans un réservoir flexible. En fait, dans ce cas le fluide qui n'offre aucune résistance à la déformation, agit par son inertie et on montre que sa prise en compte revient à modifier la répartition des masses de la structure. On parle de masse ajoutée. L'exemple célèbre est celui des modes propres de ballottement d'un liquide dans un réservoir de fusée. Mais lorsque le liquide présente une surface libre, il convient de prendre en compte les phénomènes de gravité (vagues), et même parfois de tension superficielle et de capillarité (forces de cohésion électrostatiques). Dans ce cas les modèles sont beaucoup plus complexes et l'effet du liquide ne peut pas se réduire à celui d'une masse ajoutée.

8.2 Fluide compressible avec une structure

En acoustique aérienne, la propagation du son dans le fluide est plus lente que dans la structure et il est nécessaire de prendre en compte la compressibilité du fluide. Ici encore la difficulté est plus importante que dans le cas d'un liquide incompressible. Si en outre l'air est en mouvement (cas d'un écoulement autour d'un avion, d'une voiture ou d'un train ou même d'un instrument de musique à vent), les équations de couplages deviennent plus compliquées et des phénomènes étranges d'instabilités peuvent même apparaître pour certaines vitesses critiques de l'écoulement. Donnons un exemple simple : celui d'un écoulement dans une tuyauterie flexible. Si on calcule les modes de vibration du système couplé en fonction de la vitesse de l'écoulement on trouve, dans certains cas, une vitesse critique pour laquelle les pulsations propres deviennent imaginaires et les solutions sinusoidales (voir le cas de la corde) deviennent des exponentielles réelles qui traduisent une instabilité exponentielle. Nous avons traçé l'évolution de ces pulsations en fonction de la vitesse d'écoulement. La partie réelle est en bleue et la partie imaginaire en vert. C'est cette dernière qui permet de détecter l'apparition d'une instabilité.

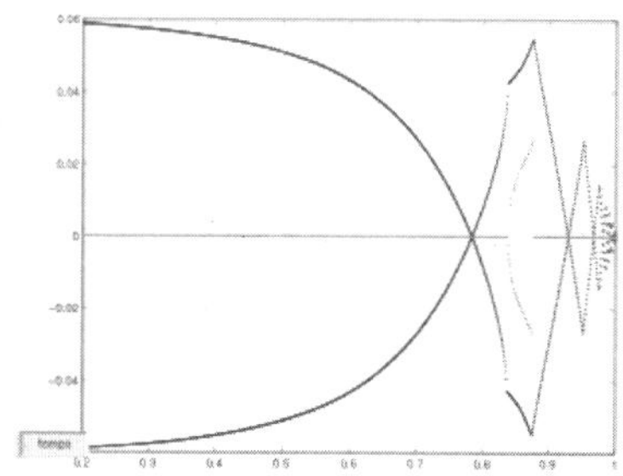

Figure 8 Pulsations propres / vitesse de l'écoulement

De telles instabilités sont des phénomènes redoutés des concepteurs mais aussi parfois recherchés, notamment dans les instruments de musique à vent de façon à amplifier le son émis.

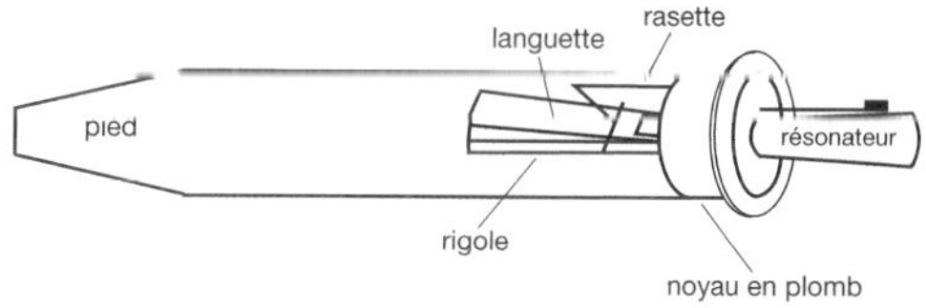

Figure 9 Principe de fonctionnement d'une clarinette

8.3 Fluide visqueux avec une structure

Dans ce cas les quantités de mouvement des particules sont importantes et des frottements entre elles conduisent à des phénomènes de couches limites qui peuvent donner naissance à des tourbillons. Les forces exercées sur les structures sont, en général, plus importantes que dans le cas de l'acoustique. On entre dans le domaine de l'aéroélasticité. Les modélisations sont beaucoup plus complexes et il est nécessaire de prendre en compte le mouvement de la structure dans celui du fluide. En fait, on se trouve dans une situation où la frontière entre les deux milieux est mobile. Ce domaine du calcul scientifique en est encore à ses début mais il représente certainement l'un des challenges les plus stimulants des prochaines décennies. Les phénomènes recherchés sont le flottement (croisement de modes propres de la structure sous l'effet des forces aérodynamiques), le tremblement (dû aux instabilités de l'écoulement comme la turbulence) et les vibrations de décrochage retardées (galop), dues à la prise en compte d'un phénomène de vent apparent comme sur les voiliers et qui fut à l'origine de la ruine du pont de Tacoma Narrows.

Figure 10 Le fameux pont de Tacoma-Narrows

Mais il existe de nombreux autres phénomènes couplés notamment dans les aspects multi-physiques faisant intervenir un couplage entre l'électromagnétisme et un fluide conducteur (phénomène dynamo dans les cuves de sodium des surrégénérateurs nucléaires) ou des réactions chimiques et un écoulement (combustion).

L'émergence des mathématiques du vivant fournit aussi un vaste champ d'applications de ces modélisations couplées.

9 À la recherche des phénomènes cachés

Certains phénomènes physiques ne sont pas directement observables, mais sont détectables par leur conséquences. Par exemple, dans le cas d'accidents l'ingénieur recherche parfois par des simulations de modèles, l'origine de l'événement. Bien entendu, le modèle utilisé doit être assez riche pour contenir de façon éventuellement cachée la signature du phénomène. Tout l'art du calcul scientifique est en jeu dans cette démarche.

9.1 Un exemple en aéroélasticité

Donnons un premier exemple qui ressemble étrangement à celui du pont de Tacoma qui fut l'un des accidents fondateurs de l'aéroélasticité. Il s'agit de l'explosion d'un modèle réduit d'avion en soufflerie. Une maquette rigide d'avion est montée en dard sur un bras articulé lui permettant de prendre diverses configurations (en incidence, dérapage et roulis) par rapport à la direction du vent amont.

Figure 11 Montage en dard dans une soufflerie (CNAM)

Cependant, les efforts aérodynamiques exercés par l'écoulement sur cette dernière peuvent provoquer un mouvement d'oscillations en raison de la flexibilité inévitable de la balance (c'est ce qui permet de mesurer les efforts grâce à des jauges de déformations placées en ces endroits). Si α est l'angle d'incidence (oublions le dérapage et le roulis), le mouvement de la structure (avion+balance) est régi par un simple modèle à un degré de liberté que l'on peut formuler ainsi :

$$\ddot{\alpha} + \omega_0^2 \alpha = f(\alpha), \tag{1.18}$$

où f représente le moment des forces aérodynamiques (par unité d'inertie) et ramené au centre de rotation en tangage noté α. Une linéarisation autour d'un angle α_0 tel que $\omega_0^2 \alpha_0 = f(\alpha_0)$, (dit nominal) conduit à l'équation suivante :

$$\ddot{\alpha} + (\omega_0^2 - \frac{df}{d\alpha}(\alpha_0))(\alpha - \alpha_0) = 0. \tag{1.19}$$

Dans la mesure où le dimensionnement de la raideur de la balance a été réalisé convenablement on a $\omega_0^2 >> \frac{df}{d\alpha}(\alpha_0)$. On en déduit qu'aucune instabilité n'apparaît sur ce petit modèle à un degré de liberté. Or l'expérimentation à conduit à des cycles d'oscillations d'amplitude constante (après un transitoire) et la rupture de la balance a mis en évidence un phénomène de rupture par fatigue oligocyclique. Bien entendu, si la balance avait été plus solide, l'incident ne se serait pas produit. Mais d'une part, cela n'explique pas ce qui s'est passé et d'autre part cette balance avait été dimensionnée convenablement pour résister aux efforts prédits par le petit modèle précédent. Le renouvellement prudent de l'expérience a conduit au même incident. Mais cela a également permis d'enregistrer des signaux temporels à partir des informations fournies par les jauges de la balance. L'analyse de Fourier de ces signaux a alors permis de mettre en évidence un spectre faisant intervenir les pulsations suivantes :

$$\omega_{00} = \sqrt{\omega_0 - \frac{df}{d\alpha}(\alpha_0)}, 2\omega_{00}, 3\omega_{00}, 4\omega_{00}, 6\omega_{00}.$$

Le point important est *le trou fréquentiel* pour $5\omega_{00}$. Une première idée est alors de responsabiliser l'écoulement en évoquant une modification drastique de celui-ci lors du mouvement de la maquette et pouvant provoquer des efforts très importants. Mais cela est peu vraissemblable pour des raisons de simple bilan énergétique. Il est en effet nécessaire que l'énergie qui a provoqué la ruine soit progressivement puisée dans l'écoulement pour être réaliste. Une autre idée, qui fut celle de K.Y. Billah et R. Scanlan pour expliquer de façon définitive l'effondrement du pont de Tacoma Narrows, est de prendre en comptre le phénomène de vent apparent. En, chaque point de la structure ne voit qu'un vent virtuel qui est la différence entre la vitesse de l'écoulement et celle de ce point. Si par exemple il se déplace à la vitesse du vent il ne sentira pas les effets du vent. Ainsi la structure aura une incidence apparente α_a par rapport au vent apparent qui est celui à prendre en compte dans l'étude du mouvement de l'avion. De ce fait, le moment des forces aérodynamiques devient une fonction de α et de $\dot{\alpha}$ et on pose $f(\alpha_a) = g(\alpha, \dot{\alpha})$. La linérisation conduit maintenant à l'équation suivante :

$$\ddot{\alpha} - \frac{\partial g}{\partial \dot{\alpha}}\dot{\alpha} + (\omega_0^2 - \frac{\partial g}{\partial \alpha})(\alpha - \alpha_0) = 0, \qquad (1.20)$$

et α doit satisfaire des conditions initiales qui correspondent à une perturbation initiale. Il s'agit donc d'une équation différentielle du second ordre et à coefficients constants. La recherche des solutions s'effectue à l'aide des racines de l'équation caractéristique (on cherche des solutions sous la forme $Ae^{\lambda t}$) :

$$\lambda^2 - \lambda\frac{\partial g}{\partial \dot{\alpha}} + (\omega_0^2 - \frac{\partial g}{\partial \alpha}) = 0. \qquad (1.21)$$

Une instabilité dynamique peut alors apparaître si le coefficient de $\dot{\alpha}$ est négatif. On observe une croissance en spirale dans le plan des phases $(\alpha, \dot{\alpha})$. Il est alors nécessaire de prendre en compte les termes non linéaires pour prédire le comportement ultérieur, une fois l'instabilité déclenchée. La théorie des formes normales permet de calculer un cycle limite d'oscillations sous forme quasi analytique (il faut tout de même disposer des dérivées des forces aérodynamiques par rapport à α et $\dot{\alpha}$ et ce jusqu'à l'ordre trois au moins). Une simple observation de l'algorithme utilisé pour construire ce cycle limite montre que l'harmonique 5 n'est pas présente. C'est une signature caractéristique de ce phénomène.

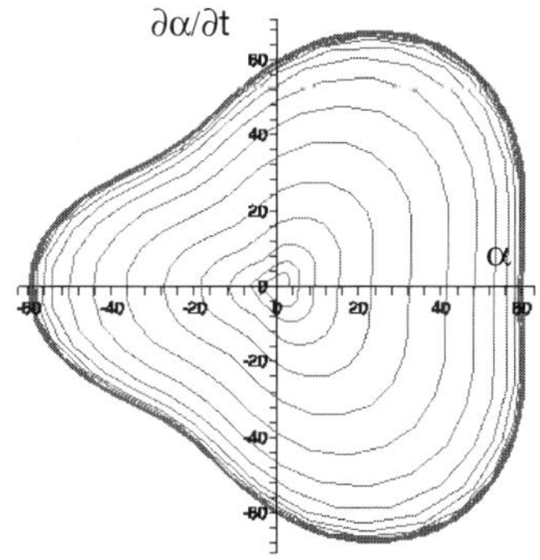

Figure 12 Cycle limite d'oscillation en tangage de l'avion (galop)

En outre, les recoupements en forme et en amplitude des mouvements observés justifient pleinement les hypothèses de cette modélisation apparemment très simple, mais nécessitant un outillage mathématique non négligeable. En particulier, les calculs analytiques ne peuvent être menés manuellement. Le recours à un logiciel de calcul formel est largement souhaitable. La démarche du calcul scientifique sur cet exemple est d'utiliser un cadre mathématique puissant (les systèmes dynamiques), pour résoudre simplement un probleme complexe qui, comme dans le cas du pont de Tacoma Narrows, était a priori très déroutant. L'emploi en aveugle des puissants codes de calcul n'aurait conduit à rien et aurait nécessité un investissement considérable. La *petite* stratégie des formes normales représente des coûts de calcul très raisonnables et a permis d'identifier et d'expliquer le phénomène. Cela n'est pas sans rappeler l'usage de la fronde de David pour terrasser Goliath. Le lecteur trouvera sur Internet un article remarquable de K. Y. Billah et R. Scanlan, qui retrace cette aventure scientifique qui a fait couler tant d'encre.

9.2 Un exemple en propagation d'onde

L'exemple ci-après est dû à Love pour l'acoustique et à Lamb pour les solides. Cependant, il a connu un nouvel intérêt avec l'apparition des phénomènes dynamiques dans les matériaux composites. Considérons un milieu constitué de deux matériaux ayant des vitesses d'ondes de cisaillement distinctes notées c_1 et c_2. Supposons que $c_1 < c_2$, mais $c_1 \simeq c_2$. Le milieu 1 est une bande étroite. Des ondes provenant du milieu 2 peuvent pénétrer dans la bande 1 mais y restent quasiment piégées. Au bout d'un certain temps, l'essentiel de l'énergie initiale se trouvera confinée dans cette bande. En fait la bande étroite se comporte comme un guide d'ondes stationnaires dans la mesure où des conditions aux limites de réflexions aux deux extrémités de la bande empêche l'énergie de sortir. Par exemple un joint de colle entre deux matériaux se comporte de cette façon. Mais souvent la colle (epoxy) possède des propriétés d'amortissement qui font disparaître cette énergie accumulée localement. Il en va différemment des colles fragiles (cyanolite) que l'on peut détériorer par des ultrasons grâce (ou à cause) de ce phénomène. Une simulation numérique du système comprenant les deux solides mais ne prenant pas en compte une modélisation suffisamment fine du joint de colle, n'a aucune chance de rendre compte explicitement de ce qui se passe. Cependant, un bilan énergétique, obtenu en faisant se déplacer de façon virtuelle la position du joint de colle, permet de mettre en évidence une quantité facilement calculable à l'aide d'un modèle grossier que l'on appelle *le taux de restitution de l'énergie*. Il caractérise précisemment l'énergie emmagasinée dans le joint de colle. Comme en mécanique de la rupture, l'outil mathématique peut servir de microscope dans des résultats de calculs utilisant un modèle ne mettant pas en évidence de façon visible un phénomène caché.

10 Optimisation et contrôle

Une question naturelle est de se demander comment utiliser la modélisation en calcul scientifique dans un processus industriel. Bien entendu, simuler la réalité qui nous entoure avec des modèles fiables, est une activité féconde et instructive. Mais ce n'est pas une finalité industrielle, ce n'est qu'une étape. Dans les premiers temps du calcul scientifique, les ingénieurs se servaient des grands codes de calcul des structures (Nastran, Abacus, Castem, Titus, Pamcrash, Aster...) pour vérifier le bon fonctionnement des objets qu'ils avaient réalisés. Puis l'activité s'est déplacée au niveau de la conception avant réalisation. Il est alors apparu la notion de *maquette virtuelle*. Puis devant la facilité de modification de cette réalité virtuelle, l'optimisation de son fonctionnement mais aussi de son coût de fabrication sont devenus l'essentiel de l'activité des bureaux d'études. Les techniques d'optimisation mathématique sont devenues monnaie courante, notamment avec la généralisation du concept d'état adjoint pour exprimer la sensibilité d'un critère par rapport à des paramètres de conception. Plus récemment, le concept d'optimisation a franchi un nouveau pas en introduisant le concept d'optimisation topologique qui permet de généraliser la notion de gradient et de définir dans certains cas, la pièce optimale à partir d'un bloc massif par *extrusion numérique*. Depuis peu, un nouveau challenge est apparu : celui des *matériaux dits intelligents !* Ce sont des milieux dont on peut modifier les propriétés pendant le fonctionnement de façon à les adapter aux besoins. Un peu comme un oiseau qui se configure différemment suivant qu'il plane ou qu'il est en piqué pour chasser. Mais les modifications peuvent être aussi beaucoup plus rapides, par exemple dans le cas de murs d'absorption du bruit munis de systèmes actifs, un peu comme la peau des dauphins qui s'adapte pour améliorer leur pénétration dans l'eau. On voit donc apparaître, parmi les matériaux intelligents, deux classes de problèmes d'optimisation suivant l'échelle de temps considérée. Dans le premier cas, ce sont des modèles stationnaires (indépendant du temps) qui interviennent. Dans le second cas il est nécéssaire de faire intervenir le mouvement propre dans le processus d'optimisation. Mais dans tous les cas on est confronté à des problèmes de contrôle optimal de systèmes gouvernés par des équations aux dérivées partielles pour lesquels J.L. Lions a proposé une approche systématique et parfaitement opérationnelle. Mais bien entendu, après approximation, par exemple à l'aide d'une méthode d'éléments finis, on retrouve des modèles matriciels ou éventuellement d'équations différentielles matricielles.

11 Identification et recalage de modèles

Les lois rhéologiques qui relient empiriquement les grandeurs physiques, doivent être identifiées à partir d'expérimentations simples et bien maitrisées. Par exemple, les coefficients d'élasticité d'un matériau sont évalués à l'aide d'une machine de traction. Lors d'un frottement on doit également définir les paramètres d'une loi de friction à partir de mesures expérimentales simples. Mais dans certains cas il est très difficile d'avoir accès directement au matériau que l'on souhaite caractériser. Par exemple dans le cas de l'amortissement d'une grande structure spatiale, les cause d'amortissement sont multiples et il est encore peu réaliste d'espérer prendre en compte tous les ingrédients qui en sont la cause. On peut par contre, se placer à un niveau plus macroscopique et identifier globalement des lois d'amortissement. Mais dans ce cas il est nécéssaire d'avoir recours au modèle complet et de considérer les paramètres à identifier comme des variables cachées. On procède alors a une méthode de recalage des paramètres en question de façon à retrouver au mieux la solution globale observée.

12 Conclusion

La météorologie, la sismique, la fusion nucléaire, les processus de combustion, les mathématiques du vivants sont d'autres exemples d'applications du calcul scientifique que nous n'avons pas abordés dans cette rubrique. Mais les idées y sont similaires et l'activité des chercheurs et ingénieurs qui travaillent dans ces domaines, le sont également. La modélisation du monde qui nous entoure, avec lequel nous devons composer, ne se fait plus simplement par observation. Une modélisation sur laquelle il est possible de construire une argumentation, est nécessaire. Comme Le Verrier le fît autrefois pour découvrir Neptune, le calcul scientifique est un instrument et même une démarche qui permet de comprendre, mais aussi d'agir sur le monde qui nous entoure et dont nous percevons les effets. La complexité de cette discipline s'évanouira sans doute avec le temps et le développement des ordinateurs ainsi que celui des grands codes de calcul. Elle a vocation à former des ingénieurs et des chercheurs pour l'industrie qui, en s'appuyant sur des raisonnements mathématiques, sauront se porter garants de la validité des conclusions pratiques qu'ils seront amenés à formuler pour prévoir, concevoir, vérifier, optimiser, contrôler et innover.

Bibliographie

D. V. Anosov, V.I. Arnold (1985), Dynamical systems, Vol. 1-9, *Encyclopaedia of mathematical sciences*, Springer-Verlag, Berlin.

K. Y. Billah, JR. Scanlan (1991), Resonance, Tacoma Narrows bridge failure, and undergraduate physics textbook, *Ann. J. Phys.* 59, (2).

H.D. Bui (1980), *La mécanique de la rupture fragile*, Masson, Paris.

J. Cea (1971), *Optimisation, théorie et algorithmes*, Dunod, Paris.

P.G. Ciarlet (1997), *Mathematical elasticity*, vol. 1,2, et 3, North Holland, Amsterdam.

G. Duvaut J. L. Lions (1972), *Les inéquations en mécanique et en physique*, Dunod, Paris.

Y. C. Fung (1965), *Foundations of solid mechanics*, Prentice-Hall, New-York. P. Germain (1986), *Mécanique*, Ellipses, Paris. W.T. Koiter (1959), A consistent first approximation in the general theory of thin elastic shell. In *Proc. Symp. on Theory of thin Elastic Shell*, North Holland, Amsterdam, 1959, p. 12-33.

J.L. Lions (1968), *Contrôle optimal des systèmes gouvernés par des équations aux dérivées partielles*, Dunod, Paris.

A. E. H. Love (1924), *A treatise on the mathematical theory of elasticity*, Dover edition, London.

W. Prager and J. L. Synge, (1947) Approximations in elasticity based on the concept of the function space, *Quart. Appl. Math.* 5 (1947), p. 241–269.

L. Schwartz (1961), *Méthodes mathématiques pour les sciences physiques*, Hermann, Paris.

L. Tartar (1990), H-measures, a New Approach for Studying Homogenization, Oscillations and Concentration Effects in Partial Differential Equations, *Proc. Roy. Soc. Edin.* 115A : 193–230.

Approximation des modèles de la physique

Mohamed Amara, David Trujillo

Mots-clés : calcul scientifique, simulation numérique, éléments finis, différences finies, volumes finis, méthodes spectrales.

Résumé : la modélisation des problèmes physiques consiste à établir des lois qui représentent au mieux la réalité des phénomènes. Dans la plupart des cas, les modèles obtenus s'écrivent à l'aide d'équations aux dérivées partielles (EDP) pour lesquelles on ne sait pas donner explicitement la solution exacte. Certaines méthodes mathématiques, représentant une part importante du calcul scientifique, permettent d'en obtenir une approximation. Il est proposé ici de décrire parmi toutes ces méthodes, celles qui sont actuellement le plus fréquemment utilisées. Seules leurs idées directrices, illustrées par des exemples de simulations de problèmes physiques, sont présentées et complétées par des références bibliographiques détaillant l'analyse mathématique et la mise en œuvre de ces méthodes.

La compréhension des phénomènes physiques passe inévitablement par l'expérimentation. Avant de pouvoir décrire les lois qui modélisent au mieux ces phénomènes, les chercheurs sont amenés à mettre en œuvre en laboratoire des expériences reproduisant les conditions du réel. Cela permet par exemple, dans le domaine de la théorie des plaques et des coques, d'établir des modèles physiques permettant de modéliser le comportement mécanique de ces solides et en particulier les risques liés à leur endommagement éventuel – voir, pour de tels modèles, (Destuynder, 1996).

Lorsque les différentes lois décrivant les phénomènes physiques sont établies, il devient possible de créer des expériences virtuelles en associant la puissance de calcul des ordinateurs et les méthodes de résolution mathématiques. Ces expériences virtuelles qui portent le nom de simulations, représentent un outil dont l'importance n'a cessé de croître dans différents secteurs industriels et de la recherche. La simulation a atteint aujourd'hui un tel niveau de fiabilité que, par exemple, l'intégralité de la conception de certains avions a été réalisée sur ordinateur. Elle évite de cette manière toute une phase d'expérimentation où souvent la création de maquettes était nécessaire et permet un gain considérable aussi bien en termes de temps que de coût.

Figure 1 Expérience de combustion – Exemple d'expérimentation : Banc d'essai double flux prémélangé ORACLES : vue de la zone de réaction moyenne stabilisée en aval de l'élargissement brusque. (Crédit photo : Pascal Bruel, CNRS, France)

L'apport de la simulation numérique ne se résume pas à ces seuls aspects mais ouvre également des perspectives dans les cas où l'expérimentation n'était pas possible. Certains phénomènes physiques peuvent en effet difficilement être reproduits ou observés en laboratoire, soit parce que les échelles de temps et d'espace sur lesquelles ils se produisent sont trop importantes, soit tout simplement parce que des observations sont impossibles par un expérimentateur. On voit mal, par exemple, comment on pourrait reproduire en laboratoire la création d'un bassin sédimentaire de plusieurs kilomètres carrés et qui a nécessité plusieurs millions d'années ou bien effectuer des mesures à l'intérieur d'une chambre de moulage d'une pièce de plastique. Tout ceci devient possible si les expériences réalisées sont virtuelles et que l'on parvient grâce à la puissance de calcul d'un ordinateur à « contracter » le temps. Mais un ordinateur n'est rien sans une méthode mathématique et un algorithme efficaces permettant de résoudre les équations des modèles physiques. Dans la plupart des cas, ces modèles s'écrivent sous forme d'équations ou de systèmes dans lesquels les inconnues apparaissent le plus souvent par l'intermédiaire de leurs dérivées partielles par rapport au temps ou aux variables d'espace. En nous appuyant sur un problème modèle, nous nous proposons de décrire les méthodes mathématiques les plus couramment utilisées en simulations numériques. Sans rentrer dans les détails, nous donnons dans ce qui suit les idées directrices des méthodes d'éléments finis et spectrales où les solutions sont cherchées dans des espaces de dimension finie. Il nous a paru également inévitable, en raison de sa simplicité, de parler de la méthode des différences finies qui se base sur des approximations « naturelles » des dérivées. Enfin, la méthode des volumes finis possède des propriétés qui permettent de respecter localement les lois de conservation des grandeurs physiques et mérite pour cela, à nos yeux, qu'un paragraphe lui soit consacré. Bien d'autres méthodes sont mises en œuvre pour résoudre des modèles issus de la physique et l'on ne peut ici les présenter toutes. Nous citerons par exemple, la méthode des ondelettes qui trouve son champ d'applications essentiellement en traitement du signal (voir par exemple le livre de A. Cohen consacré à ce sujet) et en particulier pour la compression et le traitement d'images numériques, mais qui peut également être utilisée pour résoudre des équations aux dérivées partielles. Le principe des ondelettes est, comme pour les méthodes spectrales, de construire des bases de fonctions orthogonales pour un certain produit scalaire (voir le paragraphe consacré aux méthodes spectrales). Cette méthode s'avère efficace lorsque la solution présente localement une singularité. Enfin, les méthodes intégrales sont appliquées lorsqu'on cherche à résoudre un problème à l'extérieur d'un domaine borné Ω. Le domaine de résolution n'est pas borné dans ce cas et la méthode consiste à chercher des noyaux d'opérateurs linéaires pour se ramener à des intégrales écrites sur la frontière de Ω qui est bornée. Pour un tour d'horizon relativement complet, nous renvoyons le lecteur à l'ensemble des ouvrages édités par P.G. Ciarlet et J.-L. Lions ou R. Dautray et J.-L. Lions.

Génériquement, toutes ces méthodes permettent d'approcher la solution exacte par le biais d'une approximation dans un espace de dimension finie (on dit que l'on effectue une discrétisation du problème). Cette approximation est alors caractérisée par un vecteur de $\mathbb{R}^N$, N étant « assez grand », vecteur dont les composantes sont à calculer. Le système d'équations représentant le problème se ramène quant à lui, à un système matriciel (ou une suite de systèmes matriciels) d'ordre $N \times N$ dont les inconnues sont justement ce vecteur de $\mathbb{R}^N$. La résolution du (ou des) système(s) matriciel(s) permet de calculer ainsi une approximation de la solution exacte. Bien entendu, plus l'entier « N » est grand et meilleure est l'appoximation de la solution exacte. Mais cet entier « N » fixe également la taille du (ou des) système(s) matriciel(s) à résoudre et donc, plus cet entier est grand et plus la résolution matricielle est coûteuse. Dans ces conditions, la limite dans le choix de « N » dépend principalement de la puissance de calcul des ordinateurs utilisés ainsi que de leur capacité mémoire.

1 Problème modèle

La plupart des phénomènes mécaniques et physiques sont modélisés à l'aide d'équations aux dérivées partielles. L'exemple le plus simple, et sans doute le plus adéquat pour une présentation des différentes méthodes d'approximation est celui de la diffusion thermique. Supposons que le domaine Ω de $\mathbb{R}^d$, avec $d = 2$ ou 3, représente un objet qui est soumis à une source de chaleur que l'on modélisera par une fonction f qui dépendra de la variable d'espace mais aussi le cas échéant de la variable temporelle t. Si l'on note u la température en tout point du domaine Ω et à chaque instant, u est alors une fonction de plusieurs variables (x_1, x_2, t) si Ω est un domaine de $\mathbb{R}^2$ où bien (x_1, x_2, x_3, t) si Ω est un domaine de $\mathbb{R}^3$. Lorsqu'on ne modélise que les phénomènes de diffusions thermiques, les lois de la physique nous assurent que la fonction u est solution de l'équation suivante, appelée équation de la chaleur :

$$\frac{\partial u}{\partial t} - div(\lambda \vec{grad} u) = f \quad dans \quad \Omega, \tag{1.1}$$

où λ représente le coefficient de diffusivité thermique et dépend essentiellement des caractéristiques du matériau constituant l'objet Ω. Ce paramètre peut bien entendu dépendre lui même des variables d'espace et de temps mais pour simplifier la présentation nous supposerons plus loin qu'il est constant. Nous rappelons que l'opérateur «div» représente la divergence et qu'il est défini pour toute fonction vectorielle $\vec{V}$ admettant une dérivée par rapport à chaque variable d'espace par :

$$div(\vec{V}) = \frac{\partial V_1}{\partial x_1} + \frac{\partial V_2}{\partial x_2} \quad si \quad d = 2$$

et

$$div(\vec{V}) = \frac{\partial V_1}{\partial x_1} + \frac{\partial V_2}{\partial x_2} + \frac{\partial V_3}{\partial x_3} \quad si \quad d = 3.$$

De plus, comme $gr\vec{a}du = (\frac{\partial u}{\partial x_1}, \frac{\partial u}{\partial x_2})$ si $d = 2$ et $gr\vec{a}du = (\frac{\partial u}{\partial x_1}, \frac{\partial u}{\partial x_2}, \frac{\partial u}{\partial x_3})$ si $d = 3$, on obtient dans le cas où λ est une constante, la relation suivante :

$$-div(\lambda gr\vec{a}du) = -\lambda(\frac{\partial^2 u}{\partial x^2{}_1} + \frac{\partial^2 u}{\partial x^2{}_2})$$

si $d = 2$, et

$$-div(\lambda gr\vec{a}du) = -\lambda(\frac{\partial^2 u}{\partial x^2{}_1} + \frac{\partial^2 u}{\partial x^2{}_2} + \frac{\partial^2 u}{\partial x_3{}^2})$$

si $d = 3$. Le terme $\frac{\partial^2 u}{\partial x^2{}_1} + \frac{\partial^2 u}{\partial x^2{}_2}$ (respectivement $\frac{\partial^2 u}{\partial x^2{}_1} + \frac{\partial^2 u}{\partial x^2{}_2} + \frac{\partial^2 u}{\partial x_3{}^2}$ en 3D) est appelé « Laplacien de u » et est noté généralement Δu. Si la fonction f représente les sources de chaleur s'appliquant sur le domaine Ω tout entier, il est nécessaire de compléter la modélisation par une description des différents échanges avec le milieu extérieur que l'objet peut avoir au niveau de ses bords. Pour cela, on rajoute des équations dites «conditions de bord» qui sont généralement d'un des types suivants :

- Condition de Dirichlet lorsqu'on impose la température sur une partie du bord que l'on notera Γ_D :

$$u = u_D \text{ sur } \Gamma_D,$$

  où u_D est une fonction connue.
- Condition de Neumann lorsqu'on impose un flux de chaleur sur une partie du bord que l'on notera Γ_N :

$$\lambda \overrightarrow{gradu}.\vec{n} = g$$

  où là encore la fonction g est connue et $\vec{n}$ est le vecteur unitaire normal extérieur à Ω, défini sur Γ_N.
- Condition de type Fourier-Robin pour exprimer que le flux de chaleur sur une partie du bord Γ_F est proportionnel à la différence de température existant entre la surface de l'objet et le milieu extérieur :

$$\lambda \overrightarrow{gradu}.\vec{n} = \lambda'(u - u_{ext})$$

  où u_{ext} est la température du milieu extérieur.

Enfin lorsque le problème dépend du temps, il faut connaître la répartition des températures à l'instant initial ; on suppose donc que u est connue à l'instant $t = 0$ et est donnée par une fonction u_0 définie sur Ω.

Nous allons détailler dans ce qui suit différentes méthodes permettant d'obtenir des approximations de la solution du problème décrit ci-dessus. Il est important de signaler que, sauf pour quelques cas particuliers, on ne sait pas déterminer la solution de ce genre de système d'équations. Nous allons en chercher une approximation que nous pourrons explicitement déterminer et qui approchera « au mieux » la « vraie » solution. Cette approximation est appelée solution discrète ou solution approchée.

2 Problèmes instationnaires

Dans l'exemple modèle, la solution u est a priori une fonction qui dépend à la fois des variables d'espace et du temps t. Lorsqu'en réalité, la fonction u est indépendante du temps, on dit que le problème est stationnaire et dans le cas contraire le problème est dit instationnaire. Nous allons dans ce paragraphe détailler la méthode la plus fréquemment utilisée pour résoudre les problèmes instationnaires et qui est connue sous le nom de méthode d'Euler.

Supposons que $[0, T]$ représente l'intervalle de temps pendant lequel nous cherchons à faire notre simulation. Cet intervalle de temps est tout d'abord décomposé en N sous intervalles de la forme $[t_i, t_{i+1}]$ $(i = 0, ..., N)$ où $0 = t_0 < t_1 < ... < t_N = T$. Pour simplifier l'exposé, nous allons supposer ici que tous ces intervalles sont de même longueur $\Delta t = \frac{T}{N}$ (ce paramètre Δt est appelé « pas de temps »). La méthode va alors consister à chercher une approximation de la solution u à chaque instant t_1, t_2,...,t_N. Plus exactement, connaissant la solution à l'instant $t_0 = 0$, on commence par déterminer une approximation de u à l'instant t_1, et de manière successive on cherche une approximation u^{n+1} de u à l'instant t_{n+1} connaissant une approximation u^n de u à l'instant t^n. Pour cela, la dérivée partielle de u par rapport à la variable t est approchée par la différence divisée :

$$\frac{u^{n+1} - u^n}{\Delta t}.$$

Cette différence divisée est une approximation de la dérivée partielle par rapport à t de u sur l'intervalle $[t_n, t_{n+1}]$ en supposant que sur cet intervalle la fonction varie « presque » linéairement. Considérons alors l'équation (1.1) à un instant t_θ intermédiaire entre t_n et t_{n+1} : $t_\theta = \theta t_{n+1} + (1-\theta)t_n$ avec $\theta \in [0,1]$

$$\frac{\partial u}{\partial t}(t_\theta, x) - \Delta u(t_\theta, x) = f(t_\theta, x).$$

Si l'on suppose que les fonctions u et f varient « presque » linéairement en temps sur l'intervalle $[t_n, t_{n+1}]$, on a

$$\begin{aligned} u(t_\theta, x) &= u(\theta t_{n+1} + (1-\theta)t_n, x) \\ &\cong \theta u(t_{n+1}, x) + (1-\theta)u(t_n, x) \end{aligned}$$

et

$$f(t_\theta, x) \cong \theta f(t_{n+1}, x) + (1-\theta) f(t_n, x).$$

Il est alors naturel de chercher une approximation u^{n+1} de u à l'instant t_{n+1}, solution de l'équation :

$$\begin{aligned} &\tfrac{u^{n+1}(x) - u^n(x)}{\Delta t} - \theta \Delta u^{n+1}(x) - (1-\theta)\Delta u^n \\ &\quad = \theta f(t_{n+1}, x) + (1-\theta) f(t_n, x). \qquad (1.2) \end{aligned}$$

Si l'on choisit $\theta = 0$, on obtient la méthode d'Euler explicite. Puisque u^n est supposé connu, u^{n+1} s'obtient dans ce cas explicitement par la relation :

$$u^{n+1}(x) = u^n(x) + \Delta t \Delta u^n(x) + \Delta t\, f(t_n, x).$$

De ce fait, cette première méthode semble très intéressante. Toutefois, en pratique elle nécessite la résolution d'un grand nombre de pas de temps et peut donc devenir coûteuse. En effet, on montre que lorsque le pas de temps est trop grand, la méthode ne converge pas. Les résultats obtenus peuvent alors devenir complètement aberrants et on dit dans ce cas que la méthode est instable. La condition que doit vérifier le pas de temps pour assurer la convergence de la méthode est donnée en fonction du pas d'espace h qui sera défini dans les paragraphes suivants et porte le nom de condition CFL (Courant-Friedrich-Levy).

Deux autres choix sont faits en pratique pour le paramètre θ. Lorsque $\theta = 1$, la méthode prend le nom d'Euler implicite et s'appelle méthode de Crank-Nicholson lorsque $\theta = 1/2$. Dans ces deux cas la méthode obtenue est inconditionnellement stable, c'est-à-dire qu'il n'est pas nécessaire d'imposer une condition de type CFL pour obtenir la convergence de la méthode. Au niveau de la qualité de l'approximation, la méthode de Crank-Nicholson donne de meilleurs résultats que la méthode implicite. Notons que dans tous les cas, l'approximation du problème instationnaire se ramène à la résolution de n problèmes stationnaires dont les inconnues sont les fonctions u^n, $n = 1, 2, ..., N$. L'ordre d'erreur est en $O(\Delta t)$ pour la méthode d'Euler explicite ou implicite. Cela signifie que l'erreur peut être majorée quelque soit la valeur du pas de temps Δt, par $C\Delta t$ où C est une constante qui ne dépend pas de Δt. Ainsi l'erreur tend vers 0 aussi « vite » que Δt. Pour la méthode de Crank-Nicholson, cette erreur est en $O(\Delta t^2)$.

Si dans ce paragraphe nous avons détaillé la prise en compte de la dérivée en temps intervenant dans notre problème, le traitement des dérivées par rapport aux variables d'espace est décrit dans le paragraphe suivant.

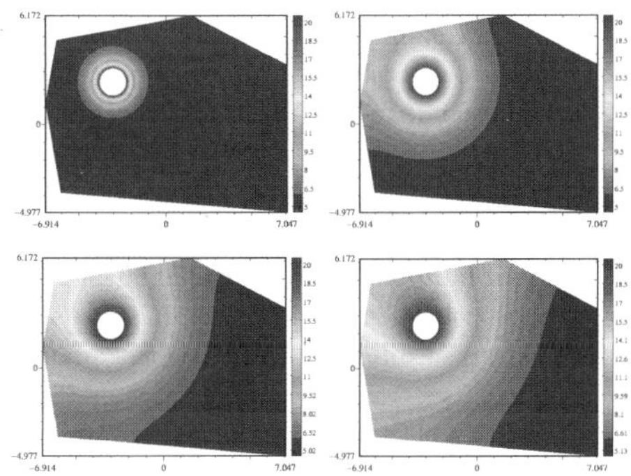

Figure 2 Résolution d'un problème de thermique instationnaire

La figure 2 présente les résultats de la résolution d'un problème de thermique instationnaire. Une plaque initialement à la température uniforme de 5°C est réchauffée en maintenant les parois d'un orifice à la température de 20°C. La figure représente la repartition des températures à différents instants.

3 Problème stationnaire

Nous avons décrit au paragraphe précédent comment à partir du problème modèle instationnaire, nous pouvons nous ramener pour chaque pas de temps, à un problème du type :

$$\frac{1}{\Delta t}u^{n+1} - \theta \Delta u^{n+1} = g^{n+1}, \qquad (1.3)$$

où g^{n+1} est une fonction connue (voir l'équation (1.2)).

Ainsi, pour chaque pas de temps, nous nous ramenons au problème modèle stationnaire suivant :

$$\alpha u - div(\lambda \vec{grad} u) = f \quad dans \quad \Omega, \quad (\alpha > 0)$$

Nous allons dans ce qui suit présenter plusieurs méthodes permettant de résoudre ce problème modèle de manière approchée.

3.1 Notion d'éléments finis

L'idée générale de la méthode des éléments finis consiste à construire une famille de sous-ensembles de Ω formant un recouvrement de Ω, pour approcher localement la solution exacte par des fonctions simples (polynômiales par exemple). Les sous-ensembles décomposant Ω sont naturellement des intervalles si $d = 1$, mais si $d = 2$ ou 3 le choix est plus large (triangles, quadrangles, tétraèdres, parallélépipèdes, prismes...).

Nous commençons par définir la notion d'éléments finis et de mailles. Pour introduire le concept d'éléments finis, nous allons définir un triplet (K, P_K, Σ_K) de la manière suivante.

Considérons tout d'abord un sous-ensemble compact et connexe K de $\mathbb{R}^d$. Pour fixer les idées, K pourra être défini de la manière suivante :

- K est un intervalle si $d = 1$.
- K est un quadrilatère ou un triangle dans le cas où $d = 2$.
- K est un polyèdre (parallélépipède, tétraèdre ou prisme en général) dans le cas où $d = 3$.

K portera par la suite, le nom de maille, et une famille de mailles vérifiant certaines propriétés (voir le paragraphe « la méthode des éléments finis ») est un maillage.

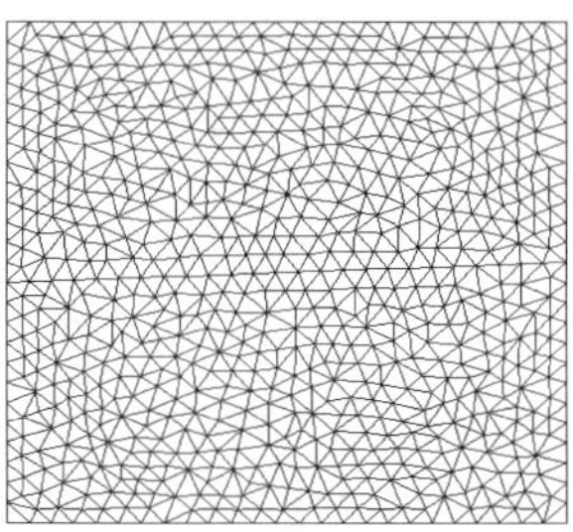

Figure 3 Exemple de maillage (mailleur EMC2-INRIA)

Nous définissons également un espace vectoriel de dimension finie P_K dont les éléments sont des fonctions définies sur K et à valeurs dans $\mathbb{R}$ et dont la dimension sera notée N. En pratique, P_K est un ensemble de polynômes.

Soit enfin $\Sigma_K = \{\gamma_1, ..., \gamma_N\}$ un ensemble formé de N formes linéaires sur P_K. Pour tout $i \in \{1, .., N\}$, γ_i est donc une application linéaire définie sur P_K et à valeurs dans $\mathbb{R}$. Il est important de noter que P_K et Σ_K ont été construits de manière à avoir $dimP_K = card\Sigma_K$ où l'on note $dimP_K$ la dimension de P_K et $card\Sigma_K$ est le cardinal de Σ_K (c'est-à-dire le nombre d'éléments dans Σ_K). De plus, on va supposer que Σ_K vérifie la propriété suivante dite de P_K-unisolvance.

Pour tout $\{x_1, x_2, .., x_N\} \in \mathbb{R}^N$, il existe un unique élément p de P_K vérifiant $\gamma_i(p) = x_i$ pour tout $i \in \{1, .., N\}$.

Cette propriété peut se résumer en disant que l'application linéaire $F : P_K \to \mathbb{R}$ définie par $F(p) = (\gamma_1(p), \gamma_2(p), ..., \gamma_N(p))$ pour tout p dans P_K est bijective. Ainsi, pour tout $i = 1, ..., N$, nous pouvons définir de manière unique l'élément $\varphi_i \in P_K$ tel que $\gamma_i(\varphi_i) = 1$ et $\gamma_j(\varphi_i) = 0$ dès que $j \neq i$. Il est facile alors de vérifier que le système $\{\varphi_1, ..., \varphi_N\}$ forme une base de P_K.

Le triplet (K, P_K, Σ_K) ainsi construit est un élément fini. Les éléments de Σ_K sont appelés « degrés de liberté » et les fonctions φ_i $\{i = 1, ..., N\}$ portent le nom de fonctions de forme.

3.2 Quelques exemples d'éléments finis

Nous allons dans cette partie donner des exemples d'éléments finis parmi ceux les plus fréquemment utilisés. La famille des éléments finis de Lagrange est de ce point de vue incontournable. Un élément fini sera dit de Lagrange lorsque les degrés de liberté portent sur les valeurs des polynômes en N points de K. Plus précisément, si $a_1, a_2, ..., a_N$ sont N points de K, on va supposer que les formes linéaires γ_i sont définies par $\gamma_i(p) = p(a_i)$. On identifie dans ce cas, les formes linéaires γ_i et les points a_i, et on pose $\Sigma_K = \{a_1, a_2, .., a_N\}$. Les points a_i portent le nom de nœuds.

Voici quelques exemples d'éléments finis de Lagrange dans le cas $d = 1, 2$ et 3. Commençons par le cas unidimensionnel. Soit donc $K = [a, b]$ un intervalle non vide de $\mathbb{R}$.

En posant $a_1 = a$, $a_2 = b$ et $P_K = P_1([a, b])$ (ensemble des polynômes sur $[a, b]$ de degré inférieur où égal à 1), on obtient un élément fini de Lagrange dont les fonctions de forme sont données par $L_{1,[a,b]}(x) = \frac{(x-b)}{(a-b)}$ et $L_{2,[a,b]}(x) = \frac{(x-a)}{(b-a)}$.

De manière à améliorer la qualité de l'approximation, on peut augmenter le degré des polynômes de P_K en prenant par exemple $P_K = P_2([a, b])$ (ensemble des polynômes sur $[a, b]$ de degré inférieur ou égal à 2), il faut alors augmenter le nombre de degrés de liberté (c'est-à-dire ici le nombre de nœuds) de manière à respecter la relation $card(\Sigma_K) = dimP_K$. Or nous savons que $\dim P_2([a, b]) = 3$, et par conséquent Σ_K devra contenir trois nœuds. Usuellement, ce sont les extrémités et le milieu du segment $[a, b]$ qui sont utilisés. Ainsi, on pose $a_1 = a$, $a_2 = b$ et $a_3 = \frac{b+a}{2}$. Le triplet $([a,b], P_2([a,b]), \{a_1, a_2, a_3\})$ est un élément fini de Lagrange dont les fonctions de forme sont données par $G_{1,[a,b]}(x) = \frac{(x-a_2)(x-a_3)}{(a_1-a_2)(a_1-a_3)}$, $G_{2,[a,b]}(x) = \frac{(x-a_1)(x-a_3)}{(a_2-a_1)(a_2-a_3)}$ et $G_{3,[a,b]}(x) = \frac{(x-a_1)(x-a_2)}{(a_3-a_1)(a_3-a_2)}$.

Passons maintenant à quelques exemples dans $\mathbb{R}^2$. Commençons par traiter le cas où la maille K est un rectangle $[x_1, x_2] \times [y_1, y_2]$ et où P_K est l'ensemble des polynômes de degré inférieur ou égal à 1 en chacune des variables que l'on note $Q_1(K)$. Les polynômes p de P_K sont donc de la forme $p(x,y) = ax + by + cxy + d$. La dimension de P_K est manifestement égale à 4, et on pose alors $\Sigma_K = \{a_1 = (x_1, y_1), a_2 = (x_2, y_1), a_3 = (x_1, y_2), a_4 = (x_2, y_2)\}$. Les nœuds de Σ_K sont donc ici les sommets du carré K. Le triplet $(K, Q_1(K), \{a_1, a_2, a_3, a_4\})$ est un élément de Lagrange dont les fonctions de forme sont $\varphi_1(x,y) = \frac{(x-x_2)(y-y_2)}{(x_1-x_2)(y_1-y_2)}$, $\varphi_2(x,y) = \frac{(x-x_1)(y-y_2)}{(x_2-x_1)(y_1-y_2)}$, $\varphi_3(x,y) = \frac{(x-x_2)(y-y_1)}{(x_1-x_2)(y_2-y_1)}$ et $\varphi_4(x,y) = \frac{(x-x_1)(y-y_1)}{(x_2-x_1)(y_2-y_1)}$. On remarque que $\varphi_1(x,y) = L_{1,[x_1,x_2]}(x) L_{1,[y_1,y_2]}(y)$, avec des relations similaires pour φ_2, φ_3 et φ_4. Cette dernière remarque nous permet de construire des éléments finis sur des mailles rectangulaires à partir des résultats du cas unidimensionnel et en notant que $dim(Q_l(K)) = (l+1)^2$. En particulier, le triplet $(K, Q_2(K), \Sigma_K)$ où $Q_2(K)$ est l'ensemble des polynômes de degré inférieur où égal à 2 en chacune des variables et où Σ_K est constitué de neuf nœuds donnés par les sommets du rectangle K, son centre, et les milieux des côtés, est un élément fini de Lagrange. Les fonctions de forme de cet élément peuvent s'exprimer à l'aide des fonctions de forme obtenues en 1D par des relations du type :

$$\varphi_1(x,y) = G_{1,[x_1,x_2]}(x) G_{1,[y_1,y_2]}(y).$$

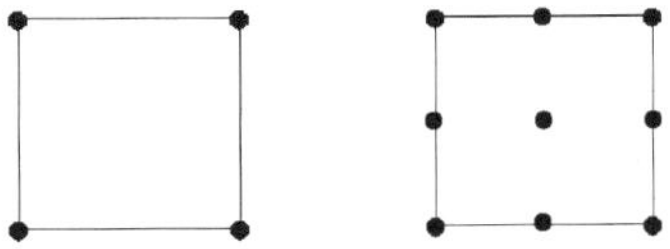

Figure 4 Eléments finis de Lagrange de type Q_1 et Q_2 dans $\mathbb{R}^2$

Les mailles rectangulaires ne permettent pas de traiter des domaines Ω de géométrie complexe et on est alors souvent amené à considérer des maillages constitués de mailles triangulaires. Supposons donc que K soit un triangle de sommets $a_1 = (x_1, y_1), a_2 = (x_2, y_2)$ et $a_3 = (x_3, y_3)$. On pose $P_K = P_1(K)$ (ensemble des polynômes sur K de degré inférieur ou égal à 1). Les éléments p de P_K sont donc de la forme $p(x,y) = ax + by + c$. La dimension de P_K est donc 3 et on construit un élément fini de Lagrange sur le triangle K en considérant le triplet $(K, P_K = P_1(K), \{a_1, a_2, a_3\})$. La fonction de forme associée au nœud a_1 est $\varphi_1(x,y) = \frac{\alpha_1 x + \alpha_2 y + \alpha_3}{\alpha_1 x_1 + \alpha_2 y_1 + \alpha_3}$ où $\alpha_1 x + \alpha_2 y + \alpha_3 = 0$ est l'équation du côté de K opposé au nœud a_1, les fonctions φ_2 et φ_3 étant définies de manière similaire. Tout comme dans le cas de la maille rectangulaire, il est possible d'augmenter le degré des polynômes de P_K. Pour cela, on retiendra que la dimension de $P_l(K)$ (ensemble des polynômes de degré inférieur ou égal à l sur le triangle K) est égale à $C^l_{2+l} = \frac{(2+l)!}{2l!}$. En particulier, on a $dim P_2(K) = 6$ et en fixant les degrés de liberté aux sommets du triangle et aux milieux des côtés, on définit un élément fini de Lagrange d'ordre 2.

Figure 5 Élément de Lagrange de type P_1 et P_2 dans $\mathbb{R}^2$

Pour finir, donnons des exemples en 3D. La technique qui nous a permis de définir des éléments finis de Lagrange sur des mailles rectangulaires à partir des résultats du 1D, peut à nouveau être mise en œuvre dans le cas tridimensionnel. Considérons un parallélépipède K de la forme $K = [x_1, x_2] \times [y_1, y_2] \times [z_1, z_2]$. Nous pouvons comme dans le cas 2D, définir P_K par l'ensemble $Q_l(K)$ des polynômes de degré inférieur ou égal à l en chacune des variables et on montre que $dim Q_l(K) = (l+1)^3$. Il est donc nécessaire, afin de construire un élément fini de Lagrange, d'introduire un ensemble Σ_K formé de $(l+1)^3$ nœuds de K. Dans le cas où $l = 1$ par exemple, Σ_K est l'ensemble des huit sommets de K. La fonction de forme associée au nœud $a_1 = (x_1, y_1, z_1)$ est donnée par $\varphi_1(x,y,z) = L_{1,[x_1,x_2]}(x) L_{1,[y_1,y_2]}(y) L_{1,[z_1,z_2]}(z)$.

Là encore, pour permettre la prise en compte de géométries complexes nous allons montrer comment définir des éléments finis de Lagrange sur des mailles tétraédriques. Soit K un tétraèdre de sommets $a_1 = (x_1, y_1, z_1), a_2 = (x_2, y_2, z_2), a_3 = (x_3, y_3, z_3)$ et $a_4 = (x_4, y_4, z_4)$. Notons $P_K = P_l(K)$ l'ensemble des polynômes sur K de degré inférieur ou égal à l. On montre que $dim P_l(K) = C^l_{3+l} = \frac{(3+l)!}{6l!}$. En particulier pour $l = 1$, on a $dim P_1(K) = 4$ et en posant $\Sigma_K = \{a_1, a_2, a_3, a_4\}$, on vérifie que le triplet $(K, P_1(K), \Sigma_K)$ est un élément fini de Lagrange. De même, si l'on cherche à monter en degré en posant

$P_K = P_2(K)$, on obtient $dim P_2(K) = 10$ et on choisit pour Σ_K l'ensemble des sommets du tétraèdre et des milieux des arètes.

Nous venons de décrire la famille des éléments finis de Lagrange. Cette famille est sans aucun doute la plus utilisée en pratique. Lorsqu'on utilise ce type d'éléments finis pour résoudre une équation aux dérivées partielles, la solution approchée obtenue est au mieux continue sur le domaine de résolution Ω, et n'est donc jamais continûment différentiable. En effet, les degrés de liberté ne concernent que les valeurs de la fonction en certains noeuds, et ne portent jamais sur ses dérivées. Si l'on cherche à obtenir une solution plus régulière (continûment différentiable par exemple), il est alors nécessaire d'introduire la valeur des dérivées des polynômes de P_K comme degré de liberté. L'élément fini que l'on définit n'est plus de type Lagrange. On dit qu'il s'agit d'un élément fini de Hermite. Donnons quelques exemples.

Plaçons nous tout d'abord sur un intervalle $K = [a, b]$ de $\mathbb{R}$. On pose $P_K = P_3([a, b])$ $\Sigma_K = \{\gamma_1, \gamma_2, \gamma_3, \gamma_4\}$ avec $\gamma_1(p) = p(a)$, $\gamma_2(p) = p(b)$,$\gamma_3(p) = p'(a)$, $\gamma_4(p) = p'(b)$, pour tout p dans P_K. On a bien $dim P_K = card \Sigma_K$ et on vérifie que (K, P_K, Σ_K) est un élément fini de Hermite. Les fonctions de forme s'expriment à l'aide des fonctions de forme de l'élément fini P_1 de Lagrange $L_{1,[a,b]}$ et $L_{2,[a,b]}$ obtenues plus haut, par les relations :

$$H_{1,[a,b]}(x) = (1 - 2L'_{1,[a,b]}(x)(x-a))L^2_{1,[a,b]}(x),$$

$$H_{2,[a,b]}(x) = (1 - 2L'_{2,[a,b]}(x)(x-b))L^2_{2,[a,b]}(x),$$

$$\overline{H}_{1,[a,b]}(x) = (x-a)L^2_{1,[a,b]}(x),$$

$$\overline{H}_{2,[a,b]}(x) = (x-b)L^2_{2,[a,b]}(x),$$

où $H_{1,[a,b]}$ et $H_{2,[a,b]}$ sont associées à γ_1 et γ_2 tandis que $\overline{H}_{1,[a,b]}$ et $\overline{H}_{2,[a,b]}$ sont associées à γ_3 et γ_4 respectivement. L'extension à des mailles rectangulaires en 2D et parallélépipédiques en 3D se fait en suivant le même ordre d'idée que pour les éléments finis de Lagrange. Si K est le rectangle $[x_1, x_2] \times [y_1, y_2]$, où les sommets seront notés a_1, a_2, a_3 et a_4, on pose $P_K = Q_3(K)$, ensemble des polynômes sur K de degré inférieur ou égal à 3, dont la dimension est égale à 16. On définit Σ_K par :

$$\Sigma_K = \{\gamma_1, \gamma_2, ..., \gamma_{16}\}$$

avec, pour tout p dans P_K,

$$\gamma_i(p) = p(a_i), \quad i = 1, ..., 4,$$

$$\gamma_{4+i}(p) = \frac{\partial p}{\partial x}(a_i), \quad i = 1, ..., 4,$$

$$\gamma_{8+i}(p) = \frac{\partial p}{\partial y}(a_i), \quad i = 1, ..., 4,$$

$$\gamma_{12+i}(p) = \frac{\partial^2 p}{\partial x \partial y}(a_i), \quad i = 1, ..., 4.$$

Le triplet (K, P_K, Σ_K) forme un élément fini de Hermite dont les fonctions de forme s'expriment à l'aide de celles obtenues en 1D. On a plus exactement :

$$\varphi_1(x, y) = H_{1,[x_1,x_2]}(x)H_{1,[y_1,y_2]}(y),$$

$$\varphi_5(x, y) = \overline{H}_{1,[x_1,x_2]}(x)H_{1,[y_1,y_2]}(y),$$

$$\varphi_9(x, y) = H_{1,[x_1,x_2]}(x)\overline{H}_{1,[y_1,y_2]}(y),$$

$$\varphi_{13}(x, y) = \overline{H}_{1,[x_1,x_2]}(x)\overline{H}_{1,[y_1,y_2]}(y),$$

avec des expressions similaires pour les autres fonctions de base. Il est également possible de définir des éléments finis de Hermite sur des mailles triangulaires ou tétraédriques. Si K est le triangle de sommets a_1, a_2 et a_3 et de centre a_4, en posant $P_K = P_3(K)$ et $\Sigma_K = \{\gamma_1, ..., \gamma_{10}\}$ avec

$$\gamma_i(p) = p(a_i), \quad i = 1, ..., 4,$$

$$\gamma_{i+4}(p) = \frac{\partial p}{\partial x}(a_i), \quad i = 1, 2, 3$$

et

$$\gamma_{i+7}(p) = \frac{\partial p}{\partial y}(a_i), \quad i = 1, 2, 3,$$

on définit un élément fini de type Hermite sur le triangle K.

3.3 La méthode des éléments finis

Nous avons décrit dans les paragraphes précédents, la notion d'éléments finis. Nous allons maintenant donner des règles pour assembler ces éléments de manière à obtenir d'une part, un maillage qui va recouvrir la totalité du domaine de résolution Ω, et d'autre part, une approximation de la solution u de notre équation aux dérivées partielles.

La notion de maillage est définie de la manière suivante.

Soit Ω un domaine de $\mathbb{R}$ avec $d = 1, 2, 3$. On suppose que T_h est un recouvrement de Ω constitué de mailles. On dira que T_h est un maillage de Ω si pour deux mailles quelconques et distinctes K_1 et K_2 de T_h leur intersection est :
- soit vide ;
- soit un sommet ;
- soit en 2D et 3D une arète entière de K_1 et de K_2 ;
- soit en 3D une face entière de K_1 et de K_2.

Le paramètre h apparaissant en indice, représente le pas d'espace et est défini comme le plus grand des diamètres des mailles constituant T_h. La construction de maillages nécessite l'utilisation de logiciels spécifiques que l'on appelle des « mailleurs ». Le maillage étant défini, nous disposons alors de la famille d'éléments finis $\{(K, P_K, \Sigma_K),\ K \in T_h\}$. Nous sommes maintenant en mesure d'introduire l'espace d'approximation V_h dans lequel sera cherchée la solution approchée de notre EDP. Si l'on suppose par exemple que la famille d'éléments finis est constituée d'éléments finis de Lagrange de même type et choisis parmi ceux présentés au paragraphe précédent, alors les éléments de V_h sont des fonctions continues sur Ω. La restriction des éléments de V_h à chaque maille K est un polynôme de P_K. Plus exactement, on a :

$$V_h = \{v \in C^0(\Omega),\ \forall K \in T_h,\ v_{|K} \in P_K\},$$

où $C^0(\Omega)$ est l'ensemble des fonctions continues sur Ω et $v_{|K}$ la restriction de v à K.

L'espace V_h est de dimension finie et sa dimension est égale au nombre de degrés de liberté défini par la famille d'éléments finis $\{(K, P_K, \Sigma_K),\ K \in T_h\}$. On a vu que dans le cas des éléments finis de Lagrange les degrés de liberté sont identifiés à des nœuds. Il convient alors de numéroter ces nœuds S_I, $I = 1, \ldots, N$, pour pouvoir définir une base de V_h. Nous introduisons ensuite pour $I = 1, \ldots, N$ les fonctions de Φ_I de V_h vérifiant :

$$\Phi_I(S_I) = 1,\ \ \Phi_I(S_J) = 0 \text{ si } I \neq J.$$

D'après la propriété d'unisolvance, les fonctions Φ_I sont définies de manière unique et il est facile de constater qu'elles forment une base de V_h. Ainsi toute fonction v de V_h peut s'exprimer comme une combinaison linéaire des fonctions Φ_I. On vérifie que l'on a pour tout v dans V_h :

$$v = \sum_{I=1}^{N} v(S_I)\Phi_I.$$

Cela nous permet notamment de définir un outil d'approximation des fonctions continues sur Ω. En effet, à toute fonction v continue sur Ω, on peut lui associer une fonction $\pi_h(v)$ de V_h en posant :

$$\pi_h(v) = \sum_{I=1}^{N} v(S_I)\Phi_I.$$

La fonction $\pi_h(v)$ ainsi définie est l'interpolé de v dans V_h et π_h est une application linéaire de $C^0(\Omega)$ dans V_h que l'on appelle « opérateur d'interpolation ».

La méthode des éléments finis est basée sur une formulation particulière dite formulation variationnelle du problème. L'équation aux dérivées partielles à résoudre est tout d'abord multipliée par une fonction arbitraire, puis intégrée sur Ω et enfin, on procède à une intégration par parties. Prenons le cas où $\Omega =]a, b[$ et considérons le problème modèle :

$$\begin{cases} -u'' = f \ dans\ ]a, b[, \\ u(a) = u(b) = 0. \end{cases}$$

Multiplions la première équation par v et intégrons sur Ω, il vient :

$$-\int_\Omega u''v dx = \int_\Omega f v dx.$$

Si l'on intègre par parties dans le membre de gauche, en tenant compte des conditions de bord $u(a) = u(b) = 0$, on obtient :

$$\int_\Omega u'v' dx = \int_\Omega f v dx.$$

Ce genre de formulation peut se généraliser en 2D et 3D à condition de connaître des formules d'intégration par parties appropriées. Ces formules sont pour la plupart une conséquence de la relation suivante connue sous le nom de formule d'Ostrogradsky :

$$\int_\Omega v\frac{\partial u}{\partial x_i} dx = -\int_\Omega u\frac{\partial v}{\partial x_i} dx + \int_{\partial\Omega} uvn_i d\sigma,$$

où $\partial\Omega$ est le bord de Ω et n_i est la i^{ème} composante de la normale unitaire $\overrightarrow{n}$ le long de $\partial\Omega$ extérieure à Ω. On cherche alors à résoudre le problème suivant :

$$\begin{cases} -\Delta u = f \ dans\ \Omega, \\ u = 0 \ sur\ \partial\Omega, \end{cases}$$

en multipliant par v puis en intégrant sur Ω, on obtient au premier membre l'intégrale :

$$\int_\Omega -v\Delta u dx.$$

Si l'on applique la formule d'Ostragradsky, et compte tenu des conditions de bord vérifiées par u, on a :

$$\int_\Omega -v\Delta u dx = \int_\Omega \overrightarrow{gradu}.\overrightarrow{gradv} dx.$$

Ainsi, en modifiant l'espace V_h de manière à tenir compte des conditions de bord :

$$\begin{aligned} V_h \quad = \quad & \{v_h \in C^0(\Omega),\ \forall K \in T_h, \\ & v_{|K} \in P_K,\ v_h = 0 \, sur\ \partial\Omega\}, \end{aligned}$$

on va chercher une approximation $u_h \in V_h$ de u vérifiant :

$$\forall v_h \in V_h, \int_\Omega \overrightarrow{grad} u_h . \overrightarrow{grad} v_h \, dx = \int_\Omega f v_h \, dx.$$

Si l'on pose pour tout u_h, v_h dans V_h, $a(u_h, v_h) = \int_\Omega \overrightarrow{grad} u_h . \overrightarrow{grad} v_h \, dx$ et $l(v_h) = \int_\Omega f v_h \, dx$, le problème d'approximation ci-dessus s'inscrit dans un cadre plus général qui consiste à chercher u_h dans un espace de dimension finie V_h vérifiant :

$$\forall v_h \in V_h, \; a(u_h, v_h) = l(v_h),$$

où $a(.,.)$ est une forme bilinéaire sur $V_h \times V_h$ et $l(.)$ est une forme linéaire sur V_h. Notons A la matrice de la forme bilinéaire a dans la base $\{\Phi_1, ..., \Phi_N\}$, matrice $N \times N$ définie par :

$$A_{IJ} = a(\Phi_J, \Phi_I).$$

On cherche $X \in \mathbb{R}^N$ tel que $u_h = \sum_{J=1}^{N} X_j \Phi_J$ et $AX = b$ avec $b_I = l(\Phi_I)$.

La résolution de ce système nous permet donc d'obtenir les composantes u_h dans la base éléments finis considérée. On rappelle que ces composantes dans le cas où les éléments finis utilisés sont de Lagrange, sont les valeurs de u_h aux nœuds du maillage. La fonction u_h est ensuite reconstruite par la relation :

$$u_h = \sum_{I=1}^{N} u_h(S_I) \Phi_I.$$

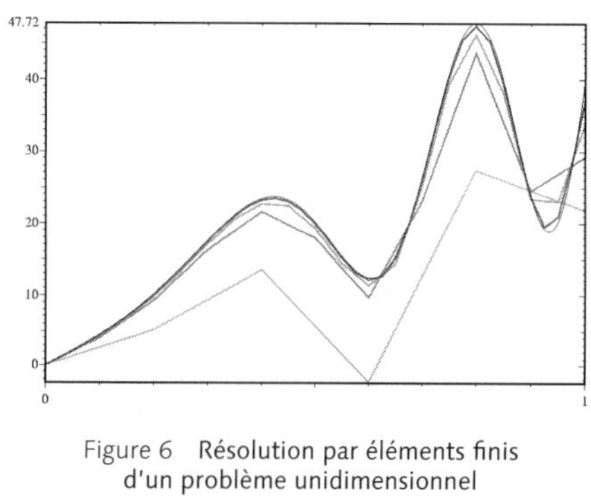

Figure 6 Résolution par éléments finis d'un problème unidimensionnel

Pour illustrer la convergence de la méthode des éléments finis, un problème unidimensionnel pour lequel la solution exacte est connue, est résolu avec des maillages de plus en plus fins. Les résultats obtenus sont ensuite comparés à la solution exacte représentée en noir dans la figure. Les courbes orange, bleue, verte et rouge représentent les solutions approchées obtenues avec des maillages ayant respectivement 5, 10, 20 et 40 mailles.

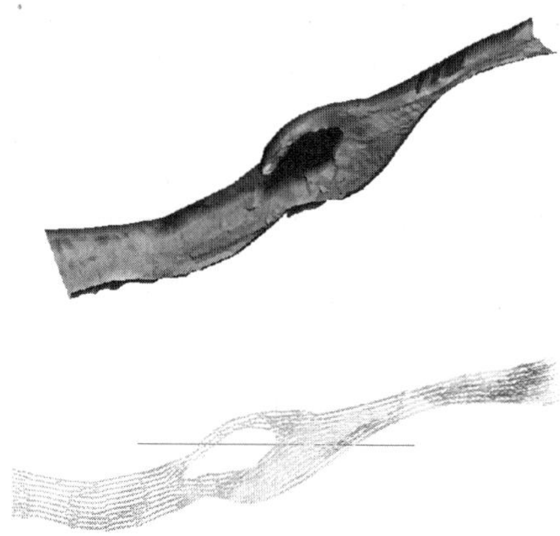

Figure 7 Simulation de l'hydrodynamique d'un fleuve – (Code Erreka - CNRS - IFREMER - Université de Pau et des Pays de l'Adour UPPA)

Les figures ci-dessus représentent respectivement le lit d'une portion du fleuve Adour au voisinage de l'île de Broc et les courants simulés par une méthode d'éléments finis. Cette simulation instationnaire tient compte des données réelles (bathymétrie, coefficient de marée, débits, vitesse du vent, coefficient de rugosité du fond, etc). Les résultats obtenus par cette simulation sont les hauteurs d'eau et la vitesse de l'écoulement.

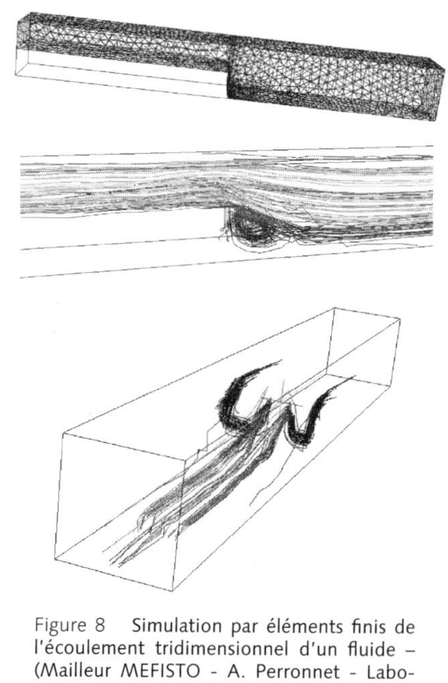

Figure 8 Simulation par éléments finis de l'écoulement tridimensionnel d'un fluide – (Mailleur MEFISTO - A. Perronnet - Laboratoire J.L. Lions - Code Navier-Stokes 3D, CNRS - UPPA)

Les figures ci-dessus représentent respectivement le maillage du conduit où s'écoule un fluide, les vitesses d'écoulement ainsi que les lignes de courants. Le modèle physique décrivant ce problème est connu sous le nom de « système de Navier-Stokes ». Pour plus de détails, le lecteur pourra se reporter au livre de O. Pironneau consacré aux méthodes d'éléments finis pour les fluides. Cette simulation stationnaire tient compte d'une différence de pression entre les deux extrémités du canal. Les résultats obtenus concernent la vitesse, les tourbillons et la pression.

De nombreux ouvrages ont été consacrés aux méthodes d'éléments finis. Parmi eux, les livres de A. Ern et J.-L. Guermond et de P. A. Raviart et J.-M. Thomas, permettent à des lecteurs de différents niveaux en mathématiques, d'en approfondir les aspects pratiques aussi bien que théoriques.

3.4 La méthode des différences finies

Si les éléments finis permettent une approximation des fonctions, les différences finies quant à elles vont nous permettre d'approcher des dérivées. D'un point de vue chronologique cette technique est antérieure aux éléments finis. En dimension 1, les deux méthodes sont équivalentes, mais en dimension 2 et 3, la méthode des différences finies ne s'applique que sur des domaines dont les frontières sont des droites ou des plans parallèles aux axes du repère (pour plus de détails, consultez la référence de B. Heinrich). Commençons par décrire des schémas d'approximation d'une dérivée première en dimension 1. L'outil principal pour l'obtention de ces méthodes est la formule de Taylor. Pour toute fonction u régulière, x, h réels, il existe $\theta \in [0,1]$ tel que :

$$u(x+h) = u(x) + hu'(x) + \frac{h^2}{2}u(x+\theta h).$$

On en déduit alors une approximation de $u'(x)$ à l'aide de $u(x)$ et de $u(x+h)$:

$$u'(x) = \frac{u(x+h) - u(x)}{h} + O(h).$$

La différence divisée $\frac{u(x+h)-u(x)}{h}$ est une approximation décentrée (dite aval si h est positif et amont si h est négatif) de $u'(x)$. On remarque que l'erreur commise est ici en $O(h)$. En appliquant cette technique pour approcher la dérivée par rapport au temps, on obtient les schémas d'Euler explicite et implicite. Nous allons montrer comment on peut améliorer l'ordre de l'erreur d'approximation. Pour cela, écrivons deux formules de Taylor à l'ordre 3, l'une sur l'intervalle $[x, x+h]$ et l'autre sur $[x-h, x]$, avec h positif. On a :

$$\begin{aligned} u(x+h) &= u(x) + hu'(x) + \frac{h^2}{2}u''(x) \\ &\quad + \frac{h^3}{6}u'''(x) + O(h^4), \end{aligned}$$

$$\begin{aligned} u(x-h) &= u(x) - hu'(x) + \frac{h^2}{2}u''(x) \\ &\quad - \frac{h^3}{6}u'''(x) + O(h^4). \end{aligned}$$

Si l'on soustrait membres à membres ces deux équations, il vient :

$$u(x+h) - u(x-h) = 2hu'(x) + O(h^3)$$

d'où on en déduit que :

$$u'(x) = \frac{u(x+h) - u(x-h)}{2h} + O(h^2).$$

Le terme $\frac{u(x+h)-u(x-h)}{2h}$ est une approximation centrée de $u'(x)$ et on remarque que l'erreur d'approximation est ici d'ordre 2 c'est-à-dire en $O(h^2)$. C'est de cette manière que l'on obtient la méthode de Crank-Nicholson, ce qui explique que l'erreur associée soit en $O(\Delta t^2)$.

Ce type de technique peut être également employé pour approcher une dérivée d'ordre supérieur. Prenons le cas d'une dérivée seconde. Toujours grâce aux deux formules de Taylor données ci-dessus, on obtient cette fois en additionnant membres à membres :

$$u(x+h) + u(x-h) = 2u(x) + h^2u''(x) + O(h^4),$$

d'où

$$u''(x) = \frac{u(x+h) + u(x-h) - 2u(x)}{h^2} + O(h^2).$$

Ainsi $\frac{u(x+h)+u(x-h)-2u(x)}{h^2}$ est une approximation d'ordre 2 de $u''(x)$.

Nous allons décrire comment cette technique permet de résoudre une EDP. Plaçons nous tout d'abord dans le cas unidimensionnel. On suppose que l'on cherche à résoudre le problème modèle :

$$\begin{cases} -u'' = f \ dans \ ]a,b[, \\ u(a) = u(b) = 0. \end{cases}$$

L'intervalle $]a,b[$ est décomposé en $N+1$ sous intervalles en introduisant $N+2$ réels de $]a,b[$, $x_0, x_1, ..., x_{N+1}$ tels que $a = x_0 < x_1 < ... < x_{N+1} = b$. Pour simplifier, on va supposer ici que tous les intervalles $[x_{i-1}, x_i]$ $i = 1, ..., N+1$, ont la même longueur h. Ce paramètre h est le pas d'espace. Pour alléger les notations, on pose $u(x_i) = \widetilde{u}_i$ pour

$i = 0, .., N+1$. (On a donc d'après les conditions de bord $\widetilde{u}_0 = \widetilde{u}_{N+1} = 0$). Si l'on utilise l'approximation d'ordre 2 de $u''(x_i)$ décrite plus haut, il vient pour chaque point intérieur x_i, $i = 1, ..., N$:

$$\frac{-\widetilde{u}_{i+1} - \widetilde{u}_{i-1} + 2\widetilde{u}_i}{h^2} = f(x_i) + O(h^2). \quad (1.4)$$

On obtient alors une approximation de u en chaque nœud x_i, en calculant la solution $U = \begin{pmatrix} u_1 \\ \vdots \\ u_N \end{pmatrix}$ du système linéaire :

$$AU = h^2 \begin{pmatrix} f(x_1) \\ \vdots \\ f(x_N) \end{pmatrix}, \quad (1.5)$$

où A est la matrice $N \times N$ suivante :

$$A = \begin{pmatrix} 2 & -1 & 0 & \cdots & \cdots & 0 \\ -1 & 2 & -1 & \ddots & & \vdots \\ 0 & \ddots & \ddots & \ddots & \ddots & \vdots \\ \vdots & \ddots & \ddots & \ddots & \ddots & 0 \\ \vdots & & \ddots & \ddots & \ddots & -1 \\ 0 & \cdots & \cdots & 0 & -1 & 2 \end{pmatrix}.$$

Notons que dans ce cas particulier, cette matrice est la même que celle obtenue par une méthode d'éléments finis de type P_1 Lagrange. Cette matrice est une matrice creuse dans la mesure où elle contient un nombre important de zéros. Sur chaque ligne au plus trois valeurs sont non nulles, et on dit alors que l'on a construit un schéma trois points. La solution exacte ne vérifie pas exactement le système (1.5) puisque un terme en $O(h^2)$ apparaît en plus dans l'équation (1.4). Ce terme représente l'erreur de consistance de la méthode.

L'extension à des domaines bi ou tridimensionnels ne pose pas de problème dans la mesure où le domaine de résolution est suffisamment simple pour qu'une grille cartésienne soit utilisée. Prenons le cas par exemple, où le domaine de résolution Ω est un rectangle $]x_0, x_N[\times]y_0, y_M[$ et cherchons à résoudre dans Ω le problème modèle :

$$\begin{cases} -\Delta u = f \ dans \ \Omega, \\ u = 0 \ sur \ \partial\Omega. \end{cases}$$

On construit une grille cartésienne recouvrant le domaine Ω en introduisant les $N+2$ réels $x_i = x_0 + ih_x$ $\{i = 0, ..., N+1\}$ de $[x_0, x_N]$ et les $M+2$ réels $y_j = y_0 + jh_y$ $\{j = 0, ..., M+1\}$. Les paramètres h_x et h_y sont les pas d'espace en chacune des directions et sont donnés par $h_x = \frac{x_{N+1} - x_0}{N+1}$ et $h_y = \frac{y_{M+1} - y_0}{M+1}$. La grille cartésienne est alors constituée des $(N+2) \times (M+2)$ points (x_i, y_j), $\{i = 0, ..., N+1,\ j = 0, ..., M+1\}$. Là encore, pour simplifier les notations nous posons :

$$\widetilde{u}_{i,j} = u(x_i, y_j).$$

Les résultats obtenus dans le cas 1D peuvent être utilisés pour obtenir des approximations des dérivées secondes directionnelles. Ainsi, on a pour tout $i = 1, ..., N$ et tout $j = 1, ..., M$:

$$\frac{\partial^2 u}{\partial x^2}(x_i, y_j) = \frac{\widetilde{u}_{i+1,j} + \widetilde{u}_{i-1,j} - 2\widetilde{u}_{i,j}}{h_x^2} + O(h_x^2),$$

et

$$\frac{\partial^2 u}{\partial y^2}(x_i, y_j) = \frac{\widetilde{u}_{i,j+1} + \widetilde{u}_{i,j-1} - 2\widetilde{u}_{i,j}}{h_y^2} + O(h_y^2).$$

La solution exacte u vérifie en tout point (x_i, y_j) $(i = 1, ..., N, j = 1, ..., M)$ de la grille et lorsqu'elle est régulière :

$$\frac{\widetilde{u}_{i+1,j} + \widetilde{u}_{i-1,j} - 2\widetilde{u}_{i,j}}{h_x^2} + \frac{\widetilde{u}_{i,j+1} + \widetilde{u}_{i,j-1} - 2\widetilde{u}_{i,j}}{h_y^2} = -f(x_i, y_j) + O(h_x^2) + O(h_y^2).$$

On résout alors le système linéaire constitué des $(N-1) \times (M-1)$ équations :

$$\frac{u_{i+1,j} + u_{i-1,j} - 2u_{i,j}}{h_x^2} + \frac{u_{i,j+1} + u_{i,j-1} - 2u_{i,j}}{h_y^2} = -f(x_i, y_j),$$
$$i = 1, ..., N,\ j = 1, ..., M,$$

où les inconnues $u_{i,j}$ sont des approximations de u aux nœuds intérieurs de la grille. Remarquons qu'ici l'erreur de consistance de la méthode est en $O(h_x^2) + O(h_y^2)$.

Ce processus de séchage fait intervenir trois phases : l'eau, la vapeur d'eau et l'air sec. Les inconnues principales du problème sont la teneur en eau, la densité de l'air sec et l'enthalpie (énergie du système). Nous représentons ici la teneur en eau à différents instants de la simulation, les parties rouges étant les parties sèches.

Figure 9 Simulation par différences finies du séchage d'une planche de pin – (Code de séchage - CNRS - UPPA)

3.5 La méthode des volumes finis

La méthode des volumes finis est davantage une manière de traiter l'équation qu'une technique de discrétisation (voir R. Eymard, T. Gallouët, R. Herbin et B. Heinrich). Nous allons en décrire les principes généraux en nous plaçant sur un domaine de $\mathbb{R}^2$ et en considérant le problème :

$$\begin{cases} -\Delta u = -div(\overrightarrow{grad}\, u) = f \; dans \; \Omega, \\ u = 0 \; sur \; \partial\Omega. \end{cases}$$

Soit alors un polygône V inclus dans Ω que l'on nommera par abus de langage, « volume de contrôle ». Intégrons l'équation aux dérivées partielles sur ce volume de contrôle V, et appliquons une formule d'intégration par parties, en utilisant les résultats donnés dans le paragraphe sur les méthodes d'éléments finis :

$$\begin{aligned} -\int_V \Delta u dx &= -\int_V div(\overrightarrow{grad}\, u) dx \\ &= -\int_{\partial V} \overrightarrow{gradu}.\overrightarrow{n} d\sigma = \int_V f dx, \end{aligned}$$

où $\overrightarrow{n}$ est la normale unitaire le long du bord ∂V de V et extérieure à V. Il s'agit alors de procéder à une approximation de l'intégrale $\int_V \overrightarrow{gradu}.\overrightarrow{n} d\sigma$. Pour cela, il existe deux options. La première est de se placer dans un contexte d'éléments finis. Supposons que l'on dispose d'un maillage de Ω constitué de triangles et construisons un volume de contrôle V_i autour de chaque nœud a_i (sommet de triangle). Pour construire ces volumes, le plus simple est de relier le centre de gravité de chaque triangle ou bien le centre du cercle circonscrit, au milieu de chaque côté du triangle.

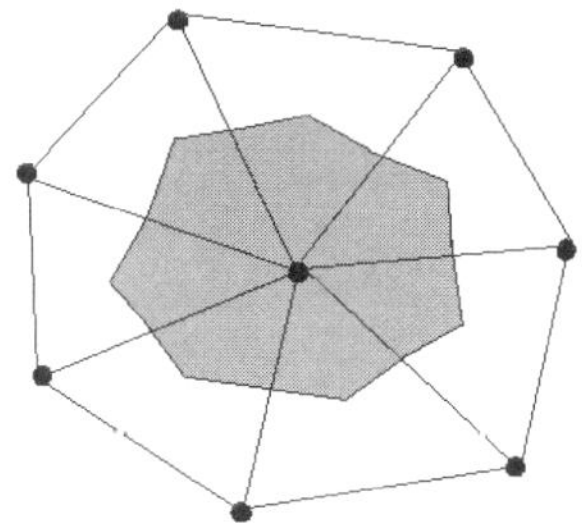

Figure 10 Exemple de construction de volume pour un maillage triangulaire

On cherche alors une approximation u_h de u continue sur Ω dont la restriction à chaque triangle K est un polynôme de $P_1(K)$ et qui vérifie pour tout volume V_i :

$$\int_{\partial V_i} \overrightarrow{gradu_h}.\overrightarrow{n} d\sigma = -\int_{V_i} f dx.$$

L'intégrale $\int_{\partial V_i} \overrightarrow{gradu_h}.\overrightarrow{n} d\sigma$ est calculée de manière exacte et s'exprime en fonction des valeurs de u_h au nœud a_i et aux nœuds voisins de a_i.

La deuxième possibilité est d'approcher la dérivée directionnelle $\overrightarrow{gradu_h}.\overrightarrow{n}$ en utilisant une différence finie. Supposons que Ω soit un domaine rectangulaire recouvert d'un maillage constitué de rectangles dont les côtés sont parallèles aux axes du repère. Les mailles représentent les volumes de contrôle et on les numérote sous la forme V_{ij}, $i = 1, \ldots, N$, $j = 1, \ldots, M$, en notant u_{ij} leur centre. Plaçons-nous sur le volume V_{ij} pour i, j fixés représenté par la figure ci-dessous. Si l'on note $\Gamma_{i+1/2,j}$ le côté commun de V_{ij} et $V_{i+1,j}$, l'intégrale $\int_{\Gamma_{i+1/2,j}} \overrightarrow{gradu_h}.\overrightarrow{n} d\sigma = \int_{\Gamma_{i+1/2,j}} \frac{\partial u}{\partial x} d\sigma$ sera approchée par :

$$l_{i+1/2,j} \frac{u_{i+1,j} - u_{ij}}{h_{i+1/2,j}},$$

où $l_{i+1/2,j}$ représente la longueur du côté $\Gamma_{i+1/2,j}$, $h_{i+1/2,j}$ la distance séparant les centres a_{ij} et $a_{i+1,j}$, et u_{ij}, $u_{i+1,j}$ sont les inconnues du problème représentant des approximations de $u(a_{ij})$ et $u(a_{i+1,j})$. On procède de la même manière sur les trois autres côtés pour obtenir pour chaque volume V_{ij} une équation faisant intervenir u_{ij}, $u_{i+1,j}$, $u_{i-1,j}$, $u_{i,j+1}$ et $u_{i,j-1}$. Cette méthode aboutit donc à un schéma cinq points.

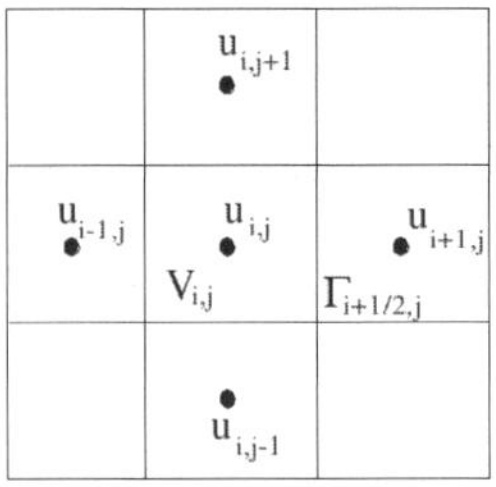

Figure 11 Volumes de contrôles dans le cas d'un maillage rectangulaire

Le point fort de cette méthode est sa simplicité et le fait qu'elle permette de respecter l'équation initiale en moyenne sur chaque volume de contrôle. Sa mise en œuvre sur des problèmes instationnaires ne pose aucun problème. Son inconvénient est qu'elle n'est adaptée qu'aux équations de conservation où un opérateur divergentiel apparaît.

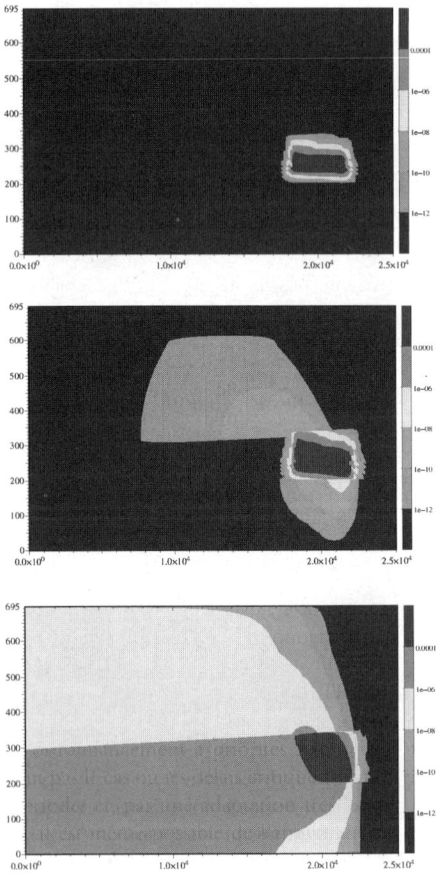

Figure 12 Simulation par volumes finis du transport d'éléments radioactifs dans un sous-sol – (Benchmark Couplex proposé par l'ANDRA-Code CNRS UPPA)

Dans cet exemple, nous considérons un sous-sol constitué de plusieurs couches géologiques dont une d'argile. Dans cette couche d'argile sont entreposés des éléments radioactifs. Au cours du temps (l'échelle de temps étant ici en milliers d'années), ces éléments radioactifs sont transportés par l'eau circulant dans ce sous-sol. Les figures ci-dessus représentent la concentration en éléments radioactifs sur une coupe verticale du sous-sol et à différents instants.

3.6 Les méthodes spectrales

La méthode spectrale consiste à chercher une approximation u_N de la solution u d'une EDP dans un espace de fonctions polynômiales de degré inférieur où égal à N en chacune des variables. On rappelle que dans la méthode des éléments finis, une approximation de u est cherchée polynômiale sur chacune des mailles, le degré des polynômes n'étant pas très élevé (2 ou 3 maximun en pratique). La convergence de la méthode d'élément fini s'obtient en faisant tendre le pas d'espace h vers 0, le nombre de mailles tendant quant à lui vers l'infini, tandis que le degré des polynômes sur chaque maille reste fixé. Une variante consiste à fixer la taille des mailles et à augmenter le degré p des polynômes. Il s'agit alors de la p-version des éléments finis. Les méthodes spectrales sont voisines de la p-version des éléments finis et utilisent des bases de polynômes particulières. La plus fréquemment utilisée est sans doute la base de Legendre-Gauss-Lobatto. Si l'on se place sur l'intervalle $]-1,1[$, les polynômes de Legendre sont définis par la relation de récurrence d'ordre 2 suivante :

$$L_0(x) = 1, \;\; L_1(x) = x,$$

$$L_{n+1}(x) = \frac{2n+1}{n+1} x L_n(x) - \frac{n}{n+1} L_{n-1}(x).$$

Les polynômes de Legendre sont orthogonaux au sens où

$$\int_{-1}^{1} L_n(x) L_m(x) dx = \frac{2}{2n+1} \delta_{mn}.$$

Pour N fixé, on construit les polynômes de Legendre $L_0, L_1, ..., L_N$. On introduit ensuite $N+1$ nœuds particuliers $(x_0, x_1, ..., x_N)$ appelés nœuds de Legendre-Gauss-Lobatto et qui sont les racines (dans $[-1,1]$) du polynôme $(1-x^2)L'_N(x)$. En posant alors $w_i = \frac{2}{N(N+1)} \frac{1}{L_N^2(x_i)}$ $i = 0, 1, ..., N$, on montre que pour tout polynôme p de degré inférieur ou égal à $2N-1$:

$$\int_{-1}^{1} p(x) dx = \sum_{i=0}^{N} w_i p(x_i).$$

Les réels w_i portent le nom de poids de Legendre-Gauss-Lobatto. Pour toute fonction f intégrable sur $]-1,1[$, la quantité $\sum_{i=0}^{N} w_i p(x_i)$ représente une approximation de $\int_{-1}^{1} f(x)dx$. On dit ici que l'intégrale est approchée par une formule de quadrature, exacte pour les polynômes de degré inférieur ou égal à $2N-1$.

Si l'on cherche à résoudre le problème modèle :

$$\begin{cases} -u'' = f \ dans \ ]-1,1[, \\ u(-1) = u(1) = 0. \end{cases}$$

On a vu dans le paragraphe consacré aux méthodes d'éléments finis que cela revient à dire que u vérifie pour toute fonction v suffisamment régulière (continûment différentiable par exemple) :

$$\int_{-1}^{1} u'v'dx = \int_{-1}^{1} fvdx.$$

Il est alors naturel de construire une approximation polynômiale $u_N \in P_N(]-1,1[)$ vérifiant pour tout $v_N \in P_N(]-1,1[)$:

$$\sum_{i=0}^{N} w_i u_N'(x_i) v_N'(x_i) = \sum_{i=0}^{N} w_i f(x_i) v_N(x_i),$$

ce qui donne en prenant pour v_N le polynôme de Lagrange p_j de degré N tel que $p_j(x_j) = \delta_{ij}$:

$$\sum_{i=0}^{N} w_i u_N'(x_i) p_j'(x_i) = w_j f(x_j).$$

Les polynômes de Lagrange associés aux nœuds x_i forment une base de $P_N(]-1,1[)$ et u_N se décompose dans cette base sous la forme $u_N = \sum_{k=0}^{N} u_N(x_k) p_k$. En remplaçant dans l'équation précédente, on arrive à :

$$\sum_{k=0}^{N} u_N(x_k) \sum_{i=0}^{N} w_i p_k'(x_i) p_j'(x_i) = w_j f(x_j). \quad (1.6)$$

On vérifie facilement que :

$$\sum_{i=0}^{N} w_i p_k'(x_i) p_j'(x_i) = -w_j p_k''(x_j).$$

La matrice A de taille $N \times N$ définie par $A_{jk} = -w_j p_k''(x_j)$ est la matrice du système linéaire (1.6) dont les inconnues sont $u_N(x_0), ..., u_N(x_k)$. Sous forme matricielle ce système s'écrit :

$$A \begin{pmatrix} u_N(x_0) \\ \vdots \\ u_N(x_1) \end{pmatrix} = \begin{pmatrix} w_0 f(x_0) \\ \vdots \\ w_N f(x_1) \end{pmatrix}.$$

Signalons que $p_k''(x_j)$ peut s'exprimer pour tout j, k, à l'aide de $L_N(x_k)$, $L_N(x_j)$.

La méthode se transpose aisément en plusieurs dimensions d'espace.

Pour une extension en 2D par exemple sur le carré $\Omega =]-1,1[^2$, il suffira de définir la base de $Q_N(\Omega)$ des polynômes de Legendre en posant pour $i, j = 0, ..., N$:

$$L_{ij}(x,y) = L_i(x) L_j(y).$$

Les nœuds de Gauss-Lobatto sont alors donnés par :

$$x_{ij} = (x_i, x_j),$$

tandis que les poids sont :

$$w_{ij} = w_i w_j.$$

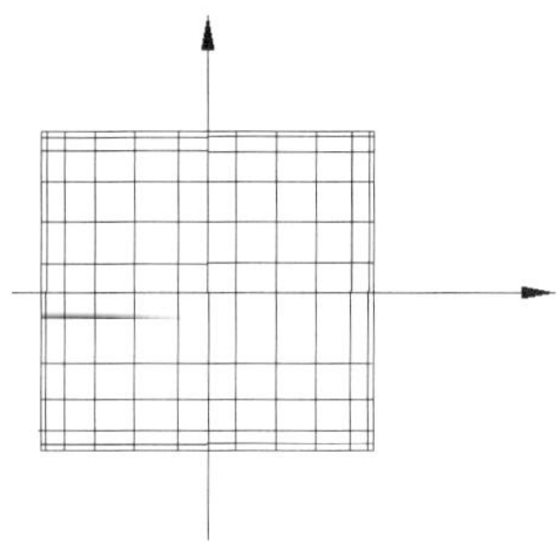

Figure 13 Exemple en dimension 2 de grille de points de Gauss-Lobatto

On cherche alors une solution approchée de notre EDP sous la forme : $u_N(x,y) = \sum_0^N \sum_0^N u_N(x_i, x_j) p_i(x) p_j(y)$.

Pour plus de détails concernant les méthodes spectrales, le lecteur pourra se référer par exemple, au livre de C. Bernardi et Y. Maday.

4 Conclusion

Le développement de la puissance de calcul des ordinateurs permet de résoudre des problèmes de plus en plus complèxes. La simulation numérique est de ce fait, devenu un outil prépondérant aussi bien dans le domaine industriel que celui de la recherche. Elle dispense d'une phase d'expérimentation bien souvent coûteuse, voire même dans certains cas impossible. Les méthodes d'éléments finis, de différences finis, de volumes finis et spectrales sont sans aucun doutes les méthodes numériques les plus utilisées en simulation numérique, avec chacune leurs champs d'applications privilégiés. De nombreux ouvrages ont été consacrés à ces méthodes et en détaillent l'analyse mathématique et la mise en œuvre. Diverses bibliothèques informatiques, le plus souvent écrites en C++, leurs sont dédiées, certaines d'entres elles appartenant au domaine public. L'utilisation de tels outils informatiques permet de réduire non seulement les délais de développement des codes de calculs, mais également les risques d'erreur de programmation.

Bibliographie

C. Bernardi, Y. Maday, (1992), *Approximations spectrales de problèmes aux limites elliptiques*, Springer-Verlag

P.G. Ciarlet, J.L. Lions, eds. (1997), *Handbook of Numerical Analysis*, Elsevier, Amsterdam

A. Cohen, (1992), *Ondelettes et traitement numérique du signal*, Masson

R. Dautray, J.-L. Lions (1988), *Analyse Mathématique et Calcul Numérique pour les Sciences et les Techniques*, Masson

P. Destuynder, (1996), *Mathematical Analysis of Thin Plate Model*, Springer-Verlag

A. Ern, J.-L. Guermond, (2002), *Éléments finis : théorie, applications, mise en œuvre*, vol. 36 of Series SMAI Mathématiques et Applications, Springer-Verlag

R. Eymard, T. Gallouët, R. Herbin, (2000), *Finite Volume Methods. Handbook of Numerical Analysis*, Vol. VII, p. 713-1020. Editors : P.G. Ciarlet and J.L. Lions

B. Heinrich, (1987), *Finite difference methods on irregular networks*, ISNM 82, Birkhauser Verlag

O. Pironneau, (1989), *Finite Element Methods for fluids*, Masson

P. A. Raviart, J.-M. Thomas, (1992), *Introduction à l'analyse numérique des équations aux dérivées partielles*, Masson

Algorithmes de résolution face aux nouveaux outils informatiques

François-Xavier Roux

Mots-clés : calculateurs parallèles, parallélisation, mémoire distribuée, méthodes directes creuses, méthodes itératives, résolution par sous-domaines.

Résumé : les grands calculateurs présentent des architectures parallèles à mémoire distribuée. La parallélisation des codes de calcul scientifique passe par la mise au point d'algorithmes de résolution parallèles efficaces pour les grands systèmes linéaires creux.

Pour parvenir à simuler finement la physique, il faut des modèles à très grand nombre de paramètres. Les calculs sont d'autant plus volumineux que les phénomènes physiques que l'on cherche à modéliser sont complexes. Malgré les formidables progrès technologiques que connaît l'informatique depuis ses débuts, les exigences de la simulation numérique en physique dépassent de loin les capacités en termes de mémoire et de vitesse de calcul des machines les plus puissantes. Depuis des années, le moyen de repousser ces limites consiste à mettre en œuvre plusieurs processeurs simultanément dans des calculateurs qualifiés pour cela de parallèles. Et dans les systèmes les plus puissants, on en est aujourd'hui à des milliers de processeurs. Mais il ne suffit pas de multiplier les processeurs pour résoudre le problème, encore faut-il les alimenter en données. Le point crucial au niveau de l'architecture de ces calculateurs est donc l'organisation de la mémoire.

La parallélisation des codes de simulation numérique, c'est-à-dire leur adaptation aux architectures des calculateurs parallèles, est une nécessité impérieuse pour parvenir à faire du calcul à haute performance. Dans les codes de calcul scientifique, une part importante du temps d'exécution se passe dans la résolution de grands systèmes linéaires. Or cette partie des logiciels est généralement la plus difficile à paralléliser. La mise au point d'algorithmes parallèles efficaces pour résoudre les systèmes linéaires sur des calculateurs parallèles comportant un grand nombre de processeurs est donc un enjeu fondamental pour le calcul scientifique.

1 Architecture mémoire des calculateurs scientifiques

L'évolution des architectures des calculateurs scientifiques dans les dernières années a consacré l'usage systématique du parallélisme multiprocesseur à mémoire distribuée pour les très grands systèmes. Mémoire distribuée veut dire que chaque processeur, ou petit groupe de processeurs, dispose d'une mémoire locale et ne peut accéder directement qu'à celle-ci. Les données résidant dans les différentes mémoires locales ne peuvent s'échanger que par des transferts réalisés par un réseau d'interconnexion.

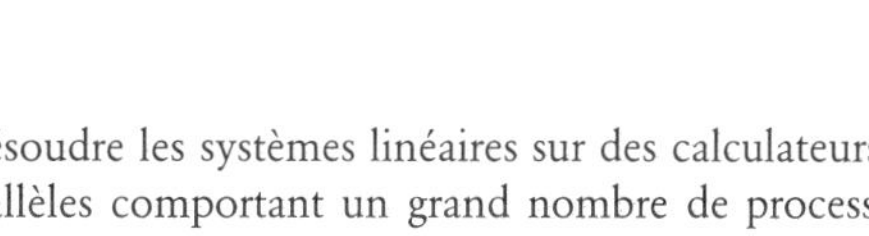

Figure 1 Architecture à mémoire distribuée

Mais le parallélisme distribué offre aussi une solution économique pour la réalisation de calculateurs scientifiques départementaux. Ce sont les « clusters », c'est-à-dire les grappes de machines dédiées à des applications scientifiques. Le principe est d'utiliser les technologies courantes des stations de travail ou des serveurs. C'est à ce niveau que, l'effet de production de masse aidant, se trouve les meilleurs rapports performance/prix, aussi bien pour la mémoire vive que pour les processeurs. En connectant dans un réseau local plusieurs dizaines de nœuds de calcul constitué chacun d'une station de travail ou d'un serveur, on peut construire un système dont les capacités mémoire et la puissance de calcul augmente linéairement avec le nombre de nœuds. Au niveau du prix aussi, l'augmentation est linéaire, de sorte que l'on qualifie ces solutions d'extensibles. En réalité il y a une limite à l'extensibilité de cette approche. Si le nombre de nœuds devient trop important, le réseau d'intercommunication va constituer un goulet d'étranglement, de sorte que la performance réellement tirée du système n'augmentera plus linéairement, sauf à investir dans des technologies réseau plus performantes, mais aussi plus onéreuses.

Pour des machines à nombre de processeurs réduit, on trouve aussi des architectures à mémoire partagée. Mais comme il est techniquement très difficile, et donc très onéreux, de réaliser une mémoire de grande taille capable d'alimenter directement en données plusieurs processeurs avec un débit suffisant, ces systèmes possèdent différents niveaux de mémoires tampons intermédiaires, les caches.

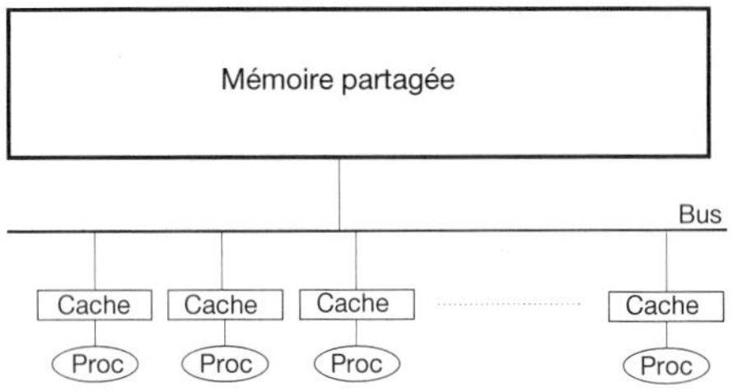

Figure 2 Architecture à mémoire partagée

Les transferts de données entre les différents niveaux de caches s'effectuent par blocs, appelés pages, constitués de quelques mots à quelques dizaines de mots mémoire. Une page contient des mots d'adresses mémoire successives. Ces mécanismes de transfert par blocs des données permettent d'améliorer le débit. Ils ne sont néanmoins utiles que si le code a réellement besoin de toutes les données transférées. Il faut donc favoriser ce que l'on appelle la localisation spatiale des données qui consiste à ranger de manière contiguë en mémoire, c'est-à-dire en pratique sous forme de tableaux, les données utilisées dans des instructions successives. Si les données nécessaires pour effectuer un calcul dans un processeur sont déjà présentes dans la mémoire cache la plus proche de celui-ci, tout se passe très bien. Ce sera le cas si les pages les contenant ont été récupérées récemment et donc si l'on vient déjà d'effectuer des opérations arithmétiques sur les mêmes données. Faire en sorte que les calculs successifs portant sur les mêmes données dans le code s'exécutent dans un délai réduit revient à permettre leur localisation temporelle.

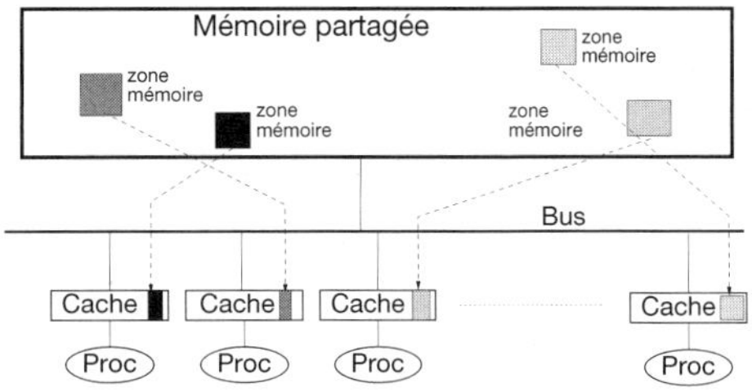

Figure 3 Gestion des mémoires cache

Lorsque les données nécessaires ne sont pas présentes dans le cache local, les pages mémoire les contenant devront d'abord être récupérées. Pour ce faire il faudra d'abord que le système libère de la place dans le cache en renvoyant les pages les plus anciennes vers les niveaux supérieurs. Ces transferts prendront d'autant plus de temps que plusieurs processeurs demandent simultanément des données localisées en mémoire centrale. Dans le pire des cas, des conflits d'accès peuvent se produire : une même page mémoire ne peut pas en effet être présente dans plusieurs caches différents, sans quoi les valeurs des données pourraient être modifiées de manière incohérente. Deux processeurs ne peuvent donc accéder à une même page que l'un après l'autre. Le premier devant la renvoyer en mémoire centrale avant que le second ne puisse l'utiliser.

2 Parallélisation

Sur une machine à mémoire partagée, on pourrait se contenter d'une parallélisation des calculs, au niveau des boucles de programme. Les compilateurs sont capables de générer automatiquement du code parallélisé pour les boucles ne présentant pas de dépendance, c'est-à-dire lorsque les calculs réalisés à une itération n'utilisent pas de données déterminées à une autre itération. Néanmoins, l'existence des différents niveaux de cache requiert une bonne localisation temporelle et spatiale des données pour obtenir des niveaux de performance élevés. C'est-à-dire qu'il ne suffit pas que différents blocs d'opérations soient exécutables simultanément de manière indépendante sur les différents processeurs. Il faut aussi que chacun de ces blocs d'opérations portent sur un ensemble de données qui puisse résider dans la mémoire cache du processeur qui va les traiter. On n'est donc pas très loin de la gestion de la mémoire distribuée.

Sur un système à mémoire distribuée, la localisation temporelle et spatiale des données n'est plus simplement un gage de performance, elle devient une condition *sine qua non* pour pouvoir utiliser simultanément les différents nœuds de calcul. En effet, chacun d'eux exécute un processus spécifique et ne peut accéder qu'aux données situées dans sa mémoire locale. Pour s'exécuter en parallèle, un code doit donc être découpé en processus indépendants, possédant leurs données propres. Lorsque les différentes processus doivent se communiquer mutuellement des données, il faut qu'ils les échangent par le réseau. Le modèle de programmation est donc totalement différent, de type tâches communicantes. Il n'y a plus un code, avec des zones de calculs exécutables en parallèle, mais autant de codes que de processus, gérant aussi bien les calculs locaux que les échanges de données avec les autres processus. Ceux-ci sont réalisée par l'utilisation de bibliothèques d'échanges de messages. En pratique cependant, les codes source des différentes processus sont identiques. Une instance différente du même code associée à des données propres sera exécutée sur chacun des nœuds de calcul. Ce mode de programmation est qualifié de SPMD (*Single Program, Multiple Data flow*), par opposition au mode MIMD (*Multiple Instruction flow, Multiple Data flow*), qui est celui où les différents processus exécutent réellement des codes distincts.

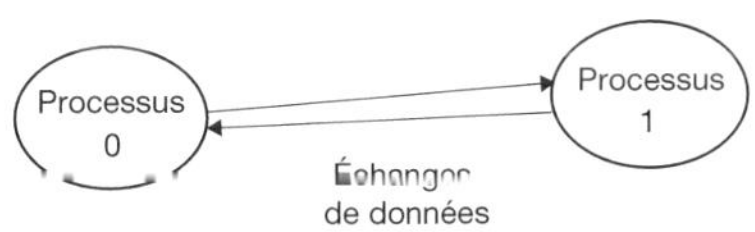

Figure 4 Tâches communicantes

Un programme écrit dans un environnement de programmation par échanges de messages peut aussi s'exécuter sur une machine à mémoire partagée grâce au système d'exploitation multitâche. Les échanges de messages seront alors réalisés par de simples copies en mémoire. Qui plus est, un code fait pour les systèmes distribués assure forcément la localisation temporelle et spatiale des données, gage de performance sur les machines à mémoire cache multiniveau.

Les très grands systèmes sont hybrides : chaque nœud de calcul est un multiprocesseur à mémoire partagée, les différents nœuds sont reliés par un réseau de communication. Ce qui permet d'avoir une programmation par échanges de messages, soit avec un processus distribué par nœud utilisant plusieurs processeurs pour réaliser ses calculs locaux, soit avec un processus distribué par processeur physique.

Le véritable enjeu est donc le développement de méthodes de calcul capables de fonctionner efficacement sur des calculateurs parallèles à mémoire distribuée, avec un grand nombre de processeurs. Pour des codes existants, la parallélisation sur des systèmes distribués signifie en pratique réfléchir beaucoup plus en matière de données utilisées, de manière à obtenir une forte localisation temporelle et spatiale, qu'en termes de répartition des calculs. Distribuer les données permet la parallélisation des calculs. Ce n'est pas toujours réalisable avec les méthodes usuelles. Il faut donc aussi développer des algorithmes parallèles alternatifs pour certaines parties des codes, et en particulier, comme on le verra plus loin, pour les méthodes de résolution des systèmes linéaires.

3 Critères de performance

3.1 Degré de parallélisme

Il faut tout d'abord que le degré de parallélisme, c'est-à-dire le nombre de tâches pouvant être exécutées simultanément, soit suffisant pour permettre l'utilisation de tous les processeurs. En particulier, la façon classique de considérer la question de la parallélisation d'un code de calcul scientifique consiste à évaluer la part qui est parallélisable et la part qui ne l'est pas. On parle de part de temps d'exécution parallèle (Tp) et de part séquentielle (Ts), sur un temps total de T. Ce qui conduit à une formule, appelée loi d'Amdhal, pour déterminer le temps minimum d'exécution sur une machine parallèle comptant np processeurs, en supposant que la part parallélisable du code soit parfaitement répartie entre les différents processeurs sans que l'exécution en parallèle n'entraîne de surcoût .

$$T_{np} = Ts + Tp/np$$

Le rapport entre le temps d'exécution sur un processeur et sur np processeurs, T/T_{np}, représente l'accélération due au la parallélisme. Si on appelle α, la part du temps d'exécution parallélisable, Tp/T, l'accélération vaut, dans le cadre de la loi d'Amdhal :

$$A_{np} = 1/((1 - \alpha) + \alpha/np)$$

L'accélération optimale sur np processeurs vaut évidemment np. On appelle l'efficacité le rapport entre l'accélération effective et l'accélération optimale, $E_{np} = A_{np}/np$. L'efficacité est un nombre compris entre 0 et 1.

$$E_{np} = 1/((1 - \alpha)np + \alpha)$$

Que signifient ces formules ? Supposons qu'un code soit parallélisable à 99 %, ce qui peut paraître plus qu'honorable. Son exécution sur une machine comprenant 99 processeurs donnera une accélération égale à 50, soit une efficacité de l'ordre de 50 %. La faible part de 1 % de code non parallélisable représentera donc la moitié du temps global d'exécution du code sur 99 processeurs. De sorte que 50 % des ressources disponibles seront perdues. De plus, si np devient très grand, l'accélération maximale restera toujours bornée par 100. Sur des calculateurs à très grand nombre de processeurs, il faut donc que le code soit totalement parallélisé.

3.2 Équilibrage des tâches

Le modèle simple précédent suppose que le temps d'exécution de la part parallélisable du code soit parfaitement réparti sur les différents processeurs. En effet, si une tâche requiert un temps d'exécution plus élevé que les autres, c'est elle qui va déterminer le temps minimal d'exécution en parallèle. Le second critère d'efficacité concerne donc la régularité en termes de temps d'exécution des différentes tâches. On parle d'équilibrage des tâches. Dans le cas d'un petit nombre de processeurs, l'équilibrage peut être obtenu en divisant la charge de travail en un nombre de tâches nettement plus élevé. Chaque processeur se verra allouer un certain nombre de tâches à exécuter de façon à assurer l'équilibre global. Une telle allocation est dite statique. Il peut arriver que la durée de chaque tâche soit difficile à connaître exactement *a priori*, par exemple parce que le type et la complexité des calculs dépendent de la valeur des données. Dans ce cas-là, les différents processus parallèles vont exécuter les différentes tâches au fur et à mesure de leur disponibilité. Chaque processus qui vient de terminer une tâche prend en charge la première qui n'a pas encore été exécutée dans la liste globale des tâches. Ce mode de répartition dynamique des tâches est qualifié de « glouton ».

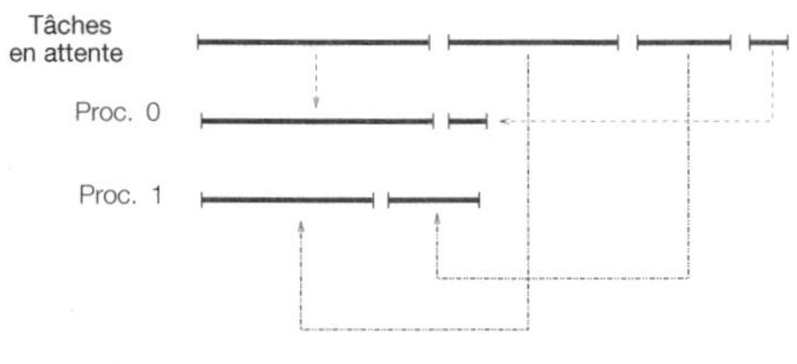

Figure 5 Exécution parallèle en mode « glouton »

Il sera d'autant plus efficace pour assurer l'équilibrage que le nombre de tâches est grand et qu'elles sont classées en ordre de taille décroissante : il est plus facile de boucher les trous avec beaucoup de petits éléments qu'avec peu de gros. Dans le cas où le nombre de processeurs est élevé, il est généralement illusoire d'avoir un degré de parallélisme suffisant pour permettre ce mode de fonctionnement. Le découpage sera donc le plus souvent statique, avec une tâche par processeur.

3.3 Granularité

Enfin, l'exécution en mode parallèle va entraîner des coûts supplémentaires qui vont réduire l'efficacité. Sur une machine à mémoire partagée, ces surcoûts sont faibles, liés aux fonctions du système qui activent les différents processeurs et gèrent les synchronisations entre processus, par exemple pour la répartition dynamique des charges en mode glouton. Sur des systèmes à mémoire distribuée, ce sont les transferts des données entre processeurs qui induisent des délais supplémentaires lors d'une exécution en mode parallèle. Il est donc important, pour ne pas détruire l'efficacité, que ces temps de transferts soient petits en comparaison des temps passés dans les calculs. On va définir la granularité d'une tâche parallèle comme le rapport entre le nombre d'opérations arithmétiques que la tâche réalise et le nombre de données que la tâche doit recevoir ou envoyer. Mais le paramètre important est en réalité le rapport entre la durée des calculs et celle des échanges. Le temps de calcul dépend du nombre d'opérations arithmétiques et de la vitesse du processeur, qui est elle même fonction du débit de la mémoire interne. Le temps de transfert dépend de la vitesse de transmission de données d'une mémoire locale à une autre via le réseau de communication. Pour des raisons à la fois matérielles et logicielles, les communications internes sont forcément plus rapides que les communications externes : la vitesse de calcul est nécessairement supérieure à la vitesse de transfert. La granularité des tâches pour une exécution sur un système parallèle à mémoire distribuée a donc d'autant plus besoin d'être élevée que les processeurs sont rapides et le réseau lent.

3.4 Extensibilité

On voit donc que le code de calcul parallèle idéal est celui qui permet un découpage en un nombre élevé de tâches équilibrées et de forte granularité. Parvenir à satisfaire tous les critères simultanément est évidemment une gageure. *A priori*, plus le nombre de tâches est élevé, plus celles-ci sont de faible granularité. Une méthode ou un algorithme seront dits extensibles si leur efficacité ne décroît pas avec le nombre de processeurs. Pour établir l'extensibilité, on peut exécuter le même calcul sur un nombre croissant de processeurs et mesurer la décroissance du temps de calcul. Cependant ce mode d'évaluation n'est pas adapté aux systèmes à mémoire distribuée. En effet la mémoire disponible sur un seul nœud ne permet que l'exécution de cas de calcul de taille relativement réduite. En les découpant pour l'exécution en parallèle, on obtient des tâches de granularité décroissante avec le nombre de processeurs. Cette façon de procéder n'est pas cohérente avec l'utilisation des calculateurs distribués. Le but de la multiplication des nœuds de calcul n'est pas de réaliser plus vite les petits calculs qui peuvent aisément s'exécuter sur un seul d'entre eux mais de permettre de traiter des cas de calcul plus gros sans augmentation excessive de la durée d'exécution. Dans ce contexte, l'extensibilité s'évalue plutôt en mesurant les temps de calcul pour des problèmes dont la taille croît avec le nombre de processeurs. Si la complexité algorithmique croît elle aussi linéairement avec la taille du problème, le temps de calcul tendra vers une constante si la méthode est extensible. Sinon, on peut toujours mesurer l'efficacité en comparant le temps passé dans les calculs au niveau de chaque processeur par rapport au temps total d'exécution, qui comprend aussi les délais d'attente et de transferts de données entre tâches. Aucune méthode n'est extensible à l'infini évidemment. Mais ce qui compte c'est simplement l'extensibilité dans la gamme des nombres de processeurs dont disposent les systèmes accessibles à un moment donné.

4 Discrétisation

La plupart des codes de simulation numérique en mécanique des fluides ou des structures et en électromagnétisme utilisent des discrétisations des équations aux dérivées partielles de la physique à l'aide de bases de fonctions polynomiales par morceaux à supports bornés. Ces méthodes s'appellent différences finies, volumes finis, éléments finis, selon qu'elles reposent sur des approximations discrètes directes des équations aux dérivées partielles ou des formulations variationnelles locales ou globales. Elles ont toutes en commun de s'appuyer sur une décomposition du domaine de calcul spatial en un ensemble de cellules polygonales ou polyèdriques, selon que le domaine spatial est bi- ou tridimensionnel, le maillage, et de transformer le problème aux dérivées partielles continu en un problème algébrique de dimension fini. Ses inconnues sont les coefficients de la solution approchée dans une base de fonctions dont les supports sont limités à une seule maille, ou au petit nombre de mailles possédant un point, une arête ou une facette donnés en commun. Plus le maillage est fin, au sens que les mailles sont petites, plus l'approximation est précise. Lorsque le problème est dépendant du temps, s'ajoute une discrétisation semblable de l'intervalle d'intégration temporelle. Enfin, il arrive très souvent que le problème soit non linéaire, c'est-à-dire que les coefficients des équations algébriques dépendent de la valeur de la solution elle-même, auquel cas on fera appel à une méthode de point fixe, consistant à résoudre des problèmes linéarisés successifs, dont les coefficients sont déterminés pour les valeurs de l'approximation de la solution à l'étape précédente. La dimension de ces problèmes linéaires dépend donc de la finesse du maillage. L'objectif de la parallélisation des codes est de permettre la résolution en un temps le plus réduit possible de systèmes linéaires de très grande dimension.

5 Matrices creuses

La résolution du problème discret fait donc intervenir deux types d'opérations portant sur des matrices, l'évaluation de leur produit par un vecteur, ou la résolution d'un système linéaire associé. Les coefficients de ces matrices représentent les interactions entre les fonctions de la base de discrétisation et résultent d'une intégration spatiale. Du fait du caractère borné des supports des fonctions de base, la plupart des coefficients son nuls, puisque l'intégration spatiale n'a besoin d'être réalisée que dans les mailles appartenant à l'intersection des supports. De ce fait, ces matrices sont qualifiées de creuses. Ces matrices creuses ont des propriétés particulières. En particulier elles ont une structure symétrique : comme c'est l'existence d'une intersection non vide entre les supports des fonctions de base qui détermine l'apparition d'un coefficient non nul, lorsqu'un coefficient (i,j) est non nul, il en est de même pour le coefficient (j,i). De même, les coefficients diagonaux sont en général non nuls.

La structure d'une matrice creuse peut donc se décrire en termes de graphe. Les sommets du graphe sont les numéros de ligne, c'est-à-dire les numéros d'équations du système, les arêtes du graphe représentant les coefficients non nuls de la matrice. Puisque les arêtes (i,j) et (j,i) existent toujours simultanément, on peut les identifier. Le graphe, dit de connectivité, de la matrice est donc non orienté. Le graphe de connectivité de la matrice se déduit du maillage. Dans le cas le plus simple où chaque fonction de base est associée à un point du maillage, prenant la valeur 1 en celui-ci et 0 en tous les autres, les coefficients de la solution approchée dans cette base sont tout simplement ses valeurs aux points. À ce moment là, le graphe de la matrice s'identifie exactement au maillage, comme dans la figure 6.

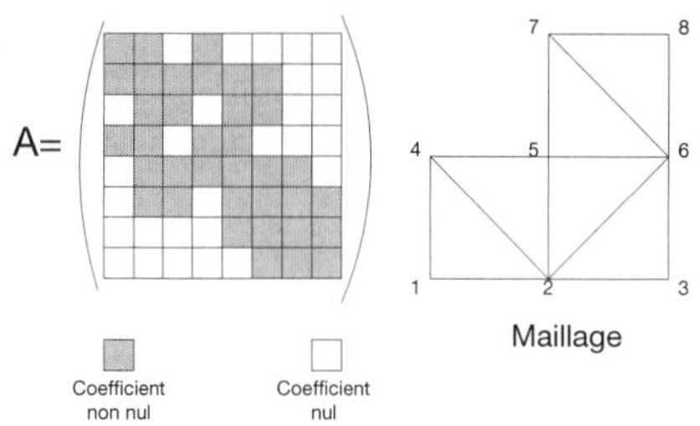

Figure 6 Matrice creuse et maillage

Lorsque la finesse du maillage, c'est-à-dire le nombre de mailles, augmente, la dimension des systèmes linéaires croît, mais le nombre moyen de coefficients non nuls dans chaque ligne ou colonne ne change pas. La formation des coefficients résulte d'une intégration locale aux niveau des mailles du maillage. Il s'ensuit une parallélisation aisée de cette phase : la localisation temporelle et spatiale des données est toute trouvée, au niveau des mailles. Distribuer les mailles, et donc découper le maillage, c'est distribuer les données du modèle discret et les calculs d'intégration spatiale. En revanche la résolution des problèmes linéaires, qui représente en général la phase la plus coûteuse du code, n'est pas du tout triviale à paralléliser. C'est là le principal défi algorithmique pour la parallélisation des codes de calcul scientifique.

6 Méthodes de résolution directes

6.1 Principe

Les méthodes de résolution directes consistent à réaliser une factorisation $A = LU$ de la matrice, L étant une matrice triangulaire inférieure, U une matrice triangulaire supérieure. Une fois la factorisation réalisée, la résolution du système $Ax = b$ se fait en deux étapes : la résolution du système triangulaire inférieur, $Ly = b$, puis celle du système triangulaire supérieur $Ux = y$. Du fait du caractère triangulaire des matrices L et U, ces deux résolutions peuvent être réalisées par substitutions successives, de la première à la dernière ligne, pour le premier système, dans l'ordre inverse pour le second. D'où le nom de descente-remontée donné à la phase de résolution. La factorisation est de loin la phase la plus coûteuse. C'est sur elle que se concentrent les efforts algorithmiques.

Le principe de la factorisation est le suivant. Supposons que la matrice A soit découpée en quatre blocs :

$$\begin{bmatrix} A_{11} & A_{12} \\ A_{21} & A_{22} \end{bmatrix}$$

Si le bloc A_{11} admet une factorisation $L_{11}U_{11}$, alors la matrice A peut être factorisée partiellement sous la forme :

$$\begin{bmatrix} A_{11} & A_{12} \\ A_{21} & A_{22} \end{bmatrix} = \begin{bmatrix} L_{11} & 0 \\ L_{21} & I \end{bmatrix} \begin{bmatrix} U_{11} & U_{12} \\ 0 & S_{22} \end{bmatrix}$$

avec :

$$A_{21} = L_{21}U_{11} \quad , \quad A_{12} = L_{11}U_{12}$$
$$A_{22} = L_{21}U_{12} + S_{22}$$

D'après les formules ci-dessus, $L_{21} = A_{21}U_{11}^{-1}$, $U_{12} = L_{11}^{-1}A_{12}$ et le bloc S_{22}, appelé complément de Schur, vaut donc :

$$S_{22} = A_{22} - L_{21}U_{12} = A_{22} - A_{21}A_{11}^{-1}A_{12}$$

La factorisation complète de A s'obtient à partir de la factorisation du complément de Schur, $S_{22} = L_{22}U_{22}$:

$$\begin{bmatrix} A_{11} & A_{12} \\ A_{21} & A_{22} \end{bmatrix} = \begin{bmatrix} L_{11} & 0 \\ L_{21} & L_{22} \end{bmatrix} \begin{bmatrix} U_{11} & U_{12} \\ 0 & U_{22} \end{bmatrix}$$

Ces relations ont de multiples conséquences. D'une part elles permettent de définir un algorithme récursif de factorisation, la méthode de Gauss. On applique la formule de factorisation partielle au bloc de dimension 1 $A_{11} = [a_{11}]$, avec $l_{11}u_{11} = a_{11}$, ce qui permet de déterminer les coefficients de la première ligne de U et de la première colonne de L. Pour terminer la factorisation de la matrice, il suffit maintenant de factoriser S_{22}. Pour ce faire on applique récursivement la même technique ligne par ligne. La situation est particulière pour une matrice creuse. En effet, la colonne L_{21} n'a de coefficients non nuls que dans les lignes où la colonne initiale A_{21} en a elle-même. De manière identique, les coefficients non nuls de la ligne U_{12} se trouvent aux emplacements de ceux de A_{12}. Du fait de la structure symétrique de la matrice A, les numéros de lignes des coefficients non nuls de L_{21} sont les mêmes que les numéros de colonnes des coefficients non nuls de U_{12}. Lorsque l'on calcule $S_{22} = A_{22} - L_{21}U_{12}$, les seuls coefficients modifiés sont ceux situés dans la sous-matrice définie par les numéros de lignes et colonnes des coefficients non nuls de L_{21} et U_{12}. Il arrive que ces coefficients soient localisés à des emplacements où les coefficients initiaux de A étaient nuls. Ce phénomène s'appelle remplissage : la matrice S_{22} et donc les matrices L_{22} et U_{22} contiennent davantage de coefficients non nuls que la matrice A_{22} initiale.

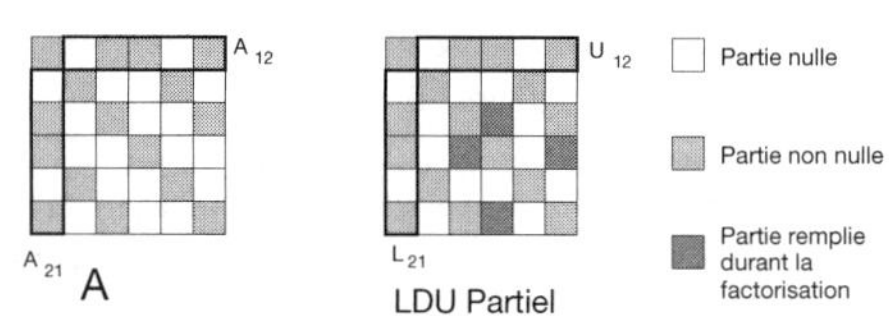

Figure 7 Remplissage en cours de factorisation

Ce remplissage conserve, on le voit, une structure symétrique. Le même phénomène se reproduit à chaque étape de la factorisation. Et plus une ligne et une colonne ont de coefficients non nuls, plus l'étape de factorisation correspondante risque de provoquer de remplissage. Le remplissage dépend de la position des coefficients non nuls de la matrice. Une renumérotation des inconnues peut le modifier comme le montre clairement le petit exemple suivant.

$$\begin{bmatrix} \star & \star & \star & \star & \star \\ \star & \star & 0 & 0 & 0 \\ \star & 0 & \star & 0 & 0 \\ \star & 0 & 0 & \star & 0 \\ \star & 0 & 0 & 0 & \star \end{bmatrix} \quad \begin{bmatrix} \star & 0 & 0 & 0 & \star \\ 0 & \star & 0 & 0 & \star \\ 0 & 0 & \star & 0 & \star \\ 0 & 0 & 0 & \star & \star \\ \star & \star & \star & \star & \star \end{bmatrix}$$

La factorisation de la matrice de gauche crée un remplissage complet. En renumérotant les équations en ordre inverse du plus grand au plus petit, on obtient la structure de droite pour laquelle il n'y a aucun remplissage au cours de la factorisation.

Avant de factoriser la matrice, on cherche à trouver une numérotation des inconnues conduisant à un remplissage aussi réduit que possible. Un faible remplissage signifie non seulement moins de coefficients à stocker en mémoire mais aussi moins d'opérations arithmétiques à chaque étape de la factorisation. Mais, quelle que soit la numérotation de la matrice, au fur et a mesure que l'on avance dans la factorisation, les lignes et colonnes se remplissent progressivement et deviennent donc de plus en plus denses.

6.2 Approche par bloc et parallélisation

Comme on l'a vu, avec des matrices creuses, chaque étape de la factorisation n'impacte que sur certaines des lignes et colonnes suivantes de la matrice, celles qui correspondent à un coefficient non nul dans la ligne ou la colonne courante. Il arrive fréquemment que deux étapes distinctes de la factorisation modifient des sous-ensembles disjoints de lignes et de colonnes. Les opérations associées sont indépendantes en termes de données et peuvent donc être exécutées en parallèle. Par ailleurs, pour augmenter la granularité, on va essayer de regrouper dans une même tâche les opérations à effectuer sur une série de lignes et de colonnes. Tout en conservant autant que faire se peut la localisation des données concernées par ces opérations et l'indépendance entre les différentes tâches. Pour obtenir la localisation temporelle et spatiale des données associées à une tâche, il faut que celle-ci traite un paquet de lignes et colonnes dont la factorisation modifie principalement les autres lignes et colonnes du même paquet. Cela revient à allouer à une tâche des inconnues qui sont proches au sens de la connectivité de la matrice. À l'inverse, pour que des tâches soient indépendantes et donc exécutables en parallèles, il faut qu'elles travaillent sur des paquets de lignes et colonnes qui n'interfèrent pas entre eux au cours de la factorisation. Ce qui implique que les groupes d'inconnues soient déconnectés entre eux dans la matrice.

Il ressort de cette analyse l'idée de découper la matrice en sous-blocs déconnectés et de faire une factorisation par bloc. Pour cela il faut trouver des séparateurs du graphe. Vu que la connectivité de la matrice découle du maillage, cela revient à découper le maillage en sous-maillages séparés. Ce qui revient à une partition du domaine spatial. La figure suivante illustre l'effet d'un découpage en deux et le graphe de connectivité induit entre les deux zones et leur interface.

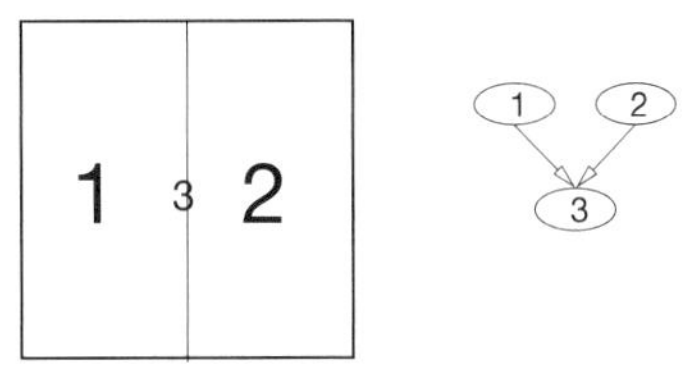

Figure 8 Bissection

Avec un tel découpage, la matrice a la structure par bloc suivante :

$$A = \begin{bmatrix} A_{11} & 0 & A_{13} \\ 0 & A_{22} & A_{23} \\ A_{31} & A_{32} & A_{33} \end{bmatrix}$$

La factorisation par bloc de cette matrice s'écrit :

$$\begin{bmatrix} L_{11} & 0 & 0 \\ 0 & L_{22} & 0 \\ L_{31} & L_{32} & L_{33} \end{bmatrix} \begin{bmatrix} U_{11} & 0 & U_{13} \\ 0 & U_{22} & U_{23} \\ 0 & 0 & U_{33} \end{bmatrix}$$

Par identification les différents blocs sont définis de la manière suivante :

$$A_{11} = L_{11}U_{11} \quad \Rightarrow \quad \begin{cases} L_{31} &= A_{31}U_{11}^{-1} \\ U_{13} &= L_{11}^{-1}A_{13} \end{cases}$$

$$A_{22} = L_{22}U_{22} \quad \Rightarrow \quad \begin{cases} L_{32} &= A_{32}U_{22}^{-1} \\ U_{23} &= L_{22}^{-1}A_{23} \end{cases}$$

$$L_{33}U_{33} = A_{33} - L_{31}U_{13} - L_{32}U_{23}$$

La factorisation de la matrice peut donc être réalisée en deux étapes. La première consiste à calculer en parallèle la factorisation partielle de la matrice par rapport à chacun des blocs :

$$\begin{array}{rcl|rcl} A_{11} & = & L_{11}U_{11} & A_{22} & = & L_{22}U_{22} \\ L_{31} & = & A_{31}U_{11}^{-1} & L_{32} & = & A_{32}U_{22}^{-1} \\ U_{13} & = & L_{11}^{-1}A_{13} & U_{23} & = & L_{22}^{-1}A_{23} \\ S_{33}^{(1)} & = & -L_{31}U_{13} & S_{33}^{(2)} & = & -L_{32}U_{23} \end{array}$$

La seconde porte sur l'assemblage des deux contributions précédemment calculées au complément de Schur puis à sa factorisation :

$$\begin{aligned} S_{33} &= A_{33} + S_{33}^{(1)} + S_{33}^{(2)} \\ S_{33} &= L_{33}U_{33} \end{aligned}$$

Grâce à une bissection de la matrice, et donc du maillage, on a obtenu un parallélisme de degré 2 pour la plus grande partie de la factorisation. Pour obtenir un parallélisme de degré plus élevé, la même technique peut être appliquée récursivement. Chacun des deux blocs 1 et 2 précédent peut lui même être découpé en deux de sorte que les deux factorisations soient elles-mêmes parallélisables.

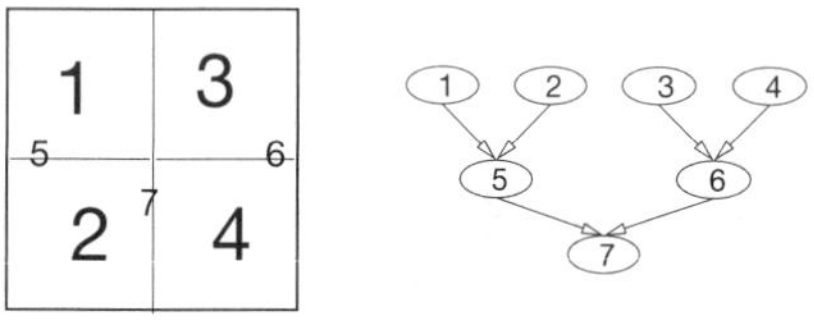

Figure 9 Bissections emboîtées

Cette méthodologie s'appelle bissections emboîtées. Elle permet de diviser la factorisation en autant d'étapes que de niveaux de bissections. À chaque étape, on descend d'un niveau en factorisant 2^n blocs, si n est le numéro de niveau. Par ailleurs, la numérotation globale sous-jacente à cette procédure de factorisation est réputée pour ses bonnes propriétés en matière de remplissage.

6.3 Difficultés

Il existe d'autres approches que celles des bissections emboîtées pour paralléliser la factorisation de matrices creuses, mais toutes reposent sur le même principe : définir des sous-blocs sur lesquels on puisse effectuer indépendamment les calculs. Toutes posent les mêmes difficultés : au fur et à mesure que la factorisation progresse, il y a de moins en moins de blocs déconnectés et ils sont de plus en plus denses. Dans le cas des bissections emboîtées, cela est particulièrement clair : le degré de parallélisme diminue d'un facteur 2 à chaque étape. De sorte qu'une parallélisation basée sur ce seul principe ne pourra pas être efficace sauf sur un petit nombre de processeurs, loi d'Amdhal oblige.

Il faut donc redécouper les blocs denses et utiliser des algorithmes par sous-blocs adaptés aux matrices pleines pour les traiter. Cela devient extrêmement compliqué, même dans le cas de la bissection emboîtée où les choses paraissent pourtant claires. Comme le nombre de blocs à traiter diminue d'un facteur 2, on pourrait en effet doubler le nombre de processeurs affectés à chacun des blocs à chaque étape. Le problème qui apparaît alors est que les blocs à traiter à une étape donnée peuvent être de tailles très différentes : autant il est facile de fabriquer des blocs de taille identique au niveau de découpage le plus élevé, autant, lorsque la géométrie du domaine de calcul est compliquée, il est illusoire d'espérer que les interfaces soient de même taille. On se heurte donc à un problème d'équilibrage des charges.

Enfin, les transferts à opérer à chaque étape pour redistribuer les différents blocs sur des nombres variables de processeurs sont complexes et éventuellement coûteux.

Tout cela fait que les méthodes directes posent de très sérieux problèmes d'extensibilité sur des systèmes à grand nombre de processeurs. Par ailleurs, le coût global en mémoire et en nombre d'opérations arithmétiques des méthodes directes augmente plus vite que la taille du problème. On peut dire que ces méthodes ne sont pas numériquement extensibles. Lorsque la taille de la matrice est multipliée par deux, même avec une parallélisation parfaitement efficace, il faut beaucoup plus que doubler le nombre de processeurs pour réaliser la factorisation dans le même temps.

7 Méthodes de résolution itératives

7.1 Principe des méthodes de Krylov

Les méthodes itératives de Krylov consistent à construire itérativement une approximation de la solution du système linéaire $Ax = b$ sous la forme $x^p = x^0 + v^p$, où v^p est un vecteur qui appartient au sous-espace dit de Krylov, généré par les vecteurs $(r^0, Ar^0, \ldots, A^{p-1}r^0)$. Le vecteur $r^0 = Ax^0 - b$ est le résidu du problème pour l'approximation initiale x_0 de la solution. Pour la plupart des méthodes de Krylov, à chaque itération, partant du résidu $r^p = Ax^p - b$, on construit une direction de correction d^p, et on cherche une meilleure approximation de la solution sous la forme :

$$x^{p+1} = x^p + \rho^p d^p$$

où ρ^p est un coefficient de minimisation du résidu :

$$r^{p+1} = Ax^{p+1} - b = r^p + \rho^p Ad^p$$

Les différentes méthodes se différencient par la construction des directions de correction, appelées directions de descente, qui vérifient certaines relations d'orthogonalité entre elles, et par le choix du critère de minimisation. On arrête les itérations lorsque le résidu est devenu suffisamment petit.

L'avantage de ces méthodes réside dans le fait qu'elles ne nécessitent que de savoir faire le produit de la matrice par un vecteur. Il n'y a donc pas de remplissage comme avec les méthodes directes. En plus d'un produit matrice-vecteur, chaque itération va nécessiter des produits scalaires et des combinaisons linéaires de vecteurs. Le coût par itération est donc linéaire par rapport à la dimension du problème.

L'inconvénient de ces méthodes est que le nombre d'itérations exigé peut être très élevé et qu'en plus il a tendance à augmenter avec la taille du problème traité, au point de devenir prohibitif.

7.2 Parallélisation

Pour paralléliser une méthode de Krylov il faut distribuer la matrice et les vecteurs, de manière cohérente évidemment. Découper les vecteurs revient à découper la matrice en blocs de lignes ou de colonnes. N'importe quel découpage des vecteurs convient pour paralléliser les produits scalaires et les combinaisons linéaires. Pour les combinaisons linéaires, c'est évident. Pour les produits scalaires, chaque processus réalise le calcul pour les tronçons de vecteur qui lui sont alloués. Puis tous les processus s'échangent leurs contributions respectives pour en calculer la somme qui donne le produit scalaire global. C'est ce que l'on appelle une opération de réduction.

Le coût de calcul principal à chaque itération réside dans le produit matrice-vecteur. Pour limiter les transferts de données entre processus, il faut faire en sorte que les coefficients de chaque bloc concernent principalement des couples d'équations du sous-vecteur local. Une fois encore, on retrouve l'idée que les blocs doivent être associés à des sous-ensembles d'équations proches alors que les blocs doivent être aussi peu connectés que possible entre eux. Ce qui conduit naturellement à un découpage en blocs défini par un découpage du maillage, comme l'exemple d'un découpage en deux ci-dessous.

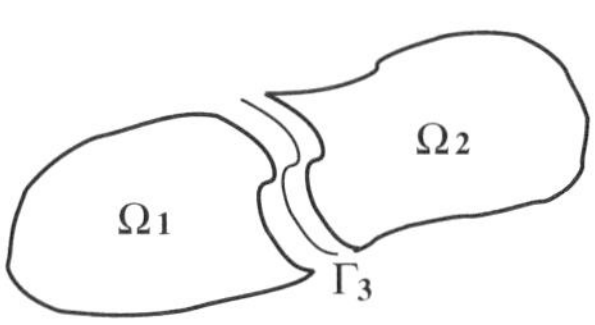

Figure 10 Découpage en deux sous-domaines

Avec cette approche, la matrice globale se découpe naturellement en deux sous-matrices associée chacune à un sous-ensemble de mailles.

$$\begin{bmatrix} A_{11} & A_{13} \\ A_{31} & A_{33}^{(1)} \end{bmatrix} \qquad \begin{bmatrix} A_{22} & A_{23} \\ A_{32} & A_{33}^{(2)} \end{bmatrix}$$

Chaque matrice va être allouée à un processus distinct. La seule question concerne l'attribution des coefficients du bloc A_{33} à l'une ou l'autre des deux matrices, ce qui revient à décider duquel des deux processus traitera les données des vecteurs sur l'interface.

La première option consiste à attribuer la gestion de l'interface à l'un des processus, le premier par exemple. Ce qui revient à prendre $A_{33}^{(1)} = A_{33}$ et $A_{33}^{(2)} = 0$. Les paquets de lignes 1 et 3 des vecteurs sont alloués au premier processus, le second traitant le paquet 2. Le produit de matriciel $y = Ax$ peut se décomposer de la manière suivante :

$$\begin{bmatrix} y_1 \\ y_3^{(1)} \end{bmatrix} = \begin{bmatrix} A_{11} & A_{13} \\ A_{31} & A_{33} \end{bmatrix} \begin{bmatrix} x_1 \\ x_3 \end{bmatrix}$$

$$\begin{bmatrix} y_1 \\ y_3^{(2)} \end{bmatrix} = \begin{bmatrix} A_{22} & A_{23} \\ A_{32} & 0 \end{bmatrix} \begin{bmatrix} x_2 \\ x_3 \end{bmatrix}$$

le résultat complet sur l'interface étant donné par $y_3 = y_3^{(1)} + y_3^{(2)}$. Il apparaît que pour pouvoir réaliser ce produit en parallèle, le second processus a besoin du vecteur x_3 pour réaliser le produit par sa matrice locale. À l'issue du produit, il a calculé une contribution $y_3^{(2)}$ au résultat sur l'interface dont le premier processus a besoin. La séquence des opérations est donc la suivante :

1. Envoi de x_3 du premier processus vers le second.
2. Produit matrice-vecteur local en parallèle.
3. Envoi de $y_3^{(2)}$ du second processus vers le premier et assemblage de $y_3 = y_3^{(1)} + y_3^{(2)}$.

On voit que chacun des processus a de toute manière besoin des composantes 3 des vecteurs. L'autre option consiste à découper le bloc A_{33} en deux parties telles que $A_{33} = A_{33}^{(1)} + A_{33}^{(2)}$. Les deux processus possèdent donc tous les deux le bloc numéro 3 des lignes des vecteurs.

$$\begin{bmatrix} y_1 \\ y_3^{(1)} \end{bmatrix} = \begin{bmatrix} A_{11} & A_{13} \\ A_{31} & A_{33}^{(1)} \end{bmatrix} \begin{bmatrix} x_1 \\ x_3 \end{bmatrix}$$

$$\begin{bmatrix} y_1 \\ y_3^{(2)} \end{bmatrix} = \begin{bmatrix} A_{22} & A_{23} \\ A_{32} & A_{33}^{(2)} \end{bmatrix} \begin{bmatrix} x_2 \\ x_3 \end{bmatrix}$$

La séquence des opérations est maintenant la suivante :

1. Produit matrice-vecteur local en parallèle.
2. Échange de de $y_3^{(1)}$ et $y_3^{(2)}$ entre les deux processus.

3. Assemblage de $y_3 = y_3^{(1)} + y_3^{(2)}$.

La troisième étape est redondante, mais il vaut mieux que les deux processus fassent le calcul plutôt qu'un seul des deux qui enverra après le résultat à l'autre, puisque la vitesse de calcul est beaucoup plus élevée que la vitesse de transfert.

En termes de transferts, la deuxième méthode présente l'avantage que les échanges de données entre les processus sont simultanés, ce qui prend deux fois moins de temps finalement que les transferts de données alternés de la première. De plus, le découpage du bloc matriciel A_{33} est très naturel en général puisque les coefficients sont obtenus par une intégration spatiale. Lorsque l'on intègre sur un demi-maillage, on trouve bien respectivement des matrices locales $A_{33}^{(1)}$ et $A_{33}^{(2)}$ dont la somme est égale à A_{33}. Ce mode de fonctionnement revient donc à considérer une répartition de la matrice fondée sur un découpage spatial du domaine de calcul. On parlera alors d'approche par sous-domaines.

7.3 Découpage en sous-domaines et parallélisation distribuée

En fait, le découpage de maillage est une méthodologie générale pour paralléliser complètement les codes. En effet, la formation des problèmes algébriques passe par des calculs d'intégration spatiale sur les mailles du maillage. Distribuer les mailles, c'est permettre, comme on l'a déjà remarqué, une parallélisation aisée de toute ces phases du code en mode SPMD. Chaque processus va, en pratique, exécuter le même code, mais en travaillant sur le sous-domaine qui lui est affecté. La question de l'équilibrage des charges se règle en découpant en sous-domaines de même taille. De plus, cette approche permet de réutiliser les codes non parallèles existants, puisque le découpage des données peut être réalisé *a priori* et que le code qui va traiter la formation d'une matrice locale est le même que celui qui servirait à calculer la matrice globale avec le maillage non découpé.

Pour la phase de résolution, il faut savoir, on l'a vu, réaliser deux types d'échanges : les échanges globaux pour les produits scalaires et les échanges de données aux interfaces entre sous-domaines pour le produit matrice-vecteur. En ce qui concerne les premiers, toutes les bibliothèques d'échanges de messages possèdent des fonctions optimisées pour réaliser les opérations de réduction associées. Pour réaliser les échanges de données aux interfaces, il faut qu'en plus du maillage local du sous-domaine, chaque processus dispose de la description de ses interfaces.

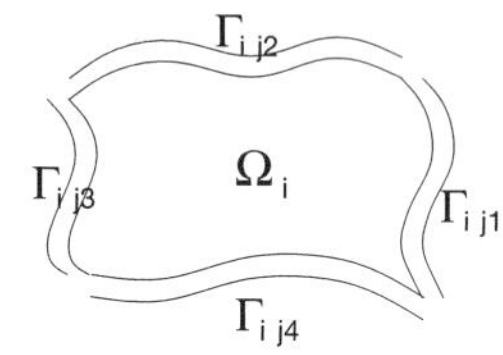

Figure 11 Interfaces d'un sous-domaine

Comment se décrit une interface ? Très simplement par le numéro du sous-domaine voisin et la liste des équations situées sur l'interface. Les phases d'échanges aux interfaces se font donc dans le cas général comme on l'a décrit pour deux sous-domaines. Chaque processus envoie à chacun des processus traitant les sous-domaines voisins du sien la restriction du vecteur local pour la liste des équations sur l'interface. En retour, il reçoit en provenance de chacun de ses voisins, un paquet de données de même dimension que celui qu'il a envoyé. Pour le produit matrice-vecteur, les valeurs reçues s'ajoutent, interface par interface, aux valeurs locales.

7.4 Préconditionnement local

Les méthodes itératives ont en général besoin d'être préconditionnées. Préconditionner consiste schématiquement à trouver une approximation $\tilde{A}^{-1}$ de l'inverse de la matrice et à construire les directions de recherche, non pas à l'aide du résidu, $r^p = Ax^p - b$, mais à partir du résidu préconditionné, $\tilde{A}^{-1}r^p$. En effet, si $\tilde{A}^{-1}r^p$ était exactement égal à $A^{-1}r^p = x^p - x$, la méthode convergerait immédiatement avec $\rho^p = -1$. On voit au passage qu'il n'est pas nécessaire de connaître explicitement $\tilde{A}^{-1}$. Il suffit de savoir résoudre de manière approchée le système $Ad^p = r^p$. De sorte que beaucoup de méthodes de préconditionnement reposent sur des factorisations approchées de la matrice A.

Dans le cadre d'une approche par sous-domaines, on peut envisager une résolution exacte du problème local. Dans le cas du découpage en deux sous-domaines, cela consiste à factoriser les sous-blocs internes A_{11} et A_{22}. Pour une valeur donnée de de la solution approchée sur l'interface, x_3^p, on peut alors résoudre exactement les systèmes pour les équations locales internes :

$$A_{11}x_1^p = b_1 - A_{13}x_3^p \qquad A_{22}x_2^p = b_2 - A_{23}x_3^p$$

Que vaut le résidu global pour cette valeur de x^p ?

$$\begin{bmatrix} A_{11} & 0 & A_{13} \\ 0 & A_{22} & A_{23} \\ A_{31} & A_{32} & A_{33} \end{bmatrix} \begin{bmatrix} x_1^p \\ x_2^p \\ x_3^p \end{bmatrix} - \begin{bmatrix} b_1 \\ b_2 \\ b_3 \end{bmatrix} = \begin{bmatrix} 0 \\ 0 \\ r_3^p \end{bmatrix}$$

Grâce à la résolution des sous-systèmes internes dans chaque sous-domaine, le résidu est nul partout sauf à l'interface entre les deux sous-domaines. Comment faire pour que cette propriété soit vérifiée automatiquement à l'itération suivante par $x^{p+1} = x^p + \rho^p d^p$? Il suffit que la direction de descente d^p vérifie les même équations locales que x^p, linéarisées :

$$A_{11}d_1^p = -A_{13}d_3^p \qquad A_{22}d_2^p = -A_{23}d_3^p$$

On peut maintenant décrire le principe de la méthode préconditionnée. La solution approchée initiale est construite de telle sorte qu'elle vérifie les équations locales :

$$A_{11}x_1^0 = b_1 - A_{13}x_3^0 \qquad A_{22}x_2^0 = b_2 - A_{23}x_3^0$$

À chaque itération, la direction de descente est corrigée par la résolution des équations locales :

$$A_{11}d_1^p = -A_{13}d_3^p \qquad A_{22}d_2^p = -A_{23}d_3^p$$

Ce préconditionneur peut être qualifié de localement optimal puisque le résidu est toujours nul à l'intérieur de chaque sous-domaine. Le préconditionneur parfait, l'inverse exact, rendant le résidu nul partout. La différence par rapport à la méthode initiale non préconditionnée réside dans le fait qu'il faut tout d'abord factoriser les matrices locales, puis, à chaque itération, faire une descente remontée dans chaque sous-domaine pour calculer la direction de descente.

Du fait du remplissage, la descente remontée réalisée dans chaque sous-domaine coûte beaucoup plus cher que le produit matrice-vecteur. La méthode préconditionnée est donc certainement bien plus efficace du point de vue du parallélisme, puisque sa granularité est bien meilleure : à chaque iteration, les transferts sont les mêmes, avec ou sans préconditionneur, mais le nombre d'opérations arithmétiques est bien plus grand. En revanche, le préconditionnement n'est réellement rentable que s'il permet de diminuer d'un facteur largement supérieur à deux le nombre d'itérations.

8 Méthodes de résolution par sous-domaines

8.1 Réinterprétation du préconditionneur local

Une méthode de Krylov consiste à faire tendre le résidu $r^p = Ax^p - b$ vers 0. Avec le préconditionnement local, le résidu est nul à l'intérieur des sous-domaines et l'objectif n'est plus que de faire tendre le résidu à l'interface r_3^p vers 0. Du fait de la procédure d'initialisation,

$$A_{11}x_1^0 = b_1 - A_{13}x_3^0 \qquad A_{22}x_2^0 = b_2 - A_{23}x_3^0$$

la solution initiale est déterminée par sa seule valeur sur l'interface x_3^0. De même la valeur sur l'interface d_3^p suffit pour définir la direction de descente, puisque le préconditionnement détermine les valeurs à l'intérieur des sous-domaines :

$$A_{11}d_1^p = -A_{13}d_3^p \qquad A_{22}d_2^p = -A_{23}d_3^p$$

Dans la méthode préconditionnée, les seules inconnues du problème sont donc les valeurs sur l'interface. On peut donc considérer que la méthode revient à itérer sur un problème posé sur l'interface seulement, la solution du problème global étant définie comme le prolongement à l'intérieur des sous-domaines des valeurs à l'interface par la résolution de problèmes locaux :

$$A_{11}x_1 = b_1 - A_{13}x_3 \qquad A_{22}x_2 = b_2 - A_{23}x_3$$

À partir de ces équations, on peut écrire explicitement ce que valent x_1 et x_2 en fonction de x_3 :

$$\begin{aligned} x_1 &= A_{11}^{-1}b_1 - A_{11}^{-1}A_{13}x_3 \\ x_2 &= A_{22}^{-1}b_2 - A_{22}^{-1}A_{23}x_3 \end{aligned}$$

Ces formules permettent d'expliciter le problème à l'interface, à partir du résidu :

$$r_3 = A_{31}x_1 + A_{32}x_2 + A_{33}x_3 - b_3$$

Par substitution, le problème $r_3 = 0$ s'écrit :

$$\begin{aligned} (A_{33} - A_{31}A_{11}^{-1}A_{13} - A_{32}A_{22}^{-1}A_{23})\,x_3 = \\ b_3 - A_{31}A_{11}^{-1}b_1 - A_{32}A_{22}^{-1}b_2 \end{aligned}$$

La matrice du problème sur l'interface est donc le complément de Schur de la matrice globale :

$$A = \begin{bmatrix} A_{11} & 0 & A_{13} \\ 0 & A_{22} & A_{23} \\ A_{31} & A_{32} & A_{33} \end{bmatrix}$$

C'est pourquoi cet algorithme de résolution s'appelle méthode du complément de Schur. Il faut remarquer que l'on ne calcule pas explicitement le complément de Schur. En revanche, résoudre les problèmes locaux puis calculer le résidu à l'interface revient à calculer le produit par le complément de Schur.

On peut considérer cet algorithme comme un hybride entre méthodes directes et itératives, que l'on qualifie de méthode de résolution par sous-domaines. En effet, la factorisation des matrices locales représente un début de factorisation de la matrice globale. Pour la compléter, il faudrait tout d'abord calculer explicitement le complément de Schur puis le factoriser. En lieu de quoi on résout ici le problème à l'interface par une méthode itérative. La méthode est a priori plus robuste que les méthodes itératives mais moins coûteuse qu'une factorisation globale si elle converge suffisamment vite. Du point de vue du parallélisme, elle est forcément plus efficace que les méthodes directes et itératives classiques.

8.2 Une méthodologie générale

La méthode du complément de Schur converge très vite pour certains problèmes linéaires issus de la discrétisation d'équations aux dérivées partielles de type elliptique. Ce n'est pas le cas pour d'autres catégories d'équations. Ce n'est pas l'algèbre linéaire qui explique ce comportement : *a priori* un complément de Schur n'a pas de raison d'avoir des propriétés beaucoup plus favorables pour les méthodes de Krylov que la matrice dont il est issu. Il existe cependant une méthodologie générale pour définir différentes méthodes de résolution par sous-domaines. Il s'agit ensuite de trouver les paramètres optimaux pour résoudre chaque type de problème. Le principe consiste toujours à satisfaire les équations internes dans chaque sous-domaine. En revanche le problème à l'interface change.

Dans la méthode du complément de Schur, les inconnues sur l'interface sont les restrictions de la solution du problème global. Plus généralement, toujours dans le cas de deux sous-domaines pour simplifier l'écriture, on peut introduire deux inconnues λ_1 et λ_2, à l'interface des deux sous-domaines. Par ailleurs la composante du second membre sur l'interface se découpe en deux parties, comme le bloc A_{33} de la matrice, avec :

$$b_3 = b_3^{(1)} + b_3^{(2)}$$

On peut alors écrire deux systèmes linéaires locaux indépendants :

$$\begin{bmatrix} A_{11} & A_{13} \\ A_{31} & A_{33}^{(1)} + C_{33}^{(1)} \end{bmatrix} \begin{bmatrix} x_1 \\ x_3^{(1)} \end{bmatrix} = \begin{bmatrix} b_1 \\ b_3^{(1)} + \lambda_1 \end{bmatrix}$$

$$\begin{bmatrix} A_{22} & A_{23} \\ A_{32} & A_{33}^{(2)} + C_{33}^{(2)} \end{bmatrix} \begin{bmatrix} x_2 \\ x_3^{(2)} \end{bmatrix} = \begin{bmatrix} b_2 \\ b_3^{(2)} + \lambda_2 \end{bmatrix}$$

les matrices $C_{33}^{(1)}$ et $C_{33}^{(1)}$ étant des opérateurs qui vont influencer le comportement des systèmes locaux.

Quel est le problème sur l'interface associé à ces équations locales ? Pour le définir, il faut écrire les équations sur l'interface qui assurent que les solutions des problèmes locaux sont bien les restrictions de la solution du problème global. On peut qualifier la première équation de condition d'admissibilité. En effet, pour que les solutions des problèmes locaux aient une chance d'être les restrictions de la solution x, du problème global $Ax = b$, il faut évidemment que :

$$x_3^{(1)} = x_3^{(2)}$$

La deuxième équation est une condition qui porte sur le résidu. Si la condition d'admissibilité est satisfaite et que l'on note $x_3 = x_3^{(1)} = x_3^{(2)}$, les deux systèmes locaux contiennent bien les équations des problèmes internes des sous-domaines :

$$A_{11}x_1 = b_1 - A_{13}x_3 \qquad A_{22}x_2 = b_2 - A_{23}x_3$$

De sorte que pour satisfaire le système global il ne manque plus que l'équation sur l'interface :

$$A_{31}x_1 + A_{32}x_2 + A_{33}x_3 = b_3$$

Puisqu'en additionnant les deux équations sur l'interface des deux problèmes locaux, on trouve :

$$A_{31}x_1 + A_{32}x_2 + A_{33}x_3 + C_{33}^{(1)}x_3 + C_{33}^{(2)}x_3 = b_3 + \lambda_1 + \lambda_2$$

il suffit donc finalement d'avoir :

$$C_{33}^{(1)}x_3 + C_{33}^{(2)}x_3 = \lambda_1 + \lambda_2$$

Les deux équations sur l'interface qui assurent que les solutions des problèmes locaux sont bien les restrictions de la solution du problème global s'écrivent donc :

$$x_3^{(1)} = x_3^{(2)}$$
$$C_{33}^{(1)}x_3 + C_{33}^{(2)}x_3 = \lambda_1 + \lambda_2$$

x_3 étant la valeur commune de $x_3^{(1)}$ et $x_3^{(2)}$.

De sorte que l'on peut aussi écrire les deux équations équivalentes aux précédentes :

$$\lambda_1 + \lambda_2 - (C_{33}^{(1)} + C_{33}^{(2)})\, x_3^{(2)} = 0$$

$$\lambda_1 + \lambda_2 - (C_{33}^{(1)} + C_{33}^{(2)})\, x_3^{(1)} = 0$$

La méthode de résolution par sous-domaines ainsi définie consiste à itérer par une méthode de Krylov sur les équations à l'interface d'inconnues λ_1 et λ_2 ci-dessus. Pour chaque nouvelle valeur de λ_1 et λ_2, le résidu associé se détermine en calculant $x_3^{(1)}$ et $x_3^{(2)}$ par la résolution directe des deux systèmes locaux :

$$\begin{bmatrix} A_{11} & A_{13} \\ A_{31} & A_{33}^{(1)} + C_{33}^{(1)} \end{bmatrix} \begin{bmatrix} x_1 \\ x_3^{(1)} \end{bmatrix} = \begin{bmatrix} b_1 \\ b_3^{(1)} + \lambda_1 \end{bmatrix}$$

$$\begin{bmatrix} A_{22} & A_{23} \\ A_{32} & A_{33}^{(2)} + C_{33}^{(2)} \end{bmatrix} \begin{bmatrix} x_2 \\ x_3^{(2)} \end{bmatrix} = \begin{bmatrix} b_2 \\ b_3^{(2)} + \lambda_2 \end{bmatrix}$$

La méthode est définie par le choix des opérateurs $C_{33}^{(1)}$ et $C_{33}^{(2)}$. Ceux-ci vont déterminer à la fois le comportement des systèmes locaux et les propriétés de l'opérateur à l'interface. Ce qui ouvre un vaste champ de recherche sur la définition des opérateurs optimaux. Pour chaque type de problème, une nouvelle analyse s'impose, qui pourra s'appuyer à la fois sur des connaissances sur les phénomènes physiques, les modèles mathématiques, et l'analyse numérique matricielle.

Comme pour la méthode du complément de Schur, la généralisation au cas général d'un découpage en plus de deux sous-domaines est immédiate. Le problème aux interfaces complet est défini, interface par interface, comme dans le cas de deux sous-domaines.

Cependant les méthodes de résolution par sous-domaines souffrent aussi de problèmes d'extensibilité : plus le nombre de sous-domaines croît, plus le nombre d'itérations nécessaire tend à augmenter. Cela peut s'expliquer intuitivement par l'augmentation de la distance entre les sous-domaines : ce que l'on capture bien avec ce genre d'approche, ce sont les interactions avec les sous-domaines voisins. Mais les interactions avec les sous-domaines lointains nécessitent des itérations successives pour que les informations circulent de proche en proche. Des approches multiéchelles permettent parfois de résoudre ce problème, mais au prix d'une augmentation sensible de la complexité des algorithmes.

9 Conclusion

La clé de la performance sur les calculateurs parallèles à mémoire distribuée réside dans la localisation temporelle et spatiale des données. Pour les codes de calcul scientifique, la méthodologie pour l'obtenir consiste à découper le maillage du domaine de calcul spatial. Cela permet de distribuer et de paralléliser facilement toutes les phases de calcul par maille. Reste la question des méthodes de résolution des systèmes linéaires creux.

Le découpage du maillage permet encore de définir des algorithmes parallèles directs, itératifs ou hybrides. Mais qui souffrent tous de problèmes d'extensibilité. L'efficacité sur des systèmes à très grand nombre de processeurs passe certainement par le couplage à différents niveaux des diverses approches.

La définition des méthodes optimales n'est pas qu'un problème d'informatique, ni même d'algèbre linéaire, car les propriétés des matrices dépendent de la physique et des modèles mathématiques et numériques utilisés pour la simulation. C'est ce caractère fortement multidisciplinaire qui rend à la fois difficile et passionnant la discipline qu'est le calcul scientifique.

Bibliographie

I. S. Duff, A. M. Ersiman and J. K. Reid (1989), *Direct Methods for Sparse Matrices*, Oxford University Press Oxford.

P. Lascaux, R. Theodor (2000), *Analyse numérique matricielle appliquée à l'art de l'ingénieur*, Dunod Paris.

Y. Robert, A. Legrand (2003), *Algorithmique parallèle*, Dunod Paris.

Y. Saad (2003), *Iterative Methods for Sparse Linear Systems*, SIAM Philadelphia.

B. Smith, P. Bjorstad and W. Gropp (1996), *Domain Decomposition : Parallel Multilevel Methods for Elliptic Partial Differential Equations*, Cambridge University Press Cambridge.

Pour un usage raisonné des logiciels de calcul et des bibliothèques scientifiques

Michel Salaün, Christine Espinosa

Mots-clés : algorithme, calcul scientifique, critères de choix, démarche utilisateur, erreur d'arrondis, modélisation, stabilité.

Résumé : après avoir donné une classification relativement grossière des grands logiciels de calcul, un certain nombre de problèmes que peut rencontrer l'utilisateur comme le concepteur de codes de calculs, sont mis en évidence. Ensuite, quelques critères de choix d'algorithmes sont évoqués. Enfin, la démarche générique d'un utilisateur est sommairement décrite et illustrée par un exemple.

Les grands logiciels de calcul sont aujourd'hui présents aussi bien dans nombre d'entreprises que dans l'enseignement supérieur. D'ailleurs, la compétence dans l'utilisation de certains codes de calculs est non seulement appréciée mais indispensable pour obtenir un emploi dans certains secteurs d'activités. L'objet de cet article est de traiter de ces logiciels de calcul et des bibliothèques scientifiques. Cependant, se borner à un descriptif de ceux-ci tournerait rapidement à une énumération aussi fastidieuse que de peu d'intérêt. Aussi, nous nous focaliserons sur quelques points relatifs à l'usage de ce que nous regrouperons sous le nom générique de « codes de calcul ».

Dans un premier temps, nous donnerons une classification volontairement simpliste de ce que l'on entend par logiciel ou bibliothèques scientifiques. Cependant, aussi bien l'utilisateur de codes de calcul que celui qui les écrit, peuvent être amenés à renconter un certain nombre de problèmes d'ordre numérique, essentiellement liés à la représentation des nombres sur ordinateur et à la propagation de ces erreurs : nous illustrerons cela au travers de quelques exemples. Cette partie sera suivie d'un exposé permettant de guider l'utilisateur dans le choix d'algorithmes, tout en dévoilant quelques pièges à éviter. Pour cela, nous nous focaliserons sur quelques exemples de base, à savoir la résolution des systèmes linéaires, l'étude des équations d'évolution, les problèmes issus de la mécanique des fluides et l'optimisation. Enfin, nous décrirons brièvement, au travers de l'exemple de la certification au crash d'un siège d'aéronef, certains aspects caractéristiques de la démarche d'un utilisateur.

1 Petit classement des logiciels et bibliothèques scientifiques

De façon très schématique, on peut ranger les différents types de logiciels rencontrés essentiellement en fonction des applications pour lesquelles ils ont été conçus.

À une extrémité du spectre, on trouvera les logiciels qualifiés de *logiciels métiers*. Ils traitent de problèmes extrêmement précis et sont sensés en donner une solution fiable. Ces logiciels sont supposés inclure au moment de leur utilisation l'essentiel du savoir-faire disponible sur le problème à traiter, que ce soit en modélisation des phénomènes physiques, en méthodes de résolution numérique, en bases de données (caractéristiques physiques des matériaux par exemple) ou en vocabulaire. En principe, l'utilisateur n'a pas besoin de connaître les équations qui gouvernent son modèle ni les méthodes numériques utilisées pour les résoudre.

D'ailleurs, l'interface homme-machine qui permet de les utiliser est dédiée « métier » et non pas choix de méthodes numériques ou de modèles. Deux exemples, parmi de nombreux autres, de ce type de logiciel : AdvantEdge[1] qui est un code éléments finis dédié à la modélisation numérique de l'usinage des matériaux métalliques, et Optris[2] qui est un code de simulation de l'emboutissage. On notera que, dans le cas de cette famille de logiciels, les résultats obtenus sont parfois corrigés par l'expérience de celui qui l'utilise : il peut en effet avoir souvent eu l'occasion de comparer ce que fournit le code et ce que donne la réalité.

À l'autre extrémité du spectre, on trouvera des logiciels extrêmement ouverts servant à faire ses propres applications, sans avoir à tout programmer. Dans ce domaine, l'exemple le plus connu est Matlab[3], qui se présente comme une bibliothèque de programmes génériques ou dédiés (optimisation, traitement du signal...). L'utilisateur peut rapidement mettre au point des programmes relativement complexes en s'affranchissant d'un certain nombre de développements : par exemple, tout ce qui relève de l'algèbre linéaire de base (résolution de systèmes linéaires, recherche de valeurs propres, solution approchée au sens des moindres carrés...) ou de la visualisation, existe déjà et l'utilisateur peut utiliser les fonctions correspondantes telles quelles, sans avoir besoin de les écrire et de les tester, ce qui pourrait être le cas s'il écrivait totalement son code. Dans ce cas, bien entendu, l'utilisateur est tributaire de la modélisation qu'il fait, ainsi que des erreurs de programmation (formules erronées, erreurs dans des passages de paramètres...). Il doit donc rester extrêmement vigilant sur les résultats qu'il obtient, le mieux étant de les comparer à des solutions de référence (solution analytique exacte du problème, résultats obtenus par d'autres codes...).

Entre ces deux cas limites de logiciels se situent la plupart des logiciels commerciaux ou de recherche. En général, ils sont rattachés à un ou plusieurs domaines de la physique : mécanique des structures (Nastran, Abaqus, Samcef...), mécanique des fluides (Fluent), électromagnétisme... Lors de leur utilisation, l'ingénieur fait son « cocktail » de méthodes en fonction de son application avec les mêmes risques et dangers que dans le cas précédent.

[1] www.thirdwavesys.com/products_advantedge_module.php

[2] www.esi-group.com/Products/Optris

[3] www.mathworks.fr

2 Quelques remarques sur le calcul scientifique

2.1 Erreurs d'arrondis

Lorsque l'on fait des calculs sur un ordinateur, le premier point à avoir en tête est que l'ordinateur ne fait pas des calculs exacts, que, par exemple, l'ordre des opérations peut avoir une influence notable sur la qualité des résultats obtenus. Ce type d'erreur relève essentiellement de la représentation des nombres en machine. Nous allons illustrer ceci sur un petit exemple de résolution d'un système linéaire de deux équations à deux inconnues.

On considère donc le système linéaire suivant :

$$\left\{\begin{array}{ccccc} 10^{-4} & x & + & y & = & 1 \\ & x & + & y & = & 2 \end{array}\right. \qquad (1.1)$$

dont la solution, à 10^{-4} près, vaut : $x = 1.0001$ et $y = 0.9999$. On résout ce système en utilisant la méthode de Gauss (Lascaux-Theodor, 1993), sur un ordinateur à arithmétique flottante à trois décimales. Autrement dit, un nombre y est représenté avec une mantisse à trois chiffres et un exposant. On a donc :

$$\begin{array}{lcl} 10^{-4} & = & 0.100 * 10^{-3} \\ 1 & = & 0.100 * 10^{+1} \end{array}$$

On notera que les deux nombres 1 et 10^{-4} sont représentés exactement sur cette machine. Maintenant, calculons $1 + 10^{-4}$. On obtient :

$$\begin{array}{lcl} 1 + 10^{-4} & = & 0.100 * 10^{+1} + 0.100 * 10^{-4} \\ & = & 0.100 * 10^{+1} + 0.000 * 10^{+1} \\ & = & 1 \end{array}$$

ce qui met en évidence le phénomène d'erreurs d'arrondis. On aurait de même : $1 + 10^4 = 10^4$...

La méthode de Gauss consiste à éliminer la variable x de la seconde équation de (1.1) en remplaçant celle-ci par elle-même à laquelle on enlève $1 / 10^{-4}$ fois la première équation. On a donc :

$$(x+y) - \frac{1}{10^{-4}}(10^{-4}x+y) = 2 - \frac{1}{10^{-4}} * 1 \ ,$$

soit :

$$y - 10^4 y = 2 - 10^4 \ .$$

On notera au passage que la variable x est exactement éliminée. Mais finalement, à cause des erreurs d'arrondis, la relation précédente devient :

$$-10^4 y = -10^4 \ .$$

Le système (1.1) devient donc :

$$\begin{cases} 10^{-4}\,x & + & y & = & 1 \\ & & -10^{4}\,y & = & -10^{4} \end{cases}$$

qui a pour solution : $y = 1$ et $x = 0$, qui est fausse !

Reprenons maintenant le même algorithme sur la même machine sur le système *mathématiquement équivalent* – on s'est contenté d'échanger l'ordre des équations ! – à (1.1) :

$$\begin{cases} & x & + & y & = & 2 \\ 10^{-4} & x & + & y & = & 1 \end{cases} \qquad (1.2)$$

On remplace donc la seconde équation de (1.2) par elle-même à laquelle on enlève $10^{-4}\ /\ 1$ fois la première équation. Il vient :

$$(10^{-4}x + y) - \frac{10^{-4}}{1}\,(x + y) = 1 - \frac{10^{-4}}{1} * 2 \quad ,$$

soit :

$$y - 10^{-4}\,y = 1 - 10^{-4} * 2 \quad ,$$

ce qui donne :

$$y = 1 \ .$$

Le système triangulaire dérivé s'écrit alors :

$$\begin{cases} x & + & y & = & 2 \\ & & y & = & 1 \end{cases}$$

qui a pour solution : $y = 1$ et $x = 1$, qui, elle, est juste, compte tenu de la précision de notre ordinateur !

On peut conclure de ce petit exemple que l'ordre dans lequel on a effectué les opérations peut changer complètement la solution numérique obtenue. Certes, ceci peut paraître ridicule aussi bien en taille du système linéaire qu'en précision de l'ordinateur. Mais quand le système contient plusieurs milliers, voire millions, d'inconnues comme on en résout couramment maintenant, on sent bien que la précision de l'ordinateur ne « suivra » jamais.

Une dernière remarque avant de clore cette partie : l'exemple étudié ici est classique et bien connu. On sait que, lorsque la méthode de Gauss est choisie pour résoudre un système linéaire, une stratégie dite de pivot doit impérativement être utilisée pour espérer avoir une solution correcte (Lascaux-Theodor, 1993). On peut donc considérer que ce type de problème relève quasiment de l'erreur de programmation et qu'une bibliothèque scientifique évitera toujours cela. C'est pourquoi nous allons reprendre ce problème d'erreurs d'arrondis sous un autre angle.

2.2 Stabilité

L'idée intuitive de la stabilité est la suivante : lorsque l'on résout un problème, et surtout lorsqu'il est linéaire, on s'attend à ce que si l'on change très légèrement les données (second membre ou matrice pour un système linéaire, par exemple), la solution obtenue reste très proche de la solution du problème non perturbé. Malheureusement, ce n'est pas toujours le cas, comme va l'illuster l'exemple suivant.

Ici encore, on va faire simple en considérant un système linéaire de deux équations à deux inconnues, à savoir :

$$\begin{cases} 10\,x & + & 7\,y & = & 17 \\ 7\,x & + & 5\,y & = & 12 \end{cases} \qquad (1.3)$$

dont la solution est : $x = y = 1$. Considérons maintenant le système où l'on a très légèrement modifié le second membre :

$$\begin{cases} 10\,x & + & 7\,y & = & 17,5 & = & 17 + 0,5 \\ 7\,x & + & 5\,y & = & 11,5 & = & 12 - 0,5 \end{cases} \qquad (1.4)$$

La solution exacte est alors : $x = 7$ et $y = -7,5$! Considérons enfin une légère perturbation de la matrice :

$$\begin{cases} 10\,x & + & 7,5\,y & = & 17 \\ 6.5\,x & + & 5\,y & = & 12 \end{cases} \qquad (1.5)$$

Maintenant, la solution exacte s'écrit : $x = -4$ et $y = 7,6$!

Attention de bien noter que, contrairement à l'exemple précédent, dans ces trois cas, le calcul est mathématiquement exact : il n'y a ni erreur d'arrondis ni « erreur de programmation »... Le problème est que la matrice, que nous noterons A, du système (1.3) est ce que l'on appelle *mal conditionnée*, ce qui se traduit par son « aptitude » à amplifier des petites variations sur elle-même et/ou sur le second membre. Mathématiquement, le conditionnement d'une matrice peut se mesurer par le rapport des valeurs propres extrêmes en module, qui dans le cas de notre matrice est de l'ordre de $cond(A) \simeq \frac{14,933}{0,067} \simeq 223$. Si l'on note X et X' les solutions respectives des systèmes (1.3) et (1.4), associés aux seconds membres notés B et B', il est facile de calculer les normes euclidiennes :

$$\frac{\|X - X'\|}{\|X\|} \simeq 7,357 \qquad \frac{\|B - B'\|}{\|B\|} \simeq 0,034$$

et l'on a :

$$\begin{aligned} \frac{\|X - X'\|}{\|X\|} &\simeq 217\,\frac{\|B - B'\|}{\|B\|} \\ &\approx cond(A)\,\frac{\|B - B'\|}{\|B\|} \end{aligned}$$

On pourrait vérifier de même que :

$$\frac{\| X - X'' \|}{\| X \|} \approx cond(A) \frac{\| A - A'' \|}{\| A \|}$$

en notant $A'' X'' = B$ le système (1.5).

Le lecteur peut alors se poser la question du lien entre ce problème de stabilité et celui des erreurs d'arrondis. En effet, on pourra penser à juste titre qu'il y a des matrices qui amplifient plus que d'autres les petites variations, mais que ce n'est pas plus gênant que ça. Et du point de vue strictement mathématique, c'est vrai. Les problèmes commencent lorsque que l'on passe sur ordinateur, car celui-ci commet des erreurs d'arrondis lors de la représentation des nombres : sans aller chercher des nombres « compliqués » comme π ou $\sqrt{2}$, un nombre aussi « simple » que 1 / 3 ne sera jamais exactement représenté. Autrement dit, si l'on reste sur notre exemple des systèmes linéaires, l'effet des erreurs d'arrondis est de remplacer la matrice exacte A par une matrice approchée A', de même le second membre exact B par un vecteur approché B'. Le mauvais conditionnement aura alors pour conséquence d'amplifier aussi ces erreurs d'arrondis, donc de conduire à des résultats qui peuvent être complètement faux ! Et ceci, nous le répétons, n'est pas lié à une erreur de programmation de la méthode de résolution du système linéaire : c'est une propriété intrinsèque de la matrice. On indiquera plus loin une façon de « résoudre » ce problème, qu'il suffise de dire pour le moment, qu'ici aussi, l'utilisateur doit toujours rester critique sur les résultats numériques qu'il obtient, et donc que s'il obtient des résultats étranges à partir d'un code réputé fiable, le problème peut se situer ailleurs que dans le code lui-même.

Une dernière remarque sur ce problème de stabilité. Les exemples donnés plus haut sont d'ordre essentiellement mathématiques. Mais ils ont aussi des conséquences sur la modélisation physique des phénomènes. En effet, la matrice A est généralement issue d'une modélisation d'un problème physique, de même que le second membre. Ce dernier, mais plus rarement la matrice, peuvent être des résultats de mesure. C'est ce qui se passe lorsque l'on cherche à identifier des grandeurs physiques à partir de mesures expérimentales. Or qui dit expériences dit erreurs de mesure. On retombe à nouveau sur ces petites variations de la matrice ou du second membre, donc sur le problème de stabilité. Donc, ici encore, il faut rester particulièrement vigilant, c'est-à-dire savoir estimer a priori les variations ou erreurs autorisées sur la solution que l'on cherche à calculer. Par exemple, un résultat numérique de $17,3972438$ peut être approché par 17, $17,4$ ou $17,397$: c'est l'ingénieur « utilisateur » qui sait à quel niveau de précision ce résultat doit être utilisé.

3 Choisir un algorithme de calcul

Dans cette partie, nous n'entendons pas être exhaustifs mais simplement pointer sur quelques méthodes et critères de choix. L'idée essentielle, que nous chercherons à mettre en évidence à travers ces quelques exemples, est que, pour résoudre un problème posé, l'utilisateur a généralement accès à plusieurs méthodes, mais qu'il a aussi plusieurs contraintes, qu'il lui appartient parfois d'expliciter, et que c'est tout ceci qui le guidera dans ses choix.

3.1 Résolution des systèmes linéaires

Parce que la résolution des systèmes linéaires est au coeur de tous les programmes de calcul, nous allons commencer par ce problème. Quelles sont les contraintes qui s'imposent à l'utilisateur ? Résoudre un problème de taille donnée, avec la solution la plus exacte possible, le tout dans les délais les plus courts. Volontairement, les contraintes sont ordonnées dans ce sens, car il paraîtrait ridicule de vouloir obtenir une solution le plus vite possible si elle est fausse. Pourtant, l'expérience montre que souvent, le fait que l'ordinateur donne une solution a un côté un peu « magique » qui annihile tout sens critique. C'est pourquoi, également, il nous a semblé utile de commencer cet article par une partie sur la stabilité...

Mais revenons-en à notre problème. Le premier point est donc d'*être capable de résoudre notre système sur la machine dont nous disposons*. Pour fixer les idées, prenons un exemple très simplifié. On veut étudier l'écoulement autour d'un avion. Pour cela, on le « met dans une boîte » que l'on découpe régulièrement en petits parallèlépipèdes (appelés éléments finis ou volumes finis). Sans entrer dans le détails de la façon de modéliser ce problème, disons que l'on calcule une approximation des grandeurs caractéristiques de l'écoulement sous forme de valeurs constantes dans chaque parallèlépipède, à savoir la masse volumique, la vitesse, qui est un vecteur à trois composantes, et l'énergie, soit au total cinq inconnues (en réalité, les choses sont plus compliquées mais le but ici est d'illustrer notre propos). Si l'avion est le tout nouveau A380, ses dimensions sont approximativement de 80 mètres de longueur, 80 mètres d'envergure et 24 mètres de hauteur. En prenant pour parallèlépipèdes des cubes de côté égal à 1 mètre, on se retrouve avec $80 * 80 * 24$ cubes soit, après multiplication par 5, 768000 inconnues ! Si on la considère comme pleine, la matrice associée à ce problème est donc de taille $768000^2 \simeq 5,9\ 10^{+11}$. Traditionnellement, en calcul scientifique, les réels sont codés sur 64 bits, c'est-à-dire 8 octets. Donc, pour ranger notre matrice, il faudrait disposer de $4,72\ 10^{+12}$ octets soit 4720 gigaoctets environ. Bien sûr, les disques sont de plus en plus gros, mais on peut peut-être faire mieux (d'autant plus qu'utiliser des cubes de 1 mètre de côté risque d'être très insuffisant en certains endroits de l'avion, par exemple près de ailes, des empennages ou des réacteurs). Le point crucial est le suivant : les matrices associées à des problèmes de type éléments finis ou volumes finis sont *très creuses*, c'est-à-dire que la plupart des termes les constituant sont nuls. Ainsi, en reprenant l'exemple ci-dessus, les cubes ne « voient » que ceux qui partagent une face avec eux : il n'y en a donc que 6, ou 7 en comptant qu'un cube est son propre voisin ! Sachant qu'il y a cinq inconnues par cube, ceci signifie qu'il y a de l'ordre de $5 * 7 = 35$ termes non nuls sur chaque ligne de la matrice, sur 768000.

Comment profiter de ceci ? L'étude des algorithmes utilisés en pratique pour la résolution des systèmes linéaires montre que certains d'entre eux ne modifient pas la matrice. Celle-ci n'est utilisée que lors d'opérations de type produits matrice-vecteur. Par conséquent, les termes nuls de la matrice ne servent à rien tant en calcul que pour être conservés en mémoire. On peut donc totalement les éliminer. Ce mode de stockage « compact » s'appelle *stockage Morse*. Il existe d'autres modes de stockage associés à d'autres méthodes de résolution. Ainsi, on peut montrer que les méthodes de factorisation de la matrice initiale en produit de matrices facilement inversibles (matrices diagonales et/ou triangulaires) conservent le profil de la matrice : sur une ligne donnée, les zéros à gauche du premier terme non nul de la ligne restent tous à zéro. On peut donc les éliminer, ce qui conduit aux modes de stockage dits profil, bande ou ligne de ciel (*skyline*). Dans ce cas, on utilise plus de place mémoire qu'en Morse, mais beaucoup moins qu'en stockage plein, d'autant plus qu'on peut avoir recours à des techniques dites de renumérotation des inconnues qui ont pour effet de « rapprocher » les termes de la diagonale, donc de diminuer le nombre de termes à conserver. Pour plus de détails sur ces notions de stockage et de renumérotation, on renvoie par exemple à (Lascaux-Theodor, 1993). Première conclusion de ces remarques : la taille du problème à résoudre et le choix de l'algorithme de résolution sont liés. Une méthode directe (factorisation) nécessite un stockage de type profil, plus volumineux que le stockage Morse, associé aux méthodes dites itératives. Si le problème à résoudre est de très grande taille, comme c'est souvent le cas en mécanique des fluides tridimensionnelle, des algorithmes de type itératifs s'imposeront de fait.

Étudions maintenant le second point : *la précision de la solution*. Comme on l'a illustré dans la partie précédente, on peut avoir des difficultés liées au conditionnement. Même si la plupart des problèmes rencontrés usuellement sont « bien conditionnés », il est utile de savoir comment procéder sinon. La règle est la suivante : les méthodes directes sont plus sensibles que les méthodes itératives. Il faut donc privilégier ces dernières. Attention cependant qu'il n'y a pas de miracle : la résolution d'un système mal conditionné par une méthode itérative mettra beaucoup plus de temps que « d'habitude ». Mais la solution sera juste, alors que la méthode directe conduirait à une solution fausse en le même temps que d'habitude !

Dernier point : *la durée du calcul*. Une façon de qualifier les algorithmes en terme de durée de calcul est de compter le nombre d'opérations algébriques (additions, multiplications, divisions...) qu'il faut faire pour, partant du système linéaire initial, obtenir la solution. Cette approche est biaisée car, d'une part, les opérations usuelles n'ont pas la même durée : une addition/soustraction prend moins de temps qu'une multiplication, qui dure moins qu'une division ; d'autre part, cette évaluation se fait généralement sur une matrice pleine alors que les matrices rencontrées en pratique sont très creuses. On pourrait bien sûr affiner en tenant compte du caractère creux. Cependant, les conclusions qui suivent n'en seraient pas fondamentalement modifiées.

Ainsi, la méthode de Gauss peut s'interprèter comme une factorisation : $A = L\ U$, avec L triangulaire inférieure et U triangulaire supérieure, ces deux matrices étant inversibles, l'une n'ayant que des 1 sur la diagonale. On rappelle qu'une matrice triangulaire supérieure est telle que son terme général noté a_{ij} vérifie : $a_{ij} = 0$ pour tout indice de ligne i strictement supérieur à l'indice de colonne j, et inversement pour une matrice triangulaire inférieure : $a_{ij} = 0$ lorsque $i < j$. L'intérêt des matrices triangulaires est qu'il est très facile de résoudre le système linéaire associé par calcul de proche en proche de haut en bas (« descente ») si elle est triangulaire inférieure, et de bas en haut (« remontée ») si elle est triangulaire supérieure. Alors, si N désigne la taille du système, c'est-à-dire le nombre d'inconnues, et en supposant les matrices pleines, le nombre d'opérations pour effectuer une descente, ou une remontée, est de l'ordre de N^2, tandis que la factorisation $A = L\ U$ est en $2\ N^3/3$. On constate que l'opération longue sera la factorisation, la résolution proprement dite étant beaucoup plus rapide.

On en déduit en particulier que si la matrice reste fixe, le second membre étant appelé à varier, il peut être très avantageux d'avoir recours à une méthode de ce type : la factorisation ne sera faite qu'une fois, quel que soit le nombre de systèmes à résoudre. C'est ce qui se passe lors d'une étude de type paramétrique (on soumet une même structure, modélisée par une matrice fixe, à des chargements différents, qui apparaissent comme des seconds membres), dans un problème d'évolution (le second membre change au cours du temps) ou de recherche de valeurs propres (le second membre change à chaque itération), pour ne citer que quelques exemples. Et les méthodes itératives là-dedans ? On recommence tout le processus chaque fois que l'on change de second membre, ce qui les désavantage énormément pour ce type de problème. Quant à la comparaison méthode directe-méthode itérative pour résoudre un seul système, elle est souvent difficile à faire à travers le décompte du nombre d'opérations. En effet, pour une méthode de ce type, on ne peut évaluer que le coût de chaque itération, qui est généralement en $2\ N^2$ (coût d'un produit matrice pleine-vecteur). Donc le coût total du calcul dépendra fortement du nombre d'itérations nécessaires à l'obtention d'une solution acceptable. Un dernier point pour compléter les remarques précédentes : la durée d'un calcul dépend du nombre d'opérations à effectuer mais aussi du nombre et de la vitesse d'accès aux données. Or on n'a pas parlé de la gestion mémoire de l'ordinateur dans tout ce qui précède. Il faut savoir que celui-ci met beaucoup moins de temps à accéder à sa mémoire vive qu'à ses disques. Par conséquent, un calcul pour lequel les données tiennent entièrement en mémoire vive et un autre à peine plus grand mais qui nécessite un stockage disque, peuvent avoir des durées pour l'utilisateur sans commune mesure avec leur différence de taille !

En conclusion, l'utilisateur pourra être amené à choisir suivant les priorités qu'il se définira lui-même, en tenant compte du contexte de l'étude. Ainsi, en reprenant certains arguments du paragraphe précédent, s'il étudie un problème d'évolution, il peut avoir intérêt à ne pas surdimensionner son modèle car les méthodes directes étant associées à un stockage de type profil, elles demanderont plus de place mémoire pour une même représentation du domaine de calcul. Inversement, la nécessité de bien modéliser le phénomène étudié peut conduire à un problème de très grande taille, imposant un stockage Morse, donc une méthode itérative de résolution.

3.2 Résolution d'un problème d'évolution

Considérons le problème de modéliser numériquement l'évolution d'une structure au cours du temps, par exemple le mouvement d'un satellite dans l'espace ou d'un pont soumis à l'écoulement de l'air qui circule dans la vallée où on veut le construire. La méthode des éléments finis permet de représenter ce système sous forme d'un système différentiel matriciel de la forme :

$$M\ \ddot{X}\ +\ K\ X\ =\ F \tag{1.6}$$

où M désigne la matrice de masse et K la matrice de rigidité. De plus, X est le déplacement de chaque point du maillage et $\ddot{X}$ son accélération. Enfin, F représente le chargement qui peut dépendre du temps, mais aussi de la solution : dans le cas du pont soumis à un écoulement, la force de pression appliquée au pont dépend de sa position et de sa vitesse relative par rapport à l'écoulement. On notera que, pour que ce problème soit bien posé, on supposera connues la position et la vitesse de la structure à l'instant initial. Enfin, un modèle plus réaliste devrait inclure un terme d'amortissement : nous l'évoquerons plus loin. Pour des détails sur la modélisation éléments finis et l'obtention de (1.6), on renvoie le lecteur à des ouvrages plus spécialisés, (Mohammadi-Saïac, 2003) et (Hughes, 1987) par exemple.

Le problème est maintenant de résoudre (1.6). Pour cela, deux voies s'offrent à nous : la synthèse modale ou l'intégration directe, chacune avec ses avantages, inconvénients et limitations.

Commençons par la *synthèse modale*. L'idée en est bien connue de ceux qui ont été amenés à résoudre un système différentiel matriciel à la main, à savoir construire un base diagonalisant l'équation, résoudre chaque équation indépendamment sur chaque vecteur de base et enfin reconstruire la solution globale. C'est cette démarche que nous suivrons ici, avec quelques variantes cependant. D'abord, et c'est une bonne nouvelle, les modèles classiques de l'élasticité linéaire permettent de vérifier qu'il existe une base orthonormée (au sens de M) de vecteurs propres pour l'équation (1.6), associés à des valeurs propres strictement positives si les mouvements rigides de la structure (trois translations et trois rotations) sont bloqués. Sinon, la structure est dite flottante et elle possède autant de valeurs propres nulles que de mouvements rigides non bloqués (six pour un satellite dans l'espace, par exemple). Notons W_i le $i-$ème vecteur propre associé à la valeur propre λ_i . On a donc :

$$K\ W_i\ =\ \lambda_i\ M\ W_i\quad ,$$

avec $(\ M\ W_i\ ,\ W_j\ )\ =\ \delta_{ij}$, c'est-à-dire 1 si $i\ =\ j$ et 0 si $i\ \neq\ j$. On cherche alors le déplacement $X(t)$ sous la forme :

$$X(t)\ =\ \sum_i x_i(t)\ W_i\quad , \tag{1.7}$$

ce qui donne, en remplaçant X par cette expression dans (1.6) et en utilisant les relations de définition de

W_i :

$$\ddot{x_i} + \lambda_i x_i = F_i \equiv (F , M W_i) \quad . \tag{1.8}$$

Les conditions initiales associées à (1.6) se transportent sans problème à (1.8), ce qui permet de résoudre théoriquement cette équation selon :

$$\begin{aligned} x_i(t) &= x_i(0) \cos \sqrt{\lambda_i}\, t + \dot{x_i}(0) \frac{\sin \sqrt{\lambda_i}\, t}{\sqrt{\lambda_i}} \\ &+ \int_0^t \frac{\sin \sqrt{\lambda_i}\,(t-s)}{\sqrt{\lambda_i}} F_i(s)\, ds \quad , \end{aligned}$$

puis d'en déduire la solution grâce à l'expression (1.7). On notera dans l'expression de $x_i(t)$ l'apparition d'une intégrale qu'il n'est pas toujours possible de calculer analytiquement, ce qui oblige à utiliser des techniques d'intégration numérique.

Examinons maintenant les avantages et inconvénients de cette méthode. L'avantage majeur est un peu de même nature que celui que l'on a recontré pour la résolution des systèmes linéaires à l'aide d'une méthode directe, à savoir que la partie recherche des valeurs propres et des vecteurs propres est bien plus longue que le reste, et surtout indépendante du chargement appliqué F. Cette approche se prête donc particulièrement bien à des études de type paramétrique (réponse d'une structure donnée à diverses sollicitations). Par ailleurs, la connaissance analytique de la solution permet d'étudier l'évolution du système sur des durées longues (même si l'on doit avoir recours à de l'intégration numérique). Enfin, en pratique, on ne calcule jamais toutes les valeurs propres et tous les vecteurs propres du système, mais seulement les premiers, ou plus exactement ceux qui sont suffisants pour bien représenter le chargement F. Par conséquent, si celui-ci est global, il est en général bien représenté par peu de vecteurs propres et la méthode est particulièrement efficace. Inversement, s'il est très localisé, il risque de devenir nécessaire d'augmenter considérablement le nombre de vecteurs propres à calculer, ce qui nuit à l'intérêt de cette méthode. Enfin, si le problème n'est pas linéaire, la notion de vecteur propre perd son sens et la méthode également. Par exemple, c'est ce qui se passe si l'on quitte le domaine de l'élasticité linéaire, soit par un changement de comportement du matériau (plasticité), soit par l'apparition de contraintes non linéaires (nécessité de prendre en compte le contact entre l'objet modélisé et un autre, comme c'est le cas en crash ou impact par exemple). On voit donc à nouveau que l'utilisateur doit avoir une bonne connaissance a priori des phénomènes physiques qu'il veut modéliser, s'il veut répondre correctement aux questions : le problème est-il (reste-t-il) linéaire ? Combien de vecteurs propres doit-on conserver pour bien approcher le chargement ?...

Revenons maintenant à notre équation initiale (1.6) que nous allons résoudre par *intégration directe*. C'est la méthode qui s'impose par exemple si des non-linéarités apparaissent. Sans entrer dans les détails, pour lesquels on peut se référer à (Mohammadi-Saïac, 2003) ou (Hughes, 1987), l'idée est de découper l'intervalle d'étude en temps en sous-intervalles de longueur Δt, que nous supposerons constants pour simplifier la présentation, et de remplacer les dérivées par des différences divisées. Ainsi, en notant X^n une approximation de $X(n\,\Delta t)$, on a :

$$\ddot{X}(n\,\Delta t) \approx \frac{X^{n+1} - 2\,X^n + X^{n-1}}{\Delta t^2} \quad , \tag{1.9}$$

ce qui permet de remplacer (1.6) par :

$$M \frac{X^{n+1} - 2\,X^n + X^{n-1}}{\Delta t^2} + K\,X^? = F^? \tag{1.10}$$

Dans la relation ci-dessus apparaissent deux points d'interrogation. En effet, à quel instant va-t-on évaluer X, dans le produit $K\,X$, et F ? Contrairement aux apparences, tous les choix ne sont pas équivalents. On peut prendre X^n auquel cas l'équation (1.10) permettra de calculer X^{n+1} en fonction de X^n et X^{n-1} selon :

$$M\,X^{n+1} = \Delta t^2\,(F^n - K\,X^n) + 2\,M\,X^n - M\,X^{n-1} \tag{1.11}$$

On parle de *schéma explicite*. Il présente le gros avantage qu'il permet de remplacer la matrice de masse M par une matrice diagonale proche (technique dite de *mass lumping*, voir (Hughes, 1987), ce qui rend la résolution du système linéaire (1.11) extrêmement rapide. Par contre, il n'est stable que si le pas de temps reste assez petit, ce qui peut être contraignant pour certaines applications. Ce type d'approche (*mass lumping* et explicite) est beaucoup utilisé en dynamique rapide (crash, impact) qui sont des phénomènes très non linéaires, se déroulant sur des durées très courtes, et donc pour lesquels le pas de temps sera de toute façon très petit.

Cependant, on peut souhaiter s'affranchir de la contrainte sur le pas de temps, associée à la condition de stabilité. Pour cela, on introduit d'autres schémas qui seront dits inconditionnellement stables. C'est le cas du schéma suivant, mais il en existe de nombreux autres :

$$\left\{ \begin{aligned} & M \frac{X^{n+1} - 2\,X^n + X^{n-1}}{\Delta t^2} \\ & + K \frac{X^{n+1} + 2\,X^n + X^{n-1}}{4} \\ & = \frac{F^{n+1} + 2\,F^n + F^{n-1}}{4} \end{aligned} \right. \tag{1.12}$$

On remarquera que ce schéma permet d'obtenir X^{n+1} en fonction de X^n et X^{n-1} en résolvant un système linéaire de matrice $M + \frac{\Delta t^2}{4} K$, qu'on ne peut pas « rendre diagonale » comme pour (1.11). On parle de *schéma implicite*. De plus, cette matrice dépend du pas de temps : la factoriser une fois pour toutes, comme on l'évoquait précédemment, perd tout intérêt si l'on veut faire varier souvent Δt . Si par contre Δt reste constant, au moins sur de longues plages de temps, cette méthode est très efficace tout en autorisant des pas de temps bien plus grands que pour le schéma (1.11).

Pour finir cette partie, disons un mot de l'*amortissement*. D'une part, d'un point de vue physique, il est toujours présent, ce qui conduit à le prendre en compte dans les équations. Cela peut se faire en introduisant un terme correctif dans (1.9), comme en dynamique rapide par exemple. Cependant, on procède en général par l'ajout d'un terme $C\dot{X}$ à gauche dans l'équation (1.6), où $\dot{X}$ désigne la vitesse. De plus, on postule (hypothèse de Rayleigh-Basile) que la matrice d'amortissement C peut de décomposer sur les matrices de masse et de rigidité selon : $C = \xi_1 M + \xi_2 K$, où les scalaires ξ_1 et ξ_2 sont des réels strictement positifs. $\xi_1 M$ modélise l'amortissement lié à l'environnement extérieur (il n'est pas le même si l'objet est plongé dans l'eau ou dans l'air...) et $\xi_2 K$ l'amortissement propre de la structure (faites tourner un oeuf dur ou un oeuf frais pour vous en convaincre...). Notons enfin que ces coefficients peuvent être obtenus expérimentalement et/ou donnés au travers de règlements (règle Neige et Vents par exemple). D'autre part, d'un point de vue numérique, la plupart des schémas, lorsqu'ils sont convergents, génèrent ce que l'on appelle de l'amortissement numérique. Ceci est bien connu et ne pose pas de problème majeur, sauf dans certaines applications où la modélisation de l'amortissement est cruciale.

C'est ce qui se passe dans les problèmes d'*aéroélasticité*, qui correspondent à la modélisation des vibrations d'une structure soumise à un écoulement (un avion en vol, un pont ou un grand immeuble soumis au vent...). Donnons-en une idée très simple (voire très simplifiée). On considère l'équation différentielle en dimension 1 :

$$\ddot{x} + \xi \dot{x} + \omega^2 x = f(\dot{x}) \quad , \qquad (1.13)$$

où le terme d'amortissement ξ est strictement positif, ce qui est mécaniquement vrai. En l'absence de second membre, un tel système évolue vers le repos en oscillant. Mais ici, le point essentiel est que le chargement appliqué dépend de la solution. On étudie l'évolution du système autour d'un état d'équilibre noté x_0 . On pose donc : $x = x_0 + \delta x$. Il est facile de voir que δx est solution d'une équation de la forme :

$$\ddot{\delta x} + \xi \dot{\delta x} + \omega^2 \delta x = f(\dot{x_0} + \dot{\delta x}) - g(x_0) \quad ,$$

où $g(x_0)$ inclut les termes en x_0 issus du premier membre. On fait alors un développement de Taylor de f selon :

$$f(\dot{x_0} + \dot{\delta x}) \simeq f(\dot{x_0}) + f'(\dot{x_0}) \dot{\delta x} \quad ,$$

ce qui conduit à :

$$\ddot{\delta x} + (\xi - f'(\dot{x_0})) \dot{\delta x} + \omega^2 \delta x \simeq f(\dot{x_0}) - g(x_0)$$

On constate que le terme d'amortissement est devenu $\xi - f'(\dot{x_0})$: il dépend du chargement et il peut arriver qu'il devienne négatif, ce qui a pour effet de destabiliser le système en amplifiant les oscillations. Ceci n'est pas du tout anecdotique : c'est ce qui est arrivé au pont de Tacoma (États-Unis) en 1940 et l'a détruit ! Ici encore, ce phénomène est connu et des études numériques sont systématiquement effectuées pour dimensionner des structures en aéroélasticité (le viaduc de Millau, pour ne citer qu'un exemple récent). Cependant, il faut faire extrêmement attention de bien choisir le schéma d'intégration numérique, car il ne faudrait pas qu'il ait un amortissement numérique tel qu'il « gomme » les effets aéroélastiques et conduise à des conclusions fausses.

3.3 Mécanique des fluides numérique

Jusqu'à présent, on a beaucoup évoqué la mécanique mais plutôt par le côté solide. Un autre domaine tout aussi important de simulation numérique est celui de la mécanique des fluides. Celui-ci presente des difficultés beaucoup plus grandes pour plusieurs raisons.

D'abord, un calcul réaliste en mécanique des fluides est généralement tridimensionnel et instationnaire, ce qui entraîne qu'il est toujours très long, alors que, dans le domaine de la mécanique du solide, on a des modèles représentatifs des phénomènes observés en stationnaire (équilibre d'un solide) ou en dimension un (poutres) ou deux (plaques et coques), même si cela peut conduire à d'autres difficultés. De plus, le régime d'écoulement d'un fluide dépend fortement d'un nombre caractéristique, sans dimension, appelé nombre de Reynolds, et défini comme :

$$Re = \frac{V L}{\nu} \quad ,$$

où V est la vitesse caractéristique du fluide, par exemple la vitesse à l'« infini », L une dimension caractéristique de l'écoulement, par exemple le diamètre du tuyau si c'est un écoulement dans un tube, et ν la viscosité du fluide. Par conséquent, ce nombre de Reynolds est d'autant plus grand que la vitesse du fluide est grande et/ou que le fluide est peu visqueux. En fonction de ce nombre, le régime d'écoulement est le suivant :

- lorsque Re est inférieur à 2 000, l'écoulement est calme et régulier (régime laminaire) ;
- lorsque Re est supérieur à 4 000, l'écoulement est sous forme de tourbillons (régime turbulent) ;
- entre les deux, l'écoulement est instable (zone critique).

Une bonne représentation numérique des phénomènes nécessite de s'adapter au type d'écoulement rencontré, donc une bonne connaissance physique des principes de la mécanique des fluides.

Ensuite, hormis dans certains cas particuliers, là encore assez peu réalistes, les modèles usuels de la mécanique des fluides (équations de Navier-Stokes) sont non linéaires, ce qui complique notablement leur résolution numérique. Bien sûr, en mécanique du solide, on rencontre aussi des phénomènes non linéaires mais le domaine de l'élasticité linéaire est représentatif de nombreux phénomènes réalistes et donc largement utilisé. À cause de ces non-linéarités, apparaissent en mécanique des fluides des phénomènes comme les chocs qu'il est indispensable de représenter finement pour bien comprendre ce qui se passe dans l'écoulement. Pour fixer les idées, un choc, c'est ce qui arrive quand un avion passe le mur du son, par exemple. Ce caractère non linéaire privilégie les algorithmes explicites lors de la résolution en temps, avec les mêmes problèmes de stabilité conditionnelle que ceux que l'on a évoqués dans le paragraphe précédent : on parle de *condition CFL* (CFL est l'abréviation des noms de trois scientifiques : Courant, Friedrichs et Levy). Mais ici, on notera que cette condition évolue au cours des itérations, car elle « dépend de la vitesse » du fluide, ce qui oblige à ajuster Δt à chaque pas de temps.

Enfin, l'étude des écoulements externes, autour d'un avion ou d'une automobile par exemple, se fait théoriquement en domaine infini, or la simulation numérique se fait forcément en domaine fini. Il est bien connu expérimentalement qu'une frontière produit des réflexions des ondes. Ceci est également observé numériquement et oblige donc à développer des formulations évitant autant que que possible ce phénomène qui est purement lié à la modélisation numérique (conditions aux limites absorbantes ou non réfléchissantes). On notera que ce type de problème se pose de façon cruciale en électromagnétisme également et peut apparaître aussi en mécanique des solides.

Pour conclure, on insistera à nouveau sur le lien très étroit qui doit exister, et peut-être plus en mécanique des fluides numérique qu'ailleurs, entre modélisations numérique et physique.

3.4 Problèmes d'optimisation

Parce que la simulation de nombreux phénomènes physiques est relativement bien comprise et réalisée de façon correcte sur ordinateur, on s'intéresse de plus en plus à l'optimisation : minimisation des coûts de fabrication, amélioration des performances, minimisation de la consommation d'énergie ou maximisation du rendement...

En bref, et de façon schématique, on peut ramener un problème d'optimisation à la donnée de trois « ingrédients » :

- Une *fonction objectif* ou *fonction coût* que l'on cherche à maximiser ou minimiser. Pour donner un exemple supplémentaire, dans un problème d'ajustement de données expérimentales avec un modèle, on cherchera à minimiser l'écart entre l'observation et les prédictions du modèle. Notons que, moyennant un changement éventuel de signe sur la fonction objectif, on peut toujours se ramener à un problème de minimisation, ce qui est la façon « traditionnelle » de poser les problèmes d'optimisation.
- Un ensemble d'*inconnues* ou de *variables*, qui apparaissent dans la fonction objectif. Dans un processus industriel, les variables peuvent inclure les différentes quantités de matériaux utilisés ou le temps passé sur chaque activité. Dans le cas de l'ajustement, les inconnues sont les paramètres définissant le modèle.
- Un *ensemble de contraintes* qui permet aux inconnues de prendre certaines valeurs à l'exclusion d'autres valeurs. Par exemple, si le temps ou une dimension (longueur, épaisseur) sont des variables, elles sont toujours positives (voire strictement !).

Le problème d'optimisation prend donc la forme générale suivante : trouver la valeur des variables qui minimise la fonction objectif tout en satisfaisant les contraintes. Dans cet article, nous ne chercherons pas à décrire les différents processus d'optimisation. Pour cela, nous renvoyons le lecteur aux ouvrages spécialisés (pour une introduction, on pourra consulter (Ciarlet, 1985) et (Culioli, 1994). Nous nous contenterons de pointer quelques aspects qui sont du ressort de l'utilisateur, et dont il doit tenir compte s'il veut effectuer des calculs corrects. Pour cela, revenons à notre problème et décrivons-en certaines caractéristiques.

Commençons par deux paradoxes possibles sur la fonction objectif. Le premier, c'est qu'il n'y en a pas ! En fait, le problème est de trouver un ensemble d'inconnus qui satisfasse toutes les contraintes imposées, et ce n'est pas toujours facile (conception de circuits intégrés par exemple). Dans ce cas, on parle de problème de *faisabilité*. Conséquence de cette remarque pour l'utilisateur : à lui de bien cerner son problème. Cherche-t-il la meilleure solution possible, qui d'ailleurs peut ne pas exister ou ne pas être unique, ou seulement une solution réalisable, voire une solution un peu meilleure ? Ces aspects peuvent être fondamentaux dans le choix des algorithmes ou la façon de poser le problème... Second paradoxe : il y a plusieurs fonctions objectifs, autrement dit on veut optimiser plusieurs fonctions simultanément. Là encore, c'est à l'utilisateur de choisir : faire « basculer » une fonction objectif dans les contraintes (un certain critère doit être respecté, même si ce n'est pas au mieux...), mélanger les fonctions en en créant une seule qui est la somme de celles-ci. Dans ce cas, il faut être très attentif aux ordres de grandeurs : si l'on additionne une fonction qui prend des valeurs de l'ordre de 10^{-2} (épaisseur de tôle sur une voiture par exemple) et l'autre qui est en 10^3 (poids), on sent bien que la seconde va « écraser » numériquement la première et que l'optimisation se fera comme si la première n'existait pas. Inversement, l'utilisateur peut souhaiter priviliégier certaines fonctions objectifs en leur donnant une importance plus grande. Dans un cas comme dans l'autre, le choix ou l'erreur (par méconnaissance des ordres de grandeurs) relèvent de la modélisation qu'il fait du problème.

Autre question : comment choisir les inconnues ? Si plusieurs variables sont contraintes à évoluer dans des intervalles très différents, on les normalise systématiquement ? Si l'on cherche à minimiser une fonction dépendant de l'épaisseur ε d'une plaque constituée de deux matériaux d'épaisseurs respectives ε_1 et ε_2 , qui elles aussi sont variables, quelle est la meilleure façon de choisir les inconnues ? Comme $\varepsilon = \varepsilon_1 + \varepsilon_2$, on peut ne conserver que deux de ces trois variables. Mais les épaisseurs doivent toutes être positives et de plus on devra avoir : $\varepsilon > \varepsilon_1$ et $\varepsilon > \varepsilon_2$. Si l'on choisit ε et ε_1 , les contraintes s'écriront :

$$\varepsilon > \varepsilon_1 \quad \varepsilon_1 > 0 \quad , \tag{1.14}$$

qui entraîne bien sûr : $\varepsilon > 0$, donc n'aura pas besoin d'être explicitée. Si l'on choisit ε_1 et ε_2 , les contraintes s'écrivent :

$$\varepsilon_1 > 0 \quad \varepsilon_2 > 0 \quad . \tag{1.15}$$

Dans ce dernier cas, les deux variables du problème sont contraintes séparément sur leur signe alors qu'elles le sont de façon couplée avec l'autre choix. En général, les algorithmes d'optimisation gèrent mieux (1.15) que (1.14). Pourtant les deux problèmes sont mathématiquement équivalents.

Disons maintenant deux mots de la gestion des contraintes. Ici encore, de très nombreuses méthodes existent, entre autres les méthodes de pénalisation qui ont l'avantage de nous ramener à un problème d'optimisation sans contrainte. L'idée, toute simple, en est la suivante : on rajoute à la fonction objectif un terme qui est très grand lorsque la contrainte n'est pas réalisée. Cependant, l'utilisateur a le choix entre plusieurs stratégies : il peut privilégier certaines contraintes en leur affectant un poids plus grand (en n'oubliant pas de faire attention aux ordres de grandeurs). Pour une contrainte de type inégalité, notée $g(x) \leq 0$, la frontière, c'est-à-dire l'ensemble des x tels que $g(x) = 0$, est-elle admissible ou non ? Si oui, on peut prendre comme fonction de pénalisation $C \max(0 , g(x))$, avec C grand. Si non, on prendra $-C / g(x)$ qui interdira de fait d'atteindre la frontière.

Pour conclure, de nombreux autres paramètres interviennent dans les choix. Certains algorithmes supposent connus (donc calculables...) les dérivées premières et/ou secondes de la fonction objectif, ce qui arrive si elle est connue analytiquement. Mais lorsque ce n'est pas le cas (allez donner la portance ou la masse d'un avion à l'aide d'une formule analytique...), d'autres stratégies doivent alors être élaborées (approximation de la dérivée, état-adjoint...). Enfin, certaines variables peuvent être des nombres entiers (nombre de postes de travail à mettre sur une chaîne de montage) ou être discrètes (pour rigidifier une structure, on a le choix entre des raidisseurs en I, en L ou en Z). Dans ce cas, la notion de dérivation perd tout sens et le choix se porte vers les méthodes heuristiques (algorithmes génétiques par exemple) qui consisteront à faire de nombreuses évaluations de la fonction objectif et à essayer de privilégier les variables qui donnent les meilleurs résultats.

4 Exemple de démarche

Commençons par quelques remarques générales. On a un problème physique à résoudre : celui-ci correspond à un objet (fluide, solide...) réel placé dans son environnement réel, ces notions étant définies par le « client ». Notons que ce mot « client » est à prendre au sens large : il peut s'agir d'un client au sens usuel du terme, mais aussi le responsable du projet, un autre service de l'entreprise dans laquelle on travaille, voire soi-même... À partir de ce problème réel, il faut *définir un modèle* physique, qui soit le plus simple possible tout en représentant correctement ce qui a besoin de l'être. En effet, il y a plusieurs façons de modéliser un système physique et aucun modèle ne peut dupliquer exactement la réalité. Par exemple, un fluide n'est jamais rigoureusement incompressible, mais cette hypothèse peut être valide dans la situation qui nous intéresse ; ou encore une structure est fondamentalement tridimensionnelle, mais si une des ses dimensions, par exemple l'épaisseur, est beaucoup plus petite que les autres, on peut utiliser un modèle de plaque ou de coque pour représenter son comportement mécanique avec une excellente précision. De plus, il faut faire attention que le modèle que l'on construit, dépend, entre autres, des types de résultats que l'on en attend, de la précision souhaitée en temps et/ou en espace, de l'interaction entre les composants modélisés de l'objet et ceux qui ne le sont pas. Autrement dit, le « bon modèle » sera celui qui est le plus simple tout en n'étant pas prédisposé à des problèmes numériques, le plus conforme aux données et hypothèses, celui enfin qui donne tous les moyens de contrôle et de diagnostic. Alors seulement on peut définir le modèle numérique, c'est-à-dire la façon pratique de modéliser. Celle-ci dépend de l'outil numérique disponible ou choisi et doit permettre d'atteindre les objectifs fixés par le client sans remettre en cause les modèles ou les hypothèses faites au niveau précédent.

Pour illustrer notre démarche, nous prendrons le cas de la certification au crash d'un siège. Pour cela, des règlements internationaux existent sous le nom de JAR (*Joint Aviation Requirements*).

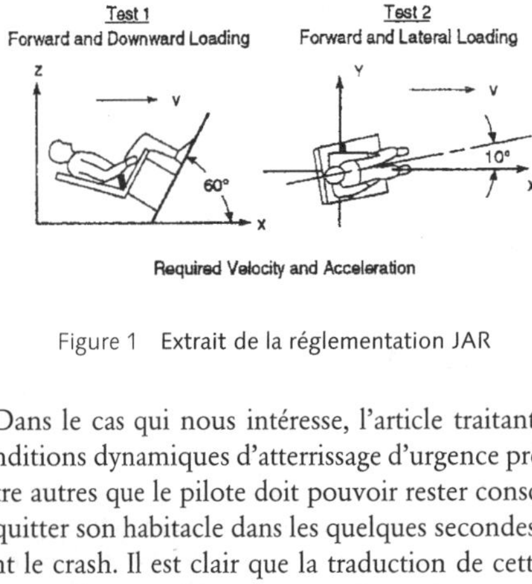

Figure 1 Extrait de la réglementation JAR

Dans le cas qui nous intéresse, l'article traitant des conditions dynamiques d'atterrissage d'urgence précise entre autres que le pilote doit pouvoir rester conscient et quitter son habitacle dans les quelques secondes suivant le crash. Il est clair que la traduction de cette règlementation en critères pouvant être pris en compte numériquement est déjà un travail en soi. L'utilisateur doit donc établir un modèle de sa structure (le siège) et déterminer des conditions conservatives d'admissibilité, qui lui permettront de certifier à l'issue de son calcul que le règlement est vérifié.

Figure 2 Modèle expérimental

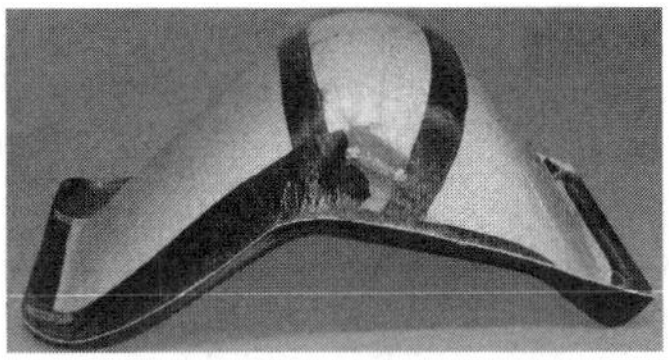

Figure 3 Siège réel

Le travail commence donc par une recherche permettant de cerner plus précisément le contexte de son travail : quel véhicule étudie-t-il ? Quel(s) type(s) de crash considère-t-il ? À partir d'une recherche de type bibliographique, il pourra avancer vers la définition des cas de charge et de critères « quantifiables » utilisables pour la validation. Ensuite, on pourra définir le modèle mécanique : choix d'un modèle de coque ou élasticité tridimensionnelle, définition des chargements appliqués et des conditions aux limites, choix de la loi de comportement mécanique du matériau (élasticité linéaire, plasticité...), modèles ou critères de rupture, etc. À ce niveau, une discussion avec le client peut s'avérer nécessaire pour se mettre d'accord sur les critères choisis effectivement, ceux-ci relevant à la fois du savoir-faire du fabriquant et des règlements de certification.

L'étape suivante concerne la création du modèle numérique. Il faut se mettre d'accord sur la représentation géométrique (CAO, conception assistée par ordinateur) du siège. Ensuite, on peut passer au maillage. Celui-ci relève également de l'expérience du concepteur et des idées a priori des phénomènes à observer : il est par exemple conseillé de raffiner localement le maillage dans les zones où l'on sait qu'il « se passe des choses » (concentrations de contraintes, risques plus forts de rupture...).

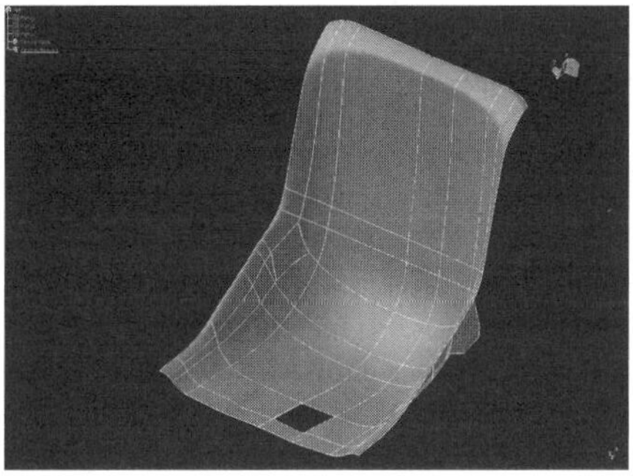

Figure 4 Modèle CAO du siège

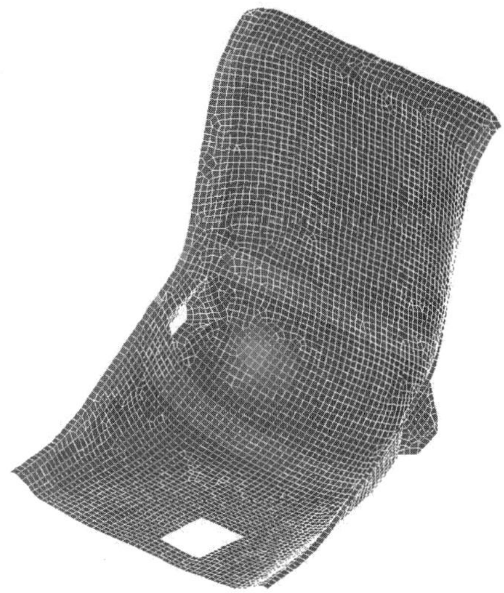

Figure 5 Maillage du siège

Enfin, on peut effectuer le calcul et obtenir des résultats. Ceux-ci doivent alors être validés par le client, qui les confronte à ses attentes et peut alors demander des études complémentaires ou des corrections. Autrement dit, retour à la case « création du modèle numérique » et itérations jusqu'à ce que le client soit satisfait !

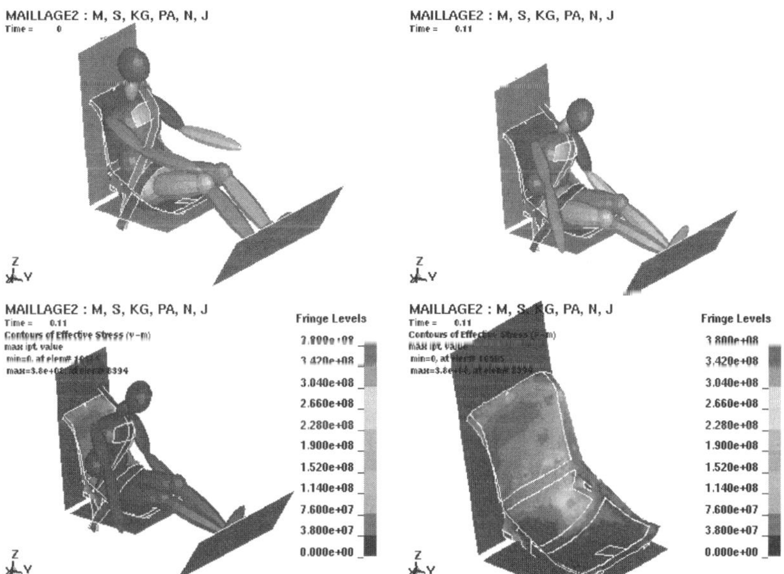

Figure 6 Résultats des simulations numériques

5 Conclusion

Pour conclure ce bref article d'introduction aux logiciels de calcul scientifique, nous voudrions insiter à nouveau sur certaines remarques qui ont émaillé cet article. Le calcul scientifique est une science à la croisée de plusieurs domaines : informatique, mathématique et mécanique (au sens le plus large). La tendance naturelle, liée à l'existence de codes sophistiqués, serait de penser qu'il n'y a plus qu'à appuyer sur la touche « retour-chariot » pour avoir une réponse précise à toute question. Il n'est en malheureusement rien. Bien sûr, les codes sont de plus en plus fiables numériquement, riches de modèles mathématiques et physiques de plus en plus précis. Il n'en reste pas moins que la modélisation qui précède le calcul, même assistée par ordinateur, les lois utilisées..., resteront longtemps l'apanage des techniciens et ingénieurs. Par conséquent, la compréhension des phénomènes physiques ou des problèmes numériques, l'expérience et le savoir-faire resteront toujours des éléments déterminants dans la qualité des résultats d'un calcul.

Bibliographie

P.G. Ciarlet (1985), *Introduction à l'analyse numérique matricielle et à l'optimisation*, Masson.
J.C. Culioli (1994), *Introduction à l'optimisation*, Ellipses.
T.J.R. Hughes (1987), *The finite element method*, Prentice Hall.
P. Lascaux et R. Théodor (1993), *Analyse numérique matricielle appliquée à l'art de l'ingénieur*, Masson.
B. Mohammadi et J.H. Saïac (2003), *Pratique de la simulation numérique*, Dunod.

Optimisation et contrôle des processus industriels et économiques

Jean-Pierre Raymond

Mots-clés : contrôle optimal, lois de feedback, stabilisation, contrôlabilité, observabilité, principe du maximum, programmation dynamique, processus chimiques, domaine aéronautique et spatial, contrôle d'écoulements, contrôle des vibrations.

Résumé : après avoir présenté le contexte historique dans lequel la théorie moderne du contrôle optimal a émergé, et les domaines variés dans lesquels elle est utilisée, nous introduisons les méthodes et concepts clés de cette théorie : le principe du maximum de Pontryagin, la contrôlabilité et la stabilisation des systèmes, le principe de programmation dynamique et les lois de feedback, les problèmes d'estimation ou de filtrage optimal. La théorie du contrôle optimal a été très fortement stimulée par les besoins du domaine aéronautique et spatial auquel nous empruntons de nombreux exemples. De nombreux autres problèmes — dans le génie des procédés, l'aérodynamique, l'aéroacoustique, l'industrie sidérurgique — sont modélisés par des systèmes d'équations aux dérivées partielles. Certains aspects spécifiques rencontrés dans le contrôle de tels modèles sont développés dans la deuxième partie de ce texte. Nous concluons en indiquant quelques applications très récentes du contrôle optimal.

Calculer la trajectoire de rentrée dans l'atmosphère d'une navette spatiale, contrôler les vibrations d'un pont ou d'une plateforme pétrolière, prévoir la mission d'un satellite, optimiser un placement financier, réduire la traînée d'un écoulement d'air autour d'un profil d'aile d'avion, maintenir un satellite sur son orbite, sont des problèmes variés faisant appel à la théorie du contrôle optimal.

Au-delà du domaine aéronautique et spatial qui a favorisé le développement de la théorie du contrôle dans les années cinquante et soixante, les domaines actuels d'application de la théorie du contrôle sont très divers : l'industrie automobile, le contrôle des processus chimiques, la robotique, l'ingénierie pétrolière, l'économie, le management.

La théorie actuelle du contrôle résulte de la synthèse au début des années soixante entre d'une part l'automatique classique (analyse des circuits, calcul analogique) et l'analyse des systèmes et d'autre part l'analyse variationnelle (optimisation, calcul des variations).

Les automatismes : précurseurs de l'automatique

Parmi les automatismes et les mécanismes de régulation, le célèbre régulateur de vitesse de James Watt (1788) est souvent considéré comme l'un des premiers systèmes automatisés. Mais d'autres mécanismes astucieux, en particulier les horloges à eau datent de plus de 2 000 ans.

Les débuts de l'analyse des systèmes

J.C. Maxwell fut sûrement le premier à obtenir en 1868 des résultats de stabilité de systèmes contrôlés par feedback. Peu de temps après, E.J. Routh obtient en 1877 le prix Adams pour son célèbre critère de stabilité des systèmes linéaires. L'étude générale de la stabilité des systèmes non linéaires a débuté avec la contribution majeure en 1893 du mathématicien russe A.M. Lyapunov. Son approche est encore aujourd'hui utilisée avec succès pour l'étude de la stabilité des systèmes dynamiques en dimension infinie (les systèmes représentés par des équations aux dérivées partielles, par opposition aux systèmes différentiels dont les inconnues vivent dans des espaces de dimension finie).

L'automatique analogique

Le développement de l'électronique a donné une impulsion nouvelle à l'automatique : en 1927, Harold Black, ingénieur des Laboratoires Bell, invente un amplificateur muni d'un dispositif de feedback capable de corriger les distorsions et les instabilités des amplificateurs électroniques utilisés dans la transmission des signaux à longue distance – «dispositif de feedback» signifie ici que la correction faite sur le signal de sortie dépend de la différence entre le signal d'entrée et le signal de sortie. Les ingénieurs en télécommunications des Laboratoires Bell, familiers avec l'analyse fréquentielle des systèmes, sont à l'origine de contributions telles que le critère de stabilité de Nyquist – 1932, critère graphique permettant de caractériser la stabilité d'un système en boucle fermée en fonction du nombre de pôles de sa fonction de transfert (Levine, 1996).

Les besoins croissants de contrôle de processus complexes, non linéaires, avec des temps de retard importants entre capteurs et actionneurs, sont à l'origine des techniques de contrôle de type PID – Callender et al., 1936. Un contrôle PID est la combinaison d'un terme proportionnel à la différence entre l'entrée et la sortie du système, d'une intégrale de cette différence, et de sa dérivée (Levine, 1996). Pour résoudre des problèmes de guidage et de pilotage W. R. Evans introduit en 1948 la méthode de placement de pôles (Levine, 1996).

La théorie moderne du contrôle optimal

À la fin des années cinquante et au début des années soixante, des idées nouvelles ont émergé en contrôle avec les contributions majeures de R.E. Kalman et R. Bellman aux États-Unis, et d'une équipe de mathématiciens travaillant sous la direction de L.S. Pontryagin en URSS. Le développement de calculateurs puissants a également joué un rôle déterminant à cette période-là dans la naissance de la théorie moderne du contrôle optimal. Nous présentons maintenant de manière succincte les contributions de L. S. Pontryagin, R. E. Kalman et R. Bellman, elles seront détaillées et illustrées dans les sections suivantes.

L'équipe soviétique est à l'origine du principe du maximum de Pontryagin (PMP). Le PMP est un outil crucial pour l'optimisation de processus en présence de contraintes de nature variée sur le contrôle et sur l'état d'un système. Il permet de résoudre des problèmes de transferts orbitaux de satellites, de prévision de missions de sondes spatiales, de commande en temps minimal.

Pour calculer un contrôle de type feedback (aussi appelé commande en boucle fermée), R.E. Kalman propose de déterminer une telle loi de contrôle en minimisant un critère quadratique dépendant de l'état du système et de la commande. Dans ce formalisme, la commande optimale est reliée à l'état via un opérateur qui peut être calculé en résolvant une équation de Riccati. Cette approche, radicalement différente de l'analyse fréquentielle développée jusqu'alors, établit un pont entre l'automatique d'une part et le calcul des variations et l'optimisation de l'autre. R. E. Kalman obtient également une condition nécessaire et suffisante de contrôlabilité et de stabilisabilité pour les systèmes linéaires. Les travaux de R. E. Kalman et J. Bucy (1961) montrent que le filtrage d'un système peut être traité par des approches analogues à celle de la stabilisation d'un système : le filtre optimal de Wiener (1930) peut se calculer en résolvant une équation de Riccati. Le filtrage optimal – filtrage de Kalman ou de Kalman-Bucy suivant le contexte – apporte des réponses nouvelles à l'estimation de variables bruitées.

De nombreux processus sont gouvernés par des équations aux dérivées partielles, c'est-à-dire des systèmes dynamiques en dimension infinie (propagation des ondes, processus de diffusion, modèles d'écoulements). Très vite s'est posée la question de savoir si les résultats de contrôlabilité et de stabilisation obtenus par Kalman pour les systèmes différentiels, et les conditions d'optimalité du type principe du maximum de Pontryagin, pouvaient ou non être étendus au cas des processus gouvernés par des équations aux dérivées partielles. Nous verrons dans les sections suivantes que les résultats sont plus difficiles à obtenir dans ce cas-là, et qu'ils dépendent de manière essentielle du type d'équation : les résultats de contrôle ou de stabilisation pour l'équation des ondes sont très différents de ceux que l'on peut obtenir pour l'équation de la chaleur. Parmi les pionniers de la théorie du contrôle des équations aux dérivées partielles, citons J.-L. Lions en France, D. L. Russell et H. O. Fattorini aux États-Unis, et Y. Egorov en URSS.

1 Le contrôle optimal

De manière schématique, un processus industriel ou économique peut être décrit par un ensemble d'équations de la forme $X = f(U)$, où U est l'entrée du système et X est l'état du système. Dans les processus que nous considérons, les variables X et U sont des fonctions du temps, et U est appelée *commande* ou *contrôle* du système. Le contrôle d'un processus modélisé par le système $X = f(U)$ consiste à déterminer la variable d'entrée U de façon à réaliser un objectif donné. Cet objectif peut être de minimiser ou maximiser une fonction donnée dépendant de X, U, et éventuellement d'autres paramètres tels que la durée de l'expérimentation. Dans ce cas nous avons un *problème de contrôle optimal.* L'objectif peut être de transférer le système d'un état X_0 donné à un autre état X_T durant un intervalle de temps fixé ou inconnu. Le problème est alors un problème de *contrôlabilité.* D'autres problèmes se posent en théorie du contrôle tels que la stabilisation d'un système, la recherche de lois de feedback, l'estimation ou la reconstruction de l'état d'un système. Illustrons les notions de variable d'état et variable de contrôle sur un modèle simplifié intervenant dans un problème de transfert orbital.

Considérons un satellite en orbite circulaire autour d'une planète. Notons r la distance du satellite au centre de gravité de la planète, u la composante radiale de la vitesse du satellite, v la composante tangentielle de la vitesse. L'orbite du satellite peut être modifiée par un moteur dont le module de poussée P est constant. Seul l'angle ϕ de la poussée peut varier. Avant le temps initial $t = 0$ le satellite évolue sur une orbite circulaire de rayon r_0. La vitesse initiale est donc donnée par $u(0) = 0$ et $v(0) = (\mu/r_0)^{1/2}$, où μ est la constante de gravité. Le problème de transfert sur une orbite circulaire de rayon maximal consiste à déterminer l'angle de poussée ϕ durant l'intervalle de temps $(0, T)$ de façon à maximiser $r(T)$ tout en vérifiant $u(T) = 0$ et $v(T) = (\mu/r(T))^{1/2}$. Ces deux dernières conditions sont des contraintes du problème de transfert optimal. Elles garantissent que, le moteur du satellite étant éteint au temps T, le satellite restera sur l'orbite circulaire de rayon $r(T)$.

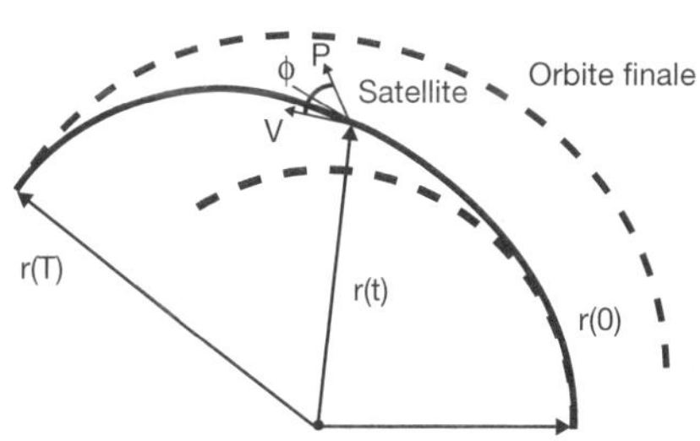

Figure 1 Transfert orbital

Dans ce problème, l'état du système est décrit par les variables r, u, v, et m la masse du satellite. Le contrôle est l'angle de poussée ϕ. Nous posons donc $X = (r(t), u(t), v(t), m(t))_{t\in[0,T]}$ et $U = (\phi(t))_{t\in[0,T]}$. L'objectif est ici de maximiser $r(T)$. Le système $X = f(U)$ est le système d'équations différentielles $r' = u$,

$$u' = \frac{v^2}{r} - \frac{\mu}{r^2} + \frac{P\sin\phi}{m_0 - kt},$$

$$v' = -\frac{uv}{r} + \frac{P\cos\phi}{m_0 - kt},\ m' = -k,$$

où k est le taux de consommation de carburant et m_0 la masse du satellite au temps $t = 0$.

La solution de ce problème, illustrée dans la figure 2, est fournie par le principe du maximum de Pontryagin – cf. (Bryson, Ho, 1975, p. 66-68).

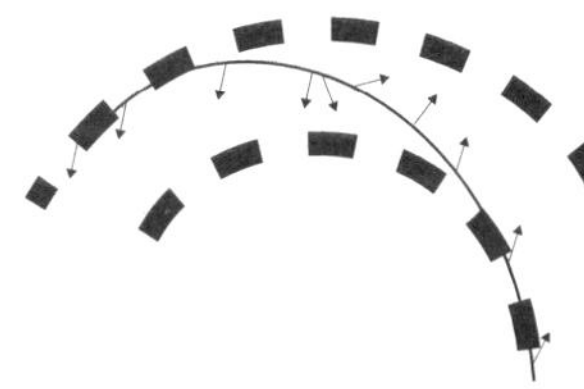

Figure 2 Poussée optimale

Le problème de rentrée dans l'atmosphère d'une navette spatiale est plus complexe : le nombre de variables décrivant l'état du système est important et prend en compte les forces aérodynamiques qui s'exercent sur la navette. L'angle d'attaque de la navette est un paramètre crucial pour une rentrée réussie. Si l'angle d'attaque est trop faible la navette va rebondir sur les hautes couches de l'atmosphère, si l'angle d'attaque est trop important le freinage sera intense, l'énergie cinétique se transformant en énergie thermique, la température du fuselage de la navette atteindra des valeurs trop élevées, mettant en péril la vie des spationautes.

Le contrôle de l'écoulement de l'air autour d'un avion ou d'une fusée est un problème encore plus complexe. Dans ces situations, la description du système fait appel à des modèles de turbulence. La turbulence est un phénomène très complexe, loin d'être bien compris, et la description des écoulements turbulents par un système d'équations est donc très imparfaite. Mais ces problèmes sont si importants pour les applications qu'ils sont l'objet de recherches actives tant d'un point de vue expérimental que de celui des simulations numériques : des dispositifs expérimentaux ont été testés en laboratoire et sur des avions en vol, montrant qu'il est possible de modifier – et parfois de contrôler – un écoulement par de petits jets d'air localisés sur la paroi de l'écoulement, ou sur les bords d'attaque des ailes (Gad-El-Hak, 2000). La théorie du contrôle permet de proposer des stratégies qui enrichissent la compréhension fine de problèmes complexes, et parfois débouchent ensuite sur des solutions industrielles.

2 Le principe du maximum de Pontryagin

Les problèmes de contrôle optimal que nous avons rencontrés dans la section précédente consistent à minimiser un critère $F(X, U, \Pi)$ (appelé fonctionnelle coût), dépendant de l'état X, du contrôle U, et éventuellement d'un ensemble de paramètres Π (par exemple la durée de l'expérience), lorsque X et U sont liés par une équation $X = f(U)$, et lorsque U et X vérifient certaines contraintes. Savoir qu'un tel problème admet au moins une solution ne suffit pas. L'ingénieur doit être capable de calculer une solution ou une solution approchée. Écrire des conditions d'optimalité pour un tel problème de contrôle optimal consiste à écrire des équations et donner des conditions sur la ou les solutions permettant de mettre en oeuvre un algorithme de calcul de ces solutions. Dans les années cinquante, ces conditions d'optimalité étaient bien connues des mathématiciens dans un certain nombre de situations. Ce sont par exemple les conditions d'Euler-Lagrange dans le cas de problèmes avec contraintes d'égalité. Les conditions d'optimalité pour des problèmes de minimisation dans $\mathbb{R}^N$ avec des contraintes d'inégalité sont connues sous le nom de conditions de Karush-Kuhn et Tucker. Leur diffusion dans la communauté mathématique date du milieu des années 50. Les problèmes de contrôle optimal intègrent souvent des contraintes beaucoup plus compliquées que celles d'un problème de minimisation dans $\mathbb{R}^N$. Écrire des conditions d'optimalité pour ces problèmes était donc une vraie gageure à la fin des années 50. C'était pourtant une nécessité absolue pour pouvoir répondre aux défis posés par les nouvelles technologies qui émergaient à cette époque-là. Le principe du maximum de Pontryagin est un ensemble de conditions nécessaires d'optimalité qui dans bien des cas permet de calculer exactement (ou de manière approchée) la solution d'un problème de contrôle optimal.

Nous allons dresser un bref historique du contexte dans lequel a émergé ce principe. Nous mettrons ainsi à nu les concepts clés (Hamiltonien, état adjoint) qui sont les outils de base d'étude des problèmes de contrôle optimal.

Dans les années cinquante, Lev Seminovich Pontryagin, topologue de renommée internationale, quitte le domaine de la topologie pour s'intéresser à la théorie du contrôle et de l'automatique. Il organise un séminaire sur le contrôle à l'Institut d'automatique et de télémécanique de l'Académie des sciences de l'Union soviétique, à Moscou. V. G. Boltyanskii, R. Gamkrelidze et E. Mishchenko (les trois grands mathématiciens impliqués avec L. S. Pontryagin dans la découverte du principe du maximum de Pontryagin) sont des participants assidus à ce séminaire. C'est au cours de l'un de ces séminaires que des colonels de l'armée de l'air soviétique soumettent à l'auditoire un problème de manœuvre en temps minimal (Gamkrelidze, 1999). D'un point de vue mathématique le problème peut être formulé comme suit. Soit $U_c \subset \mathbb{R}^M$ un ensemble de contraintes, et soit U_{ad} l'ensemble des contrôles $u(\cdot)$ vérifiant la contrainte $u(t) \in U_c$ pour $t \geq 0$. L'ensemble U_{ad} est souvent appelé l'ensemble des contrôles admissibles. Deux points x_0 et x_1 étant donnés dans $\mathbb{R}^N$, comment déterminer un contrôle $u \in U_{ad}$ minimisant le temps T pour lequel la solution du système différentiel $x'(t) = f(x(t), u(t))$ de $\mathbb{R}^N$ vérifie $x(0) = x_0$ et $x(T) = x_1$? Nous reconnaissons un problème de transfert entre deux états donnés, en temps minimal, de la solution d'un système différentiel. L'existence d'au moins un temps $T > 0$ et d'un contrôle $u \in U_{ad}$ pour lesquels la solution du système différentiel $x'(t) = f(x(t), u(t))$ vérifie $x(0) = x_0$ et $x(T) = x_1$ n'est pas une question triviale. C'est un problème de *contrôlabilité* qui peut être difficile dans le cas d'un système non linéaire. Mais supposons que la connaissance du phénomène décrit par le système différentiel $x'(t) = f(x(t), u(t))$ nous permette d'affirmer que le système est contrôlable. Comment déterminer le temps minimal d'une manœuvre permettant de passer de l'état x_0 à l'état x_1, et quelle est la commande (ou le contrôle) correspondante ?

Rappelons que $x = (x^1, \ldots, x^N)^T$ est à valeurs dans $\mathbb{R}^N$, et que $f = (f^1, \ldots, f^N)^T$ est une fonction vectorielle. Le premier résultat de Pontryagin est obtenu dans le cas où U_c est un ouvert de $\mathbb{R}^M$. Le cas le plus intéressant pour lequel U_c est un fermé de $\mathbb{R}^M$ n'a été étudié que plus tard. Pontryagin montre que si u est solution du problème de temps optimal, alors il existe une fonction ψ – appelée *état adjoint* dans la théorie du contrôle optimal – à valeurs dans $\mathbb{R}^N$, vérifiant le système différentiel $-\psi'(t) = f_x(x(t), u(t)) \cdot \psi(t)$, et telles que $f_{u_j}(x(t), u(t)) \cdot \psi(t) = 0$ pour tout $j = 1, \ldots, M$ (ici f_x désigne la matrice jacobienne de f, le système différentiel vérifié par ψ est appelée équation adjointe ou encore système adjoint). Posant $H(x(t), \psi(t), u(t)) = f(x(t), u(t)) \cdot \psi(t)$, le couplage du système différentiel $x' = f$ et du système adjoint est le système Hamiltonien $x' = \dfrac{\partial H}{\partial \psi}$, $\psi' = -\dfrac{\partial H}{\partial x}$. La condition $f_{u_j}(x(t), u(t)) \cdot \psi(t) = 0$ pour tout $j = 1, \ldots, M$ s'écrit $\dfrac{\partial H}{\partial u}(x(t), u(t)) = 0$, c'est une condition nécessaire que doit vérifier u sur $(0, T)$ pour que u, T soit solution du problème de transfert en temps minimal. Différents résultats intermédiaires ont été trouvés par L. S. Pontryagin et ses élèves V. G. Boltyanskii, R. Gamkrelidze et E. Mishchenko (Gamkrelidze, 1999), avant d'arriver à la formulation définitive du principe du maximum de Pontryagin dans le cas où l'ensemble des contraintes U_c est un fermé de $\mathbb{R}^M$. Le principe du maximum de Pontryagin affirme que, si u, T est solution du problème de transfert en temps minimal, alors $u(t)$ maximise $H(x(t), \psi(t), \cdot)$ par rapport à u sur l'ensemble des contraintes U_c, c'est à dire $H(x(t), \psi(t), u(t)) = \max_{v \in U_c} H(x(t), \psi(t), v)$ pour tout $t \in (0, T)$. La fonction H est appelée pseudo-Hamiltonien du problème, alors que $\mathcal{H}(x, \psi) = \max_{v \in U_c} H(x, \psi, v)$ est le Hamiltonien du problème.

Ce résultat s'étend à des problèmes autres que les problèmes de temps optimal. Par exemple pour un problème à temps final fixe de la forme :

Minimiser

$J(x, u) = \int_0^T L(x(\tau), u(\tau))d\tau + \ell(x(T))$, lorsque $u(t) \in U_{ad}$, et x est solution de l'équation $x' = f(x, u)$, $x(0) = x_0$, l'équation adjointe sera :

$$-\psi'(t) = f_x(x(t), u(t)) \cdot \psi(t) - L(x(t), u(t)),$$
$$\psi(T) = -\ell_x(x(T)).$$

Le pseudo-Hamiltonien est ici

$$H(x(t), \psi(t), u(t)) = f(x(t), u(t)) \cdot \psi(t) - L(x(t), u(t)),$$

et le contrôle optimal – s'il existe – vérifie le PMP suivant : $H(x(t), \psi(t), u(t)) = \mathcal{H}(x(t), \psi(t))$, avec $\mathcal{H}(x, \psi) = \max_{v \in U_c} H(x, \psi, v)$.

Nous reconnaissons ici un résultat proche de celui donné par les conditions d'optimalité d'Euler-Lagrange. Avec un théorème de multiplicateurs de Lagrange, dans le cas où U_c est convexe et $H(x, \psi, \cdot)$ différentiable, nous pouvons montrer que si u est optimal, alors $\frac{\partial H}{\partial u}(x(t), \psi(t), u(t))(v - u(t)) \leq 0$ pour tout $v \in U_c$. Le PMP est donc une condition plus forte que la condition d'Euler-Lagrange. De plus il s'applique au cas où $H(x, \psi, \cdot)$ n'est pas différentiable, et où U_c n'est pas convexe.

Les formulations du PMP obtenues depuis pour des problèmes faisant intervenir différents types de contraintes sur l'état et le contrôle, sont à l'origine de progrès importants dans le domaine du contrôle optimal. Ces résultats jouent un rôle essentiel dans des domaines aussi variés que le domaine aéronautique et spatial ou le domaine de l'économie et celui des mathématiques financières.

2.1 Financement optimal

Donnons un exemple de plan de financement optimal dont la solution est obtenue par le PMP (Sethi, Thompson, 2000, p. 129). Une compagnie souhaite accroître sa valeur financière. Pour cela elle peut utiliser la rémunération produite par son capital ou faire appel à des investissements extérieurs. L'objectif final est de maximiser la valeur des dividendes distribués aux actionnaires sur un intervalle de temps T fixé. Dans ce modèle, le capital de la compagnie au temps t est noté $y(t)$, la rémunération des actifs au temps t est notée $x(t)$, $u(t) \geq 0$ désigne le financement extérieur exprimé en multiple de $x(t)$, $v(t)$ désigne la fraction des dividendes réinvestis, $1 - c$ représente le coût des transactions dû au financement extérieur, ρ est le taux de rémunération du marché supposé connu et constant, r est le rendement des actifs de la compagnie ($r > \rho$), g est une borne supérieure du taux de croissance de la compagnie. Le taux de rémunération x et le capital y sont liés par la relation $x = ry$. La variation de taux de rémunération au temps t est donc $x' = ry' = r(cu + v)x$, et $x(0) = x_0$ est connu. La contrainte sur le taux de croissance s'exprime par $y'/y = r(cu + v) \leq g$. La rémunération produite par les avoirs $\int_0^T (1 - v)xe^{-\rho t}dt$ doit être diminuée de la part correspondant au financement externe $\int_0^T uxe^{-\rho t}dt$. Le problème de contrôle optimal consiste donc à maximiser $\int_0^T (1 - v - u)xe^{-\rho t}dt$, lorsque l'état du système x et les contrôles u, v vérifient l'équation différentielle $x' = r(cu + v)x$, $x(0) = x_0$, et les contraintes $cu + v \leq g/r$, $u \geq 0$, $0 \leq v \leq 1$ La solution de ce problème est différente suivant que $g \leq r$ ou que $g > r$.

Dans le cas de processus gouvernés par des équations aux dérivées partielles des extensions du principe du maximum de Pontryagin ont été obtenues au milieu des années quatre-vingt-dix.

3 Contrôlabilité, stabilisabilité, observabilité

Si un satellite est muni de trois moteurs, chacun d'eux permettant de faire pivoter le satellite autour d'un des axes principaux d'inertie du satellite, l'attitude du satellite (c'est-à-dire l'orientation du satellite sur son orbite) peut être contrôlée. Nous dirons que l'attitude du satellite est *contrôlable* par le dispositif constitué des trois moteurs. Si un des moteurs tombe en panne, l'attitude n'est plus contrôlable, ce qui peut être un problème majeur pour un satellite d'observation. Nous percevons au travers de cet exemple à quel point le fait de savoir si un système est contrôlable ou non est une question essentielle.

Comment savoir si un système est contrôlable ? Telle est la question à laquelle a répondu R. E. Kalman dans le cas des systèmes linéaires dans $\mathbb{R}^N$ de la forme $x' = Ax + Bu$, où A est une matrice $N \times N$, $u(t) \in \mathbb{R}^M$, et B est une matrice $N \times M$. Ce système est dit contrôlable au temps $T > 0$ si, pour tout

$x_0 \in \mathbb{R}^N$ et tout $x_1 \in \mathbb{R}^N$, il existe une fonction u continue de $[0,T]$ dans $\mathbb{R}^M$ telle que la solution du système $x(0) = x_0$, $x' = Ax + Bu$, vérifie $x(T) = x_1$. En 1960, Rudolph E. Kalman démontre que le système $x' = Ax + Bu$ est contrôlable en un temps $T > 0$, si et seulement si la matrice $[B|AB|\dots|A^{N-1}B]$ est de rang N. De plus si le système est contrôlable en un temps $T > 0$, alors il est contrôlable en tout temps positif.

La notion de contrôlabilité est liée à deux autres concepts intervenant en théorie du contrôle : la notion de *stabilisabilité* et celle d'*observabilité*. La stabilisabilité est une notion clé pour l'existence de lois de feedback, et la notion d'observabilité joue une rôle essentiel pour l'estimation de l'état d'un système.

Le système $x' = Ax$ est dit *exponentiellement stable* si, pour toute condition initiale $x_0 \in \mathbb{R}^N$, la solution correspondante $x(t) = e^{tA}x_0$ vérifie $\|e^{tA}x_0\| \leq Me^{-\alpha t}\|x_0\|$, avec $M > 0$ et $\alpha > 0$ (dans ce cas nous dirons également que l'opérateur A est exponentiellement stable). Cette condition est équivalente à la condition suivante sur le spectre $\sigma(A)$ de l'opérateur A : $\sup\{\mathrm{Re}\,\lambda \mid \lambda \in \sigma(A)\} < 0$. Le système $x' = Ax + Bu$ est dit *exponentiellement stabilisable* s'il existe un opérateur $K \in \mathcal{L}(\mathbb{R}^N;\mathbb{R}^M)$ tel que l'opérateur $A + BK$ soit exponentiellement stable. Remarquons que si le système $x' = Ax + Bu$ est contrôlable alors il est exponentiellement stabilisable. Dans le cas des systèmes différentiels, c'est-à-dire des systèmes dynamiques de dimension finie, la réciproque est également vraie. Ce n'est pas le cas des systèmes dynamiques en dimension infinie qui peuvent être stabilisables sans être contrôlables.

La notion de stabilisabilité est fondamentale pour les applications. Elle garantit l'existence d'un contrôle $u(t) = Kx(t)$ stabilisant le système et exprimé comme fonction de l'état du système lui-même. Nous allons voir dans la suite comment calculer et utiliser de telles lois de feedback. Ces dernières fournissent des lois de contrôles utilisables dans les automatismes. De plus les lois de feedback obtenues en théorie du contrôle optimal jouissent de bonnes propriétés de robustesse.

La notion d'observabilité intervient en filtrage ou estimation. Une observation de la solution du système $x' = Ax$, $x(0) = x_0$, sur l'intervalle de temps $[0,T]$, est une donnée de la forme $(Cx(t))_{t\in[0,T]}$, où $C \in \mathcal{L}(\mathbb{R}^N,\mathbb{R}^M)$ est appelé opérateur d'observation. Le couple (A,C) est dit observable en temps $T > 0$ si l'opérateur $x_0 \mapsto (y(t))_{t\in[0,T]} = (Cx(t))_{t\in[0,T]}$ est injectif, c'est-à-dire permet de déterminer de manière unique la condition initiale du système à partir de la connaissance de $Cx(t)$ pour $t \in [0,T]$. Il est possible de montrer que la paire (A,C) est observable si et seulement si la paire (A^*,C^*) est contrôlable. Le critère de Kalman permet donc de montrer que la paire (A,C) est observable si et seulement si $[C^*|A^*C^*|\dots|(A^*)^{N-1}C^*]$ est de rang N.

4 Le principe de programmation dynamique et les lois de feedback

Le principe dit de *programmation dynamique*, introduit par Richard Bellman dans les années soixante est une contribution en théorie du contrôle optimal, essentielle pour comprendre comment déterminer des lois de feedback. Il permet aussi de mettre en oeuvre un algorithme appelé *programmation dynamique* permettant de calculer les solutions optimales d'un problème de contrôle à temps discret lorsque la dimension du système dynamique est petite.

Considérons le problème de contrôle optimal $P(0,x_0)$ suivant :

Minimiser

$$J(x,u) = \int_0^T L(x(\tau),u(\tau))d\tau + \ell(T,x(T)),$$

lorsque $u \in U_{ad}$, et x est solution de l'équation $x' = f(x,u)$, $x(0) = x_0$ (reprenant les notations de la section 3, nous supposerons que $U_{ad} = \{u \mid u(t) \in U_c\}$, où U_c est un fermé de $\mathbb{R}^M$). Pour énoncer le principe de programmation dynamique introduisons une famille de problèmes de contrôle optimal associée au problème précédent, problèmes dans lesquels le temps initial et la condition initiale varient. Pour $x_1 \in \mathbb{R}^N$ et pour $t \in [0,T)$, désignons par $P(t,x_1)$ le problème :

Minimiser

$$\int_t^T L(x(\tau),u(\tau))d\tau + \ell(T,x(T)),$$

lorsque $u \in U_{ad}$, et x est solution de l'équation $x' = f(x,u)$, $x(t) = x_1$. Le problème initial correspond à $P(0,x_0)$.

Le principe de programmation dynamique dit que si $(\bar{x},\bar{u})$ est une solution de $P(0,x_0)$, alors la restriction de $\bar{u}$ à (t_1,T) est un contrôle optimal pour le problème $P(t_1,\bar{x}(t_1))$. Remarquons également que si $(\hat{x},\hat{u})$ est une solution du problème $P(t_1,\bar{x}(t_1))$, alors la fonction $\tilde{u}$ égale à $\bar{u}$ sur $(0,t_1)$ et à $\hat{u}$ sur (t_1,T) est aussi une solution de $P(0,x_0)$.

La contribution de R. Bellman a été de comprendre que cet énoncé d'apparence anodin permettait d'obtenir des résultats intéressants à condition d'introduire une notion nouvelle, celle de *fonction valeur* du problème. Notons $V(x_1,t)$ la valeur du minimum du problème $P(t,x_1)$. La fonction V est appelée fonction valeur de la famille de problèmes $P(t,x_1)$ pour $t \in [0,T)$ et $x_1 \in \mathbb{R}^N$. Le principe d'optimalité de Bellman, ou principe de programmation dynamique, est équivalent à dire que la fonction valeur V vérifie

$$V(x_0,0) = \inf_{u\in U_{ad}}\left[\int_0^s L(x(\tau),u(\tau))d\tau + V(x_{x_0,0}(s),s)\right]$$

pour tout $s \in [0,T)$, où $x_{x_0,0}$ désigne une solution du problème $P(0,x_0)$. Ce principe met en lumière le rôle joué par la fonction V pour la recherche de solutions du problème $P(0,x_0)$. En effet la fonction V peut – tout au moins en théorie – être calculée car elle est solution de l'équation aux dérivées partielles :

$$V_t + \inf_{u\in U_c}\left\{f(x,v)\cdot\nabla V + L(x,v)\right\} = 0$$ dans $\mathbb{R}^N \times (0,T)$, avec la condition terminale $V(x,T) = \ell(T,x)$ pour $x \in \mathbb{R}^N$. Cette équation, qui porte le nom d'équation de Hamilton-Jacobi-Bellman, n'est pas facile à résoudre analytiquement ou numériquement. Une des difficultés réside dans le fait qu'elle est posée dans l'espace $\mathbb{R}^N$ tout entier. De plus la fonction V n'est en général pas différentiable, elle n'est souvent que Lipschitzienne en x et t. En conséquence, la notion de solution pour cette équation n'est pas classique. Elle a été introduite par P.-L. Lions au début des années quatre-vingt et porte le nom de solution de viscosité (Levine, 1996). En posant

$$\mathcal{H}(x,\psi) = -\inf_{u\in U_c}\left\{-f(x,u)\cdot\psi + L(x,u)\right\} = \sup_{u\in U_c}\left\{f(x,u)\cdot\psi - L(x,u)\right\},$$

on reconnait le Hamiltonien du problème de contrôle optimal qui intervient également dans le principe de Pontryagin. Le principe de Pontryagin est intimement lié à l'équation de Hamilton-Jacobi-Bellman vérifiée par la fonction valeur. Supposons que la fonction valeur V du problème précédent soit connue. Alors tout couple de fonctions (x,u) vérifiant

$$\mathcal{H}(x(t),-\nabla V(x(t),t)) = -f(x(t),u(t))\cdot\nabla V(x(t),t) - L(x(t),u(t))$$

et l'équation $x'(t) = f(x(t),u(t))$, $x(0) = x_0$ est solution de $P(0,x_0)$. Cela permet dans certains cas de remplacer l'égalité $\mathcal{H}(x(t),-\nabla V(x(t),t)) = -f(x(t),u(t))\cdot\nabla V(x(t),t) - L(x(t),u(t))$ par une relation de la forme $u(t) \in F(t,x(t))$. La fonction $F(t,x(t))$ est appelée loi de feedback, et la résolution de l'inclusion différentielle $x'(t) \in f(x(t),F(t,x(t)))$, $x(0) = x_0$ permet de calculer une solution de $P(0,x_0)$. L'application la plus spectaculaire de cette approche correspond au cas des problèmes de contrôle pour lesquels l'équation d'état est linéaire et le critère à minimiser est quadratique. Donnons un exemple simple de problème $P(0,x_0)$ dans cette classe :

$$\text{Minimiser } J(x,u) = \frac{1}{2}|x(T)|^2 + \frac{1}{2}\int_0^T |x(\tau)|^2 d\tau + \frac{1}{2}\int_0^T |u(\tau)|^2 d\tau,$$

lorsque $u(t) \in \mathbb{R}^M$, et x est solution de l'équation $x' = Ax + Bu$, $x(0) = x_0$. Dans ce cas le Hamiltonien du problème peut être facilement calculé $\mathcal{H}(x,p) = Ax\cdot p + \frac{1}{2}|x|^2 - \frac{1}{2}|B^*p|^2$ et la fonction valeur $V(x,t)$ est égale à $\frac{1}{2}(\Pi(t)x,x)$, où $\Pi(t) \in \mathcal{L}(\mathbb{R}^N)$ est un opérateur symétrique semi-défini positif solution de l'équation différentielle $-\Pi' = A^*\Pi + \Pi A - \Pi BB^*\Pi + I$, $\Pi(T) = I$, I désignant la matrice identité de $\mathbb{R}^N$. Ce système différentiel est connu sous le nom d'équation différentielle de Riccati (Riccati fait référence au terme quadratique de l'équation).

5 Stabilisation des systèmes

La stabilisation de grandes structures (structures spatiales, plateformes), ou d'un véhicule soumis à des vibrations, consiste à agir sur la structure de manière passive (amortisseurs) ou active (modification en temps réel des caractéristiques mécaniques de la structure), de manière à atténuer les effets néfastes des vibrations. D'autres problèmes de stabilisation consistent à maintenir un processus au voisinage d'un point d'équilibre (souhaité pour l'application envisagée) instable sans l'action d'un contrôle. Le pendule dit inversé est un exemple très étudié en laboratoire. Les méthodes de stabilisation testées sur cette application académique peuvent ensuite être transposées à d'autres systèmes instables.

Un pendule est constitué d'une masse M fixée à une tige de longueur L. Lorsque la tige est verticale et la masse M au dessus de la tige, la position d'équilibre est instable.

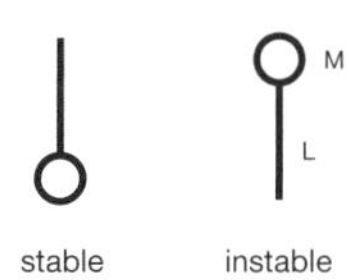

Figure 3 Pendule

Est-il possible de stabiliser le pendule au voisinage de cette position instable par le mouvement d'un chariot agissant sur l'extrémité inférieure de la tige ?

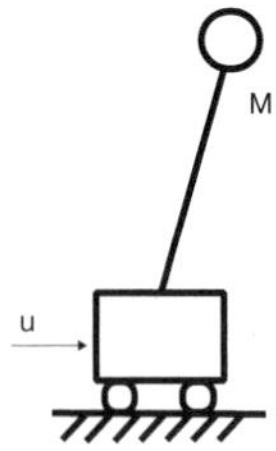

Figure 4 Stabilisation autour de la position d'équilibre instable

Expliquons comment calculer une loi de feedback stabilisant un système linéaire de la forme $x' = Ax + Bu$ pour lequel A est instable, mais tel que la paire (A, B) soit stabilisable. Le pendule inversé linéarisé au voisinage de la solution nulle instable, et contrôlé par un véhicule dont on commande l'accélération est un exemple de système stabilisable. Nous y reviendrons en fin de la section suivante pour comprendre la notion de feedback avec observation partielle de l'état.

Différentes méthodes permettent de déterminer une loi de feedback K telle que $A + BK$ soit stable. Les plus classiques sont la méthode de placement des pôles et la méthode dite LQR (méthode de la régulation linéaire quadratique, *Linear Quadratic Regulation* en anglais). Cette dernière est basée sur la théorie du contrôle optimal. Elle s'appuie sur un théorème dû à Datko qui dit que l'opérateur $A + BK$ est stable si et seulement si, pour tout $x_0 \in \mathbb{R}^N$, $\int_0^\infty |e^{t(A+BK)}x_0|^2 dt < \infty$. Ce théorème suggère de rechercher l'opérateur de feedback K en recherchant la solution du problème de contrôle optimal : Minimiser $J(x, u) = \frac{1}{2}\int_0^\infty |x(\tau)|^2 d\tau + \frac{1}{2}\int_0^\infty |u(\tau)|^2 d\tau$, lorsque $u(t) \in \mathbb{R}^M$, et x est solution de l'équation $x' = Ax + Bu$, $x(0) = x_0$. C'est précisemment l'approche développée par Kalman (sans référence au théorème de Datko qui a été obtenu postérieurement aux travaux de Kalman). La paire (A, B) étant stabilisable ce problème admet une solution unique (x_{x_0}, u_{x_0}). De plus la valeur optimale du problème $J(x_{x_0}, u_{x_0})$ est une forme quadratique définie positive en x_0. Il existe donc un opérateur $\Pi = \Pi^* \in \mathcal{L}(\mathbb{R}^N)$ tel que $J(x_{x_0}, u_{x_0}) = \frac{1}{2}\Pi x_0 \cdot x_0$. Que nous apprend le principe de programmation dynamique appliqué à ce problème ? Pour répondre à cette question, considérons la famille des problèmes $P(x_1, t)$ définis par : Minimiser $\frac{1}{2}\int_t^\infty |x(\tau)|^2 d\tau + \frac{1}{2}\int_t^\infty |u(\tau)|^2 d\tau$, lorsque $u(\tau) \in \mathbb{R}^M$, et x est solution de l'équation $x' = Ax + Bu$, $x(t) = x_1$. Le principe de programmation dynamique permet de montrer que la fonction valeur de ce problème est indépendante de t, et qu'elle est égale à $\frac{1}{2}\Pi x_1 \cdot x_1$. De plus la solution (x_{x_0}, u_{x_0}) de $P(x_0, 0)$ vérifie $u_{x_0}(t) = -B^*\Pi x_{x_0}(t)$. Nous avons donc trouvé une loi de feedback à condition de connaître Π. Il se trouve que Π est solution de l'équation de Riccati dite algébrique : $A^*\Pi + \Pi A - \Pi BB^*\Pi + I = 0$. La résolution numérique de ces problèmes a fait de gros progrès au début des années quatre-vingt-dix, et est l'objet de recherches actives.

Du point de vue de l'ingénieur chargé de la mise en œuvre d'automatismes, une loi de feedback de la forme précédente n'est pas utilisable car l'état x du système à stabiliser est rarement accessible. Une étape essentielle reste à franchir : l'estimation de l'état d'un système à partir de mesures.

6 Le filtrage optimal

6.1 Calcul précis d'orbite

Le satellite d'observation Topex-Poseïdon mesure la hauteur moyenne des océans. Ces mesures sont ensuite utilisées dans des modèles décrivant l'évolution du climat de la terre. Pour que les variations de mesures enregistrées par le satellite puissent être exploitées, il est nécessaire qu'une mesure donnée soit située avec précision, et que l'altitude du satellite soit connue avec la plus grande précision possible. Avec quelle précision peut-on connaître la trajectoire d'un satellite d'observation en orbite à 1000 kilomètres d'altitude ? Comment améliorer la précision de calcul d'une orbite ? Ce sont les questions très concrètes auxquelles sont confrontées les différentes agences spatiales qui ont en charge le suivi des missions des satellites. La position d'un satellite est repérée à l'aide d'un dispositif de stations d'observation situées à différents points du globe. Ces mesures (par laser ou par effet dopler) permettent de calculer a posteriori la trajectoire qu'a emprunté un satellite avec une très grande précision (de l'ordre de moins de 5 centimètres en précision radiale). L'opération permettant d'utiliser des mesures pour estimer les erreurs d'un modèle s'appelle *estimation de l'état* ou *filtrage*. Le filtrage optimal est un algorithme basé sur la formulation du problème d'estimation en un problème de contrôle optimal.

6.2 L'assimilation de données en météorologie

Prévoir le temps, prévoir les tempêtes, les cyclones, la grêle, les orages, a un impact économique et humain. Quel lien y a-t-il entre la prévision météorologique et le contrôle optimal ? Le temps décrit l'état de l'atmosphère. L'évolution de l'atmosphère fait intervenir de très nombreuses variables – vitesse du vent, température, pression, humidité, rayonnement, réverbération... – et des réactions extrêmement complexes. Le modèle dynamique $x' = f(x)$ décrivant l'évolution de ces paramètres n'est qu'une approximation de la réalité. L'état de l'atmosphère aujourd'hui, c'est-à-dire $(x(t))_{t\in(0,24)}$ si t est exprimé en heures, n'est connu que de manière approximative. L'état de l'atmosphère pour les deux jours à venir, $(x(t))_{t\in(24,72)}$, est calculé en intégrant le système $x' = f(x)$ à partir d'une estimation de $x(24)$. Les erreurs faites sur $x(24)$, l'état de l'atmosphère en fin de journée, seront répercutées et amplifiées dans la prévision des jours suivants. Les différentes observations météorologiques (par stations, ballons sondes, satellites), faites durant l'intervalle de temps $(0, 24)$, sont utilisées pour améliorer l'estimation de $x(0)$. Ce procédé consistant à utiliser les observations météorologiques pour améliorer l'estimation de l'état de l'atmosphère en un temps précédent est appelé *assimilation de données*. L'assimilation des données sur l'intervalle de temps $(0, 24)$ permet d'améliorer l'estimation de $x(0)$, et par conséquent celle de $x(24)$, et des prévisions pour les jours suivants. Ce problème d'assimilation de données est un problème mathématique analogue à celui du calcul de la trajectoire d'un satellite étudié ci-dessus.

D'autres problèmes d'estimation se posent lorsque l'on veut utiliser dans une loi de feedback, une estimation de l'état d'un système faite à partir de mesures. Dans ce cas-là l'état n'est pas estimé a posteriori, mais à chaque instant.

6.3 Le problème mathématique de l'estimation

Expliquons maintenant pourquoi les problèmes d'estimation de l'état d'un système peuvent se formuler comme des problèmes de contrôle optimal. Le problème d'estimation ou de filtrage peut être décrit comme suit. Considérons un système linéaire de la forme $x' = Ax + Bu + e$, $x(0) = x_0 + \varepsilon$, dans lequel e et $\varepsilon \in \mathbb{R}^N$ sont inconnus. La fonction e représente une erreur ou une incertitude sur le modèle, ε est une erreur sur la condition initiale. Estimer x en calculant la solution du système $x' = Ax + Bu$, $x(0) = x_0$ peut conduire à des erreurs catastrophiques. L'estimation peut être améliorée si nous disposons de mesures. Supposons que des capteurs permettent de mesurer une fonction de l'état $Hx(t)$ en tout instant t. Sachant que cette mesure est elle-même entachée d'erreur (un bruit blanc gaussien dans l'approche stochastique), l'observation accessible est $y_{obs}(t) = Hx(t)+\eta$, où η est une erreur de mesure inconnue. Comment améliorer l'estimation de x en utilisant de manière optimale l'observation $y_{obs}(t)$? Dans le cas où les erreurs sont modélisées par des bruits blancs gaussiens non corrélés, les erreurs e et η peuvent être estimées en résolvant le problème de contrôle optimal : Minimiser $\frac{1}{2}\int_0^\infty R^{-1}(Hx - y_{obs})\cdot(Hx - y_{obs})d\tau$ $+\frac{1}{2}\int_0^\infty Q^{-1}e\cdot ed\tau$, où x est solution de $x' = Ax + Bu + e$. La matrice Q est la matrice de covariance de e et R celle de η (dans ce problème u est supposé connu). La solution de ce problème peut être obtenue en résolvant une équation de Riccati analogue à celle obtenue pour calculer une loi de feedback. Si P désigne la solution de cette équation, l'estimation x_e de l'état x, solution du système en boucle fermée avec la loi de feedback $-B^*\Pi$, est obtenue en calculant la solution du système différentiel : $x'_e = Ax_e - BB^*\Pi x_e - PH^*R^{-1}(Hx_e - y_{obs})$, $x_e(0) = x_0$. La loi de feedback est alors donnée par $-B^*\Pi x_e$.

6.4 Un exemple de feedback avec observation partielle

Revenons au pendule inversé contrôlé non plus par un véhicule mais par un individu. L'individu observe le mouvement de la masse M, qui est une observation partielle du système. Il en déduit le contrôle à appliquer permettant de maintenir le pendule au plus près de la verticale et l'empêcher de tomber : nous avons là un exemple aisément compréhensible de ce qu'est une loi de feedback avec observation partielle du système.

Figure 5 Stabilisation avec observation partielle

7 Contrôler les ondes

La résistance d'une structure complexe telle qu'un pont, une plateforme pétrolière, peut être améliorée soit par des dispositifs qualifiés de passifs (des amortisseurs placés à des endroits stratégiques pour amortir les phénomènes de résonance), soit par des dispositifs qualifiés d'actifs qui, en fonction des mouvements de la structure, vont modifier ses caractéristiques mécaniques toujours dans le but d'éviter des phénomènes de résonnance. De tels dispositifs sont aussi utilisés dans certaines constructions comme processus antisismique.

Le contrôle du bruit des aéronefs est un autre domaine dans lequel le contrôle des ondes – ici les ondes acoustiques – est une question actuelle, objet de recherches actives. Contrôler et stabiliser les ondes est au coeur de nombreux autres problèmes et la théorie du contrôle des équations aux dérivées partielles peut apporter des éléments de réponses à l'ingénieur qui a en charge la mise en oeuvre de solutions industrielles.

Le modèle le plus simple décrivant la propagation des ondes dans $\mathbb{R}^3$ est celui de l'équation aux dérivées partielles $\dfrac{\partial^2 \phi}{\partial t^2} - \Delta\phi = 0$, où $\Delta\phi = \displaystyle\sum_{i=1}^{3} \frac{\partial^2 \phi}{\partial x_i^2}$, équation appelée *équation des ondes*. Pour comprendre ce qui est spécifique à la propagation des ondes, et donc à leur contrôle, nous allons décrire deux expériences assez élémentaires, mais qui permettent de bien comprendre comment et dans quels cas on peut contrôler une onde. Imaginons l'expérience idéale d'un individu placé à mi-chemin de deux sources sonores de même fréquence mais en opposition de phase. A mi-chemin des deux sources, l'onde sonore émise par la source située à gauche de l'individu est d'amplitude opposée à celle émise par la source située à droite. En ce point tout se passe donc comme s'il n'y avait aucune source de son. Nous voyons là par quel moyen contrôler une onde : il suffit de lui superposer une onde d'amplitude opposée. Poursuivons par le contrôle des vibrations d'une corde. L'équation des cordes vibrantes est l'équation des ondes en dimension un d'espace. Si $\phi(x,t)$ désigne le déplacement transverse de la corde $(0, L)$ au point $x \in (0, L)$ et au temps t, et si la corde est fixée à ses deux extrémités, ϕ va vérifier l'équation aux dérivées partielles $\dfrac{\partial^2\phi(x,t)}{\partial t^2} - c^2\dfrac{\partial^2\phi(x,t)}{\partial x^2} = 0$ pour $x \in (0, L)$ et $t \geq 0$, et les conditions limites $\phi(0,t) = 0$ et $\phi(L,t) = 0$ (c est la vitesse de propagation des ondes dans la corde). Sans contrôle, une onde à support localisé dans $(0, L)$ se propage dans l'intervalle $(0, L)$, est réfléchie en arrivant à une des extrémités de la corde, repart en sens inverse, et ainsi de suite, comme indiqué en figure 6.

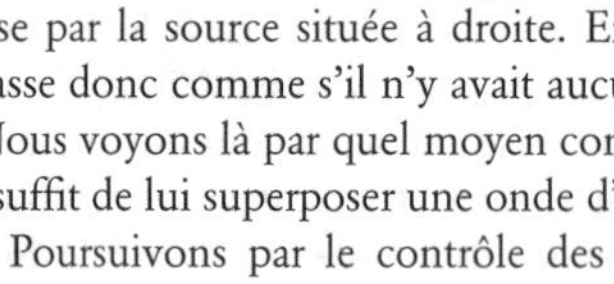

Figure 6 Propagation d'une onde

Un moyen de contrôler les vibrations de la corde consiste à contrôler le mouvement de la corde à une des extrémités, par exemple au point $x = L$, à l'aide d'un dispositif mécanique placé en ce point. La seule différence avec le processus non contrôlé est que la condition en $x = L$ est maintenant $\phi(L,t) = u(t)$. Considérons maintenant le problème de contrôlabilité suivant : déterminer un contrôle $u(t)$, pour $t \in (0, T)$, tel que la solution ϕ de l'équation des ondes contrôlées par u et de condition initiale $\phi(0) = \phi_0$, $\phi'(0) = \phi_1$, vérifie $\phi(T) = 0$, $\phi'(T) = 0$. Considérons le cas étudié ci-dessus où $\phi'(0) = -c\phi_0'$. Nous comprenons facilement sur cet exemple que le temps de contrôlabilité T ne peut pas être arbitrairement petit. En effet le contrôle $u(t)$ en $x = L$ va créer une onde qui se propagera à la vitesse c et dont le but est d'anéantir l'onde $\phi_0(x - ct)$. La vitesse de propagation étant finie le temps minimal de contrôlabilité est $2L/c$. C'est une des différences essentielles avec le cas des équations différentielles ordinaires linéaires, cas pour lequel si le système est contrôlable en un temps $T > 0$, il l'est également pour n'importe quel autre temps arbitrairement petit.

Le problème de la contrôlabilité de l'équation des ondes en dimension supérieure à un est une question beaucoup plus délicate. Deux méthodes ont été développées à la fin des années quatre-vingt pour aborder cette question. Les deux reposent sur l'obtention d'inégalités d'observabilité. Supposons que l'on veuille résoudre le problème de contrôlabilité à zéro pour l'équation des ondes vérifiée par ϕ dans un ouvert borné Ω de $\mathbb{R}^N$ en prenant comme fonction de contrôle la valeur de ϕ sur une partie Γ_c du bord de Ω. De manière très grossière, l'équation sera contrôlable par un contrôle localisé sur Γ_c (c'est-à-dire une condition du type $\phi(x,t) = u(x,t)$ sur Γ_c), si la connaissance de *ce qui se passe* à la frontière Γ_c est suffisante pour reconstruire (on dit aussi observer) la solution ψ d'une équation non contrôlée. L'observateur placé en Γ_c pourra *mesurer* la dérivée normale à la frontière $\dfrac{\partial\psi}{\partial n}$. L'inégalité d'observabilité permettant de montrer que les ondes sont contrôlables dans Ω en temps $T > 0$ par un contrôle du type $\phi(x,t) = u(x,t)$ sur Γ_c est une inégalité de la forme $E(\psi(t)) \leq C \displaystyle\int_0^T \int_{\Gamma_c} \left|\frac{\partial\psi}{\partial n}\right|^2$, où $E(\psi(t))$ est l'énergie au temps t de la solution ψ pour une donnée initiale (ψ_0, ψ_1), quelconque dans l'espace d'énergie. Ce résultat, énoncé ici de manière heuristique, a été obtenu d'une part par J.-L. Lions par une méthode d'énergie – la méthode dite des multiplicateurs (Lions, 1988) –, et d'autre part par C. Bardos, G. Lebeau et J. Rauch par des méthodes d'analyse micro-locale (Lions, 1988, Appendice 2). La méthode HUM (*Hilbert Uniqueness Method*) introduite par J.-L. Lions permet de déterminer le contrôle de norme minimale et fournit également un algorithme de calcul de ce contrôle. La stabilisation de l'équation des ondes peut être obtenue par des feedbacks frontières de la forme $\frac{\partial\phi}{\partial n} = -\phi'$ sur une partie de la frontière du domaine. Les applications industrielles de la stabilisation de l'équation des ondes ou de systèmes hyperboliques couplés sont nombreuses, mais beaucoup de questions restent encore ouvertes.

8 Contrôlabilité des processus irréversibles

Les phénomènes de propagation d'ondes que nous avons étudiés dans la section précédente sont des processus réversibles. La connaissance de la solution ϕ de l'équation des ondes et de sa dérivée au temps T, c'est-à-dire la connaissance de $\phi(T)$ et de $\phi'(T)$, est suffisante pour calculer la solution pour des temps $t > T$, mais aussi pour des temps $t < T$. De ce point de vue, la situation est analogue à celle que l'on rencontre pour les équations différentielles. Pour de nombreuses autres équations aux dérivées partielles connaître la solution au temps $T > 0$ ne permet pas de déterminer la solution aux instants précédents car l'équation aux dérivées partielles correspondante est mal posée en temps rétrograde. Cette propriété a des implications tant du point de vue du contrôle que de l'identification. Le prototype le plus simple de telles équations est l'équation de la chaleur. Mais d'autres équations décrivant des phénomènes plus complexes que la diffusion de la chaleur ont des propriétés mathématiques tout à fait analogues. C'est le cas des équations de Navier-Stokes linéarisées. (Les équations de Navier-Stokes qui décrivent des écoulements visqueux, sont non linéaires et de ce fait présentent d'autres difficultés.)

L'équation de la chaleur dans un ouvert borné Ω de $\mathbb{R}^N$ s'écrit de manière simplifiée sous la forme $\frac{\partial\phi}{\partial t} - \Delta\phi = 0$, où $\phi(x,t)$ désigne la température au point $x \in \Omega$ et au temps t. Pour définir un problème bien posé du point de vue de l'existence et de l'unicité il faut préciser les conditions aux limites du domaine Ω, par exemple $\frac{\partial\phi}{\partial n} = 0$ et la condition initiale. Si l'on veut contrôler ϕ au moyen d'une source de chaleur u localisée dans une partie ω de Ω, l'équation s'écrira $\frac{\partial\phi}{\partial t} - \Delta\phi = u\chi_\omega$, où χ_ω est une fonction qui est égale à 1 dans ω et à 0 ailleurs.

Nous avons vu dans le cas de l'équation des ondes que le système était contrôlable au temps T si l'observation de l'état à partir de la zone de contrôle donnait une information suffisante sur l'énergie initiale du système. C'est ce que nous avons appellé une inégalité d'observabilité. L'inégalité correspondante pour l'équation de la chaleur (contrôlée dans la région ω) serait de la forme : $\int_\Omega |\phi_0|^2 \leq C \int_\omega |\phi|^2$ pour toute solution ϕ de l'équation non contrôlée $\frac{\partial\phi}{\partial t} - \Delta\phi = 0$, $\phi(0) = \phi_0$. Malheureusement ce résultat est faux à cause du caractère irréversible de l'équation de la chaleur et de ses effets régularisants. Le premier résultat est donc un résultat négatif : l'équation de la chaleur n'est pas contrôlable.

Par contre il est possible de montrer une inégalité plus faible que la précédente : $\int_\Omega |\phi(T)|^2 \leq C \int_\omega |\phi|^2$ pour toute solution ϕ de l'équation non contrôlée $\frac{\partial\phi}{\partial t} - \Delta\phi = 0$, avec $\phi(0) = \phi_0$ d'énergie finie. Cette inégalité a été obtenue au milieu des années quatre-vingt-dix par A. Fursikov et O. Immanuvilov par des estimations d'énergie à poids, connues sous le nom d'inégalités de Carleman (Fursikov, 2000). Elle permet de montrer que l'équation de la chaleur est contrôlable à zéro : pour toute condition initiale ϕ_0 (pour laquelle la solution est bien définie), il existe un contrôle u tel que la solution ϕ vérifie $\phi(T) = 0$. Le temps $T > 0$ peut être choisi arbitrairement petit. Ce résultat de contrôlabilité à zéro a d'abord été obtenu en dimension 1 d'espace (c'est-à-dire si Ω est un intervalle de $\mathbb{R}$) par Fattorini et Russell en 1971. La contrôlabilité à zéro pour les équations de Stokes et de Navier-Stokes linéarisées a été obtenue par O. Immanuvilov. Les applications industrielles du contrôle d'écoulements (modélisés par les équations de Navier-Stokes) sont abordées dans (Gad-el-Hak, 2000).

Ces théorèmes, quoique de nature théorique, permettent d'obtenir différents résultats importants pour les applications : les équations de convection-diffusion sont stabilisables, la stabilisation peut être obtenue avec n'importe quel taux de décroissance, les lois de contrôle stabilisant ces équations peuvent être obtenues sous forme de lois de feedback, la stabilisation d'équations linéarisées au voisinage de solutions stationnaires permet d'obtenir des résultats de stabilisation locale d'équations non linéaires. Des résultats similaires de stabilisation locale au voisinage de solutions stationnaires instables peuvent être obtenus pour les équations de Navier-Stokes.

9 Contrôle optimal des équations aux dérivées partielles dans l'industrie

De nombreuses applications industrielles font appel au contrôle optimal. Optimiser un processus industriel permet d'améliorer les caractéristiques d'un produit et parfois de produire des composants nouveaux. Pour de nombreux processus la modélisation par des systèmes différentiels est insuffisante et la description de ces processus par des systèmes d'équations aux dérivées partielles permet d'envisager des applications nouvelles. Le génie chimique (ou génie des procédés) est de longue date utilisateur des méthodes du contrôle optimal. Nous renvoyons à l'ouvrage de P. D. Christofides pour des applications à la fabrication de cristaux, au dépot de films, au contrôle de catalyse (Christofides, 2001). Dans la fabrication des aciers, le refroidissement de profilés et le contrôle de la solidification, ou la trempe par laser sont des processus optimisés. Le contrôle des plasmas par des champs électromagnétiques dans les Tokamaks (procédé de production électrique basé sur la fusion, encore à l'état expérimental) est un autre domaine d'application du contrôle et de l'identification de systèmes modélisés par des équations aux dérivées partielles.

10 Conclusion

Grâce à l'évolution des technologies, des domaines entièrement nouveaux font appel à la théorie du contrôle. C'est par exemple le cas de la chimie quantique où les progrès effectués dans la maîtrise des lasers permettent d'envisager des manipulations à l'échelle moléculaire ou atomique (Brumer, Shapiro, 2003). Différents paramètres peuvent être utilisés pour contrôler des réactions chimiques (Brumer, Shapiro, 2003), et la théorie du contrôle des systèmes dynamiques quantiques est un domaine de recherche en plein essor dont les premiers travaux datent du début des années quatre-vingt-dix. La théorie du contrôle est aussi utilisée comme outil de modélisation de systèmes biologiques complexes qui ont leurs propres systèmes de régulation. Cette approche s'est révélée particulièrement fructueuse pour la modélisation du système cardiovasculaire. Le modèle peut ensuite être utilisé en vue de mieux comprendre les pathologies et de déterminer les traitements les mieux adaptés (Smith, Demetriou, 2003, ch. 8). Le domaine de la protection de l'environnement et la gestion des ressources, la gestion des réseaux de communications, les méthodes de détection de défauts non destructrice (Smith, Demetriou, 2003, ch. 9) sont autant d'applications pour lesquelles les méthodes du contrôle optimal ont apporté des solutions nouvelles.

Bibliographie

P. W. Brumer, M. Shapiro (2003), *Principle of the Quantum Control of Molecular Processes*, Wiley.

A. E. Bryson, Jr Yu-Chi Ho (1975), *Applied Optimal Control, revised printing*, Hemisphere Publishing Corporation.

P. D. Christofides (2001), *Nonlinear and Robust Control of PDE Systems, Methods and Applications to Transport-Reaction Processes*, Birkhäuser, Boston Bale Berlin.

A. Fursikov (2000), *Optimal control of distributed systems*, Translations of Mathematical Monographs, American Mathematical Society, Providence, R.I.

M. Gad-el-Hak (2000), *Flow Control*, Cambridge University Press, Cambridge.

R. V. Gamkrelidze (1999), "The discovery of the maximum principle", *J. Dyn. Control Systems*, Vol. 5, 437-451.

W. S. Levine (1996), *The Control Handbook*, CRC Press, Boca Raton.

J.L. Lions (1988), *Contrôlabilité exacte, Perturbations et Stabilisation des Systèmes Distribués, Tome 1 et 2*, Masson, Paris.

S. P. Sethi, G. L. Thompson (2000), *Optimal Control Theory, Applications to Management Science and Economics, 2nd edition*, Kluwer Academic Publshers.

R. C. Smith, M. A. Demetriou (2003), "Research Directions in Distributed Parameter Systems", *Frontiers in Applied Mathematics*, SIAM.

Traitement des images numériques

Gilles Aubert, Pierre Kornprobst

Mots-clés : filtrage, morphologie mathématique, extraction de primitives, transformée de Fourier, équations aux dérivées partielles.

Résumé : les systèmes d'imagerie occupent une place de plus en plus importante dans de nombreux domaines de la science, de l'industrie ou grand public. Les images acquises nécessitent souvent des post-traitements afin d'améliorer leur qualité ou d'en extraire des informations de structure. L'objectif de cet article est de donner une idée des outils et méthodes utilisés pour le traitement des images numériques et d'illustrer leur potentiel sur quelques exemples d'applications. Les traitements sont présentés en trois parties. La première partie concerne les manipulations d'intensités pour améliorer la qualité d'une image. La deuxième partie montre comment extraire un certain nombre de primitives d'une image (contours, coins et objets géométriques). Enfin la troisième partie évoque un aspect plus mathématique, qui est la théorie des équations aux dérivées partielles, et qui permet de formaliser et étendre la plupart des méthodes présentées en amélioration d'images.

Représenter le monde qui nous entoure constitue depuis longtemps un moyen de conserver une mémoire du temps présent. De nombreuses formes d'art se sont exprimées, depuis les gravures rupestres de la préhistoire jusqu'à la peinture. L'avènement récent de la photographie, datant du siècle dernier, a renforcé cette fascination de l'image et a donné à chacun la possibilité d'obtenir rapidement une représentation fidèle d'une scène. De même, l'apparition du cinéma puis de la télévision a complètement révolutionné notre façon d'appréhender le monde. Force est de constater que nous sommes toute la journée nourris d'images, par la presse, la télévision, le cinéma ou la publicité. Cette fascination de l'image a connu un nouvel essort avec l'apparition de la technologie numérique. Prendre une photo avec un appareil numérique, la transférer sur son ordinateur puis la manipuler est devenu très simple. Les systèmes d'imagerie occupent aussi une place de plus en plus importante dans de nombreux domaines de la science et de l'industrie. Ces systèmes mettent en œuvre des capteurs d'images de qualité variable, et ils trouvent leurs applications dans de nombreux domaines : biomédical, astronomie, environnement, contrôle industriel, surveillance, restauration de films anciens, etc. Dans tous ces domaines, l'objectif commun est d'extraire l'information utile des images. Cette extraction est souvent rendue difficile, soit par une qualité médiocre des capteurs pour réduire les coûts de fabrication, soit par la nature des environnements, soit par les caractéristiques du signal, en très faible quantité ou enfoui dans une grande masse de données.

Le traitement d'images désigne l'ensemble des méthodes et techniques opérant sur celles-ci, dans le but de rendre leur analyse plus simple et plus efficace, d'en améliorer leur aspect visuel et d'en extraire des informations jugées pertinentes.

Dans le § 1, nous définissons l'objet image numérique, ses caractéristiques et les différents types d'opérateurs qui peuvent lui être appliqués. L'objectif de cet article sera ensuite de décrire quelques-uns des traitements numériques choisis parmi les plus courants dansles applications réelles. Le § 2 regroupe les approches qui permettent d'améliorer le contenu d'une image. Le § 3 décrit comment extraire un certain nombre de primitives destinées à être directement utilisées dans les applications réelles. Le § 4 développe les méthodes par équations aux dérivées partielles, qui offrent un cadre unifié pour modéliser une grande partie des problèmes de vision par ordinateur.

1 L'objet image numérique

1.1 Un tableau discret de valeurs

Nous allons brièvement décrire dans ce paragraphe le processus de formation des images numériques. Nous nous concentrerons sur l'acquisition par un appareil de photos numériques, le but final étant d'aboutir à la vision la plus simple possible d'une image : un tableau de valeurs en chaque entité élémentaire de l'image, le pixel (un petit carré, *picture element* en anglais).

En photographie non numérique, dite argentique, une image est formée grâce à une réaction chimique provoquée par un flux lumineux sur un film (émulsion). En imagerie numérique, un capteur enregistre la lumière réfléchie par les objets de la scène observée et la transforme en tension électrique. Plus précisément un capteur CCD (*Charge Coupled Device*) est un semi-conducteur constitué de cellules photo sensibles appelées photodiodes qui convertissent l'intensité lumineuse en tension électrique. Lorsqu'il s'agit d'images en couleur les photodiodes sont associées à des filtres rouges, verts et bleus (RVB). L'image est alors décrite par une suite de données binaires (des 0 et des 1) avant d'être transférée sur une carte mémoire et codée. Le résultat final est un tableau de valeurs (généralement rectangulaire) affectant à chaque pixel une valeur représentant une information lumineuse.

On définit par Ω le domaine spatial de l'image, qui sera un domaine rectangulaire de taille $n_1 \times n_2$ (cf. figure 1.1 (a)). Un pixel de ce tableau est un couple de coordonnées discrètes (i_1, i_2) appartenant à $\{0, 1, 2, \dots, n_1 - 1\} \times \{0, 1, 2, \dots, n_2 - 1\} \subset \Omega$. Son intensité sera notée $u(i_1, i_2)$. On représente habituellement l'image avec l'origine du repère dans le coin supérieur gauche. On notera par u le tableau des valeurs. Une image de taille $n_1 \times n_2$ en niveaux de gris peut donc se voir comme une fonction définie sur une grille et à valeurs réelles :

$$u : I_1 \times I_2 \subset \Omega \to \mathbb{R} \qquad (1.1)$$
$$(i_1, i_2) \mapsto u(i_1, i_2)$$

où $I_i = \{0, 1, 2, \dots, n_i - 1\}$. On peut aussi voir cette représentation comme une version discrète d'une image qui serait définie en tout point, et non plus seulement sur une grille (voir 1.3). Notons également que les valeurs des intensités ne peuvent bien évidemment pas appartenir à tout le continuum des réels. Elles ne peuvent prendre qu'un nombre discret de valeurs. C'est ce qu'on appelle la quantification. Par exemple pour une image en niveaux de gris, une quantification en N niveaux consiste à définir un ensemble de transition $\{t_0, ..., t_N\}$, $t_i \leq t_{i+1}$. Toute valeur de $u(i_1, i_2)$ dans l'intervalle $[t_k, t_{k+1}[$ est alors transformée en une autre valeur r_k prédéfinie. La transformation des intensités est donc une fonction f définie par $f(t_0) = r_0$ et $f(i) = r_k$ si $t_k \leq i < T_{k+1}, k = 0, ..., N-1$. La quantification la plus simple est la quantification uniforme : si a et b sont les valeurs minimale et maximale de u alors $t_k = k\frac{b-a}{N}, k = 0, ..., N$ et $r_k = t_k + 0.5\frac{b-a}{N}, k = 0, ..., N-1$. Évidemment ce type de quantification n'est pas optimal et d'autres types tenant plus compte de la répartition des intensités sont utilisés. Le nombre de niveaux N est, pour des raisons informatiques évidentes, égal à une puissance de 2. Il est courant de considérer des images dont les niveaux de gris sont codés sur huit bits (un octet), ce qui permet d'avoir $28 = 256$ nuances.

Qualitativement, une image contient des informations de nature différente comme le montrent les figures 1.1 (b)-(c). L'un des rôles du traitement d'images sera de définir des outils appropriés qui respectent ces caractéristiques.

Plus généralement, une image pourra être définie sur un domaine discret $\Omega \subset \mathbb{R}^N$ et à valeurs dans $\mathbb{R}^M$:

$$u : I_1 \times I_2 \times \ldots \times I_N \subset \mathbb{R}^N \to \mathbb{R}^M \qquad (1.2)$$
$$(i_1, i_2, \ldots, i_N) \mapsto u(i_1, i_2, \ldots, i_N).$$

Des exemples sont donnés dans la figure 1.2 avec différentes situations pour l'espace de départ et d'arrivée.

1.2 Un fichier informatique

Une image est un fichier généralement composé d'un en-tête suivi du contenu de l'image. L'en-tête sert à décrire le type du fichier et à définir la façon dont les données sont stockées. On dénombre une multitude de formats, dédiés pour certains types d'images ou d'utilisations. Des exemples de formats classiques sont JPEG, GIF, PNG, BMP. Les caractéristiques principales intrinsèques à un format sont par exemple le statut par rapport aux brevets, le nombre de couleurs supportées, les possibilités d'utiliser la transparence, l'entrelaçage ou les animations.

Une autre caractéristique fondamentale concerne la compression des données qui permet la réduction de la quantité de données nécessaires à la représentation d'une information en analysant les redondances du contenu.

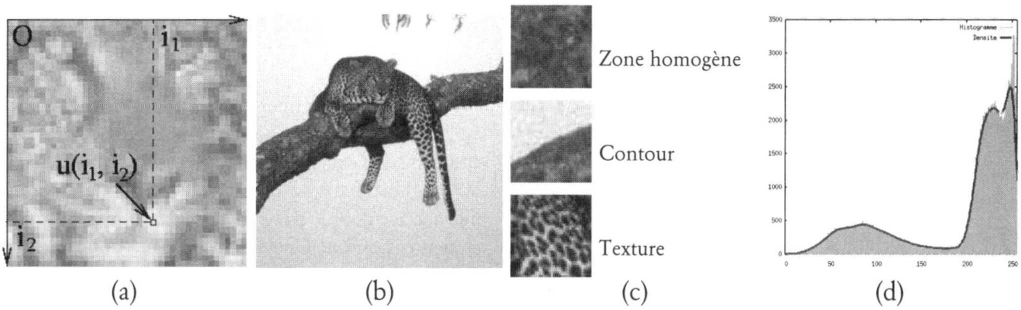

Figure 1.1: Un tableau de valeurs : (a) géométrie et repère d'une image, (b)-(c) un exemple d'image naturelle avec les différentes structures qui la composent, (d) l'histogramme de l'image (b)

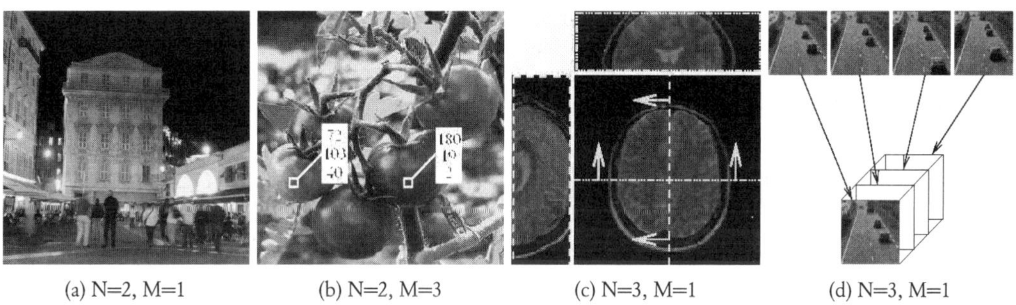

Figure 1.2: Exemples d'images réelles de différentes dimensions : (a) une image en niveaux de gris, (b) une image couleur où chaque pixel contient les valeurs des trois canaux (rouge, vert, bleu), (c) une image volumique IRM, (d) une séquence d'images vue comme un volume spatiotemporel

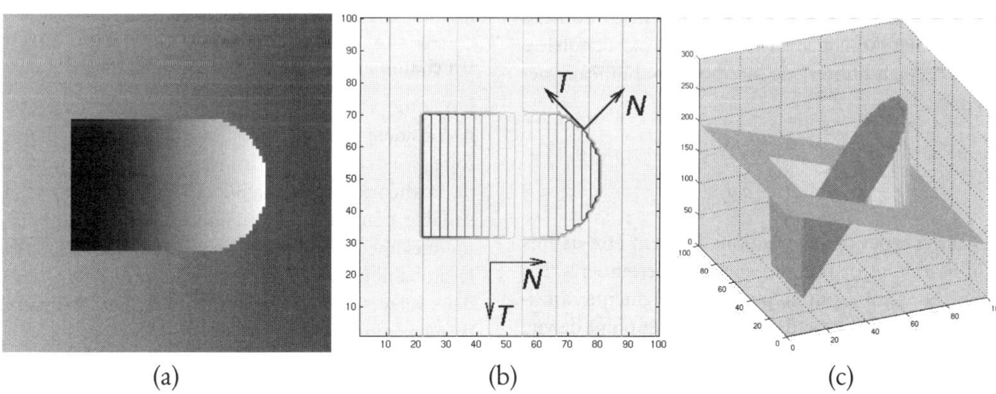

Figure 1.3: (a) Une image synthétique dont certaines courbes de niveaux sont tracées en (b), et sa représentation en termes de surface en (c)

Le format JPEG est un des formats les plus utilisés dans le monde du Web et il peut être lu directement par les principaux outils de navigation. Il sert à l'affichage d'images de qualité photographique. JPEG utilise une compression avec perte mais qui permet de conserver un rendu très fidèle tout en diminuant grandement la place mémoire utilisée. Ainsi une image brute de 2 Mo n'occupera après conversion en JPEG que 130 à 400 Ko selon la qualité d'image voulue.

Le choix d'un format de fichier dépend principalement de l'utilisation future des images. Certains formats de fichiers conviennent plus particulièrement à la consultation sur Internet, à la retouche dans des logiciels de traitement d'images, à l'archivage, aux bases de données ou au calcul scientifique. Les formats ont vocation à évoluer afin d'offrir davantage de fonctionalités. C'est aussi l'occasion d'améliorer l'existant en les dotant par exemple d'outils de compression plus efficaces. Suivant les besoins, de nouveaux formats peuvent aussi être créés, comme par exemple le récent format PNG (*Portable Network Graphics*) qui combine un certain nombre d'avantages des formats GIF et JPEG.

1.3 Des représentations dans des espaces continus

Une fonction définie sur un domaine de $\mathbb{R}2$

Intuitivement, une version continue correspond à augmenter infiniment le nombre de pixels. On peut aborder ce problème en utilisant l'interpolation. Par exemple, supposons connus les niveaux de gris $u(i_1, i_2)$ d'une image aux points de coordonnées entières $(0,0), (1,0), (0,1), (1,1)$. Pour affecter un niveau de gris au point (x, y) de coordonnées non entières situés à l'intérieur du carré formé par ces quatre points, on peut utiliser une interpolation bilinéaire définie par :

$$u(x,y) = (1-x)(1-y)\,u(0,0) + (1-x)y\,u(0,1) + \\ + x(1-y)\,u(1,0) + xy\,u(1,1)$$

D'autres types d'interpolations peuvent être définis en utilisant plus de points à coordonnées entières. Par ces méthodes, il est donc possible d'augmenter artificiellement la résolution des images. D'un point de vue théorique, l'intérêt d'une telle écriture continue sera de pouvoir mener avec u des calculs mathématiques, tels que l'estimation des dérivées.

Un ensemble de courbes de niveaux

Commençons par définir la notion d'isophote.

Définition 1.1 *Étant donnée une image $v : \Omega \longrightarrow \mathbb{R}$, on définit l'isophote de niveau k par l'ensemble des pixels ayant l'intensité k :*

$$\mathcal{I}_k = \{X = (x,y) \text{ tels que } v(x,y) = k\} \qquad (1.3)$$

Pour l'illustrer, la figure 1.3 (b) montre des isophotes de l'image en (a). Une isophote est donc définie implicitement[1] à partir d'une image v et d'un niveau de gris donné. Une analogie utile est de voir l'image comme une surface définie par $z = v(x,y), \quad (x,y) \in \Omega$ (voir la figure 1.3 (c)). Une isophote peut donc être vue comme un chemin d'altitude constante.

À partir des lignes de niveaux, on peut aussi définir les ensembles de niveaux.

Définition 1.2 *L'ensemble de niveau k de l'image v est défini par :*

$$X_k v = \{(x,y); v(x,y) \geq k\} \qquad (1.4)$$

Les ensembles de niveau d'une fonction ont deux propriétés remarquables. La première est qu'ils fournissent une complète description de la fonction. En effet, on peut reconstruire v à partir de ses ensembles de niveau via la formule : $v(x,y) = sup\{k; (x,y) \in X_k v\}$. La seconde propriété est leurs invariances par changement de contraste. Si v est une image et si g est une fonction strictement croissante (un changement de contraste) alors $w = g(v)$ et v ont les mêmes ensembles de niveau. Autrement dit, les formes des objets dans les images v et w sont les mêmes. On parle alors d'invariance morphologique.

Un champ aléatoire

Un autre point de vue pour étudier une image est de la considérer comme la réalisation d'une variable aléatoire $U : \Omega \mapsto \mathbb{R}$ et d'utiliser alors tout le potentiel de la théorie des probabilités et des statistiques. En variable continue la probabilité pour que l'intensité prenne une valeur particulière est nulle. Cependant la probabilité pour que l'intensité soit comprise entre deux valeurs a un sens. On définit d'abord la fonction de répartition $F(u)$.

Définition 1.3 *La fonction de répartition (ou fonction de la probabilité de distribution) de U est définie par :*

$$F(u) = Prob(U \leq u) \qquad (1.5)$$

[1] Une courbe $\mathcal{C}$ qui serait définie explicitement serait déterminée par une paramétrisation telle que $\mathcal{C} = \{X(s) = (x(s), y(s)), s \in \mathbb{R})\}$.

Avec cette définition, la probabilité pour que l'intensité soit comprise entre deux valeurs u_1 et u_2 est alors donnée par : $Prob(u_1 < U \leq u_2) = F(u_2) - F(u_1)$. Si u_1 et u_2 sont suffisamment proches c'est-à-dire $u_1 = u$ et $u_2 = u + \Delta u$ et si F est régulière alors le quotient $\frac{F(u+\Delta u)-F(u)}{\Delta u}$ tend vers une limite $f(u)$ lorsque Δu tend vers 0. Cette limite est appelée densité de probabilité de U et on a $f(u) = F'(u)$.

Malheureusement F et f ne sont, en général, pas connues pour des images naturelles et il faut les estimer. Pour cela on utilise l'image numérique discrète et on compte le nombre de fois $h(u)$ qu'une valeur u de l'intensité est prise. En considérant toutes les intensités on génère ainsi l'histogramme de l'image $h(u)$. Dit autrement, une approximation de la densité de probabilité $f(u)$ pour une région contenant N pixels est le nombre normalisé de pixels dans cette région qui prennent l'intensité u :

$$f(u) \approx \frac{h(u)}{N}.$$

L'histogramme fournit donc des informations sur la répartition des intensités dans l'image. Un exemple d'histogramme est donné dans la figure 1.1 (d). La ligne continue plus foncée représente une estimation de la densité que l'on peut voir comme une version lissée de l'histogramme.

Comme nous le verrons dans le § 2.2, un traitement classique consiste à modifier les contrastes. Si on veut modifier la répartition des intensités, il faut modifier la densité de probabilité de l'image u. Pour cela, supposons que les valeurs de u soient normalisées dans l'intervalle [0, 1], et que u ait une densité de probabilité $p(u)$. Soit T une fonction $T : [0,1] \mapsto [0,1]$, strictement croissante et soit $v = T(u)$. Une question naturelle est de déterminer la densité de probabilité de la variable aléatoire V associée à v. Puisque T est strictement croissante on a

$$Prob(0 < U \leq 1) = Prob(T(0) < T(U) \leq T(1))$$

et donc $Prob(T(0) < V \leq T(1)) = \int_0 1 p(u)du$. Si on fait dans l'intégrale le changement de variable $u = T(v)$, on obtient :

$$Prob(T(0) < V \leq T(1)) = \int_{T(0)}^{T(1)} \frac{p(T^{-1}(v))}{T'(T^{-1}(v))} dv$$

Par conséquent la densité de probabilité de V est :

$$q(v) = \frac{p(T^{-1}(v))}{T'(T^{-1}(v))}. \qquad (1.6)$$

Un exemple d'utilisation de cette propriété sera illustré dans le § 2.2.

1.4 Opérateurs sur une image

Sachant qu'une image numérique peut être assimilée à une fonction de deux variables $u(x, y)$, il nous faut maintenant définir des opérateurs mathématiques agissant sur ces images afin d'améliorer leurs qualités ou d'en extraire de l'information. Le traitement d'images se base en général sur l'une des trois classes d'opérateurs présentés dans ce paragraphe.

Les opérateurs différentiels et géométriques

Ces opérateurs sont construits à partir de la notion de dérivée et vont donc indiquer des variations dans l'image.

Soit $u : \mathbb{R}2 \to \mathbb{R}$, on note u_x (ou $\frac{\partial u}{\partial x}$) et u_y (ou $\frac{\partial u}{\partial y}$) les dérivées partielles de u par rapport à x et y définies par :

$$\begin{cases} u_x(x,y) = \lim_{h \to 0} \frac{u(x+h,y) - u(x,y)}{h} \\ u_y(x,y) = \lim_{k \to 0} \frac{u(x,y+k) - u(x,y)}{k} \end{cases} \qquad (1.7)$$

À l'ordre supérieur, on peut définir de même les dérivées partielles suivantes u_{xx}, u_{yy}, u_{xy}.

Une quantité utile est le vecteur gradient défini par

$$\nabla u(x,y) = (u_x(x,y), u_y(x,y)),$$

et dont la norme, notée $|\nabla u(x,y)|$, est le scalaire représentant sa longueur : $|\nabla u(x,y)| = \sqrt{(u_x^2 + u_y^2)(x,y)}$. Une des applications de l'opérateur gradient est la détection des fortes variations de l'intensité qui peuvent être dues à la présence d'un contour (cf. § 3.1). Par exemple, si $|u_x(x,y)|$ est « grand », cela signifie qu'il y a une forte variation de l'intensité dans la direction horizontale éventuellement causée par la présence d'un contour vertical (cela peut aussi être du à la présence d'un bruit).

Nous venons d'évoquer la notion de contour des objets dans une image. D'un point de vue mathématique, un contour est une courbe $C(s)$ de $\mathbb{R}2$ souvent écrite sous forme paramétrée : $s \to (x(s), y(s))$ où s est l'abcisse curviligne. La tangente à $C(s)$ en s_0 est le vecteur $C'(s_0) = (x'(s_0), y'(s_0))$ où le symbole $'$ désigne la dérivée par rappport à s. La normale en s_0 est le vecteur $N(s_0) = (-y'(s_0), x'(s_0))$.

Si l'on représente une courbe comme une ligne de niveau k d'une fonction $v : \mathbb{R}2 \to \mathbb{R}$, c'est-à-dire :

$$\mathcal{I}_k^s = \{(x(s), y(s)) / v(x(s), y(s)) = k\} \qquad (1.8)$$

alors les notions de tangente et de normale peuvent s'exprimer en fonction de v :

$$T(s_0) = (-v_y(x(s_0), y(s_0)), v_x(x(s_0), y(s_0)))$$
$$N(s_0) = (v_x(x(s_0), y(s_0)), v_y(x(s_0), y(s_0))).$$

Cela se démontre facilement en dérivant par rapport à s l'équation : $v(x(s), y(s)) = k$; on obtient :

$$x'(s)v_x(x(s), y(s)) + y'(s)v_y(x(s), y(s)) = 0.$$

Le vecteur (v_x, v_y) est donc normal à la courbe, c'est-à-dire normal à l'isophote de niveau k et les vecteurs $(x'(s), y'(s))$ et $(-v_y, v_x)$ sont collinéaires (cf. figure 1.3 (b)). Par conséquent, le gradient de l'image est aussi normal aux contours puisque qu'un contour, forte transition entre deux niveaux de gris, correspond le plus souvent à plusieurs isophotes.

Une autre notion attachée à une courbe est la courbure. Intuitivement la courbure est une valeur géométrique qui nous renseigne sur la façon dont « tourne » une courbe autour d'un point. Cela pourra être utile pour détecter des coins (cf. § 3.2). Soit $M(s_0)$ et $Q(s)$ deux points voisins sur la courbe $C(s)$. On note θ_M (respectivement θ_Q l'angle que la tangente au point M (respectivement au point Q) fait avec Ox. On montre que si $C(s)$ est suffisamment régulière alors la quotient $\frac{\theta_Q - \theta_M}{s - s_0}$ a une limite finie lorsque $Q \to M$ (c'est-à-dire $s \to s_0$) qu'on note κ. Le quotient $R = \frac{1}{|\kappa|}$ est le rayon de courbure. Cette notion est utile en traitement d'images quand on considère comme courbes $C(s)$ les isophotes (1.8). On peut alors montrer que :

$$\kappa = \frac{(u_x)2u_{y2} + (u_y)2u_{x2} - 2\, u_x u_y\, u_{xy}}{((u_x)2 + (u_y)2)^{3/2}} \tag{1.9}$$

En pratique, il est nécessaire de savoir estimer ces opérateurs dans le cas discret, c'est-à-dire quand l'image n'est connue qu'en certains points (les pixels). Par exemple, si l'on considère la formule (1.7), alors on peut approcher u_x par :

$$u_x(x, y) \approx \frac{1}{h}(u(x + h, y) - u(x, y)) \tag{1.10}$$

où h désignera la taille d'un pixel. Informatiquement, on fixe $h = 1$, ce qui permet d'avoir des variations de positions qui correspondent aux variations d'indice dans le tableau en mémoire. L'approximation (1.10) devient donc :

$$u_x(x, y) \approx u(x + 1, y) - u(x, y) \tag{1.11}$$

Il est d'usage d'écrire (1.11) en définissant une opération $\times$, appelée corrélation, entre l'image u et un masque M, de taille $(2h_x + 1) \times (2h_y + 1)$ définie par :

$$(u \times M)(x, y) = \sum_{k=-h_x}^{k=+h_x} \sum_{l=-h_y}^{l=+h_y} u(x + k, y + l)\; M(k, l).$$

On parle de masque car les points où les valeurs de M sont non identiquement nulles sont concentrées en un petit nombre de pixels qui forment le support de M. Par exemple dans le cas de (1.11), cela revient à définir le masque de taille 3×1 suivant :

$M = [0 - 1\ \ 1]$ i.e.

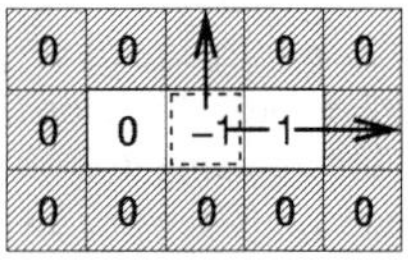

L'origine du masque est centrée c'est-à-dire $M(-1, 0) = 0$, $M(0, 0) = -1$ et $M(1, 0) = 1$. De manière plus systématique, la méthode pour obtenir des masques d'approximation consiste à utiliser des développements de Taylor appropriés. Il s'agit de la méthode des différences finies. Par exemple, si l'on effectue un développement de Taylor de

$$\frac{1}{2h}(u(x + h, y) - u(x - h, y)), \tag{1.12}$$

on peut montrer que (1.12) approche u_x, de même que (1.10) mais à un ordre de précision supérieur. Pour u_x, de manière plus générale, on peut ainsi utiliser le masque centré :

$$M_x^\alpha = \frac{1}{2h}\begin{bmatrix} -\alpha/2 & 0 & \alpha/2 \\ -(1-\alpha) & 0 & 1-\alpha \\ -\alpha/2 & 0 & \alpha/2 \end{bmatrix}$$

où $\alpha \geq 0$ est un paramètre qui permet de décrire une famille de masques approchant u_x. Pour $\alpha = 0$ on retrouve (1.12), et quand $\alpha > 0$ on a des masques plus résistants au bruit car ils prennent en compte davantage de points dans le voisinage. Certaines valeurs de α permettent de retrouver des masques classiques dans la littérature (par exemple $\alpha = 1$ = Sobel, $\alpha = 2/3$ = Prewitt) ou ayant des propriétés intéressantes ($\alpha = 2 - \sqrt{2}$ donne un masque rotationnellement invariant).

Le même type de calculs permet d'approcher les dérivées de tout ordre. Par exemple u_{xx} pourra être approché par le masque :

$$M_{xx} = [1 - 2\ \ 1].$$

Une fois connues les approximations de toutes les dérivées partielles, il devient possible d'approcher des opérateurs non linéaires tels que la courbure (1.9).

(a) (b) (c)

Figure 1.4: Transformée de Fourier de l'image Lena (a). (b) montre le spectre en échelle logarithmique, (c) montre la phase

Les opérateurs fréquentiels

Nous avons décrit dans le paragraphe précédent quelques outils différentiels définis dans le plan spatial (x, y). Un autre point de vue est de se placer dans le plan des fréquences (λ, μ). Évidemment considérer les deux points de vue a un intérêt s'il y a des connexions entre eux et si cela apportent des informations complémentaires.

L'outil fondamental dans l'approche fréquentielle est la transformée de Fourier. Pour une fonction u : $\mathbb{R}2 \mapsto \mathbb{R}$, sa transformée de Fourier $\mathcal{F}u$ est définie par :

$$\mathcal{F}u(\lambda, \mu) = \int_{\mathbb{R}2} u(x, y) \exp^{-2i\pi(\lambda x + \mu y)} dx dy,$$

sous réserve que l'intégrale existe. Ce qui est remarquable dans cette transformation est que, sous certaines conditions, u peut être reconstruite à partir de sa transformée de Fourier :

$$u(x, y) = \int_{\mathbb{R}2} \mathcal{F}u(\lambda, \mu) \exp^{2i\pi(\lambda x + \mu y)} dx dy.$$

Il existe bien sûr une version discrète de cette transformation Pour une image u de taille $n_1 \times n_2$ définie en (1.1), on prolonge u à $Z2$ tout entier : $u(x + mn_1, y + nn_1) = u(x, y)$ pour tout m et n dans Z et tout $(x, y) \in \{0, 1, 2, \dots, n_1 - 1\} \times \{0, 1, 2, \dots, n_2 - 1\}$. On dit que u est (n_1, n_2) -périodique. On définit alors ensuite la transformée discrète de u par :

$$\mathcal{F}u(p, q) = \frac{1}{\sqrt{n_1 n_2}} \sum_{\substack{k=0 \\ l=0}}^{\substack{k=n_1-1 \\ l=n_2-1}} u(k, l) \exp^{-2i\pi(\frac{kp}{n_1} + \frac{lq}{n_2})}$$

pour $(p, q) \in \{0, 1, 2, \dots, n_1 - 1\} \times \{0, 1, 2, \dots, n_2 - 1\}$. $\mathcal{F}u$ est une fonction à valeurs complexes. Les variables p et q apparaissant dans l'exponentielle complexe (on rappelle que $\exp(i\theta) = \cos(\theta) + i\sin(\theta)$) sont appelées variables fréquentielles. Cette terminologie étant justifiée par le fait que $\mathcal{F}u$ est dans chaque direction une somme de fonctions sinusoidales de fréquences proportionnelles à p et q.

La figure 1.4 montre un exemple de transformée de Fourier sur une image célèbre en traitement d'images, l'image Lena[1]. Pour le spectre (c'est-à-dire le module), il est d'usage de faire un changement de repère de sorte que la valeur au centre corresponde à la moyenne de l'image (aussi appelée *DC-value* pour *Direct Current*). Le spectre permet de voir quels sont les alignement présents dans l'image. Pour cette image on voit apparaitre des directions horizontales, verticales et dans une diagonale qui correspondent au chapeau. La phase contient une information importante liée à la position des éléments. C'est une fonction symétrique (car l'image de départ est réelle).

[1]Cette image a été utilisée dans de très nombreuses publications, un site web lui est même consacré : www.lenna.org.

Comme précédemment on peut reconstruire u à partir de sa transformée de Fourier $\mathcal{F}u$:

$$u(k,l) = \frac{1}{\sqrt{n_1 n_2}} \sum_{\substack{k=0\\l=0}}^{\substack{k=n_1-1\\l=n_2-1}} \mathcal{F}u(p,q) \exp^{2i\pi(\frac{kp}{n_1}+\frac{lq}{n_2})}$$

Remarque : il existe un algorithme rapide permettant de calculer les transformées de Fourier directe et inverse : l'algorithme FFT (*Fast Fourier Transform*). Il est basé sur une réorganisation des calculs. Pour un signal 1-D de taille N, on regroupe dans la sommation les termes k et $k + \frac{N}{2}$ (on suppose N pair), ce qui donne pour les fréquences paires : $\mathcal{F}u(2p) =$

$$= \frac{1}{\sqrt{N}} \sum_{k=0}^{k=\frac{N}{2}-1} (u(k) + u(k + \frac{N}{2})) \exp^{-2i\pi\left(\frac{kp}{\frac{N}{2}}\right)}$$

et pour les fréquences impaires : $\mathcal{F}u(2p+1) =$

$$= \frac{1}{\sqrt{N}} \sum_{k=0}^{k=\frac{N}{2}-1} (u(k) - u(k + \frac{N}{2})) \exp^{-2i\pi\left(\frac{kp}{\frac{N}{2}}\right)}$$

Cette réorganisation réduit la complexité numérique à $O(Nlog_2N)$ (au lieu de $O(N2)$). Pour un signal 2-D (une image) on procède comme précédemment en utilisant une implémentation séparable de la transformée de Fourier (c'est-à-dire séparément en chaque fréquence p et q). Pour plus de détails, on renvoie le lecteur à (Mallat 2000) et (Brigham, 1974). ■

La transformée de Fourier a plusieurs propriétés remarquables qui en ont fait son succès. Une des propriétés qui est la plus utilisée est celle qui la relie au produit de convolution, noté $\star$ qui est défini dans sa version discrète par :

$$(u \star g)(x,y) = \sum_{p=-\infty}^{p=+\infty} \sum_{q=-\infty}^{q=+\infty} u(x-p, y-q)\; g(p,q)$$

La propriété fondamentale qui relie la transformation de Fourier à la convolution est la suivante :

$$\mathcal{F}(u \star g) = \mathcal{F}u\, \mathcal{F}g. \tag{1.13}$$

Nous verrons dans le § 2.3 l'intérêt de cette propriété.

Pour clore ce paragraphe, notons que si la transformée de Fourier a rendu beaucoup de services pour l'étude des signaux, elle a quand même quelques faiblesses. Principalement elle ne permet pas d'étudier un signal en même temps en espace et en fréquences. Pour remédier à ce défaut physiciens, mathématiciens et ingénieurs ont inventé une théorie plus générale : les ondelettes. Pour le lecteur intéressé on renvoie à (Mallat, 2000).

Les opérateurs de la morphologie mathématique

Une autre approche assez différente des deux précédentes pour traiter des images est d'utiliser les opérateurs de la morphologie mathématique. Par définition cette discipline a pour but d'étudier les formes des objets (au sens large). C'est au départ une théorie ensembliste mais qui s'adapte très bien aux images. L'idée de base de la morphologie repose sur la comparaison des objets à analyser avec d'autres objets de formes connues appelés éléments structurants. Plaçons-nous dans $\mathbb{R}2$ et supposons qu'on veuille analyser un objet $\mathcal{U}$ à l'aide d'un élément structurant B. On utilise pour cela les transformations tout ou rien. Le principe est le suivant : on déplace par translation l'élément structurant B de sorte que son origine (imaginer que B est un disque de $\mathbb{R}2$) passe par tous les points de $\mathbb{R}2$. Pour chaque position, on pose une question relative par exemple à l'intersection ou à l'inclusion de B avec $\mathcal{U}$. La réponse est positive ou négative. L'ensemble des points $\mathcal{U}'$ où la réponse est positive est un nouvel ensemble bien défini et on pose $\mathcal{U}' = T_B(\mathcal{U})$. T_B est une transformation dite morphologique de l'ensemble des parties de $\mathbb{R}2$ dans lui même.

Les deux transformations les plus connues sont la dilatation et l'érosion. Pour un élément structurant B, on note $B^- = \{-x; x \in B\}$ et $B_a = \{x + a; x \in B\}$.

Définition 1.4 *Soit $\mathcal{U} \subset \mathbb{R}2$, on appelle dilaté de $\mathcal{U}$ par B, l'ensemble $D_B(\mathcal{U})$ défini par*

$$D_B(\mathcal{U}) = \{u \in \mathbb{R}2; \mathcal{U} \cap B_u^- \neq \emptyset\}$$

et l'érodé de $\mathcal{U}$ par B est

$$E_B(\mathcal{U}) = \{u \in \mathbb{R}^2; \mathcal{U} \cap B_u^- \subset \mathcal{U}\}$$

La dilatation augmente la taille des objets, bouche les trous de taille plus petite que B et lisse en général les contours des objets (cf. figure 1.5 (a)-(b)). L'érosion diminue la taille des objets et supprime les éléments de taille plus petite que B.

Regardons maintenant comment cette théorie peut s'appliquer aux images. Commençons par les images binaires. Soit $u(x,y)$ une image binaire, c'est-à-dire ne prenant que les valeurs 0 et 1. À l'image u on fait correspondre l'ensemble $\mathcal{U}$ de $\mathbb{R}2$ défini par $\mathcal{U} = \{(x,y); \mathcal{U}(x,y) = 1\}$. Réciproquement, la donnée d'un ensemble $\mathcal{U}$ de $\mathbb{R}2$ permet de définir une image binaire : $u(x,y) = 1_{\mathcal{U}}(x,y) = 1$ si $(x,y) \in \mathcal{U}$ et

0 sinon. Il est alors facile de définir la dilatée et l'érodée d'une image binaire $u(x, y)$ en posant :

$$D_B u(x,y) = 1_{D_B \mathcal{U}}(x,y)$$
$$E_B u(x,y) = 1_{E_B \mathcal{U}}(x,y).$$

On peut montrer que D_B et E_B s'expriment simplement sous forme de supremum et d'infinimum :

$$\begin{cases} D_B u(x,y) = \sup\{u(x-p, y-q); (p,q) \in B\} \\ E_B u(x,y) = \inf\{u(x-p, y-q); (p,q) \in B\}. \end{cases}$$

Cette dernière caractérisation permet d'étendre, en utilisant les mêmes expressions, la notion de dilatation et d'érosion aux images en niveaux de gris (cf. aussi § 4). Les opérateurs D_B et E_B sont parfois appelés filtres morphologiques.

2 Améliorer une image

2.1 Faibles contrastes, bruit et flou

L'un des défauts les plus courants en imagerie est le manque de contrastes. Les origines en sont variées, comme par exemple une sur- ou sous-exposition de la scène ou des réglages inappropriés de l'appareil d'acquisition.

Les images numériques sont aussi souvent corrompues par une information parasite appelée bruit. Le bruit se traduit par des perturbations aléatoires de l'intensité qui sont gênantes visuellement mais qui posent aussi problème à la plupart des traitements. Deux exemples de bruits sont illustrés dans les figures 1.7 (b) et (c).

Un autre phénomène de dégradation visible dans une image est l'effet de flou (cf. figure 1.7 (d)). Celui-ci est en général dû à un défaut du système imageur (par exemple une lentille mal réglée ou déficiente) ou alors il peut être une conséquence de ses limites physiques (sa résolution ne correspond pas à celle des objets à imager). Le flou est souvent modélisé par l'opérateur de convolution $\star$. Si u est l'image originale alors l'image floue v observée peut être estimée par :

$$\begin{aligned} v(x,y) &= (K \star u)(x,y) \\ &= \int_{\Omega} K(x-x', y-y') u(x', y') dx' dy' \end{aligned}$$

Plus généralement, un modèle simple de dégradation qui tient compte à la fois du bruit et de l'effet de flou est le modèle linéaire additif suivant :

$$v(x,y) = (K \star u)(x,y) + b(x,y) \tag{1.14}$$

où $b(x, y)$ est le bruit pour lequel on connait quelques statistiques comme la moyenne et la variance. Le but de la restauration est alors de « reconstruire u » à partir du modèle ci-dessus connaissant v, K et les statistiques sur b.

Dans ce paragraphe, nous décrirons quelques méthodes élémentaires pour supprimer ces défauts.

2.2 Améliorer les contrastes

L'histogramme d'une image (cf. § 1.3) contient toute l'information purement liée aux contrastes (c'est-à-dire les intensités présentes dans l'image), c'est-à-dire lorsque l'information de voisinage spatial disparait. L'une des principales applications des manipulations d'histogramme consiste à modifier le contraste dans une image, de façon à rendre, par exemple, plus claires des zones mal éclairées par un mauvais réglage de l'appareil d'acquisition ou des mauvaises conditions d'illumination.

Si l'on suppose $u(x, y) \in [0, 1]$, on cherche des transformations $T : [0,1] \to [0,1]$ qui permettent d'apprécier qualitativement les contrastes. Un exemple classique est la transformation Gamma, à savoir $T(u) = u^{(1/\gamma)}$ qui permet de réhausser les contrastes pour des images trop sombres ($\gamma > 1$) ou trop claires ($\gamma < 1$). Le résultat d'une telle transformation peut s'observer sur la répartition des intensités, c'est-à-dire sur l'histogramme (cf. § 1.3) : le pic de l'histogramme a été mieux réparti sur l'ensemble des intensités disponibles.

Une méthode plus systématique s'appelle l'égalisation d'histogramme. On cherche la transformation T telle que la répartition de l'image résultante $T(u)$ soit uniforme. En utilisant la formule (1.6) avec $q \equiv 1$, on obtient

$$T(u) = \int_0^u p(t)dt,$$

qui est la fonction de répartition (1.5) et qui correspond en discret à l'histogramme cumulé :

$$T(u) = \sum_{i=0}^{i=u} h(i),$$

Un exemple de résultat est donné dans la figure 1.6 (d).

Remarque : cependant, comme dans la plupart des algorithmes dits automatiques (il n'y a pas de paramètres que l'utilisateur devrait ajuster), l'égalisation peut se révéler inadaptée pour certaines images. Une version locale de l'égalisation existe et permet de donner aussi des résultats intéressants. ■

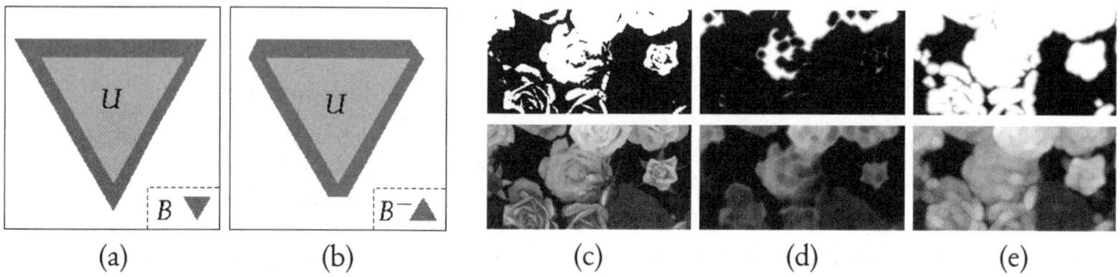

Figure 1.5: Morphologie mathématique : (a) dilaté de $\mathcal{U}$ par un élément B homothétique à $\mathcal{U}$, (b) dilaté de $\mathcal{U}$ par le tranposé B^-, (c) images binaire (dessus) et en niveaux de gris (dessous), (d) érosion de (c), (e) dilatation de (c)

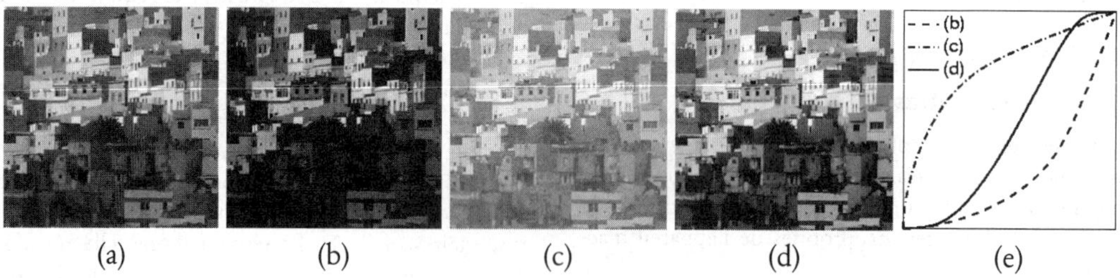

Figure 1.6: Modifications des contrastes de l'image (a) avec des transformations Gamma en (b) et (c) et une égalisation en (d). Les fonctions utilisées pour les transformations sont montrées en (e)

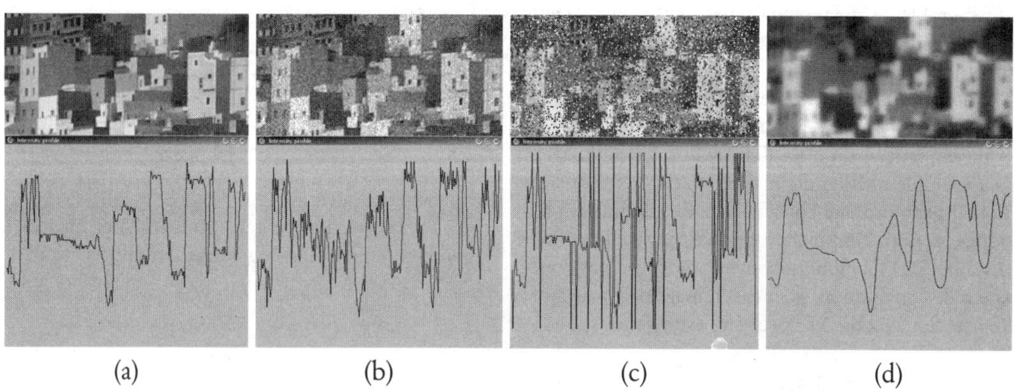

Figure 1.7: Exemple de dégradations et présentation d'une coupe horizontale des intensités sur (a) l'image originale et ses versions dégradées avec (b) du bruit gaussien, (c) du bruit impulsionel, et (d) du flou

2.3 Supprimer le bruit

La technique la plus simple et la plus ancienne est le filtrage linéaire. Il peut opérer soit dans le domaine spatial et cela consiste à faire des moyennes dans des voisinages, soit dans le domaine fréquentiel et ici la méthode consiste à ne garder que l'information contenue dans les basses fréquences.

Filtrage spatial

On note $E(Z2)$ l'ensemble des images numériques $u : Z2 \mapsto R$

Définition 2.1 *Soit H un opérateur de $E(Z2) \mapsto E(Z2)$; on dit que H est un filtre linéaire si*

- *H est linéaire : $H(\alpha u + \beta v) = \alpha H(u) + \beta H(v)$ pour tout u et v dans $E(Z2)$ et α, β dans R.*
- *$H((T_{k,l}u)(x,y) = T_{k,l}(u)(x,y)$ pout tout $(k,l) \in Z2$, où $T_{k,l}$ est la translation définie par $(T_{k,l}u)(x,y) = u(x-k, y-l)$.*

Il y a une caractérisation simple des filtres linéaires spatiaux : tout filtre linéaire H sur $E(Z2)$ s'écrit nécessairement sous la forme d' un produit discret de convolution :

$$\begin{aligned}(Hu)(x,y) &= (u \star M)(x,y) \\ &= \sum_{k=-\infty}^{k=+\infty} \sum_{l=-\infty}^{l=+\infty} u(k,l)\, M(x-k, y-l)\end{aligned} \tag{1.15}$$

où $M(k,l) = (H\delta_0)(k,l)$ avec $\delta_0(k,l) = 1$ si $k = l = 0$ et 0 sinon.

La preuve en est très simple. Soit :

$$\delta_{k,l}(x,y) = (T_{k,l}\delta_0)(x,y) = \delta_0(x-k, y-l)$$

On peut écrire :

$$u(x,y) = \sum_{k=-\infty}^{k=+\infty} \sum_{l=-\infty}^{l=+\infty} u(k,l)\delta_{k,l}(x,y) \tag{1.16}$$

H étant linéaire, on a :

$$Hu(x,y) = \sum_{k=-\infty}^{k=+\infty} \sum_{l=-\infty}^{l=+\infty} u(k,l) H\delta_{k,l}(x,y) \tag{1.17}$$

L'invariance par translation entraîne

$$Hu(x,y) = \sum_{k=-\infty}^{k=+\infty} \sum_{l=-\infty}^{l=+\infty} u(k,l) T_{k,l} H\delta_0(x,y) \tag{1.18}$$

d'où le résultat avec $M(k,l) = (H\delta_0)(k,l)$ et on a bien $Hu = u \star M$.

Remarques :

- puisque le produit de convolution est symétrique Hu peut aussi s'écrire :

$$Hu(x,y) = \sum_{k=-\infty}^{k=+\infty} \sum_{l=-\infty}^{l=+\infty} M(k,l) u(x-k, y-l)$$

- la définition du produit de convolution est très voisine de celle du produit de corrélation, noté $\times$, donnée dans la § 1.4. En effet on a $(u \times M)(x,y) = (u^- \star M)(-x,-y)$ où $u^-(x,y) = u(-x,-y)$.

■

Le support du noyau M, c'est-à-dire le complémentaire de l'ensemble des pixels où M est identiquement nul, contient un nombre peu élevé de coefficients non nuls. Ce support est symétrique par rapport à l'origine $(0,0)$. Toute l'information portée par M (son support et ses valeurs) peut être résumée dans un masque. Pour un masque M de taille $(2h_x + 1) \times (2h_y + 1)$, on a :

$$(u \star M)(x,y) = \sum_{k=-h_x}^{k=+h_x} \sum_{l=-h_y}^{l=+h_y} u(x-k, y-l)\, M(k,l)$$

La valeur transformée au pixel (x,y) dépend des valeurs de son environnement. Deux exemples de filtres sont :

$$M_1 = \frac{1}{9}\begin{bmatrix} 1 & 1 & 1 \\ 1 & 1 & 1 \\ 1 & 1 & 1 \end{bmatrix}, M_2 = \frac{1}{16}\begin{bmatrix} 1 & 2 & 1 \\ 2 & 4 & 2 \\ 1 & 2 & 1 \end{bmatrix}.$$

On remarque que le masque M_1 donne la même importance (le même poids) à tous les points tandis que le masque M_2 privilégie les directions verticales et horizontales. Le résultat de l'action du masque M_2 sur une image u est une image filtrée v qui s'écrit : $v(x,y) = \frac{1}{16}[u(x-1, y-1) + 2u(x, y-1)$ $+ u(x+1, y-1) + 2u(x-1, y) + 4u(x,y)$ $+ 2u(x+1, y) + u(x-1, y+1) + 2u(x, y+1) + u(x+1, y+1)]$.

Afin de généraliser ce type de masques et pouvoir en proposer de taille arbitraire, on définit la fonction gaussienne de paramètre σ :

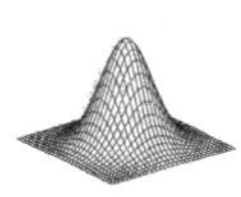

$$G_\sigma(x,y) = \frac{1}{2\pi\sigma 2} \exp\left(-\frac{x2 + y2}{2\sigma 2}\right)$$

Qualitativement, plus σ est élevé. plus la gaussienne aura une forme étalée. Pratiquement, cela signifie que le moyennage se fera sur des fenêtres de plus en plus grandes, c'est-à-dire que le degré de lissage est proportionnel à la valeur de σ. Ceci est illustré dans la figure 1.8. D'un point de vue discret, si on utilise une gaussienne comme noyau, on pourra au préalable calculer un masque de taille finie qui approchera G_σ, ce qui est possible car les valeurs deviennent rapidement négligeables. Par exemple, pour $\sigma = 1$, on peut approcher la gaussienne par le masque de taille 5×5 :

$$G_1 \approx \frac{1}{273}\begin{bmatrix} 1 & 4 & 7 & 4 & 1 \\ 4 & 16 & 26 & 16 & 4 \\ 7 & 26 & 41 & 26 & 7 \\ 4 & 16 & 26 & 16 & 4 \\ 1 & 4 & 7 & 4 & 1 \end{bmatrix}.$$

Le filtrage gaussien peut être implémenté de manière efficace et il demeure un outil très utilisé dans de nombreuses applications.

Filtrage fréquentiel

Un autre point de vue conceptuellement équivalent au précédent est de filtrer les images dans le plan fréquentiel. Nous venons de voir que dans le plan spatial un filtrage linéaire se traduisait par une convolution : $v(x,y) = \sum_{k=-\infty}^{k=+\infty} \sum_{l=-\infty}^{l=+\infty} M(k,l)u(x-k, y-l)$.

En prenant la transformée de Fourier (n_1, n_2)-périodique de v, il vient :

$$\mathcal{F}v(p,q) = \tag{1.19}$$
$$= \frac{1}{\sqrt{n_1 n_2}} \sum_{\substack{k=-\infty \\ l=-\infty}}^{\substack{k=+\infty \\ l=+\infty}} M(k,l) e^{-2i\pi(\frac{pk}{n_1}+\frac{ql}{n_2})} \mathcal{F}u(p,q)$$

Si on définit la fonction

$$\mathcal{F}M(p,q) = \frac{1}{\sqrt{n_1 n_2}} \sum_{\substack{k=-\infty \\ l=-\infty}}^{\substack{k=+\infty \\ l=+\infty}} M(k,l) e^{-2i\pi(\frac{pk}{n_1}+\frac{ql}{n_2})}$$

qui s'appelle la fonction transfert du filtre M, alors (1.19) s'écrit :

$$\mathcal{F}v(p,q) = \mathcal{F}M(p,q)\mathcal{F}u(p,q)$$

On remarque que la formule ci-dessus n'exprime rien d'autre que la propriété fondamentale de la transformée de Fourier, à savoir (1.13).

Comme en filtrage spatial, l'action d'un filtre fréquentiel nécessite de choisir la fonction transfert. Pour ce faire, on s'appuie sur la remarque suivante : les grandes fréquences, c'est-à-dire les valeurs élevées de p et q pour lesquelles $\mathcal{F}u(p,q)$ est non nulle correspondent dans le plan spatial (c'est-à-dire pour u) à des oscillations et donc potentiellement à du bruit (cela peut aussi être dû à la présence de contours). Donc si on veut enlever le bruit dans une image, il faut atténuer les grandes fréquences. On utilise pour cela un filtre dit passe-bas, dont la fonction transfert type est :

$$\mathcal{F}M(p,q) = \begin{cases} 1 \text{ si } \sqrt{u2+v2} \leq \alpha \\ 0 \text{ sinon} \end{cases}$$

où α est une valeur de seuil déterminée par l'utilsateur. Une fois l'image filtrée dans le plan fréquentiel on revient dans le plan spatial en prenant la transformée de Fourier inverse de $\mathcal{F}v$. On peut aussi effectuer du filtrage passe-bas en convoluant l'image avec une gaussienne. En effet si $v = G_\sigma \star u$ alors en prenant la transformée de Fourier de v on a $\mathcal{F}v(\lambda,\mu) = (\mathcal{F}G_\sigma\ \mathcal{F}u)(\lambda,\mu)$. Mais $\mathcal{F}G_\sigma(\lambda,\mu)$ est du type $a \exp\left(-b(\lambda 2+\mu 2)\right)$ où a et b sont des constantes dépendant de σ. Par conséquent, $\mathcal{F}G_\sigma(\lambda,\mu)$ est proche de zéro pour les grandes valeurs des fréquences λ et μ, ce qui a pour effet en multipliant $\mathcal{F}u$ par $\mathcal{F}G_\sigma(\lambda,\mu)$ d'atténuer les grandes fréquences présentes dans $\mathcal{F}u$ (et donc les oscillations dans u).

Informatiquement, il est aussi intéressant de passer en Fourier pour faire du filtrage linéaire à partir du moment où l'on utilise un algorithme de type FFT (cf. § 1.4).

Quelques filtres non linéaires

D'un point qualitatif, il apparait que le filtrage gaussien, et plus généralement les filtres passe-bas, introduisent un flou dans les images qui a tendance à supprimer les contours. Cela vient de l'aspect linéaire des filtres qui effectuent des moyennages locaux indépendamment du contexte. Pour filtrer une image tout en préservant des contours, il est donc nécessaire d'introduire un aspect non linéaire. Ce paragraphe présente deux solutions classiques et efficaces.

La première solution s'inspire du filtrage par convolution au sens classique, que nous écrivons sous la forme :

$$v(x,y) = \frac{1}{w(x,y)} \iint D(x,y,p,q,u)u(p,q)dpdq$$
$$\text{avec } w(x,y) = \iint D(x,y,p,q,u)dpdq, \tag{1.20}$$

où D est une fonction qui mesure une distance entre (x,y) et (p,q), ici indépendante de u :

$$D(x,y,p,q,u) = d(x-p, y-q), \tag{1.21}$$

Figure 1.8: Convolutions par des gaussiennes sur l'image de gauche avec un σ valant 1,2,3 et 4

Figure 1.9: Filtrage bilatéral sur l'image de gauche appliqué itérativement

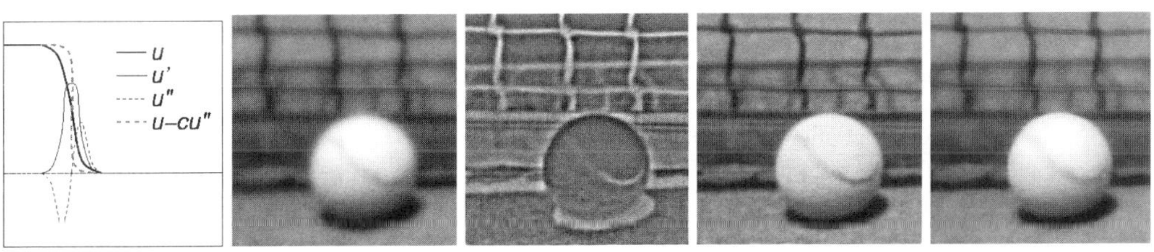

(a) Cas 1-D (b) u (c) $\triangle u$ (d) $u - \alpha\triangle u$ (e) $u - \alpha|\nabla u|\triangle u$

Figure 1.10: Suppression du flou d'une image

(a) u (b) Médian (c) u (d) PM (iter 10) (e) PM (iter 10)

Figure 1.11: Illustration de quelques méthodes de filtrage : (a)-(b) application du filtre médian pour supprimer le bruit poivre et sel, (c)-(e) équation de Perona-Malik (PM) après dix et vingt itérations où d est de forme exponentielle décroissante par exemple. Une évolution a été proposée par Tomasi et Manduchi (1998) et porte le nom de filtrage bilatéral. Dans le moyennage spatial effectué par un filtre moyenneur, l'idée est d'ajouter aussi une mesure de proximité entre les intensités. Pour calculer la nouvelle intensité au pixel (x, y), on va calculer une moyenne locale uniquement des intensités déjà voisines. L'idée est donc d'effectuer l'opération (1.20) avec

$$D(x, y, p, q, u) = d(x - p, y - q)\tilde{d}(u(x, y) - u(p, q))$$

où d et $\tilde{d}$ sont du type exponentielles décroissantes. La différence en termes de temps de calcul viendra du calcul de la renormalisation $w(x, y)$. Avec (1.21), $w(x, y)$ est en fait indépendant de la position alors qu'avec ce nouveau poids, puisqu'il dépend du contexte de l'image, il devra être estimé partout. Ce filtrage peut être appliqué de manière itérée : on applique le filtre noté $\mathcal{L}$ à u, puis à $\mathcal{L}u$, puis à $\mathcal{L}^2u$, etc. Cette méthode permet de préserver les contours de l'image comme le montre la figure 1.9. Cette approche a connu plusieurs améliorations, elle demeure simple à coder et elle a connu un grand succès dans la communauté infographie (*Computer graphics*).

Une autre méthode non linéaire classique et efficace pour éliminer du bruit impulsionnel (cf. figure 1.7 (c)) est celle du filtre médian. Tout en dégradant peu les contours le filtre médian affecte à un pixel la valeur médiane des valeurs de son voisinage. Par exemple, étant donné un voisinage 3×3 autour d'un point :

$$\begin{bmatrix} 7 & 5 & 3 \\ 4 & 2 & 7 \\ 6 & 5 & 2 \end{bmatrix}$$

il s'agit de ranger par ordre croissant les valeurs de l'intensité, c'est-à-dire

$$2, 2, 3, 4, 5, 5, 6, 7$$

puis on affecte au pixel central (où la valeur était 2), l'intensité qui se trouve au milieu du rangement ci-dessus, c'est-à-dire la valeur 5. Autrement dit, le filtre médian retient une valeur d'intensité telle que dans le voisinage, il y a autant d'intensités supérieures que d'intensités inférieures à cette valeur. La médiane n'est donc pas sensible à des valeurs extrêmes comme le serait une moyenne. Un exemple de résultat est donné dans la figure 1.11 (a)-(b).

2.4 Supprimer le flou

Une idée simple est illustrée dans le cas 1-D de la figure 1.10 (a). Étant donné un saut d'intensité flou, on remarque que la dérivée seconde du signal change de signe au point d'inflexion. Une méthode consiste donc à rehausser le contour en utilisant cette dérivée seconde, pondérée par un coefficient.

Cette idée s'étend directement au cas 2-D (cf. figure 1.10 (b) et (c)) où l'on considère le laplacien (cf. figure 1.10 (b) et (c)). On calcule alors la nouvelle image v par

$$v = u - \alpha \triangle u,$$

où α est un paramètre à fixer par l'utilisateur. On peut rendre cette méthode plus résistant au bruit en pondérant le rehaussement avec la norme du gradient qui permet de conserver des zones homogènes lisses

$$v = u - \alpha |\nabla u| \triangle u. \tag{1.22}$$

Des exemples de résultats sont donnés dans les figures 1.10 (d) et (e).

3 Extraire des primitives

3.1 Les contours

Les contours d'une image désignent les endroits de forte variation de l'intensité. Ils sont une information essentielle pour l'interprétation et l'exploitation des images. Depuis l'avènement de la vision par ordinateur, de très nombreux travaux ont été proposés sur le sujet. Un tel intérêt a été suscité par leur utilisation quasi systématique dans la plupart des applications industrielles.

La manière de détecter les contours repose sur les propriétés géométriques locales des images (cf. § 1.4). En un point d'un contour (c'est-à-dire autour duquel il y a un saut d'intensité), si l'on regarde la variation d'intensité et de ses dérivées dans la direction du gradient, on obtient des profils comparables à ceux de la figure 1.10 (a). En regardant dans la direction normale N, c'est-à-dire celle du gradient, on dispose donc de deux type d'approches :

- à l'ordre un, on regardera si la norme du gradient est localement maximale ;
- à l'ordre deux si la dérivée seconde u_{NN} change de signe.

À l'ordre deux, u_{NN} est un opérateur non linéaire difficile à estimer en pratique et comme près d'un contour u_{TT} est négligeable devant u_{NN}, (où u_{TT} – resp. u_{NN} – désigne la dérivée seconde dans la direction tangente – resp. normale –), il est souvent proposé de regarder les passages par zéro du laplacien $\triangle u = u_{TT} + u_{NN} = u_{xx} + u_{yy}$, opérateur linéaire. Un exemple de résultat est donné figure 1.12 (a)-(b) où l'image de départ comporte du bruit sur la moitié droite. L'effet du bruit apparait clairement et détériore la détection des contours. Pour rendre la détection plus robuste, Marr et Hildreth (1980) ont proposé de regarder les passages par zéro de $u \star \triangle G_\sigma$ (cf. résultat figure 1.12 (c)). La fonction $\triangle G_\sigma$ est souvent désignée par LoG, pour *Laplacian of a Gaussian*. Comme

$$u \star \triangle G_\sigma = \triangle(u \star G_\sigma),$$

la méthode revient donc à regarder les passages par zéro du laplacien de l'image préfiltrée par une gaussienne. Cela améliore la qualité des résultats mais utiliser des dérivées d'ordre élevé est toujours plus sensible au bruit.

Afin de formaliser le problème de la détection de contours, Canny (Canny, 1983) a proposé en 1983 une étude théorique dans laquelle il étudie le cas 1D et où il propose trois critères que doit remplir un détecteur de contour :

- détection : robustesse au bruit ;
- localisation : précision de la localisation du point contour ;
- unicité : une seule réponse par contour.

Canny se propose de chercher un filtre à réponse impulsionnelle finie (c'est-à-dire à support borné) et exprime chacun des critères sous forme d'une énergie à optimiser. La solution optimale est une expression compliquée qui s'exprime sous forme d'une combinaison d'opérateurs exponentiels. Canny a montré que cette solution générale pouvait être approchée par :

$$f(x) = -\frac{x}{\tau 2} e^{-\left(\frac{x2}{2\tau 2}\right)},$$

c'est-à-dire la dérivée du filtre gaussien. Partant de ces travaux, Deriche (Deriche, 1987) a cherché la solution optimale dans la classe des filtres à réponse impulsionnelle infinie. Il a démontré que la solution exacte est de la forme :

$$f(x) = s\, x\, e^{-\alpha |x|}.$$

D'un point de vue numérique, ce filtre présente le grand avantage de pouvoir être appliqué de manière récursive ce qui diminue grandement le temps de calcul pour les volumes de données importants. Pour ces raisons (exactitude et implémentation) cette méthode reste largement utilisée dans les applications industrielles et médicales.

Remarque : comme nous l'avons observé, il est possible de précalculer les dérivées de la fonction gaussienne et ensuite appliquer ces masques à l'image. Les images ou filtres ci-dessous représentent respectivement $\triangle G_\sigma$, $\partial G_\sigma / \partial x$ et $\partial G_\sigma / \partial y$.

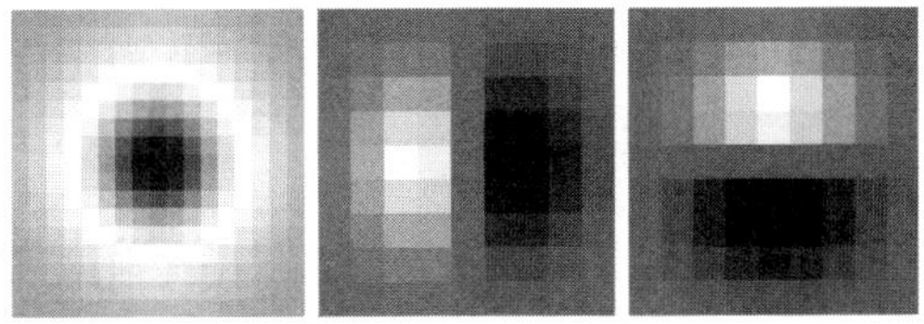

Un parallèle suprenant peut être fait avec certaines cellules impliquées dans le système visuel dont le rôle est de détecter des contours. De manière caricaturale, on trouve en sortie de la rétine les cellules dites ganglionnaires qui agissent sur le flux visuel comme $\triangle G_\sigma$, et on trouve dans l'aire corticale primaire (V1) des cellules plus sensibles à des orientations, comme le permettent les deux autres filtres. ■

3.2 Les coins

Les coins sont par définition les endroits dans l'image où les contours changent brusquement de direction. Savoir détecter les coins est important dans de nombreuses applications car les coins sont facilement identifiables avec précision et peu sensibles à l'angle d'observation d'une scène. Faire un suivi d'objets par exemple pourra être fait en suivant les coins d'une image à l'autre.

Compte-tenu de la définition des coins, une méthode naturelle est de calculer la courbure (1.9) définie dans la § 1.4 et d'en extraire les extremas. Cette méthode peut être utilisée mais elle s'avère imprécise et sensible au bruit car elle implique le calcul de dérivées secondes.

Une autre méthode classique est celle proposée par Harris et Stephens (1988) et se base sur les dérivées d'ordre un. L'idée est illustrée dans les figures 1.13 (a)-(b). Quand on regarde le champ de gradient d'une image, il présente des directions alignées au voisinage d'un contour droit (cas A), et orthogonales au voisinage d'un coin (cas B). Il s'agit donc de trouver un critère qui permette de caractériser ces deux situations.

L'idée est de savoir estimer une direction moyenne avec un degré de confiance. Pour cela, considérons le problème suivant : étant donnés p vecteurs V_i (par exemple les gradients de l'intensité évalués en des points (x_i, y_i)), est-il possible de trouver un vecteur unitaire W tel que la somme

$$S = \sum_{i=1}^{p} < V_i, W >^2$$

soit maximale, ce qui revient à chercher une direction moyenne W qui soit au plus près de chaque direction V_i. Il est assez facile de voir que ce problème est équivalent à chercher un vecteur W maximisant la forme

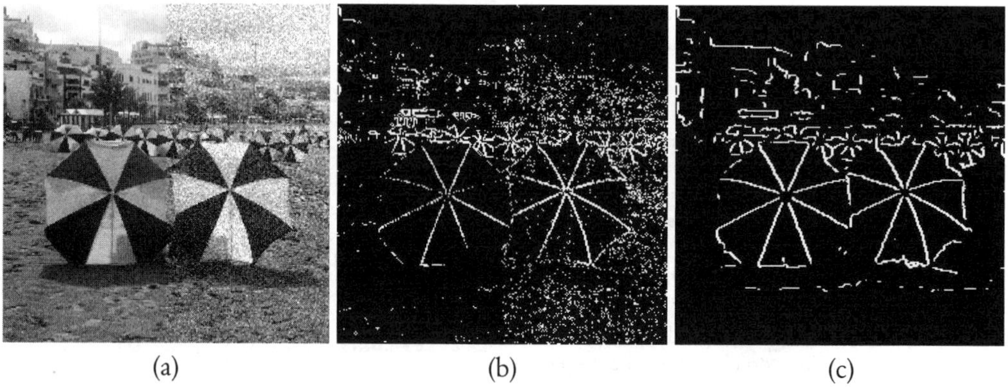

Figure 1.12: Détection de contours sur l'image (a) dont la moitié de droite a été bruitée, avec les passages par zéro du Laplacien sur (b) l'image originale, (c) l'image prélissée par une gaussienne

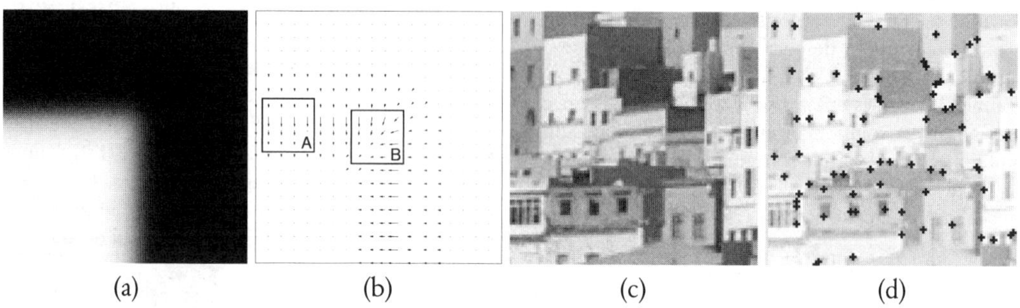

Figure 1.13: Détection de coins : (a) détail d'un coin et (c) configuration des gradients dans un voisinage, et (c)-(d) exemple de résultat

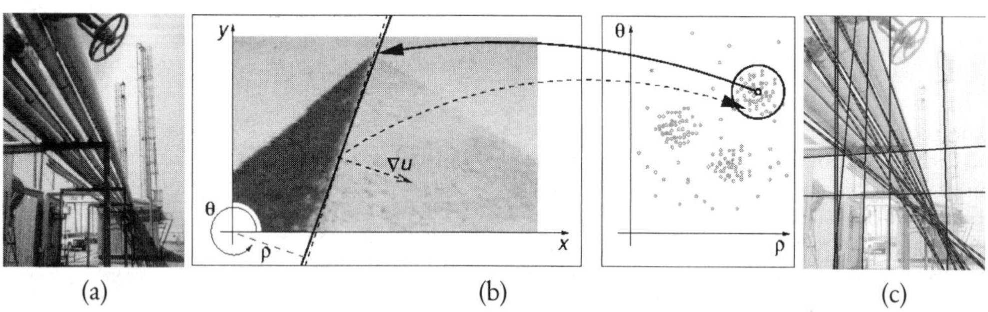

Figure 1.14: Détection de droites : (a) une image type contenant des droites, (b) illustration du principe de la transformée de Hough qui est de voter dans un espace de paramètres, et (c) droites détectées automatiquement sur l'image (a)

quadratique $Q(W) = W^t \Sigma\, W$ où Σ est la matrice :

$$\Sigma = \sum_{i=1}^{p} V_i {V_i}^t.$$

La solution de ce problème est le vecteur propre unitaire W associé à la plus grande valeur propre λ_1 de Σ et on a $Q(W) = \lambda_1$. On peut aussi chercher deux directions unitaires et orthogonales W_1 et W_2 maximisant $\sum_{i=1}^{2} {W_i}^t \Sigma\, W_i$. La solution est dans ce cas les deux vecteurs propres associés aux deux plus grandes valeurs propres λ_1 et λ_2 de Σ et $\sum_{i=1}^{2} {W_i}^t \Sigma\, W_i = \lambda_1 + \lambda_2$. On peut généraliser le procédé avec q directions W_i.

Lorsque on choisit pour vecteurs V_i les gradients de l'intensité évalués en des points (x_i, y_i) alors $\Sigma = \sum_{i=1}^{p} \nabla u(x_i, y_i)\, \nabla u(x_i, y_i)^t$. Si on se restreint à deux directions, trois cas principaux peuvent arriver :

- λ_1 et λ_2 sont comparables et ont de petites valeurs, alors il n'y a pas de direction privilégiée, la dispersion est isotrope. De plus la valeur de Q est faible, ce qui signifie que les gradients en moyenne sont faibles ou encore que les points (x_i, y_i) appartiennent à une zone homogène ;
- $\lambda_1 \gg \lambda_2$ (λ_1 est grand devant λ_2) et $\lambda_1 \gg 1$, alors toute l'information est portée par un seul axe, celui engendré par le vecteur propre associé à λ_1 et on est en présence d'un contour ;
- $\lambda_1 \geq \lambda_2 \gg 1$, alors les deux directions orthogonales portent l'information et on est au voisinage d'un coin.

En fait, en pratique, pour éviter de fausses détections dues au bruit, on n'applique pas directement cet algorithme à $\Sigma = \sum_{i=1}^{p} \nabla u(x_i, y_i)\, \nabla u(x_i, y_i)^t$ mais à une version lissée de cette matrice $\Sigma_\sigma = \Sigma \star G_\sigma$, c'est-à-dire l'information locale est moyennée par convolution avec une gaussienne.

La détection de coins est difficile en pratique. La méthode de Harris figure parmi les plus robustes. Un exemple de résultat est donné dans la figure 1.13 (c)-(d).

3.3 Les primitives géométriques

De nombreuses images dans notre environnement comportent des structures géométriques paramétrisables (lignes, cercles, ellipses), surtout dans les cadres urbains ou industriels. Une image type est donnée dans la figure 1.14 (a).

La méthodologie proposée par Hough (1962), appelée transformée de Hough, permet d'extraire automatiquement toute primitive géométrique pouvant être paramétrisée. Les éléments clés sont :

- la définition d'une paramétrisation de la primitive à rechercher qui définit un espace des paramètres ;
- l'étape de vote qui compte toutes les primitives éventuellement présentes dans l'image ;
- l'extraction des maxima locaux dans l'espace des paramètres qui correspond aux primitives effectivement présentes dans l'image.

Étant donné une image $u(x, y)$, illustrons-en le principe pour la recherche de droites. Comme le montre la figure 1.14 (b), toute droite peut être définie de manière unique par le jeu de paramètres (ρ, θ). On définit alors une image $v(\rho, \theta)$ qui va recenser l'ensemble des droites dans l'image u. Construire v à partir de u se fait par une étape de comptage : étant donné un point de contour de l'image u, si le contour était une droite alors la droite serait forcément orthogonale au gradient de l'image (le gradient est normal aux contours). Cette droite de paramètres (ρ^*, θ^*) sert à incrémenter $v(\rho^*, \theta^*)$. Un contour qui serait une droite correspondrait au même jeu de paramètres (ρ^*, θ^*). Quand toutes les droites associées aux points de contours ont été comptabilisées, les maxima locaux de v indiquent les droites réellement présentes dans u. La recherche des maxima de densité de u donne les droites présentes dans l'image.

Cette approche est simple à mettre en œuvre et efficace et possède de nombreuse applications. Des améliorations et extensions peuvent être trouvées dans la littérature.

4 Un cadre formel qui permet d'aller plus loin : les EDP

Dans la figure 1.8, nous avions présenté une image et ses versions lissées par une gaussienne avec plusieurs variances σ. Quand σ croît, on peut voir cela comme une évolution continue de l'image de départ vers des versions de plus en plus lissées. D'où l'idée d'introduire une variable additionnelle t, une sorte de « temps », qui est ici liée au degré de lissage. On définit donc une fonction $u(t, x, y)$ et on cherche une équation aux dérivées partielles (EDP) du type

$$\begin{cases} \dfrac{\partial u}{\partial t}(t, x, y) = F\left(u, \dfrac{\partial u}{\partial x}, \dfrac{\partial u}{\partial y}, , \dfrac{\partial 2u}{\partial x2}, \dfrac{\partial 2u}{\partial x \partial y}, \dfrac{\partial 2u}{\partial y2}\right) \\ u(0, x, y) = u_0(x, y) \end{cases}$$

traduisant le processus d'évolution temporelle de la fonction u à partir d'une condition initiale u_0. Comme nous allons l'illustrer dans ce paragraphe, un grand nombre des algorithmes du traitement d'images peuvent s'écrire comme une EDP. Ce formalisme a plusieurs avantages :

- il existe une vaste littérature source d'inspiration pour de nouvelles méthodes ;
- il permet de justifier théoriquement les modèles ;
- il offre des outils numériques efficaces pour les simulations numériques.

Si l'on revient au cas de la convolution gaussienne, définissons par exemple la famille :

$$u(t,x,y) = \{u_0 \star G_{\sqrt{2t}}, \quad t \in (0,\infty)\} \tag{1.23}$$

où u_0 est l'image originale. En fait, on peut montrer que la fonction spatiotemporelle $u(t,x,y)$ définie par (1.23) satisfait l'EDP :

$$\begin{cases} \frac{\partial u}{\partial t}(t,x,y) = \frac{\partial 2u}{\partial x2} + \frac{\partial 2u}{\partial y2} = \Delta u \\ u(0,x,y) = u_0(x,y). \end{cases} \tag{1.24}$$

L'équation ci-dessus, bien connue en physique, n'est rien d'autre que l'équation de la chaleur qui est une équation de diffusion décrivant l'évolution en temps de la densité u de certaines quantités comme la chaleur, une concentration chimique, etc. Dans notre contexte, lisser une image par convolution avec une gaussienne d'écart type $\sigma = \sqrt{2t}$ revient donc à résoudre l'équation de la chaleur pour laquelle d'algorithmes numériques de résolution existent depuis fort longtemps. De même que pour le filtrage linéaire, l'inconvénient de cette équation est son caractère diffusif instantané. Aucune direction de lissage n'est privilégiée entraînant par exemple une perte de la localisation des contours. Pour remédier à cela, comme il avait été remarqué dans le § 2.3, la préservation des contours nécessite d'avoir des non-linéarités. Une idée consiste à récrire l'équation de la chaleur (1.24) sous la forme

$$\frac{\partial u}{\partial t}(t,x,y) = \operatorname{div}(\nabla u),$$

où, pour un champ de vecteurs $p(x,y) = (p_1(x,y),(p_2(x,y))$ l'opérateur de divergence div est défini par $\operatorname{div}(p) = \frac{\partial p_1}{\partial x} + \frac{\partial p_2}{\partial y}$. Perona et Malik (Perona et Malik, 1990) ont alors proposé d'introduire à l'intérieur de l'opérateur de divergence un coefficient de diffusion dépendant du gradient de l'image :

$$\frac{\partial u}{\partial t}(t,x,y) = \operatorname{div}(c\,(|\nabla u|)\,\nabla u)$$

où $c : \mathbb{R}^+ \mapsto \mathbb{R}^+$ avec $c(0) = 1$ et $c(+\infty) = 0$). Qualitativement, les zones homogènes où le gradient de l'image est voisin de 0 (et donc $c\,(|\nabla u|) = 1$) sont traitées par l'équation de la chaleur et il y a un lissage isotrope. Par contre, au voisinage des contours où le gradient est infini (et donc $c\,(|\nabla u|) = 0$) l'équation se réduit à $\frac{\partial u}{\partial t} = 0$, c'est-à-dire que l'on ne fait aucun traitement sur l'image et les contours sont préservés. Deux exemples de résultats obtenus après 10 et 20 itérations sont donnés dans la figure 1.11 (c)-(d)-(e). Ce modèle non linéaire a ensuite donné lieu à de très nombreux développements dans le domaine de la recherche où l'on a proposé des modèles qui préservent au mieux les structures de l'image.

Dans le § 2.4 sur la suppression du flou, nous avons présenté de manière intuitive la transformation (1.22). La version EDP de cette approche s'écrit :

$$\frac{\partial u}{\partial t}(t,x,y) = -\operatorname{sign}(u_{NN})|\nabla u|,$$

et a été proposée par (Osher et Rudin, 1990) sous le nom de filtres de choc.

Un autre exemple où les EDP interviennent d'une assez jolie façon est lié à la morphologie mathématique décrite dans le § 1.4. Si l'élément structurant B dans la définition de la dilatation est le disque $B(O,t)$ centré à l'origine et de rayon t, alors la dilatée de u est une nouvelle image v qui dépend de x, y et t :

$$v(x,y,t) = \sup\{u(x-p,y-q);(p,q) \in B(0,t)\}$$

Un calcul assez simple montre qu'alors v satisfait l'équation aux dérivées partielles :

$$\frac{\partial u}{\partial t}(x,y,t) = |\nabla u|(x,y,t). \tag{1.25}$$

Bien d'autres exemples, notamment en segmentation, pourraient justifier la présence naturelle des EDP en traitement d'images. Pour une étude systématique de l'utilisation des EDP en analyse d'images on renvoie le lecteur à (Aubert et Kornprobst, 2006) où il est décrit en particulier comment les approches par EDP permettent d'améliorer ou de trouver de nouveaux algorithmes utiles en traitement d'images.

5 Conclusion

L'image numérique permet de stocker une représentation du monde qui nous entoure. Dans ce chapitre, nous avons illustré quelques traitements possibles sur des images 2D en niveaux de gris, pour en améliorer leur qualité ou en extraire de l'information. Il a aussi été mentionné comment les mathématiques apparaissent naturellement dans le développement d'algorithmes de traitement d'images. Une autre source d'inspiration pourrait être les mécanismes utilisés par notre système visuel qui traite et interprète le flux visuel avec une efficacité inégalée. Cette démarche encore peu développée semble prendre de l'importance, motivée par une meilleure connaissance des mécanismes cérébraux et des simulateurs de plus en plus puissants. Le traitement d'images est donc une discipline de l'informatique à la croisée entre algorithmique, mathématiques et perception.

Bien entendu, le traitement d'images est un domaine vaste et comprend de nombreuses applications et problématiques qui n'ont pu être abordées. Parmi elles, citons par exemple le cas des images couleur qui nécessite de prendre en compte des notions de perception, l'analyse de séquences d'images pour en extraire des informations de mouvement ou de suivi ou la segmentation d'objets en fonction de leur intensité ou texture. De nombreux ouvrages de référence existent, tels que (Gonzalez et Wintz, 1987), et l'Internet regorge de cours et ouvrages en ligne (Fisher, 1999), ou de bibliothèques de programmation – cf. par exemple (Tschumperlé, 2000) – qui permettront au lecteur de faire ses premiers pas dans le domaine.

Bibliographie

Aubert, G. et Kornprobst, P. (2006). *Mathematical Problems in Image Processing : Partial Differential Equations and the Calculus of Variations* (second edition), volume 147 of *Applied Mathematical Sciences*. Springer-Verlag.

Brigham, O. (1974). *The Fast Fourier Transform*. Prentice Hall, Englewood Cliffs.

Canny, J. (1983). Finding edges and lines in images. Rapport technique AI-TR-720, Massachusetts Institute of Technology, Artificial Intelligence Laboratory.

Deriche, R. (1987). Using Canny's criteria to derive a recursively implemented optimal edge detector. *The International Journal of Computer Vision*, 1(2) :167–187.

Fisher, R. B. (1999). CVonline : The evolving, distributed, non-proprietary, on-line compendium of computer vision. Web : http ://homepages.inf.ed.ac.uk/rbf/CVonline/.

Gonzalez, R. C. et Wintz, P. (1987). *Digital Image Processing*. Addison Wesley, second edition.

Mallat, S. (2000). *Une exploration des signaux en ondelettes*. Les Éditions de l'École Polytechnique.

Osher, S. et Rudin, L. (1990). Feature-oriented image enhancement using shock filters. *SIAM Journal of Numerical Analysis*, 27(4) :919–940.

Perona, P. et Malik, J. (1990). Scale-space and edge detection using anisotropic diffusion. *IEEE Transactions on Pattern Analysis and Machine Intelligence*, 12(7) :629–639.

Tschumperlé, D. (2000). CImg : a C++ template image processing library. Web : http ://cimg.sourceforge.net/.

Mathématiques du vivant

Abderrahmane Habbal, Luis Almeida

Mots-clés : modélisation, équations aux dérivées partielles, sciences du vivant, biologie, cancer, angiogenèse, cicatrisation, fermeture dorsale, électromagnétisme, Maxwell, biomécanique, élasticité, maillages, éléments finis.

Résumé : les mathématiques du vivant sont une jeune discipline, s'intéressant à la modélisation, analyse et simulation numérique de problèmes issus de la biologie ou de la médecine. Cette discipline connaît en ce début de troisième millénaire un développement comparable à, voire dépassant, celui qu'ont connu les applications des mathématiques aux sciences de l'ingénieur vers la première moitié du siècle dernier. Les quatre cas d'étude présentés ici traitent des applications des mathématiques à la modélisation du cancer, de la cicatrisation, des effets du rayonnement électromagnétique sur l'homme et, enfin, de la chirurgie virtuelle. Ils témoignent de l'efficacité des mathématiques dans le domaine des sciences de la vie et du potentiel phénoménal que réserve la synergie de ces disciplines pour la santé de l'homme et sa compréhension du vivant.

Pour parler des mathématiques du vivant, expression signifiant «modèles et techniques mathématiques appliqués aux sciences de la vie», il faudrait d'abord pouvoir définir, en ce début de XXIe siècle, ce que sont les sciences de la vie. C'est une tâche plus délicate qu'il n'y paraît ; la difficulté venant en particulier du fait, commun à d'autres domaines de la connaissance, qu'il est difficile de définir clairement des limites franches entre les sciences du vivant et d'autres sciences voisines, comme la chimie ou la physique par exemple. Il y a bien sûr certains domaines comme la biologie cellulaire, animale ou végétale, qui sont sans ambiguïté du domaine du vivant. Mais même dans ce cas, ce n'est plus vraiment la même discipline selon l'échelle macro, meso ou micro à laquelle on se place, considérant une hiérarchie organe-cellule-protéine par exemple. Nous conviendrons donc qu'à cause de ce flou, il soit difficile de délimiter les contours des mathématiques du vivant.

Cette discipline, encore toute jeune, doit d'ailleurs son éclosion à cette limite floue, en particulier avec la physique, car si des mathématiciens peuvent actuellement s'attaquer à des modélisations complexes en biologie et en médecine, c'est parce que leurs collègues du milieu du XXe siècle ont osé appliquer les mathématiques à des composantes physiques de phénomènes biologiques, chose qu'ils savaient faire avec succès pour la matière inerte. Un exemple frappant en est l'adaptation des équations de la chaleur et de ses extensions pour la dilatation thermique, à la modélisation de la croissance des tumeurs cancéreuses. Certains scientifiques prévoient d'ailleurs un apport des mathématiques aux sciences du vivant pour les siècles à venir, comparable à ce qu'elles ont apporté, et continuent à apporter, à la physique de la matière durant les siècles derniers. Cet apport sera probablement encore plus spectaculaire car, à la différence des sciences de la matière, celles du vivant touchent à l'intimité de l'homme et à sa propre essence (modélisation et contrôle des manipulations génétiques).

En échange, tout comme la physique a largement fourni les mathématiques en problèmes, en théories et en outils originaux (dont la célèbre théorie des distributions), on attend des sciences du vivant le même «renvoi d'ascenceur». C'est déjà le cas : la modélisation biologique justifie l'intérêt d'introduire et d'étudier mathématiquement des couplages d'équations originaux, difficiles et qui n'auraient aucun sens pratique pour de la matière inerte, comme par exemple les modèles de chimiotaxisme couplés à l'élasticité.

En réalité, les interactions entre sciences du vivant et mathématiques sollicitent toutes les spécialités de celles-ci, et ce serait un travail formidable mais donnant le vertige que de vouloir en dépeindre ici tous les contours. Nous ne parlerons donc ni des applications des mathématiques discrètes, théorie des graphes, des réseaux, ni des probabilités et statistiques, en génomique ou en neurosciences par exemple. Ni non plus des applications des équations différentielles ordinaires ou des systèmes dynamiques à l'étude de populations, de bio-réacteurs, de modèles prédateur-proie, ou plus généralement de modèles dont la dépendance spatiale est «moyennée», cachée dans des paramètres constants. Notre article se positionnant sous le thème du calcul scientifique, nous nous limiterons aux modèles et applications qui rentrent dans ce cadre, c'est-à-dire à ceux qui font intervenir des géométries complexes, des équations aux dérivées partielles, et dont la discrétisation aboutit à des systèmes de très grand nombre de variables (milliers ou plusieurs ordres de grandeur audessus) et nécessitant de grands moyens de calcul (plusieurs heures de calcul, plusieurs processeurs qui calculent en parallèle). Nous ne présenterons pas non plus en détail les applications des mathématiques au traitement de l'image biomédicale, qui mériteraient à seules une présentation à part.

Par ailleurs, pour éviter toute confusion, nous nous garderons de l'emploi du vocable *biomathématiques*, car il a trop pris le sens de «mathématiques discrètes, probabilités et statistiques appliquées en génomique et en protéomique».

Même limitées à ce contexte de calcul scientifique, les applications sont encore bien trop nombreuses pour les présenter toutes. Le lecteur averti pourra en avoir une idée en parcourant les livres de James Murray (Murray, 2002) ou de Fung (Fung, 1993), qui restent une référence en la matière. Pour notre part, nous avons choisi quatre cas d'étude, dessinant un relief forcément approximatif de ce que sont les mathématiques du vivant actuelles. Le premier cas pourrait faire figure de pionnier, il s'agit de la modélisation mathématique et numérique du cancer. Les implications pour la société du moindre progrès réalisé dans la lutte contre ce fléau justifient et expliquent l'intérêt vif bien que récent que portent les mathématiciens à l'étude des modèles de croissance de tumeurs solides, par exemple. Le second cas d'étude concerne les modèles de suture tissulaire ou cicatrisation. Là aussi l'enjeu sociétal est énorme, car la maîtrise de ce processus permettrait de diminuer le temps passé par les patients opérés dans les lits d'hôpital, et donc de réaliser de très substantielles économies en matière de dépenses de santé. Après quoi, nous nous intéressons à l'influence du rayonnement électromagnétique sur l'homme, en vue de l'en protéger, mais aussi de s'en servir comme moyen thérapeutique. Nous terminons enfin notre présentation par des applications en biomécanique, où l'on met en évidence toute la force des mathématiques à pouvoir s'appliquer, avec les mêmes outils, aussi bien en mise en forme de matériaux de l'industrie, qu'en chirurgie abdominale, ophtalmologique ou faciale. Les deux premières applications font partie des travaux menés par les auteurs, et les deux suivantes relèvent de réalisations gracieusement communiquées par nos collègues de l'Institut national de recherche en informatique et en automatique et de l'École nationale des mines de Paris. Une brève présentation d'autres domaines d'application dont nous n'avons pu parler ici en détail clôt notre article.

1 Cancer et mathématiques

Le cancer est un mal connu depuis l'Antiquité, reconnu déjà par les médecins égyptiens du Nouvel Empire, il y a plus de 3500 ans. On sait par exemple que les médecins de la Grèce ancienne traitaient le cancer du sein : Aetius d'Amida, physicien byzantin (527–565 après J.-C.) préconisait, quand à lui, que *l'on coupe dans le tissu sain autour de la tumeur, et que l'on cautérise avec du fer*. Depuis, ce mal qui n'est pas une mais des dizaines de types de maladies, continue à défier la médecine et la science actuelles. Le cancer a un impact sociétal qui ne fait pas de doute. Certains pays occidentaux l'ont déclaré cause nationale majeure, et ont mis en place des plans de grande envergure, tels le Plan Cancer mis en place par la France en 2003. L'Institut australien de santé et bien-être AIHW démontrait par exemple en 1999 que la société australienne perdrait plus de 254000 ans de vie espérée par an à cause du cancer. Ce nombre s'élèverait à plus d'une dizaine de millions en Europe! On comprend pourquoi ce fléau est la cible de tant d'efforts de recherche de médecins, biologistes, biochimistes, physiciens, et depuis peu, de mathématiciens.

S'il paraît évident au lecteur que la biologie, la chimie et la physique sont directement concernées par le cancer sous ses divers aspects, étiologique, physiologique ou clinique, l'impact des mathématiques peut sembler, *a priori* légitimement, beaucoup moins évident. Pourtant, si nous gardons en tête la célèbre remarque d'Eugène Wigner sur la «déraisonnable effectivité des mathématiques dans les sciences de la nature», on a déjà un début de piste. Mais c'est surtout, ainsi que nous verrons, le caractère mécanistique de la maladie qui rend possible et prometteuse la modélisation mathématique du cancer.

Chez les êtres vivants complexes, le cycle cellulaire est régulé : les cellules se divisent, prolifèrent, remplissent leurs fonctions puis meurent (*apoptosis*). Il arrive souvent que ce cycle soit perturbé, donnant naissance, à la fin d'un processus biologique complexe, à des amas cellulaires, souvent sphéroïdes et solides, composés de cellules qui ont «oublié de mourir». L'organisme a de quoi corriger ces perturbations, en éradiquant ces amas intempestifs ou en les maintenant dans un statu quo inoffensif. Ils sont alors dits bénins, et ne posent pas, par leur présence, de problème de santé à leur hôte. Lorsque l'amas cellulaire n'est ni éradiqué ni stabilisé, et qu'il continue à croître en volume jusqu'à atteindre un à deux mm de diamètre, on commence à parler de tumeur. Pour se développer, la tumeur se procure des nutriments par diffusion de ceux-ci à travers la surface extérieure de l'amas cellulaire. Si elle n'entre pas en dormance, elle continuera à grossir jusqu'à ce que la diffusion surfacique ne suffise plus pour alimenter tout le volume tumoral ; mathématiquement parlant, il n'est pas difficile de voir que pour une tumeur sphéroïde de rayon R, un besoin en volume donc proportionnel à R^3 alimenté par un apport surfacique, proportionnel à R^2, aboutira rapidement à une situation de rayon critique rendant le mode d'alimentation par diffusion insuffisant.

Reliant la variation $dR/dt\,(t)$ du rayon $R(t)$ aux termes modélisant l'acquisition et la consommation de nutriments, on peut écrire par exemple :

$$dR/dt(t) = \alpha R(t)^2 - \beta R(t)^3$$

La différence $\alpha R(t)^2 - \beta R(t)^3$ représente l'excès ou le déficit en nutriments, selon qu'elle est positive ou négative. Une étude simple de cette équation différentielle permet d'en déceler le défaut : sans modification, elle montre qu'une fois le rayon critique α/β atteint, le taux de croissante dR/dt s'annule de façon que la tumeur reste indéfiniment avec cette valeur du rayon, ce qui ne modélise évidemment pas la réalité! De tels modèles ont effectivement été publiés lors des tous débuts d'étude de la croissance tumorale, mais ils avaient pris en compte des modifications, déjà connues pour des applications en économie (ne s'agit-il pas de gérer production et consommation ?), comme l'utilisation du modèle Gompertzien (Benjamin Gompertz, 1779-1865, actuaire anglais).

Cette première phase de croissance tumorale par diffusion se prête déjà aisément à la modélisation. Le biophysicien anglais Archibald Vivian Hill, prix Nobel de médecine, est le premier à avoir publié, en 1928, un travail précurseur de modélisation mathématique de la diffusion de nutriments (oxygène et acide lactique) à travers les tissus biologiques. La diffusion de nutriments, de concentration notée c, obéit à une équation aux dérivées partielles parabolique, écrite sous une forme débarrassée des constantes physiques pour en simplifier la lecture :

$$\partial c/\partial t - \Delta c + c = 0$$

Or, il se trouve que ce type d'équations a été très largement étudié en mathématiques, pour de tout autres applications, et aussi bien du point de vue théorique que numérique (i.e. développement de programmes informatiques pour la simulation de ces équations). C'est dire la voie royale ouverte par Hill pour l'application de ces modèles pour la biologie en général et l'étude du développement de tumeurs cancéreuses dans leur première phase, en particulier.

Depuis, les mathématiciens n'ont cessé d'améliorer les modèles basés sur la diffusion, dont la plupart considèrent les tumeurs comme des boules parfaites, de rayon $R(t)$ qui dépend du temps t. La croissance de volume de la tumeur dûe aux nutriments est alors décrite par des équations d'évolution de $R(t)$ couplées aux équations vérifiées par les nutriments.

Le scénario initié par la diffusion, quoique simplifié à l'extrême, correspond assez fidèlement aux observations *in vivo*. Il explique en particulier le processus de nécrose du noyau central de la tumeur, que les nutriments ne peuvent plus atteindre lorsque celle-ci atteint un volume critique comme expliqué ci-dessus. Pour continuer à survivre et à se développer au-delà de cette phase, la tumeur a recours à l'angiogenèse.

L'angiogenèse est le processus biologique par lequel se développent des réseaux de vaisseaux sanguins, à partir de vaisseaux préexistants. Ce processus est souhaitable, voire fondamental, lors du développement de l'embryon et de sa maturation, ou lors de la cicatrisation de blessures par exemple.

Par contre, c'est aussi un moyen utilisé par les tumeurs cancéreuses solides pour dépasser le stade de développement par diffusion. On sait aussi que l'angiogenèse tumorale est le mécanisme par lequel s'opère la métastase cancéreuse, étape ultime et létale du cancer.

Depuis quelques années, des chercheurs oncologues ont émis l'idée que l'empêchement de l'angiogenèse, ou anti-angiogenèse, pourrait apporter de nouveaux espoirs de traitement du cancer. Le docteur Judah Folkman, chercheur oncologue, fut le premier à proposer l'anti-angiogenèse comme voie thérapeutique possible, en 1974. Actuellement, plus d'une vingtaine de médicaments basés sur cette approche sont en cours de test, donnant des résultats spectaculaires dans des modèles animaux. Pour envisager son application aux humains, cette approche et les phénomènes inhérents doivent être bien compris et bien maîtrisés par les chercheurs. D'où l'intérêt évident d'avoir recours à la modélisation mathématique, aussi bien pour mieux comprendre le processus d'angiogenèse que pour concevoir des stratégies efficaces pour le combattre. Du point de vue de la modélisation mathématique, la phase d'angiogenèse tumorale est beaucoup plus complexe que la phase de croissance par diffusion de nutriments à travers la surface de la tumeur. Cette phase fait intervenir des phénomènes chimiques, mécaniques, mécanochimiques et fluides qui n'existent pas ou sont négligeables dans la phase sans vascularisation.

Tout comme dans la phase de croissance de la tumeur par diffusion, la modélisation mathématique ainsi que la simulation sur ordinateur du processus angiogénique sont envisageables grâce au caractère *mécanistique* de celui-ci. Un modèle mathématique, prenant comme échelle la tumeur, ne sera bien sûr qu'une approximation meso- ou macroscopique de la réalité, ne représentant qu'une version simplifiée, idéalisée, de ce processus dont les facteurs clé se situent à l'échelle du gène voire de la molécule.

La phase de néo-angiogenèse tumorale commence lorsque la diffusion seule ne suffit plus pour permettre aux nutriments d'atteindre le centre de la tumeur. Les cellules centrales commencent alors à manquer d'oxygène (hypoxie). Certains oncologues pensent que l'hypoxie du noyau nécrosant de la tumeur induit la sécrétion de signaux chimiques activateurs d'angiogenèse, encore dits pro-angiogéniques. Ces signaux chimiques visent les cellules vasculaires endothéliales, qui tapissent d'ordinaire l'intérieur des vaisseaux sanguins et en assurent l'homéostasie. La majorité de ces signaux sont des facteurs de croissance cellulaire, dont les plus représentatifs sont la famille VEGF, *vascular endothelial growth factor* ou facteur de croissance vasculaire endothéliale. Ils induisent la division, prolifération et migration vers la tumeur, des cellules vasculaires endothéliales situées dans les proches vaisseaux sanguins de l'hôte de la tumeur. Ces cellules *reconnaissent* le lieu de migration grâce au *gradient* spatial des signaux chimiques, on parle alors de *chimiotaxisme*. Cette migration se fait alors à travers la matrice extracellulaire, milieu à la fois résistant à cette migration et en favorisant l'adhésion cellulaire (haptotaxisme). Pour se frayer un chemin, les cellules sécrètent des enzymes dégradantes, dont la famille des MMP, métalloprotéinases de la matrice cellulaire. Elles s'organisent alors en tubes, les *lumen*, précurseurs de vaisseaux capillaires puis sanguins.

La maturation de cette vascularisation tumorale se différencie de celle normale par une trop grande précipitation à créer des vaisseaux, résultant en un réseau formé à la hâte peu solide et n'ayant pas la structure artérielle commune aux différentes composantes du système circulatoire (arbre artériel). Paradoxalement, c'est cette désorganisation de la vascularisation tumorale qui rend inefficaces les thérapies basées sur la véhiculation des médicaments par voie sanguine. Cela se passe comme si la tumeur se protégeait en s'équipant d'un système défectueux !

Comme pour la plupart des processus biologiques, l'angiogenèse est régulée à l'aide de facteurs d'inhibition, qui agissent de différentes manières. Certains équilibrent les facteurs de croissance vasculaire, comme les familles anti-VEGF, d'autres empêchent la dégradation du tissu hôte par les enzymes, comme les anti-MMP, et enfin d'autres provoquent directement l'apoptose ou mort des cellules vasculaires endothéliales. L'anti-angiogenèse est l'utilisation de ces inhibiteurs ou facteurs anti-angiogéniques en vue d'empêcher la tumeur de profiter de la voie angiogénique qui lui est cruciale.

Tous ces phénomènes peuvent se voir comme des échanges entre espèces, dont les lois d'équilibre d'échange fourniront les équations recherchées ; ce que nous pouvons résumer par le système d'équations aux dérivées partielles non linéaires suivant, qui bien que représentant une réalité biologique approximative, est déjà d'étude mathématique ardue :

$$
\begin{aligned}
n_t &= \overbrace{\nabla . d_n \nabla n}^{\text{motilité brownienne}} - \overbrace{\chi \nabla . \left(\frac{n}{k+c} \nabla c \right)}^{\text{chimiotaxisme}} \\
&\quad - \overbrace{\rho \nabla . n \nabla f}^{\text{haptotaxisme}} \\
f_t &= \overbrace{\omega n}^{\text{production}} - \overbrace{\mu n f}^{\text{dégradation}} \\
c_t &= - \overbrace{\lambda n c}^{\text{consommation}}
\end{aligned}
$$

Les inconnues de ce système d'équations sont les suivantes :

- n : densité des vaisseaux sanguins ;
- f : densité de la matrice extracellulaire ;
- c : concentration des facteurs angiogéniques.

Les autres notations représentent des paramètres biologiques, dont la détermination précise lance un autre défi aux approches mathématiques. En effet, on peut assez bien identifier les valeurs de ces paramètres dans des organismes immobilisés, souvent des tissus disséqués, de modèles animaux ou d'humains, décédés. Mais il se trouve que contrairement à la matière non vivante, ces constantes varient du simple au multiple pour un même tissu biologique, selon qu'il est vivant ou mort. La prise en compte des phénomènes liés à la mort tissulaire, leur modélisation en vue de concevoir des corrections aux valeurs bio-rhéologiques est une tâche difficile. Dans ce but, on attend beaucoup des techniques basées sur l'imagerie médicale fonctionnelle, comme l'élastographie où les modèles de mécanique, d'optimisation mathématique et d'imagerie sont couplés.

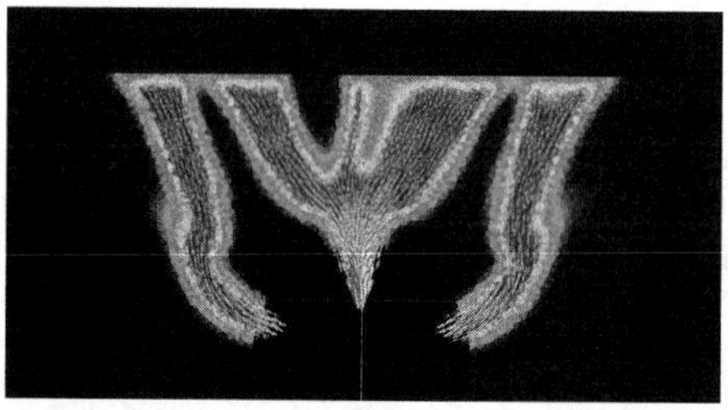

Figure 1 Simulation numérique de vascularisation tumorale (Univ. Nice/CNRS, 2005)

La figure 1 montre un exemple de résultat fourni par la simulation numérique en anti-angiogenèse : une tumeur cancéreuse, représentée par un trou circulaire au centre, est en présence d'un vaisseau sanguin de l'organisme hôte, situé le long de l'arête supérieure du trapèze. Un modèle mathématique basé sur la théorie des jeux met en compétition des activateurs contre des inhibiteurs d'angiogenèse. Les premiers cherchent à munir la tumeur d'une vascularisation la plus efficace possible, tandis que les seconds ont pour but de réaliser exactement le contraire. Le modèle mathématique calcule alors un équilibre (le fameux équilibre de Nash), dont le résultat est la vasculature reliant le disque central au côté supérieur du trapèze. On retrouve par ce modèle des structures tortueuses, multiples et non structurées, caractéristiques des réseaux sanguins tumoraux.

Les maladies de cancer, et plus particulièrement les tumeurs cancéreuses solides, permettent aux mathématiques d'exprimer leur pouvoir de science-outil inégalable. L'utilisation des mathématiques et des moyens de simulation numérique qui y sont intimement liés, a pour objectif d'aider le spécialiste, ici l'oncologue, à mieux comprendre la dynamique de la maladie, à prédire ses évolutions sur un malade donné, et à optimiser les traitements envisagés. Cet objectif, loin d'être atteint en ce début de XXIe siècle, n'est pourtant pas une utopie. De plus en plus de mathématiciens s'intéressent aux modèles de cancer, et une nouvelle discipline, le *Cancer computationnel*, alliant modèles mathématiques, informatique et oncologie, est en train de faire sa place parmi les disciplines classiques de calcul scientifique.

2 Fermeture dorsale et cicatrisation

La réparation des tissus vivants, en particulier la fermeture des plaies (cicatrisation) est un mécanisme naturel de l'organisme, indispensable pour garantir son intégrité et sa protection face à des agressions extérieures.

La cicatrisation a intéressé les hommes depuis toujours. Des papyrus égyptiens datant de 2500 avant J.-C. décrivent déjà des méthodes précises pour examiner et traiter différents types de plaies. Pendant le Moyen Âge, l'étude de la cicatrisation dans le monde occidental a été très influencée par l'œuvre de Galien de Pergame (129–c.210 après J.-C.) et sa notion de *pus bonum et laudabile* qui a même survécu à des attaques de l'école de Hugo de Lucca, en particulier de son disciple Théodoric, et de Henri de Mondeville (chirurgien de Philippe Le Bel). C'est plutôt l'expérience empirique de traitement de blessures d'armes à feu pendant des campagnes militaires (comme celle du barbier chirurgien Ambroise Paré pendant la campagne d'Italie en 1537) qui a permis de changer significativement la façon de soigner les plaies jusqu'à la vraie révolution de la chirurgie, dans la deuxième moitié du XIXe siècle, où les travaux de Lister et de Pasteur ont mis en avant l'importance primordiale de l'antisepsie et de l'asepsie.

Malgré ce vieil intérêt pour la cicatrisation, la complexité et la variété des mécanismes physiques, chimiques et biologiques intervenants a fait que, jusqu'à récemment, les efforts de modélisation mathématique étaient presque inexistants et, pour l'instant, un modèle global de la cicatrisation reste hors de portée.

Les travaux expérimentaux ont montré qu'il est important de distinguer entre cicatrisation de plaies épidermiques (plaies superficielles) et cicatrisation de plaies plus profondes qui touchent aussi le derme. De même, une distinction doit être faite entre la cicatrisation chez les adultes (et éventuellement durant les stades tardifs de l'embryon) et la cicatrisation embryonnaire, du fait que les mécanismes qui jouent le rôle prépondérant dans chacun de ces phénomènes sont différents. Plusieurs mécanismes sont communs à ces processus, mais leur importance respective varie d'un processus de cicatrisation à l'autre. Par exemple, dans la cicatrisation de plaies adultes, la mitose semble jouer un rôle important dans l'avancement des marges de la cicatrice, alors que dans la cicatrisation embryonnaire, un rôle important est joué par les câbles d'actine.

Par conséquence, il est naturel que, dans la phase initiale de la modélisation mathématique de la cicatrisation où nous nous trouvons actuellement, les modèles essayent de décrire un seul type de cicatrisation ou même seulement une partie des mécanismes présents dans ce phénomène (bien que du point de vue expérimental, séparer des mécanismes dans des systèmes biologiques in vivo, soit normalement une tâche très délicate). Dans les annés quatre-vingt-dix, il y a eu plusieurs travaux intéressants proposant des modèles pour décrire certains types particuliers de cicatrisation. Citons, par exemple, un modèle de type système de réaction-diffusion pour la conservation de cellules et d'un facteur de croissance (soit activateur, soit inhibiteur) dû a Sherratt et Murray. Ce modèle permettait de décrire le contrôle biochimique de la mitose (division cellulaire) dans l'épiderme adulte. Pour des plaies circulaires, les simulations numériques effectuées en utilisant ce modèle présentent des solutions du type onde progressive qui décrivent l'avancement de la marge de la cicatrice d'une façon cohérente avec les données expérimentales. En particulier, on observe un avancement de la marge de la cicatrice à une vitesse approximativement constante après une phase d'initiation. Le lecteur peut trouver une bonne description de ce modèle et de quelques autres modèles de cicatrisation épidermique ou dermique, ainsi que des références bibliographiques assez complètes concernant les travaux de l'époque, dans le livre de Murray (Murray, 2002) (vol, 2, chapitres 9 et 10).

La cicatrisation chez l'adulte est un processus de réparation imparfait impliquant l'apparition de cicatrices indésirables, au moins du point de vue esthétique. Étant donné qu'une bonne partie des problèmes de cosmétique sont aussi liés à des micro-cicatrices au niveau de la peau, nous pouvons nous rendre compte de l'énorme enjeu, pas seulement médical mais aussi économique, de la «cicatrisation parfaite» (rapide et sans marques). Ce mirage a motivé la création de plusieurs remèdes à travers les temps, en vérité pas toujours très efficaces. De nos jours, une stratégie possible pour y arriver est d'essayer de reproduire une cicatrisation de type embryonnaire, où a lieu une réparation parfaite du tissu sans laisser de marques, chez des individus adultes. C'est une des motivations d'une série d'études récentes sur la soudure tissulaire dans les embryons et, en particulier, sur les gènes qui jouent un rôle lors de ce processus. Leur étude est aussi d'une grande importance pour la chirurgie fœtale, qui est pratiquée de plus en plus souvent, et pour essayer de prévenir et corriger certaines malformations des embryons dues à des phénomènes de soudure tissulaire déficiente ou de morphogenèse d'organes impliquant des réseaux d'actine du type de ceux que nous trouvons dans la cicatrisation embryonnaire.

Une étape importante dans cette étude et dans la mise au point d'éventuels traitements qui peuvent en découler, est la mise en place de modèles animaux pour lesquels nous pouvons disposer d'un grand nombre de techniques d'intervention. Les modèles par excellence, en particulier du point de vue génétique, sont la drosophile (mouche du vinaigre) et le nématode C. elegans. Tous les deux présentent des mouvements de soudure épithéliale normale impliquant la contraction d'un câble d'actine dans leur embryogenèse, la fermeture dorsale pour la drosophile et la fermeture ventrale pour C. elegans. Nous allons nous concentrer sur la fermeture dorsale (FD). Des études récentes ont déjà établi que beaucoup de gènes impliqués dans la fermeture dorsale de la drosophile jouent aussi un rôle dans la cicatrisation des vertébrés et qu'il y a des analogies frappantes au niveau cellulaire – voir (Agnès F. et al., 1999). Une bonne partie de la compréhension que nous pouvons acquérir sur la FD devra donc nous permettre de décrire ce qui se passe dans la cicatrisation des vertébrés. Par ailleurs, il est aussi possible d'infliger de vraies blessures à des embryons de drosophile (en utilisant de la microchirurgie laser, par exemple) et d'étudier la cicatrisation directement chez la drosophile pour accéder à certains types de comportements qui sont absents dans la FD.

L'étude génétique et moléculaire de la FD a montré que trois types cellulaires distincts participent à la FD, à savoir: l'amnioséreuse AS (cf. figure 2), feuillet monocouche de cellules squameuses ; l'ectoderme latéral LE, constitué d'un feuillet monocouche de cellules épithéliales en colonne ; et la marge, constituée de la dernière rangée de cellules ectodermiques se trouvant à la frontière entre amnioséreuse et ectoderme latéral. La FD consiste en la migration de deux feuillets de cellules latérales vers la région dorsale de l'embryon, et au recouvrement complet de l'amnioséreuse. En deux heures, les feuillets couvrent une distance d'environ 100 μm.

Il faut signaler que le déplacement des feuillets au cours de la FD est fait «à nombre de cellules constant» : il est dû seulement à l'élongation selon un axe dorso-ventral des cellules de l'ectoderme et à la contraction des cellules de l'amnioséreuse et de la marge. En effet, il n'y a aucune contribution de mécanismes impliquant un recrutement cellulaire (intercalation par exemple) ou prolifération. Ce point représente un élément simplificateur important pour la modélisation, puisque la FD ne dépend ainsi que d'un type de comportement cellulaire peu complexe.

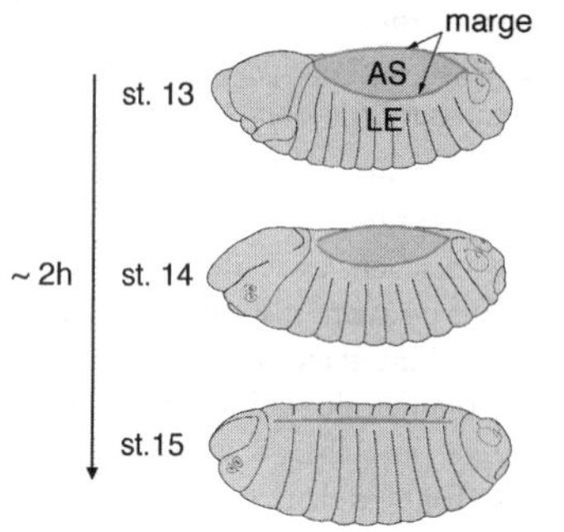

Figure 2 Étapes de la fermeture dorsale (Univ. Nice/CNRS)

L'une des caractéristiques de la FD est l'assemblage précoce d'un réseau d'actine filamenteuse dans les cellules de la marge, appelé également «purse string» ou câble d'actine. Cette structure supra-cellulaire relie chaque cellule de la marge et peut être assimilée à un câble courant d'une extrémité à l'autre de chacune des marges. Des études récentes menées sur embryons vivants ont aussi mis en évidence des structures dynamiques du cytosquelette d'actine (filopodes et lamellipodes) jouant un rôle tardif dans la suture des marges au moment de leur rencontre (phénomène de « zipping »).

Un des facteurs qui a permis d'avancer vers une étude plus détaillée de la FD est la possibilité de faire des séquences vidéo en marquant des protéines affines à l'actine en les fusionnant à une protéine fluorescente verte (GFP). Ceci permet de visualiser les différentes structures présentes (étant transparentes, elles sont très difficilement visibles autrement). La figure 3 nous montre une séquence temporelle de positions de la marge obtenues de cette façon et aussi les contours correspondants détectés de façon automatique en utilisant des méthodes de contours actifs (des méthodes mathématiques de traitement d'images bien adaptées à ce problème).

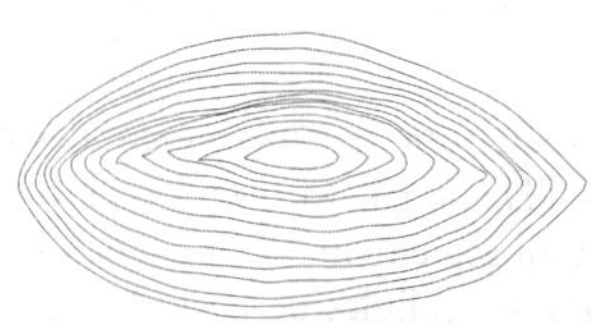

Figure 3 Évolution des contours de la marge dorsale (2005 Univ. Nice/CNRS)

Un premier modèle quantitatif de la FD a été proposé récement; le lecteur averti pourra consulter (Rousset, R. et al., 2003) pour une revue de ce travail. Ce modèle est basé sur l'hypothèse que la marge est constituée de deux arcs de cercle et décrit l'équilibre de forces au point central de chaque arc (en ce point, par symétrie, toutes les forces exercées sur la marge sont normales). Ceci donne, pour le régime stationnaire (approximation raisonnable dans la phase finale de la FD), l'équation différentielle ordinaire :

$$\sigma_{LE} - \sigma_{AS} - \kappa T = bv$$

où T est la tension du câble, σ_{AS} la force exercée par l'amnioséreuse qui se contracte et σ_{LE} la force exercée par l'ectoderme latéral en résistant à l'étirement. Le terme bv représente une force de friction (ici v est la vitesse de déplacement du point considéré). La courbure κ est estimée à partir des cercles utilisés pour approcher l'ensemble du bord considéré. Aux voisinages des canthi (coins de la «cicatrice») il existe une force additionnelle, le zipping. Cette force est due au fait qu'aux endroits où les deux marges sont suffisamment proches pour que les filopodes (de longueur moyenne de 10 μm) issus de chacune des marges puissent se toucher, ceux-ci se collent et tirent les marges l'une vers l'autre.

Pour des embryons sauvages, ce modèle semble décrire les résultats expérimentaux de façon assez satisfaisante compte tenu du grand nombre de simplifications qui sont à son origine. Néanmoins, les hypothèses de symétrie sur lesquelles il est basé sont trop contraignantes et il ne permet pas de considérer des variations locales de comportement le long de la marge qui n'est jamais vraiment circulaire (voir figure 3).

Pour faire varier les paramètres du problème et ainsi isoler différents aspects de la dynamique de façon à pouvoir la comprendre, il est possible de faire soit des modifications génétiques qui changeront le comportement des cellules présentes soit de l'ablation en utilisant un laser (UV). Concernant la première option, des travaux récents ont permis l'identification d'un grand nombre de gènes impliqués dans diverses phases de la FD. Pour perturber le système, il faut mettre en place une approche d'invalidation partielle de ces gènes (localisée en espace et en temps) et pour cela, il est nécessaire de faire évoluer le modèle mathématique en y introduisant la possibilité d'étudier les variations géométriques locales de la marge et considérer des modèles qui comprennent une dépendance temporelle et spatiale simultanément, c'est-à-dire des modèles décrits par des équations aux dérivées partielles au lieu des équations différentielles ordinaires du modèle ci-dessus. Ces modèles sont liés à l'étude de mouvements par courbure, un domaine extensivement étudié en géométrie différentielle.

Les chercheurs ont aussi considéré des approches d'origine mécanique comme celle de modéliser la marge par deux arcs élastiques. Les arcs élastiques ont l'avantage de la simplicité de mise en œuvre, tout en prenant en compte les effets aussi bien en déformations membranaires qu'en déformations de flexion (ici encore la courbure joue un rôle important).

Les résultats numériques, que montre la figure 4, obtenus pour un modèle d'évolution quasi-statique de deux arcs (haut et bas), avec prise en compte du contact figeant (blocage des éléments en contact) et du zipping (apparition de forces normales lorsque la distance entre arcs est au-dessous d'un seuil) donnent la fermeture complète de deux arcs de forme initiale parabolique.

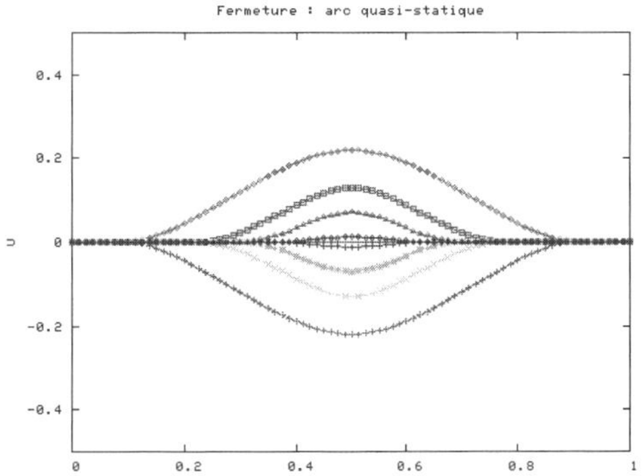

Figure 4 Évolution, vers une fermeture, d'arcs élastiques (Univ. de Nice/CNRS, 2005)

L'objectif de la modélisation mathématique est d'aider les biologistes *in fine* à identifier les gènes qui jouent un rôle important dans la fermeture dorsale et dans la cicatrisation, afin de nous permettre de mieux comprendre les différentes composantes de ce phénomène complexe qu'est la soudure tissulaire (dans un premier temps dans des embryons et également, a plus long terme, dans des animaux adultes). Ceci nous permettra de repérer les mécanismes qui peuvent donner lieu à des défauts de cicatrisation et d'essayer de contrôler le système de façon à l'améliorer, par exemple en réduisant sa durée ou en minimisant la cicatrice produite (en particulier dans le cas de la cicatrisation adulte).

3 Rayonnement électromagnétique

Les télécommunications mobiles se développent très rapidement; les technologies et les modes d'utilisation évoluent en permanence.

Peut-on modéliser l'impact des rayonnements électromagnétiques sur l'être humain de façon à s'assurer de l'innocuité de ces technologies et de la pertinence des normes d'exposition imposées aux fabricants et aux opérateurs ?

Les interrogations sur les rayonnements des téléphones mobiles et des antennes-relais sont telles que de nombreuses études sont conduites aujourd'hui à travers le monde pour en étudier l'impact sur la santé humaine. Ces études sont le plus souvent expérimentales ou épidémiologiques. On distingue classiquement les effets dits thermiques (c'est-à-dire ceux qui résultent de l'échauffement des tissus vivants) des effets non-thermiques (effets sur le développement cellulaire, cancerogénèse, etc.). Les seconds sont actuellement au cœur des débats sur les effets sanitaires à long terme résultant de l'utilisation des téléphones mobiles.

Actuellement, les recherches médicales portent plus particulièrement sur la cancérogénese (leucémies, tumeurs cérébrales, cancers hormono-dépendants, etc.) et sur certaines maladies psychiatriques (dépression et suicides) et neurologiques (Alzheimer, sclérose latérale amyotrophique). Les premiers résultats indiqueraient un facteur de risque plus important pour les pathologies neurologiques que pour le cancer mais ils demanderaient à être confirmés par des recherches complémentaires. Il y a lieu d'expliquer aussi pourquoi certaines personnes se plaignent de certains symptômes (céphalées, insomnies, pertes de mémoire, angoisse, palpitations, hypersensibilité, etc.).

Dans la majeure partie des études expérimentales, on réalise des mesures d'exposition sur des maquettes de têtes (communément appelées fantômes) remplies d'un liquide possédant les propriétés diélectriques d'un tissu (généralement le cerveau). La principale faiblesse de telles études réside dans le fait que la tête est un milieu fortement hétérogène, caractéristique qui a un effet non négligeable sur la propagation des ondes électromagnétiques dans les tissus. Pour cette raison, les études expérimentales sont de plus en plus associées à des simulations sur ordinateurs qui mettent en jeu un modèle numérique de l'exposition des tissus de la tête aux ondes électromagnétiques. Ce modèle numérique est basé sur un modèle géométrique (ou maillage) de la tête et de ses tissus (peau, crâne, liquide céphalo-rachidien, cerveau, etc.) d'une part, et sur un logiciel permettant la résolution numérique des systèmes d'équations aux dérivées partielles concernés d'autre part. La précision de ces simulations est étroitement liée à la qualité du modèle numérique sous-jacent.

Le projet HEADEXP est une illustration réussie de l'efficacité des mathématiques et du calcul scientifique dans ce domaine. Ce projet, né à l'Institut national de recherche en informatique et automatique (INRIA) met en synergie plusieurs disciplines : la modélisation numérique de phénomènes de propagation d'ondes, le traitement d'images médicales, la génération automatique de maillage et les neurosciences. Les travaux d'HEADEXP visent à combiner des modèles géométriques des tissus de la tête sous la forme de maillages non-structurés construits à partir d'images médicales d'une part, et des nouveaux outils de calcul numérique capables de bien prendre en compte l'hétérogénéité des tissus; de plus, des algorithmes numériques adaptés aux plateformes de calcul parallèle permettent de traiter plus efficacement des volumes importants de données et donc, d'augmenter la précision des calculs. Enfin, les effets thermiques résultant du rayonnement électromagnétique sont étudiés par la résolution numérique de modèles de transferts thermiques dans les tissus biologiques.

Le modèle de tête que représente la figure 5 provient d'images réelles obtenues par RMN, reconstruites en 3D, puis maillées. Un modèle de maillage de téléphone mobile est aussi présenté. Sur ce modèle numérique, le nombre d'inconnues à calculer (valeurs des champs électrique et magnétique en chaque nœud du maillage) dépasse le million.

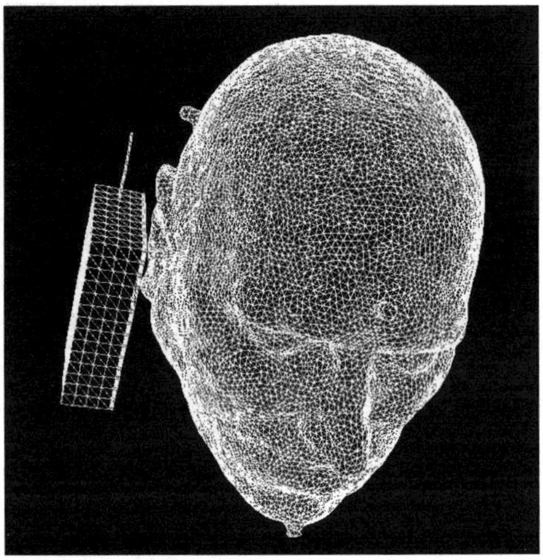

Figure 5 Maillage surfacique d'une tête d'adulte. (INRIA, 2005)

Selon le rayonnement d'exposition, l'intensité d'un champ peut se mesurer à l'aide de la densité surfacique de puissance (DSP) exprimée en Watt par unité de surface (W/m2). La DSP est proportionnelle au produit du champ électrique par le champ magnétique :

$$DSP = \overrightarrow{\|E\|}\,\overrightarrow{\|H\|}$$

Les champs électrique $\overrightarrow{\|E\|}$ et magnétique $\overrightarrow{\|H\|}$ sont obtenus en résolvant les équations de Maxwell, à l'aide de méthodes numériques sophistiquées, les volumes finis.

Un résultat de calcul numérique présenté figure 6★ montre la distribution de l'intensité du champ électromagnétique rayonné par le téléphone mobile. La zone la moins exposée est en clair, et la plus exposée est en gris foncé (proche de l'oreille droite). S'il était prévisible que le rayonnement serait plus fort près de la source émettrice, les mesures quantitatives précises aussi bien en magnitude qu'en distribution spatiale auraient été inaccessibles sans l'outil de calcul numérique.

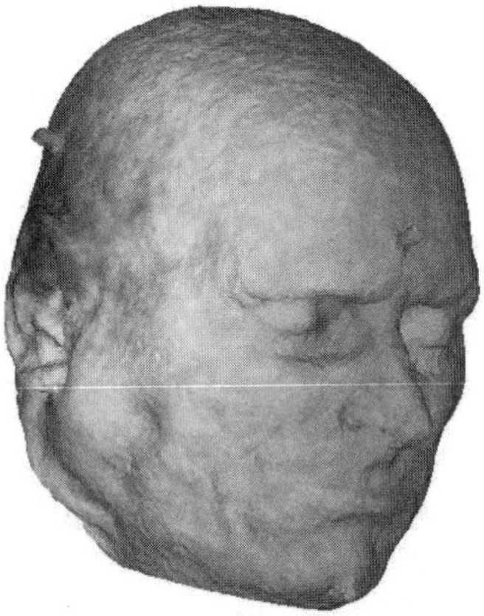

Figure 6 Représentation en gris dégradé du rayonnement d'exposition (INRIA, 2005)

Ces travaux de modélisation et la disponibilité d'un modèle numérique global pour traiter de l'interaction entre rayonnement électromagnétique et tissus vivants incluant l'évaluation des effets thermiques, ouvrent également des perspectives intéressantes d'adaptation et d'application dans le domaine médical, notamment dans le traitement de tumeurs par radiation radiofréquence.

4 Biomécanique

La biomécanique est une discipline à la charnière des sciences du vivant et des sciences pour l'ingénieur. En France, la Société de biomécanique (consulter son site web : http://www.biomecanique.org) voit l'organisation de cette discipline autour de cinq thèmes principaux :

- biomécanique du mouvement ;
- biomécanique des structures et des matériaux ;
- biomécanique des fluides et des transferts ;
- biomécanique cellulaire et tissulaire ;
- bio-rhéologie.

Comme pour les sciences pour l'ingénieur, la modélisation mathématique et la simulation sur ordinateur sont devenues incontournables en biomécanique, qu'il s'agisse de comprendre le comportement mécanique de la cellule et ses effets sur les fonctions biologiques de celle-ci ou bien, à une autre échelle, de prédire les contraintes mécaniques subies et imposées par des prothèses en chirurgie orthopédique par exemple. Le formidable pouvoir de la modélisation mathématique est illustré par l'application présentée ci-après. On y verra comment un savoir-faire acquis en mise en forme de matériaux au sein d'un grand laboratoire de l'École des mines de Paris pour des applications industrielles, peut être utilisé en chirurgie virtuelle.

4.1 Le chirurgien virtuel

Avec la progression des techniques chirurgicales, et en particulier l'avènement des techniques dites mini invasives, l'intérêt pour la simulation numérique d'opérations chirurgicales s'est accru. Différents simulateurs chirurgicaux ont ainsi vu le jour. Ils peuvent être classés en deux grandes catégories : les simulateurs à but pédagogique et les simulateurs prédictifs. Les premiers permettent par exemple au chirurgien de se familiariser avec des techniques chirurgicales de pointe telles que la laparoscopie. Généralement couplés à des systèmes à retour d'effort, ces simulateurs nécessitent un traitement en temps réel des informations. Ceci implique de recourir à des modèles mécaniques et numériques simplifiés, au détriment de la précision et de la qualité des résultats. La seconde catégorie de simulateurs a pour but de traiter les opérations en amont afin de prédire et de planifier les opérations chirurgicales ou de mettre au point de nouveaux protocoles opératoires. C'est cette approche qui est illustrée dans la suite de ce document à travers la présentation du simulateur de chirurgie virtuelle VSurgeon3 développé au CEMEF. Afin d'être le plus prédictif possible, la méthode de résolution numérique utilisée doit être précise. Le choix des chercheurs impliqués dans le développement du simulateur de chirurgie virtuelle s'est porté sur la méthode des éléments finis 3D basée sur la résolution d'équations continues. De façon sommaire, on peut énoncer que l'équation d'équilibre des milieux continus à résoudre, en négligeant les termes d'inertie est la suivante :

$$div(\sigma) + \rho g = 0$$

avec ρ la masse volumique, g la gravité et $\boldsymbol{\sigma}$ le tenseur des contraintes de Cauchy. Pour un matériau incompressible (c'est le cas de la plupart des tissus mous qui sont constitués en grande majorité d'eau), une approche classique consiste à séparer les composants sphériques et déviatoriques du tenseur des contraintes. Le problème mécanique à résoudre s'exprime alors à l'aide d'une formulation mixte en vitesse-pression, non-linéaire. Les non-linéarités sont dues en particulier à la nature des matériaux considérés – lois de comportement –, à la présence de contact avec ou sans frottement, ainsi qu'à la présence de grandes déformations.

Une discrétisation spatiale en éléments finis tétraédriques conduit alors à la résolution d'un système discret d'équations dans lesquelles les inconnues sont les vitesses et pressions aux nœuds du maillage. Le problème non-linéaire est résolu à l'aide de l'algorithme de Newton-Raphson. Du fait d'un contact évolutif entre l'organe et l'instrument chirurgical, le modèle numérique doit être résolu de manière incrémentale. Le recours à un module de remaillage automatique est par ailleurs rendu nécessaire par les taux de déformation atteints pendant la simulation d'un acte chirurgical. Afin de modéliser au mieux la déformation d'un organe soumis à une sollicitation externe (principalement les mouvements imposés par l'outil chirurgical) trois conditions doivent être respectées :

- le modèle tridimensionnel de l'organe doit être le plus réaliste possible. Cette condition peut facilement être respectée en numérisant l'organe lui-même (en reconstruisant par exemple l'organe par segmentation automatique d'une série d'images obtenues à l'aide d'un scanner) ;
- l'ensemble des conditions expérimentales doivent être scrupuleusement respectées : forme et cinématique des instruments chirurgicaux, liens de l'organe avec son environnement immédiat ;
- le comportement des organes doit être le plus réaliste possible. En chirurgie, la déformation des organes peut atteindre localement des valeurs très importantes. Une loi de comportement adaptée (équation mathématique caractéristique de l'organe étudié) est nécessaire. Lorsque le taux de déformation excède 10 %, les tissus mous sont généralement décrits par un comportement de type hyper-élastique.

Nous présentons ci-dessous trois cas de simulation pour des opérations en chirurgie abdominale (figure 7), ophtalmologique (figure 8) et maxillaire (figure 9).

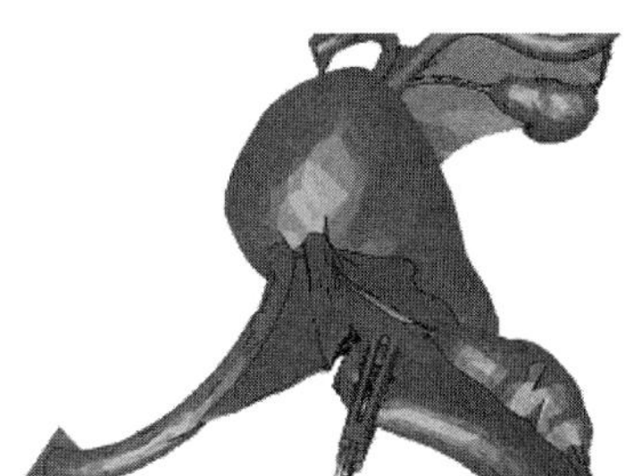

Figure 7 Application en chirurgie abdominale. (CEMEF-ENSMP-CNRS

L'illustration 7 montre une application du code de calcul VSurgeon3 à la modélisation numérique d'une suite de gestes élémentaires conduisant à la dissection d'une trompe de Fallope. Une méthode de type « kill-element », pour laquelle tout élément dont l'une des contraintes maximales dépasse une valeur seuil est exclu des calculs suivants, a été implémentée pour simuler l'acte de découpe.

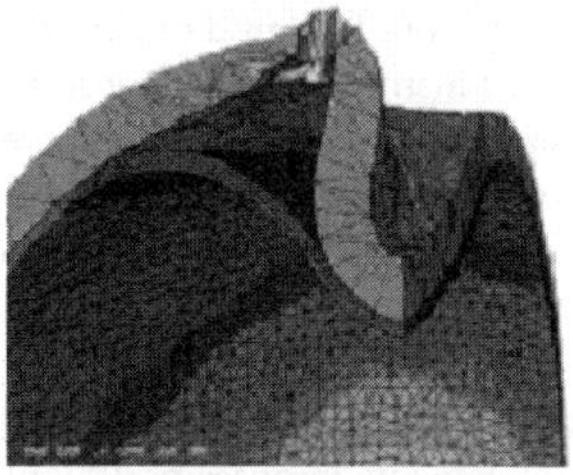

Figure 8 Application en chirurgie ophtalmologique (CEMEF-ENSMP-CNRS, 2005)

La figure 8 montre un résultat de simulation en chirurgie ophtalmologique. Le modèle mathématique simule une opération de translocation maculaire par plicature sclérale parfois rencontrée dans le traitement de la forme exsudative de la dégénérescence maculaire liée à l'âge (DMLA). Moyennant une parfaite caractérisation mécanique des tissus de l'œil mis en jeu (rétine et sclère principalement), le recours au code de calcul permet de confronter plusieurs scénarios en fonction du résultat escompté.

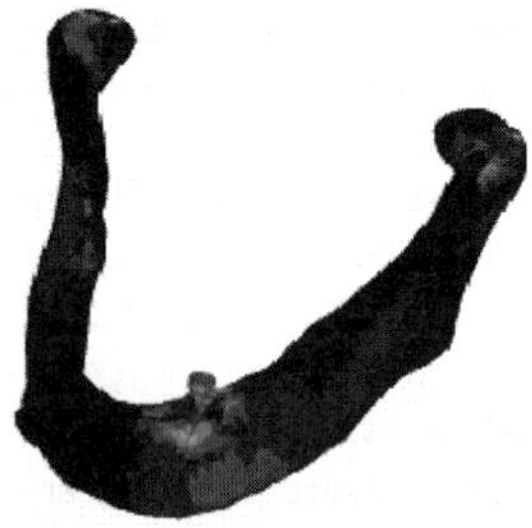

Figure 9 Application en chirurgie maxillaire. (CEMEF-ENSMP-CNRS, 2005)

La figure 9 montre un exemple d'utilisation de VSurgeon3 en chirurgie maxillo-faciale. Le logiciel permet d'estimer la répartition des contraintes dans l'os de la mâchoire au cours de la mastication. L'une des applications directes du logiciel est l'optimisation du nombre et de la disposition d'implants dentaires.

Ces exemples apportent la preuve que le même modèle mathématique et informatique peut servir à différentes applications que la médecine classe en spécialités indiscutablement différentes. Les mathématiques et la mécanique mettent en lumière un caractère intrinsèque, commun aux spécialités chirurgicales abdominale, ophtalmologique et maxillo-faciale. Ainsi, on peut circonscrire des pans entiers de la médecine qui relèvent des sciences exactes et les traiter à l'aide d'outils adéquats, mathématique et informatique. Cela ouvre de formidables possibilités pour la médecine qui, aidée de ces outils d'analyse et de prédiction, pourra se concentrer de façon mieux ciblée sur les causes de traumatismes et les effets de traitements, qui restent – pour le moment – plus ou moins difficilement accessibles à la modélisation, tels les interactions au niveau biochimique et génétique.

5 Autres domaines, perspectives

Les quatre applications des mathématiques au vivant que nous venons de présenter donnent une petite idée des immenses possibilités offertes aux mathématiciens, biologistes, médecins, informaticiens et ingénieurs de mener une recherche multidisciplinaire, pluridisciplinaire d'un nouveau genre. Le cancer, la cicatrisation, l'électromagnétisme et la biomécanique couvrent une bonne partie des activités des chercheurs en mathématiques du vivant, en ce début de troisième millénaire. Mais, bien sûr, ce ne sont que quatre directions parmi des dizaines de possibles. Parmi les autres grandes applications de la modélisation mathématique au vivant on trouve l'hémodynamique, c'est-à-dire l'étude mathématique et la simulation numérique de la dynamique du système circulatoire sanguin chez l'homme. Basée sur l'expertise acquise en mécanique numérique des fluides cette discipline a connu un essor formidable à la toute fin du vingtième siècle. De ses débuts de calcul d'écoulements visqueux simples dans des structures cylindriques idéalisées, elle en est maintenant à pouvoir fournir des informations qualitatives et quantitatives pertinentes sur les ruptures d'anévrismes, calculées sur des voies de circulation complexes – obtenues par segmentation d'images RMN de patients réels.

Très voisine de l'hémodynamique se trouve la modélisation électro-mécanique du cœur, structure biologique dont la complexité est une source inépuisable de problèmes pour les mathématiciens. Par exemple, l'analyse mathématique et la simulation numérique des instabilités du régime couplé fluide-structure-électrique permettront au cardiologue de mieux comprendre et donc mieux soigner les accidents de fibrillation cardiaque.

D'autres disciplines des sciences du vivant sont actuellement domaines réservés de mathématiques cousines lointaines du calcul scientifique, comme les systèmes dynamiques pour la simulation des bioréacteurs ou les processus stochastiques pour la modélisation de la morphogénèse des plantes ou encore les mathématiques discrètes pour le traitement des millions de données en génomique. Ces disciplines ne tarderont pas à donner naissance à des modèles mathématiques complexes, couplant par exemple les systèmes d'équations différentielles ordinaires qui régissent le développement de structures d'un végétal aux équations de thermique, d'échanges fluides et chimiques (qui se prêtent au calcul scientifique) qui le font vivre.

Le livre de James Murray (Murray, 2002), classique du genre, témoigne en quelque sorte de la genèse de cette discipline du troisième millénaire qu'est l'application des mathématiques aux sciences du vivant. Dans cette présentation, nous nous sommes intéressés très spécifiquement à celles nécessitant des calculs sur ordinateur complexes et à très grand nombre de variables. Il n'y a qu'à parcourir les thèmes et réalisations des projets ayant pour vocation la « modélisation et simulation pour la biologie et la médecine » de l'Institut national de recherche en informatique et automatique par exemple (INRIA, 2005) pour se rendre compte de l'étendue des applications réalisées, et de l'effervescence de l'activité de recherche en ces domaines.

Il y a à peine vingt ans, il était inconcevable pour un ingénieur des industries aéronautiques qu'un avion de transport civil comme l'Airbus A380 puisse être *entièrement* conçu sur ordinateur. Actuellement, il nous semble difficile qu'on puisse mettre en équations et en programmes toute la complexité du vivant, qu'on puisse se passer complètement de l'utilisation de modèles animaux vivants (cobayes) pour la conception de médicaments, qui seraient *entièrement* conçus sur ordinateur. Que nous réservent les vingt prochaines années ?

Les auteurs remercient pour leurs contributions S. Noselli-F. Pignolé (CNRS, UNSA), S. Lantéri (INRIA) , Y. Tillier-A. Paccini-J.-L. Chenot (École des Mines de Paris) et M. Durand-Reville (CHU Archet 2 Nice).

Bibliographie

Agnès F., Noselli S. (1999). «La fermeture dorsale chez la drosophile. Un modèle génétique de la cicatrisation?», CRAS, *Sciences de la Vie*, 322, 5-13.

Fung Y.C. (1993). *Biomechanics. Mechanical properties of living tissues*. Springer-Verlag, New York.

INRIA Thème Bio A, «Modélisation et simulation pour la biologie et la médecine». http://www.inria.fr/recherche/equipes/listes/theme_Bio.fr.html

Murray J.D. (2002). *Mathematical Biology I & II*. Springer-Verlag, New York.

Rousset R., Almeida L., Noselli S. (2003). «Équations de la soudure épithéliale», *Medecine/sciences*, vol. 19, p. 785-787.

Mathématiques et communication

Leonbattista Donati, Caroline Fabre

Mots-clés : langages, grammaires, automates, information, entropie, codage, décodage, cryptographie

Résumé : la science de la communication de l'information évolue au rythme de la technique et elle a connu une accélération depuis la seconde guerre mondiale : cet article présente un aperçu des différents problèmes et parfois des solutions qui y sont apportées. Il aborde dans un premier temps, la théorie de l'information, le codage et principalement les codes correcteurs d'erreurs, la cryptographie. Une seconde partie concerne la structure même des messages et introduit la théorie des langages et des grammaires formelles suivie des automates.

Les moyens de communication évoluent considérablement depuis deux siècles, apportant avec eux leurs lots de questions à résoudre pour les scientifiques. Citons par exemple le télégraphe optique de Chappe (1793), peu à peu remplacé par le télégraphe électrique, véritable révolution car il ne nécessite plus de visibilité point par point entre l'émetteur et le récepteur. Le célèbre télégraphe de Morse (1845), fondé sur l'utilisation du langage de Morse fut le premier télégraphe permettant de conserver une trace des messages envoyés et accélérant de façon significative la vitesse de transmission. Le concept du téléphone est attribué à Charles Bourseul en 1854 mais sa finalisation est due à Bell en 1877 et il permet la transmission d'un message auditif réversible (l'émetteur est récepteur). Le xxe siècle est le siècle du satellite, de la vitesse de transmission et de l'informatisation de l'environnement ce qui a amené la communauté scientifique à étudier deux grandes questions : l'étude de la transmission de l'information et l'étude de la structuration des langages de communication. Ce sont ces deux points que nous allons développer dans cet article selon le plan suivant :

- Historique et problématique
- Vocabulaire
- Théorie de l'information
- Codes correcteurs d'erreurs
- Cryptographie
- Langages
- Grammaires formelles
- Automates

1 Historique et problématique

La modélisation mathématique des problèmes relatifs à (la transmission) de l'information s'est développée pendant la seconde guerre mondiale avec les travaux de Claude E. Shannon, ingénieur aux Bell telephones Laboratories depuis 1942. Elle étudie les problèmes fondamentaux suivants : lorsque deux entités, en général très éloignées l'une de l'autre (on peut penser par exemple aux images de Titan envoyées par la sonde Huygens), souhaitent échanger, en sens unique ou double sens, des informations, comment savoir si l'information n'a pas subi de dommages pendant la transmission ?

Quel canal de transmission vaut-il mieux utiliser ? Y a-t-il un moyen de choisir les propriétés d'un canal pour optimiser les transmissions de l'information ? Y a-t-il une façon de transmettre qui permettrait d'assurer une bonne transmission ? ou qui donnerait au récepteur un moyen de détecter la présence d'erreurs et mieux, lui permettrait de détecter mais aussi de corriger ces erreurs ? Que se passe-t-il en présence de bruit ? Comment sécuriser la transmission ?

La théorie de l'information, le codage, le codage détecteur d'erreurs et enfin la cryptographie tentent d'apporter des réponses à ces questions. Le cadre précis du parcours d'une transmission fut décrit par C. Shannon et ses collaborateurs et il se caractérise par la notion (qui nous est familière aujourd'hui) de *canal*, lien (éventuellement immatériel mais essentiel) entre l'émetteur et le récepteur. Prenons l'exemple de l'image ci-dessous : elle est en 256 niveaux de gris et le détail que nous avons agrandi représente un carré de 72 pixels (6×12) et permet de dévoiler la structure de l'image.

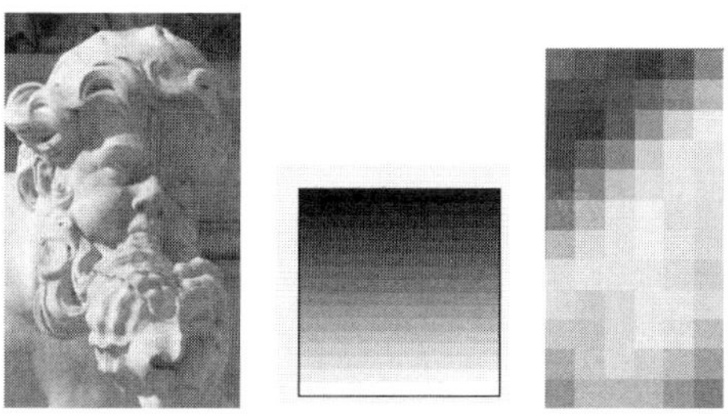

Figure 1 Image, palette de niveaux de gris, zoom

Une telle image requiert la description de $256 = 2^8$ états distincts. La modélisation de cette description peut se faire (pour chaque pixel de l'image que l'on range dans un tableau mais parfois aussi les uns à côté des autres ou encore selon une procédure plus complexe) à l'aide d'un nombre binaire et nous devrons utiliser des nombres d'au moins huit chiffres pour être en mesure de décrire tous les niveaux de gris. Ainsi, la source originelle est une image alors que l'émetteur émet des successions de nombres binaires.

C'est à la traversée du canal que les erreurs se produisent. Ces erreurs ne sont ni prévisibles ni contrôlables en général. En effet, si le débit est de un mégabit par seconde, il est très probable que des erreurs interviennent au bout de quelques minutes.

Posons-nous ces quelques questions au sujet du canal :

(i) Les mots (ou lettres) de la source sont-ils transmis avec la même probabilité ?

Un canal est symétrique si toutes les lettres ont la même probabilité d'être bien transmises. Le théorie de l'information étudie l'optimisation du choix de canal en fonction des probabilités d'apparition des mots (ou lettres) de source.

(ii) La bonne transmission d'une lettre d'un mot dépend-elle de sa place dans le mot ?

Un canal est dit sans mémoire si la probabilité de bonne tranmission d'une lettre ne dépend pas de sa place dans le mot.

(iii) Peut-il y avoir une perte d'information à la traversée du canal ? Sommes nous sûrs que les nombres de bits entrant et sortant du canal soient identiques ? Nous voyons apparaître ici une notion importante : la perte d'information doit être interprétée comme une quantité d'information et non comme une qualité au sens usuel de ce terme. En effet, l'assurance d'avoir le même nombre de bits à l'entrée et à la sortie du canal ne signifie pas que ces bits soient identiques !

Les canaux ne sont pas toujours symétriques et/ou sans mémoire : en effet, les transmissions d'un 0 ou d'un 1 peuvent faire appel à des opérations techniques plus ou moins complexes et on s'attend à plus d'erreur par temps orageux que par beau temps.

Dans le processus de communication entre une source et un récepteur il y a un autre aspect dont il faut tenir compte au-delà de l'intégrité des données transmises : c'est la façon dont le message est structuré. Dans tout message, il y a de l'information : la théorie des langages décrit la façon dont la source peut organiser l'information dans un message et les algorithmes qui permettent de reconstruire à partir d'une séquence de lettres, la façon dont l'information y est structurée. Pour que le locuteur (source) et l'auditeur (récepteur) se comprennent, il ne suffit pas que les données passent sans perte de l'un à l'autre ; il faut qu'ils partagent une connaissance du langage utilisé et des outils adaptés. Ces outils sont différents pour chacun ; le locuteur a besoin de moyens pour générer des mots ou des phrases correctes, ce qu'on appelle une *grammaire formelle* dont la formalisation vient de la linguistique et dont le père est Noam Chomsky. L'auditeur a besoin d'outils de reconnaissance qui peuvent être plus ou moins sophistiqués ; dans la version la plus simple, on veut juste un mécanisme qui permette de dire si oui ou non le mot reçu appartient au langage : ces « mécanismes » s'appellent des *automates*. Si l'auditeur a besoin, en plus, de reconstruire des éléments structurels dans le mot qu'il reçoit, il va utiliser des *analyseurs syntaxiques* (en anglais *parsers*) et si, enfin, l'auditeur a besoin de traduire les mots reçus en un autre langage, l'outil nécessaire s'appelle un *transducteur*.

Dans une langue naturelle écrite, on peut étudier une phrase selon trois niveaux d'abstraction : le niveau lexical correspond à isoler des mots (unités lexicales ou lexèmes) dans la suite de lettres et à vérifier qu'ils font bien partie du vocabulaire de la langue ; le niveau syntaxique consiste à étudier la façon dont les mots sont groupés en catégories grammaticales (groupe verbal, groupe nominal, etc.) et à vérifier les règles d'accord qui en résultent ; le niveau sémantique consiste à étudier le sens qui ressort de la phrase et c'est le niveau qui se prête le moins à la formalisation. On peut évidemment construire des phrases correctes au niveau lexical et syntaxique mais dénuées de sens.

Programmer est donner des ordres et c'est une façon de communiquer : une communication entre le programmeur (la source) et le système (destination). La source doit respecter des règles d'écriture concernant d'une part les mots-clés (lexèmes ou *tokens*) mais aussi la structure générale du langage (imbrication des boucles, ordres des blocs, etc). C'est en général à travers une grammaire formelle que les langages de programmation sont décrits. Le compilateur reçoit le programme (le message), il effectue une analyse lexicale pour isoler les mots-clés (`if then else`), puis une analyse syntaxique pour identifier les boucles, les appels de fonction, les procédures et enfin produire des mots dans un nouveau langage. L'aspect sémantique du langage est rarement exploité.

Cette distinction de l'information en trois niveaux se retrouve dans les mathématiques : dans une formule l'aspect lexical est donné par la bonne écriture des chiffres et des symboles, l'aspect syntaxique décrit le fait que la formule soit formellement correcte (les règles – que tout le monde applique inconsciemment – abondent : autant de parenthèses ouvertes que fermées, pas de symboles d'opération qui se suivent ou qui terminent la phrase...), l'aspect sémantique est le sens mathématique que l'on donne à la formule : s'agit-il d'une équation, d'une implication, peut-on associer une notion de vérité à cette formule ?

Ces distinctions ont été cruciales dans le développement de la logique formelle à partir de la fin du dix-neuvième siècle. En étudiant les fondations des mathématiques, c'est-à-dire l'axiomatisation de chaque théorie (l'arithmétique, la géométrie, la théorie des ensembles) et la formalisation des règles d'inférence qui permettent d'obtenir des théorèmes à partir des axiomes ou d'autres théorèmes, les logiciens se sont trouvés à étudier un langage (celui des énoncés mathématiques) et à chercher le lien qu'il pouvait y avoir entre vérité et démontrabilité. La notion de vérité est évidemment sémantique alors que la notion de démonstration est en fait syntaxique puisqu'une preuve n'est autre qu'une phrase écrite dans un langage métamathématique.

En 1928, David Hilbert et Wilhelm Ackermann ont abordé la question de l'existence d'un algorithme général capable de dire si un énoncé utilisant la logique de premier ordre pouvait être déduit à partir des axiomes. Ce problème, connu sous le nom allemand de *Entscheidungsproblem* (littéralement *problème de décision*) a été résolu indépendamment en 1936 par Alonzo Church et Alan Turing (tous deux influencés par les travaux de Kurt Gödel) qui ont montré que c'était impossible. Ce résultat, bien que négatif, a marqué le début de l'informatique théorique : en effet il a été nécessaire de formaliser mathématiquement ce qu'était un algorithme : Alonzo Church a introduit le concept de *calculabilité effective* à l'aide du lambda calcul et Alan Turing a défini les *machines de Turing* qui sont les précurseurs théoriques des ordinateurs modernes.

Remarquons que le terme grec *logos* à l'origine du mot logique a trois significations distinctes : il signifie en même temps raison, langage et fraction. Trois aspects complémentaires que l'on retrouve dans l'étude des langages : les mathématiques, la logique et la linguitisque.

Toutes ces questions, de formulations très simples et aujourd'hui très naturelles, font l'objet de travaux scientifiques très pointus faisant appel à l'informatique, aux mathématiques et ils peuvent se formuler dans diverses disciplines. Les outils mathématiques nécessaires à une bonne compréhension de ces sujets couvrent un champs très large : nous pouvons citer les probabilités, l'optimisation, la géométrie algébrique, l'arithmétique, l'algèbre linéaire, la logique, la théorie des graphes, etc.

La suite de ce chapitre se propose d'aborder, de façon rigoureuse mais aussi dans un but de vulgarisation, les principaux champs de la théorie de l'information décrits ci-dessus en s'attachant à en extraire les outils mathématiques essentiels. Nous commençons par l'introduction de l'outil essentiel pour que deux entités puissent communiquer : la notion d'alphabet.

2 Vocabulaire

Un *alphabet* Σ est un ensemble fini, non vide, de symboles. Les éléments de Σ sont appelés les *lettres* de l'alphabet.

L'utilisation du terme lettre ne doit pas induire en erreur : Σ peut contenir toute sorte de symbole ; des chiffres, des notes, des barres et des points ou même un trou dans une carte perforée.

Un *mot* ω sur Σ est une suite finie de lettres. La *longueur* d'un mot, notée $|\omega|$ est le nombre de lettres qui le composent. Si $\omega = x_1 x_2 \dots x_k$ avec $x_i \in \Sigma$ alors $|\omega| = k$. Il existe un mot, composé d'aucune lettre, appelé *mot vide*. Il est noté par la lettre ε. On a donc $|\varepsilon| = 0$. On note par Σ^k l'ensemble des mots de longueur k pour $k > 0$. Par convention, on note $\Sigma^0 = \{\varepsilon\}$ le singleton composé du mot vide.

Il ne faut pas confondre ε avec une lettre de Σ. ε désigne un mot, et pas une lettre. De même Σ^0 n'est pas un ensemble vide puisqu'il contient un mot : le mot vide. Par contre, il est légitime (toléré) de considérer une lettre comme un mot d'une seule lettre.

La nomenclature utilisée peut varier selon les sources. Certains utilisent le terme *vocabulaire* à la place d'alphabet et donc, par cohérence, *mot* pour désigner les éléments du vocabulaire et *phrase* pour les suites de mots.

Quelle que soit la nomenclature choisie, la théorie vise d'une part à étudier la façon dont des caractères (alphabet latin par exemple ou symboles alphanumériques d'un clavier) sont mis bout à bout pour construire des mots et d'autre part à étudier la façon dont différents constituants (groupe verbal, groupe nominal par exemple ou les blocs logiques d'un programme informatique) sont organisés pour former des structures complexes.

3 Théorie de l'information

La théorie de l'information a connu une expansion majeure avec les travaux de C.E. Shannon (1916-2001) et de ses collaborateurs, en 1948-1949 dans l'article intitulé "A mathematical theory of Communication". On y trouve en effet la modélisation scientifique des problèmes relatifs à la transmission de l'information : le modèle, considéré comme classique aujourd'hui, présenté ci-dessous, est extrait de l'article cité ci-dessus et introduit le canal comme lien entre l'émetteur et le récepteur.

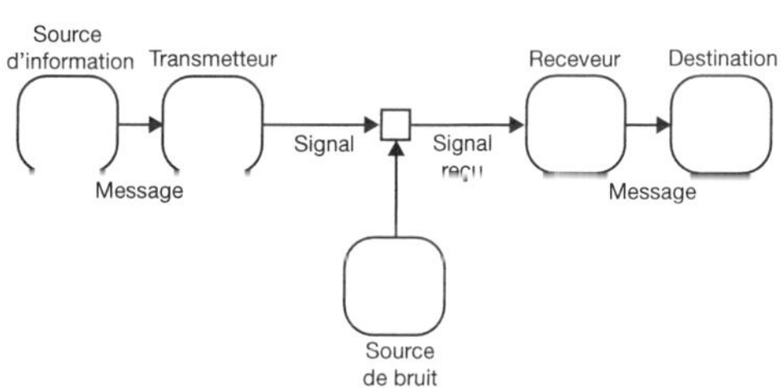

Figure 2 Modèle de C. Shannon

Claude Shannon est l'inventeur de l'unité *digit*, ou encore *bit*, unité de mesure de l'information et c'est lui qui a introduit le concept de mesurabilité de l'information, le reliant étroitement à la fréquence d'apparition des caractères.

Imaginons une source émettant des mots binaires (construits sur l'alphabet $\{0,1\}$) dont la probabilité d'apparition à travers le canal ne soit pas uniforme. Le principe de base est le suivant : l'apparition à la sortie du sortie canal d'un mot peu probable apporte plus d'information que celle apportée par l'apparition d'un mot certain (sûr d'apparaitre). La mesure de l'information doit donc être une fonction décroissante de la probabilité d'apparition d'un caractère. Cette fonction doit être 0 pour un caractère certain c'est à dire de probabilité 1. Nous notons $I(a)$ la mesure de l'information du caractère a et, exprimée comme fonction de la probabilité d'apparition de a, nous écrivons $I(a) = F(p(a))$. Supposons maintenant que deux caractères, que nous noterons a et b, ont des probabilités d'apparition indépendantes. Il est naturel que la mesure de l'information portée par la transmission du mot concaténé de a et b (soit ab) soit la somme des informations portées indépendament par les transmissions de a et de b. Dans ce cas, la probabilité d'apparition de ab est :

$$p(ab) = p(a)p(b).$$

La quantité de l'information portée par ab, $I(ab)$ doit vérifier pour des événements a et b indépendants

$$I(ab) = I(a) + I(b)$$

d'où

$$F(p(a)p(b)) = F(p(a)) + F(p(b))$$

ce qui explique la dépendance logarithmique

$$I(a) = -\lambda \text{Log}(p(a)),$$

où Log désigne un logarithme.

Le bit étant défini par la quantité d'information fournie par transmission d'une lettre parmi deux lettres équiprobables, on doit avoir pour une source $\Sigma = \{0,1\}$ où $p(0) = p(1) = 0.5$,

$$1 = I(0) = I(1) = \lambda \text{Log}2$$

soit

$$I(a) = -\text{Log}_2 p(a)$$

où Log_2 désigne le Logarithme en base 2.

On a ainsi défini une variable aléatoire I sur l'alphabet Σ, ensemble des caractères susceptibles d'être transmis par la source. L'espérance de I, appelée l'entropie, est

$$H(\Sigma) = -\sum_{a\in\Sigma} p(a)\text{Log}_2 p(a)$$

et elle mesure la moyenne de la quantité d'information.

Afin de comprendre le sens de l'entropie, considérons l'exemple d'une source $\Sigma = \{x_1, \cdots, x_n\}$ émettant n lettres équiprobables. La probabilité d'apparition de chaque lettre x_i est égale à $1/n$ et $H(\Sigma) = \text{Log}_2 n$.

Prenons le cas, plus particulier, où l'entier $n = 2^N$. Comme nous l'avons vu ci-dessus, ce cas modélise la source lors de la transmission d'une image en niveau de gris. Dans l'hypothèse d'une écriture en mot binaire de tous les carctères de la source, il est nécessaire de décrire 2^N états distincts ce qui requiert la possibilité d'écrire des mots binaires comportant au moins N lettres.

Le calcul de l'entropie mène à

$$H(\Sigma) = N$$

ce qui correspond exactement au nombre de bit(s) nécesaire pour représenter n états.

En introduisant ces notions de quantité d'information et d'entropie, C. E. Shannon et W. Weaver ont permis le développement de la théorie de l'information dont l'un des principaux soucis est d'optimiser l'efficacité des systèmes de transmission.

Considérons un alphabet Σ composé de lettres qui, à l'aide de ce que nous appelerons intuitivement (et pour quelques lignes seulement) un codage doivent être transformées en mots binaires (succession de 0 et de 1) avant transmission. La propriété essentielle que doit vérifier un codage est liée à l'étape suivante : le décodage.

Prenons l'exemple de $\Sigma = \{a, b, c\}$ avec comme codage $a = 0$, $b = 01$ et $c = 1$. La réception de 0001 peut provenir de aab ou de $aaac$ suivant la façon dont on découpe le message reçu.

Une réception de 0 et de 1 qui pourrait être interprétée comme provenant de deux mots de l'alphabet différents serait totalement inutilisable. Il faut donc que les règles de décodage soient clairement et uniquement définies.

Soit S (comme source) une partie finie de Σ^*. Soit B un alphabet et B^* l'ensemble des mots sur B. Un *code* de S sur B est une application injective de S dans B^*. Les mots images des mots de S sont les *mots de codes*. Ce sont eux qui seront transmis à travers le canal.

L'efficacité d'un code modélise le débit de transmission et est reliée à son entropie et sa longueur moyenne définie par

$$L(S) = \sum_{s \in S} p(s)|s|$$

où $|s|$ désigne la longueur du mot s.

L'efficacité se mesure avec la formule :

$$E = H(S)/L(S).$$

Le premier théorème de C. Shannon se place dans un cadre non bruité et montre qu'il existe une manière de coder amenant à une efficacité aussi proche que l'on souhaite de sa valeur optimale.

Le deuxième théorème de Shannon montre que pour toute source d'information bruitée, il existe un codage qui assure la possibilité de récouvrer le message transmis. Malheureusement, la démonstration de ce résultat n'est pas constructive et à ce jour, on ne sait pas construire un tel codage de façon systématique.

Sachant que tout point s de S possède une probabilité d'apparition $p(s)$, et connaissant les propriétés du canal, la théorie du codage consiste à construire des codes optimisant un ou des critères préalablement établis comme l'efficacité, l'utilisation du canal, le stockage de données, etc. Une application très courante concerne la compression de données. Un exemple de code important, et souvent utilisé, est le codage de Huffman : ce code (valable lorsque $S = \Sigma^*$) requiert la connaissance *a priori* des probabilités d'apparition des lettres de l'alphabet (c'est son inconvénient majeur) et le codage de chaque mot se fait sur un nombre de lettres qui est une fonction décroissante de sa fréquence d'apparition. Pour le lecteur désireux d'approfondir ses connaissances, nous renvoyons à la bibliographie et à leurs références.

4 Codes correcteurs d'erreurs

La théorie des codes correcteurs d'erreurs est l'étude des codes dont la conception intègre un ou plusieurs critères de détection et de correction d'erreur. Le souci principal est de donner des moyens au récepteur du message de retrouver le message source. La simplicité des méthodes de correction des messages reçus est aussi un critère à prendre en compte. Supposons pour simplifier que le canal de transmission soit symétrique, sans mémoire et sans perte d'information et étudions sur un exemple ce dont un utilisateur peut avoir besoin pour réceptionner le bon message. Supposons que l'emetteur veuille envoyer le message de trois lettres 101. Comment détecter une erreur s'il ressort du canal le mot 100 ? Sans autre information sur la structure des mots qui entrent dans le canal, il est impossible de détecter, et a fortiori de corriger, la moindre erreur. Supposons maintenant que le canal absorbe des mots de quatre lettres (et non 3). Il faut donc ajouter une lettre à 101 avant la traversée du canal. C'est là qu'est le point clé de la théorie des codes correcteurs d'erreurs : en ajoutant une lettre, il est possible d'introduire un critère connu de tous et que doit satisfaire tout mot qui n'aurait subi aucune erreur. Prenons l'exemple suivant :

Le codeur ajoute un bit à droite du mot de telle sorte que la somme des bits soit paire.

Dans notre cas, 101 sera donc codé en 1010. Si l'on

reçoit 1000, une erreur est obligatoirement survenue à la traversée du canal. Mais il reste plusieurs possibilités pour le mot d'origine : en effet, en supposant qu'il y ait eu une seule erreur de transmission, 1000 peut provenir de 0000, 1100, de 1010 ou de 1001. La règle ci-dessus permet la détection d'erreur mais ne permet pas la correction. Elle est donc encore peu sûre mais elle contient cependant l'idée générale sous-jacente à la théorie des codes correcteurs d'erreurs : la création d'une redondance permet à l'utilisateur de détecter la présence d'au moins une erreur.

Un autre exemple nous concerne dans notre vie courante : il s'agit de la façon dont s'écrit notre numéro de sécurité sociale. Nous avons tous un numéro de treize chiffres suivi d'une clé. Cette clé, composée de deux chiffres, est le reste dans la division euclidienne par 97 du nombre formé des treize premiers chiffres de notre numéro. Ceci donne aussi un critère « simple » de détection d'erreur.

En conclusion, le récepteur souhaite pouvoir répondre aux questions :

- Une erreur s'est-elle produite ?
- Combien ?
- Où ?

et il souhaite avoir à sa disposition une méthode de correction.

Le schéma introduit par C. Shannon devient le suivant.

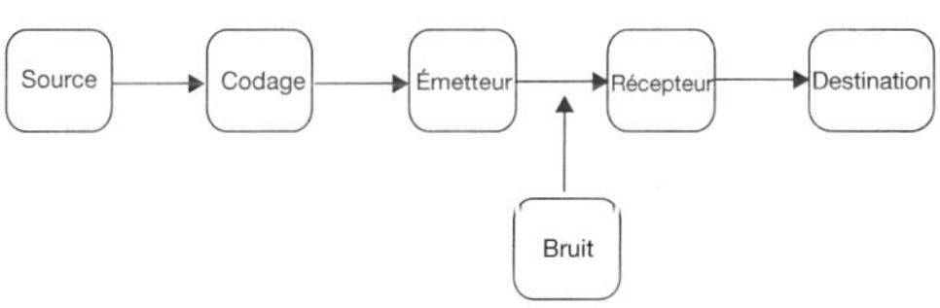

Figure 3 Canal d'un code correcteur d'erreurs

La théorie des codes correcteurs d'erreurs étudie ces questions et propose des méthodes de codage qui permettent d'optimiser ces critères.

Si Σ est un alphabet et si $x = x_1 \cdots x_n$ et $y = y_1 \cdots y_n$ sont deux éléments de Σ^n, la *distance de Hamming* entre x et y est l'entier naturel

$$d(x,y) = \text{card}\{i \in \{1,...,n\},\ \ x_i \neq y_i\},$$

nombre de lettres distinctes entre x et y. Un exemple très fréquent est $\Sigma = \mathbb{F}_2$, le corps fini à deux éléments et plus généralement $\Sigma = \mathbb{F}_p = \mathbb{Z}/p\mathbb{Z}$ avec p premier.

La distance de Hamming est une distance au sens mathématique usuel et nous lui associons sa métrique à l'aide de boules, sphères, ... Dans le cas où x est le mot à l'entrée du canal et y est le mot reçu à la sortie du canal, $d(x,y)$ représente le nombre d'erreurs entre x et y c'est-à-dire le nombre d'erreurs de transmission.

Nous notons S l'ensemble des mots de source : ces éléments sont des mots sur l'alphabet Σ et ce sont les mots auquels on souhaite ajouter une redondance avant transmission. Un code de longueur n sur Σ est une application injective ϕ définie sur S à valeurs dans Σ^n. L'injectivité de ϕ assure que deux mots de source distincts sont codés en des mots de code distincts. On note C l'ensemble image de ϕ et on appelle mot de code tout point de C. Le codage du mot $u \in S$ est le mot $x = \phi(u) \in C$. Le codage est l'opération de coder.

L'ensemble $C = \{011010; 111011; 111111; 110000\}$ est l'image d'un code de longueur 6 sur $\mathbb{F}_2$. Il y a plusieurs choix pour ϕ. On peut prendre par exemple $S = \{0,1\}^2$ avec $\phi(00) = 011010$, $\phi(10) = 111011$, $\phi(01) = 11111$ et enfin $\phi(11) = 110000$.

Quatre paramètres sont associés à un code (et plus particulièrement à l'ensemble C) : sa longueur, sa distance minimale, sa capacité de correction et son rayon de recouvrement.

On appelle *distance minimale* de C la plus petite distance de Hamming entre deux mots de code distincts :

$$d_c = \min_{x,x' \in C, x \neq x'} d(x,x').$$

Dans l'exemple ci dessus, on a $d(111011, 111111) = 1$ et c'est la plus petite distance entre deux mots de code donc $d_c = 1$.

Au cours d'une transmission, si le nombre d'erreur(s) entre le mot x, envoyé à l'entrée du canal, et le mot y, reçu en sortie, est compris entre 1 et $d_c - 1$, le récepteur est assuré (puisque $x \in C$) que y n'est pas un mot de code : le code détecte toujours un nombre d'erreur(s) compris entre 1 et $d_c - 1$

On appelle *rayon de recouvrement* de C le plus petit réel r positif ou nul assurant un recouvrement de Σ^n par les boules (pour la distance de Hamming) de rayon r centrées en les points de C. On le note ρ_c. Cela s'écrit $\rho_c = \inf_r\{r \geq 0,\ \ \Sigma^n \subset \cup_{x \in C} B(x,r)\}$.

Pour introduire la *capacité de correction*, commençons par une remarque préliminaire. Il est fréquent de supposer que le récepteur connait *a priori* le nombre maximal d'erreurs contenues dans le message qu'il reçoit. Soit $e \in \mathbb{N}$. On suppose que l'on sait *a priori* que le message transmis ne contient pas plus de e erreurs. En notant x le message envoyé et y le message reçu à la sortie du canal, cela signifie que $d(x,y) \leq e$. Ces erreurs seront corrigibles, si l'on peut assurer que y ne peut provenir que d'un seul mot de code ce qui s'écrit :

$$\exists\ x\ \in C, \quad d(y,x) \leq e.$$

Le nombre entier $e_c = [(d_c - 1)/2]$ s'appelle la *capacité de correction* du code. Une code de capacité de correction e_c corrige (au sens ci-dessus) les mots qui ont subi moins de e_c erreurs au cours de leur transmission. La connaissance du nombre d'erreur(s) est indispensable dans ce résultat !

Un code est *parfait* si son rayon de recouvrement est égal à sa capacité de correction : $\rho_c = e_c$. Les codes parfaits ont la propriété remarquable suivante : un mot reçu est bien corrigé si et seulement s'il contient moins de e_c erreurs (au sens large). Ils sont rares.

Nous avons mis en évidence quatre paramètres rattachés à un code (plus précisement à son image) : sa longueur n, sa distance d_c, sa capacité de correction e_c et son rayon de recouvrement ρ_c. Ces constantes ne sont pas indépendantes les unes des autres, et on peut démontrer par exemple que tous les codes parfaits 1-correcteurs sur $\{0, 1\}$ sont de longueur impaire.

Pour construire une méthode de décodage aisément exploitable, il est tentant d'introduire un *mot erreur* entre x (mot envoyé) et y (mot reçu) qui serait défini par :

$$y = x + \Omega.$$

Bien évidemment, cela nécessite de donner un sens au signe +! Nous supposons que l'alphabet Σ est muni d'une addition (également notée +) qui lui confère une structure de groupe commutatif, alors il est naturel de définir une addition sur Σ^n par

$$x_1 \cdots x_n + y_1 \cdots y_n = z_1 \cdots z_n$$

avec $z_i = x_i + y_i$, c'est-à-dire que l'on somme lettre à lettre.

Dans toute la suite, nous choisirons pour simplifier comme alphabet $\Sigma = \{0, 1\} = \mathbb{F}_2$ muni de son addition naturelle, mais tous les résultats pourraient être généralisés au cas d'un corps fini comme $\Sigma = F_p$.

Si $x = x_1 \cdots x_n \in \Sigma^n$, on appelle *poids* de x, l'entier naturel (l'addition qui suit est l'addition dans $\mathbb{N}$) :

$$w(x) = \sum_{i=1}^{n} x_i.$$

L'entier naturel $w(x)$ est le nombre de 1 dans l'écriture de x.

On pose alors $y = x + \Omega$ et on appelle Ω *mot erreur* entre x (mot envoyé) et y (mot reçu). Les règles de calcul dans $\mathbb{F}_2$ permettent d'écrire $\Omega = x + y$. Dans la pratique, on utilise des codes qui permettent de retrouver x quand on sait *a priori* que Ω appartient à un ensemble E, ensemble des erreurs dites *admissibles* c'est-à-dire les plus fréquentes dans la transmission.

La *méthode de moindre poids* donne des résultats pour une classe générale de codes et elle s'adapte assez bien lorsque nous n'avons pas d'information sur l'ensemble des erreurs E (comme le nombre d'erreur(s), leur emplacement dans le message ...). Cependant, il faut faire attention car le succès n'est pas nécessairement garanti.

Par définition, le mot erreur $\Omega = y + x$ appartient à l'ensemble $y+C$. Cet ensemble est parfaitement connu (mais très grand en général). On considère le problème d'optimisation :

$$\inf_{\Omega \in y+C} w(\Omega).$$

Si ce problème a une unique solution Ω_0, on corrigera y en $y+\Omega_0$. Par cette méthode, il n'est pas sûr que l'on puisse corriger car il peut y avoir plusieurs choix possibles de mot de plus faible poids dans $y + C$. Elle est néanmoins la méthode par défaut.

La mise en œuvre de la méthode de correction de moindre poids peut être fastidieuse à cause de l'ampleur de l'ensemble C. Il est par conséquent très utile de disposer de codes permettant d'avoir une méthode de correction spécifique tenant compte de leurs propriétés. C'est le cas des codes linéaires et des codes cycliques.

Un *code linéaire* de longueur n et de dimension p (avec $p < n$) sur Σ est un code ϕ, application injective *linéaire* de Σ^p dans Σ^n. On dit que le code est un code linéaire (n, p). Un tel code permet le codage de tous les mots de Σ^p et l'ensemble des mots de code est un sous-espace vectoriel de Σ^n de dimension p.

Grâce à la théorie de l'algèbre linéaire, les codes linéaires vont avoir un certain nombre de propriétés remarquables et une manipulation simple en introduisant des représentations matricielles.

Une *matrice génératrice* G d'un code linéaire de longueur n et de dimension p sur Σ est une matrice, de taille n, p (n lignes et p colonnes) et de rang p (car ϕ est injective), représentant ϕ. Comme le rang de G est p, les colonnes forment une base de C. On note

$$G = (g_{ij})_{1 \leq i \leq n, 1 \leq j \leq p}$$

ou plus simplement $G = (g_{ij})$ lorsqu'il n'y a pas de confusion possible. Pour chaque choix de bases dans les espaces Σ^p et Σ^n il y a une matrice représentative de ϕ associée à ces bases. Dans toute la suite, nous réserverons la notation G au choix des bases canoniques de ces deux espaces.

Considérons la matrice de rang 3 suivante :

$$G = \begin{pmatrix} 1 & 0 & 0 \\ 0 & 1 & 0 \\ 0 & 0 & 1 \\ 1 & 1 & 0 \\ 0 & 1 & 1 \end{pmatrix}$$

La matrice G génère un code $(5, 3)$ sur $\{0, 1\}$ dont les mots de code sont $C = \{$ 10010, 01011, 00101, 11001, 10111, 01110, 11100, 00000$\}$.

La matrice G d'un code linéaire peut être décomposée sous la forme

$$G = \begin{pmatrix} M_p \\ N \end{pmatrix}$$

où M_p est une matrice carrée de taille p et $N \in M_{n-p,p}$ (ensemble des matrices à n-p lignes et p colonnes).

Si U est un vecteur colonne de Σ^p, on a

$$GU = \begin{pmatrix} M_pU \\ NU \end{pmatrix},$$

et les p premiers bits du mot codé sont représentés par le vecteur M_pU. On en déduit que si la matrice M_p est inversible, la connaissance des p premiers bits du mot codé permet le décodage du mot de source : il suffit pour cela d'inverser la matrice M_p. Pour ce faire, on pourra utiliser la méthode de Gauss.

Un code linéaire dont la matrice $G = \begin{pmatrix} M_p \\ N \end{pmatrix}$ dans la base canonique vérifie la condition $det(M_p) \neq 0$ s'appelle un *code systématique*. Si on note A_p la matrice inverse de M_p, alors la matrice

$$G_0 = GA_p = \begin{pmatrix} I_p \\ NA_p \end{pmatrix}$$

s'appelle la *matrice génératrice normalisée* du code.

Un code a plusieurs matrices génératrices. Si G est l'une d'entre elles, les autres s'obtiennent par changement de base. En utilisant la matrice normalisée du code (lorsque cela est possible), les p premiers bits transmis sont les bits d'informations, les autres bits représentent les bits de redondance. Comme le rang de la matrice G est p, on peut toujours, quitte à effectuer des échanges de lignes se ramener au cas où le code est systématique. Dans toute la suite, on supposera que c'est le cas c'est-à-dire que $\det M_p \neq 0$.

On introduit l'orthogonal de C,

$$C^\perp = (\text{Im } \phi)^\perp = \text{Ker } \phi^t,$$

la matrice dans la base canonique de ϕ^t étant G^t. L'espace $C^\perp$ est un espace de dimension $n-p$ dont on note $b_1, \cdots, b_{n-p}$ une base.

Une *matrice de contrôle* du code est une matrice H de taille $n-p, n$ dont les lignes sont formées par des vecteurs de base de $C^\perp$. Il existe des méthodes de calcul simples pour déterminer une matrice de contrôle d'un code, matrice fort utile aussi pour déterminer les différents paramètres (e_c, d_c) du code.

Si $X = (x_1, \cdots, x_n)$ est un vecteur ligne de Σ^n on a :

$$HX^t = H \begin{pmatrix} x_1 \\ \vdots \\ x_n \end{pmatrix} = \begin{pmatrix} b_1.X \\ \vdots \\ b_n.X \end{pmatrix}.$$

Le test de contrôle consiste à définir C à partir de $C^\perp$ par

$$C = (C^\perp)^\perp$$

ce qui donne le critère :

$$X = (x_1, \cdots, x_n) \in C \quad \Leftrightarrow \quad HX^t = 0.$$

On obtient ainsi un *critère* simple de détection d'erreur(s) puisque si Y est le mot reçu, on a :

$$Y \notin C \quad \Leftrightarrow \quad HY^t \neq 0$$

On introduit ensuite le mot 'erreur' E par $Y = X + E$. Comme, $HY^t = HE^t$, le mot erreur est à chercher dans l'ensemble :

$$E \in \{Z \in \Sigma^n, \;\; HY^t = HZ^t\}$$

On appelle *syndrôme* de Y le mot de Σ^{n-p} de transposé HY^t. On appelle *classe latérale* de Y l'ensemble $\bar{Y} = \{Z \in \Sigma^n, \;\; HY^t = HZ^t\}$

La relation $\mathcal{R}$ définie sur Σ^n par

$$Y\mathcal{R}Y' \quad \Leftrightarrow \quad Y^t - Y'^t \in KerH$$

est une relation d'équivalence pour laquelle la classe d'un élément Y est la classe latérale $\bar{Y}$. On a $\bar{Y} = Y + C$. Notons que $C = \text{Ker } H$.

On déduit de ce résultat que les classes latérales forment une partition de Σ^n. Chacune d'elles a exactement $|C|$ éléments donc il y a en tout 2^{n-p} classes latérales distinctes. De plus, $C = \bar{0}$.

On peut maintenant donner un aperçu de la méthode de correction. Si $HY^t \neq 0$, on sait que Y n'est pas un mot de code et que le mot erreur $E = X + Y$ est à chercher parmi les mots de même syndrôme que Y. La correction de l'erreur ne pourra se faire avec certitude qu'avec une (ou des) informations complémentaires : un cas idéal étant par exemple, lorsque l'on connait la capacité de correction et qu'il n'y a dans la classe latérale de Y qu'un seul mot E de poids inférieur ou égal à e_c vérifiant $X = Y + E \in C$.

De manière générale, on utilise la méthode des moindres poids décrite plus haut. L'intéret des codes linéaires est que :

(i) Un syndrôme possède un représentant de poids 1 si et seulement si c'est une colonne de H.

(ii) Un syndrôme possède un représentant de poids 2 si et seulement s'il est la somme de deux colonnes de H.

Étudions l'exemple du code linéaire $(7,4)$ donné par la matrice :

$$G=\begin{pmatrix}1&0&0&0\\0&1&0&0\\0&0&1&0\\0&0&0&1\\1&1&1&0\\0&1&1&1\\1&1&0&1\end{pmatrix}$$

Ce code est systématique et donné par sa matrice normalisée puisque G est de la forme

$$G=\begin{pmatrix}I_4\\G'\end{pmatrix}$$

avec $G'=\begin{pmatrix}1&1&1&0\\0&1&1&1\\1&1&0&1\end{pmatrix}$.

Une matrice de contrôle est donnée par :

$$H=\begin{pmatrix}1&1&1&0&1&0&0\\0&1&1&1&0&1&0\\1&1&0&1&0&0&1\end{pmatrix}.$$

Les colonnes de H sont toutes non nulles donc C ne contient pas de mot de poids 1. De plus, les colonnes sont deux à deux distinctes donc C ne contient pas de mots de poids 2. On voit facilement que la somme des seconde et troisième colonnes donne la septième ($C_2+C_3=C_7$) donc le mot 0110001 est un mot de code de poids 3 et $d_c=3$. Le code est de capacité de correction $e_c=1$.

Ce code permet le codage des mots de $\mathbb{F}_2^4$. Si $u=u_1u_2u_3u_4$ est l'un d'eux, le codage de u est le mot X avec $X^t=GU^t$ soit

$$X^t=\begin{pmatrix}u_1\\u_2\\u_3\\u_4\\u_1+u_2+u_3\\u_2+u_3+u_4\\u_1+u_2+u_4\end{pmatrix}.$$

Sopposons que l'on reçoive le mot $Y=0011011$.

Le syndrôme de Y est $HY^t=\begin{pmatrix}1\\1\\0\end{pmatrix}$ et il est non nul : Y n'est pas un mot de code.

Une (et une seule) colonne de H est égale à $\begin{pmatrix}1\\1\\0\end{pmatrix}$: c'est la troisième. Cela signifie qu'il y a un unique mot erreur de poids 1 de même syndrôme que Y. Il s'agit de $e_3=0010000$.

(i) Supposons que l'on sache *a priori* qu'au plus une erreur se produise au cours de la transmission, alors la capacité d'erreur de 1 nous permet d'affirmer que l'on sait décoder Y. La correction de Y se fait en $X=Y+e_3=0001011$. On peut par ailleurs vérifier que X est bien un mot de code car $HX^t=0$.

(ii) Supposons maintenant que l'on sache que deux erreurs se sont produites dans la transmission. La connaissance de la capacité de correction ne nous permet ni d'affirmer que l'on sait décoder, ni que l'on ne sait pas ! Dans ce cas, on cherche s'il existe des mots de poids 2 et de même syndrôme que Y. Or la réponse est positive puisque la somme des première et quatrième colonnes de H donne HY^t. D'autre part, ce n'est pas la seule combinaison possible. En effet, $C_2+C_7=C_5+C_6=C_1+C_4=HY^t$. Sans critère supplémentaire, on ne peut pas décoder. Supposons maintenant que l'on sache que deux erreurs *consécutives* se sont produites au cours de la transmission, on gagne alors l'unicité du choix. On en déduit que l'on peut décoder Y et que son décodage est $X=Y+e_5+e_6=1010011=0011101$. On peut vérifier comme précédemment que X est bien un mot de code (c'est aussi la somme des deux dernières colonnes de G).

Si l'utilisation des codes linéaires simplifie la manipulation et l'implémentation numérique, celles-ci seront encore améliorées par l'introduction des codes cycliques.

Un code est *cyclique* s'il est linéaire et si l'ensemble des mots de code est stable par permutation circulaire ce qui s'écrit :

$$\forall x=a_1\cdots a_n\in C,\quad a_na_1\cdots a_{n-1}\in C.$$

Les codes cycliques sont des codes linéaires particuliers et leur manipulation est simplifiée grâce à leurs représentations polynomiales. On introduit les applications σ_d, 'shift à droite', et σ_g, 'shift à gauche', définies par $\sigma_d(a_1\cdots a_n)=a_na_1\cdots a_{n-1}$ et $\sigma_g(a_1\cdots a_n)=a_2a_3\cdots a_na_1$. La définition d'un code cyclique s'écrit $\sigma_d(C)\subset C$.

À tout mot de code $a=a_1\cdots a_n$, on associe le polynôme à coefficients dans Σ

$$P_a(X)=a_1X^{n-1}+\cdots+a_n$$

ce qui permet de représenter les mots par des polynômes de degré inférieurs ou égal à $n-1$ à coefficients dans Σ. On note cet ensemble $\Sigma_{n-1}[X]$. On appelle polynôme code un polynôme représentatif d'un mot de code.

Supposons que le code soit systématique et donné à l'aide de la matrice normalisée :

$$G = \begin{pmatrix} I_p \\ G' \end{pmatrix}.$$

En colonnes dans G, on lit les vecteurs d'une base de C. De plus, la colonne d'indice i, $C_i = 0 \cdots 1 \cdots 0 C'_i$ où le i est placé en ième position et où C'_i est la ième colonne de G'. On en déduit que le polynôme représentatif de la ième colonne de G est de degré $n - i$. Les différents degrés des polynômes codes formant les colonnes de G sont $n-1, \cdots, n-p$ et les coefficients dominants sont tous égaux à 1. On en déduit que tous les polynômes codes non nuls ont un degré compris entre $n - p$ et et n. En utilisant la théorie de l'algèbre des polynômes, on montre que l'ensemble des mots de code s'identifie à un idéal de $\Sigma_n[X]/(x^n - 1)$ dont on note A_p un générateur. Le critère essentiel sur ce générateur est qu'il doit diviser $x^n - 1$ et avoir un coefficient dominant égal à 1.

Le codage d'un mot de source $u = u_1 \cdots u_p$ admet comme polynôme code le polynôme $u_1 X^{n-1} + \cdots + u_p X^{n-p} - R$ où R est le reste de la division euclidienne de $u_1 X^{n-1} + \cdots + u_p X^{n-p}$ par le générateur du code. Le syndrome d'un mot reçu Y de polynôme code P_Y est le mot dont le polynôme associé est le reste de la division euclidienne de P_Y par A_p. Chercher un mot erreur de poids minimum de même syndrome revient à chercher un polynôme de poids minimum et de même classe que P_Y dans $\Sigma_n[X]/A_p$.

Un exemple important de ces codes sont les codes B. C. H (Bose, Chaudhuri et Hocquenghem) avec les cas particuliers des codes de Reed-Salomon et C.I.R.C qui sont à la base du codage audio-numérique. Avec eux, on peut construire des codes dont la capacité de correction est définie à l'avance.

5 Cryptographie

La cryptographie est la science qui propose et étudie les méthodes de cryptage de données, appelées cryptosystèmes : c'est une science ancienne, qui existe depuis que l'homme écrit, et César (100-44 av. J.-C.) l'utilisait déjà pour faire parvenir ses messages. C'est également une science où l'affrontement scientifique entre le(s) concepteur(s) d'un cryptosystème et ses attaquants est un stimulant supplémentaire et puissant à la création. C'est enfin une science qui s'est développée pendant longtemps dans un environnement militaire : les noms des chercheurs étaient gardés secrets... tant que le cryptosystème auxquels ils étaient associés était en usage. La nécessité de la sécurisation de la transmission de l'information pour des besoins civils a largement contribué à son développement dans un cadre public : l'utilisation des réseaux modernes de transmission d'informations (filaire, Wireless-Fidelity) pour échanger certaines données, comme un numéro de carte bancaire pour un achat sur Internet, est un exemple d'application majeur. Une étape supplémentaire est introduite avant la transmission à travers le canal : celle du cryptage. Lorsqu'un individu A envoie un message secret m à un individu B, A souhaite employer une méthode de cryptage de données que seul B est capable de décrypter. Une méthode de cryptage est ainsi un algorithme qui permet à A de crypter son message et à B de le décrypter. À cet algorithme est associé une *clé*, information(s) (en général mathématique) indispensable pour crypter. La clé est dite privée si seuls les individus A et B la connaissent, publique lorsqu'elle est connue de tous. Les premières méthodes de cryptage proposaient des clés dont la connaissance permet (facilement) le décryptage des informations : ce type de clé ne peuvent être que privées. Dans les années soixante-dix et quatre-vingt, des algorithmes dont les méthodes de cryptage et de décryptage utilisent des informations différentes et non déductibles l'une de l'autre ont vu le jour et cela a permis l'emploi de méthodes à clé publique. L'apport fondamental des méthodes à clé publique est que tout individu peut crypter un message et l'envoyer à l'individu B. Seul B connait la clé (et ceci est possible) utile au décryptage. Ces méthodes ont permis par exemple le paiment par carte bancaire par Internet. Nous allons aborder trois méthodes de cryptage, de plus en plus complexes au sens mathématique : deux de ces méthodes sont à clé privée et la dernière est à clé publique.

Considérons un alphabet Σ de cardinal N. Le message à crypter est composé de lettres de Σ et il s'écrit $m = a_1 \cdots a_n$. On identifie Σ à $\mathbb{F}_N = \mathbb{Z}/N\mathbb{Z}$. La première méthode de cryptage (utilisée par César pour $k = 3$!) se fonde sur une translation lettre à lettre. Ainsi, la clé est un élément k de $\mathbb{F}_N$ et chaque lettre a_i (identifiée à un élement de $\mathbb{F}_N$) est crypté en $b_i = a_i + k$. On comprend bien qu'un tel algorithme ne peut être qu'à clé privée puisque la connaissance de k permet très facilement le décryptage de b_i en $b_i - k$. L'un des désavantages majeurs est qu'une lettre est toujours cryptée de la même façon, cela quelle que soit sa place dans un mot. En utilisant les probabilités d'apparition de chaque lettre, il est alors assez simple d'écrire des algorithmes de décryptage.

Blaise de Vigénère (1523-1596) a introduit une version améliorée se fondant sur les mêmes idées mais qui remédie au cryptage uniforme d'une lettre. La clé est maintenant un mot $k = k_1 \cdots k_j$ sur $\mathbb{F}_N$ de longueur j (dans la pratique $j < n$.) On découpe le message m en bloc de longueur j : ainsi

$m = a_1 \cdots a_j a_{j+1} \cdots a_{2j} \cdots a_n$ et le cryptage est $m' = b_1 \cdots b_n$ où pour $i = qj + r$ avec $0 \leq r < j$, $b_i = a_i + k_r$. Une autre présentation est (la sommation se fait colonne par colonne)

$$\begin{aligned} m &= a_1 \cdots a_j a_{j+1} \cdots a_{2j} \cdots \\ &+ k_1 \cdots k_j k_1 \cdots \quad k_j \cdots \\ m' &= b_1 \cdots b_j b_{j+1} \cdots b_{2j} \cdots \end{aligned}$$

et le décryptage de m' consiste en une série de soustraction. Là encore, la méthode nécessite une clé privée.

Dans les années soixante-dix, se fait sentir le besoin d'un cryptosystème fiable et accessible (au public) pour des usages généraux (opérations bancaires, transactions commerciales, secret médical, puis plus tard Internet) : c'est le standard DES (*Data Encryption Standard*). C'est un algorithme appelé Lucifer, mis au point par Horse Feitel chez IBM, qui est choisi pour DES : le message est découpé en blocs de 64 bits et la clé, secrète, fait 56 bits plus 8 de contrôle d'erreur. Le cryptage se fait en plusieurs passes en mélangeant, de façon non destructive, les bits du message et ceux de la clé. L'avantage du principe choisi est que la description complète de l'algorithme ne compromet pas sa sécurité. Par contre, la taille réduite de la clé l'a rendu obsolète dès la fin du XXe siècle et il est maintenant remplacé par des cryptosystèmes utilisant des clés de 128 bits (mais basés sur le même principe de brassage de bits) : IDEA (*International Data Encryption Algorithm*) en 1992.

Le premier cryptosystème à clé publique a été introduit par Whitfield Diffie et Martin Hellman en 1977 mais c'est celui proposé un an plus tard par Ron Rivest, Adi Shamir et Len Adleman qui est le plus utilisé aujourd'hui : il porte les initiales de leurs noms R.S.A. L'individu B 'choisit' deux nombres premiers p et q vérifiant $n = pq > N$ et un entier e premier avec $(p-1)(q-1)$ (fonction indicatrice d'Euler du produit pq). Le couple (n, e) est la clé publique. Tout individu A souhaitant communiquer avec B découpe son message en bloc d'éléments $\hat{m}$ de $\mathbb{Z}/N\mathbb{Z}$. Chaque bloc est codé en $\hat{m}^e$ calculé dans $\mathbb{F}_N$. Le décryptage est fondé sur le petit théorème de Fermat et utilise le résultat suivant : si d désigne l'inverse de e dans $\mathbb{F}_{(p-1)(q-1)}$ alors $\hat{m}^{ed} = \hat{m}$ dans $\mathbb{F}_N$. B reçoit des blocs $\hat{m'}$ d'éléments de $\mathbb{F}_N$ qu'il décrypte en $\hat{m'}^d$ (calculé dans $\mathbb{F}_N$). Le calcul de d se fait aussi en utilisant la fonction indicatrice d'Euler (de $(p-1)(q-1)$). Terminons par un exemple simple et considérons les entiers $p = 3$ et $q = 11$. On a $(p-1)(q-1) = 20$ donc $e = 3$ convient. Le paramètre de décryptage d vérifie $3d \equiv 1[20]$, on trouve $d = 7$. Supposons que l'alphabet Σ contienne les lettres minuscules de notre alphabet, ait un cardinal de 33 et identifions $a = 01$, $b = 02 \cdots z = 26$. La lettre $b = 2$ est cryptée $2^3 = 8 = h$ (dans $\mathbb{Z}/33\mathbb{Z}$) et la lettre h est décryptée en $8^7 = 2 = b$ (dans $\mathbb{Z}/33\mathbb{Z}$). Seul B connait l'entier d et peut décrypter le message envoyé.

La robustesse de la méthode RSA est assurée par la difficulté (numérique) à décomposer un entier N en facteurs premiers surtout qu'en pratique les entiers p et q sont de l'ordre de 10^{100}. L'inconvénient principal des méthodes à clé publique est leur lenteur. En général, elles sont utilisées pour l'échange de clés entre les deux entités, clés qui seront ensuite à la base d'un algorithme à clé privée (de type DES par exemple), beaucoup plus rapide.

Un problème mathématique important sous-jacent au codage et à la cryptographie est la recherche de racine(s) d'équation polynomiale dans les corps finis, théorie relevant de la géométrie algébrique.

Nous abordons maintenant un thème qui se situe en amont des problèmes de transmission, de codage ou de cryptage : il s'agit de la structure même des messages.

6 Langages

6.1 Monoïde libre

On appelle *monoïde libre*, noté Σ^*, l'ensemble de tous les mots que l'on peut construire avec l'alphabet Σ.

Le monoïde libre est donc l'ensemble des suites finies d'éléments de Σ ; c'est un ensemble infini, même si Σ ne contient qu'un seul symbole. En fait on a :

$$\Sigma^* = \bigcup_{k \geq 0} \Sigma^k$$

et Σ^k contient n^k mots différents si l'alphabet contient n symboles.

Le monoïde libre est muni d'une opération interne, notée $\cdot$, appelée *concaténation*. Si $\omega_1 = x_1 x_2 \dots x_k$ et $\omega_2 = y_1 y_2 \dots y_t$ la concaténation $\omega_1 \cdot \omega_2$ est la suite de $k + t$ lettres $x_1 x_2 \dots x_k y_1 y_2 \dots y_t$.

Cette opération n'est évidemment pas commutative. Par contre elle est associative et le mot vide ε en est l'élément neutre (unité).

Les éléments de Σ sont les *générateurs* du monoïde libre Σ^*, c'est-à-dire que tout mot de Σ^* est une concaténation des éléments de Σ.

Au minimum Σ contient un seul symbole, $\Sigma = \{a\}$, et dans ce cas le monoïde libre engendré par a est $\Sigma^* = \{\varepsilon, a, aa, aaa, \dots\}$ que l'on peut écrire plus simplement comme $\Sigma^* = \{a^k, | k \geq 0\}$ en utilisant la notation $a^k = a \cdot a^{k-1}$ pour $k \geq 1$ et $a^0 = \varepsilon$.

Le mot monoïde est utilisé, en algèbre, pour décrire les ensembles munis d'une loi de composition interne, associative (appelés demi-groupes) avec élément neutre ; le monoïde le plus connu est $\mathbb{N}$, l'ensemble des entiers naturels.

6.2 Relations de Thue

Un mot α est un *sous-mot* de β (ou *facteur*) s'il existe $\beta' \in \Sigma^*$ tel que $\beta = \beta'\alpha\beta''$. Une *relation* entre deux mots α et β de Σ^* (notation $\alpha \sim \beta$) consiste à s'autoriser à remplacer α par β (respectivement β par α) dans tout mot de Σ^* qui contient α comme facteur (respectivement β).

Ces relations, étudiées par le mathématicien norvégien Axel Thue (1863–1922), donnent lieu à ce qui s'appelle le *calcul associatif* : à partir d'un ensemble de relations, on définit une relation d'équivalence (appelée *relation de Thue*) entre les mots de Σ^*, dénotée par $\omega_1 \approx \omega_2$. Le quotient $\Sigma^*/\approx$ (c'est-à-dire l'ensemble des classes par cette relation d'équivalence) est aussi un monoïde avec une opération de concaténation induite. Dans ce sens Σ^* est appelé *libre* car il ne contient pas de relation.

Sur l'alphabet $\Sigma = \{a, b\}$ on a, par exemple : $\Sigma^2 = \{aa,\ ab,\ ba,\ bb\}$, $\Sigma^3 = \{a^3,\ a^2b,\ aba,\ ab^2,\ b^3,\ b^2a,\ bab,\ ba^2\}$.

Si on introduit la relation $ab \sim ba$, alors $aba \approx a^2b \approx ba^2$ et $\Sigma^*/\approx$ est un monoïde commutatif isomorphe à $\mathbb{N}^2$. Si, par contre, on définit les relations $aa \sim \varepsilon$ et $bb \sim \varepsilon$ alors $abaaba \approx \varepsilon$ et $aabab \approx bab$ et tous les palindromes de longueur paire sont équivalents au mot vide.

6.3 Morphismes

Soient Σ et Γ deux alphabets quelconques. Soit $\varphi : \Sigma \longrightarrow \Gamma^*$ une application qui à toute lettre de Σ associe un *mot* sur Γ. Alors il existe une seule extension de φ au monoïde Σ^*, $\varphi' : \Sigma^* \longrightarrow \Gamma^*$ vérifiant les deux conditions suivantes :

- la restriction de φ' à Σ coïncide avec φ : $\varphi'_{|\Sigma} = \varphi$,
- φ' est compatible avec l'opération de concaténation de Σ^* :

$$\forall \alpha \in \Sigma^* \ \forall \beta \in \Sigma^* \ \varphi'(\alpha\beta) = \varphi'(\alpha)\varphi'(\beta)$$

Une telle application entre monoïdes s'appelle un *morphisme* de Σ^* dans Γ^*.

Les morphismes les plus intéressants sont ceux qui sont injectifs : ainsi deux mots différents de Σ^* ont des images différentes dans Γ^* : c'est ce qu'on appelle des *codes* ; chaque lettre $a \in \Sigma$ est codée par une suite de caractères de Γ. C'est le cas par exemple du code ASCII où Σ représente les caractères alphanumériques du clavier (plus quelques contrôles) et $\Gamma = \{0, 1\}$. Remarquons que $\varphi : \Sigma \longrightarrow \Gamma^8$ puisque, même si tous les caractères sont codés sur 7 bits, on utilise un dernier bit comme contrôle de parité.

6.4 Langages

Un *langage* L sur un alphabet Σ est un sous-ensemble de Σ^*. En particulier l'ensemble vide, et Σ^* sont des langages ainsi que tous les Σ^k. Cette définition n'est absolument pas contraignante puis que n'importe quel ensemble de mots forme un langage. Des conditions supplémentaires sont ajoutées pour définir des classes de langages avec des contraintes de structures grammaticales ou de complexité combinatoire.

D'autre part, étant donné que les langages sont des sous-ensembles, toutes les opérations ensemblistes (intersection, union, complémentaire, différence symétrique) s'appliquent pour obtenir de nouveaux langages : si L et L' sont deux langages sur Σ, alors $L \cup L', L \cap L', \bar{L}, L \setminus L'$ sont des langages.

Grâce à l'opération de concaténation de Σ^*, de nouvelles opérations spécifiques aux langages peuvent être définies : si L et L' sont deux langages sur Σ, alors on peut définir les langages suivants :

1. Produit : $L \cdot L' = \{\gamma \mid \gamma = \alpha\beta$ avec $\alpha \in L$ et $\beta \in L'\}$;
2. Puissance : $L^k = L \cdot L^{k-1}$ pour $k \geq 1$ et $L^0 = \{\varepsilon\}$;
3. Opération étoile (ou de Kleene ou itéré) : $L^* = \bigcup_{k \geq 0} L^k$;
4. Opération plus (ou itéré strict) : $L^+ = \bigcup_{k \geq 1} L^k$;
5. Réfléchi (ou miroir) : $\tilde{L} = \{\tilde{\omega} \mid \omega \in L\}$ où $\tilde{\omega}$ s'obtient de ω en lisant les lettres de droite à gauche.

6.5 Expressions régulières

Les *expressions régulières* donnent une façon simple de décrire des ensembles de mots sur un alphabet Σ en utilisant les opérations vues ci-dessus. Elles fonctionnent comme un *pattern*, c'est-à-dire une règle de formation des mots désirés. Les opérations utilisées sont l'union (notée par un +), la concaténation (notée par un point) et l'opération étoile (notée *). Plus précisément, si Σ est un alphabet alors les règles de formation des expressions régulières sur Σ sont les suivantes :

1. Si a est une lettre de Σ, alors **a** est une expression régulière qui décrit le langage $\{a\}$.
2. ε est une expression régulière qui représente le langage $\{\varepsilon\}$.
3. Si E_1 et E_2 sont des expressions régulières qui décrivent les langages L_1 et L_2 alors
   - $(E_1 + E_2)$ est une expression régulière qui décrit le langage $L_1 \cup L_2$,
   - E_1E_2 est une expression régulière qui décrit le langage L_1L_2 ;

- E_1^* est une expression régulière qui décrit le langage L_1^* ;

4. Toutes les expressions régulières sont obtenues par applications itérées des règles précédentes.

Par exemple $(a+b)^*$ représente le langage formé par tous les mots construits avec les lettres a et b ; $(a+\varepsilon)b^*$ décrit le langage $L = \{ab^k \,; b^j \,|k \in N,\, j \in N\}$. Le + se lit comme un « ou ». Remarquons qu'une expression régulière n'est pas un mot du langage Σ^* : c'est un mot d'un *métalangage* utilisé pour décrire un langage.

Les expressions régulières sont utilisées dans les langages de script (notamment sous Unix) pour faire des recherches de mot dans des fichiers (grep ou awk). Dans la pratique informatique, les expressions régulières diffèrent légèrement dans leur format : cela est dû notamment à l'utilisation d'un même alphabet (symboles alphanumériques du clavier) pour le langage et pour le métalangage mais aussi parce que l'on a besoin d'utiliser de nouveaux symboles pour le début de ligne ou la fin de ligne.

6.6 Langages de Dyck

Les *langages de Dyck* sont les langages où sont définies des *structures parenthétiques* c'est-à-dire des symboles qui vont par paires (parenthèses ouverte et fermée, accolades ouverte et fermée, couple **begin, end**) et dont l'utilisation suit des règles strictes ; par exemple la formule $(a + x*]1 + b)[$ est incorrecte à plus d'un titre car si l'on fait abstraction de tous les signes qui ne vont pas par paire, on obtient (])[: un crochet fermant précède un crochet ouvrant et les deux couples de symboles parenthétiques sont mal imbriqués. La définition précise utilise les relations de Thue : soit $\Sigma = \{a, a', b, b', \dots\}$ un alphabet où les lettres vont par paires : a et a', b et b', etc. Le *langage restreint de Dyck* est l'ensemble des mots ω équivalents à ε si l'on définit les relations de Thue $aa' \sim \varepsilon, bb' \sim \varepsilon, \dots$ alors que le *langage non restreint de Dyck* est l'ensemble des mots ω équivalents à ε avec les relations de Thue $aa' \sim a'a \sim \varepsilon, bb' \sim b'b \sim \varepsilon, \dots$.

Par exemple, si $\Sigma = \{a, a', b, b', c, c'\}$ alors le mot $\alpha = abb'caa'c'a'$ appartient au langage restreint de Dyck (et donc aussi au langage non restreint de Dyck), le mot $\beta = acb'bc'a$ appartient au langage non restreint de Dyck et non au langage restreint et le mot $\gamma = ab'a'bcc'$ n'appartient ni à l'un ni à l'autre.

Les langages de Dyck *ne peuvent pas* être décrits par des expressions régulières. Ce ne sont pas les seuls (les palindromes ou le langage $\{a^k b^k \mid k \in \mathbb{N}\}$-par exemple-non plus) et c'est la raison pour laquelle on a besoin d'un outil plus puissant pour décrire les langages : les grammaires formelles.

7 Grammaires formelles

La façon la plus complète de définir des langages consiste à utiliser une série de règles *grammaticales* explicitant la formation des mots : le concept de grammaire, inventé par Axel Thue pour étudier les semi-groupes, se prête parfaitement à la théorie des langages informatiques ou techniques.

7.1 Définition de grammaire

Une *grammaire formelle* G est un quadruplet (Σ, V, S, P) où :

- Σ est un alphabet, appelé *alphabet terminal* dont les éléments sont appelés *symboles terminaux* ;
- V est un second alphabet, disjoint de Σ, appelé *alphabet auxiliaire*, dont les éléments sont appelés *variables* qui sert comme base du métalangage utilisé pour décrire les règles grammaticales de formation des mots ;
- S est un signe de V, une variable particulière appelée *symbole de départ* ou *axiome* de la grammaire formelle ;
- P est un ensemble fini de règles de construction, appelées *productions*, de la forme

$$\alpha \longrightarrow \beta$$

avec $\alpha \in (V \cup \Sigma)^* \setminus \Sigma^*$ et $\beta \in (V \cup \Sigma)^*$.

On dit qu'un mot ω_2 est *dérivé* à partir du mot ω_1 si ω_2 est obtenu de ω_1 en remplaçant une sous-chaîne α par β grâce à la production $\alpha \longrightarrow \beta$. À partir de l'axiome S, en utilisant des dérivations successives, on engendre des mots ; certains mélangent symboles terminaux et variables, d'autres sont composés uniquement de symboles terminaux : le langage $L(G)$ engendré par la grammaire G est composé des mots de Σ^* qui peuvent être dérivés de S. Les variables servent à structurer le mot ou la phrase, à donner une position fonctionnelle à telle ou telle partie.

Soit, par exemple, la grammaire G avec $\Sigma = \{a, b\}$ et ayant comme unique variable le symbole de départ $V = \{S\}$; soient les productions $S \longrightarrow aSb$ et $S \longrightarrow ab$. Alors, à partir de l'axiome S on peut dériver les mots $ab, aSb, aabb, aaSbb, aaabbb$, etc. Dans une grammaire formelle lorsque l'on a deux productions avec le membre de gauche $\alpha \longrightarrow \beta$ et $\alpha \longrightarrow \beta'$ on s'autorise à écrire $\alpha \longrightarrow \beta|\beta'$, le nouveau symbole métalinguitisque | s'interprétant comme *ou*. Ainsi, dans l'exemple précédent on aurait pu écrire les productions sous la forme plus compacte $S \longrightarrow aSb|ab$.

On remarque l'air de famille entre productions et relations de Thue : les deux notions permettent de définir des *réécritures* mais dans une grammaire il y a un sens, une direction alors qu'une relation de Thue peut s'appliquer dans les deux sens. C'est pour cette raison que les grammaires formelles sont parfois appelées *semi-thueiennes*.

Dans ce second exemple nous allons changer de terminologie : vocabulaire à la place d'alphabet, mot à la place de lettre et phrase au lieu de mot. Le vocabulaire Σ est composé des mots { l', un, enfant, abricot, cueille, mange }, les variables sont :

- PH, mis pour phrase,
- GN, mis pour groupe nominal,
- GV, mis pour groupe verbal,
- AR, mis pour article,
- NO, mis pour nom,
- VE, mis pour verbe.

L'axiome de la grammaire est PH, et les productions sont :

1. PH $\longrightarrow$ GN GV
2. GN $\longrightarrow$ AR NO
3. GV $\longrightarrow$ VE GN
4. AR $\longrightarrow$ l' | un
5. NO $\longrightarrow$ enfant | abricot
6. VE $\longrightarrow$ cueille | mange

Les trois premières productions correspondent à des règles de syntaxe (simplifiée) du français, et les autres règles permettent de passer, par particularisation (instanciation) d'une catégorie grammaticale à un certain mot appartenent à ladite catégorie. L'axiome est le concept syntaxique le plus général. Parmi les phrases engendrées par cette grammaire, il y a « l'enfant cueille un abricot » qui est correcte syntaxiquement, il y a « un abricot mange un enfant » qui est aussi correcte syntaxiquement mais pose des problèmes sémantiques. Remarquons que si l'on avait ajouté les mots « la » et « fille » respectivement aux catégories AR et NO, on aurait pu générer la phrase « un fille mange la abricot » qui viole des règles d'accord.

7.2 Classification de Chomsky

Selon la *forme* des productions utilisées dans les grammaires fomelles, on peut définir une hiérarchie de grammaires (et donc de langages) de complexité structurelle croissante. Noam Chomsky (1928–) propose en 1956 une classification des grammaires formelles qui porte aujourd'hui son nom :

Type 3 – *grammaires régulières* : les productions sont soit de la forme

$$X \longrightarrow aY$$

soit de la forme

$$X \longrightarrow a$$

où $X, Y \in V$ sont des variables et $a \in \Sigma$ est un symbole terminal. Les langages définis par ces grammaires sont les langages *réguliers* ou *rationnels* ; ils peuvent être décrits par une expression régulière. Ces langages sont appelés parfois langages de Kleene du nom du mathématicien qui les a étudiés. Les automates qui reconnaissent ces langages sont les *automates à états finis* et les *machines séquentielles* permettent de mettre en place des morphismes entre monoïdes libres et faire des traductions d'un langage à l'autre.

Type 2 – *grammaires non contextuelles* : les productions sont de la forme

$$X \longrightarrow \omega$$

où $X \in V$ et $\omega \in (V + \Sigma)^*$ est un mot mêlant symboles terminaux et variables. Les deux exemples ci-dessus sont des grammaires non contextuelles. Les langages définis par ces grammaires s'appellent *langages algébriques* ou langages de Chomsky. Le terme *non contextuelle* tient au fait que la règle de réécriture (X remplacé par ω) ne dépend pas des lettres avant et après la variable X, donc du contexte de X. Les automates qui reconnaissent les langages algébriques sont les *automates à pile*.

Type 1 – *grammaires contextuelles* : les productions sont de la forme

$$\alpha \longrightarrow \beta$$

où $\alpha, \beta \in (V + \Sigma)^*$ avec la contrainte $|\alpha| \leq |\beta|$. On peut par exemple avoir une production de la forme $aXb \longrightarrow a\omega b$ qui signifie bien que l'on peut remplacer X par ω seulement dans les mots où la variable X est précédée par un a et suivie par un b. Grâce à ces informations de contexte on peut définir des grammaires qui décrivent les contraintes syntaxiques des langues naturelles (accords) ou des langages de programmation (cohérence de type). La contrainte sur la longueur permet de donner la liste exhaustive de tous les mots de taille inférieure à n que l'on peut produire à partir de l'axiome (chaque application d'une production augmente la taille du mot produit ; s'il existait des productions raccourcissant les mots on ne pourrait pas savoir en temps fini si un mot d'une taille donnée appartient ou pas au langage). Les grammaires de ce type sont aussi appelées *grammaires linéairement bornées* et les langages générés *linéairement bornés* ou *contextuels*. Les automates *linéairement bornés* (machines ayant une capacité de mémoire vive de taille proportionnelle à la longueur du mot à traiter) peuvent reconnaître les mots produits par ces grammaires mais, contrairement aux grammaires non contextuelles, il n'existe pas de procédures d'analyse syntaxique.

Type 0 – *grammaires universelles ou semi-thueiennes* : il n'y a aucune limitation sur la forme des productions

$$\alpha \longrightarrow \beta$$

qui sont de pures réécritures. Dans de telles grammaires la distinction entre alphabet terminal et alphabet non-terminal est inutile. Les langages engendrés sont appelés *semi-décidables* ou *ensembles récursivement énumérables* : intuitivement cela signifie que l'on peut trouver des procédés qui en un temps fini (mais non borné) reconnaissent les mots du langage mais peuvent ne donner aucune réponse (calcul infini) pour des mots en dehors du langage. Les automates associés à de tels langages sont les *machines de Turing*.

Il existe des langages qui ne sont pas semi-décidables, c'est-à-dire qui ne peuvent pas être définis par une grammaire formelle. Mais l'utilité pratique de tels langages est quasiment nulle.

7.3 Grammaires non contextuelles

Les *grammaires non contextuelles* (dont la théorie a été développée par Chomsky et par le mathématicien français Schutzenberger (1920–1996)) sont celles qui ont la plus grande utilité pratique. Elles permettent de définir des expressions mathématiques correctes (avec des production $S \longrightarrow (S+S)|(S\times S)|(S-S)...$) ou des expressions logiques. La grammaire $S \longrightarrow aSb|ab$ vue plus haut définit le langage $L = \{a^k b^k \mid k \in \mathbb{N}\}$ qui est donc algébrique ainsi que les langages de Dyck. Les langages de programmation aussi sont définis par des grammaires non contextuelles bien qu'on ait l'habitude d'utiliser un formalisme légèrement différent appelé *BNF* (*Backus–Naur Form*) pour les productions.

On peut associer à tout mot ω du langage un arbre dont la racine est le symbole de départ et les feuilles, lues de gauche à droite, sont les lettres qui composent ω. Cet *arbre de dérivation*, en plus de prouver que ω appartient bien au langage défini par la grammaire, donne une information sur la structure syntaxique du mot (ou de la phrase). Le but d'un *analyseur syntaxique* est de reconstruire cet arbre à partir du mot. De tels algorithmes requièrent en général que les productions de la grammaire soient sous une forme particulière comme par exemple la forme normale de Chomsky (CNF) ou de Greibach (GNF).

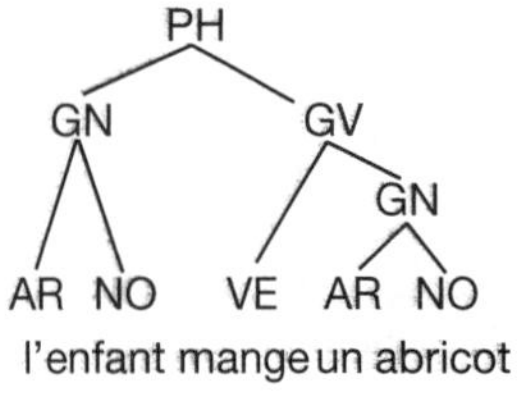

Figure 4 Arbre de dérivation

La classe des langages algébriques est stable pour l'union, le produit et l'opération étoile. Par contre, grâce à un résultat connu comme *propriété d'itération*, on démontre qu'il existe des langages algébriques dont ni l'intersection, ni le complémentaire n'est algébrique. L'exemple classique de langage non algébrique est $\{a^n b^n c^n \mid n \in N\}$. Remarquons par ailleurs qu'il peut être défini par une grammaire *contextuelle*.

8 Automates

Les automates sont des constructions mathématiques formelles pensées pour décrire des processus automatiques ou mécaniques. Leur finalité fut de modéliser la notion de calcul non « intelligent » et l'idée d'algorithme bien avant que les premiers ordinateurs aient été conçus. Mais on retrouve dans les machines réelles la plupart des concepts (états, mémoire, dispositif de stockage) utilisés dans les automates.

La notion de *non-déterminisme* ou d'indéterminisme mis en place par certains automates est beaucoup moins intuitive ; on renonce à une stricte causalité entre les données en entrée et l'évolution de l'automate. Au lieu d'une réponse univoque, un automate non déterministe peut pour le même *input* avoir une multiplicité de comportements différents. Il peut même modifier son état interne en l'absence de tout stimulus extérieur. Le processus a en quelque sorte une nature aléatoire ou parallèle : on peut soit considérer que placé devant plusieurs choix de transition, il laisse le hasard décider quelle voie suivre en premier, soit qu'il a des capacités de parallèlisme qui lui permettent de suivre tous les chemins en même temps, soit enfin qu'un petit *démon* lui permette de prévoir à chaque état quelle est la bonne voie pour arriver au résultat souhaité.

Selon le type d'automate, le non-déterminisme est nécessaire car il ajoute de la « puissance de calcul » : on peut faire avec la version non déterministe des opérations impossibles avec la version déterministe (c'est le cas des automates à pile qui *doivent* être non-déterministes si l'on veut reconnaître tous les langages algébriques). Dans d'autres cas, comme pour les automates à états finis, le nondétermisme ajoute seulement plus de commodité pour la conception d'automates reconnaissant des langages donnés.

8.1 Automates à états finis

Les *automates à états finis* sont les plus simples de tous les automates et leurs capacités sont limitées. Néanmoins ils sont capables de reconnaître (c'est-à-dire répondre par oui ou non) tous les mots d'un langage décrit par une expression régulière. Ils sont aussi utilisés pour modéliser certains problèmes concrets définis par une succession d'étapes ou pour modéliser l'interaction homme-machine.

Il faut imaginer un automate à états finis déterministe (abrégé en AFD) comme une machine dont les composants sont une *bande infinie*, accessible en lecture seule, où est inscrit un mot $\omega \in \Sigma^*$; une *tête de lecture*, se déplaçant de gauche à droite sur ce ruban, permet de lire une par une les lettres écrites dessus ; un ensemble fini *d'états* Q utilisés pour représenter la situation de l'automate à un instant donné de la lecture ; un programme de fonctionnement, donné par une *fonction de transition* δ, définit le comportement à suivre en fonction du caractère lu par la tête de lecture et de l'état courant. Ce comportement est le suivant : lors de l'initialisation, la tête de lecture est sur le caractère le plus à gauche du mot écrit sur la bande ; l'automate se trouve dans un état particulier appelé *initial* q_0 ; tant qu'il reste des caractères à lire sur le ruban de lecture, l'automate lit une lettre puis en fonction du programme, de son état interne (un espèce de régistre) et du caractère lu, change d'état et déplace la tête de lecture d'un cran sur la droite ; lorsque toutes les lettres du mots sont lues, l'automate s'arrête et renvoie une réponse « oui » ou « non » selon que l'état dans lequel il se trouve fait partie de ses états *finaux* $F \subset Q$. En résumé l'AFD est parfaitement spécifié par le quintuplet $A = (\Sigma, Q, q_0, F, \delta)$.

Le langage accepté par un AFD $A = (\Sigma, Q, q_0, F, \delta)$ est l'ensemble des mots $\omega \subset \Sigma^*$ qui provoquent une succession de transitions depuis l'état initial q_0 à un état final de F ; on dit dans ce cas que ω est accepté par A. Les langages qui peuvent être définis par un AFD sont appelés *rationnels* ou *automatiques*.

Dans la pratique la façon la plus commode pour définir la fonction de transition est de donner un tableau dont les lignes sont les états de Q et les colonnes sont les lettres de Σ. Par exemple considérons l'automate A sur l'alphabet $\Sigma = \{a, b, c\}$ avec 5 états $Q = \{q_0, q_1, q_2, q_3, q_4\}$, q_0 étant l'état initial et q_3 le seul état final. Le tableau qui donne la fonction de transition δ est :

δ	a	b	c
q_0	q_1	q_0	q_0
q_1	q_2	q_1	q_1
q_2	q_3	q_2	q_2
q_3	q_4	q_3	q_3
q_4	q_4	q_4	q_4

Le mot *abc* va provoquer une succession de transitions : de q_0 à q_1, puis de q_1 à q_1, puis encore de q_1 à q_1. Donc le mot « abc » n'est pas accepté par l'automate car à la fin de la lecture l'état courant est q_1 qui n'est pas final.

On peut représenter un automate fini déterministe par un *graphe orienté* dont les sommets représentent les différents états et les arêtes ont des étiquettes correspondant à la lettre de Σ qui provoque une transition d'un sommet à l'autre. On place une flèche pour indiquer quel est l'état initial et on dénote de façon particulière (par une couleur ou un double cercle) les états finaux. Cette représentation est la représentation *sagittale* de l'automate.

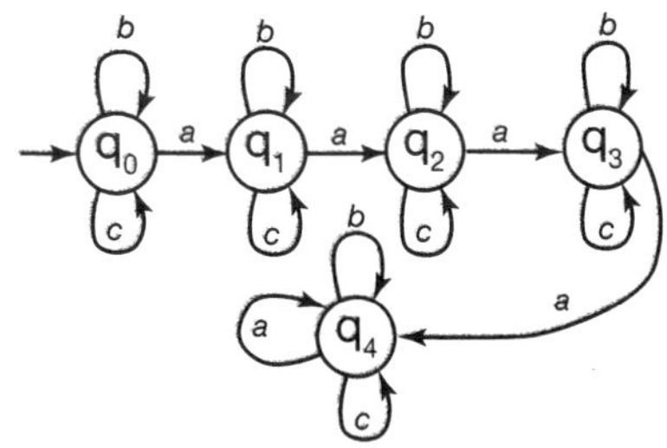

Figure 5 Représentation sagittale d'un AFD

Le monoïde Σ^* est rationnel car il suffit de prendre un automate à un seul état q_0 initial et final à la fois avec une fonction de transition qui boucle sur cet état. Tous les mots sont évidemment acceptés. D'autre part l'union, l'intersection, le complémentaire et la différence de langages rationnels est rationnel ; chacune de ces propriétés de cloture a une preuve constructive dans le sens où l'on peut effectivement construire les AFD voulus. De plus la classe des langages rationnels est aussi fermée pour le produit et pour l'opération étoile. Le *théorème de Kleene* qui affirme que la classe des langages rationnels est la plus petite classe de langages qui contienne les langages finis et soit fermée sous les opérations de réunion, produit et $*$ renforce ces résultats et prouve aussi que *tous les langages rationnels sont réguliers et vice versa.*

Le *lemme de l'étoile* est un autre important résultat théorique dont la principale qualité est de donner un outil pour prouver que certains langages *ne peuvent pas être rationnels.* On démontre par exemple que le langage $\{a^k b^k\}$ n'est pas rationnel (donc pas régulier) alors qu'il est algébrique. On peut ainsi l'engendrer grâce une grammaire non contextuelle mais il n'existe ni automate à état fini, ni expression régulière capable de définir L.

Lien avec les grammaires régulières

À partir d'une grammaire *régulière* $G = (\Sigma, V, S, P)$, on peut construire un automate fini non déterministe (AFN) A de la façon suivante :

1. On associe à chaque variable $X \in V$ un état q_X.
2. L'état initial de A est l'état q_S associé à l'axiome S de la grammaire.
3. On ajoute un état final q_F.
4. Pour chaque production $X \longrightarrow aY$ on définit une transition $\delta(q_X, a) = q_Y$.
5. Pour chaque production $X \longrightarrow a$ on définit une transition $\delta(q_X, a) = q_F$ vers l'état final.

De cette façon tout mot de Σ^* généré par la grammaire G est accepté par l'automate A ; ce qui prouve que les grammaires régulières engendrent des langages réguliers (ou rationnels puisque c'est la même chose).

Dans l'autre sens, si l'on a un automate fini (déterministe ou pas) on peut construire une grammaire régulière qui engendre le langage accepté par l'automate. On associe à chaque état une variable et à chaque transition une production de la forme $X \longrightarrow aY$. De plus, si une transition mène à un état final, il faut ajouter une production $X \longrightarrow a$. L'axiome de la grammaire est évidemment l'état initial de l'automate.

8.2 Automate à pile

Un *automate à pile* (abbrégé en PDA pour *pushdown automata*) est un automate avec un nombre fini d'états Q, un ruban d'entrée avec son alphabet Σ et une mémoire de stockage de type pile (les données sont empilées et le programme n'a accès qu'à l'élément en haut de la pile) utilisant un *alphabet de pile* Γ. En fonction du caractère lu sur le ruban d'entrée, du caractère en haut de la pile et de l'état courant, le programme, par le biais d'une fonction de transition δ, change l'état de l'automate, et *mémorise des données*, c'est-à-dire écrit un ou plusieurs caractères sur la pile. Et la tête de lecture se déplace d'un caractère sur la droite. Au démarrage, l'automate se trouve dans un état *initial* et la pile contient un seul symbole Z appelé *symbole de fond de pile*. L'automate s'arrête lorsqu'il a entièrement lu le mot sur le ruban d'entrée ou bien s'il n'y a plus de transitions possibles.

On associe un langage $L \subset \Sigma^*$ à un automate à pile de deux façons : un mot $\omega \in \Sigma^*$ est accepté par un automate à pile par *état final* si lorsque le mot ω est entièrement lu alors l'automate se trouve dans un état faisant partie des états finaux $F \subset Q$; ω est accepté par *pile vide* si lorsque l'automate s'arrête, le mot est entièrement lu et la pile est vide.

Grâce à la pile, le PDA peut garder une trace des symboles précédemment lus et en tenir compte dans la suite. Par exemple, un automate à pile qui accepte par pile vide tous les mots du langage $L = \{a^k b^k\}$ doit juste *empiler* un symbole A pour chaque lettre a lue et *dépiler* un A pour chaque lettre b. Si le mot appartient à L alors à la fin de la lecture la pile ne contient que le symbole de fond de pile qu'il suffit de dépiler pour avoir la pile vide. Si par contre le mot n'est pas dans L, soit l'automate se bloque car en lisant un b, il est dans l'impossibilité de dépiler un A, soit parce qu'en fin de lecture il reste des symboles sur la pile.

La version non-déterministe d'un automate à pile permet plusieurs actions *parallèles* pour les mêmes données (caractère sur le ruban, symbole sur la pile et état), ou même sans qu'aucun caractère ne soit lu sur le ruban d'entrée (sans que la tête de lecture n'avance). Contrairement à ce qui se passe pour les automates à pile, le non déterminisme est *nécessaire* pour accepter n'importe quel langage algébrique. Pour tout langage algébrique, on peut construire un automate à pile non déterministe qui accepte tous les mots de ce langage mais seuls les langages algébriques dont le complémentaire est aussi algébrique peuvent être acceptés par un automate à pile déterministe.

8.3 Machines de Turing

Alan Turing (1912–1954), qui peut être considéré comme le fondateur de l'informatique théorique (à cet égard la plus haute distinction scientifique pour un informaticien est le *Turing Award*), a créé le type d'automate qui porte aujourd'hui son nom dans le but de définir mathématiquement les notions de *calculabilité* d'une fonction et de *décidabilité* d'un problème. Ses recherches sur l'*Entscheidungsproblem* de Hilbert nécessitaient de donner une base théorique à la notion d'algorithme. Turing n'était pas seul : Felix Kleene (1909–1994) dans les années trente a proposé une classe de fonctions appelées *récursives primitives*, étendues ensuite avec Alonzo Church (1903–1995) en une classe plus vaste, celle des *fonctions récursives*. Le λ–calcul est une autre théorie (développée par Church en 1933) visant à formaliser la notion de calculabilié dont le langage de programmation LISP (développé à partir de 1958) s'est inspiré. Selon la fameuse *thèse de Church* toutes ces théories sont équivalentes et tout problème pouvant se résoudre par un algorithme se résout aussi en utilisant une machine de Turing et toute fonction éventuellement calculable peut être calculée en utilisant une machine de Turing.

Une *machine de Turing* (MT) est un automate avec un nombre fini d'état et un ruban qui sert aussi bien de dispositif d'entrée que de mémoire temporaire (accessible en entrée/sortie) sur lequel se déplace, dans les deux sens, la tête de lecture. Le programme est donné par une suite finie d'instructions élémentaires indiquant, pour des couples (q_i, S_j) état-caractère lu sur le ruban, une des trois actions élémentaires suivantes :

- transition vers un nouvel état q_r et écriture du caractère S_k à la palce de S_j sur le ruban (instruction codée $q_i S_j S_k q_r$) ;
- transition vers un nouvel état q_r et déplacement de la tête de lecture à droite (codé $q_i S_j D q_r$) ;
- transition vers un nouvel état q_r et déplacement de la tête de lecture à gauche ($q_i S_j G q_r$).

Au départ, la MT se trouve dans un état initial q_0 et sur le ruban se trouve la chaîne $\omega \in \Sigma^*$ suivie de caractères *blancs* ; la tête de lecture se trouve sur le premier caractère de ω. Le programme exécute les instructions correspondant à l'état et au caractère lu et ne s'arrête que si la MT se trouve dans un état *final* $q \in F$ ou s'il n'y a pas d'instruction pour le couple (q, S) courant. Lorsque la MT stoppe, les caractères qui se trouvent sur le ruban forment sa réponse. Remarquons qu'une machine de Turing peut ne jamais s'arrêter pour certaines données.

Le langage L accepté par une machine de Turing est l'ensemble des mots de Σ^* sur lesquels la machine de Turing s'arrête avec la réponse « 1 ». Un tel langage est appelé *ensemble récursivement énumérable*. Si la machine de Turing s'arrête sur *tous* les mots de Σ^* (aussi bien ceux de L que de $\overline{L}$) alors L est appelé *ensemble récursif*.

Tout langage défini par une grammaire *semi-thueiennne* (ou grammaire universelle) est récursivement énumérable, donc est accepté par une machine de Turing.

Les machines de Turing sont des automates déterminisites : le non-déterminisme n'est pas nécessaire pour accepter les langages définis par des grammaires universelles. Par contre, des versions non déterministes de MT sont utilisées dans la théorie de la complexité des algorithmes pour définir les classes P et NP.

Un problème P est dit *décidable* s'il existe une machine de Turing qui s'arrête *toujours* soit sur un état q_{oui} pour les données d pour lesquelles P admet une solution soit sur q_{non} si P n'admet pas de solution pour d. Un problème est *semi-décidable* s'il existe une MT qui s'arrête en q_{oui} si P admet une solution pour les données d, mais pour les données telles que P n'a pas de solution la MT peut aussi bien s'arrêter en q_{non} ou continuer indéfiniment. Enfin un problème *indécidable* est un problème qui n'est pas décidable. En fait la décidabilité est équivalente à tester si une certaine donnée appartient à un ensemble récursif et la semi-décidabilité à un ensemble récursivement énumérable. Il existe des problèmes indécidables (le problème de l'arrêt, prouvé par Turing, auquel l'*Entscheidungsproblem* se ramène) ainsi que des problèmes semi-décidables qui ne sont pas décidables (problème de Post).

Bibliographie

Autebert J.-M. (1994), *Théorie des langages et des automates*, Manuels informatiques, Masson.

Béal M-P. et Sendrier N. (2004), « Théorie de l'information et codage », http ://www-igm.univ-mlv.fr/ beal/Enseignement/TheorieInfo/info.ps, 2004.

Clavier J., Coffinet G., Niquil M. et Behr F. (1977), *Théorie et Techniques de la transmission de données, Tome I : Notions fondamentales*, Masson.

Diffie W. et Hellman M.E. (1976), "New directions in cryptography", *IEEE Trans. on Inform. Theory*, 22(6) , p. 644–654.

Gilles B. (1975), *Histoire des techniques*, La Pléiade, Gallimard, Paris.

Gross M. et Lentin A. (1970), *Notions sur les grammaires formelles*, Gauthier–Villars, Paris.

MacWilliams F.-J. et Sloane N.J.A. (1977), *The theory of error-correcting codes* , Amsterdam ; New York ; Oxford : North-Holland.

Marchand P. (2003), *Mathématiques discrètes*, Dunod, Paris.

Papini O. et Wolfmann J. (1995), « Algèbre discrète et codes correcteurs », *Mathématiques et Applications*, 20, Springer-Verlag, Berlin.

Poli A. et Huguet L. (1989), *Codes correcteurs d'erreurs*, Masson.

Shannon C. E. (1948), *A mathematical theory of Communication*, Bell SystemTechnical Journal, vol 27, p 379-423.

Shannon C. E. et Weaver W. (1949), *Mathematical Theory of Communication*, University of Illinois Press.

Singh S. (2002), *Histoire des codes secrets*, J.C. Lattès, Paris.

Stinson D. (1995), *Cryptographie, théorie et pratique*, Vuibert Informatique.

Turing A. (1936), "On computable numbers, with an application to the Entscheidungsproblem", *Proccedings of the London Mathematical Society*, Series 2, vol 48, p. 230–265. En ligne sur http ://www.abelard.org/turpap2/tp2-ie.asp.

Zémor G.(2000), *Cours de cryptographie*, Enseignement des mathématiques, Cassini, Paris.

section I/9

Algorithmique et programmation

Coordination : Jean-Éric Pin

Introduction

Jean-Éric Pin

Cette section est consacrée à trois outils fondamentaux de l'informatique : l'algorithmique, les modèles de machine et les langages de programmation.

Algorithmique

Le mot *algorithme* est dérivé du nom du mathématicien persan Al Khuwârizmî (780-850), dont l'un des ouvrages est aussi à l'origine du mot *algèbre*, mais la notion d'algorithme est beaucoup plus ancienne. Un algorithme est la description de la suite des opérations élémentaires qui permettent de résoudre un problème donné. Le choix des opérations élémentaires dépend du problème et de la précision souhaitée pour la description de sa résolution.

On dispose de plusieurs critères pour comparer l'efficacité des algorithmes. Les deux principaux paramètres sont le *temps d'exécution* et la *mémoire requise* pour mettre en œuvre l'algorithme. Calculer la valeur exacte de ces paramètres présente peu d'intérêt, car ils sont tributaires de beaucoup trop de variables : vitesse du processeur, charge de l'ordinateur, vitesse d'accès au disque, etc. Il est beaucoup plus pertinent de déterminer leur évolution en fonction de la taille des données en résolvant par exemple la question suivante : qu'advient-il du temps de calcul (ou de la mémoire requise), lorsque la taille des données est multipliée par 10, 100 ou 1000 ?

En pratique, on se contente souvent de valeurs asymptotiques, ce qui conduit à utiliser la notation mathématique $O(f)$, où f est une fonction numérique. La *complexité d'un algorithme* est en $O(f(n))$ si son temps de calcul pour des données de taille n est borné par $cf(n)$, où c est une constante, lorsque n tend vers l'infini. La *complexité spatiale* est définie de façon analogue, mais mesure la mémoire utilisée par l'algorithme. Dernière subtilité : on distingue la complexité dans le *pire des cas* qui donne la complexité garantie quelle que soit la distribution des données et la *complexité en moyenne* qui donne le comportement moyen de l'algorithme.

Le meilleur exemple pour illustrer ces notions un peu abstraites, qui est aussi l'un des plus étudiés, est le *problème du tri*, qui consiste à trier un tableau d'éléments suivant un ordre déterminé. Il est facile de concevoir des algorithmes en $O(n^2)$, à la fois en moyenne et dans le pire des cas. C'est le cas du *tri par insertion*, un algorithme que chacun utilise intuitivement pour ranger un jeu de cartes. Il consiste à insérer les cartes une à une parmi les cartes déjà triées.

Il n'est pas si simple d'obtenir un algorithme plus performant. Nous en décrirons sommairement deux. L'algorithme de *tri rapide* (ou *QuickSort*) a été inventé en 1960 par Hoare, à qui l'on doit également le premier compilateur commercial pour le langage Algol 60. Le tri rapide repose sur la notion de partitionnement. On choisit un élément du tableau, appelé *pivot*, puis on permute tous les éléments de façon à ce que tous ceux qui lui sont inférieurs soient à sa gauche et tous ceux qui lui sont supérieurs soient à sa droite. À l'issue de ce processus, le pivot est à sa place définitive. On applique alors récursivement la même procédure sur les sous-tableaux à la gauche et à la droite du pivot. La complexité du tri rapide est en $O(n\log n)$, mais en $O(n^2)$ dans le pire des cas.

Le *tri par fusion* a été proposé en 1945 par John von Neumann, un mathématicien qui a également conçu l'architecture des premiers ordinateurs modernes. Son algorithme repose sur le fait que n comparaisons suffisent à fusionner deux tableaux déjà triés dont la somme des tailles est n. Par exemple, pour fusionner les tableaux

1	5	7	12	18

et

3	10	11

il suffit de comparer leurs premiers éléments, 1 et 3. Le minimum est 1, ce qui fournit le premier élément du tableau trié. Il suffit ensuite d'itérer le procédé avec les tableaux

5	7	12	18	et	3	10	11

jusqu'à épuisement des éléments.

Le tri par fusion consiste à fusionner les éléments un à un, puis deux à deux, quatre à quatre, jusqu'à ce que tous les éléments soient dans le même tableau trié. Sa complexité est en $O(n\log n)$ dans le pire des cas, mais nécessite l'emploi d'un tableau auxiliaire.

Le tableau ci-dessous permet de mieux comprendre les ordres de grandeur des complexités les plus usuelles :

Taille	10	100	1000
$\log_2 n$	3,32	6,64	9,96
n	10	100	1000
$n\log_2 n$	33,2	664	9965
n^2	100	1000	10^6
n^3	1000	10^6	10^9
2^n	1024	1,26 10^{30}	$> 10^{301}$

On voit en particulier que passer d'un algorithme de tri en $O(n^2)$ à un algorithme en $O(n\log n)$ permet de trier plus de cent fois plus vite un tableau à un million d'entrées. Gagner un facteur 100 sur un algorithme permet concrètement d'attendre trois secondes au lieu de cinq minutes, une différence appréciable quand on est au téléphone… Quant au nombre 10^{301} figurant dans le tableau, il est largement supérieur au nombre d'atomes dans l'univers, estimé à 10^{80}…

Les algorithmes usuels peuvent être classés en quelques grandes classes de complexité :

- les algorithmes *en temps constant*, dont la complexité est en $O(1)$, c'est-à-dire indépendante de la taille des données. Certains algorithmes de recherche en table, utilisant des techniques de hachage, ont une complexité moyenne constante ;
- les algorithmes *sous-linéaires*, dont la complexité est en général en $O(\log n)$. C'est le cas par exemple de nombreux algorithmes sur les arbres ;
- les algorithmes *linéaires*, dont la complexité est en général en $O(n)$ ou en $O(n\log n)$ sont considérés comme rapides. Les plus connus sont les algorithmes optimaux de tri et les algorithmes de parcours de graphes ;
- les algorithmes dont la complexité se situe entre *quadratique* (en $O(n^2)$) et *cubique* (en $O(n^3)$) sont plus lents, mais encore acceptables dans certains cas. C'est le cas de la multiplication des matrices et de nombreux algorithmes sur les graphes. Par contre, un algorithme cubique est trop lent pour être utilisé en génomique ;
- les algorithmes polynomiaux en $O(n^k)$ pour $k > 3$ ou exponentiels (notamment ceux de complexité $O(2^n)$) sont impraticables dès que la taille des données dépasse quelques centaines.

On ne peut même pas compter sur la loi de Moore pour améliorer sensiblement un algorithme exponentiel. Cette loi, qui prédit le doublement de la puissance des ordinateurs tous les 18 mois, prévoit bien pourtant une progression de la taille des problèmes traitables par un algorithme exponentiel. Mais cette progression n'est que d'une unité tous les 18 mois, une avancée très insuffisante… Pourtant, même lorsqu'aucun algorithme polynomial n'est connu, tout n'est pas encore perdu. Une heuristique bien choisie permet parfois de résoudre efficacement tel cas particulier d'un problème donné. On utilise aussi très fréquemment des algorithmes qui, sans donner la solution optimale, fournissent une solution approchée. C'est le cas notamment pour les problèmes de découpage (moquette, tissu, métal, etc.). Une autre technique très utilisée consiste à trouver la solution, mais seulement avec une certaine probabilité. Par exemple, bien que l'on connaisse depuis 2002 un algorithme polynomial pour tester si un nombre entier est premier, les cryptographes lui préfèrent des algorithmes plus rapides, mais qui ne donnent qu'une réponse partielle. Ces algorithmes détectent les nombres composés avec une erreur que l'on peut borner a priori, mais ne peuvent garantir la primalité. Enfin, on peut chercher à utiliser un algorithme parallèle afin d'utiliser simultanément la puissance de plusieurs processeurs. On peut même aller au delà, et réquisitionner, via Internet, des milliers d'ordinateurs du monde entier.

Modèles de machine

La définition précise d'un algorithme et de sa complexité est un problème qui a occupé les mathématiciens – et plus particulièrement les logiciens – avant même l'invention des ordinateurs.

Le modèle abstrait créé par Alan Turing, connu désormais sous le nom de *machine de Turing*, a permis de résoudre ce problème de façon satisfaisante. Ces machines modélisent en effet tout ce qui est calculable et en particulier, tout ce qui est réalisable par un langage de programmation.

Les efforts des logiciens ont permis de démontrer l'existence de *problèmes indécidables*. L'un des plus célèbres continue de ruiner les espoirs de bien des apprentis programmeurs : il ne peut exister de « super-programme » capable de détecter si un programme donné comporte ou non une boucle infinie.

Les machines de Turing permettent aussi de définir rigoureusement les classes de complexité. Les plus célèbres sont les classes P et NP. La classe P (resp. NP) désigne l'ensemble des problèmes résolubles en temps polynomial par une machine de Turing déterministe (resp. non déterministe). Proposé en 1979, le problème $P = NP$ est le premier des sept « problèmes du millénaire » pour la résolution desquels l'institut Clay offre un prix d'un million de dollars. Sa signification intuitive est la suivante : si la solution d'un problème peut être *vérifiée* rapidement, peut-on aussi la *trouver* rapidement ? Les amateurs de su-do-ku[1] savent bien qu'il est beaucoup plus facile de vérifier une solution que de la trouver, et on pense donc généralement que P est strictement inclus dans NP. Mais personne n'est parvenu à ce jour à le démontrer…

Si les machines de Turing constituent le modèle de machine le plus général, les *automates finis* en constituent le modèle le plus simple. Contrairement aux machines de Turing, qui possèdent une mémoire potentiellement non bornée, un automate fini ne dispose que d'une mémoire finie. C'est un modèle très proche des circuits digitaux, au point que l'on peut directement implanter certains types d'automates dans le silicium.

Les automates finis constituent un ingrédient de base de la quasi-totalité des modèles de machines qui ont été proposés à ce jour. Contrairement à une opinion assez répandue, les problèmes que l'on peut formuler en termes d'automates ne sont pas pour autant faciles à résoudre. D'une part parce que la théorie des automates elle-même offre une quantité de problèmes non encore résolus, et ensuite parce que la complexité des algorithmes sur les automates peut être rédhibitoire dans certains cas. En particulier, la vérification des systèmes et des protocoles, qui est l'une des applications les plus connues des automates finis, se heurte fréquemment à des phénomènes d'*explosion combinatoire*.

La recherche d'un modèle abstrait de machine a rejoint les préoccupations de linguistes, tels que Noam Chomsky, qui cherchaient une définition mathématique de la notion de grammaire. De ce fait, les linguistes ont fortement influencé la terminologie du domaine. Si l'on dit couramment que les ordinateurs représentent l'information par des suites de 0 et de 1 (ou *bits*), il est préférable, pour une définition abstraite, de ne pas privilégier la représentation binaire. Un *alphabet* désigne simplement un ensemble fini, dont les éléments sont appelés des *lettres*. L'alphabet {0,1} n'est donc qu'un exemple parmi d'autres, même si c'est le plus fréquemment utilisé. Un *mot* est une suite finie de lettres, que l'on note par simple juxtaposition. Ainsi 0211002 est un mot sur l'alphabet {0,1,2}. Un *langage* est un ensemble de mots. L'intérêt de ce formalisme est qu'il permet de représenter de façon abstraite des données de nature très diverse, sans avoir à se préoccuper des détails de cette représentation. Une grammaire est donnée par un ensemble fini de règles. La définition formelle en sera donnée au chapitre « Modèles de machines », mais nous l'illustrerons ici par un exemple très simple : la grammaire constituée des deux règles $S \to 2$ et $S \to 0S1$ engendre le langage {2,021,00211,0002111,…} formé des mots de la forme 0^n21^n, où n est un entier positif ou nul. Par exemple le mot 0002111 est obtenu en appliquant trois fois la deuxième règle, et une fois la première règle, suivant le schéma :

$$S \to 0S1 \to 00S11 \to 000S111 \to 0002111$$

Chomsky a proposé quatre types de grammaires. Le type 0 est le plus puissant et engendre exactement les langages acceptés par des machines de Turing, appelés aussi *langages récursivement énumérables*. Le type 1 définit les langages qui sont reconnus par des machines de Turing dont on a restreint la mémoire (elle doit être linéairement bornée en fonction de la longueur de l'entrée). Le type 2 correspond aux langages acceptés par des *automates à pile*, qui, comme leur nom l'indique, sont des automates finis enrichis par un mécanisme de pile. Enfin le type 3 correspond aux langages acceptés par des automates finis. Ainsi, l'approche par les grammaires rejoint celle basée sur les machines.

Programmation

L'algorithmique permet de préparer la résolution d'un problème en détaillant les opérations élémentaires à accomplir. Il reste ensuite à traduire ces opérations en instructions pour l'ordinateur. C'est le rôle des langages de programmation. Il en existe déjà des centaines,

1. Un jeu de logique fréquemment proposé dans les journaux.

avec de nombreuses variations, et ils font l'objet de recherches très actives.

Le point de vue adopté par le programmeur détermine le style, ou *paradigme* de la programmation. On parle ainsi de langage de programmation de haut ou de bas niveau, orienté objet ou non, de typage statique ou dynamique, impératif ou fonctionnel, etc.. Nous n'évoquerons ici que quatre classes particulièrement importantes : les langages impératifs, fonctionnels et orientés objet et la programmation logique par contraintes.

Un *programme impératif* est constitué d'une suite d'instructions élémentaires qui permettent de modifier l'*état mémoire* du programme. Ce style de programmation a été retenu pour la conception de la quasi-totalité des microprocesseurs. Dans ce cas, l'état d'un programme est décrit par le contenu de la mémoire centrale de l'ordinateur et les instructions élémentaires constituent le *langage machine* spécifique à chaque processeur. Un *langage assembleur* est une traduction d'un langage machine plus lisible pour les humains. Les langages de programmation impératifs utilisent des instructions de plus haut niveau : assignation de variables, branchements, mécanismes de répétition.

Un objectif souvent cité par les programmeurs est de pouvoir écrire un programme sans avoir à se soucier du modèle de microprocesseur ou du système d'exploitation sur lequel il sera exécuté, ce que l'on résume souvent par la formule « s'abstraire de la machine ». L'utilisation de structures de données adéquates (en commençant par les tableaux) va dans ce sens. La notion de sous-programme (ou *procédure*) permet également de mieux structurer les programmes tout en conservant une bonne lisibilité. Mais une procédure reste du domaine de la programmation impérative, car elle ne fait que modifier l'état mémoire. La *programmation fonctionnelle* propose une autre approche. Comme son nom l'indique, on y utilise des fonctions, au sens mathématique du terme, comme la fonction $x \rightarrow x^2 + 1$. Ces fonctions produisent un résultat unique et peuvent intervenir à tous les niveaux : comme paramètres ou comme résultat d'autres fonctions, comme composantes d'une structure de données, etc. Mieux, le programme tout entier est conçu comme une fonction que l'on décrit en s'appuyant sur des techniques issues de la logique, parmi lesquelles la récursion joue un rôle essentiel. Comme les fonctions sont des valeurs manipulables, on peut facilement composer des calculs en programmation fonctionnelle.

Alors que les fonctions sont au cœur de la programmation fonctionnelle, ce sont les *relations* qui sont à la base de la *programmation logique*, dont le langage le plus connu est PROLOG. La *programmation logique par contraintes* fournit un cadre unifié pour la résolution de problèmes définis par des équations, des contraintes et des formules logiques. Elle est née du rapprochement de la programmation logique, des techniques de propagation de contraintes développées en intelligence artificielle et des méthodes d'optimisation conçues en recherche opérationnelle. Il est très facile par exemple d'écrire un programme de résolution de su-do-ku dans un tel langage.

La *programmation orientée objet* privilégie un autre point de vue. Un programme y est vu comme un ensemble de composantes, les *objets*, qui rassemblent au sein d'une même structure de données, appelée *classe*, des opérations et des données. Un objet est un regroupement de données, les *variables d'instance*, et d'opérations sur ces données, les *méthodes d'instance*, respectant l'interface décrite dans la classe. On dit alors que l'objet est une *instance* de la classe.

L'un des grands avantages de cette approche est sa modularité. En effet, le paradigme objet sépare clairement l'*interface* (la partie visible d'un objet) de l'*implantation* (la façon dont les objets sont réellement représentés en mémoire). Comme les objets n'utilisent que les propriétés définies par l'interface, on peut modifier leur représentation interne sans avoir à rebâtir le programme.

En pratique, un langage de programmation peut reposer simultanément sur plusieurs paradigmes. De plus, certains langages ont évolué vers un dialecte à objets, comme C vers C++ et Objective C, ou Caml vers Objective Caml. Par ailleurs, de nombreux langages, qu'ils soient impératifs, fonctionnels ou à objet proposent des extensions de programmation par contrainte.

Quel que soit le paradigme, un langage de programmation peut être soit directement interprété par l'ordinateur, soit traduit en langage machine par un *compilateur* avant d'être exécuté. Utiliser des compilateurs répond au souci des programmeurs de créer des programmes indépendants de l'architecture des processeurs.

Florilège

Nous terminerons cette introduction par un florilège de quelques problèmes classiques qui servent de test de performance pour les langages de programmation. Ainsi le calcul de la fonction *factorielle* $n! = 1 \times 2 \times \cdots \times n$ et de la *suite de Fibonacci*, définie par la récurrence

$$F_0 = 0,\ F_1 = 1 \text{ et, pour } n \geqslant 2,\ F_n = F_{n-1} + F_{n-2},$$

servent souvent de modèles de programme récursif. La récursivité à plusieurs variables est souvent illustrée par le problème des *tours de Hanoi*. Ce problème a été imaginé, puis exploité comme casse-tête par le mathématicien français E. Lucas en 1883. Le jeu est composé de trois axes et d'anneaux enfilés sur ces axes par taille décroissante.

Tours de Hanoi

Le jeu consiste à déplacer tous les anneaux sur l'un des axes libres en un minimum de mouvements. On ne déplace qu'un anneau à la fois et il ne peut être placé que sur un anneau plus grand que lui. On démontre que pour n anneaux, le nombre minimum de déplacements est de $2^n - 1$.

La programmation par contrainte excelle dans la résolution du *problème des n dames*, qui consiste à placer n dames sur un échiquier $n \times n$ sans qu'aucune d'entre elles ne soit en prise. Rappelons que, suivant les règles des échecs, une dame peut capturer toute pièce située sur sa ligne, sa colonne ou l'une de ses deux diagonales.

Présentation de la section

Dans cette section, quatre chapitres et demi sont consacrés à l'algorithmique, trois et demi à la modélisation de la notion de machine et cinq à la programmation.

Le chapitre «Structures de données» présente les structures de données de base sur lesquelles s'appuient la plupart des programmes : tableaux, structures linéaires (listes, piles et files), arbres et graphes.

Le chapitre «Techniques algorithmiques et méthodes de programmation» décrit les principaux types d'algorithmes (déterministes, probabilistes, randomisés, par contrat, sans branchement), puis présente quelques techniques classiques (algorithmes gloutons, programmation dynamique, diviser pour régner, récursivité, utilisation de sentinelles, algorithmes en place) illustrées par des algorithmes classiques (parcours d'arbres, parcours de graphe, tris).

Le chapitre «Algorithmes des graphes et des réseaux» illustre l'utilisation d'algorithmes classiques sur les graphes (parcours de graphe, plus court chemin, arbre couvrant, problèmes de flots, etc.) pour des questions concrètes liées aux réseaux (routage sur Internet, réseau de téléphonie mobile, etc.)

Le chapitre «Algorithmes algébriques» présente un panorama des algorithmes opérant sur des structures algébriques simples (polynômes, entiers, matrices). En particulier, le problème de la factorisation des entiers et la recherche de nombres premiers sont au cœur des recherches en cryptographie moderne.

Le chapitre «Algorithmique parallèle» est consacré aux algorithmes utilisant plusieurs processeurs travaillant en parallèle. Le chapitre explore les différents modèles formels (variantes de machines P-RAM) et illustre l'utilisation du parallélisme sur quelques exemples simples : calculs en chaîne sur une liste, calcul du maximum, diffusion de messages, produits de matrices.

Le chapitre «Automates finis» présente le modèle le plus simple de machine. On y décrit les automates déterministes, non déterministes, les langages rationnels et reconnaissables, puis on s'intéresse aux automates déterministes avec sortie (automates séquentiels). On y présente également divers exemples d'applications issus notamment des industries de la langue.

Le chapitre «Automates et vérification» décrit les applications du modèle des automates finis à la vérification des logiciels, et particulièrement de protocoles. Les automates permettent en effet de décrire les programmes à analyser et les propriétés de leur comportement. Ils donnent aussi une représentation finie de certains ensembles infinis de valeurs.

Le chapitre «Modèles de machines» est consacré aux principaux modèles formels utilisés en informatique, à l'exception des modèles de machine parallèles, qui sont traités dans le chapitre «Algorithmique parallèle». Les composantes d'une machine, les machines de Turing, la notion de problème indécidable, les mesures de complexité, les automates à pile et la hiérarchie de Chomsky sont les ingrédients principaux de ce chapitre.

Le chapitre «Compilateurs» présente l'état de l'art sur les techniques de compilation. On y décrit les différentes phases de la compilation (analyse syntaxique, représentation intermédiaire, optimisation, génération de code), puis les différentes techniques d'optimisation et on termine par la parallélisation automatique et les problèmes posés par les architectures modernes.

Le chapitre «Langages de programmation impératifs» présente les mécanismes classiques des langages impératifs (variables, affectation, évaluation, instructions conditionnelles, boucles, sous-programmes, récursivité). On y décrit ensuite sommairement les plus célèbres de ces langages : Fortran, Algol, Pascal, Modula, COBOL, C, etc.

Le chapitre « Programmation fonctionnelle » décrit les mécanismes de base communs aux langages fonctionnels, les problèmes de typage, d'ordre d'évaluation des expressions et les structures de contrôle. On y évoque les techniques de mises en œuvre (compilation, bibliothèque d'exécution, interopérabilité), puis on décrit brièvement les langages fonctionnels les plus connus (Lisp, Scheme, ML, Miranda, Clean, Haskell et leurs dialectes).

Le chapitre « Langages à objets » revient sur la genèse du modèle objet, présente ses concepts fondateurs, les illustre sur le problème des tours de Hanoi, présente les contributions majeures au domaine du génie logiciel et évoque pour conclure les perspectives futures en programmation.

Le chapitre « Programmation logique et contraintes » présente le cadre et les méthodes de la programmation par contrainte. On y décrit d'abord les différentes procédures de recherche (arbres de recherche, heuristiques, séparation-évaluation, recherche locale, etc.) puis les trois grands modèles d'exécution (résolutions de contraintes, programmation logique avec contraintes et langages concurrents avec contraintes).

Structures de données

Jean-Jacques Lévy

Mots-clés : structure de donnée, enregistrement, tableau, liste, arbre, file, pile, graphe.

Résumé : ce chapitre introduit les structures de données élémentaires qui représentent les ensembles éventuellement ordonnés. Les exemples de programmes qui les manipulent sont exprimés ici dans un langage dont la syntaxe est proche de Java, de C ou de C++ avec une instruction nouvelle « foreach » pour itérer sur tous les éléments d'un ensemble ou d'une suite ordonnée. En outre, l'opérateur « new » construira des éléments de structures de données de manière intuitive, c'est-à-dire sans spécifier rigoureusement le fonctionnement de ce constructeur.

1 Produits cartésiens et enregistrements

Les valeurs manipulées par les programmes sont dans leur grande majorité des scalaires, c'est-à-dire des nombres entiers, des nombres réels, des booléens ou des caractères. Mais, on veut aussi souvent manipuler des paires de scalaires, comme les coordonnées (x, y) d'un point dans le plan, ou des triplets (x, y, z) dans l'espace à trois dimensions. La majorité des langages de programmation se servent de la notion d'enregistrement pour représenter des n-uplets de valeurs. Ainsi

```
struct Point { int x; int y; }
```

permet de définir des points `p = new Point(3,0)` ou `q = new Point(1,2)`. Pour obtenir l'abscisse de `p`, on utilise la notation qualifiée `p.x` ; de même l'ordonnée de `q` est `q.y`.

Les champs d'un enregistrement peuvent être de types différents. Ainsi

```
struct Ami {
  String nom; String prenom; int age;
}
```

est un enregistrement à trois champs donnant les nom, prénom et âge d'un ami. Le nom de l'ami `a` est `a.nom` ; de même pour le prénom `a.prenom` et l'âge `a.age`. Certains langages de programmation autorisent la manipulation directe de n-uplets, que l'on peut affecter à des variables quelconques ou qui peuvent être retournés comme résultats de fonction. Nous ne traiterons pas de cet aspect dans ce chapitre.

2 Tableaux

Le tableau unidimensionnel est la structure de donnée de base en informatique. Une collection d'éléments $\langle a_0, a_1, \ldots a_{n-1} \rangle$ $(n \geqslant 0)$ est représentée par un tableau linéaire $a[\,]$ de n éléments rangés consécutivement en mémoire ; on accède directement au k-ième élément $a[k-1]$ en un coût constant. Par exemple, un ensemble de quatre amis est décrit par le tableau :

```
Ami[ ] ami = new Ami[4];
ami[0] = new Ami("Durand", "Léa", 39);
ami[1] = new Ami("Kaci", "Abdel", 32);
ami[2] = new Ami("Garcia", "Jo", 38);
ami[3] = new Ami("Mint", "Shula", 28);
```

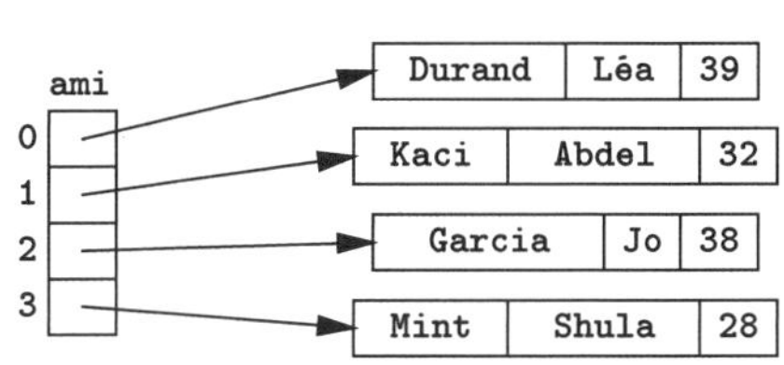

Avec ce tableau **ami**, on vient de construire un minuscule répertoire, encore appelé une table en informatique. Pour retrouver l'âge de Jo Garcia, il suffit de parcourir les champs nom du tableau **ami**, de vérifier son prénom, et de trouver l'information voulue dans le champ âge au même indice. Ainsi on compare successivement **ami[0].nom** à Garcia, puis **ami[1].nom**, puis **ami[2].nom**. On peut également faire des recherches croisées, et trouver les noms et prénoms des personnes d'âge compris entre 35 et 40 ans. La structure de tableau sert souvent à construire des tables, des index, ou de petites bases de données comme avec un logiciel de tableur.

Il y a de multiples manières de faire les recherches en table, toutes plus savantes les unes que les autres. La plus connue, la recherche dichotomique, consiste à ranger le tableau par ordre alphabétique sur le champ **nom**, et à faire une recherche sur la table en regardant si le nom recherché est avant ou après l'indice du milieu de la table ; puis on itère sur le début ou la fin de la table, jusqu'à trouver le nom recherché. Le lecteur intéressé est invité à se reporter au chapitre « Techniques algorithmiques et méthodes de programmation » ou au livre (Sedgewick, 1988) pour une étude extensive de la recherche en table.

On aurait aussi pu se passer des enregistrements et représenter notre répertoire par trois tableaux de même taille mis en parallèle, comme suit :

```
String[ ] nom = new String[4], prenom =
   new String[4], age = new String[4];
nom[0] = "Dupont"; prenom[0] = "Léa";
nom[1] = "Kaci"; prenom[1] = "Abdel";
nom[2] = "Garcia"; prenom[2] = "Jo";
nom[3] = "Mint"; prenom[3] = "Shula";
age[0] = 39; age[1] = 32;
age[2] = 38; age[3] = 28;
```

Mais cette représentation n'est pas modulaire, puisque les données relatives à un même ami sont dispersées sur trois tableaux. Le choix entre la première solution (la tableau d'enregistrements) et cette dernière solution (trois tableaux en parallèle) est très représentative des choix à faire dans la représentation informatique des données dans un programme.

Les tableaux à deux dimensions sont souvent représentés par des tableaux de tableaux. Ainsi une matrice $(m_{ij})_{i,j}$ devient un tableau $m[\,]$ dont chaque ligne est un tableau unidimensionnel. On écrit $m[i][j]$ pour accéder à l'élément m_{ij}. De même, les tableaux à N dimensions sont des tableaux unidimensionnels dont chaque élément est un tableau à $N-1$ dimensions.

La structure de tableau unidimensionnel est présente dans tous les langages de programmation, car elle colle à la structure de la mémoire des ordinateurs ; elle est donc très facile à implanter efficacement. Mais cette structure en a aussi le défaut : il est plus difficile d'implanter des tableaux à plusieurs dimensions, et impossible d'avoir des tableaux dont la taille varie après leur création.

Dans les langages modernes, la taille d'un tableau est fixée à sa création ; et on ne peut plus la changer par la suite. La taille d'un tableau est souvent accessible par une primitive spéciale, par exemple **ami.length** donne la taille (4) du tableau des amis. Les tableaux sont homogènes alors que les enregistrements ne le sont pas. Tous les éléments d'un tableau ont le même type ; on considère des tableaux d'entiers, ou de réels, ou de triplets, etc. ; alors que les divers champs d'un enregistrement n'ont pas forcément le même type.

3 Listes

Quand le nombre d'éléments d'un ensemble varie dans le temps, on préfère utiliser la structure de liste. Une liste est une suite ordonnée d'éléments $\langle a_0, a_1, \ldots a_{n-1}\rangle$. Le premier élément a_0 est la *tête* de la liste ; la liste $\langle a_1, a_2, \ldots a_{n-1}\rangle$ des éléments suivants est la *queue* de la liste. Quand $n = 0$, la liste est *vide* ; elle correspond à l'ensemble vide.

On accède séquentiellement aux éléments d'une liste ; pour lire la valeur de a_k, on doit accéder à a_0, puis à $a_1, \ldots$ puis à a_{k-1}, et enfin à a_k. Pour chaque élément, on stocke en mémoire une cellule de liste, c'est-à-dire une paire ⟨valeur, suivant⟩, qui permet d'accéder au champ valeur et de trouver l'emplacement mémoire de la cellule suivante dans la liste. Le premier champ correspond à la tête de liste ; le deuxième à sa queue. Ainsi on n'a pas à implanter consécutivement en mémoire les cellules contenant les éléments d'une liste. Comme pour les tableaux, les listes sont homogènes. Une liste de nombres réels se déclare comme suit :

```
struct Liste {float valeur; Liste suivant;}
...
Liste nombres = new Liste(3.1,
  new Liste(2.7, new Liste(1.4,
    null)));
```

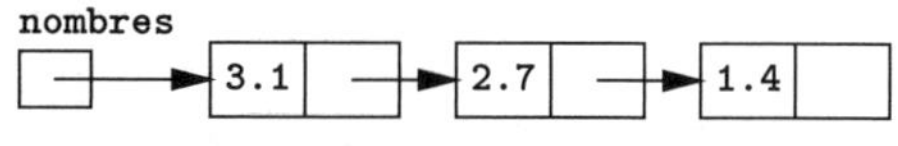

où **null** représente la liste vide. On obtient le réel 3.1 par **nombres.valeur** ; 2.7 par **nombres.suivant.valeur** ; et 1.4 comme **nombres.suivant.suivant.valeur**. On peut également définir des listes d'amis, dont le champ **valeur** a alors un type **Ami**.

```
struct Liste {Ami valeur; Liste suivant;}
...
Liste amis =
 new Liste(new Ami("Durand", "Léa", 39),
 new Liste(new Ami("Kaci", "Abdel", 32),
 new Liste(new Ami("Garcia", "Jo", 38),
 new Liste(new Ami("Mint", "Shula", 28),
 null))));
```

De nouveau, le prénom de l'ami `Garcia` est obtenu par `amis.suivant.suivant.valeur.prenom`.

Comme annoncé, l'intérêt des listes est de représenter des ensembles de taille dynamique. Pour ajouter un élément à une liste, il suffit de le rajouter en tête de liste. Ainsi, on ajoute 1.7 en créant une nouvelle cellule dont la valeur est 1.7 et le champ suivant pointe vers l'ancienne liste :

```
nombres = new Liste(1.7, nombres);
```

La nouvelle liste de nombres contient donc la suite $\langle 1.7, 3.1, 2.7, 1.4 \rangle$. Mais pour garder la liste de nombres en ordre décroissant, on aurait dû ajouter 1.7 en troisième position en faisant :

```
nombres.suivant.suivant = new
  Liste(1.7, nombres.suivant.suivant);
```

Cette caractéristique de pouvoir insérer un élément de liste en n'importe quelle position a longtemps été un des gros avantages des listes, puisque la modification d'un ensemble ne coûtait que la taille de la cellule insérée en occupation mémoire.

Avec la taille mémoire des ordinateurs actuels, cet argument est moins vrai. Souvent on recopie le début de la liste jusqu'à la place de l'insertion, sans aboutir à un coût exorbitant, l'avantage des listes par rapport au tableau restant qu'on n'a pas à recopier toute la structure pour l'insertion d'un nouvel élément. Par ailleurs, ce style de programmation, parfois dénommé fonctionnel, considère les listes comme des données immuables ; il favorise le traitement concurrent des structures de données où plusieurs fils de calcul manipulent une même donnée ; il rend aussi la programmation plus sûre et donc plus facile à mettre au point.

Pour bien comprendre la programmation fonctionnelle sur les listes, il est commode de voir le type des listes comme décrit par l'équation suivante :

$$\text{Liste} = \text{Liste\_vide} + \text{Élément} \times \text{Liste}$$

puisqu'une liste est soit la liste vide, soit une cellule contenant la valeur d'un élément et un pointeur vers la deuxième cellule de la liste (donc assimilable elle-même à une liste). Cette équation peut se justifier mathématiquement ; ici nous n'en garderons que le coté intuitif. L'important est de comprendre qu'un principe d'induction structurelle existe sur les listes : toute propriété vraie sur une liste doit être vraie sur la liste vide, ou sur une paire $\langle$Élément, Liste$\rangle$. Toute fonction manipulant une liste peut être définie par récurrence à partir de la liste **null** et de la paire $\langle$valeur, suivant$\rangle$. Ainsi la longueur d'une liste se définit récursivement par

```
int longueur(Liste x) {
  if (x == null) return 0;
  else return 1 + longueur(x.suivant);
}
```

De même l'insertion de e en n-ième position se définit par

```
Liste inserer(float e, int n, Liste x) {
  if (x == null) return null;
  else if (n == 0) return new Liste(e, x);
  else return new Liste(x.valeur,
    inserer(e, n-1, x.suivant));
}
```

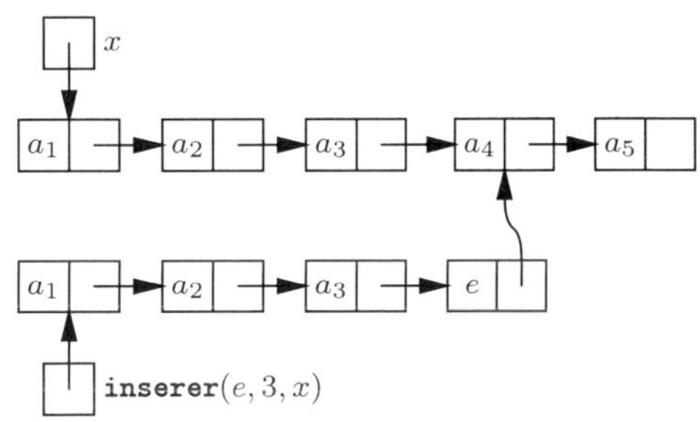

La concaténation de deux listes x et y s'écrit aussi

```
Liste concat(Liste x, Liste y) {
  if (x == null) return y;
  else return new Liste(x.valeur,
    concat(x.suivant, y));
}
```

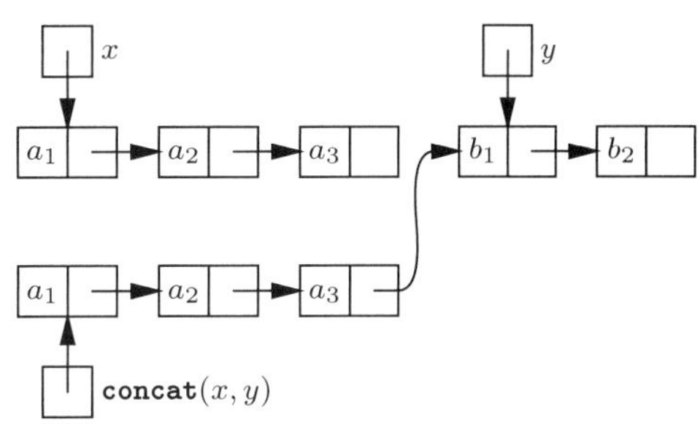

ou encore l'image miroir

```
Liste miroir(Liste x) {
  if (x == null) return null;
```

```
  else return concat(x.suivant,
    new Liste(x.valeur, null));
}
```

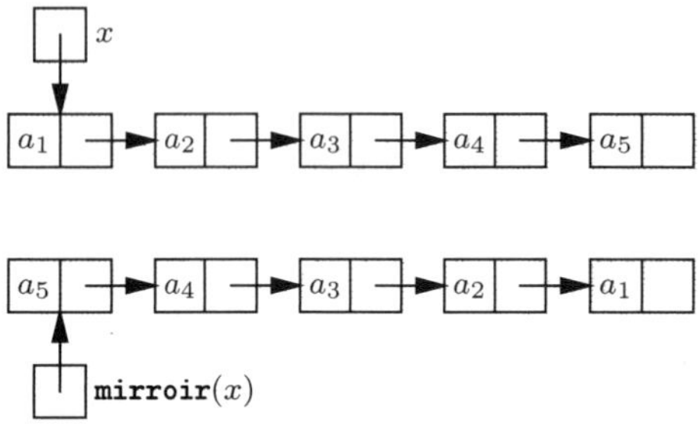

En utilisant des structures de données modifiables et, donc, un style de programmation plus dangereux, on réécrit les fonctions précédentes comme suit :

```
Liste insererM(float e, int n, Liste x) {
  if (x == null) return null;
  else if (n == 0) return new Liste(e, x);
  else { x.suivant =
      insererM(e, n-1, x.suivant));
    return x;
} }
```

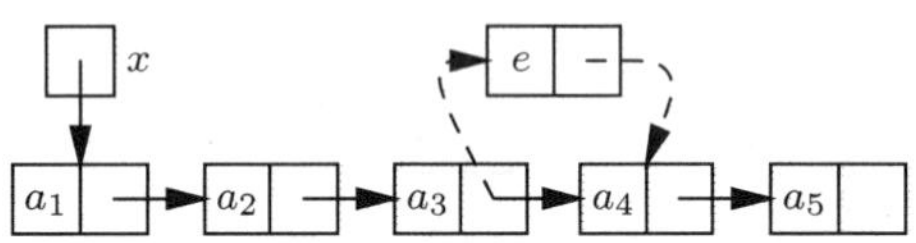


```
Liste concatM(Liste x, Liste y) {
  if (x == null) return y;
  else { x.suivant =
    concatM(x.suivant, y);
    return x;
} }
```

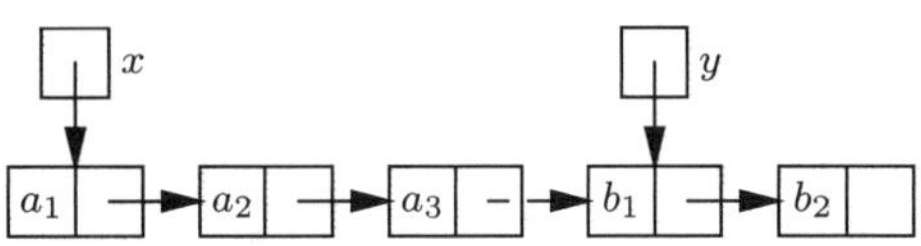


```
Liste miroirM(Liste x) {
  return miroir1M(null, x);
}

Liste miroir1M(Liste y, Liste x) {
  if (x == null) return y;
  else {
    Liste z = x.suivant;
    x.suivant = y;
    return miroir1M(x, z);
} }
```

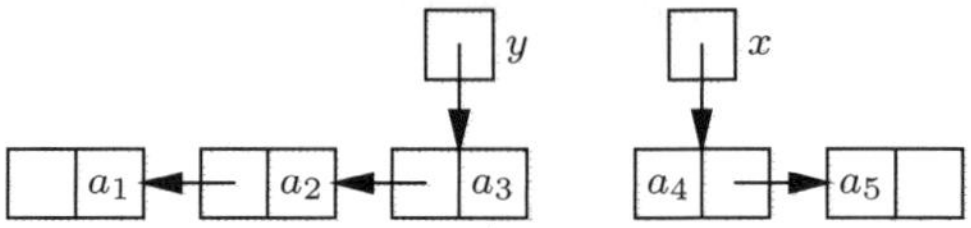

La manipulation des listes demande donc un choix entre les représentations immuables ou modifiables. Dans le premier cas, on suit la définition inductive des listes ; les fonctions sur les listes sont donc des fonctions récursives suivant la définition récursive du type des listes.

4 Arbres

Les arbres de l'informatique sont représentés à l'envers par rapport à la botanique. La racine est en haut, les feuilles sont en bas.

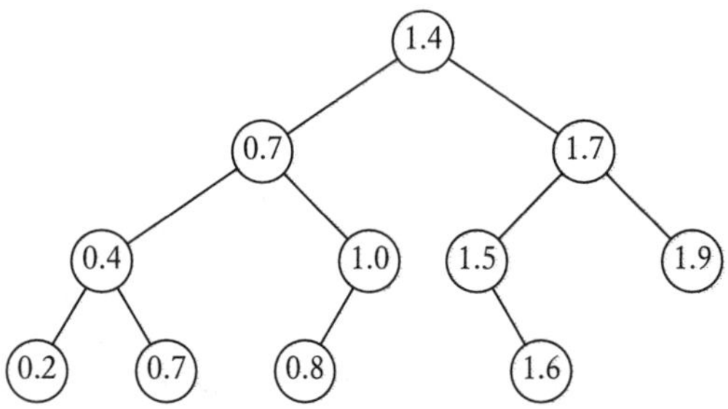

Pour trouver 0.8 en partant de la racine de l'arbre, on part dans le sous-arbre de gauche dont la racine vaut 0.7, puis dans le sous-arbre de droite dont la racine vaut 1.0, puis dans son sous-arbre de gauche, qui n'ayant pas de sous-arbre est considéré comme une feuille.

Il y a de multiples raisons de considérer des structures de données arborescentes. D'abord, la recherche en table sur un ensemble de taille dynamique s'organise naturellement avec un arbre. Comme déjà vu, un tableau trié en ordre croissant (un dictionnaire de français par exemple) permet d'avoir une recherche en table plus rapide (en $\log n$ opérations) sur un ensemble de n éléments. Mais si le nombre n varie dans le temps, les listes sont inefficaces pour représenter cette table. On considère plutôt un arbre dont la racine est l'élément du milieu de la table et le sous-arbre de gauche décrit la table des éléments plus petits que la valeur du milieu et le sous-arbre de droite décrit la table des éléments plus grands que la valeur du milieu.

On peut montrer qu'alors la recherche en table prend un temps de l'ordre de $\log n$ opérations si l'arbre est bien équilibré. Nous laissons à nouveau les finesses de la recherche en table aux ouvrages spécialisés : (Cormen et al., 1990; Sedgewick, 1988).

Les arbres servent aussi à exprimer des ensembles de données partiellement ordonnées, comme par exemple la structure hiérarchique d'une entreprise, ou la généalogie d'une famille. Les arbres sont aussi utiles pour représenter la syntaxe des termes en calcul symbolique, dans les systèmes de démonstration automatique, dans les assistants de preuves mécaniques, dans les passes internes d'un compilateur. Les arbres décrivent aussi le contrôle récursif d'un programme ; ils sont souvent la représentation d'un ensemble de données sur lequel s'appuie un algorithme utilisant le principe « Diviser pour régner ».

Le traitement des arbres diffère peu de celui des listes. Nous ne considérons pour l'instant que les arbres binaires, où tout nœud de l'arbre a au plus deux sous-arbres. La représentation des arbres binaires suit celle des listes. À chaque nœud de l'arbre, on fait correspondre une cellule contenant un triplet ⟨valeur, gauche, droite⟩, où le premier champ donne la valeur du nœud, et les deuxième et troisième champs sont les sous-arbres de gauche et de droite. Les feuilles sont donc des nœuds sans sous-arbre gauche, ni sous-arbre droit. Comme pour les listes et tableaux, les arbres sont homogènes. Un arbre de réels se déclare comme suit :

```
struct Arbre { float valeur;
  Arbre gauche; Arbre droite;
}
...
Arbre nombres = new Arbre(2.7
  new Arbre(2.2
    new Arbre(1.4, null, null),
    new Arbre(1.7, null, null)),
  new Arbre(3.1,
    null,
    new Arbre(3.6, null, null)));
```

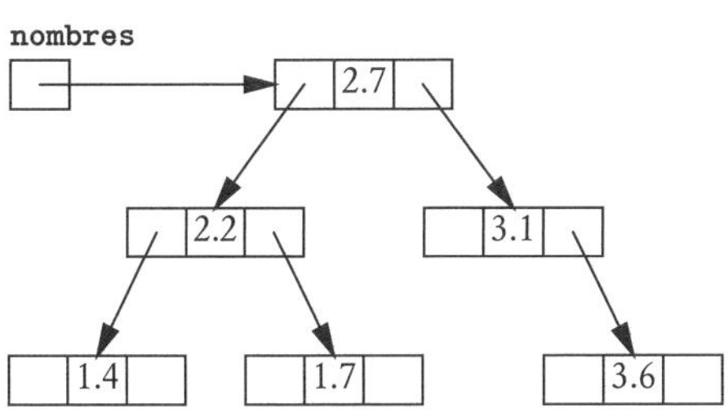

où **null** représente l'arbre vide. La constante 2.7 s'obtient par `nombres.valeur` ; la constante 3.1 comme `nombres.droite.valeur` ; et 1.7 par `nombres.gauche.droite.valeur`. On peut à nouveau considérer un arbre d'amis, dont le champ valeur a alors le type `Ami`, et les ranger par ordre alphabétique sur leur nom. Nous ne le faisons pas explicitement, mais il faudrait utiliser une représentation très similaire au cas des listes d'amis.

Comme pour les listes, le type des arbres peut être vu abstraitement comme décrit par l'équation suivante :

$$\text{Arbre} = \text{Arbre\_vide} + \text{Arbre} \times \text{Élément} \times \text{Arbre}$$

puisqu'un arbre est soit l'arbre vide, soit une cellule contenant la valeur d'un élément et deux pointeurs vers le sous-arbre de gauche et vers le sous-arbre de droite. Les programmes sur les arbres peuvent donc suivre un principe d'induction structurelle, associant leur contrôle récursif à la définition récursive du type des arbres. Ainsi la hauteur d'un arbre se définit récursivement par :

```
int hauteur(Arbre a) {
  if (a == null) return 0;
  else return 1 + max(
    hauteur(a.gauche), hauteur(a.droite));
}
```

C'est donc la longueur (plus un) du plus long chemin menant de la racine aux feuilles. De même l'insertion de e dans un ensemble ordonné représenté par un arbre a s'écrit (en style fonctionnel) :

```
Arbre inserer(float e, Arbre a) {
  if (a == null)
    return new Arbre(e, null, null);
  else if (e < a.valeur)
    return inserer(e, a.gauche);
  else
    return inserer(e, a.droite);
}
```

Les arbres équilibrés sont des arbres où la différence entre les hauteurs des sous-arbres de gauche et de droite est bornée par un petit nombre pour tout nœud. L'application itérée de la fonction précédente peut fortement déséquilibrer un arbre. Si on veut garder un temps d'accès en $\log n$ pour les éléments d'un ensemble ordonné de n éléments, on doit donc régulièrement rééquilibrer l'arbre. Des méthodes sophistiquées le font très efficacement : arbres 2-3-4, arbres bicolores, etc.

La fonction `inserer` parcourt les arbres dans l'ordre préfixe. On distingue classiquement trois types de parcours sur les arbres pour visiter tous ses nœuds. Dans l'ordre préfixe, on considère d'abord la racine, puis le sous-arbre de gauche, et enfin le sous-arbre de droite. Dans l'ordre infixe, on rend visite d'abord au sous-arbre de gauche, puis à la racine, et enfin au sous-arbre de droite. Dans l'ordre postfixe, on considère d'abord le sous-arbre de gauche, puis le sous-arbre de droite et enfin la racine. Sur le premier exemple de cette partie, les suites des valeurs des nœuds correspondant aux parcours préfixe, infixe et postfixe sont respectivement :

$$\langle 1.4, 0.7, 0.4, 0.2, 0.7, 1.0, 0.8, 1.7, 1.5, 1.6, 1.9\rangle$$
$$\langle 0.2, 0.4, 0.7, 0.7, 0.8, 1.0, 1.4, 1.5, 1.6, 1.7, 1.9\rangle$$
$$\langle 0.2, 0.7, 0.4, 0.8, 1.0, 0.7, 1.6, 1.5, 1.9, 1.7, 1.4\rangle$$

Les arbres de syntaxe abstraite sont à la base de la représentation des termes ou des formules dans le calcul symbolique. Considérons un petit exemple de formules propositionnelles comme $x \cdot \bar{y} + \bar{x} \cdot y$ où x et y ont des valeurs booléennes, où $+$ et $\cdot$ désignent le OU et le ET booléen, et où $\bar{x}$ désigne le complément de x. Nous voulons évaluer de telles propositions quand les valeurs de x et y sont fixées. Nous prenons 0 et 1 comme valeurs booléennes.Et donc $0 = 0 + 0$, $1 = 1+x = x+1, 0 = 0 \cdot x = x \cdot 0, 1 = 1 \cdot 1, \bar{x} = 1 - x$. Nous supposons qu'il n'y a que deux variables booléennes x et y, dont les valeurs sont données par un enregistrement :

```
struct Environnement { int x; int y; }
```

Ainsi `e.x` et `e.y` seront les valeurs booléennes de x et y dans l'environnement e.

L'arbre de syntaxe abstraite d'une proposition booléenne est un arbre binaire dont les valeurs des nœuds sont les caractères `'+'`, `'.'`, `'-'`, `'x'`, `'y'`, `'0'`, `'1'` selon que l'opérateur associé au nœud est l'union, l'intersection, le complément, la valeur de la variable x, la valeur de la variable y, la constante 0 ou la constante 1. Ainsi l'arbre de syntaxe abstraite associée à la formule $x \cdot \bar{y} + \bar{x} \cdot y$ est :

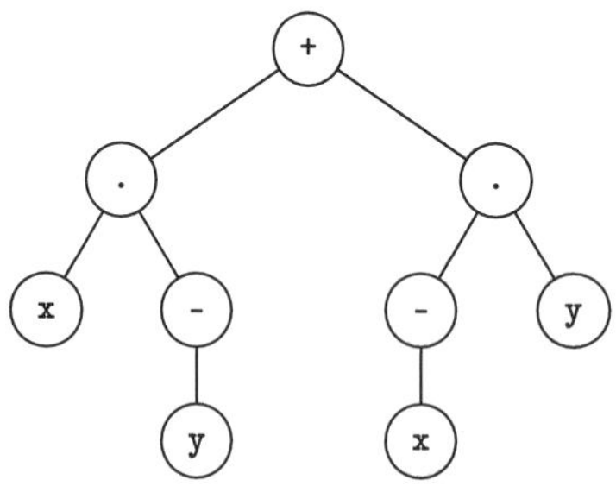

L'évaluation d'une formule booléenne pour un certain environnement de ses variables s'écrit donc :

```
int evaluer(Arbre a, Environnement e) {
  if (a.valeur == '+')
    return min(1, min(
     evaluer(a.gauche, e),
     evaluer(a.droite, e)));
  else if (a.valeur == '.')
    return evaluer(a.gauche, e)
         * evaluer(a.droite, e);
  else if (a.valeur == '-')
    return 1 - evaluer(a.gauche, e);
  else if (a.valeur == '0') return 0;
  else if (a.valeur == '1') return 1;
  else if (a.valeur == 'x') return e.x;
  else if (a.valeur == 'y') return e.y;
}
```

où la fonction précédente est définie pour tout arbre non vide.

En notation polonaise postfixe, l'expression $x \cdot \bar{y} + \bar{x} \cdot y$ s'écrit `xy-.x-y.+`, où il n'y a plus de parenthèses et où tout opérateur figure sans ambiguïté après ses opérandes. (Ce fut pendant longtemps la seule notation acceptée pour calculer des expressions arithmétiques sur des calculettes). On génère cette représentation en faisant un parcours postfixe sur l'arbre de syntaxe abstraite de toute expression booléenne :

```
void postfixe(Arbre a) {
  if (a.valeur == '+') {
    postfixe(a.gauche); postfixe(a.droite);
    print('+');
  } else if (a.valeur == '.') {
    postfixe(a.gauche); postfixe(a.droite);
    print('.');
  } else if (a.valeur == '-') {
    postfixe(a.gauche); print('-');
  } else print(a.valeur);
}
```

Enfin, au-delà des arbres binaires, les arbres n-aires ont les nœuds qui peuvent avoir jusqu'à n sous-arbres. La représentation et les algorithmes sur ces arbres sont très similaires à celle et ceux développés pour les arbres binaires.

5 Files d'attente

Les files d'attente interviennent dès qu'il existe des événements concurrents. Très souvent les requêtes asynchrones à un serveur sont stockées dans une file, où le premier arrivé est le premier servi (FIFO, *first in, first out*). Par exemple, dans les circuits électroniques ou dans la transmission de données, beaucoup de fonctions doivent temporiser les requêtes avant de les servir. Ces circuits ou routeurs contiennent des FIFO. Également, certains parcours de structures de données utilisent des files d'attente.

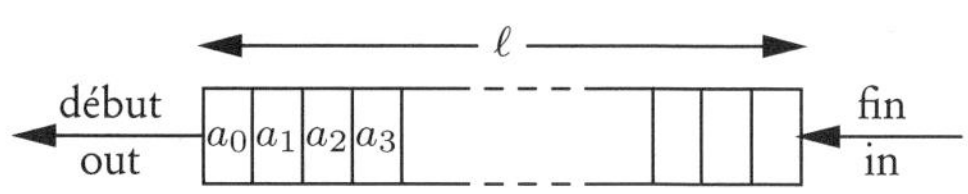

Une file f est une suite ordonnée d'éléments $\langle a_0, a_1, \ldots a_{\ell-1}\rangle$ ($\ell \geqslant 0$), modifiable par deux opérations : `ajouter`(x, f) qui ajoute x à la fin de la file f pour donner la file $\langle a_0, a_1, \ldots a_{\ell-1}, x\rangle$;

supprimer(f) qui retourne l'élément a_0 en tête de la file f et le retire de la file qui devient $\langle a_1, \dots a_{\ell-1}\rangle$

Traditionnellement, il y a deux représentations possibles pour une file d'attente. La première est statique et utilise un tampon circulaire ; la deuxième est dynamique et utilise une liste. Un tampon circulaire est un tableau c avec deux indices **debut** et **fin**. La taille n du tableau représente la taille maximale de la file ($\ell \leqslant n$). La file correspond à la partie du tableau dont l'indice est compris entre **debut** (inclus) et **fin** (exclu). Pour récupérer la place rendue par plusieurs suppressions dans c, on considère c comme un tableau circulaire, le suivant dans la file de $c[n-1]$ étant $c[0]$. Au bout de quelques ajouts et suppressions, on peut donc avoir **fin** $<$ **debut**. Ceci donne une ambiguïté quand **fin** $=$ **debut**, puisqu'on ne sait si la file est vide, ou pleine. On ajoute deux indicateurs **vide** et **pleine**. La file est donc représentée par l'enregistrement :

```
struct FIFO {
  float[ ] c;
  int debut, fin; boolean vide, pleine;
}
```

Le programme des deux opérations sur les files devient :

```
void ajouter(float x, FIFO f) {
  int n = f.c.length;
  if (f.pleine)
    error("File Pleine.");
  f.c[f.fin] = x;
  f.fin = (f.fin + 1) % n;
  f.vide = false;
  f.pleine = f.fin == f.debut;
}

float supprimer(FIFO f) {
  int n = f.c.length;
  if (f.vide)
    error("File Vide.");
  int res = f.c[debut];
  f.debut = (f.debut + 1) % n;
  f.vide = f.fin == f.debut;
  f.pleine = false;
  return res;
}
```

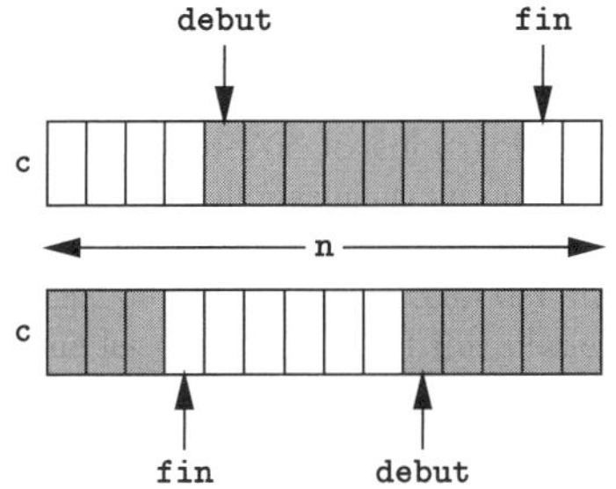

La deuxième représentation des files est dynamique, puisque ne faisant pas d'hypothèse sur la taille maximale de la file. La file est représentée par la liste de ses éléments $\langle a_0, a_1, \dots a_{\ell-1}\rangle$, ainsi que par deux champs **debut** et **fin** pointant respectivement sur le premier et le dernier élément de la file. Ainsi on rajoute un élément derrière le dernier élément en modifiant le champ suivant de **fin** et en refaisant pointer **fin** vers le nouveau dernier élément ; et on supprime le premier de la file en donnant comme nouvelle valeur de **debut** la valeur de son ancien champ suivant. Ces opérations sont donc simples, mais il faut traiter à part le cas de la file vide. On peut la représenter par la liste vide, et chacune des opérations doit tester si le champ **debut** ou **fin** a la valeur **null**. Nous sautons les programmes correspondants qui ne sont que de simples manipulations de listes. Il faut néanmoins remarquer que cette représentation des files est moins compacte, puisque pour chaque élément il faut aussi garder un pointeur vers le suivant.

6 Piles

La structure de pile est duale de la structure de file d'attente. Une pile p est une suite d'éléments $\langle a_0, a_1, \dots a_{h-1}\rangle$ ($h \geqslant 0$) avec deux opérations **ajouter**(x, p) et **supprimer**(p) comme pour les files, mais la politique de suppression est LIFO (*last in, first out*). C'est donc le dernier ajouté qui sort le premier de la pile. Les piles sont moins utilisées que les files, car très souvent elles ont un substitut : la récursivité. En effet, les piles servent principalement à compiler les programmes récursifs ; ce sont donc des opérations utilisées par le code machine, mais moins souvent dans un langage de programmation moderne. Toutefois, il existe des programmes où on a toujours besoin de piles, par exemple un programme récursif qui contient une autre récursivité cachée ; mais ces cas sont peu fréquents.

La structure de pile a un intérêt pédagogique. En effet, les deux représentations des files sont facilement adaptables pour être utilisées pour les piles. Il existe donc deux implantations des piles. Une première représentation statique range la pile dans un tableau c, et utilise un indice h donnant la hauteur de la pile, tel que $c[0] = a_0$, $c[1] = a_1$, ... $c[h-1] = a_{h-1}$. La hauteur de la pile est donc bornée par la taille n du tableau c ($h \leqslant n$). Une pile est donc représentée par l'enregistrement :

```
struct Pile {
  float[ ] c;
  int hauteur;
}
```

L'opération **ajouter**(x, p) consiste donc à incrémenter la valeur de h et à ranger x en $c[h-1]$. De même, l'opération **supprimer**(p) retourne $a[h-1]$ et décrémente h. Comme pour les files, il faut tester si la pile est vide ($h = 0$) avant une suppression, ou si la pile est pleine ($h = n$) avant un ajout. Dans le cas des piles, on dit qu'on empile x pour un ajout ; on dépile lors d'une suppression ; et l'élément à l'indice $h-1$ est aussi appelé le sommet de pile.

Une structure dynamique est également possible pour les piles, quoique très peu utilisée. Il suffit de représenter la file par la liste $\langle a_{h-1}, \dots a_1, a_0\rangle$ des éléments de la pile en ordre inversé. Alors pour **ajouter**(x, p), on insère x en début de liste ; et pour **supprimer**(p), on remplace la liste par sa queue. De nouveau, il faut tester le cas où la liste est vide avant toute suppression, mais il n'y a pas de borne supérieure (sauf la mémoire de l'ordinateur) lors d'un empilement.

7 Graphes

Un graphe $G = (S, A)$ a un ensemble S de sommets et un ensemble A d'arcs. Un arc a relie un sommet s à un sommet t ; le premier est l'origine de l'arc, le deuxième est son extrémité. Un exemple de graphe est le plan d'une ville dont les sommets sont les carrefours et les arcs sont les rues (avec leur sens de circulation). Un autre exemple est le plan d'un métro dont les sommets sont les stations et les arcs sont les liens entre stations directement reliées. Il y a bien d'autres exemples ; les graphes interviennent dès qu'une relation binaire (les arcs) existe dans un ensemble d'éléments (les sommets). Un bel exemple est le graphe des diviseurs illustré ci-dessous, où un arc relie un sommet divisant un autre. On dit qu'un graphe est non orienté si chaque fois qu'un arc existe entre s et t, il existe aussi l'arc inverse de t à s. Pour les graphes non orientés, on parle souvent d'arêtes au lieu d'arcs. Un parisien averti sait que le graphe du métro de Paris est un graphe orienté, mais très souvent le graphe d'un métro est non orienté.

Un chemin dans un graphe est une suite d'arcs a_1, a_2, … a_n, tels que l'origine de a_{i+1} est l'extrémité de a_i ($1 \leqslant i < n$). Un chemin élémentaire ne passe pas deux fois par un même sommet ; toutefois l'origine de son premier arc peut être égal à l'extrémité de son dernier arc. Dans ce cas, on dit que le chemin forme un cycle. Un graphe non orienté est donc cyclique dès qu'il a une arête. Les graphes orientés sans cycles sont très utiles ; ce sont les *dags* (*directed acyclic graphs*). Les dags représentent par exemple les dépendances entre tâches dans la construction d'un projet ; dans le cas d'un projet informatique, ils correspondent aux dépendances entre modules, nécessaires pour compiler ou exécuter un gros programme. Un arbre est un autre exemple de dag, où il n'existe qu'un seul chemin entre la racine et tout sommet.

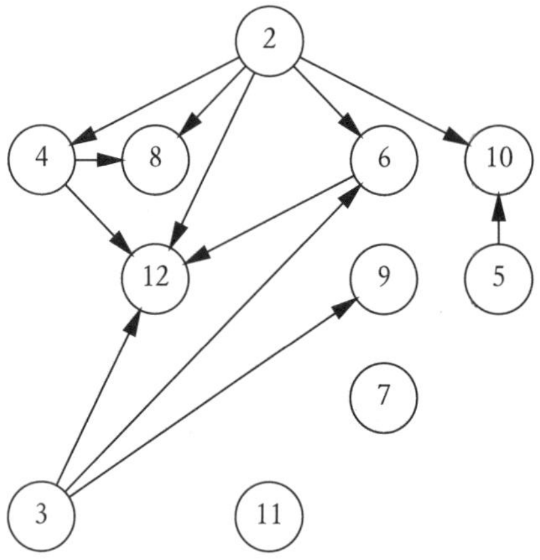

Il y a deux représentations classiques des graphes. La première, statique, représente un graphe de n sommets par une matrice $n \times n$ d'adjacence (m_{ij}), dont chaque élément m_{ij} est un booléen valant vrai s'il existe un arc du i-ème sommet vers le j-ème sommet, et faux sinon. Une deuxième représentation, toujours statique, utilise un tableau **succ** de n listes donnant pour le i-ème sommet x_i la liste **succ**$[i]$ des *successeurs* de x_i, c'est-à-dire l'ensemble des numéros des extrémités des arcs issus de x_i. Par exemple, dans le graphe des diviseurs, alors **succ**$[3]$ est la liste $\langle 12, 9, 6\rangle$. On peut rendre cette représentation dynamique en considérant une liste de sommets au lieu du tableau **succ** et des listes de sommets directement reliés à chaque sommet par un arc. Mais en général le nombre des sommets d'un graphe ne change pas ; et l'utilité d'une représentation dynamique d'un graphe est discutable. Un graphe est donc l'enregistrement suivant :

```
struct Graphe { Liste[ ] succ; }
```

où **Liste** est une simple liste d'entiers (désignant pour chaque sommet la liste de ses successeurs).

Il existe de multiples algorithmes sur les graphes, grande source d'inspiration pour les algorithmiciens. Nous ne décrivons ici que les parcours de graphes. Le premier de ces parcours est le parcours en profondeur (*depth-first-search*, ou plus simplement *dfs*. Il s'agit de parcourir tous les sommets d'un graphe sans boucler et en ne rendant visite qu'une seule fois à chaque sommet. La technique utilisée est celle du petit Poucet ; on dépose un caillou sur les sommets par lesquels on passe, et on évite de passer une deuxième fois par un sommet sur lequel il y a déjà un caillou. Informatiquement, on associe une couleur à chaque sommet : un sommet est blanc s'il n'a pas encore été parcouru, un sommet est gris s'il est en cours de visite, un sommet est noir si on a fini de lui rendre visite. Le programme de parcours en profondeur demande donc une initialisation pour mettre à blanc tous les sommets du graphe ; puis on effectue le parcours par la fonction récursive `dfs`(x) qui effectue un parcours *dfs* à partir du sommet de numéro x.

```
void visiter(Graphe g) {
  int n = g.succ.length;
  int[ ] couleur = new int[n];
  foreach x in 0..n-1 do
    couleur[x] = BLANC;
  foreach x in 0..n-1 do
    if (couleur[x] == BLANC)
      dfs(g, x, couleur);
}

void dfs(Graphe g, int x, int[ ] couleur){
  couleur[x] = GRIS;
  foreach y in g.succ[x] do
    if (couleur[y] == BLANC)
      dfs(g, y, couleur);
  couleur[x] = NOIR;
}
```

Le parcours en largeur (*breadth first search*, ou plus simplement *bfs*) explore le graphe selon la distance à un sommet de départ. On choisit un sommet x quelconque comme sommet de départ, puis on rend visite à tous les sommets, non déjà explorés, directement accessibles depuis le sommet de départ, puis aux sommets directement accessibles depuis les sommets directement accessibles depuis le sommet de départ, etc. Il faut donc maintenir une file d'attente pour enregistrer dans l'ordre les sommets à explorer. À chaque étape, on retire le sommet x en tête de la file en ajoutant les successeurs de x, non déjà explorés, au bout de la file. Ce qui donne le programme suivant :

```
void visiter(Graphe g) {
  int n = succ.length;
  int couleur = new int[n];
  FIFO f = new FIFO(n);
  foreach x in 0..n-1 do
    couleur[x] = BLANC;
  foreach x in 0..n-1 do
    if (couleur[x] == BLANC) {
      FIFO.ajouter(f, x);
      couleur[x] = GRIS;
      bfs(g, f, couleur);
} }

void bfs(Graphe g, FIFO f,
                    int[ ]couleur){
  while ( f.vide() == false ) {
    int x = FIFO.supprimer(f);
    foreach y in g.succ[x] do
      if (couleur[y] == BLANC) {
        FIFO.ajouter(f, y);
        couleur[y] = GRIS;
      couleur[x] = NOIR;
} } }
```

Dans le parcours *bfs*, la couleur d'un sommet devient grise dès qu'on l'ajoute dans la file pour éviter de retrouver un même sommet plusieurs fois dans la file ; cette technique est donc différente de celle utilisée pour *dfs* qui grise les sommets quand on leur rend visite, car, dans le parcours *dfs*, on traite immédiatement un sommet blanc. Cette différence est donc minime. Le principe de base consiste bien dans les deux cas à ne parcourir qu'une seule fois tous les sommets du graphe. (Remarquons que le parcours *dfs* peut aussi être réalisé comme *bfs* avec une pile au lieu d'une file.)

À tout parcours de graphe, on associe une structure arborescente correspondant à l'ordre dans lesquels les sommets sont ajoutés dans l'ensemble des sommets à visiter. Dans le parcours *dfs*, c'est l'arbre des appels à la procédure récursive `dfs`. Cette structure arborescente est appelée *forêt de recouvrement* ou souvent plus simplement *arbre de recouvrement*. Un arbre de recouvrement est donc un arbre dont les nœuds sont tous les sommets du graphe à recouvrir, et les branches sont des arcs reliant directement les sommets. Il y a donc plusieurs arbres de recouvrement possibles pour un même graphe, selon les sommets de départ pour parcourir le graphe, et selon la méthode de parcours. Beaucoup des algorithmes sur les graphes sont en fait des algorithmes sur les arbres de recouvrement associés.

Comme exemple d'algorithme sur les graphes, considérons la découverte d'un chemin vers la sortie d'un labyrinthe. Le labyrinthe est donné par un graphe, avec un sommet de départ d et un sommet de sortie s. On veut donc écrire une fonction `chemin` qui retourne comme résultat un chemin de d à s, s'il existe. (On suppose au début que tous les sommets sont blancs.)

```
Liste chemin(int d, int s,
                     int[ ]couleur){
  couleur[d] = GRIS;
  if (d == s)
    return new Liste(d, null);
    foreach x in succ[d] do {
    if (num[x] == BLANC) {
      Liste r = chemin(x, s);
      if (r != null)
        return new Liste(d, r);
  } }
  return null;
}
```

Dans cette fonction, on peut admirer la puissance de la récursivité associée au parcours *dfs*. La fonction est donc naturellement écrite comme fournissant un chemin de d à s s'il existe un arc de d à x et un chemin de x à s. Remarquons que ce chemin n'est pas forcément le plus court menant à la sortie. Pour trouver un chemin plus court, il vaut mieux faire un parcours *bfs*, mais la fonction est alors moins esthétique.

8 Conclusion

Les tableaux, listes, arbres, files et piles ne sont que des représentations différentes d'ensembles éventuellement ordonnés ; chaque représentation a sa propre politique pour ajouter, insérer, ou supprimer un élément. L'art du programmeur consiste à bien choisir sa représentation en fonction de ses besoins. En fait, les paramètres ne sont pas si nombreux : structure statique pour les ensembles dont le nombre d'éléments est borné, ou structure dynamique, souvent moins compacte, où il n'y a pas de borne sur le nombre d'éléments ; structures immuables avec partage pour la programmation fonctionnelle, ou structures modifiables avec effets de bord. De manière générale, il faut toujours utiliser la structure la plus simple, car la simplicité est souvent synonyme d'écriture de programmes corrects. Il faut aussi tenir compte des progrès fulgurants dans la vitesse des ordinateurs qui amoindrissent les gains supposés avec des structures trop sophistiquées. Enfin, on doit bien évaluer le nombre d'éléments des ensembles manipulés. Si ce nombre est petit, il ne faut pas hésiter à utiliser les structures les plus simples avec des recopies si l'ensemble change de taille.

Il existe d'autres structures de données, telles que les graphes valués, les arbres équilibrés ou des structures plus spécifiques. Les algorithmes associés sont souvent époustouflants. Mais ces structures sont presque toujours construites à partir des structures de base vues dans ce chapitre ; et souvent on plaque ces structures plus élémentaires sur ces nouvelles structures (comme, par exemple, pour recouvrir les graphes par des arbres ou des forêts).

Il est donc important de choisir les structures de données en fonction de la taille des ensembles manipulés et des opérations que l'on veut mettre en œuvre sur ces ensembles de valeurs.

Bibliographie

Sedgewick, R. (1988). *Algorithms.* Addison-Wesley. En français : *Algorithmes en langage C*, trad. par Jean-Michel Moreau, InterEditions, 1991.

Weis, P. and Leroy, X. (1993). *Le langage Caml.* InterEditions.

Lévy, J.-J. (2004). *Informatique Fondamentale.* École polytechnique.

Cori, R. and Lévy, J.-J. (1992). *Algorithmes et programmation.* École polytechnique.

Cormen, T. H., Leiserson, C. E., and Rivest, R. L. (1990). *Algorithms.* the MIT Press.

Knuth, D. E. (1968). *Fundamental Algorithms. The Art of Computer Programming, vol. 1.* Addison Wesley.

Abelson, H. and Sussman, G. J. (1985). *Structure and Interpretation of Computer Programs.* the MIT Press.

Techniques algorithmiques et méthodes de programmation

Paul Zimmermann

Mots-clés : algorithme déterministe, probabiliste, randomisé, en place, par contrat, sans branchement, glouton, programmation dynamique, diviser pour régner, récursivité, parcours en profondeur, en largeur, sentinelle.

Résumé : ce chapitre décrit quelques techniques algorithmiques et méthodes de programmation fondamentales, sans prétendre être exhaustif. Chaque concept est illustré par un exemple.

Il est difficile de situer précisément l'origine de la notion d'« algorithme ». Certains auteurs citent Euclide (vers 300 avant J.-C.) et son algorithme de calcul du plus grand commun diviseur, mais le mot « algorithme » est sans doute apparu bien après : d'autres auteurs pensent que c'est une déformation du nom du mathématicien Al Khwarizmi, qui a vécu au IXe siècle.

Toujours est-il que la notion d'algorithme a connu un essor au XXe siècle avec l'apparition des ordinateurs. Un algorithme est en effet une version « générique » d'un programme ; dit autrement, un programme est une déclinaison d'un algorithme dans un langage de programmation donné. Paradoxalement, il n'existe pas de véritable standard pour décrire les algorithmes (une sorte de langage universel comme l'esperanto) ; ils sont usuellement décrits en « pseudo-code », proche d'un langage de programmation, mais sans forcément en respecter la syntaxe.

Il est important de bien connaître les principales techniques algorithmiques : celles-ci permettent en effet une manipulation efficace des structures de données classiques (voir le chapitre « Structures de données »). Les méthodes de programmation quant à elles permettent, pour un problème donné, de trouver une solution meilleure, plus efficace ou plus esthétique.

1 Techniques algorithmiques

1.1 Algorithmes déterministes, probabilistes

Un algorithme est dit *déterministe* lorsque son comportement dépend uniquement des entrées. Une classe importante d'algorithmes non déterministes est celle des algorithmes *probabilistes*, dont l'exécution dépend de paramètres aléatoires ou pseudo-aléatoires. On distingue deux grandes sous-classes d'algorithmes probabilistes :

- les algorithmes *Monte Carlo*, où c'est l'exactitude du résultat qui est aléatoire, mais dont le temps de calcul est déterministe :

  Tri Monte Carlo.
  Entrée : liste $[a_1, \ldots, a_n]$.
  Sortie : liste presque triée.
  pour $i \leftarrow 1$ **à** n^2 **faire**
    $j \leftarrow \mathrm{rand}(1 \ldots n-1)$
    si $a_j > a_{j+1}$ **alors**
      Échange(a_j, a_{j+1})

  Dans l'algorithme ci-dessus, le nombre d'itérations est fixé à n^2, mais la liste résultat n'est pas forcément triée.
  Certains algorithmes d'intégrale numérique multidimensionnelle utilisent des points tirés aléatoirement : ce sont des algorithmes Monte Carlo.

- les algorithmes *Las Vegas*, où c'est le temps de calcul qui est aléatoire, mais dont le résultat est toujours exact :

Tri Las Vegas.
Entrée : liste $[a_1, \ldots, a_n]$.
Sortie : liste triée.
$i \leftarrow 1$
tant que $i < n$ **faire**
  $j \leftarrow \text{rand}(i \ldots n-1)$
  si $a_j \leqslant a_{j+1}$ **alors**
    si $j = i$ **alors** $i \leftarrow i+1$
  sinon { $a_j > a_{j+1}$ }
    Échange(a_j, a_{j+1})
    si $j = i > 1$ **alors** $i \leftarrow i-1$

Contrairement au « tri Monte Carlo », le « tri Las Vegas » produit toujours une liste triée. En effet, on peut vérifier l'invariant suivant : les éléments $a_1, \ldots, a_i$ sont triés par ordre croissant. Lorsque a_i est échangé avec a_{i+1}, la sous-liste $a_1, \ldots, a_{i-1}$ reste triée ; sinon, lorsque $a_i \leqslant a_{i+1}$, alors $a_1, \ldots, a_{i+1}$ est triée. Il reste à vérifier que l'algorithme termine. Si le générateur aléatoire est uniforme, il finira par produire $j = i$. Alors de deux choses l'une : soit $a_j > a_{j+1}$ et le nombre d'inversions de la liste diminue strictement, sinon i augmente, ce qui ne peut se faire indéfiniment. (Si on remplace $j \leftarrow \text{rand}(i \ldots n-1)$ par $j \leftarrow i$, on retrouve le tri par insertion.)

Un algorithme reliant deux nœuds d'un graphe connexe, en choisissant des arêtes aléatoirement, est aussi de type Las Vegas, puisqu'il finira par trouver le nœud cible, au bout d'un temps de parcours éventuellement très grand.

1.2 Algorithmes randomisés

Un algorithme est dit *randomisé* lorsqu'il a été modifié pour être insensible à la distribution de ses entrées. Prenons l'exemple du tri : la plupart des algorithmes ont un comportement extrêmement variable suivant la liste à trier. Ainsi, le tri par insertion est très rapide pour une liste presque triée, pour laquelle au contraire le tri rapide (*quicksort*) est très lent.

Un algorithme de tri randomisé commence par permuter de façon aléatoire la liste donnée en entrée. Ainsi, quelle que soit la distribution de cette liste (presque triée, triée en sens inverse, ou quelconque), le coût *en moyenne* de l'algorithme sera le même, puisque la liste permutée suit une distribution uniforme.

Tri randomisé.
Entrée : une liste $l = [a_1, \ldots, a_n]$.
Sortie : liste triée.
$\text{Trie}(\text{permute}(l))$.

Toutefois, la liste permutée peut correspondre au pire des cas : la « randomisation » n'a donc d'effet que sur le coût moyen de l'algorithme !

1.3 Algorithmes par contrat

Dans certains cas, on dispose de ressources limitées – temps de calcul et/ou espace mémoire – pour trouver une réponse à un problème donné. C'est la problématique du « temps réel », par exemple pour un joueur d'échec, trouver en moins de cinq minutes le meilleur coup. Une fois le temps imparti dépassé, le résultat n'a plus aucune valeur, aussi bon fût-il. Un algorithme *par contrat* tient compte de la limite imposée pour optimiser la recherche. On pourra ainsi, par exemple, essayer de trouver une première solution par un algorithme rapide mais pas forcément optimal, avant de lancer une recherche plus coûteuse.

L'algorithme ci-dessous illustre la programmation par contrat. Soit A un arbre de degré quelconque, dont chaque nœud n contient une clé entière $k(n)$, et dont on veut chercher une petite clé en un temps imparti T.

La signification des variables de l'algorithme est la suivante : l est la liste des sous-arbres restant à traiter, $k_{\min}$ est la plus petite clé trouvée, t le temps courant, n l'arbre courant qu'on assimile au nœud racine de cet arbre. Les fonctions début et reste renvoient respectivement le premier élément d'une liste, et la liste privée de celui-ci.

Minimum par contrat.
Entrée : un arbre A, un temps T.
Sortie : un minimum partiel de A.
$l \leftarrow [A]$
$k_{\min} \leftarrow +\infty$;
pour $t \leftarrow 1$ **à** T **tant que** $l \neq []$ **faire**
  $n \leftarrow \text{début}(l)$
  si $k(n) < k_{\min}$ **alors** $k_{\min} \leftarrow k(n)$
  $l \leftarrow \text{reste}(l) :: \text{fils}(n)$
Renvoyer $k_{\min}$.

La fonction fils(n) renvoie la liste des fils du nœud n, et $l :: m$ concatène les listes l et m. Cet algorithme parcourt au plus T nœuds de l'arbre A, via un parcours en largeur d'abord (cf. §2.5).

1.4 Algorithmes sans branchement

Une classe quelque peu exotique est celle des algorithmes *sans branchement*. Un tel algorithme ne comporte aucun test (**si-alors-sinon**, **tant que** ou **répéter-jusqu'à**). Son comportement est donc complètement déterministe, et peut être décrit par une simple suite d'instructions. Par exemple, un algorithme de tri sans branchement est appelé « réseau de tri ». Un réseau de tri est un circuit contenant n entrées, n sorties, et un nombre quelconque de portes de comparaison, prenant chacune deux entrées a, b, et les renvoyant triées.

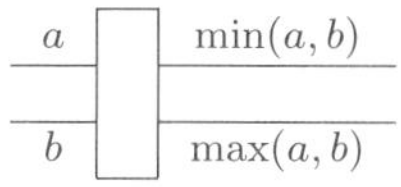

Figure 1 Une porte de comparaison

La figure ci-dessous représente un réseau de tri avec trois portes de comparaison.

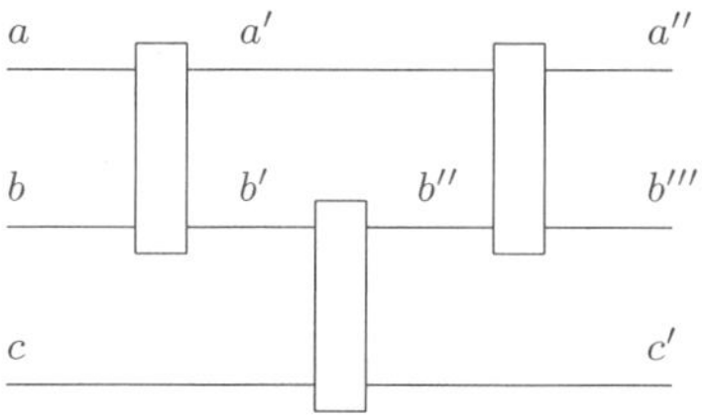

Figure 2 Un réseau de tri pour trois nombres

Il suffit pour s'en convaincre de vérifier que la plus petite valeur se retrouve bien en a'', et la plus grande en c'. Un tel réseau peut aussi s'écrire sous forme linéaire :

trie(l_1, l_2)
trie(l_2, l_3)
trie(l_1, l_2)

où $l = [a, b, c]$ initialement, et la procédure trie(l_i, l_j) échange l_i et l_j si $l_i > l_j$.

L'intérêt d'un algorithme sans branchement est qu'il s'implante très facilement par voie matérielle. Au niveau logiciel, il se compile mieux, puisque le compilateur n'a aucune prédiction de branchement à effectuer, et peut donc effectuer à l'avance un plus grand nombre d'instructions.

2 Méthodes de programmation

2.1 Algorithmes gloutons

De nombreux problèmes d'optimisation sont difficiles à résoudre, car une solution localement optimale ne donne pas forcément une solution (globalement) optimale. Si l'on cherche par exemple le minimum d'une fonction réelle, on peut se trouver « piégé » par un minimum local. Certains problèmes font exception : un algorithme *glouton*, c'est-à-dire faisant un choix optimal localement, peut s'avérer très efficace, voire donner la solution optimale.

Soit par exemple le problème du *rendu de monnaie* : comment rendre la monnaie pour une somme de n euros, avec un nombre minimal de pièces. Si l'on dispose de pièces de 1, 2, et 5 euros (en supposant que cette dernière existe), l'algorithme glouton consiste à utiliser le plus grand nombre possible de pièces de 5 euros, puis de 2 euros, et enfin de 1 euro :

Algorithme RenduMonnaie(n).
$a \leftarrow \lfloor n/5 \rfloor$
$b \leftarrow \lfloor (n - 5a)/2 \rfloor$
$c \leftarrow n - 5a - 2b$
Rendre a pièce(s) de 5 euros,
  b pièce(s) de 2 euros,
  et c pièce(s) de 1 euro.

On peut montrer que cet algorithme est optimal.

Pour le problème du rendu de monnaie, l'algorithme glouton ne donne pas toujours la solution optimale. Il suffit pour s'en convaincre de considérer des pièces de 1, 3 et 4 euros. Pour rendre la monnaie de 6 euros, l'algorithme glouton utilise trois pièces $(4 + 1 + 1)$, alors que la solution optimale n'en utilise que deux $(3 + 3)$.

2.2 Programmation dynamique

La *programmation dynamique* est une des principales techniques de programmation. L'idée sous-jacente est la suivante. Il arrive souvent qu'on calcule plusieurs fois la même valeur au cours de l'exécution d'un algorithme. Un exemple classique est le calcul du n-ième nombre de Fibonacci, défini par la récurrence $f_n = f_{n-1} + f_{n-2}$, avec les valeurs initiales $f_0 = 0, f_1 = 1$. L'algorithme « naïf » est le suivant :

Algorithme Fib0(n).
si $n \leqslant 1$ **alors** n
sinon Fib0$(n-1)$ + Fib0$(n-2)$.

Le nombre F_n d'appels à Fib0 pour calculer f_n vérifie la récurrence $F_n = F_{n-1} + F_{n-2}$, avec les valeurs initiales $F_0 = F_1 = 1$, ce qui donne $F_n = f_{n+1}$. Sachant que f_n croît exponentiellement avec n, un tel programme peut calculer à la rigueur $f_{30} = 832040$, mais certainement pas $f_{100} = 354224848179261915075$. On constate que Fib0$(n)$ calcule deux fois f_{n-2} : une fois directement via l'appel récursif Fib0$(n-2)$, et une seconde fois lors de l'appel Fib0$(n-1)$.

Une fois identifié le fait que la même valeur est utilisée plusieurs fois au cours d'un algorithme, il existe plusieurs façons de mettre en œuvre la programmation dynamique.

La plus facile est d'utiliser une *mémo-fonction*, si le langage de programmation utilisé le permet. Par exemple avec le langage de calcul formel Maple, on peut écrire :

```
f := proc(n) option remember;
  if n < 2
    then n
    else f(n-1) + f(n-2)
  fi
end:
```

La *méthode par recensement* consiste à utiliser un tableau auxiliaire contenant les valeurs déjà calculées, en utilisant une valeur spéciale – ici négative – pour marquer les entrées non initialisées :

Algorithme Fib1(n).
Init : $T_0 = 0$, $T_1 = 1$, $T_n = -1$ sinon.
si $T_n = -1$ **alors**
  $T_n \leftarrow$ Fib1$(n-1)$ + Fib1$(n-2)$
Renvoyer T_n.

Dans certains cas, on peut aussi transformer l'algorithme pour ne calculer qu'une seule fois chaque valeur, la stocker directement dans une table, et y faire référence par la suite :

Algorithme Fib2(n).
$T_0 \leftarrow 0$; $T_1 \leftarrow 1$
pour $i \leftarrow 2$ **à** n **faire**
  $T_i \leftarrow T_{i-1} + T_{i-2}$
Renvoyer T_n.

Une telle transformation n'est pas toujours facile ni même possible. On préférera alors la méthode par recensement, qui a l'avantage de garantir qu'on ne calcule pas plus que les valeurs effectivement nécessaires.

Il n'est pas toujours aisé d'identifier un problème se prêtant à la programmation dynamique ; cependant il est primordial de le faire, car cela peut faire passer d'une complexité exponentielle à une complexité polynomiale, comme le montre l'exemple du calcul du n-ième nombre de Fibonacci.

2.3 Diviser pour régner

Le principe « diviser pour régner » est une autre technique algorithmique. Le principe est simple : pour résoudre un gros problème, se ramener à plusieurs problèmes similaires de plus petite taille, et à partir de leurs solutions, reconstruire celle du gros problème.

Dans le domaine du tri, le *tri fusion* illustre parfaitement ce principe :

Algorithme TriFusion.
Entrée : liste $[a_1, \ldots, a_n]$.
Sortie : liste triée.
si $n \leqslant 1$ **alors** renvoyer $[a_1, \ldots, a_n]$
$m \leftarrow \lceil n/2 \rceil$
$b \leftarrow$ TriFusion$([a_1, \ldots, a_m])$
$c \leftarrow$ TriFusion$([a_{m+1}, \ldots, a_n])$
Renvoyer Fusion(b, c).

Pour simplifier l'exposition, on a omis le détail de la routine Fusion(b, c), qui fusionne deux listes triées, en sélectionnant au fur et à mesure le plus petit de leurs minima respectifs.

Recherche par dichotomie

Une incarnation importante du principe « diviser pour régner » est la *recherche par dichotomie.* Cette méthode s'applique lorsque l'on cherche une valeur dans une liste triée, et utilise le fait trivial que la valeur cherchée se trouve soit dans la première moitié, soit dans la seconde :

RechercheDichotomique.
Entrée : $[a_1, \ldots, a_n]$ triée, $b \leqslant a_n$.
Sortie : indice j si $a_j = b$, 0 sinon.
$i \leftarrow 0$; $j \leftarrow n$
tant que $i + 1 < j$ **faire**
  $k \leftarrow \lceil \frac{i+j}{2} \rceil$
  si $a_k < b$ **alors** $i \leftarrow k$
  sinon $j \leftarrow k$
Renvoyer(**si** $a_j = b$ **alors** j **sinon** 0).

Il faut faire attention dans une telle recherche que l'instruction **tant que** ne boucle pas indéfiniment, et que l'indice de la valeur testée – ici a_k – soit valide. Pour cela, on utilise un *invariant* de boucle : ici, c'est $a_i < b \leqslant a_j$, avec $0 \leqslant i < j \leqslant n$, et par convention a_0 plus petit que b (noter cependant que a_0 n'est jamais utilisé dans l'algorithme). Lorsque la boucle s'arrête, on a $i + 1 = j$, et par conséquent $a_{j-1} < b \leqslant a_j$, d'où la correction de l'algorithme.

Calcul de rang

Une variante de la recherche par dichotomie est le calcul de rang. Soit s une bijection croissante de $\mathbb{N}^*$ dans un ensemble ordonné S. Pour fixer les idées, soit la fonction qui à un entier i associe le i-ème nombre premier ; ainsi $s(10^6) = 15485863$. Le problème du calcul de rang est le suivant : étant donné $b \in S$, trouver l'unique entier i tel que $b = s(i)$. Sur notre exemple, il s'agit par exemple de trouver l'entier i tel que 1000003 est le i-ème nombre premier. Ce problème peut se résoudre de la manière suivante. Dans un premier temps on détermine une borne supérieure pour i, par exemple en calculant $s(2^k)$ pour $k = 0, 1, 2, \ldots$, et en comparant l'objet obtenu à b ; on obtient ainsi un encadrement $2^k < i \leqslant 2^{k+1}$. Il suffit ensuite de remplacer a_k par $s(k)$ dans le programme « RechercheDichotomique » ci-dessus pour trouver le rang cherché.

2.4 Récursivité

Un programme est dit *récursif* lorsqu'il s'appelle lui-même, comme par exemple le calcul du n-ième nombre de Fibonacci (§2.2). On dit aussi que deux programmes f et g sont *mutuellement récursifs* lorsque f appelle g, et g appelle f.

Une sous-classe importante à (re)connaître est celle des programmes *récursifs terminaux*. Un tel programme est de la forme suivante,

Programme p(arguments).
...
[corps du programme]
...
p(paramètres).

où le corps du programme ne contient aucun appel à p. Ainsi, l'algorithme suivant est récursif terminal :

Algorithme pgcd (récursif).
Entrée : a, b entiers
Sortie : $\text{pgcd}(a, b)$
si $b = 0$ **alors** renvoyer a
Renvoyer $\text{pgcd}(b, a \bmod b)$.

Un programme récursif terminal se compile très facilement, puisqu'il suffit de se replacer au début du corps du programme, en ayant simplement remplacé les arguments de p par les paramètres de l'appel terminal. On peut donc facilement transformer un tel programme en un programme itératif, c'est-à-dire sans appel récursif :

Algorithme pgcd (itératif).
Entrée : a, b entiers
Sortie : $\text{pgcd}(a, b)$
tant que $b \neq 0$ **faire**
  $(a, b) \leftarrow (b, a \bmod b)$
Renvoyer a.

Néanmoins, la plupart des compilateurs actuels reconnaissent très bien les programmes récursifs terminaux, et une telle transformation n'apporte plus de gain sensible, et au contraire peut même ralentir le programme !

2.5 Parcours d'arbre

Les algorithmes de parcours d'arbre constituent une sous-classe importante. Ils sont par exemple utilisés pour rechercher une occurrence d'un objet dans un arbre, pour lire ou afficher une structure de DAG (*directed acyclic graph* en anglais, soit graphe orienté sans cycle). Il existe de multiples façons de parcourir un arbre. On distingue usuellement le *parcours en profondeur* et le *parcours en largeur*. Dans le parcours en profondeur, on visite la première branche rencontrée jusqu'aux feuilles, avant de passer à la seconde branche. Au contraire, dans le parcours en largeur, on visite d'abord tous les nœuds à profondeur 1, puis ceux à profondeur 2, et ainsi de suite. Les deux types de parcours s'expriment de façon unifiée en utilisant une liste des nœuds à parcourir, que l'on emplit par le début pour le parcours en profondeur, et par la fin pour le parcours en largeur :

Parcours en profondeur.
Entrée : arbre A.
$l \leftarrow [A]$
tant que $l \neq []$ **faire**
  $n \leftarrow \text{début}(l)$
  visiter n
  $l \leftarrow \text{fils}(n) :: \text{reste}(l)$

Parcours en largeur.
Entrée : arbre A.
$l \leftarrow [A]$
tant que $l \neq []$ **faire**
  $n \leftarrow \text{début}(l)$
  visiter n
  $l \leftarrow \text{reste}(l) :: \text{fils}(n)$

Ces deux manières de remplir la liste des nœuds à traiter correspondent respectivement aux structures de pile et de file (voir chapitre « Structures de données »).

Arbre minimax et recherche alpha-bêta

Il arrive souvent qu'on cherche à optimiser une valeur sur un arbre. Considérons par exemple le jeu Othello (ou Réversi). C'est un jeu à deux joueurs, qui se pratique sur un carré de $64 = 8 \times 8$ cases, avec des pions blancs d'un côté et noirs de l'autre. Au départ, les quatre cases centrales sont occupées avec deux pions côté blanc en diagonale, et deux côté noir. À tour de rôle, chaque joueur pose un pion de sa couleur, et retourne tous les pions de la couleur adverse qui sont entourés – en ligne, colonne ou diagonale – par le pion posé et un autre pion de la même couleur. Si on prend comme fonction d'évaluation d'une position le nombre de pions blancs, la stratégie du joueur « blanc » consiste à chercher dans un arbre la branche lui garantissant le gain maximal, sachant qu'au niveau inférieur l'adversaire agit de même, c'est-à-dire cherche à minimiser le gain. Un algorithme déterminant une telle stratégie optimale est dit de type « minimax », comme l'arbre ci-dessous. Suivant la parité du niveau, un nœud reçoit comme valeur le maximum ou le minimum des valeurs de ses fils (figure 3).

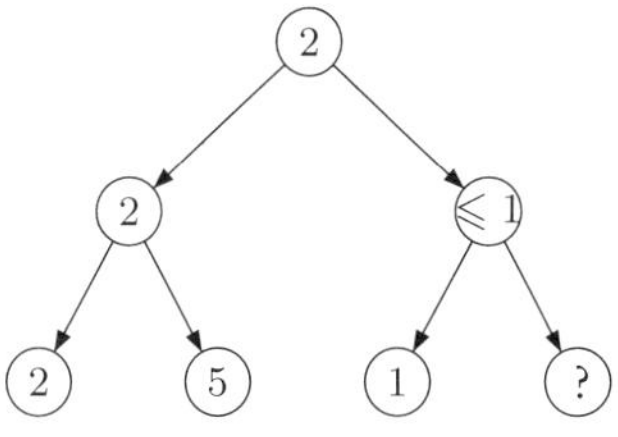

Figure 3 Un arbre minimax

Une technique importante d'optimisation pour la recherche dans un arbre minimax est connue sous le nom « alpha-bêta ». Illustrons-là sur l'arbre ci-dessus. L'adversaire détermine le minimum des valeurs des deux feuilles 2 et 5 du sous-arbre gauche, soit 2. La valeur du sous-arbre gauche est donc 2. Lors d'un parcours en profondeur d'abord du sous-arbre droit, on obtient la valeur 1, qui permet de déduire que la valeur du sous-arbre droit sera *au plus* 1, quelle que soit la valeur de la feuille notée '**?**'. En effet, l'adversaire cherche à *minimiser* la valeur du sous-arbre droit. Il en résulte qu'on peut ignorer la branche complètement à droite, puisque le gain maximum sera forcément obtenu via le sous-arbre gauche. Cela permet de diminuer fortement le nombre de nœuds parcourus, et donc à temps constant d'augmenter la profondeur de recherche.

2.6 Parcours de graphe connexe

Avec le parcours de liste et d'arbre, le parcours de graphe est une des figures imposées de l'algorithmique. On considère ici le parcours d'un graphe non orienté connexe, en partant d'un nœud quelconque, le graphe étant donné par l'ensemble de voisins de chaque nœud. La principale difficulté par rapport au parcours d'arbre est qu'il faut éviter de « boucler », c'est-à-dire de passer plusieurs fois au même endroit. Il existe plusieurs techniques pour pallier cette difficulté :

- le marquage des nœuds visités. Chaque fois qu'on parcourt un nœud, on le marque. Cela permet de distinguer les « nouveaux » nœuds de ceux qui ont déjà été traités ;
- avec un langage de programmation fonctionnel, il est parfois plus commode de calculer l'ensemble des nœuds parcourus. Strictement équivalente au marquage sur le papier, cette méthode est cependant moins efficace en pratique, car l'ajout d'un nouveau nœud coûte $O(n)$ au lieu de $O(1)$.

Parcours de graphe.
Entrée : nœud n.
$l \leftarrow [n]$
tant que $l \neq []$ **faire**
  $(n, l) \leftarrow (\text{début}(l), \text{reste}(l))$
  si n non marqué **alors**
    marquer n
    visiter n
    $l \leftarrow l :: \text{voisins}(n)$

2.7 Algorithmes en place

Un algorithme opère *en place* lorsqu'il n'utilise pas de mémoire auxiliaire. Soit l'espace mémoire nécessaire pour stocker le résultat a déjà été alloué, ou bien le résultat remplace directement les données. Voici par exemple un programme de tri par insertion en place :

Tri en place.
Entrée : une liste $[a_1, \ldots, a_n]$.
Sortie : liste triée.
pour $i \leftarrow 2$ **à** n **faire**
  pour $j \leftarrow i - 1$ **à** 1
  tant que $a_j > a_{j+1}$ **faire**
    Échange(a_j, a_{j+1})

Les algorithmes en place sont souvent plus efficaces, notamment les algorithmes récursifs (§2.4), car on évite ainsi d'allouer un espace mémoire polynomial voire exponentiel en la taille des données. Cependant, si l'on dispose d'un ramasse-miettes efficace, comme c'est le cas dans les langages de programmation modernes, le coût de la gestion de la mémoire peut s'avérer relativement faible.

2.8 Sentinelles

Une *sentinelle* est une valeur spéciale, qui permet de garantir le bon déroulement d'un algorithme. On peut en donner plusieurs exemples. Lors du tri d'une liste $a_1, \ldots, a_n$ par insertion, on pourra mettre en a_0 une valeur dont on sait *a priori* qu'elle est inférieure à tous les a_i pour $1 \leqslant i \leqslant n$. Cela permet d'éviter un test dans la boucle interne, et contribue à une meilleure lisibilité du programme :

Tri par insertion avec sentinelle.
Entrée : une liste $[a_1, \ldots, a_n]$.
Sortie : la même liste triée.
$a_0 \leftarrow -\infty$
pour $i \leftarrow 2$ **à** n **faire**
  $j \leftarrow i$;
  tant que $a_j > a_{j+1}$ **faire**
    Échange(a_j, a_{j+1}) ; $j \leftarrow j - 1$

Sans sentinelle, la boucle interne deviendrait :

  tant que $j \geqslant 1$ et $a_j > a_{j+1}$ **faire**
    Échange(a_j, a_{j+1}) ; $j \leftarrow j - 1$

Dans l'exemple ci-dessus, la sentinelle est une valeur auxiliaire, mais on peut aussi utiliser une des valeurs triées comme sentinelle. C'est le cas par exemple du tri *quicksort* :

Tri Quicksort.
Entrée : une liste $l = [a_1, \ldots, a_n]$.
Sortie : la même liste triée.
si $n \leqslant 1$ **alors** renvoyer l
$i \leftarrow 1$; $j \leftarrow n + 1$; $a_{n+1} \leftarrow a_1 + 1$;
tant que $i + 1 < j$ **faire**
  répéter $i \leftarrow i + 1$ **jusqu'à** $a_i > a_1$
  répéter $j \leftarrow j - 1$ **jusqu'à** $a_j \leqslant a_1$
  Échange(a_i, a_j)
Quicksort$([a_1, \ldots, a_i])$
Quicksort$([a_{i+1}, \ldots, a_n])$

Ici, on a utilisé les éléments de la liste eux-mêmes comme sentinelles. En effet, la boucle **répéter-jusqu'à** sur j s'arrête forcément à $j = 1$, où la condition $a_j \leqslant a_1$ est réalisée.

3 Conclusion

Nous avons présenté dans ce chapitre quelques techniques algorithmiques (algorithmes déterministes ou probabilistes, algorithmes randomisés, algorithmes par contrat, algorithmes sans branchement) et méthodes de programmation (algorithmes gloutons, programmation dynamique, méthode « diviser pour régner », récursivité, parcours d'arbre, parcours de graphe, algorithmes en place, utilisation de sentinelles). Il n'est bien sûr pas possible d'être exhaustif en une dizaine de pages. Pour aller plus loin, le lecteur est invité à consulter les ouvrages mentionnés ci-dessous.

Bibliographie

Aho A. V., Hopcroft J. E. et Ullman J. D. (1974), *The Design and Analysis of Computer Algorithms.* Addison-Wesley.

Cormen T. H., Leiserson C. E., Rivest R. L. et Stein Clifford. (2001), *Introduction to Algorithms.* MIT Press and McGraw-Hill, 2nd Edition.

Knuth D. E. (1997), *The Art of Computer Programming*, volume 1 : Fundamental Algorithms. Addison-Wesley, 3rd Edition.

Knuth D. E. (1997), *The Art of Computer Programming*, volume 2 : Seminumerical Algorithms. Addison-Wesley, 3rd Edition.

Knuth D. E. (1998), *The Art of Computer Programming*, volume 3 : Sorting and Searching. Addison-Wesley, 2nd Edition.

Sedgewick R. (1988), *Algorithms.* Addison-Wesley, Reading, Mass., 2nd Edition.

Le livre (Cormen et al.(2001)Cormen, Leiserson, Rivest et Stein) est une bonne introduction à l'algorithmique, assortie de nombreux exemples détaillés et problèmes ; il en existe une traduction française. L'ouvrage (Aho et al.(1974)Aho, Hopcroft et Ullman) est plus ancien, mais reste une bonne référence, surtout pour les questions de complexité. Il en est de même pour *The Art of Computer Programming*, dont trois volumes sont parus (Knuth(1997a); Knuth(1997b); Knuth(1998)), et d'autres sont en préparation (voir **`http://www-cs-faculty.stanford.edu/~knuth/taocp.html`**. On pourra consulter aussi (Sedgewick(1988)).

Algorithmes des graphes et des réseaux

Laurent Viennot

Mots-clés : algorithmes, graphes, réseaux, parcours de graphe, inondation, plus courts chemins, routage, arbre couvrant, diffusion, flot, coloration.

Résumé : les graphes constituent une structure mathématique privilégiée pour modéliser les réseaux. Une grande partie de l'algorithmique des réseaux entretient donc des liens étroits avec l'algorithmique des graphes. Ce chapitre propose de mettre en lumière ces relations en explorant notamment les techniques utilisées pour coordonner entre eux les routeurs d'un réseau. La diffusion d'un message s'apparente ainsi au parcours d'un graphe, le problème du routage revient à calculer de plus courts chemins. Les trafics d'un réseau se modélisent par des flots dans un graphe et les problèmes d'allocation de fréquences dans un réseau radio s'apparentent à la coloration d'un graphe. Chaque algorithme de graphe repose souvent sur l'utilisation d'une structure mathématique sous-jacente comme un chemin, un arbre ou un flot. La compréhension de l'algorithme se fonde alors sur les propriétés mathématiques de cette structure.

1 Graphes et réseaux

De même que les villes sont reliées par des routes, les routeurs d'Internet sont reliés par des liens de communication. Un réseau peut donc se modéliser par un graphe dont les sommets sont les routeurs et les arcs sont les liens de communication. La figure 1 illustre ainsi le réseau national de la recherche (Renater 3) qui constitue la portion académique de l'Internet français en novembre 2004. Pour les besoins de la discussion, nous identifierons les routeurs par la ville dans laquelle ils se trouvent.

Il faut noter que les liens d'un réseau sont généralement bidirectionnels : l'existence d'un lien entre Pau et Bordeaux, par exemple, indique qu'il est possible d'envoyer des données de Pau vers Bordeaux, mais aussi de Bordeaux vers Pau, ce qui se représentera par les deux arcs (Pau,Bordeaux) et (Bordeaux,Pau) dans le graphe modélisant le réseau. On dit alors que le graphe est *symétrique* (et représente donc un graphe *non orienté*). Les arcs peuvent de plus être *valués* pour refléter une métrique sur les liens. On associe alors un *poids* $l(u,v)$ à tout arc (u,v) du graphe. Selon les cas, ce poids pourra être considéré comme un coût, une longueur ou un délai. Par exemple, en valuant par le temps de transmission d'un giga-octet (soit 8 Gbit ou 8000 Mbit), on obtiendra ainsi l(Pau,Bordeaux) = 8000/2400 et l(Dijon,Paris) = 8000/622. Dans le cas le plus simple, tous les arcs ont poids 1. Les algorithmes décrits dans ce chapitre s'effectuent pour la plupart sur un graphe donné dont on désignera par n le nombre de sommets et par m le nombre d'arcs. Ces nombres déterminent la taille de l'entrée pour un calcul sur un graphe. Ainsi un algorithme linéaire devra avoir un nombre d'opérations proportionnel à $n+m$, ce qui implique généralement de ne considérer qu'un nombre constant de fois chaque sommet et chaque arc.

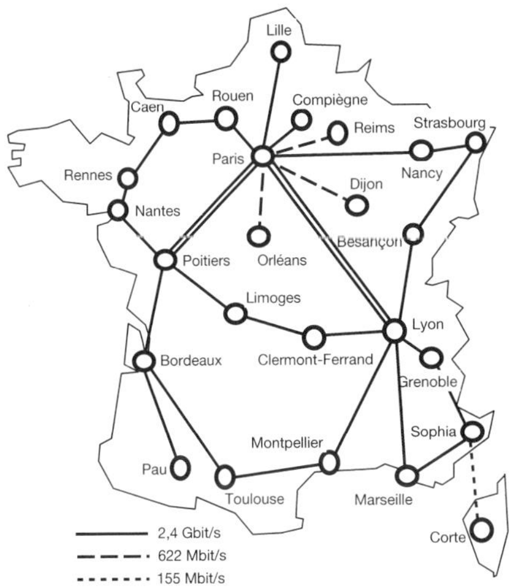

Figure 1 Le réseau Renater 3 en 2004

Le routage dans un réseau consiste à acheminer des données de proche en proche en suivant plusieurs arcs pour atteindre la destination voulue. Plus précisément, il s'agit de trouver une suite d'arcs $(u_1,u_2),(u_2,u_3),\ldots,(u_{k-1},u_k)$ joignant la source u_1 à la destination u_k. Une telle suite d'arcs s'appelle un *chemin* de u_1 à u_k et constitue l'une des structures les plus élémentaires de l'algorithmique des graphes. Cependant, la découverte efficace de chemins se heurte à l'explosion combinatoire de leur nombre : comment trouver des chemins optimaux parmi la multitude de ceux qui existent dans un graphe ? Les algorithmes fondamentaux de graphes obtiennent une complexité linéaire en ne considérant qu'une seule fois chaque arc du graphe tout en garantissant l'exploration d'un ensemble satisfaisant de chemins (voir § 3).

Les réseaux de données offrent un domaine très particulier d'application des graphes. En effet, un réseau peut tenir lieu à la fois de graphe d'entrée sur lequel portent les calculs et de vecteur de transmission de messages pour effectuer ce calcul de manière distribuée. Cette situation se rencontre en particulier dans les protocoles de routage qui spécifient les échanges d'informations entre routeurs leur permettant de construire les tables de routage. Ces échanges ne pouvant alors reposer sur le routage lui-même, ils doivent utiliser des mécanismes plus basiques d'échanges d'informations comme la diffusion par exemple.

2 Parcours de graphe et diffusion dans un réseau

Une des méthodes algorithmiques les plus fondamentales est le *parcours* d'un graphe. De nombreux algorithmes sont issus de cette méthode. Il s'agit de visiter un à un les sommets d'un graphe en suivant les arcs. Pour cela, la structure de donnée codant le graphe doit permettre d'obtenir la liste des *voisins* d'un sommet u, c'est-à-dire les sommets v atteignables par un arc (u,v) depuis u (voir la structure de listes d'adjacences au chapitre «Structures de données»). La fonction `parcours` ci-après permet de parcourir un graphe à partir d'un sommet u.

```
parcours(u){
/* Parcours à partir du sommet u */
 marquer le sommet u comme «découvert»
 tant qu'il existe un sommet marqué
 «découvert» faire
  prendre un sommet v marqué «découvert».
  si v n'est pas marqué «visité» alors
    marquer v comme «visité».
    marquer les voisins de v
    comme «découvert».
  fin si
 fin tant que
}
```

Pour les besoins de la discussion, nous dirons qu'un sommet est *découvert* dès qu'il a été marqué comme « découvert », et qu'il a été visité une fois qu'il est marqué comme « visité ». Un sommet peut être découvert à plusieurs reprises mais n'est visité qu'une seule fois. La figure 2 illustre ainsi le début d'un parcours sur le graphe du réseau Renater 3 de la figure 1. Les sommets noirs sont marqués visités et les sommets hachurés sont marqués découverts. Seuls figurent les arcs utilisés jusque-là, c'est-à-dire ceux entre un sommet visité et ses voisins. Poitiers a été découvert par Bordeaux et Limoges mais Limoges n'a été découvert que par Clermont-Ferrand.

Figure 2 Le graphe du réseau Renater 3 en cours de parcours

La méthode de parcours est intimement liée à la notion de *connexité*. En effet, l'ensemble des sommets v qui seront visités par un appel à `parcours(u)` sont ceux atteignables par un chemin $(u,v_1),(v_1,v_2),\ldots,(v_{k-1},v)$ reliant u à v. Un graphe non orienté est dit *connexe* s'il existe un chemin reliant toute paire de sommets du graphe. C'est par exemple le cas pour le graphe de Renater 3 de la figure 1. Dans le cas d'un graphe non orienté, on peut montrer qu'un appel à `parcours(u)` parcourra toute la *composante connexe* du sommet u, c'est-à-dire le plus grand sous-ensemble de sommets contenant u et formant un graphe connexe. Le coût de l'appel est linéaire en le nombre d'arcs figurant dans cette composante connexe.

Une technique similaire au parcours de graphe permet de diffuser un message dans un réseau, il s'agit de l'*inondation*. L'intérêt de cette technique provient du fait que le graphe connectant les routeurs d'un réseau n'est pas connu *a priori*. En effet, le réseau est dynamique : des liens peuvent « casser », des routeurs peuvent tomber en panne, et parfois des liens ou des routeurs peuvent être ajoutés. L'inondation permet à un routeur de diffuser un message dans tout le réseau sans que les routeurs n'aient connaissance de la topologie du réseau. L'algorithme d'inondation peut s'exprimer ainsi :

```
declenche_inondation() {
  un routeur qui veut diffuser un message M
  émet ce message sur chacun de ses liens
  de communication.
  }
reception_inondation() {
  un routeur qui reçoit un message
  d'inondation M pour la première fois
  le retransmet sur chacun de ses liens
  de communication.
  }
```

L'inondation nécessite que chaque routeur puisse décider s'il a déjà reçu le message. Pour cela, le protocole spécifiant les échanges de messages entre les routeurs prévoit généralement que le message contienne un identifiant unique, composé de l'identifiant du routeur origine du message et d'un numéro de séquence qui est incrémenté chaque fois que le routeur origine envoie un nouveau message.

L'inondation est une version distribuée de parcours. Avoir reçu le message revient pour un routeur à être marqué « visité ». Envoyer le message à d'autres routeurs revient à les marquer comme « découverts ». Le coût d'une inondation revient à l'envoi d'un message par arc du réseau. Une optimisation simple consiste à ne pas renvoyer le message sur le lien depuis lequel il a été reçu.

Lors d'une inondation, l'ordre de visite des routeurs est difficilement contrôlable puisque les retransmissions se font en parallèle. À l'inverse, de nombreux algorithmes de graphes sont dérivés de la méthode de parcours en contrôlant minutieusement l'ordre dans lequel les sommets sont visités. En stockant les sommets découverts dans une pile[1], on obtient l'algorithme de parcours en profondeur dans lequel on visite d'abord le sommet le plus récemment découvert. Un parcours à partir de Bordeaux du graphe de Renater 3 de la figure 1 visitera par exemple les sommets dans l'ordre Bordeaux, Pau, Toulouse, Montpellier, Lyon, Clermont-Ferrand, Limoges comme illustré par la figure 2. Le prochain sommet visité sera alors forcément le dernier découvert, c'est-à-dire Poitiers, et ainsi de suite…

Le *parcours en profondeur* est sans doute le premier algorithme de parcours de graphe inventé (les premières versions remontent à la fin du dix-neuvième siècle dans les travaux de Charles Trémaux et ceux de Gaston Tarry sur l'exploration de labyrinthes). Il peut s'écrire très simplement sous forme d'une fonction récursive, ce qui évite de manier directement la structure de pile. C'est sans doute Robert Tarjan (1972) qui a montré tout le potentiel de cette technique qui permet de calculer efficacement les *composantes fortement connexes* d'un graphe orienté (les composantes maximales telles qu'il existe un chemin orienté de tout sommet vers tout autre), ou encore les *composantes biconnexes* (les composantes maximales d'un graphe non orienté qui restent connexes après retrait d'un sommet quelconque). Notons que la biconnexité est une propriété intéressante pour un réseau car elle garantit que le réseau ne sera pas déconnecté par la panne d'un routeur.

En utilisant plutôt une file pour stocker les sommets découverts, on obtient l'algorithme de *parcours en largeur* dans lequel on visite les sommets dans l'ordre de leur découverte. Le parcours en largeur permet de calculer des plus courts chemins comme nous allons le voir dans le paragraphe suivant.

3 Plus courts chemins et routage

Le problème du routage dans un réseau consiste à calculer des chemins efficaces pour acheminer les données qui transitent dans le réseau, c'est-à-dire des chemins courts. Définissons pour l'instant un plus court chemin comme un chemin utilisant un nombre minimal d'arcs.

Le routage par paquet consiste à acheminer chaque paquet de données indépendamment. Un flot de données est donc découpé en paquets, chacun contenant

1. Les piles et les files sont décrites au chapitre « Structures de données ».

un en-tête avec les informations nécessaires au routage, notamment l'adresse de la destination. Un routeur qui reçoit un paquet doit donc décider très rapidement à quel voisin le faire passer. Il utilise pour cela une table de routage qui indique pour une destination donnée le voisin à qui retransmettre le paquet. Un *protocole de routage* est un algorithme distribué d'échange de messages de contrôle permettant à chaque routeur de construire sa table de routage.

D'un point de vue algorithmique, les protocoles de routage les plus simples sont les protocoles dits à « états de liens ». Par contre, la spécification de tels protocoles est généralement assez longue car de nombreux échanges d'informations différents doivent être décrits. Le plus célèbre est sans doute OSPF qui est largement utilisé dans l'Internet (voir le chapitre «Internet: évolution et perspectives» de la section I/1). L'idée générale de ce type de protocole est de découvrir l'état des liens : cassé, unidirectionnel ou en bon état par exemple. Chaque routeur échange pour cela des messages réguliers avec ses voisins. Il diffuse de plus régulièrement cette information dans tout le réseau au moyen du mécanisme d'inondation décrit précédemment. Chaque routeur apprend ainsi toute la topologie du réseau et peut utiliser un algorithme de calcul de plus courts chemins pour calculer sa table de routage à partir de sa vision la plus récente du réseau : étant donné un chemin permettant d'atteindre une destination, la table de routage stockera le voisin apparaissant au début du chemin comme le routeur à qui faire passer un paquet pour la destination.

Utiliser des plus courts chemins possède deux avantages. Le premier est d'économiser les liens du réseau en les encombrant le moins possible. Le deuxième est de garantir qu'un paquet se rapprochera toujours de sa destination : même si les routeurs empruntés consécutivement par un paquet ne sont pas d'accord sur le chemin à emprunter pour atteindre la destination, il suffit que chaque routeur ait effectivement calculé un plus court chemin pour assurer que le routeur suivant se trouve un peu plus proche de la destination. Les protocoles de routage par états de liens ramènent donc le calcul des tables de routage à celui de plus courts chemins dans le graphe connu par le routeur.

Comme nous l'avons vu précédemment, la notion de parcours est liée à l'existence de chemins : un sommet v sera visité par un parcours à partir de u s'il existe un chemin reliant u à v. En notant depuis quel sommet chaque sommet a été découvert pour la première fois, la méthode permet de plus de construire de tels chemins. Si l'on utilise une file pour stocker les sommets découverts non encore visités, on obtient des plus courts chemins (en nombre d'arcs) depuis le sommet source u du parcours. Il s'agit de l'algorithme de *parcours en largeur* attribué à Edward Moore à la fin des années cinquante, époque à laquelle la plupart des algorithmes de plus courts chemins furent inventés (voir la procédure `largeur(u)` ci-après).

La distance d'un sommet v peut être définie comme le nombre d'arcs d'un plus court chemin reliant u à v. L'idée de l'algorithme est de visiter d'abord u, puis les sommets à distance 1, puis les sommets à distance 2, et ainsi de suite. La structure de file permet de visiter les sommets dans l'ordre de leur découverte. Ainsi, un parcours en largeur à partir de Bordeaux du réseau Renater 3 (de la figure 1) visitera par exemple dans l'ordre les sommets Bordeaux, Toulouse, Poitiers, Pau, Montpellier, Paris, Nantes, etc.

```
largeur(u){
/* Parcours en largeur à partir du sommet u */
 initialiser une file F vide.
 marquer le sommet u comme «découvert» et
 enfiler u dans F.
 définir la distance de u comme 0.
 tant qu'il existe un sommet marqué
 «découvert» (F non vide)
  défiler de F le premier sommet v.
  si v n'est pas marqué «visité» alors
    marquer v comme «visité».
    pour chaque voisin w de v non marqué
    comme «découvert» faire
       marquer w comme «découvert»
       et enfiler w dans F.
       définir v comme le père de w.
       définir la distance de w
       comme la distance de v + 1.
    fin pour
  fin si
  fin tant que
}
```

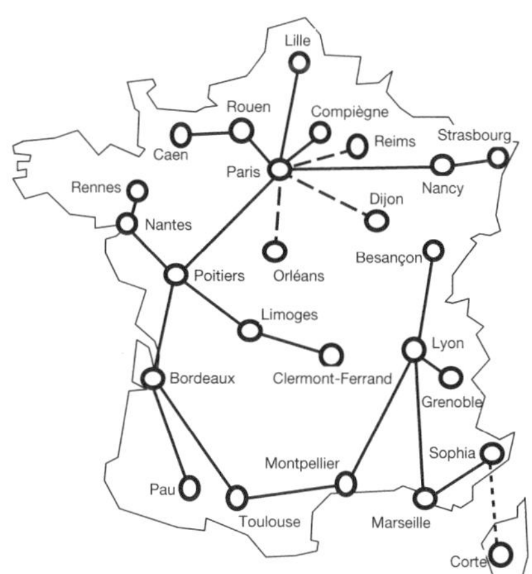

Figure 3 Un arbre couvrant du réseau Renater 3

En remontant de père en père depuis un sommet *v* jusqu'à *u*, on obtient un plus court chemin reliant *u* à *v*. La figure 3 donne le résultat d'un calcul de plus courts chemins sur le réseau Renater 3 de la figure 1 à partir de Bordeaux. Seuls les liens entre un sommet et son père sont affichés, ce qui donne un arbre couvrant du graphe dont il faut considérer ici Bordeaux comme la racine (la structure d'arbre est définie au chapitre «Structures de données»).

Cependant, définir les plus courts chemins en ne tenant compte que du nombre d'arcs n'est pas suffisant pour l'acheminement des données dans un réseau. En effet, il faut aussi tenir compte de divers paramètres comme la bande passante ou la charge des liens. Un cadre algorithmique général consiste à donner à chaque arc du graphe un poids que nous interpréterons ici comme une longueur (l'inverse de la bande passante du lien par exemple). On définit alors la *longueur d'un chemin* comme la somme des longueurs des arcs qui le constituent. Diverses métriques peuvent entrer dans la définition de la longueur d'un arc offrant ainsi la possibilité d'optimiser les chemins suivant différents critères avec le même algorithme.

Calculer des chemins de longueur minimale est un problème sensiblement plus difficile que de calculer des chemins possédant un nombre minimal d'arcs. L'algorithme de Dijkstra le résout au moyen d'un parcours avec une file de priorité. Une estimation de distance est tenue à jour pour chaque sommet découvert, et la file de priorité permet de sélectionner efficacement celui de distance estimée minimale.

```
dijkstra(u) {
/* Chemins de longueur minimale
à partir du sommet u */
 initialiser une file de priorité F vide.
 marquer le sommet u comme «découvert» et
 enfiler u dans F
 définir la distance de u comme dist(u) = 0
 et la distance des autres sommets
 comme infinie
 tant qu'il existe un sommet marqué
 «découvert» (F non vide) faire
  défiler de F le sommet v
  de distance minimale.
  marquer v comme «visité».
  pour chaque voisin w de v faire
    si w n'est pas marqué comme «découvert» alors
       marquer w comme «découvert»
       et enfiler w dans F.
    fin si
    si dist(v) + l(v,w) < dist(w) alors
       définir v comme le père de w.
       définir la distance de w
       comme dist(w) = dist(v) + l(v,w).
       mettre à jour F pour tenir compte
       de la nouvelle estimation
       de distance de w
    fin si
  fin pour
 fin tant que
}
```

La distance *dist*(*v*) d'un sommet *v* calculée par l'algorithme est la longueur minimale d'un chemin de *u* à *v*. L'algorithme repose sur le fait qu'un chemin de longueur minimale $u,u_1,\ldots,u_k,v$ de *u* à *v* se compose forcément d'un chemin de longueur minimale de *u* à u_k plus un arc. L'algorithme présuppose de plus que les arcs ont tous une longueur positive. En particulier l'arc (u_k,v) étant positif, u_k sera visité avant *v*. La complexité de l'algorithme dépend de la structure de données utilisée pour gérer la file de priorité. Une structure très simple telle qu'une liste par exemple permet d'obtenir une complexité quadratique. En utilisant un tas, on obtient une complexité linéaire à un facteur logarithmique près.

L'utilisation de métriques différentes sur les liens peut nécessiter de modifier le calcul de distance dans l'algorithme. Ainsi, on peut définir le goulot d'étranglement d'un chemin comme son arc le plus long. Cette définition est intéressante pour trouver des chemins de bande passante maximale par exemple. La bande passante obtenue sur un chemin sera en effet celle de son lien de plus bas débit. En définissant alors la longueur d'un chemin comme la longueur de son goulot d'étranglement, et en utilisant le max au lieu de la somme calcul de distance, l'algorithme de Dijkstra permet de trouver des chemins de goulot d'étranglement de longueur minimale.

Les premiers protocoles de routage d'Internet (comme RIP) reposent sur un algorithme vraiment distribué mais plus instable vis-à-vis de la dynamique du réseau que les protocoles à états de liens. Il s'agit des protocoles de routage par « vecteur de distances ». Du point de vue de l'échange de messages, ces protocoles sont très simples : chaque routeur se contente d'échanger avec ses voisins le vecteur de ses distances estimées avec les autres routeurs du réseau. Ces protocoles sont basés sur une version asynchrone de l'algorithme de Bellman-Ford. Pour se rapprocher de la problématique du routage, nous en donnons ici la version où l'on calcule la distance *vers* une destination *u* donnée (ce qui revient à calculer la distance *depuis u* dans le graphe où l'on a renversé les arcs) :

```
belfor(u) {
/* Distances à une destination u */
 initialiser la distance de chaque
 sommet v ≠ u à dist(v) = ∞.
 dist(u) = 0.
```

```
pour i = 1 à n faire
  pour chaque sommet v
    dist(v) = min_{w voisin de v}(l(v,w)+dist(w)).
  fin pour
fin pour
}
```

Le voisin qui réalise la distance minimale peut être utilisé comme « père » pour calculer effectivement les chemins de longueur minimale. L'avantage de cet algorithme est de pouvoir fonctionner même si certains arcs ont des longueurs négatives, ce qui ne pose pas de problème tant qu'il n'y a pas de circuit de longueur négative. La boucle principale est répétée n fois car n est une borne supérieure du nombre d'arcs dans un chemin de longueur minimale. La version asynchrone des protocoles de routage par vecteur de distances devient :

```
distvect(v) {
/* Routage distance vecteur
pour le routeur v */
 boucle
   si un voisin w de v lui envoie
   son vecteur distance alors
     pour toute destination u faire
        stocker la distance dist_u(w) de w
        à u estimée par w.
     fin pour
   fin si
   pour toute destination u ≠ v faire
     dist_u(v)=min_{w voisin de v}(l(v,w)+dist_u(w)).
   fin pour
   dist_v(v) = 0.
   v envoie son vecteur de distances
   à ses voisins
 fin boucle
}
```

La convergence des distances estimées vers les distances exactes, et donc celle des routes induites par les tables de routage vers des routes optimales, est loin d'être évidente *a priori*. En effet, chaque itération s'effectue de manière asynchrone sur chaque routeur et avec des délais de transmission entre routeurs variables. Un routeur peut très bien effectuer une itération avec un vecteur distance récent pour un voisin et obsolète pour un autre. Cependant, il est possible de prouver la convergence si chaque routeur arrive à transmettre son vecteur distance régulièrement à chacun de ses voisins (Bertsekas et Gallager, 1992). Mais le temps de convergence peut être assez long et même très coûteux en messages. Par exemple, si un routeur u tombe en panne, l'estimation de distance des autres routeurs vers u va croître d'une longueur d'arc à chaque itération jusqu'à une distance considérée comme infinie. C'est le problème du « comptage à l'infini » qui a donné naissance aux protocoles à états de liens plus résistants à la dynamique du réseau. Une version plus efficace que l'échange de vecteurs de distances repose sur l'échange de vecteurs de chemins, ce qui permet de détecter plus rapidement ce genre de pannes et d'éviter les boucles dans le routage. Cette version est à la base du protocole BGP utilisé entre systèmes autonomes par les routeurs de haut niveau de l'Internet (voir le chapitre «Internet : évolution et perspectives» de la section I/1).

Notons enfin le lien entre les chemins d'un graphe et le calcul matriciel. Tout graphe peut en effet être représenté sous sa forme matricielle M telle que $M_{uv} = l(u,v)$ s'il existe un arc entre u et v et $M_{uv} = \infty$ sinon. Pour un graphe non valué, on considère $l(u,v) = 1$ pour tout arc (u,v). En effectuant le produit de matrice M^k sur le semi-anneau[1] ($\mathbf{R}$,min,+), on obtient la matrice de distances en k sauts : M^k_{uv} est la longueur minimale d'un chemin de k arcs de u à v. Cette approche donne lieu au calcul de chemins de longueur minimale entre tout couple de sommets par l'algorithme de Floyd-Warshall qui permet aussi de calculer la fermeture transitive d'un graphe ou la somme des puissances itérées d'une matrice booléenne. L'algorithme repose sur une optimisation de type programmation dynamique du calcul matriciel. Utiliser un autre semi-anneau permet de calculer d'autres métriques sur les chemins. Le semi-anneau ($\mathbf{R}$,min,max) permet, par exemple, de calculer des chemins de goulot d'étranglement minimal.

4 Diffusion optimisée et communication multipoint

L'algorithme d'inondation décrit au § 2 permet de diffuser un message dans tout un réseau mais au prix d'une transmission par lien. En considérant que chaque transmission a un coût, l'optimisation de la diffusion revient à calculer un arbre couvrant de poids minimal. Le poids d'un arbre est en effet défini comme la somme des poids de ses liens et le poids d'un lien est alors interprété comme le coût d'une transmission par ce lien. L'algorithme de Prim construit un tel arbre de manière similaire à l'algorithme de Dijkstra décrit § 3. L'algorithme part d'une racine quelconque et parcourt le graphe en visitant d'abord les sommets atteignables par un lien de coût minimal. D'un autre côté, l'algorithme de Kruskal se rapproche du calcul de composantes connexes (voir la définition de `kruskal()` ci-après).

1. Dans le semi-anneau ($\mathbf{R}$,min,+), min tient lieu d'opération d'addition et + d'opération de multiplication (il faut vérifier que + est bien distributive par rapport à min : $a + \min(b,c) = \min(a+b,a+c)$ pour tous $a,b,c \in \mathbf{R}$).

Dans cet algorithme, plusieurs arbres croissent en parallèle jusqu'à s'unifier finalement en un arbre couvrant de poids minimal. Une complexité quasiment linéaire peut être obtenue en utilisant la technique d'« *union-find* » qui permet de tester efficacement au cours du calcul si deux sommets sont dans un même arbre (et donc reliés par *T*). Le principal coût de l'algorithme provient alors du tri des liens. Une version distribuée de cet algorithme est, par exemple, utilisée pour construire un arbre de diffusion utilisant les liens les moins chargés du réseau.

```
kruskal() {
/* Arbre de poids minimal */
 initialiser l'ensemble des liens de
 l'arbre à T = ∅.
 pour chaque lien (u,v) pris par coût
 croissant faire
  si u et v ne sont pas reliés dans T alors
    rajouter (u,v) dans T.
  fin si
 fin pour
 renvoyer T.
 }
```

Si un arbre couvrant de poids minimal permet d'optimiser le coût d'une diffusion en termes de trafic dans le réseau, il peut considérablement rallonger le délai de la diffusion. Par exemple, en utilisant l'arbre couvrant de la figure 3, une diffusion depuis Besançon atteindra Strasbourg avec un délai huit fois supérieur à une inondation sur tous les liens. Pour prendre en compte ce problème, David Peleg introduit la notion de « k-couvrant » (*k-spanner*) dans un graphe où les liens sont valués à la fois par des poids et des longueurs. Un *k*-couvrant d'un graphe *G* est un sous-graphe *H* de poids minimal tel que la distance $d_H(u,v)$ entre deux sommets *u* et *v* dans ce sous-graphe est au plus *k* fois la distance $d_G(u,v)$ dans le graphe (la distance étant définie comme la longueur d'un chemin de longueur minimale). Le graphe *H* étant alors forcément connexe, il suffit d'appliquer l'algorithme d'inondation sur les seuls liens de *H* pour diffuser de manière optimale avec un délai borné. La figure 4 donne un exemple de 4-couvrant, symétrique en l'occurrence, pour le réseau Renater 3 de la figure 1. La distance entre Paris et Nancy a par exemple été multipliée par 4 par rapport au réseau non tronqué. Il n'est de plus pas possible de retirer un lien sans perdre la propriété de 4-couvrant.

Trouver un couvrant est un problème NP-difficile[1], mais l'algorithme de Kruskal ci-dessus se généralise facilement en une heuristique permettant de calculer en temps polynomial un log*n*-couvrant contenant *O*(*n*) liens et dont le poids est à un facteur *O*(log*n*) du poids d'un arbre couvrant de poids minimal (Peleg et Schäffer, 1989) :

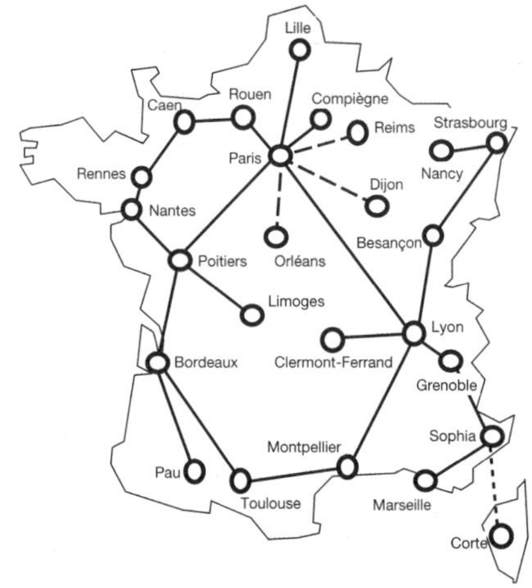

Figure 4 Un 4-couvrant du réseau Renater 3

```
couvrant(k) {
Heuristique de calcul d'un k-couvrant */
 initialiser l'ensemble des liens du
 couvrant à H = ∅.
 pour chaque lien (u,v) pris par coût
 croissant faire
  si d_H(u,v) > kl(u,v) alors
    rajouter (u,v) dans H.
  fin si
 fin pour
 renvoyer H.
 }
```

Il est assez aisé de vérifier que cette heuristique calcule bien un *k*-couvrant. En effet, quand l'algorithme termine on a $d_H(u,v) \leq kl(u,v)$ pour tout couple de sommets *u* et *v*. Un chemin de longueur *L* dans le graphe pourra donc être remplacé par un chemin de longueur au plus *kL* dans *H*. L'approximation à un facteur *O*(log*n*) près avec *O*(*n*) liens est obtenue pour $k = \log n$.

En ce qui concerne l'optimisation de la diffusion dans un réseau radio, il pourra être plus pertinent de considérer un coût par routeur participant à la diffusion plutôt que par lien. En effet, dans un réseau radio, un routeur peut transmettre un message à tous ses voisins par une seule émission. Ce problème consiste à construire un ensemble connexe *dominant* de poids minimal, c'est-à-dire un ensemble de sommets *E* qui forme un sous-graphe connexe tel que tout sommet du graphe est soit dans *E*, soit voisin d'un sommet de *E*, et tel que la somme des coûts associés aux sommets

1. Plus précisément, décider si un graphe possède un *k*-couvrant de poids inférieur à une borne donnée est NP-complet (voir le chapitre «Modèles de machines»).

de E soit minimale. Ce problème NP-difficile s'apparente au problème de la couverture de sommet (*set-cover* en anglais) pour lequel il existe des heuristiques permettant de s'approcher à un facteur $\log n$ de l'optimal. Un résultat de complexité remarquable indique que trouver une heuristique avec un facteur d'approximation meilleur que $c\log n$ (pour un certain $c > 0$) est en soi un problème NP-difficile.

Un cas plus général de diffusion consiste à envoyer un message à un sous-ensemble de routeurs du réseau. Il s'agit des communications multipoints (*multicast*). Une adresse IP peut permettre d'identifier un groupe multicast. Le problème du routage multipoint consiste à acheminer un paquet ayant une telle adresse pour destination à tous les routeurs membres du groupe. Du point de vue de l'algorithmique des graphes, la structure optimale pour effectuer une telle diffusion restreinte consiste à calculer un arbre de *Steiner*, c'est-à-dire un arbre de poids minimal qui contient tous les membres du groupe, plus éventuellement d'autres. Ce problème NP-difficile admet des heuristiques approchant l'optimal à un facteur constant près en temps polynomial. Cependant, les protocoles de routage multipoint proposés en pratique pour les réseaux ne se confrontent pas à ce problème d'optimisation. En effet, ils reposent sur l'utilisation des tables de routage point à point et construisent donc des arbres de diffusion par union de plus courts chemins.

Dans le cas d'un réseau de taille raisonnable, la solution généralement adoptée consiste à construire un arbre de diffusion pour chaque source en faisant l'union des plus courts chemins de la source à chaque membre du groupe. Avec un protocole à états de liens, un routeur intermédiaire peut construire cet arbre en reproduisant le calcul de plus courts chemins qu'effectue la source. Avec un protocole de type vecteur de distances, la technique du « *reverse path forwarding* » permet d'optimiser l'algorithme d'inondation de manière à diffuser selon un arbre : un routeur ne retransmet un message multipoint d'une source s que s'il provient du routeur inscrit dans sa table de routage pour atteindre s par un plus court chemin. Des messages de contrôle sont de plus échangés pour élaguer les branches inutiles.

Dans le cas d'un multicast à grande échelle, un point de rendez-vous, le créateur du groupe par exemple, est utilisé pour construire un unique arbre qui sert à la diffusion dans le groupe quelle que soit la source. L'arbre est constitué de l'union des plus courts chemins de chaque membre du groupe au point de rendez-vous. Pour envoyer un paquet aux membres du groupe, il suffit de l'envoyer vers le point de rendez-vous. Dès qu'un nœud de l'arbre du groupe est rencontré, l'algorithme d'inondation optimisé est utilisé sur les liens de l'arbre. Cet algorithme peut être optimisé en choisissant comme point de rendez-vous le membre du groupe qui offre le meilleur arbre, mais un compromis doit être trouvé pour ne pas changer trop souvent de point de rendez-vous.

5 Flots et trafic

Dans les réseaux haut débit de haut niveau dans l'Internet, les trafics sont agrégés dans des flots statistiques. Un flot donné peut alors être acheminé selon plusieurs chemins dans le graphe du réseau. Cette approche initiée par Lestor Ford et Delbert Fulkerson (1962) permet de modéliser de nombreux problèmes algorithmiques de graphes et de réseaux. Nous supposerons ici que chaque arc du réseau possède une *capacité* $c(u,v) \geq 0$. Une source s de trafic et un puits t sont donnés. Le réseau sera supposé connexe (ce qui implique $m \geq n$). Un *flot* est une fonction f qui à tout couple de sommets u,v associe une quantité de trafic $f(u,v)$ transitant de u à v respectant les contraintes suivantes :

- *contrainte de capacité* : pour tout couple de sommets u et v ; $f(u,v) \leqslant c(u,v)$ ($c(u,v) = 0$ si l'arc (u,v) n'existe pas) ;
- *contrainte de symétrie* : pour tout couple de sommets u et v, $f(u,v) = -f(v,u)$ (le signe indique dans quel sens transite le trafic entre deux sommets) ;
- *conservation du flot* : pour tout sommet u différent de s et t, $\sum_v f(u,v) = 0$ (le flot entrant au sommet est égal au flot sortant).

La valeur du flot est le flot sortant à la source $|f| = \sum_v f(s,v)$. On verra que $|f|$ est aussi le flot entrant au puits.

Le problème du *flot maximal* consiste à trouver un flot de valeur maximale. L'algorithme de Ford-Fulkerson résout ce problème lorsque les capacités et les valeurs de f sont entières : il part d'un flot nul qui est augmenté selon des chemins trouvés incrémentalement. Pour cela, il faut définir le *réseau résiduel* associé à un flot f comme le réseau de mêmes sommets ayant un arc de capacité $c_f(u,v) = c(u,v) - f(u,v)$ pour tout couple de sommets u et v. Un chemin augmentant p est un chemin de s à t utilisant des arcs de capacité strictement positive dans le réseau résiduel. La capacité résiduelle $c_f(p)$ d'un chemin p est définie comme la plus petite capacité résiduelle des arcs de p. L'algorithme de Ford-Fulkerson (1962) peut alors s'exprimer ainsi :

```
fordfulkerson()
\* Calcul d'un flot maximal */
 initialiser un flot F à zéro.
 tant qu'il existe un chemin augmentant p
 dans le réseau résiduel associé à F faire
  pour chaque arc (u,v) de p faire
```

```
    f(u,v) = f(u,v) + c_f(p)
    f(v,u) = f(v,u) - c_f(p)
    mettre à jour les capacités
    résiduelles de (u,v) et (v,u).
  fin pour
fin tant que
renvoyer F.
}
```

En utilisant un algorithme linéaire de parcours pour trouver un chemin augmentant, la complexité de cet algorithme est $O(m|f^*|)$ où m est le nombre d'arcs dans le réseau et $|f^*|$ la valeur d'un flot maximal. L'algorithme d'Edmonds-Karp utilise plus spécifiquement un parcours en largeur pour trouver un chemin augmentant. On peut alors prouver que la complexité de l'algorithme est en $O(nm^2)$. De nombreuses améliorations de cet algorithme ont été proposées jusqu'à l'algorithme de Goldberg et Tarjan dont la complexité est en $O(nm\log(n^2/m))$.

Une notion fondamentale concernant les flots est celle de coupe. Une *coupe* est une partition des sommets en deux ensembles disjoints X et $\overline{X}$ telle que $s \in X$ et $t \in \overline{X}$. On définit la capacité d'une coupe comme $c(X,\overline{X}) = \sum_{u\in X, v\in \overline{X}} c(u,v)$. Une *coupe minimale* est une coupe de capacité minimale. Étant donné un flot f, le flot à travers la coupe est $f(X,\overline{X}) = \sum_{u\in X, v\in \overline{X}} f(u,v)$. On constate facilement que le flot à travers une coupe est toujours égal à la valeur du flot. En effet, la contrainte de symétrie implique $\sum_{u\in X, v\in X} f(u,v) = 0$ d'où $f(X,\overline{X}) = \sum_{u\in X, v\in V} f(u,v)$ – V désigne l'ensemble de tous les sommets –, or l'équation de conservation implique :

$$\sum_{u\in X, v\in V} f(u,v) = \sum_{v\in V} f(s,v) = |f|.$$

Ceci permet entre autre de montrer que le flot entrant au puits vaut aussi $|f|$. De plus, ce résultat permet d'affirmer que la valeur d'un flot maximal est inférieure à la capacité d'une coupe minimale. Le théorème du flot maximal et de la coupe minimale établit que ces deux quantités sont en fait toujours égales (Ford et Fulkerson, 1962).

Ce résultat permet d'établir la validité de l'algorithme de Ford-Fulkerson puisqu'il implique que le graphe résiduel d'un flot contient un chemin augmentant si et seulement si le flot n'est pas maximal : si le flot est maximal, il existe une coupe de capacité résiduelle nulle, interdisant ainsi l'existence d'un chemin augmentant ; et sinon toute coupe a une capacité résiduelle strictement positive, ce qui implique l'existence d'un plus court chemin augmentant. Il est intéressant de noter que la donnée d'un flot maximal permet de calculer une coupe $X,\overline{X}$ minimale en temps linéaire $O(m)$. Il suffit pour cela de définir X comme l'ensemble des sommets atteignables depuis s dans le graphe résiduel et $\overline{X}$ comme son complémentaire.

Le problème d'un administrateur de réseau de haut niveau est plus complexe : il doit traiter une matrice de flots entre ses divers points de connexions avec d'autres réseaux. Il s'agit donc d'acheminer plusieurs flots distincts par le même réseau. Ce problème est NP-difficile si les capacités et les valeurs des flots sont entières. L'algorithme ci-dessus permet en effet de décider s'il est possible d'acheminer une certaine quantité de flot entre deux points du réseau : il faut que cette quantité soit plus petite que la valeur flot maximal. En revanche, décider si deux flots distincts (ou plus) sont transportables en même temps dans le réseau est NP-complet. Un problème connexe consiste à concevoir un réseau de coût minimal pour pouvoir acheminer une matrice de trafic donnée. Les problèmes de ce type sont généralement résolus avec des méthodes numériques par une approche de programmation linéaire.

6 Coloration, routage optique et allocation de fréquences

De nombreux problèmes d'optimisation de réseau se rapprochent du problème de la coloration d'un graphe. Une *coloration* d'un graphe consiste à attribuer une couleur à chaque sommet de sorte que deux sommets reliés par un lien n'ont jamais la même couleur. Si d est le degré maximal d'un sommet, une heuristique très simple permet de colorier les sommets avec $d + 1$ couleurs :

```
coloration() {
/* Coloration d'un graphe */
 pour chaque sommet u du graphe pris
 dans un ordre quelconque faire
   attribuer à u la plus petite couleur
   non attribuée à l'un de ses voisins
 fin pour
 }
```

Comme un sommet a au plus d voisins, d+1 couleurs suffisent forcément. Trouver une coloration minimale, c'est-à-dire utilisant un minimum de couleurs est un problème NP-difficile. Il est même difficile de trouver des solutions approchées. Colorier un graphe à n sommets avec moins de n^c couleurs pour un certain $c < 1/7$ est en effet un problème NP-difficile.

Les réseaux de très haut débit utilisent actuellement une technologie à base de fibre optique, ce sont les réseaux optiques. Pour obtenir de plus grands débits, ils utilisent le multiplexage en longueur d'onde qui consiste à transmettre plusieurs signaux sur une même fibre. Pour éviter les brouillages entre signaux, il est nécessaire d'utiliser des longueurs d'onde différentes. Un administrateur de réseau optique voit donc se rajouter au problème de l'acheminement d'une matrice de flots celui de l'attribution des longueurs d'onde aux chemins empruntés par chaque flot. Si l'administrateur commence par résoudre le problème du routage, c'est-à-dire le découpage de chaque flot en un ensemble de chemins permettant de le transporter, il reste à résoudre un problème de coloration : assigner une longueur d'onde à chaque chemin de sorte que deux chemins de même longueur d'onde ne passent jamais par le même arc du réseau. Ce problème est exactement celui de la coloration dans le graphe dont les sommets sont les chemins obtenus par la résolution du problème de routage et où deux chemins sont reliés s'ils empruntent un même arc du réseau. Il est à noter qu'une solution technologique est venue résoudre le problème avec l'apparition de routeurs optiques capables de changer la longueur d'onde d'un signal entrant sur un lien avant de le retransmettre sur un autre lien.

Les réseaux radio offrent eux aussi des problèmes d'assignation de longueur d'onde. La téléphonie cellulaire recouvre le territoire par des cellules au centre desquelles se trouvent des stations de base. Un téléphone mobile communique ainsi par une liaison radio avec la station de base de la cellule dans laquelle il se trouve, le reste de la transmission s'effectuant par un réseau filaire classique. Une station de base utilise plusieurs canaux de fréquences radio différentes afin de gérer plusieurs mobiles simultanément : il s'agit du multiplexage en fréquence utilisé par le GSM par exemple. Pour éviter les interférences entre cellules, les ensembles de canaux réservés pour des cellules proches doivent être disjoints. Ce problème est sensiblement plus complexe que celui de la coloration d'un graphe pour deux raisons. Tout d'abord, l'exclusion est plus forte pour des cellules plus proches : la règle généralement adoptée consiste à utiliser des canaux séparés par au moins un canal intermédiaire entre deux cellules contiguës et des canaux simplement distincts pour deux cellules séparées par une cellule. Deux cellules plus éloignées peuvent utiliser les mêmes canaux. Ces règles sont bien sûr une simplification de la réalité physique du phénomène d'interférences radio. D'autre part, il faut allouer un certain nombre de canaux par cellule et non une seule couleur. Notons cependant que l'heuristique de coloration proposée plus haut se généralise facilement dans ce contexte.

Si l'algorithmique des graphes constitue un outil indispensable pour les réseaux, des ajustements sont bien souvent nécessaires pour s'intégrer au contexte spécifique d'un problème donné.

7 Pour en savoir plus

La plupart des algorithmes de graphe décrits dans ce chapitre sont présentés en détail dans la copieuse introduction à l'algorithmique de Cormen, Leiserson et Rivest (1994). L'ouvrage de Bertsekas et Gallager (1992) fournit une approche algorithmique assez poussée des réseaux. Le panorama très général proposé par Tanenbaum (2003) fournit une introduction plus abordable au monde des réseaux. Les résultats d'inapproximabilité des problèmes difficiles d'algorithmique des graphes sont tirés du livre de Ausiello, Crescenzi, Gambosi, Kann, Marchetti-Spaccamela et Protasi (1999). Les auteurs tiennent à jour un site Internet avec les résultats les plus récents en la matière. Le livre de Vazirani (2001) fournit une approche plus algorithmique des problèmes d'approximation.

Bibliographie

Ausiello G., Crescenzi P., Gambosi G., Kann V., Marchetti-Spaccamela A. et Protasi M. (1999), *Complexity and Approximation, Combinatorial Optimization Problems and their Approximability Properties*, Springer Verlag.

Bertsekas D. et Gallager R. (1992) *Data Networks*, Prentice Hall.

Cormen T., Leiserson C. et Rivest R. (1994) *Introduction à l'algorithmique*, Paris, Dunod, traduit de l'américain par X. Cazin de *Introduction to Algorithms*, MIT Press, 1990.

Ford L. et Fulkerson D. (1962), *Flows in Networks*, Princeton University Press.

Peleg D. et Schäffer A. (1989) "Graph spanners", *Journal of Graph Theory*, Volume 13, p. 99-116.

Tanenbaum A. (2003), *Réseaux*, Paris, Pearson Education, traduit de l'anglais par F. Sofor, V. Warion et M. Dreyfus de *Computer Networks*, Prentice Hall, 1996.

Tarjan R. (1972), "Depth first search and linear graph algorithms", *SIAM Journal of Computing*, Volume 1, Number 2, p. 146-160.

Vazirani V. (2001), *Approximation Algorithms*, Springer Verlag, Berlin.

Algorithmes algébriques

François Morain

Mots-clés : polynômes, matrices, entiers, tests de primalité, factorisation d'entiers.

Résumé : nous présentons dans ce chapitre un panorama des algorithmes efficaces opérant sur des structures algébriques simples (polynômes, entiers, matrices).

Les ordinateurs sont extrêment bien adaptés aux calculs *exacts* sur les données. Il en est ainsi pour les calculs dans les structures algébriques les plus simples que sont les anneaux de polynômes, les matrices, les entiers, etc. qui servent de base à des calculs plus complexes (calcul formel au sens large, extensions algébriques, cryptologie, etc.).

Le but de chapitre est de présenter un bref état de l'art de certains de ces problèmes, en insistant ici et là sur l'existence d'algorithmes dits *rapides*, qui sont passés du statut d'idées prometteuses à celui de réalisations concrètes. Nous traiterons le cas de calculs exacts, sans nous occuper des cas où des problèmes de précision pourraient apparaître si les opérations de base devaient par exemple se faire avec des flottants.

Nous conseillons au lecteur quelques lectures complémentaires, comme celles de (von zur Gathen et Gerhard, 1999) ou (Crandall et Pomerance, 2000).

1 Polynômes

Les polynômes sont des objets importants en mathématiques, et ils servent en particulier en théorie des codes. On verra que la multiplication des polynômes est une primitive fondamentale dans tous les algorithmes *rapides* qui les manipulent.

Un polynôme P à une variable X et à coefficients dans le corps des nombres complexes (ou dans tout autre corps ou anneau quelconque) s'écrit sous la forme :

$$P(X) = \sum_{i=0}^{n} p_i X^i.$$

Si tous ses coefficients ne sont pas nuls, alors on peut insister pour que dans l'écriture précédente, on ait $p_n \neq 0$ et dans ce cas, le *degré* de $P(X)$ est précisément n. Si P est identiquement nul, son degré est par convention $-\infty$.

1.1 Représentation des polynômes , interpolation

Nous venons de définir un polynôme de degré $n \geqslant 0$ par la donnée de ses $n+1$ coefficients. On peut également le caractériser par la valeur qu'il prend en $n+1$ points distincts. À titre d'exemple, le polynôme

$$P(X) = 3X^2 - X + 1$$

est le seul polynôme de degré 2 vérifiant $P(0) = 1$, $P(1) = 3$, $P(-1) = 5$.

Le passage des coefficients de P à ses valeurs en $n+1$ points $(x_0, x_1, \ldots, x_n)$ se fait facilement par évaluation, par exemple par le schéma de Horner :

$$P(X) = (3X - 1)X + 1$$

au moyen de deux multiplications à chaque fois. Quand P est de degré n, il en faut n, et on ne peut essentiellement pas faire mieux. La *complexité de l'évaluation* nécessite n multiplications par des scalaires.

Dans l'autre sens, les formules d'interpolation de Lagrange permettent de trouver une expression du polynôme en fonction de $n+1$ couples de valeurs

$((x_0, y_0), (x_1, y_1), \ldots, (x_n, y_n))$, où tous les x_i sont distincts :

$$P(X) = \sum_{i=0}^{n} y_i \frac{(X - x_0)\cdots(X - x_{i-1})(X - x_{i+1})\cdots(X - x_n)}{(x_i - x_0)\cdots(x_i - x_{i-1})(x_i - x_{i+1})\cdots(x_i - x_n)}$$

Dans l'exemple, on laisse au lecteur le soin de simplifier l'expression

$$1\frac{(X-1)(X+1)}{(0-1)(0-(-1))} + 3\frac{(X-0)(X+1)}{(1-0)(1+1)} + 5\frac{(X-0)(X-1)}{(-1-0)(-1-1)}$$

Pour vérifier la formule générale, on peut la récrire de manière agréable sous la forme :

$$P(X) = \sum_{i=0}^{n} \frac{y_i}{M'(x_i)} \frac{M(X)}{X - x_i},$$

où $M(X) = (X - x_0)(X - x_1)\cdots(X - x_n)$. Supposons que l'on veuille évaluer $P(x_j)$. On voit que si $i \neq j$, alors le polynôme s'annule en x_j et donc le terme correspondant ne contribue en rien à la somme. Par contre, quand $i = j$, le terme en facteur de y_j devient égal à 1, et on trouve bien $P(x_j) = y_j$. Le fait que P soit le seul polynôme répondant à la question est un résultat classique dont on trouvera une démonstration dans les références données.

Pourquoi s'intéresser à l'interpolation ? Nous verrons plus loin que les passages d'une représentation à l'autre sont vitales pour le succès des algorithmes rapides. Une variante rapide de calcul d'interpolation *per se* sera aussi évoquée. Notons également que d'autres formules de calcul existent, et nous renvoyons le lecteur intéressé aux références données à la fin du présent article.

1.2 Addition

L'addition des polynômes, comme la soustraction, se fait facilement : si Q est un autre polynôme $Q(X) = \sum_{j=0}^{m} q_j X^j$, alors

$$R(X) = P(X) + Q(X) = \sum_{i=0}^{s} (p_i + q_i) X^i$$

avec la convention que si $i > n$ (resp. $i > m$), alors $p_i = 0$ (resp. $q_i = 0$). Le degré s de la somme est plus petit que $\max(n, m)$. Il peut être strictement plus petit si $n = m$ et $p_n + q_n = 0$.

Il faut $1 + \max(n, m)$ additions pour calculer R.

1.3 Multiplication

Passons à la multiplication. Il est facile de voir que :

$$P(X)Q(X) = \sum_{k=0}^{n+m} \left(\sum_{i+j=k} p_i q_j \right) X^k.$$

On fait là $O(nm)$ multiplications de coefficients, suivies d'environ $n + m$ additions. On néglige généralement ces dernières pour ne retenir que le coût dominant, ici $O(nm)$, en utilisant la notation de Landau.

On pourrait croire que ce coût ne peut être diminué. En fait, il n'en est rien, comme le montre pour commencer l'algorithme de Karatsuba. Regardons comment on multiplie deux polynômes de degré 1 :

$$P(X) = p_0 + p_1 X, \quad Q(X) = q_0 + q_1 X,$$

et on va calculer

$$R(X) = P(X)Q(X) = r_0 + r_1 X + r_2 X^2,$$

avec

$$r_0 = p_0 q_0, \quad r_1 = p_0 q_1 + p_1 q_0, \quad r_2 = p_1 q_1.$$

Pour calculer le produit $R(X)$, on fait quatre multiplications de coefficients.

L'idée de Karatsuba est d'évaluer le produit PQ en trois points 0, 1 et ∞, puis de retrouver le polynôme qui nous intéresse par interpolation sur ces trois valeurs. On écrit :

$$r_0 = p_0 q_0, \; r_2 = p_1 q_1,$$

$$r_1 = (p_0 + p_1)(q_0 + q_1) - r_0 - r_1$$

ce qui permet de ramener le calcul des r_i à essentiellement trois multiplications de coefficients.

Plus généralement, si maintenant P et Q sont de degré $n - 1 = 2^t - 1$, on peut écrire :

$$P(X) = P_0(X) + X^k P_1(X),$$

$$Q(X) = Q_0(X) + X^k Q_1(X),$$

où $k = \lceil n/2 \rceil = 2^{t-1}$, avec P_0 et Q_0 de degré au plus $k - 1$. Dans ce cas, les polynômes P_1 et Q_1 sont aussi de degré $k - 1$, puisque $n - 1 - k = 2^{t-1} - 1 = k - 1$. On a alors :

$$R(X) = P(X)Q(X) = R_0(X) + X^k R_1(X) + X^{2k} R_2(X),$$

avec

$$R_0 = P_0 Q_0, \quad R_2 = P_1 Q_1,$$

$$R_1 = P_0Q_1 + P_1Q_0.$$

On a ramené le coût $K(2^t)$ de la multiplication de deux polynômes de degré $n-1 = 2^t - 1$ à trois multiplications de polynômes de degré $k-1$, soit encore :

$$K(2^t) = 3K(2^{t-1})$$

qui se résout en

$$K(2^t) = O(3^t) = O(n^{\log_2 3}) = O(n^{1.585}),$$

ce qui est mieux que $O(n^2)$ par la méthode naïve.

On a fait ici quelques abus en se limitant à $n = 2^t - 1$. On peut démontrer qu'en fait la complexité pour n quelconque est la même. Enfin, autre abus, nous avons supposé que les polynômes P et Q avaient le même degré. Quand ce n'est pas le cas, la meilleure façon de découper les polynômes pour se ramener au cas précédent n'est pas claire et dépend beaucoup des paramètres.

L'algorithme de Karatsuba est beaucoup utilisé et il est rentable à partir de degré très petits (même 1 bien souvent). Il a aussi la remarquable propriété de fonctionner dans n'importe quel anneau $\mathcal{A}$, ce qui n'est pas le cas de l'algorithme qui suit.

Est-on arrivé au bout ? Non, on peut montrer par exemple que pour tout ε fixé, il existe un algorithme de multiplication de deux polynômes de degré n en temps $O(n^{1+\varepsilon})$. On peut également s'intéresser à une autre méthode, basée sur la *transformée de Fourier*, variante discrète de la célèbre transformée de Fourier sur les fonctions.

L'algorithme de Karatsuba est le prototype des méthodes de multiplication par évaluation/interpolation. On a calculé $R(0)$, $R(1)$ et $R(+\infty)$ et de ces valeurs, on a pu déduire la valeur de $R(X)$. L'approche de Cooley et Tukey consiste à interpoler le produit R sur des racines de l'unité bien choisies, que l'on prendra complexe pour simplifier.

Plus précisément, on utilisera des racines *primitives* N-ème de l'unité, soit z, qui vérifie $z^N = 1$, mais telle que $z^i \neq 1$ pour $1 \leqslant i < N$. C'est le cas par exemple du nombre $\omega = \exp(2i\pi/N)$. La *transformée de Fourier d'ordre* N est une application

$$\begin{array}{cccc} \mathcal{F}_\omega : & \mathbb{C}^N & \to & \mathbb{C}^N \\ & (a_0, a_1, \dots, a_{N-1}) & \mapsto & (\hat{a}_0, \hat{a}_1, \dots, \hat{a}_{N-1}) \end{array}$$

où

$$\hat{a}_i = \sum_{j=0}^{N-1} \omega^{ij} a_j$$

pour $0 \leqslant i \leqslant N-1$.

Avec le choix de ω qui a été fait, on montre que cette application est inversible, et que son inverse se calcule aisément au moyen de la formule :

$$\mathcal{F}_\omega^{-1} = \frac{1}{N}\mathcal{F}_{\omega^{-1}}.$$

D'un point de vue pratique, un programme (ou un circuit) qui fait le calcul de la transformée sert aussi pour le calcul de l'inverse, ce qui est une des raisons de la séduction de cette approche.

Quel rapport tout cela a-t-il avec la multiplication de polynômes ? Soient

$$P(X) = \sum_{i=0}^{n-1} p_i X^i, \quad Q(X) = \sum_{i=0}^{n-1} q_i X^i$$

deux polynômes dont nous voulons calculer le produit :

$$R(X) = \sum_{i=0}^{2n-1} r_i X^i$$

(avec $r_{2n-1} = 0$). On utilise une transformée de Fourier de taille $N = 2n$ avec les vecteurs :

$$p = (p_0, p_1, \dots, p_{n-1}, \underbrace{0, 0, \dots, 0}_{n \text{ termes}}),$$

$$q = (q_0, q_1, \dots, q_{n-1}, \underbrace{0, 0, \dots, 0}_{n \text{ termes}}).$$

Soit ω une racine primitive $2n$-ième de l'unité. La transformée de p

$$\mathcal{F}_\omega(p) = (\hat{p}_0, \hat{p}_1, \dots, \hat{p}_{2n-1})$$

n'est autre que :

$$(P(\omega^0), P(\omega^1), \dots, P(\omega^{2n-1})).$$

De même pour q, de sorte que le *produit terme à terme* des deux vecteurs :

$$\mathcal{F}_\omega(p) \otimes \mathcal{F}_\omega(q) = (\hat{p}_0\hat{q}_0, \hat{p}_1\hat{q}_1, \dots, \hat{p}_{2n-1}\hat{q}_{2n-1})$$

donne en fait les valeurs de $R(X) = P(X)Q(X)$ en les racines de l'unité, c'est-à-dire $\mathcal{F}_\omega(R)$! Par suite, on retrouve les coefficients de P en appliquant la transformée inverse.

Un algorithme en pseudo-code pour calculer R est alors :

- $N = 2n$, ω est une racine primitive $2n$-ième de 1 ;
- calculer $\mathcal{F}_\omega(p)$, $\mathcal{F}_\omega(q)$;
- calculer $(\hat{r}_0, \hat{r}_1, \dots, \hat{r}_{2n-1}) = \mathcal{F}_\omega(p) \otimes \mathcal{F}_\omega(q)$;
- récupérer les r_i par :

$$(r_0, r_1, \ldots, r_{2n-1}) = \frac{1}{N}\mathcal{F}_{\omega^{-1}}(\hat{r}_0, \hat{r}_1, \ldots, \hat{r}_{2n-1}).$$

Il reste à expliquer comment calculer l'application $\mathcal{F}$ rapidement. En effet, si on se contente d'appliquer la définition, on voit qu'il nous faut effectuer $O(n^2)$ multiplications dans $\mathbb{C}$. Cela est possible dans certains cas, le plus frappant étant celui où $N = 2^t$.

Les calculs que nous devons effectuer dans ce cas sont :

$$\begin{aligned}\hat{x}_k &= \sum_{m=0}^{N/2-1} x_{2m}(\omega^2)^{mk} \\ &\quad + \omega^k \sum_{m=0}^{N/2-1} x_{2m+1}(\omega^2)^{mk} \\ \hat{x}_{k+N/2} &= \sum_{m=0}^{N/2-1} x_{2m}(\omega^2)^{mk} \\ &\quad + \omega^{N/2+k} \sum_{m=0}^{N/2-1} x_{2m+1}(\omega^2)^{mk}\end{aligned}$$

Mais on peut montrer que $\omega^{N/2} = -1$. Autrement dit, le calcul se divise en deux morceaux :

$$\begin{aligned}\hat{x}_k &= \sum_{m=0}^{N/2-1} x_{2m}(\omega^2)^{mk} \\ &\quad + \omega^k \sum_{m=0}^{N/2-1} x_{2m+1}(\omega^2)^{mk} \\ \hat{x}_{k+N/2} &= \sum_{m=0}^{N/2-1} x_{2m}(\omega^2)^{mk} \\ &\quad - \omega^k \sum_{m=0}^{N/2-1} x_{2m+1}(\omega^2)^{mk}\end{aligned}$$

ce qui fait qu'au lieu d'avoir à calculer quatre sommes différentes, on en a en fait deux, chaque somme étant une transformée de Fourier de taille moitié. Le coût de l'algorithme est alors $F(N) = 2F(N/2) + N/2$ multiplications élémentaires. On résout la récurrence à l'aide de l'astuce suivante :

$$\frac{F(N)}{N} = \frac{F(N/2)}{N/2} + 1/2 = F(1) + t/2 = t/2$$

d'où $F(N) = \frac{1}{2}N\log_2 N$. Cette variante a ainsi reçu le nom de *transformée de Fourier rapide* (*Fast Fourier Transform* ou FFT).

À titre d'exemple, si $N = 2^{10}$, on fait 5×2^{10} multiplications au lieu de 2^{20}. Bien sûr, l'implantation d'un tel algorithme de multiplication n'est pas nécessairement aisée (pensez aux problèmes de précision dans les calculs flottants par exemple).

Nous avons donné ici une brève présentation de l'idée de la FFT. C'est une idée très importante à utiliser dans tous les algorithmes qui utilisent des convolutions, comme par exemple le traitement d'images, le traitement du signal, etc. Le lecteur intéressé est renvoyé au livre de (Nussbaumer, 1982).

1.4 Arithmétique rapide

Nous venons de passer un peu de temps sur la multiplication des polynômes, car c'est là la primitive de base de tous les calculs sur les polynômes. Ainsi, on peut ramener le calcul de la division euclidienne de $a(X)$ par $b(X)$ à deux multiplications de polynômes auxiliaires de même taille. Notons $\mathsf{M}(n)$ le temps nécessaire pour multiplier deux polynômes de degré n à coefficients dans $\mathbb{C}$. La division prend donc un temps $O(\mathsf{M}(n))$. Dans le même ordre d'idée, le plus grand commun diviseur de deux polynômes a une complexité $O(\mathsf{M}(n)\log n)$.

Jetons un œil à d'autres algorithmes dits rapides que nous allons exposer par l'exemple. Commençons par introduire une structure fondamentale, *l'arbre des sous-produits*. Donnons-nous quatre éléments de $\mathbb{C}$: x_0, x_1, x_2, x_3. Comment calculer les coefficients du polynôme $P(X)$, de degré 4 dont les x_i sont racines ? Naïvement, on peut calculer brutalement le produit $\prod_i (X - x_i)$. On peut faire mieux à l'aide de la construction suivante : on place les x_i aux feuilles d'un arbre (c'est-à-dire au niveau 0) :

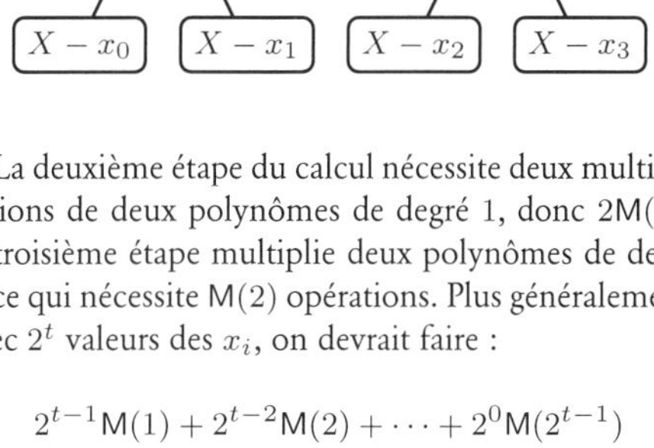

La deuxième étape du calcul nécessite deux multiplications de deux polynômes de degré 1, donc $2\mathsf{M}(1)$; la troisième étape multiplie deux polynômes de degré 2, ce qui nécessite $\mathsf{M}(2)$ opérations. Plus généralement, avec 2^t valeurs des x_i, on devrait faire :

$$\begin{aligned}&2^{t-1}\mathsf{M}(1) + 2^{t-2}\mathsf{M}(2) + \cdots + 2^0\mathsf{M}(2^{t-1}) \\ &\quad\leqslant \sum_{i=0}^{t-1} \mathsf{M}(2^i \cdot 2^{t-i-1}) \\ &\quad\leqslant t\mathsf{M}(n) = O(\mathsf{M}(n)\log n)\end{aligned}$$

Donc le calcul de $P(X)$ nécessite seulement $O(\mathsf{M}(n)\log n)$ opérations.

Une fois qu'on dispose de l'arbre des sous-produits, on peut s'en servir par exemple pour évaluer rapidement $Q(x_i)$ pour Q un autre polynôme. La remarque fondamentale est que $Q(x_i) = Q(X) \bmod (X - x_i)$ (le reste de la division euclidienne de $Q(X)$ par $X - x_i$). Pour calculer tous les $Q(x_i)$, il suffit de descendre l'arbre précédent : on commence par calculer $Q_{0,3}(X) = Q(X) \bmod (X - x_0)(X - x_1)(X - x_2)(X - x_3)$, puis de calculer $Q_{0,1}(X) = Q(X) \bmod (X - x_0)(X - x_1) = Q_{0,3}(X) \bmod (X - x_0)(X - x_1)$, puis finalement $Q_0(X) = Q(X) \bmod P(X) = Q(x_0) = Q_{0,1}(X) \bmod (X - x_0)$. Comme précédemment, c'est le premier pas qui coûte, et la complexité est encore $O(\mathsf{M}(n))$.

Terminons avec un dernier exemple, celui de l'interpolation rapide. Nous avons déjà introduit le théorème de Lagrange, qui nous permet de trouver un polynôme $L(X)$ qui prend des valeurs données y_i sur les valeurs x_i. Rappelons la formule générale :

$$L(X) = \sum_{i=0}^{n-1} \frac{y_i}{P'(x_i)} \frac{P(X)}{X - x_i}.$$

Pour évaluer cette quantité, on commence par évaluer tous les $P'(x_i)$ grâce à l'évaluation rapide, ce qui coûte $O(\mathsf{M}(n))$ opérations, d'où l'on tire les $c_i = y_i/P'(x_i)$. Il reste à évaluer la somme. Reprenant notre exemple, on doit évaluer :

$$\frac{P(X)}{X - x_0} = (X - x_1)(X - x_2)(X - x_3),$$

$$\frac{P(X)}{X - x_1} = (X - x_0)(X - x_2)(X - x_3),$$

ces deux expressions ayant en commun le polynôme $(X - x_2)(X - x_3)$, qui est déjà à notre disposition dans l'arbre. On se convainc que le coût de cette phase va encore être $O(\mathsf{M}(n))$. Le coût total (dominé par le calcul de l'arbre des sous-produits) est encore $O(\mathsf{M}(n)\log n)$.

1.5 Évaluation à la puissance

Intéressons-nous maintenant au calcul de a^e avec a dans un anneau $\mathcal{A}$ (ce peut être le corps $\mathbb{C}$, l'anneau des entiers $\mathbb{Z}$, un corps fini, etc.) et e un entier. Ce genre de calcul est la primitive préférée des calculs de cryptographie, comme par exemple dans le cryptosystème RSA, où on chiffre un entier x en calculant $x^e \bmod N$, ou bien le protocole de Diffie-Hellman, où on calcule $g^u \bmod p$. Pour que ce calcul soit efficace, il convient de calculer a^e plus rapidement que par un calcul itératif demandant $e - 1$ multiplications successives.

L'idée de base de l'*algorithme binaire* est d'écrire le nombre e en base 2 sous la forme $e = 2^t + e_{t-1}2^{t-1} + \cdots + e_0$ avec $e_i \in \{0, 1\}$, que l'on peut évaluer sous la forme :

$$e = (\cdots((2 + e_{t-1})2 + e_{t-2})2 \cdot + e_1)2 + e_0.$$

On écrit alors :

$$\begin{aligned} a^e &= a^{(\cdots((2+e_{t-1})2+e_{t-2})2\cdot+e_1)2+e_0} \\ &= (\cdots((a^2 \cdot a^{e_{t-1}})^2 \cdot a^{e_{t-2}})^2 \cdots)^2 a^{e_0} \end{aligned}$$

On calcule ainsi a^e par t carrés et des multiplications par a quand $e_i = 1$. Si on note $\nu(e)$ le nombre de ces bits à 1, alors le nombre de multiplications de l'algorithme est $t + (\nu(e) - 1)$. On a bien sûr $0 \leqslant \nu(e) \leqslant t$, donc l'algorithme prend au moins t et au plus $2t = O(\log e)$ opérations. En moyenne, $\nu(e) = (\log e)/2$, donc cet algorithme a un très bon comportement.

Comme cette opération est réellement critique en cryptographie, on peut diminuer le coût de l'algorithme en écrivant e en base 2^k avec k petit. Asymptotiquement, on peut ainsi arriver à un coût moyen en $\log e$. Trouver un algorithme meilleur est un problème difficile au sens de la théorie de la complexité.

Notons que de nouvelles techniques sont apparues dans le cas où le coût de la division dans $\mathcal{A}$ est faible (c'est le cas pour les courbes elliptiques, très utilisées de nos jours en cryptographie). On peut alors calculer a^{15} par $a^{16}/a = (((a^2)^2)^2)^2/a$, ce qui coûte cinq opérations au lieu des sept par la méthode binaire.

1.6 Corps finis

Les corps finis sont un élément central de la théorie des codes et servent énormément en calcul formel. Une des références conseillée sur la théorie générale est (Lidl et Niederreiter, 1983).

Un corps fini, noté généralement $\mathbb{F}_q$ a pour cardinal une puissance d'un nombre premier p, soit $q = p^n$. On montre qu'à isomorphisme près, il n'existe qu'un seul corps fini. Comment le fabriquer en pratique ? Il suffit de trouver un polynôme $f(X)$ irréductible (c'est-à-dire n'ayant pas de diviseur non trivial) de degré n sur $\mathbb{F}_p[X]$, qui permet de construire le corps $\mathbb{F}_p[X]/(f(X))$ qui est isomorphe à $\mathbb{F}_q$. Par exemple, on peut identifier $\mathbb{F}_{2^3}$ à $\mathbb{F}_2[X]/(X^3 + X + 1)$. Un élément de ce corps peut être vu comme un polynôme de $\mathbb{F}_2[X]$ de degré au plus 2. Les opérations sur les éléments de $\mathbb{F}_{2^3}$ sont alors des opérations sur les polynômes, celles-ci devant se faire modulo le *polynôme de définition* $P(X) = X^3 + X + 1$. Ainsi :

$$(X+1)(X^2+X+1) = X^3+1 = X \bmod (2, P(X)).$$

Les opérations dans un corps fini sont donc faciles et rapides, en utilisant systématiquement les algorithmes déjà décrits sur les polynômes.

Le groupe des éléments *inversibles* de $\mathbb{F}_q$, c'est-à-dire l'ensemble des éléments $a(X)$ pour lesquels on peut trouver un polynôme $b(X)$ vérifiant $a(X)b(X) \equiv 1 \bmod (p, f(X))$, est cyclique d'ordre $q-1$. Dans l'exemple, l'élément $X+1$ engendre ce groupe, puisque ses puissances sont toutes distinctes :

$$X+1, (X+1)^2 = X^2+1, (X+1)^3 = X^2,$$
$$(X+1)^4 = X^2+X+1, (X+1)^5 = X,$$
$$(X+1)^6 = X^2+X, (X+1)^7 = 1.$$

Le corps $\mathbb{F}_{2^3}$ a également une structure d'espace vectoriel de dimension 3 sur $\mathbb{F}_2$, avec pour base canonique $(1, X, X^2)$. Cette double structure est un des éléments de richesse des corps finis.

Notons qu'il existe des bases spécialement adaptées à certains problèmes. C'est le cas des bases normales, de la forme $(\alpha, \alpha^p, \ldots, \alpha^{p^{n-1}})$ pour lesquelles l'élévation à la puissance p est un simple décalage. Dans l'exemple précédent, $\alpha = X+1$ n'engendre pas une base normale, puisque $\alpha^4 = \alpha^2 + \alpha$. Par contre, $\alpha = X^2+1$ fournit une base normale, puisque $\alpha^2 = X^2+X+1$, $\alpha^4 = X+1$. Quand $p=2$ et que l'on doive calculer des puissances d'un élément, on voit qu'une telle base est très utile, puisque le coût du carré d'un élément

$$(b_0\alpha + b_1\alpha^2 + b_2\alpha^4)^2 = b_2 + b_0\alpha^2 + b_1\alpha^4$$

y est essentiellement *gratuit.* De ce fait, une implantation en matériel est extrêmement rentable. La multiplication de deux éléments distincts est par contre coûteux, à moins qu'on ne trouve une base normale, dite optimale, dans laquelle le nombre de coefficients non nuls des produits $\alpha^i\alpha^j$ soit faible. Ces bases n'existent hélas pas toujours. On renvoie le lecteur intéressé à (Menezes, Blake, Gao, Mullin, Vanstone et Yaghoobian, 1993) pour plus d'informations.

2 Matrices

Les matrices sont un outil extrêment courant en calcul formel, numérique, etc. De nombreux algorithmes travaillant sur les matrices utilisent la multiplication de matrices. Il convient donc d'optimiser ces algorithmes de calcul. Nous renvoyons à (Bürgisser, Clausen et Shokrollahi, 1997) pour de plus amples informations sur ce très vaste sujet.

Il est facile de voir que le produit C des deux matrices

$$A = \begin{pmatrix} A_{11} & A_{12} \\ A_{21} & A_{22} \end{pmatrix} \quad B = \begin{pmatrix} B_{11} & B_{12} \\ B_{21} & B_{22} \end{pmatrix}$$

peut se faire en huit opérations par la méthode naïve :

$$C_{11} = A_{11}B_{11} + A_{12}B_{21},$$
$$C_{12} = A_{11}B_{12} + A_{12}B_{22},$$
$$C_{21} = A_{21}B_{11} + A_{22}B_{21},$$
$$C_{22} = A_{21}B_{12} + A_{22}B_{22}.$$

Comme dans le cas de la méthode de Karatsuba pour le produit de polynômes, on peut réduire ce nombre à sept, comme l'a montré Strassen le premier. On donne ici des formules plus simples dues à Winograd. Nous allons effectuer le calcul du produit $A \times B$ avec A et B des matrices de taille $2^n \times 2^n$, découpées en quatre blocs de façon récursive. On écrit ainsi :

$Strassen(A, B)$

$$S_1 = A_{21} + A_{22} \qquad T_1 = B_{12} - B_{11}$$
$$S_2 = S_1 - A_{11} \qquad T_2 = B_{22} - T_1$$
$$S_3 = A_{11} - A_{21} \qquad T_3 = B_{22} - B_{12}$$
$$S_4 = A_{12} - S_2 \qquad T_4 = T_2 - B_{21}$$

puis on fait appel à sept calculs de produits partiels par le même algorithme :

$$P_1 = Strassen(A_{11}, B_{11})$$
$$P_2 = Strassen(A_{12}, B_{21})$$
$$P_3 = Strassen(S_4, B_{22})$$
$$P_4 = Strassen(A_{22}, T_4)$$
$$P_5 = Strassen(S_1, T_1)$$
$$P_6 = Strassen(S_2, T_2)$$
$$P_7 = Strassen(S_3, T_3)$$
$$U_1 = P_1 + P_2$$
$$U_2 = P_1 + P_6$$
$$U_3 = U_2 + P_7$$
$$U_4 = U_2 + P_5$$
$$U_5 = U_4 + P_3$$
$$U_6 = U_3 - P_4$$
$$U_7 = U_3 + P_5$$

On reconstruit le produit par :

$$C = AB = \begin{pmatrix} U_1 & U_5 \\ U_6 & U_7 \end{pmatrix}$$

Le coût final est alors

$$\mathcal{S}(2^n) = 7\mathcal{S}(2^{n-1}) = \cdots = 7^n = (2^n)^{\log_2 7} = d^{2.81}$$

au lieu de d^3.

Pendant longtemps, on a cru que cet algorithme était sans réelle portée pratique. Toutefois, avec les ordinateurs modernes, ces calculs sont devenus courants et efficaces. Ils sont en particulier implantés dans le système de calcul mathématique MAGMA.

La meilleure complexité connue pour le produit de matrices $n \times n$ est actuellement $O(n^{2.376})$. Le meilleur algorithme connu pour multiplier une matrice $n \times n$ par une matrice $n \times n^\alpha$ avec $\alpha > 0,294$ est $O(n^{2+\varepsilon})$ (cf. (Coppersmith, 1997)).

3 Entiers

De bonnes références pour ce qui suit sont (Knuth, 1981) et ses rééditions, ainsi que (Cohen, 1993) ou le plus récent (Crandall et Pomerance, 2000).

3.1 Algorithmes de base

Les processeurs actuels ne travaillent que sur des entiers de 32 ou 64 bits. C'est bien peu, comparés aux quelques centaines de bits nécessaires aux calculs cryptographiques, pour ne citer qu'eux. On représente alors les entiers comme une suite de chiffres dans une base $B = 2^b$:

$$N = \sum_{i=0}^{t-1} n_i B^i,$$

avec $0 \leqslant n_i < B$.

Les opérations de base sur les entiers (addition, soustraction, multiplication, division) se font ainsi dans le même esprit que les opérations sur les polynômes, aux problèmes de propagation de retenue près, ce qui ne permet pas toujours d'utiliser les méthodes rapides (Karatsuba, FFT) avec la même facilité. Néanmoins, on trouve tous ces algorithmes implantés de façon très efficace dans la bibliothèque GMP, la référence du domaine, écrite en langage C et en assembleur pour presque tous les processeurs du monde.

3.2 Factorisation d'entiers

Il s'agit là d'un problème très ancien, et pour lequel aucun algorithme efficace n'est connu. Rappelons qu'il s'agit de trouver tous les nombres premiers qui divisent un entier N donné. Ce problème est notamment au cœur de la sécurité du système de chiffrement RSA. Le meilleur algorithme dont on dispose actuellement est le crible algébrique (*Number Field Sieve*), général (GNFS) ou spécial (SNFS pour les nombres $b^n \pm 1$), introduit par Pollard en 1988. Il demande un temps

$$O\left(\exp\left((\log N)^{1/3}(\log\log N)^{2/3}\right)\right)$$

pour factoriser N. Cette fonction étrange est coincée entre n'importe quelle fonction polynomiale en $\log N$ et toute fonction exponentielle en $\log N$. Il a succédé au crible quadratique (*Quadratic Sieve*), dont la complexité est :

$$O\left(\exp\left((\log N)^{1/2}(\log\log N)^{1/2}\right)\right).$$

On trouvera à la figure 1 un résumé des derniers records de factorisation à travers les âges : l'année est en abscisse, le nombre de chiffres décimaux en ordonnée. Les noms des nombres sont consacrés par la littérature. Ainsi $F_9 = 2^{2^9} + 1$ est le neuvième nombre de Fermat ; $p(n)$ désigne le nombre de façons d'écrire l'entier n comme somme d'entiers positifs plus petits. Les nombres RSA font partie d'un concours organisé par la société RSA, Inc. On voit que les progrès sont très lents, mais existent quand même. Le plus grand nombre difficile factorisé à ce jour possède deux cents chiffres décimaux.

3.3 Primalité

La cryptographie moderne a suscité un nouvel intérêt pour les problèmes d'arithmétique de base que sont la détection des nombres premiers et la factorisation des entiers composés (non premiers).

Il existe des liens très forts entre la théorie de la complexité et le problème de décision « N est-il premier ? ». Il existe un algorithme de réponse pour toutes les classes de complexité. Par exemple, l'algorithme le plus utilisé par les cryptographes permet de détecter les nombres composés en temps polynomial, avec une erreur que l'on peut borner *a priori*. C'est le cas de l'algorithme d'Artjuhov-Miller-Rabin, qui fonctionne comme suit. On écrit le nombre impair N sous la forme $N = 1 + 2^s t$ avec t impair. On factorise alors le polynôme :

$$X^{N-1} - 1 = (X^t - 1)(X^t + 1) \cdots (X^{2^{s-1}t} + 1).$$

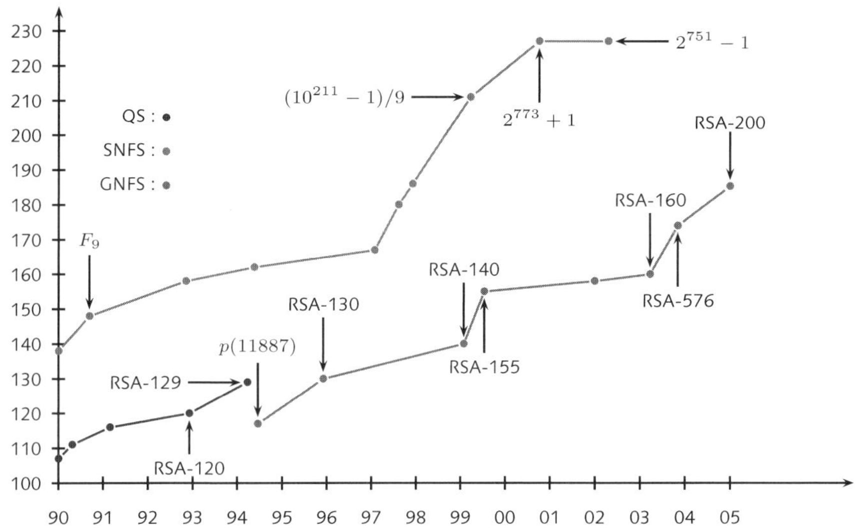

Figure 1 Les records de factorisation en fonction du temps (année en abscisse, nombre de chiffres décimaux en ordonnée)

D'après le petit théorème de Fermat, si N est premier et a premier avec N, alors N doit diviser $a^{N-1} - 1$. Le lemme de Gauss entraîne que N doit diviser un des nombres à la droite de l'égalité. S'il n'en est pas ainsi, alors N est certainement composé. Sinon, on ne peut rien dire, car N est soit premier, soit pseudopremier fort en base a. Cela dit, le nombre de a qui ne permettraient pas de détecter la composition de N sont en nombre $\leqslant N/4$. En utilisant k choix indépendants de a, l'algorithme échoue à détecter la composition de N avec probabilité bornée par $(1/4)^k$.

Depuis 2002, on sait qu'il existe un algorithme déterministe de preuve de primalité fonctionnant en temps polynomial. Il est dû à Agrawal, Kayal, Saxena. Il repose sur le théorème suivant :

Théorème 3.1 *Soient N un entier, s un entier positif, r un nombre premier et q le plus grand facteur premier de $r - 1$. On suppose que :*

$$\binom{q+s-1}{s} > N^{2\lfloor\sqrt{r}\rfloor}.$$

On suppose encore que N n'a pas de facteur premier $\leqslant s$ et que $N^{(r-1)/q} \bmod r \not\in \{0, 1\}$. Finalement, on suppose également que $(X - b)^N = X^N - b$ dans $\mathbb{Z}/N\mathbb{Z}[X]/(X^r - 1)$ pour tout $1 \leqslant b \leqslant s$. Alors N est une puissance de nombre premier.

Pour en tirer un algorithme de complexité polynomiale, il faut que le nombre de calculs à faire soit polynomial. Analysons d'abord son coût en fonction des paramètres. Nous devons effectuer s calculs de X^N modulo $(N, X^r - 1)$; un calcul coûte $O(\log N)$ produits de polynômes de degré r, soit :

$$O(s(\log N)r^{1+\mu}(\log N)^{1+\nu})$$

avec $\mu = \nu = 1$ si tout est naïf, $\mu = \nu = \varepsilon$ si on utilise la FFT.

Le résultat sera obtenu si on peut prouver qu'on peut trouver a et r de taille polynomiale en $\log N$. C'est le cas en utilisant des résultats techniques de Fouvry, ou encore Baker et Harman, qui montrent qu'on peut trouver $r = O((\log N)^6)$ et $s = O((\log N)^4)$, ce qui conduit à un coût $O((\log N)^{12+\mu+\nu})$ pour l'algorithme AKS. Plus récemment, H. W. Lenstra, Jr., et C. Pomerance ont annoncé une version en $O((\log N)^{6+\mu+\nu})$. Des versions probabilistes de l'algorithme ont des complexités théoriques de l'ordre de $O((\log N)^{4+\mu})$.

D'un point de vue pratique, cet algorithme ainsi que ses différentes versions, est bien trop lent. On lui préfere l'algorithme randomisé ECPP (qui utilise des courbes elliptiques), et qui en plus a une meilleure complexité heuristique $O((\log N)^{4+\mu})$ – voir (Morain, 2003). Il permet de prouver la primalité de nombres de taille cryptographique en moins d'une seconde et d'entiers aussi grands que 10^{10000} (à l'aide de calculs distribués). Voir pour cela (Franke, Kleinjung, Morain et Wirth, 2004). Le record actuel (détenu par l'auteur de ces lignes) est à plus de 10^{20000}.

Bibliographie

Bürgisser P., Clausen M. et Shokrollahi M. A. (1997), *Algebraic complexity theory*, volume 315 of *Grundlehren der Mathematischen Wissenschaften [Fundamental Principles of Mathematical Sciences]*. Springer-Verlag, Berlin.

Cohen H. (1993), *A course in algorithmic algebraic number theory*. Number 138 in Graduate Texts in Mathematics. Springer-Verlag.

Coppersmith D. (1997), Rectangular matrix multiplication revisited. *J. Complexity*, 13(1) :42–49.

Crandall R. et Pomerance C. (2000), *Prime numbers – A computational perspective*. Springer, New York.

Franke J., Kleinjung T., Morain F. et Wirth T. (2004), Proving the primality of very large numbers with fastECPP. In *Algorithmic number theory*, volume 3076 of *Lecture Notes in Comput. Sci.*, pages 194–207. Springer, Berlin.

von zur Gathen J. et Gerhard J. (1999), *Modern computer algebra*. Cambridge University Press, New York.

Knuth D. E. (1981), *The Art of Computer Programming : Seminumerical Algorithms*. Cambridge University Press, Addison-Wesley, seconde édition.

Lidl R. et Niederreiter H. (1983), *Finite fields*, volume 20 of *Encyclopedia of Mathematics and its Applications*. Addison-Wesley, Reading, MA.

Menezes A. J. (éd.), Blake I. F., Gao X., Mullin R. C., Vanstone S. A. et Yaghoobian T. (1993), *Applications of finite fields*. Kluwer Academic Publishers.

Morain F. (2003), Implementing the asymptotically fast version of the elliptic curve primality proving algorithm. Technical report, accessible à http ://www.lix.polytechnique.fr/Labo/Francois.Morain. À paraître dans *Mathematics of Computation*.

Nussbaumer H. J. (1982), *Fast Fourier transform and convolution algorithms*. Number 2 in Springer Series in Information Sciences. Springer-Verlag.

Algorithmique parallèle

Michel Cosnard, Yves Robert

Mots-clés : algorithmes parallèles, machines P-RAM, primitives de communication, produit de matrices, réseaux de processeurs.

Résumé : après une introduction à l'algorithmique parallèle et un bref aperçu historique, nous décrivons le modèle P-RAM. Puis nous expliquons comment diffuser un message sur un anneau de processeurs, et nous enchaînons avec un produit de matrices sur une grille bi-dimensionnelle et sur un réseau hétérogène. Ces trois exemples se veulent représentatifs des modèles et des techniques du domaine.

L'algorithmique parallèle emprunte beaucoup à l'algorithmique classique dans sa problématique : conception, analyse, étude de complexité. Les résultats sont quelquefois moins précis, car les problèmes sont plus récents, et aussi plus difficiles. Fondamentalement, il y a quand même une nouvelle dimension, un degré de liberté supplémentaire avec l'exploitation simultanée de plusieurs ressources.

Le calcul parallèle a connu une évolution rapide et chaotique, avec des hauts (la résolution annoncée des grands défis scientifiques dans les années quatre-vingt) et des bas (faillites successives de constructeurs). Nous sommes actuellement en haut de la vague : le parallélisme est omniprésent, aux deux extrémités du spectre. Au niveau microscopique, les processeurs multiplient les unités arithmétiques pipelinées sur un même circuit intégré. Au niveau macroscopique, on interconnecte les stations de travail en grappes pour construire des supercalculateurs à peu de frais. On interconnecte même les grappes en grappes de grappes pour construire la grille de métacalcul mondiale. Difficile de passer à côté du parallélisme dans ces conditions !

Il y a deux raisons fondamentales de faire travailler plusieurs ressources en parallèle : résoudre un même problème plus vite (pour diminuer un temps de réponse), et résoudre un problème de plus grande taille (en utilisant plusieurs ressources de calcul, et un espace mémoire plus important qu'avec un seul processeur). On peut combiner ces deux schémas, par exemple pour résoudre dans un temps imparti un problème de taille maximale (on trouve le matin les résultats d'un calcul lancé la veille au soir). Pour une présentation du domaine, nous renvoyons au livre de Gengler, Ubéda et Desprez (1996) (excellente initiation au parallélisme, en français), ou à ceux de (El-Rewini et Lewis, 1997), (calcul parallèle et distribué, en anglais) et (Culler et Singh, 1999) (architectures parallèles, en anglais).

Dans ce chapitre, après un bref aperçu historique, nous décrivons le modèle P-RAM, puis nous expliquons comment diffuser un message sur un anneau de processeurs, et nous enchaînons avec un produit de matrices sur une grille bi-dimensionnelle et sur un réseau hétérogène. Ces trois exemples se veulent représentatifs du domaine, mais ne donnent qu'un petit aperçu des algorithmes et des techniques du parallélisme : nous terminons donc ce chapitre en donnant des références bibliographiques pour aller plus loin.

1 Aperçu historique

Le calcul parallèle est aussi ancien que le calcul lui-même : la nécessité d'accélérer la production de résultats par d'autres moyens que la découverte d'algorithmes séquentiels plus performants a conduit, bien avant l'invention des calculateurs, à mettre en œuvre les techniques de base du calcul parallèle. Traiter en parallèle des tâches indépendantes (procédé maître-esclaves) ou diviser pour régner (*divide and conquer*) sont des paradigmes utilisés depuis des temps immémoriaux.

Dans l'époque moderne, on retrouve les mêmes préoccupations dans les idées de Turing ou de Von Neumann (travaux sur les réseaux d'automates, qu'ils soient cellulaires ou neuronaux). Depuis les années cinquante, le calcul parallèle et les ordinateurs parallèles se sont développées de manière simultanée dans le cadre du calcul à haute performance (*supercomputing*). De fait, nombre de modèles du calcul parallèle sont apparus au moment de la construction des ordinateurs parallèles qui mettaient en œuvre les concepts correspondants. Cette simultanéité est d'ailleurs une des explications des nombreux échecs : il était impossible d'inventer des méthodes de programmation et de développer les logiciels ad hoc dans des délais aussi courts.

Une liste complète des avancées majeures du calcul parallèle est disponible à l'adresse **`http://ei.cs.vt.edu/~history/Parallel.html`**. Dans les années cinquante, plusieurs prototypes d'ordinateurs parallèles se basent sur l'accès à une mémoire partagée, ou sur l'exécution d'une seule instruction sur un ensemble de données, ou encore sur la communication entre processeurs. Mais ce n'est qu'en 1966 que Flynn propose sa classification en montrant le rôle joué par les flots d'instructions et les flots de données. La formalisation complète du modèle PRAM, élément central de notre présentation, est introduite en 1978 par Fortune et Wyllie. La thèse centrale du parallélisme, basée sur les classes NC, est proposée l'année suivante par Pippenger. C'est à cette date que la conception d'algorithmes parallèles et l'étude de leur complexité deviennent une discipline autonome. Auparavant, Amdhal a proposé en 1967 sa fameuse loi montrant que le gain de parallélisme est limité par le pourcentage de code purement séquentiel, prédisant une limitation à quelques dizaines du nombre de processeurs des machines parallèles (mais oubliant que ce pourcentage diminuera vraisemblablement avec la taille du problème résolu, ce qui laisse un potentiel important au parallélisme massif).

Les premiers travaux sur l'algorithmique distribuée remontent à Dijkstra en 1965 et ceux sur l'analyse de dépendances et la vectorisation des instructions d'un programme au milieu des années soixante (travaux de Bernstein ou article fondateur de Karp, Miller et Winograd). Soulignons pour terminer l'importance historique de l'invention du modèle dataflow en 1968, la création de Cray Research par Cray en 1972, concepteur des premiers supercalculateurs et l'invention de la Connection Machine en 1981 par Hillis. Mais nous ne sommes déjà plus dans l'histoire !

2 Machines P-RAM

Cette section présente les modèles qui, même éloignés de la réalité, sont indispensables pour bâtir les fondements d'une discipline.

La machine de Turing est un modèle classique pour le calcul séquentiel (voir le chapitre « Modèles de machines »). Il permet de donner une définition *précise* du coût d'un algorithme et est à la base des études de complexité (polynomial vs. NP-complet). En parallélisme, la recherche d'un modèle général se heurte à la variété des architectures à considérer. Comment définir le coût d'une communication ? Finalement, il s'est avéré que le plus raisonnable était de l'ignorer ! On obtient alors un modèle imparfait, et le coût d'un algorithme avec ce modèle n'aura qu'un lointain rapport avec son coût d'exécution sur machine réelle. Mais ce modèle permet tout de même de donner une *classification* des algorithmes parallèles, et de mener des analyses de complexité (pour montrer qu'un algorithme donné est optimal, ou pour établir la complexité minimale d'un problème). En un mot, le modèle permet d'extraire, ou de déterminer, le parallélisme *maximal* contenu dans un algorithme ou un problème.

Le modèle P-RAM, pour Parallel RAM (*Random Access Machine*) se compose d'une mémoire centrale partagée, à laquelle accèdent les divers processeurs, comme illustré figure 1. Le nombre de processeurs n'est pas borné, pas plus que la taille de la mémoire. L'hypothèse simplificatrice du modèle est que les processeurs accèdent à n'importe quelle case de la mémoire centrale en une unité de temps. L'accès simultané de plusieurs processeurs à autant de cases mémoire n'est pas envisageable sur une machine réelle. Il y a donc dans ce modèle des règles pour spécifier ce qui se passe en cas d'accès concurrent à la même case :

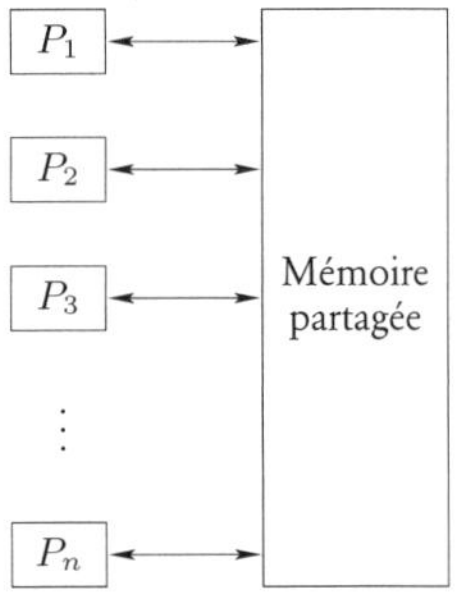

Figure 1 Schéma d'une machine P-RAM

- **CREW** (*concurrent read exclusive write*) : c'est le modèle le plus usuel. Le nombre de lectures simultanées d'une même case n'est pas borné ; par contre l'accès en écriture n'est possible que par un seul processeur à la fois.
- **CRCW** (*concurrent read concurrent write*) : c'est le modèle le plus puissant. Le nombre d'écritures simultanées dans une même case n'est pas borné ; voici plusieurs variantes pour déterminer le résultat d'une écriture simultanée :
  - mode consistant : tous les processeurs doivent écrire la même valeur ;
  - mode arbitraire : on prend la valeur du dernier processeur qui écrit ;
  - mode fusion : on effectue au vol le calcul d'une fonction commutative et associative appliquée aux différentes valeurs écrites, comme un ET ou un OU booléens, un maximum ou une somme d'entiers.
- **EREW** (*exclusive read exclusive write*) : c'est le modèle le plus restrictif, mais aussi le plus proche des machines réelles : un nombre borné de processeurs peuvent accéder en lecture ou en écriture à une même case mémoire.

2.1 Calcul des préfixes

Notre premier algorithme calcule les préfixes des éléments d'une liste. Étant donnée une suite $(x_1, x_2, \ldots, x_n)$ et une opération binaire associative $\otimes$, il s'agit de calculer la suite $(y_1, y_2, \ldots, y_n)$ définie par $y_1 = x_1$ et, pour $1 < k \leqslant n$, par :

$$y_k = y_{k-1} \otimes x_k = x_1 \otimes x_2 \otimes \ldots \otimes x_k \,.$$

Avec une P-RAM à n processeurs, et en représentant la suite $(x_1, x_2, \ldots, x_n)$ sous la forme d'une liste chaînée (avec *suivant*$[x_i] = x_{i+1}$ pour $i < n$ et *suivant*$[x_n] = NIL$), on obtient l'algorithme suivant :

Calcul_Préfixe(L)
Pour tout processeur i **en parallèle**
  $y[i] \leftarrow x[i]$
Tant qu' il existe un nœud i tel que suivant$[i] \neq$ NIL
  Pour tout processeur i **en parallèle**
    Si suivant$[i] \neq$ NIL **Alors**
      y[suivant$[i]$] $\leftarrow y[i] \otimes y$[suivant$[i]$]
      suivant$[i] \leftarrow$ suivant[suivant$[i]$]

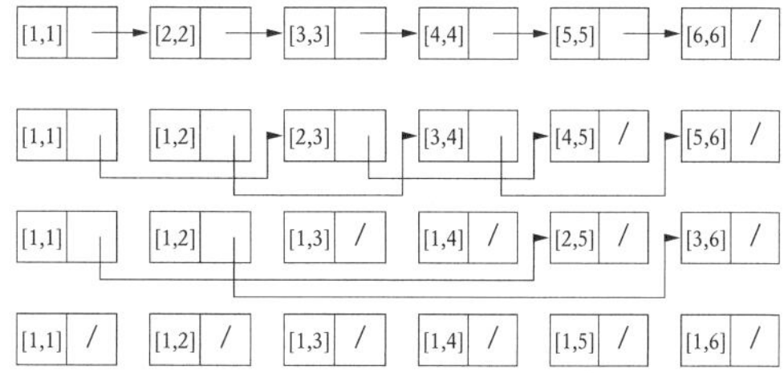

Figure 2 Exécution de l'algorithme de calcul des préfixes. On note $[i, j] = x_i \otimes x_{i+1} \otimes \ldots \otimes x_j$ pour $i \leqslant j$

On peut suivre l'exécution de l'algorithme sur la figure 2. Le principe est simple : chaque pas de la boucle dédouble les listes courantes en listes des objets en positions paires et ceux en positions impaires. La taille de chaque liste est donc réduite de moitié à chaque étape, d'où un nombre d'itérations égal à $\lceil \log n \rceil$ (comme il se doit pour un livre d'informatique, tous les logarithmes sont en base 2, on note donc $\log n$ pour $\log_2 n$).

La preuve de correction de l'algorithme ne présente qu'une difficulté : à chaque étape, les mises à jour doivent être synchronisées. La sémantique d'une boucle **Pour tout** i **en parallèle** est que toutes les lectures ont lieu avant la première écriture. Ce point étant réglé, l'analyse du nombre d'itérations nous permet de réécrire la boucle

Tant qu' il existe un nœud i tel que suivant$[i] \neq$ NIL

en une boucle

Pour étape $= 1$ **à** $\lceil \log n \rceil$ **faire**

En effet, le test de la condition globale sur les objets ne peut pas être fait en temps constant sur une P-RAM de type autre que CRCW. Au passage, comment ferait-on sur une P-RAM CRCW ? À la fin d'une étape, chaque processeur pourrait écrire dans une même case mémoire *fini* $\leftarrow$ *VRAI* ou *fini* $\leftarrow$ *FAUX* selon son statut, et on prendrait le ET booléen des écritures en mode fusion. Pour une P-RAM CREW, le temps nécessaire à la propagation d'une telle information globale est $O(\log n)$, où n est le nombre de processeurs en jeu.

Alors, quel type de P-RAM est nécessaire pour exécuter l'algorithme du calcul des préfixes en $O(\log n)$? Chaque processeur P_i écrit dans y[*suivant*$[i]$] et *suivant*$[i]$, en mode exclusif donc. Pour les accès en lecture, si on ne précise pas davantage, deux processeurs P_i et P_j, où *suivant*$[j] = i$, peuvent accéder simultanément à la même valeur y[*suivant*$[i]$]. La solution la plus simple pour passer en mode lecture exclusive consiste à introduire un tableau de temporaires et à remplacer

$$y[suivant[i]] \leftarrow y[i] \otimes y[suivant[i]]$$

par

$$\begin{cases} temp[i] \leftarrow y[suivant[i]] \\ y[suivant[i]] \leftarrow y[i] \otimes temp[i] \end{cases}.$$

On obtient alors enfin une exécution en mode EREW.

2.2 Simulation

Nous discutons ici la *puissance* comparée des modèles EREW, CREW et CRCW, et nous définissons l'*efficacité* des algorithmes P-RAM.

Calcul du maximum

L'algorithme suivant permet de calculer en temps constant le maximum d'un tableau A de n éléments, sur une P-RAM CRCW avec $O(n^2)$ processeurs.

Calcul_Maximum(A, n)
Pour tout $i \in [1, n]$ **en parallèle**
  $m[i] \leftarrow$ TRUE
Pour tout $i, j \in [1, n]^2$, $i \neq j$, **en parallèle**
  Si $A[i] < A[j]$ **Alors** $m[i] \leftarrow$ FALSE
Pour tout $i \in [1, n]$ **en parallèle**
  Si $m[i] =$ TRUE **Alors** max $\leftarrow A[i]$
Renvoyer max

La P-RAM opère en mode CRCW consistant, car tous les processeurs écrivent la même valeur *FALSE*. À la première et à la troisième étape on utilise seulement n processeurs, tandis qu'à la deuxième étape on a $n(n-1)$ processeurs P_{ij}, $i \neq j$, chacun responsable d'une comparaison $A[i] < A[j]$.

Séparation des modèles

Une P-RAM CRCW est-elle plus *puissante* qu'une P-RAM CREW ? Le problème de la comparaison des modèles s'énonce ainsi : peut-on trouver un algorithme tel que, pour un même nombre de processeurs, on obtienne avec une P-RAM CRCW un temps d'exécution qu'il est impossible d'atteindre pour une P-RAM CREW ?

L'algorithme du maximum nous fournit la réponse. Plus généralement, une P-RAM CRCW de n processeurs est capable de calculer en temps constant la fusion $\bigotimes_{1 \leqslant i \leqslant n} e_i$ de n éléments $(e_1, \ldots, e_n)$, où $\otimes$ est une loi associative. Cette opération de réduction ne peut pas s'effectuer en moins de $O(\log n)$ étapes sur une P-RAM CREW puisqu'avec ce modèle, en temps constant on peut fusionner au plus un nombre constant d'éléments en une seule valeur.

Il est naturel de se poser la même question de séparation pour les modèles CREW et EREW. Voici un problème pour les séparer : déterminer si un élément e donné se trouve dans un ensemble de n éléments $(e_1, \ldots, e_n)$ tous distincts. Ce problème peut être résolu en temps constant sur une P-RAM CREW avec n processeurs : tout d'abord, on initialise un booléen à faux : *res* $\leftarrow$ *FALSE* ensuite, en parallèle, chaque processeur i compare l'élément e à e_i (il y a donc des lectures simultanées) et positionne le résultat *res* à *TRUE* s'il y a égalité. Comme les e_i sont différents deux à deux, au plus un processeur va écrire dans la case mémoire qui contient le booléen *res*, et l'algorithme peut bien s'exécuter en mode écriture exclusive.

Sur une P-RAM EREW, les processeurs ne peuvent pas accéder simultanément à l'élément e. Pour que les comparaisons puissent se faire en temps constant, il faut un nombre de copies de e de l'ordre de n, ce qui ne peut pas être réalisé en moins de $O(\log n)$ pas de calcul. Plus généralement, sur une P-RAM EREW la diffusion d'une information à n processeurs nécessite $O(\log n)$ étapes, car le nombre de processeurs « au courant » ne peut pas faire plus que de « doubler » (en fait être multiplié par une constante) à chaque étape.

Théorème de simulation

Nous venons de séparer les modèles, en exhibant un algorithme pour lequel un facteur $O(\log p)$ sépare les temps d'exécution avec p processeurs d'un même problème. Ce facteur $O(\log p)$ est maximal : en effet, tout algorithme sur une machine P-RAM CRCW à p processeurs ne peut pas être plus de $O(\log p)$ fois plus rapide que le meilleur algorithme P-RAM EREW à p processeurs pour le même problème. On trouvera une démonstration de ce résultat dans (Legrand et Robert, 2003).

2.3 Théorème de Brent

Soit $\mathcal{A}$ un algorithme comportant un nombre total de m opérations et qui s'exécute en temps t sur une P-RAM (avec un nombre de processeurs indéterminé). Le théorème de Brent assure qu'il est possible de simuler $\mathcal{A}$ en temps $O\left(\frac{m}{p} + t\right)$ sur une P-RAM de même type avec p processeurs.

La preuve de ce résultat n'est pas difficile. À l'étape i, $\mathcal{A}$ effectue $m(i)$ opérations, avec $\sum_{i=1}^{n} m(i) = m$. On simule l'étape i avec p processeurs en temps $\left\lceil \frac{m(i)}{p} \right\rceil \leqslant \frac{m(i)}{p} + 1$. On obtient le résultat en sommant sur les étapes.

Le théorème de Brent permet de prédire les performances quand on réduit le nombre de processeurs. Prenons par exemple le calcul du maximum sur une P-RAM EREW. On peut agencer ce calcul en temps $O(\log n)$ à l'aide d'un arbre binaire : à l'étape 1, on procède paire par paire avec $\lceil \frac{n}{2} \rceil$ processeurs, puis on continue avec les maxima des paires deux par deux, etc. C'est à la première étape que l'on a besoin du plus grand nombre de processeurs. Il en faut donc $O(n)$.

Que se passe-t-il si l'on dispose de moins de $O(n)$ processeurs ? Le théorème de Brent nous dit qu'avec p processeurs, on peut simuler l'algorithme précédent en temps $O(\frac{n}{p} + \log n)$ (en effet, le nombre d'opérations total est $m = n - 1$). Si on choisit $p = \frac{n}{\log n}$, on obtient un temps d'exécution de même complexité, mais avec moins de processeurs !

2.4 Travail et efficacité

Donnons quelques définitions usuelles : soit P un problème de taille n à résoudre, et soit $T_{seq}(n)$ le temps du meilleur algorithme séquentiel (connu) pour résoudre P. Soit maintenant un algorithme parallèle P-RAM qui résout P en temps $T_{par}(p, n)$ avec p processeurs. Le facteur d'accélération (*speed-up* en anglais) est défini comme

$$S_p(n) = \frac{T_{seq}(n)}{T_{par}(p, n)} ,$$

l'efficacité comme

$$e_p(n) = \frac{T_{seq}(n)}{p.T_{par}(p, n)} ,$$

et le travail (*work*) de l'algorithme comme

$$W_p(n) = p.T_{par}(p, n) .$$

Intuitivement, le travail est une surface rectangulaire de taille $T_{par}(p, n)$, le temps d'exécution, multiplié par p, le nombre de processeurs, et est minimal si à chaque étape de calcul tous les processeurs sont utilisés à faire des choses utiles, c'est-à-dire des opérations présentes dans la version séquentielle.

On peut conserver le travail par simulation : en effet, soit $\mathcal{A}$ un algorithme qui s'exécute en temps t sur une P-RAM avec p processeurs. Alors on peut simuler $\mathcal{A}$ sur une P-RAM de même type avec $p' \leqslant p$ processeurs, en temps $O\left(\frac{t.p}{p'}\right)$. Une conséquence de ce résultat est que le travail d'un algorithme P-RAM est au moins de l'ordre de la complexité séquentielle (sinon la simulation de cet algorithme avec un seul processeur améliorerait cette complexité). On dit qu'un algorithme P-RAM est *efficace* quand son travail est de l'ordre de la complexité séquentielle (on n'ose pas dire *optimal*, sauf si la complexité séquentielle est établie). On ne peut pas diminuer le travail d'un algorithme efficace de plus d'un facteur constant.

2.5 P versus NC

L'algorithmique parallèle a pour objectif d'accélérer la résolution des problèmes, en particulier ceux dont le temps d'exécution est polynomial en la taille des données (classe P). Parmi ceux-ci, lesquels est-il possible de résoudre « substantiellement » plus vite en parallèle qu'en séquentiel ? De manière surprenante, cette question est très difficile, et reste, pour l'essentiel, ouverte. Pour l'aborder, Nick Pippenger a introduit de nouvelles classes de complexité, les classes NC.

Soit k un entier donné. NC^k est la classe des problèmes de taille n que l'on peut résoudre en temps $O(log^k(n))$ avec une P-RAM CREW en utilisant un nombre polynomial de processeurs. NC est l'union pour tout k des classes NC^k.

Par exemple, le calcul des préfixes, l'addition des entiers, le tri, le produit scalaire sont des problèmes de la classe NC^1. Le calcul de la fermeture transitive d'une matrice booléenne est dans NC^2.

Clairement, $NC \subset P$, et quel que soit l'entier $k > 0$, $NC^{k-1} \subset NC^k$. Mais le problème de déterminer si ces inclusions sont strictes est ouvert. Déterminer si $NC = P$ est le problème central de la complexité parallèle. Il serait surprenant que la réponse soit positive ! Pour mieux comprendre cette question, comme cela a été fait pour le problème $P = NP$, on peut étudier $P \setminus NC$. On dit alors qu'un problème $Prob$ de P est P-complet si tout problème de P peut être réduit à $Prob$ en temps poly-logarithmique avec un nombre polynomial de processeurs (NC réduction). Par définition, $Prob$ (s'il existe) est le problème le plus difficile à résoudre en parallèle. Soit alors le problème suivant :

Fermeture

Soient X un ensemble fini et $*$ un opérateur binaire sur X. Quels que soient T un sous-ensemble de X et x un élément de X, $Fermeture$ consiste à déterminer si x appartient à la fermeture de T par $*$. On peut montrer que $Fermeture$ est P-complet, cf. (Gibbons et Rytter, 1988).

Il existe de nombreux problèmes P-complets : CVP (*Circuit value problem*), CVP monotone, Flot Max et la Programmation linéaire sont les exemples les plus connus. De plus, on ne sait pas si des problèmes très classiques comme la programmation linéaire à deux variables, le plus grand commun diviseur ou l'exponentiation modulaire sont dans NC ou P-complets.

3 Diffusion sur un anneau

Nous quittons la théorie pour aborder maintenant quelques problèmes algorithmiques simples sur des architectures plus réalistes que des P-RAM. On suppose disposer de p processeurs arrangés en un anneau orienté (unidirectionnel), comme indiqué figure 3. Les processeurs sont numérotés de 0 à $p - 1$, et chaque processeur peut connaître son numéro logique en exécutant un appel à la fonction **My_Num()**, et on peut connaître le nombre total p de processeurs en appelant la fonction **Tot_Proc_Num()**.

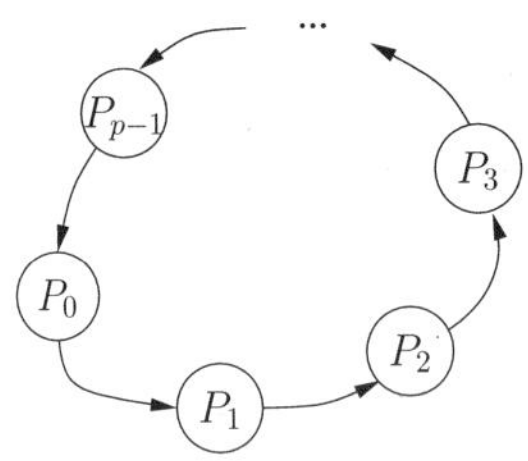

Figure 3 Anneau orienté de p processeurs

La règle du jeu est que tous les processeurs exécutent le même programme, mais opèrent sur des données présentes dans leur mémoire locale (on parle d'un mode de fonctionnement SPMD, *Single Program Multiple Data*). Pour accéder à des valeurs qui ne sont pas dans leur propre mémoire, les processeurs doivent communiquer par envoi et réception de messages. Chaque processeur peut envoyer un message à son successeur sur l'anneau à l'aide de la procédure

Send(adr, L)

où adr est l'adresse, dans la mémoire du processeur émetteur, de la première valeur à envoyer; L est la longueur du message, exprimée en nombre de données émises : les mots du message sont supposés rangés de manière contiguë en mémoire, à partir de l'adresse de base adr. De même, pour recevoir un message, on effectue l'appel de fonction suivant :

Receive(adr, L)

Soulignons plusieurs points importants :

- comme tous les processeurs exécutent le même programme, il doit y avoir un **Receive** « en face de » chaque **Send** : si le processeur numéro i exécute un **Receive**, c'est que son prédécesseur (de numéro $i-1$ modulo p) exécute un **Send**. Sinon le programme va se bloquer ;
- comme il n'y a qu'un seul lien de communication sortant, nous n'avons pas besoin d'identifier le destinataire du **Send** : c'est le successeur du processeur émetteur. De même, on sait en effectuant un **Receive** que le message provient du prédécesseur. Pour un réseau d'interconnexion plus général, il faut préciser le numéro du lien que va emprunter le message, ou (de manière équivalente) le numéro logique du destinataire ;
- l'adresse de début du message qui est en argument d'un **Send** est une adresse *locale* à la mémoire du processeur *émetteur* ; celle qui figure en argument d'un **Receive** est *locale* à la mémoire du processeur *récepteur*. Même si on utilise la même variable pour les adresses d'un **Send** et d'un **Receive** qui se font face, rien n'assure que la valeur de la variable sera la même dans les deux processeurs. On peut également parfaitement utiliser des variables différentes, comme dans :

$q \leftarrow$ **My_Num()**
Si $q = 0$ **Alors Send**(adr1, L)
Si $q = 1$ **Alors Receive**(adr2, L)

Nous n'avons pas encore parlé de la sémantique des deux primitives de communication. On peut faire trois hypothèses différentes :

- une hypothèse restrictive est de supposer chaque **Send** et chaque **Receive** bloquants : le processeur qui initie une primitive de communication ne peut pas continuer à exécuter son programme tant que la communication n'est pas terminée. C'est un mode d'échange de message purement synchrone, par rendez-vous, typique des machines parallèles de première génération, sans coprocesseur dédié à la communication ;
- une hypothèse classique est de garder le **Receive** bloquant mais de supposer le **Send** non bloquant : un processeur peut alors initier l'envoi de données puis continuer à travailler pendant que la communication s'exécute ; le **Receive** reste bloquant, avec la justification qu'on ne devra effectuer un **Receive** que juste avant l'utilisation des données transmises ;
- enfin, une hypothèse plus récente consiste à supposer les deux primitives non bloquantes ; un même processeur peut alors envoyer, recevoir et calculer simultanément, du moment bien sûr que les données mises en jeu par les trois opérations ne sont pas partagées en écriture. On imagine très bien trois processus, ou *threads* de contrôle, un pour le calcul, et deux dédiés aux communications asynchrones. Dans la plupart des cas, on implante une communication asynchrone à l'aide de deux appels, un pour initier la communication (envoi ou réception), et l'autre pour vérifier qu'elle est bien terminée.

Il est difficile de modéliser le coût d'une communication sur les machines parallèles actuelles. Nous nous contenterons ici de la formule la plus simple : le coût pour envoyer/recevoir un message de longueur L est $\beta + L\tau$, où β et τ sont deux constantes architecturales : β est le coût d'initialisation (ou *startup*), dû à la configuration du matériel et à la mise en œuvre logicielle de la communication ; τ est l'inverse de la bande passante, et mesure la rapidité du lien de communication en régime permanent. Si un message de longueur L est envoyé, disons, du processeur P_0 au processeur P_q, le coût sera proportionnel au nombre d'étapes de communication entre voisins, à savoir $q(\beta + L\tau)$.

3.1 Diffusion

Soit P_k un processeur fixé. On veut écrire un programme qui réalise l'envoi par P_k d'un même message de longueur L à tous les autres processeurs : c'est une diffusion, ou *broadcast*. Cette primitive de communication est fondamentale : par exemple, le processeur émetteur peut jouer le rôle d'un processeur maître qui diffuse des informations générales (taille du problème, données, etc.) à tous les autres processeurs.

Au début du programme, le message est stocké à l'adresse adr du processeur émetteur P_k. À la fin du programme, le message sera stocké à l'adresse adr de chaque processeur. Tous les processeurs vont exécuter la procédure

Broadcast(k,adr,L)

On va faire circuler le message sur l'anneau, du processeur P_k au processeur P_{k+1}, puis du processeur P_{k+1} au processeur P_{k+2}, etc. (jusqu'à la fin de ce chapitre, les indices sont pris modulo p). Il n'y a pas de parallélisme possible puisque les **Send** et les **Receive** de chaque processeur ne sont pas indépendants. On obtient le programme suivant :

```
Broadcast(k,adr,L)
q ← My_Num()
p ← Tot_Proc_Num()
Si q = k Alors
  Send(adr, L)
Sinon
  Si q = k − 1 mod p Alors
    Receive(adr, L)
  Sinon
    Receive(adr, L)
    Send(adr, L)
```

Tout d'abord, il est important de noter que le prédécesseur P_{k-1} du processeur émetteur P_k ne doit pas envoyer le message : non pas tant parce que P_k a déjà l'information (c'est lui l'émetteur), mais surtout parce qu'il n'est pas prévu de **Receive** dans son programme !

Pour que le programme soit correct, il faut évidemment supposer le **Receive** bloquant, puisqu'on transmet directement le message dès réception. La sémantique du **Send** n'a pas d'importance ici. Comme on a $p-1$ communications successives, le temps de la diffusion d'un message de longueur L est :

$$(p-1)(\beta + L\tau) .$$

3.2 Diffusion personnalisée

On étudie maintenant la diffusion personnalisée, ou *scatter*. Le processeur P_k envoie un message différent à chaque autre processeur. Pour simplifier l'analyse, on suppose que tous les messages envoyés ont la même longueur L. Une diffusion personnalisée est utile, par exemple, pour distribuer des données différentes, comme des blocs de matrices ou d'images partitionnées entre les différents processeurs.

Au début du programme, le processeur P_k détient le message pour le processeur P_q à l'adresse adr[q]. À la fin du programme, chaque processeur a son message à l'adresse adr. Par uniformité, il y a aussi un message adr[k] pour le processeur P_k.

L'idée de l'algorithme est d'envoyer les messages en pipeline, en commençant par le message destiné au processeur le plus éloigné, c'est-à-dire P_{k-1} : pendant que ce message avancera sur l'anneau, d'autres messages destinés à des processeurs plus proches circuleront également :

```
Scatter(k,adr,L)
q ← My_Num()
p ← Tot_Proc_Num()
Si q = k Alors
  Pour i = 1 à p − 1
    Send(adr[k + p − i mod p], L)
Sinon
  Receive(tempR, L)
  Pour i = 1 à k − 1 − q mod p
    tempS ↔ tempR
    Send(tempS, L) || Receive(tempR, L)
  adr ← tempR
```

Dans la procédure, chaque processeur utilise deux adresses tampon VARtempS et VARtempR pour permettre la parallélisation de l'émission d'un message et de la réception du suivant. Cette parallélisation est symbolisée par la notation « ... || ... ». On a supposé le **Send** non bloquant. Il faut ajouter un point de synchronisation après le premier **Receive** et après chaque paire de **Send** et **Receive** parallèles, pour être assuré de ne pas transmettre des données non encore reçues. Avec cet ajout, la sémantique du **Receive** n'a plus d'importance. Notons enfin que les instructions *tempS* $\leftrightarrow$ *tempR* et *adr* $\leftarrow$ *tempR* doivent s'interpréter comme une mise à jour de pointeurs, et non pas comme une copie de messages.

Le temps total est le même que pour la diffusion, à savoir $(p-1)(\beta + L\tau)$. Si nous avons pu faire circuler $p-1$ messages au lieu d'un seul dans le même temps, c'est grâce au pipeline qui permet l'utilisation simultanée de plusieurs liens de communication de l'anneau.

3.3 Diffusion pipelinée

Peut-on diminuer le temps de la diffusion ? Nous avons proposé une procédure qui nécessite un temps $(p-1)(\beta + L\tau)$ pour diffuser un message de longueur

L. L'algorithme est simple, mais guère efficace pour des messages de grande longueur.

Pour améliorer les choses, on peut penser à découper le message en r morceaux (de tailles égales, en supposant L divisible par r). Le processeur émetteur envoie successivement les r morceaux, qui circulent simultanément sur l'anneau : c'est ce mode pipeliné qui va diminuer le temps d'exécution. Au début du programme, les r morceaux du message sont stockés aux adresses adr[0], ..., adr[r-1] du processeur P_k. À la fin du programme, le message est stocké dans tous les processeurs aux mêmes adresses. Pendant qu'un processeur reçoit une portion du message, il envoie la portion précédente au processeur suivant, qui lui-même envoie la portion précédente au processeur suivant, et ainsi de suite :

```
Broadcast(k,adr,L)
q ← My_Num()
p ← Tot_Proc_Num()
Si q = k Alors
  Pour i = 0 à r − 1
    Send(adr[i], L/r)
Sinon
  Si q = k − 1 mod p Alors
    Pour i = 0 à r − 1
      Receive(adr[i], L/r)
  Sinon
    Receive(adr[0], L/r)
    Pour i = 0 à r − 2
      Send(adr[i], L/r) || Receive(adr[i+1], L/r)
    Send(adr[r-1], L/r)
```

Pour évaluer le temps d'exécution, regardons à quel moment l'ensemble du message sera arrivé au dernier processeur P_{k-1}. Il faut d'abord $p-1$ étapes de communication pour qu'arrive le premier morceau, soit $(p-1)(\beta + \frac{L}{r}\tau)$; puis les autres $r-1$ morceaux arrivent immédiatement les uns derrières les autres, en $(r-1)(\beta + \frac{L}{r}\tau)$, donc, au total, en un temps égal à :

$$(p-2+r)(\beta + \frac{L}{r}\tau) .$$

La valeur de r qui minimise cette expression est $r_{opt} = \sqrt{\frac{L(p-2)\tau}{\beta}}$. Le temps optimal est :

$$\left(\sqrt{(p-2)\beta} + \sqrt{L\tau}\right)^2 .$$

Dans cette expression, p, β et τ sont fixés. Donc, pour de longs messages, l'expression devient asymptotiquement équivalente à $L\tau$: le facteur p a disparu.

4 Produit de matrices

4.1 Sur une grille homogène

Considérons le produit de matrices carrées $C = A \times B$ de taille $n \times n$, destiné à s'exécuter sur une grille de processeurs de taille $p \times q$. L'algorithme utilisé dans ScaLAPACK (Blackford et al., 1997) fait appel à une double diffusion horizontale et verticale. Le principe est le suivant : supposons dans un premier temps que $p = q = n$. Dans ce cas, les trois matrices partagent le même schéma d'allocation sur la grille 2D : le processeur $P_{i,j}$ stocke les scalaires $a_{i,j}$, $b_{i,j}$ et $c_{i,j}$. Ainsi à chaque étape k, on a successivement :

- Diffusions horizontales : $P_{i,k}$, pour tout $i \in \{1, .., p\}$, diffuse horizontalement $a_{i,k}$ sur la ligne i, c'est-à-dire aux processeurs $P_{i,1:q}$.
- Diffusions verticales : $P_{k,j}$, pour tout $j \in \{1, .., q\}$, diffuse verticalement $b_{k,j}$ sur la colonne j, c'est-à-dire aux processeurs $P_{1:p,j}$.
- Calculs indépendants : chaque processeur $P_{i,j}$ peut alors indépendamment exécuter la mise à jour $c_{i,j} = c_{i,j} + a_{i,k} \times b_{k,j}$.

Cet algorithme est utilisé en pratique parce qu'il s'adapte très facilement au cas de matrices et grilles rectangulaires, et parce qu'il ne nécessite aucune redistribution initiale des données. ScaLAPACK utilise en fait une version pavée de cet algorithme : chaque scalaire dans la description ci-dessus doit être remplacé par un bloc de taille $b \times b$. Une matrice de taille $nb \times nb$ sera donc à partir de maintenant considérée virtuellement comme une matrice de taille $n \times n$ où un élément atomique est un bloc de taille $b \times b$. De plus, généralement, le nombre de blocs est bien supérieur à pq, et ceux-ci sont distribués cycliquement sur la grille de processeurs, de telle manière qu'à chaque étape un processeur soit responsable de la mise à jour de plusieurs blocs. En d'autres termes, ScaLAPACK utilise une distribution $CYCLIC(b)$ dans chacune des directions, identique pour chacune des trois matrices. L'algorithme est illustré figure 4.

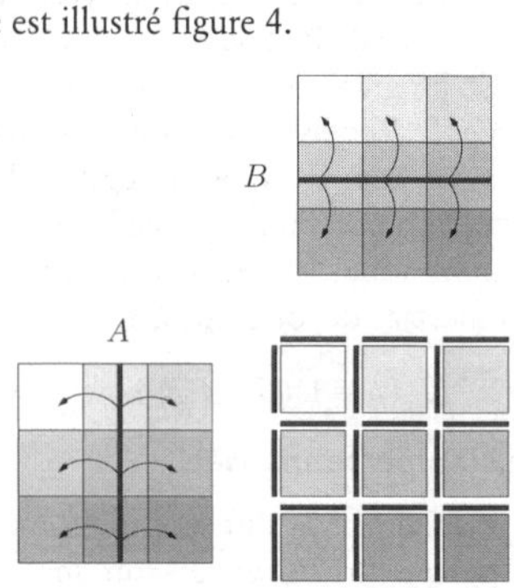

Figure 4 Produit de matrices sur une grille homogène de taille 3×3

4.2 Sur une grille hétérogène

Il est facile d'adapter l'algorithme précédent à une grille hétérogène. Il suffit pour cela d'allouer des rectangles de tailles différentes aux processeurs, en fonction de leur vitesse relative. Le principe de l'algorithme reste inchangé : à chaque étape, deux diffusions ont lieu, une horizontale pour A et une verticale pour B, et chaque processeur est responsable de la mise à jour des blocs de C au sein du rectangle qui lui est alloué. Comme dans le cas 1D, l'intuition est d'allouer à chaque processeur un rectangle de taille proportionnelle à sa vitesse relative. L'algorithme est illustré à la figure 5.

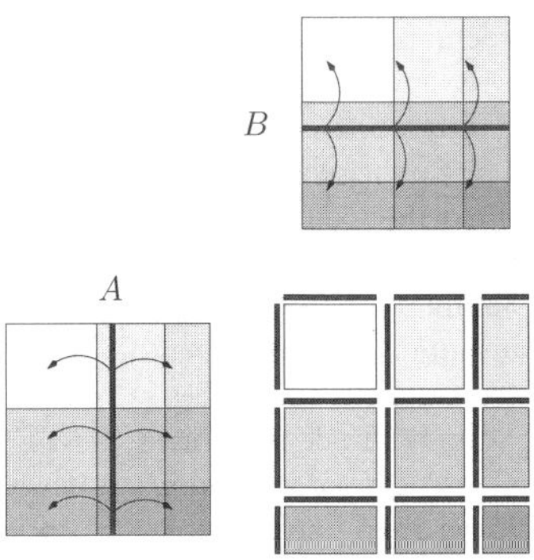

Figure 5 Produit de matrices sur une grille hétérogène de taille 3×3

Formellement, considérons $p \times q$ processeurs $P_{i,j}$ de temps de cycle $t_{i,j}$ où $1 \leqslant i \leqslant p$ et $1 \leqslant j \leqslant q$. Supposons que soit assigné au processeur P_{ij} un rectangle de taille $r_i \times c_j$, comme indiqué figure 6.

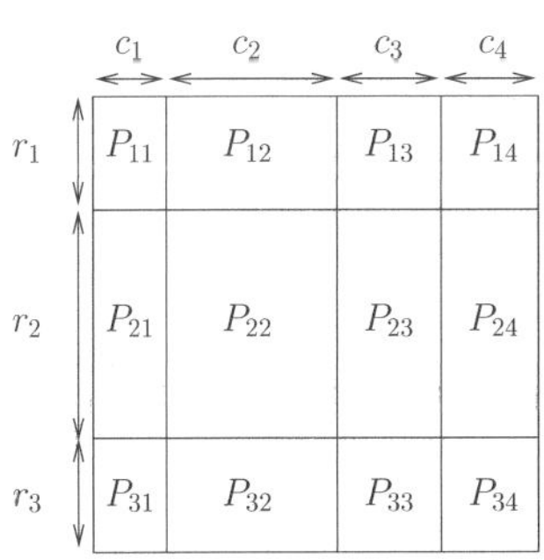

Figure 6 Allocation des matrices sur une grille de processeurs de taille 3×4

Il n'est pas toujours possible de réaliser un équilibrage de charge parfait, à cause de la contrainte géométrique de la grille (en fait, il faut et il suffit que la matrice $T = (t_{ij})$ soit de rang 1).

Il y a plusieurs manières équivalentes d'évaluer la valeur d'une allocation :

- Chaque processeur $P_{i,j}$ travaillant durant $r_i \times c_j \times t_{ij}$ unités de temps, le temps total d'exécution du rectangle de taille $\sum_{i=1}^{p} r_i \times \sum_{j=1}^{q} c_j$ vaut donc :

$$T_{exe} = \max_{i,j}\{r_i \times t_{ij} \times c_j\} .$$

  Cette fonction de $r = (r_1, \ldots , r_p)$ et $c = (c_1, \ldots , c_q)$ étant bilinéaire, le coût d'une allocation peut être normalisé à un motif de taille 1×1. On obtient le problème d'optimisation suivant :

Objectif Obj_1 :

$$\min_{(\sum_i r_i=1;\sum_j c_j=1)} \max_{i,j}\{r_i \times t_{ij} \times c_j\}$$

  À partir d'une solution au problème Obj_1, on déduit l'allocation recherchée en multipliant les r_i et les c_j par n et en ajustant à des entiers proches.
- L'expression « duale » de ce problème d'optimisation est la suivante : quelle est la taille de motif maximale pouvant être traitée en une unité de temps par l'ensemble des processeurs ? On aboutit au problème d'optimisation équivalent suivant :

Objectif Obj_2 :

$$\max_{r_i \times t_{ij} \times c_j \leqslant 1} \left\{ \left(\sum_i r_i\right) \times \left(\sum_j c_j\right) \right\}$$

- Dans cette expression il y a $p+q$ variables r_i et c_j alors qu'il n'y a que $p+q-1$ degrés de liberté : si on multiplie les r_i par un facteur λ et que l'on divise les c_j par ce même facteur, on obtient une solution équivalente. Ainsi, on peut imposer, sans perte de généralité, $r_1 = 1$.

Le problème qui nous concerne est, en fait, bien plus complexe que l'optimisation des problèmes Obj_1 ou Obj_2. En effet, il faut minimiser l'une de ces expressions *pour tout agencement* de pq processeurs en une grille de taille $p \times q$. La position des processeurs dans la grille n'est pas une donnée du problème : toutes les permutations sont possibles, et il faut chercher la meilleure, c'est-à-dire celle pour laquelle la solution optimale de Obj_2 est maximale. Ce problème est NP-complet (Legrand et Robert, 2003). Plus que la preuve elle-même, le résultat est intéressant : il montre bien la difficulté de l'équilibrage de charge dans un contexte hétérogène.

4.3 Partitionnement libre sur réseau hétérogène

Revenons à notre produit de matrices sur grille homogène, décrit figure 4. La généralisation naturelle pour un réseau de stations hétérogène ne devrait pas se limiter aux grilles virtuelles : pourquoi s'imposer cette contrainte architecturale ? On représente figure 7 une allocation possible des données avec treize processeurs de vitesses différentes. Il n'y a pas d'autre contrainte que de partitionner le carré unité en treize rectangles de surfaces prescrites, proportionnelles à la vitesse relatives des processeurs. À chaque étape, il y a diffusion horizontale d'un bloc colonne de A et diffusion verticale d'un bloc ligne de B. Chaque processeur (hormis ceux qui ont les données diffusées dans leur mémoire locale) reçoit deux messages, de longueurs proportionnelles aux côtés du rectangle qui lui est alloué.

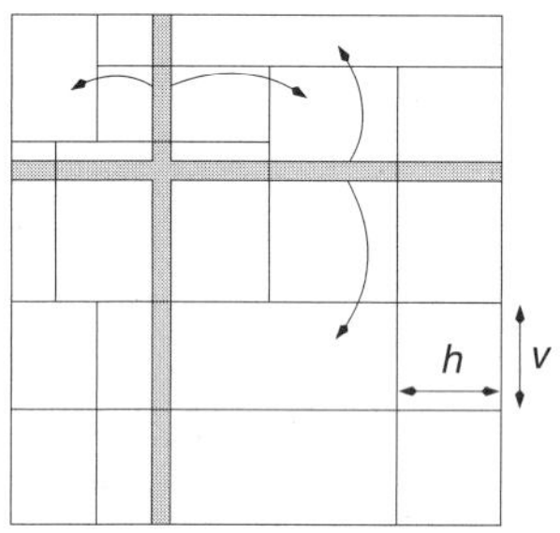

Figure 7 Produit de matrices avec treize processeurs hétérogènes

Étant donné p processeurs, de vitesses respectives $s_1, s_2, \ldots, s_p$, normalisées pour que $\sum_{i=1}^{p} s_i = 1$, il est toujours possible de partitionner le carré unité en p rectangles de surfaces $s_1, s_2, \ldots, s_p$, par exemple en dessinant p bandes horizontales (ou verticales) de largeur idoine : un équilibrage des charges parfait est toujours possible avec une telle solution de type 1D. Quelle est la fonction objective ? On va s'attacher à minimiser le coût des communications effectuées à chaque étape du produit de matrice. On l'a vu, pour chaque processeur P_i, le volume des communications effectuées est proportionnel au demi-périmètre (hauteur + largeur) du rectangle de surface s_i qui lui est alloué. En d'autres termes, la surface des rectangles est imposée par les vitesses relatives des processeurs, tandis qu'on peut jouer sur leur forme pour minimiser les communications.

Selon le type de réseau interconnectant les différentes ressources de calcul, l'ensemble des communications pourront être séquentielles (réseau Ethernet), ou parallèles (réseau Myrinet). Si les communications s'effectuent en parallèle, on cherchera à partitionner la matrice en minimisant le *maximum* des demi-périmètres des rectangles. Si les communications sont séquentielles, on cherchera à minimiser la *somme* des demi-périmètres. L'interprétation géométrique de la somme des demi-périmètres est la suivante : cela correspond à la somme des longueurs des lignes tracées pour effectuer la partition, augmentée de 2 (correspondant à une bordure horizontale et à une bordure verticale du carré unité).

À la lumière de ces considérations, on retrouve le fait (bien connu) que le produit de matrices a vocation à s'exécuter sur une grille 2D plutôt que sur un anneau quand on dispose de pq processeurs homogènes. Sur l'anneau, qui correspond à une partition en bande, la somme des demi-périmètres vaut pq, alors que sur la grille de taille $p \times q$, cette somme vaut $p + q$. Bien sûr, si le nombre de processeurs vaut treize, il n'y a pas beaucoup de grilles possibles ! En revanche, si la grille est carrée, avec $p \times p$ processeurs homogènes, la somme des demi-périmètres vaut $2p$, ce qui est optimal car chaque rectangle alloué est un carré. Hélas, partitionner le carré unité en p carrés, d'aires égales (cas homogène) ou non (cas hétérogène), n'est pas toujours possible.

De manière purement géométrique, les deux problèmes d'optimisation précédents s'expriment de la manière suivante : comment partitionner un carré unité en p rectangles d'aires fixées $s_1, s_2, \ldots, s_p$ (tels que $\sum_{i=1}^{p} s_i = 1$) afin de minimiser :

- soit la somme des demi-périmètres des rectangles dans le cas de communications séquentielles ;
- soit le plus grand des demi-périmètres des rectangles dans le cas de communications parallèles.

Dans ce qui suit, on se limite à la première fonction objective, celle de la somme des demi-périmètres. Il faut paver le carré unité à l'aide de p rectangles R_i, d'aire s_i ($1 \leqslant i \leqslant p$) où $\sum_{i=1}^{p} s_i = 1$. La forme de chaque R_i correspond aux degrés de liberté. On définit formellement le problème PERI-SUM(s) :

> Étant donnés p nombres réels positifs $s_1, \ldots, s_p$ tels que $\sum_{i=1}^{p} s_i = 1$, trouver une partition du carré unité en p rectangles R_i d'aire s_i et de forme $h_i \times v_i$, qui minimise la somme $\widehat{C} = \sum_{i=1}^{p} (h_i + v_i)$.

Il existe une borne inférieure triviale au problème PERI-SUM(s) : pour toute solution de PERI-SUM(s), $\widehat{C} \geqslant 2\sum_{i=1}^{p} \sqrt{s_i}$. En effet, le demi-périmètre de chaque rectangle R_i sera toujours plus grand que celui d'un carré d'aire s_i, qui vaut $2\sqrt{s_i}$. Bien sûr, paver un carré en p carrés d'aires s_i n'est pas nécessairement possible, et donc, la borne inférieure pour PERI-SUM(s) ne peut pas toujours être atteinte.

Le problème de décision associé au problème d'optimisation PERI-SUM est, à nouveau, NP-complet. Ainsi, avec un simple produit de matrices, apparaît toute la difficulté liée à l'hétérogénéité des plates-formes de calcul. Et encore, dans notre exemple, s'agit-il d'une seule grappe de processeurs, dédiés à l'unique application considérée (le produit de deux matrices). On imagine bien que des architectures plus ambitieuses, comme des grappes de grappes réparties dans le monde entier (les fameuses grilles de calcul) puissent poser des problèmes bien plus ardus à l'algorithmicien (de la découverte de la topologie du réseau à la volatilité des ressources, et aux variations continuelles des puissances de calcul et des bandes passantes, la liste est longue !).

5 Pour en savoir plus

Nous avons déjà mentionné le livre introductif de Gengler, Ubéda et Desprez (1996). Le lecteur francophone trouvera un panorama complet de l'algorithmique parallèle dans les livres de (Cosnard et Trystram, 1993) et de (Legrand et Robert, 2003), dont le niveau est le deuxième cycle universitaire.

Citons maintenant quelques références en anglais. Pour les P-RAM, nous recommandons les livres de (Gibbons et Rytter, 1988) et de (Reif, 1993). Pour les macro-communications et l'algorithmique parallèle sur des machines à mémoire distribuée, une très bonne source est le livre de (Kumar et al., 1994). La mise en œuvre pratique s'effectue à l'aide de la bibliothèque MPI (Snir et al., 1996).

Pour une introduction générale au *cluster computing*, voir le livre édité par (Buyya, 1999). Pour une ouverture aux grilles de calcul (*grid computing*), on pourra consulter l'ouvrage édité par (Foster et Kesselman, 1999).

Ce court chapitre n'a pas traité d'ordonnancement : nous renvoyons aux ouvrages de El-Rewini et al. (1994) et de Darte et al. (2000). Citons aussi le très riche ouvrage de synthèse édité par (Chrétienne et al., 1995).

Enfin, nous n'avons pas parlé non plus d'algorithmique distribuée : voir les livres de (Barbosa, 1996) et de (Tel, 2000).

Bibliographie

Barbosa, V. C. (1996). *An Introduction to Distributed Algorithms*. The MIT Press.

Buyya, R. (1999). *High Performance Cluster Computing. Volume 1 : Architecture and Systems. Volume 2 :Programming and Applications*. Prentice Hall PTR, Upper Saddle River, NJ.

Chrétienne, P., Coffman Jr., E. G., Lenstra, J. K., Liu, Z., editors (1995). *Scheduling Theory and its Applications*. John Wiley & Sons.

Cosnard, M., Trystram, D. (1993). *Algorithmes et Architectures Parallèles*. Interéditions.

Culler, D. E., Singh, J. P. (1999). *Parallel Computer Architecture : A Hardware/Software Approach*. Morgan Kaufmann, San Francisco, CA.

El-Rewini, H., Lewis, T. G. (1997). *Distributed and parallel computing*. Manning.

Foster, I., Kesselman, C., editors (1999). *The Grid : Blueprint for a New Computing Infrastructure*. Morgan-Kaufmann.

Gibbons, A., Rytter, W. (1988). *Efficient Parallel Algorithms*. Cambridge University Press.

Kumar, V., Grama, A., Gupta, A., Karypis, G. (1994). *Introduction to Parallel Computing*. The Benjamin/Cummings Publishing Company, Inc.

Legrand, A., Robert, Y. (2003). *Algorithmique Parallèle – Cours et exercices corrigés*. Dunod.

Reif, J., editor (1993). *Synthesis of Parallel Algorithms*. Morgan Kaufmann.

Tel, G. (2000). *Introduction to Distributed Algorithms*. Cambridge University Press.

Automates finis

Jean-Éric Pin

Mots-clés : automate, langage, expression rationnelle, reconnaissable, automate séquentiel, industrie de la langue, vérification, spécification.

Résumé : introduits vers 1950, les automates finis constituent le modèle le plus élémentaire de machine. Ce chapitre présente d'une part les automates usuels, qui se contentent de lire un mot en entrée pour l'accepter ou le rejeter, et les automates séquentiels, munis d'une entrée et d'une sortie. Après une brève présentation du théorème de Kleene, clé de voûte de la théorie des automates, nous décrivons les applications des automates dans divers domaines, notamment la modélisation et les industries de la langue.

La théorie des automates est née de la convergence de plusieurs courants scientifiques. Le premier est issu des tentatives de logiciens tels que Church, Gödel ou Turing pour formaliser la notion de *calcul* et de *machine*. Cet effort a occupé toute la première moitié du vingtième siècle et pourtant, les automates finis, qui constituent le modèle le plus simple de machine, ne seront définis formellement que bien après les machines de Turing. Les *systèmes dynamiques discrets* forment la seconde source d'inspiration. Bien que leur étude remonte aux travaux de Morse datant de la première moitié du vingtième siècle, leurs liens avec les automates finis font encore à ce jour l'objet de recherches très actives. Le troisième courant, proche cousin du précédent, est la *théorie de l'information* bâtie par Shannon en 1948. Les problèmes de codage, étudiés notamment par Schützenberger dès les années cinquante, ont en effet profondément influencé la théorie des automates. La quatrième source provient de linguistes tels que Chomsky qui, en cherchant à formaliser les langues naturelles, ont introduit les concepts de *mots*, *langages*, *grammaires*, que nous utilisons aujourd'hui. Le domaine des circuits électroniques a été la cinquième source d'inspiration. Il a conduit notamment à la notion d'automate avec sortie et au concept de spécification du comportement d'un circuit.

Les cinq domaines que nous venons d'évoquer brièvement ont eu une influence considérable sur la génèse et le développement de la théorie des automates. Mais historiquement, c'est un article sur les réseaux neuronaux publié en 1943 par McCulloch et Pitts qui est à l'origine de la notion d'automate. Il semble en effet que le terme « théorie des automates » ait été introduit en 1948 par Von Neumann en référence à cet article. Par ailleurs, à la demande de la RAND Corporation, Kleene a longuement analysé cet article dans un mémoire rédigé durant l'été 1951, mais publié seulement en 1956. Cet article marque la naissance de la théorie des automates.

Kleene y démontre un théorème qui affirme que les langages reconnus par un automate sont exactement les langages *rationnels*, appelés aussi langages *réguliers*, que l'on peut décrire à partir des lettres de l'alphabet eu utilisant trois opérations : l'union (qui joue le rôle de l'addition), le produit et l'étoile. On obtient ainsi un procédé descriptif tout à fait différent des automates, et ce résultat est assez surprenant. Il a pour conséquence que l'ensemble des langages rationnels est fermé par intersection et complément.

Les automates avec sortie ont été introduits eux aussi à la fin des années cinquante. Un automate avec sortie lit un mot en entrée et produit un mot en sortie.

Les modèles les plus intéressants sont les automates séquentiels, qui permettent d'obtenir la sortie au fur et à mesure de la lecture du mot d'entrée. Ces automates sont très proches des circuits électroniques et leur synthèse en circuit peut d'ailleurs être entièrement automatisée.

1 Mots et langages

En informatique, mais aussi en mathématiques, en linguistique ou en biologie, les informations sont souvent représentées par des chaînes de caractères. Par exemple pour les données informatiques, on utilise des suites de 0 et de 1, pour l'information génétique, des suites formées des quatre caractères A (Adénine), C (Cytosine), G (Guanine) et T (Thymine) et pour les langues naturelles, les mots figurant dans un dictionnaire.

La formalisation commune à ces exemples est la suivante. Un *alphabet* est un ensemble fini dont les éléments sont appelés des *lettres*. Ainsi, on parle de l'alphabet binaire $\{0, 1\}$, de l'alphabet du génome $\{A, C, G, T\}$, de l'alphabet latin usuel $\{a, \dots, z, A, \dots, Z\}$. Dans les exemples qui vont suivre, on utilisera le plus souvent des alphabets assez petits tels que $\{a, b\}$ ou $\{a, b, c\}$ et on notera A l'alphabet tout entier.

Un *mot* sur l'alphabet A est une suite finie de lettres de A. On note ces lettres par simple juxtaposition : ainsi le mot $abracadabra$ est un mot sur l'alphabet $\{a, b, c, d, r\}$. La longueur d'un mot u, notée $|u|$, est égale au nombre de lettres figurant dans u, chaque lettre étant comptée autant de fois qu'elle apparaît. Ainsi, $|abaabb| = 6$ et $|abracadabra| = 11$. Il existe aussi un mot de longueur 0, que l'on note ε.

Le produit (ou concaténation) de deux mots est le mot obtenu en mettant ces mots bout à bout. Par exemple, le produit des mots $abra$ et $cadabra$ est le mot $abracadabra$. On note aussi u^n le produit de n mots égaux à u. Ainsi, $(ab)^3 = ababab$.

On appelle *langage* tout ensemble de mots sur un alphabet donné. Par exemple, les ensembles $\{aba, babaa, bb\}$ et $\{a^n b^n \mid n \geqslant 0\}$ sont des langages sur l'alphabet $\{a, b\}$.

2 Automates déterministes

La figure 1 représente un *automate déterministe*. Cet automate possède trois états, 1, 2 et 3, entourés par des cercles sur la figure. L'état 1 est l'état *initial*, ce qu'on indique par une flèche entrante. Les états 2 et 3 sont des états *finaux*, ce qui est indiqué par une flèche sortante. Cet automate possède aussi des *transitions*, représentées par des flèches étiquetées par des lettres. De plus, de chaque état sort au plus une flèche d'étiquette donnée.

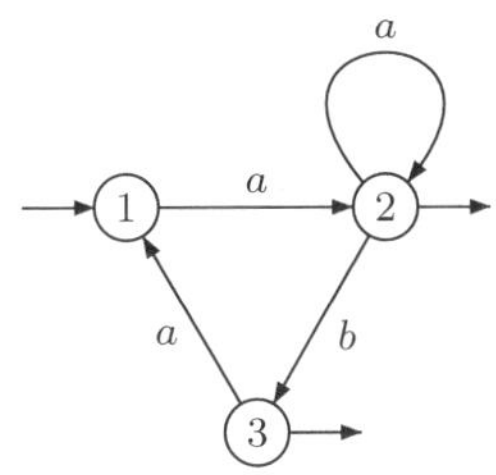

Figure 1 Un automate

Pour savoir si un mot est *accepté* ou non par l'automate, on lit de gauche à droite les lettres de ce mot en partant de l'état initial et en suivant les transitions. Si on parvient dans un état final, ce mot est accepté, sinon, il est rejeté.

Prenons par exemple le mot aab. En lisant ce mot en partant de l'état initial 1, on utilise d'abord la transition d'étiquette a qui va de 1 vers 2, puis celle de 2 vers 2 d'étiquette a et enfin celle d'étiquette b de 2 vers 3. Comme 3 est un état final, le mot aab est accepté par l'automate.

Si on lit maintenant le mot aba en partant de l'état initial 1, on utilise successivement les transitions de 1 vers 2, de 2 vers 3 et enfin de 3 vers 1. À l'issue de la lecture du mot aba on arrive donc dans l'état 1, qui n'est pas un état final : le mot est rejeté par l'automate.

Enfin, examinons le mot abb. Comme pour le mot aba, on commence par utiliser les transitions de 1 vers 2, puis de 2 vers 3, mais arrivé dans l'état 3, on constate qu'il n'y a pas de transition d'étiquette b issue de 3. La lecture du mot ne peut donc se poursuivre et le mot est également rejeté.

3 Langages reconnaissables

L'ensemble des mots acceptés par un automate est par définition le *langage reconnu* par l'automate. On dit qu'un langage est *reconnaissable* s'il existe un automate déterministe qui le reconnaît. En voici deux exemples.

L'automate de la figure 2 reconnaît le langage des mots sur l'alphabet $\{a, b\}$ qui commencent par aba.

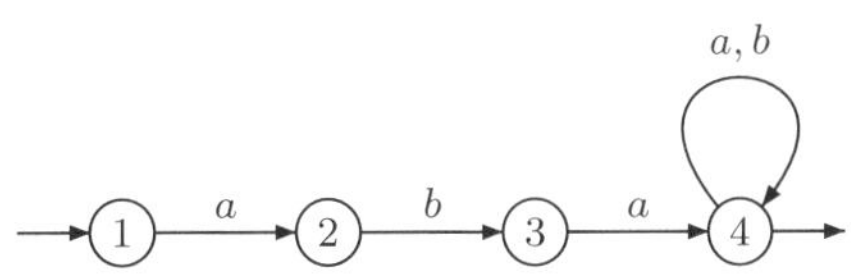

Figure 2 Un automate déterministe

Notre second exemple est un peu plus sophistiqué. Rappelons que la représentation binaire d'un entier s'obtient en le décomposant comme somme de puissances de 2. Par exemple, le nombre 330 qui vaut $2^8 + 2^6 + 2^3 + 2^1$, s'écrit 101001010 en base 2. On peut montrer que l'automate de la figure 3 reconnaît l'ensemble des mots sur l'alphabet $\{0, 1\}$ qui sont la représentation binaire d'un multiple de 3. Par exemple, 330 est divisible par 3 et le mot 101001010 est bien accepté par l'automate.

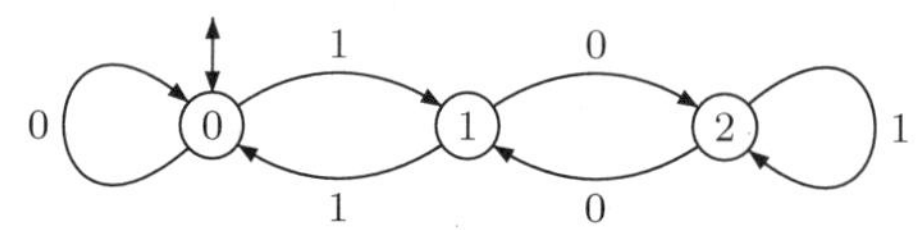

Figure 3 Multiples de 3

Tous les langages ne sont pas reconnaissables. Par exemple, on montre que le langage $\{0^n 1^n \mid n \geqslant 0\}$ n'est pas reconnaissable. La signification intuitive de ce résultat est qu'un automate fini ne peut simuler une pile de hauteur non bornée (voir chapitre « Modèles de machines »).

4 Automates non déterministes

Les automates *non déterministes* constituent une variante importante des automates déterministes. Ils sont eux aussi représentés par un graphe étiqueté, comme celui de la figure 4.

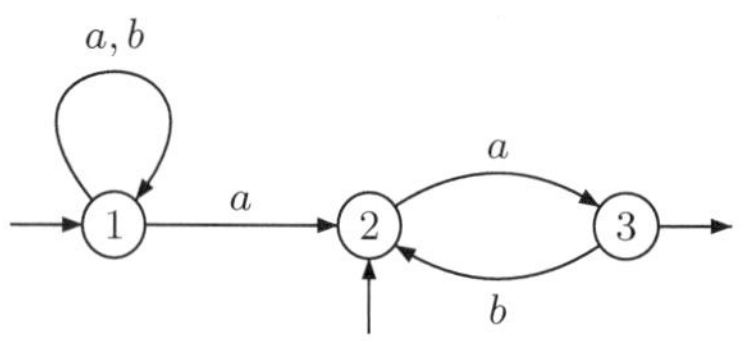

Figure 4 Un automate non déterministe

Mais contrairement au cas des automates déterministes, on peut avoir plusieurs états initiaux et plusieurs flèches de même étiquette issues du même état. Ainsi sur notre exemple, il y a deux états initiaux, 1 et 2, et deux transitions d'étiquette a issues de l'état 1 : une de 1 vers 1 et l'autre de 1 vers 2.

Un *chemin* est une suite de transitions consécutives. Le mot formé par les étiquettes de ces transitions consécutives est l'*étiquette* du chemin. Un chemin est *réussi* s'il part d'un état initial et aboutit dans un état final. Un mot est *accepté* s'il est l'étiquette d'au moins un chemin réussi (ce qui n'exclut pas qu'il puisse être simultanément l'étiquette d'un chemin non réussi !).

Le *langage reconnu* par l'automate $\mathcal{A}$ est l'ensemble des mots acceptés par $\mathcal{A}$.

Les automates non déterministes permettent une représentation plus concise de certains langages. Par exemple, l'automate non déterministe de la figure 5 accepte l'ensemble des mots sur l'alphabet $\{0, 1\}$ contenant la chaîne 010.

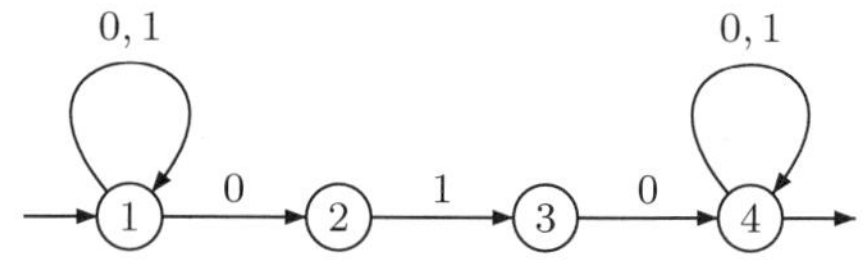

Figure 5 Un automate non déterministe pour les mots contenant la chaîne 010

Deux automates sont dits *équivalents* s'ils reconnaissent le même langage. On démontre que tout automate non déterministe est équivalent à un automate déterministe, comme illustré sur la figure 6.

Toutefois, déterminiser un automate peut avoir un coût prohibitif puisqu'on connaît des exemples d'automates non déterministes à n états dont le plus petit équivalent déterministe possède 2^n états. Fort heureusement, cette situation extrême se rencontre rarement en pratique.

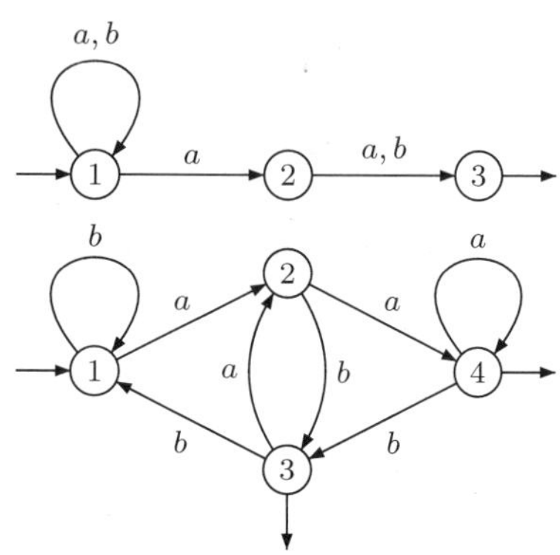

Figure 6 Un automate non déterministe et un automate déterministe équivalent

5 Automate minimal

Si on dispose d'un automate déterministe reconnaissant un langage L, on peut éliminer tous les états inaccessibles à partir de l'état initial et tous ceux à partir desquels on ne peut pas atteindre un état final. On obtient ainsi la version *émondée* de l'automate, qui est équivalente à l'automate de départ.

On peut ensuite *minimiser* l'automate. Cette opération consiste à identifier deux états p et q lorsque ce sont exactement les mêmes mots qui permettent d'aller de p à un état final et de q à un état final. L'automate obtenu après cette opération, appelé *automate minimal* de L, est encore équivalent à l'automate de départ. On démontre que parmi tous les automates déterministes reconnaissant L, l'automate minimal est celui qui possède le plus petit nombre d'états.

6 Expressions rationnelles

Si on connaît un automate déterministe reconnaissant un langage L, on peut facilement tester si un mot appartient ou non à L. En revanche, il n'est pas toujours facile de décrire les mots de L. Les *expressions rationnelles*, appelées aussi *expressions régulières*, permettent de résoudre ce problème.

L'expression $(a+b)^*a+\big((bab+ca)^*(b+\varepsilon)\big)^*c$ est un exemple d'expression rationnelle sur l'alphabet $\{a,b,c\}$. Comme on le voit, c'est une forme d'expression algébrique utilisant les lettres de l'alphabet, le mot vide, un opérateur $+$, un opérateur produit et une sorte d'exposant, noté *.

Le symbole $+$ désigne le *ou* logique. Autrement dit, $L+L'$ représente l'union des deux langages L et L', formée des mots qui sont dans L ou dans L'. Le produit de L et L', noté LL', est formé des mots qui sont produits d'un mot de L et d'un mot de L'.

$$L+L' = \{u \in A^* \mid u \in L \text{ ou } u \in L'\}$$
$$LL' = \{uu' \mid u \in L \text{ et } u' \in L'\}.$$

Pour $L = ab + abc$ et $L' = ab + cab$, on trouve $L+L' = ab+abc+cab$ et $LL' = abab+abcab+abccab$. Comme pour les mots, on peut définir les *puissances* d'un langage en posant $L^0 = \{\varepsilon\}$, $L^1 = L$, $L^2 = LL$, etc.

L'*étoile* d'un langage L, notée L^*, est l'union de toutes les puissances de L :

$$L^* = \sum_{n\geqslant 0} L^n.$$

De façon équivalente, L^* est formé de tous les mots qui peuvent s'écrire comme produit d'un nombre arbitraire de mots de L.

Les langages *rationnels* sont les langages décrits par des expressions rationnelles. Si $A = \{a,b\}$, les langages suivants sont rationnels : l'alphabet A, qui peut s'écrire $a+b$, l'ensemble $A^* = (a+b)^*$ formé de tous les mots sur l'alphabet A, le langage A^*aA^* des mots contenant la lettre a, le langage $(A^2)^*A$ des mots de longueur impaire, le langage $(ab)^*$ formé des mots $\varepsilon, ab, abab, ababab, \ldots$.

Les expressions rationnelles sont d'un usage courant en informatique. Ainsi, les éditeurs vi et emacs d'Unix utilisent des expressions rationnelles pour la recherche d'expressions. Une syntaxe voisine est utilisée par les analyseurs lexicaux (lex) ou les langages de script, tels que Perl ou PHP.

7 Le théorème de Kleene

Le théorème de Kleene, clef de voûte de la théorie des automates, affirme qu'un langage est rationnel si et seulement s'il est reconnaissable. De plus, la démonstration de ce théorème fournit un algorithme pour passer d'un automate à une expression rationnelle et vice-versa. Le lecteur pourra par exemple vérifier que le langage accepté par l'automate de la figure 1 est le langage rationnel $(aa^*ba)^*aa^*(b+\varepsilon)$.

Le théorème de Kleene a plusieurs conséquences importantes, notamment le fait que l'intersection de deux langages rationnels et la différence de deux langages rationnels sont encore des langages rationnels.

Pour illustrer la portée de ce dernier résultat, cherchons une expression rationnelle représentant le langage L des mots *ne contenant pas* la chaîne 010. Pour l'obtenir, on part de l'automate de la figure 5, qui reconnaît le langage des mots qui contiennent la chaîne 010. La figure 7 donne un automate déterministe équivalent.

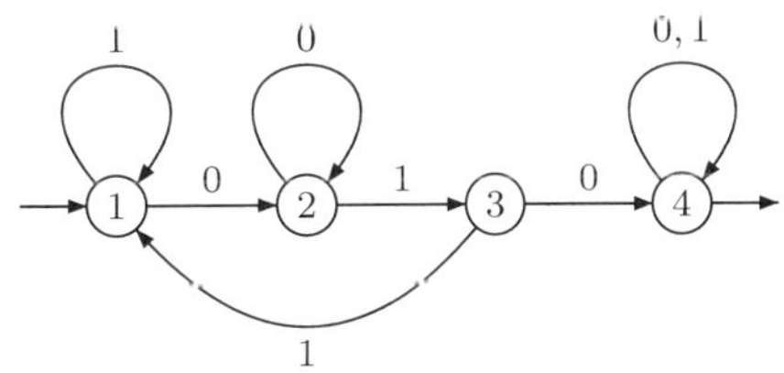

Figure 7 Déterminisation de l'automate

En échangeant les états finaux et non finaux, puis en supprimant l'état 4 devenu inutile, on obtient un automate déterministe qui reconnaît L (cf. figure 8).

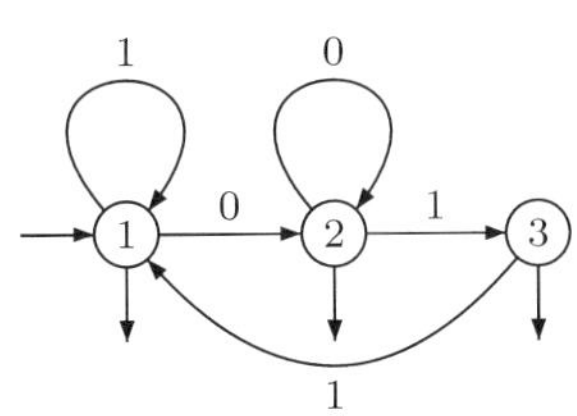

Figure 8 Un automate pour L

Il reste alors à convertir cet automate en expression rationnelle pour résoudre notre problème. Plusieurs réponses sont possibles, par exemple $(1+00^*11)^*(\varepsilon + 00^* + 00^*1)$.

8 Automates séquentiels

Les *automates séquentiels* sont des automates déterministes qui produisent un mot de sortie. Ils permettent de réaliser plusieurs transformations familières telles que l'addition des entiers, la multiplication par une constante, divers codages et décodages, le « couper-coller » dans un texte, etc.

Dans un automate séquentiel, l'état initial et les états finaux sont étiquetés par des mots et les transitions sont étiquetées par des couples formés d'une lettre et d'un mot séparés par une barre verticale. La lettre figurant à gauche de la barre est lue en entrée, et le mot figurant à droite de la barre est alors produit en sortie (voir figure 9). Le mot de sortie associé à un mot d'entrée s'obtient en lisant l'entrée depuis l'état initial et en produisant les sorties spécifiées par les transitions, y compris celles données au début par l'état initial et à la fin par l'état final. Si on ne parvient pas dans un état final, aucune sortie n'est produite.

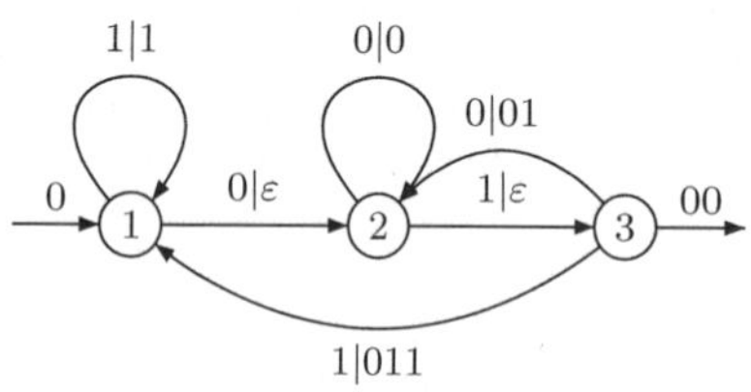

Figure 9 Un automate séquentiel

Considérons l'automate séquentiel de la figure 9 et prenons 1001101 comme mot d'entrée. En partant de l'état initial 1, et en lisant le mot de gauche à droite, on parcourt le chemin :

$$\xrightarrow{0} 1 \xrightarrow{1|1} 1 \xrightarrow{0|\varepsilon} 2 \xrightarrow{0|0} 2 \xrightarrow{1|\varepsilon} 3$$

$$3 \xrightarrow{1|011} 1 \xrightarrow{0|\varepsilon} 2 \xrightarrow{1|\varepsilon} 3 \xrightarrow{00}$$

La sortie est obtenue comme produit des mots de sortie $0, 1, \varepsilon, 0, \varepsilon, 011, \varepsilon, \varepsilon, 00$, soit 01001100.

Comme pour les automates déterministes, on peut *minimiser* un automate séquentiel, bien que l'algorithme soit plus délicat à mettre en place. Une fonction est dite *séquentielle* si elle peut être réalisée par un automate séquentiel. Un résultat essentiel assure que la composition de deux fonctions séquentielles est séquentielle.

Un automate séquentiel est dit *lettre à lettre* si les mots de sortie de chaque transition sont des lettres. Un *automate de Mealy* est un automate lettre à lettre dont l'état initial et les états finaux sont étiquetés par le mot vide, ce qui signifie en pratique que l'on peut ignorer ces étiquettes. Un *automate de Moore* est une variante d'automate séquentiel dans laquelle les sorties sont liées aux états traversés et non aux transitions. On peut démontrer que tout automate de Moore peut être simulé par un automate de Mealy et réciproquement.

La figure 10 représente un automate séquentiel lettre à lettre qui permet de réaliser la multiplication par 3 des entiers représentés sous forme binaire *inversée.* Comme son nom l'indique, la représentation binaire inversée est obtenue en lisant de droite à gauche la représentation binaire usuelle. Dans le jargon des informaticiens, c'est la représentation binaire dans laquelle le bit de droite a le plus fort poids.

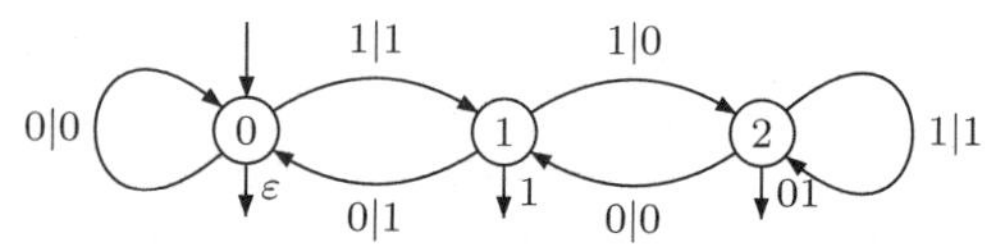

Figure 10 Un automate séquentiel lettre à lettre pour la multiplication par 3

Par exemple, le mot 1011 est la représentation binaire inversée du nombre $2^0+2^2+2^3 = 1+4+8 = 13$. Or $13 \times 3 = 39$ et $39 = 2^0 + 2^1 + 2^2 + 2^5$ dont la représentation binaire inversée est 111001, ce qui est bien la sortie obtenue en lisant 1011 en entrée dans l'automate séquentiel de la figure 10.

L'addition des entiers est aussi une opération séquentielle. Pour la réaliser, on écrit les entiers n et m en binaire inversé et on rajoute éventuellement des zéros pour que les deux représentations aient la même longueur. Par exemple, si $n = 22$ et $m = 13$, on prend pour n la représentation 01101 (car $2+4+16 = 22$) et pour m la représentation 10110 (car $1 + 4 + 8 = 13$). On considère le couple (01101, 10110) comme un mot sur l'alphabet $\{\binom{0}{0}, \binom{1}{0}, \binom{0}{1}, \binom{1}{1}\}$ obtenu en superposant les deux représentations et en lisant les colonnes : $\binom{0}{1}\binom{1}{0}\binom{1}{1}\binom{0}{1}\binom{1}{0}$. L'automate qui réalise l'addition est représenté sur la figure 11. Il a pour alphabet de sortie $\{0, 1\}$. Les états 0 et 1 correspondent respectivement à l'absence et à la présence d'une retenue.

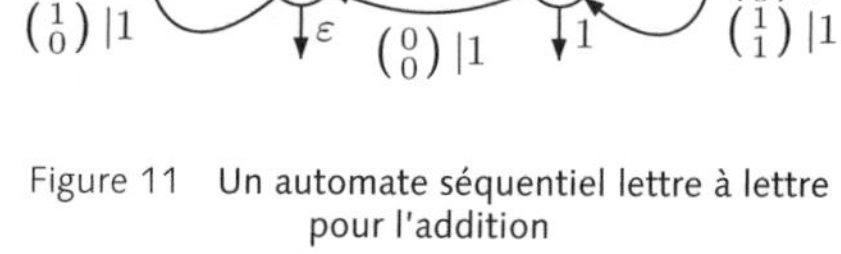

Figure 11 Un automate séquentiel lettre à lettre pour l'addition

Sur notre exemple, on trouve en sortie 110001, qui code bien $35 = 1 + 2 + 32$.

Un automate de Mealy suffit pour réaliser la division d'un polynôme à coefficients dans $\mathbb{Z}/2\mathbb{Z}$ par le polynôme $X^2 + X + 1$. Pour cela, on associe à chaque mot $a_0 a_1 \cdots a_n$ sur l'alphabet $\{0, 1\}$ le polynôme $a_0 X^n + a_1 X^{n-1} + a_2 X^{n-2} + \ldots + a_{n-1} X + a_n$ à coefficients dans $\mathbb{Z}/2\mathbb{Z}$.

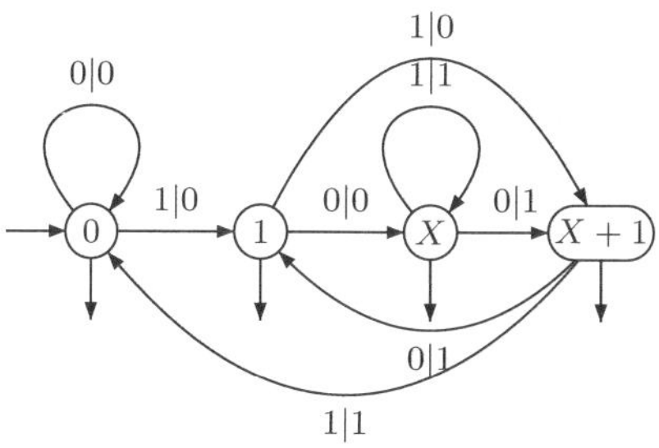

Figure 12 Division d'un polynôme à coefficients dans $\mathbb{Z}/2\mathbb{Z}$ par $X^2 + X + 1$

Le quotient de la division est donné par le mot de sortie et le reste par l'état d'arrivée. Ainsi le mot d'entrée 10001 donne en sortie le mot 00110 et arrive dans l'état $X + 1$, ce qui correspond à la formule $X^4 + 1 = (X^2 + X + 1)(X^2 + X) + (X + 1)$.

Les exemples qui précèdent sont génériques. Les automates séquentiels permettent de réaliser la multiplication et la division entière par une constante. Si on travaille sur des polynômes à coefficients dans un corps fini, l'addition, la multiplication ou la division par un polynôme constant peuvent être réalisées par des automates séquentiels.

En revanche, ni la multiplication, ni la division de deux entiers ne sont des opérations séquentielles. De fait, la conception d'un circuit électronique réalisant la multiplication de deux entiers est beaucoup plus difficile que celle d'un additionneur.

Voici un dernier exemple, de nature assez différente des précédents. Un *filtre à rebonds* lit une suite de bits commençant et finissant par 0 et change chaque 0 en 1 s'il est encadré par des 1, et chaque 1 en 0 s'il est encadré par des 0, les autres bits étant inchangés. Ainsi, si le mot d'entrée est 01011010, la sortie sera 00111100. La figure 13 représente un automate séquentiel qui réalise un filtre à rebonds.

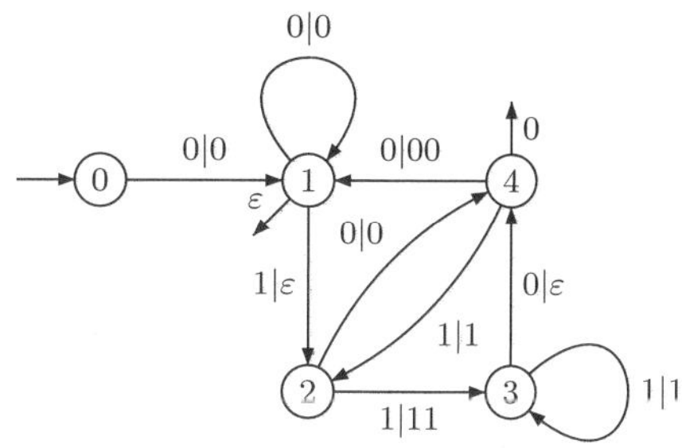

Figure 13 Un filtre à rebonds

Ce type de filtre est utilisé en traitement d'images. Chaque ligne de l'image est constituée d'une suite de bits. Les éventuelles imperfections de l'image, dues à une mauvaise qualité du film ou à un défaut de transmission peuvent être éventuellement corrigées de cette façon.

9 Utilisation pratique des automates

Les automates interviennent souvent dans la modélisation de problèmes concrets. C'est d'ailleurs un bon réflexe, face à un problème discret (c'est-à-dire ne faisant pas intervenir de nombres réels), de commencer par regarder si une approche par automate n'est pas envisageable. Le modèle s'applique même à certains problèmes continus. Il est vrai que les chaînes de Markov utilisées en probabilité sont de proches parents des automates.

Nous présentons ci-dessous quelques applications pratiques des automates. Toutefois, nous ne dirons que quelques mots de l'une des applications les plus importantes, la spécification et la vérification de systèmes (électroniques ou informatiques), car elle est traitée en détail au chapitre « Automates et vérification ».

9.1 Analyse lexicale

Les automates finis sont utilisés en compilation (voir le chapitre « Compilateurs ») pour constituer des *analyseurs lexicaux*, qui permettent notamment de repérer les mots-clés d'un langage de programmation. L'automate de la figure 14, dans lequel les états finaux sont en noir, reconnaît un ensemble de mots-clés du langage Java : **`do, double, final, finally, this, throw, throws`**.

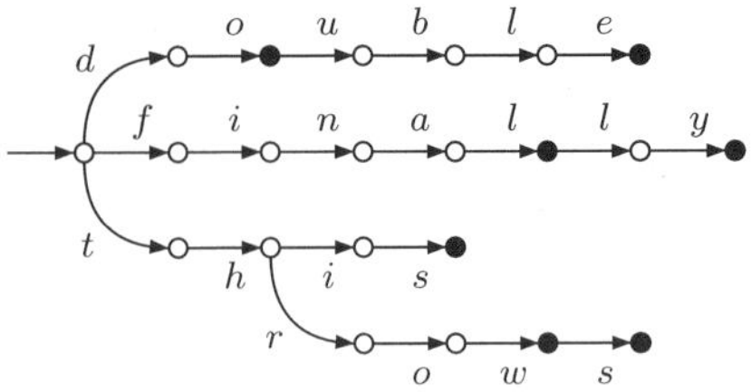

Figure 14 Mots-clés en Java

9.2 Modélisation de systèmes finis

On peut (au moins théoriquement !) utiliser des automates pour modéliser des situations dans lesquelles il n'y a qu'un nombre fini de configurations possibles. Par exemple, la figure 15 représente un modèle très rudimentaire de monte-charge. Les états symbolisent les étages. Le monte-charge est muni de deux boutons, D et M qui permettent de descendre ou monter d'un seul étage à la fois. Le bouton D est inactif au rez-de-chaussée, de même que M au deuxième étage.

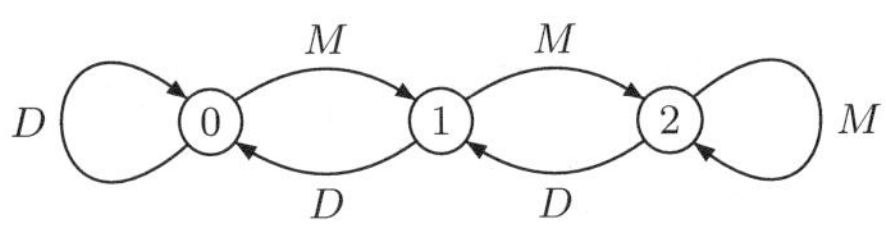

Figure 15 Un modèle de monte-charge

L'exemple qui suit repose sur une devinette classique. Un passeur doit faire passer d'une rive à l'autre un loup, une chèvre et une salade. Toutefois, son bateau ne peut transporter qu'un seul passager en dehors de lui-même. Bien entendu, il ne peut laisser le loup et la chèvre seuls sans surveillance, sinon le loup mangera la chèvre. Même chose pour le couple chèvre-salade, car la chèvre rêve de manger la salade. Pouvez-vous aider le passeur ?

On peut modéliser ce problème par l'automate de la figure 16.

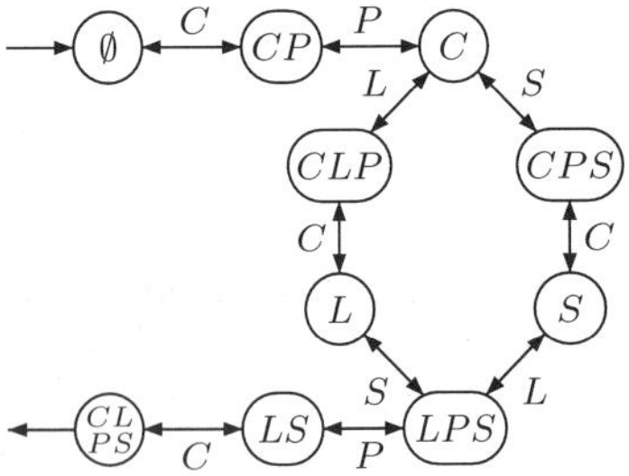

Figure 16 Le loup, la chèvre et la salade

Chaque état représente les protagonistes sur la rive opposée. Ainsi l'état CP signifie et que la chèvre et le passeur sont sur la rive opposée (et que le loup et la salade n'ont pas encore traversé). Comme le précise l'énoncé, certains états sont interdits. L'état initial est $\emptyset$ et l'état final et $CLPS$. Les actions possibles (qui constituent donc l'alphabet de l'automate) sont les suivantes :

(1) traverser seul (P)

(2) traverser avec le loup (L)

(3) traverser avec la chèvre (C)

(4) traverser avec la salade (S)

On obtient ainsi l'automate de la figure 16 qui donne immédiatement les deux solutions les plus courtes : $CPLCSPC$ et $CPSCLPC$.

9.3 Modélisation de systèmes infinis

Les automates permettent aussi de modéliser certains systèmes de taille non bornée, ou même infinie. Ces techniques sont particulièrement utilisées pour résoudre les problèmes d'analyse et de vérification de protocoles (nécessité de satisfaire certaines contraintes logiques, comme l'absence de blocage, ou l'exclusion mutuelle). Le plus souvent, on utilise des automates travaillant sur des mots infinis (voir chapitre « Automates et vérification »), mais l'exemple ci-dessous utilise uniquement des automates traditionnels.

Considérons un réseau de processus alignés qui communiquent avec chacun de leurs voisins, conformément à la figure 17.

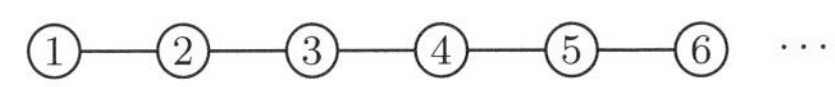

Figure 17 Un réseau de processus

Ces processus réalisent un calcul en se passant un témoin, qui est initialement détenu par le processus 1. À chaque étape du calcul, un processeur peut passer le témoin à son voisin de droite. Comment formaliser ce système ? On peut représenter la configuration du système par un mot sur l'alphabet $\{T, N\}$, dont la i-ème lettre vaut T ou N selon que le processeur i possède on non le témoin. S'il y a k processeurs, la configuration initiale est donc représentée par le mot du langage TN^{k-1}.

On représente ensuite la transmission du témoin par l'automate séquentiel de la figure 18. On peut donc considérer cette opération comme une fonction séquentielle $\tau : \{T, N\}^* \to \{T, N\}^*$.

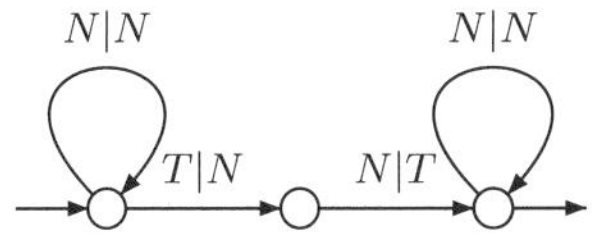

Figure 18 La transmission du témoin

La configuration du système après n transmissions de témoin s'obtient en itérant n fois la fonction τ à partir de la configuration initiale.

Cet exemple semblera peut-être élémentaire au lecteur, car l'itération de la fonction séquentielle se calcule ici sans difficulté. Mais c'est loin d'être toujours le cas ! Considérons par exemple l'automate séquentiel de la figure 19.

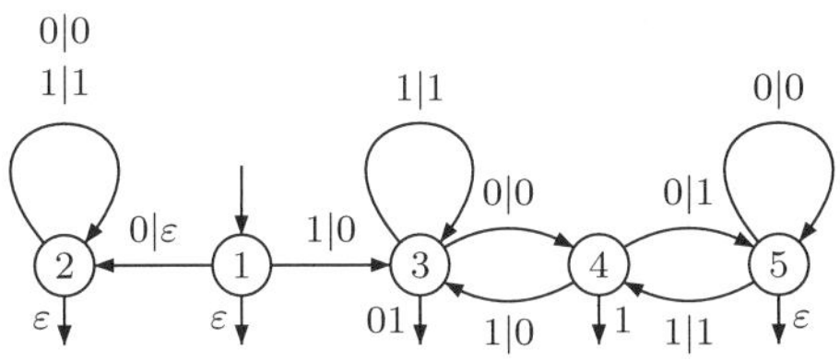

Figure 19 Un automate séquentiel

Si on utilise la représentation binaire inversée des entiers, cet automate calcule une fonction f bien connue des programmeurs, définie par :

$$f(n) = \begin{cases} n/2 & \text{si } n \text{ est pair} \\ 3n+1 & \text{sinon} \end{cases}$$

Une conjecture célébre affirme que, partant d'un entier quelconque n, on arrive toujours à 1 en itérant f. Par exemple, en partant de $n = 31$, on trouve la suite $31, 94, 47, 142, 71$, etc., qui aboutit à 1 après 106 itérations. La conjecture a été vérifiée pour $n \leqslant 5{,}764 \cdot 10^{17}$, mais n'est toujours pas résolue à ce jour. Elle montre en tout cas que l'étude de l'itération des fonctions séquentielles présente des difficultés insoupçonnées.

9.4 Industries de la langue

Les automates sont très utilisés dans ce qu'on appelle les industries de la langue : informatique linguistique, traitement des langues naturelles, correction orthographique automatique, génération automatique de texte, réalisation de dictionnaires électroniques, etc.

L'automate non déterministe de la figure 20, dû au linguiste Maurice Gross, indique l'ordre de succession des particules préverbales en français (sans tenir compte des élisions). Par exemple les phrases *je ne le lui ai pas donné* ou *il n'y en a jamais !* sont correctes, mais la phrase *il se le lui est fait volé* ne l'est pas... Afin d'alléger la figure 20, seules certaines particules préverbales sont représentées. Pour les obtenir toutes, il suffit d'opérer les substitutions suivantes :

$je \rightarrow je, tu, nous, vous, on, ce$	$y \rightarrow y, \varepsilon$
$me \rightarrow me, te, nous, vous, \varepsilon$	$ne \rightarrow ne, \varepsilon$
$il \rightarrow il, ils, elle, elles$	$se \rightarrow se, \varepsilon$
$le \rightarrow le, la, les, \varepsilon$	$en \rightarrow en, \varepsilon$
$lui \rightarrow lui, leur, \varepsilon$	

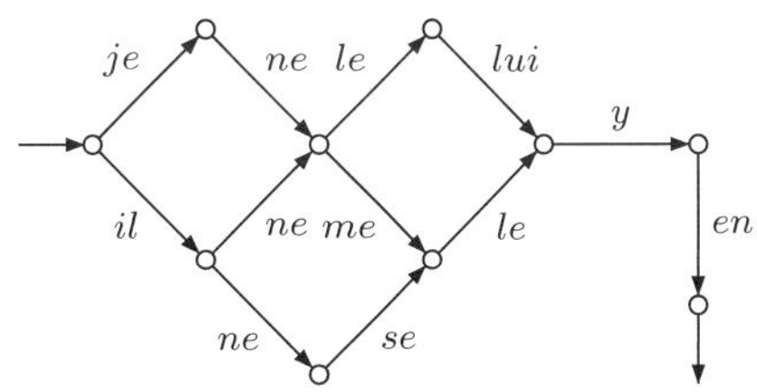

Figure 20 Suites de particules préverbales

Les automates sont également utilisés dans la réalisation de dictionnaires électroniques. La représentation la plus naïve d'un dictionnaire consiste à conserver la liste de tous les mots du dictionnaire. Une structure d'arbre permet d'obtenir une représentation plus concise. Ainsi, l'arbre de la figure 21 représente l'ensemble des mots {bal, bals, ban, bans, do, don, dons, doux, pal, pals, pan, pans}. Mais l'utilisation d'un automate (voir figure 22) donne une représentation beaucoup plus compacte.

Le gain en place peut être très important. Pour un dictionnaire de Scrabble anglais, la représentation par arbre nécessite 117 150 nœuds et 780 kilo-octets de mémoire. La représentation par automate nécessite seulement 19 853 états et 175 kilo-octets de mémoire, soit un gain de près de 80 %.

Pour le Dictionnaire électronique des formes fléchies du français (DELAF) réalisé par les linguistes de l'université de Marne-la-Vallée, qui contient 802 009 entrées sur un alphabet de 90 lettres (minuscules et majuscules accentuées, chiffres, et autres signes), la représentation par arbre nécessite 2 203 261 nœuds, alors que l'automate minimal ne possède que 27 3716 états.

De plus, on dispose d'algorithmes très efficaces pour les opérations de recherche et de mise à jour pour ces dictionnaires électroniques. Si on dispose d'un dictionnaire sous forme d'automate, on peut ensuite facilement réaliser un programme informatique champion du monde de Scrabble...

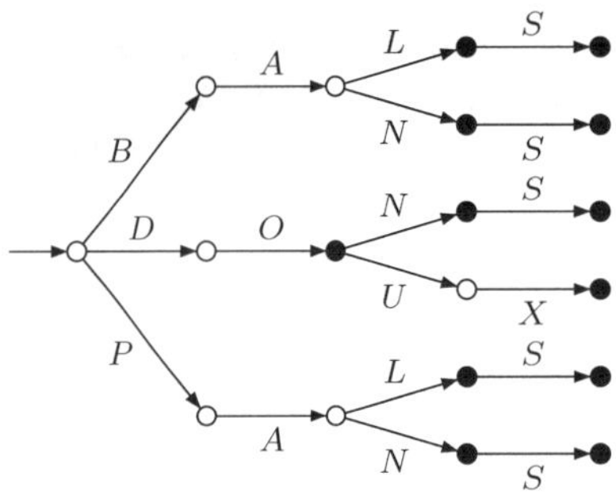

Figure 21 Représentation par arbre

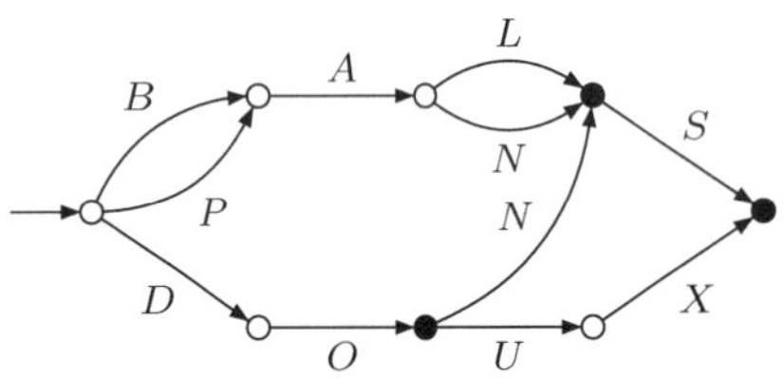

Figure 22 Représentation par automate

9.5 Recherche d'information

Tout ce qui concerne l'analyse de textes et l'extraction d'information fait grand usage des automates. Les automates interviennent souvent dans la conception d'algorithmes de recherche d'information. Nous nous contenterons ici de décrire le principe de la recherche dans un texte, dans lequel les automates interviennent de façon naturelle.

Supposons que l'on cherche à déterminer si la chaîne **ada** apparaît dans le texte **abracadabra**. Cela revient à tester si le mot **abracadabra** appartient au langage A^*adaA^*. Comme ce langage est rationnel, il suffit de trouver son automate minimal, puis de vérifier que le texte est bien accepté par cet automate.

Plus généralement, rechercher un mot u dans un texte conduit à calculer l'automate minimal du langage A^*uA^*. Si n est la longueur du mot u, il est facile de construire un automate non déterministe à $n + 1$ états pour ce langage (voir la figure 5, pour $u = 010$). Et, chose remarquable, l'automate minimal de ce langage possède lui aussi $n + 1$ états. La figure 7 illustre cette construction pour la chaîne 010.

9.6 Autres applications

Citons également la manipulation d'images parmi les applications récentes. La compression, et les transformations usuelles telles que rotations, translations, homothéties peuvent en effet être réalisées par des automates séquentiels appropriés. N'oublions pas la théorie de la commande et du contrôle, où certains algorithmes récemment développés sont entièrement basés sur les automates. En théorie des jeux, dont les applications sont assez diverses, certaines stratégies peuvent être modélisées par des automates finis, ce qui donne en prime des algorithmes efficaces.

10 Extensions de la notion d'automate

L'utilisation des automates n'est pas limitée aux mots. Elle a été étendue aux *mots infinis*, qui sont des suites infinies de lettres $a_0a_1a_2\cdots$, aux arbres et à bien d'autres structures. Le cas des mots infinis mérite que l'on s'y arrête, en raison de ses applications à la vérification des systèmes.

10.1 Automates et mots infinis

Pour pouvoir utiliser des automates finis pour reconnaître des mots infinis, Büchi a proposé dès 1960 la définition suivante : un chemin infini est *réussi* s'il part d'un état initial et *passe infiniment souvent par un état final.* L'ensemble des mots infinis acceptés par un automate est alors l'ensemble des étiquettes des chemins infinis réussis. Considérons l'automate de la figure 23.

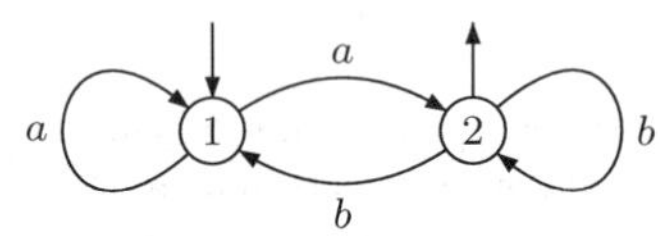

Figure 23 Un automate de Büchi

On voit que les mots infinis acceptés par cet automate sont ceux commençant par a et contenant une infinité de b.

En adaptant la notion d'expression rationnelle, on peut alors étendre le théorème de Kleene au cas des mots infinis. On montre cependant qu'un automate de Büchi non déterministe n'est pas toujours équivalent à un automate de Büchi déterministe. Pour rétablir cette équivalence, il faut utiliser un mode d'acceptation différent, introduit par Muller. Il consiste à donner non pas un ensemble d'états finaux, mais une table d'ensembles d'états $\{F_1, F_2, \ldots, F_k\}$. Un chemin infini est alors dit réussi s'il est issu d'un état initial et si l'ensemble F des états visités infiniment souvent figure dans la table.

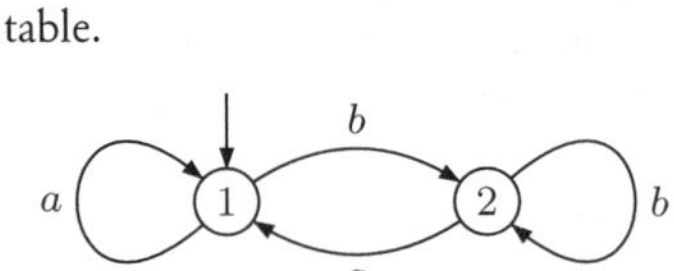

Figure 24 Un automate de Muller

Considérons l'automate de la figure 24. Si on prend pour table $\{\{2\}\}$, un chemin issu de l'état 1 est réussi s'il passe infiniment souvent par 2 et par 1 un nombre fini de fois. L'automate reconnaît donc l'ensemble des mots infinis ne contenant qu'un nombre fini de a.

Si on prend pour table $\{\{1, 2\}\}$, l'automate reconnaît l'ensemble des mots infinis contenant une infinité de a et une infinité de b. Enfin, si on prend pour table $\{\{1\}, \{2\}\}$ l'automate reconnaît l'ensemble des mots contenant soit une infinité de a et un nombre fini de b, soit un nombre fini de a et une infinité de b.

10.2 Transducteurs

Un automate non déterministe muni de sorties est appelé un *transducteur*. Les transducteurs permettent de représenter des *relations* entre mots. Ce sont des outils formels très puissants, qui ont aussi des applications pratiques, notamment dans les industries de la langue.

On peut aussi considérer des transducteurs dont les sorties ne sont pas des mots, mais des entiers ou des réels. Ce type de transducteur est utilisé notamment en traitement d'image. Une variante, connue sous le nom d'*automate max-plus*, est particulièrement adaptée pour étudier les *systèmes à événements discrets*, qui comprennent par exemple les systèmes de production, les réseaux de transport, les systèmes informatiques, etc. Les automates permettent d'aborder certains problèmes d'évaluation de performance (calcul de taux de production, de débit), ou des problèmes d'optimisation (nombre optimal de processeurs pour réaliser une tâche donnée). Ils permettent en outre de formaliser simplement certains algorithmes d'accessibilité sur les graphes.

11 Autres développements

Il n'est pas possible de résumer en quelques lignes les développements actuels de la théorie des automates et nous nous contenterons d'évoquer quelques grands axes.

Les liens entre la *logique* et les automates remontent au tout début de la théorie (travaux de Kleene, Büchi, Rabin et Mc Naughton notamment). Le formalisme logique fournit en effet, après les automates et les expressions rationnelles, une troisième façon de décrire des ensembles de mots. Il s'applique également aux mots infinis et aux arbres et est très utilisé en vérification (voir chapitre « Automates et vérification ») pour spécifier le comportement de certains systèmes.

Les développements *algébriques* de la théorie des automates sont tout aussi importants. En dotant les mots de coefficients, on peut définir des *séries formelles en variables non commutatives*, pour lesquelles Schützenberger a étendu le théorème de Kleene. Ces séries ont de multiples applications, notamment en théorie du contrôle. Une autre branche en plein essor est la vision abstraite de la reconnaissance, développée par Schützenberger et Eilenberg. Elle consiste à remplacer les automates par des objets mathématiques, les *semigroupes*. Cette approche a permis de résoudre de très nombreux problèmes théoriques. Outre la logique et l'algèbre, les automates entretiennent également des liens étroits avec d'autres parties des mathématiques : topologie, probabilité, systèmes dynamiques, théorie des groupes, etc.

12 Pour en savoir plus...

Pour écrire ce chapitre, je me suis appuyé sur deux articles remarquables de Perrin (1989, 1995), que je recommande particulièrement au lecteur. Il y trouvera en particulier des compléments bibliographiques qui n'ont pas pu être repris ici.

Le lecteur francophone trouvera un exposé du théorème de Kleene et de ses conséquences dans le livre de (Séebold, 1999) et une présentation beaucoup plus exhaustive de la théorie des automates dans le récent traité de (Sakarovitch, 2003). Pour un exposé des algorithmes utilisant des automates, nous renvoyons au livre de (Beauquier et al., 1992) ou, pour tout ce qui concerne les algorithmes sur les mots, à (Crochemore et al., 2001).

On trouve souvent un chapitre ou deux consacrés aux automates dans les ouvrages sur la compilation ou sur la théorie des langages tels que le livre de (Hopcroft et al., 2001). Pour les aspects les plus mathématiques, le lecteur pourra consulter le traité d'(Eilenberg, 1974 et 1976) ou encore (Pin, 1986). Le livre de (Berstel and Reutenauer, 1988) est consacré aux séries formelles et celui de (Perrin and Pin, 2004) aux automates sur les mots infinis.

Par ailleurs, plusieurs articles de synthèse parus ces dernières années décrivent divers aspects de la théorie des automates. Citons ceux de Perrin et de Thomas du *Handbook of Theoretical Computer Science* (van Leeuwen, 1990), et ceux de Béal et Perrin, de Pin, de Staiger, de Thomas et de Yu dans le *Handbook of Formal Languages* (Rozenberg and Salomaa, 1997).

Bibliographie

Beauquier D., Berstel J. et Chrétienne P. (1992), *Éléments d'algorithmique*. Masson.

Berstel J. et Reutenauer C. (1988), *Rational Series and Their Languages*. Springer-Verlag. (Traduction de *Les séries rationnelles et leurs langages*, paru chez Masson en 1984).

Crochemore M., Hancart C. et Lecroq T. (2001), *Algorithmique du texte*. Vuibert.

Eilenberg S. (1974 et 1976), *Automata, Languages and Machines*, volume A et B. Academic Press.

Hopcroft J. E., Motwani R. et Ullman J. D. (2001), *Introduction to Automata Theory, Languages and Computation*. Addison Wesley, second edition.

van Leeuwen J. (1990), *Handbook of Theoretical Computer Science. Vol. B.* Elsevier Science Publishers B.V., Amsterdam.

Perrin D. (1989), « Automates et algorithmes sur les mots ». *Annales des Télécommunications*, 44 :20–33.

Perrin D. (1995), « Les débuts de la théorie des automates ». *Technique et Science Informatique*, 14 :409–433.

Perrin D. et Pin J.-É. (2004), *Infinite Words. Automata, semigroups, logic and games*, volume 141 of *Pure and Applied Mathematics*. Elsevier.

Pin J.-É. (1986), *Varieties of formal languages*. North Oxford, London et Plenum, New-York. (Traduction de *Variétés de langages formels*, paru chez Masson en 1984).

Rozenberg G. et Salomaa A. (1997), *Handbook of formal languages*. Springer Verlag. 3 volumes.

Sakarovitch J. (2003), *Éléments de théorie des automates*. Vuibert, Paris.

Séébold P. (1999), *Théorie des automates – Méthodes et exercices corrigés*. Vuibert, Paris.

Automates et vérification

Pierre Wolper

Mots-clés : automates finis, automates sur mots infinis, vérification, programmes parallèles, vérification de modèles, logique temporelle.

Résumé : la vérification de programmes consiste à analyser les comportements possibles de programmes en vue de déterminer s'ils seront toujours conformes à ce qui est attendu. Pour ce faire, les caractéristiques souhaitées des comportements sont exprimées formellement et confrontées, par des techniques mathématiques rigoureuses, à l'ensemble des comportements du programme à analyser. Dans ce contexte, les automates jouent un triple rôle. Tout d'abord, ils sont fréquemment utilisés en tant que langage de programmation simplifié pour décrire les programmes à analyser. Ensuite, ils servent de formalisme de description de propriétés de comportements, soit directement, soit par traduction à partir d'un langage logique. Finalement, ils s'avèrent très utiles en tant que formalisme de description d'ensembles infinis de valeurs.

Tout utilisateur de l'informatique sait que les erreurs dans les logiciels sont bien trop courantes. Le plus souvent leurs conséquences se limitent à un certain inconfort d'utilisation, mais elles peuvent aussi causer la perte de données et occasionner un surcroît de travail parfois considérable. Pire, lorsqu'il s'agit de logiciels utilisés dans des applications critiques du point de vue économique, par exemple un système de paiement électronique, ou du point de vue de la sécurité, par exemple le système de contrôle d'un avion, les conséquences des erreurs de programmation peuvent être dramatiques.

Les solutions à ce problème crucial sont multiples. Tout d'abord, des procédures de développement et de test rigoureuses qui privilégient la qualité plutôt que la rapidité de mise à disposition peuvent largement contribuer à améliorer la situation et sont probablement suffisantes pour les applications non critiques. Dans des situations plus sensibles, une certitude plus forte est nécessaire et, depuis plusieurs décades, l'idée que des techniques mathématiques devraient permettre de *vérifier* qu'un programme se comporte toujours correctement a été avancée. Cette idée séduisante a été concrétisée en une variété de techniques et méthodes (on parle souvent de méthodes formelles), mais elle se heurte toujours à de fortes limites pratiques. Il y a à cela plusieurs raisons assez incontournables.

Tout d'abord, «vérifier» au sens fort un programme n'a de sens que par rapport à une description correcte et exhaustive du comportement souhaité du programme. Or, une telle description est souvent inexistante et l'obtenir serait de toute façon une tâche quasiment aussi lourde et empreinte de risques d'erreurs que le développement du programme lui-même. Deuxièmement, les langages de programmation incorporent des mécanismes de plus en plus élaborés facilitant la tâche du programmeur, mais complexifiant la formalisation nécessaire à une vérification stricte. Finalement, la tâche de vérification elle-même n'admet pas de solution algorithmique générale et encore moins de solution algorithmique efficace et il est donc souvent impossible de la mener à bien.

Il ne faut pas pour autant conclure que la vérification est sans intérêt mais, pour qu'elle soit exploitable il faut en limiter les objectifs et la portée. Même si l'on ne dispose pas d'une description exhaustive du comportement souhaité du programme, il est souvent aisé de produire une liste de caractéristiques simples qu'il est intéressant de vérifier. De plus, plutôt que viser la vérification de programmes complets, on peut se focaliser sur les parties les plus cruciales et délicates dont on vérifiera un modèle abstrait simplifié. Il n'y a bien sûr alors plus de garantie absolue, mais une telle approche partielle permet fréquemment de trouver de nombreuses erreurs et peut contribuer substantiellement à la qualité du logiciel.

La vérification gagne aussi à être ciblée sur des classes de programmes où son intérêt et son potentiel sont particulièrement marqués. Une telle classe est celle des logiciels dits «réactifs» à laquelle nous allons maintenant nous restreindre. Un logiciel réactif est un logiciel en interaction continue avec son environnement et pour lequel la séquence de ses interactions est une caractéristique plus centrale que les calculs effectués. Il s'agit souvent de logiciels de contrôle *enfouis* dans des dispositifs dont la finalité première n'est pas informatique, par exemple un logiciel contrôlant un moteur à réaction. Dans ce cadre, ce qui est nécessaire est de comparer les séquences possibles d'actions du logiciel aux caractéristiques requises et nous allons voir que les automates finis sont un outil très utile pour traiter ce problème.

1 Programmes réactifs et automates

Pour modéliser le comportement d'un programme réactif, il est raisonnable de se limiter à ses interactions avec son environnement. Ces interactions peuvent être plus ou moins complexes, mais nous opterons pour un modèle où les types d'interactions se limitent à un ensemble fini d'événements. Un comportement du programme sera alors une séquence de tels événements et un programme un objet mathématique qui peut définir de telles séquences. Un candidat naturel pour ce dernier rôle est clairement l'automate fini que nous adapterons légèrement (voir le chapitre «Automates finis»).

Partant d'un ensemble E d'*événements*, nous représenterons donc un programme réactif par un *système de transitions* $S=(E,Q,T,q_d)$ où

- E est l'ensemble des événements possibles,
- Q est un ensemble fini d'*états*,
- $T \subseteq Q \times E \times Q$ est un ensemble de *transitions* et
- $q_d \in Q$ est un état de départ ou *état initial*.

Les transitions sont donc des triplets (état, événement, état) que nous représenterons par la notation $q \xrightarrow{e} q$. L'interprétation intuitive d'un système de transition est que l'on génère des comportements en se déplaçant d'état en état selon les transitions. Plus formellement, un comportement de longueur n d'un système de transition est une séquence

$$e_0, e_1, e_2, \ldots, e_{n-1}$$

d'événements pour laquelle il existe une séquence

$$q_0, q_1, q_2, \ldots, q_{n-1}$$

d'états telle que $q_0 = q_d$ et pour toute position $0 < n-1$, $(q_i, e_i, q_{i+1}) \in T$.

Nous nous intéresserons spécialement aux comportements de longueur maximale, à savoir ceux qui soit sont infinis, soit se terminent dans un état à partir duquel aucune transition n'est possible. Remarquons que par rapport aux automates finis, la seule différence est que le concept d'état final (accepteur) n'est plus utilisé.

Examinons maintenant un exemple fréquemment utilisé[1]. Il s'agit de modéliser un distributeur automatique de boissons chaudes : café ou thé. Le distributeur attend que l'on introduise une pièce et que l'on sélectionne ensuite une boisson; après quoi il produit la boisson demandée. Un système de transition modélisant ce type de distributeur est donné dans la figure 1.

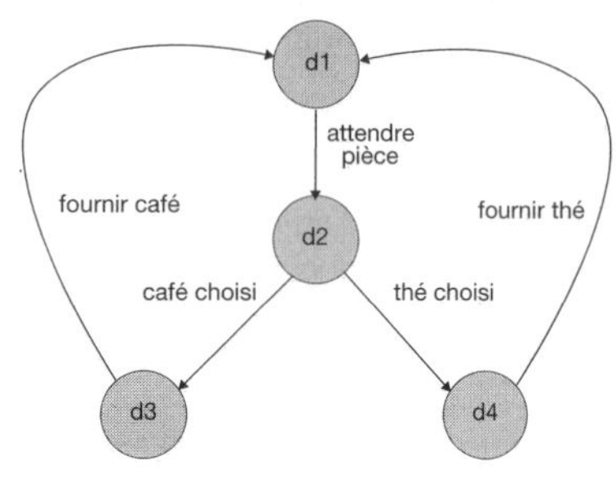

Figure 1 Un système de transition modélisant un distributeur de boissons

Pour pouvoir analyser un modèle tel que celui de la figure 1, il faut encore savoir dans quel contexte il va opérer. Plus concrètement, le distributeur de boissons est conçu pour fonctionner en interaction avec un utilisateur dont il nous faut aussi un modèle. L'utilisateur va introduire une pièce, choisir du café et prendre ce qui lui est livré pour autant que ce soit du café. Un modèle de l'utilisateur pourrait donc être celui de la figure 2.

1. Pour des raisons didactiques évidentes, nous nous limiterons à des exemples simplistes. Toutefois les systèmes traités en pratique peuvent comporter des centaines de millions d'états et vont de protocoles largement utilisés dans les réseaux à des contrôleurs complexes issus notamment du domaine aérospatial.

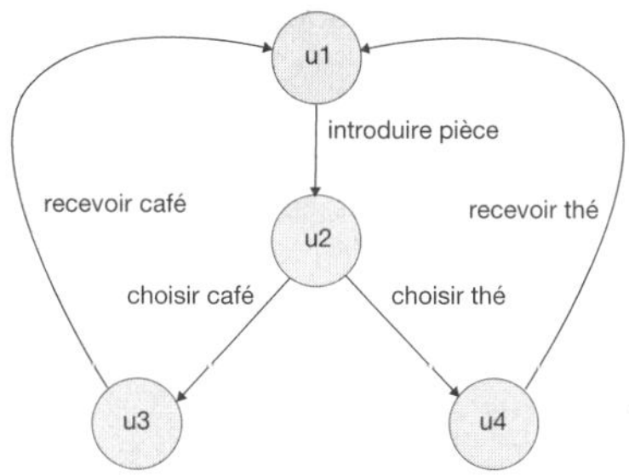

Figure 2 Un premier modèle de l'utilisateur du distributeur de boissons

Il reste à analyser le comportement conjoint de l'utilisateur et du distributeur. Pour obtenir ce comportement, il faut établir une correspondance entre les événements du modèle de l'utilisateur et ceux du modèle du distributeur et, considérant que les événements mis en correspondance sont simultanés, calculer le comportement conjoint de ces modèles. Formellement, le modèle du comportement conjoint est un système de transition où les états sont des paires regroupant un état du distributeur et un état de l'utilisateur et où les transitions sont celles permises par les deux modèles. Pour notre exemple, cela donne le résultat présenté à la figure 3.

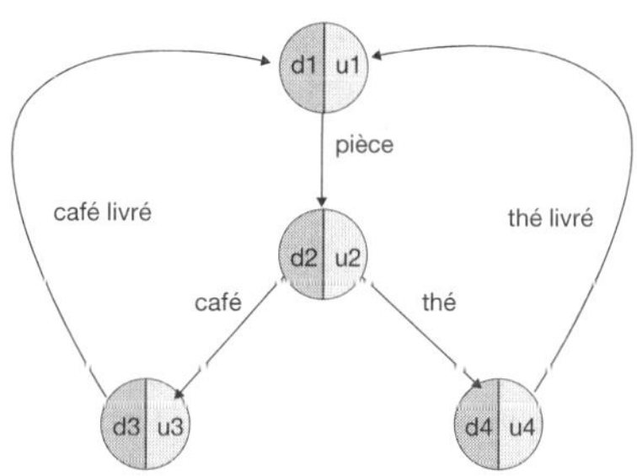

Figure 3 Un modèle du comportement conjoint du distributeur et de l'utilisateur

Supposons maintenant que le distributeur soit défectueux et ne réagisse pas au choix de café par l'utilisateur. Son modèle serait alors celui représenté à la figure 4. Et si on considère le comportement conjoint de l'utilisateur et du distributeur défectueux, on obtient le modèle de la figure 5.

Tout paraît assez normal, l'utilisateur s'est simplement adapté au défaut du distributeur. Mais, on pourrait aussi choisir de modéliser un utilisateur qui, son choix fait, n'accepte rien d'autre. Pour ce faire, on introduit dans le modèle une étape de choix qui précède l'interaction avec le distributeur, comme représenté à la figure 6.

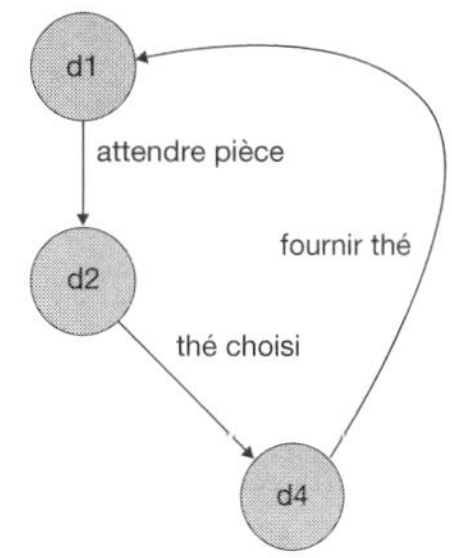

Figure 4 Un distributeur de boissons défectueux

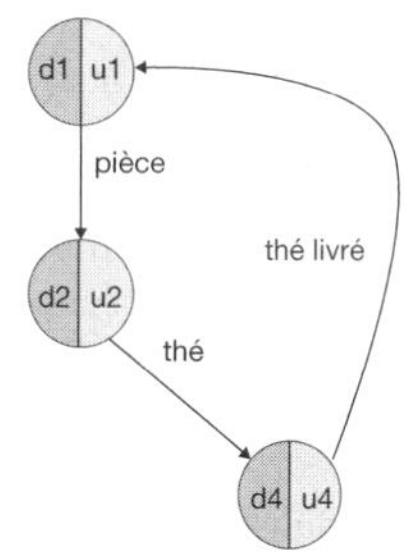

Figure 5 Le distributeur défectueux combiné avec l'utilisateur

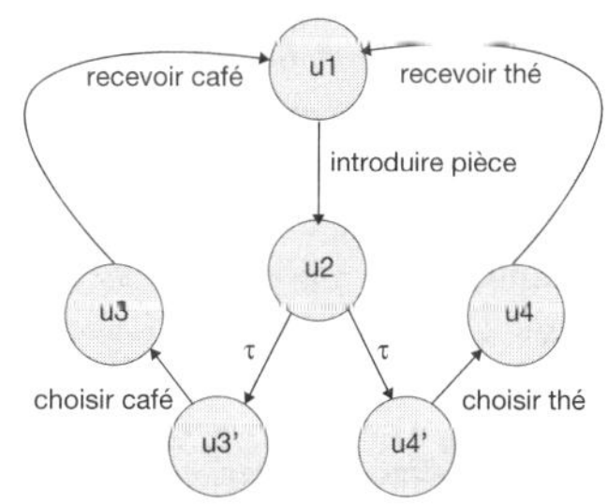

Figure 6 Un modèle d'un utilisateur obstiné du distributeur de boissons

Dans ce modèle, un nouvel événement particulier τ a été introduit. Il est en généralement appelé *événement interne* car il modélise une action qui n'est pas faite en interaction avec d'autres composants du système analysé. On constate aussi que le système de transition modélisant l'utilisateur est maintenant non déterministe puisque, de l'état u2, deux transitions de même étiquette sont maintenant possibles. Ce non-déterminisme représente ici une absence d'information sur ce que fera l'utilisateur. Il choisira du thé ou du café, mais nous n'avons aucun moyen de prédire ce choix qui lui est interne. L'intérêt de cette modélisation est que lorsqu'on la combine avec le distributeur défectueux, le défaut est clairement mis en évidence, car le modèle du comportement conjoint comporte mainte-

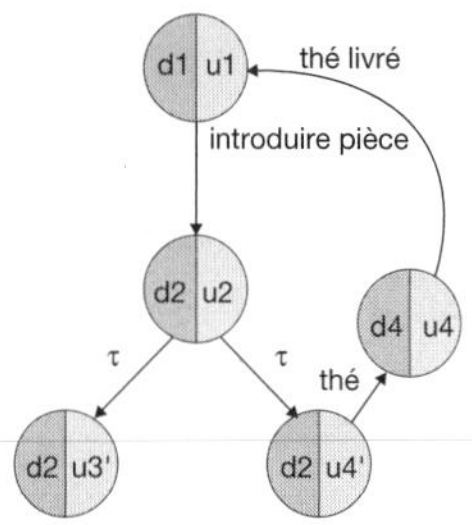

Figure 7 Un comportement combiné avec blocage

nant un état de blocage, c'est-à-dire un état où aucune transition n'est possible (voir figure 7).

L'absence d'états de blocage est une propriété couramment vérifiée qui ne nécessite que le calcul du comportement conjoint des composants du système à analyser. Toutefois, même cette simple vérification se heurte à une difficulté majeure. En général, lorsque l'on combine des modèles comme nous venons de le faire, le nombre d'états du modèle combiné n'est borné que par le produit des nombres d'états des composants. Il peut donc croître très rapidement lorsque le système devient complexe et rendre le calcul du comportement conjoint irréalisable en pratique. Dans le jargon du domaine, ce problème est communément appelé le problème de l'*explosion du nombre des états*. Diverses techniques ont été développées pour en limiter l'impact, mais aucune ne peut l'éliminer totalement.

Pour conclure, remarquons que lorsque les automates sont utilisés pour modéliser des systèmes réactifs et lorsque l'on en considère la composition, comme celle de l'utilisateur et du distributeur dans notre exemple, il est important de distinguer des automates de structure différente, même s'ils définissent le même langage. Par exemple, du point de vue du langage (séquences d'actions définies), les modèles de l'utilisateur donnés aux figures 2 et 6 sont identiques pour autant que l'on considère que l'action interne τ est invisible. Or, lorsque l'on combine ces modèles avec celui du distributeur défectueux, on obtient des situations très différentes : pour le deuxième modèle il y a un état de blocage qui n'apparaît pas pour le premier. Ce phénomène est bien connu et, lorsque l'on compare des systèmes de transitions, on ne peut pas toujours considérer comme équivalents des systèmes dont les séquences d'actions possibles sont identiques. La structure du système de transition, et en particulier le moment où le choix entre différentes séquences est effectué, est aussi un élément dont il faut tenir compte. Dans ce but, une notion d'équivalence structurelle entre systèmes de transitions a été définie. Elle porte le nom de *bisimulation*, et ne considère comme équivalents que des systèmes dont les choix d'actions possibles restent à tout moment identiques. Une variante fréquemment utilisée de la bisimulation est l'*équivalence observationnelle* qui diffère de la bisimulation en ne considérant pas les actions internes τ comme observables, mais en ne négligeant pas l'impact de ces actions sur le moment où les choix sont faits.

2 Propriétés et automates

Pour vérifier un système, il en faut non seulement un modèle, mais il faut aussi disposer d'une description formelle des propriétés souhaitées. Ces propriétés caractérisent les séquences d'actions exécutées par le système et se définissent donc formellement par des ensembles de telles séquences (celles qui satisfont la propriété). Vérifier une propriété consiste alors à déterminer si toutes les séquences générées par le système sont dans l'ensemble permis par la propriété[1] . Notons d'emblée que les séquences qui nous intéressent sont les séquences maximales, c'est-à-dire celles qui ne peuvent être prolongées ou qui sont infinies. L'intérêt de considérer les séquences maximales est que cela nous permet de vérifier à la fois que le système exécute certaines actions et qu'il y en a d'autres qu'il n'exécute jamais (ce qui ne peut se constater que sur un comportement maximal). Par simplification nous ne considérerons dans la suite que les comportements infinis, les comportements finis maximaux pouvant être complétés par la répétition indéfinie d'une action fictive. Ce cadre étant tracé, il nous faut maintenant fixer un langage de description de propriétés, à savoir un langage permettant la description d'ensembles de séquences infinies.

Un des langages les plus utilisés dans ce contexte est la *logique temporelle*. Cette logique permet la description de séquences infinies de situations. Dans sa version propositionnelle, à laquelle nous nous intéresserons uniquement, une situation est décrite par un ensemble de *propositions* élémentaires dont on précise si elles sont vraies ou fausses. Une proposition peut correspondre par exemple à l'exécution d'une action donnée; dans ce cas elle sera vraie si l'action est exécutée dans la situation considérée, fausse sinon. Dans le cas d'un programme manipulant des variables, une proposition peut correspondre à une condition sur les valeurs des variables.

Une formule de logique temporelle se construit donc à partir d'un ensemble de propositions élémentaires P et décrit une séquence infinie de situations at-

1. En termes logiques on parle de vérifier que les séquences générées par le système sont des *modèles* de la propriété, d'où le nom de *vérification de modèle* (*model-checking* en anglais) utilisé pour cette procédure.

tribuant la valeur vrai ou faux à ces propositions. Parmi ces situations, on fixe une situation «présente» qui par défaut est la première. Les formules de logique temporelle sont alors construites à partir des propositions élémentaires à l'aide d'opérateurs booléens et *d'opérateurs temporels*. Précisément, les formules de logique temporelle se définissent comme suit:

- les propositions élémentaires $p \in \mathcal{P}$ sont des formules ;
- les opérateurs booléens
  - $f \wedge g$ «et»,
  - $f \vee g$ «ou»,
  - $\neg f$ «non»,
  - $f \rightarrow g$ «si ...alors»,

  appliqués à des formules produisent des formules;
- les opérateurs temporels
  - $\circ f$ «dans la situation suivante»,
  - $\Box f$ «toujours»,
  - $\Diamond$ «fatalement»,
  - $f U g$ «jusqu'à ce que»,

  appliqués à des formules produisent des formules.

  Considérons quelques exemples. La formule

$$p \rightarrow q$$

précise que si la proposition p est vraie, alors q doit aussi être vraie. Ne contenant pas d'opérateurs temporels, elle s'applique à la situation «présente». La formule

$$\circ(p \rightarrow q)$$

précise que *dans la situation suivante* si la proposition p est vraie, alors q doit aussi être vraie. La situation suivante devient donc la situation présente pour l'interprétation de $p \rightarrow q$. La formule

$$\Box(p \rightarrow q)$$

précise que *toujours* si la proposition p est vraie, alors q doit aussi être vraie. Elle signifie que $p \rightarrow q$ doit être vraie dans la situation présente et toutes celles qui la suivent. Il s'agit donc d'un «toujours» orienté vers le futur. La formule

$$\Diamond(p \rightarrow q)$$

précise que *fatalement* si la proposition p est vraie, alors q doit aussi être vraie. Elle signifie exactement que $p \rightarrow q$ doit être vraie soit dans la situation présente, soit dans au moins une des situations qui la suivent. La formule

$$p\ U\ q$$

précise que q doit être fatalement vraie et que dans toutes les situations comprises entre la situation présente et la première où q est vraie (celle-ci pouvant être la présente), p est vraie.

La combinaison des opérateurs booléens et temporels permet à la logique temporelle d'exprimer aisément des propriétés déjà complexes comme les suivantes:

- $\Box\Diamond$ indique que dans toute situation, il y a une situation future ou p est vraie.
- $\Diamond\Box$ indique qu'il existe une situation future à partir de laquelle p est vraie dans toutes les situations suivantes.
- $\Box(p \rightarrow \Diamond q)$ indique que toute situation où p est vraie doit immanquablement être suivie tôt ou tard par une situation où q est vraie.

Une fois les propriétés d'un système exprimées en logique temporelle, il reste à vérifier si toutes les exécutions possibles du système satisfont la propriété. Ce problème à première vue difficile peut être résolu à l'aide d'un résultat très puissant qui établit que les ensembles de séquences satisfaisant une formule de logique temporelle peuvent être reconnus par un automate fini.

Les formules de logique temporelle décrivant des séquences infinies, les automates correspondants seront des automates sur séquences infinies, aussi appelées mots infinis. Un mot infini est une succession infinie de symboles que l'on peut voir mathématiquement comme une fonction des nombres naturels vers l'alphabet des symboles. Par exemple, si aux positions paires (0, 2, 4...) on associe le symbole a et aux positions impaires le symbole b on obtient un mot infini qui est la répétition indéfinie de la séquence ab, ce que l'on écrit $(ab)^{\omega}$.

Un *automate fini sur mot infini* est constitué exactement comme un automate fini classique, mais est appliqué à des mots infinis. Comme dans le cas des mots finis, l'automate change d'état à la lecture de chaque symbole, ce processus se poursuivant indéfiniment. L'interprétation de la notion d'état «final» doit donc être modifiée, puisqu'il n'y a pas de dernier état. La condition utilisée est que les mots acceptés par l'automate sont ceux pour lesquels il existe un parcours de l'automate qui passe infiniment souvent par un état final. Avec ce type de condition, les automates sur mots infinis sont appelés automates de Büchi en l'honneur de leur inventeur. Tout comme les automates classiques, les automates sur mots infinis peuvent être déterministes ou non déterministes suivant qu'il y ait ou non un choix de l'état suivant à la lecture de chaque symbole (voir le chapitre «Automates finis»).

Pour construire un automate à partir d'une formule de logique temporelle, il faut d'abord établir une correspondance entre les séquences décrites par la logique temporelle et les mots infinis. Celle-ci est directe, vu que la logique temporelle parle de séquences de situations où chaque situation est caractérisée par les propositions élémentaires qui y sont vraies. Le nombre de propositions utilisées dans une formule étant un ensemble fini $\mathcal{P}$, le nombre de situations possibles est aussi fini et est l'ensemble $2^{\mathcal{P}}$ des sous-ensembles de $\mathcal{P}$. Si l'on prend cet ensemble comme ensemble de symboles, la correspondance avec les mots infinis est établie.

La construction de l'automate exploite le fait que les contraintes exprimées par les opérateurs temporels se décomposent naturellement en une contrainte immédiate et une contrainte future. Les règles de décomposition sont les suivantes:

$\Box f \equiv f \wedge \bigcirc \Box f$

$\Diamond f \equiv f \vee \bigcirc \Diamond f$

$f\,U g \equiv g \vee (f \wedge \bigcirc (f\,U g))$

À partir de ces règles, on peut décomposer une formule de façon à obtenir d'une part une formule qui doit être vraie de la situation présente (formule sans opérateurs temporels) et d'autre part une formule commençant par l'opérateur et qui concerne la séquence de situations à partir de la suivante. Les formules qui apparaissent dans cette décomposition sont des combinaisons booléennes des sous-formules de la formule de départ et sont donc en nombre fini. On construit alors un automate dont chaque état correspond à une de ces combinaisons. Toutefois, pour simplifier l'automate, on peut écrire les formules caractérisant les états sous la forme d'une disjonction de conjonctions et séparer les éléments de la disjonction en états distincts, ce qui est possible à condition de construire un automate non déterministe. Après cette simplification, les états sont alors simplement des conjonctions de sous-formules de la formule de départ, l'état initial étant celui contenant cette formule.

Considérons par exemple la formule $\Box\Diamond p$. Elle se décompose en

$\Diamond p \wedge \bigcirc \Box \Diamond p$

et finalement en

$(p \vee \bigcirc \Diamond p) \wedge \bigcirc \Box \Diamond p$

Si p est vraie cette dernière formule se simplifie en $\bigcirc \Box \Diamond p$ et si p est faux, elle se simplifie en $\bigcirc \Diamond p \wedge \bigcirc \Box \Diamond p$. Ceci permet d'obtenir l'automate de la figure 8.

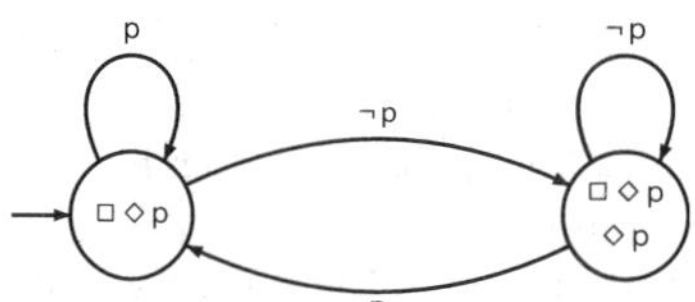

Figure 8 Un automate pour la formule $\Box\Diamond p$

En examinant cet automate, on constate qu'il a toujours un comportement possible quel que soit le mot infini qui lui est soumis. En effet, la condition imposée par la formule est que p soit vrai infiniment souvent et, comme p peut néanmoins être vrai ou faux pendant toute durée finie arbitrairement longue, les transitions de l'automate ne peuvent seules imposer que p soit infiniment souvent vrai. Pour garantir cela, il faut utiliser le concept d'état accepteur: le seul état accepteur est celui étiqueté $\Box\Diamond p$. En effet, si lors d'une exécution de l'automate sur un mot cet état apparaît infiniment souvent, le mot contiendra bien p infiniment souvent. De façon plus générale, lorsque l'on construit un automate à partir d'une formule de logique temporelle, les états accepteurs de l'automate sont définis à partir des formules dites de «fatalité» qui apparaissent. Ces formules sont celles de la forme $\Diamond f$ ou $g U f$ qui impose que fatalement (tôt ou tard dans l'avenir) la formule f soit vraie.

Une fois construit l'automate décrivant la propriété à vérifier, il faut encore comparer cet automate au système à analyser. Techniquement, il faut vérifier que tous les comportements du système font partie du langage de l'automate décrivant la propriété. La technique naturelle pour effectuer cette vérification est de combiner l'automate représentant le système et l'automate représentant la propriété, mais on se heurte là au fait que l'automate pour la propriété est non déterministe. En effet, on doit donc vérifier que pour tout comportement du système, il existe une exécution possible de l'automate pour la propriété. Mais, considérer à la fois tous les comportement de l'un des automates et l'existence d'un comportement de l'autre ne peut pas être fait par un algorithme simple et efficace.

Il existe heureusement une solution qui consiste à construire l'automate pour la négation de la propriété et à combiner ce dernier avec l'automate représentant le système. On doit alors simplement vérifier s'il existe un comportement du système pour lequel il existe une exécution possible de l'automate pour le complément de la propriété, ce qui peut être fait avec un algorithme très simple. Lorsque l'on trouve un tel comportement, cela signifie qu'il existe un comportement du système qui rend la propriété fausse ; s'il n'y en a pas, la propriété est vérifiée. De plus cette approche a l'avantage de mettre en évidence les comportements ne satisfaisant pas la propriété lorsqu'il y en a, ces contre-exemples étant des plus utiles dans la pratique de la vérification.

Il existe d'ailleurs une classification des propriétés qui est basée sur la nature de ces contre-exemples. On distingue:

- les propriétés pour lesquels les contre-exemples sont identifiables après un préfixe fini, dites de *sûreté*;
- les propriétés dont les contre-exemples sont uniquement infinis, dites de *vivacité*.

L'exemple type de la propriété de sûreté est donné par une formule de la forme d où f ne contient pas d'opérateurs temporels. En effet une séquence qui ne satisfait pas cette propriété doit contenir une situation dans laquelle f est fausse et il est inutile d'aller au-delà de cette situation pour constater que la propriété $\Box f$ n'est pas vérifiée. L'exemple élémentaire d'une propriété de vivacité est $\Diamond f$. Effectivement, on ne peut pas se contenter d'examiner un préfixe fini d'une séquence pour constater que $\Diamond f$ n'est pas satisfaite car le moment où f apparaît peut toujours être repoussé au-delà de toute position finie que l'on choisirait.

Notons enfin qu'une propriété arbitraire est le plus souvent une combinaison d'une propriété de sûreté et d'une propriété de vivacité et peut être décomposée en une conjonction de propriétés de l'un et l'autre de ces types.

3 Ensembles de valeurs et automates

Dans ce qui précède, nous avons utilisé des automates finis pour modéliser des systèmes ou représenter des propriétés. Cela impose évidemment une contrainte forte à ces systèmes, à savoir que leur ensemble d'états est fini. Bien sûr on travaillera en général avec des modèles simplifiés, ce qui permet souvent de satisfaire cette contrainte. Toutefois, même dans le cadre de modèles, il est intéressant de considérer des ensembles d'états infinis, soit pour être plus général, soit pour obtenir un modèle plus simple puisqu'une limite finie arbitraire peut rendre un modèle inutilement complexe. Grâce à un changement de point de vue, les automates vont aussi être un outil très utile pour l'analyse de système à espace d'états infini que nous appellerons simplement des *systèmes infinis*. Considérons maintenant un exemple pour introduire cette approche (voir aussi le chapitre « Automates finis »).

Lorsque l'on doit synchroniser l'activité de programmes, il est intéressant de concevoir des solutions qui sont utilisables quel que soit le nombre d'intervenants. On parle alors de systèmes *paramétrés*, le paramètre étant le nombre de participants. Par exemple, un problème courant de synchronisation est de garantir que parmi un groupe de programmes, un seul puisse avoir accès à la fois à une ressource partagée. Une solution est d'implémenter un protocole « à jeton » qui consiste à introduire un jeton unique permettant l'accès, jeton qui peut passer d'un intervenant à l'autre suivant les besoins. En simplifiant fortement les choses, on peut considérer que chaque participant a alors deux états : J indiquant qu'il a le jeton et N indiquant qu'il ne l'a pas. L'état d'un système comportant n intervenants est alors une séquence de n symboles J ou N, c'est-à-dire un mot sur l'alphabet $\{J,N\}$. De façon plus générale, pour un nombre quelconque d'intervenants, un état du système est un mot de longueur quelconque sur ce même alphabet. L'idée que nous allons exploiter est qu'un automate fini peut représenter un ensemble (potentiellement infini) de mots et donc un ensemble d'états possibles d'un tel système. Par exemple, l'ensemble des états où il n'y a qu'un seul jeton correspond au langage accepté par l'automate de la figure 9.

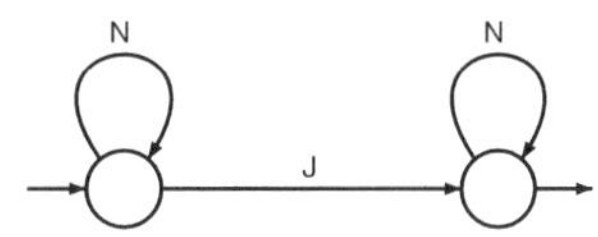

Figure 9 Un automate représentant les états d'un protocole à jeton

Les états du système étant représentés par des mots et les ensembles d'états par des automates, il faut encore représenter les actions possibles du système. Dans le contexte où nous sommes, une action du système revient à transformer un mot en un autre et se définit donc par un ensemble de paires de mots. Si on se limite à des paires de mots de même longueur, ce qui n'est pas très restrictif, un automate peut facilement être utilisé dans ce but. On juxtapose symbole par symbole les deux mots et on les considère comme un seul sur l'alphabet de paires de symboles. Cette approche s'apparente à la définition d'automates avec une sortie et on parle souvent de *transducteurs* (voir chapitre « Automates finis »). Par exemple, dans le protocole à jeton, les actions du système qui consistent en la transmission du jeton d'un des participants à un de ses voisins sont modélisées par le transducteur de la figure 10.

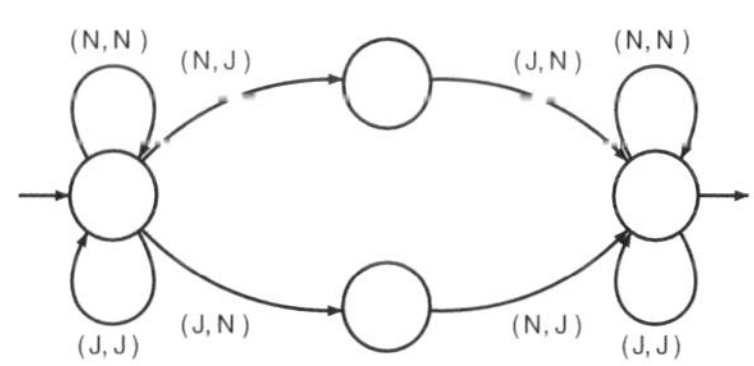

Figure 10 Un transducteur pour le protocole à jeton

À partir d'un transducteur représenté par un automate fini et d'un ensemble d'états aussi représentés par un automate, en particulier les états initiaux du système, il est assez simple de calculer les états atteints par un nombre donné de transitions. Cela se fait en composant de façon répétée l'automate représentant les états avec celui définissant le transducteur. Une question nettement plus difficile est de calculer le résultat de l'application du transducteur un nombre arbitraire, a priori non borné, de fois. Dans ce cas, le calcul étape par étape ne se termine en général pas car il n'y a pas de borne sur le nombre d'étapes nécessaires. Il faut donc introduire des techniques d'extrapolations qui permettent de calculer le résultat de l'application d'un transducteur un nombre arbitraire de fois. De telles techniques d'itération de transducteurs ont été développées et donnent souvent de bons résultats. Il n'y a toutefois aucune garantie de résultat : le problème de l'itération de transducteurs n'est pas soluble en toute généralité par un algorithme.

Dans le cadre des systèmes infinis, les automates sont aussi utiles lorsque le caractère infini provient de domaines de valeurs non bornées. L'exemple que nous allons considérer est celui des valeurs numériques entières. Pour modéliser une variable dont la valeur est un entier deux options sont possibles. D'une part, on peut limiter les valeurs possibles ce qui nous ramène au cas d'une ensemble fini. Cela a l'avantage de correspondre à ce qui est fait dans l'implémentation usuelle des entiers, mais a l'inconvénient d'introduire un domaine fini de très grande taille, ainsi que des particularités dans les opérations arithmétiques (dépassement de capacité,...). D'autre part, on peut utiliser le concept mathématique d'entier ce qui amène des simplifications conceptuelles, mais nous force à travailler avec des ensembles potentiellement infinis. Toutefois, manipuler des ensembles infinis d'entiers se fait couramment en travaillant avec des contraintes exprimées par des formules. Par exemple

$$\{x \mid x \geqslant 3\}$$

représente un ensemble infini. Si l'on peut calculer avec de telles contraintes la manipulation d'ensembles infinis devient tout à fait possible. Le calcul avec des contraintes arithmétiques est un domaine bien développé, mais les outils classiques traitent surtout le cas de conjonctions de contraintes linéaires appliquées aux réels. Dans le cas de disjonctions, de contraintes sur les entiers, ou de formules quantifiées, les outils efficaces se font plus rares. Les automates apportent toutefois pour ce problème une solution fort intéressante.

La représentation positionnelle habituelle des nombres permet de représenter les entiers par une suite de symboles (les chiffres), c'est-à-dire un mot. Pour illustrer ceci simplement, nous allons travailler en binaire et ne considérer que des nombres positifs. Le nombre 3 est donc représenté par 11, ou 011, ou encore 0011, etc. En fait chaque nombre a une infinité de représentations qui ne diffèrent que par le nombre de 0 de tête. Notons tout de suite que l'ensemble des représentations d'un nombre est un langage qui peut être accepté par un automate fini. Par exemple, pour 3, l'automate est celui de la figure 11, les nombres étant lus en commençant par le chiffre le plus significatif.

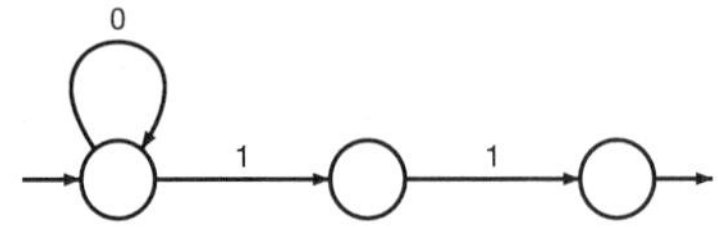

Figure 11 Un automate acceptant les représentations binaires de 3

De même, il est possible de représenter par un automate l'ensemble des codages de nombres qui satisfont à une contrainte arithmétique. Par exemple, l'ensemble $\{x \mid x \geqslant 3\}$ est représenté par l'automate de la figure 12.

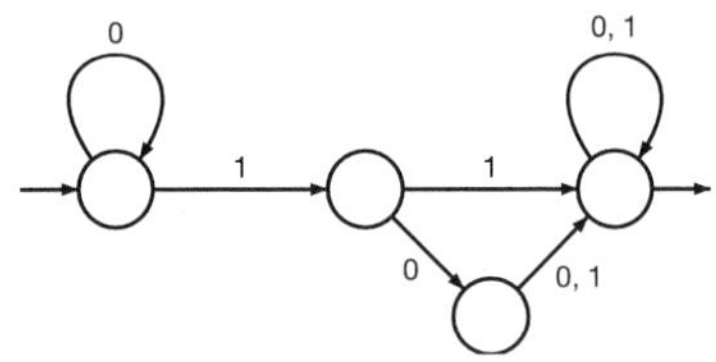

Figure 12 Un automate acceptant les représentations binaires des nombres de l'ensemble $\{x|x3\}$

Il est également possible de représenter par automates des ensembles de vecteurs de nombres. Cela se fait en codant chaque élément du vecteur comme précédemment et en lisant ces différents encodages bit par bit simultanément. Par exemple, une représentation possible de (3,4) est (011,100) que l'on va lire (01)(10)(10). Le fait que l'on peut toujours ajouter des 0 en tête de la représentation d'un nombre permet d'aligner les représentations de nombres de valeurs différentes, ce qui montre l'intérêt de toujours considérer toutes les représentations possibles d'un nombre. Utilisant cet encodage des vecteurs, l'ensemble $\{(x,y) | y = x + 1\}$ est représenté par l'automate de la figure 13.

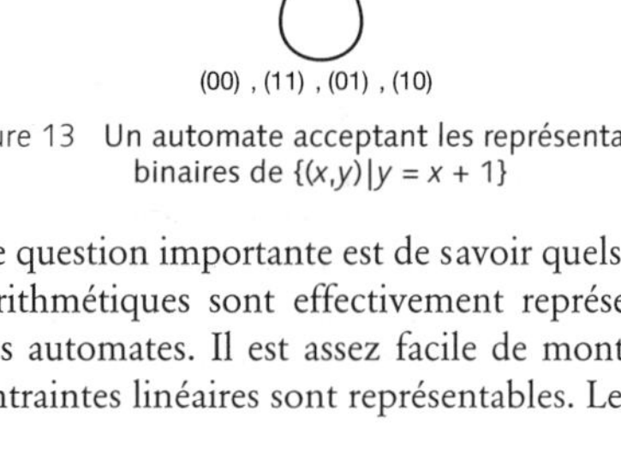

Figure 13 Un automate acceptant les représentations binaires de $\{(x,y) | y = x + 1\}$

Une question importante est de savoir quels ensembles arithmétiques sont effectivement représentables par des automates. Il est assez facile de montrer que les contraintes linéaires sont représentables. Les langages acceptés par les automates finis étant fermés par les opérations booléennes (union, intersection, complément), il en ressort naturellement que les combinaisons booléennes de contraintes linéaires sont représentables. Des ensembles définis par des formules quantifiées telles que $\{x \mid \exists y\ x = 5 + 3y\}$ sont aussi représentables, car l'opération correspondant à la quantification existentielle, la projection, est simple à effectuer sur un automate. Combinant cela avec le fait que l'on peut toujours construire un automate acceptant le complément d'un langage accepté par un automate fini, les ensembles définis en utilisant la négation et la quantification universelle sont aussi représentables. On peut donc représenter tout ce qui est définissable à partir de contraintes linéaires à l'aide d'opérateurs booléens et de quantification existentielle et universelle. Cette théorie est connue sous le nom d'arithmétique de Presburger. Les automates peuvent même représenter plus que l'arithmétique de Presburger, par exemple, en base 2 il est possible de représenter les puissances de 2. Toutefois, un très beau théorème montre que ce qui est représentable au-delà de l'arithmétique de Presburger est dépendant de la base utilisée et que seules les formules de l'arithmétique de Presburger sont représentables indépendamment de la base.

Comme représentation de l'arithmétique, les automates présentent plusieurs avantages:

- il s'agit d'un formalisme uniforme indépendant de la nature conjonctive ou disjonctive des formules ;
- il existe pour les automates une forme normale réduite, l'automate déterministe minimisé ;
- les algorithmes de manipulation d'automates sont bien connus et peuvent être assez facilement implémentés ;
- beaucoup d'opérations et de tests sont facilement applicables à une représentation par automates.

Il y a aussi bien sûr des inconvénients et en particulier le fait que la taille des automates peut devenir très importante, notamment pour des formules dans lesquelles des constantes multiplicatives de grande valeur numérique apparaissent. Une extension intéressante de la représentation des nombres entiers par automates est l'utilisation des automates sur mots infinis (voir chapitre «Automates finis») pour représenter des ensembles de réels. Cette extension permet de traiter simultanément les entiers et les réels, ce qu'il est particulièrement difficile de faire par d'autres techniques.

Dans le contexte de la vérification, le problème de base est de calculer les états possibles d'un programme. Si les états du programme sont caractérisés par des variables entières, les automates sont une excellente représentation d'ensembles d'états. Les transitions entre états sont alors simplement des relations entre variables entières que l'on peut aussi représenter par des automates. Le calcul de l'effet d'une transformation sur un ensemble d'états se fait alors par une opération de composition d'automates. Comme dans le cas des systèmes paramétrés, cette opération de composition est à répéter indéfiniment, sauf si on utilise des techniques d'extrapolation, exacte ou approchée, qui permettent au processus de converger en un temps fini. L'utilisation des automates n'est pas limitée aux valeurs arithmétiques, ils ont par exemple aussi été utilisés pour représenter les contenus de files de messages. Ils offrent ainsi l'avantage d'une représentation uniforme, même dans des situations où des données de types différents sont utilisées simultanément.

4 Pour en savoir plus

Un ouvrage classique sur la modélisation des processus et les problèmes sémantiques qui y sont liées est (Milner 1989). Un ouvrage en français sur le même thème est (Arnold 1992). Concernant la vérification et notamment la vérification de propriétés exprimées en logique temporelle, il existe plusieurs ouvrages détaillés (Kurshan 1992, Manna et Pnueli 1995, Clarke *et al.* 1999, Bérard *et al.* 2001), le dernier ayant été initialement publié en français (Schnoebelen et al. 1999). Un ouvrage en français introduisant la logique et consacrant un chapitre à la logique temporelle est (Thayse et al., 1989). Le problème de la construction d'un automate à partir d'une formule de logique temporelle est traité de façon introductive dans (Wolper 2001).

L'utilisation des automates dans le cadre de la vérification des systèmes infinis est un sujet plus récent pour lequel il n'existe pas encore d'ouvrage de synthèse. Quelques articles relativement introductifs du domaine sont (Wolper et Boigelot 1998, Boigelot et Wolper 02, Kesten et al. 2001).

Bibliographie

Arnold, A. (1992), *Systèmes de transitions finis et sémantique des processus communicants.* Masson, 1992.

Bérard, Bidoit, Finkel, Laroussinie, Petit, Petrucci et Schnoebelen]Bérard B., Bidoit M., Finkel A., Laroussinie F., Petit A., Petrucci L. et Schnoebelen P. (2001), *Systems and Software Verification. Model-Checking Techniques and Tools.* Springer, 2001.

Boigelot B. et Wolper P. (2002), "Representing arithmetic constraints with finite automata: An overview". In *Proc. International Conference on Logic Programming (ICLP)*, volume 2401 of *Lecture Notes in Computer Science*, p. 1–19, Copenhagen, July 2002. Springer-Verlag.

Clarke Jr., E. M., Grumberg O. et Peled D. A. (1999), *Model checking*. MIT Press, Cambridge, MA, USA, 1999.

Kesten, Maler, Marcus, Pnueli et Shahar]Kesten Y., Maler O., Marcus M., Pnueli A. et Shahar E. (2001.), "Symbolic model checking with rich assertional languages". *Theoretical Computer Science*, 256:93–112, 2001.

Kurshan R. (1992), *Computer-aided Verification*. Kluwer Academic Publishers, Norwell, MA, USA, 1992.

Manna et Pnueli]Manna Z. et Pnueli A. (1995), *Temporal verification of reactive systems: safety*. Springer-Verlag New York, Inc., New York, NY, USA, 1995.

Milner R. (1989), *Communication and Concurrency*. Prentice Hall, 1989.

Schnoebelen, Bérard, Bidoit, Laroussinie et Petit]Schnoebelen P., Bérard B., Bidoit M., Laroussinie F. et Petit A. (1999), *Vérification de logiciels : techniques et outils du model-checking*. Vuibert, 1999. http://www.vuibert.com/livre593.html.

Thayse, Gribomont, Hulin, Pirotte, Roelants, Snyers, Vauclair, Gochet, Wolper, Gregoire et Delsarte]Thayse A., Gribomont P., Hulin G., Pirotte A., Roelants D., Snyers D., Vauclair M., Gochet P., Wolper P., Gregoire E. et Delsarte P. (1989), *Approche logique de l'intelligence artificielle. 2 De la logique modale à la logique des bases de donne*. Dunod, 1989.

Wolper P. (2001), "Constructing automata from temporal logic formulas: A tutorial". In *Lectures on Formal Methods in Performance Analysis (First EEF/Euro Summer School on Trends in Computer Science)*, volume 2090 of *Lecture Notes in Computer Science*, p. 261–277. Springer-Verlag, July 2001.

Wolper P. et Boigelot B. (1998), "Verifying systems with infinite but regular state spaces". In *Proc. 10th Int. Conf. on Computer Aided Verification*, volume 1427 of *Lecture Notes in Computer Science*, p. 88–97, Vancouver, July 1998. Springer-Verlag.

Modèles de machines

Jean Berstel, Luc Boasson

Mots-clés : machines de Turing, problèmes indécidables, problèmes NP-complets, automates à pile, grammaires, hiérarchie de Chomsky.

Résumé : le modèle des automates finis est trop limité pour rendre compte d'importantes classes d'algorithmes qui font intervenir des structures arborescentes. Les automates à pile, décrits dans ce chapitre, sont particulièrement bien adaptés au traitement itératif de procédures récursives, et interviennent, dans ce cadre, notamment en compilation et plus généralement dans la manipulation d'arbres et de graphes. Mais les automates à pile ne sont qu'une version restreinte du modèle de machines introduites par Alan Turing. Les machines de Turing constituent un modèle mathématique dont il est communément admis qu'elles représentent précisément ce qui est calculable par un algorithme, et donc aussi par les ordinateurs. *A contrario*, tous les problèmes dont on sait prouver qu'ils ne peuvent être résolus par une machine de Turing ne peuvent pas être traités par ordinateur.

La notion d'effectivité dans les opérations mathématiques a préoccupé les scientifiques, et notamment les mathématiciens, bien avant l'introduction des premiers ordinateurs. Dans le célèbre programme de recherches tracé par Hilbert au congrès international des mathématiciens à Paris en 1900, bon nombre de problèmes concernaient l'effectivité des calculs. D'ailleurs, le plus souvent il était admis que l'on trouverait, grâce au progrès de la science, des algorithmes pour résoudre les problèmes posés.

L'impossibilité de résoudre certains problèmes de manière effective signifie qu'il n'existe pas d'algorithme pour les résoudre. Or, autant on peut plus ou moins facilement se convaincre qu'un algorithme donné résout un problème posé, autant il est difficile d'admettre, sans preuve, qu'un problème ne possède pas de solution effective. Pour s'en convaincre, une démonstration est nécessaire, et pour cela, il faut formuler de manière précise et donc mathématique, ce que l'on entend par le mot algorithme.

Plusieurs formulations mathématiques de la notion d'algorithme ont été proposées. Elles sont de nature assez différente, et sans entrer trop dans les détails, on peut les classer en deux grandes familles : celles qui décrivent, par des opérations de construction, les fonctions que l'on peut calculer (fonctions dites récursives), et celles qui formalisent une machine faisant des calculs élémentaires, en grand nombre mais en nombre fini (schémas de Markov et machines de Turing). La deuxième famille – celle que nous décrivons de manière plus détaillée – comporte aussi des modélisations plus réalistes des ordinateurs (machines à accès direct). Elles montrent que les machines de Turing savent calculer ce qu'un superordinateur sait faire, même si cela prend du temps.

Il a été démontré que tous les modèles d'algorithmes sont équivalents dans leur puissance d'expression, et ceci est un bon argument pour admettre que ce modèle reflète bien ce qu'intuitivement on entend par calculable (cette adéquation entre le concept intuitif et les modèles mathématiques est appelée la thèse de Church).

1 Modèles de machines

Une *machine* est vue comme un objet mathématique. Elle comporte un composant fini appelé *programme* ou *contrôle fini*, et une structure sur laquelle elle opère qui est sa *mémoire*, et qui peut être infinie. À tout moment, le contrôle fini est dans un *état* particulier, et le nombre d'états distincts qui sont possibles est fini. La mémoire sert à déposer des données sous la forme de symboles pris dans des ensembles finis appelés *alphabets*. Dans d'autres machines, la mémoire contient au contraire des nombres, en général des entiers.

La mémoire est organisée en une structure régulière de *cellules*, et l'information est rangée dans les cellules. La structure de la mémoire est discrète et linéaire, mais dans certains modèles on rencontre une organisation de la mémoire en grille ou en arbre. Même si la mémoire est en principe infinie, seule une partie finie est utilisée dans un calcul. De manière formelle, ceci est réalisé en convenant qu'un symbole spécial (le symbole blanc) figure dans les cellules de mémoire qui n'ont pas encore été utilisées.

Les programmes sont écrits dans un formalisme plus ou moins proche des langages de programmation. Cela peut aller d'une sorte d'assembleur (pour ce que l'on appelle les RAM) jusqu'à une simple liste d'instructions de réécriture. Dans les machines de Turing par exemple, les instructions sont d'un seul type qui combine la lecture en mémoire, le test, l'écriture en mémoire, et le calcul de l'adresse suivante.

Pour les entrées-sorties, deux parties de la mémoire sont distinguées: la zone de données où les données sont accessibles, symbole par symbole, et la zone des résultats, où le résultat est communiqué au monde extérieur, à nouveau symbole par symbole. Les calculs peuvent être classés en deux catégories:

- les calculs *en ligne*, où les données ne sont disponibles pour le traitement qu'une fois, comme des signaux venant d'une source extérieure. Si l'on veut disposer d'un symbole une deuxième fois, il doit être rangé quelque part dans la mémoire. Les automates finis sont des machines de ce type;
- les calculs *hors ligne*, où les données sont disponibles en permanence, dans la zone de données, et peuvent être parcourues à loisir, et dans tous les sens.

Dans les modèles de machine de Turing les plus rudimentaires, à une seule bande, il n'y a pas de séparation entre les zones de données, de travail, et de résultat. Les données figurent alors dans la mémoire au début du calcul, et le résultat y figure à la fin du calcul. Nous allons montrer comment on peut perfectionner ce modèle si le besoin s'en fait sentir.

Pour formaliser la notion de calcul, nous avons besoin de la notion de *configuration*. Une configuration est la description complète de l'état d'une machine, c'est-à-dire l'état complet de sa mémoire, y compris de l'unité de contrôle. Pour une machine de Turing à plusieurs bandes et plusieurs têtes, il s'agit du contenu de chaque bande, de la position de chaque tête, et de l'état de l'unité de contrôle. Quand le programme d'une machine est plus élaboré, il peut être utile d'ajouter au modèle un compteur ordinal qui contient le numéro de l'instruction à exécuter.

La *relation de transition* entre configurations est la relation qui décrit le passage d'une configuration à la suivante par l'application d'une étape de calcul. Ici, une étape consiste en l'application d'une règle, ou en l'exécution d'une instruction de programme. Un *calcul* est une suite d'étapes de calcul. Un calcul est décrit par la séquence des configurations par lesquelles passe la machine.

Ici, on peut faire la distinction entre machines *déterministes* et *non déterministes*. Dans les machines déterministes, il n'y a jamais plus d'une transition possible à partir d'une configuration, alors que dans une machine non déterministe, plusieurs transitions sont possibles. Il y a donc plusieurs calculs possibles, à partir d'une configuration donnée, et ils sont tous envisageables au même titre.

2 Les machines de Turing

Nous présentons ici le modèle des machines de Turing, dénommées ainsi d'après le mathématicien Alan Turing qui les a introduites en 1936. Ces machines modélisent de façon élémentaire ce qui est calculable, et il est de prime abord surprenant qu'elles soient capables d'égaler les ordinateurs (en pouvoir de calcul, pas en vitesse). La vérification formelle que tout programme, rédigé dans un langage de programmation évolué, peut être exécuté par une machine de Turing, est en fait un compilateur. Elle procède par enchaînement et empilement de machines de plus en plus complexes.

Le modèle des machines de Turing, par sa simplicité et par sa puissance, a connu un engouement très important de la part des mathématiciens et des informaticiens, et continue à faire partie du bagage de base de tout informaticien scientifique.

2.1 Description et fonctionnement d'une machine de Turing

Une machine de Turing est composée de quatre parties:

- une *mémoire*: c'est une bande unidimensionnelle infinie des deux côtés, et partagée en cellules ou *cases*. Chaque case est susceptible de contenir une information, à choisir parmi un jeu fixé et fini de possibilités. Chaque information est représentée par un symbole et l'ensemble de ces symboles constitue l'alphabet de la machine de Turing;
- une *tête de lecture-écriture*: ce dispositif permet de connaître le contenu d'une case de la bande, et éventuellement de la modifier. Cette tête peut se déplacer, sur la bande, d'une case par étape de calcul, soit vers la gauche, soit vers la droite. On ne peut connaître le contenu que d'une seule case à la fois ;
- une *unité de contrôle*: elle est susceptible de se trouver dans un nombre fini de situations prédéfinies appelées des *états*. L'état courant est toujours connu ;
- un *programme*: c'est un ensemble fini d'instructions. Chaque instruction indique les modifications que l'on peut apporter à la bande, à la position de la tête de lecture-écriture, et l'état de l'unité de contrôle.

Le contenu représenté sur la bande est toujours fini, même si la bande est infinie. En d'autres termes, toutes les cases de la bande sont vides sauf un nombre fini, que l'on suppose de plus contiguës. De manière équivalente, les cases non vides forment un mot fini sur l'alphabet de la machine. De manière formelle, on convient qu'une case vide contient le symbole blanc □.

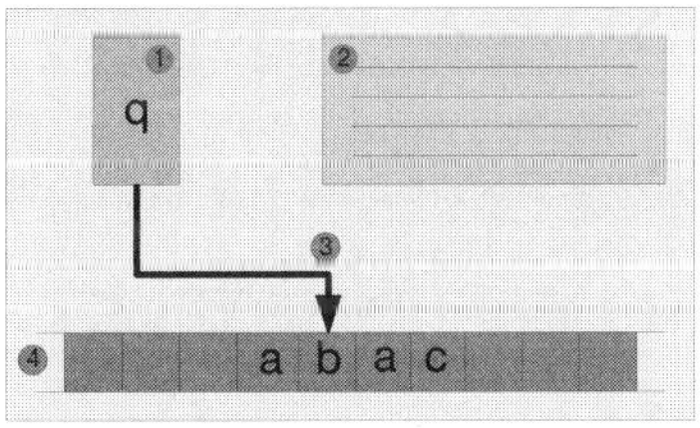

Figure 1 Structure d'une machine de Turing. (1) l'unité de contrôle, (2) le programme, (3) la tête de lecture-écriture et (4) la bande de mémoire. Sa configuration est le triplet (a,q,bac)

Une *configuration* d'une machine de Turing se compose de l'état de son unité de contrôle, du contenu de la bande et de la position de la tête sur la bande. Cette position partage la bande en deux parties. Ainsi, une configuration est un triplet (g,q,d) formé des contenus à gauche g et à droite d de la tête et de l'état q de la machine. Par convention, la tête de lecture-écriture est placée au-dessus de la première lettre de d.

Une *instruction* est formée de cinq données : un état q, une lettre a qui peut être le symbole blanc, une instruction de mouvement (G pour gauche, D pour droit), un symbole b, et un état p. Chaque instruction s'écrit donc sous la forme $(q,a)\to(M,b,p)$, où M est l'un des symboles G ou D.

Une instruction $(q,a)\to(M,b,p)$ s'applique à une configuration (g,q,d) pourvu que a soit la première lettre de d. Dans ce cas, la lettre a est remplacée par b, la tête se déplace d'une case dans la direction M, et l'état passe en p. Le passage de la configuration (g,q,d) à une nouvelle configuration (g',p,d') par application d'une instruction est une *transition* ou un *mouvement*, et une séquence de mouvements est un calcul.

Une machine de Turing effectue des calculs sur des données représentées par des mots écrits sur la bande au début du calcul. Si x est un tel mot, la *configuration initiale* pour x est la configuration où la tête se trouve sur la lettre la plus à gauche de x, et où l'état est un état *initial* i particulier. La configuration initiale pour x est donc (ε,i,x), où ε désigne le mot vide.

Un calcul se poursuit aussi longtemps que possible, c'est-à-dire tant qu'il y a une instruction applicable. Un calcul peut donc se poursuivre indéfiniment, ou s'arrêter parce qu'il se trouve dans une configuration où il n'y a aucune instruction applicable.

Si la machine de Turing est déterministe, un seul de ces deux cas est possible pour une donnée x. Si la machine n'est pas déterministe, il peut exister, pour une donnée particulière, des calculs infinis et des calculs finis.

Selon qu'une machine de Turing est vue comme une machine qui réalise une fonction ou comme une machine qui reconnaît un langage, l'interprétation des calculs est différente.

Quand une machine de Turing est construite pour réaliser une fonction f, on la suppose déterministe. L'ensemble des mots x pour lequel le calcul s'arrête est le *domaine* de la fonction f, et le mot qui se trouve sur la bande au moment de l'arrêt est la valeur de la fonction $f(x)$ réalisée pour la donnée x.

Si en revanche une machine de Turing est vue comme un reconnaisseur, on convient fréquemment de distinguer, en plus, un ensemble d'états particuliers appelés états *terminaux* ou d'*acceptation*. Un mot x est alors reconnu par la machine s'il existe un calcul, pour le mot x, qui se termine dans un état terminal. Le *langage reconnu* par la machine est l'ensemble des mots reconnus. Notons que pour une donnée x, il peut exister, dans une machine de Turing non déterministe, à la fois des calculs infinis, des calculs qui se terminent dans des états qui ne sont pas terminaux et des calculs qui se terminent dans des états terminaux.

2.2 **Exemples**

Le premier exemple est une machine qui ajoute 1 à un entier écrit en binaire. Ainsi, pour la donnée 1011, le résultat est 1100.

Notre machine de Turing opère en deux phases. Elle commence par déplacer la tête vers la dernière lettre de la donnée x, puis elle examine ses bits de la droite vers la gauche. Tant qu'elle rencontre un 1, elle le remplace par un 0. Dans le cas contraire, elle écrit 1 et s'arrête. Notre machine a trois états: i (initial), j et k, et les instructions:

$(i,0) \rightarrow (D,0,i)$
$(i,1) \rightarrow (D,1,i)$
$(i,\square) \rightarrow (G,\square,j)$
$(j,1) \rightarrow (G,0,j)$
$(j,0) \rightarrow (G,1,k)$
$(j,\square) \rightarrow (G,1,k)$

On peut imaginer une machine un peu plus sophistiquée qui remet la tête sur la cellule le plus à gauche du résultat. Dans ce cas on peut enchaîner plusieurs copies de cette machine et réaliser la fonction qui à un entier n écrit en binaire associe l'écriture binaire de $n+h$ pour un entier fixe h.

Notre deuxième exemple réalise la multiplication par 3 d'un entier écrit en binaire. Par exemple, pour la donnée x=1011, le résultat est 100001. À nouveau, la machine se déplace sur la cellule la plus à droite de la donnée, puis elle examine les bits, de la droite vers la gauche. L'état de la machine peut prendre l'une des valeurs r_0, r_1, r_2, selon que la retenue du calcul en cours est 0, 1, ou 2. Ainsi, si la retenue courante est 2, l'état est r_2. On applique alors les instructions de multiplication par 3: par exemple, si le bit courant est 0, la machine écrit 0 et passe de l'état r_2 en r_1; si le bit courant est 1, la machine écrit 1 et reste dans l'état r_2.

Les instructions sont les suivantes :

$(i,0) \rightarrow (D,0,i)$
$(i,1) \rightarrow (D,1,i)$
$(i,\square) \rightarrow (G,\square,r_0)$
$(r_0,0) \rightarrow (G,0,r_0)$
$(r_0,1) \rightarrow (G,1,r_1)$
$(r_1,0) \rightarrow (G,1,r_0)$
$(r_1,1) \rightarrow (G,0,r_2)$
$(r_2,0) \rightarrow (G,0,r_1)$
$(r_2,1) \rightarrow (G,1,r_2)$
$(r_2,\square) \rightarrow (G,0,r_1)$
$(r_1,\square) \rightarrow (G,1,r_0)$

Notre troisième exemple est la transformation de l'écriture ternaire d'un entier en écriture binaire. Si la donnée est par exemple 201, qui est l'écriture en base 3 du nombre 19, le résultat est 10011, son écriture en base 2. La machine opère de la gauche vers la droite en autant de phases que la donnée contient de chiffres ternaires. À chaque phase, la machine a déjà transformé les chiffres de gauche en binaire. La phase courante consiste en deux étapes: d'abord une multiplication par 3 du nombre déjà écrit en binaire, puis l'addition du nombre représenté par le chiffre courant, ce qui est réalisé par 0, 1 ou 2 appels à la machine qui incrémente de 1 l'entier sur la bande.

Le dernier exemple illustre comment on peut, en enchaînant des machines, composer des fonctions de plus en plus complexes à partir de fonctions élémentaires. Un autre mécanisme, tout aussi fondamental, est l'usage d'une machine de Turing comme auxiliaire à l'intérieur d'une autre. De cette manière, on simule l'emploi de sous-programmes, technique bien connue des programmeurs.

2.3 Variantes des machines de Turing

De nombreuses variantes ont été définies et étudiées, en vue de mettre en évidence certaines propriétés ou de faciliter certaines constructions. Une machine de Turing à *plusieurs bandes* possède un certain nombre de bandes et, pour chacune de ces bandes, d'une tête de lecture-écriture. Une transition d'une telle machine opère simultanément sur toutes les bandes: sur chacune, la tête peut écrire une lettre et se déplacer d'une case, indépendamment des autres. Seul l'état de contrôle est commun. Une machine à plusieurs bandes a la même puissance qu'une machine à une bande.

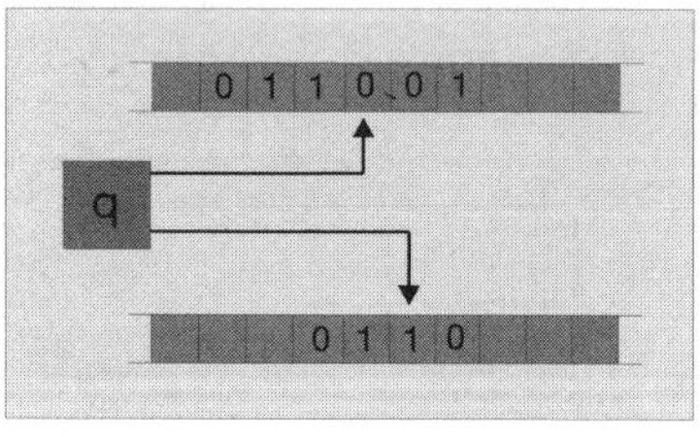

Figure 2 Une machine de Turing à deux bandes. Elle possède deux têtes de lecture-écriture qui se déplacent de façon indépendante

Pour simuler par exemple une machine à deux bandes, on imagine une machine qui possède une seule bande, mais où chaque cellule est composée de quatre cases empilées. Si on observe la bande horizontalement, on voit apparaître quatre niveaux, et les cases d'un même niveau forment un couloir. Deux couloirs servent à contenir les données des deux bandes, et deux autres couloirs indiquent, par un symbole particulier, l'emplacement des têtes de lecture-écriture. La machine simulante parcourt sa bande à la recherche des emplacements des têtes de lecture-écriture, et modifie en conséquence les contenus des pistes des cellules.

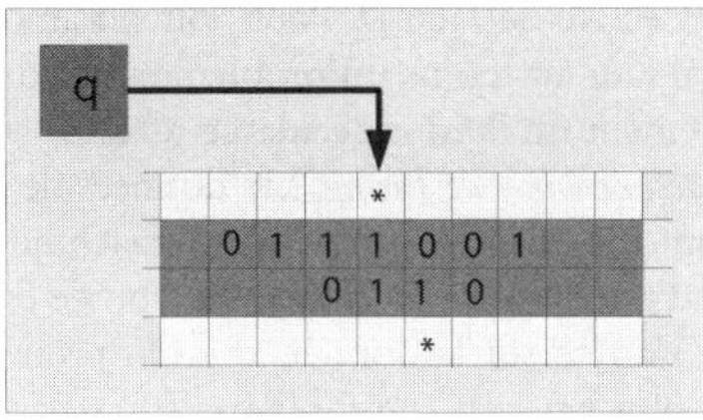

Figure 3 Une machine de Turing à une bande qui simule une machine à deux bandes. Les deux couloirs centraux contiennent les contenus des bandes de la machine à simuler, et les deux couloirs extrêmes repèrent les positions des têtes

Une application utile est une machine à trois bandes, l'une contenant la donnée qui n'est pas modifiable, une deuxième, destinée aux calculs intermédiaires, et une troisième servant à la présentation des résultats et qui n'est pas effaçable (en d'autres termes, sur la bande d'entrée, la tête n'écrit jamais, et sur la bande de sortie, la tête ne lit jamais). Dans un tel modèle, on peut séparer le coût, en temps et en place, pour le calcul proprement dit, du coût et de la place nécessaire pour représenter la donnée et le résultat. Ainsi, quand on dit qu'un calcul requiert une place logarithmique en fonction de la taille de l'entrée, on fait référence à la place additionnelle, sur la bande de calcul.

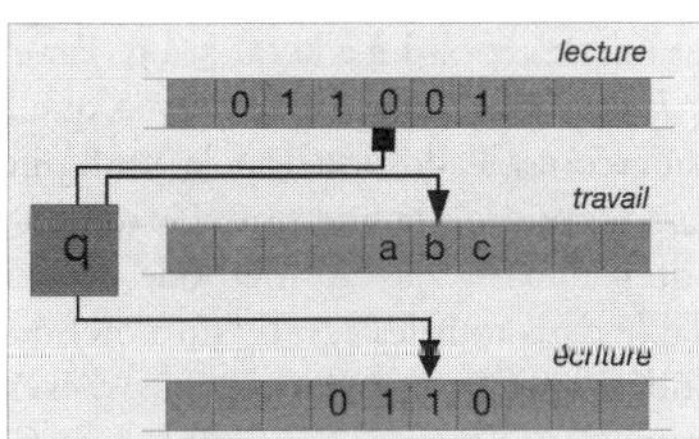

Figure 4 Une machine de Turing à trois bandes: une bande de lecture, qui ne peut pas écrire, une bande d'écriture qui ne sait pas lire, et une bande de travail. Ce modèle sert à décrire la complexité des calculs

Une distinction doit être faite à propos des machines déterministes et non déterministes. Il est tout à fait remarquable qu'une machine non déterministe M puisse être simulée par une machine déterministe T en ce sens que les mots reconnus par ces deux machines sont les mêmes. Pour ce faire, la machine T parcourt l'ensemble des calculs de la machine M, par longueur croissante, et s'arrête dès qu'un calcul de M s'arrête dans un état d'acceptation.

La comparaison entre les machines déterministes et les machines non déterministes est un problème de base pour tout modèle de machines. Pour les automates finis (voir le chapitre «Automates finis») et pour les machines de Turing, ces deux variantes ont le même pouvoir d'expression. Pour les automates à pile en revanche, les langages reconnus ne sont pas les mêmes (voir ci-dessous).

Même si les langages reconnus par les deux types de machines de Turing sont les mêmes, les efficacités en temps de calcul semblent très différentes. Ceci est le fameux problème $P = NP$ dont nous parlerons un peu plus loin.

2.4 Les machines à accès direct

Quand on cherche un type de machine mathématique qui représente de manière satisfaisante les ordinateurs, les machines de Turing nous laissent un peu sur notre faim, et pourtant elles possèdent, en germe, une organisation déjà proche des ordinateurs. Nous décrivons ici succinctement les *machines à accès direct* (RAM, *random access machine*). Ces machines reflètent de manière plus réaliste les composants essentiels d'un ordinateur, tout en étant d'un maniement simple qui permet notamment des mesures de complexité.

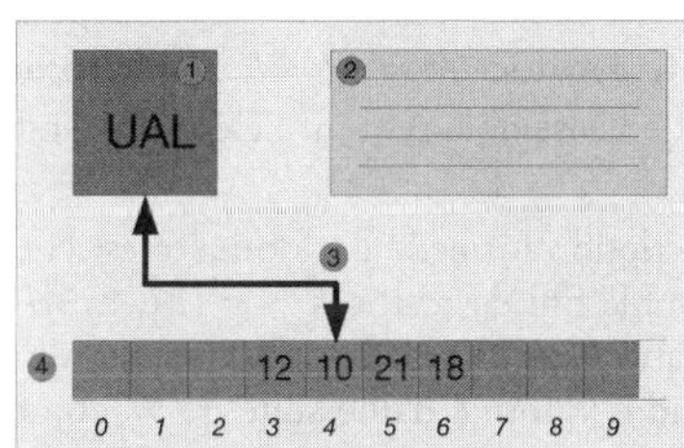

Figure 5 Structure d'une machine à accès direct: (1) l'unité arithmétique, (2) le programme, (3) le dispositif d'échange entre unité centrale et mémoire et (4) la mémoire à cellules adressables

Une machine à accès direct diffère d'une machine de Turing essentiellement par le fait que les données élémentaires (contenu des cellules de mémoire, état de l'unité de contrôle) sont des nombres, et non pas des symboles pris dans un ensemble fini. Une machine à accès direct possède une *unité arithmétique et logique*, une *mémoire* organisée linéairement dans laquelle chaque cellule est directement adressable, un *mécanisme d'échange* entre l'unité de calcul et la mémoire, et enfin elle est dirigée par un *programme*. Les instructions du programme sont plus élaborées et se rapprochent d'un assembleur.

3 Problèmes indécidables

Un *problème* est composé de deux parties:

- une description d'une représentation finie des éléments d'un ensemble dénombrable (les données du problème);

– un énoncé portant sur les éléments de cet ensemble, énoncé qui peut être vrai ou faux selon l'élément de cet ensemble.

Une *instance* d'un problème est un exemplaire des données du problème. Un problème est *décidable* s'il existe un algorithme pour le résoudre. Dans notre formalisme, un algorithme est réalisé par une machine de Turing. Un problème est donc *décidable* s'il existe une machine de Turing (déterministe) qui s'arrête toujours, et qui s'arrête dans une configuration d'acceptation si et seulement si l'énoncé est vrai sur la donnée (l'instance) fournie. Le problème est *indécidable* sinon.

De la même manière, une fonction partielle f est *calculable* s'il existe une machine de Turing (déterministe) qui s'arrête toujours, et qui pour la donnée x du domaine de f, s'arrête dans une configuration d'acceptation avec $f(x)$ sur la bande.

Commençons par un exemple concret et simple. On l'appelle le *problème du zéro dans les matrices carrées d'ordre 3*. Une donnée pour ce problème est un ensemble fini $N = \{M_1,\dots,M_r\}$ de matrices carrées d'ordre 3 à coefficients entiers relatifs. La question posée est : existe-t-il une matrice $M = M_{i_1}M_{i_2}\dots M_{i_n}$, produit de matrices de l'ensemble N dont l'élément d'indice 3,2 est nul?

La description formelle des données est composée de l'ensemble fini de matrices $N = \{M_1,\dots,M_r\}$. Une représentation sur une bande de machine de Turing peut prendre la forme d'une suite de $9r$ nombres représentant les éléments des r matrices. Trouver un algorithme qui résout le problème revient à décrire une machine de Turing déterministe qui s'arrête sur chacune de ces données, soit dans un état d'acceptation soit dans un autre état, selon qu'il existe une matrice M qui est un produit de matrices de M dont l'élément d'indice 3,2 de la matrice est nul ou non. Le problème des zéros de matrices d'ordre 3 est, aussi surprenant que cela puisse paraître, un exemple de problème indécidable.

Comment procéder pour démontrer qu'un problème est indécidable ? On procède en fait par *réduction effective*. Soient P et Q deux problèmes. On dit que P se réduit effectivement en Q s'il existe un algorithme (une machine de Turing) f qui transforme toute instance p de P en une instance $q=f(p)$ de Q telle que p est vrai si et seulement si $q=f(p)$ est vrai. Si P est indécidable et si P se réduit algorithmiquement à Q, alors Q est indécidable. En effet, si Q était décidable, on aurait l'algorithme suivant pour $p \in P$: transformer p effectivement en $q=f(p)$ et décider si q est vrai.

Si Q est un problème dont on veut prouver qu'il est indécidable, il suffit de trouver un problème P dont on sait qu'il est indécidable, et de construire une réduction effective de P en Q. Pour pouvoir amorcer ce procédé, il faut au moins un problème dont on montre directement qu'il est indécidable. C'est le *problème de l'arrêt des machines de Turing*. Les données de ce problème sont les couples formés d'une machine de Turing T et d'une donnée x. La question posée est: « est-ce que T s'arrête sur la donnée x?» On prouve (voir l'encadré plus bas) que ce problème est indécidable.

À titre d'exemples, voici trois autres problèmes indécidables.

Le *problème de correspondance de Post* est le suivant. Les données sont les paires composées de deux suites $(x_1,\dots,x_r)$ et $(y_1,\dots,y_r)$ de mots. La question posée pour une paire est la suivante: existe-t-il une suite $i_1,\dots,i_n$ d'indices tels que $x_{i_1}\dots x_{i_n} = y_{i_1}\dots y_{i_n}$. Le problème de correspondance de Post est indécidable. Il est très largement utilisé en théorie des langages formels, en combinatoire et ailleurs pour démontrer que des problèmes spécifiques de ces disciplines sont indécidables.

Un autre problème, encore plus simple à énoncer, est le *problème de l'associativité* d'une opération. Soit E un ensemble muni d'une loi de composition binaire. La question posée est: est-ce que cette loi est associative? Ce problème est indécidable. Bien entendu, dans certains cas particuliers, on sait décider de cette propriété. Par exemple si l'ensemble E est fini, un test exhaustif permet de répondre à la question. Par exemple encore, si E est l'ensemble des entiers et que l'opération considérée est l'addition (ou la multiplication), on sait aussi répondre à la question. Ce qui est affirmé ici, c'est qu'il n'existe pas de méthode générale uniforme valable dans tous les cas. Il faut noter que ce résultat d'indécidabilité ne provient pas d'éventuelles caractéristiques exotiques de l'ensemble E ou de l'opération binaire : il peut même être établi quand E est l'ensemble des entiers naturels et pour des opérations binaires effectives (c'est-à-dire telles qu'on sait calculer effectivement le résultat de l'opération binaire sur deux entiers).

Parmi les problèmes indécidables figure le célèbre *dixième problème de Hilbert*, formulé par Hilbert dans son programme de recherche pour le XXe siècle: il est indécidable de savoir si un polynôme à coefficients entiers en plusieurs variables possède une racine dont les composantes sont des entiers.

Voici une preuve, un peu technique, du fait que le problème de l'arrêt des machines de Turing est indécidable.

Preuve

Toute machine de Turing T possède une description finie, donnée par la suite de ses instructions. Cette description peut être codée dans un mot $w(T)$ sur un

alphabet fini. D'autre part, on peut construire une machine de Turing dite machine de Turing *universelle* qui comprend les codes des machines de Turing, au sens suivant: elle prend en argument le code $w(T)$ et une donnée x, et elle réalise le calcul de T sur la donnée x.
Ainsi, la machine universelle s'arrête pour $w(T)$ et x si et seulement si T s'arrête sur x, et dans ce cas, le résultat est le résultat de T sur x. En revanche, il n'existe pas de machine de Turing qui s'arrête toujours sur $w(T)$ et la donnée x, et qui accepte le couple $(w(T),x)$ si et seulement si T s'arrête sur x. En d'autres termes, le problème de l'arrêt des machines de Turing est indécidable.

3.1 Langages récursifs et récursivement énumérables

Rappelons qu'une machine de Turing T avec états d'acceptation peut avoir le comportement suivant pour une donnée x:
- aucun calcul pour x ne s'arrête;
- il existe un calcul qui s'arrête pour x, mais aucun des calculs qui s'arrêtent ne s'arrête dans un état d'acceptation;
- il existe un calcul qui s'arrête pour x dans un état d'acceptation.

Le mot x est reconnu par la machine T dans le troisième cas seulement. Le *langage reconnu* est l'ensemble des mots reconnus. Dans le cas d'une machine déterministe, les trois cas s'énoncent plus simplement: le calcul pour x
- ne s'arrête pas;
- s'arrête dans état qui n'est pas un état d'acceptation;
- s'arrête dans un état d'acceptation.

On peut prouver qu'un langage reconnu par une machine de Turing peut aussi être reconnu par une machine de Turing déterministe.

Un langage est *récursivement énumérable* s'il est reconnu par une machine de Turing. La terminologie est due à la propriété suivante. Considérons une machine de Turing qui possède une bande de sortie, et qui se contente d'écrire, sur cette bande, des mots, séparés par un marqueur. Une telle machine *énumère* dans un certain ordre, le langage constitué des mots qu'elle écrit. On peut prouver qu'un langage est récursivement énumérable précisément quand il peut être énuméré par une machine de Turing.

Un langage est *récursif* s'il est reconnu par une machine de Turing qui s'arrête toujours. Il est facile de voir que le complémentaire d'un langage récursif l'est aussi. Il est aussi facile de vérifier que si un langage et son complémentaire sont récursivement énumérables, ils sont tous deux récursifs. En revanche, le complémentaire d'un langage récursivement énumérable ne l'est pas toujours.

4 Mesures de complexité et problèmes infaisables en pratique

La *mesure en temps* la plus simple d'un calcul qui se termine est le nombre de ses transitions. Ceci revient à assimiler chaque transition à une opération élémentaire, et à les considérer comme de même difficulté. On parle de *coût uniforme*. Cette approche n'est pas toujours réaliste dans des modèles comme les RAM où le contenu d'une cellule de mémoire peut être arbitrairement grand. Quand la taille des données est prise en compte pour une opération élémentaire, le coût peut ne plus être constant. De même, la *place* prise par un calcul est le nombre de cellules qui ont été modifiées par le calcul. On ne compte pas, dans cette évaluation, la place prise par les données ou les résultats pourvu que cette zone soit clairement séparée du reste.

On dit qu'une machine termine en temps (ou en place) $f(n)$ si, pour toute donnée x de longueur n pour laquelle il existe un calcul qui se termine, il en existe un dont le temps (la place) est majoré par $f(n)$. Un langage L est dit de complexité $f(n)$ s'il existe une machine de Turing de complexité $f(n)$ qui l'accepte en temps ou en place $f(n)$. Les langages de même complexité forment une classe de complexité. Les classes sont différentes pour les machines de Turing ou non déterministes. Ces dernières sont précédées de la lettre N dans la hiérarchie suivante. Les plus fréquentes sont mesurées par les logarithmes (LOG), les polynômes (P) ou les exponentielles (EXP), avec TIME pour le temps et SPACE pour l'espace.

$$\begin{aligned}&\mathrm{LOGSPACE} \subseteq \mathrm{NLOGSPACE}\\&\subset \mathrm{P} \subset \mathrm{NP} \subset \mathrm{PSPACE} = \mathrm{NPSPACE}\\&\subseteq \mathrm{EXPTIME} \subseteq \mathrm{NEXPTIME}\\&\subseteq \mathrm{EXPSPACE} = \mathrm{NEXPSPSPACE}\end{aligned}$$

Par exemple, la classe P (resp. NP) est formée des langages qui sont reconnaissables en temps polynomial par des machines de Turing déterministes (resp. non déterministes). On ne sait pas si les inclusions sont strictes; en particulier, le fameux problème $P=NP$ est toujours ouvert.

Pour classer les problèmes dans une classe de complexité, on utilise le concept de réduction déjà évoqué, sauf que la réduction doit être rapide. Intuitivement, un problème P se réduit à Q si P est plus simple que Q parce qu'un algorithme pour Q se traduit en un algorithme pour P avec un surcoût négligeable.

Plus précisément, soient P et Q deux problèmes. On dit que *P se réduit en temps polynomial* en Q s'il existe une machine de Turing M qui transforme toute instance p de P en une instance $q=M(p)$ de Q en temps polynomial en fonction de la taille de p et telle que p est vrai si et seulement si $q=M(p)$ est vrai. Si P est dans l'une des classes de complexité ci-dessus et si P se réduit en temps polynomial à Q, alors Q est la même classe.

Les classes ci-dessus sont fermées par réductions polynomiales (sauf pour LOG). En effet, pour savoir si p dans P est vrai, on transforme p en temps polynomial en $q=M(p)$ et on décide si q est vrai dans la classe de Q.

Un problème P est *difficile* pour une classe de complexité si tout problème de cette classe se réduit polynomialement à P. Un problème P est *complet* pour une classe de complexité s'il est membre de cette classe et s'il est difficile pour cette classe.

Les problèmes NP-complets sont très répandus dans toute l'algorithmique. Un problème NP-difficile est souvent réputé être *infaisable*. De manière intuitive, un problème est dans la classe NP s'il existe un algorithme (au sens usuel) déterministe en temps polynomial qui permet de *tester* si une solution x proposée pour une instance p du problème en est effectivement une. Rien n'est dit sur la façon de trouver cette solution. En revanche, le problème est dans la classe P si on peut *trouver* une solution en temps polynomial.

4.1 Exemples de problèmes NP-complets

Pour prouver qu'un problème Q est NP-complet, il suffit de prouver qu'il est dans la classe NP, et qu'il existe un problème P dont on sait déjà qu'il est NP-complet et qui se réduit polynomialement à Q. Comme pour les problèmes indécidables, il convient d'amorcer le processus par un problème originel. Il s'agit traditionnellement du *problème de satisfaisabilité des formules booléennes*: une instance de ce problème est décrite par n variables booléennes $x_1,\ldots,x_n$, et une formule booléenne ϕ en ces variables. La question posée est: existe-t-il une affectation des valeurs vrai et faux aux variables (une assignation de valeurs de vérité) telle que ϕ prenne la valeur vrai? Une telle assignation, si elle existe, *satisfait* la formule.

Il y a 2^n assignations possibles, et on ne connaît pas à ce jour d'algorithme déterministe en temps polynomial pour trouver une assignation qui satisfasse la formule. En revanche, en présence d'une assignation, il est très facile de vérifier en temps linéaire en fonction de la taille de la formule si elle la satisfait.

De nombreux problèmes, dans tous les domaines de l'informatique ou des mathématiques, se sont avéré être NP-complets. Voici deux exemples simples.

Le *problème du sac à dos* consiste à remplir un récipient, le sac à dos, avec des objets qui ont chacun une taille et une valeur, de sorte que la valeur des objets contenus dans le sac à dos soit aussi grande que possible. De manière précise, on se donne un ensemble X de n objets, chaque objet x étant de taille m_x et de valeur v_x. La capacité du sac à dos est c et la valeur totale à atteindre est b. La question est la suivante: existe-t-il un ensemble $Y \subset X$ d'objets tels que la somme des tailles des éléments de Y soit au plus c, et leur valeur au moins b, c'est-à-dire tel que $\sum_{x\in Y} m_x \leqslant c$ et $\sum_{x\in Y} v_x \geqslant b$. Ce problème est NP-complet.

Le *problème du coloriage* d'un graphe est le suivant: un coloriage d'un graphe G est une affectation de couleurs (représentées par des entiers) aux sommets du graphe telle que deux sommets adjacents soient de couleurs différentes. Le nombre chromatique d'un graphe est le plus petit nombre de couleurs nécessaires pour colorier un graphe. La question posée est: quel est le nombre chromatique d'un graphe G ? Cette question semble de nature diffférente, puisque la réponse n'est pas oui ou non. En fait, elle revient à la succession de questions: est-ce que G est coloriable avec 1, 2, … couleurs ? On s'arrête dès que la réponse est positive, et on sait qu'elle sera positive au plus tard quand le nombre de couleurs est égal au nombre de sommets du graphe. Ce problème est aussi NP-complet.

4.2 Une remarque finale

Il faut faire attention à une source possible de confusion entre les diverses classifications de problèmes que nous avons introduites. Un problème *indécidable* est un problème pour lequel il n'existe pas d'algorithme, un problème *NP-difficile* que nous avons appelé aussi *infaisable* est un problème pour lequel aucun algorithme polynomial n'est connu, il est *NP-complet* si de plus on connaît un algorithme de vérification polynomial. On constate parfois une confusion avec ce que l'on appelle l'*explosion combinatoire*. Ce phénomène se produit quand le nombre de situations à envisager pour un problème croît exponentiellement. Ce phénomène ne préjuge en rien de la décidabilité du problème: ainsi, le nombre de cas à envisager pour le jeu d'échec est énorme, mais comme il est fini, il suffit en théorie de les considérer tous. L'explosion combinatoire est un signe que le problème peut être NP-difficile, mais n'en est pas une preuve; en effet, rien n'indique que, parmi le nombre exponentiel de cas possible, un argument simple ne permette de les écarter tous à l'exception de quelques-uns.

5 Automates à pile

Des nombreuses variantes des machines de Turing sont définies par des restrictions des possibilités de calcul. Ces restrictions portent notammement sur la gestion de l'accès aux données. Nous avons déjà parlé des données en ligne et hors ligne; d'autres restrictions ont été introduites sur la taille de la mémoire auxiliaire (comme les automates à mémoire linéairement bornée ou LBA évoqués plus loin) et la façon d'y accéder. Les automates à pile sont de cette nature. Nous les décrivons comme des machines de Turing à capacité restreinte, mais une définition intrinsèque, sans référence aux machines de Turing, est très courante. Nous la donnons plus loin.

Le concept d'automate à pile est fondamental en informatique puisqu'il modélise le mécanisme de fonctionnement d'une pile. À ce titre, un automate constitue la description itérative d'un algorithme récursif, et ce mécanisme est à la base de toute compilation d'un langage évolué vers un langage rudimentaire.

5.1 Une première définition

Un *automate à pile* est une machine de Turing à deux bandes avec quelques modifications et restrictions. D'abord, nous autorisons, en plus des mouvements vers la gauche et vers la droite, une transition où la tête reste sur la cellule courante. Ce mouvement est noté par la lettre *I*, pour immobile. Ensuite, les deux bandes sont limitées comme suit. La première bande, de lecture, a une tête qui se déplace vers la droite ou reste immobile sur une cellule. La deuxième bande, de travail, est organisée en pile. Les modifications ne sont possibles qu'à l'une des extrémités de la bande (à droite pour fixer les idées), et la tête de lecture se trouve au-dessus de la première cellule inoccupée.

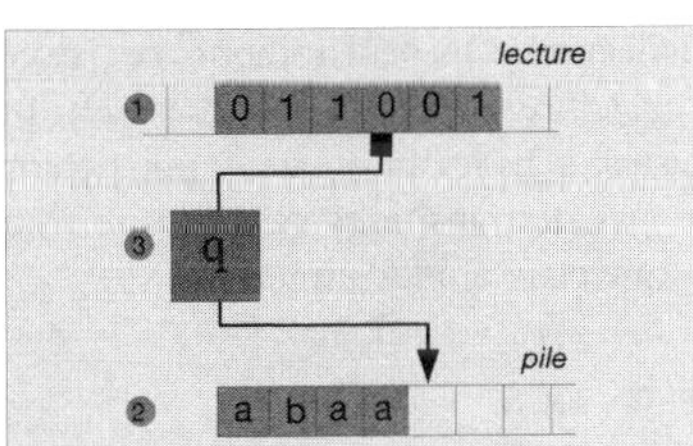

Figure 6 Un automate à pile: (1) bande de lecture, (2) bande organisée en pile, (3) dispositif de contrôle.

Les deux opérations importantes sont *l'empilement d'une donnée* et le *dépilement*. L'empilement du symbole a se fait par l'écriture du symbole a dans la cellule vide, suivie du déplacement de la tête vers la droite. Le dépilement se fait en deux étapes: d'abord un déplacement vers la gauche, puis un remplacement du symbole dans la cellule par le blanc. Dans la *configuration initiale*, la tête de la première bande se trouve sur la première lettre de l'entrée, et la bande de travail est vide. Dans une configuration d'*acceptation*, la tête de lecture est à droite du mot d'entrée, et la machine est dans un état d'acceptation sans pouvoir continuer le calcul.

Un mot est reconnu s'il existe un calcul pour ce mot conduisant de la configuration initiale à une configuration d'acceptation. Un langage reconnu par un automate à pile est appelé *context-free* ou *algébrique*. Ces langages se classent, comme on le verra, entre les langages récursivement énumérables et les langages réguliers.

Considérons, comme exemple typique, les systèmes de parenthésages corrects. Étant donné des paires de parenthèses, comme (,) et [,], on forme des mots qui sont correctement parenthésés, et où la parenthèse initiale correspond à la parenthèse finale. Les mots les plus courts sont (), [ ], ([ ]), [()], (()), [[ ]]. D'autres mots, plus complexes, sont (([ ]())[ ]) ou (([ ]())[((()))([ ])]). Parfois, on écrit a ou b pour une parenthèse ouvrante, et $\bar{a}$ ou $\bar{b}$ pour une parenthèse fermante. Ainsi, le mot précédent s'écrit aussi $aab\bar{b}a\bar{a}\,\bar{a}baaa\,\bar{a}\,\bar{a}\,\bar{a}ab\bar{b}\,\bar{a}\,\bar{b}\,\bar{a}$. Les systèmes de parenthésages corrects sont appelés *mots de Dyck premiers*, les produits de mots de Dyck premiers sont les *mots de Dyck* (tout court). Par exemple, ()[ ]([ ]) est un mot de Dyck, produit de trois mots de Dyck premiers. Le *langage de Dyck* est l'ensemble des mots de Dyck.

$(i,a,\square) \rightarrow (D,\bot,D,j)$
$(i,b,\square) \rightarrow (D,\square,I,e)$
$(j,a,\square) \rightarrow (D,a,D,j)$
$(j,\bar{a},\square) \rightarrow (I,\square,G,t)$
$(t,\bar{a},a) \rightarrow (D,\square,G,j)$
$(t,\bar{a},\bot) \rightarrow (D,\square,I,f)$
$(f,a,\square) \rightarrow (D,\square,I,e)$
$(f,\bar{a},\square) \rightarrow (D,\square,I,e)$

Ci-dessus les instructions de l'automate qui reconnaît les mots de Dyck premiers. Ici, i est l'état initial, f est l'état d'acceptation et e est un état d'échec. Pour la bande d'entrée, on écrit seulement le mouvement (D ou I).

Le calcul d'un automate à pile peut être vu comme un parcours d'arbre (voir le chapitre «Structures de données»). Quand on empile, on descend dans l'arbre; quand on dépile, on remonte. Le symbole empilé dépend d'une information locale sur l'arbre (étiquette des nœuds, des arêtes, etc). Quand on dépile, on contrôle essentiellement une correspondance entre le résultat du parcours du sous-arbre que l'on vient de quitter et l'information au point de retour.

Comme illustration la plus simple, considérons un arbre quelconque dont les nœuds sont muets. Notons a une descente et $\bar{a}$ une remontée. Le parcours d'un tel arbre est un mot du langage de Dyck et, réciproquement, à chaque mot de Dyck correspond un tel arbre que l'automate à pile décrit.

5.2 Une autre définition

Il existe plusieurs variations sur les automates à pile. La définition la plus courante, et que nous présentons maintenant, intègre, dans une transition, une étape de dépilement et plusieurs étapes d'empilement. Nous introduisons d'abord les machines à pile, et ensuite les automates à pile. Les automates à pile sont des machines à pile dotées d'une condition d'acceptation.

Une *machine à pile* est composée d'une unité centrale, dont la configuration est symbolisée par un état, et de deux bandes: l'une contient un mot à analyser et est lue de gauche à droite; l'autre est organisée en pile, et sert à contenir de l'information auxiliaire, en quantité non bornée. Une *configuration* de la machine est un couple (q,h) formé de l'état courant q et du contenu h de la pile.

Les *transitions* d'une machine à pile sont décrites par un nombre fini de *règles*. Chaque règle a la forme $(p,z,s)\rightarrow(d,q)$, et signifie que si la machine est dans l'état p, que le symbole vu du mot d'entrée est s (lettre ou mot vide), et que la lettre au sommet de la pile est z, la machine peut lire s, effacer z et le remplacer par le mot d, et passer dans l'état q. Une transition de la machine représente donc le passage d'une configuration à une autre. Comme chaque écriture est précédée d'un effacement, la machine se bloque lorsque la pile est vide, puisqu'alors il n'y a rien à effacer.

Chaque effacement est suivi de l'écriture d'un mot d. Si ce mot commence par la lettre que l'on vient d'effacer, c'est comme si on n'avait pas dépilé. Si le mot d est vide, cela revient à dépiler seulement. Il est possible, dans ce modèle, d'empiler plusieurs lettres en une seule étape. Le symbole lu sur la bande d'entrée peut être le mot vide. Dans ce cas, cela signifie que la tête de lecture n'avance pas.

Enfin, notons qu'il est fort possible que plusieurs règles s'appliquent à une configuration donnée; dans ce cas, la machine n'est pas déterministe. Pour que la machine à pile soit *déterministe*, il faut bien sûr que pour chaque état p, pour chaque symbole s du mot d'entrée et pour chaque symbole de pile z, on n'ait jamais deux résultats possibles; mais il faut aussi que si la règle (p,ε,z) est définie, il n'y ait aucune règle de la forme (p,s,z) pour s non vide : si une règle sans lecture est possible, c'est la seule.

Un *automate à pile* est une machine à pile munie d'un ensemble de *configurations terminales* T. Un calcul est *réussi* pour x s'il passe de la configuration initiale à une configuration terminale en lisant x. Un mot x est *reconnu* ou *accepté* par l'automate à pile si x est l'étiquette d'un calcul réussi.

Les trois modes d'acceptation les plus fréquents sont par pile vide (une configuration est terminale si la pile est vide), par états terminaux (une configuration est terminale si son état est terminal), ou par pile vide et états terminaux (c'est la conjonction des deux conditions). Les trois modes d'acceptation sont en général équivalents. Ce n'est plus le cas pour les automates à pile déterministes: la reconnaissance par pile vide est moins puissante que celle par états terminaux, alors que la reconnaissance pile vide et états terminaux équivaut à celle par pile vide.

$(a,\#) \rightarrow \bot$

$(a,\bot) \rightarrow \bot\alpha$

$(a,\alpha) \rightarrow \alpha\alpha$

$(\bar{a},\alpha) \rightarrow \varepsilon$

$(\bar{a},\bot) \rightarrow \varepsilon$

Ci-dessus, les règles pour un automate reconnaissant l'ensemble des mots de Dyck premiers sur une paire de parenthèses, notées $a, \bar{a}$, et où la reconnaissance se fait par pile vide. L'automate a un seul état que nous n'écrivons pas. Les symboles écrits sur la pile sont des α. Cet automate à pile est déterministe.

Le deuxième exemple est l'ensemble des mots de Dyck sur deux paires de parenthèses que nous notons ici par $a,\bar{a},b,\bar{b}$. L'automate a deux états i et f, et les règles données ci-dessous. La dernière règle s'interprète comme suit: lorsque sur la pile se trouve le symbole de fond de pile #, alors sans lecture on passe dans l'état f.

Cet automate à pile n'est pas déterministe : devant le fond de pile, on peut lire a ou b, mais aussi ne rien lire. On devine ici le rôle parfois gênant des transitions sans lecture. On peut toujours se passer des règles sans lecture dans les automates à pile non déterministes; mais les automates à pile déterministes, qui n'ont pas de transitions sans lecture sont moins puissants que ceux qui les admettent.

$(i,a,\#) \rightarrow (\#\alpha,i)$

$(i,b,\#) \rightarrow (\#\beta,i)$

$(i,a,\alpha) \rightarrow (\alpha\alpha,i)$

$(i,a,\beta) \rightarrow (\beta\alpha,i)$

$(i,b,\alpha) \rightarrow (\alpha\beta,i)$

$(i,b,\beta) \rightarrow (\beta\beta,i)$

$(i,\bar{a},\alpha) \rightarrow (\varepsilon,i)$

$(i,\bar{b},\beta) \rightarrow (\varepsilon,i)$

$(i,\varepsilon,\#) \rightarrow (\varepsilon,f)$

5.3 Automates à pile et grammaires algébriques

Une *grammaire algébrique* ou *context-free* est une description d'un procédé de construction ou de génération de mots, alors qu'un automate à pile est un procédé de reconnaissance ou d'analyse.

Une grammaire sur un alphabet A est composée d'un ensemble de *variables* et d'un ensemble fini de *règles* de la forme $X \rightarrow w$, où X est une variable. On *dérive* en remplaçant successivement une occurrence d'une variable X par un membre droit de règles. On représente ce fait par un arbre de dérivation: pour une règle $X \rightarrow w$, la variable X étiquette un nœud et w est la suite des étiquettes des nœuds enfants de X.

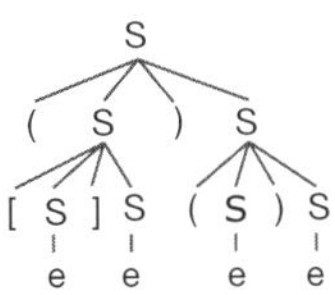

Figure 7 L'arbre de dérivation du mot de Dyck ([])()

Un mot x sans variables est *engendré* par la grammaire s'il existe un arbre de dérivation dont le mot des feuilles est x et la racine a pour étiquette une variable distinguée appelée l'*axiome* de la grammaire.

Considérons par exemple la grammaire suivante pour le langage de Dyck sur deux paires de parenthèses. Elle possède une unique variable S et les trois règles (le + désigne le «ou»):

$$S \rightarrow (S)S + [S]S + \varepsilon$$

Le mot ([ ])() dérive de l'axiome S dans cette grammaire, comme illustré par l'arbre donné dans la figure 7.

5.4 Propriétés décidables des langages algébriques

Les langages algébriques ou *context-free* jouissent d'un certain nombre de problèmes décidables. Le plus important est le test d'appartenance : il s'agit, pour un langage L donné, de décider si un mot w est dans L. Cette propriété est indécidable pour les langages récursivement énumérables, et devient décidable pour les langages context-free. Il revient au même, pour un mot w donné, de construire effectivement un arbre de dérivation pour w dans une grammaire de L. Cette propriété est à la base de l'analyse syntaxique, qui à son tour est la première étape d'une compilation d'un programme. Sans la décidabilité du test d'appartenance, les langages de programmation ne pourraient être décrits par des grammaires context-free. On peut aussi décider, pour un langage context-free, s'il est vide ou non ; cette propriété est indécidable dans les langages récursivement énumérables. En revanche, l'égalité de deux langages context-free, ou la régularité d'un langage context-free, sont indécidables. Le complémentaire d'un langage context-free n'est pas toujours context-free. En revanche, le complémentaire d'un langage context-free *déterministe* est aussi context-free déterministe.

On sait depuis assez longtemps décider si le langage reconnu par un automate à pile déterministe est rationnel ou non. Récemment, G. Sénizergues (Sénizergues 2002) a démontré que l'égalité est décidable pour les langages context-free déterministes. Ce problème est resté ouvert pendant près de quarante ans (une éternité en informatique), et sa résolution a valu à son auteur le prix Gödel en 2002.

Les différences évoquées ci-dessus entre les automates à pile déterministes et non déterministes montrent que les premiers reconnaissent une sous-famille stricte de celle reconnue par les seconds. Le plus souvent, l'analyse syntaxique d'un langage de programmation concret est assise sur l'existence d'un automate à pile déterministe reconnaissant les programmes syntaxiquement corrects.

6 Classification de Chomsky des langages formels

Noam Chomsky a proposé, dans les années soixante, une classification des langages en quatre catégories, appelés langages de type 0, 1, 2 et 3 basées sur des grammaires plus générales. Une telle grammaire est formée d'un ensemble fini de règles de dérivation $u \rightarrow v$. Certaines lettres sont des variables. Une étape de dérivation consiste à remplacer, dans un mot x, une occurrence d'un facteur u par le facteur v. On itère depuis un mot de départ jusqu'à l'obtention d'un mot sans variable.

Le critère employé pour classer les langages est basé sur la forme des règles: elles sont sans contrainte pour les langages de type 0, de la forme $gXd \rightarrow gwd$ pour une variable X dans les langages de type 1, de la forme $X \rightarrow w$ pour le type 2 et de la forme $X \rightarrow wY$, où X,Y sont des variables et w ne contient pas de variables dans le type 3. Il est remarquable que les langages de type 0 sont exactement les langages récursivement énumérables, ceux de type 2 les langages algébriques, ceux de type 3 les langages réguliers. Les langages de type 1, appelé *context-sensitive*, sont reconnus par les machines de Turing dont la mémoire est de taille linéairement bornée en fonction de la longueur de l'entrée (d'où le nom LBA pour *linear bounded automata*).

Cette classification montre une concordance satisfaisante entre les divers procédés employés dans l'informatique théorique pour cerner les modèles de calcul et de reconnaissance. On peut en conclure que les classes de langages et de machines obtenues correspondent à un phénomène naturel, et que l'on dispose d'outils pour le manier.

7 Pour en savoir plus

Il existe de nombreux ouvrages, en français, sur les machines de Turing, la calculabilité, la complexité et les langages formels. Nous avons utilisé ici le livre (Autebert 1992), et la présentation (van Emde Boas 1990). Une description brève est donnée dans (Wolper 2001). Les ouvrages (Salomaa 1989) et (Floyd et Biegel 1995) sont des traductions, le deuxième contient une description des RAM. Le dernier ouvrage en français est (Rey 2004). Sur les langages formels, les livres abondent aussi. Outre le livre (Autebert 1994), on peut consulter la synthèse (Autebert *et al.* 1997) et le livre (Hopcroft *et al.* 2001).

Bibliographie

Autebert J.-M. (1992), *Calculabilité et décidabilité.* Masson.

Autebert J.-M. (1994), *Théorie des langages et des automates.* Masson.

Autebert J.-M., Berstel J. et Boasson L. (1997), "Context-free languages and pushdown automata". In Rozenberg G. et Salomaa A., éditeurs, *Handbook of Formal Languages*, p. 111–174. Springer-Verlag.

Floyd R. et Biegel R. (1995), *Le langage des machines.* Vuibert.

Hopcroft J., Motwani R. et Ullman J. (2001), *Introduction to Automata Theory, Languages and Computation.* Addison Wesley.

Rey J.-F. (2004), *Calculabilité, complexité et approximation.* Vuibert.

Salomaa A. (1989), *Introduction à l'informatique théorique. Calculabilité et complexité.* Armand Colin.

Sénizergues G. (2002), "$L(A)=L(B)$? A simplified decidability proof". *Theoret. Comput. Sci.*, 281:555–608.

van Emde Boas P. (1990), "Machine models and simulations". In van Leeuwen J., éditeur, *Algorithms and Complexity*, p. 1–66. Elsevier.

Wolper P. (2001), *Introduction à la calculabilité.* Dunod. 2e édition.

Compilateurs

Paul Feautrier

Mots-clés : compilation, optimisation de programme, parallélisation automatique.

Résumé : la structure et le fonctionnement d'un compilateur sont d'abord présentés. On expose ensuite l'évolution récente des techniques d'optimisation de programme.

La paresse est la première qualité de l'informaticien. L'informatique ne s'est développée que parce que certains en ont eu assez de faire des multiplications en série ou de trier des fiches en carton. Les ordinateurs ont permis de remplacer ces activités répétitives par l'écriture d'un programme. Mais l'activité de programmation est elle-même en partie répétitive, et le principe du moindre effort veut qu'elle soit automatisée dans la mesure du possible.

L'utilisation d'un compilateur permet de programmer dans un langage de haut niveau (voir les chapitres «Langages de programmation impératifs», «Langages à objets», «Programmation fonctionnelle», «Programmation logique et contraintes»), plus concis et moins sujet à erreur que le langage machine. Un programme écrit dans un tel langage doit être traduit pour être exécuté. Ce processus est maintenant bien compris; le § 1 est consacré à la présentation de ses différentes étapes. Mais depuis les origines, c'est-à-dire la réalisation du premier compilateur FORTRAN par John Backus, la qualité de cette traduction est un souci permanent : il s'agit de ne pas trop perdre de performance par rapport à la programmation en langage machine. Ce sont les techniques d'optimisation qui permettent de limiter cette perte de performance, et ce sont sur elles que se concentre actuellement la recherche. La fin de ce chapitre leur est consacrée.

1 Techniques de compilation

1.1 Éléments fondamentaux d'un langage de programmation

On suppose ici que le lecteur a déja rencontré un langage de programmation, que ce soit l'un des classiques – FORTRAN, Pascal, C, etc. – ou un langage plus spécialisé comme SQL, langage pour l'interrogation des bases de données. Un compilateur est un traducteur, et la première chose à comprendre, c'est ce qu'il doit faire pour engendrer un programme exécutable.

À quoi ressemble un langage de haut niveau? Un hybride entre le langage naturel et la notation algébrique? Mais aussi bien le langage naturel que la notation algébrique sont ambigus et imprécis, et ce n'est que par une longue pratique que l'on apprend à s'en servir avec aisance. Au contraire, un langage de programmation possède une grammaire rigide, et une sémantique qui serait presque aussi rigide si des raisons techniques ne venaient interférer. Cette grammaire et cette sémantique doivent être non ambiguës, ce qui n'est pas si facile à obtenir.

Comme dans la notation algébrique, les données manipulées sont désignées par des symboles (les *identificateurs*) et non pas citées. À la différence de l'algèbre, elles peuvent être organisées en structures complexes. Au contraire, l'ordinateur cible ne connait et ne manipule que des chaînes de bits, à la rigueur des entiers.

Les manipulations de données sont spécifiées par des instructions complexes, qui peuvent utiliser plusieurs étages d'opérations arithmétiques ou autres. Le matériel, lui, n'exécute jamais qu'une opération à la fois.

Enfin, alors que les ordinateurs ne peuvent prendre que des décisions binaires, les langages de haut niveau disposent d'instructions de contrôle sophistiquées, qui peuvent provoquer des répétitions (boucles) ou des choix multiples (*switch*).

En résumé, pour compiler un programme, il faut tout d'abord en faire l'analyse grammaticale. Vient ensuite la construction de l'image de la mémoire du programme cible, et enfin la génération du programme équivalent en langage machine. Entre chacunes de ces phases peuvent s'insérer des étapes d'optimisation.

1.2 Analyse syntaxique

Les grammaires utilisées pour les langages de programmation ont été simplifiées à l'extrême. On les appelle «hors contexte» parce que leurs règles sont purement locales et ne dépendent pas du contexte dans lequel elles sont appliquées.

Par exemple, un fragment de la grammaire des expressions arithmétiques pourrait être:

```
facteur ::= identificateur | entier
      | ( expression )
terme ::= facteur | facteur * terme
        | facteur / terme
expression ::= terme | terme + expression
             | terme - expression
```

Pour compléter cette grammaire il faudrait expliquer ce qu'est un identificateur et ce qu'est un entier: ces détails sont laissés à l'imagination du lecteur.

Si a est un identificateur et 1 un entier, cette grammaire engendre l'expression `(a - 1)/(a + 1)` de la façon suivante: tout d'abord, a est un facteur, puis un terme d'après les deux premières règles appliquées en succession. De même, 1 est un facteur, puis un terme puis une expression. La dernière règle indique alors que `a - 1` et `a + 1` sont des expressions, puis que `(a - 1)` et `(a + 1)` sont des facteurs. On en déduit de la même façon l'expression finale. La figure 1 est une représentation intuitive du schéma d'analyse grammaticale (*parse tree*) de l'expression étudiée.

Pour chaque grammaire hors contexte non ambiguë, on peut construire un algorithme qui, étant donné un texte, décide s'il est correct et donne son arbre d'analyse. Mais on peut aller plus loin: pour toute une classe de grammaires, il est possible de construire automatiquement cet analyseur. Le plus connu de ces «compilateurs de compilateur» est Yacc. Pour sa description on se reportera au traité de Aho *et al.* (1986).

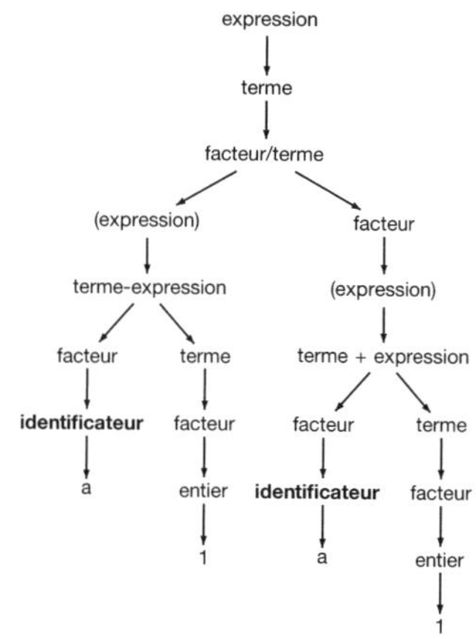

Figure 1 Un arbre d'analyse grammaticale

1.3 La représentation intermédiaire

Comme l'exemple l'a montré, l'un des effets de l'analyse grammaticale est de découper le texte du programme en fragments cohérents, que l'on traitera ensuite de façon plus ou moins autonome. Par exemple, l'une des questions que l'on peut se poser au sujet de l'expression `(a - 1)/(a + 1)` est: quel est le premier opérande de l'addition? C'est l'analyse grammaticale qui permet de trouver que c'est l'identificateur a, et non pas le texte `(a - 1)/(a`, qui d'ailleurs n'a pas de sens. La représentation intermédiaire sert à stocker ce type d'information. Les compilateurs modernes utilisent pour cela l'arbre d'analyse syntaxique (souvent simplifié). Le diagramme de la figure 2 est beaucoup plus économique que celui de la figure 1 mais rend à peu près les mêmes services.

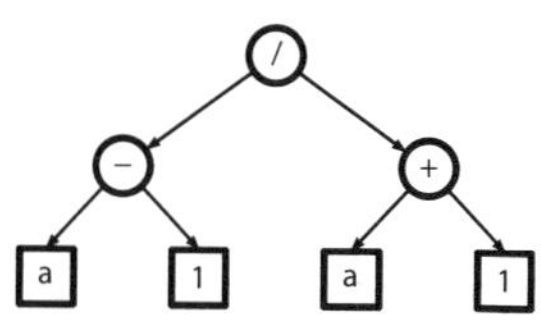

Figure 2 Représentation intermédiaire

Toutefois, la représentation syntaxique n'est pas toujours optimale. Il n'est pas évident, par exemple, de trouver l'instruction qui suit une instruction donnée. On utilise pour cela une autre représentation, le *graphe de contrôle*, version au goût du jour des anciens organigrammes. De même, il faudra une troisième représentation si l'on souhaite simplifier les expressions arithmétiques, par exemple pour remplacer `0 * x` par `0`.

Au total, on trouve dans un compilateur plusieurs représentations intermédiaires, dont il faut garantir la cohérentce, ce qui n'est pas une mince affaire.

1.4 Optimisation

Cette phase consiste en des transformations de la représentation intermédiaire, qui doivent améliorer les performances du programme sans en modifier les résultats. Certaines optimisations sont indépendantes de la cible: il est (presque) toujours bénéfique de ne pas refaire plusieurs fois le même calcul. D'autres, au contraire, dépendent de l'état courant de l'architecture informatique : ce n'est que depuis que les ordinateurs ont des caches (cf. le chapitre «Architecture des machines» de la section I/2) que l'on se préoccupe de la gestion de la localité, et ces recherches deviendront inutiles si l'on trouve d'autres moyens pour compenser la lenteur des accès à la mémoire. Les techniques d'optimisation seront présentées en détail § 2.

1.5 Gestion de la mémoire

Dans les langages modernes, toute donnée doit être *déclarée*. Par exemple, en C on écrira:

```
short int n[10];
float x;
char c;
```

pour indiquer que n désigne un tableau de dix entiers codés sur deux octets, que x est un nombre codé en virgule flottante (quatre octets) et que c est un caractère (un octet). À partir de ces indications, le compilateur peut calculer simplement la taille de chaque objet et lui affecter une place en mémoire. En général, l'algorithme d'affectation est très simple et suit servilement l'ordre des déclarations. Si on suppose que la déclaration de n est la première du programme, on le placera à l'adresse 0, et il occupera 20 octets. Le nombre x viendra à l'adresse 20, et c à l'adresse 24. Ceci fait, le compilateur disposera d'un dictionnaire, où, en face de chaque objet, on trouve son adresse.

Mais dans les langages modernes, la durée de vie des données peut être variable. Les données qui existent pendant toute la durée du programme sont dites globales. Par contre, les données utilisées par une fonction n'existent que lorsque la fonction est active; elles sont détruites quand la fonction se termine. Le principe de l'affectation de ces données temporaires est le même que ci-dessus, mais les adresses se réfèrent à la *fenêtre d'activation* de la fonction. Elles changent d'une activation à l'autre. Enfin, il existe des données *dynamiques*, dont la création et la destruction sont sous le contrôle du programmeur; le compilateur les ignore.

1.6 Génération de code

Très généralement, il s'agit d'appliquer une suite de transformations à la représentation intermédiaire jusqu'à la rendre équivalente à un programme en langage machine ou en langage d'assemblage, qu'il n'y a plus qu'à imprimer. La phase de transformation doit tenir compte des particularités de la machine cible. On peut en faire une implémentation *ad hoc*, et il faudra la reprendre pour chaque nouveau processeur. On a cherché à construire des générateurs de code universels paramétrés par une description de la machine cible. Cette description prend en général la forme d'un système de ré-écriture de la représentation intermédiaire, parfois préalablement linéarisée (générateurs de Graham-Glanville).

Soit à traduire l'expression `(a - 1)/(a + 1)` pour un processeur RISC (*reduced instruction set computer*). Une telle machine ne peut effectuer un calcul que si les deux opérandes sont dans des registres; il existe des instructions spéciales pour copier un mot de mémoire dans un registre ou l'inverse. Le diagramme 2 montre clairement que les opérandes de la division ne sont pas des registres. On leur affecte donc deux registres, par exemple R1 et R2 qu'il faudra garnir convenablement. Le programme devient:

```
R1 = a - 1;
R2 = a + 1;
R1 = R1 / R2;
```

Il faut faire de même pour la soustraction, et pour l'addition. Au total, le programme est devenu:

```
R1 = a;
R3 = 1;
R1 = R1 - R3;
R2 = a;
R4 = 1;
R2 = R2 + R4;
R1 = R1 / R2;
```

À ce point, le tour est joué. Il suffit d'une transformation syntaxique très simple pour écrire `LD R1,a` à la place de la première ligne, ou `DIV R1,R1,R2` à la place de la dernière. Dans la première instruction, on remplace a par l'adresse qui lui a été affectée par la phase précédente.

On remarque au passage que le code obtenu n'est pas le meilleur possible : a est lu deux fois, et on aurait pu utiliser moins de registres. C'est précisémment le travail de la phase d'optimisation d'éviter ou de corriger ces défauts.

2 Techniques d'optimisation

2.1 Analyse sémantique

Pour respecter la règle d'invariance des résultats, le compilateur doit avoir une compréhension, même sommaire, du fonctionnement du programme, et doit pouvoir juger de l'impact d'une modification. La recherche des informations nécessaires à cette compréhension constitue la phase d'analyse sémantique du programme. La difficulté, c'est qu'une analyse parfaite est impossible. Elle permettrait, en effet, de répondre à certaines questions (comme la terminaison ou l'équivalence) qui sont indécidables dès que le langage permet de simuler une machine de Turing (voir le chapitre «Modèles de machines»). Il y a deux façons de résoudre ce problème. On peut tout d'abord se contenter d'analyses approximatives. On doit choisir soigneusement le sens de l'approximation : une analyse approximative ne doit jamais conduire à la génération d'un programme erroné. L'autre possibilité est de restreindre la classe des programmes analysés. Si ceux-ci n'ont plus la puissance de la machine de Turing (par exemple, si la terminaison est garantie), rien ne s'oppose à une analyse exacte et complète. On verra un exemple de cette situation § 3.

Les analyses locales ont pour but de prouver que la valeur d'une variable (ou d'un groupe de variables) a une certaine propriété en un point du programme. Par exemple, si dans la portion de code :

```
float x[100] ;
 ...
S : x[i]= .. ;
```

on peut prouver la propriété $0 \leq i < 100$ en S, on pourra se dispenser du test de validité de l'indice. Mais dans de nombreux cas, on a besoin du concept de dépendance. Deux instructions sont en dépendance si on ne peut les intervertir sans courir le risque de changer les résultats du programme. Il y a des dépendances de données (par exemple quand une instruction utilise le résultat de celle qui la précède), et des dépendances de contrôle (on ne peut intervertir le test d'une conditionnelle et ses branches). Les dépendances de données les plus importantes sont les dépendances de flot, qui relient entre elles les créations de nouvelles valeurs (les instructions d'affectation), et les utilisations de ces valeurs. Par exemple, dans le code :

```
S : x = 0 ;
...
T : y = x*x ;
```

on cherchera à établir que la seule source (*reaching definition*) de x dans l'instruction T est l'instruction S. Il faut pour cela montrer que la partie du code non représentée ne contient pas d'affectation à x et qu'il est impossible de parvenir en T sans passer par S. Si on y parvient, on aura démontré que $x = 0$ en T et que l'on peut remplacer cette instruction par :

```
y = 0;
```

Les méthodes d'analyse des programmes sont maintenant bien comprises et ressortent toutes soit de la méthode de l'interprétation abstraite qui est présentée ci-dessous, soit de méthodes géométriques qui sont l'objet du § 3.1.

2.2 Interprétation abstraite

Il existe depuis la nuit des temps une technique, l'*interprétation*, dont le but est de simuler le fonctionnement d'une machine A à l'aide d'un logiciel qui s'exécute sur une machine B. A et B peuvent être identiques ou différer; il se peut même que A n'existe pas! Conçue au début comme un outil de mise au point (dans ce cas A et B sont le plus souvent identiques) cette technique a de nos jours de multiples applications. A peut être par exemple une machine future, dont le concepteur veut vérifier le bon fonctionnement. Inversement, A peut être une machine du passé, qui n'existe plus physiquement, mais dont on veut encore utiliser les logiciels. A peut être trop complexe pour être réalisable : c'est le cas des interprètes Basic de certaines calculettes. Enfin, A peut servir d'outil de portabilité : c'est le cas de la machine virtuelle de Java.

En fait, on peut associer à tout langage de programmation de multiples interprètes, obtenus en modifiant le type des données et les opérations qui agissent sur elles. Par exemple, on peut imaginer que les variables d'un langage tel que FORTRAN, au lieu d'être des nombres, deviennent des expressions algébriques, et que les opérations de l'arithmétique sont remplacées par celles du calcul formel. L'outil obtenu effectue l'*exécution symbolique* du programme, ce qui fournit des renseignements très utiles pour sa compréhension et sa mise au point. Cette méthode est cependant limitée à l'analyse de programmes simples, parce que l'automatisation du calcul formel est difficile.

Mais l'idée la plus féconde est celle qui consiste à remplacer les opérations exactes du langage de programmation par des opérations approchées. Par exemple, au lieu de calculer une somme, on peut se contenter de déterminer le signe du résultat connaissant les signes des opérandes. Il suffit de réfléchir un instant à cet exemple pour voir que parmi les résultats de l'analyse, il faut prévoir le cas où le signe du résultat est indéterminé. La présence de ce tiers non exclu «oui», «non», «je ne sais pas») est caractéristique de ce genre de méthode.

L'interprétation abstraite fournit un cadre général pour la conception systématique d'analyse de programmes. Elle est en général efficace mais approximative. Elle a été appliquée à l'étude du signe et des intervalles de variation des variables, à l'analyse du contrôle, à la recherche des sources, à la propagation des constantes, à l'analyse des pointeurs, etc. On en trouvera une présentation plus systématique dans le traité de Aho *et al.* (1986).

2.3 Optimisations classiques

Leur but est d'éliminer les calculs inutiles. Par exemple, la propagation des constantes consiste à effectuer au moment de la compilation tous les calculs dont les arguments sont connus, de façon à ne pas avoir à les refaire pendant l'exécution. L'optimisation la plus importante en ce genre est celle qui consister à éliminer les invariants de boucle (*hoisting*). Une expression est invariante dans une boucle si chaque itération calcule la même valeur. Il est avantageux de déplacer l'évaluation de cette valeur unique avant la boucle. On reconnaît une expression invariante à ce que les sources de ses variables sont toutes extérieures au corps de la boucle.

2.4 Optimisations liées à l'architecture de la cible

Les gains de performance des processeurs modernes sont dus pour partie aux progrès de la technologie, et pour une autre partie aux progrès de l'architecture. De ce côté, on peut identifier deux sources d'accélération : l'exploitation du parallélisme caché dans les programmes séquentiels, et l'exploitation de la localité dans les accès à la mémoire. Dans les deux cas, les architectes ont prévu de cacher ces mécanismes, et l'utilisateur peut programmer comme s'il disposait d'un ordinateur séquentiel muni d'une mémoire à temps d'accès uniforme. Cependant, on s'est aperçu depuis longtemps que ces dispositifs fonctionnent mieux si on les prend en compte au moment de la programmation. Par exemple, le détecteur de parallélisme caché fonctionne mieux si on regroupe ensemble des opérations indépendantes. Ce type d'optimisation est très complexe et non portable. Il est donc en général caché dans le compilateur.

Comme il n'est pas possible de présenter ici toutes les optimisations liées à l'architecture, nous nous bornerons à présenter une méthode, le pipeline logiciel. Le problème de l'amélioration de la localité sera traité § 3.2. Les processeurs modernes disposent d'unités de calcul indépendantes, souvent spécialisées. Soit un processeur équipé d'un additionneur et d'un multiplieur. Pour simplifier on suppose que chaque opération prend un cycle, et on ignore les accès à la mémoire. Soit l'instruction:

```
y = a*x + b ;
```

Il n'y a pas de parallélisme, car l'additionneur doit attendre la fin de la multiplication pour opérer. Soit maintenant la boucle:

```
for (i = 0; i < n; i++)
    y[i] = a*x[i] + b;
```

On peut effectuer en parallèle, à l'itération i, le produit `a*x(i)` et l'addition de l'itération $i - 1$. On peut représenter cette optimisation comme une transformation de la boucle, qui devient :

```
r[0] = a*x[0];
for (i = 1; i < n-1; i++){
    r[i%2] = a * x[i];
    y[i-1] = r[(i-1)%2] + b;
}
y[n-1] = r[n-1] + b;
```

Naturellement, r n'est pas un tableau, mais une paire de registres utilisés de façon cyclique. La boucle ainsi transformée devient un pipeline logiciel. Les deux instructions qui précèdent et suivent la nouvelle boucle en sont le prélude et le postlude. Si n est grand, la performance de l'ordinateur est doublée par rapport à une compilation naïve. Existe-t-il des méthodes générales pour la construction de tels pipelines logiciels?

Il est assez facile d'imaginer des méthodes d'ordonnancement pour du code sans boucle. On peut par exemple utiliser une table de réservation: une matrice dont les lignes représentent les unités de calcul et dont les colonnes représentent le temps. On marque une case si l'unité correspondant à la ligne est occupée pendant le cycle correspondant à la colonne. On cherche à placer chaque opération le plus tôt possible (le plus à gauche) en respectant le flot des données et les réservations déjà faites. Cette méthode ne donne pas nécessairement le code optimal, mais elle est simple et on peut borner la perte de performance qu'elle entraîne.

La méthode de l'ordonnancement modulo (*modulo scheduling*) fonctionne de façon analogue, à ceci près que l'on commence par choisir la période T du pipeline logiciel. Si l'on utilise une ressource à l'instant t, elle sera également utilisée aux instants $t+T$, $t+2T$, etc. et on marque en conséquence la table de réservation. Il se peut alors qu'il soit impossible de trouver un ordonnancement valide. Dans ce cas, on recommence pour une valeur supérieure de T, et ceci jusqu'au succès.

Il est intéressant de voir apparaître sur cet exemple un cas d'interférence entre optimisations. Les processeurs modernes ont tous des registres, qu'il est important de bien utiliser pour éviter des accès coûteux à la mémoire. La boucle originale utilise un registre pour stocker le produit `a*x[i]`, alors que le pipeline logiciel en utilise deux. Il est fréquent qu'une version optimisée d'une boucle ait besoin de plus de registres que la version initiale, ce qui peut imposer des écritures de résultats intermédiaires en mémoire, lesquelles peuvent faire perdre les gains de performance dus au pipeline logiciel. Il s'agit là d'une situation très courante en optimisation, et ce genre d'interaction est impossible à prendre en compte par le matériel, et très difficile à traiter pour le programmeur. Des études récentes cherchent à coupler le pipeline logiciel et l'allocation des registres à l'aide de la programmation linéaire en nombres entiers.

3 La parallélisation automatique et le modèle polyédrique

La parallélisation automatique est un cas particulier de l'optimisation où la cible est une machine parallèle ou vectorielle (cf. le chapitre «Architecture des machines» de la section I/2). Dans le cas des programmes de calcul numérique intensif, qui sont basés sur des algorithmes d'algèbre linéaire hautement répétitifs (boucles DO), agissant sur des tableaux et utilisant des mécanismes d'indexation assez simples (on parle de programmes *réguliers*), il a été possible de développer une théorie complète : le modèle polyédrique.

3.1 L'approche géométrique

Dans l'espace à n dimensions, un polyèdre est un ensemble de points satisfaisant un système d'inégalités linéaires. Par exemple, dans l'espace à deux dimensions, l'ensemble

$$D = \{x,y \mid 0 \leqslant x < n,\ 0 \leqslant y < x\}$$

est un polyèdre (en fait, un triangle rectangle isocèle). Soit maintenant la boucle :

```
for (i = 0; i < n; i++)
   for (j = 0; j < i; j++)
S : y[i] = y[i] + a[i][j]*x[j];
```

L'instruction S va être exécutée i fois pour chaque valeur de i, soit $n(n+1)/2$ fois au total. Il faut nommer chacune des exécutions ou opérations : il suffit pour cela d'associer à chacune d'elles les valeurs courantes de i et de j. Nous parlerons de l'opération $\langle i,j \rangle$. De l'analyse des bornes des boucles on déduit $0 \leqslant i < n$ et $0 \leqslant j < i$, ce qui signifie que le vecteur $\langle i,j \rangle$ appartient au polyèdre D ci-dessus. Mais les compte-tours d'une boucle sont des entiers. Le domaine d'itération de S est donc l'ensemble des points entiers contenus dans D, objet mathématique que l'on appelle un Z-polyèdre, et dont la dimension n'est autre que le nombre de boucles entourant S. Cette façon de représenter un programme a de multiples avantages. La théorie des polyèdres et des Z-polyèdres a été bien développée pour les besoins de la recherche opérationnelle. De nombreuses opérations (par exemple l'intersection de deux polyèdres) sont triviales, et deux algorithmes bien connus, le Simplex et l'algorithme de Fourier, permettent de décider si un polyèdre est vide ou non. La succession temporelle des opérations est donnée par l'ordre lexicographique des vecteurs d'itération. Vu les contraintes que nous imposons aux fonctions d'indice, les opérations d'indexation conduisent à calculer des images de polyèdres par des fonctions affines, et les dépendances peuvent être décrites exactement par des Z-polyèdres, c'est-à-dire comme des systèmes de contraintes linéaires en nombres entiers. Il y a ensuite plusieurs façons d'exhiber le parallélisme caché du programme. La plus parlante consiste à dater chaque opération : deux opérations exécutées à la même date sont exécutées en parallèle. L'ordonnancement doit satisfaire une contrainte de causalité : une opération ne peut commencer que si tous ses opérandes sont disponibles, ou encore si toutes ses sources sont terminées. On obtient de cette façon un système de contraintes qui lui aussi se résout par la programmation linéaire.

Pour paralléliser l'exemple ci-dessus, il faut d'abord rechercher les sources de l'instruction S. Les tableaux `A` et `x` ne sont pas modifiés; on peut supposer qu'ils existent au moment où la boucle commence : ils n'imposent pas de contrainte à l'ordonnancement. Par contre, la source de `y[i]` à l'itération $\langle i,j \rangle$ est clairement l'itération $\langle i,j-1 \rangle$. L'ordonnancement θ doit donc vérifier :

$$\theta(i,j) > \theta(i,j-1)$$

et il est facile de voir que $\theta(i,j) = j$ est une solution.

La génération d'un programme parallèle à partir d'un ordonnancement est un problème d'énumération des opérations dans l'ordre des temps croissants. Il a reçu beaucoup d'attention et de nombreuses solutions ont été proposées, mais son étude est assez technique et nous entraînerait trop loin. Dans le cas de l'exemple, il faut trouver quelles sont les opérations à effectuer à l'instant t. Vu l'ordonnancement choisi, elles satisfont $0 \leqslant i < n, j = t, 0 \leqslant j < i$, ce qui se simplifie en $t < i < n$. Ceci conduit au programme :

```
for (t = 0; t < n; t++)
 forall (i = t+1; t < n ; t++)
  y[i] = y[i] + a[i][t]*x[t];
```

où on utilise le mot-clef `forall` pour signaler une boucle parallèle.

Ces quelques indications constituent les linéaments d'une méthode de compilation pour ordinateurs parallèles. Pour en faire une méthode pratique, d'autres problèmes plus techniques doivent être résolus. Par exemple, la méthode dégage en général trop de parallélisme pour les architectures courantes. Le problème de l'ordonnancement sous contrainte de ressources (aussi bien le nombre de processeurs que la taille de la mémoire) n'a pas pour le moment de solution satisfaisante, et on doit se contenter de méthodes de pavage plus ou moins *ad hoc*.

3.2 L'amélioration de la localité

On dit qu'un programme a de la localité lorsque, en un point donné de son déroulement, il a tendance à n'utiliser qu'une faible fraction de son espace mémoire. Cette fraction constitue l'espace de travail (*working set*) du programme; naturellement, elle évolue au fur et à mesure de l'avancement des traitements. Un programme a d'autant plus de localité que ses espaces de travail sont plus petits. Il est important qu'un programme ait beaucoup de localité, qu'il soit exécuté sur une architecture parallèle ou séquentielle. Par exemple, lorsque l'on a construit un code parallèle, et donc alloué un ensemble d'opérations à chaque processeur, il faut rapprocher les données du processeur qui va les utiliser. Dans le modèle polyédrique, on y parvient de la façon suivante.

Il s'agit d'attribuer un numéro de processeur à chaque cellule de tableau et à chaque opération. Pour cela, on postule que ce numéro est une fonction affine des indices du tableau ou du vecteur d'itération de l'opération. Pour qu'il n'y ait pas de communications, il faut que chaque opération soit exécutée par le processeur dont la mémoire héberge ses opérandes et son résultat. En écrivant cette condition de placement pour chaque instruction, on obtient un système d'équations linéaires et homogènes dont les inconnues sont les coefficients des fonctions de placement. Ce système a toujours la solution triviale, qui correspond au collapsus du calcul sur le processeur 0. Il n'en a en général pas d'autres. Pour trouver un placement intéressant, il faut ignorer certaines conditions de placement, ce qu'il faut compenser en prévoyant des communications résiduelles. De nombreuses heuristiques ont été développées pour bien choisir ces communications: par exemple celles de plus petit volume ou celles que l'architecture cible réalise efficacement.

La localité est tout aussi importante pour les machines séquentielles à cause de l'utilisation des caches pour mieux tolérer la latence de la mémoire. Il est tentant de charger le compilateur d'optimiser la localité du programme. En gros le principe de fonctionnement d'un cache est le suivant. Lors de la première utilisation d'une donnée, elle est lue en mémoire, mais également copiée dans le cache, petite mémoire rapide située à proximité du processeur. Lors des utilisations suivantes, la donnée est dans le cache, où elle sera accessible beaucoup plus rapidement. Au cours de l'exécution du programme, le cache se remplit progressivement; après un certain temps, il faut y faire de la place en éjectant les données les plus anciennes. En gros, on a d'autant moins de chance de trouver une donnée dans le cache qu'il s'écoule plus de temps entre deux accès successifs. Il faut rapprocher les accès successifs à une même donnée. Cette opération modifie l'ordre des opérations; ceci n'est pas toujours légal, et c'est une analyse de dépendance qui permet de choisir les optimisations permises.

4 Conclusion

En résumé, le rôle d'un compilateur est d'assurer la transition entre les langages de haut niveau, souvent de conception ancienne, et l'architecture des processeurs modernes. Du côté des langages, la tendance est à la concision maximale, le compilateur étant chargé de fournir les détails manquants par un processus qui se rapproche de plus en plus de la programmation automatique. De l'autre coté, les architectures deviennent de plus en plus complexes, et des performances satisfaisantes ne peuvent être obtenues que par un processus d'optimisation presque hors de portée du programmeur, tant les facteurs à prendre en compte sont nombreux. La compilation devient une activité si complexe qu'il est difficile d'en avoir la maîtrise complète. On se rabat sur des enchaînements de compilateurs ou de phases de compilation, qui sont de plus en plus difficiles à agencer, et qui ne fournissent qu'une solution sous-optimale au problème général de l'écriture d'un programme efficace. Il manque ici une théorie de «grande unification», qui devrait prendre en compte à la fois l'efficacité du code et les contraintes de ressources (nombre de registres, d'unités fonctionnelles, taille des caches et de la mémoire). Un autre problème, qui a été beaucoup discuté mais qui n'est pas entièrement résolu, est celui du compilateur paramétrable, capable de s'adapter le plus vite possible à l'évolution des processeurs.

Pour boucler la boucle, il faut se demander si la réalisation d'un compilateur est devenue une activité répétitive, suceptible elle aussi d'être automatisée. J'espère avoir convaincu le lecteur que l'on en est encore loin, sauf en ce qui concerne l'analyse syntaxique. La recherche en compilation a encore de beaux jours devant elle.

Bibliographie

Plutôt que de donner des références sous la forme usuelle, ce qui aurait pris trop de place, j'ai préféré indiquer quelques points d'entrée qui permettront au lecteur de mener sa propre recherche bibliographique. Le traité classique est :

A.J. Aho, R. Sethi, J.D. Ullman (1986), *Compilers, Principle, Techniques and Tools*, Addison-Wesley.

On peut également signaler :

S. S. Muchnick (1997), *Advanced Compiler Design and Implementation*, Morgan Kaufmann.
G-R. Perrin et A. Darte, éditeurs (1996), *The Data Parallel Programming Model*, Springer, LNCS 1132.

Pour tout ce qui concerne les polyèdres et la programmation linéaire, on consultera:

A. Schrijver (1986), *Theory of Linear and Integer Programming*, Wiley.

On trouvera de nombreux articles sur la compilation dans la revue *Transaction on Programming Languages and Systems* de l'ACM. Les articles relatifs à la parallélisation automatiques se trouvent dans des revues plus spécialisées, comme *Int. J. of Parallel Programming* (Springer), *J. of Parallel and Distributed Computing* (Academic Press) et *Parallel Computing* (Elsevier). Les principales conférences du domaine sont «Principles of Programming Languages» (ACM), «Programming Languages Design and Implementation» (ACM) et, pour la partie parallèle, «Principles and Practice of Parallel Programming» (ACM) et «Parallel Architectures and Compiler Techniques» (IEEE).

Langages de programmation impératifs

Norbert Ebel

Mots-clés : langages impératifs, variable, affectation, instruction de contrôle, portée et durée de vie d'une variable, composants logiciels, polymorphisme, généricité, maîtrise de la complexité, exceptions, BNF, expressions régulières, génie logiciel, UML, type abstrait, tableaux associatifs, programmation structurée, patron de conception.

Résumé : la programmation constituant l'activité centrale de l'informaticien, ce chapitre commencera par en donner la définition. On décrira ensuite les langages de programmation impératifs, en insistant sur le rôle des premiers langages, puis sur l'importance des langages à objets, donnant ainsi un cadre historique à ce chapitre. On énumérera ensuite les principales constructions ainsi que plusieurs concepts importants en programmation comme les composants logiciels, les types abstraits, les modules, le polymorphisme, la généricité, les exceptions. Quelques paragraphes seront consacrés aux outils concernant le traitement de texte. Dans la deuxième partie, on présentera plusieurs langages de programmation impératifs ainsi que quelques autres.

1 Introduction

1.1 La programmation

La programmation est l'activité centrale de l'informaticien même si de très nombreux autres domaines constituent la technique de l'informatique. Programmer signifie utiliser un ou plusieurs langages de programmation qui ne peuvent pas être appris comme la langue parlée ou l'art des écrivains. Un langage de programmation sert à rédiger des programmes.

Un programme d'ordinateur ressemble à un plan d'architecte ou au dessin d'une pièce mécanique alors qu'un langage de programmation ressemble plutôt à un catalogue de composants pour construire une maison ou une machine mécanique. Malgré les apparences, un langage de programmation ne possède pas les caractéristiques d'une langue naturelle. Un programme n'exprime ni des idées ni des concepts, n'est pas un récit et ne véhicule aucun sentiment ; il donne des instructions *impératives* à un ordinateur non doté d'intelligence. Cependant on s'est rendu compte qu'un programme est fréquemment lu par d'autres humains et relu par l'auteur ; de ce fait, il doit donc aussi répondre à des critères littéraires ! On peut ainsi qualifier tel programme d'élégant, tel autre de lisible, de touffu, etc.

On dit qu'un ordinateur exécute un programme sans doute par analogie avec les membres d'un orchestre qui exécutent une partition. L'analogie est cependant trompeuse puisqu'un ordinateur n'est ni doué d'intelligence ni de sensibilité !

En 1940, John von Neumann fut à l'origine de l'architecture des ordinateurs en les structurant en deux unités bien séparées : l'unité de calcul et la mémoire. La mémoire contiendra à la fois le programme et les données. Cette organisation impose une exécution strictement séquentielle, constituée des phases suivantes :

- obtention de l'adresse du résultat et des opérandes ;
- obtention des données des opérandes ;
- exécution du calcul ;
- et enfin stockage du résultat ainsi calculé dans la mémoire à l'adresse obtenue dans le premier pas.

Chaque cycle d'exécution détermine un état, constitué d'une part du contenu de la mémoire et d'autre part du point de contrôle où se trouve le cycle. Cette architecture, qui est encore la plus répandue de nos jours, détermina à son tour le modèle des premiers langages de programmation qui furent donc impératifs ; à quelques exceptions près, tous les langages comportent aujourd'hui une composante impérative.

Comme nous le verrons dans le paragraphe suivant, les notions de *variable*, *d'affectation* et les *instructions de contrôle* constituent les éléments essentiels des langages de programmation impératifs.

1.2 Variables, affectation et contrôle

Les variables constituent une abstraction de la mémoire, l'affectation une abstraction du transfert de données, et les instructions de contrôle une abstraction de la modification du point de contrôle mentionné plus haut.

Quatre langages ont marqué les débuts de la programmation et sont encore en usage aujourd'hui, ou ont donné naissance à des familles de langages : il s'agit de Fortran, Algol, C et Lisp. À part le dernier qui est présenté ailleurs, tous seront discutés ici ainsi que les langages Pascal, Modula, Cobol, C, C++, PHP et Java.

Dans ce chapitre, nous présenterons quelques concepts importants qui ont été successivement introduits dans les langages de programmation pour résoudre les problèmes de la programmation, soit pour en augmenter l'agrément, soit au contraire pour en limiter la verbosité, ou enfin pour mieux modéliser le domaine des problèmes. Nous nous poserons aussi la question de savoir ce qui fait le succès d'un langage et pas d'un autre.

Une partie des éléments présentés ici est coloriée de jugements de valeurs, souvent implicites.

La lisibilité et la facilité d'écriture d'un langage de programmation sont les critères qui ont guidé nos jugements. Les éléments qui concourent à satisfaire ces critères sont : la simplicité, l'orthogonalité, les types et les structures de données, le support pour l'abstraction, et l'expressivité.

1.3 Paradigmes de langages

Actuellement la plupart des informaticiens reconnaissent la valeur du paradigme[1] des langages à objets. Bien que l'apparition de ce paradigme constitue une coupure épistémologique, nous pensons qu'il est plutôt un aboutissement apparu pour mieux résoudre des problèmes rencontrés dans la programmation, tandis que les paradigmes de la programmation logique et la programmation fonctionnelle sont eux radicalement différents.

La programmation logique part de l'hypothèse qu'en formulant de manière logique[2] un problème, ainsi que ses contraintes, on peut laisser un automate explorer, à la recherche combinatoire de la solution. Cette méthode, radicalement différente de la programmation impérative, s'applique plus spécialement à une gamme de problèmes combinatoires. Voir à ce propos le chapitre «Programmation logique et contraintes».

La programmation fonctionnelle s'attache à étudier les processus calculatoires en les ramenant à un ensemble comprenant des fonctions, des valeurs et des fonctionnelles, au sens des mathématiciens. Elle étudie en particulier la sémantique exacte des écritures possibles dans les langages pour en déterminer la calculabilité, en s'aidant du lambda calcul. Voir à ce propos le chapitre «Programmation fonctionnelle».

Ces deux paradigmes exigent un solide bagage en logique et un esprit non hostile aux mathématiques.

La conception à objets et la programmation objet font désormais partie du bagage indispensable dans la pratique du métier de l'informatique. Ce chapitre, qui traite des langages impératifs, donnera de ce fait un éclairage plutôt historique. On se reportera au chapitre «Langages à objets» pour une présentation approfondie des langages à objet.

2 Éléments abstraits d'un langage impératif

2.1 Éléments nécessaires

Enumérons les éléments qui sont nécessaires dans un langage de programmation impératif pour permettre à une machine d'exécuter un algorithme :

Les variables

Une variable est caractérisée par ses attributs qui comprennent son nom, sa position en mémoire, sa valeur, son type, sa portée et sa durée de vie. La portée d'une variable est la portion de programme dans laquelle elle règne. Par le jeu des règles de portée, des mêmes noms de variables peuvent désigner des variables différentes.

L'évaluation d'expressions arithmétiques

Dans une expression la plus naturelle possible (c'est-à-dire utilisant une notation proche des mathématiques).

L'affectation

Elle permet de donner une (nouvelle) valeur à une variable. L'affectation pose toujours problème au débutant. Deux raisons peuvent expliquer cette difficulté :

1. Un paradigme est pris ici comme un modèle d'une classe de langages de programmation.

2. En utilisant uniquement des expressions du calcul des prédicats.

d'une part le choix malheureux du terme *variable*, importé des mathématiques ; d'autre part, l'étudiant habitué à considérer le signe d'égalité comme symbole de l'égalité, a du mal à percevoir l'affectation comme l'instruction qui donne une nouvelle valeur à une variable de l'ordinateur. Les concepteurs d'Algol ont d'ailleurs choisi le symbole := pour l'affectation pour mieux le distinguer du signe d'égalité. Ainsi

```
x := x + 1 ;
```

en programmation instruit l'ordinateur de prendre la valeur de la variable x (en fait la cellule de mémoire appelé x, qui n'a rien à voir avec la variable d'une fonction en mathématiques), de l'augmenter de 1 et de ranger cette nouvelle valeur dans la même cellule x.

Les instructions conditionnelles

L'instruction conditionnelle sert à prévoir un déroulement différencié en fonction d'une condition qui sera évaluée à chaque exécution différente du programme. Dans le cas où une seule instruction est conditionnée, c'est simple. Mais souvent plusieurs instructions doivent être exécutées successivement si la condition est vérifiée, certains langages ont donc introduit des facilités syntaxiques pour exprimer ce regroupement. De plus le langage peut prévoir la possibilité d'évaluer des conditions en cascade. L'expression linguistique peut devenir particulièrement difficile à relire. En Algol 60 on a introduit des couples de mots clés pour indiquer la portée de ces regroupements, à partir de C on utilise souvent des accolades {} . La forme d'une instruction conditionnelle est alors la suivante:

```
if (expression booléene) {
  instructions exécutées si vrai;
}
else {
 instructions exécutées
 dans le cas contraire;
}
```

Un mécanisme de répétition

On veut exprimer le fait qu'une instruction ou une suite d'instructions doivent être répétées. Ainsi une répétition doit comporter une clause de terminaison, qui peut être située à la fin de la boucle ou au début.

On distingue en Pascal les instructions `while-do` des instructions `repeat-until`. La première place la condition au début et peut donc ne pas être exécutée du tout, alors que la deuxième place la condition à la fin : les instructions englobées sont donc exécutées au moins une fois.

Enfin il existe généralement une construction dont le nombre de répétitions est connu a priori, ou qui énumère un ensemble fini de cas, ainsi :

```
for i in 1 .. 10 loop
  y := y + i ;
end loop
```

itère exactement dix fois en donnant successivement les valeurs de 1 à 10 à la variable i.

Parmi toutes les structures de contrôle énumérées on considère qu'une structure est *bonne* si elle compte exactement une entrée et une sortie ;

D'autres éléments sont encore nécessaires.

L'existence de sous-programmes

Un sous-programme n'est a priori qu'une séquence d'instructions regroupées, qui a été baptisée; son appel en divers points provoque l'exécution de cette même séquence avec un retour consécutif. Les paramètres permettent des appels différents en fonction des valeurs de ces mêmes paramètres, on parle alors d'abstraction procédurale car en effet, l'usage de sous-programmes (ou procédures) constitue un des premiers outils pour l'abstraction en programmation.

Nous présentons ici un exemple de sous-programme ainsi que son invocation; pour corser l'exemple nous présentons un sous-programme qui est *récursif*[1], comprenant deux invocations de lui-même dans son corps.

Ce casse-tête est connu sous le nom de *problème des tours de Hanoi*. Il s'agit de transporter un certain nombre de disques de diamètres décroissant posés sur le piquet n° 1 vers le piquet n° 2 (en s'aidant du piquet n° 3), en respectant la contrainte consistant à ne poser que des disques de diamètre inférieur sur des disques de diamètre supérieur. La solution intellectuelle est assez facile à trouver, mais impossible à réaliser de tête à partir d'une dizaine de disques. On suppose qu'on dispose d'un sous-programme pour déplacer un disque d'un piquet vers un autre. Déplacer une pile de quinze disques se fera par un appel à :

```
hanoi(1,2,3,15) ;
```

Voici la solution exprimée dans un langage procédural:

```
hanoi (de, a, aide, combien){
if (combien > 1){
 hanoi(de, aide, a, combien-1);
 deplacer (de, a);
 hanoi(aide, de, a, combien-1)
 }
}
```

La première ligne déclare le nom du sous-programme (hanoi) et spécifie que son exécution va dépendre de la donnée de quatre paramètres : de, le numéro du piquet de départ, a, le numéro du piquet

1. La récursivité est le mécanisme qui permet de définir un algorithme en termes de lui-même. Très connu en mathématiques, il semble de prime abord être circulaire. Disposer d'un tel moyen permet d'exprimer des algorithmes opérant sur des données dont la nature est récursive, comme par exemple un arbre.

d'arrivée, `aide`, le numéro du piquet intermédiaire et `combien`, le nombre de disques à déplacer. Les lignes suivantes constituent le corps du programme : une instruction conditionnelle, qui donne la solution : déplacer `combien` de disques revient à :

- déplacer d'abord les (`combien - 1`) disques supérieurs sur le piquet appelé à l'aide ;
- déplacer le disque restant en faisant appel au sous-programme fourni (et d'ailleurs élémentaire) ;
- enfin déplacer les premiers disques vers le piquet d'origine.

La magie se cache dans les deux appels récursifs à `hanoi`, qui chacun doivent déplacer moins de disques que le nombre qui est demandé en paramètre, mais chaque appel cache un nombre faramineux d'autres appels.

Des instructions d'entrée sortie

Des instructions permettant d'effectuer la saisie ou la *lecture* de données numériques ou textuelles à partir d'un dispositif externe. Des instructions pour l'impression ou l'écriture de données vers un dispositif externe.

Du degré d'abstraction dont dispose tel langage ou non pour incarner ces différents ingrédients énumérés ci-dessus et de leur richesse va dépendre son adéquation à une bonne programmation et son agrément.

2.2 Bibliothèque de composants logiciels

De nombreux langages ont prévu des bibliothèques de composants logiciels : Smalltalk, Ada, C++, et Java, entre autres. Lorsqu'une telle bibliothèque est créée au moment de la publication du langage, comme ce fut le cas pour Smalltalk, elle constitue un cadre quasi obligatoire de pensée et de conception. En revanche, lorsque les bibliothèques sont conçues ultérieurement, comme pour Ada et C++, on assiste à une prolifération de variantes concurrentes de bibliothèques, ce qui décourage les programmeurs. Java, fort de ces expériences, apparut avec un jeu de paquetages qui devait permettre la rédaction de programmes en réutilisant les composants logiciels ainsi disponibles. En conclusion, le succès d'un langage de programmation peut être favorisé par l'existence d'une bibliothèque de composants. C'est même une condition nécessaire à l'émergence d'une industrie du logiciel, mais cette condition n'est malheureusement pas suffisante...

2.3 Types et type abstraits

Déclarer des variables de type différent permet d'augmenter la lisibilité. Par exemple, utiliser une variable entière comme marqueur booléen nécessite l'introduction d'une convention :

```
oqp = 1 ;
```

est moins clair que

```
oqp = true ;
```

qui permet des expressions comme :

```
if (oqp) {
  ...
  } ;
```

Dans le domaine des valeurs numériques, le type détermine le domaine de variation de valeur et la précision, c'est-à-dire la place en mémoire allouée pour une telle variable.

Les types comprennent les types simples et les types composés. Les types composés incluent les tableaux, les enregistrements (ou structures), les ensembles, les intervalles, les types pointeurs et quelquefois même des types fonctions. La composition à partir de deux types, le type des indices et le type des valeurs permet de définir un type tableau. La possibilité de définir de nouveaux types dans un langage constitue un premier pas vers l'abstraction, abstraction qui culminera avec les types abstraits.

Les opérateurs au sens large comprenant aussi les méthodes (fonctions) sont définis explicitement pour certaines combinaisons de types, souvent avec surcharge. Par exemple, le signe d'addition + est d'ordinaire interprété comme l'addition entière entre variables entières ou l'addition réelle entre variables réelles. Surcharger un symbole d'opération consiste à en étendre l'utilisation. On peut par exemple surcharger le symbole + en l'utilisant pour l'addition des polynômes ou des matrices. On appelle vérification de type, le travail qu'effectue le compilateur pour assurer la compatibilité de type des opérandes et éventuellement les convertir.

Type abstrait

L'abstraction est la faculté d'abstraire les détails non significatifs au profit des seuls attributs importants. Ada est le premier langage à avoir réellement implémenté le type abstrait par le biais de la séparation de l'interface publique de l'implémentation privée d'un paquetage.

Un type abstrait sous-entend :

- la déclaration du type et des opérations sur les objets ;
- que la représentation soit cachée ;
- que les autres modules qui ne connaitront que son interface puissent déclarer et utiliser des objets de ce type.

Donnons comme exemple de type abstrait un type `pile` pour lequel les opérations suivantes sont définies :

```
est_vide_la(pile)
empile_sur_la(pile, element)
```

```
retire_de_la(pile)
sommet_de_la(pile)
```

La première méthode est un *prédicat booléen*, la deuxième et la troisième sont des *modificateurs* car ils ont un effet sur la pile, et la dernière est un *observateur* sans effet. Leur sens est assez clair. Par contre rien n'est connu de la manière dont les données sont représentées en mémoire ni comment les opérations sont réalisées.

L'avantage de la séparation de l'interface et de l'implémentation réside dans la possibilité de modifier l'implémentation sans prétériter les applications dépendantes de l'interface.

2.4 Exceptions

Dans certaines circonstances, l'évaluation d'une expression, une lecture sur un dispositif ou l'appel d'une méthode peut ne pas se dérouler comme prévu par le programmeur. Pour faire face à une telle situation exceptionnelle, le programmeur prévoyant interrogeait une variable transmise en retour de l'appel à la méthode, et prenait les mesures appropriées. Cette approche s'est révélée peu sûre. Plusieurs langages de programmation parmi lesquels Ada, C++, Java, et PL/1 ont donc introduit des mécanismes d'exceptions qui prévoient notamment d'assurer :

- le saut hors de la structure dans laquelle l'exception a eu lieu ;
- la transmission d'information accompagnant le saut;
- le retour au point du programme permettant la continuation de l'exécution.

Les mécanismes linguistiques mis en œuvre sont :

- une instruction permettant de lever l'exception ;
- un traitement exception qui permet d'accueillir l'événement survenu qui a déclenché l'exception.

2.5 Polymorphisme et généricité

Ces deux notions ne sont pas spécifiques aux langages à objet. Elles permettent en fait d'atteindre un degré élevé d'abstraction pour des méthodes (incarnation d'algorithme) en laissant le type des objets, sur lesquels opère la méthode, le plus général possible. Le polymorphisme permet à une méthode[1] de choisir dynamiquement son comportement en fonction du type de l'objet sur lequel elle opère alors que la généricité permet de générer des incarnations différentes de méthodes en fonction du type des objets. En général les opérateurs arithmétiques sont naturellement polymorphes en ce sens que le signe + va représenter l'addition entre entiers si les opérandes sont entiers, l'addition entre réels si les opérandes sont réels. En généralisant la notion d'opérateurs aux méthodes de même noms mais de signature différente on dispose déjà de polymorphisme statique, mais lorsque le type peut être déterminé en temps d'exécution, on parle de polymorphisme dynamique.

Pour illustrer le propos, prenons comme exemple un tri opérant sur une collection d'objets pour lesquels il existe une relation d'ordre total. Les seules primitives nécessaires pour la rédaction d'un algorithme sont le parcours de la collection, l'échange de deux éléments de la collection et une fonction permettant de comparer deux éléments. Le type des objets importe peu dès lors. Il peut donc être passé en paramètre de généricité ou servir aux appels dynamiques dans le cas du polymorphisme.

La généricité est un mécanisme qui intervient au moment de la compilation : il permet d'engendrer diverses incarnations d'algorithmes pour des jeux de types différents.

2.6 Traitement des textes et des chaînes de caractères

À l'origine les ordinateurs ont été utilisés principalement pour effectuer des calculs longs et compliqués, dans les domaines de la physique, de la météorologie et des sciences de l'ingénieur ou plus tard dans la gestion des administrations et des entreprises. L'ordinateur a donc été spécialement conçu pour effectuer les quatre opérations arithmétiques ainsi que des composés de celles-ci. Un texte de programme est essentiellement composé de mots. Son édition et sa compilation sont des opérations surtout textuelles, il en va de même d'un traitement de texte. Les opérations nécessaires pour effectuer ce traitement sont cependant assez différentes de celles qui effectuent les calculs mathématiques. Il allait cependant de soi que de telles tâches devaient aussi pouvoir être confiées à un ordinateur. Nous examinerons cela dans le point suivant.

2.7 Opérations textuelles

Les opérations nécessaires pour un traitement de texte sont la concaténation, la recherche et l'extraction de sous-chaînes, les conversions textuelles, la possibilité de définir des chaînes littérales dans le texte du programme, ainsi que des entrées-sorties. Toutes ces opérations sont en soi élémentaires à réaliser par des sous-programmes, mais lorsqu'un langage offre ces facilités par des opérateurs efficaces, il devient particulièrement adéquat pour le traitement de données textuelles. À part quelques langages spécialisés dans le traitement de chaînes comme SNOBOL et Perl, il a fallu attendre longtemps pour que le traitement de chaînes soit bien implanté dans un langage de

1. En fait il s'agit d'un ensemble de méthodes homonymes dont l'exemplaire approprié est choisi en fonction du type de l'objet.

programmation : ce fut le cas en Pascal UCSD et en Java.

2.8 Expressions régulières

La reconnaissance de chaînes dans un grand volume de données textuelles se fait souvent grâce à des patrons qui décrivent la microsyntaxe de ce qui est recherché. Le patron est décrit grâce à un langage obscur mais puissant appelé *expression régulière*. Le terme vient de la théorie des langages et des automates, mais la syntaxe est plus complexe que celle présentée dans le chapitre «Automates finis». Par exemple, l'expression \d représente un caractère numérique quelconque entre 0 à 9, l'union est représentée par | et le point représente un caractère quelconque. L'expression suivante :

```
/(\+|-)?\d+/
```

décrit des nombres entiers précédés éventuellement d'un signe. Malgré le côté cabalistique de cette écriture elle s'est imposée aux programmeurs et les expressions régulières sont présentes dans la plupart des langages actuels soit directement comme construction syntaxique soit dans les extensions.

2.9 Tableaux associatifs

Le tableau est une structure d'information qui permet de représenter une application d'un sous-ensemble de N vers un ensemble de données uniformes. Cette structure permet d'accueillir une série d'éléments de nature semblable, de les stocker et de les référencer grâce à un numéro, l'indice.

Si l'ensemble de définition n'est pas un intervalle contigu de nombres entiers, mais par exemple des mots, il faut avoir recours à un artifice qui consiste à attribuer un numéro de manière arbitraire mais déterminé à chaque mot. Si deux mots ont le même indice on doit avoir recours à un autre artifice.

La structure qui émerge s'appelle une table de hachage. Sa programmation n'est pas élémentaire et on comprend l'intérêt d'introduire un tel mécanisme dans le langage (awk, Perl, PHP…) ou en tout cas dans des modules standard (Java, Ada). Le programmeur peut dès lors avoir recours à des expressions du genre :

```
Connect_time['balthasar garzon']
```

L'expression fait référence à un élément d'un tableau associatif dont l'indice est ici une chaîne de caractères «balthasar garzon». Le tableau ne comporte en général que les éléments pour lesquels une entrée a été effectuée auparavant.

3 Quelque questions au sujet des langages de programmation

3.1 Le succès d'un langage de programmation

Il existe des milliers de langages de programmation, qui ont été successivement imaginés, formellement décrits, compilés puis utilisés pour rédiger des programmes. Certains sont l'œuvre d'individus chevronnés et solitaires, d'autres ont été conçus par de grands comités.

Lorsque le choix d'un langage n'est pas imposé par l'institution, la préférence est souvent d'ordre affective. Dans le monde industriel, le choix est souvent imposé et les changements rares, en partie en raison de l'investissement en formation que représenterait un changement. Dans le monde universitaire, la mode est au changement « pour être au courant des derniers développements ». Les jeunes diplômés importent alors dans les entreprises les nouvelles approches.

Il est très difficile d'avancer une explication reconnue sur la question soulevée par le titre de ce paragraphe. Fortran doit son succès au fait qu'il fut le premier à permettre la rédaction de programmes numériques. Ce n'est que lorsque la forme des données est complexe que ce langage devient inadéquat ou encore lorsque les programmes deviennent complexes, ce qui ne doit pas être confondu avec les difficultés mathématiques des problèmes traités.

Le manque de succès d'Ada 95 a probablement deux origines : d'une part, le DOD (Department of Defense) a cessé de l'imposer pour les applications relevant de son domaine ; d'autre part, il n'a pas résisté à la concurrence de C++, apparu à la même époque.

Le succès passé de Pascal est dû à sa grande simplicité, mais il n'a pas résisté à l'arrivée de C et de Basic.

Le succès de C++ est certainement dû au fait qu'il permet une programmation plus sûre et plus modulaire de grands systèmes, celui de Java à ce qu'il s'inspire fortement de C++ en étant plus simple, plus élégant et plus puissant.

3.2 Maîtrise de la complexité : existe-il une solution linguistique ?

Beaucoup de langages de programmation, en particulier les langages impératifs ont été conçus comme une machine-outil, c'est-à-dire un assemblage équilibré d'outils de base et de facilités de composition permettant la rédaction de programmes faciles à compiler et efficaces. Il n'a toutefois pas été possible de mettre en place des dispositifs linguistiques permettant de maîtriser la complexité de grands systèmes informatiques, pourtant composés d'éléments de ces langages. Les premières tentatives pour assurer cette maîtrise ont été successivement la programmation structurée, la modularisation, les types abstraits et enfin l'approche objet. Chacune de ces approches a constitué pour ses promoteurs l'espoir de pouvoir imposer un comportement de bonne pratique dans la programmation. D'une manière générale la complexité dans les activités humaines ne se maîtrise pas par des moyens formels ou bureaucratiques. Seuls les meilleurs deviennent de bons programmeurs. La méthode UML semble enfin séduire beaucoup de développeurs : il s'agit de méthodologie et non d'un moyen linguistique. Le recours aux patrons de conceptions catalogués dans des livres qui décrivent les conditions d'application apparaît comme des recettes générales et rejoint les pratiques des métiers de compagnonnage, un signe que l'informatique atteint une certaine maturité !

On commence à réaliser que concevoir et programmer des applications informatiques nécessite un savoir-faire dans la conception, les algorithmes et la programmation ainsi que la maîtrise de bonnes pratiques. Cela ne saurait se limiter à l'apprentissage de la programmation fut-ce avec un langage à objets.

4 Parcours de quelques langages impératifs

Remarque liminaire : dans cette partie, la mention du ou des auteurs principaux du langage considéré, sera souvent suivie d'une mention de la forme (TA 2004) : il s'agit de la date d'attribution du Turing Award, une prestigieuse distinction décernée par une société savante d'informaticiens. Si la mention TA est absente, la date est celle de la création du langage.

4.1 Fortran

En 1958, un groupe dirigé par John Backus, (TA 1977), a commencé le développement d'un compilateur pour le premier langage de programmation compilé, Fortran I, pour l'ordinateur IBM 704. Le contexte est assez particulier. La machine est très lente, très chère. Il importe donc de pouvoir générer du code si possible aussi efficace que celui qui est codé à la main. Le langage est censé simplifier grandement la programmation, en réalité le progrès notable réside dans la traduction des expressions arithmétiques, ce d'autant plus que l'essentiel des programmes concerne des calculs numériques. La plupart des particularités exotiques du langage Fortran sont déjà présentes : identificateurs à six caractères, type de l'identificateur déterminé par la première lettre, instructions conditionnelles à trois branches, boucle Do et entrées/sorties formatées. La seule structure de données est le tableau de taille fixe, et d'indices non vérifiés ! Fortran va évoluer, peu, en Fortran II, IV, 77. Il reste malgré toutes les critiques formulées à son encontre, un des langages les plus utilisés, encore aujourd'hui, en particulier chez les physiciens et autres scientifiques devant faire de gros calculs numériques. On peut l'expliquer par des raisons culturelles, de formation, ou encore par l'investissement énorme consenti dans certaines branches en lignes de code. On prétend que le CERN compte une bibliothèque de plusieurs millions de lignes de Fortran.

Fortran 90 va constituer une véritable révolution, puisque bon nombre de constructions seront héritées d'autres langages : tableaux dynamiques, structures de contrôle plus sophistiquées, modules, récursivité, enfin l'élimination du format fixe des programmes, héritage des cartes perforées.

4.2 Algol

J. Backus, John MacCarthy, (TA 1971), A Perlis (TA 1966) ainsi que quelques Européens : P. Nauer (DK) F.L. Bauer (D), H. Rütishauser (CH), B. Vauquois (F).

Langage impératif par excellence, défini entre 58 et 60 par les meilleurs auteurs des langages précédents ainsi qu'une brochette d'universitaires dont de nombreux Européens, ce langage se voulait indépendant du constructeur et a été spécialement conçu pour des applications numériques. Algol est un langage typé, procédural, et à structure de blocs. Il comportait la récursivité et la possibilité de créer des structures de données dont la taille pouvait être décidée à l'exécution du programme. Les mécanismes de passage de paramètres à des fonctions furent considérés comme trop riches par rapport à leur utilité. Ils seront simplifiés par la suite dans les langages suivants. Algol a donné naissance à toute une génération de langages de programmation appelés « Algol-like » en raison de leur notation libre. Notons encore l'émergence de la BNF (*Backus Normal Form*), une métagrammaire permettant de définir les formes syntaxiquement correctes des constructions du langage. Algol fut pendant de nombreuses années la *linguæ franca* pour la publication d'algorithmes dans les revues des sociétés savantes d'informatique.

4.3 Pascal,

Lorsque Niklaus Wirth (TA 1984), auteur déjà de plusieurs langages de programmation, notamment Algol W comme proposition de successeur à Algol 60, se voit assigner l'enseignement de Fortran aux étudiants ingénieurs de l'École polytechnique de Zurich, son désenchantement est grand. Pascal naît essentiellement de sa conviction qu'il est impossible d'enseigner la bonne programmation avec Fortran. Pascal sera donc un langage simple, incorporant l'essentiel des structures de contrôle ainsi que la possibilité de structurer les données grâce aux enregistrements de Tony

Hoare, (TA 1980), adapté à l'enseignement des algorithmes en particulier sur les structures souples à pointeur.

Urs Amman, l'auteur du premier compilateur pour CDC-6000, estime à deux hommes-année le temps nécessaire pour sa rédaction. Deux éléments sont à noter : il s'agit d'un autocompilateur en une seule passe qui a été écrit par la technique du *boostrap*.

Un autocompilateur est un compilateur écrit dans son propre langage. Ceci pose un problème de principe puisque pour compiler le compilateur il faudrait disposer du compilateur compilé ! La technique du *boostrap* permet de procéder par étapes : en traduisant à la main une version du compilateur n'utilisant qu'une partie restreinte du langage, mais permettant de compiler une version de plus en plus étendue du langage.

Cette technique donnera lieu rapidement à un sous-produit qu'est le compilateur P, qui, au lieu de compiler vers du code d'une machine particulière, traduit vers un code intermédiaire, qui est lui-même interprété. Cela va contribuer à rapidement assurer la diffusion du langage, puisque, pour une nouvelle machine, seul l'interprète doit être écrit, chose assez aisée. Cette technique, peu connue à l'époque, sera reprise pour le langage Java. Pascal va connaître un certain succès dans les milieux universitaires. Le déclin de Pascal a lieu vers les années quatre-vingt-dix.

4.4 **Modula**

Conçu lui aussi par Wirth comme successeur de Pascal fin 1970, Modula introduit la notion de module, qui permet de regrouper des déclarations de types, de fonctions et de constantes dans une unité de programme, facile à compiler séparément. D'autres unités de programme peuvent faire référence à ces modules. L'élément important ici est la *séparation* entre la partie publique et la partie privée. Les clients d'un module n'ont connaissance que de l'interface publique, pour lesquels peuvent exister plusieurs implémentations différentes. De plus la conception d'un programme peut se décomposer en modules, limités dans un premier temps à des parties publiques de modules. Plusieurs langages vont adopter cette approche par la suite, dont Ada sous le nom de « paquetage », constituant un des éléments clefs du génie logiciel.

4.5 **COBOL**

Amiral Grace Murray Hopper, 1960

Parallèlement à Algol naît un langage destiné aux applications commerciales, également défini par un comité. Il s'agit sans doute du langage le plus utilisé de tous les langages, si on prend comme critère le nombre de lignes écrites en COBOL. Son influence sur d'autres langages sera cependant fort limitée. Sa principale caractéristique est son expression proche de la langue anglaise. Cela résulte d'une décision délibérée qui partait de l'idée que les applications de traitement des données doivent être exprimées en langue naturelle. Le résultat est un langage verbeux. COBOL est le premier langage à disposer de moyens pour décrire des données ainsi que pour décrire les formats d'impression. Dans l'histoire de l'informatique, on peut retenir que grâce à COBOL on aura pris conscience que les ordinateurs sont utilisés pour des traitements de données et de gestion et non plus seulement pour des calculs scientifiques.

4.6 **C**

Ken Thomson et Dennis M. Ritchie 1978 (conjointement TA 1983).

C est devenu le langage impératif le plus populaire. Il a largement remplacé Pascal dans l'enseignement avant d'être supplanté par Java. Son succès est certainement dû au succès du système d'exploitation Unix lui-même, dont les appels au noyau sont directement accessibles en C. Le modèle de la mémoire que C offre représente directement celle de l'ordinateur sous-jacent. Enfin l'absence de contraintes sur la compatibilité de type ainsi que le calcul d'adresses permet au programmeur chevronné d'écrire des programmes efficaces. Au cours des années les nombreuses critiques à l'égard de C, en particulier de la part des adeptes du génie logiciel ont poussé beaucoup de programmeurs à passer à C++ ou à Java.

4.7 **C++**

Il s'agit d'un des langages les plus populaires dans l'industrie informatique au cours des années quatre-vingt-dix, développé par Bjarne Stroustrup chez Bell comme amélioration de C. Il sera normalisé par l'ISO en 1998 ainsi que sa bibliothèque standard. Les ajouts par rapport à C sont entre autres, la gestion d'exceptions, les patrons, les classes et l'héritage, qui sont des concepts de la programmation orientée vers les objets. On peut considérer que c'est C++ qui a contribué grandement à l'adoption de la programmation objet dans le monde industriel. Le lien voulu de C++ vis-à-vis de C ne laissa malheureusement que peu d'espace pour des considérations esthétiques et en fit un langage complexe, ce qui n'empêcha nullement son succès.

4.8 **PHP**

R. Lerdorf, 1995

Avec l'avènement de l'Internet, du code de plus en plus sophistiqué devint nécessaire du côté du serveur. D'un autre côté le « langage » pour exprimer la présentation des pages du côté du client reste HTML. Une solution hybride était nécessaire ainsi qu'un moteur efficace et des moyens pour assurer une continuité entre des requêtes successives palliant l'absence d'états dans le protocole HTTP.

Parmi les diverses solutions citons ASP, proposé par Microsoft et JSP basé sur Java. Ces deux systèmes ont une syntaxe compliquée. PHP avec une syntaxe à la C constitue en fait un habile compromis hétéroclite de syntaxe simple offrant la notion de session et de multiples facilités pour accéder aux bases de données, à la cryptographie, à XML, au modèle objet de la page HTML. Le serveur devant envoyer du code HTML au client, un programme PHP est constitué d'un mélange de code HTML et de code PHP qui, interprété par le serveur peut à la fois accéder aux données rémanentes stockées sur le serveur et à celles saisies par le client. Il doit finalement produire du code HTML. Un tel programme a toutefois peu de chances d'être lisible et donc maintenable. En 2004, plus de quinze millions de sites utilisaient PHP. Enfin signalons que de nombreuses plates-formes de systèmes de gestion de contenus sont rédigées en PHP.

Ici comme dans d'autres langages, la dernière version PHP-5 incorpore des éléments orientés vers les objets.

4.9 Java

J. Gosling, 1994

Initialement conçu comme langage destiné aux applications embarquées dans des appareils électroménagers, il est devenu le langage à objets qui a la plus solide réputation. Sa conception est le fruit de décisions répondant à des critères prévus dès le départ parmi lesquels la portabilité, la sûreté, la simplicité et l'efficacité. Une décision audacieuse, compte tenu de ces contraintes est le fait qu'il est interprété.

Cette décision facilita certainement la portabilité mais dans un premier temps pas l'efficacité. Mais l'apparition des compilateurs « à la demande » a relégué ces objections à l'arrière-plan. Le concept objet principal est la *classe*, une sorte de fabrique d'objets incorporant des attributs et des méthodes opérant sur les objets. Le code d'une classe est chargé en mémoire à la demande, c'est-à-dire en temps d'exécution. Cet instant est donc le bon moment pour compiler la classe, au premier chargement. Bénéficiant de l'expérience importante de C++, Java a pu se débarrasser d'un certain nombre de constructions, jugées peu utilisées ou compliquées, aboutissant à un langage plus cohérent et plus simple. Java a aussi introduit un « ramasse-miettes » qui libère la mémoire en temps voulu, dispensant les programmeurs de cette tâche. La syntaxe est largement inspirée de C++ et augmente l'attrait pour la migration que bon nombre de programmeurs n'ont pas hésité à effectuer. Il est aussi devenu le langage de programmation le plus utilisé dans l'enseignement supérieur.

La dernière version du langage, qui n'a subi qu'une révision importante depuis 1994, apporte de nombreuses simplifications syntaxiques ainsi que des facilités pour la métaprogrammation comme les annotations et les génériques.

Un programme Java peut être interprété au sein d'un navigateur dans ce qui s'appelle une appliquette, cela suppose toutefois que la machine virtuelle Java soit installée dans le navigateur, ce qui était pratiquement le cas dans les premiers navigateurs. Déjà une grande maison de logiciels «éprouve de grandes difficultés» pour permettre d'installer une telle machine virtuelle sur ses navigateurs...

Java s'exécute dans des organiseurs ainsi que sur des téléphones mobiles, permettant le développement et la distribution de programmes pour ces dispositifs. Nous renvoyons également le lecteur intéressé au chapitre «Langages à objets» sur les langages à objet.

5 Conclusion

Nous avons défini ce que sont un programme d'ordinateur et l'activité qui lui donne naissance, la programmation, nous avons donné les principales caractéristiques d'un langage de programmation impératif. Nous avons vu que la plupart des langages de programmation comportent une composante impérative. Nous avons aussi montré que l'existence de langages purement impératifs ne se justifiait plus dès lors que les langages à objets permettent une meilleure approche de l'analyse, de la programmation et finalement du suivi d'un programme à travers son cycle de vie. Malgré la pléthore de langages de programmation, le seul bon choix d'un langage particulier ne saurait garantir, à lui seul, le succès d'un projet informatique.

Bibliographie

Aaby, Antony A. (1996), *Introduction to Programming Languages*, The Brighton University Resource Kit for Students

Mitchell, John C. (2003), *Concepts in programming languages*, New York, Cambridge University Press

Sebesta, Robert W., (2004), *Concepts of programming languages*, New York, Addison Wesley

Tucker, Allen B. (1997), *Computer Science and Engineering Handbook*, CRC Press & ACM

Wikipedia, L'encyclopédie libre (http://fr.wikipedia.org/wiki/Informatique)

Programmation fonctionnelle

Emmanuel Chailloux, Michel Mauny

Mots-clés : programmation fonctionnelle, fonctions, continuations, typage dynamique et statique, évaluation immédiate et retardée, types algébriques et filtrage de motifs, rupture et reprise de calcul, compilation, gestion automatique de la mémoire.

Résumé : la programmation fonctionnelle repose sur une vision des calculs où un programme est une expression à évaluer, et son exécution réalise une évaluation. Les programmes fonctionnels sont donc des expressions où les fonctions tiennent une place prépondérante. Les langages fonctionnels sont ainsi assez proches d'une vision mathématique de la programmation. Ce chapitre décrit les mécanismes de base communs aux langages fonctionnels, indique quelles en sont les grandes familles et donne quelques indications quant à leur implantation efficace.

La complexité croissante des tâches dont on souhaite confier l'exécution à des ordinateurs impose une recherche continuelle d'abstraction et de facilité d'expression dans les outils de fabrication des programmes informatiques. L'ordinateur en lui-même, constitué essentiellement d'un processeur exécutant des instructions, et de mémoires, fonctionne selon un modèle impératif de très bas niveau.

Les modèles et langages de programmation qui ont vu le jour depuis l'invention de l'ordinateur ont tous cherché à s'abstraire de la machine, pour aller progressivement vers des modèles plus proches des structures mentales de l'esprit humain. L'indépendance vis-à-vis de l'architecture du processeur et du système d'exploitation a été obtenue par la conception de langages de programmation dotés de données structurées (telles les tableaux) et de compilateurs traduisant les programmes en langage machine. Les modèles de calcul eux-mêmes sont devenus plus abstraits, tenant plus compte de la pensée du concepteur de programmes que du modèle d'exécution de bas niveau fourni par les machines. Ainsi, les langages de programmation se sont enrichis de *procédures* représentant du code paramétré. La notion de procédure, dont l'exécution a pour seul effet de modifier l'état de la mémoire, a évolué en une notion plus générale de *fonction* qui produit un résultat.

Certains langages, s'inspirant de la notion mathématique de fonction, ont priviligié ce modèle de programmation en autorisant les fonctions comme paramètres d'autres fonctions, ou comme résultat de calculs, ou encore en tant que composantes de structures de données. Ce modèle est appelé *modèle fonctionnel* de programmation.

C'est ce modèle fonctionnel qui est le sujet de ce chapitre. Les autres modèles résultant de ces évolutions de la programmation sont décrits dans d'autres chapitres de cet ouvrage.

Le pseudo-langage utilisé ici pour écrire les exemples de programmation est un langage fonctionnel fortement inspiré du langage Caml.

1 Principes de base de la programmation fonctionnelle

Les notions d'expression et d'évaluation sont deux éléments essentiels du modèle de programmation fonctionnelle. Dans ce cadre, un programme est une expression à évaluer, son exécution est son évaluation, c'est-à-dire le calcul de la valeur de cette expression.

1.1 Exemples d'expression

La formule suivante représente le nombre de minutes dans une année civile.

```
( if bissextile(annee) then 366 else 365) *
60 * 24
```

Selon que l'année est ou non bissextile, elle sera composée de 366 ou de 365 jours, respectivement. Le test est opéré par la fonction `bissextile`, que l'on suppose avoir été préalablement définie, et qui est ici appliquée à une année précise représentée par l'identificateur `annee`. La construction conditionnelle (**if** _ **then** _ **else** _)[1] est une *expression* et non pas une instruction comme dans un langage impératif classique.

Pour paramétrer ce calcul par l'année, on *abstrait* l'identificateur `annee` en le paramètre formel d'une fonction que l'on pourra ensuite *appliquer* à des valeurs différentes. On introduit à cet effet la construction (**fun** _ → _) pour obtenir la fonction paramétrée du calcul des minutes :

```
(fun annee →
   ( if bissextile(annee) then 366 else 365) *
   60 * 24)
```

On peut nommer cette fonction à l'aide d'une déclaration :

```
let minutes =
 (fun annee →
   ( if bissextile(annee) then 366
    else 365) * 60 * 24)
```

On utilisera par la suite la forme équivalente suivante, plus concise, pour les déclarations de fonctions :

```
let minutes(annee) =
 ( if bissextile(annee) then 366
  else 365) * 60 * 24)
```

Les fonctions peuvent bien sûr recevoir plusieurs arguments. Par exemple, la fonction suivante calcule le minimum de ses trois arguments :

```
let min3(a)(b)(c) =
  if a < b then
    if a < c then a else c
  else
    if b < c then b else c
```

1.2 Nommage, portée

Les déclarations peuvent être *locales* à un calcul. Nous utiliserons ici la construction (**let** _ **in** _) pour indiquer que ce qui est déclaré par le **let** est local au calcul de l'expression suivant le mot-clé **in** :

```
let minutes(annee) =
 60 * 24 *
   ( if bissextile(annee) then 366
    else 365))
in (minutes(1598) + minutes(1789))
```

De telles déclarations locales dans un langage fonctionnel correspondent à la notion classique de bloc dans les langages de programmation : la *portée* de l'identificateur `minutes`, c'est-à-dire le morceau du programme à l'intérieur duquel cette déclaration de `minutes` sera valable, est ici l'expression (`minutes`(1598) + `minutes`(1789)).

Les langages fonctionnels utilisent généralement la règle de *portée lexicale* dite aussi *liaison statique*, qui indique qu'une occurrence d'identificateur x fait référence à la déclaration de x ouvrant le plus petit bloc contenant cette occurrence. Les langages fonctionnels les plus connus ne suivant pas cette règle sont les langages Lisp (Queinnec, 1997), pour lesquels les valeurs associées aux identificateurs sont recherchées dans le contexte courant d'exécution (*liaison dynamique*).

Beaucoup de langages de programmation considèrent une déclaration (**let** $x = a$ **in** b) comme implicitement récursive, c'est-à-dire que la portée de x n'est pas limitée à b mais inclut aussi a. D'autres au contraire nécessitent une forme spécifique de déclaration pour marquer la récursivité. Dans le langage exemple que nous utilisons dans cet article, nous utiliserons la construction **let rec** $x = a$ **in** b pour marquer le caractère récursif de la déclaration de x.

Par exemple, la fonction récursive classique qui produit la factorielle de son argument peut s'écrire :

```
let rec fact(n) =
  if n < 2 then 1
  else n * fact(n-1)
```

Les paramètres des fonctions sont aussi des identificateurs, mais leur valeur n'est pas déterminée par un **let**. Chaque application de la fonction fera correspondre une valeur à chacun de ses paramètres formels. Plus précisément, les déclarations locales peuvent être codées par un appel de fonction : **let** $x = a$ **in** b est en effet équivalent à (**fun** $x \to b$)(a) puisque dans les deux cas, on évaluera b en prenant la valeur de a pour valeur de x.

---

[1] Nous noterons ainsi les opérations et constructions syntaxiques de langages de programmation. Les symboles « _ » indiquent les positions des termes à ajouter pour obtenir des expressions complètes.

1.3 Valeurs fonctionnelles et ordre supérieur

Dans les langages fonctionnels, les valeurs fonctionnelles sont considérées comme des valeurs à part entière : les fonctions peuvent être calculées, arguments d'autres fonctions ou encore stockées dans des structures de données.

Une *valeur fonctionnelle* est la donnée d'un corps de fonction (généralement sous la forme d'une adresse de code) et d'un *environnement* qui donne des valeurs aux identificateurs apparaissant dans ce corps de fonction. Le principe de la liaison lexicale indique que les valeurs des identificateurs sont celles données par le contexte statique de la fonction. Conformément à ce principe, lorsqu'à l'exécution, on construit une valeur fonctionnelle pour (**fun** x → b), on doit associer au code de b les valeurs des identificateurs différents de x apparaissant dans b. L'exemple suivant produit une fonction dont le corps utilise les identificateurs biss et norm dont les valeurs respectives seront stockées dans l'environnement de cette valeur fonctionnelle :

```
let norm = 365 in
let biss = norm + 1 in
(fun an →
  if bissextile(an) then biss
  else norm )
```

Les fonctions prenant en argument ou produisant des valeurs fonctionnelles sont dites d'*ordre supérieur*. La composition fonctionnelle est un exemple de fonction d'ordre supérieur :

```
let compose(f)(g)(x) = f(g(x))
```

Elle possède deux paramètres fonctionnels f et g et un paramètre x. On peut l'utiliser pour calculer la composée n fois d'une fonction f avec elle-même :

```
let rec puissance(f)(n) =
  if n ⩽ 0 then (fun x → x) else
  compose(f)(puissance(f)(n−1))
```

On remarquera que l'appel à compose, ci-dessus, ne reçoit que deux arguments, f et (puissance(f)(n−1)), afin de calculer une fonction. En effet, la définition de compose aurait pu s'écrire de façon équivalente :

```
let compose(f)(g) =
  (fun x → f(g(x)))
```

mettant en évidence la production par compose de la fonction (**fun** x → f(g(x))) à partir de ses deux premiers arguments f et g.

1.4 Structures de données, constructeurs et accesseurs

Outre les données de base que sont les entiers, booléens, caractères, et les valeurs fonctionnelles, les langages fonctionnels offrent bien sûr des structures de données, telles les n-uplets, enregistrements, listes, *etc.* permettant de rassembler plusieurs valeurs en une seule. Le *constructeur* de couples se note (_, _) et les deux projections fst et snd en sont les *accesseurs* :

```
let date = (24, "janvier")
let jour = fst(date)
let mois = snd(date)
```

Ci-dessus, "janvier" représente une chaîne de caractères que certains langages fonctionnels considèreront comme un tableau de caractères, et d'autres comme une liste.

Le constructeur de couples (_, _) se généralise aisément en un constructeur de n-uplets noté (_, ..., _), d'arité quelconque. Dans un couple comme dans un n-uplet, les composantes sont des données quelconques, de nature arbitraire.

Certains langages de programmation offrent un mécanisme général de notation d'accesseurs : le filtrage. Il s'agit d'une construction syntaxique que nous noterons ici (**case** _ **of** _) qui permet de tester la nature du résultat d'une évaluation. Ces tests utilisent des *motifs* qui peuvent contenir des identificateurs : ceux-ci nomment des parties des données testées.

Par exemple, l'accesseur fst utilisé ci-dessus pourrait être défini par :

```
let fst(x) = case x of
  (x1, x2) → x1
```

Cette construction de filtrage est aussi utilisée pour effectuer des tests d'égalité sur des constantes, et peut donc comprendre plusieurs cas :

```
let impair(n) =
 case modulo(abs(n))(2) of
   0 → false
 | 1 → true
```

Une autre structure de donnée très courante dans les langages fonctionnels est la structure de liste. Les listes sont construites à partir d'une constante qui représente la liste vide et que nous noterons [ ], et d'une opération binaire notée (_ :: _) qui construit la liste (x :: xs) à partir d'un élément x et d'une liste xs.

L'exemple suivant définit une fonction récursive intervalle qui construit la liste des entiers successifs compris entre deux bornes min et max, incluses.

```
let rec intervalle(min)(max) =
  if min > max then [ ] else
  min :: intervalle(min+1)(max)
```

L'utilisation de paramètres fonctionnels permet la programmation d'opérations générales sur les listes. L'exemple suivant définit la fonction map qui applique une fonction à l'ensemble des éléments d'une liste et produit la liste des résultats.

let rec $map(f)(l) =$ **case** l **of**
  $[\ ] \rightarrow [\ ]$
| $x{::}xs \rightarrow f(x) :: map(f)(xs)$

Plus générale encore, la fonction `fold_right` itère l'application d'une fonction `f` passée en argument sur l'ensemble des éléments d'une liste à partir d'une racine `e` :

let rec $fold\_right(f)(xs)(e) =$ **case** xs **of**
  $[\ ] \rightarrow e$
| $y{::}ys \rightarrow f(y)(fold\_right(f)(ys)(e))$

Étant donnée une liste xs de la forme $(a_1 :: a_2 :: \ ... \ :: a_n :: [\ ])$, l'expression
$fold\_right(f)(xs)(e)$
va interpréter la liste vide par e, et chaque occurrence du constructeur de liste $(\_ :: \_)$ par un appel à la fonction f, produisant la valeur de $f(a_1)(f(a_2)(...(f(a_n)(e))...))$. Cette fonction est très générale : utilisée avec l'addition et 0, `fold_right` calcule la somme d'une liste d'entiers, et elle peut servir de base à la programmation de la fonction `map` définie ci-dessus :

let $map(f)(xs) =$
  $fold\_right$ (**fun** $y \rightarrow$ (**fun** $ys \rightarrow f(y){::}ys$))
    xs [ ]

De telles interprétations fonctionnelles de structures de données, comme `fold_right` pour les listes, sont appelées *catamorphismes*.

2 Typage des programmes fonctionnels

Il est nécessaire de s'assurer que les calculs effectués durant l'évaluation des programmes opèrent sur des données du bon type. Par exemple, l'addition s'attend à recevoir deux opérandes numériques pour produire son résultat. Bien sûr, certaines opérations s'appliquent naturellement à toute une famille de données, comme par exemple le calcul de la longueur d'une liste qui ne dépend pas de la nature des éléments de la liste : dans ce cas, le bon déroulement de ces opérations exige de leurs arguments de posséder une certaine forme, sans pour autant spécifier complètement leur nature. À l'évidence, lorsque ces contraintes ne sont pas satisfaites, les opérations ne peuvent s'exécuter correctement, et sont sources d'erreurs qu'une vérification aurait pu éviter.

L'intérêt principal de la *vérification de types* est d'accroître la sûreté d'exécution de sorte à éviter qu'un programme ne se retrouve dans un état incohérent et que le système d'exploitation ne doive l'interrompre brutalement. On rencontre deux formes de vérification de types qui diffèrent principalement par le moment où elles opèrent. La vérification *dynamique* s'effectuera à l'exécution de chaque opération alors que la vérification *statique* est réalisée au moment de la compilation, sur l'ensemble du texte du programme.

2.1 Vérification dynamique de types

La vérification dynamique de types consiste à vérifier lors de l'exécution de chaque opération primitive, que les conditions de sa bonne exécution sont réunies. Pour une opération arithmétique, on teste que les opérandes sont bien numériques, pour un accès à la mémoire, on vérifie que cet accès est bien légal, pour l'application d'une fonction, on teste la forme de la valeur appliquée afin de vérifier qu'il s'agit bien d'une valeur fonctionnelle.

Lorsque l'un de ces tests dynamiques échoue, une erreur est généralement déclenchée et le programme s'arrête, à moins que celui-ci ne soit prévu pour traiter de telles erreurs et reprendre l'exécution en un autre point.

Les langages fonctionnels les plus connus pour leur typage dynamique sont les langages de la famille Lisp et notamment leur descendant : le langage Scheme (Queinnec, 1997). Un certain nombre de langages récents dotés de vérification dynamique de types incluent un sous-ensemble fonctionnel : citons par exemple Erlang et Javascript.

2.2 Vérification statique de types

La vérification statique de types consiste à effectuer ces vérifications dès la compilation du programme, c'est-à-dire une fois pour toutes, et garantit l'absence de toute une classe d'erreurs à l'exécution. Les opérations primitives dont le typage a été vérifié sont ainsi dispensées de tests de type, et leur exécution en est d'autant plus efficace.

Selon la quantité d'informations de type contenue dans les programmes sous la forme d'annotations, la vérification statique de types peut être plus ou moins délicate. Voici un exemple de programme ne contenant aucune annotation :

let $plus2(n) = succ(succ(n))$
in $plus2(plus2(0))$

Le compilateur devra ici, durant la phase de vérification de types, construire le type de la fonction `plus2` à partir des informations qu'il possède au sujet des objets prédéfinis que sont la fonction successeur `succ` et l'entier 0.

Le compilateur verrait sa tâche légèrement simplifiée si quelques annotations apparaissaient dans le programme, comme dans :

let $plus2(n{:}int){:}int = succ(succ(n))$
in $plus2(plus2(0))$

Ici, on a indiqué au compilateur que les arguments de la fonction `plus2` seront toujours de type `int`, et que ses résultats seront eux aussi de type `int`. Du coup, il ne reste au compilateur qu'à vérifier que la définition et les utilisations de `plus2` sont compatibles avec ces annotations. Pour procéder à cette vérification, le compilateur va propager les informations de typage dont il dispose jusqu'à obtenir un programme saturé d'annotations :

```
let plus2(n:int):int =
  (succ((succ (n:int):int)):int)
in (plus2((plus2(0:int):int)):int)
```

Il ne reste plus alors au compilateur qu'à procéder à une simple vérification qui consistera à garantir qu'un certain nombre de règles, appelées *règles de typage*, sont satisfaites. Par exemple, la règle suivante vérifie le bon typage d'une application : « *si* `a` *est une expression représentant une fonction d'un type* t *vers un type* u *et si* `b` *est une expression de type* t*, alors l'application* `a(b)` *est légale et produira une valeur de type* u ».

On voit aisément que, par cette règle, le programme complètement annoté ci-dessus est bien typé, sous les hypothèses (0: `int`) et (`succ:int` → `int`) qui indiquent respectivement que la constante 0 est une constante entière et que `succ` est une fonction qui reçoit un entier et produit un entier.

Lorsque les programmes sont dépourvus de toute annotation, on dit que le compilateur réalise une *inférence de types*, puisqu'il doit *inférer* les types de chacune des expressions du programme à partir d'informations concernant les données primitives. Par exemple, on inférera que (`n:int`) en voyant que `n` est passé en argument à la fonction primitive `succ`, connue pour recevoir des entiers en argument.

La plupart des langages fonctionnels modernes (Objective Caml, Haskell) dotés d'une vérification statique de types reposent sur un mécanisme d'inférence dû à Hindley et Milner. Ce mécanisme est apparu pour la première fois dans le langage ML (Gordon et al., 1979).

2.3 Discussion

La vérification statique de types, en rejetant les programmes présentant des risques d'erreurs de types à l'exécution, impose au programmeur de réfléchir à la structuration de ses programmes et le force à une utilisation cohérente de ses structures de données, afin de se conformer à la discipline de typage qui lui est imposée. Le compilateur va ensuite l'aider à produire des programmes conformes à cette organisation en détectant certains écarts révélés par la vérification de types.

En revanche, même si le typage statique ne limite pas l'expressivité théorique d'un langage[1], la vérification statique des types pourra rejeter des programmes qui ne produisent pas d'erreur de typage à l'exécution. En effet, la caractérisation exacte des programmes produisant une erreur d'exécution due au typage est indécidable. Les programmes acceptés par un typage statique ne sont donc que les programmes acceptés par *l'algorithme* de vérification ou d'inférence de types du langage considéré, et non pas tous les programmes de ce langage qui seraient exempts d'erreur de typage à l'exécution.

La vérification dynamique de types offre quant à elle une grande liberté d'organisation des programmes, avec en contrepartie très peu d'aide à la structuration et un risque de détection tardive d'erreurs.

La vérification statique échange donc cette liberté totale contre une forte garantie de fiabilité et une incitation à adopter et suivre une certaine discipline dans la programmation. Le typage statique peut ne nécessiter que très peu d'annotations de types dans les programmes : les mécanismes d'inférence de types contribuent à préserver la lisibilité des programmes en prenant en charge la reconstruction automatique de ces annotations.

3 Ordre d'évaluation des expressions

L'évaluation des programmes fonctionnels est caractérisée, pour l'essentiel, par la façon dont on évalue les applications de la forme `a(b)`. Puisqu'il s'agit d'une application, on doit à l'évidence évaluer `a` jusqu'à en obtenir une fonction f. Le choix entre évaluer ou non `b` avant de la passer à la fonction f est caractéristique de l'une ou l'autre des deux grandes familles de langages fonctionnels : langages dits *stricts* ou langages dits *non stricts*.

Les *langages stricts* sont, de ce point de vue, classiques : ils évaluent les arguments des fonctions avant d'appeler ces dernières. Les langages des familles Scheme et ML sont stricts. Les *langages non stricts*, quant à eux, passent les arguments *non évalués* aux fonctions : celles-ci procèderont à leur évaluation si c'est nécessaire et lorsque ce le sera. Un langage *paresseux* est un langage non strict où cette évaluation n'a lieu qu'une fois, au plus. Les mises en œuvre du langage Haskell sont généralement paresseuses, même si la définition du langage ne spécifie que son caractère non strict.

Ces deux grandes familles de langages fonctionnels ont des propriétés très différentes. Les langages stricts, offrant un contrôle précis de l'ordre d'évaluation, sont

[1] On peut généralement coder toutes les fonctions calculables dans les langages statiquement typés.

beaucoup plus aisés à étendre par des traits classiques permettant la programmation impérative. De fait, les langages stricts sont généralement dotés d'un modèle impératif d'entrées-sorties et de structures de données modifiables. Leur complexité est aussi plus facile à analyser puisque l'on sait exactement *quels calculs* vont être effectués et *quand ils auront lieu.*

Les langages paresseux offrent, quant à eux, des facilités d'un autre ordre : ils permettent une écriture moins algorithmique des programmes et donnent la possibilité de manipuler des données potentiellement infinies, dont, généralement, seule une partie finie sera effectivement calculée et construite.

3.1 Évaluation stricte ou non stricte

Le mécanisme d'évaluation des différentes constructions du langage de programmation pris en exemple dans cet article peut être spécifié pour l'évaluation stricte (respectivement non stricte) comme suit :

Pour évaluer a(b), évaluer d'abord a pour en obtenir une valeur f. Le résultat final sera le résultat de l'évaluation du corps de f dans lequel les occurrences de son paramètre formel valent :
- pour l'évaluation stricte, la valeur v résultat de l'évaluation de b ;
- pour l'évaluation non stricte, l'argument b non évalué.

La valeur de (**let** x = a **in** b) sera celle de b dans laquelle les occurrences de x valent :
- pour l'évaluation stricte, le résultat v de l'évaluation de a ;
- pour l'évaluation non stricte, l'expression a non évaluée

Pour évaluer (**if** a **then** b **else** c), on évalue d'abord a : si sa valeur est le booléen `true`, alors le résultat sera la valeur de b, sinon le résultat sera la valeur de c.

Pour évaluer une fonction (**fun** $x \rightarrow$ a), il n'y a rien à faire : elle est sa propre valeur, sachant que lui sont attachées les valeurs des identificateurs distincts de x qui apparaissent dans a.

Pour évaluer un identificateur x :
- pour l'évaluation stricte, on accède simplement à sa valeur v ;
- pour l'évaluation non stricte, on accède à l'expression a que l'on a mémorisée pour x, et on l'évalue, produisant la valeur v qui sera ainsi la valeur de x. Sous le régime de l'évaluation paresseuse, cette évaluation de a en v sera suivie d'une opération de mise à jour qui mémorisera le fait que v est la valeur de a, et donc de x. Ainsi, si dans la suite de l'évaluation on a de nouveau recours à la valeur de x, on produira v immédiatement sans évaluer a de nouveau.

Les différences essentielles entre les règles de l'évaluation paresseuse et celles de l'évaluation stricte concernent donc les applications et les définitions locales.

Les langages stricts permettent de prévoir aisément ce qui va être évalué et quand. Même si la définition ci-dessus ne spécifie pas dans quel ordre relatif sont évaluées les composantes d'une application, l'évaluation des déclarations locales (**let** x = a **in** b) garantit que le calcul de a aura lieu préalablement à l'évaluation de l'expression b. Ainsi, un langage strict est plus disposé qu'un langage non strict à être étendu par des constructions impératives (des fonctions d'entrées-sorties, par exemple). Dans l'exemple suivant :

```
let q = print "Rêponse?␣" in
let r = read() in
... traitement de r ...
```

l'ordre d'évaluation souhaité par l'auteur du programme (poser la question, puis lire la réponse r, et enfin traiter r) va être précisément celui qui va être mise en œuvre par l'évaluation stricte.

Dans le cas d'une évaluation paresseuse, celle-ci va faire en sorte que le traitement de la réponse r va d'abord commencer. Si la valeur de r n'est pas nécessaire à ce traitement, celui-ci va s'achever sans que la lecture n'ait lieu. Quant à la question, elle n'est ici jamais nécessaire au calcul, et l'évaluation paresseuse la considèrerait donc dans tous les cas comme superflue, ce qui n'est probablement pas l'effet souhaité par l'auteur du programme.

C'est pourquoi une telle coexistence entre évaluation paresseuse et traits impératifs reste très rare. Les traits impératifs sont plutôt émulés par des constructions spécifiques que nous verrons par la suite.

3.2 Structures potentiellement infinies

Pour un langage paresseux, les constructeurs de données sont eux aussi non stricts, c'est-à-dire n'évaluent pas immédiatement leurs arguments. Par exemple, lorsqu'on construit une nouvelle liste (a :: b) à partir d'expressions a et b représentant respectivement le premier élément de la nouvelle liste et son reste, il est naturel que cette liste soit construite sans que ni a ni b ne soient évalués. Si pour les besoins du calcul on est amené à accéder à tel ou tel élément de cette liste, elle sera progressivement évaluée, autant que nécessaire.

Grâce à cela, l'évaluation paresseuse autorise la définition de valeurs potentiellement infinies et leur traitement en un temps fini, si tant est que leur évaluation complète n'est pas nécessaire. Par exemple, on pourrait définir la liste des entiers naturels par :

```
let rec nats =
  0 :: map(succ)(nats)
in ...
```

pour autant que le reste du programme n'ait pas besoin de parcourir la liste `nats` en entier.

3.3 Discussion

Les langages fonctionnels à évaluation stricte fournissent donc un contrôle précis de l'ordre d'évaluation, ce qui leur permet d'inclure des traits de programmation impérative comme les entrées-sorties ou les modifications physiques de structures de données.

Les langages fonctionnels paresseux quant à eux se marient mal avec des traits impératifs. En revanche, ils incitent à un tout autre style de programmation où les algorithmes sont moins soucieux de l'ordonnancement des calculs, voire même de leur terminaison. Au lieu de penser les algorithmes comme des *séquences* d'opérations ou de calculs menant à la solution d'un problème, l'évaluation paresseuse autorise un style de programmation plus *déclaratif*, où la description des relations entre les données d'un problème et sa solution est quelquefois suffisante.

4 Utilisation avancée des types de données

La réalisation de programmes informatiques nécessite souvent la conception de structures de données adaptées à la résolution du problème posé. De telles structures peuvent en effet améliorer à la fois la lisibilité des programmes et leurs performances. Cette partie présente les possibilités offertes par quelques langages fonctionnels typés, qui permettent de définir de nouvelles structures de données sous la forme de nouveaux types dotés de *constructeurs*. Le filtrage sera utilisé pour programmer les *accesseurs* aux composantes de ces données. Ces types de données sont dits *algébriques* et se décomposent en deux grandes classes :

- les types dits *produits*, généralisant le produit cartésien : leurs éléments sont des *enregistrements* ;
- les types dits *sommes*, généralisant les types énumérés, qui sont des unions disjointes de types.

4.1 Types produits

Les types produits forment une extension simple des n-uplets, consistant à en nommer les composantes, ce qui permet d'en oublier l'ordre. Le type `point` suivant possède deux champs de type `int` nommés `abs` (pour l'abscisse) et `ord` (pour l'ordonnée). Le constructeur de valeurs de type `point` est `{abs = _; ord = _}` : son utilisation provoque l'allocation de la mémoire nécessaire à la représentation de la donnée souhaitée. Par la suite on pourra accéder individuellement à chaque champ par les notations pointées (`_.abs`) et (`_.ord`).

```
type point = {abs:int; ord:int}
let p1 = {abs = 3; ord = 12}
let rayon(p) =
  sqrt(p.abs ** 2 + p.ord ** 2)
```

où (`x ** 2`) représente x^2, le carré de x, et `sqrt(x)` sa racine carrée $\sqrt{x}$. Le filtrage permet aussi d'accéder aux composantes d'enregistrements :

```
let abscisse(p) = case p of
  {abs = x; ord = y} → x
```

4.2 Types sommes et filtrage par motif

Un type somme est composé de constantes et/ou de la réunion disjointe (au sens de la théorie des ensembles) d'un ou plusieurs types. Les constructeurs du type obtenu sont alors les constantes et les discriminants utilisés pour construire la réunion disjointe.

Les types algébriques peuvent être récursifs, de sorte à représenter aisément les structures de données récursives classiques que sont les listes et les arbres. L'exemple ci-dessous permet de représenter des arbres binaires dont les nœuds sont étiquetés par des caractères :

```
type rec arbre =
  Vide
| Noeud of (arbre * char * arbre)
```

On obtient ainsi deux constructeurs de valeurs de ce type : `Vide`, qui est une constante, et `Noeud` qui sert de discriminant à un triplet.

Le filtrage permet de déstructurer de manière spécifique ces arbres binaires pour, par exemple, en calculer la hauteur :

```
let rec hauteur(a) = case a of
  Vide → 0
| Noeud (fg, e, fd) →
    1 + max(hauteur(fg))(hauteur(fd))
```

4.3 Types paramétrés

Il est intéressant de disposer de structures de données génériques comme les n-uplets ou les listes qui peuvent contenir des valeurs de différents types : cela permet en effet de réutiliser dans des contextes divers ces structures de données ainsi que les fonctions et les algorithmes qui s'y rapportent. De tels types peuvent être définis comme des types algébriques paramétrés par d'autres types.

La définition suivante des arbres binaires est paramétrée par le type `e` des étiquettes portées par les nœuds :

```
type rec arbre(e) =
  Vide
| Noeud of (arbre(e) * e * arbre(e))
```

On notera que les étiquettes d'un même arbre doivent toutes être du même type, ce qui est cohérent avec le souhait d'effectuer des traitements génériques de ces arbres.

4.4 Structures de données et structure de contrôle

Les types de données structurées peuvent servir de support à des styles particuliers de programmation. Par exemple, le langage Lisp code souvent l'échec d'une opération par la liste vide, qui désigne aussi le booléen faux, et le succès par une liste dont le seul élément est le résultat de l'opération. Les programmeurs Lisp ont ainsi conçu un style de programmation qui évite l'usage d'exceptions dans de nombreuses circonstances.

Ce même style de programmation peut être développé dans tout langage fonctionnel doté d'un type équivalent au type `option` ainsi défini :

```
type option(e) =
  Rien
| Resultat(e)
```

La recherche d'une valeur *v* associée à une clé *k* dans une liste de couples `kvs` peut ainsi s'écrire :

```
let rec assoc(k)(kvs) = case kvs of
  [ ] → Rien
| (cle,v):: suite →
    if (k = cle) then Resultat(v)
    else assoc(k)(suite)
```

Le bon déroulement de l'opération peut être ensuite vérifié par un simple filtrage du résultat.

Lorsque le langage est non strict, on peut aller beaucoup plus loin dans l'exploitation de ce style de programmation. En effet, dans un tel langage, la différence entre fonction et structure de contrôle est minime[1], ce qui permet par exemple de programmer des fonctions se comportant comme des constructions conditionnelles et opérant sur des valeurs du type `option(t)`. On peut aussi bien sûr programmer des opérations de combinaison de calculs (de type `option(t)`). La généralisation de ces opérations à des calculs à résultats multiples (codés comme par des listes de résultats) permet d'obtenir des programmes de résolution de problèmes fonctionnant par recherches de solutions dans un espace et utilisant le mécanisme de « retour-arrière » (*backtracking*, en anglais) cher au langage Prolog.

5 Structures de contrôle

Dans un langage fonctionnel, la manipulation de valeurs fonctionnelles fait se dissiper la distinction classique entre données et programme. Cette banalisation des fonctions apporte une réelle puissance d'expression en offrant par exemple la possibilité de coder les principales structures de données par des constructeurs et accesseurs fonctionnels, ou de représenter le contexte même d'un calcul sous la forme d'une fonction appelée continuation. Changer la continuation d'un calcul, c'est changer son contexte d'évaluation. Les opérations de changement de contexte sont bien sûr à la base des mécanismes d'exceptions, mais, puisque les fonctions capturent la notion de calcul, et que les langages fonctionnels permettent leur manipulation en toute liberté, il est possible de concevoir des styles de programmation qui manipulent explicitement les contextes de calcul sous forme de continuations.

5.1 Codage de structures de données

La libre utilisation des fonctions permet de coder des structures de données habituellement fournies comme primitives sous forme d'un constructeur et d'accesseurs. On peut par exemple définir le constructeur et les accesseurs des couples, en n'utilisant que des fonctions :

```
let couple(a)(b) =
  fun select → select(a)(b)
let premier(c) = c(fun a b → a)
let second(c)  = c(fun a b → b)
```

Le constructeur `couple` crée une valeur fonctionnelle qui contient ses deux premiers arguments (les deux composantes du couple). Cette représentation d'un couple attend un argument supplémentaire : le sélecteur qui effectuera l'une ou l'autre des deux projections.

Ce principe de codage de données (constructeurs et accesseurs) par des fonctions est un mécanisme général et on trouvera dans la littérature les codages d'autres données comme les booléens, les entiers ou les listes. Ces codages sont appelés *codages de Church*, et font suite à l'encodage des entiers réalisé par le logicien Alonzo Church (Church, 1941) dans la première moitié du XXe siècle.

[1] Par exemple, la conditionnelle, qui est obligatoirement une structure de contrôle dans un langage strict, peut être une fonction dans un langage non strict.

5.2 Continuations

Une continuation est la représentation d'un contexte de calcul sous la forme d'une fonction. D'abord utilisées pour décrire les ruptures de contrôle dans les formalismes de définition de la sémantique des langages de programmation, puis popularisées par le langage Scheme, les continuations sont à la base d'un style de programmation appelé CPS (*Continuation Passing Style*).

La transformation d'une fonction en style CPS se fait en lui ajoutant un argument supplémentaire (la continuation initiale), et en explicitant sous la forme d'une continuation le contexte d'évaluation de chaque calcul intermédiaire.

Si on considère la définition fonctionnelle classique de la fonction de Fibonacci :

```
let rec fib(n) =
  if n ⩽ 1 then 1 else
  fib(n−1) + fib(n−2)
```

on note que, dans le cas général, le calcul de *fib*(*n*) se résumera à calculer *fib*(*n*−1) et *fib*(*n*−2), puis d'en envoyer les résultats au contexte dont l'évaluation additionnera ces deux résultats intermédiaires. Les calculs de *fib*(*n*−1) et *fib*(*n*−2) doivent eux aussi voir leur contexte explicité, ce qui force à choisir l'ordre dans lequel ils seront calculés. La forme CPS de cette fonction peut donc s'écrire :

```
let rec fib(n)(cont) =
 if n ⩽ 1 then cont(1) else
 fib(n−1)
    (fun m1 →
        fib(n−2) (fun m2 → cont(m1+m2)))
```

La fonction *fib* ainsi définie nécessite une continuation initiale qui peut être par exemple la fonction identité, comme dans *fib*(5)(**fun** *x* → *x*) ou bien une fonction *print* qui imprimera le résultat, comme dans *fib*(5)(*print*).

Certains langages (Scheme, SML/NJ) fournissent une primitive permettant de capturer le contexte courant d'évaluation sous la forme d'une fonction appelée la *continuation courante*, de la lier à un identificateur, et de l'utiliser si nécessaire. Cette continuation, lorsqu'elle est utilisée dans un certain contexte, ignore ce contexte et restaure le contexte qu'elle représente. En Scheme, la capture de la continuation courante est effectuée par la primitive *call-with-current-continuation*, ou, plus simplement, *call/cc*, qui reçoit une fonction à un paramètre (**fun** *k* → *b*) et qui l'applique à la continuation courante. Le contrôle est donc passé au corps *b* de la fonction, où la continuation capturée est disponible sous le nom *k* du paramètre formel. Ainsi, la valeur de :

```
call/cc
 (fun throw → f(if p then throw(0) else ...))
```

sera 0 si *p* vaut *true*. Si cette utilisation des continuations permet d'émuler les traitements d'exceptions généralement opérés par des constructions dédiées, la possibilité de capturer la continuation courante et les manipulations de continuations sous forme de fonctions représentent un puissant outil permettant de programmer des traitements complexes du contrôle.

5.3 Monades

Les langages fonctionnels non stricts ne fournissent aucune garantie quant à l'ordre relatif d'évaluation des sous-expressions. Lorsqu'il est question, dans un tel langage, d'écrire des programmes dans un style séquentiel, on peut recourir à un style de programmation appelé *monadique*, qui impose une certaine séquentialité. Ce style repose sur des entités abstraites appelées *monades*, qui forment un outil très général pour combiner des calculs dans un langage typé. Dans le langage Haskell, par exemple, les monades sont réunies dans une classe de types à laquelle est associée une syntaxe spécifique qui met en valeur l'aspect séquentiel des calculs.

Une *monade* est la donnée d'un type paramétré *calc*(*t*), qui représente des calculs produisant des valeurs de type *t*, et de deux opérations, *return* et *bind*, dont le type éclaire un peu le rôle :

```
return : t → calc(t)
bind : calc(t) → (t → calc(u)) → calc(u)
```

La fonction *return* initialise un calcul, et l'opération *bind*(*e*)(*f*) va extraire la valeur calculée par *e* et l'envoyer à la fonction *f*.

Pour former une monade, ces deux opérations doivent satisfaire les trois propriétés suivantes :

$$
\begin{aligned}
bind\,(return(x))\ (f) &= f(x)\\
bind\,(m)\ (return) &= m\\
bind\,(bind(m)(f))\ (g) &= \\
&\quad bind\,(m)\ (\mathbf{fun}\ x \to bind\,(f(x))\,(g))
\end{aligned}
$$

Comme exemple simple de monade, considérons le type *option*, auquel nous associons les deux opérations nécessaires :

```
type option(t) = Rien | Resultat(t)
let return(r) = Resultat(r)
let bind(e)(f) = case e of
  Rien → Rien
| Resultat(r) → f(r)
```

On vérifie aisément que les trois propriétés ci-dessus sont satisfaites : le type *option* et ces deux opérations forment donc une monade.

6 Techniques de mise en œuvre

Les premiers langages fonctionnels comme Lisp ont été mis en œuvre par des *interprètes* : des programmes qui parcouraient et évaluaient directement les constructions des langages. Ils reposaient sur une bibliothèque d'exécution qui incluait un récupérateur automatique de mémoire[1].

Si les implantations actuelles les plus efficaces sont maintenant dotées de compilateurs qui traduisent les programmes source en code de bas niveau de la machine et qui rivalisent en performance avec les implantations de langages plus classiques, les mises en œuvre de langages fonctionnels incluent toujours une bibliothèque de gestion automatique de la mémoire, qui améliore grandement la fiabilité des programmes en question, sans en compromettre l'efficacité.

Les différentes familles de langages fonctionnels ont aussi suivi les progrès d'interopération entre langages (fonctionnels ou non) autorisant l'utilisation de bibliothèques externes et la construction d'applications multilangages.

6.1 Techniques de compilation

La représentation des valeurs fonctionnelles et l'efficacité de leur exécution sont les deux points clés de la compilation des langages fonctionnels stricts. Les langages non stricts, quant à eux, nécessitent de représenter en plus des calculs en attente (par exemple le calcul d'un argument de fonction dont on ne sait pas encore s'il lui sera ou non nécessaire). La représentation de ces calculs en attente et leur mise à jour par un résultat sont des points supplémentaires à prendre en compte pour une mise en œuvre efficace des langages non stricts.

Les valeurs fonctionnelles et les calculs en attente peuvent être vus comme similaires : un calcul en attente peut être vu comme une fonction sans argument. Ces deux types d'objets peuvent donc être représentés de la même manière : par une *fermeture*. Une fermeture est constituée d'une adresse de code et d'un environnement, et peut être représentée de différentes façons. Par exemple un bloc mémoire contigu contenant une adresse de code, suivie des adresses des valeurs constituant l'environnement :

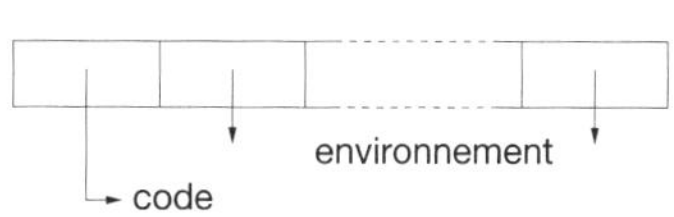

Un appel de fonction ou l'exécution d'un calcul en attente consiste alors à exécuter le code d'une fermeture, qui utilisera les éléments de l'environnement *via* un accès relatif à l'adresse de la fermeture. Cette représentation présente l'avantage d'autoriser un accès rapide aux composantes de l'environnement, mais fait que cet environnement ne peut généralement pas être partagé entre plusieurs valeurs.

Une autre représentation possible, qui tend à favoriser le partage d'environnements au prix d'en ralentir les accès, consiste à construire des fermetures comme des couples constituées d'une adresse de code et d'un pointeur vers un environnement, qui peut alors être partagé par différentes fermetures.

La première représentation a reçu la faveur de la plupart des implantations actuelles : elle présente en effet l'avantage de limiter les éléments des environnements à ceux qui sont effectivement référencés par le code, et évite ainsi de référencer des blocs mémoires qui à l'évidence n'ont plus aucune utilité.

Les langages stricts et les langages non stricts ont naturellement des modèles d'exécution très différents : les premiers sont assez conventionnels en ce qu'ils compilent l'application de fonction comme le calcul de la fonction et de chacun de ses arguments, puis exécutent le code de la fonction en ayant placé ses arguments dans la pile d'exécution.

Pour un langage non strict, la situation est assez différente. On peut bien sûr réutiliser le modèle ci-dessus, en ne calculant pas les valeurs des arguments, mais en les stockant comme des fermetures (des calculs en attente) dans la pile d'exécution. Cependant, il se trouve que les langages non stricts sont en général paresseux : lorsqu'un calcul en attente a produit une valeur, les utilisations suivantes de cet objet devront utiliser directement la valeur produite au lieu de la recalculer. Dans un langage paresseux, un calcul est donc généralement suivi d'une étape de mise à jour des pointeurs qui le référençaient afin que ceux-ci référencent par la suite le résultat du calcul et non plus le calcul lui-même. Cette étape de mise à jour nécessite d'expliciter le contexte de chacun des calculs sous la forme d'un graphe dont les arêtes sont représentées par des pointeurs. C'est pourquoi la famille de modèles d'exécution qui prédomine pour les langages paresseux repose sur la notion de *réduction de graphe* : le code qui est exécuté utilise une pile d'exécution et se comporte de manière assez conventionnelle, mais il construit un graphe, calcule des résultats intermédiaires stockés comme nœuds du graphe, et met à jour le graphe (on dit qu'il le *réduit*).

[1]Usuellement appelé *GC*, *garbage collector*.

6.2 Bibliothèque d'exécution

La bibliothèque d'exécution spécifie les conventions d'appel et de représentation du langage. Elle fournit notamment le gestionnaire mémoire ainsi que les primitives d'interfaçage avec d'autres langages.

La plupart des langages fonctionnels choisissent une représentation uniforme des valeurs (par exemple un mot mémoire). On distingue alors les valeurs dites *immédiates* qui peuvent occuper l'espace d'un mot, des valeurs allouées dans la zone d'allocation dynamique de mémoire qui est appelée le *tas* (*heap*, en anglais). Dans un programme fonctionnel, l'allocation mémoire reste explicite : c'est la construction de fonctions et l'utilisation des constructeurs de données qui provoquent des allocations de mémoire. En revanche, la récupération est totalement implicite : c'est le gestionnaire mémoire qui décide de libérer le bloc de mémoire représentant une valeur qui n'est plus utile.

La bibliothèque d'exécution intègre aussi une interface pour l'appel de fonctions externes (en anglais *FFI* ou *Foreign Function Interface*) qui permet d'interopérer avec d'autres langages. Elle est par exemple utilisée pour les appels aux fonctions de la bibliothèque système de l'ordinateur, en appelant des fonctions écrites en langage C.

6.3 Interopérabilité

L'interface d'appel de fonctions externes sert aussi à construire des interfaces de plus haut niveau entre langages. Si deux langages savent communiquer avec le langage C, alors il peuvent communiquer entre eux en passant par C. Il est alors nécessaire d'être très prudent lorsque les langages utilisent des disciplines différentes d'appel et de gestion de la mémoire.

Pour ne pas perdre les bonnes propriétés de sûreté des langages fonctionnels, une possibilité est d'utiliser une même plate-forme d'exécution entre langages désirant interopérer. Dans ce cas il y a un seul tas avec un seul algorithme de *GC* et un seul mécanisme d'exécution. Bien que de telles plates-formes, comme la machine virtuelle Java (*Java Virtual Machine* ou *JVM*) ou l'infrastructure *.NET* soient plutôt conçues pour les langages à objets, plusieurs compilateurs de langages fonctionnels les utilisent, facilitant l'interopération entre langages de nature différente.

7 Un peu d'histoire

Le grand âge du langage Lisp et ses aspects précurseurs en font l'ancêtre des langages fonctionnels, même si le traitement des fonctions y a évolué au cours de l'histoire. Lisp apparaît aux alentours de 1960, c'est-à-dire peu après Fortran. Utilisant les listes comme principales structures de données, Lisp permet de manipuler ses propres programmes (représentés eux-mêmes par des listes). Jusqu'aux début des années quatre-vingt, de nombreux dialectes Lisp apparaissent dont Common Lisp et Le_Lisp sont les représentants les plus connus ; ils sont utilisés principalement dans des applications d'intelligence artificielle. Au milieu des années soixante-dix sont construites et commercialisées des machines dédiées à l'exécution des programmes Lisp. Elles ont perdu de leur intérêt lorsque les ordinateurs généralistes sont devenus plus efficaces que les machines Lisp, et ce, sans utiliser de matériel dédié.

En 1975 apparaît une variante de Lisp nommée Scheme. Reposant sur un petit nombre de concepts et utilisant exclusivement la liaison statique, Scheme est un langage où les fonctions sont des valeurs banalisées, et où il est possible de capturer le contexte d'évaluation courant sous la forme d'une continuation.

À la fin des années soixante-dix, apparaît le langage ML, utilisé comme langage de programmation du système d'assistance à la preuve LCF[1]. Doté d'un système de types avec inférence et polymorphisme, ML est rapidement reconnu comme le noyau d'un langage de programmation généraliste et subit une évolution rapide et autonome. Au milieu des années quatre-vingt, deux dialectes de ML sont activement développés : Caml (*Categorical Abstract Machine Language*) du côté français et ses dérivés Caml-Light et Objective Caml, et Standard ML du côté anglo-saxon, avec son implantation principale SML/NJ.

Tous ces langages sont stricts. Les premiers langages non stricts sont conçus à la fin des années quatre-vingt : Miranda, Clean et Haskell. Ce dernier langage a été créé à l'initiative d'un comité de chercheurs et il fédère maintenant l'essentiel de la communauté de la programmation non stricte.

8 Pour en savoir plus

Le modèle mathématique des langages fonctionnels est le *λ-calcul*, à la base d'une théorie de la fonctionnalité proposée par le logicien Alonzo Church (Church, 1941). L'ouvrage de Jean-Louis Krivine (Krivine, 1997) en donne une présentation accessible qui prend en compte le typage. Les ouvrages (Abelson et Sussman, 1997) et (Cousineau et Mauny, 1995) proposent chacun une approche de la programmation fonctionnelle, le premier basé sur Scheme et le deuxième

[1]ML était le langage qui permettait de programmer la recherche de preuves dans le système LCF : il en était le métalangage, d'où son nom.

sur Caml. Le livre de Christian Queinnec (Queinnec, 1997) brosse un panorama complet des dialectes Lisp et de leur sémantique, prenant en compte l'efficacité de leur implantation.

Il y a peu d'ouvrages accessibles décrivant la mise en œuvre complète des langages fonctionnels : (Peyton Jones, 1997) décrit l'implantation de langages non stricts, et (Queinnec, 1997) la compilation de Scheme. Quelques chapitres de (Weis et Leroy, 1999) et (Cousineau et Mauny, 1995) sont consacrés à la synthèse de types du langage ML. Enfin, (Jones et Lins, 1996) décrit les algorithmes de gestion de la mémoire.

Les ouvrages introductifs à Scheme, Caml et Objective Caml que sont respectivement (Brygoo et al., 2004), (Weis et Leroy, 1999) et (Chailloux et al., 2000) illustrent le style fonctionnel de programmation pour la réalisation d'algorithmes et d'applications. Il n'existe actuellement pas de livre consacré à Haskell en français : le livre en anglais de Paul Hudak (Hudak, 2000) est un essai original d'utilisation de ce langage dans le cadre du multimédia.

Bibliographie

Abelson H. et Sussman G.J. (1997), *Structure et interprétation des programmes informatiques.* InterEditions.

Brygoo A., Durand T., Pelletier M., Queinnec C. et Soria M. (2004), *Initiation à l'informatique : Principes fondateurs de la programmation.* Dunod.

Chailloux E., Manoury P. et Pagano B. (2000), *Développement d'applications avec Objectvice Caml.* O'Reilly.

Church A. (1941), The calculi of lambda conversion. *Ann of Math. Studies, Vol. 6.*

Cousineau G. et Mauny M. (1995), *Approche Fonctionnelle de la Programmation.* Dunod.

Gordon M. J. C., Milner R. et Wadsworth C. P. (1979), *Edinburgh LCF.* Springer-Verlag, Berlin.

Hudak P. (2000), *The Haskell School of Expression : Learning Functional Programming with Multimedia.* Cambridge University Press.

Jones R. et Lins R. (1996), *Garbage Collection.* Wiley.

Krivine J.-L. (1997), *Lambda-calcul, types et modèles.* Dunod.

Milner R. (1978), A theory of type polymorphism in programming. *J. Comput. Syst. Sci.*

Peyton Jones S. (1997), *Mise en œuvre des langages fonctionnels de programmation.* Dunod.

Queinnec C. (1997), *Les Langages LISP.* InterEditions.

Weis P. et Leroy X. (1999), *Le Langage Caml.* Sciences Sup.

Wright A. K. (1993), Polymorphism for imperative languages without imperative types. Technical Report TR93-200, Rice University Dept. of Computer Science.

Langages à objets

Pierre Cointe

Mots-clés : simulation, modélisation, programmation, encapsulation, objet, fabrication, classe, anthropomorphisme, polymorphisme, message, méthode d'instance, variable d'instance, classification, spécialisation, instanciation, héritage, typagage, réutilisation, navigateur, environnement de développement, portabilité, machine virtuelle, concurrence, répartition, patron de conception, cadriciel, réflexion, métaprogrammation.

Résumé : née avec Simula en Scandinavie au début des années soixante, l'approche objet se développe d'abord dans les années soixante-dix au sein des laboratoires de recherche à l'exemple de la machine Smalltalk dans les murs du nouveau Xerox Parc. Les années quatre-vingt et quatre-vingt-dix voient la naissance de nombreux autres langages, dont ObjectiveC, C++, Eiffel, CLOS et Beta, qui permettent une première percée industrielle des technologies objet. Cette diffusion connaît son apogée avec l'application des objets à la programmation de l'Internet et leur standardisation *de facto* par l'intermédiaire du langage Java. Aujourd'hui la question du succès des objets ne se pose plus puisque tout langage de programmation intègre cette approche que ce soit *ex nihilo* (à la Eiffel, Java ou C#) ou comme une extension d'un langage déjà existant (à la Ada, OCaml ou VisualBasic). Ce chapitre est écrit alors que le Turing Award[1] vient de récompenser à deux reprises les pionniers de cette approche. Rappelons que ce prix a été attribué en 2001 à O. Dahl et K. Nygaard pour « leurs idées ayant permis l'emergence de la programmation par objet au travers de la conception des langages Simula I et Simula 67 », puis en 2003 à A. Kay pour « son travail de pionnier sur Smalltalk et au-delà sa contribution décisive à rendre effective l'idée d'ordinateur individuel ». Ce texte revient sur la genèse du modèle objet, présente ses concepts fondateurs, développe un premier exemple de simulation, rappelle les contributions majeures au domaine du génie logiciel et conclut briévement sur les nouvelles perspectives en matière de programmation.

1 Genèse

Entre la réalisation du prototype de l'ordinateur personnel (la machine FLEX et son *reactive engine*) décrit en 1968 par A. Kay dans son Ph.D. de l'université de l'Utah (Kay 69) et le développement actuel de l'informatique nomade, près de quarante ans se sont écoulés. Il se trouve que le modèle objet est à l'origine de cette importante mutation technologique. Au-delà du constat de l'omniprésence des objets dans les différentes couches des architectures logicielles (systèmes d'exploitation, réseaux, langages de programmation, intergiciels, interfaces homme-machine), les langages et méthodes à objets ont joué un rôle fédérateur d'intégrateur de technologies, contribuant à la création d'un continuum dans la mise en œuvre des systè-

1. www.acm.org.awards.

mes embarqués et des systèmes d'information. Les leçons – succès mais également échecs – de ces quelques quarante années de pratique des technologies objets constituent aujourd'hui un véritable point de départ pour l'automatisation et donc l'industrialisation de la production des logiciels.

Mais revenons sur le modèle objet lui même, sa caractérisation, et les raisons de son succès. Comme l'a écrit J.-F. Perrot dans (Inria 88), le modèle objet «*a permis de traduire en structure informatique des opérations intellectuelles qui relèvent du bon sens*». La démarche objet suggère de transposer directement la structure du domaine d'application modélisé dans celle du programme informatique correspondant. Dans cette transposition, et selon une vision anthropomorphique, l'objet identifie et représente une entité (un acteur) du monde réel. Selon les principes de Platon, la classe permet d'abstraire la forme et le comportement commun à un ensemble d'objets concrets tout en explicitant leurs processus de fabrication et de spécialisation.

Mais avant de préciser les propriétés fondatrices du modèle objet et leurs principales variantes, revenons sur les grandes étapes historiques de son avènement.

1.1 Les années 1960-1985 : l'invention

"The summer of 1969 sees another FLEX (and another machine). The goals have not changed. The desire is still to design an interactive tool which can aid in the visualization and realization of provocative notions. It must be simple enough so that one does not have to become a system programmer (one who understands the arcane rite) to use it. It must be cheap enough to be owned (like a grand piano). It must do more than just be able to realize computable functions. It has to be able to form the abstractions in which the user deals." (Kay 1969)

Les deux pionniers de l'approche objets sont bien sûr les langages Simula (Simula 1973) et Smalltalk (Smalltalk 1983, SIGS 1997). Le terme *objet* est apparu pour la première fois en 1962 avec la définition par O. Dahl et K. Nygaard, d'un langage spécialement conçu pour la simulation. Ce langage, appelé Simula, fut développé au Norvegian Computing Center d'Oslo (DDN05). C'est lui qui le premier introduit les notions d'*objets actifs*, de *classes*, de *fonctions virtuelles*, et de *sous-classes*. Simula repose sur une bibliothèque réalisant une extension d'Algol 60 et mettant en œuvre la programmation par objets mais également par *coroutines*. Il est amusant de rappeler que cette bibliothèque est reprise dans les année 1985 par B. Stroustrup qui la transpose au langage C et donne naissance au «Class Preprocessor» qui deviendra rapidement le langage C++ (C++ 1986). Toujours dans ces mêmes années, la programmation en Simula inspire B. Meyer dans la définition de son langage Eiffel (Eiffel 1992).

Mais c'est la machine Smalltalk (Smalltalk 1983), développée au début des années soixante-dix sous l'impulsion créatrice d'A. Kay qui va contribuer de manière décisive à la percée de l'approche objet. En effet, A. Kay participe à la création du Xerox PARC en prenant la tête de son *learning research group*. Ce groupe va continuer le développement de la machine FLEX, et le projet du Dynabook donne naissance à Smalltalk. Pour la petite histoire, c'est en visitant ce groupe que Steve Jobs eut l'idée du premier Macintosh. De fait, la première contribution du langage Smalltalk est d'avoir, à travers la variété de ses applications et la nature révolutionaire de son environnement de programmation, démontré la pertinence du modèle objet. Rappelons que c'est Smalltalk qui en associant la souris à l'invention des interfaces graphiques multi-fenêtrées popularise l'utilisation des butineurs (et autres flâneurs) comme outils de programmation puis de navigation. Il s'agissait d'un prérequis à la diffusion des premières stations de travail individuelles.

D'un point de vue langage de programmation, Smalltalk doit être vu comme le mariage réussi des techniques d'interprétation de Lisp et Simula. Il fait le choix d'utiliser une syntaxe destinée aux enfants[1] et propose un vocabulaire reposant sur la métaphore des objets échangeant des messages. De fait, les évolutions de Smalltalk et des différents dialectes de Lisp (Loops, Flavors, Vlisp, LeLisp et finalement CLOS) connurent un développement parallèle basé sur des réalisation techniques communes comme le typage dynamique pour faciliter le prototypage, les machines virtuelles pour garantir la portabilité, les glaneurs de cellules pour automatiser la gestion de la mémoire et les fermetures pour l'expression des structures de contrôle. Une autre idée forte de Smalltalk est de privilégier la notion du «tout objet», qui conduit naturellement aux concepts d'auto description, de métaprogrammation et d'architecture réflexive.

Smalltalk repose en fait sur deux postulats : (1) toute entité est représentée comme un objet, (2) tout objet est instance d'une classe. Par conséquence, une classe est aussi un objet décrit par une autre (méta)classe elle-même décrite par… Il est intéressant de relire à propos de la régression infinie associée, le bestseller de D. Hofstadter (GEB 1979).

Finalement, il est juste de mentionner que, comme souvent pour beaucoup d'inventions, le modèle objet a su capturer les idées dans l'air, et donc bénéficié de nombreuses contributions. Pour ne citer que les plus importantes et en respectant l'ordre chronologique : la

1. *Smalltalk* signifie en fait petit bavardage et traduit l'intention ludique de mettre à la disposition de jeunes enfants un langage pour manipuler des synthétiseurs de sons, des palettes graphiques et des logiciels d'animation.

tortue Logo de S. Papert et J. Piaget pour l'apprentissage de la géométrie plane, les frames FRL et KRL de M. Minsky pour la représentation des connaissances, les acteurs Planner et Plasma de C. Hewitt pour l'étude d'un modèle de calcul concurrent, les fermetures Scheme de G. Steele et G. Susman pour l'expression des fonctions du premier ordre.

1.2 Les années 1985-1995 : la maturation

Avec les années quatre-vingt-dix, la programmation par objets sort des laboratoires pour débuter son essor industriel. Celui-ci se manifeste d'abord par la diffusion des environnements de programmation à la Smalltalk (mais également à la Lisp et à la ObjectiveC) sur une grande gamme de plates-formes matérielles dédiées comme les stations individuelles de type Symbolics, Texas, Tektronix, Macintosh, Next... Ensuite l'avènement d'Unix et des stations Sun (mais également Digital) amplifie la percée industrielle des objets. Celle-ci est favorisée par l'arrivée de C++ considéré comme un dérivatif évolué mais performant du langage C. Cette percée connait son apogée en 1995, avec la conception chez Sun de Java qui se présente comme le langage de programmation de l'Internet selon le slogan «*the network is the computer*» (Java 1997). Fait sans précédent, ce nouveau langage est adopté en seulement quelques mois par des milliers de développeurs (JavaNS 1997).

Industriellement, cette période voit la réalisation des premières micro architectures génériques ou cadriciels (*frameworks*), c'est-à-dire de bibliothèques de classes adaptables aux besoins d'une application. Ces *frameworks* sont d'abord utilisés pour décrire de nouvelles interfaces homme-machine comme MacApp, ET++, Interviews, Choices, HotDraw... Ensuite sous l'impulsion de l'OMG (Object Management Group), un consortium industriel en charge de la normalisation des objets, la communauté s'attaque au problème de l'interopérabilité. C'est l'occasion du développement de *cadriciels* proposant différentes implémentations du bus logiciel CORBA (*Common Object Request Broker Architecture*) comme Orbix et Visibroker.

À l'instar de la période précédente, plusieurs travaux de recherche contribuent à la consolidation du modèle objet en proposant différentes variations ou extensions. Mentionnons les types abstraits de CLU (B. Liskov), les contrats (pre/post-conditions, invariants de classe) et la généricité d'Eiffel (Eiffel 1992), les fonctions génériques et les multi-méthodes de CLOS (CLOSMOP 1992), les prototypes Self (D. Ungar et R. Smith), les classes virtuelles et internes de Beta (Beta 1993), les générateurs d'interfaces d'ObjectiveC, les événements de VisualBasic (VB 1997), les interfaces et les beans de Java (JavaNS 1997). Ces travaux et beaucoup d'autres, sont présentés annuellement à l'occasion des deux conférences ECOOP et OOPSLA[1] créées respectivement en 1986 et 1987.

1.3 Après 1995 : l'industrialisation

Java (initialement Oak) est développé par une équipe de Sun Microsystems dirigé par J. Gosling. Dès l'origine du projet, le but de ses concepteurs est d'offrir un environnement de programmation peu volumineux, téléchargeable et indépendant du support d'exécution. Le marché ciblé est celui des petits terminaux tels que les assistants personnels. Au départ, le langage support devait être C++. Cependant, il s'est très vite avéré que celui-ci ne permettait pas d'atteindre les buts visés : simplicité, sécurité, robustesse et portabilité. Pour cette raison, le groupe de G. Gosling décide de redéfinir ex-nihilo un nouveau langage de programmation mais en s'appuyant sur les expériences accumulées par le développement et la pratique des précédents langages à objets. De ce point de vue, la première version de Java peut être considérée comme le plus petit dénominateur commun à Simula, Smalltalk, CLOS, Eiffel et C++, conciliant efficacité et sécurité. Reprenant la syntaxe C, mais plus simple et plus facile à comprendre que C++, Java délaisse le côté hybride de C++ (pas d'arithmétique de pointeur, pas de structure, ...) pour s'orienter vers une approche tout objet à la Smalltalk.

Avec l'avènement d'Internet pour le grand public, la cible du projet se réoriente très vite vers le développement d'applications pour la Toile. Java permet d'ajouter aux pages hypertextes des liens vers du code qui sera téléchargé pour s'exécuter en local sur la machine cliente. Il s'agit des fameuses *applets*, ces programmes Java appelés dans des pages HTML et exécutables par les principaux navigateurs. Le développement des bibliothèques de communication et d'accès aux bases de données distantes est également pour Java l'occasion de contribuer à la simplification du développement des applications client-serveur sur Internet et plus généralement à l'essor des intergiciels.

2 Les concepts fondateurs

Avant d'introduire ces concepts, il nous semble bon de rappeler la définition d'un objet telle qu'elle est donnée par l'OMG : "*An object is an identifiable, encapsulated entity that provides one or more services that can be requested by a client*" et de la rapprocher de celle trouvée dans le *Petit Larrousse* : «*Toute chose concrète, perceptible par la vue, le toucher. Chose solide considérée comme un tout, fabriquée par l'homme et destinée à un certain usage.*»

1. www.oopsla.org et www.ecoop.org.

D'un point de vue informatique, le modèle objet repose sur une approche pragmatique visant à simuler sous forme d'entités informatiques les objets du monde réel, à l'image du fameux «bureau écran» des premiers Macintosh ayant fait le succès d'Apple. De manière plus précise, ces entités logicielles sont qualifiées d'objets et comme leur alter-ego du monde réel doivent être considérées comme des choses concrètes, fabriquées par l'utilisateur, destinées à un certain usage, pourvues d'une identité propre et possédant une interface d'utilisation bien définie. L'appréhension de ce modèle nécessite de comprendre les règles d'encapsulation et d'interaction mais aussi le processus de fabrication, ainsi que le mécanisme de spécialisation. Ce dernier permet de réutiliser les objets en les adaptant à de nouveaux usages. En quelques paragraphes voici une description de ces concepts fondateurs (Cointe 2000).

2.1 Encapsulation

Abandonnant la dichotomie classique entre représentation et traitement de l'information, l'approche objet propose de regrouper au sein de cellules logicielles autonomes, données rémanentes (caractéristiques d'un état) et opérations de calcul. Ces cellules encapsulent donc une structure – en général cachée à l'utilisateur – et un ensemble de comportements visibles, définissant une *interface* publique (voir figure 3).

2.2 Envoi de messages

L'exercice de simulation du monde réel peut, dans le cas d'un langage comme Smalltalk, conduire à une vision anthropomorphique de la programmation. Ainsi, les utilisateurs interagissent avec les objets, comme avec des individus (acteurs) doués de mémoire, par échange policé de messages. Ces messages servent à choisir l'un des comportements (*méthodes/fonctions virtuelles*) associés à l'objet-receveur puis à le déclencher dans le but soit de modifier son état interne soit de calculer un résultat.

2.3 Création

Les objets sont généralement fabriqués en série à partir de moules appelés des *classes*. Les différents objets issus d'une même moule - les *instances* d'une même *classe* - partagent la même structure et le même comportement mais sont distinguables par leur identité et les valeurs des champs définissant la dite structure. Ce point de vue qui privilégie l'implémentation conduit à séparer l'objet concret (*l'instance*) du concept abstrait (*la classe*). Il constitue l'une des clefs du succès de l'approche objet car ce processus de fabrication conduit naturellement à la définition de catégories d'objets.

2.4 Spécialisation

Au mécanisme de classification précédent, vient s'ajouter un mécanisme d'*héritage* ne concernant que les abstractions et permettant de spécialiser les classes par ajout de propriétés. Le modèle objet a donc cette particularité de proposer deux mécanismes fondamentaux autorisant le passage du général au particulier : l'héritage (l'être) et l'instanciation (l'avoir via l'agrégation). Ainsi, un objet, par exemple un disque, sera l'instance particulière d'une classe `Disk`, elle même définie comme l'extension d'une classe plus générale `Object`. L'un des intérêts, mais aussi l'une des difficultés de la programmation par objets, est de bien combiner ces deux mécanismes pour élaborer des taxinomies de classes d'objets potentiellement spécialisables et réutilisables.

3 L'exemple des tours de Hanoi

Ce paragraphe est consacré à la présentation d'un exemple de modélisation et programmation par objets. Il s'agit d'une simulation des tours de Hanoi. Nous manquons de place pour développer complétement les différentes solutions, mais le *framework Hanoi*[1] qui nous sert à l'enseignement du langage Java est disponible sur le site de l'auteur.

3.1 Le problème

Les «tours de Hanoi» ont été introduites par le mathématicien français Lucas en 1883 (voir l'introduction de J.-É. Pin à cette section). Selon la légende tibétaine, ces tours sont constituées de disques d'or de taille décroissante, empilés sur des aiguilles de diamant. Ces trois aiguilles reposent sur un socle commun. Initialement tous les disques sont placés sur l'aiguille dite de départ par taille décroissante, le disque le plus petit étant au sommet, et le plus large à la base. Comme le montre la figure 1, le but du jeu est de déplacer la pyramide des disques de l'aiguille de départ vers une aiguille dite d'arrivée en utilisant une troisième aiguille de travail, dite intermédiaire. Les deux règles de manipulation des disques sont les suivantes : un moine ne peut déplacer qu'un disque à la foi et il doit toujours poser un disque sur un objet plus large (autre disque ou socle).

1. www.emn.fr/x-info/cointe.

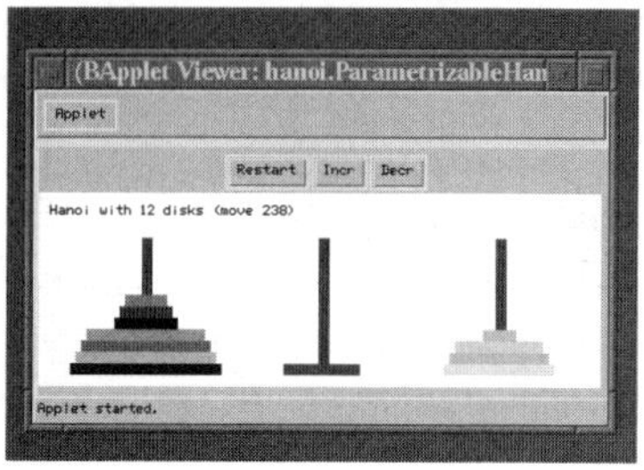

Figure 1 Visualisation de l'animation

3.2 La modélisation

Pour notre simulation, seuls les éléments tangibles de la légende sont modélisés. Il s'agit des aiguilles (représentées par la classe `Post`) et des disques (représentés par la classe `Disk`). Les moines chargés des déplacements n'apparaissent pas et on leur préfère la classe `Hanoi` chargée du déplacements des disques dans le respect des règles établies. Le diagramme UML (*Unified Modeling Language*) présenté en figure 2, montre les relations de collaboration interclasses tout en exposant leurs principales méthodes publiques.

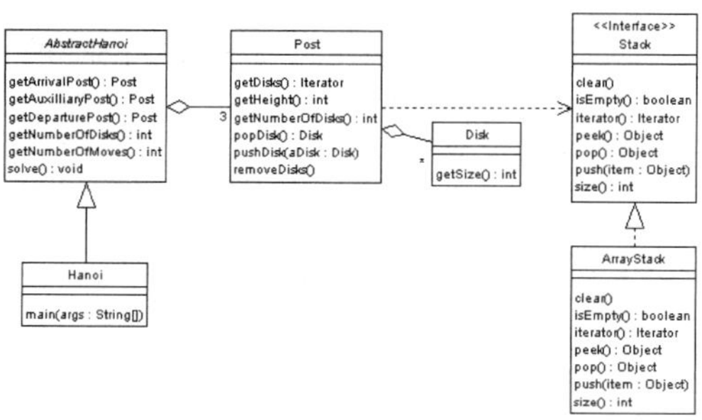

Figure 2 Modélisation naïve

En premier lieu, il convient d'étudier la représentation des classes susceptibles d'être raffinées par spécialisation au fur et à mesure de la modélisation dans le but d'améliorer la simulation. Parmi celles-ci figurent `DiskPost` dont les méthodes les plus significatives permettent soit d'accèder aux propriétés «physiques» des objets (comme `getSize` pour obtenir la taille d'un disque ou `getHeight` pour obtenir la hauteur d'une aiguille) soit de gérer les déplacements d'un disque sur une aiguille (méthodes `popDisk` et `pushDisk`). Il est important de noter que la classe `Post` est cliente de l'interface `Stack` (flèche pointillée) implémentée par la classe `ArrayStack` sous la forme d'un tableau de `Disk`.

Les deux classes `AbstractHanoiHanoi` représentent le moteur du jeu; l'algorithme de résolution étant pris en charge par la méthode `solve` de la classe `AbstractHanoi`. De manière plus précise :

- la flèche à tête de losange estampillée 3 indique que `AbstractHanoi` agrège trois `Post`, chaque `Post` agrégeant elle-même une pile de plusieurs disques (flèche estampillée *);
- `Hanoi` spécialise `AbstractHanoi` (flèche d'héritage) et se charge de la présentation des résultats, i.e., de la trace des déplacements des disques. Celle-ci est réalisée de manière textuelle par sa méthode protégée `reportMove` qui imprime dans le flux de sortie standard.

Voici un exemple d'exécution pour une configuration initiale de trois disques :

```
Disque: 1 : Depart->Arrivee
Disque: 2 : Depart->Auxiliaire
Disque: 1 : Arrivee->Auxiliaire
Disque: 3 : Depart->Arrivee
Disque: 1 : Auxiliaire->Depart
Disque: 2 : Auxiliaire->Arrivee
Disque: 1 : Depart->Arrivee
Nombre de deplacements : 7
```

En deuxième lieu, il est important d'identifier les classes réutilisables dans un tout autre contexte que celui du jeu des tours de Hanoi. À ce titre, il est facile d'observer que les disques sont ajoutés (empilés), retirés (dépilés) des aiguilles sur le mode «dernier disque placé, premier disque retiré». D'un point de vue algorithmique, cette modélisation des aiguilles fait appel à la notion de pile telle qu'elle est habituellement décrite dans la littérature sur les structures de données (voir le chapitre «Structures de données»). Il se trouve que la classe `ArrayStack` implémente (sous forme d'un tableau) cette structure de donnée selon les spécifications de l'interface `Stack`. `ArrayStack` et `Stack` peuvent donc prétendre faire partie des bibliothèques standard.

3.3 Quelques éléments de l'implémentation

Il s'agit simplement de donner un ersatz de programmation Java en commentant les sources des classes `Disk`, `Hanoi` et `AbstractHanoi`.

La classe Disk

Définition Java

La définition d'une classe consiste en la déclaration d'un ensemble de membres.

```
public class Disk extends Object{
   // variables d'instance
   private int size;
   // constructeurs
   public Disk(int initSize){
      size = initSize;
   }
   public Disk() {
      this(1);
   }
```

```
    // méthodes d'instance
    public int getSize(){
       return this.size;
    }
    public boolean smaller(Disk that){
       return this.size < that.size;
    }
    public String toString() {
       return ''Disque''+'':''+
               this.getSize();
    }
}
```

Parmi ces membres on a coutume de distinguer :

- les variables d'instance comme `size` (de type `int`) qui décrivent la structure commune aux objets de la classe et sont instanciées à leur création ;
- les méthodes d'instance comme `getSize`, `smaller`, et `toString` qui décrivent le comportement commun aux instances de la classe. Chaque `Disk` retourne donc sa taille et le texte le représentant à la réception des messages correspondants. Il peut également être comparé à un autre `Disk` afin de déterminer si sa taille est inférieure ou non ;
- les constructeurs (reconnaissables au fait qu'ils ont le même nom que la classe) qui servent à fabriquer les objets en initialisant correctement leur variable d'instance. Le premier constructeur `Disk` prend en argument la taille du disque à créer, le second fabrique par défaut un disque dont la taille est l'unité.

On observera également la pseudo-variable `this` qui sert à dénoter l'instance de la classe recevant le message. D'un point de vue plus philosophique cette construction `this` (également connue sous la forme `self` en Smalltalk) permet de donner aux objets connaissance d'eux-mêmes, ce qui les autorise en particulier à s'auto-envoyer des messages.

Création et activation de disques

```
// Déclaration-création des Disk d1 et d5
Disk d1 = new Disk(1);
Disk d5 = new Disk(5);
// envoi de messages à ces deux disques
d1.getSize();
d1.smaller(d5);
d1.toString();
d1.getClass(); // définie dans Object
// lancement du jeu avec 3 disques
new Hanoi(3).solve();
```

L'expression `d1.smaller(d5)` est en fait équivalente à `Disk.smaller(d1,d5)` en programmation fonctionnelle. Cette équivalence traduit qu'après recherche d'une méthode `smaller` à partir de la classe du receveur `d1` (`d1.getClass()`), la méthode `smaller` de `Disk` (notée `Disk.smaller`) est appliquée. Son premier paramètre `this` est implicitement lié à `d1`, le second `that` explicitement lié à `d5`.

Métaphore de la cellule

La présentation des sources Java de la classe `Disk` est l'occasion de revenir sur les concepts fondateurs introduits § 2 pour leur donner un éclairage nouveau. Une présentation didactique d'un objet est celle d'une membrane encapsulant un noyau conformément à la figure 3. Cette membrane détermine la frontière entre l'objet et le monde extérieur. De l'extérieur de l'objet, le noyau n'est pas visible, la structure cachée correspondante détermine son état. Les communications avec ce noyau transitent par l'intermédiaire d'une interface publique qui fixe le comportement de l'objet via un ensemble de méthodes.

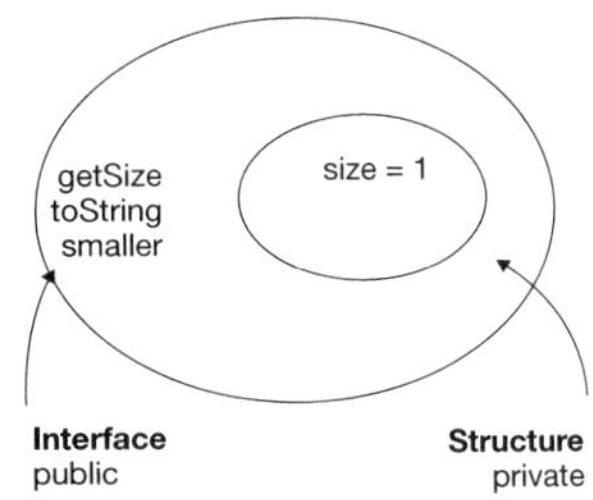

Figure 3 Une instance singulière

Se pose alors le problème de la représentation de la classe dont le rôle premier est celui de fabriquer les cellules. L'idée est que tous les objets issus d'une même classe partagent non seulement le même ensemble de méthodes mais également les mêmes éléments de structure.

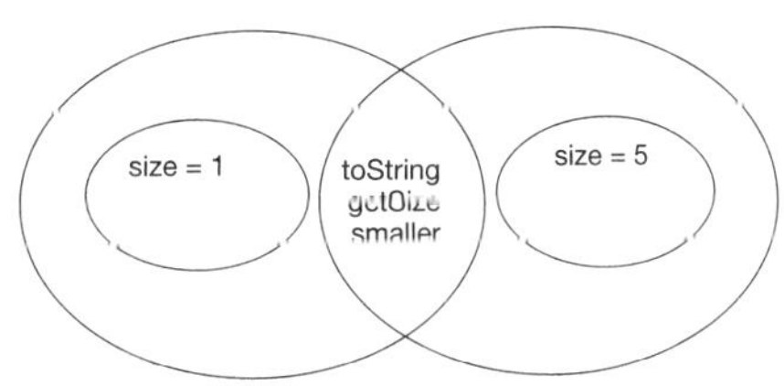

Figure 4 Deux instances d'une classe

Le principe est donc de factoriser la structure au niveau de la classe, en définissant celle-ci comme un ensemble de variables dites d'instance car elles seront initialisées à la création des objets (donc des instances de la classe). Comme le montre la figure 4, chaque `Disk` possédera en propre la valeur de la variable d'instance `size`, et pointera directement sur la classe détentrice d'un dictionaire de méthodes d'instance et d'un ensemble de variables d'instance.

La classe Hanoi

Elle spécialise (`extends`) `AbstractHanoi` et ce faisant doit expliciter l'implémentation de la méthode `reportMove` qui rend compte du déplacement d'un disque d'une aiguille à l'autre. Hanoi précise également l'implémentation de deux méthodes chargées respectivement de construire les disques (diskFactory) et les aiguilles (postFactory) utilisés à cette étape de la modélisation. Cette création est réalisée par l'appel des constructeurs correspondant via l'opérateur new. Les méthodes postFactory et diskFactory tout comme reportMove, ne sont pas destinées à être exposées (déclarées public) et n'apparaissaient pas dans le diagramme UML précédent.

```
public class Hanoi extends AbstractHanoi{
   public Hanoi(int nbDisks) {
      super(nbDisks);
   }
   void reportMove(Disk aDisk,
            Post fromPost, Post toPost) {
      System.out.println(
        aDisk + " : " + fromPost.getName()
             + "->" + toPost.getName());
   }
   Post postFactory(int maxNumberOfDisks){
      return new Post(maxNumberOfDisks);
   }
   Disk diskFactory(int size) {
      return new Disk(size);
   }
   public static void main(String[] dummy){
     AbstractHanoi game = new Hanoi(3);
     game.solve();
     System.out.println(
      "Nombre de deplacements : " +
      game.getNumberOfMoves());
   }
}
```

La classe AbstractHanoi (partie de)

Cette classe définit quatre variables d'instance, chargées respectivement de mémoriser le nombre de disques (diskNumber), de comptabiliser le nombre de leurs déplacements (numberOfMoves), d'identifier les instances du jeu (name), et d'agréger un tableau de trois aiguilles (posts).

```
public abstract class AbstractHanoi {
  private final int diskNumber;
  private int numberOfMoves;
  private String name="Hanoi";
  private Post[] posts=new Post[3];

  public AbstractHanoi(int initDiskNumber){
   diskNumber = initDiskNumber;
   for (int i = 0; i < posts.length;
        posts[i++] =
        postFactory(initDiskNumber));
    getDeparturePost().setName("Depart");
    getAuxilliaryPost().setName("Auxiliaire");
    getArrivalPost().setName("Arrivee");
}
```

Le constructeur AbstractHanoi décrit leur initialisation en veillant donc à la construction des trois aiguilles et donc à celle de la pile des diskNumber disques correspondants.

La méthode moveDisk déplace le Disk au sommet de l'aiguille fromPost en dépilant celui-ci de son aiguille d'origine pour l'empiler sur l'aiguille d'arrivée toPost (tout en incrémentant le compteur des mouvements). La méthode solve réalise l'algorithme récursif standard qui suppose la solution connue pour une configuration de $n-1$ disques.

```
public Post getDeparturePost(){
    return posts[0];}
public Post getAuxilliaryPost(){
    return posts[1];}
public Post getArrivalPost(){
    return posts[2];}
public int getNumberOfDisks(){
    return diskNumber;}

protected void moveDisk(Post fromPost,
                        Post toPost){
    Disk aDisk = fromPost.popDisk();
    toPost.pushDisk(aDisk);
    numberOfMoves++;
    reportMove(aDisk,fromPost,toPost);
}

void solve(int nb, Post fromPost,
           Post toPost, Post usingPost) {
    if (nb > 0) {
      solve(nb-1,fromPost,
            usingPost,toPost);
      moveDisk(fromPost,toPost);
      solve(nb-1,usingPost,
            toPost,fromPost);
      }
}

protected void solve(Post departure,
           Post arrival, Post auxilliary){
    numberOfMoves = 0;
    departure.removeDisks();
    auxilliary.removeDisks();
    arrival.removeDisks();
    for (int i=getNumberOfDisks();i>0;i--)
       departure.pushDisk(diskFactory(i));
    solve(getNumberOfDisks(),
          departure,arrival,auxilliary);
    }

public void solve(){
    solve(getDeparturePost(),
          getArrivalPost(),
          getAuxilliaryPost());
    }
}
```

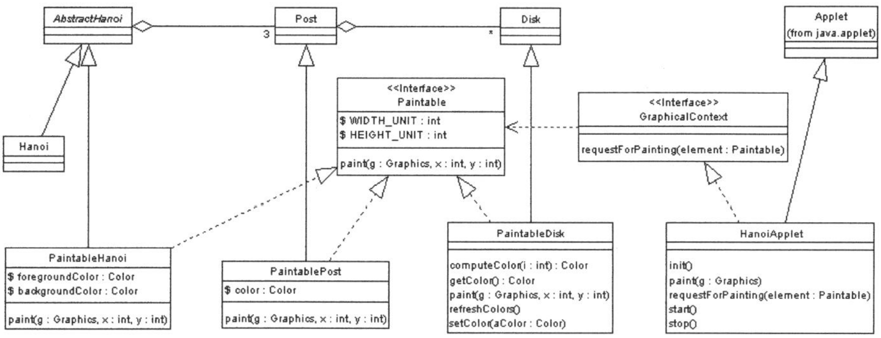

Figure 5 Modélisation avec animation

3.4 Amélioration de la simulation

Le deuxième diagramme UML présenté en figure 5 correspond à la réalisation de la copie d'écran présentée en figure 1.

Cette nouvelle simulation réalise une animation visuelle du jeu et sa «mise en applet» avec une représentation graphique des disques et des aiguilles. On retrouve le même noyau de classes enrichi des classes `PaintableDisk` et `PaintablePost` spécialisation coloriable (donc affichable sur l'écran) de leurs ancêtres respectifs.

Tout comme `Hanoi`, la classe `PaintableHanoi` hérite d'`AbstractHanoi` pour utiliser son algorithme de résolution, mais implémente l'interface `Paintable` et sa méthode `paint`. À noter que (Kaehler 1986), l'un des premiers ouvrages d'introduction à Smalltalk, utilisait ce même exemple.

4 Principales contributions

Nous reprenons ici, en la réactualisant, la synthèse réalisée à l'occasion du cinquantième anniversaire de l'ACM par l'atelier en charge de définir les directions de recherche stratégiques dans le domaine des langages à objets (ACM 1996).

4.1 Les prototypes et les acteurs

Comme pour les objets et les outils du monde réel, il est tentant de détourner les objets informatiques de leur usage habituel. Plusieurs tentatives ont été menées pour échapper aux langages de classes – voir par exemple les chapitres 6 et 8 de (Inria 88) – que ce soient les langages de prototypes à la Self qui ont voulu s'émanciper pour étudier d'autres mécanismes de création/spécialisation ou les langages d'acteurs qui ont exploré le domaine de la programmation concurrente et répartie (Acteurs 1987). La création d'objets par clonage d'un premier prototype et non plus par instanciation d'une classe a permis des réalisations intéressantes dans les domaines de la programmation visuelle et de la programmation par l'exemple.

4.2 Les protocoles de métaobjets

L'une des intuitions de Smalltalk était de pousser jusqu'au bout l'idée du «tout objet» en réifiant sous forme de métaobjets manipulables, les entités utilisées par le langage lui-même comme les *classes* et leurs *méthodes*, les *messages*, les erreurs, etc. Les travaux sur la métaprogrammation et la réflexion menés initialement par les communautés des langages de programmation et de l'intelligence artificielle ont connu, suite aux thèses de B.-C. Smith et P. Maes, un grand écho dans la communauté objet. Cet écho résulte de la convergence entre les idées d'auto-représentation (en particulier l'expression du moi : les fameux `this` de Java et `self` de Smalltalk), d'encapsulation (contrôle de l'accès aux détails de l'implémentation) et d'héritage (structuration des différents niveaux de spécialisation). Une des contributions importantes est la définition de protocoles pour ces métaobjets à la CLOS permettant d'ouvrir et donc d'étendre un langage à objets (CLOS-MOP 1993).

4.3 Les aspects

La définition de systèmes complexes dans des domaines aussi différents que les interfaces homme-machine, les architectures logicielles, les bases de données, les systèmes distribués... a révélé un problème récurrent : l'existence de fonctionnalités que les abstractions du domaine ne permettent pas de représenter convenablement. Ces fonctionnalités, aujourd'hui appelées *aspects*, sont disséminées dans les différentes composantes d'une application et ne bénéficient donc pas d'une encapsulation adéquate tant au niveau des modèles de conception que des langages de programmation.

Cette faiblesse dans l'expression d'un point de vue particulier, est manifeste dans la réalisation objet du serveur Apache, telle qu'elle est décrite par G. Kiczales dans son tutoriel sur AspectJ[1]. Certaines préoccupations, comme l'analyse syntaxique de termes XML ou la reconnaissance de motifs dans des URL, sont bien encapsulées dans une seule classe. Par contre, le code implémentant la notion de session de connexion est disséminé dans une cinquantaine de classes.

Cette incapacité à regrouper au sein d'une même entité logicielle le programme traitant d'un même problème introduit des surcoûts liés à la redondance de code non ou mal factorisé, à la maintenance de code disséminé dans des parties de l'application sémantiquement déconnectées et à l'absence de lisibilité des solutions. Elle conduit à développer une nouvelle forme de programmation pour laquelle il est possible : d'identifier, d'encapsuler et de manipuler les propriétés relevant d'un domaine particulier sous forme d'*aspects* indépendants; de tisser ensuite ces modules au bon endroit dans l'application pour qu'elle prenne en compte un nouveau concept, un nouveau but, un nouveau besoin, un nouveau service...

4.4 Les patrons de conception

La transposition au domaine des objets des patrons de conception architecturaux (*design patterns*) inventés par l'architecte C. Alexander pour décrire les problèmes récurrents (et leurs solutions!) en urbanisme et en architecture, a connu depuis 1994 un grand succès (GOF 1994). La raison principale de celui-ci est que ces patrons permettent de capitaliser une expérience et un savoir-faire en matière de conception logicielle. En particulier, ils mettent en œuvre l'encapsulation et la réutilisation non seulement au niveau de simples objets mais également à celui d'un groupe de classes coopératives. L'archétype des patrons de conception est probablement le MVC élaboré par Smalltalk pour distinguer dans une interface homme-machine, le modèle, de ses vues et de ses contrôleurs. Ces travaux ont conduit à la publication de divers catalogues de *patterns* dont une caractéristique importante est qu'ils sont indépendants d'un langage à objets donné. L'une des contributions de Java est d'avoir été le premier langage à les utiliser systématiquement dans l'écriture de ces bibliothèques (par exemple le pattern `composite` dans le package AWT).

4.5 Les cadriciels ou *frameworks*

La conception de bibliothèques basées sur des hiérarchies de classes (dont certaines dites *abstraites* ne servent qu'à spécifier un comportement qui sera implémenté ultérieurement selon les spécificités d'une application particulière), a donné lieu à de nombreuses micro-architectures génériques appelées cadriciels (*frameworks*) facilement spécialisables et adaptables par héritage. En sus des cadriciels industriels déjà présentés en § 2 nous pouvons mentionner également les réalisations universitaires suivantes : Actalk (J.-P. Briot) pour introduire les objets concurrents, Coda (J. McAffer) pour introduire les objets distribués, Neopus et Backtalk (F. Pachet) pour marier règles, contraintes et objets.

4.6 Les environnements de développement

L'une des contributions majeures des objets au domaine des ateliers de génie logiciel, est la construction d'environnements de développement intégrés (IDE en anglais) à la VisualWorks puis à la VisualAge. Dans la tradition Smalltalk, ces environnements offrent aux développeurs un ensemble d'outils permettant de construire incrémentalement des applications complexes en combinant programmation classique (lecture/écriture des classes) avec la navigation dans les bibliothèques et les hiérarchies de classes, la programmation visuelle pour l'assemblage d'objets, et les gestionnaires de versions et de configurations. Ces environnements tirent avantage des facilités d'introspection des langages à objets, facilités qui permettent d'inspecter et donc de manipuler de manière structurée les propriétés des objets et de leurs classes. Aujourd'hui, l'un des environnements de développement les plus aboutis est la plateforme Eclipse diffusée sous forme de logiciel libre à l'initiative d'IBM. Eclipse a la double caractéristique d'être multilangage et d'être facilement extensible grâce à un mécanisme de *plug-in* (Eclipse 2003).

4.7 Les modèles

Les travaux sur les méthodes d'analyse et de conception ont d'abord vu fleurir une multitude de méthodes à objets dont les plus connues furent OMT (J. Rumbaugh), Objectory (I. Jacobson) et OOD (G. Booch). En 1994, ces méthodes ont finalement convergé pour donner naissance à UML : le «langage» de modélisation unifié (UML 1999). Aujourd'hui, UML peut être considéré comme une notation graphique standardisée pour «spécifier», construire et documenter les applications, décrire leur structure statique ainsi que leur comportement dynamique, et finalement prendre en compte les différentes étapes de leur cycle de vie.

UML a largement contribué au développement des architectures dirigées par les modèles, le fameux MDA dont ont parle beaucoup aujourd'hui pour s'affranchir des plateformes technologiques. A l'initiative de l'OMG, il s'agit de décrire des architectures logicielles à l'aide de langages de modélisation pour ensuite compiler ces modèles, selon les besoins, vers une ou plusieurs langages cibles (GP 2000).

1. www.aspectj.org.

5 Conclusion

Dans la quête d'une informatique toujours plus ubiquitaire et plus nomade, la question de ce que sera l'après objet peut se poser[1]. Cette interrogation est d'autant plus pertinente que l'approche par composants telle qu'elle est proposée par les industriels avec les EJB (Sun), .Net (Microsoft) et CCM (OMG) n'est pas complétement mature (Szyperski 1998). De ce point de vue le programme de recherche du projet Obasco vise à établir l'existence d'un continuum entre objets et composants en développant l'approche des aspects (Obasco 2004). Mais cette évolution des objets aux composants n'aura sans doute pas la même ampleur que la rupture technologique introduite voici bientôt quarante ans par les objets.

1. Voir par exemple : www/dreamsongs/com.

Bibliographie

{ACM 1996} Aksit M., Black A., Cardelli L., Cointe P., Guerraoui R. et al~. Strategic research directions in object oriented programming. *ACM Computing Surveys*, 4(28):691-700.

{Java 1997} Arnold K. et Gosling J. (1997), *The Java Programming Language.* Addison-Wesley, The Java Series.

{Simula 1973} Birtwistle G., Dahl O., Myhrhaug B. et Nygaard K. (1973), *Simula begin.* Petrocelli Charter, New York.

{UML 1999} Booch G., Rumbauch J. et Jacobson I. (1999), *The Unified Modeling Language User Guide.* Addison-Welsey.

{DDN 05} Böszörményi L. et Podlipnig S. (2005), *People Behind Infomatics*}. À la mémoire de Ole-Johan Dahl, Edsgen W. Dijkstra et Kristen Nygaard. Publié par l'Institute of Information Technology, University of Klagenfurt Halen Hearney Copy Editing.

{reflection 99} Cointe P., éditeur. (1999), *Meta-Level Architectures and Reflection.* Springer Verlag - LNCS 1616.

{Cointe 2000} Cointe P. (2000), «Langages à objets». *Technique et Science Informatiques. Informatiques. Enjeux, tendances et évolutions.* Sous la direction de René Jacquart, 19 (1-2-3): 139-146.

{Obasco 2004} Cointe P., Noyé J., Douence R., Ledoux T., Menaud J.-M., Muller G. et Südholt M. (2004), Programmation post-objets des langages d'aspects aux langages de composants. *RSTI L'Objet : 20 après, où en sont les objets?* Voir également www.lip6.fr/colloque-JFP., 10(4):119-144.

{GP 2000} Czarnecki K. et Eisenecker U. (2000), *Generative Programming, Methods, Tools and Applications.* Addison-Welsey.

{Inria 88} Ducournau R., Euzenat J., Masini G. et Napoli A., éditeurs. (1988), *Langages et modèles à objets.* INRIA - Collection didactique.

{JavaNS 1997} Flanagan D. (1997), *Java in a Nutshell. A Desktop Quick Reference for Java Programmers.* O'Reilly Press.

{Eclipse 2003} Gamma E. et Beck Kent. (2003), *Contributing to eclipse. Principles, Patterns, and Plug-Ins.* Addison-Welsey, the Eclipse series.

{GOF 1994} Gamma E., Helm Richard, Johnson Ralph et Vlissides John. (1994), *Design Patterns : Elements of Reusable Object-Oriented Software.* Addison-Wesley.

{PC 997} Goldberg A. (1988), *A History of Personal Workstations.* ACM Press History Series.

{Smalltalk1983} Goldberg A. et Robson D. (1983), *Smalltalk-80, the Language and its Implementation (blue book).* Addison-Wesley, Reading, Mass.

{GEB 1979} Hofstadter D. (1979), *Göedel, Escher et Bach, les brins d'une guirlande éternelle.* Harvester Press.

{Kaehler 1986} Kaehler T. et Patterson D. (1986), *A Taste of Smalltalk.* W.W. Norton & Company.

{Kay 69} Kay A. (1969), *The Reactive Engine.* PhD thesis, University of Utah.

{CLOSMOP 1992} Kiczales G., des Rivières J. et Bobrow D. (1992), *The Art of the Metaobject Protocol*}. MIT Press.

{Beta 1993} Lehrmann-Madsen O., Moller-Pesersen B. et Nygaard K. (1993), *Object-Oriented Programming in the BETA Programming Language.* Addison-Wesley.

{Eiffel 1992} Meyer B. (1992), *Eiffel The Language.* Prentice Hall Object-Oriented Series.

{CLOSMOP 1993} Paepcke A. (1993), *Object Oriented Programming. The Clos Perspective.* MIT Press.

{VB 1997} Roman S. (1997), *Concepts of Object-Oriented Programming with Visual Basic.* Springer Verlag.

{C++ 1986} Stroustrup B. (1986), *The C++ Programming Language.* Addison-Wesley.

{Szyperski 98} Szyperski C. (1998), *Component Software.* Addison-Welsey.

{SIGS 1997} Thomas D. (1997), Travels with Smalltalk. from research parc to main street – an historical perspective. *SIGS Publications.*

{Acteurs 1987} Yonezawa A. et Tokoro M. (1987), *Object-Oriented Concurrent Programming.* MIT Press.

Programmation logique et contraintes

François Fages

Mots-clés : programmation par contraintes, résolution de contraintes, propagation de contraintes, logique, calcul symbolique, arithmétique d'intervalles, optimisation combinatoire, ordonnancement, procédures de recherche, heuristiques.

Résumé : la programmation logique avec contraintes est porteuse d'un grande ambition pour la programmation : celle d'en faire essentiellement une tâche de modélisation, par des équations, des contraintes, des formules logiques. À la suite de différents travaux pionniers menés dans les années soixante-dix, ce courant de programmation est né au milieu des années quatre-vingt d'un rapprochement de la programmation logique, des techniques de propagation de contraintes issues de l'intelligence artificielle, et de celles de programmation linéaire issues de la recherche opérationnelle. Les succès rencontrés très rapidement en résolution de problèmes combinatoires, y compris dans des problèmes classiques de recherche opérationnelle comme en ordonnancement par exemple, ont induit une forte vitalité industrielle et académique dans ce domaine. Les enjeux sont aujourd'hui d'explorer de nouvelles applications et d'aller vers une plus grande automatisation, comme cela a été fait pour les outils de programmation linéaire en nombres entiers par exemple.

Il est possible de présenter les idées essentielles de la programmation par contraintes à travers un petit exemple combinatoire, introduit par Bezzel en 1848 : celui de placer N reines sur un échiquier $N \times N$ sans qu'elles soient en prise, c'est-à-dire placées sur une même colonne, ligne ou diagonale. La figure suivante montre une telle solution pour un échiquier 8×8.

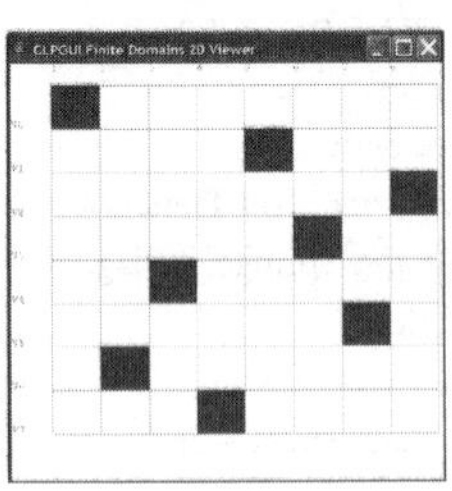

L'idée est d'utiliser les contraintes du problème de façon active pour réduire la taille de l'espace de recherche, en retirant les valeurs impossibles du domaine des variables *avant* leur énumération. La figure suivante montre l'effet des contraintes sur le domaine des variables après le placement des deux premières reines (en lignes) :

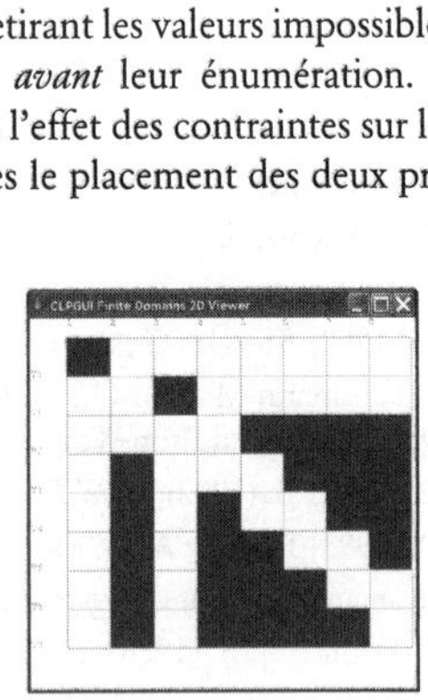

L'énumération des valeurs possibles des variables se fait en développant un arbre de recherche. Les calculs symboliques effectués par les contraintes ont pour effet de réduire le nombre de choix à explorer et de stopper immédiatement l'exploration dès que le domaine d'une des variables devient vide. Ils permettent également de guider les choix par des heuristiques en choisissant d'énumérer en premier les variables qui ont le plus petit domaine par exemple. La figure 1 montre l'arbre de recherche exploré pour énumérer les 92 solutions au problème des huit reines, ainsi que l'arbre exploré en ajoutant la contrainte $V0 < V7$ entre la première et la dernière variable de la liste, de façon à casser une symétrie. L'utilisation active des contraintes pour élaguer et diriger l'exploration de l'arbre de recherche permet d'obtenir des temps d'exécution qui sont inférieurs de plusieurs ordres de grandeur à ceux obtenus par des algorithmes classiques d'énumération et de test *a posteriori* des contraintes. Le programme (donné ci-dessous) permet par exemple de placer deux cents reines sur un échiquier 200×200 en 80 millisecondes, alors qu'un programme classique vérifiant les contraintes après chaque énumération serait limité à des problèmes de taille inférieure à 15.

La beauté de la programmation par contraintes vient également de l'extrême concision des programmes qui se concentrent sur la modélisation du problème. Les langages de programmation par contraintes offrent des bibliothèques de contraintes prédéfinies sur différents domaines de calcul, et des moyens de définir le problème à résoudre en introduisant (éventuellement de façon récursive) les variables du problème et les contraintes qui les lient. Le langage de programmation logique Prolog, introduit au début des années soixante-dix par A. Colmerauer et R. Kowalski, est adapté à ce cadre car il ne manipule que des relations et permet de définir de nouvelles relations à partir de relations prédéfinies (les contraintes de base) par des clauses logiques. Le problème des N reines peut ainsi être modélisé par le programme Prolog avec contraintes sur les nombres entiers et les listes suivant :

```
queens(N,L):- length(L,N), domain(L,1,N),
              safe(L), labeling(L).
length([],0).
length([X|L],N):- N=N1+1, length(N1,L).
safe([]).
safe([X|L]):- noattack(L,X,1), safe(L).
noattack([],_,_).
noattack([Y|L],X,D):-
              X=/=Y, X=/=Y+D, X+D=/=Y,
              D1=D+1, noattack(L,X,D1).
? queens(8,L).
L=[1,5,8,6,3,7,2,4]
```

À la requête `queens(8,L)`, l'interpréteur fournit une première solution sous forme d'une contrainte réponse et énumère à la demande les autres solutions. La première clause du programme spécifie que la relation **`queens(N,L)`** est vraie si L est une liste de longueur N (prédicat **`length(L,N)`**), chaque élément de la liste prend ses valeurs entre 1 et N (contrainte **`domain(L,1,N)`**), les contraintes de non prise sont posées (prédicat **`safe(L)`**) et les valeurs des variables sont énumérées (prédicat **`labeling(L)`**). Le prédicat **`length`** est défini par un fait pour le cas de la liste vide, et une règle récursive pour le cas d'une liste à au moins un élément. Une telle définition Prolog est réversible dans le sens où elle sert aussi bien à calculer la longueur de la liste si la liste est connue, qu'à construire une liste (de variables) de longueur N si la liste en argument est une inconnue. Le prédicat **`safe`** pose les contraintes de non prise entre chaque reine et les suivantes à partir de la distance 1 (prédicat **`noattack(L,X,1)`**). Les contraintes de non prise s'expriment par des contraintes d'inéquation notées **`X=/=Y`**.

D'un point de vue général, l'essence de la programmation par contraintes consiste donc à modéliser le problème à résoudre par des relations sur des variables mathématiques, et à effectuer des calculs symboliques sur ces structures d'information partielle, sans nécessairement fixer de valeurs précises. On peut alors s'intéresser à la programmation par contraintes de différents points de vue : fondements en logique mathématique, algorithmes de résolution, procédures de recherche, langages de programmation, applications, historique, etc. Les paragraphes suivants traitent des quatre premiers points dans cet ordre, les applications et certaines références historiques étant mentionnées au cours du texte.

1 Qu'est-ce qu'une contrainte ?

Une contrainte est une formule logique du premier ordre que l'on interprète dans une structure mathématique fixée. Ce domaine d'interprétation, noté $\mathcal{D}$, qui représente le « domaine du discours », est en général une combinaison de structures élémentaires, numériques : nombres entiers naturels, nombres réels,..., ou symboliques : mots, listes, termes (arbres étiquetés), structures de données, etc. Dans un système de contraintes $\mathcal{C} = (\mathcal{L}, \mathcal{D})$, on fixe également le langage des contraintes $\mathcal{L}$, qui détermine l'ensemble des formules logiques autorisées. Ce langage est supposé clos par conjonction, c'est-à-dire que la conjonction d'un nombre fini de contraintes est toujours une contrainte. En revanche l'utilisation des autres connecteurs logiques et des quantificateurs est optionnelle et peut être limitée à des formes simples, comme par exemple $\forall y \; x \neq f(y)$ qui contraint x à ne pas être de la forme f.

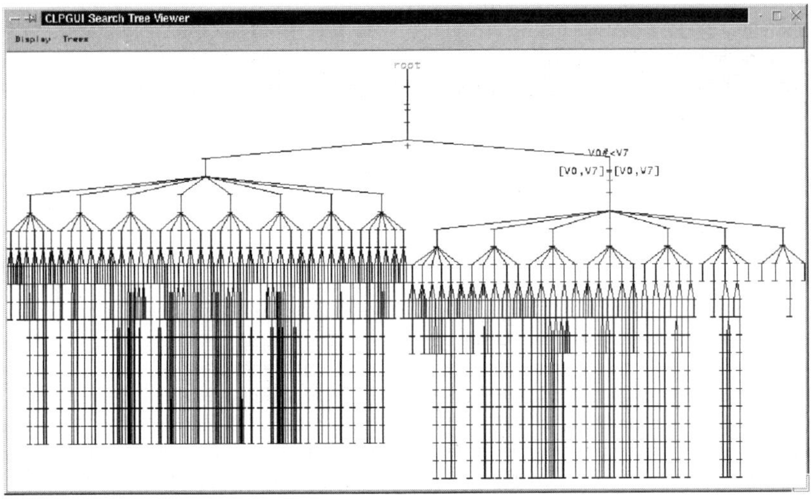

Figure 1 Arbres de recherche explorés pour trouver toutes les solutions au problème des huit reines, sans et avec la contrainte d'élimination de symétrie $V0 < V7$

Le problème de décision auquel on s'intéresse est celui de la satisfiabilité d'une contrainte, c'est-à-dire de l'existence d'une valuation dans $\mathcal{D}$ des variables pour laquelle la formule est vraie. Supposer que la satisfiabilité des contraintes est un problème décidable dans une interprétation I revient, d'un point de vue logique, à supposer que la structure I peut être axiomatisée par une théorie $\mathcal{T}$ complète pour le langage des contraintes. Ce point de vue est fructueux car il permet, d'une part, d'étudier la décidabilité des langages de contraintes, et d'autre part, de déduire d'une axiomatisation de la structure certains algorithmes de satisfaction de contraintes comme nous le verrons § 2.

L'arithmétique de Presburger est un premier exemple de théorie complète qui fut donné en 1929. Cette théorie concerne la structure additive des nombres entiers naturels avec zéro et successeur $(\mathbb{N}, 0, s, +, =)$. La complétude de cette théorie signifie que la satisfiabilité des contraintes linéaires avec imbrication quelconque de quantificateurs est décidable sur $(\mathbb{N}, 0, s, +, =)$. La complexité en temps de ce problème est cependant rédhibitoire, doublement exponentielle dans le pire cas. L'arithmétique de Peano ajoute à cette théorie deux axiomes pour définir la multiplication. Le fameux théorème d'incomplétude de Gödel (1931) montre que cette théorie n'est pas complète et que toute extension cohérente de l'arithmétique de Peano est nécessairement incomplète. La structure des nombres entiers avec multiplication $(\mathbb{N}, 0, 1, +, *, =)$ n'est donc pas axiomatisable, et la satisfiabilité des contraintes arithmétiques entières avec quantificateurs est un problème indécidable.

De façon quelque peu surprenante, la situation est différente dans les nombres réels $(\mathbb{R}, 0, 1, +, *, =, \leqslant)$, et on pourra s'étonner du résultat de Tarski de 1948 qui montre la complétude de la théorie du corps ordonné des réels. Ce résultat montre la décidabilité de la géométrie élémentaire, et les travaux ultérieurs de Collins (1975) fournissent une procédure complète de décision de complexité doublement exponentielle en le nombre de variables. Les fragments des contraintes linéaires et des programmes linéaires (incluant la minimisation d'une fonction linéaire) ont quant à eux une complexité polynomiale et sont d'une grande importance pratique.

2 Résolution de contraintes

Dans une situation idéale en programmation par contraintes, le problème de satisfiabilité des contraintes est non seulement décidable, mais le test incrémental de satisfiabilité, qui est l'opération élémentaire effectuée à chaque étape d'exécution, a une complexité algorithmique amortie (c'est-à-dire sommée sur une exécution et divisée par le nombre d'étapes) constante ou sous-linéaire en le nombre de variables et de contraintes. En pratique, on peut aussi considérer des langages de contraintes indécidables, dès lors que l'on dispose d'algorithmes de déduction d'informations partielles de faible complexité algorithmique, qui, combinés à une procédure de recherche énumérative pour les domaines finis, ou dichotomique pour les domaines infinis, permettent de déterminer partiellement les cas d'insatisfiabilité, d'élaguer l'arbre de recherche, et de cerner l'ensemble des solutions.

2.1 Résolution complète par simplifications

Unification

Un domaine de contraintes important pour les *structures de données*, est celui de l'algèbre des termes du premier ordre, aussi appelé domaine de Herbrand. Dans l'algèbre des termes, l'égalité est l'égalité syntaxique et exclut toute autre relation d'équivalence entre termes. C'était à l'origine le seul domaine de contraintes considéré dans le langage de programmation logique Prolog, illustré dans le programme des N reines par les opérations sur les listes.

Cet exemple illustre la méthode générale de résolution de contraintes qui consiste à *normaliser* un système de contraintes par des *règles de simplification* préservant l'ensemble des solutions. Un système de contraintes est ici une conjonction d'égalités entre termes, $M_1 = N_1 \wedge \ldots \wedge M_n = N_n$, que l'on cherche à résoudre par substitution des variables (problème d'*unification*). La méthode consiste à définir des formes dites résolues des systèmes de contraintes, pour lesquelles la question de la satisfiabilité est triviale, et ensuite à trouver une orientation des axiomes qui permette de transformer tout système de contraintes soit en une forme résolue, soit en échec. On choisit ici comme formes résolues, les systèmes de la forme $x_1 = M_1 \wedge \ldots \wedge x_n = M_n$, où $n \geqslant 0$ et $\{x_1, \ldots, x_n\} \cap (V(M_1) \cup \ldots \cup V(M_n)) = \emptyset$, $V(M)$ désignant l'ensemble des variables apparaissant dans le terme M. En effet dans ces cas, la substitution des variables x_i par le terme M_i, notée $[M_i/x_i]$, fournit une solution triviale.

Le système de règles suivant a été donné quasiment sous cette forme par Herbrand dans sa thèse en 1928, puis redécouvert en 1965 par Robinson dans l'algorithme d'unification à la base de son principe de résolution en démonstration automatique.

1. $f(M_1, \ldots, M_n) = f(N_1, \ldots, N_n) \wedge \Gamma$
   $\longrightarrow M_1 = N_1 \wedge \ldots \wedge M_n = N_n \wedge \Gamma$,
2. $f(M_1, \ldots, M_n) = g(N_1, \ldots, N_m) \wedge \Gamma$
   $\longrightarrow faux$ si $f \neq g$,
3. $x = x \wedge \Gamma \longrightarrow \Gamma$,
4. $x = M \wedge \Gamma \longrightarrow x = M \wedge \Gamma[M/x]$
   si $x \notin V(M), x \in V(\Gamma)$,
5. $x = M \wedge \Gamma \longrightarrow faux$ si $x \in V(M), x \neq M$.

Il est facile de vérifier que chaque règle de simplification préserve l'ensemble des solutions du système. Une fois montrée la terminaison de ce système (en montrant ici que le couple formé du nombre de variables en forme non résolue suivi du nombre de symboles dans le système de contraintes, décroît strictement dans l'ordre lexicographique, à chaque application d'une règle), il suffit de vérifier, en raisonnant par cas, que les formes irréductibles sont forcément soit $faux$ soit des formes résolues. L'application des règles de simplification fournit donc un algorithme de décision de la satisfiabilité du système de contraintes initial. Les différentes stratégies d'application des règles influent sur la complexité algorithmique. Il est possible de donner un algorithme de complexité linéaire en représentant les termes par des graphes permettant de partager les sous-termes dupliqués.

Contraintes linéaires sur $\mathbb{R}$

Les principes de résolution de contraintes par règles de simplification s'appliquent à de nombreux autres domaines. L'algorithme d'élimination de Fourier (1824) en est un autre exemple sur les nombres réels. Cet algorithme permet de décider de la satisfiabilité d'un ensemble d'inégalités linéaires sur $\mathbb{R}$, c'est-à-dire géométriquement, de la non vacuité d'un polyhèdre dans $\mathbb{R}^n$. Dans cet algorithme, on dit qu'une inégalité (ou par extension un système d'inégalités) est en *forme normale* si elle est de l'une des trois formes $t \leqslant x$, $x \leqslant t$, $t \leqslant 0$, où t est une expression linéaire et x une variable n'apparaissant pas dans t. Pour une contrainte $s \leqslant t$ on note $\overline{s \leqslant t}^x$ sa forme normale par rapport à x, que l'on obtient par simple manipulation algébrique. L'algorithme de Fourier consiste à appliquer les régles suivantes :

1. $\Gamma \longrightarrow \bigwedge_{i=1}^{n} \bigwedge_{j=1}^{m} s_i \leqslant t_j \wedge \Gamma'$ si $\overline{\Gamma}^x = \bigwedge_{i=1}^{n} s_i \leqslant x \wedge \bigwedge_{j=1}^{m} x \leqslant t_j \wedge \Gamma'$ où $x \notin V(\Gamma')$,
2. $s \leqslant t \wedge \Gamma \longrightarrow \Gamma$ si $s, t \in \mathbb{R}$ et $s \leqslant t$,
3. $s \leqslant t \wedge \Gamma \longrightarrow faux$ si $s, t \in \mathbb{R}$ et $s > t$.

La première règle élimine une variable et préserve la satisfiabilité du système. Les deux autres règles préservent l'ensemble des solutions. Clairement, les règles terminent et un système est satisfiable si et seulement s'il se simplifie en le système vide. De cet algorithme général, on peut déduire d'autres algorithmes de projection des contraintes, de détection des contraintes d'égalité implicites, ainsi que plusieurs théorèmes de la programmation linéaire dont le théorème fondamental de dualité.

Contraintes booléennes

Dans le cas des contraintes booléennes, il est possible de définir des *formes canoniques*, c'est-à-dire des représentants uniques des classes d'équivalence des contraintes modulo l'équivalence logique. Les formes canoniques permettent donc de décider non seulement de la satisfiabilité des contraintes, en vérifiant que la forme canonique n'est pas $faux$, mais aussi de l'équivalence logique entre deux contraintes en testant simplement l'égalité de leurs formes canoniques. Les diagrammes de décision binaires (BDD, *Binary Decision Diagrams*) introduits par Bryant en 1985, sont des formes canoniques pour les contraintes booléennes. Il s'agit de graphes obtenus en fixant un ordre d'énumération des variables et en effectuant un partage maximum des sous-graphes. Les sommets sont étiquetés par des contraintes booléennes, et les sommets du niveau i ont pour successeurs deux sommets correspondants à la simplification de la contrainte par la valuation $x_i = 0$ $(faux)$ et $x_i = 1$ $(vrai)$ respectivement. La racine est étiquetée par la contrainte booléenne d'origine, et les deux sommets du dernier niveau sont étiquetés par $faux$ et $vrai$. Les BDD sont très utilisés pour représenter les contraintes booléennes dans des domaines aussi variés que la conception de circuits, la vérification de programmes ou la programmation par contraintes.

2.2 Résolution incomplète par réductions de domaines

Si l'on abandonne l'idée de fournir une méthode de résolution complète pour le langage des contraintes, il demeure néanmoins possible de déduire des informations partielles sur le domaine des variables, en examinant les contraintes indépendamment les unes des autres. Cette idée, introduite en intelligence artificielle au milieu des années soixante-dix par Mackworth notamment, a été reprise avec un grand succès en programmation par contraintes car elle s'applique à des contraintes de natures très diverses.

Notons x^d la variable x avec son domaine d. Pour définir les algorithmes de *filtrage*, aussi appelés algorithmes de *propagation* de contraintes, on introduit la notion de *projection* d'une contrainte $c(x_1^{d_1}, ..., x_n^{d_1})$ sur une variable x_1, comme étant le *domaine réduit* $r(x_1^{d_1}, c) = \{v \in d_1 \mid \mathcal{D} \models \exists v_2 \in d_2 \dots \exists v_n \in d_n\ c(v, v_2, ..., v_n)\}$, formé de l'ensemble des valeurs de x_1 pour lesquelles la contrainte a des solutions. Cette notion s'applique à des domaines quelconques, finis, discrets ou infinis, représentés par des ensembles ou bien par des intervalles seulement.

Par exemple, pour une contrainte sur $\mathbb{N}$ de la forme : $aX^{[k,l]} \geqslant bY^{[m,n]} + d,\ a > 0,\ b > 0,\ d \geqslant 0$ où les domaines des variables sont représentés par des intervalles finis, le calcul du domaine réduit s'effectue en *temps constant* : on a $r(X^{[k,l]}, c) = [max(k, k'), l]$ et $r(Y^{[m,n]}, c) = [m, min(n, n')]$ où $k' = \lceil \frac{bm+d}{a} \rceil$ and $n' = \lfloor \frac{al-d}{b} \rfloor$.

Dans un système de contraintes, si les domaines des variables sont égaux à leur domaine réduit par rapport à toutes les contraintes, on dit que le système est *arc-cohérent* (pour des raisons historiques de référence au graphe des contraintes, où les sommets sont les variables et les arêtes les contraintes binaires, et à l'hypergraphe des contraintes dans le cas n-aire). Bien sûr, la cohérence d'arc n'implique en rien la cohérence du système de contraintes. Par exemple si $x, y, z \in \{1, 2\}$, le système $(x \neq y) \wedge (x \neq z) \wedge (y \neq z)$ est arc-cohérent et n'admet pourtant pas de solution. Cette notion permet cependant de déterminer la correction des algorithmes de filtrage, car elle définit les réductions maximum que l'on peut effectuer en raisonnant sur chaque contrainte indépendamment les unes des autres.

Les algorithmes de filtrage appliquent les régles générales de réduction de domaine suivantes :

Faux : $c \wedge \Gamma \longrightarrow faux$
si $r(x^d, c) = \emptyset$ pour un $x^d \in V(c)$;

FC : $c \wedge \Gamma \longrightarrow \Gamma[x^{d'}/x^d]$
si $V(c) = \{x^d\}$, $d' = r(x^d, c)$, $d' \neq \emptyset$;

LA : $c \wedge \Gamma \longrightarrow c[x^{d'}/x^d] \wedge \Gamma[x^{d'}/x^d]$
si $|V(c)| > 1$, $x^d \in V(c)$, $d' = r(x^d, c), d' \neq \emptyset, d' \neq d$;

PLA : $c \wedge \Gamma \longrightarrow c[x^{d'}/x^d] \wedge \Gamma[x^{d'}/x^d]$
si $|V(c)| > 1$, $x^d \in V(c)$, $r(x^d, c) \subseteq d' \subset d$, $d' \neq \emptyset$;

EL : $c \wedge \Gamma \longrightarrow \Gamma$ si $\mathcal{D} \models c\rho$ pour toute valuation ρ des variables de c.

La régle Faux détecte l'insatisfiabilité lorsqu'une variable a un domaine vide. La règle FC (*forward checking*) s'applique lorsqu'une contrainte ne contient plus qu'une seule variable. Dans ce cas la contrainte peut être éliminée en remplaçant simplement le domaine de la variable par son domaine réduit. La règle LA (*look-ahead*) applique le calcul du domaine réduit aux contraintes contenant plusieurs variables, la contrainte n'est pas éliminée. La règle PLA (*partial look-ahead*) est une variante de la règle LA qui sert simplement à distinguer les algorithmes qui calculent seulement une approximation supérieure du domaine réduit. La règle d'*élimination* EL élimine les contraintes satisfaites en effectuant un test approximatif d'implication de contraintes fondé sur le domaine des variables. Un algorithme de filtrage peut appliquer tout ou partie de ces règles à chaque modification du domaine des variables suivant plusieurs stratégies de réveil possibles (retrait d'une valeur quelconque, d'une borne uniquement, affectation, etc.).

Dans le cas très particulier d'un système de contraintes sur $\mathbb{N}$ de la forme $aX^{[k,l]} \geqslant bY^{[m,n]} + d$, $a > 0$, $b > 0$, $d \geqslant 0$, signalons un résultat de complétude : un tel système est satisfiable si et seulement s'il est arc-cohérent. Pour le voir il suffit de remarquer que dans un tel système arc-cohérent, chaque inégalité est satisfaite en prenant la plus petite valeur des va-

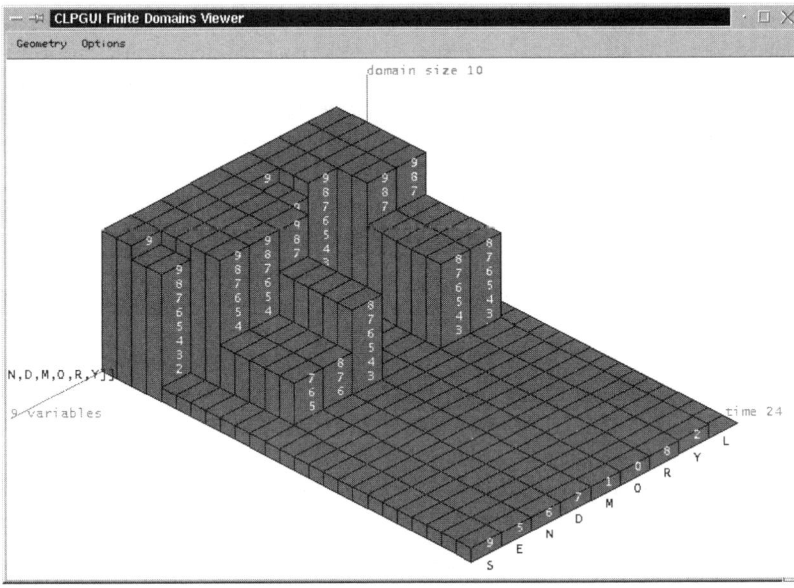

Figure 2 Effets de la pose des contraintes sur le domaine des variables dans le puzzle SEND + MORE = MONEY

riables, et que cette valuation est donc une solution du système entier. Ce résultat est important pour les problèmes d'ordonnancement. En effet une contrainte de la forme $X \geqslant Y + d$ permet de modéliser la précédence d'une tâche de durée d démarrant à la date Y sur une autre tâche démarrant en X. La complétude de l'algorithme de filtrage pour ce type de contraintes signifie qu'il est inutile d'énumérer les dates de début des tâches pour connaître les plus petites valeurs réalisables. Il s'ensuit que les temps d'exécution obtenus en programmation par contraintes sur des problèmes (NP-difficiles) d'ordonnancement sont indépendants de la discrétisation du temps (cf. § 3.3).

En général, les algorithmes de filtrage ne sont pas complets et sont combinés à une procédure d'énumération des valeurs possibles pour trouver les solutions. C'est le cas dans l'exemple simple du puzzle SEND + MORE = MONEY qui consiste à trouver une valuation des lettres par des chiffres tous différents vérifiant l'équation :

```
send(L):-
    L=[S,E,N,D,M,O,R,Y], domain(L,[0,9]),
    alldifferent(L), S=/=0, M=/=0,
              1000*S+100*E+10*N+D
             +1000*M+100*O+10*R+E
    = 10000*M+1000*O+100*N+10*E+Y,
    labeling(L).
```

Dans ce programme, les inéquations notées `=/=`, ainsi que la contrainte **alldifferent** décomposée en inéquations, sont propagées avec la règle FC, et la contrainte linéaire avec la règle PLA (effectuant un calcul sur les bornes uniquement). Cela suffit dans cet exemple à trouver la solution de façon déterministe sans échec. La figure 2 montre l'effet de la pose des contraintes et de l'énumération sur le domaine des variables, qui conduisent directement à la solution.

2.3 Contraintes globales

La terminologie de contrainte globale a été introduite par opposition à la décomposition d'une contrainte n-aire, comme par exemple `alldifferent([X1,...,Xn])`, en une conjonction de contraintes binaires, $\bigwedge_{i=1}^{n} \bigwedge_{j=i+1}^{n} Xi \neq Xj$. Une contrainte globale est donc tout simplement une contrainte n-aire, qui permet de modéliser un sous-problème d'un problème de satisfaction de contraintes, mais pour qu'elle soit intéressante, elle doit être soit indécomposable, soit pourvue d'algorithmes de résolution (complets ou incomplets) plus efficaces que ceux obtenus par décomposition.

Dans l'exemple de la contrainte ternaire `alldifferent([X,Y,Z])`, on a vu que les réductions de domaine ne permettent pas de détecter l'insatisfiabilité du système décomposé lorsque les variables ont un même domaine formé de deux éléments, alors qu'un simple raisonnement sur la cardinalité de l'ensemble des valeurs possibles permettrait de détecter l'insatisfiabilité. En 1994, Régin a proposé un algorithme de filtrage pour la contrainte **`alldifferent`** qui consiste à représenter la contrainte par un graphe biparti, ayant pour sommets les variables V et l'ensemble des valeurs des domaines D, et pour arêtes les associations permises par les domaines :

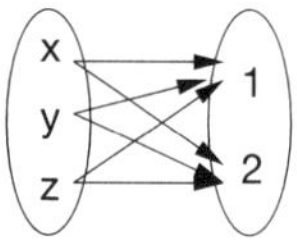

L'adaptation incrémentale de l'algorithme de couplage de Hopcroft et Karp de 1973 fournit alors un algorithme de filtrage de complexité linéaire en le nombre d'arêtes du graphe.

Le fort succès de la programmation par contraintes en résolution de problèmes d'optimisation combinatoire industriels, a conduit au développement de nombreuses contraintes globales depuis les années quatre-vingt-dix. On en compte aujourd'hui de l'ordre de deux cents, elles reposent sur divers *changements de représentation*, faisant souvent appel à la théorie des graphes, et à l'adaptation d'algorithmes connus, en des algorithmes *incrémentaux* de test de satisfiabilité et de réduction des domaines.

2.4 Contraintes réifiées

Les contraintes réifiées sont des contraintes d'ordre supérieur qui consistent à associer un booléen à la satisfaction d'une contrainte dans un autre domaine. Il s'agit donc de contraintes de la forme générale **`B <=> contrainte`**, que l'on peut voir comme des contraintes n-aires multi-domaines, et donc comme des contraintes globales particulières. Par exemple la contrainte ternaire **`B <=> X<Y`** exprime que le booléen B est $vrai$ si et seulement si $X < Y$. Cette contrainte pose la contrainte $X < Y$ (resp. $X \geqslant Y$) si B est $vrai$ (resp. $faux$) et inversement, positionne B à $vrai$ (resp. $faux$) si la contrainte $X < Y$ est satisfaite (resp. insatisfiable).

Les contraintes réifiées nécessitent donc, en plus de tester l'insatisfiabilité des contraintes de base de façon à positionner le booléen à $faux$, de détecter l'*implication* des contraintes de base, de façon à positionner le booléen à $vrai$ dans ce cas. Ce test d'implication de contrainte est l'opération fondamentale réalisée par les contraintes réifiées. On retrouve par ailleurs ce test d'implication de contraintes ajouté de façon systématique comme principe de synchronisation dans les langages concurrents avec contraintes (cf. § 4). Le test d'implication de contraintes est un problème généralement plus difficile que le test de satisfiabilité (il est par exemple co-NP pour les clauses booléennes alors que la satisfiabilité est NP-complet). On se contente donc généralement de tests incomplets, reposant sur des conditions suffisantes sur le domaine des variables, comme dans la règle d'élimination EL vue § 2.2. Par exemple, on teste que la contrainte $X < Y$ est impliquée par les autres contraintes (resp. est insatisfiable), en testant simplement la condition sur le domaine des variables $max(X) < min(Y)$ (resp. $min(X) \geqslant max(Y)$).

Les contraintes réifiées permettent de définir très simplement, par récursion, des contraintes de cardinalité. Par exemple, la contrainte $card(N, [C1, ..., Cm])$ qui est vraie si et seulement si exactement N contraintes sont vraies dans la liste $[C1, ..., Cm]$, se définit en programmation logique (cf. § 4) par récursion sur la liste avec un fait et une règle récursive :

```
card(0,[]).
card(N,[C|L]):- domain(B,0,1), B<=>C,
                N=B+M, card(M,L).
```

Ces contraintes offrent une puissance de modélisation très grande, qui n'a pas d'équivalent dans les outils, par ailleurs très puissants, de programmation linéaire en nombres entiers. En ordonnancement disjonctif par exemple, une contrainte d'exclusion mutuelle entre deux tâches, l'une de durée dx démarrant à la date X, l'autre de durée dy démarrant en Y, peut s'exprimer par la contrainte **`card(1,[X>=Y+dy,Y>=X+dx])`** dont l'effet est d'automatiquement poser la bonne contrainte de précédence dès que la contrainte alternative devient insatisfiable.

3 Procédures de recherche

3.1 Arbre de recherche

Un arbre de recherche est un arbre dans lequel chaque nœud est étiqueté par une conjonction de buts (*parallélisme « et »*) dont un sous-but est distingué. Chaque nœud a autant de successeurs qu'il y a de façons de transformer le sous-but distingué. Chaque successeur est étiqueté par la conjonction de buts obtenue en appliquant une règle de transformation au sous-but sélectionné. Les successeurs d'un nœud représentent les différentes façons de transformer un but et représentent donc une disjonction (*parallélisme « ou »*).

En programmation par contraintes, l'arbre de recherche permet de traiter les *buts disjonctifs*, chaque branche de l'arbre correspondant au calcul déterministe des contraintes accumulées sur les nœuds. Ainsi les contraintes d'appartenance à un domaine fini peuvent être traitées comme des disjonctions avec le système non déterministe d'énumération suivant :

$$x \in \{v_1, ..., v_n\} \longrightarrow x = v_1$$

...

$$x \in \{v_1, ..., v_n\} \longrightarrow x = v_n$$

Les contraintes d'intervalles peuvent être traitées avec le système de recherche dichotomique :

$$x \in [v_1, v_2] \longrightarrow x \in [v_1, (v_1 + v_2)/2]$$

$$x \in [v_1, v_2] \longrightarrow x \in](v_1 + v_2)/2, v_2]$$

Plus généralement des contraintes disjonctives quelconques se traitent avec le système non déterministe :

$$c_1 \vee c_2 \longrightarrow c_1$$

$$c_1 \vee c_2 \longrightarrow c_2$$

Ce traitement des contraintes disjonctives permet par exemple d'énumérer tous les choix d'ordonnancement des contraintes d'exclusion mutuelle (en complément de leur expression éventuelle par la contrainte de cardinalité décrite § 2.4). De façon générale, on modélise très facilement des algorithmes de complexité NP par l'exploration d'un arbre de recherche avec un système de contraintes de complexité polynomiale.

L'exploration de l'arbre de recherche associé aux domaines des variables permet de pallier l'incomplétude des algorithmes de filtrage des contraintes en effectuant une énumération des valeurs possibles des variables. Dans ce cas, les contraintes sont utilisées de façon *active* pour détecter en chaque nœud de l'arbre les cas d'insatisfiabilité, et donc élaguer les branches de l'arbre de recherche le plus tôt possible avant énumération complète.

Dans l'exemple des N reines donné en introduction, l'arbre de recherche est formé par l'énumération des variables de domaines finis. Les contraintes d'inéquations sont propagées simplement avec la règle FC en éliminant la valeur correspondante à chaque instanciation d'une variable. La figure 1montre l'effet de ces contraintes sur l'arbre de recherche. On remarque en particulier que les branches qui ne conduisent pas à une solution sont stoppées relativement tôt dans l'arbre.

3.2 Heuristiques

Les heuristiques sont des guides pour effectuer des choix, et sont d'une grande importance dans les résultats obtenus aujourd'hui en programmation par contraintes. Dans les arbres de recherche, aux deux formes de parallélisme « et » et « ou », correspondent deux principes heuristiques qu'il convient de distinguer.

En parallélisme « et », le choix du sous-but à résoudre, par exemple le choix de la variable à instancier d'abord, ou le choix de la contrainte disjonctive à traiter en premier, consiste généralement à suivre une heuristique d'*échec d'abord* (*first fail*). Cette heuristique consiste à choisir en chaque nœud le sous-but le plus difficile à résoudre, celui qui apporte le plus d'information, risque le plus de conduire à un échec et donc à s'arrêter plus tôt dans l'exploration, et limiter ainsi le nombre de sous-arbres développés. Pour le choix d'une variable à instancier, cela peut consister à choisir la variable de plus petit domaine, ou la variable la plus contrainte par exemple. De façon générale, le choix d'un sous-but ayant le plus petit nombre d'alternatives conduit à minimiser la taille de l'arbre de recherche. En particulier, il est important de détecter le cas extrême des buts devenus déterministes pour les traiter en premier, comme cela a été mentionné a propos des contraintes d'exclusion mutuelle avec la contrainte de cardinalité.

En parallélisme « ou », le choix de la transformation à essayer d'abord, par exemple le choix de la valeur à essayer en premier pour une variable, ou le choix de la précédence à essayer en premier dans une contrainte d'exclusion mutuelle, se fait généralement suivant l'heuristique du *meilleur d'abord* (*best-first*). L'objectif est de trouver en priorité une solution, ou une bonne solution dans un problème d'optimisation.

Il est important de noter que les heuristiques de parallélisme « et » influent sur la *forme de l'arbre* de recherche et ont donc une influence directe sur les performances de la recherche des solutions et de la preuve d'optimalité. En revanche, les heuristiques de parallélisme « ou » influent uniquement sur l'*ordre d'exploration* de l'arbre de recherche. Elles influent donc sur le temps de recherche et la qualité des premières solutions trouvées, mais n'ont aucun effet sur l'énumération de toutes les solutions, ni sur les preuves d'insatisfiabilité tout comme sur les preuves d'optimalité.

La notion d'heuristique est souvent associée à tort à celle d'algorithme incomplet. Dans le cas d'un algorithme « glouton », une heuristique est utilisée pour effectuer des choix à chaque étape de façon irrévocable. Un tel algorithme est bien sûr incomplet, il correspond à l'exploration de la seule branche la plus à gauche de l'arbre de recherche heuristique. En programmation par contraintes, les choix heuristiques n'affectent en rien la complétude de la procédure de recherche qui peut explorer complètement ou non l'arbre de recherche quelles que soient les heuristiques.

À cet égard, les heuristiques de parallélisme « ou » peuvent être utilisées pour explorer l'arbre de recherche de façon incomplète avec une bonne répartition des différentes branches explorées. L'idée de la recherche à écarts limités est d'autoriser un nombre maximum de fois où l'heuristique de parallélisme « ou » n'est pas suivie le long d'une branche. L'effet de la recherche à écarts limités est d'explorer une partie seulement de l'ensemble des branches de l'arbre mais avec une bonne répartition dans les différents sous-arbres.

3.3 Optimisation par séparation-évaluation

Dans un problème d'optimisation, on ne cherche pas seulement à satisfaire des contraintes, mais à trouver des solutions qui minimisent (ou maximisent) la valeur d'une fonction objectif F. La procédure générale de séparation-évaluation (*branch-and-bound*) se prête parfaitement bien à la programmation par contraintes. Elle consiste à chercher une première solution en parcourant l'arbre de recherche, à évaluer son coût v donné par la fonction objectif, et à continuer (ou à redémarrer) la recherche en ajoutant la contrainte $F < v$. La contrainte de coût $F < v$ est propagée comme n'importe quelle autre contrainte pour élaguer l'arbre de recherche en chaque nœud. L'échec à trouver de nouvelles solutions en explorant l'arbre de recherche constitue la *preuve d'optimalité* du dernier coût trouvé. L'ensemble des solutions optimales peut être énuméré, si besoin, en relançant une recherche avec le coût fixé à sa valeur optimale.

Dans un problème d'ordonnancement disjonctif on cherche à planifier des tâches de façon à terminer la dernière tâche du projet au plus tôt, ceci en présence de contraintes de dates possibles de démarrage de chaque tâche, de contraintes de précédence entre tâches, et de contraintes d'exclusion mutuelle qui rendent le problème NP-difficile. Si l'on modélise les précédences par des contraintes de la forme $X \geqslant Y + dy$ et les contraintes d'exclusion mutuelle par des disjonctions $X \geqslant Y + dy \vee Y \geqslant X + dx$ traitées par des points de choix dans l'arbre de recherche, les contraintes accumulées le long d'une branche demeurent de cette forme simple et la méthode de réduction des domaines est complète (cf. § 2.2). Il n'est donc pas nécessaire d'énumérer les valeurs des dates pour garantir que la plus petite valeur du domaine de toute variable est réalisable. En particulier le coût d'une solution trouvée en une feuille de l'arbre de recherche est donné par la plus petite valeur du domaine de la variable de fin du projet, qui constitue la fonction objectif. Une solution prouvée optimale peut ainsi contenir des dates flexibles pour certaines tâches ne se trouvant pas sur un chemin critique dans le graphe de précédence. Une telle solution est visualisée dans la figure 3, d'autres solutions optimales existent correspondant à d'autres choix de précédences dans les contraintes disjonctives. La figure 4 montre l'arbre de recherche qui est exploré pour ce problème. Elle est typique d'une procédure d'optimisation par séparation-évaluation avec redémarrage : les solutions trouvées sont successivement de coût 110, 106, 104, puis un arbre d'échec est développé montrant ainsi l'optimalité du coût 104 pour la fonction objectif. Dans cet exemple la solution optimale est recalculée ensuite en fixant le coût égal à 104, de façon à énumérer éventuellement toutes les solutions optimales. Ce petit exemple contient 44 variables et est résolu en 10 ms, preuve d'optimalité comprise. Des exemples d'ordonnancement proposés comme challenges en recherche opérationnelle ont été résolus en programmation par contraintes par ce type de méthode, augmentée de contraintes globales pour les ensembles de tâches en exclusion mutuelle, ainsi que d'heuristiques de recherche pouvant consacrer un temps substantiel à déterminer la bonne disjonction à explorer en premier.

3.4 Recherche locale

Les procédures de recherche locale ne font pas partie à proprement parler de la programmation par contraintes, car elles ne travaillent pas sur des structures d'information partielle (variables) mais sur des valuations (valeurs fixées). De plus elles ne permettent jamais de prouver l'insatisfiabilité d'un système de contraintes, ni l'optimalité d'une solution. Cependant les procédures de recherche locale peuvent s'appliquer à des problèmes de satisfaction de contraintes, avec parfois une efficacité redoutable sur des problèmes de très grande taille, en calculant des solutions en fait quasi-optimales. Ces procédures permettent de plus de traiter des problèmes *surcontraints*, ou contenant des contraintes de *préférence* qui peuvent être insatisfaites, en calculant des valuations qui maximisent le nombre de contraintes satisfaites.

Le principe d'une procédure de recherche locale est de modifier itérativement une valuation initiale, qui peut être aléatoire, de façon à se rapprocher d'une solution, tout en combinant un mécanisme d'*intensification*, d'amélioration continue de la valuation, à un mécanisme de *diversification*, permettant d'échapper aux minima locaux. À chaque étape de la phase d'intensification, la procédure de recherche locale calcule le voisinage de la valuation courante, c'est-à-dire l'ensemble des valuations atteignables à partir de la valuation courante en un mouvement, de façon à choisir la meilleure au sens de la satisfaction des contraintes, et à itérer la recherche à partir de cette nouvelle valuation. L'ordre de comparaison des valuations vis-à-vis de la satisfaction des contraintes ne consiste en général pas simplement à compter le nombre de contraintes satisfaites, car ceci ne per-

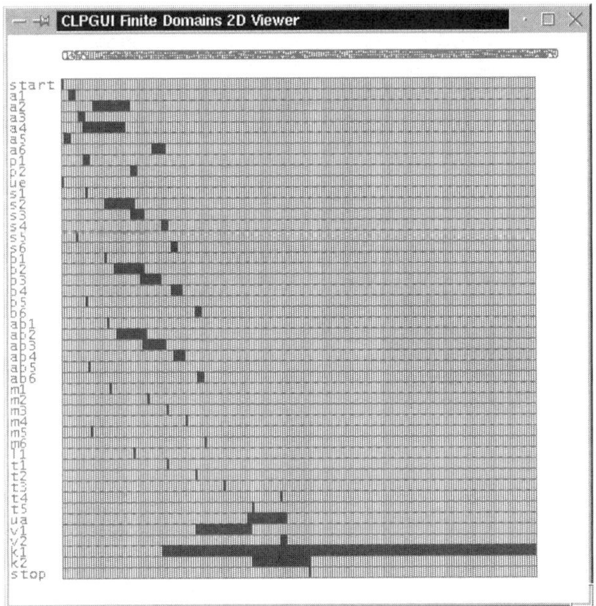

Figure 3 Dates possibles de début des tâches dans une solution prouvée optimale du problème d'ordonnancement disjonctif du pont

mettrait pas de guider finement la recherche, mais à sommer des fonctions d'erreur attachées à chaque contrainte. Les fonctions d'erreur doivent prendre leurs valeurs dans un intervalle normalisé $[0, Emax]$, où la valeur $Emax$ représente l'erreur maximum, et la valeur 0 représente la satisfaction de la contrainte. Par exemple, pour la contrainte $x > y + 5$, on pourra prendre comme fonction d'erreur avant normalisation $max(y + 5 - x, 0)$. Dans les problèmes de satisfaction de contraintes, on peut utiliser la structuration du problème en le couple variables-contraintes pour, à chaque étape, focaliser l'intensification sur la variable qui a le plus grand nombre de contraintes insatisfaites.

Le mécanisme de diversification peut consister simplement à repartir d'une nouvelle configuration aléatoire lorsqu'un minimum local est atteint, c'est-à-dire lorsque plus aucune modification ne permet d'améliorer la configuration courante. On peut également s'autoriser à dégrader la qualité de la configuration courante à un certain degré, qui est par exemple une fonction décroissante du temps dans les procédures de recuit simulé. Dans les procédures de recherche Tabu, une liste de variables est gelée pendant un certain nombre de mouvements dès lors qu'un minimum local a été atteint pour cette variable. Dans les algorithmes génétiques, on fait évoluer une population de configurations, auxquelles on applique des opérations de croisement. Ces différentes stratégies de diversification s'appellent des méta-heuristiques, car elles permettent de définir différentes familles de procédures de recherche locale.

Les méthodes de recherche locale peuvent permettre de trouver des solutions, ou des solutions approchées, à des problèmes de très grande taille, pour lesquels les autres méthodes de résolution échouent. Elles permettent de plus de traiter des contraintes très variées puisqu'il suffit de définir une fonction d'erreur pour chaque contrainte. Cependant ces méthodes trouvent rapidement leurs limites sur les problèmes combinant des contraintes hétérogènes, car il devient alors difficile de trouver des fonctions d'erreur équitables pour les différentes contraintes, or le moindre biais a pour effet d'égarer la recherche des meilleures solutions.

4 Modèles d'exécution

On peut distinguer trois grands modèles d'exécution de la programmation par contraintes. Le premier niveau consiste à résoudre un problème de satisfaction de contraintes (CSP, *Constraint Satisfaction Problem*), défini par la donnée d'un ensemble de contraintes entièrement fournies en extension au départ. C'est le cas par exemple du puzzle $SEND + MORE = MONEY$ ou d'un programme linéaire : $Ax \leqslant b, max\ cx$.

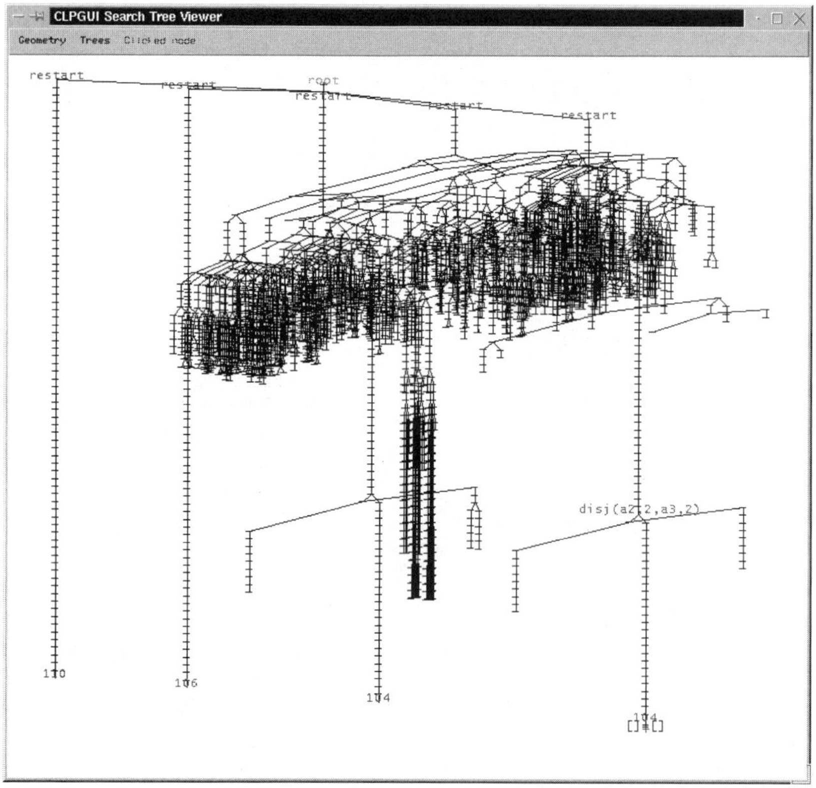

Figure 4 Vue de l'arbre de recherche exploré dans le problème d'optimisation du pont

Le second niveau est celui des langages de programmation logique avec contraintes (CLP, *Constraint Logic Programs*). Ces langages introduisent des définitions inductives de relations. Ces définitions peuvent être utilisées pour, dans le cas déterministe, poser les contraintes du problème, exprimées en intention, ou, dans le cas non déterministe, définir les points de choix et la procédure de recherche. Les programmes donnés en exemple sont dans cette classe. Le programme CLP($\mathbb{R}$) suivant exprime la formule des intérêts composés par récursion sur le premier argument du prédicat *int* qui lie le nombre de mois T et le montant du capital emprunté E au taux d'interêt I et aux remboursements mensuels M :

```
int(T,E,I,M):- T>0, T<=1, M=E*(1+I).
int(T,E,I,M):- T>1, int(T-1,E*(1+I)-M,I,M).
? int(120,120000,0.01,M).
M=1721.651381
? int(120,E,0.01,1721.651381).
E=120000
? int(120,E,0.01,M).
E=69.700522*M
? int(3,999,Int,400).
400=(-400 +(599+999*Int)*(1+Int))*(1+Int)
```

Les réponses calculées ne sont pas nécessairement des valuations comme dans les deux premières requêtes, mais plus généralement des contraintes, accumulées le long de la branche d'exécution et projetées sur les variables du but initial. Dans le dernier exemple, la réponse est une contrainte non linéaire dont la satisfiabilité n'a pas été testée par l'interpréteur. Ce modèle d'exécution correspond essentiellement à celui que l'on trouve (avec une syntaxe différente) dans les bibliothèques de programmation par contraintes en C, C++, Java etc.

Le troisième niveau est celui des langages concurrents avec contraintes (CC, *Concurrent Constraint languages*), introduits par V. Saraswat en 1989, suivant un modèle d'exécution concurrent utilisant le test d'implication de contraintes comme mécanisme de synchronisation. Ces langages permettent d'une part, de programmer certains algorithmes de résolution de contraintes, et d'autre part, d'exprimer par des contraintes le contrôle de l'exécution du programme. Si l'on conserve la syntaxe des programmes CLP, la seule opération ajoutée est celle, notée **`ask(c,G)`**, de synchronisation d'un sous-but G sur la satisfaction de la contrainte de garde c. Tant que la contrainte c n'est pas impliquée par l'ensemble des contraintes accumulées, l'exécution du but G est suspendue. Lorsque la contrainte c est satisfaite, le but G est ajouté au but courant. Dans les branches d'exécution qui terminent, on distingue alors les succès, qui terminent avec une contrainte comme réponse, des suspensions qui terminent avec des buts *ask*.

Dans l'exemple CLP($\mathbb{R}$) précédent, une contrainte non linéaire c reste inactive jusqu'à ce qu'elle devienne linéaire. Cela peut être modélisé par un but **`ask(l,c)`** où l est une contrainte exprimant la condition de linéarité pour c. Les algorithmes simples de réduction de domaines (§ 2.2) se prêtent également bien à une modélisation des propagateurs de contraintes par des buts de la forme **`ask(c,R)`**, où c est une condition indiquant la modification du domaine d'une variable et R est le but effectuant le calcul des domaines réduits. Les contraintes réifiées (§ 2.4) peuvent être définies par des programmes CC de la même manière. Enfin, les langages CC permettent d'exprimer simplement la combinaison et la synchronisation de plusieurs modélisations d'un même problème combinatoire, ainsi que la coopération de différentes méthodes de résolution.

Bibliographie

Apt K., (2003), *Principles of Constraint Programming*, Cambridge University Press.

Colmerauer A., (1984), Equations and Inequations on Finite and Infinite Trees, in Institute for New Generation Computer Technology, éditeur, *Proceedings of the International Conference on Fifth Generation Computer Systems*, p. 85–99, Tokyo.

Fages F., (1996), *Programmation logique par contraintes*. Collection cours de l'École Polytechnique, Ellipses, Paris.

Herbrand J., (1968), Recherches sur la théorie de la démonstration. Thèse de l'université de Paris, (1928). Dans *Écrits logiques*, Presses Universitaires de France, Paris.

Huet G., (1972), Constrained resolution : a complete method for higher-order logic. Ph.D. thesis, Case Western Reserve Univ., USA.

Jaffar J. et Lassez J.L., (1987), Constraint logic programming, *ACM Symp. Principles of Programming Languages*, ACM, p. 111–119.

Kowalski R., (1979), Algorithm = Logic + Control. *Communications of the ACM* **22** (7), p. 424–436.

Mackworth A.K., (1977), Consistency in networks of relations. *Artificial Intelligence* **8** (1), p. 99–118.

Régin J.C., (1994), A Filtering Algorithm for Constraints of Difference in CSPs. *Actes de AAAI'94*, p. 362–367. AAAI Press.

Saraswat V., (1993), *Concurrent constraint programming*. MIT Press.

Van Hentenryck P., (1999), *The OPL Optimisation Programming Language*. MIT Press.

Van Hentenryck P., et Michel L., (2005), *Constraint-based Local Search*. MIT Press.

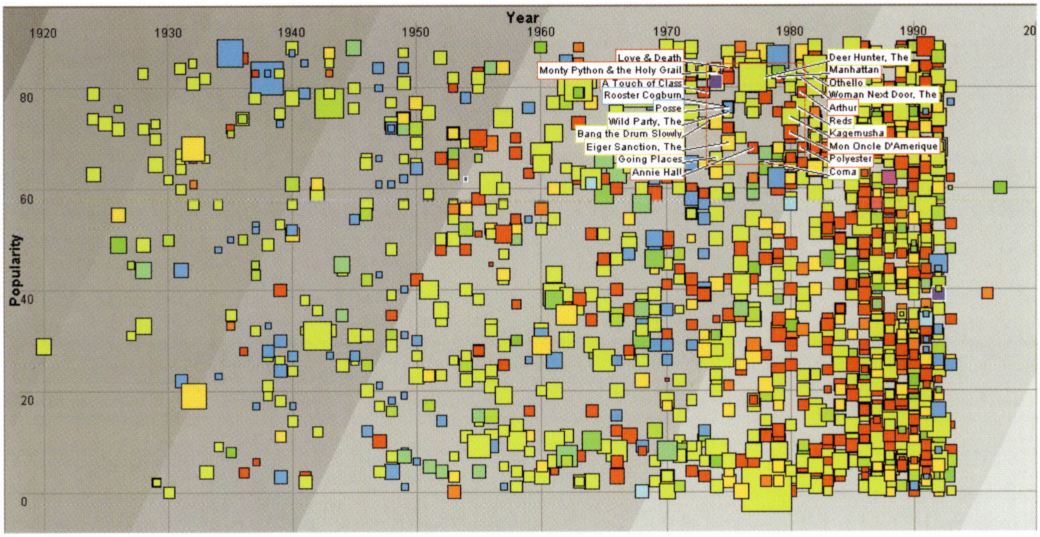

Chapitre «Visualisation d'information», fig. 15, p. 335 Diagramme cartésien (*scatter plot*) représentant une base de données de films. L'année de réalisation est sur l'axe des X, la popularité sur l'axe des Y, la longueur est associée à la taille des points et le type de film à la couleur. Le nom des films apparaît dynamiquement lorsque le curseur se déplace afin de ne pas surcharger la visualisation.

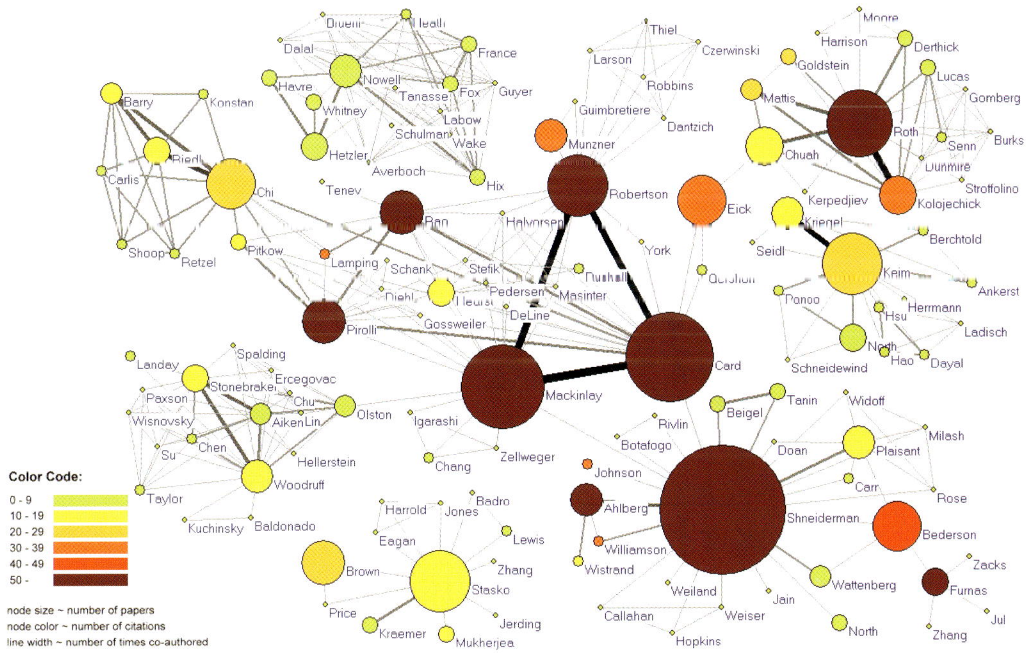

Chapitre «Visualisation d'information», fig. 24, p. 340 Graphe de collaboration entre plusieurs auteurs d'articles scientifiques sur la visualisation d'information (Ke et al 2004).

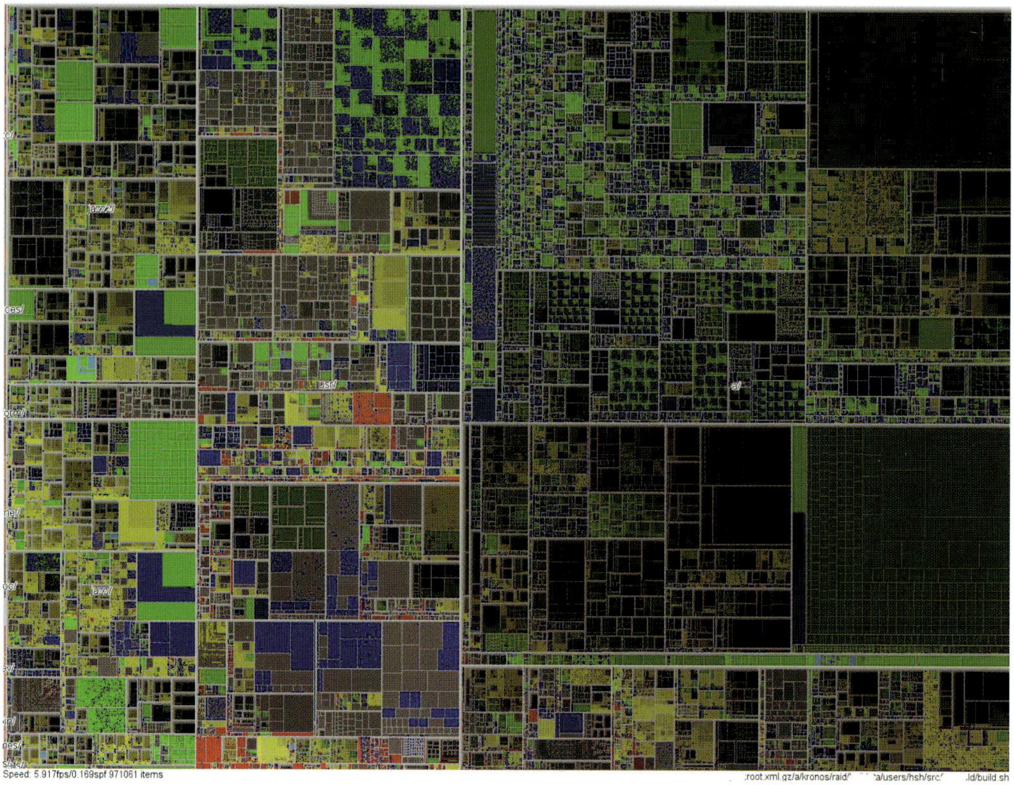

Chapitre «Visualisation d'information», fig. 29, p. 344 Visualisation de presque un million de fichiers sous forme de Treemap (Fekete and Plaisant 2002).

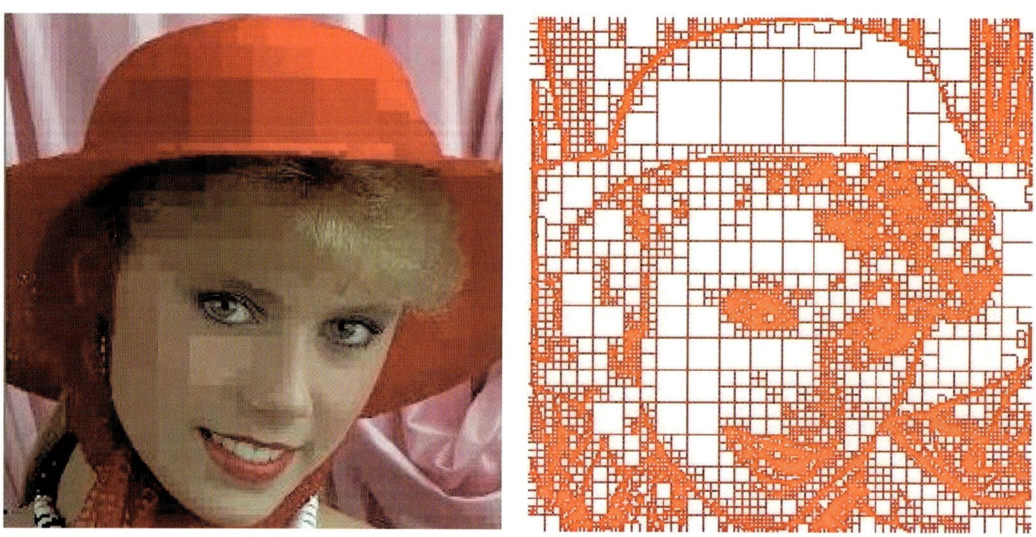

Chapitre «Traitement des images», fig. 19, p. 382 *Split and Merge* (4431 divisions pour obtenir 13294 régions homognes puis fusion pour segmenter en 7995 régions homogènes).

Chapitre « Traitement des images », fig. 24, p. 383 À gauche image originale, au centre ouverture marginale (fausses couleurs vertes au centre), à droite ouverture par entrelacement de bits par un élément structurant 7×7.

Chapitre «Traitement des images», fig. 31, p. 388 Image et contour segmenté avec les relations prises en compte dans le graphe.

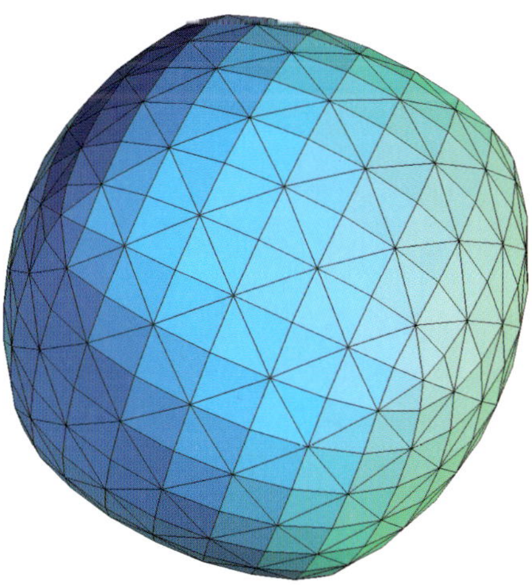

Chapitre «Modélisation des objets 3D, représentation et codage», fig. 2, p. 424 Exemple de maillage triangulaire.

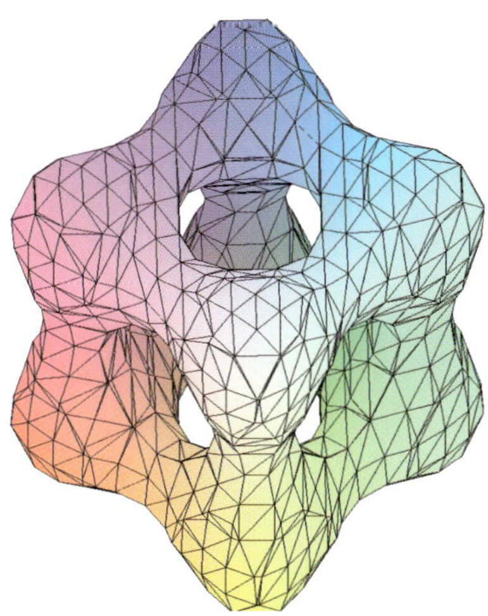

Fig. 6, p. 426 Cube troué défini par $x^4 - 5x^2 + y^4 - 5y^2 + z^4 - 5z^2 + 10 = 0$ pour $-3 < x, y, z < 3$ sur une grille de 15^3 voxels.

Chapitre «Rendu réaliste», fig. 3, p. 439 Photoréalisme : photographie d'une scène à gauche, image de synthèse à droite.

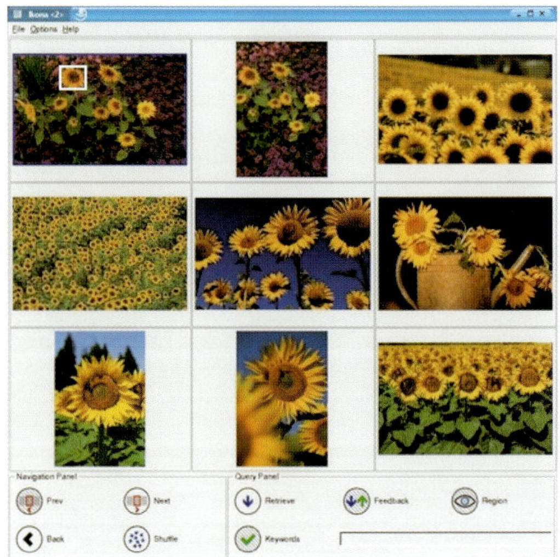

Chapitre «Recherche par contenu visuel dans les grandes collections d'images», fig. 1, p. 566 Recherche d'images par contenu visuel. Deux scénarios de recherche par l'exemple dans une base d'images généraliste (sources : Images du Sud et INA) à partir du moteur de recherche IKONA. Chaque requête porte sur le rectangle blanc de la photo présentée en haut à gauche dans l'interface de visualisation.

Chapitre «Traitement des images numériques», fig. 14, p. 876 Détection de droites : une image type contenant des droites, et les droites détectées automatiquement sur l'image.

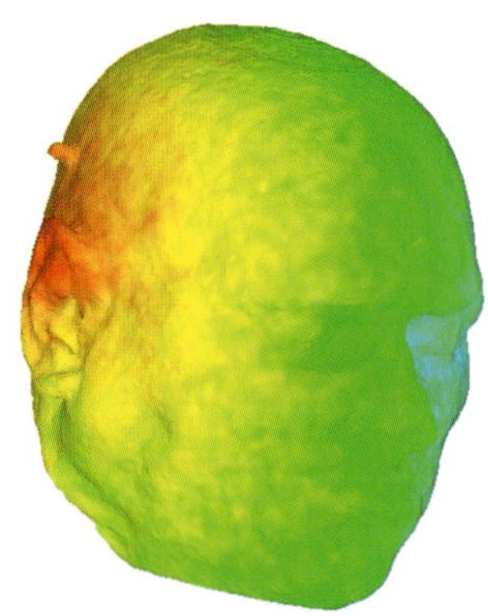

Chapitre «Mathématiques du vivant», fig. 6, p. 888 Représentation du rayonnement d'exposition (INRIA, 2005).

section I/10

Génie logiciel

Coordination : Pierre N. Robillard

Qualité du logiciel

Alain Abran, Alain April

p. 1151

Introduction

Pierre N. Robillard

À la fin des années soixante, l'industrie de l'informatique était en crise. Les logiciels étaient devenus considérables en termes d'énoncés de programmation et étaient souvent conçus de façon artisanale et *ad hoc* par des experts en programmation. La crise qui se pointait était double : d'une part comment construire des logiciels de grandes tailles de façon ordonnée et d'autre part, comment assurer la pérennité des logiciels produits ?

L'expression «génie logiciel» fut citée comme une solution à cette crise (Naur, P. et Randell, B., 1969). Les ingénieurs traditionnels savaient construire de grandes œuvres qui dépassent de beaucoup la compétence d'un seul individu et savaient les maintenir fonctionnels malgré l'évolution de l'environnement. En créant l'expression «génie logiciel» on formait implicitement le vœu de développer des pratiques et des outils qui permettraient de faire l'ingénierie des logiciels et d'obtenir, de ce fait, les mêmes critères de fiabilité, de sécurité et de facilité d'entretien que les grandes œuvres d'ingénierie.

La pratique du génie logiciel sous-entend qu'il existe des méthodes appropriées pour gérer le projet de développement de logiciel, que les estimations sont raisonnables et que les échéanciers sont réalisables. Le défi était lancé : créer une discipline du génie basée sur des pratiques dérivées de la connaissance scientifique.

Science ou génie

La science de l'informatique regroupe les connaissances reliées aux différentes facettes du traitement électronique de l'information. Cette discipline est vaste et peut comprendre des sujets très variés tels que le matériel électronique, les algorithmes de calcul et de traitement, les langages de programmation, la modélisation de l'information, le cryptage de l'information, et bien d'autres.

Le génie logiciel regroupe les connaissances et les habiletés nécessaires pour concevoir des systèmes logiciels. Pour exposer brièvement la dualité science-génie, les connaissances des scientifiques leur permettent de faire des découvertes tandis que les connaissances des ingénieurs leur permettent de construire des artéfacts.

La science de l'informatique et le génie logiciel ne sont pas aussi intimement liés que certains aimeraient le croire. C'est le cas pour tous les domaines du génie. Les bâtisseurs de viaducs et de cathédrales n'ont pas attendu les savantes théories de la structure et des matériaux pour réaliser leurs artéfacts. Certains vont jusqu'à dire que dans bien des cas, le génie précède la science.

L'ingénieur logiciel a donc pour tâche de construire, en utilisant les outils du domaine informatique, des artéfacts qui répondent aux besoins des clients et des utilisateurs. Ces outils peuvent être basés sur des concepts dérivés de la science informatique. Ces outils peuvent également être conçus directement par l'ingénieur pour l'aider dans sa tâche. Par la suite, devant le succès de l'outil, les scientifiques informaticiens peuvent l'étudier pour en formaliser les concepts. L'approche orientée objet est peut-être l'exemple le plus probant de cette vision.

Bien que certaines personnes croient et clament que le génie logiciel est immature et embryonnaire, les faits nous indiquent qu'il en est autrement. La société dépend de façon importante des systèmes informatiques. Ces systèmes ont envahi notre univers et sont intégrés maintenant dans les artéfacts les plus variés, du jouet pour l'enfant à la sonde spatiale envoyée vers Jupiter sans oublier nos milliards de transactions financières quotidiennes. Des ingénieurs, avant le titre, ont conçu des systèmes qui sont fiables et parfois gigantesques.

Les connaissances du génie logiciel

Le génie logiciel présente quelques particularités fondamentales par rapport aux domaines plus traditionnels du génie. Ces particularités concernent les bases de connaissances nécessaires, la nature des artéfacts produits et leur entretien.

Les bases du génie reposent sur des connaissances issues des sciences naturelles, telles que la physique, la biologie et les mathématiques des phénomènes continus comme les équations différentielles et intégrales. Le génie logiciel est basé sur les connaissances du domaine de l'informatique et repose surtout sur des mathématiques discrètes.

L'artéfact de l'ingénieur traditionnel est physique et se construit ou se manufacture. L'artéfact de l'ingénieur logiciel est de nature abstraite et logicielle et ne se construit pas dans le sens habituel d'un assemblage de composantes physiques. Il est plutôt l'écriture d'une suite d'instructions.

Finalement, l'entretien d'un artéfact construit en ingénierie conventionnelle réfère à la maintenance de son état d'opération par la gestion de l'usure des composantes. En génie logiciel, il s'agit surtout de la notion d'un développement continu ou encore d'une évolution du produit.

La conception demeure l'activité clé de tout travail d'ingénieur. Dans ce contexte, l'ingénieur logiciel rejoint l'ingénieur traditionnel dans sa capacité de concevoir les composantes et de prendre les décisions nécessaires à la réalisation d'un artéfact opérationnel qui satisfasse les exigences du client et qui soit adapté aux besoins de l'utilisateur.

Les associations internationales de l'IEEE Computer Society et de L'Association for Computing Machinery mieux connu sous le sigle de ACM ont travaillé dans un effort commun pour construire un curriculum de formation universitaire en génie logiciel. Cet effort commun a permis de produire un document qui identifie les connaissances nécessaires à la formation en génie logiciel (SEEK, *Software Engineering Education Knowledge*). Ce groupe de travail a établi dès le début qu'il existe une différence importante entre la formation en science informatique et en génie logiciel. Dès 2001, il a produit un document distinct pour la formation en science informatique: le Computing curricula CC2001.

Le guide SWEBOK (*Software Engineering Body of Knowledge*), réalisé par un comité international, vise à promouvoir une vue globale et cohérente du génie logiciel en caractérisant les sujets qui le composent et en clarifiant la place et les limites du génie logiciel par rapport aux autres disciplines telles que l'informatique, les mathématiques et la gestion de projet.

Le tableau suivant présente les dix domaines de connaissance qui composent le génie logiciel tel que défini par le SWEBOK.

Besoins et exigences
Conception
Construction
Essais et Tests
Entretien
Gestion de la configuration
Gestion en génie logiciel
Processus de génie logiciel
Outils et méthodes de génie logiciel
Qualité logiciel

Domaines de connaissance du SWEBOK

Le SEEK et le SWEBOK sont essentiellement deux vues complémentaires du génie logiciel avec une emphase respective sur la formation et sur la pratique

Les sujets de cette section

Dans le contexte de cet ouvrage nous avons l'occasion d'approfondir seulement quelques-uns des sujets qui définissent le génie logiciel. Une attention particulière est apportée aux étapes de spécifications des pratiques à utiliser et du produit à réaliser comme les processus et la définition des besoins et des interfaces. L'architecture et la construction de logiciel sont suivies de deux paradigmes particuliers au génie logiciel: l'approche par composants et les patrons de conception. Finalement les aspects de validation et de vérification ainsi que de qualité du logiciel sont abordés.

Le chapitre «Processus de développement du logiciel» présente le développement du logiciel comme une suite d'étapes et d'opérations nécessaires à la production d'un produit de qualité. Les processus peuvent se distinguer par leur degré de rigueur technique et leur degré de rigueur administrative. Le processus de génie logiciel est d'autant plus important qu'il est très difficile, sinon impossible, de vérifier complètement la conception d'un système logiciel. Contrairement à d'autres disciplines de l'ingénieur, les ingénieurs logiciels ne disposent pas des lois fondamentales de la physique pour démontrer la solidité de leur conception.

On ne peut couvrir le sujet des processus sans aborder les différentes normes qui ont un impact sur le développement logiciel autant au niveau technique qu'administratif. Il n'est pas suffisant d'avoir un processus, encore faut-il savoir le mettre en œuvre. Une fois un processus établi, il est important de pouvoir l'améliorer. L'amélioration passe nécessairement par la modélisation du processus et par les mesures, souvent empiriques, des différentes activités et des artéfacts qui le composent.

Le chapitre «Besoin et interface» apporte une réflexion sur les fondements de l'expression des besoins en général et sur les interfaces en particulier. Il présente les besoins comme étant intimement liés à l'utilisateur et à son évolution. L'expression des besoins est vue comme une approche constructiviste et dynamique. Le besoin construit le projet technologique, en même temps que le déroulement du projet construit le besoin. Satisfaire le besoin, c'est permettre à l'utilisateur de développer de nouveaux besoins.

Bien que cette réflexion soit générale et qu'elle s'applique à toutes les expressions des besoins, l'auteur l'illustre plus particulièrement dans le cas des interfaces. Il conclut qu'un besoin n'est que momentanément satisfait car il est structurellement inachevé et que les sciences de la conception technologique sont illimitées, infinies et en perpétuel mouvement !

Un domaine important du génie logiciel est l'architecture logicielle, c'est-à-dire l'organisation des éléments qui composent le système. L'architecture vise à offrir une vue lisible du système, à exposer les propriétés les plus cruciales pour un développement efficace et à faciliter sa réalisation. Le chapitre «Architectures logicielles» commence par définir l'architecture et présente le rôle des architectures dans le génie logiciel. Par la suite, il aborde l'utilisation des styles architecturaux et complète par un aperçu des travaux portant sur les langages de description d'architecture (ADL). L'utilisation des ADL comporte de multiples bénéfices. Le fait de permettre de décrire formellement l'architecture de systèmes logiciels rend possible l'utilisation de mécanismes pour représenter les architectures, leur analyse, leur raffinement, et la génération automatique du code correspondant.

Un modèle architectural élégant et efficace a peu de valeur s'il n'est pas convertible en application exécutable. L'auteur parcourt les différents styles architecturaux dont le but principal est de simplifier la conception des logiciels et leur réutilisation, en capturant et en exploitant la connaissance utilisée pour concevoir un système.

Le chapitre «Réalisation de logiciels» examine les différentes facettes de la réalisation du logiciel après avoir situé la phase de réalisation dans le cadre du cycle de vie du logiciel. Un survol des différentes méthodes utilisées pour la réalisation du logiciel illustre l'évolution d'une approche très déterministe caractérisée par le modèle en cascade vers une approche plus opportuniste ou heuristique représentée par le développement de type agile. Les défis de la réalisation d'un logiciel sont multiples et les aspects de la correctitude fonctionnelle et architecturale, la testabilité, la maintenabilité, la réutilisabilité et la conformité à des normes sont discutés et illustrés par des exemples.

Les différents paradigmes de programmation sont expliqués dans le cadre d'exemples de programmation et les différents langages sont présentés en fonction de leurs frontières d'abstraction. Les tendances qui marquent le paysage des outils d'aide à la réalisation du code source sont présentées en tenant compte des logiciels libres à code source ouvert (*open source*). On constate que la réalisation de logiciels a conduit à plusieurs avancées en informatique provenant plus de solutions d'«ingénieurs» à des problèmes particuliers, qu'on a théorisés par la suite, que de solutions théoriques qu'on a opérationnalisées par des réalisations concrètes.

Le concept de composant logiciel est pressenti depuis longtemps comme un élément important pour fabriquer facilement des logiciels efficaces et fiables. La construction d'un logiciel par composants, qui contient principalement un ensemble de modules interconnectés, cherche à instaurer un juste milieu entre le logiciel *sur mesure* et le logiciel *prêt à utiliser*. Un composant logiciel est une unité modulaire de production de services, avec une séparation complète entre la définition des services rendus et la façon dont ils sont mis en œuvre. Autrement dit, un composant logiciel est fabriqué dans l'ignorance totale des architectures qui l'utiliseront. La notion de contrat établit un lien entre les éléments de logiciel client («obligations du client») d'un composant et le composant agissant comme fournisseur («obligations du fournisseur»).

La réalisation d'un service n'est correcte que si ces deux parties sont satisfaites lors de l'exécution du service. Les aspects de la réalisation des composants sont discutés dans le contexte des différents attributs propres aux architectures à composants : modules développés isolément, opacité totale de la mise en œuvre, spécification explicite des services fournis, des services requis et de la relation entre eux. Ces différents attributs de composants prennent tout leur sens lorsque les composants sont assemblés les uns avec les autres pour former un système logiciel.

Le chapitre «Patrons de conception» répond à la question suivante : Qu'est ce qu'un «patron de conception» ? Pour l'essentiel, il s'agit de solutions de conception visant à rendre le logiciel conçu plus évolutif, que ce soit dynamiquement ou pour faciliter de futures opérations de maintenance. Les patrons de conception représentent des solutions à des problèmes qui se produisent de manière récurrente lorsqu'on développe du logiciel dans un contexte particulier La principale contribution des patrons de conception est de capturer explicitement le savoir-faire des experts ainsi que les compromis de conception, et, de cette façon, permettre le partage d'un savoir-faire architectural entre développeurs. Le processus de conception peut être vu comme une transformation progressive du modèle d'analyse en un modèle d'implantation par l'application successive d'un ensemble de règles de conceptions.

Idéalement, ces règles de conceptions devraient toutes pouvoir être exprimées comme des patrons de conception. On parle alors de «langage de patrons» (*pattern language*), dans le sens où chaque patron de conception individuel joue le rôle d'un mot dans un vocabulaire, et où leur articulation cohérente forme des phrases faisant un sens et permettant de résoudre des problèmes globaux de conception. À l'aide de quelques exemples ce chapitre illustre comment les patrons de conception permettent de passer du problème à la solution et les difficultés reliées à l'automatisation de l'application des patrons de conceptions.

Le logiciel présente la particularité d'être difficilement observable en cours de développement. Les documents et les modèles qui accompagnent le développement sont alors très importants puisqu'ils servent de base aux méthodes de validation et de vérification qui sont le sujet du chapitre «Validation et vérification».

Chaque étape de développement comporte des activités de validation et de vérification. Globalement, ces activités visent à assurer que le système informatique développé satisfasse bien, d'une part les besoins exprimés, d'autre part les exigences de qualité requises. La validation se réfère habituellement aux besoins fonctionnels de départ et aux exigences globales de qualité. La vérification assure, pour chaque étape de développement, la cohérence avec les étapes précédentes et avec ce qui est fait lors de cette étape. L'auteur explore les différentes méthodes statiques et dynamiques. Un tour d'horizon nous démontre les différentes facettes des tests. Le cas des méthodes formelles est discuté en fonction de ses caractéristiques reliées aux preuves de programme et au *model checking* mais également par rapport aux pratiques de test.

La qualité du logiciel est un concept difficile à cerner puisqu'il ne s'agit pas d'un produit physique mais plutôt d'une fonction dynamique réalisée par une machine. Plusieurs concepts entrent en jeux dont certains assument que la qualité du logiciel est directement liée à la qualité du processus utilisé pour créer le produit. Le chapitre «Qualité du logiciel» ébauche les concepts fondamentaux qui introduisent une culture et une éthique de la qualité dans une perspective du génie logiciel.

L'aspect multidimensionnel de la qualité est illustré par les structures et les modèles des différentes normes qui offrent des outils pour évaluer le niveau de qualité d'un produit logiciel. La qualité n'arrive pas par accident. Des outils et des processus sont nécessaires pour s'assurer que la qualité sera au rendez-vous et que le client aussi bien que l'utilisateur sauront la reconnaître. Finalement, le mandataire de projet doit avoir les mécanismes appropriés pour gérer la qualité du projet de développement logiciel et pour assurer l'amélioration continue de ses façons de faire dans ce monde d'évolution technologique constante.

Conclusion

Le génie logiciel est en constante évolution et mutation depuis que l'expression a été créée il y a presque quarante ans. Des organismes internationaux ont réussi à définir les domaines de connaissance que renferme le génie logiciel et les organismes nationaux qui ont pour mission d'encadrer la profession d'ingénieur tentent, pour le bénéfice du public, de cerner les pratiques de l'ingénieur logiciel professionnel.

La particularité du génie logiciel par rapport aux génies traditionnels réside dans l'aspect strictement cognitif de l'activité puisqu'aucune composante physique n'entre en jeux et que les règles de la conception ne reposent pas sur l'application de lois naturelles.

L'ingénieur logiciel est donc à la recherche de paradigmes différents pour assurer les bases de sa conception. Les échanges d'information dans une équipe de conception de logiciels reposent sur des artéfacts dont les mécanismes de construction ne font pas l'objet de consensus et sont intimement liés à des méthodologies en constante évolution. Les nombreux standards ou normes en génie logiciel sont avant tout des guides qui proposent des façons de faire ou encore des inventaires de toutes les approches possibles.

Malgré l'évolution constante de la science informatique, le génie logiciel est une pratique du génie à part entière. Il fait ses preuves par des réalisations majeures dans cette nouvelle société qui dépend de plus en plus des technologies de l'information dont le logiciel est la pierre angulaire.

Bibliographie

Tomayko, J.E. (2000). "A historian's view of software engineering", *13th Conference on Software Engineering Education & Training*, March, p. 103 – 110.

Naur, P. et Randell, B., (1969). "Software Engineering: Report on a conf", Sponsored by the NATO Science Committee, Scientific Affairs Division, NATO, October, p. 13.

SEEK, "Software Engineering 2004 Curriculum Guidelines for Undergraduate Degree Programs in Software Engineering", (2004). A Volume of the *Computing Curricula Series*, August, http://www.computer.org/education/cc2001/SE2004Volume.pdf

Abran, A., Moore, J.W. (Exec. Eds), Bourque, P., Dupuis, R. (Eds), *SWEBOK – Guide to the Software Engineering Body of Knowledge – 2004 Version*, IEEE Computer Society, Los Alamitos, CA, 2005; 202 pp. http://www.swebok.org

Processus de développement du logiciel

Philippe Kruchten

Mots-clés : processus de développement, cycle de vie, méthode, modèle en cascade, modèle en spirale, maturité, méthode agile.

Résumé : quelle est la recette pour développer un logiciel? Qui fait quoi, comment, dans quel ordre? Comment peut-on spécifier ou même garantir à l'avance certaines qualités-clefs du logiciel : coût, performance, fiabilité? La réponse est dans le processus de développement. Ce chapitre introduit les différents concepts (les ingrédients) d'un processus, décrit le concept de «cycle de vie du logiciel»; il examine quelques grandes familles de processus. Il passe en revue quelques-unes des normes en vigueur, et décrit comment les processus naissent, et évoluent.

Il n'existe pas une recette unique, ni même un livre de recettes pour développer un logiciel. L'industrie du logiciel est encore trop jeune pour avoir trouvé son Curnonski. Mais cela ne veut pas dire que nous ne savons pas décrire des recettes. Un processus de développement de logiciel était un concept révolutionnaire il y a trente-cinq ans, il est maintenant central dans toute organisation qui a plus d'une dizaine de développeurs, ou si une grande qualité du produit final est cruciale.

1 Introduction

1.1 Qu'est-ce qu'un processus ?

Un processus de développement de logiciel est une description des étapes et opérations nécessaires à la production d'un logiciel de qualité. C'est un peu comme une grande recette de cuisine, qui indique aux différents acteurs, ou intervenants, *qui* doit faire *quoi*, *quand*, et *comment*.

- *Qui* : la création d'un logiciel implique des personnes de diverses compétences et avec des objectifs légèrement différents : clients, concepteurs, chefs de projets, programmeurs, testeurs, documentalistes.
- *Quoi* : outre le produit logiciel final, livrable, divers plans, documents, modèles sont créés pour supporter le développement, communiquer entre les divers intervenants.
- *Quand* : dans quel ordre doit-on exécuter les différentes étapes ? Quand doit-on reprendre une activité déjà effectuée ? Comment assurer un flot d'activités optimal et efficace, sans que les intervenants se marchent sur les pieds, et tout en maintenant la qualité du produit ?
- *Comment* : quelles méthodes, techniques, heuristiques et outils permettent de réaliser toutes les étapes intermédiaires.

1.2 Pourquoi un processus ?

Comme monsieur Jourdain qui faisait de la prose..., tout développement de logiciel quel qu'il soit utilise un processus. Mais est-ce que ce processus est explicite, documenté ? Est-ce que tous les intervenants agissent de concert, utilisent le même processus et l'exécutent consciemment ? Comme dans d'autres domaines, on a constaté une forte corrélation entre un processus de qualité et un produit de qualité ; une organisation qui a un processus de qualité tend à produire plus systématiquement des produits logiciels de plus grande qualité. Le principe qui sous-tend une certification ISO 9000 peut se résumer par la formule : «Dis ce que tu vas faire ; fais ce que tu as dit.» Ou dans notre cas de figure : définis le processus, puis exécute ce processus.

1.3 Une infinité de processus

Quel processus utiliser, peut-on alors demander? Quel est le meilleur processus de développement de logiciel? Il n'y a pas de réponse unique ou simple; comme il y a une grande variation des logiciels produits : domaine d'application, taille, technologies utilisées, et une encore plus grande variation des compétences, cultures, expériences des développeurs de logiciels, il y a une infinité de processus possibles, et aucun n'est absolument supérieur aux autres.

Les processus peuvent se distinguer par plusieurs attributs :

- le degré de rigueur technique;
- le niveau de cérémonie (rigueur administrative).

En règle générale, plus un produit logiciel est complexe, novateur, plus il a des contraintes importantes de temps, de performance, de fiabilité, plus le processus doit accroître la rigueur technique : méthodes de conception, de validation, d'analyse statique, de test.

Plus un développement de logiciel a d'intervenants distincts : maître d'œuvre, contractants, sous-traitants, fournisseurs de composants semi-finis, organisme de certification technique, etc., plus le processus tend à accroître sa rigueur administrative, et tend à accroître son «degré de cérémonie» comme dit Grady Booch.

Malheureusement, accroître le degré de rigueur technique et le degré de cérémonie se fait souvent en accroissant la quantité de produits intermédiaires : plans, documents, spécifications, rapports, etc., ce qui accroît les coûts, délais, et conduit à une bureaucratie du logiciel qui est souvent mortelle, et conduit à des échecs cuisants. D'où l'activité délicate pour un directeur informatique, un chef de projet, ou un bureau des méthodes du choix du processus exactement adapté au produit logiciel à développer, ainsi qu'à l'équipe qui va le construire.

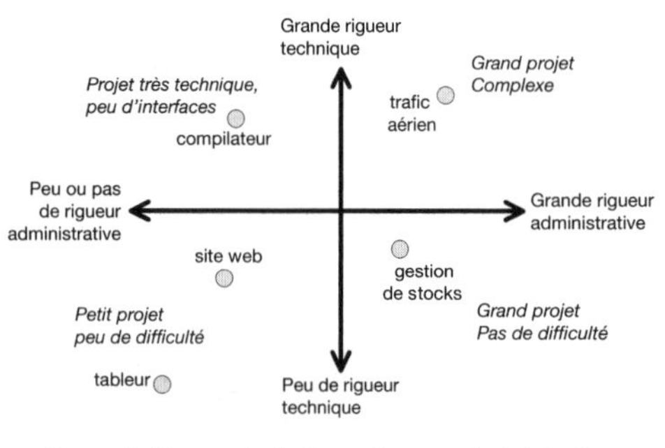

Figure 1 Rigueur technique, rigueur administrative

2 Concepts de base

2.1 Processus

Un *processus* est une séquence d'opérations aboutissant à la création d'un produit ou d'un service. Un processus de développement du logiciel est donc un ensemble d'opérations qui aboutit à la création d'un logiciel.

2.2 Aspect statique d'un processus

On peut représenter un processus avec un petit nombre de concepts de base : un ensemble de *rôles*, qui exécutent des *activités* ou tâches. Ces activités produisent des *artéfacts*, le plus souvent modifiant ou améliorant des artéfacts déjà existants (cf. figure 2).

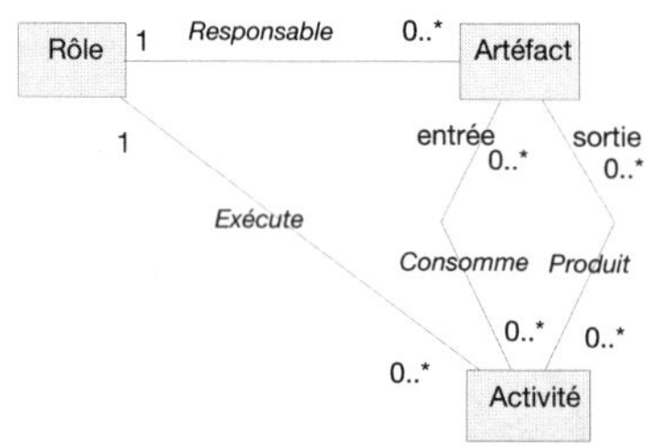

Figure 2 Modèle conceptuel d'une description de processus

Rôles

Un rôle (ou un acteur, ou un agent) définit un ensemble cohérent de compétences, de responsabilités, et par conséquent d'activités, qu'un individu ou plusieurs individus peuvent être appelés à jouer lors de l'exécution du processus.

Artéfacts

Un artéfact est un élément visible, tangible produit par le processus, quelque chose que les divers intervenants peuvent examiner, mesurer, stocker, faire évoluer. Des exemples d'artéfacts incluent des modèles de conception, des plans, le code source, des comptes rendus, des rapports d'anomalies, des cahiers des charges.

Certains artéfacts sont *livrables* : ils font effectivement partie de ce qui est livré lorsque le produit est fini.

Les artéfacts peuvent être plus ou moins complexes : certains artéfacts sont composites ; ils sont formés d'artéfacts plus simples. C'est le cas par exemple d'un plan de développement.

Activités, ou tâches

Une activité définit ce qui doit être accompli pour produire, ou faire évoluer un ou plusieurs artéfacts. La plupart des activités sont associées à un ou plusieurs rôles, qui définissent les compétences et responsabilités requises pour accomplir cette activité.

Des exemples d'activités incluent : analyser un rapport d'anomalie, exécuter un jeu de test, détailler le comportement dynamique d'une classe, faire une revue de code.

Méthodes, techniques

Souvent, une méthode ou une technique est associée à une activité, précisant comment le ou les acteurs doivent s'y prendre pour produire un artefact. On pourra par exemple faire une conception en utilisant une approche orientée objet, ou utiliser la méthode Wideband Delphi pour faire une estimation de charge.

Une méthode est un ensemble complet, fermé de règles et de critères qui établit une façon précise et reproductible d'accomplir une tâche et d'arriver aux résultats escomptés.

L'approche méthodologique utilisée pour la conception, ou pour la conduite de projet « colore » fortement certaines familles de processus. Ainsi le RUP est une famille de processus utilisant la conception orientée objet et l'UML comme notation (Kruchten, 1998).

Sous-processus, discipline

Certains grands processus complexes, qui définissent un grand nombre d'activités et d'artefacts potentiels doivent être structurés en *sous-processus*, ou *disciplines*, qui servent de conteneurs pour un sous-ensemble du processus. Les disciplines de base du RUP sont visibles sur la figure 7.

Outils

Avec les progrès des outils et des environnements de développement de logiciel, on est tenté de vouloir automatiser certaines activités : les faire exécuter par une machine plutôt que par un acteur humain. Par exemple, recompilation automatique, exécution de tests de régression, et notification des développeurs en cas de problème avec l'outil CruiseControl.

En pratique, peu d'activités peuvent être complètement automatisées, et beaucoup ne peuvent qu'être assistées par un outil : aide à la planification, saisie d'un diagramme UML, par exemple. Le développement de logiciel est toujours une activité très onéreuse en personnel humain.

Templates, guides, exemples

Le processus étant principalement utilisé par les acteurs humains, ceux-ci trouveront souvent utile de se référer à des exemples d'artefacts, ou d'utiliser des *templates* (modèles, ou gabarits au Canada) : artefacts modèles, parfois partiellement complétés, pour accélérer leur création.

Des *checklists* sont aussi efficaces lors des revues ou inspections, pour vérifier certains aspects de qualités des artefacts.

2.3 Aspect dynamique d'un processus

Une fois définies les briques de bases d'un processus : artefacts à produire, activités qui les produisent, rôles en charge de ces activités, méthodes à utiliser pour les produire, il faut définir le séquencement possible des activités.

La vue d'ensemble de ce séquencement dans le temps est le *cycle de vie* du logiciel, qui définit les principales étapes visibles par tous les intervenants. Mais à un niveau plus fin, on peut décrire des sous-séquences, essentiellement basées sur la disponibilité de certains artefacts, ou leur maturation. Une activité *peut* être exécutée si les artefacts en entrée sont disponibles, elle *doit* être exécutée, si d'autres activités dépendent de ses artefacts de sortie, à condition d'avoir les ressources nécessaires.

Malheureusement, contrairement à ce qu'on peut trouver dans d'autres domaines (processus de construction, de fabrication ou processus administratifs), les séquences dans le processus de développement logiciel ne sont pas déterminables à l'avance, et une grande partie du séquencement doit être effectuée de manière opportuniste, « au vol », au fur et à mesure que l'on découvre ce qui est à réaliser.

3 Le cycle de vie du logiciel

Le cycle de vie du logiciel détermine la trame générale du développement ; comment va se dérouler le développement dans le temps, de l'idée de départ jusqu'au déploiement du produit, au moins, et souvent incluant la maintenance et les évolutions ultérieures jusqu'à la mise hors service du système. Un cycle de vie définit dans le temps un certain nombre de *phases* distinctes, chaque phase se terminant par un *jalon* : un point précis dans le temps où certains objectifs intermédiaires doivent être atteints, où des critères prédéfinis permettent d'évaluer l'avancement du projet et sa qualité.

3.1 Le cycle en cascade

L'industrie du logiciel vers le début des années soixante-dix a été séduite par le modèle de cycle de vie dit « en cascade » (*waterfall*) (cf. figure 3). Ce cycle semblait de prime abord le plus « rationnel » : il semblait s'aligner le mieux avec les pratiques d'autres disciplines d'ingénierie : établir un cahier des charges complet, puis faire une conception de haut niveau, suivi d'une conception détaillée du logiciel. Ensuite seulement écrire le code, faire des tests unitaires puis graduellement intégrer le système et le tester.

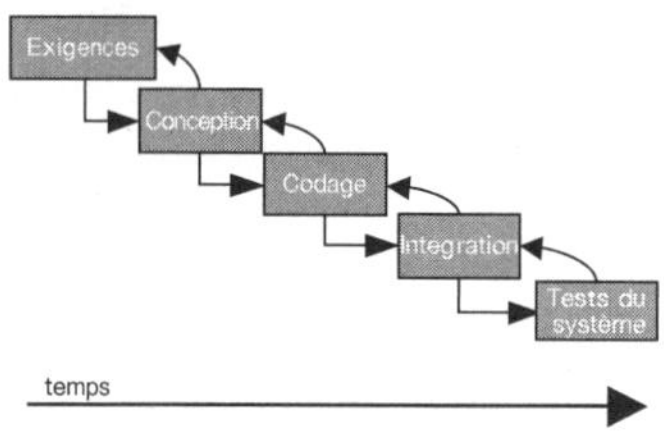

Figure 3 Le cycle de vie en cascade

Le modèle en V qui apparaît en Allemagne dans les années soixante-dix n'est guère différent (cf. figure 4).

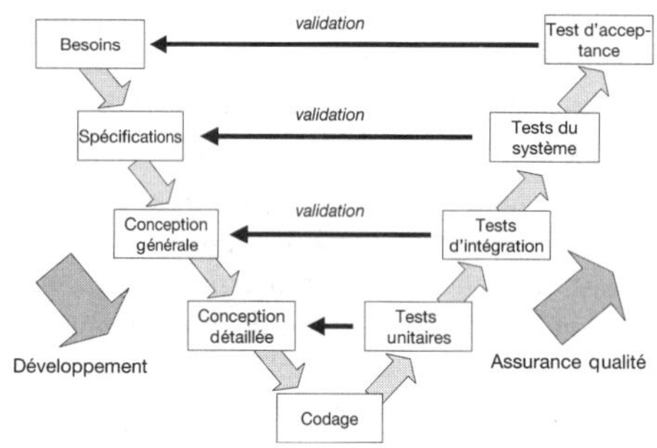

Figure 4 Le cycle en V

Au cours des années quatre-vingt, les faiblesses du modèle en cascade sont devenues de plus en plus apparentes et d'autres cycles de vie ont été proposés. En effet il s'avère difficile de réaliser un cahier des charges complet et précis sans aucune réalisation pour le valider. Il est aussi très difficile sinon impossible de vérifier complètement la conception d'un système logiciel: contrairement à d'autres disciplines de l'ingénieur, les ingénieurs logiciels ne disposent pas des lois fondamentales de la physique pour démontrer la solidité de leur conception. Les méthodes de spécifications formelles sont encore trop immatures et trop difficiles d'emploi pour être utilisées systématiquement, et leur usage dans l'industrie est limité à quelques domaines très pointus où la sécurité des personnes est primordiale: nucléaire, avionique, armement, biomédical. Finalement le cycle de vie en cascade ne permet pas de s'attaquer aux risques assez tôt. C'est seulement dans une phase d'intégration tardive que les difficultés techniques et les risques réels du projet deviennent apparents.

3.2 Le cycle en spirale

Dans les années quatre-vingt, alors qu'il devenait plus facile de réaliser du code, grâce à l'apparition de nouveaux langages et outils, les bénéfices d'un prototype sont devenus plus apparents. Un prototype permet de valider certains aspects du cahier des charges, certains aspects de la conception, et même de s'attaquer tôt à certains risques. Fred Brooks, le père du Système 360 d'IBM, notait dès 1975: «Prévoyez d'en jeter une version, vous y serez forcé de toutes les façons.»

En 1987, Barry Boehm (1998) à TRW introduisit un modèle en spirale, où les phases «initiales» du développement : études des besoins, conception, etc. sont répétées (cf. figure 5). Ce modèle met l'emphase sur la réduction des risques de toute nature, techniques et managériaux.

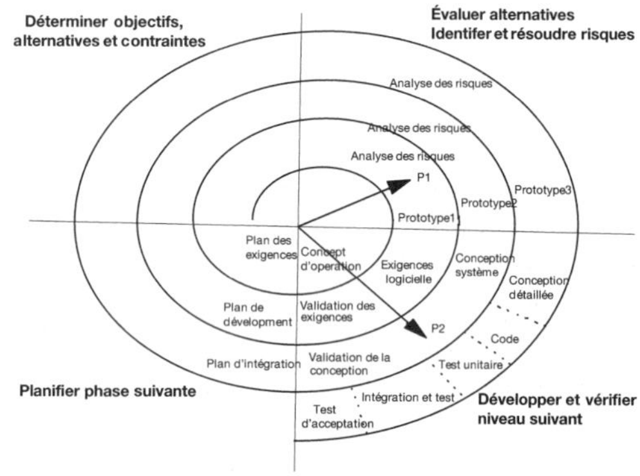

Figure 5 Le modèle en spirale (Boehm 1988)

3.3 Le cycle de livraison incrémentale

En 1988, Tom Gilb (1988) prônait un cycle de vie itératif, mais où le logiciel était livré par incréments successifs à ses usagers finaux (cf. figure 6). C'était là un pas plus audacieux que le modèle en spirale, mais tous les types de logiciel ne se prêtent pas facilement à une livraison incrémentale: l'architecture du système doit être très stable, et leurs usagers prêts à voir arriver des nouvelles fonctionnalités à intervalle plus ou moins régulier.

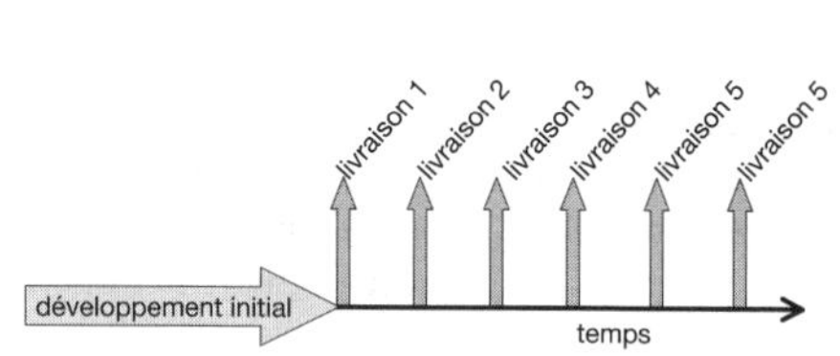

Figure 6 La livraison incrémentale (Gilb 1988)

Toute une famille de processus comme RAD (*Rapid Application Deployment*) a vu le jour au début des années quatre-vingt-dix, et est toujours très utilisée pour de petits développements courts de systèmes d'information.

3.4 Les cycles de vie itératifs

Tout au long des années quatre-vingt-dix, d'autres bénéfices d'une approche itérative sont devenus évidents: meilleur emploi des compétences dans le temps, formation du personnel à de nouvelles techniques, étalement dans le temps des activités d'intégration et de tests, plus de temps pour la correction des problèmes, et surtout la possibilité de recibler les objectifs en cours de route. (Larman et Basili, 2003)

Un cycle de vie itératif procède avec des petites étapes qui combinent un raffinement progressif du cahier des charges, et un raffinement progressif de la conception et de la réalisation du logiciel. DSDM (*Dynamic Systems Development Method*) (Stapleton 1998) et le RUP (*Rational Unified Process*) (Kruchten 1998) d'IBM sont deux exemples de processus de développement itératifs. Mais lorsqu'un projet est réalisé avec six, douze, ou vingt itérations, il est souvent nécessaire d'organiser ces itérations en phases, où chaque phase à des objectifs précis. RUP et MBASE organisent le développement en quatre phases:

- début;
- élaboration;
- construction;
- transition.

Et chaque phase est elle-même partitionnée en une ou plusieurs itérations (cf. figure 7).

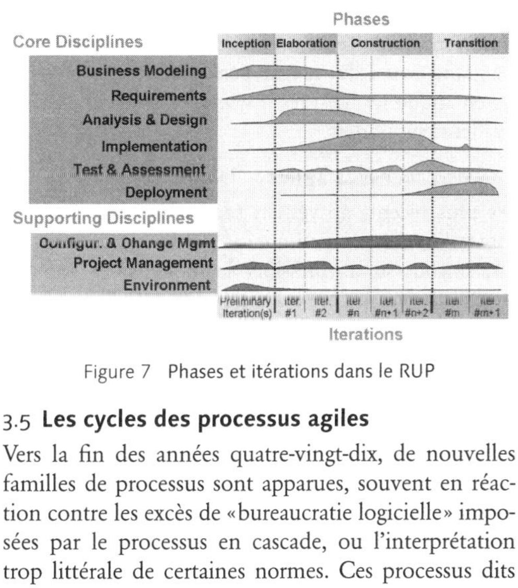

Figure 7 Phases et itérations dans le RUP

3.5 Les cycles des processus agiles

Vers la fin des années quatre-vingt-dix, de nouvelles familles de processus sont apparues, souvent en réaction contre les excès de «bureaucratie logicielle» imposées par le processus en cascade, ou l'interprétation trop littérale de certaines normes. Ces processus dits «agiles» sont très itératifs: ils procèdent par très petites itérations (souvent appelées «sprints»), se focalisent sur un produit exécutable, et révisent constamment le code. Pour garder un rythme d'itération très rapide, ces cycles de vie produisent peu d'artefacts intermédiaires, et dépendent plus sur une communication directe entre tous les intervenants, y compris l'usager ou client final (ou ses représentants). Des processus, comme *Scrum*, *eXtreme Programming* (XP) (Beck 2002), ou *Crystal*, exploitent à plein le feedback que permettent les itérations, et vont jusqu'à instituer des cycles quotidiens, comme le montre le cycle de Scrum (cf. figure 8).

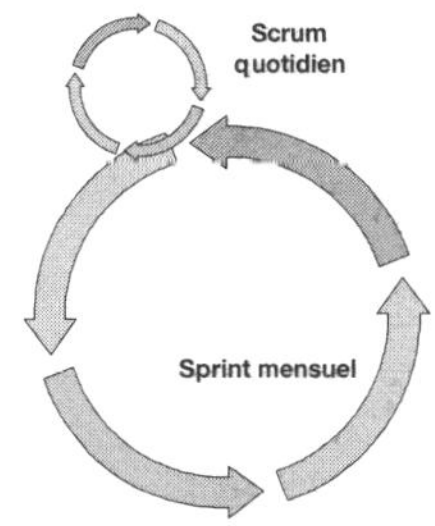

Figure 8 Le double rythme de SCRUM

Mais le modèle en cascade a la vie dure, et semble toujours imprégner une fraction considérable de l'industrie, notamment parce qu'il semble mieux se prêter au processus d'acquisition du logiciel: appel d'offres, soumission, choix du vendeur, développement, livraison unique, et parce qu'un certain nombre de normes de processus semble l'endosser, alors qu'en fait elles ne font aucune hypothèse quant au cycle de vie utilisé (cf. § 5).

4 Grandes familles de processus

4.1 Contenu d'un processus

Que trouve-t-on dans une description de processus? La figure 7 qui montre les principales disciplines du RUP peut nous en donner une idée générale.

1. Un processus de gestion de projet. Héritier d'une longue tradition de gestion de projet, ils sont souvent peu adaptés au développement de logiciel; ils présupposent que l'on connaît *a priori* les tâches à effectuer, ce qui n'est presque jamais le cas. Il comprend: gestion des plans, des risques, des personnels, des budgets, etc.
2. Un processus d'établissement du cahier des charges. Quels sont les besoins, comment sont-ils exprimés, validés? Comment gère-t-on ces besoins au cours du projet lorsqu'ils évoluent?
3. Un processus de conception et de développement du code, organisé autour d'une philosophie de conception (orientée objet, par exemple) et parfois d'un langage de programmation ou d'un outil.
4. Un processus de gestion de la qualité, souvent organisé autour de la notion de tests, avec différents types de test (fonctionnels, performance, couverture), et niveaux de test (unitaire, intégration, acceptation).

5. Des processus auxiliaires: gestion des défauts, gestion des versions et configurations, gestion de demandes de modification.

Certains processus ont une portée assez étroite, centrés autour de la production de code, d'autres ont une portée plus vaste.

4.2 Les grands traditionnels

Descendant des pionniers des années soixante-dix, un petit nombre de méthodes ont continué à évoluer pour suivre les besoins de leurs usagers et du marché. Elles sont souvent le fleuron d'une société de services en informatique. Ainsi Macroscope est le processus commercialisé par DMR, maintenant partie de Fujitsu. De même, le processus SUMMIT de Coopers et Lybrand, est maintenant maintenu et commercialisé par IBM. Merise créée en France vers 1983, et plusieurs fois «rajeunie», continue à avoir d'ardents usagers. Ces processus ont souvent un cycle de vie en cascade, et sont très centrés sur les artefacts et documents. Ces processus s'appliquent à la moitié droite de la figure 9.

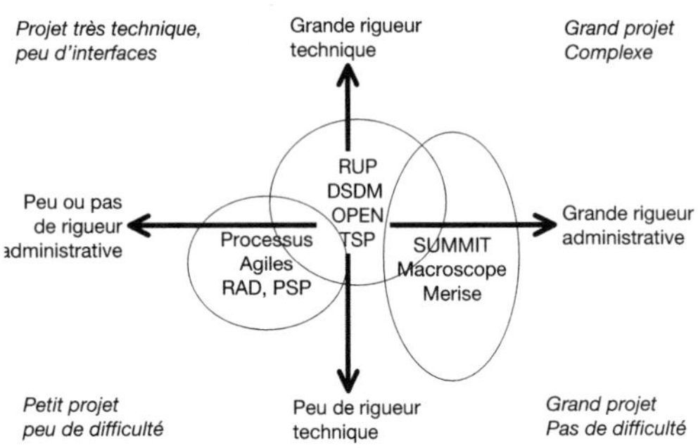

Figure 9 Grandes familles de processus

4.3 La nouvelle génération

Le *Rapid Application Development* (RAD) est une approche née des travaux de James Martin vers 1990 et qui, avec beaucoup de discipline, permet de développer en deux ou trois mois une application utilisable, souvent aux prix de certains compromis. Ces approches RAD s'appliquent au quadrant inférieur gauche de la figure 2: peu de difficultés techniques, peu de rigueur administrative.

La *Dynamic System Development Method* (DSDM) s'inscrit dans la lignée de RAD. Développé et géré par un consortium basé en Angleterre, ce processus itératif est bien adapté aux systèmes d'information d'entreprise de taille moyenne. Parmi les nombreuses pratiques qu'il apporte, on retiendra, le *timeboxing* (négocier une réduction de portée, ou fonctionnalité plutôt qu'un délai), et le principe MoSCoW (*Must Have, Should Have, Could Have, Won't Have*) pour établir des priorités entre éléments du cahier des charges (Stapleton 1998).

Le *Rational Unified Process* (RUP) est un processus ouvert et configurable, créé dans les années quatre-vingt-dix par Rational Software, devenu une division d'IBM en 2003 (Kroll et Kruchten, 2003). Il couvre un vaste spectre d'activités, et intègre un grand nombre de techniques, dont la conception orientée objet, hérité des méthodes de Booch, Rumbaugh (OMT) et Jacobson (Objectory). OpenUP en est le descendant.

RUP étant configurable et extensible, il en existe de multiples variantes. Il est extensible par des «plug-ins» qui permettent d'y apporter de nouvelles techniques et pratiques, voire de remplacer celles qui existent. RUP partage de nombreuses similitudes dans son cycle de vie avec MBASE de Barry Boehm.

L'*OPEN Process Framework* (Firesmith et Henderson-Sellers, 2001) est un peu dans le même esprit; créé et géré par un petit groupe d'individus, il est ouvert et gratuit.

Ces trois processus (DSDM, RUP et OPEN) couvrent un spectre assez large autour du centre de la figure 1.

Le *Personal Software Process* (PSP), et son compagnon le *Team Software Process* (TSP) développés au Software Engineering Institute (SEI) sous l'égide de Watts Humphrey, représentent une petite classe à part. Avec un grand souci de rigueur personnelle, une collecte systématique de mesures, ils se sont créés une niche d'ardents supporters.

4.4 Les processus agiles

Les plus récents arrivés, ils sont nés d'une réaction contre la bureaucratie imposée par les grands processus, surtout sur la pression de mouvement comme CMM, la nécessité de se conformer aux normes (voir plus bas).

En 1990, un groupe de consultants publie le « manifeste agile», qui affirme privilégier:

- les individus et leurs interactions, plutôt que les processus et les outils;
- un logiciel qui tourne, plutôt qu'une documentation exhaustive;
- une collaboration avec le client, plutôt que des négociations contractuelles;
- une réaction aux changements, plutôt que de suivre un plan à la lettre.

Les principes des processus agiles tournent autour de la satisfaction du client, l'admission que tout peut changer, des livraisons fréquentes, une collaboration continue entre les personnels d'affaire et les personnels techniques, des individus motivés dans un environnement enrichissant, un climat de confiance, des communications en personne et peu de paperasse.

Le processus agile le plus célèbre, le plus fameux et le plus infâme, selon le point de vue, est sans nul doute XP (*eXtreme Programming*), créé par Kent Beck (2002). XP est très succinct, et ne couvre qu'un spectre très limité des processus décrits en 4.1, et il doit être complété par des techniques et pratiques. Il consiste essentiellement en une douzaine de pratiques, telles que: programmation en paire, définition des tests avant le codage, etc. Scrum de Ken Schwaber est une technique de gestion de projet très dynamique, dont une pratique centrale est un *scrum* (une mêlée de rugby) quotidien.

Lean Development (Poppendieck), et la famille de processus Crystal (Cockburn) sont d'autres processus agiles.

Les processus que nous avons décrits au paragraphe précédent peuvent s'exécuter de manière agile: DSDM, OPEN, et RUP, lorsqu'ils sont adaptés pour tenir compte des principes agile, en particulier en les allégeant au maximum de toute bureaucratie.

Comme ils reposent essentiellement sur la communication directe, les processus agiles sont principalement adaptés aux petites équipes, moins de quinze personnes, ce qui représente la grosse majorité des projets de développement de logiciel. Ils couvrent le centre de la figure 10, et le quadrant inférieur gauche.

5 Les normes de processus

Jusque vers le milieu des années soixante-dix, les processus de développement de logiciel ont crû de manière assez anarchique, le plus souvent de façon opportuniste au sein de grandes entreprises, et focalisé autour de la programmation. On notera quelques exceptions dans les années soixante-dix: processus développés par de grands constructeurs, comme la méthode Hipo d'IBM, SDM/70, la méthode Warnier, ou la célèbre méthode Merise, créée en France par Moulin, Tardieu et Teboul.

Les industries grosses consommatrices de logiciel, comme les télécommunications, définissent leurs propres processus ou méthodes. Les industries de défense, elles aussi grosses consommatrices de logiciel, présentent un front assez hétérogène en face de leurs clients majeurs: les ministères de la défense. Ces derniers, dans un souci d'harmonisation et d'amélioration, vont pousser à une plus grande standardisation des concepts. Cela va susciter des normes d'abord nationales: GAM T17 en France, JSP 188 au Royaume-Uni, DOD STD2167 aux États-Unis, par exemple. Ces normes nationales se ressemblent un peu, mais diffèrent en maints détails, vocabulaire en particulier, et en fait rendent la vie plus difficile aux entreprises. Vers la fin des années quatre-vingt, des efforts de normalisation internationale vont commencer, et des normes internationales ISO et IEC, ou des normes d'organisation professionnelles non gouvernementales (comme l'IEEE) vont voir le jour. Il y en a un grand nombre, et les paragraphes suivants vont seulement couvrir les plus importantes ou les plus connues.

La famille de normes de qualité ISO 9000 est très générale, s'applique à n'importe quel produit ou service et semble à première vue déconnectée de la réalité pratique du développement de logiciel. Mais de nombreuses entreprises veulent être «certifiées ISO 9000» et lorsque leurs produits impliquent du logiciel, elles doivent appliquer les principes d'ISO 9001 au développement et à la maintenance de ces logiciels. Le rôle de la norme ISO 9000-3 est précisément de combler ce fossé, et elle reformule les principes d'ISO 9001 en termes plus proches du développement de logiciel.

5.1 ISO 9001 et 9000-3 (ou 90003)

Il ne s'agit pas d'un processus proprement dit; la norme ne fait que spécifier un vocabulaire, la portée du processus, ce qu'un processus devrait couvrir.

En 2004, la norme ISO 90003 a supplanté 9000-3.

5.2 IEEE 1074-1997

De la même manière, la norme de l'IEEE 1074 introduite en 1991 n'est pas un processus, mais elle spécifie comment définir ou adapter un processus de développement. Elle constitue en fait une grande «table des matières» pour un processus. Elle définit les concepts de modèle de cycle de vie, d'activités et tâches, d'information (nos artéfacts), et les grands principes d'organisation.

Malheureusement, en essayant d'être très complète et «inclusive», cette norme définit un très grand nombre d'artefacts, ce qui pousse souvent les entreprises, soucieuses de se conformer à la norme, à adopter des processus bureaucratiques et paperassiers, au détriment de la qualité du logiciel. La production de toute cette documentation finit par dominer le processus.

5.3 ISO/IEC 12207

Issue des standards de la défense américaine DOD-STD2167A, devenue entre-temps MIL-STD-498, et influencé par IEEE 1074, la norme ISO 12207 a vu le jour en 1995. Plus ambitieuse que la norme IEEE 1074, elle couvre les aspects d'acquisition et de fourniture de logiciel, plus que le développement proprement dit qui devient juste un petit chapitre. Étant une norme ISO (et non pas IEEE), elle finit par avoir un impact pratique plus important sur toute l'industrie. Tout comme IEEE 1074, elle pousse les organisations de développement de logiciel à une excessive bureaucratie, lorsqu'elles ne savent pas en retirer l'esprit et tentent de l'appliquer à la lettre.

5.4 ISO/IEC 15504

Aussi connue sous le nom de SPICE, cette norme est différente des trois autres. Il s'agit d'un cadre d'évaluation de la qualité et de la maturité d'une organisation de développement et de son processus, la réponse internationale (européenne principalement) au CMM développé aux États-Unis. Nous verrons à quoi cela correspond au paragraphe suivant. Mais indirectement, pour pouvoir définir ce qu'elle veut évaluer, cette norme définit elle aussi des concepts, et une architecture générale d'un processus, souvent légèrement différemment des autres. Les entreprises soucieuses de certification vont utiliser ce cadre pour structurer leur processus, avec les inconvénients potentiels de lourdeur administrative déjà mentionnés.

5.5 CMM – CMMI

Le *Capability Maturity Model* n'est pas une norme au sens strict du terme; mais son impact dans l'industrie en a fait une norme de fait.

Le plus gros consommateur de logiciel au monde, le département américain de la défense, avait dans les années soixante-dix une inquiétude grandissante devant l'accroissement des coûts et la diminution de la qualité des logiciels. Un des coupables était le processus : l'absence de processus, souvent, ou l'inadéquation du processus à la tâche. Le Software Engineering Institute à Pittsburgh, sur le campus de Carnegie-Mellon University, a développé un thermomètre assez simple à cinq niveaux pour mesurer le niveau de maturité des fournisseurs de logiciels (cf. figure 10), vers la fin des années quatre-vingt (Humphrey, 1988).

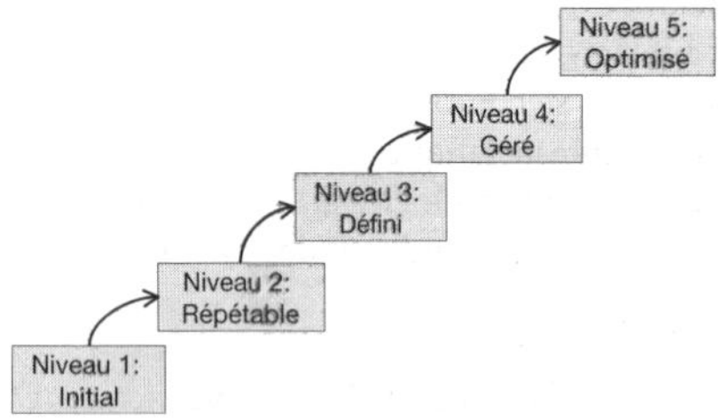

Figure 10 Les échelons de CMM

Ce modèle n'aurait pas eu de très grands effets sur l'industrie du logiciel si quelques années plus tard le même département américain de la défense, de plus en plus mécontent de la qualité de ses acquisitions logicielles n'avait pas menacé ses fournisseurs de n'acquérir de logiciel que de ceux qui seraient «certifiés niveau 2» dans un premier temps, puis «certifiés niveau 3» après quelques années. Le résultat a été spectaculaire: tous les dirigeants des entreprises associées de près ou de loin à la défense (quelques milliers) ont donné comme directive à leur division logiciel d'être certifié CMM 2 ou 3 dans les plus brefs délais. Des centaines de firmes se sont soudain découvert une vocation: le conseil en processus, ou l'évaluation de processus. Le modèle CMM initial était assez abrupt: une seule note finale, entre 1 et 5, sans subtilité. La quasi-totalité des entreprises se trouvaient aux niveaux 1 ou 2.

En Europe, BOOTSTRAP, puis SPICE vont voir le jour au début des années quatre-vingt-dix, en réponse au CMM. BOOTSTRAP est une technique d'évaluation des processus. SPICE (qui deviendra ISO 15504) est une version améliorée de CMM, qui est plus subtile dans l'évaluation, en donnant des notes à diverses parties du processus, plutôt qu'une seule note finale.

Cette leçon sera suivie au début des années deux mille, et le successeur de CMM, CMMI (I pour Intégré) adopte aussi deux dimensions dans son barème de notes.

Comme les normes que nous avons décrites plus haut, CMM, CMMI, SPICE et ISO/IEC15504 définissent des concepts, et organisent un processus en chapitres et sections: KPA (*Key Process Areas*), KP (*Key Practices*) et PL (*Process Levels*). Une fois de plus, il ne s'agit que d'un grand cadre vide, que les entreprises vont tenter de combler, soit en identifiant les éléments de leur processus qui les satisfont, soit en introduisant de nouvelles activités ou artefacts dans leur processus pour combler un trou.

Trop souvent malheureusement, cela est fait au détriment de l'efficacité du processus et parfois même de la qualité du logiciel. La certification devient un objectif en soi, perdant de vue l'objectif initial qui était de devenir plus performant.

5.6 Conclusion

Il n'y a pas de processus de développement normalisé. Les normes relatives au processus ne constituent en fait que des grands cadres, définissant des concepts et des organisations possibles d'un processus. Ces normes ne sont que peu harmonisées, et il est très difficile de s'y conformer, surtout si l'on cherche à être conforme à plus d'une. Mais l'effort de normalisation des années quatre-vingt et quatre-vingt-dix a permis de voir plus clair, d'identifier les problèmes et de réduire le bruit de fond.

D'autres normes relatives au processus existent à l'IEEE: une douzaine de normes plus détaillées précises la structure d'artefacts de planification: plan de développement, plan qualité, etc.

Au Royaume-Uni, les quasi-normes ITIL (*Information Technology Infrastructure Library*) couvrent aussi maints aspects liés au développement et la maintenance du logiciel.

Dans divers domaines (aérospatiale, industrie pharmaceutique, industrie nucléaire), des normes plus spécifiques imposent des contraintes particulières aux processus de développement. Par exemple la norme ARINC DO178-B s'adresse à la sûreté de fonctionnement des logiciels embarqués en avionique.

6 Concepts avancés

Nous avons survolé les processus, les concepts, les grandes familles et les normes qui s'y appliquent. Mais pour être effectifs, les processus doivent être intégrés au tissu de l'organisation de développement de logiciel. Dans ce paragraphe nous allons voir comment les processus sont mis en place, comment à l'aide de mécanismes de feed-back on les améliore, comment ils peuvent évoluer.

Les processus de développement de logiciel sont principalement utilisés par des individus ; quelques étapes peuvent être automatisées ou assistées par des outils. Il n'est donc pas surprenant que les problèmes rencontrés seront principalement d'ordre psychologique et sociologique, et vont nous entraîner assez loin du domaine familier des techniciens.

6.1 Mise en œuvre de processus

La première question qui se pose est : comment une entreprise (ou une équipe de développement) sélectionne, configure et adopte un processus de développement ?

La mise en place d'un processus est un projet comme un autre. Elle démarre par une analyse de la situation, des besoins, et procède itérativement à l'implantation des concepts, des méthodes, des outils. Mais dans des organisations qui ont un passé, ce projet va souvent se heurter à une grande inertie : les personnes sont naturellement opposées au changement, lorsque ces changements les concernent eux-mêmes et leur imposent des efforts supplémentaires.

Le processus de mise en œuvre de processus doit en tenir compte et doit articuler les changements de la manière la plus positive pour les personnes concernées, souvent en commençant par analyser ce qui est difficile, pénible ou peu gratifiant pour ces personnes et en mettant en valeur les aspects positifs du changement.

Le modèle IDEAL du SEI (Software Engineering Institute), inspiré des travaux sur le CMM, est un exemple d'un tel processus (McFeeley 1996) :

- Initiation : définir les objectifs ;
- Diagnostic : quel est le contexte, l'état des lieux, le processus (parfois implicite) utilisé, ses faiblesses ;
- Établissement : d'un plan d'action ; sélection d'un processus, d'un cycle de vie, adaptation du processus au contexte de cette organisation ;
- Action : mettre en place graduellement le processus (formation, expérimentation) ;
- Learning : (apprentissage) évaluer les progrès accomplis, et itérer.

Le *Rational Unified Process* (RUP) contient aussi un processus d'implantation de processus (PEP) qui définit plusieurs stratégies possibles. Il est souvent préférable de commencer petit : mettre en place le nouveau processus sur un petit projet « pilote ».

6.2 Amélioration du processus

Le CMM et autres stratégies d'évaluation des processus et de la maturité des organisations de développement ont mis l'emphase sur l'amélioration du processus. Bien des organisations avaient des processus en place, et veulent pouvoir les améliorer. Pour atteindre le nirvana des niveaux 4 et 5, les entreprises doivent en fait avoir des processus (réflectifs) dont l'objectif est de raffiner le processus.

Satisfaire cette constante amélioration du processus suscite de nouveaux besoins :

- pour améliorer un processus, il faut pouvoir définir selon quels critères, selon quelle mesure : efficacité, qualité, productivité, etc. ;
- pour faire évoluer un processus, il faut pouvoir le manipuler, et donc comprendre sa structure. ;
- pour avoir des mesures à faible coût, et modifier efficacement le processus, il faut des outils adaptés.

Le cycle IDEAL décrit plus haut peut alors devenir plus efficace.

6.3 Modélisation des processus

Pour cet aspect, le lecteur pourra aussi se référer au chapitre « Modélisation des processus d'ingénierie des systèmes d'information », section II.3.

Les processus de développement de logiciel pendant longtemps étaient essentiellement constitués de texte, regroupés en livres ou en classeurs (pour une mise à jour plus aisée). Mais la libre forme d'un texte rend difficile l'évolution d'un processus, ou sa configuration pour divers contextes, divers projets. De plus, lorsque de nombreuses personnes travaillent simultanément sur le processus, les risques d'inconsistances croissent exponentiellement.

Pour ces raisons, on désire modéliser les processus : utiliser un petit nombre de concepts simples, et des règles d'assemblage simple entre ces concepts. L'idée est d'autant plus séduisante pour les développeurs de logiciel que c'est quelque chose qui est proche du développement de logiciel, et souvent les mêmes techniques peuvent s'appliquer. Ainsi on a vu des formalismes dérivés :

- des langages de programmation : Little-JILL de Leon Osterweil (1987) ;
- de la décomposition fonctionnelle : IDEF0 (*Integration Definition for Function Modeling*) ;
- des réseaux de Pétri ;
- de la conception orientée objet : SPEM (*Software Process Engineering Metamodel*) (OMG 2002)

Une des techniques les plus anciennes pour représenter les processus est IDEF0 (cf. figure 11). Une approche très hiérarchique, mettant l'emphase sur les activités, et très difficile à modifier.

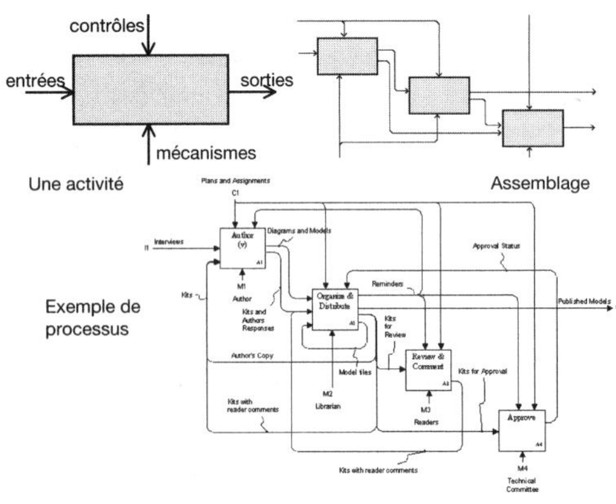

Figure 11 IDEF0, langage de modélisation de processus

Les langages de définition de flux d'information sont souvent utilisés, conjointement avec des outils de gestion de ces flots (*Workflow Management Systems*).

Des processus comme RUP d'IBM, ou Macroscope de DMR, ou OPEN Process sont modélisés avec des concepts orientés objet, et conformes au métamodèle SPEM (OMG 2002). La figure 12 est tirée du SPEM. Les rôles sont des objets actifs, les activités sont les opérations portant sur ces objets, et les artefacts sont des variables globales ou bien les paramètres d'entrée et sortie de ces opérations.

6.4 Outils

Une fois que l'on a défini un formalisme pour représenter un processus, il est possible de manipuler le processus avec un outil.

Il y a ici aussi un large spectre de possibilités. On peut avoir des outils passifs, très simples qui permettent de gérer, modifier, étendre un processus, et de le mettre à disposition des participants. Le Guide électronique de processus (*Electronic Process Guides*, EPG) de Mark Klein au Software Engineering Institute (SEI) est un exemple typique de cette catégorie. Le RUP d'IBM utilise la technologie HTML et un fureteur

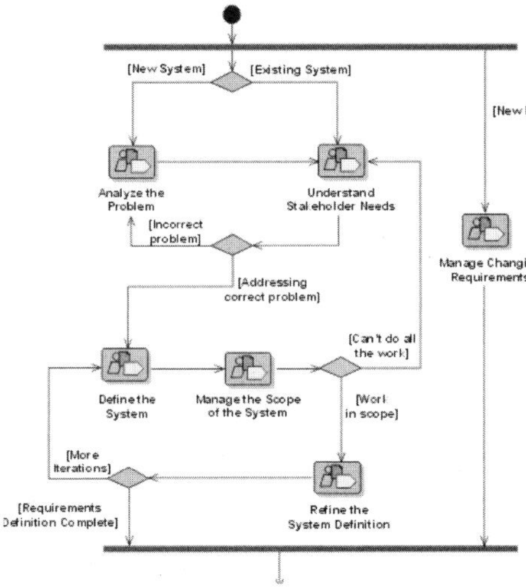

Figure 12 Un workflow du RUP, représenté en UML par un diagramme d'activité

web pour la consultation ; mais les création, modification et configuration du processus sont réalisées avec l'outil de modélisation UML Rational XDE.

Plus ambitieux sont les outils qui gèrent l'exécution du processus : ils indiquent activement aux participants ce qu'ils doivent faire, car ils suivent l'état d'avancement et de maturation des artefacts, ainsi que les disponibilités et compétences des participants. Représentants de cette classe d'outils sont IRIS d'Osellus, qui supporte une variété de processus dont le RUP, ou Rally Software Development, qui supporte des processus agiles.

Finalement, le rêve constant mais jamais atteint, est l'environnement de développement piloté par le processus : l'outil ultime qui permet de créer un processus et qui gère son exécution, gère les artefacts, les personnes, et active même les outils pour les activités automatisables. Cette classe d'outil (PCSEE, *Process-Centered Software Engineering Environment*) a fait couler beaucoup d'encre mais s'est toujours heurtée à la complexité de la tâche et la difficulté pour l'industrie d'adopter une solution complète et fermée. Des environnements comme ALF, Merlin, Melmac, SPADE, ProcessWeaver, etc. ont tous contribué à notre compréhension des problèmes, mais n'ont pas eu d'impact marquant.

6.5 Mesures liées au processus

Un autre aspect qui est rendu possible ou plus aisé par la modélisation des processus et l'utilisation d'outils est la saisie de mesures associées au processus. Il est facile d'effectuer des mesures sur le produit et sa qualité, le logiciel lui-même : taille (nombre de lignes de code ou points de fonction), structure, densité de défauts, nombres moyens d'opérations par classe, etc. Il est plus difficile d'effectuer des mesures liées à la qualité du processus : efficacité des activités, productivités, relations entre le processus et la qualité du produit. Or pour pouvoir raisonner efficacement sur l'amélioration du processus, il faut pouvoir disposer de telles mesures. Beaucoup de ces mesures sont liées au temps : effort, coûts, productivité, délais, etc. Et de telles mesures vont pouvoir être ultérieurement exploitées pour estimer les coûts, temps de production et qualités de futurs produits logiciels.

7 Conclusion

Contrairement à d'autres domaines de l'ingénieur (génie civil, génie électrique), le génie logiciel est encore dans une phase de tâtonnements et d'expérimentation, et il n'existe pas de «recette» fixe et universellement accepté pour développer du logiciel. Cela est dû aussi à la nature même du logiciel, qui ne suit pas des lois de la physique, et dont le développement implique de nombreux aspects humains : communication, sociologie et psychologie.

Bibliographie

Le Software Engineering Institute, l'Agile Alliance, l'ISO, l'IEEE et l'ACM offrent de bons points de départ pour découvrir les processus de développement de logiciel.

Boehm, Barry W. (1988). "A Spiral Model of Software Development and Enhancement". *IEEE Computer* vol. 21, n° 5, 1988, p. 61-72.

Beck, Kent (2002). *eXtreme Programming : La référence*. CampusPress, Paris.

Brooks, Fred P. (1975). *The Mythical Man-Month*. Addison-Wesley, Reading, Mass.

Dorling, Alec, *et al.* (1999). *SPICE, the Theory & Practice of Software Process Improvement*. IEEE Computer Society.

Firesmith, Donald, et Brian Henderson-Sellers (2001). *The OPEN Process Framework*, Pearson Education, Boston.

Gilb, Tom (1988). *Principles of Software Engineering Management*. Addison-Wesley, Reading, Mass.

Humphrey, Watts (1988). "Characterizing the software process: a maturity framework", *IEEE Software* vol. 5, n° 3, 1988, p.73-79.

IEEE 1074-1997 (1997). *Standard for developing software life cycle processes*. IEEE Standards Association, New York.

ISO/IEC 90003:2004. "Software and Systems Engineering - Guidelines for the Application of ISO 9001:2000 to Computer Software, International Organization for Standardization", ISO, Genève.

ISO/IEC 12207 (1995). "Information Technology - Software Life-cycle Processes". ISO, Genève.

ISO/IEC 15504 (1998). "Information Technology - Software Process Assessment". ISO, Genève.

Kruchten, Philippe (1998). *Le Rational Unified Process – Introduction*. Éditions Eyrolles, Paris.

Kroll, Per, et Philippe Kruchten (2003). *Guide pratique du RUP*. CampusPress, Paris.

Larman, Craig, et Victor R. Basili (2003). "Iterative and Incremental Development: A Brief History". *IEEE Computer* vol. 36, n° 6, 2003, p. 47-56.

McFeeley, Robert (1996). *IDEAL : A User's Guide for Software Process Improvement*. Software Engineering Institute, Pittsburgh, PA.

OMG (2002). "The Software Process Engineering Metamodel (SPEM)", Object Management Group, Boston.

Osterweil, Leon J. (1987). "Software Processes Are Software Too". *Proc. 9th ICSE*, Monterey, CA, 1987, IEEE, p. 2-13.

Parnas, David L., et Paul Clements (1986). "A Rational Design Process : How and Why to Fake It". *IEEE Transactions on Software Engineering* SE-12, n° 2, 1986, p. 251-257

Stapleton, Jennifer (1998). DSDM, *Dynamic Systems Development Method : The Method in Practice*. Addison-Wesley, Reading, Mass.

Wang, Yingxu, et Graham King (2000). *Software engineering processes : Principles and application*. CRC Press, Boca Raton, Fl.

Besoin et interface

Eric Brangier

Mots-clés : ergonomie des logiciels, interaction humain-machine, besoin, recueil des connaissances de l'utilisateur, modélisation de l'utilisateur, critères et normes ergonomiques.

Résumé : la conception d'un système technique (logiciel, machine, interface...) passe nécessairement par l'identification des besoins des utilisateurs censés interagir avec ce système. Le besoin est souvent l'expression la plus en amont de tous les projets technologiques, dont l'appréhension est complexe et délicate ; d'autant plus que la compréhension des besoins conditionne le succès ou l'échec d'un système informatique. Loin d'une conception linéaire où tout besoin serait vu comme un objet fini et défini *a priori*, ce chapitre montre que le besoin de l'utilisateur correspond à une construction sociale. Par voie de conséquence, la compréhension, l'élaboration puis la formalisation des besoins de l'utilisateur par le concepteur, cherche à mettre en place un processus de conception centré sur l'utilisateur visant à produire de nouvelles connaissances construites en relation avec l'utilisateur et son environnement. Pour ce faire, nous montrerons que le concepteur peut favoriser l'émergence et la validation des besoins de l'utilisateur grâce à un certain nombre techniques de recueil de besoin, à des lois sur le comportement de l'utilisateur, à des normes internationales reconnues pour élaborer des interfaces, à des méthodes ergonomiques, à des modèles de l'interaction humain-machine, ou encore, à des théories de la relation entre l'homme, la technologie et l'organisation du travail.

De quoi l'utilisateur a-t-il besoin ? Quelle interface doit-il avoir pour être efficace dans son travail ? Comment mieux satisfaire les besoins de l'utilisateur pour améliorer son confort de travail et la productivité de son entreprise ?

Le développement d'un système informatique débute toujours par une appréhension plus ou moins consciente, explicite et définie des besoins de l'utilisateur. Cette appréhension repose sur l'idée simple que la bonne identification des besoins de l'utilisateur permet de définir, concevoir puis implémenter une interface qui bénéficiera des exigences de qualité, fiabilité, efficacité, confort, robustesse, productivité... à même de satisfaire l'utilisateur. La question de la prise en compte des besoins des utilisateurs est donc une dimension essentielle de la conception et de l'évaluation des systèmes techniques et sera gage de succès ou d'échec du futur système. Il s'en dégage une équation évidente : lorsque les interfaces répondent aux besoins des utilisateurs, ces derniers les évaluent positivement, les apprennent facilement, travaillent efficacement, commettent peu d'erreur et s'en déclarent satisfaits. Au contraire, lorsque les interfaces ne répondent pas à leurs besoins, les utilisateurs ne les comprennent pas, ne mémorisent pas les informations, s'énervent, sous-utilisent les logiciels, les abandonnent voire les détériorent ou les sabotent. L'enjeu est donc de taille.

Pour aborder cette question de la relation entre l'identification des besoins de l'utilisateur et la conception de l'interface, nous débuterons ce chapitre par une définition de la notion de besoin. Nous soulignerons que les besoins des utilisateurs correspondent à une construction sociale. Dans une seconde partie, nous soulignerons la nécessité d'intégrer l'ergonomie aux projets informatiques de manière à satisfaire les besoins physiques, psychiques, cognitifs et sociaux des utilisateurs. À cet égard, nous présenterons des concepts et méthodes issus de l'ergonomie des interactions humain-machine.

1 Le besoin et l'interface comme construction sociale

Très souvent, les concepteurs cherchent à connaître les besoins des utilisateurs en les interrogeant. Leur constat est généralement amer : les utilisateurs ne savent pas ce qu'ils veulent ! Il en est de même pour les utilisateurs, ayant rarement le sentiment d'être compris par les concepteurs. Tout se passe comme si les uns et les autres cherchaient une solution instantanée et immédiate à un problème dont la solution se construit progressivement. Le besoin n'est ni un fait, ni une donnée mais le fruit d'un long processus collaboratif entre le concepteur et l'utilisateur. Tout d'abord, nous regarderons les caractéristiques du besoin qui amènent à le considérer comme une construction sociale. Puis, nous présenterons les conséquences de cette approche pour la conception des interfaces.

1.1 Caractéristiques du besoin

Cette conception constructiviste du besoin s'oppose au sens commun qui fait du besoin un objet matérialisable. Il faut dire que le piège est grand, tant la croyance en des besoins définissables a priori est forte et prégnante. En réalité, il n'en est rien. Pour l'utilisateur de technologies, le besoin est une construction sociale (*versus* technique), progressive (*versus* stable), partagée (*versus* indépendante), mentalement élaborée (*versus* finie) et dynamique (*versus* statique).

Le besoin de l'utilisateur n'est pas technique

Si l'on admet communément que la technique est un objet social, et donc que la technique est toujours, dans sa conception et dans son utilisation un fait social et une réalité idéologique (Habermas, 1973), il n'en demeure pas moins problématique de considérer que la technique se superpose au besoin. En aucun cas, la technique n'absorbe le besoin.

Une technique n'est qu'une expression réalisée à un moment donné d'un besoin ressenti. Pour illustration : l'utilisateur n'a pas besoin d'un téléphone, mais de communication à distance, besoin satisfait par l'achat d'un téléphone portable par exemple. Ainsi, les technologies ne sont pas les besoins, mais satisfont, à divers degrés, des besoins coextensifs des dimensions psychologiques de l'humain. Le besoin est plus à relier à la psychologie humaine qu'à la technologie. Il se réfère toujours à des attentes partagées et construites socialement, qui sont un moyen de combler des insuffisances ou des insatisfactions humaines. À sa manière, l'utilisateur exprimera donc des attentes qu'il formulera en termes :

- de déplacements physiques qui viseront à satisfaire ses besoins d'accessibilité physique, d'action, de mobilité, d'orientation spatiale…
- de compléments sensoriels afin d'améliorer son audition, sa vision…
- d'amélioration cognitive en ayant à sa disposition des aide-mémoire, aides à l'apprentissage, aides à la décision, aides à l'orientation et au raisonnement et au calcul, systèmes d'aide à la planification des fonctions exécutives…
- de développement du plaisir, notamment à travers des activités ludiques médiatisées, comme les jeux vidéo…
- de performance communicative avec des dispositifs de communications électroniques, de messagerie, téléphonies adaptées, d'aide à l'écriture et à la lecture…

Le besoin apparaît donc comme une configuration de caractéristiques psychologiques qui expriment un manque. Il agit comme un signal qui oriente le comportement de la personne vers le comblement et la satisfaction de cette carence. Mais le développement technologique implique une démultiplication de besoins non essentiels, tels que posséder un ordinateur ou interagir avec un jeu vidéo, qui sont bel et bien socialement construits.

Le besoin de l'utilisateur n'est stable ni dans l'espace ni dans le temps

Le besoin n'est pas figé. Il dépend du contexte historique, social et économique dans lequel il s'exprime. Cette variabilité spatiotemporelle du besoin a deux conséquences.

La première est locale, dans le sens où elle dépend de l'ici et maintenant du projet technologique. Autrement dit, le besoin exprimé en début de projet est transformé par le déroulement du projet lui-même. La conduite d'un recueil des besoins implique de comprendre d'abord les divers éléments utilisés quotidiennement par l'utilisateur, pour les transformer ensuite en un modèle puis une technologie. Ce processus de transformation de la connaissance, dans lequel s'expriment des contraintes propres au recueil des besoins est soumis à :

- la détermination des connaissances de l'utilisateur, réalisée grâce à des techniques de collecte de l'expertise, comme l'entretien ou l'observation ;
- l'évaluation de la faisabilité technologique de la satisfaction des besoins identifiés ;

- l'analyse des connaissances recueillies et leur traduction en un modèle qui soit informatisable;
- l'implémentation informatique des spécifications du système;
- enfin, la validation.

Selon ces étapes du déroulement du projet, les besoins auront évolué et ne seront plus ceux définis initialement. Le besoin construit le projet technologique, en même temps que le déroulement du projet construit le besoin. La réflexivité entre ces deux éléments souligne l'instabilité des besoins et leur évolution temporelle.

La seconde conséquence est globale: le besoin, ou plutôt la manière de le satisfaire, est relatif au développement technologique des civilisations. La satisfaction des besoins dépendra donc toujours des possibilités technologiques d'une époque et d'une société. De ce point de vue, le progrès technologique transforme aussi globalement l'expression des besoins selon le niveau de développement et d'aspiration technologique des utilisateurs, qui reconsidèrent ainsi leurs besoins en fonction de leurs expériences. En bref: le besoin est toujours relatif à un mouvement perpétuel d'extension symbolique et technologique des limites de la personne.

Le besoin de l'utilisateur n'est pas indépendant de sa situation d'expression

Lors d'un développement technologique, le besoin est exprimé dans une relation qui lui donne sens. Il est toujours coproduit par les interactions, plus ou moins explicites, entre le concepteur et l'utilisateur.

La principale difficulté rencontrée lors de ces interactions est qu'on ne peut dissocier le besoin de la situation où il est construit, à savoir le recueil des connaissances de l'utilisateur. Par conséquent, le besoin de l'utilisateur est à l'origine d'un modèle fait par le concepteur, modèle dont le concepteur doit prouver que sa validité est plus large que la situation qui l'a produite. En effet, la situation de recueil des besoins (sur la base d'interviews, par exemple) va entraîner une interprétation des besoins de l'utilisateur par le concepteur. De cette manière, le concepteur donne sens aux souhaits de l'utilisateur et intervient donc nécessairement dans les résultats obtenus. Les besoins ainsi coproduits ne sont pas forcément intelligibles en dehors de la situation d'interview. Le concepteur devra donc d'une part, vérifier la pertinence des connaissances collectées et d'autre part généraliser cette pertinence au-delà de la situation de recueil pour la mettre en place dans une machine et une situation de travail. Effectivement, le concepteur doit rechercher si la validité que confère l'expérience réussie de la verbalisation des besoins est provisoire et limitée à la situation de recueil, ou bien si les besoins recueillis peuvent affronter l'épreuve de la réalité du travail quotidien de l'utilisateur final. En somme, la difficulté provient du fait que les modalités de recueil des données ne révèlent pas seulement les besoins de l'utilisateur mais aussi de la manière dont les besoins sont produits en interaction avec les techniques de recueil.

Le besoin de l'utilisateur n'est pas fini

Plusieurs théoriciens réputés des besoins (on pense à Maslow ou Murray) ont proposé des architectures des besoins en les liant aux motivations, aux attentes, aux plaisirs, voire aux désirs. Ces hiérarchies présentent un niveau relativement élevé d'abstraction et donc une conception assez macroscopique des besoins. Les besoins présentés comme physiologiques, sociaux, d'estime et de reconnaissance correspondent souvent à des découpages artificiels qui sont relativement peu opérants lors de l'analyse du travail d'un utilisateur ou lors de la conception d'une interface. Dans ce cas, il est nécessaire d'avoir une approche plus microscopique, qui permette de mieux décrire la spécificité des besoins, plus que leur généralité. Aussi, les catégories ordinaires des besoins restituent-elles assez mal leur spécificité.

Qui plus est, une technologie va toujours dépendre de l'usage qui en est fait. Elle est toujours réappropriée par l'utilisateur. Elle fait l'objet d'une élaboration mentale par l'utilisateur, qui montre que les propriétés technologiques ne sont ni fixes ni autodéterminantes. L'usage des fonctionnalités résulte d'un processus d'attribution par l'utilisateur, qui permet la construction d'un modèle mental des possibilités technologiques. Une technologie, et *a fortiori* une interface, s'inscrit toujours dans l'utilisation qui en est faite. L'interface est donc systématiquement réélaborée par l'utilisateur en fonction de son expérience, de ses besoins du moment et de ses buts. L'interface n'est donc pas pour elle-même un instrument de communication ou une composante d'un instrument, mais elle est instituée comme instrument par l'utilisateur lorsque ce dernier lui confère le statut de moyen de ses actions.

Le besoin n'est donc pas autodéterminé par la technologie ou par les fonctionnalités de la technologie, mais prend du sens en fonction des actions que l'utilisateur lui assigne.

Le besoin de l'utilisateur n'est pas statique

Si le comportement de l'utilisateur ne visait qu'à réaliser ce qui lui est utile, le développement de ce groupe social s'arrêterait assez rapidement et se dégraderait sans doute. Faut-il en déduire que le besoin matériel et en particulier la satisfaction de besoins technologiques est par essence inachevée? Certainement!

Répondre aux besoins par la conception d'une technologie, ce n'est pas seulement les satisfaire à un instant donné, c'est surtout permettre à l'utilisateur de développer, par la suite, un nouveau besoin. En d'autres termes, il ne s'agit pas seulement de concevoir des machines pour répondre aux attentes des utilisateurs, mais de concevoir des machines qui permettent aux humains d'innover. De par sa structure, le besoin satisfait sécrète un nouveau besoin.

Ajoutons également que le besoin n'est pas statique, parce que l'utilisateur n'est pas stable. Sujet à l'oubli, à l'erreur, ayant une attention fluctuante, mobilisant des raisonnements inadaptés…, l'utilisateur n'est lui-même n'est ni stable, ni passif, ni statique. Son comportement évolue dans le temps et dans l'espace, ce qui l'amène à recomposer ses besoins.

En résumé, le besoin n'existe pas en tant que tel, en dehors de l'humain, en dehors de l'histoire, en dehors de la société qui le génère ; le besoin est une construction sociale. Le besoin ne se construit pas dans l'isolement, mais il est le résultat de transactions complexes entre un utilisateur, un concepteur et un environnement où l'imitation, l'apprentissage, la coconstruction des connaissances et le partage des représentations jouent un rôle essentiel et où interviennent des processus de validations réciproques. Les besoins émergent dans et par les interactions sociales, avec pour principal outil de médiation, le langage. Lors de la conception d'interface, si l'utilisateur et le concepteur ne sont pas en mesure de le résoudre isolément leur problème, ils auront plus de chance d'y parvenir en situation de coopération et d'interaction sociale. Les besoins s'élaborent donc dans un travail collaboratif où utilisateurs et concepteurs enrichissent mutuellement leurs connaissances, par la confrontation avec les connaissances d'autrui. Ces connaissances, qui dessinent finalement les besoins, sont soit identifiées clairement, soit connues mais pas encore arrivés à maturité dans le développement informatique, soit complètement ignorées.

L'interface n'est donc technique qu'au second rang. Au premier rang elle est sociale, c'est-à-dire que ce n'est pas tant l'ordinateur en tant qu'objet qui impose la conception de l'interface mais l'exigence socialement produite, la volonté mutuellement construite d'utiliser des caractéristiques de l'interface et de communiquer avec la machine… pour satisfaire des besoins socialement construits.

1.2 La prise en compte des besoins dans la conception des interfaces

Notre présentation de la notion de besoin souligne que les besoins liés aux technologies sont non essentiels. Sans pour autant être futiles, ces besoins sont orientés économiquement, techniquement, historiquement, culturellement et socialement pour améliorer les situations des personnes. Ces besoins sont en quelque sorte des produits idéologiques, plus qu'ils n'existent de manière autonome ou naturelle.

L'analyse des besoins est donc à appréhender comme une forme de production coopérative où plusieurs personnes vont négocier et valider une représentation partagée d'une technologie dont l'objectif serait de compenser des manques. La production de cette représentation se matérialisera par et dans l'interface. Détaillons les conséquences de cette manière de voir l'interface.

L'interface est le lieu où se réalisent des besoins.

Une caractéristique fondamentale de notre système technologique actuel est la démultiplication vertigineuse des interfaces. Qu'il s'agisse de communiquer, travailler, jouer, consommer, se former… les interfaces jalonnent notre vie et nous mettent en relation quasi permanente avec la technologie.

Pour l'utilisateur, l'interface est ainsi évaluée par son utilité selon une sorte d'axiome qui soutient que la satisfaction de l'utilisateur croit avec la perception d'utilité et la simplicité d'utilisation : plus le système est doté de fonctions utiles et plus l'interface est facile à utiliser, alors plus la satisfaction du besoin est élevée. Autrement dit, l'utilisateur a besoin d'interfaces utiles et faciles à utiliser.

L'interface doit présenter des fonctions utiles

Les fonctions que l'interface doit remplir doivent répondre à des besoins réels.

Ici se pose la question de l'adaptation de l'interface à ses fonctions. L'intérêt des fonctionnalités est l'appropriation exacte du système technique à un but utilitaire, par la définition et/ou la réalisation d'un certain nombre d'activités exercées, directement ou indirectement, par la machine. Avec son interface, l'utilisateur pilote des fonctionnalités dont l'exécution est prise en charge par la technologie. Cela implique d'avoir identifié les capacités de l'utilisateur à accomplir sa tâche, notamment dans le cas des personnes à besoins spécifiques, et cela implique également d'avoir apprécié la facilité d'utilisation (utilisabilité) de l'interface.

L'interface doit être facile à utiliser

Pour que l'utilisateur puisse profiter pleinement des fonctionnalités, son interface doit présenter un bon niveau d'utilisabilité.

L'utilisabilité concerne l'adaptation de la technologie aux caractéristiques de l'utilisateur. Elle est généralement définie par la conjonction de cinq éléments : l'efficacité, l'efficience, la satisfaction de la personne lors de l'utilisation, l'apprenabilité, la tolérance aux erreurs d'utilisation (Brangier et Barcenilla, 2003).

L'*efficacité* représente la capacité de l'interface à faire ce qui est attendu. Elle rend compte des causes de la réalisation du phénomène produit par l'interaction entre l'utilisateur et un système. Elle renvoie donc au degré d'importance avec laquelle une tâche est réalisée.

L'*efficience* est la capacité de produire une tâche donnée avec le minimum d'effort: plus l'effort est faible, plus l'efficience est élevée. L'effort peut être mesuré par le temps mis pour réaliser une tâche, par le nombre d'erreurs, par les mimiques d'hésitation, etc. L'efficience désigne donc le rendement d'un comportement d'usage d'un dispositif.

La *satisfaction* se réfère au niveau de confort perçu par l'utilisateur lorsqu'il utilise une interface. C'est l'acceptation du fait que l'interface est un moyen appréciable de satisfaire ses buts. Bien souvent, la satisfaction est corrélée avec l'efficacité et l'efficience. La satisfaction est une réaction affective qui concerne l'acte d'usage d'un dispositif et qui peut être associée au plaisir que l'utilisateur reçoit en échange de son acte. La satisfaction est donc une évaluation subjective provenant d'une comparaison entre ce que l'acte d'usage apporte à l'individu et ce qu'il s'attend à recevoir.

L'*apprenabilité* désigne la facilité d'apprentissage attachée à une interface. Elle est appréciée lors de la première confrontation au produit ou après une période d'inactivité. Elle permet d'apprécier l'évolution, le déclin ou la stabilité de la performance dans le temps. La mémorisation renvoie aux résultats des apprentissages, c'est-à-dire à la consolidation plus ou moins stable des connaissances en mémoire et à leur usage ultérieur. L'apprenabilité et la mémorisation, sont très liées à l'efficience d'un système, car un système facile à utiliser est nécessairement facile à apprendre.

Enfin, *la tolérance aux erreurs* exprime la capacité de l'interface à remédier aux lacunes, fautes et erreurs commises par l'utilisateur, en lui proposant une aide, un guidage ou des messages pertinents par exemple.

L'interface est située dans un contexte social qui la dépasse toujours.

L'efficacité d'une interface dépend toujours de l'utilisation qui en est faite dans un contexte social donné. Selon les éléments du contexte un système sera plus ou moins accepté.

Si pour certaines populations, l'intégration des logiciels connaît des difficultés, notamment d'acceptation, cela est non seulement lié aux caractéristiques de leurs fonctionnalités ou de leur utilisabilité, mais aussi de leur acceptation sociale en tant que cette dernière est toujours relative à un contexte organisationnel. Pour rendre compte de l'usage ou du non-usage de produits, services ou systèmes techniques il faut se questionner sur ses conditions d'acceptabilité. L'acceptabilité englobe l'utilité et l'utilisabilité, mais l'acceptation d'un produit ne peut se limiter à ces deux composantes; d'autres variables comme les attitudes des utilisateurs, leur implication dans le projet, le prix, la valeur affective ou sociale associées au produit... peuvent être aussi déterminantes.

Partir des besoins de l'utilisateur, puis définir les besoins de l'interface et enfin ceux de l'application

À partir du moment où nous convenons que la satisfaction des besoins de l'utilisateur passe par l'identification des fonctions utiles, la définition d'un bon niveau d'utilisabilité et d'acceptabilité du système dans son contexte d'usage, il s'agit à présent de dégager des principes de conception qui se centrent sur les besoins.

Le principe général de la conception d'un système d'information est d'aboutir rapidement à des réalisations concrètes en estimant à la fois les coûts, les délais et les impacts de la réalisation d'un nouveau système informatique. Pour ce faire, diverses méthodologies (selon des approches fonctionnelle, systémique ou objet) se sont focalisées sur la spécification des caractéristiques de l'application en rejetant la spécification de l'interface en fin de conception. Si bien que, ces méthodes souvent «technocentrées» permettent une spécification détaillée des données et des traitements à informatiser, mais ne fournissent que peu de spécifications sur l'interface. La place laissée à l'utilisateur est par voie de conséquence peu importante et c'est souvent à lui de s'adapter à une interface conçue sans lui, donc ne satisfaisant généralement pas à ses besoins.

Pour pallier ces insuffisances, une autre approche vise à se centrer sur l'utilisateur, compris comme point de départ de toute conception. Cette position, développée à partir de Norman (1986) consiste à cliver la conception de l'application de celle de l'interface. En effet, pour Norman la conception des interfaces utilisateur doit devenir une discipline à part entière, et pour ce faire elle doit centrer ses efforts sur la compréhension du fonctionnement mental de l'utilisateur. Dans cette optique, il énonce quatre principes de conception :

- Créer une science de la conception des interfaces centrée sur l'utilisateur.
- Prendre la conception des interfaces au sérieux. Cela implique la connaissance de trois types de savoir: l'utilisateur qui connaît son travail, l'informaticien qui connaît la programmation et le psychologue ergonome qui connaît les principes de la cognition. Seuls des spécialistes particulièrement bien formés ou des équipes pluridisciplinaires peu-

vent mener à bien la conception d'un projet d'interface.

- Séparer la conception de l'interface de la conception du système, équivaut au principe de la modularité de la conception selon lequel l'application peut être modifiée indépendamment de l'interface, et vice et versa.
- Commencer par les besoins des utilisateurs. Ils doivent dominer la conception de l'interface, et les besoins de l'interface doivent dominer la conception du reste du système.

Séparer la conception de l'interface de la conception de l'application

Ce point de vue est lié à l'évolution même des techniques informatiques, qui renforcent la nécessité de séparer la conception de l'interface de la conception de l'application, pour cinq raisons.

Premièrement, pour des raisons de portabilité des applications, il faut pouvoir transférer à moindre coût des applications sur des machines de conception différentes. En développant séparément l'interface et l'application, l'application devient portable sur différentes plates-formes technologiques sans de grandes modifications. Si bien que les coûts de portage sont réduits et se limitent au développement d'une nouvelle interface.

Deuxièmement, la maintenance incite à séparer la conception de l'application de celle l'interface afin de faire évoluer l'application indépendamment de l'interface, et inversement. Donc pour faciliter l'évolution des systèmes informatiques, il est de plus en plus impératif de distinguer le code de l'interface de celui de l'application, sans quoi les logiciels sont difficilement maintenables, ce qui occasionne des coûts supplémentaires.

Troisièmement, l'existence de générateurs d'interfaces homme-machine et de générateurs d'applications favorise également cette segmentation. La conception même de ces générateurs renforce l'idée d'un clivage entre la conception, la spécification et la réalisation de l'application et de l'interface.

La quatrième raison est organisationnelle. L'interface utilisateur n'est pas qu'un simple canal de communication entre l'homme et la machine, c'est également une interface entre le monde de l'informatique et celui de l'organisation. L'interface utilisateur est un reflet de l'organisation du travail. En effet, elle présente toujours à l'utilisateur une façon de réaliser son travail : elle impose un partage des tâches entre les différents postes de travail ainsi qu'un découpage chronologique et topologique des tâches. La division du travail effectuée, plus ou moins implicitement, par les concepteurs n'est jamais neutre : elle reproduit ou renforce des styles d'organisation du travail. Par conséquent, admettons que l'interface utilisateur n'est pas qu'un moyen pour l'utilisateur et l'ordinateur d'échanger des informations. Elle représente également un canal d'informations entre le monde de l'informatique et celui de l'organisation, qui peut favoriser ou freiner les évolutions de l'organisation du travail, voire du management.

Enfin cinquièmement, la conception des interfaces fait appel à un savoir spécifique reposant, entre autres choses, sur des connaissances en psychologie et en ergonomie. Présentons, dans les paragraphes suivants, ces connaissances.

2 L'ergonomie des interfaces

La production de connaissance sur l'utilisateur et son environnement est fortement ancrée dans le domaine des sciences cognitives et de l'ergonomie des logiciels en particulier.

D'une manière générale, l'ergonomie des logiciels se définit comme étant la discipline étudiant la conception et l'utilisation des interfaces homme-ordinateur, dans le but de permettre la meilleure compatibilité possible entre les opérateurs, leur tâche et le logiciel, afin de prévenir les défaillances du système homme-machine et de garantir un haut niveau de performance et de confort d'utilisation. Sa finalité est de concevoir, corriger ou modifier les dispositifs, les machines et les logiciels dans un sens qui soit adapté aux capacités humaines, en préservant l'intégrité physique, psychique et sociale de l'homme au travail et en prévenant les conséquences indésirables de l'activité professionnelle ou domestique. Globalement, les apports scientifiques de l'ergonomie des logiciels sont de trois ordres.

En premier lieu, l'ergonomie des logiciels s'attache à la production de connaissances stabilisées pour concevoir et évaluer des interfaces homme-machine. Elle vise ici à la définition de préconisations sur le fond et la forme prises par l'interaction. Il s'agit d'heuristiques guidant la manière de concevoir, spécifier, organiser les actions et tâches de l'utilisateur en tenant compte du fonctionnement de l'humain en relation avec la technologie. Ces heuristiques visent à expliquer ce qu'il faut faire ou ne pas faire pour réaliser des interfaces adaptées aux caractéristiques et besoins de l'utilisateur. Une heuristique est donc une règle d'action dont la justification est basée sur une expérience empirique, sur une théorie, ou sur une observation de terrain. Il s'agit de règles incertaines ou probabilistes dont la portée est parfois dépendante du contexte d'application.

En second lieu, l'ergonomie cherche également à caractériser des modèles de l'interaction homme-machine. Elle étudie ainsi la manière dont les opérateurs humains s'engagent dans un dialogue avec une machine et tente de définir les cognitions de l'utilisateur en se référant à des théories. Elle participe ainsi à l'élaboration de modélisation du fonctionnement cognitif et interactif de l'utilisateur en relation avec une machine.

En dernier lieu, l'ergonomie élabore des méthodes et démarches adaptées pour collecter les besoins des utilisateurs et pour évaluer la correspondance entre le besoin et l'interface produite.

Toutes ces approches concourent au même objectif: réduire la distance entre l'humain et la machine. À présent, détaillons-les.

2.1 Les heuristiques de conception et d'évaluation des interfaces

Les sciences humaines et sociales ont produit un corpus scientifique sur la manière dont se conduit un utilisateur dans un environnement technologique, et réciproquement sur les effets des technologies sur les humains. Il s'agit des connaissances relevant de la psychophysiologie (perception, sensation, vision, audition, kinesthésie...), de la psychologie (attention, vigilance, langage, imagerie, intelligence...) de la sociologie (groupes sociaux, identité, culture, organisation sociale, acceptabilité sociale...) utilisées dans une perspective ergonomique d'adaptation des interfaces aux caractéristiques humaines.

Dans ce cadre, la conception et l'évaluation des interfaces s'appuient sur des connaissances sur le fonctionnement cognitif, opératoire et social de l'utilisateur. Ce savoir a permis de dégager des grands principes sur la manière de concevoir, d'organiser et d'évaluer des interfaces. Globalement, ce savoir prend trois formes: de recommandations ergonomiques sur les aspects techniques et humains des interfaces, des critères ergonomiques guidant la conception et l'évaluation des interfaces et enfin de standard collectivement admis et rangés dans des normes ISO (le lecteur pourra également se référer au chapitre «Exigences ergonomiques, méthodes et normes pour la conception de systèmes d'information centrés humain», section I.3).

Les recommandations ergonomiques

Les recommandations ergonomiques représentent un ensemble de préconisations concernant la manière d'organiser l'interface homme-machine. Elles se présentent comme adaptées ou mieux adaptables à un grand nombre d'utilisateurs (Vanderdonckt & Farenc, 2000; Schneiderman, 2004). Elles concernent généralement des aspects de «surface» de l'interaction, en s'attachant à dire ce qu'il faut ou ne faut pas faire pour faciliter l'interaction entre l'utilisateur et l'interface au niveau des interactions:

- sensorimotrices qui concernent l'interaction matérielle entre l'utilisateur et son système. Par exemple, pour entrer des informations graphiques ou picturales dans un ordinateur, le clavier est quasiment inutilisable. Pour gagner en précision dans le tracé, pour diminuer les erreurs, pour travailler plus vite, l'opérateur doit pouvoir utiliser un dispositif d'entrée compatible avec les exigences motrices de la réalisation de sa tâche (crayon optique, tablette graphique...). Nous appellerons ce premier niveau d'interaction celui de la compatibilité motrice entre l'homme et le logiciel. À ce niveau, une foultitude de recommandations ergonomiques porte sur les tâches et dispositifs d'interaction (souris, écrans tactiles, claviers, contacteurs, capteurs, gants de données, casque d'immersion...);
- perceptives qui s'attachent à présenter les aspects ergonomiques des périphériques de sorties d'informations (écran, imprimante, restitution en trois dimensions, etc.). Dans ce cas, le dispositif informatique doit tenir compte des caractéristiques perceptives mobilisées par la tâche et l'opérateur. Dans une tâche de traitement de textes, par exemple, par leur taille et leur couleur, les caractères doivent être facilement lisibles par l'usager. Aussi, existe-t-il un ensemble de connaissances ergonomiques relatif aux tailles et aspects des formes présentes à l'écran, couleurs, segmentation des écrans et fenêtres, polices de caractères, segmentation de l'écran en aires de travail, codage de l'information, séquencement des écrans, densité des informations...
- linguistiques qui définissent les signes linguistiques présents dans un logiciel (mots, phrases, abréviations, codes...) qui sont parfois arbitraires et n'ont bien souvent de significations que pour l'ordinateur. Ici, les recommandations ergonomiques traitent à la fois des aspects ergonomiques de la forme prise par le dialogue interactif (questions-réponses, grilles de saisie, menus, manipulation directe, boîtes de dialogue, dialogues vocaux-auditifs...) et les aspects ergonomiques du contenu du dialogue interactif (lexique ou vocabulaire du dialogue, organisation des commandes, syntaxe du dialogue, codes, abréviations, icônes, erreurs, messages d'erreurs et les protections contre les erreurs accidentelles de l'usager...);
- globales entre l'utilisateur et la machine, où il s'agit d'analyser comment la structure d'un logiciel est adaptée et adaptable aux modes de raisonnement mis en jeu par l'utilisateur dans la réalisation de sa tâche. À ce niveau, l'ergonomie des logiciels se centre, par exemple, sur la manière dont un opérateur apprend à se servir d'un logiciel. Ainsi de nombreuses recommandations portent sur la compatibilité

de l'interface avec les caractéristiques des tâches réelles de l'utilisateur, la facilité d'apprentissage, la capacité de l'interface à proposer une démarche naturelle d'apprentissage de l'utilisation, l'ergonomie des dispositifs d'assistance à l'opérateur (manuels utilisateurs, aides informatisées implantées dans les logiciels, didacticiels, aides en lignes, formation des utilisateurs), etc.

Pris dans leur globalité, les recommandations abordent les couches superficielles de l'interface, c'est-à-dire sa partie visible. Elles permettent de justifier des choix de conception du contenu et du contenant d'un dialogue interactif en fournissant une métrique de conception et d'évaluation des interactions humain-logiciel. Elles vont par exemple souligner que le nombre de couleurs à utiliser pour la présentation des informations à l'écran ne doit pas dépasser quatre ou cinq. De la sorte, elles fournissent aux concepteurs un ensemble de connaissances sur la manière dont fonctionne l'utilisateur impliqué dans une situation d'interaction avec un ordinateur, où interviennent des dispositifs d'entrée et de sortie d'informations, des modes d'échanges d'informations et le contexte induit par son travail.

Les critères ergonomiques

Une des principales difficultés de la mise en œuvre des recommandations ergonomiques est sans conteste leur caractère pléthorique. Certains auteurs en dénombrent plus de six cents et leur nombre croit aussi rapidement que les avancées technologiques. En effet, le développement continu des dispositifs de saisie ou de visualisation, notamment ceux liés aux interactions avec les environnements virtuels, s'accompagne de l'apparition de nouvelles recommandations sur de nouveaux aspects des interfaces. À titre d'exemple, les interactions avec des environnements virtuels ont souligné des risques pour la santé des utilisateurs, comme le mal du cyberespace, qui correspond à des troubles de l'équilibre et de la perception provenant d'interactions immersives prolongées. Ainsi, de nombreux articles scientifiques traitent d'aspects précis et circonscrits des interfaces utilisateurs en définissant des recommandations tenant compte du bien-être et de la performance de l'utilisateur. Par contre, plus rares sont les démarches fédératrices qui visent à organiser les recommandations ergonomiques selon un critère opérationnel de conception.

Pour remédier au nombre impressionnant de recommandations, d'autres travaux, comme ceux de Scapin et Bastien (1997), ont proposé de structurer les recommandations sous la forme de critères ergonomiques, qui présentent une sorte de catégorisation des recommandations. Les critères visent à fournir une métrique de l'utilisabilité des interfaces de manière à fournir des connaissances sur les besoins ergonomiques de l'utilisateur. Les critères cherchent à aider les concepteurs à évaluer et reconcevoir l'utilisabilité des interfaces. Dans cette perspective, les travaux de Bach (2004), fondés sur cent quatre-vingts recommandations initiales relatives aux environnements virtuels, ont dégagé, synthétisé et validé les critères suivants qui soulignent les conditions à mettre en œuvre, les caractéristiques à prendre en compte pour faire des interfaces adaptées aux utilisateurs, à leurs tâches et à leurs besoins.

Le critère du «guidage» correspond à l'ensemble des moyens mobilisés dans l'interface pour informer et orienter l'utilisateur (indices, points de repères, bornes d'informations, labels, etc.). Le guidage vise à inciter l'utilisateur à adopter le comportement attendu. Il vise à faciliter l'apprentissage et l'utilisation des interfaces en permettant à l'utilisateur de savoir, à tout moment, où il se trouve dans son logiciel et dans sa tâche. Un bon guidage permet de se positionner correctement dans une interface, d'identifier les actions autorisées ainsi que leurs conséquences.

La «charge de travail» concerne l'appréciation des éléments de l'interface qui concourent à la réduction de la charge perceptive, mnésique ou physique des utilisateurs tout en améliorant l'efficacité du dialogue interactif. L'utilisateur s'attend à avoir un système dont les informations sont concises, brèves et pertinentes. Ce critère de charge de travail sous-entend que plus la charge de travail est importante, plus élevés sont les risques d'erreurs et d'incidents, voire d'accident, ou encore que l'efficacité de l'utilisateur dépend de la pertinence et de la concision des informations qu'il doit gérer.

La «brièveté» vise à réguler les suites d'actions nécessaires à l'atteinte d'un but par l'utilisateur. Le concepteur doit veiller à limiter le plus possible le travail de lecture, de saisie d'information et les procédures imposées aux utilisateurs. Ce critère repose sur la prise en compte de la limitation de la capacité de la mémoire à court terme chez l'humain : plus les sollicitations à court terme sont faibles, plus les risques d'erreur sont faibles également. Inversement, plus les actions nécessaires à la réalisation d'un but sont diversifiées, nombreuses et compliquées, plus la charge de travail augmente ce qui entraîne des risques d'erreurs.

Le «contrôle explicite» concerne d'une part le contrôle que les utilisateurs ont sur le traitement par l'interface de leurs actions et, d'autre part, la prise en compte par le système des actions explicites des utilisateurs. Lorsque les informations saisies par les utilisateurs sont explicitement définies par eux-mêmes et sous leur contrôle, les ambiguïtés, les incompréhensions et les erreurs sont faibles. Ils développent également un sentiment d'aisance propice à l'acceptation du logiciel.

L'«adaptabilité» d'un système technique concerne sa capacité à prendre en compte les caractéristiques de l'utilisateur (âge, expérience, habitude, sexe, besoin spécifique, style cognitif...) et à être suffisamment flexible en fonction des différents contextes d'utilisation. En d'autres termes : plus les modalités de réalisation d'une tâche sont diversifiées, plus l'utilisateur pourra en choisir et en maîtriser au moins une. À cet égard, le concepteur veillera à proposer des procédures, options et commandes différentes mais permettant d'atteindre un même objectif, charge à l'interface de s'adapter à l'utilisateur.

Le critère de «gestion des erreurs» s'attache à réduire les actions indésirables de l'utilisateur en mettant en œuvre des moyens permettant d'éviter les erreurs, de les réduire et de les corriger si elles surviennent. Il s'agit de veiller aux actions incorrectes, aux erreurs de saisie, aux syntaxes erronées, à la pertinence des messages d'erreur, à protéger l'utilisateur de risque d'erreur, et si possible à corriger automatiquement les erreurs de l'utilisateur. Les erreurs rallongent les temps d'exécution, perturbent la tâche, désorganisent la planification de l'activité, augmentent les interruptions et présentent des risques pour la personne (stress, anxiété, attitude négative) et l'entreprise (baisse de performance et augmentation des risques).

L'«homogénéité/cohérence» renvoie à la manière dont les alternatives de conception de l'interface (dispositifs, modalités, codes, dénominations, formats, procédures, comportements, etc.) sont conservées pour des contextes identiques, et sont différents pour des contextes différents. Ce critère repose sur la nécessaire stabilité de l'interface : plus les procédures, menus, commandes, icônes, etc., ont des formats stables, et mieux ils seront reconnus, localisés et utilisés efficacement. Ce critère vise donc à définir les conditions où le logiciel est prévisible pour l'utilisateur. Par contre, lorsque l'interface n'est pas homogène – par exemple une forte variabilité d'un écran à l'autre, alors le système est peu prévisible et les temps d'interaction augmenteront, tandis que la satisfaction de l'utilisateur baissera.

Le critère de «signifiance des codes, dénominations et comportements» concerne le lien entre les signifiants et les signifiés. La signifiance d'un code, d'un label, d'une commande, d'un menu, etc., relate la proximité sémantique entre ce qui est sur l'interface et dans la tête de l'utilisateur ; plus les codages utilisés seront signifiants, meilleurs seront la mémorisation, l'apprentissage et le rappel, et moindre seront les erreurs.

Enfin, le critère de «compatibilité» définit la proximité pouvant exister entre les utilisateurs (besoins, mémoire, perception, expériences, compétences, âge...), les caractéristiques des tâches (déroulement, procédure, organisation temporelle, planification...), et les caractéristiques de l'interface (modalités de saisie, organisation des écrans, présentation des informations, caractéristiques du dialogue...). La compatibilité s'appuie sur le fait que les transferts d'information entre l'homme et la machine sont d'autant plus pertinents et performants que la nécessité de recoder l'information est faible. Défini ainsi, ce critère vise à ce que les informations de l'interface soient similaires aux connaissances de l'utilisateur et de sa tâche.

Ces critères ergonomiques proposent une configuration des connaissances relatives à la performance et à la satisfaction des utilisateurs. Ils correspondent à une sorte de guide qui repose sur l'idée implicite qu'une interface est adaptée à l'utilisateur lorsqu'elle satisfait ces différents critères.

Les normes ergonomiques

Une autre façon d'appréhender l'ergonomie des interfaces est de les rendre conformes aux exigences de normes.

Les normes ou standards ergonomiques sont un ensemble de règles définissant des préconisations pour concevoir et réaliser des systèmes qui garantissent un niveau élevé de confort, de performance, de satisfaction, de bien-être et de sécurité dans l'utilisation de systèmes techniques. Une norme se présente sous la forme d'un document consensuel et approuvé par des autorités reconnues, et fournit des règles, des façons de faire, des principes s'attachant à obtenir un niveau optimal d'ordre dans un contexte donné. Ces normes sont produites et gérées par l'ISO (International Standard Organisation). En ergonomie des interactions humain-machine, il existe plusieurs standards ISO, dont trois particulièrement importants.

La première est la norme ISO 9241 qui concerne les exigences ergonomiques pour le travail de bureau avec des terminaux à écran de visualisation. Elle définit les lignes directrices de l'utilisabilité dans le secteur des systèmes informatiques. Structurée en dix-sept chapitres, cette norme concerne tant les composants matériels qu'opératoires et cognitifs du travail informatisé. Les neuf premiers chapitres concernent les aspects matériels des équipements et des environnements de travail, tandis que les suivants développent les :

- principes de dialogue (adaptation à la tâche, caractère, contrôle utilisateur, conformité aux attentes de l'utilisateur, tolérance aux erreurs, facilité d'apprentissage) ;

- lignes directrices concernant l'utilisabilité (efficacité, efficience, satisfaction);
- modalités de présentation de l'information (écran, fenêtre, localisation, emplacement des informations, groupes d'informations, tableaux, champs, etc.);
- formes de guidage de l'utilisateur (feedback, charge de travail, erreurs...);
- dialogues de type menu (boîtes de dialogues, cases à cocher, des boutons radio, etc.);
- dialogues de type langage de commande, de type manipulation directe, de type manipulation directe et de type remplissage de formulaires.

La deuxième est la norme ISO 13907 s'intitulant: «processus de conception centrée sur l'opérateur humain pour les systèmes interactifs». Destinée aux gestionnaires de projet, cette norme fournit un guide des sources d'information et des principes d'organisation de projet centré sur l'opérateur humain: la planification et la gestion de la conception centrée sur l'utilisateur, les aspects techniques des facteurs humains, utilisabilité et les principes généraux d'ergonomie du système.

La troisième norme concerne la «conception d'interfaces utilisateur multimédia» (ISO 14915) qui fournit des recommandations sur la conception des contrôles, sur la navigation, sur les bornes interactives, sur la formation assistée par ordinateur et plus généralement sur la conception des médias électroniques.

En marge de ces normes, citons encore le document ISO/TS 16071 qui est une spécification technique de l'accessibilité des logiciels pour les personnes à besoins spécifiques (handicap visuel, moteur, sensoriel, mental).

Depuis les années quatre-vingt, l'ergonomie des logiciels a donc produit un corpus scientifique à même de caractériser le fonctionnement opératoire et cognitif de l'utilisateur impliqué dans une interaction avec un logiciel. Ce savoir est à la fois théorique et pratique dans le sens où il vise à fournir aux chercheurs un ensemble de concepts (compatibilité, utilisabilité...) et aux praticiens un ensemble de recommandations, de critères et de normes directement applicables dans la conception ou l'évaluation des interfaces.

2.2 Les modèles des interactions, des tâches et des utilisateurs

Les recommandations, critères et normes laissent entendre que l'utilisateur interagit principalement avec les formes physiques présentes dans l'interface (souris, fenêtre, icônes, commandes, menus...) qu'il convient d'adapter à ses caractéristiques et celles de sa tâche. De ce point de vue, l'utilisateur peut passer pour un sujet relativement passif qui ne fait que se conformer à ce qu'on a prévu pour lui. Or l'utilisateur n'est pas passif, il interagit dynamiquement avec l'interface. Il a des objectifs, des intentions et fait des inférences et des anticipations à partir et sur le fonctionnement de l'interface. En bref, l'utilisateur n'interagit pas directement avec le logiciel mais avec le modèle mental qu'il se construit du logiciel. Si bien que les erreurs d'utilisation ne peuvent pas être comprises comme étant seulement dues au hasard, à des limitations de la capacité de la mémoire à court terme ou à une inattention. Les erreurs d'utilisation sont à comprendre comme une inadéquation fonctionnelle des caractéristiques cognitives de l'utilisateur et des caractéristiques de l'interaction. En d'autres termes, une erreur s'explique principalement par une incompatibilité entre les connaissances évoquées par l'utilisateur et le modèle d'interaction inférable à partir des caractéristiques physiques du système.

Pour ces raisons, le point de passage obligé de la conception des interfaces réside dans la prise en compte par le concepteur des connaissances qui constituent le modèle mental de l'utilisateur. Ainsi, les caractéristiques des connaissances et la façon dont elles sont activées, conditionnent l'interaction utilisateur-ordinateur. Ce modèle décrit la vue que l'utilisateur a, ou est censé avoir, de son problème et les moyens nécessaires à sa résolution. Il ne s'attache pas exclusivement aux détails précis du système, mais il doit prendre en compte les fonctionnalités et leurs relations en les structurant selon une grammaire et des symboles chargés de formaliser l'interaction entre l'humain et la machine. Les modèles reposent donc une notation qui décrit l'interaction entre un ensemble d'objets et un ensemble d'actions contrôlé et supporté par l'utilisateur et la machine. Plus généralement, une théorie optimale du modèle utilisateur doit pouvoir définir comment les objets mentaux et les objets physiques sont fondés, spécifiés, structurés et reliés entre eux. De la sorte, il est primordial pour la définition d'un modèle utilisateur de préciser les objets importants qui sont manipulés (pour une approche de ces aspects, le lecteur pourra se référer à Diaper et Stanton, 2004). Dans cette perspective, l'élaboration d'un modèle de l'utilisateur est forcément inférée à partir de l'analyse de son travail réel ou futur probable.

De très nombreux modèles ont été conceptualisés. Pour des raisons de synthèse d'exposé nous en distinguerons trois types.

Les modèles orientés «couches»

Les modèles orientés «couches», tels que le *Goal Operators Methods Selection rules*, GOMS (Card, Moran, Newell, 1983) abordent l'interaction homme-machine sous l'angle d'une segmentation en plusieurs niveaux.

La conception des interfaces est envisagée comme un processus hiérarchique décomposant la couche la plus abstraite du travail de l'utilisateur en une succession de couches de plus en plus concrètes, spécifiant à terme les caractéristiques physiques de l'interaction homme-ordinateur (comme par exemple, le design des dispositifs d'entrée et de sortie, la signification des commandes, ou encore la segmentation de l'écran en aires de travail...). Ainsi, ces modèles considèrent la conception comme un processus descendant et occultent, plus ou moins fortement, le fait que la conception soit en réalité un processus itératif et transformationnel, qui procède par la découverte de nouveaux objectifs.

Les modèles orientés «action»

Les modèles orientés «action» envisagent la conception en considérant que l'homme crée et modifie son environnement par ses actions. L'action est une forme spécifique de la cognition par laquelle nous nous engageons dans le monde qui nous entoure, nous l'interprétons et nous le façonnons. Plusieurs types de travaux ont été initiés dans ce sens (Norman, 1986, Suchman, 1987).

Selon ces approches, la différence de représentation existant entre le monde physique réel et l'univers cognitif du sujet l'oblige à traduire le monde qui l'entoure. Un utilisateur travaille avec des objectifs et des intentions. Il s'agit de variables psychologiques, qui sont localisées dans le système cognitif de l'utilisateur. Cependant, la tâche informatisée est toujours exécutée dans un système physique, selon des procédures opératoires qui résultent de l'interprétation que l'utilisateur fait des variables physiques du système en fonction des objectifs qu'il s'est fixé. Ceci revient à souligner l'importance de l'étape d'interprétation, qui met en rapport les variables physiques et psychologiques. Par conséquent, selon ce modèle, la divergence entre les variables psychologiques et physiques correspond au principal problème de la conception et de l'utilisation des systèmes interactifs.

Les modèles orientés «tâche»

Ces modèles insistent sur une description formelle de la tâche de l'utilisateur car c'est de l'élaboration d'un modèle de la tâche que dépend la conception de la tâche informatisée, son implémentation en machine et l'acceptabilité du logiciel par les utilisateurs.

Généralement les modèles orientés «tâche», permettent de décrire les tâches réelles d'utilisation à un niveau plus ou moins élevé d'abstraction. Certains d'entre eux, tels que TAG (Payne et Green, 1989), et MAD, méthode analytique de description de tâche (Scapin et Bastien, 2001), conçoivent la cognition comme la manipulation de symboles qui peuvent être spécifiés par un langage formel; et conjointement, l'action est vue comme isomorphe au processus cognitif.

Pour résumer, les modélisations de l'interaction homme-ordinateur emploient des représentations, ou certains aspects des représentations du système cognitif de l'utilisateur et de sa tâche. Elles cherchent à relier les transformations des données d'une tâche informatisée et les modifications des comportements et/ou de la structure cognitive de l'utilisateur. Les modélisations ont le principal avantage de spécifier et de prédire les comportements des utilisateurs, en tentant d'évaluer les interfaces. À l'inverse des heuristiques ergonomiques qui envisagent souvent la conception des interfaces comme des aménagements de surface (l'écran, les dispositifs de saisie, les formes de dialogue, etc.) les modélisations de l'interaction humain-ordinateur s'attachent à définir la dynamique des interactions, leurs déroulements, et donc elles formalisent les couches plus profondes de l'interface. De la sorte, elles ne se limitent pas à donner des conseils sur les aspects externes du logiciel, mais intègrent des connaissances conceptuelles sur l'opérateur, ses interactions, ses besoins, ses tâches et ses actions. Face à la complexité de la cognition humaine, de tels modèles ont des limites évidentes. Ceci étant, l'intérêt des modèles de l'interaction humain-ordinateur est à la fois théorique et pratique. D'un point de vue théorique, il s'agit de mieux comprendre les individus humains en identifiant leur façon de percevoir, de se représenter et de s'engager dans le monde qui les entoure grâce à de multiples interactions avec leur environnement. Sur le plan pratique la modélisation a pour objectif d'arriver à prévoir et/ou évaluer les comportements de l'utilisateur mis en situation de dialogue avec une machine.

2.3 Les méthodes de recueil des besoins et d'évaluation des interfaces utilisateur

Pour que la rencontre entre l'utilisateur et le concepteur puisse aboutir à des interfaces adaptées et plus généralement à de nouveaux systèmes techniques satisfaisants, des moyens de compréhension mutuelle sont nécessaires. À présent, précisons ces différents moyens qui permettent de mieux cerner, produire, construire et formaliser les besoins de l'utilisateur (le lecteur pourra se référer à Brangier et Barcenilla (2003) pour un exposé plus détaillé).

Les méthodes d'analyse des usages

L'analyse des usages vise à recueillir des données sur la manière dont les personnes utilisent des interfaces, pour corriger les interfaces existantes en améliorant leur utilisabilité d'une part, et, à concevoir de nouveaux produits, de nouvelles fonctionnalités, de nouvelles pratiques sociales d'autre part. Elles s'appuient sur des descriptions extensives de la réalité et s'inspirent de la méthode ethnographique.

L'analyste joue le rôle d'observateur «parachuté» dans un groupe social et exerce sa sagacité à relever tout ce qui est digne d'être noté sur le comportement des utilisateurs et sur le contexte d'usage. Cette perception aiguë des points de vues possibles repose sur la maîtrise de techniques de recueil de connaissances. Les enquêtes d'usage impliquent obligatoirement d'aller sur le terrain, de rencontrer les utilisateurs cibles et de mettre en œuvre plusieurs techniques de recueil de données (entretiens, questionnaires, observations, études traces de l'usage...), sans négliger aucune variable.

L'entretien est une technique de recueil d'informations où l'on demande à un utilisateur de s'exprimer sur ses besoins et difficultés à propos de l'utilité et de l'utilisabilité d'un produit. L'intervieweur aide alors l'utilisateur à expliciter ses représentations du monde. De ces verbalisations émergent alors des concepts, des procédures, des raisonnements, des classifications des objets du monde, des relations conceptuelles, bref autant d'éléments qui constituent des paramètres du fonctionnement mental de l'utilisateur. L'interview est donc une situation de production verbale de laquelle émanent des indicateurs de ce que les utilisateurs ont dans la tête et qui guident leurs actions sur les choses. Lors de l'interview, l'analyste provoque la construction verbale d'une représentation du monde de l'utilisateur où celui-ci est sollicité pour reconstruire ce qu'il fait et pense ou croit faire et penser. Pour obtenir ces traces précieuses du fonctionnement cognitif et verbal de l'utilisateur, l'analyste mène l'entretien en respectant les principes d'empathie, d'acceptation inconditionnelle des propos de l'utilisateur et attitude non directive. Sinon, l'analyste risque d'imputer à l'utilisateur des propos qui proviennent en fait de sa propre façon de voir les choses (ce qui est malheureusement trop souvent le cas). Ceci étant, lorsqu'il est bien conduit, l'entretien constitue une méthode efficace pour récolter à la fois des données sur les utilisateurs, leurs usages, l'utilité d'un type de système d'information, sur l'utilisabilité voulue et sur les besoins de l'interface.

La collecte des données sur les usages d'une technologie peut également être appréhendée par des questionnaires. Un questionnaire est une liste de questions ouvertes ou fermées méthodiquement posées et adressées aux utilisateurs, afin d'obtenir une réponse de leur part. Lorsqu'on dispose d'un échantillon important et représentatif d'utilisateurs, lorsqu'on souhaite obtenir des mesures de satisfaction, lorsqu'on veut comparer (avec des tests statistiques) les avis de groupes d'utilisateurs ou encore recenser des données statistiques sur les impressions des utilisateurs, alors le questionnaire peut trouver des applications intéressantes. Ceci dit, les questionnaires posent très souvent des problèmes méthodologiques d'échantillonnage, de représentativité et de généralisation des résultats. Ajoutons enfin que les questionnaires, s'ils mesurent certains aspects subjectifs de l'usage, ne préconisent jamais des améliorations inventives, faute de pouvoir recueillir des données sur la situation réelle, mais seulement sur l'opinion de l'utilisateur.

Alors que les entretiens et questionnaires fournissent des informations sur les représentations d'un usage, ils ne permettent pas de cerner l'activité réelle; c'est-à-dire pas ce que l'individu dit faire, mais ce qu'il fait réellement. Par exemple, les connaissances procédurales, automatisées ou sensori-motrices, échappent assez facilement à l'interview. Pour recueillir ces connaissances, l'observation s'avère plus performante. Par ailleurs, l'entretien et le questionnaire impliquent toujours un décalage dans le temps et dans l'action, qui implique une vision déformée des connaissances. À l'inverse, l'observation implique que l'utilisateur accomplisse réellement son activité. Elle présente l'avantage d'annuler les biais liés aux techniques d'évocation explicite des faits, comme c'est le cas dans un entretien où l'utilisateur décrit ce qu'il croit être sa connaissance d'un usage. Cependant, l'observation ne s'applique qu'à l'étude des usages ayant des composants comportementaux ou gestuels.

Dans le cas de l'observation directe, l'analyste observe une situation réelle et rassemble toutes les données relatives à l'activité de l'utilisateur dans son contexte : erreurs, hésitations, difficultés rencontrées, modes opératoires, aides utilisées... Les résultats des observations permettent de quantifier les comportements, de repérer des séquences comportementales et de construire un graphe des activités observées.

L'observation directe est parfois complétée par des techniques spéciales de verbalisation. L'une d'entre elles, la verbalisation provoquée, consiste à demander à l'utilisateur de réaliser son activité tout en «pensant à voix haute». L'utilisateur est incité à dire ce qu'il fait ou veut faire. Ceci permet d'enrichir les observations par des verbalisations restituant des éléments des représentations mentales des utilisateurs. Une autre technique, la verbalisation consécutive, consiste à demander à l'utilisateur de commenter un film de sa propre activité. En effet, dans certaines situations de nuisance sonore, de gestes très automatisés ou d'inaccessibilité au poste de l'utilisateur par une tierce personne, l'utilisateur ne peut directement verbaliser ce qu'il fait. Il est alors possible de le filmer puis de lui demander de bien vouloir commenter le film.

Une autre technique de recueil porte sur les traces de l'activité de l'utilisateur, encore appelé «monitoring» de l'utilisation de son interface. L'enregistrement et l'analyse des traces électroniques laissées par un utilisateur permettent de quantifier les durées d'utilisation, les fonctionnalités utilisées, les erreurs rencontrées, les abandons effectués, et finalement l'ensemble des opérations réalisées. Si cette technique est riche par sa précision et son objectivité sur l'utilisation réelle d'une interface, elle pose cependant deux problèmes. Tout d'abord un problème d'observation de l'utilisateur à son insu ; la déontologie de l'analyste devra le pousser à obtenir l'accord de l'utilisateur pour réaliser ces mesures. En second lieu, l'interprétation des données n'est pas évidente, notamment parce que cette technique ne permet pas d'accéder aux intentions des utilisateurs : on sait ce que la machine fait mais pas pourquoi l'utilisateur lui fait faire telle ou telle chose.

Pour pallier cette insuffisance, la technique des retours d'expériences se propose de demander à l'utilisateur de décrire et noter dans un document papier ou électronique les difficultés éprouvées à l'occasion d'une situation critique particulière. Selon les cas, les retours d'expériences peuvent souligner des problèmes d'interface et de besoins non satisfaits. Une variante du retour d'expérience consiste à fournir aux utilisateurs des livrets d'autosignalisation où ils pourront ou devront faire part des difficultés rencontrées avec une interface donnée.

En somme, les analyses des usages cherchent à capitaliser des indices sur l'activité des utilisateurs, puis effectuent un centrage graduel. De perceptions vagues et lointaines, elles instaurent progressivement une explication des détails de l'activité réelle de l'utilisateur, permettant d'accéder à ses besoins ainsi qu'à des manières de les satisfaire.

Les méthodes d'inspection de l'utilisabilité des interfaces

Les méthodes d'inspection de l'utilisabilité d'une interface consistent à évaluer ses capacités à être efficace, efficiente, tolérante aux erreurs, facile à apprendre et satisfaisante pour ses utilisateurs. Ces évaluations, menées par des spécialistes de l'utilisabilité, sont réalisées à partir d'interactions avec l'interface, de manière à en dégager les points forts et les points faibles. Parmi les techniques d'inspection, certaines se réfèrent aux connaissances de l'évaluateur, d'autres à des outils pour appréhender l'utilisabilité de l'interface, et d'autres enfin à des modèles des interactions humain-machine.

Lors d'une inspection heuristique, un expert (ergonome, psychologue, professionnel de l'utilisabilité) examine une interface pour identifier le plus grand nombre de difficultés possibles. Pour ce faire, il s'aide souvent d'une grille de critères ergonomiques (comme par exemple : compatibilité, consistance, lisibilité, charge de travail, brièveté...). L'inspecteur interagit avec l'interface et évalue dans les détails, l'ensemble des aspects ergonomiques. Il commente sa grille puis récapitule les problèmes trouvés et les classe selon des critères retenus (gravité, risque pour l'utilisateur, complexité, sources des erreurs...). L'inspection heuristique repose donc sur la pertinence des grilles et sur le niveau d'expertise de l'inspecteur. Par conséquent, il est appréciable de disposer de plusieurs experts pour aboutir à une inspection fine et détaillée.

Cependant, l'inspection est menée sans avoir une connaissance précise de l'utilisateur, de ses besoins et activités. Pour remédier en partie à ce problème, l'évaluation coopérative se propose de placer un utilisateur en situation d'usage, et ce, face à un inspecteur. Ainsi observé, l'utilisateur est invité à verbaliser à voix haute (verbalisation provoquée) ce qu'il fait. Le spécialiste de l'utilisabilité complète ainsi son inspection par des verbalisations de l'utilisateur.

Une autre procédure d'inspection consiste à représenter graphiquement les interactions entre l'utilisateur et l'interface, de manière à visualiser les procédures opératoires, commandes, états, transitions, modes opératoires prévus, sources de non-fiabilité opératoire, risques d'erreur... Différents diagrammes existent à cet effet, et explicitent visuellement des problèmes d'interaction. De telles techniques favorisent un diagnostic de l'utilisabilité, tout en dégageant des solutions correctrices.

L'inspection peut également s'appuyer sur des modélisations de la performance de l'utilisateur dans ses interactions avec une machine. Pour illustration, la théorie de l'action (Norman, 1986) ou GOMS (Card *et al.*, 1981) ont fourni des bases à des guides d'évaluation des interactions homme-ordinateur qui permettent de prédire les performances des utilisateurs.

Les méthodes d'expérimentation

Certaines méthodes cherchent à mesurer expérimentalement l'adéquation d'une interface aux utilisateurs cibles. On parle alors de tests d'utilisabilité menés dans un laboratoire d'usage, spécialement dédié à ce genre d'investigation.

Un test est une situation contrôlée permettant la vérification des options d'utilisabilité prises lors de différentes phases de la conception de l'interface. Généralement basé sur des scénarios réalistes d'utilisation un échantillon d'utilisateurs cible se livre à l'usage d'une interface dans une pièce où ils se savent observés (miroirs sans tain, caméras, microphones, magnétoscopes). Les résultats des tests sont analysés de manière quantitative (nombre d'erreurs, temps d'exécution, performance...) et qualitative (impression, vécu subjectif, sentiment de satisfaction...). Ils sont ensuite interprétés par les évaluateurs afin de proposer des améliorations de l'interface. Un test représente donc une situation privilégiée pour observer l'utilisateur avant la diffusion du système et ainsi corriger ou valider des choix de conception.

Selon les types de tests effectués, les concepteurs, designers, gestionnaires et formateurs pourront être associés aux tests, en tant qu'observateurs, de manière à prendre conscience des difficultés des utilisateurs, d'assimiler leurs réactions et de définir rapidement des recommandations adaptées aux besoins et difficultés.

Plusieurs précautions sont à prendre lors du déroulement d'un test. L'expérimentateur devra définir les objectifs de son test, les consignes données aux utilisateurs, le nombre d'utilisateurs, les caractéristiques des utilisateurs, les indicateurs de mesure retenus pour évaluer l'utilisabilité, obtenir le consentement éclairé des personnes participant à l'expérience et disposer d'une plate-forme technologique permettant de réaliser des tests dans des conditions optimales.

D'un point de vue synthétique, les tests en laboratoire présentent l'avantage d'être peu coûteux, riches en informations, formalisés, efficaces et rapides. En quelques jours, il est possible d'avoir une mesure de l'utilisabilité d'une interface et des recommandations d'amélioration. Par ailleurs, la situation de test est aussi un espace de dialogue où évaluateur, concepteurs et utilisateurs se rencontrent pour élaborer une représentation partagée des besoins et améliorer les interfaces.

Les méthodes participatives et créatives

À l'opposé de la rigueur de l'expérimentation se trouvent des méthodes plus souples basées sur la créativité et la participation des utilisateurs. Ces dernières donnent de l'importance aux émotions, à la sensibilité ou encore aux communications entre les acteurs des projets technologiques. Elles complètent astucieusement la panoplie des méthodes centrées sur l'analyse de l'activité réelle.

Les groupes de discussion, ou focus group correspondent à une réunion d'une dizaine d'utilisateurs animée généralement par un psychologue. Les utilisateurs sont invités à s'exprimer le plus librement possible sur des logiciels, des besoins, des insatisfactions, des petits malheurs technologiques durant une séance de deux heures environ. L'objectif du focus group est de produire des verbalisations sur la manière dont les utilisateurs s'échangent des informations sur leurs interfaces ou de leur présenter des interfaces et d'attendre leurs réactions collectives. Il s'agit de recenser les opinions, aversions ou préférences véhiculées par ces personnes et qui pourraient servir à définir de nouvelles spécifications de produits

La méthode des scénarios (Rosson et Carrol, 2002) vise à provoquer les réactions d'utilisateurs potentiels d'un système qui n'existe pas encore, de manière à estimer la pertinence d'un éventuel développement. Les utilisateurs cibles sont sollicités pour donner leurs avis sur des scénarios présentés sous la forme de récits, de dessins ou de photos, qui racontent des histoires de personnes aux prises avec des technologies dans des contextes particuliers. Ces histoires mettent toujours en scène la technologie dont on souhaite connaître les réactions de l'utilisateur. Ces verbalisations d'utilisateurs cibles sont ensuite vues comme des indicateurs de l'utilité et de l'acceptabilité des technologies mises en scène.

Finissons par les méthodes participatives qui visent à associer les utilisateurs à la conception même de leurs interfaces et systèmes d'information. Dans ce cas de figure, l'utilisateur n'est pas considéré comme une simple source d'information, mais comme un acteur à part entière du système. Il pourra être sollicité pour dessiner ses interfaces, pour participer à leur implémentation avec un générateur d'interface, pour les tester et les faire évoluer. Cette participation repose sur l'idée que la participation directe de l'utilisateur augmente l'acceptation du changement technologique. Ce type de méthodes renvoie donc aux modalités de conduite du projet technologique et à ses dimensions humaines (Brangier et Vallery, 2004). Il suggère l'idée que la variable démocratique favorise l'acceptation du nouveau système.

3 Conclusion

Reformulons notre question introductive : que souhaite l'utilisateur ? La réponse est relativement simple : faire sa comptabilité, se divertir, gérer son stock, piloter sa voiture, naviguer sur le Web... c'est-à-dire réaliser sa tâche et être heureux de le faire ! Pour réaliser ses buts, l'utilisateur doit d'abord avoir à sa disposition un certain nombre de fonctionnalités. Sans fonctionnalité adaptée l'interface est inefficace et donc inutile. Ensuite, l'utilisateur souhaite bénéficier de produits efficients, c'est-à-dire de produits qui vont lui simplifier la tâche. Il privilégie des interfaces commodes à utiliser plutôt que compliquées. L'utilisation d'une interface doit non seulement permettre d'atteindre le but fixé (efficacité), mais encore ce but doit-il être atteint sans grand effort (efficience). Aujourd'hui, cette demande d'efficience est corroborée par une demande croissante pour des interfaces ergonomiques. Ceci étant, lorsque les besoins d'efficacité et d'efficience sont satisfaits, l'utilisateur ne se contente plus des bénéfices fonctionnels de l'interface, mais il recherche des dispositifs qui seront, pour lui, source de plaisir (Norman, 2004). À ce propos, l'ergonomie contemporaine n'approche plus seulement les utilisateurs en termes d'aptitudes physiques et cognitives, mais doit tenir compte, pour augmenter l'acceptabilité d'un produit, de la relation que l'utilisateur entretient avec celui-ci en fonction des valeurs véhiculées par le produit.

Ainsi, le but de l'ergonomie des logiciels est d'adapter les caractéristiques externes des interfaces au fonctionnement cognitif, physique, affectif et social de l'utilisateur dans le sens d'une efficacité optimisée, d'un confort élevé, d'une satisfaction importante et de contraintes les plus faibles possibles. L'ergonomie contribue donc à la satisfaction des besoins. Mais dans le même temps, un besoin n'est que momentanément satisfait car il est structurellement inachevé. Aussi, le fait de prendre conscience que le besoin est une construction sociale n'apparaît-il pas comme une contrainte désespérante de la conception ? Bien au contraire, elle est la preuve que les sciences de la conception technologique sont illimitées, infinies et en perpétuel évolution !

Bibliographie

Bach, C. (2004). «Élaboration et validation de critères ergonomiques pour les interactions homme-environnements virtuels». Thèse de Doctorat. Université de Metz.

Brangier, E., et Barcenilla, J. (2003). *Concevoir un produit facile à utiliser : Adapter les technologies à l'homme.* Paris : Éditions d'Organisation.

Brangier, E., Vallery, G. (2004). «Aspects psychologiques et organisationnels du développement des nouvelles technologies de la communication et de l'information». In Brangier, E., Lancry, A., & Louche, C. (Eds) *Les dimensions humaines du travail : théories et pratiques de la psychologie du travail et des organisations.* Presses Universitaires de Nancy. p. 213-250

Card, S., K., Moran, T., P., Newell, A. (1983), *The psycholoy of human-computer interaction*, Hillsdale : LEA, 469.

Diaper, D., Stanton, N.A., (2004). *The Handbook of Task Analysis for Human-Computer Interaction*, Lawrence Erlbaum Associates.

Habermas, J. (1973). *La science et la technologie comme idéologie.* Paris : Denoël.

Norman, D.A. (1986). "Cognitive engineering", in Norman, D.A., Draper, S. W (Eds), *User centered system design, New perspectives on Human-Computer Interaction,* London : Lawrence Erlbaum Associates Publishers, p. 31-61.

Norman, D.A. (2004). *Emotional design.* New York : Basic Book.

Payne, S., Green, T., R., G., (1989), "The structure of command languages : an experiment on task-action grammar", *International Journal of Man-Machine Studies,* 30, p. 213-234.

Rosson, M. B., Carroll, J. M. (2002). *Usability engineering. Scenario-based development of human-computer interaction.* San Francisco, CA : Morgan Kaufmann.

Scapin, D. L., Bastien, J. M. C. (1997), "Ergonomic criteria for evaluating the ergonomic quality of interactive systems". *Behaviour & Information Technology, 16,* p. 220-231.

Scapin, D. L, Bastien, J. M. C. (2001). «Analyse des tâches et aide ergonomique à la conception : l'approche MAD», in *Analyse et conception de l'IHM, interaction pour les systèmes d'information,* volume 1, in C. Kolski (Ed), Paris : Éditions Hermès. 85-116.

Shneiderman, B., (2004), *Designing the user interface,* Addison-Wesley. 4e édition.

Suchman, L., A., (1987), *Plans and situated actions,* Cambridge : Cambridge University Press, p. 203.

Vanderdonckt, J., Farenc, C., (2000). *Tools for Working With Guidelines.* Springer-Verlag Telos.

Architectures logicielles

Flavio Oquendo

Mots-clés : architectures logicielles, styles architecturaux, langages de description d'architecture, architectures composant-connecteur, conception architecturale.

Résumé : dans la dernière décennie, l'architecture logicielle a émergé comme une notion centrale dans le génie logiciel. La principale caractéristique d'une architecture logicielle est d'être une abstraction significative de la structure et du comportement d'un système logiciel. En effet, l'architecture logicielle est souvent la première représentation de la structure et du comportement d'un logiciel « en temps d'exécution ». D'un point de vue structurel, elle décrit comment le logiciel est organisé en termes de composants interconnectés par des connecteurs. D'un point de vue comportemental, elle spécifie comment ces composants interagissent à l'exécution pour réaliser les fonctionnalités du système. De plus, les architectures logicielles jouent un rôle significatif à travers le cycle de vie d'un développement de logiciel, de l'analyse du cahier des charges, à la conception puis jusqu'à l'implémentation. Elles permettent de valider très tôt les choix de conception en considérant les besoins fonctionnels et non fonctionnels, fournissent un cadre pour gérer le développement du système, y compris par raffinements successifs, et peuvent même permettre la génération de code. Ce chapitre a pour objectif de familiariser le lecteur avec les architectures logicielles. Il présente les définitions et le rôle des architectures logicielles et des styles architecturaux dans le cycle de vie des logiciels et donne un bref aperçu des langages de description d'architecture.

La recherche dans le domaine de la conception logicielle attira les chercheurs dans les années soixante-dix (Perry et Wolf 1992). Elle émergea pour répondre à des problèmes, reconnus dans les années soixante, apparaissant lors du développement de systèmes logiciels de grande échelle. La conception apparaît alors comme une activité séparée de l'implémentation, demandant des notations, des techniques et des outils spécifiques.

Dans les années quatre-vingt, la recherche dans le génie logiciel évolua vers l'intégration de la conception logicielle dans les processus de développement logiciel. Les années quatre-vingt ont aussi vu une grande avancée dans la capacité à décrire et analyser des systèmes logiciels. On a vu émerger des techniques de description formelle qui permettent de raisonner plus efficacement sur les systèmes logiciels.

La notion d'architecture logicielle apparaît de façon explicite au début des années quatre-vingt-dix (Shaw 1990).

Un problème critique dans la conception et la construction de tout système logiciel complexe est son architecture, c'est-à-dire l'organisation des éléments qui composent le système. Une bonne architecture peut aider à garantir que le système va satisfaire les besoins primordiaux dans des domaines tels que la performance, la fiabilité, la portabilité, et l'interopérabilité. Au contraire, une mauvaise architecture peut avoir des conséquences désastreuses sur le système (Garlan 2000). C'est pourquoi, au cours de la dernière décennie, les architectures logicielles ont fait l'objet d'une attention croissante; elles sont ainsi devenues un important sous-domaine du génie logiciel.

En pratique, une conception architecturale remplie deux rôles principaux (Monroe *et al.* 1997). Premièrement, elle fournit un niveau d'abstraction tel que les concepteurs des systèmes logiciels puissent raisonner sur le comportement du système (fonction, performance, fiabilité, etc.). En s'abstrayant des détails de l'implémentation, une bonne architecture offre une vue du système plus lisible et expose les propriétés les plus cruciales pour un développement efficace.

Deuxièmement, une architecture sert de « conscience » à un système au cours de son évolution. En caractérisant les propriétés cruciales d'un système, une bonne architecture guide le processus d'amélioration d'un système, indiquant quels aspects du système peuvent être changés sans compromettre l'intégrité du système.

Il n'existe pas de définition universelle pour décrire une architecture logicielle, mais il y a un large consensus pour classifier les éléments architecturaux en *composants* et *connecteurs* reliés selon diverses *configurations*. De plus, les styles architecturaux sont une importante forme de codification utilisée de manière descriptive et prescriptive. Par exemple, on parle du style « client-serveur » et du style « pipeline ».

De multiples vues sont utiles pour la compréhension d'une architecture logicielle. Par exemple (Kruchten 1995) décrit les architectures à l'aide de 4+1 vues.

Ce chapitre est organisé comme suit : le § 1 définit l'architecture logicielle et présente le rôle des architectures dans le génie logiciel; le § 2 aborde ensuite l'utilisation des styles architecturaux; enfin le § 3 donne un aperçu des travaux portant sur les langages de description d'architecture.

1 Notions d'architecture logicielle

Dans ce paragraphe, d'abord, nous donnons plusieurs définitions d'architecture logicielle. Puis, nous comparons les architectures logicielles avec celles d'autres domaines. Nous donnons par la suite de plus amples détails sur ce que définit une architecture et sur ce qu'est une architecture composant-connecteur.

1.1 Qu'est ce qu'une architecture logicielle?

Plusieurs définitions du terme « architectures logicielles » sont proposées dans la littérature, mais il est largement accepté qu'une architecture soit définie par un ensemble de composants (par exemple, clients et serveurs) ainsi que par la description des interactions entre ceux-ci (par exemple, appels de procédures, envois de messages, émissions d'événements, etc.). Celle-ci permet de spécifier les caractéristiques d'un système en définissant : les types de composants composant le système ; combien de composants de chaque type peut-il avoir ; les connexions entre les composants ; les propriétés structurelles et comportementales devant être respectées.

La description architecturale d'un système informatique permet en outre de spécifier :

- sa structure : éléments de traitement et leurs interactions (pas de détail d'implémentation) ;
- son comportement : fonctionnalités et protocoles de communication, dynamisme ;
- ses propriétés globales (par exemple, sécurité, vivacité, etc.).

Plusieurs définitions

Il n'y a pas de définition standard et universellement acceptée pour le terme « architecture logicielle », bien que dans la littérature on en trouve un grand nombre. Le site web de l'Institut de génie logiciel (SEI) à Carnegie Mellon répertorie un ensemble d'une centaine de définitions allant des plus classiques aux plus modernes et propose aux visiteurs de rajouter leurs propres définitions (Clements *et al.* 2002). Ceci est dû à la relative jeunesse du domaine, chaque expert propose sa propre vision, sa propre définition.

La définition proposée par l'IEEE (IEEE Std 1471-2000) est la suivante : « Une architecture logicielle est l'organisation fondamentale d'un système incarnée dans ses composants, leurs relations avec chacun des autres et avec l'environnement, et les principes guidant sa conception et son évolution. »

(Perry et Wolf 1992) propose la définition suivante :

Architecture logicielle = {Éléments, Forme, Raisonnement}.

Une architecture logicielle est un ensemble d'*éléments* architecturaux. Ils sont de trois types : les éléments de traitement, les éléments de données et les éléments de connexion. Une *forme* architecturale consiste en des propriétés et des relations associées à des poids. Les propriétés sont utilisées pour contraindre les éléments à l'implémentation. Les relations sont utilisées pour contraindre la manière dont les éléments architecturaux interagissent et sont organisés les uns par rapport aux autres. Le poids indique soit l'importance de la propriété ou de la relation, lorsqu'on a le choix parmi plusieurs alternatives. Le *raisonnement* décrit les motivations pour le choix du style architectural, pour le choix des éléments et pour la forme. En d'autres termes, le raisonnement explique la satisfaction des contraintes du système. Ces contraintes sont déterminées par des aspects fonctionnels et non fonctionnels tels que les aspects économiques, la performance et la sûreté.

(Bass *et al.* 1999) propose « l'architecture logicielle d'un programme ou d'un système de calcul est la structure ou les structures du système, ce qui inclut des composants logiciels, les propriétés visibles externes de ces composants, et les relations entre ces composants ».

(Oquendo 2004a) propose « une architecture logicielle est décrite par un ensemble de constituants architecturaux (des composants et des connecteurs reliant les composants) comprenant à la fois la spécification de la structure et du comportement du système et qui vérifie un ensemble de propriétés ».

Par la suite, nous allons étudier la notion d'architecture dans d'autres domaines et la comparer avec celle en génie logiciel.

Les architectures dans d'autres domaines

La notion d'architecture tient son origine du domaine du bâtiment et elle a été portée sur d'autres domaines dont l'informatique (Perry et Wolf 1992).

Architecture dans le bâtiment

Le domaine classique pour les architectures, celui du bâtiment, fournit des visions des plus intéressantes pour les architectures logicielles. Les points intéressants sont la notion de vues multiples, la notion de style architectural, le rapport entre le style et l'ingénierie, le rapport entre le style et les matériaux.

Un architecte propose différentes vues (ou plans) d'un bâtiment selon ce qu'il veut montrer (vue d'ensemble, vue d'intérieur) et à qui il le montre (client ou constructeur). Par analogie, l'architecte logiciel utilise plusieurs vues d'une architecture logicielle. Une de ces vues est l'implémentation. Cette vue n'est pas suffisante, elle ne permet pas d'abstraire les caractéristiques importantes d'un système ; c'est comme si d'une maison on ne voyait que les cloisons, la tuyauterie, les câblages électriques.

Ainsi, ces nombreux aspects fondamentaux peuvent être transposés au domaine logiciel par analogie ; de multiples vues sont utiles pour la compréhension des différents aspects d'une architecture ; les styles sont une importante forme de codification utilisée de manière descriptive et prescriptive ; les principes techniques et les propriétés des matériaux ont une importance fondamentale dans le développement d'une architecture ou d'un style en particulier.

Architecture dans l'informatique matérielle

Les machines en pipeline et les machines multiprocesseurs sont des exemples d'architectures matérielles représentant la configuration des différents composants électroniques.

Il est intéressant de noter deux caractéristiques. Une architecture matérielle comporte un nombre relativement petit d'éléments de construction. Son accroissement est atteint par réplication de ses éléments de construction.

Ces points contrastent avec les architectures logicielles. Celles-ci peuvent comporter un nombre important d'éléments différents. Leur accroissement est obtenu par l'ajout d'éléments nouveaux. Cependant les architectures logicielles utilisent des configurations similaires (par exemple, pipeline). De plus le vocabulaire pour décrire les architectures est souvent emprunté au domaine matériel (par exemple, composant, connecteur, port).

Architecture dans les réseaux

Les architectures réseaux sont composées de nœuds et de connexions. Elles proposent un vocabulaire pour les relations que ces deux entités ont en commun. Ainsi, nous avons des réseaux en étoile, des réseaux en anneau et des réseaux en bus. Nous notons donc peu de types d'éléments et de topologies différents.

Les deux points intéressants à propos des architectures réseaux sont :

- il y a deux types d'éléments : les nœuds et les connexions ;
- il y a peu de topologies à considérer.

On peut abstraire ceci à un niveau similaire dans l'architecture logicielle. Par exemple, les processus et leurs interactions. Cependant, il y a un nombre de topologies différentes beaucoup plus important.

Que définit une architecture logicielle ?

Une description architecturale est concernée avant tout par les aspects suivants.

La structure du système

Une architecture caractérise la structure d'un système en termes d'éléments fonctionnels et de leurs interactions. Ainsi, une architecture est conçue comme une configuration de composants interagissant. Il n'est question ni du cahier des charges (par exemple, les relations abstraites entre les éléments dans le domaine du problème), ni des détails d'implémentation (tels des algorithmes ou des structures de données). La description d'une architecture doit être assez simple pour permettre de raisonner sur un système et de pouvoir prédire son comportement et ses propriétés. Par conséquent, elle est généralement définie sur plusieurs niveaux hiérarchisés : les éléments qui sont atomiques à un niveau abstrait sont généralement décrits par une architecture détaillée à un niveau plus concret.

De riches abstractions pour les interactions

Les interactions entre les composants architecturaux fournissent un vocabulaire riche pour les concepteurs. Bien que les interactions puissent être aussi simples que des appels de procédure ou des variables de données partagées, elles représentent souvent des formes de communication plus complexes.

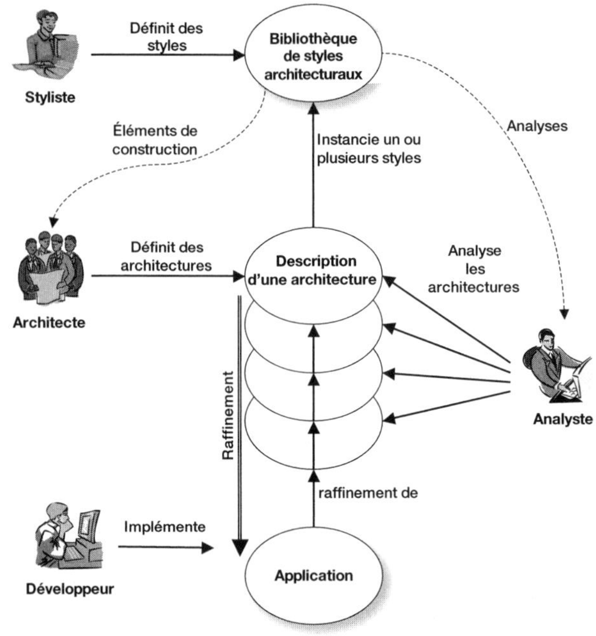

Figure 1 Processus de développement centré sur les architectures logicielles

Les exemples incluent les pipes[1] (avec des conventions pour gérer les fins de fichiers et le blocage), les interactions client-serveur (avec des règles sur l'initialisation, la terminaison, et la gestion des exceptions), les évènements (avec de multiples destinataires), et les protocoles d'accès aux bases de données (avec des protocoles pour l'invocation des transactions).

Les interactions sont définies au sein de *comportements* définissant l'ordonnancement des communications d'un élément architectural.

Des propriétés globales

Une architecture décrit typiquement les propriétés globales d'un système. Ainsi, les problèmes auxquels elle répond sont habituellement au niveau système, tels que les temps de traitement, la latence, ou la résilience d'une part du système à une panne. Ces propriétés globales seront référées comme *attributs* d'une architecture.

Les architectures composant-connecteur

Il n'existe pas de définition universelle pour décrire une architecture logicielle, mais il y a un large consensus pour classifier les éléments architecturaux en *composants* et *connecteurs* reliés selon diverses *configurations*.

1. Nous utiliserons le terme anglais *pipe* qui est plus couramment utilisé que sa traduction *tube*.

Un *composant* est une *unité de calcul* ou de *stockage de données* dans une architecture. Ces éléments sont les constituants de base. Ils sont indépendants de la structure dans laquelle ils sont placés, et possèdent une interface permettant de communiquer avec cet environnement.

Un *connecteur* représente le protocole de communication entre différents composants. Il modélise leurs interactions et spécifie les règles qu'ils doivent respecter durant la communication.

Une *configuration* représente un ensemble de composants interconnectés par des connecteurs. L'ensemble des composants d'un système et de leur interaction forme l'architecture du logiciel.

1.2 L'architecture dans le cycle de vie du logiciel

Le cycle de vie classique d'un système logiciel démarre par l'analyse des besoins ; puis continue par la conception (celle-ci est séparée en conception architecturale et en conception détaillée) ; puis vient l'implémentation (codage) et les tests ; les phases suivantes concernent le cycle de vie du produit une fois sur le marché avec l'intégration, la livraison, l'exploitation, la maintenance et finalement son retrait du marché.

Au sein d'un cycle de vie « centré architecture » (cf. figure 1), différents acteurs interviennent sur les architectures logicielles, par exemple, l'architecte, le raffineur et l'analyste.

Dans ce cadre :

- l'architecte a pour rôle de concevoir et de décrire l'architecture qui servira de base au développement de l'application. Ce rôle inclut le raffinement de l'architecture. Le raffinement d'une architecture s'effectue jusqu'à ce que l'architecture soit assez détaillée pour pouvoir être implémentée sans ajouter d'informations nouvelles ;
- l'analyste vérifie que l'architecture répond au cahier des charges et cela pour chaque niveau de raffinement ; il permet de garantir que l'application obtenue respecte les propriétés non fonctionnelles, structurelles et comportementales définies par l'architecte en accord avec le client et les utilisateurs ;
- le développeur se base sur une architecture pour le guider dans l'implémentation du système, à la fois vis-à-vis de sa propre tâche dans le projet et vis-à-vis de son interaction avec les autres acteurs. Dans certains cas, on peut faire de la génération de code automatique à partir d'une architecture et le développeur n'intervient pratiquement plus.

Dans la suite, nous allons nous attarder sur différentes phases du cycle de vie.

Description d'architecture

Le développement d'une bonne architecture pour un système complexe est un point critique pour s'assurer qu'il satisfera les objectifs principaux. Malencontreusement, dans l'industrie encore aujourd'hui, les descriptions sont encore largement basées sur des diagrammes informels (cf. figure 2) (sous forme de lignes et de boîtes) et sont souvent ambiguës, incomplètes, inconsistantes, et non analysables ; la description informelle d'architectures induit des difficultés au niveau de son interprétation et présente donc un certain nombre de limitations.

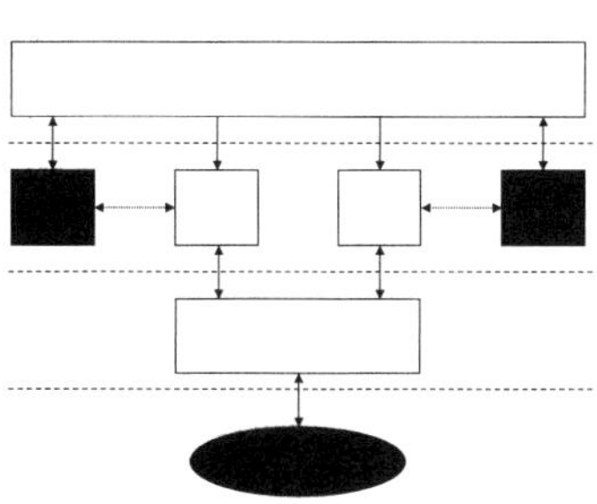

Figure 2 Diagrammes informels d'architectures

Pour être exploitable, une architecture doit clairement définir :

- quels traitements les « boîtes » et leurs annotations représentent ;
- quelles relations de contrôle/flux de données sont indiquées par les « lignes » ;
- comment le comportement global du système est déterminé par celui de ses composants.

De simples diagrammes comportant des annotations ne sont pas suffisamment expressifs pour spécifier une architecture en exprimant toutes ces informations. C'est pourquoi les concepteurs de logiciels qui utilisent de tels diagrammes les interprètent en fonction du contexte d'utilisation. Par exemple, pour décrire une architecture de type *pipe-filter*[1] un diagramme utilisera les boîtes pour représenter les filtres, les lignes pour représenter les pipes. Pour un autre système, les « boîtes » pourraient représenter des objets et les « lignes » des appels de méthodes. Toutefois, l'interprétation reste imprécise, il est donc impossible de donner à ces diagrammes des significations non ambiguës. Il est alors difficile de déterminer si l'implémentation du système satisfait sa description architecturale. De même, ce manque de précision empêche l'application d'analyses formelles : il est impossible de raisonner sur les descriptions architecturales des systèmes, ou de faire des comparaisons efficaces entre différentes descriptions architecturales exprimées informellement. Ainsi, afin de définir plus précisément et de mieux comprendre l'architecture des systèmes logiciels, de nombreux travaux ont proposé d'utiliser des notations permettant d'associer des sémantiques formelles.

Dans la dizaine d'années passées, plusieurs langages formels de description d'architecture (ainsi que des outils d'analyses associés) ont été développés. La description formelle de l'architecture logicielle d'un système complexe a deux raisons d'être. Premièrement, elle rend disponible un document précis décrivant la structure, le comportement et des propriétés du système à tout acteur de la conception, de l'implémentation et de la maintenance du système. Deuxièmement, elle donne la possibilité d'analyser les propriétés du système au niveau architectural. Ceci permet une détection précoce des erreurs, économisant ainsi temps et argent.

Les langages de description d'architecture (ADL, *Architecture Description Language*) émergent comme le support de notation pour les modèles d'architectures. Ils usent de notations textuelles et graphiques pour exprimer l'information architecturale. Ces langages sont souvent accompagnés d'outils de création, de modification, de navigation, de simulation et d'analyse. Il y a une grande variété d'ADL émergeant de divers groupes industriels et universitaires. Le champ couvert par les ADL est très large, ceci étant dû aux styles qu'ils supportent et aux types d'analyses qu'ils permettent. Chacun a ses particularités et vise des aspects précis de

1. La traduction française est tube-filtre mais la dénomination anglaise est celle qui est toujours utilisée.

la conception architecturale et il n'y a pas d'ADL qui sied le mieux à toutes les situations possibles. Ils sont constamment étudiés, classés et comparés dans plusieurs articles, par exemple dans (Clements 1996) (Leymonerie *et al.* 2002) (Medvidovic et Taylor 2000).

L'utilisation des ADL comporte de multiples bénéfices : le fait de permettre de décrire formellement l'architecture de systèmes logiciels rend possible l'utilisation de mécanismes pour représenter les architectures, leur analyse, leur raffinement, et la génération automatique du code correspondant.

Analyse d'architecture

L'évaluation des propriétés d'un système au niveau architectural permet de prévenir les erreurs et de diminuer les coûts dus à celles-ci (Medvidovic et Taylor 2000) ; les analyses ont pour but de supporter l'identification et la solution aux problèmes de conception dès les premières étapes du développement d'un logiciel. Des méthodes d'analyse d'architecture ont été développées, par exemple, SAAM (*Software Architecture Analysis Method*) (Kazman *et al.* 1994).

Les types d'analyses applicables dépendent de l'ADL utilisé et de son modèle sémantique. Par exemple, WRIGHT permet de vérifier l'absence d'interblocage ; UNICON supporte l'analyse de planning d'ordonnancement via des attributs non fonctionnels représentant priorité et niveaux critiques ; SADL permet d'établir si deux architectures sont correctes vis-à-vis d'un raffinement ; RAPIDE permet l'analyse des traces d'évènements. Un autre aspect des analyses est la vérification du respect de contraintes architecturales qui peuvent aussi bien porter sur la structure et sur le comportement que sur des propriétés non fonctionnelles d'une architecture.

Raffinement d'architecture

Le raffinement architectural est le passage d'une architecture abstraite vers une architecture plus concrète. Lors du raffinement, les propriétés de l'architecture abstraite sont conservées par l'architecture concrète. Cette dernière contient plus d'informations qui sont cohérentes avec les informations de l'architecture abstraite (Bolusset 2004).

Le raffinement de descriptions d'architecture est une tâche complexe dont la correction ne peut pas toujours être garantie par des preuves formelles, mais l'usage d'outils adéquats permet d'accroître sa confiance en cela (Oquendo 2004b).

Génération de code

Le but ultime de la conception logicielle et de la modélisation est de produire un système exécutable. Un modèle architectural élégant et efficace a peu de valeur s'il n'est pas convertible en application exécutable. Cela peut se faire manuellement ; cas dans lequel de nombreux problèmes de cohérence et de traçabilité entre l'architecture et son implémentation peuvent apparaître. Il est préférable d'utiliser des outils de génération de code qui devraient être fournis par chaque ADL (Medvidovic et Taylor 2000).

Outils d'exploitations

Pour supporter un processus de développement centré architecture et pour exploiter les descriptions formelles des architectures, des outils et des environnements ont été développés. La plupart des ADL sont accompagnés par des outils ou des environnements de développement permettant de définir et d'exploiter des descriptions architecturales.

Les outils architecturaux sont principalement des :
- éditeurs et visualiseurs graphiques et textuels ;
- outils d'analyse statique ;
- outils d'analyse dynamique, utilisés pour l'exécution d'architectures (simulation et supervision) ;
- outils d'implémentation : interfaces ou générateurs de code ;
- outils permettant l'évolution d'architectures ;
- outils de génération de documentation ;
- outils de « traduction » de descriptions architecturales entre différents ADL.

2 Notions de styles architecturaux

Dans ce paragraphe, nous introduisons les styles architecturaux.

Dans le domaine du bâtiment, les architectures sont classifiées selon des styles architecturaux. Ainsi, on parle par exemple de style gothique et de style roman (Perry et Wolf 1992). La notion de style est très utile, à la fois d'un point de vue descriptif et prescriptif. Un style définit une codification particulière pour les éléments architecturaux et leurs arrangements. Un style limite les types d'éléments architecturaux et la manière dont ils sont arrangés. Il est très important de noter les relations entre les principes technologiques et un style architectural. On ne construit pas un préfabriqué de la même manière et avec les mêmes outils qu'on construit une église romane. Enfin, la relation entre un style architectural et les matériaux et d'une importance critique. Les matériaux possèdent certaines propriétés exploitées pour fournir un style particulier.

Cette notion de style architectural a été portée au domaine logiciel pour définir différentes classes d'architectures.

2.1 Qu'est-ce qu'un style architectural ?

Les principes d'organisation architecturale pour les systèmes logiciels sont appelés *styles architecturaux*. Les styles architecturaux (Shaw et Garlan 1996) sont des patrons organisationnels qui ont été développés alors que les concepteurs reconnaissaient la valeur de principes organisationnels et des structures spécifiques pour certaines classes de logiciels.

Un style architectural définit une famille de systèmes logiciels ayant un vocabulaire commun pour désigner les composants, des caractéristiques topologiques et comportementales communes, et un ensemble de contraintes sur les interactions parmi les composants. Un style architectural spécifie uniquement les contraintes les plus importantes, au niveau par exemple de la structure, du comportement, de l'utilisation des ressources des composants et des connecteurs dans un système. D'une façon générale, les styles architecturaux permettent à un développeur de réutiliser l'expérience concentrée de tous les concepteurs qui ont précédemment fait face à des problèmes similaires (Klein et Kazman 1999).Un style formalise la connaissance et l'expérience dans un domaine logiciel spécifique. Le but principal des styles architecturaux est de simplifier la conception des logiciels et la réutilisation, en capturant et en exploitant la connaissance utilisée pour concevoir un système (Monroe *et al.* 1997). L'objectif est de capitaliser et de codifier les principes et les expériences pour spécifier, analyser, planifier et suivre la construction de systèmes logiciels complexes avec un haut niveau d'efficacité et de confiance. Comme exemple de styles architecturaux il y a les systèmes client-serveur, les organisations *pipe-filter* ou encore les architectures en couches. Ces différents styles apportent des solutions architecturales à des problèmes définis en termes d'attributs qualité comme la performance, la modifiabilité ou encore la robustesse d'un système. Par exemple, on utilise le style *pipe-filter* lorsqu'on veut privilégier la réutilisation et que la performance n'est pas une priorité

En outre, l'utilisation des styles architecturaux comporte des intérêts précis :

- elle promeut la réutilisation au niveau de la conception (et pas seulement au niveau du code, comme c'est le cas de la plupart des techniques de réutilisation) ;
- elle peut donc aussi mener à une réutilisation significative de code ;
- elle permet de normaliser une famille d'architectures, ce qui améliore la compréhension de l'organisation d'un système ;
- elle permet l'utilisation d'analyses spécifiques au style concerné.

Plusieurs définitions

À l'instar des architectures, il existe de nombreuses définitions pour les styles architecturaux :

- (Shaw 1990) Un style architectural est un *ensemble de règles de conception* qui identifie les *sortes de composants et de connecteurs* qui peuvent être utilisées dans la composition d'un système ou d'un sous-système selon des *contraintes locales ou globales* sur la manière dont la composition est faite.
- (Perry et Wolf 1992) Un style architectural est ce qui *abstrait les éléments et les aspects formels de plusieurs architectures spécifiques*. Il n'y a pas de séparation claire entre ce qu'est une architecture et ce qu'est un style. Un style architectural est moins contraignant et moins complet qu'une architecture spécifique. Il y a un continuum.
- (Shaw et Garlan 1996) Les styles architecturaux sont des *patrons et des idiomes organisationnels récurrents*.
- (Monroe *et al.* 1997) Un style architectural fournit un *langage spécialisé* pour une classe spécifique de systèmes.
- (Medvidovic et Taylor 2000) Les styles sont des idiomes clés pour la conception qui permettent l'exploitation de patrons structurels et d'évolution et facilitent la réutilisation de composants, de connecteurs et de processus.
- (Leymonerie 2004) Un style architectural est défini par l'*ensemble des formes de construction et des propriétés* qui doivent être satisfaites par les constituants architecturaux.

Styles courants

Plusieurs styles architecturaux ont été répertoriés parmi ceux qui ont été les plus fréquemment utilisés (Land 2002) (Shaw et Clements 1997). Un certain nombre de styles sont énumérés ci-dessous :

- systèmes événementiels : systèmes où les invocations sont implicites ;
- systèmes *pipe-filter* : ce sont des systèmes de transformateurs de flux connectés ;
- systèmes orientés objet : ils définissent des types de données abstraits et des mécanismes d'héritage ;
- systèmes en couches : ce sont des couches structurées définissant soigneusement des interfaces et des restrictions sur les invocations intercouches ;
- processus communicants : systèmes où des processus communiquent par des envois, synchrones ou asynchrones, de messages ;
- programme principal – sous routines : c'est la décomposition fonctionnelle traditionnelle ;
- systèmes de données indirectionnelles : ils définissent un dépôt de données central qui est consulté par des requêtes conduites ; ce style est aussi appelé tableau noir.

Les exemples de styles cités jusqu'à maintenant apportent des solutions à des problèmes récurrents.

2.2 Que définit un style?

Un style représente une famille de systèmes connexes (Garlan 2001). D'après (Garlan 1995) un style architectural fournit typiquement :

- un *vocabulaire* pour spécifier les types d'éléments de construction : filtre, pipe, client, serveur, etc. ;
- des *contraintes*, qui déterminent comment les éléments architecturaux peuvent être composés. Une contrainte peut interdire un cycle dans le style *pipe-filter*. Elles peuvent définir aussi des organisations spécifiques (par exemple, l'organisation en pipeline d'un compilateur) ;
- des *analyses* qui peuvent être appliquées sur les systèmes construits dans ce style ;
- une *interprétation sémantique* par laquelle les compositions des éléments architecturaux ont une signification bien définie.

Le vocabulaire

Derrière ce concept de vocabulaire réside la définition d'éléments de construction. Ces éléments de construction peuvent être très abstraits, comme ceux que nous avons déjà donnés en exemple, mais ils peuvent être aussi très spécifiques. Ainsi, un style peut définir une bibliothèque d'éléments architecturaux (en principe hiérarchisés) ayant des comportements spécifiques. Ceci rejoint le point de vue selon lequel la limite entre un style et une architecture n'est pas toujours franche.

Les contraintes

Nous pouvons différencier les contraintes en trois classes principales : les contraintes *topologiques*, les contraintes *comportementales* et les contraintes *d'attributs* :

- les contraintes *topologiques* précisent les éléments de construction utilisables, leur nombre d'occurrences possibles au sein de l'architecture, ainsi que les règles de configuration contraignant leurs interactions. Par exemple, « une architecture client-serveur contient au moins un serveur » est une contrainte portant sur la structure ;
- les contraintes *comportementales* concernent l'évolution temporelle de l'architecture et le comportement des éléments architecturaux. Concernant l'évolution temporelle de l'architecture, un style peut spécifier comment l'architecture peut évoluer dynamiquement – quelle sorte d'élément peut apparaître ou disparaître – et quelles contraintes les architectes doivent respecter en modifiant une architecture à la volée. Les styles peuvent aussi spécifier des propriétés de mobilité propres à des éléments architecturaux, et des propriétés comportementales (par exemple, pas d'interblocage) – ces propriétés peuvent être celles du comportement d'une configuration entière ou seulement d'un élément architectural ;
- les contraintes *d'attributs* concernent les aspects non structurels et non comportementaux d'une architecture. Les attributs apportent des informations sur les éléments architecturaux, par exemple, le temps de réponse maximum doit être inférieur à 30 ms. Les styles peuvent également spécifier comment les valeurs des attributs sont liées avec d'autres aspects architecturaux (la structure et le comportement).

Les analyses

Un style offre un support pour raisonner sur les architectures à travers un ensemble d'analyses architecturales.

Une analyse architecturale est une étude ou un traitement automatisé d'une architecture pour en déterminer ou quantifier une ou plusieurs caractéristiques.

Les caractéristiques identifiées peuvent être de différentes sortes. Il peut s'agir d'une vérification ou d'une mesure. Une analyse peut vérifier la satisfaction d'une propriété par l'architecture ; par exemple, une analyse permet de vérifier que la structure de l'architecture est cyclique. Une analyse peut retourner une mesure ; par exemple, l'analyse retourne le nombre d'éléments d'une architecture.

Les analyses sont associées aux styles car leur capacité à évaluer telle ou telle caractéristique d'une architecture dépend fortement de la façon dont cette dernière est construite. En d'autres termes, elles sont dépendantes d'un style. Il y a différents moyens de quantifier une caractéristique en fonction des propriétés topologiques, comportementales ou d'attributs d'une architecture. Ainsi, la performance d'un système s'évalue différemment selon la nature de son architecture. S'il s'agit d'une architecture client-serveur on évaluera la capacité de connexion du serveur. S'il s'agit d'une architecture *pipe-filter*, l'évaluation se basera sur le temps de traitement des données par les filtres.

3 Langages de description d'architecture

Ce paragraphe donne un aperçu des travaux portant sur les langages de description d'architecture (ADL, *Architecture Description Language*). En effet, les ADL et leurs outils soutiennent le développement fondé sur les architectures logicielles (Medvidovic et Taylor 2000).

Parmi les ADL étudiés, on peut citer les suivants comme représentatifs :

- ACME : c'est un langage générique d'échange qui permet de décrire les structures architecturales et d'ajouter une sémantique à ces structures. Il décrit des composants, des connecteurs, des ports, des rôles et des configurations. ACME supporte aussi la définition des styles et permet d'assurer le respect des contraintes de conception à l'aide de ses outils. ARMANI (Monroe 1998) est une extension

d'ACME conçu pour modéliser les contraintes architecturales. Dynamic ACME (Wile 2001) est une extension permettant de décrire la dynamicité des architectures ;
- ADAGE (Coglianese et Szymanski 1993) : ce langage permet la description de structures architecturales pour le guidage et la navigation dans le domaine de l'aviation ;
- AESOP (Garlan *et al.* 1994) : il permet de construire des architectures avec des environnements spécifiques générés à partir de description de style ;
- AML (Wile 1999) : il s'agit d'un métalangage pour la spécification de la sémantique des ADL. Il décrit une architecture comme un ensemble d'éléments (*element*) liés par des relations (*relationship*) soigneusement décrites et contraintes ;
- ArchWare-ADL (Oquendo 2004a) (Morrison *et al.* 2004) : ArchWare-ADL fournit des constructions pour décrire à la fois la structure et le comportement des architectures logicielles dynamiques. C'est un langage formel de spécification conçu pour être exécutable et pour supporter l'analyse et le raffinement automatique des architectures, y compris la génération de code. ArchWare-ADL spécialise le π-calcul typé d'ordre supérieur (Milner 1999) pour permettre la description de comportements dynamiques ;
- DARWIN (Magee *et al.* 1995) : il supporte la description et l'analyse de systèmes de passage de messages distribués. Il décrit une architecture logicielle en termes de composants (la notion de connecteur n'est pas supportée dans ce langage) ;
- META-H (Vestal 1992) : il fournit un guide pour décrire, analyser, et implémenter les architectures de systèmes de contrôle temps réel embarqués dans le domaine de l'aviation ;
- π-SPACE (Chaudet et Oquendo 2000), (Chaudet 2002) est un ADL pour les architectures dynamiques permettant la description de comportements architecturaux. σπ-SPACE (Leymonerie *et al.* 2001) est son extension pour la description des styles architecturaux. π-SPACE et σπ-SPACE utilisent le π-calcul pour la description de comportements dynamiques ;
- RAPIDE (Luckham *et al.* 1995) : ce langage décrit les interfaces des composants et les communications entre celles-ci ainsi que les modèles événementiels. Il permet de simuler les architectures et propose des outils pour analyser les résultats de ses simulations. Il ne présente pas de mécanisme propre à la formalisation des styles ;
- SADL (Moriconi *et al.* 1995) : il permet la description d'architectures spécifiques et d'architectures paramétrées. Il fournit en outre une base formelle pour le raffinement architectural ;
- UNICON (Shaw *et al.* 1995) : c'est un ADL qui permet la construction de systèmes à partir de la description de leur architecture. Il possède un compilateur de haut niveau qui supporte l'utilisation de types de composants et de connecteurs hétérogènes. UNICON-2 (DeLine 1996) est une extension pour la prise en charge des styles architecturaux. Il permet la génération de code pour une grande variété de styles ;
- WRIGHT (Allen et Garlan 1997) : il s'agit d'un langage formel pour les architectures logicielles, il est largement utilisé pour l'analyse des protocoles d'interaction entre les composants architecturaux. Cet ADL permet la définition des comportements au moyen d'une algèbre formelle, le CSP (Hoare 1985). Le CSP permet de décrire des comportements en terme de patrons d'évènements. En comparaison au π-calcul utilisé dans π-SPACE et ArchWare-ADL, il ne permet pas la description de comportement dynamique. Les extensions de WRIGHT (Allen 1997) (Allen *et al.* 1998) permettent d'une part, la définition des styles architecturaux d'une manière similaire à ARMANI, et d'autre part, la description (limitée) du dynamisme des architectures.

Il est à noter que pour la plupart des ADL, l'architecture est considérée comme une *configuration* de *composants* (représentant des fonctionnalités ou des données du système) et de *connecteurs* (représentant les protocoles de communication et permettant la connexion entre les composants). Certains ADL permettent la description des comportements et des attributs, ainsi que de la dynamicité des éléments architecturaux au sein de l'architecture.

Les tableaux suivants fournissent un bref aperçu des constructions et de la puissance d'expression des ADL. Pour chaque ADL, nous présentons les constructions de l'ADL permettant de décrire une architecture logicielle (nous avons retenu les mots-clés du langage en anglais pour exprimer ces constructions – ils sont écrits en italique). Par exemple, pour décrire un élément de base d'une architecture, en ACME & ARMANI, AESOP et ArchWare ADL l'on exprimera par la construction *component* de ces langages, en AML par la construction *element* et en MetaH par *process*. Pour plus d'information sur la sémantique précise des constructions des ADL présentés, le lecteur peut consulter les diverses références bibliographiques données.

ADL	ACME et ARMANI	AESOP	AML	ArchWare ADL	MetaH
Architecture	system	system	element	component	macro
Élément de base (englobant la fonctionnalité)	component	component	element	component	process
- interface	port	port	kind	port	in/out port
Élément de connexion	connector	connector	kind	connector	connection
- interface	role	role	kind	port	
Attachement	attachment	attach	attached-to	unify	connection
Comportement			quantificateurs temporels : *always*, *sometimes*	*behaviour* (basé sur le π- calcul)	
Attributs	annotation		prédicats logiques	attributes	attributes
Implémentation	annotation	representation		wrappers	*implementation subprogram* (ControlH)
Composition	system/representation	configuration/ représentation	has-part	component	macro
Dynamicité	Dynamic-ACME utilise *open* pour déclarer les éléments pouvant être instanciés dynamiquement			attachements créés dynamiquement ; éléments architecturaux instanciés à l'exécution	

Tableau 1 Caractéristiques des ADL

ADL	σπ-SPACE	SADL	RAPIDE	UNICON-2	WRIGHT
Architecture	composite	architecture	architecture	component	system
Élément de base (englobant la fonctionnalité)	component	component	component	component	component
- interface	port	interface	interface	player	port
Élément de connexion	connector	connector	connections	connector	connector
- interface	port	interface		role	role
Attachement	attach... to...	connection	connection	connect	attachment
Comportement	*behavior* (avec le π–calcul)		contraintes sur le comportement		*computation, glue* (avec CSP)
Attributs				annotation	
Implémentation	operation			primitive implementation	
Composition	composite	configuration	architecture	composite implementation	configuration
Dynamicité	tous les éléments sont instanciables dynamiquement		Rapide permet la définition de règles décrivant des connections dynamiques		Dynamic- WRIGHT émule la dynamicité par des évènements *control*

Tableau 2 Caractéristiques des ADL (suite du tableau précédant)

Ces différents ADL fournissent également des constructions pour exprimer des styles architecturaux en termes de contraintes topologiques, comportementales et d'attributs. La figure 3 positionne différents ADL par rapport à leur puissance d'expression des contraintes architecturales.

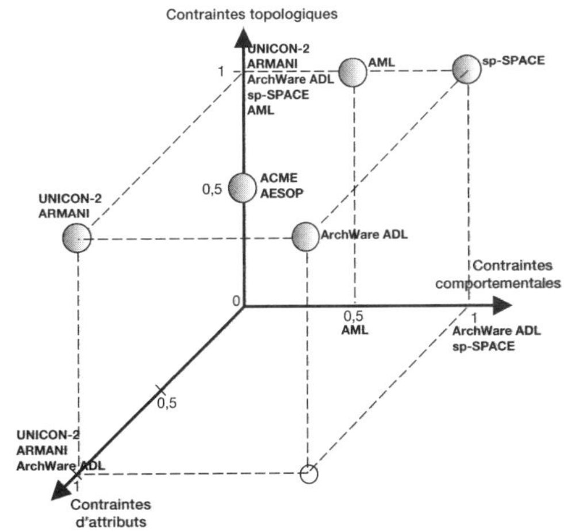

Figure 3 Positionnement des ADL par rapport aux contraintes architecturales

Plusieurs outils permettant la description, l'analyse et l'exploitation des architectures ont été développés.

La plupart des langages décrits précédemment possèdent des outils ou des environnements de développement permettant de définir et d'exploiter des descriptions architecturales.

Ainsi, le langage META-H, dédié à la description d'applications d'aviation temps réel embarquées (Vestal 1992), est associé à des outils permettant :

- la visualisation et l'édition graphique et textuelle d'architectures ;
- la vérification des propriétés décrites ;
- l'analyse de fiabilité et l'analyse de sûreté. La première analyse les dysfonctionnements potentiels d'une architecture, et la seconde vérifie si les objets déclarés moins « sûrs » peuvent affecter le bon fonctionnement des objets déclarés plus « sûrs » ;
- la génération du code gérant les processus temps réel, la communication, et la synchronisation des ressources.

Le langage RAPIDE propose des outils permettant :

- l'édition graphique et textuelle ;
- la compilation et l'exécution des descriptions architecturales ;
- l'animation de l'exécution de l'architecture dans un environnement graphique temps réel ;
- la vérification de contraintes.

La boîte à outils d'UNICON comporte un compilateur et un générateur de code pour l'infrastructure de communication des architectures écrites en UNICON.

ArchWare-ADL possède un environnement de développement complet (Oquendo *et al.* 2004b) incluant notamment :

- un compilateur et un moteur d'exécution d'architectures ;
- un éditeur graphique (basé sur UML) et un éditeur textuel permettant la définition et la manipulation d'architectures ;
- un animateur graphique ;
- des outils de vérification de propriétés (statiques et dynamiques) ;
- un raffineur et un générateur de code ;
- un outil permettant de vérifier que les architectures définies à partir de styles architecturaux spécifiques, via l'environnement ArchWare, respectent bien les contraintes spécifiées.

4 Conclusion

Dans ce chapitre, nous avons introduit le domaine des architectures logicielles en mettant en avant la description d'architectures et de styles architecturaux en termes de composants et de connecteurs.

Classiquement, une architecture logicielle est une abstraction d'un système logiciel décrite en termes de composants, de connecteurs et d'attributs qualités.

Un style architectural est un support à la construction architecturale défini notamment en termes de contraintes et d'éléments de construction. C'est aussi un cadre à la conception, il délimite par un ensemble de contraintes un espace de définition architecturale ; il représente ainsi une famille d'architectures.

Lors d'un développement logiciel, les architectures et styles architecturaux sont décrits à l'aide de langages de description d'architecture (ADL). Ces langages permettent ainsi leurs descriptions rigoureuses et même formels. Ceci permet d'automatiser l'analyse et le raffinement des architectures logicielles ainsi que la génération de code à partir de ces descriptions.

L'architecture logicielle est un thème scientifique majeur du génie logiciel, développé dans plusieurs équipes de recherche, en particulier aux États-Unis et en Europe. C'est un sujet de publication dans tous les journaux scientifiques et toutes les conférences ACM et IEEE actuelles concernant l'ingénierie logicielle. C'est aussi un thème stratégique : le programme européen IST, les programmes américains EDCS et DASADA ainsi que le programme français RNTL soulignent tous l'importance des architectures logicielles à base de composants pour la conception de systèmes complexes.

Pour en savoir plus, le lecteur peut consulter les divers ouvrages publiés ces dernières années sur les architectures logicielles, les revues scientifiques en génie logiciel tels qu'*ACM Transactions on Software Engineering and Methodology*, *IEEE Transactions on Software Engineering* et *Elsevier Journal of Systems and Software* ainsi que les actes d'écoles d'été (Bernardo et Inverardi 2003) et de congrès et journées en génie logiciel, notamment ceux spécialisés sur les architectures logicielles tels que WICSA – *Working IEEE/IFIP Conferences on Software Architecture*, par exemple (Magee et Szypersky 2004) (Krikhaar et Medvidovic 2005) –, EWSA – *European Workshops on Software Architecture* (par exemple (Oquendo *et al.* 2004a) (Morrison et Oquendo 2005) – et CAL – Conférences francophones sur les architectures logicielles, par exemple (Oussalah et Oquendo 2006).

Bibliographie

L. Bass, P. Clements et R. Kazman, *Software Architecture in Practice*, Addison Wesley, 1999.

M. Bernardo et P. Inverardi (Eds.), *Formal Methods for Software Architectures*, LNCS 2804, septembre 2003.

T. Bolusset, «β-SPACE : Raffinement de descriptions architecturales en machines abstraites de la méthode formelle B», Thèse de doctorat, Université de Savoie, septembre 2004.

P. Clements, F. Bachmann, L. Bass, D. Garlan, J. Ivers, R. Little, R. Nord et J. Stafford, *Documenting Software Architectures : View and Beyond*, Addison Wesley, 2002.

D. Garlan, «Software Architecture : a Road Map», *The Future of Software Engineering*, ACM Press, mai 2000.

D. Garlan, «Software Architecture», *Encyclopedia of Software Engineering*, J. Marciniak (Ed.), John Wiley & Sons, 2001.

C.A.R. Hoare, *Communicating Sequential Processes*, Prentice Hall, 1985.

IEEE Std 1471-2000, *IEEE Recommended Practice for Architectural Description of Software-Intensive Systems*, Octobre 2000.

R. Krikhaar, N. Medvidovic, *Proceedings of the 5th Working IEEE/IFIP Conference on Software Architecture* (WICSA 2005), Pittsburgh, IEEE Computer Society, novembre 2005.

Ph. Kruchten, «The 4+1 View Model of Architecture», *IEEE Software*, 12 (6) Novembre 1995.

F. Leymonerie, «ASL : un langage et des outils pour les styles architecturaux - contribution à la description d'architectures dynamiques», Thèse de doctorat, Université de Savoie, France, décembre 2004.

F. Leymonerie, S. Cîmpan et F. Oquendo, «État de l'art sur les styles architecturaux : classification et comparaison des langages de description d'architectures logicielles», *Revue Génie Logiciel*, n° 62, septembre 2002.

J. Magee, C. Szypersky, *Proceedings of the 4th Working IEEE/IFIP Conference on Software Architecture* (WICSA 2004), Oslo, IEEE Computer Society, 2004.

N. Medvidovic et R. Taylor, «A Framework for Classifying and Comparing Architecture Description Languages», *IEEE Transactions on Software Enginering*, 2000.

R. Milner, *Communicating and Mobile Systems : The π-Calculus*, Cambridge University Press, 1999.

R.T. Monroe, A. Kompanek, R. Melton et D. Garlan, «Architectural Styles, Design Patterns, and Objects», *IEEE Transactions on Software Enginering*, 1997.

R. Morrison, F. Oquendo (Eds.), Proceedings of the 2nd European Workshop on Software Architecture, Pisa, Springer Verlag, juin 2005.

F. Oquendo, «π-ADL : An Architecture Description Language based on the Higher Order Typed π-Calculus for Specifying Dynamic and Mobile Software Architectures», *ACM Software Engineering Notes*, Vol. 28, n° 8, mai 2004.

F. Oquendo, «π-ARL : An Architecture Refinement Language for Formally Modelling the Stepwise Refinement of Software Architectures», *ACM Software Engineering Notes*, Vol. 28, n° 9, septembre 2004.

F. Oquendo, B. Warboys, R. Morrison (Eds.), *Proceedings of the 1st European Workshop on Software Architecture*, St Andrews, Springer Verlag, mai 2004.

F. Oquendo *et al.* «ArchWare : Architecting Evolvable Software», *Proceedings of the 1st European Workshop on Software Architecture* (EWSA'04), European Projects in Software Architecture - Invited Paper, LNCS, Springer Verlag, St Andrews, UK, mai 2004.

M. Oussalah, F. Oquendo (Eds.), *Actes de la 1re Conférence francophone sur les architectures logicielles*, Editions Hermès Sciences/Lavoisier, septembre 2006.

D. Perry et A. Wolf, «Foundations for the Study of Software Architecture», *ACM Software Engineering Notes*, Vol. 17, n° 4, octobre 1992.

M. Shaw, «Prospects for an Engineering Discipline of Software», *IEEE Software*, novembre 1990.

M. Shaw et D. Garlan, *Software Architecture : Perspectives on an Emerging Discipline*, Prentice-Hall, 1996.

S. Vestal, *MetaH Reference Manual*, Honeywell Technology Center, Minneapolis MN, 1992.

Réalisation de logiciels

Hafedh Mili

Mots-clés : construction de logiciels, programmation, test, langages et paradigmes de programmation, outils de programmation.

Résumé : la réalisation de logiciels est l'étape du cycle de développement qui produit un logiciel *exécutable*, tel quel ou moyennant une traduction mécanique, qui réponde aux exigences fonctionnelles et non fonctionnelles. Pour la plupart des cycles de développement manuel, l'*intrant* de l'étape de réalisation est une *conception* plus ou moins détaillée, qui répond aux exigences fonctionnelles — concrètement ou intentionnellement — mais qui comporte suffisamment de degrés de liberté pour qu'une réalisation puisse répondre, ou non, aux exigences non fonctionnelles. La réalisation vient alors *consacrer* les choix tracés dans les étapes de conception. Dans ce chapitre, on commence par décrire la place de la réalisation dans le cycle de développement. Ensuite, le travail du «réalisateur» est analysé en étudiant ses préoccupations, et les considérations dont il doit tenir compte dans son travail. On décrit ensuite les langages et outils de programmation des développeurs.

Le dictionnaire définit le verbe *réaliser* comme «faire exister, accomplir». Plus précisément, «I) traduire en actes un idéal, des aspirations, II) exécuter ce à quoi on est tenu légalement, III) exécuter ce qu'on a annoncé, promis, IV) obtenir un résultat, mener à bien un projet par la mise en œuvre des moyens appropriés, par une action volontariste, V) produire d'après un plan, un projet, VI) créer, donner forme à une conception abstraite». Chacune de ces définitions reflète un aspect important de la réalisation de logiciel. Intuitivement, nous comprenons la réalisation de logiciel comme la programmation, et toutes les activités qui y sont rattachées (test, déverminage[1], gestion du code source, etc.). Les différentes définitions font ressortir le fait que l'*intrant* à la réalisation est un idéal ou une forme plus abstraite du logiciel dans sa forme opérationnelle. On y retrouve aussi l'aspect contractuel inhérent dans cet intrant, en tant qu'obligation que l'*extrant* doit respecter.

La différence de niveaux d'abstraction, entre l'intrant et l'extrant, et la perception de l'intrant comme un *contrat* (ou une *spécification*) auquel l'extrant doit se conformer, ne suffit pas pour caractériser uniquement l'étape de réalisation de logiciel ; selon l'approche transformationnelle (Partsch & Steinbrüggen, 1983), le processus de développement de logiciel est une suite de telles transformations. Le projet SWEBOK (*Software Engineering Body of Knowledge* (SWEBOK, 2004)) définit la construction de logiciels comme étant "*the detailed creation of working, meaningful software through a combination of coding, verification, unit testing, integration, testing, and debugging*". Que veut donc dire "*working, meaningful software*". Nous comprenons, intuitivement, que l'extrant de la réalisation est un logiciel *exécutable*, tel quel ou moyennant une traduction mécanique, qui répond aux exigences fonctionnelles et non fonctionnelles. Cette définition inclut le code source (Java,

1. C'est le terme recommandé par l'Office de la lange française du Québec comme synonyme de *debugging*.

C++), mais aussi du binaire (fichiers .class, .obj, ou autres), mais exclut les programmes écrits dans des langages de spécifications exécutables, qui répondent aux exigences fonctionnelles, mais pas aux exigences non fonctionnelles (performance, modularité, distribution, etc.).

Dans le prochain paragraphe, nous étudions brièvement la place de la réalisation dans le cycle de vie du logiciel. En particulier, nous verrons que la réalisation prend différentes formes, dépendant du processus de développement. Ainsi, nous ferons la distinction entre *réalisation par programmation*, *réalisation par assemblage*, et *réalisation par transformation*. Le § 2 discutera les préoccupations de l'étape de réalisation de logiciel, y compris la correction (*correctness*), et différentes qualités. Les § 3 et 4 examineront les langages et outils de réalisation de logiciel selon le modèle de *réalisation par programmation*.

1 La place de la réalisation dans le cycle de vie

La figure 1 montre l'étape de réalisation de logiciel dans le cycle de développement traditionnel, le *cycle en cascade*. Selon ce cycle de développement, l'intrant de la réalisation est la description du logiciel au niveau conception. Cette description est généralement un ensemble de diagrammes et de document textuels qui décrivent les entités du logiciel et leurs interconnexions, dans un langage formel ou semi-formel. Par exemple, dans le cadre de la notation UML (*Unified Modeling Language* (Booch *et al.*, 1997)), on y retrouve des *diagrammes de classes*, montrant les attributs et opérations des classes, avec leurs types et signatures[1], respectivement, ainsi que les relations entre classes. On y retrouve aussi différents diagrammes d'interaction, donnant une vue partielle du comportement des classes, typiquement l'ossature de la structure de contrôle, ou encore, les flux de données entre objets. Ces diagrammes ne suffisant pas à décrire complètement les opérations, on les complète d'annotations textuelles en langage naturel ou dans un langage semi-structuré («pseudo-code») précisant davantage les transformations de données ou la logique de contrôle. Le travail du réalisateur, communément connu sous le nom de *programmeur*, est de traduire ces modèles dans un langage de programmation.

Il est à noter que, de nos jours, la plupart des environnements intégrés de développement (Rational Rose et Websphere, d'IBM, Together Control Center de Borland, OptimalJ de Compuware, Codagen Architect de Codagen, etc.) permettent la génération de code à partir de modèles. Généralement, ces outils peuvent générer les définitions des classes, de leurs attributs, et des en-têtes des fonctions, à partir des modèles de niveau conception (voir § 4). Les outils les plus sophistiqués maintiennent aussi un lien bidirectionnel (*round-trip engineering*) entre les divers diagrammes et le code. Nous y reviendrons § 4.

Notons aussi que ce cycle de vie ne montre pas l'étape de *maintenance*, qui consiste à modifier le logiciel après son déploiement. Selon les études, le coût de développement d'un logiciel ne représente que 25 à 40 % du coût total du logiciel durant sa durée de vie, et la phase de réalisation compte pour 5 à 10 % du coût total du logiciel (Pressman, 2005).

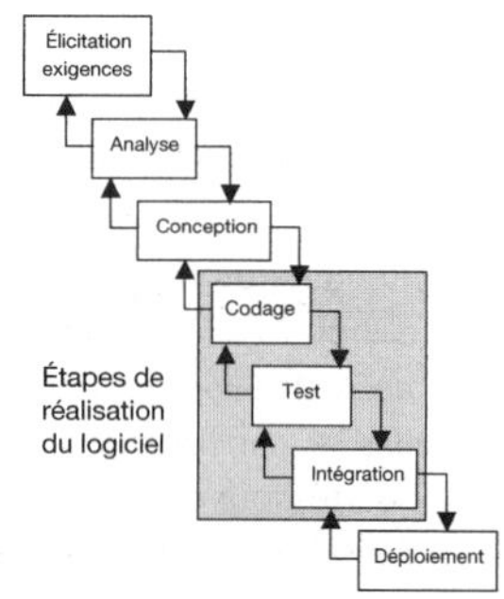

Figure 1 Une variante du cycle de développement en *cascade*

Le cycle de développement en cascade présuppose, implicitement, que l'on ne passe à une étape du cycle que lorsque l'étape précédente a été complétée pour le système en entier. Par exemple, il suppose que l'on ne passe à la conception que si l'analyse du système complet a été complétée. Ce mode de développement n'est pas adapté aux projets qui comportent des risques technologiques élevés. Pour de tels projets, on préconise le cycle de développement en spirale (Boehm, 1988). Selon ce cycle de développement (illustré dans la figure 2), on commence par implanter les aspects comportant le plus grand risque d'échec. Si on y arrive, on passe aux aspects ou fonctionnalités correspondant au second plus grand risque, et ainsi de suite, jusqu'à ce que l'on complète le système.

Cette approche défensive minimise les pertes dans le cas de projets échus. Notez qu'ici aussi, l'intrant de la réalisation est une description, de niveau conception, du logiciel (ou fonctionnalité) à implanter.

Le cycle de vie en cascade n'est pas non plus adapté au développement de systèmes dont les exigences fonctionnelles ne sont pas bien connues au début du projet : dans de tels cas, on préfère commencer à développer des maquettes plus ou moins fonctionnelles, et les présenter aux usagers potentiels, afin de valider les fonctionnalités déjà implantées (ou émulées), et en

1. La signature d'une opération consiste en la liste des paramètres et de leurs types.

proposer d'autres. Ainsi, on parle de cycle de vie en prototypage (Agresti, 1986). D'autres cycles de vies *itératifs* et *incrémentaux* ont vu le jour, mais nonobstant les multiples différences avec le cycle en cascade, le cycle de développement d'un *incrément* comporte sensiblement la même séquence, analyse, conception, réalisation, et l'étape de réalisation demeure essentiellement la même que celle décrite ci-dessus.

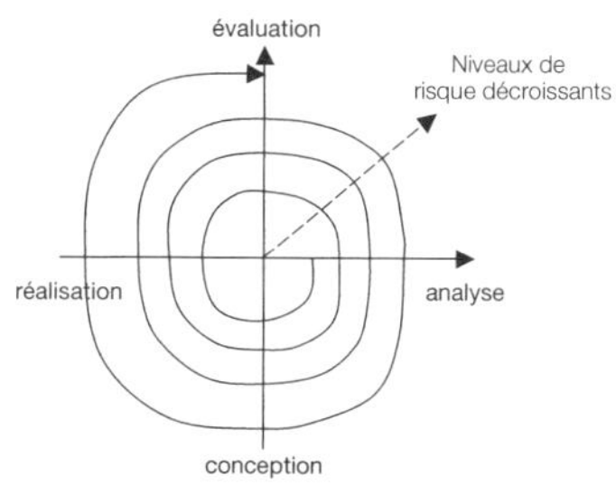

Figure 2 Cycle de développement en spirale. D'après (Boehm, 1988)

Trois nouveaux types de développement ont modifié la nature de l'étape de réalisation : le développement agile, l'approche par composantes, et l'approche transformationnelle. Nous les discutons brièvement ci-dessous ; plus de détails sont disponibles dans le chapitre « Processus de développement du logiciel ».

Le *développement agile* regroupe une famille d'approches de développement qui ont vu le jour dans les années quatre-vingt-dix, qui partagent les points suivants (Highsmith, 2002) :

- développement incrémental et itératif ;
- développement orienté tests : on développe les tests en même temps que, et parfois avant le code à tester ;
- un modèle de travail plus collaboratif ;
- un processus léger avec peu d'emphase sur la documentation.

Pour nos besoins, le point essentiel est que l'intrant à l'étape de réalisation *n'est pas* un livrable formel de niveau conception, mais un schéma approximatif qui sera complété au fur et à mesure que l'on développe. Pour caricaturer un peu, on développe d'abord, et on documente après. Ce principe est considéré hérétique par bien des spécialistes du génie logiciel, mais les disciples des méthodes agiles s'élèvent contre la bureaucratisation du développement (Highsmith, 2002).

Dans le développement par composants, l'essentiel de la fonctionnalité du système à développer est incarné dans un ensemble de composants logiciels réutilisables, tant métiers que de service, qu'il s'agit d'assembler et de coordonner (voir le chapitre « Composants logiciels »). Dans de tels cas, le langage servant à l'assemblage et à la coordination est souvent un langage de scripts de haut niveau, grâce à un savant enrobage (*packaging*) de ces composants, permettant ainsi à des non-programmeurs de « développer des applications. » Typiquement, un analyste construit l'application grâce à un environnement graphique d'édition de processus ou flux de traitements. Les environnements d'EAI[1] en général, et d'édition et de gestion de workflow, en particulier, en sont des exemples. Les applications suivant le style architectural orienté services en sont la dernière incarnation. En somme, avec le développement par composants, tant les tâches que les outils et compétences impliqués dans la réalisation d'applications sont différents.

L'approche *transformationnelle* perçoit le développement de logiciels comme l'application d'une suite de transformations à des descriptions du logiciel, pour partir d'un ensemble de spécifications fonctionnelles et arriver à un logiciel répondant aux exigences fonctionnelles et non fonctionnelles (Partsch & Steinbrüggen, 1983). Selon ce modèle, on ne peut pas vraiment parler d'*étape de conception* ou *étape de réalisation* : toutes les étapes consistent en l'application assistée (par le développeur) de transformations prises dans un catalogue de transformations. Cependant, deux réalisations du modèle transformationnel ont vu le jour : les générateurs d'applications, et l'ingénierie de systèmes orientée modèle (*model driven engineering*) promue par l'OMG (www.omg.org/mda). L'approche générateurs d'applications est généralement utilisée dans des domaines d'applications stables et matures où il a été possible de générer une application du domaine à partir de la spécification d'un ensemble réduit de paramètres. Cette approche est typiquement utilisée pour développer des applications d'accès et de manipulation de SGDB, et les langages 4GL en sont un exemple. Ici, on ne parle pas vraiment de conception ou de réalisation, mais plutôt de *développement – et maintenance – de niveau spécifications* (*specification-level development*).

L'*ingénierie de systèmes orientée modèles* de l'OMG est une variante de l'approche transformationnelle qui se caractérise par :

- la notation utilisée pour représenter les modèles, en l'occurrence, UML ;
- le regroupement des modèles en trois familles distinctes, les CIM (*computation independent models*), les PIM (*platform-independent models*), et PSM (*platform-specific models*), correspondant, grosso modo, aux étapes exigences, analyse, et conception, respectivement ;

1. *Enterprise Application Integration* : intégration d'applications d'entreprises.

- une certaine normalisation (ou standardisation) de la transformation PIM → PSM, perçue comme l'application de profils technologiques bien définis;
- un cadre conceptuel pour la définition et l'application de transformations de modèles.

Selon ce modèle, le programmeur a toujours à coder les fonctionnalités d'affaires (méthodes de classes métiers) à la main, mais le code ainsi développé reste valable, pour un PIM donné, même si une autre transformation PIM → PSM était sélectionnée. Nous y reviendrons au § 4.

En guise de conclusion, disons que les modèles de processus (cycles de vie) de développement de logiciels ne sont pas mutuellement exclusifs. Les trois modèles (agiles, par composants, et transformationnels) représentent trois points dans l'espace des processus de développement. Toute organisation de développement d'une certaine sophistication présentera un mélange des trois processus. Par exemple, dans un modèle de développement par composants, les composants eux-mêmes doivent être développés, et leur développement peut suivre le modèle traditionnel (quelque variante itérative du modèle en cascade), le développement agile, ou encore une approche transformationnelle. De notre analyse ressort tant la diversité que la complexité des tâches et outils impliqués dans le développement d'applications. Nous nous y attarderons dans les § 3 et 4.

2 Préoccupations de l'étape de réalisation

Dans ce paragraphe, nous étudions les préoccupations de l'étape de réalisation, sous la forme d'un ensemble de propriétés que l'extrant de l'étape de réalisation doit avoir. L'ensemble de ces propriétés nous renseigne sur le «métier» de «réalisateur», en terme de compétences et d'outils intellectuels; nous verrons § 4 les outils logiciels pour ce faire. La figure 3 illustre le rôle joué par ces propriétés dans l'étape de réalisation: ce sont des contraintes sur le processus de réalisation.

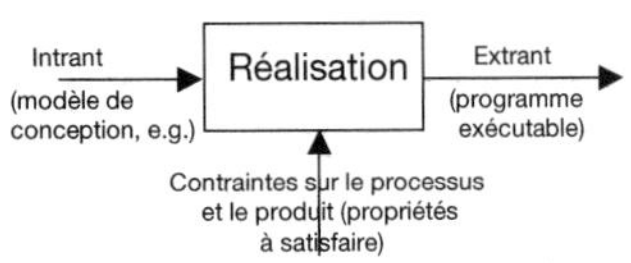

Figure 3 Contraintes sur l'étape de réalisation.

Les propriétés que nous allons étudier sont les suivantes: correction fonctionnelle, correction architecturale, testabilité, maintenabilité, réutilisabilité, et conformité à des normes. Nous ne prétendons pas que cette liste est exhaustive, ni qu'elle est orthogonale, mais elle représente, à notre sens, l'essentiel des choses qui préoccupent les développeurs.

La plupart de ces propriétés s'appliquent à plusieurs étapes de développement, telles la correction fonctionnelle (voir plus bas), ou la maintenabilité, mais elles prennent des formes particulières au niveau de la réalisation. Nous discutons les propriétés à tour de rôle.

2.1 Correction fonctionnelle

La correction fonctionnelle d'une étape de développement veut dire que l'extrant de cette étape est conforme à la description de la fonctionnalité dans l'intrant. Dans le cas de la réalisation, qui est l'étape finale de transformation, cela veut dire garantir que le produit de la réalisation satisfait les exigences fonctionnelles telles que spécifiées à l'étape en amont.

Il n'existe pas de procédure générale qui garantisse la correction fonctionnelle: cela dépend de l'intrant. Dans l'approche transformationnelle, chaque transformation est supposée maintenir une relation de correction fonctionnelle, soit l'équivalence, soit la restriction[1]. Dans l'approche «classique» où un développeur code des algorithmes à partir d'une description textuelle, la correction fonctionnelle dépend du soin avec lequel le développeur code ses procédures.

Faute de pouvoir assurer la correction du code *par construction*, on peut y insérer des *assertions*, qui sont des expressions booléennes qui doivent être vraies, à différents endroits clés d'un programme. Trois types d'assertions sont communément utilisés, les *antécédents*, les *invariants*, et les *conséquents*.

Les *antécédents d'une procédure* ou *fonction* sont des conditions *nécessaires* qui doivent être satisfaites pour que la procédure (fonction) produise un résultat correct. Prenons l'exemple d'une fonction qui calcule la racine carrée sur les entiers positifs: nous voulons l'assujettir d'un antécédent qui teste le signe de l'entrée. Ceci est illustré par l'exemple suivant du langage Eiffel:

```
feature racineCarree(x: integer) is
    require
        x > = 0
    do
        resultat: integer;
        -- calcul
        ...
    ensure
        resultat > = 0
      end
```

L'expression booléenne se trouvant entre le `require` et `do` représente l'antécédent; celle entre `en-`

1. L'équivalence veut dire qu'on obtient les mêmes entrées pour les mêmes sorties. La restriction veut dire que l'extrant est plus *défini* que l'intrant dans le sens que, si l'intrant spécifie plusieurs résultats possibles pour un même intrant, l'extrant en produit un sous-ensemble.

sure et end représente le conséquent. Eiffel supporte aussi des *invariants* de classe permettant de spécifier des contraintes qui doivent être respectées tout le temps, ainsi que des assertions que l'on peut placer n'importe où dans le code pour le vérifier. Le langage Java offre le mécanisme des assertions qui peut jouer le rôle d'antécédents et de conséquents, si on les place aux bons endroits dans le code Java. Certains environnements de développement en C++ supportent aussi le mécanisme des assertions, implantées sous forme de macros. Dans tous les cas, la vérification des antécédents et des conséquents peut être activée sélectivement.

Plusieurs autres approches plus formelles ont été proposées consistant à documenter le code source avec des assertions dans un langage formel qu'un préprocesseur pourrait traduire en expressions dans le langage cible (par exemple (Leavens & Wing, 1998)), sachant que le langage cible ne permet pas nécessairement les assertions ou les antécédents et conséquents.

2.2 Correction architecturale

Un développeur doit réaliser (programmer) le logiciel de façon conforme au style architectural visé du système. Parlons d'abord de ce que *architecture* et *style architectural* veulent dire; nous verrons par la suite quelle forme pourra prendre ce souci de conformité.

Grosso modo, l'*architecture* d'un système décrit l'organisation du système selon un ensemble de modules plus ou moins indépendants, reliés par des relations (statiques ou dynamiques) bien identifiées (Bass *et al.*, 1998). Étant donné la complexité de cette organisation, plusieurs *vues* peuvent être requises pour décrire cette organisation, chacune avec sa propre définition de *module* et d'*interconnexion* entre modules. Un *style architectural* est décrit par un ensemble de types de composants (ou modules), de types d'interaction, et de contraintes sémantiques qui doivent être satisfaites par les composants (Bass *et al.*, 1998). En général, on sépare l'étape de conception d'un système en *conception architecturale* et *conception détaillée*. La conception architecturale consiste principalement en le choix du style architectural, et de l'identification des composants du système. La conception détaillée consiste à concevoir l'«intérieur» des modules; dans le cas de systèmes orientés objet, cela reviendrait à concevoir les classes, les associations entre classes, etc.

Que reste-t-il donc à faire au niveau de la réalisation pour s'assurer que le résultat final soit conforme au style architectural? La réponse théorique est que les entités ou modules qui sont aux frontières des composants de l'architecture doivent en implanter les modes d'interaction prescrits par le style architectural. Par exemple, dans une architecture dite à base d'événements implicites, les composants communiquent par le mécanisme publication/abonnement. Dans ce style, chaque composant peut émettre certains types d'événements, et s'abonner à certains types d'évènements. Lorsqu'un composant émet un événement, cet événement est intercepté par un gestionnaire d'événements qui le transmet aux composants qui se sont abonnés au type de l'événement. Dans ce contexte, nous devons nous assurer que chaque entité (par ex. une classe) qui se trouve à la frontière d'un composant va émettre un événement du bon type pour signaler les changements qui doivent être communiqués aux autres composants.

Concrètement, la conformité à un style architectural va se traduire par une combinaison d'*obligations* et d'*interdits*. Considérons l'exemple de l'architecture à base d'événements. Chaque fonction ou méthode qui change l'état d'un composant doit signaler un événement qui indique le type d'événement en question. L'extrait suivant illustre un cas d'obligation.

```
class Moteur… {
   private float temperature;//attribut
   …
   public void setTempérature(float t){
         if (t == temperature) return;
         float ancien = temperature;
         signaleÉvénement(température,
                             ancien, t);
         temperature = t;
         }
   }

}
```

On s'imagine une application de contrôle de procédés, dans laquelle on utilise une classe (Java) `Moteur` pour représenter des moteurs. Le champ `temperature` (attribut) de la classe `Moteur` est utilisé pour enregistrer la température mesurée dans la chambre de combustion. La fonction `setTempérature(float t)` sert à enregistrer le résultat de la dernière mesure. Si la nouvelle mesure est identique à l'ancienne, on ne fait rien. Sinon, on signale un événement de changement de température en indiquant l'ancienne et la nouvelle valeur. Différentes composantes du système peuvent réagir à un tel événement. Par exemple, une unité de refroidissement peut s'enclencher si la température dépasse un certain seuil. D'autres unités de contrôle peuvent commander l'arrêt du moteur si la température augmente trop rapidement. Etc.

L'aspect *interdiction* est illustré par l'architecture en couches des systèmes de télécommunications. Pour maintenir l'intégrité de cette architecture, une application de niveau *i* ne *doit pas* faire appel à des fonctions ou applications d'un niveau inférieur à *i-1*. Des développeurs peuvent trouver cette interdiction contraignante et sous-optimale, mais devront s'y conformer pour veiller à la portabilité et l'évolutivité de leurs applications.

2.3 Testabilité

Par testabilité, nous voulons dire la capacité de vérifier certaines propriétés du système. Pour qu'un logiciel soit testable, il faut qu'il soit *théoriquement possible* de tester certaines propriétés – ce qui est une préoccupation architecturale – et que le codage (réalisation) de celui-ci ait exposé les choses que l'on peut tester. Nous discutons les deux aspects brièvement.

Tout d'abord, existe-t-il des propriétés qu'il serait impossible de tester? La réponse est certainement oui. Plusieurs systèmes formels d'une certaine complexité comportent des énoncés théoriquement *non décidables*. Prenons la théorie des ensembles, et considérons l'*ensemble des ensembles qui n'appartiennent pas à eux-mêmes*. Cet ensemble appartient-il à lui-même? Il y aussi le fameux problème de l'arrêt de machines de Turing (*halting problem*) – qui représentent un modèle mathématique de ce que seraient des ordinateurs à mémoire *infinie* – qui consiste à prédire, a priori, si un programme *P* va compléter son exécution (par opposition à rentrer dans une boucle infinie) sur une entrée *i*. Turing lui-même a montré que ce problème était non décidable (Turing, 1937). Nonobstant ces problèmes exotiques, il existe des propriétés beaucoup plus concrètes qu'il est parfois impossible de vérifier. Prenons l'exemple d'une application en avionique. Dans ces applications, des palpeurs (*sensors*) prennent des mesures à des intervalles réguliers, qui sont utilisées par un système de contrôle, qui doit commander certains éléments mécaniques de l'avion (angle d'un gouvernail ou d'une aile, débit du carburant, etc.). Le laps de temps entre la saisie de la mesure et le calcul de la commande doit être, petit, pour que la commande reflète le plus possible l'état actuel du système, et constant, ou tout au moins, prévisible, pour faire les corrections a priori qui s'imposent[1].

Prenons l'exemple de deux implantations possibles de notre système avionique, une en Ada, et une en Java, et traçons sur une courbe la durée de traitement des mesures de chacune des implantations (voir figure 4). Le client devra choisir l'implantation Ada, bien qu'elle soit, en moyenne, beaucoup plus lente que l'implantation Java, parce qu'elle garantit un temps de traitement constant – et donc, prévisible – qui est inférieur au maximum acceptable. L'implantation Java ne serait pas satisfaisante à cause des pics occasionnels, même si les pics demeurent en deçà du maximum acceptable, simplement parce que tant l'amplitude des pics que leur temps d'occurrence sont imprévisibles[2]. Un développeur devra, lui aussi, choisir une implantation Ada, parce qu'il lui sera possible de *prouver* certaines propriétés (temps de réponse dans ce cas) de son système avec ce langage.

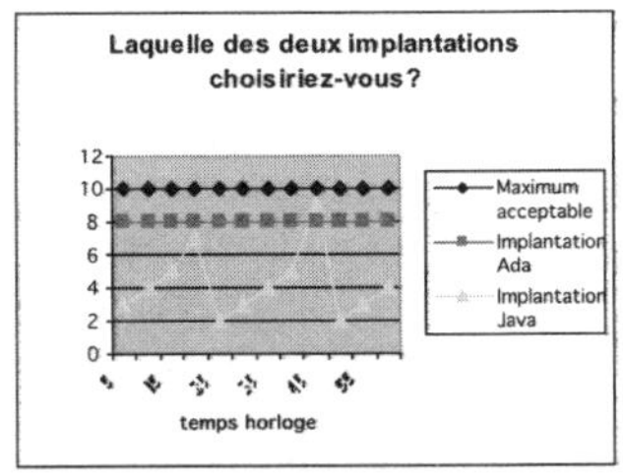

Figure 4 Sacrifier la performance pour la prévisibilité

Le deuxième aspect de la testabilité concerne le fait d'*exposer* à des programmes de test, certaines données du programme. Ceci peut prendre plusieurs formes. Par exemple, étant donné une procédure ou fonction qui effectue un calcul complexe, il s'agit de décomposer le calcul en étapes discrètes calculées par des fonctions intermédiaires que l'on peut tester individuellement. Ou bien ces fonctions existent déjà mais ne sont pas *publiques*. Il s'agit alors de les rendre publiques, ou bien d'y incorporer le programme de test pour lui donner les bons privilèges d'accès.

2.4 Maintenabilité et réutilisabilité

Un logiciel ou module logiciel est *maintenable* s'il est facile, et peu coûteux à modifier, pour accommoder sa fonctionnalité aux changements dans son environnement, ou sa performance. Un logiciel ou composant logiciel est *réutilisable* s'il est généralement («assez souvent») utile et facilement utilisable. La *maintenabilité* et la *réutilisabilité* sont des préoccupations qui se manifestent dès l'analyse, mais elles prennent différentes formes aux différentes étapes de développement. Nous les discutons ensemble parce qu'elles font appel à des techniques similaires au niveau programmation. Pour identifier ces techniques, expliquons d'abord les tâches de maintenance et de développement avec des composants réutilisables.

En général, on fait de la maintenance pour l'une de trois raisons: de la maintenance *corrective* pour corriger

1. De tels systèmes de contrôle *projettent*, dans le temps, les valeurs qu'auront les différents paramètres au moment d'émettre la commande. Tout bon chasseur vous dira qu'il vise toujours un peu en avant du gibier, dépendant de sa vitesse et accélération, et de la distance qui le sépare de la cible… c'est aussi ce que font les *avions* de chasse.

2. Ceci serait un problème général avec les environnements d'exécution qui gèrent eux-mêmes la mémoire dynamique (*garbage collection* ou «ramasse-miettes»).

des erreurs de programmation ; de la maintenance *préventive*, pour améliorer la structure du logiciel pour faciliter les évolutions futures ; de la maintenance *perfective* pour ajouter de nouvelles fonctionnalités. Le processus de maintenance comprend plusieurs tâches : comprendre le *besoin* de maintenance (*exigences*) ; identifier la partie du logiciel existant qui doit être changée (*analyse*) ; réaliser le changement en question (*conception* et *implantation*) ; tester le changement implanté. Un développeur doit réaliser un logiciel d'une façon qui facilite ces tâches.

Concernant la réutilisabilité, considérons les tâches de développement *avec réutilisation*. Normalement, un développeur commence par exprimer un *besoin* fonctionnel, et l'objectif est de trouver un composant logiciel (module, classe, fonction, etc.) qui réponde au besoin. Le processus de réutilisation se déroule comme suit : on compare le besoin en question à des descriptions de composants logiciels réutilisables, pour identifier un ensemble de candidats potentiels à la réutilisation ; on sélectionne, parmi les candidats potentiels, un composant à utiliser en se basant sur des critères typiquement non fonctionnels ; on étudie le composant sélectionné pour en comprendre le fonctionnement et l'utilisation ; on l'intègre dans le logiciel en question ; on teste cette intégration.

Autant pour la maintenance que pour la réutilisation, un composant doit être facile à comprendre. Ceci dépend de trois facteurs. Premièrement, le composant doit être bien documenté : la documentation doit expliquer la fonctionnalité du composant, sa structure interne (pour la maintenance), et son utilisation (pour sa réutilisation). À cet effet, notons que plusieurs environnements de développement modernes (voir § 4) facilitent la documentation de logiciels grâce à diverses variantes de la *programmation lettrée* (Knuth, 1992). Grosso modo, la programmation lettrée consiste à éditer, simultanément (dans un même fichier), du code source mélangé avec de la documentation. Des outils sont alors utilisés pour isoler la partie documentation et la colliger dans des documents à part ; la norme de documentation Java et l'outil javadoc en sont un exemple. Deuxièmement, le composant doit avoir une bonne *cohésion fonctionnelle*, c'est-à-dire doit répondre à un besoin fonctionnel précis, ou à un ensemble cohérent de besoin fonctionnels. La cohésion fonctionnelle relève plus de la conception, et ne devrait pas être affectée par la réalisation. Notons, cependant, qu'une forte cohésion fonctionnelle facilite la localisation des erreurs, et d'une façon générale, des parties à modifier – pour le cas de la maintenance. Troisièmement, pour être plus compréhensible, un composant doit aussi avoir un *faible couplage* avec son environnement externe. En effet, dans de tels cas, on est en mesure d'en comprendre le fonctionnement sans devoir étudier d'autres composants ou systèmes externes.

Tout comme la cohésion, le couplage est aussi une propriété de niveau conception. Toute tâche, la moindrement complexe, va exiger la *collaboration* entre plusieurs modules ou composants. Or, tout échange de données – ou de paramètres de contrôle – entre deux modules entraîne un couplage[1]. Donc, un certain niveau de couplage sera inévitable. Une bonne *modularisation* – une activité de conception – mettra des frontières de composants de sorte à ce que les interactions *inter* composants soient minimes par rapport aux interactions *intra* composants. Le couplage résultant, que l'on pourrait qualifier de « théorique », pourrait être dégradé par une mauvaise conception détaillée ou une mauvaise réalisation. Inversement, une bonne conception détaillée ou réalisation permettent de réduire l'impact des couplages existants. Que fait-on pour réduire l'effet du couplage dû à l'échange d'une donnée *X* ? Deux choses : on *expose* la donnée *X* dans l'interface des modules ou composants qui se l'échangent ; on *cache* la structure interne de *X* tant aux modules qui la créent qu'aux modules qui l'utilisent. Ce sont les deux facettes de l'*abstraction des données*.

En plus d'être facile à comprendre, un composant doit aussi être facile à adapter (maintenance et réutilisation) et à intégrer (réutilisation). *Abstraction* et *paramétrisation* sont deux techniques clés que l'on utilise à cette fin. L'idée sous-jacente est la suivante. Partant d'une spécification d'exigences logicielles, qu'un développeur est libre d'implanter comme bon il lui semble, chaque étape de développement *fixe* ou *fige* certains degrés de liberté en faisant des choix que l'on ne peut révoquer aux étapes suivantes. Autant l'abstraction que la paramétrisation permettent de repousser certains choix vers des phases tardives de développement, en l'occurrence, au moment de l'utilisation de la composante, voire même, au moment de l'exécution. Les techniques d'abstraction et de paramétrisation dépendent fortement du langage de programmation. Nous nous contentons ici d'un exemple de chaque, pris dans le langage Java.

Supposons que l'on doive gérer les commandes saisies par les clients d'un site de transactions en ligne. On peut implanter une structure de liste chaînée de `Commande` qui permette de traiter les commandes dans l'ordre d'arrivée (*First-In, First-Out*, FIFO). Cette liste est illustrée ci-dessous :

```
class ListeFIFOCommandes {
...
```

1. À moins de développer le système en un module unique, auquel cas la *cohésion* en souffrirait grandement !

```
public void addCommande(Commande c) {…}
public Commande nextCommande() {…}
...
}
```

Or, les listes FIFO sont utiles dans bien des applications, et leur fonctionnalité ne dépend guère du type d'éléments. Plutôt que figer le type des éléments de la liste – ici, `Commande` – et refaire une autre structure pour des listes de `Client`, par exemple, on peut mettre le *type d'éléments* comme *paramètre* de la liste, permettant de l'utiliser pour n'importe quel type d'éléments. La nouvelle définition est montrée ci-dessous[1]:

```
class ListeFIFO < TypeEl > {
...
public void addElement(TypeEl c) {…}
public TypeEl nextElement() {…}
...
}
```

À l'utilisation, il suffit de déclarer le type d'éléments:

```
...
ListeFIFO < Commande > listeComm =…;
...
ListeFIFO < Client > listeClients =…;
...
```

Nous illustrons l'abstraction par l'exemple suivant. Supposons que l'on veuille développer une application qui affiche ses données sur une fenêtre graphique, et que l'on veuille que l'application soit portable sur les plateformes, Windows, Linux, et Solaris. Supposons aussi que les fenêtres graphiques soient représentées par les classes `WindowsFenetre`, `LinuxFenetre`, et `SolarisFenetre`, respectivement, supportant toutes les mêmes opérations. Nous montrons ci-dessous deux versions du même code, une par plateforme:

```
// exemple de code sur Microsoft Windows
float nouvelleValeur = getNouvelEtat(x);
WindowsFenetre fen = getAffichageWin();
fen. affiche(nouvelleValeur);
fen. rafraichit() ;
...
// le même code, version Linux
float nouvelleValeur = getNouvelEtat(x);
LinuxFenetre fen = getAffichageLinux() ;
fen. affiche(nouvelleValeur);
fen. rafraichit() ;
...
```

La seule différence entre les deux extraits de code est le nom du type de fenêtre, et la fonction qui retourne la fenêtre d'affichage. Le langage Java permet de «faire abstraction» de la plateforme, et d'écrire l'application en terme d'une *interface* `Fenetre`, qui représente les aspects communs aux diverses implantations, notamment les opérations `affiche (float)` et `rafraichit ()`:

```
//code général sur toutes les plateformes
float nouvelleValeur = getNouvelEtat(x);
Fenetre fen = getAffichage() ;
fen. affiche(nouvelleValeur);
fen. rafraichit() ;
...
```

où l'interface `Fenetre` est définie comme suit:

```
interface Fenetre {
public void affiche(float v);
public void rafraichit() ;
}
```

Les classes `LinuxFenetre` et `WindowsFenetre` sont alors définies comme étant des *implantations* de l'*interface* `Fenetre`, comme suit:

```
class WindowsFenetre implements Fenetre {
public void affiche(float v) {…}
public void rafraichit() {…}
...
// attributs et fonctions spécifiques
}
```

Idem pour la classe `LinuxFenetre`.

Une autre technique d'abstraction communément utilisée en orienté objet, mais moins puissante que le mécanisme des interfaces, consiste à utiliser des *classes abstraites*, auquel cas `Fenetre` serait la superclasse commune aux trois variétés de fenêtres. Dans (Mili *et al.*, 2002), nous avons discuté en détail les principes d'abstraction et de paramétrisation en orienté objet.

2.5 Adhésion aux normes

La réalisation de logiciel est souvent régie par un nombre de normes auxquelles le développeur doit se conformer. Nous faisons la distinction entre *normes logiques* et *normes métiers*.

Les normes logiques peuvent être de différents types. Il existe des normes de codage, qui sont plus stylistiques, mais qui incarnent de bonnes pratiques de programmation. Ces normes sont généralement volontaires, bien que certains environnements intégrés de développement, qui génèrent du code à partir de modèles de conception, puissent les mettre en application via les patrons de génération de code (*code templates*). L'adhésion ou non à des normes de codage a souvent peu d'impact sur le comportement à l'exécution du code résultant.

Des applications peuvent aussi adopter des normes de données. Ces normes peuvent se traduire à différents niveaux: nomenclature des champs de données, types de données (par ex., les noms sont des chaînes de caractères de longueur 256 caractères), format des

1. Une version simplifiée de la *généricité* dans Java 5.

données (par exemple format des dates), validations (quelles validations effectuer sur chaque type), etc. En général, un *dictionnaire de données corporatives* peut servir de point de référence pour définir les données de l'application.

Une application peut aussi faire référence à des normes de sécurité. Par exemple, on peut exiger que toutes les communications soient chiffrées (encryptées), spécifier le type ou l'algorithme de chiffrement (par exemple à clé publique), assujettir certains appels de fonctions à une vérification de l'identité de l'appelant – dans le cadre d'une application client serveur, etc. Il faut noter que dans les environnements d'exécution modernes, tels les *interstitiels* (*middleware*) ou les serveurs d'applications (par exemple serveurs J2EE), une *politique de sécurité* peut être spécifiée et mise en place de façon globale à l'aide de fichiers de configuration – tels les descripteurs de déploiement – plutôt que par programmation. Dans de tels cas, un développeur doit juste choisir les bons paramètres de configuration pour son application, conformes à la politique en place.

Les normes métiers peuvent prendre différentes formes, et vont souvent trouver expression plutôt dans le cycle de vie, en terme de fonctionnalité ou de processus de traitement. Par exemple, les applications qui touchent à un domaine réglementé doivent souvent produire des journaux ou traces des transactions exécutées, pour fins de rapports (*reporting*) ou de vérification. Il n'existe pas de procédure générale de mise en application de normes métiers : cela dépend grandement du type de norme.

3 Paradigmes et langages de programmation

L'une des plus importantes décisions du niveau réalisation est le choix du langage de programmation. Ce choix est généralement influencé par trois facteurs :

- culture «langagière» de l'organisation, c'est-à-dire expérience du personnel de développement et de maintenance avec le langage ;
- des choix, faits au niveau de l'analyse et de la conception, qui favorisent un *paradigme de programmation* par rapport à un autre ;
- les caractéristiques techniques du langage.

Nous parlons d'abord des critères techniques de choix de langage. Nous parlerons ensuite des *paradigmes* de programmation fonctionnelle, logique, et objet, et mentionnerons des exemples de langage de chaque.

3.1 Que cherche-t-on dans un langage?

Un langage de programmation est un *outil* permettant à un développeur d'*exprimer* une conception sous une forme exécutable, de façon *fidèle*, tout en veillant à répondre aux préoccupations mentionnées précédemment. Nous examinons les propriétés désirables des langages sous trois angles : l'expressivité, l'abstraction, et la sécurité. Le § 3.2 examinera comment les trois paradigmes de programmation répondent à ces propriétés, et nous verrons dans le § 3.3 quelques langages.

Expressivité

Un langage est expressif si on est capable d'exprimer différents concepts de programmation simplement. Notons qu'il y a l'aspect *possibilité* (d'expression) et l'aspect *simplicité*. D'après Turing, toute fonction calculable peut être exprimée sous forme de (programme d'une) machine de Turing ; ça n'en fait pas pour autant un bon langage de programmation ! L'expressivité d'un langage de programmation se mesure par la richesse de ses structures de contrôle, la richesse de ses abstractions (nous y reviendrons), et par son support pour différents modèles de programmation (multitâche, temps réel, etc.). Différents langages adoptent différents mélanges (abstraction versus structure de contrôle), leur donnant une saveur et un profil d'utilisation très particulier. Nous y reviendrons dans le § 3.3.

Abstraction

Les langages de programmation se mesurent aussi par les *frontières d'abstraction* qu'ils offrent, qui sont propres aux langages du même paradigme, et par les techniques d'abstraction et de paramétrisation, qui peuvent varier d'un langage à un autre au sein de la même famille. Le § 2.4 a illustré un mécanisme de paramétrisation et un mécanisme d'abstraction.

Nous définissons une *frontière d'abstraction* comme une structure qui englobe un ensemble de «phrases» du langage, dont elle n'en expose que les parties ou aspects nécessaires à une utilisation particulière. Dans les langages procéduraux, on parle principalement de *module*, et de *fonction* – et de *bloc*, dans certains langages. Dans les langages orientés objet, on parle de *méthode*, de *classe*, et de *module* ou *paquetage*. Dans le langage AspectJ, on ajoute la notion d'*aspect* (Kiczales *et al.*, 1997) ; dans le langage HyperJ, on ajoute les notion d'*hyper-espace* et *hyper-tranche* (Tarr *et al.*, 1999).

Intuitivement, ce que nous recherchons dans ces frontières-là, c'est un découpage «naturel» des fonctionnalités ou données du logiciel. Mais qu'est-ce qu'un découpage naturel ? Le monde représenté ou «opérationnalisé» par les logiciels n'est souvent pas naturel : les objets ou fonctions d'un système d'exploitation ou d'un interstitiel (*middleware*) n'ont rien de naturel : ce sont des concepts ou *abstractions* développées à travers une longue maturation du domaine. Plutôt que se perdre dans ces considérations épistémologiques, disons qu'une bonne frontière d'abstraction (ou modularisation) permet de décomposer un problème en modules ayant une forte cohésion, un faible couplage, et une forte réutilisabilité. Historiquement, les paradigmes de programmation récents ont ajouté de nouvelles frontières d'abstraction à celles de leurs ancêtres.

Sécurité

Ce que l'on recherche, dans ce cas, c'est que le langage, et l'ensemble de ses outils, nous permettent de, détecter les erreurs de programmation avant l'exécution – typiquement, à la compilation, ou nous permettre d'en être saisi et possiblement nous en remettre, à l'exécution. Les langages dits *typés* nous permettent de détecter les erreurs de programmation à la compilation. Chaque variable ou type de retour et paramètre de fonction est déclaré comme étant d'un type (*domaine* ou *ensemble de valeurs*) donné ; le compilateur peut alors vérifier la *compatibilité des types*. Les langages non typés, dont Smalltalk et Lisp, ne permettent pas de détecter les cas d'incompatibilité de type avant l'exécution : c'est l'interpréteur qui fera la vérification de types pendant l'exécution. Parmi les langages typés, on distingue entre langages *fortement typés* et langages *faiblement typés*, les premiers étant plus sécuritaires que les derniers. Par contre, les langages faiblement typés sont plus souples, et permettent plus de gymnastique, mais à vos risques et périls. Le langage Ada est fortement typé, sécuritaire, mais rigide, alors que le langage C, par exemple, est faiblement typé et dangereux, mais souple. Le langage Java, qui est plus moderne, est fortement typé et essentiellement sécuritaire, mais souple grâce à un certain nombre de constructions (polymorphisme, interfaces, etc.). C++ est, philosophiquement, fortement typé. Cependant, son héritage C, maintenu pour des raisons de compatibilité, compromet l'intégrité du système de types.

La vérification durant l'exécution ne permet pas d'éviter l'occurrence d'une erreur. Par contre, elle permet de détecter ces erreurs-là, avant qu'elles ne causent des erreurs catastrophiques, et les signaler au programme appelant ; de traiter l'erreur, localement, dépendant du contexte d'utilisation. On utilise deux ingrédients, non exclusifs, pour assurer la sécurité durant l'exécution, les antécédents et conséquents, dont nous avons déjà parlé (voir § 2.1), et la notion d'*exception* et de *gestion des exceptions*. L'ensemble des deux techniques constitue ce que l'on pourrait appeler *programmation par contrat*. Les antécédents déterminent les conditions d'applicabilité de la fonction, et constituent une « première ligne de défense ». À l'intérieur de la fonction même, on se concentre sur l'implantation de la logique de la fonction, en signalant, par des *exceptions*, les conditions anormales, laissant à l'appelant le soin de diagnostiquer le problème, et de prendre les mesures correctives appropriées.

La *programmation par contrat* doit être comparée à ce qu'on appelle *programmation défensive*, selon laquelle, chaque programme ou module est responsable pour le diagnostic et le traitement de toutes les erreurs possibles dans ses entrées ou dans l'état de son environnement au moment de l'exécution.

Alors que les antécédents et conséquents, et assertions demeurent relativement exotiques, les exceptions sont offertes par plusieurs langages, et la plupart des langages modernes permettent au développeur de définir lui-même de nouveaux types d'exceptions (par ex. Ada 95, Java, Eiffel, C#, Smalltalk, etc.).

3.2 Les paradigmes de programmation

Dans ce paragraphe, nous décrivons brièvement les tenants des différents paradigmes de programmation, et citons quelques exemples de langages de chaque paradigme. Historiquement, les langages ne sont pas venus après les paradigmes : plusieurs paradigmes ont émergé comme la synthèse d'une famille de langages qui partagent certaines caractéristiques, alors que d'autres découlent plus directement d'une théorie mathématique – telle la programmation logique. Cet état de fait caractérise plusieurs avancées en informatique, provenant plus de solutions d'« ingénieurs » à des problèmes particuliers, qu'on a théorisés par la suite, que de solutions théoriques qu'on a opérationnalisé par des réalisations concrètes. Pour Wegner (Wegner, 1976), les premières décennies de la recherche sur les langages peuvent être caractérisées par la recherche empirique ou exploratoire (années cinquante), suivie de la validation ou théorisation mathématique (années soixante), suivie par la consolidation technologique (années soixante-dix) pour faire de ces langages des outils de production industrielle. Cette observation est d'autant plus d'actualité que, mise à part la programmation par aspects, les trois premiers paradigmes trouvent leurs racines dans les années soixante !

Programmation procédurale

Cette catégorie regroupe les langages procéduraux, toutes générations confondues, y compris FORTRAN, COBOL, la famille des langages dits structurés (Algol, Pascal, C), en passant par les langages dits modulaires (Modula 2, Ada 83), qui sont à mi-chemin vers l'orienté objet. Cet amalgame ferait dresser bien des cheveux sur la tête, mais pour nos besoins, ces langages ont deux points importants en commun : un style de programmation *impératif*, c'est-à-dire qu'on précise la séquence d'étapes à suivre pour produire un résultat; une frontière d'abstraction centrée autour du traitement, que l'on parle de fonction (au sens mathématique et des langages fonctionnels), ou procédure (traitement avec effets de bord), ou d'un ensemble de fonctions et procédures. Du point de vue de la maintenance et de la réutilisation, la question est de savoir si le traitement constitue une unité stable (résiliente au changement) et réutilisable. Ceci dépend un peu du domaine d'applications. Nous y reviendrons à la fin du §4.

Mis à part le style de programmation (impératif) et l'unité d'abstraction (la fonction et ses dérivées), il y a des différences majeures entre les langages procéduraux, sur le plan de l'expressivité et de la sécurité. Entre le langage FORTRAN, qui a un typage très faible, et qui est très peu sécuritaire, et Ada 83, par exemple, qui est très sécuritaire et qui a un typage très strict, il y a un long chemin à faire.

Ce paradigme a dominé le paysage jusqu'à la fin des années quatre-vingt, et n'est pas prêt de reculer, ne serait-ce qu'à cause de toutes les applications en production qu'on continue de maintenir. Ajoutons à cela que certains langages hybrides procéduraux – objet (par exemple, le C++), ont continué à être utilisés à la manière procédurale. Ajoutons à cela la nouvelle génération de langages de développement d'applications Web qui ont ranimé les pires pratiques de programmation que notre métier ait connues, dont le faible typage, et l'amalgame de logiques d'affaires et de présentation.

Programmation logique

Dans ce paradigme, un programme est un ensemble de *clauses* logiques. L'exécution d'un programme n'est rien d'autre qu'une *preuve de théorème* à partir de ces clauses, en utilisant des règles d'inférence. Supposons que nous ayons les clauses suivantes:

1. *Tante(X,Z):- Enfant(X,Y), Soeur(Y,Z)*
2. *Enfant(Patrick, Jean)*
3. *Soeur(Jean, Marie)*
4. *Enfant(Patrick, Hélène)*
5. *Soeur(Hélène, Martine)*
6. *Soeur(Patrick, Sylvie)*

La clause 1 dit que si Enfant(X, Y) est vrai, pour un certain X et un certain Y, et si Sœur(Y, Z) est vrai pour le même Y et un Z, alors Tante(X, Z) est vrai, où Enfant(X, Y), Sœur(Y, Z), et Tante(X, Z) sont des *prédicats*. Dépendant de la question qu'on pose, ces mêmes clauses sont utilisées pour trouver une réponse. Par exemple, si on écrit Tante(Patrick,?), le programme va interpréter comme voulant dire, quelle serait la tante de Patrick, et la réponse serait Marie. À la question Tante(?,Marie), le programme répondrait Patrick. À la question Tante(?, ?), le programme imprimerait toutes les paires (X, Y) telles que Tante(X, Y) est vraie. Toutes sortes d'opérations peuvent être mises sous forme de clause, y compris l'arithmétique et la traversée de structures de données récursives. En fait, tout traitement qui peut s'écrire sous forme de règles de réécriture peut être exprimé sous la forme d'un programme logique.

Contrairement à la programmation procédurale où il faut spécifier les étapes de calcul (*impérative*) pour trouver un résultat, dans la programmation logique on fournit la logique du traitement sous forme de clauses indépendantes (*déclaratives*), et c'est l'interpréteur qui trouvera la séquence d'«exécution» de ces clauses, à partir de leurs dépendances logiques. Plusieurs conséquences découlent de cette propriété. D'abord, au niveau de la maintenance, la programmation logique permet une maintenance *incrémentielle*: pour ajouter une fonction de plus, il suffit d'incorporer les clauses appropriées pour changer le comportement du programme, sans avoir à se soucier de la séquence d'exécution. Au niveau de la réutilisabilité, contrairement à une procédure qu'on ne peut réutiliser qu'en bloc, l'interpréteur réutilisera les parties dont il aura besoin pour établir ses preuves et répondre aux différentes questions qui lui seront posées. Par contre, la programmation logique n'est pas très efficace puisque l'interpréteur doit procéder de façon quasi exhaustive pour répondre aux questions.

Programmation orientée objet

Dans ce paradigme, un logiciel est perçu comme une collaboration entre *objets*, ayant chacun un état, et un ensemble de comportements. Cette métaphore nous provient du monde de la physique, et témoigne peut-être de l'ancêtre des langages orientés-objet: le langage SIMULA 67, qui est un langage de représentation et de simulation de systèmes physiques. Cette métaphore s'est traduite, dans la pratique, en un ensemble de langages plus ou moins exotiques. Les langages Smalltalk, Self, CLOS, et Actors – pour ne citer que les plus connus – sont probablement les plus fidèles à la métaphore, et jouissent tous d'une grande puissance et souplesse, au détriment de la sécurité[1]. Les langages C ++ et Ada 95 sont des langages hybrides supportant autant le procédural que l'orienté objet. Les langages Eiffel, Java, et C# combinent fort typage et souplesse, permettant d'atteindre un bon compromis entre sécurité et souplesse.

Naturellement, il existe des différences majeures entre les langages. On distingue souvent entre langages

1. Généralement parlant, le typage réduit la souplesse puisqu'il nous oblige à connaître d'avance les types des objets que le programme manipulera à l'exécution.

orientés-classes et langages *orientés-prototypes*. Smalltalk, CLOS, C ++, et Java sont des langages orientés classes, dans la mesure où les objets sont définis par des structures ou moules communs appelés *classes* qui en représentent le type, au sens programmation. Dans un tel cas, la classe est le dépositaire, en quelque sorte, du comportement (des opérations) de ses objets. On peut voir la classe, dans ces cas-ci, comme une généralisation de l'*enregistrement*: un enregistrement (`struct` en C/C++ ou `record` en Pascal ou Modula) définit une structure de données en termes d'une liste de champs de données ayant un nom et un type. Une classe est, en quelque sorte, un enregistrement auquel on a ajouté des fonctions qui lisent et modifient les champs de l'enregistrement. Ajoutons à cela le contrôle de visibilité, et nous avons – à peu près – une classe. Dans les langages orientés classes, chaque objet est représenté par un enregistrement qui contient les champs de données – dont les valeurs sont spécifiques à l'objet – et qui pointe vers une structure commune contenant les fonctions qui y sont rattachées.

Avec les langages à base de prototypes, il n'y a pas de moule ou patron commun aux objets (la classe): chaque objet contient ses champs de données et ses fonctions. Par contre, un objet peut déléguer certaines propriétés, et certains comportements à un autre objet semblable. Le langage Self appartient à cette famille de langages – essentiellement de recherche.

Une autre distinction importante entre langages orientés classe est liée au statut des classes. Il existe des langages où les classes sont elles-mêmes des objets manipulables durant l'exécution (Smalltalk ou CLOS), et d'autres où les classes sont des structures de niveau compilation qui n'ont pas d'existence propre à l'exécution (C++, Eiffel). Puis, il y a les langages où les classes sont représentées par des objets durant l'exécution (par exemple Java). Les langages dans lesquels les classes sont soit des objets (Smalltalk), soit représentées par des objets (Java), permettent de consulter le type d'un objet durant l'exécution, donnant une grande souplesse, essentielle aux systèmes distribués, par exemple. Les langages où les classes sont des objets à part entière (Smalltalk, CLOS) permettent de modifier la définition d'une classe durant l'exécution, donnant encore plus de souplesse, et encore moins de sécurité.

L'espace limité de cet article ne nous permet pas de caractériser précisément les langages orientés objet, ni de les comparer entre eux. Pour les besoins de cet article, on s'intéresse au *paradigme*. La question que l'on se pose, au niveau des frontières d'abstraction est: l'objet (ou la classe) représente-t-il une entité de programmation stable et réutilisable? Les disciples de l'orienté objet semblent croire que oui. L'idée de regrouper les données avec les fonctions qui les manipulent donne lieu à des unités (les classes) qui sont cohésives, faiblement couplées avec l'extérieur, et utiles. Ces unités (classes) seraient alors résilientes à différents types de changements:

- les changements d'implantation interne des données: grâce à la *dissimulation de l'information*, les utilisateurs de la classe sont protégés des changements d'implantation;
- les extensions de contenu des données et de comportement : grâce au mécanisme d'*héritage*, on peut définir une classe comme étant une *extension* d'une autre, réutilisant ses données, et les fonctions qui s'y rattachent. Grâce au *polymorphisme*, les programmes clients ne sont pas affectés par la substitution de l'objet d'une classe par un objet de l'une de ses sous-classes.

La réalité n'est pas aussi rose. L'excès de zèle objet a créé des difficultés au niveau de la modélisation de comportements complexes impliquant la collaboration de plusieurs objets. Ces difficultés ont amené chercheurs et praticiens à proposer des constructions fonctionnelles *extra*-objet, à tous les stades de développement : les *cas d'utilisation*, aux niveaux exigences et analyse, et les *contrats* au niveau conception et implantation. De plus, l'expérience a montré qu'on réutilise rarement des classes toutes seules: on réutilise *souvent* des agglomérats de classes qui collaborent entre elles. On parle alors de patrons d'analyse ou de conception, de cadres d'application, de composants, etc.

Programmation objets-règles

La programmation objets-règles combine les deux paradigmes de programmation par objets, et de programmation logique. Du point de vue de la programmation logique, la programmation objets-règles vient modifier la nature des «symboles» que les règles manipulent: ce sont désormais des *objets*, susceptibles de changer d'état durant l'exécution du programme (logique), et du coup, la logique n'est plus *monotonique*, ce qui veut dire, concrètement, que ce qui est vrai à l'instant t ne l'est plus forcément à l'instant $t' > t$. Du point de vue de la programmation par objets, la combinaison objets-règles veut dire, concrètement, que le comportement d'un objet, ou d'un ensemble d'objets, n'est pas uniquement décrit par des méthodes procédurales, mais peut être décrit, directement ou indirectement par un programme logique. La description est directe si le programme logique décrit l'action à entreprendre dans le cas d'occurrence d'un événement métier; elle est indirecte si le programme logique décrit une contrainte sémantique (métier) à maintenir dans le cas d'occurrence d'un événement métier. Nous illustrons ci-dessous l'utilisation de règles dans un programme orienté objet.

Soit un module (classe `TraitementCommande`) qui gère les commandes (classe ou entité `Commande`) soumises par des clients (classe `Client`). Nous avons une *règle d'affaires* qui dit que les commandes issues de clients fidèles doivent être livrées gratuitement.

```
class Client... {
    ...
    public int statut = OCCASIONNEL;
    ...
}
class Commande...{
    ...
    public Client client = null;
    public int typeLivraison = PAYANTE;
    ...
}
class TraitementCommande... {
    private MoteurRegles moteur =...;
    ...
    public Commande prochaineCommande(...)
     {...}
    public void traiteCommande(Commande c)
     {   moteur.insere(c);
         moteur.executeRegles();
         moteur.retire(c);
     }
    ...
}
RULE Livraison_gratuite_a_client_fidele {
    IF
        ?cl: Client(statut = FIDELE);
        ?com: Commande(client = ?cl);
    THEN
        ?com.typeLivraison = GRATUITE
}
```

La règle dit que, étant donné un `Client` appelé `?cl`, et une `Commande` appelée `?com`, si le client (`?cl`) a un `statut = FIDELE`, et que `?com` a été soumis par `?cl`, alors on modifie `?com` pour attribuer la valeur `GRATUITE` à son attribut `typeLivraison`. La classe `TraitementCommande` possède une méthode (opération) `traiteCommande` qui soumet la commande et son client à un moteur à base de règles, et lui demande d'exécuter ses règles. On suppose que ce moteur contient déjà la règle ci-dessus. L'effet de cette exécution sera la modification de certains attributs des objets sur lesquels opère le moteur à base de règles – notre objet `Commande`.

La programmation objets-règles est recommandée pour implanter les règles d'affaires (règles métiers), et ce, pour deux raisons. Premièrement, les règles sont généralement codées dans un langage qui facilite la communication avec les divers intervenants – généralement dans un format plus proche du langage naturel que ce que laisse suggérer notre exemple. Deuxièmement, elle permet la mise à jour de ces règles d'affaires simplement, étant donné qu'elles sont traitées comme des données par les moteurs à base de règles. L'aspect *expertise* ou *intelligence artificielle* de l'approche est totalement secondaire, d'autant plus que les règles d'affaires sont souvent simples du point de vue logique. Cette approche fait son chemin, et est mise en application dans plusieurs domaines, dont les services financiers, les télécommunications, le gouvernement en ligne, la gestion des relations avec les clients dans le contexte de commerce électronique B2C, etc. Plusieurs produits commerciaux et du domaine public existent.

Développement orienté aspects

Sous ce paradigme, nous avons regroupé plusieurs approches de programmation qui viennent modifier le paradigme objet en ajoutant de nouvelles frontières d'abstraction au-delà de la fonction, de la classe, du patron, ou du cadre d'application. Ces nouvelles frontières essayent de capturer des éléments fonctionnels qu'on juge séparables et qu'on pourrait réutiliser et maintenir séparément. Prenons l'exemple d'une entreprise manufacturière, où un employé est en même temps une ressource de production, ayant certaines compétences et disponibilités, qu'on peut programmer dans un plan de production, mais aussi du personnel avec une échelle salariale, des avantages sociaux, des dépendants, etc. Dans l'approche objet traditionnelle, l'ensemble des fonctionnalités reliées aux employés vont être programmées dans la même classe `Employé`. Les divers *aspects fonctionnels* vont partager certains attributs et fonctions de la classe `Employé` (le nom, un identificateur unique tel le numéro d'assurance sociale, un point de contact), en plus d'avoir leurs propres attributs et fonctions. Dans la *programmation orientée sujet* (Tarr *et al.*, 1999), chaque aspect fonctionnel est représenté par un *sujet*, qui est une tranche fonctionnelle d'une hiérarchie de classes qui implante un aspect fonctionnel particulier, au besoin en faisant appel à des fonctions rattachées à d'autres sujets. La programmation orientée sujet (SOP), et sa descendante, *HyperJ* promeuvent le développement d'applications par fusion ou *composition* de fonctionnalités (*feature-oriented development*). Malgré une certaine élégance théorique, ce modèle n'a pas connu de succès, en partie à cause de la trop grosse granularité de composition[1].

1. Si on fusionne deux définitions de la classe `Employé` provenant de deux sujets différents, et si la même méthode se retrouve dans les deux, SOP et HyperJ prévoient un langage déclaratif pour exprimer la définition résultante de la méthode en fonction des définitions originales, mais il n'est pas possible de combiner *une partie* de la méthode provenant du premier sujet avec *une partie* de la méthode provenant de l'autre sujet. Dans bien des cas, cela peut causer de la redondance dans le traitement. Dans le pire des cas, cela amène des conflits.

Une approche plus récente, la *programmation orientée aspect* (Kiczales *et al.*, 1997), a identifié une autre frontière d'abstraction, appelée *aspect*, qui convient pour les aspects fonctionnels qui entrecoupent « horizontalement » un ensemble de classes – par opposition à la programmation par sujets qui prend une tranche verticale d'une hiérarchie de classes. Plusieurs exemples de tels aspects sont souvent cités : l'aspect traçage, qui consiste à produire une trace de certaines fonctions (imprimer leurs noms et leurs arguments à chaque appel) ; l'aspect sécurité, qui consiste à valider l'identité et les privilèges de l'appelant avant d'effectuer un traitement ; l'aspect persistance, qui consiste à sauvegarder un objet en mémoire secondaire chaque fois qu'on modifie l'un de ses attributs, etc. Intuitivement, la frontière aspect convient mieux aux aspects fonctionnels qui implantent des exigences non fonctionnelles, alors que la frontière sujets est plus adaptée aux aspects fonctionnels métiers.

La programmation orientée aspect, et son implantation en Java (*AspectJ*) ont connu beaucoup de succès. Les mauvaises langues diraient que dans sa forme la plus simple, AspectJ offre une implantation élégante de la compilation conditionnelle[1] de C/C++, sans les cauchemars que l'on y associe pour la maintenance. L'auteur considère que ceci est, en fait, un compliment : on mesure l'utilité d'une nouvelle technologie à sa capacité à permettre de faire des choses simples, simplement, ce qui est le cas de AspectJ, mais pas de HyperJ.

D'autres variantes de développement par aspects existent, mais elles demeurent, pour l'instant, au stade de la recherche. Notons aussi que ces dernières années, une bonne partie des travaux de recherche dans ce domaine tourne autour du modèle de AspectJ, les chercheurs ayant plus ou moins abandonné la poursuite de nouvelles et meilleures idées. En sciences, on se plaint souvent que les nouvelles idées mettent trop longtemps à pénétrer la pratique. Il y a pire : quand une nouvelle idée, pas encore mure, perce trop vite.

4 Les outils de réalisation de logiciels

Dans ce paragraphe, nous présentons brièvement l'arsenal du développeur d'aujourd'hui. Deux tendances parallèles caractérisent le paysage des outils d'aujourd'hui : la fragmentation des fonctionnalités en produits différents mais interopérables – ce que les Anglo-Saxons appellent, abusivement *componentisation*, et les outils développés en mode logiciel libre à code source ouvert (*open source*).

4.1 Infrastructure : préprocesseurs, compilateurs, fourmis, et machines virtuelles

Préprocesseurs et compilateurs

Il est de coutume en programmation de faire la distinction entre pré-processeurs et compilateurs. En général, un fichier source contient des instructions du langage de programmation ainsi qu'un ensemble d'annotations, de directives, et de macros, qui ne font pas partie du langage. Ces annotations, directives, et macros sont destinées, soit à un usage humain, pour documenter le code source, soit au préprocesseur pour l'instruire sur la façon de générer le code source à soumettre au compilateur. Le compilateur, quant à lui, génère du code exécutable sur la machine cible. La figure 5 illustre la séquence.

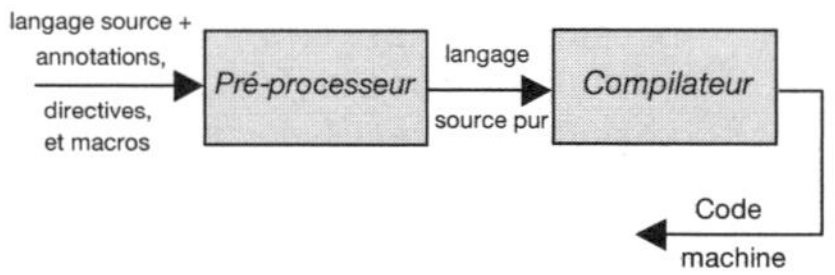

Figure 5 Traitement des programmes.

Dans le cas de la *programmation lettrée*, le même fichier source est soumis à un autre outil qui extraie la documentation consommable par les humains (fig. 6)

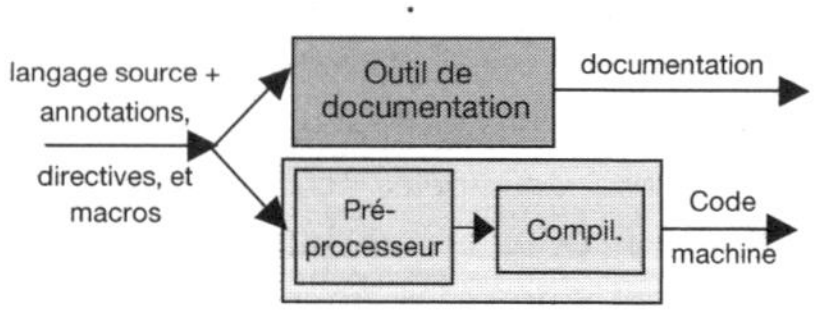

Figure 6 Le même fichier est utilisé pour produire du code exécutable et de la documentation.

De nos jours, les compilateurs ne captivent plus l'imagination de ceux qui aspirent à devenir informaticiens. Les langages étant principalement standardisés – à part ceux de Microsoft – chercheurs et praticiens cherchent plus à optimiser le code généré par le compilateur plutôt que varier les caractéristiques du langage.

make et ant

Tout programme non trivial comprend plusieurs fichiers source, le code d'un fichier faisant référence à des définitions qui se retrouvent dans d'autres fichiers. Un développeur devra s'assurer de compiler ces fichiers dans le bon ordre pour s'assurer que chaque

1. La compilation conditionnelle est un mécanisme langagier en C/C++ qui permet d'inclure du code C/C++ dans un programme qui ne sera traité par le compilateur – et donc, inclus dans le code exécutable résultant – que pour certaines valeurs de variables d'environnement. Parmi les variables souvent utilisées, notons la plateforme d'exécution cible (par ex. Windows ou Linux), le *mode* d'exécution (par exemple production ou développement), et bien d'autres.

chose est définie avant d'être utilisée. Ces références créent un graphe de dépendances qu'un développeur devra mémoriser, autant pour compiler son code la première fois, que pour recompiler, sélectivement, les fichiers appropriés lorsqu'un fichier est modifié. Stu Feldman, anciennement chercheur à Bell Labs (en 1977) et maintenant chez IBM, a développé la commande *make* sur systèmes Unix, qui permet de compiler un ensemble de fichiers à partir d'un graphe de dépendances représenté dans un fichier «makefile». En fait, *make* sert à faire plus que de la compilation. Un *makefile* contient un ensemble de *cibles*, qui dépendent d'autres cibles, et qui peuvent être mises à jour par l'exécution d'une commande Unix. La commande en question peut-être une compilation, une *édition de liens* (pour générer une bibliothèque, par exemple), ou toute autre manipulation de fichiers. Pour mettre à jour une cible donnée, on invoque la commande *make* en spécifiant le *makefile* et le nom de la cible. Dépendant de l'heure de dernière mise à jour de la cible et des cibles dont elle dépend, cela peut provoquer une vague de mise à jour de cibles.

La communauté Java a développé *ant*[1], qui est une version améliorée de *make*. La commande *ant* se distingue de *make* par trois caractéristiques majeures : *ant* est multiplateforme, alors que *make* est une commande Unix ; le fichier de dépendances est représenté par un fichier XML, par opposition aux *makefile* dont le formattage est assez capricieux ; on peut exécuter n'importe quelle commande avec *ant*, alors que *make* permet juste d'invoquer des commandes «shell». Aujourd'hui, *make* est développée par la Free Software Foundation (www. fsf. org), alors que ant est développée par l'Apache Software Foundation (www. apache. org), toutes les deux des organisations sans buts lucratifs dédiées au développement de logiciel libre à code ouvert.

Interpréteurs et machines virtuelles

Il est de coutume de faire la distinction entre langages *compilés* et langages *interprétés*. Les programmes écrits dans des langages compilés sont traduits en du langage machine par un compilateur ; le code résultant est exécuté plus tard par la machine physique. Les programmes écrits dans des langages interprétés *purs* sont analysés durant l'exécution et traduits dynamiquement en instructions machines qui sont exécutées sur le champ. Les programmes PROLOG et Lisp – dans une moindre mesure – sont exécutés selon ce mode. Les langages interprétés ont l'avantage de leur absolue portabilité, et de leur extrême souplesse, permettant à un programme de générer d'autres programmes et de les exécuter – entre autres. Mais ils souffrent d'une mauvaise performance, et d'une très faible sécurité, puisqu'aucune vérification préalable de types n'est faite avant l'exécution. Des langages intermédiaires ont vu le jour, où le compilateur génère du code *intermédiaire* qui est exécuté (interprété) durant l'exécution par un programme que l'on convient d'appeler une *machine virtuelle*. Ce langage intermédiaire est généralement assez efficace autant dans sa représentation mémoire – typiquement un ou deux octets par instruction, d'où le nom *code-octet* – que dans son exécution. Trois langages industriels suivent ce modèle : Smalltalk, Java, et C#.

Sun Microsystems a standardisé la syntaxe et la sémantique du langage Java et le format du code-octet généré par les compilateurs, mais a laissé le soin aux constructeurs de développer des compilateurs optimiseurs, et des machines virtuelles ingénieuses à souhait. Ceci a donné lieu à plusieurs variantes de machines virtuelles qui compilent, sur demande, des bouts de code-octet Java pour en rendre l'exécution plus rapide. L'une des premières machines virtuelles utilisait des compilateurs JIT (*just-in-time*) : chaque fois que l'on invoquait une méthode pour la première fois, la machine virtuelle compilait d'abord le code-octet pour générer du code machine, puis exécutait le code machine. Les invocations subséquentes de la méthode utilisaient directement la version compilée. Or, on a vite constaté que la compilation JIT coûtait très cher pour les méthodes qu'on n'appelait qu'une fois, ou rarement : en effet, le temps de compilation dépassait largement, à lui tout seul, le temps d'exécution (interprétation) du code octet, sans oublier la consommation excessive de mémoire. Ainsi sont nées les machines virtuelles HotSpot qui ne compilent que les méthodes qui sont fréquemment invoquées.

L'optimisation des machines virtuelles demeure un sujet de recherche assez fertile, et tant les problèmes que les solutions peuvent s'appliquer à différents langages.

4.2 Les environnements intégrés de développement

De nos jours, il est quasiment impensable de développer du logiciel sans un *environnement intégré de développement* ou IDE[2]. Ces environnements organisent le développement en projets qui regroupent un ensemble de fichiers source et de ressources nécessaires à la construction d'une unité, que ce soit un module, composant, sous-système, ou une application entière. Les IDE offrent minimalement les fonctionnalités suivantes.

1. *Ant* veut dire fourmi, en anglais.

2. IDE : *Integrated Development Environment.*

- *l'édition des fichiers source*. Cette édition est souvent assistée par la complétion automatique, ou des menus déroulants, dépendant du contexte;
- *l'édition des références externes* aux bibliothèques ou autres projets qui contiennent les définitions d'items référencés par le projet;
- *la compilation des fichiers sources et la construction d'exécutables* grâce à un mécanisme interne semblable à la commande *make*, sauf que le *makefile*, dans ce cas-ci, est construit automatiquement par l'IDE au fur et à mesure qu'on ajoute des éléments au projet;
- *l'exécution*, si le projet en question comporte un «programme principal» qui sert de point de lancement;
- *le «débogage»*, (ou *déverminage*), offrant la possibilité de suivre la trace d'exécution instruction par instruction, et d'examiner l'état du programme en cours de route (valeurs des variables initialisées dans chaque pile d'exécution).

En plus de ces fonctionnalités, la plupart des IDE offrent des fonctionnalités pour, la navigation dans le code, par exemple pour montrer la définition d'un élément (méthode, classe, fonction) référencé; l'emballage du projet sous format adéquat pour le déploiement, par exemple sous forme d'archives; le déploiement de l'application sur son environnement d'exécution; l'édition graphique d'interface usagers grâce à un langage de «programmation visuelle»; l'intégration avec des systèmes de gestion de versions, etc.

Deux tendances caractérisent le paysage actuel des outils de développement. Tout d'abord, on observe une convergence des outils couvrant les premières phases du développement (*early CASE*, notamment, les outils d'analyse et de conception), avec les environnements de développement. Cette convergence est rendue possible grâce à deux développements:
- la *génération* de code à partir de modèles. Il s'agit de générer des *coquilles* de classes et méthodes en se basant sur leurs spécifications sous forme de modèles objet (ou autres);
- la rétro-ingénierie de modèles à partir de code. Il s'agit de reconstruire, à partir du code source, des modèles *probables* de conception; ces modèles sont probables parce que différentes conceptions peuvent donner lieu à la même implantation.

L'outil Together ControlCenter de Borland est un exemple d'outil couvrant toutes les étapes de développement allant de l'analyse au déploiement, avec de bonnes fonctionnalités de synchronisation de code avec les modèles, ou ce que l'on appelle communément, le *round-trip engineering*. Des outils, que l'on considérerait traditionnellement comme des outils d'analyse et de conception couvrent les étapes subséquentes (par exemple RationalRose d'IBM, OptimalJ de Compuware, etc.). Des outils réputés pour la programmation s'aventurent aussi dans la modélisation. Notons l'exemple d'Eclipse, avec ses divers plug-ins pour la modélisation (Omondo, EMF). Cette convergence s'opère dans un contexte plus global de développement par transformation de modèles, un nouveau cadre de développement proposé par l'Object Management Group[1].

La deuxième tendance qui marque le paysage des outils concerne la disponibilité de nombreux outils du domaine public, dont certains sont mêmes à code ouvert. En effet, la plupart des constructeurs offrent deux versions de leurs outils, une version gratuite qui supporte – minimalement – les cinq fonctionnalités mentionnées ci-dessus, et une version payante ou «entreprise», qui offre des fonctionnalités plus avancées. De plus, deux constructeurs soutiennent des initiatives de développement à code ouvert autour de leur outil: le projet Eclipse (www.eclipse.org), soutenu par IBM, et le projet NetBeans (www.netbeans.org), soutenu par Sun Microsystems. Les conséquences de telles initiatives sur la technologie des environnements de développement, et sur les modèles d'affaires des constructeurs d'outils font l'objet de recherches actives.

4.3 Les environnements de gestion de configuration

Le développement de toute application non triviale, impliquant plusieurs itérations et plusieurs personnes va poser deux problèmes:
- le contrôle d'accès aux divers livrables (fichiers source, fichiers de configuration, données de test) dans le contexte où plusieurs développeurs peuvent utiliser ou modifier les mêmes livrables simultanément;
- la gestion de versions de ces livrables de développement, pour garder une trace des modifications, mais aussi, pour pouvoir revenir à des versions antérieures, au besoin.

Plusieurs outils ont été développés à cet effet, avec des fonctionnalités assez similaires, dont plusieurs sont du domaine public – dont certains à code ouvert, tels CVS (www.cvshome.org). Nous décrivons brièvement les fonctionnalités typiques de tels outils.

La figure 7 montre une architecture type d'un outil de gestion de configuration dans un environnement client-serveur multiusager. Les livrables de développement sont gérés par un serveur dans un espace partagé. Les développeurs peuvent accéder à ces livrables à travers des clients (au sens client-serveur), soit directe-

1. Voir www.omg.org/mda

ment, soit à travers un outil de développement. Pour pouvoir travailler avec un livrable, chaque développeur doit acquérir un verrou sur ce livrable : un verrou lecture seulement, si on veut juste y accéder, ou lecture/écriture, si on veut pouvoir le modifier. À tout moment, on peut avoir plusieurs verrous lecture sur un livrable donné, mais au plus, un verrou du type lecture/écriture. Notons que chaque développeur travaille avec une copie locale du livrable, indépendamment du type de verrou qu'il détient sur le livrable. Quand le détenteur du verrou lecture/écriture sauvegarde ses changements et relâche le verrou, le système sauvegarde les changements sous un nouveau numéro de version.

Des outils tels CVS (www.cvshome.org) utilisent ce que l'on appelle du *verrouillage optimiste*, ce qui veut dire, pas de verrouillage du tout. Par contre, si deux usagers tentent de sauvegarder leurs projets, l'outil vérifie s'ils ont modifié les mêmes fichiers, et ce ne sera souvent pas le cas. Pour les fichiers modifiés par deux usagers, le système tentera de fusionner les changements apportés par chaque usager, sachant que très souvent, deux usagers travailleront sur deux parties différentes d'un même fichier. Si, par malheur, les deux usagers ont tenté de modifier les mêmes éléments du même fichier source, alors l'outil règle le conflit en passant par l'intervention humaine.

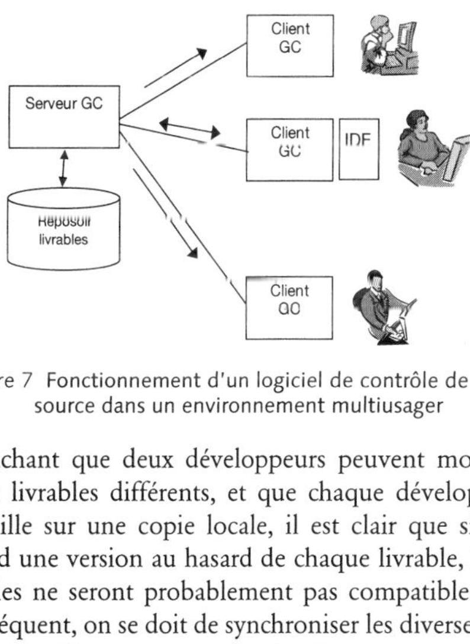

Figure 7 Fonctionnement d'un logiciel de contrôle de code source dans un environnement multiusager

Sachant que deux développeurs peuvent modifier deux livrables différents, et que chaque développeur travaille sur une copie locale, il est clair que si l'on prend une version au hasard de chaque livrable, les livrables ne seront probablement pas compatibles. Par conséquent, on se doit de synchroniser les diverses versions régulièrement – en des *baselines* – avant que les différences ne deviennent irréconciliables. La figure 8 illustre ce concept. Au départ, les deux livrables Liv_1 et Liv_2 ont les versions 1.0. Le développeur 1 verrouille le livrable 1 en mode lecture/écriture, et le livrable 2 en mode lecture. Le développeur 2 verrouille le livrable 2 en mode lecture/écriture et le livrable 1 en mode lecture. Les changements que développeur 1 va faire au livrable 1 seront compatibles avec la version 1.0 du livrable 2, et vice-versa. S'il ne rafraîchit pas explicitement le livrable 2 (livrable 1), les versions successives du livrable Liv_1 (Liv_2) seront compatibles avec la version 1.0 du livrable Liv_2 (Liv_1). Un responsable d'équipe se chargera d'assurer/exiger, régulièrement, une synchronisation des versions pour faire une nouvelle *baseline* (montrées dans un encadré dans la figure 8).

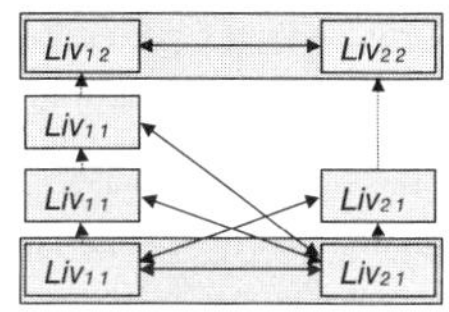

Figure 8 Versions et *baselines*

Une pratique observée dans l'industrie, spécialement avec le développement dit agile, consiste à faire des *baselines* de façon assez régulière pour garder le contrôle sur l'évolution du logiciel, et rapprocher la fréquence des *baselines* au fur et à mesure que la date de livraison s'approche, allant à des synchronisations quotidiennes la dernière semaine, voire même de quelques heures le, ou les deux derniers jours.

5 Conclusion

Dans ce chapitre, nous avons examiné les différentes facettes de la réalisation de logiciel, à commencer par son rôle dans le cycle de développement, vers l'ensemble des compétences qu'elle met en œuvre, en passant par les langages et outils nécessaires à la tâche.

Contrairement à la mort annoncée du métier de « développeur » depuis des décennies, les progrès réalisés au niveau des méthodes et outils de développement suffisent à peine à compenser pour la complexité grandissante des logiciels. C'est un travail qui demeure complexe, et dont la qualité est déterminante pour les logiciels que nous construisons, malgré tous les progrès au niveau de la conception architecturale et détaillée des logiciels.

Deux tendances ont marqué la dernière décennie, le développement à base de composants, et le développement par transformation de modèles. Selon le modèle à base de composants, l'essentiel du développement de logiciels va consister en l'assemblage de composants, non pas par des programmeurs ou concepteurs de logiciels, mais par des concepteurs de processus d'affaires qui se serviront de composants métiers pour assembler un système de gestion de workflow. L'architecture de tels systèmes a même un nom : architecture orientée services. Dans un tel scénario, le développeur continuera à développer les composants en question, mais ne sera pas impliqué dans la livraison d'applications complètes, et un petit ensemble de développeurs chevronnés pourront satisfaire les besoins d'une grande organisation. On tend peut-être vers le modèle de l'*experience factory* de Basili *et al.* (Basili *et al.*, 1994).

La deuxième tendance, le développement par transformation de modèles, a déjà été amorcée par la génération de code à partir de modèles de conception, et plus généralement, le *round-trip engineering*. Pour le moment, les outils peuvent générer les coquilles (en-têtes de classes et de méthodes), ce qui est un travail laborieux, mais peu sophistiqué. À quand le codage de la logique d'affaires à partir de modèles comportementaux de niveau conception ? Pour le moment, les développeurs interprètent de telles spécifications, dont le niveau de détail ne permet toujours pas de mécanisation. Sera développeur celle ou celui qui aura pour tâche de décrire le comportement de façon suffisamment précise pour permettre la traduction vers du code exécutable. En somme, nous venons juste de changer de langage de programmation.

Bibliographie

W. Agresti (1986), "What Are the New Paradigms", in *New Paradigms for Software Development*, Ed. W. Agresti, IEEE Computer Society Press, p. 6-10.

Basili, V., Caldiera, G. & Rombach, D. H. (1994), "The Experience Factory", in *Encyclopedia of Software Engineering - 2 Volume Set*, p. 469-476

Bass, L., Clements, P. & Kazman, R. (1988), in *Software Architecture in Practice*, Addison-Wesley.

B.W. Boehm (1988), "The Spiral Model of Software Development and Enhancement", *IEEE Computer*, May 1988, p. 61-72.

Booch, G., Rumbaugh, J., Jacobson, I. (1997), *The Unified Modeling Language User Guide*, Addison Wesley.

Highsmith (2002) J. Highsmith, *Agile Software Development Ecosystems*, Addison-Wesley Professional, 2002.

Kiczales, G., *et al.* (1997) , "Aspect-Oriented Programming", in *Proceedings of ECOOP'97*, LNCS 1241, p. 220-242.

Knuth, D. (1992), "Literate Programming", *CSLI Lectures Notes* no. 27.

G.T. Leavens & J. M. Wing (1998), "Protective Interface Specifications", in *Formal Aspects of Computing*, 10:59-75.

Mili, H., Mili, A., Yacoub, S., Addy, E. (2002), *Reuse-Based Software Engineering*, John Wiley & Sons.

Partsch, H., et R. Seinbrüggen (1983), "Program Transformation Systems", *ACM Computing Surveys*, vol. 15, n° 3, p. 199-236.

Pressman R. S. (2005), *Software Engineering: A Practitioner's Approach*, McGraw-Hill, 6e édition.

SWEBOK (2004), *Guide to the Software Engineering Body of Knowledge*, IEEE Computer Society Press.

Tarr, P., Ossher, H., Harrison, W., Sutton, S.M. (1999), "N Degrees of Separation: Multi-Dimensional Separation of Concerns", in *Proceedings of ICSE'99*, ACM Press, May.

Turing, A. M. (1937), "On Computable Numbers, with an Application to the Entscheidungsproblem", dans *Proc. London Math. Soc. Ser.* Vol. 2, no. 42, 230-265.

Wegner, P. (1976), "Programming Languages - The First 25 Years", *IEEE Trans. Computers* vol. 25 (12): 1207-1225.

Composants logiciels

Noël Plouzeau

Mots-clés : composants, réutilisation, contrats.

Résumé : la conception par composants logiciels est une technique efficace de construction de logiciels, ayant pour but d'améliorer la réutilisation des architectures, d'assurer une bonne qualité par la réutilisation intensive, la réduction des coûts par la création d'un marché de composants éprouvés et bien maintenus. Ce chapitre présente les caractéristiques des composants logiciels, les techniques élémentaires permettant de les construire et leur place dans les processus de construction de logiciel.

Fabriquer facilement des logiciels efficaces et fiables est l'un des grands rêves de l'industrie du logiciel. Il s'agit d'atteindre enfin l'étape de la production en série, comme d'autres industries l'ont fait depuis des décennies. Le concept de composant logiciel est pressenti depuis longtemps comme un élément important de cette «révolution industrielle». Cependant, il n'existe à ce jour aucun consensus établi sur les notions essentielles des composants logiciels, et sur la manière de les intégrer au processus de construction de logiciel.

Ce chapitre présentera certaines idées importantes de la notion de composant logiciel, en choisissant un point de vue plutôt général et détaché des aspects purement technologiques. Les concepts présentés gravitent autour de la définition donnée par Clemens Szyperski (Szyperski, 2002) :

«Un composant logiciel est une unité de composition dotée exclusivement d'interfaces spécifiées par des contrats et de dépendances contextuelles explicites. Un composant logiciel peut être déployé indépendamment et peut être composé par des constructeurs tiers.»

1 Vers un modèle économique du logiciel

Pour pouvoir analyser les difficultés et les solutions de l'industrialisation du logiciel, il faut préciser les modèles de production existants ou à atteindre. L'acquéreur d'un logiciel recherche un produit capable de fournir des résultats bien définis, dans un environnement d'emploi lui aussi bien défini et avec des contraintes de qualité et de coût d'usage. Le producteur de logiciel cherche à fabriquer des produits adaptés au marché, avec le meilleur rapport qualité/coût de production possible. Un acteur intermédiaire (par exemple une société de services en informatique) peut réaliser l'adaptation d'un produit aux besoins d'un acquéreur. La tâche de cet acteur intermédiaire est difficile, car il a à sa charge la réalisation effective de l'adaptation aux besoins pour chacun de ses clients, pour toute la durée de vie du produit final. Plusieurs procédés de réalisation de cette adaptation sont envisageables.

1.1 Conception à grain fin

L'acteur intermédiaire crée le logiciel de toutes pièces, en n'employant que des services élémentaires (par exemple des requêtes de base de données) et en codant le reste de l'architecture. Cette façon de faire a un certain nombre d'avantages :

- le produit peut être adapté de façon très fine aux besoins du client ;
- les techniques de réalisation sont éprouvées.

Le procédé a aussi des inconvénients majeurs :

- le coût est élevé, comme pour tout artefact fait sur mesure, car il faut des développeurs spécialisés ;
- à l'intérieur même du logiciel, des problèmes analogues risquent d'être résolus de façons différentes, en entraînant une redondance coûteuse ;
- l'hyperspécialisation de la solution la rend peu apte à supporter des évolutions technologiques (imposées par le marché) ou de fonction (imposées par le client).

1.2 Conception à gros grain

L'adaptateur a recours dans ce cas à un produit existant et configurable. L'objectif est de le spécialiser aux besoins du client. Bien évidemment, le produit doit être conçu dès l'origine pour offrir des possibilités de configuration. Plusieurs mécanismes existent pour mettre en œuvre cette spécialisation :

- des langages spécialisés (langages de script) permettent de coder des fonctions supplémentaires qui sont exécutées automatiquement dans certaines situations (programmation à événements) ;
- le logiciel configurable se présente comme un *framework*, c'est-à-dire une architecture « à trous » où certains fragments doivent être complétés par du code écrit dans un langage de programmation conventionnel (en général à objets).

Ce procédé offre les avantages suivants :

- masquage de bon nombre de problèmes technologiques, qui sont à la charge du fabricant du logiciel configurable ;
- amélioration de la fiabilité du produit : le logiciel configurable étant utilisé par de nombreux clients, les bogues sont rapidement découverts et corrigés.

Citons les inconvénients suivants :

- un seul logiciel même très configurable ne suffit pas à couvrir les besoins de l'utilisateur, il faudra donc recourir à plusieurs logiciels ;
- relative rigidité de la solution obtenue, en termes de ressources nécessaires (souvent plus importantes qu'une solution à grain fin) ;
- contraintes de langages : les développeurs doivent maîtriser les langages imposés par le fabricant du logiciel.

1.3 Conception à grain moyen

La conception à grain moyen repose sur l'emploi de gros fragments de logiciels, spécialisés, hautement configurables et interopérables, disponibles sur catalogue, rigoureusement testés et n'imposant aucun langage de développement à leurs utilisateurs. Il s'agit donc de réunir le meilleur des deux approches précédentes, la conception à grain fin et la conception à gros grain. Les fragments évoqués ici ne sont ni plus ni moins que des composants logiciels.

1.4 Des systèmes de plus en plus hétérogènes et évolutifs

Dire que le logiciel est devenu omniprésent en termes de lieux, formes et services est devenu une banalité. Pour illustrer le propos de la complexité et de l'hétérogénéité, citons deux domaines bien connus : les services en ligne et les systèmes enfouis. L'utilisateur de services en ligne veut pouvoir accéder dans une même page interactive à un ensemble de services intégrés. Par exemple, l'accès à un site de banque doit rassembler de façon homogène des services d'accès aux comptes, des informations boursières, des moyens de suivi personnalisé du client. Or ces services sont en général réalisés par des applications logicielles distinctes, dans des organismes distincts qui emploient chacun des méthodes propres pour le stockage et l'accès aux données. Il est aisé de comprendre que la construction de l'application bancaire intégrant tous ces services n'est pas chose facile, la question des standards d'interaction entre systèmes différents constituant un problème complexe. Le problème est rendu encore plus délicat par l'évolution continue des techniques et des standards.

Dans un tout autre domaine d'application, les constructeurs d'automobiles sont également confrontés à de délicats problèmes d'hétérogénéité. Une voiture actuelle comporte de nombreux éléments dotés de calculateurs (freins, contrôle moteur, contrôle de trajectoire, transmission, etc.). Pour réduire les coûts, les différents éléments sont conçus non pour une marque ou un modèle spécifique mais pour une gamme de services. Les concepteurs d'un modèle de voiture ont pour tâche de choisir, adapter, configurer de nombreux sous-systèmes. Les contraintes de performances (temps de réponse, par exemple), de fiabilité (résistance aux défaillances) et d'évolutivité (adaptation aux contraintes fluctuantes du marché) sont importantes.

1.5 Les composants comme concept structurant

La construction d'un logiciel par composants cherche à instaurer un juste milieu entre les deux cas extrêmes de *sur-mesure* et de *prêt-à-porter*. Un logiciel conçu par composants contient principalement un ensemble de modules interconnectés (appelés composants). Les caractéristiques d'un tel assemblage seraient les suivantes, dans le cas idéal :

- chaque composant rend un service bien spécifique, dont tous les aspects sont totalement décrits, y compris les dépendances envers des services fournis par son environnement ;
- il n'est pas nécessaire de disposer du code source d'un composant pour pouvoir l'utiliser totalement et correctement ;
- la mise en œuvre de chaque composant est robuste, configurable et adaptée à l'évolution des services, des pratiques industrielles et des technologies qui les réalisent ;
- le coût d'un composant est relativement faible car vendu à de nombreux exemplaires ;
- les composants sont capables de coopérer d'une façon bien organisée et il est facile de les assembler ;
- les propriétés d'un assemblage de composants peuvent être déduites des propriétés de chacun des composants et de leur mode d'interaction.

2 Propriétés générales des composants logiciels

2.1 Séparation forte entre utilisation et construction

Un composant logiciel est une unité modulaire de production de services, avec une séparation complète entre la définition des services rendus et la façon dont ils sont mis en œuvre. Les utilisateurs d'un composant (personnes chargées de construire une application à composants) et constructeurs de composants (personnes chargées de réaliser un composant) mènent des activités très différentes. Un composant est une « boîte noire » très bien étiquetée mais dont les détails internes de réalisation doivent rester inconnus de l'utilisateur. Le fait de masquer des détails de mise en œuvre n'est pas en soi la marque exclusive de la conception par composants logiciels. Par exemple, la conception par objets s'appuie fortement sur ce principe pour la réalisation des patrons de conception (*cf.* chapitre « Patrons de conception »). Le concept de composant logiciel va plus loin, en insistant sur l'indépendance entre la réalisation interne et les conditions d'exécution, c'est-à-dire sur l'environnement du composant. Autrement dit, un composant logiciel est fabriqué dans l'ignorance totale des architectures qui l'utiliseront. En effet, un composant logiciel qui fait trop d'hypothèses sur son environnement devient trop spécialisé et donc probablement non rentable.

Pour résumer, un composant logiciel digne de ce nom :

- peut être utilisé efficacement en ignorant tout de sa structure interne ;
- peut être conçu et codé en ignorant tout de l'architecture environnante à l'exécution.

Grâce à cette séparation, les concepteurs d'applications à composants et les concepteurs de composants ont des métiers bien distincts.

2.2 Relations client/fournisseur

La spécification des services offerts et requis par un composant est l'un des points vitaux de la conception par composants logiciels. En effet, un concepteur d'application à composants ne peut s'appuyer que sur la description des services pour « connaître » un composant. Cette connaissance est une condition indispensable pour pouvoir configurer le composant, le connecter et demander l'exécution de service.

La capacité pour un composant logiciel de décrire toutes ses caractéristiques constitue le service primordial (au sens propre) que les composants doivent offrir. Ces caractéristiques de fonctionnement se répartissent en plusieurs catégories :

- les services fournis par le composant logiciel, et les moyens d'y accéder ;
- les services requis par le composant logiciel (qui doivent être fournis par son environnement, c'est-à-dire les autres composants et l'environnement d'exécution) ;
- les paramètres de configuration.

Notion de contrat de service

Il est fréquent que dans la vie courante un client et un fournisseur se mettent d'accord sur les termes de la réalisation d'un service. Cet accord s'obtient par la rédaction et l'acceptation commune d'un contrat. Ce contrat définit les contributions de chacun en vue de la réalisation d'un service. Le client s'engage à fournir certaines ressources (financières, matérielles). Le fournisseur s'engage à fabriquer certains produits (documents, produits manufacturés, etc.), à condition que le client remplisse sa part du contrat.

Ce modèle de contrat est de plus en plus souvent employé dans la conception de logiciel en général (Meyer, 1992), et de logiciel à composants en particulier. Le contrat est établi entre les éléments de logiciel « client » d'un composant et le composant agissant comme « fournisseur ». Comme pour les contrats de la vie courante, un contrat de service comporte une partie *obligations du client* et une partie *obligations du fournisseur*. La réalisation d'un service n'est correcte que si ces deux parties sont satisfaites lors de l'exécution du service.

Les obligations du client portent en général sur la validité des données transmises au composant fournisseur lors de la demande d'exécution de service. Par exemple, le fournisseur peut exiger que les données transmises soient comprises entre certaines valeurs limites (bornes).

Les obligations du client peuvent aussi porter sur l'exécution préalable d'autres requêtes auprès du même composant fournisseur ou bien d'autres parties et composants du système. Ce concept existe aussi dans la vie de tous les jours, par exemple lorsque certains documents (par exemple des déclarations ou des autorisations) doivent être obtenus avant de pouvoir demander un certain service.

Les obligations du fournisseur portent sur l'effet de l'exécution du service : production de données, validité de ces données, actions faites sur les composants logiciels environnants, délais de réalisation du service, débit minimum à atteindre (par exemple dans le cas de flux multimédia), etc.

Le non-respect d'un contrat durant l'exécution d'un service est le signe d'un disfonctionnement. Il est fréquent que l'architecture de composant comporte un mécanisme de surveillance, qui permet de détecter ce problème de non-respect des obligations lors de l'exécution. Si une des obligations du client n'a pas été respectée alors le problème vient de la mise en œuvre de la partie client. Si une des obligations du fournisseur n'a pas été respectée, l'erreur provient de la mise en œuvre du composant fournisseur, à la condition que toutes les obligations du client aient été respectées.

Catégories de contrats

Il existe toutes sortes de contrats de service. Dans le cas général, un contrat comportera des clauses sur des propriétés de natures différentes, telles que :

- le type des paramètres et données échangés ;
- les conditions booléennes (prédicats) qui doivent être vraies pour que le service soit considéré comme valable (en d'autres termes les préconditions et postconditions) ;
- les conditions de coordination de l'exécution du service par rapport à d'autres exécutions du service (antériorité, exclusion mutuelle de demandes, etc.) ;
- les conditions quantitatives de l'exécution du service : délai maximum pour exécuter le service, débit minimum du réseau, etc. (Beugnard, 1999).

Connexions et ports

La partie cliente communique avec la partie fournisseur au moyen de points d'accès au service. Un point d'accès propose un ou plusieurs moyens d'interactions, par exemple des opérations (au sens logiciel) que le client peut appeler, des ports permettant l'accès à des flux de donnée entrants ou sortants, des mécanismes d'abonnement à des signaux (comme par exemple des alarmes, des notifications de modification de l'état du système). Bien que la notion de contrat de service soit un concept important dans les architectures à composants, elle n'est pas spécifique de celle-ci. Cette notion de contrat figure en bonne place dans la conception par objets – voir par exemple la conception par contrats (Meyer, 1992). La relation entre l'objet client (qui appelle une opération) et l'objet fournisseur (qui exécute l'opération appelée) est asymétrique : l'objet fournisseur ne connaît pas l'objet client. Le contrat qui lie les deux objets n'a de signification que durant l'exécution de l'opération. Cette volatilité du contrat est insuffisante pour garantir un fonctionnement correct du modèle de conception par composants, c'est pourquoi bon nombre d'architectures à composants proposent des mécanismes d'établissement d'une relation durable et symétrique entre client et fournisseur.

Certaines architectures logicielles s'appuient sur les concepts de ports et de connexions pour gérer ces relations entre composants. Dans ces architectures, un composant expose des ports de communication (un peu à la manière des ports de communication physique d'un réseau). Un port peut être soit un port d'accès à des services du composant (services fournis) soit un port permettant au composant d'accéder à des services externes nécessaires à son bon fonctionnement (services requis). Pour qu'un composant A puisse fonctionner, il faut connecter chaque port de service requis à des ports de services fournis d'autres composants B, C, etc. Lorsque le composant A réalisera un service, il pourra à son tour faire appel à des services, au moyen des ports de service requis. Les requêtes de service que fera le composant A seront alors transmises via la connexion au port de service fourni d'un autre composant.

L'emploi d'un mécanisme de ports permet de déterminer si un assemblage est valide : les besoins d'un composant (qui sont explicites) doivent être satisfaits par d'autres composants. Ceci prévient la construction de mauvaises configurations, dans lesquelles certains composants ne peuvent fonctionner pour cause de besoins non résolus.

De plus, l'emploi d'un mécanisme de port permet la coopération de composants tout en empêchant que les composants « se connaissent » directement (ce qui serait contraire aux principes de la conception par composants). Les ports jouent le rôle de relais dans la relation intercomposant.

Il faut remarquer que les termes de *client* et *fournisseur* utilisés plus haut désignent des rôles joués par deux composants dans le contexte de l'utilisation d'un service. Il est parfaitement possible (et même très fréquent) qu'un composant joue le rôle de client pour un certain service et le rôle de fournisseur pour un second service. La réalisation de ce second service fera par exemple appel au premier service. La figure 1 donne un exemple d'assemblage pour un système d'antiblocage de frein :

- un composant *Capteur roue* englobe tout le système mécanique et électronique qui observe la rotation de la roue ;
- un composant *Détecteur blocage* reçoit un flux de valeurs de vitesse et prend des décisions de commande du frein ;
- le composant *Frein* englobe tout le système mécanique, avec un système d'interface logicielle.

Ces trois composants peuvent parfaitement être développés et fournis par trois sociétés différentes. Leurs contrats de service sont définis par les interfaces *Configuration*, *Flux de vitesse* et *Commande frein*.

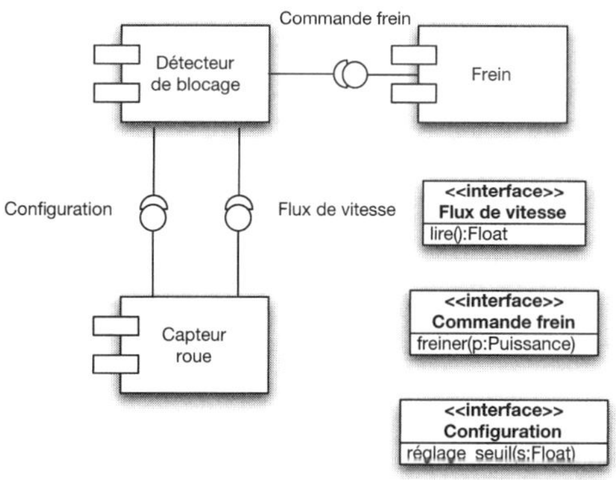

Figure 1 Exemple d'assemblage de composants

2.3 Description des dépendances

Un composant logiciel s'appuie sur un certain nombre de ressources pour réaliser ses services. Certaines de ces ressources sont les services fournis par d'autres composants logiciels, accessibles *via* le mécanisme de ports et de connexions décrit plus haut. D'autres types de ressources sont requis pour l'exécution correcte du composant : disponibilité et puissance d'une unité de traitement (processeur), espace mémoire, mécanismes de protection mémoire, etc.

Bien qu'un composant logiciel soit une boîte noire du point de vue de sa structure interne, il est vital que l'ensemble de ces dépendances soit explicitement documenté pour qu'il puisse être utilisé correctement. Ces dépendances peuvent même être décrites dans une notation analysable par les outils de développement de logiciel. Un certain nombre de calculs de validité peuvent alors être effectués. L'outil d'aide au développement de logiciel à composants peut vérifier :
- que chaque composant utilisé est correctement connecté à des composants qui lui fournissent les services qu'il requiert ;
- que les paramètres d'environnement sont compatibles avec la configuration choisie pour chaque composant.

L'outil peut également aider les concepteurs lors du choix de composants fournisseurs de service, à partir d'une bibliothèque de tels composants.

Si la notation de dépendance des contrats de service (*cf.* p. 1117) inclut la définition de paramètres quantitatifs (tels que par exemple le temps moyen mis par le composant pour rendre un certain service), l'outil d'aide au développement est capable de calculer les paramètres quantitatifs pour un assemblage de composants, que ce soit pour les services fournis par l'assemblage ou pour les services requis par l'assemblage (quantification des besoins).

2.4 Composition

Les paragraphes précédents ont mentionné les différents attributs propres aux architectures à composants : modules développés isolément, opacité totale de la mise en œuvre, spécification explicite des services fournis, des services requis et de la relation entre eux. Ces différents attributs de composants ne prennent tout leur sens que lorsque les composants sont assemblés, ou plutôt *composés* les uns avec les autres.

Les travaux sur les modèles de composant logiciel cherchent souvent à obtenir le résultat suivant : les propriétés de la composition d'un ensemble de composants peuvent être obtenues par un calcul composant les propriétés de chaque composant de l'ensemble. Autrement dit, si chaque composant d'un assemblage déclare un certain nombre de propriétés (par exemple les services offerts, les services requis, les contrats de qualité de service) alors on doit pouvoir déduire automatiquement les propriétés de l'ensemble (toujours en terme de services offerts, requis et contrats). Dans le cas où l'on tente de connecter deux composants qui sont incompatibles, le résultat du calcul des propriétés de l'assemblage doit montrer qu'il ne fonctionne pas.

Pouvoir calculer les propriétés d'un assemblage est un atout important pour l'évaluation de la qualité d'un logiciel bâti sur cet assemblage, mais à l'heure actuelle de nombreuses difficultés théoriques et pratiques non encore résolues empêchent l'application réelle de cette technique.

Compatibilité élémentaire entre service offert et service requis

La compatibilité élémentaire concerne la connexion de deux composants, l'un offrant un service et l'autre le requérant. Cette interconnexion sera valide si et seulement si le contrat de service fourni recouvre au moins les exigences du contrat du service requis. En pratique, il faut effectuer un calcul de compatibilité entre les descriptions de contrats, et cela suppose donc l'existence de techniques de calcul de comparaison. Dans beaucoup de mises en œuvre pratiques de composants logiciels, les techniques de compatibilité se limitent à la compatibilité de types, selon tel ou tel système de types (en utilisant par exemple les notions d'héritage et de sous-typage). Par exemple, un composant C1 peut requérir l'accès à une interface de type A (comportant une liste d'opérations). Un composant C2 fournit une interface de type B. Si B est un sous-type de A alors C2 est capable de satisfaire les besoins de C1, et les services offerts et requis sont compatibles : l'assemblage de C2 et C1 est valide.

Il est à noter que le système de type de l'architecture à composants n'est normalement pas celui du langage de programmation utilisé pour le codage (en vertu du principe d'indépendance des composants vis-à-vis du langage de programmation).

Plus généralement, le contrôle de la compatibilité entre contrat requis et contrat offert concerne les catégories de propriétés définies au § «Catégories de contrats». Il n'est alors pas possible de prouver dans le cas général qu'un contrat de service offert implique la satisfaction d'un contrat de service requis.

Assemblage dynamique et substituabilité

Un assemblage de composants peut être défini de façon statique, c'est-à-dire préétabli avant l'exécution de l'application, ou comporter des parties variables à l'exécution. Un cas bien connu est le chargement dynamique de modules d'extension dans une application de navigation Web. La compatibilité du nouveau composant au sein de l'architecture devra alors être contrôlée dynamiquement, au moment de la découverte de ce composant. Plus généralement, la compatibilité d'un composant pourra être évaluée à chacune des phases du cycle de vie du composant (cf. § 3.5).

3 Réalisation des composants

Nous avons vu jusqu'ici les composants logiciels comme des unités de fourniture de service, connues et contrôlées grâce à la spécification des services, sans aucune connaissance des détails de réalisation. Nous avons adopté en quelque sorte le point de vue du concepteur *par* composants. Nous traitons ci-après des techniques utiles au concepteur de composants.

Du strict point de vue de la conception par composants, aucune technique spécifique n'est imposée. Bien que souvent employée, la conception par objets n'est pas indispensable. Nombre de composants ont été dans le passé conçus en employant le langage de programmation C (par exemple des composants COM). Cependant, la conception par objets apporte de nombreuses techniques bien utiles pour la réalisation d'une mise en œuvre de composant, en laissant cependant nombre de problèmes à résoudre, comme par exemple la résolution des différences entre le modèle de type et d'interaction des composants et celui du langage de programmation.

3.1 Polymorphisme et composants

La conception par objets place la notion de type au centre de ses préoccupations. Les langages à objets permettent de séparer la définition des opérations (l'interface) de la réalisation. Chaque opération peut posséder une ou plusieurs mises en œuvre. Comme pour les composants, l'emploi d'une opération ne requiert pas la connaissance de la mise en œuvre, grâce au principe de substituabilité de type, dit aussi polymorphisme. Ainsi, tout type B déclaré comme mettant en œuvre une interface A peut apporter une mise en œuvre aux opérations de A. Les propriétés du modèle de type des composants ne permettent pas pourtant d'appliquer aveuglément ces propriétés de langage à objets.

En effet, supposons qu'un composant A expose les interfaces I1 et I2, comportant chacune une opération *imprimer* (dont l'exécution produit une copie papier d'un document, par exemple). On a donc deux opérations différentes car venant de deux interfaces différentes. Une manière simple de mettre en œuvre cette opération imprimer consiste à déclarer une classe A qui hérite des interfaces I1 et I2 et donc produit une mise en œuvre unique pour l'opération *imprimer*. Cependant, la signification et les contrats associés aux deux opérations imprimées déclarées par le composant n'ont aucune raison d'être identiques ou simplement compatibles. En effet, l'utilisateur du composant A fera explicitement mention de l'interface qui l'intéresse lorsqu'il appellera l'opération *imprimer*. En conséquence, il ne faut en général pas fusionner les deux opérations imprimer mais conserver deux mises en œuvre distinctes : l'une pour l'opération venant de I1, l'autre pour celle venant de I2.

3.2 Sous-composants

La mise en œuvre d'un composant peut ne comporter aucun composant interne (on a dans ce cas un composant «primordial») ou au contraire un ou plusieurs sous-composants. Ses sous-composants coopèrent pour réaliser globalement les services du composant. Bien que l'idée de construire un composant par un tel assemblage soit séduisante sur le papier, la mise en œuvre concrète de cette idée n'est pas simple.

La difficulté principale est qu'il faut disposer d'un moyen de connexion et de configuration, qui spécifie comment l'invocation d'un service au niveau du composant englobant est réalisée concrètement. Ce langage peut être *déclaratif* (c'est-à-dire qu'il définit les règles d'invocation sans donner la façon dont elles sont mises en œuvre concrètement) ou bien *impératif* (c'est-à-dire donnant les instructions qui à l'exécution produiront l'effet escompté). Dans bien des modèles de composants, ce langage est en fait un langage de programmation classique. Lors de son initialisation, un fragment de code source crée les sous-composants, les configure et met en place les mécanismes de gestion des invocations de service. On dénomme parfois ce fragment de code source de la «colle logicielle» (*glueware*).

La demande d'un service sur un port du composant englobant sera réalisée par le déroulement d'une collaboration entre sous-composants. Plusieurs techniques existent :

- la demande est interceptée par un fragment de code source écrit par le développeur ; ce fragment exécute alors un algorithme contenant et coordonnant des appels de services aux sous-composants ;
- la demande est automatiquement transmise à un sous-composant, sans l'intervention d'un fragment de code source de coordination dans le composant englobant.

3.3 Extensibilité

L'extensibilité est la capacité de construire un nouveau composant logiciel à partir d'un composant existant. Deux sortes d'extensibilités existent :

- l'extensibilité interne requiert la connaissance de la structure interne du composant, et l'accès au code source ; elle est donc réservée au concepteur de composant, par exemple pour faciliter la production de nouvelles variantes ou intégrer de nouveaux services ;
- l'extensibilité externe ne requiert aucune connaissance de la structure interne ; elle est accessible à l'utilisateur de composant logiciel, pour ajouter des services propres ou mieux adapter les services du composant.

L'extensibilité interne est fondée sur les mécanismes d'extension du langage de mise en œuvre du composant. Dans le cas d'un langage à objets classique, il s'agira du sous-typage ou de mécanismes d'extension construits sur des patrons de conception (par exemple *Stratégie*, *Adaptateur*). Les avantages et inconvénients de l'extension par sous-typage sont bien connus, citons entre autres :

- les problèmes de covariance et contravariance associés à l'extension des contrats définis par des types ainsi que les contrats définis par des préconditions et des postconditions ;
- les problèmes liés au contrôle de la concurrence d'accès aux services.

L'extensibilité externe s'appuie sur les propriétés de la notation et du modèle de composant logiciel dans lesquels les composants sont spécifiés. Ces modèles incluent souvent des mécanismes d'adaptation qui permettent d'ajouter des traitements supplémentaires aux traitements du composant étendu (qui est bien évidemment vu comme une boîte noire).

3.4 Assurance de qualité

Validation

On entend par validation toute activité qui permet d'obtenir une confiance suffisante dans la conformité de fonctionnement d'un composant logiciel par rapport à sa spécification. La validation s'appuie sur des techniques de test et aussi sur des mécanismes de certification et d'authentification.

Les techniques de test ont pour but d'éprouver le composant, c'est-à-dire de montrer que la réalisation du composant est capable d'offrir correctement les services que le composant propose à son environnement, en essayant de mettre en évidence des cas où le service rendu par le composant est différent du service attendu. Le domaine du test de logiciel distingue traditionnellement le test unitaire et le test d'intégration. Le test unitaire repose sur l'essai une à une des différentes opérations offertes par le composant. Un environnement de test (banc de test) active les opérations en suivant un plan préétabli. Le test d'intégration a pour but d'essayer le composant dans un environnement plus réel, en le faisant interagir avec d'autres composants.

L'emploi des techniques de spécification de service au moyen de contrats a été présenté au § «Notion de contrat de service», p. 1117. Les contrats offrent un avantage certain lorsqu'il faut réaliser les tests unitaires des composants. En effet, la spécification des préconditions permet de délimiter les valeurs des paramètres des opérations ; la spécification des postconditions contraint le résultat et aide à construire des «oracles» (processus capable de décider si le résultat est valide ou non). À ce niveau, les composants logiciels se testent comme les logiciels plus «classiques», d'une façon analogue au test de classe pour les logiciels à objets.

La spécification des contrats de synchronisation permet de construire des tests incluant des séquences complexes d'appel d'opérations. Ce type de test revêt une importance particulière pour les composants logiciels, car ils s'appuient sur des collaborations avec d'autres composants pour exécuter correctement leurs services. Dans un contexte sans composants logiciels, le test des propriétés de collaboration est réalisé lors de l'étape traditionnelle du test d'intégration. Un composant logiciel étant destiné à s'exécuter dans un environnement inconnu à sa création, le test des propriétés de synchronisation remplace en théorie le test d'intégration.

Le test des propriétés extra-fonctionnelles des composants logiciels présente de nombreuses difficultés. Si le test s'effectue sur un banc de test, il est difficile de reproduire les conditions nominales d'utilisation du composant. En effet, supposons que le contrat de qualité de service (propriété extra-fonctionnelle du composant) spécifie un débit en termes de transactions effectuées par seconde. Ce débit dépend des performances de l'environnement d'exécution du composant, par exemple la puissance de calcul ou le débit de périphériques de stockage. Selon les algorithmes utilisés dans le composant, le débit peut être une fonction linéaire des performances de l'environnement, mais il peut ne plus respecter cette linéarité en dehors d'un certain intervalle de performances. Pour cette raison, le test de performances de type boîte noire est peu fiable. De façon analogue, le test des contrats de qualité de service d'un assemblage de composants présente aussi de sérieuses difficultés. Les assemblages peuvent se comporter de façon non déterministe dans certaines situations, et donner des performances chaotiques qui ne sont pas calculables par des opérations simples.

Le test *in situ* d'un composant logiciel ou d'un assemblage de composants a l'avantage de faciliter la mise en condition réelle de l'architecture. Il est cependant difficile de bien réaliser de tels tests. En premier lieu, il faut que l'infrastructure d'exécution permette la collecte fiable d'informations «de bas niveau» sur les performances de l'architecture en cours de test. De tels mécanismes de collecte sont rarement disponibles dans des environnements d'exploitation car ceux-ci sont généralement conçus pour maximiser l'efficacité et la collecte d'information est coûteuse en ressources et donc pénalisante en terme d'efficacité. Comme pour l'observation de phénomènes physiques, l'observation peut perturber le comportement du système observé. D'autre part, il est difficile de contrôler les conditions réelles d'exécution et donc d'explorer différentes situations d'exécution de façon systématique.

Un composant logiciel ayant satisfait aux tests unitaires ne requiert pas en principe le passage de tests d'intégration puisque le but ultime de la construction par composants est de garantir qu'un assemblage de composants corrects est correct. Le test unitaire étant à la charge du fournisseur de composant, le concepteur d'applications à composants logiciels n'a à sa charge que le test global de l'application. Dans la pratique, les mécanismes de description des services ne permettent pas encore de garantir qu'un assemblage de composant est correct. Le concepteur d'application par composants aura donc intérêt à tester les assemblages au moyen des techniques de test d'intégration.

Certification de validité

Les techniques de certification ont pour but de montrer à l'utilisateur d'un composant que la validité d'un composant par rapport à une spécification est approuvée par une autorité garante et que le composant n'a pas été altéré après passage de ces tests. Ces tests peuvent avoir été effectués par l'autorité de certification, d'une façon analogue aux tests par un laboratoire d'essai des composants. Le laboratoire d'essai n'ayant pas accès au code source, il ne réalisera que des tests unitaires de conformance du type *boîte noire*. La certification externe est une pratique courante pour certains types de logiciels, par exemple les pilotes de périphérique (qui sont en fait une forme primitive de composants logiciels). Bien évidemment un laboratoire d'essai ne testera que certains aspects d'un composant logiciel, par exemple selon des scénarios d'utilisation nominaux standard. Ces scénarios incluront les paramètres extra-fonctionnels tels que les performances et la consommation de ressources partagées (espace mémoire, processeur) employées dans telle ou telle configuration.

Robustesse

La robustesse est la capacité à résister à des défaillances internes ou externes. Les tests subis par un composant logiciel ne garantissent pas l'absence de faute interne. De même, l'environnement du composant peut agir sur lui de manière imprévue, par exemple en ne respectant pas les contrats de service. Dans tous les cas de figure, le comportement du composant logiciel doit être sûr. Une propriété recherchée est le confinement d'erreur: une erreur interne à un composant doit être détectée au plus tôt et ne doit pas déclencher de comportement visible erroné. Ceci peut impliquer que le composant logiciel passe dans un mode de fonctionnement dégradé, voire un mode d'arrêt (selon une approche nommée «arrêt sur panne», en anglais *fail-stop*). La détection d'erreur peut s'appuyer sur des mécanismes internes de surveillance des contrats: par exemple, les préconditions peuvent être vérifiées au début de l'appel d'un service, et les postconditions à la fin de l'exécution du service. Le confinement d'erreur repose en général sur des mécanismes d'isolation des ressources, notamment les espaces mémoire: le matériel gérant les accès à la mémoire empêche tout accès hors des zones allouées au composant. D'une façon générale, les mécanismes de protection offerts par les systèmes d'exploitation sont à la base des techniques de confinement d'erreur.

3.5 Cycle de vie

Le concept de composant logiciel n'a d'intérêt que s'il trouve une place appropriée dans l'ensemble d'un processus de construction de logiciel. La construction par composants suivra généralement les grandes étapes exposées ci-après, qui sont le fruit de l'adaptation des phases classiques du cycle de vie d'un logiciel aux particularités d'emploi des composants.

Analyse par composants

L'étape d'analyse a pour fonction l'identification des concepts et des problèmes à résoudre au moyen du système logiciel. Certaines techniques d'analyse des besoins introduisent le concept de composant dès le début de l'activité de modélisation. L'activité d'analyse permet alors de repérer un composant d'analyse déjà identifié et étudié dans un travail d'analyse antérieur, ou de définir un composant pour une réutilisation ultérieure dans un autre travail d'analyse. Ces techniques considèrent des domaines de service (expression d'une catégorie de travaux à réaliser) comme des composants. L'emploi de la notion de composant à ce niveau permet de réutiliser le travail d'analyse dans d'autres contextes similaires. Il est à noter cependant que l'identification de composants au moment de la phase d'analyse n'est pas indispensable pour effectuer ensuite la conception au moyen de composants.

Conception par modèle

La phase de conception a pour but la construction d'une architecture capable de répondre aux besoins décrits dans la phase d'analyse. De nombreuses méthodes s'appuient sur la construction de modèles à l'aide d'une notation graphique ou textuelle (par exemple UML). Les méthodes de conception par composants préconisent de s'appuyer sur des composants existants pour concevoir l'architecture, et d'organiser sous formes de composant certaines parties de l'architecture obtenue, afin de faciliter l'évolution et le réemploi

Certains procédés de conception préconisent de construire des modèles d'architecture indépendants des détails de plate-forme matérielle (type de processeur, taille mémoire, etc.) et logicielle (type de système d'exploitation, technologies de communication, langage de développement, etc.). Les composants ainsi obtenus peuvent être réutilisés dans d'autres architectures, même si celles-ci sont destinées à fonctionner sur des plates-formes matérielles différentes. La conception de l'architecture dépendante de la plate-forme est réalisée par la transformation de l'ensemble du modèle indépendant de la plate-forme en modèle dépendant de cette plate-forme. Cette transformation peut en principe être automatisée, au moins en partie.

Il est à noter que lors de l'étape de conception, le concepteur ne choisit pas en réalité telle ou telle mise en œuvre de composant mais tel ou tel service, défini par ses interfaces, ports et contrats. La sélection d'une mise en œuvre se fera au cours de la phase de déploiement.

Déploiement

Cette phase a pour but la sélection des mises en œuvre de composants, des lieux et modalités d'exécution des différentes instances de composants lors de l'exécution de l'application, la fabrication de la distribution, autrement dit du fichier qui contiendra tout ce qu'il faut pour installer l'application, puis finalement l'installation et la configuration de l'application. Selon le domaine d'application, les techniques de déploiement peuvent varier énormément. Par exemple, une application de gestion fondée sur des services Web et une architecture de type trois tiers seront conçues pour installer sur le poste client les composants chargés de l'interface homme-machine et sur le serveur d'exécution la partie dite «logique métier» (*business logic*). Une application de contrôle de freinage dans un véhicule aura des contraintes bien différentes, en terme d'occupation mémoire et d'allocation de processeur.

Gestion des variantes et versions successives

L'évolution des composants peut être considérée comme une dimension supplémentaire. Le long de cette dimension, les différentes propriétés des composants seront déclinées en variantes. L'industrie du logiciel a depuis longtemps pris en compte la notion de version dans le contexte général d'un logiciel fait sans composants. Par exemple, les fournisseurs de bibliothèques de logiciel adoptent souvent un système de numéro de version majeure et version mineure pour étiqueter les évolutions de la mise en œuvre d'une bibliothèque. Deux versions de bibliothèque ayant le même numéro majeur de version sont compatibles du point de vue des interfaces des procédures de la bibliothèque. Autrement dit, l'emploi d'une nouvelle version sans changement de numéro n'impose pas de modification du code source de l'application mais seulement une nouvelle édition de liens.La construction de logiciel construit par composants facilite le traitement du problème de l'évolution des technologies. Supposons que le logiciel comporte un composant sophistiqué faisant appel à l'état de l'art technologique à un moment donné. Ce composant constituant une source de revenus pour l'entreprise qui le commercialise devra impérativement suivre les évolutions technologiques pour rester compétitif. Les acheteurs de ce composant pourront facilement éviter le vieillissement de leurs applications à composants. Il leur suffira d'obtenir les nouvelles versions des composants, pour maintenir leur application à jour. *A contrario*, une application conçue avec des parties entièrement internes à la société ne pourra aisément suivre les évolutions des technologies, des standards et des pratiques, car l'économie d'échelle ne jouera pas.

La conception par composants bouleverse quelque peu ce schéma classique car les spécifications de service et les mises en œuvre peuvent subir des évolutions totalement séparées. En effet, des fournisseurs différents peuvent exister pour une même version de spécification de service, chaque fournisseur proposant différentes versions de mises en œuvre, tandis que la spécification du service peut elle-même évoluer.

D'autre part, une architecture à composants n'est pas en général une structure en couches, où chaque couche ne dépend que des services des couches inférieures. Un changement de version d'un composant peut remettre en cause ces dépendances.

De plus, certains fournisseurs construiront leurs produits par assemblage et par extension d'autres composants (de fournisseurs tiers).

4 Aspects pratiques et technologies existantes

Les idées et les concepts de composant logiciel exposés plus haut n'ont de valeur que s'ils sont mis en pratique par les fournisseurs de composant et leurs clients. Pour qu'un marché du composant logiciel puisse se mettre en place, un certain nombre de conditions doivent être réunies :

- un standard de description de composants doit mettre en place un langage commun entre fournisseurs et clients ;
- un ou plusieurs standards d'exécution doivent exister ;
- les plates-formes d'exécution doivent proposer des services d'exécution de composants qui obéissent aux standards d'exécution ;
- l'ensemble de ces standards technologiques doit être supporté par des outils de conception adaptés.

4.1 Standard de description de composants

Toutes les notions présentées dans les paragraphes précédents ne sont que des concepts théoriques. Une entreprise qui décide de mettre un composant sur le marché doit pouvoir exprimer dans un certain langage spécialisé toutes les propriétés de son composant. Une société qui s'intéresse à ce composant doit pouvoir comprendre de façon complète et non ambiguë les propriétés du dit composant. Cette compréhension mutuelle entre fournisseur et client ne fonctionne que s'il existe une langue commune, suffisamment riche et précise pour ne laisser aucune place à des erreurs d'interprétation. Pour prendre un exemple concret et non informatique, les sociétés du domaine de la construction mécanique ont élaboré depuis longtemps un langage commun, graphique (le dessin industriel de mécanique). Grâce à cette notation, un constructeur de machine peut examiner et choisir des sous-ensembles sur des catalogues de fournisseurs.

À l'heure actuelle, l'industrie du composant logiciel ne dispose pas encore d'un langage unifié pour la description des composants. Il est d'ailleurs illusoire de penser qu'un seul langage puisse traiter correctement les besoins de domaines d'application très variés. Pour aborder ce problème de la diversité, les recherches actuelles s'appuient sur le concept de métalangage : un tel langage permet de décrire d'autres langages. Partant de ce principe, il est possible de définir un langage de description de composant qui couvre les besoins élémentaires communs à tous les domaines. Des extensions permettent de décrire les propriétés de composants spécifiques d'un certain domaine d'application. De même, les détails propres à telle ou telle technologie seront décrits par des extensions spécifiques de ce domaine.

Pour que ces langages de description puissent être réellement utilisables, ils doivent gagner un statut de standard et donc être proposés et gérés par un organisme de standardisation reconnu, tel l'ISO (International Standards Organisation) ou l'OMG (Object Management Group). À l'heure actuelle, ces deux organismes ont adopté la notation UML comme langage commun et générique pour la description d'architectures logicielles.

Enfin, le ou les langages de description de composant doivent s'appuyer sur des modèles bien construits sur un plan formel (au sens mathématique du terme), pour qu'il n'y ait pas d'ambiguïté ou d'erreur d'interprétation des descriptions d'architectures et de leurs propriétés. La sélection de modèles formels sous-jacents est une tâche difficile, surtout lorsqu'il s'agit d'établir le consensus général qu'un standard doit offrir.

4.2 Standards et plates-formes d'exécution

Disposer de la description des propriétés d'un composant logiciel n'est pas suffisant pour l'exécuter concrètement sur une infrastructure informatique. En effet, les différents concepts propres à la conception de composants (ports, connexions, interfaces, contrats, etc.) doivent être réalisés concrètement sur une architecture matérielle. Cette réalisation passe par l'emploi de compilateurs, de bibliothèques, de noyaux d'exécution (*runtime*), de services fournis par les systèmes d'exploitation, etc. On désigne tout cet ensemble par le nom d'infrastructure d'exécution. De même que les vendeurs d'application proposent souvent une version d'un produit pour système d'exploitation, les vendeurs de composants doivent fournir à leur catalogue une version d'un composant pour chaque infrastructure d'exécution. Le nombre de telles infrastructures est élevé, en particulier en raison de la multiplicité des plates-formes matérielles. Outre la multiplication des efforts, la construction de toutes ces variantes exige la collaboration de spécialistes de chaque plate-forme, ce qui est difficile à réaliser. Plusieurs techniques peuvent réduire cette multiplication des variantes :

- les techniques fondées sur la transformation de modèles (passage d'un modèle indépendant de la plateforme d'exécution à un modèle dépendant de cette plate-forme) ;
- les techniques fondées sur la synthèse de mises en œuvre spécifiques à partir de fragments spécifiques réutilisables ; l'une des techniques est le tissage d'aspect (Kiczales, 1997), qui permet de « greffer » des fragments spécialisés à un cœur indépendant d'une plateforme ;
- les techniques fondées sur l'emploi de machines virtuelles conçues pour être indépendante de la plateforme (approches Java et. Net).

4.3 Outils d'aide à la conception

Ainsi qu'il a été dit plus haut dans ce chapitre, la construction d'applications à composants recouvre des activités bien spécifiques et différentes. En conséquence, des outils différents devront fournir une aide différente selon l'activité.

Les concepteurs d'applications à composants doivent pouvoir :

- rechercher des spécifications de service standard, en fonction de divers critères (domaine de service, détails divers, etc.) ;
- rechercher des mises en œuvres, selon les services assurés, la disponibilité sur telle ou telle plateforme, les coûts de licence et de maintenance, etc. ;
- assembler les composants dans une application, vérifier la compatibilité des services, tester les mises en œuvre et déployer leur application.

Les concepteurs de composants doivent disposer d'un environnement facilitant la création d'un composant à partir de code source dans tel ou tel langage de programmation, ou par extension et assemblage de composants existants.

5 Conclusion

Un chemin considérable a été parcouru depuis les prévisions de McIlroy en 1969. De nombreux travaux de recherche et de développement ont permis de construire des architectures commerciales de composants, utilisables dans des applications de taille réelle. Un marché du composant commence à s'établir. Cependant, ces architectures commerciales ne permettent pas de mettre en œuvre toutes les idées issues de la recherche.

Bibliographie

G. Beneken, U. Hammerschall, M. Broy, M. V. Cengarle, J. Jürjens, B. Rumpe, and M. Schoenmakers (2003), "Componen-tware : State of the Art 2003", in *Understanding Components Workshop.*

A. Beugnard, J.-M. Jézéquel, N. Plouzeau, and D. Watkins (1999), "Making Components Contract Aware", *IEEE Computer Special Issue on Components*, vol. 13.

E. Gamma, R. Helm, R. Johnson, and J. Vlissides (1995), *Design Patterns. Elements of Reusable Object Oriented Software*, Addison-Wesley.

J.-M. Jézéquel, M. Train, and C. Mingins (1999), *Design Patterns and Contracts*. Addison-Wesley.

G. Kiczales (1997), "Aspect Oriented Programming", *ACM Sigplan Notices*, vol. 32, pp. 162.

B. Meyer (1992), "Applying Design by Contract", *IEEE Computer Special Issue on Inheritance and Classification*, vol. 25, p. 40-52.

M. McIlroy, J. Buxton, P. Naur, and B. Randell (1969), "Mass Produced Software Components", *Software Engineering.*

C. Szyperski (2002), *Component software, beyond object-oriented programming*, Addison-Wesley.

Patrons de conception

Jean-Marc Jézéquel

Mots-clés : *design patterns*, patron de conception, conception orientée objet, schémas d'interactions.

Résumé : la définition de la nature de l'activité de conception de logiciel est restée longtemps assez floue. La généralisation dans l'industrie d'une approche par objets de la conception de logiciel a permis de focaliser la tâche de conception sur la description de schémas (ou motifs) d'interactions entre objets, et d'assigner des responsabilités à des objets individuels de telle sorte que le système résultant de leur composition ait les propriétés voulues de flexibilité, maintenabilité, efficacité, etc. L'aspect récurrent de certains de ces schémas d'interactions entre objets a conduit à vouloir les cataloguer : on les appelle alors « *design patterns* ». On choisit ici de traduire cette notion par « patron de conception », d'une part pour sa sonorité proche de l'anglais mais aussi pour mettre en évidence le parallèle avec la notion de forme prédéfinie existant dans un patron en couture qui laisse en pratique de nombreux degrés de libertés dans son utilisation. Perçus depuis les dix dernières années comme des techniques essentielles à la conception objet, les patrons de conception ont fait l'objet d'un véritable engouement, tant dans l'industrie que dans le monde de la recherche, et ont donné lieu à de multiples publications, tant de catalogues que d'articles scientifiques les analysant. Ce chapitre a pour objectif de familiariser le lecteur avec cette notion de « patron de conception », ainsi que de montrer son utilisation dans un processus de conception de logiciels à objets.

1 Introduction

1.1 Définition simple

La notion de *design pattern*, qu'on choisit ici de traduire par « patron de conception », a été popularisée au milieu des années quatre-vingt-dix et a depuis profondément marqué la pratique de la conception de logiciels orientés objets. Qu'est-ce qu'un « patron de conception » ? Une définition simple et communément admise en fait « une solution à un problème de conception dans un contexte ». Ceci mérite bien sûr quelques explications complémentaires :

- la notion de contexte se rapporte à un ensemble de situations récurrentes dans lesquelles le patron de conception peut s'appliquer ;
- le problème fait référence à un ensemble de forces, à la fois objectifs et contraintes, qui se produisent dans ce contexte ;
- la solution fait référence à une forme ou une règle de conception canonique qui peut être appliquée pour résoudre ces forces.

1.2 Historique et motivations

L'idée d'identifier et de documenter systématiquement les patrons de conception en tant qu'entités autonomes clés pour la conception de logiciels date de la fin des années quatre-vingt. Elle a été popularisée par des gens comme Beck, Ward, Coplien, Booch, Kerth, Johnson, etc. (connus sous le nom de « Hillside Group »), mais il est clair que la contribution séminale à ce domaine a été la publication en 1995 du livre *Design Patterns: Elements of Reusable Object Oriented Software* par la désormais célèbre «bande des quatre» (*Gang of Four*, ou GoF): Erich Gamma, Richard Helm, Ralph Johnson et John Vlissides (Gamma 1995). Ce livre, l'un des plus vendus de toute l'histoire de l'informatique, a constitué le premier catalogue de patrons de conception applicable à une grande variété d'applications. Dans ce premier catalogue, la plupart des patrons de conception se focalisent sur un aspect particulier de la conception de logiciel, à savoir sa flexibilité. Il s'agit donc pour l'essentiel de solutions de conception visant à rendre le logiciel conçu plus évolutif, que ce soit dynamiquement ou tout simplement pour faciliter de futures opérations de maintenance. L'idée clé des patrons de conception du GoF est de permettre de faire varier certains aspects de la structure du système indépendamment des autres aspects, afin de rendre le système robuste à certains types de changements qui peuvent alors être effectués sans reconception.

Depuis ce premier opus, de nombreux autres catalogues sont apparus, par exemple les quatre volumes de PloPD (*Pattern Languages of Program Design*) – voir (Coplien 1995, Vlissides 1996, Martin 1998, Harrison 2000) – ou encore le catalogue en ligne (Tichy 2003). Certains de ces catalogues contiennent des patrons de conception qui prolongent la tradition du GoF, parfois en se concentrant sur des patrons de conception spécifique d'un métier particulier – voir l'excellent chapitre sur les patrons de conception pour les télécommunications dans (Vlissides 1996); mais d'autres en élargissent le spectre pour aborder une plus grande variété d'aspects extra-fonctionnels de la conception, comme la fiabilité, la prise en compte de la répartition des données ou des calculs, la ponctualité, la sécurité, la mise à l'échelle, les performances etc. D'autres élargissent encore ce spectre en abordant des patrons qui ne sont plus de conception, mais par exemple d'analyse ou de rétroconception (Demeyer 2003) ou même encore hors du domaine du logiciel, avec des patrons d'organisation (Coplien 2005).

Aujourd'hui, il est indéniable que les patrons de conception sont largement acceptés comme des outils particulièrement utiles pour guider et documenter la conception de logiciels à objets. Mais au-delà de cet aspect de base, les patrons de conception jouent plusieurs autres rôles dans le processus de développement:

- ils fournissent tout d'abord un *vocabulaire partagé* pour communiquer à propos de conception logicielle;
- grâce à ce vocabulaire, des constructions complexes peuvent être décrites avec un meilleur niveau d'abstraction, ce qui permet de *maîtriser la complexité globale* d'un système;
- finalement, les patrons de conception constituent une base d'expérience pour la construction de logiciels sous forme de *briques de base de conception* à partir desquels des conceptions plus complexes peuvent être élaborées.

1.3 Points clés

Partage de savoir-faire de conception

Les patrons de conception représentent des solutions à des problèmes qui se produisent de manière récurrente lorsqu'on développe du logiciel dans un contexte particulier. Ils peuvent être considérés comme des micro-architectures réutilisables qui participent de l'architecture globale du système: ils capturent les structures statiques et dynamiques des collaborations entre les éléments clés d'une conception par objets, à savoir classes, objets, méthodes, messages, etc.

Parce que les patrons de conception identifient et documentent l'essence de solutions pertinentes à des problèmes de conception, ils sont d'une certaine façon assez proches de la notion d'idiomes, ou d'astuces de codage, qui existent pour la plupart des langages de programmation (voir par exemple (Coplien 1992) pour des idiomes C++). La principale différence est que les patrons de conception fonctionnent au niveau de la *conception* plutôt qu'au niveau de *l'implantation*, mais il est clair qu'ils capturent de manière similaire un certain savoir-faire, qui par définition distingue les concepteurs expérimentés des débutants.

Même si des brillants concepteurs de logiciels n'ont pas attendu la popularisation des patrons de conception pour produire des éléments de conception élégants, leur isolement face à l'ampleur de la tâche de conception des logiciels modernes a souvent rendu fragile leur contribution. Ce qui est singulier et si intéressant dans l'idée des patrons de conception est de surmonter cet isolement par un effort concerté au plan international pour identifier, documenter et classifier les meilleures pratiques de la conception orientée objet.

À cet égard, il convient de remarquer que la notion de patrons de conception n'est pas intrinsèquement liée aux technologies à objets. Mais force est de constater que, poussé par l'adoption massive par l'industrie à partir du milieu des années quatre-vingt-dix, le principal effort de catalogage a été effectué dans ce contexte, ce qui a permis d'obtenir effectivement un très grand retour sur investissement vis-à-vis de la qualité de conception des logiciels orientés objets modernes.

La principale contribution des patrons de conception est donc de capturer explicitement le savoir-faire des experts ainsi que les compromis de conception, et de cette façon permettre le partage d'un savoir-faire architectural entre développeurs. Ainsi la conception dans un projet n'est plus dépendante d'un seul gourou qui aurait tout dans la tête : le savoir-faire de conception d'une organisation peut être documenté à l'aide de patrons de conception. Ceci permet en particulier la répétition de succès antérieurs sur de nouveaux projets ayant le même type de problèmes de conception.

Documentation de conception

Les patrons de conception permettent aussi de documenter de manière concise l'architecture d'un système logiciel par la définition d'un vocabulaire approprié. Les patrons de conception constituent donc les briques de base d'une architecture, et permettent ainsi sa compréhension à un plus haut degré d'abstraction, ce qui en réduit la complexité apparente. Plutôt que de penser la conception en termes de classes individuelles et de leurs comportements, il est maintenant possible de penser la conception en termes de groupes de classes collaborant selon un certain schéma prédéfini. Par exemple, pour expliquer une idée de conception sans faire référence aux patrons de conception, on devra dire à ses collègues que : « *Cette conception fait collaborer cet ensemble de classes ayant telles et telles relations entre elles de manière à ce que lorsqu'un événement se produit dans un objet instance de cette classe-ci, une certaine méthode est appelée, qui devrait déclencher telle et telle autre méthode sur les instances des sous-classes de cette autre classe ; lesquelles méthodes doivent rappeler l'objet source de l'événement pour obtenir la formation voulue.* »

À l'inverse, un concepteur de logiciels familiarisé avec les patrons de conception les plus courants pourra simplement dire : « *Dans cette conception, cet ensemble de classes collabore selon le patron de conception Observateur* ».

Si ses collègues sont comme lui familiarisés avec ce patron de conception (qui sera d'ailleurs décrit plus en détail ci-dessous), ils comprendront immédiatement les structures statiques et dynamiques mises en jeu dans la collaboration entre classes de cette partie de l'architecture logicielle. De manière au moins aussi importante, les compromis de conception seront immédiatement explicités entre les principes de simplicité, d'efficacité, et la prise en compte d'autres forces extra-fonctionnelles comme la réutilisabilité, la portabilité, l'extensibilité, etc. Dans les phases initiales de la conception il est d'ailleurs souvent suffisant de savoir qu'on va utiliser un certain patron de conception à un certain point de l'architecture. Les détails concernant la manière dont ce patron de conception peut-être finalement implanté pourront être abordés plus tard.

Intérêt pédagogique

Finalement, les patrons de conception présentent un intérêt pédagogique certain. Il est souvent affirmé que le but des patrons de conception est d'apprendre par l'expérience, de préférence celle d'un autre. Codifier les meilleures pratiques de conception aide à disséminer cette expérience et aide à éviter certains des pièges du développement de logiciels. Parce qu'ils s'appuient sur les meilleures pratiques des technologies objets, les patrons de conception servent aussi à montrer comment utiliser élégamment et efficacement ces technologies, ce qui en a clairement permis une bien meilleure diffusion vers la fin des années quatre-vingt-dix.

2 Comprendre la notion de patron de conception

2.1 Connexion avec d'autres domaines

L'origine des patrons de conception se situe dans le domaine de l'architecture (celle du génie civil) avec les travaux de Christopher Alexander (Alexander 1979) : « *Chaque patron décrit un problème qui se produit encore et encore dans notre environnement, et ensuite décrit le cœur d'une solution à ce problème de manière à ce qu'on puisse utiliser cette solution plus d'un million de fois, sans jamais le faire deux fois exactement de la même manière.* »

Zhao et Coplien ont remarqué dans (Zhao 2003) la connexion entre la notion de patron de conception et celle de *symétrie* en mathématiques, qui est une opération sur un objet mathématique qui laisse cet objet inchangé (par exemple, une rotation ou une translation sont des exemples de symétries). Comme un patron de conception, une symétrie a la propriété essentielle de permettre le changement tout en préservant certains aspects inchangés.

Mais la notion sous-jacente aux patrons de conception est aussi connexe à la notion de savoir-faire caractéristique des métiers d'artisanat traditionnel. Elle englobe en particulier l'idée d'un plus haut niveau de compréhension élaboré à partir d'interactions entre composants primaires. On a ainsi pu tracer un parallèle intéressant entre l'apprentissage de la conception de logiciels et l'apprentissage du jeu d'échecs, où trois niveaux de maîtrise sont bien identifiés.

Au premier niveau il s'agit d'apprendre les règles de base : pour les échecs le nom des pièces, les mouvements légaux, l'orientation et la géométrie de l'échiquier, etc. ; et pour le logiciel la connaissance des algorithmes de base, des structures de données et des langages de programmation.

Au second niveau, il s'agit d'apprendre les principes : aux échecs la valeur relative de certaines pièces (comme la reine), la valeur stratégique des cases centrales de l'échiquier, pour le logiciel la connaissance des principes d'organisation du logiciel (modularité, orientation objet, généricité, etc.).

Au troisième niveau il s'agit d'apprendre les motifs récurrents. Pour devenir un maître d'échecs, il faut en effet étudier le jeu des autres maîtres : les parties d'échecs disputées par des grands maîtres contiennent en effet des patrons qui devraient être compris, mémorisés, et appliqués de manière répétitive. De même, l'idée des patrons de conception est que l'expérience de conception logicielle s'acquiert en étudiant des conceptions maîtresses.

2.2 Exemple : le patron Observateur

Bien qu'il y ait probablement une gamme infinie de patrons spécifiques de domaines particuliers, il est en revanche probable que la plupart des patrons à usage général qu'un ingénieur logiciel devrait connaître ont déjà été identifiés. L'un des plus connu parmi ceux-ci est probablement *l'observateur*, que nous rappelons ici pour illustrer notre propos.

L'intention du patron Observateur est de définir une dépendance entre un objet et ses multiples observateurs de manière à ce que lorsque cet objet change d'état, tous les observateurs qui en dépendent sont automatiquement notifiés.

Prenons l'exemple d'un serveur de fichiers auquel est connecté un ensemble d'ordinateurs clients (notion de connexion d'un lecteur réseau dans le monde Windows ou de montage d'un système de fichiers dans le monde Unix, voir figure 1).

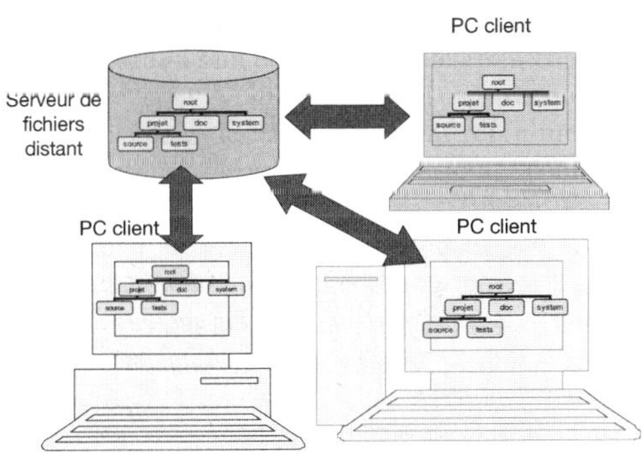

Figure 1 Un système de fichier réparti

À chaque fois qu'un changement se produit sur le serveur (renommage de fichiers ou de répertoires, ajout ou suppression de fichiers), celui-ci doit être reflété sur chaque client de manière à lui permettre de mettre à jour sa vue du système. Une solution à ce problème doit prendre en compte un certain nombre de contraintes qu'on appelle *le contexte* :

- les identités et le nombre des clients ne sont pas déterminés à l'avance ;
- de nouvelles sortes de clients peuvent être ajoutées au système dans le futur ;
- l'interrogation active n'est pas appropriée, car par exemple trop coûteux quand le nombre d'observateurs est grand.

Le patron Observateur résout le problème dans ce contexte en faisant en sorte que le serveur (qu'on appelle le sujet) informe les ordinateurs clients (les observateurs) à chaque fois qu'un changement intéressant se produit. En utilisant un diagramme de classes UML, la figure 2 illustre les relations existant entre un sujet et ses observateurs : il décrit un exemple de structure statique du patron.

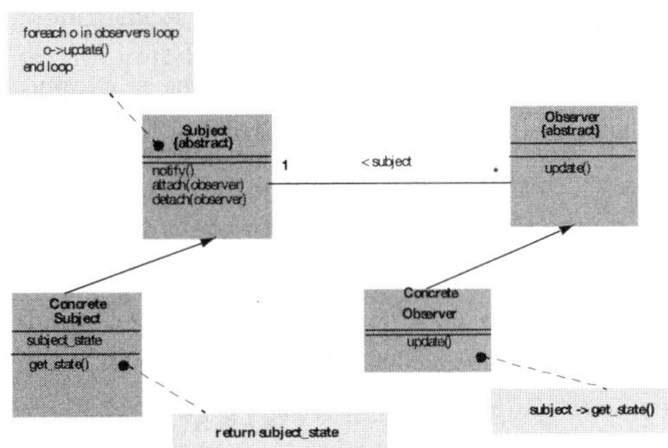

Figure 2 Structure statique du patron Observateur

De même la figure 3 illustre l'aspect dynamique d'une collaboration entre un sujet et ses observateurs : c'est un exemple de structure dynamique du patron.

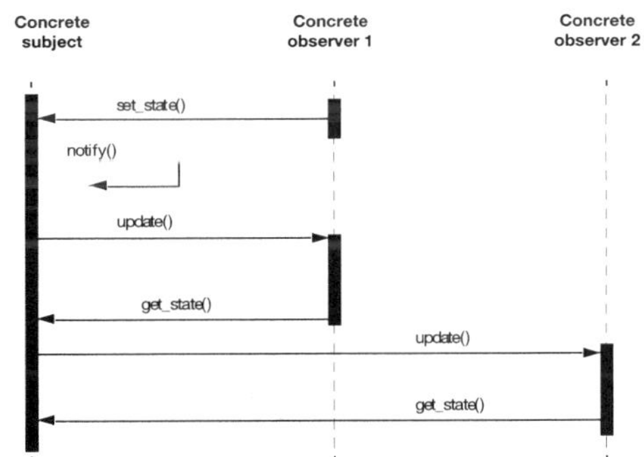

Figure 3 Structure dynamique du patron Observateur

Si vous avez déjà un peu d'expérience en conception de systèmes informatiques, vous devez vous demander pourquoi une solution de conception aussi simple mérite qu'on s'y attarde. Pour répondre à cette question, commençons par prendre un second exemple.

Considérons un outil graphique qui permet à un utilisateur de gérer un ensemble de valeurs de données dans un tableur, un histogramme et un camembert (voir figure 4). N'importe laquelle de ces vues peut être ouverte à n'importe quel moment (y compris plusieurs fois la même vue ouverte simultanément) et visible à l'écran. Chaque fois que l'utilisateur modifie l'une des vues, toutes les autres doivent bien sûr être modifiées en adéquation.

	1er trim.	2e trim.	3e trim.	4e trim.
Est	20,4	27,4	90	20,4
Ouest	30,6	38,6	34,6	31,6
Nord	45,9	46,9	45	43,9

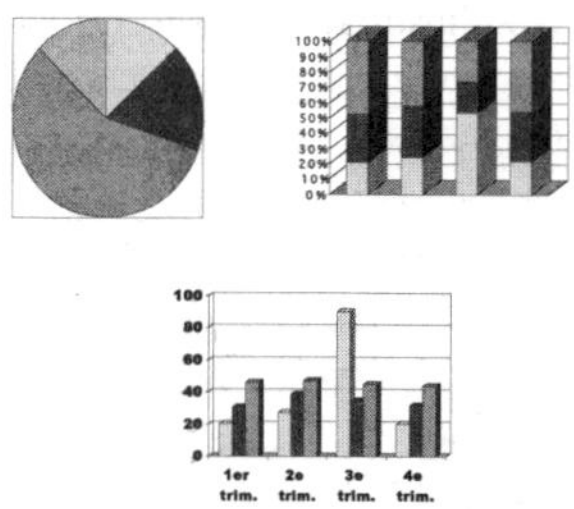

Figure 4 Différentes vues d'un ensemble de données

Remarquons qu'à un certain niveau d'abstraction, nous avons exactement le même problème de conception que pour le serveur de fichiers, avec en particulier les mêmes contraintes :

- les identités et le nombre des vues ne sont pas déterminés à l'avance ;
- des nouvelles sortes de vues peuvent être ajoutées au système dans le futur ;
- l'interrogation active n'est pas appropriée, car par exemple trop coûteuse.

Ainsi la solution peut donc être la même : l'ensemble de valeurs de données joue le rôle du *sujet* alors que les vues jouent celui d'*observateurs* ; ceux-ci interagissant comme illustré aux figures 2 et 3.
Le patron Observateur peut alors être formulé de la manière suivante :

- objectif : Définir une dépendance de *un vers plusieurs* entre les objets de façon à ce que, quand un objet change d'état, tous ses dépendants sont informés et mis à jour automatiquement ;
- contraintes clés :
  - il peut y avoir plusieurs observateurs,
  - chaque observateur peut réagir différemment à la même information,
  - le sujet devrait être aussi découplé que possible des observateurs (ajout et suppression dynamique d'observateurs),
- structure de la solution : voir figures 2 et 3.

Ce qui fait de l'Observateur un patron de conception est qu'il abstrait les architectures statiques et dynamiques d'une solution donnée pour résoudre un problème particulier dans un contexte lui aussi particulier, et qu'il est donc applicable à beaucoup de situations différentes.

2.3 Décrire des patrons de conception

Les patrons de conception sont avant tout des concepts du domaine des idées. Comme toute idée, un patron de conception n'a de valeur que s'il peut être communiqué. Il est donc très important d'avoir un format plus ou moins standard pour pouvoir les décrire. Comme souvent en matière de standards, il en existe plusieurs en pratique. Les plus utilisés sont sans doute le format d'Alexander et celui du GoF. Les patrons d'Alexander sont décrits sous la forme suivante :

- si vous vous trouvez dans un contexte,
- par exemple : *exemple,*
- avec *problème,*
- contraint par *forces,*
- alors pour ces *raisons,*
- appliquer la *forme de conception* et ou *règle,*
- pour construire *solution,*
- amenant à un *nouveau contexte* et d'autres patrons.

Il y a en pratique de nombreuses variations stylistiques à ce format. Celui du GoF inverse en quelque sorte l'ordre de la présentation en commençant par la forme de la conception puis en décrivant le problème, le contexte et les exemples auxquels elle s'applique. Le canevas de présentation est donc structuré comme suit.

Nom du patron : le nom du patron est choisi de manière à véhiculer succinctement l'essence du patron. Un nom bien choisi est absolument vital, car il devient ensuite un élément clé du vocabulaire de conception. Exemple : *observateur.*

Intention : un court texte ayant pour objectif de répandre la question suivante : que cherche à faire le patron de conception ? Quelle est l'intention sous-jacente ? À quel problème particulier de conception s'attaque-t-on ? Exemple : *Définir une dépendance de un vers plusieurs entre les objets de façon à ce que, quand un objet change d'état, tous ses dépendants sont informés et mis à jour automatiquement.*

Alias : autres noms souvent donnés à ce patron de conception (s'il y en a).

Motivations : la motivation ou le contexte dans lequel ce patron s'applique. Ceci peut être concrétisé par un scénario qui illustre un problème de conception et comment une structure de classe et d'objets aide à résoudre le problème. Le scénario a pour objectif d'aider à comprendre les descriptions plus abstraites qui suivront.

Applicabilité : les prérequis qui doivent être satisfaits pour permettre l'utilisation de ce patron. Quelles sont les situations dans lesquelles ce patron de conception peut être appliqué ? Quels exemples de conception peuvent être résolus par ce patron de conception ? Comment peut-on reconnaître ces situations ?

Structure : une description structurelle (en termes de classes et de leurs relations exprimés par exemple en UML) d'un exemple du type de solution proposée par ce patron (exemple : voir figure 2). À cet égard, il faut insister sur le fait que le schéma UML décrivant la structure *n'est pas* le patron de conception, mais, au côté des autres rubriques, contribue simplement à véhiculer l'idée constituée par ce patron de conception.

Participants : la liste des participants typiquement impliqués dans l'application de ce patron.

Collaborations : comment les participants collaborent pour mener à bien leurs responsabilités.

Conséquences : les conséquences de l'utilisation de ce patron, tant positives que négatives. Comment le patron de conception supporte-t-il son intention ? Quels sont les compromis et les résultats de l'application du patron ? Quels aspects de la structure du système ne permet-il pas de faire varier de manière indépendante ?

Implantation : quels pièges, astuces, ou techniques concernent l'implantation de ce patron de conception ? Y a-t-il des aspects qui sont spécifiques d'un langage de programmation particulier ?

Exemple de code et utilisation : des fragments de code qui illustrent comment on peut implanter ce patron de conception dans des langages de programmation à objets classiques.

Utilisations connues : exemples documentés d'application de ce patron de conception dans des systèmes réels. L'effort de documentation d'une solution de conception n'est en effet valable que si cette solution peut être appliquée de manière récurrente pour résoudre le problème dans un contexte donné. Il est donc d'usage de considérer qu'une solution de conception n'est en réalité un patron de conception que si elle a été identifiée dans au moins trois applications totalement différentes. C'est bien sûr le cas du patron observateur qui se retrouve d'une manière ou d'une autre au cœur de toutes les interfaces graphiques conçues depuis plus de vingt-cinq ans.

Patrons connexes : quels patrons de conception ont un rapport avec celui qu'on est en train de décrire ? Quelles sont les différences importantes ? Avec quels autres patrons celui-ci peut-il être utilisé en synergie ?

2.4 Patrons de conception et notions connexes

On trouve de manière connexe à la notion de patron de conception d'un côté la notion de patron d'architecture, et de l'autre la notion de patron de codage aussi connu sous le nom d'idiome.

Un patron d'architecture exprime un schéma d'organisation structurelle fondamental pour des systèmes logiciels (Buschmann 1996). Il fournit un ensemble de sous-systèmes prédéfinis en spécifiant leurs responsabilités, et inclut des règles et des guides méthodologiques pour organiser les relations entre ces sous-systèmes. On parlera par exemple du patron d'architecture « trois niveaux » *(tiers)* pour parler des systèmes constitués par d'une part un serveur d'application effectuant la majorité des traitements, d'autre part d'un serveur de bases de données et un troisième lieu d'une interface graphique déportée sur une station cliente (voir figure 5).

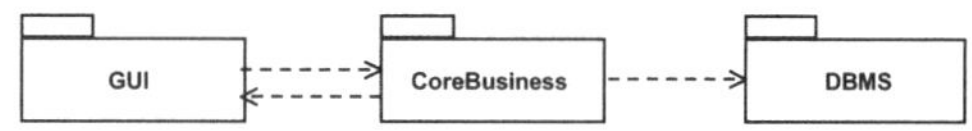

Figure 5 Patron d'architecture à trois niveaux

À l'autre extrémité du spectre, on trouve la notion d'idiome. Un idiome peut-être vu comme un patron de bas niveau spécifique à un langage de programmation donné. Un idiome décrit comment implanter des aspects particuliers d'un composant en utilisant les caractéristiques d'un langage de programmation donné (Coplien 1992). Par exemple il peut s'agir de la manière de gérer l'allocation mémoire dans un langage comme C++.

Sur l'échelle de l'abstraction et du niveau de détail, les patrons de conception se situent à un niveau intermédiaire entre ces idiomes (ou patrons de bas niveau) et les patrons d'architecture. Un patron de conception typique se situe au niveau d'un groupe de classes (une demi-douzaine tout au plus) et de leurs relations. Les patrons d'architecture sont des patrons stratégiques de haut niveau qui s'intéressent à des composants large échelle et aux propriétés globales de systèmes logiciels. Les patrons de conception sont des patrons tactiques à échelle moyenne. Ils sont indépendants d'un langage de programmation particulier, même si les patrons les plus utilisés sont fortement biaisés par l'hypothèse que l'on dispose pour l'implantation d'un langage de programmation par objet. En revanche, les idiomes sont des techniques spécifiques d'un langage pour résoudre des problèmes d'implantation de bas niveau.

2.5 Patron de conception et canevas d'application

La notion de canevas d'application (*framework*) est aussi fortement connexe de celle de patron de conception. En effet un canevas d'application orienté objet est constitué d'un ensemble cohérent de classes interagissant de manière prédéfinie qui peuvent être spécialisées ou instanciées pour réaliser une application. C'est une architecture logicielle réutilisable qui fournit une structure et un comportement générique pour une famille d'applications logicielles dans un domaine particulier.

Un canevas d'application doit être complété par des fonctions spécifiques d'une application donnée afin de former une application complète. Il peut donc être vu comme une application à trous, ou plus précisément comme une structure préfabriquée dans laquelle un ensemble de pièces situées à des endroits spécifiques (appelés points d'accrochage ou encore points chauds) ne sont pas implantés ou bien ont des implantations par défaut qui doivent être redéfinies. Pour obtenir une application complète à partir d'un canevas d'application orientée objet, on doit fournir ces pièces manquantes sous la forme de sous-classes définissant ou redéfinissant les parties manquantes ou existant par défaut, le mécanisme de liaison dynamique (caractéristiques des langages à objet) étant utilisé pour faire en sorte que les éléments prédéfinis du canevas puissent appeler les éléments complémentaires.

Un canevas d'application est ainsi assez différent d'une bibliothèque de classes classiques dans le sens où le flot de contrôle est usuellement bidirectionnel entre les classes spécifiques de l'application et le canevas d'application. Le canevas d'application a fréquemment la charge de gérer la plus grosse part de l'application, le programmeur n'ayant plus idéalement qu'à fournir quelques éléments ici ou là. Mais il arrive souvent que la logique globale de l'application soit assez complexe et que la manière dont doivent collaborer les éléments préexistants et ceux introduits par le programmeur soit non triviale. Les patrons de conception peuvent alors être utilisés pour documenter les collaborations entre les différentes classes du canevas. Symétriquement, un canevas d'application peut mettre en œuvre plusieurs patrons de conception, certains d'entre eux d'usage général d'autres plus spécifiques. Les patrons de conception et les canevas application sont donc ainsi fortement couplés, mais ils n'opèrent pas au même niveau d'abstraction : un canevas d'application est *constitué de logiciel* concret, alors que les patrons de conception sont de la connaissance, de l'information et de l'expérience à *propos de logiciels*. On peut dire que les canevas d'application sont de nature physique alors que les patrons de conception sont d'une nature purement logique (ils sont du domaine des idées) : les canevas d'application sont des réalisations physiques d'une ou plusieurs solutions proposées par des patrons de conception ; les patrons de conception forment en quelque sorte le mode d'emploi pour réaliser ces solutions.

3 Représentation de l'occurrence de patrons de conception en UML

3.1 Les patrons de conception dans le cycle de vie du logiciel

Pour faire face à la complexité toujours croissante des systèmes logiciels, on a de plus en plus souvent recours en informatique comme dans les autres sciences à des techniques de modélisation. La modélisation est en effet l'utilisation d'une représentation en lieu et place d'une chose du monde réel dans un but cognitif. Un modèle remplace un système réel dans un contexte donné, à moindre coût, plus simplement, plus rapidement et sans les risques ou dangers inhérents à une manipulation du monde réel.

Une fois admise l'idée que la modélisation joue un rôle crucial dans le développement de logiciels, il faut encore disposer d'un langage suffisamment abstrait pour être indépendant de telle ou telle plate-forme matérielle ou logicielle, tout en étant suffisamment précis pour permettre de capturer aussi précisément que nécessaire les aspects fondamentaux d'un problème. Depuis les années soixante-dix, où est apparue l'idée qu'il était nécessaire de modéliser avant de programmer, de très nombreux langages et méthodes ont été proposés pour répondre à ce problème. Le standard actuel du domaine est sans aucun doute le langage de modélisation unifiée UML (*Unified Modeling Language*), qui ne fait finalement qu'une synthèse (ou du moins tente de le faire) des meilleures pratiques existantes pour le développement par objets de logiciels.

UML propose des éléments de modélisation et de visualisation pour représenter les différents aspects des systèmes logiciels. Les éléments de modélisation sont généralement manipulés au travers de représentations graphiques (les diagrammes UML), qui contiennent les éléments de visualisation correspondant aux éléments de modélisation.

UML, dans sa version actuelle 2.0, définit treize types de diagrammes, et permet en outre de mélanger différents types de diagrammes, par exemple pour combiner des aspects structurels et comportementaux au sein d'une même représentation.

UML prend en compte en particulier la notion de patron de conception au travers de celle de collaboration paramétrée. Une collaboration est un contexte pour décrire des interactions entre objets. Une collaboration peut donc être utilisée pour spécifier la réalisation de principes de conception. Il est aussi possible de voir une collaboration comme une entité de conception autonome et donc réutilisable. Ceci peut par exemple être utilisé pour identifier l'occurrence de patron de conception dans un modèle de conception.

L'application d'un patron de conception peut alors être vue comme une collaboration paramétrée où à chaque utilisation du patron, des éléments de modèles effectifs (comme classes, relations, méthodes, attributs, états, etc.) sont substitués aux paramètres de la définition du patron de conception.

L'utilisation d'un patron de conception est représentée comme une ellipse en pointillé contenant le nom du patron de conception. Une ligne pointillée est tirée entre cette ellipse et chacune des classes (ou chacun des objets s'il s'agit d'un diagramme objet) participant à cette collaboration. Chacune de ces lignes est étiquetée avec le nom du rôle joué par le participant dans la collaboration. Le rôle correspond au nom des éléments décrits dans le contexte de la collaboration (par exemple pour le patron *observateur*, on trouve les rôles *sujet* et *observateur* qui doivent être joués par des classes, mais aussi les rôles *notify* et *update* qui doivent être joués par des méthodes définies dans les classes jouant les rôles sujet et d'observateurs). Ces noms de rôle peuvent être vus comme des paramètres formels, alors que les éléments du modèle de l'utilisateur sont des paramètres effectifs, les liaisons entre paramètres formels et paramètres effectifs se faisant graphiquement comme illustré dans la figure 6.

Cette notation à l'avantage de rendre explicite l'utilisation d'un patron de conception donné dans un modèle de conception sans avoir à entrer dans les détails de son implantation.

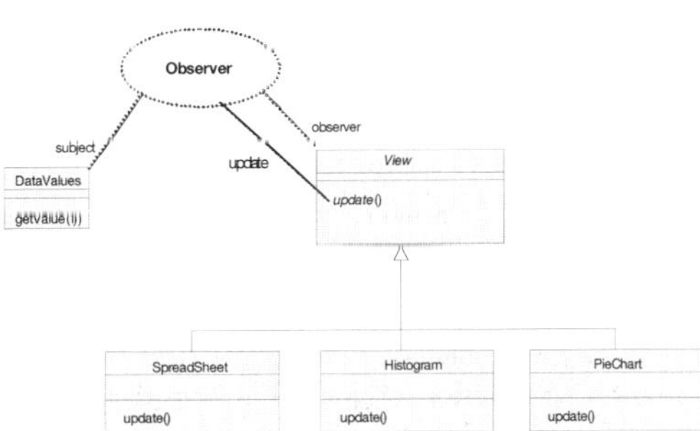

Figure 6 Utilisation du patron Observateur en UML

3.2 Des problèmes aux solutions avec les patrons de conception

L'activité de conception par objets de logiciels a pour objectif fondamental de prendre en compte les forces non fonctionnelles (telles que fiabilité, sécurité, performance, ponctualité, consommation d'énergie, qualifié de service, flexibilité, évolutivité, maintenabilité, etc.) implicites dans un modèle d'analyse pour aller vers un modèle qui sera directement implantable dans un langage à objets donné. L'objectif d'une analyse par objet est de modéliser le domaine du problème de façon à ce qu'il puisse être parfaitement compris et servir de base stable à la conception. Le processus de conception peut être vu comme une transformation progressive du modèle d'analyse en un modèle d'implantation par l'application successive d'un ensemble de règles de conceptions. Idéalement, ces règles de conceptions devraient toutes pouvoir être exprimées comme des patrons de conception. On parle alors de *langage de patrons* (*pattern language*), dans le sens où chaque patron de conception individuel joue le rôle d'un mot dans un vocabulaire, et où leur articulation cohérente forme des phrases faisant sens et permettant de résoudre des problèmes globaux de conception. Vlissides a par exemple montré dans (Vlissides 1998) comment l'articulation de cinq des patrons de conception du GoF permettait de concevoir un système de fichiers :

- *Composite* : pour fournir la structure arborescente du système de fichiers ;
- *Proxy* : pour supporter la notion de lien symbolique (ou de raccourci) ;
- *Template Method* : pour fournir une protection d'accès aux données ;
- *Singleton* : pour fournir deux niveaux de protection ;
- *Mediator* : pour supporter la notion de groupe d'utilisateur pour l'accès aux fichiers.

Dans ce contexte de transformation progressive du modèle d'analyse en un modèle d'implantation par l'application successive d'un ensemble de règles de conceptions, UML peut être utilisé comme l'épine dorsale supportant ce processus en permettant au concepteur de progressivement entrer dans les détails de son implantation sans changer de langage de modélisation.

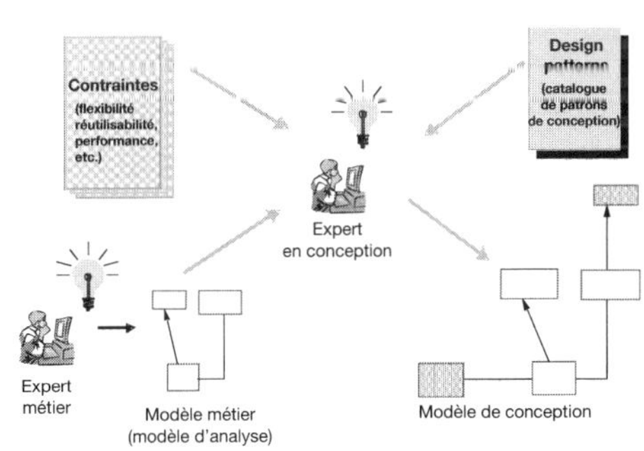

Figure 7 Le rôle du concepteur

3.3 Vers l'automatisation de l'application de patrons de conception

Le statut des modèles évolue d'une phase « contemplative » à une phase « productive » : auparavant les modèles étaient considérés comme des éléments de documentation ; ils sont maintenant de plus en plus souvent devenus des entités de première classe, traités comme entrées ou sorties par des processeurs automatiques. Ceci permet entre autres d'envisager l'application automatique de patrons de conception.

Bien sûr, ce qui fait la difficulté de la chose est que les solutions de conception proposées par un patron de conception particulier diffèrent presque toujours dans leurs détails tout en restant semblables dans leurs principes. De plus, un patron de conception n'est par principe jamais «complet», dans la mesure où il doit permettre une infinité de variations autour d'un même thème. Cependant, si la reconnaissance des problèmes de conception et le choix d'une variante particulière de l'application d'un design pattern restent des activités difficilement mécanisables (sauf techniques d'intelligence artificielle), il n'en est pas de même pour la phase d'application de la solution de conception.

Depuis (LeGuennec 2000) on dispose en effet d'un formalisme de description des patrons de conception au niveau du métamodèle UML, suffisamment précis pour être exploitable par un outil d'application automatique (France 2004). Par simple transformation de modèle, il est ainsi possible de passer automatiquement d'un modèle de conception où l'on mentionne qu'un patron de conception doit être utilisé (par exemple le patron de conception *Command* pour la figure 8) à un modèle de conception montrant le résultat de l'application d'une variante particulière de ce patron de conception (voir figure 9).

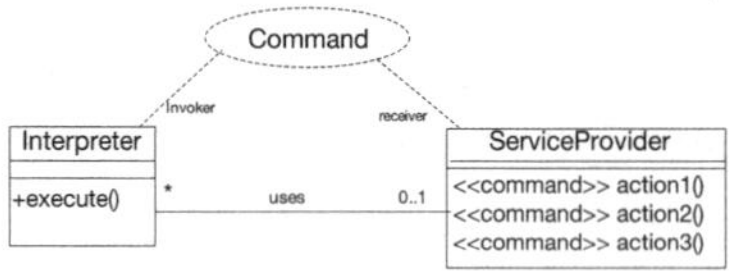

Figure 8 Décision d'utiliser un patron de conception

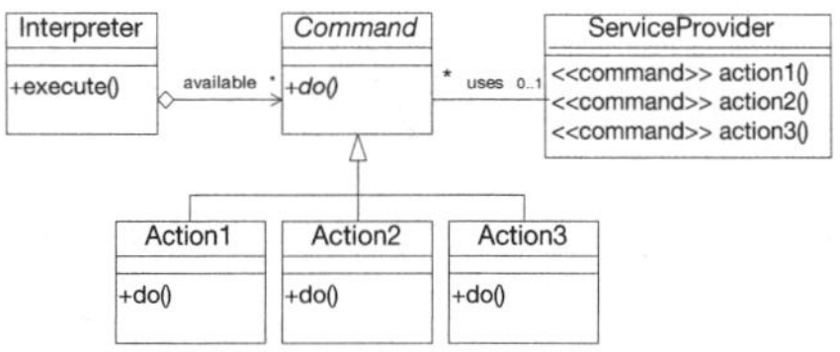

Figure 9 Résultat de la transformation automatique de modèle

La difficulté est alors de fournir de telles transformations de modèles de manière à préserver l'extensibilité du jeu de solutions proposé par un patron de conception donné. Pour cela, deux approches sont habituellement envisagées, l'une fondée sur la programmation logique, qui par sa nature déclarative ne limite pas *a priori* l'ensemble des solutions possibles. L'autre, probablement plus répandue, consiste à utiliser pour la conception de ces transformations de modèles les mêmes principes de conception par objets qui président à la conception de l'application : principe d'ouverture-fermeture modulaire apporté par l'héritage et la liaison dynamique (Meyer 1997), et patrons de conception permettant l'extensibilité des solutions proposées. Les patrons de conception sont alors utilisés en quelque sorte réflexivement pour réaliser la flexibilité nécessaire à l'implantation des transformations de modèles permettant l'application de patrons de conception.

En pratique au niveau industriel, il existe aujourd'hui de nombreux prototypes d'outils qui automatisent plus ou moins cette application de patrons de conception. Il faut bien avouer cependant que la plupart d'entre eux ont encore une certaine marge de progression en ce qui concerne la flexibilité et le paramétrage des solutions de conception proposées aux concepteurs.

4 Conclusion

La généralisation dans l'industrie d'une approche par objets de la conception de logiciel a permis de focaliser cette tâche de conception sur la description des schémas (ou motifs) d'interactions entre objets, et d'assigner des responsabilités à des objets individuels de telle sorte que le système résultant de leur composition ait les propriétés extra-fonctionnelles voulues. L'aspect récurrent de certains de ces schémas d'interactions entre objets a conduit à vouloir les cataloguer sous la forme de *design patterns* ou patrons de conception.

Au cours de dernière décennie, on est ainsi passé progressivement d'une approche artisanale et approximative de la conception à une application rationnelle de solutions ayant fait l'objet d'un catalogage systématique parce qu'issues des meilleures pratiques du domaine. Aujourd'hui, on aborde un nouveau défi concernant l'automatisation de l'application de ces solutions de conception à l'aide des notions de transformation de modèle ou de tissage d'aspects. D'abord cantonnée au niveau de la programmation, la notion de tissage aspects remonte au niveau des modèles de conception et rejoint celle de transformation de modèles en s'appuyant sur le fait que dans le domaine du logiciel, un modèle a la particularité d'avoir la même nature que la chose qu'il modélise, ce qui ouvre la possibilité de dériver automatiquement, depuis un modèle, une conception logicielle, ainsi d'ailleurs que d'autres artefacts comme le code, les cas de test, des profils de performances, ou de la documentation. Le défi reste bien sûr toujours de concilier automatisation et flexibilité afin de ne point restreindre la créativité des concepteurs.

Bibliographie

Alexander, Christopher (1979), *The Timeless Way of Building*, NY: Oxford University Press.

F. Buschmann, R. Meunier, H. Rohnert, P. Sommerlad, and M. Stal (1996), *Pattern Oriented Software Architecture, A System of Patterns*, Wiley & Sons.

Coplien (1992), *Advanced C++ Programming Styles and Idioms*. MA: Addison-Wesley.

J.O. Coplien and D.C. Schmidt (eds) (1995), *Pattern Languages of Program Design*. MA: Addison-Wesley.

J.O. Coplien (2005), *Organizational Patterns: Beyond Technology to People*. MA: Addison-Wesley.

S. Demeyer, S. Ducasse, O. Nierstrasz (2003), *Object-oriented reengineering patterns*. Morgan Kaufmann.

R.B. France, D-K. Kim, S. Ghosh, and E. Song (2004), "A UML-Based Pattern Specification Technique". *IEEE Trans. Software Engineering*, vol. 20, no. 3, pp. 193-206, Mar. 2004.

E. Gamma, R. Helm, R. Johnson, et J. Vilissides (1995), *Design Patterns: Elements of Reusable Object-Oriented Software*. MA: Addison-Wesley.

N. Harrison, B. Foote, H. Rohnert, Eds (2000). *Pattern Languages of Program Design 4*. MA: Addison-Wesley, 2000.

Jézéquel, Jean-Marc (1999), *Design Patterns and Contracts*, Addison-Wesley.

A. Le Guennec, G. Sunyé, et J.-M. Jézéquel (2000), "Precise modeling of design patterns". - In *Proc. UML2000*, Springer, LNCS 1939.

R. Martin, D. Riehle, F. Buschmann (1998), Eds. *Pattern Languages of Program Design 3*. MA: Addison-Wesley.

B. Meyer (1997), *Object-Oriented Software Construction*. 2nd Ed. NJ: Prentice Hall.

T. Reenskaug, P. Wold, et O.A. Lehne (1996), *Working with Objects, The OOram Software Engineering Method*, Greenwich: Manning Publications Co.

W.F. Tichy (2003), *A Catalogue of General-Purpose Software Design Patterns*, Available at http://wwwipd.ira.uka.de/~tichy/publications/Catalogue.doc

J. Vlissides, J.O. Coplien, et N. Kerth (1996), eds. *Pattern Languages of Program Design 2*. MA: Addison-Wesley, 1996.

J. Vilissides (1998) *Pattern Hatching: Design Patterns Applied*. MA: Addison-Wesley, 1998.

R. Wirfs-Brook, B. Wilkerson et L. Wiener (1990), *Designing Object-Oriented Software*. NJ: Prentice Hall.

WWWPortal, http://hillside.net/patterns

L. Zhao et J.O. Coplien (2003), "Understanding Symmetry in Object-Oriented Design and Programming", *Journal of Object Technology*, September 2003. Available: http://www.jot.fm

Validation et vérification

Marie-Claude Gaudel

Mots-clés : revue, inspection, prototypage, vérification de modèles, preuves, test de programme.

Résumé : les activités de validation et de vérification de logiciel ont pour but d'assurer que le système informatique correspondant satisfait bien les besoins de départ, qu'il s'agisse des fonctions à assurer, des performances à respecter ou d'exigences de qualité comme la robustesse, la facilité d'utilisation, etc. Ces activités sont très imbriquées aux activités de développement : analyse, conception, programmation. Elles sont de nature très variées selon les types de documents (texte, modèle, code) concernés. Ce chapitre répertorie ces activités et présente les méthodes et techniques les plus utilisées.

Les activités de validation et de vérification de logiciel sont très imbriquées aux activités de développement : analyse, conception, programmation. En effet c'est lors de ces activités que des fautes peuvent être introduites : parmi les produits manufacturés complexes, le logiciel présente la particularité de ne pas être sujet aux erreurs de fabrication puisque cette fabrication se limite en général à une simple copie. Le logiciel présente une autre particularité, qui est d'être très difficilement observable en cours de développement. D'où l'importance des documents et modèles qui accompagnent ce développement et qui servent de base aux méthodes de validation et de vérification.

Chaque étape de développement comporte des activités de validation et de vérification, ce qui a engendré une terminologie foisonnante, qui masque quelques grandes idées relativement simples.

1 Un peu de terminologie

Globalement, on désigne sous l'intitulé « validation et vérification de logiciel » un large ensemble d'activités qui visent à assurer que le système informatique développé satisfait bien, d'une part les besoins exprimés, d'autre part les exigences de qualité requises.

Qu'est-ce que la validation ? Qu'est-ce que la vérification ? S'il y a un consensus sur la signification globale de ces deux mots, leur signification propre varie selon les contextes...

En 1981, Barry Boehm a défini la *validation* comme répondant à la question « développe-t-on le bon système ? » et la *vérification* comme « le développe-t-on bien ? ». Plus précisément la validation se réfère toujours aux besoins fonctionnels de départ et aux exigences globales de qualité. La vérification est une activité plus locale, qui pour chaque étape de développement assure, d'une part la cohérence avec les étapes précédentes, d'autre part la cohérence de ce qui est fait lors de cette étape. Par exemple, on vérifie qu'un composant logiciel est conforme à la spécification détaillée établie lors de la conception, et qu'il est bien correct syntaxiquement et programmé selon certaines règles. Par contre, on valide la spécification globale, (c'est-à-dire le résultat de l'analyse) par rapport aux besoins. De même, on valide les performances après l'intégration du système. Ce sont ces définitions qui sont généralement suivies dans la littérature du génie logiciel.

Mais on trouve parfois d'autres usages : chez certains auteurs, la vérification est réservée aux aspects fonctionnels du système, et la validation aux propriétés non fonctionnelles comme les performances, la fiabilité ; d'autres associent ces termes à des méthodes, et parlent de vérification pour la preuve (cf. § 5.1) et le *model checking* (cf. § 5.3), et de validation pour le test exclusivement.

Il y a deux grandes catégories de méthodes utilisées, que ce soit pour la validation ou la vérification : les méthodes statiques et les méthodes dynamiques.

Une méthode *statique* n'implique pas d'exécution du logiciel. Une méthode *dynamique* repose sur une exécution qui est effectuée pour des valeurs précises des données. Une méthode statique consiste à examiner des documents concernant le futur système soit manuellement, soit avec l'aide d'outils. Une méthode dynamique est basée sur du test, soit d'un prototype, soit du système lui-même. Naturellement les méthodes statiques sont plutôt utilisées au début du développement, et les méthodes dynamiques le sont plus tard, dès que l'on dispose de code exécutable.

1.1 Fautes, erreurs et défaillances

On distingue classiquement les notions de *faute* (statique) et les notions de *défaillance* et d'*erreur* (dynamiques).

Une défaillance, lors de l'exécution d'un logiciel, est un comportement observable qui n'est pas conforme à celui attendu. C'est la manifestation d'un dysfonctionnement.

Une faute est une caractéristique du logiciel qui est susceptible de provoquer une défaillance ou une erreur lors d'une exécution. C'est une cause d'un possible dysfonctionnement.

Une erreur est la manifestation d'une faute dans l'état interne du logiciel, qui est susceptible de mener à une défaillance, à moins qu'elle ne soit traitée par le logiciel (tolérance aux fautes).

On a donc les relations de causalité suivantes : une faute peut provoquer une erreur qui peut provoquer une défaillance. Pour éviter les défaillances, on peut selon les cas : éliminer les fautes par les méthodes présentées dans ce chapitre, ou confiner ou masquer les erreurs par des techniques de tolérance aux fautes (Avizienis *et al.*, 2004).

1.2 Inventaire des méthodes statiques

Il existe une large palette de méthodes statiques, selon le type de document considéré et la procédure ou les outils utilisés pour y rechercher des fautes.

Les *revues* et les *inspections* consistent à faire étudier par un groupe de personnes des documents d'analyse, de conception, ou du code. On en donne un aperçu au § 2.

Il existe également des outils *d'analyse statique* qui permettent de détecter certains types de fautes ou d'en signaler la possibilité. Les outils actuels sont essentiellement des analyseurs de programmes (écrits en C, en Java, etc.). On en présente brièvement les possibilités et les techniques sous-jacentes au § 3. Des analyseurs de modèles (essentiellement ceux d'UML), basés sur ces techniques, commencent à être disponibles.

1.3 Inventaire des méthodes dynamiques

Ces méthodes consistent à exécuter tout ou partie d'une version exécutable du logiciel, et à observer et évaluer les résultats. Si c'est un modèle préliminaire qui est exécuté (un prototype, un modèle de conception enrichi pour être exécutable, une spécification formelle) on parle de *simulation*. Si c'est le code du futur système qui est exécuté, on parle de *test*. Dans les deux cas, les problèmes et les activités sont similaires. Il s'agit :

- de choisir judicieusement un sous-ensemble fini des entrées possibles du système. Ce sous-ensemble est appelé un *jeu de tests*. Cette activité est appelée la *sélection* des tests. Elle est basée sur des *critères* de sélection ;
- d'assurer l'exécution des tests retenus. Cette activité est appelée la *soumission*. Elle nécessite souvent l'utilisation ou le développement d'un environnement de test et l'instrumentation du programme testé ;
- de dépouiller les résultats obtenus. Cette activité de *décision du succès ou de l'échec* des tests pose le difficile problème dit « de l'oracle », sur lequel on revient plus loin ;
- d'évaluer la qualité des tests effectués, qui est un des éléments pour décider de *l'arrêt du test*.

Ces activités posent de nombreux problèmes sur lesquels on revient § 4. La difficulté est qu'il est difficile de contrôler et d'observer l'exécution de certains logiciels, et même de la plupart d'entre eux. Mettre un logiciel en situation d'exécuter un certain test, et observer ensuite ce qui s'est passé, ceci sans biaiser l'expérience, est loin d'être évident en général.

1.4 Étapes de développement et activités de validation et de vérification

On sait depuis les débuts du génie logiciel (Boehm, 1981) qu'il est beaucoup moins coûteux de trouver et corriger une faute au début du développement d'un logiciel que de découvrir un dysfonctionnement après sa mise en service. Des activités de validation et de vérification se déroulent donc sous des formes diverses tout au long du développement. Historiquement, c'est le *modèle de développement en V* qui a mis en évidence leur articulation avec les étapes d'analyse, de conception et de codage (voir la figure 4 du chapitre « Processus de développement du logiciel »).

L'étape d'analyse implique des tâches de validation, sous forme de revues, d'inspections et de simulations, qui ont pour but de s'assurer qu'on satisfait bien les besoins. L'étape de conception s'accompagne de vérifications qu'on reste fidèle à ce qui a été décidé au moment de l'analyse. Cela se fait également par revues, inspections et simulations. L'étape de codage comprend en plus des analyses statiques et des tests unitaires (composant par composant).

De plus, le modèle en V rend explicite le fait que ces premières étapes du développement, qui concernent surtout la construction du logiciel, doivent préparer les dernières étapes, qui font intervenir essentiellement du test. C'est ainsi qu'au moment de l'analyse on prévoit ce qu'on appelle le «test système», au moment de la conception architecturale on prévoit le «test d'intégration» et au moment de la conception détaillée on prévoit le «test unitaire» de chaque composant. Ces tests sont ensuite effectués dans l'ordre suivant:

- le *test unitaire* vérifie le fonctionnement de chaque composant en isolation du reste du futur système;
- le *test d'intégration* vérifie l'interaction entre composants. Les stratégies de test d'intégration sont progressives et incrémentales: il est déconseillé de tester ensemble tous les composants d'un seul coup, ce qui porte le nom, évocateur, de «big-bang testing»!
- le *test système* vérifie le comportement global du système, une fois qu'il est intégré. On vérifie également les aspects non fonctionnels comme les performances, la fiabilité, la compatibilité avec l'environnement d'exécution et les autres applications.

Il reste à mentionner un dernier type de test, appelé «test de régression». Ce test est mis en œuvre quand le système a subi une mise à jour ou une évolution au cours d'opérations de maintenance. Selon les modifications appliquées, ce test peut comprendre du test unitaire de quelques composants, une partie de test d'intégration, et du test système (idéalement dans sa totalité quand on a les ressources pour le faire).

2 Revues et inspections

Les revues techniques sont des discussions en groupe qui ont pour objectifs d'atteindre un consensus sur un document relatif à un logiciel: rapport d'analyse, spécification d'interface utilisateur, modèles de conception, code, etc. Les revues de qualité ont une finalité un peu différente, puisqu'il s'agit de s'assurer que les standards et les règles d'assurance qualité sont respectés. Les revues ont plus un rôle de gestion du processus de développement que de validation et de vérification, même si elles mènent parfois à la découverte d'un problème.

Les techniques d'inspection ont été expérimentées pour la première fois par Michael Fagan à IBM dans les années soixante-quinze. Elles ont connu depuis un grand succès et sont largement utilisées (Gilb et Graham, 1993). Il s'agit là aussi de l'examen d'un document relatif à un logiciel par un groupe de personnes, mais l'objectif est de détecter des fautes, des violations de standards de développement, et d'autres problèmes. C'est un processus formel où le groupe d'inspection :

- vérifie que le document satisfait ses spécifications;
- vérifie qu'il est conforme aux standards;
- identifie les déviations par rapport aux spécifications et aux standards;
- *n'examine pas les alternatives* et les questions de style.

L'inspection est conduite par un modérateur qui distribue les documents, planifie et préside les réunions, répertorie les problèmes trouvés et assure le suivi des changements demandés. L'auteur du document joue un rôle important en présentant le document, en découvrant souvent lui-même les problèmes, et en effectuant les corrections après l'inspection. Une caractéristique importante des inspections est qu'aucune correction n'est faite en réunion.

La procédure suivie pour une inspection est formellement définie soit au niveau du projet, soit au niveau de l'entreprise. Généralement, les documents inspectés, ainsi que les documents qui servent à l'inspection (spécifications, standards, etc.), et les listes de points à vérifier sont distribués lors d'une première réunion. Ils sont ensuite examinés individuellement par les membres du groupe, puis discutés lors d'une réunion de synthèse qui fait l'objet d'un compte rendu et émet si besoin des demandes de changement.

Bien qu'apparemment coûteuse en temps humain, cette technique s'est avérée très rentable aussi bien du point de vue de la qualité des logiciels produits que des délais de développement (Boehm et Basili, 2001). De plus il semble qu'elle ait un effet formateur global sur les participants.

3 Analyseurs statiques

Ces outils permettent d'obtenir des informations de différentes natures sur les programmes ou les modèles: il peut s'agir de vérifier la conformité du document à des exigences de qualité (métriques, conventions de nommage, etc.), ou d'essayer de détecter des fautes.

Certaines analyses relativement simples sont maintenant couramment intégrées dans des compilateurs. Il s'agit du *contrôle ou de l'inférence de types*, c'est-à-dire de la vérification que les opérations sont appliquées à des variables ou des valeurs d'un type adéquat. C'est également le cas pour l'*analyse du flot de données* qui permet de détecter des anomalies concernant les utilisations des variables d'un programme. On peut citer comme anomalies «classiques», les variables utilisées sans avoir été initialisées, les variables déclarées mais jamais utilisées et les variables affectées deux fois de suite sans avoir été utilisées dans l'intervalle.

Une approche générale, *l'interprétation abstraite* permet de garantir statiquement l'absence de certaines erreurs à l'exécution: débordement arithmétique, accès hors des bornes d'un tableau,... Très schématiquement, on étudie l'ensemble des exécutions possibles du programme en considérant des valeurs abstraites, (comme des intervalles, des polyèdres, etc.). Des outils validés sur des programmes industriels sont maintenant disponibles commercialement pour certaines abstractions et certaines sortes de fautes.

Il faut garder à l'esprit qu'il existe des résultats fondamentaux d'indécidabilité en programmation (sur la terminaison d'un programme, sur la satisfiabilité des prédicats,...). De ce fait, tout outil automatique d'analyse statique qui considère des propriétés intéressantes sur des programmes réalistes repose sur des approximations : cela peut mener selon les cas à des fausses alarmes (surapproximation), ou à des réponses inconclusives (sous-approximation). Cependant on dispose maintenant d'approximations très performantes pour certaines classes d'erreurs.

4 Tests

Ce paragraphe aborde successivement les méthodes de sélection de tests, les développements nécessaires à leur mise en œuvre, et le problème de l'oracle (cf. § 1.3). Ces points sont séparés pour les besoins de l'exposé, mais ils doivent être souvent abordés ensembles: cela n'aurait guère de sens de sélectionner un test que l'on ne saurait pas mettre en œuvre et dont on ne connaîtrait pas le résultat attendu!

4.1 Sélection des tests

De très nombreuses solutions ont été proposées pour la sélection des tests. On peut les classer de différentes manières, selon les informations qui servent de point de départ à la sélection et selon la manière dont on se ramène à un ensemble fini de cas. Ce paragraphe présente une classification et l'illustre en détaillant quelques solutions, sans tenter une énumération exhaustive.

Avant d'aller plus loin il convient de préciser un peu la terminologie qui va être utilisée. Considérons un programme qui à partir d'une donnée (ou de plusieurs) calcule un résultat et s'arrête. Un *test* d'un tel programme est une valeur (ou un ensemble de valeurs) appartenant à son domaine d'entrée. Un ensemble de tests à exécuter indépendamment sur un tel programme est appelé un *jeu de tests*.

Cependant, beaucoup de programmes comme les systèmes réactifs ou les protocoles de communication ne correspondent pas au cas simple ci-dessus (qui est appelé parfois fonctionnel). Ces programmes fonctionnent en réagissant de manière répétitive à des entrées successives. C'est le cas par exemple d'un éditeur de texte, d'un programme de contrôle de température, ou d'un protocole de connexion sécurisé. Dans de tels cas, on doit sélectionner des *séquences de test* (appelées aussi suites de test) et même parfois des arborescences de test quand on veut pouvoir s'adapter aux réactions du système (voir Lee et Yannakakis, 1996). Un jeu de tests est alors composé d'une ou plusieurs séquences. On revient sur ce cas au § 6.

Un *cas de test* est une condition sur l'ensemble des données d'un programme. Un test correspond à (ou couvre) un cas de test si sa ou ses valeurs satisfont la condition. À un cas de test correspondent en général plusieurs tests.

Une classification habituelle des méthodes de sélection consiste à distinguer les méthodes basées sur le domaine d'entrée, celles basées sur le programme, celles basées sur des spécifications, et celles basées sur les modèles de fautes. Certaines méthodes sont mixtes, c'est-à-dire qu'elles relèvent de plusieurs catégories. Certaines méthodes sont difficilement classables: c'est le cas par exemple de celles qui relèvent de l'expertise du testeur, qu'il s'agisse du domaine d'application ou de l'environnement informatique (Bertolino, 2003).

Sélection basée sur le domaine d'entrée

Ce domaine d'entrée est en général infini, ou en tout cas beaucoup trop grand pour envisager un test exhaustif. Il y a deux grandes approches pour se ramener à un jeu de tests fini: le tirage aléatoire et la décomposition en sous-domaines. Ces approches sont généralement combinées avec d'autres comme on le verra plus loin.

Le tirage aléatoire peut se faire selon différentes distributions. Une distribution uniforme est souvent simple à mettre en œuvre mais donne des résultats décevants, du fait que la plupart des programmes sont organisés pour traiter un très gros sous-ensemble de données qui correspondent au cas «normal», et beaucoup de très petits sous-ensembles qui correspondent à des cas particuliers qui ont peu de chance d'être couverts par cette méthode.

Une distribution basée sur un *profil d'usage* (Lyu, 1996, chapitre 5) présente l'avantage de détecter les dysfonctionnements les plus susceptibles de se produire quand le système sera en opération, et permet une estimation de sa fiabilité. Une telle distribution associe à chaque donnée sa probabilité d'occurrence quand le système sous test sera utilisé. La difficulté est d'établir un profil d'usage fidèle. C'est possible dans certains domaines, comme les télécommunications, où on peut archiver de nombreuses exécutions.

La décomposition en *sous-domaines d'uniformité*, appelée aussi *test par partition*, consiste à déterminer un nombre fini de sous-ensembles du domaine d'entrée pour lesquels il paraît suffisant d'avoir un seul test : on fait une *hypothèse d'uniformité* sur ces sous-domaines : on considère que le succès ou l'échec du test y est identique pour toute valeur. On sélectionne donc une valeur par sous-domaine.

La décomposition doit couvrir tout le domaine d'entrée : celui-ci doit être égal à la réunion des sous-domaines. Mais ce n'est pas toujours une partition : dans certaines méthodes les sous-domaines ne sont pas forcément disjoints.

Le choix de la décomposition peut être guidé par le type des données : par exemple pour des entiers on sélectionne une valeur négative, zéro, et une valeur positive. Mais il est souvent guidé par le domaine d'application, la spécification ou le programme. Cette sélection est souvent complétée par des valeurs aux limites (c'est le cas de zéro dans l'exemple ci-dessus).

Sélection basée sur le programme

C'est certainement le domaine du test qui a été le plus étudié. Ces techniques de sélection, appelée *test structurel*, sont basées sur des *critères de couverture* des éléments du programme. Pour définir ces critères, on se base sur des représentations graphiques du programme : le *graphe de contrôle* ou le graphe de *flot de données* pour le test unitaire, le *graphe des appels* ou des utilisations pour les tests d'intégration.

Le graphe de contrôle d'un programme est une notion très classique que l'on rappelle ici par souci de complétude. C'est un graphe dont :

- les sommets sont les blocs élémentaires du programme, et les prédicats des instructions conditionnelles ou des boucles ;
- les arcs indiquent un enchaînement possible à l'exécution entre deux sommets.

Un bloc élémentaire est une séquence maximale d'instructions telle qu'on ne peut les exécuter qu'en partant de la première, et quand on exécute la première instruction, on exécute toutes les autres.

Soit le programme :

```
begin
read(x, y);
if (x < 0) then {x := -x; y := 1/y};
p := 1;
while (x > 0) do {p := p*y; x := x-1};
print(p);
end
```

Le graphe de contrôle associé se trouve figure 1.

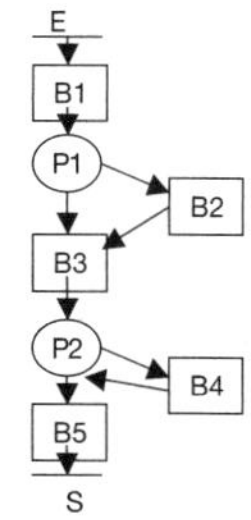

Figure 1 Graphe de contrôle d'un programme

Dans cette figure, on a choisi de numéroter indépendamment les blocs et les prédicats dans l'ordre de leur apparition dans le texte. On a enrichi le graphe d'un sommet d'entrée appelé E et d'un sommet de sortie appelé S. À toute exécution du programme correspond un *chemin* de E à S. À chaque chemin est associé un *prédicat d'exécution*, qui est la condition sur les données d'entrée pour que ce chemin s'exécute.

Ainsi, le prédicat associé au plus court chemin E B1 P1 B3 P2 B5 S est $x = 0$. Celui associé au chemin E B1 P1 B2 B3 P2 B4 P2 B5 S est $x = -1$.

Les critères de test structurel les plus classiques sont :

- la couverture des instructions : l'ensemble des chemins parcourus lors de l'exécution du jeu de tests passe au moins une fois par chaque instruction ;
- la couverture des enchaînements, qui requiert de passer au moins une fois par chaque enchaînement ;
- la couverture des chemins, qui est souvent impossible ou trop coûteuse en nombre de tests. On a donc des versions affaiblies comme la couverture de tous les « i-chemins », qui passent de 0 à i fois dans chaque boucle.

Dans l'exemple ci-dessus il suffit d'un chemin pour couvrir toutes les instructions : E B1 P1 B2 B3 P2 B4 P2 B5 S. Il correspond au cas de test : $x = -1$ et y quelconque. Mais l'enchaînement P1 B3 n'est pas couvert. Pour satisfaire le critère de couverture de tous les enchaînements il faut au moins deux chemins. On peut par exemple ajouter E B1 P1 B3 P2 B5 S qui correspond au cas de test : $x = 0$ et y quelconque.

Ces deux cas de test assurent la couverture des chemins qui passent 0 ou 1 fois dans la boucle. Pour couvrir tous les 2-chemins, il faut un chemin de plus, donc un cas de plus.

Le passage d'un chemin au cas de test se fait par une technique d'analyse statique qui s'appelle l'évaluation symbolique. Le passage du cas de test à un test s'appelle la résolution du prédicat d'exécution. On y revient dans au paragraphe suivant.

Dans la pratique, le critère de couverture de tous les enchaînements est très utilisé. Il en existe des variantes selon que l'on décompose ou non les conditions complexes qui apparaissent dans le programme : par exemple, en présence de disjonctions ou de conjonctions, on peut renforcer ce critère en demandant de couvrir les cas ou chaque opérande est vrai ou faux.

Les critères présentés jusqu'ici ne prennent en compte que la partie contrôle des programmes. D'autres critères sont basés sur le flot des données, c'est-à-dire sur les définitions et les utilisations de variables. On étiquette les sommets du graphe de contrôle par les définitions de variables et les utilisations de variables qui s'y trouvent. Le graphe de flot de données associé au programme de la figure 1 est donné à la figure 2.

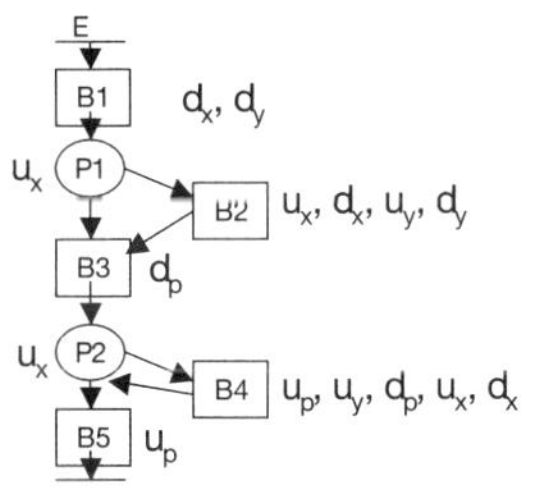

Figure 2 Graphe de flot de données d'un programme

Le premier bloc comporte une lecture des variables x et y. Il est donc étiqueté par une définition de x et une définition de y, notées : d_x, d_y. Le prédicat qui suit utilise la variable x. Il est donc étiqueté par u_x. On remarque qu'à une affectation est associée la suite des utilisations des variables de sa partie droite, suivie de la définition de la variable affectée.

On dit qu'une définition de variable *atteint* une utilisation de cette variable s'il existe dans le graphe de flot de données un sous-chemin de l'une à l'autre ne comportant pas de redéfinition de cette variable. Dans le programme de la figure 2, la définition de x dans le sommet B1 atteint les utilisations de x dans les sommets P1, B2, P2, B4 ; la définition de x dans B4 atteint les utilisations de x dans P2 et B4.

Les principaux critères basés sur le flot des données ont été proposés par Rapp et Weyuker en 1985 :

- toutes les définitions : on doit passer au moins une fois par chaque définition de variable et atteindre une de ses utilisations ;
- toutes les utilisations : on doit passer au moins une fois par chaque couple <définition de variable, utilisation atteinte> et de plus toute utilisation doit être suivie au moins une fois de chacun de ses sommets successeurs ;
- tous les DU chemins : on doit passer au moins une fois pour chaque couple <définition de variable, utilisation atteinte> par chaque 1-sous-chemin de l'une à l'autre.

En fait, le critère de ce type le plus utilisé est une version affaiblie de « toutes les utilisations » appelée « toutes les p-utilisations » où l'on ne considère que les utilisations apparaissant dans les prédicats. Ce critère implique la couverture de tous les enchaînements.

On s'est limité ici à six critères de base. Il en existe beaucoup d'autres. La plupart en sont des variantes et ont été proposés pour des structures de programme particulières.

On peut remarquer que ces critères induisent une décomposition en sous-domaines d'uniformité : quand on les applique, on fait l'hypothèse que toutes les données qui provoquent le passage par un élément à couvrir ont le même pouvoir de détection.

Chemins infaisables

Une fois sélectionné un ensemble de chemins selon un critère de couverture, il reste à calculer des données d'entrée qui provoquent l'exécution de ces chemins. Or ce n'est pas toujours facile. Considérons par exemple le programme suivant :

```
begin
read(x);
if (x > 0) then {v := 2*x} else {x := x-1};
if (v > 0) then {t := 1} else {t := -1};
write(t);
end
```

Ce programme comporte des chemins infaisables : il est impossible d'avoir une exécution où l'on passe par le premier `then` puis par le second `else` (et inversement). Le prédicat associé est : $x > 0 \wedge 2 \times x \leqslant 0$. Or ce prédicat n'est pas satisfiable : il n'existe pas de valeur de x qui le rende vrai.

Le problème de la satisfiabilité des prédicats est indécidable dans le cas général. Ce point a déjà été mentionné à propos de l'analyse statique, au § 3. On peut se ramener à des cas particuliers décidables en limitant soit le type des données (par exemple à des booléens), soit la forme des contraintes considérées (par exemple des contraintes linéaires). Mais cela laisse hors du champ la plupart langages de programmation : sauf limitations sévères sur les prédicats, il n'existe pas de procédure de résolution de contraintes qui termine toujours en donnant les solutions ou en indiquant qu'il n'y en a pas (voir par exemple Fages, 1996).

Le problème des cas d'exécution insatisfiables complique l'application des critères de test, qu'il s'agisse de test basé sur le programme ou de test basé sur des spécifications. On y est également confronté quand on analyse des spécifications formelles (§ 6). Cependant, les progrès récents faits par les outils de résolution de contraintes («randomisation», heuristiques diverses) ont bien amélioré la situation en pratique.

Sélection basée sur une spécification

Si on teste un programme, c'est qu'on a des raisons de penser qu'il contient des fautes. Une sélection des tests basée uniquement sur le programme peut refléter ces fautes, et ne permet pas de détecter des omissions par rapport à ce que le programme doit faire. De plus, on ne dispose pas toujours du code source des composants logiciels qu'on achète ou que l'on sous-traite. Pour ces raisons, des méthodes de sélection basées sur la spécification du programme sont indispensables. Ce type de test est appelé *test fonctionnel*, car il est basé sur les fonctions que le programme doit assurer. Il fait partie des méthodes de test dites «boîte noire», car on ne regarde pas l'intérieur du programme (les méthodes basées sur le domaine d'entrée sont aussi des méthodes «boîte noire»).

Ces méthodes sont très dépendantes de la forme des spécifications dont on part. Historiquement, dans les années soixante-dix, les premières méthodes consistaient à extraire de spécifications écrites en langage naturel des tables qui énuméraient les conditions et les actions qui y apparaissaient. Ces conditions et actions étaient ensuite composées de toutes les manières possibles.

Très vite on s'est aperçu de l'intérêt d'avoir une spécification formelle, un modèle précis, sur lequel se baser pour faire du test fonctionnel. Sous l'influence de ce qui se faisait dans le domaine des circuits logiques, beaucoup de recherches ont été menées sur la dérivation de séquences de test à partir de machines à états finis (voir Lee et Yannakakis, 1996, pour un historique et une synthèse). Puis, avec l'apparition de langages de spécification formelle mieux adaptés au logiciel (voir § 5), de nombreuses méthodes de test fonctionnel ont été proposées. On y revient au § 6.

Par ailleurs, un «UML testing profile» est en cours d'élaboration (OMG, 2005) afin de fournir des approches de test basées sur les modèles d'UML.

Sélection basée sur des modèles de fautes

Le *test par mutation* a été défini à l'origine comme une méthode de sélection de tests. Mais il s'est avéré très utile pour évaluer l'efficacité des jeux de test.

Il s'agit d'une méthode d'injection de fautes : on crée des «mutants» du programme à tester en modifiant systématiquement certaines instructions ou certaines expressions. Par exemple on remplace un prédicat par `true`, puis `false`, ou ≤ par <, etc. On trouvera dans (Voas et McGraw, 1997) une panoplie de mutations pour les principaux langages de programmation. On obtient ainsi un ensemble de mutants qui contiennent chacun une faute. Le critère de sélection est que chaque mutant doit être détecté par au moins un test.

Étant donné un ensemble de mutants, on peut évaluer un jeu de tests par le pourcentage de mutants qu'il détecte. Ce type d'évaluation est très utilisé pour comparer l'efficacité des méthodes de test. Elle s'automatise très bien.

Le test par mutation pose plusieurs problèmes. Le plus sérieux est celui des mutants équivalents : une mutation peut être sans conséquence sur le comportement du programme. Dans ce cas, on ne peut pas atteindre un taux de détection de 100%. C'est fort gênant pour comparer les méthodes car les résultats peuvent varier selon les programmes utilisés. Or l'équivalence de programmes est un problème indécidable : chaque mutant non détecté doit être examiné pour décider s'il est équivalent au programme de départ, ou si le jeu de tests est insuffisant...

Un deuxième problème est le nombre de mutants. Des variantes de la méthode ont été proposées pour le diminuer. Le fait que celle-ci s'automatise bien permet de gérer ce problème pour des programmes de taille moyenne.

Enfin, le modèle de fautes sur lequel est basé le test par mutation est très incomplet : seules des fautes mineures de programmation sont considérées. Les fautes de spécification et de conception ne sont pas envisagées. Sans que l'on puisse vraiment l'expliquer, on a constaté expérimentalement qu'elles sont cependant détectées de manière satisfaisante par ces méthodes.

Combiner les méthodes

Toutes les approches présentées sont sujettes au phénomène dit du «retour décroissant», appelé aussi «effet de saturation». Si on sélectionne un grand nombre de tests selon la même méthode, leur exécution va permettre au début de détecter des fautes, puis les tests vont devenir de moins en moins efficaces. Cela tient au fait que chaque méthode détecte certains types de fautes et pas d'autres, d'où l'intérêt de les combiner (Littlewood *et al.*, 2000).

Par exemple, comme cela a été dit au § 4.1, une sélection par tirage uniforme sur le domaine d'entrée sature rapidement. Or le test par tirage aléatoire présente l'avantage, quand il est automatisé, de permettre du test intensif à faible coût. D'où l'idée de combiner cette approche avec des critères de couverture (Denise *et al.*, 2004) en biaisant le tirage de manière à maximiser la plus petite probabilité de couvrir un élément intervenant dans le critère choisi (par exemple les instructions, les enchaînements,...). On obtient par ce type de méthodes un très bon pouvoir de détection.

D'un point de vue méthodologique, il est recommandé d'enchaîner : une phase de vérification statique, du test fonctionnel, et du test structurel complémentaire pour couvrir les éléments non couverts par le test fonctionnel. Selon le type d'usage envisagé, il faut y ajouter du *test de robustesse*, qui a pour objectif de s'assurer que le programme se comportera raisonnablement en cas d'aléa dû soit aux utilisateurs, soit au contexte d'utilisation.

4.2 Mise en œuvre des tests

Afin d'assurer l'exécution des tests sélectionnés, un travail important d'organisation et d'instrumentation est nécessaire.

Qu'il s'agisse de test unitaire, de test d'intégration ou de test système, la soumission des tests se fait par un composant logiciel appelé *contrôleur de test*, ou «*driver*». Ce programme a pour données les tests à soumettre et le logiciel sous test. Il assure l'enchaînement des tests et l'enregistrement des observations lors de leurs exécutions.

Dans le cas de test unitaire ou de test d'intégration, les composants utilisés par le logiciel sous test doivent être simulés ou remplacés. Il faut donc développer des *modules fictifs* ou «*stub*», ce qui est parfois délicat. Cela peut se faire à partir de la spécification des composants d'où l'on peut dériver soit des tables, soit des prototypes jetables (où la simplicité et la correction priment sur tout autre critère de qualité) soit une simulation si la spécification est exécutable.

Cette instrumentation est illustrée par le schéma de la figure 3

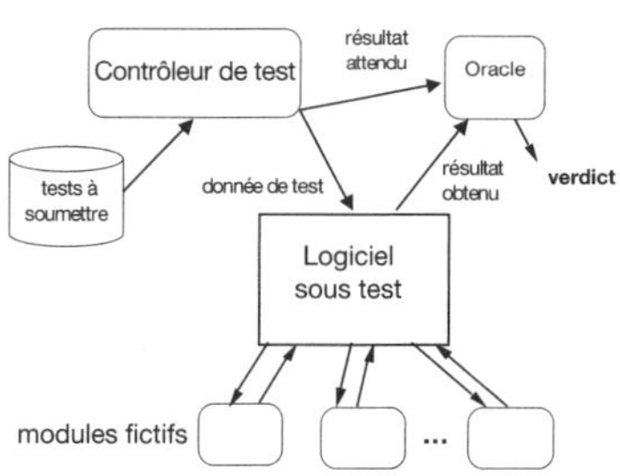

Figure 3 Environnement de test

4.3 Les problèmes d'oracle

L'*oracle* est une procédure, manuelle ou informatisée, qui a pour but de décider si le résultat d'un test est conforme à ce qui est attendu ou non. L'oracle est toujours basé sur la spécification du logiciel sous test.

Dans certains cas, ce n'est pas un problème : on veut implémenter une fonction dont les données et les résultats sont de types simples (booléens, entiers, chaînes de caractères, etc.), et l'on connaît à l'avance les résultats attendus pour toutes les données (c'est pour cela qu'on parle d'oracle).

Mais dans toute sa généralité, c'est un problème très difficile.

Il arrive qu'on ne connaisse pas le résultat attendu pour toutes les données : c'est sans doute pour cela qu'on a développé le logiciel... Dans ce cas, on doit se contenter de vérifier la vraisemblance des résultats, ce qui ne donne qu'une approximation de l'oracle.

Dans d'autres cas, on ne sait pas comparer le résultat obtenu au résultat attendu. C'est parfois le cas pour les calculs numériques où peuvent se poser des problèmes de précision (que l'on sait de mieux en mieux traiter).

Mais plus généralement, cela peut être dû au fait que la spécification est (légitimement) plus abstraite que le programme. Les types de données complexes (arbres, tables, etc.) ont des représentations qui peuvent être difficiles à comparer car des permutations ou des optimisations sont possibles. L'oracle peut devenir plus compliqué que le programme sous test !

Enfin, les objets à comparer peuvent ne pas être comparables : c'est le cas pour les compilateurs, où l'oracle doit déterminer si le programme engendré est équivalent au programme source. Or l'équivalence de programmes est indécidable (comme on l'a déjà mentionné à propos du test par mutation).

4.4 Le cas particulier des programmes orientés objets

Les programmes orientés objets (voir le chapitre «Langages à objets», section I.9) présentent certaines particularités qui compliquent un peu leur test. Cela est dû essentiellement à trois facteurs :

- la notion de test unitaire doit être revue. On est souvent en présence de beaucoup de petites méthodes avec des algorithmes simples, et les erreurs viennent essentiellement des interactions entre méthodes. L'unité de test est la classe, voire un petit amas de classes ;
- l'encapsulation rend l'observation de l'état d'un objet difficile. De ce fait, les oracles sont soit compliqués, soit intrusifs (on rend publics certains attributs privés ou on développe des méthodes supplémentaires *ad hoc*) ;
- enfin, et ce n'est pas le moindre problème, l'héritage et les liaisons dynamiques (polymorphisme) masquent des sous-cas qui seraient explicites (par des instructions conditionnelles par exemple) en programmation classique.

En ce qui concerne le test de classe, des méthodes dites «basées sur l'état» ont été développées (voir, par exemple, Briand *et al.*, 2004). Elles sont inspirées des méthodes basées sur les machines à états qui sont présentées § 6. Elles doivent être complétées par du test fonctionnel, dans l'esprit du paragraphe «Combiner les méthodes», p. 1142.

Le test de programme comportant de l'héritage et de la liaison dynamique est le sujet d'une abondante littérature dont il est difficile de faire la synthèse. Sauf cas particuliers où il y a des restrictions sur les redéfinitions de méthodes, on ne peut considérer comme acquis les tests qui ont été passés avec succès avant héritage. Chaque sous-classe doit être complètement retestée, ainsi que chaque cas de polymorphisme.

5 L'apport des méthodes formelles

Les méthodes formelles sont maintenant utilisées pour les logiciels intervenant dans des systèmes critiques, dont certaines défaillances peuvent être catastrophiques. Le qualificatif «formelle» vient de «formules». En effet, ces méthodes reposent sur une expression par des formules logiques des propriétés attendues du logiciel (c'est-à-dire une spécification formelle). En se basant sur les règles de preuve associées à ces formules, ou sur leur sémantique, on peut alors automatiser ou assister les activités de validation et de vérification.

Il existe de très nombreuses méthodes formelles. On en mentionne ici trois grandes classes :

- les méthodes axiomatiques ou algébriques, où l'on énonce les propriétés logiques des opérations et traitements du système (appelées axiomes), sans préciser la structure des états ni l'implémentation des opérations. Le langage commun à toutes ces approches est CASL (Bidoit et Mosses, 2004) ;
- les méthodes basées sur les états, où l'on décrit, par des structures de données prédéfinies, l'organisation des états du système ; les traitements possibles sont décrits par des préconditions et des post-conditions sur les états de départ et d'arrivée des opérations qui leur correspondent. Les méthodes les plus connues sont VDM (Jones, 1990), Z (Spivey, 1994) et B (Abrial, 1996). C'est aussi le principe retenu en UML pour les modèles d'opérations décrits par des préconditions et post-conditions en OCL ;
- les méthodes basées sur les algèbres de processus (Arnold, 1992), qui permettent de décrire les comportements de systèmes parallèles et communicants. Parmi les méthodes les plus connues, on trouve LOTOS, SDL, Promela. Ces méthodes sont essentiellement utilisées pour décrire des protocoles de communication.

Des exemples très simples de spécifications dans ces méthodes sont donnés aux figures 4, 5 et 6.

```
spec PILE [sort Elem] =
sort Pile
ops     pileVide: Pile % constante
        empiler: Pile x Elem -> Pile
        dépiler: Pile -> ?Pile
        sommet: Pile -> ?Elem
% dépiler et sommet sont
% des opérations partielles.
"e: Elem; P: Pile
% Propriétés des opérations
•¬ def sommet(pileVide)
% le résultat de sommet n'est pas défini
% pour une pile vide
 sommet(empiler(P, e)) = e
•¬ def dépiler(pileVide)
•dépiler(empiler(P, e)) = P
end
```

Figure 4 Spécification du type abstrait «pile» en CASL

```
__ PILE ______________________________
zone : seq Elem % l'état d'une pile est
une séquence d'éléments
______________________________________

__ PileInit __________________________
Pile'
______________________
zone' = <>  % séquence vide
______________________________________

__ Sommet ____________________________
 ΞPile      % opération qui ne modifie pas la pile
 x! : Elem  % et rend un élément
______________________
 zone ≠ <>  % pré-condition : la pile n'est pas vide
 x! = head zone  % le résultat est le premier élément
 de zone
______________________________________

__ Empiler ___________________________
 ΔPile      % opération qui modifie la pile
 x? : Elem  % et prend un élément en argument
______________________
 % pas de pré-condition
 zone' = <x?>^zone % post-condition, l'élément
 est ajouté en tête de la séquence
______________________________________
```

Figure 5 Spécification partielle du type abstrait «pile» en Z

En ce qui concerne la validation, on peut mener des preuves sur les spécifications pour détecter d'éventuelles contradictions, pour prouver ou réfuter des conséquences souhaitées ou interdites. On peut aussi animer et tester la spécification (ce n'est pas toujours possible selon le formalisme utilisé, ou le degré d'abstraction de la spécification). Des outils de preuves et de résolution de contraintes existent. Certains sont industrialisés (pour la méthode B par exemple). D'autres sont des logiciels libres. La plupart d'entre eux ont été utilisés pour des cas industriels.

Les méthodes basées sur les algèbres de processus (comme l'exemple de la figure 6) ont une sémantique en termes de systèmes de transitions étiquetés (ou d'automates, ou de machines à états finis). De ce fait, elles permettent une validation par *model checking* (voir § 5.3) quand les spécifications n'impliquent que des types de données finis.

```
specification Exemple: noexit
 library… endlib
 behavior
 P1[envoi,ack](0 of Nat) || P2[envoi, ack]
 (* P1 et P2 s'exécutent en parallèle,
 et communiquent par les ports envoi
 et ack. P1 est paramétré par un entier *)
 where
 process P1[envoi, ack](n: Nat): noexit:=
   envoi! "hello" !n;
   ack ?i: Nat;
   P1 [envoi, ack] (n + 1)
   (* P1 envoie un message et un numéro,
   puis attend un accusé de réception
   et recommence avec le numéro suivant
   *)
 endproc (* P1 *)
 process P2[envoi, ack]: noexit:=
   envoi ?Mess: String ?x: Nat;
   ack !x;
   P2[envoi, ack]
   (* P2 reçoit un message avec un numéro
   accuse réception et recommence… *)
 endproc (* P2 *)
endspec (* Exemple *)
```

Figure 6 Spécification de processus en LOTOS

5.1 Raffinements successifs

Le passage d'une spécification formelle abstraite à un programme se fait généralement par étapes. Une étape s'appelle un *raffinement*: on établit une spécification plus détaillée en décrivant comment on représente un ou des types abstraits par des types plus proches d'un langage de programmation, et comment on simule les opérations par des opérations ou des compositions d'opérations plus concrètes. Par exemple, on va représenter les piles par des couples (tableau, entier) où le tableau contient les éléments et l'entier indique le nombre d'éléments. Étant donné un couple (t, i) qui représente une pile, l'opération `sommet` peut alors être implémentée, dans le cas où l'entier est non nul, par l'accès au ième élément de t.

Par raffinements successifs, on obtient une spécification très proche du langage de programmation. On a alors une dernière étape de développement qui est le passage, parfois automatisé, à un programme.

Ces étapes introduisent des obligations de preuves. Il s'agit de vérification: il faut prouver que le résultat d'un raffinement qui fait passer d'une spécification SP_i à une spécification SP_{i+1} préserve bien les propriétés énoncées précédemment. Ces obligations de preuves diffèrent selon la méthode formelle utilisée.

Pour les méthodes axiomatiques, comme CASL, il faut montrer que les axiomes d'origine sont bien des conséquences des choix de représentation qui ont été faits et des propriétés des types concrets utilisés (Gaudel *et al.*, chapitre 6, 1996).

Par exemple, si l'on revient aux piles représentées par des couples (tableau, entier), une obligation de preuve est de montrer que si l'on applique l'implémentation de l'opération `sommet` à un couple (t, i) obtenu par application de l'implémentation de l'opération `empiler` à un autre couple et à un élément e, le résultat est e. On aura alors montré que l'axiome `sommet(empiler(P,e))=e` est bien conservé par l'implémentation.

Pour les méthodes basées sur des états et des opérations décrites par préconditions et post-conditions (Z, VDM, B,…), il faut démontrer que:

- les anciennes préconditions impliquent les nouvelles: une implémentation peut être plus définie que ce qui est spécifié;
- les nouvelles post-conditions impliquent les anciennes: les résultats concrets satisfont bien les exigences précédentes sur les résultats abstraits.

Ces vérifications sont assistées par des outils, des assistants de preuve, qui réalisent automatiquement les démonstrations les plus simples, et donnent une liste de celles qui restent à faire. En effet, beaucoup des démonstrations sont triviales. Selon les cas, celles qui restent sont démontrées interactivement avec l'assistant de preuve, ou manuellement.

En ce qui concerne les méthodes basées sur les algèbres de processus, les notions de raffinement sont liées à l'introduction d'actions internes, non observables, et à des notions de simulation (tous les comportements précédemment spécifiés sont possibles) ou de bisimulation (on ajoute le fait que les comportements non spécifiés sont impossibles) (Arnold, 1992). Il existe également des outils pour assister ces vérifications. Ils sont souvent basés sur des techniques de model-checking.

5.2 Preuves de programmes

Il s'agit de démontrer qu'un programme satisfait une propriété écrite dans un certain langage formel. Il faut donc raisonner sur des formules où coexistent un langage de spécification et un langage de programmation. À peu près toutes les méthodes sont basées sur des *logiques de Hoare*. Ces logiques permettent de raisonner sur des triplets de la forme:

$\{P\}$ *texte de programme* $\{Q\}$

où P et Q sont des assertions écrites dans un langage de spécification. Un triplet de Hoare s'interprète comme: «si l'état de départ d'une exécution satisfait la précondition P, si l'exécution du programme termine, alors l'état d'arrivée satisfait la post-condition Q».

Un exemple d'un tel triplet est:

$\{x \geq 0 \wedge y = 1\}\ y := x + y\ \{y > 0\}$ (1)

Les axiomes et les règles d'inférences de ces logiques sont bien connus (voir, entre autres, le chapitre 6 de Gaudel *et al.*, 1996). À partir d'un triplet, ils permettent d'établir des conditions de vérifications qui doivent ensuite être prouvées. Par exemple, le classique schéma d'axiome pour l'affectation :

$\{Q\,[var\backslash exp]\}\; var := exp\{Q\}$

se spécialise en : $\{x + y > 0\}\, y := x + y\; \{y > 0\}$, qui est donc une formule valide. Pour prouver le triplet (1), on doit démontrer que la précondition de celui-ci implique celle de l'axiome ci-dessus. On a donc la condition de vérification : $x \geq 0 \wedge y = 1 \Rightarrow x + y > 0$. Certaines conditions de vérification, comme les invariants de boucles, sont difficiles à trouver. C'est pourquoi les outils de preuve de programmes ne sont pas automatiques et demandent des interventions de l'utilisateur. Ces outils sont utilisables pour des programmes moyens (quelques milliers d'instructions). Ils sont utilisés en contexte industriel pour certifier des logiciels critiques comme ceux des cartes à puces, ou des commandes de vol en aéronautiques. Des exemples récents sont le système Krakatoa qui permet de vérifier des programmes Java (Marché *et al.* 2004) ou le système CAVEAT du CEA qui permet de vérifier des programmes C.

5.3 Model checking

Le model checking consiste à confronter une structure de Kripke (ou un automate, ou un système de transitions), appelé « modèle », à une formule de logique temporelle. Le modèle représente les futurs comportements du système à développer. Ses états sont étiquetés par des propriétés élémentaires.

Les logiques temporelles permettent d'exprimer des propriétés d'atteignabilité (absence de blocage), sûreté (non-occurrence de certains événements), vivacité, équité, par ordre de difficulté croissante de vérification. Leur sémantique peut être exprimée par des propriétés des traces des modèles et il existe des techniques d'implémentation très puissantes qui permettent de vérifier ou de réfuter automatiquement ces propriétés sur des modèles de très grande taille (voir le § 3 du chapitre « Automates et vérification », section I.9). Les résultats sont spectaculaires puisqu'on peut maintenant traiter des systèmes de plusieurs millions d'états alors qu'on en était à 50000 états, il y a quelques années. On trouvera une bonne synthèse sur le model-checking dans (Schnoebelen *et al.*, 1999).

Si ces techniques ont fait leurs preuves dans le domaine du matériel, leur application dans le domaine du logiciel reste délicate pour l'instant : la description d'un logiciel complexe par un modèle avec un nombre fini d'états demande des simplifications et des abstractions qui doivent être faites en fonction des propriétés à vérifier ; les modèles obtenus restent cependant souvent de très (trop) grande taille ; les propriétés doivent être exprimées dans des logiques comme LTL ou CTL, ce qui demande un certain savoir faire. De plus, en fonction des algorithmes et des représentations utilisés, l'ordre d'écriture peut avoir une grande influence sur le temps, voire la possibilité, de vérification.

Les progrès remarquables de ces techniques permettent néanmoins de penser que leur utilisation va se généraliser, d'autant plus que des model-checkers éprouvés sont disponibles comme logiciels libres.

6 Méthodes formelles et test

Comme cela a été mentionné au § 4, la sélection de tests basée sur les spécifications fait depuis très longtemps usage de descriptions formelles. En effet, le fait de disposer d'une spécification à la syntaxe et à la sémantique bien définies permet de se donner des critères de test, d'automatiser la construction de jeux de tests et, parfois, l'oracle.

On retrouve dans certains cas des méthodes similaires à celles qui ont été présentées à propos du test basé sur les programmes : en particulier, si un graphe est associé à la spécification formelle, on a des critères de couverture basés sur ce graphe. C'est le cas des méthodes basées sur des descriptions par machines à états finis ou systèmes de transitions présentées au § 6.4.

Mais dans le cas de spécifications basées sur des formules logiques, des critères spécifiques sont utilisés, comme la couverture des axiomes. Pour la spécification de la pile en CASL (figure 4), ce critère conduit à construire un test à partir de l'axiome `sommet(empiler(P,e)) = e` : on choisit deux valeurs quelconques pour les variables `P` et `e` (hypothèse d'uniformité), on leur applique successivement les implémentations des opérations `empiler` et `sommet`, et l'on vérifie que le résultat calculé est bien la valeur choisie pour `e`.

Cependant, confronter un système à une spécification formelle est moins immédiat qu'on pourrait le penser car des problèmes difficiles de contrôle et d'observation peuvent se poser. En fait, ces problèmes existent dès que l'on fait du test basé sur des spécifications, mais le fait d'être dans un cadre formel a l'avantage de les rendre explicites et donc d'aider à leur trouver des solutions.

Un système sous test est de nature très différente d'une spécification formelle ou même du texte d'un programme. On ne peut l'observer que par des interactions via une interface limitée, en soumettant des données et en constatant des résultats. Même si son état interne est accessible, il n'est souvent que partiellement observable ou interprétable, ce qui pose des problèmes d'oracle. De plus, le comportement d'un système peut être difficilement contrôlable, voire non déterministe. De ce fait, la mise en œuvre de certains cas de test peut poser des problèmes et certaines exécutions peuvent se conclure par un verdict « inconclusif » quand le système s'est comporté correctement mais n'a pas pu être conduit à exécuter le test voulu. Les solutions à ces problèmes sont très dépendantes du type d'applications considérées et des possibilités d'instrumentation du système sous test.

6.1 Relations de conformité, testabilité, exhaustivité, sélection

Étant donné une spécification *SP* et un système sous test *SYS*, toute activité de test doit être menée en fonction d'une relation de satisfaction de la spécification par le système. Cette relation est appelée *relation de conformité*. Dans la suite, on la note *sat*. Généralement, il s'agit de conjonctions d'un très grand nombre de propriétés élémentaires : si *SP* est une spécification algébrique, la définition de *sat* va commencer par «pour toutes les instanciations de tous les axiomes de *SP*...» (voir § 6.2) ; si *SP* est un automate ou un système de transitions étiqueté, elle commencera par «pour toutes les traces de *SP*...» (voir § 6.4). Les propriétés élémentaires sont utilisées pour définir ce qu'est un test, et la relation de conformité est utilisée pour définir un *jeu de tests exhaustif* de *SP*. Ce jeu de tests est souvent infini ou très grand. Il n'est pas utilisé tel quel, mais sert de base à la sélection d'un jeu de tests fini ou à l'élaboration d'objectifs de test.

Cependant, si on ne sait rien du système *SYS*, le fait qu'il passe avec succès le test exhaustif de *SP* n'est pas toujours suffisant pour garantir que *SYS sat SP* : on peut imaginer un système diabolique qui se comporte correctement pendant les tests et déclenche des catastrophes ensuite ! En fait, toutes les méthodes de test boîte noire reposent sur des *hypothèses de testabilité* (appelées aussi hypothèses de test) du système sous test. Il est important de les expliciter, même si elles paraissent parfois aller de soi. Elles portent souvent sur le déterminisme (ou le genre de non déterminisme) du système, sur la manière dont le système a été développé (encapsulation des types de données, etc.), ou sur le contexte dans lequel il va être utilisé.

On peut décrire la sélection d'un jeu de tests fini comme un renforcement des hypothèses faites sur le système sous test : on appelle ces hypothèses des *hypothèses de sélection*. Elles expriment les propriétés attendues du système pour que le succès des tests sélectionnés implique la satisfaction de la spécification.

Par exemple on peut dériver de l'analyse des cas qui apparaissent dans *SP*, une partition finie de son test exhaustif en classes d'équivalence. Une hypothèse d'uniformité est que si le système *SYS* passe avec succès un test d'une classe, alors c'est le cas pour tous les autres tests de cette classe. D'autres types d'hypothèses peuvent être utilisés comme des hypothèses de régularité (qui permettent de limiter la taille des tests) ou des hypothèses d'équité (sur le non déterminisme), ou d'autres.

Plus on fait d'hypothèses, plus on peut diminuer la taille du jeu de tests. L'hypothèse la plus forte est que le système satisfait la spécification et dans ce cas le jeu de tests peut être vide... Les hypothèses les plus faibles sont les hypothèses de testabilité, et le jeu de tests doit alors contenir le test exhaustif. Les stratégies réalistes se placent entre ces deux extrêmes.

6.2 Test à partir d'axiomes

Dans le cas des spécifications algébriques (Bernot *et al.*, 1991), un jeu de tests exhaustif naturel est l'ensemble des instanciations de tous les axiomes par tous les termes sans variable de la spécification. Par exemple, un élément du test exhaustif des piles est :

```
dépiler(empiler(pileVide, 3)) = pileVide
```

Son exécution consiste à faire calculer par l'implémentation les deux membres de l'équation, et à comparer les résultats.

L'hypothèse de testabilité est que l'implémentation des opérations est déterministe, mais aussi que le système ne calcule que sur des valeurs des piles exprimables dans la spécification, sinon le test est exhaustif par rapport à la spécification et pas par rapport à l'implémentation. Pratiquement, cela revient à dire que le type `Pile` est encapsulé : on ne peut modifier ou accéder à une `Pile` que par les opérations du type.

Un critère de couverture naturel est la couverture des axiomes : on sélectionne une instanciation par axiome, ce qui revient à faire des hypothèses d'uniformité sur le type des variables, où sur un sous-ensemble si l'axiome est conditionnel. Ce critère peut être trop faible quand un axiome utilise des opérations ou des prédicats pour lesquels il existe plusieurs sous-cas. On peut alors employer des techniques de *dépliage* des opérations utilisées. Si un axiome *Ax* utilise une opération *op* qui est définie par *n* sous-cas (c'est-à-dire *n* axiomes conditionnels), on construit *n* instanciations de *Ax* pour couvrir tous les sous-cas de *op*. Ces techniques s'implémentent par des outils de résolution de contraintes qui permettent d'assister le choix des hypothèses de sélection et de produire automatiquement les tests correspondants.

Le test présenté au début de ce paragraphe peut poser un problème d'oracle. Si les piles sont représentées par des couples (tableau, entier), où l'entier est l'indice du sommet, et si l'implémentation de l'opération dé-

`piler` est simplement, comme c'est naturel, la soustraction de 1 à cet indice, on n'a pas toujours le même couple de part et d'autre de l'égalité : à gauche, le tableau contient 3, et pas forcément à droite.

Cela vient du fait que l'on a plusieurs représentations concrètes possibles pour une pile abstraite. En fait, dès que l'on dérive des tests d'une spécification abstraite (quel que soit le genre de spécification) on a ce problème d'oracle : comment décider que deux représentations concrètes correspondent à la même notion abstraite ? Les solutions pratiques à ce problème sont de deux types :

- soit on implémente une opération de comparaison des valeurs concrètes, avec le risque qu'elle comporte des fautes et biaise le test ;
- soit on utilise, pour faire cette comparaison, les opérations de la spécification qui rendent des résultats de types simples (pour lesquels il existe une égalité dans le langage d'implémentation) ; mais dans certains cas, cela peut mener à un nombre infini de tests...

On retrouve la difficulté de l'indécidabilité de l'oracle.

6.3 Test à partir de préconditions et post-conditions

Les méthodes de test basées sur des spécifications par préconditions et post-conditions (VDM, Z, B, etc.) sont inspirées des idées de (Dick et Faivre, 1993). La précondition de chaque opération est mise sous *forme normale disjonctive*, c'est-à-dire :

$C_1 \vee \ldots \vee C_n$ *où les* C_i *ne contiennent pas de disjonction et satisfont* $C_i \wedge C_j = faux$ *pour tout* $i \neq j$.

Les C_i déterminent des sous-domaines d'uniformité : chaque opération doit être testée une fois pour chacun de ces cas, et la post-condition est utilisée pour l'oracle (avec les mêmes problèmes possibles que ci-dessus).

Pour mettre en œuvre ces tests, il faut :

- exécuter un préambule à l'appel de l'opération testée pour mettre le système dans un état qui satisfasse le sous-cas que l'on veut tester ;
- vérifier qu'on est dans un bon état de départ ;
- appeler l'opération sous test ;
- vérifier que la post-condition est satisfaite.

Le préambule est une séquence d'appels d'opérations de la spécification avec des arguments adéquats pour arriver à l'état voulu. Sa construction est basée sur les préconditions et les post-conditions et peut être assistée par un solveur de contraintes. On retrouve les mêmes problèmes d'infaisabilité que dans le cas du test basé sur les programmes.

La vérification que l'on est dans le bon état de départ est nécessaire puisque les opérations utilisées pour l'atteindre font partie du système sous test. Elle peut modifier l'état : il faut alors exécuter deux tests avec le même préambule, un pour vérifier l'état de départ, et un pour vérifier l'état d'arrivée.

La décomposition en forme normale disjonctive donne souvent un grand nombre de sous-cas. Des variantes moins coûteuses ont été proposées.

6.4 Test basé sur des modèles comportementaux

Historiquement, les premiers travaux sur le test à partir de modèles comportementaux ont été basés sur des descriptions par des machines à états finis (FSM, *Finite State Machine*). Puis, dans le cadre des protocoles de télécommunication, des travaux similaires ont été développés sur la base d'automates finis ou de systèmes de transitions étiquetées (LTS, *Labeled Transition System*). En effet, la sémantique des langages de spécification de protocoles, comme LOTOS, est donnée en ces termes. On trouvera dans (Lee et Yannakakis, 1996) une synthèse des principaux résultats et des principales méthodes basées sur les FSM, et dans (Brinksma et Tretmans, 2001) une bibliographie commentée sur le test basé sur les LTS. Ces deux approches sont en train de converger, chacune intégrant les résultats intéressants de l'autre.

Une FSM est caractérisée par un ensemble fini d'états, un alphabet d'entrée I, un alphabet de sortie O, et des transitions entre états qui sont étiquetées par un symbole d'entrée et un symbole de sortie. La sémantique d'une telle spécification est que lorsqu'une FSM est dans un état e, qu'il existe une transition de e vers un autre état e' étiquetée par i et o, l'entrée de i provoque la sortie de o et le changement d'état de e à e'. Il existe des versions non déterministes qui ne sont pas abordées ici où à partir d'un état, une donnée peut provoquer différentes sorties et changements d'états.

Une relation de conformité généralement utilisée est l'équivalence de FSM : deux FSM A et B sont équivalentes si elles ont le même nombre d'états, les mêmes alphabets d'entrée I et de sortie O, et qu'à chaque état de l'une correspond un état équivalent de l'autre. Deux états sont équivalents s'ils produisent la même suite de sorties pour toute suite d'entrées.

Le choix de cette relation reflète le fait que ces méthodes ont été développées à l'origine pour le test de circuit, dans un contexte où il n'y avait pas de différence de niveau d'abstraction entre la spécification et le système sous test.

Soit A une FSM donnée qui joue le rôle d'une spécification. Soit une implémentation qui se comporte comme une FSM B, inconnue, avec le même nombre d'états que A. On cherche à définir une ou des séquences de tests appartenant à I^* qui, à partir de la ou des séquences de sorties produites par l'implémentation, permettent de décider si B est équivalente à A.

On pourrait penser que le test exhaustif associé à une FSM A est l'ensemble I^*. Cependant on a des hypothèses de test très fortes sur l'implémentation. Si celle ci se comporte comme une FSM à n états, cela veut dire que l'effet d'une transition est indépendant de l'exécution qui l'a précédée : pour garantir l'équivalence, il suffit d'exécuter chaque transition de A une fois et de vérifier qu'on a la bonne sortie et le bon état d'arrivée.

Si les fautes de sortie sont faciles à détecter, les fautes de transfert (on n'arrive pas dans le bon état) posent un problème d'oracle. En effet, le seul moyen de vérifier un état de l'implémentation est d'appliquer des séquences d'entrées et d'observer les sorties correspondantes.

Le choix des ensembles de séquences utilisées pour vérifier les états a été très étudié. Dans ce cas fini, on a une solution générale au problème de l'oracle. Pour toute FSM A, réduite (sans états équivalents), on sait construire pour chaque état s_i de A un *ensemble séparant* Z_i de séquences qui permettent de distinguer s_i de tout autre état de A par les sorties obtenues. On appelle les éléments de Z_i les *séquences séparantes* de s_i. Si n est le nombre d'états de A, chaque Z_i contient au plus $n - 1$ séquences de longueurs au plus $n - 1$. La construction des Z_i est de complexité exponentielle, ce qui limite leur applicabilité. Mais pour de larges classes de machines on peut distinguer plus simplement les états (séquence distinguante, séquences UIO, ensemble caractérisant) et des méthodes de complexité plus acceptables existent.

Le test basé sur les LTS a été développé dans le contexte du test de protocoles de communication. La différence entre un LTS fini et une FSM est que chaque transition est étiquetée par une action, observable ou interne. Les LTS peuvent être composés en parallèle, avec synchronisation sur certaines actions observables.

Pour tester un système spécifié par un LTS, ou une composition parallèle de LTS, on l'exécute en parallèle avec un *processus testeur* qui propose des actions, et l'on observe les suites d'actions observables (traces) exécutées ou refusées. Les testeurs sont décrits aussi par des LTS. Ils sont dérivés à partir de relations de conformité plus élaborées que l'équivalence : en effet, du fait du parallélisme, il faut prendre en compte du non-déterminisme, au niveau de la spécification et au niveau du système sous test. De plus, les protocoles sont souvent décrits à un niveau plus abstrait que le système et, dans ce cas, l'équivalence n'est pas une notion adéquate. Ces relations sont des *préordres sur les traces*. Il en existe plusieurs variantes selon les aspects du comportement que l'on veut vérifier. La plus connue, *ioco*, est basée sur des IOLTS (LTS où l'on distingue des actions d'entrée et des actions de sortie). Elle permet de vérifier que les actions de sortie de l'implémentation après une trace de la spécification sont bien des actions spécifiées.

Plusieurs outils de dérivation de tests à partir de modèles comportementaux finis sont maintenant au niveau d'applications industrielles. Certains utilisent des techniques inspirées du model-checking.

Par contre, le passage des modèles finis à des modèles étendus, avec variables, gardes, et types de données complexes reste du domaine de la recherche. L'intégration avec les méthodes de test des types de données (cf. § 6.2 et § 6.3) est actuellement le sujet de nombreux travaux, et commence seulement à donner des résultats utilisables sur des études de cas significatives.

Bibliographie

Abrial J.-R. (1996), *The B-Book – Assigning programs to meanings*, Cambridge University Press.

Arnold A. (1992), *Systèmes de transitions finis et sémantique des processus communicants*, Masson, Paris.

Avizienis A., Laprie J.-C., Landwehr C. et Randell B. (2004), "Basic Concepts and Taxonomy of Dependable and Secure Computing", *IEEE Transactions on Dependable and Secure Computing*, vol. 1, n° 1, p. 11-33.

Bernot G., Gaudel M-C. et Marre B. (1991), "Software testing based on formal specifications: a theory and a tool", *Software Engineering Journal*, vol. 6, n° 6, p. 387-405.

Bertolino A. (2003), "Software Testing Research and Practice", *ASM 2003, LNCS*, vol. 2589, Springer-Verlag, p. 1-21.

Bidoit M. et Mosses P.D. (2004), *CASL User Manual - Introduction to Using the Common Algebraic Specification Language*, LNCS, vol. 2900, Springer-Verlag.

Boehm B. W. (1981), *Software Engineering Economics*, Prentice-Hall Advances in Computing Science & Technology Series.

Boehm B. W. et Basili V. (2001), "Top 10 Defect Reduction Techniques", *IEEE Computer*, vol. 34, issue 1, p. 135-137, January.

Briand L.C., Di Penta M. et Labiche Y. (2004), "Assessing and Improving State-Based Class Testing: A Series of Experiments", *IEEE Transactions on Software Engineering*, vol. 30, n° 11.

Brinksma E. and Tretmans J. (2001), "Testing transition systems: an annotated bibliography", *MOVEP 2000, LNCS*, vol.2067, Springer-Verlag, p. 187-195.

Cousot P. (2000), «Interprétation Abstraite», *Technique et Science Informatique*, vol. 19, n° 1, p. 1-9.

Denise A., Gaudel M.-C. et Gouraud S.-D. (2004), "A generic method for statistical testing", *Proceedings of 15th IEEE Int. Symposium on Software Reliability Engineering*, IEEE Computer Society, p. 25-34.

Dick J. et Faivre A. (1993), "Automating the generation and sequencing of test cases from model-based specifications", *FME'93*, LNCS n° 670, Springer-Verlag, p. 268-284.

Fages F. (1996), *Programmation logique par contraintes*, Ellipses, Paris.

Gaudel M.-C., Marre B., Schlienger F. et Bernot G. (1996), *Précis de Génie Logiciel*, Masson, Paris.

Gilb T. et Graham D. (1993), *Software Inspection*, Addison-Wesley.

Jones C.B. (1990), *Systematic Software Development using VDM*, 2nd edition, Prentice Hall.

Lee D. et Yannakakis M.. (1996), "Principles and methods of Testing Finite State Machines – a survey", *The Proceedings of IEEE*, vol. 84, n° 8, p. 1089-1123, August.

Littlewood B., Popov T. P., Strigini L. and Shryane N. (2000), "Modeling the Effects of Combining Diverse Software Fault Detection Techniques", *IEEE Transactions on Software Engineering*, vol. 26, n° 12, p. 1157-1167.

Lyu, M.. R. (ed.) (1996), *Handbook of Software Reliability Engineering*, Mc-Graw Hill.

Marché C. , Paulin-Morhing C. et Urbain X. (2004), "The Krakatoa tool for certification of Java/JavaCard programs annotated in JML", *Journal of Logic and Algebraic Programming*, vol. 38, n° 1-2, p. 89-106.

OMG (2005), *UML 2.0 Testing Profile Specification*, OMG adopted specification ptc/03-08-03.

Schnoebelen Ph. *et al.* (1999). *Vérification de logiciels : Techniques et outils du model-checking*. Vuibert.

Spivey J.M. (1994), *La notation Z*, Traduction française par M. Lemoine, Masson, Paris.

Voas J. and McGraw G. (1997) *Software Fault Injection : Inoculating Programs Against Errors*, John Wiley and Sons.

Qualité du logiciel

Alain Abran, Alain April

Mots-clés : qualité, normes ISO de qualité, culture de qualité, exigences de qualité, mesure de la qualité.

Résumé : ce chapitre présente une vue d'ensemble des principaux concepts qui doivent être bien compris et déployés pour produire des logiciels de qualité. Ce chapitre s'inspire de la structure des connaissances sur la qualité, présentée dans le « Guide au Corpus des connaissances en génie logiciel » (*Software Engineering Body of Knowledge – SWEBOK*) (Abran 2005a et ISO TR 19759) : concepts fondamentaux pour la qualité du logiciel, processus de gestion de la qualité du logiciel, considérations pratiques.

La qualité est considérée comme un avantage compétitif non seulement pour les organisations, privées ou publiques, mais également pour les nations qui visent à se démarquer sur le marché mondial afin d'acquérir, conserver et développer des parts de marché et ainsi assurer à leurs citoyens la meilleure « qualité de vie ».

Mais comment se définit la qualité, incluant la qualité du logiciel ?

Il nous est relativement facile de comprendre comment est défini le concept bien connu de la qualité de vie parce que ce concept fait partie de notre vie quotidienne : l'ensemble des éléments inclus dans les modèles de qualité de vie, et les mesures qui leur sont reliées, nous sont connus de façon tant empirique qu'intuitive et nous les avons assimilés tout au long de notre existence et de notre éducation.

D'autre part, diverses industries ont développé au cours de leur histoire la notion de qualité dans la mise en application de leurs domaines propres de connaissances : ces industries ont développé progressivement des consensus tant pour la caractérisation de la qualité dans leur contexte, la définition des cibles de qualité, le développement de processus de production pour livrer cette qualité, les savoir-faire pour exécuter ces processus de production ainsi que les multiples mécanismes de contrôle pour s'assurer de livrer les produits et service avec le niveau requis de qualité (par exemple les industries du vin, de l'automobile, de l'aviation, etc.).

Mais qu'en est-il de la qualité du logiciel, ce produit considéré non pas comme un bien physique mais comme un produit intellectuel que nous ne pouvons pas vraiment toucher ?

1 Concepts fondamentaux pour la qualité du logiciel

Ce paragraphe présente deux grands concepts fondamentaux nécessaires pour produire du logiciel de qualité, soit :

- une culture et une éthique pour la qualité ;
- la valeur de la qualité du logiciel, et les coûts qui y sont reliés.

1.1 Une culture pour la qualité

Edward B. Tylor définit la culture humaine comme « cet ensemble complexe qui inclut la connaissance, la croyance, l'art, les morales, la loi, la coutume, et toutes les autres possibilités et habitudes acquises par l'homme en tant que membre de la société ». La culture guide les comportements, les activités, les priorités et les décisions d'un individu aussi bien que d'une organisation. Wiegers (Wiegers 1996) illustre l'interaction entre la culture de l'organisation d'ingénierie du logiciel, ses ingénieurs logiciels et ses projets (figure 1).

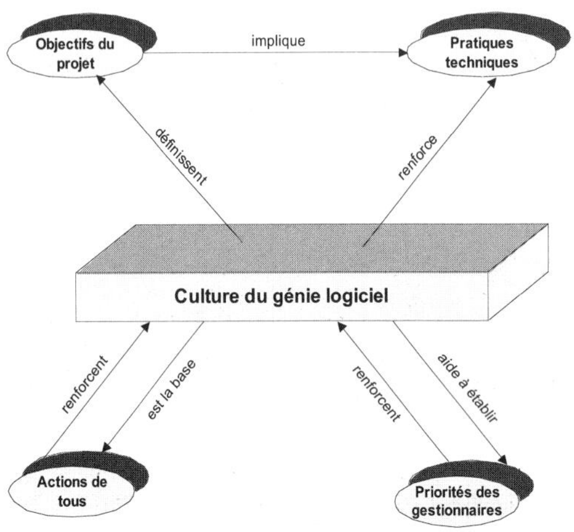

Figure 1 Une culture de l'ingénierie du logiciel. Traduit de (Wiegers 1996)

Pourquoi devrions-nous, en tant qu'ingénieur logiciel, nous soucier d'une telle problématique sociale? D'abord, on ne peut pas acheter une culture de qualité. Une culture de qualité doit être développée la plupart du temps, au début, par les fondateurs de l'organisation, puis à mesure que des employés sont sélectionnés et engagés, la culture du chef initial commencera à s'ajuster lentement aux pressions de l'environnement comme représentées sur la figure 1. La culture de qualité ne peut pas être «greffée» à une organisation: elle doit être conçue de l'intérieur et y être développée. La direction doit instiller une culture qui permettra le développement de produits de haute qualité, à un prix concurrentiel afin de produire des revenus et des dividendes dans une organisation où le niveau de satisfaction des employés est élevé.

Une deuxième raison pour tenir compte de la culture d'une organisation, c'est que tout changement qu'une organisation voudra faire – comme exemple se déplacer vers le haut dans l'échelle de maturité du CMMi (SEI 2002) –, ne peut pas être achetée et doit tenir compte de la culture en place dans l'organisation. Cela est d'autant plus vrai qu'un changement dans l'échelle de maturité implique un changement profond de la culture de l'organisation. Une organisation ne peut pas simplement «acheter et déployer» des processus. Il a été démontré que l'inhibiteur principal à un changement est la culture de l'organisation: la gestion du changement est donc obligatoire (Laporte 1998) afin de réaliser le changement de culture désiré.

1.2 Une éthique pour la qualité

Tout comme pour toutes les autres professions, l'éthique doit jouer un rôle significatif dans la qualité du logiciel, la culture, et les attitudes des ingénieurs logiciels. Dans une profession comme le génie logiciel, on s'attend donc à ce que les ingénieurs logiciels partagent un engagement à la qualité du logiciel en tant qu'élément de leur culture.

Le code d'éthique en génie logiciel a été développé conjointement par les deux plus grandes organisations professionnelles au niveau international: La Computer Society de l'IEEE et l'ACM (IEEE 1999). Ce code d'éthique et de pratiques professionnelles vise à aider les ingénieurs logiciels à renforcer des attitudes liées à la qualité et à l'indépendance de leur travail; ce code d'éthique est disponible sur un site Web à: http://seeri.etsu.edu/Codes/default.shtm

Ce code d'éthique décrit huit obligations techniques et professionnelles vis-à-vis les pairs et le public qui permettent d'évaluer le comportement d'un ingénieur logiciel. Chaque obligation, appelée «principe», est illustrée par un certain nombre de clauses qui donnent des exemples et des détails pour en aider l'interprétation et l'exécution. Comme exemple, le principe 3 est énoncé comme suit: les ingénieurs logiciels s'assureront que leurs produits (et modifications subséquentes) répondent aux normes professionnelles les plus élevées possible. Ce principe est soutenu par quinze clauses. Comme exemple, la clause 3.10 s'énonce comme suit: s'assurer que les logiciels (incluant la documentation) sur lesquels ils travaillent font l'objet de tests adéquats, des corrections requises et des vérifications nécessaires.

Les ingénieurs logiciels qui adoptent ce code d'éthique prennent l'engagement de respecter ces principes. Ce code d'éthique a été publiquement adopté par beaucoup d'organisations aussi bien que par quelques universités en tant qu'élément de leur programme d'études en génie logiciel.

1.3 La valeur et les coûts de qualité

Le concept de «qualité» n'est pas aussi simple qu'il y paraît de prime abord. Pour n'importe quel produit manufacturé, il y a plusieurs caractéristiques spécifiques de qualité, chacune étant pertinente selon des perspectives différentes du même produit; ceci doit être discuté quand les exigences du produit sont établies et, lorsque requis, des compromis doivent être établis.

De même, l'ingénieur logiciel doit tout d'abord déterminer le vrai but du logiciel. À cet égard, il est d'importance primordiale de maintenir à l'esprit que les exigences du client viennent en premier, et qu'elles incluent des exigences de qualité et pas seulement des exigences fonctionnelles. L'ingénieur logiciel a donc la responsabilité d'obtenir les exigences de qualité qui peuvent ne pas être explicites au départ, et de discuter de leur importance aussi bien que de la difficulté de les atteindre. Tous les processus associés à la qualité du logiciel (par exemple, construire, vérifier, et améliorer la qualité) seront conçus avec ces exigences à l'esprit, et bien entendu des coûts y seront associés.

À chaque valeur de la qualité en fonctionnement d'un logiciel correspond un coût de développement pour atteindre cette qualité. Le client aura un certain coût maximum à l'esprit en échange duquel il s'attend à ce que le but de base du logiciel soit rencontré. Le client peut également avoir une certaine espérance quant à la qualité du logiciel. Le coût de la qualité peut être différencié : le coût de prévention, le coût d'évaluation, le coût d'échec interne, et le coût d'échec externe.

Dion de Raytheon (Dion 1993) a illustré les liens entre le coût de reprise et des investissements requis pour diminuer les pertes (figure 2) et il a également souligné qu'une perspective à long terme de la direction est nécessaire afin d'en récolter les avantages. Dion a discuté également du lien entre les investissements et les bénéfices et le niveau de la maturité CMM d'une organisation et quelques organisations ont publié les résultats obtenus en progressant dans l'échelle de maturité.

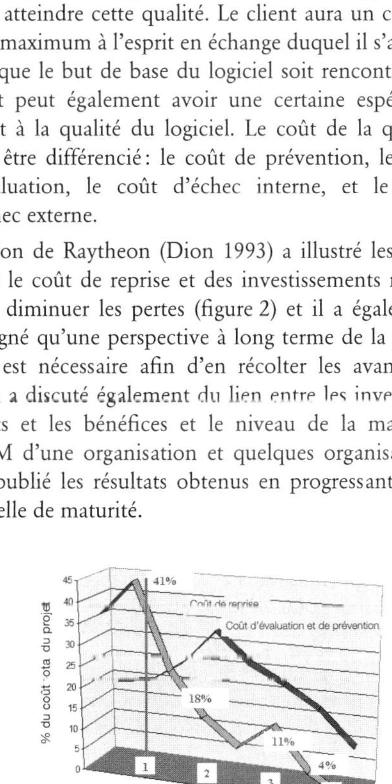

Figure 2 L'amélioration de la qualité (Dion 1993)

2 La qualité est multidimensionnelle

La très grande majorité des ingénieurs logiciels et des chercheurs reconnaissent que la qualité d'un produit comme le logiciel, ne peut se limiter à un seul attribut, quel qu'il soit. Plusieurs auteurs ont d'ailleurs proposé divers modèles multicritères de la qualité – McCall, Boehm, NIST, NRC, etc. (Boehm 1978 ; McCall 1977) – laissant aux utilisateurs l'option d'en utiliser les éléments importants dans un contexte donné, et à en présenter une vision détaillée ou consolidée.

Le modèle multidimensionnel de la qualité le mieux documenté actuellement est celui d'ISO pour la qualité du produit logiciel. Dans le modèle ISO, la signification du terme « produit » inclut n'importe quel livrable qui est en sortie de n'importe quel processus employé pour construire le produit logiciel final. Les exemples d'un « produit » incluent, mais ne sont pas limités à, des spécifications des exigences pour le système dans son ensemble, un module de conception, du code, de la documentation d'essai, ou des rapports produits par des tâches d'analyse de qualité. Tandis que la plupart des traitements de qualité sont décrits en termes d'exécution finale de logiciel et de système, les bonnes pratiques en génie logiciel exigent que les produits intermédiaires concernant la qualité soient aussi évalués dans tout le processus d'ingénierie du logiciel.

Le plus haut niveau du modèle multidimensionnel ISO de qualité comprend tout d'abord la qualité interne du logiciel en tant qu'objet même à évaluer, la qualité externe du logiciel dans son volet d'exécution puis le volet de sa qualité lorsqu'en fonctionnement (figure 3). Tandis que la qualité interne du logiciel représente le volet statique du logiciel (c'est-à-dire les spécifications, le design, le code), la qualité externe représente le volet dynamique du logiciel lorsqu'il est observé en cours d'exécution (performance, espace mémoire utilisé, temps réponse, etc.). La qualité du logiciel en fonctionnement représente les effets du logiciel dans les divers contextes de son utilisation.

Le modèle ISO 9126 prend pour acquis que la qualité du processus (figure 3, cercle de gauche) influence

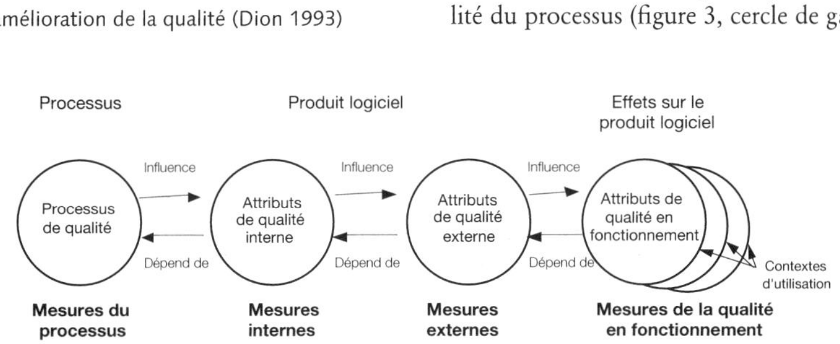

Figure 3 Modèle de ISO 9126 de la qualité du produit logiciel - Haut niveau

les attributs de qualité interne du logiciel. À son tour la qualité interne du logiciel influence les attributs de la qualité externe du logiciel, lesquels à leur tour influencent la qualité du logiciel en fonctionnement. La qualité en fonctionnement représente les effets du produit logiciel lorsqu'il est utilisé par les utilisateurs ciblés par ce logiciel. La qualité en fonctionnement représente donc les effets du logiciel – ce n'est plus le logiciel lui-même qui est observé, mais ses utilisateurs.

La figure 4 présente ensuite la qualité du logiciel dans son cycle de développement. Ce modèle a été fortement influencé par les grands courants de pensée en qualité. Ainsi, Phil Crosby (Crosby 1979), avait défini la qualité comme la «conformité aux exigences d'utilisateur» tandis que pour IBM «la qualité exigée par le marché» est basée sur l'entière satisfaction du client. Le Baldrige Award emploie une expression semblable, «la qualité exigée par le client» [1].

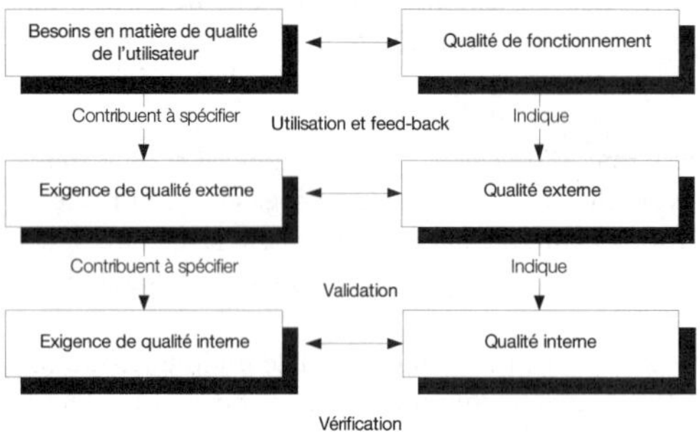

Figure 4 Le modèle ISO 9126 dans le cycle de développement du logiciel

Dans ce modèle ISO 9126, ce sont tout d'abord les besoins en qualité de l'utilisateur qui détermine les caractéristiques de la qualité en fonctionnement (figure 4, partie gauche). L'expression et la documentation de ces besoins de qualité en fonctionnement contribuent ensuite à spécifier les requis pour la qualité externe du logiciel, puis ceux-ci contribuent à leur tour à spécifier les requis pour la qualité interne du logiciel. Ces requis sont ensuite traités par le processus de développement (figure 4, Processus) qui doit livrer la qualité.

Chacun des trois modèles de qualité ISO 9126 est ensuite détaillé en caractéristiques de qualité, puis en sous-caractéristiques correspondantes (figure 5). Ces modèles détaillés correspondent au consensus actuel de l'ISO sur la caractérisation de ces modèles de qualité, mais ne représentent que le plus grand commun dénominateur et non pas vraiment une synthèse de l'ensemble des propositions sur la qualité que l'on retrouve dans la littérature spécialisée en qualité du logiciel.

Pour chacune de ces caractéristiques et sous-caractéristiques ISO a également développé dans des rapports techniques (ISO TR 9126 parties 2 à 4) un inventaire de plus de cent vingt mesures candidates permettant de définir des cibles de qualité et d'en évaluer la performance par rapport aux cibles ou références choisies pour un projet particulier.

Ces modèles ISO représentent actuellement les modèles les plus élaborés pour spécifier et vérifier la qualité du logiciel, et ils sont supportés par l'ensemble des organisations nationales de normalisation en génie logiciel. Il s'agit cependant encore d'une première génération de ces modèles, et il ne serait pas sage de les considérer d'ores et déjà comme matures dans la majorité des cas de développement. Ils sont néanmoins disponibles et utilisables par l'industrie, en parallèle à la prochaine génération qui est déjà sur les planches à dessin de l'ISO.

Il est à noter que les flèches de la partie droite de la figure 4 représentent l'objectif de ces modèles, et qu'il reste encore à l'industrie la tâche de les utiliser et d'ac-

1. Baldridge Award: critère NIST03 dans le critère «qualité de l'organisation».

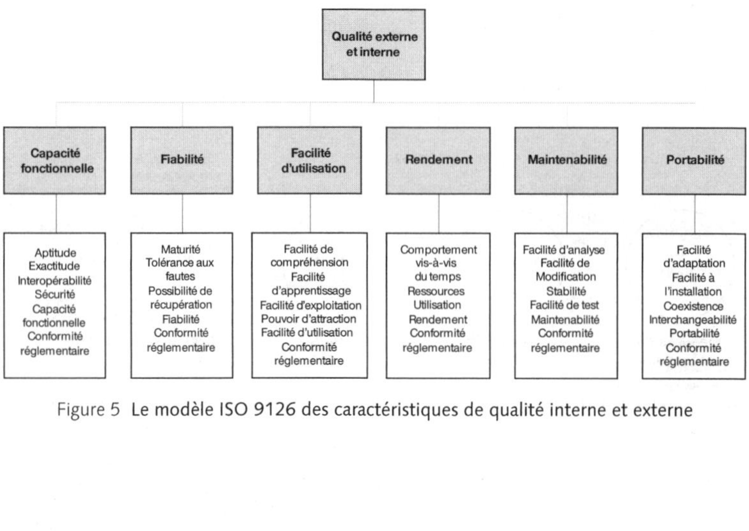

Figure 5 Le modèle ISO 9126 des caractéristiques de qualité interne et externe

cumuler les données requises pour vérifier lesquelles des mesures et modèles proposés correspondent effectivement, dans leurs contextes, aux liens entre les trois modèles de la qualité du produit.

3 La qualité du processus

La gestion de la qualité de logiciel ainsi que le processus de l'ingénierie de la qualité ont un effet direct sur la qualité du produit logiciel. Il est parfois difficile de distinguer complètement la qualité du processus de la qualité du produit. La qualité du processus influence les caractéristiques de qualité des produits de logiciel, qui affectent à leur tour la qualité en fonctionnement comme perçue par le client. Il y a deux modèles souvent cités pour la qualité du processus logiciel : ISO 9001 et CMMi (SEI 2002).

ISO 9001 est une norme internationale largement connue et implantée dans l'industrie en général. Le logiciel étant plus similaire à une industrie du secteur des services, il y avait une certaine difficulté à interpréter correctement un modèle générique comme ISO 9001 ; c'est pourquoi l'ISO a développé le guide ISO 90003 pour aider à l'application d'ISO 9001 dans l'industrie du logiciel et préciser comment les autres normes de génie logiciel peuvent s'appliquer à l'intérieur du système de la gestion de la qualité exigé par ISO 9001:2000.

D'autre part, le CMMi est un modèle de processus d'étalonnage et d'amélioration qui propose des pratiques éprouvées pour chaque niveau de maturité. Trois des processus clefs du CMMi sont importants pour la gestion de la qualité :

- processus et assurance de qualité du produit,
- vérification de processus, et
- validation de processus.

Il y a eu au début un débat à savoir s'il fallait choisir ISO 9001:2000 ou CMMi pour assurer la qualité. Dans des situations concurrentielles il n'est pas rare de constater que ces deux modèles sont parfois employés concurremment pour répondre aux objectifs communs du CMMi et d'ISO 9001. Maintenant, plusieurs organisations utilisent leur certification ISO 9001 comme pierre d'assise pour répondre aux exigences du CMMi : il est dit qu'une organisation qui a déjà une certification ISO 9001:2000 peut espérer atteindre relativement facilement le niveau 3 du CMMi.

En général, les modèles de processus de qualité sont préoccupés par les résultats de processus : pour obtenir les résultats désirés de ces processus (par exemple, une meilleure qualité, un meilleur entretien, une plus grande satisfaction du client) il faut mettre en application ces processus pour la qualité et les mesurer en action. De plus, le niveau auquel le processus est institutionnalisé ou mis en application (c'est-à-dire fidélité au processus) est important : ceci peut expliquer pourquoi de « bons » processus ne donnent pas toujours les résultats désirés (Abran 2005a).

4 Exigences de qualité du logiciel

Les exigences de qualité abordent les questions importantes de la qualité pour les produits de logiciel. Les exigences de qualité du produit de logiciel sont nécessaires pour :

- les spécifications (accord contractuel, y compris l'appel d'offres) ;
- la planification (analyse de praticabilité et traduction des exigences de qualité externe vers des exigences de qualité interne) ;
- le développement (identification hâtive des problèmes de qualité pendant le développement) ;
- l'évaluation (évaluation et certification objectives de la qualité du produit logiciel).

Le processus de définition des exigences prend en compte typiquement les besoins, les exigences et les espérances de toutes les « parties prenantes » et les classe par priorité. Toutes les parties prenantes doivent être identifiées avant que l'exercice commence. Une première activité d'analyse pendant le processus de définition des exigences vise à identifier des exigences, aussi nommées d'exigences d'affaires des utilisateurs. Cette vue des exigences de logiciel est typiquement documentée avec des textes et un vocabulaire qui sont facilement compris des utilisateurs et des clients. Les exigences d'affaires décrivent la fonctionnalité que le logiciel exécute et qui sont considérées comme nécessaires par les parties prenantes.

De bonnes exigences fonctionnelles sont exprimées clairement et sont cohérentes. Toutes les exigences doivent être essentielles et n'avoir aucun conflit avec d'autres exigences. Chaque exigence doit être uniquement identifiée et être visible à la partie prenante identifiée. Elles devraient également être documentées dans les spécifications des exigences d'affaires. Si une exigence d'une des parties prenantes n'est pas prise en compte, l'ingénieur logiciel doit en préciser la raison dans sa documentation.

Il est de la responsabilité de l'ingénieur logiciel de passer par chaque caractéristique de qualité et de discuter de l'opportunité d'en tenir compte dans le projet. Les exigences de système devraient également être vérifiables et énoncer tant les exigences d'affaires que les exigences non fonctionnelles que le logiciel doit posséder afin de répondre à toutes les exigences des parties prenantes. Sinon vérifiables, elles pourraient être interprétées, mises en application et évaluées différemment par différentes parties prenantes. Si l'ingénieur logiciel n'est pas impliqué pour clarifier les exigences non fonctionnelles, elles pourraient être oubliées.

Qui sont ces parties prenantes ? En fait, ce sont toutes les personnes et organisations qui ont un intérêt légitime pour le logiciel. Un certain nombre de parties prenantes exprimeront différents besoins et espérances représentant leur propre perspective. Ces besoins et espérances peuvent changer durant tout le cycle de vie de systèmes et doivent être contrôlés lors de tout changement. Les parties prenantes précisent rarement leurs exigences non fonctionnelles car ils ont une compréhension peu claire de ce que signifie vraiment la qualité dans un processus logiciel. En pratique, ils les perçoivent davantage comme des frais généraux. Les exigences de qualité apparaîtront souvent comme faisant partie d'une entente contractuelle entre l'acquéreur et le mandataire. L'acquéreur peut également exiger une évaluation spécifique de la qualité du produit quand un certain niveau de la criticité du logiciel est requis et que des vies humaines sont en danger.

5 La mesure de la qualité du logiciel

Pour que chaque exigence de qualité puisse être évaluée dans tout le cycle de vie il faut qu'elle soit spécifiée en termes quantitatifs et que des cibles spécifiques à atteindre soient précisées.

Le modèle de la qualité ISO 9126 offre des définitions des propriétés de logiciel qui peuvent être distinguées quantitativement ou qualitativement. Avant que les attributs puissent être capturés, quelqu'un doit concevoir un design pour mesurer ces attributs. Ensuite il faut mettre en application une manière pratique de la mesurer, c'est-à-dire une méthode de mesure qui est un ordre logique d'opérations qui peuvent être employées par un ingénieur logiciel pour mesurer un attribut en utilisant une échelle de mesure spécifiée. Le résultat de l'application d'une méthode de mesure s'appelle une mesure de base.

On peut trouver un inventaire des mesures proposées par l'ISO dans ISO 9126 (parties 2 à 4) ainsi que les procédures pour les utiliser dans ISO 14598. Les exemples de mesures dans ces normes incluent des définitions mathématiques et des conseils pour la mesure pratique de la qualité interne, de la qualité externe et de la qualité en fonctionnement. La figure 6 (Abran 2005b) présente les trois grandes étapes dans la mesure en utilisant le modèle d'information de la mesure documenté dans ISO 15939 sur les processus de mesure :

- la collecte des données qui comprend l'application d'une méthode de mesure pour quantifier l'attribut souhaité, et ainsi obtenir une mesure de base (c'est-à-dire le nombre de défauts, une période de temps) ;
- la préparation des données pour combiner plusieurs mesures de base (par exemple, le nombre de défauts divisé par la taille du logiciel) ;
- l'analyse des données en comparant la valeur obtenue à des valeurs cibles ou à des valeurs de référence.

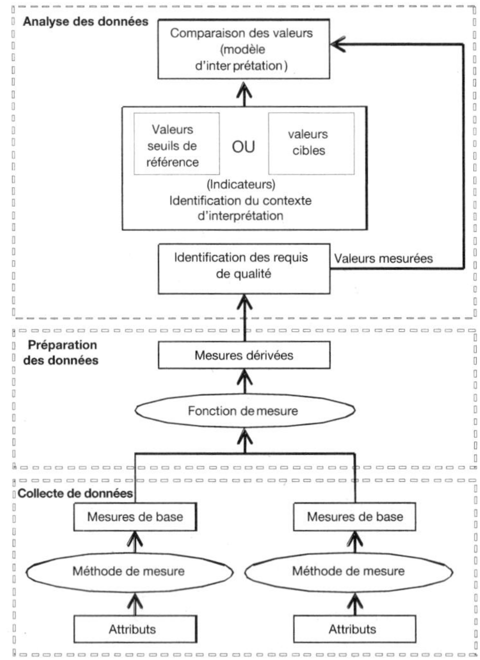

Figure 6 Utilisation du modèle d'information pour mesurer la qualité du logiciel

Les résultats des mesures peuvent aider les ingénieurs logiciels à évaluer la qualité de leur travail pour l'assurance-qualité du logiciel et pour l'amélioration de la qualité de processus à plus long terme. Avec la sophistication croissante du logiciel, les questions de la qualité vont au-delà du simple fonctionnement du logiciel jusqu'à la vérification des buts mesurables de qualité.

Tandis que les résultats des mesures des caractéristiques de qualité et des caractéristiques du produit peuvent être utiles par elles-mêmes (par exemple, le nombre d'exigences défectueuses ou la proportion d'exigences défectueuses), les mathématiques et les techniques graphiques peuvent également être appliquées pour aider dans l'interprétation des résultats de mesure. Voici quelques exemples de techniques discutés dans (Fenton 1998, Kan 2002, Lyu 1996, Musa 1999) :

- analyse de Pareto, diagrammes, graphique de dispersions, distribution normale ;
- tests statistiques (par exemple, test binomial, test du chi-carré) ;
- analyse de tendance ;
- la prévision (par exemple, modèles de fiabilité).

Les techniques statistiques et les tests fournissent souvent un instantané des secteurs plus délicats du produit logiciel analysé. Les diagrammes et les graphiques résultants sont des aides de visualisation que les décideurs peuvent employer pour focaliser des ressources où elles semblent les plus nécessaires. Les résultats de l'analyse de tendance peuvent indiquer qu'un programme n'a pas été respecté, comme dans l'essai, ou que certaines classes de défauts deviendront plus intenses à moins que des actions correctives soient prises. Les techniques prédictives aident à la planification des essais et à la prédiction des échecs.

La mesure de la couverture des tests aide à estimer combien d'effort de tests reste à faire, et pour prévoir les défauts restants possibles. À partir de ces méthodes de mesure, des profils de défauts peuvent être développés pour un domaine spécifique d'application. Puis, pour le prochain système logiciel dans cette organisation, les profils peuvent être employés pour déployer l'effort là où les problèmes sont les plus susceptibles de se produire. De même, les étalonnages (*benchmarks*), ou le comptage des défauts typiques de ce domaine, peuvent servir d'aide pour déterminer quand le produit est prêt pour la livraison.

6 La gestion de qualité du logiciel

6.1 Le processus de la gestion de la qualité du logiciel

La gestion de la qualité de logiciel (*Software Quality Management*, SQM) s'applique à toutes les perspectives des processus, des produits, et des ressources. Pour gérer la qualité il faut définir des processus, identifier les propriétaires de ces processus, clarifier les exigences pour ces processus, déterminer des mesures de ces processus et de leurs extrants, et mettre en place des mécanismes de rétroaction pour en faire le suivi et les améliorer. La gestion de la qualité peut être employée pour évaluer les produits intermédiaires aussi bien que le produit final. Les processus de gestion de la qualité de logiciel se composent de beaucoup d'activités, certaines pouvant trouver des défauts directement alors que d'autres indiquent où il pourrait être avantageux d'analyser plus en profondeur. La planification pour la qualité du logiciel implique de :

- définir le produit requis en termes de ses caractéristiques de qualité;
- planifier les processus pour réaliser le produit requis.

Certains des processus spécifiques de la gestion de la qualité sont définis dans la norme IEEE 12207.0-96 :

- processus de l'assurance de la qualité ;
- processus de vérification ;
- processus de validation ;
- processus de revue ;
- processus d'audit.

Ces processus encouragent la qualité et permettent également de trouver les problèmes potentiels, mais ils diffèrent légèrement dans leur cible. Les processus de la gestion de la qualité aident à assurer une meilleure qualité de logiciel dans un projet donné. Ils fournissent également, comme sous-produit, des informations générales à la gestion, y compris une indication de la qualité du processus global de l'ingénierie du logiciel.

Les processus de gestion de la qualité se composent des tâches et des techniques pour indiquer comment les divers plans pour un projet sont mis en application (par exemple : plans de gestion, développement, gestion de configuration) et à quel point les produits intermédiaires et finaux répondent aux exigences spécifiées. Les résultats de ces tâches sont assemblés dans les rapports pour la gestion avant que les actions de correction soient démarrées. La responsable du processus de la gestion de la qualité doit s'assurer que les contenus de ces rapports soient précis.

Les processus de la gestion de la qualité semblent en grande partie réactifs parce qu'ils prennent en compte les processus tels que mis en pratique et les produits tels que développés ; ils ont toutefois aussi un rôle important à l'étape de planification en étant proactifs en termes de processus et procédures requis pour atteindre les caractéristiques de qualité et le degré de qualité requis par les clients et les partenaires impliqués dans le développement du logiciel.

Le coût de la gestion de la qualité est une question qui est presque toujours soulevée pour décider comment un projet doit être organisé. Quelquefois des modèles génériques de coûts sont employés par les gestionnaires : ces modèles sont basés sur des analyses des projets antérieurs pour identifier quand un défaut est trouvé dans le processus de développement et quel effort il faudrait pour trouver ce défaut plus tôt dans le processus de développement.

6.2 L'assurance-qualité du logiciel

Les processus de l'assurance-qualité du logiciel (*Software Quality Assurance*, SQA) (Wallace 1996) fournissent l'assurance que les produits et les processus du logiciel dans le cycle de vie de projet répondent aux exigences spécifiées en planifiant, en mettant en place et en exécutant un ensemble d'activités pour fournir un niveau adéquat de confiance que la qualité est incorporée dans le logiciel. Le rôle de l'assurance-qualité est donc de s'assurer que les processus prévus sont appropriés, puis mis en application selon les prévisions et que des processus appropriés de mesure sont fournis à l'organisation.

Ceci signifie qu'il faut s'assurer que le problème est clairement et adéquatement énoncé et que les exigences de la solution sont correctement définies et exprimées. L'assurance-qualité (SQA) cherche à maintenir la qualité dans tout le développement et l'entretien du produit par l'exécution d'une variété d'activités à chaque étape qui peut avoir comme conséquence une identification rapide des problèmes (un dispositif presque inévitable de n'importe quelle activité complexe).

Le plan de SQA définit les moyens qui seront employés pour s'assurer que le logiciel développé pour un produit spécifique réponde aux exigences des utilisateurs et qu'il soit de la plus haute qualité possible en tenant compte des contraintes de projet. Pour cela, il faut d'abord s'assurer dans le plan que la cible de qualité soit clairement définie et comprise. Le plan doit aussi considérer la gestion, le développement, et les plans d'entretien pour le logiciel - voir IEEE 730-98 pour plus de détails.

Les activités et les tâches spécifiques de qualité sont présentées, avec leurs coûts et exigences de ressource, leurs objectifs globaux de gestion, et leur programmation par rapport à ces objectifs dans les plans de gestion du génie logiciel, de développement, ou des plans d'entretien. Le plan d'assurance-qualité devrait être conforme au plan de gestion de configuration de logiciel : le plan d'assurance qualité identifie les documents, les normes, les pratiques, et les conventions régissant le projet et comment ils seront vérifiés et surveillés pour en assurer l'adéquation et la conformité. Le plan d'assurance-qualité doit aussi identifier les mesures, techniques statistiques, procédures pour l'identification des problèmes, corrections, ressources telles que des outils, des techniques, et des méthodologies, la sécurité pour les médias physiques, la formation, etc. De plus, le plan d'assurance-qualité doit tenir compte des activités d'assurance de la qualité de n'importe quel autre type d'activité décrite dans les plans de logiciel, tel que pour le développement d'un logiciel par un sous-contractant ou l'achat d'un progiciel commercial, de l'installation, et du service après la livraison du logiciel.

ISO 12207 propose un contenu minimal pour le plan d'assurance-qualité :

- normes de qualité, de méthodologies, procédures, et outils pour exécuter les activités d'assurance-qualité (ou leurs références dans la documentation officielle de l'organisation) ;
- procédures pour la révision des contrats et la coordination ;
- procédures pour l'identification, la collecte, le classement et la maintenance des référentiels historiques de qualité ;
- ressources, programme, et responsabilités de conduire les activités de l'assurance-qualité ;
- activités et tâches choisies parmi des processus, telles que la vérification, la validation, la revue commune, l'audit, et la résolution de problème.

7 Amélioration de la qualité

Un processus d'amélioration est un processus pour établir, évaluer, mesurer, commander, et améliorer un processus de cycle de vie de logiciel. Ceci suppose qu'une organisation a déjà en place un processus écrit de développement.

Une première étape dans n'importe quelle stratégie d'amélioration est d'évaluer la situation actuelle (c'est-à-dire un point de référence), puis d'identifier des objectifs d'amélioration et de mettre en application les actions pour atteindre les objectifs. De même, l'amélioration de la qualité devrait suivre les mêmes étapes. Les prérequis importants sont que l'organisation ait des processus stables qui produisent des données fiables et de bonne qualité. Si aucune donnée n'est disponible, il faut alors en obtenir pour établir des points de référence.

La qualité des produits de logiciel peut être améliorée par un processus itératif d'amélioration continue qui exige la gestion, le contrôle, la coordination, et les boucles de rétroaction de beaucoup de processus : (1) les processus du cycle de vie du logiciel, (2) le processus de la détection, de la correction et de la prévention des erreurs/défauts et (3) le processus d'amélioration de la qualité.

8 Conclusion

Les concepts tels que la construction de la qualité par la prévention et la détection précoce des erreurs, l'amélioration continue, et l'attention portée au client, sont importants pour produire du logiciel de qualité : ces concepts sont basés sur le travail des experts de la qualité qui ont déclaré que la qualité d'un produit est directement liée à la qualité du processus employé pour le créer.

Les approches comme le processus de la gestion de la qualité totale (*Total Quality Management*, TQM) et le *Plan-Do-Check-Act* (PDCA) sont des techniques pour atteindre les objectifs de qualité. Il faut également que les gestionnaires apportent leur soutien aux évaluations des processus et des produits et des résultats. Puis, un programme d'amélioration est développé identifiant des actions détaillées et des projets d'amélioration à l'intérieur d'un horizon réaliste pour produire des résultats. L'appui de la direction implique que chaque projet d'amélioration bénéficie d'assez de ressources pour atteindre le but approuvé. Le soutient de la direction doit aussi être sollicité fréquemment en mettant en application des activités proactives de communication.

L'organisation se doit d'établir des objectifs de qualité et les ingénieurs logiciels se doivent de mettre en place les processus pour rencontrer ces objectifs de qualité.

Bibliographie

Abran, A., Moore, J.W. (Exec. Eds), Bourque, P., Dupuis, R. (Eds). *SWEBOK Guide to the Software Engineering Body of Knowledge (SWEBOK) – 2004 version.* IEEE Computer Society: Los Alamos, CA, 2005. Http://www.swebok.org

Abran, A., Al Qutaish, R., Desharnais, JM., Habra, N, "An Information Model for Software Quality Measurement with ISO Standards", *International Conference on Software Development* – SWDC-REK, University of Iceland, Reykjavik, Iceland, May 27-June 1, 2005.

Crosby, P.B., *Quality Is Free*, McGraw-Hill, 1979.

Dion, R. "Process Improvement and the Corporate Balance Sheet". *IEEE Software.* 10 (July 1993): 28-35.

N. E. Fenton and S. L. Pfleeger, *Software Metrics: A Rigorous & Practical Approach*, Second ed: International Thomson Computer Press, 1998.

D. Houston, "Software Quality Professional", *ASQC*, vol. 1, iss. 2, 1999

IEEE-CS-1999, "Software Engineering Code of Ethics and Professional Practice", "IEEE-CS/ACM, 1999, available at: http://www.computer.org/certification/ethics.htm.

S. H. Kan, *Metrics and Models in Software Quality Engineering*, Second edition: Addison-Wesley, 2002.

C. Y. Laporte, S. Trudel, "Addressing the People Issues of Process Improvement Activities at Oerlikon Aerospac", *Software Process-Improvement and Practice*, Wiley-Interscience, Vol. 4, 1998.

M.R. Lyu, *Handbook of Software Reliability Engineering*: Mc-Graw-Hill/IEEE, 1996.

W.A. Mandeville, "Software Cost of Quality", *IEEE Journal on Selected Areas on Communications*, Vol 8, n° 2, Feb. 1990.

J. A. McCall, "Factors in Software Quality - General Electric", n° 77C1502, June, 1977

J. Musa, *Software Reliability Engineering: More Reliable Software, Faster Development and Testing*: McGraw Hill, 1999.

National Institute of Standards and Technology, *Balridge National Quality Program*, available at http://www.quality.nist.gov

Software Engineering Institute, "Capability Maturity Model Integration for Software Engineering (CMMI)", Software Engineering Institute, Carnegie Mellon University CMU/SEI-2002-TR-028, ESC-TR-2002-028, 2002

D. R. Wallace, L. Ippolito and B. Cuthill, "Reference Information for the Software Verification and Validation Process", @ NIST SP 500-234, Gaithersburg, NIST MD 20899, April, 1996, available at http://hissa.nist.gov/VV234

K. Wiegers, *Creating a Software Engineering Culture*: Dorset House, 1996.

Liste des normes

IEEE/EIA 12207.0-1996//ISO/IEC12207: 1995, *Industry Implementation of Int. Std. ISO/IEC 12207: 95, Standard for Information Technology-Software Life Cycle Processes*, vol. IEEE, 1996.

ISO 9001:2000, *Quality Management Systems-Requirements*, International Organization for Standardization – ISO, Geneva, 2000.

ISO/IEC 9126-1: 2001, *Software Engineering-Product Quality-Part 1: Quality Model*, International Organization for Standardization – ISO, Geneva, 2001.

ISO/IEC 14598: 1998, *Software Product Evaluation*, International Organization for Standardization–ISO, Geneva, 1998.

ISO/IEC 15026: 1998, *Information technology – System and software integrity levels*, International Organization for Standardization – ISO, Geneva, 1998.

ISO/IEC 15504: 2004, *Information Technology - Software Process Assessment (parts 1-5)*, International Organization for Standardization – ISO, Geneva, 2004.

ISO/IEC 15939: 2000, *Information Technology - Software Measurement Process*, International Organization for Standardization – ISO, Geneva, 2000.

ISO/IEC 90003: 2004, *Software and Systems Engineering-Guidelines for the Application of ISO 9001:2000 to Computer Software*:, International Organization for Standardization – ISO, Geneva, 2004.

ISO/IEC TR 19759, *Guide to the Software Engineering Body of Knowledge*, International Organization for Standardization – ISO, Geneva, 2005.

IEEE Std 730-2002, *IEEE Standard for Software Quality Assurance Plans*: IEEE, 2002.

Intelligence artificielle

Coordination : Daniel Kayser

Introduction

Daniel Kayser

Jacques Pitrat, à juste titre considéré comme le père de l'intelligence artificielle (IA) en France, fait remarquer que l'une des plus vieilles épopées qui nous soit parvenue, *L'Iliade*[1], atteste que l'humanité rêve depuis les temps les plus anciens à une assistance robotisée! Les savants de l'Antiquité avaient également observé que les formes valides de raisonnement obéissent à un petit nombre de «figures» et ne dépendent pas du contenu, ce qui constitue un pas décisif vers la possibilité d'un raisonnement mécanisé.

On retrouve trace, à différentes époques, du cheminement du mythe d'un automate effectuant des tâches complexes. Mais c'est au XVIIe siècle que l'on commence à construire des instruments réalisant des opérations jusque-là réservées à l'homme: les machines à calculer de Wilhelm Schickard (1592-1635) et de Blaise Pascal (1623-1662). À la fin du XVIIIe et au début du XIXe siècle, l'imitation de certaines capacités humaines semble être devenue une motivation forte: automates de Jacques de Vaucanson (1709-1782), machine à tisser de Joseph Jacquard (1752-1834), « machine analytique» de Charles Babbage (1791-1871). La mystification de Von Kempelen (1734-1804), qui prétendait avoir réalisé une machine jouant aux échecs alors qu'un nain était caché dans le mécanisme, ne fut dévoilée qu'au bout de plusieurs années, ce qui montre que la mécanisation de cette tâche n'était pas considérée comme totalement invraisemblable.

Le siècle 1850-1950 voit cette motivation prendre la forme d'un véritable programme scientifique. George Boole (1815-1864) s'intéresse aux «lois de la pensée». Gottlob Frege (1848-1925) propose un «langage formel de la pensée pure». Bertrand Russell (1872-1970) et Alfred Whitehead (1861-1947) axiomatisent la logique des propositions. Emil Post (1897-1954), Haskell Curry (1900-1982), Alonzo Church (1903-1995), Alan Turing (1912-1954) présentent des mathématisations, qui se révéleront équivalentes, de la notion de calculabilité. Kurt Gödel (1906-1978) prouve la complétude de l'axiomatisation de la logique du premier ordre, et l'incomplétude des logiques d'ordre supérieur (ce dernier résultat a parfois été présenté, pour des raisons qui semblent étranges, comme une preuve de l'impossibilité de l'IA).

La construction des premiers ordinateurs dans la deuxième moitié des années quarante et la publication en 1950 de l'article de Turing "Computing Machinery and Intelligence", qui peut valablement être considéré comme l'acte de naissance de l'IA (même si l'appellation ne viendra que six ans après), terminent cette période.

Le chapitre «Connaissance» fournit quelques repères marquants de cette jeune discipline. Son objectif et ses méthodes ont beaucoup évolué depuis sa création. Malgré leurs capacités, dérisoires par rapport aux outils actuels, les premières machines à programme enregistré (le mot «ordinateur» n'est apparu que plus tard) ont suscité une sorte d'éblouissement. Avec le recul dont nous disposons, cet éblouissement semble proche d'un aveuglement, mais il était très compréhensible dans l'optique de cette époque. Il a néanmoins conduit les pionniers de l'IA à faire des prédictions irréalistes, prédictions qui ont abondamment été reprochées par la suite à tous les chercheurs de la discipline. Par exemple, en 1957, Herbert Simon (1916-2001, futur lauréat du prix Nobel d'économie) prédisait entre autres choses qu'avant dix ans, le champion du monde d'échecs serait un ordinateur, que toutes les thèses de psychologie seraient rédigées sous forme d'un programme d'ordinateur, etc.

Les choses ne se sont pas tout à fait déroulées de cette façon! Devant le retard pris par cet ambitieux programme, plusieurs écoles de pensée, vécues comme concurrentes mais de fait plutôt complémentaires, se sont alors développées. D'un côté, ceux pour qui l'archétype de l'intelligence est le raisonnement mathéma-

1. [Vulcain] s'avance à pas inégaux. Deux figures d'or marchent à ses côtés et le soutiennent. Animées par son art, ces figures ont l'intelligence et la vie. Elles rendent des sons; leurs mains industrieuses, du Dieu qui les créa, secondent les travaux. [*L'Iliade*, chant XVIII]

tique, se sont efforcés d'ancrer l'IA sur des *bases formelles* solides: on s'est aperçu que la seule mise en machine des théories logiques existantes ne permettait pas, pour de nombreuses raisons théoriques et pratiques, de produire un raisonnement intelligent, et l'on s'est mis en quête de formalismes plus adéquats. De l'autre, les tenants d'une *approche naturaliste* cherchèrent à abstraire du fonctionnement biologique les caractéristiques qui dotent les êtres vivants d'intelligence : réactivité, modification du comportement par essai-erreur, voire simulation de la connectivité du système nerveux. On trouvera dans les chapitres qui suivent des témoignages de cette double évolution.

La mauvaise réputation que certaines rodomontades passées ont attirée à l'IA incite les chercheurs à faire désormais preuve de beaucoup plus de modestie. On en vient presque à oublier que de nombreux outils, aujourd'hui d'usage courant comme le multifenêtrage, les paradigmes de programmation fonctionnelle, déclarative, par objets, sont nés dans des laboratoires d'IA et que ces innovations ont été intégrées, presque silencieusement, dans les acquis de l'informatique. Ne restent étiquetés «IA» que les problèmes les plus difficiles, et la modestie est d'autant plus aisée que les progrès y sont nécessairement lents. Mais de nombreuses revues et congrès internationaux de haut niveau continuent de témoigner, si besoin en était, de la vitalité des recherches actuelles en IA, à la fois:

- sur ce qui a toujours été son terrain traditionnel: raisonnement, ingénierie des connaissances, planification, robotique;
- sur des domaines où elle côtoie d'autres champs de l'informatique: recherche documentaire, banques de données déductives, satisfaction de contraintes, systèmes multi-agents, modélisation;
- ou en collaboration avec d'autres secteurs scientifiques: traitement du signal, neurocalcul, automatique, théorie de la décision, ergonomie, linguistique, psychologie, sciences sociales, philosophie.

Le développement récent des sciences cognitives, à la naissance desquelles l'IA a beaucoup contribué, lui assure également une place importante dans le paysage scientifique contemporain.

On peut cependant constater une ambivalence dans son projet actuel. Cette ambivalence contribue certainement à sa fécondité, mais elle brouille un peu l'image qu'on peut s'en faire:

- L'IA n'a jamais renoncé à son dessein initial, qu'il semble convenable de caractériser de la façon suivante : l'intelligence est une faculté abstraite qui se concrétise à des degrés divers chez les humains et chez certains animaux supérieurs. Ces exemples n'épuisent pas la notion d'intelligence, et on peut chercher à caractériser cette notion sans nécessairement prendre l'Homme comme modèle, puis à l'implémenter pour réaliser des machines au service de l'Homme qui exhiberont une forme d'intelligence, éventuellement différente de l'intelligence animale ou humaine.
- On peut également considérer que la meilleure, ou la seule, façon de mener à bien le projet ci-dessus consiste, au moins dans un premier temps, à imiter autant que faire se peut l'intelligence humaine. Ce projet, connu sous le nom de modélisation cognitive, peut lui aussi se diviser en plusieurs programmes scientifiques selon le degré de finesse avec lequel on veut copier le comportement humain qualifié de rationnel: veut-on simplement parvenir au même comportement lorsque l'environnement est le même, ou veut-on aussi une analogie des moyens employés?
- De nombreux chercheurs en IA ne se reconnaissent dans aucun des deux programmes de recherche cités. Le seul élément qu'ils en gardent est l'idée d'effectuer des réalisations informatiques complexes qui rendent aux êtres humains des services qu'aucun autre artéfact n'est actuellement en mesure de leur rendre. Que, par une sorte d'«effet de bord», de telles réalisations permettent un jour de définir une notion abstraite de comportement intelligent leur paraît concevable, mais n'entre pas dans leurs priorités.

Quel que soit le but ultime des différents chercheurs qui se reconnaissent dans l'appellation IA, ils forment une communauté qui partage de nombreuses préoccupations, et qui utilise les mêmes outils pour tenter de résoudre des problèmes difficiles. Les chapitres de cette section ont l'ambition de donner au lecteur une vue, certainement partielle, de l'état actuel des travaux sur ces différentes questions.

Bibliographie

Pitrat J. «La naissance de l'intelligence artificielle» in *La recherche en intelligence artificielle*, p. 19-49, Seuil, coll. Points Science, 1987.

Turing A. M. "Computing Machinery and Intelligence", *Mind*, vol. LIX, 1950 (nombreuses réimpressions).

Connaissance

Jean-Gabriel Ganascia

Mots-clés : agent, base de connaissances, capitalisation de la connaissance, découverte de connaissances dans les bases de données, fouille de données, représentation des connaissances, strate de connaissance.

Résumé : le sens de la notion de connaissance, telle qu'elle est employée en intelligence artificielle, se trouve à mi-chemin de la signification première du concept de connaissance, qui se rapporte à un sujet conscient, et de sa signification seconde qui vise des contenus objectivables et transmissibles. Elle conserve partout en elle trace de cette ambivalence propre à l'usage commun du mot «connaissance»: tantôt elle fait référence à l'autonomie des machines et à leurs supposées capacités de raisonnement, tantôt au stockage d'information. Nous commençons par un rappel historique sur son origine qui remonte aux premiers articles d'Alan Turing sur l'intelligence des machines. Nous examinons ensuite deux notions techniques qui se réfèrent explicitement à la connaissance: la notion de *base de connaissances* et celle de *représentation des connaissances*. On voit à travers elles quelle est la portée opératoire du concept de connaissance en intelligence artificielle. À l'issue de cet examen, nous faisons état d'une théorie de la connaissance introduite en intelligence artificielle au début des années quatre-vingt par Alan Newell. Nous examinons enfin les usages les plus contemporains qui portent sur l'économie de la connaissance, à savoir sur l'échange des connaissances, en particulier par l'entremise de la toile, sur son stockage et sur sa capitalisation, puis sur la création de connaissances nouvelles à partir de masses d'information stockées dans les bases de données.

Le terme «connaissance» recouvre un concept opératoire de l'intelligence artificielle (IA); c'est en ce sens que nous en traitons ici. Assimiler la connaissance à une notion technique relevant d'une discipline informatique surprendra peut-être certains lecteurs, car dans la langue commune, ce mot possède une signification d'usage largement partagée; et il trouve sa source dans le grec ancien et le latin, à une époque bien antérieure aux premiers ordinateurs. Il paraît donc incongru d'en faire un concept de spécialité et, plus particulièrement, d'une spécialité informatique.

Qui plus est, si l'on souhaitait lui conférer une signification savante, on aurait plutôt tendance à chercher du côté de la philosophie qui, depuis son origine, il y a plus de 2500 ans, aspire continûment à comprendre les fondements, la légitimité et la nature de la connaissance. Bref, nous concédons par avance le caractère insolite d'une assimilation de la connaissance à une notion technique du domaine informatique.

Pourtant, il faut s'en convaincre, la connaissance prend une part centrale en IA; elle l'accompagne tout au long de son histoire; en atteste une profusion de locutions utilisant ce mot (*knowledge* en anglais) en IA ou dans ses applications: systèmes à base de connaissances *(knowledge-based systems)*, représentation, ingénierie, acquisition des connaissances (*knowledge representation, engineering, acquisition*), explicitation ou, pour reprendre un anglicisme largement répandu, «élicitation» des connaissances (*knowledge elicitation*), découverte de connaissances dans les bases de données (*knowledge discovery from data-bases*), partage, strate, économie, capitalisation de la connaissance (*knowledge sharing, knowledge level, knowledge economy, capitalization*), etc.

Cette kyrielle de références à la connaissance justifie amplement l'intérêt qu'on lui porte ; elle suggère aussi une acception spécifique distincte de l'acception commune, qui, comme souvent pour les termes usuels, se trouve être très polysémique.

1 Connaissance commune

Pour illustrer la signification technique du mot connaissance en IA, et préciser ce en quoi elle se distingue de l'acception commune, prenons au hasard une locution où elle apparaît, par exemple, « acquisition de connaissances ». Synonyme d'ingénierie des connaissances, le terme désigne un champ de l'IA qui aide à construire des bases de connaissances. Plus précisément, cette discipline élabore des procédures et des méthodes qui facilitent la recension et la formulation de connaissances utilisables par les machines. Qu'une telle spécialité existe au sein de l'IA sous-entend que les machines sont susceptibles de posséder et éventuellement de maîtriser l'usage de la connaissance. Posséder et maîtriser l'usage des connaissances fait écho à deux des sens communément attribués au mot connaissance.

Selon le premier, la connaissance est l'*état d'esprit* de celui qui connaît. La connaissance se rattache alors au connaître, c'est-à-dire à un verbe d'action, car connaître c'est former des représentations, des images, des concepts, des idées, etc. La connaissance présuppose donc un sujet conscient qui se représente, qui imagine, qui conçoit, et qui raisonne.

Mais la connaissance se réfère aussi à un contenu ; c'est en ce sens second que l'on peut dire des livres qu'ils contiennent des connaissances, ou de l'école qu'elle transmet des connaissances. Il existe bien évidemment un lien entre ces deux sens : la connaissance-contenu se construit à partir de la relation privilégiée qu'entretiennent des sujets conscients avec le monde ; elle dégage l'essentiel des expériences subjectives que nous vivons et elle en autorise le transfert à d'autres. Cependant, si ces deux acceptions dérivent l'une de l'autre, elles n'en demeurent pas moins antagoniques puisque l'une rapporte la connaissance à un sujet conscient et à sa propre subjectivité, tandis que l'autre désigne ce qui peut être abstrait de cette relation singulière qu'entretient un sujet avec le monde, pour l'objectiver et la transmettre.

Si nous tentons maintenant d'importer ces significations en IA, nous voyons que ni l'une, ni l'autre n'est totalement adéquate pour rendre compte de la notion de connaissance telle qu'elle apparaît dans la locution « acquisition de connaissances ».

En effet, la première sous-entend des machines assimilées à des sujets conscients, ce qui va bien au-delà des prétentions de la plupart des théoriciens et des praticiens de l'IA. Notons à ce propos que certains philosophes, comme John Searle, ont cru discerner dans ce qu'ils appellent l'*IA forte* la volonté d'attribuer une conscience à une machine. Or, en dépit de déclarations tonitruantes qui ont souvent été critiquées, les spécialistes de l'IA depuis les pionniers, Turing, Simon, Newell, McCarthy, etc. jusqu'aux chercheurs et aux ingénieurs d'aujourd'hui, sont restés remarquablement modestes sur ce point, car ils font surtout montre d'une attitude pragmatique visant à la modélisation et à la simulation de comportements requérant une intelligence. La perspective dite de l'IA forte, c'est-à-dire de la réification d'un sujet conscient sur un ordinateur au moyen d'une manipulation de symboles, relève donc plus d'une chimère de philosophes que d'une réalité concrète ou d'un horizon scientifique.

Quant à la seconde de ces acceptions, elle réduit la connaissance à un contenu stockable et échangeable. Dès lors, la connaissance des machines équivaudrait à la connaissance véhiculée par les livres, autrement dit à une masse inerte d'information. Dans le cas des machines comme dans celui des livres, nous n'aurions affaire qu'à des dispositifs matériels passifs dépositaires de nos connaissances, aptes à les engranger, à les reproduire et à nous les restituer. Or, le projet de l'IA va bien au-delà, puisqu'il vise à rendre ces connaissances actives afin de produire des raisonnements.

En somme la notion de connaissance telle qu'elle est employée en IA se trouve à mi-chemin entre une signification première, qui présuppose la réification d'un sujet conscient, et une signification seconde, qui vise uniquement des contenus objectivables et transmissibles.

Pour l'exposer, sans la réduire, et en circonscrire les usages, nous partons d'un rappel historique sur son origine qui remonte aux premiers articles d'Alan Turing sur l'intelligence des machines. Nous abordons ensuite, successivement, deux notions techniques qui se réfèrent explicitement à la connaissance et qui permettent de cerner la portée opératoire du concept de connaissance en IA : la notion de *base de connaissances* et celle de *représentation des connaissances*. À la suite de ces définitions, nous faisons état d'une théorie de la connaissance qui fut introduite en IA au début des années quatre-vingt par Alan Newell (1982) et que de nombreux chercheurs reprirent ultérieurement. Nous abordons enfin les usages les plus contemporains de cette notion de connaissance qui portent sur l'économie de la connaissance et sur la création des connaissances à partir de grandes masses d'information stockées dans des bases de données.

2 Connaissance et test de Turing

Quoique l'IA se soit constituée en discipline pendant l'été 1956, au cours d'une école de formation qui s'est tenue à Dartmouth College (Hanover, New Hampshire, États-Unis), la réflexion sur les capacités intellectuelles des systèmes de traitement de l'information et sur leur éventuelle aptitude à penser commença quelques années auparavant avec la cybernétique, et surtout avec les travaux d'Alan Turing (1950). L'article qu'il fit paraître en 1950 dans la revue *Mind* et qui s'intitule "Computing Machinery and Intelligence" de-meure emblématique de ces premières ébauches de réflexion : Turing y pose avec une remarquable acuité les questions auxquelles s'affronteront ultérieurement les spécialistes d'IA lorsqu'ils voudront fabriquer des machines simulant la pensée.

C'est là qu'Alan Turing cerne ce que l'on appelle «penser» pour une machine, en recourant à un stratagème devenu célèbre sous le nom de test de Turing. Cette épreuve imaginaire passe par une curieuse mise en scène dans laquelle un interrogateur tente de discerner un homme qui imite une femme d'une femme, en échangeant simplement des messages dactylographiés avec l'un et l'autre, par l'intermédiaire d'un téléscripteur. Le jeu se corse lorsqu'on remplace l'homme qui imite la femme par un ordinateur qui imite l'homme qui imite la femme. D'après Turing, l'ordinateur pourra être qualifié d'intelligent à mesure de l'illusion qu'il produira sur l'interrogateur. Or, afin qu'on le prenne pour un homme ou une femme, et qu'il réponde avec pertinence aux questions de l'interrogateur, l'ordinateur ne peut se contenter de bien calculer, de déduire impeccablement, de raisonner juste et de disposer d'une tête bien faite ; il doit aussi faire preuve de ce que l'on range usuellement sous le vocable de «bon sens» et, pour cela, il lui faut connaître une foule de choses anodines, comme le prix approximatif d'une baguette de pain, d'une livre de beurre et d'une voiture, savoir quelles sont les tendances de la mode vestimentaire, être en mesure de parler cinéma, musique ou littérature, etc. Et, pour accéder à toutes ces informations, il faut qu'il les ait acquises soit au cours d'un transfert laborieux de connaissances, soit par un apprentissage, au moyen d'un mécanisme capable d'extraire de lui-même des connaissances à partir de l'expérience immédiate. Dès 1950, Turing met l'accent sur la part centrale que prendront les connaissances dans la programmation des machines aptes à simuler la pensée. Et, cela le conduit à envisager les possibilités d'apprentissage automatique et les dispositifs matériels de stockage d'information.

3 Bases de connaissances

Or, si Turing pressent très tôt le rôle que prendront les connaissances dans la programmation des machines, il ne désigne par connaissance que des contenus de connaissance ou, plus exactement, des croyances partagées par les hommes d'une société. D'ailleurs, le reste de l'article de 1950 le montre sans ambiguïté : pour lui, l'attribution de connaissance aux machines ne passe pas par la réification d'un sujet conscient. La connaissance est donc entendue ici au sens second.

Cinq ans plus tard, en 1955, les choses se précisent avec Alan Newell et Herbert Simon lorsqu'ils écrivent le premier programme d'IA, le Logic Theorist, capable de démontrer la plupart des théorèmes de logique des *Principia Mathematica* de Whitehead et Russell (1925). Ce logiciel contient non seulement l'axiomatique de la logique mathématique, mais aussi des connaissances de bon sens qui aident le programme à manipuler efficacement les systèmes formels : ce sont des *heuristiques,* c'est-à-dire des aides à la découverte.

3.1 Connaissance contre contrôle

Encouragés par ce premier succès, Newell, Shaw et Simon en généralisent les principes et dessinent l'architecture du *General Problem Solver* (GPS) (Newell, Shaw et Simon, 1957) dans laquelle un contrôle, c'est-à-dire un ensemble de procédures génériques de supervision, est distingué des dites connaissances, spécifiques à un domaine et utiles à la résolution d'une classe de problèmes.

La connaissance prend alors une signification technique précise :

- elle se distingue du contrôle, autrement dit des procédures générales de résolution écrites dans des langages de programmation ;
- elle s'exprime, autant que faire se peut, sous une forme dite déclarative, c'est-à-dire comme une collection d'éléments autonomes qui prennent sens isolément les uns des autres ;
- enfin, on distingue d'un côté des connaissances à long terme, fruits d'un lent apprentissage, et contenues dans ce que l'on appelle une «base de connaissances», et d'un autre côté, des connaissances à court terme qui portent sur le problème en cours d'étude.

Cette architecture générale du GPS donnera naissance aux systèmes dits *à base de connaissances* et aux *systèmes de production* qui prendront une part importante dans les développements ultérieurs de l'IA

3.2 Systèmes experts

Au milieu des années soixante-dix, le renouveau de l'IA passe, entre autres choses, par le succès des «systèmes experts» qui ne sont rien d'autre que des systèmes *à base de connaissances* dans lesquels le contenu de la base de connaissances se réfère au savoir et au savoir-faire des hommes de métier. Ce contenu ne correspond plus simplement à la spécification d'un problème abstrait, mais à l'expertise de professionnels, à leurs astuces, à leur «coup d'œil» et à leurs habiletés.

L'industrialisation des systèmes experts posa des problèmes pratiques : comment construire les bases de connaissances en référence à des savoirs spécialisés ? Dans ce but, on développa une maïeutique cognitive en établissant des procédures d'entretien avec les détenteurs du savoir. Ce faisant, on supposait implicitement que le savoir se trouvait localisé dans la tête des praticiens et qu'il fallait l'en extraire par un dialogue, une sorte de psychanalyse de la connaissance préalable au transfert vers les machines. Des procédures dites d'*élicitation de la connaissance* furent mises en œuvre, en référence aux travaux de psychopathologie sur la reconstruction personnelle.

Dans cet effort de systématisation de la construction des bases de connaissances, une discipline est née, l'ingénierie ou l'acquisition des connaissances. Cette discipline vise d'abord à établir une typologie générale des problèmes. Une fois ce catalogage dressé, elle met en regard de chaque classe de problèmes, une méthode générique de résolution de sorte que, confronté à un problème particulier, il suffise d'identifier le type dont il relève pour trouver une solution idoine. Or, les principes sur lesquels repose cette modélisation de la résolution de problèmes se réfèrent directement à la notion de connaissance : il s'agit de faciliter la construction desdites *bases de connaissances* en forgeant des outils informatiques qui servent à en visualiser le contenu, à repérer d'éventuelles contradictions, à valider ces connaissances, etc. L'ingénierie des connaissances se présente ainsi comme l'analogue, pour les systèmes à base de connaissances, de ce qu'est le génie logiciel pour la réalisation de logiciels.

4 Représentation des connaissances

Parallèlement au développement des systèmes à base de connaissances, à l'émergence des systèmes experts et de l'ingénierie des connaissances, on s'est demandé comment exprimer les connaissances de sens commun, quels formalismes sont requis et quelles en sont les propriétés. En effet, de nombreuses questions se posent à celui qui souhaite énumérer les évidences communes et les décrire formellement dans un langage artificiel. Outre les interrogations usuelles formulées par les logiciens et qui portent sur le sens des énoncés et sur les relations qu'ils entretiennent avec leur référence, d'autres surgissent : quel degré de finesse adopter ? Comment faire quand on ne dispose pas d'une connaissance parfaite, absolue et totale ? Doit-on mimer le raisonnement de sens commun, en faisant abstraction des connaissances savantes, au risque de légitimer des raisonnements erronés ? Comment concilier les exigences de simplicité, de concision et de lisibilité avec celles du vrai et du faux dont la logique se veut être le garant ? Comment faire en sorte que la connaissance stockée dans les machines active des procédures induisant un comportement analogue à celui d'un sujet disposant des mêmes connaissances ? Comment évaluer cette congruence des comportements ?

4.1 Niveaux d'adéquation

Patrick Hayes et John McCarthy (1969) ont résumé l'ensemble de ces questions en 1969 dans un article intitulé "Some Philosophical Questions from the Standpoint of Artificial Intelligence". Pour clarifier les choses, ils dissocient trois degrés d'adéquation dans les représentations.

L'adéquation *métaphysique*, pour laquelle le formalisme doit rendre compte avec une absolue certitude de la véracité ou de la fausseté des formules, c'est-à-dire de l'existence ou de la non-existence de leur référent. De telles descriptions relèvent d'une parfaite scientificité, d'une omniscience ou de ce qu'en termes anciens on aurait qualifié de point de vue divin. À titre d'illustration, aujourd'hui, beaucoup de nos contemporains s'accordent pour admettre qu'une description physique du monde en termes de particules élémentaires relève de cette adéquation métaphysique, même si elle est difficile à formuler et impossible à utiliser.

L'adéquation *épistémique* renvoie les énoncés aux connaissances dont nous disposons, c'est-à-dire à nos croyances dans la mesure où elles sont attestées par des faits empiriques et des évidences partagées. Notons que les formules respectant cette adéquation ne correspondent qu'à des estimations de la réalité. Nous nous résignons à cette description approchée du monde pour être en mesure d'agir, car il serait illusoire d'espérer atteindre une connaissance totale et parfaite, à supposer que cette notion ait un sens, dans un temps raisonnable.

Enfin, il existe un troisième degré d'adéquation qualifié d'*heuristique* et au terme duquel on s'assure d'une analogie entre les processus matériels activés par des connaissances heuristiquement adéquates sur des systèmes de traitement de l'information, et nos processus mentaux.

La philosophie traite depuis longtemps de l'adéquation métaphysique, c'est-à-dire de l'être. Ce qui se dit dans les langages naturels ou artificiels relève, sans aucun doute, du second niveau, à savoir du niveau épistémique. Et, l'IA aborde le niveau heuristique, c'est-à-dire la simulation du raisonnement à l'aide de procédures informatiques.

4.2 Représentation logique

Quel formalisme employer pour décrire ces procédures en référence à nos connaissances, autrement dit au niveau épistémique ? Telle est la question centrale posée par la représentation des connaissances en IA La logique mathématique fut tout naturellement considérée comme un bon candidat, et ce pour trois raisons.

En premier lieu, c'est un langage artificiel parfaitement défini et dont les propriétés mathématiques ont été clairement explicitées.

En deuxième lieu, parce que le lien entre les formules et ce qu'elles désignent apparaît, là aussi, bien posé. C'est même la justification de la logique mathématique que d'élucider les notions de référence et de signification, autrement dit de préciser ce qu'est le sens. La logique apparaît donc comme un excellent candidat pour le niveau épistémique.

En troisième lieu, du fait de l'existence de procédures de démonstration mécanisables, la logique apparaît aussi comme un excellent candidat pour décrire le niveau heuristique. Grâce à ces procédures, elle devient le support de processus de preuves analogues aux processus de raisonnement. Du moins est-ce l'argument avancé par les logiciens spécialistes d'IA Et, dans ce but, ils ont construit des formalismes logiques appropriés et ils en ont décrit l'adéquation heuristique.

4.3 Approches sémantiques

Une étude détaillée des contributions de ces logiciens montre toutefois que ceux-ci se sont essentiellement centrés sur l'étude des propriétés mathématiques des formalismes, laissant dans l'ombre l'évaluation empirique de la dimension heuristique, c'est-à-dire l'analogie effective entre le déroulement des processus matériels sur les machines et le raisonnement humain.

Au milieu des années soixante-dix, des chercheurs ont cherché à combler ce manque en s'intéressant à la vraisemblance psychologique des représentations. En s'inspirant de modèles de mémoire, en particulier de la notion de schéma forgée par Frederic Bartlett en 1932, ils ont proposé de nombreuses techniques de représentation censées refléter la structure et l'activité de notre propre mémoire, ses réseaux d'indices et les procédures d'accès associées. Ces représentations reposent sur deux principes fondamentaux :

- une organisation hiérarchique de la mémoire ;
- la description des propriétés des différentes entités de la mémoire à l'aide d'attributs valués.

Issus de la programmation modulaire, les langages à objets se sont largement inspirés de cette représentation structurée des connaissances tout en l'enrichissant fortement par l'introduction d'envois de messages. En retour, ils ont grandement facilité l'implantation informatique de ces représentations.

Menés en partie avec des linguistes et des psychologues, les travaux d'IA sur les représentations structurées ont été très féconds ; ils ont conduit à de nombreuses réalisations dont les réseaux sémantiques (Collins et Quillian, 1969), les cadres de données (Minsky, 1975), les scénarios (Schank et Abelson, 1977), les graphes conceptuels (Sowa) et, plus récemment, les schémas du langage RDF (*Resource Description Framework*) conçu pour représenter les informations sur le Web (cf. chapitre « Web sémantique »). Enfin, ils ont joué un rôle central dans le traitement automatique de la langue naturelle, en particulier dans les études portant sur la signification des énoncés et sur la modélisation de la faculté de compréhension (cf. chapitre « Compréhension des langues et intelligence artificielle »).

5 Une théorie de la connaissance

5.1 La « jungle » des formalismes

Les approches logiques et sémantiques de la représentation des connaissances se sont développées vers la fin des années soixante-dix, en engendrant une telle multiplicité de langages incompatibles que l'on parla alors de jungle des formalismes. Conscient des risques d'éclatement de l'IA qui résulteraient de malentendus et d'équivoques sur les objectifs des uns et des autres, l'un des pionniers de la discipline, Alan Newell, décida de traiter le problème à sa racine en abordant les fondements de la connaissance.

Jusque-là, l'IA avait utilisé la connaissance dans un sens vague assez proche de celui qu'il a dans la langue commune. Et on avait cru possible d'éluder tout éclaircissement sur une notion aussi problématique, en se limitant à des questions techniques portant sur la fonction des connaissances et sur les formalismes de représentation dans les systèmes d'IA. Or, en raison des confusions qui se faisaient jour, on ne pouvait plus faire l'impasse sur une telle réflexion. Du moins, ce fut l'analyse qui conduisit Alan Newell (1982) à essayer d'élucider le sens que prend la notion de connaissance en IA Il émit alors l'hypothèse selon laquelle il existerait une « strate de connaissance » qui prendrait place juste au-dessus de la strate symbolique dans les systèmes de traitement de l'information et il fit l'anatomie de cette strate en ayant recours à deux abstractions conceptuelles : la *structuration en couche des systèmes informatiques* et la *notion d'agent rationnel.*

5.2 Structuration en couche

L'idée d'une structuration en couches des systèmes informatiques correspond à une intuition partagée par beaucoup d'informaticiens et de fabricants de machines. En effet, pour faire face à l'extrême complexité des ordinateurs, ceux-ci distinguent différentes échelles de conception : la première porte sur le microscopique, sur la physique des solides cristallins et leur conductivité électrique. Ensuite, juxtaposition et enchâssement de matériaux donnent naissance à des composants électroniques. Ces derniers s'assemblent pour former des circuits logiques, registres, etc. qui eux-mêmes s'intègrent à des ensembles plus vastes : mémoires, unités arithmétique et logique. Au-delà des composants matériels, viennent les signaux de commande et les instructions qui animent l'ensemble. Là encore, on distingue différents degrés : les microsignaux, les instructions du langage machine, le langage d'assemblage, les langages de programmation dits de bas niveau comme le C, les langages de haut niveau, comme les langages à objets, les applications logicielles, etc.

La structure de cet édifice peut être assimilée à celle d'un feuilleté, autrement dit à une superposition de strates. Chacune des couches de cet empilement se caractérise par un agencement de composants élémentaires. Dans son article de 1982, Alan Newell dégage les propriétés générales de chaque strate, puis de leurs relations mutuelles.

Rappelons que chacune correspond à une échelle – atome, agencement régulier d'atomes dans un cristal, composant électronique, circuit, machine, etc. – ou à un « niveau » de langage. Chacune se définit donc par des entités élémentaires qui forment des édifices complexes dont le comportement résulte du comportement de ses composants. Chaque couche se caractérise ainsi par :

- des composants ;
- des lois de composition ;
- un médium, c'est-à-dire un support sur lequel s'opèrent transformations et calculs (par exemple, signaux logiques pour les circuits logiques, symboles pour les langages de programmation de haut niveau etc.) ;
- et des lois de comportement des composants et de leurs combinaisons.

Notons en passant que le médium, c'est-à-dire ce sur quoi portent les transformations induites par l'activité des composants, demeure passif en ce sens qu'il n'est pas modifié par l'activité de ces composants. Ainsi, les lois de comportement des circuits logiques, c'est-à-dire les lois de la logique booléenne ne sont pas modifiées par l'activité des circuits logiques.

En résumé, une fois qu'un niveau est spécifié par ses composants, par ses lois de combinaison, par son milieu et par les lois de comportement de ses composants, son fonctionnement est totalement déterminé : dès que l'agencement des composants obéit aux lois de composition, la relation entre les entrées et les sorties se trouve parfaitement établie, et cette relation correspond à une *définition fonctionnelle.*

Or, pour satisfaire les ingénieurs qui fabriquent les machines, il faut adjoindre à cette définition fonctionnelle une autre *définition* dite *structurelle* parce qu'elle décrit l'organisation interne des composants. Plus exactement, cette dernière décompose chaque composant d'un niveau donné en composants du niveau immédiatement inférieur. Ainsi, chaque circuit logique se décompose en composants électroniques, chaque instruction du langage machine, en signaux de commande, etc. Et, pour assurer la cohérence entre la définition fonctionnelle et la définition structurelle d'un niveau, il faut que chacune des lois de comportement des composants d'un niveau dérive de la combinaison correspondante des lois de comportement des composants du niveau inférieur.

Il suit de cette structuration en couche qu'une spécification d'un niveau donné détermine totalement le fonctionnement de ce niveau, sans que l'on ait à se soucier de celui des niveaux qui lui sont inférieurs. À titre d'illustration, un programme écrit dans un langage de programmation va, au cours de son exécution sur un jeu de données, déterminer, de façon univoque, la succession des instructions du langage d'assemblage, et celle-ci déterminera, à son tour, la succession des instructions du langage machine, qui elles-mêmes détermineront les signaux de commande, jusqu'au fonctionnement des composants électroniques. En d'autres termes, si la définition fonctionnelle est bien posée, elle fixe, à elle seule, le comportement de la machine, ce qui affranchit ceux qui écrivent une spécification dans une strate, de toute considération relative aux autres strates.

Bien évidemment, cette structuration en couche des systèmes informatiques est une abstraction qui ne correspond pas exactement à la réalité des ordinateurs, car il arrive parfois, dans la programmation des machines, que l'on doive se pencher sur les réalités physiques comme les capacités de stockage, la vitesse de calcul, etc. Mais c'est une idéalisation bien commode, à la fois pour les concepteurs de machines complexes et pour les programmeurs de ces machines.

5.3 Abstraction et connaissance

Notons que la couche inférieure s'enracine sur les propriétés physiques des solides et que, plus on s'éloigne de cette strate initiale, moins la matérialité concrète de la machine reste présente et plus on se ramène à des propriétés formelles et mathématiques de systèmes symboliques. Cette distanciation progressive correspond à ce que l'on appelle, en termes techniques, une *abstraction*. La question qui se pose alors porte sur les niveaux d'abstraction: existe-t-il un plus haut niveau dans cette course à l'abstraction? Si oui, à quoi correspond-il: à un système formel aux propriétés mathématiques clairement définies ou, au-delà des formalismes, un degré suprême? Et, dans cette éventualité, comment peut-on le caractériser?

Dans son article sur l'hypothèse de la strate de connaissance (*knowledge level* en anglais) Alan Newell suppose qu'un tel degré terminal existe, qu'il est situé juste au-dessus du niveau symbolique, que son médium correspond à la *connaissance*, qu'il ne comprend qu'un seul composant, un «agent rationnel» et, qu'en conséquence, il ne recourt à aucune loi de composition. On ne s'étonnera pas de constater qu'une telle strate soit atypique; c'est la dernière, celle qui clôt l'empilement des strates. Cependant, pour préciser la nature exacte de cette strate de connaissance, il nous faut préciser cette notion d'agent rationnel.

5.4 Agent rationnel

Agent vient de «agir»: un agent est donc une entité susceptible d'action. Et un agent sera dit rationnel si le choix de ses actions est asservi à la satisfaction de ses besoins, ce qui sous-entend, implicitement, qu'un agent rationnel possède des désirs, des souhaits, des buts, etc. autrement dit qu'il correspond à ce que le philosophe Daniel Dennett (1971) appelle un *système intentionnel*[1].

La notion d'agent rationnel provient des sciences économiques où elle caractérise un consommateur comme un être abstrait pourvu d'un œil qui regarde avec concupiscence le monde environnant, d'une main qui signe frénétiquement des chèques et d'un ventre insatiable qui maximise ce qu'il peut ingurgiter au moyen de l'argent dont il dispose. Plus sérieusement, un agent rationnel se compose:

- de «bras» (ce sont les actions qu'il est en mesure d'accomplir sur le monde extérieur);
- d'«yeux et d'oreilles» qui lui fournissent des informations sur l'état du monde;
- de désirs et de souhaits que l'agent cherche à satisfaire, et que l'on range usuellement sous la catégorie des «buts»;
- enfin, du souffle qui l'anime et qui se caractérise comme un principe de rationalité, c'est-à-dire comme un assujettissement à la satisfaction des buts.

La soumission d'un agent au principe de rationalité semble entrer en contradiction avec la liberté de choisir d'agir ou de ne pas agir, autrement dit avec le libre-arbitre. Sans nous étendre sur un sujet qui a fait couler beaucoup d'encre, notons deux choses. D'une part, l'agent rationnel n'est pas totalement déterminé par le principe de rationalité; il lui reste toujours à choisir, parmi les actions qui concourent également à la réalisation de ses buts, celle qu'il va accomplir. D'autre part, un agent peut choisir d'exécuter une action qui ne conduit pas directement à la réalisation de ses buts, ou du moins, dont il n'a pas conscience qu'elle y conduise, sans cesser pour autant d'être rationnel. Ces agissements qui paraissent échapper au principe de rationalité et que l'on pourrait qualifier de ludiques, permettent à l'agent d'explorer des possibilités ignorées jusque-là et d'apprendre de nouvelles stratégies. À condition qu'un équilibre soit respecté entre ces actions exploratoires et celles qui exploitent les connaissances acquises, il est possible de les replacer dans une stratégie générale d'apprentissage conforme au principe de rationalité. Ces deux cas de figure montrent que des agents rationnels peuvent conserver une liberté de choix, sans toutefois échapper au principe de rationalité.

Reprenons le fil de notre propos et rapportons maintenant la notion d'agent rationnel à l'IA; elle possède une double fonction.

Elle sert d'abord à affronter efficacement des situations complexes lorsque l'on ne maîtrise pas totalement l'ensemble des facteurs. Ainsi, pour comprendre et anticiper la marche d'une fourmi sur une plage, point n'est besoin de connaître tous les processus physico-chimiques qui déterminent son comportement. Quelques règles de comportement faisant intervenir la chaleur du sable, le dévers, la position du soleil et, éventuellement, la présence de traces de phéromones, rendent approximativement compte de sa marche. L'agent rationnel est alors cette entité abstraite que l'on superpose à la fourmi pour prévoir, avec une pré-

1. Au sens philosophique le concept d'intention provient de la scholastique, où il désignait l'application de l'esprit à un objet de connaissance et, par extension, le contenu de pensée correspondant. Tombé en désuétude, il fut exhumé par un psychologue, Brentano, puis par Husserl et, à sa suite, par toute la tradition phénoménologique pour distinguer l'acte de pensée de l'objet visé par la pensée. Introduite beaucoup plus tard, par Daniel Dennett, la notion de «système intentionnel» sert à décrire des entités naturelles ou artificielles trop complexes pour que l'on en maîtrise toutes les déterminations, et à qui l'on prête des «intentions», au sens précédent, c'est-à-dire des affects, des préférences, des buts etc. relatifs aux objets du monde, afin d'en prévoir le comportement.

cision plus ou moins grande, son comportement. Il se présente à nous à titre hypothétique ; c'est une construction mentale susceptible de rendre des services. Une fois que nous l'avons construit, nous l'exploitons mentalement pour anticiper un comportement, par exemple celui de la fourmi.

Cette anticipation mentale peut faire l'objet d'une simulation informatique, du moins c'est ce que prétendent les pionniers de l'IA, en particulier Herbert Simon et Alan Newell. Et, à y regarder de près, la structure des systèmes de production, très utilisés en IA, se révèle particulièrement adaptée à la simulation d'agents rationnels. Signalons toutefois que cette approche n'est pas la seule. D'autres recourent à des réseaux d'automates élémentaires (cf. chapitre « Réseaux de neurones artificiels ») dont les connexions se configurent au terme d'un apprentissage. D'autres encore font appel à des cohortes d'agents dits réactifs, parce qu'ils réagissent immédiatement aux sollicitations extérieures, sans but propre et qu'ils se spécialisent et s'échangent des messages pour contribuer collectivement à la réalisation des buts (cf. chapitre « Systèmes multi-agents »). Pourtant, il n'y a pas là, à proprement parler de connaissance, au sens où Newell l'entend, même s'il y a simulation d'agents rationnels, apprentissage et accumulation d'information, car il n'y a pas de symboles intelligibles. Pour s'en convaincre, songeons que si la conception d'architectures de réseaux de neurones artificiels ou d'assemblées d'agents réactifs fait bien l'objet de théories générales d'apprentissage, elle ne relève aucunement de l'ingénierie de la connaissance.

Sans nous étendre sur l'adéquation des systèmes de production à la simulation d'agents rationnels qui est quelquefois discutée et sur les alternatives techniques, revenons à notre propos initial, à savoir à la connaissance des machines et à l'existence d'une strate spécifique dans l'empilement des couches de matériels et de logiciels constitutives d'un ordinateur contemporain.

6 La strate de connaissance

Selon Alan Newell, il existerait donc, dans les systèmes informatiques, une couche spécifique dite strate de connaissance qui se situerait juste au-dessus de la couche symbolique. Son medium serait la connaissance. Elle n'admettrait qu'un seul composant, l'agent rationnel, et n'aurait donc pas de loi de composition. Enfin, sa loi de comportement serait le principe de rationalité puisque c'est lui qui régit l'activité d'un agent rationnel. Cette hypothèse étant posée, examinons-en les implications.

6.1 La connaissance de la strate de connaissance

D'un côté, la strate de connaissance étant située juste au-dessus du niveau symbolique, sa définition structurelle s'exprime dans un langage de programmation symbolique, ce qui signifie qu'elle est programmable et que le comportement de l'agent rationnel qui la constitue fait l'objet d'une simulation informatique. En conséquence, la connaissance attribuée à cet agent se transcrit dans un langage de symboles.

D'un autre côté, comme la définition fonctionnelle rapporte la strate de connaissance à un agent rationnel, son fonctionnement est régi par un principe de rationalité. Or, ce principe indique simplement que l'agent choisit d'exécuter en priorité les actions qui contribuent à la résolution d'un de ses buts internes. Ce principe ne suffit pas à arbitrer entre les différentes actions qui contribuent à la résolution du but. Il ne détermine donc pas complètement le fonctionnement d'un système : il faut lui adjoindre des procédures de choix pour être en mesure de l'implanter effectivement sur une machine.

Nous voyons là surgir une tension entre les définitions fonctionnelle et structurelle de la strate de connaissance ; même si elles ne sont pas incompatibles, l'une ne se réduit pas à l'autre ; l'une approxime un comportement, l'autre décrit précisément une implantation informatique. À la différence de ce qui se produit sur les autres strates, la définition fonctionnelle ne spécifie pas totalement le comportement des strates inférieures.

À cette première tension, vient s'en ajouter une seconde qui porte non plus sur la spécification des comportements, mais sur le statut de la connaissance. Dans le cas de la définition structurelle, la connaissance s'exprime dans un langage symbolique et s'engrange sur une machine ; dans le cas de la définition fonctionnelle, elle correspond aux actions, aux buts et aux perceptions d'un agent rationnel, c'est-à-dire aux attributs d'un être fictif que l'on construit mentalement et que l'on superpose au comportement de la machine. Or, même si l'une tend vers l'autre, l'une ne se réduit pas à l'autre, du moins pas totalement ; l'une est du côté de la machine, l'autre du côté de l'homme.

Pour Alan Newell, cette tension entre les définitions structurelle et fonctionnelle de la strate de connaissance répond à la tension qui existe en IA entre ceux qui œuvrent sur le versant symbolique, pour améliorer les formalismes et les rendre plus aptes à représenter les connaissances dans un langage artificiel et à simuler leur comportement sur une machine, et ceux qui s'attachent à l'aspect psychologique pour mieux comprendre les mécanismes de notre mémoire et de notre intelligence. Il convient donc, selon lui, d'apprécier la complémentarité de ces deux approches logique et sémantique de la représentation des connaissances.

6.2 Postérité de la strate de connaissance

Indéniablement, la théorie de la strate de connaissance apporte un support à la réflexion sur les fondements de l'IA Elle aide aussi à mieux comprendre la fonction de la connaissance dans les systèmes de traitement de l'information. Cela joue un rôle central pour tous ceux qui s'intéressent à l'acquisition des connaissances. Mais, là encore, les deux faces de la connaissance, la face subjective et la face objective, demeurent antagoniques au point que les chercheurs, selon le point de vue qu'ils adoptent, s'opposent sur la signification de cette strate et sur l'interprétation du texte de Newell.

Ceux qui traitent de la médiation des machines dans l'apprentissage humain, autrement dit des environnements d'enseignement assisté par ordinateur, mettent l'accent sur la dimension subjective, c'est-à-dire sur les conditions psychologiques qui facilitent l'acquisition des connaissances. En revanche, les ingénieurs de la connaissance, qui construisent des bases de connaissance et qui cherchent à stocker et à automatiser le savoir faire, insistent d'abord sur la formalisation.

Connaissance située

Pour préciser les choses, prenons un exemple. Les psychologues de l'apprentissage montrent que la connaissance humaine n'est pas désincarnée ; d'après eux, elle s'ancre sur une réalité concrète, dans un contexte donné ; elle ne se laisse pas saisir de façon fragmentaire, sous forme symbolique ; on doit la replacer dans un contexte ; en un mot, elle est « située ». Les images, les sons, les conditions générales environnantes prennent une part centrale dans les phénomènes d'acquisition et de reconnaissance.

Du point de vue conceptuel, la strate de connaissance joue un rôle important pour des informaticiens qui, comme William Clancey, conçoivent des environnements intelligents d'aide à l'enseignement, car elle met l'accent sur la nécessité d'intégrer cet ancrage dans la conception des environnements informatiques d'aide à l'enseignement, sur le caractère constructif de la connaissance, et sur l'importance de l'interprétation. Pour ces informaticiens, la différence irréductible entre les définitions structurelle et fonctionnelle préfigure l'écart entre les connaissances à transmettre et leur perception par les élèves. Mais, ce faisant, ils se placent presque exclusivement sur le versant fonctionnel de la strate de connaissance.

Modèles de connaissance

Il en va tout autrement en ingénierie des connaissances où le but est de fournir aux ingénieurs de la connaissance des méthodes systématiques d'aide à la conception des systèmes à base de connaissances. Dans ce cadre, une approche a reçu un écho considérable, en particulier en Europe : la méthodologie KADS (Wielinga, Schreiber, Breuker, 1993). Celle-ci propose de passer par la création d'un modèle de connaissance placé sur la strate de connaissance – ce qui est légitime, puisqu'il s'agit de connaissance – et dans lequel s'exprimerait abstraitement, sans référence ni à un langage de programmation, ni même à un formalisme de représentation, l'ensemble des connaissances mobilisées par la résolution d'un problème, à savoir les concepts opératoires du domaine d'expertise, leurs relations, les inférences qu'effectuent les spécialistes, les buts et la décomposition des buts en sous-buts au cours de la résolution etc.

Pour faciliter la description et la réutilisation de ces modèles, on a développé des formalismes de modélisation, ce qui ne manqua pas de nourrir de vives controverses chez ceux qui, comme William Clancey (1993), se veulent les garants d'une interprétation orthodoxe de la strate de connaissance. Pour eux, en exprimant des modèles génériques de connaissance dans un formalisme de représentation, on identifie les connaissances, c'est-à-dire le contenu de ces modèles, à leur représentation, autrement dit à leur description dans un langage. On voit que l'opposition entre les deux acceptions de la notion de connaissance ne s'estompe ni avec le temps, ni avec la strate de connaissance. Loin de là, elle se trouve reconduite sur un mode conflictuel par les différents herméneutes de la strate de connaissance.

7 Actualité de la connaissance

7.1 L'âge de la connaissance

Depuis une dizaine d'années, la communication par Internet a pris une place centrale tant dans la société que dans la production des connaissances et dans les préoccupations des chercheurs. Pour souligner l'importance des mutations en cours, on parle de société de l'information, de société ou même parfois d'âge de la connaissance (Dyson, *et al.* 1994) en l'opposant à la société ou à l'âge industriels.

Ces évolutions technologiques amènent à se demander comment faire de la toile une encyclopédie planétaire, disponible à tout moment, pour tous ? comment accumuler un capital de connaissance ouvert à tous, comment créer et partager la connaissance ?

7.2 Web sémantique et ontologies

La réponse que l'on apporte à ces questions passe généralement par l'indexation des contenus disponibles à l'aide d'annotations lisibles et compréhensibles à la fois par les hommes et par des robots intelligents capables d'explorer la toile (cf. chapitre «Web sémantique»), afin de récupérer automatiquement la connaissance à notre demande, voire de découvrir des connaissances ou d'en créer de nouvelles par exploitation des contenus disponibles à l'aide de techniques de fouille de données.

Différentes solutions ont été préconisées pour ces annotations. Certains, comme John Sowa, militent pour un langage dit «dirigé» ou «contrôlé», qui serait un sous-ensemble du langage naturel immédiatement traduisible en logique des prédicats du premier ordre.

Mais, initiée par Tim Berners Lee, l'inventeur de la toile, la voie la plus populaire actuellement passe par une description formelle des contenus qui serait exploitable aussi bien par des hommes que par des agents logiciels intelligents. Ces descriptions reposent sur un langage commun défini par ce que l'on appelle en termes techniques des «ontologies», ce qui correspond à des terminologies enrichies de relations et d'axiomes permettant des inférences automatiques.

Pour reprendre les termes employés par Tom Gruber (2004), les ontologies se placent juste au-dessus de la couche syntaxique dans l'empilement des strates de langage. D'après lui, il ne s'agit pas tout à fait de la strate de connaissance, au sens où Newell en parle, car elle ne se définit pas en référence à un agent rationnel. Pourtant, sa fonction est assez semblable, en ce sens que c'est un intermédiaire entre les hommes et des agents logiciels d'exploitation du contenu de la toile. Comme la strate de connaissance, elle comporte deux versants : une partie informelle assemble, à la manière d'un lexique, des termes dont les significations sont intelligibles à ceux qui les lisent ; une partie formelle, plus ou moins développée, automatise les analyses grâce à un jeu d'axiomes et de spécifications.

Nous retrouvons là, dans les développements les plus récents de l'IA, l'ambivalence de la connaissance qui se rapporte tantôt à des sujets conscients, ici les utilisateurs du web, tantôt à des machines dont le comportement mime celui de sujets conscients, en l'occurrence d'agents intelligents exploitant le contenu du Web. Les problématiques changent : il ne s'agit plus d'un homme devant une machine, mais d'une société humaine connectée sur un réseau d'ordinateurs. Mais l'ambivalence demeure…

8 Connaissance en devenir

Or, cette ambivalence fait écho à une opposition philosophique de caractère ontologique (au sens philosophique du terme, c'est-à-dire relatif à la science de l'être) entre d'un côté l'être à jamais inaccessible et d'un autre côté le savoir-faire, la technique et la science qui tentent de l'arraisonner, de le prendre dans les filets de la raison. Selon certains philosophes de la mouvance heideggérienne, ce que les sciences élucident, ce que les techniques autorisent à faire nous éloignerait toujours plus de l'être. Dès lors, le philosophe aurait à cerner cet écart, sans espoir de jamais parvenir à le réduire. Nous ne nous appesantirons pas sur la portée de telles considérations et sur les subtilités des argumentations. Nous ne retiendrons de tout cela qu'un néologisme forgé par Jacques Derrida (1967) pour qualifier l'écart même : la *différance*, avec un «a». Il ne s'agit pas pour lui de constater l'irréductibilité essentielle d'un indicible ou d'un non-formulable, mais d'imputer cette différence à un délai, à une temporalité, à un différer irrémédiable.

Les références à la phénoménologie, les finalités, les thèses de Jacques Derrida se trouvent, à bien des égards, opposées à celles de l'approche pragmatique et positive de l'IA. Néanmoins, il en va de l'écart entre la connaissance et sa représentation comme de la *différance* ; ici comme là, c'est bien d'un différer dont il est question. Dans le cas de l'IA, l'écart n'est aucunement imputable à une limitation intrinsèque des langages symboliques, comme beaucoup tentent de le faire accroire. Pour reprendre les mots de Newell, la connaissance est un médium actif, à la différence des médiums des autres strates qui sont passifs. Il se transforme donc lui-même, au cours de sa propre activité : la connaissance que nous attribuons à un agent rationnel évolue au fur et à mesure que l'on observe son comportement. Et, cette évolution est double. Elle tient, bien sûr, à ce que l'on constate. Telle attitude nous contraint à réviser nos croyances sur ce que sait la machine. Mais elle provient aussi des modifications que l'on imprime à la base de connaissances pour transformer le comportement de l'agent, que ces modifications soient manuelles ou qu'elles soient automatisées par des procédures d'apprentissage.

En conclusion, la connaissance, au sens où on l'entend en IA, n'est pas close ; elle ne vise jamais à une totalisation des savoirs ; la formalisation ne doit pas faire illusion. Cette connaissance est toujours en devenir, et cette évolution puise sa source dans la *différance* perpétuellement reconduite, en dépit de tous les efforts faits pour l'annuler, entre l'énonciation de cette connaissance dans un langage artificiel et le comportement d'une machine animée par cet énoncé.

Bibliographie

Clancey W. (1993), "The knowledge level reinterpreted", *in* Ford, K.M. et Bradshaw, J.M., Éds., *Knowledge acquisition as modeling*, New York: John Wiley et Sons.

Collins A. et Quillian R. (1969), "Retrieval time from semantic memory", *Journal of Verbal Learning and Verbal Behaviour*, 1969, vol. IX, p. 240-247.

Dennett, D. (1978), "The intentional stance", in Dennett, *Brainstorms*, Cambridge, Mass.: MIT Press.

Derrida J., (1967) *De la grammatologie*, Minuit.

Dyson, E., Gilder, G., Keyworth, G., Toffler, A. (1994), "A Magna Charta for the Knowledge Age", R.1.2, http://shaman.dds.nl/~n5m/texts/charta. htm.

Ganascia J.-G. (1990), *L'âme machine*, collection Science ouverte, Éditions du Seuil.

Ganascia, J.-G. (1991), «L'hypothèse du "Knowledge Level": théorie et pratique», *in* Vergnaud, G., éd, *Les sciences cognitives en débat.*

Gruber, T. (2004), Tom Gruber interview in *AIS SIGSEMIS Bulletin*, volume 1, issue 3, http://www.sigsemis.org/bulletinboard/grubersInterview.

McCarthy J., Hayes P. (1969), "Some philosophical problems from the standpoint of artificial intelligence", in Meltzer and Michie, *Machine Intelligence 6*, Edinburgh University Press, p. 463-502

Minsky M. (1975), "A Framework for Representing Knowledge" in P.H. Winston (ed.) *The Psychology of computer vision*, New-York, McGraw-Hill, p. 211-277

Newell, A., Shaw, J.C., Simon, H. A. (1957), "Preliminary Description of General Problem Solving Program-I (Gps-i)", *Technical Report CIP Working Paper 7*, Carnegie Institute of Technology.

Newell A. (1982), "The knowledge level", *Artificial Intelligence*, vol.18 n° 1, p. 87-127.

Schank R., Abelson R. (1977), *Script, Goal, Plans and understanding*, Hillsdale, Erlbaum.

Searle J. (1985), *Du cerveau au savoir*, Hermann.

Turing A. (1963), "Computing Machinery and Intelligence", *Mind 1950*, réédité dans Feigenbaum and Feldman, *Computers and Thought*, New-York, Mc Graw-Hill.

Whitehead, A., Russell B. (1910, 1912, 1913), *Principia Mathematica*, 3 vols, Cambridge: Cambridge University Press. Second edition, 1925 (Vol. 1), 1927 (Vols 2, 3).

Wielinga B. J., Schreiber A. T., Breuker J. A. (1993), "KADS: A modelling approach to knowledge engineering". In Buchanan B. G., Wilkins D. C., editors, *Readings in Knowledge Acquisition and Learning: Automating the Construction and Improvement of Expert Systems*, p. 92-116. Kaufmann, San Mateo, CA.

Reconnaissance des formes

Jean-Paul Haton

Mots-clés : reconnaissance des formes, perception, apprentissage supervisé et non supervisé, décision bayésienne, modèles statistiques et stochastiques, réseaux neuromimétiques, Perceptrons, *clustering*, surfaces de décision, modèles de Markov cachés, machines à vecteurs supports, reconnaissance syntaxique.

Résumé : la reconnaissance des formes tend à reproduire sur une machine nos activités de perception consistant à classer des objets de nature très variée, ou formes (parole, caractères écrits, images, signaux biomédicaux, etc.) dans un ensemble de catégories. Les travaux dans ce domaine se sont développés dès les années cinquante, en parallèle avec ceux sur l'intelligence artificielle dont il est par certains côtés très proche. Les équipes de recherche, universitaires et industrielles sont nombreuses dans le monde entier. Par ailleurs, il est impossible de répertorier les applications pratiques et les produits commercialisés qui concernent des domaines très divers: aéronautique, banque, industrie, médecine, militaire, robotique, spatial, etc. Une forme peut être représentée de deux façons, le choix optimal dépendant du type de forme étudiée: soit comme un point dans l'espace multidimensionnel de ses paramètres descriptifs, soit par décomposition en un ensemble de formes primitives. Ces deux modes de représentation correspondent respectivement aux deux grandes approches du problème: reconnaissance de type théorie de la décision et reconnaissance syntaxique ou structurelle. Dans les deux cas, les performances sont très dépendantes de la phase préalable d'apprentissage au cours de laquelle le système apprend les modèles des formes à classifier. Les méthodes de reconnaissance statistiques, notamment avec le modèle de décision bayésienne, et les réseaux neuromimétiques sont actuellement les plus répandus. La reconnaissance des formes fait désormais partie intégrante de la plupart des systèmes intelligents conçus pour assister l'être humain dans ses prises de décision.

L'être humain effectue en permanence, de façon banale, souvent inconsciente, ou au contraire à l'aide d'une activité cognitive intense en lien avec ses organes sensoriels, des tâches de perception relevant de la reconnaissance de formes complexes : visages, paroles, textes écrits, symphonies, vins, fleurs, maladies, pannes, etc. Notre cerveau, ainsi que celui d'un animal, serait donc un modèle idéal pour un système automatique, mais les mécanismes corticaux qui entrent en jeu sont encore insuffisamment connus pour pouvoir être exploités, même s'ils sont une source d'inspiration pour la conception de tels systèmes.

La reconnaissance des formes a pour but de réaliser des tâches de perception automatique permettant d'identifier et de classifier des formes qui peuvent être de nature et de structure extrêmement variées : un signal vocal, une image d'empreinte digitale, un caractère manuscrit, un visage, un vecteur de paramètres décrivant l'état d'un patient ou d'un processus industriel, etc.

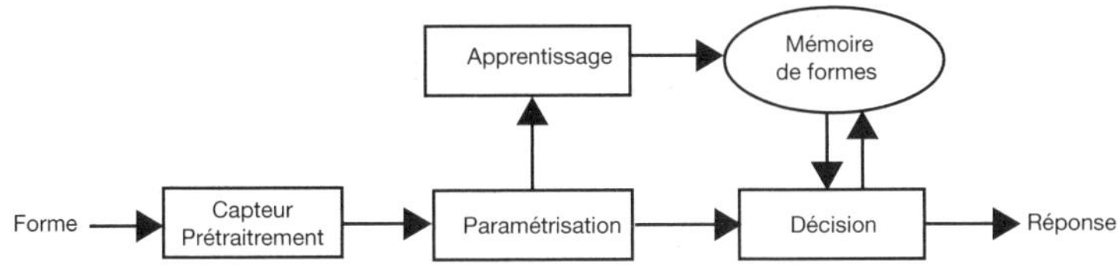

Figure 1 Schéma de principe d'un système de reconnaissance de formes

Un système de reconnaissance de formes comporte trois parties, comme illustré par la figure 1 :

- un système de *saisie* des formes comportant un capteur ou un transducteur, de nature très variée et propre à chaque type de formes à traiter (microphones pour la parole, hydrophones pour le sonar, capteurs radar, caméras, scanners ou matrices de diodes pour les images, etc.). À ces capteurs est le plus souvent associé un étage de prétraitement permettant d'améliorer la qualité des formes (par exemple débruitage d'un signal ou d'une image, normalisation des formes) ;
- un étage de *paramétrisation* chargé d'extraire d'une forme un ensemble de paramètres représentatifs adaptés à la méthode de décision choisie. Les techniques utilisées sont très variées et dépendent fortement des données et de la tâche à effectuer ;
- un étage de *décision* qui identifie une forme et la classifie par comparaison aux modèles de classes appris au cours d'une phase préalable d'apprentissage et rangés en mémoire. Cette comparaison peut prendre des formes diverses correspondant à différentes familles de reconnaisseurs.

Ces différents modules seront détaillés dans la suite du chapitre. Le principe de la reconnaissance consiste donc à saisir une forme à l'aide de capteurs dans le monde physique pour parvenir finalement à une décision d'appartenance de cette forme à une classe.

1 Bref historique

La reconnaissance des formes a débuté par des recherches théoriques liées au domaine des probabilités et statistiques. Ainsi, les modèles linéaires et leur apprentissage à partir de données ont été étudiés dès les années trente. Dans les années cinquante, ont eu lieu les premiers travaux, toujours de nature théorique, sur la règle de décision bayésienne et sur des modèles connexionnistes à apprentissage supervisé de type Adaline et Perceptron monocouche (cf. chapitre «Réseaux de neurones artificiels»). Les premières tentatives en reconnaissance de la parole datent aussi de cette époque.

L'arrivée des ordinateurs dans les années soixante a favorisé le développement d'applications qui, en retour, ont suscité de nouveaux développements théoriques et la mise au point d'outils conceptuels.

L'accroissement de l'automatisation des processus industriels et le besoin croissant en moyens de traitement de grandes masses d'informations ont favorisé une extension considérable des travaux théoriques et appliqués en reconnaissance des formes, en particulier avec Internet.

Les recherches en linguistique et en informatique (notamment la compilation de langages de programmation) ont conduit au développement de modèles syntaxiques de reconnaissance des formes dans lesquels des formes complexes sont décrites à l'aide de grammaires comme des arrangements de formes simples.

La reconnaissance des formes a largement bénéficié de l'accroissement des travaux sur les systèmes de traitement d'images et de vision par ordinateur, car elle constitue un composant important de tels systèmes (Duda et Hart, 1973).

Quelques avancées théoriques ont exercé une influence importante sur le domaine, notamment :

- la comparaison «élastique» de formes fondée sur la programmation dynamique permettant de compenser d'éventuelles distorsions des formes à reconnaître ;
- les modèles de Markov cachés, MMC (*Hidden Markov Models*, HMM) pour la représentation de formes évoluant dans le temps ;
- les réseaux de neurones artificiels tels qu'ils sont réapparus dans les années quatre-vingt, modèles discriminants capables d'apprendre des fonctions de décision complexes ;
- les classificateurs à vecteurs supports, MVS (*Support Vector Machine*, SVM).

À partir des années soixante-dix, les travaux théoriques se sont accompagnés de réalisations pratiques de plus en plus nombreuses, à la fois grâce à l'amélioration des modèles théoriques et à l'apparition de machines puissantes et de faible coût.

2 Approches de la reconnaissance des formes

Une famille de formes peut être caractérisée selon les cas, soit par des distributions particulières de points dans un espace multidimensionnel de paramètres représentatifs, soit par des structures typiques d'agencement de formes primitives (par exemple les lettres majuscules de l'alphabet écrites en caractères bâtons). Ces deux façons de représenter une forme correspondent aux deux grandes approches de la reconnaissance des formes :

- Une approche *syntaxique ou structurelle* dans laquelle les formes à reconnaître sont décrites de façon hiérarchique en termes d'arrangements mono ou multidimensionnels de formes plus simples jusqu'au niveau de formes primitives. Par analogie avec la syntaxe d'une langue, la structure d'une forme est alors décrite par une grammaire de formes (Fu, 1982) (Miclet, 1984). Une forme est représentée par une phrase de ce langage et sa reconnaissance consiste à en effectuer une analyse syntaxique. De plus, la reconnaissance fournit la structure de la forme en termes de formes primitives, comme le résume la figure 2.

  Le principe est très intéressant, mais la mise en œuvre pose de nombreux problèmes pratiques, tant pour l'inférence des règles syntaxiques constituant la grammaire de formes que pour l'extraction des formes primitives, notamment dans le cas de formes bruitées. De ce fait, cette approche a donné lieu jusqu'à présent à très peu de réalisations pratiques. Néanmoins, ses extensions (grammaires stochastiques ou autres modèles) présentent un grand intérêt pour l'avenir car elles permettent de combiner la structure et les propriétés statistiques de familles de formes.

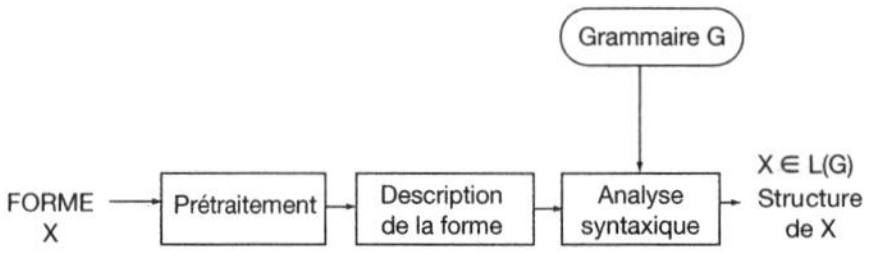

Figure 2 Principe de la reconnaissance de formes structurelle. (L(G) désigne le langage engendré par la grammaire G)

- Une approche de type *théorie de la décision* dans laquelle les formes sont représentées par des vecteurs de paramètres associés à des points dans des espaces multidimensionnels, les points appartenant à une classe de formes se regroupant en général dans une petite région de cet espace. La décision de classification d'une forme inconnue peut être prise soit dans un cadre statistique en fonction des distributions de probabilités des classes de formes, soit dans un cadre géométrique à partir d'une partition de l'espace des formes en sous-régions correspondant aux différentes classes.

  Cette approche est de très loin la plus développée. Les différents types de décision de classification seront détaillés au § 4.

3 Acquisition, prétraitement et paramétrisation de formes

Une fois une forme acquise et prétraitée, l'étage de paramétrisation a pour but d'extraire de cette forme un ensemble de paramètres pertinents. Les techniques utilisées sont très variées et dépendent des données et de la tâche : analyse fréquentielle pour la parole et les signaux, squelettisation et recherches de contours pour les images, etc. Une forme est ainsi représentée par un vecteur de paramètres dans l'espace des formes.

Les paramètres obtenus peuvent être en très grand nombre et il est souvent intéressant de réduire la dimensionnalité des espaces de formes, ne serait-ce que pour des raisons d'efficacité. Le problème consiste à sélectionner un sous-ensemble restreint de paramètres sans pour autant dégrader les performances de reconnaissance.

Diverses méthodes issues de l'analyse de données ont été utilisées à cette fin. On peut citer :

- *la transformation de Karhunen-Loeve* qui transforme un vecteur de paramètres à N composantes en un ensemble de N valeurs propres et leur poids correspondant (et donc leur importance perceptuelle). Il est alors possible d'éliminer les corrélations entre paramètres et de compacter la représentation en ne gardant que les premières valeurs propres, avec une perte limitée et contrôlée d'information ;
- *l'analyse discriminante linéaire* qui minimise les différences intraclasses et maximise les différences interclasses des formes pour améliorer la séparation entre classes. Comme dans le cas de la transformation de Karhunen-Loeve ou de l'analyse en composantes principales, il est possible de réduire la dimensionnalité de l'espace en éliminant les valeurs propres les plus faibles.

Diverses méthodes de sélection de paramètres ont également été proposées. Elles se fondent pour la plupart sur une mesure de l'efficacité d'un sous-ensemble de paramètres calculée à partir du taux d'erreur de classification.

Une autre famille de méthodes est regroupée sous le terme de *quantification vectorielle*. Ces méthodes, largement répandues dans le domaine du codage, permettent d'encoder des vecteurs de paramètres de formes (par exemple un spectre de Fourier représentant une trame de parole ou d'image) à l'aide d'un ensemble réduit de vecteurs représentatifs (formant le dictionnaire ou *codebook*). Une telle représentation permet d'exploiter la corrélation existant entre les composantes d'un vecteur et de diminuer le volume d'information manipulé (Linde *et al.*, 1980).

Formellement, soit $x = [x_1, x_2,..., x_n]$ un vecteur forme à valeurs dans R^n. La quantification de x consiste à le représenter par un vecteur proche y_i d'un dictionnaire fini $Y = \{y_1, y_2,..., y_M\}$. Le dictionnaire Y est obtenu par partition de R^n en M classes C_i, chacune représentée par son vecteur prototype ou centroïde y_i. Tout vecteur $x \in C_i$ sera représenté par y_i. Cette substitution introduit une distorsion ou erreur de quantification, d'autant plus grande que la distance entre x et y_i est plus grande. Une façon de réduire l'erreur est d'augmenter la taille du dictionnaire, et il faut trouver le bon compromis entre la taille du dictionnaire et l'erreur de quantification. Le choix de la distance ou métrique entre vecteurs formes est important, comme d'ailleurs de façon générale en reconnaissance de formes. La distance euclidienne :

$$d_E^2 (x, y) = (x - y)^T (x - y)$$

est souvent utilisée. Mais la distance de Mahalanobis :

$$d_M^2 (x, y) = (x - y)^T C^{-1} (x - y)$$

(où C est la matrice de covariance des vecteurs formes x et y) est également très intéressante car elle permet de prendre en compte la corrélation entre les paramètres des formes.

La quantification vectorielle fournit une méthode efficace pour stocker les informations sur les formes utiles à la reconnaissance. Chaque vecteur de paramètres est alors simplement représenté par le code du vecteur prototype qui lui est le plus proche. La perte en précision de la représentation, due à l'erreur de quantification, est largement compensée par le gain en volume de codage et en temps de traitement.

4 Conception d'un classifieur

4.1 Introduction

Comme l'illustre la figure 1, la conception d'un système de reconnaissance de formes comporte trois volets : l'acquisition des formes et leur prétraitement, la paramétrisation de ces formes et la prise de décision.

Une fois que les formes à reconnaître ont été acquises et paramétrées de façon satisfaisante, l'étape centrale, et la plus difficile, dans la conception d'un système de reconnaissance est le choix d'une méthode de classification des formes. Trois grandes familles de méthodes peuvent être choisies (indépendamment des méthodes syntaxiques, cf. § 2) :

- la recherche de la ou des formes similaires, en un sens à définir, à la forme à reconnaître ;
- la classification optimale par une méthode probabiliste ;
- la construction de surfaces de décision dans l'espace de représentation des formes.

Ces différentes méthodes sont présentées ci-dessous.

4.2 Recherche de formes proches

Cette méthode est la plus simple et la plus intuitive. Elle se fonde sur l'idée que des formes similaires appartiennent à la même classe.

Une fois définie une bonne métrique permettant de mesurer la similitude entre deux formes, la reconnaissance d'une forme inconnue revient à comparer cette forme à des formes prototypes représentatives des différentes classes, stockées lors de la phase d'apprentissage (règle du plus proche voisin). On peut par exemple représenter chaque classe par une forme «moyenne», ou utiliser des techniques plus élaborées pour obtenir ces formes (quantification vectorielle, etc.).

Une difficulté majeure réside dans le fait qu'une même forme peut subir des transformations qui ne modifient pas sa classe d'appartenance – par exemple, les transformations affines (rotation, translation, changement de taille) subies par des images, la durée ou le rythme de prononciation d'un mot parlé, ou encore la longueur d'une séquence d'ADN. Il est nécessaire de compenser ces différences lors de la comparaison aux formes de référence.

Les méthodes de comparaison «élastique» fondées sur la programmation dynamique fournissent une solution optimale au recalage nécessaire pour comparer deux formes dont les dimensions sont différentes (Vintsyuk, 1968). Elles ont été également étendues à la reconnaissance de séquences continues de mots (mots «enchaînés») et appliquées dans d'autres domaines tels que la comparaison de séquences de gènes ou le traitement d'images.

D'autres solutions ont également été étudiées (Wood, 1996), notamment la recherche de paramètres de formes invariants ou encore la définition de mesures invariantes de distance entre formes. Une telle distance est la distance tangente (Simard *et al.*, 1993) qui permet d'optimiser le calcul de la distance entre une forme et ses variantes possibles. Cette distance a été utilisée avec succès en reconnaissance d'objets, lecture optique de caractères et reconnaissance de la parole (Haton *et al.*, 2006).

4.3 Classification optimale probabiliste

Cette famille de méthodes de classification se fonde sur la connaissance des distributions de probabilités des classes de formes étudiées (Devijver et Kittler, 1982). Le processus de décision peut être formalisé comme suit.

Une forme x, représentée par un vecteur de p paramètres x_p, doit être classée dans une des C classes C_1, C_2,…, C_C. Le vecteur forme x appartenant à la classe C_i est considéré comme une observation tirée au hasard en fonction de la distribution de probabilités conditionnelles $P(x/C_i)$. Parmi les différentes règles de décision utilisables, la plus usitée est la règle de Bayes :

Affecter x à la classe C_i pour laquelle le risque

$$R(C_i/x) = \sum_{j=1}^{C} L(C_i, C_j) \,.\, P(C_j/x)$$

est minimal.

$L(C_i, C_j)$ représente le risque de mauvaise classification (affecter à C_i une forme de classe réelle C_j) et $P(C_j/x)$ est la probabilité *a posteriori* d'appartenance de la forme x à la classe C_j.

Pour des distributions $P(x/C_i)$ connues, la règle de Bayes est optimale dans le sens où aucune autre règle ne donnera un risque plus faible. Dans le cas d'un risque binaire ($L(C_i, C_j) = 0$ si $i = j$ et 1 sinon), la règle de Bayes se simplifie sous la forme de la règle dite du maximum *a posteriori* (MAP) :

Affecter x à la classe C_i telle que :

$P(C_i/x) > P(C_j/x), \forall j \neq i$

En général, les distributions de probabilités $P(x/C_i)$ (ou simplement les probabilités, selon que les paramètres des formes sont discrets ou continus) ne sont pas connues et doivent être apprises au cours de la phase d'apprentissage, comme on le verra au § 5.

4.4 Surfaces de décision et fonctions discriminantes

Les points dans l'espace des paramètres correspondant à des formes de même classe se trouvent en général regroupés dans une région limitée de cet espace. Il est ainsi possible de définir formellement pour chaque classe une fonction discriminante. Ces fonctions effectuent une partition de l'espace des formes en régions mutuellement exclusives correspondant au domaine des différentes classes. La fonction discriminante de la classe C_k, $g_k(x)$, est telle que :

$g_k(x) > g_j(x) \; \forall x \in C_k$ et $\forall k \neq j$

La surface de décision permettant de séparer les classes C_i et C_j est donnée par l'équation :

$g_i(x) - g_j(x) = 0$

Pour un problème à C classes, il existe $C(C-1)/2$ telles surfaces dont plusieurs sont souvent redondantes. Si les fonctions discriminantes sont des fonctions linéaires des paramètres x_k, les formes sont linéairement séparables et les surfaces de décision sont des hyperplans. En pratique, ce cas est rare et les surfaces de décision sont au mieux linéaires par morceaux ou non linéaires, comme illustré sur la figure 3 dans le cas de deux classes.

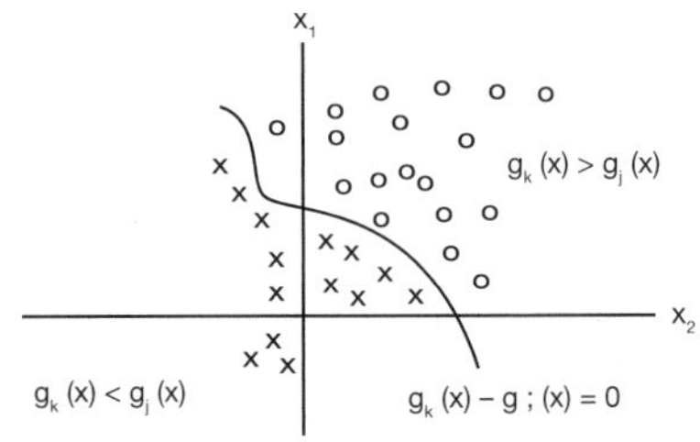

Figure 3 Exemple de surface de décision

Les performances de tels classifieurs dépendent du choix des mesures de distance entre formes. Dans certains cas, les performances obtenues approchent asymptotiquement celles du classifieur optimal bayésien. Les reconnaisseurs à base de Perceptrons se fondent sur le même principe d'apprentissage de surfaces séparatrices.

4.5 Combinaison de classifieurs

Pour un problème de reconnaissance difficile, il est parfois utile de combiner les réponses fournies par plusieurs classifieurs de façon à augmenter la performance globale. En effet, ces classifieurs peuvent se fonder sur différents types de paramètres, différents algorithmes de reconnaissance ou différentes méthodes d'apprentissage. De plus, plusieurs classifieurs commettent souvent des erreurs différentes.

Depuis la simple combinaison linéaire de réponses différentes ou le vote majoritaire, jusqu'à des modèles beaucoup plus complexes, de nombreuses méthodes de combinaison ont été proposées et testées dans divers champs de la reconnaissance des formes (Xu *et al.*, 1992).

4.6 Reconnaissance de formes séquentielles

La reconnaissance de signaux non stationnaires à variation semi-continue comme la parole nécessite des méthodes spécifiques. En effet, les formes à reconnaître (phonèmes, mots, etc.) n'ont pas de frontières apparentes dans la parole continue.

Dans le cas général (de la parole continue), la solution quasi exclusivement utilisée est celle des modèles de Markov cachés, MMC. Un MMC est caractérisé par un double processus stochastique : un processus interne, non observable, $X(t)$ et un processus externe observable $Y(t)$. Ces deux chaînes se combinent pour former le processus stochastique.

Dans le cas de la parole, la chaîne interne $X(t)$ est une chaîne de Markov qui est supposée être à chaque instant dans un état où la fonction aléatoire correspondante engendre un segment élémentaire (de l'ordre de 10 ms ou plus), représenté par un vecteur de paramètres, de l'onde acoustique observée. Un observateur extérieur ne peut voir que les sorties de ces fonctions aléatoires, sans avoir accès aux états de la chaîne sous-jacente, d'où le nom de modèle caché. En général, $X(t)$ est modélisée par une chaîne de Markov d'ordre 1 dont l'état à l'instant t ne dépend que de l'état à l'instant précédent $t - 1$. L'utilisation de modèles d'ordre 2 (avec une mémoire temporelle des deux instants précédents) a également été étudiée. Ces modèles permettent de mieux rendre compte des corrélations qui existent entre les segments élémentaires successifs dans la parole.

Un MMC peut être représenté comme un automate stochastique tel que celui de la figure 4. Il est défini par un ensemble de distributions de probabilités :

- les probabilités de transition p_{ij} d'un état i à un état j ;
- les distributions de probabilités associées à chaque état et régissant l'émission d'un segment élémentaire. Pour des MMC continus, ces distributions sont en général représentées sous forme de mélanges de lois gaussiennes.

La reconnaissance revient à choisir le MMC ayant la plus grande probabilité d'avoir émis le signal en entrée. En parole continue, les MMC modèlent des unités élémentaires de la parole, phonèmes ou syllabes, par exemple, et la suite d'unités reconnues dans une phrase est en général obtenue à l'aide d'une version stochastique de l'algorithme de programmation dynamique évoqué § 4.2, l'algorithme de Viterbi.

Un grand intérêt des MMC réside dans l'automatisation de l'apprentissage des différents paramètres et distributions de probabilités du modèle à partir de données acoustiques représentatives, à l'aide d'algorithmes itératifs d'estimation, tels que l'algorithme de Baum-Welch (Rabiner et Juang, 1993).

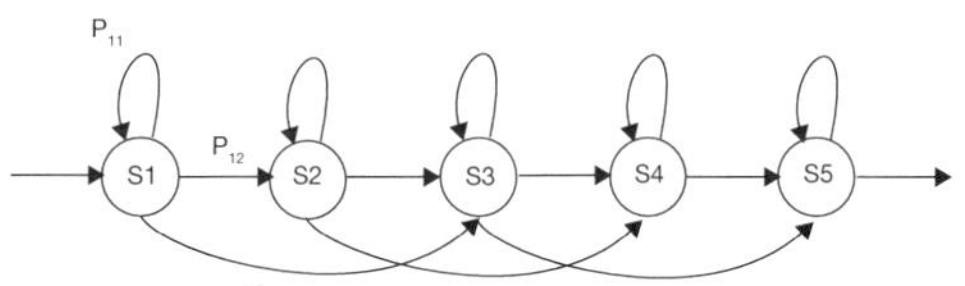

Figure 4 Modèle de Markov caché à cinq états

Les MMC sont actuellement utilisés dans la quasi-totalité des systèmes de reconnaissance automatique de la parole, parfois en association avec des réseaux neuromimétiques (Haton, 1999). Ils ont également donné de bons résultats dans différents domaines tels que la reconnaissance de l'écriture manuscrite, le traitement d'images ou l'interprétation de signaux.

Des modèles dérivés des réseaux neuromimétiques de base ont été également proposés pour permettre à de tels réseaux de prendre en compte la dimension temporelle, en particulier pour la reconnaissance de la parole : réseaux à retard temporel (TDNN) et surtout réseaux récurrents dans lesquels l'état du réseau à l'instant t est réinjecté en entrée à l'instant $t + 1$.

5 Apprentissage

Une machine, tout comme l'être humain, ne peut reconnaître que les formes qu'elle a préalablement apprises. La qualité de l'apprentissage est cruciale pour les performances d'un système, indépendamment du modèle de décision choisi. L'apprentissage est, de façon plus générale, un problème central en intelligence artificielle. Nous présentons ici les grands principes de l'apprentissage numérique et renvoyons le lecteur au chapitre « Apprentissage automatique » pour plus de détails.

La disponibilité de données d'apprentissage nombreuses et bien représentatives des classes de formes étudiées est ainsi un facteur décisif dans la conception d'un système. Il existe deux grands types d'apprentissage à partir d'exemples (Cornuéjols et Miclet, 2002) :

- un *apprentissage supervisé* (« avec professeur ») au cours duquel sont présentées au système des formes dont l'appartenance est précisée ;
- un *apprentissage non supervisé* qui correspond au cas où la classe d'appartenance des formes présentées n'est pas connue, soit que l'on manque d'informations sur les données, soit que le volume de données du corpus d'apprentissage est tel qu'il n'est pas possible d'en effectuer l'étiquetage (par exemple une base d'images de télédétection dont il est impossible d'étiqueter tous les pixels).

5.1 Apprentissage supervisé

À partir d'un corpus de formes correctement étiquetées par leur classe d'appartenance, les algorithmes d'apprentissage supervisé permettent d'optimiser les modèles de formes de référence. Selon le type de classifieur (cf. § 4), les entités apprises sont différentes.

Pour les classifieurs probabilistes, ce sont les distributions de probabilités conditionnelles de chaque classe qui sont apprises. Deux cas peuvent se présenter :

- les formes des distributions sont connues (on parle de décision paramétrique) : on apprend alors les paramètres de ces distributions (par exemple, dans le cas de lois gaussiennes, les vecteurs moyennes et les matrices de covariance. Ce cas est très courant car il est possible d'approximer des distributions complexes à l'aide de mélanges de lois gaussiennes) ;

– les formes des distributions ne sont pas connues (décision non paramétrique) : il faut alors apprendre les densités de probabilités par des méthodes telles que les fenêtres de Parzen ou la règle des *k* plus proches voisins (Duda et Hart, 1973).

Dans les deux cas, une formalisation possible de l'apprentissage consiste à maximiser la probabilité *a posteriori* qu'un modèle appris engendre bien les formes de la classe correspondante. L'apprentissage revient alors à maximiser la vraisemblance des données, connaissant le modèle, opération appelée estimation au sens du maximum de vraisemblance (*Maximum Likelihood,* ML). Un grand intérêt de la méthode est l'existence de méthodes itératives dont la convergence est garantie, comme par exemple l'algorithme EM (*Expectation – Maximisation*) (Dempster *et al.*, 1977). Mais si cette méthode améliore la capacité d'un classifieur à représenter une classe de formes donnée, elle ne permet pas d'optimiser sa capacité à classifier une forme inconnue car l'apprentissage d'une classe ne prend en compte ni les formes des autres classes ni les contre-exemples connus de cette classe. L'idéal est de minimiser la variance intraclasse tout en maximisant les variances interclasses. Diverses méthodes d'apprentissage discriminant ont été conçues à cet effet, fondées notamment sur la maximisation de l'information mutuelle (MMI) ou de l'erreur de classification (MCE). Ces méthodes nécessitent des quantités accrues de données d'apprentissage, mais elles ont prouvé leur efficacité. Pour diminuer la quantité de données étiquetées nécessaires pour effectuer un apprentissage efficace, un modèle d'apprentissage semi-supervisé a été proposé, notamment en reconnaissance de la parole (Lamel *et al.*, 2002), permettant d'améliorer les modèles déjà appris en utilisant des données incomplètement étiquetées (par exemple le texte correspondant à la transcription manuelle d'une séquence de parole).

Pour des classifieurs à surfaces de décision, l'apprentissage consiste à approximer itérativement les équations de ces surfaces par optimisation d'un critère, par exemple l'erreur quadratique moyenne commise par le classifieur. Les réseaux neuromimétiques de type perceptrons entrent dans cette catégorie de classifieurs discriminants. Dans le perceptron monocouche de Rosenblatt, classifieur linéaire, l'équation de l'hyperplan séparateur est modifiée en fonction de la distance d'une forme mal classée à cet hyperplan. L'adjonction de couches cachées permet au perceptron multicouche d'approximer des surfaces de décision non linéaires aussi complexes que nécessaire, avec néanmoins un risque accru de surapprentissage (sorte d'apprentissage «par cœur» limitant la capacité de généralisation d'un système).

Une contribution récente notable à l'apprentissage de surfaces de décision a été apportée par les machines à vecteurs supports, MVS (*Support Vector Machine,* SVM) (Vapnik, 1998). Une MVS est essentiellement un classifieur discriminant à deux classes (mais son extension à une MVS multiclasse est possible) dont le critère d'optimisation est la largeur de la marge entre les deux classes, c'est-à-dire la zone vide autour de la surface de décision définie par les formes les plus proches. Ceci est illustré par la figure 5 pour un classifieur MVS linéaire. L'hyperplan H permet de classifier les formes noires et blanches, mais seul l'hyperplan H_0, déterminé par les vecteurs supports VS, permet d'optimiser la marge entre les deux classes. La MVS a donné de très bons résultats en reconnaissance de caractères manuscrits ou encore en catégorisation de textes.

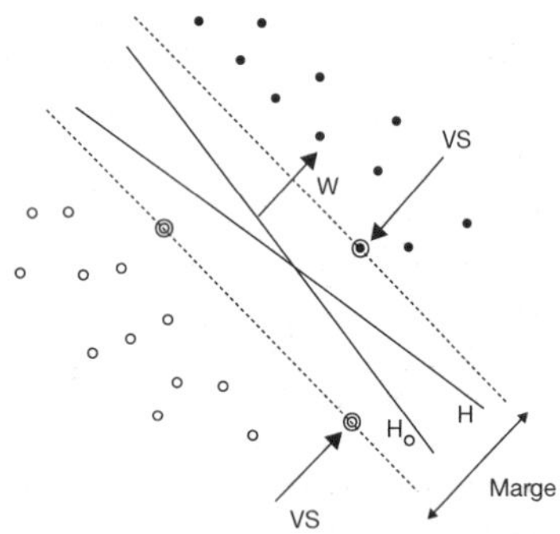

Figure 5 Principe de la MVS

Un type particulier d'apprentissage est celui des arbres de décision (Breiman *et al.*, 1984) qui sont des classifieurs non linéaires d'un grand intérêt. Le principe est de classifier une forme par une suite de tests sur les paramètres qui la décrivent. Un arbre de décision est ainsi formé d'un ensemble de nœuds contenant des tests sur les paramètres des formes. Un chemin dans l'arbre, depuis sa racine jusqu'à une feuille terminale, conduit à l'identification d'une forme par une suite de tests sur certains paramètres. Il est ainsi possible de donner une interprétation d'une réponse, ce qui est intéressant dans des domaines tels que le diagnostic de pannes. L'apprentissage d'un arbre de décision se fait de façon itérative en choisissant le paramètre à tester le plus adapté à chaque nœud. Le critère de choix peut être l'information apportée par le paramètre ou d'autres mesures. Plusieurs progiciels d'arbres de décision tels que CART ou C4.5 (Quinlan, 1993) sont disponibles et ont été utilisés dans des domaines très variés.

5.2 Apprentissage non supervisé

Lorsque les classes d'appartenance des formes du corpus d'apprentissage ne sont pas connues, l'apprentissage non supervisé permet de découvrir ces classes par regroupement des formes présentant des similitudes au sens d'une certaine métrique.

L'apprentissage et la classification non supervisés font l'objet de nombreuses études. Un modèle largement diffusé est celui des cartes auto-organisatrices de Kohonen (Kohonen, 1984). Le principe s'inspire d'un phénomène de formation de cartes couramment observé dans le cerveau, notamment pour la vision, l'audition, l'olfaction et d'autres activités corticales. Ces cartes possèdent la propriété de conservation de la topologie des données d'entrée (provenant par exemple de la rétine, des cellules olfactives nasales ou de l'oreille interne) dans leur représentation corticale correspondante. Ainsi, des sons «voisins» auront des représentations corticales voisines. Les cartes auto-organisatrices sont décrites en détail dans le chapitre «Réseaux de neurones artificiels».

Une autre classe de méthodes de classification non supervisée regroupe un grand nombre d'algorithmes sous le nom générique de regroupement de formes ou coalescence, en anglais *clustering* (Jain et Dubes, 1988). Le principe commun à ces méthodes est de rechercher des regroupements naturels dans des données, discrètes ou continues, à partir de similarités mesurées entre les formes. Le problème peut être formalisé de la façon suivante: étant donné N formes décrites dans un espace métrique multidimensionnel de représentation, trouver une partition de cet espace en G groupes (*clusters*) telle que toute forme d'un groupe soit plus proche de toute autre forme de son groupe que de toute autre forme d'un autre groupe (il s'ensuit que le choix de la mesure de similarité entre formes revêt une grande importance). La valeur de G peut être ou non spécifiée. Un critère de regroupement doit être défini. Ce dernier peut être local ou global. Un critère global (par exemple, l'erreur quadratique, somme des carrés des distances des formes d'un groupe au centre du groupe) permet de représenter chaque groupe par un prototype et d'assigner à une forme le groupe correspondant au prototype dont elle est le plus proche. Un critère local permet de former des groupes en exploitant des particularités structurelles des formes, par exemple en se fondant sur des régions de forte densité de formes dans l'espace de représentation, ou encore en classant une forme dans le groupe de ses *k* plus proches voisins.

Ces méthodes présentent une grande importance pratique dans de nombreux champs d'activité, en particulier la fouille de données (Judd *et al.*, 1998), la compression de signaux, le traitement d'images (Frigui et Krishnapuram, 1999) et la recherche d'informations (Bhatia et Deogun, 1998).

6 Applications de la reconnaissance des formes

Les applications de la reconnaissance des formes sont nombreuses et concernent des domaines très différents. L'augmentation de la puissance de calcul des ordinateurs, l'évolution technologique des capteurs et l'existence de grandes bases de données (images, données financières, médicales, etc.) sont des facteurs qui ont favorisé le développement de telles applications. Le tableau 1 en donne quelques exemples. On trouve maintenant sur le marché des produits utilisant la reconnaissance de formes, tels que des reconnaisseurs de textes imprimés ou des reconnaisseurs de mots parlés (par exemple dans des téléphones portables).

Parmi les grands domaines de la reconnaissance des formes, on peut citer:

- *La reconnaissance de la parole*: elle consiste à faire reconnaître par une machine des sons, mots ou phrases prononcés par un locuteur. Il s'agit d'un problème difficile du fait des caractéristiques du signal vocal:
  - continuité: la parole naturelle est un semi-continuum dans lequel les formes à reconnaître (phonèmes, mots) doivent être préalablement localisées et segmentées,
  - variabilité: un son ou un mot donné peut correspondre à des formes très différentes en fonction du locuteur, du contexte, des conditions de bruit, etc. Il faut alors concevoir des méthodes de reconnaissance robustes capables de s'adapter à des conditions changeantes,
  - évolution temporelle: comme d'autres signaux, le signal vocal est non stationnaire, il évolue en permanence au cours du temps. On a vu que de ce fait, la reconnaissance ne peut pas être effectuée par comparaison globale à un ensemble de formes de référence, sauf dans des cas simples de petits vocabulaires de mots prononcés isolément. Des modèles spécifiques ont été développés pour cette situation; ils ont été présentés au § 4.6.

  Enfin, l'information contextuelle joue un rôle déterminant dans le processus de reconnaissance-compréhension d'une phrase. Il est donc nécessaire d'intégrer cette information (phonologique, lexicale, syntaxique, sémantique, pragmatique) à un certain niveau de la reconnaissance.

  Les premières applications sont apparues vers la fin des années soixante-dix avec des systèmes de reconnaissance de quelques dizaines de mots isolés, monolocuteurs. Les systèmes actuels sont capables de reconnaître la parole continue, pour des tâches de dictée vocale à grands vocabulaires (plusieurs dizaines de milliers de mots) ou d'accès à des services (centres de renseignements, réservations, etc.) par téléphone ou à partir de bornes interactives. Le problème dual de la reconnaissance ou de la vérification du locuteur qui a émis un message vocal relève également des mêmes méthodes et a donné lieu à de nombreux travaux théoriques ainsi qu'à des applications, notamment en biométrie et en contrôle d'accès.

- *La reconnaissance de caractères écrits*: la reconnaissance de caractères imprimés a fait partie des premiers travaux en reconnaissance des formes et les lecteurs optiques sont maintenant largement commercialisés, par exemple avec les scanners de documents pour différents types de caractères et de langues. Une application intéressante est la machine à lire pour aveugles qui associe un lecteur optique et un système de synthèse vocale à partir du texte. En revanche, le problème beaucoup plus difficile de la reconnaissance de l'écriture manuscrite non contrainte reste du domaine de la recherche, même si des applications existent dans des domaines limités. Il faut distinguer deux cas (Plamondon et Srihari, 2000):
  - *la reconnaissance en ligne* avec saisie sur une surface sensible ou un crayon spécial, permettant d'avoir des informations précieuses sur le sens, la vitesse et l'accélération des tracés, la pression exercée sur le crayon, etc. Des applications commerciales sont déjà assez courantes, en particulier avec les assistants personnels (PDA),
  - *la reconnaissance en temps différé* par saisie optique du texte. Les performances actuelles sont moins bonnes, mais néanmoins suffisantes pour des domaines spécialisés tels que la lecture de chèques ou l'identification du code postal sur des enveloppes. Une autre application faisant l'objet de nombreux travaux est la lecture au vol de plaques minéralogiques.
- *Le traitement d'images et la vision par ordinateur*: la reconnaissance de formes dans des images à partir de modèles d'objets intervient dans de nombreux domaines (Arman et Aggarwal, 1993). Dans l'industrie, l'inspection d'objets manufacturés permet de détecter les défauts à partir des informations fournies par différents capteurs (caméras, rayons X, ultrasons), selon la nature des objets ou des défauts (Newman et Jain, 1995). En agriculture, des prototypes de systèmes automatiques de récolte de fruits (pommes, citrons, melons, prunes, etc.), de légumes et de champignons ont été mis au point dès le début des années quatre-vingt. La détection et l'identification de visages sur des photos ont fait des progrès importants (Hjelm *et al.*, 2001). Le traitement d'images médicales (radiographies, tomographies, images ultrasoniques, échographies, IRM, etc.) fait appel à la reconnaissance des formes pour l'aide à la localisation et à l'identification d'anomalies telles que des tumeurs. De même, la télédétection utilise la reconnaissance de formes pour identifier certains types d'objets (bâtiments, routes, types de cultures) sur une image ou un ensemble d'images multispectrales (Mayer, 1999).

  Un système de vision par ordinateur analyse des images fournies par une ou plusieurs caméras pour produire une interprétation de la scène correspondante (Haton, 2000). Une telle interprétation fait appel à des connaissances de haut niveau dont la représentation et l'exploitation relèvent de l'intelligence artificielle, mais la reconnaissance d'objets présents dans la scène est un préalable indispensable et crucial de tels systèmes.
- *La reconnaissance de signaux issus de capteurs*: ce domaine fait le lien avec le traitement du signal qui permet d'extraire des signaux les paramètres les plus propices à leur reconnaissance. De nombreux travaux ont trait aux signaux radar et sonar pour aider à identifier les cibles localisées, avec des applications civiles et militaires: identification d'aéronefs ou de véhicules (radar), repérage de bancs de poissons à bord de chalutiers (sonar), etc. Les signaux biomédicaux (ECG, EEG, EMG, etc.) sont également traités par des systèmes de reconnaissance de formes pour aider à leur interprétation.
- *L'aide au diagnostic et à la décision*: une forme peut être un vecteur de paramètres décrivant une situation, telle que l'état d'un patient, d'un client d'une banque, d'un processus industriel. La reconnaissance des formes permet de classifier cette forme de façon à poser un diagnostic, détecter une panne ou un fonctionnement anormal.
- *La recherche d'informations*: avec le développement des bases d'informations et de l'Internet, un nouveau champ d'investigation pour la reconnaissance des formes est apparu récemment: la recherche d'informations à partir du contenu (Jain *et al.*, 2002). Il s'agit par exemple d'accéder à des documents visuels (photographies, vidéos, films), d'abord en fournissant des exemples de l'objet recherché (Mayer, 1999), puis à l'aide de méthodes plus évoluées. Les premières applications datent des années quatre-vingt-dix, notamment pour les images de télédétection ou les agences de presse, avec des images fixes. Les développements sont moins avancés pour les vidéos et les films.

Domaine	Application	Formes traitées	Réponses
Bioinformatique	Analyse de séquences	ADN	Types de gènes
Biométrie	Identification d'une personne	Empreintes digitales, voix, iris, formes du visage et de la main	Autorisation d'accès, etc.
Contrôle de qualité	Détection de défauts	Images de produits fabriqués	Décision «Accepté/Rejeté»
Fouille de données	Recherche de formes significatives	Points dans des espaces multidimensionnels	Regroupements de points *(clusters)*
Lecture optique	Saisie de documents Machine à lire pour aveugles Lecteur de chèques	Document écrit	Suite de caractères
Médecine	Aide au diagnostic	Image, signal (EEG, ECG, etc.)	Anomalie Surveillance intensive Anesthésie assistée
Reconnaissance de la parole	Commande vocale Accès à des services	Signal acoustique	Mots, phrases
Robotique	Navigation d'un robot mobile	Signaux issus de capteurs	Décision de déplacement ou d'action
Télédétection	Prévision de récolte	Images multispectrales	Type de cultures, état des récoltes

Tableau 1 Exemples d'application de la reconnaissance des formes

7 Conclusion et perspectives

Nous avons présenté dans ce chapitre les grandes méthodes et les champs d'application de la reconnaissance des formes. Le but est de doter une machine de capacités de perception et de classification lui permettant d'attribuer une classe d'appartenance à une forme quelconque (image, son, signal, description d'un phénomène, etc.).

Des applications nombreuses et très variées ont été développées, dont certaines sont exploitées quotidiennement, et des produits commerciaux existent dans divers domaines (lecture optique de caractères, reconnaissance de la parole, traitement d'images, etc.). Avec la prolifération des très grandes bases de données et le développement d'Internet, de nouveaux types d'application ont pris de l'ampleur, tels que la fouille de données et la découverte de connaissances, l'aide à la création de taxonomies de documents et d'ontologies.

La recherche demeure également très active car de nombreux problèmes sont encore ouverts. L'évolution des méthodes et la puissance des machines (permettant notamment l'exploitation de grandes bases de données d'apprentissage) ont favorisé la prépondérance actuelle, malgré leurs limitations intrinsèques, des méthodes statistiques: classificateurs bayésiens et leurs variantes, modèles de Markov cachés, réseaux neuromimétiques, machines à vecteurs supports. Les travaux actuels concernent en particulier le problème central de l'apprentissage et l'utilisation du contexte pour lever des ambiguïtés ou corriger des erreurs et pour passer de la reconnaissance à l'interprétation et la compréhension de formes.

La reconnaissance des formes est un domaine pluridisciplinaire qui occupe une place importante dans la conception de machines intelligentes. Des progrès sont à attendre de l'intégration croissante des diverses approches issues de disciplines différentes: symbolique (pour l'exploitation de connaissances), connexionniste (pour l'inspiration des systèmes vivants) et statistique (pour les capacités d'adaptation et de représentation des variabilités).

Bibliographie

Arman, F., Aggarwal, J.K., "Model-based object recognition in dense range images – A review", *ACM Computing Surveys*, 25, n° 1, p. 5-43, 1993.

Bhatia, S.K., Deogun, J.S., "Conceptual clustering in information retrieval", *IEEE Trans. SMC*, 28, n° 3, p. 427-436, 1998.

Breiman, L., Friedman, J.H., Olshen, R.A., Stone, C.J., *Classification and Regression Trees*, Wadsworth, 1984.

Cornuéjols, A. et Miclet, L., *Apprentissage artificiel: concepts et algorithmes*, Eyrolles, 2002.

Dempster, A., Laird, N., Rubin, D., "Maximum likelihood from incomplete data via the (EM) algorithm", *J. Royal Statistical Soc.*, 39, p. 1-38, 1977.

Devijver, P., Kittler, J., *Pattern Recognition: A Statistical Approach*, Prentice-Hall, 1982.

Duda, R.O., Hart, P.R., *Pattern Classification and Scene Analysis*, Wiley, 1973.

Frigui, H., Krishnapuram, R., "A robust clustering competitive algorithm with applications in computer vision", *IEEE Trans. PAMI*, 21, n° 5, p. 450-465, 1999.

Fu, K.S., *Syntactic Pattern Recognition and Applications*, Prentice-Hall, 1982.

Haton, J-P., "Neural networks for automatic speech recognition – A review", in *Speech Processing, Recognition and Artificial Neural Networks*, G. Chollet *et al.*, eds, Springer Verlag, 1999.

Haton, J-P., «Analyse de scènes et intelligence artificielle», in *Reconnaissance des formes et analyse de scènes*, M. Kunt, rédacteur, Presses polytechniques et universitaires romandes, 2000.

Haton, J-P. *et al.*, *Reconnaissance automatique de la parole : du signal vocal à son interprétation*, Dunod, 2006.

Hjelm, E, Smes, A.W.M., Kee Low, B., "Face detection: a survey", *Computer Vision and Image Understanding*, 83, n° 3 p. 236-274, 2001.

Jain, A.K., Dubes R.C., *Algorithms for Clustering Data*, Prentice-Hall, 1988.

Jain, R., Antani, S., Kasturi, R., "A survey on the use of pattern recognition methods for abstraction, indexing and retrieval of images and video", *Pattern Recognition*, 35, n° 4, p. 945-965, 2002.

Judd, D., McKinley, P., Jain, A.K., "Large-scale parallel data clustering", *IEEE Trans. PAMI*, 20, n° 8, p. 871-876, 1998.

Junqua, J-C., Haton, J-P., *Robustness in Automatic Speech Recognition*, Kluwer Academic, 1996.

Kohonen, T., *Self-organization and Associative Memory*, Springer Verlag, 1984.

Lamel, L., Gauvain, J.-L., Adda, G., "Lightly supervised and unsupervised acoustic model training", *Computer Speech and Language*, 16, n° 1, p. 115-129, 2002.

Linde, Y, Buzo, A., Gray, R., "An algorithm for vector quantizer design", *IEEE Trans. Communication*, 28, n° 1, p. 84-95, 1980.

Mayer, H., "Automatic object extraction from aerial imagery – A survey focusing on building", *Computer Vision and Image Understanding*, 74, n° 2, p. 138-149, 1999.

Miclet, L., *Méthodes structurelles pour la reconnaissance des formes*, Eyrolles, 1984.

Newman, T.S. Jain, A.K., "A survey of automated visual inspection", *Computer Vision and Image Understanding*, 61, n° 2, p. 231-262, 1995.

Plamondon, R. and Srihari, S.N., "Online and offline handwriting recognition: a comprehensive survey", *IEEE Trans. PAMI*, 22, n° 1, p. 63-84, 2000.

Quinlan, J.R., *C4.5: Programs for Machine Learning*, Morgan Kaufmann, 1993.

Rabiner, L.R. Juang, B-H., *Fundamentals of Speech Recognition*, Prentice-Hall, 1993.

Simard, P., Le Cun, Y., Denker, J., "Efficient pattern recognition using a new transformation distance", in *Advances in neural information processing systems*, S. Hanson *et al.*, eds, Morgan Kaufmann, 1993.

Vapnik, V., *Statistical Learning Theory*, Wiley, 1998.

Vintsyuk, T.K., "Speech discrimination by dynamic programming", *Kybernetica*, 4, n° 2, p. 81-88, 1968.

Wood, J., "Invariant pattern recognition – A review", *Pattern Recognition*, 29, n° 1, p. 1-17, 1996.

Xu, L., Krzysak, A. and Suen, C.Y., "Methods for combining multiple classifiers and their applications in handwritten character recognition", *IEEE Trans. SMC*, 22, p. 418-435, 1992.

Compréhension des langues et intelligence artificielle

Gérard Sabah

Mots-clés : traitement automatique des langues, morphologie, lexique, syntaxe, sémantique, représentation des connaissances, linguistique de corpus, analyse robuste, architecture logicielle.

Résumé : lors de la réalisation d'un système informatique de compréhension des langues naturelles, on doit effectuer différents choix qui portent principalement sur: (i) les formalismes de représentation des connaissances utilisées par les programmes ; on explicite ainsi les connaissances nécessaires (les informations, différentes des données à traiter, à utiliser) et on définit quels systèmes formels vont les représenter (ii) les formalismes dans lesquels sont décrites les représentations construites par ces processus d'analyse; ces systèmes symboliques représentent les sens des phrases et des textes (iii) les mécanismes informatiques; on cherche les meilleurs algorithmes et les meilleures architectures pour l'analyse des phrases et des textes et pour la gestion des dialogues.

Dans une première partie, les aspects généraux mis en jeu par la compréhension des langues sont exposés. Ensuite, quelques détails sur les processus de traitement sont donnés et on voit enfin comment les diverses architectures possibles utilisent les sources de connaissances et nous tenterons de comparer leurs efficacités relatives.

L'importance des enjeux industriels et économiques liés au traitement des langues apparaît clairement de nos jours. Les traitements automatiques deviennent une nécessité absolue: par exemple, la complexité des manuels d'utilisation (10000 pages pour un micro-ordinateur, 100000 pour un central téléphonique, de 10 à 100 millions de pages pour le Mirage 2000 !) rend extrêmement coûteux les traitements manuels, qu'il s'agisse de traduction ou même de simple mise à jour.

Certains produits existent déjà, mais sont relativement limités: les systèmes de correction dans les traitements de textes ne corrigent que des mots isolés ou des fautes d'accord simples, les systèmes documentaires sont liés aux méthodes d'indexation et aux mots-clefs choisis *a priori*, les systèmes de traduction ne traitent pas toutes les ambiguïtés, ils ne fonctionnent que dans des domaines techniques restreints, et demandent la relecture d'un traducteur humain...

À plus long terme, les travaux de recherche en compréhension automatique des langues doivent permettre à un utilisateur de communiquer avec l'ordinateur en utilisant sa langue maternelle, débouchant sur une large gamme d'applications: systèmes d'acquisition de connaissances à partir de textes, systèmes de recherche d'informations à partir de questions libres, systèmes de dialogues intelligents, traduction automatique...

L'intelligence artificielle (IA) essaye non seulement de traiter ces problèmes, mais veut souvent aller plus loin en tentant de reproduire les opérations mentales sous-jacentes, en construisant et en manipulant des représentations formelles, supposées avoir un rapport analogique avec nos représentations mentales.

La première question qui se pose est de définir ce que peut signifier compréhension pour une machine. Examinons quelques réponses possibles à partir du seul problème consistant à répondre à des questions, dans un cas simplifié à l'extrême. Si j'ai donné l'information *Pierre est le frère d'Annie*, et si je demande (a) *Est-ce que Pierre est le frère d'Annie ?*, il suffit de comparer les caractères des mots de la première phrase avec les six derniers mots de la seconde pour répondre oui, sans réellement comprendre. Certaines mises en correspondance de symboles suffisent donc parfois à simuler la compréhension. Les limites en sont claires : si on demande (b) *Annie a-t-elle Pierre pour frère ?* cela ne fonctionne plus ! Il faut alors construire des représentations symboliques portant une partie du sens de la phrase ; c'est à la fois une simplification (tout le sens n'est pas traduit) et une uniformisation (des phrases différentes peuvent avoir la même représentation).

Ces représentations sont souvent construites grâce au principe de compositionnalité : les sens des mots sont représentés par des symboles, et ceux-ci se combinent afin de représenter le sens de la phrase entière (mécanisme quelque peu restrictif, il ne permet pas de rendre compte de toutes les finesses du langage).

Ainsi, par exemple, ou peut considérer que le mot *frère* correspond à un prédicat à deux arguments FRÈRE (un symbole de logique mathématique représentant par convention le sens de ce mot) ; la première phrase correspond alors à : FRÈRE (Pierre, Annie). Cette représentation sera obtenue par une analyse linguistique qui détermine le sujet de la phrase et le complément du mot « frère ». Grâce à cette analyse, les deux questions (a) et (b) ci-dessus se traduisent sous la même forme [FRÈRE (Pierre, Annie)], ce qui permet de donner aisément la réponse.

Si on veut aussi répondre à *Annie est-elle la sœur de Pierre ?*, tester la simple coïncidence des représentations ne suffit plus. Il faudra de plus utiliser des propriétés liées aux mots mis en jeu – ici, Annie est féminin et *sœur* et *frère* se réfèrent à des situations symétriques, ce qui permet de déduire que FRÈRE (Pierre, Annie) est équivalent à SŒUR (Annie, Pierre). Des connaissances générales sur le monde peuvent enfin être nécessaires : si je demande *Pierre et Marie vivent-ils dans la même maison ?* il va falloir tenir compte des usages de la vie de famille, de la situation au moment où l'on parle (par exemple leur âge), et mettre en œuvre des raisonnements plus élaborés. Ce simple exemple suggère la complexité des problèmes scientifiques posés par le traitement automatique des langues.

1 La compréhension automatique

Nous illustrons ci-dessous divers phénomènes essentiels, présents dans toutes les langues, et que les programmes de compréhension doivent être capables d'aborder pour permettre une communication souple.

1.1 Ambiguïtés et paraphrases

Un mot peut avoir plusieurs sens distincts, ce qui pose une des questions les plus importantes du traitement automatique des langues : celle des *ambiguïtés*.

Comprendre une phrase impose de reconnaître le sens correct de chaque mot (*polysémie*) et de se rendre compte qu'un même sens peut provenir de formes distinctes (*synonymie*). Il faut ensuite trouver comment ce sens s'intègre dans le sens global de la phrase, et percevoir que certaines différences de sens ne sont pas pertinentes. Le formalisme devra donc permettre de construire des représentations différentes pour distinguer différents sens, et de déterminer la bonne solution selon le contexte. Il devra mettre en œuvre des mécanismes de raisonnement pour traiter de telles situations. Il devra enfin donner des représentations identiques pour des formes différentes qui possèdent le même sens, ou tout au moins des sens proches (*paraphrase*).

L'ambiguïté se retrouve à différents niveaux : pour les mots, elle est lexicale ou sémantique ; pour les phrases, elle est structurelle (attachement des groupes syntaxiques entre eux), ou liée à la portée de certains mots (quantificateurs).

1.2 Références

Diverses autres caractéristiques des langues montrent l'importance du contexte et la nécessité d'une bonne connaissance du domaine abordé pour comprendre un texte ou intervenir dans un dialogue. La cohérence d'un texte se traduit par des références à des objets présentés dans le discours antérieur (*anaphores*) ou immédiatement postérieur (*cataphores*). Les systèmes actuels de compréhension des langues savent assez bien résoudre ces références, tant que cela ne met pas en jeu une quantité de connaissances trop vaste.

Les anaphores propositionnelles (dont l'antécédent est une phrase) posent également des problèmes difficiles et non encore résolus.

1.3 Tropes

Un autre phénomène, permettant la grande concision des langues, est la présence de *figures du discours* ou tropes (glissement de sens d'un mot par rapport à son sens propre). Plusieurs dizaines de types de tropes sont recensés dans les ouvrages spécialisés, mais les plus courants sont la *métaphore* et la *métonymie*.

Elles consistent à présenter une idée sous le signe d'une autre idée, plus frappante ou plus connue, liée à la première par une analogie ou une relation nécessaire. Figées (entrées dans le langage courant) ou créatives, leur compréhension demande l'utilisation de nombreuses connaissances dans des domaines très variés. Il faut d'abord en détecter la présence (c'est-à-dire reconnaître une anomalie sémantique dans l'expression considérée), puis l'interpréter, c'est-à-dire trouver par quel mot ou quel énoncé remplacer l'expression en question pour obtenir une phrase acceptable. Enfin, pour aller plus loin, il faudra comprendre pourquoi elle a été utilisée : que transmet-on en plus par le trope que par l'expression « normale », quelles connotations, positives ou négatives, sont ainsi véhiculées ?

Seuls quelques prototypes de recherche spécifiquement dévolus à cette tâche ont vu le jour, mais leurs performances restent limitées et la compréhension de ces phénomènes est moins cruciale pour les applications pratiques actuelles.

2 Connaissances utiles

Quel que soit le formalisme utilisé, la représentation du sens est construite par étapes en distinguant différentes connaissances pertinentes.

2.1 Morphologie

La première tâche à considérer concerne l'analyse morphologique, qui met en relation les mots à traiter et les éléments du lexique. On trouve ainsi que la forme non déclinée de *chevaux* est *cheval*, de *mangeraient* est *manger*... et on détermine la catégorie lexicale (nom, verbe...) des mots. Pour reconstruire la forme de référence de chaque occurrence d'un mot [Pitrat 83][1], on utilise des connaissances sur :

- la forme canonique d'un mot (infinitif d'un verbe, singulier d'un nom, etc.) ;
- ses racines et ses terminaisons possibles (par exemple les règles de conjugaison pour les verbes) ;
- les règles qui en régissent les associations (la terminaison *ent* d'un verbe indique généralement la troisième personne du pluriel).

2.2 Relations entre types de connaissances

La syntaxe détermine le rôle de chaque mot de la phrase (où sont le sujet, le verbe, les compléments, et quels sont leurs rôles) : indépendamment de son sens (fruit ou homme de loi), *avocat* est le sujet dans *cet avocat est véreux*. La sémantique détermine la bonne interprétation des mots, en tenant compte des connaissances générales sur le monde. Les connaissances pragmatiques rendent compte des aspects contextuels *implicites* du sens (situation particulière) : si on parle d'un procès, ces connaissances permettront de supposer qu'*avocat* désigne un homme de loi.

Une ou plusieurs étapes d'analyse sont donc nécessaires pour construire ces représentations de niveaux différents, éventuellement pour produire une représentation mixte. Une question difficile se pose à propos de l'ordre dans lequel ces analyses doivent s'effectuer et les relations qu'elles entretiennent.

L'approche de la grande majorité des programmes consiste à séparer analyse syntaxique, interprétation sémantique et interprétation pragmatique. Ce modèle qui n'est pas *a priori* fondé sur des bases psychologiques précises demande que soit éclaircie la fonction exacte de la syntaxe dans ces traitements. Le premier rôle qu'on peut lui attribuer consiste à reconnaître la structure de la phrase à traiter : identification du sujet et des objets de chaque verbe, reconnaissance de l'élément (mot ou groupe) sur lequel influe un modificateur (groupe prépositionnel ou adjectival, relative...). Cela est réalisé le plus souvent par la construction d'un arbre de dérivation (comme chez Chomsky) ou de dépendance (Mel'cuk).

Le second rôle de l'analyse syntaxique est de simplifier les traitements ultérieurs, par la reconnaissance que des phrases distinctes peuvent avoir des sens voisins. Les relations entre structure syntaxique et structure sémantique sont alors réalisées par diverses voies :

- *utilisation de filtres sémantiques*, indépendants de la syntaxe. Après construction de tous les arbres syntaxiques possibles, ceux qui ne respectent pas des contraintes sémantiques données *a priori* sont éliminés ;
- *mise en correspondance des règles sémantiques avec les règles syntaxiques*. On associe à chaque règle syntaxique une règle d'interprétation sémantique qui permet de construire, pas à pas, la représentation correspondante du sens. La grammaire de Montague et les grammaires syntagmatiques généralisées sont les exemples les plus significatifs de cette approche.

Pendant les années soixante-dix, diverses expériences (Wilks, Schank) utilisant des grammaires sémantiques ou la notion de préférence sémantique visèrent à réaliser une analyse dirigée par la sémantique en intégrant, de fait, une syntaxe simple implicite. Dans la même veine, l'utilisation de schémas stéréotypés pour gérer les processus de compréhension et de dialogue permet de diriger l'analyse par la pragmatique.

Par opposition, plusieurs arguments furent utilisés pour défendre la nécessité de l'analyse syntaxique :

1. Les références (entre parenthèses) sont indiquées à la fin de ce texte ; les références [entre crochets] sont indiquées dans le site compagnon de l'encyclopédie.

d'abord, elle est indépendante de tout domaine et de toute application. Ensuite, s'il est vrai qu'une analyse sémantique aide l'interprétation d'erreurs de syntaxe, l'argument peut aussi être inversé : des informations syntaxiques sont capitales pour analyser et comprendre un mot inconnu. Enfin, l'analyse purement sémantique de structures complexes (conjonctions, comparaisons, ellipses) semble impossible sans un guide syntaxique.

2.3 Grammaire

Les formalismes grammaticaux expriment des relations formelles entre des catégories de mots (indépendamment de leurs sens et des locuteurs).

Les grammaires traditionnelles, relativement inadéquates pour ce faire, n'ont pas d'application réelle en informatique. Parmi les formalismes considérés par l'IA, on citera les grammaires formelles et leurs divers avatars (surtout dus au rôle variable du lexique dans la théorie), comme la théorie du gouvernement et du liage (Chomsky 1981). Les grammaires logiques [Colmerauer 1978, Pereira et Warren 1980] et les grammaires syntagmatiques généralisées [Gazdar 1979] en sont des extensions intéressantes, notamment par leur connexion avec la sémantique.

Dans le même ordre d'idées, les grammaires de cas (Fillmore 1968) présentent deux avantages fondamentaux. Le premier est d'offrir un modèle de la représentation d'une phrase où la sémantique joue un rôle essentiel et reste facile à utiliser ; le second est de tendre vers un mécanisme d'analyse purement sémantique fondé sur les *restrictions de sélection* issues des ossatures des verbes, sans exclure l'utilisation de contraintes syntaxiques.

Alors que les grammaires formelles (et les théories voisines) sont surtout destinées à mettre en évidence la structure syntaxique d'une phrase (avec comme conséquence importante la notion de « grammaticalité », précisant si une séquence de mots forme ou non une phrase correcte), les grammaires systémiques [Halliday 1973] traitent surtout de l'*organisation fonctionnelle* du langage et des liens qui existent entre la forme d'un texte et le contexte, ou les *situations* dans lesquelles ce texte peut apparaître. Ce sont donc plutôt des grammaires *descriptives* que des grammaires *génératives* : elles caractérisent les phrases par des ensembles de traits qui peuvent ensuite être utilisés par d'autres processus.

Là réside un des aspects les plus intéressants de ces grammaires pour l'IA : le passage de traits entre procédures – un procédé informatique très simple – permet de tenir compte d'aspects contextuels et de prendre des décisions fondées sur des processus qui interagissent en conservant une certaine modularité.

D'autres théories grammaticales donnent au lexique une importance primordiale et cherchent à développer une analyse fondée principalement sur les caractéristiques syntaxiques et sémantiques des *mots* de la phrase. Une idée importante consiste à considérer que le lexique et les phrases à traiter peuvent avoir des structures comparables. Alors que le phénomène d'insertion lexicale fut toujours un point délicat de la grammaire générative, les théories dont nous parlons maintenant visent à expliciter les articulations entre le niveau lexical, le niveau syntaxique et le niveau sémantique ; elles aboutissent ainsi, en général, à des modèles plus riches et d'une souplesse plus grande que celui de Chomsky.

De façon analogue aux grammaires systémiques, les grammaires fonctionnelles veulent donner un rôle prédominant aux aspects fonctionnels et relationnels, par rapport aux notions catégorielles des grammaires formelles. Elles donnent priorité à *l'utilisation* qui est faite d'une langue, sur la *compétence* théorique, et considèrent les connaissances lexicales, les connaissances sur les structures et les règles de grammaire de façon *uniforme* : ce sont des expressions de contraintes.

En tentant de développer un formalisme unique pour tenir compte de ces aspects, Kay [1979] arrive à la notion de *description fonctionnelle*, fondée en partie sur l'idée de recouvrement de descriptions partielles et débouche sur la notion de *grammaire d'unification*.

À partir des mêmes idées, Bresnan et Kaplan (1981) ont suivi une autre direction : ils proposent les *grammaires lexicales fonctionnelles* qui utilisent la notion d'équations simultanées pour interpréter sémantiquement une structure construite par une grammaire non contextuelle. Cette théorie veut modéliser la connaissance syntaxique nécessaire pour préciser les relations entre les aspects sémantiques prédicatifs d'un énoncé et les choix des mots et des structures des phrases destinés à exprimer ces relations.

Gross (86) inclut les phénomènes syntaxiques dans les caractéristiques lexicales des mots considérés. Il explique l'incapacité des théories linguistiques à rendre compte de tous les phénomènes linguistiques par le fait qu'aucune de ces théories n'est construite à partir du recensement exhaustif des faits à expliquer.

Enfin, pour Mel'cuk (1986) également, le lexique ne constitue pas un domaine à part. Il est présent à tous les niveaux de son modèle et recouvre les notions de mots pleins et de fonctions lexicales. Partant d'une idée voisine de celle de Gross, il cherche à décrire la langue à partir d'un recensement lexical exhaustif mais donne un rôle plus important à la sémantique.

2.4 Sémantique

La différence entre une phrase syntaxiquement correcte et une phrase compréhensible amène à constater que d'autres informations sont nécessaires pour lever les ambiguïtés et comprendre réellement des textes ; il faut, en particulier, des connaissances sémantiques qui représentent les aspects *explicites* du sens des mots.

On distingue plusieurs types de sémantique : une *sémantique véri-conditionnelle* précise les conditions de vérité de la phrase traitée (une description des situations dans lesquelles la phrase peut être considérée comme vraie) ; une *sémantique véri-relationnelle*, où la notion de paraphrase est centrale et le sens défini comme l'ensemble des énoncés pouvant remplacer la phrase considérée ; enfin, une *sémantique dénotationnelle* (conception référentielle du sens) exprime les relations entre les mots du langage et les objets ou les actions du monde (le monde réel ou le monde particulier dont on parle), sans référence au locuteur.

Une des premières tentatives de formalisation des connaissances par des *représentations conceptuelles* utilisa la logique classique (calcul des prédicats du premier ordre). Elle se place dans le cadre d'une sémantique véri-conditionnelle. Son adéquation au traitement des langues étant loin d'être avérée, deux voies furent suivies : la première consiste à étendre ce formalisme vers des logiques non classiques (logiques multivaluées, modales ou non monotones). L'adéquation de la logique au traitement des langues a souvent été l'objet de discussions passionnées : Hayes [1977], dans son article "In defence of logic", souligne que l'intérêt principal de la logique est sa sémantique qui permet de définir formellement le sens des expressions considérées et de construire une théorie rigoureuse de la déduction. D'un autre côté, Wilks considère que la sémantique réduite aux conditions de vérité est un point de vue purement mathématique qui n'a que de lointains rapports avec les compétences nécessaires à une réelle compréhension des langues (Wilks 1976).

Une autre solution, principalement due aux travaux d'IA vise à construire un système adéquat de représentation : réseaux sémantiques, ou graphes étiquetés entre concepts (Brachman 1979, Sowa 1984) [Fahlman 1979, Hendrix 1979...]. Les premiers réseaux sémantiques ont été critiqués parce qu'ils manquaient d'une sémantique précise et non ambiguë. Mais peut-on les en pourvoir d'une façon qui n'en fasse pas des variantes de la notation logique, et qu'ils aient des caractéristiques qui les rendent supérieurs ? Quoi qu'il en soit, un consensus semble se dessiner actuellement sur la nécessité d'une sémantique formelle attachée à tout langage de représentation. Cela n'implique pas forcément une sémantique «à la Tarski» mais une formalisation sans laquelle il est impossible de connaître la validité des conclusions d'un programme d'IA.

À notre sens, un des atouts principaux des réseaux sémantiques est de permettre divers niveaux de représentation et d'autoriser une distinction entre définition intensionnelle et définition extensionnelle des concepts.

Enfin, on peut se demander, avec un point de vue plus philosophique, ce qu'ont réellement de sémantique les réseaux sémantiques, quels sont leurs rapports avec les définitions intensionnelles ou extensionnelles des concepts, avec la sémantique formelle...

L'utilisation de représentations, quelles qu'elles soient, pose la question centrale du choix des concepts qui forment la base de toutes les descriptions (prédicats et fonctions dans le cas des logiques, nœuds du graphe qui ne sont pas définis à partir d'autres concepts, et relations étiquetant les arcs dans les représentations graphiques). On peut ici établir une analogie avec un dictionnaire où l'on définit un mot à l'aide d'autres mots ; cela implique des définitions circulaires ou l'utilisation de mots qui ne sont pas eux-mêmes définis.

Les études sur les primitives sémantiques (Wilks 1976, Schank 1973) tentent d'éviter ces circularités et explicitent les *a priori* découlant du choix de ces éléments de base. Cela permet d'avoir une forme *canonique* des phrases où tout est explicite (à un niveau de description impliqué par le choix des primitives) et donne une définition claire de la notion de paraphrase. Par exemple, la définition du verbe *manger* s'exprimait dans ce modèle par : *ingestion de quelque chose par un être animé par la bouche à l'intérieur de cet être animé*. Selon les applications, cette description pourra être ou trop détaillée ou pas assez. Il ne faut toutefois pas dissimuler le problème essentiel du choix de ces primitives ; là s'opposent quelque peu l'IA et la psychologie et si la première affirme (ou souhaite ?) que le nombre de primitives est restreint, la seconde met ce présupposé en doute. Ce dernier avis semble d'ailleurs justifié par des études linguistiques (voir par exemple [Pottier 1964]) ; bien que généralement limitées à des sous-domaines de la langue, elles exhibent un nombre important de traits sémantiques, sans commune mesure avec les réalisations informatiques.

2.5 Pragmatique

La conception modulaire présentée ici suppose l'existence d'un *sens littéral* d'un énoncé, dont une représentation est construite à l'aide de connaissances générales, syntaxiques et sémantiques et qui diffère de son interprétation contextuelle. Les étapes suivant cette première mise en évidence du sens littéral visent alors à expliciter divers éléments portés par l'énonciation réalisée. Toutefois, deux points de vue distincts, bien que voisins (ils traitent tous deux des liens entre l'énoncé et le contexte) sont possibles : l'*interprétation* d'un énoncé dépend d'une part de la façon dont il s'intègre dans notre représentation du monde, et d'autre part de la situation de communication.

Cette distinction tend à rejoindre celle que Winograd [1987] établit entre le sens *objectif* et le sens *subjectif*. Pour le premier, un énoncé a un sens en vertu de sa correspondance avec un certain état de choses (on analyse alors comment les structures des énoncés correspondent aux éléments décrits). Pour le second, le sens traduit les processus déclenchés chez l'auditeur (l'étude porte alors sur les structures et les activités cognitives mises en jeu). Ce point a été bien mis en relief par l'IA, même si elle n'est pas encore capable de le concrétiser effectivement dans ses programmes.

Le premier type d'interprétation, plus couramment utilisé en traitement automatique des langues, recouvre une interprétation de l'énoncé par rapport aux relations qui existent effectivement entre les objets désignés. En d'autres termes, les connaissances pragmatiques précisent une représentation du monde de référence (la culture commune nécessaire aux interlocuteurs pour se comprendre, en laissant nombre d'informations implicites). Les recherches des années soixante-dix ont montré leur importance pour la compréhension; en effet, les langues naturelles sont très efficaces pour transmettre rapidement de grandes quantités d'information car le locuteur suppose que son auditeur (ou son lecteur) connaît un grand nombre de choses sur le sujet abordé. Il suffit alors de lui préciser ce sujet, les valeurs des variables et les anomalies éventuelles dans le déroulement normal des actions.

Ces connaissances peuvent être représentées dans des unités élémentaires (*demons*) liées aux systèmes à règles de production, ou grâce à toutes les structures dérivées de la notion de stéréotype et de schéma (Minsky 1974, Schank et Abelson 1977) [Charniak 1978...]. À ce niveau, les traitements consistent à étudier comment l'information apportée par l'énoncé s'intègre dans les connaissances que l'on a sur le monde de référence. Il s'agira de réaliser des inférences afin de tenir compte du texte dans lequel la phrase apparaît, de mettre en évidence les liens qui existent avec le contexte et d'expliciter les éléments qui sont restés implicites, parmi les connaissances communes aux interlocuteurs.

Il est à noter que ces formalismes de représentation sont plus ou moins à l'origine des «langages objets» et des «langages d'acteurs». Étendus à toutes les sources de connaissances, et en particulier au domaine du lexique, ils permettent de se diriger vers une intégration de la mémoire et des processus. En effet, comme ils mêlent intimement le déclaratif et le procédural, ils permettent d'indiquer, pour chaque élément lexical, les façons de l'utiliser et les attentes qu'il implique.

L'autre conception de l'interprétation contextuelle, plus centrale pour la gestion de dialogues, consiste à étudier l'influence du contexte d'énonciation sur le sens de la phrase prononcée, et comment il convient de modifier le sens littéral pour «calculer» une signification dépendant de la situation. Elle représente les aspects *conventionnels* des langues et traduit les relations qui existent entre les mots du langage et celui qui les interprète. Ainsi, Grice (1968) précise que la signification globale d'un énoncé vient du sens des mots qui le composent (sens lexical), des implications conventionnelles (pragmatique intentionnelle) ou non conventionnelles dont, en particulier, les implications conversationnelles (aspects involontaires). Le rôle de la pragmatique serait alors d'*interpréter les énoncés* selon la situation de communication, à partir de principes généraux concernant l'interaction sociale et le comportement verbal des individus. Ce type de modèle de communication implique principalement la mise en évidence des présupposés, des éléments implicites et des divers buts concrets poursuivis par l'énonciation de telle ou telle phrase.

Ces processus complexes sont fondés sur des théories de philosophie du langage (Austin 1962, Searle 1975) et des théories pragmatico-linguistiques (Ducrot 1972, Moeschler 1986, Roulet 1985).

2.6 Évolutions récentes

On peut distinguer trois caractéristiques dans les évolutions récentes du traitement automatique des langues: une recherche de robustesse des analyses, une orientation vers les linguistiques de corpus, et une volonté affirmée d'évaluation.

Les analyses classiques se fondent sur un lexique clos (un mot relève d'une ou de plusieurs catégories lexicales) et une grammaire exhaustive, alors qu'une langue naturelle a un lexique ouvert et une syntaxe partiellement définie. Comme il est probablement utopique d'avoir une couverture grammaticale exhaustive, ce type d'analyse pose des problèmes combinatoires très ardus et s'est révélé excessivement complexe.

En revanche, l'extraction de certaines relations entre groupes de mots semble plus facile à réaliser et permet des raisonnements ultérieurs efficaces vis-à-vis de la compréhension. De nouvelles façons d'analyser les textes sont alors apparues, afin de traiter rapidement et de façon superficielle de gros volumes de textes portant sur des domaines divers non précisés *a priori*. Cela explique l'émergence des représentations fondées sur la notion de dépendance, plus souples, et qui permettent de représenter des analyses qui ne sont que partielles.

Une analyse robuste se caractérise par l'obligation de fournir toujours une réponse, même en présence de données non prévues : fautes d'orthographe, de grammaire, omissions ou mots non connus du système. L'analyseur doit être capable de fournir un résultat pour chaque phrase du texte, y compris les phrases dont la structure n'est pas couverte par la grammaire du système. Une stratégie d'analyse partielle est souvent adoptée pour ce faire : l'analyseur traite autant que possible chaque partie de phrase en entrée et renvoie une analyse construite à partir de ces éléments partiels lorsqu'une analyse complète n'est pas possible. Cette stratégie permet aussi de limiter l'explosion combinatoire fréquente en analyse syntaxique.

Blache (2001) par exemple, propose un processus de désambiguïsation préalable fondé sur l'utilisation de contraintes du niveau lexical, sans analyse syntaxique, par règles de filtrage très générales ; ce processus fournit des prédictions de contraintes syntaxiques.

Une autre approche est illustrée par (Vergne et Giguet 1998) qui proposent de remplacer l'analyse morpholexicale par un étiquetage aidé de règles, qui utilisent le contexte en vue de n'affecter généralement qu'une seule catégorie aux mots. L'analyse syntaxique se contente alors de regrouper ces mots étiquetés en syntagmes et de reconnaître les relations qu'ils entretiennent (dépendance, coordination...).

Cette technique peut être rapprochée de la méthode d'exploration contextuelle proposée par Desclés (1997) qui identifie des valeurs sémantiques par collecte des marqueurs discursifs explicites, en appliquant des règles de traitement fondées sur ces éléments. Dans le même ordre d'idées, Gala Pavia (2003) ou Giguet (1997) proposent des analyses incrémentales utilisant des techniques de guidage (grâce à plusieurs passes, des analyses simples peuvent donner des informations pour guider des analyses plus complexes). Chaque phase est souvent déterministe, mais cela se fonde sur une indépendance supposée des grammaires correspondant à chaque niveau, ce qui risque de poser des problèmes de cohérence et d'interaction entre les niveaux considérés.

De tels analyseurs ont été proposés en restant dans le domaine symbolique, parmi lesquels on peut citer, pour le français (Gaudinat *et al.* 1998, Hull 1999, Vergne 2003).

Comme souligné ci-dessus, un obstacle essentiel vient de l'absence d'une grammaire complète d'une langue. Une autre approche s'est alors développée grâce à l'énorme quantité de textes électroniques disponibles : il est devenu possible d'appliquer sérieusement des méthodes statistiques (et d'apprentissage) au traitement automatique des langues.

Les gros corpus, une fois annotés avec des informations linguistiques, constituent un matériau très utile, tant pour les recherches linguistiques que pour les applications en traitement automatique des langues. Ils permettent de mettre en évidence des associations entre mots qui facilitent l'accès sémantique aux textes (utilisation de synonymes, d'antonymes...). Ces corpus montrent les difficultés qu'on rencontre dans le traitement de textes *tout-venant* (constructions spécifiques d'un domaine, particularités des textes techniques et scientifiques, etc.), et, grâce à un tel inventaire, on peut espérer développer des outils de traitement robustes.

Des travaux sur ce type de corpus existent pour l'anglais depuis une dizaine d'années, et ont permis le développement d'une linguistique de corpus et une amélioration considérable des programmes de traitement automatique. Leur utilité est également reconnue pour le français, tant en linguistique (Benveniste 1996) qu'en traitement automatique (Habert *et al.* 1997), et les premiers corpus annotés commencent à être disponibles (Véronis et Khouri 1995, Abeillé, *et al.* 2000).

Malheureusement, les corpus aujourd'hui disponibles traitent surtout de textes littéraires anciens et du français écrit normé (articles du *Monde*). Les textes moins normés (courrier électronique, rapports techniques, articles plus ou moins scientifiques), bien que centraux pour la société de l'information, y sont très peu représentés. Diverses difficultés juridiques provoquent une sous-représentation du français parlé à l'étranger (Québec, Belgique, Suisse, Afrique), du français scientifique et technique, ainsi que des divers français non standard (écrits, parlés ou électroniques).

L'analyse statistique consiste à supprimer les mots grammaticaux et à calculer les fréquences d'apparition des mots ou des groupes de mots. Ces fréquences indiquent les structures privilégiées et donnent des indications sur leurs contextes d'apparition. Très utiles dans le domaine des étiqueteurs automatiques, les techniques statistiques ont des taux actuels de bonne reconnaissance de 95% à 98% [Manning et Schütze 1999]. En général, ces analyseurs engendrent toutes les analyses possibles de chaque phrase d'un texte puis utilisent des fréquences d'occurrences des séquences de mots pour sélectionner l'analyse la plus probable.

Dans le cadre de grammaires stochastiques, on peut également envisager une analyse guidée par les données : on peut chercher l'arbre d'analyse le plus probable, grâce à un échantillonnage statistique parmi la forêt des dérivations. Toutefois, dans une grammaire hors-contexte probabiliste, la probabilité d'un sous-arbre ne dépend pas des éléments qui ne font pas partie de ce sous-arbre. Cela illustre un des désavantages des grammaires stochastiques : le contexte lexical local n'est pas pris en considération. Pour pallier ce défaut, Benedi et Sánchez (2000) tentent de combiner ce modèle avec les modèles n-grammes, afin de rendre compte des relations locales entre les mots ainsi que des relations à long terme entre les composantes syntaxiques.

Un autre désavantage des grammaires stochastiques est que la probabilité d'une phrase longue est inférieure à celle d'une phrase courte, ce qui n'est pas nécessairement représentatif de la langue traitée.

Ces méthodes sont également utilisées pour réaliser des apprentissages. Charniak (1997, par exemple, décrit un analyseur statistique qui infère une grammaire à partir d'un corpus de textes syntaxiquement annotés.

Des études sur des corpus importants permettent d'associer aux mots et aux structures syntaxiques des probabilités afin de réduire les ambiguïtés en ne considérant que l'analyse la plus probable. Toutefois, les propriétés formelles des probabilités ne sont pas toujours parfaitement cohérentes avec les formalismes grammaticaux considérés.

En ce qui concerne les aspects plus purement liés au sens, il existe très peu d'outils d'aide à l'acquisition de relations sémantiques entre termes. On peut toutefois mentionner Morin [1998] qui tente de caractériser une relation sémantique par un ensemble de formes lexico-syntaxiques. Les patrons propres à une relation sémantique donnée peuvent ensuite être utilisés pour extraire d'un corpus des termes conceptuellement liés.

En s'intéressant aux noms à la fois sujet et objet du même verbe, Hindle [1990] ou Grefenstette [1994] trouvent des ensembles synonymes ou sémantiquement proches d'un mot donné. Certains – comme Bourigault 1996] – s'aident d'un filtrage statistique.

Enfin, les corpus ont également permis le développement de méthodologies d'évaluation sérieuses, en permettant :

- la définition d'un format d'annotation ayant une large couverture des phénomènes syntaxiques ;
- la mise à disposition de corpus annotés (manuellement ou semi-automatiquement) dans ce format ;
- la définition d'un ensemble de mesures permettant l'évaluation ;
- la mise au point d'outils d'annotation, de transcription et d'évaluation.

Pour ce qui concerne l'écrit, s'il est possible d'évaluer et de comparer de façon assez précise des systèmes d'étiquetage morphosyntaxiques [Chibout *et al.* 2000], il est beaucoup plus difficile d'évaluer les analyseurs syntaxiques, car les mesures se fondent sur des étiquetages qui, bien que réalisés par des experts, comportent inévitablement une part d'arbitraire.

Les conférences d'évaluation TREC (recherche d'information) et MUC (extraction d'information) ont permis à des chercheurs des deux communautés de travailler sur des projets communs et de montrer la valorisation réciproque des approches en traitement des langues et en recherche d'informations.

Dans le cadre de la campagne PARSEVAL, ouverts ni à d'autres langues ni à de nouveaux formats d'analyse, les métriques et les corpus annotés (pour l'anglais) sont aujourd'hui remis en cause. Dans le programme Technolangue (Ministère de la recherche), la campagne d'évaluation EVALDA/EASY permet de tester de nouvelles approches pour évaluer les analyseurs syntaxiques du français.

3 Aperçu sur les architectures

Comme nous l'avons vu, les sources de connaissances qui interviennent dans un système de traitement automatique des langues sont d'ordres très divers. Que les représentations utilisées soient procédurales ou déclaratives, les architectures des systèmes sont souvent modulaires : à un type de connaissances correspond un module particulier qui réalise un traitement spécifique. La tâche de chaque module, les relations qui existent entre les modules, les types de données qu'ils échangent déterminent ce qu'on appelle l'architecture du système. Chaque type d'analyse aborde des phénomènes qui ne se retrouvent pas de façon isolée dans les phrases ou les textes, et peuvent interférer. Il importe donc d'examiner comment les différents processus de traitement communiquent et collaborent en vue de la résolution générale du problème de la compréhension.

3.1 Architecture intégrée

Pour éviter d'aborder de front cette question de l'interaction entre ces modules, on pourrait envisager de développer un seul module intégrant toutes les connaissances. Quelques expériences, en nombre restreint, [Rady 1983] ont montré l'efficacité théorique d'une telle approche mais aussi sa difficulté pratique. En effet, si elle permet d'éviter des ambiguïtés artificielles (la nécessité d'un choix parmi plusieurs solutions n'est pas due à la langue elle-même, mais au programme), elle demande que soient explicitées les interactions entre les diverses connaissances. En outre, aucune théorie linguistique n'intègre toutes les connaissances nécessaires à la compréhension.

3.2 Architectures classiques

Dans un domaine où il n'existe pas d'algorithme connu permettant d'atteindre le but visé, la coopération de sources de connaissances indépendantes s'impose. Les caractéristiques des architectures modulaires se distinguent principalement par les modes de communication entre modules.

La plupart des programmes de traitement automatique des langues ont des architectures fixes. L'architecture *en série* des premières réalisations (une séquence linéaire de modules est déclenchée) s'est complexifiée avec les architectures *hiérarchique* et *hétérarchique* (divers embranchements sont possibles).

Dans ces architectures fixes, chaque procédure donne ses instructions à celles qu'elle appelle, puis reçoit et traite leurs réponses. Efficaces dans certaines conditions, elles impliquent des relations figées entre les procédures, et, négligeant la nécessaire interaction dynamique entre les modules, elles ne permettent pas de traiter efficacement l'infinie variété des situations rencontrées lors de la compréhension des langues.

En théorie, l'architecture hétérarchique est capable de remédier à certaines insuffisances de l'architecture en série, mais sa mise en œuvre est délicate : elle présuppose des interactions limitées entre modules (si les modules ont trop d'interactions, ce type de système devient inefficace et peut même être plus coûteux qu'une architecture à sens unique).

Elle doit également prendre garde à ce qu'un module ne prédomine pas sur les autres. Les travaux de Winograd (1972) et de Marcus [1980] montrent qu'une architecture communicante permet de réduire le nombre d'ambiguïtés artificielles sans toutefois les éliminer. Le problème central est toujours celui du contrôle : aucun des programmes n'a une vue globale de ce que fait le système et ne peut donc ajuster les activités des spécialistes selon le contexte.

3.3 IA distribuée

Il convient de garder présent à l'esprit que l'indépendance des divers processus n'est que relative : ils utilisent des connaissances communes, les résultats les uns des autres et contiennent des sous-processus communs. Mais bien que les différentes tâches nécessitent des traitements communs (analyse de la phrase, traitement des anaphores, gestion du thème du discours, génération...), l'ordre de déclenchement des modules varie selon la tâche à réaliser et les données à traiter : les phrases sont très diverses et font apparaître des aspects contingents, ce qui empêche de prévoir un enchaînement approprié pour toutes les situations.

Il apparaît donc que si ces actions peuvent être programmées indépendamment, une architecture plus souple est nécessaire pour une collaboration efficace. Dans les systèmes d'*IA distribuée*, on distingue principalement deux modes de communication : par *tableau noir* ou par *envoi de messages*.

Le « tableau noir » permet à diverses bases de connaissances, considérées comme indépendantes, de collaborer pour résoudre un problème, sans communications directes. Ce tableau est une structure de données globale où sont stockées les hypothèses émises par les divers modules. Chaque module cherche dans le tableau des hypothèses qui le concernent, et écrit de nouvelles hypothèses à traiter par les autres modules.

Le contrôle est alors indépendant de l'architecture d'un tel système. Si cela a permis de tester des stratégies de contrôle diverses dans le système HEARSAY II, l'expression de celui-ci peut se révéler délicate : en théorie, le modèle du tableau noir permet l'activation autonome et asynchrone des modules (à tout moment, chaque module peut écrire des hypothèses sur le tableau), mais en pratique, l'ordre d'activation des différents modules est soumis à diverses contraintes. Ainsi, les diverses stratégies testées ont-elles abouti, dans la dernière version d'HEARSAY II, à une application strictement montante des sources de connaissances.

Les systèmes d'agents communicants généralisent la notion de tableau noir en permettant des modes de communication élaborés entre les différents modules et autorisent des métaconnaissances pour la gestion de ces raisonnements et la construction d'explications.

Les processus modulaires peuvent alors intervenir dans un ordre qui n'est pas prédéfini : ils dépendent aussi bien de la tâche que de son état d'avancement. Un superviseur peut, sur la base de *métaconnaissances*, déterminer un ordre idéal d'enchaînement des processus. Ce mode de fonctionnement est alors plus général que s'il était fixé *a priori* et intègre les notions de tableau noir et de gestion de tâches par agenda ; il permet aux différents modules de communiquer de la façon la plus souple possible, leur laissant éventuellement la direction des processus qui leur sont spécifiques. Le superviseur général pourra ainsi construire une représentation globale du déroulement du raisonnement (voir (Sabah et Briffault 93) pour une application de ces principes au traitement automatique des langues).

4 Conclusion

Pour conclure, donnons tout d'abord quelques indications sur les limites des programmes actuels. S'ils sont indéniablement utiles, en particulier pour les utilisateurs novices, ils doivent se situer entre deux extrêmes : d'un côté, des systèmes efficaces pour des applications réelles capables de répondre effectivement aux demandes qui leur sont adressées dans des domaines assez vastes, d'un autre côté des systèmes « pilotes », visant à montrer la faisabilité d'une approche théorique complexe, et ne fonctionnent guère en dehors d'un ensemble d'exemples assez limité. Le fait qu'on sache mal comment évaluer objectivement les performances d'un programme de traitement automatique des langues rend difficile son positionnement par rapport à ces deux extrêmes.

Les limites peuvent se situer à différents niveaux : le vocabulaire être plus ou moins restreint, les formes des phrases acceptées diverses, les connaissances sur le domaine plus ou moins complètes, les raisonnements utilisés plus ou moins élaborés, etc. Ces limites ont des conséquences notables sur la communication elle-même. Pour que les systèmes de traitement du langage soient réellement satisfaisants, ils doivent réaliser des inférences appropriées à partir de ce qui leur est dit et, inversement leur comportement doit permettre à l'interlocuteur les inférences qu'il fait habituellement en utilisant sa langue. Ainsi est-il apparu clairement qu'il n'était pas suffisant de comprendre le sens de surface d'un texte mais qu'il faut pouvoir en comprendre les implications profondes, principalement les buts, les intentions et les stratégies de l'interlocuteur, et ces points expliquent les recherches actuelles sur le traitement automatique des langues.

N'oublions pas non plus l'importance fondamentale de l'« industrialisation » de la langue sur le plan culturel. « *La langue est le plus beau témoin d'une nation* » a dit Maurras ; c'est effectivement le support de sa culture, son principal moyen d'expression et de communication. Il est donc essentiel de permettre à nos futures machines de parler notre langue, afin que nous participions, avec toute la richesse de notre culture aux futures aventures de l'humanité.

Bibliographie

Abeillé Anne, L. Clement et A. Kinyon (2000), "Building a treebank for French, Treebanks: building and using syntactically annotated corpora", Anne Abeillé (Ed.), Kluwer, Dordrecht.

Austin John (1962), *How to do things with words*, Oxford. 1970 *Quand dire c'est faire*, Le Seuil, Paris.

Benveniste Claire-Blanche (1996), «De l'utilité du corpus linguistique», *Revue française de linguistique appliquée*, 1, 2, p. 25-43.

Blache Philippe (2001), *Les grammaires de propriétés: des contraintes pour le traitement automatique des langues*, Hermès, Paris.

Bresnan Joan et Ronald Kaplan (1981), "Lexical functional grammars; a formal system for grammatical representation", *The mental representation of grammatical relations*, MIT Press, Cambridge, Mass.

Brachman Ronald (1979), "On the epistemological status of semantic networks", *Associative networks: representation and use of knowledge by computers*, Academic Press, New York, p. 3-50.

Chomsky Noam (1981), *Lectures on government and binding*, Foris, Dordrecht.

Ducrot Oswald (1972), *Dire et ne pas dire*, Hermann, Paris.

Fillmore Charles (1968), "The case for case", *Universals in linguistic theory*, Holt, Rinehart and Winston, Chicago, p. 1-90.

Grice H.P. (1968), *Logic and conversation*, Mimeo.

Gross Maurice (1986), *Grammaire transformationnelle du français. I Syntaxe du verbe. II Syntaxe du nom*; Paris: Cantilène.

Habert Benoît, Adeline Nazarenko et André Salem (1997), *Les linguistiques de corpus*, Armand Colin/Masson, Paris.

Mel'cuk Igor (1986), *Dictionnaire explicatif et combinatoire du français contemporain*, Presses de l'université de Montréal, Québec.

Minsky Marvin (1974), *A framework for representing knowledge*, Memo 306, MIT, Cambridge Mass. Repris dans *Readings in knowledge representation*, Brachman et Levesque, Morgan Kaufmann publishers, Inc, Los Altos, 1985, p. 245-262.

Moeschler Jacques (1986), «Pragmatique conversationnelle: aspects théoriques, descriptifs et didactiques», in *Etudes de linguistique appliquée*, 63, p. 40-49.

Roulet Eddy (1985), *L'articulation du discours en français contemporain*, Peter Lang, Berne.

Sabah Gérard et Xavier Briffault (1993), "Caramel: a Step towards Reflexion in Natural Language Understanding systems", IEEE International Conference on Tools with Artificial Intelligence, Boston, p. 258-265

Schank Roger (1973), "Identification of conceptualizations underlying natural language", in *Computer models of thought and language*, Schank et Colby, Freeman, San Francisco, p. 187-247.

Schank Roger et Robert Abelson (1977), *Scripts, plans, goals and undestanding*, Hillsdale, N.J. Lawrence Erlbaum.

Searle John (1975), "Indirect speech acts", in *Syntax and semantics*, Coles et Morgan, Vol. 3: Speech acts, Semina press, New York, p. 59-82.

Sowa John (1984), *Conceptual structures: information processing in mind and machine*, Addison Wesley, Reading Mass.

Véronis Jean et Liliane Khouri (1995), «Étiquetage grammatical multilingue: le projet Multext». *Traitement Automatique des langues*, 36 (1/2), p. 233-248

Wilks Yorick (1976) "Philosophy of language", in *Computational semantics*, Charniak et Wilks, North Holland, Amsterdam, p. 101-127.

Winograd Terry (1972), *Understanding natural language*, Academic press, Edinburgh.

Systèmes à base de connaissances

Florence Le Ber, Jean Lieber, Amedeo Napoli

Mots-clés : systèmes à base de connaissances, représentation de connaissances, formalismes de représentation des connaissances, logiques, règles, logiques de descriptions, raisonnement, résolution de problèmes.

Résumé : un système à base de connaissances s'appuie sur des connaissances relatives à un domaine donné pour résoudre des problèmes se posant dans ce domaine. Pour concevoir un tel système, il faut mettre au point des formalismes de représentation des connaissances et de raisonnement qui permettent de prendre en compte les niveaux syntaxique et sémantique des connaissances du domaine considéré. Dans ce chapitre, la problématique des systèmes à base de connaissances est tout d'abord introduite, puis sont détaillés des formalismes de représentation logiques (calculs des propositions et prédicats), le langage Prolog, les systèmes à base de règles et enfin les logiques de descriptions. Le chapitre se termine par un tour d'horizon des systèmes de référence et des domaines d'application dans lesquels ils opèrent.

Un jour, quelque part, nous arrivons à un carrefour où des routes se croisent et où ne figure aucune indication. Plusieurs solutions pour trouver le bon chemin – si tant est qu'un objectif ait été décidé pour ce voyage – s'offrent à nous : choisir une route au hasard, par exemple continuer tout droit coûte que coûte, quitte à retomber sur le même genre de carrefour ou encore dans un cul-de-sac (plus de route, un obstacle impossible à franchir), ou plutôt choisir une route en s'appuyant sur des connaissances disponibles sur le domaine, par exemple avec l'aide d'une carte de la région, d'un guide humain ou matériel, en repérant notre position par rapport au soleil ou avec une boussole, un sextant, etc. Beaucoup de problèmes se présentent comme celui-ci, où il s'agit de partir d'un état initial pour atteindre un état final, en passant par un ensemble d'états intermédiaires qu'il faut explorer et à partir desquels il faut faire des choix en fonction de connaissances plus ou moins disponibles et plus ou moins complètes. Le nombre de possibilités est la plupart du temps très vaste, si bien qu'il n'est pas envisageable de choisir au hasard, sous peine de ne jamais pouvoir résoudre le problème. La problématique des *systèmes à base de connaissances* repose sur de tels constats (Stefik, 1995) : comment procéder pour qu'un système informatique s'appuyant sur des connaissances puisse résoudre des problèmes dans un domaine donné ? Cela revient, pour un tel système, à faire preuve d'une *certaine forme d'intelligence*, à être capable de mettre en œuvre des stratégies et à faire des choix judicieux lorsque c'est nécessaire. Les connaissances dont il est question pour ces systèmes sont disponibles et exploitées sous forme électronique. Ainsi, la tâche principale d'un système à base de connaissances est d'exploiter des connaissances d'un domaine pour (aider à) résoudre un problème donné, d'identification, de classification, de reconnaissance, de diagnostic, de configuration, de planification, etc. Pour en revenir à notre voyage initial, de nombreux problèmes peuvent se poser en cours de route qu'il peut s'avérer fort utile de résoudre, comme identifier un animal qui vient à passer, dangereux ou pas, une plante ou un

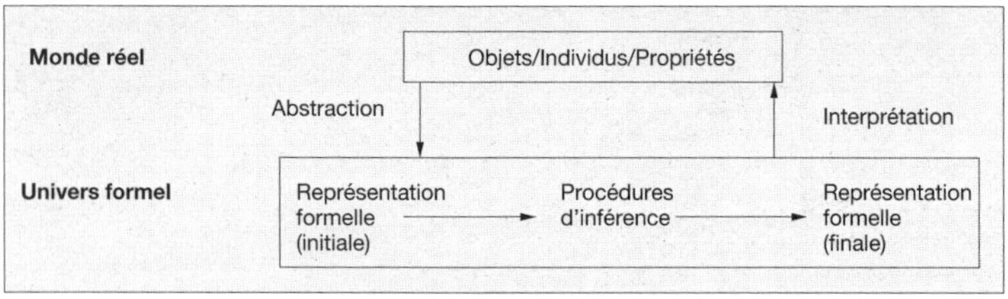

Figure 1 La représentation et la manipulation des connaissances dans un système à base de connaissances.

champignon qui poussent par là, comestible ou pas, soupçonner et détecter l'existence d'un point d'eau, diagnostiquer une panne de la voiture et réparer, trouver un chemin plus court ou plus pratique, ou encore plus long mais plus joli…

1 La notion de système à base de connaissances

1.1 La résolution de problèmes

Pour résoudre un problème, un être humain raisonne généralement sur des concepts abstraits qui modélisent les objets de l'univers du problème, et en tire des conclusions qu'il interprète ensuite dans cet univers. La simulation d'un tel comportement pour un système informatique se décompose selon les étapes suivantes (cf. figure 1):

- l'*abstraction* permet d'associer des structures aux éléments du domaine et du problème considéré;
- les structures sont ensuite représentées en machine sous forme d'expressions symboliques (formules bien formées) à l'aide d'un langage de représentation des connaissances. Parmi ces expressions, certaines sont permanentes et constituent la mémoire à long terme; d'autres sont temporaires et constituent la mémoire à court terme. La mémoire à long terme contient la connaissance dont dispose le système sur le domaine étudié et peut être considérée comme un modèle opérationnel et utilisable du domaine, ce qui s'appelle encore une *ontologie*. La mémoire à court terme contient les informations sur le problème particulier à résoudre;
- les expressions symboliques sont combinées entre elles pour produire, par application de règles d'inférence, de nouvelles expressions symboliques;
- les nouvelles expressions symboliques sont interprétées dans le cadre de l'univers du problème considéré et apportent des éléments de solution au problème courant.

Un système à base de connaissances est un programme qui s'appuie sur le schéma ci-avant pour résoudre des problèmes en utilisant explicitement des connaissances disponibles et stockées sous une forme exploitable. Dans son architecture classique, un tel système comprend: une base de connaissances relatives à un domaine d'application, une base de faits contenant des faits ou données caractérisant le problème courant, un programme souvent appelé *moteur d'inférence*, qui manipule les bases, recherche les connaissances adéquates et mène un raisonnement (suite d'inférences) pour résoudre le problème courant.

1.2 Connaître, c'est décrire pour retrouver[1]

Concevoir un système à base de connaissances consiste à modéliser puis à représenter des connaissances propres à un domaine à l'aide d'un formalisme de représentation, puis à manipuler les connaissances par l'intermédiaire de règles d'inférence pour résoudre les problèmes posés (Kayser, 1997). La connaissance est alors considérée comme une *entité calculable*, ce qui pose un certain nombre de problèmes pratiques voire philosophiques (cf. le chapitre «Connaissance»), en particulier:

- sous quelle forme doivent s'exprimer les connaissances ?
- comment un mécanisme de raisonnement peut-il exploiter au mieux un ensemble de connaissances forcément limité et comment peut-il tirer de cet ensemble toutes les connaissances implicites qu'il renferme?
- comment les connaissances inférées influent-elles sur le comportement du système?
- comment raisonner avec des informations incomplètes ou bruitées?
- comment faire aboutir un raisonnement alors que l'éventail des possibilités de recherche d'une solution est virtuellement infini?

Un langage de représentation des connaissances se caractérise par une *syntaxe* et une *sémantique*: les expressions du langage dérivent d'un procédé de construction de formules bien formées (syntaxe) et se voient associées une sémantique, sur laquelle repose la validité des inférences effectuées par le système. La sé-

1. L'expression est de Gaston Bachelard (*Essai sur la connaissance approchée*, 1927).

mantique est généralement donnée par une fonction d'interprétation qui met en correspondance les éléments de la représentation et les éléments d'un domaine d'interprétation (sémantique dénotationnelle). Les opérations de manipulation des connaissances – essentiellement recherche et inférence – sont dépendantes du formalisme de représentation lui-même. Les concepteurs d'une base de connaissances doivent choisir les unités de connaissances du domaine qu'il faut représenter et les coder de façon à ce que la base construite soit un modèle opérationnel de l'univers considéré.

La plupart des formalismes de représentation des connaissances sont *déclaratifs*: les connaissances expriment ce que l'on sait, le «quoi» de l'univers étudié, par opposition à un formalisme *procédural*, où est explicité le «comment» des choses. L'aspect déclaratif repose sur une certaine indépendance vis-à-vis du contexte d'utilisation – il est possible d'appréhender les unités de connaissances isolément et chaque unité est intelligible pour et par elle-même – et vis-à-vis des traitements; il n'est pas nécessaire de «faire tourner le système» pour savoir ce qu'il renferme et ce qu'il est censé faire. Une «échelle» des degrés de déclarativité des formalismes courants de représentation est proposée dans (Laurière, 1987).

2 L'architecture et la mécanique des systèmes de connaissances

2.1 La notion de système formel

La notion de *système formel* permet d'appréhender la forme et le fonctionnement d'un système à base de connaissances. Un *système formel* se compose d'un ensemble non vide de symboles, d'un procédé de construction de formules (à partir des symboles), d'un ensemble d'axiomes (formules prédéfinies) et d'un ensemble de *règles d'inférence* ou de *dérivation* notées $\frac{\alpha_1\alpha_2\ldots\alpha_n}{\alpha_{n+1}}$, qui se lisent «à partir de l'ensemble de formules $\alpha_1\alpha_2\ldots\ \alpha_n$ se dérive la formule α_{n+1}». Une formule est un *théorème* si c'est un axiome ou bien si elle résulte de l'application d'une règle d'inférence à des théorèmes. Un problème général qui se pose dans le cadre d'un système formel est de savoir si une formule ϕ est un théorème, ce qui revient à rechercher l'enchaînement des dérivations (preuve ou démonstration) qui conduit des axiomes à ϕ.

Il est possible d'associer une *interprétation* – une *sémantique* – à une formule ϕ, sur la base d'un domaine d'interprétation Δ et d'une fonction d'interprétation I. La fonction d'interprétation établit une correspondance entre les symboles de ϕ et les éléments de Δ, sur la base de laquelle se calcule la valeur que l'interprétation I confère à ϕ (qui se note encore ϕ^I et qui peut être «vrai» ou «faux»). Ainsi, la formule ϕ est *satisfiable* s'il existe une interprétation I qui lui donne la valeur vrai. De plus, lorsque toutes les formules d'un ensemble de formules F sont vraies pour une interprétation I, alors I est un *modèle* de F. En particulier, à tout formalisme de représentation est associé un procédé qui permet de tester la satisfiabilité d'une formule ou de construire un modèle d'un ensemble de formules. Les tâches d'un système à base de connaissances se ramènent globalement à vérifier la satisfiabilité d'une formule ou d'un ensemble de formules et à construire alors un modèle associé.

Considérons un système formel[1] où l'ensemble des symboles est {p, e, u}, le procédé de construction de formules est la concaténation des symboles, où le seul axiome est upueuu et les deux règles d'inférences sont («si une expression de la forme AeB est un théorème alors uAeBu est un théorème») et («si une expression de la forme AeB est un théorème alors AueuB est un théorème»). Il est possible de tester dans ce système formel si les formules uupuueuuuu, uupueuuuu et upupueuuu sont des théorèmes. La réponse est *oui* pour la première (deux arbres de dérivation peuvent être produits), et *non* pour les deux formules suivantes, car un théorème ne peut pas contenir un nombre impair de u et plus d'un p.

Une interprétation peut être associée à ce système formel, avec comme domaine d'interprétation $\Delta = N$, ensemble des entiers naturels, et une fonction d'interprétation I qui à u fait correspondre l'entier 1 (I(u) = 1), à e fait correspondre l'égalité (I(e) = «=») et à p fait correspondre l'addition (I(p) = «+»). Dans ce cas, la formule uupuueuuuu s'interprète comme l'«addition» 1 1 + 1 1 = 1 1 1 1 (à la façon des chiffres romains). Le fait que la formule upupueuuu ne soit pas un théorème alors qu'il peut lui correspondre une interprétation, en l'occurrence 1 + 1 + 1 = 1 1 1, montre que le système formel est incomplet: il n'est pas possible de prouver tout ce qui est vrai parce qu'il manque des règles d'inférence pour le faire. Le problème de l'incomplétude d'un système formel est difficile à résoudre et se retrouve à l'identique dans un système à base de connaissances: il manque des connaissances et/ou des règles d'inférence pour résoudre certains des problèmes posés.

2.2 Les concepts et les ontologies

En représentation des connaissances, le terme *ontologie* fait référence à un modèle opérationnel utilisé pour décrire un domaine particulier du monde réel (Fensel *et al.*, 2003; Staab et Studer, 2004). Dans cet ordre

1. Cet exemple est tiré de la page www710.univ-lyon1.fr/~fouet/DEA/main.html de J.-M. Fouet. Un système formel analogue noté «MIU» est proposé dans (Hofstadter, 1985).

d'idées, les *concepts* apparaissent comme des briques de base des ontologies (Ganter et Wille, 1999): ils possèdent une *intension* qui se définit par l'ensemble des propriétés caractéristiques, ou attributs, du concept et une *extension* qui recouvre l'ensemble des individus ou objets «instances» du concept. L'intension peut s'appréhender comme l'ensemble des conditions nécessaires et suffisantes devant être vérifiées par un objet pour être instance du concept. Les intensions et les extensions sont emboîtées en sens inverse l'une de l'autre: plus un concept est général plus il recouvre d'individus et moins il recouvre de propriétés, et réciproquement.

Pratiquement, une ontologie $\mathcal{O}$ se présente comme un système formel constitué d'un ensemble de concepts et d'un ensemble de relations binaires spécifiées par des couples de concepts (D, R) de *domaines* et de *codomaines*, d'un ensemble A d'axiomes, d'une relation de *spécialisation* ou *subsomption* notée $\sqsubseteq$, qui est généralement réflexive, antisymétrique et transitive, qui permet d'organiser les concepts et les relations en une hiérarchie, et qui autorise les inférences. En particulier, $C_1 \sqsubseteq C_2$ signifie que C_1 est un sous-concept de C_2: l'extension de C_1 est contenue dans celle de C_2 tandis que l'intension de C_1 contient celle de C_2. Il est possible alors d'inférer qu'un individu est instance d'un certain concept ou qu'un concept partage certaines propriétés avec un autre concept. Suivant ce schéma, une base de connaissances s'appuie sur un couple constitué d'une ontologie et d'une base d'assertions ou de faits (dans lesquels interviennent les individus). Ainsi, une base de connaissances contient des unités de formes et de niveaux d'abstraction différents, comme par exemple des concepts, des instances, mais aussi des règles manipulant des faits, des stratégies (*heuristiques*) exprimant la façon de se servir des connaissances de la base.

Les ontologies ont une place d'importance croissante dans des domaines comme la gestion des connaissances, les systèmes coopératifs, l'intégration et la recherche d'information, le commerce électronique et bien sûr le Web sémantique (cf. chapitre «Web sémantique»). Les ontologies sont appelées à jouer là un rôle clé en établissant une terminologie commune entre les agents – logiciels et humains – qui peuvent ainsi partager la même sémantique sur les concepts et les relations manipulés. Les ontologies sont également au cœur de la gestion des connaissances, où, à l'image de la gestion de bases de données, ce ne sont plus simplement des données (syntaxiques) mais des connaissances (munies d'une syntaxe et d'une sémantique) qui sont considérées et manipulées.

Toutefois, les objets du quotidien obéissent rarement à des lois rigoureuses, comme les êtres humains et au contraire des objets mathématiques. Intégrer les différentes natures des objets du quotidien dans un formalisme de représentation pose des problèmes difficiles à résoudre comme la représentation de modalités (statut et degré de vérité des informations), la représentation de connaissances typiques et exceptionnelles, la représentation de connaissances incomplètes, évolutives, interdépendantes, etc. Ainsi, de nombreux formalismes de représentation et de raisonnement ont été mis au point pour prendre en compte les natures diverses et variées des connaissances (Haton *et al.*, 1991). Quelques-uns de ces formalismes, parmi les plus couramment utilisés, les logiques des propositions et des prédicats, le langage Prolog, les règles de production et les logiques de descriptions, sont détaillés dans les paragraphes qui suivent. Il existe bien sûr d'autres formalismes de représentation, qu'il n'est pas possible de traiter ici faute de place, comme par exemple les graphes conceptuels (Sowa, 1984) ou les représentations de connaissances par objets (Ducournau *et al.*, 1998). Le lecteur curieux ou intéressé peut se rapporter aux deux livres référencés.

2.3 L'ingénierie et la gestion des connaissances

L'ingénierie d'un système à base de connaissances s'appuie sur un ensemble d'opérations qui se retrouvent dans la conception de tout logiciel d'envergure:

- initialisation et modélisation: ces étapes recouvrent la spécification d'un modèle des éléments du domaine à représenter et une mise en œuvre du modèle du domaine; des méthodologies de modélisation telles que KADS ou COMMON KADS ont été mises au point pour ces besoins (Schreiber *et al.*, 1999);
- représentation et raffinement: ces étapes recouvrent la phase de représentation proprement dite, le choix d'un langage de représentation, l'implantation du modèle et le raffinement du modèle après les premières opérations de test;
- évaluation: cette étape suit et complète l'utilisation du système à base de connaissances dans des applications et recouvre la mise en place d'environnements logiciels adaptés aux besoins spécifiques et l'évaluation du fonctionnement du système dans la pratique;
- maintenance: les connaissances évoluent, les modes de raisonnement aussi, ce qui fait évoluer d'autant la spécification du système, qui doit être mis à jour pour garantir la cohérence et la compatibilité des connaissances, anciennes et nouvelles;
- diffusion: les connaissances doivent être partagées et transmises si besoin est sous une forme opérationnelle : c'est là un des fondamentaux de la con-

ception des ontologies et donc des bases de connaissances. Le fait que les connaissances soient codées à l'aide d'un langage de représentation muni d'une syntaxe et d'une sémantique bien définies garantit que ce sont bien les mêmes éléments de connaissances qui sont envoyés et réceptionnés, au sens où ils peuvent servir à résoudre des problèmes de même nature de part et d'autre.

Du côté du monde industriel, ce sont les notions de gestion des connaissances et de mémoire d'entreprise qui émergent effectivement (Hatchuel et Weil, 1992; Dieng *et al.*, 2001; Zacklad et Grundstein, 2001). Les problèmes à résoudre consistent pour l'essentiel à gérer les connaissances liées à l'entreprise: les recenser, les mémoriser, les utiliser, les transmettre et les faire croître. Les éléments essentiels de la mémoire d'entreprise sont le savoir-faire, l'expertise, les documents scientifiques et techniques; les différents «agents» sont ici les personnes, les connaissances, les documents et les actions (la dynamique, le flot des informations, etc.). Un des problèmes récurrents qui se pose est celui de «trouver la bonne information»: qui sait ou peut savoir où elle se trouve, comment s'en servir et sinon comment faire.

Les principales étapes de la conception d'une mémoire d'entreprise sont calquées sur le schéma ci-dessus d'ingénierie d'un système à base de connaissances: la détection des besoins et la conception du modèle, la construction de la mémoire, l'utilisation, l'évaluation et la diffusion de la mémoire. Il faut faire ressortir ici plusieurs points particuliers : l'utilisation effective de la mémoire d'entreprise par des personnes aux statuts différents et donc aux besoins différents (décideurs et techniciens par exemple), l'accès nécessaire à des systèmes et à des bases d'informations qui sont associés ou qui dépendent de la mémoire d'entreprise, le partage et la diffusion des éléments de la mémoire sur un plan interne mais aussi externe, et enfin le «retour sur expérience» qui autorise une mise au point et un raffinement progressifs de la mémoire d'entreprise.

Ci-après nous détaillons un ensemble de formalismes de représentation parmi les plus utilisés et les plus importants, dans l'ordre les logiques des propositions et des prédicats, le langage Prolog, les règles de production et enfin les logiques de descriptions.

3 Les formalismes logiques et Prolog

Le *calcul des propositions* (CP0) correspond à la logique où les constituants des formules sont des propositions, c'est-à-dire des expressions qui prennent l'une des deux valeurs {faux, vrai} (ou {0,1}), à l'image d'une fonction booléenne. Une proposition peut correspondre à une forme du langage comme sujet – verbe – complément, insécable au sens où elle forme un «tout non décomposable»: il-fait-beau ou le-chat-est-noir. Le calcul des propositions permet de formaliser des énoncés de problèmes donnés en langage naturel et une certaine partie du raisonnement humain. Les problèmes principaux qui se posent en CP0 sont (*p1*) de représenter des énoncés avec des formules du CP0, (*p2*) de savoir si une formule est toujours vraie et (*p3*) de savoir si une formule se déduit d'un ensemble de formules. Ces problèmes recouvrent les tâches qui doivent être accomplies par un système à base de connaissances (Delahaye, 1987).

Ci-dessous, nous décrivons brièvement les grands principes du CP0 et nous montrons les rapports existant avec la problématique des systèmes à base de connaissances. Une formule du CP0 ou formule propositionnelle se construit à partir d'un ensemble de symboles (ou variables) propositionnels et d'un ensemble de connecteurs booléens exprimant (entre autres) la négation ($\neg$), la conjonction ($\wedge$), la disjonction ($\vee$) et l'implication ($\rightarrow$). Une sémantique peut être associée à une formule propositionnelle ϕ par l'intermédiaire d'une interprétation ou valuation I qui fait correspondre à une formule ϕ une valeur de vérité dans {0, 1}, notée ϕ^I, une fois fixée la valeur de vérité des symboles propositionnels qui composent ϕ. La formule ϕ est alors *satisfiable* s'il existe une valuation I telle que $\phi^I = 1$; une telle valuation s'appelle un *modèle* de ϕ. Les problèmes *p2* et *p3* s'expriment alors de la façon suivante: pour *p2*, une formule ϕ est toujours vraie lorsque toute valuation I est un modèle de ϕ; pour *p3*, une formule ϕ est une conséquence logique d'un ensemble de formules $S = \{\phi_1, \phi_2, \ldots, \phi_n\}$ si et seulement si chaque fois que les formules de S sont vraies simultanément alors ϕ est vraie, ce qui revient encore à dire que tous les modèles de S sont des modèles de ϕ.

Il existe plusieurs façons de prouver qu'une formule admet un modèle, en utilisant des méthodes de tableaux sémantiques ou la résolution par exemple (Gochet et Gribomont, 1991). En particulier, la règle de résolution s'écrit $\frac{\neg a \vee b,\ a \vee c}{b \vee c}$ et se lit «la formule b $\vee$ c se déduit à partir des formules $\neg$a $\vee$ b et a $\vee$ c» (les expressions sont sous forme de clause, c'est-à-dire d'une disjonction de symboles propositionnels positifs comme a ou négatifs comme $\neg$a). De façon pratique, une formule ϕ se déduit de l'ensemble de formules S si et seulement si $S \cup \{\neg\phi\}$ est non satisfiable. La règle de résolution se spécialise d'une part en *modus ponens*, $\frac{\neg a \vee b,\ a}{b}$, qui se lit «si a et a $\rightarrow$ b sont vrais alors b est vrai» (où a $\rightarrow$ b est l'abréviation de $\neg$a $\vee$ b), et d'autre part en *modus tollens*, $\frac{\neg a \vee b,\ \neg b}{\neg a}$, qui se lit «si $\neg$b et a $\rightarrow$ b sont vrais alors

¬a est vrai». Le *modus ponens* et le *modus tollens* synthétisent le fonctionnement d'un système à base de connaissances lors d'une résolution de problème. D'une part, le *modus ponens* consiste à partir des faits disponibles dans une base de faits pour en déduire de nouveaux faits, jusqu'à ce que les faits relatifs à la solution du problème courant soient déduits ; le problème est alors déclaré résolu, sinon la résolution du problème est en échec. D'autre part, le *modus tollens* consiste à partir d'un but à satisfaire et à le décomposer en sous-buts jusqu'à obtenir des faits connus ; si tous les sous-buts sont satisfaits le problème est déclaré résolu, sinon la résolution du problème est en échec.

Considérons par exemple un problème de configuration de composants et la base de formules qui en découle : «un composant non principal est de couleur orange», «un composant est générateur ou n'est pas de couleur orange», «un composant actif n'est pas bidirectionnel», «un composant est bidirectionnel si et seulement si il est principal», «un composant générateur est principal et actif», «un composant principal est générateur». La base de formules associée est : $\neg P \rightarrow CO$ qui s'écrit (1) $P \vee CO$, avec $P =$ principal et $CO =$ couleur-orange, (2) $G \vee \neg CO$ avec $G =$ générateur, $A \rightarrow \neg B$ qui s'écrit (3) $\neg A \vee \neg B$, avec $A =$ actif et $B =$ bidirectionnel, $B \longleftrightarrow P$ qui se traduit par les deux formules (4.1) $\neg B \vee P$ et (4.2) $\neg P \vee B$, $G \rightarrow P \wedge A$ qui se traduit encore par deux formules (5.1) $\neg G \vee P$ et (5.2) $\neg G \vee A$, et enfin $P \rightarrow G$ qui s'écrit (6) $\neg P \vee G$. Il est possible de montrer que la clause vide peut se dériver avec la règle de résolution à partir de cet ensemble de formules, où un ordre d'application possible est : (1) et (2) donnent $P \vee G$ (7) ; (3) et (5.2) donnent $\neg B \vee \neg G$ (8) ; (4.2) et (5.1) donnent $B \vee \neg G$ (9) ; (8) et (9) donnent $\neg G$ (10) ; (7) et (10) donnent P (11) ; (6) et (11) donnent G (12), ce qui conduit à une contradiction entre (10) qui est $\neg G$ et (12) qui est G. Cela signifie que l'ensemble des règles de configuration donné ci-dessus n'est pas satisfiable, ce qui s'interprète encore comme le fait qu'il n'est pas possible de mettre en place une configuration de composants avec de telles règles.

Le *calcul des prédicats du premier ordre*, abrégé en CP1, étend le CP0 avec des variables (à valeurs non nécessairement booléennes), des fonctions qui retournent des valeurs (non booléennes), des prédicats qui généralisent les propositions et des quantificateurs qui déterminent la portée des variables. Par exemple, le prédicat unaire masculin(x) prend la valeur «vrai» chaque fois que la variable x désigne un individu de sexe masculin ; le prédicat binaire est-mère-de(x, y) prend la valeur «vrai» chaque fois que la variable x désigne la mère de l'individu désigné par la variable y. Le calcul des prédicats devient indispensable dès lors qu'il est nécessaire de représenter des formules où interviennent des quantifications, pour décrire par exemple des propriétés qui concernent un ou tous les individus étudiés.

En particulier, la représentation de phrases du langage naturel s'appuie sur des formes génériques universelles et existentielles, où interviennent explicitement les quantificateurs (Kleene, 1971 ; Kayser, 1997). Ainsi, dans le célèbre syllogisme «*Tous les hommes sont mortels. Socrate est un homme. Donc Socrate est mortel.*», la première phrase illustre une quantification universelle, la deuxième une instanciation et la troisième une conséquence logique des deux précédentes. C'est à représenter ce type d'énoncés avec des formules et à prouver qu'une formule est une conséquence logique d'un ensemble de formules que s'attache le calcul des prédicats. En supposant pour simplifier que tous les prédicats sont unaires, la forme universelle positive «tous les S sont des P» se traduit par $(\forall x)\ (S(x) \rightarrow P(x))$, la forme universelle négative «aucun S n'est un P» se traduit par $(\forall x)\ (S(x) \rightarrow \neg P(x))$ ou encore par $\neg((\exists x)\ (S(x) \wedge P(x)))$, les formes existentielles positives «certains S sont des P» et négatives «certains S ne sont pas des P» se traduisent respectivement par $(\exists x)\ (S(x) \wedge P(x))$ et $(\exists x)\ (S(x) \wedge \neg P(x))$. Pour en revenir à l'exemple ci-dessus, les deux premières phrases du syllogisme se traduisent par les deux formules : $(\forall x)$ (homme(x) $\rightarrow$ mortel(x)), homme(Socrate), qui se transforment sous forme de clauses en $\neg$homme(x) $\vee$ mortel(x), homme(Socrate). En appliquant la règle de résolution – comme pour le CP0 – moyennant la substitution de la variable x par Socrate, il est possible de déduire que mortel(Socrate) est une conséquence logique des deux premières phrases. De plus, des relations complexes comme «Tous les (certains) éléments de type S sont en relation (R) avec tous les (certains) éléments de type P» peuvent également être représentées. Par exemple, l'expression «toutes les femmes aiment tous les hommes» se traduit par :

$$(\forall x)\ (\forall y)\ (\text{femme}(x) \wedge \text{homme}(y) \rightarrow \text{aime}(x, y)).$$

Par rapport aux systèmes à base de connaissances, le CP1 permet l'utilisation de variables et donc de traiter une catégorie de problèmes plus vaste que ne le permet le seul CP0. En contrepartie, la modélisation des énoncés et le raisonnement s'avèrent plus complexes. Du point de vue pratique, l'utilisation du CP1 pour concevoir un système à base de connaissances repose le plus souvent sur le langage de programmation logique Prolog, qui adopte les principes mêmes du CP1 et qui a été mis au point dans les années soixante-dix (Colmerauer *et al.*, 1983). Les formules du langage Prolog se composent de constantes, de variables, de fonctions, de prédicats – où certaines fonctions et certains prédicats sont prédéfinis – et où sont également disponibles des structures de données comme la liste par exemple. Trois formules génériques permettent de modéliser des règles, des faits et des questions.

Une règle se présente sous la forme $A(x) \leftarrow B_1(x)$, $B_2(x)$,..., $B_n(x)$ et se lit $A(x)$ si $B_1(x)$ et $B_2(x)$ et... $B_n(x)$ (les prédicats sont supposés unaires pour simplifier, $A(x)$ s'appelle la tête de la règle et la conjonction des $B_i(x)$ le corps de la règle). Par exemple la règle

repas(e, p, d) ← horsDœuvre(e), plat(p), dessert(d)

représente la règle «un repas est composé d'un hors d'œuvre, d'un plat et d'un dessert», où e, p et d sont des variables. Un fait représente un élément de connaissance toujours vrai (une règle sans condition). Un fait A(x) se note A(x)←. Par exemple, horsDœuvre(carotte)←, plat(couscous)← et dessert(pomme)← sont des faits. Une question se note ?$B_1(x)$, $B_2(x)$,..., $B_n(x)$ et se compose d'une conjonction de prédicats dont il faut établir la vérité, plus précisément rechercher les valeurs des variables qui satisfont simultanément chaque prédicat B_i. Par exemple, les questions ?repas(e, p, d) et ?repas(e, couscous, tarte) s'interprètent respectivement comme «pour quelles valeurs de e, p et d le prédicat repas(e, p, d) est-il satisfait?» et «pour quelles valeurs de e le prédicat repas(e, couscous, tarte) est-il satisfait (deux variables ont des valeurs fixées)».

Un programme Prolog se présente donc comme une suite de faits et de règles, qui correspondent à la base de faits et à la base de connaissances. L'utilisation d'un système Prolog consiste à poser des questions et à obtenir des réponses par l'intermédiaire d'une instanciation des variables qui figurent dans les questions. Pour satisfaire la question ?q(x), le système Prolog recherche une formule (fait ou règle) de tête q( ) avec laquelle le prédicat de la question peut s'apparier, puis il retourne la substitution des variables qui autorise l'appariement. Par exemple, ?plat(p) peut s'apparier avec plat(couscous), ce qui produit la réponse {p = couscous}. Lorsque la tête d'une règle s'apparie avec une question, la tête *s'efface* et les prédicats du corps de la clause deviennent à leur tour autant de questions, dans lesquels les substitutions de variables effectuées lors de l'appariement se sont propagées. Le processus se continue jusqu'à ce que tous les faits et toutes les règles aient été traités. Par exemple, la question ?repas(e, p, d) donne naissance à trois sous-questions qui sont? horsDœuvre(e), ?plat(p) et ?dessert(d), qui donnent la réponse {e = carotte, p = couscous, d = pomme}. Le processus est en échec si un appariement n'est pas possible et qu'une tête de règle ne peut pas s'effacer (le système effectue un retour-arrière si nécessaire), sinon le processus retourne la suite des substitutions associées à tous les appariements réalisés.

Le langage Prolog a eu une importance assez considérable dans le développement de systèmes à base de connaissances et reste encore et toujours un langage d'actualité pour l'ingénierie des connaissances. Des expériences ont également été menées pour coupler Prolog avec des langages de contraintes, ce qui a accru le potentiel du langage en termes de conception de systèmes à base de connaissances (Van Hentenryck, 1989).

4 Les systèmes à base de règles

Les *systèmes à base de règles (de production)*, plus connus sous le nom de *systèmes experts* (Hayes-Roth *et al.*, 1983; Buchanan et Shortliffe, 1984; Delahaye, 1987; Laurière, 1987), constituent un moyen privilégié de coder des connaissances d'experts. En effet, il s'avère qu'une bonne partie des éléments d'expertise courants et utiles en résolution de problèmes, par exemple pour une analyse, un diagnostic, une reconnaissance, une classification, s'exprime sous la forme de règles de production. Fondamentalement, les inférences réalisées par les systèmes à base de règles sont régies par les principes de la logique, mais c'est le recueil d'expertise qui fait ici la différence. Une règle de production se compose d'une partie gauche – la prémisse – et d'une partie droite – la conclusion – et se présente sous la forme *si condition(s) alors conclusion(s)*. Le langage de description des règles peut être plus ou moins complexe, comporter des conjonctions, des disjonctions, des négations, des variables, etc.

Un système à base de règles se compose de trois modules séparés et interdépendants (cette séparation permet de respecter le caractère déclaratif de la représentation). La base de règles contient les connaissances du domaine mémorisées sous forme de règles de production. Les règles sont intelligibles pour et par elles-mêmes, et elles sont indépendantes les unes des autres (aucune règle de production ne fait appel à une autre règle). La base de faits contient les faits relatifs au problème courant à résoudre. Le moteur d'inférence permet d'enchaîner et de contrôler les cycles d'applications des règles, en partant des faits pour atteindre la solution du problème courant. Le cycle d'un moteur d'inférence est à trois temps: sélection des règles applicables, choix d'une règle et déclenchement. La figure 2 montre un exemple de base de règles relatives à des déplacements de personnes et une base de faits associée. Les premières règles (de `(r1)` à `(r4)`) traitent le choix du moyen de déplacement en fonction de la distance et les autres règles sont relatives au budget pour le déplacement. La base de faits décrit le problème particulier d'un déplacement de 456 km pour un universitaire disposant d'un certain budget.

```
(r1) Si distance ≤ 2 km alors aller-a-pied
(r2) Si 2 km < distance ≤ 20 km alors aller-a-velo
(r3) Si 20 km < distance alors aller-en-train
(r4) Si 400 km < distance et budget-avion alors aller-en-avion
(r5) Si aller-en-train ou aller-en-avion alors besoin-billet
(r6) Si universitaire et budget alors ordre-mission
(r7) Si ordre-mission et besoin-billet alors billet-prepaye
(r8) Si universitaire et distance ≤ 1000 km alors ¬ budget-avion
(r9) Si besoin-billet et ¬ ordre-mission alors payer-billet

Base de faits = {universitaire, distance = 456 km, budget}
```

Figure 2 Un exemple de base de règles relative à des déplacements et une base de faits associée.

Étant donné une base de faits et une base de règles, une règle R est applicable si ses conditions sont satisfaites, autrement dit si la base de faits contient les informations nécessaires pour valider les prémisses de la règle R. Dans l'exemple ci-dessus, les règles (r3), (r6) et (r8) sont applicables. Le choix d'une règle se fait parmi les règles sélectionnées sur la base de certains critères, car plusieurs règles peuvent être en compétition lors de ce choix (d'où le nom d'ensemble des conflits donné quelquefois à l'ensemble des règles applicables). Des *métarègles* – ou des métaconnaissances (Pitrat, 1990) – peuvent être utilisées pour résoudre les conflits, c'est-à-dire aider à choisir une règle à appliquer parmi plusieurs règles possibles, comme par exemple *MR1* «N'appliquer qu'une seule fois une règle sur les mêmes données»; *MR2* «Ne pas appliquer une règle qui conclut sur des faits déjà connus» (ces deux métarègles permettent également d'éviter les boucles infinies); *MR3* «Appliquer la règle de rang le plus bas si aucune des deux métarègles *MR1* et *MR2* ne s'applique». Une fois une règle choisie, elle est appliquée et les éléments de sa conclusion sont ajoutés à la base de faits. Par exemple, ici, la métarègle *MR3* s'applique, la règle (r3) est choisie et le fait aller-en-train est validé, ce qui permet la sélection future de la règle (r5), et ainsi de suite.

En ce qui concerne la stratégie d'application des règles, le *chaînage avant* est dirigé par les données et se distingue du *chaînage arrière* qui est dirigé par les buts. Pour le chaînage avant, étant donné une base des faits disponibles et un but à résoudre, le moteur d'inférence enchaîne les cycles en sélectionnant les règles dont les prémisses sont satisfaites (*modus ponens*). Les nouveaux faits sont insérés dans la base de faits et le moteur s'arrête avec succès lorsque la base contient le but ou en échec lorsque plus aucune règle n'est applicable et que le but n'est toujours pas atteint. Par exemple, une suite d'applications de règles peut être la suivante: (r3),(r5),(r6),(r7),(r8), ce qui exprime que le déplacement de 456 km pour notre universitaire peut se faire en train avec un billet prépayé. Pour le chaînage arrière, le moteur d'inférence recherche les règles qui concluent sur le but à résoudre: les prémisses des règles sélectionnées constituent autant de nouveaux sous-buts à résoudre (à la façon du *modus tollens*, il s'agit de «remonter» des conclusions vers les prémisses). Soit un sous-but est dans la base de faits, soit il faut le prouver à son tour en recherchant des règles qui concluent sur ce sous-but. Le moteur s'arrête avec succès lorsque l'ensemble des sous-buts à résoudre est vide et en échec lorsqu'il existe un sous-but qui ne peut être démontré. De cette façon, en partant de la même base de faits et d'un but comme aller-en-avion, le système va sélectionner la règle (r4). La première condition est satisfaite (400 km < distance) et il faut fournir des informations supplémentaires au système pour qu'il puisse aller plus loin, ici savoir si un budget avion existe pour le déplacement, et ainsi de suite.

Une analyse des caractéristiques générales des systèmes à base de règles montre que cette famille de systèmes est plutôt bien adaptée à la résolution de problèmes de classification, de reconnaissance, de diagnostic, de configuration, pour lesquels il n'est pas nécessaire de manipuler des structures et de construire une solution de toutes pièces. C'est justement pour faciliter la représentation et la manipulation de structures qu'ont été développés les formalismes de représentation par objets (Ducournau *et al.*, 1998) et les logiques de descriptions dont il est question ci-après.

5 Les logiques de descriptions

Le formalisme des logiques de descriptions joue actuellement un rôle fondamental pour concevoir des systèmes à base de connaissances et des ontologies pour le Web sémantique (Baader *et al.*, 2003; Fensel *et al.*, 2003; Staab et Studer, 2004). Dans une logique de descriptions, le concept est l'élément fondamental des formules ; il représente un ensemble d'individus – l'extension du concept – et il est muni de *rôles*, qui représentent des relations binaires entre les individus et qui composent l'intension du concept. Un concept et un rôle possèdent une description structurée, élaborée à partir d'un ensemble de *constructeurs*. Une sémantique extensionnelle est associée à chaque description de concept et de rôle par l'intermédiaire d'une interprétation ensembliste. En particulier, un concept C est satisfiable si et seulement si son interprétation ensembliste – autrement dit son extension – n'est pas vide. La relation de *subsomption* permet d'organiser concepts et rôles suivant leur niveau de généralité : un concept D *subsume* un concept C si D est plus général que C au sens où l'extension de D contient l'extension de C dans toute interprétation. Les connaissances sont prises en compte selon deux niveaux : la représentation des concepts relève du niveau ontologique, tandis que la représentation des individus et les assertions dans lesquelles ils interviennent relèvent du niveau assertionnel ou factuel. Les opérations qui sont à la base du raisonnement sont la satisfiabilité d'un concept ou d'une base de connaissances (la recherche d'un modèle), la détection de relations de subsomption (classification de concepts) et d'instanciation (classification d'instances).

Les langages de la famille des logiques de descriptions se distinguent par l'ensemble des constructeurs qu'ils autorisent. Les constructeurs les plus courants pour les concepts sont la conjonction (C ⊓ D, où C et D désignent des concepts), la disjonction (C ⊔ D), la négation (¬C), la quantification universelle (∀rC, où r désigne un rôle et C le codomaine du rôle), la quantification existentielle (∃rC), les restrictions sur la cardinalité des rôles sans codomaine (⩾nr et ⩽nr) et avec codomaine (⩾nrC et ⩽nrC). La famille de logiques $\mathcal{ALC}$ se caractérise à partir de l'ensemble de constructeurs $\mathcal{ALC}$ = {A, r, ⊤, ⊥, C ⊓ D, C ⊔ D, ¬C, ∀rC, ∃rC}, où A dénote un nom de concept, r un nom de rôle, ⊤ le concept le plus général et ⊥ le concept le plus spécifique. Peuvent venir s'ajouter à $\mathcal{ALC}$ des constructeurs portant sur les rôles qui permettent la définition d'une hiérarchie de rôles, les rôles inverses, la transitivité sur les rôles, la conjonction, disjonction et négation de rôles, etc.

```
Personne ⊑ ⊤
Ensemble ⊑ ⊤
Homme ⊑ Personne
Femme ⊑ Personne
Homme ⊓ Femme ⊑ ⊥
aPourChef ⊑ aPourMembre
Équipe ≡ Ensemble ⊓ ∀aPourMembre.Personne ⊓ (⩾2 aPourMembre)
Petite-équipe ≡ Équipe ⊓ (⩽5 aPourMembre)
Équipe-moderne ≡ Équipe ⊓ (⩽4 aPourMembre) ⊓ (⩾1 aPourChef) ⊓ ∀aPourChef.Femme
```

Figure 3 Une représentation possible en logique de descriptions de l'énoncé sur les équipes et leurs propriétés.

Considérons l'exemple suivant, tiré de (Nebel, 1990) : *(1)* un homme et une femme sont des personnes ; *(2)* aucune femme n'est un homme et vice-versa ; *(3)* une équipe est définie comme un ensemble ayant au moins deux membres qui sont tous des personnes ; *(4)* une petite équipe est définie comme une équipe ayant au plus cinq membres ; *(5)* une équipe moderne est définie comme une équipe ayant au plus quatre membres, ayant au moins un chef et dont tous les chefs sont des femmes. Cet ensemble d'énoncés peut se représenter comme indiqué à la figure 3. Une introduction de concept (ou de rôle) se ramène à déclarer une relation de subsomption (⊑) entre le nouveau concept et des concepts préexistants. Un concept peut être primitif, comme Ensemble et Personne, et introduit par référence au concept le plus général (⊤) ou à d'autres concepts primitifs, comme Homme et Femme. Un concept peut être défini, comme Équipe, Petite-équipe et Équipe-moderne, avec une définition donnée par l'intermédiaire de ≡ : C ≡ D signifie alors que C ⊑ D et D ⊑ C. Une façon de spécifier l'incompatibilité entre les concepts Homme et Femme revient à déclarer qu'ils ne peuvent pas avoir de sous-concept commun différent de ⊥. Comme un concept, un rôle peut être primitif ou défini. Ici, les deux rôles sont primitifs et aPourMembre est plus général que aPourChef. Une base de connaissances se compose alors d'un ensemble d'introductions de concepts et de rôles, qui s'organisent en une hiérarchie grâce à la relation de subsomption. Ainsi, dans l'exemple, la hiérarchie des concepts définis est Équipe-moderne ⊑ Petite-équipe ⊑ Équipe. Un ensemble d'assertions composées d'instanciations de concepts ou de rôles peut venir compléter la base de connaissances (et correspondre à une base de faits).

Les logiques de descriptions offrent de nombreuses constructions pour concevoir des systèmes à base de connaissances opérationnels et efficaces, mais des problèmes de représentation subsistent, parce que difficiles à résoudre si l'on veut rester en parfaite adéquation avec le formalisme de ces logiques (par exemple les relations entre rôles, l'absence de procédures, de fonctions, de métaniveau, etc.). Toutefois, pour l'heure, les logiques de descriptions ont fourni la base du langage de représentation d'ontologies pour le Web sémantique. Le langage possède trois dialectes, OWL FULL, OWL DL et OWL LITE, qui se distinguent par l'ensemble des constructeurs utilisés (Staab et Studer, 2004). En particulier, OWL DL repose sur la logique de descriptions $\mathcal{SHOIND}(\mathcal{D})$, qui regroupe les constructeurs de $\mathcal{ALC}(\mathcal{S})$, $\mathcal{H}$ pour l'existence d'une hiérarchie de rôles, $\mathcal{O}$ pour les types énumérés (ensembles d'instances), I pour les rôles inverses, auxquels s'ajoute la transitivité des rôles, $\mathcal{N}$ pour la cardinalité sans codomaine sur les rôles et enfin $(\mathcal{D})$ pour l'existence de types de données.

6 Histoires, applications et enjeux actuels

L'histoire des systèmes à base de connaissances n'est pas si longue mais elle a vu naître un bon nombre de systèmes dont certains ont été et sont encore des modèles du genre dans leurs spécialités (Hayes-Roth *et al.*, 1983 ; Marcus, 1988 ; Puppe, 1993). Parmi ces systèmes, beaucoup sont restés des prototypes et ont été construits plus pour valider des idées et des résultats de recherche que pour être véritablement opérationnels dans le monde industriel. Parmi les tâches effectuées par ces systèmes, figurent, en reprenant la division de (Stefik, 1995), la classification, la configuration et le diagnostic. Les domaines d'applications sont très variés pour les trois tâches, avec, aux premiers rangs, la biologie, la chimie, la géologie, la médecine, mais aussi l'agronomie, l'environnement, le marketing, les mathématiques, la sidérurgie, etc.

La classification recouvre l'identification d'un objet ou phénomène quelconque en tant que membre d'une classe connue. Pour cette tâche, les systèmes qui ont fortement marqué leur époque sont MYCIN, DENDRAL et PROSPECTOR (Buchanan et Shortliffe, 1984). Le premier système, le plus célèbre, travaille dans le cadre des maladies infectieuses et met en relation une maladie infectieuse à un ensemble de symptômes. Le système MYCIN a fait couler beaucoup d'encre et a été à l'origine de très nombreux travaux de recherches et d'un engouement assez spectaculaire dans le domaine des systèmes à base de connaissances, ce qui, paradoxalement, a relativement contribué à desservir la thématique par la suite. Les tâches réalisées par les autres systèmes sont pour DENDRAL l'élucidation de structures moléculaires en spectrométrie de masse (chimie) et pour PROSPECTOR l'identification de la nature des terrains en vue de leur prospection (géologie).

La configuration recouvre l'arrangement de parties ou de composants en satisfaisant un ensemble de contraintes donné. Le système R1 et son successeur XCON permettent de configurer les composants d'un ordinateur et ont été les premiers d'une lignée de systèmes de configuration d'ordinateurs. Dans le système MYCIN comme dans d'autres systèmes de classification ou de diagnostic, il existe un module de configuration, qui consiste en l'occurrence à mettre une thérapie en place par rapport à un diagnostic effectué. Proche de la configuration se trouve la conception qui consiste à construire une structure à partir d'éléments de base. Dans cette catégorie peuvent se placer des systèmes dits de CAO (conception assistée par ordinateur). L'architecture de ces systèmes est souvent procédurale et pas toujours conforme à l'architecture déclarative introduite ci-avant. En particulier, citons le système MOLGEN de planification d'expériences génétiques en biologie, qui met en œuvre un module de satisfaction de contraintes, et les systèmes de planification de synthèses en chimie organique LHASA et RESYN, ce dernier s'appuyant sur un formalisme de représentation par objets (Ducournau *et al.*, 1998).

La recherche d'un diagnostic consiste à observer un dysfonctionnement et à en déterminer les causes, que ce soit pour un être vivant, une personne, un animal, une plante, etc. ou un artéfact de toute nature comme une voiture, un circuit électrique, etc. La recherche des causes d'un dysfonctionnement est à la base du raisonnement par abduction. Les systèmes de diagnostic sont très nombreux parmi les systèmes à base de connaissances et il n'est pas étonnant de retrouver aux premiers rangs des systèmes dont le champ d'activité est la médecine (Buchanan et Shortliffe, 1984 ; Clancey et Shortliffe, 1984), comme par exemple la famille des systèmes INTERNIST spécialisés dans le diagnostic de maladies cliniques (hépatites, infections, fièvres, etc.), le système CASNET/GLAUCOMA pour le diagnostic et le traitement du glaucome et enfin, dans un autre domaine, le système SOPHIE-III sur la compréhension de pannes de circuits électriques.

Pour terminer ce bref tour d'horizon, il faut citer la démarche originale du système CYC, qui se veut un système à base de connaissances universel, capable de raisonner sur des problèmes de la vie quotidienne (Lenat et Guha, 1990). Une telle entreprise est de longue haleine et le système CYC risque d'être en perpétuelle construction, mais n'est-ce pas le propre de l'homme lui-même ?

Dans le contexte actuel, plusieurs défis et enjeux se posent pour les systèmes à base de connaissances, surtout par rapport à la problématique du Web sémantique (Fensel *et al.*, 2003). La diffusion des connaissances est essentielle et ne peut pas se faire sous n'importe quelle forme : ce sont les ontologies qui vont donner une forme et un sens aux connaissances représentées, qui vont servir de véhicules et qui vont permettre à des agents de tirer parti des connaissances pour résoudre des problèmes, manipuler des connaissances distribuées, rechercher et exploiter des documents en fonction de leur contenu, assurer l'interopérabilité entre différents services, etc. Pour l'heure, il est acquis que la structure et la sémantique des documents – informations, connaissances – doit être diffusée par l'intermédiaire de langages de représentation comme OWL, compatibles avec les standards du Web que sont devenus XML et RDF(S), pour la description des documents et des ressources (Staab et Studer, 2004). Il est nécessaire pour les systèmes à base de connaissances d'avoir une syntaxe et une sémantique clairement définies, et de montrer des possibilités de représentation et de raisonnement réels et efficaces. Est-ce qu'un « super système à base de connaissances universel », dans la lignée de CYC, verra bientôt le jour, avec un ensemble de dimensions spécifiques, une pour décrire les objets du monde, une pour les documents, une pour les structures de données, une pour extraire des connaissances, une pour les traitements et les services, une pour les raisonnements de toutes natures ? Dans cette perspective de « gratte-ciel des connaissances », chacun des étages a son rôle à jouer et doit collaborer avec les autres – via l'ascenseur ou l'escalier – pour résoudre les problèmes posés par les visiteurs…

Bibliographie

F. Baader, D. Calvanese, D. McGuinness, D. Nardi, P. Patel-Schneider, editors (2003). *The Description Logic Handbook.* Cambridge University Press, Cambridge, UK.

B.G. Buchanan, E.H. Shortliffe, editors (1984). *Rule-Based Expert Systems : The MYCIN Experiments of the Stanford Heuristic Programming Project.* Addison Wesley, Reading (MA), USA.

W.J. Clancey, E.H. Shortliffe, editors (1984). *Readings in Medical Artificial Intelligence : The First Decade.* Addison-Wesley, Reading (MA), USA.

A. Colmerauer, H. Kanoui, et M. Van Caneghem (1983). PROLOG, bases théoriques et développements actuels. *Techniques et Sciences Informatiques*, 2(4): 271 – 311.

J.-P. Delahaye (1987). *Systèmes experts : organisation et programmation des bases de connaissance en calcul propositionnel.* Eyrolles, Paris.

R. Dieng, O. Corby, A. Giboin, J. Golebiowska, N. Matta, et M. Ribiere (2001). *Méthodes et outils pour la gestion des connaissances.* Dunod, Paris.

R. Ducournau, J. Euzenat, G. Masini, et A. Napoli, responsables de publication (1998). *Langages et modèles à objets – État des recherches et perspectives.* Collection Didactique D-019. INRIA, Le Chesnay.

D. Fensel, J. Hendler, H. Lieberman, W. Wahlster, editors (2003). *Spinning the Semantic Web.* The MIT Press, Cambridge, Massachusetts.

B. Ganter, R. Wille (1999). *Formal Concept Analysis.* Springer, Berlin.

P. Gochet et P. Gribomont (1991). *Logique*, volume 1. Hermès, Paris.

A. Hatchuel et B. Weil (1992). *L'expert et le système.* Economica, Paris.

J.-P. Haton, N. Bouzid, F. Charpillet, M.-C. Haton, B. Lâasri, H. Lâasri, P. Marquis, T. Mondot, et A. Napoli (1991). *Le raisonnement en intelligence artificielle.* InterEditions, Paris.

F. Hayes-Roth, D. A. Waterman, D. Lenat (1983). *Building Expert Systems.* Addison-Wesley, Reading (MA), USA.

P. Van Hentenryck (1989). *Constraint Satisfaction in Logic Programming.* MIT Press, Cambridge (MA), USA.

D. Hofstadter (1985). *Gödel, Escher, Bach, les brins d'une guirlande éternelle.* InterEditions, Paris.

D. Kayser (1997). *La représentation des connaissances.* Hermès, Paris.

S.C. Kleene (1971). *Logique mathématique.* Collection U. Armand Colin, Paris.

J.L. Laurière (1987). *Intelligence Artificielle. Tome 1 : résolution de problèmes par l'Homme et la machine.* Eyrolles, Paris.

D.B. Lenat, R.V. Guha (1990). *Building Large Knowledge-Based Systems.* Addison Wesley, Reading, Massachusetts.

S. Marcus, editor (1988). *Automatic Knowledge Acquisition for Expert Systems.* Kluwer Academic Publishers, Boston.

B. Nebel (1990). "Reasoning and Revision in Hybrid Representation Systems". *Lecture Notes in Artificial Intelligence* 422. Springer-Verlag, Berlin.

J. Pitrat (1990). *Métaconnaissance.* Hermès, Paris.

F. Puppe (1993). *Systematic Introduction to Expert Systems.* Springer-Verlag, Berlin.

Schreiber *et al.*, , G. Schreiber, H. Akkermans, A. Anjewierden, R. de Hoog, N. Shadbolt, W. van de Velde, B. Wielinga (1999). *Knowledge Engineering and Management: the CommonKADS Methodoloy.* The MIT Press, Cambridge, MA.

J.F. Sowa (1984). *Conceptual Structures: Information Processing in Mind and Machine.* Addison Wesley, Reading, Massachusetts.

S. Staab, R. Studer, editors (2004). *Handbook on Ontologies.* Springer, Berlin.

M. Stefik (1995). *Introduction to Knowledge Systems.* Morgan Kaufmann Publishers, Inc., San Francisco, California.

M. Zacklad et M. Grundstein, responsables de publication (2001). *Management des connaissances (modèles d'entreprise et applications).* Hermès, Paris.

Robotique et machine intelligente

Malik Ghallab

Mots-clés : robotique, fonctions sensori-motrices, planification, supervision de tâches.

Résumé : une machine dotée de capacité d'action autonome et délibérée, capable de réaliser diverses tâches dans un environnement variable, ouvert et imparfaitement modélisé, est un objet de recherche très fertile. Les défis scientifiques portent en particulier sur les fonctions sensori-motrices, de perception et d'interprétation de l'environnement, d'apprentissage, de planification et de supervision de tâches. Leur résolution requiert des approches à base de modèles explicites, avec des représentations mathématiquement hétérogènes, à la fois de l'environnement, des moyens du robot et des tâches. L'intégration cohérente de ces représentations du monde physique et l'acquisition des modèles nécessaires à la machine posent des problèmes encore très largement ouverts. Ce chapitre situe l'état de l'art du domaine et illustre quelques approches, principalement pour des tâches de navigation d'un robot mobile.

Un robot est une machine capable d'accomplir un ensemble de *tâches* dans une classe d'*environnements* avec un certain degré d'*autonomie* et de robustesse face aux variabilités de la tâche et de l'environnement. C'est une machine composée d'organes divers, mécaniques, électroniques, voire biochimiques, qui réalisent des fonctions sensori-motrices, de communication et de traitement d'information. Les fonctions sensori-motrices pour un robot consistent, par exemple, en la locomotion et la localisation dans l'environnement, en l'interprétation d'une scène pour la reconnaissance d'objets et leur manipulation. Ces fonctions reposent, entre autres :

- sur des moyens de déplacement : roues, pattes, ailes, et actionneurs associés ;
- sur des organes de préhension : bras mécaniques, pinces, main, outils spécialisés ;
- sur des moyens de perception de l'environnement utilisant des capteurs *proprioceptifs*, qui estiment l'état interne de la machine (odomètre, inclinomètre, magnétomètre, accéléromètre, centrale inertielle, GPS), et des capteurs *extéroceptifs*, qui informent sur l'environnement extérieur (caméra, laser, radar, spectromètre, télémètre à infrarouge ou à ultrason).

Un robot peut être conçu pour des tâches et des environnements spécifiques, tels que par exemple :

- en *robotique manufacturière* : les robots à postes fixes pour des tâches de peinture, soudure, assemblage, chargement et déchargement d'une presse ou d'une machine-outil ;
- en *robotique de service*, pour le nettoyage, la surveillance, le transport d'objets dans un magasin, un atelier, une salle blanche ou un hôpital ;
- en *robotique d'exploration* pour la cartographie, l'analyse du sol ou le déploiement d'instruments divers en Antarctique ou sur Mars ;
- en *robotique personnelle*, pour l'assistance de personnes dans des environnements professionnels, de bureau ou à domicile ;
- en *robotique médicale*, pour l'assistance du chirurgien en chirurgie « non invasive ».

Si on contraint l'environnement de fonctionnement du robot, si on restreint ses tâches, ou bien son autonomie, alors la robotique correspond à une technologie relativement mature. C'est le cas par exemple lorsque l'environnement est bien modélisé et instrumenté, comme en robotique manufacturière (plus d'un million de robots-manipulateurs sont en opération dans l'industrie), ou bien en robotique de service, avec les chariots filoguidés opérant en salles blanches. C'est le cas également pour la réalisation de tâches simples, telles les robots aspirateurs ou tondeuses à gazon, aujourd'hui commercialisés. C'est enfin le cas pour des robots téléopérés : des capteurs portés par la machine fournissent l'information nécessaire sur l'environnement et l'état interne du robot à un opérateur humain distant pour lui permettre d'interpréter l'environnement, de décider ce qu'il y lieu de faire et de contrôler la réalisation de la tâche à divers niveaux de détail. Les robots martiens *Spirit* et *Opportunity* illustrent une réalisation spectaculaire du savoir faire dans ce domaine (figure 1).

Figure 1 Rover martien Spirit (NASA/JPL)

Par contre, s'il s'agit de réaliser de façon autonome des tâches variables dans une large classe d'environnements imparfaitement modélisés, alors la robotique demeure un domaine de recherche très largement ouvert et encore à ses débuts. Les prouesses des robots martiens sont contraintes à des parcours d'une dizaine de mètres par jour seulement. Ceci est dû à l'absence d'autonomie et à l'intervention, très distante, de l'opérateur dans les boucles de commande à un bas niveau. La course intitulée «Grand Challenge» (dotée par le ministère de la Défense américain d'un prix d'un million de dollars) illustre bien l'état de l'art en robotique d'exploration : elle consiste à parcourir dans le désert Mojave de Californie une distance de 320 km en totale autonomie et en une seule journée. Sur la quinzaine de robots alignés au départ en 2004, très peu ont dépassé les premiers 100 m. Le vainqueur de cette édition, le robot *Sandstorm* (figure 2), développé par l'un des plus grands laboratoires de robotique au monde à l'université Carnegie Mellon de Pittsburgh (États-Unis), est parvenu jusqu'au douzième kilomètre avant de rater un virage et de verser dans un fossé. L'édition 2005 a connu par contre un succès spectaculaire avec STANLEY, le véhicule VW de l'Université de Stanford qui a fini en moins de sept heures, et trois robots qui ont effectué avec succès tout le parcours dans les temps impartis.

Figure 2 Robot SandStorm (CMU Robotics Lab)

Une autre illustration également spectaculaire de l'état de l'art en robotique est fournie par les robots humanoïdes. À la suite d'investissements industriels très conséquents (initiés il y a vingt ans par Honda), et de grands programmes de R & D nationaux, les laboratoires japonais disposent aujourd'hui de plusieurs plates-formes de robots bipèdes, de taille humaine (figure 3) ou de petite taille (figure 4). Ces robots illustrent un savoir-faire et de réelles prouesses en mécatronique. Ils ont des capacités remarquables de marche, de franchissement, d'équilibre, voire de danse et d'autres mouvements préprogrammés en environnement parfaitement connu et modélisé. Mais à l'heure actuelle, ces robots ne sont pas capables d'effectuer de façon autonome la moindre tâche utile, à la mesure de leurs capacités motrices et de préhension.

Figure 3 Robot HRP-2 (AIST et Université de Tokyo)

Figure 4 Robot HOAP (Fujitsu)

Les verrous technologiques et les défis scientifiques en robotique restent aujourd'hui très nombreux. Ils se situent en particulier aux niveaux suivants :

- *fonctions sensori-motrices* : l'intégration de capteurs et d'actionneurs adéquats est une condition nécessaire mais loin d'être suffisante pour réaliser, par exemple, des fonctions de locomotion, de localisation et de navigation, ou des fonctions de manipulation d'objets dans un environnement ouvert, variable et imparfaitement modélisé ;
- *interprétation de l'environnement* relativement aux éléments qui interviennent dans la tâche du robot, reconnaissance des objets à manipuler par exemple, appréciation du déroulement de la tâche assignée au robot, reconnaissance d'autres acteurs dans la scène et de leurs activités, en particulier si une coordination s'impose, ne fût-ce que pour le partage de l'espace et d'autres ressources ;
- *programmation et apprentissage* : la programmation initiale du robot ne peut pas prévoir toutes les spécificités et évolutions d'un environnement ouvert et de tâches variables ; un robot doit pouvoir mettre en œuvre des capacités d'apprentissage, par exemple en interaction avec son utilisateur ;

Figure 5 Robot QURIO (Sony)

- *planification et supervision* des tâches, fonctions sans lesquelles il ne peut y avoir d'autonomie dans un environnement ouvert ;
- *problèmes d'architecture*, d'organisation de l'ensemble des fonctions du robot et de leur intégration.

Nous ne reviendrons pas dans le reste de ce chapitre sur les points relatifs à l'interprétation de l'environnement et la programmation, traités ailleurs dans cet ouvrage (cf. chapitres « Reconnaissance des formes », « Réseaux de neurones artificiels » et « Apprentissage automatique »). Nous développerons successivement les trois autres points, et plus particulièrement les problèmes de planification, y compris la planification de stratégies sensori-motrices, et ainsi que les questions de supervision et d'architecture. Pour rester concrets, nous illustrerons les approches sur des tâches de navigation pour un robot mobile.

1 Fonctions sensori-motrices

On dispose aujourd'hui de bonnes techniques pour faire élaborer par un robot des modèles géométriques et topologiques de l'environnement au cours d'une phase exploratoire, éventuellement par apprentissage supervisé – cf. par exemple (Thrun, 2002). Le modèle géométrique fournit l'espace libre et une carte des obstacles. Le modèle topologique fournit un graphe de lieux et leur connexité ; ce graphe peut être étiqueté avec des labels de type de lieu (*couloir, porte, pièce*) et des *amers*, ou repères visuels, caractéristiques d'un lieu. La navigation pour un robot mobile consiste à se situer et se déplacer dans cet environnement, et à maintenir à jour ses modèles. Elle peut s'appuyer, par exemple, sur les fonctions sensori-motrices suivantes :

- *La localisation odométrique* estime la position courante, après un déplacement élémentaire d'une position connue, à partir d'une information de mouvement, par exemple celle des odomètres pour un robot à roues (un odomètre enregistre la rotation angulaire sur une roue). On utilise les techniques d'estimation et de traitement du signal, telles que le filtrage de Kalman. Cette fonction introduit une erreur croissante avec les déplacements ; elle est peu fiable selon les conditions des mouvements.
- *La localisation relativement à la carte des obstacles* : des capteurs proximétriques, typiquement à laser ou ultrason, fournissent une carte géométrique locale des obstacles perçus par le robot, laquelle est comparée au modèle global de l'environnement pour obtenir plusieurs hypothèses pondérées de localisation. Ces hypothèses sont affinées en fonction de la localisation précédente, et au besoin des suivantes. L'approche peut être très résistante à des occlusions partielles et des obstacles non modélisés, par contre elle

est peu fiable dans un lieu peu structuré, par exemple un long couloir.

- *La localisation par amers visuels*: ces amers peuvent être des objets stables et identifiés dans le modèle de l'environnement, ou des attributs visuels caractéristiques d'un lieu (couleurs, formes, textures). Cette fonction de localisation n'est utilisable que là où de tels amers sont connus et visibles. Elle donne de bons résultats en vision active, quand le traitement visuel est focalisé sur la vérification d'hypothèses particulières de positions et d'amers bien situés.
- *Le contrôle du mouvement le long d'une trajectoire* générée par un planificateur de mouvement: pour s'adapter aux imperfections du modèle géométrique et aux aléas de l'environnement, une trajectoire est transformée en une séquence de configurations, reliées entre elles par des fonctions de potentiel qui déforment localement cette trajectoire en fonction de la proximité des obstacles. La séquence est parcourue en boucle fermée sur une fonction de localisation. L'approche est assez robuste, mais si les écarts entre le modèle et la perception de l'environnement sont grands, par exemple pour un obstacle difficilement contournable ou mobile, les déformations locales peuvent rompre la connexité de la trajectoire.
- *Le contrôle réactif du mouvement*: quand l'environnement est très encombré, peu stable, ou mal modélisé il est peu pertinent de planifier une trajectoire; il vaut mieux gérer le mouvement par une fonction réactive qui effectue localement un déplacement faisable relativement aux obstacles perçus, et dans la direction du but. Comme toute méthode réactive, cette fonction peut conduire à une situation de blocage dans une impasse.

Des variantes ou des instanciations de ces fonctions peuvent être spécifiées pour divers types de capteurs. Par exemple, la *localisation inertielle* procède comme la localisation odométrique, avec un capteur inertiel, plus précis (mais très coûteux). La *localisation absolue par GPS*, là où un signal GPS est disponible, ne requiert pas un modèle de l'environnement avec des amers visuels. Le *contrôle du mouvement le long d'une voie* est similaire au contrôle le long d'une trajectoire, sauf qu'il faut estimer la trajectoire à partir de la perception de la voie, ce qui est plus complexe sur un chemin de terre que sur une autoroute. Enfin, on a besoin également de développer des fonctions sensori-motrices pour des tâches de manipulation, ou des tâches combinant mouvement et manipulation.

2 Planification en robotique

La planification est le raisonnement associé à l'action délibérée, avant d'agir et au cours du déroulement de l'action. Elle vise un objectif précis: la réalisation de la tâche assignée au robot. La planification ne s'oppose pas aux activités réactives du robot. Au contraire, elle doit leur être intégrée. Elle n'est pas centrale dans l'architecture du robot. Elle n'est pas non plus focalisée en un système unique. Elle peut prendre plusieurs formes, parmi lesquelles:

- *la planification du mouvement*: il s'agit de synthétiser un chemin géométrique et une loi de commande à appliquer aux actionneurs le long de ce chemin pour atteindre une position donnée. Les contraintes à respecter concernent l'encombrement de l'environnement, supposé connu, la cinématique du robot, sa stabilité, et sa dynamique. Des contraintes sensorielles peuvent également être prises en compte, par exemple pour la localisation du robot et le recalage de sa position relativement à des amers connus.
- *la planification sensorielle*: on veut répondre à des questions du type: où placer quels capteurs pour acquérir des informations nécessaires à la tâche, par exemple d'exploration, de cartographie ou de reconnaissance; quelles hypothèses formuler dans l'interprétation d'une scène et comment les vérifier ?
- *la planification pour la navigation*: on veut choisir et organiser un ensemble de fonctions sensori-motrices de localisation et de mouvement, comme illustrées précédemment.
- *la planification pour la manipulation*: ici aussi on veut combiner des fonctions de prise, de manipulation, de reconnaissance d'objets et d'assemblage en utilisant par exemple des retours visuels ou haptiques (par capteurs tactiles de contact, de force, et de texture).
- *la planification pour la communication*, dans les interactions avec l'homme selon diverses modalités (gestuelle, vocale, graphique) ou avec d'autres robots : on cherche à déterminer et organiser les requêtes et les retours des interactions pour l'activité en cours.
- *la planification de tâches*: on veut choisir des actions, les organiser dans le temps et leur attribuer des ressources en vue de réaliser la tâche assignée, compte tenu des contraintes et des évolutions prévisibles de l'environnement.

La planification de tâche est bien connue en IA, en particulier la planification dite classique (ou de type STRIPS) qui repose sur une description simple des actions, par préconditions et effets logiques. Nous n'y reviendrons pas ici. Focalisons-nous sur deux formes plus spécifiques à la robotique: la planification de mouvement et celle de stratégies sensori-motrices.

2.1 Planification de mouvement

La planification de chemin consiste à trouver un *chemin géométrique* faisable pour le déplacement d'un mobile entre une position initiale et un but dans un environnement donné. On suppose l'environnement décrit par un modèle géométrique, avec obstacles et espace libre. Un chemin est faisable s'il vérifie les contraintes cinématiques du mobile et évite les obstacles. La planification de mouvement consiste à trouver une *trajectoire* faisable dans l'espace et le temps, c'est-à-dire un chemin faisable et une loi de commande le long de ce chemin qui vérifie les contraintes dynamiques du mobile. Si on ne cherche pas nécessairement une trajectoire optimale, alors il est toujours possible d'associer une loi de commande à un chemin pour obtenir une trajectoire faisable. La planification de mouvement en robotique se ramène alors à la planification de chemin (Latombe, 1991).

Un objet rigide, sans contrainte cinématique, libre dans l'espace euclidien, est caractérisé par six paramètres de configuration (x, y, z, pour la position d'un point de référence et les trois angles d'Euler qui donnent l'orientation du solide dans l'espace). Mais un robot a des contraintes cinématiques qui restreignent ses déplacements. Par exemple, un chariot dans le plan a trois paramètres de configuration (x, y et l'orientation θ), lesquels en général ne sont pas indépendants (une voiture ne peut pas avancer latéralement, en crabe). Un bras manipulateur ayant six articulations rotoïdes (deux à l'épaule, deux au coude et deux au poignet) et une simple pince comme organe terminal aura sept paramètres de configurations. Le robot humanoïde HRP-2 (figure 4) a 52 paramètres de configuration (deux pour la tête, sept pour chaque bras, six pour chaque patte, et trois par doigt, avec quatre doigts par main).

Pour un robot à n paramètres de configuration dans un environnement donné, on définit:

- $q \in R^n$, la *configuration* du robot, un vecteur de n valeurs réelles qui spécifie les n paramètres caractérisant la position du robot dans un repère donné;
- CS, l'*espace de configuration* du robot, qui décrit l'ensemble des valeurs dans R^n que q peut prendre, compte tenu des contraintes cinématiques, par exemple les contraintes de débattement de chaque articulation (ou positions angulaires extrêmes que l'articulation peut prendre) et de dépendances entre les paramètres de configuration;
- $CS_l \subseteq CS$, l'*espace de configuration libre*, ensemble des configurations q pour lesquelles le robot n'est pas en collision avec les obstacles de l'environnement.

Si on connaît CS_l alors la planification de mouvement se ramène à un problème de recherche d'un chemin entre deux points dans cet espace continu à n dimensions. La détermination de CS_l à partir du modèle géométrique de l'environnement et des contraintes cinématiques du robot est un problème calculatoire extrêmement complexe. On ne sait pas le résoudre pratiquement, même pour n faible, et des robots et des environnements très simples. On peut fort heureusement contourner cette difficulté en s'appuyant sur l'algorithmique probabiliste et sur les deux opérations suivantes, facilement calculables:

- *le guidage cinématique*: consiste à trouver un chemin $L(q, q')$ entre deux configurations q et q' dans CS, i.e., $L(q, q')$ vérifie les contraintes cinématiques mais pas nécessairement celles de non-collision avec les obstacles. On utilise ici des techniques spécifiques aux types de contraintes cinématiques du robot (par exemple, par composition de segments de droites et de courbes particulières);
- *le test de collision*: consiste à vérifier si une configuration q est sans collision avec les obstacles, i.e., si $q \in CS_l$, ou bien à vérifier si un chemin $L(q, q')$ entre deux configurations est sans collision, i.e., s'il passe entièrement dans CS_l. On s'appuie ici sur l'algorithmique géométrique.

Une carte $\mathfrak{R}$ pour CS_l est un graphe dont les sommets sont des configurations dans CS_l; deux sommets q et q' sont adjacents dans $\mathfrak{R}$ si $L(q, q')$ est dans CS_l. Si on connaît une carte $\mathfrak{R}$ pour CS_l, alors la planification de chemin entre deux configurations q_1 et q_2 peut être résolue par les trois étapes suivantes:

1. Trouver un sommet q'_1 dans $\mathfrak{R}$ tel que $L(q_1, q'_1) \subset CS_l$.
2. Trouver un sommet q'_2 dans $\mathfrak{R}$ tel que $L(q'_2, q_2) \subset CS_l$.
3. Trouver une séquence de sommets adjacents dans $\mathfrak{R}$ entre q'_1 et q'_2.

On se ramène ainsi à un simple problème de recherche de chemin dans un graphe. Si un tel chemin est trouvé, des techniques efficaces de géométrie algorithmique permettent alors d'optimiser localement et de lisser ce chemin. Il reste donc à trouver une carte $\mathfrak{R}$ qui couvre CS_l, i.e., s'il existe un chemin dans CS_l alors il existe aussi un chemin dans la carte $\mathfrak{R}$. L'algorithme en figure 6 fournit un tel graphe qui vérifie cette propriété *en probabilité*. Cet algorithme rajoute à la carte en cours de construction une configuration q tirée aléatoirement:

- si q étend la couverture de $\mathfrak{R}$, en permettant d'atteindre des parties de CS_l non encore couvertes, ou bien

- si q étend la connexité de $\mathfrak{R}$, en permettant de relier deux composantes non encore connexes de la carte.

```
Algorithme Carte-Probabiliste (ℜ)
Itérer jusqu'à (condition d'arrêt)
Tirer aléatoirement une configuration q∈CS_l
  Si ∀q'∈ℜ: L(q,q')⊄CS_l alors ajouter q à ℜ
  /*ici q étend la couverture de la carte */
  Sinon s'il ∃ dans ℜ deux configurations q1
  et q2 non connexes telles que L(q,q1)⊂CS_l
  et L(q,q2)⊂CS_l
  alors ajouter q à ℜ ainsi
  que les arêtes (q,q1) et (q,q2)
/* ici q étend la connexité de la carte */
Fin itération
Retourner (ℜ)
```

Figure 6 Carte probabiliste pour la planification de mouvement

La condition d'arrêt peut être liée au nombre consécutif de tirages aléatoires de configurations infructueuses, qui ne rajoutent rien à la carte. Si k_{max} est ce nombre, alors la probabilité que le graphe résultant couvre CS_l est estimée par $(k_{max} - 1)/k_{max}$. En pratique cet algorithme est très performant. Pour k_{max} de l'ordre de quelques centaines, un robot et un environnement relativement complexes, la synthèse de la carte probabiliste (faite une seule fois pour un environnement) requiert de l'ordre de la minute, et la planification à l'aide de cette carte, de l'ordre de la milliseconde, sur un processeur courant. Les techniques de cartes probabilistes sont aujourd'hui très largement utilisées en robotique, et de plus en plus dans d'autres domaines (conception mécanique, animation vidéo, voire en biochimie pour des problèmes de docking moléculaire). Elles sont également étendues à la prise en compte d'environnements dynamiques.

2.2 Planification de stratégies sensori-motrices

Le planificateur précédent, implémenté à bord d'un robot, peut être utile pour une tâche de navigation. Mais il est loin d'être suffisant. Il n'est utilisable que dans la partie connue et stable de l'environnement, hors de laquelle d'autres approches s'imposent. Par ailleurs, pour suivre la trajectoire que ce planificateur fournit, le robot aura besoin d'une fonction, comme celle introduite précédemment, capable d'adapter localement la trajectoire aux écarts entre le modèle et la réalité. Si les écarts sont trop grands, d'autres fonctions de contournement d'obstacles ou de suivi d'une voie seront également nécessaires. Une fonction de déplacement aura besoin de connaître la position courante du robot. Pour la localisation, comme pour le déplacement, il n'y a pas de méthode universelle applicable partout.

Un robot a donc besoin de nombreuses fonctions sensori-motrices, partiellement redondantes, ainsi que de modèles donnant les domaines d'applicabilité de ces fonctions, leurs avantages et inconvénients. Il devra être en mesure de synthétiser des plans permettant de combiner ces fonctions efficacement en fonction du contexte, en vue de réaliser sa tâche. On définit une *stratégie sensori-motrice* comme étant un tel plan. Ainsi, une stratégie sensori-motrice pour une tâche de navigation est un plan qui combine quelques-unes des fonctions introduites au § 1, ou d'autres disponibles dans un robot, pour atteindre le but fixé. Donnons trois exemples :

- *Stratégie M1* : planifier une trajectoire, gérer le mouvement le long de cette trajectoire en se localisant avec un capteur laser relativement à la carte des obstacles ;
- *Stratégie M2* : planifier une trajectoire et en extraire quelques points de passage (ou planifier un itinéraire topologique), parcourir par mouvement réactif cette séquence de points de passage en se localisant avec un capteur laser relativement à la carte des obstacles ;
- *Stratégie M3* : gérer le déplacement par mouvement réactif vers le but avec localisation odométrique et par amers visuels.

Dans le détail, une stratégie doit préciser de nombreuses actions essentielles, d'initialisation, de supervision, et surtout de détection et de gestion des erreurs et échecs des fonctions sensori-motrices qu'elle utilise. Ainsi, par exemple, une estimation de l'erreur de localisation est gérée explicitement. À partir d'un seuil, qui sera variable en fonction des stratégies et des lieux, on va estimer que la localisation est en échec. Une stratégie doit également préciser les ressources et les paramètres nécessaires à chaque fonction qui peuvent varier selon la stratégie, par exemple, le mouvement réactif sera géré plus lentement dans M3 que dans M2.

On peut représenter une stratégie par un *arbre ET/OU* de tâches et de sous-tâches. Un *connecteur OU* transforme la tâche courante en l'une des sous-tâches filles, choisie en fonction du contexte d'exécution. Il y a deux types de *connecteur ET* qui décomposent la sous-tâche courante en plusieurs sous-tâches, à exécuter toutes, en parallèle ou séquentiellement, selon le type de connecteur ET. Une feuille de l'arbre est une action primitive dont l'exécution est initiée dès que le contrôle qui exécute la stratégie parvient à cette feuille ; le contrôle attend la fin de l'exécution si la feuille est *bloquante*, sinon le contrôle se poursuit en parallèle sur la feuille suivante.

La technique de planification, dite HTN, pour *réseaux hiérarchiques de tâches*, permet de synthétiser, hors ligne, ces stratégies sous forme d'arbres ET/OU, à partir de la description de tâches et de méthodes de décomposition (Ghallab *et al.*, 2005). Ces tâches et méthodes correspondent en fait aux modèles que le roboticien peut avoir sur les fonctions sensori-motrices de son robot. L'approche se révèle performante. Il reste le problème délicat de choisir un ensemble de stratégies, parmi celles correctes que l'on peut générer, qui ne soit pas trop grand pour simplifier la supervision de tâches, mais qui couvre de façon satisfaisante les situations rencontrées.

3 Supervision de tâches

Ayant une collection de stratégies sensori-motrices, comme illustrées précédemment, la réalisation d'une tâche de navigation ne consiste pas à choisir en ligne la meilleure stratégie qui s'applique à l'état initial et à la poursuivre jusqu'au bout. En effet, les conditions qui font qu'une stratégie est pertinente à un instant seront rarement valides durant toute la tâche. On doit donc être en mesure de remettre en cause, tout au long du déroulement de la tâche, le choix de la stratégie courante en fonction du contexte.

Une approche pour ce faire pourrait être un ensemble de règles expertes qui, en chaque état du processus d'exécution de la tâche, apprécie le contexte courant et choisit la stratégie adéquate. Mais cette approche est très difficilement réalisable car l'expertise devra porter également sur les spécificités de l'environnement pour un robot donné. Une approche plus robuste s'appuie sur des techniques d'apprentissage et de planification pour synthétiser un contrôleur à base de processus décisionnel de Markov (MDP). Un MDP est un graphe de transition d'états non déterministe, associé à des distributions de probabilité et de coût sur les transitions, et de récompense sur les états. Dans notre cas, il s'agit d'états abstraits de supervision de la tâche, caractérisés par un ensemble restreint de paramètres, tels que par exemple le type de lieu dans lequel on se trouve, le degré d'encombrement, ou l'erreur courante de localisation. Une transition est étiquetée par la stratégie appliquée à un état. L'apprentissage consiste à estimer les distributions de probabilité et de coût. Il est possible de concevoir l'espace des états abstraits de supervision de façon à avoir un MDP de petite taille (de l'ordre du millier d'états) pour permettre un apprentissage à partir d'un nombre raisonnable d'explorations.

La planification dans un MDP synthétise ce que l'on appelle une *politique*, à savoir une application π qui à chaque état s associe la stratégie $\pi(s)$ qui optimise un critère pondérant l'espérance de coût et de récompense. On planifie dans un MDP à l'aide des techniques de programmation dynamique (Ghallab *et al.*, 2005). Dans notre exemple de supervision d'une tâche de navigation, la distribution de récompense sur les états de contrôle est estimée en fonction du but courant. Cette estimation est refaite en chaque état de contrôle ; il en va donc de même du calcul de la politique π. Le processus reste très performant du fait de la faible taille du MDP.

Plus généralement, la supervision de tâches vise à passer des actions préprogrammées ou automatiquement planifiées à leur réalisation effective, compte tenu des aléas de l'environnement et de l'imperfection des modèles. Cette fonction essentielle et centrale dans un robot peut mettre en œuvre, en particulier :

- la décomposition d'actions abstraites, spécifiées ou planifiées, en actions élémentaires, exécutables par les modules et les organes sensori-moteurs du robot ;
- la vérification de conditions générales sur la validité du plan en cours et sur l'applicabilité de chaque action ;
- le déclenchement des actions élémentaires aux moments opportuns, le suivi de leur déroulement et leur suspension éventuelle ;
- la gestion des actions de surveillance nécessaires à la supervision ;
- la détection et le traitement des alarmes et erreurs, l'élaboration de diagnostics et des corrections au besoin.

Pour être compatible avec les contraintes de fonctionnement en ligne, on réalise généralement un superviseur à l'aide d'automates, de règles ou de procédures. Les premiers décrivent les états et les transitions, déclenchées ou observées, par un des automates finis, déterministes ou non déterministes, connectés selon divers liens de composition. L'exemple précédent de la supervision de stratégies sensori-motrices relève de ce cas.

Les *superviseurs à base de procédures* sont très utilisés. Leur intérêt est de permettre l'expression naturelle de séquences, difficilement représentables par des règles. Les séquences d'actions sont nécessaires pour décrire des schémas de plans et des procédures de supervision. La boucle de contrôle global du superviseur peut suivre des procédures tout en restant réactive à des événements ou des buts. C'est ce que proposent des systèmes tels que PRS ou RAP.

4 Architecture

L'architecture définit l'organisation globale de l'ensemble des sous-systèmes logiques et physiques du robot. Elle est en général associée à une méthodologie de développement et à des outils de spécification, de test, d'aide à l'intégration et de synthèse automatique de codes. Il lui correspond également des outils de réalisation des systèmes de supervision et de planification. L'architecture spécifie l'intégration entre la planification, la supervision et les fonctions sensori-motrices du robot.

La réactivité en temps borné, la modularité, la facilité et la sûreté de programmation sont les propriétés indispensables pour toute architecture logicielle temps réel. De plus, les fonctions décisionnelles nécessitent des modèles explicites pour les différents éléments de l'architecture, en particulier pour les modules réalisant les fonctions sensori-motrices. Ces modèles sont de divers types : fonctionnels (effets, ressources), de complexité, de diagnostic et de reprise d'erreur. Ils peuvent correspondre de façon directe ou indirecte aux procédures de supervision et aux opérateurs de planification.

Plusieurs architectures tentent d'atteindre ces propriétés – cf. (Coste-Manière et Espiau, 1998). En dehors des architectures purement réactives, qui furent très populaires pour leur facilité de mise en œuvre, mais très limitées, la plupart des architectures de robots adoptent trois niveaux : de planification, de supervision, et d'exécution des fonctions sensori-motrices. C'est le cas en particulier de l'architecture dite 3T et de ses variantes qui exploitent divers couplages supervision - planification parmi ceux abordés précédemment.

Plusieurs des problèmes évoqués précédemment sur l'intégration des fonctions de planification, entre elles et aux activités sensori-motrices du robot, restent ouverts, en particulier pour la prise en compte de modèles incomplets et non déterministes, et pour la gestion d'un environnement dynamique, perçu via des actions sensorielles et de communication.

5 Conclusion

La réalisation autonome par une machine de tâches variables, qui ne soient pas préprogrammées ou téléopérées, dans une large classe d'environnements, ouverts et imparfaitement modélisés, demeure un domaine de recherche encore à ses tout débuts. L'IA et l'informatique jouent un rôle essentiel pour la résolution des problèmes complexes liés aux fonctions sensori-motrices, à la perception et l'interprétation de l'environnement, à l'apprentissage, à la planification et la supervision de tâches. Les approches à base de modèles explicites, à la fois de l'environnement, des moyens du robot et des tâches, sont indispensables pour faire des machines qui agissent de façon délibérée. Les représentations nécessaires à ces modèles sont mathématiquement très hétérogènes. L'intégration cohérente de ces représentations du monde physique et l'acquisition des modèles nécessaires à une machine posent des problèmes encore très largement ouverts[1]. On peut espérer que les développements de la robotique, dans le sens des quelques approches illustrées ici, peuvent s'appuyer dans un futur proche sur les progrès des autres sciences cognitives et y contribuer.

1. Ceci fait dire à Michel Serres que «*la robotique a jusqu'ici connu bien moins de réussites que l'informatique. Ce qui prouve bien que le corps est supérieur à l'esprit*».

Bibliographie

Coste-Manière E. et B. Espiau (Eds) (1998). "Integrated Architectures for Robot Control and Programming". Special Issue, *Robotics Research*, 17 (4).

Ghallab M. , D. Nau, et P. Traverso (2005). *Automated Planning, Theory and Practice*. Elsevier.

Latombe J.-C. (1991). *Robot Motion Planning*. Kluwer.

Thrun S. (2002). "Robotic mapping: A survey". In: *Exploring Artificial Intelligence in the New Millenium*, Lakemeyer and Nebel (Eds), Morgan Kaufmann.

Réseaux de neurones artificiels

Younès Bennani

Mots-clés : apprentissage à partir d'exemples, apprentissage supervisé, apprentissage non supervisé, auto-organisation, réseaux de neurones artificiels, connexionnisme, classification, classement, discrimination, modélisation, prévision.

Résumé : les réseaux de neurones artificiels (ou réseaux connexionnistes) sont des systèmes numériques permettant la modélisation de processus généraux par l'établissement de modèles fonctionnels. Ceux-ci sont identifiés à partir des entrées-sorties du processus par des algorithmes dits « d'apprentissage » qui s'apparentent à des techniques d'estimation statistiques. Nés en informatique dans le domaine de l'intelligence artificielle, ils ont connu depuis le début des années quatre-vingt un développement intensif dû au succès rencontré dans une très large gamme d'applications. Les réseaux connexionnistes offrent une panoplie de techniques adaptatives pour de nombreux problèmes génériques : la classification, le classement, la modélisation, la prévision. Parmi les domaines où ils ont été utilisés, on peut citer le traitement du signal, de l'image, de la parole, le contrôle, la prévision, l'optimisation combinatoire, le diagnostic, la fouille de données... Il s'agit donc d'un outil général pouvant être utilisé dans des cadres différents avec une grande souplesse. Les modèles connexionnistes apparaissent comme une alternative ou plus souvent comme un complément aux techniques classiques. Les recherches dans le domaine sont extrêmement actives actuellement. Plusieurs laboratoires tant industriels qu'universitaires participent à cette recherche en Europe, aux États-Unis et au Japon. Différentes voies ont déjà été explorées et les réseaux connexionnistes sont devenus un outil incorporé dans différents logiciels commercialisés pour les statistiques, la fouille de données, le traitement du signal et l'identification de systèmes.

Le cerveau, résultat d'une évolution continue, est d'une complexité telle qu'il semble inconcevable que nous puissions un jour en maîtriser tous les mécanismes de fonctionnement. Les opérations effectuées par cette architecture de réseaux font intervenir des processus et des structures nombreuses et complexes. Des études récentes du neurologue Jay Giedd de l'Institut national de santé mentale de Bethesda au Maryland, montrent, grâce à l'imagerie par résonance magnétique (IRM), que le cerveau est en perpétuel remaniement. Elles montrent aussi que dans ce système complexe le développement et l'élagage (composantes du processus de l'apprentissage) ne se font pas d'une manière globale mais plutôt locale : par étapes, région par région (Giedd, 2004).

Le neurone qui constitue l'unité fondamentale de cette machine nerveuse comprend un corps cellulaire, ou soma, et des fibres appelées dendrites et axone. Les neurones forment des chaînes, des circuits ou des boucles dans lesquelles l'axone de l'un entre en contact avec les dendrites, ou soma ou, plus rarement, l'axone du suivant par des jonctions appelées synapses.

Le cerveau humain est un réseau qui comporte environ cent milliards de neurones. Tout neurone est relié par contact synaptique à des milliers, voire des dizaines de milliers d'autres neurones. Il reçoit ainsi simultanément d'innombrables messages se traduisant par autant de décharges, les unes excitatrices, les autres inhibitrices, et c'est la somme algébrique de toutes ces actions qui déclenche l'influx né au point de départ de l'axone. C'est donc une véritable intégration de toutes les informations reçues que réalise le neurone. Mais cette même intégration s'observe à nouveau si l'on considère le cerveau tout entier, lequel peut être considéré comme un réseau global d'interconnexions présentant plusieurs niveaux d'intégration.

Le connexionnisme peut être décrit comme un courant de pensée qui prend ses sources dans plusieurs domaines scientifiques : neurobiologie, cybernétique, psychologie, behaviorisme, mathématiques, physique. L'idée connexionniste repose sur une vision parallèle et distribuée des processus mentaux. Le connexionnisme s'est donné deux objectifs : modéliser le fonctionnement du cerveau, concevoir des systèmes artificiels capables de simuler certaines capacités du cerveau : mémoire, apprentissage, calcul. Mais les réussites les plus marquantes du connexionnisme pendant cette décennie relèvent surtout du deuxième objectif (fabriquer des systèmes intelligents) dans des domaines d'applications très variés.

Dans ce chapitre, nous nous intéressons à ce dernier axe de recherche en connexionnisme. Notre présentation sera donc consacrée à l'étude d'une certaine classe de modèles numériques simples, inspirés du système nerveux et plus particulièrement du cerveau et leur utilisation pour des tâches d'apprentissage automatique. Ces modèles utilisent des unités simples, nombreuses et interconnectées. Un modèle connexionniste peut être décrit comme un graphe où les nœuds représentent des unités de calcul correspondant aux neurones et les liens entre ces nœuds correspondent aux synapses. En effet, les modèles connexionnistes sont des systèmes numériques de calcul basés sur des architectures massivement parallèles composées d'un grand nombre d'unités élémentaires. Ces unités effectuent des calculs simples, mais les communications à travers leur interconnexion permettent de réaliser un calcul global complexe. Les poids des interconnexions sont utilisés pour l'apprentissage et sont estimés à partir d'exemples. La représentation des connaissances, dans ces systèmes d'apprentissage, est locale (niveau du neurone) lorsqu'on se place à un niveau global (niveau du réseau), et globale (distribuée) lorsqu'on se place à un niveau local. Les modèles connexionnistes et les modèles biologiques ou psychologiques ont des propriétés communes comme la tolérance aux fautes, l'apprentissage par l'exemple, la capacité de stockage d'informations, et l'architecture massivement parallèle et distribuée. Néanmoins, il faut noter que le plus souvent ces architectures sont simulées sur des machines séquentielles.

Nous allons passer en revue dans ce chapitre les classes de réseaux proposés actuellement par les chercheurs dans le domaine du connexionnisme. Nous avons choisi à chaque fois un exemple type précis illustrant au mieux les propriétés caractéristiques des éléments de la classe qu'il représente. Pour approfondir les notions qui seront présentées dans ce chapitre, nous conseillons de lire par exemple (Bishop, 1995) qui offrent une bonne initiation au domaine connexionniste.

1 Aperçu historique

En 1943, McCulloch et Pitts dans une étude sur le neurone formel rapportée dans leur article "A logical Calculus of Ideas Immanent in Nervous Activity", avaient modélisé le neurone à l'aide d'un automate à seuil à plusieurs entrées.

Ce neurone formel est l'unité de base des modèles connexionnistes. En effet, il s'est avéré que les réseaux de neurones formels permettaient de rendre compte d'un certain nombre de propriétés du système nerveux, ce qui a encouragé la poursuite des recherches en ce domaine, notamment sur la façon de doter un tel réseau de capacité d'apprentissage.

En 1958, le BCL (Biological Computer Laboratory), dirigé par le physicien autrichien Von Foerster, a axé ses recherches dans un premier temps sur l'étude des réseaux de neurones formels afin de faire progresser la connaissance du système nerveux, et dans un deuxième temps sur l'interprétation de la perception en termes de calcul d'invariants par ces réseaux, afin d'élaborer des automates capables de simuler un comportement intelligent. Ces recherches du BCL ont abouti à une première modélisation des propriétés du cerveau avec, par exemple, la mise en évidence du rôle fondamental des configurations de notre système nerveux lors de la perception du monde extérieur. Mais c'est la notion de calcul qui est restée au centre des préoccupations de ces chercheurs, et ce sont les capacités calculatoires des réseaux plutôt que leur aptitude à modéliser le système nerveux qui ont fait l'objet des études ultérieures.

En 1957, Rosenblatt propose le Perceptron, un prototype de machine adaptative capable d'apprendre à partir d'exemples.

Il s'agit d'une machine possédant trois composantes :

- une rétine dont le rôle est de capter l'information brute de l'extérieur ;

- une aire d'association qui effectue des prétraitements sur les données de la rétine;
- une unité de décision, chargée d'effectuer un classement sur les données. Cette unité est un automate linéaire à seuil. C'est la seule partie du Perceptron soumise à l'apprentissage.

En 1960, Widrow introduisit le modèle Adaline (*ADAptive LINear Element*), très ressemblant au Perceptron, mais avec un algorithme d'apprentissage utilisant la distance quadratique et la règle du *delta*, ou règle *Least Mean Square*, ou règle de *Widrow-Hoff*.

Le Perceptron et l'Adaline sont deux modèles des années soixante très séduisants. Ils ont fourni la preuve qu'une machine, en modifiant sa structure, peut constituer une connaissance implicite des expériences du passé. Les limites et les déficiences de ces deux machines ont été exhibées par Minsky et Papert: seuls des problèmes «simples» peuvent être appris par le Perceptron et l'Adaline. Cette constatation a porté un coup d'arrêt aux recherches dans le domaine, et a poussé au développement de l'intelligence artificielle en se tournant plutôt vers la programmation et le traitement symboliques (se reporter au chapitre «Apprentissage automatique»).

Les réseaux et leur possibilité de traitement non symbolique ont été, pour un temps, oubliés.

En 1982, Hopfield et d'autres physiciens se sont intéressés à une classe de modèles connexionnistes qui présentent des propriétés intéressantes, notamment pour l'étude des systèmes désordonnés.

En effet, grâce à l'apparition d'états stables, les attracteurs, les physiciens ont pu introduire dans leur interprétation des modèles réseaux les notions de minimisation d'énergie, de satisfaction de contraintes voire de température. Ainsi, ils ont pu simuler une loi mathématique de comportement d'un système dynamique réel par l'évolution d'un autre système dynamique, le modèle réseau, obéissant à la même loi.

C'est à partir de ces travaux que le modèle réseau a pris toute son importance et qu'ont pu être réalisés les progrès les plus spectaculaires enregistrés ces dernières années dans le domaine. Pendant cette même période, l'intelligence artificielle «classique» (se reporter au chapitre «Systèmes à base de connaissances») commençait à s'essouffler avec des difficultés dans certains domaines comme la reconnaissance de la parole, le traitement des images, le diagnostic, etc. Le connexionnisme est alors apparu comme un concurrent prometteur en proposant une nouvelle vision des opérations cognitives, basée sur des petites unités interconnectées qui interagissent entre elles.

2 Structure générale des réseaux de neurones artificiels

Ce paragraphe décrit les principaux composants et concepts d'un système d'apprentissage connexionniste.

2.1 Composant de base: le neurone formel

Définition 1: Un neurone formel (artificiel) est une unité de traitement qui reçoit des données en entrée, sous la forme d'un vecteur $x = (x_0, x_1, \dots, x_n)$ et produit une sortie réelle S. Cette sortie est une fonction des entrées $(x_0, x_1, \dots, x_n)$ et des poids des connexions $(w_0, w_1, \dots, w_n)$.

Le neurone formel effectue deux transformations successives: une première transformation $F(x,w)$ qui est linéaire pour calculer son activation a, suivie d'une autre transformation $f(a)$ qui est cette fois non linéaire pour produire sa sortie S.

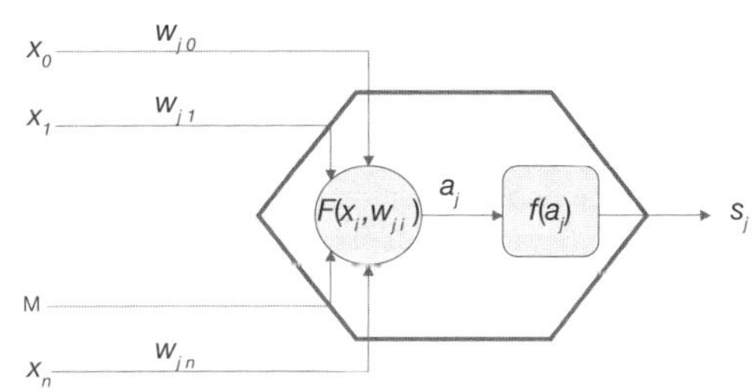

Figure 1 Structure d'un neurone formel: unité de base des modèles connexionnistes.

Définition 2: Pour un neurone k, on appelle Amont (k) l'ensemble des neurones dont les sorties servent d'entrées au neurone k, et Aval (k) l'ensemble des neurones qui utilisent comme entrée la sortie du neurone k.

Pour la suite, on notera E l'ensemble des neurones d'entrée, et F l'ensemble des neurones de sortie. Dans ce cas, par définition on a:

$$\forall i \in E, \text{Amont}(i) = \varnothing \text{ et } \forall i \in F, \text{Aval}(i) = \varnothing \quad (1)$$

Il existe plusieurs types de neurones artificiels, en particulier les suivants.

Le neurone produit scalaire effectue deux traitements successifs: une transformation linéaire $F(x,w)$, le produit scalaire des entrées x_i avec les poids w_{ji} de ses connexions. Pour un neurone j on a donc:

$$F(x, w) = \langle w \cdot x \rangle = \sum_{i \in Amont(j)} w_{ji} x_i \quad (2)$$

où le symbole $<\cdot>$ représente le produit scalaire.

Cette première transformation est suivie d'une transformation de seuillage f non linéaire qui produit la sortie S_j du neurone. La fonction f peut être du type : fonction identité, fonction à seuil, fonction sigmoïde (figure 4), fonction stochastique :

$$S_j = f\left(\sum_{i \in Amont(j)} w_{ji} x_i \right) \qquad (3)$$

Le produit scalaire du vecteur des entrées avec le vecteur des poids n'est autre que leur covariance si les deux vecteurs sont centrés. Ce produit scalaire permet donc d'estimer la proximité entre les entrées et les poids.

Le neurone distance effectue deux traitements successifs : un calcul de distance $F(x,w)$, entre les entrées et les poids de ses connexions. Pour un neurone j on a donc :

$$F(x, w) = \|w - x\|^2 = \sum_{i \in Amont(j)} (w_{ji} - x_i)^2 \qquad (4)$$

où le symbole $\| \ \|$ représente la norme euclidienne.

Cette distance est ensuite suivie d'une transformation de seuillage f non linéaire :

$$S_j = f\left(\sum_{i \in Amont(j)} (w_{ji} - x_i)^2 \right) \qquad (5)$$

La fonction f peut être l'identité ou une fonction noyau de type Gaussien. Ce type de neurone compare un prototype (vecteur poids associé au neurone) au signal d'entrée.

L'égalité $\|w - x\|^2 = \|w\|^2 - 2\langle w.x \rangle + \|x\|^2$ montre que, si les poids sont normalisés, la valeur pour laquelle le produit scalaire est maximal est aussi celle qui est la plus proche de x au sens de la distance euclidienne. Par conséquent, le neurone le plus actif au sens du produit scalaire est le neurone le plus proche au sens de la norme euclidienne.

2.2 Réseau de neurones

Définition 3 : Un réseau de neurones est un graphe valué orienté, constitué d'un ensemble d'unités (ou automates), réalisant des calculs élémentaires, structurées en couches successives capables d'échanger des informations au moyen de connexions qui les relient. Un réseau de neurones est généralement caractérisé par :
- son architecture, le nombre de neurones et leur schéma d'interconnexion ;
- ses fonctions d'activation (F) et de transition (f) d'état des neurones, ses valeurs de poids.

2.3 Architectures et connexions

Il faut distinguer la différence entre *connexion* et *poids*.
Définition 4 : Une connexion entre deux unités i et j indique la possibilité d'une relation physique entre ces deux unités.

Les connexions sont habituellement fixées par l'architecture prédéfinie par le concepteur.

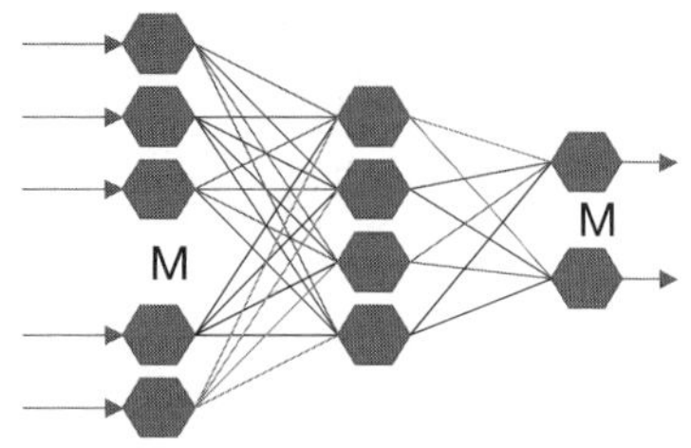

Figure 2 Un schéma général de réseau de neurones artificiels: architecture massivement parallèle composée d'un grand nombre de simples composants similaires, utilisés pour l'apprentissage. Le calcul global dans ce système est basé sur la coopération de plusieurs unités simples.

Définition 5 : La valeur numérique du poids associé à une connexion entre deux unités reflète la force de la relation entre ces deux unités. Si cette valeur est positive, la connexion est dite excitatrice, sinon elle est dite inhibitrice. La convention usuelle est de noter w_{ji} le poids de la connexion reliant le neurone i au neurone j.

Le nombre de poids modifiables $|w|$ est donc le facteur qui conditionne la complexité effective du modèle.

Il existe plusieurs façons de relier les unités d'un réseau allant de la connectivité totale aux connexions locales en passant par les connexions à poids partagés. Nous présenterons page 1224 des exemples de structures dans le cas des Perceptrons multicouches.

3 Apprentissage à partir d'exemples

L'apprentissage est l'une des caractéristiques les plus importantes des réseaux connexionnistes. Il existe plusieurs types d'apprentissage, depuis l'apprentissage symbolique, utilisé en intelligence artificielle jusqu'aux algorithmes numériques adaptatifs.

Sous le terme d'apprentissage, nous allons désigner le processus qui consiste à forcer un système à avoir une réponse particulière à un ensemble de signaux. Cela se fait par présentation de l'ensemble des signaux et correction des réponses. Les corrections, dans le cas d'un apprentissage supervisé (voir § 4), sont souvent effectuées par un professeur qui connaît la réponse désirée pour un signal donné. Dans le cas de l'apprentissage non supervisé (voir § 5), le système essaie d'effectuer une autocorrection pendant l'apprentissage.

Nous allons placer les réseaux connexionnistes dans un cadre théorique général des systèmes d'apprentissage (Tsypkin, 1973), permettant de présenter ces modèles dans un formalisme unifié.

3.1 Critère d'apprentissage

La problématique de l'apprentissage se présente souvent comme la minimisation d'une fonction de risque (appelée en général l'*erreur de généralisation*) de la forme suivante :

$$R(w) = \int_{z} L(z,w)\, dp(z) \tag{6}$$

où z, à valeur dans un espace Z (des conditions extérieures ou des exemples), représente les observations d'une variable aléatoire[1] (v.a.) Z de distribution de probabilité $p(z)$, fixe mais inconnue, et w les paramètres du système d'apprentissage, qui doivent être ajustés. Le risque $R(w)$ est l'espérance mathématique de la fonction de perte (*loss function*) $L(z,w)$, qui est le critère local : la mesure de $R(w)$ sur un seul exemple z. Cette fonction de perte nous indique le coût associé à une observation z. Ce coût dépend des paramètres w définissant le système d'apprentissage recherché. Notons que la fonction $L(z,w)$ est généralement connue analytiquement, par contre, la densité de probabilité $p(z)$, qui régit le comportement des z, est habituellement inconnue.

L'apprentissage revient alors à trouver les paramètres w^*, qui minimisent le risque défini par la formule (6) :

$$w^* = \arg\min_{w} R(w) \tag{7}$$

où argmin $R(w)$ est la fonction qui renvoie les w minimisant $R(w)$.

La fonction qui représente le coût théorique réel en fonction des paramètres w, n'est pas calculable. En effet, la densité de probabilité $p(z)$, comme nous l'avons souligné précédemment, est inconnue, mais un échantillon $E_N = \{z^k\}_{k=1}^{N}$ d'exemples indépendants, tirés de $p(z)$, est connu. En pratique, on ne peut donc pas minimiser $R(w)$, on utilise alors un principe d'induction[2]. Le plus courant consiste à minimiser l'approximation empirique $\tilde{R}(w)$ à partir de l'échantillon E_n. Ce principe est connu comme la minimisation du risque empirique (MRE). Ce risque (appelé en général l'erreur d'apprentissage) est défini par :

$$\tilde{R}(w) = \frac{1}{N}\sum_{k=1}^{N} L(z^k, w) \tag{8}$$

1. Une variable aléatoire (v.a.) est une abstraction mathématique pour représenter une grandeur variant selon le résultat d'une expérience aléatoire. Cette valeur est la réalisation de la v.a. qui est déterminée par sa distribution de probabilité.
2. On appelle « principe d'induction » tout principe qui permet de trouver une solution approchée à partir d'un échantillon d'observations.

L'apprentissage consiste alors dans ce cas à approcher les paramètres optimaux w^* par les paramètres w^+ minimisant le risque empirique $\tilde{R}(w)$:

$$w^+ = \arg\min_{w} \tilde{R}(w) \tag{9}$$

Au niveau de la minimisation de (8), la question importante qui se pose est : est-ce que le principe MRE est consistant ? ou en d'autres termes : est-ce que les w^+ qui minimisent $\tilde{R}(w)$, sur l'échantillon E_N, sont proches des w^*, l'optimum pour le coût réel $R(w)$?

Les travaux de Vapnik et Chervonenkis (1989) sur la consistance du principe MRE permettent d'apporter une réponse à la question précédente. Pour étudier la consistance de ce principe, des outils théoriques tels que la dimension de Vapnik-Chervonenkis[3] ont été introduits.

D'autres principes d'induction, en particulier, le principe de la minimisation structurelle du risque, peuvent être trouvés dans l'ouvrage (Vapnik, 1995).

3.2 Algorithme d'apprentissage

Pour optimiser (8) et résoudre (9), on utilise des techniques numériques d'optimisation : gradient, gradients conjugués, etc. Ces techniques consistent, à partir d'une configuration initiale des paramètres du modèle, à modifier les valeurs des paramètres du système par des ajustements successifs qui visent à minimiser le critère d'erreur $\tilde{R}(w)$. La version la plus simple de ces méthodes d'optimisation utilise pour cela les dérivées premières de $\tilde{R}(w)$, c'est le cas de l'algorithme dit de la descente de gradient. Rappelons très brièvement le principe de cet algorithme. La dérivée partielle de $\tilde{R}(w)$ par rapport à w est :

$$\frac{\partial \tilde{R}(w)}{\partial w} = \lim_{\delta w \to 0} \frac{\tilde{R}(w+\delta w) - \tilde{R}(w)}{\delta w} \tag{10}$$

La formule (10) évalue la variation de l'erreur $\tilde{R}(w)$ si un petit changement affecte w. Si cette dérivée est négative, alors une augmentation du paramètre w ferait baisser l'erreur $\tilde{R}(w)$.

On obtient alors, dans le cas du gradient stochastique, un algorithme d'apprentissage qui consiste, à partir d'une configuration initiale des paramètres w, à tirer à chaque itération, un exemple z^k, et à modifier les valeurs des w par des ajustements successifs. L'équation d'ajustement des paramètres s'écrit alors :

$$w\,(t+1) = w\,(t) - \varepsilon(t)\nabla_w \tilde{R}^k(w) \tag{11}$$

où $\tilde{R}^k(w) = L(z^k, w)$ définissant le coût local pour l'exemple z^k et $\nabla_w \tilde{R}^k(w)$ est le gradient[4] de la fonction

3. Cette dimension est une caractérisation quantitative de la capacité d'un ensemble de fonctions réalisables par un système d'apprentissage.

du coût $\tilde{R}^k(w)$ par rapport aux poids w (la direction de descente).

Dans le cas du gradient total, on accumule progressivement les gradients dus à tous les exemples de la base, et on obtient la règle d'adaptation itérative suivante :

$$w\,(t+1) = w\,(t) - \frac{1}{N}\varepsilon(t)\sum_{k=1}^{N}\nabla_w \tilde{R}^k(w) \qquad (12)$$

Dans les formules (11) et (12), ε représente le pas du gradient, il joue un rôle crucial pour la convergence de l'algorithme en contrôlant l'amplitude des modifications. Cet algorithme d'apprentissage converge vers un optimum local, et non global, de la fonction de coût $\tilde{R}(w)$. De surcroît, cette convergence est la plupart du temps très difficile à prouver dans le cas des techniques adaptatives.

Malgré la diversité des modèles connexionnistes et des buts, la problématique de l'apprentissage connexionniste est commune à l'ensemble de ces systèmes. En effet, la majorité des algorithmes connexionnistes peuvent se formuler sous la forme d'une minimisation d'une fonction de risque de type $R(w)$ (Bottou et Gallinari, 1992). Ces algorithmes d'apprentissage ne diffèrent que par la forme de la fonction de coût local.

4 Systèmes d'apprentissage supervisé

La notion d'apprentissage supervisé dans les modèles connexionnistes a tout d'abord été utilisée dans les machines Perceptron et Adaline. Ces deux modèles de systèmes adaptatifs sont les précurseurs d'une classe importante de réseaux connexionnistes utilisés aujourd'hui. Les concepts d'apprentissage développés pour ces modèles peuvent en effet être étendus aux modèles récents.

Pendant la phase d'apprentissage, le système cherche à calculer une approximation d'une fonction de transfert $\Psi(x,w)$ à partir d'exemples. Prenons un exemple pour illustrer ce problème. Supposons que l'on veuille utiliser un système pour une tâche de classement (discrimination). On dispose d'un ensemble de formes dont on connaît la classe et qui constitue l'ensemble d'apprentissage. Il s'agit donc de données étiquetées. On détermine les paramètres du système à l'aide de cet ensemble. On peut alors présenter des formes inconnues au système. Celui-ci va calculer une sortie qui sera interprétée comme la classe de ces formes. Le système généralisera bien s'il classe correctement ces formes inconnues. Afin de tester cette capacité de généralisation, on n'utilise, pour l'apprentissage supervisé, qu'une partie des exemples dont on dispose et qu'on appellera ensemble d'apprentissage. Les autres exemples constituent un ensemble de test, qui permet donc de vérifier et de mesurer l'aptitude du système à généraliser. Comme système connexionniste à apprentissage supervisé, nous présenterons le Perceptron multicouches (PMC), ou *Multi-Layer Perceptron* (MLP). Il s'agit du modèle le plus utilisé dans le domaine.

4.1 Le Perceptron multicouches

Le *Perceptron multicouches* est une extension du Perceptron ou de l'Adaline : l'architecture est assez semblable à celle du Perceptron avec une ou plusieurs couches de traitement intermédiaire entre couches d'entrée et de sortie, on les appelle *couches cachées*. Mais cette fois tous les poids sont adaptatifs et peuvent être appris : l'algorithme d'apprentissage, la *rétro-propagation du gradient* ou *gradient back propagation* ou GBP est une généralisation de la règle de Widrow-Hoff, utilisée pour Adaline. Ce n'est qu'en 1985-1986, avec les travaux du PDP group autour de D. Rumelhart (1986) à San Diego, ainsi que d'autres chercheurs (Le Cun, 1985), que l'algorithme de rétro-propagation du gradient est publié et gagne très rapidement une grande notoriété, sans doute en bonne partie grâce à des applications convaincantes, par exemple NetTalk (Sejnowski et Rosenberg, 1986). Au cours des années quatre-vingt-dix, la théorie des réseaux multicouches a été largement développée ainsi que de très nombreuses applications dans pratiquement tous les domaines : image, signal (radar, sonar, sismique), reconnaissance des formes, parole, prévision, diagnostic, analyse du risque, traitement de données financières, etc. Ces développements font des réseaux multicouches et de leur algorithme d'apprentissage, la rétro-propagation du gradient ou ses variantes, la méthode la plus largement connue et employée pour les applications pratiques. C'est certainement la rétro-propagation du gradient qui a provoqué l'immense vague d'intérêt pour les réseaux neuronaux, à laquelle nous assistons depuis 1985.

Description du modèle

Dans le PMC, les neurones sont organisés en couches successives avec des connexions d'une couche à la suivante. La première couche est dite *couche d'entrée*, et la dernière *couche de sortie*. Les autres couches intermédiaires, sont les *couches cachées*. Les dimensions des couches d'entrée et de sortie dépendent du problème. Le nombre de couches cachées ainsi que leurs dimensions, sont fixés par l'utilisateur ou déterminées par apprentissage (Bennani, 2001). Le vecteur de poids

4. Le gradient de la fonction de coût, par rapport à w, est défini par le vecteur des dérivées partielles premières par rapport à toutes les composantes de w :

$$\nabla_w \tilde{R}^k(w) = \left(\partial \tilde{R}^k(w)/\partial w_1, \ldots, \partial \tilde{R}^k(w)/\partial w_i, \ldots, \partial \tilde{R}^k(w)/\partial w_n\right)$$

caractérisant chaque neurone est matérialisé par des connexions pondérées.

La fonction de transition globale associée à un PMC, $\Psi(x,w)$, est une composition des fonctions de transition élémentaires des différents neurones. Les unités du PMC sont des neurones de type «produit scalaire». Dans ce modèle, chaque neurone j calcule son activation et sa sortie en utilisant respectivement les formules (2) et (3).

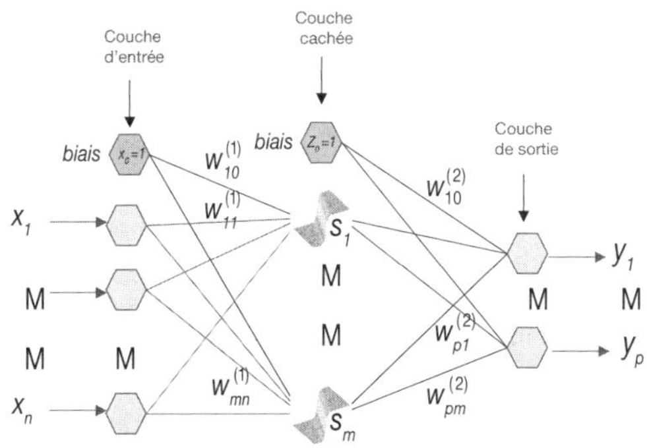

Figure 3 Un exemple de PMC avec une couche d'entrée composée de n unités, une seule couche cachée de m unités et une couche de sortie possédant p unités. Le réseau a deux couches de poids: $w^{(1)}$ et $w^{(2)}$. Les unités x_0 et s_0, dont les activations fixées à 1, sont dites des unités de biais. Elles permettent d'introduire les termes de biais dans le réseau afin de considérer toutes les solutions et pas seulement celle qui passe par l'origine.

Sans perte de généralité, prenons l'exemple du PMC de la figure 3 possédant une seule couche cachée. Les poids des connexions entre la couche d'entrée et la couche cachée et les poids entre la couche cachée et la couche de sortie seront notés respectivement : $w^{(1)}$ et $w^{(2)}$. Dans le cas de ce PMC, la k-ième composante, $y_k \equiv \Psi_k(x,w)$, de la fonction de transition globale peut s'obtenir de la façon suivante : l'activation a_j de la j-ème cellule cachée est calculée à partir des entrées x_i et des poids des connexions ${w^{(1)}}_{ji}$:

$$a_j = w_{j0}^{(1)} + \sum_{i \in Amont(j)} w_{ji}^{(1)} x_i \tag{13}$$

La sortie S_j de cette j-ème cellule cachée s'obtient par une transformation non linéaire $f(.)$ de l'activation a_j. La fonction $f(.)$ est appelée la fonction de transition. Elle peut être l'identité, une fonction à seuil ou une fonction sigmoïde (figure 4).

$$S_j = f(a_j) \tag{14}$$

Par exemple :

$$f(x) = \tanh(x) = \frac{e^x - e^{-x}}{e^x + e^{-x}} \tag{15}$$

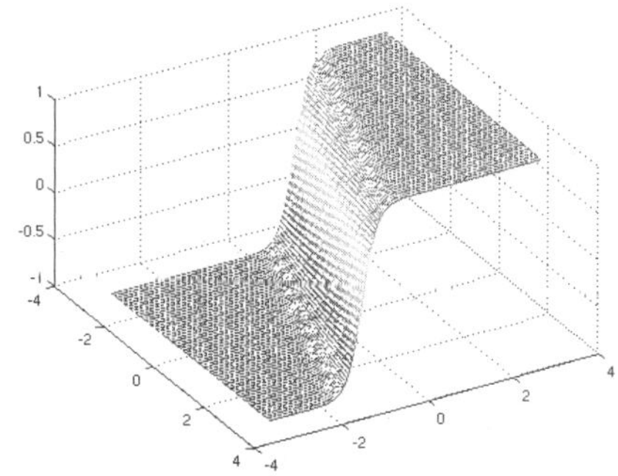

Figure 4 Exemple de fonction sigmoïde. Il s'agit d'une représentation de la sortie d'un neurone dont la fonction de sortie est une tanh recevant trois entrées $x_0 = 1$, x_1 et x_2 munies des poids ($w_0 = 0$, $w_1 = 1$ et $w_2 = 2$). La figure représente le graphique de la fonction $s = \tanh(w_0 x_0 + w_1 x_1 + w_2 x_2) = \tanh(x_1 + 2 x_2)$.

De la même façon, la sortie et l'activation de la k-ème unité de sortie peuvent s'obtenir comme suit :

$$y_k = f(a_k) \tag{16}$$

avec :

$$a_k = w_{k0}^{(2)} + \sum_{j \in Amont(k)} w_{kj}^{(2)} S_j \tag{17}$$

Si on combine le calcul des sorties des cellules cachées et celui des cellules de sortie on obtient pour la k-ième sortie du réseau l'expression suivante :

$$y_k = f\left(w_{k0}^{(2)} + \sum_{j \in Amont(k)} w_{kj}^{(2)} f\left(w_{j0}^{(1)} + \sum_{i \in Amont(j)} w_{ji}^{(1)} x_i \right)\right) \tag{18}$$

En résumé, dans un PMC chaque neurone ou unité effectue deux transformations successives : une première transformation qui est linéaire (le produit scalaire) pour calculer son activation, suivie d'une autre transformation qui est cette fois non linéaire pour produire sa sortie. La fonction globale du réseau $\Psi(x,w)$ est donc une combinaison de fonctions non linéaires élémentaires dont la complexité peut varier en fonction du nombre d'unités et de couches cachées.

Algorithme d'apprentissage

Dans le cas d'un apprentissage supervisé, les vecteurs z de la formule (6) auront la forme (x,d), réalisations du couple de v.a. (X,D) de distribution de probabilité conjointe $p(x,d) = p(x)p(d/x)$. Les couples (x,d) représentant les couples (entrée, sortie désirée), sont à valeur dans un espace produit $\mathcal{X} \times \mathcal{D}$, où $\mathcal{X}$ est l'espace d'entrée et $\mathcal{D}$ l'espace de sortie.

L'apprentissage supervisé dans le PMC sera basé sur un échantillon E_N de N observations (exemples) :

$$E_N = \left\{ \left(x^k, d^k \right) \right\}_{k=1}^{N} \subset \left(\mathcal{X} \times \mathcal{D} \right)^N \quad x^k \in \Re^n,\ d^k \in \Re^p \tag{19}$$

En classement (discrimination), les x et les d représentent respectivement les formes et leurs classes. Par contre, dans le cas de la prévision, les x et les d représentent respectivement le contexte de prédiction et les valeurs à prédire.

Le critère local le plus utilisé pour les PMC est l'erreur quadratique définie par :

$$L(z,w) = (y-d)^2 = (\Psi(x,w)-d)^2 \qquad (20)$$

où d et y représentent respectivement la sortie désirée et la sortie calculée par le système.

La fonction de risque $R(w)$ définie par la formule (6) représente alors l'erreur quadratique moyenne (MSE, *Mean Square Error*) et prend la forme suivante :

$$R(w) = \int_{X\times\mathcal{D}} (\Psi(x,w)-d)^2 \, dp(x,d) \qquad (21)$$

L'estimation empirique $\tilde{R}(w)$ (EMSE, *Empirical Mean Square Error*) pour un ensemble de N exemples est :

$$\tilde{R}(w) = \frac{1}{N}\sum_{k=1}^{N}\tilde{R}^k(w) = \frac{1}{N}\sum_{k=1}^{N}\left(\Psi(x^k,w)-d^k\right)^2 \qquad (22)$$

La méthode de gradient la plus simple utilise une approximation au premier ordre de la fonction d'erreur $\tilde{R}(w)$. On obtient alors l'algorithme classique dit « rétro-propagation du gradient » ou BPG. À partir d'une configuration initiale des poids du PMC, l'algorithme BPG modifie les valeurs des paramètres par des ajustements successifs selon les formules (11) dans le cas stochastique et (12) dans le cas du gradient total. Par exemple dans le cas du gradient stochastique on a :

$$\nabla_{w_{ji}}\tilde{R}^k(w) = \delta_j^k S_i \qquad (23)$$

où δ_j^k représente le signal d'erreur (ou l'erreur) du neurone j pour l'exemple x^k, et S_i est la sortie du neurone i (si i est un neurone d'entrée sa sortie est égale à sa valeur x_i).

Le signal d'erreur d'un neurone j est défini de la façon suivante :

- Si j est un neurone de sortie :

$$\delta_j^k = f'(a_j)\left(y_j^k - d_j^k\right) \qquad (24.a)$$

- Si j est un neurone caché :

$$\delta_j^k = f'(a_j) \sum_{h\in Aval(j)} w_{hj}\,\delta_h^k \qquad (24.b)$$

où $f'(.)$ représente la dérivée première de $f(.)$.

Nous résumons ci-dessous la version stochastique de l'algorithme de la rétro-propagation du gradient :

```
1- Initialiser aléatoirement les poids w
2- Choisir au hasard un exemple x et le
présenter à l'entrée du réseau.
3- Calculer les sorties du réseau par
propagation des états de l'entrée vers la
sortie en utilisant les formules (2) et
(3).
4- Évaluer les signaux d'erreur pour
chaque neurone de sortie par la formule
(24.a)
5- Rétro-propager les signaux d'erreur des
sorties pour calculer ceux des neurones
cachés, en utilisant la formule de rétro-
propagation (24.b).
6- Évaluer le gradient par la formule
(23).
7- Mettre à jour les poids en utilisant la
formule (11).
8- Répéter de 2 à 7 jusqu'à l'obtention
d'une valeur acceptable de l'erreur.
```

Il existe d'autres techniques d'optimisation dites du second ordre. Ces méthodes font localement une hypothèse d'approximation quadratique de la fonction d'erreur. On trouve par exemple : la méthode de Newton, quasi-Newton, gradients conjugués (Reed et Marks, 1999).

Exemple

Considérons un exemple simple pour fixer les idées : il s'agit du problème du ou exclusif (XOR) présenté comme un problème de discrimination entre deux classes (1 pour vrai et −1 pour faux). L'ensemble d'apprentissage est le suivant :

$$E_4 = \left\{\left(\begin{pmatrix}1\\1\end{pmatrix},-1\right);\left(\begin{pmatrix}1\\-1\end{pmatrix},1\right);\left(\begin{pmatrix}-1\\1\end{pmatrix},1\right);\left(\begin{pmatrix}-1\\-1\end{pmatrix},-1\right)\right\}$$

Dans cet ensemble chaque classe est représentée par deux points possédant chacun deux composantes.

Le PMC de la figure 5 permet de résoudre ce problème. Grâce aux traitements non linéaires de la couche cachée, chaque unité de cette couche génère un hyperplan permettant de séparer les quatre points en deux groupes distincts. La combinaison de la décision des deux unités cachées permet d'obtenir des surfaces de séparation non linéaires entre les éléments des deux classes.

4.2 Architectures connexionnistes structurées

Les premiers travaux sur les réseaux multicouches ont mis en œuvre des réseaux avec une ou deux couches cachées *totalement connectées*. Cependant, quand les vecteurs d'entrée sont de grande dimension, par exemple pour des problèmes de traitement du signal, de la parole ou des images, de tels réseaux ont un nombre de poids très grand. Or, plus le nombre de poids est grand, plus un réseau est difficile à entraîner : l'apprentissage est long et il faut beaucoup d'exemples. On a donc toujours intérêt à utiliser des réseaux aussi petits que possible (en termes de nombre de poids), pour

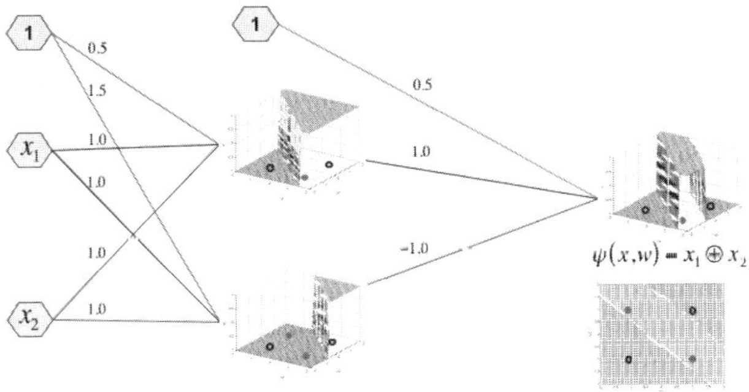

Figure 5 Un exemple de PMC pour le XOR vu comme un problème de discrimination entre deux classes non linéairement séparables. La fonction non linéaire $f(x) = \text{sign}(x)$

être sûrs d'obtenir des taux de généralisation satisfaisants avec le nombre d'exemples disponibles.

Nous allons donner, dans le paragraphe qui suit, quelques exemples de structures.

Connexions complètes

Il s'agit de la connectivité la plus simple : chaque unité est connectée à toutes les unités de la couche suivante. Les unités d'une même couche ne sont pas connectées entre elles. La première couche s'appelle alors couche d'entrée, la dernière, couche de sortie, les autres sont dites couches cachées.

Connexions locales

Les connexions locales sont une variante importante du modèle en couche. On dote chaque couche d'une topologie, et on ne connecte chaque cellule qu'à un ensemble de cellules voisines de la couche précédente. L'utilisation de connexions locales diminue très fortement le nombre de poids d'un réseau.

Connexions à poids partagés

Dans ce schéma de connexions, on impose à certaines connexions d'être associées à des poids identiques. Une propriété intéressante du mécanisme de partage des poids tient au nombre très faible de paramètres libres résiduels. On trouve, par exemple, une architecture spéciale appelée *réseau à poids partagés* ou *réseau à filtres* ou *réseau TDNN* (*Time Delay Neural Network*). Ces architectures ont d'abord été introduites en traitement de la parole (Waibel *et al.* 1988), puis ensuite utilisées en traitement des images (Le Cun *et al.*, 1989). Ces réseaux sont en général extrêmement efficaces en traitement de la parole, du signal ou des images. Ils sont très rapides à entraîner, et nécessitent relativement peu d'exemples. Les performances sont assez peu affectées par un choix imprécis du nombre de filtres utilisés ou de leur taille.

Connexions récurrentes

Les réseaux récurrents constituent une classe de PMC qui permet de réaliser des systèmes dynamiques (Pineda, 1987). Dans ce type d'architecture, les connexions sont autorisées à former des boucles. On adopte souvent un séquencement synchrone : toutes les cellules sont mises à jour simultanément, leurs états à l'instant t sont utilisés pour calculer leurs états à l'instant $t + 1$. Un tel réseau est évidemment invariant dans le temps, car le même réseau est utilisé à chaque instant. Les boucles lui permettent seulement d'utiliser des informations provenant du passé. Pour l'apprentissage, on utilise une adaptation de la rétro-propagation avec poids partagés. En effet, un réseau récurrent peut toujours être déplié. Il suffit de juxtaposer plusieurs copies du réseau récurrent, à des instants successifs. Aux boucles, correspondent alors des connexions liant les unités de deux réseaux adjacents. On obtient alors un gros réseau, dont toutes les connexions sont contraintes à rester invariantes dans le temps. Il suffit alors, comme pour un réseau à délais, d'appliquer l'algorithme de rétro-propagation avec poids partagés.

Architectures modulaires et hybrides

Les approches modulaires permettent de concevoir des systèmes où différents réseaux coopèrent à une même tâche. Dans ces systèmes, la puissance de calcul n'est pas apportée par un réseau unique possédant un grand nombre d'unités non linéaires, mais par la coopération des différents modules qui coopèrent à la tâche. En agissant de la sorte, on ne fait que transposer au niveau des modules la philosophie connexionniste et l'on crée en quelque sorte des réseaux de réseaux. L'approche modulaire permet la conception de systèmes complexes et l'enchaînement de différents traitements. Toutefois, de nombreux modèles classiques possèdent des caractéristiques qui sont complémentaires de celles des modèles connexionnistes. Il apparaît donc intéressant de construire des architectures modulaires hybrides basées sur la coopération de différentes techniques. Ces approches modulaires et hybrides présentent en théorie l'avantage de combiner les points forts de leurs différents composants et par exemple d'obtenir des systèmes qui soient à la fois discriminants et incrémentaux. On peut citer Bourlard et Wellekens (1990) qui proposent une coopération entre les PMC et les HMM (*Hidden Markov Models*), cette approche hybride utilise les PMC comme des estimateurs de probabilités a posteriori pour les HMM. Une autre approche modulaire et hybride consiste à utiliser le codage discriminant, effectué par les couches cachées d'un ensemble de TDNN, pour l'apprentissage des HMM (Bennani, 1994).

4.3 Organisation des données

Les bases de données d'apprentissage et de test (et éventuellement de validation) doivent être représentatives d'une même distribution $p(x,y)$. On doit toujours réaliser un mélange aléatoire des données pour assurer cette condition, et donc une bonne généralisation ; le mélange évite également des problèmes de minima locaux : en effet, si la base d'apprentissage est, par exemple, ordonnée par classes, on risque d'introduire un biais vers une zone des poids efficace pour la première classe présentée et de ne plus pouvoir en sortir ensuite, en tout cas le long du gradient.

Comme pour la plupart des techniques statistiques, on a toujours intérêt à prétraiter les données de façon à ce qu'elles soient centrées, réduites. Si la valeur d'une entrée est grande, elle provoque la saturation de plusieurs neurones et par conséquent, bloque l'apprentissage. Pour normaliser les données, on calcule donc les moyennes $(\mu_i)_{i=1}^n$ et les écart-types $(\sigma_i)_{i=1}^n$ des différentes composantes d'entrée, puis on remplace chaque donnée initiale $x \in \Re^n$ par une nouvelle donnée $\tilde{x} \in \Re^n$ calculée par :

$$(\tilde{x}_i)_{i=1}^n = \left(\frac{x_i - \mu_i}{\sigma_i}\right)_{i=1}^n \qquad (25)$$

Les moyennes et les écart-types sont calculés sur l'ensemble d'apprentissage seul, puis utilisés pour normaliser les ensembles d'apprentissage et de test. Ainsi normalisées, toutes les composantes du vecteur d'entrée sont du même ordre de grandeur, ce qui évite bien des problèmes numériques.

4.4 Quelques résultats théoriques

Un exposé complet sur les résultats théoriques dans le domaine connexionniste dépasserait le cadre de ce chapitre. Nous donnerons dans ce paragraphe quelques exemples de résultats théoriques en indiquant à chaque fois où trouver des présentations plus détaillées.

Les PMC fournissent une classe de modèles très puissante. En effet, ces modèles sont des approximateurs universels de fonctions. Un PMC peut apprendre à approximer une fonction de façon que la probabilité de précision tende vers 1 quand le nombre d'exemples d'apprentissage tend vers l'infini.

Des liens ont été établis par les chercheurs entre les modèles connexionnistes et des méthodes statistiques conventionnelles.

On peut en résumer les résultats ainsi :

- si les sorties désirées sont codées sous forme « 1-parmi-p »[1], un PMC donnera la meilleure approximation au sens des moindres carrés, dans la famille de fonctions calculable par le PMC, des probabilités a posteriori $P(C_i/x)$. On obtient donc la règle de décision de taux d'erreur minimal (White, 1989) ;
- un PMC avec une couche cachée entraîné en auto-association[2] est équivalent à une analyse en composantes principales (ACP) (Bourlard et Kamp, 1987), (Baldi et Hornik, 1989) ;
- un PMC avec une couche cachée entraîné pour une tâche de classement est équivalent à une analyse discriminante (Asoh et Otsu, 1989), (Gallinari *et al.*, 1991) ;
- il existe une certaine analogie structurelle et fonctionnelle entre les modèles connexionnistes de type PMC ou FRB (fonctions de base radiales) et les modèles statistiques comme les arbres de décision ou de régression, LD (*Logistic Discrimination*), GAM (*Generalized Additive Models*), PPR (*Projection Pursuit Regression*) ou MARS (*Multivariate Adaptive Regression Splines*). On se reportera, par exemple, à (Bishop, 1995) pour une revue sur ce point ;
- concernant les résultats théoriques sur la puissance de calcul et la capacité de généralisation de ces modèles le lecteur peut se reporter par exemple à (Vidyasagar, 2003) pour une présentation détaillée de ce sujet ;
- au niveau du contrôle de la capacité de généralisation, on peut trouver par exemple des méthodes constructives dans (Reed et Marks, 1999) ou des méthodes d'élagage dans (Bennani, 2001). Ces approches structurelles permettant d'ajuster la capacité de généralisation à la difficulté du problème que l'on veut traiter. En effet, ces techniques per-

1. $y = (0,\dots, 0, 1, 0,\dots, 0)$ ou $y = (-1,\dots, -1, 1, -1,\dots, -1)$ avec un 1 à la i-ème place si x est de la classe C_i. Le choix du type de codage dépend du domaine de variation de la fonction sigmoïde : si cette fonction varie dans [0,1] on choisit le premier codage, si elle varie dans [-1,1] on choisit le deuxième.
2. Dans le cas de l'auto-association, le PMC comporte le même nombre de neurones sur les couches d'entrée et de sortie. La sortie désirée est identique à l'entrée. Le PMC apprend donc à reproduire à la sortie ce qui lui est présenté à l'entrée en passant par un codage intermédiaire effectué par la couche cachée.

mettent d'améliorer les performances de ces systèmes d'apprentissage en sélectionnant des architectures optimisées, appropriées au problème.

5 Systèmes d'apprentissage non supervisé

Parallèlement et de façon complémentaire au développement de techniques d'apprentissage supervisé, des techniques dites non supervisées ont été développées. Elles visent à apprendre certaines informations sur des données non étiquetées. Il existe de nombreux cas où l'on ne possède pas d'information sur les classes de l'ensemble d'apprentissage. Ce manque de connaissance peut avoir plusieurs causes: manque d'information sur les données, volume d'information trop important pour pouvoir être étiqueté à la main comme par exemple en reconnaissance de la parole ou en bioinformatique.

Différentes disciplines se sont intéressées à ce problème sous différents noms: statistique, analyse des données, reconnaissance des formes, psychologie, etc. Le terme «apprentissage non supervisé» utilisé en connexionnisme, apparaît également en reconnaissance des formes (se reporter au chapitre «Reconnaissance des formes»), on trouve aussi d'autres termes pour désigner les techniques mises en œuvre comme par exemple «*clustering*», «regroupement», « classification par distance», «quantification», «agrégation», «catégorisation», etc.

Les données qui se «ressemblent» vont, à l'issue de cet apprentissage automatique, se trouver réunies dans des groupes, *clusters*, qui seront donc des ensembles de formes. Ces clusters pourront être représentés par une information plus synthétique que l'énumération brutale de leurs formes, comme par exemple leur centre de gravité ou différents moments statistiques. Ces informations sont bien sûr plus facilement manipulables que la donnée des points initiaux. Pour ce type d'apprentissage, nous allons présenter le modèle des cartes auto-organisatrices de Kohonen. Il s'agit de l'une des méthodes neuronales les plus utilisées parmi les méthodes d'apprentissage non supervisées. Ce réseau a donné lieu à de nombreuses applications pratiques dans le but de visualiser et d'effectuer de la réduction de l'information. La conférence internationale WSOM (*Workshop on Self-Organizing Maps*) est dédiée essentiellement aux travaux sur ce modèle. On dénombre plus de 6000 publications sur ces réseaux en 2005.

5.1 Les cartes auto-organisatrices de Kohonen

Sources historiques et principes

L'algorithme des «cartes auto-organisatrices» (CAO), ou «cartes topologiques», ou *Self-Organizing Maps* (SOM), a été introduit par Kohonen (1984) pour modéliser un phénomène, couramment observé dans le cerveau: la formation de «cartes».

Dans le cortex cérébral, on peut remarquer une organisation en régions qui correspondent à différentes modalités sensorielles: pour chaque région corticale, la structure topologique est la même que la structure topologique du capteur correspondant. On a ainsi des cartes rétinotopique, somato-sensorielle, etc. Ces cartes se distinguent par la propriété commune suivante: pour un espace de données fixé, par exemple les signaux lumineux sur la rétine, la carte corticale est une représentation à deux dimensions telle que des données «voisines» aient des représentations voisines. Par exemple, la structure spatiale des réponses des cellules dans le cortex auditif correspond à la fréquence des sons perçus. Un certain nombre des fonctions sensorielles sont donc dépendantes de la réalisation d'applications qui conservent la topologie entre l'espace des données (sur les capteurs) et l'espace des représentations (dans la zone corticale correspondante).

Du point de vue informatique, on peut traduire cette propriété de la façon suivante: supposons que l'on dispose de données que l'on désire classifier. On cherche un mode de représentation tel que des données voisines soient classées dans la même classe ou dans des classes voisines. L'algorithme proposé par Kohonen produit un réseau qui a cette propriété: on obtient grâce au réseau une «représentation» de l'ensemble d'apprentissage telle que des exemples proches, mesurés dans le référentiel d'entrée, aient des représentations proches, mesurées dans le réseau. C'est une technique d'apprentissage non supervisé: les exemples sont présentés au réseau qui réorganise progressivement «de lui même» ses poids de façon à produire l'organisation recherchée.

Description

Le procédé d'auto-organisation proposé par Kohonen cherche à transformer des signaux de départ de dimension quelconque, en général assez grande, en signaux à une ou deux dimensions. Le but principal du réseau est ici de reproduire en sortie du réseau les corrélations qui sont présentes dans les données présentées à l'entrée.

D'une manière générale, les cartes auto-organisatrices vont projeter les données initiales sur un espace discret et régulier de faible dimension (en général 1 ou 2). Les espaces utilisés sont des treillis réguliers[1] dont chacun des nœuds est occupé par un automate (neurone formel), la notion de voisinage entre neurones

1. Les neurones sont répartis aux nœuds d'un maillage, par exemple à mailles carrées ou hexagonales, et constituent la carte topologique.

découle alors directement de la structure et définit une topologie de la carte. Grâce au procédé d'auto-organisation, la topologie qui lie les données initiales est conservée au niveau des réponses proposées par le réseau. La localisation des neurones actifs reproduit les liens existants au niveau des données initiales. La plupart du temps, puisqu'il s'agit d'un procédé d'apprentissage non supervisé, les relations de voisinages entre formes d'entrée sont inconnues. C'est l'observation des voisinages produits par la carte qui vont permettre l'interprétation des données initiales. En particulier, ils vont définir la notion de formes proches dans l'espace initial.

Les réseaux CAO ou SOM sont constitués de deux couches (figure 6) :

- la couche d'entrée où les données à classer sont présentées. Les états de tous les neurones de cette couche sont forcés aux valeurs des caractéristiques décrivant les formes d'entrées ;
- la couche (topologique) d'adaptation est composée du treillis de neurones selon une géométrie prédéfinie.

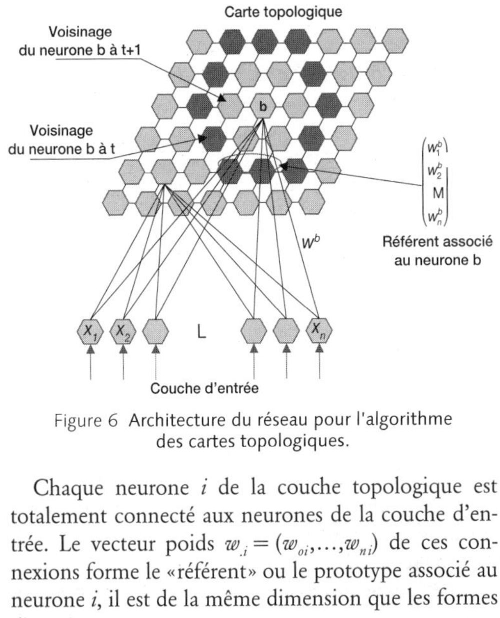

Figure 6 Architecture du réseau pour l'algorithme des cartes topologiques.

Chaque neurone i de la couche topologique est totalement connecté aux neurones de la couche d'entrée. Le vecteur poids $w_{.i} = (w_{oi},\ldots,w_{ni})$ de ces connexions forme le «référent» ou le prototype associé au neurone i, il est de la même dimension que les formes d'entrée.

Pendant la phase d'apprentissage, le processus d'auto-organisation permet de concentrer l'adaptation des poids des connexions essentiellement sur la région de la carte la plus «active». Cette région d'activité est choisie comme étant le voisinage associé au neurone dont l'état est le plus actif.

Le critère de sélection du neurone le plus actif est de chercher celui dont le vecteur de poids est le plus proche au sens de la distance euclidienne de la forme présentée. Il s'agit d'un critère qui est à l'heure actuelle utilisé dans l'algorithme de ces cartes topologiques. C'est l'utilisation de cette notion de voisinage qui introduit les contraintes topologiques dans la géométrie finale de la carte. Les recherches effectuées par les neuro-physiologistes dans l'étude du système visuel humain ont montré l'existence de ce type de phénomène au niveau des cellules du cortex et le rôle important qu'il joue dans la vision humaine.

Algorithme d'apprentissage

Différents algorithmes d'apprentissage ont été proposés pour l'adaptation des poids de la carte, nous ne présentons que le plus simple d'entre eux et renvoyons à (Kohonen, 2001) pour les variantes. Nous commencerons d'abord par définir la notion de voisinage sur la carte topologique. Le voisinage V_i d'un neurone i est composé des neurones de la carte qui se situent à l'intérieur d'une zone d'influence. C'est le choix de la fonction h (une fonction noyau positive et symétrique de type gaussien) qui permet d'introduire des zones d'influence autour de chaque neurone. La fonction de voisinage h peut être de la forme suivante :

$$h_{rs} = \frac{1}{\lambda(t)} \exp\left(-\frac{d_1^2(r,s)}{\lambda^2(t)}\right) \qquad (26)$$

où $\lambda(t)$ est la fonction température modélisant l'étendue du voisinage :

$$\lambda(t) = \lambda_i \left(\frac{\lambda_f}{\lambda_i}\right)^{\frac{t}{t_{\max}}} \qquad (27)$$

avec λ_i et λ_f étant respectivement les températures initiale et finale (par exemple $\lambda_i = 2$ et $\lambda_f = 0{,}5$) et t_{max} le nombre maximum attribué au temps (nombre d'itérations x nombre d'exemples d'apprentissage), et la distance de Manhattan $d_1(.,.)$ est définie, entre deux neurones de la carte r et s de coordonnées respectives (k,m) et (i,j), par :

$$d_1(r,s) = |i-k| + |j-m| \qquad (28)$$

La fonction h qui est une gaussienne introduit pour chaque neurone de la carte un voisinage global. La taille de ce voisinage est limitée par l'écart-type $\lambda(t)$ de la gaussienne. Les neurones se trouvant au-delà de cette étendue ont une influence négligeable mais non nulle sur le neurone considéré. L'étendue $\lambda(t)$ est une fonction décroissante dans le temps, la fonction voisinage h aura donc la même évolution avec un écart type décroissant dans le temps. Dans le cas de l'apprentissage des CAO (apprentissage non supervisé), les vecteurs z et w de la formule (6) représenteront respectivement les exemples (formes) x d'apprentissage, et les référents (prototypes) associés aux neurones de la carte topologique. L'apprentissage sera réalisé par la minimisation de la distance, entre formes d'entrées et prototypes de la carte, pondérée par la fonction de voisinage h_{ij}. On pourra employer pour cela un algorithme de gradient.

Le critère à minimiser dans ce cas est défini par :

$$\tilde{R}(w) = \frac{1}{N}\sum_{k=1}^{N}\tilde{R}^k(w) \quad (29)$$

$$= \frac{1}{N}\sum_{k=1}^{N}\sum_{j=1}^{M} h_{j\,b(x^k)}\left\|w_{.j} - x^k\right\|^2$$

où M représente le nombre de neurones de la carte, $b(x^k)$ est le neurone dont le référent est le plus proche de la forme d'entrée x^k, et h la fonction de voisinage.

La version stochastique de l'algorithme d'apprentissage de ce modèle se déroule essentiellement en trois phases :

- la phase d'initialisation où des valeurs aléatoires sont affectées aux poids des connexions (référents ou prototypes) de chaque neurone de la carte ;
- la phase de compétition pendant laquelle, pour toute forme d'entrée x^k, un neurone $b(x^k)$, de voisinage $V_{b(x^k)}$, est sélectionné comme gagnant. Ce neurone est celui dont le vecteur de poids est le plus proche au sens de la distance euclidienne de la forme présentée :

$$b(x^k) = \arg\min_{1\le i\le M}\left\|w_{.i} - x^k\right\|^2 \quad (30)$$

- la phase d'adaptation où les poids de chaque neurone de la carte sont mis à jour selon les règles d'adaptation suivantes :

si $j \in V_{b(x^k)}$ ajuster les poids selon la formule (11) avec :

$$\nabla_{w_{.j}}\tilde{R}^k(w) = h_{j\,b(x^k)}\left(w_{.j}(\mathrm{t}) - x^k\right) \quad (31)$$

sinon :

$$\nabla_{w_{.j}}\tilde{R}^k(w) = 0 \quad (32)$$

Ce processus d'adaptation est répété jusqu'à stabilisation de l'auto-organisation.

5.2 Exemple

Considérons l'exemple de la figure 7. La répartition des observations dans l'espace des formes est donnée par la figure a). Les 3 autres figures : b), c) et d), montrent le déroulement de l'apprentissage et de l'auto-organisation des référents associés aux neurones de la carte topologique.

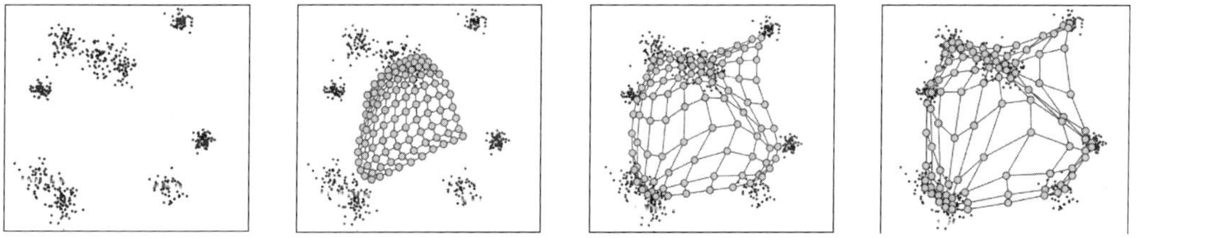

Figure 7 De gauche à droite, l'ensemble des observations ; l'ordre initial induit sur les neurones de la carte ; topologie après mille itérations ; topologie après trois mille itérations

5.3 Utilisations de la carte

Une fois la convergence terminée la carte est prête pour l'utilisation que l'on désire en faire. Elle peut servir :

- soit en mode non supervisé pour visualiser les données que l'on désire observer. Il suffit alors de projeter chacune des données sur la carte et de repérer pour chacune la cellule la plus active. La consultation de l'ensemble des données projetées permet une visualisation des regroupements effectués sur les données ;
- soit, à partir d'un ensemble de données étiquetées permettant alors d'utiliser la carte obtenue en fin d'apprentissage en tant que classificateur. C'est de cette manière qu'ont été utilisées les cartes auto-organisatrices en reconnaissance de la parole. Chacune des cellules de la carte reçoit alors le label de la donnée à laquelle elle réagit le plus fort. On attribue à chaque forme que l'on désire classer l'étiquette portée par la cellule qui réagit le plus fort dans le réseau.

5.4 Extensions temporelles et évolutives des cartes topologiques

Plusieurs méthodes ont été proposées dans la littérature pour l'adaptation des cartes topologiques aux données spatio-temporelles. Le principe de ces méthodes consiste à introduire la dimension temporelle soit dans le codage des données d'entrées, soit dans le processus de l'apprentissage. On trouve aussi des versions évolutives permettant de construire la carte d'une manière incrémentale, par l'ajout de certains neurones et la suppression d'autres, nous renvoyons à (Oja et Kaski, 1999) pour ces variantes des cartes topologiques.

6 Domaines d'applications des réseaux de neurones artificiels

Depuis les résultats spectaculaires des premières applications de ces techniques en reconnaissance de la parole et en reconnaissance des caractères manuscrits, la recherche sur les réseaux de neurones prend une voie prometteuse pour l'intelligence artificielle. Il s'agit d'une technologie de pointe permettant la mise en œuvre d'applications dans de nombreux secteurs de pointe. Nous présentons ci-dessous une liste, non exhaustive, des principaux secteurs concernés :

- aéronautique, automobile : diagnostic, contrôle qualité et anticipation des défauts, prévisions des ventes, analyse d'enquêtes de satisfaction ;
- télécommunication, énergie, eau : simulation de tarifs, gestion et supervision des réseaux, classification des clients, prévisions du départ des clients, détection de formes de consommation frauduleuses, élimination du bruit, reconnaissance des formes (bruits, images, parole), compression de données ;
- assurances et banques : analyse des sinistres, modèles de sélection et de tarification, recherche des critères explicatifs du risque ou de la fraude, prévisions, modélisation prédictive et étude de profils des clients ;
- grande distribution et vente par correspondance : analyse des comportements des consommateurs, recherche des similarités des consommateurs en fonction de critères géo-socio-démographiques, optimisation des réapprovisionnements, ciblage, relation client, prévisions ;
- bioinformatique et informatique médicale : génomique, biologie moléculaire et structurale, prédiction de structure, classement/classification de séquences, détection de motifs relationnels répétés dans les séquences, imagerie médicale, détection d'anomalies, diagnostic médical, analyse des risques sanitaires, étude de traitements, de thérapies ;
- environnement : évaluation des risques, analyse chimique, prévisions et modélisation météorologiques, gestion des ressources, télédétection.

7 Conclusion

Les grands principes des systèmes d'apprentissage numérique que nous avons définis dans ce chapitre ont donné lieu dans la pratique à la mise en œuvre de réseaux de neurones de types différents orientés vers la résolution de problèmes particuliers. Les systèmes dont on a besoin actuellement pour des applications industrielles de grande taille, doivent résoudre des problèmes très complexes qui ne peuvent être réalisés par la mise en œuvre d'une seule technique. En effet, différents niveaux de raisonnements sont requis qui doivent porter, selon les cas, sur des objets symboliques ou sur des objets numériques. Un système d'apprentissage efficace sera modulaire avec des traitements parallèles et distribués. Il sera donc composé de différents modules qui coopèrent, certaines tâches du problème peuvent être résolues à l'aide de réseaux de neurones et d'autres par d'autres techniques. Une analyse préliminaire doit déterminer les tâches que l'on peut confier à un réseau de neurones et le type de réseau à employer. Pour chacun de ces réseaux, il faut alors décider de la part à donner au processus d'apprentissage. Cette phase nécessite donc la connaissance des grandes caractéristiques des modèles existants : leur domaine d'application, leur mode de représentation des connaissances, leurs méthodes d'apprentissage. Aujourd'hui, la plupart des méthodes de l'IA sont basées sur des procédures essentiellement séquentielles, très sensibles à l'erreur (voir cependant les logiques floues ou les méthodes probabilistes). Tout cela, pour montrer que nous avons encore beaucoup de chemin à parcourir avant de prétendre arriver à des systèmes efficaces et « intelligents ». En apprentissage artificiel, quelques projets de recherche commencent à se présenter comme un début d'une intégration de plusieurs courants théoriques. Il est clair qu'à l'avenir dans ce domaine, très actif, les chercheurs de différentes traditions scientifiques (connexionniste, statistique, symbolique,...) vont de plus en plus coopérer pour aboutir à une convergence de leurs idées. Cette convergence sera probablement lente, mais sera sûrement utile et fructueuse. En effet, un système d'apprentissage efficace ne sera que le fruit d'actions de recherche coopératives entre plusieurs communautés scientifiques pluridisciplinaires.

Bibliographie

Asoh H. et Otsu N. (1989), "Non linear discriminant analysis and multilayer perceptrons", *Proceedings of IJCNN*, San Diego, p. 411-415.

Baldi P. et Hornik K. (1989), "Neural networks and principal component analysis: learning from examples without local minima", *Neural Networks*, n° 2, p. 52-58.

Bennani Y. (1994), "Multi-modular and hybrid connectionist approach for pattern recognition", *International Journal of Neural Systems*, Vol. 5, n° 3, p. 207-216, World Scientific Publishing Company.

Bennani Y. (2001), «Systèmes d'apprentissage connexionnistes: la sélection de variables», *Revue d'Intelligence Artificielle*, Vol. 15, n° 3-4, Hermès.

Bishop C.M. (1995), *Neural networks for pattern recognition*, Clarendon Press, Oxford.

Bottou L. et Gallinari P. (1992), "A unified formalism for neural net training algorithms", *Proceedings of the International Joint Conference on Neural Networks*, p. 7-12.

Bourlard H. et Kamp Y. (1987), "Auto-association by Multilayer Perceptrons and singular value decomposition", *Biological cybernetics*, n° 59, p. 291-294.

Bourlard H. et Wellekens C.J. (1990), "Links between Markov models and multilayer perceptions", *IEEE Trans. On Pattern Analysis and Machine Intelligence*, Vol. 2, n° 12, p. 1167-1178.

Gallinari P., Thiria S., Badran F. et Fogelman-Soulié F. (1991), "On the relation between discriminant analysis and neural networks", *Neural Networks*, 4: 349-360.

Giedd J. (2004), "Dynamic mapping of human cortical development during chilhood through adulthood", PNAS, Vol. 101, n° 21.

Kohonen T. (1984), *Self-organization and associative memory*, Springer Verlag.

Kohonen T. (2001), *Self Organizing Maps*, Springer, 3e édition.

LeCun Y. (1985), "A Learning scheme for asymmetric threshold networks", *Proceedings of Cognitiva*, Paris, p. 599-604.

LeCun Y., Boser B., Denker J.S., Henderson D., Howard R.E., Hubbard W. et Jackel L.D. (1989), "Backpropagation applied to handwritten zip code recognition", *Neural Computation*, Vol. 1, n° 4, p. 541-551.

Oja E. et Kaski S. (1999), *Kohonen Maps*, Elsevier Hardbound.

Pineda F.J. (1987), "Generalization of back-propagation to recurrent neural networks", In *Physical Review Letters*, Vol. 59, p. 2229-2232.

Reed R.D. et Marks R.J. (1999), *Neural smithing: supervised learning in feedforward artificial neural networks*, A Bradford Book, The MIT Press, Cambridge, Massachusetts, London, England.

Rumelhart D., Hinton G.E. et Williams R. (1986), "Learning internal representations by error propagation", in *Parallel Distributed Processing*, vol. 1: *exploring the microstructure of cognition*, D.Rumelhart et J.McClelland eds, MIT Press.

Sejnowski TJ et Rosenberg C.R. (1986), "NETtalk, a parallel network that learns to read aloud", *Tech Report* 86-01, Dept of EE-CS, John Hopkins University, Baltimore MD.

Tsypkin YA.Z. (1973), "Foundations of the theory of learning systems", *Mathematics in science and engineering*, vol. 101, Academic Press.

Vapnik V.N. (1995), *The nature of statistical learning theory*, Springer-Verlag, New York, Inc.

Vapnik V.N. et Chervonenkis A.Y. (1989), "The necessary and sufficient conditions for consistency of the method of empirical risk minimization", Pattern Recognition and Image Analysis, Vol. 1, n° 3, p. 264-305.

Vidyasagar M. (2003), *Learning and generalization with applications to neural networks*, Springer-Verlag London.

Waibel A., Hanazawa T., Hinton G., Shikano K. et Lang K. (1988), "Phoneme recognition: neural networks vs. Hidden Markov Models", *Proceedings of ICASSP*, S3.3, p. 107-110.

White H. (1989), "Learning in artificial networks: a statistical perspective", *Neural Computation*, Vol. 1, n° 4, p. 425-464.

Systèmes multi-agents

Amal El Fallah Seghrouchni

Mots-clés : agents, autonomie, rationalité, réflexivité, résolution distribuée de problèmes, systèmes multi-agents.

Résumé : le paradigme des systèmes multi-agent (SMA) est apparu au courant des années quatre-vingt. Il offre aujourd'hui une alternative intéressante pour la conception, la mise en œuvre ou la simulation et la compréhension de systèmes coopératifs, distribués et ouverts. Les SMA constituent un domaine de recherche en pleine effervescence et une technologie de plus en plus convoitée par les industriels. Pendant la dernière décennie, plusieurs consortiums (par exemple la FIPA[1], l'OMG[2]) ont cherché à proposer des standards pour couvrir les principaux aspects de la programmation de SMA. La clé de voûte des SMA est le double mécanisme d'inférences dont disposent les agents, à savoir le niveau résolution de tâches et le métaniveau qui leur permet de s'observer, d'interagir durant la résolution de problèmes et d'en changer le cours. Les SMA sont particulièrement utiles pour résoudre des problèmes et concevoir des systèmes nécessitant la distribution (des traitements, du contrôle et des données) et l'autonomie des entités (agents négociateurs, drones, etc.). De ce fait, le domaine des SMA est en forte synergie avec plusieurs domaines de recherche, en particulier, l'intelligence artificielle distribuée, les systèmes distribués et le génie logiciel.

1 Origines et motivations des SMA

Les concepts *agent* et *système multi-agents* (SMA) sont apparus au courant des années quatre-vingt et ont été largement étudiés dès le début des années quatre-vingt-dix, en particulier dans les milieux académiques. La motivation du domaine SMA, relativement récent, est d'essayer de réaliser des entités artificielles (des programmes, des robots) qui simulent le comportement humain et la façon dont les hommes interagissent entre eux et avec leur environnement. Une attention particulière a donc été portée sur l'aspect *multi* des agents. Le passage de l'agent (l'individu) au multi-agent (le collectif) a nécessité l'extension et la généralisation de divers concepts issus de l'intelligence artificielle (IA) tels que l'apprentissage multi-agent (Weiss et Sen, 1996), le raisonnement sur les connaissances (communes, distribuées) de groupes (Fagin *et al.*, 1995) ou encore la décision collective.

Outre l'affiliation des SMA à l'IA, la distribution a conduit naturellement les chercheurs vers le domaine de l'informatique distribuée pour y puiser les techniques de la répartition aussi bien au niveau algorithmique qu'aux niveaux ingénierie, plates-formes et langages. Ainsi, les recherches dans le domaine des SMA se sont retrouvées au carrefour d'au moins trois domaines complémentaires : l'intelligence artificielle distribuée (l'IAD), les systèmes distribués et le génie logiciel. Notons cependant que d'autres domaines tels que la vie artificielle, la biologie, la sociologie, etc., ont beaucoup apporté aux SMA.

1. The Foundation for Physical Intelligent Agents, www.fipa.org
2. Object Management Group, www.omg.org

1.1 Intelligence artificielle distribuée

Les systèmes monolithiques des années soixante-dix se sont vite retrouvés confrontés aux problèmes de passage à l'échelle (immense volume des connaissances) et de l'inadéquation d'un contrôle centralisé pour des systèmes de plus en plus ouverts et distribués.

Ainsi sont apparus les premiers travaux en IAD dont la problématique fondamentale était la distribution de systèmes à base de connaissances. Motivée essentiellement par un souci d'efficacité, cette distribution a porté sur les connaissances (factuelles et/ou opératoires), ainsi que sur le contrôle. Notamment, les modèles de «tableau noir» – par exemple HEARSAY II (Erman *et al.*, 1980) – pour faire coopérer des sources de connaissances des «acteurs» en tant qu'objets actifs concurrents (Hewitt et Baker, 1977) ont été proposés. Progressivement, les travaux en IAD se sont concentrés sur la conception et la simulation de comportements intelligents résultant de l'activité coopérative de plusieurs entités visant :

- une meilleure structuration et organisation des connaissances factuelles et opératoires ;
- la traduction, dans un format commun, d'un ensemble d'expertises afin d'intégrer plusieurs points de vue au sein d'un même système.

La distribution de l'expertise et du contrôle, à son tour, a soulevé un autre problème qui est celui de la coordination (gestion des incohérences, des interactions, etc.). Il est devenu nécessaire d'étendre les outils de l'IAD : les entités (désormais appelées agents) devant être capables de raisonner sur les connaissances et les capacités des autres (et des leurs) dans le but d'une coopération effective. On appelle l'ensemble de ces agents un système multi-agent.

1.2 SMA et systèmes distribués

Comme nous l'avons souligné, les SMA sont fortement orientés vers la distribution (calcul, données, contrôle). L'informatique distribuée a longtemps fourni aux SMA les technologies de base pour la distribution leur permettant ainsi de se focaliser sur les couches supérieures du logiciel et de mettre en évidence leur plus-value réelle : la prise de décision distribuée et coopérative, l'autonomie, l'adaptabilité, etc. De plus, les développements récents dans le monde des réseaux et leur hétérogénéité logicielle et matérielle ont amené de nouvelles applications aux SMA : on les retrouve aujourd'hui dans la gestion des réseaux (par exemple réseaux intelligents, réseaux *ad hoc*) ; mais aussi dans les utilisations logicielles de ces réseaux : les agents intelligents sont utilisés pour offrir de meilleurs services aux utilisateurs, pour la coopération des logiciels et des composants distribués, etc.

Signalons cependant qu'il s'agit d'un *apport mutuel* puisque les SMA proposent à leur tour des mécanismes de coopération et de coordination sophistiqués de plus en plus adoptés dans l'informatique distribuée. On peut citer les travaux dans le domaine de la répartition du contrôle, des connaissances distribuées, etc.

1.3 SMA et génie logiciel

Le développement d'applications SMA a reposé sur des technologies, des formalismes et des méthodologies issus du monde du génie logiciel. Mais aujourd'hui, les technologies SMA s'avèrent particulièrement adaptées pour répondre aux besoins croissants des entreprises en termes d'architectures orientées services (SOA[1], 2004) (services Web, composants applicatifs accessibles sur le Web, automatisation des processus métier, etc.). Les SMA rendent possible la mise en œuvre de telles architectures. Ils fournissent d'une part, des couches basses standardisées à faible coût, et simplifient d'autre part, l'automatisation de certaines tâches développées au sein de l'entreprise au moyen d'un ensemble de «services» qui interagissent de façon (semi-)autonome. L'apport des SMA consiste à fournir des architectures distribuées et coopératives, des formalismes, des méthodologies et des protocoles qui prennent en charge la coopération entre processus ou services élémentaires.

Pour résumer, nous dirons que les SMA se distinguent clairement des systèmes distribués par leurs aspects cognitifs et par conséquent des techniques qu'ils utilisent (par exemple protocoles d'interaction de niveaux différents). En effet, l'*intelligence* est recherchée au niveau individuel (des entités « agents») mais aussi au niveau collectif (du SMA). L'IAD (et par la suite les SMA) a pour fondement une vision sociale de la pensée (par opposition à une vision individualiste). Et c'est justement cette dimension collective qui constitue un changement de point de vue notoire par rapport à l'IA classique (qui a cherché à modéliser le fonctionnement d'un esprit isolé), explique la fécondité de l'approche (concepts séduisants, novateurs, etc.) et les difficultés techniques qu'elle rencontre (généralisation des modèles existants, nouvelles problématiques de recherche, etc.).

2 Des agents aux SMA

Ce paragraphe introduit les notions d'agents et de SMA, et propose une typologie des agents.

1. http://www.service-architecture.com/

2.1 Les agents

Il existe aujourd'hui plusieurs définitions dont l'intersection permet de dégager les principales caractéristiques d'un agent :

- l'autonomie : un agent contrôle son état et ses actions ;
- la réactivité : un agent perçoit son environnement et réagit à ses changements ;
- la pro-activité : un agent tend par lui-même à atteindre des buts (explicites ou non, plus ou moins élaborés);
- la sociabilité : un agent interagit avec d'autres agents du système.

Le comportement d'un agent dépend de sa structure interne (connaissances, croyances, intentions, etc.) et de ses perceptions (communication, interaction). L'autonomie fait référence à l'aspect réflexif d'un agent, c'est-à-dire chaque agent dispose de son propre contexte d'exécution, ses propres buts, son propre mécanisme de prise de décision, et est capable de raisonner sur son comportement et d'en changer le cours si nécessaire. Il peut ainsi s'adapter et réagir à des situations non prévues.

2.2 Les SMA

Un SMA est une organisation d'un ensemble d'agents plus ou moins autonomes et (potentiellement) hétérogènes évoluant dans un environnement partagé et dynamique. Les SMA représentent (gèrent, modélisent et/ou simulent) des systèmes matériels (comme c'est le cas dans le domaine de la robotique) ou (plus souvent) logiciels. Dans les SMA coopératifs, les agents coordonnent leurs comportements pour résoudre des problèmes complexes nécessitant des compétences complémentaires. Dans les SMA compétitifs, les agents cherchent à maximiser leur profit dans des situations concurrentielles (par exemple, simulation de systèmes économiques).

2.3 Typologie des agents

Une première typologie des agents repose sur les capacités de raisonnement (délibération) des agents (figure 1).

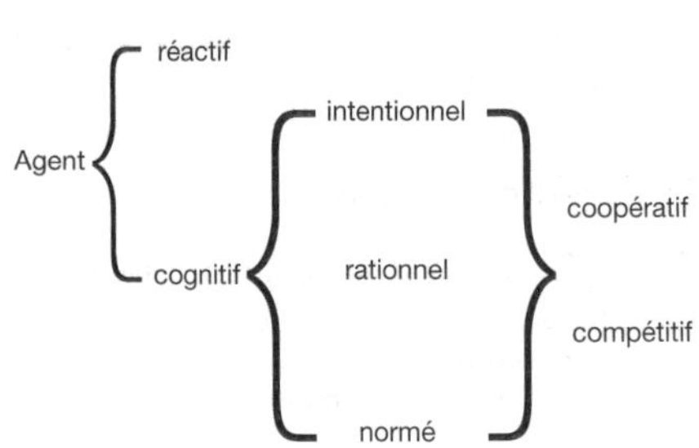

Figure 1 Typologie des agents

Les agents *réactifs*, souvent qualifiés de peu intelligents, possèdent une représentation très simplifiée de leur environnement. Leurs capacités consistent à réagir uniquement en mode stimulus/action vu comme une forme de communication (ou perception). Un SMA constitué d'agents réactifs possède généralement un grand nombre d'agents (des milliers) et le pari, dans ce type de SMA, porte sur l'émergence d'un comportement collectif *intelligent*. La plupart des recherches dans le domaine des agents réactifs s'inspirent des travaux de Brooks (Brooks, 1991).

À l'opposé, les agents *cognitifs* possèdent une représentation (partielle mais sophistiquée) de leur environnement, ont des buts explicites et sont capables de planifier leur comportement, de mémoriser leurs actions passées, de communiquer par envoi de messages ou via des langages d'interaction élaborés, de négocier, etc. Un SMA constitué d'agents cognitifs possède généralement un nombre restreint d'agents (des dizaines). Les agents cognitifs peuvent être intentionnels (dotés d'attitudes intentionnelles telles que les croyances, les désirs et les intentions), rationnels (agissant selon une rationalité donnée telle que la rationalité économique), normés (agents évoluant dans un système doté de normes sociales), etc. Une autre classification, souvent avancée, distingue les agents physiques des agents logiciels. Nous ne l'adopterons pas car nous considérons que tout agent est une entité fonctionnelle (ayant une manière de «fonctionner») et c'est le support d'implantation qui change : ce peut être une machine, un robot, un drone, etc., sachant que ce support est régi par une programmation particulière (logicielle, électronique, etc.). Cognitif ou réactif, logiciel ou physique, un agent est dans tous les cas une entité qui peut percevoir son environnement et agir sur lui.

3 Espace SMA

Les SMA cognitifs constituent un espace (figure 2) qui s'articule autour de trois axes dont la synergie est une condition *sine qua non* pour la conception et la mise en œuvre de systèmes complexes :

- L'axe *cognition* fait référence aux aptitudes cognitives d'un agent telles que l'apprentissage, le raisonnement, la prise de décision, la planification autonome, etc., qui permettent aux agents de s'adapter aux changements potentiels de leur environnement. Nous insistons ici sur la nécessité de considérer ces aptitudes dans un contexte collectif multi-agent (apprentissage multi-agent, décision distribuée, connaissances communes et/ou distribuées, etc.) car c'est bien le passage du niveau individuel au niveau collectif qui caractérise les SMA.

- L'axe *interaction* fait référence aux mécanismes de communication entre agents qui leur permettent d'échanger l'information, de partager des objectifs et de coopérer. Il peut s'agir d'interactions de haut niveau utilisant des langages sophistiqués [1] manipulant des théories de la communication comme les actes de langage, les théories du discours ou encore des modèles symboliques d'argumentation.
- L'axe *concurrence* signifie que les agents peuvent s'exécuter en parallèle et mener des activités concurrentes. Ceci permet aux agents de distribuer la résolution des tâches et de l'optimiser, ou enfin de concourir à l'affectation/résolution de tâches. Cet aspect *concurrent* des agents fait souvent appel à des outils de la distribution (incluant formalismes, calcul distribué, intergiciels, etc.).

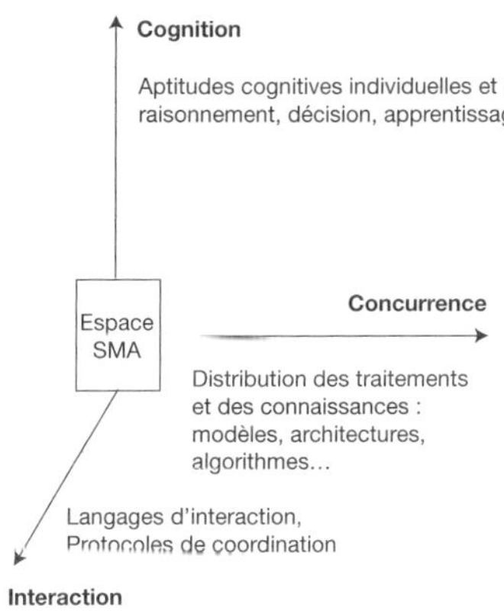

Figure 2 Espace SMA

On peut placer tous les SMA dans cet espace et ainsi les comparer. Certains auront des agents très performants en cognition (agents joueurs d'échecs), ou très faibles (agents fourmis). Certains SMA auront des agents très performants en interaction (agents utilisant des ACL[2]) ou très faibles (agents communicant au moyen de traces). Enfin, certains SMA seront fortement concurrents (tous les écosystèmes) ou faiblement concurrents (agents à gros grain).

Dans l'espace SMA, la concurrence permet d'implanter le comportement collectif des agents (situations de coordination, d'interaction ou de coopération). Les caractéristiques des agents induisent des problématiques spécifiques comme par exemple la notion de protocoles ouverts (Vreeswijk, 1995) adaptables selon les besoins des agents. Nous ne détaillerons pas les problématiques liées à la concurrence d'agents, mais le lecteur peut se référer à (Mazouzi *et al.*, 2002).

1. KQML et FIPA-ACL sont des exemples de langages de communication interagent ayant été développés respectivement par la DARPA et la FIPA.
2. ACL: *Agent Communication Language.*

4 Axe cognition

Les SMA, dits cognitifs, sont particulièrement adaptés à la mise en œuvre de systèmes complexes du fait de :
- la décomposition et la répartition des connaissances et des mécanismes de traitement grâce au concept d'agent ;
- la dynamicité du contrôle de résolution d'un problème distribué grâce à l'organisation dynamique et l'affectation des tâches aux agents modifiables en cours de résolution ;
- l'aptitude des agents, au sein d'un SMA, à traiter des problèmes simultanés et potentiellement corrélés avec des possibilités d'optimisation ;
- l'adaptativité et la possibilité d'apprentissage des agents qui leur confèrent la capacité de résister à des environnements évolutifs et/ou instables.

Selon les besoins applicatifs, les SMA utilisent des agents cognitifs rationnels, intentionnels, normatifs, etc. pouvant exhiber des comportements coopératifs ou compétitifs (voir § 2.3). Dans ce qui suit, nous présentons les agents rationnels et les agents intentionnels et nous montrons en quoi les caractéristiques des SMA (en particulier l'aspect collectif et l'autonomie) soulèvent de nouvelles problématiques de recherche.

4.1 Agents rationnels

Dans le domaine des SMA, la rationalité est étudiée d'un point de vue pratique *i.e.* relativement à l'action qui lie plans, stratégies et intentions. On s'y intéresse plus particulièrement aux actions rationnelles qui ont une forme logique et dont l'agent est responsable. Ainsi, un agent rationnel est défini comme un agent cognitif qui agit selon une rationalité donnée (souvent économique) en vue d'améliorer son état (par exemple se rapprocher de son but). Cela suppose que l'agent est capable de mesurer sa performance et de savoir à quel moment effectuer cette mesure. La mesure de la rationalité dépend de quatre éléments :
- la mesure de performance qui définit le degré de succès d'un agent ;
- l'historique de la perception d'un agent ;
- la connaissance de l'agent à propos de son environnement ;
- les actions qu'un agent peut effectuer.

Dans (Russell et Norvig, 2000), un agent rationnel idéal est défini ainsi : *pour tout historique possible de sa perception, cet agent effectuera l'action dont les connaissances dont il dispose permettent de penser qu'elle maximise sa performance.* La conception d'agents rationnels, au sein des SMA, soulève de nombreux problèmes. Un des plus importants est celui de la définition de la rationalité d'un groupe d'agents, autonomes, souvent compétitifs. Les agents rationnels ont servi, essentiellement, à la conception et/ou la simulation de systèmes compétitifs (par exemple économiques) dans les domaines de la négociation ou de la formation de coalitions.

Négociation multi-agent

La négociation est un processus dynamique qui vise à établir des accords entre agents et à induire des engagements de leur part à court ou moyen terme. La négociation s'applique quand chaque agent possède sa stratégie de prise de décision et qu'il cherche à maximiser sa fonction d'utilité locale et n'est pas capable de définir une stratégie dominante (*i.e.* stratégie gagnante indépendamment des stratégies des autres). L'agent, au moyen d'un protocole de négociation, cherche à atteindre un consensus avec les participants à la négociation. L'objet de ce consensus peut prendre différentes formes. Généralement, il s'agit de trouver un compromis entre la satisfaction individuelle et la satisfaction collective. Les protocoles proposés dans ce contexte cherchent à satisfaire deux critères :

- garantir l'efficacité globale sans affaiblir aucune fonction d'utilité locale ;
- veiller à la stabilité du système, *i.e.* assurer un équilibre symétrique entre agents où les gains sont répartis équitablement.

Les fondements théoriques des modèles et protocoles de négociation sont principalement la théorie des jeux, la théorie de l'aide à la décision ou une combinaison des deux. Trois domaines de négociation ont été explorés : la négociation portant sur la distribution des tâches, sur les plans et leurs ordonnancements ; ou encore sur la distribution de buts.

Appliqués aux SMA, les modèles issus de la théorie des jeux fournissent des représentations intéressantes pour la négociation modélisée comme un jeu où les intérêts individuels des agents sont représentés par des fonctions d'utilité. De plus, il est possible de garantir, sous certaines conditions théoriques du cadre de la théorie des jeux des propriétés intéressantes comme l'existence et l'unicité d'une solution[1]. Cependant, dès qu'on quitte ce cadre pour une meilleure adéquation aux SMA (informations non symétriques, agents susceptibles de frauder et incertitude sur les informations reçues, etc.), ni l'existence ni l'unicité d'une solution ne sont garanties. Ainsi, plusieurs travaux dans le domaine des SMA se concentrent sur la recherche de solutions pour la stabilité des coalitions, la répartition des bénéfices entre agents, etc.

Formation de coalitions

Une coalition est une organisation à court terme basée sur des engagements spécifiques et contextuels permettant aux agents de bénéficier de leurs compétences respectives de façon opportuniste. Du point de vue SMA, les travaux sur la formation de coalitions cherchent à proposer des protocoles d'automatisation de formation des coalitions qui soient « réalistes » et « adaptés » aux domaines modélisés ou simulés. En effet, la recherche de solutions optimales (généralement mesurées en termes de profit total maximum) nécessite des algorithmes NP-complets ; et à cause de cette complexité, différentes hypothèses simplificatrices sont introduites pour générer des solutions calculables en un temps raisonnable. Une des hypothèses les plus fortes consiste à supposer que les agents sont coopératifs. Or dans un contexte de rationalité économique, il n'est pas réaliste de garder cette hypothèse ni de supposer *a priori* que tous les agents ont la même rationalité voire la même stratégie.

4.2 Agents intentionnels

Un agent intentionnel est un agent cognitif doté d'attitudes intentionnelles telles que définies par Dennett [2]. Dans le domaine SMA, les agents intentionnels sont incarnés par les agents BDI (*Beliefs, Desires, Intentions*) (Rao et Georgeff, 1991) qui sont capables de planifier et d'invoquer des plans selon la théorie du raisonnement pratique (Bratman, 1987). La modélisation d'un système d'agents BDI porte sur le comportement de l'agent ainsi que l'environnement qui est supposé dynamique. Le modèle associé à ce système est un graphe d'états fini où les changements d'états sont provoqués par des actions. Ces actions sont de deux types : des actions intentionnelles (actions du plan), et des actions non intentionnelles (ou spontanées) produites par l'environnement (appelées aussi événements).

Une telle modélisation requiert des formalismes capables d'exprimer l'indéterminisme de l'évolution du système en raison des choix internes de l'agent et de l'instabilité de l'environnement. Afin de tenir compte d'une connaissance partielle ou erronée de l'agent, le point de vue de l'agent est explicitement modélisé. Une démarche adoptée par plusieurs chercheurs (Bratman, 1987), (Bratman *et al.* 1988) (Rao et Georgeff, 1991) consiste à décrire le système par des mondes possibles ou plus précisément envisageables par

1. Par exemple, l'équilibre de Nash garantit que, sous les conditions de rationalité individuelle et de symétrie des informations, les joueurs atteignent nécessairement un compromis qui maximise la fonction d'utilité de chaque participant.

2. Dennett considère que l'intentionnalité est la stratégie d'interpréter le comportement d'une entité (personne, animal, etc.) en la traitant comme un agent rationnel qui choisit ses actions en fonction de ses croyances, désirs et intentions.

l'agent. Chaque type d'attitude de l'agent est défini par l'ensemble des mondes que l'agent associe à cette attitude. Dans les modèles BDI, trois types d'attitudes sont introduits :

- *BELIEF*: les croyances, les mondes possibles dans lesquels l'agent croit être ;
- *DESIRE*: les buts, les mondes dans lesquels l'agent atteint ses buts ;
- *INTENTION*: les choix, les mondes où l'agent adopte une manière d'atteindre ses buts.

Une situation d'un modèle BDI est définie par un état du monde «réel» et par les attitudes courantes de l'agent. Lorsque l'agent effectue une action, l'état du monde est modifié et le résultat de cette action influence aussi les attitudes de l'agent. L'approche proposée par Rao et Georgeff consiste à étendre la logique CTL (*Computational Tree Logic*) ou certains de ses fragments et les méthodes de vérification associées à ces logiques. Les auteurs proposent un ensemble d'axiomes pour caractériser les comportements rationnels [1] de l'agent. La rationalité d'un agent est exprimée au moyen de formules d'équité (Emerson et Srinivasan, 89) couremment utilisées dans les logiques temporelles. Ce modèle d'agents BDI a donné lieu à de nombreux outils (langages de programmation orientée agent, plates-formes, etc.) opérationnels pour implanter des SMA dont certains ont été commercialisés, comme la plate-forme JACK.

5 Axe interaction

Un des aspects importants de la dynamique d'un SMA est la nature des *interactions* entre ses entités, puisqu'elles constituent un support effectif de la coopération. Les questions abordées par un modèle d'interaction peuvent être résumées ainsi : qui interagit avec qui, quand, pourquoi, à propos de quoi et comment ? Les agents interagissent, en vue de coopérer et de coordonner leurs actions afin d'atteindre des buts locaux (individuels) ou globaux (collectifs). Les interactions peuvent être sélectives sur un nombre restreint d'agents (par exemple en fonction des accointances, c'est-à-dire les agents qu'il connaît) ou étendues à l'ensemble des agents (diffusion). L'interaction est réalisée à travers un langage compréhensible et commun à tous les agents. La plupart des langages de communication inter-agent reposent sur la théorie des actes de langage.

5.1 Actes de langage

La théorie des actes de langage est une théorie de la communication fondée dans les années soixante par le philosophe J.L. Austin (Austin, 1962). Elle fut développée sous l'instigation de J. Searle (Searle et Vanderveken, 1969). Le postulat à la base de cette théorie affirme que la production d'un énoncé s'assimile à l'accomplissement d'actions : *si agir c'est transformer l'état des choses, parler c'est, également, transformer l'état mental des interlocuteurs*. Une conséquence de ce postulat est qu'il doit être possible d'identifier les constituants élémentaires de la communication. Ceux-ci sont appelés *actes de langage*.

J.L. Austin s'est intéressé aux différents types d'actes de langage que constituent les actions intentionnelles effectuées au cours d'une communication. Il distingue trois types d'actes de langage :

- les *actes locutoires* se rapportent à la formulation d'un énoncé. Ces actes sont satisfaits lorsque l'énoncé est correctement formulé ;
- les *actes illocutoires* désignent l'action effectuée sur l'auditeur lors de la formulation de l'énoncé (donner un ordre, poser une question). Ils sont accomplis avec succès lorsque l'effet attendu sur l'auditeur est obtenu (un ordre exécuté, réponse à une question) ;
- les *actes perlocutoires* se rapportent aux conséquences indirectes visées par les actes locutoires et illocutoires. Ils ne sont pas codés dans l'énoncé et dépendent du contexte dans lequel s'effectue la communication. Ils sont satisfaits lorsqu'ils sont reconnus par l'auditeur (convaincre, faire croire, etc.)

La plupart des actes de langage pouvant être accomplis avec succès sont relatifs aux actes illocutoires qui sont de la forme $F(p)$ où F est la force illocutoire de l'acte et p le contenu propositionnel. La force illocutoire peut être identifiée selon cinq catégories de verbes : les *assertifs* (se rapportent à des faits) ; les *directifs* (sont des commandes, des demandes ou des suggestions) ; les *promissifs* (impliquent l'engagement du locuteur à accomplir l'acte dans l'avenir) ; les *expressifs* (expriment des sentiments et des attitudes) ; et les *déclaratifs* (nécessitent l'occurrence d'une action par le fait même de prononcer l'acte).

5.2 Sémantique des actes de langage

Dans la littérature, on peut trouver plusieurs interprétations sémantiques des actes de langage. Elles s'accordent toutes sur la nécessité de faire référence aux états cognitifs des agents qui les utilisent en considérant que les actes du langage ne sont que l'expression des actions des agents les uns sur les autres ou sur l'environnement. Différents modèles ont donc été utilisés pour décrire les états des agents. Une formalisation de la théorie des actes de langage a été amorcée par Searle (Searle, 85) où l'intérêt s'est porté exclusivement sur les actes illocutoires. Son analyse retient à la fois

1. Dans la littérature anglo-saxonne, l'agent intentionnel est également appelé agent rationnel.

l'aspect intentionnel et l'aspect conventionnel de la communication où les actes de langage expriment un état psychologique par des croyances, des intentions, etc. Le travail de Cohen et Levesque introduit un moyen précis pour décrire les états mentaux des agents et l'utilise pour interpréter des actes du langage comme des actions (Cohen et Levesque, 1987, 1990). Singh s'est intéressé à modéliser les agents en termes de croyances et d'intentions (Singh, 1993) et a utilisé cette description pour fournir une sémantique des actes du langage.

La plupart des approches formelles sur la sémantique des actes de langage sont fondées sur le modèle des mondes possibles dont l'axiomatisation est celle de la logique modale. Cependant, beaucoup d'efforts sont déployés pour rendre ces formalisations *implantables*.

5.3 Langages d'interaction

Plusieurs langages d'interaction entre agents ont été introduits afin de favoriser l'interopérabilité des applications SMA et pour réduire le nombre des communications entre agents et ce en évitant une description exhaustive des messages *ad hoc* et une gamme inutilement étendue de protocoles. Ces langages se focalisent essentiellement sur la manière de décrire exhaustivement des actes de communication d'un point de vue syntaxique et sémantique supportant un langage de représentation des connaissances (ontologies et conventions garantissent un comportement collectif cohérent du système). Il y a eu plusieurs tentatives de normalisation de l'interaction d'agents, notamment à travers deux langages de communication : KQML et FIPA-ACL.

KQML (*Knowledge Query and Manipulation Language*)

Aux États-Unis, un standard de fait de langage de communication de haut niveau a été développé : KQML (Finin *et al.*, 1994). Il est basé sur l'idée de pouvoir coder explicitement dans les messages des actes illocutoires en termes de type de message ou «performatives» et repose sur les états mentaux des agents. Le contenu du message échangé est une expression spécifiée en KIF (*Knowledge Interchange Format*) qui utilise le formalisme de la logique de premier ordre. Conceptuellement, trois couches sont distinguées dans un message de KQML : contenu, communication et message. Les messages de KQML sont enrichis d'une attitude sur le contenu (affirmation, désengagement, requête, question, etc.). KQML est indépendant du mécanisme de transport (TCP/IP, SMTP, ou autre), indépendant du langage du contenu échangé (KIF, SQL, prolog, ou autre) et indépendant de l'ontologie utilisée. Cependant, la sémantique de KQML a été très critiquée et plusieurs tentatives d'amélioration des aspects sémantiques ont été proposées.

FIPA-ACL

Récemment, la FIPA a proposé un autre standard pour la communication inter-agent appelé FIPA-ACL. Egalement basé sur les actes du langage, FIPA-ACL se distingue de KQML, par une sémantique formelle fondée sur une logique modale arborescente (Sadek, 91). Les messages FIPA-ACL sont des actions ou des actes communicatifs, car ils sont prévus pour effectuer des envois. Les spécifications de FIPA-ACL se composent d'un ensemble de types de message et de la description de leur pragmatique qui correspond à des effets sur les attitudes mentales des agents (expéditeur et récepteur). Les spécifications décrivent chaque acte communicatif avec une forme narrative et fournissent également la description normative d'un ensemble de protocoles d'interaction de haut niveau, y compris la demande d'action, l'établissement de contrat (*contract net*) et plusieurs variantes de ventes aux enchères.

6 Positionnement technologique des SMA

Au-delà d'un paradigme de conception, les SMA proposent aujourd'hui une technologie effective de mise en œuvre de systèmes complexes dès lors que ceux-ci requièrent distribution, ouverture, coopération et autonomie ajustable. On assiste à une vraie course aux normes et standards ainsi qu'au foisonnement de langages, de plates-formes, d'ACL, et de méthodologies orientés agents. Ce paragraphe fait le point sur ces développements, menés souvent en étroite collaboration par des universitaires et des industriels dans le cadre de projets internationaux ou de consortiums.

6.1 Langages de programmation orientée agent

Après s'être longtemps accommodée des langages de programmation orientée objet, la communauté [1] SMA cherche à se doter de langages de programmation orientée agent (POA). La principale motivation est que pour une utilisation massive du paradigme agent, des langages spécifiques sont nécessaires. Ces langages prendront pied s'ils arrivent à être un vecteur de vulgarisation du paradigme agent. Ils doivent présenter suffisamment d'ouverture pour devenir un socle intuitif. De même, la mise en œuvre des SMA au moyen de tels langages permettra aux concepteurs de réduire

1. Il s'agit bien d'une communauté internationale large et dynamique constituée autour de réseaux d'excellence comme *AgentLink* et qui se retrouve dans de nombreuses manifestations comme la conférence AAMAS qui réunit près de mille chercheurs annuellement.

l'écart entre la phase de conception et la phase d'implantation. Idéalement, ces langages déclaratifs où l'abstraction est l'agent permettront de concevoir et d'implanter des SMA en utilisant le même paradigme (c'est-à-dire de l'agent).

Limites de l'approche objet vis-à-vis d'une programmation orientée agent

Pour la programmation de SMA, l'approche objet propose une abstraction dont les limites sont de plus en plus discutées dans la littérature SMA.

En termes de modélisation des connaissances, un objet ne possède pas : de structure de représentation de ses propres facultés ni de celles des autres objets de l'environnement (réflexivité de l'agent); ni de connaissance sur son rôle dans le système (sociabilité de l'agent).

En termes d'autonomie des composants, un objet ne possède pas de processus décisionnel (raisonnement et délibération de l'agent) ; et ne peut pas déclencher une de ses propres fonctions (pro-activité de l'agent).

En termes de gestion des interactions, un objet : ne gère pas l'interopérabilité sémantique ; ne possède pas de protocole de communication de haut niveau ; n'est pas doté de processus de communication homme/objet ; et n'a pas vocation à s'engager dans des processus de négociation, d'argumentation et/ou de planification.

Enfin, en termes de programmation orientée objet : la granularité des objets est trop fine et s'adapte mal à une programmation à grande échelle ; et la modularité est faible du fait des références directes entre objets qui imposent des connexions non reconfigurables dynamiquement, c'est à dire sans modifier l'intérieur de l'objet (objet invoqué, nom de la méthode invoquée).

La programmation orientée agent quant à elle offre, très naturellement, les avantages suivants : l'agent n'est pas purement procédural (il a des connaissances, des états mentaux, des plans, des règles d'inférence, etc.); il est pro-actif (mais aussi réactif quand c'est nécessaire). Au niveau d'un SMA, différents modes de communication sont possibles : *via* l'environnement (par exemple colonies de fourmis); *via* des messages typés (par exemple KQML); et les agents sont capables de coordonner leurs actions, dans le cadre d'interactions pouvant être arbitrairement complexes (contrairement à un simple mode client/serveur). Enfin, d'un point de vue conception (*versus* implantation), le SMA fait l'objet d'une organisation sophistiquée : il s'agit d'une structuration forte et explicite, souvent dynamique, conditionnant les interactions, la distribution des tâches, les accès aux ressources partagées, etc.

On peut distinguer deux classes de langages POA : les langages d'agents cognitifs, les langages d'agents à la fois cognitifs et mobiles.

Langages d'agents cognitifs

Il existe aujourd'hui plusieurs langages de programmation orientée agents qui sont très appropriés pour représenter des agents intelligents dotés de capacités cognitives (raisonnement, planification, prise de décisions). Le concept de programmation orientée agent a été introduit par Yoav Shoham en 1993 avec le langage AGENT-0. Plusieurs essais, plus ou moins aboutis, ont suivi en vue de fournir une meilleure modélisation des agents. Dans tous ces langages POA, les agents sont des entités ayant un état mental plus ou moins complexe, dont les principaux attributs sont les croyances. Tous les agents ont des buts (AgentSpeak, VIVA, 3APL, dMARS) ou des obligations (AGENT-0, Agent-K, PLACA) qui peuvent être assimilées à des buts. Dans tous ces langages, les agents ont un mécanisme de raisonnement, pour la réactualisation de l'état mental et pour l'application des actions en vue d'accomplir des buts (tâches, obligations). Certains d'entre eux offrent des mécanismes de planification (PLACA, AgentSpeak, 3APL, dMARS), d'autres intègrent des règles de raisonnement qui s'appliquent en fonction de l'état mental, du contexte courant et des messages reçus qui réactualisent l'état mental et les buts (AGENT-0, Agent-K, VIVA). Certains de ces langages comme 3APL et dMARS sont focalisés sur la description d'un seul agent et de son raisonnement. D'autres mettent l'accent sur la communication entre les agents *via* des messages inspirés de la théorie des actes de langage. Dans AgentSpeak, 3APL et dMARS, un agent peut avoir plusieurs plans qui s'exécutent en parallèle.

Langages d'agents à la fois cognitifs et mobiles

Du côté de la distribution et du calcul mobile, plusieurs langages d'agents mobiles ont été proposés. Un agent mobile est un agent capable de se déplacer (migrer) dans un réseau informatique. Il peut par exemple parcourir le réseau à la recherche d'information, pour trouver les meilleurs prix ou services, interagir avec d'autres agents en déplacement ou stationnaires, etc. Les langages d'agents mobiles ont généralement des sémantiques opérationnelles bien définies, qui permettent la vérification du comportement des systèmes. À l'intersection des langages POA et des langages d'agents mobiles, on trouve des langages comme Telescript ou CLAIM. Telescript est le premier langage de programmation d'agents mobiles (commercialisé par General Magic). Les agents peuvent se déplacer entre des places (machines, regions ou domaines d'un réseau), appeler les procédures des autres agents et s'exécuter de façon concurrente. Telescript propose des mécanismes de sécurité fortement utiles dans le contexte des agents mobiles. Néanmoins, les agents de Telescript n'ont pas de buts explicites ni de capacités de raisonnement. CLAIM (*Computational Language for Autonomous, Intelligent and Mobile Agents*) est un langage déclaratif de haut niveau (El Fallah et Suna 2004) qui permet de concevoir des SMA contenant des agents stationnaires ou mobiles. Les agents CLAIM sont dotés de capacités cognitives, sont capables de communiquer avec d'autres agents et peuvent migrer. CLAIM a été défini pour satisfaire les besoins de coopération des systèmes distribués, et pour répondre aux exigences du calcul mobile, de plus en plus pressantes du fait de la distribution géographique et physique des systèmes informatiques.

Malgré les nombreux langages proposés pour la programmation orientée agent, beaucoup reste à faire pour les rendre populaires et largement utilisés en dehors des laboratoires de recherche.

6.2 Méthodes de conception orientée agent

La conception de SMA nécessite la construction d'entités plus ou moins coopératives (différentes des processus ou des objets). Contrairement aux objets, les agents « agissent » alors que les objets « subissent ». Certes, on peut trouver maints biais pour décrire un agent en programmation objet (en ajoutant des modules de communication, de délibération, etc.) mais il semble difficile de décrire une architecture agent et de « rendre correctement » des agents capables d'accomplir de nombreuses tâches sans liens avec d'autres agents, à leur tour autonomes dans le choix des requêtes ou des tâches qu'ils vont exécuter.

De plus, les caractéristiques spécifiques des agents les rendent difficilement modélisables au moyen des méthodes et/ou notations classiques (UML, Merise, etc.). Et même s'il est possible de concevoir des agents en utilisant ces méthodes, la conception de SMA comme un *tout* cohérent exige de gérer les interactions entre les agents et par conséquent des méthodes spécifiques à la conception de SMA. Ainsi, de nombreuses tentatives visant à proposer des méthodologies de conception de systèmes multiagents ont vu le jour.

6.3 Plates-formes de SMA

Le développement de plates-formes supportant la technologie SMA a également suscité un vif intérêt dans les milieux académiques et industriels. Cet intérêt se justifie par la difficulté de mise en œuvre des SMA. En effet, si les concepts agents sont séduisants, leur complexité rend leur utilisation par des « non-spécialistes » tout sauf triviale. Comme nous l'avons souligné au § 3, les SMA héritent de tous les problèmes de l'informatique distribuée, auxquels s'ajoutent les problèmes intrinsèques aux agents inhérents à leurs spécificités cognitives. Ainsi, les environnements de développement ou les plates-formes multi-agents ont pour vocation : de fournir les outils et interfaces (souvent fastidieuses à implanter) nécessaires à la mise en œuvre des SMA ; et de masquer les difficultés conceptuelles liées aux agents. En effet, plusieurs plates-formes permettent de programmer aisément des agents BDI (par exemple) sans connaissance de la philosophie (au sens propre et figuré) sous-jacente. Le réseau d'excellence AgentLink recense 129 environnements de développement (certains sont des produits commerciaux alors que d'autres sont des logiciels libres)[1] qui ont servi à développer plusieurs SMA.

6.4 Normes et standards SMA

L'intérêt grandissant des industriels pour les SMA en tant que technologie, a motivé la constitution de nombreux consortiums et la synergie des efforts pour proposer des standards SMA. Parmi ces consortiums, on peut mentionner la FIPA qui, soutenue par des acteurs importants (IBM, Fujitsu, Sun, HP, Motorola, ou Nortel, etc.) a produit un corpus de normes très cohérent (FIPA-ACL pour la communication entre agents ; AUML, une extension *agent* de la notation UML, etc.). L'OMG s'intéresse également de très près aux agents (OMG, 00), et en particulier aux aspects méthodologiques et plates-formes. Un groupe de l'OMG spécialisé dans la technologie agent (*Agent Special Interest Group*) a proposé, entre autres, un standard pour les agents mobiles appelé MASIF (*Mobile Agent System Interoperability Facility*).

7 Domaines d'application des SMA

Les applications SMA couvrent de plus en plus de domaines. On peut distinguer les applications développées au sein de laboratoires universitaires et celles grandeur nature développées dans le cadre de projets industriels et qui constituent un vecteur important pour la diffusion de la technologie SMA. Très sommairement, ce paragraphe présente quelques domaines qui nous semblent importants pour promouvoir la visibilité des SMA.

Les systèmes d'information coopératifs fournissent aujourd'hui l'épine dorsale de l'infrastructure d'information intégrée. La difficulté de construction et de maintenance de tels systèmes peut être maîtrisée en exploitant au mieux les avancées récentes de l'informatique : les modèles de coopération et/ou d'organisation où la technologie sous-jacente est construite en termes d'agents persistants et communicants. Pour ce type de systèmes, les SMA apportent une solution cré-

1. www.agentlink.org/resources/agent-software.php

dible pour le développement d'architectures orientées service (voir § 1.3).

Les outils documentaires adaptés au Web sont, pour bon nombre d'entre eux, fondés sur les SMA. Dans ce type d'outils, les agents sont créés afin de répartir et de paralléliser la recherche d'information. Chaque agent communique aux autres agents les sites qu'il a l'intention de visiter pour une meilleure coordination des recherches. Ces outils à base d'agents sont particulièrement adaptés aux utilisateurs avertis qui souhaitent mettre à jour régulièrement leurs données relativement à des thèmes précis.

Dans le domaine des systèmes de défense, les SMA fournissent des outils informatiques permettant d'agir de façon coordonnée dans des environnements distribués et dynamiques. Dans le projet SMA2[1] par exemple, les agents sont distribués et affectés aux capteurs ou groupes de capteurs. Ils les gèrent de façon cohérente et les connectent aux unités qui les exploitent afin de recueillir l'information distribuée. Dans ce type de systèmes, les SMA permettent généralement la prise de décision distribuée (souvent sous incertitude), la planification réactive (de missions aériennes par exemple) et l'ordonnancement en temps réel. De nombreux projets autour des véhicules autonomes (par exemple des drones) ont été lancés et les SMA y sont au cœur des logiciels de pilotage.

Le projet phare de l'*Autonomic computing* lancé par IBM pourrait bien révolutionner les systèmes informatiques. Ce projet place les SMA au centre des nouveaux systèmes informatiques. S'il aboutit, il permettra de déléguer une partie de leur gestion (analyse, administration et réparation) aux applications elles-mêmes.

Enfin, les travaux dans le domaine des SMA ont favorisé l'apparition de robots autonomes coopératifs (concours de la RoboCup[2], exploration spatiale, etc.) mais aussi des jeux vidéo massivement multijoueurs. Pour plus de détails, le lecteur peut se référer à l'ouvrage collectif édité par (Briot et Demazeau, 2001) et au volume de l'OFTA[3], Arago 29 coordonné par Yves Demazeau (Arago 29, 2004).

1. http://iasc.enst-bretagne.fr/sma2/

8 Conclusion

Le paradigme SMA est en train de s'affirmer grâce à sa maturité technique, aux efforts de la standardisation et probablement au support des acteurs industriels promoteurs de cette technologie. La généralisation de l'Internet et du Web a également favorisé le développement des SMA et ce en fournissant des applications nouvelles et aussi des couches de communication robustes et largement acceptées. Les SMA peuvent ainsi se concentrer sur les couches hautes qui constituent leur réelle plus-value (*e.g* résolution distribuée et coopérative de problèmes complexes, interconnection et coopération de services, automatisation de processus et de tâches de décision individuelle et collective, etc.).

2. www.robocup.org/
3. Observatoire français des technologies avancées

Bibliographie

Arago 29. *Systèmes Multi-Agents*. Rapport de synthèse du Groupe «Systèmes Multi-Agents» de l'Observatoire français des techniques avancées. Coordinateur du Groupe: Yves Demazeau. 2004.

Austin J.L. *How To Do Things With Words*. Oxford University Press. 1962. (Traduction française: *Quand dire c'est faire*, par Recanati, F.)

Bratman, M.E. *Intention, Plans and Practical Reason*. Harvard University Press, 1987.

Bratman, M. E., Israel, D. J. and Pollack, M. E. "Plans and resource-bounded practical reasoning". *Computational Intelligence*, Volume 4, number 4, 1988.

Briot, JP. et Demazeau, Y. (eds). «Principes et Architecture des Systèmes Multi-Agents». *Traité IC2*, Hermès, Paris, France, Novembre. 2001.

Brooks, R.A. "How to build complete creatures rather than isolated cognitive simulators". In K. VanLehn (ed.), *Architectures for Intelligence*, p. 225-239, Lawrence Erlbaum Ass., Hillsdale, NJ, 1991.

Cohen, P.R. et Levesque, H.J. "Intention = Choice + Commitment". In *Proceeding of the National Conference on Artificial Intelligence*, p. 410-514. 1987.

Cohen, P.R. et Levesque, H.J. "Intention is choice with commitment". *Artificial Intelligence*, Volume 42, p. 213-261. 1990.

El Fallah Seghrouchni, A. and Suna, A. "CLAIM and SyMPA: A Programming Environment for Intelligent and Mobile Agents". Chapter 4 in Bordini R, Dastani M., Dix J. and El Fallah Seghrouchni A. (ed.), *Multi-agent Programming: Languages, Platforms and Applications*, Springer, 2005.

Emerson, E. A., Srinivasan, J. "Branching time temporal logic". In *Linear Time, Branching Time and Partial Order in Logics and Models for Concurrency, Lecture Notes in Comupter Science* 354, p. 123 172. Springer, 1989.

Erman, L.D., Hayes-Roth, F., Lesser, V.R., Reddy, D.R. "The HEARSAY-II speech understanding system: Integrating knowledge to resolve uncertainty". *ACM Computing Survey*, 12: 213 – 253, 1980.

Fagin, R., Halpern, J.Y., Moses, Y., Vardi, M. Y. *Reasoning about knowledge.* MIT Press, 1995.

Finin, T., Fritzson, R., McKay, D. and McEntire, R. "KQML as en Agent Communication Language". In *3rd International Conference on Information and Knowledge Management (CIKM'94)*, ACM Press. 1994.

Hewitt, C. and Baker, H. G. "Laws for Communicating Parallel Processes". IFIP Congress 1977: 987-992.

Labrou, Y. et Finin, T. "A Proposal for a new KQML Specification". *Technical Report CS-97-03.* 1997.

Mazouzi, H., El Fallah Seghrouchni, A. and Haddad, S. "Open protocol design for complex interaction in Multi-Agent Systems". In *Proceedings of AAMAS' 02.* ACM - Publisher. 2002.

Object Management Group. *Agent Technology.* Green Paper, mars 2000.

Rao, A. S., Georgeff, M. P. "Modelling rational agents within a BDI-architecture". In *Proceedings of the International Conference on Principles of Knowledge Representation and Reasoning.* 1991.

Russell, S. and Norvig, P. *Artificial Intelligence: A Modern Approach* (2nd Edition). Prentice-Hall. 2000.

Sadek, M.D. «Attitudes mentales et intention rationnelle: vers une théorie formelle de la communication». Thèse de doctorat, université de Rennes I. 1991.

Searle, J.R. *Speech Acts.* Cambridge University Press. 1985.

Searle, J.R. and Vanderveken, D. *Foundations of illocutionary logic.* CUP. Cambridge. 1969.

Singh, M.P. "A semantics for speech acts". *Annals of Mathematics and Artificial Intelligence,* volume 8, number I-II, p. 47-71. 1993.

SOA. http://www.orchestranetworks.com/fr/soa/extraitmanage.cfm. 2004.

Vreeswijk, A.W. "Open Protocol in multi-agents systems". *Technical report CS 95-01*, Department of Computer Science, FdAW, Univ. of Limburg, The Netherlands. 1995.

Weiss, G. and Sen, S. (Eds). "Adaption and Learning in Multi-Agent Systems". *Lecture Notes in Artificial Intelligence* 1042, Springer-Verlag, Berlin, 22-39, 1996.

Apprentissage automatique

Claire Nédellec

Mots-clés : base d'exemples, théorie du domaine, espace des hypothèses, complétude et correction, risque empirique.

Résumé : le domaine de l'apprentissage automatique a pour objectif de développer des méthodes dédiées à l'adaptation de programmes informatiques à de nouvelles situations. Ce chapitre présente outre une définition générale et un bref historique, les ingrédients de l'apprentissage automatique et leur rôle : les exemples d'apprentissage (situations), les langages de représentation, les connaissances *a priori*, et les critères d'évaluation de la qualité de ce qui est appris. Un panorama des méthodes et applications et des exemples de perspectives futures complètent ce chapitre.

L'évolution technologique des machines et des programmes de traitement de l'information les rend capables de traiter avec une grande rapidité des données d'une complexité qui rend dans certains cas l'adaptation des programmes difficile à réaliser manuellement. L'apprentissage automatique a pour but d'aider les concepteurs de ces programmes à automatiser, partiellement ou complètement, leur évolution en fonction de leur expérience.

L'apprentissage humain est à l'apprentissage automatique ce que l'intelligence humaine est à l'intelligence artificielle, essentiellement une source de modèles. Nous allons tenter de donner une intuition des objets d'étude de l'apprentissage automatique en tant que domaine scientifique, par analogie avec l'apprentissage humain d'où il tire certaines de ses inspirations.

L'apprentissage est une des activités intellectuelles humaines les plus fondamentales, par laquelle l'être humain acquiert par l'expérience, la capacité à construire de nouveaux modèles ou des modèles plus efficaces, pour interpréter et manipuler des informations de nature différente de celles déjà rencontrées. Ce qui est mis en évidence ici est la capacité de généralisation et la capacité à optimiser les modèles connus pour les rendre plus opérationnels.

Par exemple, l'enfant apprend à identifier rapidement les chiens et à les distinguer des chats à partir d'exemples de ces animaux, associés aux mots « chien » ou « chat ». Cet exemple illustre une des tâches principales de l'apprentissage automatique, la classification en catégories. L'objectif, dans le cas de la classification, est de concevoir une méthode, plus précisément, un programme informatique qui, à partir de descriptions d'exemples (des images, des textes, etc.) dont la classe, ou catégorie est connue (ici, chien, chat), apprend automatiquement à classer de nouveaux exemples dans la bonne classe. Dans le cas de la classification automatique, le problème revient à concevoir et implémenter une méthode capable de distinguer parmi les *attributs* décrivant les exemples d'apprentissage, ceux qui sont discriminants pour classer correctement de nouveaux exemples, de ceux qui sont anecdotiques. La forme de la fonction apprise, ou *classifieur*, diffère selon les méthodes d'apprentissage et est par exemple, représentée par un programme logique, une distribution de probabilités ou une grammaire.

Une fois déterminée la tâche d'apprentissage, c'est-à-dire l'objectif, le cadre d'apprentissage est défini par l'ensemble des questions ci-dessous, qui structurent le reste du chapitre :

- Quelle est la nature des exemples d'apprentissage qui peuvent être produits, leur représentation, leur nombre, leur représentativité, leur fiabilité, l'ordre dans lequel ils apparaissent et à quel point l'apprenant (le programme) est sensible à ces paramètres ?
- Quelles hypothèses de classification l'apprenant peut-il concevoir et quelle est sa capacité de représentation ?
- Quelle est sa stratégie d'exploration des hypothèses possibles ?
- Que sait-il déjà, ou que suppose-t-il sur le domaine et comment est-il capable d'exploiter cette connaissance ?
- Peut-il interroger un oracle, un professeur ? Par quel type de questions ?
- Comment est évaluée la qualité du concept appris, sa précision, son applicabilité, son utilité ?

Le choix de la méthode d'apprentissage appropriée pour traiter un problème donné dépend des réponses à ces questions.

L'objectif de l'apprentissage automatique ne se limite pas à la classification supervisée à partir d'exemples classés, il inclut la classification *non supervisée*, l'apprentissage par *découverte* et l'apprentissage par *renforcement*. Les méthodes mises en œuvre pour réaliser chacune de ces tâches sont extrêmement variées et diffèrent par chacun des points ci-dessus. Nous y reviendrons en détail.

Du point de vue du choix et de l'application de ces méthodes, il faut distinguer les paramètres qui, comme dans l'apprentissage humain, dépendent de l'environnement, comme le choix des exemples et de leur représentation, de ceux qui sont propres à l'apprenant. Contrairement au domaine de la didactique, où il s'agit, pour un apprenant donné, d'optimiser l'apprentissage en faisant varier l'environnement, ici, la réalisation d'une tâche d'apprentissage automatique passe aussi par le choix de l'apprenant, à savoir, de la méthode d'apprentissage appropriée et de ses paramètres propres. L'étendue des possibilités rend délicats le choix et l'évaluation des méthodes pour la réalisation d'un projet donné. Quelques classes de méthodes se distinguent pourtant pour certaines classes d'applications comme nous le verrons dans la suite (§ 5).

Relations avec d'autres domaines

Le domaine de l'apprentissage représente un champ de recherche et d'application des plus foisonnants qui tire principalement ses inspirations et ses outils méthodologiques de domaines aussi variés que les mathématiques, en particulier l'analyse des données, les statistiques, la logique, la reconnaissance des formes, l'automatique, les sciences cognitives et la biologie.

Il se distingue du domaine de la reconnaissance des formes (RF) (cf. chapitre « Reconnaissance des formes »), avec lequel il partage pourtant de nombreuses méthodes et algorithmes, par le type de question posée. L'objectif de la reconnaissance des formes est de classer des formes. Pour produire des classifieurs, les adapter et les généraliser, elle fait, entre autres, appel à certaines méthodes d'apprentissage automatique. Les applications principales de la RF traitent des signaux environnementaux « bruts » tels que le son, la parole, l'image, la vidéo, en incluant tous les prétraitements nécessaires, et privilégient donc les méthodes d'apprentissage capable de traiter des données de ce type, c'est-à-dire nombreuses, bruitées, décrites principalement par des attributs numériques et pauvres en connaissance explicite du domaine. Ces méthodes s'inscrivent majoritairement dans des approches probabilistes où la qualité des solutions est estimée à l'aide du Maximum de Vraisemblance et les solutions sont approchées par des méthodes itératives de type *expectation-maximisation.*

Au-delà de ces approches probabilistes, l'apprentissage automatique s'attache aussi massivement à développer des méthodes applicables à des exemples représentés dans des langages de plus haut niveau conceptuel et produits automatiquement ou non ; par exemple, applicables à des arches décrites en termes de briques élémentaires ou blocs et de leur disposition, pour reprendre un exemple traditionnel de P. Winston (Winston, 1975), (§ 3.4).

L'apprentissage automatique se distingue de la fouille de données (*data mining*) et de la découverte de connaissance (*knowledge discovery*) domaines plus récents, qui lui empruntent nombre de ses algorithmes. Ces domaines ont pour objectif de découvrir des lois implicites dans de grands ensembles de données potentiellement bruitées, représentés par des langages pauvres (essentiellement, des tableaux de valeurs) avec peu d'informations disponibles sur le domaine d'application. Un fort accent est donc mis sur le prétraitement des données (sélection et nettoyage), comme en RF, et sur la *découverte* par opposition à l'*invention*, c'est-à-dire la production de nouvelles connaissances, qui est visée par beaucoup des méthodes d'apprentissage.

1 Bref historique

1.1 Les débuts

Les débuts de l'apprentissage automatique sont généralement datés des années quarante avec la conception des premiers réseaux de neurones pour la classification par séparateur linéaire (cf. chapitre « Réseaux de neurones artificiels »). Les années soixante jettent des bases théoriques de la complexité de l'apprentissage (Solomonoff, 1960 ; Gold, 1965). Il faut attendre la fin des années soixante-dix, et en particulier les travaux de P. Winston (Winston, 1975), de T. Mitchell (Mitchell, 1977), et la première conférence *International Machine Learning Workshop* à CMU, Pittsburgh en 1980 pour que le domaine prenne son élan, très loin du perceptron. La création du *Machine Learning Journal* en 1986 contribue à fédérer la communauté de chercheurs.

1.2 Les années quatre-vingt

Il s'agira principalement, pendant plus de dix ans de concevoir des algorithmes symboliques (par opposition à numériques[1]) destinés à être intégrés dans des systèmes dits « de résolution de problème », et à base de connaissance. Les problèmes applicatifs traités sont concrets et relèvent de la découverte de lois mathématiques tel le système AM, *The Automated Mathematician*, (Lenat, 1982), de la taxonomie de plantes (Cheeseman *et al.*, 1988), de la conception de circuits électroniques, ou de la planification (Korf, 85 ; Minton *et al.*, 89). Les exemples sont produits ou prétraités manuellement, peu nombreux et supposés exempts d'erreur et suffisants pour apprendre. Le modèle humain est très présent. La recherche se focalise sur la représentation des connaissances, les heuristiques d'exploration de l'espace des hypothèses et sa représentation, l'exploitation de la connaissance du domaine et la formalisation des algorithmes.

Les articles de T. Mitchell sur la généralisation vue comme un problème de recherche dans un espace d'hypothèse partiellement ordonné (Mitchell, 82), puis de W. Buntine sur la formalisation de ce point de vue à l'aide de la logique du premier ordre (Buntine, 89) marquent la décennie émaillée par ailleurs d'algorithmes inventifs, souvent *ad hoc* et intégrés dans des générateurs de systèmes experts, ou dans des systèmes de résolution de problème. La justification des systèmes d'apprentissage repose d'abord sur leur utilité. Des inspirations des domaines de la théorie de l'information et de la reconnaissance des formes popularisent les algorithmes de classification conceptuelle (Cheeseman *et al.*, 88) et de construction d'arbre de décision tels que ID3 et C4.5 de J.R. Quinlan.

1. L'apprentissage symbolique traite essentiellement des données représentées par des attributs nominaux ou discrets dans un cadre inspiré de la logique. L'apprentissage numérique traite principalement des données représentées par des attributs continus par des méthodes inspirées de l'analyse des données.

1.3 Des années quatre-vingt-dix à nos jours

Les années quatre-vingt-dix voient l'explosion des approches théoriques d'une part, principalement basées sur les logiques propositionnelles (*explanation-based learning*, EBL) et du premier ordre (programmation logique inductive, PLI) pour répondre en particulier à des besoins de modélisation et de formalisation de l'utilisation de la connaissance du domaine ; et d'autre part des statistiques pour définir proprement des conditions d'apprenabilité et les critères de succès de l'apprentissage. Ces deux voies, logiques et statistiques se retrouvent dans une même vision de l'apprentissage. Il s'agit, grâce à un échantillon adapté d'exemples, d'éliminer de l'espace de recherche formé des hypothèses possibles, celles qui ne vérifient pas le critère de succès. Quand la première voie, logique, s'intéresse aux heuristiques de recherche et à l'expressivité du langage de représentation des exemples et des hypothèses, l'autre se focalise sur la distribution des exemples et la définition de critères de réussite.

Sur la base de ces approches théoriques, des méthodes essentiellement statistiques, en réponse également à l'appel d'air de la fouille de données, se développent : modèles bayésiens, méthodes à noyau (SVM), combinaison de méthodes, et méthodes non supervisées, régression, *clustering*, *lazy learning* pour n'en citer que quelques-unes. Parallèlement, l'inférence grammaticale permet de traiter des données sous la forme de séquences (par exemple, le texte ou l'ADN) et l'apprentissage par renforcement permet à un agent d'adapter ses actions en réponse à son environnement.

La sophistication des méthodes spécialise les activités de recherche qui se détournent alors majoritairement des applications réelles pour se concentrer sur l'évaluation et la comparaison systématique des algorithmes à partir d'ensembles de données communs disponibles dans des dépôts publics, tels que celui de l'université d'Irvine. Le domaine gagne donc beaucoup sur le plan théorique, en formalisation et en rigueur, mais l'importante question de l'intégration de la méthode dans un système à base de connaissance (Rouveirol et Albert, 96) devient secondaire.

La question du choix et de la représentation des exemples d'apprentissage et de l'interprétation des résultats n'est plus centrale. Pour le concepteur d'algorithmes d'apprentissage, les exemples disponibles sont considérés comme appropriés. Les opérations sur les exemples se réduisent pratiquement à de l'échantillonnage, de la sélection d'attribut et du traitement du bruit. Il n'est quasiment plus question d'abstraction et d'inférence sur les exemples.

Pour le développeur d'applications utilisant de l'apprentissage, il s'agit à partir d'une méthode plus ou moins choisie arbitrairement, de préparer les données à traiter pour que leur représentation, ou plutôt leur format soit utilisable par la méthode. Peu d'études traitent donc de la question de l'adéquation des données, des méthodes et de la tâche d'apprentissage à un niveau conceptuel.

Cette situation qui perdure aujourd'hui explique en partie la modestie des développements d'application de l'apprentissage automatique au-delà des nombreuses applications de la fouille de données et ceci, malgré la grande puissance et la sophistication de ses méthodes. Comme l'illustrent les applications ci-dessous (§ 5), dans de nombreux cas, la résolution d'un problème donné exige, plus que l'application d'une méthode isolée, une architecture complexe de traitement et d'interprétation des données et d'exploitation des résultats.

2 Apprentissage et exploration d'un espace d'hypothèses

Reprenons le problème de la classification supervisée pour illustrer le cadre proposé dans l'introduction. Étant donné un ensemble d'exemples d'apprentissage classés, il s'agit d'apprendre un classifieur capable de classer correctement de nouveaux exemples. Supposons pour simplifier que le classifieur s'exprime sous la forme d'un ensemble de règles représentées en logique propositionnelle et portant sur les attributs, ou prédicat des exemples et concluant sur la classe.
Par exemple la règle,

si PondDesOeufs et Vole *alors* Oiseau.

classe dans la catégorie Oiseau un exemple de canari décrit par les attributs

Jaune, VitEnCage, PondDesOeufs, Vole.

Dans cette représentation et suivant l'hypothèse dite « du monde clos », les attributs des exemples, non exprimés, sont considérés comme faux. Ainsi, un exemple qui serait décrit par

PondDesOeufs.

ne serait pas classé comme Oiseau.

Pour un ensemble d'exemples d'apprentissage étiquetés par la classe, ou non, le problème d'apprentissage se pose sous la forme suivante : trouver dans l'espace de recherche formé par les hypothèses candidates, une hypothèse solution qui classe correctement les exemples d'apprentissage et qu'exploitera le classifieur pour classer correctement de nouveaux exemples. Dans notre exemple, l'ensemble des *hypothèses candidates* est formé de toutes les combinaisons possibles des attributs qui décrivent les exemples.

À partir de ce cadre général, les paramètres présentés dans l'introduction se précisent, c'est-à-dire, les exemples, l'espace des hypothèses, l'évaluation et l'utilisation de la connaissance du domaine.

2.1 Les exemples d'apprentissage

De toute évidence, les exemples d'apprentissage doivent être représentatifs des exemples de test qui devront être classés par la solution de telle sorte que la solution considérée comme optimale par l'algorithme soit également la meilleure sur les exemples de test. La notion de représentativité est évidemment dépendante de l'objectif et de l'algorithme d'apprentissage. Les exemples mal classés (bruit de classe) ou dont la description est erronée ou incomplète (bruit de description) affectent plus ou moins les performances de l'algorithme en fonction de sa sensibilité.

Les exemples peuvent être traités tous ensemble (apprentissage par lot), ou les uns après les autres de telle sorte que la solution courante soit modifiée par la connaissance apportée par l'exemple suivant. C'est le cas par exemple, dans l'apprentissage par renforcement, lorsque l'environnement fournit les exemples un par un et que l'agent adapte son comportement en fonction de son succès dans l'accomplissement d'une tâche donnée. L'apprentissage est alors dit *incrémental.* Selon les méthodes, la solution obtenue sera identique à celle de l'apprentissage par *lot*, comme c'est le cas avec l'algorithme d'arbre de décision ID5, variante d'ID3 (Utgoff, 89), ou ne sera pas identique, par exemple dans le cas où l'algorithme « oublie » et n'a plus accès à l'ensemble des exemples rencontrés comme dans l'algorithme d'élimination des candidats, aussi appelé « espace des versions » (Mitchell, 77).

Enfin, le langage de représentation choisi pour représenter les exemples biaise fortement l'apprentissage. Par exemple, pour représenter des molécules et les classer selon leur toxicité, une représentation relationnelle pour décrire les liens entre atomes est préférable.

2.2 L'espace des hypothèses

Sont appelées *hypothèses*, les solutions possibles de l'algorithme d'apprentissage. L'*espace des hypothèses* est formé de l'ensemble des solutions. Les solutions recherchées sont aussi bien décrites par des fonctions numériques comme dans le cas des méthodes probabilistes (cf. chapitre «Reconnaissance des formes») qu'exprimées dans des représentations symboliques, comme les règles de l'exemple des oiseaux, des grammaires ou des programmes logiques.

La recherche de la solution repose sur l'exploration de l'espace des hypothèses et sur l'évaluation des hypothèses considérées, en fonction de l'objectif et des exemples d'apprentissage.

Structure de l'espace de recherche

La stratégie d'exploration dépend de la structure de l'espace. Dans le pire des cas où rien n'est connu sur la structure de l'espace, les hypothèses sont explorées exhaustivement ou aléatoirement et évaluées une à une.

S'il est possible d'ordonner les hypothèses au moins partiellement, par rapport à la fonction d'évaluation, alors il est possible de définir une heuristique qui ordonne l'exploration et la limite à certaines hypothèses.

En d'autres termes, si considérant une hypothèse candidate donnée et le résultat de son évaluation par rapport aux exemples d'apprentissage, il est possible de dire quelles sont les hypothèses candidates de l'espace qui sont meilleures, ou au moins équivalentes, et quelles sont les hypothèses qui sont pires, alors il convient d'*élaguer* l'espace en abandonnant les pires et de considérer uniquement les meilleures.

Par exemple, prenons le cas où les hypothèses sont évaluées en fonction de leur capacité à séparer correctement les exemples positifs (ceux de la classe cible) et les exemples négatifs. Une hypothèse sera d'autant meilleure qu'elle exclut peu d'exemples d'apprentissage positifs et beaucoup d'exemples d'apprentissage négatifs.

Dans le cas où il est possible de définir un voisinage entre hypothèses qui reflète cet ordre, c'est-à-dire que les hypothèses les plus proches sont celles qui dégradent le moins ou améliorent le moins la fonction d'évaluation, alors des heuristiques d'exploration puissantes peuvent être définies. Les techniques d'optimisation applicables à des données continues, comme la descente de gradient, sont efficaces si la notion de voisinage est appropriée.

Dans le cas d'une représentation purement symbolique où l'espace des hypothèses est discret, le voisinage est défini grâce à la donnée d'une relation de généralité entre hypothèses qui les ordonne partiellement. Plus l'hypothèse est générale, moins elle rejette d'exemples, plus elle est spécifique, plus elle en rejette. Par exemple, l'hypothèse

Hg : *alors* Oiseau.

qui s'applique à tout, est plus générale que l'hypothèse

H′ : *si* ***PondDesOeufs*** *alors* Oiseau. et

Hs : *si* PondDesOeufs ***et Vole*** *alors* Oiseau.

est une hypothèse encore plus spécifique (figure 1).

Les hypothèses les plus proches d'une hypothèse H sont :

- les plus spécifiques des hypothèses qui sont plus générales que H(Hg dans l'exemple) et
- les plus générales des hypothèses qui sont plus spécifiques que H(Hs dans l'exemple).

La distance entre deux hypothèses H1 et H2 se mesure par le nombre d'hypothèses sur le chemin minimal de l'une à l'autre. Cette propriété est très puissante pour élaguer l'espace et diriger la recherche. Pour une

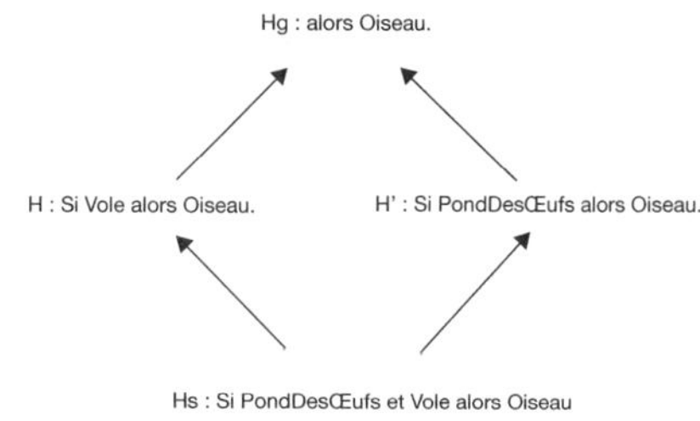

Figure 3 Espace des hypothèses ordonné partiellement par une relation de généralité.

hypothèse candidate trop générale dont l'évaluation montre qu'elle couvre des exemples négatifs, aucune des hypothèses plus générales de l'espace ne doit plus être évaluée. Inversement, pour une hypothèse trop spécifique qui rejette des exemples positifs, aucune hypothèse plus spécifique ne doit plus être considérée. De nombreux algorithmes dits symboliques exploitent cette propriété. Ils sont généralement munis d'un opérateur de transformation de l'hypothèse candidate qui permet de construire la nouvelle hypothèse à considérer. Ainsi, point n'est besoin de construire et d'élaguer *explicitement* tout l'espace des hypothèses. Seules les hypothèses à considérer sont représentées. Dans notre exemple d'Oiseau, l'opérateur trivial consiste à ajouter ou à retirer un et un seul attribut à la fois par rapport à l'hypothèse courante pour obtenir les hypothèses les plus proches. Un opérateur efficace doit être capable d'atteindre toutes les hypothèses de l'espace et seulement celles-là. C'est immédiat dans le cas simple de la représentation booléenne de l'exemple, où l'attribut est vrai ou faux ; c'est beaucoup plus complexe dans des représentations utilisant la théorie du domaine. Inversement, le choix d'un bon opérateur permet un élagage très efficace (Torre et Rouveirol, 97)

Rôle des exemples

Dans l'exploration de l'espace des hypothèses, la recherche *dirigée par les données* se distingue de la recherche *dirigée par les hypothèses*. Dans le premier cas, les exemples sont connus un par un, ou par paquets. À chaque étape, l'hypothèse courante est la meilleure pour les exemples connus. L'arrivée d'un nouvel exemple la remet en cause et une nouvelle hypothèse, meilleure que la précédente, est construite jusqu'à la convergence qui est garantie sous certaines hypothèses de cohérence (Mitchell, 77).

Dans le second cas, l'exploration est dirigée par une stratégie indépendante, ascendante (du particulier au général), ou descendante (du général au particulier). La fonction d'évaluation considère tous les exemples à la fois et permet de sélectionner parmi les hypothèses considérées sur le chemin, celles qui sont les meilleures. Le parcours s'arrête à l'hypothèse solution qui couvre tous les exemples positifs et aucun exemple négatif. Ce cadre est celui de beaucoup de méthodes dites symboliques et en particulier de PLI (de Raedt, 92). Une variante permet à l'algorithme de construire un exemple et de le soumettre à un oracle pour en connaître la classe, de manière à diriger sa recherche en cas de choix multiple d'hypothèses candidates et d'insuffisance de l'échantillon d'apprentissage (Nédellec, 91). Cette technique est connue sous le terme *active learning.*

La forme de l'espace de recherche dépend dans ce cas de la stratégie. Dans le cas d'une stratégie ascendante, l'espace est borné par l'hypothèse la plus spécifique généralement construite à partir d'un exemple appelé «graine», choisi plus ou moins arbitrairement, abstrait dans le langage de représentation des hypothèses et éventuellement complété par des informations du domaine. L'exploration de l'espace part de cette graine. La borne supérieure de l'espace est généralement l'hypothèse la plus générale qui puisse être construite en appliquant itérativement l'opérateur de généralisation. Dans le cas d'une stratégie descendante, la borne supérieure d'où part l'exploration est la plus générale exprimable dans le langage de représentation et la borne inférieure est généralement l'hypothèse la plus spécifique représentable dans ce langage, par exemple, la conjonction de tous les attributs du vocabulaire, ou éventuellement une graine définie comme dans le cas ascendant.

Les stratégies mixtes comme celle qui est appliquée dans l'algorithme d'élimination des candidats explorent l'espace dans les deux directions à la fois, ascendante et descendante jusqu'à convergence.

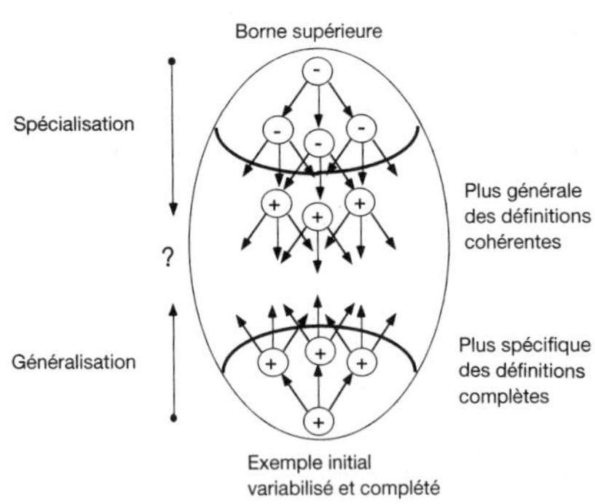

Figure 4 Exploration de l'espace des hypothèses

2.3 Évaluation de la qualité de la solution

Dans les exemples précédents, par souci de simplicité, nous avons considéré un critère d'évaluation de la qualité des solutions basé sur le nombre d'exemples d'apprentissage correctement classés. La solution est dite *complète* si elle classe correctement tous les exemples positifs, et *correcte* (ou cohérente) si elle classe correctement tous les exemples négatifs. Pourtant le critère de performance de la solution peut être différent. La compréhensibilité ou l'explicabilité peuvent être des facteurs plus importants même que la justesse, par exemple quand la confiance de l'utilisateur est en jeu.

La cohérence avec le modèle du domaine comme dans le cadre bayésien, ou le cadre PLI de révision de théorie, peut jouer. Dans le cadre non supervisé, c'est la capacité à expliquer les données d'apprentissage, mais aussi de nouvelles données qui prime.

La compression de l'information est également un facteur pertinent, d'autant plus qu'il évite le surapprentissage qui consiste à la limite à considérer l'ensemble des exemples d'apprentissage comme la solution (apprentissage «par cœur»). Dans le même registre, la fonction d'évaluation peut prendre en compte le temps d'utilisation de la solution par un programme.

Biais de langage et adéquation des exemples

Quel que soit le critère choisi, différents facteurs jouent sur la différence entre la solution trouvée la meilleure selon le critère et la solution optimale souhaitée. Tout d'abord, l'espace des hypothèses peut ne pas contenir la solution optimale et seule une solution approchée est trouvée. Cette erreur dite *d'approximation* se produit si le langage de description des hypothèses ne convient pas; difficile d'apprendre le concept de multiplication, sans l'addition, ou au moins la notion de successeur et de prédécesseur. Il faut modifier ou enrichir le langage avec le risque de rendre l'espace de recherche trop grand et inutilisable de façon pratique, ou pire, que la solution optimale «colle» trop aux données. Il faut donc choisir un langage plus abstrait que celui des exemples, pour permettre l'induction et donc la prédiction, mais qui permette aussi d'exprimer une solution satisfaisante. Ce biais dit du langage de représentation des hypothèses a été très étudié en PLI (Nédellec *et al.*, 96).

Ensuite, la solution trouvée dépend de l'échantillon d'apprentissage. Son manque de représentativité provoque une erreur *d'estimation.* Par exemple, un ensemble de données trop petit par rapport à un espace de recherche trop grand, trop riche, conduit à considérer trop de solutions, toutes équivalentes du point de vue du critère d'évaluation, comme dans la figure 3 où la séparation linéaire des données positives et négatives présente de nombreuses solutions très différentes, de telle sorte que la classe de nombreux nouveaux exemples, marqués «?» dans la figure, varie d'une solution à l'autre.

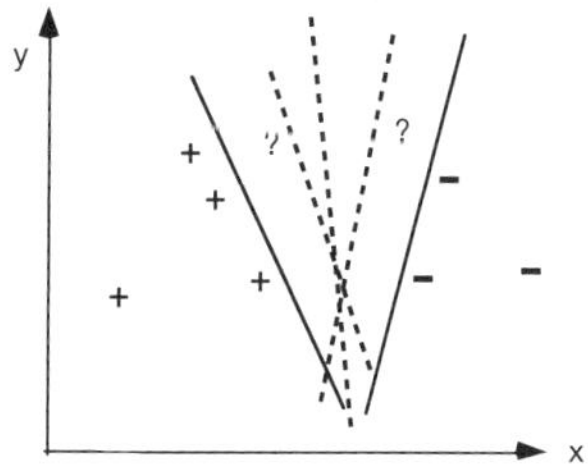

Figure 5 Espace des hypothèses trop riche par rapport aux données

Là encore, il s'agit de définir un langage d'hypothèse qui ne soit pas trop riche de manière à diminuer la variance – voir la bonne présentation sur le compromis biais/variance dans le chapitre 2 de (Cornuéjols et Miclet, 2002).

Optimisation d'un critère de choix

Quelle que soit donc la nature du critère, il s'agira d'optimiser l'erreur totale, somme des erreurs d'approximation et d'estimation de manière à minimiser le *risque réel* que la solution trouvée ne soit pas celle qui est souhaitée. Malheureusement, ce risque ne peut être qu'estimé à partir des exemples d'apprentissage, il est dit risque empirique.

Comme souligné dans (Cornuéjols et Miclet, 2002) et dans le chapitre «Reconnaissance des formes», trois grandes approches, qui diffèrent selon les méthodes, sont considérées pour guider le choix de l'hypothèse solution:

- la minimisation du risque empirique lié à l'hypothèse ;
- la probabilité associée à l'hypothèse, étant donné les exemples et la connaissance du modèle (décision bayésienne);
- la maximisation de la compression de l'information des exemples par l'hypothèse.

Dans tous les cas, il s'agit d'estimer le risque réel en mesurant l'erreur observée. Le critère le plus largement employé en apprentissage est celui de la minimisation du risque empirique. Le principe est le suivant: l'apprentissage est réalisé avec un ensemble d'exemples dits d'apprentissage, et la solution est évaluée sur un ensemble d'exemples de test distincts. Le risque empirique est mesuré sur la base des erreurs de classification. Il existe plusieurs façons de construire l'ensemble de test et de mesurer l'erreur. Par exemple, dans le cas d'une classification binaire, une mesure classique consiste à calculer le rapport du nombre d'exemples positifs bien classés sur le nombre d'exemples positifs (c'est-à-dire la complétude appelée aussi rappel, ou spécificité selon les communautés), et le rapport du nombre d'exemples positifs bien classés, sur le nombre d'exemples classés comme positifs (correction, appelée aussi précision ou sensibilité).

D'autres méthodes, comme les SVM, prennent en compte la distance à la frontière qui sépare les classes (cf. chapitre «Reconnaissance des formes»). La probabilité que la différence entre le risque empirique ainsi mesuré et le risque réel soit inférieure à un certain seuil a été très étudiée dans le cadre théorique PAC (*Probably Approximately Correct*), en prenant en compte leur nombre et leur distribution. Malheureusement, ces résultats, valides dans le cas le pire, n'ont encore que peu d'applications. Néanmoins, ces études théoriques mettent en évidence l'importance du rôle joué par l'expressivité du langage de représentation des hypothèses, comme évoqué ci-dessus.

Dans le cas de l'approche bayésienne, une distribution de probabilité est définie *a priori* sur les hypothèses candidates. Les exemples d'apprentissage modifient cette distribution, et l'hypothèse solution est celle qui maximise la probabilité *a posteriori*, prenant en compte les exemples. C'est le principe du maximum de vraisemblance. Cela suppose que la connaissance du domaine permette d'attacher une distribution de probabilité aux hypothèses et de définir un modèle *a priori*, ou une famille de modèles, à paramétrer en fonction des exemples.

Enfin, utilisé de façon beaucoup plus limitée, la maximisation de la compression de l'information des exemples par l'hypothèse repose sur le principe selon lequel l'hypothèse la meilleure est la plus compacte, parce qu'elle retient les régularités partagées par les exemples en négligeant les détails anecdotiques.

2.4 Utilisation de la connaissance du domaine

La connaissance du domaine est représentée *implicitement* dans le choix et le langage de représentation des exemples, dans le langage de représentation des hypothèses, dans les stratégies et heuristiques d'exploration de l'espace qui font préférer certaines hypothèses à d'autres, et dans les critères d'arrêt de l'exploration. Depuis les débuts de l'apprentissage symbolique, la représentation *explicite* et déclarative de la connaissance du domaine, son exploitation et sa révision par les méthodes d'apprentissage, sont étudiées.

L'intérêt d'une représentation déclarative de la connaissance du domaine est multiple: elle est réutilisable d'une tâche d'apprentissage à l'autre; elle permet de concevoir des interfaces explicatives des résultats de l'apprentissage, destinées à l'utilisateur; elle est plus aisément révisable et adaptable à bon escient qu'une connaissance encapsulée non déclarative et enfin, elle peut être convoquée en cours d'apprentissage en fonction des besoins.

Certaines limitations importantes en freinent pourtant l'exploitation. Son usage est limité aux méthodes symboliques capables de la traiter et principalement d'EBL et de PLI, qui dérivent les informations utiles d'une connaissance du domaine explicite, dans un cadre logique et à partir des exemples. Elle est alors habituellement appelée « théorie du domaine ». Cela exclut toutes les méthodes basées sur des techniques issues des statistiques et de l'analyse des données. Peu de méthodes mixtes ont été étudiées.

Pour illustrer l'utilisation de la théorie du domaine, prenons un exemple simple et classique dans une représentation en logique d'ordre un, inspiré des arches de P. Winston. Étant donné trois exemples, deux positifs et un négatif, et la théorie d'un domaine, il s'agit d'apprendre une *définition du concept* d'arche sous la forme d'une ou plusieurs clauses (ou règles).

Exemples (liste de faits)

(1) brique(a), brique(b), brique(c), sur(a, b), sur(c, d), brique(d), brique(e), horizontal(e), soutient(a, c, e). (+)

(2) brique(a), brique(b), brique c), horizontal(c), soutient(a, b, c). (+)

(3) pyramide(a). (-).

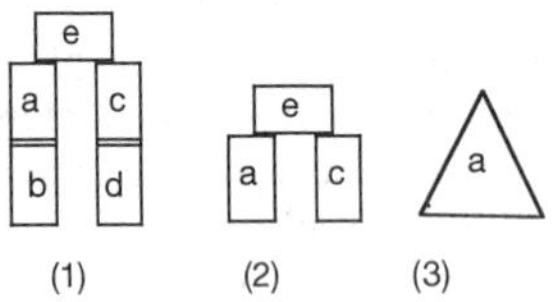

Figure 6 Exemples d'arche

Exemple de solution

(4) ∀X, Y, Z, colonne(X), colonne(Y), chapiteau(Z), soutient(X, Y, Z) → arche(X, Y, Z)

La solution de la formule (4) s'interprète par, une arche est un chapiteau soutenu par deux colonnes. Elle s'exprime dans un langage plus abstrait que celui les exemples grâce à la théorie du domaine.

Théorie du domaine

(5) ∀ X, brique(X), horizontal(X) → chapiteau(X)

(6) ∀ X pyramide(X) → chapiteau(X)

(7) ∀ X brique(X) → colonne(X)

(8) ∀ X, Y brique(X), colonne(Y), sur(X, Y) → colonne(X)

La première règle (5) se lit par exemple, quel que soit X, si X est une brique horizontale alors X est un chapiteau.

La théorie du domaine est souvent utilisée préalablement à l'apprentissage dans une phase dite de *complétion* des exemples, de manière à en déduire de nouveaux faits utiles à l'apprentissage. Par exemple, le fait chapiteau(e) peut être déduit et ajouté à l'exemple (1) sans perte de la valeur de vérité grâce à (5). Selon que les nouveaux faits sont ajoutés par *saturation* ou remplacent les faits utilisés pour la déduction par *absorption*, les exemples ainsi complétés forment ou non une généralisation des exemples de départ.

Alternativement à la complétion, la théorie du domaine est utilisée *en cours* d'apprentissage pour construire de nouvelles hypothèses. Par exemple, à partir de l'hypothèse,

(9) ∀X, Y, Z, colonne(X), colonne(Y), brique(Z), horizontal(Z), soutient(X, Y, Z) → arche(X, Y, Z)

et par inversion de la résolution avec la règle (5) de la théorie, on obtient une hypothèse plus générale et plus intéressante parce que plus abstraite, qui est en fait la solution (4) ci-dessus, où brique horizontale est remplacée par chapiteau. Alternativement, sans théorie du domaine, seul un opérateur dit « d'ajout ou d'abandon de prédicat» est applicable, qui consiste simplement à enlever ou ajouter de nouveaux littéraux de base aux hypothèses courantes. La solution (4) proposée n'est alors plus atteignable à partir des seuls exemples.

Dans cet exemple, la définition de concept apprise permet *d'expliquer* les exemples positifs à l'aide de la connaissance du domaine, c'est-à-dire que le concept d'arche peut être prouvé au sens logique du terme à partir des faits des exemples et de la théorie du domaine enrichie de la nouvelle définition de concept.

Comme illustré dans l'exemple, l'exploitation de la théorie du domaine permet de construire des hypothèses dans des langages de représentation de plus haut niveau, par exemple, plus abstraits. Elle permet d'apprendre à partir de moins d'exemples, mais au prix d'une plus grande complexité liée à l'augmentation de l'expressivité. Quelques travaux récents se sont intéressés au contrôle du changement de représentation, ou abstraction par les exemples (Zucker et Ganascia, 1996) à l'opposé d'une utilisation systématique de la théorie du domaine.

La question particulière de la révision de théorie du domaine a suscité de nombreuses recherches en EBL et PLI destinées à définir des méthodes (semi-) automatiques pour corriger ou compléter la théorie lorsqu'elle permet de prouver à tort des exemples négatifs ou qu'elle est insuffisante pour expliquer des exemples positifs (Wrobel, 1996).

3 Les méthodes

Les méthodes d'apprentissage se déclinent le long des différents axes présentés ci-dessus, nature des exemples, critère d'évaluation, etc. Diverses classifications ont été proposées pour structurer le catalogue des méthodes. Nous reprenons ici celle de Cornuéjols et Miclet dont la portée et la pertinence sont reconnues.

L'apprentissage *exploratoire* regroupe l'ensemble des méthodes basées sur une exploration explicite d'un espace de recherche des hypothèses. À ce titre, il inclut les modèles logiqueset déjà mentionnés, (propositionnels, EBL, PLI), avec ou sans théorie du domaine, l'inférence grammaticale qui a pour objectif d'inférer des grammaires sous forme d'automates finis à partir d'exemples de séquences. Les populaires algorithmes dits « génétiques » ont la particularité de considérer un très grand nombre d'hypothèses (individus) non ordonnées, qui sont évaluées à chaque étape d'apprentissage (*fitness*), et dont les plus prometteuses sont transformées en de nouvelles hypothèses par des opérateurs inspirés de la théorie de l'évolution: le croisement et la mutation. Le premier réassemble arbitrairement des sous-chaînes des meilleures hypothèses et le second remplace les valeurs des positions arbitrairement choisies par des valeurs plus ou moins aléatoires pour former de nouvelles hypothèses candidates (Mitchell, 1996).

L'apprentissage par *optimisation* cherche à minimiser le risque empirique, il inclut les SVM, les réseaux connexionnistes, (ces deux classes de méthodes sont présentées respectivement dans les chapitres «Reconnaissance des formes» et «Réseaux de neurones artificiels »), les réseaux bayésiens et les modèles de Markov cachés (ou HMM, *Hidden Markov Models*). Les réseaux bayésiens représentent les probabilités conjointes de couples d'événements à partir desquelles il est possible d'inférer des réseaux de causalité par inférence bayésienne. L'apprentissage sur les HMM (cf. chapitre «Reconnaissance des formes») a pour objectif d'induire les probabilités de transition d'un état à un autre à partir d'exemples d'apprentissage et dans le meilleur des cas, la structure même du HMM. Les approches utilisant des arbres de décision (cf. chapitre «Reconnaissance des formes») et la régression, le *boosting* et le *bagging*, relèvent également de cet ensemble en ce qu'ils optimisent et combinent des décisions élémentaires de l'apprentissage par optimisation. Le boosting repose sur l'application itérative d'une méthode faible, par exemple par arbre de décision. À une étape i, elle privilégie le bon classement des exemples mal classés aux étapes précédentes. Le résultat est toujours meilleur que celui d'une application unique. Le classifieur appris exploite ensuite la probabilité des sous-classifieurs de donner la bonne réponse.

L'apprentissage par *approximation et interpolation* se distingue de l'apprentissage par optimisation en ce sens qu'il porte sur des ensembles d'exemples non classés. Il inclut l'apprentissage bayésien, paramétrique et non paramétrique, la classification non supervisée, dont la classification conceptuelle, hiérarchique ou non, les méthodes du plus proche voisin (voir chapitre «Reconnaissance des formes» sur ces méthodes), la découverte dite «scientifique», l'apprentissage d'associations et d'ensembles fréquents et de chroniques, le coapprentissage et l'apprentissage par renforcement. La *découverte scientifique* porte sur l'induction de formules mathématiques, par exemple de la relation entre les mesures de diamètre et de circonférence du cercle, à partir de tableaux de données de mesures expérimentales. L'apprentissage de règles d'association recherche des corrélations dans les données qui soient à la fois surprenantes pour l'utilisateur et étayées par les exemples. Ces méthodes, comme celles des ensembles fréquents (sous-ensembles d'éléments apparaissant de façon préférentielle, ensemble, dans les exemples), sont très utilisées en fouille de données. L'apprentissage par renforcement se distingue des autres classes de méthodes parce qu'il a pour but d'adapter un agent en fonction de ses interactions successives avec son environnement. L'agent adapte sa stratégie en fonction des réponses positives ou négatives de l'environnement à ses actions. La conduite de robot en est un exemple classique.

4 Applications

Outre les applications de reconnaissance des formes et des réseaux de neurones présentées dans les chapitres correspondants, les applications principales de l'apprentissage automatique se situent dans le domaine de la *fouille de données*, en particulier dans les domaines de la vente, de la banque, des assurances où il s'agit de construire à partir d'exemples, des modèles prédictifs des comportements des clients (achats, changement de fournisseur, solvabilité, etc.).

La question de l'induction de *modèles prédictifs* se retrouve dans des domaines aussi divers que le diagnostic médical, la toxicité de nouvelles molécules, la circulation automobile, l'évolution des marchés financiers, le contrôle de qualité, la prospection pétrolière, ou la météorologie.

La question de l'induction de *modèles explicatifs* agite des domaines scientifiques comme la biologie et l'astrophysique. L'apprentissage pour le *contrôle et l'optimisation de processus*, la *définition de plans* (plan de vol des avions, déplacement de robot, jeux vidéo, dégradation biochimique, *etc.*) et la *reconnaissance de plan* à partir de séquences d'action (piratage informatique, diagnostic à partir de séquences d'alarmes), relève du domaine de l'apprentissage à partir de séquences.

Prenons deux exemples particuliers d'application, en biologie moléculaire et en extraction d'information à partir de texte.

Un des enjeux fondamentaux de la biologie moléculaire est l'attribution d'une fonction aux protéines dont on connaît la séquence d'acides aminés. Le moyen couramment utilisé et relativement fiable consiste à rechercher des familles de protéines dont la fonction est connue et dont la séquence est « proche » de la protéine inconnue. Pour ce faire, la base PRINTS indexe les empreintes, ou signatures (*fingerprints*), c'est-à-dire des séquences communes à des protéines de même famille fonctionnelle. L'automatisation de l'enrichissement de cette base est un enjeu important en biologie. (Hilario *et al.*, 2004) montre comment l'application successive de la sélection d'attributs par la méthode ReliefF (Robnik-Sikonja et Kononenko, 2003) puis une méthode d'apprentissage basée sur SVM (avec un noyau de type RBF, *Radial Basis Function*, c'est-à-dire gaussien) permet de classer automatiquement les séquences protéiques avec un taux d'erreur remarquable de 14 %.

L'extraction d'information à partir de texte a pour but d'interpréter et de structurer l'information à partir de textes en langage naturel. Il est coûteux de définir manuellement les règles, ou patrons, utilisées pour extraire l'information et ils sont peu réutilisables d'un domaine à l'autre. L'apprentissage automatique, appliqué à des textes dits « normalisés », donne des résultats comparables à moindre coût. La normalisation des textes elle-même a recours à diverses méthodes d'apprentissage pour l'acquisition des ressources nécessaires (objets de référence ou entités nommées, termes, grammaire spécialisée, concepts du domaine, etc.). Les méthodes relationnelles pour l'extraction d'information permettent de représenter et de traiter efficacement la structure relationnelle des dépendances syntaxiques des phrases normalisées, ainsi que les connaissances du domaine telles que les types ou relations sémantiques.

À titre d'exemple, les patrons d'extraction appris par le système Propal (Alphonse et Rouveirol, 2000), extraient correctement à partir de la phrase suivante : « *In addition, GerE [..] unexpectedly, profoundly inhibits in vitro transcription of the gene (sigK) that encodes sigma K.* », toutes les interactions géniques, dont par exemple, genic-interaction(GerE, sigK) à l'aide de la règle,

genic-interaction (X, Z):- protein(X), subject(Y,X), interaction(Y), obj(Y,Z), gene(Z).

qui s'interprète comme, « si le sujet X d'un verbe d'interaction Y est un nom de protéine et que le complément d'objet Z est un gène, alors X est l'agent de l'interaction génique et Z la cible ».

Plus généralement, les applications de l'apprentissage pour le « Web sémantique » se développent aujourd'hui de manière considérable. L'apprentissage couplé au traitement automatique de la langue permet en effet de construire des interprétations sémantiques des textes des documents dans des domaines spécifiques pour lesquelles des ressources adaptées doivent être acquises.

5 Limites et perspectives

Au-delà des thèmes traités du point de vue applicatif, on peut prédire que l'apprentissage, sous-représenté jusque-là, est appelé à se développer dans les domaines où une adaptation constante à l'utilisateur et à l'environnement est nécessaire. Ainsi, l'engouement pour le thème de l'informatique *mobile, ubiquitaire et évanescente* intégrée dans des supports mobiles légers comme les ordinateurs de poche ou les assistants personnels, les téléphones portables ou même les vêtements, crée un fort besoin de développement de méthodes capables de contribuer à la conception de programmes individualisables, dotés d'interfaces adaptables et capables de gérer des ressources très variables. Par exemple, en fonction de la bande passante disponible à un temps donné, le téléphone portable doit être capable de délivrer une information de qualité dans un format plus ou moins riche, incluant ou non, des images animées, de la couleur, ou seulement du texte.

Sur le plan des méthodes elles-mêmes, et au-delà des avancées particulières à telle ou telle approche, on peut attendre un développement des recherches sur la représentation des connaissances en fonction des besoins et des algorithmes. L'étude de la combinaison de méthodes complémentaires dans le cadre multistratégique ou théorique devrait se poursuivre.

Bibliographie

Aha D., *Lazy Learning*, Kluwer, 1997.

Alphonse E. et Rouveirol C., "Lazy propositionalisation for relational learning". Horn W. (Ed.), *14th European Conference on Artificial Intelligence (ECAI'2000)*, p. 256-260, IOS Press, 2000.

Buntine W., "Generalized subsumption and its application to induction and redundancy". *Artificial Intelligence*, 36 : 149-176, 1988.

Cheeseman P., Kelly J., Self, M., Stutz J., Taylor W., et Freeman D., "AUTOCLASS : A Bayesian classification system". In Proceedings of the *5th International Machine Learning Conference*, p. 54 – 64, Morgan Kaufmann, 1988.

Cornuéjols, A. et Miclet, L., *Apprentissage artificiel : concepts et algorithmes*, Eyrolles, 2002.

Gold E.M., "Limiting recursion", *J. Symbolic Logic* 30 (1), p. 28-46, 1965.

Hilario M., Mitchell A., Kim J.-H., Bradley P., Attwood T., "Classifying Protein Fingerprints". *PKDD-2004*, J.-F. Boulicaut *et al.*, (Eds.), p. 197-208, Springer Verlag, 2004.

Korf R. E., "Macro-operators : A weak method for learning". *Artificial Intelligence*, 26 : 35--77, 1985.

Lenat, D., "AM : Discovery in Mathematics as Heuristic Search". In Davis, R. and Lenat, D.B. (Eds), *Knowledge-Based Systems in Artificial Intelligence*. New York : McGraw-Hill, p. 1-225, 1982.

Mitchell, M., *An Introduction to Genetic Algorithms*, Cambridge, MA : MIT Press, 1996.

Mitchell T.M., "Version Spaces : A Candidate Elimination Approach to Rule Learning", *Proceedings of the 5th International Joint Conference on Artificial Intelligence*, p. 305-310, 1977.

Mitchell T. M., "Generalization as search", *Artificial Intelligence*, 18 : 203-226, 1982.

Mitchell T. M., *Machine Learning*, McGraw-Hill, 1997.

Minton S., Carbonell, J., Knoblock, C., Kuokka, D.R., Etzioni, O. et Gil, Y., "Explanation-Based Learning : A Problem-Solving Perspective". *Artificial Intelligence*, 40, 1989.

Nédellec C., "A Smallest Generalization Step Strategy" in *Proceedings of the Eighth International Workshop on Machine Learning* (IWML 91), p. 529-533, Evanston (USA), Birnbaum L. A. et Collins G. C. (Eds.), Morgan Kaufman, Juin 1991.

Nédellec C., Rouveirol C., Adé H., Bergadano F. et Tausend B., "Declarative Bias in ILP", in *Advances in Inductive Logic Programming*, p. 82-103, de Raedt L. (Ed.), IOS Press, 1996.

Quinlan J. R., "Induction of Decision Trees", *Machine Learning*, vol. 1, p. 81-106, 1986.

de Raedt L., "A unifying framework for concept-learning algorithms", in *The Knowledge Engineering Review*, Vol 7:3, p. 251-269, 1992.

Robnik Sikonja M., Kononenko I., "Theoretical and Empirical Analysis of ReliefF and RReliefF", *Journal of Machine Learning Research*, vol. 53, n 1-2, p. 23-69, Kluwer, 2003.

Rouveirol, C. et Albert, P., "Knowledge Level Model of a configurable Learning System", *IEEE Transactions on Intelligent Systems and their applications*, p. 50-58, 1996.

Solomonoff R., "A Preliminary Report on a General Theory of Inductive Inference", Contract AF 49 (639)-376, *Report ZTB-138*, Zator Co., Cambridge, Mass., Nov, 1960.

Torre, F., Rouveirol C. : "Natural Ideal Operators in Inductive Logic Programming" in *Proceedings of the 9th European Conference on Machine Learning*, Springer Verlag, LNCS 1224, p. 274- 290, 1997.

UCI Machine Learning Database Repository. University of California at Irvine, www.ics.uci.edu/~mlearn/MLRepository. html

Utgoff P., "Incremental induction of decision trees", *Machine Learning*, 4 (2), 1989.

Vapnik V., *The nature of statistical learning theory*, Springer Verlag, 1995.

Winston P., "Learning structural descriptions from examples", in *The psychology of Computer Vision*, Mc Graw-Hill, 1975.

Wrobel S., "First Order Theory Refinement", in L. De Raedt (ed), *Advances in Inductive Logic Programming*, p. 14-33. IOS Press, 1996.

Zucker, J.-D., Ganascia, J.-G. "Changes of Representation for Efficient Learning in Structural Domains", In *International Conference in Machine Learning*, Morgan Kauffman, 1996.

Terminologie et intelligence artificielle

Sylvie Lainé-Cruzel

Mots-clés : terminologie computationnelle, terminographie, lexicologie, traitement automatique des langues, langages de spécialité, fouille de textes, linguistique de corpus, ingénierie des connaissances, ressources terminologiques et ontologiques.

Résumé : les avancées de l'IA concernant le traitement de données textuelles permettent d'aider à l'identification du vocabulaire propre à un domaine, et donc de participer à la construction de langages à visée normative tels que les terminologies. La partie du processus qui peut être prise en charge par des traitements automatisés englobe l'extraction de séquences textuelles dans des documents, la recherche d'informations contextuelles à vocation définitoire ou explicative, et éventuellement la mise en relation des termes sur des critères distributionnels comme la co-occurrence ou d'autres méthodes relevant de la fouille de données textuelles. Les terminologies et autres langages spécialisés ainsi élaborés trouvent de nombreuses applications: recherche d'informations, traduction de documents spécialisés, gestion des connaissances en entreprise, mise en place d'un processus de veille... L'intelligence artificielle privilégie une approche de la terminologie qui se fonde sur la linguistique de corpus, et est donc complémentaire d'une approche ontologique visant à organiser des concepts.

Toutes les communautés professionnelles ou scientifiques éprouvent la nécessité de se doter de terminologies. La terminologie est l'outil qui fixe le langage spécialisé employé par une communauté, et qui permet une communication fiable: elle clarifie la signification, et donc oriente l'interprétation qui doit être associée à chaque terme, et définit le terme à utiliser pour désigner un concept ou un objet.

Par nature le langage humain est ambigu et polysémique, de même que la pensée humaine est créative. Chaque mot que nous utilisons renvoie dans notre esprit aux contextes dans lesquels nous l'avons rencontré, aux domaines de connaissances dans lesquels il s'est situé, aux environnements et situations dans lesquels il s'est exprimé. Chaque mot du langage courant suscite dans notre esprit des analogies, et enrichit ainsi notre lecture par l'évocation d'interprétations multiples. Chaque nouvel usage d'un mot l'enrichit de nouveaux potentiels d'interprétation. Ainsi l'ensemble des mots de la langue est un ensemble ouvert et mouvant, profondément dynamique, dont les éditions successives des dictionnaires ou encyclopédies peinent à rendre compte: non seulement l'usage des mots existants se transforme, mais il se crée sans cesse de nouveaux mots[1].

1. «Le décret n°96-602 du 3 juillet 1996 relatif à l'enrichissement de la langue française a imposé la création de commissions spécialisées de terminologie et de néologie dans chaque ministère. [...] Ces commissions [...] sont chargées d'assurer, dans leur secteur de compétence, la mission primordiale de veille néologique, de repérer les nouveautés en matière de techniques, de produits ou de notions qui nécessitent un travail de désignation ou de définition, et de proposer un équivalent français aux termes d'origine étrangère.» In *PointCom*, mai 2000, numéro spécial sur la terminologie, article «L'État et l'enrichissement de la langue française» d'Isabelle Bouret. http://www.geocities.com/aaeesit/termino1.html

Cette faculté propre au langage humain lui est intrinsèque et naturelle, car elle est intimement liée à la nature de la pensée. Elle peut pourtant parfois être une source de problèmes : incompréhensions et quiproquos, difficultés multiples.

Un projet scientifique ou professionnel rendra ainsi souvent nécessaire la création ou l'emploi d'un langage normé, lié à un domaine disciplinaire ou un domaine d'application : ce langage normé est construit à partir du langage naturel, mais il en restreint, impose et contraint les usages et le sens.

La terminologie est l'une des formes que peut prendre le résultat de cette démarche de normalisation d'un langage. Elle se présente habituellement sous la forme d'une liste de termes. À chacun des termes sera associé un complément explicatif et définitoire, qui peut prendre différentes formes : généralement celle d'une définition classique (explicitation en langage courant), parfois complétée par des mises en contexte (exemplification), ou des mises en relation avec d'autres éléments de la terminologie.

On notera par ailleurs le rôle particulier des terminologies multilingues, très employées pour la traduction de documents spécialisés.

Enfin il est important de noter que l'intelligence artificielle elle-même a besoin de terminologies. La représentation des connaissances est un élément fondamental dans tout système d'IA qui simulera le raisonnement humain, et qui manipulera des faits et du savoir, représentés à partir de concepts. Il faudra identifier les concepts utiles, puis les étiqueter d'une manière lisible par un humain : l'identification des concepts et leur étiquetage seront rendus possible par l'utilisation de terminologies, dont l'élaboration est donc essentielle.

1 Terminologies : principes et parentés

Une terminologie est d'abord un objet : le rassemblement d'une liste de termes associés à des définitions. La terminologie a le plus souvent une vocation prescriptive : elle définit le terme à employer pour évoquer un concept, et parallèlement restreint le sens à associer à ce terme. Pour la plupart des auteurs, un *terme* est par définition monosémique (l'ambiguïté est interdite) alors qu'un *lexème* issu d'un lexique pourra être associé à plusieurs définitions, et donc à plusieurs sens. (Béjoint Thoiron, 2000), (Depecker, 2002).

1.1 Langages de spécialité

Avant de parler spécifiquement des terminologies, rappelons qu'il existe d'autres langages de spécialité à vocation plus ou moins normative, qui diffèrent des terminologies par leurs caractéristiques formelles ou leurs domaines d'application.

Les *dictionnaires spécialisés* sont habituellement conçus comme des outils d'aide à la production ou l'interprétation de textes – ils n'ont pas vocation à normaliser, mais à expliquer et faciliter la mise en contexte. Certains auteurs mettent l'accent sur le caractère social du dictionnaire, qui viserait à exprimer l'ensemble des connaissances nécessaires à une communauté. Les *glossaires* accompagnent des écrits et en explicitent les formes rares ou obscures, ou d'un usage très local (sigles, abréviations). Dictionnaires et glossaires sont conçus pour faciliter l'appropriation d'écrits par des êtres humains.

Les *lexiques* sont des listes d'unités significatives dont la graphie sera fixée. Cette première phase de normalisation, qui en contraint la forme, ouvre de nouveaux domaines d'application relevant de la communication homme-machine, et de l'exploitation de systèmes d'informations. Le monde documentaire en fera un grand usage : les lexiques sont ainsi la forme la plus courante des langages documentaires, qui permettront de définir un langage unique pour la description du contenu des documents, et la construction de requêtes (Lehman Martin-Berthet, 1998). Les *thésaurus* constitueront une forme plus aboutie de langage documentaire, où le lexique qui exprime la liste des unités significatives avec leur forme normalisée sera enrichi par la construction de relations entre les descripteurs[1] (relations générique-spécifique, voir aussi, équivalent dans une autre langue, etc.). Citons encore les *listes d'autorité*, énumérant les valeurs autorisées pour le contenu d'un champ, et donc déclinant habituellement des éléments de nature homogène (noms de pays, langues, etc.)

Les *index*, présentant des listes de formes en fin de texte, et renvoyant vers les occurrences de ces formes (chapitre, page), devraient pouvoir être construits automatiquement ; mais tous les mots d'un texte doivent-ils figurer dans l'index ? Sur quels critères peut-on repérer et proposer les éléments qui devront y figurer ? Voilà le genre de questions apparemment (et faussement) simples qui susciteront très tôt des travaux à visée terminologique.

Enfin les *ontologies* ont été d'emblée conçues pour l'informatique : pour permettre la communication au sein de systèmes multi-agents et faciliter l'interopérabilité, et pour faciliter le partage de ressources et de services par la construction d'un langage de représentation des connaissances. Les ontologies peuvent ten-

1. Les relations servent ici essentiellement à aider l'utilisateur à s'orienter au mieux dans l'ensemble des termes mis à sa disposition pour la recherche d'informations.

ter d'avoir une portée universelle, comme dans certains projets de type « Web sémantique »[1], ou être liées à des domaines d'application spécialisés. Les connaissances y sont modélisées dans le cadre de systèmes formels permettant un contrôle de la cohérence, et visant à garantir le consensus, et à rendre possibles réutilisation et partage. Il faudra à un moment donné étiqueter les concepts, en leur associant un terme.

1.2 Points de vue sur les terminologies

Dans une approche analytique, la conception d'une terminologie recouvre différents sous-problèmes ; elle implique de fixer chacun des termes sélectionnés, mais aussi d'organiser la cohérence et la complétude du langage rassemblant les termes.

C'est une logique de rassemblement qui préside à la définition du langage, logique qui peut être basée sur différents points de vue complémentaires. Le point de vue que l'on aura adopté déterminera à la fois la politique de rassemblement, et les critères de choix de chacun des termes qui constituent le langage. Il conduira à mettre en œuvre des méthodes de recensement et de structuration très diverses.

Historiquement, le premier point de vue sur la terminologie a été exprimé dans les travaux fondateurs d'Eugen Wüster en 1931. La terminologie y était conçue comme « la recherche d'un système formulaire neutre, d'un symbolisme purifié des scories des langues historiques » (Soulez, 1985). Dégagée de toute idée de connotation, elle vise à la construction d'un langage artificiel structurant un domaine de la connaissance, et doit avant tout étiqueter les notions significatives couvrant un domaine sémantique. Dans cette approche, les terminologues n'ont guère à voir avec les linguistes. Ils participent plutôt de ce qui s'organisera plus tard autour de l'ingénierie des connaissances.

Mais très vite d'autres points de vue apparaîtront. Les linguistes rappelleront que le terme est destiné à être exploité par des spécialistes dans des textes, et qu'il est donc fondamentalement de même nature que toute autre manifestation linguistique. Les sociologues s'intéresseront au langage spécialisé propre à certaines communautés humaines (scientifiques et professionnelles) dont ils contribuent à forger l'identité collective, et aux formes particulières de la communication dans ces communautés, dans une approche sociolinguistique. D'autres centreront leur réflexion sur l'activité autour de laquelle se construit le langage spécialisé, dans une approche ethno-méthodologique. Tous seront amenés à développer des démarches pluridisciplinaires, impliquant la collaboration avec des experts des domaines concernés. Et tous seront amenés à collecter les manifestations de ces langages de spécialité, ainsi que les connaissances auxquelles ils réfèrent : soit par des interactions avec des experts dont on modélisera les connaissances, soit par le recueil de textes représentatifs, et parfois didactiques, où l'observation des manifestations des termes en contexte peut fournir des indices pour une sélection pertinente.

Par ailleurs, il devient possible d'exploiter un volume important de textes, et d'utiliser différentes méthodes pour identifier des phénomènes linguistiques récurrents et significatifs – ce sont les débuts de la linguistique de corpus, mais aussi de la terminologie computationnelle.

2 Un domaine de recherche aux frontières mouvantes

L'élaboration d'une terminologie est une opération intellectuelle, humaine, et extrêmement complexe (Gouadec, 1990). Vouloir l'assister par des traitements informatisés, c'est nécessairement faire appel à l'intelligence artificielle : en effet ni le résultat souhaité ni le processus à mettre en œuvre ne peuvent être décrits de manière explicite et complète.

L'ensemble de la démarche pose de multiples questions non triviales à chaque étape – certaines d'entre elles ont déjà été examinées dans le cadre des travaux sur le traitement automatique des langues[2], ou peuvent bénéficier des acquis de la fouille de texte (*text mining*).

Il est peu envisageable à l'heure actuelle d'essayer d'imaginer une démarche où l'intervention humaine n'aurait pas une place très significative. Dans les premiers temps de la terminologie computationnelle, l'intervention humaine en amont était très lourde, en particulier dans les étapes de constitution de corpus, de prétraitement sur ces corpus et de segmentation et marquage des unités. Progressivement, elle se reporte en aval et devrait se recentrer sur le filtrage, l'interprétation et la validation des résultats proposés par les systèmes.

Un certain nombre d'objectifs intermédiaires sont identifiables :

- constituer des corpus textuels représentatifs du domaine ou de l'application visée ;
- exploiter ces corpus pour identifier et sélectionner les termes susceptibles d'être intégrés à une terminologie ;
- relier les termes de la terminologie à un environnement langagier ou explicatif ;

1. Se reporter au chapitre « Web sémantique ».

2. Se reporter au chapitre « Compréhension des langues et intelligence artificielle ».

- organiser l'espace des termes en structurant la terminologie.

Les résultats produits se présentent sous des formes variées : certains auteurs les désigneront globalement en tant que ressources terminologiques et ontologiques (RTO), mais on évoquera aussi les bases de connaissances terminologiques (BCT) qui comportent des termes (signifiants linguistiques), des concepts (signifiés normés) et des éléments textuels.

Les démarches mises en œuvre sont diverses. Pour le groupe de travail TIA[1] (Terminologie et intelligence artificielle) elles sont fortement dépendantes de l'application. Mais sans doute sont-elles également liées au domaine, ainsi qu'aux caractéristiques rédactionnelles des documents qui constituent le corpus exploité. Dans quelle mesure les méthodes et outils qui ont été développés dans un cadre donné et y ont démontré leur efficacité, sont-ils exportables dans un autre cadre et réutilisables ? Une approche généraliste, lorsqu'on l'adapte à un contexte, peut-elle se révéler aussi efficace et performante qu'une approche entièrement guidée par l'application ? Ce débat, aussi ancien que le traitement automatique des langues lui-même[2], est l'une des questions fondamentales de la terminologie computationnelle. Et les deux points de vue coexistent (Mitkov, 2002), (Saint-Dizier Viégas, 1995)

Les applications visées sont multiples et devraient pouvoir s'élargir à de nombreux domaines : aide à la traduction de textes spécialisés, élaboration automatique de résumés, traitement d'enquêtes avec exploitation des réponses à des questions ouvertes, aide à la compréhension de textes et élaboration d'un accompagnement didactique, aide à l'apprentissage de langues étrangères, gestion des connaissances d'entreprise, indexation et catégorisation de textes (gestion électronique de documents), interrogation de systèmes d'information et aide à la reformulation de requêtes, partage de connaissances, etc.

3 Les méthodes

3.1 Identification d'unités lexicales et méthodes linguistiques

Outre les aspects déjà mentionnés ci-dessus ou développés dans le chapitre « Compréhension des langues et intelligence artificielle », il est important de signaler que l'efficacité de certaines méthodes diffère selon la langue des textes traités.

1. http://tia.loria.fr.
2. L'ATALA (Association pour le traitement automatique des langues) a été créée en 1959. Voir http://www.atala.org/rubrique.php3?id_rubrique=28

Variabilité lexicale et morphologie

L'anglais est une langue à morphologie pauvre : un verbe donne naissance à quatre ou cinq formes graphiquement différentes, les adjectifs sont invariables, etc. Le rapport entre forme de base et formes dérivées (conjuguées ou accordées) est d'environ un à deux, et la forme dérivée est souvent très similaire à la forme canonique, dont elle ne se différencie que par un caractère terminal (parfois un peu plus).

Le français est une langue à morphologie riche : une base verbale donne naissance à environ trente-six formes conjuguées différentes, un adjectif s'accorde en genre et en nombre, etc. On considère par exemple que le *Petit Robert* qui englobe environ 50 000 formes de base (lemmatisées) donne naissance à 300 000 formes dérivées graphiquement différentes (et parfois très sensiblement différentes). Le rapport est d'environ un à six.

Expressions nominales et variabilité syntaxique

L'anglais est une langue à la syntaxe simple et relativement régulière. La syntaxe du français est plus riche et plus complexe. Ainsi, par exemple, il existe de multiples manières de construire des groupes prépositionnels, alors que souvent une expression équivalente en anglais se construira par une simple juxtaposition de noms.

Les méthodes linguistiques utilisées en traitement automatique des langues, et en particulier l'analyse morphosyntaxique, présenteront ainsi un intérêt très différent selon la langue concernée. Sur le français, elles donneront des résultats très significatifs en termes de normalisation, d'identification des variantes lexicales, et de recherche d'expressions cohérentes : en particulier pour l'identification d'expressions nominales, ou comme l'expriment plus précisément les linguistes, des syntagmes nominaux. Elles fourniront par ailleurs des informations riches et précises sur la fonction des constituants et le rôle des différents actants dans une structure de phrase.

Sur l'anglais, elles présenteront moins d'intérêt, et pourront, avec une perte moindre, être remplacées par des traitements plus sommaires et plus faciles à mettre en œuvre. Ainsi de nombreux chercheurs considéreront que, sur l'anglais, l'utilisation de troncatures peut suffire pour identifier les variantes flexionnelles, ou que la description et l'analyse de la structure d'un groupe nominal pourra être réalisée par la simple projection de quelques patrons syntaxiques dont on peut dresser une liste (tels que nom-nom, adjectif-nom et différentes variantes incluant une structure prépositionnelle).

3.2 Sélection d'unités représentatives du domaine et extraction d'unités lexicales

Les méthodes ici sont très diverses, et leurs performances varient là encore de manière significative selon la nature du corpus exploité. On trouvera ainsi :

- des méthodes à base statistique ou probabiliste, et de manière générale des méthodes à base quantitative, qui visent à examiner le profil distributionnel d'une forme lexicale ou d'une expression, et la variabilité intrinsèque de ce profil – et qui éventuellement le compareront avec le profil de la même forme dans un corpus non spécialisé. Dans les variantes les plus simples, on se contentera de rechercher des répétitions d'expressions similaires ;
- des méthodes itératives, visant à injecter manuellement des listes de termes significatifs (ou à les élaborer sur des critères simples) puis à extraire des termes plus complexes les englobant, ou des termes associés sur le principe de la co-occurrence (l'ensemble du processus pouvant être renouvelé un certain nombre de fois) ;
- des méthodes à orientation syntaxique, qui chercheront la présence de marqueurs linguistiques significatifs introduisant des actants d'un type particulier (ces marqueurs sont souvent liés au type de documents exploités et au domaine concerné).

Il est important de mentionner la diversité des appellations employées pour décrire l'extraction de termes complexes ou l'identification des associations discursives qu'ils entretiennent. De nombreux auteurs parlent de «collocation» pour évoquer les combinaisons de termes qui se manifestent de manière récurrente lors de leur mise en discours (exemple : *vacciner* est en collocation avec *grippe* dans des énoncés tels que «il s'est fait vacciner contre la grippe»). Les travaux dans le domaine de la fouille de textes, en particulier, privilégieront les approches quantitatives pour identifier de tels phénomènes, et utiliseront parfois ensuite des méthodes itératives au cours desquelles un des paramètres de l'analyse sera la taille de la fenêtre (c'est-à-dire le nombre de mots consécutifs examinés).

On peut mentionner aussi les travaux qui visent à relier directement la terminologie extraite à une classification conceptuelle : c'est par exemple le cas des travaux qui prennent appui sur la linguistique systémique fonctionnelle (LSF) (Halliday, 1988) qui considèrent le langage comme contraint par un contexte social dont la modélisation est un préalable. C'est par exemple le principe du logiciel EXIT (Roche et al. 2004) – l'approche LSF étant toutefois plus couramment utilisée dans le domaine anglo-saxon.

3.3 Recherche d'environnements définitoires et structuration du vocabulaire

L'objectif est ici de structurer l'ensemble des termes extraits, en les reliant sur divers critères.

Du point de vue des terminologues, on entre ici dans le domaine de la phraséologie (de l'anglais «phrase» qui signifie «syntagme»), c'est-à-dire dans l'identification de locutions ou d'associations caractéristiques de certains usages (c'est-à-dire de certains groupes sociaux).

Un système qui proposera de relier des termes en fonction des manifestations rencontrées dans les discours se basera souvent sur la recherche de co-occurrences, conduisant à la construction d'agrégats (clusterisation) visualisables au travers de cartographies. L'utilisation de patrons est aussi une voie possible, elle donne d'assez bons résultats pour la recherche de contextes définitoires par le repérage d'un certain nombre de verbes ou marqueurs d'explicitation.

De nombreux travaux sont consacrés à l'identification des relations : relations génériques (hyponymie et hyperonymie), relations de cause, méronymie.

Les résultats obtenus ont besoin d'une validation sémantique humaine – les résultats bruts seront quant à eux peu exploitables.

4 Quelques outils

Souvent les outils d'extraction de terminologies couplent différentes méthodes : on peut citer WORDNET – voir (Miller, 1990) –, ou ANA qui couple des méthodes statistiques pour repérer des formes, et des méthodes itératives pour propager l'information trouvée en identifiant les expressions les contenant. D'autres, comme LEXTER, repèrent des catégories telles que verbe ou ponctuation, qui délimitent des syntagmes sur des critères syntaxiques, puis affinent les résultats obtenus sur des critères statistiques.

Les outils actuellement les plus intéressants – souvent mis en tant que prototypes à la disposition de la communauté scientifique – sont des plateformes intégrées permettant une alternance entre des phases d'analyse et de propositions du système, et des phases de validation par l'expérimentateur (Habert *et al.*, 1997).

Une tendance significative actuelle semble aller vers la production couplée de terminologies et d'ontologies à partir d'un ensemble de ressources textuelles. (Bourigault *et al.*, 2001)

On citera par exemple sur le français l'environnement TERMINAE – voir articles in (Teulier et al., 2005), (Nazarenko et al., 2002). TERMINAE englobe une phase d'extraction de termes utilisant les outils LEXTER et SYNTEX qui effectuent une analyse syntaxique locale, puis une phase de validation manuelle de l'extraction effectuée. Les termes sont ensuite normalisés par une phase d'analyse distributionnelle des termes et de recherche de relations lexico-syntaxiques utilisant le concordancier LINGUAE. Les produits qui sont issus de TERMINAE sont des fiches terminologiques, des réseaux conceptuels, ou des ontologies. Ces outils évoluent rapidement en même temps que les standards : soit pour l'étiquetage de textes (vers *TreeTagger*), soit pour le format des textes entrants et des fiches produites (vers XML), soit pour la standardisation des langages de description d'ontologies (vers OWL).

On peut accéder à de nombreuses fiches descriptives d'outils dans le domaine de l'élaboration de terminologies et d'ontologies, et plus généralement d'outils de TAL, sur le site de l'ATALA[1]. On trouvera de nombreux exemples d'outils ou de réalisations in (Bourigault *et al.*, 2000), (Enguehard *et al.*, 1999), (Nazarenko *et al.*, 2002) ou (Pierrel *et al.*, 2004). Certains domaines d'application donnent lieu à de nombreux travaux, comme le domaine de la santé (Charlet *et al.*, 1999), divers domaines techniques comme la mécanique, ou le domaine juridique.

5 Limites et difficultés théoriques et pratiques

5.1 Méthodes à base quantitative

Elles se heurtent à des difficultés particulières liées aux caractéristiques distributionnelles de la répartition des termes dans les textes. Ces caractéristiques, bien connues en lexicométrie, et décrites en particulier par la loi de Zipf (rang x fréquence = constante), permettent de prédire que quel que soit le type de corpus traité et sa taille, on y trouvera une proportion importante de termes dont la fréquence sera très faible. Or aucune loi statistique n'est capable d'exprimer quelque chose de pertinent à propos de données dont la fréquence est trop faible.

Les stratégies d'extraction sont variables. Certains chercheurs appliqueront leurs mesures à des formes brutes (ou lemmatisées) réduites à un seul mot considéré habituellement comme le « noyau » de l'expression nominale. Cette approche se justifie statistiquement si l'on considère que la fréquence d'apparition des expressions complexes est évidemment encore plus basse que la fréquence d'apparition de chacun des mots qui la constituent. Cependant, ce faisant, ils introduisent un biais en considérant comme sémantiquement équivalentes des formes dont la signification avait été modifiée ou précisée par la création d'un terme complexe. D'autres adopteront des stratégies homogènes et non statistiques pour les termes peu fréquents, et en particulier pour les hapax (termes ne se manifestant qu'une seule fois au sein du corpus).

5.2 Méthodes itératives

Elles ont tendance à donner des résultats très différents d'une expérimentation à une autre. Dans certains cas, elles vont rapidement converger vers un ensemble de termes significatifs et stables. Mais, dans d'autres cas, dès les premières étapes des phénomènes de bruit perturberont les réponses qui vont alors diverger vers des propositions de plus en plus excentrées et insatisfaisantes. Un contrôle étroit des expérimentateurs semble nécessaire à chacune des étapes.

5.3 Méthodes syntaxiques

Elles ont donné lieu à des travaux très astucieux, exploitant finement les caractéristiques d'un corpus auquel on imposera une grande homogénéité. Elles s'appuient sur le fait qu'un discours de spécialiste est fortement contraint par des modes d'expression ayant des caractéristiques particulières. On pourra ainsi identifier des patrons (*patterns*) correspondant à certains types de verbes dont on peut identifier les arguments, faire un travail approfondi sur certains adverbes, délimiter des séquences significatives entre des marqueurs de début et des marqueurs de fin, etc. Les résultats seront d'autant plus intéressants que l'on aura bien identifié les modes d'expression caractéristiques d'un domaine ou d'un type d'écrit. Il s'agit donc d'approches fructueuses mais peu généralisables.

6 Des questions ouvertes vers de futurs domaines de recherche

6.1 Difficulté d'évaluation des résultats obtenus

Comme pour de nombreux travaux relevant de l'IA, il est bien difficile de décider de la qualité d'une liste de termes proposée par un système à vocation terminologique. La seule possibilité dont on dispose alors est de valider globalement la qualité de l'application dans laquelle la terminologie constituée aura trouvé sa place. La participation à des campagnes d'évaluation peut par ailleurs fournir un cadre concurrentiel où l'évaluation n'est pas menée sous la responsabilité unique de l'expérimentateur.

6.2 Constitution du corpus

La complétude du langage est traitée par l'IA sous l'angle du corpus : le domaine couvert est représenté par l'ensemble des textes collectés. Si l'on souhaite que ce domaine soit correctement décrit, la constitution du corpus devient une phase dont l'enjeu est très important.

1. http://www.biomath.jussieu.fr/ATALA/outil/

Il n'existe pas de méthode générale de constitution de corpus (rassemblement de textes) destinés à l'élaboration de ressources terminologiques, et les approches sont souvent empiriques.

6.3 Évolution de la terminologie

Le corpus exploité pour constituer la terminologie est par définition figé et clos. Dans ces conditions, il est difficile de travailler sur l'évolution des terminologies (quand faut-il les remettre à jour?). Par ailleurs ces approches ont des difficultés à travailler sur des corpus ouverts, à l'image de ce qu'on trouve sur le Web.

7 Conclusion

La discipline est encore jeune, et certains acquis ne sont pas complètement capitalisés ou intégrés, en particulier ceux du TAL (traitement de l'anaphore, etc.). Si l'approche «orientée par l'application» est fructueuse, ses avancées sont souvent peu généralisables. Mais le principal débat concerne la relation entre la conception de connaissances formelles structurées dans des ontologies, et la conception de ressources terminologiques issues de textes. Faut-il concevoir ces processus à partir de démarches distinctes, et les relier *a posteriori*, ou au contraire faut-il unifier les approches méthodologiques pour développer une reconnaissance et une construction simultanée? L'enjeu est extrêmement important pour la communauté IA et pour bien d'autres, et favorise l'interdisciplinarité dans les groupes de travail. La diversité des méthodes et des compétences mises en œuvre est un facteur de richesse et de créativité – créativité cependant parfois mal partagée, car s'exprimant sous des appellations diverses, ce qui suscite parfois une certaine méconnaissance mutuelle entre les groupes de travail.

Enfin s'il y a émergence d'une communauté internationale, elle s'intéressera probablement à l'anglais et contribuera donc au développement de méthodes donnant de meilleurs résultats sur l'anglais – il est très souhaitable que la communauté IA qui se préoccupe de terminologie continue de travailler aussi sur le français!

Bibliographie

Béjoint H. et Thoiron P. (2000), *Le sens en terminologie*, Lyon, Presses universitaires de Lyon.

Bourigault D., Jacquemin C., (2000), «Construction de ressources terminologiques», In J.-M. Pierrel Éd.: *Ingénierie des langues, Traité I2C,* Paris, Hermès.

Bourigault, D., Jacquemin, C., L'Homme, M.-C. (2001), *Recent advances in computational terminology*, Amsterdam/Philadelphia, John Benjamins Publishing.

Charlet J., Daigney M., Leroux V. (1999) «Ingénierie des patrimoines informationnels de l'établissement de santé»; in *Document Numérique*, (3), 3-4. Numéro spécial «Gestion des documents et gestion des connaissances». Paris: Hermès.

Depecker, L. (2002), *Entre signe et concept: éléments de terminologie générale*, Paris, Presses de la Sorbonne nouvelle.

Enguehard C. et Condamines A. Éds.. (1999), «Actes des 3es Rencontres Terminologie et intelligence artificielle», (Nantes, 10 et 11 mai 1999), dans *Terminologies Nouvelles*. (19). Déc. 1998 et juin 1999. Bruxelles, Agence de la Francophonie et de la Communauté française. http://www.cfwb.be/franca/termin/charger/rint19.pdf

Gouadec, D. (1990), *Terminologie, Constitution des données*, Paris, Afnor.

Habert, B.; Nazarenko, A. et Salem, A. (1997), *Les linguistiques de corpus*, Paris, Armand Colin.

Halliday, M.A.K (1988), *New Developments in Systemic Linguistics*, London; New York: Pinter.

Lehman A. et Martin-Berthet F. (1998), *Introduction à la lexicologie*, Paris, Dunod.

Miller G.A., Beck R., Fellbaum C. and Gross D. (1990), "Introduction to WordNet: an on-line lexical database". *International Journal of Lexicography 3 (4)*, p. 235-244. Revised august 1993.

Mitkov R. (2002), *Handbook of Computational Linguistics*, Oxford, Oxford University Press.

Nazarenko A., Hamon T. Éds.. (2002), *Traitement Automatique de la Langue (TAL)*. Numéro spécial «Structuration de Terminologie», (43), 1.

Pierrel J. M., Slodzian M. Éds. (2004), *Revue d'Intelligence Artificielle* (RIA), Numéro spécial «Terminologie» (16) 1, Paris, Hermès.

Roche, M., Heitz, T., Matte-Tailliez, O. et Kodratoff, Y. (2004). «EXIT: Un système itératif pour l'extraction de la terminologie du domaine à partir de corpus spécialisés», *Proceedings of JADT'04 (International Conf. on Statistical Analysis of Textual Data)* (2).

Saint-Dizier P. and Viegas E. eds. (1995), *Computational Lexical Semantics*, Cambridge University Press.

Soulez A. (1985), *Manifeste du Cercle de Vienne et autres écrits*. Paris, PUF.

Teulier R., Charlet J. et Tchounikine P. Éds. (2005), *Ingénierie des connaissances*, Paris, L'Harmattan.

Web sémantique

Jean Charlet, Philippe Laublet et Chantal Reynaud

Mots-clés : annotation, approches médiateurs, documents virtuels personnalisables, intégration d'information, hypermédia adaptatifs, ingénierie des connaissances, métadonnées, ontologies, OWL, RDF/S, Web sémantique, Web services.

Résumé : l'expression « Web sémantique », due à Tim Berners-Lee au sein du W3C, fait d'abord référence à la vision du Web de demain comme un vaste espace d'échange de ressources entre êtres humains et machines permettant une exploitation, qualitativement supérieure, de grands volumes d'informations et de services variés. Pour arriver à ce résultat, le Web doit d'abord se munir d'une architecture de protocoles et de langages communs. Par ailleurs, un certain nombre d'avancées sont nécessaires sur la question de la construction et de la comparaison d'ontologies, sur la définition des métadonnées ou annotations, sur l'adaptation des services et des documents et, finalement, sur le développement des Web services sémantiques. Dans cet article, nous décrivons ce qu'est le Web sémantique, à quelles conditions il sera une réalité, c'est-à-dire que les ressources du Web seront plus aisément accessibles aussi bien par l'homme que par la machine, grâce à la représentation *sémantique* de leurs contenus. Nous terminons en discutant de la portée réelle du Web sémantique et le domaine de validité d'une telle démarche.

L'expression Web sémantique, due à Tim Berners-Lee au sein du W3C[1], fait d'abord référence à la vision du Web de demain comme un vaste espace d'échange de ressources entre êtres humains et machines permettant une exploitation, qualitativement supérieure, de grands volumes d'informations et de services variés. Espace virtuel, il devrait voir, à la différence du Web que nous connaissons aujourd'hui, les utilisateurs déchargés d'une bonne partie de leurs tâches de recherche, de construction et de combinaison des résultats, grâce aux capacités accrues des machines à accéder aux *contenus* des ressources et à effectuer des *raisonnements* sur ceux-ci. Le Web actuel est essentiellement *syntaxique*, dans le sens où la structure des documents (ou ressources au sens large) est bien définie, mais où son contenu reste quasi inaccessible aux traitements machines. Seuls les humains peuvent interpréter leurs contenus. La nouvelle génération de Web – *le Web sémantique* – a pour ambition de lever cette difficulté. Les ressources du Web seront plus aisément accessibles aussi bien par l'homme que par la machine, grâce à la représentation *sémantique* de leurs contenus (Fensel *et al.*, 2003 ; Passin, 2004).

Le Web sémantique, concrètement, est d'abord une *infrastructure* pour permettre l'utilisation de connaissances *formalisées* en plus du contenu informel actuel du Web. Mais restreindre le Web sémantique à cette infrastructure serait trop limitatif : d'abord parce que les problèmes du Web sémantique ne sont pas que des problèmes d'infrastructure comme nous le verrons par la suite, ensuite, parce que le Web sémantique se voulant une approche nouvelle du Web, facilitant son usage par les machines et les humains, la validité de ce

1. Le World Wide Web Consortium (http://www.w3c.org) est l'organisme international en charge du développement et de la standardisation des langages et technologies du Web.

qui est développé se mesurera à l'aune des applications mises en œuvre et de l'usage qui en est fait[1]. Comme l'écrit, en substance, Tim Berners-Lee, *le Web sémantique est ce que nous obtiendrons si nous réalisons le même processus de globalisation sur la représentation des connaissances que celui que le Web fit initialement sur l'hypertexte.*

1 Infrastructure et recherches

Les propositions faites autour de l'infrastructure du Web sémantique doivent permettre aussi bien la réalisation d'outils généralistes avec des utilisateurs mal définis (un exemple pourrait être des moteurs de recherche prenant plus en compte le contenu sémantique de documents) que la réalisation d'applications pour des tâches plus complexes comme la gestion de connaissances au service des membres d'une entreprise[2]. Suivant le niveau de complexité, on pourra parfois s'appuyer surtout sur l'utilisation de métadonnées (voir § 4). Mais, dans beaucoup de cas, on relèvera la nécessité de méthodes et de systèmes d'intégration de données hétérogènes (voir § 5) ou bien encore la nécessité de faire appel et de combiner des services Web sémantiques (voir § 7).

Les langages proposés sont à la base de la démarche, ne serait-ce que pour des questions de standardisation. Même si l'infrastructure ne se réduit pas à ceux-ci (voir § 2) ils sont souvent l'aspect du Web sémantique le plus connu avec le schéma de la figure 1 souvent repris sous des formes variées. Mais les recherches sur le Web sémantique appellent d'autres réflexions, d'abord autour de l'utilisation de ressources adaptées aux différentes tâches comme les schémas de métadonnées ou les ontologies (voir § 3) et, à la fin du processus, des réflexions sur l'adaptation et la personnalisation (voir § 6).

2 Les langages

Les langages sont au cœur de l'approche Web sémantique. Reprenant les acquis du Web dont une des raisons du succès était le respect de quelques normes – *i.e.* un langage de description des pages, HTML (*Hypertext markup language*), un langage d'adressage des ressources, URL (*Unified Resources Locator*), et la spécification d'un protocole d'échange, HTTP (*Hypertext Transport Protocol*) – le W3C a fondé le Web sémantique sur la standardisation d'un certain nombre de langages supplémentaires, permettant, et c'est une condition nécessaire (mais pas suffisante) du succès, que les divers agents logiciels coopérant sur le Web utilisent les mêmes langages de représentation des connaissances. Ces derniers sont décrits comme un empilement de couches de niveaux d'abstraction croissants illustré par le schéma bien connu (le «cake» selon le W3C, voir figure 1). Le typage des documents, selon le W3C, montre que les deux premières couches fournissent les langages à une description autonome des documents. Les deux couches suivantes permettent la description des données. Enfin, les deux dernières couches permettront, quand elles seront définies, de modéliser la preuve (au sens de l'argumentation) et la croyance. Ces couches sont les suivantes :

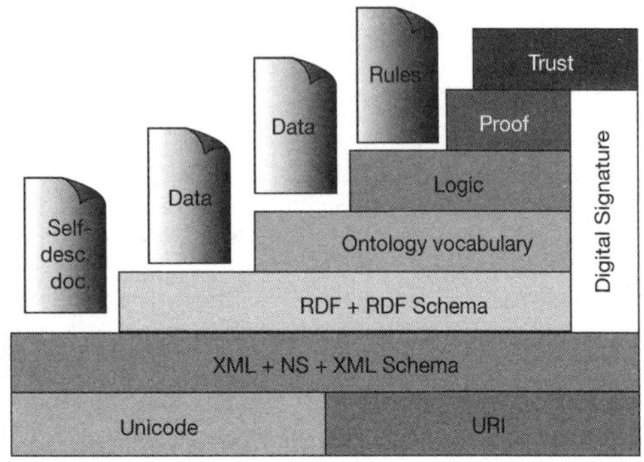

Figure 1 Les couches du Web sémantique – le «cake» selon le W3C

- la première couche, de base, reprend le mode d'adressage des ressources, URI, et spécifie aussi le respect de la norme UNICODE d'encodage des caractères ;
- la 2e couche s'intéresse à la description des ressources, en respectant la norme XML, le mécanisme des *espaces de noms* (NS, *namespaces*) permettant de préfixer les balises XML d'un identifiant caractéristique unique, et la norme XML Schema permettant de décrire la structure d'un document et de typer aussi précisément que nécessaire les données qu'il peut contenir ;
- la 3e couche propose, avec RDF (*Resource Description Framework*), un langage qui permet de représenter des relations entre des ressources par des triplets {*sujet, propriété, objet*} ou {*ressource, propriété, valeur*}. au sein de graphes étiquetés et orientés. On peut ainsi «dire», avec plusieurs triplets, qu'un train de numéro 6056 partira de la gare de Lyon à 20h59. On peut aussi construire des jeux de balises d'in-

1. Le présent article reprend et résume les réflexions développées durant le travail de l'action spécifique du CNRS «Web sémantique» animée par les auteurs. Ces réflexions (avec l'ensemble des contributeurs) sont reprises dans (Charlet *et al.*, 2005).
2. Cette opposition a surtout valeur argumentative. Tous les intermédiaires peuvent se présenter. Si l'on prend l'exemple du *e-learning*, on peut avoir aussi bien des outils qui permettent de trouver des offres de cours que des applications dédiées utilisant, par exemple, des métadonnées pour personnaliser les parcours.

dexation documentaire comme dans le cas du *Dublin Core* proposant un jeu de quinze balises telles que *Title*, *Publisher*, *Date*, *Subject*, etc. RDFS (RDF Schema), étend RDF avec la notion de classe et permet de spécialiser des schémas de triplets. Avec ces notions, RDFS permet la représentation d'ontologies simples – sans possibilités de raisonner sur elles –, le W3C déléguant les possibilités de raisonnement à la couche d'au-dessus (Baget *et al.*, 2005).
- OWL (*Ontology Web Language*), est le langage de description des ontologies. Il est fondé sur une logique de description. Il permet d'exprimer les propriétés de classes définies et de faire des inférences (pour plus de précision, sur la sémantique formelle dont est muni OWL ou sur les différents niveaux de langage de OWL, se reporter au chapitre «Systèmes à base de connaissances»).

Jusqu'à ce niveau, les langages sont à peu près totalement définis par les organismes de standardisation. Les travaux en cours, ou à venir, du W3C portent sur la façon d'exprimer les règles, les preuves et les croyances. Les langages de règles sont particulièrement importants pour munir le Web sémantique de mécanismes de raisonnement puissants.

3 Les ontologies

Les ontologies sont apparues au début des années quatre-vingt-dix, dans la communauté Ingénierie des connaissances[1], dans le cadre des démarches d'acquisition des connaissances pour les systèmes à base de connaissances (SBC). Faisant suite aux systèmes experts qui séparaient une base de connaissances «déclarative» et un moteur d'inférence «procédural», les SBC proposaient alors de spécifier, d'un côté, des connaissances du domaine modélisé et, de l'autre, des connaissances de raisonnement décrivant les règles heuristiques d'utilisation de ces connaissances du domaine. L'idée de cette séparation modulaire était de construire mieux et plus rapidement des SBC en réutilisant le plus possible des composants génériques, que ce soit au niveau du raisonnement ou des connaissances du domaine. Les ontologies décrivent alors *la conceptualisation du domaine dans un arbre de subsomption de concepts*[2].

Les ontologies sont centrales pour le Web sémantique qui, d'une part, cherche à s'appuyer sur des modélisations de ressources du Web à partir de représentations conceptuelles des domaines concernés et, d'autre part, a pour objectif de permettre à des programmes de faire des inférences sur elles. Une fois construite et acceptée par une communauté particulière, une ontologie doit en effet traduire un consensus explicite et un certain niveau de partage, deux aspects essentiels pour permettre l'exploitation des ressources du Web par différentes applications ou agents logiciels. D'autre part, la formalisation, autre facette des ontologies, est nécessaire pour qu'elles puissent être exploitées par des systèmes de raisonnement automatiqueme, si on le souhaite, afin de décharger les utilisateurs d'une partie de leur tâche d'exploitation et de combinaison des ressources du Web. Les ontologies servent alors pour le vocabulaire, la structuration et l'exploitation des métadonnées (voir § 4); comme représentation pivot pour l'intégration de sources de données hétérogènes (voir § 5); pour décrire les services Web (voir § 7) et, en général, partout où il va être nécessaire d'appuyer des modules logiciels sur des représentations sémantiques nécessitant un certain consensus.

Soulignons que les ontologies sont développées dans un contexte informatique – que ce soit celui de l'ingénierie des connaissances, de la gestion et des systèmes d'information ou du Web sémantique – où le but final est de spécifier un artéfact informatique.

Deux caractéristiques principales des ontologies semblent indispensables à une bonne compréhension des problèmes que l'on rencontre en les construisant et les utilisant: le caractère forcément *relatif* de l'ontologie et le caractère forcément *formel* de l'ontologie.

3.1 Ontologies et point de vue sur le monde

Prenons l'exemple des taxinomies en sciences naturelles pour introduire cette notion. La science a toujours eu pour premier but de repérer et classifier les objets du monde pour les comprendre, comprendre leur fonctionnement et leur genèse. La recherche s'est systématisée en sciences naturelles, d'abord en botanique et ensuite pour tout le règne animal. Les classifications ainsi construites sont des taxinomies. Elles comportent la classification elle-même et les critères qui ont servi à l'établir.

Les motivations des classifications ont évolué dans le temps. En botanique au début du XVIe siècle, les critères reposaient sur les actions bénéfiques sur l'homme. Durant ce siècle et le suivant, ces classifications évolueront vers des critères liés aux organes de reproduction puis des critères floraux distinguant les végétaux supérieurs et inférieurs. Plus près de nous, au XXe siècle, les classifications effectuées jusque-là en suivant le système de Linné sont remises en cause (250 ans plus tard quand même): les théories de Darwin sont apparues un siècle après Linné et les espèces sont considérées comme des entités provisoires. Dans ce

1. http://ww.irit.fr/GRACQ/ pour la communauté française.
2. Il a souvent été reproché aux informaticiens d'utiliser un terme de philosophie ayant une forte connotation universelle. Et ce, d'autant plus que le caractère universaliste des ontologies de l'informatique est un sujet de discussion encore brûlant.

contexte, les biologistes pensent que les espèces représentent des entités mouvantes qui évoluent dans le temps et proposent de construire des *taxinomies phylogénétiques*. On a là un exemple illustratif de la remise en cause de la taxinomie des vertébrés au XXe siècle. Ainsi, *les critères de classification dépendent des buts poursuivis et n'ont rien d'immuable*.

Rapporté au niveau des modélisations que nous voulons faire dans le cadre de nos artéfacts informatiques, des expérimentations – par exemple en médecine ou dans des domaines techniques – montrent que la construction d'une ontologie suppose des choix, des *engagements ontologiques* qui sont justifiés par l'application à développer et le point de vue sur le monde qu'elle modélise. Par exemple, dans le cas d'un SBC en médecine, il a pu être nécessaire de conserver et modéliser deux points de vue sur les maladies, les maladies comme processus physiopathologique et les maladies comme états pathologiques[1]. Ces considérations interrogent frontalement le but premier – et toujours poursuivi par certains – des ontologies : proposer une modélisation générique et – pourquoi pas – universelle du monde.

3.2 Formalisme et définition

Rappelons tout d'abord que nous ne nous intéressons ici à une ontologie que dans la mesure où elle est destinée à servir dans un artéfact informatique. De plus, dans des applications complexes, elle peut être la base de systèmes d'inférences. Elle doit, pour cela, être définie formellement au sens où le langage dans lequel elle est décrite doit être muni d'une sémantique formelle qui décrit les manipulations autorisées. Dans le contexte du Web sémantique, ce langage est OWL (*Ontology Web Language*) et il respecte les mécanismes des *logiques de description*. Il est alors possible de proposer une définition complète de ce qu'est une ontologie (Gruber, 1993).

Ontologie : *Une ontologie implique ou comprend une certaine vue du monde par rapport à un domaine donné. Cette vue est souvent conçue comme un ensemble de concepts – entités, attributs, processus –, leurs définitions et leurs interrelations. On appelle cela une conceptualisation.*

Une ontologie peut prendre différentes formes mais elle inclura nécessairement un vocabulaire[2] de termes et une spécification de leur signification.

Cette définition nous permet de préciser deux contraintes qui s'imposent successivement au concepteur d'ontologies : une ontologie est bien une conceptualisation avec toutes les difficultés que cela implique et devant être par la suite utilisée dans un artéfact informatique dont on veut spécifier le comportement. L'ontologie devra également être une théorie logique pour laquelle on précisera le vocabulaire manipulé.

Ainsi, après avoir mis en avant le caractère subjectif – c'est-à-dire lié à un point de vue – et donc sujet à interprétation d'une ontologie et le caractère formel, indispensable, on peut noter la tension que subit cet artéfact : objet de consensus pour les humains qui l'interprètent dans le contexte de leur activité et objet formel permettant son exploitation par un ordinateur, elle doit permettre de relier le contenu exploitable par la machine à sa signification pour les humains.

Ce dernier point, que l'on retrouve partout où vont servir les ontologies, nécessite que l'on mette au point des méthodologies de construction d'ontologies, problème sur lequel travaille la communauté Ingénierie des connaissances (Bachimont *et al.*, 2002 ; Teulier *et al.*, 2005) au milieu d'une communauté internationale très active (Staab *et al.*, 2004). La communauté française, en particulier au sein du groupe « Terminologie et intelligence artificielle », questionne plus particulièrement l'articulation entre ontologies et terminologies et les méthodes de construction de ces ressources à partir de corpus textuels (se reporter au chapitre « Terminologie et intelligence artificielle »)

4 Les métadonnées et annotations

Un des grands principes du Web sémantique est qu'il est nécessaire d'associer aux ressources du Web des informations exploitables par des agents logiciels afin de favoriser l'exploitation de ces ressources. Associer par exemple des notices documentaires à une page Web (comprenant des champs : Auteur, Date de création, Date de modification, Mots-clés), mais également des annotations sur le contenu du domaine permet de considérer celle-ci non plus seulement comme comprenant du texte qui ne pourra qu'être traité statistiquement par un robot indexeur, mais également des informations structurées à la sémantique connue et utilisable comme telle par un agent logiciel. De telles informations, complémentant la ressource sont appelées *métadonnées* ou *annotations*.

Associer une information exploitable à une ressource repose sur deux options essentielles :

- la première est que cette information doit, d'une manière ou d'une autre, être une description structurée de la ressource par rapport à son accès (par exemple en permettant une recherche d'information plus efficace et plus ciblée dans le cas d'une ressource directement visualisée par un utilisateur),

1. Là où la souplesse de la langue permet d'utiliser un seul mot et de s'y retrouver grâce au contexte d'énonciation, la conceptualisation nécessite la prise en compte de deux points de vue explicitement et logiquement différenciés.
2. « Vocabulaire » doit être compris ici dans un sens logique, c'est-à-dire comme le vocabulaire des expressions manipulées par une théorie logique.

ou à son exploitation (dans le cadre d'un service à l'utilisateur). Dans ce second cas, l'utilisateur n'est alors pas forcément conscient de l'utilisation de la ressource. Une ressource ou une annotation purement textuelle ne seront *a priori* utilisables que par des êtres humains, à moins de mettre en œuvre des outils linguistiques semi-automatiques;

- la seconde est que la ressource en question doit exister et pouvoir continuer à être exploitée sur le Web indépendamment des informations qui lui sont associées dans le cadre du Web sémantique: celles-ci sont utiles, mais non indispensables pour accéder à la ressource, la page Web ou le service, et pour l'utiliser.

Les termes métadonnées et annotations ne sont pas utilisés dans tout à fait les mêmes contextes. Sans prétendre trancher définitivement, (Prié et Garlatti, 2005), on peut dire que:

- une métadonnée sera plutôt attachée à une ressource identifiée en tant que telle sur le Web – aura plutôt une pertinence *a priori* et sera plutôt saisie suivant un schéma. Par exemple, la description normalisée d'un service Web qui permettra de mettre en place des inférences.
- une annotation sera parfois située au sein de cette ressource et écrite au cours d'un processus d'annotation/lecture. Par exemple, un commentaire libre associé à un fragment d'une page Web – quelques mots, un paragraphe. Pour une définition précise, voir (Marshall, 1998).

Les travaux liés aux annotations/métadonnées visant à mettre en action les théories du Web sémantique sont nombreux et force est de constater qu'ils commencent à fournir des résultats techniquement impressionnants en termes de prototypes et d'architectures, concrétisant énormément d'efforts au niveau international – p. ex. Kaon/Ontomat (Volz *et al.*, 2003; Handschuh *et al.*, 2002). Cependant, même si les bénéfices potentiels apportés par ces nouvelles possibilités d'applications sont indéniables, il ne nous semble pour l'instant pas exister encore beaucoup d'applications réellement utilisées de façon routinière sur le Web.

Deux explications peuvent être données à cet état de fait: *a*) il est encore trop tôt pour que les prototypes sortent des laboratoires pour aller directement sur le Web et *b*) il ne suffit pas de bonnes idées et de leur mise en place en termes techniques pour entraîner l'utilisation des systèmes. Dans un Web sémantique concerné par l'instrumentation de ressources à l'aide d'ontologies se pose d'entrée de jeu la problématique de l'utilisation et de la compréhension de ces ontologies par les utilisateurs, qui doivent en acquérir une expertise suffisante. Cette expertise passe par la compréhension de l'utilisation qui va être faite des métadonnées, et donc des inférences qu'elles vont permettre, à divers degrés.

Dans ce contexte, des recherches impliquant des équipes pluridisciplinaires (informatique/sciences humaines et sociales) devraient être menées sur quelques thèmes fondamentaux pour le domaine en même temps qu'il faudrait focaliser notre attention sur des recherches qui ne relèvent pas du Web sémantique. On peut citer:

- Doit-on annoter avec une ontologie préexistante, ou bien construire une ontologie adaptée au cours de l'annotation? Quelle est la sémantique de la relation d'annotation d'une donnée par un concept issu d'une ontologie?
- Que dire de la notion d'indexation, par l'auteur même du document, liée à des outils de création de documents Web et d'ajout de métadonnées? Quelle en est la signification, comment peut-elle être exploitée ? Peut-on faire confiance à un utilisateur pour bien décrire ses propres documents (à comparer par exemple avec la fonction d'un documentaliste) ?
- Comment prendre en compte les problèmes de droit des annotations, de cycle de vie (diffusion des métadonnées, responsabilité, vie privée). Une métadonnée peut être publiée dans le cadre d'une tâche, ce qui suppose la maîtrise de l'utilisation qui peut en être faite par son auteur. Or, des usages non prévus peuvent surgir. Se pose alors le problème de la «validité» des métadonnées par rapport à l'évolution des documents, mais aussi au niveau temporel: cycle de vie, qualité et validation des métadonnées/annotations.

Nombre d'outils collectifs d'annotation/commentaires de pages web voient le jour et ne se revendiquent pas spécialement du Web sémantique (en particulier, la notion d'ontologie semble absente). Il est encore trop tôt pour juger de l'acceptation massive de ces outils ou de leur stabilisation socio-technique. Cependant, leur utilisation des technologies du web et le fait qu'ils participent au développement de l'innovation sur le Web (particulièrement le Web dit «social»: wiki, blogs[1], etc.) font qu'ils ne sauraient être négligés par le monde de la recherche s'intéressant aux outils d'annotation/métadonnées.

Finalement, les métadonnées augmentent la ressource à laquelle elles sont attachées et la transforment

1. Un wiki est un site Web où les utilisateurs extérieurs peuvent facilement rajouter du contenu. Un blog est un site Web où un auteur met fréquemment à disposition des textes d'humeur ou autres.

plus ou moins fortement, pouvant aller jusqu'à permettre des processus de reconstruction de ressources. La validité de ce qui est construit est problématique – par exemple le statut éditorial d'un épi-journal[1] – et des travaux non seulement informatiques sont nécessaires pour résoudre ce type de problème.

5 L'intégration de sources de données

La diversité des sources d'information distribuées et leur hétérogénéité sont une des principales difficultés rencontrées par les utilisateurs du Web aujourd'hui. Cette hétérogénéité peut provenir du format ou de la structure des sources, du mode d'accès ou de l'hétérogénéité sémantique entre les schémas conceptuels, ou ontologies, associés (Saïd-Hacid et Reynaud, 2005).

La prise en compte de ces problèmes est une des clés de la mise en place d'applications Web sémantique. Elle s'avérera encore plus fondamentale si l'on adhère à la vision, à plus long terme, d'agents logiciels capables de raisonner en accédant à des ressources variées. Dans ce contexte, le Web sémantique doit d'abord être une infrastructure dans laquelle l'intégration des informations d'une variété de sources peut être réalisée et facilitée. Il devrait tirer largement bénéfice des recherches déjà effectuées en intégration d'informations, concernant en particulier la réalisation de systèmes de médiation.

Les apports des systèmes de médiation sont multiples : aider à découvrir les sources pertinentes étant donnée une requête, aider à accéder à ces sources pertinentes, évitant à l'utilisateur d'interroger lui-même chacune d'elles selon leurs propres modalités et leur propre vocabulaire, enfin combiner automatiquement les réponses partielles obtenues de plusieurs sources de façon à délivrer une réponse globale. Les systèmes de médiation offrent ainsi à l'utilisateur une vue centralisée des données distribuées. Ils sont, par ailleurs, très utiles, en présence de données hétérogènes, car ils donnent l'impression d'utiliser un système homogène.

Les applications sont variées : recherche d'information, aide à la décision en ligne et, de manière plus générale, gestion de connaissances. À titre d'illustration du premier type d'applications, supposons qu'un utilisateur pose la requête suivante : quels sont les films de Woody Allen à l'affiche à Paris ce soir ? où ? Supposons l'existence de deux sources d'information. La première, Internet Movie Data Base, une base de données relationnelle qui contient une liste de films, et qui précise, pour chacun, le titre, les acteurs et le cinéaste. La seconde, Paris-ciné, contient des données représentées en XML et décrit, pour chaque film, les salles (nom, adresse) où le film peut être vu. La réponse complète et globale à la requête nécessite l'interrogation des deux sources et la combinaison des résultats des deux interrogations.

Plus récemment, de nouvelles applications ont vu le jour dans les entreprises : *eCRM*, *Business Intelligence*, *eERP*, *eKM*[2], etc. Désignées sous le vocable de Web-House quand elles sont menées dans le contexte du Web, elles s'appuient sur la construction d'entrepôts de données. Elles se trouvent également confrontées au problème de la médiation puisqu'elles mettent en œuvre un processus d'acquisition de données, souvent en temps réel, provenant de sources du Web, multiples, distribuées et hétérogènes.

5.1 L'approche médiateur

Un médiateur (voir figure 2) comprend un schéma global, ou ontologie, qui est un modèle du domaine d'application du système (Rousset *et al.*, 2002). L'ontologie fournit un vocabulaire structuré servant de support à l'expression des requêtes. Par ailleurs, elle établit une connexion entre les différentes sources accessibles. En effet, dans cette approche, l'intégration d'informations est fondée sur l'exploitation de vues abstraites décrivant de façon homogène et uniforme le contenu des sources d'information dans les termes de l'ontologie. Les sources d'information pertinentes, pour répondre à une requête, sont calculées par réécriture de la requête en termes de ces vues. Les réponses à la requête posée sont ensuite obtenues en évaluant les réécritures de cette requête sur les extensions des vues.

L'approche médiateur présente l'intérêt de ne pas toucher aux données ; celles-ci restent stockées dans leur source d'origine. De ce fait, l'interrogation effective des sources se fait via des adaptateurs, *wrappers* en anglais, qui traduisent les requêtes réécrites en termes de vues dans le langage de requêtes spécifique à chaque source.

5.2 L'approche entrepôt de données

Un entrepôt de données répond aux problèmes de données surabondantes et localisées sur de multiples systèmes hétérogènes ; c'est une architecture capable de servir de fondation aux applications décisionnelles (Zhou *et al.*, 1995). Pour être exploitables, toutes les données provenant des systèmes distribués doivent être organisées, coordonnées, *intégrées* et enfin stockées pour donner à l'utilisateur une vue globale des informations.

1. Un épi-journal est un journal sur le Web dont les articles sont récupérés à partir d'autres sites.

2. Ces trois acronymes ne sont réellement diffusés que dans leur version anglaise ; leur signification est respectivement *le management de la relation client*, *les progiciels de gestion intégrés*, et *la gestion des connaissances*, tous dans une version numérique.

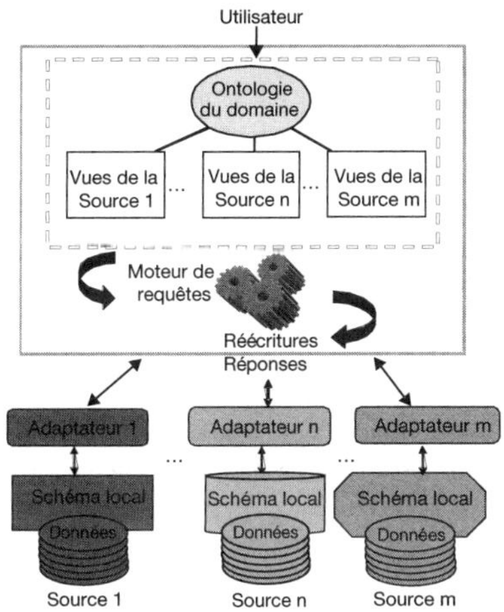

Figure 2 Architecture d'un système médiateur

Nous distinguons deux niveaux dans la construction des entrepôts de données : le premier niveau correspond à la construction des sources de données opérationnelles, et de l'entrepôt de données global ; le second niveau englobe tous les entrepôts de données locaux. L'intégration des données intervient au premier niveau. Nous distinguons l'intégration de schémas, se situant essentiellement au niveau intensionnel de l'intégration de données qui se situe au niveau extensionnel. L'intégration des données peut être virtuelle. Il s'agit d'obtenir une spécification décrivant la façon de fournir un accès global et unifié aux sources sans interférer avec leur autonomie. Elle peut aussi être matérialisée. L'objectif est alors d'obtenir un ensemble de données représentant une vue réconciliée des sources.

5.3 Principaux défis

La mise en œuvre d'une approche médiateur à l'échelle du Web nécessite de s'attaquer à certains verrous scientifiques. Des travaux ont déjà débuté et doivent être poursuivis :

- le premier problème concerne la construction d'ontologies comme support pour l'interrogation de données préexistantes pouvant être nombreuses, sémantiquement hétérogènes et réparties dans des sources multiples. Différentes approches permettant d'automatiser la construction d'ontologies, qui factorisent et abstraient un ensemble important de sources d'informations, sont en cours de développement. Il s'agira ensuite d'étudier l'exploitation des ontologies, ainsi construites, pour répondre aux requêtes des utilisateurs de façon efficace et coopérative ;
- un second verrou scientifique est la conception d'architectures de médiation décentralisées. Ce sont ces architectures qui permettront réellement le passage à l'échelle du Web en introduisant davantage de flexibilité ;
- enfin, le troisième défi concerne la mise en correspondance entre les ontologies des systèmes amenés à communiquer. Il faut, en effet, s'attendre à une explosion du nombre d'ontologies utilisées. Beaucoup décriront des domaines similaires mais n'utiliseront pas forcément les mêmes termes, d'autres décriront des domaines qui pourront se recouvrir. Il est nécessaire pour cela de développer des recherches portant sur l'automatisation de la définition des mises en correspondance entre ontologies ainsi que sur la conception d'algorithmes de raisonnement efficaces adaptés au traitement de ces mises en correspondance.

6 L'adaptation et la personnalisation

Au travers d'Internet, un nombre potentiellement infini de services et de documents est accessible à tous les usagers. La plupart des services et documents fournis actuellement sur Internet proposent une organisation, un contenu, un mode d'interaction et une présentation uniques pour tous. Ceci peut être suffisant dans certains cas mais tous les utilisateurs ne sont pas intéressés par les mêmes informations et n'ont pas les mêmes attentes, connaissances, compétences, centres d'intérêts, etc. Ils ne sont capables de comprendre ou d'accepter que des services et des documents dont l'organisation, le contenu, les modes d'interaction et la présentation sont adaptés à leurs besoins. Parmi les problèmes qui se posent on peut citer :

- l'accès à l'information pertinente : la recherche d'information sur Internet par des mots clés n'est pas satisfaisante. L'utilisation d'ontologies devrait grandement améliorer les résultats mais il est nécessaire de mieux cibler les résultats en fonction des besoins utilisateurs afin d'effectuer un filtrage des ressources ;
- la navigation dans un grand espace de ressources : dès que l'espace d'information accessible à un utilisateur par navigation est important, la perte de repères et la désorientation ne permettent pas à l'utilisateur de retrouver les informations recherchées ni de savoir d'où il vient, où il peut aller et comment y aller. Il est important ici de pouvoir guider l'utilisateur dans cet espace d'information en d'autres termes d'adapter l'accès à l'information en fonction de ses besoins ;
- la compréhension d'une ressource complexe – site web, service, etc. : la lisibilité d'un document peut être définie comme l'effort mental nécessaire au

processus de construction d'un modèle de ce document. Deux facteurs principaux, influençant la lisibilité d'un document ont été identifiés : la cohérence et le surcoût cognitif. Pour augmenter la cohérence d'un document, il faut fournir à l'utilisateur des repères l'aidant à identifier les composants majeurs du document et sa structure globale. Conklin (1987) caractérise le surcoût cognitif comme l'effort supplémentaire et la concentration nécessaire pour gérer plusieurs tâches en même temps. Dans un document hypermédia, ces efforts sont dus à l'orientation et à la navigation. Pour éviter la désorientation, l'utilisateur doit non seulement connaître la structure globale du document, mais aussi ses déplacements dans cette structure.

Ainsi, accéder dans toutes ses dimensions à une ressource complexe nécessite d'être capable d'adapter la structure globale d'une ressource, son contenu et sa présentation aux besoins des utilisateurs (voir (Garlatti et Prié, 2005) pour un panorama complet).

6.1 Les hypermédias adaptatifs

Parmi de nombreuses recherches sur l'adaptation et la personnalisation, on peut citer les hypermédias adaptatifs dont une définition peut être : « Par système hypermédia adaptatif, nous entendons tous les systèmes hypertextes et hypermédias qui reflètent certains paramètres de l'utilisateur dans un modèle et l'utilisent pour adapter certains aspects du système à cet utilisateur » (Brusilovsky, 1996). Un hypermédia est composé de deux types d'éléments, des contenus et des liens. Les méthodes d'adaptation ont donc été classées en deux catégories, les méthodes de présentation adaptative qui manipulent le contenu des hypermédia et les méthodes de navigation adaptative qui concernent plus particulièrement les liens. L'idée de la présentation adaptative est d'adapter le contenu d'une page accédée par un utilisateur particulier, à sa connaissance, ses objectifs ou encore d'autres caractéristiques qui lui sont propres. La navigation adaptative a pour but d'aider les utilisateurs à trouver leur chemin dans l'espace d'information en adaptant la présentation des liens en fonction des objectifs, de la connaissance ou encore d'autres caractéristiques de l'utilisateur. Ces caractéristiques sont utilisées afin de classer les pages Web – appelées aussi nœuds – qui correspondent aux destinations des liens. Le système manipule alors les liens afin de guider l'utilisateur vers l'information la plus pertinente. Il se sert de la classe d'un nœud afin par exemple d'annoter ou de supprimer le lien qui pointe vers ce dernier.

6.2 La modélisation utilisateur

Adapter, personnaliser un document ou une application pour un utilisateur particulier nécessite de disposer d'informations sur ce dernier permettant d'évaluer la pertinence des objets disponibles (fragments de texte, menus, boutons, etc.) ou d'aider le système à faire des choix. Le modèle utilisateur est « une source de connaissances, une base de données sur un utilisateur » (Mc Tear, 1993). Plus précisément, il s'agit d'un ensemble de données persistantes qui caractérisent un utilisateur ou un groupe d'utilisateurs particuliers. Un tel modèle peut contenir des caractéristiques sur les connaissances (ce que l'utilisateur connaît ou ce qu'un groupe connaît), l'expérience (savoir-faire) et les compétences, les préférences (par exemple, si un utilisateur préfère un siège de couloir dans un avion), les objectifs, les centres d'intérêts, etc. d'un utilisateur.

L'adaptation nécessite des connaissances sur les utilisateurs. Ces connaissances sont obtenues grâce à la gestion de modèles utilisateurs qu'ils soient construits pour des communautés (stéréotypes) ou pour des individus. De nombreux travaux ont été menés sur les méthodes et outils de gestion de modèles utilisateurs[1]. L'acquisition des caractéristiques utilisateur peut être réalisée par observation directe, interviews, questionnaires ou encore par apprentissage. Néanmoins, deux problèmes principaux devront être résolus pour que l'adaptation fonctionne dans le cadre du Web sémantique :

- pour la modélisation utilisateur/utilisation, il est important d'avoir des standards de modèles de l'utilisateur ou de l'utilisation disponibles sous formes d'ontologies pour des catégories de services ou documents (possibilité d'enrichissement dynamique du modèle utilisateur courant afin qu'il puisse bénéficier de services adaptatifs ou personnalisables). En effet, si nous pouvons espérer dans l'avenir disposer de nombreux services ou documents adaptatifs, il sera nécessaire d'avoir accès à différentes catégories de modèles utilisateur/utilisation qui ne seront sans doute pas sans intersection commune ;
- dans le cadre de l'adaptation, le Web pose le problème du passage à l'échelle et du choix des critères pertinents à analyser. En fait, on peut disposer d'énormes quantités de données, mais il est difficile de savoir comment les analyser et lesquelles sont pertinentes pour un objectif donné des utilisateurs ou des concepteurs. Il faut développer des observatoires des usages, et mettre en place des outils per-

1. En particulier, la modélisation des objectifs dans des « modèles de tâche » rejoint la question de la tâche des systèmes experts ou systèmes à base de connaissance de l'intelligence artificielle pour laquelle de nombreuses propositions existent (Schreiber *et al.*, 1999).

mettant de saisir des *utilisations* significatives, et non de simples «logs ininterprétables». À partir de ces observatoires, il faudrait pouvoir déterminer les paramètres pertinents à observer chez les utilisateurs par classe de services et en déduire des standards de modèles utilisateur qui seraient réutilisables et partageables.

6.3 Les documents virtuels personnalisables

Dès 1993, T. Gruber définit les documents virtuels comme des documents hypermédia qui sont générés à la demande en fonction de plusieurs sources d'information et en réponse à une demande de l'utilisateur. Un document virtuel possède les deux caractéristiques : il est construit via la réutilisation de différentes sources d'information et il y a génération dynamique du document à la demande en fonction de l'utilisateur (Milosavljevic, 1999). Si un utilisateur peut adapter/personnaliser le document réel produit en fonction de ses besoins, on parlera de *document virtuel personnalisable* (DVP). Un document virtuel peut être personnalisé à partir d'au moins un des trois critères suivants : les contraintes utilisateur qui sont des données non persistantes définies à partir d'une requête, d'un formulaire ou d'un simple hyperlien et qui lui sont propres ; le modèle utilisateur (voir § 6.2) ; le contexte qui correspond au support de lecture, à la taille de l'écran, à la vitesse de transfert, aux conditions géographiques, etc.

Un DVP peut être considéré comme un ensemble d'éléments (ou fragments) associé à des mécanismes de filtrage, d'organisation et d'assemblage sous contraintes, c'est-à-dire en respectant un modèle de l'utilisateur et des principes narratifs. Bien souvent, l'organisation et la sélection de fragments pertinents nécessitent des mécanismes de recherche d'information et de filtrage qui utilisent entre autres les index des fragments. Les relations entre les métadonnées, la granularité et les modèles utilisateurs jouent un rôle important dans ce processus d'assemblage. Par exemple, l'adaptation se fait-elle par le choix – filtrage – d'un document ou service pertinent ou par la sélection d'une partie du service ou document, certains types de métadonnées sont-ils dédiés à l'adaptation ? Est-ce un invariant pour tous les services ou documents ou dédiés à certaines classes de services ou documents ? etc. La standardisation ou la description sémantique de ces relations entre modèles utilisateurs, métadonnées (ontologies), granularité et adaptation devrait assurer une bonne réutilisation de ces services et documents adaptatifs.

7 Les Web services sémantiques

Les *Web services sémantiques* se situent à la convergence de deux domaines d'Internet : le Web sémantique et les *Web services*. Alors que le Web sémantique s'intéresse principalement aux informations statiques disponibles sur le Web, les Web services ont pour préoccupation première l'interopérabilité[1] entre applications via le Web (Fensel *et al.*, 2002 ; McIlraith, *et al.*, 2001).

7.1 Fondements des Web services

La notion de *Web service* désigne essentiellement une application (un programme) mise à disposition sur Internet par un fournisseur de services et accessible par les clients à travers des protocoles Internet standards (Alonso, 2004). Des exemples de services actuellement disponibles concernent les prévisions météorologiques, la réservation de voyage en ligne, les services bancaires ou des fonctions entières d'une entreprise comme la mise en œuvre de la gestion de la chaîne logistique. Le consortium W3C définit un Web service comme étant une application ou un composant logiciel qui vérifie les propriétés suivantes : il est identifié par une URL ; ses interfaces et ses liens (*bindings*) peuvent être décrits en XML ; sa définition peut être découverte par d'autres Web services ; il peut interagir directement avec d'autres Web services à travers le langage XML et en utilisant des protocoles Internet.

L'objectif ultime de l'approche Web services est de transformer le Web en un dispositif distribué de calcul où les programmes (services) peuvent interagir de manière intelligente en étant capables de se découvrir automatiquement, de négocier entre eux et de se composer en des services plus complexes. La description d'un Web service inclut tous les détails nécessaires à cette interaction comme, par exemple, le format des messages, les signatures des opérations, le protocole de transport et la localisation du service.

L'architecture de référence des Web services s'articule autour des trois rôles suivants :

- le fournisseur de service : il correspond au propriétaire du service. D'un point de vue technique, il est constitué par la plate-forme d'accueil du service ;
- le client : il correspond au demandeur de service. D'un point de vue technique, il est constitué par l'application qui va rechercher et invoquer un service. L'application cliente peut être elle-même un Web service ;
- l'annuaire : il correspond à un registre de descriptions de services offrant des facilités de publication de services à l'intention des fournisseurs ainsi que

1. On parle d'interopérabilité syntaxique quand les langages informatiques permettent d'échanger des informations entre applications et d'interopérabilité sémantique quand ces informations ont le même sens, sens spécifié via les concepts d'une ontologie.

des facilités de recherche de services à l'intention des clients.

Les interactions de base entre ces trois rôles incluent les opérations de publication, de recherche et de liens (*bind*) d'opérations. Pour garantir l'interopérabilité des trois opérations précédentes (publication, recherche et lien), des propositions de standards ont été élaborées pour chaque type d'interactions. Les standards émergents sont les suivants : SOAP (*Simple Object Access Protocol*) qui définit un protocole de transmission de messages fondé sur XMLr; WSDL (*Web Service Description Language*) qui introduit une grammaire commune pour la description des services et UDDI (*Universal Description, Discovery and Integration*) qui fournit l'infrastructure de base pour la publication et la découverte des services.

7.2 Vers les Web services sémantiques

Mais cette infrastructure n'est pas suffisante pour permettre une utilisation effective des Web services dans les domaines dont les exigences vont au-delà de la capacité d'interactions simples via des protocoles standards. Par exemple, dans le domaine du *e-business*, cette utilisation est motivée par les possibilités de coopération et de coordination entre des entreprises telles qu'on peut les percevoir dans la mise en œuvre de la gestion d'une chaîne logistique (*eSCM*) ou celle de la gestion des relations clients (*eCRM*). Le challenge est alors d'être capable de spécifier et de mettre en œuvre des *business processes* intra ou inter-entreprises. Ceci pose donc fondamentalement un problème d'intégration fonctionnelle des activités d'entreprises qui dépasse la simple capacité d'interactions via des protocoles standard (Keller et Toumani, 2005). Il s'avère donc nécessaire d'étendre l'architecture de base des Web services comme présentée dans la figure 3. Une architecture étendue est constituée de plusieurs couches se superposant les unes sur les autres, d'où le nom de pile des Web services. La pile est constituée de plusieurs couches, chaque couche s'appuyant sur un standard particulier. On retrouve, au-dessus de la couche de transport, les trois couches formant l'infrastructure de base décrite précédemment. L'infrastructure de base définit les fondements techniques permettant de rendre les *business processes* accessibles à l'intérieur d'une entreprise et au-delà même des frontières d'une entreprise. Dans ce contexte deux types de couches permettent de la compléter : les couches dites transversales (sécurité, administration, transactions et qualité de services) rendent viable l'utilisation effective des Web services dans le monde industriel ; une couche *Business processes* permet l'utilisation effective des Web services dans le domaine du *e-business*. Malgré la normalisation, le consensus sur la mécanique des interactions (format des messages, types des données et protocoles d'échanges) n'est pas suffisant pour permettre aux Web services d'interagir de manière claire et non ambiguë : il y a clairement un besoin de langages de description des services qui permettent de conférer une signification explicite et non ambiguë aux descriptions des Web services.

Les développements en cours vont alors dans le sens de munir les langages de description de services d'une sémantique formelle permettant la description et l'invocation de services Web dans lesquels la sémantique est incluse. C'est le cas de la nouvelle version du langage WSDL préconisée par le W3C qui permet de définir la sémantique des termes utilisés en référençant des ontologies RDF ou des langages comme DAML-S (Ankolenkar *et al.*, 2002) et *XML Declarative Description* (XDD – Wuwongse *et al.*, 2001).

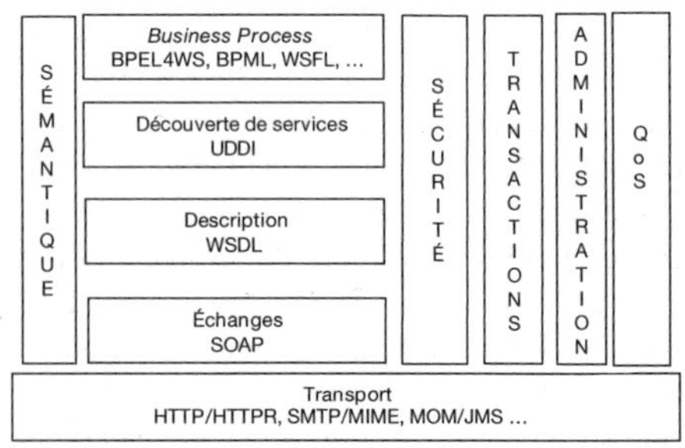

Figure 3 Pile des web services sémantiques

8 Conclusion

Après avoir listé ce qui nous semble être les principales thématiques de réflexion et de recherche sur le Web sémantique, nous allons revenir sur le point dur du projet du Web sémantique, la représentation des textes et plus généralement des ressources du Web par des concepts formels.

8.1 L'enrégimentation du texte

Dans le Web, les textes ne respectent aucune contrainte, sauf celle du langage HTML. La conséquence de cette liberté est que le seul moyen d'accès aux textes est celui des moteurs de recherche fondés sur la recherche « plein texte », avec toutes les difficultés que l'on connaît : incapacité à prendre en compte les synonymies, à retrouver des textes du même sujet, c'est-à-dire ayant des contextes d'énonciation similaires ou partageant les mêmes concepts. La première réponse du Web sémantique est d'indexer les textes avec les concepts et les relations d'une ontologie partagée par une large communauté. La recherche se fait alors sur les éléments avec lesquels les textes sont indexés. Cet index est une représentation formelle du document.

Cette représentation se substitue au texte pour la phase de recherche et même plus : *le texte est enrégimenté à la représentation formelle.*

Cette enrégimentation est un véritable changement de paradigme : *le document devient une représentation formelle de connaissances dont on contrôle la sémantique (formelle) pour l'inférence et le calcul par des agents implémentant des services.* C'est ce qu'on retrouve implicitement dans le «cake» de la figure 1 : au-dessus du niveau documentaire, on a des données qui ne sont plus sujettes à l'interprétation. On retrouve là une des conséquences de la représentation ontologique d'un texte : le texte, avec l'ambiguïté de la langue, laisse ouverte toute la richesse de l'interprétation ; l'ontologie, en privilégiant un contexte, bloque dans une seule direction toute capacité d'interprétation de l'homme comme de la machine. C'est le prix à payer de l'automatisation. Si l'on en comprend l'intérêt pour le fonctionnement des programmes informatiques, on peut craindre que ce prix soit trop élevé pour le Web sémantique, à savoir perdre le contexte et les sens des textes dans une représentation formelle. Ce contexte est d'autant plus important que nous sommes, dans le cadre du Web sémantique, dans un monde ouvert où de nombreuses interprétations des textes sont valides. Cela rejoint le point suivant où la portée réduite des ontologies amène à envisager plusieurs Web sémantiques, autant que de points de vue sur le monde.

8.2 Pour le Web sémantique mais contre l'universalisme

De nombreux développements ont lieu autour du Web sémantique, coordonné par le W3C ou d'autres organismes de normalisation, et des infrastructures, en particulier d'échanges, se mettent en place dans l'industrie. Dans d'autres domaines, comme la médecine, des ontologies sont en développement, justement pour ce qu'elles «savent» faire : aider à coder[1] de façon théoriquement univoque les patients. Les ontologies développées dans ce contexte ont la portée de la médecine occidentale pour laquelle elles sont développées et la légitimité de l'application qui doit s'en servir – par exemple l'aide au codage (Rector, 1998).

Ainsi, le consensus peut se faire autour des ontologies dans des communautés d'intérêt et de pratiques, que ce soit la médecine, les voyagistes ou des entreprises de production industrielle impliquées dans les mêmes réseaux de partenaires. Les ontologies aident à créer des consensus là où des communautés ont envie de travailler ensemble.

Les différentes recherches et applications qui voient le jour semblent montrer que la voie est ouverte pour deux visions, pour nous complémentaires, du Web sémantique. La première met plus l'accent sur la réalisation d'outils logiciels utilisant des représentations munies de sémantique formelle et des mécanismes inférentiels puissants, avec un coût souvent élevé de construction et de maintenance des connaissances. La deuxième met plus l'accent sur des représentations semi-formelles et repose plus sur l'utilisateur pour leur exploitation opérationnelle. Pour ses partisans, elle peut, à court terme, être plus souple à réaliser et finalement correspondre mieux aux fonctionnements cognitifs de ces utilisateurs. La première, par contre, permettra une meilleure prise en charge de différentes tâches par les agents logiciels et devrait permettre d'obtenir un meilleur niveau de confiance et de sécurité dans l'utilisation du Web. Le débat est ouvert y compris avec ceux qui expriment des propositions intermédiaires.

8.3 Perspectives

Il est difficile de conclure sur un domaine très jeune, en définition et redéfinition permanente, et dont les réalisations sont encore en devenir. Nous noterons toutefois qu'il suscite de très nombreuses recherches, que des résultats sont déjà disponibles, en particulier en termes de langages et d'infrastructure et autour des Web services. Par ailleurs, si l'on peut émettre des doutes sur certains attendus universalistes, force est de constater l'existence de résultats probants et encourageants dès que l'on limite leur portée – en particulier autour des ontologies – à des communautés de pratique.

1. Le «codage» des patients dans les milieux hospitaliers, est une activité obligatoire qui vise à munir les tutelles d'une représentation médico-économique et bientôt médicale des patients dans le but d'études économiques et épidémiologiques.

Bibliographie

Alonso G., Casati F., Kuno H., Machiraju V. (2004), *Web Services : Concepts, Architectures and Applications*, Springer.

Ankolenkar A., Burstein M., Hobbs J., Lassila0., Martin D., McIlraith S., Narayanan S., Paolucci M., Payne T., Sycara K. et Zeng H. (2002), "DAML-S : semantic markup for web services", In Cruz (I.), Decker (S.), Euzenat (J.) et McGuinness (D.), Éds., *The emerging semantic web*, p. 131-152. Amsterdam (NL) : IOS press.

Bachimont B., Isaac A. et Troncy R. (2002). "Semantic Commitment for Designing Ontologies : A Proposal". In A. Gomez-Pérez et V. Benjamins, Eds., *13th International Conference on Knowledge Engineering and Knowledge Management (EKAW'02)*, volume (2473) of *Lecture Notes in Artificial Intelligence*, p. 114 – 121, Sigüenza, Espagne : Springer Verlag.

Baget J.-F., Canaud E., Euzenat J. et Saïd-Hacid M. (2005) «Les langages du Web sémantique», dans (Charlet, Laublet et Reynaud, 2005).

Brusilovsky P. (1996). "Methods and techniques of adaptive hypermedia", *User Modeling and User-Adapted Interaction* 6 (2-3): 87-129.

Charlet J, Laublet P. et Reynaud C. Éds.. (2005), «Web sémantique». Numéro hors série de la revue *Interaction, information, intelligence*. Éditions Cépaduès/Toulouse. http://www.revue-i3.org

Charlet J, Bachimont B. et Troncy R. (2005) «Ontologies pour le Web sémantique», dans (Charlet, Laublet et Reynaud, 2005).

Conklin J. (1987), "Hypertext: An introduction and Survey", *IEEE Computer*, 20 (9): 17 – 41.

Fensel D., Bussler C. et Maedche A. (2002), "Semantic Web Enabled Web Services", In *Proceedings of the International Semantic Web Conference*, Sardinia, Italy, p. 1 – 2.

Fensel D., Hendler J. A., Lieberman H. et Wahlster W. Eds (2003), *Spinning the Semantic Web*, M.I.T. Press.

Garlatti S et Prié Y (2005), «Adaptation et personnalisation dans le Web sémantique», dans (Charlet, Laublet et Reynaud, 2005).

Gruber T. R. (1993), "A translation approach to portable ontology specifications", *Knowledge Acquisition*, 5, p. 199–220.

Handschuh S., Staab S. (2002), "Authoring and Annotation of Web Pages in CREAM", In *Proceedings of the 11th International World Wide Web Conference*, WWW 2002,Honolulu, Hawaii, May 7-11, p. 462 – 473. ACM Press.

Keller P. et Toumani F. (2005) «Les Web services sémantiques», dans (Charlet, Laublet et Reynaud, 2005).

McIlraith S., Son T. C. et Zeng H. (2001), "Semantic Web Services", *IEEE Intelligent Systems*. Special Issue on the Semantic Web, 16 (2): 46 – 53.

McTear, M.F., (1993), "User modelling for adaptive computer systems: a survey of recent developments", *Artificial Intelligence Review*, 7: p. 157-184.

Marshall. C. C. (1998), "Toward an ecology of hypertext annotation", *Hypertext'98*. New York, ACM Press: 40-49.

Milosavljevic M., Vitali F. et Watters C. (1999), "Introduction of the virtual document workshop", in *Workshop on Virtual Document, Hypertext Funstionality and the Web*, Toronto.

Passin T. B. (2004), *Explorer's guide to the semantic web*, Manning.

Prié Y et Garlatti S (2005) «Méta-données et annotations dans le Web sémantique», dans (Charlet, Laublet et Reynaud, 2005).

Rector A. L. (1998), "Thesauri and formal classifications: Terminologies for people and machines", *Methods of Information in Medicine*, 37 (4 – 5), p. 501–509.

Rousset M.-Ch., Bidault A., Froidevaux Ch., Gagliardi H., Goasdoue F., Reynaud Ch. et Safar B. (2002). « Construction de médiateurs pour intégrer des sources d'information multiples et hétérogènes: le projet PICSEL», *Revue I3*. Vol. 2. n° 1. p. 5-59.

Saïd-Hacid M. et Reynaud C. (2005), «L'intégration de sources de données» dans (Charlet, Laublet et Reynaud, 2005).

Schreiber G., Hakkermans A., Anjewierden A., de Hoog R., Shadbolt N., Van de Welde W., Wielinga B. (1999), *Knowledge Engineering and Management: The CommonKADS methodology*. The MIT Press.

Staab S. et Steider R. (2004), *Handbook on Ontologies*, Springer-Verlag.

Teulier R., Charlet J. et Tchounikine P. Éds. (2005), *Ingénierie des connaissances*, L'Harmattan.

Volz R., Oberle D., Staab S., Motik B. (2003), "Kaon Server - A Semantic Web Management System In Alternate Track", in *Proceedings of the Twelfth International World Wide Web Conference*, WWW2003, Budapest, Hungary, 20-24 May 2003. ACM.

Wuwongse V., Anutariya C., Akama K. et Nantajeewarawat E. (2001), "XML Declarative Description (XDD): A Language for the Semantic web", *IEEE Intelligent systems* vol. 16, number 3, p. 54-65.

Zhou V, Hull R., King R. et Franchitti J.-C. (1995), "Data integration and warehousing using HO2", *IEEE Bulletin of the Technical Committee on Data Engineering*. Vol. 18 (2), p. 29-40.

La dimension organisationnelle des systèmes d'information

2.1 Théories du système d'information

2.2 Typologie des systèmes d'information

2.3 Ingénierie des systèmes d'information

2.4 Les systèmes d'information et l'organisation

2.5 La dimension humaine des systèmes d'information

2.6 La dimension financière des systèmes d'information

2.7 Les systèmes d'information et leur environnement

2.8 Les systèmes d'information et les affaires

Théories du système d'information

Coordination: Yves Pigneur

Introduction

Yves Pigneur

L'étude des systèmes d'information est une toute jeune discipline. C'est seulement depuis quelques dizaines d'années que la conception, la gestion et l'analyse des systèmes d'information dans les organisations font l'objet de recherches (Banker et al, 2004) (Rowe, 2002) et de réflexions, nombreuses et variées, par diverses communautés de chercheurs et de praticiens. Ces recherches font traditionnellement référence à des théories proposées dans des disciplines généralement établies de plus longues dates que les systèmes d'information, comme la systémique, les sciences de la décision, la psychologie cognitive, la linguistique ou encore l'économie et les sciences de gestion. Ces théories ont été regroupées dans cette section en trois catégories : théories des systèmes, théories de la décision et de la cognition et enfin théories économiques et organisationnelles.

Très tôt, l'approche systémique a été mobilisée par les pionniers de cette nouvelle discipline qui s'étaient donnés pour mission de définir les terminologies, les modèles et les méthodes pour aider la conception des premiers systèmes informatiques, principalement transactionnels. En opposition avec l'approche positiviste souvent dominante, notamment auprès des informaticiens, ces précurseurs percevaient déjà les avantages d'une approche systémique, multidisciplinaire, à la frontière entre systèmes techniques et systèmes humains, entre sciences de l'ingénieur et sciences humaines. Avec engouement, persévérance et un certain succès, les théories systémiques vont être référencées, travaillées et adaptées aux systèmes d'information, notamment pour définir les premières méthodes de conception.

Principalement avec l'émergence de la micro-informatique, les entreprises et les chercheurs vont prendre conscience que les technologies de l'information peuvent non seulement servir à automatiser les processus de gestion et les transactions mais aussi aider les décideurs, les individus, dans leurs processus de décision et leurs tâches de gestion. On va en plus attacher davantage de considération à l'interaction entre les applications informatiques et leurs utilisateurs, à la communication informatique entre plusieurs acteurs et à de nouvelles techniques de coordination. Les théories de la décision d'abord, les théories de la cognition ensuite seront dès lors mobilisées par les chercheurs pour concevoir de meilleurs systèmes d'information dits d'aide à la décision.

Les deux courants précédents s'attachent principalement à améliorer la conception des systèmes d'information et mobilisent les théories dans cette perspective. Un troisième mouvement existe dans la communauté académique des systèmes d'information, davantage focalisé sur l'étude empirique des usages informatiques dans les organisations, l'observation sur le terrain de leurs impacts, et une recherche hypothético-déductive permettant de mieux comprendre ces systèmes d'information en activité. Des théories économiques, organisationnelles et sociologiques sont dès lors mobilisées pour évaluer le succès de l'utilisation des systèmes et des technologies de l'information.

Les trois chapitres de cette section couvrent ces trois familles de théories : systémiques, décisionnelles et organisationnelles.

Théories des systèmes

Qui dit systèmes d'information, dit systèmes. Dès les premières recherches en conception des systèmes d'information, le recours à la systémique va s'imposer comme un référentiel théorique privilégié et sera à la base de nombreuses réflexions, travaux et investigations scientifiques. En 1973, Jean-Louis Le Moigne de l'université d'Aix-Marseille publie une monographie intitulée *Les systèmes d'information dans les organisations* (Le Moigne, 1973). Il situe d'emblée sa réflexion dans le contexte de la théorie des systèmes dont il recense les principales caractéristiques et définit les concepts fondateurs, travaillés par des Wiener, von Bertalanfly, Laborit, Prigogine, Bernard-Weil, Melèse, Bourgeois,

Simon (Simon, 1979). Combinant cette approche systémique avec la théorie de l'information, initialement proposée par Shannon, il va ébaucher les premiers fondements théoriques des systèmes d'information. Ceux-ci seront à l'origine d'un courant de pensée en matière de modélisation qui produira notamment la méthode de conception Merise, largement diffusée et utilisée en France pendant une vingtaine d'années. La conférence annuelle «Inforsid» en France fera écho à cette pensée systémique dans la conception des systèmes d'information.

Le premier article de cette section que son auteur Silvio Munari intitule «Sciences des systèmes et réflexions fondamentales pour les systèmes d'information des organisations humaines» adopte une logique très similaire. Dans la première partie de son article, il construit le concept de système d'information à partir des notions de système et d'information. Dans la seconde partie, il met l'accent sur les spécificités des systèmes d'information dans les organisations humaines intégrant les concepts de vision politique et stratégique, de structure et de processus, d'individu et de culture, et enfin de technologie. À partir de ces éléments théoriques constitutifs des systèmes d'information, il propose une typologie de différents systèmes d'information : techniques, externes, informels et organisationnels.

Des choix ont été effectués dans l'exposé de ces quelques rappels de la théorie des systèmes. On aurait aussi pu présenter certaines notions de la théorie de la complexité ou des systèmes adaptatifs complexes, avec leurs phénomènes dynamiques non linéaires, d'auto-organisation et dits chaotiques. Ces théories récentes, dans le prolongement de la systémique, connaissent actuellement un regain d'intérêt auprès de certains chercheurs en gestion d'entreprise et en systèmes d'information.

Théories de la décision et de la cognition

La deuxième famille des théories invoquées dans la conception des systèmes d'information concerne le monde de la décision. Reconnaissant le rôle clé des systèmes d'information dans les processus de décision, un courant de recherche important, bien mis en évidence par l'ouvrage fondamental de Keen et Scott-Morton (Keen, 1978), va focaliser ses réflexions sur les systèmes d'aide à la décision, à la lumière des principales théories décisionnelles en vigueur. Ce courant va également très vite redonner à l'individu, au décideur, une place centrale dans la conception de ces systèmes d'information.

Cette vision et les fondements de cette approche sont exposés dans le second chapitre de cette section. Rédigé par François Bodart, il s'intitule «L'apport des théories de la décision et de la cognition au domaine des systèmes d'information».

La première partie de ce chapitre expose les principales théories de la décision. Le modèle de la rationalité limitée d'Herbert Simon sert de point de départ, très vite étendu avec les réflexions empiriques d'Henri Mintzberg dans ce domaine. François Bodart intègre ensuite la dimension organisationnelle des décisions de coalitions ou de groupes, avant d'introduire les aspects politiques bien souvent inhérents aux processus de décision. François Bodart n'y aborde pas les théories mathématiques de la recherche opérationnelle, des approches multicritères et autre *management science*.

Par contre, qui dit utilisateurs au centre de la conception, dit non seulement soin tout particulier attaché à la conception des interactions entre l'utilisateur et le système, mais aussi préoccupation majeure accordée à l'utilisabilité des systèmes d'information. Cette importance donnée aux interactions et à l'utilisabilité des systèmes va expliquer le recours à la psychologie cognitive et autres théories de la cognition. La seconde partie de l'article de François Bodart est précisément dédiée à ces théories de la cognition, et à leur usage dans la conception de systèmes d'information «utilisables». Il aborde principalement trois courants théoriques avant de cerner les apports de ces théories au domaine des systèmes d'information. La première théorie exposée est celle du processeur humain qui tente d'expliquer et de prédire le comportement humain du traitement de l'information. La seconde concerne les modèles ergonomiques d'analyse de la tâche et en particulier la contribution fondamentale de Norman qui isole les principales étapes dans la réalisation d'une activité humaine. Le troisième courant théorique adresse la modélisation du raisonnement et notamment de l'argumentation, avec ses cartes cognitives, ses diagrammes d'influence et autres modèles d'argumentation. Parmi ceux-ci on relèvera les modèles de critique et de stimulation d'idées dans la résolution de problèmes et l'apprentissage. Une brève évocation des recherches récentes en neurophysiologie sur la prise de décision, notamment menées par les neurologues Damazio et Berthoz en France, clôture ce panorama des théories de la cognition.

Dans son article, François Bodart consacre un bref exposé aux systèmes d'information de décision de groupe. S'il avait voulu explorer davantage ces systèmes d'information coopératifs, il n'aurait pas manqué de présenter quelques théories en vogue. Parmi celles-ci, il aurait certainement exposé la théorie linguistique des «actes du discours», initialement imaginée par Searle, adaptée aux systèmes d'information par Flores et Winograd de Stanford, et largement adoptée, souvent critiquée, par la communauté des systèmes d'information collaboratifs. Il aurait éventuellement mentionné certaines théories psycholinguistiques, et notamment le concept de *common ground* de Clark, addition des savoirs communs, des croyances et des suppositions de plusieurs acteurs. Aurait-il consacré quelques lignes à la théorie de la coordination, proposée par Malone du MIT, à la frontière entre théories des organisations et théories informatiques ? François Bodart évoque également l'apprentissage dans les systèmes d'information d'aide à la décision, mais sans entrer dans les détails. Il est certain qu'il s'agit d'un domaine largement investigué et que les théories n'y manquent pas, notamment celles élaborées par Piaget, régulièrement citées par les chercheurs.

On terminera cette brève introduction aux systèmes d'information d'aide à la décision, en signalant que les deux revues *Decision Support System* et *Journal des systèmes de décision* en France, fondée et longtemps dirigée par Jean-Charles Pomerol de l'université Pierre et Marie Curie, publient principalement des articles scientifiques consacrés à ce type de systèmes.

Théories économiques et organisationnelles

Les deux familles précédentes de théories, systémiques, décisionnelles et cognitives, sont principalement référencées dans la conception des systèmes d'information. À ce propos, on parle des sciences de la conception (*design science*). Mais il est une autre grande tendance de recherche, devenue même prédominante au sein de la communauté académique, dont l'objectif n'est pas de concevoir des systèmes mais d'en évaluer les impacts, les performances et les propriétés dans les organisations, auprès des individus et dans la société. Ce type de recherche construit des modèles théoriques, collecte des données sur le terrain, élabore des hypothèses qu'elle accepte ou rejette à partir d'une analyse statistique des données collectées, et dérive, dans le meilleur des cas, des leçons pour améliorer la conception et le déploiement des systèmes d'information.

Des précurseurs comme Gordon Davis de l'université de Minnesota aux États-Unis (Davis, 1998) et, en France, Robert Reix de l'université de Montpellier (Reix, 2004) ont contribué avec beaucoup d'autres à fonder cette discipline. Les revues *Management Information Systems Quarterly (MISQ)* et *Systèmes d'information et management* en France sont parmi les plus représentatives de ce courant de recherche. Les conférences annuelles « International Conference on Information Systems (ICIS) », « European Conference on Information Systems (ECIS) » et « Colloques de l'Association Information et Management (AIM) » en France sont les lieux de rencontre privilégiés de cette communauté de recherche.

Les théories mobilisées pour ces recherches relèvent d'une part de l'économie et du management, et d'autre part de la psychologie sociale et autres approches comportementales, comme le montre Serge Baile dans le troisième article de cette section, intitulé « Mobiliser les théories économiques et organisationnelles dans la recherche en systèmes d'information ».

Dans sa première partie, cet article présente trois théories d'inspiration économique, parmi les plus sollicitées dans les recherches en systèmes d'information. La théorie des coûts de transaction de Williamson constitue un cadre de référence pour l'analyse des formes de gouvernance organisationnelle entre le marché et l'entreprise, des transactions entre agents économiques, des contrats qui les modèrent et de leurs coûts. Cette théorie est celle qui a vraisemblablement inspiré le plus les chercheurs en systèmes d'information, notamment ceux intéressés par les mécanismes de coordination inter ou intra-organisationnels. La théorie de la structuration organisationnelle introduit une vue du développement organisationnel moins mécanique, plus sociale et davantage orientée vers l'action. La théorie d'une « vue basée sur les ressources » (*Resource-based view*) permet de lier davantage les systèmes d'information à la stratégie et à la performance économique de l'entreprise.

Par opposition à la « vue basée sur les ressources », Serge Baile aurait pu ajouter à sa panoplie des théories économiques celle issue de l'organisation industrielle qu'avait introduite Michael Porter de l'université d'Harvard pour analyser l'usage des technologies de l'information dans la recherche d'avantages concurrentiels par les organisations, avec sa notion de chaîne de valeur.

Dans la seconde partie de son article, Serge Baile présente les approches comportementales qui empruntent leurs théories principales à la psychologie cognitive, à la psychologie sociale et à la sociologie. Il décline ces théories en trois classes relevant de la communication, de l'intention et de l'innovation. La théorie de la présence sociale et la théorie de la richesse des médias sont relatives aux déterminants rationnels de choix et d'utilisation d'un média. La théorie de l'interaction symbolique et la théorie de l'influence sociale concernent par contre les déterminants sociaux de la sélection et de l'utilisation d'un média. Le modèle d'acceptation de la technologie (*Technology Acceptance Model*, TAM) a pour objectif essentiel d'évaluer l'impact de divers facteurs externes sur les croyances, les attitudes et les intentions des utilisateurs. Cette approche justifie essentiellement l'utilisation des technologies à partir de l'utilité perçue et de la facilité d'utilisation perçue. Les théories sur les stratégies d'adoption, et notamment la théorie de la diffusion de l'innovation, tendent à identifier et expliquer les facteurs qui influencent le degré d'adoption des innovations au niveau organisationnel.

Il est bien d'autres théories référencées dans les recherches en systèmes d'information car le spectre des préoccupations s'élargit de plus en plus. Serge Baile a fait des choix pour conserver une approche synthétique dans son article. Il aurait pu présenter de nombreuses autres théories aussi bien économiques que comportementales. Comme le montrent cinquante années de publication dans *Management Science* (Banker, 2004), l'intérêt des économistes pour les systèmes d'information ne cesse de s'affirmer pour non seulement mesurer la productivité, la valeur, la qualité, les risques de l'usage des technologies de l'information dans les organisations mais aussi leurs impacts sur l'organisation industrielle et dans la société. Cet intérêt des économistes explique dès lors le recours accru aux grandes théories économiques, comme la théorie de la firme, la théorie des jeux, la théorie des contrats, la théorie des externalités de réseaux, parmi les plus visibles.

Mais les sociologues ne sont pas en reste et leur intérêt pour l'innovation technologique s'étend considérablement. L'une des théories les plus en vogue dans certaines communautés de systèmes d'information, la Scandinave notamment, est celle de la théorie de l'acteur-réseau proposée par le sociologue français Bruno Latour. Dans cette théorie, le développement sociotechnique est le résultat d'une négociation entre acteurs qui essaient d'enrôler les autres parties prenantes dans la poursuite de leur agenda individuel.

Le lecteur trouvera dans les trois prochains chapitres un exposé des grandes théories systémiques, décisionnelles, cognitives, économiques et organisationnelles mobilisées dans la recherche en systèmes d'information. Les auteurs de ces trois chapitres ont opéré des choix afin de conserver un caractère synthétique à leur présentation. Le lecteur curieux trouvera à la fin de ces articles quelques références bibliographiques qui lui permettront de continuer son investigation et son cheminement dans les dédales des théories référencées, travaillées et adaptées aux systèmes d'information.

Bibliographie

Banker, R.D. et Kauffman, R.J. (2004), "The Evolution of Research on Information Systems: A Fiftieth-Year Survey of the Literature", *Management Science*, Vol. 50, n° 3, March, p. 281-298.

Davis, G. (1998) *The Blackwell Encyclopedic Dictionary of Management Information Systems*, Blackwell Publishers.

Keen P.G.W., Scott-Morton M.S. (1978), *Decision Support System: An Organizational Perspective*, Addison-Wesley.

Le Moigne, J-L. (1973), *Les systèmes d'information dans les organisations*, PUF, Paris.

Reix, R. (2004), *Systèmes d'information et management des organisations*, Vuibert, Paris.

Rowe, F. (2002), *Faire de la recherche en systèmes d'information*, Vuibert, Paris.

Simon, H. (1979) *La science des systèmes*, EPI, Paris.

Science des systèmes et réflexions fondamentales pour les systèmes d'information des organisations

Silvio Munari

Mots-clés : complexité, système, organisation, information.

Résumé : comprendre la nature des systèmes d'information suppose que l'on sache selon quel point de vue on souhaite en parler ou à quelles entités on souhaite les rattacher: des artefacts techniques, des systèmes naturels, des systèmes complexes, des êtres vivants ou des sociétés humaines. Cette classification pourrait à peu près correspondre à certaines typologies auxquelles on se réfère lorsqu'on parle d'approche systémique (Kenneth Boulding, Jean-Louis Le Moigne, Jacques Lesourne, Mario Bunge, entre autres). Dès lors qu'il s'agit de discuter les divers aspects des systèmes d'information dans la perspective de leur étude ou de leur modélisation dans les organisations humaines, il est donc nécessaire de clarifier un certain nombre de notions importantes: celle de système, d'information, d'organisation, de système d'information, enfin de système d'information des organisations. Ces thèmes seront successivement développés ci-dessous. « Les systèmes ne sont pas dans la nature, mais dans l'esprit des hommes », Claude Bernard, *Introduction à la médecine expérimentale* (1865).

La science des systèmes ou systémique s'est progressivement enrichie de l'émergence de nombreux concepts issus des sciences naturelles et humaines, provenant souvent de recherches au carrefour de plusieurs courants scientifiques. On trouvera ci-après quelques-uns des concepts essentiels à la discussion relative à la modélisation des systèmes d'information des organisations humaines.

Les lecteurs intéressés à approfondir les concepts développés dans ces divers domaines trouveront des références bibliographiques appropriées à la fin de ce document.

1 La notion de systèmes et quelques concepts essentiels

Le concept de système n'est pas nouveau, puisque l'on en parlait déjà en Chine ancienne et plus tard en Grèce antique. Ce qui est nouveau et dont l'origine remonte au milieu du xxe siècle, ce sont des tentatives de classification et de recherche de typologies, dont celle de Boulding, décomposée en neuf niveaux, est restée une référence. Comme pour toute typologie, les buts poursuivis sont de mieux saisir les caractéristiques spécifiques et susceptibles de faciliter la reconnaissance et l'appartenance de tel ou tel type de système à une catégorie appropriée.

Parmi les distinctions importantes, on notera celles qui opposent les systèmes fermés aux systèmes ouverts, les systèmes artificiels aux systèmes naturels, les systèmes vivants aux systèmes organisés humains, les systèmes compliqués aux systèmes complexes, sans pour autant trouver des définitions qui seraient identiques dans tous les domaines.

1.1 Systèmes fermés ou ouverts

Les systèmes fermés sont dits «isolés» parce qu'ils ne communiquent, avec leur environnement, ni dans un sens, ni dans l'autre. Cependant, ils ne sont jamais complètement isolés, car il y a toujours une forme de communication. On les définit comme étant «quasi isolés»: le thermos «échange» très lentement de l'énergie avec son environnement. Ainsi, s'il contient un liquide préalablement chauffé ou refroidi, ce dernier se remettra petit à petit à la température «externe». On dira alors que son contenu se retrouve dans une situation entropique maximale.

Les systèmes ouverts font référence aux systèmes vivants, c'est-à-dire à ceux qui sont capables de modifier leur comportement en fonction des perturbations de l'environnement. Plus ils deviennent sophistiqués et plus ils disposent de fonctions évoluées d'adaptation, de mémorisation, d'apprentissage, d'autonomie et finalement de libre arbitre ou de finalisation (les êtres humains). L'aptitude de ces systèmes à retrouver un équilibre initial dynamique, après avoir été perturbés, est leur fonction homéostatique (on parle aussi de résilience).

1.2 Les systèmes artificiels ou naturels

Les systèmes artificiels sont en principe ceux qui sont construits par l'homme, mais ils peuvent aussi bien être des machines (systèmes déterministes) que des construits vivants (plantes génétiquement modifiées, morceaux de peau fabriqués à partir de cultures de cellules).

Les systèmes naturels comprennent aussi bien des systèmes inertes que des systèmes dynamiques et des systèmes vivants (une pierre, le système solaire, un arbre).

1.3 Les systèmes vivants ou humains

Les systèmes vivants, dont certaines des propriétés, selon leur degré d'évolution, ont pour auto finalité d'assurer leur survie et de se reproduire (autopoïèse), de communiquer, de mémoriser, d'apprendre et surtout d'adapter leurs comportements à des perturbations de leurs environnements.

Les systèmes humains, ainsi que les organisations humaines, se trouvent au sommet des typologies des systèmes. Ils ont pour caractéristique d'être dotés d'une capacité de réflexion, de production d'idées. Ces systèmes présentent des capacités d'émergences, c'est-à-dire de génération de nouvelles structures au sein des structures existantes, ainsi que de décisions qui fondent la base de leur autonomie et de leur capacité de finalisation. Ils ont aussi l'aptitude d'aller à l'encontre de comportements appropriés. Par exemple, les animaux n'ont pas de comportements agressifs délibérés. S'ils tuent, c'est en principe uniquement pour assurer leur survie, par nécessité et non par intérêt.

1.4 Les systèmes compliqués ou complexes

Les systèmes compliqués, voire très compliqués, appartiennent essentiellement à la catégorie des systèmes artificiels, décrits également comme des systèmes à états: ils doivent être complètement décrits pour pouvoir être construits et être en mesure de fonctionner (description des composants, de leur assemblage et définition des conditions dans lesquelles ils peuvent fonctionner). L'état de tels systèmes peut se mesurer à leur «variété»: selon Ashby, la variété décrit le nombre d'états qu'un système peut prendre. Au-delà des fonctionnalités prévues par leurs concepteurs, ils sont en principe incapables de s'adapter à des perturbations de leur environnement pour continuer à produire les résultats attendus. À chaque instant leur état est connaissable (valeur des variables d'état qui les caractérisent à un moment donné). On démontre donc que pour qu'un système soit contrôlable, le système qui doit le contrôler doit disposer d'une variété au moins égale ou supérieure au système à contrôler[1].

Les systèmes complexes, dont les définitions sont par ailleurs très variées, mais dont on dira qu'ils caractérisent les systèmes vivants, sont capables de modifications de leurs comportements et d'évolutions en fonction de perturbations non prévues de leur environnement. Ils ne sont pas construits par l'homme, à l'exception des organisations humaines et leur description exhaustive, comme la détermination de leur état, est quasi impossible: on ne peut dénombrer (ou «voir») tous leurs composants, *a fortiori* toutes les interactions existantes ou potentielles entre ces composants, et il est impossible de connaître l'état de tels systèmes à chaque instant. La représentation de ces systèmes ne peut donc pas être exhaustive.

La variété (au sens d'Ashby) des systèmes complexes n'est pas calculable: elle est très grande, voire infinie. Il en découle que les systèmes qui sont censés les mettre sous contrôle (systèmes construits par l'homme, donc artificiels) ont par définition toujours une variété inférieure. Il est donc illusoire de penser qu'un quelconque système de contrôle artificiel peut assurer le contrôle total d'un système complexe. Les modèles de représentation qu'on peut s'en donner sont toujours incomplets et dépendent de multiples facteurs, tels que le point de vue adopté par le modélisateur, les finalités poursuivies, les méthodes de représentation choisies. Enfin, on dira que les systèmes complexes sont dynamiques, irréversibles, peu prévisibles et évoluent souvent par bifurcations. Ils s'auto-organisent,

1. Loi de la «variété requise» d'Ashby.

fonctionnent de manière dialogique (simultanéité de logiques contradictoires : cf. par exemple Dominique Genelot) et évoluent en passant de configurations d'ordre à d'autres configurations d'ordre par des phases intermédiaires de nature chaotique, durant lesquelles des régressions, voire des destructions peuvent avoir lieu.

En considérant les êtres humains en tant que systèmes complexes, outre leurs caractéristiques mentionnées plus haut, on ajoutera qu'ils sont susceptibles de se comporter de manière contre intuitive et d'imposer des finalités à d'autres systèmes.

Pour revenir à la question du contrôle, la seule manière d'assurer un pilotage adéquat de systèmes complexes n'est donc pas d'ajouter des points de contrôle, qui souvent ne conduisent qu'à une rigidification du système à contrôler, mais d'identifier les variables sensibles susceptibles d'influencer le système dans une direction souhaitée et d'assortir tout système de contrôle artificiel des compétences d'êtres humains, seuls susceptibles d'accroître la variété, notamment en leur donnant plus d'autonomie et en assurant d'indispensables fonctions de coordination.

La nature des systèmes d'information des organisations est d'autant plus délicate qu'avec les organisations humaines on est en présence d'une combinatoire de deux grandes catégories de systèmes : des systèmes vivants humains et des systèmes artificiels (les structures et processus, ainsi que les artefacts techniques), eux-mêmes construits par des êtres humains.

Une compréhension appropriée de ces deux catégories de systèmes est donc indispensable afin de saisir la nature particulière des diverses catégories de systèmes d'information qui interagissent en permanence dans les organisations humaines. Ceci permet de mettre en évidence les difficultés rencontrées et qui, dans une large mesure, subsistent depuis l'avènement de l'informatique dans la construction des systèmes d'information informatisés des organisations humaines.

Toutes les contributions scientifiques classifient les organisations humaines dans la catégorie des systèmes complexes. On peut même les considérer comme hypercomplexes dans la mesure où ce sont précisément des combinaisons de systèmes ouverts et de systèmes artificiels, ainsi que des assemblages de sous-systèmes qui se reconfigurent en permanence. Toutefois, les méthodes et techniques de management et de contrôle desdites organisations sont pour la plupart fondées sur les approches issues des avancées concernant le pilotage des systèmes artificiels, dont l'origine remonte aux découvertes de la cybernétique. La notion de complexité, dont l'un des scientifiques qui a le plus contribué à sa discussion est le sociologue Edgar Morin, n'apparaît dans les discours sur le management des organisations qu'à partir des années 1990, mais n'a, en ce début de XXIe siècle, pas encore véritablement transformé la manière dont sont conduites les entreprises et administrations.

Comment dès lors comprendre pourquoi la conception et le développement des systèmes d'information des organisations restent un exercice difficile, dont les résultats peuvent être, grâce au développement des nouvelles technologies de l'information et de la communication (NTIC), à la fois novateurs mais ne répondant parfois pas aux besoins ou à la dynamique des systèmes qu'ils sont censés accompagner ?

1.5 Le problème de la représentation des systèmes

Il faut chercher les difficultés inhérentes au développement des systèmes d'information informatisés des organisations humaines dans la nature des systèmes dont ils sont censés être les supports à leur fonctionnement, voire à leur existence même.

Il faut également les chercher dans la problématique posée par la représentation qu'un modélisateur se fait de la réalité qu'il observe (toute personne observant une réalité complexe et souhaitant se la représenter puis la décrire). Les biais et filtres culturels, idéologiques, de la formation, de l'expérience, des finalités recherchées changent le regard qu'on porte sur cette réalité observée. Qui plus est, l'observateur est rarement dans la situation de ne pas influencer le système qu'il observe, ceci d'autant plus qu'il est lui-même souvent à l'intérieur, voire même un acteur dudit système observé. De plus, les systèmes complexes ne pouvant être représentés de manière exhaustive, le modélisateur devra choisir les éléments qu'il considérera comme devant faire partie de la représentation.

Une comparaison des objectifs respectifs de la modélisation des systèmes d'information des systèmes sociaux humains et des systèmes artificiels montre que les SI informatisés doivent répondre à des exigences différentes, bien que complémentaires (cf. tableau 1).

1.6 Comparaison des objectifs et concept de variété

Pour différencier le processus de modélisation de systèmes artificiels de celui des systèmes organisés humains (voir ci-après § 5), on peut dans un premier temps se référer au concept de variété d'Ashby (voir supra).

Lorsqu'il s'agit de construire un objet artificiel, l'homme choisira un objectif, imaginera quelques variantes possibles et choisira finalement l'une d'elles. On pourra *grosso modo* dire que la variété du système final sera équivalente à la variété du modèle choisi (spécifications retenues).

Système d'information des organisations sociales	Système d'information des systèmes artificiels
Recherche des invariants et des sous-systèmes	Liste des composants (spécifications)
Stabilité structurelle	Outputs prévus
Différentiation et vitesse de réaction en fonction : - de l'horizon temporel - du degré de stabilité	Vitesse de réaction adaptée au système technique
Adaptation à la dynamique d'évolution de l'organisation	Conformité aux spécifications pendant la durée de vie
Satisfaction transitoire	Obsolescence technique
N'empêche pas le système réel d'évoluer – contribue à son évolution	Ne peut pas transformer le système technique
Durée d'amortissement liée à l'évolution du système	Durée d'amortissement en fonction de la rentabilité prévue
Cycles de vie du SI différentiés	Cycle de vie du SI lié au cycle de vie du système technique

Tableau 1 Comparaison : SI des organisations sociales et SI des systèmes artificiels

Au contraire, lorsqu'il s'agit de construire le modèle d'une organisation humaine, l'homme (le modélisateur) sera face à une quasi-infinité de représentations possibles et il retiendra essentiellement celle qui correspondra le mieux à ses finalités. Dans ce cas, la variété du système final sera très inférieure (par définition) à la variété du système réel.

Enfin, pour construire un système artificiel (une application informatique) d'une organisation humaine, on se retrouvera dans le premier cas. Toute la question sera donc de trouver comment appliquer adéquatement le processus de modélisation d'un système vivant pour en obtenir un système artificiel approprié, mais de variété inférieure (figure 1).

2 La notion d'information

Les confusions sont nombreuses, simplement en raison d'une absence de compréhension sémantique. Il s'agit donc de préciser les divers concepts qui sont associés ou proches de cette notion d'information. On considérera que l'arrivée de l'outil informatique a étendu les définitions vers l'amont et vers l'aval. En amont, on parle d'un concept élémentaire de codification binaire, le bit, et d'une combinaison, l'octet, (il y en a d'autres) qui permettent de construire les signes dont on a besoin pour former (dans divers alphabets) des chiffres, des mots et des signes de ponctuation.

Les données sont des éléments (sons, mots, nombres, gestes, images, etc.) ayant une valeur symbolique. Elles ne sont rien par elles-mêmes et ne révèlent de sens qu'une fois interprétées. Comme le dit Robert Reix, « les données constituent [...] la matière première de l'information ; elles deviennent de l'information par un processus d'interprétation, qui leur attribue de la signification, du sens. On comprend facilement que ce qui constitue une information pour l'un ne constitue pas obligatoirement une information pour l'autre, et que le passage des données à l'information est lié à la connaissance maîtrisée par les individus ».

Une connaissance peut ainsi être définie comme un ensemble d'informations qui prennent une signification particulière dans un contexte donné.

Du point de vue de l'ingénieur, l'information pose des problèmes de transmission qui concernent les vitesses, les canaux et la qualité. Depuis Shannon et ses travaux sur la théorie de l'information, diverses avancées dans le domaine de la communication ont apporté des connaissances nouvelles. Nous retiendrons essentiellement ici l'idée que les perturbations dans la

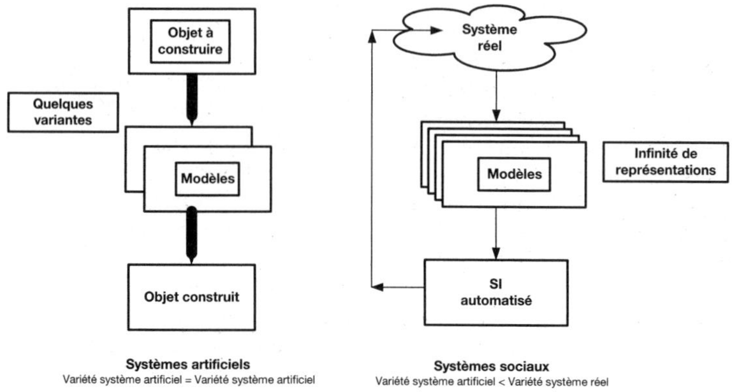

Figure 1 Comparaison systèmes artificiels et sociaux

transmission d'un message sont inadéquates et qu'il s'agit de trouver les moyens d'assurer que le récepteur puisse non seulement décoder une information transmise, mais également que celle-ci soit fiable. Le principe de la redondance y est donc appliqué. Envisagé d'une autre manière, le bruit, qu'il soit technologique ou sémantique, doit être évité, afin de réduire les risques de déformations de l'information et donc du message transmis.

Du point de vue d'un biologiste, un système vivant ne peut survivre qu'en important de l'énergie, donc en étant en permanente interaction avec son environnement. Réduire le bruit, voire le supprimer, c'est réduire une source d'énergie et c'est aussi empêcher le système d'interpréter un bruit comme une information qui pourrait être pertinente. Pour évoluer, un système vivant doit se laisser agresser (ni trop, ni trop peu) et donc des ruptures sont parfois nécessaires. Ainsi, Jacques Mélèse et Henri Atlan expliquent que d'éviter le bruit revient à empêcher un système d'évoluer et de survivre. Le concept de frontière qui se définit comme ce qui sépare un système de son environnement est, à cet égard, tout à fait fondamental car qui dit frontière dit filtrage, mais aussi fonction de contrôle. On peut envisager la frontière comme une membrane de protection, ou comme canal de fuite, fonctionnant de manière différente dans un sens (du système observé à l'environnement) ou dans l'autre (de l'environnement au système considéré). Envisagé comme une fonction active sur les flux d'information, contrôlé parfois par le système et parfois par l'environnement, ce concept abstrait joue un rôle bien réel lorsqu'il est envisagé d'un point de vue stratégique, managérial, ou financier, par exemple.

3 Le concept de système d'information

Les systèmes d'information peuvent être examinés de deux points de vue différents. Le premier est essentiellement tourné vers la problématique des typologies et de la nature des informations qui circulent entre individus, dans l'organisation ou de manière interorganisationnelle. Le second considère l'architecture d'un système d'information, comme étant le système construit facilitant des échanges entre ces diverses entités.

3.1 Les SI en fonction des typologies et natures des informations

Traditionnellement on distingue des catégories telles que les informations formelles, formalisées, structurables, structurées, informelles, quantitatives, qualitatives, explicites ou tacites. Plus récemment, les technologies multimédias font apparaître des informations de nature composite (image, son, texte, etc.).

S'il est possible de caractériser des types d'informations, on doit aussi les distinguer en fonction de leur nature (techniques, opérationnelles, de pilotage, stratégiques) et selon leur comportement. En effet, lorsqu'on souhaite les utiliser, les informations peuvent prendre des états et des formes variés: régulières, irrégulières, permanentes, provisoires, disponibles, archivées, rares, coûteuses, gratuites, organisées, chaotiques.

Deux autres catégories d'informations ne font que rarement l'objet d'une discussion lorsqu'il s'agit de les modéliser. Pourtant, elles interagissent en permanence avec les informations qu'on a l'habitude de structurer en vue de leur informatisation. Il s'agit des informations dites informelles et des informations émergentes. Toutes les deux sont inhérentes à la nature même des organisations humaines, car elles naissent spontanément ou résultent des multiples interactions intervenant entre individus dans les organisations et dans leurs relations avec leurs environnements.

On notera que les flux d'informations informelles ont des configurations variables, parfois relativement stables et parfois très mouvantes. Lorsque l'on tente de structurer ces flux, ou lorsque l'on touche dans des actions de réorganisation, à des processus de gestion et à des procédures, et que l'on procède à des changements de rôles des individus dans l'organisation, on maîtrise assez facilement les changements que l'on effectue dans la partie structurée du système d'information. Cependant, les systèmes informels vont se reconfigurer et il est tout à fait illusoire de pouvoir anticiper la manière dont ces réseaux vont se restructurer. Si la réorganisation de la partie formalisée est inadéquate ou perçue comme telle, les réseaux informels prendront le relais, souvent de manière appropriée, mais parfois aussi en activant des processus de résistance au changement. Les bénéfices attendus des réorganisations peuvent alors s'en trouver largement réduits. La seule manière de diminuer le risque de reconfigurations inadéquates des flux informels est d'impliquer tant que faire se peut les acteurs qui sont directement impliqués dans les réorganisations et favoriser ainsi des comportements d'adoption. On constate aussi que ces phénomènes informels, positifs ou négatifs, sont souvent accélérés par les NTIC elles-mêmes. Elles facilitent des phénomènes de «réseautage» et d'émergence de nouvelles idées (donc de nouvelles informations) de manière bien plus rapide qu'il n'était possible avant qu'on ne puisse véhiculer des informations peu structurées par les outils informatiques.

3.2 Architecture des SI

Le deuxième point de vue est celui que propose Kenneth Laudon. Un système d'information se définit aussi comme un «ensemble de composantes interreliées qui recueillent (ou récupèrent) de l'information, la traitent, la stockent et la diffusent afin de soutenir la prise de décision et le contrôle au sein de l'organisation. Outre la coordination et le contrôle, les systèmes d'information peuvent également aider les gestionnaires et les employés à analyser des problèmes, à visualiser des sujets complexes et à créer de nouveaux produits.»

C'est une vision plus technique que l'on doit évidemment considérer dans la perspective d'une adéquation de ces architectures aux processus qui doivent être gérés (Venkatraman, par exemple).

On définira donc un système d'information comme une combinaison d'artefacts techniques, logiciels et organisationnels en interaction avec des flux d'informations formels, informels et émergents au service de finalités explicites et implicites d'entités humaines organisées.

4 Le concept d'organisation

On entend par organisation tout système artificiel ou naturel qui se distingue de son environnement par une frontière, dont les éléments sont en interaction et susceptible de maintenir son identité en présence de perturbations de ses environnements.

On peut aborder la notion d'organisation soit en la considérant dans le sens d'une entité organisée ou comme l'acte d'organiser. Notre propos se limitera à discuter la notion d'entité organisée humaine.

4.1 Typologie des organisations humaines

Les organisations humaines sont souvent des construits artificiels destinés à réunir des individus et des artefacts techniques en vue de poursuivre des finalités. Les entreprises, les administrations, les clubs, les organisations internationales en sont des exemples classiques. Divers auteurs en théorie des organisations ont proposé des typologies.

On peut retenir celle que suggère Henry Mintzberg, comme l'une des propositions incontournables, car les référentiels sont assortis d'une série de catégories associées, qui concernent les systèmes d'information et les systèmes de communication.

Les sept types de configurations structurelles proposées, ainsi que les critères qui leur sont associés, permettent à l'observateur de caractériser une organisation spécifique et de mettre en évidence les traits principaux qui les différencient. Parmi les critères, on notera la typologie des systèmes de communication et des systèmes de flux proposés. Elles constituent un référentiel précieux pour toute intervention organisationnelle qui conduirait à modifier ces systèmes.

Parmi les observations qu'on peut en tirer, et Mintzberg le note opportunément, ce sont les interactions entre les types de systèmes qui doivent en premier lieu rappeler que toute intervention sectorielle sur un processus peut entraîner des effets importants sur d'autres processus et procédures. L'enchevêtrement «en boucle» de nombreux flux doit inciter à considérer les conséquences possibles sur la dynamique de l'ensemble des systèmes et donc de mettre en œuvre des concepts et méthodes qui sont adaptés à la modélisation des systèmes complexes.

Mintzberg met également en évidence l'enchevêtrement de configurations et les processus dynamiques qui poussent les organisations à faire évoluer leurs configurations et donc leurs flux d'informations et systèmes de communication.

D'autres manières de classifier les organisations ou de les observer ont été proposées. On mentionnera l'approche par les métaphores du sociologue Gareth Morgan, les classifications par les stratégies de Michael Porter, les typologies de structures ou les décompositions par les processus.

4.2 Nature des organisations humaines

Notre propos ne concerne que les points de vue qui sont associés à la notion d'information et au concept de systèmes d'information qui, comme l'exprimait Claude Bernard, sont essentiellement «dans l'esprit des hommes». À l'examen de quelques concepts fondamentaux des systèmes, nous avons rappelé que les systèmes vivants sont à observer du point de vue de leur structure, de leur fonctionnement et de leur dynamique. Les organisations humaines sont tout à la fois des ensembles de systèmes vivant en interaction avec des systèmes de nature artificielle, construits par l'homme, qui les dotent de finalités, de règles, de processus de réalisation, de processus de pilotage et de processus de soutien. Tous ces processus sont en interaction et tous nécessitent et génèrent des informations. Certaines d'entre elles sont directement liées aux artefacts mis en place, d'autres tiennent à l'existence de relations entre les individus d'une organisation, d'autres encore sont captées dans l'environnement, enfin une dernière catégorie est tout simplement créée par des phénomènes émergents. Les organisations doivent donc être considérées comme des systèmes hypercomplexes dont les modèles de représentation et en particulier les modèles de leurs systèmes d'information sont particulièrement difficiles à comprendre et à exprimer. Il est donc essentiel lorsqu'on les modélise, de mettre en œuvre des concepts et méthodes adaptés spécifiquement à la modélisation des systèmes complexes et à éviter toute simplification excessive qui ne ferait qu'amplifier cette complexité. C'est en particulier le cas lorsqu'on les réutilise comme modèles pour développer des applications informatiques, destinées à permettre d'agir dans l'organisation dont ils sont eux-mêmes issus.

5 Les systèmes d'information d'une organisation

D'un côté les systèmes artificiels et notamment les systèmes techniques ont vu l'automatisation de leur fonctionnement et leur intégration dans des systèmes de production évoluer avec le développement des microprocesseurs, des systèmes de contrôle et l'émergence de nouveaux artefacts comme les machines à commandes numériques, les robots de tous types et de nombreux systèmes automatiques, depuis les capteurs (de température, de pression, de forme, etc.) jusqu'aux systèmes d'affichage et les tableaux de bord.

En parallèle, les organisations humaines ont vu leur complexité s'accroître, en particulier en raison de nouvelles exigences liées à un raccourcissement de nombreux cycles de vie, de temps de réponse qui se contractent, d'accroissements des interactions avec des environnements de plus en plus nombreux et de moins en moins stables. La dynamique de l'évolution de tels systèmes est devenue un facteur essentiel de leur survie.

Tous ces systèmes requièrent le développement de systèmes d'information spécifiques, directement dépendants des fonctionnalités du type de système considéré. Comme les uns et les autres interagissent en permanence mais que les objectifs de développement de SI pour les uns et les autres n'ont pas des finalités identiques, il est devenu d'autant plus difficile de comprendre et d'identifier les différences fondamentales qui distinguent la modélisation des systèmes techniques de celle des systèmes vivants.

5.1 Le processus de modélisation du SI d'un système technique

La conception et le développement de ce type de SI sont entièrement liés aux spécifications assignées aux systèmes techniques. Le fonctionnement de ceux-ci dépend directement de la bienfacture des systèmes d'information qui connectent les systèmes de commande aux systèmes commandés et tout défaut entraîne irrémédiablement un mauvais fonctionnement du système automatisé, voire même sa destruction. De plus, le SI correspondant ne peut en aucun cas transformer ou faire évoluer le système technique lui-même. On est face, dans la majorité des cas, à des systèmes parfaitement déterministes.

La figure 2 montre que l'évolution ou le changement des spécifications ne se fera, dans la plupart des cas, qu'à l'occasion de la construction d'un nouvel artefact technique, même si des ajustements ont presque toujours lieu dans le processus de développement. On peut donc notamment dire que le cycle de vie du SIT est directement lié au cycle de vie de l'objet.

5.2 Le processus de modélisation du SI d'un système social (vivant et artificiel)

Les systèmes organisés humains, systèmes complexes, mettent en relation de nombreux individus (relations hommes–hommes) ainsi que des individus avec des

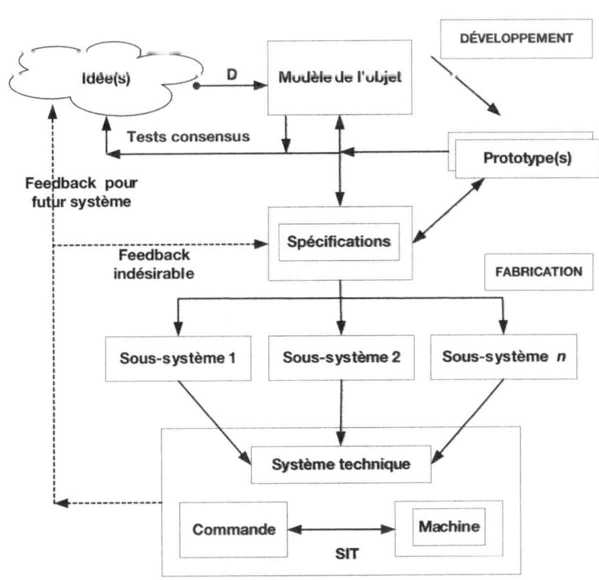

Figure 2 Principe de spécification et modélisation d'un SIT

artefacts techniques (relations hommes - machines) et des systèmes techniques avec d'autres systèmes techniques. Si dans le cas des relations entre systèmes artificiels (SIT), on retrouve des systèmes d'information déterministes, il n'en va évidemment pas de même dès qu'on prend en compte la dimension humaine du système et qu'il s'agit en plus de considérer qu'on se trouve face à des systèmes dynamiques en perpétuelle évolution et reconfiguration de leurs propres structures et fonctions.

La question fondamentale qui se pose dès lors est celle de la construction de systèmes d'information susceptibles de prendre en compte cette dynamique du changement, sans la perturber ou la contraindre inadéquatement et sans pour autant exiger une reconstruction permanente de tous les SI impliqués. On doit penser à une approche de conception et de développement constructiviste (on pourra se référer à ce propos aux réflexions déjà vieilles de plus de vingt ans dans *De l'autre côté de Merise* d'Yves Tabourier, ainsi qu'aux réflexions plus récentes de J.-L. Le Moigne dans ses ouvrages sur le constructivisme). On doit aussi prendre en compte une caractéristique essentielle des systèmes vivants, celle de combiner des structures avec des fonctions et une dynamique, le tout plongé et en interaction avec des environnements et dotés de finalités (cf. les définitions de J.-L. Le Moigne).

S'agissant de la représentation des systèmes complexes, il faut aussi rappeler le fait que de tels systèmes ne peuvent en aucun cas être représentés de manière exhaustive, mais essentiellement de manière pertinente[1]. En conséquence, tout modèle du système d'information d'une organisation ne pourra être que partiel et dépendant des composantes observables du système (le système d'information informel n'est pas observable, les informations émergentes ne seront éventuellement prises en compte qu'*a posteriori*) et des finalités du (des) modélisateur(s) (voir ci-dessus : systèmes complexes).

Le schéma de la figure 3 montre que le processus de modélisation et de développement devrait être un processus permanent dont la vitesse du cycle devrait correspondre à la vitesse de changement des composantes plus ou moins stables d'une organisation humaine. De plus, au moment où une application informatique est introduite dans l'organisation, cette dernière est instantanément reconfigurée et ne correspond plus au modèle de départ. Il en découle des conséquences diverses dont la moins souhaitable est la mise en place d'un système informatique décalé par rapport aux besoins réels d'un système qui a évolué.

5.3 Spécificités d'un système organisé humain

Il est aujourd'hui souvent entendu dans certains milieux de l'informatique que tout bouge tout le temps, que plus rien n'est stable et qu'il est donc devenu illusoire de penser à une certaine stabilité des systèmes d'information des organisations. À chaque changement d'artefact technique, il semble donc aller de soi que les SI doivent également être modifiés. C'est certainement vrai pour le fonctionnement des

1. Jean-Louis Le Moigne, *La Théorie du Système Général, Théorie de la modélisation*, PUF, 1977.

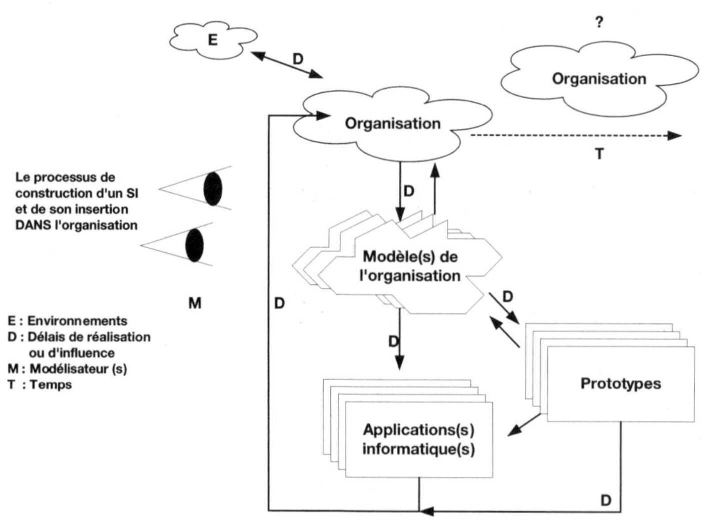

Figure 3 Principe de spécification et modélisation d'un SIO

systèmes techniques, mais est-ce aussi le cas pour la partie non technique du système d'information d'une organisation ?

Pour saisir la spécificité de la modélisation des systèmes organisés humains, il faut compléter les caractéristiques générales des systèmes vivants (cf. *supra*).

Si l'on considère qu'un système vivant peut être décrit en termes de structures (ses composantes), de fonctions (ses processus et procédures) et de dynamique (son évolution), il est évident que toutes les structures et toutes les fonctions n'ont pas des cycles et des rythmes d'évolution identiques.

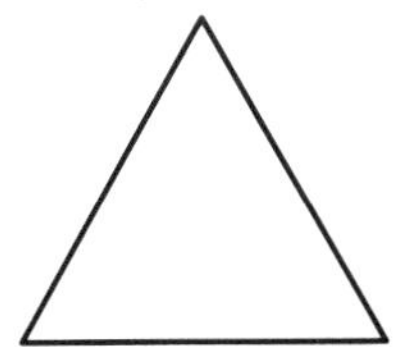

Figure 4 Les composantes d'un système vivant selon Le Moigne

La structure d'un système vivant, et plus particulièrement sa structure fondamentale, ne change pas au rythme du changement de ses fonctions. La métaphore du corps humain nous aide à le comprendre : que l'on soit un nouveau-né, un adulte ou un vieillard, les organes essentiels (et les systèmes qui les relient) permettant à l'être vivant de rester en vie sont présents tout au cours de la vie. Par contre, les qualités de fonctionnement du système changent avec l'âge et avec les interactions dues aux relations avec l'environnement. Toute une série de fonctions sont en perpétuel changement, certaines évoluent en permanence et on peut prédire certains effets probables dus au vieillissement ; d'autres n'évoluent que par effets soudains et imprédictibles dus en général à une perturbation provoquée par l'environnement.

On ajoutera à ces processus dynamiques le fait que les composantes structurelles sont en interactions permanentes et organisées en arborescences, croisées par strates, afin d'atténuer les déstabilisations dues à des perturbations de l'environnement et de mieux assurer l'homéostasie de tels systèmes.

Transposé au monde de l'organisation (une entreprise, une administration), le même raisonnement s'applique, du moins en partie, par analogie. Il y a donc des composantes de l'organisation qui changent peu et d'autres qui changent en permanence, qui évoluent de manière prévisible ou imprévisible, voire même qui apparaissent alors que d'autres disparaissent, ce qui en cela rend de tels systèmes encore plus complexes. Les systèmes d'information qui leur sont associés obéissent donc à des logiques qui ne sont pas celles des systèmes techniques. On notera par exemple le fait que des informations produites par certains systèmes sont utilisées par d'autres et réciproquement, mais pas toutes et pas nécessairement de manière synchrone, ni avec des cycles de vie comparables. Certaines informations sont partagées, d'autres pas.

Lorsqu'il s'agit d'informatiser des systèmes d'information organisationnels, l'élaboration des spécifications doit donc prendre en compte ces dimensions spécifiques et considérer une multitude de besoins complémentaires et croisés. Ils ne peuvent se définir que par rapport à des représentations, mais aussi des finalités et des contraintes de modélisateurs, de décideurs, d'utilisateurs et de parties prenantes qui tous ont, soit des points de vue, soit des rôles à jouer, qui sont différents. Les systèmes d'information construits devront répondre correctement à leurs attentes ou exigences, tout en n'empêchant pas les systèmes et sous-systèmes réels d'évoluer selon leur dynamique propre.

5.4 Composantes importantes d'une organisation humaine

Les cycles de vie des SIO ne sont donc pas reliés directement à l'obsolescence d'artefacts techniques comme un SIT, mais à l'existence même de l'organisation et aux multiples cycles de vie de ses composantes.

La complexité ne doit cependant pas faire renoncer à une exigence accrue d'une approche difficile et à l'utilisation de méthodes de modélisation adaptées. Il s'agit d'éviter d'aboutir à des spécifications qui ne retiennent que les impératifs des artefacts techniques, sachant qu'*in fine* une application informatique ne sera qu'un artefact technique.

Il y a donc lieu d'envisager le SI d'une organisation comme devant répondre simultanément à des besoins divers, correspondant à des points de vue et finalités différents, mais souvent complémentaires. Ces besoins sont directement liés à des activités portant sur des exigences qui résultent de la stratégie, des structures et processus de management, des processus du métier (*core business*), des hommes et de la culture organisationnelle.

On peut aussi mentionner, parmi ces besoins, ceux qui découlent des modèles développés par divers chercheurs et praticiens des organisations pour développer des processus assurant le fonctionnement d'une entité organisée :

- l'exigence de correspondance à des systèmes de court, moyen ou long terme, qui peuvent *grosso modo* être mis en parallèle avec les informations de type opérationnel, de pilotage et de nature stratégique (Anthony, Ansoff) ;

- l'exigence de support aux divers types de systèmes de flux et de communication (voir ci-dessus les typologies de Henry Mintzberg);
- le support aux divers types de flux qui «traversent» une organisation proposé dans la méthode AMS[1]. Cette typologie recouvre entièrement celle proposée trente ans plus tard par la norme ISO 9000:2000: processus de management (flux de pilotage, de mesure et de feedback), processus du cœur de métier (flux technologiques) et processus de support ou de logistique (flux opératifs et d'information);
- la recherche des données primaires, dans la méthode Datarun (Daniel Pascot), qui correspondent assez bien au concept d'informations opératives (dites nécessaires) dans la méthode AMS;
- les besoins complémentaires et simultanés des composantes d'une organisation: ses stratégies, ses structures et fonctions, ses systèmes techniques ainsi que ses hommes et sa culture (voir figure 5 ci-après, modèle de Silvio Munari, comme extension du modèle de Leavitt);
- les flux découlant de la chaîne de valeur (Michael Porter);
- la diversité des types d'interactions de l'organisation avec ses environnements externes: clients, fournisseurs, partenaires financiers, etc.

Ce schéma, en forme de tétraèdre, proposé dès 1991, met en évidence le rôle clé de couplage qu'un SIO doit assurer dans une organisation. Wheelwright dans le monde anglo-saxon, Gélinier en Europe, ont tous deux montré l'importance du couplage entre les niveaux opérationnels et stratégiques, qui ne peut être assuré que par un système d'information approprié. Il doit être étendu également au rôle de couplage devant être assuré pour les divers environnements avec lesquels toute organisation entretient des relations.

Du point de vue des méthodes de conception des systèmes d'information des organisations, il s'agit donc de pouvoir différencier toutes les catégories de processus et de flux d'informations, par strates de stabilité ou d'invariance, afin de construire des systèmes d'information dont une partie des composants aura un caractère plus stable que d'autres (niveaux de modélisation dans les méthodes Merise et OSSAD). On pourra ainsi mieux diriger les ressources à affecter et les investissements à consentir, tout en maîtrisant plus efficacement les coûts induits par l'évolution des NTIC.

1. Analyse modulaire des systèmes de gestion de Jacques Mélèse qu'on peut considérer comme un précurseur en la matière, car toute sa typologie se retrouve aujourd'hui, certes avec un vocabulaire différent, dans la plupart des discussions sur les processus des entreprises.

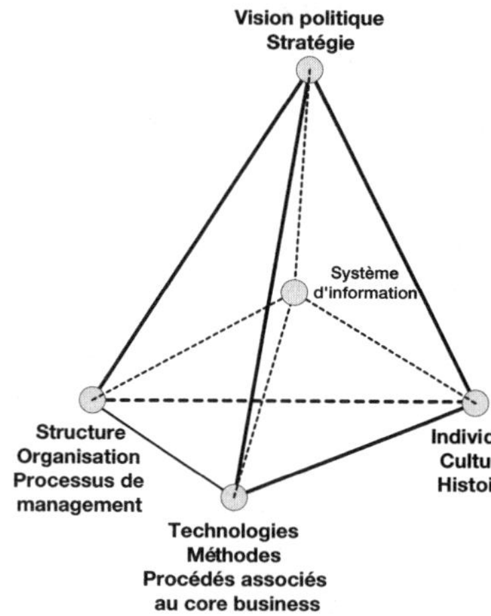

Figure 5 Les cinq pôles de l'organisation représentés dans le tétraèdre organisationnel

5.5 Défis pour le développement des SI des organisations humaines

Il s'agit également de continuer à chercher des méthodes de production industrielle de codes, fiables et flexibles, pour le développement des applications informatisées. Il est également nécessaire de trouver de meilleures réponses à leur adaptabilité, l'idée étant de pouvoir, à l'instar des systèmes de production flexibles industriels, de produire des applications spécifiques au prix d'applications standards, dans la qualité attendue, adaptables aux environnements dans lesquels elles seront insérées, et dans des délais courts.

Pour discuter les caractéristiques particulières des divers systèmes d'information des organisations, plusieurs typologies ont également été proposées (Le Moigne, Mélèse, Softech – SADT), Nancy-Espinasse, Laudon, Reix, Rivard – W4, CSCW). On retiendra que les catégories mentionnées sont construites autour de quelques critères fondamentaux: degré de standardisation, niveaux d'invariance, domaines d'application, degré de structuration, nature des flux, finalisation, évolution et survie des systèmes organisés humains (*Viable System Model de Stafford Beer*).

6 Typologies et couplages des systèmes d'information des organisations

Les points de vue susceptibles d'être adoptés sont multiples. On trouvera chez Rivard/Talbot et chez Reix des typologies liées aux processus de gestion ou processus d'affaires.

Outre ces typologies et celles évoquées plus haut, on peut tenter de caractériser les systèmes d'information des organisations (SIO) en les observant en relation avec trois autres points de vue : les systèmes d'information techniques (SIT), les systèmes d'information informels (SIF) et les systèmes d'information externes (SIE).

6.1 Les systèmes d'information techniques (SIT)

La notion de SIT n'est pas couramment discutée dans les problématiques des systèmes d'information des organisations. En effet, qu'il s'agisse de systèmes de capteurs dans un processus industriel (température, pression, vitesse de fluides, etc.), d'instruments de mesure, de systèmes de commandes de machines, de robots, de systèmes de convoyage et de stockage, d'automatismes de surveillance, d'informations utilisées en domotique, tous ces systèmes sont directement liés aux artefacts techniques dont ils sont censés contribuer au bon fonctionnement. Il n'y a dans ces types d'informations aucune spécification qui n'a pas été élaborée a priori : chaque information, chaque système mis en place doit être défini en fonction des opérations susceptibles d'être effectuées par les objets techniques (voir plus haut : principes de modélisation des SIT). Un système automatisé de production ne pourrait fonctionner sans un SI approprié pour déclencher des processus d'usinage, de transport, de stockage ou d'assemblage, par exemple.

6.2 Les systèmes d'information informels (SIF)

Il s'agit de tous les réseaux qui s'établissent entre individus ou groupes d'individus et qui ne font pas partie des systèmes dits structurés, voire structurables. Il en existe de tous types : une conversation se construit, son déroulement n'est pas prévisible, même si des objectifs peuvent avoir été posés en vue, par exemple, d'obtenir un résultat particulier lors d'une négociation ; la réponse à une question va générer un processus de réflexion adapté à la situation ; un événement inattendu déclenchera un processus de recherche d'informations et d'échange ad hoc. Dans les organisations, il s'établit de nombreux réseaux informels par lesquels circulent des informations qui peuvent parfois avoir une importance clé dans certains processus de décision. Changer une structure, changer un processus, modifier des rôles et des cahiers des charges, introduire un système informatisé, voilà des situations qui modifient les réseaux informels et qui peuvent conduire à de très grandes difficultés lorsque les ruptures provoquées dans ces réseaux conduisent à des blocages dans l'acheminement de certaines informations ou de certains processus de décision. Comme nous l'avons vu ci-dessus, contrairement aux systèmes structurés, ces réseaux informels se reconfigurent sans qu'il soit possible d'anticiper les changements. Des opérations inadéquates de réorganisation peuvent conduire à des périodes de désordre particulièrement perturbantes pour les individus concernés et coûteuses pour les entreprises et administrations concernées.

6.3 Les systèmes d'information externes (SIE)

Toute organisation humaine entretient des relations avec ses environnements : de nombreuses interactions de tous types couplent les organisations au monde extérieur grâce à des systèmes d'information qui peuvent être des SIT, des SIO ou des SIF. Dans la réalité, ce sont souvent des combinaisons de ces types de systèmes auxquelles on est confronté. Comme les entités externes concernées sont des systèmes eux-mêmes complexes et dynamiques, la difficulté de comprendre et modéliser ces interactions est encore plus subtile et difficile que lorsqu'on est essentiellement face aux systèmes internes. Les NTIC et en particulier les technologies associées à l'Internet apportent aujourd'hui des solutions encore inimaginables il y a moins de dix ans. Elles sont précisément susceptibles d'apporter des réponses adéquates au maintien de relations robustes dans des contextes où la dynamique des changements qui s'effectuent en permanence est particulièrement élevée.

6.4 Les systèmes d'information organisationnels (SIO)

On considère comme tels, les systèmes d'information qui sont propres à une organisation tout comme ceux qui connectent deux ou plusieurs organisations entre elles. Les informations qui permettent à des individus d'interagir avec une organisation en font de facto partie, car ce sont des sous-systèmes mis en place par les organisations (qui peuvent être mis en œuvre à l'aide de systèmes techniques) destinés à assurer l'interface (sites web, distributeurs de billets, etc.) avec des utilisateurs externes. Ces SIO sont au cœur même du fonctionnement des organisations et en font intrinsèquement partie : comme le dit Jacques Mélèse, « il n'y a pas d'organisation sans système d'information » et ces systèmes en assurent la dynamique.

L'une des difficultés à bien saisir un SIO, consiste notamment à ne pas considérer tous les types d'informations qu'il comprend et véhicule comme obéissant aux mêmes règles de structuration, de fonctionnement et d'évolution. Évoquer l'une des typologies classiques suffit pour saisir ces différences (informations techniques, informations opérationnelles, informations de pilotage, informations stratégiques) et montrer qu'il comprend tous les types d'informations. Ce qui le distingue toutefois des autres systèmes, c'est qu'une partie des informations manipulées résulte de processus émergents et de structurations intrinsèques dus à des processus constructivistes. L'interprétation, que les individus et groupes d'individus d'une organisation font des processus d'observation et de mesure en vue de prendre des décisions, en est l'une des causes.

6.5 Le couplage entre SI

Coupler des systèmes d'information de natures différentes pose de nombreux problèmes qui sont loin d'être tous faciles à résoudre.

Figure 6 Les couplages entre les différents systèmes

Il n'est pas possible d'examiner tous les problèmes que posent les couplages entre les divers systèmes d'information évoqués, sachant que chacune de ces quatre catégories se subdivise elle-même en des types multiples. Cependant, ce qui doit être affirmé de manière impérative, c'est que la combinatoire de ces systèmes est extrêmement importante car elle pose le très difficile problème de la stabilité des grands systèmes intégrés et des discontinuités qu'ils peuvent subir. On touche ici à des phénomènes décrits par les théories modernes de la physique et de la chimie (structures dissipatives, attracteurs étranges, dynamique chaotique, conditions particulières aux limites) qui toutes nous renvoient au fait qu'il n'est plus possible de raisonner de manière linéaire (donc causale) face à de tels systèmes, mais que les phénomènes doivent être vus comme étant la conséquence de relations circulaires (récursives), dont les temps de réponse, l'intensité et la soudaineté des diverses interactions ne permettent aucune prédiction à moyen et long terme sur le comportement de tels systèmes. On peut seulement dire qu'une petite perturbation à un endroit peut provoquer une discontinuité majeure, sans pour autant savoir où elle serait susceptible de se produire (Lorentz, effet papillon).

Comment dès lors imaginer que les grands systèmes intégrés (tels les ERP) puissent échapper à ces lois intrinsèques à la nature même des systèmes complexes.

La conséquence concrète de cet état de fait est d'imaginer des systèmes en interaction, coopérant de manière appropriée à des finalités définies, mais suffisamment autonomes et susceptibles de découplages, pour que soient évités de trop grands risques de propagation de discontinuités majeures. Auto-organisation (*self organization*), autopilotage (*self management*) et autonomie de décision (*self awarness*) doivent pouvoir être renforcés par tout système d'information destiné à la conduite d'une organisation humaine et ne pas conduire à plus de rigidités et de dépendances.

7 Pour conclure provisoirement

SI techniques, SI externes et SI organisationnels s'enchevêtrent en permanence. Ils sont en interaction avec des SI informels et sont continuellement réarticulés par le truchement de la dynamique des organisations humaines et de leurs environnements qui à la fois les génèrent et les utilisent. L'extrême complexité de ces systèmes enchevêtrés, ainsi que leur dynamique, rend illusoire toute idée de modélisation exhaustive. Seuls des modèles en permanente reconstruction, susceptibles de différencier sur un continuum le plus stable du moins stable pourront être pertinents pour se représenter et piloter les organisations humaines de manière appropriée. Enfin, les architectures des systèmes artificiels (réseaux, matériels et logiciels) devraient pouvoir être développés en tenant compte en permanence, non seulement des systèmes auxquels ils sont destinés, mais également de leur dynamique. D'une approche mécaniste (modèle de la machine), caractéristique des premières approches des systèmes, tournée vers la compréhension des interactions entre systèmes existants, à une vision biologique (modèles des systèmes vivants non humains), le paradigme nouveau est celui d'une vision orientée vers les finalités humaines (modèles sociaux) et donc résolument constructiviste. Elle vise à comprendre comment les organisations humaines et les communications évoluent, se transforment en permanence en fonction des intentions des acteurs et de leurs environnements. Les systèmes d'information des organisations doivent donc contribuer non seulement au fonctionnement actuel des systèmes pour lesquels ils sont développés, mais assurer leur fonctionnement futur sans créer de ruptures majeures grâce à leur flexibilité et robustesse, tout en favorisant émergence et créativité humaine.

En ce sens, ils doivent pouvoir répondre aux attentes d'organisations de plus en plus bousculées par leurs environnements. Pour reprendre quelques considérations de Karl Weick, les organisations, qui sont habituées à survivre dans des conditions très inattendues et souvent cruciales pour leur survie, mettent en place des processus pour répondre adéquatement, rapidement, voire par anticipation aux aléas susceptibles

de survenir. Il s'agirait donc de faire en sorte que les SI apportent des réponses appropriées :
- pour favoriser l'anticipation et l'attention à l'inattendu ;
- pour faciliter l'identification des ruptures et défauts ;
- pour mieux percevoir la conduite des opérations ;
- pour contenir les perturbations inattendues ;
- enfin pour faciliter le recours à l'expertise.

Karl Weick recommande ainsi de limiter la standardisation et la normalisation, notamment la planification, car cette dernière rétrécit le champ des perceptions possibles. Il faut aussi limiter les procédures opérationnelles trop formalisées qui conduisent à se focaliser sur les routines et affaiblissent les possibilités de répondre à l'inattendu. Toutes ces procédures sont l'inverse des processus qui permettent de répondre efficacement et avec intelligence aux perturbations d'un monde plus complexe et plus volatile. Il faut enfin renforcer tous les processus favorisant l'apprentissage.

"The purpose of a system is what it does" (S. Beer)

Bibliographie

Ackoff R.-L, *Re-Creating the Corporation*, Oxford University Press, Oxford, 1999.

ANSOFF Igor, Declerck Roger P., Hayes Robert L., *From Strategic planning to strategic management*, Wiley, New York, 1976.

Ashby Ross W., *An Introduction to Cybernetics*, Chapman & Hall LTD, 1957.

Atlan Henri, *Entre le cristal et la fumée*, Seuil, 1979.

Beer Stafford, *Brain of the firm*, ThePenguin Press, London, 1972 and extended version, Wiley, Chichester, 1981.

Espejo Raul., Harnden Roger., *The Viable System Model, Interpretations and applications of Stafford Beer's VSM*, Wiley, Chichester, 1989.

Bernard Claude, *Introduction à la médecine expérimentale*, Garnier-Flammarion, 1865.

Dumas Philippe, Charbonnel Gilles, *La méthode OSSAD: pour maîtriser les technologies de l'information*, Les Éditions d'Organisation, 1990.

Genelot Dominique, *Manager dans la complexité*, Insep, Paris 2001.

Gharajedaghi J., *Systems thinking: Managing chaos and complexity*, Elsevier, Burlington, 1999.

Le Moigne Jean-Louis, *La modélisation des systèmes complexes*, Dunod, 1990.

Le Moigne Jean-Louis, *Le constructivisme*, l'Harmattan, Tomes 1 à 3, Paris, 2001 à 2003.

Mélèse Jacques, *L'analyse modulaire des systèmes de gestion*, Les Éditions d'Organisation, 1991.

Mélèse Jacques, *Approche systémique des organisations*, Hommes et techniques, 1979.

Mintzberg Henry, *Structures et dynamique des organisations*, Les Éditions d'Organisation, 1982.

Morgan Gareth, *Images de l'Organisation*, De Boeck, Bruxelles, 1999

Morin Edgar, *La méthode* (Tomes 1 à 6).

Nancy Dominique, Espinasse Bernard, *Ingénierie des Systèmes d'Information: Merise deuxième génération*, Vuibert, Paris, 2001.

Pascot Daniel, *La méthode DATARUN*, Université Laval, Québec, Canada.

Reix Robert, *Systèmes d'information et management des organisations*, Vuibert, 2004.

Rivard Suzanne, Talbot Jean, *Le Développement des Systèmes d'information: une méthode intégrée à la transformation des processus*, Presses de l'Université du Québec, 2001.

Schwaninger Markus *et al.*, *Organizational Trans-formation and Learning. A Cybernetic Approach to Management*, Wiley, Chichester, 1996.

Stacey Ralph D., Griffin Douglas, SHAW Patricia, *Complexity and management, Fad or Radical challenge to systems thinking?*, Routledge, London, 2000.

Tabourier Yves, *Au-delà de Merise*, Les Éditions d'Organisation, Paris, 1986.

Von Bertalanffy Ludvig, *Théorie des systèmes*, Dunod, 1973.

Walliser Bernard, *Systèmes et modèles*, Seuil, 1975.

Weick Karl E., Sutcliffe Kathleen M., *Managing the unexpected*, Jossey Bass, San Francisco, 2001.

Apport des théories de la décision et de la cognition au domaine des systèmes d'information

François Bodart

Mots-clés : agent, argumentation, capacité cognitive, cognition, décision, modèle mental, processus décisionnel, système d'information, système d'aide à la décision, SIAD, SI, tâche

Résumé : l'apport des théories de la décision et de la cognition au domaine des systèmes d'information (SI) est traité selon trois axes: leur prise en compte dans les démarches méthodologiques de développement des SI considérées comme des processus décisionnels, leur contribution au développement des systèmes d'aide à la décision, leur impact dans les analyses d'acceptabilité des SI. Ces analyses sont précédées par un exposé synthétique des théories de la décision et de la cognition auxquelles il est fait référence.

La première partie du présent chapitre fournit un exposé synthétique des théories de la décision en prenant comme point de départ le modèle de la rationalité limitée de Herbert Simon (1965). La partie suivante est consacrée à trois aspects des théories de la cognition: la capacité cognitive des individus, le modèle cognitif de la tâche de D.A. Norman (1986) et les modèles d'argumentation. La dernière partie du chapitre examine l'apport des théories de la décision et de la cognition au domaine des systèmes d'information (SI) selon trois axes: leur contribution au développement des systèmes d'aide à la décision (SIAD), leur prise en compte dans les démarches méthodologiques de développement des SI considérées comme des processus décisionnels, leur impact dans les analyses d'acceptabilité des SI.

1 Théories de la décision

Une approche en profondeur des théories de la décision et de la cognition nécessiterait les compétences d'une équipe multidisciplinaire et donnerait lieu à la rédaction d'un ouvrage volumineux. Forcé de faire des choix nous avons choisi de présenter ces théories à partir du modèle de référence d'un *processus de décision rationnel* proposé par H. Simon. Ce modèle abstrait fut ensuite affiné, sur une base expérimentale, par H. Minzberg. Il occupe non seulement une place centrale dans les travaux relatifs aux systèmes d'information d'aide à la décision (SIAD[1]) mais, plus généralement, il est une expression privilégiée du paradigme sous-jacent aux principaux modèles de développement des SI.

On traitera ensuite des évolutions apportées à ce modèle correspondant à différents aspects de la complexité des situations décisionnelles:

- la dimension organisationnelle des décisions de groupe ;
- les aspects politiques de la prise de décision ;
- l'environnement ou la contextualisation des prises de décision ;
- la gestion adaptative de la complexité ;
- les aspects anarchiques ou chaotiques de situations décisionnelles.

1. *Decision Support Systems* (DSS).

1.1 Le modèle rationnel d'un processus de décision

La forme initiale de ce modèle proposée par H. Simon (1965) distingue trois phases fondamentales dans un processus décisionnel :
- l'identification d'un problème (*Intelligence activity*) ;
- l'analyse des alternatives (*Design activity*) ;
- la sélection d'une alternative (*Choice activity*).

Ce processus est récursif car chaque phase peut être considérée comme un processus de décision complexe, lui-même décomposable en sous-problèmes décisionnels.

Le modèle proposé par H. Mintzberg (1976) repose sur une interprétation rationnelle d'une étude empirique de vingt-cinq processus décisionnels et sur une analyse de la littérature consacrée aux approches pragmatiques des systèmes de décision. Ce modèle complète la description des phases de Simon par la mise en évidence de procédures générales et de procédures auxiliaires auxquelles ces phases font appel. La figure 1 illustre le modèle de Mintzbeg augmenté par l'ajout d'une phase d'implémentation et la prise en compte explicite d'itérations et des feedbacks.

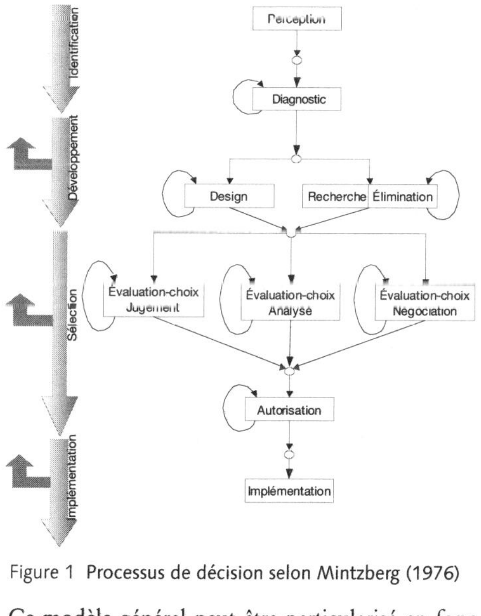

Figure 1 Processus de décision selon Mintzberg (1976)

Ce modèle général peut être particularisé en fonction de la situation décisionnelle à laquelle il s'applique. On retiendra, notamment, la classification qui combine le degré de structuration des situations décisionnelles – des plus structurées aux plus informelles, avec la classification des activités de gestion – de l'opérationnel au stratégique. Cette classification est illustrée à la figure 2 et explicitée par les quelques exemples du tableau associé à cette figure[1].

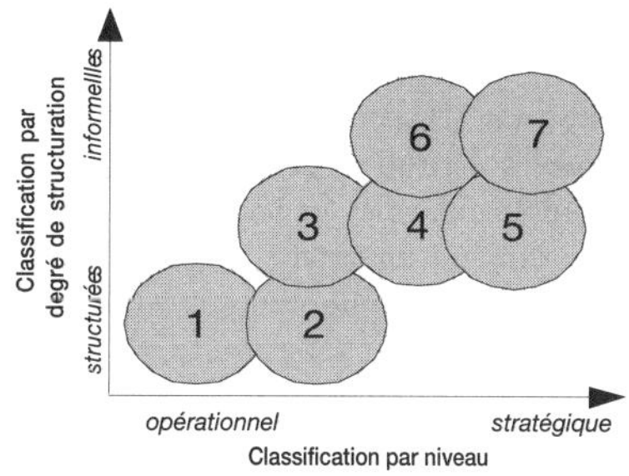

Figure 2 Classification des systèmes d'information

1	Tenue des stocks Comptabilité Salaire Processus de fabrication
2	Gestion des stocks Contrôle de qualité Calcul des prix de revient Contrôle de production
3	Gestion de la trésorerie Ordonnancement de la production CRM
4	Élaboration des budgets Définition d'un tarif
5	Analyse d'un plan d'investissement et de financement Localisation d'une usine
6	Négociation de contrats d'approvisionnement Négociation de conventions salariales
7	Lancement de nouveaux produits Fusion avec une autre organisation

Tableau 1 Classification des systèmes d'information

Le modèle rationnel d'un processus de décision constitue une application de la théorie économique du comportement rationnel d'un décideur. Celui-ci, face à une situation décisionnelle, est supposé :
- identifier les états de nature avec leur probabilité d'occurrence ;
- définir l'ensemble des actions possibles ;
- déterminer les conséquences de chaque action possible par rapport à chaque état de nature ;
- maximiser l'espérance mathématique de sa fonction d'utilité.

Cette théorie normative, fondée sur une axiomatique du comportement rationnel (Allais, 1952), représente le paradigme sur lequel se fondent les méthodes quantitatives de gestion (recherche opérationnelle, statistique mathématique, analyse coûts – efficacités,

1. Rappelons que l'objectif des SIAD est de fournir un support à la résolution de problèmes de décision faiblement structurés ou non structurés.

méthodes multicritères, etc.) auxquelles il est fait largement appel dans les SIAD.

H. Simon (1991) dans une analyse comportementale de la décision propose une théorie de la *rationalité limitée*: compte tenu des contraintes (contraintes de temps, information imparfaite...) qu'il subit le décideur ne recherche pas une solution optimale mais se contente d'une solution satisfaisante ou adéquate qui se traduit par l'adoption de normes (telles que les ratios et autres indicateurs), de règles et d'heuristiques. Cette approche représente un fondement méthodologique des développements en intelligence artificielle tels que les systèmes experts, le «*case base reasoning*» ou les agents dits intelligents.

1.2 L'approche organisationnelle des processus de décision

Généralement la décision n'est pas individuelle mais est le résultat de la collaboration, sous différentes formes, de plusieurs acteurs. Ainsi, Petitjean et Bodart (1996) analysent les mécanismes et procédures de coordination liés à la délégation de tâches dans un processus de décision. Cette section sera limitée à l'analyse de la prise de décision collective dans le cadre d'un groupe coopératif au sein duquel les membres recherchent une prise de décision collégiale. DeSanctis et Gallupe (1987) considèrent qu'«un groupe de décision peut être défini comme deux ou plusieurs personnes qui sont coresponsables de la détection d'un problème, de l'élaboration de la nature du problème, de la génération des solutions possibles, de l'évaluation des solutions potentielles et de la formulation des stratégies pour les implémenter». Les théories de la décision de groupe ont dès lors pour objectif d'analyser les éléments comportementaux du groupe qui peuvent fausser la recherche d'une solution rationnelle et de permettre d'identifier des mécanismes et techniques pour y porter remède et renforcer la rationalité du groupe. Les SIAD de groupe (ou GDSS) proposent des environnements logiciels qui mettent en œuvre ces mécanismes et techniques.

L'ouvrage pionnier de Cyert et March (1963) met en évidence deux dimensions principales dans le comportement des gestionnaires: la référence aux règles et aux procédures de la coalition, la négociation avec les autres coalitions impliquées dans le problème de décision. Cette approche est très voisine de celle de la rationalité limitée de Simon.

L'article de DeSanctis et Gallupe (1987) décrit les problèmes et les besoins rencontrés par la prise de décision dans un groupe collégial. Le référentiel théorique d'analyse des situations de décision de groupe proposé par Fjermestad (2004) identifie quatre classes de variables à prendre en compte dans un processus de décision de groupe:

- les variables indépendantes ou contextuelles qui concernent les caractéristiques de la technologie utilisée, du groupe, de la tâche, des contextes décisionnel (incertitude, contrainte de temps) organisationnel ou culturel;
- les variables d'intervention dans le processus de décision telles que la durée de la session, le nombre de sessions, la présence et le rôle d'un faciliteur;
- les caractéristiques des processus comportementaux du groupe telles que les structures de participation, les modalités de recherche du consensus ou les rôles assumés par les participants...;
- les résultats du processus de décision mesurés par des critères tels que le temps requis pour prendre une décision, la qualité de la décision ou la satisfaction subjective des participants.

1.3 L'approche politique des processus de décision

Certaines situations décisionnelles à participation multiple sont caractérisées par la non-coopération entre des acteurs antagonistes qui s'opposent au sein d'une même organisation (entreprise, administration, gouvernement) ou dans un contexte interorganisationnel (stratégie de marché, organisation internationale ou supranationale). Huber (1980) caractérise l'approche politique par la mise en évidence du fait que les décisions sont la conséquence de l'application de stratégies et tactiques par des unités cherchant à influencer les processus de décision dans des directions qui aboutiront à des choix qui leur sont favorables.

Cette approche peut être vue comme radicalement différente de l'approche organisationnelle où la recherche d'un consensus au sein d'un groupe résultait de la rationalité limitée des acteurs.

Dans l'approche politique, un processus de décision est considéré comme intrinsèquement pluraliste: «il met en exergue la multiplicité naturelle des objectifs, des valeurs et des intérêts dans toute organisation» (Keen, Scott-Morton, 1978).

L'approche politique d'un problème de décision,– telle qu'illustrée par les travaux de Godet (2001), Bendahan, Campanovo, Monzani et Pigneur (2005), repose sur l'analyse des relations d'influence et de négociation entre acteurs impliqués dans ce problème en fonction de leur attitude par rapport aux enjeux qui le constituent (cf. figure 3). Cette attitude est caractérisée par trois paramètres:

- le positionnement d'un acteur par rapport à un enjeu (la préférence qu'il accorde à la réalisation d'un enjeu, c'est-à-dire à celle qui correspond le mieux à ses objectifs);

- l'importance qu'il accorde à un enjeu ou l'étendue des efforts qu'il est prêt à consentir pour que l'enjeu lui soit favorable ;
- la puissance d'un acteur qui indique la force dont il dispose pour influencer la réalisation d'un enjeu.

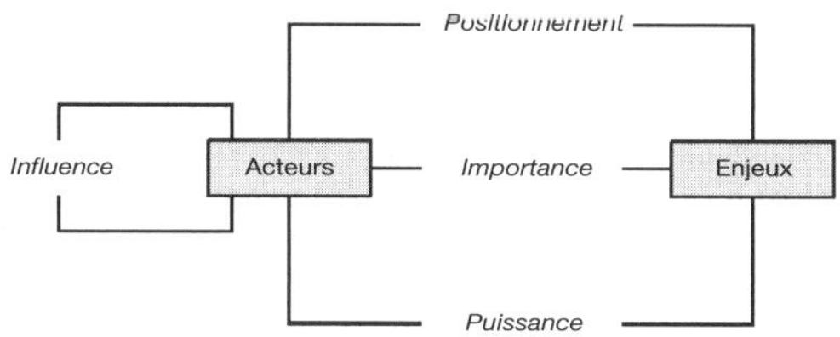

Figure 3 Relations entre acteurs et enjeux

1.4 Contextualisation des processus de décision

L'approche traditionnelle des processus de décision n'explique pas le phénomène de perception d'un processus de décision : ni en quoi consiste le processus d'identification d'une situation décisionnelle, ni l'interférence de cette perception sur le déroulement des étapes du processus. Cette approche est *statique* : la perception d'une situation décisionnelle est un donné dont les éléments seront modélisés et auxquels on appliquera les procédures de recherche des solutions, de choix d'une solution et de son implémentation.

Un courant de pensée s'est attaché à prendre en compte le contexte ou l'environnement d'une situation décisionnelle par l'observation du domaine décisionnel dont elle relève. Ce qui donnera une vue *dynamique* du processus et engendrera une évolution du rôle que peuvent jouer les SIAD : ils deviennent des DSS *en situation*[1]. Ils sont dotés de capteurs qui scrutent l'environnement (fonction de scanning), ils suggerent ou prennent des décisions (fonction de décision), ils contrôlent l'impact des décisions sur l'environnement (fonction de monitoring). À ce courant de pensée, on peut rattacher deux orientations de recherche : l'application des agents intelligents aux SI et le développement du concept de mémoire organisationnelle.

Par leurs propriétés, les agents remplissent les fonctions des DSS en situation. Rappelons brièvement ces propriétés :

- un agent a un comportement guidé par un objectif qui lui est assigné par l'entité pour laquelle il agit ;
- il a un comportement réactif adéquat aux changements d'états qui surviennent dans l'environnement ;
- il a un comportement proactif car il est capable de déceler des opportunités dans l'environnement et de prendre, en conséquence, des initiatives ;

1. *Situated decision support systems.*

- il a un comportement flexible car il est capable de sélectionner et d'ordonnancer les actions à entreprendre ;
- il possède une capacité de collaboration (de sociabilité) car il est capable d'interagir avec d'autres agents ou avec des personnes ;
- il possède une capacité de communication ;
- il possède une capacité de personnalisation car il est capable de découvrir les préférences de l'utilisateur et de s'y adapter ;
- il est efficace afin que l'utilisateur fasse confiance aux résultats qu'il produit et lui délègue des tâches.

Rappelons que l'essor potentiel de ces fonctions de scanning, de réaction, de collaboration et de communication est lié à l'élargissement du champ d'application des télécommunications caractérisé par une connectivité étendue aux comportements multiples des différentes catégories d'acteurs et par la continuité de cet espace de communication que traduit le slogan « any time, any place, any context », continuité rendue possible par l'interconnexion des réseaux fixes et mobiles et par la diversité des technologies d'accès et d'échange (xDSL, Wi-Fi, Bluetooth,...).

Alors que les agents travaillent sur l'environnement présent d'un processus décisionnel, le concept de mémoire organisationnelle concerne le passé de l'environnement. Stein et Zwass (1995) définissent la mémoire organisationnelle comme « le moyen par lequel la connaissance du passé est amenée à peser sur les activités présentes, conduisant ainsi l'organisation à des performances plus élevées ou plus faibles ». La mémoire organisationnelle est une mémoire collective, celle de la connaissance du passé que possèdent les acteurs de l'organisation. Elle se différentie de la gestion des connaissances relative à des documents.

Deux rôles sont assignés à la mémoire organisationnelle : agissant comme filtre et interprète de la connaissance du passé, elle devrait contribuer à l'apprentissage collectif dans l'organisation, agissant comme référentiel de situations décisionnelles passées (base de cas) elle devrait faciliter certaines prises de décision et réduire les coûts de transaction pour leur implémentation. Il faut noter aussi le risque d'effet pervers : faire appel erronément aux procédures du passé faute de reconnaître le caractère nouveau d'une situation décisionnelle.

Stein et Zwass (1995) proposent de structurer la mémoire organisationnelle en quatre sous-systèmes :

- le partage de la connaissance organisationnelle dans le temps et dans l'espace ;
- l'accès à la connaissance de l'environnement de l'organisation ;

- l'analyse historique critique des processus organisationnels en fonction de leur contribution à réaliser les objectifs de l'organisation;
- la gestion dans le temps des ressources humaines.

La mémoire organisationnelle reste cependant un concept en quête d'instrumentation et d'utilisation opérationnelle au même titre que la gestion des connaissances dont elle représente un aspect.

1.5 Comportement adaptatif et gestion de la complexité

Dans la société de l'information, on constate une complexité croissante des organisations due à la densité des relations entre agents (personne, unité organisationnelle, machine, grappe d'agents) internes ou externes à l'organisation. Pour gérer cette complexité croissante des organisations, des auteurs proposent de les considérer comme des systèmes vivants: M. Theys (2003) définit les organisations comme des «Business Eco-Systems», Meyer et Davis (2003) parlent d'une «entreprise adaptative[1]».

Selon M. Theys (2003) «l'architecture d'une organisation aussi bien que celle de son SI est un réseau dynamique d'agents interactifs activés par des impulsions émises par des personnes ou des machines appartenant à l'environnement de l'organisation ou par des agents internes». Il en déduit de nouvelles stratégies de design des organisations inspirées des méthodes de la biologie et de la sociologie:

- «Les personnes sont les composants principaux qui apportent des perturbations émergentes aux systèmes ;
- l'apprentissage actif devrait être la règle pour tous les composants. Ce qui implique que les mécanismes d'évaluation pour les personnes et les ordinateurs membres d'un système devraient faire partie de la construction initiale du système;
- la solution n'est pas seulement celle d'un développement incrémental mais aussi d'un processus de morphogenèse c'est-à-dire débutant l'opération par des composants de base élémentaires et ensuite les associant pour enrichir les fonctionnalités, la façon dont tous les systèmes vivants sont développés.»

Meyer et Davis (2003) dégagent six «mnèmes» ou principes de base pour un management adaptatif des organisations:

- «*Auto-organisation.* Gérer l'organisation selon une approche *bottom up*. Agir sur les règles qui affectent les individus plutôt que sur le comportement global de l'organisation.
- *Recombinaison.* La prolifération des connexions rend la recombinaison – des logiciels, des attributs des produits, des personnes, des marchés – plus aisée.
- *Détection et réaction.* Équiper l'organisation de capteurs pour détecter les changements et répondre immédiatement, de façon précise et appropriée.
- *Apprentissage et adaptation.* La fermeture de cette boucle de rétroaction crée une adaptation continuelle.
- *Semaison, sélection et amplification.* Tester différentes options et renforcer les meilleures. Expérimenter, ne pas planifier.
- *Déstabilisation.* Le taux de changement dans l'environnement demande une instabilité interne pour survivre. Perturber les éléments statiques de l'organisation ».

Cette approche des organisations représente une convergence des éléments de la théorie du comportement satisfaisant, des théories organisationnelles et de la «contextualisation» des processus décisionnels. Elle ne constitue pas, stricto sensu, une nouvelle théorie des processus décisionnels mais replace ceux-ci dans la réalité sociologique qu'est une organisation. Elle fournit un nouveau cadre de réflexion qui remet radicalement en question tant le principe d'une structuration hiérarchique que celui de l'autonomie des processus de décision qu'ils soient individuels ou de groupe. Ce cadre de réflexion donne une place privilégiée aux procédures d'ajustement entre acteurs considérées comme des processus décisionnels implicites; ce qui devrait conférer un rôle significatif au contenu de la mémoire organisationnelle, c'est-à-dire à l'analyse de l'évolution et de l'efficience des règles de comportement, des normes et des heuristiques. Au plan des outils d'aide à la décision cette approche devrait participer à la remise au goût du jour des techniques de simulation (simuler les interactions entre règles de comportement) et favoriser les recherches relatives à l'exploration du contenu de la mémoire organisationnelle.

1.6 La théorie du *Garbage Can* ou de l'anarchie organisée

Cette théorie, élaborée par Cohen, March et Olsen (1972) sur la base de leur analyse des processus de décision dans les universités, s'écarte radicalement du modèle de Simon et de ses extensions car elle considère que la solution n'est pas l'aboutissement du processus de décision mais peut exister préalablement à la perception du problème.

Selon les auteurs, cette théorie a pour domaine d'application les organisations où les situations décisionnelles seraient caractérisées par trois propriétés générales:

1. *Adaptive entreprise.*

- des préférences vagues : l'organisation opère sur la base d'une variété de préférences mal définies et peu cohérentes. L'organisation découvre ses préférences au travers de l'action plus qu'elle n'agit sur la base de préférences ;
- des procédures mal définies : l'organisation opère sur la base de simples procédures d'essais et erreurs, du résidu de l'apprentissage des expériences passées et des interventions pragmatiques de nécessité ;
- une participation fluide : le temps et les efforts que les participants consacrent aux décisions varient d'un participant à l'autre et d'un moment à l'autre.

Les auteurs considèrent que les institutions universitaires, les organismes de recherche, les milieux politiques, les organisations faiblement structurées présentent à des degrés divers ces caractéristiques.

Ils proposent un modèle de décision caractérisé par l'interaction de quatre flux relativement indépendants : le flux des problèmes en suspens (en attente de décision), le flux des solutions possibles (en attente d'application), le flux des participants et celui des opportunités décisionnelles (le participant qui trouve l'opportunité d'appliquer une solution possible à un problème en attente). Les interactions entre ces quatre flux sont plus ou moins aléatoires (anarchiques, chaotiques), ces quatre flux interfèrent entre eux comme les éléments dans une poubelle (*garbage can*). Il n'y a pas de chronologie a priori : les solutions peuvent précéder les problèmes au même titre que solutions et problèmes peuvent attendre une meilleure opportunité pour une décision.

Confronté à ces situations volatiles, il est du ressort du management de les gérer, de les canaliser dans la direction requise par l'organisation.

2 Théories de la cognition

Alors que les théories de la décision exposées ci-dessus analysent les processus de décision sous un angle opérationnel, celui du comportement des acteurs et des procédures qu'ils adoptent, les théories de la cognition s'attachent à l'analyse des mécanismes mentaux et psychologiques qui interviennent dans les décisions. Nous présenterons trois des courants de pensée en fonction de leur impact sur le développement des systèmes d'information.

2.1 La limitation des capacités cognitives des individus

Dans leur modèle du « processeur humain », Card, Moran et Newell (1983) ont développé une théorie pour expliquer et prédire le comportement humain du traitement de l' information. La machine humaine de traitement de l'information est un système constitué de différents sous-systèmes, perceptif (auditif et visuel), moteur (y compris vocal) et cognitif, qui communiquent entre eux via un réseau d'échange d' informations. Ce modèle peut être illustré par un exemple très simple : le dessin d'un rectangle d'une dimension donnée sur une feuille de papier à l'aide d'un stylo ou à l'écran à l'aide de la souris et du curseur. Le sous-système moteur commande le mouvement de la main pour le déplacement du stylo ou du curseur pour le tracé du premier côté, le sous-système visuel suit le tracé du trait, le sous-système cognitif évalue la longueur du trait et commande au sous-système moteur l'action sur le mouvement de la main pour dessiner le second côté, etc. On constate une interaction entre trois sous-systèmes, schématisée par la figure 4.

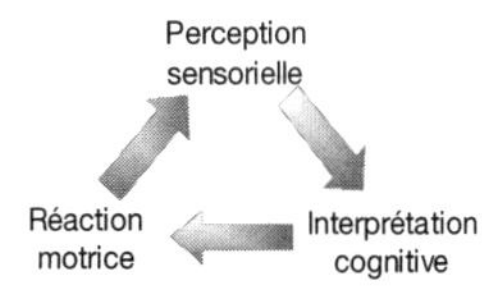

Figure 4 Modèle du processeur humain selon Moran (1983)

Chaque sous-système possède une mémoire et un processeur dont les performances sont exprimées par des paramètres :

- pour la mémoire, on distingue la capacité, la persistance (durée au-delà de laquelle la probabilité de retrouver un élément est inférieure à 0,5) et le type d'information mémorisée (physique ou symbolique) ;
- pour un processeur, le temps d'un cycle qui est en moyenne de l'ordre de 100 ms pour le système perceptif et de 70 ms pour les systèmes moteur et cognitif. Ainsi, la décision et l'exécution de procéder au dessin du second côté du rectangle auraient requis en moyenne 240 ms (100 + 70 + 70).

La modélisation de la mémoire du sous-système cognitif joue un rôle important dans la compréhension des processus mentaux de traitement de l'information (Simon, 1991). On distingue dans le modèle du processeur humain la mémoire à long terme et la mémoire à court terme ou mémoire de travail qui sert de transit entre le sous-système perceptif et la mémoire à long terme, entre celle-ci et le sous-système moteur. La mémoire à court terme est constituée d'unités symboliques appelées mnèmes, sa capacité est de 7 ±2 mnèmes et la persistance est de l'ordre de 73 secondes pour 7 mnèmes et de 2 secondes pour 1 mnème.

La mémoire à long terme est constituée de mnèmes qui représentent des faits (données) et des procédures (telles que des règles de production) ; elle possède une capacité et une persistance infinies. Selon Simon (1991) cette mémoire est organisée sous la forme d'associations ou réseaux sémantiques construits à l'aide de structures de listes. Le délai moyen pour inscrire un mnème dans la mémoire à long terme, c'est-à-dire pour l'associer à des mnèmes existants serait de cinq secondes. L'[1]accès aux éléments de la mémoire à long terme est fonction de l'efficacité d'associations discriminantes et de leur nombre, ces associations discriminantes jouant le rôle d'index de recherche. L'apprentissage est un facteur essentiel de la construction de ces associations.

2.2 La modélisation cognitive de la tâche

Les modèles ergonomiques d'analyse de la tâche (Johnson, 92) fournissent une décomposition de celle-ci par affinements successifs mais ne permettent pas d'évaluer la pertinence de cette décomposition au plan de la complétude et de la cohérence cognitives. Les théories cognitives de la planification et de la compréhension d'une activité fournissent des éléments pour pallier cette lacune de l'approche ergonomique.

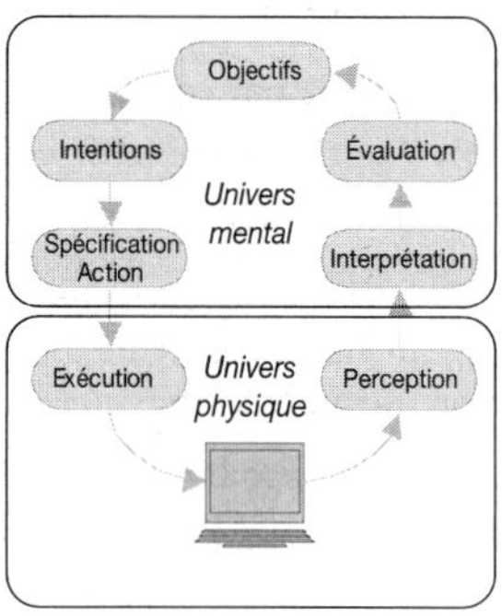

Figure 5 Modèle cognitif de Norman (1986)

Nous exposerons[2] le modèle de Norman (1986) pour sa contribution fondamentale à la conception des IHM.

Ce modèle identifie sept étapes, représentées à la figure 5, dans la réalisation d'une activité humaine :

1. La définition de l'objectif à atteindre ;
2. Réaliser l'intention, c'est-à-dire prendre la décision d'agir en vue d'atteindre l'objectif ;
3. Spécifier la séquence d'actions qui correspondent à l'intention, ce qui implique de :
   - traduire les objectifs en états désirés du système,
   - déterminer les dispositifs et mécanismes d'action qui produiront les résultats escomptés,
   - identifier les manipulations requises par ces dispositifs et mécanismes ;
4. Exécuter la séquence d'actions ;
5. Percevoir l'état résultant du système ;
6. Interpréter mentalement l'état perçu ;
7. Évaluer l'état interprété par rapport à l'objectif et à l'intention

Ce modèle met en évidence qu'une personne :

- exprime ses objectifs et ses intentions en des termes significatifs pour elle, en des termes liés à la représentation mentale qu'elle se fait de son problème, c'est-à-dire des termes psychologiques ;
- traduit ses intentions dans des actions à exécuter à l'aide des mécanismes du système interface exprimés en des termes physiques ;
- perçoit physiquement le résultat des actions ;
- interprète mentalement la perception physique ;
- évalue mentalement la réalisation des objectifs à partir des variables d'état du système interface qui sont des variables physiques.

Ce modèle exprime la problématique de base de la conception de toute interface : minimiser l'écart entre le modèle mental que se fait l'utilisateur de la tâche et le modèle mental qui lui est proposé par l'interface.

2.3 La modélisation de l'argumentation

Les recherches en psychologie cognitive et en analyse de la décision ont mis en évidence différentes caractéristiques des processus cognitifs des décideurs telles que : raisonnement par analogie, recherche d'arguments pour confirmer ou ajuster une intuition, surestimation des expériences récentes, distorsion de l'information pour justifier un jugement a priori. Différentes techniques ont été proposées pour assister les décideurs dans leur processus de raisonnement.

La *carte cognitive* (Axelrod, 1976) est un support graphique simple utilisé pour représenter les relations de causalité établies par un décideur entre les facteurs qui interviennent dans la perception et la résolution d'un enjeu. Deux types de concepts interviennent dans une carte cognitive : les nœuds qui représentent des faits, objets, événements ou concepts et les assertions causales entre nœuds (le nœud X est la cause du nœud Y). Exemple « la croissance soutenue de l'économie chinoise » *cause* « une forte demande de pétrole » qui *cause* « la hausse des cours des produits pétroliers ». Une carte cognitive permet à un décideur d'expliciter sa position. Cette technique utilisée dans un groupe de travail aide à comparer les raisonnements des membres du groupe.

Un diagramme d'influence (Holtzman, 1989) est un graphe orienté acyclique formé de deux types de nœuds (chance et action) et de deux types d'arcs (l'arc d'information entre un nœud action et un nœud chance, l'arc conditionnel qui relie un nœud chance à

1. En anglais *chunk*.
2. On trouvera également un exposé de ce modèle dans Coutaz (1988).

un nœud action). Un diagramme d'influence (cf. la figure 6), qui est une généralisation des arbres de décision, permet de construire des scénarios d'évolution qui satisfont les critères du décideur (Pomerol, 2001)

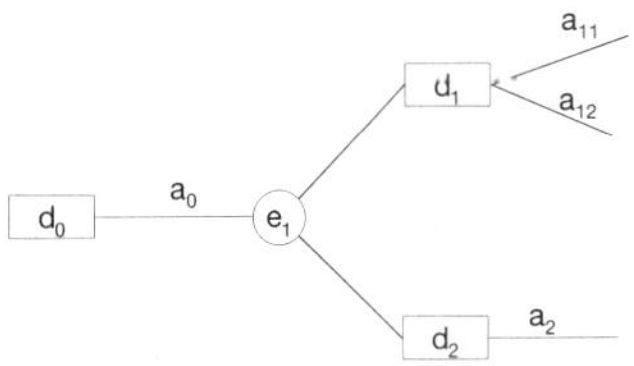

Figure 6 Diagramme d'influence

Les modèles d'argumentation tels que ceux de gIBIS (Conklin, Begeman, 1989) et de SIBYL (Lee, 1990) sont plus riches sous l'angle de l'explicitation du raisonnement, que ceux des deux types d'outils précédents. Le modèle d'argumentation de gIBIS représenté à la figure 7 est basé sur les concepts d'«enjeu», «position» et «argument». Différentes relations d'argumentation sont attachées à ces concepts. Par exemple, l'enjeu relatif au maintien du prix élevé des produits pétroliers est suggéré par l'argument de l'insuffisance de l'offre par rapport à la demande qui est liée à la décision de limitation de la production par l'OPEP. De nouveaux concepts et/ou relations peuvent être ajoutés au modèle.

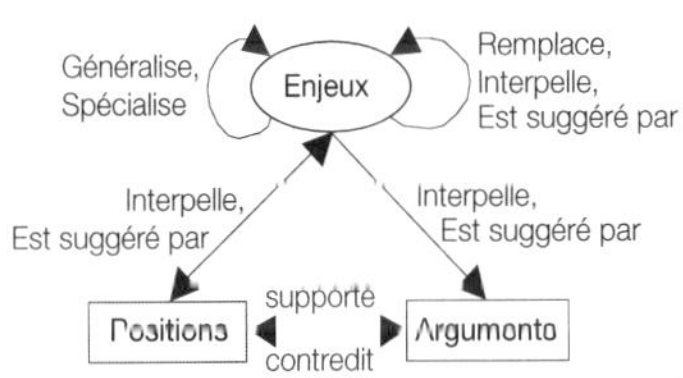

Figure 7 Modèle d'argumentation de gIBIS

Ces modèles d'argumentation ont donné lieu à l'élaboration de SIAD qui offrent des fonctions d'édition, d'interrogation, de gestion de la cohérence, de mémorisation des cas de raisonnement et d'analyse de leur similarité.

Les systèmes de critique et de stimulation d'idées représentent une autre catégorie d'outils d'aide à l'argumentation et au raisonnement (Raghavan, 1991). En se basant sur des bases de connaissances du domaine, ils fournissent des aides à la résolution de problèmes et à l'apprentissage. Par exemple, le système Janus (Raghavan, 1991) interagit avec le décideur sous différents aspects :

- demande d'explicitation du raisonnement en termes d'objectifs, d'hypothèses, de critères, de facteurs et de contraintes à prendre en compte, de solutions envisagées, de justifications des arguments, de métaphores ;
- demande d'illustration du raisonnement par des exemples ;
- suggère d'autres exemples, des contre-exemples, des métaphores, des cas analogues et sollicite une réaction aux suggestions ;
- propose d'aborder le problème sous l'angle d'autres acteurs tels que les concurrents ou personnes affectées par les résultats ;
- propose différents modes de pensée (pensée logique, pensée latérale, obsession des justifications et des contre-exemples).

L'ingénierie des besoins dans les SI constitue un domaine d'application de ces modèles et outils d'aide à l'argumentation.

2.4 L'approche neurophysiologique de la décision

Il est nécessaire de mentionner les recherches récentes en neurophysiologie sur la prise de décision. Elles fournissent une approche complémentaire aux études des processus mentaux abstraits des théories de la cognition en abordant les aspects physiologiques de la décision, c'est-à-dire une analyse des liens entre les perceptions sensorielles du corps, le cerveau et la pensée. Ces recherches analysent les procédures neurologiques sous-jacentes à l'élaboration des émotions et à leur impact sur la prise de décision, la décision étant considérée comme une combinaison d'émotion, de cognition et d'action. Deux ouvrages de référence établissent un état des connaissances dans ce domaine : Damasio (1995) et Berthoz (2003).

2.5 Un cadre de réflexion

L'article de Langley *et al.* (1995) propose un cadre de réflexion extrêmement riche et stimulant relatif aux différents facteurs à prendre en considération dans l'analyse d'un processus décisionnel. Les éléments de cet article peuvent judicieusement servir comme référentiel pour l'établissement de liens entre les différentes théories qui ont été présentées ci-dessus. Dans cet article, la vue traditionnelle de la décision basée sur le concept de rationalité limitée et sur un processus séquentiel est élargie dans trois directions :

- élargir le concept de «décision» aux ambiguïtés qui entourent la relation entre engagement et action ;
- élargir le comportement du décideur à l'histoire et à l'expérience, à l'émotion et à l'inspiration, et plus particulièrement au rôle critique de «l'intuition et du discernement»[1] qui transcendent les limites de la rationalité ;

1. Traduction libre du terme anglais *insight* utilisé dans l'article, préférée au terme perspicacité.

– élargir la prise de décision à un écheveau de liens dynamiques dans un maillage d'enjeux.

3 Apport des théories de la décision et de la cognition au domaine des SI

Les systèmes d'information (SI) sont des artefacts complexes conçus, réalisés et exploités par les organisations pour répondre à leurs besoins d'informations. De cette observation on peut dégager trois éléments :

- le développement des SI, en qualité d'artefacts, correspond à un processus décisionnel ;
- les comportements organisationnels de gestion font appel à des processus de décision pour lesquels sont créés les systèmes d'information d'aide à la décision, les SIAD ;
- les SI sont créés pour être utilisés par des personnes ou des groupes de personnes.

L'apport des théories de la décision et de la cognition au domaine des SI sera examiné en fonction de ces trois éléments.

3.1 Apport au processus de développement des SI

Pour essayer de surmonter les difficultés inhérentes à la création des logiciels qui implémentent les SI, de nombreux modèles du processus de leur développement ont été proposés : depuis le classique « modèle en cascades » jusqu'au rouleau compresseur actuel du « processus unifié » utilisant les modèles et formalismes de l'UML, en passant par le « prototypage », « l'approche incrémentale », le modèle en « spirale », le modèle « évolutif ». Tous ces modèles ont en commun l'identification d'étapes ou de phases qui caractérisent le cycle de vie d'un logiciel : l'analyse des besoins, le planning du projet, l'analyse et le design, la production du logiciel, le déploiement. La façon de faire face aux contraintes de délais de développement et de contrôle des coûts ainsi que les progrès des technologies de l'ingénierie du logiciel (environnement de développement, approche orientée objet) et des méthodes de conduite de projet expliquent les différences entre ces modèles : décomposition du projet en sous projets ordonnancés avec un certain parallélisme, spécialisation et distribution des tâches au sein d'une équipe, réutilisation de composants, utilisation de modèles et d'une architecture génériques, rétro ingénierie et réutilisation de codes, etc.

Les théories de la décision et de la cognition ont eu un impact très réduit sur les processus de développement des SI compte tenu des limitations des modèles de ces processus :

- un fondement prescriptif qui se rattache au modèle rationnel de la prise de décision (cf. *supra* § 1.1) ;
- la non prise en compte explicite des aspects coopératifs (cf. *supra* § 1.2) et de la contextualisation (cf. *supra* § 1.3) dans le développement d'un système logiciel ;
- l'ignorance des caractéristiques cognitives (cf. *supra* § 2.1) des acteurs du développement d'un système (concepteurs, modélisateurs, programmeurs) et leur impact sur l'utilisabilité des modèles et outils de l'ingénierie des logiciels ;
- des méthodes d'analyse des besoins, telles que les *use cases*, qui ne proposent pas une analyse des tâches (cf. *supra* § 2.2) basée sur des considérations ergonomiques.

Les approches dites « participatives » ou « sociotechniques » (Mumford, 1981, Checkland, 1981) représentent une tentative de réponse à ces limitations. Elles se sont heurtées au plan des usages à la rationalité technique de l'industrie informatique et des informaticiens ainsi qu'au manque de disponibilité et d'implication du management des organisations.

Il faut également signaler l'approche récente dite du développement « agile » (Cockburn, 2002) qui cherche à pallier les critiques adressées aux modèles prescriptifs.

Enfin signalons le recours aux modèles d'argumentation pour fournir un guidage actif dans l'ingénierie des besoins (Cauvet, Rosenthal-Sabroux, 2001).

On peut s'interroger sur l'intérêt qu'apporterait une analyse cognitive de la tâche à l'ingénierie des besoins dirigée simultanément par les objectifs et les scénarios : une approche qui conduirait à *dériver* les objectifs et scénarios de l'analyse de la tâche au lieu de la démarche inverse suivie dans l'ingénierie des besoins qui considère, à tort de notre point de vue, que l'identification des objectifs et des scénarios sont constitutifs de l'analyse de la tâche.

Il faut aussi se poser la question de l'opportunité d'appliquer les modèles adaptatifs de décision (cf. *supra* § 1.5) pour prendre en compte un univers où l'analyse des besoins sera de plus en plus évolutive durant le cycle de vie du SI, les besoins étant conditionnés par une évolution incessante des technologies de l'information et de la communication, la découverte progressive de leurs usages par les utilisateurs et les contraintes du contexte économique, social et législatif.

3.2 Apport aux SIAD

Les exposés des théories de la décision (cf. *supra* § 1) et de la cognition (cf. *supra* § 2) ont mentionné leur prise en considération dans les recherches sur les SIAD. Cette section abordera leur apport dans les pratiques et usages des SIAD.

Rappelons que l'objectif initial des SIAD était de fournir un support à la résolution des problèmes de décision semi-structurés ou non structurés (cf. *supra* § 1.1) en essayant, notamment, de pallier les différents types de biais que les acteurs introduisent dans un processus décisionnel.

Un constat établi dans la littérature relative aux SIAD (Carlsson, Turban, 2002), (Alter, 2004) indique un usage très limité dans les organisations des recherches en SIAD ; ce qui correspond à un certain échec si l'on considère l'intensité et la variété des recherches effectuées au cours des trente dernières années.

On peut illustrer ce constat en mentionnant que l'usage le plus répandu des SIAD dans les organisations est celui des tableurs (Hainaut, 2002), (McGill, Klobas, 2005) et des environnements intégrés construits autour de ceux-ci (tableurs et leur généralisation OLAP, entrepôts de données, outils de « datamining », outils de reporting, interfaçage avec les technologies internet de courrier électronique et du Web). L'explication du succès de ce type d'usage réside dans l'implication directe de l'utilisateur dans le développement de l'application, implication facilitée par l'application de la métaphore du mini-monde sur laquelle ces systèmes sont construits (cf. *infra* § 3.3).

Plus généralement, on peut se demander si un recours aux théories de la décision et aux théories de la cognition dans la conception des SIAD n'élargirait pas leur audience dans les organisations. Cette interrogation fait écho aux raisons évoquées par Carlson et Turban (2002) pour expliquer cet échec partiel des SIAD :

- « les personnes subissent des contraintes cognitives en adoptant des systèmes intelligents ;
- les personnes ne comprennent pas réellement le support qu'elles reçoivent et l'écartent en faveur de l'expérience passée et de leurs visions ;
- les personnes ne peuvent pas traiter de grands volumes d'informations et de connaissances ;
- les personnes sont frustrées par des théories qu'elles ne comprennent pas ;
- les personnes croient qu'elles recevront un meilleur support en s'adressant à d'autres personnes (même si leur connaissance est limitée) ».

Cette analyse milite en faveur d'une approche résolument centrée sur l'utilisateur prenant en compte aussi bien le contexte dans lequel il agit que les limites de ses capacités cognitives et la représentation mentale qu'il possède de la tâche qu'il accomplit.

Les propriétés comportementales et organisationnelles des agents décrites ci-dessus (cf. *supra* § 1.4) dégagent des perspectives d'application riches dans le domaine des SI, en particulier dans le domaine de l'e-business : recherche de produits et de fournisseurs, offre de produits aux clients en fonction de l'établissement de leur profil, analyse des actions et du comportement des concurrents, assistance à la négociation dans les ventes aux enchères, simulation d'une stratégie de pénétration d'un marché concurrentiel avec des agents consommateurs, producteurs et distributeurs, etc.

Ces perspectives élargiraient le champ d'application des SIAD à d'autres technologies que les environnements intégrés construits autour des tableurs. Mais il importe d'être conscient des limites que présente actuellement l'interopérabilité sémantique qui est au cœur de la mise en pratique des agents intelligents. Un agent peut-il comprendre en toute généralité : la signification du contenu des pages d'un site Web, la signification des messages qu'il échange avec un autre agent alors qu'ils ne « se connaissent » pas, comment différents sites de commerce électronique représentent la notion de notoriété d'un fournisseur, de produit le moins cher, de label de qualité, etc. ? Faute, par exemple, que les recherches relatives au Web sémantique apportent une réponse adéquate, il y a un risque que l'application des agents intelligents aux SI des organisations n'atteigne pas une maturité industrielle et que l'on rencontre un échec analogue à celui des systèmes experts dont ils sont les successeurs[1]. Ces problèmes à résoudre au plan de l'interopérabilité sémantique s'ajoutent aux contraintes générées par les attitudes générales des personnes vis-à-vis des SIAD (cf. ci-dessus Carlson, Turban, 2002).

La conception des outils d'aide à la décision centrée sur l'utilisateur sera d'autant plus nécessaire que leur usage s'étend progressivement à une nouvelle catégorie d'utilisateurs. Depuis leur création, les outils d'aide à la décision ont été envisagés comme des supports aux tâches de gestion des employés des organisations, depuis les agents de terrain jusqu'au personnel de direction[2]. Avec le développement des « e-systèmes », en particulier de l'e-business destiné au consommateur final (B2C), on assiste à la mise en place de supports logiciels d'aide à la décision pour les clients des organisations : outils de comparaison de produits ou services et des offres de fournisseurs, outils de recherche de fournisseurs en fonction de critères donnés et du profil du client, outils d'aide au choix des investissements domestiques destinés aux économies d'énergie en fonction d'une part du prix et des performances des équipements et des matériaux et d'autre part des primes octroyées par les pouvoirs publics, etc.

1. En 1986 Luconi, Malone et Scott Morton (1986) écrivaient « *we expect that it will take until about 1990 for Expert Systems and Expert Support Systems to be fully recognized as having achieved worthwhile business results* ». Les faits ne furent jamais au rendez-vous !
2. À leur intention on a tenté d'identifier une classe spécifique de SIAD : les *Executive Information Systems* (EIS).

La nécessité impérative d'un développement des SI centré sur les différentes catégories d'utilisateurs met en exergue la problématique générale de leur utilisabilité.

3.3 Apport à l'utilisabilité des SI

L'impact majeur des théories de la cognition sur l'utilisabilité des SI concerne le développement des IHM.

Le modèle du processeur humain de traitement de l'information (cf. § 2.1) a fortement influencé la conception des interfaces homme-machine (IHM).

Il a été utilisé, dans les méthodes GOMS et KLM (Card, Moran, Newell, 1983 ; John, Kieras, 1994), pour prévoir les performances de tâches qui peuvent être décomposées en actions élémentaires. Si ces méthodes présentent l'avantage de pouvoir être utilisées très tôt dans le cycle de vie de développement d'une interface et ne nécessitent ni la création de maquette ni la présence des utilisateurs, elles présentent l'inconvénient, outre leur extrême lourdeur, d'être prédictives seulement pour l'exécution des tâches physiques exécutées sans erreur et ne tiennent pas compte de l'environnement cognitif de l'utilisateur telles l'expérience, l'interférence avec d'autres tâches, l'ambiance ou l'angoisse.

Indirectement, la prise en compte des limites cognitives des individus explicitées par ce modèle a contribué aux multiples recommandations ergonomiques empiriques pour la construction d'IHM utilisables telles que les huit règles d'or pour la construction d'une interface (Shneiderman, 1998, p. 74) ou les heuristiques proposées par Nielsen (1993). Par exemple, la recommandation de limitation de la charge mentale ou de « reconnaître plutôt que se rappeler » est dérivée de la capacité limitée de la mémoire à court terme. De même, celle de la recherche systématique de la cohérence à tous les niveaux de langage de l'interface favorise l'apprentissage et la construction d'associations discriminantes. Un autre exemple est celui de la recommandation sur l'adaptabilité de l'interface et la réversibilité des actions qui est liée également à la limite de la capacité de la mémoire à court terme : elle devrait réduire l'anxiété chez l'utilisateur, lui permettre, de ce fait, d'explorer de nouvelles stratégies, favorisant ainsi l'apprentissage.

Il reste cependant à trouver un fondement scientifique à ces recommandations ergonomiques qui se contredisent parfois, qui doivent être régulièrement adaptées à l'évolution des méthodes et technologies de construction des interfaces et qui ne sont pas nécessairement validées par les tests d'utilisabilité.

Le modèle de la mémoire et plus généralement les travaux de psychologie cognitive (Norman, 1991) ont conditionné les méthodes de structuration et de sélection des menus dans les interfaces.

Rappelons également l'impact considérable du modèle de Norman (1986) sur le design des IHM.

Il a donné des justifications cognitives à la place prépondérante qu'allaient prendre les interfaces de manipulation directe basées sur une représentation mimétique du monde dans lequel l'utilisateur agit habituellement (représentation qualifiée de métaphore du mini-monde par Hutchins, Hollan et Norman, 1986). Mentionnons les recommandations de design des IHM dérivées de l'objectif central de minimiser l'écart entre le modèle mental de la tâche que possède l'utilisateur et le modèle mental qui se déduit de l'interface ; citons comme exemples : choisir des métaphores significatives, éliminer des actions étrangères à la nature intrinsèque de la tâche, éviter le caractère intrusif des messages d'erreur ou de contrôle.

Le modèle de Norman constitue la base théorique de la méthode de la « Cognitive Walkthrouhs » (Lewis *et al.*, 1992). Cette méthode permet, en fonction du modèle de Norman, de concevoir une interface ou de l'évaluer à différents stades de son évolution tels que l'expression des besoins, l'établissement d'une maquette, ou celui de la disponibilité de l'interface réelle. Pour chaque activité élémentaire, le concepteur va se poser une série de questions associées au modèle mental de l'utilisateur :

- va-t-il identifier l'objectif attaché à l'activité ;
- de quelle connaissance a-t-il besoin pour l'identifier ;
- dispose-t-il de cette connaissance ;
- va-t-il percevoir que l'action adéquate à exécuter, pour réaliser l'objectif, est disponible ;
- va-t-il percevoir le résultat de l'action ;
- va-t-il pouvoir l'interpréter ;
- va-t-il pouvoir évaluer s'il a progressé dans la réalisation du but ?

Cette méthode force le concepteur à raisonner en fonction du modèle mental supposé de l'utilisateur et à critiquer sa propre vision de l'interface.

Soulignons l'intérêt d'élargir cette démarche aux autres acteurs du développement des SI : concepteurs, analystes, designers, programmeurs. Elle concernerait, par exemple, le design et le choix des modèles et outils d'aide à la conception et au design. Bodart *et al.* (2001) ont évalué expérimentalement deux options de construction d'un schéma ERA et ont analysé les résultats de l'expérimentation à l'aide de théories de la psychologie cognitive. Ce type de démarche devrait participer aux choix qui président à la construction de modèles ou d'ontologies et à l'analyse de leur adéquation par rapport aux tâches de conception et de développement.

4 Conclusion

Ce chapitre a mis en évidence l'apport des théories de la décision et de la cognition au développement des SI, principalement pour en améliorer les usages et un développement plus efficient via une meilleure utilisabilité et une prise en compte des différents éléments de complexité qui interviennent dans un processus décisionnel. Ces théories constituent, en effet, un corps de connaissance adéquat pour apporter une signification profonde à l'approche dite «centrée sur l'utilisateur». Cette approche ne concerne pas seulement l'utilisateur final, interne ou externe à l'organisation, mais tout acteur qui participe au développement des SI: outre l'utilisateur final qui est au centre de cette approche, l'architecte du SI, l'analyste, le designer, le programmeur sont également concernés par une démarche qui vise à prendre en compte leurs caractéristiques cognitives ainsi que les environnements organisationnel, social et technologique au sein desquels ils exercent leurs activités.

Notre société est marquée par la disponibilité croissante de technologies de l'information de plus en plus sophistiquées (réseaux de télécommunication, équipements mobiles, interfaces 3D, interfaces multimodales, réalité augmentée,...) et leur omniprésence tant dans la vie professionnelle que dans la vie privée; ce qui conduit à la fois à la répartition des tâches et à leur coordination dans des contextes intra et interorganisationnels. Cette évolution entraîne une complexité croissante des analyses d'utilisabilité appliquées aux tâches individuelles et aux comportements de groupe, analyses qui deviennent ainsi, elles-mêmes, des processus décisionnels complexes dont la compréhension fait appel aux théories de la décision et de la cognition.

L'approche dite «centrée sur l'utilisateur» ne peut se limiter à des aspects superficiels tels que la création de scénarios ou de *use cases*. Il importe de privilégier une démarche scientifique fournissant une compréhension profonde des modalités d'exécution des tâches individuelles ou de groupe par la prise en compte conjointe des théories de la décision et des théories de la cognition.

Une telle démarche contribue à remettre en question l'omniprésence de la vision rationnelle, prescriptive, normative et technologique du développement des SI et de leurs usages; vision qui conduit trop souvent à leur sous-utilisation, à la rigidité dans leur adaptation à l'évolution des besoins de l'organisation et des utilisateurs, et à un manque d'efficience dans leur développement.

Bibliographie

Allais M., «Le comportement de l'homme rationnel devant le risque. Critique des postulats et axiomes de l'école américaine», *Econometrica*, vol.21, 1953

Alter S., "A work view of DSS in its fourth decade", *Decision Support Systems*, vol. 38, number 3, 2004

Bendahan S., Camponovo G., Monzani J.S., Pigneur Y., "Negotiation in technology landscapes: an actor-issue analysis", *Journal of Management Information Systems*, vol. 21, No. 4, 2005: 137-172

Axelrod R. (ed), *The structure of Decision. The cognitive Maps of Political Elites*, Princeton University Press, 1976

Berthoz A., *La Décision*, Éditions Odile Jacob, 2003

Bodart F., Petitjean T., "Logistic cooperation: a model of decision making "through others", *Revue des Systèmes de Décision*, vol. 5 numéros 3-4, 1996

Bodart F, Patel A., Sim M., Weber R., "Should Optional properties be used in conceptual modelling? A theory and empirical tests", *Information systems Research*, vol. 12, number 4, 2001

Card S.K., Moran T.P., Newell A., *The psychology of Human computer Interaction*, Lawrence Erlbaum Associates, Hillsdale, 1983

Carlson C., Turban E., "DSS: Directions for the next decade", *Decision Support Systems*, vol. 33, number 2, 2002

Checkland P.B., *Systems Thinking, Systems Practice*, Wiley, 1981

Cohen M.D., Marc J.G, Olsen J.P., "A garbage can model of organization choice", *Administrative Science Quarterly*, vol.17, number 1, 1972

Conklin J., Begeman M.L., "gIBIS: a hypertext tool for exploratory policy discussion", *ACM Transaction on Office Information Systems*, vol.6, number 4, 1988

Coutaz J., *Interface Homme-Ordinateur: conception et réalisation*, Thèse de doctorat, université Joseph Fourier, Grenoble, 1988

Cyert R.M., March J.G., *Behavioural theory of the firm*, Prentice-Hall, 1963

Damasio A.R., *L'erreur de Descartes, La raison des émotions*, Éditions Odile Jacob, 1995

Godet M., *Manuel de Prospective Stratégique*, Vol.2, Dunod, Paris, 2001

Fjermestad J., "An analysis of communication mode in group support systems research" *Decision Support Systems*, vol. 37, number 2, 2004

Hainaut J.L., *Bases de données et Modèles de calcul, Outils et méthodes pour l'utilisateur*, 3e édition, Dunod, 2002

Holtzman S., *Intelligent Decision Systems*, Addison Wesley, 1989
Huber G.P, *Managerial decision making*, Scott, Foresman, Glenview, Illinois, 1980
Hutchins E.L., Hollan G.D., Norman D.A., "Direct manipulation interfaces" in Norman D.A., Draper S.W. (eds), *User Centered System Design*, Lawrence Erlbaum Associates, Hillsdale, 1986
John B.,E., Kieras D.,E., "The GOMS family analysis techniques: tools for design and evaluation", *Technical Report CMU-CS-94-181*, Carnegie Mellon, 1994
Johnson P., *Human Computer Interaction*, Mc Graw Hill, 1992
Keen P.G.W., Scott-Morton M.S., *Decision Support System: An Organizational Perspective*, Addison-Wesley, 1978
Langley A., Mintzberg H., Pitcher P., Posada E., Saint-Macary., "Opening up decision-making: the view from the black stool", *Organization Science*, vol. 6, number 3, 1995
Lee J., "SIBYL: A tool for managing group decision rationale", *CSCW 90 Proceedings*, 1990
Lewis C.H., Polson P.G., Rieman J., Wharton C., Wilde N., "Cognitive walkthroughs: a method for theory based evaluation of user interfaces", *CHI'92 Tutorial notes*, Monterey CA, New York, ACM, 1992
Luconi F.L., Malone T.,W., Scott Morton M.S., "Expert systems: the next challenge for managers", *Sloan Management Review*, Summer 1986
McGill T.J., Klobas J.E., "The role of spreadsheet knowledge in user-developed application success", *Decision Support Systems*, vol. 39, number 3, 2005
Mintzberg H., Raisinghani D.,Theorêt A., "The structure of "unstructured" decision process", *Administrative Science Quarterly*, vol.21, number 2, 1976
Meyer C., Davis S., *It's alive: the coming convergence of information, biology and business*, Crown Business, New York, 2003
Mumford E., "Participative Systems Design: Structure and Method", *Systems, Objectives and Solutions*, vol. 1, number 1, 1981
Nielsen J., *Usability engineering*, San Diego CA: Academic Press, 1993
Norman D.A., "Cognitive engineering", in Norman D.A., Draper S.W. (eds), *User Centered System Design*, Lawrence Erlbaum Associates, Hillsdale, 1986
Norman K.L., *The psychology of menu selection*, Ablex Publishing Corporation, Norwood, New Jersey, 1990
Pomerol J.C., "Scenario development and practical decision making under uncertainty", *Decision Support Systems*, vol. 31, number 2, 2001
Raghavan S.A, "Janus: A paradigm for active decision support", *Decision Support Systems*, vol. 7, number 1, 1991
Ragsdale C.T., *Spreadsheet modelling and Decision analysis: a practical introduction to management science*, South Western College Publishing, Cincinnati, 1998
Shneiderman B., *Designing the user interface*, 3d edition, Addison Wesley, 1998
Simon H.A., "A behavioural model of rational choice" *The Quarterly Journal of Economics*, vol. 69, 1955
Simon H.A., *Sciences des systèmes, Sciences de l'artificiel*, Afcet Systèmes, Dunod, 1991
Stein E.W., Zwass V., "Actualizing organizational memory with information systems" *Information systems Research*, vol. 12, number 4, 1995
Theys M., "The challenge of complexity in the design of e-Business Support Software" in Bodart F. (ed), *Utility, Usability and Complexity of e-Systems*, Presses Universitaires de Namur, 2003

Mobiliser les théories économiques et organisationnelles dans la recherche en systèmes d'information

Serge Baile

Mots-clés : coûts de transaction, structuration, ressources, présence sociale, richesse des médias, interaction symbolique, influence sociale, action raisonnée, comportement planifié, acceptation de la technologie (MAT), diffusion de l'innovation, sociocognitif, alignement tâche-technologie.

Résumé : ce chapitre résume les principales théories utilisées dans les approches économiques (coût de transaction, structuration, ressources) et comportementalistes (communication, intention, adoption) de l'évaluation du succès de l'utilisation des systèmes et technologies de l'information et de la communication. Les fondements de chaque théorie sont rappelés et formulés dans un contexte de choix et de mise en œuvre utile à la conduite de recherches en management des systèmes d'information.

La recherche dans le domaine des systèmes d'information est arrivée à un stade de maturité scientifique car elle a su mobiliser de nombreuses théories empruntées aux sciences humaines, sociales, économiques et de gestion, de l'information et de la décision, de la cognition individuelle et organisationnelle. L'objet de ce chapitre est de recenser les principales théories qui ont présidé à des contributions ou des avancées significatives dans les domaines de connaissances relevant, d'une part, de l'économie et du management des organisations et, d'autre part, de la psychologie sociale et du comportement individuel, chaque fois qu'un déterminisme technologique est introduit par la mise en œuvre ou l'usage des systèmes et technologies de l'information pour développer les activités de l'entreprise et la rendre plus concurrentielle. Les théories et modèles d'analyse stratégique utilisés dans le champ des travaux sur la gouvernance des SI/TI ont été volontairement laissés à l'écart car ils se réfèrent pour l'essentiel à de nombreuses théories sous-jacentes, dont celles dont fait état ce chapitre. Ainsi, ce dernier s'articule autour de deux investigations portant sur les contributions théoriques marquantes relatives, en premier lieu, aux théories économiques, et en second lieu, aux théories comportementalistes, dans le domaine de la recherche en SI. La taxonomie des cadres conceptuels formulée récemment par Banker et Kauffman (2004) est à ce titre intéressante, car elle distingue bien les apports théoriques dans un domaine intitulé « stratégie et organisation des SI ». Un domaine qui prend en compte des cadres théoriques divers et variés qu'il est apparu nécessaire de recadrer dans un contexte général qui ne se veut, dans cette encyclopédie, ni analytique ni comparatif.

1 La place des théories économiques dans la recherche en SI

Les théories économiques ont principalement contribué à éclairer, décrire ou expliquer des modes de développement organisationnel liés à des SI de plus en plus sophistiqués et à des TIC de plus en plus efficaces. Ces modes de développement ont été agencés et planifiés en s'appuyant sur des principes, des postulats, ou encore, des philosophies empruntés à l'économie des organisations et à des écoles portant une vision du changement. Trois de ces écoles marquent l'évolution, dans le temps, de cette vision. Celle sur l'économie des coûts de transaction a séduit, au milieu des années quatre-vingt, les chercheurs en SI soucieux de trouver une explication dans leurs travaux à des mécanismes technico-économiques complexes intermédiaires entre le marché et l'entreprise. Celle sur la «structuration» introduit au début des années quatre-vingt-dix des principes philosophiques et des vues du développement organisationnel moins mécaniques et plus sociaux. Enfin, celle sur «l'approche basée sur les ressources» du développement organisationnel émerge d'une réflexion plus managériale, datant du début des années quatre-vingt-dix, et qui, dans le domaine des TI, prend toute sa valeur vers «l'an deux mille».

1.1 La théorie des coûts de transaction (TCT) dans la recherche en SI

Place de la théorie et contexte d'utilisation

Durant ces vingt dernières années, le cadre théorique utilisé pour analyser les questions touchant aux formes de gouvernance organisationnelle a été celui des coûts de transaction avec le *trend* des travaux de Williamson (1975, 1999). S'appuyant sur les travaux de Coase, il établit dans son ouvrage, *Marchés et Hiérarchies*, les fondements d'une approche interdisciplinaire, en économie des organisations, destinée à étudier les coûts de transaction dans un contexte de sciences sociales. Les recherches en sociologie, théorie des organisations, droit, systèmes d'information, marketing et finance, se focalisent peu à peu sur cette théorie des coûts de transaction (TCT). La synthèse conceptuelle des travaux proposée par Rindfleisch et Heide (1997) fait état, en ce sens, de travaux empiriques utilisant des données du monde des affaires pour traiter d'hypothèses fondées sur la TCT. Dans le domaine du management, cette théorie est alors sujette à des discussions d'écoles portant sur la nature des structures de gouvernance susceptibles d'exister dans et entre les organisations, étant données certaines conditions exogènes. La recherche en SI s'inspire alors des contributions de cette théorie de référence. Assez tôt, la notion de coûts de transaction est utilisée pour expliquer le choix d'une stratégie de développement de systèmes informatiques, appréhender le rôle des utilisateurs dans les projets SI, étudier l'impact des TI sur le choix entre l'entreprise et le marché, différencier les modes de management des services SI par les utilisateurs, souligner les divergences de buts des départements SI et de gestion, évaluer l'impact des TI sur la taille et la prise de décision, comprendre les décisions d'externalisation, ou justifier des investissements en TI, enfin pour mener des investigations dans une perspective de recherche positiviste, même si ces tout premiers travaux, visant à tester la TCT, n'utilisent que rarement des enquêtes. Les travaux de cette dernière décennie impliquant la TCT s'attachent, d'une part, à comprendre les mécanismes d'intégration électronique, verticale et horizontale, à appréhender les stratégies d'alignement et de pouvoir dans les réseaux interentreprises avec les TI en B2B, à évaluer les effets de l'intégration des SI et des TI comme les ERP, le B2B, à traiter des problématiques de risques, d'*outsourcing* et de gouvernance des TI, tels que ceux des ERP et du SRM, (5) d'efficience des systèmes et technologies de support au commerce électronique ; d'autre part, à développer des méthodes exploratoires sur le terrain des entreprises et à concevoir des métriques de recherche spécifiques pour exploiter des données. La TCT apparaît donc, dans le champ des théories en économie des organisations, comme représentative d'un courant significatif de recherche en SI. Les principes et concepts qu'elle développe se sont progressivement adaptés au changement de vision et d'opportunités de recherche, évoluant d'une approche strictement mécaniste et «transactionnelle» de l'utilisation des TI vers une approche plus dynamique et «relationnelle» de leur mise en œuvre.

Principes théoriques et concepts utilisés

La TCT fait partie du courant néoinstitutionnel – dans la branche «économie des organisations». Pour l'économie des coûts de transaction, l'unité d'étude est l'échange entre agents économiques (la «transaction»). Les transactions sont modérées par des contrats ou des règles générales (telle la loi) et par des contrats spécifiques (tel le contrat d'affaire). Les deux postulats étayant la théorie énoncent que la gouvernance des accords visant à construire cet échange est «coûteuse», et que les formes de gouvernance, propres à la capacité des agents pour faciliter l'échange, dépendent des conditions de l'environnement de transaction. Le choix d'une forme de gouvernance répond au souci du management de mieux contrôler et administrer ces coûts (production et transaction) de façon à les réduire, dans un souci de «performance contractuelle». Établir un contrat génère de toute évidence des coûts directs (négociation, rédaction et mise en application) qu'il s'agira de minimiser en analysant l'efficacité des formes de gouvernance et de coordination propres. Ainsi, du fait d'économies d'échelle et de spécialisation ou encore d'incapacité d'un agent à gérer les transactions dans une organisation, la théorie postule de façon générale au fait que le «marché» est un mécanisme de management de la gouvernance économique plus efficient (à coût meilleur), que l'organisation (dans sa hiérarchie). L'hypothèse est donc, qu'à un certain niveau de coûts, la transaction n'est plus profitable pour aucune des parties et que le recours au marché s'impose. Ces coûts sont générés avant même le début du contrat. La recherche d'un partenaire et des informations sur celui-ci nécessite de mobiliser des ressources (en temps, humaines, financières). Ces coûts sont pris en compte par la TCT. Une fois ce contrat établi, l'entreprise doit nécessairement mobiliser des ressources souvent importantes pour s'assurer que les échanges se déroulent bien. Les concepts «de rationalité limitée» et «d'opportunisme» sont alors des concepts centraux. L'imperfection de l'information amène les agents économiques à avoir des difficultés à prévoir ce qui va se passer dans l'avenir. Les contrats sont alors forcément «incomplets». Cette incomplétude des contrats est une notion importante pour l'économie des coûts de transaction. De même, l'existence de l'opportunisme est une des hypothèses fortes de la théorie: les agents économiques ne respecteront pas toujours leurs engagements si cela est possible et si cela sert davantage leurs intérêts. Les systèmes de contrôle, voire de protection, font aussi partie des actions susceptibles de créer des coûts pris en compte par l'approche.

Les coûts de transaction sont des coûts de négociation, de suivi et de renforcement qui sont nécessaires pour autoriser un échange entre deux entreprises ou deux organismes. Les sources de ces coûts sont les difficultés que l'on rencontre dans les processus d'échange. Six facteurs principaux sont susceptibles de créer des difficultés dans les transactions, et font l'objet de concepts ou dimensions spécifiques pour utiliser cette théorie en management:

- la *rationalité limitée*: la rationalité du comportement humain est limitée par la capacité des acteurs à traiter l'information;
- l'*opportunisme*: les êtres humains ont tendance à se conduire de manière opportuniste. L'opportunisme signifie la recherche de son intérêt propre;
- l'*incertitude et la complexité de l'environnement*: le monde réel est caractérisé par une incertitude considérable et une grande complexité;
- le *petit nombre ou la fréquence peu élevée des transactions*: dans le monde économique, il est fréquent de rencontrer des relations commerciales peu fréquentes, comme c'est par exemple le cas dans un oligopole;
- les *asymétries de l'information*: l'information attachée à une transaction ou à un ensemble de transactions est, de manière fréquente, non symétriquement distribuée entre les parties participant à l'échange. Ainsi une des parties peut posséder beaucoup plus de connaissances que l'autre;
- la *spécificité des actifs*: ce concept de spécificité des actifs fait référence à la possibilité plus ou moins importante de se redéployer vers d'autres utilisations ou d'autres partenaires.

Ces facteurs sont autant de sources d'obstacles à une transaction, pouvant aussi se combiner. Ainsi une combinaison de rationalité limitée avec l'incertitude et la complexité de l'environnement conduira à des transactions hasardeuses, souvent difficiles et sans efficacité. Par ailleurs, quand un petit nombre de transactions répétitives caractérise l'échange, il est fréquent que l'une ou l'autre des parties puisse se comporter de manière opportuniste. Ainsi, la combinaison de différents facteurs peut alors rendre certaines transactions très coûteuses.

Pour résumer

Tous ces concepts ont fait l'objet de nombreux travaux, principalement dans les domaines de l'économie industrielle et, plus récemment, du développement des organisations avec l'étude de certains mécanismes de gouvernance (intégration verticale, *outsourcing*, et collaboration interorganisationnelle). Ces études ont conduit, plus particulièrement dans les travaux en SI, à une réduction du champ des contributions de la théorie et à la conception puis à la validation de construits de mesure spécifiques. Cependant, comme l'évoque Reix (2002), «on ne peut, sans précaution, recourir à des modèles reposant sur la TCT pour expliquer (par exemple) le rôle des TI dans les réseaux (...) sans nier l'intérêt de cette référence, il semble souhaitable de revenir sur le contenu informationnel de la notion de réseau en s'appuyant sur d'autres cadres conceptuels.» (p. 336). Ainsi, la théorie de l'agence et celle des échanges sociaux pourraient constituer des cadres théoriques complémentaires opportuns.

1.2 La théorie de la structuration organisationnelle dans la recherche en SI

Place de la théorie et contexte d'utilisation

Parmi les nombreux paradigmes mobilisés par la recherche en SI cette décennie, celui de la théorie de structuration organisationnelle (TSO) est certainement l'un des plus intéressants, mais aussi des plus controversés. Deux revues récentes des travaux (Pozzebon et Pinsonneault, 2002; Poole et DeSanctis, 2004) situent sa contribution dans de nombreux contextes d'étude, ses perspectives et ses limites. La TSO a contribué principalement à théoriser l'étude de phénomènes variés et génériques, tels que ceux du développement des systèmes, des échecs d'implantation, du développement d'équipes virtuelles, des pratiques relationnelles en ligne, de la médiation des TI, et plus généralement, de la mise en œuvre de nouveaux SI intra ou interentreprises.

La capacité qu'offre la TSO de s'accommoder au traitement de problématiques larges et variées est à l'origine, en sciences des organisations, de son implication dans de nombreux travaux traitant de la prise de décision de groupe, de la communication organisationnelle, de l'établissement de réseaux sociaux, de l'apprentissage organisationnel et de la gestion des connaissances, de la conduite du changement organisationnel, de la coopération, des partenariats industriels, de l'entrepreneurship et, plus globalement, de l'évolution des entreprises et de leurs capacités de changement (Barley et Tolbert, 1997).

Ainsi, dans le foisonnement des travaux traitant du développement organisationnel et de celui concomitant des systèmes d'information de cette dernière décennie, elle permet un positionnement intellectuel raisonné, bien qu'elle ne soit pas en mesure de fournir, d'une part, un cadre conceptuel puissant du fait de l'insuffisance de théorèmes précis et d'hypothèses formelles et, d'autre part, une aide méthodologique généralisable. En fait, la TSO, telle que présentée par Giddens (1979), est plus une philosophie utile pour conduire une investigation en sciences sociales, qu'intrinsèquement une théorie. Elle vise à formuler les problèmes dans leur généralité et à regarder le monde de façon globale en traitant de l'environnement (Poole et DeSanctis, 2004). Désignée comme une «métathéorie» la TSO offre, dans le champ des SI, un cadre au choix des valeurs et des dispositifs de recherche facilitant la sensibilisation aux problèmes étudiés, pas celui de propositions ou d'hypothèses (Walsham et Han, 1991). Son utilisation exige alors du chercheur qu'il fixe les prémisses appropriées au phénomène étudié et à l'intérêt de son travail, pour élucider sa problématique. Son usage lui laisse de même le choix des décisions concernant l'organisation de son cadre de recherche, ainsi que celui des méthodes, des mesures, et des outils analytiques qu'il souhaite mettre en œuvre.

La TSO repose sur des principes philosophiques et des concepts qui sont brièvement rappelés, et, sur une capacité certaine à aider le chercheur pour formuler, dans un certain contexte, une stratégie générale d'investigation qu'il convient de mettre en perspective, au travers de son utilisation passée dans le champ des SI. Enfin, reprenant l'essentiel du travail de Poole et DeSanctis (2004), les conditions de mise en œuvre de cette théorie sont mentionnées.

Principes philosophiques de la théorie et concepts de structuration

L'argument, pilier de la TSO, est que la structure sociale existe dans les actions des individus lorsqu'ils utilisent les structures existantes et en créent de nouvelles au cours de leur vie quotidienne. Elle fait le joint entre les deux extrémités philosophiques, par tradition regardées comme incompatibles; d'un côté, le *fonctionnalisme*, postulant que les structures sociales sont indépendantes des personnes (elles existent dans les institutions, les organisations, au sein même des technologies, ou de diverses entités) et peuvent directement influencer le comportement humain; d'un autre côté, *l'interprétatif*, qui soutient que les structures sociales existent seulement dans les esprits des individus et n'ont aucune signification en dehors des constructions sociales créées par eux. La vue fonctionnaliste postule que les conséquences des structures expliquent leur existence et persistance; les arguments de causalité prévalent. La vue interprétative postule que les structures sont formées d'une façon cognitive par l'expérience; les arguments sociaux du «constructivisme» prévalent. L'approche fonctionnaliste met l'accent sur la puissance de la structure, alors que l'approche interprétative le met sur la puissance de l'agencement humain, particulièrement celui des connaissances et des scripts sociaux (Walsham et Han, 1991). Giddens (1984) jette un pont entre ces deux vues, en déclarant que les structures ne sont ni inhérentes aux organisations, ni inhérentes aux individus. Elles sont ancrées de part et d'autre, et naissent des actions prises par les individus, particulièrement quand ils interagissent. Dès lors les structures existent pendant que les acteurs les appliquent; elles sont à la fois au centre et en même temps, les résultats de l'interaction humaine. Ce que la TSO retient sous la terminologie de *dualité de la structure*.

La structuration est le processus qui vise à mettre en œuvre des structures au sein d'une action. Celui-ci consiste à «structurer des relations sociales à travers le temps et l'espace, en vertu de la dualité de la structure» (Giddens, 1984, p. 376). Giddens emploie le terme structuration pour insister sur le fait que les structures sont des systèmes d'action continue, se produisant et se reproduisant dans la durée. Le concept souligne également la dualité de la structure, à savoir, la dépendance mutuelle de la structure et de l'agencement des relations (Giddens, 1979, p. 69–79). La structuration se produit quand les acteurs invoquent les structures existantes ou en créent de nouvelles, ou lors de la production ou de la reproduction d'une structure avec son système social. Les structures disposent de ressources (personnes et matériels) et de règles (recettes pour agir), qui opèrent pour donner au système social sa puissance (des structures de domination), des normes ou routines (structures de légitimité), et un sens (structures de signification). De cette façon, l'ordre social d'un système est maintenu dans la durée (stabilité), tout en disposant de sa capacité à s'adapter (changement) quand les acteurs modifient les structures, lors de leurs interactions. La routine de structuration permanente caractérise l'ordre social du système.

En résumé, l'intérêt porté par les SI à la théorie de structuration réside dans son orientation vers l'action et dans ses perspectives sociales. Elle considère les agents humains comme une partie du système et conduit, tout autant, à prendre en compte les échanges entre individus et TI, que la prédiction de leur usage par des individus, des groupes d'utilisateurs ou des organisations. Une brève analyse des origines de recherche dans le champ des «MIS» et des perspectives offertes s'impose donc.

Pour résumer

Poole et DeSanctis (2004) font état de sept objectifs aidant à ouvrir des champs de travaux connexes (multiples et multicouches) sur les apports de la théorie de la structuration. Ils citent pour référence quelques exemples de recherches témoignant de contributions significatives sur les domaines tels que l'identification des structures, le potentiel structurant des TI, le système d'interaction entre acteur et structure, le processus d'utilisation de la technologie, la dynamique organisationnelle, ou encore le processus de gouvernement social. Dès lors, le champ d'application de la théorie aux SI pourrait s'ouvrir en offrant d'autres volets et facettes.

1.3 La théorie d'une «vue basée sur les ressources» dans la recherche en SI

Place de la théorie et contexte d'utilisation

Barney (1991) puis Mahoney et Pandian (1992) introduisent cette théorie (notée RBV) en management stratégique, ouvrant ainsi un débat contradictoire sur ses forces et faiblesses (Barney, 2001; Barney et Arikan, 2001). Plus d'une décennie après, Wade et Hulland (2004) font état d'une inexistence de discussions sur ce sujet et formulent une synthèse des principales contributions en SI, traitant pour l'essentiel du rôle et des capacités des SI/TI dans la recherche de l'avantage compétitif. Ce double constat, en premier lieu, un débat sur l'intérêt d'une théorie s'attachant à interpréter la performance économique et l'avantage compétitif à partir des caractéristiques de diverses ressources disposées et mises en œuvre, en second lieu, la quasi-inexistence de formalisation conceptuelle des ressources propres au contexte des SI, traduit le caractère ambigu du choix et des modes d'évaluation des ressources qu'il convient de prendre en compte pour expliquer une performance économique.

La RBV, et la vision théorique du changement ou du développement organisationnel qu'elle supporte, vision basée sur la mise en œuvre de ressources en TI, contribuent à étudier comment les SI sont liés à la stratégie et à la performance économique de l'entreprise. Cette vision fournit un cadre à l'évaluation de la valeur des ressources technologiques apportées par un choix stratégique de SI. Elle facilite la distinction des SI – et celle plus cruciale des TI et SI – indispensable pour étudier leurs influences distinctes et différenciées sur la performance. Elle fournit, de plus, un socle conceptuel pour différencier les ressources apportées par le SI de celles non spécifiques, et facilite, en ce sens, les possibilités de comparaison et de distinction fonctionnelle. Cependant, cette approche n'est pas, dans sa formulation théorique originale, idéalement adaptée à l'étude des SI. En effet, à la différence des ressources habituelles, qualifiées de valeurs, de rares ou de non substituables (comme la notoriété d'une marque ou les actifs financiers), celles, propres aux TI, contribuent rarement directement à la recherche d'un avantage compétitif durable. Elles ne constituent, en fait, qu'une partie de la chaîne complexe d'actifs et de capacités organisationnelles de systèmes dont l'objectif est la performance. Ainsi, les ressources en SI sont nécessaires mais pas suffisantes pour expliquer la performance organisationnelle. Ces systèmes exercent aussi leur influence, via des relations connexes et complémentaires, avec d'autres actifs et capacités, soit de l'organisation soit d'autres entreprises extérieures. Bien que ces relations ou complémentarités soient reconnues, la RBV n'en fait pourtant pas état. Wade et Hulland (2004) la qualifient en ce sens de *déficiente* et suggèrent d'en améliorer sa connaissance dans le champ des SI : en définissant plus précisément les ressources des TI et leurs attributs (propres au SI étudié); en différenciant les ressources SI des non-ressources SI, avec leurs attributs; enfin, en étudiant les liens ou dépendances entre ces ressources et la performance ou l'avantage concurrentiel.

Principes théoriques et concepts de ressources

La RBV postule que les entreprises possèdent des ressources spécifiques, dont une partie est destinée à l'atteinte d'un avantage compétitif, et une autre, à la recherche d'une performance supérieure à plus à long terme (Barney, 1991). Cette logique donne lieu à quatre prédictions relatives: aux caractéristiques des ressources qui vont produire des sources temporaires d'avantages; au soutien de cet avantage quand des limites ex-post (de capacité, spatiales ou contractuelles) dans la compétition existent; aux conditions (de risque et d'incertitude des marchés) par lesquelles les profits économiques sont générés; et, au besoin des entreprises de générer des profits du fait d'un investissement dans des ressources inaccessibles aux concurrents. Au total, des ressources précieuses, rares, et dont les résultats d'exploitation par une entreprise qui les détient ou les contrôle, offrent à cette dernière un avantage compétitif temporaire. Cet avantage se maintient dans le temps, tant que l'entreprise a la capacité de les protéger contre une imitation, un transfert, ou une substitution.

Un aspect important de la RBV a été de s'entendre sur le terme «ressources». Les chercheurs et les praticiens utilisent, en effet, une variété de termes différents pour en parler, incluant les compétences, les habiletés, les actifs stratégiques, les actifs et les stocks. Elles sont habituellement définies comme des actifs et des capacités disponibles et utiles pour détecter les opportunités ou menaces du marché et leur répondre. Les actifs constituent un ensemble de ressources disponibles, tangibles ou intangibles, qu'une entreprise peut utiliser dans ses processus pour créer, produire, et/ou offrir ses produits au marché. Les capacités ont trait, de leur côté, à des modèles d'actions répétitifs qui mettent en œuvre les actifs pour créer, produire, et/ou offrir des produits au marché. Les actifs sont ainsi conçus comme des «inputs» ou «outputs» d'un processus. Ils sont soit tangibles (par exemple, les composantes hardware des SI, l'infrastructure réseau), soit intangibles (par exemple, les brevets de logiciels, les relations fortes avec le vendeur). Les capacités ont un rôle de transformation des «inputs» en «outputs» de plus grande valeur. Elles se réfèrent dans les études aux habiletés techniques et managériales, et aux processus de développement ou d'intégration des systèmes d'information et de communication.

Pour résumer

La vue basée sur les ressources (RBV) de l'entreprise est une théorie puissante qui permet aux chercheurs de comprendre si, et comment, des fonctions particulières de gestion affectent une organisation au sens large. Elle offre, dans le domaine des SI, un contexte de travail intéressant pour appréhender et comprendre le rôle du système d'information et évaluer le succès des TI. Une fois ce rôle exploré et bien défini, il saurait alors être comparé, à part égale, avec les rôles joués par d'autres ressources pour formuler, le cas échéant, une meilleure explication du succès des SI, de la performance économique, puis de la compétitivité des entreprises valorisant les dites ressources.

La RBV permet encore d'effectuer une distinction utile entre la TI et le SI. La ressource en TI est basée sur des actifs, alors que la ressource en SI inclut un mélange d'actifs et de capacités conditionnant l'utilisation productive de la technologie de l'information. Par sa focalisation sur les attributs et sa reconnaissance de l'importance de la complémentarité de ces ressources, elle pourrait ainsi mettre en valeur le rôle stratégique des systèmes d'information dans la compétitivité des entreprises.

2 La place des théories comportementales dans la recherche en SI

Les approches comportementales sont principalement issues, dans un contexte de recherche anglo-saxon (celui de l'OB, *organization behavior*), de travaux visant à expliciter, décrire, ou expliquer l'utilisation par les individus de nouveaux outils, de nouvelles méthodes et règles de travail. Ces approches empruntent largement les concepts fondamentaux de la psychologie cognitive et de la psychologie sociale. Elles sont déclinées, dans ce second titre, en trois classes théoriques, relevant de la communication, de l'intention et de l'innovation, traduisant des modalités et des principes différents, peut-être complémentaires, d'adaptation des individus à un changement introduit, pour ce qui concerne ce propos, par des TIC.

2.1 La place des théories de la communication

Les théories relatives à l'utilisation des TIC peuvent se classer en deux catégories, en rapport, d'une part, avec la composante rationnelle, et, d'autre part, avec la composante sociale du choix d'un média technologique. Généralement, le débat sur les déterminants du choix des moyens de traitement de la communication concerne le pouvoir explicatif de diverses théories et se focalise en particulier sur la théorie de la richesse des médias et sur le modèle de l'influence sociale (Fulk et Boyd, 1991). La théorie de la richesse des médias (Daft et Lengel, 1986) a longtemps dominé ; elle suppose que le choix des moyens de communication est un processus rationnel résultant de l'adéquation entre les caractéristiques des moyens de communication et le contenu du message. Le modèle de l'influence sociale, plus récent, focalise son attention sur les déterminants sociaux du choix des moyens de communication. Très souvent, ces théories sont opposées les unes aux autres, et rarement considérées comme des approches complémentaires. Rice *et al.* (1994) proposent que la dichotomie entre les influences rationnelles et sociales est artificielle et n'est peut-être pas nécessaire. Beaucoup d'études, cependant, n'examinent qu'un faible nombre d'influences, généralement issues de l'une ou l'autre approche. Les études associant les deux approches sont malheureusement beaucoup plus rares.

L'environnement théorique s'appuie donc sur quatre théories issues des deux courants. Les deux premières, la théorie de la présence sociale et la théorie de la richesse des moyens de communication, sont relatives aux déterminants rationnels du choix et de l'utilisation d'un média. Les deux dernières, la théorie de l'interaction symbolique et la théorie de l'influence sociale, concernent les déterminants sociaux de la sélection et de l'utilisation d'un média.

La théorie de la présence sociale

La théorie de la présence sociale (Short *et al.*, 1976) est la première approche décrivant l'utilisation des moyens de communication comme le résultat d'un processus de choix. Elle contribue au classement des médias selon leur niveau de présence sociale et pose l'hypothèse générale d'un manque d'indicateurs de contexte social. Plus récemment, elle est utilisée dans les recherches sur l'enseignement à distance et par des travaux destinés à évaluer les facteurs déterminants de l'interaction homme/machine mobilisés par des processus d'apprentissage individuel mettant en œuvre des TI de support, comme celui de la messagerie électronique (Baile, 2004).

Short *et al.* (1976) définissent la présence sociale comme il suit: «bien que nous nous attendions à ce qu'elle affecte la manière dont les individus perçoivent leurs échanges et leurs relations avec leurs partenaires de communication, il est important de souligner que nous définissons la présence sociale comme une qualité du moyen de communication lui-même. Nous supposons que les moyens de communication varient dans leur degré de présence sociale, et que ces variations influencent les interactions entre les partenaires de la communication». (page 65)

Cette définition reste assez floue car elle ne permet pas de distinguer si ce sont les caractéristiques réelles des médias qui expliquent les différences de communication ou si ce sont les perceptions des utilisateurs qui altèrent leurs comportements. Quelques auteurs tentent de remédier à son insuffisance, car le concept est ambigu et mal défini : il est caractérisé par des couples d'adjectifs (par exemple, chaud/froid, personnel/impersonnel, sensible/insensible et sociable/peu sociable) et ne semble pas très opérationnel. Certains étudient le lien entre les activités des utilisateurs et l'utilisation de la messagerie électronique. Steinfield et Fulk (1986) montrent, par exemple, que les principales activités supportées par la messagerie électronique sont l'échange et la recherche d'information. Selon l'auteur, les caractéristiques propres à ce médium (communication textuelle et asynchrone) contribuent à la réalisation de ces activités, notamment lorsque l'information est complexe. Par contre, certaines activités, telles que la transmission d'informations privées ou confidentielles, la négociation et la résolution de conflits ne sont pas supportées par la messagerie électronique. L'étude de Barillot (1998) aboutit à des résultats similaires. La messagerie électronique est utilisée dans les échanges d'informations factuelles, précises et à la durée de vie limitée, ainsi que pour le traitement d'informations bien structurées et de fort volume. Par contre, ce médium n'est que peu ou pas utilisé pour la résolution de conflits, la prise de décision et les activités routinières (diffusion d'informations courantes, gestion d'emploi du temps).

La théorie de la présence sociale est souvent associée, pour conclure, à la théorie de la richesse des moyens de communication, mais elle n'est pas considérée comme une théorie sur le choix des moyens de communication. Pour certains auteurs, la présence sociale reste au mieux «un vague concept jamais clairement défini par ses concepteurs». Pour d'autres, le concept est intéressant mais ne possède pas un pouvoir explicatif suffisamment élevé.

La théorie de la richesse des médias de communication

La théorie de la richesse des médias de communication est relative au choix rationnel (donc lié à des facteurs objectifs) d'un média de communication. Le concept de richesse de la communication est défini par Daft et Lengel (1986) comme «*la capacité de l'information à modifier la compréhension d'une situation et/ou d'un message dans un laps de temps déterminé. Les communications mettant en jeu différents schémas de référence ou clarifiant des situations ambiguës sont considérées comme riches. Au contraire, celles qui ne confrontent pas plusieurs perspectives ou qui ne permettent pas d'arriver rapidement à une solution sont considérées comme pauvres. Dans un sens, la richesse est liée à la capacité d'apprentissage de la communication*». (p. 560)

Les auteurs avancent l'hypothèse que la richesse de la communication est une propriété invariante et objective des moyens de communication. Ceux-ci sont rangés sur un continuum de richesse, le plus riche étant le face-à-face, et le moins riche l'écrit numérique (type sortie informatique), la messagerie électronique se situant entre le téléphone et l'écrit. Cette hiérarchisation des moyens de communication est basée sur quatre propriétés: la rapidité du retour de l'information ; la présence d'indicateurs multiples, tels que le ton de la voix, les gestes; la variété du langage utilisé (langage oral, écrit ou numérique); et la personnalisation liée à la capacité du moyen de communication à transporter les sentiments et les émotions. Ainsi, chaque moyen de communication n'est pas juste une source d'informations, mais représente une différence dans la manière de traiter les informations.

Cette théorie se décline en deux approches. La première est prescriptive et suppose l'adéquation entre les besoins en traitement de l'information des organisations et les canaux de communication disponibles dans ces organisations, dans un souci d'efficacité organisationnelle. La deuxième est descriptive et montre comment les individus doivent choisir les moyens de communication, dans un souci d'efficacité personnelle. Cette approche est basée sur trois propositions : les moyens de communication possèdent des propriétés inhérentes qui sont décrites objectivement. La richesse de l'information est traitée comme une propriété relativement invariante pour l'utilisateur et par rapport au contexte d'utilisation ; les différences de caractéristiques entre les moyens de communication sont importantes pour les utilisateurs ; les comportements et les attitudes individuels sont une réponse au traitement cognitif des caractéristiques des moyens de communication.

Pour conclure, cette théorie a fait l'objet de diverses et nombreuses études. Cependant, elle est fortement critiquée car elle ne prend pas assez en compte les facteurs de situation qui influencent le comportement et les facteurs sociaux qui modifient les perceptions.

La théorie de l'interaction symbolique

De manière non récente, les fondements mêmes de l'interaction symbolique (Mead, 1934) permettent d'étendre la théorie de la richesse des moyens de communication au-delà de l'intérêt que celle-ci porte aux besoins en traitement de l'information. L'interaction symbolique est définie comme un processus d'interaction entre les individus dans la formation des significations. La théorie introduit trois principes fondamentaux. Le premier, la signification, traduit le fait que les individus agissent en fonction du sens qu'ils donnent aux autres individus et aux objets. Le deuxième, le langage, donne aux individus les moyens de symboliser la signification qu'ils donnent aux autres personnes et aux objets. Le troisième, la pensée, donne la possibilité aux individus de modifier le sens des symboles. Ce troisième principe distingue cette théorie des autres écoles de pensée, pour qui la signification est simplement l'application de définitions préétablies à des situations spécifiques. Elle insiste sur le fait que le processus interprétatif et le contexte dans lequel il intervient sont des éléments essentiels dans la formation et l'utilisation d'une signification. En ce sens, la théorie de l'interaction symbolique est importante car elle fournit une base pour appréhender la construction des significations.

Le cadre de travail de cette théorie est celui de l'étude du comportement de communication dans les organisations. En effet, de même que la société est vue comme un réseau dynamique de communication, l'organisation peut se concevoir comme un système dynamique de pensées. De ce point de vue, à la base de l'interaction entre les membres d'une organisation, se trouve un système de partage des pensées et des significations. Les symboles évoluent dans le temps et prennent de la signification, permettant aux membres de l'organisation de résoudre des problèmes. La création de nouveaux symboles et de nouvelles significations nécessite que les membres de l'organisation travaillent ensemble. Ce point de vue est similaire à l'approche interprétative de la communication organisationnelle, qui insiste sur le rôle des processus symboliques et des significations subjectives dans la communication organisationnelle. Stryker et Statham (1985) proposent d'étendre cette théorie à celui d'un cadre de travail moins restreint, celui de l'interaction symbolique structurelle. Ce nouveau cadre théorique intègre l'approche interprétative de l'interaction symbolique et une approche plus traditionnelle dans laquelle le comportement serait prévisible. Ce cadre conçoit le comportement de choix des moyens de communication, à la fois comme un comportement mixte de création et de communication de symboles. Le premier apparaît lorsque les membres de l'organisation n'arrivent pas à communiquer correctement, ou encore lorsqu'ils ne partagent pas la même perception des événements. Dans ce cas, il n'existe pas de perspective commune, et la communication n'est motivée que par le besoin de combler les différences. Le comportement de création de symboles est ainsi lié à des situations ambiguës. Les membres de l'organisation doivent alors choisir des moyens de communication riches, pour faire face à cette ambiguïté. Le deuxième apparaît lorsqu'il existe déjà un partage des significations. L'existence de points de vue communs facilite l'interprétation des situations et des événements. Dans ce cas, la communication n'est utilisée que pour partager les points de vue. Ainsi, le comportement de communication de symboles est lié à des situations peu ambiguës. Les membres de l'organisation peuvent alors se contenter d'utiliser des moyens de communication pauvres.

Pour conclure, plusieurs études ont utilisé ce cadre conceptuel et montré que le choix des moyens de communication est déterminé par trois facteurs : le caractère ambigu du message, le contexte d'utilisation de l'outil de communication et la signification symbolique donnée à cet outil. Ces travaux soulignent tous que la théorie de l'interaction symbolique est une première réponse aux critiques formulées à l'encontre de la théorie de la richesse des moyens de communication.

La théorie de l'influence sociale

Partant du constat qu'il existe des explications alternatives au comportement de choix des moyens de communication, Fulk *et al.* (1990) suggèrent d'intégrer une perspective liée au traitement social de l'information à celle inhérente aux caractéristiques des moyens de communication. Ils proposent ainsi que les perceptions individuelles des moyens de communication sont déterminées, d'une part, par leurs caractéristiques objectives, et, d'autre part, par les attitudes et comportements des autres membres de l'organisation. Ces sources d'influence sociale contribuent à améliorer les perceptions individuelles en apportant des critères d'évaluation des caractéristiques des moyens de communication, en mettant l'accent sur les caractéristiques les plus pertinentes, et en guidant leur interprétation par rapport aux critères d'évaluation. De même, le choix d'un moyen de communication est déterminé, d'une part, par un processus objectif d'évaluation, et, d'autre part, par les influences sociales. En effet, les individus développent des comportements socialement acceptables qui trouvent leur justification dans les normes organisationnelles. Celles-ci conduisent également à un consensus social sur l'utilisation appropriée des moyens de communication. Les attitudes envers les moyens de communication sont également influencées par les comportements antérieurs.

Le comportement d'utilisation des moyens de communication est aussi déterminé par les besoins de traitement des tâches, et par l'information sociale liée à ces besoins. Les modèles traditionnels posent que le contenu de la tâche et la présence sociale sont deux déterminants importants de l'utilisation. Trevino *et al.* (1987) montrent que l'utilisation de la messagerie électronique est liée à la dispersion géographique des individus, et la pression du travail à l'utilisation du téléphone et du face-à-face. Ainsi, les indicateurs issus de l'environnement social permettent à l'individu de définir, d'une part, les besoins objectifs de la tâche, et d'autre part, les besoins des communicants pour cette tâche. Les contraintes structurelles sont, de la même manière, un déterminant du comportement d'utilisation. Markus (1990) souligne que l'utilisation d'un moyen de communication est liée au développement d'une masse critique d'utilisateurs, notamment en ce qui concerne les nouveaux moyens de communication. Par contre, l'influence sociale diminue lorsque l'expérience individuelle d'un moyen de communication particulier est importante. Fulk *et al.* (1990) préfèrent dire que le manque d'expérience et de connaissance d'un moyen de communication augmente l'influence sociale sur l'utilisation de ce moyen de communication.

Les études font état, pour conclure, de l'importance des facteurs sociaux dans le choix et l'utilisation des moyens de communication. Il semble important de noter que la perspective de l'influence sociale n'exclut pas le caractère rationnel du choix d'un moyen de communication. Elle pose simplement la prémisse que ce choix est une des options qui émerge du processus d'influence sociale dans les organisations.

2.2 Les théories relatives aux intentions d'utilisation des TIC et le MAT

Place des théories et contexte d'utilisation

Une part importante des travaux de recherche en SI fait appel aux théories comportementales traitant des intentions des individus pour prévoir l'usage de TI. Les modèles visent à identifier certains déterminants des intentions, telles des attitudes, des influences sociales, et des conditions qui facilitent l'utilisation de technologies (Davis, 1989). Les théories de l'action raisonnée et du comportement planifié font état de modèles traitant de l'intention.

La théorie de l'action raisonnée (Ajzen et Fishbein, 1980) suggère que l'intention d'adopter une technologie soit déterminée chez un individu par deux facteurs de base, l'un reflétant son intérêt personnel et l'autre son influence sociale. L'intérêt personnel se réfère à une attitude qui conduit un utilisateur à évaluer, favorablement ou défavorablement, l'adoption d'une TI. L'influence sociale, considérée comme une norme subjective, se réfère à la perception qu'ont les individus de ce que les autres attendent d'eux, et à leur degré de motivation de se conformer à ces attentes.

La théorie du comportement planifié (Ajzen, 1991) est une extension de la théorie de l'action raisonnée (TAR). Celle-ci fait intervenir le contrôle comportemental perçu lors d'un effort, qui prend en compte certains facteurs qui se trouveraient en dehors des possibilités de contrôle d'un individu et pourraient affecter son intention et son comportement. Ce prolongement théorique est soutenu par l'hypothèse qu'un comportement performant est à la fois déterminé par la motivation (l'intention) et la capacité (le contrôle comportemental). Le contrôle comportemental traduit la perception des conditions qui facilitent l'usage de certaines ressources comme les TIC, ainsi que celle de leurs capacités. Ainsi, pour la théorie du comportement planifié, l'intention d'adopter une nouvelle technologie peut se prédire en prenant en compte la perception qu'une activité innovatrice est souhaitée, supportée par des normes sociales, et réalisable.

Adapté de la théorie de l'action raisonnée[1] (TAR), le modèle d'acceptation de la technologie (MAT) pré-

1. *Theory of Reasoned Action.*

sente l'avantage d'intégrer plusieurs aspects des théories sur le comportement individuel développées par la psychologie sociale. Le MAT a été conçu par Davis (1986) pour expliquer le comportement de l'utilisateur des SI, et suscite toujours beaucoup d'intérêt chez les chercheurs en SI. En ce sens, Davis *et al.* (1989) notent que le modèle est «spécialement conçu pour expliquer le comportement à l'égard des ordinateurs» (p. 983). Celui-ci est destiné à expliquer le comportement des utilisateurs vis-à-vis des technologies de l'information au sein de différentes populations et dans différents contextes.

Le MAT fut utilisé, cette décennie, pour expliquer l'acceptation de TIC aussi diverses que les micro-ordinateurs, les logiciels de traitement de texte, les tableurs, les systèmes d'aide à la décision de groupe, les outils de travail coopératif, le fax, la messagerie électronique ou vocale et, plus récemment, l'internet. Dans la majorité des travaux qui mobilisent ce modèle, les investigations théoriques vont bien au-delà des préceptes liés aux perceptions et attitudes des utilisateurs, introduits par Davis pour expliquer l'acceptation des TIC. Les chercheurs considèrent de plus en plus les effets d'autres variables, comme les caractéristiques des utilisateurs, de l'organisation ou celles des systèmes d'information et des technologies pour justifier le comportement.

Le modèle d'acceptation de la technologie

Le modèle d'acceptation de la technologie (MAT, ou TAM en anglais) a pour objectif essentiel d'évaluer l'impact de divers facteurs externes sur les croyances internes, attitudes et intentions des utilisateurs. Il a été introduit dans les travaux en SI pour atteindre cet objectif, en proposant un petit nombre de concepts clés, déjà suggérés dans des études antérieures traitant des déterminants affectifs et cognitifs de l'acceptation des ordinateurs (Davis *et al.*, 1989). Pour ce faire, celui-ci se fonde principalement sur la théorie de l'action raisonnée de Fishbein et Ajzen pour modéliser les relations entre ces concepts. L'utilité perçue et la facilité d'utilisation perçue sont les deux construits clés du MAT.

Le MAT justifie l'utilisation des TIC essentiellement à partir de deux facteurs: l'utilité perçue et la facilité d'utilisation perçue. Bien que de nombreux chercheurs aient tenté d'expliquer le comportement individuel avec ces facteurs, très peu se sont interrogés sur les origines théoriques du modèle; ne serait-ce que pour tenter de justifier l'importance prise par cet axe de recherche, notamment avec ce que Karahanna et Straub (1999) appellent «la théorie émergente de l'acception des TIC». Les définitions les plus courantes, dans la littérature, de l'utilité et de la facilité d'utilisation perçue, sont celles que propose Davis. Ces définitions seront reprises dans de nombreux travaux sur le MAT:

- *l'utilité perçue* est définie comme étant «le degré avec lequel une personne pense que l'utilisation d'un système améliore sa performance au travail». En ce sens, dans un contexte organisationnel donné, plusieurs éléments peuvent contribuer à améliorer la performance des salariés, à savoir des augmentations de salaire, des promotions, des bonus ou autres récompenses;
- *la facilité d'utilisation perçue* se rapporte au «degré auquel une personne pense que l'utilisation d'un système ne nécessite pas d'efforts». Cette définition suggère qu'une application perçue comme étant plus facile à utiliser a plus de chance d'être acceptée par les utilisateurs.

Ces deux concepts ont reçu une attention particulière dans des études récentes en SI (Karahanna et Straub, 1999), et trouvent leurs fondements dans plusieurs théories. Les construits qui en émergent ont pour avantage d'intégrer dans leurs définitions, celles de concepts issus de théories aussi diverses, que:

- la théorie de l'efficacité personnelle;
- le paradigme coût/bénéfice;
- la diffusion des innovations;
- le modèle de Triandis;
- celles issues d'autres champs de recherche différents des SI.

Ces modèles recouvrent ainsi, pour expliquer le comportement, des concepts qui sous des appellations différentes, mobilisent l'utilité et la facilité d'utilisation perçues:

- la théorie de l'efficacité personnelle (Bandura, 1986) suggère que le comportement est déterminé à la fois par des croyances d'efficacité personnelle et par des croyances de résultats. Cette théorie établit ainsi clairement la distinction entre les perceptions d'efficacité personnelle, d'une part, et les résultats attendus d'un comportement, d'autre part. Le concept d'utilité perçue rejoint «les croyances de résultat», les deux concepts se rapportant au résultat attendu du comportement. Quant au concept de facilité d'utilisation perçue, il rejoint le concept d'efficacité personnelle et se définit notamment comme une dimension de «magnitude» de celle-ci. Bandura considère que même si l'efficacité personnelle et les croyances de résultats ont des antécédents différents, les deux influencent le comportement ;
- le paradigme coût/bénéfice issu de la théorie du comportement décisionnel (Johnson et Payne, 1985) contribue à appréhender des construits pro-

ches de ceux d'utilité perçue et de la facilité d'utilisation perçue. Ce paradigme explique que le choix d'un individu entre plusieurs stratégies de prise de décision est un choix cognitif entre l'effort requis pour la mise en œuvre d'une stratégie et la qualité (exactitude) de la décision qui en résulte. Cette approche s'est avérée efficace pour expliquer les raisons conduisant des décideurs à modifier leur choix de décision en fonction des variations dans la complexité de la tâche. La distinction faite entre la perception de l'effort requis et la prise de décision s'apparente à celle faite entre la facilité d'utilisation perçue et l'utilité perçue ;

- la théorie de la diffusion des innovations (Rogers, 2003), suggère également que l'utilité et la facilité d'utilisation perçues jouent un rôle proéminent pour l'adoption d'une innovation. Dans leur analyse de la relation entre les caractéristiques des innovations et leur adoption, les travaux vérifient que pour un grand nombre d'innovations, la compatibilité, l'avantage relatif et la complexité de celles-ci ont un lien significatif avec leur adoption. La définition de la dimension complexité rejoint celle de la facilité d'utilisation perçue tandis que la définition de l'avantage relatif rejoint celle de l'utilité perçue ;
- le modèle de Triandis (1971), qui se fonde en grande partie sur la théorie des attentes de Vroom (1964), considère que « les conséquences perçues du comportement » figurent parmi les éléments déterminants du comportement. Les conséquences perçues résultent du produit de l'évaluation par l'individu des conséquences probables de son comportement avec la valeur qu'il attribue à ces conséquences. La similitude entre les conséquences perçues et l'utilité perçue peut ainsi être établie. Triandis montre en outre qu'il existe un effet direct des conséquences perçues sur le comportement ;
- dans d'autres domaines de recherche, comme le marketing, les travaux s'intéressent également aux construits de facilité et d'utilité perçues. En ce sens, une étude menée par Hauser et Simmie (1981), concernant la perception de diverses TIC par les utilisateurs a mis en relief l'importance de deux dimensions : la facilité d'utilisation et l'efficacité. Le concept d'efficacité, tel qu'il est défini par les auteurs, rejoint le construit d'utilité perçue décrit par Davis (1989). Cette étude a montré que la facilité d'utilisation perçue et l'efficacité influencent simultanément le choix de l'utilisateur de telle ou telle TIC. Par ailleurs, la recherche sur l'interaction homme-machine a également insisté sur l'importance de la facilité d'utilisation dans la mise en œuvre des technologies de support à la prise de décision (SIAD).

L'importance accordée dans la littérature aux concepts d'utilité et de facilité d'utilisation perçues dans le MAT se justifie, pour résumer, par l'utilisation de différentes métriques destinées à valider des construits cohérents pour justifier le comportement des utilisateurs vis-à-vis de certaines TIC. L'objectif des travaux est d'établir, en règle générale, une relation de causalité directe et/ou indirecte entre la facilité d'utilisation et l'utilité perçues, d'une part, et l'intention comportementale, d'autre part. Des travaux ultérieurs, se fondant en outre sur la théorie de l'action raisonnée pour modéliser le comportement, pourraient ainsi être envisagés.

Pour résumer

Les différentes applications du MAT confirment le rôle prépondérant des croyances de l'utilisateur dans son acceptation d'une TIC. La revue de la littérature vérifie ainsi, dans sa grande majorité, la relation positive entre la perception de la facilité d'utilisation et de l'utilité d'une part et le comportement d'utilisation des TIC d'autre part. En introduisant des variables externes non explicitées dans le modèle original, elles ont également enrichi le MAT. Trois grandes catégories de variables ont ainsi pu être identifiées ; celles relatives à l'individu, celles liées à son environnement de travail et, enfin, celles liées à la technologie. Il convient également de souligner que malgré l'importance accordée aux attitudes de l'usager dans le modèle d'acceptation de la technologie, peu de recherches appliquées prennent en compte cette variable pour évaluer l'acceptation de la technologie. Aucune en revanche, parmi celles examinées, n'étudie l'influence directe des différentes variables externes sur les attitudes. Enfin, en ce qui concerne l'acceptation de la technologie, les travaux font souvent le choix d'évaluer l'acceptation par le seul comportement d'utilisation. Une grande majorité des travaux s'intéresse exclusivement au comportement de l'usager et non à d'autres mesures de l'acceptation d'une technologie qui pourraient compléter la mesure de l'utilisation. Ce constat ouvre le débat sur de nombreuses autres opportunités de recherche.

2.3 Les théories sur les stratégies d'adoption

La théorie de la diffusion de l'innovation

Un axe important de la recherche comportementale, utile pour appréhender l'utilisation des TIC, est celui de la théorie de la diffusion. Selon Rogers (2003), l'innovation est une idée perçue comme nouvelle par l'individu, et sa diffusion est le processus par lequel elle se répand. Bien que cette théorie émerge de travaux dans l'agriculture, elle sera très vite appliquée aux TIC, par exemple à des produits TI spécifiques comme le langage Java (utilisé dans des environnements réseaux ou hypertextes) ou à l'utilisation de technologies, comme l'EDI et les outils de génie logiciel. Pour Rogers, les individus au sein d'un système social n'adoptent pas une innovation simultanément, ils l'adoptent de façon séquentielle. Une innovation se diffuse lentement au début – souvent au travers du travail des agents de changement, qui vont la promouvoir activement – sa vitesse de diffusion augmentera dès lors que les individus l'adopteront. Une phase clé est celle du début du processus d'adoption, nommée «décollage». Une fois que les agents du changement auront accepté l'innovation, ils agiront pour la communiquer à d'autres agents au sein de l'organisation, par tous les moyens appropriés. Quand le nombre des premiers adoptants atteindra une masse critique entre 5 et 15% d'utilisateurs potentiels alors le processus d'adoption sera bien engagé.

Les individus peuvent être classés en cinq catégories d'adoptants ou classes d'acteurs d'un système social sur la base de leur facilité à accepter une innovation: les innovateurs, les premiers adoptants, la première majorité, la dernière majorité, et les traînards. Les travaux montrent que les modèles d'adoption sont habituellement distribués de façon gaussienne. Le processus de diffusion, comme le considère Rogers, est largement basé sur la communication, la recherche et le traitement de l'information. Les innovations ont trait non seulement à des technologies bien particulières, mais encore, à des éléments moins distinguables car fortement interdépendants (comme par exemple des groupes de technologies).

Outre ces caractéristiques individuelles, les caractéristiques spécifiques aux innovations contribuent aussi à expliquer les différences observées dans leur taux d'adoption. Il en existe cinq: *l'avantage relatif* traduit le degré auquel une innovation est perçue comme étant meilleure que l'idée qu'elle remplace; *la compatibilité* traduit le degré auquel une innovation est perçue comme étant compatible avec les valeurs existantes, les expériences passées, et les besoins des adoptants potentiels ; *la complexité* traduit le degré auquel une innovation est perçue comme étant difficile à comprendre et à utiliser; *l'expérimentation* traduit le degré auquel une innovation peut être expérimentée sur une base limitée; et *l'observabilité* traduit le degré auquel les résultats d'une innovation sont visibles et accessibles.

Depuis longtemps, pour résumer, les modèles sur la diffusion tendent à identifier et expliquer les facteurs qui influencent le degré d'adoption des innovations au niveau organisationnel. Les premiers chercheurs dans ce domaine ont expliqué l'adoption par une courbe d'apprentissage dans laquelle l'adoption d'une innovation évolue au fur et à mesure que cette dernière passe des premiers adoptants (l'innovateur) aux derniers (adoptant final). Ce modèle primaire permet certes de décrire l'évolution de l'innovation mais ne fournit ni explications ni orientations quant aux modèles futurs de l'adoption, en particulier dans le domaine des SI.

Des efforts de recherche[1] ont été effectués pour établir un modèle générique de l'adoption mais ont échoué. En pratique le processus d'adoption d'une innovation dépend de l'interaction entre des facteurs liés à la demande et à l'offre. Des modèles concernant la demande d'innovation (et s'intéressant à l'adoptant) devraient conduire à prendre en considération des problématiques contingentes à l'organisation traitant, d'un point de vue empirique et statistique, des bénéfices et des risques liés aux innovations induites par certaines TI. Des modèles concernant l'offre d'innovation (et s'intéressant aux fournisseurs) devraient conduire à formuler des problématiques (plus comportementales et psychologiques) pour traiter des problèmes de développement organisationnel en relation avec l'appropriation, la dissémination, l'utilisation ou la communication entre développeurs et utilisateurs de SI.

La théorie sociocognitive

Une troisième ligne de recherche qui peut aider à expliquer les modèles d'usage des TI est fondée sur la théorie «sociale et cognitive» (Bandura, 1977), avec un construit théorique central connu sous le nom du *déterminisme réciproque*. Le déterminisme réciproque est ce qui se produit quand la personne, le comportement, et l'environnement interagissent pour déterminer un comportement et un nouvel apprentissage. La théorie sociale et cognitive donne aussi une importance au construit d'auto-efficacité, défini comme un ensemble de croyances sur la capacité d'une personne à suivre un comportement spécifique. L'inclusion des croyances sur l'auto-efficacité est critique pour affirmer que l'adoption n'est pas uniquement basée sur le fait de convaincre les gens des bénéfices qui peuvent être dérivés d'une technologie (les attentes de résultat) ; l'adoption exige aussi qu'un individu possède des compétences et la confiance nécessaires (en termes d'attentes d'efficacité). Ainsi, l'auto-efficacité est considérée comme un antécédent important de l'usage des TI puisqu'elle stimule l'adoption d'un nouveau comportement et son maintien. Mais, les interactions réussies avec la technologie, considérées comme étant

1. En marketing, des chercheurs ont essayé d'intégrer le lien entre l'adoption de nouveaux produits et la courbe de diffusion des innovations.

«renforçantes», sont également perçues comme exerçant des influences importantes sur l'auto efficacité.

La théorie de l'alignement tâche-technologie

Dans une perspective «orthogonale», le modèle de l'alignement tâche-technologie (Dishaw et Strong, 1999) propose une analyse du *fit* explicite des concepts de tâche et de technologie. Ainsi, la capacité d'une TI à supporter une tâche est exprimée par un alignement tâche-technologie, qui suppose l'adéquation des capacités de la technologie aux demandes de la tâche. L'alignement tâche-technologie postule qu'une TI a plus de chances d'être utilisée si ses fonctions s'alignent aux activités de l'utilisateur. Les utilisateurs choisiront alors des outils qui leur permettront d'effectuer leur travail avec une attente de bénéfices (efficacité, productivité...) plus élevés. Une TI qui n'offrirait pas suffisamment d'avantages, par rapport à des systèmes concurrents, ne serait alors pas utilisée.

Pour résumer

Durant deux décennies, les théories sur les stratégies d'adoption ont été mobilisées pour étudier des problématiques diverses de succès des TI en relation avec leur usage. Elles ont contribué à identifier de nombreux déterminants ou facteurs d'efficacité, tant organisationnels (par exemple, pour l'EDI avec le cadre offert par Roger) qu'individuels (par exemple, pour les SIAD avec le cadre offert par Bandura).

3 Conclusion

Les chercheurs et les praticiens s'accordent, depuis longtemps, à considérer l'importance d'une économie des TI (Bakos et Kemerer, 1992) et de leur rôle central dans le cycle de vie socioéconomique des organisations (Orlikowski et Iacono, 2001). Les théories dont il a été fait état témoignent de l'intérêt que portent les chercheurs aux contributions des deux grands domaines des sciences économiques et de l'organisation pour traiter leurs objets de recherche concernant: des applications des TIC pour supporter le fonctionnement d'une organisation, du processus de développement des SI, du management des SI, de la valeur organisationnelle des SI, et de leur impact sociétal. Ces cadres théoriques fournissent des alternatives de recherche à l'utilisation de la théorie des systèmes en général, en proposant: d'une part, une approche rationaliste de l'organisation, dominante en management, (dont l'objet est d'identifier les principes de déploiement de ressources indispensables à l'organisation pour survivre et être la meilleure sur le marché); d'autre part, une approche de structuration plus comportementale et sociale, émergente, (dont l'objet est l'analyse de la relation entre le changement organisationnel ou social et la technologie); enfin, une approche sociale théorique critique, de plus en plus active, qui pose des prémisses nouvelles d'étude sur le rôle joué par les sciences sociales, y compris les sciences du comportement.

Bibliographie

Ajzen, I. (1991), "The Theory of Planned Behaviour", *Organizational Behavior & Human Decision Processes*, Vol. 50, p. 179-211.

Ajzen, I. et Fisbein, M. (1980), *Understanding Attitudes and Predicting Social Behavior.* NY, Prentice Hall.

Baile, S. (2004), Evaluation de l'interaction homme-machine dans les systèmes e-Learning: application à l'outil de messagerie électronique, Actes du 9e Congrès de l'Association Information & Management, Evry.

Bakos, J.Y. et Kemerer, C. F. (1992), "Recent Applications of Economic in Information Technology research", *Decision Support Systems,* Vol. 15, September, p. 365-386.

Bandura, A. (1977), *Social Learning Theory*, Prentice-Hall, Englewood Cliffs, NJ.

Bandura, A. (1986), Social Foundations of Thought and Action: A Social Cognitive Theory. Prentice Hall, New Jersey.

Barillot, P. (1998), "Facteurs explicatifs de l'utilisation de la messagerie électronique textuelle: résultats d'une enquête réalisée au sein d'organisations municipales", *Systèmes d'Information & Management*, Vol. 3, n° 1, p. 41-68.

Barley, S. R., et Tolbert, P. S. (1997), "Institutionalization and Structuration: Studying the Links Between Action and Institution", *Organization Studies*, Vol. 18, n° 1, p. 93 - 117.

Banker, R.D. et Kauffman, R.J. (2004), "The Evolution of Research on Information Systems: A Fiftieth-Year Survey of the Literature", *Management Science*, Vol. 50, n° 3, March, p. 281-298.

Barney, J.B. (1991), "Firm Resources and Sustained Competitive Advantage", *Journal of Management*, Vol. 17, n° 1, p. 99-120.

Barney, J.B. (2001), "Is the Resource-Based View a Useful Perspective for strategic Management research? Yes", *Academy of Management Review*, Vol. 26, n° 1, p. 41-56.

Barney, J.B. et Arikan, A. (2001), "The Resource-Based View: Origins and Implications", in M. A. Hitt, R.E. Freeman et J.S. Harrison (Eds.), *The Blackwell Handbook of Strategic Management.* Malden, M.A.: Blackwell Pub. Inc., p. 124-188.

Daft, R.L. et Lengel, R.H. (1986), "Organizational Information Requirements, Media Richness and Structural Design", *Management Science*, Vol. 32, n° 5, p. 554-571.

Davis, F.D. (1986), A Technology Acceptance Model for Empirically Testing New End-User Information Systems: Theory and Results, Doctoral Dissertation, MIT Sloan School of Management, Cambridge, MA.

Davis, F.D. (1989), "Perceived Usefulness, Perceived Ease of Use, and User Acceptance of Information Technology," *MIS Quarterly*, Vol. 13, n° 3, September, p.329-340.

Davis, F.D, Bagozzi, R.P et Warshaw, P.R. (1989), "User Acceptance of Computer Technology: A Comparison of two Theoretical Models," *Management Science*, Vol. 35, n° 8, p. 982-1003.

Dishaw, M.T. et Strong, D.M. (1999), "Extending the Technology Acceptance Model with Task-Technology Fit constructs," *Information & Management*, Vol. 36, p. 9–21.

Fulk, J., Schmitz, J. et Steinfield, C.W. (1990), "A Social Influence Model of Technology Use", in J. Fulk et C.W. Steinfield (Eds.), *Organizations and communication technology* (p. 117-141), Sage Publications: Newbury Park, CA.

Fulk, J. et Boyd, B. (1991), "Emerging Theories of Communication in Organizations", *Journal of Management*, Vol. 17, p. 407-446.

Giddens, A. (1979), *Central Problems in Social Theory: Action, Structure, and Contradiction in Social Analysis.* Berkeley, CA: University of California Press.

Hauser, J.R. et Simmie, P. (1981), "Profit Maximizing Perceptual Positions: An Integrated Theory for the Selection of Product Features and Price," *Management Science*, Vol. 27, n° 1, p.33-56.

Johnson, G.J et Payne, J.W. (1985), "Effort and Accuracy in Choice," *Management Science*, Vol.31, n°4, April, p. 395-414.

Karahanna, E., et Straub, D.W, (1999), "The Psychological Origins of Perceived Usefulness and Ease of Use", Information & Management, Vol. 35, n° 4, p. 237-250.

Mahoney, J.T. et Pandian, R. (1992), "The Resource-Based View Within the Conversation of Strategic Management," *Strategic Management Journal*, Vol. 13, p. 363-380.

Markus, M.L. (1990), "Toward a 'Critical Mass'Theory of Interactive Media", in J. Fulk et C. Steinfield (Eds.), *Organizations and Communication Technology*, p. 194-218, Sage Publications, London.

Markus, M.L. (1994), "Electronic Mail as the Medium of Managerial Choice", *Organization Science*, vol. 5, n° 4, p. 502-527.

Mead, G.H. (1934), *Mind, Self and Society*, Morris, C.W. (Eds), University of Chicago Press, Chicago.

Orlikowsky, W.J. et Iacono, C.Z. (2001), "Research Commentary: Desperately seeking the "IT" in IT Research – A Call to Theorizing the IT Artifac," *Information Systems Research*, Vol. 12, N0 2, June, p. 121-134.

Poole, M.S. et DeSanctis, G. (2004), "Structuration Theory in Information Systems Research: Methods and Controversies", in Whitman, M.E. et Woszczynski, A.B. (Ed): *The Handbook of Information System Research*. Idea Group Inc., Chapter 13.

Pozzebon, M. et Pinsonneault, A. (2002), Using Structuration Theory to Study Information Technology and Organization: an Epistemological and Methodological Assessment. Unpublished Working Paper, McGill University, Montreal, Quebec, Canada.

Reix, R. (2002), «Systèmes d'information et performance de l'entreprise étendue», in F. Rowe (Ed), *Faire de la recherche en systèmes d'information.* Paris, Vuibert, p. 333-349.

Rice, R.E., Kraut, R.E., Cool, C. et Fish, R.S. (1994), "Individual, Structural and Social Influences on Use of a New Communication Medium", *Academy of Management Best Paper Proceedings* (p. 285-289).

Rogers, E. (2003), *Diffusion of Innovation*, 5th Edition, Free Press, New-York.

Rindfleisch, A. et Heide, J.B. (1997), "Transaction Cost Analysis: Past, Present, and Future Applications," *Journal of Marketing*, Vol. 61, n° 4, p. 30–54.

Short, J., Williams, E. et Christie, B. (1976), *The Social Psychology of Telecommunications*, John Wiley, Londres.

Steinfield, C.W. et Fulk, J. (1986), "Task Demands and Managers' Use of Communication Media: An Information Processing View", paper presented at The Academy of Management, Chicago.

Stryker, S. et Statham, A. (1985), "Symbolic Interaction and Role Theory", in J. Lindsay et E. Aronson (Eds.), *New Handbook of Social Psychology* (3rd ed.), Random House, New York, NY.

Trevino, L.K., Lengel, R.H. et Daft, R.L. (1987), "Media Symbolism, Media Richness, and Media Choice in Organizations: A Symbolic Interactionist Perspective", *Communication Research*, Vol. 14, n° 5, p. 553-574.

Triandis, H.C. (1971), *Attitude and Attitude Change.* Wiley, New York.

Vroom, V.H. (1964), *Work and motivation.* Wiley, New York.

Wade M. et Hulland J. (2004), "Review: The Resource-Based View and Information Systems Research: Review, Extension, and Suggestions for Future Research", *MIS Quarterly*, Vol. 28, n° 1, Mars, p. 107-142.

Walsham, G. et Han, C.-W. (1991), "Structuration Theory and Information Systems Research", *Journal of Applied Systems Analysis*, Vol. 17, p. 77-85.

Williamson, O.E. (1975), Markets and hierarchies: Analysis and antitrust implications. Free Press, New York.

Williamson, O.E. (1999), "Strategy Research: Governance and Competence Perspectives", *Strategic Management Journal*, Vol. 20, p. 1087-1108.

Typologie des systèmes d'information

Coordination: Marc Favier

Introduction

Marc Favier

Parce qu'il y a différents intérêts, niveaux ou spécialités dans toute organisation, il y a donc différentes sortes de systèmes d'information de gestion (SIG). Un seul système ne peut pas fournir et gérer toute l'information dont une organisation a besoin. On peut classer les systèmes d'information (SI) selon diverses perspectives.

Les différentes parties de cette introduction présentent des typologies que l'on trouve dans la littérature ou dans le monde professionnel. Elles sont créées à partir de dimensions différentes. On conclura par la typologie retenue dans l'encyclopédie. Bien sûr, ces catégorisations sont sujettes à discussion. Elles se recoupent pour certaines. Elles peuvent être également complémentaires.

Une typologie basée sur le niveau principal d'utilisation

Selon leur *niveau principal d'utilisation*: cela conduit à distinguer quatre SI à orientation plutôt individuelle, collective, organisationnelle ou interorganisationnelle.

Les *systèmes d'information individuels* comprennent les suites bureautiques, les tableaux de bord informatisés, les outils d'aide à la décision, etc. Ils sont utilisés principalement par les «travailleurs de la connaissance», c'est-à-dire des personnes dont le travail consiste majoritairement à gérer de l'information à différents degrés, du secrétariat de base à l'encadrement décisionnel. Dans cette catégorie, les SI ont vocation à aider le travail personnel de chacun, de façon relativement indépendante. Ils cherchent à accroître la productivité. Ils sont centrés majoritairement autour de la gestion de documents, de feuilles de calculs et de la création de diapositives électroniques.

Les *systèmes d'information collectifs* englobent les *groupwares*, les outils d'aide à la décision collective, le *workflow*, les systèmes plus ou moins sophistiqués de gestion de projet, etc. Ils sont utilisés par des groupes de travail, c'est-à-dire un nombre limité de personnes ayant besoin de communiquer, de se coordonner et de collaborer. Ces SI permettent de travailler dans n'importe quel lieu et à tout moment. Ils gèrent la mémoire collective de ce qui se passe dans l'équipe. Ils permettent le partage de documents, la gestion d'agendas, l'accès à des dossiers partagés, la gestion électronique de formulaires, etc.

Les *systèmes d'information organisationnels* incluent les progiciels de gestion intégrés (PGI, ERP[1]), l'intranet, la GED[2], etc. Leur périmètre est limité principalement à l'organisation et concerne l'ensemble des salariés, et non pas des sous-groupes ou des équipes projet. Ils nécessitent l'implication de tous pour fonctionner correctement. Ils visent à augmenter la performance globale de l'entreprise.

Les *systèmes d'information interorganisationnels* regroupent les dispositifs qui lient une entreprise à ses clients, ses distributeurs, ses fournisseurs et d'autres partenaires encore (banques, administrations, etc.). Ils automatisent plus ou moins les flux d'informations à travers les frontières des organisations pour concevoir, fabriquer et livrer plus vite les produits. Par exemple, la société Dell ne fait qu'assembler les produits que les clients commandent sur son site Internet à partir des composants que lui livrent ses fournisseurs. Des SI comme l'Extranet, les outils informatiques de gestion

1. ERP, *enterprise ressource planning*, progiciel qui couvre toutes les fonctionnalités d'un même domaine ou fonction de gestion de l'entreprise en un seul système d'information au sein duquel l'information circule de façon automatique, synchrone ou asynchrone. C'est un ensemble de modules fonctionnels, financier, ressources humaines, production, logistique, marketing/vente intégrés autour d'une base de données unique. Ces SI sont paramétrables. On cherche à réduire la programmation à son minimum lors de leur installation.
2. La GED, gestion électronique de documents, concerne toute la chaîne qui englobe la numérisation de documents, l'indexation, le stockage, l'exploration par des moteurs de recherche.

de la chaîne logistique (E-SCM[1]), le Web-Edi… illustrent cette catégorie.

Une typologie basée sur les objectifs à atteindre

Un classement des SI selon les *objectifs* qu'ils servent conduirait à distinguer les *SI transactionnels* qui ont comme but d'accroître la productivité administrative et d'automatiser les opérations de gestion. Ces SI sont basés essentiellement sur des bases de données. Ils opèrent selon une logique technique. Comme exemple, on peut citer les systèmes de gestion des stocks, de suivi de la production, la gestion de la paie, les commandes, la facturation…

Les systèmes transactionnels servent des objectifs, des ressources et des tâches prédéfinies et fortement structurées. Ils constituent souvent le cœur historique des SI de l'entreprise. Ils ne peuvent pas tomber en panne sans désorganiser complètement l'entreprise. Comment fonctionnerait une compagnie aérienne si son système de réservation était déficient, un supermarché si la gestion des terminaux de caisse était défaillante ?

Dans cette typologie, la deuxième catégorie serait représentée par les *SI décisionnels* ou SIAD (systèmes informatiques d'aide à la décision) dont le rôle est de traiter les informations en vue d'améliorer les capacités d'analyse et de décision de l'utilisateur-décideur. Ces SI opèrent selon une logique de gestion, sans vouloir se substituer à l'être humain. Chaque SI décisionnel est destiné à une problématique précise qui cherche souvent à optimiser des paramètres sous diverses contraintes. Quel doit être le trajet d'un camion pour minimiser le kilométrage ou les divers coûts, tout en respectant les délais des divers clients sur une même tournée ? Quel avion affecter à un trajet aérien pour maximiser les places à vendre et minimiser les coûts de revient, sachant que lorsqu'un avion est placé sur une destination, il ne peut pas être ailleurs en même temps.

La plupart des SI décisionnel sont dédiés à une question précise et programmés pour cela. On peut cependant noter l'existence des générateurs de SIAD avec lesquels on construit des applications spécifiques.

1. E-SCM, *electronic supply chain management,* toutes les technologies de l'information qui permettent de gérer les processus des fournisseurs des fournisseurs aux clients des clients, via l'entreprise elle-même. À titre d'exemple, on peut trouver la gestion partagée des approvisionnements, la détermination des quantités à stocker dans les entrepôts, à produire dans les usines, la collaboration inter-entreprise sur la planification de la production, la prévision et les approvisionnements…

Enfin les *SI collectifs ou sociaux* ont comme objectif de relier les personnes entre elles. Il peut s'agir d'intranet, de groupware, de messagerie, de forums… Ils procurent des fonctionnalités et des services pour aider les activités collaboratives entre les personnes. Par exemple dans un forum électronique, on peut analyser sur un sujet spécifique les diverses contributions de chacun et comment les échanges ont évolué.

Une typologie basée sur les niveaux hiérarchiques

Une typologie des SI pourrait s'appuyer sur les *niveaux hiérarchiques* qu'ils assistent. Si l'on divise une organisation en un niveau opérationnel, un niveau intermédiaire ou managérial et un niveau stratégique, on obtiendrait ainsi trois types de SI.

Les *SI opérationnels* (très proches des SI transactionnels définis plus haut) sont les systèmes de base qui enregistrent et traitent les opérations de gestion quotidiennes des entreprises. La saisie des commandes, les réservations dans un hôtel, les livraisons, la facturation, etc. sont autant d'exemples de cette catégorie. À ce niveau, les tâches, les ressources, les objectifs sont prédéfinis et totalement structurés. Ces SI sont les gros fournisseurs d'informations pour les autres SI, de niveaux supérieurs.

Les *SI managériaux* fournissent aux employés, aux travailleurs de la connaissance, aux managers des rapports et des historiques sur la performance de dispositifs. Ils contribuent à la planification, au contrôle, à la prise de décision pour des cadres intermédiaires. Les SI décisionnels de la typologie précédente sont inclus dans cette catégorie. Toutefois, cette catégorie de SI peut être plus large car elle recouvre aussi des éléments d'analyse plus simples (des résumés, des comparaisons, des historiques, etc.) que ceux mis en œuvre dans l'aide à la décision pure (statistiques, recherche opérationnelle, outils mathématiques sophistiqués, etc.).

Les *SI stratégiques* ou *de pilotage* (EIS : *executive information systems*) sont conçus pour aider les décisions non routinières de l'entreprise, nécessitant du jugement et de l'évaluation, avec pas ou peu de procédure préétablie pour arriver à une solution. Leur utilisation par des cadres, des contrôleurs de gestion et des comités de direction souvent débordés par des travaux divers et peu enclins à passer du temps derrière un ordinateur ont conduit à créer des systèmes très sophistiqués, mais avec des interfaces graphiques et de communication simples et efficaces. Les EIS sont capables d'incorporer des données à partir d'événements externes comme les concurrents ou des paramètres économiques divers. Ils peuvent se servir également comme sources d'informations d'éléments fournis par les SI opérationnels présentés ci-dessus. Ils filtrent, agrègent et mettent en évidence les données critiques, tout en réduisant les efforts (temps, énergie) nécessaires pour obtenir les informations pour les cadres supérieurs.

Une typologie basée sur les fonctions

Une autre typologie pourrait s'appuyer sur une *vision très fonctionnelle* des entreprises où l'on trouve le commercial-marketing, la production, la finance-comptabilité, les ressources humaines, etc. Historiquement, beaucoup de SI se sont construits de cette façon. Maintenant, ils évoluent vers une vision plus transversale de l'organisation en s'appuyant plutôt sur des processus de gestion que sur des fonctions. Nous allons présenter quelques applications fonctionnelles pour seulement quelques fonctions. Cette partie est donc très loin d'être exhaustive, à la fois sur les fonctions et les applications concernées.

Le marketing repose sur l'identification des clients pour les produits ou services de l'entreprise. Il s'agit de déterminer leurs besoins, planifier et développer les produits et communiquer à leur propos. La vente implique de contacter les clients, négocier, prendre des commandes et assurer leur suivi. Les *SI marketing-ventes* assurent le support de ces activités. Au niveau stratégique, ces SI suivent les tendances pouvant affecter les nouveaux produits, montrent les performances des concurrents, aident la planification concernant le développement des nouveaux produits. Au niveau managérial, les SI analysent les performances des ventes et des vendeurs. Ils permettent de conduire les campagnes de communication. Ils aident à fixer les prix des produits. Au niveau opérationnel, les SI peuvent contacter les prospects et les clients, suivent les évolutions des ventes, gèrent les commandes et fournissent divers services aux clients.

La fonction production est responsable de la gestion des stocks et de la fabrication des produits. Elle s'occupe de la planification (hommes, machines, matières et composants), du développement et de la maintenance des outils de la production. Les *SI de production* assurent le support de ces activités. Au niveau stratégique, ces SI aident à décider de la localisation des usines et des lieux de stockage. Ils permettent de construire des scénarios sur les investissements dans des nouvelles technologies de fabrication. Au niveau managérial, les SI analysent et suivent les coûts de la production. Au niveau opérationnel, les SI pilotent et contrôlent les machines et les équipements.

La finance est responsable du management des ressources et des emplois de l'entreprise, telles la trésorerie, les stocks, les créances, et cherche à maximiser la rentabilité des actifs utilisés. Elle établit les moyens financiers pour faire face aux besoins du cycle d'exploitation et du cycle d'investissement. La comptabilité cherche à donner une image fidèle des charges et des produits présents dans les divers cycles de gestion. Elle enregistre par exemple les dettes fournisseurs, les créances clients, les dépréciations des actifs, etc. Les *SI finance-comptabilité* assurent le support de ces activités. Au niveau stratégique, ces SI aident à planifier les performances financières et à créer des plans d'investissements pertinents. Au niveau managérial, les SI permettent aux cadres de contrôler les ressources et d'analyser les flux. Au niveau opérationnel, les SI suivent les opérations courantes de l'entreprise ; ils assurent l'enregistrement des transactions entre l'entreprise et ses partenaires (factures, commandes, paie, remboursement d'emprunts, etc.).

La fonction ressources humaines est responsable du recrutement et du développement personnel des salariés de l'entreprise. Elle recouvre des aspects techniques comme la paie, la gestion de la formation et des aspects relationnels comme la négociation syndicale, la négociation salariale, la motivation. Les *SI ressources humaines* assurent le support de ces activités. Au niveau stratégique, ces SI aident à faire la gestion prévisionnelle des emplois et compétences (connaissances et expériences requises, niveau d'éducation, nature des postes, coûts, etc.). Au niveau managérial, les SI aident à faire des simulations sur l'évolution de la masse salariale, à décrire les postes. Au niveau opérationnel, les SI aident les responsables à suivre les dossiers de recrutement, à gérer la paie, à accompagner les programmes de formation, etc.

La typologie retenue dans cette section

Les différentes typologies présentées ci-dessus auraient donc conduit à découper cette section à chaque fois de façon différente. Le choix qui a été fait est un compromis arbitraire entre les diverses dimensions possibles de catégorisation des SI (*niveaux d'utilisation, objectifs, niveaux hiérarchiques, vision fonctionnelle).* Il agrège des SI très proches dans une même catégorie. Par ailleurs, on peut retrouver quelquefois le même type de SI cité à titre illustratif dans deux chapitres différents, tant le découpage est difficile à respecter.

Les croisements, relations et interdépendances entre les différentes typologies sont multiples. Certains types de systèmes d'information sont des fournisseurs de données pour d'autres SI. Ainsi les systèmes transactionnels alimentent en données les SI décisionnels et les SI de pilotage. Les systèmes fonctionnels peuvent tous être décrits à chacun des trois niveaux hiérarchiques décrits ci-dessus. Finalement, le découpage retenu est le suivant.

Le premier chapitre montre l'évolution des SI fonctionnels vers des SI supports de processus. Les entreprises s'organisent de plus en plus en processus métiers, ensemble d'activités coordonnées qui débouchent sur la production d'un bien ou service. C'est à la fois de la gestion de flux de matériaux et de flux d'informations. Les principes de la représentation par processus sont examinés à partir des notions de table de routage, de graphe d'activités et par référence à la relation agent/activité. À titre illustratif, la modélisation des activités est étudiée dans le cas du SI de gestion de la production en faisant référence à l'avènement du *workflow*.

L'objet du second chapitre est de donner un panorama du concept de systèmes décisionnels. Afin de décrire ce concept dans le champ des systèmes d'information, des supports théoriques sont présentés en intégrant notamment l'approche de la décision en situation. La question de l'architecture technologique nécessaire à la mise en œuvre de ces systèmes est également abordée. Des liens sont établis avec d'autres SI, les transactionnels, les entrepôts de données, les EIS, les systèmes multi-agents, etc.

Le troisième chapitre aborde le rôle du pilotage par les tableaux de bord dans les systèmes d'information de gestion. Pour répondre à cette question, il montre d'abord que, tant les développements récents dans la littérature en systèmes d'information avec les EIS, que ceux en contrôle de gestion, justifient le rôle crucial joué aujourd'hui par le système d'information dans la construction et l'utilisation de tableaux de bord performants. Il décrit ensuite les nouvelles offres décisionnelles dites de «*business intelligence*» en montrant leurs apports et leurs limites pour un système de tableaux de bord efficace dans un contexte de compétitivité accrue. L'article est illustré par le cas de l'entreprise industrielle et celui de la banque.

Le quatrième chapitre sur les SI collectifs explique en quoi ce sont des technologies de l'information au service de processus essentiellement sociaux. En cela, ils se différencient des applications informatiques habituelles, qu'il s'agisse de l'informatique «de production» visant à une productivité administrative ou des outils bureautiques ou d'aide à la décision qui constituent une aide individuelle. En complément, plutôt qu'en opposition à ces technologies de l'information et de la communication, les SI collectifs s'attachent à rendre plus productives des personnes en interaction au sein d'un groupe. Ces interactions impliquent donc des activités de communication, de coordination et de collaboration.

Bibliographie

Laudon K. et Laudon J. (2005), *Management Information Systems*, dernière édition, Prentice Hall, New-York.

Peaucelle JL. (1999), *SI: le point de vue des gestionnaires*, Economica, Paris.

Reix R. (2005), *SI et management des organisations*, dernière édition, Vuibert, Paris.

Des systèmes d'information fonctionnels aux SI supports de processus

Pascal Pecquet

Mots-clés: processus, fonction, gestion de production, workflow, métier, activité, routage, agent.

Résumé: le système d'information (SI) est abordé dans son évolution récente qui consiste à passer d'une approche de conception fonctionnelle à celle de support de processus. Les principes de la représentation par processus sont examinés à partir des notions de table de routage, de graphe d'activités et par référence à la relation agent/activité. La modélisation des activités est étudiée dans le cas du SI de gestion de la production en faisant référence à l'avènement du workflow. Ce dernier rend les activités communicantes et favorise la coopération entre les agents du SI ce qui nous conduit à aborder les nombreux avantages pour le développement de l'organisation.

L'histoire des systèmes d'information est marquée par les représentations que l'on se donne des activités de l'entreprise. À partir de 1960, les systèmes d'information fonctionnels font une entrée remarquée dans la gestion avec comme terrain, l'automatisation des données et des traitements issus des méthodes de gestion. C'est la période du tout assisté par ordinateur qui fut prolongée par le vocable XAO. Cette phase fut essentielle pour maîtriser les principales procédures de gestion, comprendre l'unité d'un système d'information et rechercher les données véhiculées par une fonction de l'entreprise. L'extension à toutes les fonctions posa inévitablement le problème de l'intégration et de sa contrepartie: un cloisonnement excessif des applications. Dans un même temps, la communication des traitements faisait naître le domaine de l'automatisation de la communication étendue. La bureautique communicante en est le prolongement et son besoin annonce de profondes mutations car tous les acteurs réclament des informations utiles alors qu'ils disposent d'une inflation de données fonctionnelles. Il fallait se représenter les processus de gestion pour élaborer un système d'information moins centralisé, ne plus le circonscrire à une application et surtout, le rendre proche du système physique qu'il est censé reproduire.

C'est vers 1990 que F. Rowe et R. Reix (2001) situent l'intérêt marqué pour le système d'information support de processus. Avec ces nouveaux développements, la représentation des processus a profondément changé le contenu des SI. L'attention se porte maintenant sur le processus physique lui-même et sur la modélisation des procédures de gestion les plus appropriées. Il n'est plus question de développer un applicatif autour d'une méthode de gestion mais bien de vérifier que le système physique est correctement secondé par une ou plusieurs méthodes de gestion. Pour ce faire, le processus doit être représenté en détail. Il doit en outre acquérir de la visibilité car il faudra contrôler les délais, tracer la qualité de la production et maîtriser l'application des procédures de gestion. L'innovation réside dans ce dernier point qui doit faire du SI le support de gestion de l'entreprise.

Ce chapitre privilégie l'approche évoquée en prenant comme exemple le développement observé dans le SI de la gestion de production. Longtemps considérée comme une fonction centrale de la gestion de l'entreprise, la gestion de production a très tôt disposé d'un SI fonctionnel évolué puis des premiers outils d'intégration à l'origine des ERP. Enfin, elle joue un rôle précurseur dans l'adoption par les agents du SI support de processus. Nous examinerons tout d'abord les principes propres au SI fonctionnel en soulignant le rôle joué par la modélisation des procédures fonctionnelles. Nous en examinerons l'incidence sur le déploiement de la méthode de gestion de production qui équipe la grande majorité des logiciels de GPAO depuis les années soixante puis nous en rappellerons les conséquences pour l'organisation. Dans la deuxième partie de ce chapitre, nous aborderons les notions de base relatives au SI support de processus. Nous présenterons l'intérêt de recourir à la modélisation du *workflow*, de représenter la communication entre agents et de systématiser la relation mission-activité. L'application de ces notions a une incidence perceptible sur l'organisation de la gestion de production. À partir d'un exemple d'ordonnancement, nous tenterons de comprendre les mutations en cours pour le gestionnaire.

1 Le SI spécialisé par fonction

1.1 Définition

Dans un SI fonctionnel, les applications ont comme facteur déclenchant l'événement interne à l'entreprise et comme souci, de procurer toutes les données spécifiques à une tâche qui devient l'unité de traitement de l'information. Nous examinerons successivement les principes de construction du SI fonctionnel, le rôle joué par les procédures fonctionnelles ainsi que l'application à l'une des fonctions de l'entreprise : la gestion de production. Un raisonnement équivalent pourrait être mené pour toutes les fonctions de l'entreprise.

Selon Davenport (2000), le principe de construction du système d'information consiste à définir les architectures de référence suivantes :

- *l'architecture métier*, qui documente les processus de l'entreprise. À l'usage, ces processus sont plutôt transversaux car ils doivent favoriser la collaboration entre les agents. Un système d'information qui reproduit cette architecture devient un SI support de processus ; il privilégie alors la gestion collaborative des producteurs ;
- *l'architecture fonctionnelle*, qui identifie les objets métiers (client, contrat, etc.) et les fonctions nécessaires aux utilisateurs pour mener à bien leurs activités (achats, production, etc.). Cette architecture fait référence à des processus plutôt verticaux qui traitent de données essentielles pour les agents. Il s'agit alors d'automatiser des chaînes de traitement (prise de commande, planification de la fabrication, etc.) ;
- *l'architecture applicative*, qui définit l'organisation des blocs applicatifs et les échanges entre les blocs. Elle a pour mission de favoriser la construction d'un système informatique modulaire et évolutif. Les ERP en sont une tentative lorsqu'ils proposent d'intégrer les applications au service de la planification globale de l'entreprise ;
- *l'architecture technique*, quant à elle, définit les règles de construction des blocs applicatifs, les éléments nécessaires à leur exécution et les procédures d'exploitation permettant la mise en œuvre du SI.

Dans la conception fonctionnelle, l'architecture d'un SI n'est pas neutre. Elle amène le concepteur à faire des choix. Ceux-ci se manifestent notamment dans la séparabilité des informations entre les applications voire entre les tâches elles-mêmes. Le système d'information a alors tendance à se construire autour de l'application informatique et les processus de gestion s'en trouvent rapidement cloisonnés. Pour R. Dindeleux (2003), le SI doit au contraire devenir le support des processus de l'entreprise. Il doit d'une part, traiter des fonctions « verticales-métier » nécessaires à l'entreprise comme les achats, la comptabilité, la production, la gestion commerciale, le contrôle qualité, etc. et d'autre part, fournir toutes les informations nécessaires au pilotage et à l'optimisation des processus (indicateurs, extractions de données, communication interentreprise, etc.). Dans le cas du traitement d'une commande, l'événement déclencheur démarre l'activité « Devis », en utilisant certainement une solution logicielle de type gestion commerciale. Cette fonction déclenchera, en interne, l'activité de « lancement de la commande » basée sur l'ERP. Les bases articles, gammes et nomenclatures seront sollicitées afin de planifier et de lancer les ordres d'achats (OA) et les ordres de fabrication (OF). L'activité suivante « gestion d'atelier » consistera à récupérer les informations relatives à l'OF, puis à planifier les outils de suivi de production et de contrôle qualité. La dernière activité de ce processus pourra être de « planifier et de gérer le transport » de cette commande afin d'acheminer vers le client le produit et les informations de livraison. Nous constatons dans cet exemple que plusieurs services de l'entreprise sont concernés par ce processus transversal. Plusieurs applicatifs doivent être interrogés pour réaliser ce processus.

Le fait de privilégier l'architecture fonctionnelle dans les traitements modulera la facilité avec laquelle les activités de ce processus vont pouvoir se dérouler en interaction avec les utilisateurs. Une organisation fonctionnelle est avant tout guidée par les opérations. Elle laisse aux agents peu d'initiatives et ne favorise pas la communication entre ces derniers.

1.2 Principes de mise en œuvre

Le rôle des applications fonctionnelles dans la représentation des systèmes

L'organisation du SI en sous-systèmes est également de nature à orienter la conception des tâches de traitement des données. Le *sous-système d'information stratégique* est dédié à l'information synthétique qui aide la direction dans la «conduite» ou le pilotage de l'entreprise. Il s'appuie en grande partie sur les autres sous-systèmes d'information, après filtrage et reconditionnement des informations. Le *sous-système d'information de gestion* dont l'objet est de traiter l'information au sens de support de processus de gestion: processus des approvisionnements, gestion des commandes clients, processus de production, ordonnancement de fabrication, gestion financière... Ce sous-système d'information fonctionnel est généralement éclaté en plusieurs sous-ensembles (autant que de processus). Il traite essentiellement de données chiffrées ou factuelles générées par les services internes de l'entreprise. *Le sous-système d'information technique*, quant à lui, regroupe tous les éléments qui concourent à gérer, traiter et échanger les données techniques liées aux projets et aux produits de l'entreprise. Il s'étend notamment à la gestion des banques de données techniques, des banques de données CFAO, du soutien logistique, etc.[1]

Une application fonctionnelle est donc une suite de traitements appliqués à une couche spécifique du SI Elle a pour mission de fournir un résultat attendu (sortie) et supposé conforme aux besoins. Les données (entrée) sont obtenues par saisie ou transfert depuis une autre application et les traitements mettent en œuvre des opérations destinées à alimenter le SI Pour M. Volle (2002), le fondement d'une application, tel que le propose la méthode Merise, réside dans la construction de deux modèles: d'une part, le modèle conceptuel qui définit les objets sémantiques et d'autre part, le modèle applicatif qui décrit les traitements à opérer. Dans la conception fonctionnelle, il y a bien séparation de représentation entre les objets (entités, classes...) et les traitements (opérations) dans la compréhension du flux physique. Il y a donc plusieurs modèles qui ont pour avantage de séparer les mises à jour portant sur les données et les traitements.

Le poids des procédures fonctionnelles dans la conception du SI

Selon une approche proposée par la méthode Merise (Dionisi, 1998), la description du SI suit une séquence de modélisation de type: conceptuel, logique et physique. Si nous nous limitons à la compréhension de la modélisation des traitements, deux modèles doivent être renseignés: le modèle conceptuel (MCT) et le modèle organisationnel (MOT).

Le modèle conceptuel des traitements permet de traiter la dynamique du système d'information, c'est-à-dire les opérations du SI réalisées en fonction d'événements. Ce modèle permet donc de représenter de façon schématique l'activité d'un système d'information sans faire référence à des choix organisationnels ou à des moyens d'exécution, c'est-à-dire qu'il permet de définir simplement ce qui doit être fait sans préjugé de la manière d'y parvenir. Le modèle conceptuel des traitements permet de représenter schématiquement la gestion des événements selon un processus limité au traitement des événements d'entrée.

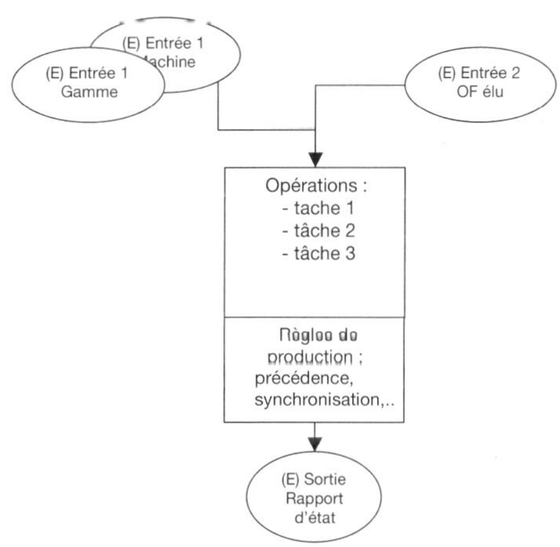

Figure 1 Modèle conceptuel des traitements

Dans la figure 1, l'événement (E) représente un changement dans l'univers extérieur au système d'information, ou dans le système d'information lui-même. Le processus décrit est un sous-ensemble de l'activité de gestion de production conformément au découpage proposé par le modèle conceptuel de traitement (MCT). Le processus est lui-même composé de traitements regroupés en ensembles appelés *opérations*. Les opérations désignent ainsi une séquence de tâches à exécuter par le système sous la conduite de l'événement déclenchant. La synchronisation (règle) du SI est définie par une condition booléenne qui

1. Consulter le cahier des charges des applications fonctionnelles d'un SI: http://www.adbs.fr/uploads/ouvrages/1918_fr.php.

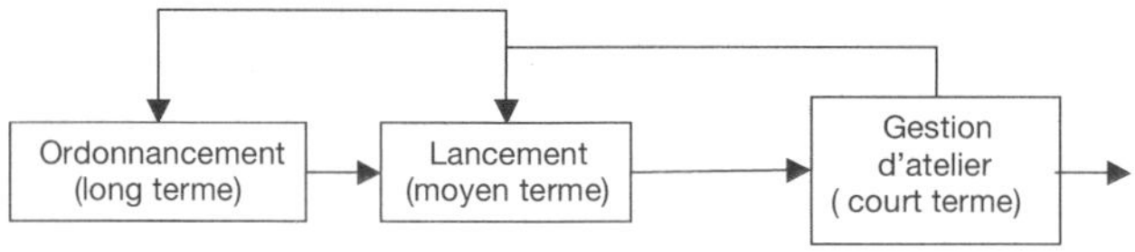

Figure 2 Le séquencement fonctionnel de type MRP en GPAO

porte sur les événements contributifs. Il s'agit donc de conditions de déclenchement des tâches et pas de contrôle d'exécution des tâches elles-mêmes ou du suivi de ces dernières.

Le modèle organisationnel des traitements s'attache, quant à lui, à décrire les propriétés des traitements non traitées par le modèle conceptuel des traitements. Il se présente sous la forme d'un tableau dont les colonnes sont la durée, le lieu, les responsables et les ressources nécessaires à une action. Il s'agit bien là de découper les opérations en procédures fonctionnelles afin d'obtenir une succession de traitements déclenchables par des événements identifiables du SI.

La collecte des informations est rassemblée dans un tableau comportant les données suivantes :
- les procédures fonctionnelles ;
- l'heure de début et de fin ;
- le lieu du poste de travail ;
- le responsable du poste de travail ;
- les ressources du poste de travail.

Dans une approche fonctionnelle, la représentation des processus est effective dès la phase de description mais il s'avère que des limites sont à observer. L'exécution de la procédure est purement séquentielle et les actions ne peuvent être interrompues, c'est-à-dire que les événements ne sont pas pris en compte tant que l'opération n'a pas été accomplie. De plus, le statut des objets (entités du modèle) n'est pas pris en compte dans ce dialogue.

La séquence de traitement de type MRP

Un processus qui n'a pas été pensé dans une communication d'agents physiques présente de nombreux défauts et notamment, celui de ne pas boucler sur les décisions à prendre. Dans le cas de la mise en œuvre d'un processus de type MRP (Doumeingts, 1983), les applicatifs privilégient le séquentiel montré à la figure 2.

L'ordonnanceur consulte son plan directeur de production et réalise un plan de charge prévisionnel sur la base de son horizon de production (long terme), le lanceur hérite de cette situation et propose un lancement à moyen terme. Quant au chef d'atelier, il se cantonnera à organiser le court terme en fixant le plan de charge. Tous les acteurs disposent donc de marges de manœuvre selon leur horizon d'action. Bien sûr, il est possible de mettre en cause la tâche précédente (*back track*) mais seulement à posteriori lorsque la gestion d'atelier contrôle les opérations réalisées. Cela signifie qu'en dehors des opérations reconnues compatibles par l'horizon de traitement, la consultation et la communication des informations à d'autres agents n'ont pas d'impact sur la décision. Les algorithmes de traitement de type MRP modélisent et reproduisent les tâches de la méthode et non le déroulement du processus physique lui-même. Et pourtant, les agents ont besoin de communiquer sur des événements qui peuvent avoir une incidence sur des horizons d'action différents. Par exemple, le constat à court terme d'une machine libre n'a pas que des conséquences à court terme. Elle peut ouvrir des degrés de liberté pour le lanceur comme pour l'ordonnanceur.

En conséquence, si l'on veut reproduire le processus métier de GPAO, il serait opportun de proposer aux acteurs d'automatiser les séquences de communication en temps réel. Ainsi, lorsqu'un événement physique survient, il faudrait pouvoir réagir dans le délai de la prise de décision et non réagir à posteriori.

Les conséquences sur l'organisation

Avec les applications fonctionnelles, le travail de production de l'information incombe certes au lanceur mais le lancement est réduit à l'horizon de la fonction. Les activités sont réduites aux opérations fonctionnelles définies par la méthode qui a servi de modèle de traitement. Le lanceur est restreint aux prérogatives de déclenchement d'opérations qui lui incombent. Notamment, puisque son horizon d'action est limité, il disposera d'algorithmes de placement sophistiqués mais réduits à sa plage d'action. L'impact sur la prise de décision en gestion de production est donc particulièrement faible. Le lanceur cherche à optimiser localement la cohérence des données avec ce que lui fournit l'ordonnanceur et ce qu'il suppose du déroulement en cours de la gestion d'atelier. Nous remarquons qu'à ce stade, la communication n'est pas recherchée et la prise de décision est cloisonnée selon les horizons d'action. La maîtrise du processus n'est pas considérée comme décisive pour la planification d'atelier.

Dans un SI support de processus, il en est tout autrement. Nous aborderons dans la partie suivante la représentation d'un processus de gestion qui implique, de manière communicante, des agents collaborant au métier de la gestion des OF.

2 Le SI support de processus métier

Pour réduire les conséquences précédemment évoquées, l'intégration des applications de type ERP a conduit les informaticiens à équiper les processus utilisateurs de données nouvelles mieux adaptées au dialogue entre les activités. Progressivement, le système d'information s'est construit autour des processus métiers de l'entreprise.

2.1 Définition

Les nouvelles générations d'applications sont organisées autour des processus. La cohérence des traitements (*workflow*) est recherchée dès lors qu'un événement interne est déclenché. Pour (Keen Peter, 1991), un processus est avant tout un enchaînement de tâches qui contribue à une même production de valeur (traiter une commande, circuit de réclamation client, etc.). En cela, le processus était déjà présent dans les applications fonctionnelles. Toutefois, la priorité revient aujourd'hui à la cohérence des tâches de gestion et donc au flux de travail à agencer.

Selon (Schael, 1997), on appellera *workflow* ou « flux de travail » la prise en compte des tâches à accomplir dans la réalisation d'un processus opérationnel (métier). Ainsi en gestion de production, si le concepteur d'un logiciel se préoccupe des traitements à réaliser et des données à mobiliser, il cherchera désormais à retracer le flux de travail du processus de planification lui-même. Son objectif sera alors d'aboutir à la gestion électronique du métier. Le processus de planification s'organise en effet autour de tâches spécifiques (ordonnancement, lancement, pilotage) qu'il faut « router » et dont il faut assurer le séquencement (*schedule mapping*). Le terme de séquencement « métier » s'applique ici aux gestionnaires de tâches qui doivent s'insérer dans un métier plus vaste que la séquence d'opérations habituellement opérée par un acteur (lanceur). Ainsi en gestion de production et avec le concours du SI fonctionnel, l'ordonnanceur mais aussi le chef d'atelier avaient pris l'habitude de traiter de problèmes locaux de pilotage aux séquences de décision très limitées. Avec le séquencement métier, le gestionnaire devient tributaire de l'horizon d'action du processus physique. De façon plus pratique, le processus métier décrit le circuit de validation des opérations, les tâches à accomplir entre les différents acteurs d'un processus, les délais à respecter, les modes de validation afin de s'assurer du mode d'avancement des opérations parallèles. Il fournit en outre, à chacun des acteurs, les informations nécessaires pour la réalisation de sa tâche (vues, documents, etc.).

2.2 Principes de mise en œuvre

Documenter les acteurs du workflow

La représentation d'un processus par le SI innove aussi en s'attachant à la documentation des acteurs et des missions qui leur seront attribuées. Ces derniers se trouvent ainsi encadrés dans leurs attributions et certains d'entre eux devront remplir des missions particulières comme par exemple, la responsabilité de tout ou partie du contrôle du processus.

Le SI explicite des processus grâce à la documentation des attributions de tâches. Il proposera le contrôle à posteriori des objectifs et vérifiera le bon fonctionnement des fonctions sollicitées. Ainsi pour contrôler un niveau de réalisation, il est nécessaire d'attribuer des responsabilités et des niveaux d'attribution en rapport avec l'urgence de la tâche.

Les fonctions proposées dans le tableau 1 couvrent l'essentiel des attributions à maintenir au sein du SI. On remarquera que la conduite d'un processus doit prendre en compte l'analyse de la charge de travail et les compétences de chacun afin de décider si les attributions doivent être réalisées par des personnes différentes. Ainsi, dans les workflow procéduraux que l'on rencontre en gestion de production, un acteur du SI pourra se voir attribuer les tâches fonctionnelles d'administrateur, d'animateur et d'éditeur de processus alors que les fonctions de propriétaire et d'agent relèveront plutôt d'une relation d'autorité formelle issue de l'organisation hiérarchique.

La documentation des acteurs fera explicitement référence à cinq types différents d'attribution : le propriétaire du processus, qui est le responsable hiérarchique, l'administrateur qui gère les droits d'utilisateurs, l'animateur qui veille au respect des règles d'usage, l'éditeur qui met à disposition des données utiles et enfin l'agent qui, au contact du processus physique, exécute et surveille les tâches.

Le tableau 1 nous rappelle que chacune de ces fonctions doit être dotée d'outils appropriés que l'architecture technique devra prendre en compte dans le développement des applicatifs métiers.

La traçabilité obtenue par les tables d'adressage

L'approche du SI par les processus vise donc à rendre explicite la structure d'un processus, à formaliser l'enchaînement des tâches et des délais accordés, à désigner les acteurs à prendre en compte dans le séquencement, etc. Ces derniers sont directement concernés par le SI et seront représentés comme tel. Par exemple, un message sera adressé à un acteur lorsqu'une étape est à franchir s'il est concerné par les opérations en cours. Il devra s'assurer qu'elle est terminée pour qu'une autre puisse commencer. Pour qu'une tâche soit réaliste, il faut prioritairement véri-

Fonctions	Attributions	Outils de gestion du SI
Propriétaire	Responsable fonctionnel du processus, contrôle les conditions de délai et de qualité	Visualisation du flux de travail, vues de séquencement, tableau de bord des indicateurs, etc..
Administrateur	gère les droits d'accès aux dossiers et aux outils de traitement	Système de gestion des données, des tables, des routages, etc.
Animateur	Gère les usages préconisés entre les acteurs	Consignes par messagerie, dossier d'éthique du processus, planning des formations, etc.
Éditeur	Gère les données à mobiliser dans le SI Alimente les indicateurs de gestion.	Extraction des données techniques, documentation électronique, etc.
Agent	Agit sur le processus physique en suivant les informations prescrites par le SI	Consultation écran, saisie de formulaire, etc.

Tableau 1 Les acteurs et les missions dans un processus métier

fier les délais, surveiller des indicateurs de réalisation et d'avancement. Le séquencement du flux en cours est donc de première importance.

L'adressage des tâches prend ici tout son sens. Il documente le processus et le dote d'indicateurs portant sur les acteurs et les délais concernés. Plus largement, la traçabilité d'un processus sera étendue aux indications (spécifications) qui lui permettront de fonctionner automatiquement. C'est par le contrôle des tables d'adressage que les critères de gestion sont mis en œuvre. Ces critères sont présentés dans le tableau 2.

Formaliser un processus conduit donc à équiper le workflow des indicateurs de maîtrise et de contrôle de gestion ; de le doter d'une documentation explicite des tâches, des délais et des relations de communication entre les acteurs. La maîtrise d'un processus met en œuvre tous ces indicateurs simultanément et de manière automatique. Dès la phase de conception du SI, l'adressage du flux doit être documenté. Le tableau 2 présente les caractéristiques de ce travail et souligne les techniques employées en rapport direct avec les critères de gestion du processus. Ainsi, la maîtrise des délais fera appel aux techniques de gestion du temps en élaborant un dossier de programmation d'occupation des ressources, des délais, etc.

Modéliser les opérations solidaires d'un processus physique

La modélisation des processus devient l'étape première et cruciale de la mise en forme d'un système d'information car il s'agit de ne rien oublier des données support des activités à modéliser. Il en résulte une représentation précise du système d'information physique en tant que futur support des modes de travail de chaque métier. Pour que cette articulation soit réussie, il faut donc élucider les activités à supporter, représenter les contraintes (délais, routage,...) qui pèsent sur le réseau de tâches à surveiller et ne pas hésiter à employer des outils de représentation, à l'image de ce qui est proposé en figure 3. Le formalisme du *workflow* est très utile pour y parvenir car il s'attache à documenter le réseau des activités à ne pas oublier. Les activités sont mentionnées par des nœuds de traitement et les flèches représentent les messages émis par les nœuds. Les boucles signifient les contraintes à élucider pour franchir un nouveau processus. Les faits externes constituent en quelque sorte les événements déclencheurs qui sollicitent le graphe. Ce dernier peut alors être connecté à un réseau élémentaire ou développé dans un réseau séquentiel. Celui-ci prendra en charge la documentation d'un réseau étendu où interviennent plusieurs agents (réseau collaboratif).

À titre d'exemple, le graphe de gestion des lancements critiques que nous proposons prend en compte

Critères	Techniques	Dossiers
Planification du séquencement	Gestion de projet, mapping, diagramme d'enclenchement, etc.	Plan de l'enchaînement des tâches
Gestion de la qualité des données et objets	Gestionnaires de vues et documents	Interfaces d'accès aux vues et documents de réalisation de chaque tâche.
Maîtrise des délais	Gestionnaires de timers, Chemin critique, etc.	Programmation d'occupation des ressources, alertes, etc.
Administration des ressources	Tables d'adressage, de routage des acteurs	Tableau des adresses liées par le flux
Contrôle de gestion à posteriori	Tableau de bord électronique	Compteurs et indicateurs de processus

Tableau 2 L'adressage du flux dans un SI support de processus

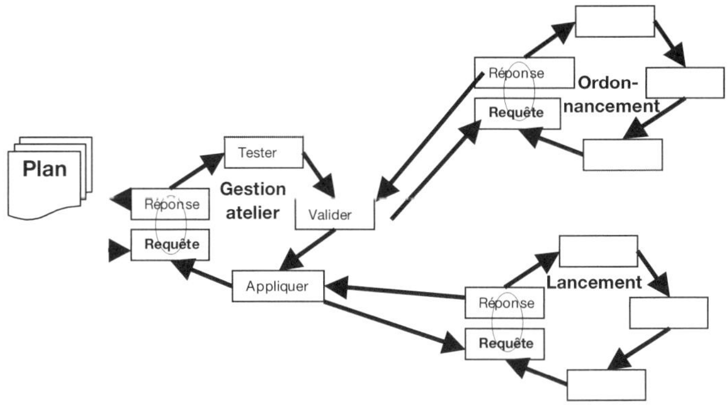

Figure 3 Représentation du SI au moyen de graphes d'activités

ces divers aspects afin de reproduire les nouvelles connexions à maintenir entre les agents du processus «métier».

Il est commode de donner à ce graphe la forme circulaire qui indique que le processus est déclenché par un fait *extérieur* (machine libre,...) auquel le processus répondra par une *action sur l'extérieur* (nouveau plan d'affectation). Les activités intermédiaires sont attribuées aux agents et le responsable du processus (le chef d'atelier) assure le suivi du graphe jusqu'au routage final: l'acceptation d'un nouveau plan de charge à court terme. Il s'assurera que la réponse de chacun a bien lieu dans les délais documentés et bouclera les processus afin de faire avancer les processus élémentaires les uns après les autres. La formalisation du processus suppose une délégation de responsabilité aux agents qui réalisent les tâches ce qui explique qu'il est nécessaire de contrôler l'état d'avancement et, dans le cas le plus simple, de mettre en place un contrôle de gestion à posteriori des tâches effectuées.

Le système d'information s'organise désormais autour des processus de l'entreprise. Il s'agit là d'une innovation considérable. Toute l'organisation du système d'information se conçoit sur le mode du travail assisté par ordinateur: la coopération entre le responsable de processus et l'agent dépend de la qualité du SI communicant. L'ordinateur devient indispensable et les interfaces homme-machine font l'objet d'un soin particulier.

2.3 Application aux métiers de la gestion de production

Un système d'information orienté processus définit les activités en rapport direct avec les séquences physiques qui seraient logiquement organisées par les acteurs si les données étaient judicieusement rendues disponibles. Ainsi, le lanceur peut-il tirer avantage d'une consultation élargie avant de prendre une décision. De même, il souhaiterait disposer de vues et de documents fiables et adaptés aux actions qu'il doit engager.

Décloisonner le lanceur dans ses décisions

En gestion de production, le lanceur occupe une place médiane entre l'ordonnanceur et le chef d'atelier. Jusqu'à présent, sa position était clairement limitée à la validation des ordres de fabrication à court terme (horizon ferme) pour des ressources jugées disponibles dans cet horizon d'action. Avec une organisation du SI en support de processus, ce dernier est de plus en plus sollicité par des acteurs qui interviennent en amont ou en aval de la prise de décision. Ce phénomène n'est pas nouveau mais désormais le processus de traitement des données a pris la main en intégrant les acteurs de la décision et en les sollicitant bien au-delà des pratiques usuelles.

Pour le lanceur, le SI support de processus « routera » les tâches à effectuer aux opérateurs qui interviennent sur la chaîne de décision et proposera une nouvelle séquence pour un ordre de fabrication déjà validé par l'ordonnanceur. Si le lanceur rencontre des difficultés effectives au niveau du lancement sur machine, sa décision devra être validée par les autres acteurs de la chaîne afin de respecter le séquencement imposé par le «métier». Sur une prise de décision jugée pourtant élémentaire, plusieurs acteurs interviendront dans un laps de temps très court: l'ordonnanceur, le lanceur et le chef d'atelier seront consultés et valideront des choix pour lesquels ils n'étaient pas partie prenante jusqu'à présent. Tous les acteurs sont ainsi confrontés à une séquence de décision autrefois cloisonnée par le SI mais qui réclame aujourd'hui la consultation de bases de données techniques qu'il faut alimenter et surtout mettre à jour dans un ordre bien précis, celui du processus physique.

La figure 4 rend compte du processus métier à séquencer où le lanceur se trouve associé à un événement déclenché par la surveillance automatisée du processus physique. C'est le sous-système d'information physique (capteurs) qui détecte l'opportunité et qui sollicite le sous-système d'information de gestion de la production.

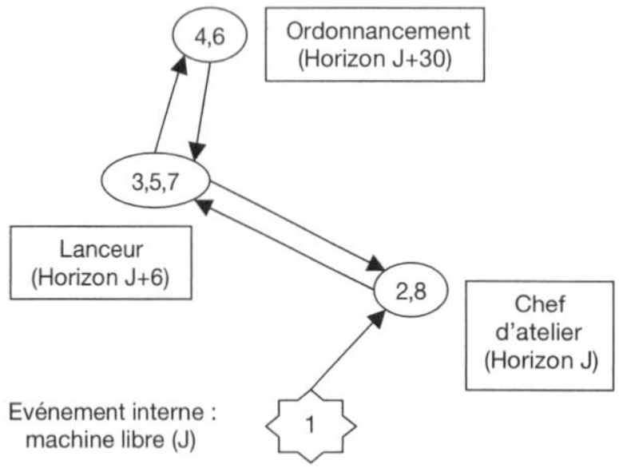

Figure 4 Séquence processus métier du lancement (dossier critique)

L'exemple proposé est une représentation élémentaire de ce que pourrait être un workflow de lancement de production à horizon ferme là ou l'ordonnanceur est censé ne plus intervenir :

1. Une machine est disponible ce jour (J) plus tôt que prévu.
2. Le chef d'atelier, sollicité par son écran de gestion, constate cette opportunité et valide sur le formulaire la proposition de consultation du lanceur. Il ne peut plus décider seul de l'affectation du poste de charge.
3. Le lanceur, alerté par messagerie, regarde sa vue «planning» des ordres à lancer et trouve un décalage avantageux des ordres à lancer pour un horizon ferme (J + 6). La validation de l'étape n° 3 déclenche la suivante.
4. L'ordonnanceur dispose d'un délai de 3 heures pour contester. Il conteste les choix précédents en arguant du fait que le jalonnement récemment pratiqué n'améliore pas la disponibilité des machines à horizon prévisionnel de J + 6 à J + 30 et retourne le formulaire au lanceur dans les délais.
5. Le lanceur consulte la vue technique du poste de charge à la recherche de tâches concurrentes et soumet une nouvelle proposition à l'ordonnanceur.
6. Ce dernier y voit la possibilité de dégager partiellement cette machine des affectations à horizon prévisible : il valide le formulaire.
7. Le lanceur valide à son tour le formulaire et le transmet au chef d'atelier qui clôt le dossier (processus critique).
8. Le chef d'atelier intègre cette modification dans son plan de charge (J).

La séquence métier que nous venons de proposer mérite quelques explications :

- Cette séquence est réalisable manuellement avec le concours des acteurs mais dans la réalité ces derniers ne prenaient pas la peine de créer un dossier (processus critique) *ad hoc*; de l'alimenter et de le renseigner car le temps de la concertation propice à la décision dépassait la prise en compte des contraintes de chacun. La consultation des données de planification était jugée incompatible avec la séquence recherchée. Avec l'organisation fonctionnelle, les acteurs de la production avaient pris l'habitude de rechercher des solutions locales. D'ailleurs, le SI proposait au chef d'atelier ou au lanceur de choisir à horizon ferme et à l'ordonnanceur de décider à horizon prévisionnel de planification.
- Le cloisonnement fonctionnel du système d'information de GPAO conduit à traiter les opérations par horizon d'action puis à transmettre les propositions validées pour cette contrainte. Le système d'information de type MRP qui a largement inspiré la conception des logiciels de GPAO participe de cette logique ou les activités sont organisées et cadencées en fonction du temps «local» de la décision. Avec un SI support de processus (dossier critique), les acteurs de la gestion de production sont tenus de rechercher une solution car le dossier même classé garde la trace des interventions de chacun et ce dossier reste consultable à posteriori par les utilisateurs, le propriétaire, l'administrateur, etc.
- Le séquencement métier du lanceur oblige donc les acteurs à partager de l'information en un laps de temps très court et à rechercher des solutions qui impliquent des horizons d'action différents. Un tel séquencement de validation des choix suppose de maîtriser le routage des actions à mener (tâches 3 à 7) pour que les choix soient à l'usage judicieux. Dès lors que cette séquence est automatisable, la décision est fortement enrichie et la consultation de plusieurs acteurs peut être envisagée à court terme. Le jour (J) devient une plage nouvelle pour des décisions prises par des acteurs à horizon d'action différenciés.
- Pour s'assurer de la fiabilité de la séquence, il est rapidement apparu nécessaire d'automatiser les opérations de gestion de l'information entre les traitements de données. Les logiciels de gestion de production intègrent désormais des traitements d'adressage vérifiant au plus près le séquencement du processus physique. Lorsque ces traitements sont concluants, les acteurs concernés sont alors sollicités pour des décisions dont le système d'in-

formation a préalablement vérifié la concordance des données et des traitements.
- Pour prendre des décisions qui engagent plusieurs horizons d'action, il faut que les acteurs du SI disposent des vues et des documents agissant comme supports de décision. La gestion virtuelle des documents s'est alors progressivement imposée parmi les applicatifs du SI

La gestion de la documentation électronique (GED)

Fournir aux métiers de la GP les vues et les documents qu'ils utilisent au quotidien constitue l'enjeu de développement de la gestion électronique de la documentation. Avec le développement des ERP (*enterprise ressources planning*), les informations sont directement liées aux flux de production. Il faut donc organiser l'information en conséquence. Les systèmes de gestion des données techniques (SGDT) ont ainsi profondément évolués au profit d'une gestion par processus en intégrant notamment les étapes à respecter pour maintenir des données à manipuler par les gestionnaires. Les processus de validation de l'information s'intègrent alors dans un workflow nouveau et essentiel, celui de la GED.

Le système d'information fonctionnel proposait des données techniques très détaillées mais la documentation informatisée présentait de nombreux défauts : les gestionnaires utilisaient des documents dont la mise à jour restait incertaine. De plus, la maîtrise de son flux de distribution était elle-même incertaine ; elle se diluait le long des circuits de distribution et la maintenance des versions successives n'était pas assurée. Quant aux recherches d'information souvent longues, elles étaient rarement en rapport avec l'urgence de la demande. La documentation électronique résout une partie de ces attentes en devenant un processus métier, celui du documentaliste, totalement intégré à la gestion de la production. La figure 5 montre la complémentarité obtenue dans l'organisation du SI de la GPAO.

Plusieurs composants (outils informatiques) concourent à l'informatisation de ce dispositif organisationnel. Ils sont regroupés dans un dispositif de système de gestion de données techniques (SGDT) et son intégration récente autour de l'ERP en font le dispositif métier le mieux adapté à la gestion des données techniques. Ces composants sont les suivants :
- PLM : *product life cycle management* (gestion du cycle de vie) ;
- EPD : *electronic product definition* (classification électronique des données) ;
- ERP : *enterprise ressources planning* (planification intégrée) ;
- PDM : *product data management* (coffre-fort électronique) ;

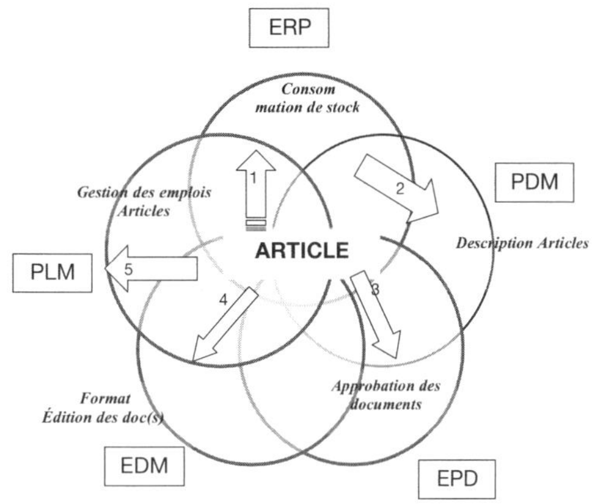

Figure 5 Les outils du SGDT

- EDM : *electronic document management* (gestion électronique des documents).

À titre d'exemple, le gestionnaire doit établir et maintenir des documents aussi divers que les cahiers de charges, les dessins de définitions d'articles, les gammes de fabrication, les programmes des machines... mais aussi les résultats de contrôle (production), les notices et les manuels d'utilisation du produit, les plannings d'entretien, etc. Comme les documents sont déjà conçus et stockés dans des bases de données (EPD), il faut en assurer la maîtrise du cycle de vie (PLM) ainsi que son intégration aux besoins planifiés (ERP). La gestion électronique (EDM) représente alors une fonction primordiale des SGDT dans la gestion des consignes d'entrée et de sortie d'information du coffre électronique (PDM).

Si le producteur désire mettre en place une gestion électronique des documents pour la base « Articles », il devra s'assurer de l'intégrité et du routage des documents qui consomment des données « Articles ». Comme les vues « Articles » sont spécifiques aux agents et changent en fonction de leurs besoins, il faudra déployer un processus de gestion associé au cycle de vie de la donnée. Le SGDT gère donc la référence d'un document électronique, ses liens avec les différents objets gérés dans le SGDT, l'adresse de son stockage (physique ou électronique) et sa relation avec l'applicatif qui le génère.

La GED est donc un processus à part entière. Elle intervient en support de SI et son fonctionnement doit respecter une séquence de routage contrôlée à tout moment par le SGDT. Les applicatifs du SI sont alors des consommateurs de données. Quant aux agents, ils participent au séquencement en place en sollicitant la GED dans leur métier. À titre d'exemple (cf. figure 5), la consultation d'une vue technique comme celle d'un stock « article » est demandée par un agent via un applicatif informatisé (consultation de stock). Sur demande de l'agent, l'applicatif est contrôlé par le SGDT (*check in*) et obtient après interrogation du «coffre-fort électronique» les positions de stocks spécifiques à la demande. Au lieu de disposer comme auparavant de multiples indicateurs de positions (stock physique, stock attendu, stock de sécurité,...) l'agent va à l'essentiel en disposant de ceux qu'il a participé à définir. Il obtient en outre des dates de mise à jour, un historique du forum des utilisateurs de cette donnée et la dernière note d'information concernant cette donnée. Son écran affichera l'état d'avancement du cycle de vie du produit ainsi que des informations relatives aux versions en cours d'intégration (formats de documentation). Cette consultation (vue électronique) sera d'ailleurs certifiée par les concepteurs sous la forme d'une approbation datée de la documentation.

La gestion électronique de document participe donc activement à la gestion de stock en maîtrisant le processus de consultation. Sa conception proche des activités des agents en fait un outil de support de décision incontournable pour le gestionnaire. La GED est devenue un processus métier de plus.

Les conséquences pour l'organisation

Pour (Penny et Volle, 1983), la bureautique communicante produisait dès 1993 des effets irréversibles. Aujourd'hui, et alors que le changement s'opère dans l'entreprise là où les processus ont été analysés et équipés de workflows, de nombreuses modifications sont perceptibles sur les points suivants :

- L'organisation de la succession des tâches est connue, ainsi que la démarche à suivre en cas d'événements non routiniers. Les agents savent ce qu'ils ont à faire, et ce que doivent faire ceux qui coopèrent avec eux. Ils disposent ainsi d'un nouvel espace de responsabilité pour lequel ils peuvent exercer leur jugement et leur esprit d'initiative. Dans le cas contraire, l'agent qui manque d'initiative est repéré par les données de contrôle de processus et le responsable du processus métier dispose de consignes à cet effet. En instaurant cette forme de transparence, il n'est plus possible de se retrancher derrière la méthode de gestion qui offrait jusqu'à présent les avantages de la mécanisation. L'automatisation du contrôle de processus n'est pas neutre. Les agents sont moins autonomes car ils travaillent en réseau et surtout, il faut désormais s'impliquer dans le processus de prise de décision.
- Le nombre des niveaux hiérarchiques peut diminuer ainsi que le nombre d'opérateurs pour effectuer la suite des opérations. L'automatisation des indicateurs rend en effet la fonction d'encadrement moins prenante puisque les consignes sont transmises aux agents et les rapports d'activités (*reporting*) calculés et adressés à la direction.
- Le pilotage de la production est facilité par la transparence du processus. Cette transparence contribue à l'assurance qualité car les agents comme les activités sont «mesurables» dans le temps en terme de performance. La bureautique communicante s'installe donc durablement en production.
- Les informations accumulées le long des processus sont archivées et constituent une source de documentation qui peut alimenter le sous-système d'information décisionnel. Le reporting gagne en détail mais aussi en synthèse sur les actions menées. Le système informatique n'a plus le contrôle du système d'information. La responsabilité du SI passe de l'informatique, qui détenait les ressources d'information aux métiers qui désormais définissent son contenu et dialoguent entre eux.

3 Conclusion

Le passage d'un SI fonctionnel à un SI support de processus n'est pas une révolution mais bien une évolution indispensable pour la gestion de l'entreprise. Là où le facteur temps est crucial pour le déploiement de l'organisation, le SI connaît une évolution qui s'engage vers plus d'automatisation des tâches de coopération entre les agents. Cette étape nous permet de comprendre avec M. Volle que le système d'information de l'entreprise ne peut se cantonner aux frontières de la tâche, du traitement et plus largement de la fonction. Nous passons progressivement du SI spécialisé par fonction au SI de l'agent de travail qui disposera d'outils de communication en plus des fonctionnalités déjà acquises dans l'assistance à l'exécution de la tâche. L'automatisation du SI de gestion fait un nouveau pas vers l'assistance au gestionnaire en affectant directement le travail collaboratif. Si l'informatique libère de plus en plus le gestionnaire de ces tâches répétitives de calcul, de vérification, etc., elle s'installe désormais dans les opérations de coordination et de décision si chères aux organisateurs.

Bibliographie

Davenport (2000) T. H. «Privilégier l'information sur la technologie» in *Gérer le savoir par les technologies de l'information*, *Les Echos*, Village Mondial.

Dindeleux R. (2003), «Orchestrer vos processus dans le système d'information», www.thesame-innovation.com.

Volle M., (2002) «Évolution du rôle du système d'information: du concept au processus», www.volle.com/travaux/conceptprocessus.htm.

Dionisi D. (1998), *L'essentiel sur MERISE*, Eyrolles.

Doumeingts G., Breuil D. et Pun L. (1983), «Les logiciels MRP» in *GPAO*, p. 88 et suivantes, Édition Hermès.

Keen Peter G. W. (1991), *Shaping the Future, Business Design Through Information Technology*, Harvard Business School.

Reix R. et Rowe F. (2001), «La recherche en système d'information: de l'histoire au concept» in *Faire de la recherche en systèmes d'information*, Vuibert.

Schael T. (1997), «Théorie et pratique du workflow – Des processus métiers renouvelés», www.cnam.fr/lipsor/dso/articles/fiche/schael.html.

Penny P. et Volle M. (1993), «La téléinformatique dans l'entreprise» in *La Recherche*, n° 255.

Systèmes décisionnels

Jean-Fabrice Lebraty

Mots-clés : systèmes d'aide à la décision, théories de la décision – architecture technologique.

Résumé : l'objet de ce chapitre est de donner un panorama du concept de systèmes décisionnels. Afin de décrire ce concept central dans la recherche en système d'information, nous aborderons tant les supports théoriques de ces systèmes en intégrant notamment l'approche de la décision en situation, que la question de l'architecture technologique nécessaire à la mise en œuvre de ces systèmes.

Le thème de la décision constitue un champ d'étude majeur en sciences de gestion et, plus particulièrement dans le domaine de la gestion des systèmes d'information et de communication. En effet, les notions de management, de systèmes d'information (SI), de technologies de l'information (TI) sont étroitement liées aux travers du concept de (SAD). Ainsi, la version française d'un des ouvrages importants de H.A. Simon s'intitulait *Le nouveau management – la décision par les ordinateurs* (Simon, 1980).

Étudier ces systèmes décisionnels s'avère être une vaste tâche pour plusieurs raisons interdépendantes comme par exemple, le nombre croissant de décisions que peuvent supporter ces systèmes, les incessantes évolutions de la technologie ou encore l'émergence de nouvelles pratiques de management.

Aussi, décrire de tels systèmes nécessite de perpétuelles mises au point. Ainsi, par exemple, la revue académique *Decision Support Systems* a consacré plusieurs numéros à un état de l'art et une mise en perspective du concept de SAD[1].

Afin d'essayer de couvrir une majeure partie des aspects des systèmes décisionnels, nous proposerons d'étudier ces systèmes sous six angles différents.

Les trois premiers points ont pour objectif de préciser la vision académique du concept de SAD. Pour ce faire, nous indiquerons les définitions originales, puis nous donnerons un aperçu de la situation actuelle des SAD. Enfin, nous resituerons les SAD par rapport aux différentes théories décisionnelles. Le quatrième point est consacré à donner une vision concrète des architectures technologiques supportant l'aide à la décision dans une organisation. Le cinquième point offre un résumé des approches conduisant à évaluer la performance des SAD. Finalement, le sixième point évoque deux voies potentielles de développement pour les SAD. La figure 1 illustre les angles d'études du concept de SAD développés dans ce chapitre.

1 Définition et origine du concept de système d'aide à la décision

Le concept de système d'aide à la décision (SAD), en sciences de gestion, a initialement été défini de manière formelle par A. Gorry et M. Scott Morton (1971). Leur démarche de raisonnement a été d'intégrer les deux taxinomies suivantes :

- types d'activités de management décrivant les activités de management sous la forme de trois niveaux : stratégique, intermédiaire et opérationnel;
- types de décision proposant, premièrement, une analyse des problèmes sous l'angle de la possibilité de les formaliser ou non (du programmable ou non programmable) et deuxièmement, un modèle dé-

1. Vol. 3, n° 3 et vol. 33, n° 2.

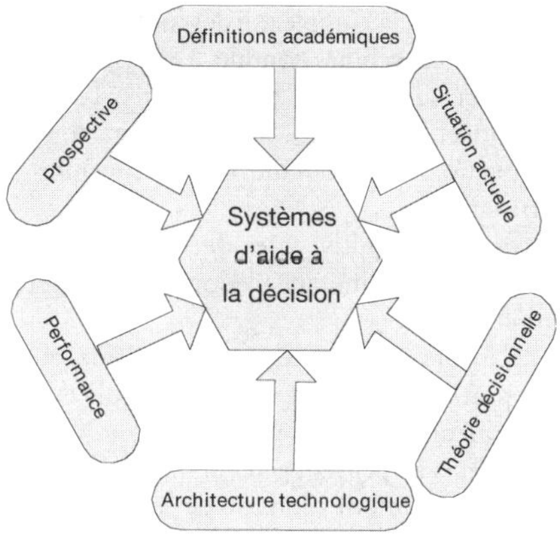

Figure 1 Angles d'étude du concept de système d'aide à la décision

crivant le processus de prise de décision individuel (le modèle *Intelligence – Design – Choice*).

Sur ces bases, A. Gorry et M. Scott Morton ont défini les SAD de la manière suivante : « *système informatisé interactif aidant le décideur à manipuler des données et des modèles pour résoudre des problèmes mal structurés* ».

Dès lors, de nombreux chercheurs ont décrit et proposé des angles d'étude du concept de SAD. La fonction d'aide à la décision a été intégrée dans le concept plus vaste de management des systèmes d'information. Puis, P. Keen et M. Scott Morton (1978) ont pris en compte la dimension cognitive du décideur en proposant alors la définition suivante : « *Les SAD réunissent les ressources intellectuelles des individus avec les potentialités des ordinateurs dans le but d'améliorer les décisions prises* ». S. Alter (1977) a proposé une taxinomie des différents types de SAD selon leurs fonctionnalités. Notamment, il a mis en avant deux grands types de SAD (orientés modèle et orienté données) comme l'indique la figure 2.

De nombreuses autres recherches ont conduit à façonner le concept de SAD. Cependant, il s'agissait toujours d'aide à des décisions individuelles. Un nouveau champ d'étude a, alors, été envisagé avec la prise en compte des décisions de groupe et donc la création des systèmes d'aide à la décision de groupe (SADG). G. De Sanctis et R. Gallupe (1987) ont posé les bases de systèmes concernant les décisions de groupe, c'est-à-dire, les décisions dans lesquelles la responsabilité est partagée entre plusieurs membres. L'objectif demeure l'amélioration de la qualité des décisions prises par le groupe. Dans les SADG, une attention particulière est portée sur les relations de communication entre les décideurs et, l'objectif fondamental des SADG réside dans l'assistance à

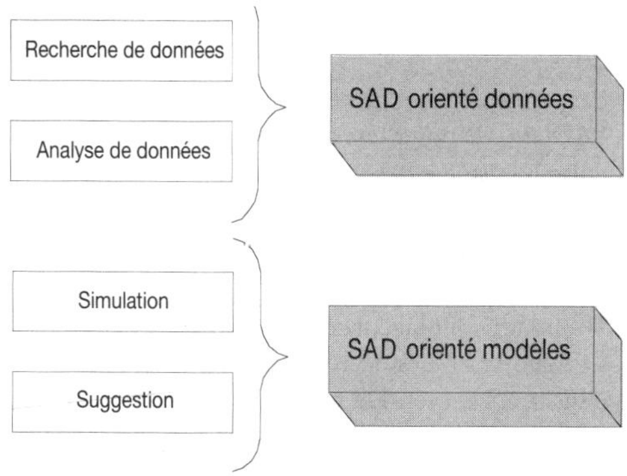

Figure 2 La taxinomie des SAD de S. Alter

l'échange d'idées, d'opinions et de préférences dans un groupe. Ainsi, l'aide apporté aux décideurs par les SADG est double : poser les bases de la communication entre décideurs (SADG de niveau 1) et fournir des modèles décisionnels (SADG de niveau 2).

En résumé, les recherches sur les SAD ont débuté au début des années soixante-dix et ont conduit à envisager la manière avec laquelle les technologies peuvent assister un décideur, ou un groupe de décideur, afin d'améliorer la qualité des décisions prises dans une organisation. Qu'en est-il trente-cinq ans après ?

2 Situation actuelle : un domaine d'étude ancré dans la recherche académique

Poursuivant depuis plus de quinze ans une analyse quantitative des publications académiques dans le domaine des SAD, S. Eom (2004) indique qu'en moyenne cent articles de recherche sont consacrés annuellement aux SAD. Son étude fait apparaître des champs de recherche académiques et les différentes approches scientifiques employées.

Premièrement, les champs majeurs de recherche que son analyse fait ressortir sont les suivants :

- SADG : c'est un courant de recherche majeur qui se trouve renforcé du fait de l'utilisation généralisée de technologies réseau ;
- SAD multicritères : ces SAD ont pour objectif d'optimiser les choix dans des problèmes possédant un grand nombre de déterminants mesurables ;
- conception des modèles intégrés au SAD : il s'agit ici d'une part des modèles de données, comme le classique schéma Entité–Association ou comme les modèles objets qui ont la particularité de regrouper données et méthodes de traitement dans des classes. D'autre part, il existe un grand nombre de modèles de décisions proposant des représenta-

tions, des analogies, des prévisions ou des simulations ;

- design : il s'agit ici de définir les caractéristiques du SAD afin de poser les conditions d'une adéquation entre le système et son utilisateur ;
- mise en œuvre : ces recherches ont généralement pour objectif d'identifier les facteurs susceptibles de mener à une mise en œuvre réussie du SAD ;
- évaluation : l'objectif de tout SAD réside dans l'amélioration des décisions prises, ce qui demeure délicat à mesurer. De plus, design, mise en œuvre et évaluation font partie du processus de management d'un SAD et donc les recherches sur l'évaluation se doivent de tenir compte de ces différentes étapes.

Deuxièmement, l'étude des SAD nécessite de réaliser des emprunts dans différentes sciences et approches théoriques et principalement :

- les sciences de gestion et notamment, la théorie des organisations et les théories décisionnelles (recherche opérationnelle, approche comportementaliste et plus récemment, approche « en situation ») ;
- les sciences cognitives : ces sciences comportent six branches : la philosophie, la linguistique, l'anthropologie, la psychologie, l'intelligence artificielle et les neurosciences ;
- l'informatique ;
- la systémique : un système étant un ensemble qui ne peut être morcelé sans perdre l'essentiel de ces caractéristiques, la systémique permet d'aborder un SAD en tant que système « homme-machine », lui-même appartenant au système que constitue une organisation.

Ainsi, l'étude des SAD représente un champ, à part entière, de la recherche, mais qu'en est-il des utilisateurs dans la pratique, c'est-à-dire, quelles sont les attentes des managers envers les SAD ?

Les attentes des managers, au regard des potentialités des SAD annoncées dans les recherches, apparaissent triples (Carlsson et Turban, 2002) :

- les décideurs peuvent résoudre des problèmes complexes d'une manière plus efficace ;
- les décideurs peuvent prendre des décisions plus rationnelles, sans pour autant utiliser des outils d'optimisation ;
- les décideurs peuvent profiter pleinement de leurs capacités cognitives, les activités routinières étant à la charge du SAD.

Mais les attentes ne rejoignent pas toujours les résultats. Quelles sont alors les principales limites ?

Deux grandes catégories de limites peuvent être mises en avant.

Premièrement, la complexité des interactions, entre l'homme et la machine, conduit à envisager un certain nombre de limites qui, comme l'indiquent C. Carlson et E. Turban, 2002, relèvent de problèmes humains. Ainsi, les cinq limites suivantes peuvent être citées :

- les capacités cognitives des décideurs constituent une contrainte limitant l'adoption de systèmes complexes ;
- les décideurs ne comprennent pas l'aide qui leur est apportée et préfèrent se référer à leurs expériences antérieures et à leurs perceptions ;
- les décideurs ne peuvent gérer un trop grand nombre de données, d'informations ou de connaissances ;
- les décideurs peuvent éprouver un sentiment de rejet face aux soubassements théoriques intégrés dans les SAD, car ils ne comprennent pas ces théories ;
- les décideurs croient qu'ils auront plus d'aide en discutant avec d'autres personnes (mêmes s'ils ont conscience des limites de ces personnes).

Deuxièmement, les technologies de l'information (TI) ont été insérées dans l'ensemble des fonctions des organisations et cette tendance lourde implique de considérer un SAD comme un élément d'un système plus vaste reliant un ensemble de technologies disparates. Ainsi, le SAD devient un élément au sein d'un système décisionnel possédant une architecture spécifique. Les caractéristiques de l'architecture conditionneront les performances du SAD comme nous l'indiquerons dans le point consacré à l'architecture décisionnelle.

3 Les SAD et les théories décisionnelles

Les approches théoriques de la prise de décision façonnent la manière avec laquelle un SAD sera conçu. Aussi, il peut être intéressant d'analyser les théories décisionnelles afin de mieux comprendre les avantages et limites des différents SAD.

Une interprétation historique de la théorie décisionnelle permet de dégager trois grandes étapes successives du point de vue de la mise en œuvre de SAD.

3.1 Le courant de la recherche opérationnelle

Description

Les premières théories décisionnelles se fondaient sur l'application d'un modèle normatif de la décision conduisant à déterminer une solution optimale face à un problème donné. Cette vision optimisatrice consistait en la détermination d'un ensemble des possibles et dans le calcul de la solution optimale selon un critère prédéfini. Pour faire face à la complexité décisionnelle, deux aménagements ont été mis œuvre. Premièrement, afin de prendre en compte l'incertitude liée aux états de la nature, les analyses probabilistes se sont développées. Deuxièmement, pour intégrer les préférences des décideurs, la théorie des probabilités subjectives a été adoptée avec comme critère de décision, celui de l'utilité subjective. Cependant, dans ces deux cas, il s'agissait de trouver des techniques permettant de se retrouver dans un cadre calculable pour lequel les modèles d'optimisation pouvaient s'appliquer. Cette approche théorique a conduit au courant de la recherche opérationnelle. La recherche opérationnelle, appelée aussi, dans la littérature anglo-saxonne «science du management[1]» s'intéresse aux activités de l'organisation sous l'angle de modèles mathématiques et informatiques avec comme objectif de trouver les meilleures voies pour accomplir ces activités.

Apport pour les SAD

De nombreux SAD ont été conçus en fonction de ce courant théorique. Ces SAD se fondent donc sur des modèles mathématiques de haut niveau. Les méthodes développées dans ce courant servent généralement de fondements aux SAD multicritères et trouvent des applications, notamment dans le domaine de l'aide aux décisions financières. Dans ce cadre, de nombreux travaux peuvent être trouvés dans les revues académiques (*Operations Research* et *European Journal of Operational Research*[2]).

3.2 Les approches comportementalistes et cognitives

Description

La précédente approche, normative et optimisatrice de la prise de décision, a largement été remise en cause par l'introduction de la psychologie et des sciences cognitives (Tversky et Kahneman, 1974).

Cette seconde étape est marquée par la reconnaissance d'un type de raisonnement efficace, fondé sur des heuristiques. On entend par heuristique : *«une démarche relativement empirique, établissant des hypothèses provisoires dans laquelle l'imagination, l'expérience, et l'histoire personnelle ont une place non négligeable*[3]». Ces modes de raisonnements heuristiques permettent de résoudre des problèmes pour lesquels l'énumération exhaustive des états de la nature s'avère impossible. Ils constituent un moyen indirect, mais efficace d'appréhender des problèmes complexes pour lesquels la démarche algorithmique est inapplicable.

Dans ce cadre, A. Newell et H.A. Simon (1972) et les chercheurs de la *Carnegie-Mellon University* ont conçu une méthode (*General Problem Solver*) qui peut être décrite comme le premier modèle complet du traitement humain de l'information. À ce titre, il s'inscrit clairement dans le courant de l'intelligence artificielle. Comprenant un mécanisme central fondé sur l'analyse moyens-fins et un modèle de la mémoire centrale, cette méthode a été le point de départ d'un très grand nombre de SAD.

Le schéma suivant illustre le modèle qui constitue le fondement de la majorité des SAD mis en œuvre à ce jour.

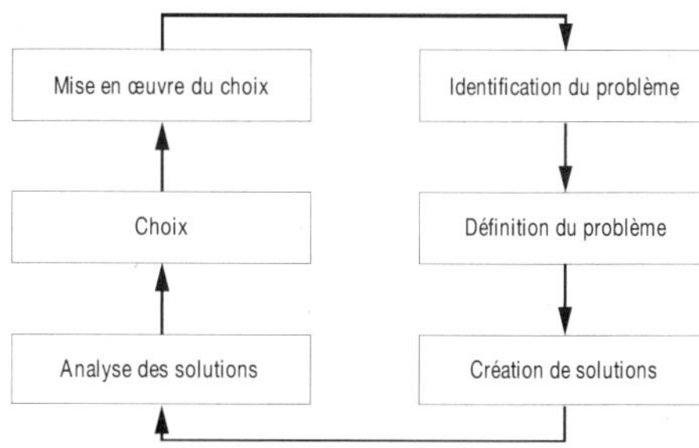

Figure 3 Le processus décisionnel fondant les SAD

Apport pour les SAD

Les apports pour les SAD sont été extrêmement nombreux, aussi nous avons choisi ici de présenter seulement les deux apports qui nous semblent les plus importants : le recours à des techniques issues de l'intelligence artificielle (IA) et l'utilisation de l'approche cognitive.

Le premier apport réside dans l'intégration des avancées en matière d'IA dans les SAD. Ainsi, plusieurs courants de recherches en IA ont conduit à la création de différents types de SAD :

- les approches issues des travaux fondateurs en IA (dont faisait partie H.A. Simon) ont conduit à l'élaboration des systèmes experts ;
- les approches connexionnistes représentent le fondement des réseaux de neurones ;
- les approches utilisant la métaphore biologique se sont traduites par les algorithmes génétiques.

Le second apport concerne la manière d'utiliser l'approche cognitive au niveau du design d'un SAD.

Lier conception d'un SAD et cognition du décideur semble évident, pourtant cela nécessite de répondre à la question des traits individuels de caractère. Dans ce cadre, de nombreuses recherches en sciences cognitives ont tenté de mettre en évidence des caractéristiques cognitives générales permettant de définir des profils d'individus.

Le concept de style cognitif constitue un angle d'approche souvent abordé. Il s'agit d'analyser la manière avec laquelle un individu traite l'information à sa disposition. Dans ce cadre, plusieurs modèles permettant de mesurer les comportements de traitement,

1. *Operations Research or Management Science* (OR/MS).
2. Notamment le numéro de janvier 2005 (Vol., 160, n° 2) consacré au thème des SAD à l'époque d'Internet.
3. Selon le *Dictionnaire de l'Académie Française.*

ont été mis en évidence. Le modèle, le plus connu, est le MBIT (*Myers-Briggs Type Indicator*). Ce modèle permet de positionner un individu en fonction de quatre axes :

- extraverti *versus* introverti : quelle est l'attitude générale de l'individu ?
- sensation *versus* intuition : comment traite-t-on les informations, en fonction de ses cinq sens ou de son intuition ?
- pensée *versus* sentiments : comment prend-on des décisions, en se fondant sur l'analyse ou sur ses sentiments ?
- jugement *versus* perception : comment prend-on des décisions ? Par exemple, rapidement ou préfère-t-on attendre d'avoir plus d'informations ?

Dès lors, il est apparu possible de s'appuyer sur ces modèles cognitifs pour concevoir des SAD adaptés aux styles cognitifs des décideurs. Cette idée a été le point de départ d'une querelle, non encore close, entre, d'une part, ceux qui estimaient que les fondements scientifiques spécifiant le concept de style cognitif n'étaient pas suffisamment solides pour servir de socle à la conception d'un SAD et, d'autre part, ceux qui indiquaient que même si la recherche sur les styles cognitifs doit se poursuivre, un SAD adapté au style du décideur ne pourra qu'être plus efficace. Selon cet auteur, le SAD peut jouer un double rôle : dans le cas d'une adéquation, conforter le décideur dans son style cognitif, et dans le cas d'une inadéquation, proposer une approche différente qui peut être source de créativité.

Même si le débat demeure, de nombreux SAD se fondent sur une approche cognitive en monopolisant les styles cognitifs ou les modèles mentaux.

Ajoutons enfin que l'approche cognitive a mis en avant l'importance de l'interface homme machine (IHM) dans la prise de décision, le système devant proposer une représentation mentale compatible avec la représentation préalable du décideur. Ainsi, après avoir déterminé les besoins informationnels du décideur, il s'agit d'agencer ces informations selon un design adapté au modèle mental du décideur.

L'approche cognitive représente un des fondements des travaux passés et actuels quant à la conception des SAD. Examinons maintenant une approche de la décision plus récente et prometteuse pour les SAD.

DescriptionLa décision en situation

L'intégration du concept de situation décisionnelle sera le fondement établissant le courant de la « décision en situation[1] » (Rasmussen, 1986 ; Klein, 1998 ; Lebraty et Pastorelli, 2004). Dans ce courant, l'analyse d'une décision doit intégrer le contexte dans lequel elle est prise. Le modèle décisionnel va se focaliser sur la reconnaissance, par le décideur, de la situation décisionnelle (*Recognition-Primed Decision Model*[2]). La nouveauté de cette approche par rapport à la précédente est qu'elle n'étudie plus les processus cognitifs isolément des contextes dans lesquels ils s'exercent ; elle admet que les décisions ne sont pas planifiées et exécutées hors du contexte de leur situation, c'est-à-dire hors des règles dans laquelle la situation s'inscrit (Reason, 1993 p. 266). Le contexte peut être défini comme l'ensemble des éléments, perçus par le décideur, qui exercent une contrainte sur la tâche gérée. Ainsi, le contexte est à la fois dépendant de la tâche et subjectif. Il peut être vu comme le savoir explicite et tacite permettant de mettre en œuvre les compétences du décideur dans une situation donnée.

Le courant de la « décision en situation » n'envisage pas l'ensemble des processus décisionnels, mais focalise son analyse sur un type particulier, caractérisé notamment par :

- des objectifs mal définis et évolutifs ;
- une absence de certitudes quant aux états de la nature ;
- des logiques contradictoires et non hiérarchisées ;
- des déterminants du problème changeant continuellement ;
- un horizon temporel limité exigeant des réactions rapides ;
- des enjeux importants ;
- de nombreux acteurs ;
- des normes et des objectifs indiqués par l'organisation ;
- un décideur ayant un niveau d'expertise élevé de la tâche qui lui est dévolue.

Ces situations d'un haut intérêt managérial, sont par nature instables, souvent irréversibles et exigent de nombreuses interventions de la part des individus.

G. Klein (1998, p., 27) a modélisé le cheminement décisionnel d'un individu. Il est important de comprendre qu'il ne s'agit pas d'un modèle normatif qu'il conviendrait de suivre mais plutôt de la représentation de la manière avec laquelle un décideur se comporte lorsqu'il est confronté à une situation décisionnelle. Ce modèle de « première reconnaissance » peut se comprendre de la manière suivante : la décision n'est pas constituée par l'action de faire un choix parmi différentes solutions potentielles. Le décideur confronté à une situation particulière tente d'adopter directement une ligne de conduite qui lui semble appropriée en regard de son expérience passée et de la

1. Traduction par l'auteur des termes « *naturalistic decision making* » et « *decision in natural settings* ».

2. Que l'on peut traduire par modèle décisionnel fondé sur la première reconnaissance.

manière avec laquelle il perçoit la situation. Ensuite, il teste cette ligne de conduite en imaginant mentalement les effets qu'elle peut avoir et si cela lui convient, il la met en œuvre. Ajoutons que si le comportement décidé ne semble pas efficace, le décideur va analyser une nouvelle modalité d'action pour la mettre en œuvre. Ainsi, le décideur compare différentes alternatives avant de les mettre en œuvre. Rappelons que cette approche concerne principalement les décideurs expérimentés. D'ailleurs G. Klein indique que les décideurs « novices » ont d'avantage recours à un processus de comparaison entre les options de différentes solutions potentielles.

G. Klein, lui-même, indique que ce modèle est encore imparfait (1998, p. 102), cependant, il montre aussi qu'en situation, c'est le modèle employé dans une grande majorité de décisions (1998, p.100). Cette approche nous apparaît donc comme une piste de recherche particulièrement importante dans le domaine de l'aide à la décision.

Apport pour les SAD

Dans cette approche, la décision passe au second plan, car l'aspect déterminant réside dans la gestion de la compréhension par le décideur. Ainsi, dans ce cadre, le SAD ne propose pas un ensemble de solutions potentielles, mais il offre au décideur une représentation de la situation adaptée au contexte. Il s'agit donc de favoriser la prise de conscience de la situation par le décideur (*situation awareness).*

Le principal apport de ce courant de recherche pour les SAD se situe au niveau de l'interface, ce qui peut apparaître cohérent, puisque l'interface exerce une grande influence sur la représentation que construit le décideur de sa tâche.

Ainsi, à partir des concepts développés dans la psychologie écologique, une nouvelle méthode de conception des interfaces a été imaginée sous l'appellation de *Ecological Interface Design* (Vicente et Rasmussen, 1992; Burns *et al.*, 2003). Cette approche nous paraît particulièrement pertinente. En effet, elle se focalise sur les interactions entre l'utilisateur et son environnement. L'interface tiendra donc compte de facteurs contextuels comme la survenance d'un évènement inattendu, par exemple. Son objectif est que le décideur puisse avoir une maîtrise de la situation, quels que soient les changements contextuels pouvant survenir, ce qui est inédit dans le domaine des SAD.

Pour l'instant, cette approche a montré sa solidité théorique et sa capacité à être mise en œuvre dans le domaine des suivis de processus très dynamiques comme, par exemple, des processus industriels sensibles. Il reste à la mettre en œuvre dans les processus managériaux.

3.3 Vers une nouvelle typologie des SAD

Lier les différentes approches du processus de prise de décision et SAD nous amène à proposer une autre typologie des SAD. En effet, toutes les approches décisionnelles possèdent des limites et, selon les cas, une approche sera plus adaptée qu'une autre. Par exemple, l'approche classique peut donner de bons résultats dans certains cas. Ainsi, G. Klein (1998, p. 93-94) montre la pertinence du modèle de choix rationnel dans le choix d'un type de projectile servant à équiper les forces de l'ordre de la ville de Denver.

Les caractéristiques de la tâche, du contexte et des connaissances monopolisées vont alors spécifier les approches décisionnelles les plus adaptées. Précisions ces différents critères :

- types de décisions : il s'agit à la fois du niveau hiérarchique où se prend la décision, mais aussi de l'importance estimée ou intrinsèque des effets de la décision. Généralement, ces deux aspects sont corrélés : les décisions stratégiques ont des effets d'une plus grande ampleur que les décisions opérationnelles ;
- contexte décisionnel : le contexte peut être, soit statique, soit en constante évolution. De la même manière, la pression temporelle peut être variable. De plus, les conditions de la prise de décision peuvent être déconnectées du contexte (en laboratoire) ou au contraire en situation réelle ;
- connaissances monopolisées : plusieurs types de connaissances peuvent être utilisés dans un processus de prise de décision.

La figure 4 représente alors le positionnement des différentes approches théoriques de la prise de décision en fonction des critères précités.

Ainsi, il apparaît que selon les cas, tel SAD sera plus adapté qu'un autre et cela permet donc de proposer de nouvelles classifications en fonction cette fois du contexte décisionnel.

4 Architecture décisionnelle

Comprendre le rôle que peut jouer l'architecture décisionnelle en termes de potentialité d'aide à la décision managériale, peut être illustré par exemple, au travers de la différence entre les deux questions suivantes :

- Quels sont les noms et prénoms des personnels de mon entreprise qui reçoivent des primes d'un montant supérieur à 20 % de leur salaire ?
- Est-ce que le nombre de salariés, qui reçoivent des primes d'un montant supérieur à 20 % de leur salaire, est en augmentation sur les deux dernières années ?

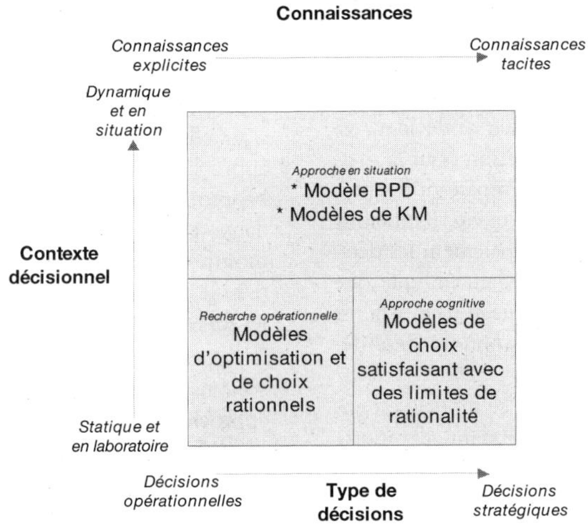

Figure 4 Approches décisionnelles et caractéristiques du processus de prise de décision

La différence provient d'un choix d'architecture décisionnelle. En effet, la première question se réfère directement à des données issues d'une base de données servant à enregistrer les transactions de l'organisation. La seconde question nécessite de mettre en œuvre un système permettant, notamment, de conserver d'une manière structurée un historique des données.

Décrivons plus en détail ces deux grands types d'architecture.

4.1 L'architecture transactionnelle.

Les organisations ne sont pas des systèmes fermés et leur survie implique des échanges avec leur environnement. On nomme ces échanges des transactions. Ces dernières doivent être prises en compte par le SI *via* un traitement spécifique, c'est-à-dire, un processus qui part de la reconnaissance d'un évènement et qui débouche sur un ensemble d'opérations dont le résultat est le traitement de la transaction. Une architecture technologique, centrée sur la gestion des transactions quotidiennes de l'organisation, s'est construite, au travers d'applications transactionnelles (*On-Line Transaction Processing*, OLTP).

Afin d'aider les décideurs, des SAD ont été installés, ces derniers interrogeant directement les bases de données transactionnelles. Cette première architecture décisionnelle a été dominante pendant de nombreuses années et demeure présente dans bon nombre d'organisations.

Quels sont alors les avantages et surtout les limites d'une telle architecture ?

Deux avantages peuvent être trouvés à un SAD interrogeant directement une base de données transactionnelle :

- rapidité de la réponse à une requête ;
- niveau de détail très fin de la réponse (le niveau de détail est directement corrélé aux champs de la base de données transactionnelle, c'est donc le niveau le plus fin que l'organisation peut fournir).

Cependant, au moins trois limites majeures peuvent être indiquées :

- historique des données non prévu : il est donc très difficile de mettre en évidence des tendances passées ou d'indiquer des prévisions ;
- difficulté de créer des requêtes non prévues à l'avance et/ou d'interroger plusieurs bases de données ;
- SAD partageant la même sémantique que la base de données : c'est-à-dire, le SAD utilise la définition des champs de données de la base de données source. Or, souvent, les différentes bases de données de l'organisation ne partagent pas la même définition des champs. Il y a donc des risques élevés d'incohérence entre les analyses de décideurs utilisant des SAD non reliés à la même base de données.

Ces limites contraignent le type de décisions que cette architecture peut traiter. Ainsi, les SAD concerneront des décisions opérationnelles relativement structurées. Dans certains cas, d'ailleurs, les SAD pourront juste être utilisés pour fournir des indicateurs de suivi pour le tableau de bord quotidien d'un cadre.

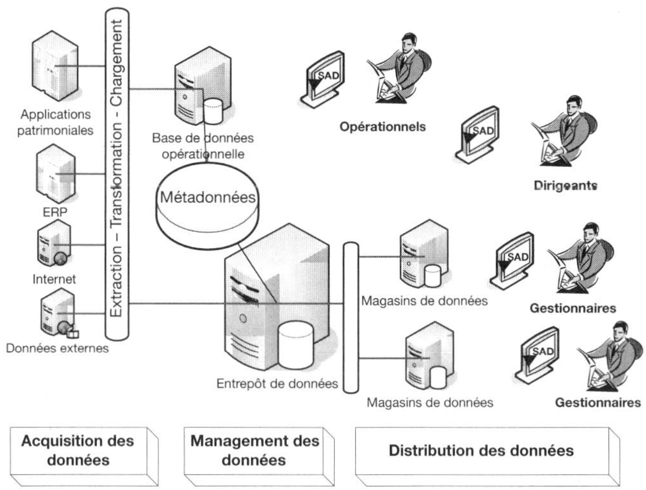

Figure 5 Architecture décisionnelle fondée sur un entrepôt de données

Dans ce cas, les applications décisionnelles qui interrogent directement une base de données transactionnelle sont réservées à des décideurs :

- du niveau hiérarchique opérationnel ;
- qui ont besoin d'informations rapides sur un point précis ;
- qui possèdent une bonne connaissance de leur domaine ;
- qui effectuent des demandes routinières pouvant être programmées à l'avance.

Ainsi, cette architecture ne peut traiter l'ensemble des décisions de l'organisation et ne concerne qu'un nombre limité de décideurs. Cependant, la fin de la décennie quatre-vingt-dix a vu la mise en œuvre d'une nouvelle architecture, entièrement orientée vers la prise de décisions managériales : les entrepôts de données ou *data warehouse*.

4.2 Les systèmes d'entrepôt de données

La figure suivante décrit (d'une manière simplifiée) le concept d'entrepôt de données ou de *data warehouse* (DW).

Apparu au début des années quatre-vingt-dix et mis en avant par W. Inmon et R. Kimball, des spécialistes du monde des bases de données : « *Un système de DW organise et conserve les données nécessaires aux processus informationnels et analytiques dans une perspective de long terme. Ce système correspond à un ensemble de données orientées selon un sujet, intégrées, évoluant dans le temps et non volatiles, qui a pour but l'aide aux processus de prise de décision de gestion.* » (Inmon, 1996).

Précisons les différents éléments de cette définition :

- orienté-sujet : signifie que les données sont structurées en fonction des centres d'intérêt des managers. Afin de réaliser une telle structure de données, de nouveaux modèles de données ont été mis en œuvre (modèle multidimensionnel en étoiles ou en flocons) ;
- intégré : les données proviennent de différentes sources (par exemple, les bases transactionnelles de l'organisation) et sont réunies au sein de l'entrepôt de données ;
- évoluant avec le temps : les données de chaque champ sont liées à une date ;
- non volatile renvoie au fait que les données ne sont pas remplacées dans un processus de mise à jour, mais conservées.

En outre, un entrepôt de données intègre d'une manière systématique des métadonnées afin de fournir un référentiel unique à l'ensemble des utilisateurs.

Ce qui constitue alors l'originalité d'un système d'entrepôt de données réside dans le fait que les SAD n'interrogent plus directement les bases transactionnelles. En effet, l'entrepôt de données est une base de données dont la structure est orientée vers la prise de décision et qui se positionne entre les applications transactionnelles et les SAD.

Le principal avantage qui a conduit à la généralisation de ce type d'architecture est qu'elle ne remplace pas l'architecture transactionnelle précédente, mais qu'elle s'insère dans un existant informatique. De plus cette architecture met clairement en lumière la différence qu'il peut exister entre une donnée et l'information qui en résulte après un processus d'interprétation. Ainsi, dans un entrepôt de données, les décideurs ont accès aux mêmes données afin de se construire leurs propres informations.

Les entrepôts de données sont maintenant bien implantés dans les organisations et ils constituent une architecture décisionnelle globale utilisée par l'ensemble des décideurs d'une organisation.

Rappelons toutefois, qu'au départ, les entrepôts de données étaient destinés à un petit nombre de décideurs : les dirigeants de l'entreprise. En effet, le système ne pouvait supporter un grand nombre d'interrogations sur l'ensemble des données de l'entrepôt. Cependant, les décisions se prenant à tous les niveaux hiérarchiques, il a été nécessaire d'élargir le nombre de personnes pouvant avoir accès à cette architecture décisionnelle. Plutôt que de donner un accès à l'entrepôt pour tous les utilisateurs, d'autres solutions ont été mises en œuvre :

- pour les responsables de fonctions ou d'unités (niveau $N - 1$), les marchés de données ont été créés. Ces marchés importent seulement une partie des données de l'entrepôt afin de répondre plus rapidement à un besoin spécifique ;
- pour les cadres opérationnels ayant, par exemple, un contact direct avec la clientèle, un nouveau type d'application a été mis en œuvre. Plutôt que d'interroger directement la base de données transactionnelle, le concept de magasin de données opérationnelles (*operational data store*) a été développé. Ces magasins possèdent certaines caractéristiques des entrepôts de données (orientation « sujet » des données, par exemple) et d'autres des bases transactionnelles (processus de mise à jour des données, par exemple). Ils constituent, à ce jour, le dernier développement de l'architecture fondée sur des entrepôts de données.

Ainsi, une véritable architecture décisionnelle destinée à l'ensemble des personnels de l'organisation se met en place. D'ailleurs, W. Inmon et C. Imhoff parlent de « *corporate information factory* » (Inmon *et al.*, 2000).

L'attention portée à la constitution d'une architecture technologique dédiée à la prise de décision a conduit à l'apparition d'un grand nombre de types de SAD.

Le tableau 1 regroupe les différentes applications décisionnelles que l'on trouve en sortie d'un SAD.

Bâtir une architecture technologique décisionnelle est essentiel pour une organisation. Prendre en compte les caractéristiques nécessaires à l'aide à la décision, et notamment, le besoin de conserver un historique des données et de faire partager ces données à tous les décideurs autorisés peut être vu comme une dimension supplémentaire dans les architectures transactionnelles classiques.

Ainsi trois dimensions majeures peuvent être mises en évidence :

- les fonctions, représentant la notion de spécialisations dans l'organisation, qui sont traitées par les applications transactionnelles ;

Type d'outils	Principales fonctions
Executive Information System	Outils d'aide à la décision dont la particularité est la facilité d'utilisation. L'ergonomie de la présentation des informations est optimisée de manière à ce que l'utilisateur (généralement, un dirigeant) interprète le plus rapidement possible ce qu'il voit.
Outils de *Business Intelligence*	Ces outils permettent de créer des tableaux de bord personnalisés afin de suivre les évolutions d'une activité et de renseigner l'utilisateur sur de possibles évolutions.
Outils d'interrogation	Générateurs de requêtes SQL, ils permettent de créer des tableaux de données à partir de SGBD-R. Leur ergonomie a beaucoup évolué les rendant plus accessibles.
OLAP (*On Line Analytical Processing*)	Outils d'analyse permettant, à partir de bases multidimensionnelles (MOLAP), relationnelles (ROLAP) ou hybrides (HOLAP), d'agencer les données selon plusieurs dimensions (cubes de données). L'apport de la navigation dans des cubes de données est déterminant dans la révélation de corrélations cachées.
Datamining	Outil permettant l'exploration et l'analyse de grandes quantités de données afin de découvrir des formes et des règles en utilisant des moyens automatiques ou semi-automatiques. Le *datamining* a pour principal objet la classification, l'estimation, la prédiction, le groupement par similitudes, l'analyse de clusters et la description de ce qui se passe dans une base de données volumineuse.
Systèmes d'information géographiques	Facilitent l'analyse des données en fonction des caractéristiques géographiques.
Statistiques et optimisation	Ces outils fondés sur le courant de la recherche opérationnelle permettent la création d'arbres de décision ou indiquent des choix multicritères, par exemple.
Modélisation de processus	Ces outils donnent la possibilité de représenter des processus graphiquement sous la forme d'organigrammes.
Reporting[1]	Ces outils créent des rapports périodiques en temps réel.

Tableau 1 Typologie des SAD pouvant être reliés à un entrepôt de données

1. L'importance de ce type d'outils peut être illustrée par le récent rachat, par l'entreprise Business Object (leader mondial des solutions décisionnelles) du leader des solutions de reporting, l'entreprise Crystal Report.

- les processus transversaux aux différentes fonctions, supportés par des applications «métiers» comme la CRM ou le SCM;
- la décision constituée par un continuum partant des décisions opérationnelles jusqu'aux décisions stratégiques.

Le schéma suivant illustre notre vision des architectures technologiques actuelles

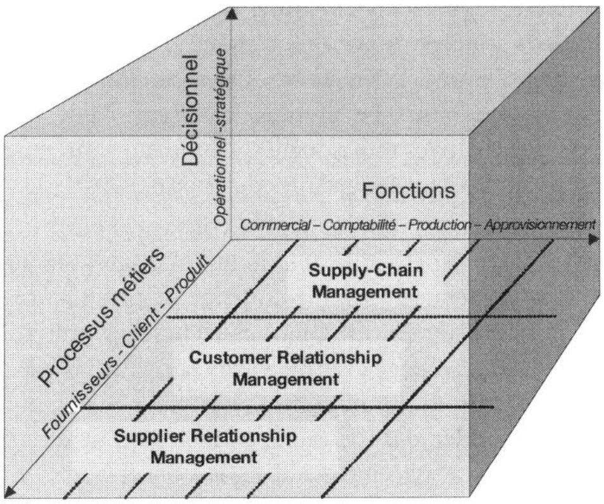

Figure 6 Une architecture technologique tridimensionnelle

4.3 Limites actuelles des architectures décisionnelles

Au moins deux limites actuelles peuvent être soulignées.

La première concerne la qualité des données. En effet, la qualité des données demeure un défi majeur pour une organisation. La mise en œuvre d'une architecture décisionnelle conduit le décideur à n'appréhender la tâche qu'il doit gérer qu'au travers de l'interface de son SAD. Dès lors, si des données sont erronées ou manquantes, la représentation qu'il construit risque d'être faussée sans moyen pour lui de la corriger. En outre, certaines applications, et notamment celles de Datamining, sont sensibles à la qualité des données et, dans le cas d'une faible qualité, ces applications peuvent indiquer des corrélations incohérentes.

La seconde limite concerne l'intégration des applications décisionnelles avec celles centrées sur la gestion des connaissances (outils de *knowledge management*, KM). En effet, les outils de KM se proposent d'améliorer l'efficacité organisationnelle. Or cette efficacité passe par l'amélioration des processus décisionnels. Ainsi, aide à la décision et gestion des connaissances sont deux activités interdépendantes. Pourtant les passerelles entre ces deux domaines sont délicates à mettre en œuvre du point de vue conceptuel comme cela peut s'observer dans plusieurs études consacrées à ce thème (Holsapple et Joschi, 2001). Ces difficultés conceptuelles s'illustrent au niveau des technologies et des outils disponibles actuellement. En effet, très peu d'éditeurs de logiciels proposent des solutions technologiques englobant aide à la décision et gestion des connaissances.

5 La question de la performance des SAD

Il s'agit, ici, d'une question fondamentale qui intéresse particulièrement les managers qui doivent mettre en œuvre des technologies onéreuses dans leur organisation. Il convient de préciser ce que l'on entend par performance d'un SAD. Un SAD intrinsèquement performant ne constitue pas un critère pertinent. En effet, il convient d'indiquer un référentiel par rapport auquel le SAD est performant. Ce référentiel peut être: le décideur, la tâche décisionnelle ou le contexte, ou un ensemble de ces trois éléments. Ainsi, le SAD sera jugé performant en fonction de ces éléments.

Les manières d'évaluer la performance d'un système technologique ont été souvent analysées d'une manière générale (L. Raymond, chapitre 8 de Rowe, 2002) et les résultats présentés dans ces études peuvent être adaptés au cas particulier des SAD.

5.1 Différentes méthodes de mesure de la performance

Comme l'indique S. Eom (2004), le management des SAD consiste à gérer le processus qui part du design, passe par la mise en œuvre et se termine par l'évaluation du SAD. Dans ce cadre, plusieurs méthodes de mesure peuvent être envisagées.

Tout d'abord, la mesure peut porter soit sur le processus décisionnel, soit sur le résultat de la décision, en d'autres termes, l'évaluation peut être fondée sur l'efficience ou sur l'efficacité. Concernant le processus, il sera possible, par exemple, d'évaluer l'amélioration des différentes phases du processus décisionnel sous l'angle de la rationalité. Concernant le résultat décisionnel, l'évaluation peut se faire en termes de retour sur investissement par une analyse des coûts et bénéfices avant et après la mise en œuvre.

Ensuite, la performance peut être évaluée en se focalisant sur le décideur. Dans ce cadre, au moins quatre critères d'évaluation sont susceptibles d'être monopolisés: la qualité de la décision, la satisfaction du décideur, la manière avec laquelle le décideur apprend sa tâche et la productivité du décideur.

Enfin, citons une autre manière d'évaluer la performance d'un SAD. Ici, l'attention se porte préalablement au déroulement du processus décisionnel. Le postulat est que si certaines conditions sont réunies, la décision ne pourra qu'être améliorée. Ainsi, P. Todd et I. Benbasat (chapitre 1 dans Zmud, 2000) estiment qu'il convient de se focaliser sur les trois éléments suivants: le décideur, sa tâche décisionnelle et le SAD.

Ces trois éléments sont liés et les relations peuvent être analysées en termes d'adéquation (la notion de *fit*) (Goodhue et Thompson, 1995). Le critère sera celui de l'adéquation cognitive (Vessey, 1991) : un SAD est en adéquation cognitive avec une tâche quand la représentation du problème utilisée par le système est en concordance avec l'image mentale que construit le décideur des exigences de sa tâche.

5.2 Améliorer les performances des SAD

Une des voies les plus couramment employées pour améliorer la performance d'un décideur utilisant un SAD réside dans l'intégration d'une fonctionnalité de conseil dans le SAD (concept de *decisional guidance*). Mis en lumière par M. Silver (1991), le concept de conseil décisionnel offre un double intérêt. Premièrement, insérer de manière volontaire une fonctionnalité de conseil peut permettre de créer des systèmes qui assistent encore plus l'utilisateur dans sa tâche. Deuxièmement, analyser les conséquences des conseils contribue à améliorer la compréhension de la manière avec laquelle un SAD interagit avec le comportement décisionnel.

Que signifie le concept de « conseils décisionnels » dans le cadre d'un SAD ? Il ne faut pas confondre l'aide sur les fonctionnalités du SAD et le conseil décisionnel qui représente la manière avec laquelle un SAD guide l'utilisateur quand il choisit parmi les différentes fonctions du système. Deux types de conseils peuvent être prodigués : la suggestion ou l'information.

Les recherches sur l'augmentation de la performance d'un décideur utilisant un SAD au travers de la mise en œuvre de « conseils décisionnels », suivent trois axes. Premièrement, certains comparent l'impact des différents types de conseils (suggestion ou information). Deuxièmement, l'impact de ce type d'aide est analysé en fonction des différents types de tâche décisionnelle. Troisièmement, l'impact de cette fonctionnalité peut être analysé dans les SADG.

Même si cela dépend de certains critères, cette fonctionnalité contribue à augmenter la performance des décideurs utilisant un tel SAD.

6 Le futur des SAD

Plus la recherche académique avance et parallèlement, plus les architectures technologiques posent les conditions de l'intégration de SAD, plus le futur des SAD apparaît ouvert.

Nous retiendrons ici deux voies qui nous semblent importantes tant au niveau de l'intérêt managériale que de l'intérêt théorique.

6.1 SAD et créativité

Améliorer la prise de décisions complexes passe par la génération de solutions inédites, c'est-à-dire, de solutions créatives. Dans ce cadre, dès 1996 (Massetti, 1996), le concept de système d'aide à la décision créative a été évoqué. Les recherches se sont alors divisées en deux courants. Le premier concerne l'aide aux décisions créatives individuelles. Le second s'intéresse à la créativité dans les groupes décisionnels.

Même si concevoir des SAD favorisant la créativité intéresse tout particulièrement les managers, la recherche académique semble en peine de poser les bases de tels systèmes. En effet, les recherches utilisant la dichotomie « cerveau droit – cerveau gauche » semblent souffrir de limitations théoriques ; il manque donc un fondement théorique de la notion de créativité qui puisse être intégré dans la conception d'un SAD.

6.2 Les SAD multi-agents

Mis en lumière au début des années quatre-vingt-dix au MIT, le concept d'agents se retrouve dans de nombreuses recherches et notamment dans la conception de SAD. Définir ce qu'est un agent est devenu délicat tant son sens s'est développé. Ainsi, plusieurs types d'agents peuvent être décrits :

- systèmes autonomes ayant des capacités sociales, et qui sont réactifs et proactifs ;
- systèmes pouvant intégrer des idées mentales.

L'idée est d'utiliser les agents comme moyen de mettre en œuvre des décisions distribuées. Le concept de décision distribuée provient de recherches en intelligence artificielle et consiste en la segmentation d'une tâche en différentes activités qui seront gérées par des agents travaillant en coopération.

Ainsi, les agents peuvent être une voie vers l'intégration d'un nouveau modèle décisionnel dans les SAD et donc vers la conception d'un nouveau type de SAD : les SAD multi-agents (Kwon *et al.*, 2005).

Bibliographie

Alter, S. (1977), « A Taxonomy of Decision Support Systems », *Sloan Management Review*, Vol. 19, n° 1, p. 39-57.

Burns, C.M., Kuo, J., Ng, Sylvia (2003), « Ecological interface design : a new approach for visualizing network management », *Computer Networks*, Vol. 43, n° 3, p. 369-388.

Carlsson, C., Turban, E. (2002), « DSS : directions for the next decade », *Decision Support Systems*, Vol. 33, n° 2, p. 105-110.

DeSanctis, G., Gallupe, B. (1987), «A foundation for the study of group decision support systems.», *Management Science*, Vol. 33, n° 12, p. 1589 – 1609.
Eom, S. (2004), «The Changing Structure of Decision Support Systems Research: An Empirical Investigation through Author Cocitation Mapping», *The 2004 IFIP International Conference on Decision Support Systems - Prato, Tuscany*, 1st-3rd July, p. 243-251.
Goodhue, D.L., Thompson, R.L. (1995), «Task-technology fit and individual performance», *Management Information System Quaterly*, Vol. 19, n° 2, p. 213-237.
Gorry, G.A., Scott Morton, M. (1971), «A Framework for Management Information Systems.», *Sloan Management Review*, Vol. 12, n° 1, p. 55-70.
Holsapple, C.W., Joshi, K.D. (2001), «Organizational knowledge resources.», *Decision Support Systems*, Vol. 31, n° 1, pp.39-54.
Inmon, W. (1996) *Building the Data Warehouse (2nd Edition)*, John Wiley & Sons Inc.
Inmon, W.H., Imhoff, C., Sousa, R. (2000) *Corporate Information Factory, 2nd Ed*, John Wiley & Sons Inc.
Keen, P.et Scott Morton, M (1978) *Decision Support Systems: An Organizational Perspective* Addison-Wesley.
Klein, G. (1998) *Sources of Power How People Make Decisions*, MIT Press.
Kwon, Oet Yoo, K., Suh, E. (2005), «UbiDSS: a proactive intelligent decision support system as an expert system deploying ubiquitous computing technologies», *Expert Systems with Applications*, Vol. 28, n° 1, p. 149-162.
Lebraty, J.F., Pastorelli-Nègre, I. (2004), «Biais cognitifs: quel statut dans la prise de décision assitée?», *Systèmes d'Information et Management*, vol. 9, n° 3, p. 87-116.
Massetti, B. (1996), «An empirical Examiniation of the Value of Creativity Support Systems on Idea Generation.», *Management Information System Quaterly*, Vol. 20, n° 1, p. 83-97.
Newel, A., Simon, H.A. (1972) *Human Problem Solving*, Prentice Hall PTR.
Rasmussen, J. (1986), *Information processing and human-machine interaction: An approach to cognitive engineering*, Noth Holland Amsterdam.
Reason, J. (1993) *L'erreur Humaine, 2e éd*, Presses Universitaires de France.
Rowe, F. (2002) *Faire de la recherche en systèmes d'information*. Vuibert.
Silver, M.S. (1991), «Decisional guidance for computer-based decision support», *Management Information System Quaterly*, Vol. 15, n° 1, p. 105-122.
Simon, H.A. (1980) *Le nouveau management - La décision par les ordinateurs*, Economica.
Tversky, A., Kahneman, D. (1974), «Judgment under uncertainty: heuristics and biases», *Science*, Vol. 185, p. 1124–1131.
Vessey, I. (1991), «Cognitive fit: a theory based analysis of the graphs versus tables literature», *Decision Sciences*, Vol. 22, p. 219-241.
Vicente, K.J., Rasmussen, J. (1992), «Ecological interface design: Theoretical foundations», *IEEE Transactions on Systems, Man, and Cybernetics*, Vol. 22, n° 4, p. 589-606.
Zmud, R.W. (2000) *Framing the Domains of IT Management*, Pinnaflex.

Systèmes d'information de pilotage et tableaux de bord

Christine Marsal, Denis Travaillé

Mots-clés : aide à la décision, *business intelligence*, EIS, indicateurs, pilotage opérationnel, pilotage stratégique, tableau de bord.

Résumé : quel rôle joue le système d'information dans le pilotage par les tableaux de bord ? Pour répondre à cette question, l'article montre d'abord que, tant les développements récents dans la littérature en systèmes d'information avec les EIS, que ceux en contrôle de gestion, justifient le rôle crucial joué aujourd'hui par le système d'information dans la construction et l'utilisation de tableaux de bord performants. Il décrit ensuite les nouvelles offres décisionnelles dites de «business intelligence» en montrant leurs apports et leurs limites pour un système de tableaux de bord efficace dans un contexte de compétitivité accrue. L'article est illustré par le cas de l'entreprise industrielle et celui de la banque.

Le développement de l'organisation « informationnelle » met aujourd'hui au premier plan des facteurs clés de succès la collecte, le traitement et l'utilisation de l'information pertinente. Dans cette optique, ce sont à la fois les concepteurs et les utilisateurs des systèmes d'information qui contribuent au succès de l'entreprise. Du «côté» des gestionnaires du système d'information, il s'agit de construire un système d'information qui réponde aux attentes de ses utilisateurs. Du «côté» des utilisateurs, il s'agit de formuler leurs besoins d'information et de tirer profit du système d'information pour conduire des actions créatrices de valeur. La fonction contrôle de gestion joue un rôle important dans la conception et l'utilisation du système d'information. En effet, elle participe avec les gestionnaires du système d'information à la conception d'informations cohérentes qui ont un sens. Mais elle exploite aussi ces informations pour éclairer au mieux à la fois les décisions stratégiques et les décisions opérationnelles et faire évoluer si nécessaire le système d'information. Le système d'information constitue donc un enjeu majeur dans l'organisation efficace de la fonction contrôle de gestion au sein de l'entreprise.

Le système d'information (SI) se définit comme un «*système utilisateur machine intégré qui produit de l'information pour assister les êtres humains dans les fonctions d'exécution, de gestion et de prise de décision*». (Alter *et al.*, 1985)[1]. Pour Peaucelle (1997), «u*n système d'information se définit par l'information qu'il véhicule et par la manière dont il l'exprime sur ses différents supports. C'est un langage de communication d'une organisation, adapté à la nature plus ou moins répétitive de l'information que l'on veut y échanger*».

Ces définitions qui mettent en avant les aspects prise de décision et communication montrent la place que peut avoir le SI dans le management des organisations. Cette place résulte d'une évolution dans l'utilisation des technologies de l'information (Reix, 2002). On est progressivement passé de la recherche de l'efficience par l'automatisation de processus répétitifs à une recherche d'efficience et d'efficacité au niveau

1. Cité dans Rowe et Marciniack (1997).

stratégique. L'automatisation correspond au niveau de gestion opérationnel formalisé et programmé caractérisé par une faible complexité. L'efficience et l'efficacité stratégiques correspondent au niveau de gestion stratégique qui est flou et non programmé et se caractérise donc par une forte complexité. Cela concerne les systèmes pour dirigeants, les systèmes interorganisationnels et l'intégration des systèmes composants. Dans cette évolution, le SI n'est plus une simple composante technique mais fait partie intégrante de la stratégie dans une perspective d'alignement. C'est dans cette perspective que nous privilégierons la définition managériale du système d'information de Reix et Rowe (2002) selon qui «*c'est un ensemble d'acteurs sociaux qui mémorisent et transforment des représentations via des technologies de l'information et des modes opératoires*».

Le contrôle de gestion est «*le processus par lequel les managers influencent d'autres membres de l'organisation, pour mettre en œuvre les stratégies de l'organisation*» (N.R. Anthony, 1988, p. 10). Il s'insère dans un système de contrôle organisationnel qui a deux missions essentielles : «*aider à identifier des objectifs pertinents et provoquer des comportements cohérents avec les objectifs, inciter à gérer les ressources de manière productive*» (Bouquin, 1997). Le pilotage se distingue du contrôle de gestion par l'orientation résolument dynamique de la démarche sous-jacente. La démarche de pilotage fait le lien entre stratégie et action, dans le cadre d'une structure organisationnelle donnée et s'appuie sur «*un ensemble de systèmes tels que les plans, les budgets, les tableaux de bord et indicateurs*», (Demeestère *et al.*, 2004). Le lien est établi par une confrontation régulière des résultats atteints au regard des résultats attendus, les écarts identifiés (dans les plans, les tableaux de bord) donnant lieu à des actions correctives. Les tableaux de bord constituent un des principaux outils du contrôle de gestion et du pilotage. Ils seront donc l'objet de cette présentation qui s'interrogera sur leurs liens avec les systèmes d'information.

En effet, les tableaux de bord, documents papiers ou numériques, rassemblent plusieurs «*indicateurs et informations essentiels permettant d'avoir une vue d'ensemble, de déceler les perturbations et de prendre des décisions d'orientation de la gestion pour atteindre les objectifs issus de la stratégie*» (Selmer, 2003). Ce sont des outils de communication qui permettent de faire le lien régulier entre la stratégie et les opérations quotidiennes. Cependant, comme l'explique Malo J. L. (1992), deux conceptions du tableau de bord sont possibles. Soit il fait office de banque de données: c'est la conception passive du tableau de bord, unique pour toute l'entreprise. Alimenté par des informations essentiellement rétrospectives et correspondant à un mode de gestion centralisé, il est censé faciliter la prise de décision par la direction générale. Par contre, il sert peu à la prise de décision des autres décideurs. Soit il est mis au service de la décentralisation: c'est une conception plus dynamique du tableau de bord correspondant à un mode de gestion décentralisé. Il joue alors un rôle à la fois d'information, d'aide à la décision et de contrôle des délégations. Selon cette vision, il existe des tableaux de bord pour chaque décideur de l'organisation. Dans notre présentation, cette deuxième acception sera privilégiée car c'est surtout dans le cadre de la décentralisation que l'organisation du système d'information est problématique pour la mise en œuvre d'un système de pilotage efficace.

Le SI doit donc permettre de fournir des indicateurs pertinents au système de tableaux de bord. Les indicateurs peuvent être multiples (résultats, progression, suivi) et concerner toutes les facettes de l'activité de l'organisation. Parmi les types d'indicateurs, on distingue en général les indicateurs de pilotage et les indicateurs de reporting. Les indicateurs de pilotage donnent des informations aux niveaux local ou central et apportent une aide dans la prise de décision locale ou centrale, en particulier dans la correction des écarts. Ils n'ont pas vocation à être systématiquement «remontés» au niveau hiérarchique supérieur. Les indicateurs de reporting sont au contraire transmis au niveau supérieur, il s'agit de faire un point périodique sur le degré de réalisation des objectifs. Les indicateurs du reporting sont souvent utilisés dans les systèmes de récompense des responsables d'entité, en ce sens ils participent aux outils d'incitation du contrôle de gestion.

Ces premiers aspects montrent que le système d'information et le système de tableaux de bord visent à donner un sens à l'action organisée. Le système de tableaux de bord est un moyen d'intégration des actions internes en cohérence avec les variables de l'environnement. Bouquin (2001) évoque à leur sujet la cohérence interne et externe. De son côté, le système d'information acquiert, stocke, traite et communique les informations qui font la cohérence organisationnelle, par l'utilisation de représentations communes, par la construction d'un savoir commun. La combinaison des deux éléments formant une grande partie du capital organisationnel[1], véritable vecteur de différenciation stratégique des organisations d'aujourd'hui.

1. La définition du capital organisationnel n'est pas encore stabilisée. Nous retenons la définition suivante: ensemble des structures de coordination et structures technologiques permettant aux individus de développer leurs compétences et leurs connaissances au travers de pratiques d'emplois autonomes et transversales.

Les interactions entre les tableaux de bord et le système d'information sont donc nombreuses et il peut être intéressant de dresser un premier aperçu des problématiques en présence. Dans quelle mesure le système d'information peut-il se rapprocher, se fondre dans le système de pilotage par les tableaux de bord ? Comment le système de tableaux de bord est-il influencé par les évolutions du SI ? En quoi les EIS (*Executive Information System*) apportent une réponse aux nouveaux enjeux du contrôle et du SI ? Ces diverses questions peuvent se synthétiser dans la problématique suivante : quel rôle joue le système d'information dans le pilotage par les tableaux de bord ?

Pour répondre à cette problématique, nous verrons dans un premier temps quelles sont les interactions qui existent entre SI et pilotage. Nous tenterons de montrer pourquoi tant du point de vue des systèmes d'information que de celui des tableaux de bord, il est important de disposer d'informations pertinentes et cohérentes pour les prises de décision des différents responsables au sein d'une organisation. Une deuxième partie s'attachera à montrer comment les nouvelles technologies de l'information et de la communication sont susceptibles de favoriser l'obtention d'un système de tableaux de bord efficace. Elle montrera aussi leurs limites. Nous illustrerons alors notre propos par l'exemple de l'entreprise industrielle et celui de la banque.

1 Les évolutions des représentations du système d'information et du contrôle pour le pilotage par les tableaux de bord

Ces évolutions découlent d'un double mouvement. Le système d'information est de plus en plus «concerné» par les besoins du pilotage. Dans le même temps, la performance du pilotage par les tableaux de bord est de plus en plus tributaire des outils systèmes d'information.

1.1 Les besoins du pilotage par les tableaux de bord : le cas des EIS

Avant d'aborder directement les EIS il convient de replacer l'analyse des SI au sein de la problématique globale du pilotage. Dans un second temps, la spécificité des EIS sera discutée.

La pluralité des niveaux d'analyse du SI et de pilotage

L'analyse traditionnelle des SI distingue les systèmes informatisés de gestion des opérations, de contrôle de gestion et de gestion stratégique (Rowe et Marciniack, 1997).

Cette vision pyramidale peut être rapprochée dans un premier temps des différents niveaux de pilotage existant dans les organisations : le pilotage stratégique, le pilotage fonctionnel et le pilotage opérationnel. Le pilotage stratégique concerne le pilotage de l'organisation dans sa globalité, cela concerne la fixation des «intentions» à long terme et le choix des moyens à affecter pour atteindre les objectifs. Le pilotage fonctionnel vise à répartir ces moyens auprès des différentes fonctions (production, approvisionnement, distribution, services administratifs) de l'organisation tout en prévoyant des mécanismes de suivi et de correction pertinents. Le pilotage opérationnel concerne les actions à mettre en œuvre pour atteindre les objectifs globaux. Le pilotage stratégique se décline sur des objectifs pluriannuels, le pilotage fonctionnel concerne des objectifs annuels ou semestriels, le pilotage opérationnel des objectifs mensuels, hebdomadaires voire journaliers.

Le schéma pyramidal du SI permet d'identifier les acteurs pertinents concernés par les différents niveaux d'analyse (Reix, 2002). Au sommet, dirigeants et cadres supérieurs sont concernés par les aspects stratégiques. Le niveau intermédiaire concerne plus les cadres intermédiaires et les contrôleurs alors que la base pyramidale concerne les gestionnaires d'opération. Or ce schéma ne correspond plus aux missions actuelles du contrôle et du pilotage. De fait, les «compartiments» que l'on vient brièvement de définir ne sont pas étanches et cette vision ne répond plus aux impératifs actuels du contrôle et à l'organisation matricielle qui en découle (Bouin *et al.*, 2004). Il s'agit désormais de raisonner en termes de processus car il devient difficile d'isoler clairement dans l'organisation qui (ou quoi) est à l'origine de la valeur. De plus en plus d'acteurs concourent ensemble au processus de création de valeur. Ce qui signifie que le pilotage ne concerne plus des activités séparées mais des activités souvent imbriquées et interdépendantes, ce qui a un impact sur la construction et le pilotage des tableaux de bord.

Dans les établissements bancaires, la vente d'un crédit en est un bon exemple : le chargé de clientèle, le gestionnaire des risques, le partenaire assureur, et parfois le responsable d'agence participent chacun à leur niveau à ce processus. Il est bien difficile de quantifier la part de chacun que ce soit en termes de valeur apportée ou de coût induit. De fait, c'est l'analyse du processus dans son entier qui devient pertinente, du dépôt de la demande au versement des fonds sur le compte du client. La transversalité de ce processus nécessite la construction d'un tableau de bord qui intègre des indicateurs pertinents pour l'ensemble de ces étapes. De même, dans une entreprise industrielle, les dépenses de maintenance résultent à

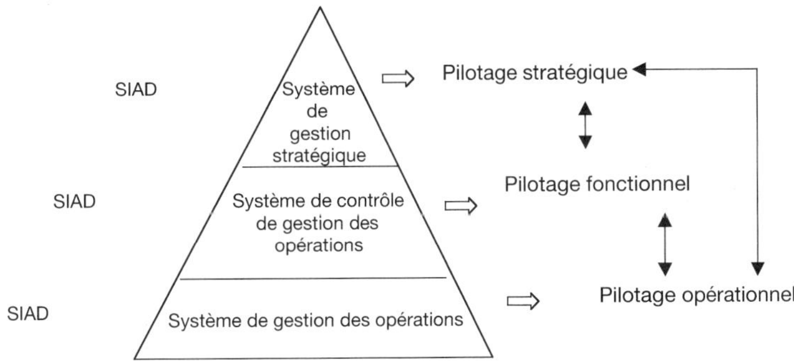

Figure 1 Les niveaux d'analyse du SI et l'évolution du pilotage

la fois du service maintenance et des opérationnels des ateliers. La maîtrise de ces dépenses ne peut donc être analysée que globalement pour l'ensemble du processus maintenance. La transversalité de ce processus impose alors un tableau de bord dédié à la maintenance et partagé par les différents acteurs du processus. Au-delà de ces deux exemples, des interactions nombreuses existent entre les différents niveaux de pilotage (figure 1).

Le pilotage stratégique consiste à orienter et à structurer l'action du niveau opérationnel au travers de la planification d'objectifs et de budgets. Par exemple, dans une banque ce peut être la définition du montant de nouveaux crédits immobiliers à vendre pour les trois prochaines années. Le niveau opérationnel peut aussi proposer de nouvelles orientations et influer ainsi sur les orientations stratégiques. Le retournement brutal du marché immobilier, la dégradation de la conjoncture économique qui désolvabilise la demande de crédit, peuvent rendre difficile l'atteinte des objectifs assignés, sans que les responsables d'entités locales ne déméritent pour autant. L'effet «retour d'expérience» peut conduire à une révision à la baisse des objectifs initiaux, cela peut concerner les objectifs de l'année mais aussi les objectifs du plan pluriannuel. Le pilotage fonctionnel participe aussi à la phase de mise en œuvre de la stratégie en fournissant les informations préalables aux orientations qui seront prises. Les liens entre pilotage fonctionnel et pilotage opérationnel consistent à décliner le système de mesure de performances auprès des centres de responsabilité ou unités d'analyse pertinents.

Dans ce contexte, le système de mesure des performances n'est pas figé et évolue en fonction des priorités retenues et des «accords» qui se font entre les différents niveaux. Il s'agit en effet de se mettre d'accord sur les objectifs à atteindre, les moyens alloués et les indicateurs qui serviront à mesurer les efforts accomplis. Les acteurs du pilotage opérationnel peuvent alors suggérer de prendre en compte tel indicateur plutôt que tel autre.

Cette multiplicité des niveaux de pilotage est associée à une multiplicité des tableaux de bord et une pluralité des systèmes d'aide à la décision[1]. Il est alors indispensable d'en organiser la cohérence. Pour ce faire le recours à un système particulier d'aide à la décision tel que l'EIS est une première possibilité.

La particularité de l' EIS

L'EIS ou *Executive Information System*, permet de synthétiser les données les plus pertinentes de l'organisation pour la prise de décision des dirigeants. Loin d'apporter de nouveaux tableaux de bord qui se rajoutent aux tableaux existants, il s'agit de proposer des tableaux résumés qui peuvent ensuite être décomposés par des redécoupages en niveaux d'analyse plus fins. Les principales caractéristiques de cet outil se déclinent en termes d'adaptabilité et d'ergonomie.

Reix (2002) résume ses six caractéristiques principales : adaptation aux besoins propres de l'utilisateur (il n'y a donc pas de système type), convivialité des outils, rapidité de la réponse, ergonomie dans la présentation des résultats, système de suivi et de contrôle, système de recherche d'information à différents degrés d'analyse (du général au particulier).

L'EIS semble pouvoir jouer deux rôles complémentaires à la fois dans la définition de la stratégie et dans le contrôle de sa mise en œuvre.

Dans la phase de définition de la stratégie, l'EIS permet d'accéder à des informations sur l'environnement global, parce qu'il peut être connecté au Web,

1. Les systèmes interactifs d'aide à la décision fournissent «*sur une station de travail, à travers un dialogue homme-machine, des données et des modèles de traitement pour assister le processus de décision*» Reix (2002), page 82. Parmi ces systèmes, les systèmes experts reproduisent et communiquent le raisonnement d'un expert, ils concernent essentiellement le niveau opérationnel; les systèmes d'information pour les dirigeants fournissent des données adaptées aux décisions que ces derniers doivent prendre.

ce qui permet l'accès à des données externes à des fins de comparaison ou d'analyse.

Si l'on ajoute la connexion à des outils d'extraction de données, de modélisation et d'analyse il est alors possible de mieux déceler les tendances de l'activité et d'affiner les orientations stratégiques. L'EIS permet enfin de travailler sur des données « parlantes » : surbrillance, changement de couleur, indicateurs clignotants si une activité se trouve dans une situation défavorable.

Dans ce contexte, les attentes du dirigeant sont multiples : développer la compétitivité de son entreprise, s'adapter à un environnement changeant, cerner l'information externe, cerner l'influence de l'environnement sur l'organisation.

Dans le même temps, l'EIS permet d'améliorer le suivi de la mise en place de la stratégie. Dans la phase de suivi de la stratégie, il s'agit de donner au dirigeant une vue synthétique des réalisations avec la possibilité d'affiner la lecture du résultat obtenu. Par exemple dans une entreprise industrielle, si l'un des enjeux stratégiques est la réduction des coûts industriels pour le processus de production, le recours à un EIS peut permettre de visualiser les résultats en matière de réduction des coûts de production et de les analyser par des informations sur le volume des séries et la standardisation des produits. Ainsi, l'observation du maintien de séries courtes, de produits à faibles volumes, et d'un nombre très élevé de gammes peut être interprétée comme un mauvais résultat par rapport à la priorité stratégique. De même, dans le secteur bancaire, si les orientations stratégiques de telle banque ont pointé la nécessité d'être présent sur le marché des jeunes, il sera possible de vérifier dans la réalisation des objectifs commerciaux, par exemple en matière d'ouverture de comptes, quelle est la part de cette clientèle dans les résultats obtenus.

Ce travail de décomposition global permet de réduire l'asymétrie d'information existant entre l'équipe dirigeante et les cadres intermédiaires pour ce qui concerne la nature des performances obtenues. Il est désormais possible de décomposer ces performances et de vérifier que les efforts fournis vont dans le sens des objectifs stratégiques.

Dans ce contexte, les attentes du dirigeant sont les suivantes : adaptation des requêtes aux besoins de son analyse (il doit être possible de réaliser de multiples requêtes différentes et personnalisées), rapidité de la réponse, amélioration de la communication dans l'organisation.

Cette présentation «traditionnelle» de l'EIS reste toutefois très générale et ne prend pas en compte la dimension plurielle et transversale du pilotage que nous avons évoquée précédemment. Plusieurs questions demeurent en suspens. La cohérence des synthèses et décompositions opérées est-elle toujours assurée ? Existe-t-il toujours une cohérence des tableaux de bord circulant dans les différents systèmes de pilotage avec le tableau de bord du dirigeant ? Quel est le rôle des différents pilotes dans le choix des indicateurs de synthèse ? etc. De fait, le SI loin de se focaliser uniquement sur les attentes du dirigeant doit aussi intégrer les attentes de tous les acteurs intervenant dans les processus de contrôle. Le problème se pose alors d'une intégration harmonieuse des informations concernant l'ensemble des parties prenantes (salariés, dirigeants, clients, fournisseurs) pour la construction de tableaux de bord et d'indicateurs pertinents. On retrouve cette approche dans la notion d'*enterprise information system* que nous retiendrons pour la suite de notre propos.

1.2 La performance du pilotage par les tableaux de bord dépend de plus en plus de celle du SI

Dans la littérature en contrôle de gestion, les auteurs insistent beaucoup sur le respect par les entreprises de conditions d'efficacité pour la construction et l'utilisation de leurs tableaux de bord. Les principes de performance qui sont avancés mettent ainsi en avant le rôle majeur joué par le système d'information de l'entreprise dans la définition et la mise en œuvre de tableaux de bord efficaces pour la prise de décision (121). Cependant, l'application de ces règles d'efficacité rencontre aussi des difficultés liées plus particulièrement au système d'information (122).

Les apports du système d'information à un système de tableaux de bord efficace

La construction des tableaux de bord doit obéir à des principes d'efficacité. Ces principes portent plus particulièrement sur les conditions de pertinence et de cohérence des informations des outils de contrôle (Dupuy, 1984).

Sélectionner les informations pertinentes pour répondre aux besoins d'information de pilotage des utilisateurs

Pour renseigner les indicateurs choisis dans les tableaux de bord, il est nécessaire de faire appel au système d'information de l'entreprise. Cependant, en théorie, les tableaux de bord ne doivent faire figurer que les informations jugées pertinentes, c'est-à-dire celles adaptées aux besoins des décideurs. Pour cela, la démarche d'implantation des tableaux de bord doit être participative.

Comme l'explique Malo (1992), les informations pertinentes de tout tableau de bord peuvent être de trois ordres : les variables essentielles d'état du système (jugées les plus informatives) qui permettent de réguler le système par rétroaction ; les variables d'état non essentielles (par exemple, montée de l'absentéisme) dont la perturbation peut signaler l'apparition d'un risque susceptible d'affecter le fonctionnement du système ; et les informations sur l'environnement, annonçant des perturbations prévisibles pour le système (par exemple, le cours du dollar sera un signal d'anticipation pour un exportateur ou un importateur).

Mais les informations du tableau de bord d'un responsable ne sont pertinentes que si elles répondent à ses besoins de pilotage. Les tableaux de bord doivent donc être différenciés car chaque décideur n'a pas les mêmes besoins d'information. Ainsi, dans une entreprise industrielle, les besoins en informations du responsable de la maintenance sont différents de ceux du responsable de la fabrication. Le premier a besoin de connaître l'évolution du coût de la maintenance et du taux de panne alors que le second s'intéresse plutôt au coût de fabrication et à la taille moyenne des séries. De la même façon dans le secteur bancaire, les besoins d'information du responsable d'agence sont-ils différents des besoins d'information de la direction financière. Pour l'activité d'octroi de crédit, le premier souhaite connaître l'évolution des encours, alors que le deuxième s'intéressera à la durée et au taux des prêts consentis. Il est donc nécessaire que chacun ait son propre tableau de bord avec des indicateurs spécifiques, adaptés à son domaine d'activité.

Comme l'explique aussi par exemple Selmer (2003), il est souhaitable que l'analyse des besoins des utilisateurs se fasse dans une démarche participative. Elle peut démarrer avec une phase d'explicitation aux différents responsables de la stratégie de l'entreprise par la direction générale. Il s'agit là pour la direction d'expliquer ce qu'elle attend des responsables pour la définition de leurs objectifs et de leurs tableaux de bord. C'est donc en connaissance de la stratégie de l'entreprise et de ses besoins particuliers que chaque responsable fait ensuite des propositions d'objectifs et d'indicateurs pour mettre sous contrôle son activité. Il recense alors l'ensemble des informations dont il estime nécessaire de disposer pour les indicateurs jugés indispensables. Les indicateurs pour lesquels l'information est disponible immédiatement peuvent être retenus, la construction des autres pour lesquels l'information est inaccessible, devant être planifiée. Un groupe de projet vérifie enfin le caractère essentiel des indicateurs retenu par chaque responsable et soumet à la direction générale toutes les propositions avant approbation.

Cependant, la définition des tableaux de bord de l'entreprise ne doit pas résulter de la seule prise en compte de la différenciation des besoins des utilisateurs. Elle doit aussi répondre à un besoin de cohérence.

Concevoir un système de tableaux de bord pour répondre aux besoins de cohérence des informations et de leur diffusion

S'il faut prendre en compte la différenciation des besoins d'informations des utilisateurs, il est nécessaire aussi de construire une architecture de tableaux de bord qui veille à la cohérence des informations et à la définition de règles communes de remontée des informations.

Par exemple, concernant les indicateurs, leur cohérence doit être à la fois verticale (entre les différents niveaux hiérarchiques) et horizontale (entre différents responsables situés à un même niveau hiérarchique).

Comme l'explique par exemple Malo (1992), le système de tableaux de bord doit adopter une présentation «gigogne» qui respecte la contrainte de cohérence verticale. Cette dernière ne peut être atteinte que s'il y a respect de règles communes de remontée des informations, c'est-à-dire, à la fois :

- une harmonisation temporelle des indicateurs : lorsque le niveau hiérarchique augmente, la fréquence de saisie doit diminuer, la période de référence augmenter (incluant celle des niveaux inférieurs) ;
- et une composition hiérarchique des critères : les critères des niveaux n doivent être composables (arithmétiquement ou non) à partir des critères de niveau $n - 1$.

Cependant, en général, il n'est pas nécessaire que toutes les mesures des niveaux inférieurs s'agrègent pour présenter les mesures des tableaux de bord supérieurs. Le tableau de bord d'un niveau n ne doit donc comprendre que les seules informations utiles pour juger de la performance du niveau inférieur et, celles propres à sa responsabilité et son niveau d'expertise pour l'aider dans le pilotage de son activité.

Une illustration de ce système gigogne peut être donnée dans le secteur bancaire. Dans la banque X, le tableau de bord des agences est hebdomadaire ou bihebdomadaire, il récapitule les principaux axes de l'activité commerciale (collecte, nouveaux crédits, ventes de produits et services) avec les objectifs qui sont assignés. La direction régionale qui coordonne l'activité des agences commerciales, récapitule chaque mois les réalisations de chacune des agences. Il y a agrégation des tableaux de bord agences sous la forme d'un tableau régional de suivi du taux d'attrition[1]. Des indicateurs supplémentaires tels que le taux

1. Ce taux mesure les efforts réalisés pour conserver la clientèle, si l'on prend l'exemple du produit compte de dépôt, il se mesure en faisant le rapport entre le nombre de fermetures et le nombre d'ouvertures. Un rapport de 100% signifie que pour chaque fermeture de compte l'agence parvient à compenser par une ouverture.

moyen d'attrition de la région, du groupe, l'indice de pénétration des agences, de la région, du réseau national sont aussi récapitulés. Chaque mois, la direction régionale remonte les informations au niveau central. Le tableau de bord de la direction générale construit à partir des informations transmises par les régions traduit cette activité commerciale en indicateurs financiers (Rouach et Naulleau, 2002). L'activité crédit y est ainsi agrégée (on ne s'intéresse plus aux nouveaux crédits accordés mais à l'encours global) pour permettre un suivi mensuel des marges sur crédit. L'activité de collecte est présentée sous la même forme. Trimestriellement, un tableau de bord global retrace l'évolution des résultats financiers et les indicateurs de rentabilité.

Dans ce système gigogne, la cohérence verticale est respectée de plusieurs façons : par la périodicité différenciée des tableaux de bord, la différenciation des indicateurs retenus, la pertinence des différents indicateurs aux différents niveaux de pilotage.

La cohérence horizontale met de son côté l'accent sur l'interactivité éventuelle entre sous-systèmes de l'entreprise. Ainsi, un indicateur peut être lié à plusieurs activités et se révéler difficilement séparable : par exemple, comme l'explique Malo (1992), *« une détérioration de la qualité (ressentie par les commerciaux sous forme d'augmentation des réclamations) pourra être liée au souci de la production d'atteindre certains rendements »*. Pour obéir à la contrainte de cohérence transversale, Selmer (2003) préconise alors :

- une homogénéisation des indicateurs entre les services qui ont les mêmes responsabilités : par exemple, des usines ou des ateliers, afin qu'ils puissent comparer leurs résultats entre eux ;
- et, pour les projets transversaux (par exemple, qualité) et les processus (par exemple, logistique), en créant d'une part un tableau spécifique global pour chaque projet ou processus et, d'autre part, un indicateur de suivi de projet ou de processus dans les tableaux de bord des unités fonctionnelles et opérationnelles.

La contrainte de cohérence horizontale est parfaitement illustrée par le tableau de bord prospectif de Kaplan et Norton (1998). L'idée de départ est que les indicateurs financiers ne sont plus les seuls indicateurs pertinents pour rendre compte de la performance de l'organisation. Il est nécessaire de tenir compte à la fois des attentes des clients et des actionnaires, de la qualité des processus internes (l'organisation du travail) et de la capacité d'apprendre et de faire progresser l'activité. Le tableau est équilibré en ce sens que les attentes des actionnaires, des clients, les processus internes et la capacité de croître forment quatre axes d'analyse qu'il convient de suivre conjointement car aucun axe ne « domine » un autre dans le processus de création de valeur. En effet, les quatre axes sont liés et une altération sur un axe a des répercussions sur les trois autres. Dans ce contexte, les tableaux de bord que l'on décide de mettre en place doivent donc être cohérents entre eux. C'est-à-dire que les indicateurs de suivi que l'on choisit de mettre en place doivent être pertinents par axe d'analyse et doivent bien illustrer les phénomènes d'interdépendance (figure 2).

Ainsi dans la banque en ligne, l'augmentation du délai de réponse qui concerne l'axe des processus internes, diminue le taux de satisfaction des clients. Le client peut alors choisir de laisser son compte en sommeil et se tourner vers une autre banque (impact sur l'axe croissance et apprentissage). Ce compte inactif génère des coûts de gestion ce qui détériore les indicateurs financiers (moindre progression du PNB et dégradation du ratio PNB/client).

Au-delà de la cohérence horizontale que nous venons d'évoquer, la réussite d'un tel tableau de bord est étroitement liée à la capacité du système d'information de fournir toutes les informations nécessaires au suivi des différents axes. C'est alors toute la problématique de la construction efficace des tableaux de bord qui est concernée.

Les difficultés liées au système d'information dans la mise en œuvre des principes de construction efficace des tableaux de bord

Le recours au système d'information par les tableaux de bord se situe à deux niveaux : premièrement, pour la collecte des informations et la sélection des informations à traiter ; en second lieu, pour la diffusion des informations au sein de l'organisation. Cependant, la satisfaction de ces deux types de besoins pose des difficultés liées au système d'information.

Les difficultés liées à la collecte d'information et au choix des informations pertinentes

La phase de collecte d'information peut être entravée par deux obstacles majeurs liés aux systèmes d'information. Tout d'abord, les sources d'information sont souvent multiples et pas toujours cohérentes entre elles. De plus, elles peuvent se révéler d'interprétation difficile, et parfois même inaccessibles. En second lieu, les tableaux de bord sont souvent uniquement connectés aux systèmes d'information comptable de l'entreprise. Deux problèmes peuvent alors en découler. En premier lieu, une mesure qui ne se fait qu'en temps différé. Dans ce cas, les tableaux de bord des décideurs ne sont actualisés qu'à chaque échéance prédéterminée de publication des résultats de l'entreprise. Or, entre chaque publication des résultats, des évènements imprévus peuvent survenir ce qui réduit

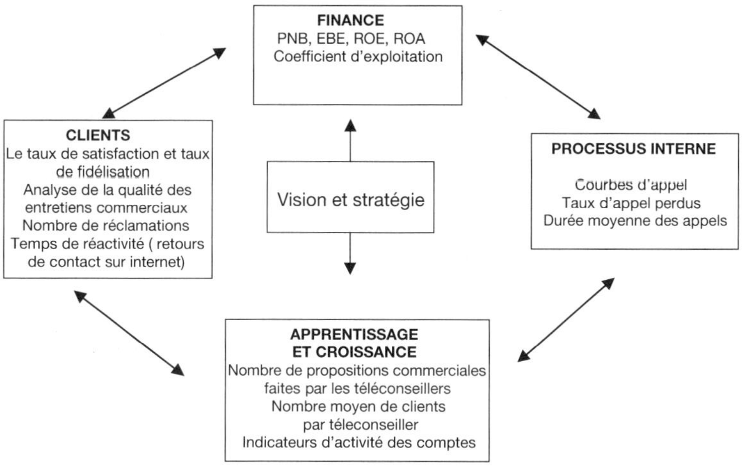

Figure 2 Le tableau de bord équilibré d'une banque en ligne (d'après Capiez 2001)

l'intérêt du recours au tableau de bord pour décider. Ce risque est d'autant plus important que le contexte est instable. En second lieu, un autre risque peut survenir, lié à l'incomplétude de la mesure. En effet, le recours aux seules informations comptables et financières de l'entreprise peut produire une vision partielle de la réalité de l'entreprise. Or, de nombreuses informations, non visibles sur le plan comptable, peuvent être jugées essentielles pour le pilotage : par exemple, la satisfaction des clients, la capacité de création des produits nouveaux, le climat social, la qualité du réseau de partenaires, etc.

Cependant, le choix des informations pertinentes doit lui-même faire face à deux dangers. En premier lieu, comme nous l'avons vu, chaque décideur n'a pas les mêmes besoins d'informations. Il est donc nécessaire de ne pas céder à la tentation de standardisation des mesures. En effet, l'information pertinente universelle, c'est-à-dire présentée de la même manière pour tous les décideurs de l'entreprise, n'existe pas. Par exemple, l'indicateur de progression des encours de collecte n'a pas la même importance pour une agence bancaire plus que centenaire localisée en centre-ville que pour une agence récente installée dans un quartier en construction et qui doit créer son propre fonds de commerce. Pour être efficace, un tableau de bord doit donc être adapté aux objectifs poursuivis, aux attentes et même à la personnalité de chaque décideur. En second lieu, le manque d'intégration du système d'information peut rendre plus difficile le tri des informations pertinentes. Ainsi, quand sur un document ou sur plusieurs listings, les données sont très nombreuses, mal répertoriées, inadaptées, la recherche d'information pertinente peut être très longue et fastidieuse. En outre, les informations de management se trouvent souvent dispersées, portées par des sous-systèmes ayant chacun leur logique propre et souvent conçus pour gérer une fonction de l'entreprise. Le manque d'homogénéité des données, en rendant les rapprochements quasi impossibles, devient très vite un obstacle majeur pour accéder à l'information pertinente. C'est ainsi que dans un important réseau du secteur mutualiste, les différents modes de calcul du PNB au niveau local ajoutés à un système d'information dispersé rendent très difficile la comparaison des performances des différents groupes d'agences. À cela s'ajoute la diversité des langages, des différentes bases de données, sans oublier l'hétérogénéité des matériels utilisés.

Les difficultés liées aux besoins de diffusion d'informations cohérentes

L'élaboration des tableaux de bord nécessite de faire circuler l'information au sein de l'organisation. Cependant, cette circulation de l'information peut se traduire par une perte de précision, voire une déformation de l'information. Ce constat peut être établi à la fois dans les communications verticales et horizontales.

Au plan ascendant, les informations de terrain doivent subir, dans le cadre d'un reporting, une série d'agrégations successives avant d'atteindre le tableau de bord du dirigeant. Cependant, à force de globalisations, les informations deviennent souvent dénaturées et n'ont pas de sens significatif suffisamment synthétique et riche pour la prise de décision. Par exemple, une bonne progression de la collecte sur les produits d'épargne au niveau national ne signifie rien si elle résulte de grandes disparités régionales.

De même, dans le sens descendant, les décisions stratégiques peuvent être progressivement déformées ou mal interprétées dans les tableaux de bord des cadres intermédiaires ce qui fausse la perception de la vision stratégique par les opérationnels.

Au plan horizontal, une distorsion des informations peut aussi être constatée. On peut se référer pour le comprendre à l'effet «*bullwhip*» (Lee *et al.*, 1997) constaté dans les chaînes logistiques, c'est-à-dire un phénomène d'amplification des fluctuations de la demande au fur et à mesure que l'on remonte dans la chaîne logistique. L'absence de circulation complète des informations entre tous les partenaires de la chaîne se traduit au final par une distorsion des informations.

Cependant, c'est précisément pour mieux surmonter ces difficultés, que l'on a assisté dans la période récente au développement de nouveaux outils décisionnels susceptibles d'aider à la construction de tableaux de bord efficaces. La description de ces outils et de leurs apports pour le pilotage par les tableaux de bord fait l'objet de la deuxième partie.

2 Les apports et limites des outils décisionnels dans la problématique actuelle du pilotage par les tableaux de bord

Après avoir justifié avec les EIS l'intérêt des outils d'aide à la décision pour la construction de tableaux de bord efficaces, il est nécessaire maintenant de dresser un panorama des mutations récentes en matière d'outils décisionnels ou de «business intelligence» pour comprendre leurs apports et aussi leurs limites.

2.1 Les apports des outils décisionnels au pilotage par les TB: les TB dans le cadre des EIS et des entrepôts de données

Les apports des outils décisionnels au pilotage par les tableaux de bord peuvent être abordés tout d'abord sous l'angle de la quête d'informations et d'indicateurs plus pertinents pour chaque décideur. Ils peuvent être ensuite étudiés du point de vue de leur contribution à un système de tableaux de bord plus cohérent pour l'ensemble des décideurs de l'entreprise.

Les apports concernant la collecte et la gestion de l'information décisionnelle pertinente pour le tableau de bord d'un décideur

Avant de sélectionner les informations pertinentes d'un tableau de bord, il faut collecter et structurer l'information. La construction des indicateurs pertinents doit se faire à partir de règles et d'informations collectées dans l'entreprise. Ainsi, pour donner lieu à une prise de décision juste et rapide, le tableau de bord d'un décideur doit permettre l'accès à une base informationnelle conséquente. Or, chaque tableau de bord peut être issu d'un traitement d'une grande quantité d'informations provenant de nombreuses sources internes et externes à l'entreprise. Plusieurs outils basés sur les technologies de l'information se sont donc développés pour permettre l'exploitation la plus adaptée possible de la base de données ou des différentes bases de données de l'entreprise.

La solution infocentre (outil multidimensionnel) est le «croisement» d'un tableur et d'une base de données relationnelle: elle allie aussi bien la convivialité que la gestion de gros volumes et l'intégrité des données. L'infocentre s'adapte bien aux ensembles de données hiérarchisées sur quelques axes d'analyse. À l'inverse, il s'adapte très mal à des ensembles de données que l'on veut analyser selon des axes d'analyse nombreux et totalement indépendants les uns des autres. Le secteur financier est traditionnellement gros utilisateur de ce type d'outil. On peut ainsi reconstituer l'activité passée par exemple en matière de crédit en récapitulant année par année, les montants engagés, les taux accordés et les durées initiales. Cela permet d'établir des flux prévisionnels de remboursements et de calculer un taux moyen de rendement du stock de prêts. Cependant l'analyse conduite sur les crédits ne peut être conduite conjointement sur l'épargne, il faut alors procéder à de nouvelles requêtes ce qui pose problème car le temps d'accès aux données est très long.

Le décideur peut faire alors appel à d'autres outils qui vont permettre d'explorer la base de données sous toutes ses facettes.

Les requêteurs sont des logiciels qui viennent se greffer sur une ou plusieurs bases de données pour les interroger. Ils offrent la possibilité de sélectionner, de croiser, de rapprocher, d'analyser toutes les données dans un nombre de combinaisons quasi infini. Ces interrogations donnent à l'utilisateur une vue «métier». Ils lui permettent d'explorer l'ensemble des informations qui ont été regroupées dans la base décisionnelle, et de rapatrier à l'écran le résultat de ces explorations, et ceci sans avoir besoin de la moindre compétence informatique. Dans le domaine du pilotage des activités marketing et commercial d'une banque, les axes de dimensions explorés sont «*outre le temps, les éléments de structure de l'entreprise, les produits et les offres regroupés selon différentes typologies (nature du crédit accordé, durée du crédit, nature de la collecte...), et les critères de segmentation permettant les ciblages de clientèle que sont la microsegmentation, la géosegmentation, la segmentation comportementale*» (Lafitte, 2000).

Les outils de fouille de données, qualifiés d'agents intelligents, explorent les données à la recherche de relations non apparentes. Ils guident les recherches du décideur qui pourra entreprendre une analyse avec des critères de recherche incomplets et disposer d'une véritable cartographie de l'information. Ils ont pour but de modéliser l'information et de découvrir des corrélations entre elles. Ils regroupent également des produits différents :

- des alerteurs informant que tel ou tel seuil est atteint grâce à des outils statistiques ;
- d'autres ont des capacités d'analyse typologique et d'analyse factorielle (modélisation d'historiques, calcul de prévisions, gestion de valeurs manquantes) : par exemple, ils peuvent indiquer les critères discriminants entre les clients les plus rentables et les autres ;
- d'autres encore incluent des éléments de systèmes experts (arbres de décisions) et des logiques « neuronales ».

Comme l'indique Selmer (2003), deux techniques peuvent être utilisées dans le cadre de leur mise en place :

- la définition de règles de gestion déclenchant des alertes. Basée sur la connaissance des métiers et des fonctions, cette approche vise à définir un petit nombre d'indicateurs qui trieront l'information impliquant des décisions ;
- ou la recherche d'informations pertinentes dans le système d'information décisionnel sur la base d'une approche de type intelligence artificielle.

Pourtant, même si l'entreprise dispose de bons outils de construction et de sélection des indicateurs pertinents, elle a besoin aussi d'utiliser un système d'information cohérent pour que les différents tableaux de bord des décideurs soient compatibles avec la vision globale de la stratégie et l'activité de l'entreprise.

Les apports concernant la cohérence globale du système de tableaux de bord

Plusieurs outils décisionnels fondés sur les NTIC sont apparus pour offrir à l'entreprise à la fois des indicateurs pertinents et une architecture de tableaux de bord plus harmonieuse. Ces outils peuvent aujourd'hui être rassemblés dans un système d'information de pilotage intégré dont l'un des aboutissements est constitué par la définition d'EIS au service d'une prise de décision plus efficace.

L'apport de l'entrepôts de données à la cohérence des tableaux de bord

Les *datawarehouse* ou entrepôts de données ont pour objectif d'organiser les données de l'entreprise pour un besoin décisionnel. En effet, l'aide à la décision a des exigences de requêtes plus complexes que l'informatique transactionnelle. Cependant, ces requêtes complexes peuvent porter le plus souvent sur des données historisées et être moins intransigeantes sur le temps réel et la fraîcheur des informations.

L'idée des entrepôts de données est donc d'offrir une vision de l'activité globale de l'entreprise grâce à la mise à disposition d'un lieu unique des données mises à jour et issues de ses différentes activités. Contrairement à l'approche infocentre qui vise une mise à disposition massive de données auprès des utilisateurs, l'entrepôt de données définit d'abord les indicateurs agrégés et, c'est dans un deuxième temps qu'il norme les données élémentaires dont ils sont issus. Selon Fernandez (2003), l'entrepôt de données offre les caractéristiques suivantes :

- les données stockées sont organisées par sujet : au contraire de l'infocentre, les données décisionnelles ne sont plus en vrac mais structurées selon des thèmes (c'est selon Selmer (2003), un classement thématique des données) ;
- les données stockées sont intégrées : quelle que soit leur provenance, lorsqu'elles se réfèrent à un même objet, les données sont stockées sous le même format (il s'agit selon Selmer (2003), d'une recodification de manière uniforme des données provenant de diverses applications) ;
- les données sont historisées : afin de repérer les modifications et de tracer les tendances, les versions antérieures des données sont conservées au fil des mises à jour ;
- les données sont horodatées : pour la cohérence du contexte, les données sont enregistrées en « clichés ». Le décideur peut visualiser un contexte complet à une date donnée, c'est-à-dire par exemple comparer la productivité d'un atelier A avec celle d'un atelier B à la même date ;
- Selmer (2003) ajoute une autre de leurs caractéristiques : les données y sont structurées par niveaux d'intégration en partant de l'information générale jusqu'à l'information détaillée.

Cependant, d'autres outils – les systèmes de *groupware* – fondés sur les NTIC, permettent aussi aux différents décideurs d'échanger non plus seulement des données mais des informations structurées dans l'entreprise.

L'apport du groupware à la mise en commun d'informations structurées

Ces nouvelles technologies – *groupware*, intranet, extranet –, ont pour objectif de faciliter le partage des informations entre les décideurs et donc les échanges entre les différents tableaux de bord de l'entreprise. Il s'agit par exemple de faire profiter à chaque décideur de l'expertise de chaque partenaire métier.

Le principe du groupware est donc de simplifier les échanges informationnels en s'affranchissant des contraintes de temps et d'espace : grâce à l'utilisation du système de groupware, les communications et le travail en commun peuvent se dérouler sans tenir compte de la présence effective des acteurs en un lieu et un temps donné. Plusieurs outils peuvent alors être mobilisés :

- la messagerie répond aux besoins d'informations ponctuels ;
- les bases d'informations partagées permettent le travail en groupe ;
- le *workflow* permet de définir les circuits de cheminement de chaque document en précisant les intervenants, les délais et les actions attendues.

Comme l'indique Selmer (2003), le groupware permet donc d'automatiser et de gérer les échanges d'informations entre les différents acteurs de l'entreprise. Les différents décideurs peuvent dialoguer ensemble en ayant les mêmes documents à l'écran. Ils peuvent avoir aussi accès à des forums spécialisés.

Par exemple, dans une banque régionale, la mise en commun de tableaux de bord commerciaux permet aux différents responsables d'entités d'établir des comparaisons entre les agences et groupes d'agences. L'idée est de permettre aux responsables de positionner leurs performances par rapport à des agences de même profil (environnement urbain ou rural, nombre et profil de clients en portefeuille équivalent etc.). Les contacts informels sont favorisés pour que les meilleures pratiques soient échangées. Un espace spécifique sur l'intranet est organisé pour formaliser et diffuser plus largement ces échanges. Un responsable d'agence se chargeant de faire vivre cet espace en recueillant par mail les suggestions, les « trucs et astuces » de ses collègues.

Cependant, le groupware au même titre que les autres outils de pilotage peut participer à la définition d'une architecture du système d'information de pilotage plus intégrée.

Vers la mise en place d'un système d'information décisionnel intégrant les différents outils de pilotage

Comme nous l'avons vu, la prise de décision efficace est souvent perturbée par le manque d'intégration du système d'information de pilotage. Or, les responsables veulent pouvoir accéder directement (c'est-à-dire sans passer par les services fournisseurs d'informations) à un système d'information qui regroupe l'ensemble des informations pertinentes dont ils auraient besoin pour prendre leurs décisions. L'évolution récente des systèmes d'information semble s'orienter vers une architecture qui réponde à leurs souhaits. Les tableaux de bord s'insèrent dans cette structure qui présente l'avantage de dissocier les systèmes opérants du système d'information décisionnel.

Cette architecture est organisée en trois niveaux :

- le niveau « systèmes opérants » constitué par l'ensemble des données opérationnelles et des données externes à l'entreprise. Une exploitation régulière autorisera l'extraction des données de ces outils opérationnels, qualifiés de transactionnels, comme les ERP, CRM, SIRH, etc. pour alimenter la base de donnée relationnelle ;
- le niveau « base de données relationnelle » ou entrepôt de données, constitué par les informations qui ont été bâties dans le cadre de la définition des indicateurs et donc du langage commun de l'entreprise ;
- le niveau « outils décisionnels » : on trouve ici les tableaux de bord ou EIS qui peuvent s'alimenter sur la base de données relationnelle ou l'utiliser de manière dynamique.

Les processus d'intégration que nous venons d'évoquer ne doivent pas masquer l'existence de nombreuses limites qui expliquent qu'actuellement il existe encore peu d'organisations qui ont véritablement développé un tel système de pilotage intégré.

2.2 Les limites des outils décisionnels

Les limites sont liées aux outils eux-mêmes : cela concerne la conception, l'utilisation ou le coût des solutions mises en place, ce que nous verrons dans un premier point. Elles sont souvent le résultat de la mauvaise conduite du projet, ce que nous verrons dans un deuxième point.

Les limites liées aux outils

Ces limites concernent la conception, l'utilisation et le coût des outils implantés.

Des problèmes de conception

La conception des outils fait implicitement référence à une organisation qui est capable d'intégrer une masse considérable d'informations. L'ajout de nouvelles données, le traitement plus sophistiqué de ces données sont censés améliorer l'efficacité organisationnelle.

Bouin *et al.* (2004) font pourtant état du malaise persistant des utilisateurs face aux informations fournies par le SI. Les problèmes de cohérence des données et de réponses spécifiques aux besoins des utilisateurs ne sont pas encore tous résolus. Il existe toujours un écart entre les informations fournies et celles qui sont réellement utilisées. De fait, une large part des ressources informatiques est consacrée à la collecte et au traitement d'informations inutiles.

C'est ainsi que pour les outils de fouille de données, la recherche de relations non apparentes peut conduire à la mise à jour de relations non pertinentes qui ne pourront être utilisées lors du processus de décision.

De la même façon, la multiplicité des données à intégrer et à classer dans les bases d'un datawarehouse nécessite un travail régulier de mise à jour. La périodicité de mise à jour doit être la même pour toutes les bases de données concernées, faute de quoi certaines données ne sont pas utilisables.

Les outils EIS tels que nous les avons présentés ne sont encore que peu implantés dans les entreprises ; de fait il manque le recul nécessaire à une analyse complète. Les premières expériences ont parfois trop axé la démarche sur l'ergonomie et le caractère attractif des outils au détriment de la qualité et de la cohérence des informations (Lafitte, 2000) ce qui a rendu leur utilisation décevante.

Une utilisation pas toujours optimale

Alors même qu'il n'existe pas de problème de conception, l'utilisation des outils peut s'avérer peu pertinente. Lafitte (2000) évoque le risque de «perversion» que l'on observe au bout d'un certain temps d'utilisation des infocentres. Conçu pour «*instruire des demandes exceptionnelles à l'aide de requêtes ponctuelles*», l'infocentre devient inutilement consommateur de ressources informatiques lorsqu'il y a multiplication des requêtes souvent identiques (ce qui est souvent le cas en matière de pilotage).

Plus généralement, les limites liées à l'utilisation concernent l'appropriation des outils par les individus. Il en est ainsi du partage des connaissances que le groupware tente de favoriser. La seule disponibilité de l'outil ne garantit pas que les individus seront incités à partager leurs savoirs. Le succès d'un tel outil provient aussi d'un système d'incitation adéquat.

Il en est de même lorsque ce partage concerne la mise à jour des bases de clients utilisées dans le cadre d'un datawarehouse. Dans le secteur bancaire, les chargés de clientèle ont parfois des réticences à compléter régulièrement la fiche client qui alimente la base clientèle. Ils ne souhaitent pas partager les informations de leurs propres clients avec les téléconseillers qu'ils considèrent comme des rivaux. De fait, l'utilisation des bases par ces derniers (ou par d'autres acteurs de l'organisation) conduit à des erreurs (mauvais ciblage lors d'une campagne commerciale par exemple) ce qui va à l'encontre des objectifs attendus.

En parallèle à ces premières limites, on constate généralement que les difficultés à obtenir un système de pilotage intégré cohérent naissent avant la mise en place des outils dans la phase de conduite de projet.

Les limites liées à la conduite du projet

Ces limites sont fortement liées au coût de mise en œuvre ce qui a ensuite un impact sur la phase de conduite du projet.

Bouin *et al.* (2004) notent que la multiplicité des outils du marché positionnés sur le pilotage rend complexe la mise en œuvre d'un SID performant. Les coûts de transaction sont importants et pas toujours bien quantifiés ce qui aboutit à des délais supplémentaires.

Dans le même temps, les coûts d'exploitation des outils peuvent être considérables : près de 15% de l'investissement initial pour l'exploitation de l'entrepôt de données d'une banque moyenne. Dans ce contexte, la tentation est grande de réduire l'envergure d'un projet au risque de créer des systèmes et sous-systèmes pas toujours cohérents ni compatibles.

Enfin, et de façon connexe, il est difficile d'établir un lien entre le SI et la performance de l'organisation et en particulier lorsque cette dernière développe des relations étroites avec ses clients et ses fournisseurs, (Reix, 2002) ce qui peut aussi influer sur l'envergure du projet.

Dans la phase de conduite du projet, les causes d'échec sont nombreuses et certaines sont directement liées au manque de moyens financiers mobilisés. Nous reprenons, à titre d'illustration, les causes identifiées par Lafitte (2000) dans le secteur bancaire :

- le manque d'engagement de l'équipe dirigeante, le manque de dialogue entre les responsables des centres de profit ;
- le manque de moyens humains et techniques alloués au contrôleur de gestion, le manque d'impact du discours du contrôleur de gestion lorsque ce dernier n'est pas rattaché à la direction générale ;
- un couplage trop fort avec la comptabilité traditionnelle (il n'existe aucune information extra comptable) ;
- un couplage trop fort avec les systèmes d'information opérationnels (les décisions de court terme sont alors privilégiées au détriment des décisions de long terme) ;
- des changements dans les référentiels de données qui mettent en péril la cohérence des informations ;
- des outils de simulation peu développés (ne prévoyant pas de nombreuses occurrences).

L'ensemble de ces limites ne prétend pas à l'exhaustivité et ne reflète que quelques expériences d'organisation qui n'ont pas toujours intégré complètement l'ensemble des outils et des contraintes d'un pilotage efficace et cohérent. De fait, quelques années et des exemples illustrant un plus grand nombre de secteurs d'activité seront nécessaires pour élaborer un bilan plus complet.

3 Conclusion

Comme nous l'avons vu, les développements technologiques récents dans les systèmes d'information de pilotage se sont traduits par de nouveaux outils, les offres dites «décisionnelles» ou de *business intelligence*. Ceux-ci constituent malgré leurs limites une opportunité majeure pour les entreprises d'améliorer la prise de décision et leur capacité de pilotage par les tableaux de bord. En effet, les entreprises ne peuvent pas se contenter d'applications de production leur permettant de gérer leurs transactions au jour le jour. Elles doivent aussi, pour être performantes et compétitives, disposer de tableaux de bord qui visualisent les éléments leur permettant de prendre les bonnes décisions. L'intérêt des outils décisionnels pour les tableaux de bord est d'améliorer la diffusion de l'information, de faciliter l'agrégation des informations et d'aider ainsi à une prise de décision décentralisée et coordonnée. Les outils décisionnels sont donc susceptibles d'améliorer les fonctions d'alerte et d'anticipation des tendances généralement attribuées aux tableaux de bord. D'autant plus, qu'avec *Internet*, il devient possible grâce à ces outils non seulement d'avoir une information partageable en interne mais aussi d'échanger rapidement des informations de décision avec ses partenaires. Les outils décisionnels sont donc aussi susceptibles de renforcer la cohérence des différents tableaux de bord de l'entreprise et plus largement de l'entreprise étendue. Leurs apports potentiels aux tableaux de bord doivent donc être pris en compte par les entreprises dans leur recherche de compétitivité. Le système d'information de pilotage peut devenir ainsi un véritable avantage concurrentiel pour les entreprises qui, grâce aux outils décisionnels, peuvent accéder plus vite que leurs concurrents à des éléments stratégiques de l'information. Mais, c'est seulement si les entreprises maîtrisent mieux que les autres toutes les conditions de pertinence et de coordination (et pas seulement les conditions techniques) des tableaux de bord que l'avantage compétitif sera réel. La compétition des entreprises se joue en effet aujourd'hui de plus en plus entre entreprises étendues, c'est-à-dire sur la plus ou moins grande pertinence et cohérence de leurs informations et donc de leurs décisions. Dans ce contexte, les tableaux de bord restent donc plus que jamais d'actualité et les entreprises ont tout intérêt à utiliser au mieux les outils décisionnels pour améliorer leur capacité d'aide au pilotage et, plus largement être plus compétitives.

Bibliographie

Anthony R.N. (1993), *The management control function*, Boston, The Harvard Business School Press, 1988, Trad. Française, *La fonction contrôle de gestion*, Publi-Union.

Bouin X, Simon F.X. (2004), *Les nouveaux visages du contrôle de gestion*, Dunod, 2e édition.

Bouquin H.(2001), *Le contrôle de gestion*, P.U.F. Gestion PUF, 5e édition.

Bouquin H.(1997), «Contrôle», *Encyclopédie de Gestion*, Economica, 2e édition, p. 667-686.

Capiez A. (2001), «Banque à distance et pilotage bancaire», *Gestion 2000*, novembre-décembre 2001, p. 15- 31.

Demeestère R., Lorino P., Mottis N. (2004), *Contrôle de gestion et pilotage de l'entreprise*, Dunod, 2e édition.

Dupuy Y. (1984), «Comptabilités, contrôle, systémique...», Congrès de l'AFC, Nice, avril 1984.

Fernandez Alain (2003), *Les nouveaux tableaux de bord des managers,* Éditions d'organisation, 3e édition.

Kaplan R.S., Norton D. P. (1998), *Le tableau de bord prospectif*, Éditions d'organisation.

Lafitte M. (2000), *Les systèmes d'information dans les établissements financiers*, Banque Éditeur.

Lee H. L., Padmanabhan V., Whang S. (1997), "The bullwhip effect in supply chain", *Sloan Management Review*, Spring 1997.

Malo J. L. (1992), «Tableau de bord», in *Encyclopédie du Management,* Vuibert, p. 923-939.

Peaucelle J.L. (1997), «Systèmes d'information», in *Encyclopédie de gestion*, Economica, 2e édition, p. 3213-3224.

Reix R. (2002), *Systèmes d'information et management des organisations*, Vuibert Gestion, 4e édition.

Reix, «Systèmes d'information et performance de l'entreprise étendue», in Rowe, F., (2002), *Faire de la recherche en Systèmes d'information*, chapitre 19, p. 333- 349.

Rouach M., Naulleau G. (2002), «Le contrôle de gestion bancaire et financier», *Revue Banque Edition*, 4e édition, août, 2002.

Rowe F. coord. (2002), *Faire de la recherche en systèmes d'information*, Vuibert, FNEGE.

Rowe F.,Marciniak R. (1997), *Systèmes d'information, dynamique et organisation,* Economica, P.I.Q. poche.

Selmer C. (2003),*Concevoir le tableau de bord, outil de contrôle, de pilotage et d'aide à la décision*, Dunod, 2e édition.

Systèmes d'information de groupe : des fondements à la situation actuelle

Marc Favier, Alain Spalanzani

Mots-clés : groupware, collecticiel, groupe, équipe, communication, coopération, collaboration, coordination, mémoire.

Résumé : travailler en groupe est une qualité primordiale dans les organisations, mais le groupe n'est pas toujours une belle mécanique, bien huilée. Conflits, perte de temps, inefficacité, contraintes d'agenda, éloignement géographique... la liste des griefs est parfois longue. Des technologies de l'information spécifiques (*groupware*) offrent des possibilités pour pallier ces difficultés. Elles permettent de faire travailler les membres d'une équipe

Quand plusieurs personnes sont rassemblées avec un esprit de coopération, alors un groupe ou une équipe[1] est en train de naître. Le potentiel d'un groupe est très souvent plus grand que la somme des contributions de ses membres. Plusieurs facteurs expliquent cela.

La mise en commun de connaissances et d'aptitudes complémentaires crée de la valeur ajoutée. L'équipe dispose d'un plus grand pouvoir d'action. Le groupe constitue également un lieu d'apprentissage. Les membres apprennent de la part des autres plus expérimentés. Ils augmentent ainsi leur propre performance. Le collectif peut analyser une plus grande quantité d'informations, avec des points de vue différents. De nombreux autres facteurs, non cités ici, concourent encore à accroître la performance collective.

Cependant le travail en groupe n'est pas sans entraîner des pertes. Le groupe peut contraindre ses membres à un certain conformisme. Les individus hésitent à critiquer les commentaires des autres lorsqu'il n'y a pas d'anonymat. Les plus timides s'autocensurent et bloquent leur créativité. Les responsabilités sont diluées et l'on peut avoir tendance à se reposer sur les autres. Des phénomènes de domination se mettent en place. Plus le groupe est de grande taille, plus la coordination s'avère difficile. L'éloignement géographique des membres et le décalage temporaire dans les contributions à la tâche commune augmentent la complexité du travail en groupe. Certains facteurs peuvent donc réduire la performance collective.

Pour essayer d'accroître d'une part les gains du travail collectif et d'autre part réduire ses pertes, les éditeurs de logiciel ont créé les *groupwares*[2] ou encore les systèmes d'information de groupe (SIG dans la suite du chapitre). Le *groupware* est un ensemble de technologies informatiques et télécoms, associées à des méthodes d'organisation et de conduite de projet, permettant à des personnes de travailler collectivement.

Ce concept est né dans les années soixante et s'est fortement opérationnalisé dans les années quatre-vingt. Il s'est ensuite banalisé dans les années quatre-vingt-dix et deux mille pour se fondre dans un bon

1. La distinction entre groupe et équipe porte souvent dans la littérature sur la notion de performance. L'équipe est alors un groupe «transcendé»! Dans ce chapitre, ces deux termes sont considérés comme synonymes. Par ailleurs, Wenger (1998) propose au moins quatre formes principales d'organisations collectives : les réseaux informels, les équipes projets, les groupes de travail et les communautés de pratiques.

2. La traduction française du terme de *groupware* est «collecticiel». Son usage reste marginal.

nombre de systèmes d'information (SI) comme les intranets[1], les dispositifs d'e-learning[2], de SCM[3] et de CRM[4] qui incluent des fonctionnalités de groupware à côté d'autres caractéristiques spécifiques à leur vocation. On trouve aujourd'hui du groupware et la volonté de faire travailler collectivement des individus avec des technologies de l'information (TI) dans plusieurs SI qui ont des objectifs généraux autres que ceux spécifiques des systèmes d'information de groupe (SIG). Les fondements et l'évolution historique du groupware sont présentés dans un premier paragraphe.

Les SIG assistent les équipes grâce à cinq fonctionnalités de base: la *communication interpersonnelle* matérialisée par exemple par les messageries électroniques, la *coordination* ou l'ajustement entre les membres à travers les agendas électroniques ou les logiciels de gestion de projet, la *collaboration* ou l'imbrication totale des activités collectives illustrées par les outils de réunion électronique ou d'édition conjointe, la *mémorisation* de groupe permise par les bases de documents partagés et enfin la *circulation des informations*, automatisée dans les groupwares par des outils de workflow. Ces cinq fonctionnalités sont examinées dans le détail dans un second paragraphe.

Le groupware touche à trois facettes de l'entreprise: *l'informatique-télécommunication* ou la dimension technologique, le *management* ou la dimension sociale et *l'organisation* ou la prise en compte des environnements dans lesquels opère l'entreprise. Il est courant d'aborder le groupware uniquement par sa dimension technologique. Même si celui-ci existe bien sûr parce que les réseaux et le multimédia se sont développés et que les éditeurs de logiciel ont su en tirer parti, les deux autres dimensions sont fondamentales. Si les utilisateurs ne sont pas convaincus, si la culture de l'entreprise n'encourage pas le travail collectif, alors les meilleures technologies ne donneront que peu de résultat. Les trois dimensions, constamment en interaction, sont examinées dans un troisième paragraphe.

1. L'*intranet* désigne la transposition des standards, des protocoles et des outils en vigueur sur l'Internet public au sein d'un réseau local privé d'une entreprise.
2. Le *e-learning* est un processus d'apprentissage par lequel les individus acquièrent de nouvelles compétences ou connaissances grâce à des technologies de l'information et de la communication. Cela inclut l'usage de cédéroms qui n'ont aucun caractère groupware, mais surtout les plateformes d'enseignement en ligne qui elles, grâce à des forums, des bases d'informations partagées ou des outils de gestion de projet introduisent une dimension collective.

4 Les fondements, l'évolution historique du groupware et des exemples

Le groupware a une histoire qui peut être déclinée en trois périodes. Les produits actuels puisent leurs racines dans cette évolution.

4.1 La construction des bases des années soixante jusqu'aux premiers outils commercialisés à grande échelle

Le concept de groupware a été inventé dans les années soixante par Doug Englebart du Stanford Research Institute, bien que le mot n'était pas utilisé à cette époque. Il ne s'agissait pas seulement de partager des ressources comme on peut le faire désormais sur un réseau local (partage de fichiers, de périphériques, de puissance de calcul). Le dispositif développé mettait en commun du texte et même de la vidéo noir et blanc issus de diverses personnes, membres d'un même groupe.

Le groupware s'est enrichi dans les années soixante-dix en cherchant à s'appliquer à l'enseignement à distance. Il fournissait à l'époque de la messagerie, de la gestion d'informations de groupe selon la métaphore du panneau d'affichage et de l'audioconférence. Il a bénéficié du développement du système d'exploitation d'Unix qui incorporait à la base quelques fonctionnalités de groupe.

L'introduction de l'IBM/PC en 1981-1982, le développement de la micro-informatique et des outils bureautiques ont à la fois retardé et accéléré le groupware. Dans un premier temps l'accent a été plutôt mis sur la recherche de performance individuelle avec la diffusion de l'ordinateur individuel. Ensuite, on s'est aperçu qu'il fallait connecter tous ces micro-ordinateurs entre eux, qu'il fallait partager les bases de données et les logiciels. Les réseaux locaux ont répondu à cette demande.

3. Le SCM (*supply chain management*) est défini comme la gestion de la chaîne logistique globale: du fournisseur du fournisseur jusqu'au client du client en passant par l'entreprise elle-même. Le SCM cherche à optimiser la chaîne de la valeur étendue et s'appuie fortement sur les technologies de l'information. Des composantes groupwares relient par exemple tous les acheteurs-vendeurs entre eux, que cela soit à travers des outils de négociation collective de type enchère, des systèmes de partage de documents techniques ou des systèmes collaboratifs et de partage d'informations.
4. CRM (*customer relationship management*): c'est la gestion de la relation client grâce à des technologies de l'information pour trouver de nouveaux clients et mieux valoriser ou satisfaire les clients actuels. On trouve des composantes groupwares dans les outils de CRM comme la gestion de forums, la visioconférence, les bases de documents partagés, etc.

4.2 La diversité commerciale de l'offre et la concurrence des applications issues de l'Internet

La première moitié des années quatre-vingt s'est plutôt focalisée sur des logiciels accompagnant l'essor de l'ordinateur individuel (suite bureautique, système d'exploitation graphique) ou sur des solutions de gestion pour la mini-informatique qui régnait alors en maître dans beaucoup d'entreprises. La notion de groupware (faire travailler ensemble des personnes partageant des objectifs communs forts grâce aux TIC) était alors peu présente même si quelques expériences originales ont vu le jour à cette période.

Le laboratoire Xerox à Palo Alto a mené les premiers développements de ce qui est devenu aujourd'hui les *chats* ou groupes de discussion. Des outils de vote électronique sont également proposés dès cette époque.

Winograd et Flores (1985), se basant sur leur concept « langage-action », sont également des précurseurs d'outils orientés travail collaboratif. Dans leur dispositif, les conversations des membres d'un groupe sont enregistrées, structurées et partagées.

Au début des années quatre-vingt, deux courants de recherche concrétisent à l'aide d'outils informatiques des idées sur la collaboration entre acteurs. L'un porte sur l'aide à la décision et notamment sur les SIAD-G (systèmes interactifs d'aide à la décision de groupe) ou les GDSS (*group decision support system*), l'autre concerne la communication et la coopération (CSCW, *computer supported cooperative work*).

La fin des années quatre-vingt et les années quatre-vingt-dix ont vu l'émergence et le développement de produits *groupwares* de plus en plus sophistiqués, que ce soit dans des laboratoires universitaires (université du Minnesota, université d'Arizona-Tucson avec GroupSystems) ou dans des entreprises (LotusNotes de Lotus).

GroupSystems (Nunamaker *et al.*, 1991), (Favier, 1993) était orienté vers le support aux processus décisionnels collectifs et aux réunions électroniques. Il comprenait un ensemble de modules pour préparer et animer les réunions (choix des participants, gestion de l'agenda, enregistrement des échanges, etc.). Des outils d'aide à la génération d'idées (brainstormings plus ou moins organisés), de structuration des informations partagées (rangements dans des catégories, cartes cognitives), d'évaluation des solutions retenues (votes électroniques, analyses multicritères), d'exploration et de planification des décisions (analyses des parties prenantes, etc.) sont proposés.

GroupSystems était un produit clé en mains, à destination d'utilisateurs finaux. Il pouvait être paramétré et utilisé selon des modèles (*templates*) prédéfinis très variés. Par contre, il n'offrait aucune possibilité de développement d'applications collaboratives autres que celles qui avaient été prévues dans le logiciel. VisionQuest était un produit similaire à GroupSystems.

LotusNotes (initialement de la société Lotus, puis racheté par IBM) a été le premier groupware à couvrir une large variété de fonctionnalités et offrir un langage de développement d'applications groupwares. Beaucoup d'innovations reprises depuis par tous les produits sur le marché ont été initiées et développées dans LotusNotes.

À titre illustratif et non exhaustif, on peut citer la messagerie électronique incluant toutes sortes d'attachements, la gestion de carnets d'adresses, les forums de discussion, les bases de documents partagés créées par des formulaires et accessibles par des vues, la gestion de flux de travaux (*workflow*), la réplication (mise à jour intelligente) des bases et des mails de serveurs distribués ou d'ordinateurs personnels différents lorsqu'ils sont à nouveau connectés, l'utilisation de l'hypertexte, de l'hypermédia et des fonctionnalités Windows, etc.

À titre d'exemple, avec LotusNotes on peut construire n'importe quelle application groupware de partage, circulation, coédition de documents. Les entreprises ont développé des applications spécifiques de planning et de suivi de projet, de réservation de ressources, d'agenda électronique, de notifications diverses...

MS Exchange, le produit groupware concurrent édité par Microsoft, est moins sophistiqué que LotusNotes. Il s'interface avec la messagerie MS Outlook, s'appuie sur la suite Office et bénéficie de tous les développements récents de Microsoft liés à l'Internet.

Novell Groupwise, avec une part de marché bien plus faible que les deux groupwares propriétaires précédents, est toujours présent sur le marché.

Dans le courant des années quatre-vingt-dix, l'Internet a rencontré un vif succès avec le développement du Web. Ce média de communication propose des fonctionnalités pour rassembler des acteurs divers, disséminés géographiquement et les impliquer dans des tâches collaboratives.

Des nouveaux groupwares (*groupweb*), soit clé en mains (E-room, Quickplace, BSCW, Groove, Kanari, Mayeticvillage, Yahoo Group, etc.), soit des applications spécifiques écrites en Java, JavaScript, ASP.net, etc. sont créés régulièrement. Ils sont accessibles via un navigateur web et possèdent toutes les caractéristiques et services du protocole (TCP/IP) Internet en constante évolution.

Le groupweb peut être de type intranet s'il favorise la collaboration en interne dans l'entreprise, de type extranet s'il relie des partenaires extérieurs privilégiés (médecins consultant et enrichissant la base informationnelle d'un laboratoire), ou encore de type internet s'il est totalement ouvert (bases d'informations thématiques).

Dans tous les cas, il faut que certaines conditions soient remplies pour que cela demeure du groupware et non pas une application informatique classique multi-utilisateur :

- des objectifs *implicants* et forts partagés par tous les acteurs ;
- des *interactions* informatiques nombreuses entre les participants ;
- de la confiance, des visions communes de ce qui est fait et à faire ;
- la visualisation ou la conscience des participants et de leurs activités à travers des interfaces appropriées.

Ces conditions confèrent à l'équipe les propriétés des communautés de pratique.

LotusNotes décline aujourd'hui son offre à travers un serveur Web Domino et des clients ayant un accès avec navigateur. Son langage de programmation a pris en compte les langages nouveaux de développement Internet.

OpenGroupware.org (logiciel libre) est un groupweb qui a pour objectif de mettre à disposition de la communauté un serveur pour faciliter la collaboration au sein des organisations, en particulier sur des plateformes GNU/Linux. Il s'appuie sur des standards ouverts et fournit l'accès à l'ensemble des données grâce à des interfaces et des API XML. Les composants groupwares fournis offrent des fonctionnalités de partage de documents, de calendriers, de carnets d'adresses, de messageries instantanées, etc. Ce produit offre une alternative fonctionnelle aux serveurs propriétaires traditionnels tel que MS Exchange ou LotusNotes.

On pourrait également souligner à ce niveau l'apport de certains systèmes pair à pair tel que HumansLink qui permettent le partage et l'organisation des connaissances entre utilisateurs.

4.3 Beaucoup de SI possèdent une composante groupware

Les progrès de la technologie groupware ne doivent pas occulter l'évolution des pratiques managériales. Pour faire face à des situations de plus en plus complexes à gérer, les entreprises multiplient les situations collectives de travail. Le management par projet amoindrit les barrières entre les services fonctionnels à l'intérieur de l'entreprise. Il atténue aussi les frontières externes de l'entreprise en multipliant les partenariats extérieurs.

Un bon nombre d'applications classiques de SI incluent aujourd'hui des composantes groupwares. Dans le domaine du SCM, deux outils fondamentaux dits de « SIIO »[1] de partage d'information et de collaboration entre industriels et distributeurs sont apparus depuis la fin des années quatre-vingt-dix: la GPA[2] qui favorise la visibilité sur les stocks et le CPFR[3] dont l'objet est de concilier les stratégies commerciales et d'éviter les objectifs antagonistes. Ces outils du SCM favorisent le dialogue constant entre maillons de la chaîne de la valeur et « redensifient » une organisation composée des multiples acteurs de l'entreprise étendue (Spalanzani, 2003).

Les outils du E-developpement, contingents à ceux du SCM tel Pro/Engineer, qui influencent le « time to market », complètent l'arsenal des SIIO.

Certaines places de marché, par leurs aspects communautaires, ressemblent à un immense groupware où fournisseurs et clients collaborent avec des objectifs partagés.

Certains outils de l'E-CRM, par leur aspect collaboratif, peuvent être rangés également dans la catégorie des groupwares :

- les dossiers clients partagés entre les commerciaux, les personnes du marketing et du service après-vente (SAV) ;
- les bases de connaissances du SAV et leurs processus de mise à jour, celles utilisées par les centres d'appels et le suivi de la gestion des demandes, etc.

La dimension collaborative, au sein de l'ensemble de l'organisation, devient très importante dans l'élaboration des prévisions de ventes. Augmenter la qualité des prévisions est essentielle pour limiter l'effet Forrester (ou *bullwhip effect*).

L'*e-learning* ou enseignement en ligne s'est également construit à partir d'innovations groupwares. Il permet de mettre à jour, stocker, rechercher, distribuer et partager conjointement des informations/connaissances entre apprenants et enseignants. Il est orienté vers des solutions d'apprentissage collaboratif qui dépassent les paradigmes traditionnels de l'apprentissage (disparition des unités de temps, de lieu et d'action entre les apprenants et les enseignants). Les outils d'e-learning comme LearningSpace (Lotus-IBM), WebCT, Blackboard ont toutes les fonctionnalités classiques

1. SIIO, systèmes d'information interorganisationnels.
2. GPA, gestion partagée des approvisionnements ou VMI, *Vendor Management Inventory*.
3. CPFR : *collaborative planning, forecasting and replenishment*. Le projet CPFR mis en place en 2000, entre Henkel, industriel allemand, leader dans le domaine des détergents et Eroski, numéro un de la distribution alimentaire en Espagne, a permis d'augmenter la prévision des ventes de 25 % entre les deux partenaires (40 % sur les opérations promotionnelles). Les conséquences de cette amélioration ont été une diminution du taux de couverture des stocks de 8 à 5 jours et un taux de remplissage des camions avoisinant les 98 %. Source l'*Usine Nouvelle*, janvier 2001, p. 49.

des groupwares plus celles spécifiques de l'enseignement (aide à la construction de cours, à la notation, réalisation de QCM, administration de groupes d'étudiants...).

On retrouve les deux cas de figure classiques des collecticiels, le synchrone et l'asynchrone.

La *formation synchrone* est un mode d'apprentissage suivant lequel tous les intervenants sont en contact direct et simultané. En *classe virtuelle*, la formation synchrone est la formule se rapprochant le plus du cours magistral traditionnel en temps réel durant laquelle l'apprenant est en contact avec son formateur ou les membres de la classe virtuelle et peut échanger avec eux au moyen de *chats*, de partages d'applications, de tableaux blancs partagés ou encore de systèmes de visioconférence... On peut citer la plateforme CentraOne de la société Centra.

La méthode synchrone permet une disponibilité immédiate de l'expert pour des questions et des réactions. Elle facilite le travail en équipe grâce à une interactivité accrue. Les participants apprennent plus des uns et des autres. Tout ce qui se passe (traçage informatique) et ce qui est dit (traçage vocal) est enregistré. Cela peut donc être diffusé ultérieurement en mode asynchrone. Les émotions passent plus facilement dans la formation synchrone qu'en temps différé. La plupart des éléments tacites de la communication face à face sont également présents en classe virtuelle.

La *formation asynchrone* est une méthode d'apprentissage sans interaction directe et simultanée entre l'apprenant, son formateur et les autres membres du groupe d'apprentissage. Les échanges se font par courriel, forum de discussion ou à l'aide de tout outil groupware spécifique. La méthode asynchrone donne le temps à la réflexion. Elle permet aux participants de travailler à leur propre rythme. Elle aide en général à une meilleure structuration des échanges.

Nous avons développé plus particulièrement un exemple de SI, celui de l'E-learning, pour montrer qu'il s'agit en grande partie d'une application groupware et que beaucoup d'autres SI empruntent également à ce domaine des TIC.

Nous n'avons pas présenté des TIC très collaboratives comme les jeux en réseau, ou le phénomène des web-blogs, sortes de journaux intimes administrés par leur propriétaire sur lesquels des personnes externes peuvent réagir.

À partir de ce qui vient d'être dit, nous nous proposons maintenant d'en déduire les fonctionnalités que l'on doit attendre du groupware.

5 Les cinq fonctionnalités du groupware et des exemples de technologies associées

Traditionnellement, on résume les fonctionnalités en parlant des «3C», à savoir communication, coordination et collaboration. On s'efforcera ici d'une part de clarifier ces trois notions, d'autre part de mettre en évidence deux aspects supplémentaires et incontournables que sont la mémorisation et la circulation de l'information; pour plus de détails, voir (Favier, 1998) et (Courbon, Tajan, 1999). La figure ci-dessous résume cette vision des cinq fonctionnalités caractéristiques du groupware et de leurs interdépendances.

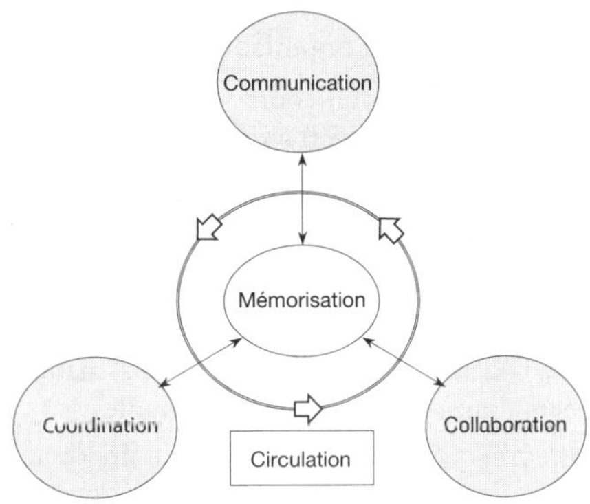

Figure 3 Les cinq fonctionnalités du groupware

5.1 Communication interpersonnelle

La communication interpersonnelle prend habituellement la forme de réunions face à face, de contacts téléphoniques de vive voix, de courriers et mémos, de télécopies, etc. Le groupware va plus loin en autorisant une telle communication sur un support numérique permettant d'une part sa mémorisation et d'autre part la désynchronisation temporelle. Dans ces conditions, la communication interpersonnelle devient possible à n'importe quel instant et, sous certaines conditions, quel que soit l'endroit où l'on se trouve. La communication interpersonnelle peut prendre plusieurs formes:

- *un à un*: il s'agit en général d'échange de messages et on parlera dans ce cas de messagerie électronique ;
- *un à plusieurs*: si la messagerie électronique permet d'adresser un message à plusieurs personnes, on trouve aussi dans cette catégorie des formes différentes. La première est celle de la liste de diffusion. La seconde concerne la communication synchrone qui s'instaure entre une personne qui diffuse et commente une information à l'aide des nouvelles

technologies issues de la vidéoconférence sur postes de travail informatique;
- *plusieurs à plusieurs*: on parle dans ce cas de discussion. La forme la plus habituelle de ce mode de travail est la réunion. La réunion électronique offre certains atouts dans la structuration de la communication synchrone, comme par exemple le brainstorming ou le vote électronique. Dans un mode asynchrone, chaque participant a accès au contenu des messages émis par les autres et peut à son tour intervenir en déposant un commentaire ou une réponse que les autres participants pourront consulter. On se trouve alors dans le cadre du forum de discussion.

5.2 Coordination ou organisation des activités

Le groupe de travail doit coordonner les tâches confiées à chacun afin que le travail soit effectué dans les temps et spécifications voulus. Cette coordination suppose des rôles définis, des dates prévues d'achèvement des tâches constituant le travail entrepris, ainsi qu'une assignation de ces tâches à des personnes et un éventuel séquencement des tâches. Les fonctionnalités que l'on attend du groupware en la matière se déclinent donc sur les dimensions suivantes:
- *calendrier des disponibilités*: un élément important de la coordination, notamment dans les groupes distribués, consiste pour chacun à savoir si un collègue est, ou non, disponible pour une réunion ou une discussion à un moment donné. On débouche donc sur l'aide potentielle d'un système d'*agenda électronique partagé*;
- *suivi des tâches*: c'est probablement une des fonctionnalités majeures du groupware que de donner au groupe une visibilité sur l'état d'avancement d'un projet commun. Il s'agit de partager *un suivi d'affaires* ou une *gestion de projet*. On peut noter ici qu'une telle fonctionnalité porte essentiellement sur la partie communication et visibilité du projet sans empiéter sur des outils de type PERT qui gardent leurs spécificités;
- *arbitrage*: compte tenu des rôles de chacun, toute mission complexe amène à devoir faire des ajustements dans son déroulement pour s'adapter aux inévitables perturbations. Dans ce domaine, les outils de groupware doivent laisser la place à la négociation (report de date de finition, demande de ressources supplémentaires par exemple) ou à la décision de changement d'affectation d'une tâche voire le recours à un nouveau membre dans le groupe. Si ce genre d'ajustement se fait de manière essentiellement informelle, il n'en reste pas moins que les outils de groupware doivent disposer d'une souplesse suffisante pour rendre compte de tels arbitrages.

5.3 Collaboration ou production/-action

Ce troisième volet des fonctionnalités du groupware est probablement le plus difficile à réaliser, mais aussi la source majeure des retombées positives de l'introduction de ces nouvelles technologies. La notion de collaboration fait référence à deux visions du travail en commun. Dans la première, il s'agit de la relation entre deux (ou plusieurs) personnes: un «demandeur» formulant un résultat attendu à un «exécutant» chargé de le réaliser. On est ce faisant proche de la notion du «collaborateur» travaillant pour son responsable. Ce type de collaboration implique une négociation (délais, moyens alloués, spécifications du résultat attendu, etc.) et un suivi et il fait donc appel aux fonctionnalités précédentes de communication et de coordination.

Dans l'autre situation de collaboration, les rôles sont moins hiérarchiquement définis: deux (ou plusieurs) personnes travaillent ensemble sur un travail et tentent de le réaliser en combinant les points de vue, les compétences et les aptitudes de chacun.

En définitive, le mode de collaboration dépend étroitement du type de résultat du travail du groupe tel qu'on l'a analysé plus haut:
- *décision et demande de résultat*: dans un tel contexte, le travail à effectuer reste très ouvert et dépend d'une forte interaction face à face. Le groupware synchrone peut apporter à ce type de collaboration un certain nombre d'outils allant du brainstorming électronique à l'analyse des opinions du groupe en passant par des activités de hiérarchisation et de vote. C'est ce que l'on trouve dans les environnements de *réunion électronique* ou de *salles de décision*;
- *exécution*: il s'agit ici de la réalisation en commun d'un travail d'ajustement et de synthèse de l'apport de chacun. La technologie propose des approches multiples pour offrir de telles fonctionnalités. D'un côté la vidéoconférence donne la possibilité de travailler à distance et au même instant sur le même document, issu d'un traitement de texte ou d'un tableur par exemple. On peut alors parler «d'édition collaborative», dont une autre forme, asynchrone, consiste à faire circuler ce même document entre les personnes sollicitées pour une contribution personnelle. La collaboration enfin pourra concerner un projet de plus grande envergure, auquel cas la mise en commun au sein d'une base de documents de la contribution de chacun permet la capitalisation et la coordination des tâches progressivement accomplies;

- *assistance et exploration*: cette même fonctionnalité de *base de documents* comme instrument et témoignage de la collaboration joue un rôle essentiel dans le travail de groupe dont l'objet est l'assistance ou l'exploration. Cette fonctionnalité est la base de la mémoire de groupe, thème important que l'on va traiter maintenant.

5.4 La mémoire du groupe

Fondamentalement, le groupware est un système d'information avec des caractéristiques propres que l'on va analyser. Or il n'y a pas de système d'information sans une fonctionnalité de «mémorisation». Dans les systèmes d'information transactionnels, ce sont les bases de données qui jouent ce rôle de structuration et de stockage des données, et qui fournissent les mécanismes d'accès et de modification de ces données.

Dans le cas du groupware, la première différence vient du fait que l'on a affaire à des documents plutôt que des enregistrements. En effet, ce sont des messages qui sont au centre de l'information manipulée, avec un contenu textuel et informel évident. Ces messages, témoins du travail collectif, concernent bien souvent des documents au contenu très composite. Ces derniers vont en effet être constitués de paragraphes, de sections, d'objets tels que des boutons d'action (accord ou refus, expression d'une demande, constat d'avancement d'une tâche, etc.) mais aussi de fichiers attachés de toute nature (bureautique ou multimédia).

Les échanges des meilleures pratiques rencontrés dans le domaine de la qualité et plus récemment dans les démarches «six-sigma» sont essentiellement de nature document.

Mais on doit aller plus loin dans les spécificités de la mémoire du groupe. En effet, trace des relations de travail, cette mémoire comportera des informations concernant des personnes représentées par une adresse, mais aussi par des rôles qu'elles jouent ou ont joués. C'est au sein de cette mémoire du groupe et cette base de documents que se retrouve la dynamique du groupe sous la forme de liens entre des documents ou des parties de documents, sous la forme d'interactions entre des personnes qui sont intervenues sur les documents et messages échangés à ces occasions. Toutes ces informations de nature organisationnelle et sociale font partie intégrante de cette base de documents, ce qui constitue la différence fondamentale avec les bases de données classiques.

Enfin, cette mémoire constitue aussi l'expression du travail collectif effectué. C'est le cas d'un travail aboutissant à la constitution d'une base de connaissances partagées et en constante évolution, actualisation ou amélioration.

Cette importance de la mémoire de groupe est exprimée dans la figure du début de cette section et qui montre que les fonctionnalités de communication, coordination et collaboration ne vivent qu'en liaison avec cette mémoire pour y puiser l'information utile au travail et y mettre à jour les contributions élémentaires de chacun.

5.5 La circulation de l'information

La dernière fonctionnalité du groupware qui forme le «ciment» du partage entre les membres du groupe est la circulation plus ou moins automatique de l'information et des documents.

En effet, derrière la communication interpersonnelle se trouve implicitement cette notion d'acheminement des messages entre les personnes. Mais coordination et collaboration impliquent elles aussi qu'un processus de circulation de documents prenne place: il s'agira d'avertissements, de notifications, de demandes, de formulaires électroniques à compléter, d'accords, etc. Pour ce faire, le groupware doit fournir des mécanismes plus ou moins sophistiqués de transmission, de manière automatique ou grâce à des moyens de programmation adaptés à cette activité.

Une des formes extrêmes de la circulation est le *workflow* ou «automatisation de processus administratifs». Dans ce cas, on s'intéresse à l'exécution par un ensemble de personnes d'un travail répétitif impliquant un processus plus ou moins complexe, souvent prédéfini, dans lequel chaque personne joue un rôle précis dans l'avancement de chaque tâche dont elle a la responsabilité.

Dans beaucoup d'applications métiers, c'est la mémoire de groupe et la circulation de l'information qui représentent l'aspect groupware du logiciel en question.

6 Quelques aspects sociaux et managériaux du groupware et les implications

Les professionnels des systèmes d'information ont toujours été confrontés à des problèmes d'implantation de leurs nouveaux outils. Le changement heurte souvent des utilisateurs habitués à des modes anciens de travail. L'effort à fournir pour prendre en main les nouvelles applications leur semble disproportionné au regard des bénéfices futurs, souvent considérés comme incertains.

Plusieurs mesures doivent donc encadrer la mise en œuvre de ces nouveaux outils. La direction doit porter ce projet. Il faut impliquer les futurs utilisateurs dès le début du projet. Le prototypage contribue à renforcer cette implication grâce à sa visibilité auprès des utilisateurs. Un effort de formation accompagne la mise en œuvre. Les solutions proposées sont conviviales et fiables.

L'ensemble de ces mesures relève souvent du bon sens. Leurs résultats s'avèrent plus ou moins satisfaisants. Classiquement, les utilisateurs n'ont pas une attitude homogène. Aux plus enthousiastes, qui adhèrent immédiatement au projet et s'approprient les nouveaux outils, s'opposent les plus réticents. Ces derniers ne s'investissent que lorsque les résultats sont probants. Ainsi, petit à petit, l'ensemble des membres de l'organisation utilise, plus ou moins totalement, la nouvelle application.

Les groupwares n'échappent pas à ces difficultés de mise en œuvre. Au contraire, la dimension collective de ces outils requiert l'adhésion d'un nombre suffisamment grand d'utilisateurs, sous peine d'incapacité à fonctionner normalement.

L'exemple des forums de discussion est à ce titre très révélateur. De nombreux échecs sont liés à la participation d'un nombre insuffisant d'individus. Les utilisateurs initiaux se découragent car ils ne reçoivent jamais de réponse à leurs propositions électroniques.

Une difficulté majeure pour introduire des technologies groupwares dans un groupe consiste donc à réussir à convaincre (ou contraindre ?) la quasi-totalité des membres à utiliser dès le début l'application.

Certaines personnes travaillent avec des technologies groupwares, sans véritable notion de groupe. Ce mode de fonctionnement s'avère pauvre et non fédérateur. La dimension humaine, et plus particulièrement *l'existence d'un groupe, constitue un préalable à toute tentative d'implantation de groupwares.*

Comme pour toute introduction de nouvelles technologies, il faut tout d'abord des individus motivés, conscients des bénéfices qu'ils peuvent tirer. Mais au-delà des volontés individuelles, c'est une véritable volonté collective qui doit prédominer. Elle s'exprime à deux niveaux.

Le groupe existe en tant que tel : un ensemble d'individus interagissant les uns avec les autres, afin d'atteindre un objectif partagé. C'est un premier niveau de volonté collective, orientée vers la réalisation de la tâche du groupe.

Outre cette intention de réaliser un travail collectif, le groupe manifeste aussi une volonté quant à son mode de fonctionnement. Ce deuxième niveau implique, par exemple, le choix de méthodes de travail ou bien encore d'outils. Le recours au groupware relève de ce deuxième niveau de volonté qu'exprime un groupe.

Si l'adhésion de tous est nécessaire, le succès de l'implantation des groupwares est néanmoins favorisé lorsqu'une personne porte plus particulièrement ce projet. Elle prend en charge les éventuelles difficultés que rencontre le groupe et elle accompagne les membres manquant d'assurance vis-à-vis des technologies.

Pas de groupware sans groupe ! Cette phrase résume bien l'esprit qui doit présider à l'implantation des groupwares.

7 Conclusion

L'objectif de ce chapitre peut être résumé par une phrase « le groupware, c'est d'abord des personnes et des processus ; la technologie et les systèmes ensuite ». Malheureusement quand les fournisseurs de solutions groupwares en parlent, cet objectif est enfoui sous des caractéristiques et des bénéfices supposés de leurs produits.

Qu'est-ce que le groupware ? Pourquoi est-il important ? C'est beaucoup plus que le simple e-mail et le partage de fichiers entre collègues à travers les réseaux locaux et étendus de l'entreprise. D'abord, cela permet à des membres d'une équipe de travailler ensemble – n'importe où, n'importe quand – et de faciliter l'atteinte de leurs objectifs communs ; ensuite cela augmente la richesse de la communication entre eux grâce à des caractéristiques spécifiques du groupware (traçabilité, multimédia, gestion de l'anonymat, etc.).

À travers le thème du groupware, le chapitre a posé (sans volontairement y répondre) des questions fondamentales comme :

- où le bureau et le travail finissent et où commencent le domicile et les loisirs ?
- où sont les frontières entre les collègues, le chef, les clients, les fournisseurs, etc. ?
- travailler pour une organisation virtuelle, dans des équipes virtuelles, utilisant des technologies virtuelles, où se trouve la réalité ?
- quelle est la place de l'éthique, des choix individuels dans ce contexte ?

Le groupware est à la base de nouveaux modes d'organisation communément appelés équipes virtuelles, qui sont des groupes de personnes aux expertises variées, constitués autour d'un projet commun et qui travaillent au-delà des frontières spatio-temporelles grâce à des liens renforcés par des réseaux de technologies de communication.

La dynamique de ces équipes par rapport à des groupes classiques en face-à-face est largement modifiée. Le leadership, la confiance, l'obtention du consensus, la conscience collective sont autant de facteurs qui sont transformés par l'usage des TIC. On se référera à la bibliographie pour avoir des précisions.

Bibliographie

Coat F, Favier M, (2002), «La réalité de la virtualité: l'influence des contextes organisationnels sur les équipes virtuelles», in *Revue de gestion des ressources humaines*, n° 44, Éditions ESKA, p. 45-63.

Courbon J.C., Tajan S., (1999), *Groupware et intranet, vers le partage des connaissances*, 2e édition, Dunod, Paris.

Daft R.L., Lengel R.H., (1984), «Information richness: a new approach to manager information processing and organization design», in *Research in Organisation Behavior*, Staw B. and Cummings L.L. (Ed.), JAI Press.

Favier M. (1993), Rôle de l'utilisation de collecticiels dans la performance décisionnelle de groupe, *thèse Université PMF* Grenoble2.

Favier M., Coat F., Courbon J.C., Trahand J., (1998), *Le travail en groupe à l'âge des réseaux*, Economica.

Favier M., Daassi M., (2005), «L'évolution de la conscience collective au sein des équipes projet virtuelles: une étude longitudinale», chapitre dans *Du E-management à la E-RH, enjeux et perspectives*, Vuibert, novembre 2005.

Johansen R., (1988), *Groupware: Computer Support for Business Teams*, New York: Free Press.

Isaac H, (2002), «L'entreprise numérique, les réalités en France», in *Le e-management: vers l'entreprise virtuelle*, Bellier S *et al*, Éditions Liaisons, Rueil-Malmaison.

Katzenbach J.R., Smith D.K., (1993), «The discipline of teams», *Harvard Business Review*, vol 71, n° 2.

Lipnack J., et Stamps J., (1997), *Virtuals teams, reaching across space, time and organizations with technology*, John Wiley & Sons, New York.Levan S., Liebmann (1994), *Le groupware*, Hermes.

Llyod P. (1994), *Groupware in the 21st Century*; Praeger Publishers.

McGrath J.E., (1984), *Groups: interaction and performance*, Prentice-Hall, Inc., Englewood Cliffs.

Nunamaker, Jr., J..F., Dennis, A.R., George, J.F., Valacich, J.S. and Vogel, D.R., (1991) "Electronic Meeting Systems to Support Group Work: Theory and Practise at Arizona", *Communications of the ACM*, 34: 7.

Spalanzani A. (2003). «Evolution et perspectives de l'organisation et de la gestion industrielle: l'impact des systèmes d'information» in *Présents et Futurs des systèmes d'information*, PUG.

Van Acken J.E., (1998), «The virtual organisation: a special mode of strong inter-organisational cooperation», in *Managing Strategically in an Interconnected World*, Chichester: John Wiley & Sons, New York.

Winograd T. et Flores F. (1985) *Understanding Computers and Cognition: a new foundation for design*, Norwood, New Jersey.

Wenger E. et W. M. Snyder (2000). *Communities of Practice: the organizational frontier.* Havard Business Review.

Ingénierie des systèmes d'information

Coordination : Colette Rolland

Introduction

Colette Rolland

Le développement ou ingénierie des systèmes d'information se définit comme l'ensemble des activités menées par un groupe d'acteurs pour concevoir, réaliser, maintenir et faire évoluer un système d'information (SI). Le terme d'ingénierie du SI est préféré à celui plus ancien de développement, pour faire référence à l'usage extensif de techniques de l'ingénieur dans les activités de développement. La modélisation est l'une d'elles, présente au cœur de la plupart des activités d'ingénierie du SI. Modélisation du système d'information comme produit de l'ingénierie d'abord. Modélisation du cycle de développement du SI et du processus aboutissant à la construction effective du produit SI, ensuite. Modélisation de l'environnement organisationnel dans lequel le SI sera amené à fonctionner pour comprendre ce que sont les exigences imposées à son développement, enfin. L'ensemble des modèles utiles à la conduite du développement s'organise dans une méthode en général outillée. La méthode et l'environnement logiciel qui l'accompagne contribuent au bon déroulement des activités de production du SI. Cependant, pour mener à bien un projet SI d'autres activités de planification, d'organisation et de suivi d'avancement des activités de production sont nécessaires; ce sont les activités de gestion de projet.

Cette section couvre ces différents aspects de l'ingénierie des SI. Elle est organisée en six chapitres relatifs à la modélisation du SI, la modélisation des processus d'ingénierie de SI, l'ingénierie des exigences, les méthodes d'ingénierie, les environnements logiciels qui leur sont associés et la gestion de projet SI. Le texte ci-dessous est une présentation du contenu de cette section qui pose la terminologie et présente les différents chapitres.

Le produit système d'information et sa modélisation

L'ensemble des activités d'ingénierie a pour objectif la réalisation d'un *produit*. Le génie civil vise par exemple, à construire des ponts, l'ingénierie automobile fabrique des voitures, etc. L'ingénierie des SI a pour objectif la construction de produits que sont les systèmes d'information. Le produit SI, comme les ponts et les automobiles, peut se décrire à différents niveaux de détail et d'abstraction. On en reconnaît deux principaux en ingénierie des SI: le produit conceptuel et le produit réalisé. Il est en effet universellement admis que l'ensemble des activités d'ingénierie conduisant au produit SI s'organise en deux groupes:

- les activités de conceptualisation;
- les activités de transformation.

Les premières visent à représenter certaines parties d'intérêt de la réalité par des structures d'informations et des règles de comportement afin d'obtenir une description conceptuelle de ce que le SI sera capable de faire. Elles aboutissent au *produit conceptuel*. Les secondes sont des transformations successives de la représentation conceptuelle aboutissant à un système en fonctionnement. Elles conduisent au *produit final, réalisé* qui prend la forme d'un ensemble de logiciels. Dans cette section, l'accent est mis sur le produit conceptuel et sur les activités de sa production.

Le produit conceptuel est une représentation d'une certaine partie de la réalité, ce que l'on qualifie parfois «d'univers du discours». Sa production est donc le résultat d'un travail de modélisation conceptuelle qui s'appuie sur des modèles, les *modèles conceptuels*. Un modèle propose un ensemble de concepts et de règles pour les utiliser qui indiquent au modeleur les entités de la réalité sur lesquelles l'effort de représentation doit se concentrer. Le modèle E/R propose par exemple, les trois concepts d'entité type, de relation type et d'attribut comme étant nécessaires et suffisants pour représenter toute partie du réel par une structure d'information. Durant ces vingt dernières années, de très nombreux modèles conceptuels ont vu le jour. Chacun cherchant à proposer un jeu de concepts qui permette une représentation plus fidèle de la réalité que ses prédécesseurs. On peut schématiquement retenir trois classes de modèles (Rolland, 2001):

- les modèles centrés sur la représentation des structures d'entités de la réalité ou *modèles de données*. Les modèles E/R et relationnel en sont des exemples;
- les *modèles fonctionnels* poussant à «voir» la réalité comme un processus de transformation de l'information. Les modèles dits d'analyse structurée en sont des exemples;
- les *modèles de comportement* mettent le concept d'événement au centre de la modélisation et poussent à une vision dynamique, en mouvement, de la réalité. Les modèles Remora et les graphes de Harel en sont des exemples.

L'ensemble des efforts d'invention de modèles a abouti à la proposition du standard UML. Le chapitre intitulé «Modèle dans le domaine des systèmes d'information» est dédié à cet aspect.

Le processus d'ingénierie du produit SI et sa modélisation

La seconde facette de toute ingénierie est celle du *processus* par lequel on aboutit au produit. Le processus est la route suivie pour délivrer le produit; il se définit comme l'ensemble des activités dont la réalisation conduit au produit. De nombreux domaines d'ingénierie tels que le domaine automobile par exemple, ont compris depuis de longues années l'importance du processus de fabrication, son impact sur la qualité du produit, sur l'efficacité de sa production et la nécessité de le modéliser.

Un *modèle de processus* définit une démarche à suivre pour produire un produit. Le processus est concret et observable tandis que le modèle de processus est une représentation abstraite d'un ensemble de processus réels. Il est un moule décrivant la façon d'organiser la production du produit: les étapes, les activités qu'elles comprennent, leur ordonnancement, et parfois les critères pour passer d'une étape à une autre. Le modèle est indispensable pour raisonner sur les processus, pour les comprendre et les améliorer. La communauté des systèmes d'information n'a accordé que récemment de l'importance au processus d'ingénierie des SI. Pendant presque trente ans, le processus de développement des SI n'a été régi que par un simple découpage des activités en phases, ordonnées le plus souvent de manière séquentielle. Les modèles de la cascade, en V ou en spirale sont typiques de cette génération des processus d'ingénierie.

L'intérêt récent porté à la dimension processus (Finkelstein, 1994) a abouti à la définition de modèles qui, au-delà de l'organisation du développement en phases successives permettent par exemple, une sélection dynamique des activités à mener en fonction des situations rencontrées, apportent des connaissances méthodiques et expertes pour réaliser les activités, guident dans la sélection du flux des activités, aident à la prise de décision d'ingénierie, etc. On peut aujourd'hui identifier quatre classes de modèles:

- les modèles *centrés activité* décrivent les activités à mener et leur ordonnancement;
- les modèles *centrés produit* couplent chaque activité à l'élément de produit qu'elle génère;
- les modèles *orientés décision* se démarquent des précédents en considérant qu'un processus est une suite de décisions. Le modèle décrit l'ensemble des objectifs à atteindre, les différentes façons alternatives de les atteindre et les actions qui réalisent les décisions prises;
- les modèles *contextuels* sont une extension des précédents qui associent les décisions aux situations dans lesquelles elles peuvent être prises.

Une autre classification des modèles de processus s'appuie sur le rôle joué par le modèle. Certains modèles sont *descriptifs* et visent à tracer les processus réels pour raisonner notamment sur les différences par rapport au modèle et à enrichir le modèle existant par apprentissage à partir de ces déviations. D'autres sont *prescriptifs* et proposent une ou plusieurs démarche(s) à suivre. Le second cas (Rolland, 1999) est intéressant car il permet une sélection dynamique de la démarche suivie, en fonction des situations rencontrées, au cours du déroulement du processus.

Le chapitre intitulé «Modélisation des processus d'ingénierie des systèmes d'information» présente un panorama des modèles de processus existants, leur rôle et propriétés, les conditions de leur usage et les bénéfices qui en découlent.

L'ingénierie des exigences

Les enquêtes sur la pratique du développement des systèmes d'information montrent que les informaticiens savent développer des systèmes techniquement corrects mais ont beaucoup de difficultés à penser des systèmes adaptés à l'usage que les acteurs de l'organisation veulent en faire. La citation de F. Brooks, responsable à la NASA des projets Voyager et Galileo «*the hardest single part of building a software system is deciding precisely what to build*», est plus que jamais d'actualité. Le rapport du Standish Group intitulé «Le Chaos» (Standish, 1995) présentant les résultats d'une enquête menée dans 350 entreprises américaines et 8000 projets montre qu'un projet SI sur deux échoue et que 52% des causes d'échec sont imputables à la faible qualité du document des besoins. En 2003, un rapport de Meta (Meta, 2003) conclut dans le même sens en estimant à 60 % les causes d'échec liées à la mauvaise compréhension des besoins.

L'*ingénierie des besoins* ou *ingénierie des exigences* vise à apporter des solutions pour maîtriser l'ensemble des problèmes de découverte et d'élucidation des besoins, souhaits et exigences de la communauté des usagers à l'égard du futur SI et pour abstraire, à partir de leur énoncé, le produit conceptuel nécessaire à son développement. La position adoptée par l'ingénierie des besoins est qu'il faut non seulement comprendre ce que le système doit faire (le Quoi) mais aussi pourquoi il doit le faire (le Pourquoi). L'ingénierie des besoins va donc au-delà de la modélisation conceptuelle centrée sur le «Quoi?» pour mettre l'accent sur le « Pourquoi ?».

Répondre à la question «Pourquoi ?» c'est s'interroger sur l'usage du SI, sur les objectifs organisationnels qu'il peut aider à satisfaire et leur impact sur les exigences imposées à son développement. Comme le montre la figure 1, le processus d'ingénierie des besoins opérationnalise les objectifs stratégiques de l'organisation en exigences fonctionnelles ou non fonctionnelles (c'est à dire qualitatives) imposées au SI (Lamsweerde, 2000). L'ingénierie des besoins fait apparaître une description additionnelle du produit SI : la liste des exigences (ou besoins) à partir de laquelle le produit conceptuel sera élaboré.

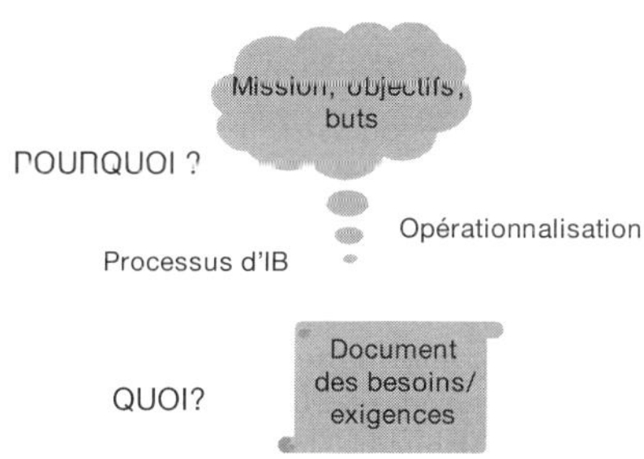

Le processus d'ingénierie des besoins

Le processus d'ingénierie des besoins est un processus complexe comportant des activités interreliées de découverte, de *spécification*, de *négociation* et de *validation* des besoins et impliquant de nombreux acteurs, parties prenantes du projet SI.

Ces activités sont basées sur des modèles pour représenter l'environnement d'usage du SI et notamment des modèles de buts (Dardenne, 1993) servant à capturer la réponse à la question «Pourquoi ce SI ?» et des modèles de scénarios pour comprendre les alternatives d'usage du SI.

Le chapitre intitulé «Ingénierie des exigences» fait le point sur l'état de l'art de cette facette de l'ingénierie du SI, ses justifications, ses apports et ses attentes.

Méthodes et outils pour l'ingénierie des systèmes d'information

La complexité des systèmes d'information dont les organisations ont besoin ne cesse de croître. En conséquence, leur développement devient lui-même de plus en plus complexe, coûteux et difficile et l'usage de *méthodes* d'ingénierie s'impose pour aider à maîtriser la complexité des problèmes rencontrés. Le terme *méthode* vient du grec «*methodos*» qui signifie «moyen d'investigation ». D'après Seligman ces moyens sont l'ensemble cohérent que constitue «*a way of thinking, a way of modelling, a way of working and a way of supporting*». Toute méthode à une philosophie ou paradigme (*way of thinking*), des modèles (*ways of modelling*) pour définir le produit, des modèles de processus ou démarches (*way of working*) et des outils logiciels (*way of supporting*) pour aider à la mise en œuvre de la méthode. Cette définition s'applique par exemple, à la méthode IBM dont les différents diagrammes UML constituent le *way of modelling*; RUP (*Rational Unified Process*) est le *way of working*, le logiciel Rose correspond au *way of supporting* et le concept de *use case* en définit le *way of thinking*.

Les méthodes évoluent dans deux directions :

- elles perdent leur rigidité d'antan pour devenir agiles ;
- elles ne sont plus universelles mais contingentes ou situationnelles.

Les *méthodes agiles* telles que XP, *Extreme Programming*, donnent un rôle actif aux utilisateurs et organisent la production dans un mode incrémental et itératif; chaque itération conduisant à la satisfaction d'un besoin du client dans un délai aussi bref que possible. L'agilité des méthodes fait référence à la capacité qu'elles sont censées donner pour contourner les obstacles avec souplesse et s'adapter aux particularités de chaque projet de développement.

Les *méthodes situationnelles* (Harmsen, 1997) répondent au besoin d'adapter les méthodes aux situations spécifiques de chaque projet SI. Leur construction est assurée par un processus d'ingénierie dans lequel la méthode est «vue» comme un artéfact auquel on peut appliquer les techniques d'ingénierie utilisées pour la construction des systèmes d'information. Cette construction relève de *l'ingénierie des méthodes*, qui se définit comme «*une approche de construction de méthodes combinant différentes (parties de) méthodes pour développer une solution optimale au regard d'un problème posé*». Les méthodes situationnelles sont donc construites à la volée par composition de fragments ou *composants* de méthodes (Ralyté, 2001) issus de méthodes existantes et mis à disposition dans une *base de composants* de méthodes.

Le chapitre de cette section intitulé «Méthodes et ingénierie des méthodes» fait le point sur les méthodes modernes et la façon de les construire. Le chapitre «Outils CASE : architectures et fonctionnalités» présente les environnements logiciels servant de support à la mise en œuvre des méthodes.

Gestion de projet système d'information

Le développement d'un SI s'inscrit dans un projet, le *projet système d'information*. Les activités de production du produit SI sont bien évidemment au centre du projet qui comporte par ailleurs les activités de gestion pour planifier le travail, l'organiser et suivre l'avancement dans le respect des délais et des coûts planifiés.

On sait que les projets sont des projets à risque puisque statistiquement un projet sur deux au moins est un échec, 30 % des projets ne sont jamais achevés et 25 % des projets qui aboutissent le font avec des dépassements de budgets et des débordements des délais significatifs (Standish, 1995). La gestion des projets est donc cruciale pour les organisations et son importance de plus en plus reconnue dans le monde professionnel (Morley, 2004).

La gestion de projet SI s'inscrit dans le cadre aujourd'hui normalisé (IPMA) de la gestion tout projet et s'organise autour du triplet <objectif, moyens, délais>. Les particularités des systèmes d'information conduisent cependant à des méthodes et techniques de gestion de projet spécifiques. Les risques, les changements et notamment des changements d'exigences en cours de projet, la multiplicité des acteurs sont des exemples de problèmes requérant des approches de résolution particulières aux projets SI.

Le chapitre intitulé «Gestion de projet système d'information» traite des aspects généraux et spécifiques de la gestion de projet SI.

Bibliographie

Dardenne A., Lamsweerde A. v. et Fickas S. (1993), "Goal-directed Requirements Acquisition", *Science of Computer Programming*, Elsevier, n° 20, p. 3-50.

Finkelstein A., Kramer J. et Nuseibeh B. A. (1994), editors. *Software Process Modelling and Technology*, Advanced Software Development Series, Research Studies Press/John Wiley & Sons.

Harmsen A.F. (1997), "Situational Method Engineering", Moret Ernst & Young.

IPMA Competence Baseline, Version 2.0, www.ipma.ch

Lamsweerde A. v. (2000), "Requirements engineering in the year 2000: A research perspective", *22nd International Conference on Software Engineering*, Invited Paper, ACM Press.

META Group (2003), "Research on Requirements Realization and Relevance", report.

Morley C. (2004), *Management d'un projet système d'information*, Dunod, 4e édition.

Ralyté J. et Rolland C. (2001), "An Assembly Process Model for Method Engineering", *Proceedings of the 13th International Conference on Advanced Information Systems Engineering CAISE'01*, Interlaken, Switzerland.

Rolland C. et Prakash N. (2001), "From Conceptual Modelling to Requirements Engineering", *Special issues of Annals of Software Engineering on 'Comparative Studies of Engineering Approaches'.*

Rolland C., Prakash N., Benjamen A. (1999), "A Multi-Model View of Process Modelling", *Requirements Engineering Journal*, Vol. 4 (4), p. 169-187.

Standish (1995), "The Standish Group, Chaos Standish Group Internal Report", http://www.standishgroup.com.

Ingénierie des exigences

Axel van Lamsweerde

Mots-clés : exigences logicielles, cahier des charges, analyse du domaine, élucidation des besoins, modélisation, spécification, analyse par objectifs, scénarios d'utilisation, gestion de conflits entre points de vue, analyse de failles, vérification de complétude, validation d'adéquation, ingénierie des systèmes, génie logiciel.

Résumé : la rédaction d'un cahier des charges constitue un préalable à tout projet de développement ou d'adaptation d'un logiciel. Ce document décrit notamment les exigences auxquelles le logiciel doit satisfaire, et les hypothèses que l'on est amené à faire sur l'environnement de ce logiciel. Différentes études ont montré que, parmi les nombreux échecs de projets logiciels, les plus fréquents et les plus critiques sont imputables à des formulations incomplètes, inadéquates ou incohérentes d'exigences et d'hypothèses. En réponse à ce problème, l'ingénierie des exigences s'intéresse aux processus à mettre en œuvre pour élucider, préciser, négocier, structurer, spécifier, valider et faire évoluer un cahier des charges de qualité. Ce chapitre présente un aperçu des modèles, méthodes et outils pour mener à bien ces différentes tâches. Une attention particulière est portée à la construction et l'analyse de modèles servant de support et de trait d'union entre tâches.

L'impact critique de l'analyse des exigences sur la qualité du logiciel a été reconnu de longue date et à maintes reprises. Dans l'une des premières études empiriques sur le sujet, Bell et Thayer relevaient que des exigences inadéquates, incomplètes, inconsistantes ou ambiguës étaient monnaie courante dans les projets analysés, et cause majeure de la piètre qualité des logiciels développés. Ils concluaient que «*les exigences n'apparaissent pas de manière naturelle et spontanée ; elles doivent au contraire être découvertes, élaborées avec soin, et constamment revues*» (Bell et Thayer, 1976). Dans son article célèbre sur la nature et les accidents du génie logiciel, Fred Brooks affirme, sur base de sa longue expérience de développement de logiciels complexes, que «*la tâche la plus difficile, dans la construction d'un système logiciel, consiste à décider ce qu'il faut exactement construire, par élucidation et affinement itératifs d'exigences*» (Brooks, 1987). Des études récentes, par des organismes tels que le Standish Group aux États-Unis ou le European Software Institute, ont confirmé le problème à une échelle bien plus grande. Un cahier des charges bâclé s'avère être la cause majeure de problèmes logiciels tels que le dépassement exagéré des coûts prévus, les retards notoires de livraison, l'incapacité de rencontrer les attentes initiales, ou des dégradations importantes, voire catastrophiques, dans l'environnement du logiciel.

Améliorer la qualité du cahier des charges (CdC) est donc un objectif primordial. Cet objectif n'est pas facile à atteindre, au vu du large spectre de considérations à couvrir, de la multitude de processus et produits concernés, de la multitude d'acteurs à impliquer, et de la variété d'écueils à éviter. L'ingénierie des exigences est une discipline aux confins du génie logiciel et de l'ingénierie des systèmes, qui vise à offrir des modèles, méthodes et outils pour développer et faire évoluer des cahiers des charges de qualité.

Ce chapitre propose un aperçu des développements récents dans cette discipline relativement jeune. Nous commençons par introduire quelques notions de base au § 1, notamment, en définissant le spectre des considérations à couvrir, les processus, produits et acteurs impliqués, les différents types d'assertions à expliciter, les différents types d'exigence à considérer et les facteurs de qualité à viser. Le § 2 présente un bref aperçu des techniques générales que l'on peut utiliser pour élucider, évaluer, négocier, spécifier, documenter, valider, vérifier et modifier les exigences. Le § 3 se focalise sur la modélisation comme soutien plus spécifique à ces techniques générales et à leur intégration. Nous montrons brièvement comment un bon modèle d'exigences peut combiner les différentes facettes de l'ingénierie des exigences : vue intentionnelle (objectifs et hypothèses à considérer), vue structurelle (objets conceptuels à mettre en relation), vue contextuelle (responsabilités à affecter aux agents formant le système), vue opérationnelle (services à fournir), et vue comportementale (scénarios d'interaction et dynamique à attendre du système). Avant de conclure, nous évoquons les transitions à effectuer dans le processus de développement logiciel, au-delà de la construction du CdC proprement dit : des exigences logicielles vers les spécifications techniques du logiciel, et de ces dernières vers l'architecture logicielle réalisant les exigences fonctionnelles et non fonctionnelles explicitées dans le CdC.

Le lecteur pourra se reporter à (Kotonya et Sommerville, 1997) ou (Robertson et Robertson, 1999) pour d'autres introductions aux principes généraux de l'ingénierie des exigences, et à (van Lamsweerde, 2006) pour un traitement plus technique.

1 Notions de base

Si l'on veut être certain qu'une solution logicielle résolve un problème correctement, il faut au préalable formuler ce problème correctement. Ce qui de prime abord s'énonce comme une évidence ne s'avère en réalité pas si simple à mettre en œuvre. Le problème à résoudre s'inscrit en général dans un environnement organisationnel, technique ou physique complexe ; les parties concernées par le problème doivent pouvoir percevoir, communiquer et s'entendre sur sa nature exacte et ses tenants et aboutissants.

1.1 Spectre couvert

Le spectre d'investigation de l'analyste des exigences est très large, puisqu'il couvre deux systèmes : le système tel qu'il est (ou *système existant*) et le système tel que l'on voudrait qu'il soit (ou *système futur*). Derrière ce dernier peuvent même se profiler d'autres systèmes, correspondant à des variantes ou des évolutions anticipables (adaptations ou extensions).

Chacun de ces systèmes est *composite*, puisqu'il comprend des structures organisationnelles (avec leurs objectifs stratégiques, réglementations, politiques de gestion, procédures opérationnelles, etc.), des appareillages techniques (avec leurs lois et modes de fonctionnement), des logiciels de contrôle ou de gestion préexistants (avec leur documentation), etc.

Le système futur, cible de l'ingénierie des exigences, comprend donc aussi bien le *logiciel à développer* que les composantes organisationnelles ou techniques affectées par ce logiciel, que nous appellerons *environnement*. C'est en définitive le couple logiciel-environnement qui doit assurer la réalisation des objectifs identifiés. L'espace d'investigation peut être structuré selon les dimensions suivantes (van Lamsweerde, 2001) :

- *la dimension du Pourquoi* : les objectifs du futur système doivent être identifiés et précisés, eu égard aux limitations et défauts du système existant et aux opportunités à exploiter dans le système futur ;
- *la dimension du Quoi* : les fonctionnalités, hypothèses et contraintes sur le système futur doivent être identifiées et précisées de manière à assurer ces objectifs ;
- *la dimension du Qui* : la responsabilité de ces objectifs, fonctionnalités, hypothèses et contraintes doit être répartie entre les différentes composantes du système futur – opérateurs humains, appareillages tels que des senseurs et actuateurs, logiciels préexistants et logiciel à développer.

La détermination de la frontière entre ce qui sera automatisé et ce qui restera manuel, dans le système futur, fait donc partie intégrante du processus d'ingénierie des exigences – cet aspect important est souvent négligé dans la littérature sur le sujet.

On notera également que l'espace d'investigation comprend de multiples options alternatives : alternatives de réalisation d'un objectif par différents sous-objectifs, alternatives de réalisation d'un sous-objectif par différents jeux de fonctionnalités et hypothèses sous-jacentes, et alternatives d'affectation de responsabilités à différentes composantes du système futur.

1.2 Cycle de vie des exigences : processus, acteurs et produits

L'ingénierie des exigences comporte différentes activités, en général entrelacées, impliquant différents acteurs et menant à différents produits.

L'étape d'*analyse du domaine* consiste à étudier le système existant dans son contexte organisationnel et technique : d'une part, l'organisation dans laquelle s'inscrit ce système, sa structure, ses objectifs stratégiques, les politiques et procédures de gestion, les réglementations en vigueur, etc. ; d'autre part, le domaine d'application du système existant, les concepts y intervenant, les objectifs auxquels ce système répond, les contraintes auxquelles il est soumis, etc. Les acteurs clés sont identifiés et interviewés ; les documents clés sont identifiés et étudiés ; des systèmes similaires sont examinés. Cette analyse vise à cerner les problèmes rencontrés dans le système existant, et les opportunités offertes par l'évolution des technologies et du marché. Le processus d'analyse du domaine débouche généralement sur un dossier d'analyse décrivant les éléments du système étudié, les sources d'information utilisées, les problèmes perçus par ces multiples sources et les opportunités identifiées. Outre les analystes, les acteurs impliqués comprennent généralement des responsables de structures de décision et de structures opérationnelles, des experts du domaine, des opérateurs, des personnes affectées par les problèmes identifiés, etc.

L'étape d'*élucidation des besoins* consiste à analyser les problèmes et opportunités identifiés lors de l'analyse du domaine, en les classant par ordre d'importance, et, à partir de là, à découvrir les objectifs d'amélioration à réaliser par le système futur, les contraintes à prendre en compte, les alternatives de réalisation à considérer, la frontière à délimiter entre ce qui sera pris en charge par le logiciel à développer et ce qui sera pris en charge par l'environnement, les scénarios types d'interaction désirée entre logiciel et environnement, et enfin, les exigences correspondantes à satisfaire par le logiciel. Le processus d'élucidation débouche généralement sur un document intermédiaire décrivant des propositions alternatives envisagées pour le futur système. Les acteurs impliqués dans le processus d'élucidation sont généralement ceux de l'analyse du domaine, auxquels viennent s'adjoindre des utilisateurs types du futur logiciel (s'ils n'y étaient pas déjà impliqués).

L'étape d'*évaluation* consiste à comparer les différentes alternatives identifiées, eu égard aux objectifs de qualité reconnus et aux risques potentiels que chaque alternative comporte, et à retenir une « meilleure » alternative sur base de cette comparaison, par négociation avec les différentes parties concernées, en y résolvant les conflits inhérents à la présence de points de vue multiples. En outre, il arrive fréquemment que les exigences élucidées doivent être classées par niveaux de priorité : l'intégration des demandes des différents intervenants peut dépasser l'enveloppe budgétaire et les délais fixés ; un développement incrémental du nouveau système est plus facilement planifiable sur base de ces priorités, ou replanifiable en cas de circonstances nouvelles (retards, budgets ou délais réduits, etc.) ; enfin, certains conflits peuvent être résolus en favorisant les exigences plus prioritaires. Le processus d'évaluation débouche généralement sur un document intermédiaire esquissant les différents éléments du système retenu, avec leurs exigences approuvées par les parties concernées. Les acteurs de cette étape restent les mêmes, certains pouvant avoir plus de poids que d'autres dans le processus de négociation et d'approbation.

L'étape de *documentation* consiste à structurer, au fur et à mesure, les différents éléments du système retenu (objectifs, contraintes, concepts référencés, rôles respectifs des différentes parties, exigences à satisfaire par la partie logicielle), à les spécifier de manière précise, et à consigner le résultat dans un rapport compréhensible par l'ensemble des acteurs impliqués dans les étapes précédentes. Ce rapport constitue le cœur du futur CdC ; il est le produit principal de cette étape. D'autres produits sont possibles, notamment, une description d'évolutions plausibles des besoins, contraintes et hypothèses.

L'étape de *consolidation* consiste à analyser soigneusement les spécifications obtenues, en les *validant* auprès des acteurs concernés, dans le but de déceler des inadéquations par rapport aux besoins réels, et en les *vérifiant* les unes par rapport aux autres, afin de déceler des inconsistances et incomplétudes avant transmission aux développeurs du logiciel. Les erreurs décelées sont alors corrigées. Parmi les produits de cette étape figurent une version corrigée des spécifications produites à l'étape précédente, un ensemble de jeux de test d'acceptation produits à partir des spécifications d'exigences, une éventuelle maquette utilisée pour la validation, un contrat liant client et développeur, un éventuel appel aux soumissions (pour les développements sous-contractés), etc.

Le vocable « étape » ne devrait pas faire penser que les différentes activités ci-dessus s'enchaînent de manière strictement séquentielle ; elles sont entrelacées, parfois se chevauchent, et les retours arrière vers des étapes en amont sont fréquentes. Ces étapes sont cependant reliées par des liens de dépendance par les données : les produits en amont, fussent-ils partiels, sont nécessaires aux activités en aval. Vu dans sa globalité, le processus d'ingénierie des exigences consiste en une itération sur des incréments successifs, selon un modèle en spirale (Boehm, 1988 ; Kotonya et Sommerville, 1997), schématisé à la figure 1.

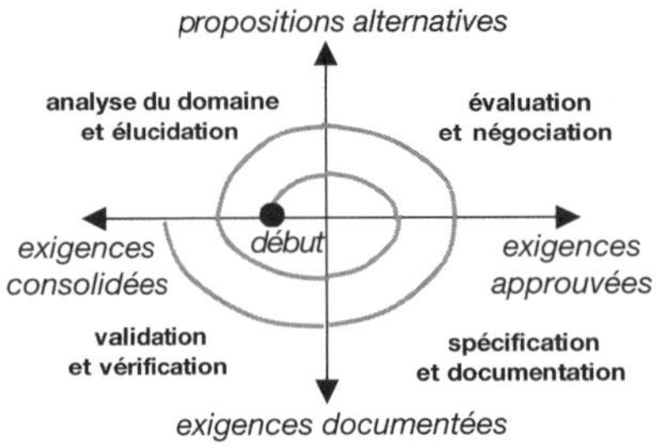

Figure 1 Le cycle de vie des exigences

Chaque nouvelle itération est provoquée par la nécessité de compléter le CdC, de corriger des exigences inadéquates ou incohérentes, ou de revoir, adapter ou étendre le CdC suite à des besoins ayant évolué ou devant être particularisés à des contextes spécifiques d'utilisation. Notons qu'au-delà de la phase initiale d'ingénierie des exigences, des itérations peuvent se poursuivre durant toute la durée de vie du projet, notamment, en phase de conception architecturale. Ce modèle en spirale est très général, et doit être adapté aux spécificités de l'organisation «cliente».

1.3 Types d'assertion rencontrés en ingénierie des exigences

Les assertions que l'analyste doit récolter ou produire dans un CdC sont de différente nature (Jackson, 1995; van Lamsweerde, 2001). Il convient de ne pas les confondre.

Un *but* est une assertion prescriptive que doit satisfaire le système considéré – généralement, par coopération du logiciel et de son environnement, par exemple, «les réunions seront planifiées de manière à permettre la participation de toute personne invitée et désirant y participer».

Une *exigence* est une assertion prescriptive que doit satisfaire la partie logicielle du système uniquement; elle est formulée en termes de phénomènes de l'environnement et dans le vocabulaire des acteurs impliqués, par exemple, «les contraintes d'un participant invité à une réunion en cours d'organisation doivent être demandées à celui-ci dans un délai fixé».

Une *spécification logicielle* est une assertion prescriptive formulée en termes de variables d'entrée-sortie du logiciel, dans le vocabulaire du développeur du logiciel, par exemple, «une requête concernant les contraintes d'un participant figurant sur la liste des invités à la réunion doit être envoyée à l'adresse courrielle de celui-ci dans un délai fixé».

Une *hypothèse* est une assertion, généralement prescriptive, que doit satisfaire l'environnement, par exemple, «un participant figure sur la liste des invités à la réunion si et seulement si celui-ci y est effectivement invité», ou «un participant consulte régulièrement son courriel».

Une *propriété du domaine* est une assertion descriptive concernant l'environnement, par exemple: «un participant ne peut participer à plus d'une réunion à la fois».

La tâche de l'analyste consiste à élucider, préciser et consolider buts, exigences, spécifications logicielles, hypothèses et propriétés du domaine. Ces différents types d'assertion sont liés par des *arguments de satisfaction* que l'analyste doit pouvoir fournir, du genre suivant:

«**Si** les spécifications logicielles sont satisfaites par l'implémentation **et si** les hypothèses **et** propriétés du domaine sont vérifiées, **alors** les exigences sont satisfaites».

«**Si** les exigences sont satisfaites **et si** les hypothèses **et** propriétés du domaine sont vérifiées, **alors** les buts sont satisfaits».

1.4 Types d'exigence

Les exigences sont elles-mêmes de nature différente.

Les *exigences fonctionnelles* définissent les services à fournir par la partie logicielle du système futur.

Les *exigences non fonctionnelles* contraignent la manière dont le logiciel doit satisfaire les exigences fonctionnelles, ou la manière de le développer. Elles se répartissent en diverses sous-catégories: les exigences de qualité de service (sûreté, sécurité, utilisabilité, performance, précision des représentations logicielles par rapport à leur contrepartie dans l'environnement, etc.), les contraintes juridictionnelles (obligations légales, réglementations, normes imposées), les contraintes opératoires sur le déploiement et le fonctionnement du système futur, les contraintes architecturales (répartition géographique des composants logiciels eu égard à la structure de l'organisation, à la répartition des données à utiliser ou des appareillages à contrôler, contraintes induites par la plateforme d'implémentation, interopérabilité, etc.), et les exigences de développement (coûts, délais, réutilisabilité, adaptabilité et extensibilité, etc.).

1.5 Qualités à atteindre

Le développement d'un CdC est une tâche difficile, au vu de la multiplicité et de la diversité des qualités à viser (Yue, 1987; Robertson, 1999).

Complétude: les buts identifiés doivent entièrement couvrir les besoins à rencontrer par le système futur, y compris la prise en compte de défaillances ou malveillances pouvant survenir dans l'environnement; les exigences et hypothèses doivent suffire à garantir la satisfaction de l'ensemble des objectifs; elles doivent également exprimer le problème à résoudre à un niveau de détail suffisant que pour permettre la conception d'une solution.

Cohérence: les buts, exigences, hypothèses, spécifications et propriétés du domaine doivent être compatibles entre eux, au sens où ils doivent pouvoir être satisfaits tous ensemble.

Adéquation: les buts et exigences doivent représenter les besoins effectifs, justifiant le développement d'un nouveau système; les spécifications logicielles doivent fidèlement traduire les exigences; les propriétés du domaine doivent énoncer des caractéristiques de l'environnement de façon correcte; les hypothèses doivent être réalistes.

Pertinence: les buts identifiés doivent être pertinents eu égard aux besoins à rencontrer par le système futur; les exigences et hypothèses doivent chacune contribuer à un ou plusieurs de ces buts, et être constitutifs du problème à résoudre, plutôt que d'une solution possible.

Précision: l'énoncé des différents types d'assertions ne peut être interprété de différentes manières.

Mesurabilité: les exigences et spécifications logicielles doivent être explicitées d'une manière permettant leur évaluation par rapport à des alternatives, leur approbation ou rejet, et la vérification de leur satisfaction par la solution logicielle conçue par la suite; les hypothèses doivent être observables dans l'environnement.

Réalisme: les exigences et leur traduction en spécifications logicielles doivent être réalisables dans une enveloppe de coûts et délais fixée.

Compréhensibilité: l'énoncé des différents types d'assertions doit pouvoir être compris par l'ensemble des acteurs impliqués dans le processus d'ingénierie des exigences.

Bonne structuration: le CdC doit être organisé de manière à faire clairement apparaître les liens structurels entre ses éléments – liens d'affinage ou de spécialisation, liens de dépendance, liens de cause à effet, liens de définition-utilisation; tout élément utilisé doit y être défini au préalable.

Modifiabilité: des variantes, révisions, extensions ou contractions du CdC doivent pouvoir y être réalisées de la manière la plus locale possible.

Traçabilité: on doit pouvoir retrouver aisément le contexte de la création, modification et utilisation d'un élément du CdC; on doit pouvoir aisément évaluer et répercuter l'impact d'une modification de cet élément sur les autres éléments qui en dépendent, ainsi que sur les éléments de produits logiciels, en aval dans le cycle de vie, qui sont affectés par cette modification (descriptions architecturales, jeux de test, code source, etc.).

1.6 Rôle et enjeux de l'ingénierie des exigences

Le CdC constitue le principal support de communication entre les différents acteurs impliqués dans un projet de développement logiciel. Il joue un rôle prépondérant eu égard à différents enjeux.

Enjeux techniques: le CdC sert de base pour définir les jeux de test d'acceptation, concevoir l'architecture logicielle, spécifier certains composants et connecteurs y intervenant, rédiger la documentation du logiciel et son manuel d'utilisation, et définir des variantes ou évolutions souhaitées.

Enjeux de gestion de projet: le CdC fournit les éléments permettant de déterminer les coûts du projet, les délais de livraison, et la planification des différentes étapes avec échéancier et ressources nécessaires.

Enjeux juridiques: le CdC forme la base du ou des contrat(s) liant le fournisseur du logiciel, les clients, et les éventuels sous-traitants.

Enjeux de certification: les normes de qualité, imposées dans certains domaines d'application critiques ou exigées par certains clients, prescrivent en général de porter une attention sérieuse à la phase d'ingénierie des exigences. C'est notamment le cas de normes ou standards tels que CMM, SPICE, ISO9001 ou ESA PSS-05.

Enjeux économiques: différentes études ont montré que les erreurs commises en cours d'ingénierie des exigences sont parmi les plus nombreuses, les plus tenaces, les plus coûteuses, et parfois les plus dangereuses (Boehm, 1981; voir également les études plus récentes mentionnées au début de ce chapitre). Ces erreurs ou défauts correspondent au contraire des qualités mentionnées ci-dessus – omissions, contradictions, inadéquations, non-pertinence, ambiguïtés, non-mesurabilité, monolithisme, etc.

Enjeux sociaux: le manque de prise en compte des besoins réels des utilisateurs provoque généralement des frustrations chez ceux-ci, pouvant produire de sérieuses dégradations des conditions de travail, et une gamme de réactions depuis l'utilisation partielle ou détournée du logiciel jusqu'à son rejet pur et simple.

2 Panorama des techniques disponibles

Nous donnons ici un bref aperçu des techniques générales à disposition de l'analyste pour l'aider dans les différentes étapes introduites § 1.2.

2.1 Analyse du domaine et élucidation des besoins

Il s'agit donc de comprendre le système existant dans son contexte: cadre organisationnel, concepts et spécificités du domaine d'application, tâches constitutives de l'application-cible et leur flux, problèmes rencontrés dans ces tâches ; il faut également identifier les opportunités à saisir dans ce contexte, et élaborer des propositions alternatives de système rencontrant les besoins réels des différents intervenants eu égard à ces problèmes et opportunités. Le processus d'élucidation s'apparente à un processus d'acquisition de connaissances, en coopération la plus étroite possible avec les multiples acteurs concernés à divers titres par le système. Ce processus est bien sûr critique, notamment pour l'adéquation, la complétude et le réalisme des exigences qui en découleront. Un processus effectif d'élucidation combine en général différentes techniques, variant par le degré d'interaction avec les acteurs concernés.

Étude de documents et données disponibles: concernant l'organisation (organigramme, descriptions de fonction, faits et chiffres, rapports stratégiques, études prospectives, rapports financiers, données opérationnelles, plaintes de clients ou du personnel, etc.), concernant le domaine d'application (terminologie, procédures en vigueur, réglementations imposées, etc.), et concernant l'application telle qu'elle est mise en œuvre dans le système existant (formulaires échangés, flux, règles de traitement, etc.). Un échantillon de données opérationnelles concernant cette application peut également être collecté. L'étude des documents et données disponibles constitue en général un préalable à l'application effective des autres techniques. La difficulté est ici d'extraire les éléments utiles, au départ d'une masse de détails peu pertinents, et en un temps réduit. Comme nous le verrons à la § 3, une démarche basée sur des modèles permet de guider l'analyste dans la fouille d'informations pertinentes et la structuration de celles-ci.

Interview : l'analyste interroge des intervenants qu'il a identifiés comme sources d'information privilégiées (experts du domaine, décideurs, responsables commerciaux, gestionnaires, opérateurs, consultants, etc.). On distingue en général interview structurée et interview ouverte (Kotonya et Sommerville, 1997). Dans une *interview structurée*, l'analyste recherche des réponses à des questions spécifiques, dont la nature et l'ordre sont en général préétablis. Dans une *interview ouverte*, l'analyste discute avec les intervenants à bâtons rompus, à propos de l'organisation, du système existant et des attentes de la personne interrogée vis-à-vis d'un nouveau système.

Questionnaire : cette technique d'élucidation, moins interactive, permet d'obtenir des données et perceptions d'un nombre plus élevé d'interlocuteurs, à distance, via des questions spécifiques demandant une réponse précise (choix multiples, classement de facteurs par ordre d'importance, etc.). Elle est souvent utilisée en préalable d'interviews pour mieux cibler ceux-ci.

Observation: cette technique se base sur le principe qu'il est parfois plus simple d'observer le déroulement de tâches que de se les faire expliquer (Kotonya et Sommerville, 1997) ; l'exemple classique pour illustrer ce point est la tâche consistant à faire son lacet. Dans le cas d'une *observation passive*, l'analyste n'interfère pas avec les acteurs impliqués dans le déroulement de la tâche ; des moyens vidéo peuvent éventuellement être utilisés. L'analyse ethnographique est un type particulier d'observation passive, où l'observateur essaie, pendant une période prolongée, de découvrir des propriétés émergentes d'un groupe social impliqué dans une tâche. Cette technique, au départ anthropologique, convient particulièrement pour étudier des systèmes organisationnels complexes, et y élucider des éléments inconscients ou culturels ; elle a notamment été appliquée avec succès dans le domaine du contrôle aérien. Dans le cas d'une *observation active*, l'analyste participe au déroulement de la tâche, parfois même au point de devenir membre à part entière de l'équipe responsable de son déroulement.

Session de groupe : cette technique se base sur le principe qu'il y a plus de capacités de perception, de jugement et d'invention dans un groupe, grâce à la diversité et à l'interaction de ses membres ; les échanges peuvent également y être moins formels (Robertson, 1999). Des moyens audiovisuels sont souvent utilisés pour canaliser la collecte d'informations. Dans le cas d'*ateliers*, les rôles respectifs des différents participants sont clairement établis (animateur, modérateur, rapporteur, utilisateur, gestionnaire, développeur, etc.). Des techniques telles que JAD (*Joint Application Development*) et QFD (*Quality Function Deployment*) sont des variantes de cette approche, reposant sur différents types de support pour favoriser les interactions. Dans le cas de *brainstorming*, les rôles respectifs des différents membres du groupe sont moins clairement établis. Les participants doivent, dans un premier temps, générer spontanément autant d'idées que possible en vue d'améliorer une tâche ou de résoudre un problème reconnu, et ce sans préjugés, censure ou critique mutuelle ; dans un second temps, ils doivent ensemble en élaguer certaines et classer les autres par ordre de priorité.

Étude de marché: dans le cas de projets ciblés sur un public plus large qu'un client particulier, ou visant une ligne de produits plutôt qu'un produit logiciel particulier, cette technique permet d'appréhender les pratiques, problèmes, tendances et opportunités à une échelle beaucoup plus large.

Réutilisation de connaissances: plutôt que de partir d'une table rase, l'analyste peut s'appuyer sur des connaissances disponibles et appropriées au système existant ou futur. Ces connaissances peuvent être indépendantes du domaine d'application, ou spécifiques de ce domaine. L'exemple typique du premier cas est celui de nomenclatures d'exigences non fonctionnelles, que l'on peut parcourir systématiquement en spécialisant ou en instanciant chaque type d'exigence non fonctionnelle, dans la nomenclature, à des exigences spécifiques de l'application considérée (Chung *et al.*, 2000). Dans le cas de connaissances spécifiques du domaine, l'analyste peut réutiliser des caractéristiques communes aux applications au sein d'un même domaine ou d'une même organisation. Plus techniquement, il peut spécialiser ou instancier des modèles génériques d'objets (Fowler, 1997) ou de tâches (Jackson, 2001). Il est également possible de s'inspirer de systèmes similaires en raisonnant par analogie : les éléments d'un système-source similaire sont retrouvés, transposés, et adaptés si nécessaire au système-cible (Massonet *et al.*, 1997).

Scénarios d'interaction : l'explication du mode de fonctionnement du système existant est souvent plus simple et directe au travers d'exemples concrets de séquences d'interactions entre ses éléments. De même, il est largement reconnu que l'explicitation de scénarios concrets d'interaction hypothétique entre le logiciel et son environnement, dans le système futur, constitue un moyen efficace pour découvrir, par généralisation, des classes de comportements attendus et des exigences implicites associées (Weidenhaupt *et al.*, 1998). Les scénarios peuvent être positifs (comportements attendus) ou négatifs (comportements non désirés) ; dans le premier cas, ils représentent des déroulements attendus d'interactions dans des situations normales ou d'exception. Ces scénarios doivent être représentés sous une forme compréhensible à la fois par les intervenants, pour communication et mise au point, et par des outils logiciels. Ces derniers permettent d'éditer des représentations graphiques de scénarios, éventuellement annotées, de les questionner, d'en visualiser des exécutions pour validation par les intervenants, ou encore d'en induire des exigences implicites ou des modèles de comportement.

Prototypage : comme en architecture civile, une maquette esquissant les caractéristiques fonctionnelles du produit à construire constitue un autre moyen concret et efficace pour extraire des desiderata qu'il est difficile d'obtenir *in abstracto* auprès des intéressés. Dans le cas d'un développement logiciel, un premier jet est d'abord programmé très rapidement, dans un langage de très haut niveau, ou généré automatiquement à partir de spécifications d'exigences fonctionnelles candidates ; le processus de prototypage se poursuit en itérant visualisation d'exécutions de cette maquette, et révision sur base d'exigences explicitées par les intéressés en réaction à cette visualisation ; le processus se termine lorsqu'une maquette « satisfaisante » est obtenue, avec les exigences associées qui sont apparues au cours du processus (Heitmeyer *et al.*, 1996). En général, on jette la maquette pour ne garder que les exigences explicitées. De façon alternative, on peut vouloir faire évoluer la maquette vers une implémentation, par transformations et optimisations successives. RAD (*Rapid Application Development*) est une démarche combinant ateliers JAD, où le rôle de rapporteur est joué par une équipe spécialisée de développeurs, prototypage évolutif, et outils CASE de génération de code.

Résolution de failles et conflits : l'analyse des exigences élucidées peut y révéler des failles par rapport à des événements ou comportements inattendus dans l'environnement, voire même malveillants ; la résolution de ces failles permet d'élucider de nouvelles exigences pour un système plus robuste (van Lamsweerde et Letier, 2000). Lors de l'intégration de points de vue multiples élucidés auprès de différents intervenants, on peut également déceler des conflits entre ces points de vue (Nuseibeh *et al.*, 1994 ; Robinson, 2003) ; la résolution de ces conflits permet également d'élucider de nouvelles exigences (van Lamsweerde *et al.*, 1998).

Un problème, commun à l'ensemble des techniques d'élucidation esquissées ci-dessus, est de déterminer *comment focaliser et structurer le processus d'élucidation*. Comme nous le verrons par la suite, la construction méthodique d'un modèle d'exigences riche, à multiples facettes, permet de guider ce processus.

2.2 Évaluation et négociation

Cette activité, entrelacée avec l'élucidation d'exigences, a pour objectif d'obtenir un ensemble d'exigences approuvées par les différents intervenants, à partir des options alternatives élaborées au cours du processus d'élucidation, en tenant compte des conflits entre exigences élucidées à partir de points de vue multiples, et des risques liés au développement d'un nouveau système.

Gestion des conflits

Les conflits entre exigences peuvent être de différente nature. De façon générale, des exigences conflictuelles violent une règle de cohérence qui les relie explicitement ou implicitement (Nuseibeh *et al.*, 1994). Elles peuvent énoncer une même propriété dans des terminologies inconsistantes entre elles, désigner sous un même vocable des concepts différents, se référer à un concept identique mais structuré de façon incompatible, ou énoncer des propriétés pouvant devenir logiquement inconsistantes entre elles.

La gestion de conflits comporte quatre étapes (Robinson *et al.*, 2003) : la détection de recouvrement entre deux exigences ou plus, la détection d'un conflit entre exigences se recouvrant, la génération de résolutions de ce conflit, la sélection d'une «meilleure» résolution.

Bien souvent, les conflits trouvent leur origine dans des objectifs incompatibles. Différentes techniques de détection de conflits entre buts ont été proposées, ainsi que des tactiques de génération de résolutions (van Lamsweerde *et al.*, 1998). Le cas le plus général de conflit est la *divergence*, ou conflit potentiel : selon un certain point de vue, un but *B1* est requis alors que, selon un autre, un but *B2* est requis, sans que *B1* et *B2* ne soient logiquement inconsistants entre eux ; cependant, il peut exister une condition-limite *L* qui, si elle survient, provoque l'inconsistance logique de l'ensemble. Une condition-limite correspond généralement à des circonstances particulières dans l'environnement. Par exemple, dans un système de planification de réunions, le but `ContraintesConnuesDuPlanificateur` et le but de privauté `ContraintesNonDivulguées-AuxParticipants` deviennent inconsistants sous la condition-limite où le planificateur fait état des contraintes d'un participant à d'autres. La détection de divergences entre buts revient donc à déterminer l'existence de telles conditions-limites. Ces dernières peuvent être calculées comme préconditions pour obtenir la négation d'un des buts, à partir des propriétés du domaine *et* des autres buts. On peut alors générer des résolutions de divergence à l'aide d'opérateurs tels que l'affaiblissement d'un des buts conflictuels, la prévention des conditions-limites, etc. (van Lamsweerde *et al.*, 1998).

La sélection d'une meilleure résolution doit se faire par négociation entre les parties concernées, et refléter un compromis de type «win-win» où tout le monde y gagne ; des outils collaboratifs de négociation peuvent venir en aide dans ce processus (Boehm et al, 1995 ; Robinson *et al.*, 2003). On s'accorde à reconnaître que les conflits détectés ne doivent pas être résolus trop prématurément, pour éviter de taire ou censurer des sources potentielles d'élucidation ultérieure d'informations utiles.

Analyse des risques

Le passage du système existant à un niveau système comporte des risques. D'une manière générale, un risque correspond à l'éventualité qu'un objectif ne soit pas atteint. Les risques doivent être identifiés, évalués et contrôlés.

Pour *identifier* les risques, on peut utiliser des taxonomies de risques disponibles (Boehm, 1988) : risques liés au piètre degré de satisfaction des objectifs fonctionnels du système (fonctionnalités manquantes, inadéquates ou incorrectement implémentées), et risques liés au piètre degré de satisfaction des objectifs non fonctionnels (voir § 1.4) : faille de sûreté, menace de sécurité, inutilisabilité, faible performance, imprécision, volatilité d'exigences, risques légaux, sociaux ou politiques, ou risques liés au développement (personnel inexpérimenté ou volatile, budgets ou délais irréalistes, etc.).

On peut également générer systématiquement des arbres de fautes, à partir de modèles de buts, qui raffinent les conditions de violation de ces buts (van Lamsweerde et Letier, 2000), cf. § 3.1.

Pour *évaluer* un risque identifié, il faut estimer la probabilité que le risque survienne et le coût de ses conséquences ; l'évaluation peut se faire sur base de métriques telles que, par exemple, le produit de cette probabilité par ce coût.

Pour *contrôler* un risque de valeur non négligeable, on peut déployer différentes tactiques qui en général débouchent sur l'élucidation de nouvelles exigences – éviter le risque, le mitiger, affaiblir l'exigence violable, etc.

Évaluation d'options alternatives

Le processus d'élucidation peut identifier des options alternatives de différente nature, notamment, des alternatives de réalisation d'un objectif par différents sous-objectifs ou différents jeux de fonctionnalités et hypothèses sous-jacentes, des alternatives d'affectation de responsabilités à différentes composantes du système futur, des alternatives de résolution de conflits, et des alternatives de contrôle de risque. Le choix d'une «meilleure» alternative est en général basé sur des *critères d'évaluation* tels que la contribution plus ou moins significative à des exigences non fonctionnelles, la réduction plus ou moins significative de risques, ou la suppression de conflits.

Une technique standard, en ingénierie des systèmes, consiste à utiliser des matrices pondérées comme support de décision. Ces matrices permettent de représenter les scores respectifs des différentes options eu égard aux critères d'évaluation. L'option totalisant le meilleur score est alors retenue.

On peut également appliquer des raisonnements qualitatifs lorsqu'objectifs et exigences sont structurés sous forme de graphe de raffinement, montrant les contributions pondérées, positives ou négatives, des uns par rapport aux autres (cf. § 3.1). Une procédure d'étiquetage du graphe peut alors calculer le degré de satisfaction ou de déni d'un nœud par les nœuds de niveau inférieur, par propagation ascendante des contributions positives/négatives le long des chemins remontant vers ce nœud (Mylopoulos *et al*, 1992).

Le problème majeur des techniques d'évaluation reposant sur des scores pondérés ou qualitatifs est le caractère subjectif de ces scores : que signifient-ils vraiment, et d'où viennent-ils ? Des travaux récents tendent vers une évaluation sur base de valeurs plus objectives, mesurables dans l'environnement, et de règles de propagation spécifiques de l'application (Letier *et al.*, 2004).

Établissement de priorités entre exigences

Même lorsque les choix d'options ont été effectués et qu'un contour du système futur ressort parmi des propositions alternatives, il faut généralement établir des niveaux de priorité entre exigences définissant le système retenu : les demandes élucidées auprès des différents intervenants peuvent dépasser les coûts/délais fixés, le développement doit pouvoir être (re)planifié par incréments successifs, etc.

Pour faciliter le processus de décision, les niveaux de priorité doivent être en nombre réduit et de valeur qualitative («très élevé», «moyen», «bas», etc.).

La technique AHP (*Analytical Hierarchy Process*) peut être appliquée pour classer des exigences par niveaux de priorité selon leur rapport coût/bénéfice (Karlsson et Ryan, 1997). Ces exigences doivent être indépendantes et comparables, ce qui est le cas lorsque l'on considère des nœuds «frères» dans un arbre de raffinement d'objectifs (cf. § 3.1). AHP permet d'estimer, pour chaque exigence, son coût relatif ainsi que son bénéfice relatif ; les exigences sont alors reportées sur un graphique ayant, en abscisse, les pourcentages de coût relatif et, en ordonnée, les pourcentages de bénéfice relatif ; ce graphique est divisé en autant de sous-régions qu'il y a de niveaux de priorité.

2.3 Spécification et documentation

L'objectif de cette activité est de *préciser* les différents types d'assertions apparaissant lors des activités d'élucidation et d'évaluation, de les *organiser* en une structure cohérente, de les *exprimer* dans un langage compréhensible par les intervenants (pour validation, approbation, et mise à jour ultérieure), et, éventuellement, par un outil logiciel (pour analyse automatisée). Le résultat constitue le corps du cahier des charges.

Différentes techniques peuvent être considérées en support à cette activité ; elles sont bien entendu combinables.

Documentation en langage naturel : cette manière habituelle de faire offre un pouvoir d'expression sans limites, et le meilleur gage de compréhensibilité par tous les intervenants. Par contre, l'inclinaison vers certains défauts évoqués plus haut est plus élevée (notamment les ambiguïtés et les bruits) ; des informations spécifiques peuvent être difficiles à localiser et l'absence de formalisation empêche l'analyse automatisée par des outils.

Documentation en langage naturel structuré : pour faciliter la localisation d'informations spécifiques et assurer une standardisation de la documentation, on peut utiliser une structure de document prédéfinie. Par exemple, le standard IEEE-STD-830 prescrit une structure dans laquelle des éléments apparaissent selon un certain ordre et dans des sections spécifiques : objectifs du logiciel, glossaire des termes utilisés, exigences fonctionnelles, caractéristiques de l'utilisateur, exigences non fonctionnelles, hypothèses, priorités, et spécifications logicielles. Une variante de cette structuration est proposée dans le schéma de documentation VOLERE (Robertson, 1999). À un niveau plus local, on peut également imposer des contraintes stylistiques : phrases prescriptives, une seule exigence par phrase, table de décision pour une exigence comportant de nombreux cas, numérotation des exigences par catégorie (fonctionnelle, non fonctionnelle), éventuellement hiérarchisée pour des exigences se décomposant, etc. Les avantages et inconvénients de ce mode de documentation sont sensiblement les mêmes que ceux énoncés plus haut pour le langage naturel, à ceci près que la structure préétablie permet de guider la rédaction et localiser plus facilement l'information.

Modélisation dans un langage semi-formel : lorsque l'on modélise certains aspects du cahier des charges (voir § 3), on peut «déclarer» les éléments du modèle dans un certain langage, en général graphique pour une meilleure compréhension par les différents intervenants, et en même temps formel en surface, pour pouvoir automatiser des contrôles rudimentaires de cohérence – typiquement, via des requêtes sur le modèle (par exemple, «y a-t-il des variables utilisées mais non définies ?», et vice versa). L'exemple précurseur de cette technique est SADT, qui permet de déclarer et raffiner des modèles duaux des données et des traitements (datagrammes et actigrammes), et d'effectuer des contrôles de cohérence de ce genre entre modèles. Des notations semi-formelles telles que les diagrammes entité-association, les diagrammes de flux, de contexte, de séquence de messages ou de transition d'états, sont autant d'autres exemples – la plupart intégrés dans le standard UML et les outils-support associés.

Spécification dans un langage formel : cette technique va un pas plus loin, au sens où l'on formalise non seulement les déclarations d'éléments référencés dans des assertions, mais les assertions elles-mêmes. Il existe un grand nombre de langages de spécification formelle, qui varient selon le paradigme sous-jacent utilisé : spécification déclarative des *histoires* admissibles du système (logiques temporelles), spécification des *états* admissibles du système (formalismes tels que Z ou B), spécification des *transitions d'états* requises (formalismes tels que SCR, RSML ou Statecharts), ou encore, spécification d'*algèbres d'opérations* à offrir par le logiciel ou de *processus* modélisant la concurrence au sein de ce dernier. L'avantage majeur, outre l'interprétation très précise des énoncés grâce aux règles sémantiques du formalisme utilisé, est l'automatisation beaucoup plus poussée de contrôles de cohérence, de complétude et d'adéquation des exigences, grâce à des outils d'animation, de vérification ou de démonstration de théorèmes (voir § 2.4). On peut alors également générer automatiquement des scénarios en guise d'exemple ou de contre-exemple, des jeux de test, du code source, etc. Le prix à payer est, d'une part, le caractère incompréhensible des spécifications pour un non-spécialiste et, d'autre part, la limitation du pouvoir d'expression, notamment en ce qui concerne les aspects non fonctionnels du système.

2.4 Vérification et validation

L'objectif de cette activité est l'assurance-qualité des exigences élucidées, évaluées et spécifiées – qualité au sens des multiples critères passés en revue § 1.5. On peut, ici encore, combiner plusieurs techniques.

Inspection et revues: la technique la plus répandue consiste à organiser des séances d'inspection de la documentation des exigences, pour y épingler des problèmes et défauts, s'interroger sur les causes sous-jacentes (notamment liées au processus suivi), et documenter les résultats. Pour plus d'efficacité, ces séances doivent être ciblées, brèves et régulières. L'inspection peut être guidée par un questionnaire spécifique ou des listes de points précis à vérifier – par exemple, la liste des qualités présentées au § 1.5, particularisée aux différents types d'assertions et d'exigences (cf. § 1.3 et 1.4), et éventuellement spécialisée aux spécificités du domaine d'application. Les inspecteurs doivent idéalement être des spécialistes indépendants, extérieurs au projet. On peut également organiser des revues impliquant des membres du projet, représentant l'ensemble des sensibilités et expertises nécessaires. La rentabilité de cette technique, bien connue lorsque la cible en est le code source, a également été établie pour l'assurance-qualité du cahier des charges (Porter *et al*, 1995).

Requêtes sur un modèle: lorsque l'on a choisi une approche semi-formelle pour structurer et spécifier les exigences, on peut enregistrer le modèle correspondant dans une base de spécifications dont le schéma est structuré selon les liens définis entre éléments du modèle (Teichrow et Hershey, 1977). On peut alors spécifier des règles de cohérence du modèle dans un langage de requête, et vérifier la cohérence à l'aide de requêtes.

À titre d'exemple, l'outil de modélisation orientée but Objectiver permet des requêtes du genre: «tout objet concerné par un but est-il défini dans un diagramme d'objets?», «tout but fonctionnel non raffiné est-il sous la responsabilité d'un agent?», «est-il opérationnalisé en opérations confiées à cet agent?», «tout scénario est-il couvert par un but?», «quelles sont les alternatives restant à trancher?», «quelles sont les responsabilités d'un agent?». La réponse à ces requêtes peut être visualisée sous forme *ad hoc*, afin de permettre de déceler des anomalies telles que, par exemple, des éléments incohérents ou manquants, ou d'effectuer d'autres analyses intéressantes telles que, par exemple, une analyse de charge des agents.

Validation formelle: pour établir l'adéquation des exigences, on peut faire appel à une maquette, lorsqu'une démarche d'élucidation par prototypage est utilisée (cf. § 2.1), ou encore animer un modèle des exigences, après génération d'une version exécutable de celui-ci, lorsqu'une spécification formelle de ce modèle est disponible (Heitmeyer *et al*, 1996). Une autre possibilité consiste à générer une paraphrase des spécifications formelles, en langue naturelle, pour communication aux non-spécialistes.

Vérification formelle: l'objectif est ici de montrer qu'un modèle d'exigences possède des propriétés désirées. La vérification *algorithmique* consiste à parcourir l'ensemble des états d'un modèle des comportements requis, pour vérifier que la propriété est satisfaite dans chaque état; si ce n'est pas le cas, un scénario est généré en contre-exemple pour montrer un chemin menant à la violation de la propriété (Heitmeyer *et al*, 1998). La vérification *déductive* consiste à essayer de démontrer la propriété, à l'aide d'un démonstrateur interactif de théorèmes, en considérant les spécifications formelles d'exigences comme un ensemble d'axiomes (Owre *et al*, 1995). Cette technique permet également de générer des conséquences logiques des spécifications (ou «lemmes»), que l'on peut soumettre pour approbation ou rejet. On peut encore vérifier l'absence (ou la présence) de conflits entre exigences, en calculant des préconditions de conflit par régression à travers une théorie du domaine (van Lamsweerde *et al*, 1998). Enfin, la consistance d'un ensemble de spécifications formelles peut être vérifiée en exploitant la forme particulière de ces dernières – par exemple, des spécifications sous forme de tables de décision (Heitmeyer *et al*, 1996).

Contrôles formels de complétude: la complétude d'un ensemble d'exigences est un des aspects les plus critiques dans l'élaboration d'un cahier des charges: il est largement reconnu que les problèmes logiciels les plus graves découlent d'exigences incomplètes. C'est en même temps un aspect difficile à cerner: un ensemble d'exigences est complet s'il suffit pour satisfaire l'ensemble des objectifs du projet (Yue, 1987). Le problème est que certains objectifs peuvent eux-mêmes avoir été omis ou laissés implicites. Lorsqu'un modèle formel de *buts* est disponible, on peut générer, de manière systématique, des conditions menant à la violation de buts ; ces conditions correspondent typiquement à des comportements inattendus dans l'environnement. Leur résolution permet de découvrir des buts manquants en vue d'un système plus robuste (van Lamsweerde et Letier, 2000). Lorsqu'un modèle formel des *comportements* requis est disponible, on peut vérifier l'exhaustivité d'un ensemble de cas régissant les transitions d'état spécifiées, ou détecter que certains états ou transitions sont manquants (Heitmeyer *et al*, 1996).

2.5 Gestion de l'évolution

Les exigences ne cessent de changer. Les changements peuvent intervenir durant la phase d'ingénierie du CdC (en raison de problèmes décelés durant les étapes d'évaluation ou de validation/vérification), lors des phases ultérieures de développement du logiciel (en raison de caractéristiques ou contraintes découvertes seulement à ce stade), ou après déploiement du système futur (en raison d'une meilleure compréhension des possibilités d'automatisation à l'usage, en raison de l'évolution des besoins, des interfaces du logiciel, des technologies, des réglementations, de la structure de l'organisation, etc.). La gestion de l'évolution des exigences revient à un problème complexe de gestion d'informations : ces dernières peuvent être en volume très important, renfermer des liens de dépendance explicite ou implicite (appelés « liens de traçabilité »), le long desquels les changements doivent être propagés, et impliquer de multiples acteurs. En outre, au plus tard un changement est décidé, au plus coûteuse est sa réalisation. Il est donc essentiel d'instaurer une politique de gestion des changements, supportée par des outils adéquats.

Les changements peuvent être de différente nature : *adaptation* en raison de besoins nouveaux, différents, ou plus restreints ; *amélioration* en vue d'augmenter la qualité du produit logiciel ; ou *correction* d'erreurs et défauts. Les exigences non fonctionnelles tendent à être les plus fréquemment concernées par des demandes de changement.

Une réponse optimale au problème de gestion des changements doit combiner des solutions managériales et techniques.

Sur le plan managérial, il faut définir une procédure formelle de contrôle des changements – typiquement, en ajoutant de nouveaux cycles au modèle en spirale de la figure 1, chaque cycle comportant différentes phases telles que la soumission de demandes de changement, l'évaluation et la négociation de ces demandes, la spécification, documentation et validation/vérification des demandes approuvées, et enfin, leur implémentation dans une nouvelle version du logiciel. La phase d'évaluation est en général confiée à un comité *ad hoc* qui évalue la nécessité des changements demandés, leurs interactions éventuelles, leur impact sur les exigences, hypothèses, objectifs, architecture, code et utilisateurs du système, et leur faisabilité en termes de ressources disponibles (coûts, délais, personnel).

Sur le plan technique, différents moyens peuvent être mis en œuvre pour gérer l'évolution.

L'*anticipation des changements* consiste à classer les objectifs, exigences et hypothèses, au cours de l'élaboration du CdC, en deux catégories selon qu'ils sont susceptibles d'être relativement stables ou volatiles. Par exemple, les objectifs de haut niveau et les concepts propres au domaine d'application seront en général stables, alors que les opérationnalisations d'objectifs, les hypothèses ou les exigences spécifiques d'un mode d'utilisation, d'un type d'utilisateur ou d'une technologie, risquent d'être plus volatiles. Les éléments volatiles sont alors repris dans une liste, appelée *enveloppe de changement*, fournissant une information précieuse aux architectes logiciels (pour encapsulation) et aux responsables de la maintenance (pour localisation dans la documentation ou le modèle, si modèle il y a).

L'utilisation d'un *outil de gestion de base de données d'exigences* permet de stocker et retrouver les éléments du CdC selon une certaine structure et mode d'identification – typiquement, une structure entité-association-attribut, où une entité correspond à un objectif, hypothèse ou exigence, une association correspond à un lien défini dans le modèle des exigences ou à un lien de dépendance ou de référence vers des documents annexes, et un attribut correspond à des informations relatives au processus d'élaboration de ces entités/associations : date de création ou modification, auteur, motif de modification, statut (« proposé », « en cours d'évaluation », « approuvé » ou « rejeté »), etc. (Teichrow et Hershey, 1977).

L'utilisation d'un *outil de gestion de configuration* pour le contrôle de versions, tel que CVS, permet de stocker et retrouver les variantes et révisions d'éléments du CdC.

On peut enfin utiliser un *outil de gestion de traçabilité* tel que DOORS, RTM ou RequisitePro. Le processus est le suivant :

- l'analyste doit désigner chaque élément du CdC par un identificateur unique ;
- il doit définir manuellement les liens de dépendance entre ces éléments (traçabilité horizontale) et de ces éléments vers les éléments dérivés, en aval du cycle de vie (traçabilité verticale) ;
- l'ensemble est stocké dans une base de données de traçabilité ;

- lors de la modification d'un élément du CdC, l'outil retrouve les éléments qui en dépendent, en suivant les liens de dépendance horizontale et verticale déclarés, de manière à permettre à l'analyste d'évaluer l'impact de la modification d'exigence, de propager les changements, de vérifier la couverture des changements opérés, etc.

Notons encore qu'il est possible de définir des liens de dépendance plus spécifiques et sémantiquement plus riches – raffinement d'objectif ou son opérationnalisation en services, causalité, dérivation, implémentation, couverture par jeu de test, acteur à l'origine, etc.

Les outils de gestion de traçabilité sont d'une aide évidente, mais ont un prix à payer : la définition manuelle des liens de dépendance, à un niveau de granularité permettant une évaluation précise d'impact, est une tâche ardue et sujette à erreurs. De plus, ces liens doivent être mis à jour lorsque les changements sont opérés, si l'on veut préserver la cohérence et l'utilité des informations de traçabilité.

3 La modélisation des exigences

Comme nous l'avons vu à plusieurs reprises, les techniques d'élucidation, d'évaluation, de documentation, de validation/vérification et de modification d'exigences sont en général mieux guidées lorsque les éléments concernés par ces processus, et échangés entre eux, sont organisés en une structure riche, mettant en relief leurs liens profonds. Un «bon» modèle constitue le meilleur atout dans cette perspective (van Lamsweerde, 2001). Il permet de s'abstraire de multiples détails pour se focaliser sur l'essentiel ; il facilite ainsi la compréhension du domaine, guide l'élaboration du système futur, offre une interface de communication précise entre acteurs et activités de l'ingénierie des exigences, et offre une base de référence pour mettre en évidence les décisions à prendre et documenter les décisions prises. Un bon modèle d'exigences doit refléter adéquatement les systèmes existants et futurs, permettre d'appréhender ces systèmes à différents niveaux d'abstraction et de précision, montrer les alternatives à considérer, et appréhender les diverses facettes pertinentes de ces systèmes.

En conséquence, un bon modèle doit être *multivue*. Chaque vue doit offrir une facette spécifique du système, complémentaire aux autres, l'intégration étant assurée via des règles de cohérence entre vues (Nuseibeh *et al*, 1994). Ce paragraphe présente un bref aperçu de techniques de modélisation de vues spécifiques de l'ingénierie des exigences : vue *intentionnelle* des objectifs fonctionnels et non fonctionnels à satisfaire, vue *structurelle* des objets du domaine et de leurs liens, vue *contextuelle* des agents du système et de leurs responsabilités, vue *fonctionnelle* des services à fournir, et vue *comportementale* de la dynamique d'objets du système existant et d'agents logiciels dans le système futur.

3.1 Modélisation des objectifs

Un *diagramme de buts* permet de modéliser les buts identifiés du système : leurs attributs intrinsèques (nom, définition, priorité, acteur «propriétaire») et leurs liens avec d'autres éléments du CdC : raffinement de but en sous-buts, alternatives de raffinement de but, relations entre buts, exigences, hypothèses et propriétés du domaine (au sens défini § 1.3), et liens de conflit entre buts (van Lamsweerde, 2001). D'autres types de lien sont définis à l'interface avec d'autres vues du système : liens de responsabilité entre buts et agents, liens d'opérationnalisation entre buts et opérations, liens de référence entre buts et objets, liens de couverture entre buts et scénarios, etc. Un diagramme de but permet ainsi d'intégrer et de structurer objectifs fonctionnels et non fonctionnels, objectifs stratégiques (de haut niveau) et techniques (de plus bas niveau), exigences et hypothèses sur l'environnement du logiciel à développer.

La figure 2 montre un fragment de diagramme de buts pour un système réparti d'organisation de réunions. Ce diagramme ne montre que les noms de buts, les liens de raffinement (par exemple, le but `DateConvient` est raffiné en sous-buts `Contraintes-Connues`, `ContraintesFusionnées` et `DateChoisie-EnFonctionContraintes`), des raffinements alternatifs (le but `ContraintesConnues` est raffiné en deux options alternatives), les liens de responsabilité (par exemple, le but `ParticipationSiInformé & DateOK` est affecté à l'agent `Participant`, et devient donc une hypothèse sur l'environnement), et des responsabilités alternatives (le but `ContraintesDemandées` est assignable au logiciel de planification ou à la personne à l'initiative de la réunion, ce qui définit deux options alternatives d'automatisation). On remarque également la présence de buts fonctionnels (par exemple, le but `ParticipationMaximale`) et non fonctionnels (les buts `OrganisationRapide` et `ChargeRéduite`). Les raffinements de buts s'arrêtent lorsque l'on atteint des buts affectables individuellement à des agents logiciels ou de l'environnement ; ces derniers deviennent alors respectivement exigences ou hypothèses (van Lamsweerde, 2001).

L'élaboration d'un diagramme de buts peut s'appuyer sur différentes techniques et heuristiques, notamment, la recherche de mots-clés prescriptifs et intentionnels dans les documents et transcriptions d'interviews, des questions «pourquoi ?» à propos d'élé-

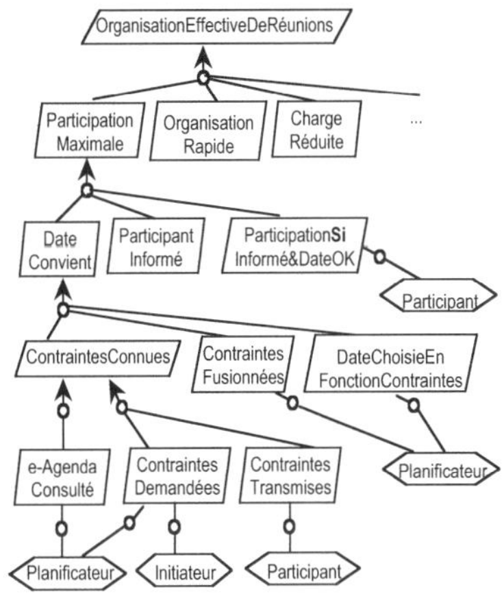

Figure 2 Diagramme de buts

ments concrets élucidés (contraintes techniques, scénarios d'illustration, etc.), des questions «comment ?» à propos de buts déjà identifiés, ou encore, des schémas génériques de raffinement réutilisables – raffinement par cas, par jalons, ou par introduction d'objets rendant un but réalisable par un agent (van Lamsweerde, 2001 , Letier *et al*, 2002a). La figure 3 montre le schéma de raffinement par jalons utilisé, à la figure 2, pour raffiner le but `DateConvient` en sous-buts `ContraintesConnues`, `ContraintesFusionnées` et `DateChoisieEnFonction-Contraintes`.

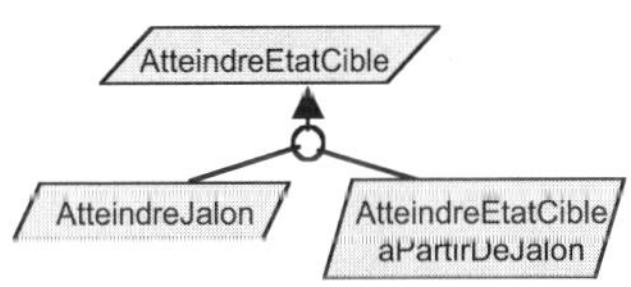

Figure 3 Schéma de raffinement par jalon

Les buts abstraits étant parfois difficiles à cerner en phase d'élucidation, on peut également faire appel à des règles heuristiques pour les identifier à partir de scénarios concrets (Rolland *et al*, 1998).

Un graphe ET/OU modélisant les buts du système est d'utilité primordiale en ingénierie des exigences : il guide l'élaboration des exigences devant garantir les objectifs poursuivis ; il fournit un critère de complétude et de pertinence des exigences (Yue, 1987) ; il permet de structurer les informations par couches d'abstraction (raffinements-ET) ; il met en évidence les alternatives à évaluer et négocier (raffinements-OU et affectations-OU), et permet l'analyse qualitative d'impact de décisions (Mylopoulos *et al*, 1992) ; il permet la gestion des conflits au niveau où ils se posent vraiment (Robinson *et al*, 2003) ; il offre un support à la gestion de l'évolution – plus haut un but est dans le graphe de raffinement, plus stable il sera, et des branches alternatives permettent de représenter des variantes et révisions.

Un dernier avantage, et non le moindre, est qu'il permet une analyse anticipative des failles potentielles du système modélisé, de manière à en dégager de nouvelles exigences pour un système plus robuste (van Lamsweerde et Letier, 2000). Un *obstacle* à un but est une précondition, cohérente avec les propriétés du domaine, qui, si elle est satisfaite, entraîne la non-satisfaction du but. L'analyse d'obstacles permet de prendre en compte des aspects critiques, tels que la sûreté et la sécurité du système futur, dès les premières étapes de l'ingénierie du CdC. Elle comporte trois étapes : l'identification systématique d'un maximum de circonstances pouvant entraîner la violation de buts, exigences et hypothèses ; l'évaluation du caractère plausible et critique des circonstances identifiées, et l'identification systématique de nouvelles exigences pour éviter ces circonstances ou en atténuer les effets.

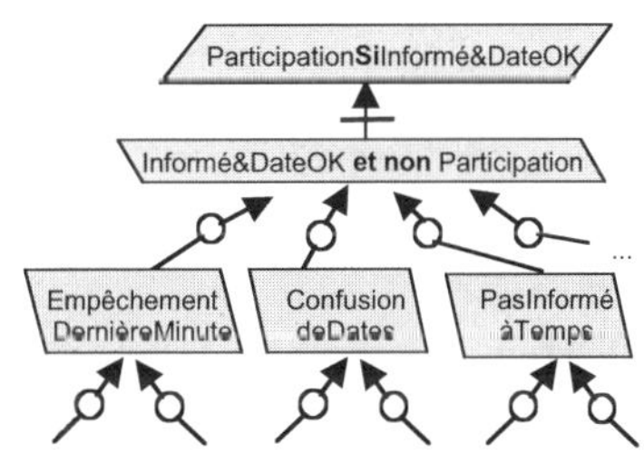

Figure 4 Fragment d'arbre-OU d'obstacles

Les obstacles à un but peuvent être générés par régression de leur négation au travers des propriétés du domaine (van Lamsweerde et Letier, 2000). La figure 4 illustre quelques obstacles obtenus systématiquement à l'aide de cette technique ; le but obstrué est l'hypothèse `ParticipationSiInformé & DateOK`, apparaissant à la figure 2. On notera que ces obstacles se structurent en un arbre-OU, similaire aux arbres de fautes fréquemment utilisés pour l'analyse de systèmes critiques en sûreté, mais ici enracinés sur la négation d'un but à partir duquel ils sont dérivés.

On peut alors produire des contre-mesures alternatives pour chaque obstacle jugé plausible et préoccupant, par application d'opérateurs de résolution – tels que la substitution du but obstrué par un autre, la substitution de l'agent responsable, l'affaiblissement du but, sa restauration, la prévention de l'obstacle, sa mitigation, etc. (van Lamsweerde et Letier, 2000).

3.2 Modélisation des objets

Les buts concernent des objets du domaine, qu'il convient de caractériser et de mettre en relation. Un diagramme d'objets permet de définir un glossaire des concepts et termes utilisés, de structurer les connaissances du domaine, et de définir des contraintes à respecter par les futures images informatiques des concepts du domaine. On utilise, typiquement, les notations standards UML pour représenter les objets conceptuels, leurs associations et attributs respectifs. La figure 5 montre un fragment de diagramme de classe pour notre système d'organisation de réunions.

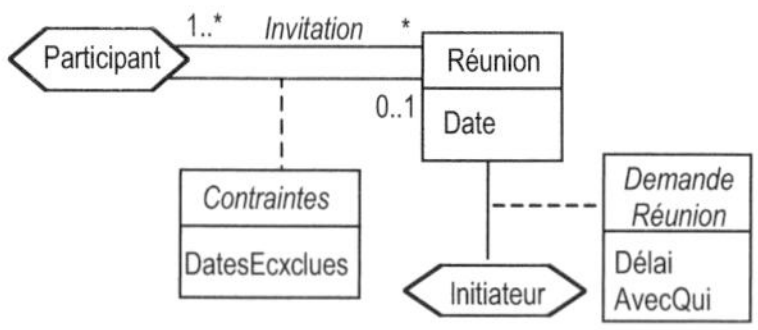

Figure 5 Diagramme d'objets

Les éléments d'un diagramme d'objets peuvent être dérivés systématiquement des définitions de buts apparaissant dans le diagramme des buts (cf. figure 2). Ceci contraste avec les méthodologies UML, qui reconnaissent en général leur incapacité à déterminer ce qui doit réellement figurer dans un diagramme de classes, et pour quelle raison (Booch, 1999).

3.3 Modélisation des agents

Les agents sont des objets actifs, qui doivent restreindre leur comportement pour assurer les buts dont ils sont responsables. Un diagramme d'agents permet de représenter les responsabilités respectives des différentes composantes du système modélisé, ainsi que leurs interfaces en termes des variables qu'ils monitorent ou contrôlent. La frontière entre le logiciel et son environnement est ainsi délimitée.

La figure 6 montre un fragment de diagramme d'agents, pour les liens de responsabilité repris à la figure 2. Une flèche étiquetée représente le fait que l'agent source (cible) contrôle (monitore) la variable en étiquette. Les variables à la figure 6 correspondent à des attributs/associations déclarés à la figure 5, et référencés par des buts de la figure 2.

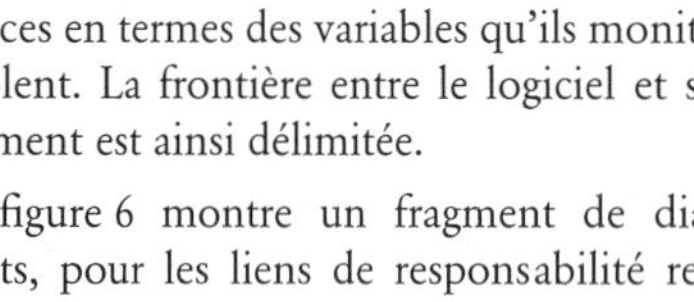

Figure 6 Diagramme d'agents

Les diagrammes d'agents, parfois appelés diagrammes de contexte (Jackson, 1995), peuvent également être obtenus de façon systématique à partir des formulations de buts et des liens de responsabilité qui y figurent (Letier *et al*, 2002a).

Il est parfois utile de pouvoir modéliser des liens de dépendance stratégique entre agents – par exemple, lorsque l'on veut modéliser l'organisation, en phase d'analyse du domaine, ou faire une analyse de vulnérabilité le long de tels liens. Les notations *i** permettent de représenter différents types de dépendance entre agents : dépendance pour la satisfaction d'un but, la réalisation d'une tâche ou la disponibilité d'une ressource (Yu, 1993).

3.4 Modélisation des opérations

Le modèle des opérations fournit la vue fonctionnelle du système ; en particulier, elle définit les services à réaliser par la partie logicielle. Une opération logicielle y est reliée aux exigences du modèle des buts qu'elle *opérationnalise*, aux données du modèle d'objets qu'elle a en entrée ou en sortie, et à l'agent logiciel du modèle des agents qui la réalise (Dardenne *et al*, 1993). Le modèle des opérations peut être représenté par des diagrammes d'opérationnalisation (van Lamsweerde, 2001) ou par des cas d'utilisation UML (Booch *et al*, 1999). Un outil d'ingénierie des exigences comme Objective*r* peut générer ces derniers automatiquement à partir des diagrammes de buts, d'agents, et des déclarations d'entrée-sortie des opérations.

3.5 Modélisation des comportements

La compréhension du domaine, et l'analyse des procédures en vigueur dans le système existant, peut requérir l'explicitation de la dynamique de certains objets clés du domaine. Dans le cadre du système futur, il est également important d'expliciter le comportement attendu d'agents logiciels.

Pour ce faire, on peut donner des exemples concrets de comportement-type via un ensemble de scénarios d'interaction, souvent représentés sous forme de diagrammes de séquence UML.

Plutôt que de rester au niveau d'exemples, qui risquent de devoir être donnés en grand nombre si l'on veut assurer une bonne couverture de tous les cas de figure, on peut décrire le comportement général d'un objet du domaine ou d'un agent logiciel par le biais d'une machine à états (par exemple, un diagramme d'états UML). Cette machine doit couvrir l'ensemble des scénarios admissibles, en les généralisant à n'importe quelle instance de transition. Elle peut être construite de manière inductive à partir de scénarios, de manière à en couvrir tous les chemins ; différents algorithmes de synthèse sont disponibles.

3.6 KAOS : vers une méthode intégrée d'ingénierie du cahier des charges

L'utilisation d'un modèle riche et à vues multiples offre de nombreux avantages lors des phases d'élucidation, d'évaluation, de documentation, de validation/vérification et de modification des exigences. Un problème majeur reste cependant posé : comment construire un tel modèle, d'une manière incrémentale, systématique, et intégrant les techniques évoquées dans ce chapitre ?

La méthode KAOS vise à répondre à cette question en proposant un agencement d'étapes à suivre pour la construction et l'analyse des différentes vues présentées au § 3 (van Lamsweerde, 2001). Ces étapes sont entrelacées mais liées par des liens de dépendance par les données et de retour-arrière. La méthode a été affinée au cours d'une dizaine d'années d'expérience dans une multitude de projets industriels. Les étapes en sont les suivantes :

1. Construire un modèle des buts du système existant, par raffinements et abstractions, en utilisant les heuristiques évoquées § 3.1.
2. En parallèle, dériver les concepts référencés par les définitions de but, les relier et les définir, pour former un modèle des objets du domaine.
3. Identifier des manières alternatives de satisfaire les buts de haut niveau du système existant, qui rencontre de nouveaux objectifs se dégageant des problèmes constatés dans le système existant et des opportunités identifiées ; élaborer des raffinements alternatifs de ces objectifs, en utilisant les heuristiques évoquées au § 3.1, pour obtenir un modèle des buts du système futur.
4. Enrichir le modèle des objets au moyen des objets, associations et attributs dérivés de la formulation des nouveaux buts ; si nécessaire, enrichir les objets de comportement dynamique non trivial, par des attributs et associations dérivables de leur diagramme d'états.
5. En parallèle aux étapes 1-4, analyser les obstacles et gérer les conflits pour en dériver de nouveaux buts les résolvant.
6. Considérer des affectations alternatives de responsabilité pour les buts terminaux du modèle du système futur.
7. Évaluer les différentes alternatives (alternatives de raffinement, d'affectation, de résolution d'obstacles et de conflits), eu égard aux buts non fonctionnels du modèle, en utilisant les techniques évoquées p. 1387, ou leur extension quantitative (Letier *et al*, 2004).
8. Opérationnaliser les buts correspondant aux alternatives retenues, pour obtenir un modèle des opérations, spécifiées de manière à assurer ces buts ;
9. Pour chaque agent logiciel, construire un diagramme d'états opérationnalisant les exigences qui lui sont assignées (les applications d'opérations confiées à cet agent définissant des transitions d'état dans ce diagramme).
10. Lors des étapes 1-9, considérer des scénarios d'interaction comme aide à l'identification d'éléments du modèle concerné par l'étape correspondante.

Un modèle KAOS permet de produire semi-automatiquement une documentation constituant le corps central du cahier des charges. Le principe est de générer automatiquement la structure du document à partir de la structure des modèles et de standards requis (standards de l'organisation, standard IEEE Std-830, etc.), d'y loger les définitions annotant les différents éléments de modèle, puis d'insérer, en bonne place, des éléments additionnels tels que fragments de diagrammes, exemples, tables ou extraits d'interviews, par « tirer-déposer » interactif à partir du modèle.

Par exemple, si le standard IEEE Std-830 est choisi :
- la section "1.2. System Purpose" est produite à partir des buts de haut niveau du modèle des buts ;
- la section "1.3. Definitions, Acronyms & Abbreviations" est produite à partir du modèle des objets ;
- la section "2.2. User Requirements" est produite à partir du graphe des buts, parcouru de haut en bas pour produire une structure arborescente en sections/sous-sections ;
- la section "2.5. Assumptions and Dependencies" est produite à partir des buts-hypothèses sur l'environnement et des obstacles générés mais non résolus ;
- la section "3. System Requirements" est produite à partir du modèle des agents et des opérations.

L'outil Objectiver supporte cette fonctionnalité de génération semi-automatique du cahier des charges.

4 Conclusion

L'ingénierie des exigences est une discipline encore jeune, aux confins du génie logiciel et de l'ingénierie des systèmes, et qui touche à des disciplines variées et en général s'ignorant mutuellement : bases de données (modélisation des objets), intelligence artificielle (représentation et manipulation de connaissances), méthodes formelles, aide à la décision multicritère, sociologie des organisations, psychologie cognitive, etc. La variété des résultats de recherche en ingénierie des exigences reflète cette diversité et, dans une certaine mesure, ce manque d'intégration. Mais la tâche est difficile, au vu des multiples transitions à gérer : des considérations stratégiques de l'organisation aux spécifications techniques du logiciel, des problèmes du passé vers les solutions du futur, de l'imprécis vers le précis, du conflictuel vers le consistant, du partiel vers le complet, du non-structuré vers le structuré, de l'informel vers le formel.

Vu l'impact, maintenant largement admis, de la qualité d'un CdC sur la qualité du produit logiciel qui en résulte, de très nombreux efforts de recherche en la matière ont vu le jour depuis une quinzaine d'années. Ce chapitre a essayé d'en montrer l'étendue, dans un cadre intégré.

Le lecteur aura pu en dégager quelques lignes de force :

- l'importance des techniques permettant d'élucider, évaluer, documenter, valider/vérifier, et faire évoluer les exigences ;
- la nécessité d'aborder les choses, dans un premier temps, à un niveau déclaratif, qui est celui des acteurs intervenant dans le processus, plutôt qu'à un niveau directement opérationnel, qui est celui des informaticiens ;
- les défis posés par les inévitables conflits à résoudre en cours d'élaboration des exigences ;
- la nécessité d'être pessimiste, en anticipant un maximum de causes d'échec d'un système trop idéal, pour en dériver des exigences en vue d'un système plus robuste ;
- le rôle que peut jouer un modèle riche, à dimensions multiples, prenant ses racines dans les objectifs stratégiques de l'organisation, mettant en exergue les alternatives à considérer, et prenant en compte non seulement le logiciel, mais également son environnement ;
- l'importance de méthodes de construction et d'analyse de tels modèles.

Les progrès de recherche en ingénierie des exigences sont certains, mais leur transfert vers de bonnes pratiques l'est beaucoup moins. Beaucoup de praticiens sont comparables à des fumeurs : ils savent que fumer nuit à la santé, mais ne changent guère de comportement. Les réticences s'expliquent par différents facteurs : la rédaction d'un CdC de qualité n'est pas automatiquement récompensée par la conclusion d'un contrat de développement, des délais trop serrés ne permettent pas d'analyse en profondeur, les progrès dans l'élaboration d'un CdC sont plus difficiles à mesurer que les progrès dans le développement du logiciel, et enfin, la qualité d'un CdC ne garantit pas nécessairement la qualité du produit logiciel final.

Le monde de la recherche est en partie responsable de cet état des choses. Ainsi, par exemple, on ne dispose d'aucune étude empirique sérieuse, à grande échelle, montrant le gain réel apporté par l'utilisation de techniques d'ingénierie des exigences. Peu de travaux sont consacrés à des méthodes systématiques de passage du CdC vers les produits en aval du cycle de vie logiciel. Les méthodes qualitatives d'évaluation d'alternatives restent fort floues, d'où un certain questionnement sur leur fiabilité dans un processus de prise de décision. Les méthodes formelles sont lourdes et coûteuses à déployer. Enfin, la prise en compte d'aspects critiques tels que la sûreté ou la sécurité reste relativement artisanale.

Ces différentes limitations de l'état de l'art tracent autant de voies pour des travaux futurs.

Bibliographie

T.E. Bell et T.A. Thayer, "Software Requirements : Are They Really a Problem?", *Proc. ICSE-2 : 2nd International Conference on Software Enginering,* San Francisco, 1976, 61-68.

B.W. Boehm, Software Engineering Economics. Prentice-Hall, 1981.

B.W. Boehm, "A Spiral Model of Software Development and Enhancement", *IEEE Computer* Vol. 21, n° 5, May 1988, p. 61-72.

B. W. Boehm, P. Bose, E. Horowitz, et Ming June Lee, "Software Requirements Negotiation and Renegotiation Aids : A Theory-W Based Spiral Approach", *Proc. ICSE-17 - 17th Intl. Conf. on Software Engineering,* Seattle, 1995, p. 243-253.

G. Booch, J. Rumbaugh et I. Jacobson, *The Unified Modeling Language User Guide.* Addison-Wesley, 1999.

F.P. Brooks, "No Silver Bullet : Essence and Accidents of Software Engineering. *IEEE Computer,* Vol. 20, n° 4, April 1987, p. 10-19.

L. Chung, B. Nixon, E. Yu et J. Mylopoulos, *Non-functional requirements in software engineering.* Kluwer Academic, 2000.

A. Dardenne, A. van Lamsweerde et S. Fickas, "Goal-Directed Requirements Acquisition", *Science of Computer Programming,* Vol. 20, 1993, p. 3-50.

M. Fowler, *Analysis patterns : Reusable Object Models.* Addison-Wesley, 1997.

C. Heitmeyer, R. Jeffords et B. Labaw, "Automated Consistency Checking of Requirements Specifications", *ACM Transactions on Software Engineering and Methodology* Vol. 5, n° 3, July 1996, p. 231-261.

C. Heitmeyer, J. Kirkby, B. Labaw, M. Archer et R. Bharadwaj, "Using Abstraction and Model Checking to Detect Safety Violations in Requirements Specifications", *IEEE Transactions on Software Engineering* Vol. 24, n° 11, November 1998, p. 927-948.

M. Jackson, *Software Requirements & Specifications - A Lexicon of Practice, Principles and Pejudices.* Addison-Wesley, 1995.

M. Jackson, *Problem Frames – Analyzing and Structuring Software Development Problems.* ACM Press, Addison-Wesley, 2001.

J. Karlsson et K. Ryan, "A Cost-Value Approach to Prioritizing Requirements", *IEEE Software* Vol. 14, n° 5, 1997, p. 67-74.

G. Kotonya, I. Sommerville, *Requirements Engineering - Processes and Techniques.* Wiley, 1997.

A. van Lamsweerde, "Goal-Oriented Requirements Engineering : A Guided Tour", *Invited Minitutorial, Proc. RE'01 - 5th Intl. Symp. Requirements Engineering,* Toronto, August 2001, p. 249-263.

A. van Lamsweerde, *Goal-Oriented Requirements Engineering : From System Objectives to UML Models to Software Specifications.* Wiley, 2006.

A. van Lamsweerde et E. Letier, "Handling Obstacles in Goal-Oriented Requirements Engineering", *IEEE Transactions on Software Engineering,* Special Issue on Exception Handling, 2000.

A. van Lamsweerde, R. Darimont et E. Letier, "Managing Conflicts in Goal-Driven Requirements Engineering", *IEEE Trans. on Sofware. Engineering,* Special Issue on Inconsistency Management in Software Development, November 1998.

E. Letier et A. van Lamsweerde, "Agent-Based Tactics for Goal-Oriented Requirements Elaboration", *Proc. ICSE'02 : 24th Intl. Conf. on Software Engineering,* Orlando, IEEE Press, May 2002.

E. Letier et A. van Lamsweerde, "Deriving Operational Software Specifications from System Goals", *Proc. FSE'10 :* 10th *ACM Symp. Foundations of Software Engineering,* Charleston, November 2002.

E. Letier et A. van Lamsweerde, "Reasoning about Partial Goal Satisfaction for Requirements and Design Engineering", *Proc. FSE'04, 12th ACM International Symp. on the Foundations of Software Engineering,* Newport Beach (CA), Nov. 2004, p. 53-62.

P. Massonet et A. van Lamsweerde, "Analogical Reuse of Requirements Frameworks", Proc. RE-97 - *3rd Int. Symp. on Requirements Engineering,* Annapolis, 1997, p. 26-37.

Mylopoulos, J., Chung, L., Nixon, B., "Representing and Using Nonfunctional Requirements : A Process-Oriented Approach", *IEEE Trans. on Sofware. Engineering,* Vol. 18, n° 6, June 1992, p. 483-497.

B. Nuseibeh, J. Kramer et A. Finkelstein, "A Framework for Expressing the Relationships Between Multiple Views in Requirements Specifications", *IEEE Transactions on Software Engineering,* Vol. 20, n° 10, October 1994, p. 760-773.

S. Owre, J. Rushby, et N. Shankar, "Formal Verification for Fault-Tolerant Architectures : Prolegomena to the Design of PVS", *IEEE Transactions on Software Engineering* Vol. 21, n° 2, Feb. 95, p. 107-125.

A. Porter, L.G. Votta et V.R. Basili, "Comparing Detection Methods for Software Requirements Inspections : A Replicated Experiment", *IEEE Transactions on Software Engineering,* Vol. 21 n° 6, 1995, p. 563-575.

S. Robertson et J. Robertson, *Mastering the Requirements Process.* ACM Press, Addison-Wesley, 1999.

W.N. Robinson, S. Pawlowski et V. Volkov, Requirements Interaction Management, *ACM Computing Surveys* Vol. 35, n° 2, June 2003, p. 132-190.

C. Rolland, C. Souveyet et C. Ben Achour, "Guiding Goal Modeling Using Scenarios", *IEEE Trans. on Sofware. Engineering,* Special Issue on Scenario Management, December 1998, p. 1055-1071.

D. Teichrow et E. Hershey, "PSL/PSA : A Computer Aided Technique for Structured Documentation and Analysis of Infomation Processing Systems", *IEEE Transactions on Software Engineering,* Vol. 3, n° 1, 1977, p. 41-48.

K. Weidenhaupt, K. Pohl, M. Jarke, et P. Haumer, "Scenario Usage in System Development : A Report on Current Practice". *IEEE Software,* March 1998.

K. Yue, "What Does It Mean to Say that a Specification is Complete ?", *Proc. IWSSD-4, Fourth International Workshop on Software Specification and Design,* Monterey, 1987.

E.S.K. Yu, "Modelling Organizations for Information Systems Requirements Engineering", *Proc. RE'93 - 1st Intl Symp. on Requirements Engineering,* IEEE, 1993, p. 34-41.

Modèle dans le domaine des systèmes d'information

Michel Léonard

Mots-clés : modèle, métamodèle, modèle d'entreprise, modèle informationnel, modèle informatique, modèle ontologique, métamodèle interopérable.

Résumé : à mesure que l'informatique se répand dans le monde des activités, la coordination des stratégies de développement de l'entreprise et de son informatique dépend essentiellement de l'émergence du monde des systèmes d'information avec ses modèles. Ces modèles se formalisent dans des métamodèles qui rendus interopérables, permettent d'envisager une chaîne articulée de concepts reliant le monde des activités au monde informatique en s'appuyant sur les mondes informationnel et ontologique.

Le concept de *modèle* est un concept essentiel et fondateur du monde des systèmes d'information (SI). Il existe une multitude de travaux scientifiques relatifs aux modèles dans le domaine des SI, publiés notamment dans les conférences annuelles des associations INFORSID[1] au niveau francophone et CAISE[2] au niveau international. Notre objectif est de présenter, pour les SI, les enjeux des modèles. Ce domaine est en pleine expansion du fait que toutes les activités humaines sont concernées, que les technologies de l'information sont de plus en plus diverses, et que de nouvelles activités apparaissent du fait des SI. Après l'introduction, nous présentons quatre grandes classes de modèles pour les SI, les modèles informatiques, les modèles d'entreprise pour SI, les modèles informationnels et les modèles ontologiques.

1. Le groupe INFORSID, créé par l'INRIA en 1973, est devenu en 1981 une association régie par la loi 1901 (http://inforsid.irit.fr), qui a pour but de faciliter les échanges entre chercheurs et industriels et de promouvoir les recherches dans le domaine de l'informatique des organisations.
2. Conférence annuelle depuis 1990 dans le domaine de l'ingénierie des systèmes d'information (*Conference on Advanced Information System Engineering*) (http://gnomo.fe.up.pt/~caise/index.php).

1 Introduction

Le monde des SI est intimement lié au monde informatique car tout développement de SI contient un développement informatique prenant en compte les nouvelles technologies informatiques. Il est aussi intimement lié au monde de l'entreprise, « entreprise » aussi bien dans le sens d'une société commerciale, que dans celui plus général de toute mise en exécution d'un ouvrage, d'un projet, d'une ambition, d'une politique. Le monde des SI a pour but de fournir une aide efficace et précieuse à toutes les activités du monde de l'entreprise, à l'aide des technologies informatiques. C'est ainsi que le monde des SI impose une extériorité au monde informatique, celle du monde de l'entreprise, et lui permet de se connecter au mouvement du monde de l'entreprise qui est une partie centrale du mouvement de l'humanité.

Dans une première phase, celle de *l'informatique de gestion*, l'informatique a pénétré le monde de l'entreprise en informatisant les grandes fonctions de l'entreprise, comme les traitements de la paye, des commandes, des achats… Cette informatisation s'appuyait sur les qualités reconnues de l'informatique : ses performances de calcul, sa fiabilité, son pouvoir de stockage de données et de leur accès, sa robustesse. Dans cette phase, on peut considérer, en simplifiant grossièrement, que l'informaticien de gestion, avec l'aval de la direction, s'emparait d'un « problème » de gestion et trouvait une « solution» appropriée quelque temps plus tard. Il devait analyser l'existant et ensuite dresser des schémas d'information et de traitement, pour finalement les informatiser. Enfin il livrait la solution aux utilisateurs. Dans l'esprit autant des responsables de l'entreprise que de ceux de l'informatique, il ne s'agissait que d'« appliquer » l'informatique à la gestion sans aucune répercussion sur son organisation. Il s'agissait seulement d'améliorer la productivité de tâches du tertiaire. Alors le concept de modèle n'était qu'un concept interne, utile à l'informaticien de gestion pour écrire des schémas de données et de traitements, et pour ensuite les informatiser : il ne constituait qu'une transition.

Avec les SI, c'est le rôle même de l'informatique dans le développement de l'entreprise qui est remis en cause : de périphérique, il devient essentiel, il devient un des pôles cruciaux du développement de l'entreprise, celui du support efficace et pertinent de toutes ses activités. Le SI est alors un carrefour incontournable de communication et de coordination de toutes les activités de l'entreprise, de tous ses acteurs et partenaires. Un SI est alors une «construction formée :

- d'ensembles d'informations, qui sont des représentations partielles de faits qui intéressent l'institution ;
- de traitements, qui constituent des procédés d'acquisition, de mémorisation, de transformation, de recherche, de présentation et de communication d'informations ;
- de règles d'organisation, qui régissent l'exécution de traitements informationnels ;
- de ressources humaines et techniques requises pour le fonctionnement du SI.» (Bodart, Pigneur 1983)

L'enjeu d'un modèle est alors de nature cognitive ; il s'agit de comprendre comment :

- aménager ce carrefour de communication entre tous les acteurs et partenaires concernés par le SI ;
- amener l'informatique à être un support pertinent, indispensable aux activités humaines de l'entreprise.

Étant donnée la grande variété des points de vue des acteurs et la grande variété des aspects de nature technique et organisationnelle, de nombreuses descriptions sont nécessaires au développement d'un SI. Ces descriptions sont appelées des *modèles* si elles sont écrites dans un formalisme les obligeant à être précises, non ambiguës et complètes, et permettant de faire des analyses sur les modèles eux-mêmes. Un tel formalisme s'appelle un *métamodèle*.

Le monde des SI a besoin de nombreux métamodèles pour permettre des descriptions de ses nombreux aspects. Un SI donné se décrit alors par un ensemble de modèles qui doivent être cohérents les uns par rapport aux autres.

«La construction d'un modèle permet d'une part, de représenter un phénomène en le séparant de son milieu naturel et d'autre part, de simuler la réalité en incluant tous les éléments qui semblent essentiels à l'explication du mécanisme du phénomène. La construction d'un modèle du SI d'une entreprise peut permettre de répondre à deux besoins distincts d'égale importance :

- examiner si le réseau d'informations, qui comprend les données et les traitements, satisfait les besoins de décision des responsables de l'entreprise. Cette possibilité suppose qu'une modélisation de certaines décisions a été faite afin de mesurer la qualité du réseau d'informations par rapport à ces décisions. On peut aussi envisager de modifier le réseau d'informations sans changer le processus de décision ce qui permettra d'étudier différentes configurations du réseau d'informations ;
- la construction d'un modèle d'un SI comme on vient de le voir ci-dessus, implique d'avoir une représentation globale des processus d'organisation et de gestion de l'entreprise, ce qui permettra d'envisager une simulation.» (Delobel, 1973)

Dans la construction d'un modèle pour un SI, on est systématiquement confronté à une difficulté majeure : le «phénomène» à modéliser n'est pas statique et il dépend du SI en développement. L'objet du modèle contient une part de l'existant, mais aussi une part imaginée qui correspond au futur SI, à sa réalisation informatique et à son immersion dans les activités de l'entreprise.

En fait, l'objet de tous ces modèles est le SI lui-même.

2 Les différents modèles de base de SI

Le domaine des SI n'a pas pour objectif de constituer un pont entre le monde des activités et l'informatique. Comme l'un et l'autre de ces deux domaines sont toujours en complète effervescence, le *pont*, pour autant qu'on pût le construire, serait détruit à peine mis en service.

Le domaine des SI est celui de l'étude et de la réalisation de l'interpénétration du monde des activités et du monde informatique : les activités humaines et collectives d'une entreprise sont aidées par des systèmes informatiques pour l'accomplissement de leurs tâches, la surveillance de processus, leurs processus d'investigation et de décision à tous les niveaux de stratégie, d'architecture, de tactique, d'opérations, de contrôle. Il constitue un véritable domaine scientifique en lui-même, avec ses propres méthodes d'investigation et de concrétisation. Il est très vaste et se compose de nombreux thèmes scientifiques. À chaque thème correspondent des modèles pour le décrire de manière rigoureuse. Nous en présentons quatre relatifs au développement informatique, aux activités de l'entreprise, au monde informationnel et au monde ontologique.

Ces thèmes sont autonomes avec leurs propres concepts, leurs propres modes de pensée, leurs propres critères de vérité et de qualité, leurs propres méthodes. Mais ils sont aussi interopérables entre eux : aucun thème n'est isolé et il doit avoir des recouvrements conceptuels avec les autres thèmes. Ces recouvrements portent sur des concepts et des modes de pensée communs, sur des protocoles de coopération, sur la compréhension réciproque des enjeux.

Cette mosaïque de thèmes fait la richesse et la complexité du domaine des SI. Elle montre qu'il faut de nombreuses compétences et connaissances pour enclencher et nourrir un développement durable de SI pour une entreprise.

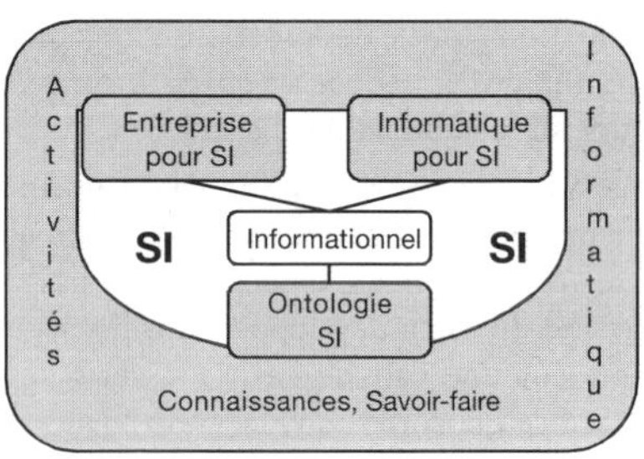

Figure 1 Thèmes du domaine des SI

3 Modèle informatique pour SI

C'est dans cette partie que le SI se concrétise par une réalisation informatique.

3.1 Propriétés des modèles informatiques de SI

Les premières propriétés intrinsèques sont bien connues car elles sont communes à tout développement informatique : fiabilité, sécurité, sûreté, maintenance, test, déploiement, distribution. C'est dans ce thème que se décide l'architecture informatique du SI et que se conduit son développement informatique. La plupart des approches actuelles en génie logiciel prennent comme modèle de référence le standard UML (Booch, Rumbaugh et Jacobson 1999). Mais (Cavarero et Lecat, 2000) introduit un doute salutaire à toute affirmation péremptoire sur l'adéquation d'UML aux SI.

Le développement informatique d'un SI fait partie d'un tout, et il s'imbrique dans les travaux poursuivis dans les autres thèmes, notamment ceux du modèle informationnel. Il possède ainsi d'autres caractéristiques qui ne sont pas valables pour tout développement informatique.

Évolution du SI toujours possible.

Le développement informatique doit la prévenir, en prenant des décisions d'architecture qui tiennent compte des possibles évolutions, en tenant à jour la liste des évolutions informatiques possibles avec leur degré de difficulté et leur coût, en étant capable d'évaluer la difficulté et le coût d'une évolution précise, en étant capable de conduire le processus de développement informatique de l'évolution.

Compatibilité de la réalisation informatique avec le modèle informationnel du SI

Pour assurer cette compatibilité constamment, il propose d'éviter les situations de mise en échec des développeurs en s'assurant que :
- le modèle informationnel contient toutes les informations nécessaires aux prises de décisions d'architecture informatique concernant notamment sécurité, performances, distribution, concurrence ;
- si la plateforme technologique utilisée oblige à faire des choix imprévus, leurs impacts sur les activités sont analysés au niveau du modèle informationnel ou du modèle de l'entreprise ;
- ils peuvent communiquer avec les responsables du modèle informationnel, pour le compléter éventuellement.

L'impact de nouvelles technologies sur le SI

Les responsables de ce thème proposent des modifications au modèle informationnel en fonction des nouvelles possibilités technologiques.

Il n'existe pas d'« utilisateurs » de SI

Dans l'informatique classique, l'utilisateur est en fait un « client » et bien sûr un client doit être « satisfait » de son achat. Avec les SI, les enjeux sont d'une autre nature : au niveau de l'entreprise, il s'agit de l'efficacité de la coordination des activités. Au niveau des personnes, il s'agit de leur place de travail, de leurs tâches, de leurs responsabilités. Les enjeux dépassent considérablement le cadre étroit de la « satisfaction » des utilisateurs. Les développeurs de SI travaillent pour un ensemble de personnes, clairement identifié, et ils sont proches des acteurs : ils leur fournissent le SI par parties, en construisant dès que possible des *composants* du SI utiles et utilisables. Ils mettent en place un processus de veille pour détecter leurs nouveaux besoins.

Les objectifs dans un SI ne sont pas un but en soi et un SI n'a jamais de fin

D'habitude, un projet informatique poursuit des objectifs qui doivent être atteints. Mais dans le cadre des SI, ces «objectifs» ne doivent surtout pas empêcher de constater que des parties du SI servent de supports d'activités qui n'ont pas été prévues dans les objectifs initiaux. En aucun cas, il ne s'agit d'une erreur, mais simplement de constater que les développements de SI ne cherchent pas à trouver une solution à un problème, mais à anticiper et réaliser des composants informationnels utiles non seulement pour remplir les objectifs assignés mais aussi pour servir de base à de nouveaux développements du SI. Car le développement d'un SI est continuel.

La multitude de technologies informatiques utilisées

La multitude des technologies utilisées – systèmes de gestion de bases de données (SGBD), systèmes de gestion de documents, moteurs de recherche d'information, serveurs Web, entrepôts de données, systèmes peer-to-peer, téléphone mobile, systèmes de gestion de processus de travail – peut être la cause d'une fragmentation des efforts de développement de SI. On s'intéresse aux développements informatiques liés à une technologie sans se soucier des développements du SI à l'aide des autres technologies. Cette pensée fragmentée conduit à des parties de SI, finalement isolées, peu flexibles, peu interopérables et ayant du mal à appartenir à un ensemble compréhensible. Il faut des modèles.

3.2 Nécessité des modèles

Amplifiée par la multitude des technologies, la multitude de services attendus du SI, la fragmentation du SI devient inéluctable et la cohésion du SI de l'entreprise devient floue et ne cessera de décliner lors des évolutions futures. Sans modèle, on ne sait éviter cette fragmentation.

Il va s'agir d'une myriade de modèles couvrant chacun un domaine précis, chacun d'eux précisant :

- les mesures prises pour garantir sa compatibilité avec les modèles voisins ;
- les décisions d'architecture prises à son niveau ;
- un état des situations d'évolution.

De tels modèles permettent la communication entre les personnes chargées du développement informatique du SI. Ils sont décrits formellement à l'aide de métamodèles. Déjà Merise (Tardieu, Rochfeld et Coletti, 1983) proposait de tels métamodèles au niveau logique de données et de traitements, au niveau physique de données et de traitements.

Mais ces métamodèles informatiques de SI ne peuvent exister que si l'architecture des systèmes informatiques de base le permet. Or, actuellement, il existe un mouvement de la communauté du génie logiciel qui offre une réelle opportunité à saisir. Il prône le développement des systèmes obéissant justement à des modèles, comme l'approche MDA (Soley, 2000) : «Les entreprises, qui adoptent les principes de l'architecture obéissant à un modèle, gagnent en flexibilité : la possibilité de dériver du code à partir d'un modèle stable alors que l'infrastructure sous-jacente se modifie. Le retour sur investissement provient de la réutilisation des modèles d'application et de domaine tout au long du cycle de vie du système.» Ces métamodèles de technologies de l'information concernent toutes les technologies d'information et les nombreuses couches de logiciel.

Alors il est possible d'envisager un modèle informatique de SI servant de base à la réalisation informatique dans le cadre d'un modèle de technologie de l'information et d'établir des critères de compatibilité entre le modèle et la réalisation.

3.3 Exemple des SGBD

Introduction

C'est le premier domaine de technologies de l'information qui a permis d'établir une continuité entre un modèle informatique de données de SI et sa réalisation informatique à l'aide d'un SGBD relationnel.

Elle repose d'une part, sur un métamodèle de SGBD, appelé le «modèle relationnel». Ce modèle relationnel a permis l'architecture à trois niveaux des SGBD : métamodèle, schéma, objets. Il a simplifié considérablement le code de développement d'un SGBD.

Elle repose d'autre part, sur les concepts communs entre ce métamodèle de SGBD et le métamodèle informatique de SI.

Concepts communs entre les métamodèles

Voici les concepts communs principaux :

- classe (*relation* dans la terminologie relationnelle) avec des attributs, chaque attribut ayant un domaine ;
- objet (*entité*) qui prend une valeur par attribut de la classe, cette valeur étant du domaine de l'attribut ;
- un ou plusieurs identifiants sémantiques par classe;
- des règles d'intégrité qui sont des conditions logiques que vérifie tout objet de la classe.

Un domaine d'un attribut comprend un type (entier, numérique, chaîne de caractères, chaîne de booléens, date…), l'ensemble des valeurs possibles (comme des intervalles de définition pour des entiers ou des numériques, des listes de valeurs pour des chaînes de caractères ou de booléens). Pour chaque attribut d'une classe, on indique si la valeur obscure (comme *inconnue* ou *impossible*) est autorisée ou non.

Un identifiant d'une classe est un ensemble minimal d'attributs de la classe, tel que deux objets quelconques de la classe prennent des valeurs distinctes pour lui. Pour être assuré d'identifier *tous* les objets avec un même identifiant, il en faut au moins un pour lequel aucune valeur inconnue ne soit autorisée pour aucun des objets, et qui est qualifié de *primaire*.

Exemple : Véhicule (NoImm//NbKm, DateMCircul)

La classe Véhicule permet d'identifier ces objets par leur numéro d'immatriculation NoImm : ils prennent des valeurs pour NbKm pour le nombre de kilomètres parcourus lors de leur dernière visite au garage, et pour DateMCircul pour la date de leur mise en circulation.

Une classe C_1 est en *dépendance référentielle* avec la classe C_2, si la classe C_1 contient dans ses attributs un identifiant primaire I_2 de C_2 : (*clé étrangère*) alors à tout objet de C_1 prenant une valeur claire pour I_2, il correspond un objet de C_2 prenant la même valeur pour I_2. Si un objet o_2 de C_2 est supprimé, alors tous les objets de C_1 ayant la même valeur identifiante pour I_2 que celle de o_2, prennent la valeur obscure pour I_2.

Une classe C_1 est en *dépendance existentielle* avec la classe C_2, si la classe C_1 est en dépendance référentielle avec C_2 – avec un identifiant primaire I_2 de C_2 dans ses attributs – et si tout objet de C_2 prend toujours une valeur claire, non modifiable pour I_2 : alors à tout objet de C_1 correspond un objet de C_2 prenant la même valeur pour I_2. Si un objet o_2 de C_2 est supprimé, alors tous les objets de C_1 ayant la même valeur pour I_2, sont supprimés.

Différences entre ces deux métamodèles

Le métamodèle de SGBD contient d'autres concepts propres à la réalisation de SI comme les transactions, index, moyens d'accès aux objets comme les B-arbres, jointure… Le modèle informatique de SI contient lui aussi d'autres concepts et modes de pensée propres comme la composition et décomposition de classes (*relations*), des règles d'intégrité complexes. De plus un concept commun peut avoir des sens différents entre les deux métamodèles : classe signifie une zone de stockage pour le SGBD, une désignation d'informations homogènes pour le SI.

Caractéristiques d'évolution du SI

L'évolution d'un modèle informatique de SI doit se faire suivant un processus limpide conduisant à la réalisation informatique du SI. Pour cela il est indispensable que le métamodèle du SGBD soit *complet* (Al-Jadir et Léonard, 1999a) pour les modifications de schéma, c'est-à-dire que le SGBD assume toute opération de création, suppression ou modification de n'importe quel concept du métamodèle de SGBD, avec la mise en conformité des objets concernés. Dans le cas du métamodèle précédent, la suppression d'une classe entraîne :

- la suppression de toutes les classes en dépendance existentielle avec elle ;
- et pour chacune des classes supprimées la suppression de tous leurs objets, attributs, identifiants, règles d'intégrité ;
- et pour toute classe en dépendance référentielle avec l'une des classes supprimées, la suppression de cette dépendance référentielle.

(Al-Jadir et Léonard, 1999) a réalisé un module natif complet de restructuration de schéma de données du SGBD F2 (Estier, 1995), un SGBD orienté objet et relationnel supportant la spécialisation dynamique.

3.4 Conclusion

Les modèles informatiques de SI clarifient les liens entre la réalisation informatique du SI et, d'une part, le modèle informationnel du SI, et, d'autre part, les technologies d'information utilisées. Ils sont indispensables pour respecter les caractéristiques des développements informatiques de SI et pour établir la compatibilité entre modèles d'un même SI.

4 Modèle d'entreprise pour SI (MESI)

Le second thème central du monde des SI est celui de l'entreprise. L'informatique dans le monde des SI n'est pas seulement considérée pour elle-même. Le monde des SI lui offre une extériorité où il ne suffit pas de réaliser des exploits techniques en laboratoire de recherche et de développement, mais où il faut que ces exploits soient utiles et utilisables dans le cadre des activités de l'entreprise.

Origines du modèle d'entreprise pour SI

Le fondement de ce second thème provient d'un constat qui a tardé à être reconnu : l'introduction de l'informatique dans une entreprise change les pratiques des activités concernées, parfois fondamentalement au point de créer de nouvelles activités (par exemple relatives aux e-commerce, e-gouvernement, e-services…).

Aux débuts de l'informatique de gestion, ce constat était occulté. Il a fallu les travaux précurseurs notamment de (Tardieu, Rochfeld et Coletti, 1983) dans le cadre de la pensée systémique (Lemoigne, 1977) pour commencer à réagir à cette apathie conceptuelle et lancer l'idée que le développement d'un SI était nécessairement un projet dont l'envergure était l'entreprise elle-même. Quelques dizaines d'années plus tard, ce constat reste pertinent, consistant, incontournable.

Ce changement entraîne des différences fondamentales de position entre l'informaticien de gestion et le spécialiste de SI. L'informaticien de gestion devant transformer en robot des tâches administratives, semble ne faire qu'une copie de l'existant, par exemple de la circulation de documents. Alors il n'a pas besoin de se soucier de l'entreprise : il suffit d'écrire pour chaque poste de contrôle du robot, des cas d'utilisation revenus au premier plan dans UML (Jacobson, 1994) et pour l'ensemble de la chaîne de traitements (ou processus) des diagrammes de séquences ou de flots de données, revenus au premier plan dans UML.

Ce changement entraîne des situations radicalement différentes ; il permet à toute information d'être accessible par son identifiant sémantique, toute personne, peut l'atteindre, que cette personne soit un acteur de l'entreprise ou un développeur informatique de traitements. Ainsi un responsable marketing peut avoir accès à toute information relative aux commandes des clients, qui auparavant était masquée par les applications du traitement des commandes.

Avec les SI, il ne suffit plus de copier la réalité : il faut repenser l'entreprise et la position de l'informatique vis-à-vis des activités de l'entreprise. C'est l'objet de ce thème du modèle d'entreprise pour SI (MESI).

Enjeux d'un modèle d'entreprise pour SI

Pour construire un MESI, il ne s'agit pas de considérer toutes les activités avec l'entièreté de leurs connaissances, savoir-faire, décisions, responsabilités et modes de pensée des acteurs. Il s'agit seulement d'en prendre certaines en considération pour développer le SI de l'entreprise. Ce sont des études de ce thème qui fournissent un contenu à la notion pionnière de « projet d'entreprise » (Tardieu, Rochfeld et Coletti, 1983).

Développer un SI d'entreprise est une véritable entreprise en elle-même. Il s'agit de prendre des risques et d'en évaluer les facteurs critiques de succès et d'échec. Il s'agit de clarifier les nouvelles pratiques envisageables, les nouvelles formes d'organisation, les transformations d'activités, certaines disparaissant, d'autres étant renouvelées ou créées. Il s'agit d'évaluer la faisabilité du SI non seulement sur le plan technologique mais aussi du point de vue collectif : la nouvelle organisation pourra-t-elle se mettre en place ? Les acteurs pourront-ils assimiler les nouvelles formes de travail et de collaboration, leurs nouvelles tâches et responsabilités ?

Un MESI est en fait un modèle prospectif qui décrit comment l'entreprise va fonctionner avec le SI imaginé. Cette approche est primordiale pour l'entreprise pour éviter une fragmentation non seulement de son SI, mais aussi des conduites des activités, certains secteurs étant efficaces avec leur SI, d'autres beaucoup plus lents du fait de SI beaucoup moins pertinent. Un MESI devient un lieu de communication entre les responsables du développement de l'entreprise : ils peuvent confronter leurs visions du futur, les discuter et finalement en retenir une concrétisée dans le MESI.

Un MESI définit les limites informationnelles du SI et détermine la part des activités qui sera automatisée, celle qui sera aidée par le SI et celle qui n'est pas concernée directement par le SI. Il a la responsabilité de construire un espace informationnel approprié pour les acteurs de telle manière que ceux-ci l'assimilent facilement et même le considèrent comme *naturel.*

Un MESI détermine des invariants, c'est-à-dire des constituants de l'entreprise dont l'existence n'est pas menacée de disparaître par le développement du SI. Par exemple, même après un déploiement massif de systèmes d'e-apprentissage, il restera des personnes qui étudient et qui enseignent. Donc, tout modèle des activités universitaires pour un SI universitaire intégrant des systèmes d'e-apprentissage établit comment les activités de ces personnes seront rendues plus efficientes et avec quel environnement informationnel.

Enfin un MESI est évolutif. En effet, un MESI aide à passer du SI actuel (« comme il est ») à un SI imaginé (« comme il doit être »). Or cette cible est remise en question par la progression du développement du SI car celui-ci apporte des informations sur la pertinence et la faisabilité de la cible. Le MESI se transforme en tenant compte des opportunités non prévues, des difficultés rencontrées, de l'évolution des risques encourus.

Un MESI s'écrit à l'aide de décisions, qui font changer les états des informations concernées, et à l'aide de processus construits autour de ces décisions (Doumeingts, Chen, Vallespir, Fénié et Marcotte 1993).

Modèle de besoins

Un autre enjeu d'un MESI, complémentaire aux précédents, est d'être un modèle des besoins qu'auront les acteurs si le SI imaginé se réalise.

Dans le cadre de l'informatique classique, le modèle de besoins correspond à un produit informatique. Il porte notamment sur les fonctionnalités indispensables pour l'existence même du produit et sur d'autres fonctionnalités nécessaires pour démarquer le produit de ses concurrents et en faire la promotion. Ainsi le modèle de besoins contribue à mieux identifier le produit, à le situer sur le marché. Que ses clients le trouvent adapté à leur mode de vie, leurs usages, qu'ils s'en servent effectivement après le premier temps d'engouement, ne concernent le fabricant du produit qu'indirectement, pour son image de marque. Si les clients ont fait un mauvais achat, c'est leur responsabilité qui est engagée.

Mais un SI d'entreprise n'est pas un produit que l'on achète. Il n'y a pas de clients mais des acteurs dont la qualité du travail dépend de la pertinence du SI. Il s'agit d'assimilation et d'appropriation du SI par les acteurs, ou de leur méfiance envers le SI et de leur rejet du SI. Un phénomène de rejet conduit à une diminution des parts de marché dans le cas d'un produit classique : c'est regrettable. Mais, dans le cadre d'un SI, il peut enclencher chez les acteurs un mouvement d'insécurité et de défiance non seulement vis-à-vis du SI mais aussi vis-à-vis de l'entreprise elle-même ; personne ne souhaite avoir à en mesurer l'ampleur et à y faire face. Aussi le modèle des besoins d'un SI précise-t-il l'interpénétration des activités humaines et le SI lui-même, et met-il en évidence plusieurs scénarios (Rolland *et al*, 1996).

Il existe une seconde difficulté à surmonter pour établir un modèle de besoins.

Dans le cas d'un produit classique informatique, les pratiques d'un client peuvent être radicalement changées du fait de l'usage du produit. Le fabricant n'est intéressé dans ces changements que pour aménager ses campagnes publicitaires et préparer des versions de ce produit. Dans le cadre d'un SI, ne pas se préoccuper des changements de pratiques chez les acteurs, risque de provoquer de nouveau une grande insécurité chez les acteurs. Aussi, construire un modèle de besoins pour un SI consiste à se projeter dans l'avenir et agir comme un médiateur des acteurs pour déterminer leurs futurs besoins quand le SI sera déployé avec les nouvelles pratiques des activités (Nurcan et Rolland, 2003).

Autres modèles d'entreprise

Un MESI prend en compte tous les domaines classiques de gestion d'entreprise et ainsi il peut être très proche d'un modèle organisationnel et même d'un modèle de stratégie d'entreprise. Il en partage des concepts, des connaissances, des modes de raisonnement. Pourtant, même si un MESI contient de nombreux aspects organisationnels et stratégiques, il diffère d'un modèle organisationnel car il ne prend pas directement en compte toute l'organisation des flux de marchandises, de la gestion du personnel, des négociations entre les différents acteurs et partenaires de l'entreprise. Il diffère aussi d'un modèle de stratégie d'entreprise car il lui manque de nombreux facteurs pour prendre des décisions comme l'évaluation de risques financiers.

Sans doute la logistique est très proche du domaine du MESI. Tous deux travaillent sur des processus, mais leurs buts sont différents : le premier essaie notamment de minimiser les coûts, les délais alors que le second essaie de construire un SI. Leurs finalités sont aussi différentes car le premier s'intéresse à la gestion des flux de matières, alors que le second s'occupe des processus informationnels et surtout des environnements informationnels nécessaires à l'accomplissement de tâches, à des prises de décision. Le premier a un objet concret d'études alors que pour le second, le concret de son objet s'échappe toujours vers l'abstrait.

Il est sûr que les MESI apportent un regard différent sur l'entreprise par rapport aux points de vue des finances et de la comptabilité, de l'organisation et des ressources humaines, de la logistique et de la production, du marketing et du commercial. Il apporte le regard informationnel et informatique, à partir duquel de nouvelles connaissances du monde des entreprises émergent en complément des disciplines établies.

Conclusions

Un MESI constitue l'arrimage de l'informatique à l'entreprise. Il permet au développement du SI de conserver une certaine unité car il précise la cible visée. Il lui permet d'avoir une identité dans l'entreprise, une légitimité – cf. «projet d'entreprise» (Tardieu, Rochfeld et Coletti, 1983). Un MESI évolue en fonction du développement du SI. Il est indispensable pour éviter des divergences trop profondes entre les dynamiques du monde des activités, celles du SI et celles de l'informatique de l'entreprise. De plus, il vaut mieux confronter toute décision stratégique à son MESI (Rolland, S. Nurcan, G. Grosz, 2000) pour deux raisons :

- le monde de la stratégie de l'entreprise bénéficie des apports du modèle d'entreprise et de son mode de pensée, qui apportent une aide à la compréhension des situations ;
- l'impact du changement stratégique sur le SI est aussitôt analysé.

5 Le modèle informationnel

5.1 Enjeux d'un modèle relationnel

Le troisième thème central du monde des modèles de SI est celui du modèle informationnel. Dans Merise (Tardieu, Rochfeld et Coletti, 1983), il était décomposé en plusieurs modèles : le modèle conceptuel des données, le modèle conceptuel des traitements, le modèle organisationnel des données et le modèle organisationnel des traitements. Tous ces modèles étaient obtenus à l'aide des travaux d'analyse des activités concernées par le SI dans le cadre d'un schéma directeur et servaient de base à la réalisation informatique du SI à l'aide de systèmes de gestion de bases de données. Ces principes de base sont toujours valables, mais il faut les repositionner pour tenir compte de l'ampleur prise par les SI :

- il n'existe plus un seul SI dans une entreprise mais plusieurs, le plus souvent conçus et réalisés indépendamment les uns des autres ;
- un SI doit tenir compte des SI des partenaires de l'entreprise, la forme la plus simple étant l'échange informatisé des données ;
- le développement d'un SI doit tenir compte de l'existant et donc inclure la problématique de la réingénierie de SI ;
- la multitude des technologies informatiques.

Souvent ce thème du modèle informationnel est présenté comme un simple pont entre le modèle d'entreprise pour SI et le modèle informatique du SI. Cette idée du «pont» est simpliste. Elle interdit tout travail sur le modèle informationnel lui-même, comme les composition, décomposition, détermination de composants ou de classes (Delobel, 1978) (Léonard, 1992). De plus, elle mésestime considérablement la difficulté d'obtenir un modèle informationnel.

En effet, d'un côté, le monde des activités est toujours en effervescence et le MESI en ressent les à-coups. De l'autre côté, le monde informatique est toujours en pleine effervescence technologique. Il revient au modèle informationnel de garder unité et identité des travaux de développement du SI, d'en diriger l'évolution compte tenu des effervescences des autres mondes, de proposer au MESI de nouvelles opportunités informationnelles pour soutenir des activités, de proposer au monde informatique de SI de nouvelles fonctionnalités pour réduire des distances cognitives entre les situations des acteurs et la réalisation informatique du SI. De plus, à un autre niveau d'abstraction, les connaissances développées dans le domaine des modèles informationnels se répercutent sur les connaissances pour appréhender le monde des activités ainsi que celui du monde informatique. Cette constatation a des conséquences directes sur les programmes d'enseignement supérieur en gestion d'entreprise, sciences politiques, administration publique ou privée, informatique, ingénierie de toute discipline : ils contiennent des enseignements du monde informationnel, pour être pertinents.

Ce modèle informationnel est le maillon fondamental pour mettre en place une chaîne articulée de concepts depuis le monde des activités jusqu'au monde de l'informatique. Sans cette chaîne articulée, on ne sait pas expliquer, enseigner, diriger le domaine des SI, sans devoir faire des *sauts* cognitifs, par exemple entre un modèle et une réalisation informatique, qui masquent des aspects importants du SI restant inexplicables, informulables. Le monde informationnel définit un thème scientifique autonome car il a ses propres concepts, ses propres modes de pensée et ses propres critères d'évaluation.

Le modèle informationnel a pour objet de classifier la multitude d'informations que gère une entreprise, la multitude de traitements auxquels participent ces informations. C'est une œuvre grandiose qui n'aurait jamais pu voir le jour sans l'informatique. Elle concerne toutes les entreprises, dans n'importe quel domaine d'activités. Elle donne la possibilité à tous les acteurs de l'entreprise d'avoir des repères fiables dans leurs actions autant individuelles que collectives, autant internes à l'entreprise que tournées vers les partenaires de l'entreprise.

5.2 Classification

La méthode choisie pour appréhender cette multitude, la classification, est bien connue d'autres sciences comme la botanique : il s'agit de regrouper les informations de même nature dans une même *classe*. Cette même nature s'explique dans le descriptif de la classe et se concrétise dans ses propriétés : ses attributs, ses méthodes, ses règles d'intégrité, ses identifiants. Une information se concrétise dans la classe sous la forme d'un *objet*.

Nous avons déjà introduit les concepts d'attribut, d'identifiant (primaire), règle d'intégrité, dépendance existentielle (cf. 3.3.).

Ce concept de *classe* est fondamental pour tous les métamodèles de modèles informationnels. Suivant les terminologies, il s'appelle entité (modèle Entité-Association, *Entity-Relationship*), relation (modèle relationnel), classe (modèle objet), catégorie, type…

5.3 Spécialisation

Le concept de spécialisation est complémentaire à celui de classification. Une classe C est une *spécialisation* d'une autre (appelée *superclasse* de C) si toute information de la première est une information de la seconde : la classe Chauffeur est une spécialisation de la classe Employé si l'information contenue dans un objet de Chauffeur est aussi une information d'Employé, c'est-à-dire si un chauffeur (*objet de Chauffeur*) est aussi un employé (*objet d'Employé*).

Cette relation de spécialisation définit une relation d'ordre partiel sur les classes : une classe est une spécialisation directe d'une autre, s'il n'existe pas une troisième classe dont la première serait une spécialisation et qui serait une spécialisation de la seconde. Un *graphe de spécialisation* d'une classe est un graphe orienté acyclique avec une racine, associée à la classe, et des nœuds, chacun associé à une classe, spécialisation de la racine : un arc relie un nœud à un autre, si la classe du premier est une spécialisation directe de la classe du second.

Dans le cas de modèle informationnel, il existe deux sortes de spécialisation : la statique et la dynamique.

La spécialisation est *statique* si une information de la classe racine se concrétise dans une seule classe de son graphe de spécialisation et y reste de manière permanente.

La spécialisation est *dynamique* si une information de la classe racine peut se concrétiser dans plusieurs classes de son graphe de spécialisation et peut en changer. Avec la spécialisation dynamique, il est possible d'exprimer facilement et précisément les transformations de type : un employé *devient* un chauffeur ; un employé *n'est plus* un chauffeur (Al-Jadir et Léonard, 1999b).

Les propriétés d'une classe spécialisée soit lui sont propres, soit sont celles d'une superclasse vérifiant :

- les attributs de la superclasse peuvent voir leur domaine de définition réduit : les livraisons européennes sont des livraisons dont le pays de l'adresse est un des pays européens ;
- les attributs d'une superclasse peuvent être contractés du fait de la spécialisation : un carré est une spécialisation d'un rectangle dont la longueur est égale à la largeur et forme le côté du carré ;
- les méthodes d'une superclasse peuvent admettre des algorithmes différents de celles de la classe du fait de la spécialisation : même si un cercle est une spécialisation de l'ellipse et que le calcul de la surface d'une ellipse s'applique au cercle, il existe un calcul plus simple du fait de la spécialisation, un cercle ayant un seul centre et un seul rayon ;
- les règles d'intégrité d'une superclasse s'appliquent à la classe, mais du fait de la spécialisation elles peuvent être plus précises : un *chauffeur* doit avoir son permis de conduire depuis plus de trois ans, cette règle ne s'appliquant pas au niveau des *employés* ;
- les identifiants d'une superclasse sont des identifiants de la classe mais la classe peut en avoir d'autres : un chauffeur est identifié comme un employé, par un numéro propre à l'entreprise, mais il peut être identifié aussi par son numéro de permis de conduire ;
- tous les métamodèles de SI contiennent maintenant le concept de spécialisation. Il a fallu compléter les métamodèles E/A, E/R, relationnel, qui ne le contenaient pas initialement.

5.4 Association

Dans le monde des SI, les classes ne peuvent être isolées les unes des autres. L'utilité du SI dépend des relations qui sont établies entre les classes et ainsi de la possibilité de relier des objets d'une classe avec des objets d'une autre classe. Le concept important est alors celui d'*association*. Ce concept est pris en compte dans tous les métamodèles de SI, mais sous des formes diverses. Dans les métamodèles de type E/A ou E/R, ce concept est explicitement défini de manière distincte de celui d'une classe, autant au niveau de la spécification du modèle que dans sa représentation graphique. Cette association est binaire – *entre deux classes* – comme dans les métamodèles originels E/A ou E/R, ou n-aire – entre plusieurs classes – Sur une association, on peut définir des attributs. Dans les métamodèles de type relationnel, le concept d'association n'est pas explicitement pris en compte :

- une association binaire de nature fonctionnelle – à un objet de la première classe correspond au plus un objet de la seconde – est prise en compte par l'importation d'un identifiant primaire de la seconde classe dans la première – *clé étrangère* ;
- les autres types d'association – association binaire non fonctionnelle, association n-aire – sont pris en compte par l'introduction de nouvelles classes de nature associative.

Dans un métamodèle de type objet, l'association binaire est prise en compte par une référence monovaluée ou multivaluée à l'autre classe et réciproquement, l'association n-aire par la création d'une classe de nature associative.

De toute façon, tous les métamodèles de modèle informationnel doivent permettre de relier les objets d'une classe à des objets d'autres classes en parcourant ces associations. Mais étant donnée la multitude d'associations dans un SI, le métamodèle doit permettre de désigner ces parcours, les combiner et les étudier notamment sur le point de vue de la consistance. Les métamodèles de type relationnel s'appuient sur la jointure – ou composition – des classes et sur l'algèbre relationnelle. Les autres s'appuient sur la navigation. Ces deux approches sont duales du point de vue informationnel.

5.5 Évolution d'un modèle informationnel

L'enjeu le plus important des métamodèles informationnels est défini ainsi : « flexibilité, neutralité, généralité, simplicité » (Giraudin, Chabre-Peccoud, 1985). Un métamodèle informationnel doit être *neutre*, le plus possible indépendant des technologies utilisées pour réaliser informatiquement le SI. Il doit être *général* pour que les modèles représentent des domaines d'activités très variés. Il doit être *flexible* et permettre ainsi l'évolution des modèles qui sont écrits dans son langage. C'est un point capital du monde des SI, car un SI ne cesse d'être soumis à des évolutions provenant autant des mondes des activités et de l'informatique que du monde informationnel lui-même, source de nouvelles directions du développement du SI ou bien source d'une meilleure compréhension de l'interpénétration du SI dans les activités humaines. Une manière d'assurer cette flexibilité est de rendre le métamodèle *orthogonal*. Ainsi, s'il est orthogonal, la spécialisation est définie autant sur une classe que sur une association. De même une association peut être définie autant sur des classes que sur des associations. Alors, un tel métamodèle permet à n'importe lequel de ses modèles, de transformer une de ses classes en une association, même si cette classe admettait des spécialisations ou des associations. En fait ce souci de rendre orthogonal un métamodèle permet de le rendre flexible et aussi de le *simplifier*. Ainsi les métamodèles qui admettent de plus en plus de concepts syntaxiques, non orthogonaux, diminuent considérablement le contrôle de qualité, de cohérence des modèles et donc leur précision et la confiance que l'on peut leur porter. Par contre, les métamodèles qui admettent moins de concepts mais qui ont le même pouvoir d'expression, conduisent à des modèles sémantiquement plus consistants et dont la cohérence peut être contrôlée. Prenons l'exemple de l'association. L'association binaire permet l'expression du même contenu informationnel que l'association n-aire. Par contre, si le métamodèle ne permet que l'association binaire, alors on doit faire des efforts intéressants pour mieux comprendre le domaine d'activités et finalement on obtient un modèle plus consistant et plus précis (Giraudin, Chabre-Peccoud, 1985). En étant encore plus fondamental, on peut non seulement conseiller l'association binaire, mais même un cas particulier, *l'association existentielle* : deux classes sont en association existentielle si l'une est en dépendance existentielle avec l'autre.

Des modèles qui n'utilisent comme association que les seules associations existentielles sont des modèles plus évolutifs que les autres, c'est-à-dire que certaines opérations d'évolution ne causeront aucune difficulté chez eux contrairement aux autres, et que les opérations qui causent des difficultés chez eux en causent également chez les autres avec au moins le même niveau de complexité (Léonard, 1999).

5.6 Règles d'intégrité

Les règles d'intégrité (RI) s'expriment par des conditions qui se vérifient à l'aide de programmes spéciaux au niveau informatique. Au début de l'informatique de gestion, l'enjeu des RI était d'assurer une meilleure cohérence des données stockées dans les fichiers informatiques qu'elle n'était assurée dans les fichiers mécanographiques. Mais si leur enjeu reste celui de la cohérence, notamment au moment de la saisie de données, il en existe maintenant bien d'autres.

Celui de la consistance du modèle informationnel

Définir un ensemble d'associations entre les classes permet de définir des liens entre les objets, mais le plus souvent les valeurs de ces objets pour leurs attributs ne sont pas toutes indépendantes des valeurs des objets auxquels ils sont liés : par exemple, *un employé ne peut être affecté à un projet que s'il a dans ses compétences au moins deux des qualifications requises par le projet.* Cette dépendance est alors une règle d'intégrité définie sur plusieurs classes du modèle suivant.

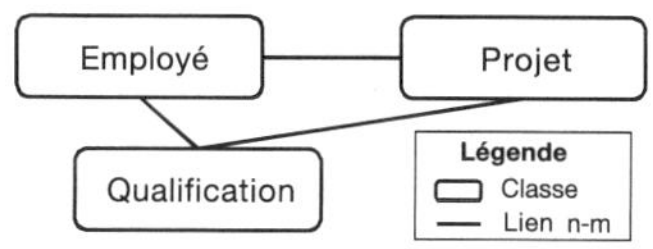

Figure 2 Premier modèle

Elle doit être vérifiée par les mises à jour des objets des classes concernées. Il faut même dresser un tableau des risques de transgression de la règle : dans l'exemple précédent, le tableau des risques de la règle comprend la suppression d'une compétence de l'employé, la suppression d'une qualification requise d'un projet, la suppression d'une qualification, la création d'une affectation d'un employé à un projet. La définition d'une règle d'intégrité est indépendante des traitements. Par contre ceux-ci doivent valider les RI pour maintenir le SI cohérent.

Bien sûr les RI sont souvent liées à des règles de gestion qui régissent le monde des activités, comme celle de l'exemple. Aussi toute règle d'intégrité d'un modèle informationnel doit-elle être ensuite validée en toutes circonstances dans la réalisation informatique. De plus, tous les acteurs du monde des activités doivent avoir confiance dans sa validité dans le SI. Les RI tiennent donc une place importante dans le contrat de confiance passé entre les développeurs informatiques et les acteurs du monde des activités.

Celui de l'architecture informationnelle

L'étude des RI peut conduire à modifier le modèle informationnel de classes et d'associations pour le rendre encore plus précis. Une situation bien connue est celle de la redondance. Il faut la minimiser car elle introduit une règle d'intégrité supplémentaire qui n'a aucun lien avec une règle de gestion – relation en 3FN (Delobel, 1973). L'exemple précédent nous fournit une autre situation remarquable : le modèle de la figure 3 est au moins équivalent du point de vue informationnel au précédent, mais il permet la prise en compte de la règle de manière bien plus simple : une simple cardinalité minimale à valider entre la classe AffEP, d'affectation d'un employé au projet et la classe AffEPQ qui donne pour une affectation d'un employé à un projet,

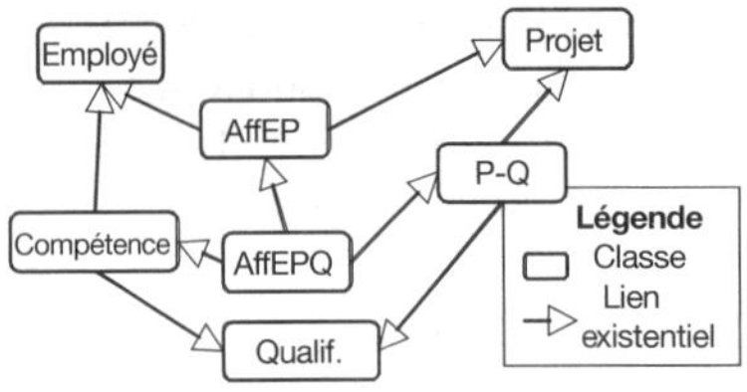

Figure 3 Second modèle

les compétences de l'employé qui vont servir au projet.

De plus, de nombreuses RI ont des liens étroits avec des règles de gestion. Or celles-ci sont souvent transformées à cause de l'évolution du monde des activités. Il faut donc pouvoir modifier les RI concernées par la modification de règles de gestion et ensuite modifier leurs validations dans la réalisation informatique pour conserver la validité du contrat de confiance précédent (Léonard, 1992). Dans l'exemple précédent si la règle de gestion demande maintenant que l'employé doit avoir trois (au lieu de deux) compétences dans les qualifications requises du projet pour y être affecté, la modification de cette RI est beaucoup plus facile avec le second modèle que dans le premier.

Celui de l'architecture informatique

La validation informatique prend du temps à l'exécution des traitements. Or, d'un point de vue optimiste, ce temps passé à les valider est en pure perte si elles ne sont pas transgressées – si ce n'est d'apporter l'information qu'elles ne sont pas transgressées. Aussi est-il important de minimiser les coûts de validation des RI et certains modèles informationnels s'y prêtent mieux que d'autres – dans l'exemple précédent, le second modèle demande un simple contrôle de cardinalité minimale (figure 3) alors que le premier (figure 2) a besoin d'un contrôle sur plusieurs classes. L'étude de la validation des RI joue un rôle fondamental dans l'architecture informatique en particulier dans le cas des SI distribués (Snene, 2004).

Ainsi les RI jouent un rôle fondamental dans le domaine des SI : il ne s'agit pas simplement de les exprimer formellement. Il s'agit bien plus d'en comprendre les impacts sur le monde des activités et sur la réalisation informatique, sur le modèle informationnel des classes, et de faire face à leur évolution.

5.7 Traitements

Toutes les informations d'un SI ne sont pas simplement stockées et interrogées : elles vont participer à des traitements. Aux débuts de l'informatique de gestion, elles rentraient dans des *chaînes de traitement*, chacune correspondant à une grande fonction de l'entreprise. La conception de ces grandes chaînes était centrée autour des algorithmes de traitement, la structure informationnelle venant au second plan, les RI étant enfouies dans le code. Les informations étaient ainsi encapsulées dans les traitements d'une chaîne ; elles ne pouvaient participer à aucune autre chaîne, à aucun traitement imprévu. L'avènement de la technologie des bases de données permet de concrétiser une tout autre approche : la structure informationnelle est mise en avant et, à partir d'elle, on construit des traitements non plus de manière monolithique mais en les décomposant en sous traitements autonomes. Une telle approche a le mérite de permettre de rajouter des traitements non prévus initialement. Par contre cette nouvelle approche apporte quatre nouvelles questions qui ont permis d'enrichir les métamodèles informationnels.

Celle du déclenchement des traitements

Dans le cas d'une chaîne de traitement, il suffit de la déclencher et ensuite il ne s'agit plus que de mise en attente au moment des interactions avec les acteurs et de reprise après panne. Par contre, avec des traitements autonomes il faut étudier leur déclenchement et le prendre en compte dans le modèle. Dans le cas des systèmes industriels, les métamodèles comme les réseaux de Petri proposent deux phases dans le déclenchement : une phase de validation du traitement et une phase de déclenchement (« mise à feu ») du traitement valide. Pour les SI, la validation porte sur des conditions définies sur les valeurs des objets en entrée du traitement. Mais de tels métamodèles ne prennent pas en compte les questions suivantes : qui déclenche le traitement ? pourquoi le déclencher maintenant et non plus tôt ou plus tard ? Ces questions sont essentielles dans le monde des SI, car ce sont parfois plusieurs acteurs de services différents qui sont dans la situation de déclencher un même traitement. C'est ainsi que le concept d'*événement* (Rolland et Richard, 1982) est essentiel dans le monde des SI. Un événement peut être interne au SI et il résulte de la constatation de la validation d'une condition portant sur des objets ou sur l'horloge interne. L'événement peut être externe au SI. Le modèle informationnel doit indiquer quels sont les acteurs qui constatent un événement et qui sont autorisés à déclencher un traitement pour y faire face. La plupart des métamodèles informationnels prenant en compte le concept d'événement, ne s'intéressent pas à la notion de traitement « valide » : en effet un traitement de SI peut toujours être déclenché ; s'il n'a aucun objet en entrée, son exécution ne fait rien.

Ces métamodèles introduisent souvent une condition telle que si l'événement survient et la condition est remplie, alors le déclenchement du traitement est opéré. Ils sont du type Événement – Condition – Action.

Celle des diagrammes

Dès qu'un processus (chaîne de traitement) est décomposé en traitements autonomes, se pose la question de la composition de l'exécution de ces traitements pour former l'exécution d'un processus. Le métamodèle doit alors prévoir les situations bien connues comme la séquence, l'alternative, le parallélisme et la synchronisation. Mais dans le cas des SI, bien souvent contrairement aux habitudes des systèmes temps réel ou des systèmes industriels, les informations elles-mêmes peuvent porter les éléments suffisants sous forme d'*états* pour assurer ces situations. Il faut bien sûr que les métamodèles informationnels le permettent. Ils ont bien souvent utilisé des représentations importées des métamodèles de systèmes industriels. Les uns reposent sur les diagrammes d'états provenant des diagrammes d'automates : leur canevas est celui des multigraphes – un multigraphe est un graphe admettant plusieurs arcs entre deux mêmes nœuds. Les autres reposent sur les diagrammes de Petri dont le canevas est celui des réseaux bi-partie – les nœuds sont de deux types, les places ou nœuds et les transitions ou étoiles. Mais ces métamodèles prennent en compte l'état du système ou de sous-systèmes alors que cette notion globale d'état du SI n'est généralement pas pertinente. De plus les réseaux bi-partie offrent un pouvoir d'expression plus important que les simples multigraphes, puisque toute expression en multigraphes peut être convertie dans un réseau bi-partie, l'inverse pouvant être impossible avec la même précision. Enfin, l'interprétation des places et des transitions donnée dans les réseaux de Petri, appliqués aux systèmes industriels, n'est pas la mieux adaptée aux SI. En effet ce sont les décisions des acteurs qui sont importantes à saisir dans un modèle informationnel, plutôt que les conditions logiques d'entrée et de sortie des transitions (ET logique, OU logique exclusif).

De plus, les SI apportent une nouvelle dimension : un SI est un entrecroisement de processus composés de traitements autonomes qui traitent des objets de classes également autonomes. Un modèle informationnel doit déterminer les recouvrements entre les processus, c'est-à-dire les ensembles de classes non seulement qu'ils partagent mais surtout sur lesquels ils travaillent ensemble (Léonard et Parchet, 1999). Et bien sûr, il ne s'agit pas d'une question de concurrence d'accès ! Un modèle de processus apparaît comme un modèle local alors qu'il s'agit d'une question globale. C'est alors que le concept de cycle de vie d'objet de classe (CVO) (Shlaer et Mellor, 1992) devient important. Il s'agit de construire un modèle de tous les traitements auxquels peut participer un objet d'une classe depuis son apparition jusqu'à sa destruction. Les métamodèles utilisés ont le même cadre formel que ceux des processus: les nœuds représentent les différents états possibles de la classe, que l'on se serve de diagramme d'états ou de réseau bi-partie. Chaque CVO donne un point de vue local et il doit être assemblé avec d'autres CVO pour qu'une vue globale se dégage. Mais alors qu'un modèle global de processus semble inaccessible, les modèles de CVO semblent pertinents du point de vue autant du monde des activités que de celui de la réalisation informatique.

Celle des états

Dans un modèle de CVO ayant pour cadre un réseau bi-partie, une transition représente une décision d'acteurs qui correspond à un traitement, et une place représente un état d'objets de la classe. Il est possible de donner de nombreuses interprétations possibles à cette notion d'état. En voici une. Un état d'une classe détermine des propriétés supplémentaires (attributs et méthodes), des règles d'intégrité particulières, des associations particulières, qui s'appliquent aux objets de la classe qui sont dans cet état, en plus des propriétés, règles d'intégrité et associations de la classe. Un état d'une classe devient ainsi une spécialisation de la classe, dans le cadre de la spécialisation dynamique. On retrouve ainsi la notion de dynamique qui qualifie souvent cette partie du modèle informationnel: le CVO donne non seulement les trajectoires possibles d'un objet mais également ses transformations structurelles.

Celle de l'ontologie

Généralement la partie dynamique d'un modèle informationnel est souvent représentée par une approche globale, notamment par des modèles de processus. Pourtant il existe une autre approche, de nature ontologique, qui, pour chaque classe, s'intéresse à ses propriétés indépendantes des objectifs assignés aux processus. Ainsi pour une classe Personne ayant comme attribut Adresse, il n'y a besoin d'aucun objectif pour savoir qu'il faut prévoir une méthode «changement d'adresse». Par contre il faudra avoir un point de vue plus global pour savoir qui pourra déclencher cette méthode et dans quelles circonstances. Le métamodèle Remora est le métamodèle de référence d'une telle approche. Il permet d'une part, de définir en même temps les attributs et les méthodes d'une classe (c'est le premier à l'avoir permis bien avant les approches objet) et d'autre part, d'intégrer les parties statiques et dynamiques d'un modèle informationnel. Il prend aussi en compte les événements. Cette approche d'intégration des aspects statiques et dynamiques dans un seul modèle permet une plus grande précision et une plus grande cohérence du modèle que dans le cadre de métamodèles qui séparent en plusieurs parties ces aspects informationnels. Maintenant il est possible d'envisager cette intégration des parties statiques et dynamiques dans un seul modèle (Léonard et Luong, 1981) (Shoval et Kabeli, 2001) et grâce à la spécialisation dynamique (Léonard et Pham-Thi, 1999).

5.8 Composants

Les modèles informationnels deviennent tellement vastes qu'il devient pratiquement impossible de les appréhender dans leur totalité : il faut les travailler en termes de *composants*. Un composant peut être défini de manière descriptive en termes par exemple de sous-systèmes. Pour mener à bien les études d'assemblage (ou de composition) de composants ou bien l'intégration de composants dans un SI, il faut s'appuyer sur une démarche formelle. Les travaux pionniers de (Delobel, 1978) dans le cadre du modèle relationnel, s'appuyant sur l'algèbre relationnelle ont fourni un cadre précieux dans la compréhension de base de ce domaine. Ils reposent sur la composition de deux classes (*relations*) (opération de jointure) : cette composition n'est définie qu'à l'aide d'attributs communs, la charnière de la composition. Pour mettre sur pied une algèbre de composants, il faut généraliser ces travaux. Une approche est de définir un composant de SI comme un SI :

- avec classes et associations, règles d'intégrité ;
- traitements, événements et cycles de vie ;
- ayant une unité sémantique: dans (Turki et Léonard, 2002), cette unité sémantique se définit par le concept d'hyperclasse, qui est obtenue par la composition de classes ou d'hyperclasses et qui forme l'espace statique du modèle informationnel du composant.

L'assemblage de deux composants repose alors sur la notion de *recouvrement* entre les deux composants, qui est formé de l'ensemble des classes et associations communes, des entrelacements des cycles de vie, des processus, des traitements, et des interactions entre les règles d'intégrité.

Il demande le réexamen de cet ensemble pour faire apparaître de nouvelles classes ou associations, de nouvelles règles d'intégrité, de nouveaux traitements, des ajustements de classes, de traitements et de CVO.

Bien sûr, il réclame une étude d'homogénéisation de la terminologie et de la représentation des concepts dans les deux composants, cette étude étant de même nature que celles poursuivies dans le cadre de l'intégration de deux SI (Mirbel, 1997).

Finalement il réclame l'homogénéisation des activités qui travaillaient avec l'un ou l'autre des composants, et qui maintenant peuvent travailler avec les deux.

L'approche par composants a d'énormes répercussions dans le développement de SI, par exemple :

- il ne s'agit plus de maîtriser le SI de l'entreprise globalement, car le SI est devenu trop vaste : il s'agit de garder la maîtrise de composants du SI et de leur assemblage ;
- il ne s'agit plus de réaliser informatiquement tout le SI, mais d'intégrer des composants informatiques remplissant certaines fonctions dans le SI et de maintenir la compatibilité entre les trois parties : le modèle informationnel, la réalisation informatique ainsi étendue et le MESI.

Bien sûr un composant de SI ne peut pas se réduire à un module avec des entrées et des sorties. Ce point de vue est celui des composants logiciels : on assemble les composants comme on assemble des pièces de jouet ; les composants logiciels sont indépendants les uns des autres, leurs informations sont encapsulées. Par contre, deux composants de SI à assembler doivent avoir un recouvrement et ce recouvrement contient des classes avec leurs objets, et ces objets sont travaillés par les acteurs des deux composants en même temps : impossible de considérer ces composants de SI comme indépendants, si l'on veut construire des métamodèles pertinents pour les responsables de SI.

5.9 Métamodèles interopérables

Un concept d'un métamodèle est *fondamental*, si tous ses modèles perdent toute pertinence sans lui, comme le concept de *classe* pour un métamodèle informationnel. Un concept d'un premier métamodèle est *déterminant* pour un second métamodèle si, toutes les informations contenues dans un modèle d'un SI exprimé à l'aide du premier métamodèle grâce à ce concept, jouent un rôle déterminant dans la compatibilité de ce modèle avec le modèle du SI exprimé à l'aide du second métamodèle: par exemple le concept de règle d'intégrité d'un métamodèle informationnel est déterminant pour un métamodèle informatique.

Un concept a une *représentation fluide* dans un métamodèle s'il est l'un des concepts du métamodèle ou s'il s'exprime simplement à l'aide des concepts du métamodèle. Par exemple, le concept de *décision* d'un métamodèle MESI a une représentation fluide dans un modèle informationnel qui interprète les transitions des aspects dynamiques en termes de décisions. Un autre exemple est celui du concept de *spécialisation dynamique* d'un métamodèle informationnel : il a une représentation fluide dans un métamodèle informatique de SI qui le contient (Al-Jadir et Léonard, 1999b) ; il admet une représentation fluide dans un métamodèle si celui-ci le contient aussi (Junet, Falquet et Léonard,

1986). Mais, il n'a aucune représentation fluide si le métamodèle ne contient que le concept d'héritage de la spécialisation statique.

Deux métamodèles sont *interopérables* si tout concept fondamental de l'un d'eux et déterminant pour l'autre, a une représentation fluide dans l'autre métamodèle. Si les métamodèles concernés dans le développement d'un SI ne sont pas interopérables, alors la compatibilité de leurs modèles est difficile à établir et les développeurs doivent affronter des situations complexes occultées.

5.10 Conclusions

Le modèle informationnel constitue le bilan informationnel des besoins et des décisions inventoriées dans le MESI et celui des réalisations informatiques inventoriées dans le modèle informatique du SI. Le passage d'un modèle à un autre demande de l'intelligence humaine car chaque modèle a ses propres critères de qualité. Par exemple, la redondance d'informations n'est pas un objet d'études du MESI, alors qu'elle l'est pour les deux autres : mais alors que dans le modèle informationnel on cherche à l'éliminer, dans le modèle informatique, on étudie son introduction pour des raisons de performances, sécurité ou distribution. Ces passages ne relèvent pas d'une simple problématique transformationnelle. Ils sont d'autant plus difficiles que leurs métamodèles ne sont pas *interopérables*.

Ce sont des métamodèles interopérables, qui permettent de construire une chaîne articulée de concepts joignant le monde des activités et le monde informatique et s'appuyant sur le monde informationnel. Ils permettent d'envisager des processus durables d'évolution de SI, prenant en compte les effervescences de changement du monde informatique et de celui des activités.

6 Modèle ontologique

6.1 Origine du modèle ontologique

Face à toutes les évolutions du SI, il s'agit de savoir s'il existe une partie du SI qui est plus stable que les autres et dont l'évolution est plus lente. Cette partie ne peut pas être la réalisation informatique, trop sous l'emprise des variations technologiques. Elle ne peut pas être non plus le MESI lui-même qui dépend étroitement des activités et de leur organisation, souvent remises en cause. Elle ne peut pas être le modèle informationnel qui est construit à partir d'un bilan informationnel des deux autres.

Une manière d'obtenir une partie stable du SI, est de dépouiller le modèle informationnel de tous ses aspects relatifs à l'organisation des activités et à sa réalisation informatique, à tous les niveaux : classes, processus, règle d'intégrité, CVO. Les classes restantes sont les classes fondatrices du domaine que nous appelons concepts. Ce dépouillement du modèle informationnel conduit au modèle ontologique du SI.

Appliquée à un composant de SI, cette démarche conduit à un composant générique de SI.

6.2 Intérêt du modèle ontologique

Voici un ensemble de raisons qui justifie l'intérêt d'un modèle ontologique ou des composants génériques :

- avoir une base conceptuelle du SI indépendante de l'organisation et de l'informatique, permet de travailler avec les acteurs sur la réorganisation des activités, de construire une formation des acteurs, de travailler avec les informaticiens sur les enjeux de la réalisation informatique, de construire une formation pour informaticiens ;
- proposer une première étape fondatrice pour toute évolution d'un SI : commencer par faire évoluer le modèle ontologique ;
- en particulier proposer que toute intégration d'un composant de SI dans un SI commence par l'intégration de leurs modèles ontologiques ;
- réutiliser des composants de SI en réutilisant en fait seulement leurs modèles ontologiques ;
- proposer une alternative aux systèmes intégrés de gestion sous la forme d'une encyclopédie de composants génériques de SI et de composants de SI construits à partir d'eux.

Toutes ces propositions sont d'autant plus pertinentes que le métamodèle ontologique est interopérable avec le métamodèle informationnel : alors la réalisation d'un modèle ontologique dans un modèle informationnel se fait suivant un processus fluide, tenant compte du MESI, des modèles informatique et informationnel du SI.

6.3 Concepts et connaissances

Ces composants génériques de SI ouvrent de nouvelles perspectives dans le développement des SI. Par exemple, un SI d'une université européenne appliquant les accords de Bologne (licence : 180 crédits, master 90/120 crédits, école doctorale) a comme noyau un composant générique extrait directement des textes de l'accord. Ensuite on adapte ce composant aux particularismes de l'université. Alors, si toutes les universités, régies par les mêmes accords, construisent leur SI en suivant cette méthode, leurs SI ont toutes les chances d'être interopérables.

Le domaine de référence de ces composants génériques est le domaine des connaissances, des savoir-faire, des lois, des règlements, des compétences «métier». Mais tout le domaine des connaissances ne fait pas partie du domaine de référence des modèles ontologiques et des composants génériques de SI : on ne retient que les connaissances qui peuvent être prises en compte par un métamodèle ontologique interopérable avec un métamodèle informationnel.

6.4 Patrons

Le processus de développement de SI demande beaucoup de connaissances, formées de concepts et de modes de raisonnement, pour faire face à la multitude de situations rencontrées. L'approche des patrons (Gzara, Rieu et Tollenaere, 2000) se propose de classifier ces situations en déterminant des situations génériques et en proposant pour chacune d'elles des modes de raisonnement. Ces patrons offrent la possibilité de construire le domaine des connaissances des SI à l'aide des modèles de SI et des métamodèles. Ils sont la base pour la construction d'encyclopédies de composants de méthodes de SI (Ralyte et Rolland, 2001).

7 Conclusion

Un modèle, dans le domaine des SI, est un moyen de communication incontournable entre toutes les responsabilités qui s'exercent autour du développement de SI. Il permet de comparer plusieurs stratégies, plusieurs plates-formes, de les critiquer, d'en apprécier les risques, de déterminer et d'évaluer les facteurs critiques d'échec et de succès du développement du SI. Il permet un discours conséquent, libéré de l'emprise de la technologie et de visions messianiques. Pour prendre en compte un SI, il faut plusieurs modèles, chacun d'eux s'intéressant à un aspect du SI. Il en existe quatre types fondamentaux : le modèle d'entreprise pour SI, le modèle informationnel, le modèle ontologique, le modèle informatique de développement de SI.

Un modèle pour être précis, non ambigu, compréhensible, doit être décrit à l'aide d'un métamodèle. Construire un métamodèle pertinent d'un domaine particulier (comme les activités d'une entreprise) demande d'approfondir nos connaissances scientifiques de ce domaine et des enjeux du SI. Ces métamodèles rendent possible un processus d'accumulation des connaissances dans le domaine des SI, où effectivement un métamodèle peut être comparé à un autre de manière objective par rapport à des critères comme celui de la précision des modèles qu'il permet. Comme des résultats d'un modèle servent à nourrir un autre modèle, il est important que leurs métamodèles soient interopérables. C'est ainsi que cette approche des métamodèles dans le domaine des SI permet de construire une chaîne articulée de concepts entre ceux du monde des activités et ceux de l'informatique en s'appuyant sur ceux des mondes informationnel et ontologique. Cette chaîne articulée de concepts est importante pour maîtriser l'évolution du SI.

Avec tous ces modèles, le monde des SI fournit au monde des activités – comme la gestion des entreprises, l'ingénierie des processus industriels, l'administration publique, l'économie – une représentation objective des informations qu'il traite, des processus de leurs activités, de leurs organisations.

Le monde des SI fournit au monde informatique une extériorité qui rend objective son utilité dans un processus de développement économique. Aux métamodèles de développement informatique de SI correspondent des métamodèles des technologies informatiques interopérables avec eux : compte tenu de l'évolution des technologies de l'information, leur nombre ne cesse de grandir comme dans le domaine des documents multimédia (Mothe, Chrisment, Dousset et Alaux, 2003), celui des bases de données de vidéo (Dumas, Lozano, Fauvet, Martin et Scholl, 2002).

Grâce à la notion de modèle dans le domaine des SI, d'une part, on peut envisager une chaîne articulée de concepts entre le monde des activités et l'informatique et une cohérence entre la stratégie de l'entreprise et celle de son informatique. D'autre part, elle permet au domaine des SI de se développer comme un domaine original d'investigations scientifiques. Il est lié autant à l'analyse et l'observation qu'à la construction et l'évolution. Il prend en compte autant les aspects humains et collectifs que les aspects scientifiques, techniques et organisationnels. Il est tourné autant vers la compréhension et l'explication que vers l'interopérabilité et la communication.

Bibliographie

Al-Jadir L. (1997), *Evolution-oriented database systems*, Thése, Université de Genève.

Al-Jadir L., Léonard M. (1999),«Transposed Storage of an Object Database to Reduce the Cost of Schema Changes», *Proc. of ER'99 Int. Workshop on Evolution and Change in Data Management (ECDM'99)*, Paris.

Al-Jadir L., Léonard M. (1999), «If we refuse the Inheritance...», *Proc. Int. Conf. on DEXA*, Florence.

Bodard F., Pigneur Y. (1983), Conception assistée des applications informatiques, 1. Étude d'opportunité et analyse conceptuelle, Masson.

Booch G., Rumbaugh J., Jacobson I. (1999), *The UML reference manual*, Addison-Wesley.

Cavarero J.-L., Lecat R. (2000), *La conception orientée objet, évidence ou fatalité*, Ellipses.

Delobel C. (1973), *Contributions théoriques à la conception et l'évaluation d'un système d'informations appliqué à la gestion*, Thése, Université de Grenoble.

Delobel C. (1978), «Normalization and hierarchical dependencies in the relational data model», *ACM Tansactions on Database Systems.*

Doumeingts G., Chen D., Vallespir B., Fénié P., Marcotte F. (1994), «GIM (GRAI Integrated Methodology) and its Evolutions - A Methodology to Design and Specify Advanced Manufacturing Systems», *DIISM 1993*, Tokyo.

Dumas M., Lozano R., Fauvet M-C., Martin H., Scholl P-C. (2002), «A sequence-based object-oriented model for video databases», *Journal of Multimedia Tools and Applications, Kluwer Press*, 18:3.

Estier T. (1995), *Intégration des spécifications dans la conception des syst_mes d'information*, Thése, Université de Genève, Éd. Systèmes et information, Genève.

Giraudin J.P., Chabre-Peccoud M. (1985), *Pour une réhabilitation du mod_le relationnel binaire*, Bigre+Globule n° 45, AFCET.

Gzara L., Rieu D., Tollenaere M. (2000), «Patterns Engineering For Reuse at Product Information Systems Development», *Requirements Engineering Journal*, 5:3, Springer-Verlag.

Jacobson I., Ericsson M., Jacobson A. (1994), *The Object Advantage, Business process reengineering with object technology*, Addison-Wesley.

Junet M., Falquet G., Léonard M. (1986), «ECRINS/86: An Extended Entity-Relationship Data Base Management System and its Semantic Query Language», *Proc. Int. Conf. IEEE VLDB*, Kyoto.

Lemoigne J.L. (1977), *La théorie du système général - Théorie de la modélisation*, PUF, France.

Léonard M. (1992), *Database Design Theory*, MacMillan Education Ltd.

Léonard M. (1999), «M7: une approche évolutive des Syst_mes d'Information», *Conférence Inforsid*, La Garde, France.

Léonard M., Luong B.T. (1981), «Information systems design approach integrating data and transactions», *IEEE 7th. Conf. IEEE VLDB*, Cannes.

Léonard M., Parchet O. (1999), «Information Overlap», *Conf. DANTE'99*, Kyoto.

Léonard M., Pham Thi T.T. (1999), «Information System integration with the static and dynamic aspects», *Swiss-Japanese seminar*, Kyoto.

Mirbel I. (1997), «Semantic Integration of Conceptual Schemas», *Data Knowledge Engineering 21(2).*

Mothe J., Chrisment C., Dousset B., Alaux J. (2003), «DocCube: multi-dimensional visualisation and exploration of large document sets», *Journal of the American Society for Information Science and Technology*, 54:7, John Wiley & Sons, New York.

Nurcan S., Rolland C. (2003), «A multi-method for defining the organizational change», *Journal of Information and Software Technology*, Elsevier. 45:2.

Ralyté J., Rolland C. (2001), «An Assembly Process Model for Method Engineering», *Proc. of the CAISE'01*, Interlaken, Suisse.

Rolland C., Richard C. (1982), «The REMORA Methodology for Information Systems Design and Management», in *IFIP WG8.1 Working Conf on IS Design Methodologies: A Comparative Review*, North-Holland.

Rolland C., Ben Achour C., Cauvet C., Ralyté J., Sutcliffe A., Maiden N.A.M., Jarke M., Haumer P., Pohl K., Dubois E., Heymans P. (1998), «A Proposal for a Scenario Classification Framework», *Requirements Engineering Journal*, Vol. 3(1), Springer Verlag.

Rolland C., Nurcan S., Grosz G. (2000), «A Decision Making Pattern for Guiding the Enterprise Knowledge Development Process», *Journal of Information and Software Technology*, Elsevier, 42.

Shlaer S., Mellor S. (1992), *Object Life Cycles: Modeling the World in States*, Yourdon Press, Englewood Cliffs, New York.

Shoval P., Kabeli J. (2001), «FOOM: Functional and Object-Oriented Analysis & Design of Information Systems: an Integrated Methodology», *Journal of Database Management.*

Soley R. *et al.* (2000), *Model Driven Architecture*, White Paper 3.2, Object Management Group.

Snene M. (2004), Distributed Information Systems design based on Integrity constraints: overlap knowledge patterns, Thése, Université de Genève.

Tardieu H., Rochfeld A., Coletti R. (1983), *La méthode Merise – Tome I: Principes et outils*, Les Éditions d'organisation, 1983.

Turki, S., Léonard, M. (2002), «Hyperclasses: towards a new kind of independence of the methods from the schema», *In the proc. of ICEIS'2002*, Vol.2, Ciudad-Real, Espagne

Modélisation des processus d'ingénierie des systèmes d'information

Corine Cauvet

Mots-clés : processus, modèle de processus, démarche, ingénierie des processus, langage de modélisation de processus, métamodèle de processus, métaprocessus.

Résumé : dans le domaine de l'ingénierie des systèmes d'information, l'intérêt porté à la dimension processus est nouveau et constitue un changement important puisque dans le passé, les recherches et développements dans ce domaine se sont focalisés principalement sur la représentation des produits du développement (spécification conceptuelle, logiciel...). L'idée qui consiste à considérer que développer du logiciel n'est pas seulement un problème de programmation, mais qu'il s'agit plutôt de mettre en œuvre une véritable démarche faisant coopérer différents acteurs, mobilisant des ressources, produisant plusieurs résultats et comprenant des activités de modélisation, de validation, de vérification..., constitue une réelle avancée dans les recherches sur les processus d'ingénierie. La modélisation des processus a pour objectif de représenter les processus à différents niveaux d'abstraction et selon différents points de vue. L'usage des modèles de processus permet de répondre, d'une part, à des besoins d'automatisation et d'autre part, à des besoins de guidage, de contrôle et d'amélioration. Ce chapitre présente les propriétés des modèles de processus, leur usage ainsi que les langages et les démarches qui permettent de les élaborer.

Les recherches et développements dans le domaine des processus d'ingénierie concernent les modèles, les langages et les technologies pour la description, le guidage et l'amélioration des démarches de développement de systèmes logiciels. Ce chapitre traite plus particulièrement de la modélisation des processus. La modélisation des processus a pour objectif de représenter les processus à différents niveaux d'abstraction et selon différents points de vue. L'usage des modèles de processus est aujourd'hui largement reconnu pour répondre, d'une part, à des besoins d'automatisation et d'autre part, à des besoins de guidage, de contrôle et d'amélioration de ces processus.

En considérant les modèles de processus comme des artéfacts, il est possible d'élaborer de véritables cadres méthodologiques qui définissent leur processus de construction, leur gestion et leur évolution.

Dans ce chapitre, nous nous intéressons essentiellement aux processus d'ingénierie de systèmes d'information, l'aboutissement de ces processus étant des systèmes logiciels assurant les fonctions d'un système d'information.

1 Introduction

Au cours des vingt dernières années, les systèmes logiciels sont devenus incontournables dans notre société et de nombreux exemples montrent qu'une erreur dans un système logiciel peut provoquer des dysfonctionnements graves. Dans ce contexte, de nombreuses recherches visent à développer des méthodes et des techniques pour produire des systèmes logiciels de qualité. Partant de l'hypothèse qu'il existe une corrélation entre la qualité du processus et celle du produit développé, une approche possible consiste à étudier et à formaliser les processus en vue de les concevoir, de les gérer, de les contrôler et de les améliorer.

L'intérêt porté à la dimension processus est nouveau et constitue un changement important puisque dans le passé, les recherches et développements dans le domaine se sont focalisés principalement sur la dimension produit. L'idée qui consiste à considérer que développer du logiciel n'est pas seulement un problème de programmation, mais qu'il s'agit plutôt de mettre en œuvre une véritable démarche faisant coopérer différents acteurs, mobilisant des ressources, produisant plusieurs résultats et comprenant des activités de modélisation, de validation, de vérification..., est à l'origine des recherches sur les processus d'ingénierie.

Cette recherche qui s'est développée à la fois au sein de la communauté de l'ingénierie des systèmes d'information et dans celle du génie logiciel a atteint un certain niveau de maturité. Elle est aujourd'hui au cœur de plusieurs «workshops» et conférences (*European Workshop on Process Modelling, International Conference on Software Process*) ; elle est aussi un centre d'intérêt pour de grands instituts industriels spécialisés dans le développement du logiciel tels que le SEI (Software Engineering Institute) et l'ESI (European Software Institute). Enfin, plusieurs initiatives pour l'amélioration et la normalisation des processus de développement ont abouti à des propositions qui constituent des références pour le domaine (normes ISO).

Par ailleurs, les études sur les pratiques en matière de développement montrent, d'une part, que les processus de développement restent encore mal définis et souvent peu maîtrisés et d'autre part, qu'ils n'aboutissent pas toujours aux résultats souhaités. Ces études montrent aussi un réel besoin pour aider les entreprises à concevoir, à gérer et à améliorer leurs processus de développement.

La modélisation des processus a pour objectif de représenter les processus à différents niveaux d'abstraction et selon différents points de vue. L'usage des modèles de processus permet de répondre, d'une part, à des besoins d'automatisation et d'autre part, à des besoins de guidage, de contrôle et d'amélioration. Ce chapitre présente les propriétés des modèles de processus, leur usage ainsi que les langages et les démarches qui permettent de les élaborer.

Le §2 présente la notion de processus dans différents domaines. Le §3 aborde plus précisément les processus de développement. La terminologie relative à la modélisation des processus est introduite au §4. Les apports de la modélisation des processus sont présentés au §5. Les §6 et 7 détaillent les paradigmes de modélisation des processus ainsi que les langages utilisés.

2 Différentes approches de la notion de processus

Les processus de développement de logiciels sont une forme particulière de processus. La notion de processus est utilisée dans d'autres contextes et différentes communautés scientifiques s'intéressent aux processus et à leur modélisation.

2.1 La notion de processus en modélisation d'entreprise

L'approche processus constitue pour le domaine du management un nouveau modèle d'organisation dont l'enjeu est d'améliorer le fonctionnement et par conséquent la performance de l'entreprise. Les normes ISO 9001 et ISO 9004 définissent l'approche processus de la manière suivante : «*L'approche processus désigne l'application d'un système de processus au sein d'un organisme, ainsi que l'identification, les interactions et le management de ces processus...*» Les normes sont basées sur trois types de processus dans lesquels on retrouve tous les processus d'une entreprise. Il s'agit :

- *des processus de réalisation* (ou opérationnels) dont les résultats sont des produits ou des services ;
- *des processus support*, ce sont les processus qui contribuent au bon fonctionnement des autres processus en leur apportant les ressources nécessaires ;
- *des processus de management* qui guident l'entreprise pour améliorer sa capacité à évoluer, qui lui permettent de vérifier si les décisions prises sont cohérentes avec les objectifs poursuivis et d'anticiper les changements et les réactions de l'environnement.

Cette approche est souvent utilisée pour la mise en place de systèmes de management de la qualité, et dans ce contexte, la modélisation des processus a pour objectif :

- de comprendre et de satisfaire les exigences ;
- de considérer les processus en termes de valeur ajoutée ;
- de mesurer la performance et l'efficacité des processus ;
- d'améliorer en permanence les processus sur la base de mesures objectives.

2.2 La notion de processus en modélisation des systèmes d'information

Les méthodes de développement de systèmes d'information ont introduit dans les années quatre-vingt l'approche par modélisation dans laquelle on cherche à représenter un système par les données qu'il doit gérer et les traitements qu'il doit exécuter. Une analogie peut, à ce niveau, être faite entre données et traitements, d'une part, et produit et processus, d'autre part. Les modèles de traitements proposés par ces méthodes peuvent prendre la forme de diagrammes de flux ou de diagrammes d'activités. Par exemple, le langage UML préconise d'utiliser les diagrammes d'activités pour modéliser les processus métier. La modélisation des processus a pour objectif essentiel la compréhension des traitements à automatiser et la définition d'une représentation conceptuelle des traitements qui, d'une part, permet la communication avec les utilisateurs et d'autre part, sert de spécification pour obtenir une implantation sous forme de programmes informatiques.

2.3 La notion de processus en modélisation des systèmes dynamiques

Les processus sont utilisés pour modéliser le comportement de systèmes dynamiques comme les systèmes d'exploitation, les systèmes temps réels, etc. La notion de processus permet de caractériser le comportement de ces systèmes en termes de tâches parallèles, de concurrence pour certaines ressources, ou encore de contraintes temporelles.

2.4 La notion de processus dans les systèmes de *workflow*

Une application de *workflow* est un outil de spécification et d'automatisation des processus de travail coopératif de type administratif. Les processus sont représentés sous la forme de procédures de coordination. Dans ce domaine, la modélisation doit prendre en compte la nature coopérative de ces processus. Il s'agit d'exprimer les formes d'interaction entre les membres d'un groupe, le contexte dans lequel la coopération opère et les rôles et les responsabilités des différents membres.

2.5 La notion de processus en ingénierie des systèmes d'information

Il est devenu usuel de considérer le développement de produits logiciels comme une activité de production avec deux dimensions : la dimension produit et la dimension processus. Dans ce contexte le processus définit une démarche pour aboutir au produit final. Les modèles de processus proposés par la communauté de l'ingénierie du logiciel ont d'abord visé à exprimer les activités qui composent un processus de développement pour permettre son exécution automatique (Curtis, 1992). Dans le domaine des méthodes de conception de systèmes d'information, le processus est utilisé pour prescrire une démarche qui guide le concepteur à travers un ensemble d'étapes vers la solution. Aujourd'hui, de nouveaux objectifs émergent telle l'amélioration de la qualité des processus de développement ou la réutilisation. De tels objectifs conduisent à définir des modèles de processus de plus en plus riches pour représenter à la fois les activités qui composent les processus mais aussi les acteurs, leurs rôles et leurs intentions.

En ingénierie du logiciel, il est usuel de considérer un processus comme un artéfact et par conséquent il devient possible de s'interroger sur le processus qui permet de l'élaborer. Ce processus est appelé métaprocessus ou métadémarche (Lonchamp, 1993).

Dans la suite, nous nous intéressons exclusivement à la modélisation des processus en ingénierie des systèmes d'information. Nous utilisons la simplification « processus » pour désigner les processus d'ingénierie ou de développement.

3 Les processus d'ingénierie

Cette partie s'intéresse au concept de processus ; elle propose deux typologies mettant en évidence la nature de ces processus ; elle introduit les métaprocessus et elle définit les sujets d'intérêt autour des processus.

3.1 Sur la notion de processus de développement

Le terme de processus peut avoir différentes définitions et le vocabulaire autour des processus est assez confus. Pour certains, un processus est défini comme un ensemble d'activités dont la réalisation conduit à un produit final (Downson, 1993 ; Humphrey, 1989) ; pour d'autres, il est une suite de décisions aboutissant au produit logiciel final (Rolland, 1994). Enfin un processus d'ingénierie peut être défini plus largement comme un « *ensemble cohérent de règles, de structures organisationnelles, de technologies, de procédures et d'artéfacts pour concevoir, développer, déployer et maintenir un produit logiciel* » (Lonchamp, 1993). Cette dernière définition montre qu'un processus d'ingénierie met en œuvre :

- des environnements techniques de développement offrant un support aux activités de développement. L'utilisation de ces environnements est devenue indispensable pour faire face à la fois à la complexité des produits logiciels et à celle du processus qui en assure le développement ;
- des techniques et des procédés pour guider la réalisation des activités de développement. Il s'agit ici par exemple, des techniques de modélisation permettant de représenter le système développé à différents niveaux d'abstraction ou encore de démarches pour élaborer ces modèles ;
- des structures organisationnelles pour la gestion des ressources humaines participant au développement. Un processus de développement implique de nombreux acteurs, ayant des compétences et des objec-

tifs différents, et qui doivent coopérer pour développer de manière efficace le système logiciel ;
- des contraintes et des règles économiques, sociales et culturelles. L'usage d'un logiciel soulève des difficultés liées à son appropriation par les utilisateurs et à son adéquation avec les particularités du contexte dans lequel il est utilisé. Il est aujourd'hui acquis que cette dimension doit être traitée au même titre que les autres.

Ce n'est qu'en considérant le développement d'un système d'information d'un point de vue processus que l'on peut mettre en évidence ces différentes dimensions et leur complémentarité. Bien sûr la modélisation des processus est concernée par l'ensemble de ces dimensions. Les modèles de processus se différencient en partie par leur capacité à capturer l'ensemble des connaissances sous-jacentes à chacune de ces dimensions.

3.2 Typologie des processus

Il existe plusieurs typologies des processus qui reflètent la grande variété des points de vue sur la manière de considérer un processus. Ces différents points de vue se traduisent aussi au niveau des modèles de processus.

Un premier critère de classification des processus concerne la *nature du processus* (Rolland, 1998) ; selon ce critère, les processus peuvent être :
- *des processus stratégiques,* ils explorent et étudient les différentes possibilités de solutions permettant de satisfaire un objectif, ils peuvent guider dans le choix de la solution la plus appropriée à une situation et ils peuvent enfin produire un plan pour l'atteindre ;
- *des processus tactiques,* ils proposent une assistance lors de la poursuite d'un plan. Ces processus sont plus concernés par la tactique à adopter pour exécuter un plan que par la conception du plan lui-même ;
- *des processus opérationnels,* ils sont des processus de «bas niveau» qui expriment le «comment» implanter chaque tâche composant un plan.

Une autre typologie très usuelle dans la communauté du génie logiciel se base sur le critère *cycle de vie* du produit logiciel (Sommerville, 1996), c'est-à-dire sur la manière dont les différentes phases constituant le cycle de vie (analyse des besoins, spécifications, conception, réalisation, etc.) sont accomplies. Dans cette typologie, il est usuel de distinguer :
- *les processus en cascade* (Royce, 1970) dans lesquels les phases du développement se succèdent séquentiellement. Largement utilisés dans les années soixante-dix et quatre-vingt, ces processus sont très critiqués notamment parce qu'ils sont basés sur l'hypothèse (largement remise en cause aujourd'hui) que les besoins sont stables et qu'ils sont définis une fois pour toutes au début du processus ;
- *les processus itératifs* (Sommerville, 1996 ; Jacobson, 1999), qui suggèrent de décomposer un système en fonctionnalités (ou en cas d'utilisation dans le cadre du processus unifié défini avec UML). Le processus de développement est défini par un ensemble d'itérations, chaque itération consistant à développer complètement une fonctionnalité et à livrer un fragment (appelé aussi un incrément) du système. Cette approche permet de prendre en compte les besoins de manière progressive mais rend difficile les modifications des besoins qui ont été satisfaits lors des itérations déjà accomplies ;
- *les processus en spirale* (Boehm, 1988) sont basés sur le principe de construire au plus tôt dans le développement des prototypes qui aideront à (re-) formuler les besoins. Dans ce type de processus, le développement est à la fois incrémental et adaptatif, un des objectifs étant d'autoriser des changements de besoins et d'être flexible pour les prendre en compte et les gérer. Un nouveau courant de méthodes basées sur ce type de processus émerge aujourd'hui sous la désignation de méthodes «agiles» (Germain, 2004).

3.3 Processus et métaprocessus

L'ingénierie des processus peut être considérée comme une véritable discipline dont la problématique est l'étude et l'amélioration des processus.

Les recherches en ingénierie des processus considèrent les processus comme des «produits» que l'on peut représenter à différents niveaux d'abstraction et selon différents points de vue. Il existe aujourd'hui de nombreux langages (cf. § 6 et 7) permettant la description des processus considérés comme des artéfacts. Une autre dimension dans l'ingénierie des processus concerne les démarches pour élaborer des représentations des processus. Ces démarches peuvent être considérées elles-mêmes comme des processus. On utilise le terme *métaprocessus* pour désigner l'ensemble des (méta) activités pour analyser, représenter, faire évoluer et exécuter un processus. Un métaprocessus est composé d'activités qui créent ou modifient des processus ou des représentations de processus. En ingénierie des processus, il existe un décalage entre les recherches sur la dimension produit et les recherches sur la dimension processus. Il existe en effet de nombreux formalismes de représentation de produit et peu de démarches guidant l'élaboration de processus de qualité. Pourtant, les recherches dans ce domaine sont essentielles, un métaprocessus pourrait être utilisé pour prescrire et guider le processus de construction de processus de développement (figure 1). Il pourrait donc permettre d'élaborer des processus prenant en compte les contraintes et les spécificités de l'organisation ainsi que les intentions des acteurs du développement.

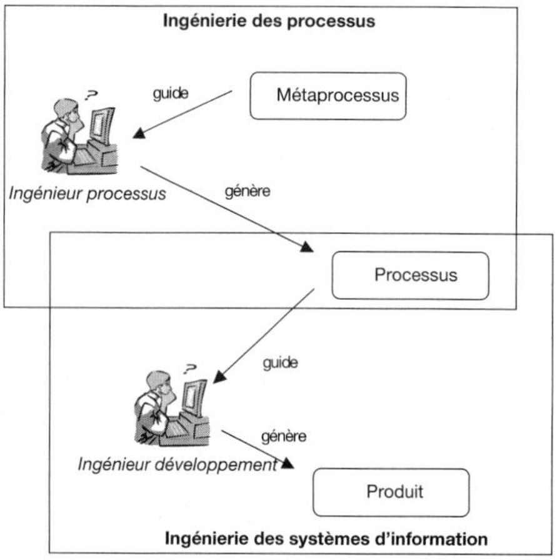

Figure 1 Processus et métaprocessus

Il est important à ce niveau de faire la distinction entre un métaprocessus qui guide l'ingénieur de processus à élaborer des processus et un processus qui guide l'ingénieur de développement à produire des systèmes logiciels (figure 1). Bien sûr les deux (processus et métaprocessus) étant des formes de processus, les mêmes modèles de représentation et les mêmes mécanismes d'exécution peuvent être utilisés (Cornadi, 1992; Si-Said, 1999).

3.4 Les sujets d'intérêts sur les processus

Selon (Downson, 1993), le «monde des processus» peut être découpé en trois domaines interreliés. Ce découpage permet d'expliciter et de clarifier différents sujets d'intérêt autour des processus :

- *le domaine de la modélisation des processus* (*Process Model Domain*). Il contient les modèles de processus. Un modèle de processus représente les propriétés communes à une classe de processus similaires ;
- *le domaine de l'exécution des processus* (*Process Model Enactment Domain*). Il regroupe les moyens et les mécanismes mis en œuvre par un environnement logiciel pour contrôler le déroulement du processus conformément au modèle de processus. Ces moyens et mécanismes servent à guider, ou à contraindre l'accomplissement du processus de manière à assurer la cohérence entre ce processus et le modèle auquel il est associé ;
- *le domaine de l'accomplissement des processus* (*Process Performance Domain*) contient les activités réellement mises en œuvre pendant le déroulement du processus. Certaines de ces activités sont exécutées par des outils logiciels et d'autres par des êtres humains. Ce sont des échanges plus ou moins formalisés entre les acteurs, des réflexions ou des prises de décisions. Toutes ces activités doivent être guidées par le modèle de processus.

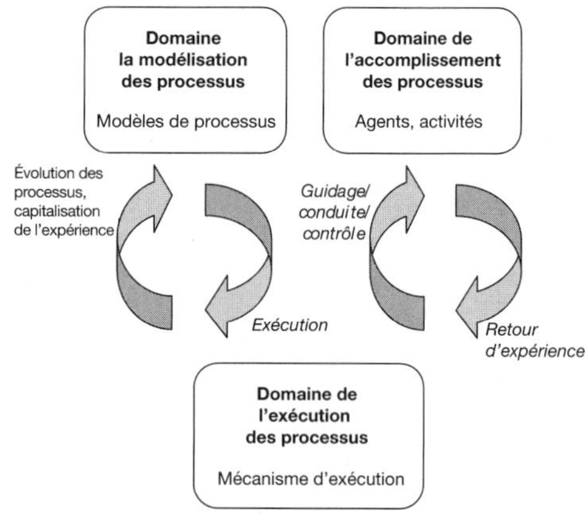

Figure 2 Les domaines relatifs au «monde des processus»

Les trois domaines interagissent les uns avec les autres. Le modèle de processus exécuté influence le processus en cours en tentant de le contraindre aux prescriptions exprimées dans le modèle. Cependant, l'exécution réelle du processus peut diverger de ce qui est prévu, pour répondre à des événements qui surviennent dans le monde réel du développement. Dans ces cas particuliers, le processus en cours sera différent de la prescription prévue par le modèle d'où l'importance du retour d'information vers le domaine de la modélisation. Ces retours d'information sont essentiels pour améliorer les modèles de processus.

4 Éléments de terminologie pour la modélisation des processus

Nous proposons dans ce paragraphe de définir les notions de base, indispensables à toute réflexion autour de la modélisation des processus d'ingénierie.

S'il existe un consensus sur la notion de modèle de processus, en revanche il y a différentes approches sur les objectifs de la modélisation des processus, les paradigmes de modélisation et les concepts sous-jacents aux modèles de processus. Plusieurs publications importantes ont été faites pour tenter de définir un cadre de référence pour ce domaine (Curtis, 1992; Lonchamp, 1993 ; Cornadi, 1992 ; Finkelstein, 1994 ; Rolland, 1998). Ces différents cadres de référence n'ont pas permis de faire émerger une terminologie standardisée pour ce domaine.

La modélisation des processus est une activité qui consiste à construire un *modèle de processus.* Un modèle de processus est une représentation abstraite d'un processus réel selon un ou plusieurs points de vue. Il est basé sur l'utilisation de langages plus ou moins formels.

4.1 Les niveaux d'abstraction en modélisation des processus

L'article intitulé "Software Processes are software too" (Osterweil, 1987) a suggéré pour la première fois de considérer les processus de développement comme des produits eux-mêmes ; par conséquent il devenait possible d'utiliser une approche par modélisation. Un processus est un artéfact qui peut être modélisé à différents niveaux d'abstraction.

En modélisation des processus, il est important de distinguer trois niveaux d'abstraction (figure 3) :

- *le niveau processus* : il s'agit d'un ensemble organisé d'activités qui ont permis d'élaborer un produit final. Les processus existent dans les systèmes réels et sont observables ;
- *le niveau modèle de processus* : il spécifie une démarche qui peut être suivie pour produire un produit. Un modèle de processus est une représentation abstraite d'un ensemble de processus réels. Ce niveau d'abstraction est essentiel pour raisonner sur les processus, pour les comprendre et les améliorer ;
- *le niveau métamodèle de processus* : il propose un ensemble de concepts génériques pour définir des modèles de processus. Dans la littérature, ce niveau prend la forme d'un langage. Les recherches en ingénierie des processus ont abouti à une famille de langages (appelés «*process modeling languages*») adaptés à l'expression des modèles de processus.

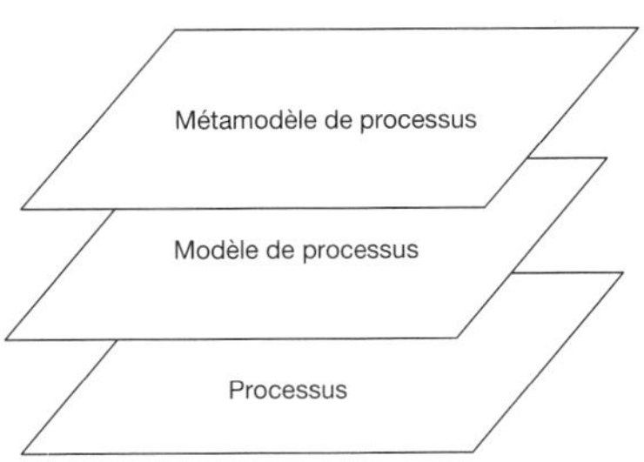

Figure 3 Niveaux d'abstraction en modélisation des processus

En considérant ces trois niveaux, on peut dire qu'un modèle de processus est une instanciation d'un métamodèle de processus et qu'un processus est une instanciation d'un modèle de processus.

4.2 Les points de vue

Les modèles de processus sont des abstractions des processus réels et à ce titre, ils sont une description partielle et simplifiée de la réalité. Les modèles de processus doivent cependant exprimer les différentes facettes d'un processus conformément à la définition donnée au § 3. En général un modèle de processus est composé de plusieurs sous-modèles, chaque sous-modèle représentant une facette particulière du processus.

Dans (Curtis, 1992) quatre facettes sont ainsi proposées :

- la *facette «fonctionnelle»* correspond aux activités qui composent le processus. Ces activités peuvent être simples ou complexes ;
- la *facette «comportementale»* exprime l'ordonnancement des activités et les flots de contrôle (itération, décision, etc.). Cette facette correspond à la partie «exécutable» du processus ;
- la *facette «organisationnelle»* modélise les acteurs du processus avec en particulier leur responsabilité vis-à-vis des activités, leur rôle dans le processus et leur coopération ;
- la *facette «informationnelle»* correspond aux informations produites et manipulées par le processus, il s'agit de tous les artéfacts (avec leurs relations) élaborés durant le développement.

Chaque modèle de processus accorde plus ou moins d'importance à chacune de ces facettes, conduisant à des modèles de processus très différents les uns des autres. Dans l'état des recherches en cours, c'est probablement les facettes «fonctionnelle» et « comportementale » qui sont les mieux traitées dans les modèles de processus. Ainsi le domaine de l'ingénierie des processus pourrait s'inspirer de modèles proposés dans d'autres domaines comme par exemple, celui des processus d'entreprise pour la facette « organisationnelle ».

Malgré de fortes différences entre les langages, on peut dégager un noyau commun de concepts pour modéliser les processus.

4.3 Concepts de base pour la modélisation des processus

Il existe différentes classifications des éléments entrant dans la description d'un processus. Les éléments les plus utilisés (Acuna, 2001) sont donnés à la figure 4.

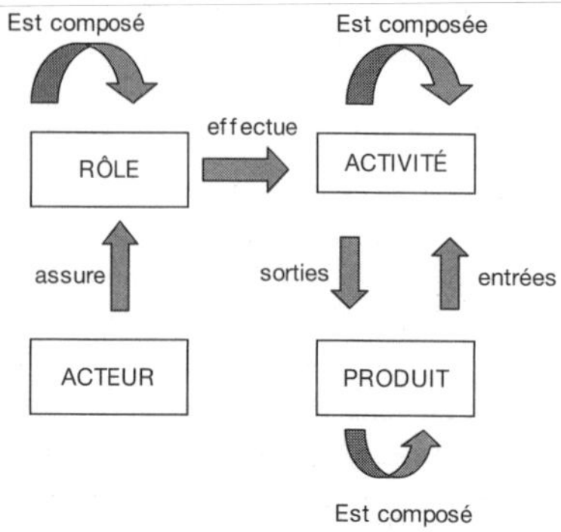

Figure 4 Concepts de base pour la modélisation de processus

Les agents ou les acteurs sont des entités qui exécutent les processus. Il est usuel de différencier deux types d'acteurs qui peuvent intervenir dans un processus : les acteurs humains et les acteurs systèmes.

Les rôles représentent des ensembles d'acteurs ayant les mêmes responsabilités, les mêmes droits et les mêmes capacités dans le contexte d'une activité spécifique.

Les activités sont des actions qui engendrent des transformations sur le produit. Une activité peut avoir des entrées et des sorties appelées produits ou artéfacts. Une activité comporte et exécute des procédures et des règles, elle réalise des objectifs. Les activités peuvent être complexes ou élémentaires.

Les artéfacts ou produits désignent l'ensemble des éléments produits ou modifiés par le processus. Il peut s'agir de produits logiciels, de documents, de modèles, de diagrammes… Un artéfact peut avoir une certaine durée de vie et il peut exister plusieurs versions de chaque artéfact au fur et à mesure que le processus est réalisé.

De nombreux autres concepts peuvent être utilisés pour modéliser les processus. Par exemple dans (Lonchamp, 1993) les concepts de tâches, de ressources et de contraintes sont définis en complément de ceux définis ci-dessus. Des définitions détaillées de ces concepts sont données dans (Lonchamp, 1993 ; Cornadi, 1992).

5 Les apports de la modélisation des processus

Les objectifs de la modélisation des processus ont évolué au cours du temps. Historiquement utilisés essentiellement pour l'exécution automatique des processus, les modèles de processus sont devenus très utiles dans la conception et la gestion des processus. Ce paragraphe présente les usages des modèles de processus ainsi qu'une typologie des modèles de processus relativement à leur usage.

5.1 Pourquoi modéliser les processus d'ingénierie ?

La modélisation de processus est le plus souvent utilisée pour permettre *une exécution et un contrôle automatique des processus*. Il s'agit de formaliser le processus et de l'exprimer dans un langage exécutable. De nombreux langages de modélisation de processus (*Process Modeling Language*, PML) ont été proposés à cet effet (Cugola, 1998) et sont au cœur d'environnements de développement centrés processus (Pohl, 1999).

La modélisation de processus permet de simplifier la complexité des processus et d'en *faciliter la compréhension*. Un modèle de processus constitue un support de communication qui véhicule de la connaissance sur un processus. Par conséquent, il permet d'expliquer, de raisonner et est un outil d'apprentissage.

La modélisation de processus et le modèle de processus qui en résulte permettent une meilleure *maîtrise des changements* dans un processus, c'est-à-dire facilitent le contrôle des impacts de ces changements. Dans un contexte de changement, les modèles de processus permettent d'étudier et de comparer des alternatives et d'estimer des modifications potentielles avant de les mettre en œuvre dans des processus réels.

La modélisation des processus peut être utilisée dans un souci de *gestion et de contrôle des processus*. Il s'agit ici de pouvoir mesurer les performances et de pouvoir comparer différents processus dans un objectif de recherche de qualité (performance, coûts, etc.) et d'amélioration. Les travaux réalisés par le SEI concernant le «CMM model» (*Capability Maturity Model*) s'inscrivent dans ce cadre (Humphrey, 1989). Les cinq niveaux de maturité de ce modèle (appelés «Initial», «Repeatable», «Defined», «Managed» et « Optimized ») permettent de mesurer la qualité de la gestion des processus au sein d'une entreprise. Les cinq niveaux de maturité peuvent être utilisés à des fins d'évaluation et/ou d'amélioration des processus. Des modèles de processus sont introduits dès le niveau 2 à des fins de documentation, de mesure et de planification.

Un modèle de processus peut être exploité pour *guider les acteurs* qui vont mettre en œuvre le processus. Dans ce contexte plusieurs formes de guidage peuvent être envisagées. Le modèle de processus prescrit une démarche à suivre pour obtenir un certain résultat. À tout instant, il fournit l'état du déroulement du processus et les activités restant à réaliser. Il peut aussi exprimer différentes possibilités pour atteindre un certain résultat et aider au choix au moyen d'arguments qui expliquent les forces et les faiblesses de chacune des possibilités.

Un modèle de processus est une spécification qui peut être utilisée à des fins de *réutilisation*. La réutilisation de connaissances et d'expériences en matière de développement répond à des besoins réels de productivité et de qualité. Un modèle de processus peut avoir un niveau de généricité qui autorise sa réutilisation dans différents contextes. Plusieurs auteurs proposent des concepts de modélisation de processus permettant de spécifier un processus sous forme de composants réutilisables (Harmsen, 1994 ; Rolland, 1996).

Bien sûr ces différents objectifs assignés aux modèles de processus conduisent à des modèles très différents les uns des autres.

5.2 Les modèles de processus sur le plan de l'usage

D'une manière plus générale, sur le plan des objectifs et de l'usage, (Lonchamp, 1993) définit deux approches :

- *l'approche descriptive*, est utilisée pour conserver et gérer une trace de tous les événements et de toutes les opérations qui peuvent se produire pendant le processus. L'approche descriptive répond essentiellement à des besoins d'analyse et de contrôle ainsi qu'à des besoins d'analyse d'impact suite à des changements ;
- *l'approche prescriptive*, définit une démarche à suivre pour effectuer un processus désiré. La démarche peut être stricte ou flexible ; dans le premier cas, le processus est effectué en mettant en œuvre un ensemble d'activités, dans le second la démarche autorise plusieurs possibilités pour atteindre un même objectif. L'approche prescriptive répond à des besoins de guidage, d'aide à la réalisation d'objectifs et d'automatisation.

Dans (Rolland, 1996) une troisième approche est proposée : *l'approche exploratoire*. Elle permet à la fois la définition de plusieurs démarches et la spécification de toutes les explications pour les différencier, les évaluer et choisir la plus adaptée en fonction d'une certaine situation. Cette approche fournit un fort niveau de guidage par exemple, dans le cadre de processus stratégiques.

6 Les paradigmes de modélisation des processus

Le paragraphe précédent a montré que les modèles de processus pouvaient avoir des objectifs différents. Les différents usages des modèles de processus ont des conséquences directes sur la manière d'appréhender et de modéliser les processus.

(Downson, 1988) a proposé trois paradigmes de modélisation des processus : l'orientation activité, l'orientation produit et l'orientation décision. Depuis, cette classification a été étendue avec l'orientation contextuelle (Rolland, 1994).

6.1 L'orientation activité

Les modèles orientés activité décrivent essentiellement les activités qui composent le processus ainsi que leur ordonnancement. Ces modèles considèrent le plus souvent le processus de développement comme un processus séquentiel et les activités sont obtenues selon une approche de type décomposition fonctionnelle. Ces modèles fournissent un cadre pour la gestion manuelle et linéaire des projets. Leur simplicité ne permet pas d'exprimer des itérations, des boucles ou des retours en arrière. Par ailleurs, en centrant la description du processus sur les activités, ces modèles négligent l'aspect produit, c'est-à-dire l'influence qu'a la structure du produit sur le processus. Enfin cette orientation ne permet pas l'expression de plusieurs démarches pour atteindre un même objectif. On peut cependant relever que ces modèles de processus conviennent assez bien à des processus tactiques et opérationnels. De nombreuses méthodes de conception de systèmes d'information ont été définies et utilisées sur la base de modèles de processus orientés activité.

6.2 L'orientation produit

Les modèles orientés produit se focalisent aussi sur les activités du processus en introduisant pour chaque activité ses « produits résultats ». Dans cette approche, le processus est souvent représenté par un diagramme état/transition dans lequel les états représentent le cycle de vie du produit et les transitions correspondent aux activités qui font évoluer le produit sur son cycle de vie. Le couplage produit/activité permet de tracer les opérations qui ont conduit à chacun des états du produit. Les modèles orientés produit restent cependant inadaptés à la modélisation de processus stratégiques qui nécessitent l'exploration et l'évaluation de plusieurs solutions pour répondre à un même objectif.

6.3 L'orientation décision

Dans cette approche, les transformations successives du produit sont considérées comme des conséquences de prises de décision. Ces modèles étendent la notion d'activité avec celle *d'intention*. Le concept d'intention permet d'exprimer une nouvelle forme de connaissance sur le processus. Il est en effet possible de coupler chaque activité à un objectif, celui qu'elle permet de satisfaire. Cette approche est plus puissante que les deux précédentes puisqu'elle permet d'exprimer non seulement comment les processus sont réalisés (par quelles activités) mais aussi pourquoi les activités sont mises en œuvre. De plus, cette orientation dans la modélisation des processus permet d'exprimer des alternatives ; en effet le concept d'intention permet d'abstraire différentes façons de réaliser une même activité. Cette approche est donc particulièrement intéressante pour exprimer des processus stratégiques dans lesquels on essaie d'évaluer plusieurs stratégies possibles et de choisir la meilleure.

6.4 L'orientation contextuelle

L'approche contextuelle peut être vue comme une extension de l'approche décision puisqu'elle associe les décisions à des situations. D'un point de vue processus, une activité est mise en œuvre à un moment donné pour réaliser une certaine intention dans une certaine situation. Le concept de *contexte* est alors utilisé pour exprimer quand et pourquoi une activité du processus peut être réalisée. En couplant une décision à une situation on peut exprimer les raisons qui ont conduit à prendre cette décision. L'orientation contextuelle est très appropriée pour satisfaire des besoins de guidage, d'explication, de réutilisation et de trace.

7 Langages pour la modélisation des processus

Un modèle de processus est élaboré en utilisant un ou plusieurs langages. Un langage de modélisation de processus est un langage adapté à la représentation des connaissances relatives aux processus. Dans ce paragraphe, d'une part, nous étudions les formalismes sous-jacents aux langages et d'autre part, nous illustrons les langages de modélisation de processus avec deux exemples.

7.1 Les types de langages

Il existe de nombreux formalismes pour la modélisation de processus avec des paradigmes sous-jacents qui peuvent être très différents. Sur le plan des formalismes, les principaux types de langages sont :

- *les langages «visuels»* comme par exemple SADT, UML ou E/R. Ces langages sont graphiques et les modèles de processus prennent la forme de diagrammes. Par exemple, il est possible d'utiliser les diagrammes d'activités du langage UML pour décrire des processus. Plusieurs approches issues de la modélisation d'entreprise ou de la modélisation des systèmes d'information utilisent des langages de ce type ;
- *les langages «hypertextes»* permettent de représenter toutes les facettes qui composent un processus dans un hyperespace composé de nœuds et de liens ;
- *les langages orientés «graphe» ou «réseau»*. Les réseaux de Pétri ou les graphes état/transition sont largement utilisés dans la modélisation des processus. Ce type de formalisme donne la possibilité d'exploiter les modèles de processus à des fins de validation ou de simulation ;
- *les langages orientés «langage de programmation»*. Avec ce type de langage, le modèle de processus prend la forme d'un programme et il peut être interprété par une machine. Par exemple, le langage E3 (Baldi, 1994) est basé sur la notion de classes d'objets et il peut exploiter les mécanismes de la programmation orientée objet ;
- *les langages orientés «règle»* permettent l'expression d'exceptions et de contraintes temporelles. Les modèles de règles sous-jacents peuvent être basés sur la logique ou le principe d'événement/déclenchement d'actions.

Ces langages sont très différents, ils peuvent conduire à des descriptions informelles des processus ou à des descriptions très formalisées. Dans la pratique, ce sont plutôt des approches hybrides qui sont mises en œuvre. Par ailleurs, un modèle de processus est en général composé de plusieurs sous-modèles correspondant à des points de vue complémentaires (le point de vue «fonctionnel», le point de vue «organisationnel», etc.). Ces différents sous-modèles utilisent des formalismes différents. Enfin le type d'usage assigné à un modèle de processus conditionne le choix du formalisme.

Les langages de processus doivent intégrer des mécanismes permettant d'obtenir des modèles de processus modulaires, génériques et adaptables. Ces trois aspects sont essentiels pour répondre à des besoins de guidage, de réutilisation et d'amélioration.

7.2 Les métamodèles de processus

Un métamodèle de processus est un ensemble de concepts et de règles d'utilisation permettant d'élaborer des modèles de processus. Il associe à la syntaxe du langage de processus une sémantique.

En général, un modèle de processus est composé de plusieurs sous-modèles correspondant aux différents points de vue d'un processus. Un métamodèle de processus définit aussi les sous-modèles, leur contenu et leurs dépendances. On peut dire que les nombreux cadres de références sur les processus existants dans la littérature (Conradi, 1992 ; Lonchamp, 1993) sont des «sortes» de métamodèles de processus. Ils peuvent être vus comme des modèles (*conceptual frameworks*) permettant de raisonner sur les processus. Par exemple, le cadre de référence défini dans (Conradi, 1992) propose cinq sous-modèles : le modèle de produit, le modèle d'activité, le modèle d'outil, le modèle de rôle et le modèle d'organisation.

Nous illustrons la notion de métamodèle de processus avec deux exemples. Le premier est celui proposé dans le cadre d'UML et est désigné dans la suite par «métamodèle UP»; il est très représentatif de l'orientation activité. Le second est celui qui a été proposé dans le projet NATURE (*Novel Approaches to Theory Underlying Requirements Engineering*), il est désigné par «métamodèle NATURE». Ce métamodèle est très représentatif de l'orientation contextuelle.

Le métamodèle UP

Le métamodèle UP permet de définir des modèles de processus dans le contexte de développements orientés objet.

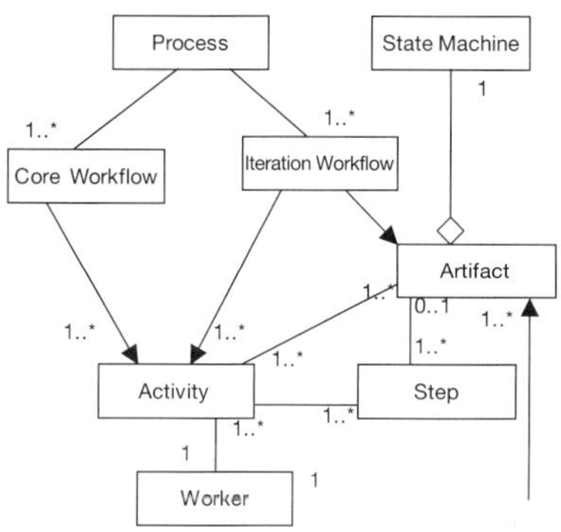

Figure 5 Métamodèle UP (Gustafsson, 1999)

Dans le processus unifié, le développement est organisé en quatre phases («Inception», «Elaboration», «Construction» et «Transition») composées chacune de plusieurs itérations. Le noyau du métamodèle UP (Jacobson, 1999) est composé des concepts de «Worker», «Activity», «Artifact» et de «Workflow». L'activité est l'unité de travail élémentaire. Dans ce métamodèle la notion de «workflow» est essentielle, elle désigne un ensemble ordonné d'activités. Il y a deux façons de composer les activités, celle qui considère les activités à travers toutes les phases (*core workflows*) et celle qui considère les activités au sein d'une même phase (*iteration workflow*). Dans UP, les étapes (*steps*) sont des actions qui composent une activité. La réalisation d'une activité conduit à réaliser toutes ses étapes. Il est à noter qu'il existe peu de concepts mis à part les transitions d'état définies sur le produit pour exprimer par exemple des conditions de déclenchement des activités.

La construction de modèles de processus se fait par instanciation. Les modèles obtenus sont orientés activité et peuvent être exprimés sous la forme de diagrammes d'activités au sens UML.

Les modèles de processus exprimés avec le méta modèle UP sont essentiellement prescriptifs. Ils prescrivent une démarche qui va être suivie pendant le développement d'un système logiciel. Ce métamodèle permet avec les notions d'activités et d'étapes d'exprimer les processus à un niveau de granularité relativement fin. Plusieurs instanciations ont été proposées dans le monde industriel de ce métamodèle, par exemple le modèle de processus en Y (Roques, 2000) et le modèle de processus RUP (Kruchten, 2000).

Le métamodèle NATURE

Le métamodèle NATURE a été proposé, d'une part, pour la modélisation des processus d'ingénierie des besoins et d'autre part, pour l'ingénierie des processus. Dans ce contexte, il est utilisé pour élaborer des modèles de métaprocessus. Le métamodèle de processus est basé sur le paradigme contextuel. Il vise non seulement à exprimer les activités composant un processus mais aussi les décisions et les contextes qui conduisent à les exécuter.

Les concepts clés de ce métamodèle sont au nombre de cinq: situation, décision, contexte, action et argument (figure 6).

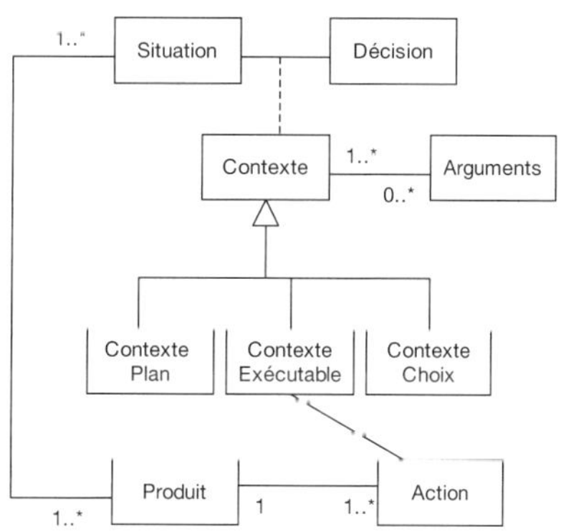

Figure 6 Métamodèle NATURE

Une situation est une partie du produit sur laquelle des actions peuvent être réalisées. Une situation peut être simple, par exemple un attribut d'un type entité ou complexe, par exemple un schéma conceptuel complet.

Une décision définit un objectif poursuivi par un acteur du développement. Il peut s'agir d'un objectif de haut niveau, par exemple, «effectuer la validation d'un modèle conceptuel», ou bien d'un objectif de bas niveau (qui se traduit pas une action simple), par exemple «définir la clé d'un type entité».

Un contexte est défini comme l'association d'une situation avec une intention. Il existe trois types de contextes: les contextes exécutables, les contextes plan et les contextes choix. Un contexte exécutable correspond à une décision qui se traduit directement par une action sur le produit. Un contexte choix correspond à une situation qui nécessite l'exploration de plusieurs solutions. Un contexte plan est un contexte complexe qui peut être décomposé en des contextes exécutables, choix ou plan.

Une action effectue une transformation du produit et elle engendre une nouvelle situation sur laquelle de nouvelles décisions peuvent être prises. Une action est la matérialisation d'une décision.

Un argument fournit les raisons qui ont motivé une décision dans une certaine situation.

Ce métamodèle présente plusieurs avantages. Il permet d'exprimer des processus à différents niveaux de détail, des processus de type cycle de vie comme des processus détaillés de construction de diagrammes.

La prise en compte des intentions facilite l'expression d'alternatives. Le couplage entre l'intention et la situation permet d'expliquer complètement « le pourquoi », c'est-à-dire dans quel contexte on a pris une certaine décision.

Les modèles de processus générés par instanciation de ce métamodèle sont modulaires (Rolland, 1996), ils résultent de l'assemblage de fragments de processus (appelés «*process chunks*»). Chaque fragment est construit autour d'un contexte et les fragments sont assemblés par des mécanismes de décomposition et de raffinement de contextes.

Enfin le métamodèle permet de construire des démarches pour guider le développement. Il est possible d'exprimer dans les modèles générés des alternatives au moyen des contextes choix. Le niveau de guidage est fort. En effet, face à une situation, le développeur est guidé dans la manière de réaliser ses intentions grâce à la notion d'argument.

Les deux métamodèles de processus illustrent bien la grande diversité des approches de modélisation des processus ainsi que les fortes différences entre les modèles de processus.

8 Conclusion

Les recherches en ingénierie des processus sont basées sur le principe que les processus sont des artéfacts et qu'à ce titre ils peuvent être modélisés comme d'autres produits d'ingénierie. Les recherches ont donc naturellement abouti à une grande variété de langages pour la modélisation de processus. Ces langages ont besoin certainement encore aujourd'hui d'être étendus pour prendre en compte les aspects humains et organisationnels. Dans les processus, les hommes et l'environnement jouent un rôle essentiel, ce qui complique leur modélisation et leur contrôle.

Les recherches en modélisation des processus répondent à des besoins industriels réels. La mise en œuvre de processus de qualité et la maîtrise de leur gestion constituent des enjeux pour toutes les entreprises qui développent des produits logiciels.

Encore peu d'entreprises utilisent des modèles de processus. Une des raisons réside sans doute dans la difficulté de leur appropriation par les hommes et de leur intégration dans l'environnement. C'est sur ce terrain que les recherches doivent se poursuivre. Il s'agit en effet de proposer de véritables démarches d'élaboration de processus qui prennent davantage en compte les objectifs et les usages de ces processus.

Bibliographie

Acuna S. T. (2001), "Software Process modelling", *In Proc. Of World Multiconference on Systemics, Cybernetics and Informatics*, Orlando, USA.

Baldi M., Gai S., Jaccheri M. L., Lago P., (1994), "E3 : Object-Oriented Software Process Model Design", In Chapter 11 A. Finkelstein, J. Kramer, B. A. Nuseibeh, editors. *Software Process Modelling and Technology*. Advanced Software Development Series, Research Studies Press/John Wiley & Sons.

Boehm B. W. (1988), "A Spiral Model of Software Development and Enhancement", *IEEE Computer*, 21, 5, p. 61-72.

Conradi R., Fernstrom C., Fuggetta A. (1992), "Concepts for evolving Software Processes", In Proc. *Of the 2nd European Workshop on Process Technology*, Trondheim, Norway, Lectures Notes in Computer Science 635, Software Process Technology, Springer Verlag.

Cugola G., Ghezzi C. (1998), "Software Processes : a Retrospective and a Path to the Future", *Software Process – Improvement and Practice*, Vol 4 p. 101-123.

Curtis B. J., Kellner M.I., Over J. (1992), "Process Modelling", *Communications of the ACM*, 35 (9), p. 75-90.

Downson M. (1988), "Iteration in the Software Process", *Proc. Of The 9th Int. Conf. On Software Engineering*.

Downson M. (1993), "Software Process Themes and Issues", *Proc. Of the 2nd Int. Conf. On the Software Process : Continuous Software Process Improvement*, Berlin, Germany, IEEE Computer Society Press.

Finkelstein A., Kramer J., Nuseibeh B. A. (1994), Editors. *Software Process Modelling and Technology*. Advanced Software Development Series, Research Studies Press/John Wiley & Sons.

Germain E., Robillard P. N. (2004), "Engineering-based Processes and Agile Methodologies for Software Development : a Comparative Case Study", *The Journal of Systems and Software.*

Gustafsson B. (1999), "Rational Unified Process – Process Architecture and UML", Presentation at UML World, New York.

Harmsen A. F., Brinkkemper J.N., Oei J.L.H. (1994), "Situational Method Engineering for Information Systems Project Approaches", Int. IFIP WG8.1 *Conf in CRIS Series : Methods and Associated Tools for the Information Systems Life Cycle* (A-55), North Holland (Pub).

Humphrey W.S. (1989), *Managing The Software Process*, Addison Wesley.

Jacobson J., Booch G., Rumbaugh J. (1999), *The Unified Software Development Process*, Addison-Wesley.

Kruchten P. (2000), *Introduction at Rational Unified Process, Collection Technologies Objet/Refernce*, Eyrolles.

Lonchamp J. (1993), "A Structural Conceptual and Terminology Framework for Software Process Engineering", *Proc. Of the 2nd Int. Conf. On the Software Process : Continuous Software Process Improvement*, Berlin, Germany, IEEE Computer Society Press.

Osterweil L.J. (1987), "Software Processes are Software Too", In *Proc. Of the Ninth Int. Conf. of Software Engineering*, p. 2-13, Montery CA.

Pohl K. (1999), "PRIME – Toward Process-Integrated Modeling Environments", *ACM Transactions On Software Engineering and Methodology*, Vol 8, n° 4, p. 343-410.

Rolland C. (1994), "Modelling the Evolution of Artefacts", *Proc. Of the 1st Int. Conf. On Requirements Engineering.*

Rolland C., Plihon V. (1996), "Using Generic Chuncks to Generate Process Models Fragments", *Proc. Of 2nd IEEE Int. Conf. On Requirements Engineering*, ICRE'96, Colorado.

Rolland C. (1998), "A comprehensive View of Process Engineering", In *Proc. Of the Int. Conf. CAISE'98*, Lectures Notes in Computer Science 1413, Pisa, Italy.

Roques P., Vallée F. (2000), *UML en action*, Eyrolles.

Royce W.W. (1970), "Managing the Development of Large Software Systems : Concepts and Techniques", *Proc. Of IEEE Westcon.*, Los Angeles, CA.

Si Said Cherfi S. (1999), «Proposition pour la modélisation et le guidage des processus d'analyse des systèmes d'information», Thèse de doctorat de l'université de Paris I.

Sommerville I. (1996), "Software Process Models", *ACM Computing*, Vol 28, n° 1.

Outils CASE : architectures et fonctionnalités

Mokrane Bouzeghoub

Mots-clés : méthodes de conception, modélisation conceptuelle, atelier de génie logiciel, outils CASE, architectures d'intégration, travail coopératif, ingénierie des systèmes d'information.

Résumé : l'ingénierie des systèmes d'information s'appuie sur des méthodes qui sont elles-mêmes supportées et guidées par des outils logiciels qu'on appelle AGL (ateliers de génie logiciel) ou environnement CASE (*Computer Aided Software Engineering*). Ces outils apportent une aide à la modélisation du système d'information, à sa validation, à la génération de ses applications et de ses interfaces et à son administration. Il existe une grande diversité d'outils qu'il est parfois nécessaire de combiner les uns aux autres pour obtenir un ensemble de fonctionnalités permettant d'aider à la réalisation de la plupart des activités du cycle de développement d'un système d'information. Ce chapitre propose en premier lieu, une typologie des fonctionnalités des environnements CASE, décrit ensuite les composants d'une architecture type d'environnement CASE et montre enfin, en considérant l'activité de modélisation conceptuelle, ce qu'est l'apport de ces outils à l'ingénierie des systèmes d'information.

1 Introduction aux outils CASE

L'acronyme CASE (*Computer Aided Software Engineering*), souvent traduit en français par celui d'AGL (atelier de génie logiciel), recouvre deux facettes : *software engineering* qui évoque le métier d'ingénierie du logiciel (ou génie logiciel) et *computer aided* qui, plus que le terme atelier, évoque l'aide que peut apporter l'ordinateur à l'automatisation, complète ou partielle, des tâches d'ingénierie du logiciel (Lewis, 1991). Dans la pratique, les outils CASE ne concernent pas que le logiciel, mais de façon plus générale le système d'information dans son ensemble ; il serait donc plus juste de parler d'ingénierie des systèmes d'information. En effet, les environnements CASE apportent une aide autant à la construction de bases de données et de connaissances (Loucopoulos et Zicari, 1992) qu'au développement de programmes et d'interfaces (Bergin, 1993). C'est cette vision que nous retenons dans la suite de ce chapitre.

D'un point de vue méthodologique, l'ingénierie du système d'information (SI) porte sur les phases d'analyse, conception, implémentation et maintenance, auxquelles on peut ajouter les tâches complémentaires d'acquisition de connaissances et de validation des artéfacts produits durant ces phases (modèles, spécifications, programmes, interfaces, etc.). D'un point de vue fonctionnel, les environnements CASE offrent des facilités de modélisation, de vérification, de génération de code et de documentation utile à la gestion de projets et à la maintenance des systèmes d'information produits.

La technologie CASE a émergé à la fin des années soixante-dix et au début des années quatre-vingt avec les outils de génération de code et de test de programmes. Le succès des bases de données (BD) relationnelles a permis d'offrir des outils de normalisation de relations, des outils d'optimisation et d'administration, ainsi que les dictionnaires de données qui décrivent le vocabulaire de l'entreprise et maintiennent l'historique des choix de représentation (ANSI-X3-138, 1988). Le développement des stations de travail et des interfaces graphiques ont confirmé une fois pour toutes l'intérêt des environnements CASE au milieu des années quatre-vingt et ont ouvert une nouvelle ère au génie logiciel. L'évolution vers les langages de 4e génération (L4G), la programmation visuelle, les bibliothèques de composants graphiques accompagnant les langages objets comme C++ et Java, les architectures d'interopérabilité et de coopération, ont définitivement consacré les environnements CASE comme supports fondamentaux à la conception des SI modernes.

Cependant, aujourd'hui encore, les environnements CASE ont des fonctionnalités éclatées qui s'appuient sur des modèles hétérogènes et couvrent partiellement les différentes phases du cycle de développement d'un SI. Il n'y a pas d'architecture de référence et la communication entre outils demeure un problème majeur. Pour mieux comprendre la complémentarité de ces outils, de nombreuses classifications ont été tentées ; elles sont basées soit sur le cycle de développement (analyse, conception, implémentation, validation, maintenance, administration, etc.), soit sur le niveau d'abstraction (*upper CASE, middle CASE et lower CASE*), soit sur le degré d'automatisation (automatiques, semi-automatiques, boîtes noires).

Cet éclatement correspond, d'un certain point de vue, à la diversité des besoins. Les programmeurs se focalisent sur les outils de modélisation de processus, de vérification formelle de programmes et de génération de code. Les experts BD s'intéressent aux outils de modélisation conceptuelle, de transformation et d'intégration de schémas et aux outils d'optimisation et d'administration des BD. Les chefs de projets quant à eux, se focalisent sur les référentiels d'entreprise, les outils de génération de rapports et les outils de simulation ou de gestion de projets.

Toutefois, cette diversité des besoins ne doit pas masquer la nécessité de coordonner les tâches d'analyse, de conception et de déploiement de SI, de permettre des échanges d'informations entre elles, de garder une traçabilité des choix de conception et de leurs évolutions et de maintenir une mémoire unique du projet. C'est dans cette perspective que l'interconnexion des outils CASE est voulue et envisagée.

La fin des années quatre-vingt-dix et le début des années deux mille ont vu émerger de nouvelles applications qui nécessitent l'adaptation d'outils anciens ou la définition de nouveaux outils. Ainsi, les entrepôts de données ont remis à l'ordre du jour les besoins d'intégration de modèles et ont introduit de nouveaux besoins d'intégration de données (Jarke, Lenzerini, Vassiliou, Vassiliadis, eds, 1999). De nouveaux outils de génération de médiateurs et d'extracteurs (ou *wrappers*) ont vu le jour. Le succès de XML (Gardarin, 2002) a généré une panoplie d'outils de conception d'application Web, allant de la modélisation de documents à la génération de scripts associant les pages web aux applications invoquées ou transformant des données XML en données relationnelles et vice-versa. La standardisation d'UML (*Object Modeling Language*) (Booch, Jacobson, et Rumbaugh, 1999) a eu également un effet boule de neige qui a fait naître une multitude d'éditeurs graphiques et de générateurs de code Java. Enfin, la récente attention prêtée par l'OMG à l'ingénierie dirigée par les modèles (MDA/MDE)[1] crée une nouvelle effervescence sur le marché et génère son lot d'outils plus ou moins originaux.

Des centaines d'outils existent sur le marché et d'autres sont encore dans les laboratoires. Un grand nombre d'entre eux sont publiés en logiciels libres et sont utilisables gratuitement. Ce chapitre a pour objectif d'identifier les principales fonctionnalités de ces outils, sans toutefois les décrire individuellement ni les comparer. De nombreux sites Internet proposent des listes assez exhaustives d'outils et des comparaisons entre outils[2]. Notre objectif est d'identifier les services utiles à l'ingénierie des SI, de les caractériser et de montrer le type d'aide et la plus-value qu'ils apportent à l'analyste et au développeur. Pour fixer les idées, nous citerons quelques outils en exemple là où il nous semble approprié de le faire.

2 Typologie des outils CASE

Les services offerts par les environnements CASE sont aussi diversifiés que les tâches nécessaires à la réalisation d'un SI. Peu de produits sur le marché comportent l'ensemble de ces services. Parmi eux, on peut distinguer les suivants.

Les outils de gestion de projets

Ces outils sont utilisés pour planifier le déroulement d'un projet (PERT), allouer les ressources et en contrôler l'utilisation (tableurs, histogrammes), synchroniser les tâches d'intégration et contrôler leur validation (*workflows*), évaluer les livraisons et consolider leur intégration en produits intermédiaires ou finaux et, enfin, proposer des procédures de reprise en cas de retard ou d'échec. Ces outils produisent essentiellement des rapports et des tableaux de bord pour le chef

1. http://www.omg.org.
2. http ://www.objectsbydesign.com/tools/umltools_byCompany. html.

de projet. Les tendances de ces outils vont dans le sens de la distribution du contrôle et de la gestion coopérative des équipes, notamment à travers le Web.

Les outils de modélisation de données

Ces outils aident à la structuration des données du SI; ils utilisent des modèles formels ou semi-formels, souvent représentés par des diagrammes, permettant la description de la BD à différents niveaux d'abstraction (conceptuel, logique, physique). Les outils de modélisation de données offrent une aide à la formation des concepts de chaque niveau de description, à la vérification de la cohérence des schémas (par inférence pour la cohérence logique et par normalisation pour la cohérence opérationnelle), à l'intégration de plusieurs schémas partiels en un schéma global et à la transformation des schémas d'un niveau d'abstraction à un autre. Des outils de rétroconception permettent la récupération d'anciens fichiers et d'anciennes BD par extractions et abstractions successives de leurs structures. Les modèles entité-association, relationnels et objets (UML) sont les principaux formalismes utilisés pour la structuration des données. Les tendances de ces outils vont dans le sens d'une plus grande maîtrise de l'hétérogénéité des modèles, de la prise en compte de plus en plus grande de connaissances linguistiques dans l'intégration de schémas (ontologies) et d'une meilleure gestion de la complexité introduite par la distribution et le passage à l'échelle (systèmes d'entrepôts de données, médiateurs, Grid, P2P).

Les outils de modélisation de processus

Ces outils aident à la spécification des programmes constituant les applications du SI; ils utilisent des techniques de décomposition fonctionnelle et d'affinement conduisant de l'expression des besoins jusqu'à la génération de code. Différents formalismes sont utilisés pour spécifier une facette ou l'autre d'une application; on peut citer les réseaux de Petri et leurs dérivés, les langages formels comme les notations B ou Lotos et les diagrammes UML. Les outils de génération et de test de code sont probablement les plus anciens; ce sont ceux qui illustrent le mieux le gain de productivité apporté par certains outils CASE (outils RAD, développement rapide d'applications). Ils dérivent directement des techniques de compilation et de simulation. Les tendances de ces outils vont dans le sens de la réutilisation de patrons (*patterns*), de composants (bibliothèques d'objets) ou de services web. La problématique de la conception des applications se pose alors en termes de découverte des éléments utiles et à leur orchestration judicieuse; on parle alors plus de modélisation d'architectures logicielles que de conception de programmes.

Les outils d'administration de systèmes d'information

Ces outils consistent en tout apport utile aux administrateurs de données ou d'applications pour maintenir leurs systèmes et les faire évoluer de façon cohérente. Il s'agit dans un premier temps de fonctionnalités de surveillance et de réglage des SI (*tuning*) en vue d'améliorer ou de maintenir à niveau leurs performances quels que soient les changements survenus au niveau des infrastructures opérationnelles (machines, systèmes d'exploitation, réseaux) ou des applications (augmentation de charge, accroissement du volume de données, modification de la nature des traitements). Les outils d'administration permettent aussi de propager les changements survenus dans le réel vers les différents modèles décrivant le SI. Par le biais des versions et des historiques, les outils d'administration maintiennent la traçabilité des choix de conception et des décisions techniques, offrant ainsi une meilleure flexibilité face au changement. Ils sont souvent dotés d'outils de simulation pour tester l'impact de telle ou telle évolution, ainsi que de modèles de calcul de coûts pour l'analyse du comportement du système et la prédiction de ses goulets d'étranglement. La tendance de ces outils est de distribuer leurs fonctionnalités pour permettre un contrôle à distance, voire de les intégrer directement dans les systèmes pour que ces derniers se reconfigurent automatiquement.

3 Architecture type d'un outil CASE

Les architectures d'environnements CASE sont variées; elles dépendent de la nature des méthodes supportées, de l'environnement de déploiement et de la taille des projets visés (petits projets menés par une équipe centralisée ou grands projets menés par des équipes distribuées). Certains outils, comme les éditeurs graphiques, sont déployés sur des postes clients, alors que d'autres comme la gestion de référentiels ou la consolidation de résultats, sont déployés sur des serveurs. La figure 1 donne une architecture type d'environnement CASE. Ses composants sont présentés dans les paragraphes suivants.

3.1 La base de connaissances

Les fondations des environnements CASE se trouvent dans la base de connaissances (BC) qui regroupe l'ensemble des métadonnées nécessaires aux activités d'ingénierie: modèles et métamodèles, résultats de la conception, spécifications, règles de gestion, choix de conception, règles de transformation, historiques des évolutions, etc. Cette BC peut être associée à des démonstrateurs et des mécanismes d'inférence permettant le raisonnement sur ces connaissances. L'activité de coopération en ingénierie de SI s'organise

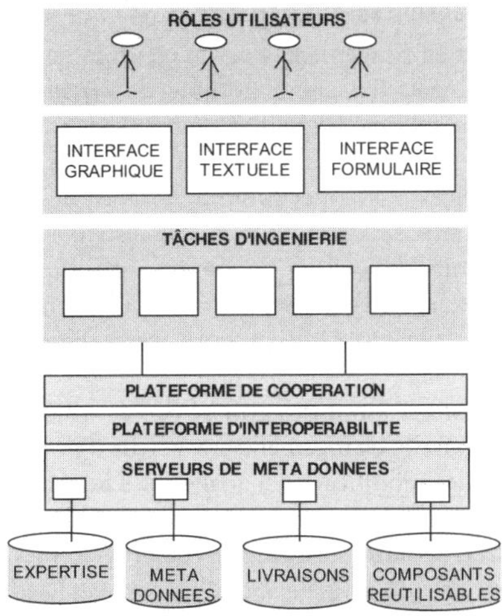

Figure 1 Architecture type d'un atelier CASE

autour de cette BC qui sert d'entrepôt à l'ensemble des artéfacts manipulés par les outils CASE. Son contenu peut être classé en quatre catégories.

La base des métadonnées

Elle décrit l'ensemble des concepts utilisés par l'environnement CASE. Ces concepts sont organisés en modèles décrits par des métamodèles. On y trouve, par exemple, les métamodèles décrivant les modèles de structuration de données (relationnel, entité-association, objet, XML-Schema), les modèles de spécification de processus (réseaux de Petri, diagrammes UML, WSDL pour les services web), les modèles d'échange de données ou de diagrammes (XML, XMI, CDIF) ou certains métamodèles standardisés (MOF pour UML, CWM pour les entrepôts de données).

La base des composants réutilisables

Elle décrit les objets, les patrons (*patterns*) de conception ou d'architectures ainsi que les services susceptibles de servir de briques de base à la conception de nouveaux systèmes. Cette base ne contient pas en son sein l'ensemble de ces éléments, mais elle peut maintenir un lien vers d'autres bases contenant certains éléments comme les bibliothèques de composants logiciels (bibliothèques graphique Swing, objets métiers) ou les annuaires de services web (UDDI).

La base d'expertise

Elle décrit les règles expertes utilisées par les outils CASE. Il peut s'agir de règles de transformation de schémas, de règles d'affinage de spécifications, de règles d'intégration de schémas, d'heuristiques facilitant les choix de conception ou guidant les tâches d'optimisation. Il peut aussi s'agir de l'ensemble des préférences de communication ou de présentation définies en fonction de chaque projet ou de chaque utilisateur. En bref, il s'agit de toutes les connaissances variables qui ne sont pas directement incluses dans les fonctions des outils d'ingénierie, mais qui peuvent être personnalisées à l'installation des outils ou sélectionnées lors de l'interaction avec l'utilisateur.

La base des livraisons

Elle contient l'ensemble des résultats intermédiaires ou finaux produits par les outils d'ingénierie. Il peut s'agir de spécifications de programmes, de schémas de bases de données, de divers diagrammes UML décrivant les composants d'un système, de codes compilables, de règles de gestion, d'interfaces homme-machine, etc. La base des livraisons peut contenir aussi une historisation des différentes évolutions du SI ainsi que les versions de ses différents composants.

La BC est accessible via un «serveur de « métadonnées » qui garantit la disponibilité et la cohérence des informations manipulées ainsi que la transparence face à l'hétérogénéité des systèmes et des représentations. Le serveur de métadonnées a un rôle de médiateur vis-à-vis des utilisateurs et des outils d'ingénierie qui utilisent les différentes sous-bases de connaissances. Il peut être couplé à un intergiciel (*middleware*) d'interopérabilité et de travail coopératif pour fournir une infrastructure robuste supportant les outils de conception et de développement.

3.2 La plateforme d'interopérabilité entre outils

Un environnement CASE peut être constitué de plusieurs outils ayant des fonctionnalités complémentaires et quelquefois redondantes ou concurrentes. Dans les environnements CASE classiques, ces outils sont regroupés au sein d'une même machine et utilisés directement ou via une architecture client serveur. Dans les environnements actuels et futurs, ces outils peuvent être disséminés sur un réseau d'entreprise ou même sur Internet comme des services Web. Leur utilisation conjointe nécessite alors un dispositif d'interopérabilité permettant d'exécuter n'importe quel outil de n'importe quel point d'accès et d'accéder à leurs BC de façon transparente. Selon les contextes, ce dispositif d'interopérabilité peut être un bus logiciel de type Corba ou DCOM, une architecture de type Java/RMI permettant l'invocation de fonctions à distance ou un protocole Internet de type XML/SOAP permettant de faire communiquer des applications au-dessus de HTTP (Gardarin, 2002).

En fait, ces plateformes ne sont pas définies spécifiquement pour l'interconnexion d'outils CASE – on est loin des architectures spécifiques PCTE (ECMA, 1990) et IRDS (ANSI-X3-138, 1988) ; ce sont ces derniers qui bénéficient des récents développements en matière d'architectures d'interopérabilité. On peut raisonnablement prédire que les années à venir verront des environnements CASE organisés en architectures pair à pair (P2P), offrant ainsi la possibilité à chaque outil de sous-traiter certaines tâches à d'autres outils sans se préoccuper de l'identification de l'ensemble des composants constituant la chaîne de traitement.

3.3 La plateforme de coopération

L'activité d'ingénierie des SI est un travail de groupe où chaque membre contribue à la réalisation du système en assurant une ou plusieurs tâches. La collaboration entre membres d'un groupe est donc indispensable pour un développement efficace et cohérent. Les architectures distribuées et coopératives des systèmes modernes permettent une telle collaboration même si les environnements CASE actuels n'exploitent pas ces architectures au mieux de leurs possibilités.

Les exigences du travail coopératif imposent au minimum l'échange de rapports, de modèles et de spécifications en temps réel. Les standards XML pour l'échange de documents et XMI pour l'échange de diagrammes sont aujourd'hui bien établis et de plus en plus utilisés. Le travail coopératif impose également le partage d'un référentiel commun (la BC) tout en offrant des hiérarchies de droits selon les rôles des acteurs.

Mais le vrai travail coopératif exige des protocoles de synchronisation spécifiques entre les tâches effectuées par les acteurs. Ainsi, certains outils permettent à plusieurs ingénieurs de rédiger simultanément le même rapport ou de concevoir le même schéma de BD, rendant visibles aux uns les actions des autres. Des alertes et des règles de propagation des mises à jour permettent de consolider en temps réel ou en temps différé les parties communes d'un projet. Contrairement aux systèmes transactionnels traditionnels qui font croire à chaque utilisateur qu'il est seul à utiliser le système, les systèmes coopératifs permettent à chaque acteur de prendre conscience qu'il est membre d'un groupe et de prendre connaissance de ses coéquipiers et de leurs actions. Les protocoles spécifiques à ces transactions distinguent l'espace de travail commun de la BC. Les actions effectuées sur l'espace commun ne sont reportées dans la BC que si elles ont été confirmées par le responsable du groupe de travail.

Les outils de travail coopératif incluent généralement un agenda personnel et un agenda de groupe, montrant respectivement les plannings des tâches et les actions de coordination. Ils incluent également des moyens de communication tels que le courrier électronique et les forums thématiques de discussion. Par l'historisation des événements, ils permettent de reconstituer les étapes d'une tâche et les choix qui y sont faits.

3.4 Les activités d'ingénierie

Les activités d'ingénierie sont au cœur des environnements CASE. Un grand nombre de fonctionnalités peut être énuméré ; certaines sont dédiées à la gestion de projets ou à l'administration de systèmes, d'autres sont dédiées à la conception des BD ou des applications. La liste suivante n'est pas exhaustive :

- fonctions de gestion de projets : planification de projets, allocation de ressources, coordination de tâches, génération de rapports, tests d'intégration, validation ;
- fonctions d'administration de SI : détection et propagation des changements, recherche d'impact pour certaines modifications, analyse des historiques, réglage des BD et des applications, traçabilité des actions d'évolution, simulation de programmes ;
- fonctions de modélisation de données : aide à la structuration des BD et des applications, validation de schémas, normalisation ou dénormalisation de schémas, transformation de schémas, définition de correspondances linguistiques ou opérationnelles entre schémas, intégration de schémas, sélection d'index, rétroconception de fichiers et BD existantes ;
- fonctions de modélisation de traitements : aide à la décomposition fonctionnelle, modélisation de processus, validation formelle des spécifications, affinement de spécifications, découverte de composants, orchestration de composants et définition d'architectures, génération de code, génération de tests, simulation.

Hormis les fonctions de gestion de projets et d'administration de systèmes, l'organisation des autres fonctions se fait généralement selon le niveau d'abstraction où elles interviennent : conceptuel, logique ou physique.

3.5 Les interfaces utilisateurs

Les interfaces utilisateurs jouent un rôle primordial dans les environnements CASE : elles offrent les outils de modélisation qui sont généralement des diagrammes ; elles constituent un moyen efficace d'acquisition interactive de connaissances ; elles permettent de visualiser de façon synthétique les résultats d'une étape de conception ; elles sont un support de raisonnement et de communication entre les acteurs d'un projet. Trois types d'interfaces sont généralement distingués : les interfaces graphiques, les formulaires et les interfaces textuelles.

Les interfaces graphiques recouvrent deux catégories : celles qui implémentent les modèles formels sous forme de diagrammes et celles qui offrent des moyens *ad hoc* de visualisation ou d'interaction (formulaires). La première catégorie correspond à des éditeurs de modèles : modèles entité-association, modèles objets, arbres XML, graphes conceptuels, graphes de dépendances fonctionnelles, réseaux de Petri, graphes de tâches (*workflows*), diagrammes de décomposition fonctionnelle, diagrammes de flux de données, diagrammes d'état-transition et la panoplie de diagrammes UML. Certains de ces diagrammes, comme les réseaux de Petri ou les diagrammes d'état-transition ont des bases théoriques solides, d'autres ont des définitions plus ou moins rigoureuses. La deuxième catégorie d'interfaces graphiques recouvre les autres moyens de visualisation ou de navigation dans la base de connaissances. Le succès des diagrammes comme supports de la modélisation fait souvent oublier que ces diagrammes ne décrivent que très partiellement les systèmes et qu'il faut souvent les compléter avec des formulaires ou des descriptions textuelles.

De nombreux environnements CASE offrent des langages de spécification formels ou semi-formels pour décrire certaines facettes du SI ou pour compléter les diagrammes et les formulaires. Ainsi, par exemple, de nombreux outils UML intègrent la notation OCL (*Object Constraint Language*) (Bernd B. Schmid, T. Clark, J. Warmer, 2002) pour spécifier des contraintes et des règles de gestion associées aux diagrammes de classes. Certains outils basés sur les spécifications algébriques ou les machines abstraites, comme Lotos[1] et la notation B[2] (Abrial, 1996), offrent des langages de spécification assez riches pour spécifier une application à différents niveaux d'abstraction.

Les interfaces textuelles permettent aussi de décrire sous forme de documents XML certaines entrées ou sorties des outils CASE ; ce qui facilite leur exploitation par d'autres outils acceptant le même standard. Enfin, certains outils proposent des interfaces en langage naturel, ou plus exactement dans un sous-ensemble du langage naturel, pour décrire les éléments factuels, les besoins des utilisateurs ou certaines règles de gestion.

4 Outils de modélisation conceptuelle

Pour illustrer l'apport des environnements CASE, et leur contribution à l'ingénierie des SI, nous considérons dans la suite l'activité de modélisation conceptuelle et l'apport des outils à cette activité.

La modélisation conceptuelle a pour objectif de produire l'ensemble des schémas et des spécifications qui décrivent le SI à développer, indépendamment des choix d'implémentation, des contraintes architecturales ou non fonctionnelles telles que les temps de réponse, la flexibilité de l'évolution ou les contraintes d'exploitation et de maintenance. La représentation conceptuelle d'un SI est une description abstraite guidée par la sémantique des données et des traitements.

La modélisation conceptuelle dépend des langages conceptuels choisis (cf. chapitre 2). Généralement, les langages (ou modèles) conceptuels de modélisation de données et de modélisation de traitements sont distincts. Les premiers décrivent l'aspect statique du SI sous forme de structures de données de haut niveau. Les seconds décrivent l'aspect opérationnel du SI, c'est-à-dire les calculs qui sont faits sur les données ; à ce titre les spécifications qui en résultent doivent être symboliquement exécutables pour en vérifier la validité. La vulgarisation récente, à travers UML, du modèle entité-association étendu aux concepts de l'objet dans la communauté génie logiciel, a introduit une description statique des programmes sous forme d'unités structurées (classes) liées entre elles par des associations d'agrégation ou de généralisation. Mais cette dernière description est en général imparfaite, l'expression de sa dynamique est décrite par d'autres diagrammes complémentaires (diagrammes d'état-transition, diagrammes de séquences, diagrammes de collaboration, etc.).

Le reste de ce paragraphe décrit les différentes tâches de modélisation et les outils qui leur sont associés en mettant l'accent sur leur automatisation et la plus-value que cette automatisation apporte à l'ingénieur et à la qualité du SI produit. Nous considérons le plus souvent la tâche de modélisation des données.

4.1 La modélisation créative

La modélisation créative est une approche de conception courante qui part de la compréhension informelle que le concepteur a du problème et dérive les abstractions nécessaires qui rendent explicite sa perception du réel. Chaque entité ou association conceptuelle est ainsi définie par le concepteur et validée avec ses utilisateurs. Beaucoup de schémas de BD et de schémas de programmes sont conçus de cette manière tant que la complexité et la taille du problème le permettent. Le concepteur agit comme un interpréteur des besoins des utilisateurs dans le formalisme conceptuel.

L'efficacité de la modélisation créative dépend de la compétence du concepteur et de l'expressivité des modèles utilisés. Un concepteur sans expérience capturera plus difficilement les besoins des utilisateurs et percevra moins bien les situations répétitives qui conduisent souvent aux mêmes schémas conceptuels (réutilisation mentale). L'expressivité sémantique des diagrammes utilisés est également un facteur de succès. Un modèle conceptuel riche réduit la distance sémantique qui existe entre la perception et la

1. http ://wwwtios. cs. utwente. nl/lotos.
2. http ://www.b-core.com.

représentation et permet de capturer plus facilement et plus naturellement le sens du réel perçu. Un modèle conceptuel pauvre nécessite plus de compétences en modélisation car il conduit à une reformulation de la perception pour «la faire entrer» dans les concepts trop basiques du modèle. Les outils CASE nécessités par la modélisation créative sont assez simples mais doivent être attractifs. Ils sont généralement limités aux interfaces graphiques qui matérialisent le modèle conceptuel et aux dictionnaires de données qui mémorisent les connaissances collectées lors des interviews ou de l'analyse de documents (figure 2).

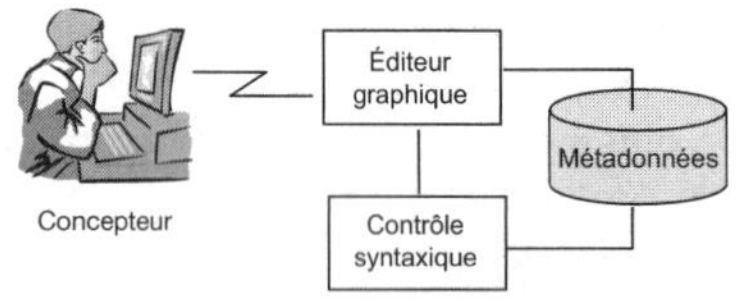

Figure 2 Outils de modélisation créative

Une interface graphique efficace doit comporter des procédures de contrôle syntaxiques permettant de valider la bonne construction des diagrammes. Par exemple, dans le modèle entité-association étendu, on ne peut pas relier des associations entre elles, les cardinalités maximales sont toujours supérieures aux cardinalités minimales et il ne doit pas y avoir de cycles dans les hiérarchies de généralisation. Ces règles syntaxiques doivent faire partie intégrante de l'outil et de son interface graphique.

On peut aller plus loin et y inclure des actions de contrôle sémantique. Par exemple, quand il existe plusieurs associations entre certaines entités, il peut y avoir des incohérences entre cardinalités. La figure 3 montre un exemple simple de schéma où, à partir des cardinalités des associations R1 et R2, on déduit un nombre d'occurrences différent pour E1. En effet, si ce nombre d'occurrences est évalué en utilisant les cardinalités de l'association R1, on aura $|E1|= 2*|E2|$ et, s'il est évalué en utilisant les cardinalités de l'association R2, on aura $|E1|= 3*|E2|$. Comme chaque élément de E1 participe à l'association R1 et à l'association R2 (cardinalités 1-1 des deux côtés), il y a une incohérence dans le schéma. Lorsqu'on définit des cardinalités quelconques, ces incohérences ne sont pas évidentes ; des règles de vérification sémantiques doivent donc être clairement établies pour éviter ce type d'anomalie.

Introduire des moyens de contrôle syntaxique et sémantique apporte de la valeur aux interfaces. La modélisation créative devient alors une collaboration entre le concepteur et un système capable de le décharger des tâches fastidieuses de contrôle.

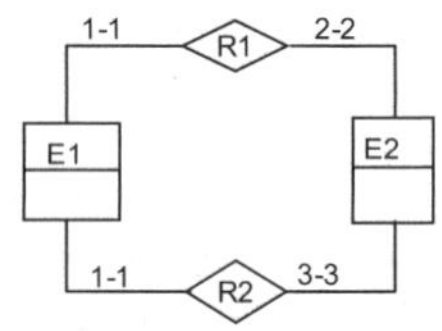

Figure 3 Incohérence entre cardinalités

4.2 Modélisation à partir de l'analyse du langage naturel

Extraire les structures de données à partir d'un texte écrit en langage naturel est un problème difficile mais pas insolvable si on se restreint à un vocabulaire limité offrant toutefois la liberté nécessaire pour décrire l'ensemble des besoins à l'égard du SI. Toutefois le traitement d'expressions textuelles diffère du domaine plus général de la compréhension ou de la traduction du langage naturel. En effet, dans l'objectif de modélisation conceptuelle, seuls les faits pouvant être représentés par les modèles conceptuels sont considérés (noms, verbes, quantificateurs, appositions et quelques autres) ; les autres, bien que contenant des informations utiles à la compréhension du problème, sont souvent ignorés (adjectifs, adverbes, pronoms, etc.).

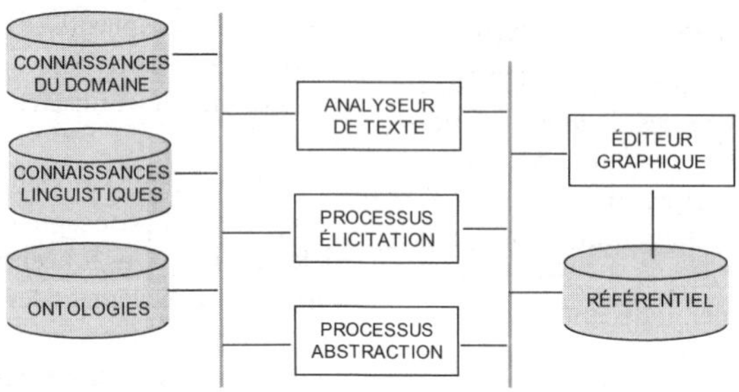

Figure 4 Outil de conception à partir du LN

Extraire des connaissances utiles à la modélisation conceptuelle consiste à résoudre deux problèmes : séparer les faits pertinents des faits non pertinents et générer, à partir des faits pertinents, le schéma conceptuel. Dans de nombreux cas, il s'agit de décider quel élément de texte sera représenté par une entité ou un attribut et quel élément sera représenté par une association ou une contrainte d'intégrité. Si on prend comme exemple un modèle entité-association, il est usuel de dire que les noms correspondent aux entités et les verbes aux associations. Cependant, dans de nombreux cas, on passe aisément d'une forme verbale à une forme nominale dans deux phrases successives. Par exemple, à partir des phrases suivantes :

« Un client commande des produits.
Les commandes sont traitées par les magasins. »

on définit la commande comme une association puis comme une entité.

La redondance est également un phénomène très courant dans l'analyse de texte en langage naturel. On répète souvent certaines informations pour resituer le contexte et introduire une nouvelle idée. Ainsi, on peut rencontrer les phrases suivantes dans le même document :

« Une personne a un nom et un âge. Parmi les personnes, on distingue les employés et les chômeurs. Un employé est une personne embauchée par une entreprise. L'âge d'un employé ne doit pas excéder soixante ans. »

Si ces phrases sont traitées indépendamment l'une de l'autre, on peut conclure deux fois qu'un employé est une personne et associer deux fois l'âge à l'employé (une fois en tant que personne et une fois en tant qu'employé).

L'extraction de contraintes à partir du langage naturel est également un problème complexe, mais différents systèmes arrivent à capturer bon nombre de règles en analysant les quantificateurs (plusieurs, chaque, chacun, quel que soit, etc.) ou certains adjectifs (inférieur, supérieur, égal, inclus, etc.).

Les années quatre-vingt et les débuts des années quatre-vingt-dix ont vu naître de nombreux projets de recherche dans ce domaine et ont généré des produits dignes d'intérêt (van de Riet, Burg, van der Vos, eds, 1996), (Ambrosio, Métais et Meunier, 1997), (Tjoa et Berger, 1993). Nul doute que, avec les développements récents des ontologies et des connaissances linguistiques, ces approches puissent être intégrées dans des produits industriels.

4.3 Modélisation par rétroconception

La rétroconception des BD s'est d'abord imposée comme une technique de migration des BD hiérarchiques ou réseaux vers les BD relationnelles. Elle est devenue ensuite un outil de documentation des BD dont les schémas conceptuels n'ont pas suivi les évolutions des schémas logiques ou physiques (Hainaut, 1991). Enfin, elle s'est imposée comme technique de modélisation conceptuelle lorsque le développement de nouveaux SI s'appuie de plus en plus sur les BD ou les fichiers existants (figure 5).

La rétroconception des BD recouvre deux approches :

- reconstitution du schéma conceptuel à partir des schémas logiques ou physiques des BD ou à partir de structures de fichiers ; on parle souvent d'abstraction de schémas ;
- extraction de la structure des bases de données ou des fichiers à partir des instances de ces bases ou de ces fichiers ; on parle souvent de découverte de structures (ou *structure mining*).

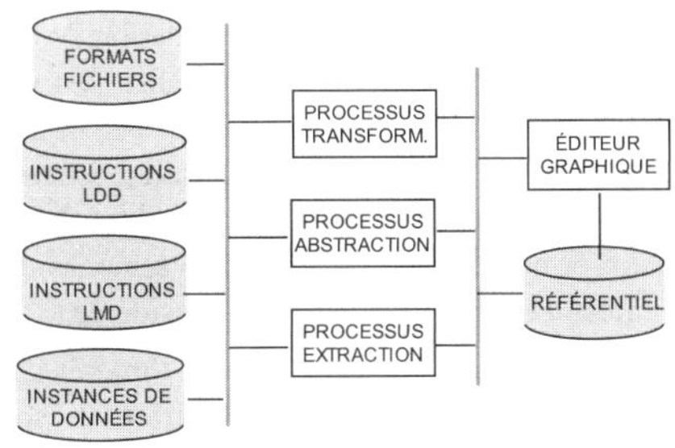

Figure 5 Outil de rétroconception

Dans la première approche, contrairement à la modélisation créative qui explicite la perception des utilisateurs, la rétroconception par abstraction est un processus de transformation (ou *mapping*) d'une structure de données physique en une structure de données conceptuelle. Mais ce processus n'est pas trivial dans la mesure où la reconstitution d'entités conceptuelles peut nécessiter le regroupement ou l'éclatement de plusieurs structures de données physiques. De même la reconstitution des associations avec leur sémantique peut être difficile dans le cas où le niveau physique représente ces associations par divers moyens techniques tels que la redondance d'information (duplication des identifiants par exemple), des pointeurs logiques n'ayant aucune interprétation externe, l'imbrication de termes, etc. Les outils CASE de rétroconception exploitent souvent la sémantique des langages de description de données (LDD) ou des langages de requêtes (SQL ou CODASYL) lorsqu'ils existent, pour comprendre la sémantique des schémas physiques considérés. Certains outils exploitent directement le code des applications pour analyser les types de données et abstraire un schéma conceptuel. Cette approche est facilitée lorsque les applications sont programmées dans des langages fortement typés et fortement structurés comme les langages à objets ; la notion d'entité est alors appréhendée facilement à partir de la notion de classe. La rétroconception à partir de BD relationnelles consiste à utiliser les dépendances fonctionnelles, lorsqu'elles existent, pour reconstituer le schéma logique par normalisation et ensuite abstraire le schéma conceptuel par un ensemble de règles (Premerlani et Blaha, 1994) (Comyn-Wattiau et Akoka, 1996).

Dans la deuxième approche, contrairement à l'approche précédente, on ne dispose pas de structures de données physiques ; on exploite directement le contenu des fichiers. C'est le cas des archives et des historiques. Cela devient de plus en plus le cas des documents XML dont la conception n'a pas été associée à un schéma XML. Cette exploitation est faite par des méthodes de datamining qui analysent les occurrences d'objets dans les fichiers pour extraire des règles d'association ou des dépendances fonctionnelles (Mannila et Räihä, 1994) ou d'inclusion (Lopes, Petit, Lakhal, 2002). Ces dépendances permettent de générer un schéma relationnel par exécution des algorithmes de normalisation. L'extraction directe de schémas entité-association n'est généralement pas considérée.

De ce qui précède, nous mesurons l'intérêt de disposer d'outils de rétroconception, surtout lorsqu'on constate qu'un grand nombre de SI modernes sont conçus à partir de systèmes anciens (appelés *legacy systems*) ou de systèmes opérationnels actuels qui les alimentent en données (entrepôts de données, systèmes de médiation).

4.4 Modélisation par intégration de schémas

Les outils d'intégration de schémas sont aussi des outils de modélisation conceptuelle dans la mesure où ils permettent de générer un schéma conceptuel global à partir de schémas partiels décrivant soit des vues de différents utilisateurs, soit des BD locales d'un système distribué. La modélisation par intégration de schémas est aussi une technique de maîtrise de la complexité de conception de certains SI à grande échelle. La modélisation par intégration de schémas est souvent couplée à la modélisation par rétroconception dans les SI construits à partir d'un grand nombre de sources hétérogènes ne disposant pas toutes des descriptions nécessaires à leur compréhension. C'est souvent le cas des entrepôts de données, des systèmes de médiation ou de certains portails web alimentés à partir d'autres sources de données.

La détection et la résolution de conflits entre schémas hétérogènes constituent le cœur des outils CASE basés sur l'intégration (Batini, Lenzerini, Navathe, 1986). Étant donné deux schémas conceptuels représentés dans le modèle entité-association étendu, les problèmes suivants peuvent être traités par un outil CASE :

- conflits terminologiques : différents concepts sont nommés de façon identique ou le même concept est nommé différemment dans les deux schémas ;
- conflits de contraintes : types de données incompatibles, incohérence entre les contraintes sur les valeurs d'attributs, cardinalités contradictoires ou non concordantes ;
- conflits de représentation : le même concept est représenté par une entité dans un schéma et une association dans l'autre, ou par un attribut dans un schéma et une entité dans l'autre ;
- conflits structurels : le même réel est modélisé par une entité dans un schéma et deux entités dans un autre, le même réel est représenté par une association ternaire dans un schéma et deux associations binaires dans un autre, la même entité est décrite par des attributs différents dans les deux schémas.

La figure 6 montre un exemple de schémas possédant de nombreux conflits. Il faut détecter que EMPLOYE et PERSONNEL représentent la même entité. Si c'est le cas, il faut vérifier si l'adresse dans PERSONNEL et la même que l'adresse où travaille l'employé ou son adresse personnelle. Dans le schéma 1, un membre du personnel semble avoir une seule adresse alors que dans le schéma 2, un employé peut avoir plusieurs adresses.

Détecter ces conflits automatiquement décharge le concepteur de tâches lourdes et fastidieuses et lui permet de se concentrer sur la résolution sémantique de ces problèmes ; ce qui peut aussi parfois être réalisé avec l'aide d'outil (Bouzeghoub et Comyn-Wattiau, 1990).

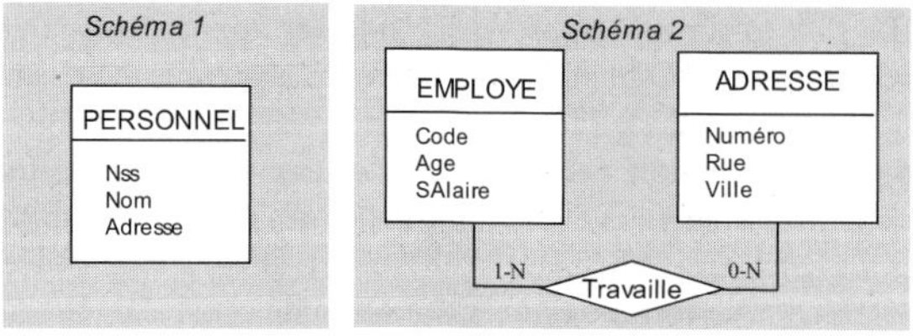

Figure 6 Exemple de conflits entre schémas

Les outils d'intégration de schémas se distinguent principalement par le modèle conceptuel qu'ils utilisent (entité-association, relationnel, objet), l'expertise d'intégration qu'ils implémentent et leur degré d'automatisation. Le processus d'intégration de schémas est résumé par les quatre étapes suivantes (figure 7) :

- mise en conformité des schémas : transformation des schémas dans une forme canonique qui facilite leur comparaison. Dans le modèle entité-association étendu, cela consiste par exemple à transformer toutes les associations n-aires en associations binaires ;
- comparaison de schémas (détection de conflits) : processus d'appariement de schémas qui détecte les parties communes et les parties disjointes et qui identifie dans les parties communes les problèmes potentiels cités plus haut. Cet appariement utilise des règles de correspondance. Par exemple, Code = Matricule, Salaire⊂Revenu, Achat/Vente, Débit// Crédit, décrivent respectivement l'*équivalence*, la *subsomption*, la *substitution* et l'*opposition* de concepts. Ces assertions sont généralement données par les concepteurs ou, dans de rares cas, découvertes par une étape exploratoire antérieure à la comparaison. Le résultat de l'étape de comparaison est la détection de l'ensemble des conflits entre les deux schémas à intégrer, avec un seuil de précision pour chaque conflit détecté ;
- Fusion de schémas : cette étape combine la résolution de conflits et la constitution du schéma intégré. La résolution de conflits peut se faire de façon interactive avec le concepteur ou en fixant un seuil de tolérance qui permet de séparer les correspondances acceptées et les correspondances rejetées.
- Restructuration de schémas : une fois les schémas fusionnés, il est souvent nécessaire d'éliminer les redondances, de catégoriser les associations en isolant les agrégations et généralisations des autres associations, en faisant apparaître des entités génériques et en mettant en facteur certains attributs ou associations.

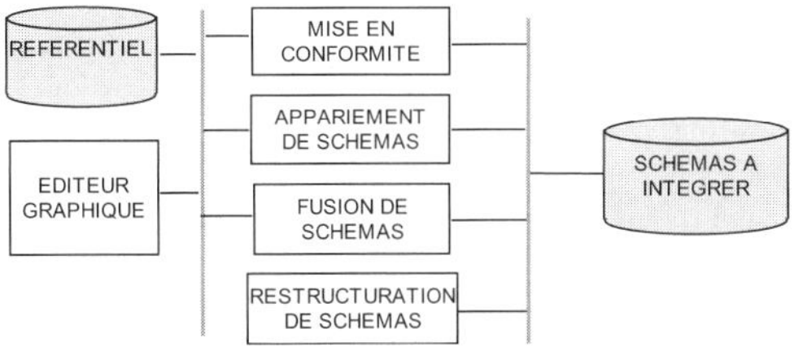

Figure 7 Outil d'intégration de schémas

4.5 Modélisation par réutilisation de composants

La réutilisation de composants en ingénierie des SI s'est considérablement développée depuis la fin des années quatre-vingt avec le succès de l'approche objet (Biggerstaff et Perlis, 1989). Elle a évolué vers la réutilisation de patrons de conception (*design patterns*) qui sont des stéréotypes de solutions pour des problèmes connus et souvent rencontrés en conception. Les patterns de (Gamma, Helm, Johson, Vlissides, 1995) en sont des exemples souvent utilisés. Plus récemment, dans les années deux mille, l'ingénierie des SI s'est orientée vers la réutilisation de composants distribués appelés services web.

En modélisation conceptuelle, la réutilisation consiste à compléter l'une ou l'autre des approches de conception décrites précédemment par l'importation de fragments de schémas conceptuels décrivant des situations reproductibles dans de nombreux SI. Par exemple, la modélisation d'une gestion de nomenclature est très souvent rencontrée en entreprise pour décrire la composition de produits ou la structure de documents. Un autre exemple concerne la modélisation des systèmes de réservation : le même schéma générique peut être utilisé pour la réservation de places d'avion, de billets de train ou de chambres d'hôtel.

On distingue la réutilisation de composants génériques qui peuvent être intégrés dans de nombreuses applications, et celle de composants métiers qui sont spécifiques à un domaine d'application. Un composant graphique, comme une fenêtre ou un bouton, est un composant générique qui peut être utilisé dans n'importe quelle application alors qu'un compte financier est un composant métier qui ne peut être utilisé que dans un SI bancaire, une compagnie d'assurance ou un système comptable.

Il existe une différence fondamentale entre la réutilisation et l'intégration de schémas, même si les deux processus peuvent se ressembler en partie. La réutilisation de schémas exploite des structures de données génériques qu'il faut renommer, spécialiser et adapter au contexte alors que l'intégration de schémas procède par fusion de sous-domaines d'un même système d'information.

La modélisation par réutilisation de schémas consiste à rechercher d'abord l'ensemble des composants utiles au système que l'on veut réaliser. Cette recherche peut se faire par nom, par mots-clés ou par appariement de structures dans une base de composants. Elle peut se faire aussi par navigation dans un annuaire de composants. Une fois les composants sélectionnés, l'étape suivante consiste à les adapter au contexte du système en construction (renommage, affinement, spécialisation, instanciation). Enfin, la der-

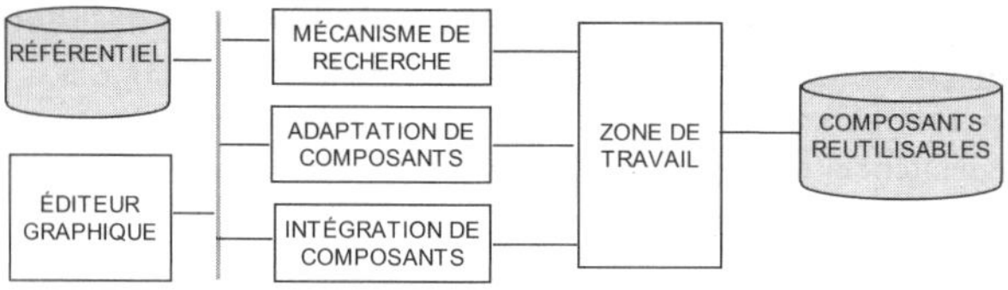

Figure 8 Outil de réutilisation de composants

nière étape consiste à les intégrer (ou les composer) les uns avec les autres pour constituer le schéma final. Une algèbre de composition (union, différence, composition, fusion) est souvent utilisée à cet effet (Ambrosio, 1994).

La modélisation par réutilisation se généralise aujourd'hui à travers les langages de description de composants (UML) ou de services (WSDL), les annuaires d'indexation de services (UDDI), les modèles de composition ou d'orchestration de services (BPEL) et les mécanismes architecturaux qui permettent l'adaptation et l'invocation des composants métiers (Java Beans ou ActiveX) (Gardarin, 2002). Les outils CASE modernes exploitent intensivement ces éléments pour offrir un service de modélisation à forte plus-value de production.

4.6 Vérification et validation de schémas

Les outils de vérification et de validation de schémas font partie intégrante de la modélisation conceptuelle. La vérification concerne la cohérence logique du schéma alors que la validation concerne sa conformité par rapport aux besoins des utilisateurs.

La vérification de schémas

La vérification est une pierre angulaire des environnements CASE ; la validation par rapport aux besoins est plus difficile, elle implique souvent le retour aux sources de l'expertise et aux utilisateurs. Les techniques de vérification s'appuient sur des propriétés qualitatives et sur des démonstrateurs. Les techniques de validation s'appuient sur la compréhension et la non-ambiguïté des schémas et consistent essentiellement en paraphrasage ou en simulation.

Un bon schéma conceptuel doit vérifier au moins les propriétés syntaxiques suivantes :

- unicité des noms : les noms d'entités et d'associations sont distincts ;
- isolation des concepts : aucune entité, association ou attribut ne peut exister dans le schéma sans caractériser un autre concept ou être lié à un autre concept ;
- cohérence des cardinalités : les cardinalités sont spécifiées par des intervalles de valeurs à bornes positives ;
- cohérence des associations : les associations ne peuvent pas être reliées entre elles, il n'y a pas de cycle de généralisation.

Un bon schéma conceptuel doit être sémantiquement cohérent. La cohérence sémantique recouvre plusieurs aspects :Cette liste de propriétés n'est pas exhaustive, elle peut être spécifique au modèle utilisé. Certaines des règles de vérification sont codées dans l'interface graphique, d'autres sont prises en charge par des démonstrateurs associés aux différentes étapes ou aux différentes approches de conception.

- utilisation des concepts en accord avec leurs définitions respectives ;
- impossibilité de dériver des faits contradictoires du même schéma ;
- non-redondance des faits représentés ;
- cohérence logique des contraintes : cohérence des cardinalités, et des dépendances fonctionnelles ;
- complétude des descriptions : un schéma est considéré comme étant complètement défini lorsque chaque entité a au moins un attribut constituant son identifiant, chaque attribut a son domaine de valeurs défini, chaque association est complètement définie par ses rôles et ses cardinalités.

Le test de cohérence logique dépend du langage de représentation utilisé. Selon le degré de formalité de ce langage et selon ses bases théoriques, on peut plus ou moins facilement bâtir des démonstrateurs de cohérence. Par exemple, il est plus facile de prouver la redondance d'information d'un schéma relationnel que d'un diagramme de classes UML en raison des bases théoriques de l'un que ne possède pas encore l'autre.

À ces règles syntaxiques et sémantiques, il faut ajouter quelques facteurs de qualité des schémas tels que leur simplicité, leur intuitivité et leur lisibilité, généralement difficiles à évaluer mais auxquels s'attachent de nombreux concepteurs. Pour augmenter la lisibilité des schémas, certains outils CASE proposent quelques-unes des techniques suivantes :

- nommer et annoter les éléments du schéma conceptuel de façon à en faciliter la lecture (en explicitant notamment les rôles dans les associations) ;
- paraphraser le schéma conceptuel en langage naturel, en s'aidant éventuellement d'un dictionnaire linguistique et/ou d'une ontologie ;

- améliorer la représentation graphique en organisant en modules, en niveaux ou en pages distinctes les portions de schémas qui ont une forte proximité sémantique (servent le même scénario fonctionnel par exemple).

L'utilisation de ces différentes règles de vérification constitue l'expertise des outils CASE. Toutefois, ces règles ne font que détecter les problèmes, leur résolution demeure la tâche des concepteurs. La contribution des outils consiste à suggérer une liste de solutions parmi lesquelles le concepteur peut choisir la plus appropriée. L'utilisation d'heuristiques, dérivées des choix passés des concepteurs, pourrait offrir un fonctionnement quasi automatique.

La validation de schémas

La validation de schémas concerne leur conformité aux besoins des utilisateurs. Elle consiste à répondre à deux questions fondamentales : est-ce que le schéma conceptuel représente bien les faits du réel à modéliser ? Est-ce que le schéma conceptuel représente tous les faits du réel à modéliser ? La réponse à la première question vérifie qu'il n'y a ni bruit ni distorsion dans la représentation du réel, la réponse à la seconde vérifie que la description couvre bien le champ de l'étude.

En modélisation de SI, on admet aisément que le même réel soit représenté par plusieurs schémas différents mais qui doivent être sémantiquement équivalents. En BD, on définit l'équivalence sémantique par deux propriétés :

- *la préservation de l'information* : quels que soient deux schémas considérés pour un même réel et un même objectif fonctionnel, on doit pouvoir dériver des BD, décrites par les deux schémas, les mêmes réponses aux mêmes questions ;
- *la préservation des contraintes d'intégrité* : quels que soient deux schémas considérés pour un même réel et un même objectif fonctionnel, toute contrainte valide dans l'un doit être valide dans l'autre et, inversement, toute contrainte non valide dans l'un doit être non valide dans l'autre.

Une approche possible de vérification des deux propriétés est la validation des données par rapport aux traitements : on s'assure que l'ensemble, ou un échantillon représentatif des traitements trouve leurs types de données dans le schéma de données et que l'ensemble du schéma de données est référencé par les traitements. Si les contraintes d'intégrité sont exprimables en logique, une approche possible à la seconde propriété est l'inférence logique : un démonstrateur peut prouver que le système est consistant, c'est-à-dire qu'il ne permet pas de dériver un théorème et son contraire. Le paraphrasage de schémas conceptuels de données est également utilisé (Frölich, van de Riet, 1997).

4.7 Approche méthodologique

Les paragraphes précédents ont montré un certain nombre de fonctionnalités utiles à la modélisation conceptuelle. La plupart de ces fonctionnalités sont supportées par divers outils CASE. La constitution d'un vrai atelier d'ingénierie nécessite une certaine orchestration de ces fonctions selon une démarche méthodologique donnée ou définie par le concepteur en fonction de la nature des projets et de la complexité des problèmes envisagés (Bouzeghoub et Rochfeld, 2001).

La constitution d'un atelier complet peut se faire selon trois approches distinctes :

- une approche orientée composants qui offre une palette de fonctions sans imposer un ordre quelconque à leur exécution. C'est au concepteur de choisir l'outil qu'il veut utiliser. La seule contrainte est la conformité des entrées aux types d'information attendus. De nombreux ateliers sur le marché adoptent cette approche ;
- une approche orientée méthode qui impose un ordre d'exécution des fonctions et assure la transition entre ces fonctions en garantissant la cohérence des entrées et des sorties ;
- une approche orientée ingénierie des méthodes qui offre au concepteur un environnement d'orchestration des fonctions d'ingénierie qui l'intéressent et génère ensuite une méthode qui garantit la cohérence des transitions choisies (Dahanayake, 2001) (Ralyté et Rolland, 2001).

Les deux dernières approches n'imposent généralement pas une méthode mais s'adossent à des méthodes utilisées dans les entreprises.

5 Conclusion

Bien que la modélisation conceptuelle soit basée sur les besoins utilisateurs informels et qu'elle soit fortement sujette à des variations sémantiques, il est possible de définir un grand nombre d'outils qui aident à la résolution de plusieurs problèmes complexes comme l'extraction de connaissances à partir de textes, la réutilisation de solutions existantes, l'audit de schémas et l'évaluation de leur correction.

De nombreux outils CASE dédiés à la modélisation conceptuelle existent sur le marché à un prix accessible ou même entièrement gratuits sur Internet. Des produits phares comme Mega (Mega International), PowerDesigner (Sybase), Oracle Designer/Developer, Rational Rose (IBM), Objectering (Softeam), offrent des environnements de modélisation qui dépassent le cadre de la modélisation conceptuelle. Le succès d'UML a également généré un grand nombre de petits produits offrant des éditeurs graphiques et des fonctions de gestion de métadonnées.

Cependant, l'ingénierie des SI n'est pas limitée à la modélisation conceptuelle ni à la conception des bases de données : la conception logique et physique, la modélisation des processus, la génération de code, la génération d'interfaces, le choix et la validation d'architectures sont autant de tâches que les environnements CASE supportent au moins en partie.

Les technologies modernes comme les systèmes de médiation de données, les entrepôts de données et les architectures pair à pair (P2P), conjuguées aux nouveaux besoins de mobilité et d'accès multimédia introduisent un degré de complexité supplémentaire qui rend la conception de systèmes d'information infaisable sans l'aide d'outils d'ingénierie.

Bibliographie

Abrial, J.R., (1996), *The B-Book : Assigning Programs to Meanings*, Cambridge, University Press.

Ambrosio A.P. (1994), "Introducing Semantics in Conceptual Schema Reuse, *Conf. on Information and Knowledge Management (CIKM'94)*, Maryland, USA, November 1994.

Ambrosio A.P., Métais E. and Meunier J.-N., (1997), "The Linguistic Level : Contribution for Conceptual Design, View Integration, Reuse and Documentation", *Journal on Data and Knowledge Engineering (DKE)*, vol. 21, n° 2.

ANSI-X3-138 (1988), *Information Resource Dictionary System (IRDS)*, ANSI Report

Batini C., Lenzerini M. and Navathe S.B. (1986), "A Comparative Analysis of Methodologies for Database Schema Integration", *ACM Computing Surveys*, vol.15, n° 4.

Bergin T.J. (1993), *Computer-Aided Software Engineering*, Idea Group Inc (IGI).

Biggerstaff T.J. et Perlis A.J. eds (1989), *Software Reusability*, Addison-Wesley, vol. 1 and 2.

Booch, G., Jacobson, I. et Rumbaugh, J. (1999), *The Unified Modeling Language User Guide*, Addison-Wesley.

Bouzeghoub, M., Rochfeld, A. (2001), *OOM : la conception objet des systèmes d'information*, Paris, Éditions Hermès.

Bouzeghoub M. and Comyn-Wattiau I. (1990), "View Integration by Semantic Unification of Data Structures", *Proceedings of the 9th Int. Conf. on Entity-Relationship Approach.*

Comyn-Wattiau I., Akoka J. (1996), "Reverse Engineering of Relational Database Physical Schema», *15th Int. Conf. on Entity Relationship Approach.*

Dahanayake, A. (2001), *Computer-Aided Method Engineering*, Idea Group Inc (IGI).

ECMA (1990), *A reference Model for CASE Environments*, Technical Report TR-55 European Computer Manufacturers Association.

Frölich M.O., van de Riet R.P. (1997), "Conceptual Models as Knowledge Resources for Text Generation", *3rd Int. Worshop on Applications of Natural Language to Information Systems (NLDB'97)*, Vancouver, Canada.

Gamma, E., Helm, R., Johson, R., Vlissides, J. (1995), *Design Patterns*, Addison-Wesley.

Gardarin, G. (2002), *XML : des bases de données aux services Web*, Dunod.

Hainaut J.L. (1991), "Database Reverse Engineering : Models, Techniques and Strategies", *10th Int. Conf. on Entity-Relationship Approach.*

Loucopoulos P. and Zicari R. (1992), *Conceptual Modeling, Databases, and CASE : An Integrated View of Information System Development*, John Wiley & Sons Inc editor.

Lewis, T.G. (1991), *CASE : Computer Aided Software Engineering* New York, Van Nostrand Reinhold.

Lopes S., Petit J.-M., Lakhal L. (2002), "Functional and Approximate Dependency Mining : Database and FCA Points of View", *Journal of Experimental & Theoretical Artificial Intelligence*, vol. 14, n° 2-3.

Jarke, M., Lenzerini, M., Vassiliou, Y., Vassiliadis, P. eds (1999), *Fundamentals of Data Warehouses*, Springer.

Mannila H. and Räihä K.-J. (1994), "Algorihms for Inferring Functional Dependencies from Relations", *Journal of Data and Knowledge Engineering*, vol.12, n° 1.

Premerlani W.J. et Blaha M.R. (1994), "An Approach for Reverse Engineering of Relational Databases", *Communications of the ACM*, Vol. 37, n° 5.

Ralyté, J. et Rolland, C. (2001). "An Assembly Process Model for Method Engineering", *Proceed. of the 13th Conference on Advanced Information Systems Engineering (CAISE'01), Springer Verlag*, LNCS 2068.

Schmid B. B., Clark T. Warmer J. (2002), *Object Modeling With the Ocl : The Rationale Behind the Object Constraint Language*, LNCS vol. 2263.

Tjoa A.M. et Berger L. (1993), "Transformation of Requirement Specifications Expressed in Natural Language into EER Model", *Proceedings of the 12th Int. Conf. on Entity-Relationship Approach.*

van de Riet, R.P., Burg, J.F.M., van der Vos, A.J. eds (1996), *Application of Natural Language to Information Systems*, Amsterdam, IOS Press.

Méthodes et ingénierie des méthodes

Jolita Ralyté

Mots-clés : méthode, composant de méthode, modèle de produit, modèle de processus, ingénierie de méthodes.

Résumé : ce chapitre introduit la notion de méthode d'ingénierie de systèmes d'information (SI) et se concentre sur la discipline qui étudie les méthodes, l'ingénierie des méthodes (IM). L'IM se définit comme l'application d'un ensemble de techniques d'ingénierie à la construction du produit que constitue une méthode. L'IM trouve sa justification dans la nécessité de construire une méthode de manière industrielle, systématique et efficace et éventuellement à la volée, pour s'adapter aux conditions ou exigences particulières d'un projet. Ce chapitre définit l'IM, présente les motivations et les justifications de l'IM et introduit les principes et techniques clés qui la sous-tendent.

De plus en plus d'activités de notre société s'appuient sur des systèmes d'information (SI) dont la complexité ne cesse de croître. En conséquence, leur développement devient de plus en plus complexe, coûteux et difficile et l'usage de méthodes d'ingénierie s'impose pour aider à maîtriser la complexité des problèmes rencontrés.

Ce chapitre définit, en premier lieu, la notion de méthode d'ingénierie de SI. On introduit ensuite, au § 2, le domaine de l'ingénierie des méthodes (IM) ; on présente les motivations et les justifications de cette discipline et on introduit les principes, les techniques ainsi que le cycle de l'IM. Ce dernier étant fondé sur deux étapes principales : la réingénierie des méthodes sous forme modulaire et l'ingénierie des méthodes situationnelles par composition de modules réutilisables. Les § 3 et 4 présentent ces deux étapes. Finalement, la notion de base de composants de méthodes est proposée au § 5 suivie par les conclusions et les perspectives de l'ingénierie des méthodes, discutées au § 6.

1 Notion de méthode d'ingénierie de SI

Le terme *méthode* vient du grec *methodos* qui signifie « moyen d'investigation ». Harmsen (1997) suggère ce que sont ces moyens d'investigation : « une collection de procédures, de techniques, de descriptions de produit et d'outils pour le support effectif, efficace et consistant du processus d'ingénierie d'un SI ».

Plusieurs autres définitions de la notion de méthode ont été proposées. La plupart convergent vers l'idée qu'une méthode apporte les concepts pour décrire le produit et les règles de conduite méthodologique pour façonner un produit de qualité avec une efficacité raisonnable. Cette acception est synthétisée dans la définition de Booch (1991) définissant une méthode comme « un processus rigoureux permettant de générer un ensemble de modèles qui décrit divers aspects d'un logiciel en cours de construction en utilisant une certaine notation bien définie ». En d'autres termes, une méthode traite des deux aspects de l'ingénierie : le produit et le processus. Elle comporte un ou plusieurs *modèles de produit* et un ou plusieurs *modèles de processus.*

1.1 Modèle de produit

Le *produit* est le résultat d'application d'une méthode, c'est la cible désirée d'un développement de SI. Un schéma conceptuel de base de données est un exemple de produit, la base de données d'une application spécifique est un autre exemple. Un produit est exprimé dans les termes d'un *modèle de produit*.

Le *modèle de produit* prescrit ce que sont les caractéristiques attendues des produits fabriqués. Il est le moule de production des produits. Une méthode peut comporter plusieurs modèles de produit permettant de modéliser différentes facettes d'un SI (statique, dynamique, fonctionnel) à différents niveaux de détail (par exemple, classe, paquetage, sous-système) et à différents niveaux d'abstraction (par exemple, objet, classe, métaclasse). Des modèles pour représenter le contexte organisationnel du SI et les exigences à son égard ont introduit de nouveaux concepts tels que but, acteur, scénario, rôle. Parallèlement, les travaux dans le domaine de l'ingénierie de besoins ont introduit la distinction entre les besoins fonctionnels et les besoins non fonctionnels. Ces extensions du champ de modélisation dans l'ingénierie de SI ont conduit à une nouvelle typologie des modèles permettant de classer les aspects du SI en fonctionnel, non fonctionnel et intentionnel.

La figure 1 donne l'exemple du modèle de produit de la méthode d'analyse de Coad et Yourdon (1991) présenté comme une liste de cinq éléments types : *liste d'objets et de classes, relations entre classes, groupes de classes, attributs et opérations*. Tout produit conforme à ce modèle se compose d'un ensemble d'éléments des cinq types identifiés par le modèle.

Modèle de processus :	Modèle de produit :
1. Identifier les objets	1. Liste des objets et des classes
2. Identifier les structures	2. Relations entre les classes
3. Identifier les sujets	3. Groupes de classes
4. Définir les attributs	4. Attributs
5. Définir les services	5. Opérations (services)

Figure 1 Exemple des modèles de la méthode Coad et Yourdon (1991)

1.2 Modèle de processus

Le processus est «la route à suivre» pour atteindre la cible que constituent les produits. Il s'exprime le plus souvent comme un ensemble d'activités interreliées et menées dans le but de définir un produit. Il est exprimé dans les termes d'un *modèle de processus*. Le texte décrivant la séquence des activités qui ont mené au schéma E/R d'une application spécifique est un exemple de trace de processus.

Un *modèle de processus* prescrit une manière de faire, une démarche méthodologique pour atteindre la cible souhaitée. Il décrit à un niveau abstrait et idéalisé la façon d'organiser la production du produit : les étapes, les activités qu'elles comprennent, leur ordonnancement, et parfois les critères pour passer d'une étape à une autre. Il joue le rôle de moule des processus d'ingénierie.

La figure 1 présente le modèle de processus de la méthode Coad et Yourdon (1991) qui est le corollaire du modèle de produit introduit dans la même figure. Il se présente sous la forme d'une séquence de cinq activités types : *Identifier les objets, Identifier les structures, Identifier les sujets, Définir les attributs et Définir les services*. Tout processus conforme à ce modèle est une séquence de cinq activités de chacun des cinq types identifiés par le modèle.

D'une part, le modèle de processus n'a de sens que s'il est explicitement mis en relation avec le (ou les) modèle(s) de produit associé(s) mais d'autre part, la qualité du produit dépend fortement de celle du processus mis en œuvre pour l'obtenir. Cependant, jusqu'à la fin des années quatre-vingt, les concepteurs de méthodes se sont concentrés sur la définition de modèles de produit capables de prendre en compte de plus en plus d'aspects du monde réel. Depuis le début des années quatre-vingt-dix, on observe en revanche un déplacement du centre d'intérêt vers la modélisation des processus d'ingénierie.

Les modèles de processus peuvent être classés en cinq types : *orienté activité, orienté produit, orienté décision, orienté contexte* et *orienté stratégie*.

Les modèles *orientés activité* se concentrent sur les activités exécutées pour produire un produit et sur leur ordonnancement. Dans cette catégorie nous avons les modèles tels que la cascade, la spirale et le RUP.

Les modèles *orientés produit* couplent l'état du produit à l'activité qui génère cet état. Ils visualisent le processus comme un diagramme de transitions d'état. Les graphes de produits d'Humphrey (1989) et le modèle des ViewPoints (Finkelstein, Kramer et Goedicke, 1990) appartiennent à cette catégorie.

Les modèles *orientés décision* perçoivent les transformations successives du produit comme résultats de décisions. Ces modèles mettent l'accent sur la décision et le contexte de délibération autour de la décision à prendre (alternatives, arguments). Les activités ne sont plus au centre du modèle mais apparaissent comme les conséquences des décisions. Le modèle DAIDA (Jarke et Pohl, 1992) ainsi que le modèle IBIS (Potts, 1989) sont classés dans cette catégorie.

Les modèles *orientés contexte* comme celui de la théorie NATURE (Jarke *et al.*, 1999) ou de l'environnement PRIME (Pohl *et al.*, 1999) sont inspirés du paradigme de planification en intelligence artificielle. Ils définissent le processus à travers la combinaison de situations observables avec un certain nombre d'intentions (aboutissant à des décisions) spécifiques. Le travail à faire est décrit dans le processus comme étant dépendant à la fois de la situation et de l'intention ; en d'autres termes, il dépend du contexte dans lequel on se trouve au moment de le réaliser.

Le modèle *orienté stratégie* (Rolland, Prakash et Benjamen, 1999) est une extension des modèles précédents qui vise à représenter plusieurs démarches dans le même modèle de processus. Il est donc multidémarche et prévoit plusieurs chemins possibles pour élaborer le produit. Il est basé sur les notions d'intention d'ingénierie et de stratégie à suivre pour réaliser ces intentions.

1.3 Rôles des méthodes dans le développement des SI

Il est impensable de nos jours de développer un SI sans le recours à une méthode adéquate. Le rôle d'une méthode d'ingénierie des SI est essentiellement d'aider les ingénieurs à comprendre le domaine d'application du projet en cours (la structure de l'entreprise, ses métiers, ses modes de fonctionnement, ses objectives et stratégies d'évolution, etc.) et à spécifier les besoins que le nouveau SI doit satisfaire effectivement. Elle doit également aider à concevoir et à réaliser une solution informatique adéquate en proposant des modèles permettant de représenter différentes vues et perspectives du SI en construction. Une méthode d'ingénierie de SI est aussi un moyen de communication entre les différentes parties prenantes, les ingénieurs, les futurs utilisateurs et les clients du SI ainsi qu'entre les différentes équipes de développement au sein du projet (les concepteurs, les développeurs, etc.) grâce à ses modèles semi-formels (graphiques, tabulaires, texte structuré, etc.).

Par ailleurs, l'utilisation de méthodes dans les projets de développement de SI permet d'assurer la cohérence de la solution globale, d'explorer plusieurs solutions possibles, de détecter des erreurs ainsi que de discerner les situations et les facteurs à risque qui pourraient mener le projet à l'échec. Finalement, la méthode est un guide précieux qui doit être suivi tout au long du cycle de développement de SI.

2 Introduction à l'ingénierie des méthodes

Le domaine de l'ingénierie des méthodes (IM) est concerné par la définition de nouvelles méthodes d'ingénierie des SI. Brinkkemper (1996) définit l'IM comme *« une discipline de conceptualisation, de construction et d'adaptation de méthodes, de techniques et d'outils pour le développement des systèmes d'information »*.

Plusieurs autres définitions restreignent la notion d'IM à la construction de nouvelles méthodes à partir de celles déjà existantes. Par exemple, Punter et Lemmen (1996) définit l'IM comme *« une approche de construction de méthodes combinant différentes (parties de) méthodes pour développer une solution optimale au regard d'un problème posé »*. Kumar et Welke (1992) au contraire, proposent une définition plus générale selon laquelle l'IM est : *« une proposition pour la conception et le développement d'une métaméthodologie destinée à la conception des méthodes de développement des systèmes d'information »*.

Dans ce chapitre, nous définissons l'IM comme la discipline visant à construire et à adapter une méthode de développement de SI aux exigences particulières d'une situation d'entreprise. Notre définition présente l'IM comme une activité répondant à un besoin : celui de construire une méthode adaptée au contexte particulier d'un projet d'entreprise. Elle s'apparente en cela à ce qui a été qualifié par Kumar et Welke (1992) d'ingénierie de méthodes situationnelles qui vise à *« adapter une méthode de développement de SI et les outils associés à chacun des projets spécifiques auxquels elle est appliquée »*.

2.1 Motivations pour l'IM

La diversification des domaines dans lesquels on a recours à des SI, la croissance de leur complexité impose de nombreuses demandes relatives aux méthodes. En outre, l'analyse de la pratique des méthodes met en évidence des failles et limites qu'il est nécessaire de combler. Ce sont à ces besoins que tente de repondre l'ingénierie des méthodes.

Une méthode qui a fait ses preuves dans un domaine n'est pas nécessairement adaptée à un autre domaine. La situation d'ingénierie de chaque projet de SI pour un domaine donné est spécifique, du moins en partie. La notion de méthode universelle (c'est-à-dire Merise) a montré ses limites. L'expérience dévoile que les méthodes ne sont pratiquement jamais utilisées à la lettre et que les ingénieurs d'application doivent les adapter aux contextes des projets auxquels ils participent. Ceci suggère qu'une méthode doit être suffisamment flexible pour être adaptée à chaque situation spécifique d'usage. Il faut donc se donner les moyens de construire des méthodes qui répondent mieux qu'on ne sait le faire aujourd'hui aux exigences de leurs utilisateurs.

Inversement, il existe un nombre important de méthodes disponibles pour le développement des SI et il n'est pas question de réinventer une méthode à chaque situation d'usage ou pour chaque nouveau domaine. La réutilisation de parties de méthodes semble être une solution adaptée au besoin d'adaptabilité permettant d'éviter la construction «à partir de rien».

Une des limites des méthodes classiques est la faiblesse des démarches qu'elles proposent : celles-ci sont souvent informelles et peu précisément définies. Elles sont souvent trop générales et mal adaptées aux problèmes particuliers rencontrés, et difficiles à faire évoluer pour prendre en compte l'expérience résultant de leur utilisation. Elles se bornent pour la plupart, à suggérer une organisation du cycle de vie en étapes globales, et ne permettent pas un guidage fin des activités de développement. Elles ne prennent pas en compte les connaissances heuristiques accumulées au cours du temps par les ingénieurs d'application. Pour remédier à cet état de faits, il faut avoir recours à des modèles de processus autres que les prescriptions de simples séquences d'activités.

Le domaine de l'ingénierie des méthodes a donc émergé en réponse à cette sensation croissante que les méthodes ne répondent pas aux besoins de leurs utilisateurs, aux conditions de leur usage et aux critères de qualité qui leur sont imposés. Toutes ces constatations mettent en évidence le besoin de mieux comprendre la notion de méthode, de savoir les décrire, d'être capable de les représenter, de les modéliser, mais aussi de les construire et de les utiliser dans différents contextes de projet. L'IM est donc avant tout une tentative de réponse aux difficultés rencontrées dans la pratique des méthodes.

2.2 Principes de l'IM

Pour répondre aux exigences introduites précédemment et en réponse aux limites constatées des méthodes, l'IM met en œuvre quatre principes : métamodélisation, réutilisation, modularité et flexibilité.

Principe de métamodélisation

La *métamodélisation* est le principe régissant la description des méthodes. Par métamodélisation on entend la modélisation des modèles qui composent une méthode. Il y a donc en général deux métamodèles interconnectés pour modéliser une méthode : le *métamodèle de produit* (qui représente le modèle de produit) et le *métamodèle de processus* (qui représente le modèle de processus). Les liens entre les deux métamodèles modélisent l'impact des activités du processus sur le produit. La figure 2 illustre l'application de ce principe au cas de la méthode Coad et Yourdon introduite au § 1.1.

Le métamodèle de produit est présenté à la figure 2 (a) par un schéma de classes UML qui met en évidence que le modèle de produit de Coad et Yourdon s'appuie sur cinq concepts : *classe, objet, association, attribut et service*, trois relations *a* qui lient toute classe respectivement aux objets, attributs et aux services qui la composent et une relation *participe dans* qui relie les classes via les associations. Le métamodèle de processus est présenté à la figure 2 (b) par un schéma d'activités UML qui montre que la procédure de Coad et Yourdon comporte quatre activités exécutables en séquence pour respectivement, *identifier les classes et les objets*, *identifier les attributs*, *identifier les attributs* et *identifier les services*. Les liens *produit* et *consomme* entre les activités du modèle de processus et les éléments du modèle de produit assurent la relation produit/processus. Ces liens permettent de s'assurer que l'ensemble {modèle de produit, modèle de processus} est complet et cohérent : toute activité du processus doit agir sur un élément du produit et inversement il n'y a pas d'élément du produit qui ne soit manipulé par le processus.

Le principe de métamodélisation est justifié par la nature de l'artéfact que constitue une méthode : les modèles de produit et de processus qui composent toute méthode sont en essence, des structures d'éléments qu'il est approprié de représenter par un métamodèle.

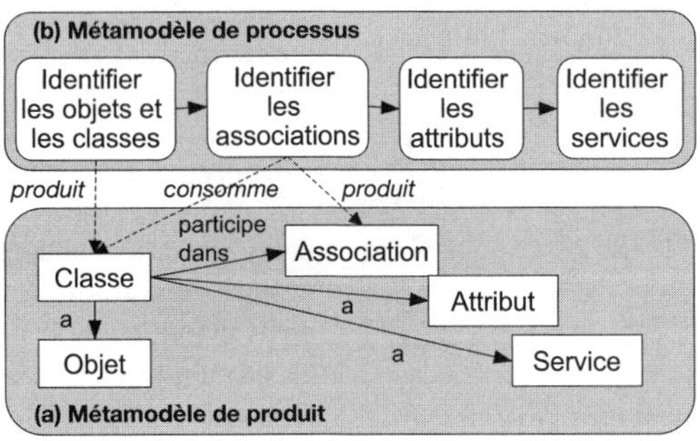

Figure 2 Métamodèles de produit et processus de la méthode de Coad et Yourdon (1991)

Notons enfin que ce principe a son inverse : *l'instanciation* par lequel tout produit est une instance du modèle de produit de la méthode pratiquée pour le construire et tout processus est une instance (plus ou moins exacte) de son modèle de processus. En ce sens, on peut dire que les modèles sont des moules de production des instances, les produits comme les processus.

Les avantages d'utilisation de la métamodélisation sont nombreux. Tout d'abord cette technique aide à définir un certain nombre de modèles ainsi que des composants réutilisables de méthodes de manière systématique. Les modèles ainsi dérivés hériteront des caractéristiques de la solution générique. À travers l'approche par instanciation, le problème crucial n'est donc plus celui des modèles mais celui du métamodèle de processus. Cela signifie que la responsabilité de fournir un bon modèle de processus n'incombe plus au concepteur de modèles mais au concepteur du métamodèle.

La métamodélisation est non seulement utile dans la construction des méthodes mais aussi dans la formalisation des méthodes mal définies, dans la comparaison des méthodes, dans la standardisation des méthodes et dans la définition des liens entre les méthodes d'ingénierie et les langages de programmation.

Principe de réutilisation

La *réutilisation* en ingénierie des méthodes est inspirée de la réutilisation dans le monde du logiciel où elle se définit comme une approche de développement selon laquelle il est possible de construire un système à partir de composants existants, produits à l'occasion de développements antérieurs. Le principe de réutilisation logicielle est appliqué aujourd'hui à toutes les étapes du cycle de développement d'un logiciel. Initialement introduite pour améliorer la productivité de la programmation, la réutilisation intervient dans les activités d'analyse et de conception ainsi qu'en ingénierie des besoins.

L'IM applique le principe de réutilisation pour construire de nouvelles méthodes d'ingénierie des SI en assemblant différents composants de méthodes qui ont déjà fait leurs preuves. Les composants de méthode sont des descriptions réutilisables des parties des modèles de produit et des modèles de processus qui constituent une méthode, c'est-à-dire des fragments de leurs métamodèles. Ces descriptions constituent les blocs de construction réutilisables qui permettent de définir des méthodes de manière modulaire. Les méthodes ainsi construites sont elles-mêmes modulaires et peuvent être modifiées et étendues facilement.

Principe de modularité

La mise en œuvre de la réutilisation en IM nécessite que l'on découpe une méthode en blocs réutilisables et donc d'introduire la *modularité* comme principe dans la description des méthodes. Selon ce principe une méthode est vue comme une collection de composants réutilisables. Par analogie avec la notion de module en génie logiciel, un composant de méthode doit avoir un certain nombre de qualités telles que la *cohésion, l'autonomie* et *l'interopérabilité*. Il est cohésif à condition que son contenu constitue un tout cohérent et autonome s'il peut être utilisé seul pour résoudre un problème d'ingénierie de système d'information. Il doit être interopérable afin de permettre son assemblage avec d'autres composants dans le processus de construction d'une nouvelle méthode.

Principe de flexibilité

Harmsen, Brinkkemper et Oei (1994) proposent un spectre des méthodes d'ingénierie (figure 3) qui organise les approches d'IM selon le degré de flexibilité de la méthode au regard de la situation rencontrée. Les approches sont placées sur une échelle de flexibilité variant d'une «faible» flexibilité à une flexibilité «élevée».

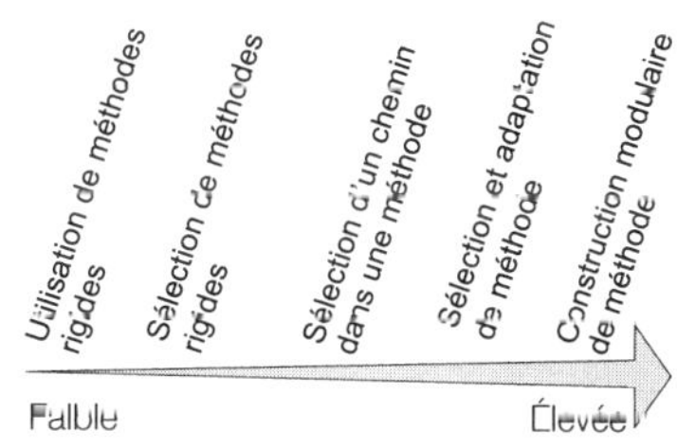

Figure 3 Spectre des approches d'ingénierie des méthodes (Harmsen *et al.*, 1994)

Au niveau «faible» de ce spectre se situent les *méthodes rigides* tandis qu'au niveau «élevée», on situe *la construction modulaire de méthode.* Les méthodes rigides sont complètement prédéfinies et laissent peu de possibilité pour s'adapter aux situations rencontrées. À l'opposé, les méthodes modulaires peuvent être modifiées et améliorées pour s'adapter à une situation donnée. La sélection de méthodes rigides permet de choisir la méthode la plus adaptée à un projet à partir d'un panel de méthodes rigides prédéfinies, tandis que la sélection d'un chemin dans une méthode consiste à sélectionner le chemin approprié à la situation rencontrée. Enfin la sélection et l'adaptation d'une méthode permettent à chaque projet de sélectionner des méthodes parmi différentes approches et de les accorder aux besoins du projet.

Le *principe de flexibilité* est au cœur de l'IM dont la problématique centrale est celle de l'adaptation des méthodes : adaptation selon l'acception de Harmsen, Brinkkemper et Oei (1994), c'est-à-dire aux contingences d'un projet, adaptation aux besoins spécifiques d'un groupe d'usagers, adaptation dynamique dans le contexte du processus d'IM lui-même. Le principe de flexibilité influence le produit de l'ingénierie, c'est-à-dire la nouvelle méthode mais aussi le processus d'IM. Le spectre d'Harmsen s'attache au premier aspect et conclut que les méthodes modulaires sont les plus flexibles ; le second aspect est implicitement dans le spectre de la figure 3 et conduit à la conclusion que la construction d'une méthode « à la volée » est la plus flexible.

On comprend que l'application de ces principes milite pour une représentation modulaire des méthodes qu'elles soient existantes ou nouvellement construites « à la volée » en réponse aux besoins des utilisateurs et par assemblage de composants réutilisables.

2.3 Le processus d'IM

La figure 4 schématise le processus d'IM qui intègre tous les principes d'IM cités précédemment. Il peut être résumé en deux étapes principales : la réingénierie des méthodes existantes sous forme modulaire et l'ingénierie des méthodes situationnelles par composition.

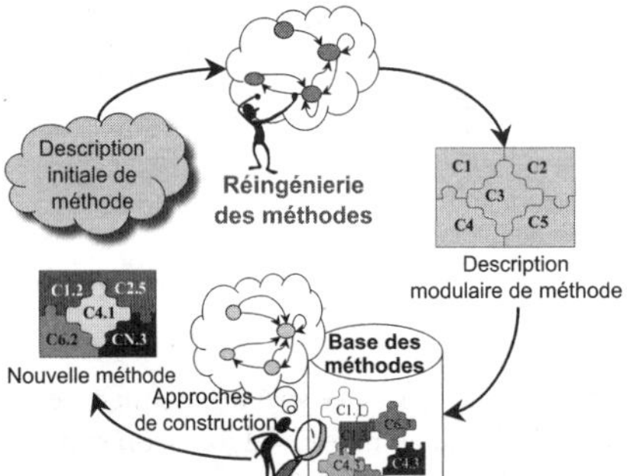

Figure 4 Le cycle d'ingénierie des méthodes

L'étape de *réingénierie des méthodes* vise à redéfinir les méthodes existantes sous forme de modules réutilisables aussi appelés les composants de méthodes. Se sont des briques de base pour la construction de nouvelles méthodes ou l'adaptation de méthodes existantes. De plus, une méthode modulaire est plus facile à adapter, compléter ou configurer. L'objectif *d'ingénierie de méthodes situationnelles par composition* est de proposer des techniques de construction et d'adaptation de méthodes à base de ces composants réutilisables. Les méthodes obtenues en utilisant ces techniques sont également modulaires.

Les deux étapes sont organisées autour de l'élément central qui est la base des méthodes, en fait la base des composants réutilisables de méthodes.

3 Réingénierie des méthodes sous forme modulaire

L'alimentation de la base des méthodes requiert la *réingénierie des méthodes* existantes dont tout ou partie a fait ses preuves.

3.1 Notion de composant réutilisable de méthode

Il n'y a pas de standard de définition d'un composant de méthode mais selon Brinkkemper *et al.* (1999) trois dimensions sont à prendre en compte : la *perspective*, l'*abstraction* et la *granularité*. Un composant peut se décliner à différents niveaux de granularité : modèle de produit tout entier (le modèle E/R) ou bien heuristique méthodologique fine (enlever la cardinalité zéro dans un schéma E/R) et à différents niveaux d'abstraction : niveau d'un modèle spécifique (modèle E/R), d'un modèle générique (le modèle de processus « en fontaine ») ou celui d'un métamodèle (MOF). Enfin dans la mesure où une méthode est composée d'un modèle de produit et d'un modèle de processus, on conçoit que deux perspectives puissent être considérées : celle d'un composant de méthode entièrement de produit ou de processus (aussi appelé fragment de produit et fragment de processus) (Brinkkemper *et al.*, 1999 ; Punter et Lemmen, 1996) et celle qui voit un composant comme un mixte des deux (Rolland et Prakash, 1996 ; Ralyté et Rolland, 2001a, b ; Prakash, 1999).

Par ailleurs, plusieurs approches combinent les fragments de méthodes en *itinéraires*. Un itinéraire complet représente une méthode de développement de systèmes.

En plus de la notion de composant de méthode, la notion de *patron de conception* est également utilisée dans l'IM. Les patrons de conception génériques (Rolland et Prakash, 1996) définissent des règles génériques régissant la construction de méthodes différentes mais similaires tandis que les patrons de conception spécifiques au domaine (Deneckère et Souveyet, 1998) permettent d'étendre les méthodes avec de nouveaux concepts spécifiques.

La figure 5 illustre un métamodèle destiné à la modélisation des méthodes modulaires proposé dans (Ralyté et Rolland, 2001a). Selon ce métamodèle, une méthode est vue comme un ensemble de composants de différents niveaux de granularité, la méthode elle-

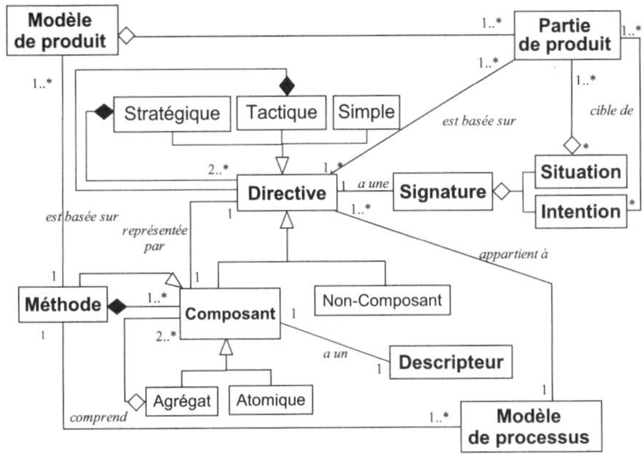

Figure 5 Métamodèle de méthode modulaire (Ralyté et Rolland, 2001a)

même étant un composant de plus haut niveau. La partie processus du composant est nommée *directive*. Elle est couplée aux parties de produit nécessaires à l'exécution de la démarche qu'elle contient. Étant donné que les niveaux de complexité, de granularité et de richesse des modèles de processus proposés par différentes méthodes son différents, le métamodèle prévoit trois types de directives nommées : *simple*, *tactique* ou *stratégique*.

Comme son nom l'indique, une directive simple est une directive qui n'est pas structurée. Elle explique de manière informelle comment procéder pour obtenir le produit cible ou propose une action à exécuter, soit avec un outil soit de manière manuelle. Par exemple, le composant de méthode destiné à la découverte des acteurs de SI extrait du modèle des cas d'utilisation (Jacobson *et al.*, 1992) suggère de manière informelle de poser des questions, telles que : « Quels sont les acteurs que le système est censé aider ? Qui va superviser et maintenir le système ?... »

Une directive tactique offre une structure d'arbre permettant de décomposer un processus complexe en sous-processus de niveau d'abstraction plus bas. Le formalisme utilisé est celui de NATURE (Jarke *et al.*, 1999) qui est basé sur les notions de *contexte* et *d'arbre de contextes*. Chaque contexte représente une étape dans le processus d'ingénierie, il est spécifié par une intention à réaliser à cette étape et la situation nécessaire pour réaliser l'intention. Les contextes feuilles de l'arbre de contextes sont des directives simples. Par exemple, selon (Jacobson *et al.*, 1992) la directive de découverte des cas d'utilisation est composée de deux étapes : identification des acteurs du système et identification des cas d'utilisation de chaque acteur.

Finalement, une directive stratégique offre un formalisme encore plus riche permettant de représenter une vue stratégique de la démarche de développement d'un produit. Elle est basée sur un ensemble d'intentions à satisfaire et un ensemble de stratégies pour satisfaire ces intentions et permet ainsi d'exprimer les processus de développement *multidémarches*. Le formalisme MAP (Rolland, Prakash et Benjamen, 1999) est utilisé pour représenter une directive stratégique. Par exemple, la figure 6 propose une directive stratégique qui représente une démarche de construction d'un modèle des cas d'utilisation basée sur deux intentions : *Découvrir un cas d'utilisation* et *Conceptualiser un cas d'utilisation* et propose plusieurs stratégies pour réaliser ces intentions.

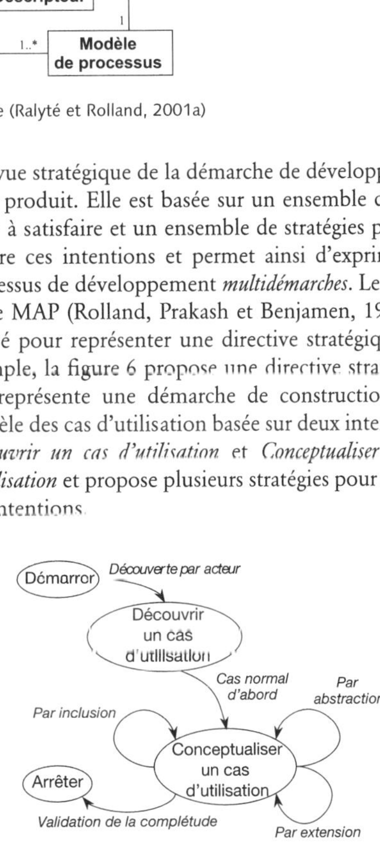

Figure 6 Directive stratégique pour la construction de modèle des cas d'utilisation

Le contexte d'application d'un composant est défini dans sa signature formalisée par un couple <Situation, Intention> (figure 5). La situation caractérise le point d'entrée dans le processus du composant tandis que l'intention définit l'objectif d'ingénierie qu'il aide à atteindre. *Construire un modèle des cas d'utilisation* est un exemple d'intention associée au composant de méthode ; *Description du problème* représente une situation nécessaire pour appliquer ce composant.

En outre, un *descripteur* est associé à chaque composant de méthode (figure 5). Il étend la vue contextuelle capturée dans la signature de composant afin de définir le contexte de réutilisation de celui-ci.

3.2 Processus de réingénierie des méthodes

Il y a peu de travaux sur la réingénierie des méthodes sous forme de composants réutilisables. La plupart des approches (Brinkkemper, Saeki et Harmsen, 1999 ; Punter et Lemment, 1996 ; Song, 1997) considèrent comme réutilisables les différents modèles ou diagrammes de méthodes existantes. Parfois, le niveau de granularité est celui d'un concept (Brinkkemper, Saeki et Harmsen, 1999) ou même d'une propriété, d'un critère, d'une directive, d'une notation ou d'une action (Song, 1997). Toutefois, ces approches ne disent pas clairement quand une étape, un modèle, un diagramme ou un concept peut être considéré comme un module réutilisable dans la construction de nouvelles méthodes.

D'après Ralyté et Rolland (2001a), la réingénierie des méthodes sous forme de composants réutilisables est centrée sur la décomposition du modèle de processus de la méthode en directives autonomes et réutilisables en dehors de la méthode d'origine.

3.3 Langages de spécification des composants de méthodes

Même si tout langage de modélisation conceptuelle peut être utilisé pour la spécification des méthodes et des composants de méthodes, leur pouvoir d'expression varie considérablement. Certains langages sont plus adaptés à la spécification des méthodes que d'autres. Les études des exigences faites dans le domaine d'IM soulignent le besoin de constructions sémantiques spécifiques de la modélisation des méthodes que n'offrent pas les langages standard tels que UML. Dans cette optique un langage spécifique COCOA a été développé et utilisé dans l'environnement MVIEWS (Grundy et Venable, 1996) pour la spécification des méthodes.

Harmsen et Saeki (1996) distinguent quatre écoles de langages de représentation et de manipulation de méthodes. La première opte pour une approche orientée données qui met l'accent sur la représentation de l'aspect produit des méthodes. Elle inclut des langages tels que GOPRR (Kelly, Lyyttinen et Rossi, 1996), les modèles sémantiques de données de Sowa, NIAM et ASDM (Heym et Österle, 1992). Une deuxième école adopte l'approche orientée objet. Les langages appartenant à cette école sont Telos, Mataview et ObjectZ. La troisième école met l'accent sur l'aspect processus des méthodes et propose des langages tels que les diagrammes de structure de tâches (Verhoef et Ter Hofstede, 1995) et MERLIN (Emmerich *et al.*, 1991). La dernière école propose des langages hybrides, réellement définis pour l'IM tels que MEL (Harmsen, 1997).

4 Ingénierie des méthodes par composition

La deuxième étape du cycle d'IM présenté à la figure 4 considère différentes techniques d'IM à base de composants réutilisables issus de la base des méthodes. La plus connue est la technique de construction d'une nouvelle méthode *par assemblage* de composants. On en trouve différentes variantes dans (Brinkkemper *et al.*, 1999 ; Song, 1997 ; Ralyté et Rolland, 2001b). Ces techniques consistent à définir les besoins méthodologiques pour une situation en cours, à sélectionner les composants de méthodes satisfaisant ces besoins et à assembler les composants sélectionnés.

Deux types d'assemblage, nommés *par association* et *par intégration* sont identifiés dans (Ralyté et Rolland, 2001b). Dans l'assemblage par association, les composants issus de méthodes différentes (M1 et M2) sont disjoints. Ils sont en général, complémentaires et l'association consiste à établir des liens entre M1 et M2. Dans l'assemblage par intégration, les composants se recouvrent et la construction de la nouvelle méthode requiert un travail d'assemblage plus complexe qui consiste à intégrer les concepts de M1 à ceux de M2 au moyen d'opérateurs appropriés (Ralyté et Rolland, 2001b).

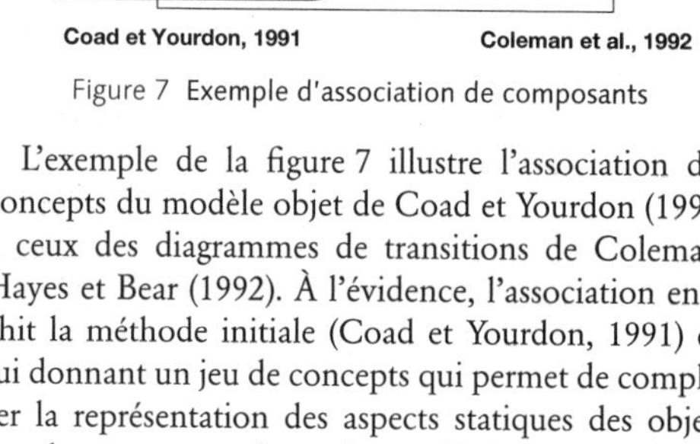

Figure 7 Exemple d'association de composants

L'exemple de la figure 7 illustre l'association des concepts du modèle objet de Coad et Yourdon (1991) à ceux des diagrammes de transitions de Coleman, Hayes et Bear (1992). À l'évidence, l'association enrichit la méthode initiale (Coad et Yourdon, 1991) en lui donnant un jeu de concepts qui permet de compléter la représentation des aspects statiques des objets par leurs aspects dynamiques (Coleman, Hayes et Bear, 1992).

La figure 8 illustre l'enrichissement de la démarche de construction de modèles des cas d'utilisation proposé dans (Jacobson *et al.*, 1992) par intégration des directives de classification et de rédaction des cas d'utilisation proposées par Cocburn (2001).

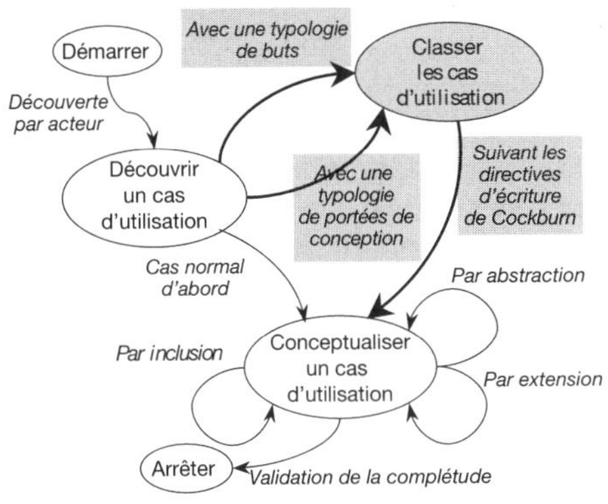

Figure 8 Exemple d'intégration des composants

Par ailleurs, si l'assemblage de composants a été la première approche de construction proposée, d'autres approches ont vu le jour. Sur la base de l'analyse de la littérature en la matière nous proposons de classer les approches d'IM en quatre catégories illustrées à la figure 9.

Les approches «*ad hoc*» correspondent à la construction d'une méthode «à partir de rien» et de manière intuitive. Il y a plusieurs raisons qui peuvent conduire à prendre la décision de construire une méthode entièrement nouvelle. L'apparition d'un domaine d'application nouveau est un exemple, la construction d'une méthode basée sur la capitalisation d'expérience en est un autre.

Les approches «par évolution» (Ralyté, Deneckère et Rolland, 2003) utilisent un modèle ou métamodèle initial (As-Is) comme base d'évolution pour aboutir au modèle souhaité (To-Be) par abstraction, instanciation ou adaptation en tenant compte des objectifs d'évolution ou des conditions spécifiques d'un projet.

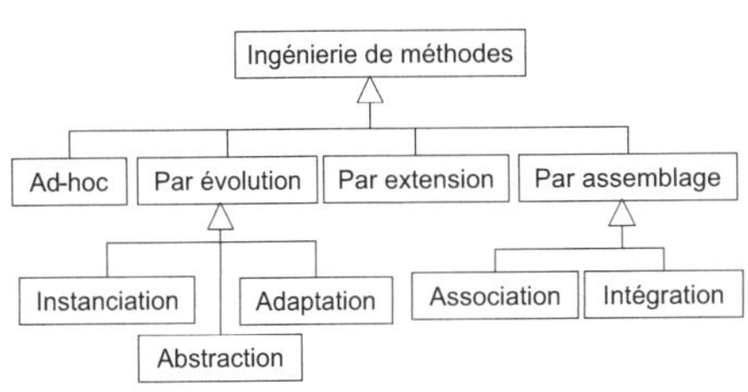

Figure 9 Typologie des approches d'ingénierie de méthodes par composition

L'objectif des approches «par extension» est d'enrichir une méthode existante par de nouveaux concepts et propriétés (Deneckère et Souveyet, 1998) pour la modélisation d'un domaine particulier. Par exemple, une méthode statique telle que celle pour la construction de schémas E/R peut être étendue pour représenter du temps de manière systématique par l'introduction d'un calendrier de points temporels, d'intervalles etc. ainsi que celle des aspects temporels tels que l'historisation des entités.

4.1 Support logiciel

Le cycle de l'IM peut difficilement se concevoir sans aide logicielle. L'IM a donc fait émerger une nouvelle génération d'ateliers logiciels désignés par l'acronyme anglais CAME (*Computer Aided Method Engineering*). Par analogie avec les ateliers de génie logiciel dont le propos est d'apporter une aide à la conduite du développement des SI, un *atelier méthode* vise à guider la construction des méthodes. Il doit donc offrir des fonctionnalités d'aide à l'accomplissement des activités du cycle de l'IM, soit schématiquement :

- la réingénierie d'une méthode existante ;
- le stockage des composants de méthodes ;
- l'extraction de composants répondant à certains critères ;
- la construction de méthodes selon différentes stratégies : assemblage, adaptation, évolution, *ad hoc*, etc. ;
- la vérification et la validation de la méthode construite ;
- l'amélioration dynamique de la méthode obtenue.

Harmsen, Brinkkemper et Oei (1994) ont été les premiers à définir les exigences d'un environnement CAME dont certaines ont été implémentées dans le prototype Decamerone (Harmsen, 1997). Un certain nombre de prototypes ont vu le jour tels que MetaEdit+ (Kelly, Lyyttinen et Rossi, 1996), Meet (Heym et Osterle, 1993), Meru (Prakash, 1999) et Mentor (Sisaid, Grosz et Rolland, 1996). Mais seul MetaEdit+ est devenu un produit commercial.

5 Base des composants de méthodes

Au cœur du processus d'IM se trouve la base des composants réutilisables de méthodes. Elle capitalise des connaissances sur les méthodes encapsulées dans des composants réutilisables. Un composant peut, par exemple, apporter des heuristiques d'écriture d'un scénario d'interaction (partie processus) et comporter la description conceptuelle d'un tel type de scénario (partie produit). La connaissance qu'il fournit est réutilisable dans tout projet où la capture des besoins se fait par écriture de scénarios.

Toutefois, afin de permettre la réutilisation efficiente des composants, la base des méthodes doit comporter aussi des *métaconnaissances*, c'est-à-dire des connaissances sur la connaissance. La métaconnaissance peut prendre des formes variées : descripteur, métaclasse ou liens hypertexte et vise à satisfaire deux objectifs : comprendre la nature de la connaissance apportée par le composant et caractériser les situations de sa réutilisation.

Une autre manière de présenter les composants de méthodes pour qu'ils soient accessibles à un large public consiste à les offrir sous forme de bibliothèques électroniques accessibles par Internet. La technologie Internet apporte des nouvelles perspectives dans la création et l'utilisation des méthodes.Dans cette optique, on peut également parler de la vue interne et externe d'un composant de méthode. La vue interne décrit les parties produit et processus du composant qui ne sont pas visibles au moment de la recherche des composants dans la base. Elle ne devient visible que si le composant et sélectionné pour être intégré dans la méthode d'un projet spécifique. Inversement, la vue externe est utilisée durant le processus de sélection de composants dans la base. Elle peut être associée à des valeurs d'un ensemble prédéfini de facteurs de contingence, des caractéristiques des situations de projet ou des éléments d'une ontologie de développement de SI.

Henderson-Sellers (2000) commercialise la base de méthodes OPEN dont le contenu s'enrichit au cours du temps. Les composants sont classés en cinq catégories :

- *les produits de travail* qui représentent les résultats obtenus lors du processus de développement ;
- *les producteurs* qui sont responsables de la création, évaluation et maintenance des produits de travail ;
- *les unités de travail* qui définissent les opérations réalisées par les producteurs pour construire les produits de travail ;
- *les langages* qui sont les moyens de documentation des produits de travail ;
- *les étapes* qui représentent des périodes dans le processus de développement permettant d'obtenir des résultats.

6 Conclusion et perspectives

La complexité des systèmes d'information et la diversité croissante des domaines d'application des TIC rendent l'usage d'une méthode incontournable. On a montré dans ce chapitre qu'une méthode d'ingénierie de SI est un guide pour le développement du système. C'est un ensemble de modèles permettant de modéliser le SI en construction sous différentes perspectives d'une part, et de guider la démarche de développement d'autre part. Une méthode intervient à toutes les étapes du cycle de vie du SI : elle aide à l'investigation du domaine d'application, à la découverte et la spécification des exigences, à la définition d'une solution de conception et à sa réalisation. Les méthodes conventionnelles ne sont pas adaptées aux particularités des projets de SI à conduire et des méthodes spécifiques à chaque projet doivent être définies. L'ingénierie des méthodes répond à ce besoin d'adaptation situationnelle.

Bien que le besoin de méthodes spécifiques aux projets auxquelles elles s'appliquent soit clairement identifié, le développement des supports pour la construction de telles méthodes est encore peu avancé. Il est évident que la démarche de construction ou d'adaptation de méthodes situationnelles doit être simple, rapide et assistée par des outils logiciels adéquats. Ce sont les outils CAME permettant de stocker les composants de méthodes et de les assembler en fonction des besoins d'un projet en cours.

Finalement, l'émergence perpétuelle de nouveaux domaines d'application de SI confirme que la discipline d'IM est toujours d'actualité.

Bibliographie

Booch, G. (1991), *Object Oriented Analysis and Design with Application*, Benjamin/Cummings.

Brinkkemper, S. (1996), «Method Engineering: Engineering of Information Systems Development Methods and Tools», *Information and Software Technology*, Vol. 38 (4), p. 275-280.

Brinkkemper, S., Saeki, M. et Harmsen, F. (1999), «Meta-Modelling Based Assembly Techniques for Situational Method Engineering», *Information System*, Vol. 24 (3), p. 209-228.

Coad, P. et Yourdon, E. (1991), *Object-Oriented Analysis*, Yourdon Press.

Coleman, D., Hayes, F. et Bear, S. (1992), «Introducing Objectcharts or How to Use Statecharts in Object-Oriented Design», *IEEE Transactions Software Engineering*, 18 (1), p. 9-18.

Deneckère, R. et Souveyet, C. (1998), «Patterns for Extending an OO Model with Temporal Features», *Proceedings of the International Conference on Object Oriented Information Systems (OOIS)*, Paris, France.

Emmerich, W., Junkermann, G. Peuschel, B. Schäfer, W. et Wolf, S. (1991), «MERLIN: Knowledge based process modeling», *1st European Workshop on Software Process Modeling*. Associazione Italiana per l'Informatica edil Calcolo Automatico, Milan, Italy, p. 181- 187.

Finkelstein, A., Kramer, J. et Goedicke, M. (1990), «ViewPoint Oriented Software Development», *Actes de Conférence Le Génie Logiciel et ses Applications*, Toulouse, p. 337-351.

Grundy, J.C. et Venable, J.R. (1996), «Towards an integrated environment for method engineering», *Proceedings of the IFIP WG 8.1 Conference on Method Engineering*, Chapman and Hall, p. 45-62.

Harmsen, A.F., Brinkkemper, S. et Oei, H. (1994), «Situational Method Engineering for Information System Projects» dans Olle T. W. and A. A. Verrijn Stuart (Eds.), *Methods and Associated Tools for the Information Systems Life Cycle, Proceedings of the IFIP WG8.1 Working Conference CRIS'94*, North-Holland, Amsterdam, p. 169-194.

Harmsen, F. et Saeki, M. (1996), «Comparison of four method engineering languages», *IFIP 8.1 Conference on Method Engineering*, Chapman and Hall, p. 209-231.

Harmsen, A.F. (1997), *Situational Method Engineering*. Moret Ernst & Young.

Henderson-Sellers, B. (2000), «The OPEN Framework for Enhancing Productivity», *IEEE Software*, Vol. 17 (2).

Heym, M. et Österle, H. (1992), «A Reference Model of Information Systems Development», dans Kendall, K.E., Lyytinen K. et DeGross J.I. (Eds.), *The Impact of Computer Supported Technologies on Information Systems Development*, Amsterdam, North-Holland, p. 215-240.

Heym, M. et Osterle, H. (1993), «Computer-aided Methodology Engineering», *Information and Software Technology*, Vol. 35 (6/7), June/July, p. 345-354.

Humphrey, W. S. (1989), *Managing the Software Process*, Addison Wesley.

Jarke, M. et Pohl, K. (1992), «Information systems quality and quality information systems». *Proceedings of the IFIP 8.2 Working Conference on the impact of computer-supported techniques on information systems development, Minneapolis*, NM.

Jarke, M., Rolland, C., Sutcliffe, A. et Domges, R. (1999), *The NATURE requirements Engineering*. Shaker Verlag.

Kelly, S., Lyyttinen, K. et Rossi, M. (1996), «Meta Edit +: A fully configurable, multi-user and multi-tool CASE and CAME environment», *Proceedings of the International Conference on Advanced Information Systems Engineering (CAiSE'96)*, May, Heraklion, Crete, Greece, Springer-Verlag.

Kumar, K. et Welke, R.J., (1992), «Methodology engineering: a proposal for situation-specific methodology construction» dans Cotterman, W.W. et Senn J.A. (Eds.), *Challenges and Strategies for Research in Systems Development*, John Wiley & Sons Ltd, p. 257-269.

Pohl, K., Weidenhaupt, K., Dömges, R., Haumer, P., Jarke, M. et Klamma, R. (1999), «PRIME - Toward Process-Integrated Modeling Environments», *ACM Transactions on Software Engineering and Methodology*, Vol. 8 (4), p. 343-410.

Potts, C. (1989), «A Generic Model for Representing Design Methods». *Proceedings of the 11th International Conference on Software Engineering (ICSE'89)*.

Prakash, N. (1999), «On Method Statics and Dynamics», *Information Systems*, Vol.34 (8), p. 613-637.

Punter, H.T. et Lemmen, K. (1996), «The MEMA model: Towards a new approach for Method Engineering», *Information and Software Technology*, Vol. 38 (4), p. 295-305.

Ralyté, J., Deneckère, R. et Rolland, C. (2003), «Towards a Generic Model for Situational Method Engineering», *Proceedings of the 15th International Conference on Advanced Information Systems Engineering (CAISE'03)*, Springer-Verlag, LNCS 2681, p. 95-110.

Ralyté, J. et Rolland, C. (2001), «An Approach for Method Reengineering». *Proceedings of the 20th International Conference on Conceptual Modeling (ER2001)*, Springer-Verlag, LNCS 2224, p. 471-484.

Ralyté, J. et Rolland, C. (2001). «An Assembly Process Model for Method Engineering», *Proceedings of the 13th Conference on Advanced Information Systems Engineering (CAISE'01)*, Springer-Verlag, LNCS 2068, p. 267-283.

Rolland, C. et Prakash, N. (1996), «A Proposal for Context-Specific Method Engineering», *Proceedings of the IFIP WG 8.1 Conference on Method Engineering*, Atlanta, Gerorgie, USA, Chapman and Hall, p. 191-208.

Rolland, C., Prakash, N. et Benjamen, A. (1999), «A Multi-model View of Process Modelling», *Requirements Engineering Journal*, p. 169-187.

Si-said, S., Grosz, G. et Rolland, C. (1996), «Mentor, A computer Aided Requirements Engineering Environment», *Proceedings of the 8th International Coference on Information Systems Engineering (CAISE'96)*, May, Heraklion, Crete, Greece, Springer-Verlag.

Song, X. (1997), «Systematic Integration of Design Methods», *IEEE Software*.

Verhoef, T.F. et Ter Hofstede, A.H.M. (1995), «Feasibility of Flexible Information Modelling Support», *Proceedings of the International Conference on Advanced Information Systems Engineering*, Springer, p. 168-185.

Gestion de projet système d'information

Chantal Morley

Mots-clés : projet, risque, contrôle.

Résumé : la gestion de projet occupe une part croissante dans le développement et la mise en œuvre de systèmes d'information dans les organisations. L'approche générale s'inscrit dans le cadre aujourd'hui normalisé de la gestion de tout projet. Les caractéristiques des projets de système d'information ont cependant conduit au développement de méthodes et techniques spécifiques.

Malgré ses particularités, la gestion d'un projet de système d'information s'inscrit dans le cadre plus général de la gestion de projet, qui a fait depuis quelques années l'objet de normalisations internationales. C'est ce que reflète la structuration du présent chapitre. La première partie rappelle les normes et les définitions de référence. La deuxième partie décrit les caractéristiques des projets d'informatisation des organisations et les problématiques qui ont été développées pour y répondre. La troisième partie expose le schéma général de la gestion d'un projet, notamment la relation entre le cycle de vie du projet et les activités de gestion de projet. La quatrième partie passe en revue les méthodes et techniques utilisées dans tout projet et la cinquième cible sur celles qui sont spécifiques des projets informatiques. Le chapitre se conclut sur les tendances.

1 La gestion de projet : normes et définitions

1.1 Les normes s'appliquant à la gestion de projet

La gestion de projet est une discipline relativement récente, qui s'est construite sur des réflexions ayant accompagné de grands projets industriels à partir des années soixante. Diverses techniques, issues de la recherche opérationnelle ou élaborées par la pratique, ont été proposées, souvent liées à des contextes particuliers[1]. Progressivement, des associations professionnelles se sont constituées et ont œuvré pour faire reconnaître la spécificité du rôle de chef de projet, au-delà des particularités de chaque secteur d'activités. Cela a conduit à rassembler des corpus de connaissances applicables à tout projet et à instaurer des certifications en management de projet.

Deux associations ont joué un rôle majeur en Amérique du Nord et en Europe. Le PMI (Project Management Institute)[2], fondé en 1969, délivre une certification basée sur le Guide du PMBOK (*Project Management Body of Knowledge*), dont le contenu a été normalisé par l'ANSI. L'IPMA (International Project Management Association)[3], fondée en 1967, regroupe aujourd'hui une quarantaine d'associations nationales de gestion de projet et délivre une certification basée sur l'ICB (*Ipma Competence Baseline*). L'AFITEP (Association francophone de management de projet)[4] en fait partie.

1. Pour une description détaillée, voir l'ouvrage du groupe ECOSIP, sous la direction de V. Giard et C. Midler, *Pilotage de projet et entreprises*, Economica, 1993, en particulier le chapitre VII.
2. www.pmi.org
3. www.ipma.ch
4. www.afitep.fr

Du point de vue qualité, la norme ISO10006 donne des «lignes directrices pour le management de la qualité dans les projets».

1.2 La notion de projet

La définition d'un projet comporte deux notions clés : le projet est unique et le projet est temporaire.

Pour ISO 10006 : 2003, un projet est un «*processus unique, qui consiste en un ensemble d'activités coordonnées et maîtrisées comportant des dates de début et de fin, entrepris dans le but d'atteindre un objectif conforme à des exigences spécifiques telles que les contraintes de délais, de coûts et de ressources*». L'unicité du processus projet doit être comprise de deux façons. D'une part, les activités qui permettront d'atteindre l'objectif sont définies de façon à prendre en compte les particularités de chaque projet, même si l'on réutilise des trames générales. D'autre part, ces activités ne seront exécutées qu'une seule fois. Il y a donc unicité au niveau du type et au niveau de l'instance.

Le PMBOK, référentiel du PMI, considère un projet comme une «*entreprise temporaire décidée pour obtenir un produit ou un service unique*». L'unicité du produit entraîne l'unicité des activités à mettre en œuvre.

L'AFITEP définit un projet comme un «*ensemble d'actions à réaliser pour satisfaire un objectif défini, dans le cadre d'une mission précise, et pour la réalisation desquelles on a identifié non seulement un début, mais aussi une fin*» et introduit une distinction entre les projets d'ingénierie qui visent l'obtention d'un résultat pour un client, et les projets produit débouchant sur un modèle qui fera ensuite l'objet d'une fabrication répétitive. Les projets de système d'information relèvent exclusivement de la première catégorie.

Ainsi, un projet peut être symbolisé par un triangle (figure 1) : on est en mode projet lorsque l'on doit atteindre un objectif avec des moyens appropriés et dans un délai donné.

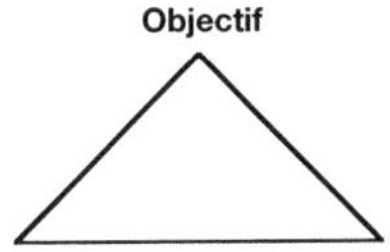

Figure 1 Le triangle Projet

La gestion de projet a pour but d'identifier et de faire réaliser le travail nécessaire pour livrer le produit ou service correspondant à l'objectif du projet, en prenant en compte les contraintes de moyens et délai, et en faisant face aux imprévus.

1.3 Produit et projet

L'objectif visé par la réalisation d'un projet est souvent appelé «produit», même lorsqu'il ne présente pas un caractère matériel. On distingue ainsi le contenu du produit (les spécifications) et le contenu du projet (le travail à réaliser pour livrer le produit). Le premier détermine le second.

Le contenu du produit est en général précisé au cours de l'avancement du projet. Il fait l'objet d'une première description, qui est ensuite traduite en « produits livrables». Le cahier des charges contient la liste des produits livrables.

Le contenu du projet dépend du contenu du produit. Il contient les tâches orientées produit, ainsi que les tâches de gestion de projet. On opère en général un regroupement des tâches en sous-ensembles aboutissant à la production des différents livrables. C'est ce qu'on appelle l'organigramme des tâches (OT) ou la structure de découpage du projet (SDP), qui décrit la totalité du travail à effectuer : les tâches ne figurant pas sur l'OT se situent en dehors du contenu du projet.

Les outils et méthodes utilisés pour réaliser le produit varient selon le domaine d'application, alors que ceux qui permettent la gestion du projet sont en grande partie partagés par tous les projets.

1.4 Les activités de gestion de projet

Pour le PMBOK, la gestion de projet est «*l'application de connaissances, de compétences, d'outils et de méthodes aux activités d'un projet afin de répondre à ses besoins*». Il convient toutefois de distinguer deux catégories d'activités dans un projet :

- les activités de production sont celles qui sont nécessaires pour réaliser le produit ou service visé par l'objectif du projet ;
- les activités de gestion de projet sont celles qui consistent à planifier le travail, l'organiser et suivre l'avancement des activités de production.

C'est pourquoi l'IPMA précise que «*le management de projet consiste à planifier, organiser, suivre et maîtriser tous les aspects d'un projet, ainsi que la motivation de tous ceux qui sont impliqués dans le projet, de façon à atteindre les objectifs de manière sûre et dans les critères définis de coûts, délais et performance.*»

Le champ de la gestion de projet est calé sur les trois aspects représentés par le triangle Projet. Ainsi :

- le délai donne lieu à une *gestion du temps* dont le rôle est de définir le parcours et de le jalonner, d'établir des calendriers et de maîtriser la consommation de l'enveloppe temps ;
- les moyens affectés constituent le budget du projet, qui est transformé en travail, locaux, matériel, temps machine, déplacement… Cette transforma-

tion nécessite une *gestion des ressources* portant sur les ressources humaines et les moyens matériels ;

- l'objectif du projet doit à son terme être concrétisé par une ou plusieurs fournitures. Cela implique une *gestion de la production*, qui a pour but de suivre et diriger l'avancement vers l'objectif tout au long du projet. On parle parfois de «faire converger le projet» : cela signifie qu'il faut sans cesse s'assurer que l'on se rapproche du but et que l'on ne part pas dans des directions remettant en cause un avancement consolidé.

On peut décomposer l'activité de gestion de projet en trois activités principales autour de la production proprement dite (figure 2).

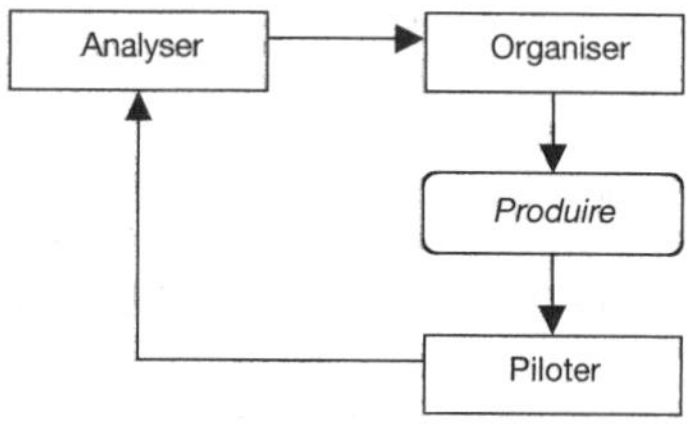

Figure 2 Les activités de gestion de projet

Analyser consiste à déterminer le chemin que l'on va emprunter pour avancer vers l'objectif. Pour cela, on étudie les caractéristiques du projet, son contexte, les risques qui le menacent et l'état de son avancement. Cela conduit à un découpage du projet en actions à entreprendre et à une estimation de l'effort nécessaire. La maille de cette analyse varie selon le moment du projet auquel on se place.

Organiser signifie repérer les contraintes d'enchaînement entre les tâches afin de les ordonnancer. Cela permet d'établir un calendrier. L'organisation recouvre aussi la constitution d'une équipe, c'est-à-dire des personnes qui sont affectées et imputées au projet, en déterminant les bons profils. Les relations avec tous les partenaires nécessaires sont également prises en compte. Dès que la charge est importante, on répartit le travail entre plusieurs personnes, voire plusieurs équipes, ce qui conduit à mettre en place des moyens de partage d'informations pour éviter les incohérences.

Piloter comprend le suivi de l'avancement du projet, en quantité et en qualité, ainsi que l'analyse et le traitement des écarts avec ce qui était prévu, les orientations et les décisions à prendre ou à faire prendre. Le pilotage inclut également le management de l'équipe et la gestion des conflits.

Pour la norme ISO 10006 : 2003, les activités de gestion de projet sont organisées en processus, eux-mêmes répartis en quatre familles.

La première famille ne comprend qu'un seul processus, appelé processus stratégique, qui regroupe les activités relevant de la responsabilité de la direction de l'entreprise, telle que la nomination des chefs de projet.

La deuxième famille comprend des processus qui touchent à la gestion des ressources, en particulier le personnel.

La troisième famille structure les activités de gestion de projet orientées vers la réalisation du produit, c'est-à-dire la production du bien ou service visé par l'objectif. Elle comprend la coordination des activités, la maîtrise des tâches de production, la maîtrise des délais et des coûts, la gestion de la communication, la maîtrise des risques et celle des achats pour le projet.

La quatrième famille de processus réunit les activités de gestion de projet, qui visent l'amélioration, c'est-à-dire le management des connaissances issues des projets achevés.

1.5 Management, direction et gestion de projet

L'AFITEP appelle «management de projet» l'ensemble des activités de gestion de projet et introduit une distinction entre deux rôles. Le/la chef de projet est responsable de la «direction de projet» et s'appuie sur des assistants chefs de projet qui accomplissent des tâches rassemblées sous le terme «gestion de projet». Ces deux rôles correspondent à deux niveaux de certification.

La direction de projet, qui est toujours exercée par le/la chef de projet, a pour mission essentielle de définir la stratégie de conduite du projet, de coordonner l'ensemble des actions, de modifier le plan de marche si nécessaire, et d'optimiser l'utilisation des ressources. Pour accomplir la mission de direction de projet, le/la chef de projet a besoin d'analyser les risques, d'estimer la charge, d'organiser le travail, de le planifier, de le suivre. Pour cela, il/elle doit effectuer, ou faire effectuer, un ensemble de tâches relevant de la gestion de projet, notamment la préparation des différents plans et l'élaboration de tableaux de bord de suivi.

La distinction entre gestion et direction de projet n'est pas, à ce jour, reprise par les autres acteurs de la normalisation.

2 Les caractéristiques des projets système d'information

2.1 Nature

Un système d'information présente souvent un degré élevé de complexité, dans la mesure où c'est un «*ensemble organisé de ressources : matériel, logiciel, personnel, données, procédures... permettant d'acquérir, de traiter, stocker, communiquer des informations (sous formes données, textes, images, sons…) dans des Organisations*»[1]. De plus, son caractère largement immatériel augmente la difficulté quand on veut en obtenir une description a priori. Cela n'est pas sans conséquence sur les projets, qui doivent prendre en compte ses diverses dimensions.

Le triplet {objectif, moyens, délai} présente ainsi, dans le domaine système d'information, trois caractéristiques particulièrement marquées.

D'abord, il y a interaction entre l'objectif d'une part et les moyens/délais d'autre part. L'identification de l'objectif conduit à évaluer la charge de travail. Cela permet de décider d'une échéance cible théorique et des moyens à affecter. Si d'autres contraintes obligent à limiter le délai ou le budget, on ajuste l'objectif, par exemple selon le principe du «*design-to-cost*» (conception contrainte par le budget disponible) ou du «*time-boxing*» (conception et développement contraints par l'enveloppe temps).

Ensuite, l'objectif du projet n'est parfaitement défini qu'à la fin. La plasticité des technologies de l'information ouvre la porte à une multitude de choix, aussi bien pour le logiciel que pour l'organisation qui l'accompagne. Une description exhaustive des fonctions et des rôles est longue et coûteuse. Les modèles n'en donnent qu'une vue partielle, ce qui explique qu'au fur et à mesure du projet, des options puissent être modifiées.

Enfin, le développement d'un système d'information se déroule en général dans une organisation, certains acteurs du projet étant directement concernés par le futur système d'information. La répartition du pouvoir et des ressources, la division du travail, les modes de coordination, les procédures opératoires, les statuts… peuvent être modifiés. Les acteurs ne forment pas un groupe uni vers la réalisation d'un même objectif et certains peuvent développer des stratégies individuelles ou de sous-groupes, pour soutenir ou contrer le projet.

Ces caractéristiques font que les projets de système d'information sont particulièrement risqués.

2.2 Les risques

Le risque est défini comme «*la possibilité qu'un projet ne s'exécute pas conformément aux prévisions de dates d'achèvement, de coût et de spécifications, ces écarts par rapport aux prévisions étant considérés comme difficilement acceptables voire inacceptables*» (AFITEP, 2000). La réalisation des risques peut porter sur les trois sommets du triangle projet : objectif non atteint, délai non respecté, surconsommation de moyens. On a longtemps cru que le respect de dispositions méthodologiques a priori permettrait de mener les projets informatiques de gestion avec succès. C'était mal comprendre les particularités de ces projets. Les trois principales sources d'échec sont la *définition des besoins*, l'*estimation des charges* et la possibilité de *nombreux aléas* dans le déroulement du projet. En effet, les objectifs peuvent être imprécis et le pilote du projet doit veiller à une clarification progressive. Par ailleurs, l'estimation des charges n'est pas une science exacte : les écarts de productivité individuelle sont parfois importants et de nombreux facteurs peuvent conduire à un dépassement de charge. Divers imprévus peuvent également avoir une incidence sur le déroulement du projet.

Pour repérer et prévenir ces difficultés, deux approches d'analyse des risques ont été proposées. L'une est générale à tous les projets, l'autre est spécifique des projets système d'information.

L'idée sous-jacente à l'approche généralisée est qu'en général le/la chef de projet connaît bien les risques, mais qu'il/elle a besoin d'un cadre rigoureux pour s'obliger à les gérer. La démarche proposée comprend cinq étapes :

1. Identification des risques.
2. Évaluation d'impact sur les coûts et le délai.
3. Définition d'actions de réduction des risques inacceptables.
4. Suivi des actions.
5. Capitalisation d'expérience.

Des techniques classiques de stimulation et d'organisation des idées sont utilisées au cours des trois premières étapes, telles que le remue-méninges, le diagramme causes-effets dit d'Ishikawa, la matrice dite de Pareto permettant un classement en quatre catégories depuis le risque «mineur» (probabilité faible, conséquences peu importantes pour le projet) jusqu'au risque «inacceptable» (probabilité élevée, conséquences graves).

Le § 5.1 décrit une approche d'analyse et de gestion des risques, qui est ciblée sur les systèmes d'information.

2.3 Les acteurs

Un acteur est quelqu'un qui joue un rôle dans le déroulement du projet. La notion de rôle est importante dans un univers projet. C'est une fonction temporaire, déconnectée de la place qu'occupe la personne dans l'organigramme de l'entreprise ; on attache au rôle des activités à effectuer et une responsabilité.

On distingue trois types de rôle dans un projet de développement de système d'information : le couple

1. R. Reix, *Systèmes d'information et management des organisations*, 4e éd., Vuibert, 2002.

maître d'œuvre-maître d'ouvrage ; l'équipe de projet ; les utilisateurs.

Les rôles de *maître d'œuvre* et *maître d'ouvrage* sont issus des grands projets industriels. Ils sont liés par une relation contractuelle. Les modalités de cette relation ont fait l'objet d'un projet européen, Eurométhode. Le maître d'ouvrage représente le client et le maître d'œuvre le fournisseur. Le premier est responsable de la conduite du projet et assure un suivi de l'avancement. Le second est responsable du développement ou de l'adaptation du logiciel. À chaque livrable remis par le maître d'œuvre, le maître d'ouvrage procède à la recette et prononce l'acceptation ou le refus. Il pilote la mise en œuvre du projet.

L'*équipe de projet* rassemble les différents acteurs affectés au projet (chef de projet, consultants, analystes, développeurs...).

Les *utilisateurs* peuvent représenter différents niveaux : décideurs, gestionnaires ou utilisateurs finals. Quand on évoque l'intervention d'utilisateurs dans un projet, on emploie souvent le terme générique de participation. En réalité, la nature et les modalités de participation peuvent présenter une grande variété et servir différents buts. Dans une perspective de pilotage de projet, on considère que la participation peut avoir un effet sur la détermination des besoins, sur le processus de décision ou sur une évolution organisationnelle.

Ainsi la participation peut avoir pour objectif de transférer à l'équipe de projet une connaissance sur un domaine, un système de gestion, une organisation existante.

La participation peut faciliter le processus de décision, en augmentant la visibilité des décideurs sur les enjeux et conséquences des décisions. Si les utilisateurs sont multiples, la prise de décisions passe par la construction d'un consensus. On peut citer à cet égard la technique JRP décrite au paragraphe 5.3.

Enfin, la participation peut rechercher des décisions d'orientation et de poursuite du projet. Les utilisateurs visés sont des décideurs, et la poursuite du projet pourra dépendre de leur appréciation et de leur engagement. Cette participation se fait généralement à travers un comité de pilotage, mais elle peut être plus informelle. Prendre une décision, c'est souvent prendre un risque. Celui-ci est d'autant plus grand que les conséquences du choix se font sentir à moyen ou long terme. C'est pourquoi on observe parfois une réticence à s'engager. La participation permet de réduire cette crainte, en donnant aux décideurs une meilleure connaissance du projet et en offrant des possibilités d'échange et de discussion avec d'autres acteurs.

La participation peut enfin faciliter l'utilisation du futur système par l'utilisateur final. C'est un moyen pour que les changements soient acceptés positivement par ceux qui auront à les vivre. On peut, dans ce cas, la considérer comme un instrument de la gestion du changement.

2.4 La gestion du changement

La gestion du changement implique la planification et la réalisation d'un ensemble d'activités. On identifie classiquement : la communication, la formation, la documentation, l'organisation des sites, la migration, l'expérimentation. Le recours à de telles activités est en partie lié aux réticences anticipées.

Le concept de résistance au changement a parfois été présenté comme un facteur explicatif de l'échec de certains systèmes d'information, les utilisateurs préférant la stabilité et refusant a priori toute évolution. Il est préférable de considérer la résistance comme un symptôme, pouvant se manifester dès le début du projet jusque dans le fonctionnement opérationnel du nouveau système, et de s'interroger sur ses origines, qui relèvent souvent de plusieurs facteurs :

- la résistance peut être due au système : il s'agit d'une problématique de « besoins ». Le système, en particulier le système informatique, apparaît insatisfaisant en termes techniques (temps de réponse, bogues...), fonctionnels (fonctions inadéquates, informations manquantes, erreurs, tâches lourdes...) ou ergonomiques (interfaces inadaptées au contexte métier, apprentissage difficile...). Pour éviter ce type de résistance, des actions sont mises en œuvre tout au long du projet pour s'assurer de l'adéquation du futur système : participation des utilisateurs à l'analyse et à la conception, expérimentation sur des sites pilotes, planification de la migration de l'ancien vers le nouveau système ;
- la résistance peut être liée aux acteurs eux-mêmes : il s'agit d'une problématique d'attitude individuelle. Deux interprétations ont été données. La première considère que, face au changement, il existe des comportements différents selon le profil psychologique (innovateur ou conservateur). Il s'agit alors de rassurer et préparer ces utilisateurs, par des actions de communication, de formation et d'accompagnement. La seconde estime que les différences d'attitude sont contingentes à une situation donnée, c'est-à-dire que la résistance ou l'engagement dépendent de la perception par l'individu du changement proposé, notamment la facilité d'utilisation et l'utilité du futur système. Il s'agit de faire évoluer les perceptions, par la formation et la documentation pour agir sur la facilité perçue, et par la communication et la participation à la conception pour développer la perception de l'utilité ;

- la résistance peut être liée à l'organisation : il s'agit d'une problématique d'impact collectif. Le nouveau système modifie la division du travail, la coordination, la collaboration ou coopération requise, les activités de contrôle… ce qui peut entraîner des oppositions. Deux approches explicatives ont été proposées.

Selon la perspective dite « sociotechnique », certains acteurs manifestent une résistance parce qu'ils pensent (à tort ou à raison) que le nouveau système dégradera leurs conditions de travail. Il s'agit, si l'on veut prévenir une telle résistance, de s'appuyer lors de l'analyse des processus sur des principes d'ergonomie (par exemple, appréciation du stress causé par certaines tâches) et d'organisation des postes (par exemple, degré de responsabilité et d'autonomie), et de favoriser une participation à l'analyse des processus et à l'organisation des sites.

Selon la perspective dite « politique », certains acteurs s'opposent parce qu'ils pensent (à tort ou à raison) que le nouveau système leur enlèvera du pouvoir. L'opposition peut provenir de différents niveaux hiérarchiques. Un cadre peut voir diminuer son pouvoir de décision et d'action, ou la taille du groupe placé sous sa responsabilité. Un opérationnel peut voir réduire sa « zone d'incertitude », liée à la détention de son savoir-faire ou d'informations clés. Certains projets système d'information conduisent, pour atteindre des objectifs d'efficacité, à remettre en question des territoires. Cette situation doit être prise en compte, en particulier dans l'analyse des risques et l'élaboration d'une stratégie adéquate. La construction d'une vision d'un « bien commun », partagée par les acteurs en conflit, peut débloquer la situation. Un engagement de la direction de l'entreprise et/ou la référence à des valeurs collectives sont des moyens d'y parvenir.

3 La dynamique du processus projet

3.1 Le cycle de vie du projet

Compte tenu de son unicité, tout projet est soumis à incertitude, car des événements imprévisibles ou non prévus peuvent survenir et entraver son déroulement. C'est pourquoi les méthodes et normes recommandent de découper le processus projet en phases. Une phase est un regroupement de tâches conduisant à un produit livrable principal et d'éventuels produits livrables secondaires. Les phases sont ordonnées dans le temps, selon la logique de construction du produit. Ce découpage introduit un jalonnement du projet, qui permet au commanditaire du projet de valider progressivement les livrables et d'orienter le projet. Il favorise une maîtrise accrue du projet.

L'ensemble des phases du projet est appelé « cycle de vie » du projet. Le cycle de vie est unique pour chaque projet, mais il existe selon les domaines d'application des cycles de vie génériques qui guident le découpage du projet en phases. En informatique, on les appelle souvent des modèles de développement.

3.2 Les modèles de développement des projets informatiques

L'AFNOR a proposé un découpage type des projets informatiques (NF Z67-101, 1984) en cinq phases : Étude préalable, Conception détaillée, Réalisation, Mise en œuvre et Évaluation. La norme s'est appuyée sur des découpages existants, notamment ceux des méthodes MCP et Merise[1].

Par ailleurs, on peut recenser sept modèles de développement, proposés par différents auteurs. Ils se différencient du découpage classique de la norme principalement par l'expression d'une logique d'enchaînement des phases.

Le modèle du *code-and-fix* repose sur la possibilité d'une détermination facile des besoins : une première phase de Compréhension du problème est suivie d'une phase de Programmation ; puis une phase de Mise au point, parfois en collaboration avec l'utilisateur du futur système, est répétée jusqu'à l'atteinte du résultat visé.

Le modèle de la *transformation automatique* est basé sur la possibilité de transformer automatiquement des spécifications en programmes. L'essentiel de l'effort va donc porter sur une description exhaustive des spécifications qui devront être complètement validées. Une succession de cycles Phase de Spécifications – Phase de Validation s'achève par la phase de Transformation, où s'effectue la génération du code.

Le *modèle de la cascade* a comme objectif majeur de jalonner rigoureusement le processus de développement et de définir de façon précise les rôles respectifs du fournisseur – qui produit un livrable – et du client – qui accepte ou refuse le résultat. Le découpage temporel se présente comme une succession de phases affinant celles du découpage classique : Étude de faisabilité, Définition des besoins, Conception générale, Conception détaillée, Programmation, Intégration, Mise en œuvre. Chaque phase donne lieu à une validation officielle. Si le résultat du contrôle n'est pas satisfaisant, on modifie le livrable. En revanche, il n'y a pas de retour possible sur les options validées à l'issue de phases antérieures.

Le *modèle en V* est une amélioration du modèle de la cascade, qui vise à réduire ce que l'on a appelé l'« effet

1. *MCP, Méthode de conduite des projets informatiques*, M. Gedin, éd. Organisation, 1982. *La méthode Merise*, H. Tardieu, A. Rochfeld et R. Coletti, Éd. Organisation, 1983.

tunnel» : après la conception détaillée, le commanditaire du projet n'a plus de visibilité sur le projet, car les phases suivantes relèvent d'une validation technique. Ce n'est qu'au terme de la mise en œuvre que le projet ressort du tunnel. Or, les livrables ne sont pas toujours ceux attendus, non pas qu'ils ne soient pas conformes aux spécifications, mais parce celles-ci sont parfois impuissantes à décrire les attentes et la seule validation de documents est insuffisante. Le modèle en V propose de mettre en regard des phases de conception les phases de test (figure 3). Dans chacune des phases de la première branche du V, on explicite les critères d'appréciation et d'acceptation du système aux étapes correspondantes de la deuxième branche du V. Ainsi, l'étude détaillée produira un jeu d'essai qui sera utilisé pour effectuer la recette fonctionnelle. L'installation sur un site pilote permettra de valider la définition fonctionnelle du besoin, d'après les critères exprimés dans cette étape. Le bilan global du projet vérifiera que les objectifs initiaux formulés dans l'étude d'opportunité ont bien été atteints.

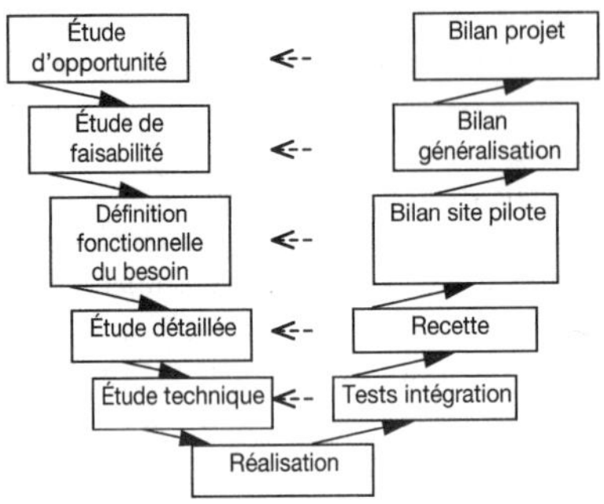

Figure 3 Le modèle en V

Le *modèle en W* enrichit le modèle en V dans le même esprit d'anticipation sur le livrable final. La première partie du W vise à dégager avec les clients des orientations pour la conception ou bien à explorer les possibilités d'une nouvelle technique. Le développement de maquettes ou prototypes permet une validation plus concrète des besoins, voire une expérimentation.

L'objectif du modèle du *développement évolutif* est de construire progressivement le système de façon participative. Il repose sur l'idée que les besoins ne peuvent s'exprimer qu'après une expérimentation, même sur un système rudimentaire ou incomplet. Chaque cycle, composé de trois phases Détermination des besoins – Programmation – Expérimentation, aboutit à une nouvelle version du système : le projet s'arrête lorsque le commanditaire juge le système satisfaisant.

Le modèle de la *spirale* repose sur le même principe que le modèle évolutif, mais il s'inscrit dans une relation contractuelle entre le client et le fournisseur. De ce fait les engagements et validations présentent un caractère formalisé. Chaque cycle donne lieu à une contractualisation préalable, s'appuyant sur les besoins exprimés lors du cycle précédent. Un cycle comporte six phases :

- analyse du risque ;
- développement d'un prototype ;
- simulation et essais du prototype ;
- détermination des besoins (à des mailles différentes selon le cycle), à partir des résultats des essais ;
- validation des besoins par un comité de pilotage ;
- planification du cycle suivant.

Le dernier cycle permet de développer la version finale et d'implémenter le logiciel.

3.3 La gestion d'une phase

D'après les normes (ISO 10006, Guide du PMBOK), les activités de gestion de projet sont organisées comme des processus (ensembles coordonnés d'activités aboutissant à un résultat), classés en différents groupes, selon l'objectif : démarrage, planification, réalisation, contrôle et clôture. Pour le PMI, chaque phase fait l'objet d'une gestion complète qui met en œuvre les processus des cinq catégories, selon le schéma de la figure 4.

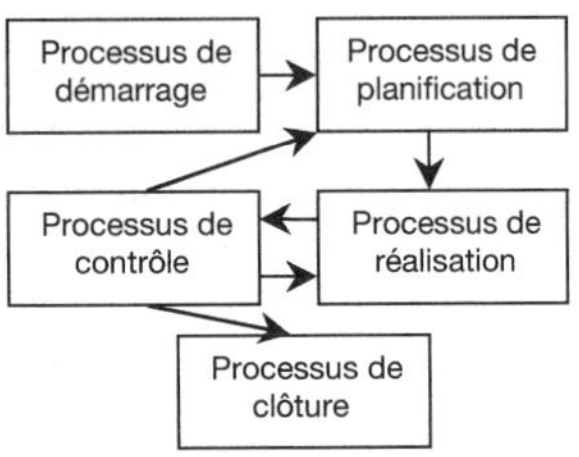

Figure 4 L'organisation de la gestion d'une phase

Les processus de *démarrage* ont pour but de lancer officiellement le démarrage du projet ou l'une de ses phases. Il s'agit de repérer certaines contraintes particulières (financières, humaines, temporelles, techniques…) et d'arrêter une stratégie générale de conduite de la phase. Lorsqu'il s'agit de la première phase du projet, le processus de démarrage comprend la désignation officielle du chef de projet.

Les processus de *planification* visent à définir et à planifier de façon précise le travail à réaliser. Ils incluent une estimation des charges et une recherche de ressources, et ils conduisent notamment à la production d'un calendrier de travail, avec une répartition des tâches.

Les processus de *réalisation* assurent la coordination du personnel et des autres ressources dans la réalisation du travail planifié. Ils assurent un suivi du travail réalisé et centralisent d'éventuelles demandes de changement par rapport à ce qui avait été planifié.

Les processus de *contrôle* sont mis en œuvre périodiquement. Ils comprennent la mesure de l'avancement du projet par rapport à sa planification, la prise de mesures correctives et le traitement des demandes de changement. Ils organisent également l'acceptation officielle des livrables par le client.

Une activité de contrôle peut ainsi conduire à revoir la planification ou déboucher sur la clôture de la phase.

Les processus de *clôture* ont pour but d'officialiser l'achèvement d'une phase. Il est recommandé de formaliser l'expérience acquise sur la phase ou sur le projet.

3.4 La capitalisation d'expérience

L'expérience joue un rôle important dans la construction des connaissances sur la gestion de projet. On observe un intérêt croissant pour leur gestion à un niveau collectif. Un dispositif pour capitaliser les expériences autour des projets système d'information relève à la fois d'une mémoire de projet et d'une mémoire d'entreprise[1].

Les connaissances en jeu dans la gestion de projet ont trois sources :

- l'explicitation — dans des ouvrages, dans des supports internes à l'entreprise, par une formation, par des échanges entre individus — d'un ensemble de savoirs partageables par une communauté ;
- la capture des événements et activités lors du déroulement d'un projet ;
- l'engagement personnel d'un individu (en général le chef de projet) dans un projet et sa perception du déroulement et contexte du projet.

Cela conduit à distinguer trois grands ensembles de connaissances (figure 5) : des connaissances de type référentiel, des connaissances de type trace et des connaissances de type interprétation. Les premières ont un champ plus large que le projet, les deux autres sont liées à un projet précis.

Les trois ensembles de connaissances doivent être articulés. Les connaissances de type trace servent en partie à alimenter ou faire évoluer les connaissances de type référentiel, en général éclairées par les connaissances de type interprétation. À l'inverse, des connaissances de type référentiel peuvent parfois être illustrées

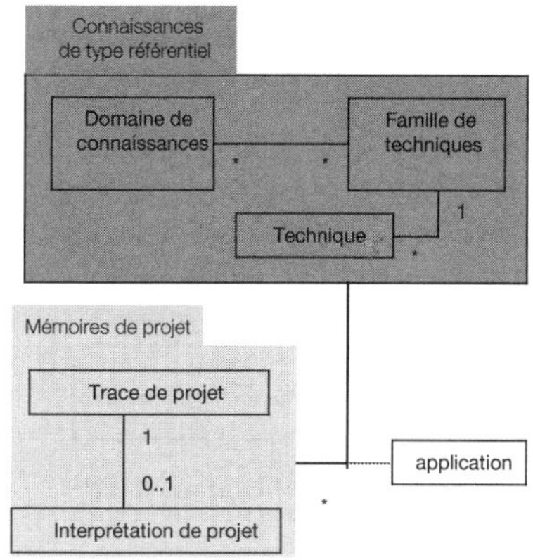

Figure 5 Structuration des connaissances projet

par des connaissances de type trace, c'est-à-dire concrétisées dans des projets réels.

4 Méthodes et techniques générales

Quatre ensembles de méthodes et techniques peuvent être mis en œuvre sur tout type de projet : la planification, le suivi et contrôle, l'animation d'équipe et la gestion des conflits.

4.1 Planification

La planification d'un projet comporte deux aspects, marqués par l'utilisation de deux techniques complémentaires : l'ordonnancement et la détermination d'un calendrier de travail.

Les contraintes d'enchaînement entre les différents éléments du contenu du projet (décrits sur l'OT) peuvent être représentées sur un graphe ordonné, comprenant généralement un jalon de début et un jalon de fin. Il existe différents formalismes (graphe des potentiels-tâches, graphe des potentiels-événements, diagramme des précédents...).

Le réseau PERT (*Program Évaluation and Review Technique*) est un des plus connus, car à partir de la durée des tâches (avec éventuellement une approximation probabiliste) et des liens entre tâches, il propose d'attacher à chaque tâche un ensemble de paramètres clés (dates de début et de fin au plus tôt, dates de début et de fin au plus tard, marge totale, marge libre) et de mettre ainsi en évidence un chemin dit « critique » sur lequel on ne dispose d'aucune latitude de planification (figure 6).

Le réseau PERT permet de faire apparaître les possibilités de parallélisme dans l'exécution des tâches et donne les dates de fin du projet possibles en dehors des contraintes de ressources. Pour passer à un planning (calendrier du projet), il faut faire des hypothèses de ressources et d'affection, en prenant en compte les

1. Voir par exemple : Dieng-Kuntz R., Corby O., Gandon F., Giboin A., Golebiowska J., Matta N., Ribiere M., « Méthodes et outils pour la gestion des connaissances ». *Une approche pluridisciplinaire du Knowledge Management*, Dunod, 2001.

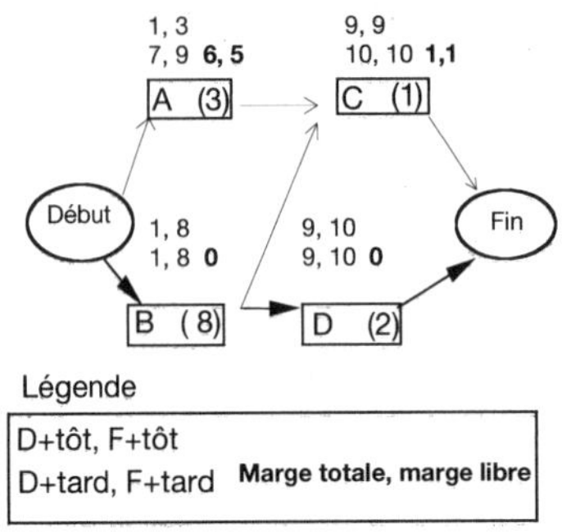

Figure 6 Réseau PERT et paramètres clés

contraintes de date. Plusieurs scénarios sont envisageables, que l'on peut représenter par différents diagrammes de Gantt (figure 7). Selon que l'on utilise ou non les marges pour effectuer la planification, on parlera de planification au plus tôt ou de planification au plus tard.

Périodes / Ressources	1	2	3	4	5	6	7	8	9	10
Personne 1				A	A	A	C		D	D
Personne 2	B	B	B	B	B	B	B	B		

Figure 7 Diagramme de Gantt

La planification peut être effectuée à différents niveaux de découpage des tâches. Le niveau le plus fin sert de référence pour effectuer le suivi et le contrôle du projet.

4.2 Suivi et contrôle

Le concept de pilotage a été étudié par la cybernétique, science du contrôle des systèmes, dont les principes s'appliquent à la maîtrise des projets. Un projet est piloté s'il s'inscrit dans un dispositif comprenant un système de pilotage et un système d'information projet (figure 8).

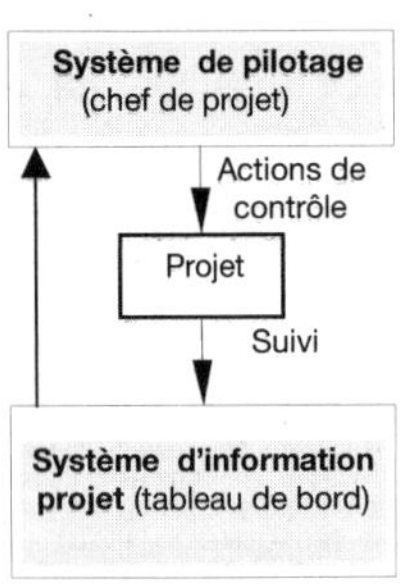

Figure 8 Dispositif de pilotage d'un projet

Pour pouvoir piloter un projet, il faut organiser l'alimentation périodique d'un système d'information projet, souvent appelé tableau de bord, c'est-à-dire un ensemble structuré d'informations qui rendent compte de l'avancement du projet. Les informations minimums sont : le temps passé sur chaque tâche durant la période et le reste à faire. On peut alors calculer divers indicateurs qui sont transmis au système de pilotage (chef de projet). C'est ce qui correspond au suivi du projet.

Le contrôle consiste, au regard de la valeur des indicateurs, à prendre des décisions influant le cours du projet vers l'atteinte des objectifs.

Parmi les indicateurs normalisés, figurent ceux qui sont proposés par la méthode de la valeur acquise, méthode d'analyse de la performance des projets. Ces indicateurs reflètent, à un moment donné, l'avancement du projet, les ressources consommées, les prévisions et les écarts par rapport à ce qui avait été planifié. L'analyse repose sur trois indicateurs clés. La *valeur planifiée*, ou coût budgété du travail prévu (CBTP), correspond au budget initial basé sur l'estimation des charges et le coût planifié des ressources. Le *coût réel*, ou coût réel du travail effectué (CRTE) représente les dépenses provenant des travaux réalisés à la date *t*. La *valeur acquise*, ou coût budgété du travail effectué (CBTE) indique le coût théorique calculé sur la base de l'avancement réel des travaux. On peut ensuite calculer deux indicateurs mettant en évidence l'*écart de coût* (VA – CR), l'*écart de délai* (VA – VP), ainsi que l'indice de performance des coûts (VA/CR) et l'indice de performance délai (VA/VP).

4.3 Animation d'équipe

Il n'existe pas de style d'animation d'équipe universellement efficace, c'est-à-dire permettant d'augmenter à la fois la productivité et la satisfaction de l'équipe de projet. Il est recommandé d'adopter un style pertinent par rapport à une situation donnée (caractéristiques des acteurs et des travaux à réaliser). On distingue souvent quatre styles, selon le degré et la forme de participation des membres de l'équipe aux décisions de gestion du projet. Le style *directif* donne au chef de projet une place prépondérante dans la prise de décision : il décide seul de l'organisation du travail, des règles de fonctionnement et des solutions à apporter aux différents problèmes et aléas. Adopter un style *consultatif* consiste à susciter l'avis des membres de l'équipe : la décision est ensuite prise par le chef de projet et n'est pas forcément le reflet des opinions du groupe. Le style *participatif* conduit à associer les membres de l'équipe aux décisions, notamment sur l'organisation du travail et la gestion des aléas : cela demande au chef de projet des capacités d'écoute, de collaboration et de recherche de consensus. Le style *par délégation* consiste à transférer à un ou plusieurs membres de l'équipe la responsabilité de la décision. Ce style nécessite une confiance partagée et favorise l'apprentissage et l'autonomie des membres de l'équipe.

Le choix d'un style adéquat lorsque l'on doit prendre une décision ou traiter un problème conduit souvent à se poser les questions suivantes :

- la nature de la décision ou solution retenue peut-elle avoir un impact important sur les trois sommets du triangle projet : coût, délais, qualité ?
- le/la chef de projet dispose-t-il/elle des informations nécessaires pour décider ?
- si le/la chef de projet décide seul(e), sa décision sera-t-elle acceptée par l'équipe ?
- l'acceptation de la décision par les membres de l'équipe peut-elle avoir un effet sur l'efficacité de sa mise en œuvre ?
- peut-il y avoir des conflits entre les membres de l'équipe sur la décision à prendre ?
- les membres de l'équipe peuvent-ils avoir des avis pertinents sur la décision à prendre ?
- les contraintes de délais sont-elles fortes ?

Selon les réponses apportées à ces différentes questions, on est conduit à privilégier ou à écarter un style d'animation pour traiter le problème ou prendre la décision, le choix n'étant pas forcément unique pour une situation donnée.

4.4 Gestion des conflits

L'analyse des risques permet d'anticiper des conflits possibles avec des acteurs externes à l'équipe de projet et de prendre des mesures préventives. Cependant, les imprévus du projet peuvent prendre parfois une forme conflictuelle. On distingue en général cinq modes de résolution des conflits.

La stratégie du *retrait* consiste à se retirer du conflit et à se tenir à distance en attendant que les choses se calment. C'est une stratégie à court terme, pertinente pour des conflits de faible intensité et dont l'objet n'a que peu d'impact sur les activités et la réussite du projet ou lorsque le contexte n'est pas propice à un traitement de fond du conflit.

Dans la stratégie d'*apaisement*, le souci principal est d'éviter une escalade. Pour cela, on évite d'aborder de front l'objet du conflit, en soulignant au contraire les éléments de rapprochement. Ce peut être une stratégie temporaire, en attendant de traiter le problème en profondeur.

Recourir à une stratégie de *force* signifie que l'on va utiliser une position de pouvoir (par exemple, celle d'un comité de pilotage) pour imposer son point de vue et faire adopter la décision souhaitée.

Si l'on adopte une stratégie de *compromis*, on entre en négociation avec la personne avec laquelle on est en conflit. Chacun va céder partiellement pour aboutir à une solution acceptable par les deux parties. Cette stratégie ne conduit pas toujours à la meilleure solution, quand il s'agit d'un conflit portant sur des options techniques ou des exigences de qualité.

La stratégie de *collaboration* passe par la reconnaissance de la valeur des positions adverses. Les adversaires construisent ensemble une solution satisfaisante pour toutes les parties. Le conflit peut alors être source d'enrichissement et d'amélioration de la qualité pour le projet.

5 Méthodes et techniques spécifiques des projets de système d'information

Certaines méthodes ou techniques ont été développées de façon particulière pour les projets systèmes d'information. Elles concernent notamment la gestion des risques, l'estimation des charges et la participation des utilisateurs.

5.1 Gestion du profil de risque

L'origine des risques pouvant peser sur une situation de projet est variée. Six facteurs, qui caractérisent le projet, jouent cependant un rôle déterminant et permettent d'en dresser le profil (figure 9).

Nature du risque	Degré du risque 1	2	3	4
Taille du projet	*			
Difficulté technique		*		
Degré d'intégration				*
Configuration organisationnelle			*	
Changement		*		
Instabilité de l'équipe de projet		*		

Figure 9 Le profil de risque d'un projet

La *taille du projet* est un facteur retenu par la plupart des auteurs. Un grand projet signifie une large étendue du domaine couvert, qui impose une division du travail entre un nombre élevé de personnes, donc risque de morcellement, d'incohérences et de perte du contrôle.

La majorité des échecs de projet système d'information n'ont pas une cause liée à la *difficulté technique*. Ce facteur correspond cependant à un risque de pénurie de compétences, notamment dans le cas de nouveautés technologiques.

Le *degré d'intégration* mesure le degré d'autonomie du futur système vis-à-vis de systèmes environnants :

une dépendance élevée augmente la complexité du projet.

La *configuration organisationnelle* est un facteur correspondant à l'étendue de l'entreprise qui est touchée par le projet (*organizational scope*) : le risque provient de la lourdeur des procédures de participation et de décision quand plusieurs parties prenantes ont pouvoir de décision sur le projet.

Le *changement* visé par le projet signifie que les systèmes de gestion et/ou d'organisation existants ne peuvent pas être pris comme référence stable et que l'effort de conception/innovation va être important. L'abandon du statu quo crée une instabilité qui favorise le processus politique. Les risques de rejet ou de mauvaise définition du futur système sont élevés.

L'instabilité de l'équipe de projet, quelle qu'en soit la cause, pose le problème du transfert de connaissances : des erreurs d'interprétation peuvent avoir des conséquences sur les délais et sur la cohérence de la conception.

Après établissement d'un profil de risque et une réduction éventuelle, le/la chef de projet doit élaborer une stratégie de développement, ce qui signifie :
- choisir un modèle de développement et l'adapter au projet ;
- mettre en place un dispositif de coordination, avec ses composantes personnelles et impersonnelles ;
- choisir les modalités de participation des utilisateurs ;
- mettre en place un dispositif de suivi et contrôle, c'est-à-dire un tableau de bord permettant le pilotage du projet.

La stratégie de développement se concrétise par l'élaboration d'un plan spécifique du projet qu'on appelle *plan de développement* ou *plan de projet*.

5.2 Estimation des charges

La *charge* représente une quantité de travail nécessaire, indépendamment du nombre de personnes qui vont réaliser ce travail ; elle permet notamment d'obtenir un coût prévisionnel. Elle s'exprime en jour/personne, mois/personne ou année/personne. On distingue trois familles de méthodes :
- la première comprend des méthodes basées sur le jugement d'expert, c'est-à-dire s'appuyant sur l'analogie avec des projets antérieurs : la méthode Delphi a formalisé un processus de mise en commun d'expertise ;
- la deuxième rassemble les méthodes de répartition proportionnelle, qui sont basées sur l'hypothèse que les différents sous-ensembles résultant d'un découpage temporel sont liés par une relation de proportionnalité. Différentes valeurs sont ainsi été proposées, en association avec un modèle de développement (découpage classique, modèle RUP...) ;
- la troisième famille rassemble des méthodes dites « paramétriques » ou à base d'unité d'œuvre, qui utilisent un modèle de calcul. Pour estimer la charge, ces méthodes proposent de repérer certains éléments du projet, à partir desquels on calculera l'effort nécessaire. Les méthodes diffèrent selon l'unité d'œuvre utilisée.

La méthode Cocomo (*Constructive Cost Model*, modèle de construction des coûts) a été proposée en 1981 par B.W. Boehm et repose sur deux hypothèses : un informaticien chevronné sait plus facilement donner une évaluation de la taille du logiciel à développer que faire une estimation du travail nécessaire ; et il faut toujours le même effort pour écrire un nombre donné de lignes de programme, quel que soit le langage de troisième génération employé. Ces deux hypothèses ont conduit B.W. Boehm à calculer des coefficients de corrélation entre la taille du logiciel et la charge consommée à partir d'observations sur une centaine de projets déjà réalisés. L'unité d'œuvre utilisée par ce modèle est l'instruction source. Sous le nom de Cocomo II, cette méthode a été conjuguée avec la méthode des points de fonction présentée ci-dessous.

La méthode d'*évaluation analytique* s'appuie sur une typologie des programmes ou composants informatiques à développer. La typologie est permanente, mais les poids standard affectés aux unités d'œuvre varient en fonction de l'environnement et de l'équipe de développement. Ce type de méthode sert à quantifier le travail nécessaire, par exemple à partir d'un cahier des charges dans le cas où il y a un appel d'offres ou bien à partir d'un dossier de spécifications détaillées obtenu au terme d'une étude détaillée. On fait une estimation du nombre de programmes à réaliser en les ventilant par nature.

La méthode des *points de fonction*, ou points fonctionnels, a été présentée pour la première fois par Alan Albrecht d'IBM en 1979. Un guide de comptage, publié en 1984, a favorisé sa diffusion. Le principe est de faire une estimation à partir d'une description externe du futur système, de ses « fonctions » ou composants « fonctionnels ». On en identifie cinq types (Groupes logiques de données internes, Groupes logiques de données externes, Entrées, Sorties et Interrogations), assortis de trois degrés de complexité. À chaque type et chaque degré est affecté un nombre de « points ». La méthode propose de faire un comptage des points au début du projet en faisant des hypothèses sur les fonctions du futur système et de refaire un comptage en fin de projet basé sur les fonctionnalités livrées. L'écart éventuel est appelé «changement d'envergure» du champ d'étude.

Après avoir calculé la taille du projet en points de fonction, on applique un coefficient de transformation, variable selon l'environnement matériel et humain, et le degré d'avancement du projet. Les poids utilisés varient généralement entre 0,5 jour et 3 jours de charge par point de fonction.

Certains auteurs ont considéré qu'on pouvait établir une correspondance entre la taille « fonctionnelle » de l'application et la taille du logiciel correspondant. Ils proposent une formule de transformation du nombre de points de fonction en nombre d'instructions sources livrées qui prend en compte le langage de programmation que l'on envisage d'utiliser: cette transformation permet alors d'appliquer le modèle Cocomo II.

Lorsque l'on doit estimer la charge d'un projet pour lequel les unités d'œuvre des méthodes répertoriées (Cocomo, évaluation analytique, points fonctionnels) ne peuvent pas s'appliquer, on peut élargir l'approche. Pour cela, on effectue un découpage du projet en tâches (OT), en distinguant les tâches uniques et les tâches répétitives. Pour les tâches répétitives, on recherche une unité d'œuvre, c'est-à-dire un élément qui est proportionnel au travail à effectuer; puis on détermine le poids des unités d'œuvre associées aux tâches répétitives, notamment par prototypage ou échantillonnage. Pour estimer la charge des tâches uniques, on utilise souvent l'analogie (par exemple, la méthode Delphi), avec éventuellement une approximation probabiliste.

Les différentes méthodes s'utilisent en fonction des éléments de description du projet dont on dispose.

5.3 Les techniques pour la participation des utilisateurs

Depuis quelques années, un courant méthodologique donne à la participation des utilisateurs une place importante dans le développement d'applications informatiques.

Les premières méthodes de ce courant sont apparues dans les années quatre-vingt-dix, pour accompagner avec efficacité l'utilisation d'outils de développement rapide et de prototypage, sous le nom de méthodes de développement rapide d'application (RAD) ou dans sa version britannique DSDM. Ces méthodes avaient compris que la dimension organisationnelle des systèmes d'information commençait à jouer un rôle majeur: les technologies permettaient dorénavant de redessiner les processus ou d'inventer de nouveaux produits/services, conférant à l'entreprise des avantages stratégiques. La question de la détermination des besoins devient alors essentielle. RAD et DSDM vont organiser la participation des utilisateurs tout au long du processus projet, fournissant des supports (session, prototypes...) à leurs prises de décision, tout en leur faisant intégrer l'objectif délai pour focaliser l'expression des besoins vers l'essentiel. Différentes techniques seront ainsi proposées, notamment la technique JRP (*Joint Requirements Planning*). Elle a pour objectif de donner un rôle actif à l'utilisateur lors de l'étape d'expression des besoins, afin de réduire la durée de cette étape et d'en augmenter la qualité. Les utilisateurs, qui sont également décideurs, jouent alors un rôle central: ils effectuent la collecte des informations nécessaires à l'expression des besoins; ensuite, réunis en session avec les informaticiens, ils présentent leurs résultats qui sont confrontés, amendés, acceptés, pendant une période de temps courte mais dense.

Les méthodes agiles, dont par exemple XP, *Extreme Programming*[1], s'appuient également sur la participation des utilisateurs. L'agilité des méthodes fait référence à la capacité qu'elles sont censées donner pour contourner les obstacles avec souplesse et s'adapter aux particularités de chaque projet de développement. La définition des rôles, la répartition des responsabilités, la coordination des travaux et des personnes, ainsi que les modalités de validation y occupent une place majeure.

6 Tendances

Les méthodes d'ingénierie de système d'information ont souvent intégré un modèle de développement, structurant ainsi le cycle de vie du projet et associant à chaque phase des techniques à utiliser. C'est notamment le cas de méthodes développées en interne par des entreprises ou administrations. La gestion de projet peut alors être confondue avec le strict respect des directives méthodologiques. Ce n'est plus le cas aujourd'hui avec deux tendances fortes : les méthodes agiles et la contingence.

Les méthodes agiles se démarquent des méthodes antérieures par l'importance accordée à la dimension organisation du projet. Au-delà des options prises, elles traduisent une réalité ignorée par la majorité des méthodes antérieures.

Les approches contingentes accordent au pilotage du projet une place qui était occultée auparavant. Il ne s'agit plus simplement d'appliquer une méthode théorique, mais de construire une méthode pratique à partir de composants méthodologiques. L'extension du rôle du chef de projet dans le domaine méthodologique marque la réconciliation entre méthodes de développement de système d'information et méthodes de gestion de projet.

---

1. Voir R. Médina, «L'extreme programming», www.design-up.com.

Bibliographie

Ouvrages

AFITEP, (2000), *Dictionnaire de management de projet*, 4e édition, Afnor.

Bennatan E.M. (1995), *Management des projets informatiques*, Afnor.

Cadles J. et Yeates D. (2001), *Project Management for Information Systems*, 3e édition, Prentice Hall.

IPMA, *IPMA Competence Baseline*, Version 2.0, www.ipma.ch

Kezsbom D.S., Schilling D.L. et Edward K.A. (1989), *Dynamic Project Management. À practical Guide for Managers and Engineers*, John Wiley & Sons.

Morley C. (2004), *Management d'un projet système d'information*, 4e édition, Dunod.

PMI (2004), *Guide du référentiel des connaissances en management de projet (Guide du PMBOK)*, PMI.

Verma V.K. (1997), *Managing the project team*, PMI.

Journaux

International Journal of Project Management (Elsevier Science Ltd).

La Cible, (AFITEP).

Journal of Project Management (PMI).

Les systèmes d'information et l'organisation

Coordination : Jacky Akoka, Isabelle Comyn-Wattiau

Introduction

Jacky Akoka, Isabelle Comyn-Wattiau

Le système d'information (SI) est au cœur des métiers de toutes les entreprises et les organisations. Cette section est dédiée à l'étude de l'ensemble des éléments qui permettent l'insertion du SI dans l'organisation et à la compréhension des liens réciproques théoriques et pratiques entre le SI et les structures organisationnelles des entreprises.

Le système d'information

Un système d'information est un ensemble de moyens capable d'organiser et de traiter les données nécessaires au fonctionnement de l'entreprise et notamment à une bonne prise de décision. Il constitue un ensemble interdépendant d'acteurs, de structures, notamment organisationnelles, et de moyens technologiques permettant de disposer juste à temps d'informations utiles requises pour le bon fonctionnement d'une organisation. Il possède trois dimensions aussi importantes les unes que les autres :

- une dimension organisationnelle qui reflète la stratégie de l'entreprise, ses structures organisationnelles, ses règles de gestion et ses procédures organisationnelles ;
- une dimension humaine qui traduit l'intervention des acteurs (externes et internes) dans les flux d'information. Les acteurs internes sont représentés essentiellement par les utilisateurs dont il faut prendre en charge les besoins traduits généralement sous forme de spécifications fonctionnelles. Les acteurs externes représentent l'environnement de l'entreprise (clients, fournisseurs, concurrents, institutions administratives, financières et fiscales) avec ses produits, services et technologies ;
- une dimension technologique (architectures matérielles et logicielles, méthodes et outils) dont l'objectif est d'assurer les fonctions de recueil, traitement, mémorisation et dissémination des données et des informations. Ce sont les technologies de l'information et de la communication (TIC).

Notons qu'une quatrième dimension relative aux aspects financiers (rentabilité, modes d'acquisition et de financement) est à considérer.

En conséquence, un système d'information utilise des matériels et des logiciels par et pour des moyens humains. Il réalise les tâches d'entrée, de traitement, de stockage et de contrôle des activités permettant de transformer les données considérées comme des ressources, en produits informationnels. Il réalise ces fonctions dans un cadre organisationnel, traduit sous forme de règles de gestion et de procédures organisationnelles, appelées encore processus métiers. Il a pour finalité l'aide au management et à la décision.

Tout système opère essentiellement par un processus de transformation de flux d'entrée en flux de sortie. L'organisation est découpée en plusieurs systèmes d'échange et de transformation de l'information. Le système opérant réagit aux événements quotidiens et assure le processus de transformation du flux d'entrée (matières premières, règlements clients, etc.) en flux de sortie (produits finis, règlements fournisseurs, etc.). Le système de pilotage évalue et engage le processus de décision en procédant au pilotage du système opérant. En interface, l'organisation doit se doter d'un système d'information chargé de stocker et traiter les informations relatives au système opérant afin de les mettre à la disposition des acteurs du système de pilotage (ou système de décision).

Le système d'information est vu comme un système général défini à partir des entrées/sorties et des transformations. Il est un artéfact situé entre deux systèmes (pilotage et opérant) et joue le rôle de mémoire centrale du système. C'est une vision très centralisée du système d'information. D'autres visions du SI ont été développées ces dernières années, notamment le courant privilégiant l'autonomie des systèmes ou celui qui considère les trois systèmes (pilotage, information, opérant) comme des facettes d'un système global.

Système d'information et activités de l'organisation

Quel que soit le courant retenu, le SI apparaît comme un support aux activités des acteurs de l'organisation. Nous distinguons trois types d'activités :

- les activités stratégiques concernent les orientations stratégiques ayant des conséquences à long terme sur la vie de l'entreprise. Elles ne concernent qu'un nombre limité de personnes (les décideurs) et font largement appel à des données externes à l'organisation. À titre d'exemple, citons les activités relatives à l'introduction d'un produit nouveau ou les opérations de fusion et d'acquisition ;
- les activités tactiques concernent les décisions managériales ayant des conséquences à moyen terme. Elles sont relatives à la mise en œuvre des décisions stratégiques. À titre d'exemple, citons le choix d'un plan média ou d'un plan d'investissement ;
- les activités de type opérationnel sont relatives aux tâches automatisables et répétitives. Elles ont des conséquences essentiellement à court terme sur la vie de l'organisation.

Le rôle majeur du SI est d'offrir aux acteurs de l'organisation un ensemble de données et d'informations constituant une aide aux activités opérationnelles, tactiques et stratégiques. Il sert de support aux différentes activités managériales des acteurs de l'organisation. Il doit fournir l'information nécessaire pour satisfaire les besoins des acteurs de l'organisation engagés dans des processus opérationnels, tactiques et stratégiques.

À chaque niveau d'activité peut correspondre un type de SI. Au domaine d'activité opérationnel correspond généralement un système d'information opérationnel (SIO), appelé encore système d'information de production, dont l'objectif est l'automatisation de tâches et les gains de productivité. Le SIO réalise les transactions nécessaires au fonctionnement quotidien de l'entreprise. Les applications de paie, de comptabilité et de gestion des stocks en sont des exemples. Aux activités tactiques correspondent les systèmes d'information décisionnels (SID) permettant aux managers de faire face aux problèmes semi-structurés et évoluant dans un environnement changeant. Ces systèmes ne se substituent pas aux décideurs mais servent à amplifier leur raisonnement. À titre d'exemple, mentionnons les systèmes d'aide au média-planning ou à l'évaluation des sociétés. Contrairement aux SIO, ils n'ont pas d'objectifs de productivité et d'automatisation de tâches. Ils assistent le décideur dans son processus de décision. Contrairement aux SIO orientés vers un ensemble d'utilisateurs (systèmes collectifs), ils sont personnalisés et adaptés à un petit groupe de décideurs, voire à un décideur individuel. Ils sont donc des SI individuels. Aux activités stratégiques, correspondent des systèmes d'information de pilotage (SIP) dont la représentation la plus courante est celle du tableau de bord. Ils sont aussi de nature décisionnelle. On peut aisément les confondre quand il s'agit de problèmes décisionnels. Tout comme les SID, ce sont des SI individuels (ou au plus de petits groupes). Ces différents systèmes possèdent donc les groupes de références dans l'organisation : les opérationnels pour les SIO, les managers pour les SID et les dirigeants pour les SIP.

Le domaine d'activités peut être complété par le domaine fonctionnel qui caractérise les principales fonctions de l'entreprise telles que le marketing, la logistique, les ressources humaines et les finances. L'ensemble des applications d'une fonction et leur interface constituent un SI fonctionnel. On peut ainsi distinguer le SI logistique du SI marketing d'une société. Les SI fonctionnels ont une dimension stratégique, une dimension tactique et une dimension opérationnelle. Dans le domaine des applications stratégiques, nous trouvons le problème relatif à l'introduction de produits nouveaux. C'est bien un système stratégique, ayant une incidence à long terme sur la vie de l'entreprise et pouvant lui offrir un avantage compétitif. Dans le domaine tactique, le choix d'un plan média correspond à un problème de décision semi-structurée. Enfin, la gestion de la force de vente est de nature opérationnelle, répétitive et automatisable. Nous pouvons généraliser cette double décomposition activités/fonctions à plusieurs types de systèmes.

Systèmes d'information et processus

Les systèmes d'information sont les supports informationnels des processus de l'organisation. Un processus est un ensemble de tâches logiquement reliées qui utilisent les ressources de l'entreprise pour réaliser un résultat. On peut considérer qu'un processus est constitué d'une suite d'activités qui, à partir d'une ou plusieurs entrées, produit un résultat représentant une valeur pour le client. La norme ISO 9000:2000 définit le processus comme un ensemble d'activités corrélées ou interactives qui transforme des éléments d'entrée en éléments de sortie. De manière plus précise, nous considérons qu'un processus est caractérisé par un but, des entrées spécifiques, des sorties déterminées, des ressources qu'il met en œuvre, un ensemble de tâches exécutées dans un certain ordre, l'impact qu'il a sur une unité organisationnelle, et sa capacité à créer des valeurs pour le client, interne ou externe à l'entreprise.

Le *processus métier* est constitué par un ensemble d'activités ou tâches dont le but est de produire un résultat pour un client particulier ou un marché. L'accent est mis sur la manière dont les tâches sont réalisées. *L'objectif* représente ce qui constitue une justification de la nécessité de réaliser le processus métier. Il peut être défini en termes de bénéfices qu'il procure à l'entreprise. Les *entrées* constituent les éléments utilisés par le processus pour atteindre ses buts. Elles caractérisent les événements déclenchant le processus. Les *sorties* constituent les résultats produits par le processus et qui représentent une valeur pour le client. Elles peuvent être de nature physique (une facture), ou représenter un produit résultant d'une transformation de matières premières. Bien entendu, la sortie d'un processus peut devenir l'entrée d'un autre. *L'information* est utilisée par le processus pour réaliser ses activités. À la différence des ressources, l'information n'est pas consommée durant le processus. Elle est utilisée comme un moyen du processus de transformation. Elle peut provenir d'une source externe (des fournisseurs par exemple) ou d'une source interne (d'une application opérationnelle). Elle peut être enfin le résultat d'un autre processus. La *ressource* constitue une entrée au processus. Elle est consommée durant ce processus. Une commande est un exemple de ressource. Une fois honorée, cette commande n'est plus utilisable.

Un processus peut concerner aussi bien l'organisation, son management et ses employés, que les fournisseurs, les clients, et les actionnaires.

Il est possible de dresser une carte des processus d'une entreprise. Pour cela, il est nécessaire de considérer toutes les fonctions concernées par chacun de ces processus. Par définition et par structure, tout processus est horizontal et parcourt donc plusieurs fonctions de l'entreprise. Ainsi, le processus relatif à la planification de la distribution physique d'une entreprise peut concerner aussi bien les fonctions logistique et fabrication que la fonction planification. On constate généralement qu'aucune fonction n'a la charge d'un processus transversal.

Le but du management des processus, appelé *Business Process Management* (BPM) est d'améliorer l'efficacité des organisations grâce à l'automatisation des processus métiers. Ces derniers évoluent en fonction des changements opérés par les entreprises en réaction aux modifications internes et externes qu'elles subissent. Il est donc essentiel que la solution BPM retenue soit en parfaite adéquation avec ces évolutions. Pour atteindre cet objectif, les organisations sont appelées à mettre l'accent, non seulement sur les données et leur gestion, mais aussi et surtout sur les processus. L'idée sous jacente à toute opération de BPM est de prendre en considération les processus métiers, les acteurs internes et externes de l'organisation, et enfin les informations nécessaires aux différentes opérations réalisées par les entreprises. Il importe de séparer les flux d'informations des règles de gestion et des tâches accomplies par les acteurs des entreprises. De plus, le caractère inter-organisationnel de certains processus requiert une intégration des processus et des systèmes d'information de l'entreprise et de ses partenaires (clients, fournisseurs, services publics, etc.). Le BPM offre des outils d'automatisation horizontale plutôt que verticale. Ces outils possèdent des fonctionnalités de conception, d'exécution, d'intégration et d'évaluation des processus métiers. Le champ d'application du BPM a connu une extension importante ces dernières années. Auparavant, seul le domaine du *workflow* était pris en considération. Le but était alors d'utiliser cette technologie liée aux collecticiels pour gérer les documents traités, souvent manuellement, par les acteurs des organisations. Aujourd'hui, le BPM représente une technologie d'intégration au sein des entreprises qui s'articule aussi bien avec les solutions d'intégration de type PGI (progiciel de gestion intégré) qu'avec les architectures orientées service de type SOA (*Service-Oriented Architecture*).

Les SI sont aussi le prétexte et le moyen de revoir les processus de l'organisation. Ainsi, dans les années quatre-vingt-dix, des démarches de reconfiguration de processus (*Business Process Reengineering*, BPR) ont été proposées et mises en œuvre pour améliorer les processus. Fondé sur des changements radicaux et sur l'utilisation intensive des TI, le BPR a connu une période faste jusqu'au début du XXIe siècle où cette approche s'est vue rangée dans la panoplie de l'organisateur au même titre que les approches de qualité totale ou d'amélioration des processus sans plus nécessairement inclure une remise en cause radicale de l'existant.

Systèmes d'information et organisation

Quel que soit le type de SI, la dimension organisationnelle est présente et joue un rôle essentiel dans la compréhension, la conception et le développement du SI. Elle est en interdépendance avec le SI au même titre que les TI. Elle concerne aussi bien les aspects stratégiques que les processus métiers de l'entreprise ainsi que ses règles de gestion (cf. la figure suivante).

Ce schéma permet de bien comprendre la nécessité de l'alignement stratégique du SI. Cet alignement est une mise en cohérence de la stratégie du SI avec la politique des SI et TI. Il est donc nécessaire de comprendre et d'intégrer la stratégie de l'entreprise lors de la définition d'une politique des SI. Il est tout aussi important de prendre en compte les opportunités offertes par les TI. Toute opération d'alignement stratégique du SI requiert de mesurer les enjeux pour

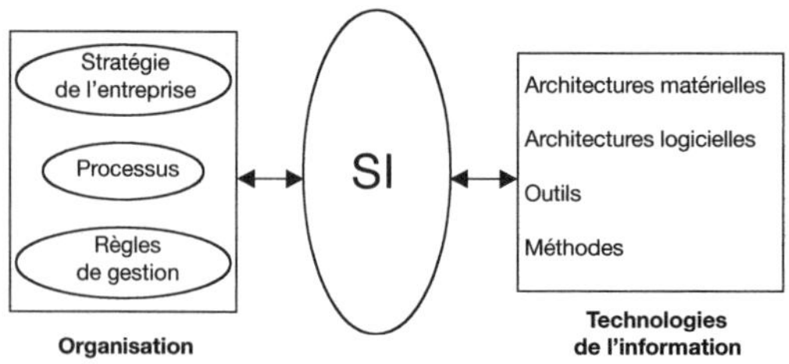

Interdépendance entre SI, organisation et TI

l'entreprise et de procéder à la planification des activités liées au SI. Il faut alors anticiper l'avenir de l'organisation en prévoyant les axes de sa politique de l'information et de la communication. Ce sont précisément les finalités du schéma directeur du SI. Ce dernier doit expliciter les choix informatiques liés notamment à la politique d'externalisation, de centralisation/décentralisation des SI, la sécurité des SI, de progiciels, de priorités des projets. Bien entendu, les impacts humains (personnel informatique, nombre, qualification), organisationnels (structures et conditions de travail) et financiers sont à étudier et à prendre en considération.

Structure de la section

La section comprend huit chapitres. Le chapitre de Robert Reix[1], «Stratégie des SI», invite à une réflexion sur la gestion stratégique des SI. Le contenu de la stratégie des SI découle, aux yeux de l'auteur, d'une part des objectifs qui sont assignés aux SI, perçus comme armes stratégiques, d'autre part des moyens à utiliser pour atteindre ces objectifs. R. Reix insiste sur l'impératif de cohérence que requiert tout processus d'élaboration de la stratégie SI. La stratégie des SI ne constitue qu'un aspect de la stratégie générale de l'entreprise. Le modèle de l'alignement stratégique constitue la vision la plus complète de l'articulation du SI avec les autres composantes de l'entreprise et de sa stratégie. À cet effet, R. Reix rappelle une des propositions fondamentales du modèle d'alignement : la performance économique de l'entreprise est fonction directe de la capacité du management à réaliser un accord stratégique, de nature essentiellement dynamique. Les difficultés de la mise en œuvre de ce modèle d'alignement sont rappelées, notamment les causes inhérentes à la nature même des SI, les causes intrinsèques à l'objectif de cohérence. L'auteur suggère enfin deux directions pour améliorer la capacité des entreprises à formuler et implanter des stratégies.

À noter que les préoccupations relatives à l'élaboration d'un schéma directeur des SI constituent la base de toute réflexion d'urbanisation. Le but commun aux schémas directeurs et aux approches d'urbanisation est de définir les perspectives de développement et d'évolution du SI. Le concept d'urbanisme des SI a connu un vif succès ces dernières années. Christophe Longépé, dans le chapitre intitulé «Urbanisation des SI», commence d'abord par définir ce concept. Il différencie l'urbanisme des SI assimilé à des sciences et techniques de la construction du SI et l'urbanisation considérée comme une démarche de transformation des SI. Selon l'auteur, l'urbanisme constitue une réponse aux enjeux liés à la maîtrise des métiers, du temps, des coûts, des risques et des technologies. Les fondamentaux de l'urbanisme des SI sont présentés et analysés. Un accent particulier est mis sur les différentes perspectives (fonctionnelle, applicative et technique) et les principes d'urbanisme (alignement des SI sur la stratégie, cohérence, subsidiarité, modularité et progressivité). Enfin, une démarche pour urbaniser les SI est présentée.

La sécurité des technologies de l'information représente une problématique importante de tout schéma directeur. Le chapitre de Daniel Guinier intitulé «La politique de sécurité» décrit les principaux concepts ainsi que les fondements de la politique de sécurité. Le contexte de cette politique, caractérisé par la dépendance des entreprises vis-à-vis de leurs SI, et par le degré d'ouverture, est décrit. Les objectifs principaux d'une politique de sécurité, notamment le fait de constituer un schéma général ou cadre de référence et un guide, sont présentés. Une contribution importante de ce chapitre est la formalisation de la politique de la sécurité. Enfin, l'auteur propose une méthode pratique pour l'élaboration et la mise en œuvre d'une politique de sécurité. Cette démarche, de nature systémique, prend en compte les liens et les interactions entre les constituants et l'environnement. Elle tient compte des dimensions techniques, organisationnelles et humaines.

1. Décédé pendant l'élaboration de cette encyclopédie et auquel nous rendons un hommage chaleureux pour son apport essentiel à la diffusion de la recherche en SI en France.

Tout plan d'évolution du SI doit prendre en compte les métiers de l'entreprise et les besoins de ses acteurs. Cette prise en compte ne peut être effectuée que si les promoteurs du schéma directeur des SI associent les maîtrises d'œuvre et les métiers de l'entreprise avec l'objectif d'une meilleure performance du SI. Cela pose le problème de la gouvernance du SI.

La gouvernance des SI a pour objectif le renforcement du management des SI. Tel est le principe qui sert de fondement au chapitre de Claude Salzman. Plus généralement, la notion de gouvernance d'entreprise est centrée sur la notion de bonnes pratiques. Ces dernières peuvent être spécifiques aux SI. Elles sont le résultat d'un certain nombre de travaux de commissions (COSO, Cadbury, Turnbull, Cobit). L'application des recommandations de ces référentiels doit permettre d'améliorer de manière significative la qualité des procédures et des méthodes mises en œuvre en informatique. Le cœur de la gouvernance informatique est constitué selon l'auteur de quatre orientations majeures :

- l'alignement stratégique de l'informatique sur les objectifs de l'entreprise ;
- la fourniture de la valeur attendue de l'informatique;
- la gestion des risques ;
- la gestion des ressources.

Claude Salzman consacre un paragraphe aux bonnes pratiques et à Cobit. Ce référentiel est décrit de manière précise et concrète. Enfin, les conditions de mise en œuvre de la gouvernance informatique sont présentées et analysées.

Une dimension de cette gouvernance est celle de l'audit des SI. Auditer revient à fournir aux entreprises la possibilité d'identifier les risques et les moyens de contrôle permettant d'évaluer l'efficacité de la politique et des solutions informatiques mises en œuvre. Tel est le postulat du chapitre intitulé, « L'audit des systèmes d'information ». Les auteurs rappellent les objectifs de l'audit des SI. Ils proposent une typologie de ce dernier permettant de distinguer l'audit de régularité, de l'audit d'efficacité, d'efficience et de management. Une contribution importante de ce chapitre réside dans le métamodèle d'audit proposé, regroupant l'ensemble des concepts caractéristiques d'une mission d'audit et sous-jacents à deux démarches d'audit : COBIT et INFAUDITOR. Le contrôle interne et le risque d'audit y sont présentés et discutés. Une présentation détaillée des normes, référentiels et modèles d'audit est proposée. Les méthodes d'audit COBIT et INFAUDITOR sont analysées et comparées. La différence principale réside dans le fait que COBIT permet d'effectuer l'audit des processus informatiques alors qu'INFAUDITOR réalise l'audit des différents composants d'un SI. Le déroulement et la planification d'une mission d'audit sont abordés. Enfin, on y trouve une présentation des principaux outils et logiciels d'audit des SI.

Un des acteurs de la gouvernance des SI est la direction des systèmes d'information. Au moment où les directions des SI (DSI) connaissent des difficultés dans les entreprises, il a semblé à Philippe Tassin, auteur du chapitre « La direction des systèmes d'information », utile de préciser les mutations que subissent les entreprises et, par voie de conséquence, les SI. Il rappelle que l'objectif de ces derniers est d'assurer le fonctionnement quotidien non seulement de l'entreprise, mais aussi de permettre son adaptation à l'environnement réglementaire. Le rôle du DSI est précisément d'en être le facilitateur et le garant. P. Tassin décrit le passage du statut de direction informatique à celui de DSI. Ce passage correspond aussi à la transition de l'informatique, outil d'automatisation des tâches, à celui du SI, offrant un avantage concurrentiel à l'entreprise. Les tâches et les fonctions de la DSI sont présentées, ainsi que son positionnement. Les processus de la gouvernance sont analysés. Un accent particulier est mis sur la maîtrise de la relation avec les prestataires et les fournisseurs. Enfin, le rôle de la DSI dans la conduite du changement est décrit.

Il est clair que l'impact des SI sur les organisations est très important. L'objectif du chapitre intitulé « Impact des SI sur l'organisation » est d'étudier la relation qui lie les TI et la manière dont sont structurées et organisées les entreprises. Bénédicte Geffroy-Maronnat, auteur de ce chapitre, apporte des éclairages sur la participation des TI à la transformation organisationnelle des entreprises. Les principaux cadres d'interprétation et de conceptualisation de cette relation sont présentés. L'impact organisationnel des SI peut être de deux natures : prévisible et imprévisible. Cet impact est défini en termes de processus de structuration continu et récursif. Un accent particulier est mis sur le rôle des acteurs et des dispositifs dans le processus de structuration. Selon l'auteur, l'émergence de l'approche processuelle du changement sociotechnique, permet d'affirmer que la technologie ne permet pas à elle seule de déterminer un état organisationnel. Le changement dépend des structures préexistantes et des dispositifs qui instrumentent le processus d'implantation du SI.

Gilles Balmisse, auteur du chapitre « Management des connaissances », part de la prémisse suivante : une connaissance est une information comprise. Par extension, on peut considérer que les systèmes de gestion des connaissances sont des systèmes d'information à part entière. Dans ce chapitre, l'auteur propose quelques définitions des concepts de connaissances et d'organisation. Le management des connaissances se justifie par les nombreux problèmes auxquels sont confrontées les entreprises, notamment la perte de savoirs et de savoir-faire. Le management des connaissances est un moyen donné aux entreprises afin d'accroître leur performance. Les différentes écoles qui se rattachent à ce concept sont présentées. Un accent particulier est mis sur la capitalisation, perçue comme un processus de transformation des connaissances tacites en connaissances explicites. En complément de la capitalisation, la collaboration permet de mettre l'accent sur la nature relationnelle et sociale de la connaissance, favorisant le processus de partage des connaissances tacites. Les différentes approches sous-jacentes aux systèmes de management des connaissances sont identifiées et décrites. Les caractéristiques de ces systèmes sont analysées. Il en est de même des outils de management des connaissances. Enfin, les enjeux, les conditions et les démarches de mise en œuvre sont abordés.

Stratégie des systèmes d'information

Robert Reix

Mots-clés : agilité stratégique, alignement stratégique, avantage concurrentiel, cohérence, compétences distinctives, *fit* stratégique, intégration fonctionnelle, planification SI, portefeuille d'applications.

Résumé : l'évolution profonde des usages des technologies de l'information dans et entre les organisations impose le recours à une réflexion de nature stratégique ; la gestion stratégique des systèmes d'information peut être définie par son contenu : définition des activités et allocation de ressources, et par son processus d'élaboration visant à respecter les impératifs de cohérence. Le choix des emplois, conduisant à la définition du portefeuille d'applications, doit répondre aux exigences de la stratégie générale en termes d'avantage concurrentiel et d'agilité stratégique. Parallèlement, la gestion des ressources vise à développer les capacités de l'infrastructure technologique et à favoriser l'émergence de compétences distinctives, en particulier des utilisateurs. L'évolution des usages vers le e-business impose le respect de l'impératif de cohérence dans les différents domaines ; le modèle de l'alignement stratégique précise les contraintes de cohérence sous forme de *fit* stratégique et d'intégration fonctionnelle. Mais la mise en application de ce modèle soulève des difficultés à la fois d'ordre théorique et pratique, difficultés non encore totalement résolues par les recherches actuelles. La stratégie SI apparaît ainsi à la fois comme un volet, souvent moteur, de la stratégie générale et comme une exigence permanente d'adaptation aux variations de l'environnement.

C'est énoncer une vérité désormais banale de dire que l'impact et le rôle des technologies de l'information (TI) ont profondément évolué depuis le début de leur introduction dans les organisations. Confinées initialement dans des rôles de *back-office* (automatisation de processus administratifs de gros volumes tels que la paye ou la facturation), instruments d'aide à la décision individuelle (systèmes interactifs, systèmes experts...), supports du travail en groupe (collecticiels...), elles ont vu progressivement leur rôle s'étendre aux processus opérationnels fondamentaux (fabrication, gestion de la relation client...). Le développement technologique accéléré des systèmes de communication vers les années quatre-vingt puis l'avènement d'Internet vers les années quatre-vingt-dix ont déclenché une évolution beaucoup plus profonde caractérisée par la reconception des processus de gestion (faire, vendre et gérer autrement), par la déconstruction de la chaîne de valeur et la constitution de nouveaux réseaux d'affaires autour de l'entreprise étendue, par le réaménagement du champ des activités avec le développement du commerce électronique sous ses différentes formes, par le recours accru à Internet (interface de contact, instrument transactionnel, outil d'intégration) pour développer de nouveaux modèles d'affaires (Amami et Thévenot, 2000). Les exemples de succès stratégiques, souvent cités dans la littérature spécialisée, concernent non seulement des entreprises anciennes (par exemple, American Airlines et son système de réservation Sabre) mais aussi et surtout des entreprises nouvelles construisant leur stratégie d'affaires sur les technologies d'information et de communication (Dell Computer, Amazon.com, e-Bay, Google...). Même s'il a calmé quelque peu les délires médiatiques, l'éclatement de la bulle Internet n'a pas fondamentalement remis en cause le principal enseignement de ces expériences multiples : *les systèmes d'information peuvent constituer des armes stratégiques efficaces au service d'une stratégie d'affaires prédéfinie ou comme déterminant de stratégies originales, totalement nouvelles.* Dans ces conditions, leur gestion (c'est-à-dire la définition de leurs objectifs, l'organisation de leurs éléments constitutifs et le contrôle de leur activité) ne saurait se limiter à de simples questions d'efficience (entendue généralement comme la minimisation de coûts administratifs) mais doit accéder au niveau de la réflexion stratégique caractérisable selon plusieurs dimensions :

- un *enjeu significatif* tant à la fois par les investissements à réaliser (le poids relatif des investissements informatiques tend à croître et atteint ou dépasse souvent 50 % des investissements productifs) que par la création de valeur potentielle envisageable par l'entreprise ;
- un *caractère global* c'est-à-dire correspondant à l'ensemble des ressources mobilisables par l'entreprise, ressources dont on discute les emplois alternatifs ;
- un *positionnement spécifique* de l'entreprise dans sa relation à l'environnement, correspondant à ses choix produits-marchés en aval, ses choix technologiques de production en amont (bases technologiques), ses choix de partenariat (impartition, co-production, joint-ventures...) ;
- une *perspective de long terme* dans le choix des modèles d'affaires et dans l'allocation de ressources fondamentales, fondée sur l'adaptation permanente à des conditions fortement évolutives.

L'objectif essentiel de toute stratégie est d'aboutir à un avantage concurrentiel difficilement contestable et donc, de garantir ainsi une profitabilité durable. Comme toute gestion stratégique, le management stratégique des systèmes d'information peut être défini par son *contenu*, en termes de choix d'activités et d'allocation de ressources et par son *processus d'élaboration* visant à respecter les impératifs de cohérence, fondamentaux à ce niveau de décision. Ces deux aspects complémentaires de la stratégie des systèmes d'information seront successivement abordés dans les paragraphes de ce chapitre.

1 Le contenu de la stratégie systèmes d'information : emplois et ressources

Le contenu de la stratégie systèmes d'information découle des réponses apportées à une double question :

- *Pourquoi ?* Quels sont les objectifs que l'on doit assigner aux systèmes d'information pour qu'ils puissent jouer leur rôle d'armes stratégiques ? Dans quels domaines, pour quelles activités, doit-on investir dans les technologies de l'information et développer de nouveaux systèmes ou faire évoluer les réalisations actuelles pour améliorer la création de valeur par l'entreprise ? Ce premier volet du contenu concerne donc les *emplois*, c'est-à-dire la composition du portefeuille d'applications.
- *Comment ?* Quels sont les moyens à utiliser pour que les objectifs envisagés puissent être atteints ? Comment choisir, organiser et développer les *ressources fondamentales* indispensables à la construction et au fonctionnement du portefeuille d'applications ainsi défini ?

1.1 Le choix des objectifs : portefeuille d'applications et capacité stratégique

Depuis 1985 (année de parution dans la *Harvard Business Review*, de l'article pionnier de M. Porter et V. Millar : "How information gives you a competitive advantage") s'est développée une révolution conceptuelle dans la façon d'envisager le rôle des technologies de l'information. Selon cette nouvelle perspective, les technologies de l'information ne sont plus considérées seulement comme un support du fonctionnement de l'organisation mais aussi et surtout comme une ressource stratégique capable de conférer à l'entreprise un avantage concurrentiel durable. De même, l'analyse de nombreux cas (Jelassi et Enders, 2004) confirme que beaucoup d'entreprises ont réussi à améliorer fortement et durablement leur performance grâce à des choix pertinents relatifs à l'application des TI. Cependant, l'observation des expériences, passées et actuelles, montre que le succès n'est pas garanti, que le risque d'échec existe et qu'il est donc indispensable de bien comprendre comment les TI peuvent affecter positivement la création de valeur par l'entreprise en liaison avec la définition de sa position stratégique. Cette explicitation des mécanismes par lesquels l'usage des TI influe sur la performance de l'entreprise via ses choix stratégiques peut être conduite selon deux perspectives complémentaires :

- la contribution à la formation d'un avantage concurrentiel ;
- le développement de l'agilité compétitive.

La formation de l'avantage concurrentiel par les technologies de l'information

Le développement d'applications spécifiques constitue la base d'un avantage compétitif dès lors qu'il est susceptible d'agir sur la dynamique des forces concurrentielles (voir plus loin le modèle des forces concurrentielles) ; ainsi, implanter des systèmes d'information novateurs permet:

- de *répondre avec succès aux concurrents actuels du domaine* par la réduction des coûts: réduction des coûts de conception par la conception assistée par ordinateur, de fabrication par amélioration de l'automatisation et du pilotage, de distribution par le recours à Internet, économies d'échelle par élargissement de la base de clientèle... par des pratiques de différenciation des produits ou des services offerts: personnalisation autour d'une base standard, assistance à l'après-vente par hot-line, etc.
- d'*améliorer le pouvoir de négociation vis-à-vis des clients*, soit en élargissant le marché – accès au marché mondial via Internet, soit en éliminant certains intermédiaires (accès direct au client final), soit en augmentant les coûts de changement pour le client (en lui offrant, par exemple, l'utilisation d'un logiciel convivial de gestion de ses commandes...) ;
- d'*améliorer le pouvoir de négociation vis à vis des fournisseurs*, en élargissant la base des appels d'offres (diffusion sur le Web) ou en ayant recours à des marchés électroniques (plates-formes d'achat...) ;
- de *lutter contre la menace de nouveaux entrants* par la baisse des coûts, l'amélioration du produit ou du service, la création de barrières à l'entrée (développement d'un logiciel complexe de gestion de la relation client...) ;
- de *limiter la menace de produits ou services de substitution* en améliorant le rapport performance-prix tout en élargissant la gamme de produits offerts (recours à la « customisation de masse », effets des économies de champ...).

La référence à ce modèle bien connu de la dynamique des forces concurrentielles (Porter, 1986) peut constituer la base d'un questionnement systématique sur l'intérêt de développer de nouvelles applications pour aboutir à la formation d'un avantage concurrentiel durable. Bien entendu, il importe ensuite d'estimer quel peut être l'impact de ces applications sur la chaîne de valeur de l'entreprise, tant pour ce qui concerne les activités de soutien (infrastructure, gestion des ressources humaines, développement technologique, approvisionnement général) que les activités principales (logistique amont, production, logistique aval, marketing et service après-vente). La modification du positionnement stratégique envisagée n'a de sens que si elle peut aboutir à une amélioration de la création de valeur dont une partie doit pouvoir être conservée par l'entreprise sous forme de profit. Assez souvent, des avantages notables sont obtenus par le biais d'une *déconstruction de la chaîne de valeur* (Jelassi et Enders, 2004, p. 159), c'est-à-dire par la séparation des activités physiques et des activités informationnelles. L'entreprise conserve la maîtrise de la chaîne d'informations et externalise la réalisation de certaines activités physiques pour lesquelles elle ne dispose pas de compétences spécifiques (activités logistiques, fabrication de composants banals, etc.). Ainsi, Dell Computers confie-t-il la logistique de distribution à UPS, utilise-t-il des moniteurs fabriqués par Sony mais contrôle complètement l'activité de vente directe et la gestion de la relation client. En définitive, les systèmes d'information bien conçus peuvent améliorer la création de valeur de chaque activité et la façon d'exploiter les liens entre activités à la fois à l'intérieur et à l'extérieur de l'entreprise.

L'amélioration de l'agilité compétitive par les technologies de l'information

L'analyse en termes de positionnement stratégique nous permet de comprendre pourquoi une entreprise peut bénéficier d'un avantage concurrentiel à un instant donné en ayant recours aux technologies de l'information ; elle ne nous explique cependant pas pourquoi cet avantage serait durable. Le risque d'imitation existe puisque les TI sont disponibles sur le marché et ce n'est qu'exceptionnellement que le premier innovateur dispose d'un avantage décisif: les avancées sont continuellement remises en question. Aussi, semble-t-il nécessaire de privilégier le mouvement plus que la défense de position et d'accroître la flexibilité, la capacité de changement, l'agilité stratégique. L'apport des systèmes d'information à cette stratégie de mouvement peut s'opérer selon différents mécanismes :

- les technologies de l'information sont un support de certaines formes de *flexibilité stratégique* (Reix, 1999) en améliorant les possibilités de reconfiguration des activités dans des réseaux de partenariat. Le développement de logiciels de coopération entre organisations (*supply chain management*, échange de données informatisé, extranet...) permet de réduire les coûts de la coordination interorganisationnelle (coûts de transaction) et favorise l'externalisation des activités vers des partenaires multiples. L'émergence d'entreprises étendues voire « virtuelles » (Reix, 2002) confirme l'intérêt de concilier, grâce aux technologies de l'information, les avantages de la spécialisation (chaque partenaire se concentre sur ses compétences distinctives) et ceux de la coopération (souplesse apportée par la possibilité de changement de partenaires);

- les technologies de l'information sont des *ressources* permettant le développement de capacités spécifiques. En combinant, de manière originale, des ressources en TI et des ressources humaines et financières dans des processus organisés (les routines), l'entreprise constitue des capacités particulières (capacité à répondre à un appel d'offres, capacité de livrer en 48 heures...) grâce à l'émergence de compétences produites par un apprentissage situé. Par exemple, Dell Computers a développé la capacité spécifique de construire directement les produits à partir de la demande du client et celle de concevoir un marketing ciblé, en temps réel, au fur et à mesure de l'arrivée des commandes (cité par Jelassi et Enders, 2004, p. 129). Les connaissances, partiellement tacites, qui se développent ainsi lors de l'utilisation d'applications nouvelles des TI sont difficilement imitables et se modifient en permanence. Ce double caractère, non explicite et évolutif, est une condition essentielle de la durabilité des avantages acquis;
- les technologies de l'information sont une *plate-forme pour l'agilité stratégique* (Sambamurthy *et al.*, 2003). L'agilité traduit la capacité de détecter puis de saisir les opportunités en assemblant les actifs nécessaires, les connaissances et les relations requises dans des délais limités. Cette agilité doit s'appliquer aux clients, aux partenaires et aux opérations internes. En intégrant les TI avec les autres ressources dans les processus clés (relation client, fabrication, approvisionnement...), en séparant les activités physiques et les activités informationnelles (déconstruction de la chaîne de valeur), l'entreprise développe une plate-forme numérisée (*digitized platform*), ensemble de processus, de connaissances, imbriqués dans des systèmes d'information, qui lui permet de s'adapter aux modifications de l'environnement par des réactions rapides et cohérentes (promotion de l'innovation vers les clients, mobilisation accrue des partenaires, efficience plus grande des processus internes). Les TI parce qu'elles constituent la base de compétences spécifiques, sans cesse actualisées, sont une *source d'options stratégiques*, qui confèrent ainsi à l'entreprise la possibilité de saisir et d'exploiter, dans le futur, un plus grand nombre d'opportunités que ses concurrents. Ces options étendues reposent d'abord sur une maîtrise de processus informatisés, internes et externes, réassemblables sous des formes variées; par exemple, e-Bay combine processus de commande, processus de paiement, processus d'expédition dans son système d'intermédiation mobilisant différents partenaires. Elles reposent également sur l'existence de systèmes de gestion de connaissances évolués permettant la capitalisation et le partage des expériences multiples acquises en différents points de l'organisation. Grâce à ce double capital évolutif de processus et de connaissances, l'entreprise accroît le répertoire de ses réponses potentielles, c'est-à-dire le nombre et la complexité des actions qu'elle peut entreprendre dans un intervalle de temps limité.

Bien entendu, les visions en termes d'avantage concurrentiel ou d'agilité stratégique ne s'opposent pas mais se complètent. L'apport potentiel des TI est double: améliorer le positionnement stratégique d'une part, accroître l'aptitude au changement d'autre part. C'est en multipliant les perspectives d'analyse que l'entreprise, au cours des phases d'exploration, peut plus facilement détecter les opportunités à saisir et les changements à opérer pour développer des applications créatrices de valeur.

1.2 Le choix des moyens: développer des ressources

La définition des applications à construire, à partir de leurs objectifs, constitue le premier élément de la stratégie systèmes d'information. La mise en œuvre de ces applications (comme le fonctionnement des applications existantes) exige la mobilisation des moyens matériels, logiciels, humains... nécessaires. Cette gestion des ressources doit assurer, en permanence, la disponibilité de l'ensemble des composants à intégrer. Elle s'applique à deux grands types de ressources:

- l'infrastructure technologique, qui détermine la capacité en technologie de l'information;
- les compétences utilisateurs qui déterminent les conditions effectives des applications développées.

Le développement de l'infrastructure: la capacité TI

L'infrastructure technologique est la base de la capacité TI; elle inclut des éléments matériels (serveurs, réseaux...), logiciels (de service et d'application), immatériels (connaissances techniques appliquées aux matériels et logiciels et aussi connaissances managériales). La capacité TI, délivrée par cette infrastructure technologique correspond à un ensemble de services généraux, partageables par l'ensemble des applications. Ces services incluent, plus particulièrement: la gestion des réseaux de communication (internes et externes), la fourniture des puissances de traitement nécessaires, les possibilités d'utilisation des bases de données partageables, la gestion des logiciels de base, la gestion des standards, les méthodologies de conception et de développement d'applications, la veille technologique dans le domaine des TI...

Pour fournir ces services, les responsables de la capacité TI utilisent les différents composants de l'infrastructure technique (serveurs, réseaux et logiciels associés) et mobilisent les compétences de spécialistes. Le ciment qui relie tous ces composants pour produire les services demandés correspond au corps des connaissances incorporées dans la ressource humaine. La capacité TI apparaît donc comme une ressource :

- *stratégique* car indispensable à la réalisation des applications cibles ;
- *peu imitable* car découlant d'une imbrication particulière d'actifs matériels et d'actifs humains, grâce à des connaissances non totalement explicitées ;
- *d'évolution relativement lente* car liée, en partie, à des phénomènes d'apprentissage dans l'organisation.

La gestion de cette ressource doit satisfaire des critères qui ne sont pas obligatoirement compatibles :

- critère d'*efficience* : minimiser les coûts de mise en œuvre et de fonctionnement ;
- critère de *sécurité* : assurer la permanence du service, protéger des risques d'erreur, de fraude ;
- critère d'*évolutivité* : répondre rapidement aux nouveaux besoins et intégrer, en permanence, les solutions nouvelles proposées par les offreurs de technologie ;
- critère d'*efficacité* : contribuer à la performance de l'entreprise par une affectation judicieuse des investissements.

Pour assurer la satisfaction de ces critères, les décisions stratégiques concernent la nature des moyens à utiliser (petits ou gros serveurs...), le niveau de capacité à viser (être capable de faire face aux pointes d'utilisation), le niveau de sécurité à garantir (adapter le coût de la sécurité à l'importance du risque à couvrir), les innovations à adopter (avec de délicats problèmes de compatibilité entre les générations d'outils et de standardisation), les compétences technologiques à maîtriser (dans un domaine où il y a souvent pénurie de spécialistes et également obsolescence rapide des connaissances).

Compte tenu des difficultés inhérentes à cette gestion de l'infrastructure TI, de nombreuses entreprises ont choisi d'*externaliser*, c'est-à-dire de confier à un tiers (société de service spécialisée), qui s'engage sur des objectifs et refacture à l'entreprise, la gestion des ressources matérielles et logicielles ainsi que celle du personnel informatique. Cette cession contractualisée (sous différentes variantes : *outsourcing*, infogérance, *facilities management*...) obéit à des motifs variés (Fimbel 2003) :

- baisse des coûts de fonctionnement, fondée sur les économies d'échelle et la spécialisation ;
- volonté de bénéficier en permanence des meilleures solutions disponibles sur le marché de la technologie et des compétences associées ;
- flexibilité d'évolution (Reix 1999) liée à la possibilité de mobiliser des ressources importantes pour la maintenance évolutive et l'intégration de nouveaux systèmes ;
- recentrage sur le métier de base...

Très variée dans ses modalités contractuelles comme dans les périmètres qu'elle recouvre (exploitation, maintenance, conception-développement d'applications, gestion de réseaux...) séduisante dans son principe, cette externalisation comporte cependant des risques importants : risque de défaillance du partenaire, risque de dépendance pour le renouvellement du contrat, perte de la maîtrise de compétences technologiques dans l'entreprise. Il s'agit donc d'une décision stratégique cruciale à long terme, difficilement réversible, qui ne doit pas découler d'effets de mode mais être le fruit d'une analyse approfondie identifiant, en particulier, les compétences clés (associées aux métiers actuels et futurs de l'entreprise) et les activités potentiellement externalisables.

Le développement des compétences utilisateurs

L'histoire des systèmes d'information dans les organisations révèle de profonds changements quant à la définition du rôle des utilisateurs dans la mise en œuvre des TI :

- durant la période antérieure à 1980, la conception dominante était celle de l'utilisateur passif devant appliquer strictement les procédures définies par des spécialistes supposés compétents ;
- dans les années quatre-vingt, l'irruption brutale de la micro-informatique a révélé la capacité d'initiative des utilisateurs autonomes, capables de créer des solutions adaptées à leurs problèmes, parfois de façon anarchique ;
- à partir des années quatre-vingt-dix, un certain équilibre s'établit. Les expériences réussies ont clairement montré le rôle majeur de la compétence des utilisateurs comme ressource clé du développement de l'organisation et de sa capacité stratégique mais aussi l'intérêt d'encadrer et d'assister les apprentissages sur lesquels cette compétence se fonde.

La capacité TI effective (et non seulement potentielle) repose sur la combinaison adéquate de trois ensembles de ressources : l'infrastructure technologique, le portefeuille d'applications, les compétences des utilisateurs. Ces compétences spécifiques sont issues du processus d'appropriation de la technologie : au cours de ce processus émergent de construction, l'utilisateur intègre, à des degrés divers, le recours à l'outil (matériel et logiciel) dans son mode opératoire ; il peut, seul ou en collaboration avec d'autres utilisateurs, faire évoluer ce mode opératoire en fonction des propriétés de l'outil qu'il découvre par un usage répété dans les tâches constitutives de son métier. Cet apprentissage individuel se combine avec un apprentissage collectif aboutissant à l'émergence de nouvelles compétences collectives liées, en particulier au développement de capacités relationnelles dans l'entreprise et entre entreprises. Ces compétences particulières, qui combinent savoirs du métier, savoirs de management et maîtrise des TI dans des formules parfaitement contingentes, n'apparaissent pas de manière complètement spontanée : leur qualité dépend de la qualité et de l'intensité de l'apprentissage individuel et collectif. Par conséquent, au même titre que le portefeuille d'applications et que l'infrastructure, la compétence utilisateurs constitue un objet de gestion stratégique des SI, une ressource à maintenir et à développer.

Ce développement découle de la combinaison de deux modalités d'apprentissage :

- un apprentissage formalisé, incorporé dans des logiciels : ces derniers correspondent à des « réservoirs » de connaissances nouvelles, souvent inspirées des meilleures pratiques du domaine. Cette forme est parfaitement contrôlable mais peut parfois ne pas traduire parfaitement les exigences spécifiques du contexte ni répondre immédiatement à l'évolution des besoins ;
- un apprentissage par expérimentation où l'utilisateur apprend, par essais-erreurs, improvisation... dans ses interactions avec la technologie et les autres acteurs. Cette forme est liée directement à l'utilisation autonome de la technologie (qui doit offrir une certaine flexibilité interprétative) et dépend donc étroitement de l'attitude et de la motivation des utilisateurs.

La gestion stratégique de la ressource peut alors être orientée selon trois directions complémentaires :

- la création d'un climat général favorable à l'utilisation des TI (affirmation d'une vision partagée sur le rôle des TI, culture de l'échange d'informations, respect de l'autonomie...) ;
- l'action sur le niveau de connaissances et sur les attitudes individuelles par la formation (au-delà de la formation limitée à la manipulation des commandes indispensables à la stricte conduite de l'opération standard) ;
- la stimulation de la créativité des utilisateurs, non seulement pendant la phase de conception des applications mais également pendant l'utilisation (amélioration de la maîtrise technologique, assistance, encouragements aux comportements innovants...).

Même si une partie importante de son développement se réalise lors de la construction des systèmes d'information, la compétence des utilisateurs, leur capacité à exploiter les ressources potentielles des TI apparaît bien désormais comme une ressource distinctive fondamentale (durable, peu imitable) et donc un élément majeur de la gestion stratégique des systèmes d'information.

En conclusion, la définition de la stratégie conduit donc, d'une part au choix des activités, c'est-à-dire à la proposition d'un portefeuille d'applications et d'autre part au choix des moyens donc à la proposition de développement des ressources fondamentales que sont l'infrastructure et les compétences utilisateurs. Mais comme le souligne K.H. Mac Donald (in M.S. Scott-Morton, 1991, p. 310) : « *le véritable objectif doit être de construire une structure organisationnelle (avec les ressources adéquates) et des processus internes, convenablement définis, qui reflètent à la fois la stratégie de l'organisation et les possibilités des technologies de l'information que cette organisation a choisi de développer* ». Émerge donc un impératif de cohérence dans la construction des choix. C'est cet impératif de cohérence qui constitue le problème majeur du processus d'élaboration de la stratégie.

2 Le processus d'élaboration de la stratégie SI : l'impératif de cohérence

Élaborer une stratégie, c'est concevoir un futur désiré et les moyens d'y parvenir. Ce processus d'élaboration ou planification doit aboutir à un ensemble de choix cohérents car, malgré ses dimensions multiples, la stratégie reflète l'identité et l'unicité de l'entreprise. La stratégie des systèmes d'information ne constitue qu'un aspect de la stratégie générale et doit s'articuler avec toutes les autres composantes de cette vision unitaire du futur (choix des domaines, des marchés, des modes de distribution, de production, de partenariat...). Dire que ces groupes de choix doivent être cohérents signifie qu'il faut éviter les effets antagonistes et rechercher, au contraire, les effets de renforcement, de synergie, entre des ensembles de décisions non indépendantes selon une logique d'optimisation globale (dans la plupart des cas, l'optimum global n'est pas la somme des optima locaux). Cette recherche de mise en cohérence est l'un des objets majeurs des processus (formalisés ou émergents) de planification stratégique. Pour ce qui concerne les systèmes d'information, la mise en cohérence repose sur un modèle « d'alignement stratégique » qui sera présenté dans un premier point. Mais si ce modèle de processus fournit des directions de solution, son application concrète se heurte à des difficultés non encore complètement résolues, comme nous le montrerons dans un second point.

2.1 Le principe de l'alignement stratégique

Si de très nombreux auteurs ont abordé la question de la cohérence entre stratégie des systèmes d'information et stratégie générale, la vision la plus complète du problème a été proposée par le modèle de l'alignement stratégique définissant à la fois les concepts clés et le processus de mise en cohérence.

Le modèle de l'alignement stratégique

Présenté à l'origine par Henderson et Venkatraman (1993), ce modèle repose sur deux propositions fondamentales :

- la performance économique de l'entreprise est fonction directe de la capacité du management à réaliser un accord stratégique (*strategic fit*) entre le choix d'une position de l'entreprise dans le domaine concurrentiel (produit-marché) et la conception d'une organisation adéquate pour supporter cette position. Les choix stratégiques dans le domaine externe et ceux du domaine interne doivent être cohérents ;
- cet accord stratégique est de nature essentiellement dynamique : ce n'est pas un événement ponctuel (ou un résultat définitif) mais, au contraire, un processus d'adaptation continue et de changement.

La problématique de l'alignement (mise en cohérence) consiste alors à rechercher la cohérence des choix relatifs à quatre domaines (figure 1) :

- celui de la stratégie d'affaires : positionnement de l'entreprise en termes de produits-marchés, définition des compétences distinctives et des métiers, construction des réseaux d'affaires (partenariats, alliances...) ;
- celui de la conception de l'organisation qui recouvre le choix d'une structure administrative (découpage en unités, hiérarchie, spécialisation, centralisation...) et la définition des processus d'affaires (développement de produits, gestion de la relation client, gestion de la qualité, logistique d'approvisionnement, etc.) ;
- celui de la stratégie des technologies de l'information correspondant au positionnement de l'entreprise par rapport au marché (amont) des technologies de l'information. Ce domaine, à orientation externe, recouvre trois ensembles de choix : l'étendue du domaine technologique (quelles sont les technologies accessibles présentant un intérêt pour l'entreprise ? leur portée et leur richesse potentielle de services ?), les compétences requises pour assurer une utilisation satisfaisante (fiabilité, rapport performance-coût, flexibilité,...), les mécanismes de gouvernance pour la sélection et l'usage des technologies envisagées (alliances, externalisation, licences d'exploitation...) ;
- celui des systèmes d'information, à orientation interne, recouvrant les choix d'architecture (le portefeuille d'applications et l'infrastructure technologique : matériels, logiciels, données), la définition des processus de développement, de maintenance et de contrôle des systèmes en place, l'acquisition, le maintien et le développement des compétences et connaissances indispensables pour la mise en œuvre et l'utilisation des SI développés.

À partir de ce schéma de base, le modèle de l'alignement stratégique propose de construire la cohérence des choix selon deux dimensions complémentaires :

- *l'accord stratégique (strategic fit)* ou alignement entre les domaines externes et les domaines internes. Ainsi doit-il y avoir cohérence entre le positionnement de la stratégie d'affaires et la conception de l'organisation d'une part et également cohérence entre la stratégie TI (externe) et les systèmes d'information (en interne) d'autre part. Si la première exigence de cohérence est relativement bien connue des managers, la seconde présente un caractère nettement plus novateur qui limite, encore aujourd'hui, sa prise en considération dans les démarches de planification.
- *l'intégration fonctionnelle :* cette seconde dimension de la cohérence correspond à l'impératif d'intégrer le domaine d'affaires et le domaine des technologies de l'information à deux niveaux. D'une part, en assurant la compatibilité des choix entre la stratégie d'affaires et la stratégie TI (en particulier, voir comment les choix relatifs aux TI conditionnent, soutiennent ou contrarient les choix du domaine d'affaires) ; d'autre part en veillant à la cohérence des choix internes, entre conception de l'organisation et conception des systèmes d'information (comment les processus d'affaires sont-ils supportés par les systèmes actuellement en fonctionnement ?). Si la partie interne de l'intégration fonctionnelle est relativement bien connue, la partie externe (cohérence entre stratégie d'affaires et stratégie TI) correspond à une problématique relativement nouvelle.

Sur les bases de ce modèle d'alignement, il est possible de définir des logiques de mise en cohérence correspondant à des processus d'alignement.

Le processus de mise en cohérence

Le processus d'alignement consiste à exploiter les relations entre les différents domaines pour améliorer la cohérence des choix. Rappelons que cet alignement est un processus d'adaptation continue et non une situation d'équilibre que l'on peut juger satisfaisante à un instant donné. Par conséquent, la performance à attendre de l'emploi des TI dépend pour beaucoup de la capacité de l'organisation à adapter en permanence des choix multiples aux variations de différents déter-

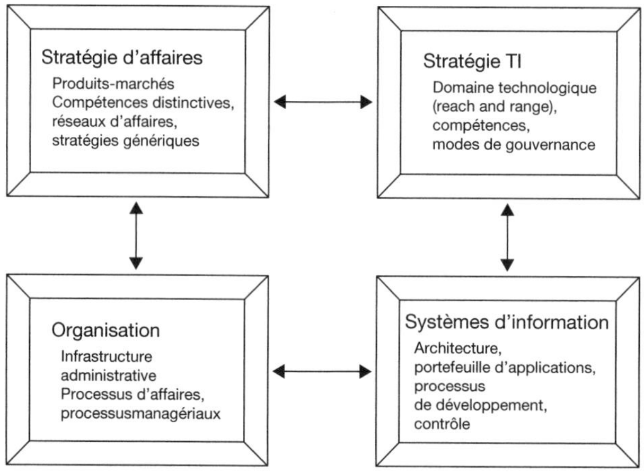

Figure 1 Le modèle de l'alignement stratégique (d'après Henderson et Venkatraman, 1993)

minants (action de la concurrence, innovation technologique, pression de l'environnement politique ou écologique…) et ceci dans des délais satisfaisants. L'alignement peut ainsi être vu comme une succession continuelle de différents co-alignements. Chaque co-alignement peut être caractérisé par trois domaines : un domaine d'*ancrage* qui déclenche et pilote le changement, un domaine *pivot*, intermédiaire, où est mis en œuvre le changement initial et un domaine d'*impact* correspondant à l'objet principal du changement.

Par exemple, un co-alignement de type « exécution de la stratégie d'affaires » est ancré par les choix de la stratégie d'affaires ; il déclenche des besoins de changements organisationnels (domaine pivot) qui vont à leur tour justifier la mise en place de nouveaux systèmes d'information (domaine d'impact). Un co-alignement de type « développement d'un avantage concurrentiel fondé sur les TI » a son domaine d'ancrage dans la stratégie TI ; il entraîne une modification des choix de la stratégie d'affaires (domaine pivot) qui justifie des changements dans l'organisation (modèle d'impact). Ces co-alignements ne constituent que la partie initiale du processus d'adaptation car les changements opérés dans le domaine d'impact justifient généralement des ajustements dans les autres domaines (par exemple les modifications de l'organisation entraînent la mise en place de nouveaux systèmes d'information ou l'adaptation des systèmes actuels).

Concrètement, le processus d'alignement stratégique s'incarne dans les différentes démarches de planification, en particulier dans la planification des systèmes d'information. Celle-ci a pour objet essentiel de traduire la stratégie systèmes d'information dans un schéma directeur qui décrit les objectifs à atteindre (c'est-à-dire les différentes applications à développer ou à modifier) et les ressources correspondantes à engager (ressources technologiques et managériales) selon un calendrier de réalisation. Traditionnellement, les méthodes de planification des SI étaient plutôt conçues pour assurer l'intégration fonctionnelle interne (par exemple, la méthode *Business Systems Planning* fondée sur l'analyse des processus de gestion) ou, au mieux, le co-alignement de type « exécution de la stratégie » (par exemple, méthode des facteurs clés de succès définissant les SI nécessaires au succès des choix stratégiques). L'exigence de cohérence globale appuyée sur des co-alignements variés implique une évolution profonde des méthodologies de planification (Chokron et Reix, 1987), un véritable renversement de leur logique traditionnelle. Finalement, quelle que soit la démarche de planification adoptée, l'analyse stratégique des apports potentiels des TI et de leurs modes de gouvernance constitue un préalable indispensable : stratégie d'affaires et stratégie des systèmes d'information doivent être construites de manière interdépendante. Mais l'application de ce principe, simple en apparence, ne se réalise pas sans difficultés.

2.2 Les difficultés de la mise en œuvre

On notera tout d'abord que le modèle de l'alignement stratégique a été contesté dans son principe même. S'appuyant sur l'observation de plusieurs entreprises, mettant en évidence le caractère rudimentaire voire inexistant des pratiques de planification, certains auteurs nient la réalité d'une stratégie planifiée, affirment le caractère émergent et opportuniste des choix stratégiques généraux comme de ceux appliqués aux systèmes d'information, considèrent qu'il y a indépendance des processus de développement des différents domaines et, par conséquent, dénient toute représentativité au modèle. Mais, même si l'on reconnaît la validité de ses principes, la mise en œuvre effective du modèle se révèle délicate en raison de plusieurs types de difficultés. L'amélioration des démarches de mise en cohérence apparaît désormais comme un programme de recherche prometteur.

L'origine des difficultés

Parce qu'elle postule l'interdépendance de quatre domaines d'action, la mise en œuvre d'une stratégie des systèmes d'information pertinente et cohérente est nécessairement complexe. À cette cause de caractère général se superposent deux autres séries de difficultés tenant, d'une part, aux spécificités du domaine des systèmes d'information et, d'autre part, à la nature même de l'objectif de cohérence.

Causes inhérentes à la nature même des systèmes d'information tout d'abord

Comme nous l'avons indiqué ci-dessus, la stratégie SI débouche sur la réalisation d'applications créatrices de valeur. Cette réalisation repose sur une définition correcte des besoins (informationnels et organisationnels) à satisfaire. Or, cette phase cruciale est, de manière générale, soumise à des écarts, bien connus, de formulation, de communication, de conception et de traduction en logiciels qui font qu'entre l'idée initiale de l'application (au niveau stratégique) et la réalisation effective peuvent apparaître des différences sensibles, tant au niveau des fonctionnalités qu'à celui des performances obtenues. En outre (cas fréquent), quand il y a véritable innovation technologique, les difficultés s'accroissent en raison de l'incapacité des utilisateurs à imaginer les usages efficaces d'une technologie qu'ils ignorent et de la tendance des spécialistes à surestimer les potentialités d'un nouvel outil. Pour ces différentes raisons, la stratégie réalisée (correspondant à la technologie en usage effectif) et la stratégie planifiée (correspondant à la technologie adoptée initialement) peuvent se révéler sensiblement différentes.

La stratégie systèmes d'information est, pour une part importante, contrainte par l'existant. Le portefeuille des applications correspond à une accumulation progressive de systèmes d'information développés à des époques différentes, sur des matériels différents, dans des langages différents avec des méthodologies différentes. Cet héritage encombrant impose des contraintes de compatibilité entre les nouvelles applications et les anciennes et limite, dans une certaine mesure, l'étendue des choix parce que les modifications à envisager sont parfois impossibles à réaliser dans les délais impartis. L'introduction accélérée des progiciels intégrés de gestion (*Enterprise Ressource Planning*) n'a pas éliminé totalement ce problème de cohérence interne aux SI (les progiciels intégrés ne couvrent pas toutes les fonctions et ne sont d'ailleurs qu'exceptionnellement implantés dans leur totalité). En outre, pour des raisons de sécurité, de coût ou de compétences disponibles, l'entreprise peut être amenée à renoncer à des changements radicaux dans son infrastructure technologique et se limiter à des changements incrémentaux correspondant à des modifications jugées «urgentes». Les alignements visés ne se révèlent pas obligatoirement réalistes.

Causes intrinsèques à l'objectif de cohérence ensuite

Il n'existe pas de théorie universelle de la cohérence! Si, a posteriori, on peut considérer comme cohérents des ensembles de choix (relatifs à la stratégie d'affaires, à la stratégie TI, à l'organisation, aux systèmes d'information) qui ont abouti à une performance satisfaisante, on ne dispose pas à l'heure actuelle de modèles prédictifs permettant de qualifier, *a priori*, un ensemble de décisions comme cohérentes, c'est-à-dire dépourvues d'effets antagonistes et porteuses d'effets synergétiques. Les tentatives de qualification du *fit* stratégique ou de l'intégration fonctionnelle entre deux domaines (intégration stratégie-structure, accord stratégie TI-stratégie d'affaires, intégration organisation-systèmes d'information...), selon des modalités de traitement variées (modération, corrélation, médiation, déviation de profil...) n'ont, jusqu'à maintenant, produit que des résultats peu convaincants (Chan *et al.*, 1997, Bergeron *et al.*, 2001). La cohérence est, par sa nature même, une réponse contingente que l'entreprise construit en fonction de ses ressources et de sa lecture de l'environnement; on peut à la fois observer que des solutions distinctes conduisent à des niveaux de performance sensiblement identiques et, qu'à l'inverse, la transposition, sans précautions, de formules réussies peut conduire à l'échec. La capacité d'anticipation et l'expression d'une vision claire au plus haut niveau semblent indispensables pour inspirer cette conception contingente de la cohérence.

Les directions de solution

L'amélioration de la capacité des entreprises à formuler puis implanter des stratégies SI adéquates est recherchée dans deux directions: théorique et pratique.

Au plan théorique, sans prétendre proposer une théorie explicative de la cohérence, les recherches actuelles ont pour objectif essentiel le repérage et la caractérisation des stratégies observables en liaison avec le niveau de performance. Par exemple, Saberwal et Chan (2001) ont essayé, à partir de la typologie des stratégies d'affaires (proposée à l'origine par Miles et Snow) en défendeurs, prospecteurs, analyseurs, de qualifier des profils d'utilisation des technologies de l'information : d'une part, par l'importance relative de quatre types de systèmes développés (supports opérationnels, systèmes d'information marketing, systèmes d'aide à la décision stratégique, systèmes interorganisationnels), d'autre part, par les critères d'efficacité retenus (efficience, flexibilité, exhaustivité). Ces profils d'utilisation (qui traduisent en partie la stratégie SI) sont ensuite rapprochés des niveaux de performance observés. L'étude montre des régularités intéressantes (pour les prospecteurs, la performance est associée à des choix SI orientés flexibilité alors que pour les défendeurs elle est associée à des choix orientés efficience...) et elle confirme qu'alignement et performance sont liés, selon des modalités différentes en fonction des catégories de stratégies d'affaires ; il semble, par exemple, que l'importance de l'impact de l'alignement sur le niveau de performance soit moins forte dans le cas des stratégies de type défendeurs. En outre, les résultats suggèrent qu'il ne s'agit pas seulement de piloter le niveau des investissements en TI comme le font parfois les praticiens (en se référant à des ratios du secteur d'activité) mais de gérer avec soin la nature même (le type) des systèmes à mettre en place. Selon la même logique d'approche, Bergeron *et al.* (2004) caractérisent des formes de co-alignement entre les quatre domaines et confirment l'impact de la qualité de l'alignement sur la performance de l'entreprise. L'alignement est repéré sous formes de combinaisons de co-alignements partiels (en accord ou en conflit) correspondant à des formes (*patterns*, *gestalt*) de choix relatifs aux quatre domaines. L'analyse empirique, portant sur cent dix entreprises de petite taille, permet de repérer des formes qui ont réussi. Ainsi, le groupe des entreprises les plus performantes présente-t-il des caractéristiques communes importantes : « *ces organisations ont agi stratégiquement en consacrant du temps et de l'argent à l'analyse des données sur leur performance passée et actuelle, cherchant à identifier des tendances et à prévoir le futur et étant proactives vis-à-vis des nouveaux marchés et des nouveaux produits. Elles ont parallèlement adopté une structure organisationnelle complexe où les tâches sont fortement formalisées, spécialisées et différenciées verticalement. De plus, leur stratégie TI met un fort accent sur l'exploration de l'environnement et sur l'usage stratégique des TI de manière telle que leur portefeuille d'applications soit pleinement justifié en termes de profitabilité, coût-efficacité et priorités organisationnelles. Finalement, associée à de hauts niveaux de croissance et de profitabilité, on observe une fonction TI structurée pour que le personnel spécialisé applique des méthodologies systématiques et complètes pour l'implantation et le management des technologies de l'information...* » (Bergeron *et al.*, 2004, p. 1013-1014). À partir de ce repérage initial de « formes idéales d'alignement », la recherche va consister à expliquer pourquoi ces formes conduisent au succès et sous quelles conditions la formule est transposable à d'autres entreprises et applicable dans le futur.

Sur un plan plus pratique, d'autres recherches se consacrent à l'amélioration des processus organisationnels d'alignement. Ainsi, par exemple, Reich et Benbasat (2000) considèrent-ils que l'alignement peut être caractérisé selon deux dimensions : une dimension intellectuelle (la qualité des plans stratégiques dans le domaine d'affaires et dans le domaine des TI) et une dimension sociale (compréhension et engagement réciproques des cadres responsables des métiers et des cadres responsables des systèmes d'information). Leurs études confirment le rôle majeur des connaissances partagées entre les deux catégories d'acteurs et le poids déterminant des pratiques de communication lors du processus de planification. L'objectif est double : il s'agit d'abord d'obtenir un alignement de court terme, c'est-à-dire une compréhension mutuelle et un accord sur des objectifs immédiats et, ensuite, un alignement de long terme, c'est-à-dire une vision commune du rôle des TI et de l'importance des SI dans la conduite de l'entreprise. De nombreuses autres études soulignent également l'importance du rôle des acteurs clés, en particulier celui de la direction des systèmes d'information (Lapon, 1999) dans la réussite des processus de mise en cohérence. Si le modèle de l'alignement stratégique semble ignorer la problématique de la contribution des acteurs, il n'en est pas moins vrai que le succès de son application concrète repose sur la collaboration effective de nombreux participants. Parce qu'il est de nature fondamentalement contingente (tout au moins dans l'état de nos connaissances actuelles), le succès de l'alignement, qui est en même temps le succès de la stratégie SI, repose, pour une large part, sur la capacité de l'organisation à mobiliser efficacement un ensemble de connaissances variées dans un processus d'apprentissage collectif fait, à la fois d'exploitation et d'exploration, conduisant à l'émergence de compétences distinctives tant au plan individuel qu'au plan collectif.

3 Conclusion

Comment une organisation peut-elle effectivement traduire les investissements consacrés aux technologies de l'information en une performance accrue, en termes de productivité, de parts de marché, de profitabilité ou de tout autre indicateur d'efficacité ? Cette question fondamentale, qui est au cœur des débats sur la stratégie des systèmes d'information, n'a pas encore reçu de réponse définitive. Cependant, à partir des réflexions des chercheurs comme des expériences des praticiens, quelques certitudes commencent à s'imposer et nous souhaiterions rappeler, en conclusion, les deux plus importantes à nos yeux. Tout d'abord que la performance n'est pas liée de manière directe à l'intensité de l'investissement en TI mais passe par des combinaisons de ressources variées et est très dépendante des emplois choisis. Ceci condamne à l'inefficacité les stratégies autonomes de certaines directions informatiques pour qui le succès se mesure au seul volume des investissements «arrachés» à la direction générale. En la matière, comme nous espérons l'avoir montré, cette autonomie stratégique n'a plus de sens aujourd'hui : la stratégie SI est un volet, souvent moteur, d'une stratégie globale, seule capable d'assurer la cohérence indispensable. Ensuite, que la recherche de la cohérence est un combat permanent. L'invention d'une forme d'alignement stratégique réussi ne garantit pas la pérennité de la performance. De plus en plus proches du marché, du client, des partenaires... avec le développement continu du *e-business*, les systèmes d'information sont exposés de plus en plus aux turbulences de l'environnement et les choix stratégiques qui les concernent doivent être continuellement questionnés et éventuellement remis en cause. Même si la plupart des dirigeants préfèrent des évolutions sous forme d'équilibres ponctués (modifications importantes périodiques séparées par de longs intervalles de stabilité), les conditions actuelles montrent que flexibilité et changement sont les clés du succès durable.

Bibliographie

Amami M. et Thèvenot J. (2000), «L'Internet marchand : caractéristiques et positionnement stratégiques», *Systèmes d'Information et Management,* Volume 5, n° 1, p. 5-39.

Bergeron F., Raymond L., Rivard S. (2001), "Fit in Strategic Information Technology Management Research : an empirical comparison of perspectives", *Omega,* Volume 29, n° 2, p. 125-142.

Bergeron F., Raymond L., Rivard S. (2004), "Ideal Patterns of Strategic Alignment and Business Performance", *Information and Management,* Volume 41, n° 8, p. 1003-1020.

Chan Y., Huff S., Barclay D.W., Copeland D.G. (1997), "Business Strategic Orientation, Information Systems Strategic Orientation and Strategic Alignment", *Information Systems Research*, Volume 8, n° 2, p. 125-150.

Chokron M. et Reix R. (1987), «Planification des systèmes d'information et stratégies de l'entreprise», *Revue Française de Gestion,* n° 61, p. 12-21.

Fimbel E. (2003), «Les facteurs décisionnels de l'externalisation des systèmes d'information : référentiels théoriques, éléments empiriques et proposition typologique», *Systèmes d'Information et Management,* Volume 8, n° 4, p. 31-60.

Henderson J.C., Venkatraman N. (1993), "Strategic Alignment : Leveraging information technology for transforming organizations", *IBM Systems Journal,* Volume 32, Issue 1, p. 4-17.

Jelassi T. and Enders A. (2004), *Strategies for e-business, creating value through electronic and mobile commerce,* Harlow, Pearson Education-FT Prentice Hall.

Lapon J.L. (1999), *La direction informatique et le pilotage de l'entreprise,* Paris, Hermès Sciences Publications

Porter M. and Millar V. (1985), "How information gives you a competitive advantage", *Harvard Business Review,* Volume 63, n° 4, p. 149-160.

Porter M. (1986), *L'Avantage concurrentiel (Competitive Advantage),* Paris, InterEditions.

Reich B. and Benbasat I. (2000), "Factors that influence the social dimension of alignment between business and information trechnology objectives", *M.I.S. Quarterly,* Volume 24, n° 1, p. 81-114.

Reix R. (1999), «Les technologies de l'information, facteur de flexibilité ?», *Revue Française de Gestion,* n° 123, p. 111-119.

Reix R. (2002), «Systèmes d'information et performance de l'entreprise étendue» dans Rowe F., *Faire de la recherche en systèmes d'information,* Paris, Vuibert, collection FNEGE, p. 335-349.

Reix R. (2004), *Systèmes d'information et Management des Organisations,* Paris, Vuibert, cinquième édition.

Saberwal R. and Chan Y. (2001), "Alignment between business and I.S. strategies: a study of prospectors, analyzers and defenders", *Information Systems Research,* Volume 12, n° 1, p. 11-33.

Sambamurthy V., Bharadwaj A., Grover V. (2003), "Shaping Agility through digital options: reconceptualizing the role of I.T. in contemporary firms", *MIS Quarterly,* Volume 27, n° 2, p. 237-263.

Scott-Morton M.S. (1991), *The corporation of the 1990's,* Oxford, Oxford University Press, traduction française: *l'Entreprise compétitive au futur,* Paris, Les Éditions d'Organisation, 1995.

Urbanisation des systèmes d'information

Christophe Longépé

Mots-clés : urbanisme, urbanisation, stratégie, retour sur investissement, architecture des processus métier, invariants du métier, architecture fonctionnelle, architecture applicative, architecture technique.

Résumé : s'il est habituel depuis longtemps de parler d'architecture des systèmes d'information, le concept d'urbanisme est plus récent mais s'est répandu rapidement. Il repose sur le constat qu'il est illusoire de vouloir reconstruire entièrement un système d'information en faisant table rase de l'existant, mais qu'au contraire les réorganisations et modernisations sont permanentes, un peu comme dans une ville. Après avoir défini l'urbanisme des systèmes d'information, explicité sa valeur pour l'entreprise et présenté les points essentiels, l'auteur aborde ici la démarche pratique pour organiser le (ou les) système(s) d'information d'une entreprise de façon suffisamment modulaire pour pouvoir rénover une fonction (par exemple, la gestion des stocks) sans paralyser l'ensemble de l'entreprise, tout en définissant les principes et les protocoles permanents qui assureront la cohérence et le fonctionnement de l'ensemble sur le long terme.

1 Qu'est ce que l'urbanisme des systèmes d'information ?

Le système d'information (SI) est aujourd'hui au cœur du fonctionnement de toute organisation et son efficacité en conditionne les performances. L'évolution constante des métiers et des techniques a complexifié les SI. Il est donc vital pour l'entreprise de les gérer avec rigueur et cohérence.

Comment refaire ou moderniser son système d'information, comment profiter à bon escient des avancées technologiques sans faire table rase du passé, dans des limites de coûts maîtrisés tout cela en maintenant son fonctionnement et la qualité de service pendant les travaux (Longépé, 2004) ? Tel est le challenge auquel l'urbaniste de système d'information est confronté en permanence.

Même si l'urbanisme des systèmes d'information est devenu depuis quelques années l'outil incontournable pour faire face à ce challenge, il est probablement utile de rappeler tout de même les définitions de base.

L'urbanisme des SI se définit comme les sciences et techniques de la construction et de l'aménagement des systèmes d'information.

L'urbanisation est, quant à elle, la démarche permettant de définir un ensemble de principes et de règles visant à transformer progressivement un système d'information dont la structure cible, composée d'un ensemble de services mutualisés, absorbe toute évolution des technologies et des organisations de façon maîtrisée et à moindre coût.

Plus précisément, l'urbanisation consiste à :

- analyser les systèmes d'information existants et les objectifs métiers les concernant ;
- concevoir des systèmes d'information cibles alignés sur les objectifs métiers et conformes aux règles de l'urbanisme ;
- élaborer les plans de convergence vers la cible ;

– mettre en œuvre les plans de convergence dans des projets.

2 Quelle valeur pour l'entreprise ?

Les systèmes d'information doivent être aptes à anticiper à moindre coût et à moindre risque les différents changements touchant l'entreprise (stratégiques, organisationnels, réglementaires, technologiques, etc.). L'urbanisme des systèmes d'information est un moyen efficace de répondre à ces enjeux grâce à l'agilité qu'il leur confère.

Plus précisément, l'urbanisme permet aux SI d'être à la hauteur des enjeux suivants :

- *la maîtrise des métiers, des produits et des marchés :* les SI doivent jouer un rôle majeur dans la mise en œuvre par chaque métier de sa stratégie (chaque stratégie métier intégrant également les orientations stratégiques de niveau entreprise). En particulier, les SI sont déterminants dans la conquête d'avantages concurrentiels et la politique de différenciation ;
- *la maîtrise du temps*: les SI doivent être réactifs tout en préservant la vision à plus long terme et en améliorant en permanence la cohérence et la qualité de service ;
- *la maîtrise des coûts :* les SI doivent contribuer à la maîtrise globale des coûts de l'entreprise (processus, organisation, ressources). Ils doivent eux-mêmes être conçus et fonctionner en respectant ces efforts d'économie ;
- *la maîtrise des risques :* qu'il s'agisse des risques financiers, opérationnels ou technologiques, les SI doivent aider à les identifier, à les mesurer et à les contrôler ;
- *la maîtrise des technologies*: sans céder aux effets de mode, il s'agit d'une part de se prémunir contre les risques d'obsolescence et d'autre part de tirer profit des évolutions technologiques pour offrir un service différenciant et de qualité.

3 Quels sont les fondamentaux de l'urbanisme des SI ?

3.1 Une trajectoire entre l'existant et la cible

La démarche consiste essentiellement à partir d'une photographie des SI existants, à faire un bilan des forces et des faiblesses par rapport aux objectifs assignés, puis à définir une cible respectant les principes et les règles d'urbanisme retenus et enfin, à engager les actions nécessaires pour s'approcher progressivement de la cible à l'occasion de la mise en œuvre des projets métier. Cette progressivité dans la mise en œuvre est illustrée par le schéma suivant (figure 1).

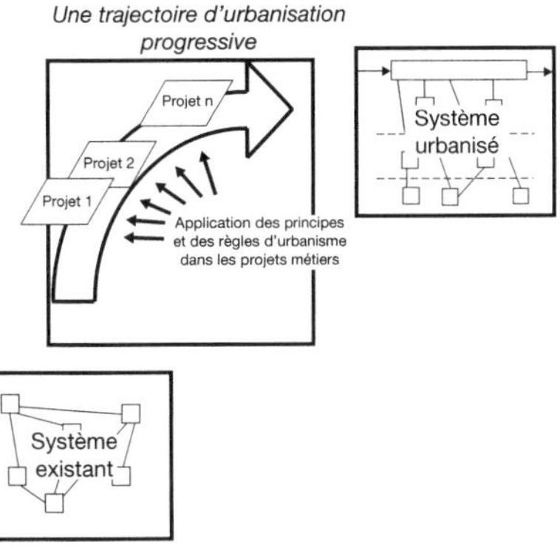

Figure 1 Une migration progressive rythmée par des projets métiers

Il est admis que la cible idéale ne sera peut-être jamais atteinte et qu'elle doit être révisée régulièrement au rythme des changements des objectifs métiers. Cependant l'existence même de cette cible constitue un point de référence permettant d'améliorer la gouvernance des systèmes d'information.

Cette approche peut être mise en opposition avec une approche plus radicale consistant à remplacer en une seule fois le système d'information existant. Elle privilégie à la fois la progressivité du retour sur investissement et la maîtrise des risques en gérant des étapes maîtrisables dans des contextes qui peuvent être particulièrement complexes, donc risqués.

3.2 Un système urbanisé est composé de blocs communiquant par échange de messages

La méthode propose trois niveaux de description des blocs de base des systèmes d'information : l'îlot, le quartier et la zone.

L'opération d'urbanisation va consister à « réorganiser » un système d'information où les frontières entre les blocs ne sont pas effectives, pour rendre ce système d'information modulaire et capable d'évolutions.

Pour cela, on s'appuie sur deux idées forces inspirées des concepts de l'orienté objet :

- l'idée de *« cohérence forte/couplage faible »* : il s'agit de définir des blocs pour lesquels les données et les traitements présentent une forte cohérence, c'est-à-dire présentent des relations fortes (par exemple, des contraintes d'intégrité entre des données) et un couplage faible, autrement dit une frontière bien délimitée, avec les blocs connexes (typiquement, les données du bloc « propriétaire » de celles-ci n'ont aucune association avec les données des blocs connexes) ;
- le concept *« d'encapsulation »* : un bloc est « propriétaire » de ses données et de ses traitements. Les don-

nées et les traitements qu'il contient sont masqués pour les autres blocs. Un bloc ne peut accéder aux données encapsulées dans un autre qu'en faisant appel aux services que propose celui-ci.

À partir d'une architecture «anarchique», on va donc découper, réglementer et clarifier l'agencement des blocs dans le but de produire des ensembles fortement cohérents et faiblement couplés du plus bas niveau possible.

La séparation du système d'information en blocs possédant ces caractéristiques permet de:
- limiter la portée des maintenances en cas de changement de structures de données;
- rendre neutre vis-à-vis du système d'information une modification dans les traitements d'un bloc;
- rendre possible une refonte progressive du système d'information.

Idéalement, un système urbanisé comporte des blocs de plus ou moins grosse maille, dont les frontières sont «imperméables» et qui communiquent entre eux par échange de messages. Le schéma suivant illustre ce principe.

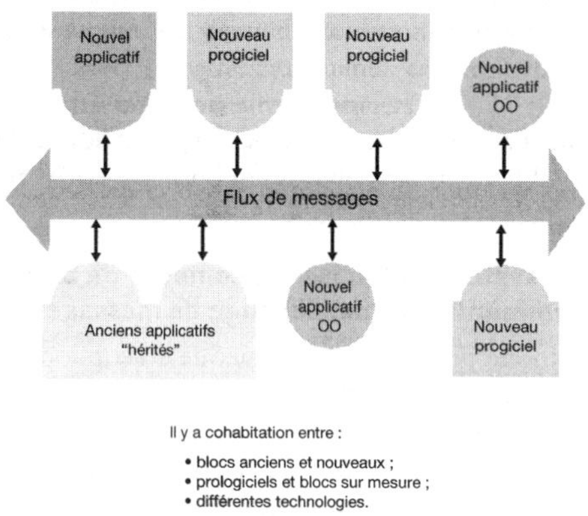

Figure 2 Les blocs cibles communiquent par échange de messages (Longépé, 2006)

À la frontière de chaque bloc, les échanges avec l'extérieur se font au moyen d'interfaces publiques que l'on appelle des «prises». Une prise est donc le moyen mis à la disposition du monde extérieur par un bloc pour proposer ses services. Ceux-ci peuvent être des services d'accès aux données dont il est propriétaire ou des traitements qu'il peut réaliser (calculs, etc.).

3.3 Les différentes perspectives

La figure 3 illustre les quatre perspectives à traiter par l'urbanisme des SI.

Le recueil des objectifs métier

Il s'agit d'avoir une vision claire des objectifs métier poursuivis avant d'engager des travaux d'aménagement des SI. S'il est hors du champ de l'urbanisme des systèmes d'information que de définir les objectifs métiers, en revanche, la collecte, la formalisation, la hiérarchisation et la quantification des performances attendues sont les points de départ de l'urbanisation.

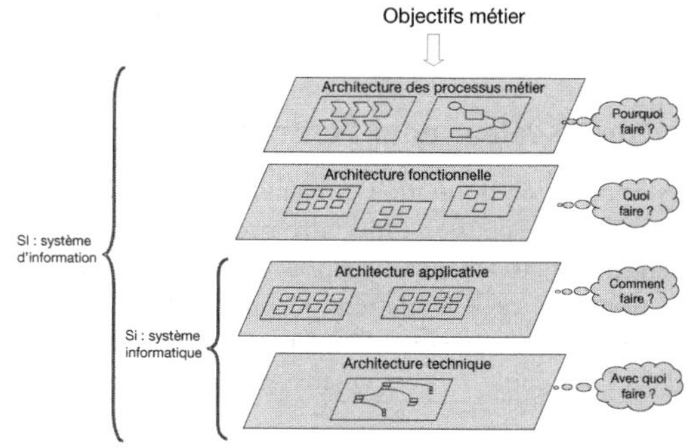

Figure 3 Les différentes perspectives de l'urbanisme (Longépé, 2006)

L'analyse des processus

L'analyse des processus et de leurs interactions est le moyen que privilégie l'urbanisme pour identifier les activités métier qui servent de briques de base au système d'information.

Ainsi, au niveau de l'urbanisme, les bénéfices attendus de l'analyse des processus sont principalement: de faire le lien avec les objectifs métier, de partir du besoin client pour identifier les activités métier et enfin de s'abstraire de l'organisation en mettant plutôt en évidence les invariants du métier.

La perspective fonctionnelle

Une fois les activités métier identifiées, il faut les classer et les structurer d'une façon optimale, c'est-à-dire en apportant un maximum d'agilité aux systèmes d'information concernés. À ce stade, l'urbanisme consiste donc à structurer l'intérieur de chaque SI sur la base des invariants du métier via des «césures» placées avec pertinence. Si le périmètre considéré est multi-SI, cet effort de structuration sera aussi à mener entre les différents SI.

La perspective applicative

Il s'agit cette fois de donner une traduction informatique au périmètre métier considéré. Les systèmes d'information, composés de briques fonctionnelles, sont traduits en systèmes informatiques, composés de briques applicatives.

La perspective technique

Cette dernière étape consiste à préciser les éléments d'infrastructure technique (serveurs, réseau, etc.) qui viendront en support au fonctionnement des briques applicatives.

3.4 Les principes

Pour apporter une réponse aux enjeux mentionnés précédemment, il convient de construire les systèmes d'information en respectant les principes d'urbanisme suivants : alignement des SI sur la stratégie, cohérence, subsidiarité, modularité et progressivité.

Alignement des SI sur la stratégie

L'urbanisation des systèmes d'information est une approche pilotée par la stratégie de l'entreprise et des métiers. Même si les considérations techniques sont prises en compte, le point de départ de toute démarche d'urbanisation est l'alignement du ou des SI sur la stratégie. Concrètement, la démarche doit permettre de faire le lien entre les différentes perspectives présentées au § 3.3 de manière à remonter aux enjeux métier pour toute décision.

Cohérence et subsidiarité

La subsidiarité vise à situer les décisions au plus près du lieu d'action. Toutefois, l'impératif de cohérence demeure et impose de respecter l'image, la stratégie et les intérêts de l'entreprise.

Concrètement, le juste équilibre entre cohérence et subsidiarité doit garantir l'intégrité, la fiabilité et l'interopérabilité des SI de l'entreprise.

La mise en place de référentiels d'entreprise ou locaux contribue au respect de ces deux principes, de même que la rationalisation et la normalisation des échanges d'information.

Modularité

Il s'agit de concevoir des systèmes d'information à partir de blocs autonomes et homogènes. D'une part, ce principe vise à promouvoir les synergies, les mutualisations et la réutilisabilité. D'autre part, il vise à faciliter les reconfigurations des SI lors des évolutions d'organisation ou des réorientations métier (par exemple les choix de multidistribution, de multiproduction, d'externalisation, de fusions/acquisitions...).

Progressivité

Il s'agit de mettre en œuvre la démarche d'urbanisation non pas au travers d'un grand projet d'entreprise dédié à cette problématique mais plutôt à l'occasion du lancement des projets métiers. La cible retenue est ainsi approchée jalon par jalon, en anticipant les ruptures prévisibles et en apportant chaque fois la satisfaction à une partie des objectifs métier. Les jalons correspondent à des mises en production de nouvelles versions du système. Ils doivent être positionnés de manière à éviter tout effet tunnel. Chacun doit apporter une valeur ajoutée aux métiers.

3.5 Les concepts

La figure 4 présente une synthèse des concepts et du vocabulaire : partant des métiers de l'entreprise, il fournit une vue d'ensemble des mots-clés utilisés :
- les objectifs métier (c'est-à-dire la stratégie) ;
- les processus, organisés en procédures et pilotés en vue de satisfaire les clients ;

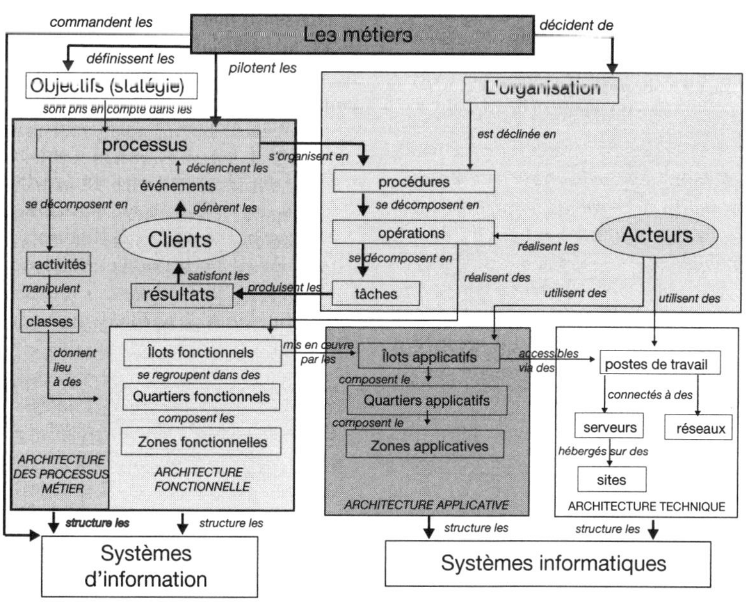

Figure 4 Les concepts de l'urbanisme. (Longépé, 2006)

- l'organisation, qui mobilise les acteurs de l'entreprise pour réaliser les opérations;
- les systèmes d'information, structurés en éléments fonctionnels;
- les systèmes informatiques (partie automatisée des systèmes d'information), structurés en éléments applicatifs et techniques.

3.6 Le corpus de règles

Les règles d'urbanisme peuvent être établies pour chacune des quatre perspectives de l'architecture et sont déclinées en règles d'urbanisme (obligatoires) et règles de bonne pratique (simples recommandations).

Chaque règle est justifiée par rapport aux cinq principes décrits précédemment (alignement des SI sur les métiers, cohérence, subsidiarité, modularité et progressivité). Par exemple, au niveau de la perspective fonctionnelle, la règle d'unicité des blocs est une règle obligatoire. Elle indique qu'au niveau de l'architecture fonctionnelle, un bloc fonctionnel ne doit pas être dupliqué.

4 Quelle démarche pour urbaniser?

La figure 5 illustre les grandes phases de la démarche méthodologique dans le cas d'un cycle typique de déroulement de l'étude comportant trois itérations pour définir la cible (phase «définition de la stratégie»).

La phase de revue des axes stratégiques permet de recueillir les éléments nécessaires à la compréhension de la stratégie d'entreprise, d'en préciser certains aspects et de définir les indicateurs de performance qui permettent le calcul du retour sur investissement global et pour chaque version prévue au plan de convergence vers la cible.

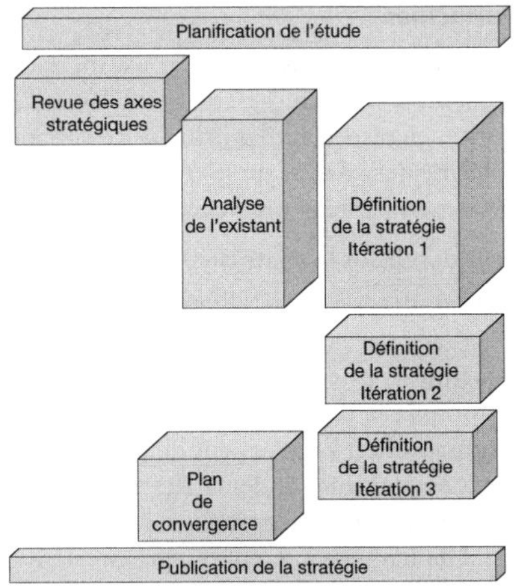

Figure 5 La démarche méthodologique (Longépé, 2006)

Les phases d'analyse de l'existant et de définition de la stratégie sont parcourues pour chacune des quatre perspectives du système d'information (architecture des processus métier, architecture fonctionnelle, architecture applicative et architecture technique). La séquence typique pour urbaniser est illustrée par la figure 6.

La phase dite plan de convergence est également fondamentale. Elle permet d'affiner le scénario de convergence vers la cible déjà esquissé dans les deux dernières itérations sur la définition de la cible. L'idée est de définir une version en moyenne tous les ans et pour chacune d'elles d'identifier et de décrire les projets de tous types (applicatif, infrastructure technique, conduite du changement etc.), d'estimer le coût et le retour sur investissement tout en tenant compte des contraintes techniques. Enfin, il faut admettre que la cible va devoir être réactualisée de manière régulière.

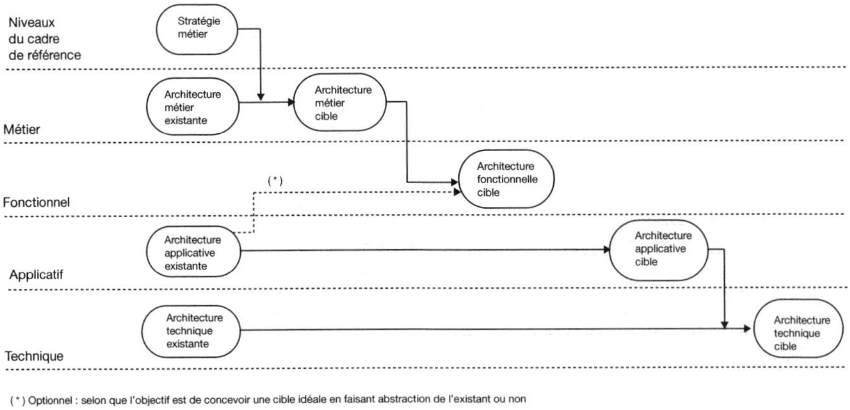

Figure 6 La séquence pour l'urbanisation (Longépé, 2006)

5 Conclusion

L'urbanisme des systèmes d'information est une discipline encore jeune mais qui s'est rapidement imposée au cours de ces dernières années à tel point qu'aujourd'hui :

- toutes les grandes entreprises publiques et privées ont des ressources dédiées quel que soit le secteur économique (banque, assurance, télécom, industrie, etc.) ;
- le club des urbanistes et architectes de SI (Club Urba-EA) compte aujourd'hui plus de cinquante entreprises adhérentes et approche la centaine de participants ;
- l'urbanisme des SI est enseigné dans la plupart des grandes écoles et universités ;
- le métier d'urbaniste des SI est défini et reconnu ;
- des approches similaires connaissent un vif succès à l'étranger et notamment aux États-Unis (*Enterprise Architecture*).

Les concepts et la démarche méthodologique sont maintenant relativement matures et bien diffusés et les points clés, pour faire de l'urbanisme des SI le levier de création de valeur qu'il promet d'être, sont :

- le management du processus d'urbanisation ;
- l'intégration de l'urbanisme au cœur des dispositifs de gouvernance des SI.

Bibliographie

Balantzian Gérard (2002). *Les systèmes d'information, art et pratiques.* Éditions d'organisation.

Boar Bernard (2000). *The art of strategic planning for information technology.* John Wiley & Sons.

Bonne Jean-Christophe et Maddaloni Aldo (2004). *Convaincre pour urbaniser le SI.* Hermès.

Caseau Yves (2005). *Urbanisation et BPM, le point de vue d'un DSI.* Dunod

Club Urba-SI (2003). *Pratique de l'urbanisme des systèmes d'information en entreprises.* Publibook.

Longépé Christophe (2003). *The enterprise architecture IT project, The urbanism paradigm.* Kogan Page.

Longépé Christophe (2006). *Le projet d'urbanisation du SI. Démarche pratique avec cas concret*, 3e édition, Dunod.

Merlin Pierre, Choay Françoise (1996). *Dictionnaire de l'urbanisme et de l'aménagement.* PUF.

Mingasson Michel (2000). *Architecture et pilotage des systèmes d'information.* Dunod.

Sassoon Jacques (1998). *Urbanisation des systèmes d'information.* Hermès.

Politique de sécurité

Daniel Guinier

Mots-clés : énoncé, information, méthodologie, outils, plan, politique, principes, règles, risques, sécurité, systèmes.

Résumé : alors que les systèmes d'information sont en mesure de favoriser les savoirs et la productivité, avec le support des technologies de l'information et de la communication, la sécurité de ces systèmes est concernée. Ce chapitre décrit les concepts et les bases relatives aux fondements de la politique de sécurité. Il présente une méthode pratique pour son élaboration et sa mise en œuvre. Une politique de sécurité de système d'information (PSSI) est attendue à l'initiative et avec le soutien de la plus haute autorité des organismes publics et privés. Elle est stratégique et édicte les principes et les règles qui répondent aux besoins de sécurité de chaque organisme. Elle se fonde sur un référentiel et sa construction nécessite l'appui d'une méthodologie. Le document résultant sera structuré, en énonçant des règles simples, pour être compréhensibles et applicables, et non ambiguës, pour être correctement appliquées. Sa dimension humaine est homologue à celle de la politique de qualité. Elle nécessite la sensibilisation et la coopération de tous. La responsabilisation est en rapport avec la charte ou le code qui découle d'une sélection de mesures, à partir de l'énoncé de la politique PSSI ainsi établie.

L'accomplissement des missions des organismes est soumis à un ensemble de règles et de pratiques qui régissent leur fonctionnement. Les systèmes d'information (SI)[1] contribuent à cet accomplissement et ne sauraient s'y soustraire. Le principal souci des organismes[2] est de garantir le maintien, sans compromission, des valeurs emblématiques essentielles de la sécurité des SI que sont la confidentialité, l'intégrité et la disponibilité, et de la preuve, en veillant au respect de toutes les obligations et des normes qui régissent les activités de ces organismes.

Il leur faut pour cela définir une direction et un mode de gestion pour la sécurité de leurs SI. Sinon, cette dernière serait vouée à l'errance, au gré de positions et d'évolutions contradictoires (cf. Guinier, 1997 pour la théorie du chaos appliquée à la sécurité). Aussi, la politique attendue, dénommée « politique de sécurité[3] », est dévolue à la bonne gouvernance en tant que *primum movens* au développement de la sécurité, pour éviter les conséquences de carences, d'engagements ou d'objectifs essentiels non atteints du fait de la compromission de la sécurité.

1. Un système d'information est vu comme un ensemble d'entités : *logiciels, matériels, réseaux, locaux, organisations, personnels*, organisé pour accomplir des fonctions de traitement d'informations, d'après la définition du glossaire OTAN AAP-31(A) du 15/05/03.
2. Au sens large : entreprise, association, organisation, État, organisme sous-tutelle, y compris décliné en filiale, établissement, département, ministère, administration particulière, collectivité territoriale ou locale, etc., ou établie en groupe, en communauté, etc.
3. Avec les variantes usuelles : « politique de sécurité interne » (PSI) et « politique de sécurité des systèmes d'information » (PSSI).

1 Généralités

1.1 Définitions

La politique de sécurité des systèmes d'information est fondée sur un ensemble formel et légitime traduit, selon des principes fondateurs, sous forme de lignes directrices et de règles concertées pour conduire et gouverner[1] la sécurité. Elle s'impose au pilotage et au contrôle et participe ainsi à la protection des ressources en SI et au-delà, au maintien des activités critiques et de l'intégrité de tout organisme.

La politique de sécurité est constituée de principes et de règles répondant aux besoins de sécurité de l'organisme dans son entier[2], indépendamment de tout produit ou technologie.

Une politique de sécurité particulière, appliquée à un domaine ou à une partie du SI, telle que la politique de sécurité des réseaux par exemple, vient en complément de la politique de sécurité des SI, qui ellemême s'inscrit dans la politique générale de sécurité de l'organisme. Il y a lieu cependant de s'interroger sur l'opportunité de multiplier les politiques, plutôt que de préciser ou compléter la politique de sécurité des SI, de façon à maintenir la cohérence et ne pas introduire d'ambiguïté, en veillant à respecter les mêmes fondements et concepts. En outre, la «politique de sécurité» se distingue par son indépendance technologique et se place au-dessus des «politiques de sécurité », satisfaites par des objectifs de sécurité[3] et constituées de règles et procédures techniques imposées au fonctionnement d'une partie d'un système ou d'un dispositif.

Les principes sont l'expression des orientations et des caractéristiques principales de la sécurité des SI, sous forme de propositions essentielles qui matérialisent la politique.

Les règles définissent les lignes de conduite et les comportements imposés et prévus dans la politique, par la déclinaison des principes appliqués à un contexte donné.

1.2 Contexte de la politique de sécurité

Les organismes sont confrontés à une forte dépendance vis-à-vis de leurs systèmes d'information en réseau, mais aussi de services extérieurs qu'ils ne maîtrisent pas eux-mêmes et qui constituent les grands réseaux: transport d'électricité, télécommunications, secours, etc. La mondialisation et les événements liés au développement du terrorisme et aux catastrophes climatiques et industrielles interpellent les États et les entreprises, renforcent les sentiments d'insécurité, et les obligent à intégrer cette donne dans leurs stratégies[4]. À ceci s'ajoutent la frénésie des techniques, les vulnérabilités qui ne sont pas toujours corrigées (Guinier, 2002, p. 351-354), voire pas connues, et l'ouverture croissante des SI:

- *à l'intérieur*, avec le développement des services intégrés et des communications entre applications qui fonctionnaient précédemment en mode autonome;
- *à l'extérieur*, en direction de systèmes d'information d'autres structures, au travers de coopérations, ou de systèmes et architectures mobiles: PDA, microordinateurs portables, etc., notamment pour l'accès et la transmission des informations par des utilisateurs du même organisme;
- alors que les menaces sont conjuguées de l'intérieur et de l'extérieur, qu'il existe des précédents, non connus ou mal appréhendés, laissés sans suite ou incomplètement traités, et en même temps de fortes pressions concurrentielles et des impératifs légaux et d'image.

Les modes de coopération consécutifs, internes et externes, impliquent une plus grande vigilance et la maîtrise des risques vis-à-vis des systèmes et des informations. Ils entraînent aussi de nouvelles responsabilités juridiques, lesquelles nécessitent à leur tour la traçabilité et l'auditabilité des opérations et au-delà, une prise en compte globale, avec des préoccupations de surveillance et de patrimoine.

1.3 Objectifs de la politique de sécurité

La politique de sécurité a pour objectifs de constituer à la fois:

- un schéma général, en fonction des missions, des valeurs et de la culture de l'organisme. Il s'inscrit dans son système de gestion et dans un volet du schéma directeur du SI, ou plus spécifiquement dans le schéma directeur de la sécurité des SI;
- un cadre de référence pour la sécurité des SI et les liens avec les systèmes d'autres établissements et organismes. Ce cadre pourra également être utilisé pour l'élaboration de certains cahiers des charges à destination des partenaires, clients et fournisseurs;

1. De même que l'on parle de la gouvernance informatique et des SI, en termes de pilotage et de contrôle.
2. Ce qui justifie l'appellation de politique de sécurité interne (PSI).
3. Certains objectifs de sécurité contribuent à satisfaire ces politiques et d'autres servent à contrer les menaces qui sont vues comme des violations potentielles de la sécurité: accidentelles ou dues à des dysfonctionnements, le fait d'erreurs, ou encore délibérées ou malveillantes.
4. Alors que, par ailleurs, le CIGREF, le Club informatique des grandes entreprises françaises (plus d'une centaine de membres) et le Syntec Informatique, la chambre syndicale des SSII et des éditeurs de logiciels (environ 500 membres), ont signé une charte en 2003, pour la mise en commun de leurs expertises et volontés, avec pour finalité de disposer de règles de réussite destinées à différents métiers des SI.

- un guide pour aider la démarche d'initiation et de développement de la sécurité des SI, en suivant les principes fondés qui sont documentés ;
- répondant ainsi au souci de l'ensemble des organismes, quant à la garantie du maintien de la sécurité des SI, en fonction du contexte : politique, social, économique, technologique, etc., en visant la protection de leurs SI, et en particulier celle des éléments critiques, afin d'en assurer la pérennité, y compris en cas d'incidents de sécurité plus ou moins graves, voire en situation catastrophique.

La politique de sécurité est à même de traduire le volet sécurité d'un schéma directeur en règles applicables et de contrôler la conformité de ce dernier avec les objectifs et les contraintes de l'organisme. À l'inverse, elle peut servir à l'élaboration de ce volet, en décrivant la mise en œuvre des règles. Cette réciprocité est une propriété importante de son rôle, principalement en termes de conception, de mise en œuvre et de réévaluation de la sécurité pour l'organisme.

1.4 Portée de la politique de sécurité

La portée vise à déterminer le champ d'application de la politique de sécurité qui s'applique :
- à tous les systèmes d'information, opérationnels, développés, et à développer, de tous les sites de tous les établissements de l'organisme ;
- à tous les employés de l'organisme, quel que soit leur niveau hiérarchique, leur statut, et leur contrat de travail, y compris ceux qui sont détachés, en stage ou en régie ;
- toutes les personnes : consultants, fournisseurs[1], stagiaires, sous-traitants, partenaires, etc., ayant un accès quelconque à l'un ou l'autre des SI de l'organisme, sans en être les employés.

Elle concerne les secteurs public et privé, et les organismes de tous les domaines et de toutes les tailles, s'agissant d'un ministère ou de l'un de ses établissements, d'une entreprise nationale ou multinationale, ou d'une grande entreprise ou d'une simple PME/PMI.

1.5 Place de la politique de sécurité

Dans le « système sécurité », la place de la politique de sécurité répond à son but qui s'inscrit dans une dimension stratégique et à ses finalités qui sont de :
- fournir un ensemble global et cohérent pour aider les responsables qui sont en charge des mesures et des consignes et de la gestion de la sécurité ;
- promouvoir la coopération dès l'élaboration, avec la sensibilisation aux risques et aux moyens de s'en prémunir ;
- favoriser la confiance des utilisateurs légitimes, en mettant à leur disposition un dispositif sécuritaire non contraignant et efficient, et également la poursuite des liens et des bonnes relations avec les partenaires ;
- au regard de lignes directrices applicables à l'organisme à l'endroit de ses SI.

Le développement de la sécurité, selon le schéma directeur de la sécurité des SI (SDSSI), débute par une réflexion sur la mission de l'organisme, les systèmes d'information, les services et les informations dont l'organisme dépend. Il s'ensuit la spécification du SI, l'expression des besoins et l'analyse des risques, acceptables et non acceptables. Les objectifs de sécurité sont définis, pour le système et son environnement, par rapport aux menaces, aux hypothèses et aux politiques. Les mesures techniques et non techniques qui en découlent sont regroupées dans les plans d'actions pour déboucher sur des solutions techniques dont les failles sont à corriger en fonction des avis diffusés ou d'attaques constatées.

La figure 1 présente la politique de sécurité des SI dans le contexte systémique du « système sécurité ».

La direction et le pilotage respectent les règles formulées dans la politique de sécurité des SI, issue de la réglementation, des obligations et des stratégies de l'entreprise, les politiques de sécurité techniques, pour contrer les menaces, mais aussi les tableaux de bord de la sécurité des SI. Ces derniers font la jointure avec le contrôle qui comprend les audits et les tests, pour la validation et la maintenance de l'ensemble.

La responsabilisation est en rapport avec la charte de bon usage et le code de pratique, relativement aux procédures et aux mesures sélectionnées, et à l'organisation et à la communication, selon le degré de besoin, en fonction des normes. À ceci s'ajoutent la sensibilisation aux risques, la documentation et la formation, concernant les consignes à appliquer et les solutions en place, pour établir la synergie attendue. En outre, le facteur humain reste essentiel, autant pour l'alimentation des tableaux de bord que pour l'interprétation des résultats et la prise de décision, malgré les automatismes à envisager. C'est pourquoi la politique de sécurité apparaît aussi comme un instrument de gestion des risques.

2 Formalisation de la politique de sécurité

La formalisation vise son explicitation afin de la porter à la connaissance de façon affirmée, fondée et

1. En éclairant sur les choix en termes de gestion des risques pour susciter la confiance des utilisateurs et des partenaires envers le SI, et informer la maîtrise d'ouvrage (MOA) et la maîtrise d'œuvre (MOE) des enjeux.

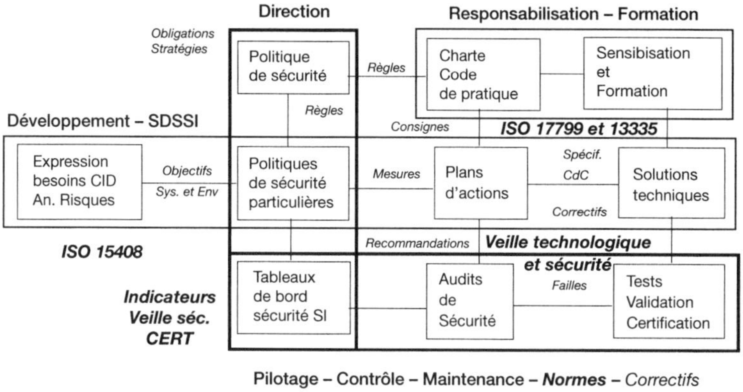

Figure 1 Diagramme du contexte systémique du «système sécurité»

documentée, en prenant en compte des propriétés essentielles.

Propriétés de la politique de sécurité

Les propriétés essentielles d'universalité, de clarté, de décomposabilité et d'auditabilité, devront être respectées au vu de l'explicitation de la politique de sécurité :

- *la politique de sécurité doit être universelle.* Pour cela, elle s'appuiera au maximum sur les règles génériques applicables à tous niveaux et domaines. Ceci implique non seulement la robustesse des principes, mais également l'admission par tous des règles édictées et l'indépendance technologique lors de sa conception. L'implémentation et les aspects techniques seront traités par ailleurs, à un tout autre niveau ;
- *la politique de sécurité doit être claire.* Pour cela, elle devra être conçue de façon structurée, et énoncer des règles simples pour être compréhensibles, donc applicables, et non ambiguës, pour qu'elles puissent être correctement et totalement appliquées. La lecture du document correspondant, avant sa validation, par des personnes de qualité et de culture différentes, et lors d'un audit, devrait permettre d'éviter cet écueil ;
- *la politique de sécurité doit être décomposable.* Pour cela, elle devra offrir la possibilité d'un découpage par domaine ou politique particulière, ou toute autre répartition utile, en préservant la cohérence globale de l'ensemble, pour éviter des difficultés de maintenance ou une inconsistance de son évolution. L'étude du périmètre et sa répartition en principes participent à cela ;
- *la politique de sécurité doit être auditable.* Pour cela, elle devra non seulement être claire, mais encore comporter des règles précises, pour permettre des vérifications objectives, et mesurables, pour traduire la réalité de son application et donc son existence. Ce point est capital, puisque la politique constitue le moteur du développement de la sécurité. Elle devra pour cela comporter des règles de contrôle et d'audit.

Explicitation de la politique de sécurité

Le document de politique de sécurité constitue le premier émis à ce propos, au nom de la direction générale ou d'un gouvernement. Il sera construit pour être facilement révisé et adapté en fonction de l'évolution du contexte, du fait de modifications du SI, des processus, de l'organisation, etc., de l'évolution des risques, du fait des menaces et de besoins de sécurité, et enfin, des changements fondamentaux dans les enjeux et les contraintes.

Il est donc important de cerner les enjeux de la rédaction en un texte unique ou en plusieurs, chacun affecté à une partie particulière. Le choix sera souvent fait en fonction de la taille et des domaines de l'organisme. Lorsque la taille est importante ou quand l'organisme relève de plusieurs domaines, il est souvent jugé utile de disposer de documents séparés par niveau, où chaque niveau fait référence au niveau supérieur, ou par domaine. Pour la rédaction et la révision, ce choix est tout aussi primordial que le fond et la forme.

Dans l'énoncé, il s'agit d'établir la prise en charge, les responsabilités et l'organisation associées à la politique, en prenant en compte les personnes et les biens matériels et immatériels, tels les logiciels, les données, les informations, les compétences, et tout autre patrimoine à protéger, au vu de l'état actuel et du devenir, en traitant du cycle de vie. En outre, les principes qui s'appliquent ne devraient pas être remis en cause par la conjoncture, contrairement aux règles elles-mêmes qui auront à s'adapter.

Les documents de sécurité peuvent être représentés par niveaux. Au niveau stratégique se situe le document de politique de sécurité, à caractère non technique indiquant aux responsables les axes à suivre[1]. La charte de bon usage des SI, constituée de quelques pages à caractère directif, découle du document de politique de sécurité des SI. Elle sera signée par tous, au même titre que le règlement intérieur de l'organisme. Au niveau tactique, se situent la charte de bon usage ou le code de bonnes pratiques, les plans d'action, les guides techniques, les standards et les normes à appliquer et les recommandations, expliquant l'implémentation de la politique de sécurité. Ils apparaissent comme des documents complémentaires[2]. Au niveau opérationnel, se trouvent les procédures et les listes de sécurité[3]. Les procédures sont des documents à caractère opérationnel et technique qui décrivent clairement les étapes à suivre pour un objectif de sécurité à atteindre. Les listes sont diverses : listes d'appel, de moyens, etc.

3 Bases de la politique de sécurité

Les fondements génériques de la politique de sécurité s'appuient sur des bases de légitimité, avec les directives, les recommandations, les codes, etc., sur des bases normatives, constituées des standards et des normes, et sur les bases de confiance, avec la certification des systèmes, des organismes et des professionnels de la sécurité des SI. À ces fondements génériques s'ajouteront ceux de l'organisme, en fonction de ses valeurs particulières et de son propre référentiel.

3.1 Légitimité de la politique de sécurité

Avec d'un côté, le développement du caractère universel et de l'usage légitime des systèmes interconnectés et portables, et de l'autre, le constat de croissance de la cybercriminalité et la nécessité de se prémunir et de lutter contre la malveillance, il convient d'introduire les bases de légitimité de la politique de sécurité. Celles-ci reposent sur des lignes directrices et la coopération, sur l'éthique et la déontologie professionnelles, et sur les lois et règlements, de diverses sources, aux plans international, européen et national.

Lignes directrices

Les lignes directrices de l'OCDE[4] régissant la sécurité des systèmes d'information fournissent un cadre général. Elles soulignent l'importance de la culture sécuritaire et de la coopération, et du processus continu de gestion des risques pour prendre en compte les évolutions du contexte, au vu du nombre d'interconnexions en réseaux, et de la quantité de données sensibles traitées et transmises, et des nouveaux enjeux stratégiques : commerce électronique, projets ministériels, etc. Aussi, les règles de la politique de sécurité devraient respecter les principes adoptés dans la recommandation du Conseil de l'OCDE du 25 juillet 2002 : démocratie, éthique, sensibilisation, responsabilité, réaction, évaluation des risques, conception et mise en œuvre de la sécurité, gestion de la sécurité, réévaluation.

Éthique et déontologie

Les codes d'éthique des métiers des technologies de l'information fournissent un cadre général de conduite sous forme de principes généraux et de règles à appliquer de façon impérieuse. C'est le cas au plan international, à l'initiative des principales associations suivantes :

- l'ACM[5], dont le code révisé en 1992 porte le nom de « Code d'éthique et de conduite professionnelle », avec vingt-quatre règles à respecter réparties selon quatre principes : moralité, responsabilités professionnelles, impératifs de leadership, et respect du code ;
- l'(ISC)2[6], dont le code porte le nom de « Code d'éthique », avec vingt-deux règles à respecter réparties selon plusieurs principes : préambule, règles, protection de la société et des infrastructures, honorabilité, honnêteté, justesse, responsabilité et respect de la loi, diligence et compétence, et enfin pro-

1. Il est de la responsabilité de la plus haute autorité : direction générale ou ministérielle. C'est à ce niveau que vont être approuvés les objectifs de sécurité et les budgets, en fonction des priorités stratégiques et que les responsables de la sécurité des systèmes d'information (RSSI) doivent obtenir la reconnaissance et l'appui indispensables pour asseoir leur crédibilité vis-à-vis des cadres et des utilisateurs des systèmes d'information.
2. Il est de la responsabilité des administrateurs. C'est à ce niveau que vont être mis en œuvre des orientations retenues, en proposant les normes, l'architecture et les moyens les plus adaptés, et en menant une sensibilisation permanente.
3. Il est de la responsabilité des utilisateurs. À ce niveau leur contribution est déterminante pour le strict respect des consignes et l'empressement à rendre compte des failles de sécurité, s'ils sont sensibilisés.
4. Organisation de coopération et de développement économiques (OCDE) : « Lignes directrices régissant la sécurité des systèmes et réseaux d'information – vers une culture de la sécurité », du 29 juillet 2002, faisant suite aux précédentes « lignes directrices régissant la sécurité des systèmes d'information », du 26 novembre 1992.
5. L'Association for Computing Machinery, est une association académique qui délivre notamment le Prix Turing, le « Prix Nobel des informaticiens » ; http://info.acm.org/constitution/code.html.
6. L'International Information Systems Security Certification Consortium délivre notamment la certification professionnelle en sécurité des SI : CISSP, la plus reconnue au niveau international à ce jour, de même que les approfondissements ISSMP en management de la sécurité, et ISSAP en architectures de sécurité ; www.isc2.org.

grès et protection de la profession en matière de sécurité des SI;

- l'IEEE[1], dont le code révisé en 1990 porte le nom de «Code d'éthique», énonçant dix commandements à respecter par les membres, sans référence à des principes;
- le portail «onlineethics.org», présente des codes d'éthique[2] professionnels en nombre, similaires ou différents, desquels il est possible de tirer des principes plus ou moins proches de l'organisme.

En France, le CLUSIF[3], a établi un code sous le nom de «Code d'éthique des métiers de la sécurité des SI». Il comporte douze règles générales réparties selon quatre principes, en cinq parties à destination des consultants, au niveau du schéma directeur de la sécurité des SI (SDSSI), et des intervenants, aux niveaux de la conception détaillée, de la réalisation, du contrôle, et de la maintenance.

Du point de vue catégoriel, et à titre exemplaire en matière de santé, le code de déontologie médicale français précise son attachement strict à la confidentialité des informations médicales des patients par son article 73: *«le médecin doit protéger contre toute indiscrétion les documents médicaux concernant les personnes qu'il a soignées ou examinées quels que soient le contenu et le support de ces documents»*.

Lois et règlements

Au plan international, l'Organisation des Nations Unies a notamment émis des principes concernant les garanties minimales qui devraient être prévues dans les législations nationales. Au plan européen, le Parlement et le Conseil européens ont récemment établi une convention contre la cybercriminalité, et émis diverses directives[4], résolutions et recommandations. Ces éléments sont transcrits dans la législation des États de l'Union européenne, et des autres qui y ont adhéré selon un traité. Au plan national, il s'agit de connaître les principales dispositions en matière pénale concernant les systèmes d'information et les informations elles-mêmes, au regard de qualifications liées aux:

- *atteintes aux personnes*, en rapport avec la protection de la vie privée et celle des données nominatives[5], le secret des correspondances[6] et le secret professionnel, et avec les obligations des fonctionnaires[7], la liberté de communication, et la cybersurveillance;
- *atteintes à la propriété intellectuelle*, en rapport avec la protection du droit d'auteur[8], celle des bases de données[9], du savoir-faire et du secret de fabrique,
- *atteintes aux biens*, en rapport avec le vol, l'escroquerie, les détournements, les dégradations, les détériorations et les destructions;
- *atteintes aux systèmes d'information*[10], et en rapport avec la fraude informatique et plus largement, le cyberterrorisme;
- *atteintes à la confiance publique*, les faux et usage de faux, et la sécurité quotidienne[11];
- *atteintes aux intérêts de la nation et au secret de la défense nationale*, et en rapport avec la protection du secret et des intérêts économiques, et au vu des signaux parasites compromettants, du sabotage et du terrorisme ;
- auxquelles s'ajoutent les dispositions liées à la signature électronique[12] et aux obligations en matière de cryptologie[13] et de déclarations à la CNIL[14] concernant les données à caractère personnel.

3.2 Normes relatives à la sécurité des SI

Les normes ISO/IEC[15] sont des accords internationaux documentés contenant des spécifications techniques, ou d'autres critères, destinés à être utilisés systématiquement en tant que règles, lignes directrices ou définitions pour s'assurer que des matériaux, pro-

1. L'Institute of Electrical and Electronics Engineers, est également une association académique qui élabore les diverses normes IEEE; www.ieee.org/organizations/eab/apc/ceaa/operations/code_of_ethics. htm.
2. À la page http://onlineethics.org/codes/.
3. Le Club de la sécurité des systèmes d'information français; www.clusif.asso.fr/fr/clusif/adhesion/pdf/ethique_metier. pdf.
4. Directive européenne n° 92/96/CE du 19 décembre 1996 relative aux signatures électroniques.
5. Loi n° 78-17 du 6 janvier 1978 relative à l'informatique et aux libertés, modifiée par la Loi n° 2004-801 du 6 août 2004 relative à la protection des personnes.
6. Loi n° 91-646 du 10 juillet 1991 relative au secret des correspondances.
7. Loi n° 83-634 du 13 juillet 1983 relative aux droits et obligations des fonctionnaires.
8. Loi n° 85-660 du 3 juillet 1985 relative aux droits d'auteur et Loi n° 94-361 du 10 mai 1994 relative à la protection juridique des logiciels.
9. Loi n° 98-536 du 1er juillet 1998 relative à la protection juridique des bases de données.
10. Loi n° 88-19 du 5 janvier 1988 relative à l'atteinte aux SI: intrusion, maintien, modification, etc., et loi n° 2004-575 du 21 juin 2004 pour la confiance dans l'économie numérique (LEN).
11. Loi n° 2001-1062 du 15 novembre 2001 sur la sécurité quotidienne (LSQ).
12. Loi n° 2000-230 du 12 mars 2000 sur la preuve électronique et décret n° 2001-272 du 30 mars 2001 sur la signature électronique.
13. Décret n° 98-102 du 24 février 1998 sur l'agrément en cryptologie définissant les conditions dans lesquelles sont agréés les organismes gérant pour le compte d'autrui des conventions secrètes de cryptologie en application de l'Art. 28 de la loi n° 90-1170 sur la réglementation des télécommunications; arrêtés du 13 mars 1998 en matière de cryptologie; décrets n° 99-199 et n° 99-200 du 17 mars 1999 sur le régime déclaratif en cryptologie; Décret n° 2002-688 du 2 mai 2002 et décret n° 2002-997 du 16 juillet 2002 sur les obligations en cryptologie; arrêté du 26 juillet 2004 sur les prestataires de services de certification.
14. Commission nationale de l'informatique et des libertés.
15. ISO: International Standards Organisation, et IEC: International Electrotechnical Commission.

duits, processus, services et systèmes sont aptes à l'emploi. Il est donc naturel que les règles qui découlent de la politique de sécurité des SI soient conformes aux normes sécuritaires existantes. En conséquence, les principes de sécurité sélectionnés devront permettre la couverture de l'ensemble des domaines de la norme ISO/IEC 17799, ainsi que l'ensemble des sections de l'ISO/IEC 13335, tout en assurant la compatibilité avec les critères de l'ISO/IEC 15408[1].

La norme ISO/IEC 17799 est un code de pratique destiné à la gestion de la sécurité de l'information. Elle est vue comme une compilation de mesures à adopter en matière de sécurité, mais sans indiquer la façon de les mettre en œuvre. Elle est constituée en dix chapitres applicables à la gestion de la sécurité des organismes. En outre, le premier chapitre est consacré à l'élaboration de la politique de sécurité et décrit les domaines qui sont contenus dans le document de politique de sécurité générale.

La norme ISO/IEC 13335 est un référentiel de lignes directrices pour la gestion de la sécurité des technologies de l'information (TI). Elle est constituée de cinq parties: ISO/IEC 13335-1: 1996 : concepts et modèles pour la gestion de la sécurité, ISO/IEC 13335-2: 1997 : gestion et planning de la sécurité, ISO/IEC 13335-3: 1998 : techniques pour la gestion de la sécurité, ISO/IEC 13335-4: 2000 : sélection de sauvegardes, et ISO/IEC 13335-5: 2001 : guide pour la gestion de sécurité du réseau.

La norme ISO/IEC 15408 est un référentiel de critères de fonctionnalités et d'assurance de sécurité. Ces critères, connus sous le nom de «critères communs» de la sécurité des technologies de l'information, ont été élaborés de façon générique et sont reconnus pour l'évaluation de la sécurité d'un système ou d'un produit. En outre, la norme établit la nécessité d'une politique de sécurité en première étape pour prétendre le niveau de confiance à accorder au système ou produit, en vue de sa certification.

La norme ISO 9001 est certes un référentiel attaché à la qualité mais, en imposant la formalisation des processus de l'organisme, elle apporte une connaissance fondamentale pour l'étude d'impact. Elle est donc souhaitable, de ce point de vue, mais aussi au vu de la démarche qualité dont peut s'inspirer la sécurité, pour favoriser la coopération, et du fait que sécurité et qualité sont peu séparables et inclus dans la sûreté de fonctionnement des systèmes et, par extension, des organismes eux-mêmes.

1. Et de façon spécialisée, la norme ISO/IEC TR 18044: 2004, concernant la gestion d'incidents de sécurité des SI.

3.3 Confiance vis-à-vis de la sécurité des SI

La confiance découle d'une part de la formation des utilisateurs et des administrateurs des SI et d'autre part, de la certification des systèmes, de l'organisme, et des professionnels de la sécurité des SI, selon un schéma de certification à respecter:

- *la certification de tout ou partie d'un système* sera établie au niveau d'assurance demandé, suite à une approbation de l'évaluation, selon la norme ISO/IEC 15408 et à la délivrance d'un certificat pour ce niveau par la DCSSI[2] en France, ou à l'étranger par une des agences gouvernementales habilitées à délivrer ces certificats[3], en reconnaissance mutuelle des résultats;
- *la certification de la gestion de la sécurité* d'un organisme sera établie, suite à une approbation de l'évaluation selon les normes ISO/IEC 17799 ou 13335 et délivrance d'un certificat par un cabinet d'auditeurs agréé, de même que pour la gestion de la qualité selon la norme ISO 9001;
- *la certification de la compétence* des professionnels de la sécurité sera établie, suite à l'évaluation des connaissances, au niveau international par l'(ISC)2 et délivrance des certificats CISSP, ISSMP et ISSAP, avec reconduction tous les trois ans, sous condition de démonstration du maintien des connaissances au vu de l'état de l'art et des nouvelles exigences.

Sans être une fin en soi, pour un système ou un organisme, la visée et la garantie des exigences d'application des normes sont à considérer comme des bases de confiance, tout comme la garantie de compétences pour la politique en est un préalable.

4 Élaboration de la politique de sécurité

4.1 Approche de la politique de sécurité

L'élaboration de la politique de sécurité relève d'une approche holistique, à la fois systémique (Guinier, 1991), pour prendre en compte les liens et les interactions entre les constituants et l'environnement, synergique, pour considérer les angles technique, organisationnel et humain, et normative, au regard de la solidité de ses fondements et de son universalité. Pour être efficiente, cette politique ne peut guère être envi-

2. La Direction centrale de la sécurité des systèmes d'information (DCSSI) a été instituée par décret (décret n° 2001-693 du 31 juillet 2001), au Secrétariat général de la défense nationale (SGDN), sous l'autorité du Premier ministre, par élargissement du Service central de la sécurité des systèmes d'information (SCSSI).
3. Allemagne: BSI, Australie et Nouvelle-Zélande: DSD, Canada: CSE/CST, États-Unis: NIST et NSA, Japon: IPA, et Royaume-Uni: CESG, soit sept agences nationales, avec la DCSSI pour la France.

sagée sans une telle approche, selon un processus évolutif, et non comme un projet abouti une fois pour toutes, conformément à la définition de la sécurité, vue comme un système indissociable du SI auquel elle se rattache (Guinier, 1994b, p. 29), et donc susceptible de changements, d'opportunités et de menaces nouvelles.

Cette construction et son développement entrent dans le cadre d'un projet stratégique qui se déroule sur des semaines, voire des mois selon le cas, en visant le partage des charges et des compétences au sein d'un groupe *ad hoc* dédié à cette mission, possiblement animé par un membre du comité de direction, ou par le responsable de la sécurité des SI (RSSI).

4.2 Outils méthodologiques utilisables

Une série de documents validés sont disponibles auprès de la DCSSI, sous le nom de «Guide pour l'élaboration d'une politique de sécurité de système d'information» (PSSI). Ils sont fondés sur la mise à jour et des compléments du «Guide pour l'élaboration d'une politique de sécurité interne» (PSI), diffusé par le SCSSI en 1994. Cette nouvelle version actualise les références et enrichit les principes pour couvrir l'ensemble des domaines de la sécurité des SI en utilisant les normes internationales actuelles ISO/IEC 15408, 13335 et 17799. La refonte a également été motivée par le souhait de développer une approche qui s'appuie sur une analyse de risques de la sécurité des SI, en plus du référentiel. Il en résulte la possibilité d'élaborer des politiques de sécurité spécifiques, à partir d'un cadre de politiques globales, pour assurer la cohérence du référentiel de l'organisme de façon économique.

Le guide PSSI est documenté par sections autonomes : introduction, méthodologie, principes de sécurité, et références sur la sécurité des SI. Naturellement, le support d'autres guides, ou encore de variantes, peut être envisagé pour l'élaboration de la politique de sécurité, et en particulier le recours à l'analyse structurelle. Cependant, sans un guide homogène complet, il est nécessaire de disposer de plus de ressources et d'expérience. En revanche, la politique pourrait être plus affinée ou plus proche, car moins générale.

L'analyse des risques peut être avantageusement réalisée par la méthode EBIOS[1], pour faciliter l'élaboration de la politique de sécurité. Le guide EBIOS 2004 d'expression des besoins et identification des objectifs de sécurité en est le premier outil. Il est constitué de cinq sections: introduction, démarche, techniques, outillages pour l'appréciation et pour le traitement des risques de sécurité des SI, dans sa version de 2004. De plus, le logiciel EBIOS V1.5, également disponible auprès de la DCSSI est en mesure de faciliter la prise en main de cette méthode d'analyse de risques et donne la possibilité de préparer différents documents de synthèse et de réutiliser des bases et des études existantes. Néanmoins, d'autres méthodes comme CRAMM, MARION, MEHARI, MELISA, etc. peuvent être utilisées pour l'analyse des risques.

4.3 Étapes de construction de la politique

Afin de disposer de règles de sécurité suffisantes, réalistes et homogènes, une méthode d'ingénierie est attendue en s'attachant à la cohérence. Elle traduit une approche globale et une construction méthodique décomposée en phases et étapes. Il y sera considéré l'ensemble des aspects, techniques et non techniques, et en particulier ceux qui sont en rapport avec la sécurité organisationnelle et «la part de l'homme», au vu des comportements, attendus et redoutés. La construction contribue à la sensibilisation et à l'implication des différents acteurs, et ainsi à développer une culture de sécurité.

Les tâches et attendus des étapes d'élaboration, et leur répartition dans les phases préliminaire, de conception et de mise en œuvre, sont présentés de façon synthétique dans le tableau 1.

4.4 Sélection des principes et des règles

La détermination nécessite de se poser les bonnes questions et de fournir une argumentation pour justifier des règles de sécurité qui constituent un corpus actualisé. Ces règles définissent des exigences de sécurité pour la mise en place des moyens techniques et organisationnels, et sur les comportements. Elles sont construites par déclinaison des principes retenus dans un environnement et un contexte donnés. Elles sont cependant susceptibles d'évoluer, contrairement aux principes qui sont stables, tant que la mission de l'organisme est inchangée, ou peu sensibles, tant que les axes stratégiques sont peu changeants ou impactés. Cette évolution implique la révision en permanence de la politique de sécurité, et éventuellement son adaptation, en fonction des changements et selon la conjoncture et les contraintes.

1. EBIOS s'applique à diverses démarches de sécurité, en contribuant à la réalisation d'une politique de sécurité des SI, d'un tableau de bord de la sécurité des SI, à l'élaboration d'un schéma directeur SSI, à la rédaction d'un profil de protection (PP), une Fiche d'Expression Rationnelle des Objectifs de Sécurité (FEROS) ou encore de tout cahier des charges de sécurité des SI.

Étapes	Identification des tâches essentielles	Attendus
Phase 0 : Phase préliminaire		
E0 : Démarrage	• Décision de l'autorité d'établir une politique de sécurité de SI • Délégation d'autorité à un chargé de mission - chef de projet • Attribution de moyens : budget, personnels, consultants, etc. • Mandat au comité de pilotage et groupes de travail *ad hoc* • Modalités : suivi, participation, arbitrage, validation, etc. • Prévisionnel et attendus essentiels à chaque phase • Référentiel : SI, classification, contrats, études, références, etc. • Validation E0	Délégation d'autorité Mandat de l'autorité Note de lancement par l'autorité Note de cadrage
Phase 1 : Phase de conception		
E1 : Fondements	• Définition du contexte et du périmètre • Identification des axes stratégiques • Enjeux de la sécurité contribuant à la réalisation de ces axes • Orientations stratégiques de la sécurité • Contraintes, notamment légales et réglementaires • Expression des besoins de sécurité • Menaces, vulnérabilités et évaluation des risques • Synthèse des fondements stratégiques • Validation E1	Référentiel E0 à compléter Cadre juridique et normatif Résultats d'analyse des risques Note de synthèse
E2 : Sélection	• Sélection des principes de sécurité à développer[1] • Règles de sécurité au vu des éléments stratégiques[2] • Impacts : organisationnels, financiers, formation, etc. • Arbitrage et validation des règles établies en retour • Validation E2	Synthèse au comité de pilotage Synthèse à la direction générale Note synthèse générale révisée

1. Les règles seront essentielles et compréhensibles par le plus grand nombre, mais aussi universelles avec l'idée de pouvoir s'appliquer de manière générique à toute action pouvant être retenue par la suite en application de ce principe.
2. Notamment sur la base d'une analyse structurelle, éventuellement complétée par une méthode d'aide à la décision.

E3 : Validation	• Rédaction du document de politique de sécurité • Validation[1] et présentation restreinte • Approbation du document résultant par l'autorité	Politique de sécurité V0.9 - *à valider* Politique de sécurité V1.0 - *validée* Signature de l'autorité

1. Une première validation sera faite en soumettant les règles aux personnes compétentes sur les principes ou dans domaines attachées à ces règles. Pour faciliter l'appropriation et la compréhension mutuelle, des réunions de travail thématiques seront organisées, au cours desquelles des observations et suggestions et des modifications seront faites de façon consensuelle. Une seconde validation sera faite par le comité de pilotage ou le comité de sécurité, selon le cas, avant la présentation au comité de direction pour validation définitive par la plus haute autorité de l'organisme.

Phase 2 : Phase de mise en œuvre		
E4 : Plan	• Élaboration du plan d'action pour la politique de sécurité • Validation de la rédaction du plan par le comité de pilotage • Approbation du plan par la hiérarchie	Plan d'action V0.9 - *à valider* Plan d'action V1.0 - *validé* Signatures
E4 : Diffusion	• Présentation de la politique aux utilisateurs et sensibilisation • Diffusion et accompagnement adaptés, y compris par intranet	Approbation des utilisateurs Déclaration faite par l'autorité
E6 : Maintenance	• Veille, audit, reprise à l'étape E1 à E3, selon le cas • Modification, validation et distribution de la politique révisée	Politique de sécurité Vx - *validée*

Tableau 1 Construction méthodique d'une politique de sécurité des SI

Le recours aux guides méthodologiques existants paraît indispensable, du fait de leur qualité et leur complétude, mais aussi de l'expérience acquise. De surcroît, pour s'appliquer à la situation et au contexte de l'organisme, il est nécessaire de procéder à une analyse des risques pour déterminer les vulnérabilités[1], c'est-à-dire les faiblesses des SI, au vu des menaces prises en compte, et donc le niveau actuel de la sécurité.

1. À l'aide de méthodes d'analyse reconnues, comme : CRAMM, EBIOS, MARION, MEHARI, MELISA, etc.

Cette analyse a pour effet de déterminer plus facilement les critères de sélection des principes de sécurité à développer en cohérence avec les objectifs de sécurité identifiés. Elle sera complétée par l'analyse structurelle[1] (Clerguérou, 1994), qui vise à représenter le système étudié dans ses limites et à déterminer un ensemble de règles nécessaires et suffisantes.

Le processus débute par le recensement des constituants formant les variables du système et par l'indication des relations d'influence entre elles, directes et indirectes pour prendre en compte les effets rétroactifs et déterminer la hiérarchie des variables. Il en résulte la mise en évidence des variables essentielles, qui apparaissent les plus dépendantes, et d'autres qualifiées de décisionnelles, d'influentes ou de contraignantes pour la gouvernance de l'ensemble du système. Ces variables résultantes susciteront des questions clés propres à établir les règles attachées à l'un ou l'autre des principes. Ceci permet non seulement la sélection des règles candidates proposées dans ces guides, mais aussi la définition de nouvelles règles, en favorisant la réflexion objective en groupe, et l'établissement d'un langage clair et commun, et par voie de conséquence, l'adhésion des utilisateurs. Il est de surcroît possible d'estimer l'efficacité des règles et de leur répartition en principes au vu des scénarios de menaces considérés, en recourant à une analyse multicritères d'aide à la décision (Guinier, 1994a, p. 258-280).

Dans le tableau 2, les principes des guides PSSI et PSI sont listés afin d'indiquer la différence marquée d'orientation, et l'évolution des préoccupations concernant la politique de sécurité à dix ans d'intervalle. Il s'agit en particulier d'une prise en compte de la continuité justifiée par la dépendance et des menaces plus prégnantes à l'endroit des infrastructures, alors que par le passé, la sécurité propre aux informations était le souci le plus marqué. Le tableau montre dans les deux cas la couverture des mêmes domaines, en dehors de la signature, naturellement sans objet avant la loi relative à l'équivalent de l'électronique et de l'écrit. Il faut également constater que les critères communs de la sécurité des SI se sont substitués aux critères européens ITSEC[2] précédents.

Ces principes peuvent donc être utilisés pour servir à la sélection. D'autres, plus proches de secteurs particuliers : santé, bancaire, industriel, etc., peuvent l'être également, à condition qu'ils respectent la cohérence et la couverture qui correspondent aux besoins.

5 Mise en œuvre de la politique de sécurité

5.1 Plan d'action pour la politique de sécurité

Le plan d'action assure la mise en œuvre de la politique de sécurité du SI de l'organisme. Son élaboration est coordonnée par le comité de pilotage et nécessite la coopération des différents acteurs impliqués et des consultations pour aboutir à l'approbation de la hiérarchie et permettre son application, en commençant par les actions prioritaires, et notamment par la présentation de la politique de sécurité et la sensibilisation des utilisateurs, avant la diffusion générale des principes et des règles. Il sera soumis pour validation au comité de pilotage. Sa diffusion sera accompagnée d'une communication adaptée à la culture de l'organisme, assortie d'une déclaration de la plus haute autorité, pour que la politique puisse recueillir l'adhésion de tous.

Le plan doit prévoir l'organisation, les modalités et les responsabilités, pour déclencher la révision régulière et la modification de la politique de sécurité, en fonction des événements significatifs et des rapports d'audit. Il s'agit de respecter les exigences légales, déontologiques et contractuelles en matière de sécurité, auxquelles sont soumis les systèmes d'information utilisés. Le niveau de la sécurité, la révision et le suivi des procédures, seront régulièrement évalués sur la base des règles concernées, directement par le RSSI ou le contrôle interne, ou suite à un audit interne ou externe.

5.2 Plans de sécurité pour la mise en œuvre

Les plans de sécurité traduiront les principes et règles de sécurité en mesures techniques et non techniques adaptées à chaque entité : *direction, département, unité, etc.*, de chaque site. Il est du ressort des responsables de chaque unité opérationnelle, de définir ces différentes mesures et de veiller à leur bonne application, avec et sous le contrôle du ou des responsables de la sécurité des SI (RSSI). Pour chaque action, devront figurer l'objectif, la priorité, le responsable, le planning, les ressources, les délais impartis, la marche à suivre selon une liste de tâches détaillée, les liens de dépendances et les prérequis, et les modalités de validation.

La priorité de chaque action sera fixée pour assurer la prise en compte des risques les plus significatifs et les actions les plus urgentes.

1. Cette méthode a notamment été à l'origine de l'élaboration du guide PSI de politique de sécurité interne, V1.0.
2. *Information Technologies Security Criteria*, en vigueur avant les critères communs correspondant à la norme ISO/IEC 15408.

Guide PSSI (2004)	Guide PSI (1994)
Le guide PSSI propose une politique découpée selon trois principes couvrant seize domaines de la sécurité des SI et déclinée en 160 règles.	Le guide PSI proposait une politique découpée selon six principes principaux couvrant vingt et un principes de la sécurité des SI et déclinée en soixante-quatorze règles.

Principes organisationnels	Principes liés à l'organisation de la sécurité[1]
Politique de sécurité	Principe général pour une politique de sécurité
Organisation de la sécurité	Structure de sécurité
Gestion des risques SSI	Continuité du contrôle et anticipation évolution de la sécurité
Sécurité et cycle de vie	Principes de sécurité liés au cycle de vie du SI[2]
Assurance et certification	Application des ITSEC pour une évaluation de la sécurité

1. Principe d'une structure de sécurité et de continuité du contrôle de la sécurité.
2. Principes de spécification pour le développement d'un système d'information sécurisé, d'autorisation pour l'utilisation du SI, d'exploitation sécurisée du SI, de sécurité pour les communications, de sécurité pour la maintenance du SI, de mise en place d'une documentation de sécurité, de limitation des sinistres, d'application des ITSEC pour une évaluation de la sécurité, et d'anticipation sur l'évolution de la sécurité des SI.

Principes de mise en œuvre	(Couverts)
Aspects humains	Principes de sécurité liés au personnel[1]
Planification de la continuité des activités	Limitation des sinistres, protection des informations
Gestion des incidents	Limitation des sinistres
Sensibilisation et formation	Sensibilisation du personnel
Exploitation	Exploitation sécurisée du SI
Aspects physiques et environnementaux	Principes de sécurité liés aux biens physiques

1. Principes de sélection, de contrôle d'affectation, de sensibilisation, de responsabilisation.

Principes techniques	(Moins de principes techniques, justifiant l'appellation PSI)
Identification et authentification	(Règles CVE-10 et CVE-11)[1]
Contrôle d'accès logique	(Règles CVE-09, CVE-12 et CVE-13)
Journalisation	(Règle CVE-18)
Infrastructures de gestion des clés cryptographiques	(Principe non applicable en 1994)
Signaux compromettants	(Règle CVE-23)

1. Autorisation pour l'utilisation du SI *(Critères ITSEC § 2.31-2.58)* - Identification et authentification des utilisateurs désirant accéder au système, contrôle des accès aux ressources du système d'information, imputabilité des actions dans le cadre de la recherche de responsabilité, audit des informations lié aux événements survenus dans la phase de fonctionnement.

(Couverts mais sans principes dédiés)	Principes de sécurité liés à l'information Propriété des informations Typologie des informations nécessitant une protection Continuité dans la protection des informations

Tableau 2 Contenus comparés des guides de politique de sécurité PSSI et PSI

5.3 Énoncé type de la politique de sécurité

Le plan et l'énoncé de la politique devront rester proches de la démarche adoptée pour l'élaboration et comporter les fondements stratégiques, le corps et les modalités, et le corpus de principes et de règles de la politique de sécurité.

1re partie - Fondements stratégiques

Cette partie est une émanation de l'étude des fondements stratégiques de l'étape E1 – Fondements (cf. tableau 1) :

- contexte, périmètre, enjeux et orientations stratégiques ;
- contraintes, notamment légales et réglementaires ;
- besoins de sécurité pour les éléments essentiels ;
- vulnérabilités et menaces retenues ;
- risques encourus et impact sur les activités.

2e partie - Corps de la politique de sécurité

Cette partie représente le corps et les modalités attachés à la politique de sécurité :

- introduction : portée et objectifs ;
- politique générale ;
- délégation d'autorité et responsabilités ;
- validation de la politique ;
- exigences et respect de la politique ;
- maintenance, suivi et révision de la politique ;
- glossaire et abréviations ;
- annexes : cadre réglementaire et législatif, référentiel de l'entreprise, etc.

3e partie – Corpus des principes et des règles

Cette partie concerne les principes et les règles établis à l'étape E4 - Sélection, présentés de façon organisée, en se fondant principalement sur un catalogue reconnu ou encore particulier à un domaine socioéconomique, voire militaire.

5.4 Facteurs de succès de la politique de sécurité

La dynamique, déjà développée pour la qualité, et notamment en vue de la certification ISO 9000, pourrait s'appliquer à la sécurité des SI, alors que le phénomène de refoulement tend à diminuer avec la prise de conscience, et que la légitimité est essentielle à l'adhésion. Une attitude proactive et participative est à rechercher. Elle se fondera autant sur des motifs personnels que sur les valeurs du milieu d'appartenance des acteurs, en référence à l'entreprise et à la société civile, et aux accords et traités.

L'expérience montre qu'il existe des facteurs cruciaux pour assurer le succès de la mise en œuvre et du respect de la politique de sécurité au sein d'un organisme :

- la démarche doit être compatible avec la culture de l'organisme;
- l'engagement de la plus haute autorité doit être réel et visible;
- la politique de sécurité doit être associée à une charte distribuée aux utilisateurs;
- un système doit être mis en place pour évaluer le suivi de la politique de sécurité;
- les suggestions d'amélioration faites en retour doivent être prises en compte.

La sacralité de la politique de sécurité découle du plus haut niveau hiérarchique qui l'émet[1] avec la reconnaissance officielle accordée à la sécurité du SI. Sa dimension humaine est similaire à la politique de qualité, en s'appuyant sur la sensibilisation et la coopération de tous, des cadres dirigeants aux simples utilisateurs, au vu des responsabilités de chacun, dans le cadre ainsi établi.

1. Elle est le reflet de la vision stratégique et traduit les orientations et les enjeux à ce niveau.

6 Conclusion

La sécurité est indispensable au bon fonctionnement. Avec la qualité, elle est un élément de la sûreté. Aussi, la politique de sécurité est fondamentale pour les systèmes d'information et les organismes qui en dépendent, quel que soit leur secteur d'activité ou leur taille, et non un luxe réservé aux grandes structures. L'existence de normes et d'outils méthodiques est une opportunité pour faciliter la démarche d'élaboration d'une telle politique en vue de la protection informationnelle et juridique. Les PME/PMI sont également concernées, alors que la plupart considèrent souvent à tort que la démarche est coûteuse et inutile, et que le bon sens et la technique suffisent; le système d'information étant alors seulement apprécié pour accéder à l'Internet et à la messagerie, traiter des données et sauvegarder celles d'un serveur de fichiers, alors que la dépendance est sous-estimée et en réalité plus profonde.

La politique de sécurité sera une aide appréciable pour la sensibilisation et la responsabilisation des utilisateurs et des partenaires, notamment en s'affirmant sous forme d'un code de conduite sur quelques pages. Il ne s'agit donc pas d'élaborer un manuel de savoir-vivre pour l'utilisateur, ou un règlement intérieur pour l'informatique mais une base solide pour assurer la sécurité du système d'information. Ceci incombe à la direction générale des entreprises et au gouvernement des États, aux fins de mener à bien la politique générale. Elle ressort également des directions fonctionnelles et principalement de la direction de l'informatique et des systèmes d'information, au vu des objectifs stratégiques et tactiques, et des besoins en matière de sécurité.

Bibliographie

CCIMB (2004), *Common Criteria for Information Technology Security Evaluation*, Part 1 : *Introduction and general model*; Part 2 : Security functional requirements; Part 3 : *Security Assurance Requirements*, janvier, V2.2, Revision 256.

Clerguérou F. (1994), *Elaboration d'une politique de sécurité interne, Le recours à l'analyse structurelle*, Proceedings of the 6th CITSS, Ottawa, mai, GoC/CSE-CST, client.cvcs@cse-cst.gc.ca, p. 283-294.

DCSSI (2004a), *Guide d'expression des besoins et identification des objectifs de sécurité*, EBIOS V2, février.

DCSSI (2004b), *Guide pour l'élaboration d'une politique de sécurité de système d'information*, PSSI, mars.

Guinier D. (1991), *Sécurité et qualité des systèmes d'information - Approche systémique*, Paris, Éditions Masson, coll. «Stratégies et systèmes d'information».

Guinier D. (1994a), *Multicriteria Decision-making contribution to IS Security, A methodology to consider actions relative to security domain and policy-scenario context*, Proceedings of the 6th CITSS, Ottawa, mai, GoC/CSE-CST, client.cvcs@cse-cst.gc.ca, p. 258-280.

Guinier D. (1994b), *Catastrophe et management, Plans d'urgence et continuité des systèmes d'information*, Paris, Éditions Masson, coll. «Stratégies et systèmes d'information».

Guinier D. (1997), *Application of Chaos Theory to the management of security development, Finding a concilatory position for improving information system security in an organism*, Proceedings of the 9th CITSS, Ottawa, mai, GoC/CSE-CST, client.cvcs@cse-cst.gc.ca, p. 383-400.

Guinier (2002), «Sécurité et cybercriminalité», dans *Les systèmes d'information, Art et pratiques*, Paris, Éditions d'Organisation, coll. «Les références», 2e partie, chap. 5.

OCDE (2002), *Lignes directrices de l'OCDE régissant la sécurité des systèmes et réseaux d'information, vers une culture de la sécurité.* 1037e session, juillet, Recommandation du Conseil de l'OCDE.

ONU (1990), *Principes directeurs de l'ONU pour la réglementation des fichiers informatisés contenant des données à caractère personnel.* Résolution 45/95 de l'Assemblée générale des Nations Unies.

SCSSI (1994), Guide pour l'élaboration d'une Politique de Sécurité Interne (PSI) à l'usage du responsable de la sécurité du système d'information, V1.1.

Gouvernance des systèmes d'information

Claude Salzman

Mots-clés : gouvernance, stratégie, bonnes pratiques, COSO, CobiT, maîtrise du système d'information.

Résumé : la gouvernance informatique est au cœur de la stratégie des entreprises. C'est une nouvelle approche permettant d'améliorer de manière significative l'efficacité du management des systèmes d'information. Elle se traduit par le développement d'un ensemble de bonnes pratiques. Elle porte sur l'alignement stratégique de l'informatique par rapport aux objectifs de l'entreprise, le développement de la valeur créée grâce à l'informatique, la gestion efficace des risques liés aux projets et enfin l'amélioration de la gestion des ressources informatiques. C'est le cœur de la démarche de la gouvernance. D'une manière plus générale, cette approche concerne toutes les fonctions de l'entreprise et notamment la comptabilité et l'analyse financière. La gouvernance vise à garantir la qualité de l'information financière concernant l'entreprise mais de manière plus générale de mieux maîtriser le système d'information. Elle concerne directement l'informatique et particulièrement la gestion des investissements informatiques effectués par les entreprises de façon à améliorer l'efficacité des systèmes d'information. C'est un enjeu fondamental. Sans cela la rentabilité de ces investissements restera incertaine, faible, voire négative. Le développement de la gouvernance correspond au changement très significatif de stratégie.

Depuis de nombreuses années on s'interroge sur la rentabilité de l'informatique. Les points de vue sur ce sujet sont très tranchés. Pour certains, la mise en œuvre des nouvelles technologies ne peut qu'apporter des avantages considérables. Cela relève de l'évidence. Pour d'autres, c'est une gabegie de moyens et moins on dépense en informatique, mieux l'entreprise se porte. Il est évident que ces deux positions sont très éloignées de la réalité. En vérité, certaines opérations sont très rentables alors que d'autres sont de véritables catastrophes. En revanche, ces divergences pointent un véritable problème : celui de la maîtrise des systèmes d'information.

Ce n'est pas un problème récent. Il est apparu depuis les débuts de l'informatique dans les années soixante. Mais il a considérablement évolué depuis cette date en fonction du poids croissant des budgets informatiques. Tant que l'informatique ne concernait que quelques dizaines de personnes dans l'entreprise et ne représentait que des sommes limitées, elle restait une affaire d'experts. Mais la généralisation des ordinateurs personnels (ou PC, *personal computers*) sur tous les postes de travail a complètement changé la donne. C'est devenu l'affaire de tous. Aujourd'hui le management a beaucoup plus de mal à déléguer la gestion de l'informatique. Il est quasiment condamné à suivre de près le développement des systèmes d'information.

De plus en plus, les dirigeants réalisent que les technologies de l'information ont un impact croissant sur les résultats de l'entreprise. Selon la manière dont celles-ci sont mises en œuvre, on obtient des résultats très positifs ou, au contraire, on peut mettre l'entreprise en difficulté pour de nombreuses années. Cela se traduit par un avantage compétitif significatif ou, au contraire, par une pénalisation économique de l'entreprise. Des entreprises ont su dégager un avantage certain comme Wall Mart, Federal Express, Dell, Cisco, Amazon, etc. Notons que ce sont généralement des sociétés américaines. À l'inverse, tout le monde connaît des entreprises qui se sont embourbées dans des projets informatiques sans fin, aux enjeux incertains mais dont les coûts sont, *a contrario*, parfaitement certains.

Il est, dans ces conditions, parfaitement normal que les dirigeants se posent un certain nombre de questions parmi lesquelles :
- Quels sont les objectifs du système d'information de mon entreprise ?
- Est-ce que l'entreprise a des chances de les atteindre ?
- Quels sont les gains réellement liés aux investissements informatiques ?
- Est-ce que ces gains sont effectivement dégagés ?
- A-t-on correctement évalué les risques liés à ces opérations ?
- Sont-ils correctement maîtrisés ?
- Est-ce que l'entreprise est en mesure de détecter les opportunités qui se présentent et de les mettre en œuvre rapidement ?

Certaines entreprises sont capables de donner des réponses positives à ces différentes questions alors que d'autres ont beaucoup plus de difficultés à le faire. De nombreuses raisons peuvent expliquer cette situation. Ce sont, par exemple : un mauvais pilotage des projets, une maîtrise insuffisante de la technologie, des compétences insuffisantes, des fournisseurs défaillants, etc.

Pour réduire l'importance et la gravité de ces incidents, il est nécessaire de renforcer le management des systèmes d'informations. C'est justement l'objectif de la *gouvernance* des systèmes d'information. Celle-ci est constituée par l'ensemble des bonnes pratiques permettant de maîtriser l'informatique et ses applications.

L'apparition de cette nouvelle approche n'est pas un effet de mode. Elle est liée au développement des préoccupations et des attentes du management depuis quelques années. En effet, à la suite d'un certain nombre d'incidents et de défaillances graves subies par de très grandes entreprises, on assiste à une pression croissante pour mieux maîtriser les processus internes. Les parlements et les autorités de tutelles des marchés financiers ont considéré qu'il était nécessaire de renforcer les procédures de contrôle interne des entreprises. L'objectif de ces dispositifs est de mieux maîtriser le fonctionnement des entreprises et notamment leur système d'information. Cela se traduit par une attention croissante portée aux procédures et aux processus.

Pour apprécier l'importance de ces évolutions nous allons décrire l'émergence de la notion de gouvernance et ensuite son application aux systèmes d'information. Elle repose, pour une bonne partie, sur la connaissance des bonnes pratiques. Ces dernières sont présentées en détail dans la suite de ce texte. Elles sont répertoriées dans un référentiel comme CobiT. Elles se traduisent par des mesures concrètes mettant en œuvre la notion de gouvernance informatique.

1 L'émergence de la notion de gouvernance

Depuis une quinzaine d'années, on constate le développement d'une réflexion sur le management des entreprises centrée sur la notion de bonnes pratiques. Elle se traduit par le développement de règles et de démarches qui ont pour objectif de mieux maîtriser le fonctionnement des entreprises en les obligeant à respecter un certain nombre de principes généralement admis.

Ce mouvement est né, au milieu des années quatre-vingt, des préoccupations et des inquiétudes des responsables des autorités financières et des auditeurs financiers face à la multiplication des incidents graves en matière d'information financière. Dans certaines entreprises, ceux-ci constataient que les résultats annoncés n'étaient pas aussi brillants que ceux affichés. Pire, le chiffre d'affaires était nettement inférieur à celui indiqué.

Malgré ces recommandations de prudence et de sincérité, le problème s'est aggravé et on a fini par constater, ces dernières années, des dérives graves qui, dans certains cas, se sont traduites par des faillites comme celles d'Enron ou de Worldcom. Mais, en dehors de ces cas spectaculaires, de nombreuses entreprises américaines, y compris parmi les plus grandes, ont été prises «la main dans le sac» et ont dû régulariser leur situation en prenant en compte des pertes potentielles de plusieurs milliards de dollars et, dans certains cas, de plusieurs dizaines de milliards de dollars.

Face à ces dérives, émerge la notion de gouvernance de l'entreprise et le renforcement progressif de cette notion. Cette évolution est marquée par un certain nombre de commissions et de rapports.

1.1 Le COSO

Le COSO (Committee of Sponsoring Organisations of the Treadway Commission) a été mis en place en 1985 aux États-Unis sous le nom de Commission nationale sur le reporting financier frauduleux appelé aussi Commission Treadway, du nom de son président. Elle a été créée par un certain nombre d'associations professionnelles concernées par la qualité des

chiffres comptables et notamment la sincérité des résultats :
- American Institute of Certified Public Accountants (AICPA) ;
- American Accounting Association (AAA) ;
- Financial Executives International (FEI) ;
- Institute of Internal Auditors (IIA) ;
- Institute of Management Accountants (IMA).

À l'origine, l'objectif de cette commission était limité. Il était d'identifier les principaux facteurs de *reporting* frauduleux et de faire des recommandations pour réduire leur impact.

Sur la base de ces analyses le COSO a publié en 1992 un document très important appelé : "Internal Control-Integrated Framework". Ce texte définit une règle fondamentale : la qualité des chiffres obtenus dépend de la qualité du processus les ayant produits.

Dans ces conditions le contrôle interne est considéré comme un processus permettant d'avoir une assurance raisonnable sur la fiabilité du reporting financier. Pour y arriver, il définit un certain nombre de règles qui, si elles sont respectées, permettent de garantir le caractère significatif des résultats présentés par l'entreprise.

1.2 La Commission Cadbury

Une inflexion importante a été donnée en Grande-Bretagne par la Commission Cadbury. Son objectif était d'améliorer la gouvernance des entreprises. Son rapport a été publié en 1992. Il a proposé un certain nombre de recommandations sur les bonnes pratiques concernant l'établissement, la vérification et la publication des informations financières. Parmi celles-ci, la plus importante concerne la création de comités d'audit directement rattachés à la direction générale ou mieux dépendant directement du conseil d'administration.

La Commission Cadbury va encore plus loin en précisant les responsabilités des administrateurs. Le conseil d'administration a la responsabilité de fixer les objectifs stratégiques, de superviser la direction générale et d'établir des comptes rendus de gestion destinés aux actionnaires. Le comité d'audit a pour mission d'apporter aux actionnaires une évaluation claire et compréhensible de la situation économique de leur entreprise. Il rend compte de ses perspectives en se fondant sur des chiffres sûrs et des explications adaptées.

Le rapport Cadbury a eu un impact considérable et a fixé les grandes orientations de la gouvernance d'entreprise. Ces principes ont été repris dans de nombreux pays comme au Canada avec le rapport CoCo, en Afrique du Sud avec le rapport King. En France, ce furent les rapports Viénot (1995 et 1999) et le rapport Bouton en 2002. En Italie, on a publié le rapport Preda en 1999, en Australie le Corporate Governance Council en 2002, aux Pays-Bas le rapport Peters en 2003, etc. Tous ces documents se sont efforcés de définir et de préciser les principes de la gouvernance. Ils ont accordé une importance croissante aux principes du contrôle interne.

1.3 Le rapport Turnbull

Le rapport Turnbull a confirmé en 1999 le rôle des conseils d'administration qui doivent veiller à mettre en place un système de contrôle interne efficace et en particulier de s'assurer du bon fonctionnement des comités d'audit. Les conseils d'administration ont la responsabilité de garantir la qualité et les résultats des investissements effectués par les entreprises. Il est pour cela nécessaire de gérer les risques opérationnels et financiers. Des dispositifs appropriés doivent être mis en place pour évaluer, pour gérer et finalement pour réduire le niveau des risques. C'est le rôle du contrôle interne.

1.4 L'OCDE

L'Organisation de Coopération et de Développement Économique (OCDE) a publié en 1998 un rapport important sur les principes de la gouvernance d'entreprise. Ce document reprend les travaux de la Commission Cadbury et s'efforce de les généraliser. C'est une étape importante dans la réflexion sur la gouvernance car, pour la première fois, les États prennent conscience de l'importance de la gouvernance. Ce document élargit cette notion au-delà de la fiabilité des données comptables et l'applique à la stratégie de l'entreprise, aux budgets, à la gestion des performances, à la gestion des risques, etc.

1.5 La BRI

La Banque des règlements internationaux (BRI) publie en 1999 un rapport très important : "Enhancing Corporate Governance in Banking Organisation". Il formule un principe simple : les règles de gouvernance s'imposent à tous les systèmes qui sont d'importance cruciale pour les entreprises. Ils doivent être efficaces, transparents et donner lieu à des comptes rendus. Ce document est très important car, pour la première fois, les systèmes d'information sont directement concernés par la démarche de la gouvernance. Implicitement les systèmes informatiques sont visés mais ce n'est pas encore explicitement précisé.

1.6 La Loi Sarbanes-Oxley

La Loi Sarbanes-Oxley aux États-Unis en 2002 a précédé la loi française sur la sécurité financière de 2003.

Face aux graves difficultés rencontrées par un certain nombre de très grandes entreprises, aux présomptions de fraudes qui ont été détectées dans certains cas et ont conduit à des faillites retentissantes, il a été nécessaire de fixer en urgence des règles légales de gouvernance. Ce n'est pas la fin de l'évolution mais le début de la mise en place d'un cadre juridique obligeant les entreprises à offrir un minimum de garanties de façon à assurer un niveau satisfaisant de sécurité. Ainsi, aux États-Unis, les dirigeants doivent signer les comptes et engagent leur responsabilité pénale. De même, en France, les dirigeants d'entreprises ont l'obligation d'établir un rapport signé par le commissaire aux comptes sur le contrôle interne. Ceci va inéluctablement mener au renforcement de la gouvernance informatique des entreprises.

On est ainsi parti d'un problème de significativité des résultats de l'entreprise pour arriver, en une quinzaine d'années, à la notion de gouvernance informatique. Elle est, en grande partie, liée à la prise de conscience des causes des dysfonctionnements des entreprises et des moyens d'y répondre. On va assister dans les années à venir à la prise en compte de la gouvernance des systèmes d'information.

2 L'application de la gouvernance au système d'information

Dès la publication du premier rapport du COSO et celui du Comité Cadbury, il était évident que les concepts de la gouvernance concernaient l'informatique comme fonction au même titre que les achats, le commercial ou la production. Mais l'informatique est aussi le support du système d'information. C'est le cœur des dispositifs de gestion et de management de l'entreprise. Le fonctionnement de l'entreprise repose sur un certain nombre de processus comme les commandes clients, les achats, la gestion de production, etc. On doit s'assurer qu'ils fonctionnent de manière régulière et efficace.

L'analyse montre qu'il existe trois grandes familles de processus.

2.1 Les processus clients

Les processus clients sont les processus clés de l'entreprise. Ils concernent la conception, la production et la livraison des produits et des services que l'entreprise fournit à ses clients. Cela comprend les opérations de vente et d'après-vente. Les relations de l'entreprise avec ses clients se développent au travers de l'enchaînement de ces processus.

2.2 Les processus de soutien

Les processus de soutien comprennent toutes les opérations de support destinées à la mise en œuvre et à l'exploitation des processus clients ainsi que ceux destinés au fonctionnement régulier de l'entreprise.

2.3 Les processus de management

Les processus de management concernent la détermination de la stratégie des entreprises, son déploiement opérationnel, ainsi que la mise à disposition des ressources nécessaires qu'elles soient financières, humaines, technologiques, industrielles ou commerciales.

Tous ces processus interagissent les uns avec les autres, selon des cycles très variables, synchronisés par différents événements propres à chacune des fonctions, que ce soit la décision d'investissement dans un nouvel équipement, la commercialisation d'un nouveau produit ou la clôture d'un exercice comptable.

L'informatique et les systèmes d'information sont au cœur des processus. Il est donc très important de s'assurer que l'ensemble de ces dispositifs fonctionne de manière efficace, sans erreur et sans incident grave. Il faut donc veiller à ce que les règles de mise en œuvre et d'emploi de ces systèmes soient respectées. Il existe un certain nombre de bonnes pratiques admises par tous les professionnels compétents et il est nécessaire de veiller à ce qu'elles soient effectivement appliquées. Elles constituent la gouvernance des systèmes d'information.

Mais la démarche va plus loin. Il faut s'assurer que l'ensemble de l'activité informatique concourt aux objectifs généraux de l'entreprise. On va pour cela s'attacher à examiner quatre orientations majeures :

- l'alignement stratégique de l'informatique par rapport aux objectifs de l'entreprise ;
- la fourniture de la valeur attendue de l'informatique ;
- la gestion des risques ;
- la gestion des ressources.

Ces quatre démarches constituent le cœur de la gouvernance informatique.

3 Alignement stratégique de l'informatique par rapport aux objectifs de l'entreprise

Pendant de nombreuses années les investissements informatiques ont suivi une logique particulière comme si celle-ci était différente de la logique courante. Mais, à l'expérience, on s'est aperçu que cette approche singulière menait à des situations délicates, voire difficiles.

Ainsi, on a vu des entreprises très décentralisées mettre en place des systèmes de gestion très centralisés. On a aussi vu l'inverse, des entreprises centralisées avec des systèmes informatiques décentralisés. Les résultats ne peuvent qu'être décevants. Ces choix peuvent porter sur l'organisation, la stratégie commerciale, les relations développées avec les clients et les fournisseurs, les fonctions et les tâches accomplies.

On a progressivement découvert qu'il était préférable d'avoir des investissements informatiques allant dans le sens de la stratégie de l'entreprise plutôt que de se trouver dans la situation contraire. Cela s'appelle l'alignement stratégique.

L'objectif de la stratégie des technologies de l'information est d'aider l'entreprise à saisir à temps les opportunités qui se présentent et à améliorer la rentabilité de l'entreprise. Elle consiste par exemple à :

- développer de nouveaux services autour des produits classiques ;
- créer de nouveaux produits mieux conçus et plus perfectionnés ;
- gagner des parts de marchés en ayant un marketing plus adapté ;
- maîtriser et même réduire les coûts des opérations ;
- améliorer l'efficacité de la gestion des activités ;
- rendre les actions du management plus efficaces.

Ces objectifs se traduisent notamment par la définition d'une architecture technique et d'une architecture fonctionnelle. Elles mènent à des acquisitions de matériels, de systèmes d'exploitation, de bases de données, de progiciels et au développement d'applications.

Ce sont des choix très importants. Ils relèvent du comité de direction et, dans le cas d'investissements importants, du conseil d'administration. Or, trop souvent, ces décisions sont prises par des comités de pilotage informatique, voire complètement déléguées à l'équipe informatique. Les risques de dérive sont dans ce cas nettement plus importants.

4 Fournir la valeur attendue de l'informatique

Normalement, les applications informatiques ont pour but d'apporter une amélioration significative au fonctionnement de l'entreprise. La mise en œuvre de ces investissements se traduit par :

- l'obtention d'avantages concurrentiels significatifs ;
- la réduction des délais ;
- l'amélioration de la satisfaction des clients ;
- l'augmentation de la productivité ;
- la rentabilité des investissements et notamment des équipements.

Si ces avantages n'existaient pas, il y a bien longtemps que les entreprises auraient perdu l'habitude d'acheter des ordinateurs et auraient investi la trésorerie de l'entreprise dans de meilleures opportunités que les investissements informatiques. L'observation montre que les applications informatiques sont, parmi tous les investissements possibles, les opérations les plus rentables. Mais il faut faire attention au fait que, parmi toutes les applications possibles, certaines sont très rentables et d'autres ne le sont pas. Pour éviter d'investir à fonds perdus, il est nécessaire d'être attentif à l'intérêt des projets et donc d'être très sélectif.

Il est pour cela indispensable d'évaluer, dès le début du projet, les gains potentiels liés à cette opération. Ils doivent être mesurables et évaluables. Ce sont par exemple :

- la baisse du coût des fonctions et des processus ;
- une augmentation du chiffre d'affaires ;
- une réduction du niveau des stocks ;
- une diminution des délais ;
- une amélioration du résultat net
- un accroissement de la compétitivité.

On s'attache à sélectionner les projets sur la base des gains potentiels. Mais, assez souvent, on constate que les critères de choix mis en avant sont assez éloignés de ces objectifs. Ce sont par exemple :

- l'impérieuse nécessité de la nouvelle application ;
- les contraintes technologiques imposées par les constructeurs ou les éditeurs ;
- les demandes des utilisateurs ;
- le changement de réglementation ;
- la qualité des traitements ;
- le confort des utilisateurs.

Ce type de critère est souvent privilégié pour emporter la décision. Dans un certain nombre de cas ils sont parfaitement admissibles mais, dans d'autres cas très nombreux, ce sont des prétextes pour faire prendre la décision sans tenir compte des enjeux économiques liés à l'opération.

Pour éviter le risque de ce type de dérive, il est impératif d'analyser en détail ces gains et de les chiffrer correctement. On doit veiller à ce qu'il y ait des gains suffisants et qu'ils puissent effectivement être dégagés. Si ce n'est pas le cas, il est nécessaire d'être vigilant et prudent.

Ensuite on s'assure que les gains potentiels sont effectivement dégagés. Très souvent, ils sont au rendez-vous mais fréquemment on constate que les gains dégagés ne sont pas suffisants.

La recherche de la valeur de l'informatique est le résultat d'un double effort. On doit s'efforcer, d'une part, de contenir les dépenses à ce qui est raisonnablement nécessaire et, d'autre part, d'arriver à dégager effectivement les gains escomptés.

5 Gestion des risques

La gouvernance de l'informatique repose aussi sur une gestion des risques. Tout projet comporte un certain nombre de risques. L'adoption d'une organisation de type projet pour gérer une activité de développement d'application a pour objectif de réduire de manière significative le niveau de risque. Ce sont par exemple :

- la possibilité de ne pas fournir à la fin du projet une application productive et efficace ;
- le dérapage des délais et des coûts du projet ;
- l'absence de certaines fonctions demandées par les utilisateurs.

Mais il existe aussi des risques liés au fonctionnement des applications comme :

- l'interruption de service ou la dégradation de service ;
- la constatation d'un nombre élevé d'anomalies ;
- la sous-utilisation des fonctions existantes ;
- une formation insuffisante du personnel.

Pour éviter cela, il est nécessaire de veiller à repérer et à évaluer les risques liés aux opérations informatiques. La direction de l'entreprise et son conseil d'administration veillent à ce que tous les risques importants soient convenablement recensés. Lorsque des risques importants sont pris, ils doivent être identifiés et les organes de décisions de l'entreprise doivent en être informés. Il est pour cela très important de garantir un niveau de transparence suffisant.

En dernier ressort la gestion des risques relève du conseil d'administration. Souvent ce suivi est confié à la direction générale mais ce n'est que par délégation. En cas de difficulté, le conseil d'administration a l'obligation d'assumer les conséquences de ces responsabilités.

Les dispositifs de contrôle interne en place ont pour but de mieux gérer les risques informatiques. Les unités opérationnelles doivent régulièrement évaluer ces risques et réagir s'ils sont trop élevés.

Une approche proactive de la gestion des risques doit être mise en place. C'est un avantage concurrentiel significatif. La gestion du risque fait partie du fonctionnement normal de l'entreprise. Les principaux risques sont repérés et on s'organise pour abaisser le niveau de ces risques. De même, on prévoit des procédures pour réagir rapidement à une augmentation significative du niveau des risques. Après de graves incidents, on effectue les traitements informatiques pour remettre les données dans leur état normal.

L'objectif de la gestion des risques est de préserver les actifs informatiques de l'entreprise. C'est un enjeu majeur.

6 Gestion des ressources

Les ressources informatiques sont mises à la disposition des équipes informatiques et des utilisateurs. Elles sont onéreuses. Une sous utilisation est préjudiciable. On recherche une allocation optimale des ressources informatiques existantes et des investissements futurs.

6.1 L'allocation des ressources informatiques

La puissance des moyens informatiques doit être ajustée aux consommations des applications. Les applications les plus importantes doivent disposer de ces ressources en priorité.

Pour s'en assurer, il est nécessaire de mettre en place des outils comptables permettant de suivre l'allocation des moyens. Une comptabilité analytique et des tableaux de bords sont ici très utiles. Sans ces outils, il est difficile de suivre les opérations. On fixe ensuite des objectifs de niveau de coût ou de leur évolution et on s'assure progressivement que ces objectifs sont effectivement atteints.

6.2 La gestion des investissements informatiques

Parmi toutes les dépenses informatiques, une attention particulière est consacrée au suivi des investissements informatiques. Ils correspondent à des volumes de ressources importantes qui peuvent représenter jusqu'à la moitié du total des ressources informatiques.

Le premier objectif de ce dispositif est de sélectionner, parmi toutes les opérations possibles, les investissements qui sont les plus rentables. Ensuite, il est nécessaire de veiller à ce qu'il n'y ait pas de dérive significative des coûts prévisionnels des projets. Enfin il est nécessaire de s'assurer que les gains réellement obtenus sont bien à la hauteur des espérances.

La gouvernance de l'informatique consiste donc à appliquer un certain nombre de bonnes pratiques à l'activité de l'informatique comme par exemple de :

- ne pas lancer de projets qui ne soient pas conformes aux objectifs stratégiques de l'entreprise ;
- avoir une application qui ne permet pas de dégager une valeur suffisante ;
- laisser augmenter de manière inconsidérée les risques liés à un projet.

Ces règles sont connues de tous. Faut-il encore qu'elles soient appliquées !

7 Les bonnes pratiques et CobiT

Toute démarche de gouvernance repose sur la connaissance des bonnes pratiques. Or justement les auditeurs informatiques, pour effectuer leurs missions dans de bonnes conditions, se sont efforcés depuis une trentaine d'années de recenser les bonnes pratiques à appliquer en informatique. Pour évaluer un domaine informatique comme la fonction études, l'exploitation, un projet ou une application opérationnelle, l'auditeur s'assure que l'entreprise ou la fonction informatique auditée appliquent effectivement ces bonnes pratiques.

Elles sont constituées par l'ensemble des règles de travail usuelles appliquées par la plupart des professionnels concernés qui les considèrent comme nécessaires pour gérer efficacement le domaine. Elles ont permis d'établir un référentiel qui porte le nom de CobiT (*Control Objectives Information and related Technology)*. Ce document a été établi par l'ISACA (Information System Audit and Control Association). Cette association internationale regroupe 50000 auditeurs informatiques se trouvant dans plus de cent pays dans le monde.

Il a été traduit en français et publié par l'AFAI (Association française d'audit et de conseil informatique) affiliée à l'ISACA.

La version actuelle du CobiT est la quatrième édition. C'est le document le plus fréquemment utilisé par les auditeurs informatiques. Il couvre la plupart des domaines concernés par l'informatique.

Comme le précise la synthèse de présentation du CobiT, ce document a pour but de: «faire face aux multiples besoins du management en établissant des liens entre les risques métiers, les besoins de contrôle et les questions techniques». Il fournit les bonnes pratiques au travers d'un cadre de référence par domaine et par processus et présente les activités dans une structure logique et gérable. Pour CobiT, les «bonnes pratiques» signifient un consensus des experts. Elles doivent aider à optimiser l'investissement en information, et fournissent des éléments d'appréciation lorsque quelque chose fonctionne mal.

C'est donc un recueil des bonnes pratiques observées. La version actuelle en recense 318 sous forme d'objectifs détaillés. Ils constatent, par exemple, que:

- «Le management informatique et les propriétaires de processus sont responsables du développement régulier des plans informatiques à long terme qui servent de support à la réalisation des missions et des objectifs généraux de l'entreprise.»
- «Préalablement au développement ou à la refonte du plan informatique stratégique, la direction informatique doit évaluer les systèmes d'information existants en termes de niveau d'automatisation, de fonctionnalités, de stabilité, de complexité, de coûts, de forces et de faiblesses dans le but de déterminer dans quelle mesure les systèmes existants supportent les exigences liées aux activités de l'entreprise.»
- «La méthode de gestion de projets doit garantir pour chacun des projets proposés que la direction générale examine le rapport d'études de faisabilité avant de décider de l'opportunité d'engager ou non le projet.»
- «Le management doit s'assurer que pour chaque projet accepté est défini un plan directeur du projet permettant son contrôle tout au long de son développement et incluant une méthode de suivi des temps passés et des dépenses engagées tout au long du projet. Le contenu du plan directeur doit mentionner l'étendue, les objectifs, les ressources requises et les responsabilités, et doit fournir les informations qui permettent au management de mesurer les progrès.»
- «La méthode de gestion de projet doit comprendre une analyse des coûts et des bénéfices induits par chacune des solutions envisagées, et ce pour chaque projet de développement, de mise en œuvre ou de modification du système envisagé pour répondre aux besoins de l'entreprise.»
- «La méthode de gestion doit garantir que des techniques et des procédures appropriées, impliquant une étroite collaboration avec les utilisateurs du système, sont appliquées lors de la réalisation du cahier des charges de chaque nouveau projet de développement du système d'information.»

Comme on le voit CobiT est un recueil des bonnes pratiques existant dans nombre d'entreprises. Ces règles sont regroupées en trente-quatre processus, eux-mêmes regroupés en quatre domaines.

Ainsi le domaine «Planification et Organisation» comprend les onze processus suivants:

- Définir un plan informatique stratégique (PO 1),
- Définir l'architecture des informations (PO 2),
- Déterminer l'orientation technologique (PO 3),
- Définir l'organisation et les relations de travail de la fonction informatique (PO 4),
- Gérer l'investissement en informatique (PO 5),
- Communiquer les objectifs et les orientations du management (PO 6),
- Gérer les ressources humaines (PO 7),
- S'assurer de la conformité aux exigences externes (PO 8),
- Évaluer les risques (PO 9),
- Gérer les projets (PO 10),
- Gérer la qualité (PO 11).

Le domaine «Acquisition et mise en place» comprend les six processus suivants:

- Identifier les solutions (AMP 1),
- Acquérir et maintenir le logiciel d'application (AMP 2),
- Acquérir et maintenir l'architecture technique (AMP 3),
- Développer et maintenir les procédures informatiques (AMP 4),
- Installer et valider les systèmes (AMP 5),
- Gérer les modifications (AMP 6).

Le domaine «Distribution et support» comprend les treize processus suivants:
- Définir les niveaux de service (DS 1),
- Gérer les services assurés par les tiers (DS 2),
- Gérer la performance et la capacité (DS 3),
- Assurer un service continu (DS 4),
- Assurer la sécurité des systèmes (DS 5),
- Identifier et imputer les coûts (DS 6),
- Sensibiliser et former les utilisateurs (DS 7),
- Assister et conseiller les clients des services informatiques (DS 8),
- Gérer la configuration (DS 9),
- Gérer les problèmes et les incidents (DS 10),
- Gérer les données (DS 11),
- Gérer les installations (DS 12),
- Gérer l'exploitation (DS 13).

Enfin le domaine «Surveillance» comprend les quatre processus suivants:
- Surveiller les processus (S1),
- Évaluer l'adéquation du contrôle interne (S2),
- Acquérir une assurance indépendante (S3),
- Disposer d'un audit indépendant (S4).

Comme on le voit, CobiT couvre l'ensemble des domaines informatiques courants. Pour évaluer chacun de ces processus, il suffit de vérifier les différents points de contrôle qui le composent.

Ainsi, parmi les trente-quatre processus possibles, on peut s'intéresser à la gestion de projet. Pour cela on vérifie les treize points de contrôles composant le processus PO 10. Ce sont:
1. L'existence d'une méthodologie de gestion de projet qui soit opérationnelle et effectivement appliquée.
2. La participation des utilisateurs à l'initialisation du projet doit être effective.
3. La définition des responsabilités et des prérogatives de l'équipe projet doit être clairement établie.
4. Le domaine couvert par le projet doit être clairement formalisé et cette description doit être faite par écrit.
5. L'étude de faisabilité doit évaluer l'opportunité du projet.
6. Les responsables de l'entreprise doivent valider le travail effectué à la fin de chaque phase avant qu'on commence la phase suivante.
7. Un plan directeur du projet doit déterminer les contrôles, le suivi des temps et des dépenses et ceux-ci doivent être mis en place.
8. Un plan d'assurance qualité doit être intégré au plan directeur du projet.
9. Les tâches concernant l'assurance qualité doivent être clairement planifiées.
10. Un dispositif de gestion des risques du projet doit être en place de façon à limiter le niveau des risques liés au projet.
11. La méthode de gestion doit prévoir un plan de test.
12. De même un plan de formation doit être mis en place.
13. Après le démarrage de l'application il est nécessaire de l'auditer afin de vérifier si elle a effectivement apporté les bénéfices prévus.

Ces différents points de contrôle correspondent à des bonnes pratiques largement reconnues par tout professionnel expérimenté et compétent. Malheureusement, on constate que tous les projets n'appliquent pas ces treize points de contrôle. Ce sont pourtant des règles simples et de bon sens. Cela montre qu'il reste encore des progrès à faire dans ce domaine. L'application de ces différentes bonnes pratiques définit la gouvernance des projets informatiques.

Ainsi, à titre d'exemple, prenons le treizième point de contrôle du PO 10. La règle est simple. Il est nécessaire d'auditer une nouvelle application quelques mois après son démarrage notamment pour s'assurer que les bénéfices attendus ont effectivement été dégagés. Mais honnêtement, bien peu d'applications sont réellement évaluées. Pourtant tous les informaticiens expérimentés sont d'accord sur la nécessité de cet audit.

À un instant donné, on constate que certaines entreprises maîtrisent bien la gestion de projet et appliquent la plupart de ces règles alors que d'autres en sont encore aux premières étapes du processus. Certaines ont une parfaite maîtrise des projets alors que d'autres rencontrent de réelles difficultés. De manière plus générale, on constate que toutes les entreprises ne sont pas arrivées au même stade d'évolution dans leur démarche informatique. Pour l'apprécier, on peut distinguer six niveaux de maturité de la gestion de projet:
- Niveau 0: Inexistant. Il n'y a rien. Il n'y a pas de procédure et le chef de projet ne rend compte à personne.
- Niveau 1: Initialisé au cas par cas. On a pris conscience de l'existence d'une procédure. On a commencé à mettre en place quelque chose mais c'est encore très imprécis. La démarche de mise sous contrôle ne fait que commencer.
- Niveau 2: Reproductible mais intuitif. On commence à mettre en place des procédures. On communique sur ce thème, mais les procédures sont encore informelles et le management ne s'engage pas dessus.
- Niveau 3: Défini. On dispose d'une démarche structurée et documentée. Le personnel est formé à cette procédure et on communique largement sur

ce thème. On a défini une organisation et elle fonctionne de manière régulière. Cependant la mise en place dépend des initiatives de chacun.

- Niveau 4: Géré et mesurable. La procédure est efficace et fonctionne correctement. Elle est maîtrisée par le management et fonctionne de manière régulière. Il existe des mesures régulières de l'activité.
- Niveau 5: Optimisé. La procédure est parfaitement contrôlée et s'adapte aux évolutions du contexte. On a défini des programmes permanents d'amélioration et on constate une utilisation optimale des ressources.

Grâce à cette classification, on situe l'efficacité des procédures en place et on mesure la distance qui sépare l'entreprise de ses concurrents les mieux placés, des standards internationaux et des objectifs qu'elle s'est elle-même fixés. Pour apprécier l'efficacité du processus, il est possible d'utiliser un certain nombre d'indicateurs. Ce sont:

- Les facteurs clés de succès pour améliorer l'efficacité des principaux processus informatiques. Pour les projets, ce sont [1]:
  - «disposer de chefs de projets compétents et expérimentés,
  - mettre en place un processus de gestion de programme standard, accepté par tous,
  - les projets doivent être activement soutenus par l'encadrement supérieur de l'entreprise,
  - les différentes parties prenantes ainsi que l'équipe informatique prennent une part active à la définition, la mise en œuvre et la gestion des projets,
  - on connaît les capacités et les limites de l'entreprise, et le service informatique est capable de gérer des projets ambitieux et complexes,
  - on a défini et on applique, à l'échelle de l'entreprise, une méthode d'évaluation des risques liés aux projets,
  - tous les projets intègrent dans leurs plans: des structures claires de suivi des ruptures de plan de charge, des estimations raisonnablement précises, des exigences en personnel qualifié, des problèmes à examiner, un plan qualité, et un processus de modification transparent,
  - le processus de transfert entre les équipes de réalisation et les équipes d'exploitation est bien géré,
  - l'entreprise a défini une méthodologie de cycle de vie des développements des systèmes et elle l'applique».
- Les indicateurs clés d'objectif permettent au management de savoir dans quelle mesure un processus a atteint ses objectifs. On va ainsi suivre des indicateurs [2] comme:
  - «le nombre de projets qui ont abouti dans les délais et dans les limites budgétaires,
  - la disponibilité d'un plan d'exécution des projets précis et d'informations budgétaires,
  - la diminution du nombre d'anomalies systémiques et courantes liées aux projets,
  - l'identification plus précoce des risques engendrés par les projets,
  - le taux de satisfaction en hausse dans l'entreprise grâce aux services fournis par les projets,
  - la prise de décision plus rapide dans la gestion de projets».
- Les indicateurs clés de performance permettent d'évaluer la capacité du processus informatique à favoriser la réalisation de l'objectif [3]. Ce sont:
  - «le nombre de projets délivrés dans le cadre d'une méthodologie définie,
  - le pourcentage de participation aux projets des parties concernées (indice d'implication),
  - le nombre de jours de formation à la gestion de projets par personne membre de l'équipe projet,
  - le nombre de révisions des dates de fin de projet et des budgets des projets,
  - le pourcentage de projets qui ont été révisés après leur achèvement,
  - le nombre moyen d'années d'expérience des chefs de projets.»

Il est ainsi possible d'évaluer tous les processus concernant l'informatique comme la planification informatique, l'acquisition des matériels et des logiciels, la sécurité des systèmes, la gestion des données, etc.

On peut mesurer de manière objective l'efficacité de chaque processus. Il est ainsi possible de les évaluer et, le cas échéant, de les améliorer. C'est le cœur de la gouvernance des systèmes d'information.

8 La mise en œuvre de la gouvernance informatique

Cependant, il ne faut pas se faire d'illusions, toutes les entreprises n'ont pas encore mis en place des dispositifs de gouvernance de système d'information. Si certaines sont en avance, la grande majorité des entreprises ne font que commencer à améliorer leurs pratiques et certaines n'ont même pas encore commencé cette réflexion. Comme on le voit, il existe une certaine distance entre la théorie et la pratique.

1. Liste des facteurs clés de succès indiqués dans le processus PO 10: «Gestion de projet» de CobiT.
2. Liste des indicateurs clés d'objectif concernant le processus PO 10: «Gestion de projet» de CobiT.
3. Liste des indicateurs clés de performance concernant le processus PO 10: «Gestion de projet» de CobiT.

Il est vrai que la mise en œuvre de la gouvernance informatique n'est pas une opération simple. C'est même parfois un moment difficile à passer. On constate que la plupart des entreprises se trouvent entre le stade 1 et 2 de maturité, c'est-à-dire entre le niveau «initialisé au cas par cas» et celui intitulé « reproductible mais intuitif». On est loin du niveau 4: «géré et mesurable» ou du niveau 5: «optimisé» que chacun espère atteindre un jour.

On est donc encore très loin de l'objectif recherché. Ceci explique la prudence d'un grand nombre d'entreprises sur ce sujet. On constate que la plupart des professionnels de l'informatique connaissent parfaitement les bonnes pratiques qu'il faudrait appliquer mais ce n'est pas pour autant qu'elles sont effectivement mises en œuvre. Il existe une sorte de réticence face aux changements, même si ce sont des progrès qui se traduisent par des améliorations certaines. Prenons quelques exemples:

- Tout le monde sait qu'il faut des tableaux de bord mais quelles sont les entreprises qui rapprochent les objectifs et la réalité observée?
- Il faut mesurer la qualité de service mais quels sont les services informatiques qui interrogent régulièrement leurs utilisateurs et en déduisent un indice de satisfaction?
- Il est important de veiller à éviter la dégradation des applications au fur et à mesure des opérations de maintenance. On doit pour cela mettre en œuvre des tests de non-régression. Mais combien d'applications opérationnelles disposent-elles de tests de ce type?

On sait ce qu'il faut faire mais ce n'est pas pour autant qu'on le fait. C'est la raison pour laquelle la gouvernance informatique est, pour l'instant, plus un sujet de réflexion qu'une ligne directrice des politiques informatiques appliquées par une grande partie des entreprises et toutes les administrations. Mais, rien ne sert d'être excessivement pessimiste, car la situation peut rapidement évoluer.

Différents facteurs expliquent cette situation. Sous le terme de «gouvernance» les différents auteurs et les acteurs concernés ont tendance à mettre des préoccupations et des attentes très différentes. Le concept de gouvernance est encore vague. Chacun utilise le terme à sa façon. On constate que ce terme recouvre parfois des approches qui n'ont souvent rien à voir avec la gouvernance. Ceci explique la multiplication de démarches assez hétérogènes, souvent assez éloignées des objectifs de la gouvernance et en particulier des concepts du contrôle interne.

Il est nécessaire de le rappeler, la gouvernance est une démarche globale qui lie quatre notions fondamentales :

- l'alignement de la stratégie informatique sur la stratégie de l'entreprise et non l'inverse comme on le voit trop souvent;
- le contrôle de la valeur des prestations informatiques fournies en s'assurant, notamment, que les ressources consommées correspondent à des services contribuant effectivement à la création de valeur;
- une gestion des risques efficace dont le but est d'évaluer leur niveau puis ensuite, grâce à différentes mesures, d'arriver à limiter strictement leur importance à des niveaux acceptables;
- une gestion des ressources permettant d'assurer une bonne affectation de l'ensemble des moyens informatiques: le personnel, les matériels, les ressources financières, etc.

Il est certain que la mise en place d'une comptabilité analytique des dépenses informatiques, d'un suivi des risques de l'activité informatique, de tableaux de bord, d'une procédure de gestion des investissements sont effectivement des démarches de gouvernance des systèmes d'information ou du moins qui concourent à la mise en place d'une bonne gouvernance.

Mais ces différentes mesures ne sont pas simples à mettre en œuvre et cela pour différentes raisons. D'abord les informations nécessaires ne sont pas toujours disponibles sous une forme facile à utiliser. Pour éviter ces difficultés il est nécessaire de mettre en place des outils de mesure de l'activité, de la production, des dépenses, des risques, etc. En l'absence de ces dispositifs il est certain qu'il n'est pas possible de mettre en œuvre la gouvernance des systèmes d'information. On bute en permanence sur l'insuffisance de management de la fonction informatique.

Mais surtout, on constate qu'il existe dans le milieu informatique une certaine réticence à mettre sous contrôle son activité. Le véritable frein est lié à la culture même des informaticiens. Leur tendance spontanée consiste à privilégier une approche technique plutôt que renforcer leurs techniques de management. La gouvernance n'est pas une démarche spontanée. Elle ne vient que, dans un deuxième temps, quand on constate que les autres mesures ont échoué.

Il existe une réticence plus ou moins consciente à éviter de maîtriser l'activité informatique. De nombreuses personnes se demandent s'il est vraiment nécessaire de consacrer des ressources rares pour développer des outils complexes permettant de mettre sous contrôle l'activité informatique. En gros, faut-il dépenser 10% de plus pour n'en économiser que 5%?

Le développement de la gouvernance est, en grande partie, lié à la prise de conscience de l'importance de cet enjeu car le gain n'est pas de 5% mais de 50%, notamment à cause des risques. Dans ce cas la rentabilité de la gouvernance est évidente. Si en investissant 10 % en plus, les coûts de fonctionnement sont réduits de moitié, on a un investissement extrêmement rentable.

Faut-il encore être conscient de l'état des bonnes pratiques et de l'importance des enjeux. C'est justement le rôle fondamental des référentiels. C'est le cœur de toute démarche d'amélioration. Il est donc nécessaire de promouvoir ces documents et notamment CobiT qui est actuellement le référentiel de la maîtrise des systèmes d'information le plus complet.

9 Conclusion

On constate depuis quelque temps une évolution très positive. Un nombre croissant de responsables informatiques, et notamment les membres du CIGREF, ont pris conscience de l'importance de la gouvernance informatique. Le CIGREF est une association regroupant les directeurs des SI des cent trente plus grandes entreprises et administrations françaises. Leurs dépenses informatiques représentent le tiers du total de toutes les dépenses informatiques faites en France. Le CIGREF et l'AFAI se sont associés pour créer l'Institut de la gouvernance des systèmes d'information. Ils ont organisé conjointement le symposium de l'IT Gouvernance. Ce rapprochement entre une association de consultants et une association de directeurs informatiques est une situation originale. Elle est très significative de l'évolution actuelle des mentalités.

L'objectif est clair. Le mot d'ordre est la gouvernance des systèmes d'information. Il est nécessaire d'améliorer de manière significative la qualité des procédures et des méthodes mises en œuvre en informatique. L'objectif est de passer de la situation actuelle située entre les niveaux 1 ou 2 de maturité vers le nirvana des niveaux 4 ou 5. C'est un changement fondamental.

Pour résumer cette évolution, nul mieux que Jean Pierre Corniou, Président du CIGREF, résume la situation actuelle. Il a déclaré, en conclusion du 2e symposium sur l'IT Gouvernance :

« Nous devons acter le fait que le monde de l'informatique, de la télécommunication, de la communication et de la connaissance a profondément changé au cours des dernières années. Nous ne sommes plus à l'ère des pionniers, mais dans une ère de construction réaliste, structurée, dynamique des soubassements de l'entreprise et des progrès futurs autour de la maîtrise rationnelle et concertée des technologies et des systèmes d'information.

Avec l'an 2000, nous avons tourné une page significative de l'histoire. Nous avons vu, avec l'explosion de la bulle Internet, toutes les limites d'un enthousiasme déraisonnable pour les technologies de l'information. Quand ces dernières ne sont pas considérées dans leur contexte, elles deviennent des objets ou des gadgets inutiles. Depuis 2000, nous avons vécu l'enthousiasme de la révolution du Web et toutes les difficultés et les souffrances de voir tant de gâchis et tant d'ignorance, tant de fausses victoires devenir de vraies défaites. Nous avons connu le meilleur et le pire. Il faut rappeler toutefois que la Roche tarpéienne est toujours proche du Capitole.

Nous ne voulons plus de ces étourdissements, de ces grandes tocades où l'on investit n'importe quand dans n'importe quoi à n'importe quel prix. Il ne suffit pas en effet d'investir les yeux fermés pour créer de la valeur. Nous ne voulons plus de ces retours de flamme, qui ont conduit ceux qui encensaient les nouvelles technologies de l'information à les condamner. Nous pensons que l'informatique et les systèmes d'information ne méritent ni ces excès d'honneurs, ni cette indignité. »

On ne saurait mieux résumer les évolutions en cours.

Bibliographie

CobiT – Control Objectives for Information and related Technology, 4e édition, AFAI, ISACA ; IT Governance Institute.

IT Governance : Pilotage de l'informatique pour dirigeants d'entreprises, IT Governance Institute, Institut de la Gouvernance des systèmes d'information, AFAI et Cigref, 1998.

Sites Web :

www.isaca.org
www.afai.fr
www.cigref.fr
www.itgi-france.com
www.itgi.org

Direction des systèmes d'information

Philippe Tassin

Mots-clés : innovation, technologies, coûts, formation, changement, gouvernance, réactivité, flexibilité, stratégie, externalisation, offshore, développement, projet, processus, qualité de service.

Résumé : la profession informatique est encore jeune ; à peine âgée de cinquante ans, elle arrive à maturité. La direction des systèmes d'information, de l'informatique et des télécommunications, habituellement désignée DSI, se trouve à un moment charnière de son évolution alors qu'elle accède progressivement au comité de direction des entreprises après avoir été, pendant longtemps, considérée comme uniquement un centre de coûts. Son rôle stratégique est de plus en plus reconnu, comme l'est à l'évidence son rôle opérationnel puisqu'aucune entreprise ou administration ne saurait aujourd'hui fonctionner sans informatique, sans réseau, sans systèmes d'information. Outre les compétences techniques indiscutables dans le domaine des technologies de l'information et de la communication ainsi que la connaissance des métiers de l'entreprise, le DSI doit avoir la vision stratégique, la capacité de communiquer, l'esprit de décision et le charisme qui caractérisent les postes de direction générale.

1 La transformation de l'entreprise

Les activités économiques contemporaines sont dominées par l'internationalisation des marchés et, depuis le début des années quatre-vingt-dix, le développement de la mondialisation et de la globalisation n'a fait qu'accroître la compétition obligeant les entreprises à réduire leurs coûts, à augmenter leur productivité, à innover de manière permanente, à se restructurer. Instabilité des marchés, exacerbation de la concurrence, volatilité des modes, infidélité des clients, vulnérabilité des organisations, incertitude du lendemain, etc., sont le lot quotidien des dirigeants qui doivent faire face à des situations d'une complexité inconnue jusqu'alors et à la précarité d'un monde en perpétuelle mutation.

À l'époque des «Trente Glorieuses» où l'industrie s'était organisée pour produire en quantité des biens standardisés afin de répondre aux immenses besoins de l'après guerre, époque de l'industrie «orientée produit», a succédé une époque d'abondance où le client devenu roi a eu une exigence de plus en plus marquée pour des produits de qualité qui se sont petit à petit différenciés. La demande accrue d'une qualité de service toujours meilleure, agrémentée d'une pression sur les coûts a amené un nouveau positionnement de l'entreprise «orienté client» qui ne s'est mis en place qu'au prix de reconfigurations douloureuses autour des processus majeurs. C'est l'époque fameuse où l'on a réinventé l'entreprise par les démarches de *re-engineering* qui a conduit à l'entreprise moderne qui n'est plus découpée par fonctions mais par processus.

Les nouvelles technologies de l'information et de la communication (NTIC) telles que le multimédia, le Web, les mobiles, qui sont en particulier symbolisées par la déferlante Internet, sont devenues d'un usage grand public et ont modifié profondément les modes de vie et les habitudes. Elles ont affecté tant les organisations et les modes de communication des entreprises que l'éducation, voire même la culture des citoyens.

Ce nouvel environnement de début du XXIe siècle impose de nouvelles contraintes et un rythme tel que l'adaptation du changement et des opérations à ce rythme est devenu une des clefs de la performance, voire de la survie des entreprises.

L'entreprise doit donc devenir «agile» et cette agilité se décline suivant deux axes:
- la réactivité qui concerne les hommes, les processus, les structures, les méthodes de travail;
- la flexibilité qui concerne les services automatisés, les fonctionnalités, les informations, les postes de travail automatisés.

La réactivité et la flexibilité sont aussi importantes que la productivité et l'innovation Le challenge est d'en faire un usage tel qu'il permette d'accroître la capacité de réponse de l'entreprise sur les caractéristiques essentielles que sont: délai, qualité, quantité, service, coûts.

Les systèmes d'information sont un des domaines majeurs sur lesquels porte la transformation de l'entreprise. Cela suppose:
- une mobilisation des forces;
- une réorganisation des structures et des modes de production;
- un appel aux technologies nouvelles;
- un fonctionnement des systèmes d'information avec un niveau de service très supérieur à celui qui paraissait suffisant jusqu'à présent.

1.1 Une formidable mutation pour les systèmes d'information

Si l'entreprise a, durant la deuxième moitié du XXe siècle, construit les systèmes d'information qui lui étaient nécessaires pour relier les fonctions entre elles et leur procurer les données nécessaires, il lui faut maintenant, mettant à profit une révolution technologique considérable, entrer de plain-pied dans l'univers de la société en réseaux. Elle en utilisera les extraordinaires possibilités techniques pour:
- mobiliser l'expertise, le savoir-faire, l'expérience des personnes;
- tirer profit de la mobilité et de l'itinérance;
- créer des groupes qui fonctionnent par affinités;
- permettre une vision partagée des problèmes et des solutions par le biais de forums;
- favoriser l'innovation.

Certains groupes, très avancés dans l'utilisation de toutes les possibilités des technologies de l'information et de la communication, ont d'ores et déjà perçu l'extraordinaire levier qu'elles peuvent représenter en termes de productivité lorsqu'elles sont utilisées à bon escient en y associant toutes les forces vives de l'entreprise. Ces groupes acquièrent ainsi une avance considérable car, au-delà de la simple productivité, ils auront expérimenté d'autres formes d'organisation, ils auront modernisé leurs infrastructures et surtout, ils auront acquis une nouvelle culture, creusant ainsi un fossé qu'il faudra, pour ceux qui n'auront pas fait cet effort, de nombreuses années à combler.

Les systèmes d'information contemporains doivent tout d'abord assurer le fonctionnement quotidien de l'entreprise et permettre son adaptation à l'environnement réglementaire. Ils doivent ensuite évoluer par une amélioration continue des performances, de la qualité de service, de la sécurité, mais aussi par une baisse des coûts. Enfin, ils doivent permettre à la société d'améliorer son offre par la maîtrise du temps, la flexibilité et la réactivité en lui permettant:
- de réagir rapidement aux changements des marchés;
- de s'adapter à des demandes de plus en plus personnalisées, souvent fluctuantes;
- de gagner des parts de marché;
- de réduire les coûts de manière significative;
- de se focaliser sur son cœur de métier;
- de synchroniser le SI avec les besoins de l'entreprise;
- d'innover.

Pour apporter une réponse satisfaisante à ces contraintes nouvelles, un système d'information doit être flexible, cette forme d'agilité se mesurant en rapidité, amplitude, facilité. Il ne peut l'être que s'il est fondé sur une architecture moderne, évolutive, souple. La flexibilité passe aussi par un savoir-faire d'intégration de logiciels internes ou externes répondant aux besoins des métiers.

Les temps sont révolus où l'on envisageait des développements sur mesure de systèmes d'information dont la réalisation se comptait en années. Pratiquement tous les systèmes d'information sont aujourd'hui développés à partir de logiciels du marché, agrémentés ou non de développements spécifiques.

Aujourd'hui, les réalisations doivent être:
- rapides (de l'ordre de quelques mois);
- visibles (pas d'effet tunnel);
- rentables.

Les responsables savent bien maintenant qu'ils vont devoir faire évoluer leurs systèmes d'information vers des modèles issus de la nouvelle économie: orientation client, *e-business*, CRM, etc. Toutes les sociétés, que ce soient des grands groupes, des administrations, des services publics ou des PME, développent une politique *e-business*, tous mettent en place des portails, des *call centers*, des intranets dans des délais courts. La plupart de ces projets sont développés à l'instigation des directions générales ou des «business units», avec de multiples parties prenantes.

En conséquence, les méthodes traditionnelles ne suffisent plus, les organisations classiques sont incapables de supporter des projets aux contours protéiformes et aux technologies non stabilisées. Les entreprises sont confrontées à une formidable mutation qui se profile car une telle stratégie nécessite un effort global qui affecte progressivement tous les secteurs.

L'orientation client, si elle commence par les domaines qui sont en relation directe avec le client, tire petit à petit tous les systèmes dans ce sens. Garantir un délai suppose, par exemple, que les prévisions commerciales soient correctes, que les problèmes de programmation, de production et de stocks soient maîtrisés, que la logistique soit en place, etc.

Des systèmes d'information obsolètes sont donc un frein, voire un obstacle insurmontable, à la mise en place d'une stratégie orientée client. À l'inverse, quelques applications bien conçues et résolument novatrices peuvent être, par la prise de conscience qu'elles provoquent, l'étincelle qui permet le démarrage de tout un processus.

Les opportunités de réduction des coûts récurrents sont possibles à condition que l'on ose pratiquer une stratégie de rupture et que l'on ne confonde pas investissements et frais d'exploitation ; quant au niveau de service, il fait désormais partie de l'image de marque de l'entreprise.

Force de proposition pour l'emploi des nouvelles technologies de l'information et de la communication, le DSI d'aujourd'hui a un rôle de catalyseur d'innovations

1.2 De la DI à la DSI, une longue évolution

L'informatique, faisant suite à la mécanographie, a débuté au milieu des années soixante par l'automatisation des services administratifs (paie, comptabilité, facturation). Pendant longtemps, l'automatisation des tâches administratives répétitives a eu pour objectif, et donc pour conséquence, une réduction des effectifs affectés à ces fonctions et une réduction des coûts. L'informatique a donc été très longtemps associée à cette image un peu réductrice, considérée souvent comme une fonction qui s'occupait de l'intendance, sans être associée au développement stratégique de l'entreprise. L'outil informatique n'était pas très maniable à l'époque, les utilisateurs n'y étaient ni formés, ni habitués et les techniciens de l'informatique, y compris le directeur, s'étaient enfermés, ou laissés enfermer, dans une tour d'ivoire défendue par un jargon technique que bien peu se donnaient la peine d'expliciter. L'informatique dépendait à l'époque de la direction de la comptabilité ou de la direction administrative.

La prise de conscience au milieu des années soixante-dix qu'il fallait organiser avant d'automatiser amena le rapprochement de l'organisation et de l'informatique. Ce fut, pendant environ dix ans, l'époque de la direction organisation et informatique (DOI), souvent rattachée à la direction financière, avec l'élargissement du domaine couvert et le lancement de grands projets qui s'appliquèrent à la gestion de production, la gestion commerciale, la gestion des ressources humaines, la gestion des stocks, ainsi qu'avec le développement de l'informatique scientifique et les débuts de l'informatique industrielle, trois domaines bien séparés et communiquant peu, voire pas du tout. L'informatique était onéreuse, dominée par quelques grands constructeurs qui défendaient leur monde propriétaire et donc leurs parts de marché, les méthodes de conception, les outils de développement, les progiciels en étaient à leurs débuts. Beaucoup de grands projets eurent un parcours heurté ou une fin malheureuse, non seulement parce que les utilisateurs n'étaient pas mûrs et les informaticiens peu communicants, mais aussi, parce que la technologie était limitée, difficile à mettre en œuvre, que la méthodologie en était à ses débuts et que le manque de personnel formé était un handicap considérable. Il y avait aussi l'absence de concepteurs, d'architectes, et un manque total d'osmose entre les métiers et l'informatique.

Dès cette époque, les directions générales investirent continûment dans l'informatique, avec des fortunes diverses. Certaines furent tout à fait pionnières et visionnaires, d'autres furent plutôt à la traîne, mais toutes ressentirent une certaine frustration face à des technologies dont la mise en œuvre était assez aléatoire, et dont surtout, pour la plupart, le langage leur échappait totalement. D'ailleurs, considérant qu'il devenait dangereux de mettre tous les œufs dans le même panier, et souhaitant un contre-pouvoir à la puissance, voire à l'arrogance, de la DOI, les directions générales décidèrent pour la plupart, au début des années quatre-vingt, de séparer organisation et informatique alors que commençait à se faire sentir le besoin d'intégrer les systèmes. Cette évolution était aussi liée à l'extension de la mondialisation et à la création de *business units* qui revendiquaient leur autonomie par rapport aux directions centrales.

La DOI, puis la direction de l'organisation et des systèmes d'information (DOSI) sont donc devenues direction des systèmes d'information (DSI) à la fin des années quatre-vingt, ce qui a coïncidé d'ailleurs avec l'apparition des concepts de *business process re-engineering* dont se sont emparés les divers centres de profits.

La direction de l'organisation a alors pratiquement disparu ou est devenue suspecte, au point d'être confinée, de fait, dans un rôle secondaire, sans pour autant que ses fonctions soient reprises par d'autres pour être assurées correctement. Pendant des années, les entreprises se focalisèrent sur l'informatique, outil de gestion des processus, au détriment de l'analyse et de la mise en question des processus eux-mêmes. Cela a été à l'origine de très nombreux échecs dans la mise en place de systèmes d'information, notamment lorsqu'il s'agissait de progiciels intégrés.

Il est à noter qu'il y a d'ailleurs aujourd'hui confusion complète entre informatique, système d'information, information elle-même et que, si le DSI est responsable du traitement, de la cohérence, de l'intégrité et de la mise à disposition des données, il n'est en aucun cas responsable de l'information proprement dite. Il est, de fait, garant du capital informationnel de l'entreprise.

La décennie quatre-vingt-dix fut marquée par les progiciels intégrés (ERP, *Enterprise Resource Planning*), l'intégration de systèmes, la ré-ingénierie des processus, le développement d'Internet et la folie de la nouvelle économie, pour se clore par le passage à l'an 2000.

La convergence et la puissance des technologies ont ouvert à la DSI de nouveaux domaines tels que l'image, l'information non structurée, le multimédia. Tout cela est relativement récent et n'est pas encore totalement intégré par les directions informatiques traditionnelles, à l'exception bien sûr de celles qui œuvrent dans ces secteurs d'activité.

Le budget informatique représente généralement 1% à 4% du budget de fonctionnement des entreprises industrielles et commerciales, de l'ordre de 10% à 12% des frais généraux dans la profession bancaire ou l'assurance. Il comprend généralement les coûts informatiques et télécoms et la maintenance des applications. C'est donc un budget limité qui ne requiert pas une attention particulière de la direction générale alors que le SI est devenu le système nerveux de l'entreprise et l'outil de travail quotidien de tous les cols blancs. Si l'on prenait réellement en compte tous les coûts induits par la conception, le développement, la mise en œuvre et l'exploitation des systèmes d'information on s'apercevrait que ce budget est certainement, et de très loin, le premier centre de coûts.

La fonction de DSI a évidemment beaucoup évolué en trente ans et les DSI commencent progressivement à accéder au comité de direction des entreprises. Mais des questions de fond se posent sur leur rôle, leur profil et leur positionnement dans l'entreprise. On voit fleurir des sigles tels que CIO (*chief information officer*), CTO (*chief technical officer*). Le directeur informatique (DI) et le directeur de l'organisation et de l'informatique (DOI) ont, eux, disparu depuis longtemps et le titre de directeur des systèmes d'information (DSI) commence à être considéré comme un peu trop franco-français. Il faut aujourd'hui être CIO pour être «global».

2 Tâches et fonctions de la DSI

Le métier de directeur des systèmes d'information est pourtant aujourd'hui très exposé et l'instabilité du poste, la difficulté du dialogue avec la direction générale, les externalisations forcées ont fini par placer les DSI dans une position fragile. C'est l'un des postes les plus difficiles à tenir dans une entreprise et le niveau des problèmes à traiter est d'une extrême complexité. C'est donc un métier passionnant qui, quoi qu'on en dise, est au cœur de la problématique de compétitivité des entreprises et qui, pour être exercé dans sa plénitude, requiert un ensemble peu commun de qualités et de compétences.

2.1 Positionnement de la DSI

Le DSI est avant tout le technologue de l'entreprise pour les systèmes d'information, l'informatique et les télécommunications. Son rôle est de définir et décliner, dans ces domaines, une politique au service des nouvelles stratégies business et d'en assurer un fonctionnement sans faille et au moindre coût.

Aujourd'hui, les directions générales veulent une information pertinente, les équipes internes et externes doivent collaborer, les fournisseurs doivent être informés en permanence des prévisions de production, la traçabilité des produits devient essentielle et les transactions en temps réel rythment la vie de l'entreprise.

Des centres de décision multiples

La DSI a affaire à un environnement où de multiples décisions se prennent sans elle dans le domaine des systèmes d'information. En effet, l'informatique est omniprésente dans tous les secteurs de l'entreprise, les technologies se sont progressivement introduites partout et sont donc banalisées, les utilisateurs sont matures et beaucoup mieux formés aux technologies de l'information qu'il y a quelques années. Le système d'information étant le patrimoine de l'entreprise, il est d'ailleurs normal que d'autres directions que la DSI s'y intéressent et en revendiquent même une certaine responsabilité.

La DSI doit cependant garder un rôle majeur dans le choix des projets et dans leur définition car elle n'a pas, vis-à-vis des directions de l'entreprise, un rôle de simple sous-traitant. Le DSI a non seulement le droit, mais aussi le devoir, de donner son avis sur des propositions ou des choix faits par ses collègues, voire de s'y opposer si nécessaire, car le devoir de conseil fait partie du métier du DSI.

Au niveau de l'entreprise, la structure de la DSI pourra varier entre la totale centralisation et la totale décentralisation, avec toutes les variantes intermédiaires possibles combinant, en particulier, des options d'externalisation et d'offshore. La taille et le domaine d'activité de la société influent beaucoup sur la définition de l'organisation à mettre en place, les problèmes d'un groupe de quinze mille personnes étant d'une autre nature que ceux d'une PME de mille personnes, même si celle-ci est une multinationale. Mais les principes de base restent les mêmes, il faut simplement les décliner avec pragmatisme pour tenir compte de la réalité et veiller à ce que le DSI ait l'autorité et les moyens de faire respecter des règles de cohérence et de communication entre les différents systèmes d'information.

Relations avec la direction générale

Si les directions générales reconnaissent aujourd'hui l'importance des systèmes d'information, on ne peut dire qu'elles s'y impliquent réellement. Manque de communication, manque de langage commun, ou, plus prosaïquement, manque d'intérêt? Les trois à la fois probablement. Elles ne manquent pourtant jamais l'occasion d'affirmer l'importance des systèmes d'information pour assurer la compétitivité de l'entreprise, mais une interrogation fondamentale se pose lorsqu'il s'agit de mesurer leur apport. En fait les directions générales manquent encore de repères par rapport à des investissements plus traditionnels.

Pour les sociétés dont le cœur de métier est directement dépendant du traitement de l'information (banque, assurance, distribution) les systèmes d'information sont véritablement l'outil de production et la DSI bénéficie de moyens largement dimensionnés pour assurer leur bon fonctionnement. Les directions générales de ces sociétés connaissent l'apport des nouvelles technologies, ont une bonne connaissance des systèmes d'information et savent, au-delà de la simple valeur économique, en apprécier et la valeur opérationnelle, organisationnelle et stratégique. Ce n'est pas pour autant qu'elles les considèrent comme faisant vraiment partie des questions stratégiques.

Pour les entreprises qui ont une moindre dépendance à l'égard des technologies de l'information, dans l'industrie manufacturière entre autres, la rentabilité est difficile à mesurer, la contribution au chiffre d'affaires n'est pas évidente et le système d'information n'a pas encore démontré sa capacité à influer directement sur les résultats. Il est considéré comme important certes, mais il est loin d'être considéré comme un outil stratégique et reste donc cantonné au rôle secondaire d'infrastructure de soutien des activités principales.

Le DSI doit intégrer ces contraintes pour trouver le ton juste et avoir avec sa direction générale les relations de confiance et les contacts fréquents dont il a besoin s'il veut exercer pleinement sa fonction. Des opérations d'externalisation ou la création de *joint ventures*, des restructurations importantes, des concentrations de sites, la définition d'une politique impliquant un consensus de l'ensemble des directions, la mise en place d'outils abolissant les frontières et les hiérarchies, ne peuvent en effet se faire sans un contact direct et régulier avec la direction générale.

Relations avec les directions opérationnelles, fonctionnelles ou centres de profit

Les relations du DSI avec les directions opérationnelles, fonctionnelles ou centres de profits, sont souvent difficiles car marquées la plupart du temps par des luttes de pouvoir.

Une fois acquis le fait qu'une direction doive avoir la responsabilité des systèmes d'information dont elle veut se doter, l'instauration par la DSI de relations client/fournisseur, de prestations facturées, de contrats de service, la mise en place d'un plan d'assurance qualité et d'une politique sécurité, le *benchmarking* régulier, la publication d'un catalogue de services payants, etc., permettent à la longue d'établir avec elle des relations claires et dénuées de polémiques. Ces règles sont valables quelle que soit la société ou l'administration.

Relations avec la direction organisation et les responsables de processus

Le rôle de la direction de l'organisation avec sa déclinaison moderne, le management et la réingénierie des processus, est fondamental dans le succès de la mise en place des systèmes d'information.

Depuis l'arrivée des technologies internet, du Web et de l'interconnexion des réseaux, depuis la mise en place d'outils de *workflow*, d'outils de modélisation et d'automatisation des processus métiers, les systèmes informatiques deviennent de véritables outils de communication et les frontières entre processus, systèmes d'information, communication s'estompent, tant sont forts les liens qui les unissent. La séparation stricte entre besoins et solutions ne correspond plus à la réalité de la mise en œuvre des systèmes d'information contemporains. Le management des processus dépasse maintenant les frontières de la société puisqu'on voit aujourd'hui des processus traversant plusieurs entreprises grâce à l'*e-business*.

Ces notions d'organisation et surtout de processus et leurs relations avec les systèmes d'information sont donc réapparues avec force au début des années 2000, car avant d'automatiser, il faut adapter l'organisation aux nouvelles possibilités offertes par les technologies modernes. Il s'agit non seulement d'optimiser l'organisation, de simplifier, d'élaguer, d'éliminer les activités à faible valeur ajoutée, de constituer un corpus de référentiels communs, mais aussi de former le personnel afin d'améliorer les compétences des gens qui travaillent dans les processus métiers. Aussi le travail commun entre les équipes chargées de développer les SI, les équipes d'organisation et les responsables de processus doit-il être entrepris dès le début d'un projet. Les profils des intervenants sont différents mais très complémentaires.

2.2 Assurer le contrôle de la stratégie

La maîtrise des technologies de l'information et de la communication est d'ores et déjà un atout stratégique pour les entreprises, bien que, dans la grande majorité des entreprises, l'informatique et les télécommunications soient des fonctions de support. Pour bâtir une stratégie informatique et être en mesure de la faire appliquer, il est essentiel d'être au courant de la politique de développement de l'entreprise et de bien connaître les technologies de l'information et de la communication.

Stratégie « informatique/systèmes d'information » et stratégie d'entreprise

Une stratégie informatique ne découle pas mécaniquement de la déclinaison d'un certain nombre d'orientations. Support au service de la stratégie de l'entreprise, elle doit souvent la précéder de manière à ce que les infrastructures, les moyens, les équipes soient prêtes au moment où le besoin s'en fera sentir. D'où la nécessité d'une vision stratégique. Il est de plus très rare que *les business plans* élaborés par la direction générale et les autres directions ou *business units* prennent en compte le fonctionnement interne de l'entreprise et son amélioration ; ils traitent plutôt d'objectifs de croissance, de développement de produits, de conquête de territoires. Il y a donc pour la DSI toute une politique à déterminer pour permettre des améliorations de productivité qui accroîtront sensiblement la valeur économique de l'entreprise.

Les besoins en systèmes d'information doivent être exprimés par les utilisateurs et les diverses directions de l'entreprise et non par la direction des systèmes d'information. Il est donc de première importance, si l'on ne veut pas se heurter à des obstacles infranchissables (réaction de rejet épidermique, guerre d'indépendance, blocage de principe, etc.), d'avoir défini les principes d'une bonne gouvernance des systèmes d'information.

Avec la collaboration des directions utilisatrices, le rôle du DSI est d'élaborer et de proposer à la direction générale une politique à long terme qui colle aux objectifs, aux contraintes, aux structures et à la culture de l'entreprise. Toutes les entreprises sont différentes, il n'y a donc pas de solution toute faite. Comme les technologies passent et les organisations changent, la stratégie elle-même ne doit pas être figée et elle doit être capable d'évoluer le temps de sa mise en œuvre pour s'adapter à de nouvelles contraintes. Elle doit évidemment coller parfaitement aux impératifs à court terme pour être crédible.

L'élaboration d'une stratégie suppose de communiquer avec les décideurs en parlant leur langage et de s'assurer :

- qu'ils sont à la bonne place pour décider des affaires les concernant ;
- que la communication est organisée ;
- que les mécanismes de régulation sont en place ;
- que le *reporting* fonctionne de manière efficace et transparente.

Ainsi, lorsque les principaux responsables de l'entreprise sont impliqués dans les décisions qui les concernent en matière de SI, il s'ensuit naturellement un alignement stratégique du SI sur les besoins de l'entreprise. C'est la conséquence d'une bonne gouvernance des systèmes d'information.

Les processus de la gouvernance

La mise en place d'une gouvernance suppose que soient établis et formalisés les principes de base qui :

- régissent les relations entre les différents acteurs ;
- définissent clairement les responsabilités ;
- garantissent un fonctionnement correct des processus de prise de décision ;
- permettent à l'entreprise de garder la maîtrise de ses projets.

On appelle processus de gouvernance l'enchaînement des activités nécessaires à la mise en œuvre des principes de base décrits ci-dessus. Le bon fonctionnement de ces processus repose sur une grande maturité de l'entreprise car il nécessite l'existence de réseaux de décision maillés qui mettent beaucoup de temps à être acceptés et supposent un travail considérable pour être maintenus.

La gouvernance a pour but de développer la culture NTIC, d'encourager les bonnes pratiques, d'éviter les dérives ; elle n'a pas pour but de contrôler toutes les décisions. L'informatique, à notre époque, n'est plus l'apanage exclusif des DSI et il faut bien trouver le moyen, au sein de l'entreprise, d'assurer la coordination entre des projets multiples, interdépendants et complémentaires initiés par plusieurs directions. Il s'agit en pratique d'assurer la maîtrise des projets par les éléments suivants.

Des processus de concertation et de communication

La direction générale doit évidemment en la matière donner l'exemple et s'assurer que les principaux responsables de l'entreprise sont impliqués, qu'ils jouent un rôle actif et qu'ils sont à même de prendre les décisions qui leur incombent. La gouvernance favorise la discussion et exige la transparence. Elle permet ainsi de mobiliser les forces, de fonder les décisions et de les faire accepter. Elle suppose, dans un monde multiculturel, l'application du principe de subsidiarité pour utiliser aux mieux les potentialités et obtenir leur coopération, condition indispensable à la réussite de projets complexes. Elle nécessite donc un consensus de la communauté dont tous les membres acceptent de coopérer et de travailler ensemble au sein de forums et comités qu'ils animeront :

- comité directeur des systèmes d'information de groupe ;
- comité de pilotage des systèmes d'information de branche ;
- comité de pilotage de projet.

Une infrastructure de communication moderne est donc indispensable.

Des instances de décision et de régulation

Comme dans toute société humaine, il faut un chef qui décide et des organismes de contrôle.

Les comités précédemment cités peuvent servir d'instances de décision et de régulation en prenant en compte le fait que dans une société à taille mondiale, organisée la plupart du temps en *business units*, les décisions groupe doivent être déclinées par centre de profit ou par entité géographique et que leur déclinaison ne peut être identique partout.

Le rôle de l'audit est alors fondamental car si la transparence est de mise, elle suppose la traçabilité, et si les décisions ne sont pas appliquées à la lettre à cause de spécificités locales, elles doivent l'être dans l'esprit.

Ces instances de régulation et de décision sont alimentées en informations par les différents comités et par les indicateurs et tableaux de bord dont il est question ci-après.

Des indicateurs, outils de mesure et tableaux de bord

Pour mesurer l'efficacité, l'efficience et la performance d'une entreprise, les tableaux de bord traditionnels ne suffisent plus. La mise en place d'un véritable projet pour produire l'information décisionnelle, c'est-à-dire l'outil permettant de juger une situation et d'éclairer les décisions, passe par l'analyse des composantes essentielles d'une gouvernance moderne dont les indicateurs ne seront que le reflet d'une réalité complexe.

Le tableau de bord prospectif, ou *balanced scorecard* de Kaplan et Norton, donne un premier niveau très complet d'indicateurs permettant de mesurer les quatre domaines de la performance de l'entreprise :

- perspective financière ;
- perspective clients ;
- perspective processus ;
- perspective apprentissage opérationnel.

Concernant les systèmes d'information, il convient d'ajouter un cinquième indicateur mesurant sa contribution au business. Ces indicateurs couvrent précisément les domaines majeurs de transformation de l'entreprise.

Des définitions de fonctions

La grande difficulté de la démarche est qu'elle requiert une définition précise des rôles et responsabilités entre les différentes entités : directions centrales, directions par activités (*business units*), directions géographiques, etc., ce qui est très délicat à définir compte tenu du poids du passé, des forces en présence, des luttes de pouvoir, des non-dits, etc. Ces définitions ne sont pas toujours faites et, lorsqu'elles le sont, elles sont souvent inopérantes. On définira ainsi la différence entre un comité directeur, un comité de pilotage, un directeur de projet, un chef de projet utilisateur, un chef de projet technique, un chef de projet organisation, etc.

2.3 Assurer l'opérationnel

Le premier rôle du DSI est d'assurer l'opérationnel et de prendre les mesures qui permettent d'offrir une qualité de service d'excellent niveau. Cela passe par une modernisation des architectures, une professionnalisation des équipes, une industrialisation des processus ; cela peut aussi passer par des opérations d'*outsourcing* (total ou partiel).

Le rôle du directeur des systèmes d'information est d'établir une autorité centrale incontestable parce qu'il sait faire, qu'il a de l'avance sur le plan technique, qu'il a la confiance des utilisateurs. Il a gagné des batailles et a donc l'oreille de la direction générale. Cela nécessite parfois de laisser du temps au temps, ce qui ne veut pas dire prendre son temps, mais il y a des situations qui ne se dénouent pas sans patience et il y a des périodes de mûrissement incompressibles. Une direction générale le sait bien ; elle attend de son DSI non seulement qu'il le comprenne, mais qu'il intègre ces données dans son action.

Donner satisfaction à l'utilisateur

Le DSI doit d'abord, et avant tout, donner satisfaction à l'utilisateur et aux différentes directions en réalisant les applications dont ils ont besoin :

- bonnes du premier coup ;
- dans des délais courts ;
- dans les budgets prévus.

C'est la base incontournable. D'où la nécessité absolue de rester opérationnel et d'être capable, s'il le faut, de redresser une situation désespérée. Ce qui suppose, certes, une compétence technique, mais aussi l'audace pour proposer des solutions qui marchent et le caractère qu'il faut pour les imposer.

Politique de développement. Progiciels

Si les dernières années ont consacré la suprématie des progiciels intégrés, avec toutes les difficultés qu'ont connues beaucoup de sociétés, l'on commence à se poser la question de la pertinence de cette approche systématique. Le développement des EAI (*Enterprise Application Integration*) en est la preuve la plus manifeste.

Si des applications de paie, de comptabilité, de gestion de stocks, relèvent bien d'un progiciel, parce qu'elles sont suffisamment standardisées, parce qu'elles ne représentent pas le cœur du métier, parce que de très nombreux progiciels existent et répondent bien au besoin (du fait aussi qu'il y a une énorme expérience derrière ces progiciels puisque ce sont les premières applications qui aient été traitées par la mécanographie puis par l'informatique), il sera plus difficile de faire entrer dans le moule d'un progiciel standard les fonctionnalités d'une prise de commande comportant tout le savoir-faire commercial d'une société ou la relation très spécifique avec une clientèle ciblée, sauf à trouver un progiciel très paramétrable dont la mise en œuvre risque de coûter plus cher et prendre plus de temps qu'un développement sur mesure.

Il existe bien entendu des progiciels modernes pour répondre aux besoins de la nouvelle économie : *e-business*, gestion de la relation client, *business intelligence*, gestion de la connaissance, centres d'appel, etc., et il ne peut évidemment être question de se lancer dans de telles applications en voulant tout développer soi-même.

Il ne faut évidemment pas développer en interne ce que l'on peut trouver sur le marché, mais il faut veiller à ne pas tomber dans le dogmatisme.

L'uniformité n'est pas forcément une fin en soi, ce qui compte, c'est aussi :
- la bonne adéquation au besoin du business ;
- la rapidité de mise en œuvre ;
- la cohérence ;
- l'efficacité.

Les progiciels sont utiles, mais il faut savoir les utiliser à bon escient, soit parce que c'est la meilleure solution (paie, comptabilité, CRM...), soit par exemple lorsqu'il est impossible, pour diverses raisons, d'obtenir une expression de besoins correcte et stabilisée (soit que l'utilisateur ne peut le faire, soit parce que, suite à une fusion, il y a compétition entre clans qui ne veulent pas se mettre d'accord, etc.).

Les outils et les méthodes modernes (développement objet, composants réutilisables, architecture client/serveur, modélisation, prototypage, outils de tests, etc.) permettent également aujourd'hui, pour ceux qui s'en sont donné les moyens, des réalisations rapides et de qualité.

Seul un développement spécifique permettra de développer une application pointue qui fera la différence avec la concurrence. Et si ce développement représente vraiment le cœur de métier, la spécificité de l'entreprise, il vaut mieux sans doute le faire en interne. Or un développement spécifique avec des moyens modernes nécessite une équipe entraînée et aguerrie, avec un chef compétent. Il faut plusieurs années pour bâtir une telle équipe.

Industrialiser les processus, moderniser les architectures, professionnaliser, améliorer la productivité

La DSI devrait se focaliser d'abord sur tous les aspects techniques qui relèvent de sa compétence et qui ne peuvent donc lui être contestés. Un système d'information, pour être au service de l'entreprise, doit être capable d'évoluer rapidement pour s'adapter rapidement aux changements de marché. Il doit être réactif. Il ne peut l'être que s'il est fondé sur une architecture moderne, évolutive, souple. D'où l'impérieuse nécessité, pour le DSI, de rénover en profondeur l'architecture des systèmes d'information afin d'être prêt lorsque les opportunités se présenteront. Impossible, en effet, d'être réactif si, pour répondre à la demande d'un utilisateur, il faut au préalable se lancer dans une conversion pour changer de plate-forme matérielle ou logicielle parce que les anciennes applications ne sont plus maintenables. Impossible d'être réactif si l'on ne trouve plus sur le marché de compétences car les techniques utilisées sont obsolètes. Mais il faut aussi que les hommes soient réactifs ; il faut pour cela avoir adopté des méthodes de management modernes et motivantes.

Centraliser les décisions techniques

L'obligation actuelle de diminuer de manière drastique les coûts, de mettre en place des outils permettant la réactivité, nécessite d'interconnecter les systèmes d'information, d'assurer leur cohérence et leur communication. Et c'est là où l'on se heurte à un existant caractérisé par un manque d'architecture globale, une multiplicité d'outils, de standards et de normes, une hétérogénéité des matériels et des logiciels et une décentralisation des décisions.

S'il est indispensable de maintenir la cohérence des infrastructures, des architectures et des systèmes d'information, s'il est vital de se doter de règles de sécurité assurant l'intégrité des données et protégeant le patrimoine de l'entreprise, ce qui relève d'une politique globale, il est non moins nécessaire de s'adapter à cette nouvelle donne de la décentralisation du savoir et des responsabilités. D'où la tendance actuelle, que l'on observe un peu partout, de centraliser les décisions purement techniques pour pouvoir bâtir des architectures cohérentes et pérennes tout en respectant le pouvoir de décision des directions dans le domaine des fonctionnalités.

La fonction informatique comprend deux pôles bien distincts entre lesquels existe une césure très nette, tant les métiers sont différents :

- *se doter de logiciels* : développement d'applications, acquisition de progiciels, maintenance, etc.
- *les exécuter* : production, *helpdesk*, réseau, *back-up*, etc.

Les pratiques, les méthodes et les outils sont différents pour ces deux pôles qui reposent chacun sur des fonctions très techniques et c'est précisément dans ces domaines que la coordination et l'harmonisation doivent être faites.

Déterminer une stratégie sécurité des systèmes d'information

La sécurité, parent pauvre des systèmes d'information pendant de longues années, connaît aujourd'hui une véritable consécration liée :

- à la mise en place des réseaux, véritables systèmes nerveux des entreprises qui ont fait l'objet d'attaques spectaculaires ;
- à la diffusion incontrôlée des virus informatiques ;
- au développement du terrorisme ;
- à la prolifération des *hackers*.

Alors que l'évolution prodigieusement rapide des technologies pose chaque jour des problèmes nouveaux, la sécurité des systèmes d'information, partant de la sécurité des données informatiques, s'étend actuellement à la protection de la propriété intellectuelle d'une société.

Contrôler les coûts

La maîtrise des coûts fait partie des obligations incontournables d'un DSI, la pression sur les dépenses informatiques étant loin d'être terminée.

La grande difficulté est non pas tellement d'établir et de suivre le budget propre de la DSI, que de faire la consolidation des budgets et investissements en technologies de l'information et de la communication des différentes directions et *business units*, ceux-ci étant souvent inclus dans des projets ou investissements industriels. Le concours du contrôle de gestion est absolument nécessaire pour y voir clair. Il est indispensable de séparer la partie discrétionnaire de la partie récurrente des budgets.

Les projets de développement de nouveaux systèmes sont maintenant de plus en plus soumis à la dure loi du retour sur investissement (ROI, *return on investment*), et un *reporting* correct permet d'en suivre de mieux en mieux les dépenses qui représentent à peu près le tiers des budgets annuels. Une bonne manière de parvenir à une maîtrise des coûts en matière de projets est de pratiquer une véritable gestion du portefeuille de projets qui permet d'établir les priorités, d'éliminer les projets superflus, inutiles ou redondants et d'évaluer avec précision le reste à faire. La publication d'un catalogue de services payants est une autre manière d'impliquer les directions opérationnelles dans des opérations de réductions de coûts, ce qui est l'occasion pour le DSI de se placer comme fournisseur de services plutôt que comme centre de coûts. Les deux autres tiers du budget représentent les infrastructures matérielles et logicielles et leur maintenance et échappent encore souvent à ce contrôle.

Or il s'agit de la crédibilité de la DSI que d'être d'une transparence absolue et d'une grande rigueur dans le suivi de ses budgets et de ses investissements et de savoir présenter un panorama complet pour l'ensemble d'un groupe. C'est en tout cas l'une des manières de sortir progressivement de sa tour d'ivoire que d'être capable de justifier toutes ses actions, ce qui permet de rétablir les responsabilités de chacun, entre informaticiens et utilisateurs, et permet aussi de se concilier les bonnes grâces de la direction financière qui peut alors se révéler un allié très sûr dans la tourmente. C'est aussi une manière de responsabiliser le personnel que de confier à chaque responsable le soin d'établir, de justifier et de suivre son budget.

Mettre l'innovation technologique au service de la stratégie d'entreprise

Le directeur des systèmes d'information doit, impérativement, être une force de proposition pour l'emploi des nouvelles technologies de l'information et de la communication. Il est bien évident que c'est au DSI de décider de l'adéquation des nouvelles technologies aux besoins de l'entreprise et qu'il ne s'agit pas d'être innovant à tous crins. Mais il ne peut être question d'accepter un retard chronique non plus. En fait, c'est par une veille technologique continue, par une bonne connaissance des besoins métiers, par une relation de confiance avec les principaux décideurs que se prendront les décisions d'utiliser ou non une nouvelle technologie. Cela suppose que le DSI soit proche des métiers de l'entreprise et qu'il y ait entre les différents responsables et lui-même une véritable connivence. Cela peut passer pour le DSI par une formation business. De même que ses collègues directeurs, y compris ceux de la direction générale, trouveraient un grand intérêt dans l'exercice de leur fonction à suivre une formation aux NTIC et à la gestion de projet, pour le plus grand profit de la société. Le DSI d'aujourd'hui doit être un catalyseur d'innovations comme support de la stratégie de l'entreprise.

Au-delà de l'aspect purement opérationnel et technologique, le DSI doit évidemment s'intéresser aux métiers de l'entreprise dont la connaissance lui est indispensable s'il veut pouvoir développer des systèmes d'information «métier» qui apporteront un véritable avantage concurrentiel à sa société. Il est un des seuls à pouvoir proposer des systèmes d'information transversaux (*workflow, web services*, intranets, etc.), des outils communs (référentiels, entrepôts de données, outils de travail collaboratif), des technologies nouvelles et prometteuses (Wifi, étiquettes radio fréquences,...). Il doit enfin, avec un souci permanent d'efficacité, veiller au bon usage des technologies dans les différentes directions afin de s'assurer qu'elles apportent bien les bénéfices attendus; il doit donc d'une manière ou d'une autre s'intéresser aux processus métiers et à l'organisation; son rôle est de faire valoir un point de vue qui peut être différent.

3 Maîtrise de la relation avec les prestataires et les fournisseurs

Les fournisseurs sont de plus en plus des concurrents du DSI, certaines fonctions étant totalement sous-traitées et l'*outsourcing* jouant de nos jours un rôle grandissant dans la politique informatique d'une entreprise.

3.1 Les prestations de la DSI

L'évolution prodigieuse des technologies combinée avec les contraintes économiques a totalement modifié les positionnements respectifs des constructeurs, éditeurs, sociétés de service en ingénierie informatique (SSII) et cabinets de conseil et a conduit à une transformation des métiers que l'on retrouve bien dans la palette des prestations, services et produits offerts par ces acteurs de la profession, mais dont les entreprises ou administrations clientes ne peuvent et ne veulent pas se doter en interne car trop éloignés de leur métier de base.

La DSI doit donc offrir des prestations et des services qu'elle ne peut assurer uniquement avec des moyens internes. Il est courant de voir une DSI dont 30% à 50% des effectifs sont constitués de prestataires extérieurs. Souvent même, avec la généralisation de la pratique de l'externalisation (*outsourcing*), on voit des DSI n'ayant plus aucun moyen interne.

L'informatique, les télécommunications, les systèmes d'information ne représentent généralement pas le cœur de métier de la plupart des sociétés, même si leur bon fonctionnement est indispensable, les entreprises ayant, selon IBM, trois besoins fondamentaux: l'accès au système d'information, l'intégration de tous les composants informatiques d'un système d'information et la mise en réseau des organisations.

La tentation est grande de considérer la DSI comme un fournisseur de produits et de services qui pourraient être aisément fournis par des sociétés extérieures, afin de permettre à l'entreprise de se recentrer sur son métier. Resteraient aux DSI les tâches de gestion de maîtrise d'ouvrage et de maîtrise de contrats.

3.2 L'informatique, une commodité?

La réponse en pratique n'est pas simple et cette difficulté tient au fait que, s'il est relativement facile de confier en infogérance la production informatique ou la gestion des réseaux à un opérateur extérieur, car il s'agit de la gestion de moyens, il n'en est pas du tout de même des systèmes d'information.

L'usage de l'informatique s'est tellement banalisé dans certaines professions que cette ressource, d'un usage quotidien, vital et indispensable, est devenue une «commodité d'usage», en ce sens que personne ne se préoccupe plus de savoir où sont localisées les applications ni qui exploite le ou les centres de traitement; l'important est que cela marche et que l'outil soit disponible et performant. C'est le cas dans le domaine des salles de marchés, des bourses, et en général de tous les outils de la communauté financière.

En fait, si toutes les entreprises ont accès aux technologies, elles sont loin d'en tirer toutes le même parti; la façon d'utiliser les technologies de l'information varie radicalement d'une entreprise à une autre: certaines en sont encore à la notion «d'informatique, centre de coût», d'autres en font un avantage concurrentiel par un usage intelligent de l'innovation.

Les systèmes d'information, les architectures techniques représentent, qu'on le veuille ou non, le système nerveux de l'entreprise et certains centres nerveux sont réellement au cœur du métier. On ne peut donc les considérer comme étant uniquement du domaine des commodités.

3.3 Gestion des ressources humaines et politique de *sourcing*

Ces deux aspects sont extrêmement liés puisqu'une part très importante des effectifs est constituée de prestataires extérieurs. La gestion du personnel interne passe par la définition d'une nomenclature des métiers partageable avec les différents acteurs de l'entreprise. Il faut évidemment élaborer un programme de formation du personnel de l'entreprise aux NTIC et veiller à mettre en œuvre les moyens d'une communication efficace.

Dans le contexte actuel où les projets sont souvent menés par des intégrateurs, SSII ou cabinets de conseil, qui intègrent des progiciels sur lesquels ils ont acquis une certaine expertise, le nombre de fournisseurs est important et les relations avec eux souvent difficiles, l'intérêt de ces sociétés ne coïncidant pas forcément avec l'intérêt de l'entreprise. Le rôle du DSI est absolument capital pour établir des règles du jeu claires et les faire respecter; ses qualités de négociateur sont donc essentielles. Il doit déterminer quelles activités doivent être exercées par du personnel interne ou être rapatriées en interne (*insourcing*) et lesquelles peuvent l'être par du personnel externe à l'entreprise (intérim, prestation, travail au forfait) ou être confiées à des sociétés extérieures (*outsourcing*). Ce choix doit être mûrement réfléchi et préparé si l'on ne veut pas s'exposer aux pires déconvenues.

Aussi une telle politique doit-elle pouvoir être exposée à un comité de direction. Elle tient évidemment compte de la stratégie générale de l'entreprise, tout particulièrement en matière de gestion de personnel, mais aussi de son organisation, de son mode de fonctionnement et de son histoire. Les bases d'une organisation performante et aisément compréhensible dans l'entreprise doivent être construites sur quelques principes simples :

- garder le contrôle absolu de ce qui est un facteur de différenciation compétitif pour l'entreprise ;
- concentrer les forces vives sur ce qui est important ;
- externaliser ce qui n'est pas au cœur du métier (sauf contraintes de personnel incontournables) ;
- conserver des compétences internes pour maîtriser la sous-traitance ;
- séparer, autant que faire se peut, la maintenance applicative et le fonctionnement quotidien du développement de projet ;
- mettre en place des contrats de services (SLA, *service level agreement*), une facturation des prestations (ou au minimum une décomposition analytique des coûts), des budgets lisibles et parfaitement transparents.

Une telle démarche s'accompagne maintenant, la plupart du temps, d'un référencement des fournisseurs qui se traduit généralement par une diminution de leur nombre.

De nombreux critères interviennent dans le choix d'un fournisseur ; il ne faut pas oublier cependant que la compétence et la connaissance du sujet à traiter sont le fait des hommes et des femmes qui composent la société avec laquelle on signe un contrat et qu'il est donc indispensable, pour des prestations, de s'assurer que les personnes mises à disposition par un fournisseur pour traiter un sujet ont bien les connaissances et les compétences requises pour s'acquitter de leur tâche, et ce, quels que soient le prestige et la renommée du fournisseur.

Un tel dossier de *sourcing*, qui doit comporter des alternatives, doit être présenté au comité de direction des systèmes d'information. L'accord de mise en œuvre relève souvent de la direction générale.

3.4 Externalisation, infogérance, *outsourcing*

La mode de l'externalisation (*outsourcing*) peut laisser penser que l'entreprise n'aura plus besoin de DSI en son sein, puisqu'elle se sera recentrée sur le cœur de son métier. Les entreprises qui, sans trop y réfléchir, auront externalisé un peu brutalement toute leur informatique, y compris leur directeur informatique, risquent de se trouver un jour dans l'impossibilité non seulement de garder le contrôle des opérations, mais aussi de développer rapidement les applications dont elles auront besoin pour assurer leur compétitivité, voire leur survie. Car même la sous-traitance complète de la conception, de la réalisation et de la mise en œuvre de systèmes d'information nécessite des compétences internes.

Les entreprises ou les administrations ont en effet trop souvent oublié qu'une externalisation ne peut être réussie que si elles ont mis en place en leur sein une maîtrise d'ouvrage compétente et suffisamment étoffée pour garder le contrôle des opérations.

Après des débuts laborieux, l'infogérance se développe de plus en plus en France (ce qui est le cas depuis longtemps dans les pays anglo-saxons), à la fois pour des raisons structurelles (maturité de l'offre des *outsourcers*, recentrage des entreprises sur leur métier de base) mais aussi parce que la mise en place de méthodologies (référentiel d'exploitation, *Information Technology Infrastructure Library*, ITIL, SLA) permet une relation claire sur la base de niveaux de services contractualisés.

L'*outsourcing* sélectif est une bonne solution, à condition, comme toujours, de conserver en interne les compétences capables d'en assurer la maîtrise. C'est de cette façon que peut alors être envisagée l'externalisation d'activités telles que la gestion des actifs, la maintenance applicative, l'exploitation du réseau, l'exploitation des applications, la gestion des postes de travail, le *helpdesk*, le développement de logiciel, etc., qui sont souvent mieux assurées par un prestataire dont c'est le métier que par des équipes internes. Il n'y a évidemment pas de règle absolue en la matière. De manière à concentrer les forces vives sur ce qui est vraiment important, il ne faut pas hésiter à sous-traiter, voire externaliser, des activités qui ne sont pas au cœur du métier ou qui ne représentent plus d'intérêt stratégique pour l'entreprise (maintenance d'anciennes applications par exemple).

Il faut se rendre à l'évidence et constater que la tendance à externaliser est là et que les raisons qui poussent les entreprises à faire prendre en charge leur informatique par une société spécialisée sont multiples :

- fusions/acquisitions ;
- économies sur les coûts ;

- transformation de coûts fixes en coûts variables ;
- problème social (reconversions difficiles de certaines catégories de personnel, manque de personnel qualifié, etc.) ;
- maîtrise d'évolutions technologiques majeures ;
- qualité de service ;
- gestion de parc micros et de systèmes distribués ;
- gestion du *helpdesk* et de la *hotline;*
- maintenance d'un patrimoine logiciel vieillissant (TMA, tierce maintenance applicative) ;
- etc.

Il convient de respecter un certain nombre de règles pour assurer le succès de l'opération :
- mettre en place une maîtrise d'ouvrage compétente ;
- s'assurer de la phase d'intégration ;
- prévoir un contrat évolutif;
- prévoir une grille tarifaire souple ;
- préciser les responsabilités, les niveaux de service exigés, les engagements de résultat, les délais ;
- envisager la réversibilité ;
- rendre attractive la reprise du personnel par la SSII ;
- etc.

Mais il faudra aussi surtout être précautionneux dans le choix de la société d'infogérance car tout le monde ne sait pas tout faire et certaines sociétés sont meilleures que d'autres pour traiter des entreprises d'une certaine taille ou ayant telle ou telle activité.

3.5 Offshore

L'*offshore* est aujourd'hui au cœur de la problématique des sociétés occidentales qui réalisent que les délocalisations mettent en danger leur économie.

La seule, la vraie, raison pour délocaliser des prestations informatiques est la baisse des coûts que l'on peut espérer. Cette dernière, si elle n'est pas au minimum de 30 % à 40 %, n'a pas vraiment de sens car on obtient couramment des réductions de coût de 15 % en faisant réaliser des prestations en province au lieu de Paris.

Il faut évidemment prendre en compte l'ensemble des éléments, par exemple le fait qu'une prestation réalisée en Inde nécessite du personnel parlant couramment l'anglais. Il est à noter que l'*offshore* en matière d'informatique ne concerne plus uniquement l'Inde, mais aussi l'Europe de l'Est, le Moyen Orient, le Maghreb, ce qu'on appelle le *nearshore*, et bientôt la Chine et la Russie. Avant de se lancer dans une telle aventure, l'entreprise doit évidemment avoir précisé clairement ses objectifs (réduction des coûts, recherche de compétences, etc.), avoir défini les critères de sélection du prestataire et avoir acquis, et c'est fondamental, une véritable maturité en gestion de projet. Il est sage de commencer avec des projets sans risques et d'avoir le souci de garder l'expertise et la maîtrise de l'opération. Il est nécessaire de porter une attention particulière sur tous les aspects de sécurité et d'infrastructure de communication, sur le degré de certification de la société (CMM, *Capability Measurement Model*), en n'oubliant pas les clauses sur la propriété intellectuelle et l'accès aux codes sources. Enfin, la mise en place des aspects contractuels et juridiques est grandement facilitée lorsque la société d'*offshore* dispose d'une représentation en France.

L'*offshore* s'installe donc dans le paysage et de manière durable. Certaines SSII se sont spécialisées dans ce domaine et permettent à ceux qui se lancent d'éviter les déconvenues.

4 Conduire le changement

Une véritable rupture apparaît aujourd'hui avec la mise à disposition d'infrastructures qui permettent la libre disposition et la libre circulation d'informations, sous quelque forme que ce soit. Acteur majeur du changement, le DSI doit être une force de proposition pour l'emploi de ces nouvelles technologies car la façon d'utiliser l'information, de la mettre à disposition, de l'exploiter et de l'optimiser, devient un enjeu réellement stratégique pour les entreprises depuis l'arrivée en force d'Internet et des réseaux.

La mise en œuvre d'un système d'information modifie profondément l'organisation de l'entreprise, la manière de travailler et les habitudes du personnel. Il est donc nécessaire d'accompagner ce chantier par un programme de changement qui doit clarifier et planifier les évolutions nécessaires de l'ensemble des compétences et créer un environnement dans lequel les collaborateurs pourront mettre en œuvre les changements nécessaires pour produire une nouvelle proposition de valeur pour les systèmes d'information, destinée à aider l'activité à se développer.

Le changement véritable suppose qu'un nombre important de personnes adhère au changement. Tous les leviers possibles doivent donc être utilisés pour s'assurer le support de chacun des employés concernés. La réussite du changement passe à la fois par la mise en œuvre de techniques de conduite du changement et par la prise en compte d'éléments économiques. En effet, l'absence de résultats économiques met en danger un programme de changement fondé uniquement sur des facteurs de culture et de comportement. Inversement, un changement opéré uniquement sur des facteurs économiques peut donner des avantages non durables du fait des résistances.

4.1 Créer les conditions de succès - accroître la maturité

Le rôle du DSI est d'aider l'entreprise en général, et l'utilisateur en particulier, à acquérir la maturité nécessaire dans les domaines des systèmes d'information et des technologies de l'information en :

- instaurant une dynamique de succès (un projet qui atteint ses objectifs en temps et en heure, et dans les budgets prévus, est un projet normal) ;
- visitant et en faisant visiter d'autres entreprises qui ont une application opérationnelle particulièrement intéressante qui correspond justement au besoin des utilisateurs (même si ce besoin n'est pas exprimé) ;
- incitant les utilisateurs à se réorganiser avant d'entreprendre la conception d'un nouveau système ;
- bâtissant une politique de formation à tous les niveaux, y compris la direction générale ;
- montrant l'exemple dans sa propre direction pour l'utilisation des technologies nouvelles ;
- aidant s'il le faut l'utilisateur à définir ses propres besoins ;
- étant capable, s'il le faut, de redresser une situation désespérée ;
- étant un conseiller apprécié ;
- étant, enfin, une insatiable force de proposition.

Alors pourront se mettre en place des démarches nouvelles de prototypage, l'expérimentation des technologies émergentes se fera dans une démarche orientée business, les idées pourront naître et déboucher sur des démarches audacieuses.

4.2 Expliquer, éduquer, répéter, convaincre, communiquer

Inlassablement, le DSI doit délivrer un message clair et compréhensible par tous. Peu d'objectifs, mais de bons objectifs, permettent de se focaliser sur l'essentiel. La transparence, la clarté et la vérité sont des atouts essentiels pour un DSI. Encore faut-il qu'il sorte de son jargon et fasse l'effort de parler français.

Loin d'être réduit à la technologie, l'environnement du DSI est en effet essentiellement relationnel : avec les utilisateurs, avec la direction générale, avec les différentes directions de l'entreprise, avec ses équipes, avec les fournisseurs, etc.

Lorsque l'informatique était une fonction d'exécution, cette nécessité de communiquer n'était pas perçue. Mais aujourd'hui, l'informatique est de plus en plus stratégique pour les entreprises et les DSI sont tenus de mieux communiquer, ne serait-ce que pour faire ressortir leur contribution aux résultats de l'entreprise.

C'est certainement un des rôles fondamentaux du DSI que d'augmenter le niveau de culture des technologies de l'information et de la communication dans l'entreprise. Tout est conditionné par cela, car une politique ne peut être mise en œuvre si elle n'est pas comprise.

5 Une profession en devenir

La profession informatique a évolué comme l'ont fait beaucoup d'autres, la médecine par exemple. L'informatique comprend aujourd'hui des métiers très différents car spécialisés, ce qui n'était guère le cas il y a trente ans. Le directeur des systèmes d'information ne peut évidemment de nos jours être le spécialiste de toutes les techniques et n'importe quel DSI dirige des équipes composées de techniciens de domaines très variés. Les batailles de spécialistes pour gloser sur la subtile différence entre DI, DSI, DOI, CIO, CTO, etc. ; n'ont pas vraiment de sens car il s'agit des multiples déclinaisons d'un même métier et il n'y a aucune opposition ni contradiction entre une fonction de DSI et celle d'un responsable technique, ces deux fonctions étant complémentaires.

Se pose alors le délicat problème de l'étendue des fonctions de la DSI : doit-elle ou non superviser l'organisation ? Quel doit être son rôle dans les processus, dans la gestion du changement, dans la communication ? Comment positionner la DSI dans une démarche d'intelligence économique et du management de la connaissance ? Le DSI doit-il être un stratège ou un opérationnel ? Quelle doit être sa relation avec la direction de la qualité ? On ne peut plus en effet aujourd'hui séparer réellement l'informatique, la qualité et l'organisation puisque la version 2000 des normes ISO 9000 détaille les procédures suivant les processus métiers. Qui va décrire les processus métiers ? Certaines entreprises ont rapproché DSI et direction de la communication, tant l'arrivée des technologies internet, du Web et de l'interconnexion des réseaux ont mis en lumière la convergence de plus en plus importante entre informatique et communication. L'optimisation des processus touche surtout la communication de l'information et c'est en améliorant les compétences des personnes qui travaillent dans un processus métier, en optimisant l'organisation qu'on obtiendra les progrès de productivité qui ne peuvent l'être par la seule mise en œuvre de technologies. On touche là au cœur du fonctionnement de la société puisque le traitement de l'information représente le travail de plus de la moitié du personnel.

Bibliographie

Association française d'audit informatique (AFAI) (2003), *Maîtrise d'ouvrage de projet de système d'information.*

Association française d'audit informatique (AFAI) (2003), *IT Scorecard et stratégie d'entreprise.*

Association française d'audit informatique (AFAI) (2004), *IT Governance : Pilotage de l'informatique pour dirigeants d'entreprise.*

David Autissier et Jean-Michel Moutot (2004), *Pratiques de la conduite du changement,* Dunod.

Gérard Balantzian (2002), *Les systèmes d'information. Art et Pratiques,* Eyrolles, Éditions d'organisation.

Gérard Balantzian (2004), *Tableaux de bord,* Eyrolles, Éditions d'organisation.

Philippe Tassin (2005), *Systèmes d'information et management de crise,* Lavoisier, Éditions Hermès Science.

Didier Joliot (2003), *Management des SI,* Éditions Hermès Science.

René Colletti (2003), *Bâtisseur de systèmes d'information,* Presses Universitaires de France.

Nicolas Curien et Pierre-Alain Muet (2004), *La société de l'information,* La documentation française.

Groupe Descartes (1991), *Le mode projet,* Dunod.

Olivier d'Herbemont et Bruno César (2000), *La stratégie du projet latéral,* Dunod.

Francis Meston, Hervé Nora et Philippe Rosé (2002), *Mirages et miracles des technologies de l'information,* Village mondial.

Serge Soudoplatoff (2004), *Avec Internet, où allons-nous ?,* Le Pommier.

Impact des systèmes d'information sur l'organisation

Bénédicte Geffroy-Maronnat

Mots clés : déterminisme technologique, impératif organisationnel, structuration, changement organisationnel.

Résumé : il existe tout un corpus de recherche théorique et empirique dense sur la relation TI/organisation. À chaque nouvelle vague de technologie se pose la question de ses impacts sur l'organisation : quels sont les changements organisationnels que peuvent escompter les entreprises en implantant cette TI ? quelles sont les transformations effectives ? Ces travaux questionnent de manière récurrente la pertinence d'un effet « naturellement » structurant des TI. Si les premiers travaux ont adopté le point de vue de l'impératif technologique, des travaux récents d'essence structurationniste permettent de concevoir les interactions technologie/organisation dans une approche processuelle et contextuelle. Le changement sociotechnique dépend des structures préexistantes et des systèmes d'incitation et de gestion qui instrumentent le processus d'implantation et d'appropriation du SI.

La question de l'impact organisationnel des SI, bien qu'ancienne demeure, d'une part, essentielle dans le champ de la recherche en SI et, d'autre part, d'actualité. De manière récurrente se pose la question de savoir comment les TI participent à la transformation organisationnelle des entreprises. Ce type de questionnement repose sur une hypothèse implicite et banale : les SI ne sont pas neutres, «*si la technologie ne détermine pas grand-chose, elle ne détermine pas rien pour autant* (...) *une certaine logique structurante est à l'œuvre*» (Alsène, 1990, p. 322 et 326). Ils constituent potentiellement une source de changements pour l'organisation en termes de structure et pour les individus. En revanche, l'analyse du phénomène est complexe. Pour preuve, le champ d'analyse est prolifique en termes de travaux et de résultats. Il a suscité une large variété des modes d'approches théoriques et méthodologiques et des représentations que l'on donne des phénomènes observés. Plus spécifiquement, il se caractérise par des approches normatives aussi bien que par des approches explicatives, par des niveaux d'analyse et des périmètres «d'impacts» différents (inter-organisationnel, organisation, groupe, fonction, division, individu), par des études empiriques qui valident ou pas les discours spéculatifs ou prédictifs, par des technologies d'information différentes (messagerie, ERP, CRM, place de marché électronique...), par des dimensions organisationnelles observées différentes (centralisation/décentralisation, autonomie, formalisation, spécialisation,...) et enfin par des perspectives théoriques parfois opposées mais qui sont à la mesure de la complexité et de l'incertitude de la relation analysée.

Jusqu'à présent, les recherches sur le sujet ont produit plus de résultats contradictoires et paradoxaux que de consensus. L'article de Robey et Boudreau (2000) dresse un panorama critique des différents types de résultats empiriques caractérisant le domaine :

- des conséquences organisationnelles conformes aux hypothèses et résultats anticipés;
- des conséquences observées ne correspondant pas aux résultats attendus et attribuées à l'échec du projet d'implantation;
- les conséquences organisationnelles sont absentes ou opposées aux résultats attendus;
- les TI sont utilisées d'une autre manière que celle prévue initialement;
- les conséquences organisationnelles sont contradictoires entre les travaux;
- les conséquences organisationnelles à technologie identique et dans des établissements comparables diffèrent;
- enfin, les conséquences organisationnelles d'une technologie donnée diffèrent au sein d'une même organisation.

Comme le soulignent à juste titre ces auteurs, cette diversité doit nous conduire à poser la question du renouvellement des cadres théoriques mobilisés. Ils nous invitent à abandonner le paradigme du déterminisme technologique au profit du paradigme sociotechnique et d'une approche processuelle et contextuelle permettant de saisir la dynamique des changements organisationnels induits par les SI. À cet égard, les jalons de réflexion posés par ces auteurs illustrent assez bien les difficultés qui traversent ce domaine et les nouvelles perspectives théoriques dans lesquelles il convient d'inscrire ce champ de recherche.

Il n'est pas dans le projet de cet article de faire un état de l'art c'est-à-dire une présentation approfondie des recherches et des connaissances qui ont été produites sur la question de la relation existant entre évolution de l'organisation et SI[1]. L'objectif est de présenter les principaux cadres d'interprétation et de conceptualisation sur lesquels ce domaine des SI se structure aujourd'hui. L'intérêt d'une telle présentation est double.

D'une part, ces cadres illustrent les différentes questions qui traversent ce champ:

- La variable technologique est-elle prédictive de l'émergence des nouvelles formes organisationnelles comme celle de l'entreprise virtuelle (Davidow et Malone, 1992) ou encore de l'entreprise étendue?
- Les impacts organisationnels observés résultent-ils d'un simple déterminisme technologique ou à l'opposé d'un déterminisme organisationnel?
- La diversité des résultats empiriques induit-elle un renouvellement des perspectives théoriques sur le changement organisationnel et sa gestion?
- Ces cadres véhiculent-ils implicitement une approche conceptuelle des notions de système d'information et de technologie de l'information?

D'autre part, ces cadres qui nourrissent des débats incessants, soulignent la manière dont ce domaine d'analyse s'est progressivement structuré et reflètent en fait relativement bien la dynamique de la construction théorique de ce champ de recherche. À l'image de la théorie des organisations, cette dynamique est fondée sur un processus quasi dialectique dans le sens où les écoles de pensée s'opposent et se répondent. À cet égard, elle reflète «*une certaine tradition de réflexivité et d'analyse critique qui caractérise l'étude des organisations*» (Desreumaux, 1998, p. 109). Si les cadres analytiques et conceptuels que nous allons présenter, s'opposent pour certains et pour d'autres se complètent, ils présentent tous l'intérêt d'enrichir l'analyse des impacts organisationnels des SI. Nous montrerons en effet que la pluralité des approches ne fait pas qu'éclairer la nature paradoxale du phénomène étudié mais souligne tour à tour les différents éléments d'analyse constitutifs de cet objet d'étude et ce faisant, elle permet d'avancer vers des perspectives intégratives et invite à une réflexion interdisciplinaire.

Le plan du chapitre reprend ce cheminement réflexif. Ainsi, la première partie présente les thèses du déterminisme technologique par opposition au déterminisme organisationnel. La deuxième partie explore les nouvelles perspectives notamment les travaux structurationnistes qui permettent entre autres de concevoir les interactions technologie/organisation dans une approche processuelle et contextuelle. Pour finir, nous investirons la problématique des effets organisationnels sous l'angle du cycle de vie des SI et des logiques d'action et de structuration afin de rendre compte de la complexité du travail de médiation (interactions, dispositifs, outils) par laquelle se construit le changement sociotechnique.

1 Système d'information et organisation: des impacts prévisibles aux impacts imprévisibles

De nombreuses études ont été réalisées sur l'impact organisationnel des SI. De ces études sur le lien entre SI et organisation, il ressort trois propositions sur la nature des impacts: les impacts sont prévisibles; les SI facilitent le changement organisationnel, notamment l'émergence de nouvelles formes organisationnelles comme l'entreprise étendue; les impacts sont imprévisibles. Nous retrouvons là l'antagonisme classique des explications sur lequel se sont construits la théorie des organisations et aujourd'hui le domaine des SI.

1. Sur ce point, les lecteurs pourront se référer à l'article de Robey et Boudreau (*op. cit.*) qui illustrent par un ensemble de travaux les enjeux actuels de ce champs d'analyse.

1.1 Une vision structurante de la technologie

L'analyse de l'impact organisationnel des TI qui émerge à partir du début des années soixante et qui connaît un renouveau depuis les années quatre-vingt s'est d'abord développée dans la stricte continuité des travaux de la contingence structurelle dont la thèse peut se résumer à l'idée suivante : la structure organisationnelle dépend des variables contextuelles comme la technologie. Dans une approche radicale, la structure organisationnelle est expliquée par une seule variable : la technologie. On retrouve par la suite une sophistication de ce courant de recherche qui va prendre en considération les effets de variables modératrices telles la taille ou l'environnement, sur la structure organisationnelle (Raymond *et al.*, 1994).

Conformément à cette école de pensée, les travaux centrés sur la question des impacts des nouvelles technologies de l'information sur l'organisation se caractérisent par trois éléments :

- une vision désincarnée des phénomènes observés liée à l'absence de la prise en compte du rôle des décideurs et des utilisateurs dans ce processus de structuration. L'évolution technologique s'impose et contraint les évolutions organisationnelles des entreprises dans un sens donné ;
- une démarche de nature positiviste : l'organisation est considérée comme une réalité objective qui peut donner lieu à un travail de comparaison et de mesure entre un état de l'organisation avant l'introduction d'une nouvelle technologie et l'état *ex post* ;
- la recherche de relations causales entre des caractéristiques intrinsèques des TI et des caractéristiques organisationnelles afin d'identifier d'hypothétiques régularités ou des variables prédictives du changement organisationnel. À tel type de technologie correspond tel type d'organisation (structure et mode de fonctionnement).

Ce courant de recherche se caractérise par une idéalisation des TI et notamment de leur rôle dans les transformations organisationnelles. Elles sont conçues comme un levier prédictif du changement organisationnel. Les travaux de Leavitt et Whisler (1958) illustrent cette perspective prédictive des effets organisationnels des TI. Ils considèrent que l'évolution des modes d'organisation vers une réduction du nombre de niveaux hiérarchiques et une centralisation plus importante résulterait, entre autres, de la diffusion des TI et de leurs performances accrues. Par la suite, d'autres travaux ont présenté la thèse opposée : les TI favorisent la décentralisation des décisions. Dans cette même veine, des travaux ont entrevu avec l'implantation de systèmes de gestion intégrés (PGI/ERP) la fin de l'entreprise cloisonnée, l'intégration devant favoriser le décloisonnement, la transversalité, l'autonomie mais aussi le renforcement du contrôle. Les PGI devant *in fine* contribuer à une meilleure intégration, une simplification et une standardisation des processus d'affaires des entreprises.

Sans revenir sur les discours critiques du déterminisme technologique (Alsène, 1990), nous mettons en exergue deux points importants parmi ceux-ci : la question du choix stratégique, et l'idée d'équivocité de la technologie avancée par Weick (1990).

La perspective du choix stratégique développée en réaction au déterminisme technologique, considère que les TI font l'objet d'une décision stratégique d'introduire ou non ces dispositifs technologiques dans l'organisation. Le choix de la technologie voire du design organisationnel est considéré comme le produit de décisions managériales (Galbraith, 1973). Ainsi présentés, ces travaux véhiculent l'idée d'un déterminisme de l'action lié aux schémas d'interprétations des décideurs et des besoins en traitements de l'information dans l'organisation. Les transformations organisationnelles ne sont plus subies et imposées par la disponibilité des TI mais elles résultent d'une décision délibérée.

Au paradigme de l'impératif technologique se substitue celui de l'impératif organisationnel (Markus et Robey, 1988). Les caractéristiques organisationnelles sont modelées par les intentions et les décisions des acteurs notamment de ceux qui détiennent le pouvoir. L'intérêt de cette perspective ingénierique (Marciniak et Rowe, 2005) est de recentrer l'analyse sur les acteurs (décideurs et concepteurs) et leur rôle dans la structuration organisationnelle. La technologie est conçue comme un vecteur, un facilitateur dont les acteurs vont se saisir pour orienter les choix en matière de structure et de mode de fonctionnement.

Dans cette perspective, le changement organisationnel lié aux TI est incarné dans le rôle prépondérant des décideurs. Deux orientations se dessinent. La première fait état des situations où les décideurs vont choisir les technologies qui s'adaptent au mieux à leur mode d'organisation. Pour les entreprises qui ont engagé des transformations organisationnelles dans les années quatre-vingt-dix suivant le modèle de l'organisation Horizontale, les technologies comme les PGI se présentent comme un puissant moyen « d'instrumenter » cette logique organisationnelle, notamment en « forçant » le décloisonnement fonctionnel par la standardisation des données et des flux d'échange interfonctionnels. Pour certaines entreprises, les PGI ont été introduits pour améliorer la coordination interservice en participant au décloisonnement fonctionnel, et ce, afin d'aboutir à une meilleure gestion des processus critiques de l'entreprise. La technologie peut être alors considérée comme un outil sociopolitique (Boitier, 2004) permettant à la Direction de garder le contrôle à la fois sur la structure organisationnelle mise en place et sur la mise en œuvre de la stratégie définie.

La deuxième orientation s'intéresse aux situations où le choix de la technologie par les décideurs et sa mise en œuvre s'inscrivent dans le cadre d'un vaste programme de transformations organisationnelles visant par exemple à optimiser l'activité tout en améliorant la qualité de service selon une logique de reengineering (Hammer et Champy, 1992). Pour mener à bien leur stratégie de réorganisation, certaines entreprises vont faire jouer à la technologie un rôle de facilitateur. L'implantation d'un PGI offre l'opportunité aux décideurs d'analyser et de réviser les processus et les politiques de l'entreprise (Cooper et Zmud, 1990). Plus radicalement, pour d'autres, la technologie va constituer le support même des nouveaux modèles d'affaire (Dell Computer, Amazone, American Airlines).

Dans les deux cas, le choix des technologies et de la logique organisationnelle portée par ces dispositifs est là pour conforter le projet managérial des entreprises selon une approche déterministe qui voudrait que le seul choix d'une technologie suffise à produire les effets escomptés par les décideurs. Or, si les décideurs cherchent à ajuster les TI aux structures ou les structures aux TI car il existe une «*certaine logique structurante*» (Alsène, *op.cit*), il n'y a pour autant rien de déterminant. Ces approches en se focalisant sur la vision de l'entreprise, du leadership et de l'implication de la direction générale omettent de prendre en compte les contextes temporels et organisationnels dans lesquels les TI sont implantées et plus particulièrement le contexte d'utilisation des TI et leur perception par les utilisateurs. Pourtant, malgré les nombreuses promesses des éditeurs et intégrateurs de progiciels qui continuent à nourrir la vision d'un *one best way*, des travaux montrent que le déploiement des TI n'est pas une garantie d'intégration ou de transversalité (Whipple et *al.* 2002, El Amrani et *al.* 2006).

Ces deux approches opposées à première vue sur le facteur structurant (technologie par opposition au choix stratégique) sont souvent présentées ensemble car elles véhiculent la même logique causale des phénomènes étudiés. Elles se caractérisent par des facteurs explicatifs (variables indépendantes), des facteurs expliqués (variables dépendantes) et des causalités linéaires unidirectionnelles. La technologie ou les choix des décideurs/concepteurs constituent les forces objectives des transformations organisationnelles. Elles appréhendent les impacts organisationnels des SI comme un état final et un résultat statique. De par la posture adoptée, ces travaux consistent principalement à qualifier et caractériser les évolutions observées entre deux états organisationnels. Ils cherchent principalement à mesurer les changements induits par l'introduction d'une «nouvelle» technologie de l'information et à analyser sur quoi ils portent (Alsène, 1994). À ce titre, ce courant a donné lieu à un ensemble de travaux dont l'intérêt majeur réside dans la richesse des facteurs de contingence et/ou variables modératrices (taille, âge, division sexuelle du travail, statut hiérarchique...) et des effets observés relatifs:

- au travail (nature et contenu, qualification, rythme);
- à l'organisation du travail (modes de coordination, degré de spécialisation);
- aux modes de fonctionnement (modalités de contrôle) ;
- à la structure organisationnelle (degré de centralisation, d'intégration verticale).

Ces approches se fondent sur les propriétés structurantes et contraignantes de la technologie et leur impact sur l'évolution des entreprises vers certains modes d'organisation. Elles font l'hypothèse que les dispositifs technologiques comme les technologies mobiles (téléphone portable, micro-portable) sont porteurs de caractéristiques fonctionnelles qui mènent à des changements organisationnels plus ou moins importants: nomadisme, télétravail et autonomie renforcée des commerciaux d'IBM France (Rowe, Marciniak, *op. cit.*). De facto, elles proposent un lien de causalité simple et direct entre la technologie et les impacts organisationnels observés ex post.

Cependant, elles présentent des limites analytiques et conceptuelles. Dans ces deux approches, la technologie, par opposition aux choix des décideurs, est définie comme une donnée qui s'impose à la structure organisationnelle, et, de facto, aux utilisateurs. Cette représentation pose en fait la question des parties prenantes d'un SI et celle du degré d'autonomie et de liberté dont disposent les acteurs. Dans la perspective de l'impératif technologique, les acteurs sont passifs et subissent des choix imposés. Leur possibilité d'agir sur les transformations de l'organisation est largement exclue. Les technologies induisent en elles-mêmes des effets de mode de fonctionnement et de structure qui façonnent *in fine* les comportements des individus. Il est intéressant de souligner que chaque vague de nouvelles technologies de l'information (GPAO, *datawarehouses*, ERP, EAI, etc.) s'accompagne toujours de ces mêmes discours de nature déterministe et prédictif. Ces travaux décrivent les transformations de l'organisation telles qu'ils souhaiteraient les voir et non celles qui vont se mettre en place et qui sont largement indéterminées *a priori*. Cette approche occulte, par nature, l'action et le processus de structuration des systèmes sociotechniques.

1.2 Le modèle de représentation des TI en question

Dans la perspective de l'impératif organisationnel, les acteurs sont ramenés aux seuls concepteurs et décideurs. Ces représentations de la rationalité des choix et de l'intentionnalité des acteurs soulignent en fait l'absence d'une approche unifiée du concept de technologie. En effet, si la problématique des impacts organisationnels des SI est l'objet de débats, c'est entre autres parce que la notion de technologie et ses éléments constitutifs ne s'impose pas à l'évidence. Ainsi, le rôle des utilisateurs et plus particulièrement les rapports du dispositif technologique aux individus qui pourrait être considéré comme une composante centrale d'un SI se révèle être absent de certaines approches. C'est cette absence qui leur donne ce caractère mécanique et déterministe. Les deux approches se fondent sur une conception «objective» des TI qui sont circonscrites à de simples dispositifs et processus physiques et intellectuels qui servent à la transformation de la matière (Weik, *op. cit.*). Les SI ne sont pas abordés comme un objet social.

À cet égard, les travaux de Weik sur la distinction entre technologie et système technique sont déterminants dans la mesure où ils vont étendre la portée du champ d'analyse aux interactions entre le dispositif technique et les individus. Il définit une technologie au regard de deux dimensions interdépendantes: un système technique et un ensemble d'actions et d'interactions entre des individus ou groupes d'individus qui vont produire de la construction de sens qui va influencer leur compréhension et leur usage du dispositif technique. Compte tenu de ces interactions, les effets ne peuvent être qu'aléatoires et complexes. Pour définir cette caractéristique fondamentale de la technologie, Weik (*op. cit.*) se réfère à l'idée «d'équivocité de la technologie». En ouvrant un espace d'interprétations, les effets des TI deviennent indéterminés même s'ils sont contraints par les caractéristiques intrinsèques du système technique. Les TI possèdent un potentiel structurel qui est donné par les caractéristiques physiques intrinsèques. Elles portent ainsi des caractéristiques qui vont venir influencer le choix des décideurs et l'organisation.

Ainsi, la décision d'adopter un PGI est liée au discours qui l'accompagne et qui est véhiculé par les médias et les éditeurs/intégrateurs. Ce discours sur ce que peuvent en attendre les entreprises en termes de bénéfices opérationnels et d'intégration de leurs processus d'affaires contraint le choix des décideurs sur la technologie à adopter. Ces systèmes offrent potentiellement aux entreprises l'opportunité de restructurer leur organisation sur une base plus transversale et intégrée. En implantant un ERP, elles visent à standardiser et à simplifier leur processus d'affaire afin d'améliorer leur flexibilité et leur vitesse de réponse au marché. Ces changements escomptés sont reliés aux caractéristiques structurelles d'un ERP qui sont les formes d'interdépendance qu'il véhicule. Dans sa forme la plus élémentaire, l'ERP structure par des liens informatiques, un ensemble d'entités données (fonctions, services, départements) reliées par un ensemble de relations données. Cette représentation de l'ERP permet d'avoir une cartographie des processus de gestion de la firme. Ce réseau horizontal correspond à un schéma fonctionnel spécifiant un ensemble de liaisons verticales et horizontales entre des fonctions ou des services qui sont, dans une approche basique, des points d'entrée et de sortie du système. Les relations entre ces entités sont structurées par une forme d'interdépendance séquentielle. Cela signifie en termes de données que l'output d'une entité constitue l'input d'une autre. L'implantation de ce réseau va ainsi potentiellement redistribuer le pouvoir des entités et modifier les aspects relationnels au sein de l'organisation. En effet, en fonction du schéma fonctionnel de l'ERP et des modules implantés, certaines entités vont avoir une position centrale en termes de pouvoir et les autres vont être en position de stricte dépendance. De même, l'interdépendance de pool se réfère aux situations dans lesquelles les entités opèrent indépendamment des unes et des autres mais doivent en tant que composantes d'une même organisation se partager un ensemble de ressources communes. L'ERP se structure sur une intégration des processus de gestion qui est réalisée par une base de données unique partagée par les entités concernées. Cette caractéristique apporte potentiellement un accès plus autonome et rapide à l'information, un décloisonnement de certaines entités fonctionnelles (Geffroy-Maronnat, 2004). Ainsi, comme le montrent certaines études empiriques, les effets organisationnels liés à l'implantation de systèmes intégrateurs sont directement liés aux configurations techniques des applications choisies (Alsène, 1994).

Caractéristiques structurelles et équivocité de la technologie façonnent donc un champ d'opportunités et de contraintes pour l'organisation et les individus. «*Si la technologie est source de changements structurels, elle ne détermine pas, parmi différentes alternatives, quels changements émergent effective*ment.» (Markus et Robey, *op. cit.*, p. 588). Cette représentation de la technologie renvoie à la perspective de l'émergence.

Ainsi présentées, ces approches apparaissent peu compatibles avec une approche conceptuelle de la technologie qui élargit le concept aux actions et aux interactions entre les acteurs organisationnels qui sont aux prises avec les dispositifs techniques.

C'est sur cette notion d'équivocité et en réaction à ces visions limitées et parfois excessives que dans le prolongement de l'école sociotechnique, l'approche structurationniste s'est développée dans les années quatre-vingt-dix dans le domaine des TI.

2 Les impacts définis en termes de processus de structuration continu et récursif

Le courant sociotechnique remonte aux années cinquante. Il résulte des travaux de recherche-action des chercheurs de l'Institut Tavistock. D'inspiration systémique, il postule que l'organisation constitue un système sociotechnique et que le changement organisationnel suppose une optimisation conjointe du système technico-économique et du système social. L'intérêt majeur de cette approche est d'avoir contextualisé les relations entre la technologie et le système social. Ainsi, dans le domaine des SI, aux approches définies en termes de détermination simple et univoque se substituent des approches interactionnistes que nous pouvons présenter en deux grands courants:

- les approches sociotechniques de l'interaction SI/organisation (Scott Morton, 1995) qui analysent et appréhendent les relations entre un système technique et un système social. Leur principale limite réside dans la vision statique des systèmes sociotechniques qu'elle propose;
- le courant de recherche structurationniste (Orlikowski, 2000, DeSanctis et Poole, 1994) dont l'objet de recherche se centre sur l'analyse de l'émergence et de la dynamique des relations entre TI et organisation dans des contextes organisationnels donnés. À l'inverse du courant précédent, la perspective structurationniste se focalise sur les dynamiques de structuration des systèmes sociotechniques. Ce courant participe à déplacer notamment la problématique de l'analyse des impacts organisationnels des SI en termes de changement organisationnel.

2.1 La référence au cadre structurationniste

Les approches structurationnistes fortement investies par les chercheurs du domaine des TI à partir des années quatre-vingt-dix se fondent sur les travaux d'A. Giddens (1987). La théorie de la structuration développe l'idée que les structures sont à la fois le médium et le produit des agents. Les agents produisent et reproduisent les structures mais ils sont aussi guidés par elles. L'approche de la structuration prend pour point d'ancrage la relation *action/structure* et le processus de structuration continu et récursif. La structure se réfère à un ensemble de règles et de ressources qui guident les comportements des acteurs dans des contextes sociaux et leur confèrent des propriétés structurelles et institutionnelles. Elles ne sont pas naturellement données; elles sont produites et transformées à travers les actions des acteurs. Les propriétés structurelles sont définies comme les conditions et les résultats des actions intentionnelles des acteurs.

Conformément à cette approche, les travaux en SI vont ainsi reprendre cette perspective dynamique des interactions organisation/technologie et ils vont tenter de comprendre comment des interactions médiatisées et portées par la technologie vont produire et reproduire les structures socioorganisationnelles. Si les travaux d'inspiration déterminisme technologique par opposition à organisationnel se centrent sur les effets observés, les travaux d'inspiration structurationniste se focalisent sur la dynamique de structuration des effets des SI sur la structure et le mode de fonctionnement de l'organisation.

Cette analyse contextualisée et dynamique des interactions organisation/technologie a été mobilisée par des chercheurs dans le cadre de travaux théoriques et empiriques sur l'analyse du processus de conception et celui de l'appropriation des TI (DeSanctis et Poole, 1994, Orlikowski, 1992). Ils mettent en évidence le caractère à la fois structurant et structuré de la technologie comme de l'organisation. L'intérêt de ces travaux réside dans l'analyse et la conceptualisation des sources de structuration de la technologie dans une perspective:

- *spatiale*: contexte social et organisationnel. Si l'implantation d'une nouvelle TI vient potentiellement modifier les structures, ces modifications ne sont pas données. Barley (1986) en étudiant l'introduction de TI dans le domaine de la radiologie, montre ainsi qu'une même technologie peut conduire à des effets organisationnels distincts et ce en raison de son utilisation par les acteurs et du contexte historique dans lequel elle est implantée;
- *temporelle*: vision dynamique des changements induits par les TI.

Sur le plan du cadre théorique, les approches portant sur l'analyse du processus d'innovation mobilisent, entre autres, la sociologie des technologies et notamment les travaux relatifs à la sociologie des réseaux (Fung *et al.*, 1995). La technologie est construite par un ensemble d'acteurs dans un cadre social déterminé et elle incorpore les propriétés structurelles du système social. Elle est physiquement et socialement construite par les actions et interactions d'un réseau d'acteurs. Cette phase d'innovation contribue, d'une part, à fixer une part importante des champs des possibles pour l'organisation et les individus à travers «les caractéristiques structurelles de la technologie» et, d'autre part, à définir «l'esprit» de la technologie, c'est-à-dire les valeurs et les intentions des concepteurs (DeSanctis et Poole, *op. cit.*). Dans le prolongement de ces travaux sur le processus d'innovation, Ramiller et Swanson (1997) considèrent l'influence de ce réseau d'acteurs constitué de l'ensemble des concepteurs, des chercheurs universitaires, des gestionnaires impliqués dans le financement, dans l'utilisation des TI, sur le processus de structuration de la technologie. Pour ces auteurs, ce réseau d'acteurs participe à la définition d'une «vision organisante» du dispositif technologique. La vision organisante est donnée par le discours ambiant entourant une TI et qui est véhiculé par les médias ou encore les éditeurs/intégrateurs. Ce discours portant sur la finalisation de la technologie «*indique pour quels usages elle est adaptée, comment elle fonctionne, sous quelles conditions elle peut être utilisée au mieux, les changements organisationnels qu'elle implique et comment elle doit être mise en œuvre*». Une bonne partie de la littérature sur les ERP porte à cet égard sur cette question de la vision organisante notamment sur celle des modèles managériaux dont ils sont porteurs et du degré de restrictivité de cette technologie. Le degré de restrictivité d'une technologie est déterminé par la capacité d'un nouveau dispositif technologique à contraindre les interactions avec l'utilisateur à un ensemble d'actions prédéfinies (DeSanctis *et al.*, 1992). Elle détermine le pouvoir structurant et contraignant d'une technologie. Ce type de travaux tout en affirmant l'importance des caractéristiques et matériels des TI, reconnaît également que ces caractéristiques sont flexibles. Elles sont, en effet, construites non seulement par les concepteurs mais aussi par les utilisateurs qui en se les appropriant, les modifient (Brooks, 1997).

2.2 La dynamique de structuration des effets organisationnels des SI

La mise en concurrence de thèses plus ou moins contradictoires sur les effets organisationnels des ERP et leur pouvoir structurant plaide en faveur d'un cadre d'analyse défini en termes de flexibilité et de mobilité des significations et des effets de la technologie. Si, la première caractéristique de la technologie souligne le fait qu'une technologie peut faire l'objet d'interprétations multiples et renvoie à la dimension spatiale de la dynamique de structuration de la technologie, en revanche la caractéristique de mobilité renvoie à la dimension temporelle du processus de structuration. Précisément, cette notion se réfère à l'idée que la conception de la technologie et ses effets ne sont pas figés mais continuent d'évoluer et d'être reconstruits durant son cycle de vie, notamment de son utilisation.

Un ensemble de travaux empiriques a investi ces dynamiques d'appropriation des TI dans le cadre d'une approche processuelle relevant de la théorie de la structuration. Ces travaux montrent que la phase d'usage prolonge le processus d'innovation dans le sens d'une dynamique des systèmes sociotechniques. C'est ce qui ressort des travaux de M. Boitier (2004) sur l'incidence d'un PGI sur le contrôle des entreprises. Elle constate «*des formes d'instrumentation assez variées qui s'expliquent par des mécanismes d'appropriation internes propres à chaque organisation*» (p. 98). S'inscrivant dans la perspective structurationniste, de Vaujany (2000) propose une formalisation des trajectoires d'appropriation à partir de l'identification de trois configurations possibles dans l'interaction technologie/organisation: la neutralité, la régénération et la perturbation.

- *l'archétype de la neutralité* renvoie aux situations dans lesquelles le système n'est pas utilisé ou s'il l'est, c'est d'une manière qui contribue à renforcer les modes de fonctionnement de l'organisation. La littérature est riche d'exemples de ce type de situation. L'article de G. Saint Léger (2004) présente ainsi quelques exemples caractéristiques d'une absence d'appropriation d'un ERP par les utilisateurs: le non-respect des procédures, des pratiques parallèles et un «*cloisonnement des fonctions resté intact*» (p. 85);
- *l'archétype de régénération* se caractérise par l'émergence de nouvelles routines organisationnelles résultant de l'usage de la technologie;
- enfin, les *situations perturbées* se réfèrent à l'émergence de conflits dans l'organisation.

L'auteur s'attache ensuite à caractériser des dynamiques sociotechniques: la trajectoire du point d'équilibre qui se réfère à des dynamiques neutres; la trajectoire «improvisationnelle» exprime l'idée d'évolutions sociotechniques liées à des processus d'apprentissage continu de la technologie; la trajectoire «catalytique» se réfère aux situations pour lesquelles la technologie ne fait qu'inhiber ou accélérer les changements initiés hors du champs technologique.

Si intéressante soit ce type d'analyse, elle pose néanmoins des questions d'ordre méthodologique: le temps d'observation (court/long), le moment de l'observation (6 mois après l'implantation de la technologie, un an après sachant que le temps d'apprentissage d'une technologie à une autre diffère) et le niveau d'analyse pertinent (individu, groupe, organisation). Ainsi présenté, le cadre structurationniste plaide plutôt en faveur de conduite d'études longitudinales et contextuelles en SI.

Ces schémas d'analyse du changement organisationnel sont fondés sur l'idée centrale de récursivité de la technologie. Cette approche conceptuelle permet de rompre avec les modèles de structure causale et de privilégier une approche processuelle et contextuelle de l'analyse des effets organisationnels des SI.

Ce courant sur les effets organisationnels des SI a donné lieu à deux types de travaux théoriques et empiriques :

- un premier type de travaux empiriques mobilise cette approche sur une des séquences du cycle de vie de la technologie comme le processus d'innovation/conception, ou le processus d'appropriation ;
- un deuxième type de travaux mobilise cette perspective sur l'ensemble du cycle de vie de la technologie (Besson et Rowe, 2001). Si cette deuxième voie de recherche est plus complexe, elle est en même temps plus féconde car elle permet de comprendre que les effets d'un SI se construisent tout aussi bien en phase de conception qu'au fil de la phase d'appropriation. Le changement s'inscrit dans des contextes temporels et relationnels.

Comme nous venons de le voir, l'approche processuelle et contextuelle d'essence structurationniste permet de sortir du débat ancien du déterminisme et d'appréhender la question des impacts des SI sur l'organisation en termes de dynamiques sociotechniques. Au terme d'impact se substitue celui de changement organisationnel qui traduit cette idée d'évolution dynamique des effets. Les effets ne sont ni construits, ni s'arrêtent à une phase donnée mais résultent d'un processus de structuration continu et récursif.

Si ce cadre d'analyse offre une conception analytique des relations entre les acteurs (concepteurs, décideurs, utilisateurs), le SI et le contexte organisationnel, un ensemble de travaux ajoute à la compréhension des «impacts des SI» en étudiant les éléments de médiation (acteurs et dispositifs) qui sont à l'œuvre dans le processus de structuration d'un système sociotechnique. Ces travaux s'intéressent à la délicate question de la gestion du changement organisationnel et à ses logiques de contrôle.

Qu'est-ce qui se joue durant le processus de structuration continu et récursif?

3 Le rôle des acteurs et des dispositifs dans le processus de structuration

Le débat en termes de causalité simple s'efface aujourd'hui derrière la nécessité d'étudier le processus d'émergence des transformations organisationnelles à travers les dispositifs et les acteurs qui instrumentent l'action. À cet égard, un ensemble de travaux se focalise sur l'analyse de l'action distribuée. Ce concept se réfère aux réseaux d'acteurs et aux dispositifs qui instrumentent l'action dans les processus d'innovation sociotechnique. Ce type de travaux cherche à analyser la forme et le contenu des réseaux d'acteurs et des dispositifs concourant à l'évolution d'un système sociotechnique. Ils montrent que la façon dont les TI sont implantées est plus importante que les systèmes eux-mêmes.

La question de la gestion des processus de structuration des effets ne peut pas s'analyser indépendamment de la problématique de la nature du changement : dialectique, téléologique, cycle de vie et évolution, (Van de Ven et Poole, 1995). Ces quatre types de processus de changement permettent d'expliquer comment le changement se déroule. La mobilisation de ce cadre d'analyse est importante pour appréhender la nature des interactions entre les différentes catégories d'acteurs et la nature des impacts : planifié ou émergent. La complexité des changements sociotechnique invite à considérer la complémentarité de ces approches du changement. Comme le suggèrent les travaux empiriques d'Orlikowski (2000), les impacts résultant des actions et des interactions peuvent être planifiés mais ils comportent une part d'improvisation et d'ajustements. Dans la phase de décision d'implanter un PGI, le changement peut être perçu initialement par les décideurs comme déterminé c'est-à-dire imposé par des forces externes représentées par l'environnement concurrentiel et le discours des éditeurs/intégrateurs ; dans la phase d'adoption et d'ingénierie technique, le changement sera davantage considéré comme planifié pour être ensuite perçu dans la phase de déploiement comme émergent (Besson, Rowe, *op.cit.*).

En l'occurrence, la perspective de l'émergence conduit à évoquer la question de la gestion et des systèmes d'incitation favorisant l'émergence des innovations sociotechniques. De Vaujany, (*op. cit.*) évoque trois logiques de contrôle :

- le principe de sélection définit l'ensemble des actions d'animation et de régulation visant à affaiblir ou renforcer certains processus de structuration ;
- le principe de facilitation se réfère à l'ensemble de facteurs et d'actions visant à établir un contexte favorable à l'apprentissage et à construire des coalitions pour le changement ;
- le principe de canalisation définit l'ensemble des actions visant à orienter l'évolution du système sociotechnique vers des directions définies.

À ces principes de contrôle va ainsi correspondre un ensemble d'actions et de dispositifs qui peuvent être mobilisés durant les phases de conception et d'appropriation du SI.

La question du processus d'émergence par lequel se construisent les effets est généralement traitée dans le domaine des SI par l'étude et l'identification d'un ensemble de facteurs qui régulent les processus de changement sociotechnique et qui sont mobilisés lors du cycle de vie du SI.

Les apports d'un certain nombre de travaux résident principalement dans l'approfondissement analytique de ces facteurs et de leur impact :

- la constitution de l'équipe de projet et du choix de ses membres ;
- les processus de formation ;
- la participation et l'implication des utilisateurs dans le développement du SI ;
- les supports écrits ;
- les centres de compétences (centre d'appui aux utilisateurs).

Nous retrouvons là une partie de la littérature traitant des facteurs clés de succès des processus d'implantation des SI (Al-Mashari *et al.*, 2003).

Mais plus intéressant, sont les travaux encore peu développés aujourd'hui qui consistent à analyser la dynamique de ces réseaux d'acteurs et de ces dispositifs qui sont faits de déplacements et de transformation au cours du cycle de vie de la technologie. En d'autres termes, ils appréhendent le rôle des acteurs et les dispositifs dans une perspective temporelle.

Les travaux empiriques de Newell. *et al.* (2004) soulignent l'enjeu des réseaux sociaux et du capital social dans les projets ERP et déclinent successivement les différents rôles qu'endossent les membres des équipes projet au cours du déroulement des projets d'implantation. De même à travers la narration d'un projet d'introduction d'un ERP au sein d'une entreprise industrielle, D. Vinck *et al.*, (2004) présentent les multiples déplacements et transformations dont les acteurs et les dispositifs sont l'objet. Cette étude est d'autant plus intéressante qu'elle montre que ce n'est pas tant la technologie qui est porteuse en soi d'effets organisationnels mais le processus politique et social de gestion du changement (la mise en œuvre de la technologie n'ayant pas eu lieu). Cette étude de cas souligne que l'émergence de nouvelles modalités organisationnelles est relativement indépendante du succès ou de l'échec du projet technique. En revanche, elle suggère que les changements organisationnels résultent de la nature du projet technologique qui véhicule une vision organisante dont les acteurs vont se saisir. Cette vision organisante dans un projet d'implantation d'un ERP se manifeste par la définition d'une vision organisationnelle cible par la direction générale, des choix de paramétrage des processus ou encore des zones d'habilitation. Il en résulte que les effets organisationnels observés ne sont pas la conséquence des contraintes imposées par l'outil mais le résultat d'actions et d'interactions entre les acteurs, le dispositif technologique et le contexte organisationnel.

4 Conclusion

Dans la problématique de l'impact organisationnel des TI deux termes sont importants : impact et technologie. Impacts et effets sont d'ailleurs généralement employés de manière interchangeable et ils signifient : *ce qui est produit par une cause*. « Ce qui est produit » renvoie aux dimensions socioorganisationnelles du phénomène observé. En revanche, la notion de cause est plus problématique. En effet, suivant les perspectives dans lesquelles on s'inscrit, la cause renvoie soit au concept *stricto sensu* de technologie, soit à celui de processus d'implantation d'un SI. Dans cette dernière acceptation, c'est le processus d'implémentation d'un SI, appréhendé à travers les actions et les interactions des acteurs et des dispositifs qui produit les effets socio-organisationnels observés.

Ainsi après une période de réflexion sur les TI en termes d'impact, la fin des années quatre-vingt-dix a marqué un nouveau tournant pour ce courant de recherche avec l'émergence de l'approche processuelle du changement sociotechnique.

Ce cadre d'analyse rompt avec les perspectives du déterminisme technologique et organisationnel : la technologie ne peut pas à elle seule déterminer un état organisationnel. Le changement sociotechnique dépend des structures préexistantes et des actions et dispositifs qui instrumentent le processus d'implantation et d'appropriation du SI. Ce cadre d'analyse souligne les dimensions pertinentes de la problématique des impacts organisationnels des SI : la nature objective et équivoque des SI ; les différents acteurs (décideurs, concepteurs, utilisateurs) engagés dans le processus d'implantation d'un SI ; le contexte organisationnel du processus d'implantation ; la dimension temporelle du processus de structuration du système sociotechnique ; les dispositifs et actions instrumentant le processus.

Bibliographie

Alsène E., (1994), « L'intégration informatique de l'entreprise et la transformation de l'organisation », *Revue Internationale du Travail*, vol. 133, n° 5-6, p. 719-739.

Alsène, E., (1990), « Les impacts de la technologie sur l'organisation », *Sociologie du Travail*, vol. 32, n° 3, p. 321-337.

Al-Mashari M., Al-Mudimigh A. et Zairi M., (2003), "Enterprise resource planning: A taxonomy of critical factors, *European Journal of operational Research*, Volume 146, Number 2, 16, p. 352-364.

Barley S.R., (1986), "Technology as an occasion for structuring: evidence from observations of CT scanners and the Social Order of Radiology Departements", *Administrative Science Quarterly*, n° 31, p. 78-108.

Besson, P. & Rowe, F. (2001),"ERP project dynamics and enacted dialogue: perceived understanding, perceived leeway, and the nature of task-related conflict"s. *Database for Advances in Information Systems*; 32 (4), 47-66.

Boitier B., (2004), «Les ERP. Un outil au service du contrôle des entreprises», *Sciences de la Société*, n° 61, février, p. 91-106.

Brooks L., (1997) «Structuration theory and new technology: analysing organizationally situated computer-aided design (CAD)", *Information Systems Journal*, Vol 7 n° 2, p. 133-152.

Cooper R. et Zmud R., (1990), "Information technologie implementation research: a technological diffusion approach", *Management Science*, 36, p. 123-139.

Davidow W.H. et Malone M.S., (1992), *The virtual corporation*, New York: Harper.

DeSanctis G. et Poole M.S. (1994), "Capturing complexity in advanced technology use: Adaptative structuration theory", *Organization Science*, 5 (2), p. 121-146.

DeSanctis G., Dickson G.W., Jackson B.M., et Poole M.S., (1992), "Interpretative analysis of team use of group technologies", *Journal of Organizational Computing*, 3, p. 1-29.

Desreumaux A., (1998), *Théorie des organisations*, ed. EMS.

El Amrani R., Rowe F. et Geffroy-Maronnat B., (2006). "The effects of ERP implementation strategy on cross functionality?", *Information Systems Journal*, vol.16, n° 1, p. 79-104.

Fung P., Lea M., et O'Shea T, (1995), "Constructing the network organization: Content and Contex in the developpement of electronic commerce", *Organization Science*, 6 (4), p. 462-478.

Galbraith J., (1973), *Designing complex organizations*, Addison Wesley Pubishing company.

Geffroy-Maronnat Bénédicte (2004). «Les effets des ERP sur la recomposition des réseaux sociaux», in C. Voisin, S. Ben Mahmoud-Jouini et S. Edouard (éds), *Les réseaux: Dimensions stratégiques et organisationnelles*, Paris, Économica.

Giddens A., (1987), *La constitution de la société: éléments de la théorie de la structuration*, PUF.

Hammer M. et Champy J., (1992), *Le reengineering*, Dunod.

Leavitt H.J. et Whisler T.L., (1958), "Management in the 1990s", *Havard Business Rewiew*, (1), Nov.-déc., p. 41-48.

Marciniak R. et Rowe F., (2005), *Systèmes d'information, dynamique et organisation*, 2e ed., Économica, Paris.

Markus M.L. et Robey D., (1988), "Information technology and organization change: casual structuring in theory and research", *Management science*, 34 (5), p. 583-598.

Newell S., Tansey C., et Huang J.C., (2004), "Social Capital and Knowledge Integration in an ERP Project Team: The Importance of Bridging AND Bonding", *British Journal of Management*, March, vol. 15, n° 15. p. 43-57.

Orlikowski W.J., (1992), "The duality of technology: rethinking the concept of technology in organizations", *Organiza tions Science*, 3 (3), p. 398-427.

Orlikowski W.J., (2000), "Using technology and constituting structures: A practice lens for studying technology in organizations", *Organizations Science*, 11 (4), p. 404-428.

Raymond L., Paré G. et Bergeron F., (1994), "Information technology and organizational structure revisited: implications forperformance", *ICIS Proceedings*.

Robey D. et Boudreau M.C., (2000), "Organizational consequences of information technology: dealing with diversity in empirical research", in *Framing the domains of IT management*, (ed. R. Zmud), Pinnaflex, p. 51-63.

Saint Léger G., (2004), «L'après projet ERP: retour d'expérience sur un projet un changement qui n'a pas eu lieu», *Systèmes d'Information et Management*, n° 2, Vol. 9, p. 77-108.

Scott Morton M.S. (ed.) (1995), *L'entreprise compétitive au futur*, Les Éditions d'Organisation.

Swanson E.B., et Ramiller N.C., (1997), "The organizing vision in information systems innovation", *Organization science*, 8 (5), p. 458-474.

Van de Ven A.H., et Poole S., (1995), "Explaining development and change in organizations", *Academy of Management Review*, vol. 20, n° 3, p. 510-540.

Vaujany de F.X., (2000), «Usages d'un intranet et processus de structuration de l'organisation», *Systèmes d'Information et Management*, n° 2, juin, p. 79-105.

Vinck D., Rivera I., et Penz B., (2004), «Des bonnes raisons d'échouer dans un projet technique. La construction social de l'impact», *Sciences de la Société*, n° 61, février, p. 123-140.

Weick K.E., (1990), "Technology as equivoque: sensemaking in new technologies", in P.S. Goodman et al. (eds) *Technology and organizations*, Publishers.

Whipple J.M., Frankel R. et Daugherty P.J., (2002), "Information Support for Alliances: Performance Implications", *Journal of Business Logistics*, Vol. 23, n° 2, p. 67-82.

Audit des systèmes d'information

Jacky Akoka, Isabelle Comyn-Wattiau

Mots-clés : système d'information, technologies de l'information, mission d'audit, risque d'audit, normes et référentiels, objectifs de contrôle interne, COBIT, INFAUDITOR

Résumé : les progrès rapides et continus que connaissent les technologies de l'information, l'informatisation croissante des organisations et, enfin, les changements dans l'environnement des entreprises, obligent ces dernières à évaluer leur Système d'Information (SI). L'objectif de cette évaluation — ou audit — est d'accroître la sécurité du SI, d'en optimiser les activités et les coûts, en un mot de mieux le contrôler. Pour améliorer la performance de son SI, toute entreprise doit veiller à l'alignement de la stratégie des SI sur les objectifs de l'entreprise, s'assurer que le SI lui permet d'exploiter les opportunités d'affaires, de lui conférer un avantage concurrentiel et de veiller à la maîtrise des risques. Ces objectifs peuvent être atteints si l'entreprise se donne les moyens d'auditer et ainsi la possibilité de renforcer son contrôle interne. Le but de ce chapitre est de présenter les concepts, les modèles, les référentiels, les méthodes et les outils mis en œuvre lors d'une mission d'audit du SI. À cet effet, nous avons développé un métamodèle de mission d'audit de manière à fournir un cadre conceptuel et structurant.

Les systèmes d'information jouent un rôle de plus en plus crucial dans le management des organisations. Ils offrent des opportunités et génèrent des risques pour les organisations. Ces dernières se posent des questions quant à la valeur produite par ces systèmes. Elles s'interrogent sur la rentabilité des investissements consentis. Elles sont perplexes sur la capacité de ces systèmes à favoriser la croissance de l'entreprise, à améliorer leur productivité, et à leur offrir un avantage concurrentiel. Des interrogations existent quant au niveau de sécurité assuré. Comment être sûr que les biens et les activités de l'organisation sont protégés ? Quels sont les risques que les SI font courir à l'entreprise ? Sont-ils correctement maîtrisés ? Quelle est la performance atteinte par la direction des SI dans ses activités d'informatisation ? Enfin, a-t-on mis en place des processus de contrôle efficace pour faire face à toutes les situations et notamment à toutes les perturbations ? Répondre à ces questions revient à s'interroger sur les moyens à prendre en considération pour auditer (ou évaluer) les composantes du SI et les processus informatiques mis en œuvre. Auditer revient donc à fournir aux entreprises la possibilité d'identifier les risques et les moyens de contrôle permettant d'évaluer l'efficacité de la politique et des solutions informatiques mises en œuvre. L'audit concerne aussi bien la dimension technologique (notamment les architectures matérielles et logicielles) que les dimensions organisationnelle, humaine et financière. Il fait intervenir plusieurs concepts :

- la mission d'audit et son étendue : s'agit-il d'auditer une composante du SI (le réseau informatique par exemple) ou un processus informatique (définition d'un schéma stratégique du SI) ;
- le processus d'audit, ses étapes et sa planification ;
- les critères d'audit, notamment d'efficacité, de fiabilité, de sécurité, etc. ;
- le risque d'audit et la manière de l'évaluer ;

- les objectifs de contrôle interne permettant notamment d'assurer la fiabilité et l'exhaustivité de l'information ;
- la méthodologie d'audit, les normes et référentiels qu'elle intègre.

Bien évidemment ces concepts sont liés. Nous présentons dans le § 3 un métamodèle d'audit des SI permettant de situer l'ensemble des concepts. Au préalable, nous définissons l'audit dans le § 1 et présentons ses objectifs et une typologie dans le § 2. Deux concepts importants, le contrôle interne et le risque d'audit font l'objet du § 4. Les normes, référentiels et modèles d'audit sont présentés dans le § 5. Les méthodes principales sont décrites dans le § 6. Le paragraphe suivant est dédié au déroulement et à la planification d'une mission d'audit. Les outils et les logiciels utilisables lors d'une opération d'audit sont présentés § 8. Enfin, nous concluons et présentons quelques perspectives § 9.

1 Définition

Il existe plusieurs définitions de l'audit. Certains considèrent qu'il s'agit d'un ensemble de techniques d'évaluation permettant de formuler une opinion sur une situation. D'autres mettent en avant la nécessité de confronter la réalité d'une organisation à des référentiels de manière à mettre en évidence des écarts, générateurs potentiels de risques. Le terme « audit » vient du latin *auditus* (« entendu »). Il peut être défini comme une procédure de contrôle des activités d'une entreprise. L'Institute of Internal Auditors (IIA – www.theiia.org) considère l'audit comme « *une activité indépendante et objective qui donne à une organisation une assurance sur le degré de maîtrise de ses opérations, lui apporte ses conseils pour les améliorer et contribue à créer de la valeur ajoutée. Il aide cette organisation à atteindre ses objectifs en évaluant, par une approche systématique et méthodique, ses processus de management des risques, de contrôle, et de gouvernement d'entreprise, et en faisant des propositions pour renforcer leur efficacité* ». Pour notre part, nous définissons l'audit comme un ensemble d'observations, d'examens, d'analyses de faits, de situations et d'informations par rapport à des référentiels internes (la politique de l'entreprise) ou externes (la réglementation) de manière à mettre en évidence des écarts ou dysfonctionnements, en rechercher les causes et les conséquences en termes de risques et de coûts, permettant ainsi à l'auditeur de présenter des avis et recommandations à court et moyen terme. Cette définition assez générale s'applique aussi bien à l'audit comptable et financier qu'à l'audit des SI.

Toutefois, l'objectif de l'audit financier est de garantir que les états financiers d'une organisation sont présentés selon les principes comptables communément admis. On parle parfois à tort d'audit informatique pour désigner l'audit financier à l'aide d'outils informatiques (tableur, logiciel d'analyse de données, etc.). À noter aussi que certaines missions d'audit financier peuvent comporter un volet d'audit du SI, siège des informations comptables et financières. Le système de contrôle interne fait aussi, de plus en plus, appel aux technologies de l'information (TI). En conséquence, l'évaluation du contrôle interne, requise dans tout audit financier, nécessite aussi l'audit du SI. C'est une des conséquences de la loi Sarbanes-Oxley.

Rappelons que l'audit financier porte sur l'ensemble des comptes de l'entreprise. L'audit du SI, quant à lui, porte sur le SI lui-même, ses processus et les technologies mises en œuvre. Une différence majeure vient du fait que l'audit comptable et financier est de nature réglementaire alors que l'audit des SI est généralement de nature contractuelle. En effet, ce dernier a pour objectif de répondre au souci, des dirigeants de l'entreprise, relatif à l'évaluation de l'importance et de l'impact des SI sur leur organisation. À noter enfin que l'audit financier a vu le jour à la même époque que la comptabilité. L'audit des SI est né, quant à lui, aux États-Unis dans les années soixante lorsque l'on a constaté que l'informatique n'était pas garante d'une information de qualité. Dans la suite de cet article, nous nous intéressons uniquement à l'audit des systèmes d'information.

2 Objectifs et typologie de l'audit des SI

L'informatique est le sixième poste de frais généraux des entreprises industrielles avec près de 1 % du chiffre d'affaires. La dépense informatique mondiale progresse en moyenne de 4,4 % par an. Enfin, 80 % des directions des SI estiment ne pas avoir la capacité de mesurer l'impact de l'informatique sur l'entreprise.

L'importance de ces chiffres justifie à elle seule le recours à l'audit. Toutefois, d'autres raisons y concourent. Parmi celles-ci, citons :

- les progrès technologiques rapides et continus qui, s'ils ne sont pas maîtrisés, font courir des risques aux entreprises ;
- les changements dans l'environnement qui peuvent impacter la stratégie de l'entreprise et, par conséquent, celle du SI ;
- l'informatisation croissante qui augmente la dépendance de l'entreprise par rapport à son SI ;
- la nécessité de contrôler le SI et notamment ses coûts ;
- la nécessité d'accroître la sécurité du SI ;
- l'obligation d'optimiser l'utilisation des ressources informatiques.

Les objectifs de l'audit des SI peuvent être résumés en termes de:

- réaction face à la concurrence et gain en compétitivité ;
- détection des enjeux et des lacunes liés au SI;
- validation des processus d'alerte face à des incidents ou des sinistres pouvant survenir au sein des SI;
- sensibilisation des utilisateurs et du management de l'entreprise aux risques générés par le SI;
- maîtrise des risques liés à l'utilisation croissante des SI.

Au fil des pratiques et quel que soit l'objectif recherché, l'audit peut se décliner sous différentes formes, traduisant ainsi son degré de maturité. On distingue:

- *L'audit de régularité*, appelé aussi audit de conformité, dont l'objectif consiste à vérifier la bonne application des dispositions légales et réglementaires, notamment au regard de la loi Informatique et Libertés.
- *L'audit d'efficacité* qui a pour but de mesurer si les objectifs fixés sont atteints, notamment les procédures de contrôle du budget informatique.
- *L'audit d'efficience* vise, quant à lui, à analyser l'utilisation appropriée des ressources informatiques mises en œuvre pour réaliser les activités de l'entreprise.
- *L'audit de management*, appelé aussi audit stratégique, peut être décrit suivant deux axes principaux:
  - l'alignement de la politique du SI avec la stratégie d'entreprise,
  - l'application de la politique définie par la direction des systèmes d'information (DSI).

3 Le métamodèle d'audit des SI

Pour faciliter la définition d'un audit, nous avons regroupé l'ensemble des concepts dans un métamodèle (figure 1) représenté au moyen du modèle entité-association (se reporter au chapitre «Conception et mise en œuvre des bases de données»). Une mission d'audit est caractérisée par son type, sa durée et son coût. Cette mission est confiée par un prescripteur (direction générale ou direction fonctionnelle d'une entreprise) à un ou plusieurs auditeurs, internes ou externes à la société. Elle fait intervenir d'une part l'audité (par exemple la direction des SI) et, d'autre part, des personnes internes à l'entreprise, tels que les utilisateurs d'une application ou d'un système, appelés à être consultés ou interviewés. Cette mission peut porter sur un domaine du SI, telle qu'une application, un réseau informatique, un projet, ou un SI fonctionnel (SI marketing, par exemple). Elle peut porter aussi sur un processus informatique (celui de la définition de la stratégie des SI ou du choix d'un progiciel). Selon la méthode adoptée (par exemple, COBIT pour l'audit des processus informatiques ou INFAUDITOR pour l'audit d'une composante d'un SI), la mission mettra en œuvre des normes (nationales ou internationales), des référentiels (internes ou externes à l'entreprise), des critères d'évaluation (qualité, sécurité, efficacité, respect de la réglementation, etc.). Ces méthodes poursuivent le but de renforcer les objectifs de contrôle interne. INFAUDITOR le fera en hiérarchisant et en pondérant les composantes et les sous-composantes du SI audité ainsi que les critères. COBIT permet d'atteindre ce but en contrôlant un processus informatique. Ce processus répond à un impératif, par exemple trouver un équilibre entre les possibilités offertes par l'informatique et les besoins de l'entreprise. Tout processus prend en compte un certain nombre de tâches: la planification stratégique requiert notamment l'inventaire des éléments de l'infrastructure informatique. Il utilise des ressources telles que les informaticiens, les applications, les données, etc. Enfin, il fait appel à des critères tels que l'efficience ou la fiabilité. Tout processus appartient à un domaine qui regroupe les processus de même nature. Ainsi, définir un plan stratégique et gérer l'investissement informatique sont deux processus distincts appartenant au domaine Planification et organisation. Tout processus est évalué à l'aide de tests, donnant lieu à un commentaire ou opinion d'audit.

Rappelons que l'objectif principal de toute opération d'audit est d'évaluer (afin de renforcer) les objectifs de contrôle interne (politique de délégation, d'exactitude, d'intégralité, de respect des réglementations, etc.). Enfin, toute mission d'audit comporte des étapes (lettre de mission, prédiagnostic, planification de la mission, diagnostic et tests, rapport d'audit). Les étapes d'une mission requièrent des techniques (collecte et traitement des informations, conduite d'entretien, rédaction de questionnaire, analyse statistique des données, calcul de risque, etc.). Enfin, toute mission donne lieu à un rapport d'audit qui exprime le point de vue de l'auditeur sur l'efficacité des contrôles internes du domaine du SI ou du processus informatique audité. Nous traitons ci-dessous de manière plus détaillée deux concepts importants de toute opération d'audit: le contrôle interne et le risque d'audit.

Ce métamodèle intègre principalement les concepts sous-jacents aux méthodes COBIT et INFAUDITOR. Toutefois, les autres méthodes d'audit s'appuient sur des concepts similaires.

4 Le contrôle interne et le risque d'audit

Le contrôle interne et le risque d'audit sont deux concepts particulièrement importants dans toute mission d'audit. Nous les décrivons plus précisément dans ici.

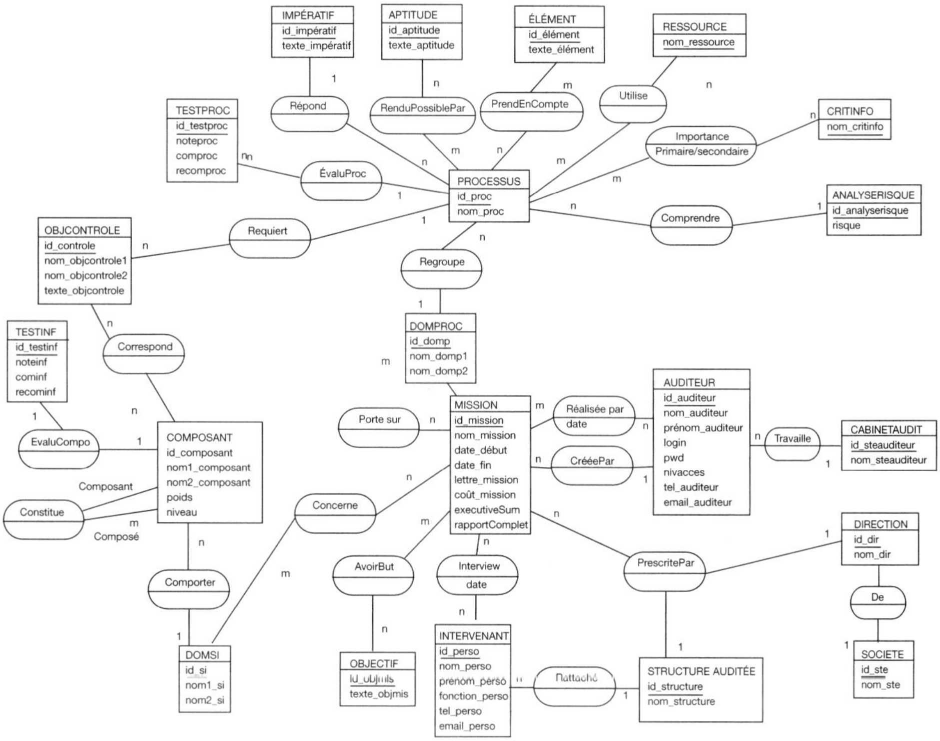

Figure 1 Métamodèle d'audit

4.1 Le contrôle interne

Le contrôle interne (CI) est un ensemble de moyens organisationnels, matériels et procéduraux qui assurent que l'organisation utilise ses ressources conformément aux objectifs fixés. Il est généralement mis en œuvre par le service d'audit interne qui exerce ses fonctions pour le compte des dirigeants. Il s'agit alors d'un service de l'entreprise, appelé à exercer une activité autonome d'expertise afin d'assister le management dans le contrôle des activités de l'entreprise. Ce contrôle peut aussi être mis en œuvre par des personnes extérieures à l'entreprise. Il s'agit alors d'audit externe.

Le contrôle interne contient l'ensemble des systèmes dont l'objectif est d'assurer :

- la fiabilité et l'exhaustivité de l'information ;
- la conformité avec la politique, plans, procédures, lois et réglementations ;
- la protection des patrimoines ;
- l'utilisation économique des ressources ;
- la réalisation des objectifs fixés aux services de l'entreprise.

Il s'agit d'assurer le maintien et l'intégrité des flux d'information de l'entreprise. Il doit déceler et prévenir les anomalies (réelles ou potentielles) de fonctionnement des processus métiers mis en œuvre au sein de l'organisation. Il peut être caractérisé de deux façons :

- selon un système de normes touchant à l'organisation, la documentation, l'information et la protection ;
- sur la base d'un système de supervision exercé par la hiérarchie au moyen de l'audit interne. Ce dernier est chargé de définir et d'évaluer l'adéquation du système de contrôle.

Le contrôle interne, d'une part, identifie les risques à supprimer ou à réduire à un niveau acceptable et, d'autre part, met en place les procédures de contrôle les mieux adaptées.

Citons les principaux référentiels des concepts du contrôle interne :

- COSO (Committee of Sponsoring Organization of the Treadway Commission) est l'organisme américain qui a élaboré le référentiel Internal Control – Integrated Framework. Ce référentiel est destiné à fournir aux entreprises les contrôles à effectuer pour garantir la réalisation correcte et l'optimisation des activités de l'entreprise, la fiabilité des informations financières et la conformité aux lois et aux réglementations ;

- CoCo (Criteria of Control Board) est l'équivalent canadien du COSO. Le référentiel CoCo ajoute notamment des concepts de fixation d'objectifs, de management des risques et des actions correctives ;
- le référentiel *Internal Control and Financial Reporting*, publié en 1994 par le Committee of the Financial Aspects of Corporate Governance, appelé Cadbury Committee du Royaume-Uni rend obligatoire la publication du système de contrôle financier mis en œuvre par les entreprises.

Les deux référentiels ci-dessous sont plus particulièrement adaptés au contrôle interne des systèmes d'information :

- SAC (*Systems Auditability and Control*) est un référentiel de contrôle interne publié en 1977 et révisé en 1996 par l'Institute of Internal Auditors. Il fut le premier référentiel relatif au contrôle des technologies de l'information.
- COBIT (*Control Objectives for Information and Related Technology*), publié en 1996 par l'Information Systems Audit and Control Foundation, est particulièrement adapté au contrôle interne des technologies de l'information.

À noter que les objectifs de contrôle interne en SI sont :

- l'autorisation : toutes les transactions et les données font l'objet d'une autorisation en accord avec la politique de délégation ;
- l'exactitude : toutes les données entrées et/ou traitées par l'application sont exactes ;
- l'intégralité : toutes les données devant entrer dans l'application y sont présentes. Il n'y a pas de pertes de données pendant les traitements ;
- la séparation des fonctions : l'ensemble des fonctions liées à l'application doivent être physiquement et logiquement séparées ;
- le respect de la réglementation : le traitement des données doit respecter les droits et les obligations légales (autorisation, confidentialité, production des informations, etc.).

4.2 Le risque d'audit

Le risque d'audit est le risque encouru par l'auditeur d'exprimer une opinion incorrecte. Il est constitué de trois composantes :

- le risque inhérent (RI) qui caractérise la présence probable d'anomalies lorsqu'il n'existe aucun système de contrôle interne efficace au sein de l'organisation. À noter que ce risque ne dépend pas de l'auditeur ;
- le risque de contrôle interne (RC) lié à l'apparition d'une erreur ou d'un événement non souhaité que le système de contrôle interne n'a pas détecté ou corrigé à temps. Le risque est propre à l'entreprise et ne dépend pas de l'auditeur ;
- le risque de non-détection (RND) qui caractérise le fait que les procédures mises en place par l'auditeur ne sont pas suffisantes pour détecter des anomalies ou des erreurs.

Il existe une relation entre les trois types de risques décrits plus haut. La combinaison des deux premiers risques permet de caractériser les erreurs significatives existant dans l'organisation et non détectées. On l'exprime par l'équation : $RNDE = RI \times RC$.

Le risque d'audit est, quant à lui, exprimé par la formule $RA = RI \times RC \times RND$. À noter que ce risque, du fait de RND, dépend de l'auditeur.

La prise en compte de ces différents risques par l'auditeur lui permet d'exprimer une opinion d'audit pondérée.

D'autres concepts sont à mentionner. D'abord celui de l'élément probant sur lequel doit s'appuyer tout auditeur pour se forger une opinion. Les procédures d'audit doivent permettre de dégager les éléments probants ou preuves d'audit. Il peut s'agir d'observations, d'inspection de la documentation, de jeux d'essai, de sondages ou de tests informatisés. Bien entendu, une combinaison de ces preuves permet à l'auditeur de se forger une opinion. Les preuves d'audit peuvent être caractérisées par leur pertinence et leur fiabilité. Enfin, l'auditeur doit tenir compte des coûts liés à l'obtention de ces preuves et rechercher un équilibre entre les avantages associés à la mise en avant de ces preuves et le coût de leur obtention. Mentionnons enfin le concept de seuil de significativité qui représente la marge d'erreur de l'auditeur lorsqu'il ne peut détecter toutes les anomalies.

5 Normes, référentiels et modèles d'audit

La démarche d'audit s'inscrit dans une approche d'amélioration de la qualité des SI. À ce titre, elle s'appuie sur les référentiels produits par les organismes professionnels pour définir ce concept de qualité. Certains référentiels se focalisent sur la définition de modèles pour certains processus informatiques. D'autres fournissent des guides de bonnes pratiques à l'usage des directions de SI. Plus généralement, toutes les normes de qualité ont vocation à être déclinées ou instanciées pour le domaine particulier des SI. Ces référentiels, normes et modèles émanent d'universités, d'organismes de normalisation ou d'organisations professionnelles.

5.1 Les normes

Au niveau international, l'International Organization for Standardization (ISO) fédère les organismes nationaux de normalisation. La famille des normes ISO9000 couvre le domaine du management de la qualité. Il s'agit d'un référentiel de certification et/ou de guides d'amélioration des pratiques. Il s'applique à n'importe quelle activité des entreprises, aussi bien pour les produits que les services. Il permet d'identifier et d'améliorer les processus. À noter que son application dans le domaine des systèmes d'information tend à se marginaliser au profit d'autres normes ou de démarches spécifiques. Citons les normes ISO 19011 pour l'audit des systèmes de management de la qualité, ISO/IEC 17799 pour la sécurité des SI ou encore ISO15504 plus connue sous le nom de Software Process Improvement Capability dEtermination (SPICE). Il s'agit d'un modèle d'évaluation de l'aptitude des processus logiciels à répondre aux objectifs fixés par l'organisation. À cet effet, il propose d'identifier les forces et les faiblesses de l'organisation dans la mise en œuvre des processus logiciels, dans le but de faciliter le choix des objectifs d'amélioration, ainsi que leurs priorités.

À noter que la norme ISO19011 décrit les principes de l'audit dont l'objectif est de mesurer l'efficacité d'une politique et d'un système de management. Trois de ces principes sont relatifs aux auditeurs, notamment pour ce qui concerne le comportement éthique, l'obligation de refléter la réalité avec exactitude et fidélité et le professionnalisme. Deux autres principes concernent l'indépendance et la preuve.

En Grande-Bretagne, le British Standard Institute diffuse les normes BSxxx dont la norme BS7799 qui connaît une déclinaison internationale depuis la fin 2000 (ISO/IEC 17799). Ce référentiel rassemble les bonnes pratiques en matière de sécurité des SI. Il propose un ensemble de recommandations davantage orientées vers les aspects organisationnels que techniques. La démarche consiste à identifier les objectifs visant à assurer la sécurité des SI. Ces objectifs sont regroupés en dix grands thèmes (politique de sécurité, organisation de la sécurité, etc.). Le respect de ces objectifs transversaux permet de mettre en place des processus sécuritaires.

5.2 Les modèles

La mise en place d'un système de pilotage ou de gouvernance des SI permet à l'entreprise de choisir parmi un ensemble de modèles permettant l'amélioration continue des SI. Les modèles ainsi définis sont généralement spécifiques à certains processus. L'un des plus connus est le *Capability Measurement Model* (CMM). Développé par le Software Engineering Institute (SEI), ce modèle définit les meilleures pratiques en matière de développement et de maintenance des logiciels. La dernière version du modèle, appelée CMMI (I pour intégration), étend son objet à l'ingénierie des systèmes, inclus l'assistance aux utilisateurs, le développement matériel, etc. Les objectifs recherchés sont :

- améliorer le processus logiciel ;
- mesurer le niveau de maturité en termes de qualité et de productivité ;
- fournir un cheminement logique pour l'amélioration du processus logiciel le long des cinq niveaux de maturité (initial, reproductible, défini, maîtrisé, optimisé), dont l'atteinte est officialisée par une évaluation formelle.

À noter que ce modèle n'indique pas aux organisations comment atteindre les objectifs. La déclinaison P-CMM (People CMM) est axée sur le développement des aptitudes des ressources humaines affectées au développement logiciel. Il peut en outre être utilisé comme fondement pour évaluer les politiques liées aux ressources humaines d'une organisation.

SPICE, décrit plus haut, peut être considéré comme une alternative au modèle CMM. Enfin, le modèle Deming est utilisé pour définir les étapes du contrôle qualité.

5.3 Les référentiels

Les organismes professionnels proposent des référentiels qui définissent les meilleures pratiques et s'appuient, le cas échéant, sur les normes et modèles définis plus haut. L'Information System Audit and Control Association (ISACA) a promulgué des référentiels d'audit des systèmes d'information. Le plus connu est COBIT (Control OBjectives for Information and related Technology). Il est considéré comme le cadre adéquat pour la gouvernance des SI. Rappelons le principe de base : pour maîtriser son SI, toute entreprise doit gérer ses ressources informatiques (données, applications, technologies informatiques, installations, personnel) selon des processus informatiques (trente-quatre processus pour quatre domaines fonctionnels : planification et organisation, acquisition et mise en place, distribution et support, surveillance). À noter que ces ressources et processus ont pour but de produire l'information dont l'organisation a besoin. Cette information est considérée selon trois caractéristiques de qualité, d'aspects fiduciaires et de sécurité.

La description détaillée de ce référentiel est effectuée dans le chapitre « Gouvernance des systèmes d'information ». Rappelons toutefois que ce référentiel fait référence notamment à des normes techniques (ISO, EDIFACT, etc.), à des critères d'évaluations et aux pratiques recommandées par des organismes internationaux.

Le référentiel Information Technology Infrastructure Library (ITIL) a été développé au Royaume Uni en 1989 par l'Office of Government Commerce (OGC). Il s'agit d'un référentiel des meilleures pratiques pour la fourniture de services de production informatique. Il est destiné aux directions des systèmes d'information dans le but de faciliter la maîtrise des coûts et d'atteindre les objectifs de qualité. Ces derniers sont :

- mettre en place une organisation de support et de conseil pour une optimisation des services liés aux technologies de l'information ;
- mesurer la qualité de service ;
- maîtriser les coûts informatiques.

Concrètement, ce référentiel se présente sous la forme de recueils regroupés en onze domaines, chacun couvrant une phase du cycle de vie de la production informatique. Les six premiers domaines concernent le support informatique (*service support*), les cinq derniers traitent des problèmes liés à la livraison des solutions informatiques (*service delivery*). ITIL permet aux directions des SI d'évaluer et d'améliorer notamment :

- le taux d'utilisation des ressources informatiques ;
- le suivi des nouveaux projets informatiques ;
- le taux de disponibilité et de fiabilité des ressources informatiques ;
- la sécurité des données.

ITIL s'appuie sur les bonnes pratiques et la maîtrise de l'infrastructure technique avec une priorité donnée à la gestion des configurations, du changement et de la qualité. Cette dernière permet une compatibilité avec la norme ISO.

Mentionnons enfin que, du point de vue de la couverture de l'activité d'une DSI, le référentiel ITIL est un sous-ensemble de COBIT. Toutefois, à la différence d'ITIL qui se veut un cadre d'assistance à l'optimisation de services informatiques, COBIT est, quant à lui, un outil complet de gouvernance des SI.

6 Les méthodes

Il existe plusieurs méthodes d'audit mais qui sont le plus souvent des démarches de cabinets d'audit. Elles ne sont donc pas diffusées publiquement afin de maintenir l'avantage compétitif qu'elles confèrent à ces sociétés. Elles sont généralement définies au sein des cabinets d'audit et constituent leur savoir-faire. Nous présentons ci-dessous les principales caractéristiques de deux méthodes disponibles complémentaires : COBIT pour l'audit des processus informatiques et INFAUDITOR pour l'audit des composants du SI.

6.1 COBIT

Rappelons que le cadre de référence COBIT comporte trois dimensions (figure 2). La première concerne les processus informatiques mis en œuvre par une DSI. Ces trente-quatre processus sont regroupés en quatre domaines et sont composés d'activités. À titre d'exemple, le processus DS7 intitulé « Sensibiliser et former les utilisateurs » fait partie du domaine Distribution et Support. Il comporte trois activités à auditer ou objectifs de contrôle : l'identification des besoins de formation, l'organisation de la formation et la sensibilisation aux règles de sécurité. La deuxième dimension concerne les ressources informatiques utilisées (personnel, applications, technologies, installations et données). Dans le processus DS7, c'est la ressource personnel qui est concernée. Enfin, l'information contenue dans le SI doit satisfaire les critères d'efficacité, d'efficience, de confidentialité, d'intégrité, de disponibilité, de conformité aux lois et aux réglementations et de fiabilité. Ces sept critères ne sont pas propres à COBIT. Ils résultent de l'intégration fine de trois systèmes d'évaluation :

- les critères communément admis dans les approches qualité : coût, délai et qualité ;
- les impératifs fiduciaires du rapport COSO : efficacité et efficience des activités, fiabilité de l'information, conformité aux lois et réglementations ;
- le triptyque DIC de référence en sécurité informatique : disponibilité, intégrité et confidentialité.

Pour le processus DS7, le critère principal est l'efficacité. L'efficience est un critère secondaire.

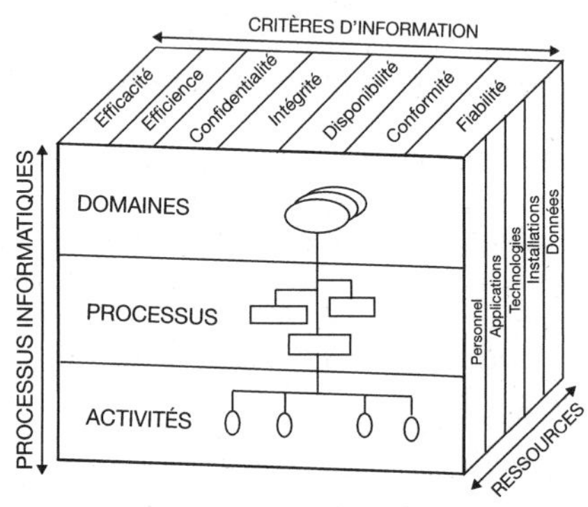

Figure 2 Cadre de référence COBIT

Tout SI a pour objectif de fournir l'information dont l'entreprise a besoin pour réaliser ses objectifs. Dans ce but, celle-ci met en œuvre des ressources informatiques gérées par un ensemble de processus. L'objectif de COBIT est de mesurer la capacité des processus à fournir l'information adéquate. Ce mécanisme est représenté à la figure 3.

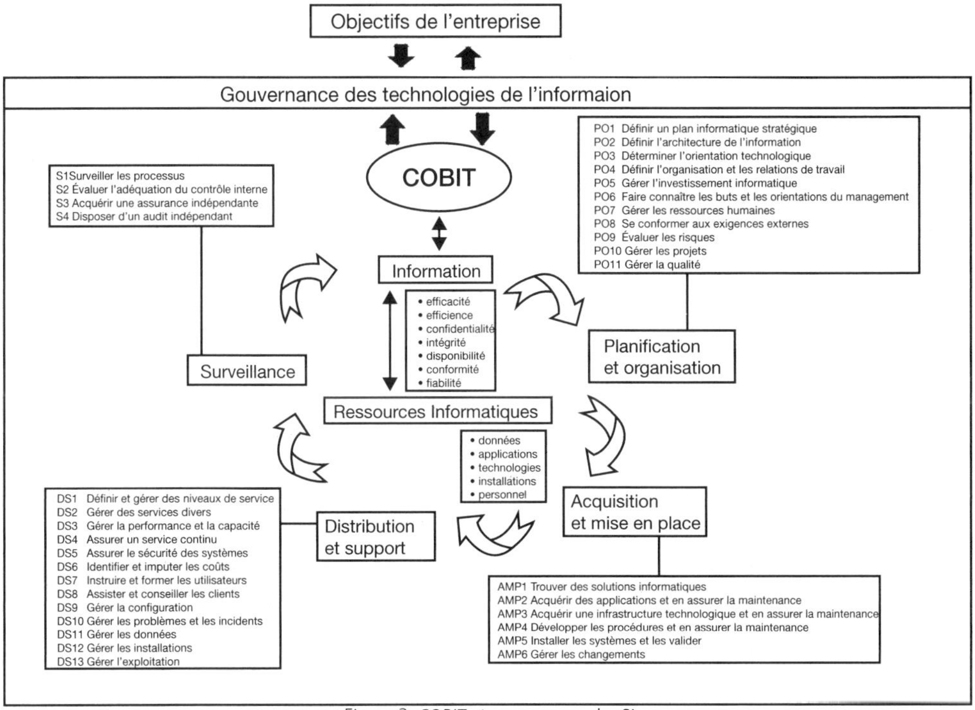

Figure 3 COBIT et gouvernance des SI

Illustrons ce mécanisme à l'aide du processus DS7. Le contrôle du processus de sensibilisation et de formation des utilisateurs répond à la nécessité de s'assurer que les utilisateurs font une utilisation efficace du SI. Ceci est rendu possible par une formation complète et un plan de développement qui prend en compte un programme de formation et des campagnes de sensibilisation. L'auditeur procédera à un ensemble de vérifications telles que l'existence de procédures de sensibilisation à la sécurité, l'accessibilité à des formations internes et/ou externes ainsi que leur taux de fréquentation.

6.2 INFAUDITOR

À la différence de COBIT, la méthode INFAUDITOR permet de réaliser des missions d'audit relatives aux différents composants ou domaines d'un SI. À cet effet, INFAUDITOR se fonde sur une structure arborescente hiérarchique multicritère définissant les éléments du SI à auditer et les critères à prendre en compte dans cet audit.

Les domaines du SI

INFAUDITOR permet d'auditer les domaines d'un SI aussi bien technologiques qu'organisationnels ou managériaux. La dimension technologique est composée des domaines suivants :

- les moyens informatiques (architectures matérielles et logicielles dont les réseaux et télécommunications);
- la sécurité physique et logique ;
- l'exploitation et la production ;
- les applications opérationnelles ;
- les projets informatiques ;
- la maintenance.

La dimension organisationnelle et managériale comporte les domaines ci-dessous :

- le management et le contrôle de la fonction SI ;
- la politique des SI ;
- l'organisation de la fonction informatique ;
- la conformité à la réglementation ;
- les SI fonctionnels (marketing, financier, logistique, ressources humaines) ;
- les coûts informatiques ;
- les achats et la sous-traitance.

Chaque domaine peut se décomposer en plusieurs sous-domaines. Un sous-domaine peut appartenir à plusieurs domaines. Par exemple, le sous-domaine sécurité appartient à la fois à la sécurité informatique et au domaine des applications opérationnelles. La structure sous-jacente est celle d'une arborescence généralisée.

Les procédures ou tests d'audit sont appliquées seulement aux domaines élémentaires non décomposables.

Les critères d'audit

Chaque domaine ou sous-domaine du SI peut être évalué selon un ou plusieurs critères. Par exemple, on peut évaluer la performance d'une application informatique ou sa fiabilité ou encore sa sécurité.

Les critères pris en compte par INFAUDITOR sont segmentés en trois catégories :
- les besoins de qualité incluant efficacité et performance ;
- les besoins de sécurité décrits par les critères de cohérence, sécurité, conformité et fiabilité ;
- les besoins de lisibilité, comprenant la faisabilité, l'auditabilité, et l'évolutivité.

L'arborescence d'audit

Les domaines et les critères d'audit sont combinés pour former une arborescence hiérarchique définie comme un ensemble de nœuds tels que :
- les nœuds non-terminaux représentent les domaines et sous-domaines à auditer ;
- les nœuds terminaux représentent les critères d'évaluation ;
- les arcs traduisent les relations d'inclusion entre domaines ou relient les domaines élémentaires aux critères.

La structure de l'arborescence est présentée à la figure 4 où D signifie le domaine audité, SD le sous-domaine éventuel, C le critère d'audit, P le poids relatif du critère et N la note affectée par l'auditeur à l'issue du processus d'audit. Chaque note est complétée d'un critère d'audit. Les nœuds intermédiaires sont aussi pondérés, permettant un calcul automatique de notes globales pour les sous-domaines et/ou domaines audités.

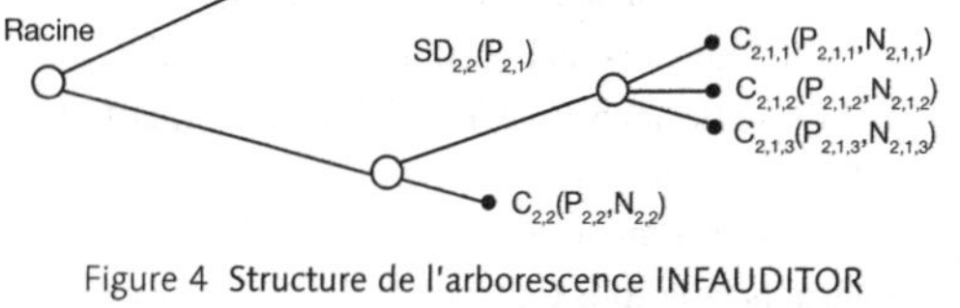

Figure 4 Structure de l'arborescence INFAUDITOR

INFAUDITOR procède en plusieurs étapes :
- Établissement d'une arborescence générale d'audit pour tous les domaines du SI. Cette arborescence capitalise sur l'expertise des auditeurs et les meilleures pratiques.
- Génération de l'arborescence d'audit correspondant à un domaine à auditer et qui tient compte de la mission d'audit, des caractéristiques de l'entreprise et du SI de cette dernière.
- Détermination des poids de chaque nœud de l'arborescence résultant de l'étape précédente.
- Réalisation des contrôles d'audit.
- Génération d'états, notamment des rosaces représentant les points forts et les points faibles du domaine audité, ainsi que le rapport d'audit.
- Ces deux méthodes complémentaires permettent l'audit de domaines ou de processus informatiques. Dans les deux cas, la mission d'audit doit être planifiée comme le décrit le paragraphe suivant.

7 Déroulement et planification d'une mission d'audit

En général, le déroulement d'un audit d'une composante du SI ou d'un processus informatique repose sur trois étapes principales : une prise de connaissance de l'entreprise, l'identification et l'évaluation des processus de gestion concernés, et la validation de la composante du SI (ou du processus informatique) auditée. Au préalable, il est important de comprendre et d'intégrer les préoccupations du prescripteur afin de mieux déterminer les finalités de la mission d'audit et les objectifs assignés. Le tableau ci-dessous présente les différentes phases d'une mission d'audit, ainsi que les tâches associées (figure 5).

La lettre de mission reprend l'intention exposée par l'entreprise ainsi qu'un plan prévisionnel. Elle comprend le contexte, les objectifs attendus, les conditions d'intervention et un budget prévisionnel. Elle définit les grandes lignes de la mission à effectuer. Une fois acceptée par le prescripteur, elle constitue la base d'un engagement contractuel. Le but de la phase de prédiagnostic est de définir le plan d'action de l'audit, en fixant les objectifs détaillés ainsi que l'ensemble des moyens à mettre en œuvre. Durant cette phase préliminaire, l'auditeur procède à la collecte des informations nécessaires à l'établissement du plan d'action. Il réunit les informations générales utiles sur la société et s'informe du degré d'informatisation et inventorie les problèmes ressentis par les différents acteurs de l'entreprise (Direction Générale, Direction des SI, et directions utilisatrices). À cet effet, l'auditeur consulte les différentes sources d'information (schéma directeur du SI, budgets informatiques, cartographie applicative, etc.). Un diagnostic de survol peut être nécessaire pour déterminer les tâches constitutives de la mission d'audit, ou en d'autres termes, les procédures d'audit à mettre en œuvre pour répondre aux objectifs fixés. La phase de diagnostic et de tests correspond à la mission dont l'auditeur doit dresser un plan d'action détaillé. Ce dernier dépend des éléments probants à obtenir et

Lettre de mission	Réponse à la demande du prescripteur et constitution de l'équipe d'audit
Phase de prédiagnostic	Acquisition des connaissances nécessaires sur l'entreprise, ses processus, son SI
	Analyse de risques
	Produit : rapport de prédiagnostic
Lancement de la mission	Présentation des objectifs de l'audit à la direction de l'entreprise
	Désignation d'un coordonnateur de l'audit et du signataire des feuilles de faits
Phase de diagnostic et de tests	Rédaction des descriptions d'activités et approfondissement des connaissances
	Réalisation des tests, rédaction des feuilles de faits et dossiers des preuves
	Discussion des faits avec les collaborateurs concernés
	Validation des faits par le management de l'organisation
	Produit : ensemble des feuilles de faits validées et analyses thématiques
Phase de rédaction du rapport final	Synthèse des faits considérés comme essentiels pour la direction générale
	Recommandations et opinion des auditeurs et validation
	Produit : rapport provisoire (3 à 4 pages)
Phase de discussion du rapport final	Discussion, validation et approbation par le directeur de l'organisation
	Présentation à la direction générale
	Produit : rapport final définitif
Constitution du dossier	Dossiers complets contenant toutes les preuves
	Références croisées entre dossiers, feuilles de faits et rapport final

Figure 5 **Déroulement d'une mission d'audit**

des ressources de la mission. Il est donc impératif de limiter les contrôles d'audit à ce qui est nécessaire à l'obtention de l'information probante. Le produit final est le rapport d'audit qui expose :

- le problème posé ainsi que la nature de la mission ;
- la démarche adoptée ;
- l'opinion d'audit sur chaque point de la mission. Cette opinion doit être argumentée et motivée ;
- les recommandations générales qui doivent rester compréhensibles et économiquement acceptables. Il est impératif de dégager aussi bien les points forts que les points faibles.

Une discussion des conclusions de l'audit à chaque niveau hiérarchique (prescripteur, audité) est utile afin de faciliter la mise en place des recommandations et d'éviter les désaccords ultérieurs. Dans certains cas, une mission de suivi peut être nécessaire quelque temps après (un an en moyenne) pour évaluer le plan d'action mis en œuvre.

8 Les outils et logiciels d'audit des SI

Une grande partie des outils mis en œuvre lors d'une mission d'audit des SI sont ceux utilisés aussi pour l'audit comptable et financier. L'idée sous-jacente à ce recours aux outils d'audit est l'amélioration significative de la productivité, de la qualité et du mode de gestion des tâches d'audit. Un autre avantage non négligeable est la réduction des risques d'erreur et le renforcement de l'efficacité. Toutes les enquêtes et notamment celles de l'IIA montrent que les outils de productivité personnelle micro-informatique (tableur, traitement de texte, etc.) sont largement utilisés. De plus, le recours à des dispositifs de tests intégrés est peu employé. Il en est de même des outils d'audit utilisant des technologies nouvelles telles que les ateliers de génie logiciel (AGL) ou les systèmes à base de connaissances. La boîte à outils de l'auditeur comporte généralement des outils (parfois regroupés sous l'acronyme CAATT, *Computer Assisted Audit Tools and Techniques*) :

- de gestion de la fonction d'audit, notamment des logiciels d'évaluation des risques ;
- de planification de l'audit, incluant les logiciels de gestion de projet, de recherche documentaire et de requêtes en mode transactionnel. Un exemple représentatif est auditMASTERPLAN (www.jebcl.com/amp.htm) ;
- de conduite de l'audit avec, dans certains cas, des dispositifs de tests intégrés et des générateurs d'états ;
- de compte rendu d'audit faisant appel à des tableurs pour l'analyse numérique ou la gestion des listes de contrôles et parfois à des logiciels de gestion de base de données pour assurer le suivi des résultats des missions d'audits ainsi que pour l'évaluation du risque et la planification de l'activité du service d'audit interne ;
- de traitement et d'analyse des données, permettant notamment d'extraire les données du SI. Les princi-

paux outils dédiés à l'audit pour l'investigation des fichiers sont: ACL (*Audit Command Language*, www.acl.com) ou IDEA (*Interactive Data Extraction and Analysis*, Logiciel d'analyse de données www.auditmation.com) lorsqu'un export des données est possible. ACL est destiné à des utilisateurs experts. Il est caractérisé par une grande facilité d'utilisation, des fonctionnalités d'audit et d'analyse de données incorporées, des capacités d'interrogation interactive, une taille de fichier illimitée, sous réserve de disposer d'une machine puissante, la lecture de types de données multiples et des fonctions de génération de rapports mais avec des fonctionnalités limitées. Dans le cas où l'export des données n'est pas possible, Monarch, outil de récupération et de traitement des données informatiques, permet de lire les fichiers d'impression de tout système central (www.datawatch.com);
- de restitution et de gestion documentaire utilisant les logiciels bureautiques tels que Word et Excel. Des outils dédiés à la cartographie tels que Visio et Flowcharter font partie de la boîte à outils de l'auditeur. Enfin, on a souvent recours à des outils de gestion documentaire tels que Zyimage et Novaxel.

Au-delà de la boîte à outils de l'auditeur, il existe aussi des logiciels de mise en œuvre d'une méthode d'audit. Nous décrivons ci-dessous les deux principaux.

8.1 COBIT Advisor (3e édition)

Cet outil, de la société Methodware, facilite les opérations d'audit des processus informatiques utilisant l'approche COBIT. Chaque fichier d'audit créé avec Advisor contient les 318 objectifs de contrôle et les 374 éléments du guide d'audit de COBIT. Il permet:
- d'adapter l'audit en définissant les domaines, les processus, les critères d'information, les ressources concernées dans la mission d'audit, conformément à la méthodologie COBIT;
- de définir des appréciations au niveau des domaines ;
- de définir des appréciations plus précises au niveau des objectifs de contrôle;
- de compléter les tests d'audit détaillés en se référant au guide d'audit;
- d'évaluer les graphes relatifs au domaine et à l'objectif de contrôle;
- de faciliter l'obtention automatique du rapport d'audit.

Une version d'évaluation de l'outil est disponible sur le site www.methodware.com

8.2 INFAUDITOOL

INFAUDITOOL est un logiciel qui met en œuvre la méthode INFAUDITOR. Ses caractéristiques principales sont:
- le traitement de tous les domaines ou composantes du SI aussi bien pour les aspects techniques, organisationnels que manageriaux;
- la détermination des contrôles d'audit à effectuer en fonction des objectifs de la mission d'audit, des caractéristiques de l'entreprise et de son système d'information.

INFAUDITOOL structure les domaines d'audit et les tests à effectuer sous forme d'arborescence. Il procède en cinq étapes:
- Il propose un plan d'action composé des contrôles d'audit à effectuer.
- Il offre une aide à la pondération des critères d'audit mis en œuvre dans le plan d'action.
- Il met à la disposition de l'auditeur un guide d'audit lui facilitant la réalisation des contrôles d'audit.
- Il permet à l'auditeur de représenter, sous forme de rosaces, les points forts et les points faibles du domaine du SI audité.
- Il fournit un support pour la génération du rapport d'audit.

La figure 6 est une copie de l'écran de saisie des notes et commentaires d'audit à l'aide d'INFAUDITOOL.

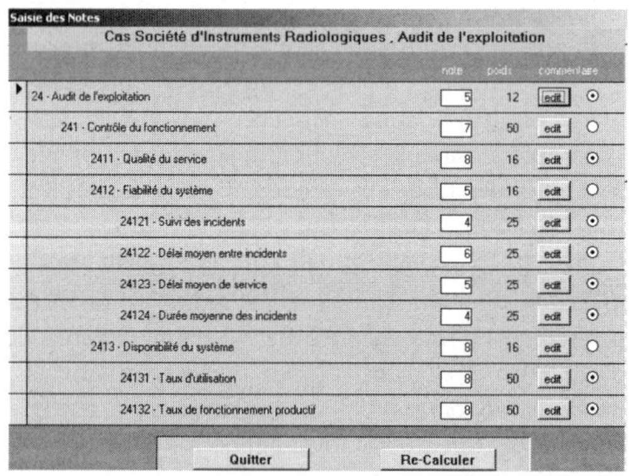

Figure 6 Saisie des commentaires d'audit dans INFAUDITOOL

Au-delà de ces deux outils, les cabinets d'audit ont, pour certains, développé des outils d'accompagnement de leur démarche d'audit. Pour les raisons citées plus haut, ces outils ne sont pas diffusés.

9 Conclusion

La plupart des activités et des processus de gestion des entreprises dépendent de leur système d'information.

Le SI joue un rôle essentiel dans la croissance de l'entreprise et dans son innovation. Il permet aux entreprises de se différencier en vue d'obtenir un avantage concurrentiel. La capacité à contrôler ce dernier est un atout pour atteindre les objectifs fixés. Auditer tout ou partie d'un SI permet de mieux maîtriser les risques considérables que font courir ces derniers à l'entreprise. Cela permet aussi de vérifier que les investissements importants consentis contribuent à atteindre les objectifs de l'entreprise. Dans ce chapitre, nous avons présenté les principaux concepts, modèles, référentiels, méthodes et outils d'une opération d'audit des SI. Nous avons mis l'accent sur le risque d'audit et sur la pertinence des objectifs de contrôle interne. Nous avons présenté et comparé deux démarches d'audit. La première, COBIT, est essentiellement un outil de gouvernance des SI et permet d'évaluer les processus informatiques des entreprises. La seconde, INFAUDITOR, se concentre sur l'audit des composantes d'un SI. Elle est fondée sur un modèle d'analyse hiérarchique multicritère qui permet de pondérer les critères d'évaluation. Tout comme COBIT, INFAUDITOR intègre les bonnes pratiques du milieu professionnel de l'audit informatique sous la forme d'une arborescence générale d'audit pour toutes les composantes d'un SI.

Notons enfin, et cela peut représenter une voie de recherche future, qu'il existe un nombre très restreint de publications qui évaluent COBIT et INFAUDITOR et les conditions de leur utilisation. Une autre voie de recherche consiste en l'appropriation des nouvelles techniques de gestion de la connaissance, notamment les ontologies et le raisonnement à base de cas (se reporter à la section «Intelligence artificielle», I/11) pour la représentation intelligente de l'expertise des auditeurs.

Bibliographie

Akoka J., Comyn-Wattiau I. (1996), "A knowledge based system for auditing computer and management information systems", *Expert Systems with Applications*, Vol 11, n° 3.

Akoka J., Comyn-Wattiau I. (2000), "Auditing computer and Management information systems", *Encyclopedia of Library and Information Science*, Marcel Dekker Inc., Vol. 68.

Carlier A. (1994), *Stratégie appliquée à l'audit des Systèmes d'Information*, Hermès.

Champlain J.J. (1998), *Auditing Information Systems – A Comprehensive Reference Guide*, John Wiley & Sons.

Colbert J., Bowen P. (1996), "A Comparison of Internal Controls: COBIT, SAC, COSO and SAS 55/78", *IS Audit and Control Journal*, Vol 4.

Committee of Sponsoring Organizations of the Tradeway Commission (1992), "Internal Control – Integrated Framework, Executive Summary", http://www.coso.org.

Fedorowicz J., Ulric J. (1998), "Adoption and Usage Patterns of COBIT: Results from a Survey of COBIT Purchasers", *IS Audit and Control Journal*, Vol 6.

Hunton J.E, Bryant S.M., Bagranoff N.A. (2004), *Core concepts of Information Technology Auditing*, John Wiley & Sons.

IT Governance Institute (2000), "COBIT Management Guidelines" (3rd Edition), Rolling Meadows, Ill.: Information Systems Audit and Control Foundation, http://www.isaca.org.

Payne N. (2003), *IT Governance and Audit*, Accountancy SA.

Rechenmann J.-J., *L'audit du site web, mode d'emploi*, Eyrolles.

Ridley G., Young J., Carroll P. (2004), "COBIT and its Utilization: A framework from the literature", *Proceedings of the 37th Hawaii International Conference on System Sciences.*

Thorin M. (2000), *Audit informatique*, Hermès, Paris.

Tucker G.H. (2001), "IT and the Audit", *Journal of Accountancy*, Sept 2001.

Tyler R. (2000), "Implementing COBIT in New South Wales Health", *IS Control Journal*, Vol 3.

Management des connaissances

Gilles Balmisse

Mots-clés : système de management des connaissances, capitalisation, collaboration, communauté de pratique, connaissance, expertise, savoir, savoir-faire, compétence.

Résumé : le management des connaissances est un processus organisationnel permettant l'acquisition, la structuration, l'intégration et la diffusion de la connaissance des individus à travers l'organisation, en vue d'offrir une aide au travail et d'accroître l'efficacité organisationnelle. Sa mise en œuvre repose sur deux approches, celle de capitalisation qui privilégie la formalisation des connaissances de manière à en constituer un stock réutilisable et celle de collaboration qui repose sur les interactions sociales entre les individus dans le but de favoriser le partage et l'apprentissage en continu. Ces approches se concrétisent par la mise en œuvre d'un système de management des connaissances dont le succès repose sur la prise en compte des facteurs humains et organisationnels. Dans ce contexte, les outils informatiques vont jouer le rôle indispensable de vecteurs de transmission de la connaissance au sein de l'organisation.

Dans un environnement en constante mutation où la concurrence se fait de plus en plus féroce, où le cycle de vie des produits devient de plus en plus court, où les clients sont en recherche perpétuelle de nouveautés, de produits personnalisés et de services individuels, les entreprises doivent sans cesse innover et se démarquer de la concurrence.

De ce fait, la capacité à produire des entreprises modernes ne repose plus uniquement sur leurs ressources industrielles, mais de plus en plus sur leur capital intellectuel, leurs connaissances.

Moteur de la pérennité et de la croissance des entreprises, la connaissance est une richesse qu'il est devenu impératif de gérer et de valoriser sous peine de céder du terrain sur un marché de plus en plus concurrentiel. Devenue stratégique, elle prend peu à peu le pas sur le capital et le travail (Drucker, 1993). C'est une ressource stratégique.

Cette théorie de l'entreprise fondée sur les connaissances (Nonaka et Takeuchi, 1995 ; Spender, 1996) repose sur la théorie des ressources (Penrose, 1959). La connaissance est ainsi considérée comme une ressource intangible rare, complexe et difficile à imiter (Grant, 1996) offrant de la sorte un avantage compétitif à long terme pour les organisations.

Mais qu'est-ce que la connaissance ?

1 Connaissance et organisation, quelques définitions

Depuis de nombreux siècles, philosophes et scientifiques alimentent un débat passionné sur les origines et la nature profonde de la connaissance. Concept polysémique s'il en est, la connaissance fait l'objet de très nombreuses définitions (Blacker, 1995).

Une revue de l'abondante littérature sur le sujet permet d'aborder la connaissance suivant cinq grandes dimensions (Charlot et Lancini, 2002).

Dimension hiérarchique

Dans cette approche, une distinction nette est réalisée entre les notions de donnée, d'information et de connaissance.

Une donnée est un élément brut, hors de tout contexte. Une information est une donnée mise en contexte. Et une connaissance est une information comprise, c'est-à-dire assimilée et utilisée par un individu, qui permet d'aboutir à une action.

Dimension épistémologique

Il s'agit ici de considérer la connaissance sous deux formes : explicite et tacite.

Alors que la connaissance explicite est une connaissance facilement exprimable et transmissible, la connaissance tacite est fortement ancrée et indissociable des individus qui la détiennent.

Dimension d'objet

Dans cette dimension, la connaissance est considérée comme un élément que l'on peut stocker et manipuler. Le concept de mémoire organisationnelle qui vise à formaliser les connaissances de l'organisation s'inscrit dans cette perspective.

Dimension processuelle

La dimension processuelle se compose de deux perspectives.

La première considère la connaissance comme une condition d'accès à l'information. Et la seconde comme une capacité à influencer des actions futures : savoir pour agir.

Dimension des niveaux d'analyse et d'acteurs

Il s'agit ici d'étudier la connaissance suivant différents niveaux d'analyse afin de distinguer : la connaissance individuelle, la connaissance de groupe, la connaissance organisationnelle et la connaissance interorganisationnelle. Il s'agit également d'étudier les interactions sociales entre ces niveaux pour comprendre comment les connaissances individuelles deviennent des connaissances collectives.

2 Le management des connaissances

2.1 Des besoins opérationnels

En pratique, cette connaissance qui constitue un véritable capital intellectuel pour l'entreprise n'est pas facile à mobiliser. En effet, la forte pression concurrentielle ajoutée à une situation économique difficile a conduit les entreprises à se restructurer et à réduire leur personnel. Cette restructuration a profondément allégé le poids de la hiérarchie, donnant une plus grande autonomie aux collaborateurs. Par ce biais, les savoirs, les savoir-faire et les compétences se sont disséminés au sein de l'entreprise.

D'autre part, il n'est pas aisé de créer de la connaissance *a priori*, de l'échanger et de la transférer pour la mettre à disposition, au bon moment, de ceux qui, à chaque niveau de l'entreprise, en ont besoin pour atteindre leurs objectifs.

Mais la gestion des connaissances n'est pas systématique et d'un point de vue opérationnel, les entreprises se trouvent ainsi confrontées à de nombreux problèmes :

- perte de savoirs et de savoir-faire clés suite à un départ en retraite, une mutation ou un départ volontaire ;
- difficulté à obtenir les bonnes informations du fait de la dissémination et de la mauvaise organisation des savoirs et des expertises ;
- mauvaise communication et circulation de l'information due à une organisation trop rigide ;
- répétition d'erreurs déjà commises par le passé.

Pour régler ces problèmes et éviter les risques qu'ils engendrent, les entreprises peuvent mettre en place une démarche de management des connaissances.

2.2 Une définition, différentes écoles

Le management des connaissances, que l'on nomme également *knowledge management* (KM) ou gestion des connaissances, peut être défini comme l'ensemble des actions systématiques et organisées qu'une entreprise réalise pour obtenir une plus grande valeur des connaissances dont elle dispose (Davenport et Prusak, 1998).

En pratique, le management des connaissances est un processus organisationnel permettant l'acquisition, la structuration, l'intégration et la diffusion de la connaissance des individus à travers l'organisation, en vue d'offrir une aide au travail et d'accroître l'efficacité organisationnelle (Quintas *et al.*, 1997).

Le management des connaissances n'est donc pas, par définition, une fin en soi, c'est un moyen donné aux entreprises d'accroître leur performance. Son application peut prendre différentes formes et nous pouvons identifier sept écoles (Earl, 2001) groupées en trois catégories.

Écoles technologiques

Ces écoles se caractérisent par des démarches technologiques qui soutiennent l'activité du collaborateur au quotidien. Trois sous-catégories peuvent être identifiées.

L'école orientée système

Cette école s'inscrit dans la tradition des systèmes à base de connaissances et des systèmes experts. C'est l'une des approches les plus anciennes du management des connaissances. L'idée centrale repose sur le principe de capturer la connaissance par l'intermédiaire des bases de données et de la rendre accessible à d'autres en leur offrant la possibilité d'appliquer leur propre jugement. Il s'agit la plupart du temps de connaissances spécifiques à un domaine formalisées par des experts, pour des experts.

L'école cartographique

Il s'agit de mettre en correspondance les connaissances de l'organisation et les collaborateurs par le biais de services de types «pages jaunes». Bien plus que de simples bases de données, ces annuaires offrent une sorte de relais entre les demandeurs et les fournisseurs de connaissances. L'intranet ou les applications spécialisées d'annuaire peuvent jouer un rôle déterminant pour supporter cette «connectivité» entre individus.

L'école orientée processus

Cette école, qui s'inscrit dans la droite lignée du *Business Process Reengineering* (BPR), est fondée sur deux idées principales:

- la performance d'un processus peut être améliorée en fournissant aux individus concernés les connaissances spécifiques à leurs tâches;
- les connaissances «contextuelles» et les meilleures pratiques sont très importantes.

École commerciale

L'école commerciale représente des démarches de management des connaissances dont la préoccupation est de préserver et commercialiser la propriété intellectuelle (brevets, marques, etc.). La connaissance est ici considérée comme un véritable capital ou comme un produit. Une telle approche exige la création d'une équipe de spécialistes entièrement dédiés au développement de techniques permettant de gérer et de maîtriser la propriété intellectuelle comme processus courant.

Écoles comportementales

Les écoles comportementales qui visent à stimuler l'échange et la création des connaissances sont au nombre de trois.

L'école organisationnelle

Son approche s'appuie sur l'utilisation de communautés pour faciliter l'échange et la création de connaissances. Les communautés peuvent être interorganisation ou intraorganisation et sont souvent interdisciplinaires. Dans tous les cas, la vie des communautés est ponctuée de rencontres informelles telles que des échanges en face-à-face ou des événements particuliers. Cependant un certain nombre d'organisations utilisent des outils informatiques pour supporter les échanges entre les membres d'une même communauté.

L'école spatiale

Cette école repose sur l'utilisation de la conception spatiale du lieu de travail pour faciliter l'échange de connaissances: aménagement de la cafétéria pour la transformer en «knowledge café», création d'«open space», etc. La «co-présence» et la socialisation sont employées en tant que moyens privilégiés d'échange, de partage et de création de connaissances. En d'autres termes, cette approche cherche à faciliter la création d'un capital immatériel en s'appuyant sur une configuration spatiale des lieux de travail favorisant les relations sociales entre les collaborateurs.

L'école orientée stratégie

Dans cette perspective, le management des connaissances est considéré comme un vecteur de compétitivité pour l'organisation. Skandia, qui a déclaré le capital intellectuel comme pilier central de son activité, en est un exemple, tout comme Buckman Laboratories.

L'objectif de cette approche est de construire, consolider et exploiter la totalité du capital que représente la connaissance par une variété de moyens possibles. Les actions inhérentes à cette approche peuvent englober un grand nombre de mesures qui relèvent des autres écoles mentionnées ci-dessus.

2.3 De l'influence des travaux de Nonaka

En pratique, force est de constater que les mises en œuvre opérationnelles du management des connaissances s'appuient largement sur les travaux de Nonaka et Takeuchi (1995) qui ont mis en avant le rôle essentiel de la connaissance et plus précisément celui des interactions entre connaissances tacites et explicites dans l'émergence de la connaissance organisationnelle.

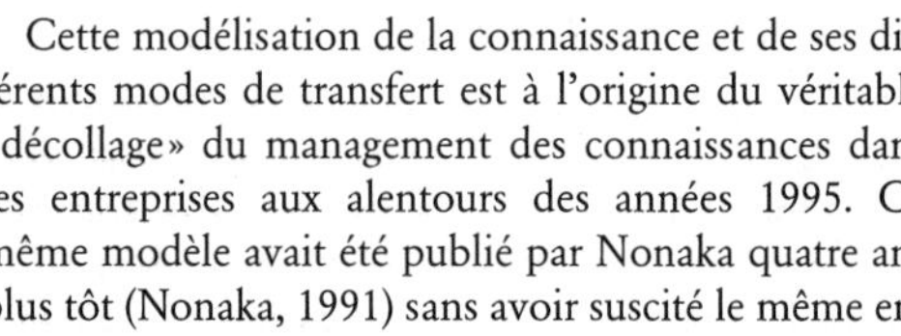

Figure 1 La création de connaissances selon Nonaka et Takeuchi

Cette modélisation de la connaissance et de ses différents modes de transfert est à l'origine du véritable «décollage» du management des connaissances dans les entreprises aux alentours des années 1995. Ce même modèle avait été publié par Nonaka quatre ans plus tôt (Nonaka, 1991) sans avoir suscité le même engouement.

Pourquoi un tel phénomène s'est-il produit? Trois raisons sont généralement avancées (Snowden, 2002):

- en 1991, lors de la première publication des travaux de Nonaka, le *Business Process Reengineering* (BPR), était alors en vogue. En 1995, le marché était beaucoup plus favorable car les échecs du BPR pour capitaliser la connaissance devenaient plus évidents;

- en 1995, l'utilisation des outils de travail collaboratif, comme les outils de *groupware*, s'était fortement développée ;
- les premiers succès de la mise en place de démarches de management des connaissances dans des organisations telles que Buckman, Dow, Skandia et bien d'autres lui ont donné plus d'ampleur et une véritable légitimité aux yeux des dirigeants.

Malheureusement, les travaux de Nonaka et Takeuchi ont été dès le départ mal interprétés. En effet, pour les deux experts, l'innovation dans les processus de fabrication, qui constitue le périmètre de leur étude, peut être favorisée si la connaissance tacite est rendue explicite mais uniquement à un degré nécessaire pour permettre à ce processus d'avoir lieu. En aucun cas, Nonaka et Takeuchi n'ont prescrit de rendre explicites toutes les connaissances tacites.

Pourtant, les premières expériences menées en management des connaissances se sont concentrées sur la formalisation des connaissances tacites des collaborateurs afin de créer une mémoire d'entreprise sous la forme de bases de connaissances.

Certaines entreprises ont même déployé d'énormes efforts pour créer de gigantesques « entrepôts » de connaissances qui, avec le temps, se sont avérés très peu utiles.

Formaliser toutes les connaissances possibles et mettre à disposition l'ensemble des documents de l'entreprise afin que les collaborateurs puissent trouver l'information qu'ils cherchent est une erreur.

Toutes les connaissances formalisées ne présentent pas forcément de valeur pour une réutilisation ultérieure. D'autre part, les connaissances tacites telles que les compétences, le savoir faire, les intuitions, les expériences, les habiletés... sont peu formalisables et un tel effort est totalement vain.

Les connaissances tacites n'ont de valeur que si elles sont partagées et transmises grâce à leur application ou à leur mise en pratique. Leur expression et leur échange – le plus souvent informels – échappent à la plupart des techniques de formalisation, dans la mesure où le détenteur de telles connaissances « ne sait pas qu'il sait » ou « sait, mais ne sait pas le dire ».

Pour mettre en avant le côté dual de la connaissance, déjà présent dans ses premiers travaux, Nonaka a publié à nouveau son modèle en mettant en avant le concept du « Ba » (Nonaka et Konno, 1998), lieu réel ou virtuel au sein duquel un groupe d'individus interagissent dans un processus créatif. Mais, le mal était en quelque sorte déjà fait !

Heureusement, le « tout formalisation » a peu à peu laissé place à des démarches de management des connaissances beaucoup plus orientées vers le partage et l'échange de connaissances tacites, la socialisation.

Au final, deux grands types d'approches émergent des différents projets menés sur le terrain : la capitalisation et la collaboration.

2.4 Capitalisation

Principe

La capitalisation part du principe que certaines connaissances, qui sont utilisées et produites par l'entreprise, représentent un ensemble de richesses dont il faut tirer parti de manière à augmenter la valeur de son capital (Grundstein, 1996). Mais la grande difficulté réside dans le fait que les connaissances de l'organisation sont fortement dépendantes des connaissances des collaborateurs et donc de leur présence dans l'organisation. Il est donc nécessaire de formaliser les connaissances de manière à pouvoir les préserver pour être en mesure de les réutiliser ultérieurement, quand le besoin se fera sentir.

Ainsi, la capitalisation a trait au processus de transformation des connaissances tacites en connaissances explicites.

De manière opérationnelle, il s'agit de recueillir, mettre en forme et rendre disponibles les connaissances (savoir et savoir-faire) de collaborateurs qui sont critiques pour l'entreprise (figure 2).

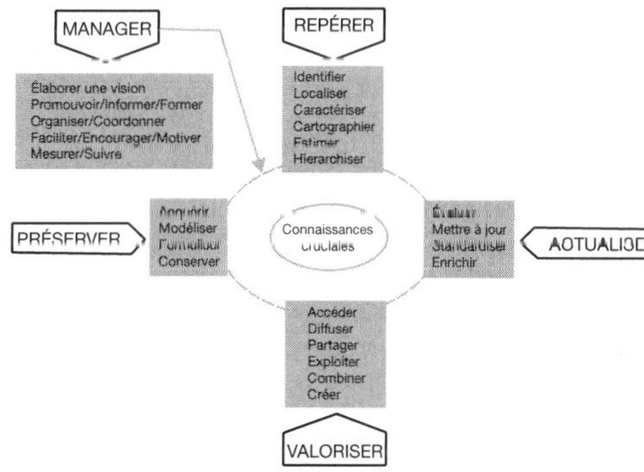

Figure 2 Processus de capitalisation (Grundstein, 1996)

Les connaissances sont généralement de nature très techniques et complexes. De ce fait, il n'est pas possible de les formaliser en utilisant le langage usuel, des techniques de modélisation spécifiques sont nécessaires.

Ces techniques permettent de réaliser des documents de formalisation de connaissances qui peuvent être mis à disposition sur des supports multimédias. Parmi ces types de documents, nous pouvons citer :

- *les livres de connaissances* : il s'agit de documents qui offrent une vue complète des savoirs et des savoir-

faire d'un domaine. La réalisation de livres de connaissances repose sur l'utilisation de plusieurs approches analytiques dont nous verrons un aperçu par la suite.
- *les référentiels métier*: il s'agit d'une formalisation des activités d'un professionnel. En pratique, cette formalisation se situe entre une définition classique de fonction et la mise en forme des processus des activités réalisées dans le cadre de la fonction considérée.
- *les retours d'expérience*: il s'agit de la capitalisation de l'expérience acquise lors de la réalisation d'activités au sein de l'entreprise au travers de fiches. En pratique, cette capitalisation ne repose pas uniquement sur des connaissances formalisées mais également sur des éléments de toute sorte (image, vidéo, graphe, etc.). Ces éléments sont décrits textuellement par une courte fiche technique de format normalisé qui permet leur structuration.

Méthodes de formalisation des connaissances

Issues pour la plus grande partie de l'ingénierie des connaissances, les méthodes de formalisation des connaissances étaient initialement dédiées à la création de systèmes d'aide à la décision. Aujourd'hui, ces méthodes s'orientent de plus en plus vers la capitalisation des connaissances.

Elles reposent sur la formalisation du savoir tacite d'experts[1], grâce à la réalisation d'entretiens orientés, de manière à générer des ressources formelles partageables qui répondent aux besoins des collaborateurs de l'entreprise.

Il existe de nombreuses méthodes pour capitaliser les connaissances critiques de l'entreprise: REX, CYGMA, CommonKads, MASK (ex MKSM), MOKA, etc. Globalement, celles-ci peuvent être regroupées en deux catégories. Les méthodes de modélisation des connaissances et les méthodes de capitalisation des retours d'expérience.

Modélisation des connaissances

Ces méthodes sont orientées vers la modélisation de l'entreprise vue comme un système de connaissances. Leur finalité est orientée vers la conservation et la cartographie des savoirs de l'entreprise. Plus précisément, elles peuvent être utilisées pour:
- structurer un fonds documentaire;
- formaliser des savoir-faire et tours de main pour les intégrer dans des procédés industriels afin d'améliorer leur efficience;
- capitaliser les savoirs d'experts quittant leurs fonctions ou la société pour les mettre à disposition des collaborateurs.

Capitalisation des retours d'expérience

Ces méthodes ont pour objectif de diminuer la répétition des erreurs et des dysfonctionnements de manière à optimiser la productivité en agissant sur le triptyque bien connu qualité-coût-délai. Ces méthodes se différencient fondamentalement des méthodes de modélisation dans la mesure où les différents experts peuvent être en désaccord et remplir des fiches parfaitement contradictoires.

2.5 Collaboration

Principe

La communication directe entre individus est la façon la plus spontanée qui soit de partager des connaissances. L'échange direct est un acte naturel par lequel les individus transmettent leurs savoirs, en créent de nouveaux et apprennent.

Ainsi, au-delà de la préservation et de la capitalisation des connaissances, il peut s'avérer judicieux dans certains cas de mettre l'accent sur la nature relationnelle et sociale de la connaissance, c'est-à-dire de favoriser le processus de partage de connaissances tacites.

De manière opérationnelle, la mise en place d'un processus de socialisation repose sur le développement de communautés de pratique.

Du point de vue du management des connaissances, les communautés de pratique remettent en cause la domination de la capitalisation et de l'aspect explicite des connaissances.

Nous allons nous intéresser de plus près aux communautés de pratique qui jouissent à l'heure actuelle d'un intérêt certain de la part des entreprises.

Communauté de pratique

Une communauté de pratique se constitue lorsque des professionnels se regroupent et s'organisent pour partager des informations et des expériences relatives à leurs activités. Les membres de ces communautés peuvent ainsi échanger et coopérer afin de résoudre ensemble les problèmes auxquels ils peuvent être confrontés, apprendre ainsi les uns des autres et construire ensemble des connaissances et des pratiques communes.

Pour être plus précis, une communauté de pratique est un groupe qui interagit, apprend ensemble, construit des relations et à travers cela développe un sentiment d'appartenance et de mutuel engagement (Wenger, 2002).

La participation à une communauté de pratique est fondée sur le volontariat et les procédures de fonctionnement interne sont décidées collectivement. C'est ce qui différencie principalement les communautés de

1. Ces méthodes facilitent également le repérage des sources de connaissances explicites présentes dans l'entreprise. Cependant, ces méthodes visent plutôt les savoir-faire et les savoirs techniques et scientifiques que l'information en tant que telle.

pratique des autres types de communautés présentes dans l'entreprise.

Dans les faits, une communauté de pratique est différente (Wenger, 1998) :

- d'une structure métier dans la mesure où c'est la communauté qui définit ses propres objectifs et moyens d'action ;
- d'une équipe de projet car elle fonctionne autour d'intérêts réciproques dans une logique centrée sur le savoir. L'équipe projet procède suivant une logique client au travers de la réalisation de tâches et la fourniture de livrables ;
- d'un réseau, car elle n'est pas fondée sur un simple ensemble de connexions interpersonnelles mais sur le regroupement volontaire d'individus autour de problématiques qui les préoccupent directement.

Une communauté de pratique peut regrouper des membres d'un même service, de services différents, d'un même établissement ou d'établissements disséminés sur un territoire plus ou moins vaste (départemental, régional, interrégional, national, européen, international).

Les communautés de pratiques sont caractérisées par trois dimensions : l'engagement mutuel, une entreprise commune et un répertoire partagé (Wenger, 1998).

Engagement mutuel

L'engagement mutuel est la source d'une cohérence de la structure sociale de la communauté. Il traduit une volonté d'entraide mutuelle entre les individus du groupe. Cet engagement est fondé sur la complémentarité des compétences, et sur la capacité des individus à lier leurs connaissances à celles des autres.

Entreprise commune

L'entreprise commune est le résultat d'un processus collectif permanent de négociations. Il s'agit autant des objectifs que des règles ou des actions collectives.

Répertoire partagé

Le répertoire partagé est le résultat de l'accumulation de ressources propres à la communauté de pratique. Il permet de favoriser la poursuite des buts à atteindre de telle sorte que les participants puissent :

- apprendre, approfondir et expérimenter ;
- s'approprier collectivement des valeurs requises pour opérer une résolution de problèmes dans un contexte de travail donné et selon des échéanciers.

Au-delà de ces dimensions, il est possible de décrire une communauté de pratique suivant un point de vue analytique :

- le domaine d'intérêt de la communauté ;
- la communauté qui permet de préciser les membres du groupe ;
- la pratique qui assure la description des différentes activités possibles au sein de la communauté.

D'un point de vue organisationnel, les communautés de pratique n'entrent pas dans le cadre habituel de l'organisation hiérarchique de l'entreprise. En réalité elles complètent les structures existantes et favorisent le partage de connaissances, l'apprentissage et l'échange entre des individus issus de directions fonctionnelles différentes et parfois même d'entreprises différentes.

Les communautés de pratique offrent le cadre idéal pour communiquer de manière plus large et pour favoriser l'apprentissage collectif. En d'autres termes, elles sont au cœur des phénomènes de croissance de l'intelligence collective.

3 Système de management des connaissances

Que l'on privilégie la capitalisation ou la collaboration, l'approche suivie se concrétise toujours par la conception et la mise en place d'un système de management des connaissances.

3.1 Définition

Il n'existe pas une définition unique du concept de système de management des connaissances. Quatre approches différentes peuvent être identifiées (Ouni et Dudezert, 2004).

Approche technologie de l'information

Dans cette première approche l'accent est mis sur l'aspect technologique du système de management des connaissances. Celui-ci se définit comme un ensemble d'outils technologiques, excluant l'utilisateur du périmètre du système.

Approche système d'information

Le système de management des connaissances se définit comme un système d'information et non comme un système informatique. Ainsi, dans cette approche, le système de management des connaissances prend en compte le facteur humain dans le processus de gestion et de valorisation des connaissances.

Approche tactique

Cette approche s'intéresse aux aspects organisationnels et culturels du management des connaissances pour la satisfaction des objectifs stratégiques de l'entreprise. Dans ce contexte, le système de management des connaissances peut ne pas reposer sur un système informatique, tout dépend de l'organisation et de la culture de l'entreprise qui font partie intégrante du système.

Approche systémique

Le système de management des connaissances dans cette approche évolue par rapport aux contraintes et objectifs stratégiques de son environnement. Il se décompose ainsi en un ensemble de sous-systèmes dont chacun joue un rôle bien défini.

Dans le cadre de ce chapitre, nous adopterons une approche système d'information, indissociable des aspects processuels et organisationnels.

Suivant cette approche, nous pouvons établir une classification des différents systèmes de management des connaissances à partir de leur vocation (Alavi et Leidner, 2001):

- systèmes de partage de meilleures pratiques au sein de l'organisation;
- systèmes de cartographie de connaissances ou d'expertises pour en faciliter la mobilisation;
- systèmes de support aux réseaux de connaissances pour favoriser le caractère social du partage et de l'acquisition de connaissances entre individus.

À partir de cette classification, nous pouvons donc définir un système de management des connaissances comme étant une plateforme technologique dont la vocation est de soutenir l'ensemble du processus de management des connaissances.

3.2 Caractéristiques

De manière très simplifiée, nous pouvons découper ce processus en deux grands types d'actions:

- la gestion des connaissances existantes;
- la création de nouvelles connaissances qui est l'essence même du processus de management des connaissances.

Du point de vue de l'organisation, cette connaissance est surtout «portée» par les informations d'un côté, contenues généralement dans le système d'information, et les collaborateurs de l'autre.

Au final, nous pouvons identifier les quatre grandes fonctions (figure 3) qu'un système de management des connaissances doit offrir pour jouer pleinement son rôle dans le cadre d'une démarche de management des connaissances (Balmisse, 2005).

Gestion des connaissances explicites

La base de connaissances constitue le cœur de cette fonction dont la vocation est de faciliter:

- l'alimentation de la base de connaissances;
- l'organisation de la base de connaissances;
- l'utilisation du contenu de la base de connaissances.

Découverte de connaissances

Comme son nom l'indique, l'objet de la découverte de connaissances est de faciliter la création de connaissances à partir de l'analyse et de la mise en perspective

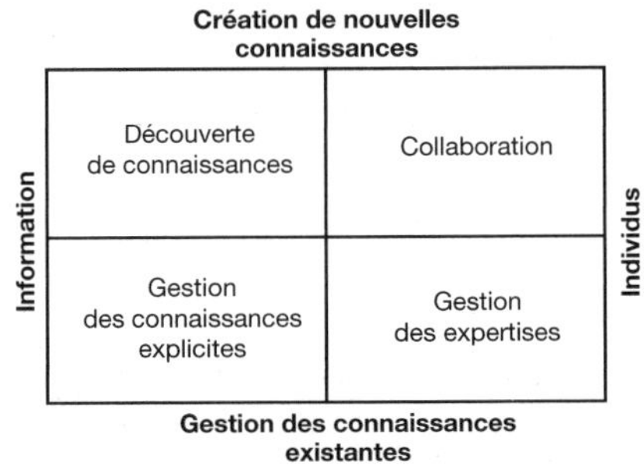

Figure 3 Les quatre fonctions d'un système de management des connaissances

des nombreuses informations inexploitées contenues dans le système d'information.

Pour y parvenir, le système de management des connaissances va largement s'appuyer sur les technologies de *text mining*, dont la vocation est dans ce cadre de faire de l'extraction de connaissances, de la classification automatique et de la visualisation de l'information.

Gestion des expertises

Cette fonction du système de management des connaissances a pour vocation de faciliter la localisation et la mobilisation de l'expertise. Mais attention à ne pas confondre localisation d'expert et localisation d'expertise. Dans le premier cas, il s'agit simplement d'identifier le ou les individus qui possèdent l'expertise recherchée alors que dans le second cas, le système met en relation l'expert et le demandeur et capitalise les échanges pour une éventuelle réutilisation ultérieure par d'autres collaborateurs.

Collaboration

Cette fonction du système de management des connaissances peut être caractérisée par trois éléments distinctifs: la production, la coordination et la communication. Ces trois éléments caractéristiques permettent de définir trois espaces fonctionnels correspondants.

L'espace de production qui comprend les produits, données, sources et résultats des activités du groupe. Il s'agit d'une vue statique.

L'espace de coordination qui définit les acteurs (et notamment les individus, les groupes, les rôles, etc.), identifie les activités et les tâches (et notamment leurs relations temporelles) et désigne les acteurs responsables des tâches et des activités. Il s'agit d'une vue dynamique.

L'espace de communication qui offre aux acteurs du système la possibilité d'échanger de l'information: c'est le support des échanges.

3.3 Rôle des outils informatiques

Pour comprendre le rôle des outils informatiques dans le cadre du management des connaissances, nous allons considérer la connaissance du point de vue de sa dimension hiérarchique qui permet de faire une distinction entre information et connaissance.

Suivant ce point de vue, une information n'est pas une connaissance mais elle peut en devenir une si elle est comprise et assimilée par un individu. En d'autres termes, le passage de l'information à la connaissance se fait obligatoirement par un vecteur qui est l'individu.

Plus précisément, la connaissance peut être considérée comme le résultat de l'interprétation d'une information dans un référentiel (Ermine, 2000). Celui-ci est constitué de la sémantique que l'individu attache à cette information et du contexte dans lequel est intégrée l'information.

On peut donc considérer que la connaissance possède une forme et un sens, le tout dans un contexte donné. Il faut noter que ce référentiel est fortement dépendant des connaissances déjà acquises par l'individu.

La partie visible de la connaissance se présente donc sous la forme d'une information. Et c'est sous cette forme qu'elle est transmise.

L'information est le support du transfert des connaissances entre individus (figure 4).

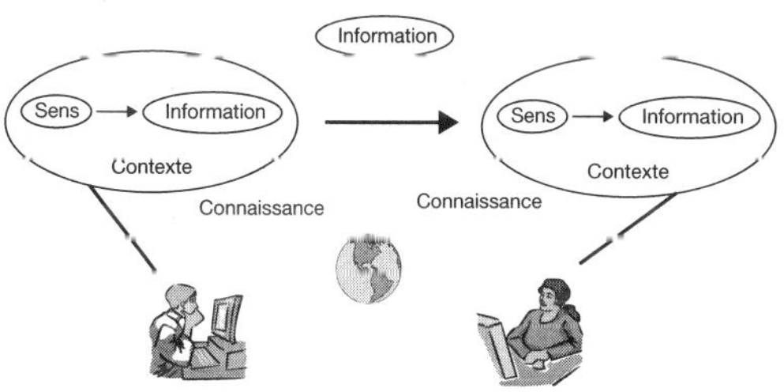

Figure 4 L'information, support du transfert des connaissances

Ainsi, les systèmes informatiques qui ont pour vocation de manipuler des informations peuvent être considérés comme de bons vecteurs de transfert des connaissances au sein de l'entreprise. Ces connaissances sont donc véhiculées sous leur forme explicite.

Au final, on ne peut pas dire qu'un outil informatique peut gérer de la connaissance, il ne peut que gérer sa partie explicite et visible, l'information. En d'autres termes, il est impropre de parler de gestion des connaissances. Par «gestion», il faut comprendre tout ce qui peut amener à créer de «bonnes conditions» pour faciliter la capitalisation, le transfert et le partage des connaissances au sein de l'organisation.

3.4 Outil de management des connaissances

D'après ce que nous venons de voir, un outil informatique ne peut manipuler que des informations. Quelle est alors la différence entre un outil de gestion de l'information et un outil de management des connaissances ?

Pour répondre à cette question, il faut à nouveau considérer le modèle hiérarchique de la connaissance (figure 5).

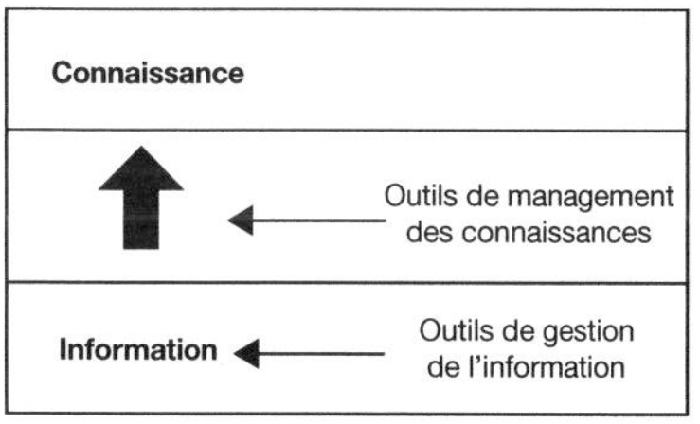

Figure 5 Outils de management des connaissances et de gestion de l'information

Ainsi, alors que les outils de gestion de l'information se préoccupent de l'information et de leur bonne diffusion, les outils de management des connaissances vont s'atteler à faciliter l'assimilation et la compréhension des informations par les individus pour les transformer en connaissances.

C'est bien l'individu et la place qu'il occupe dans la démarche qui différencie en premier lieu le management des connaissances de la gestion de l'information. Alors que la gestion de l'information va surtout se préoccuper de l'infrastructure, le management des connaissances va quant à lui s'intéresser aux hommes, à leurs attentes et à la place qu'ils vont pouvoir jouer dans le partage des savoirs au sein de l'entreprise.

Nous pouvons donc définir un outil de management des connaissances comme étant un outil informatique dont la vocation est de faciliter l'apprentissage en continu des individus.

Pour y arriver, un outil de management des connaissances doit répondre à quatre exigences (Balmisse, 2005) décrites ci-après.

Faciliter la mise en contexte de l'information

Une information est d'autant plus vite assimilée qu'elle est présentée dans un contexte proche de celui que l'individu connaît bien.

Pour faciliter la mise en contexte de l'information, il est impératif d'attacher à celle-ci des métadonnées décrivant son contexte dès son intégration dans l'outil de management des connaissances.

Nous savons aujourd'hui que les systèmes qui offrent les meilleures performances sont ceux qui utilisent des représentations conceptuelles plus ou moins structurées de la connaissance de manière à pouvoir organiser l'information et comprendre les relations qui peuvent exister entre elles, leur contexte.

Ces systèmes d'organisation des connaissances reposent sur le concept général de réseau sémantique.

Du point de vue informatique, un réseau sémantique est un graphe orienté constitué de nœuds reliés entre eux par des arcs orientés et pondérés. Les nœuds représentent des concepts et les arcs des relations d'ordre sémantique entre ces concepts.

En pratique, les réseaux sémantiques permettent de représenter un domaine à l'aide de concepts reliés entre eux par diverses relations: «est une sorte de», «est une partie de», «est un concept associé à», etc.

C'est la manière dont sont orientés et pondérés les arcs qui va permettre au réseau sémantique de définir un modèle de représentation de connaissances spécifique: une taxonomie, un thésaurus ou une ontologie[1].

Diffuser de manière intelligente l'information

Nous venons de le voir, la vocation d'un outil de management des connaissances n'est pas de procéder à une simple diffusion de l'information sans se soucier de l'utilisation que les collaborateurs en feront. Bien au contraire, sa vocation est de faciliter la compréhension de l'information pour pouvoir être utilisée par les collaborateurs.

La diffusion de l'information peut être abordée suivant trois points de vue: l'utilisateur, le contenu et le temps (cf. tableau 1).

1. Cette approche, résolument pratique et pédagogique, peut légitimement être discutée d'un point de vue théorique.

Pour être en mesure de répondre à l'ensemble des besoins des collaborateurs, un outil de management des connaissances doit offrir ces différents types de diffusion de manière à proposer une diffusion personnalisée. Par ailleurs, il doit être possible d'utiliser différentes combinaisons des modes de diffusion en fonction des besoins.

Faciliter les interactions sociales entre les individus

La communication directe est un acte naturel par lequel les individus transmettent leurs savoirs, en créent de nouveaux et apprennent. Il est donc nécessaire qu'un outil de management des connaissances puisse soutenir et favoriser ces interactions sociales.

Mais il ne s'agit pas d'offrir des fonctionnalités de travail collaboratif traditionnelles, c'est-à-dire des fonctionnalités qui permettent à des groupes d'individus de se regrouper autour d'un objectif précis, généralement la réalisation d'un projet. Il s'agit en réalité de soutenir la volonté des individus de se rassembler spontanément pour interagir entre eux.

Pour cette raison, un outil de management des connaissances doit idéalement:

- prendre en charge des interactions, synchrones ou asynchrones, entre des individus ou des communautés;
- offrir la possibilité aux individus et aux communautés d'évaluer les contributions de pairs;
- supporter la gestion des réseaux sociaux: représentation, utilisation et développement.

Utilisateur	
Pull	*Push*
L'utilisateur est à l'origine de la demande et accède uniquement à l'information qu'il a sollicitée. L'utilisateur n'est pas «pollué» par l'envoi d'informations non sollicitées.	L'utilisateur n'a pas besoin d'aller à l'information, c'est l'information qui vient à lui. La diffusion «Push» se fait au travers d'un système de notification qui s'intègre à l'environnement de l'utilisateur, généralement au travers de sa messagerie électronique.
Contenu	
Contenu général	*Contenu ciblé*
La diffusion de l'information se fait dans son intégralité. Ainsi, si l'information utile n'est contenue que dans un paragraphe d'un long document, celui-ci sera transmis à l'utilisateur dans son intégralité. Ce type de diffusion est très utilisé dans les systèmes documentaires.	Seule l'information effectivement recherchée est présentée. Le système doit ainsi réaliser une extraction de l'information dans le contenu d'un document qui peut être important. Il peut également s'agir d'une synthèse de différentes informations disséminées dans plusieurs sources.
Temps	
Just-in-case	*Just-in-time*
Il s'agit de diffuser une information qui intéresse potentiellement l'utilisateur mais pas forcément au moment précis où il la reçoit. Celle-ci lui sera peut-être utile ultérieurement.	Le principe est simple: diffuser l'information au moment où l'utilisateur en a besoin et uniquement à ce moment-là.

Tableau 1 Les différents modes de diffusion de l'information

Fournir une interface utilisateur soignée

L'interface utilisateur établit un lien direct entre l'utilisateur final et l'outil de management des connaissances. Elle en représente la seule partie visible et doit ainsi faire l'objet de toutes les attentions. Une mauvaise interface utilisateur peut provoquer le rejet de la part des collaborateurs, leur frustration, voire leur anxiété, face à l'outil de management des connaissances qu'ils ont à utiliser. Inversement, une bonne interface utilisateur amplifie les sensations positives de succès et de contrôle.

La confiance que l'utilisateur place dans un outil informatique est souvent fragile. Aussi, garantir un bon degré de fiabilité lors des interactions avec l'interface utilisateur est primordial. En d'autres termes, les interactions offertes par une bonne interface utilisateur doivent contribuer à augmenter la confiance de l'utilisateur : fonctionnement sans erreurs, organisation fonctionnelle claire et cohérente, stabilité dans le temps, etc.

Plus précisément, pour être efficace, l'interface utilisateur d'un outil de management des connaissances doit être ergonomique et conviviale, c'est-à-dire répondre à deux contraintes principales :

- permettre la réalisation des tâches prévues ;
- minimiser l'effort de formation à l'utilisation de l'outil.

Au final, une interface utilisateur efficace est une interface que l'utilisateur ne remarque pas ! Mais c'est également une interface qui facilite l'assimilation de l'information par l'utilisateur et qui facilite son apprentissage. De ce point de vue, les technologies de visualisation de l'information et de cartographie sémantique en particulier jouent un rôle important.

4 Mise en œuvre

4.1 Enjeux

Quelles que soient les spécificités de chaque organisation, la mise en œuvre d'un système de management des connaissances doit répondre à deux grands types d'enjeux.

Enjeux techniques

L'hétérogénéité des systèmes d'informations présents dans une organisation et la nature fédératrice d'un système de management des connaissances imposent très souvent des choix de technologies et d'architecture technique très complexes.

L'interopérabilité du système de management des connaissances avec les autres systèmes d'information est un objectif majeur qui ne peut être atteint qu'avec l'aide d'une organisation et d'une gestion de projet informatique soutenues par la direction des systèmes d'information. Celle-ci est un acteur très important du projet de management des connaissances, mais elle ne doit en aucun cas prendre la tête du projet tout entier. Si tel était le cas, le risque majeur serait de voir les enjeux informatiques occulter les aspects organisationnels et managériaux.

Enjeux organisationnels et managériaux

La mise en place d'un système de management des connaissances engendre une profonde remise en cause des modes de travail, de l'organisation et même des collaborateurs. Ces changements engendrent un certain nombre d'obstacles et de résistances qu'il est primordial d'identifier et de maîtriser pour être en mesure de mener à son terme le projet dans les meilleures conditions.

De ce fait, l'accompagnement du changement revêt une importance capitale et doit mobiliser l'essentiel des énergies des différents acteurs impliqués dans le projet. Si les collaborateurs ne s'approprient pas le nouveau système de management des connaissances, le projet se soldera inévitablement par un échec.

L'accompagnement du changement doit prendre en compte la nouveauté du travail en réseau en préparant les individus à cette collaboration virtuelle « manager-managé » : il s'agit de développer une culture du partage différente du passé. Dans la plupart des cas cet accompagnement, structuré et formel, repose sur trois aspects :

- une communication portant sur la culture d'entreprise et l'impact des outils de management des connaissances ;
- une formation qui porte sur les outils et leur utilisation ;
- un suivi, un recueil des réactions et des réajustements.

4.2 Démarche

La mise en œuvre d'un système de management des connaissances s'inscrit dans une démarche générale composée de quatre étapes.

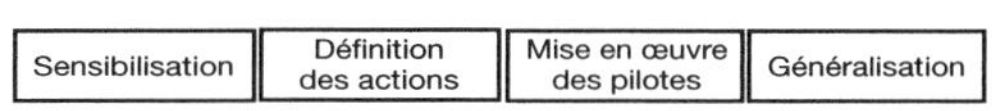

Figure 6 Démarche de management des connaissances

Cette démarche définit ce que nous pouvons appeler une politique de management des connaissances, c'est-à-dire une approche macroscopique de la problématique du management des connaissances au niveau même de l'organisation. Il s'agit de gérer les connaissances de l'organisation tout entière en procédant par étape et de manière progressive notamment au travers de projets pilotes.

Au-delà de leurs missions que nous pouvons qualifier de vitrine pour l'ensemble de l'organisation et de «démontrabilité du bien fondé de la démarche», ces projets pilotes ont pour vocation de traiter des besoins opérationnels spécifiques de management des connaissances. Ces pilotes doivent donc se concrétiser par la mise en place d'un système de management des connaissances répondant à ces besoins opérationnels tout en respectant les orientations de la stratégie et les besoins de l'ensemble de l'organisation.

Mais sur le terrain, la réalité n'est pas tout à fait conforme à cette description. En effet, les organisations qui s'engagent sur la voie de la définition d'une véritable politique de management des connaissances ne sont pas majoritaires.

Dans les faits, le management des connaissances n'est pas abordé d'une manière globale à l'organisation mais plutôt par le biais de besoins fonctionnels généralement localisés. Ceci donne alors lieu à ce que nous pouvons nommer des «projets de management des connaissances» dont la vocation principale est de mettre en place un système répondant exclusivement aux exigences spécifiques des besoins fonctionnels à leur origine.

Même si ce n'est que très rarement le cas, ces projets de management des connaissances doivent être conçus et mis en perspective par rapport aux besoins en matière de management des connaissances de l'ensemble de l'organisation. Ceci se traduit notamment par le fait que les systèmes ainsi élaborés dans le cadre de projet de management des connaissances doivent être conçus dans la mesure du possible en se projetant dans le temps et l'espace pour imaginer ce que pourrait être le système pouvant satisfaire les besoins de l'organisation tout entière.

D'un point de vue macroscopique, la démarche de mise en œuvre d'un système de management des connaissances ne diffère pas radicalement de la conduite de tout autre projet (figure 7).

Les spécificités de la mise en œuvre d'un tel système résident dans la prise en compte des facteurs clés de succès.

4.3 Facteurs clés de succès

Le succès d'un système de management des connaissances se mesure à l'alimentation de son contenu dans la mesure où celui-ci se forme avec la contribution volontaire et individuelle de ses membres. Son usage s'évalue en fonction de son utilisation – consultation et réutilisation des contributions –, de son alimentation et de sa mise à jour.

Les comportements de contribution des collaborateurs sont caractérisés par trois types d'éléments (organisationnels, techniques et individuels) qui définissent

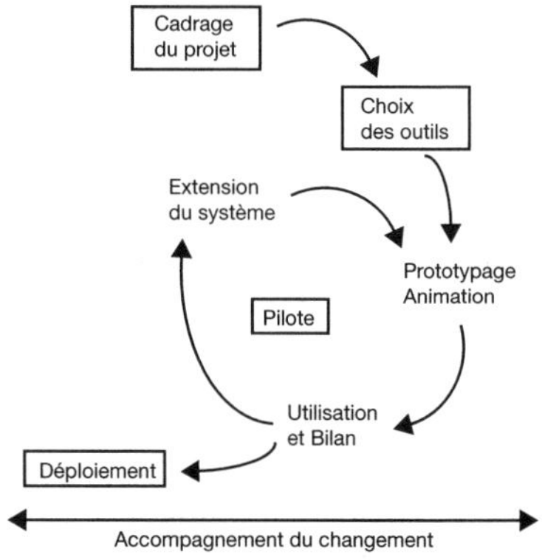

Figure 7 Démarche de mise en œuvre

trois types de facteurs de succès (Bourdon, Vitari et Ravarini, 2003):

- *facteurs techniques*:
  - la démontrabilité, qui mesure l'observabilité par autrui des résultats de l'adoption du système de management des connaissances,
  - les conséquences individuelles et organisationnelles, qui soulignent le fait que les collaborateurs feront vivre la plateforme si elle leur apporte des bénéfices à l'usage,
  - la facilité de contribution.
- *facteurs organisationnels*:
  - la présence d'une culture organisationnelle du partage qui facilite l'adoption d'un système de management des connaissances,
  - l'influence sociale, qui met en évidence l'impact de la direction, du management et le comportement des collègues de travail sur les comportements individuels d'usage d'un système de management des connaissances,
  - l'existence de conditions facilitatrices (structure organisationnelle, temps de mise à disposition pour la contribution, incitations diverses au partage, etc.),
  - l'existence et la reconnaissance d'appartenance à une communauté de pratique.
- *facteurs individuels*:
  - les variables démographiques telles que l'âge, le sexe, le niveau de formation, le niveau hiérarchique, le nombre d'années dans l'entreprise, le nombre d'années dans la fonction, la fonction occupée peuvent influencer les comportements de contribution,
  - l'attitude face à la contribution.

Dans ces différents critères, les facteurs humains et organisationnels sont prépondérants et confirment l'importance des facteurs culturels dans le développement du management des connaissances.

5 Conclusion

À la lumière de l'histoire et de l'évolution du management des connaissances au cours des dix dernières années, nous pouvons remarquer que la maturité des entreprises en matière de management des connaissances coïncide avec une meilleure compréhension des concepts.

Ainsi, après une brève phase d'engouement, les entreprises commencent à passer d'une problématique d'innovation radicale à une problématique plus « classique » d'optimisation de la gestion de l'information et des connaissances ancrée sur la performance opérationnelle.

Signe d'une plus grande maturité des entreprises face à la ressource connaissance, ces projets répondent à des besoins très variés : fédération de réseaux d'experts, mise en place de bases documentaires métiers, installation d'outils d'accès à l'information, mise en place de portails communautaires, etc.

Le management des connaissances devient très appliqué : il sert la performance et l'évolution de l'entreprise. Le contexte économique actuel favorise bien entendu une approche pragmatique du sujet.

En parallèle, et face à l'échec relatif des approches uniquement orientées outils et ruptures stratégiques, les entreprises commencent à se préoccuper des communautés et des réseaux d'individus qui créent et utilisent ces informations.

Ceci s'est récemment traduit par la création et la mise en œuvre de plus en plus fréquentes de communautés de pratique au sein des organisations. Cette approche met résolument l'accent sur la nature relationnelle, sociale et humaine de la connaissance qui avait été jusqu'ici négligée dans les premières expériences de management des connaissances.

Les dernières enquêtes sur les différentes approches du management des connaissances montrent que la création de communautés de pratiques interentreprises et intraentreprises et plus généralement le développement de la collaboration est devenue une priorité, voire une orientation de fond.

Bibliographie

Alavi M. et Leidner D. (2001), "Knowledge Management Systems: Emerging views and practices from the field», *Proceedings of the XXXIIIth Hawaii International Conference on Systems Sciences.*

Balmisse G. (2005), *Guide des outils du knowledge management, Panorama, choix et mise en œuvre*, Paris, Éditions Vuibert, Coll. «Entreprendre Informatique».

Blacker F. (1995), "Knowledge, Knowledge Work and Organizations: An Overview and Interpretation", *Organisations Studies*, Volume 16, n° 6, p. 1021-1046.

Bourdon I., Vitari C. et Ravarini A. (2003), «Les facteurs clés de succès des Systèmes de Gestion des Connaissances : proposition d'un modèle explicatif», article publié sur le site du 8e colloque de l'AIM : http://www.aim2003.iut2.upmf-grenoble.fr/.

Charlot J-M., Lancini A.(2002), «De la connaissance aux systèmes d'information supports», chapitre 8, dans *Faire de la recherche en systèmes d'information*, coordonné par Rowe F., Éditions Vuibert.

Davenport, T. and Prusak, L. (1998), *Working Knowledge: How organisations manage what they know*, Harvard Business School Press.

Drucker P., (1993), *Au-delà du Capitalisme, La métamorphose de cette fin de siècle*, Paris, Dunod.

Earl M. (2001), "Knowledge management strategies: toward a taxonomy", *Journal of Management Information Systems*, Volume 18, n° 1, p. 215-233.

Ermine J.-L. (2000). *Les systèmes de connaissances : 2e édition revue et augmentée*, Paris, Éditions Hermès.

Grant R.M. (1996), "Toward a Knowledge-Based Theory of The Firm", *Strategic Management Journal*, Volume 17, winter special issue, p. 109-122.

Grundstein M. (1996), "La capitalisation des connaissances de l'entreprise, une problématique de management.", Actes des 5es rencontres du programme MCX, Complexité : la stratégie de la relance, Aix-en-Provence, 4-5 juillet 1996.

Nonaka I. (1991), "The Knowledge Creating Company", *Harvard Business Review*, Volume 69, n° 6, p. 96-104.

Nonaka I. Takeuchi H. (1995), *The Knowledge Creating Company*, New York, The Oxford University Press.

Nonaka I. & Konno N. (1998), "The Concept of Ba : Building for Knowledge Creation", *California Management Review*, Volume 40, n° 3, Spring.

Ouni A. Dudezert A. (2004), «État de l'art des approches de définition du Système de Gestion des Connaissances», article publié sur le site du 9e colloque de l'AIM : www.aim2004.int-evry.fr.

Penrose E.T. (1959), *Theory of the growth of the firm*, New York, Wiley and Sons, Inc.

Quintas, P., Lefrere, P. and Jones, G. (1997), "Knowledge Management: a Strategic Agenda", *Long Range Planning*, Volume 30, n° 3, June, p. 385-391.

Snowden D. (2002), "Complex Acts of Knowing: Paradox and Descriptive Self-awarenes", *Special Issue of the Journal of Gestion des connaissances* – Volume 6, n° 2, May.

Spender J.C., (1996), Making knowledge the basis of a dynamic theory of the firm, *Strategic Management Journal*, Volume 17, p. 45-62.

Wenger E. (1998), "Communities of practice: learning as a social system", *The Systems Thinker*, Volume 9, n° 5.

Wenger E., McDermott R. et Snyder W.M. (2002), *Cultivating Comunities of Practice: A Guide to Managig Knowledge*, Boston, Harvard Business School Press.

La dimension humaine des systèmes d'information

Coordination : François Silva

Introduction

François Silva

Comme toutes les autres fonctions dans les grandes entreprises, les nouvelles technologies de l'information et de la communication (NTIC) ont permis de réorganiser la fonction ressources humaines (RH). La paye constituait jusque dans les années quatre-vingt-dix le logiciel majeur pour la fonction RH. Cette dernière était composée en grande partie (de 50 à 80%) d'un traitement administratif des documents personnels concernant les salariés et du traitement de la paye. Dans les PME, cette part reste essentielle pour ne pas dire souvent la seule activité de la fonction RH. L'informatique a permis d'automatiser des tâches administratives routinières et reproduites à l'infini qui jusqu'alors étaient effectuées par des employé(e)s, situation qui s'applique à toutes les fonctions administratives. Les NTIC ont permis des gains de productivité considérable avec la mise en réseau et le partage de différentes bases de données.

Ainsi cela a permis de redéployer des personnes vers un travail d'accompagnement plus individuel des salariés. Les informations sont disponibles et modifiables en temps réel et à tout moment. Les grandes entreprises, qui sont de plus en plus dans des logiques mondiales, ont la nécessité de s'appuyer sur des politiques RH cohérentes entre leurs différentes entités. C'est ainsi que sont apparus un certain nombre d'outils communs (référentiels métiers/compétences, entretiens annuels, etc.). Les NTIC ont permis à la fonction RH de développer un double processus: instrumentation et professionnalisation. Elle s'est instrumentée par des outils et des méthodes communs aux différentes entités d'une même entreprise. La fonction RH s'appuie sur ces outils pour se professionnaliser. En effet, il est nécessaire, suivant les contextes, de les adapter et de les faire évoluer en ayant l'intelligence des situations et selon l'intérêt de tels ou tels outils/méthodes.

De plus, les NTIC permettent maintenant de s'appuyer sur des données concernant les salariés (effectifs, masse salariale) qui peuvent être ensuite croisées avec d'autres informations provenant de données marketing, financières, etc.

C'est ainsi qu'en une vingtaine d'années, le cœur de «métier» de la fonction RH dans les grandes entreprises a évolué d'une dimension administrative à une fonction d'accompagnement des ressources humaines et du management pour offrir davantage de services aux salariés, aux managers et à la direction générale.

L'évolution de la fonction

Nous allons décrire les différentes missions de la fonction RH, telles qu'elles sont apparues dans le temps.

La paie et l'administration du personnel

C'est la mission de base de la fonction RH (Forbonne 2001, Galambaud, 2002). L'objectif était en premier lieu d'établir le contrat de travail et de conserver l'ensemble du parcours professionnel du salarié dans l'entreprise, au sein de son dossier individuel. Le second objectif fut d'établir pour chaque salarié sa fiche de paye dans des délais qui furent progressivement établis mensuellement. Ces deux objectifs nécessitèrent, à partir des années soixante, une gestion qui se complexifia dans le temps avec le développement des différents prélèvements sociaux. Heureusement pour les services paye, l'arrivée de l'informatique avec le développement de logiciels dédiés automatisa un certain nombre de tâches, permettant ainsi des gains de productivité importants. Bien évidemment le recrutement des salariés, communément appelé «embauche», se faisait sur des critères souvent plus liés au profil physique (le travail dans l'atelier étant une activité manuelle). Mais une dimension à ne pas sous-estimer dans l'embauche d'un candidat concernait la connaissance du passé du candidat afin d'éviter l'embauche d'un «agitateur». En effet, jusqu'en 1968, les syndicats n'étaient pas reconnus dans les entreprises. Les relations sociales correspondaient à des rapports de force dans lesquels la surveillance des salariés

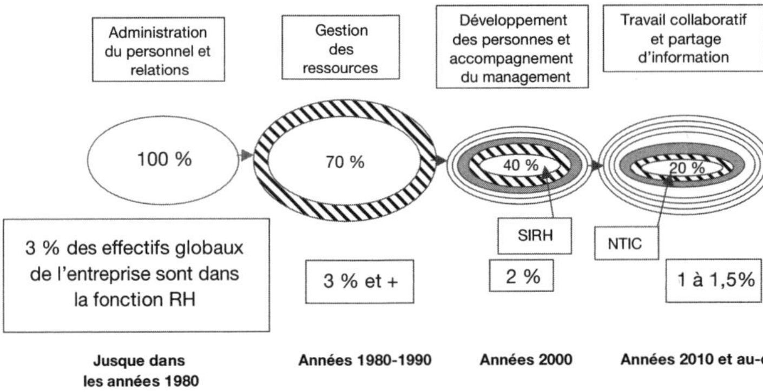

Les missions de la fonction RH

pouvait aller jusqu'au «flicage». Ce fut une des raisons pour lesquelles beaucoup d'entreprises recrutaient d'anciens gendarmes ou policiers pour remplir la fonction de chef du personnel.

La gestion des ressources humaines

La fin des trente glorieuses correspond à une mutation de nos économies développées. En effet, elles se sont transformées en une vingtaine d'années d'un monde industriel où produire constituait l'élément moteur à une société de services s'appuyant sur les NTIC. D'un côté, la transformation de la matière par la force de travail du salarié ayant acquis son savoir-faire dans l'atelier. De l'autre des diplômés maîtrisant un certain nombre de logiciels et de bases de données leur permettant de manipuler les symboles qui constituent l'information. Les entreprises ont dû lancer des plans de formation importants pour accompagner cette mutation d'un monde du travail, au sein duquel l'ouvrier est devenu marginal et souvent complètement absent. C'est ainsi que la gestion des ressources humaines s'est progressivement imposée en développant des plans de formation, afin de permettre cette élévation des compétences dont les entreprises ont besoin. Ainsi il y a trente ans, plus de deux tiers des salariés ne possédaient aucun diplôme; ils ne sont plus aujourd'hui qu'un quart. Parallèlement au développement de la formation continue, la fonction ressources humaines a développé d'autres missions (Peretti 2001 et 2006). Ainsi, l'embauche est devenue un recrutement qui implique de définir le profil du poste en le comparant aux différents candidats afin de trouver le «mouton à cinq pattes» (le candidat idéal mais introuvable). D'autre part, il a été nécessaire de faire évoluer des salariés vers d'autres fonctions et de mettre en place une politique de mobilité. Il a fallu aussi développer des supports de communication pour informer les salariés. Le monde de l'entreprise a changé et la fonction RH s'est progressivement développée en s'appuyant sur un certain nombre d'outils.

La gestion des personnes

Le niveau de compétence s'est de plus en plus relevé, c'est-à-dire que les salariés recrutés ont un niveau de formation de plus en plus élevé. Dans les grandes entreprises, les salariés diplômés (bac + 2 minimum) sont majoritaires. Dans les entreprises œuvrant dans les nouvelles technologies, la totalité des salariés ont au minimum un niveau bac + 2. En France, la majorité de ces diplômés ont le statut de cadre, mais beaucoup n'ont aucune fonction d'encadrement. Ainsi dans la banque et l'assurance, le pourcentage des cadres était de 28% il y a dix ans, et 39% aujourd'hui. La dynamique de l'entreprise réside dans sa capacité à faire surgir l'innovation chez ses salariés. Ce sont donc leurs compétences qui intéressent les entreprises. Et la question cruciale concerne donc la capacité de l'entreprise à maintenir un haut niveau de compétence. Mais l'entreprise doit également veiller à garder les meilleurs en leur proposant des conditions de rémunération, de formation, d'organisation du travail attractives. Pour réaliser cet objectif, il va être nécessaire de déployer un travail d'accompagnement individualisé dont une part importante passe par l'encadrement de proximité. C'est donc à la fonction RH de coordonner cela en sachant développer des services personnalisés. Cette évolution correspond à une individualisation des objectifs des salariés, de leur temps de travail, et *in fine* de leur rémunération. Cette gestion des personnes contribue de façon importante à la motivation des salariés (Thévenet, 2001).

Le travail collaboratif par projet d'équipes virtuelles et l'information

Les NTIC permettent à des personnes éloignées physiquement de pouvoir travailler ensemble en partageant les mêmes informations, les mêmes documents. Cet échange en temps réel permet des gains de temps considérables pour beaucoup d'activités, en premier lieu la conception mais plus généralement les fonctions du tertiaire. Beaucoup peut être fait à distance et dans les entreprises high-tech, le responsable hiérarchique peut lui aussi être distant. Ainsi, un manager peut encadrer une équipe disséminée aux quatre coins du monde. Pour pouvoir effectuer un accompagnement individuel sans générer de problèmes, la fonction RH va développer une activité de proximité, le RRH (responsable des ressources humaines), qui suivra au quotidien une population, limitée en nombre, pour répondre aux questions touchant au quotidien de chacun.

Une autre dimension importante liée aux NTIC concerne la mise à disposition de l'information (Silva, 2006). Ces informations ont plusieurs fonctions et sont de plusieurs types : évolution des connaissances et des compétences, informations relatives à l'activité, informations d'actualité. La difficulté découle donc de la nécessité de les réguler et de les organiser. En effet, face à l'abondance d'information, il est nécessaire qu'un travail de tri, de synthèse, de collecte soit effectué en amont. Enfin, dans un contexte d'évolution permanente, la fonction RH a une influence de plus en plus marquée sur les questions d'organisation, au détriment de la direction des méthodes et des systèmes d'information. Si ces derniers sont un support technique, on confie de plus en plus à la fonction RH une tâche d'accompagnement des hommes et des femmes dans leur évolution, à la fois personnelle et organisationnelle. Il est donc nécessaire de savoir anticiper ou tout au moins réagir. Ainsi, l'organisation du travail a pour objectif le développement pour les salariés de leur employabilité la plus large possible.

Bien évidemment, à chaque fois, il est important de prendre en compte le contexte ; une entreprise, suivant l'activité qu'elle développe, privilégiera telles ou telles missions. Il ne faut pas oublier que la paye est la base de la fonction RH. Enfin, chacune de ces quatre missions s'intègre avec les autres. Ainsi, une PME dans le high-tech devra gérer la dimension administrative mais devra aussi faire évoluer les compétences de ses salariés et donc proposer un accompagnement individuel. Le développement des NTIC a conduit, à la fin des années quatre-vingt-dix, à développer deux fonctions RH : celle des grands groupes dans des logiques internationales et celle des PME. Ces grands groupes ont progressivement développé des systèmes d'information pour chacune des fonctions de l'entreprise. Mais les coûts, en particulier de mise en place, étaient si importants qu'ils ne pouvaient concerner que des grands groupes. C'est ainsi que les systèmes d'information concernant les ressources humaines (SIRH) restèrent limités aux grandes entreprises avec les gains de productivité et le développement d'une fonction RH tournée vers le service et l'accompagnement individuel. Aujourd'hui quelques éditeurs se partagent en France le marché des progiciels de gestion intégrés (PGI) dédiés aux RH pour les grands groupes internationaux : HR Access, SAP et Oracle (qui vient d'absorber PeopleSoft). En revanche, depuis quelques années, les PME deviennent un marché prometteur car les technologies Internet permettent maintenant pour des coûts moindres de pouvoir utiliser des informations RH. Ainsi, les logiciels de paye qui constituaient le cœur de l'informatique RH intègrent progressivement d'autres fonctions RH (formation, recrutement, entretiens annuels, masse salariale, etc.). Les entreprises petites et moyennes peuvent désormais bénéficier de ces avancées technologiques pour mettre en place de « mini-SIRH » pour gérer leurs salariés.

Présentation de la section

Cette section dédiée à la dimension humaine des systèmes d'information va permettre de décrire et de comprendre les mutations que cette fonction ressources humaines est en train de vivre, mutations pour lesquelles les nouvelles technologies jouent un élément central et essentiel.

- « Évolution des métiers de l'informatique » : Ce chapitre fait le panorama des métiers actuels de l'informatique et de leurs évolutions, liées bien évidemment aux nouvelles technologies, en particulier au développement des technologies Internet. Il présente, d'autre part, une typologie des différents métiers de l'informatique à partir d'une analyse des compétences, des contextes et du développement des nouvelles technologies.
- « Conduire le changement lors de la mise en œuvre d'un système d'information pour les ressources humaines » : Le thème du changement constitue une dimension majeure dans les nouvelles technologies, car leur mise en place entraîne une remise en question régulière des conditions de travail. Ainsi, les organisations vivent aujourd'hui sous le mode du changement constant. Ce sont évidemment les hommes qui y sont confrontés. Certains sont en situation d'être moteur de ces changements, quand au contraire d'autres en sont les freins. Tout cela demande méthodes et accompagnement.
- « NTIC : au-delà de la révolution du travail, quelle place pour l'homme ? » : la fonction RH s'appuie maintenant sur les nouvelles technologies. Ce sont des outils qui permettent à chacun dans l'entreprise de transmettre ou d'utiliser des informations personnelles et plus généralement des informations ad-

ministratives. Ainsi les salariés comme les managers ont la possibilité d'utiliser des informations en libre service. La fonction RH, en automatisant un certain nombre de ses tâches administratives, peut ainsi se redéployer vers des activités à valeur ajoutée (accompagnement personnalisé, conseils, analyse de données, etc.).

- «Les DRH face au défi informationnel» : Quelles nouvelles pratiques les nouvelles technologies sont-elles en train d'induire dans la fonction RH ? Les salariés, comme le management de proximité ou les responsables d'entreprise utilisent ces outils pour collecter ou diffuser des informations que chacun pourra ensuite analyser et utiliser. Les tableaux de bord sont en train de se développer et permettent ainsi d'avoir une connaissance en temps réel de la situation des ressources humaines d'une entreprise et de croiser ces données avec d'autres informations.
- «La formation à l'heure du e-learning» : Les nouvelles technologies sont en train de transformer les pratiques de la formation, la fois par les gains en temps et la réduction des coûts et par leur facilité d'utilisation et d'adaptation au mode de fonctionnement et à la disponibilité des salariés. Néanmoins, ces démarches ont aussi leurs limites car elles sont difficilement utilisables pour les formations concernant le management, les comportements et les relations interpersonnelles. De même, les aspects culturels et organisationnels constituent encore et trop souvent des freins à la pleine adoption du e-learning
- «Outils et informations pour l'utilisateur final: libre-service et poste de travail» : En ce début de XXIe siècle, la mondialisation de notre société économique entraîne une transformation radicale de ses modes d'organisation économique et sociale. Cela remet en question la place de l'homme en tant qu'agent de production : son rôle vis-à-vis de l'entreprise, la manière de le manager, la manière de le gérer. Fini le temps du salariat roi où une personne déroulait sa carrière dans une même entreprise, dans un même lieu, avec une politique statutaire identique (convention de branche, temps de travail, avantages non salariaux, etc.). L'entreprise se déstructure, le travail se flexibilise, se délocalise, se dématérialise, s'individualise et se décline en compétences clés. C'est dans ce contexte que la fonction RH se situe au cœur de ces mutations, pour faire évoluer les compétences des salariés et leur permettre de développer leur employabilité.
- «Les impacts de l'informatique sur les métiers et les compétences» : les technologies de l'information et de la communication (TIC) transforment-elles les métiers et les compétences? L'impact de l'informatique sur les métiers et les compétences n'est pas univoque. Il s'exerce par la médiation d'autres facteurs : l'organisation du travail, les relations de travail, la gestion des ressources humaines, le contexte économique, l'éducation et la formation. C'est la convergence des changements technologiques et des changements organisationnels qui transforme les qualifications et les compétences. Beaucoup de métiers ont ainsi fortement évolué pour se recentrer vers des tâches leur apportant de la valeur ajoutée.

Bibliographie

Allouche, José (coordinateur) (2003), *Encyclopédie des ressources humaines*, Vuibert.
Castells, Manuel (1998), *La société en réseaux*, 3 tomes, Fayard.
Forbonne, Jean (2001), *Personnel et DRH*, Vuibert.
Galambaud, Bernard (2002), *Si la GRH était de la gestion*, Éditions Liaisons.
Martory, Bernard (2004), *Tableaux de bord sociaux*, Éditions Liaisons.
Peretti, Jean-Marie (2001), *Ressources humaines*, Vuibert, 6e édition.
Peretti, Jean-Marie (coordinateur) (2006), *Tous DRH*, Vuibert, 3e édition.
Silva, François (2006), *Devenir e-DRH*, Éditions Liaisons, 2e édition remaniée.
Thévenet, Maurice (2001), *Le plaisir de travailler*, Éditions d'Organisation.
Ulrich, Dave (1996), *Human Resource Champions*, Harvard Business Press School Press.

Évolution des métiers de l'informatique

Frédéric Lau

Mots-clés : compétences, métier, GRH, informatique.

Résumé : à partir d'une analyse de l'évolution de l'informatique qui devient progressivement système d'information, des compétences apparaissent et font évoluer les métiers de l'informatique. Actuellement, ces évolutions sont bien évidemment liées aux nouvelles technologies et en particulier au développement d'Internet.

L'arrivée de l'informatique dans les entreprises a généré un nouveau métier, informaticien. Nous allons dans cet article décrire la façon dont ces technologies en se complexifiant progressivement, ont développé de nouvelles qualifications et compétences. Ainsi, de la collecte au tri des informations, de leurs mises en mémoire à leurs stockages, de leurs transmissions à leurs traitements, du développement de programmes et de logiciels à leurs mises en œuvre, des compétences nouvelles sont apparues pour constituer des métiers nouveaux ayant leurs propres spécificités et caractéristiques. Ainsi, pour accompagner son développement auprès des utilisateurs et des entreprises, l'informatique est devenue, en une trentaine d'années, un important secteur d'emplois très diversifiés[1].

Mais au-delà des savoir-faire techniques, les métiers de l'informatique doivent maintenant proposer une qualité de service à l'utilisateur et non plus uniquement l'exploitation du système d'information. Cela se traduit au niveau des RH par l'introduction de compétences complémentaires orientées de plus en plus vers les services.

1. Suivant les sources, on constate des différences selon les références et critères pris en compte : 452000 (Insee), 500000 (Munci), 595500 Code Rome 323, ANPE), 680000 (Synthec Informatique), 300000 cadres informatiques (Apec).

Nombre total d'informaticiens	Année
20000 à 50000	1966
165500	1975
214800	1980
230000	1990
De 250000 à 350000	1995
De 300000 à 500000	2000
De 350000 à 550000	2005

Tableau 1 Variation selon les sources : le niveau bas (Apec/ANPE) comptabilise les informaticiens travaillant dans des services informatiques ; le niveau haut (Médiamétrie) évalue les décideurs informatiques

1 1980-1990 : la prise de conscience du sens du « système d'information »

1.1 L'héritage de la mécanographie

Dans les années soixante-dix, beaucoup d'entreprises possèdent encore une organisation du traitement de l'information issue de l'époque de la mécanographie et les cartes perforées sont encore utilisées pour écrire les programmes. Les premiers ordinateurs installés dans les entreprises ne font que remplacer les machines mécanographiques. Ils sont conçus pour répondre aux besoins spécifiques de certains utilisateurs (comptables, statisticiens et scientifiques) c'est-à-dire optimiser et diminuer leurs temps de traitement.

Au début des années quatre-vingt, alors que les services de production sont en pleine restructuration, les services informatiques (on ne parle pas encore de directions), eux, baignent dans une «tranquillité trompeuse ». En effet, le coût de mise en œuvre de ces nouvelles machines n'a pas été compensé par les gains espérés. Les responsables et les techniciens n'ont pas le niveau requis pour une mise en œuvre efficace et ont des difficultés pour repenser les architectures. De plus, les contraintes imposées par la mise en place de ces machines dans les différentes activités des directions métier exaspèrent de plus en plus les utilisateurs qui doivent s'adapter aux outils alors que les processus de traitement de l'information n'évoluent guère.

La décennie quatre-vingt marque véritablement le début de la réorganisation des systèmes d'information dans les entreprises.

1.2 De l'obligation du changement

Les entreprises commencent alors à se rendre compte que l'organisation d'un système d'information moderne dépasse de très loin la compétence requise pour l'exploitation des matériels. Ainsi au début des années quatre-vingt, les entreprises recrutent-elles de plus en plus d'informaticiens capables de prendre en charge l'ampleur des phénomènes auxquels elles se trouvent confrontées. Ces nouveaux informaticiens sont, à l'origine, principalement issus des milieux universitaires, qui forment particulièrement deux types de profils: des spécialistes de l'informatique de gestion (BTS) et des généralistes (DUT).

Il existe aussi une troisième catégorie d'informaticiens : les ingénieurs issus d'écoles généralistes. Ayant souvent effectué un passage dans les pôles de recherche universitaire ou d'entreprise, ils arrivent dans les équipes informatiques pour prendre en charge la mise en place et l'entretien des applications ainsi que l'encadrement des équipes.

Les fonctions informatiques se partagent alors entre les techniciens et les cadres.

Cette nouvelle génération d'informaticiens provoque aussi une réflexion de fond sur le fonctionnement des systèmes d'information: il s'agit de remplacer la logique de taylorisation de la gestion de l'information (logique de chaîne de traitement) par une logique où l'information est la donnée élémentaire d'un système d'information global à l'entreprise.

Deux grands domaines de métiers sont alors identifiés par les entreprises: le développement (analyse et programmation) et la production (gestion des systèmes et traitement des données). Elles se dotent d'une direction qui coiffe ces domaines. L'objectif principal est d'organiser de manière cohérente la mise en œuvre, le traitement et la production informatiques: ce sont les premiers directeurs informatiques.

1.3 L'informatique de productivité pour l'entreprise

Une des missions de «l'informatique» est alors de réaliser les logiciels qui sont utilisés par les branches métiers afin d'améliorer la productivité de l'entreprise.

Dans ce cadre, l'utilisateur est un «donneur d'ouvrage». Sa compétence est liée aux métiers de son entreprise. Il rédige, à destination de la direction informatique, le cahier des charges qui exprime ses besoins d'informatisation. Les relations entre l'utilisateur et son informatique sont alors formalisées par un contrat de type client/fournisseur.

La direction informatique (DI) recherche donc la meilleure manière de satisfaire les besoins exprimés par l'utilisateur. Elle conçoit des architectures adaptées, grâce aux compétences techniques dont se dotent les entreprises, met en place les nouvelles applications et assure la formation des utilisateurs finaux.

La DI dispose ainsi du pouvoir de l'expert face à une technologie complexe.

Chaque partie a son propre domaine d'excellence: les métiers pour l'utilisateur, l'informatique pour les informaticiens.

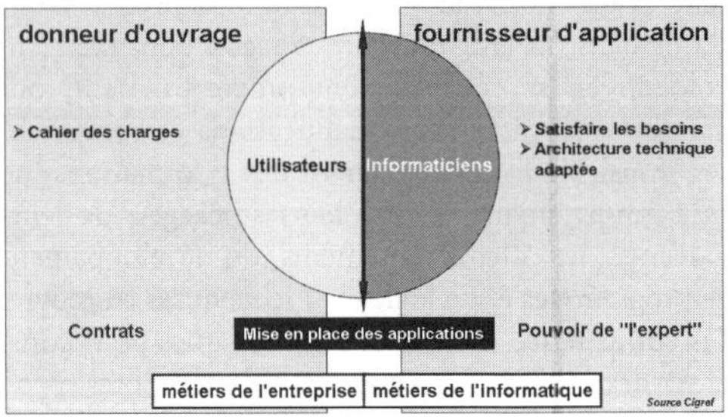

Figure 1 Métiers de l'entreprise et de l'informatique

1.4 Nouvelles technologies, nouveaux métiers

À la fin des années quatre-vingt, l'informatique d'entreprise commence à intégrer deux données nouvelles qui influenceront fortement l'informatique des années quatre-vingt-dix: la bureautique et les réseaux locaux:

- L'arrivée des ordinateurs personnels sur les bureaux des utilisateurs annonce des temps incertains pour les tenants de l'informatique centralisée traditionnelle. Par le biais des applications installées sur les micro-ordinateurs, les utilisateurs acquièrent des compétences en informatique et une compréhension des systèmes d'information. Cette liberté nouvelle devient une source de contraintes pour les directions informatiques : il faut prévoir des équipes pour gérer les parcs de machines et former les utilisateurs. De nouveaux métiers commencent alors à apparaître avec les gestionnaires de parc informatique qui gèrent les flottes de machines, les ingénieurs bureautiques spécialisés dans les configurations et la maintenance des micro-ordinateurs, les administrateurs de données micros chargés d'assurer la cohérence et la sauvegarde des informations d'une machine à l'autre, etc.

- L'apparition des réseaux locaux de micro-ordinateurs confirme le déclin des gros systèmes centralisés. Cette technologie autorise une souplesse d'architecture et une autonomie des directions métiers vis-à-vis des systèmes centraux, qui préfigurent les futurs besoins en communication des entreprises. Les métiers liés aux réseaux commencent dès lors à se développer : techniciens et administrateurs mais surtout experts réseaux.

Néanmoins, les entreprises ont encore du mal à se défaire de leurs anciens systèmes. Les migrations sont difficiles. Elles font donc appel à des sociétés de services en ingénierie informatique (SSII) pour les conseiller et les aider à évoluer vers ces nouvelles architectures bureautiques qui sont l'avenir.

En cette fin des années quatre-vingt, l'informatique est devenue un secteur d'emploi privilégié. Cet état masque néanmoins de fortes disparités : certains métiers déclinent, d'autres progressent si vite qu'il y a pénurie de ressources humaines et de compétences informatiques. Mais tous ces métiers, même les plus stables, requièrent de nouveaux comportements, de nouvelles stratégies de ressources humaines que les entreprises vont acquérir.

2 1990-1996 : La professionnalisation de l'informatique

2.1 L'influence de l'arrivée des NTIC sur la structuration des métiers

En ce début de décennie, l'apparition des nouvelles technologies de l'informatique et des communications (NTIC) engendre deux phénomènes qui vont transformer les entreprises : d'une part l'appropriation par les utilisateurs de l'informatique personnelle ou professionnelle, annonce la remise en cause de la suprématie de l'informaticien ; d'autre part les NTIC favorisent l'apparition de nouveaux métiers ou transforment les métiers existants.

À mesure de la sophistication des technologies mises en œuvre et avec la volonté de mettre en place de véritables politiques de ressources humaines dans les directions informatiques, la population des informaticiens se structure en quatre grandes familles : si la *production* informatique demeure, l'industrialisation des procédures a conduit au partage des métiers de développement en deux catégories, l'*organisation* et les *études*. Chaque sous-domaine est appuyé par des ressources supports, les *experts*.

Chaque famille se définit en fonction des fiches emploi-métier du référentiel ROME utilisé par l'ANPE à partir de 1992 :

- La *production-exploitation* « assure la conduite et la surveillance des équipements informatiques en vue de la mise en œuvre des traitements informatisés dans le respect des dispositions et procédures en vigueur dans l'entreprise… » (ROME 32311). On trouve dans cette famille les métiers d'opérateur-pupitreur, de chef d'exploitation, de contrôleur de réseau, de technicien d'assistance/maintenance et d'analyste d'exploitation.
- Les *études-développement* qui « participent au développement et à la maintenance des applications informatiques en assurant l'analyse fonctionnelle, la conception technique, le codage, la mise au point et la documentation des programmes dans le respect des normes et standards en vigueur dans le service… » (ROME 32321). Ce sont les métiers de chef de projet, d'analyste programmeur et de programmeur.
- La *prescription-organisation* où l'on « négocie puis prescrit des solutions en matière d'informatique dans les domaines administratifs, industriel, scientifique ou technique. Cette famille assure l'organisation, le suivi et la validation des développements informatiques faisant l'objet de ses prescriptions […] participe ou procède à la définition des objectifs en matière de développement informatique… » (ROME 32341). On y trouve les métiers d'organisateur-informaticien, de responsable de domaine et de consultant interne.
- *L'expertise* qui « apporte une assistance technique (méthode, outils) suivant le domaine d'intervention, aux équipes de production ou d'études ou aux utilisateurs, avec pour objectif d'optimiser les traitements et les systèmes informatiques. Cette famille conseille également la direction du service et/ou l'entreprise lors de l'étude de solutions nouvelles… » (ROME 32331). On trouve dans cette famille les métiers d'ingénieur système d'exploitation, d'ingénieur télécoms-réseaux, les autres experts dont les experts méthodes/qualité/sécurité.

2.2 De la difficulté d'adapter les RH aux besoins

Dans les années 1993 et 1994, conduire l'adaptation et l'évolution des ressources humaines informatique de l'entreprise constitue un challenge exacerbé par un environnement en pleine mutation :

- La mauvaise conjoncture de l'emploi touche dorénavant les informaticiens (44 169 informaticiens inscrits à l'ANPE en février 1994 ; source ANPE).
- Un tournant technologique se présente avec le rôle croissant des télécommunications dans l'informatique, l'arrivée des nouvelles architectures à base de «client-serveur» et de nouvelles approches dites «objet».

On constate que dans certaines entreprises la remise en cause des processus de fonctionnement est de plus en plus aidée et parfois même générée par les NTIC. Un exemple est l'approche progicielle (solution logicielle complète, paramétrable et développée par un éditeur) dont la mise en œuvre modifie la manière d'appréhender les problèmes ainsi que les relations de l'informaticien avec ses clients internes.
Dans certains cas, l'externalisation des ressources humaines informatiques se concrétise par des délocalisations vers les nouveaux pays industrialisés (*offshore*).

À un autre niveau, les professionnels des technologies de l'information sont confrontés à un nouveau type d'utilisateur, plus et mieux informé, ayant souvent une réelle expérience en informatique ou en télécoms, donc plus exigeant… et moins discipliné.

Deux types de préoccupations apparaissent alors :

- comportementales et culturelles : les informaticiens se doivent d'améliorer leur communication dans l'entreprise, ce qui suppose une plus grande ouverture sur les activités et les métiers de l'entreprise, et une meilleure écoute et compréhension de leurs besoins. Ils doivent aussi clarifier leur mission de maîtres d'œuvre vis-à-vis de leurs partenaires maîtres d'ouvrage métiers pour améliorer l'efficacité du travail en équipe ;
- liées à l'évolution et aux opportunités technologiques mais également aux risques qu'elles engendrent pour les informaticiens : en effet, l'évolution technologique très rapide complexifie les systèmes d'information plus qu'elle ne les simplifie. S'il en découle l'apparition de nouvelles activités, cette complexité oblige surtout à des adaptations rapides et fréquentes de tous les professionnels des technologies de l'information.

La gestion des RH informatiques doit permettre de faire coexister dans l'entreprise des profils, des spécialités et des rythmes d'évolution de plus en plus variés, en particulier du fait du double besoin de maîtriser la complexité intrinsèque de chaque produit utilisé et d'organiser, de construire leur intégration en système d'information.

2.3 L'évolution des métiers

Néanmoins, plus que de réels bouleversements ou l'émergence de nouveaux métiers, les entreprises ont surtout un besoin grandissant de compétence et de professionnalisme pour les métiers existants.

L'importance accordée à l'utilisateur et à l'entreprise conduit à l'apparition d'une famille de métiers liés au *support et assistance aux utilisateurs.* Le rapprochement vers les utilisateurs, considérés dorénavant comme de véritables clients, de plus en plus exigeants, modifie, depuis quelques années, de manière fondamentale les besoins en matière de ressources humaines informatiques et télécommunication : en particulier les aptitudes de type comportementales. L'existence de cette nouvelle famille plaide pour la professionnalisation des métiers dits «charnières», entre les branches métiers et la direction des systèmes d'information, qui en font partie.

En même temps, les activités du secteur informatique commencent à être reconnues, notamment dans les entreprises. Les directions informatiques se muent en direction des systèmes d'information (DSI) et se voient soumises aux mêmes contraintes de gestion que l'ensemble de l'entreprise. Pour répondre à cette situation, les DSI s'organisent en intégrant en leur sein des métiers d'administration et de gestion traditionnellement dévolus à la direction générale : une nouvelle famille de métier apparaît alors ; *l'administration et la gestion de la DSI* comprenant dans un premier temps le directeur des systèmes d'information, le contrôleur de gestion et le responsable des ressources humaines de la DSI.

Les évolutions constatées conduisent aussi et de façon récurrente à la remise en cause de certaines fonctions peu qualifiées comme les opérateurs qui peu à peu disparaissent. Comme les programmeurs dont les missions et activités sont transférées vers les analystes programmeurs.

Le rôle de «prescripteur» décrit dans la seconde famille du référentiel ROME (prescription-organisation) évolue vers le «conseil en systèmes d'information». Ce métier, encore peu représenté dans les entreprises, est principalement assuré par les sociétés de service (SSII) qui d'une part acquièrent ainsi une connaissance importante des besoins des entreprises et d'autre part s'imposent comme des acteurs incontournables de l'évolution des systèmes d'information.

Les experts sont de plus en plus reconnus et se diversifient : les domaines de l'infographie, de l'échange de données informatisé (EDI) et du multimédia viennent compléter les domaines d'expertise traditionnels que sont les systèmes d'exploitation, les réseaux, les méthodes et la sécurité.

2.4 L'informatique de gestion et de pilotage de l'entreprise

À cette période, l'outil informatique, outre sa contribution décisive à la productivité, a été profondément modifié pour aider les utilisateurs à prévoir, piloter et gérer l'entreprise.

Comme les applications sont plus complexes, les besoins ou demandes d'évolution des utilisateurs sont plus difficiles à exprimer. La collaboration entre utilisateurs (directions métiers ou clients) et informatique (direction des systèmes d'information ou prestataire) a été renforcée en entreprise par des chartes précisant les rôles de chacun.

Il est maintenant acquis que c'est l'utilisateur qui est le propriétaire de l'application qu'il commande, il est le «maître d'ouvrage». Soumis à des contraintes budgétaires, il analyse en détail la rentabilité des projets et devient très sensible aux approches qui peuvent améliorer l'interface entre l'homme et la machine, telles que le client-serveur ou les principes d'ergonomie. Il doit de ce fait assimiler de plus en plus de techniques informatiques.

L'informaticien est le «maître d'œuvre» qui réalise les travaux informatiques avec une garantie de bonne fin technique, économique et de délai. Son rôle est de traduire les besoins de son «client» et donc de comprendre son métier. Il fournit une réponse à la problématique donnée après avoir exploré des solutions progicielles ou logicielles en concevant une architecture fonctionnelle cohérente avec l'ensemble du système d'information.

Dans certains cas (si l'entreprise n'a ni la taille critique, ni les compétences dans ces domaines) certaines ressources informatiques non stratégiques telles que la production informatique, sont externalisées: on voit alors apparaître les métiers correspondants chez les sociétés prestataires.

La mise en place des plans d'accompagnement du changement avec toutes les composantes (formation, communication, documentation, ergonomie, assistance, micro-organisation du poste de travail et gestion sociale) entraîne l'appropriation du système par les utilisateurs.

Le pouvoir de l'informaticien est devenu un pouvoir de prescription/conseil et de conviction. L'informaticien et l'utilisateur partagent le savoir informatique et les métiers de l'entreprise.

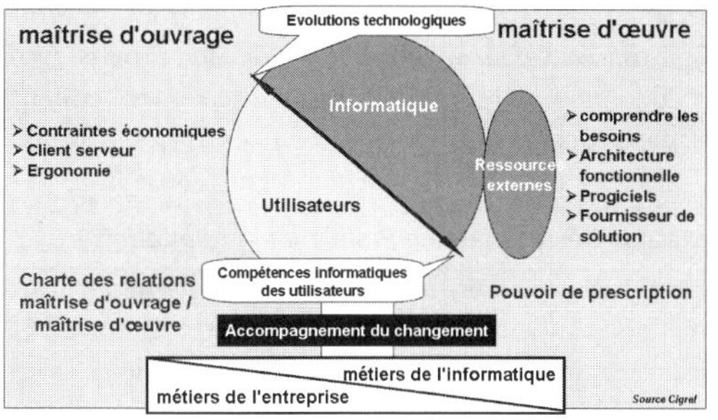

Figure 2 Métiers de l'entreprise et de l'informatique (source: CIGREF)

3 1996-2000: l'effervescence des métiers des systèmes d'information

Durant les quatre dernières années de la décennie, nous assistons simultanément à l'accélération de l'essor des nouvelles technologies (NTIC), au passage à l'an 2000 et à la prise de contrôle de l'informatique par l'utilisateur.

Les besoins en compétences informatiques s'accroissent fortement, les entreprises utilisatrices recherchent alors prioritairement en leur sein les ressources nécessaires alors que les entreprises prestataires, les éditeurs ou les constructeurs en informatique embauchent massivement pour répondre à leurs besoins.

La conjonction de ces trois phénomènes produit une forte augmentation des offres d'emploi en informatique : le taux de croissance de l'emploi atteint 20% entre mars 1998 et janvier 1999 (source INSEE, enquête emploi).

Quelques entreprises, très en avance, dépassent la gestion des métiers et commencent à élaborer de véritables politiques de gestion des compétences.

3.1 Quels nouveaux métiers liés aux NTIC?

Au milieu de cette période, appelée plus tard «la bulle Internet», les nouvelles technologies (NTIC) révolutionnent l'informatique, les applications et les usages. Les missions et activités des professionnels de l'informatique évoluent et tout un ensemble de métiers liés notamment aux technologies web et multimédia apparaît.

Les familles de métiers subissent peu de changements véritables. De nouveaux métiers émergent de l'éclatement de métiers existants. Certains métiers semblent disparaître, leurs missions et activités étant intégrées dans d'autres métiers.

Les familles de métiers évoluent en conséquence:

- la famille *études et développement* se voit adjoindre le mot *intégration* pour tenir compte des métiers liés à l'intégration des technologies et des applications dans un système d'information complexe;

- la famille *expertise* change de nom pour devenir *assistance technique interne*. Le rôle des experts évolue ; prestataires ou non, ces derniers interviennent dans le cadre d'une assistance aux services informatiques auxquels ils prodiguent leurs conseils.

Métiers liés à la famille *Production-exploitation*

Les techniciens informatiques se spécialisent sur trois métiers distincts : l'exploitation, le poste de travail et les réseaux et télécommunications. Leur rôle est toujours d'assurer la gestion courante de l'exploitation des équipements informatiques mais sur leur propre domaine.

Le technicien d'exploitation intègre les activités de l'opérateur/pupitreur, métier qui disparaît.

Métiers liés à la famille *Études, développement et intégration*

Les chefs de projet acquièrent une spécificité liée aux projets multimédias.

Les analystes programmeurs s'approprient les nouveaux langages (objets et Web). Ils deviennent développeurs Internet et multimédia. Ils développent une compétence particulière liée aux nouvelles architectures applicatives (Web et Java).

La création du métier de paramétreur ERP (progiciel de gestion intégré) répond à l'approche progicielle qui se développe dans certaines entreprises. Sa mission est d'analyser, de prototyper et de paramétrer les nouveaux composants progiciels applicatifs.

Le métier de webmaster est créé de toutes pièces. En plus de la simple administration d'un serveur web il conjugue trois savoir-faire : la gestion de contenu, le développement web et la gestion graphique d'un site web.

Métiers liés à la famille *Assistance technique interne*

Les experts se répartissent dans un premier temps sur les domaines de compétences système, réseau ou base de données, puis plus spécifiquement sur les technologies internet et/ou multimédia. Leur rôle de conseil et d'assistance, de formation et d'alerte leur permet d'intervenir directement sur tout ou partie d'un projet qui relève de leur domaine d'expertise. La veille technologique fait partie de leurs activités.

Ils interviennent principalement auprès des services informatiques ; les directions métiers faisant appel aux consultants en système d'information

Métiers liés, sans liens avec les familles informatiques

Les infographistes web élaborent et assurent la mise en œuvre des chartes graphiques des entreprises sur les sites web.

3.2 L'impact du passage à l'an 2000 sur l'évolution des métiers de l'informatique

Durant toute cette période, les entreprises doivent aussi se préparer au passage à l'an 2000. Cet événement, nécessite de vérifier de fond en comble les systèmes d'information existants. C'est aussi l'opportunité de revoir leur organisation informatique, de moderniser leur système d'information, si ce n'est, *a minima*, de le « dépoussiérer ». À cet effet un certain nombre de projets d'urbanisation des systèmes d'information sont lancés. Un ensemble de nouveaux métiers jusqu'alors émergents est reconnu.

Métiers liés à la famille *conseil en système d'information*

L'architecte fonctionnel (on ne dit pas encore urbaniste) du système d'information en garantit l'évolution cohérente dans le respect des objectifs et des contraintes des directions métiers, en exploitant au mieux les possibilités de l'état de l'art.

Métiers liés à la famille *Assistance technique interne*

Les risques informatiques inhérents au passage à l'an 2000 mettent l'accent sur la sécurité du système d'information. Les responsables de sécurité des systèmes d'information (RSSI) sont officiellement reconnus dans les entreprises. Au-delà de leur expertise, leur mission est de garantir la sécurité logique et physique des systèmes d'information dans leur ensemble. Ils sont l'interface reconnue de tous les acteurs de l'entreprise pour les problématiques de sécurité.

Les architectes techniques sont garants de la cohérence de l'ensemble des moyens de production (matériels et logiciels, réseau, *middleware*/couches intermédiaires, système d'exploitation), de son évolution telle que définie par l'architecte fonctionnel (on commence à parler de « plan d'urbanisme »). Leur savoir-faire est spécifique aux domaines technologiques.

Métiers liés à la famille *Production-Exploitation*

Le gestionnaire de ressources ou encore administrateur de ressources (système, réseau, banque de données...) a pour mission, dans le cadre de la mise en œuvre d'une application informatique, de garantir l'utilisation optimale et la plus large possible d'un outil, selon un objectif de qualité et de productivité. On note que ce métier gagne en importance dans un contexte d'exploitation externalisée.

L'intégrateur d'exploitation (ou de production) assure la maîtrise d'œuvre de la phase d'industrialisation du système d'information, dans le respect de l'architecture technique.

Le pilote d'exploitation assure en permanence la surveillance de l'ensemble des ressources informatiques et leur gestion opérationnelle, tout en garantissant le niveau et les engagements de service ainsi que la qualité des traitements, conformément au PAQS (plan d'assurance qualité et sécurité).

Métiers liés à la famille *Études, développement et intégration*

L'intégrateur d'application a en charge la phase de conception et de réalisation du système d'information dans le respect du plan d'urbanisme et de l'architecture technique retenue. Ce métier est en étroite relation avec le chef de projet et le développeur.

Métiers liés à la famille *Administration et gestion de la DSI*

Le responsable télécom et réseaux est chargé de la gestion des infrastructures de télécommunication de l'entreprise. Il est considéré à la fois comme un maître d'ouvrage vis-à-vis des opérateurs de télécommunication et un prestataire de services interne vis-à-vis des autres directions de l'entreprise.

3.3 Les métiers liés à la prise de contrôle de l'outil informatique par l'utilisateur

L'utilisateur devient la pierre angulaire du système d'information : client dorénavant reconnu par les informaticiens, il réalise de plus en plus les apports des NTIC à son métier et fait en sorte de maîtriser (coût, délais) ses applications et projets informatiques.

Pour un pilotage efficace, les directions métiers doivent assumer pleinement leur rôle de maître d'ouvrage. On voit alors apparaître dans les entreprises un ensemble de nouveaux acteurs qui complètent la famille *conseil en système d'information* qui s'adjoint le terme *maîtrise d'ouvrage*.

Métiers liés à la famille *Conseil en système d'information et maîtrise d'ouvrage*

Le responsable de projet métier assume toutes les responsabilités du projet : stratégiques, financières, juridiques, organisationnelles et techniques. Il est le garant de l'enjeu stratégique du projet pour l'entreprise.

Le chef de projet maîtrise d'ouvrage est responsable de l'organisation et du pilotage d'un projet informatique, de la conception jusqu'au déploiement. Dans un premier temps, en raison du manque immédiat de ressources issues des métiers, cette fonction est assurée au sein des directions des systèmes d'information ou par des SSII.

Le responsable du système d'information « métier » a en charge l'alignement du système d'information de ce métier sur les orientations stratégiques de l'entreprise. Il propose des scénarios d'évolution cohérents avec les processus métiers, tout en garantissant performance et cohérence globale.

Le gestionnaire d'application contribue au fonctionnement et à l'évolution du système d'information métier. Il participe à sa construction et à son développement et le met en place. Il fait l'interface fonctionnelle avec les services informatiques.

Néanmoins, la prise en main du système d'information métier nécessite la mise en place d'une aide aux utilisateurs pour les guider.

La famille *support et assistance aux utilisateurs* évolue en trois métiers qui, d'une part confortent l'importance de l'utilisateur dans la sphère du système d'information, d'autre part préfigurent les futurs *Help Desk*, structures d'assistance industrielles.

Métiers liés à la famille *support et assistance aux utilisateurs*

Ces métiers assurent une assistance à trois niveaux :

- Le chargé d'affaire interne (appelé encore ingénieur d'affaire) se situe très en amont des projets. Il anime la relation entre la maîtrise d'ouvrage et la DSI ou les prestataires externes et essaie d'anticiper les problèmes. À l'écoute des besoins des directions métiers, il les sensibilise et les forme aux NTIC.
- L'assistant fonctionnel (appelé encore correspondant informatique) se situe à la jonction entre l'informatique et la maîtrise d'ouvrage. Il travaille auprès des utilisateurs. Plutôt spécialisé sur un métier ou sur un processus, il aide et conseille l'utilisateur final dans la manipulation de ses outils logiciels.
- Le technicien support SVP effectue l'accueil de premier niveau en cas d'incident déclaré par les utilisateurs. Il contribue à leur résolution ou les fait prendre en charge par les ressources capables d'y apporter une solution.

4 À partir de 2000 : les SI, instrument stratégique de l'entreprise

Sous la pression de la concurrence et de la baisse des coûts, les entreprises utilisatrices cherchent dorénavant à mettre en place de nouvelles stratégies leur permettant de faire des progrès décisifs. Ces stratégies nécessitent des changements dans l'organisation et les méthodes de travail et favorisent les approches par processus métier.

Ces nouvelles approches, associées aux apports stratégiques des nouvelles technologies génèrent des besoins métiers dont l'expression ne peut être faite que conjointement par un utilisateur et un professionnel des systèmes d'information. L'utilisateur s'approprie et supervise ainsi les technologies du traitement de l'information. Le professionnel de l'informatique aide à la formalisation des besoins et fournit les moyens de traiter les processus métiers. Son rôle de prescripteur/conseil s'accompagne d'une vue prospective globale du système d'information, il devient architecte et urbaniste.

Dans la majorité des cas, il convient d'utiliser simultanément plusieurs technologies qu'il faut harmoniser : l'informaticien devient alors un intégrateur qui assemble des éléments de matériels, de logiciels et de méthodes. En plus de ses compétences technologiques de plus en plus larges il doit maintenant maîtriser les arcanes des métiers de l'entreprise.

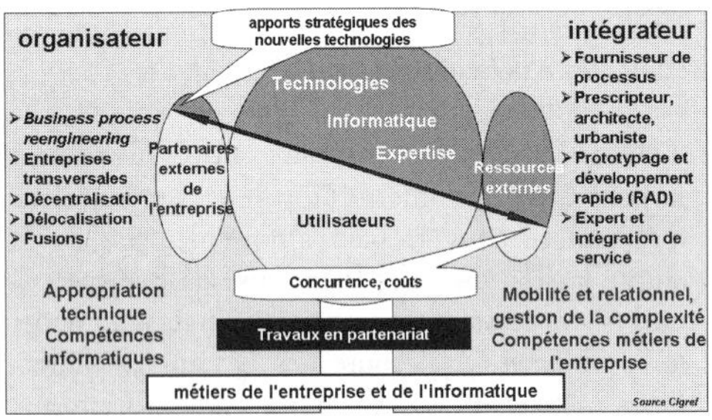

Figure 3 Métiers de l'entreprise et de l'informatique

4.1 Une organisation des métiers devenue mature et évolutive

L'an 2000 est passé… et il ne s'est rien passé ! Si ce n'est que dans l'effervescence des préparatifs, les métiers de l'informatique dans les entreprises utilisatrices se sont complètement réorganisés. Les familles de métiers dans lesquelles ils se sont structurés forment dorénavant un ensemble cohérent et mature qui va permettre aux entreprises de passer sans problème à partir de 2002 le cap des projets Euro et Sarbanne Oxley.

De 2000 à aujourd'hui (2005), le CIGREF (Club informatique des grandes entreprises françaises), dans sa nomenclature, identifie peu de changements dans les métiers.

Métiers liés à la famille *Conseil en système d'information et maîtrise d'ouvrage*

En 2000 l'architecte fonctionnel est renommé architecte des systèmes d'information puis en 2002 urbaniste des systèmes d'information, mais sa mission et ses activités ne changent guère.

Métiers liés à la famille *Études, développement et intégration*

En 2001 les entreprises du CIGREF, avec un temps de retard, font apparaître le métier de concepteur/développeur internet, ce dernier disparaissant l'année suivante, ses activités étant réattribuées aux directions idoines, à savoir: les aspects graphiques à la direction de la communication, la gestion du contenu aux directions métiers et le développement web à la direction des systèmes d'information.

Métiers liés à la famille *administration et gestion de la DSI*

En 2001, le métier de DSI se voit complété par deux métiers de niveau inférieur: les responsables d'exploitation informatique et responsable d'entité informatique.

Métiers liés à la famille *Production-exploitation*

En 2005 l'analyste système voit son métier disparaître au profit de l'administrateur système.

Si les métiers ne changent guère, certaines compétences particulières évoluent en 2004/2005 :

- Il y a de moins en moins de grands projets informatiques. Ils sont découpés en projets plus petits et plus nombreux renforçant le rôle des chefs de projets. Ces derniers deviennent de véritables « chefs d'orchestre » aux compétences multiples sachant notamment travailler en équipe et possédant des compétences relationnelles indispensables dans la relation avec les métiers (pour les chefs de projet maîtrise d'œuvre) ou avec la DSI (pour les chefs de projets maîtrise d'ouvrage).
- Malgré l'éclatement de la « bulle Internet », l'évolution des technologies ne s'est pas ralentie. Les métiers liés aux domaines d'expertise et de développement doivent faire de la veille informatique et télécom. Cette activité devient une compétence indispensable pour maintenir à jour les connaissances sur les techniques, le marché et l'offre.
- Les métiers directement concernés par la gestion des coûts voient leur compétence en gestion économique et financière augmentée.
- L'accroissement des risques informatiques liés aux nouvelles technologies, à la prise en compte des problèmes d'intelligence économique mais aussi aux comportements des utilisateurs nécessite une connaissance accrue des normes et procédures de sécurité, des principes de sécurité au sens général ainsi qu'une maîtrise des risques informatiques et télécoms.
- Certains métiers qui ne sont pas en contact direct avec les utilisateurs finaux, comme les développeurs, sont formés à la compréhension des comportements et attentes des utilisateurs. L'objectif est d'intégrer ces éléments très en amont dans les processus d'élaboration de solution et de réduire ainsi, en phase d'exploitation, les difficultés des utilisateurs et donc les appels aux services de support.

4.2 Pour l'avenir, quelques métiers émergents

Au cours de l'évolution des technologies et des usages informatiques, tout un ensemble de métiers sont apparus ou ont disparu rapidement.

On peut considérer un métier comme existant réellement lorsqu'il apparaît dans un nombre significatif d'entreprises. La nomenclature des métiers du CIGREF est bâtie sur ce principe : il faut qu'il y ait consensus pour y faire figurer un métier. S'il n'y a pas consensus, cela ne signifie pas que le métier n'existe pas mais simplement qu'il n'y a pas assez d'entreprises qui l'ont adopté et donc que dans l'état actuel on peut penser qu'il aura des difficultés à durer.

Néanmoins, pour certains nouveaux métiers, la conjoncture et l'environnement professionnel peuvent laisser à penser qu'ils vont perdurer. On les appelle les métiers «émergents». Voici une liste de ces métiers qui, peut-être, vont s'affirmer prochainement dans les entreprises :

- responsable gouvernance : aujourd'hui la gouvernance est éclatée sur plusieurs fonctions. Certaines entreprises les ont regroupées sur un métier unique. Il met en application les modalités de gouvernance d'entreprise en fonction des objectifs, de l'étendue et des moyens affectés ;
- correspondant CNIL, déontologue : gère toute la problématique administrative de gestion des annuaires et plus généralement du respect de la vie privée/professionnelle ;
- juriste de la DSI : expert dans les problèmes juridiques liés aux systèmes d'information ;
- analyste/gestionnaire de portefeuille de projets : il prépare le choix des projets qui seront sélectionnés et assure le suivi et l'ordonnancement des projets (arbitrage, suivi des décisions, gestion des moyens et des plannings) ;
- gestionnaire de sous-traitance : il suit l'ensemble des contrats avec les prestataires et coordonne l'action des différents sous-traitants.

5 Pour ne pas conclure...

Pendant très longtemps il était de bon ton de dire que les métiers des systèmes d'informations étaient «des métiers particuliers aux évolutions particulières». Et effectivement, les professionnels de l'informatique ont évolué au début comme bon leur semblait.

L'évolution de l'informatique liée aux nouveaux usages et à l'accélération des technologies ainsi que l'exigence stratégique des entreprises a rendu nécessaire, durant ces dix dernières années, la professionnalisation de la gestion des ressources humaines informatiques. Les grands projets comme l'an 2000 ou l'euro l'ont aguerrie mais la transformation n'est pas terminée, il faut encore affiner le travail avec la maîtrise des compétences.

Jean-Pierre Corniou, président du CIGREF annonçait au printemps 2005 «la DSI devient une direction métier comme les autres». Sur le plan de la gestion des ressources humaines, la voie est tracée...

Bibliographie

Debeir, J.-C., «20 ans d'histoire de l'informatique (1980-2000): des métiers de l'informatique à l'informatisation des métiers», université de Marne la Vallée.

«Nomenclature 1991 à 2005: les emplois-métiers du système d'information dans les grandes entreprises», CIGREF.

«Suivi RH 93/94 – Des problèmes à résoudre pour bien gérer la ressource humaine informatique dans le contexte d'évolution actuelle», CIGREF.

«Évolution de la fonction informatique», CIGREF, 1993.

«Mobilité et formation – éclairages statistiques, passerelles et conditions de mobilité», CIGREF, 1996.

«Les référentiels du système d'information en entreprise», CIGREF, 1998.

«Les référentiels des métiers cadre - les métiers des télécoms (constructeurs et opérateurs)», APEC.

«Les métiers de l'informatique et des télécommunications: pénurie des ressources: mythe ou réalité?», rapport de l'Observatoire des métiers de l'assurance, octobre 2002.

«Les métiers des ressources humaines: «du facteur travail au capital humain», rapport de l'Observatoire des métiers de l'assurance, octobre 2003.

«Le livre blanc de l'informatique opérationnelle dans les établissements d'enseignements supérieur et de recherche», CSIESR, juin 2002.

«Filières informatiques et télécommunication – Rapport final», Conseil régional d'Île-de-France.

«ROME», répertoire opérationnel des métiers et des emplois de l'ANPE.

«Dynamique des métiers et usage de l'informatique», n° 16.1, Publication DARES, 2002.

Conduire le changement lors de la mise en œuvre d'un système d'information pour les ressources humaines

Jean-Marie Simon, Jean Pintea

Mots-clés : changement, accompagnement, frein, organisation, réorganisation.

Résumé : le changement est intrinsèquement lié aux nouvelles technologies. En effet, leur mise en place (et leur évolution) entraîne une remise en question de l'organisation existante. Ce sont évidemment les hommes qui vont y être confrontés dans le changement de leurs habitudes. Si certains vont y trouver avantages et intérêts, d'autres, au contraire, seront des freins. Ainsi, afin de permettre une mise en place la plus efficace possible d'outils NTIC, il est nécessaire de savoir accompagner un nouveau projet.

1 Du changement voulu aux changements nécessaires

Dans un environnement économique, social, technologique et culturel chaque jour plus incertain et plus complexe, se métamorphoser est devenu pour l'entreprise une exigence imposée, autant qu'une opportunité. Ainsi, d'éventuelles et de conjoncturelles, ses transformations sont à présent perpétuelles et structurelles. Mieux : on assiste actuellement à une accélération sans précédent du rythme de ces changements de tous ordres. Partant, tout projet informatique est confronté à l'accélération du changement. Laquelle est tout aussi manifeste dans le domaine des ressources humaines (Merck, 2001). Aussi, la gestion des compétences et l'adaptabilité du « capital humain » sont-elles constamment citées comme moteurs du changement. Et il en est de même pour la recherche de réactivité, qui impose aux entreprises de se doter de stratégies nouvelles et d'une nouvelle vision. Nous en voulons pour preuve les propos récents du DRH d'une grande entreprise internationale affirmant qu'« il n'est pas nécessaire de piloter le changement, celui-ci étant naturel compte tenu des évolutions rapides de notre environnement. »

Dès lors, il faut s'interroger : l'informatique doit-elle « engendrer » le projet de changement ou est-ce le projet de changement qui doit générer l'informatique ? La réponse est, à la fois, claire et immédiate : le projet informatique doit répondre à une problématique spécifique, qu'elle soit métier, business, et/ou organisationnelle ; l'informatique n'est donc que l'une des multiples facettes du projet plus global de l'entreprise. La conduite et l'accompagnement du changement s'inscrivent pleinement dans cette dynamique.

Lors de la refonte d'un système d'information des ressources humaines (SIRH), les objectifs visés en termes de management du changement s'ordonnent selon deux plans complémentaires, le stratégique et l'opérationnel.

Mieux connu, l'opérationnel – créer, développer et maintenir la motivation et la mobilisation des acteurs vis-à-vis du projet et de la solution, ainsi que favoriser le processus d'acceptation du nouveau système et assurer la mise en place d'un environnement (gestion des compétences, culture, mode de management, attitudes, comportements) propice à l'utilisation pérenne du nouveau système sociotechnique – occulte souvent le stratégique, pourtant indispensable.

C'est au niveau stratégique, en effet, qu'il s'agit de qualifier les besoins en matière de changement, d'apprécier si le changement envisagé est judicieux et de cadrer le processus de changement (Autissier et Moutot, 2003).

Trois péchés capitaux sont identifiés à ce stade. Tout d'abord, une *absence de vision* formalisée et partagée, tant sur les finalités que sur les enjeux et objectifs du changement, sans même parler du « retour sur investissement » économique et humain, des impacts sociaux, et finalement des motivations par rapport au changement. Ensuite, une *hiérarchie des priorités* inadaptée aux vrais enjeux, notamment pour les projets à composante technologique forte, la préoccupation majeure demeurant le système informatique lui-même. Enfin, des *ressources et des moyens mal dimensionnés*, en raison, par exemple, de la limitation, pour le management du changement, à ses composantes classiques (formation, communication et documentation). Les moyens alloués au management du changement sont sous-estimés, l'absence de dispositifs spécifiques pour gérer les incidences humaines du changement et rendre plus lisible le degré d'adaptation attendu étant monnaie courante.

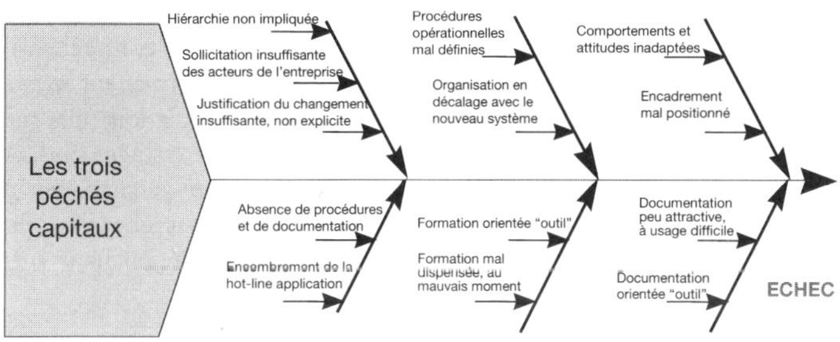

Figure 1 Les principaux facteurs d'échec de niveau opérationnel

Ainsi, le changement se trouve fréquemment réduit à sa face visible, le projet informatique, alors qu'il s'agit en fait de transformer le fonctionnement de l'entreprise et parfois de faire évoluer sa culture et les comportements et les attitudes des personnels.

Or, cette « partie cachée de l'iceberg » recèle de nombreux risques d'échec. Intervenant généralement juste après les recettes techniques de l'application, la phase de démarrage a souvent pour unique objectif de former les utilisateurs à la manipulation de l'outil : les populations concernées sont alors recensées, les supports rapidement rédigés, les formateurs recherchés, et l'on se dit « qu'il faudrait communiquer ». Ce qui se fait d'ailleurs d'autant plus dans la précipitation que le projet a accumulé du retard…

Au final, les utilisateurs accepteront mal l'application, puisque des freins au changement auront eu le temps de se mettre en place avant même la formation : crainte d'une nouvelle organisation, incertitudes sur l'avenir du métier, rumeurs, peur d'un renforcement du contrôle hiérarchique…

Il s'ensuit des interrogations, des demandes de maintenance coûteuses, parfois même une démobilisation des utilisateurs, et, souvent, des pertes de compétences sur les applications.

Pour éviter ces écueils, il convient de considérer le management du changement comme un projet à part entière, et non comme une simple tâche à traiter juste avant le démarrage.

Pour réussir ce changement permanent, donc réussir économiquement, il faut le réussir avec les hommes. En systématisant la participation, l'information, la mise en place d'une organisation qualifiante et un développement de moyens de formation adaptés qui permettent aux collaborateurs de vivre la rupture technologique sous la forme d'une nouvelle continuité, qui fait du changement une forme de perfectionnement. Ainsi, l'utilisateur jaugera le changement globalement, il jugera que la modification de son environnement prend bien en compte les trois composantes que sont l'organisation, les outils informatiques et les hommes (Reix, 2004).

2 Le management du changement

Le management du changement est donc un projet à part entière dans la refonte d'un système d'information, au même titre que l'analyse fonctionnelle, l'architecture technique ou la recette. Le schéma qui suit illustre cette approche.

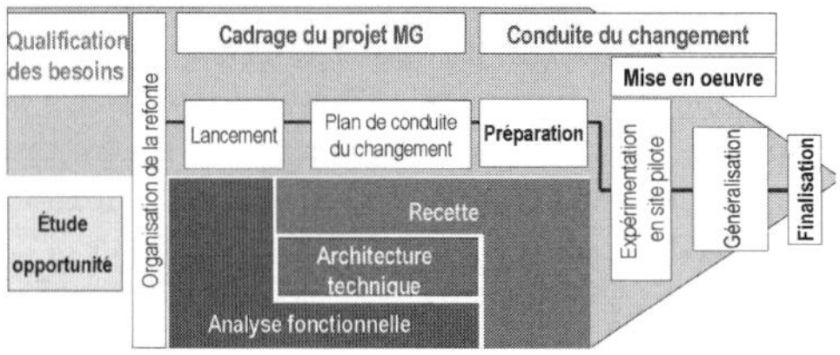

Figure 2 Refonte d'un système d'information

Les activités de l'accompagnement et de la conduite du changement sont de deux niveaux.

Au niveau opérationnel, il s'agit de préparer le changement, de mettre en œuvre les actions (communication, formation, organisation, etc.), de piloter le projet de changement en fonction des enjeux et de dresser le bilan du changement.

En revanche, au niveau stratégique, l'on doit :

- évaluer les risques et les enjeux du changement envisagé et diagnostiquer les besoins ;
- définir la stratégie de conduite opérationnelle du changement ;
- concevoir l'ingénierie du changement (référentiel des procédures du changement) et mettre en place le dispositif de pilotage du changement.

La figure suivante illustre d'une manière fort bien connue les différents états rencontrés lors d'un projet, situation que doit gérer l'accompagnement et la conduite du changement.

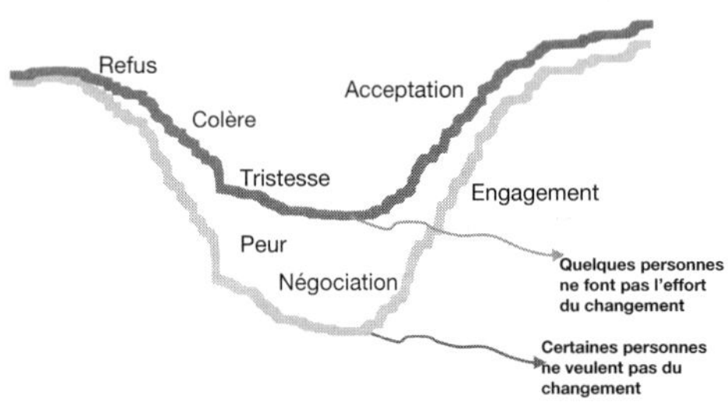

Figure 3 Favoriser le processus d'acceptation du nouveau système

3 Les principes

Il convient tout d'abord de définir les trois axes d'approche qui répondent à trois préoccupations majeures correspondant à trois niveaux d'actions distincts (cf. figure suivante).

En premier lieu, nous devons considérer *l'adaptation des personnes*. Il s'agit d'une adaptation progressive au changement, qui tient compte du processus collectif de deuil inhérent à tout changement. À cet égard, il faut noter que le niveau d'énergie des acteurs va évoluer dans le temps pour correspondre aux différentes phases du projet : au choc succédera le découragement, puis la négociation, le renoncement pour, enfin, atteindre le seuil de la reconstruction. Adaptation, appropriation, compréhension et adhésion forment un cycle permanent d'évolution des acteurs. Pour chaque population (managers du changement, opérationnels du changement), il est défini un parcours d'adaptation au changement formulé en termes d'objectifs de compréhension, de formation et d'accompagnement, débouchant sur les actions correspondantes.

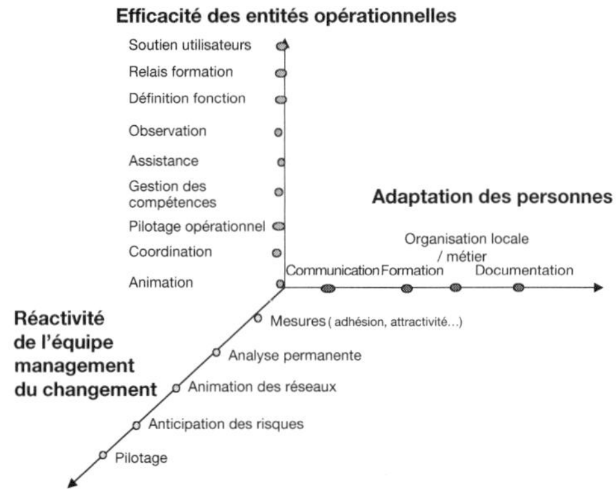

Figure 4 Différents axes de travail

En deuxième lieu, nous avons *l'axe de l'efficacité des entités opérationnelles*. Nous devons définir un réseau dédié à chaque fonction du management du changement avec comme missions et objectifs de coordonner les actions du terrain pour assurer une cohérence d'ensemble, pour observer les réactions afin de mieux comprendre et prévenir et pour finalement ajuster en permanence les ressentis de l'organisation au niveau des utilisateurs et le développement de la solution informatique.

En dernier lieu, nous avons *l'axe de la réactivité de l'équipe management du changement*. L'équipe responsable du projet doit pouvoir mesurer en permanence les impacts du projet en termes d'attractivité du projet, animer les différents réseaux décrits précédemment et piloter efficacement et opérationnellement le projet.

Enfin, il convient de s'intéresser aux collaborateurs eux-mêmes (Faurie, 2003). Maîtriser le changement lié à une nouvelle application implique de placer l'utilisateur au centre du projet. La découverte et la mise en œuvre des nouveaux outils et de l'organisation ne sauraient donc se résumer à une performance technique. L'utilisateur doit se sentir partie prenante du projet, à tous les niveaux, car tous utiliseront le nouveau système dans un environnement opérationnel et organisationnel différent que chacun aura assimilé et fait sien.

Pour passer de la pensée à la réalité, il convient d'alterner les *actions menées* (cinq types identifiés).

Piloter. Le pilotage «par les enjeux[1]» consiste à vérifier tout au long du projet que les changements opérés permettent de répondre aux enjeux assignés à ce système. Pour cela, il s'intéresse à la traçabilité fonctionnelle, organisationnelle, humaine et technique de ces enjeux:

- tracabilité fonctionnelle: quelles sont les fonctions du nouveau système qui contribuent à l'atteinte des enjeux recensés?
- traçabilité organisationnelle: la nouvelle organisation mise en place contribue-t-elle à l'atteinte des enjeux recensés?

Si les changements ne vont pas dans le bon sens, le pilotage par les enjeux permet d'alerter la direction pour qu'elle mette en œuvre les actions correctives adéquates. D'autre part, le pilotage par les enjeux permet, à terme, d'évaluer la mutation opérée (à l'aide des indicateurs associés aux enjeux formulés).

Organiser. Il s'agit de mettre au point le nouveau fonctionnement avec le futur système informatique (progiciel ou spécifique), c'est-à-dire de détailler la vision «entreprise» jusqu'au niveau des positions de travail, et de qualifier les positions de travail jusqu'au niveau des sites opérationnels. C'est surtout un travail de «coulisse» où il s'agit de gérer une *interaction* entre l'organisation des tâches et les possibilités offertes par le système (outils ou fonctionnalités). Ce travail sera plus ou moins lourd selon qu'il s'agit d'optimisation, d'ajout de processus ou de réingénierie... L'optimisation des processus de travail ne doit pas se limiter à reproduire l'existant en l'automatisant: certaines tâches, en effet, n'apportent pas de valeur ajoutée et ne servent qu'à satisfaire des exigences de l'organisation interne. En revanche, elles peuvent occulter l'objectif d'amélioration des processus de la chaîne de valeur qui traverse l'entreprise de part en part, pour la relier à ses clients et à ses fournisseurs.

Accompagner. Il s'agit d'aider les utilisateurs à faire évoluer leurs attitudes et leurs comportements, en cohérence et en harmonie avec les exigences induites par la transformation. Par exemple, l'harmonisation des façons de faire peut nécessiter un changement d'attitude important pour certaines populations se caractérisant par un fort individualisme. De même, le décloisonnement de services, notamment par la mise en place d'une base de données communes permettant de partager des informations, n'est pas simplement un changement technique: c'est aussi et surtout un changement culturel. La formation à l'utilisation de cette base de données et la communication autour de ce projet d'intégration ne suffiront pas toujours pour susciter l'adhésion des utilisateurs vis-à-vis du nouveau système. Dans certains cas, des séances d'accompagnement individuel et/ou de groupes utilisateurs seront nécessaires pour faire accepter définitivement le nouvel outil.

La matrice présentée à la figure 5 de façon schématique, aide à définir le type de besoin (formation et/ou accompagnement) d'un utilisateur en fonction de son niveau de compétence et de son niveau d'adaptabilité au changement.

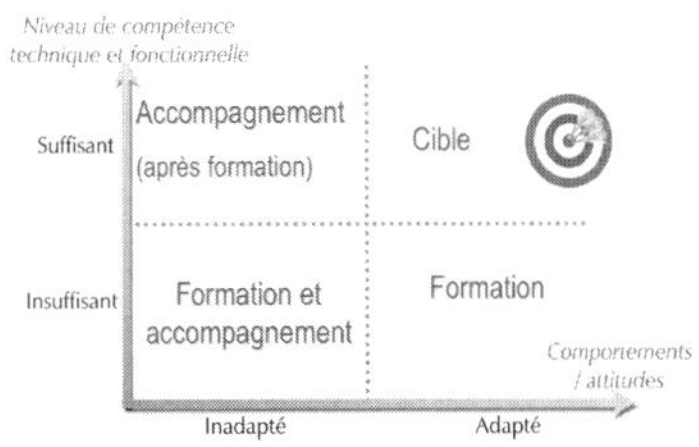

Figure 5 Matrice des besoins

Quelles que soient la taille du projet et sa nature, concevoir une politique de communication est un point de passage obligé. La communication vise à préparer les futurs utilisateurs et leur hiérarchie en les informant du changement (raisons, enjeux, délais, etc.) et de ses implications concrètes. Mais, communiquer c'est plus qu'informer: il conviendra également de mettre en place une mécanique de «retour d'informations» afin de rester, tout au long du projet, au plus près des préoccupations du terrain. La communication doit donc être abordée par la définition d'un véritable «plan de communication», d'autant plus formalisé que le projet concerne un nombre élevé d'utilisateurs, éventuellement répartis sur des sites différents. La mobilisation de la hiérarchie peut se concrétiser notamment *via* l'élaboration d'un «contrat de service» passé entre la direction de projet (le «client»), d'une part, et les responsables des directions et des services («les fournisseurs») d'autre part, dans lequel les deux parties s'engagent sur des objectifs communs en termes de résultats mesurables, de calendrier, ainsi que sur les moyens alloués pour mener à bien ces actions. Les relais locaux (les témoins) sont recrutés parmi les populations réceptives au changement, identifiées comme étant les « champions », les «catalyseurs», les «facilitateurs» et les témoins des changements engagés. Dans un premier temps, ces populations constituent des cibles prioritaires pour la communication de projet; puis elles sont mobilisées pour démultiplier cette communica-

1. Nous entendons par «enjeu», ce que le changement va mettre ou remettre en «jeu», ce que l'entreprise espère «gagner».

tion et deviennent les ambassadrices du projet auprès de leurs collègues et des entités voisines. Cette communication doit être parfaitement coordonnée et en cohérence avec la communication «descendante» de type hiérarchique. L'écoute permanente du terrain s'appuie sur trois types de «vecteurs»: les représentants du personnel, des boîtes aux lettres (physiques et virtuelles), des «capteurs».

Les «capteurs» sont des agents représentatifs des diverses populations et «courants de pensée» de la population concernée par le changement, chargés de recueillir et de faire remonter au groupe «management du changement» des informations sur le ressenti et le degré de mobilisation de cette population par rapport aux changements opérés et à la communication de projet mise en œuvre. Ce recueil s'opère à l'aide d'un questionnaire que doivent remplir de façon périodique ces «capteurs». Ces questionnaires sont transmis au groupe «accompagnement du changement» qui en assure le traitement statistique.

Écouter, se mettre à la place des utilisateurs est primordial pour le succès du projet d'accompagnement du changement.

Figure 6 Cadran de la conduite de changement

Former, c'est anticiper sur la capacité d'un individu à recevoir de la formation (attention aux prérequis !), c'est aussi concevoir la stratégie de formation en fonction des nouvelles technologies (outils Internet, e-learning, etc.). Il est nécessaire d'appréhender l'utilisateur dans son contexte micro-organisationnel complet, l'utilisateur d'une application étant d'abord une ressource humaine exerçant des activités, dans un contexte organisationnel local. Il a tendance à rechercher les habitudes qui vont changer, à juger donc plus globalement le changement que l'outil lui-même, à en voir les contraintes pour imaginer des stratégies de contournement.

Documenter implique un dispositif complet (Pintea, 1995). La documentation devra être proche de l'utilisateur, c'est-à-dire répondre aux questions qu'il se pose, et non à celles que les développeurs imaginent. La documentation est un complément au dispositif de formation et d'information ; son contenu doit être clair et apporter toute l'information nécessaire, mais uniquement l'information nécessaire. La documentation doit être simple, partageable et transportable sous forme attractive utilisant au mieux les nouvelles technologies. Elle doit être maintenue et actualisable en fonction des évolutions du système.

En complément des autres actions, nous devons concevoir des actions soutenant les utilisateurs, afin de faciliter l'appropriation pérenne du nouveau SIRH.

4 Comment dérouler un projet de changement

Comme tout projet, l'ingénierie du changement procède, pas à pas, par approximations successives et par spécification croissante, au travers de phases, d'étapes, d'activités. Comme en ingénierie classique, ces phases concernent la conception, la réalisation et la mise en œuvre de livrables. Des validations successives garantissent la non-régressivité des résultats intermédiaires.

La stratégie de conduite opérationnelle du projet de management du changement doit être arrêtée très tôt, car certaines actions (notamment la communication) pourront débuter en parallèle avec le projet fonctionnel ou le projet technique. Cette stratégie doit donc être définie de façon globale dès la phase de qualification des besoins. Elle sera bien sûr affinée tout au long du déroulement de la mise en œuvre du projet SIRH.

5 Facteurs de complexité du projet de management du changement

Différents facteurs influent sur la complexité du projet de management du changement et vont orienter la stratégie à adopter :

- *Le nombre de sites* pour la généralisation du nouveau système d'information est un élément majeur. Dans certains cas, les sites auront à installer le nouveau système en même temps, ce qui entraîne des contraintes fortes pour les ressources humaines concernées (formation, installation...). À l'inverse, si la généralisation est échelonnée dans le temps, il peut y avoir des problèmes d'échanges d'informations entre deux sites qui possèdent l'un l'ancien et l'autre le nouveau système.
- *La nouveauté fonctionnelle ou technique* du système entraînera un effort de formation et de communication d'autant plus important.
- *Le nombre d'utilisateurs à former* : si beaucoup d'utilisateurs sont concernés sur un même site, on ne pourra pas toujours faire les formations sur un court laps de temps pour des raisons de continuité

de service à moins d'avoir recours à une approche de type e-learning (Maingasson, 2002) dont l'objectif est de mettre à disposition des « apprenants » des ressources pédagogiques et de services pour qu'ils se forment à distance. Par contre, si seulement un ou deux utilisateurs sont concernés sur un même site, il est préférable de centraliser la formation avec des sessions multisites.

- *L'intégration des nouvelles applications informatiques avec les applications existantes* : si les nouvelles applications sont relativement autonomes, elles pourront être implantées sur le site sans trop de problèmes. Mais, si elles échangent beaucoup avec les applications existantes, il faudra le prendre en compte lors de l'expérimentation en sites pilotes et lors de la généralisation sur les sites utilisateurs.
- *Le niveau stratégique des nouvelles applications* est aussi une contrainte majeure. Si ce niveau est faible (les conséquences d'un dysfonctionnement sont mineures), l'expérimentation pourra être considérablement allégée et n'aura alors qu'une vocation de « vitrine ». En revanche, si le niveau stratégique est important (un dysfonctionnement est, à la limite, inacceptable) il faudra prévoir de nombreuses vérifications sur les sites pilotes et les sites utilisateurs. Il faudra en outre prévoir une stratégie de repli : comment revenir à l'état initial en minimisant les conséquences (sauvegardes initiales, etc.).
- *La reprise et l'implantation des données sur les sites* vont également infléchir la stratégie de généralisation. Dans certains cas, le nouveau système aura simplement à exploiter une base de données existant sur le site, sans modifications de structure. Dans d'autres cas, il sera nécessaire de créer la base de données ou de la dériver d'une base existante, de faire les tests nécessaires et de charger les référentiels. Cela peut représenter de fortes charges en cas de structure complexe et de volumes de données importants.
- *La cohabitation de l'ancien et du nouveau système* sur un même site : cette contrainte implique des passerelles entre les deux systèmes, voire une organisation de travail transitoire (double saisie...).
- *La participation et l'implication des sites* : une faible implication ou participation nécessitera une participation accrue des équipes de généralisation, ce qui mobilisera des ressources humaines importantes. *A contrario*, une implication élevée des sites permettra de faire prendre en charge des actions à forts volumes, comme les formations.
- *La multiplicité des sites pilotes* : dans certains cas (par exemple lors de la mise en place d'applications volumineuses, très complexes ou très stratégiques) il est recommandé de mener l'expérimentation sur plusieurs sites pilotes. La phase d'expérimentation sera alors réitérée pour chaque site avec des protocoles d'expérimentation spécifiques. Il faudra également veiller à la cohérence des résultats en provenance de plusieurs sites pilotes et réaliser un bilan croisé.

6 Les fonctions des acteurs

Habituellement, le projet de management du changement met en relation trois « macro-acteurs » :

- la maîtrise d'ouvrage ;
- la maîtrise d'œuvre qui comprend notamment l'équipe chargée de la généralisation du nouveau système d'information ;
- les sites utilisateurs cibles concernés par la généralisation.

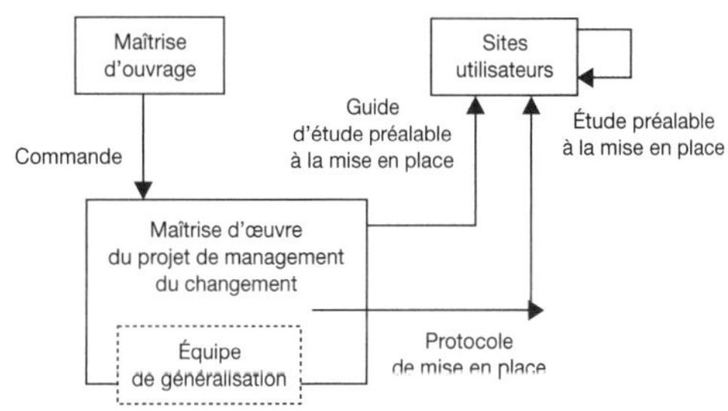

Figure 7 Les différents acteurs dans la gestion d'un projet

Les rôles de ces instances restent les mêmes que dans un projet classique, et ne sont donc pas rappelés ici.

7 Risques, pièges et considérations particulières

La principale difficulté d'un projet de management du changement est liée à l'estimation des charges et des délais. Il est en effet nécessaire d'harmoniser au mieux :

- la disponibilité et la stabilisation des nouvelles applications ;
- la disponibilité des moyens techniques sur les différents sites (postes de travail mais aussi mise en place de l'exploitation et de l'assistance) ;
- la disponibilité des formateurs et, si nécessaire, le dispositif d'enseignement à distance ;
- la disponibilité des utilisateurs à former ;
- la continuité du service (on ne peut pas toujours former tout le monde en même temps) ;
- la disponibilité des moyens logistiques de la formation (salle, machines...) ;

- les charges, délais et contraintes dus au basculement de l'ancien vers le nouveau système (gestion et organisation de la période transitoire).

8 Éléments d'estimation

L'estimation des charges et délais d'un projet de management du changement est souvent difficile car les contraintes de séquencement ont un impact majeur sur le chemin critique. La capitalisation a donc un intérêt particulier car elle permet de dégager des ratios par unité d'œuvre que l'on pourra utiliser. Exemple: les ratios déterminés lors de l'expérimentation en sites pilotes pourront être utilisés pour ajuster la généralisation sur les sites ou pour d'autres refontes.

Parmi les tâches qui représentent des charges importantes, on peut citer:

- l'installation et les tests de base des nouvelles applications sur le site d'expérimentation ou de généralisation. Ces charges vont dépendre de l'architecture cible (centralisation ou décentralisation de l'application);
- l'établissement du plan de formation, notamment si les cibles de la formation sont très diversifiées;
- l'établissement du plan de communication, la conception et la réalisation des outils de cette communication ;
- la préparation de la formation: il faut compter de 5 à 20 jours de préparation (rédaction des supports, préparation et tests des études de cas...) pour un jour d'un module de formation;
- la construction d'une base école représentative: la charge va dépendre des possibilités de réutilisation d'une base test utilisée lors du projet de recette;
- la formation si elle s'adresse à un public important: dans le cas d'une formation de type présentiel, on ne doit pas avoir plus de dix personnes dans une session de formation sur une application;
- la rédaction de la documentation utilisateurs: la charge de ce travail dépend évidemment de l'importance et de la forme de cette documentation.

Ainsi, le changement est bien au cœur des nouvelles technologies. C'est pourquoi la fonction ressources humaines, comme toutes les autres fonctions de l'entreprise, en mettant en place ces technologies, doit mesurer très soigneusement les conséquences organisationnelles des choix opérés. En effet, au-delà des processus, des procédures, du travail lui-même, ce qui, finalement, devra se transformer dans le sillage des nouveaux systèmes concerne de très près les hommes et les femmes qui animent l'entreprise au quotidien, et dont les habitudes vont devoir évoluer. Il est donc primordial de les impliquer le plus en amont possible dans tous les changements sociotechniques qui les concernent ; ce sont évidemment les hommes qui vont être directement confrontés à la modification de leur propre comportement.

Or, si certains vont y trouver avantages et intérêts, d'autres, au contraire, peuvent avoir le sentiment d'être perdants et auront des réticences à mettre en place ces nouveaux outils. Aussi, une mise en place efficace des NTIC rend indispensable l'accompagnement de tous les acteurs impliqués, dans chaque nouveau projet.

Bibliographie

Autissier D., Moutot J.-M. (2003), *Pratiques de la conduite du changement*, Dunod.

Faurie C. (2003), *Conduite et mise en œuvre du changement*, Maxima.

Maingasson M. (2002), *Le guide du e-learning*, Éditions d'Organisation.

Merck B. (2001), *RH et NTIC, évolution ou révolution*, collectif, Éditions Liaisons.

Pintea J. (1995), *Le reengineering des systèmes documentaires*, Éditions d'Organisation.

Reix R. (2004), *Systèmes d'information et management des organisations*, Vuibert.

NTIC: au-delà de la révolution du travail, quelle place pour l'homme?

Serge Casasus et Aline Scouarnec

Mots-clés: ERP, stratégie par adaptation, stratégie par intention, analyse concurrentielle, théorie des ressources, adhocratie, gestion électronique documentaire, *knowledge management*, entreprise virtuelle étendue, rassurance, reliance, employabilité, virtualisation, dématerialisation, paradoxe de Solow, cartographie des emplois.

Résumé: chaque société humaine à travers l'histoire s'est dotée d'un mode de production optimisé selon ses moyens technologiques. Or, au cours des deux derniers siècles, la technologie a induit deux révolutions majeures: l'industrialisation due à l'exploitation des énergies fossiles puis la virtualisation, possible grâce au développement de l'informatique et des moyens de communication électronique. Notre société mondialisée vit une transformation radicale de ses modes d'organisation, économique et social. Cela remet en question la place de l'homme en tant qu'agent de production: son rôle vis-à-vis de l'entreprise, la manière de le manager, la manière de le gérer. L'entreprise se déstructure, le travail se flexibilise, se délocalise, se dématérialise, s'individualise et se décline en compétences clés. De nouvelles formes d'emploi se développent, cohabitent... et suscitent des résistances. Dans ce contexte, la fonction RH a l'opportunité de passer en première ligne. Quel premier bilan peut-on dresser?

La pénétration des nouvelles technologies de l'information et de la communication (NTIC) n'est sans doute pas aussi fulgurante que d'aucuns l'avaient annoncé mais, sur la durée, celles-ci constituent un facteur de bouleversement profond de l'organisation économique et de sa première cellule, l'entreprise. Si les NTIC révolutionnent progressivement le travail, la façon dont il est exécuté, organisé et réparti au final, c'est la place de l'homme qui est concernée. Cela concerne naturellement et directement la fonction RH. Cette dernière trouve alors une légitimité dans les domaines de l'organisation et de la conduite du changement.

Il n'y a pas si longtemps, vers la fin des années soixante-dix, un secrétariat s'enorgueillissait de posséder une machine à écrire électrique «à boule». La décennie quatre-vingt a vu les bureaux se couvrir d'ordinateurs personnels. Progressivement, les réseaux sont apparus et, côté gestion, des logiciels puissants dits «intégrés» ou ERP *(Entreprise Resources Planning)* ont commencé à régir les activités administratives, puis est apparue la démocratisation informatique portée par Internet et la numérisation. Qui aurait pensé que les bons vieux photocopieurs seraient remplacés par des machines multifonctions qui numérisent, puis copient et faxent les documents? Aujourd'hui, trois mots gouvernent l'organisation du travail: temps réel, dématérialisation et mobilité (à l'aide de terminaux portables ou embarqués). Sous l'effet conjugué de la croissance exponentielle des capacités de traitement des ordinateurs et des réseaux en tous genres, tout est remis en question. Autrefois, on concevait des «machines» pour faire ce que l'homme ne pouvait directement produire. Aujourd'hui on recourt à l'homme là où la machine montre ses limites : qu'il s'agisse d'une manipulation complexe que la robotique ne sait pas encore bien effectuer ou qu'il faille une capacité créatrice que l'intelligence artificielle ne permet pas encore de délivrer. La compétition homme et informatique est parfaitement illustrée par les parties d'échecs contre l'ordinateur : aujourd'hui, « l'intelligence » informatique est telle que seuls quelques grands champions qui se comptent sur une main, à l'échelle du monde, peuvent prétendre tenir tête aux monstres informatiques.

Cette évolution va-t-elle se poursuivre, se ralentir ou s'accélérer ? Sur les dernières décennies, les progrès technologiques du traitement de l'information se sont autofécondés. Nous pouvons d'ores et déjà examiner les premiers impacts du contexte précédemment décrit sur le travail et l'homme au travail. On observe des tendances de fond qui devraient aller en se généralisant. Afin de comprendre la place de l'homme dans les organisations d'aujourd'hui, nous proposons dans une première partie de ce chapitre une analyse rétrospective des organisations et de leur management pour ensuite, dans une seconde partie, pouvoir exposer notre grille de lecture de la place de l'homme dans les organisations d'aujourd'hui.

1 L'analyse rétrospective des organisations

Une vision rétrospective des pratiques de gestion des hommes, outre son intérêt historique, a également l'avantage d'apporter des éclairages intéressants aux pratiques contemporaines de gestion. En effet, un survol historique permet de trouver des analogies entre des problématiques actuelles et des modes de gestion des hommes pratiqués à divers moments de l'histoire, que ce soit à l'époque antique par les marchands vénitiens ou bien encore présentés dans des textes sumériens (cinq millénaires avant J.-C.). Dans cette optique, nous faisons le choix de présenter les grandes périodes qui ont marqué l'histoire de la gestion des hommes. Conscients de la subjectivité que revêt tout découpage historique, nous proposons une présentation organisée autour d'un événement clé : l'industrialisation. Dans ce cadre, nous distinguons trois étapes : l'étape précédant l'industrialisation que nous qualifions d'ère des marchands, ensuite l'ère de l'industrialisation, puis l'ère postindustrielle ou l'émergence des nouveaux marchands (Boyer, 1999).

1.1 Les trois périodes

L'ère des marchands

La puissance de la civilisation antique peut s'expliquer par la force de l'initiative individuelle qui a permis de développer le commerce à l'échelle nationale et internationale (Boyer, Equilbey, 1991). Du modèle féodal au Moyen Âge, on peut retenir que « l'organisation, les rapports entre les différentes parties prenantes de ce régime ont des résonances très modernes, à notre époque où des formes variées de maillage, d'artisanat plus ou moins intégrées à l'entreprise se développent » (Boyer, Equilbey, 1991). Les prémices de l'industrialisation, qualifiées de « proto-industrialisation » ont permis aux marchands de s'organiser sous une forme qui ressemble de près aux formes émergentes d'organisation actuelle du travail. En effet, à cette époque, le modèle dominant pouvait se définir ainsi :

- un noyau dur composé d'un entrepreneur marchand, travaillant en ville et s'entourant d'un personnel (en faible nombre), qualifié à temps plein ;
- une périphérie composée de travailleurs occasionnels, recrutés en période de forte activité.

Autrement dit, ce modèle se caractérisait par une flexibilité externe du travail.

L'ère industrielle

C'est au cours de la seconde moitié du XVIIIe siècle en Angleterre et du début du XIXe en Europe et en Amérique du Nord que le secteur mercantile laisse la place au secteur industriel, autrement dit, que l'on assiste à la prépondérance de l'industrie sur les formes anciennes de l'activité économique (agriculture et artisanat). Souvent qualifiée d'ère des grandes organisations, cette période a permis à quelques patrons d'entreprises d'accéder à la mythification (Ford, Renault, Citroën...). Symbole de modernité, la grande entreprise, véritable institution économique et sociale devient la référence. En période de croissance quasi continue, il est alors possible de recruter en masse et de garantir un pouvoir d'achat et un « emploi à vie ». Dans un tel contexte, il convenait de penser à une nouvelle forme d'organisation du travail. Le passage d'un système informel d'organisation de petites équipes à l'époque artisanale à la définition de formes nouvelles de gestion de la main-d'œuvre a permis de faire émerger un modèle dominant, dont les caractéristiques sont les suivantes :

- une organisation hiérarchisée ;
- une standardisation et uniformisation du travail ;
- une prépondérance de la « logique du poste de travail ».

On constate le passage d'une logique fondée sur le métier à l'époque artisanale à une logique plus impersonnelle fondée sur le poste de travail, élément central de l'organisation du travail. Le salarié, dans cette optique de travail prescrit, devient la variable dépendante : il doit s'adapter au poste de travail défini par l'organisation.

L'ère postindustrielle

L'approche centrée sur les ressources pose que la longévité de l'avantage concurrentiel dépend du management des compétences afin d'assurer leur maintien et leur renouvellement. Autrement dit, il convient de générer à l'intérieur de l'entreprise un véritable système de gestion des compétences qui permette à cette dernière d'assurer son adéquation permanente aux évolutions de l'environnement. C'est considérer que les ressources humaines portent les compétences clés.

L'évolution de l'histoire du management, comme l'illustre la figure ci-dessous, peut alors se résumer à un retour à la différenciation en fonction de ses compétences individuelles.

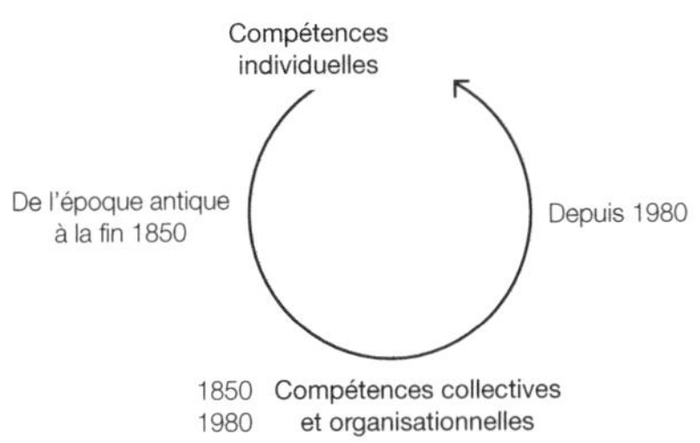

Figure 1 L'évolution de l'histoire du management

1.2 L'évolution des organisations

La mondialisation, les nouvelles technologies de l'information et de la communication, etc., semblent pousser les organisations vers des transformations profondes; à tel point que certains auteurs (Boyer, 1994, Besson, Haddadj, 1999) ont pu parler de changement paradigmatique.

L'essor des nouvelles technologies, et en particulier les NTIC (nouvelles technologies de l'information et de la communication) incitent les entreprises à des ajustements permanents qui se traduisent bien souvent par une flexibilité accrue et une exigence croissante de compétences. Ces contraintes économiques impliquent des transformations radicales des processus d'organisation et de gestion des ressources humaines. La pérennité des entreprises et leur développement dépendent de plus en plus de leur capacité à faire face, voire à anticiper les évolutions en cours qu'il s'agisse de la mondialisation de l'économie, de l'accélération des échanges, d'une concurrence exacerbée ou encore de l'émergence de nouveaux marchés. Dans cette optique, et en reprenant les termes de Hamel et Prahalad (1995), on passe de la stratégie par adaptation (ou *strategic fit*) à la stratégie par intention (ou *strategic intent*).
pétences de la firme et les changements nécessaires in-

De la stratégie par adaptation à la stratégie par intention

Dès la fin des années soixante et jusqu'au milieu des années quatre-vingt, le paradigme qui dominait la pensée stratégique reposait sur l'analyse concurrentielle. Porter (1982) par exemple va formaliser un schéma en cinq forces qui permet d'analyser la concurrence; son analyse se base sur l'identification des clients, fournisseurs, et concurrents actuels ou potentiels. La structure du secteur s'impose aux compétiteurs qui ont alors à s'y adapter. Dans cette optique, la plupart des entreprises, afin de mieux répartir leur portefeuille financier, de réduire les risques, se lançaient dans des stratégies offensives de diversification.

Le premier choc pétrolier de 1973 freinera cet élan et incitera les entreprises à engager des stratégies de recentrage sur leur(s) métier(s) de base. Le recentrage sur le ou les métiers, intègre aujourd'hui, avec une acuité croissante, des logiques de flexibilité et d'externalisation plus ou moins lourdes. Le recentrage, c'est en quelque sorte la focalisation de l'entreprise sur son ou ses métier(s) de base, par l'abandon ou le transfert d'activités jugées peu risquées ou peu rentables (Boyer, 1996). Dans le contexte actuel, la diminution de l'incertitude – un des objectifs privilégiés de toute stratégie – est plus obtenue par un contrôle aussi complet que possible du ou des métier(s) exercé(s) prioritairement, que par une maîtrise financière des risques à partir de métiers dans lesquels l'entreprise n'a pas de compétences spécifiques remarquables. Le recentrage n'est pas à considérer comme le repli de l'entreprise sur elle-même ou le refus de toute possibilité de diversification, mais plutôt comme un recadrage de ce qu'elle sait faire, et surtout mieux faire que ses concurrents. La théorie des ressources (*resource based-view theory*) pose ainsi en priorité l'identification de son cœur de métier, de ses capacités, de ce qu'elle sait faire et surtout mieux faire que les autres. L'entreprise est ainsi considérée comme un portefeuille de ressources avant d'être un portefeuille d'activités. L'analyse de la concurrence laisse la place à l'identification des compétences clés.

Le métier peut s'appréhender par le concept de «compétences de base» (par rapport à la notion antérieure de «métier de base»), se définissant d'abord comme un ensemble de compétences communes aux différents segments stratégiques, c'est-à-dire un groupe cohérent de technologies partagées. La firme doit alors assurer en permanence une veille stratégique qui lui permette de maintenir et/ou renouveler son avantage concurrentiel. Cette veille stratégique repose essentiellement sur l'adéquation entre les com-
duits par l'évolution de l'environnement.

	Analyse stratégique classique (Porter)	Théorie des ressources
Fondements	Analyse concurrentielle	*Core competences*
Niveau d'analyse	Le secteur	L'entreprise
Raisons du succès	Stratégie par adaptation	Stratégie par intention
Représentation de l'entreprise	Portefeuille d'activités	Portefeuille de ressources

Tableau 1 Les deux grandes étapes de la pensée stratégique, d'après Cadin (1997)

Évolution des formes organisationnelles

L'impact de l'évolution du management sur la structure a pu se caractériser dans un premier temps par une complexification structurelle. En effet, de structure simple avant l'industrialisation, on est passé à des structures fonctionnelles, divisionnelles ou à des bureaucraties à l'ère de la grande entreprise (Mintzberg, 1982). Aujourd'hui la tendance est aux structures plus souples, qu'il s'agisse d'entreprises allégées (Brilman, 1995), virtuelles ou en réseaux, etc. En effet, depuis quelques années, face aux exigences de réactivité (interne et externe), on constate une mutation de l'organisation, amenée progressivement à rompre avec le schéma classique de l'organisation qui consiste en la traduction des choix stratégiques en structures adaptées, déclinées en postes, emplois, fonctions; l'idée étant de réaliser les activités nécessaires à l'atteinte des objectifs (Boyer, 1996).

La logique classique de l'organisation est une construction, que l'on qualifiera de descendante: en fonction des choix stratégiques, une structure est définie, l'organisation se décline en postes de travail. À la notion de postes définis succède alors une conception en termes d'équipes-projets, de groupes de travail autonomes, adaptables. On constate l'émergence d'une logique de construction ascendante: l'organisation se construit en fonction des compétences des différents acteurs, puis influe sur les choix stratégiques. La gestion des hommes se résume alors en la capacité à mobiliser des compétences et non plus en la capacité à décrire et à organiser des postes de manière cohérente au regard des objectifs de l'entreprise (Lawler et Ledford, 1992; Lawler, 1994). Le terme « d'adhocratie » employé par Henri Mintzberg, illustre bien cette conception de l'organisation, qui en fonction des besoins, des projets, se met en place, et dont la durée de vie est subordonnée à la durée du projet, de la mission.

Le travail lui-même se dématérialise ou se virtualise, au détriment de l'importance de la fabrication. Pour proposer des biens manufacturés ou des services, l'entreprise produit d'abord des idées, des concepts et des projets – à ce stade du développement d'un «produit» (acception marketing), tout tient sous la forme de mots, de chiffres, d'images, de plans. Ce sont des données qui sont forcément recueillies, véhiculées et stockées par le système d'information, gérées sous la forme de documentations électroniques. Les systèmes de gestion électronique documentaire (GED) donnent parfaitement forme au concept de *knowledge management* (se reporter au chapitre «Management des connaissances» de la section II/4), la gestion du capital de connaissance de l'entreprise. Les personnes autorisées ont accès aux bases de connaissances, les enrichissent, à tour de rôle ou en simultané.

Dans notre monde de transport facile, la fabrication tient une place de moins en moins stratégique. La valeur ajoutée et l'avantage concurrentiel se jouent de plus en plus en amont voire aussi à l'extrême aval de toute la chaîne du développement du produit à sa mise sur le marché. En amont, c'est être à l'origine d'une très bonne idée puis savoir la concrétiser, mieux et plus rapidement que ses concurrents éventuels enfin, en aval, la tenir à la portée du plus grand nombre de prospects, qualifiés et informés. D'ailleurs, tout au long de cette chaîne, plus l'entreprise cherche à être efficace, plus elle repoussera le moment du passage du virtuel au réel. Ainsi, des économies considérables et des gains de temps substantiels sont réalisés en évitant les étapes de la maquette et des prototypes et en associant à cette «virtualité» toutes les entités contributrices, fournisseurs compris. L'aéronautique en offre le plus bel exemple. Début 2005, Dassault vient d'annoncer son nouvel avion d'affaire, le Falcon 7X qui est le premier avion à avoir été entièrement élaboré de manière virtuelle, de la conception à la fabrication, sans que soit réalisée une maquette autre que numérique, ni même un prototype, avant la sortie du premier exemplaire de série. Cet avion est déjà vendu sur une base virtuelle: le client peut visiter virtuellement sa future acquisition avant même que celle-ci n'ait été jamais construite!

Toute l'énergie de l'entreprise s'investit dans la recherche, l'innovation, la conception de nouveaux produits au sein de gammes qui se renouvellent très rapidement. Le secteur de l'informatique et des télécommunications donne lui-même l'exemple. Avec quelle vitesse, poussés par les nouvelles générations de puces (microprocesseurs), les micro-ordinateurs se démodent les uns les autres! Ce ne sont plus les usines et leurs responsables de fabrication qui font la loi dans les entreprises. Alors que l'informatique pilote avec la même précision les équipements de fabrication où qu'ils se trouvent, quel que soit le pays ou l'usine, la recherche du moindre coût incite les grands groupes à se séparer de leurs «lourdes» activités industrielles de fabrication. On assiste conséquemment au renforcement de la sous-traitance, de l'externalisation, des transferts de technologie vers les pays à bas coûts. En ce début de décennie, Alcatel et Thomson Multimédia ont cédé totalement ou partiellement leurs activités de fabrication et IBM, le producteur du fameux PC, en vient même à renoncer à fabriquer des micro-ordinateurs. C'est l'automobile qui a ouvert la voie: étant un marché très concurrentiel et plutôt stabilisé sur le plan technologique, les fabricants automobiles ont compris que leur marge se ferait grâce au zéro-stock et une sous-traitance généralisée et intégrée. Non seulement, les fournisseurs s'installent littéralement à la porte de leurs usines d'assemblage, voire dans leur enceinte, mais en plus, les systèmes d'information du producteur et du fournisseur communiquent directement, sans le truchement des hommes et du papier. Aujourd'hui, on évoque le concept d'entreprise virtuelle étendue pour afficher de nouvelles exigences vis-à-vis des systèmes d'information: si la chaîne informatisée doit sortir de l'entreprise, aller du fournisseur au client, ceux ci doivent donc avoir un accès direct à son système d'information. Bien sûr, avec des processus parfaitement définis – ISO[1] oblige – et en temps réel (flux tendu et juste à temps).

L'informatique a aboli les distances, elle efface aussi les frontières et réduit les écarts culturels, du moins dans le monde de l'entreprise. Un progiciel de gestion va fonctionner selon les mêmes schémas, que ce soit en Chine ou aux États-Unis. Ce logiciel, un ERP comme SAP par exemple, constitue le médium qui permet au Chinois et à l'Américain de se comprendre, de «manipuler» les mêmes concepts, d'appliquer les mêmes processus de gestion. Les NTIC facilitent considérablement le pilotage de projets internationaux tels que le TGV en Corée. Toute la documentation est échangée, enrichie et stockée sur un même système de GED, accessible à l'aide d'un simple navigateur internet. Grâce aussi au mail, à la téléconférence et au téléphone mobile, les différentes équipes du projet TGV, localisées à Paris, à La Rochelle et en Corée, dans l'entreprise ou chez les fournisseurs et chez les clients travaillent efficacement ensemble. Les différents contributeurs échangent et produisent désormais *off-shore*: où ils sont localisés importe peu en soi, pourvu qu'ils puissent travailler, coopérer ensemble. Ce sont, autre exemple, les ingénieurs de Renault et Nissan qui conçoivent des plateformes de véhicules communes pour des centres d'étude, des usines et des marchés que des milliers de kilomètres séparent.

À cela il faut ajouter la mobilité. Les ingénieurs et les cadres travaillent indifféremment aussi bien depuis leur bureau, depuis chez eux, comme aux quatre coins du monde: ils sont dotés de téléphones mobiles multibandes et de micro-ordinateurs ultra-portables, reliés sans fil à Internet et au réseau de l'entreprise.

Ainsi, les frontières des organisations évoluent. La tendance est à la virtualisation, rendue possible par une innovation permanente et sans fin des dites «nouvelles technologies» qui abolissent les frontières classiques du temps et de l'espace. Quid de la place de l'homme dans ces organisations «technologisées» au possible? Tel est l'objet de notre seconde partie.

2 La place de l'homme dans ces nouvelles organisations

Les débats qui animent les organisations aujourd'hui pourraient être qualifiés d'existentiels, tant ils questionnent les fondements qui sont à l'origine de la création de ces dernières. Le modèle du salariat classique reposait sur quelques préceptes, qui sont aujourd'hui sérieusement attaqués, voire même, dans certains cas, bafoués. L'utilisation croissante des outils de communication (fax, téléphone mobile, ordinateur portable, Internet...), a certainement contribué à la dégénérescence de ces repères classiques du salariat issus de quelque cent cinquante années d'industrialisation, et de quelques mouvements sociaux collectifs (congés payés, accords collectifs...).

2.1 Vers une société post-salariale

D'une manière générale, si le modèle salarial classique est aujourd'hui affecté par les exigences de flexibilité, d'adaptabilité, de réactivité, de concurrence accrue, c'est que dans un tel contexte, la diversité l'emporte sur l'unicité. En effet, les préceptes du salariat classique, qui peuvent se résumer par la trilogie suivante: unicité de lieu, de temps, de statut, perdent de leur intérêt au bénéfice de solutions plus souples, mais certainement moins sociales et protectrices.

Les bouleversements qui touchent aujourd'hui l'entreprise ne peuvent pas à eux seuls, expliquer la fin du salariat classique. Au-delà de l'entreprise, c'est la société dans son ensemble qui est concernée. Robert Rochefort (1997) distingue les quatre grandes éta-

1. ISO: International Standard Organization, Organisation internationale de normalisation

pes qui ont marqué les cinquante dernières années. Dans les années cinquante-soixante, le salariat était intégrateur, les classes sociales étaient hiérarchisées et la société reposait sur une organisation familiale assez rigide. C'était l'ère de la production standardisée et de la consommation de masse. Les années soixante-dix–quatre-vingt marquent une rupture. Tertiarisation, qualification de la main-d'œuvre, hypersegmentation, et montée de l'individualisme sont les traits caractéristiques de cette décennie. Le début des années quatre-vingt-dix sera marqué par l'inquiétude, la peur de l'avenir, et un certain repli sur soi. Un besoin de «rassurance» émergera et se traduira par des besoins proches de la famille, de la santé, de la tradition, du terroir. La fin des années quatre-vingt-dix amorcera une nouvelle ère: celle de la «reliance».

La société post-salariale pointe son nez et avec elle, l'initiative, la responsabilité, l'autonomie semblent remplacer la protection, la prise en charge, et la dépendance que permettait la grande entreprise. La sortie de la société salariale génère de nouveaux modes d'organisation du travail qui contraignent l'individu à de nouveaux ajustements de temps et d'espace. La personnalisation de l'espace de travail s'exprimant surtout en France, par une possessivité outrancière, ne semble plus correspondre à la tendance à la virtualisation de l'entreprise. La frontière entre travailleur salarié et travailleur indépendant devient très floue.

Dès lors, pour un nombre croissant d'individus, avoir un travail ne signifie plus bénéficier de l'unicité de lieu, de temps et de statut (une entreprise, 39 heures hebdomadaires, un CDI), mais plutôt s'adapter à des formes aussi variées que l'intérim, le détachement, le portage salarial, le temps partagé, le groupement de salariés. Au-delà de la diversité terminologique, de nouvelles réalités sociales émergent. S'il apparaît en effet que le redéploiement des métiers, le recentrage, l'externalisation, la flexibilité développent l'échange dans le monde du travail, et ce, sous un grand nombre de formes, il n'en demeure pas moins que la marginalisation pour les moins compétents apparaît au grand jour.

Au-delà des formes nouvelles d'emploi présentées dans le lexique, d'autres formes existent. Il en est ainsi du *merchandiser* de la grande distribution, du retraité travailleur-indépendant, du personnel mis en régie et même de ces employés sous contrat à durée indéterminée sans horaire garanti, du contrat à durée déterminée devenu la voie quasi normale du recrutement, de ces responsables, de très petites entreprises (unipersonnelles), de ces administrateurs d'associations... S'il convient de parler de rupture du modèle salarial classique, c'est certainement car la trilogie unicité de temps, de lieu et de statut est en train de disparaître.

Certes, certains emplois sont encore protégés (mais pour combien de temps?). Mais la tendance est bel et bien là. Pour les populations de commerciaux d'IBM par exemple, la relation de cause à effet est simple: pas de bureaux permanents, donc plus de temps passé chez les clients, d'où augmentation des ventes. La diversité des lieux de travail induit une nouvelle conception du temps de travail ou plus exactement de la répartition temps de travail/temps personnel. Le nouveau modèle de gestion qui s'oppose au modèle de la qualification prône la responsabilisation et la dynamisation des salariés, valorise l'individu en tant qu'ac-

L'intérim: Personne recrutée par une agence de travail temporaire pour être détachée dans une entreprise cliente pour y accomplir une mission déterminée.

Le détachement: Permet à une entreprise de prêter son personnel volontaire à une société en vertu de l'article 125-3 du code du travail autorisant le prêt de main-d'œuvre à but non lucratif. Pour l'entreprise d'origine, cette solution permet d'employer «utilement» une disponibilité professionnelle temporaire. Le temps du détachement, le salaire et les charges afférentes sont facturés à l'entreprise d'accueil au prix de son marché du travail.

Le portage salarial: En ayant recours aux services d'une société de portage salarial, les cadres peuvent développer une activité indépendante tout en maintenant un statut de salarié. Inscrite au registre du commerce, la société de portage est assujettie à la TVA. Elle édite les factures et perçoit les honoraires pour le compte de ses adhérents, avant de les leur reverser sous forme de salaires, charges sociales déduites, et moyennant une commission comprise entre 8% et 15% du chiffre d'affaires réalisé.

Le temps partagé: Un cadre à temps partagé ou multisalarié dispose d'au moins deux contrats à temps partiel simultanés. Les seules façons d'accéder à ce marché du travail passent par le réseau personnel ou la candidature spontanée sous forme de proposition commerciale.

Le groupement d'employeurs: Il salarie des cadres pour le compte d'entreprises adhérentes. Les frais de fonctionnement de ces associations sont calculés sur la base d'un taux horaire majoré. Au départ, les entreprises déposent l'équivalent de deux mois de fonds de roulement.

Figure 2 Lexique des nouvelles formes d'emploi, adapté de *Liaisons Sociales*, juin 1998 teur du changement organisationnel. Finalement, ce qui est recherché au travers de ces modèles, c'est la modification du comportement au travail. Hillau (1987) a montré qu'on exigeait de plus en plus une «implication subjective dans la connaissance». Les pratiques individualisantes, permettant souplesse et flexibilité, sont préférées aux pratiques liées à la qualification, plus rigides et collectives.

Pour Schwarz (1990), on assiste à l'émergence d'une autogestion de l'individu au sein des organisations. La contrainte est au niveau de la capacité de l'individu à gérer une situation variable et multidimensionnelle. Certains auteurs, comme Galambaud (1994), vont jusqu'à dire que le modèle de la compétence contribue à l'exclusion sociale, dont la traduction bien connue est l'actuelle situation du marché de l'emploi et la précarisation tendancielle du travail. Autrement dit, le lien social est fragilisé. Pour Fouilleul (1995), on assiste à la multiplication des emplois atypiques, devenus une véritable variable d'ajustement. Renonçant à sa vocation intégratrice, socialisante, l'entreprise tend à devenir une machine à précariser (Boyer, 1996). Selon de Montmorillon (1997), cette recherche de flexibilité peut prendre la forme d'une externalisation croissante de l'emploi ou d'une augmentation des emplois à temps partiel. L'entreprise est alors amenée à gérer trois types de ressources humaines:

- les salariés permanents (compétences spécifiques, vitales à moyen et long terme);
- le travail temporaire (compétences non spécifiques, disponibles sur le marché du travail);
- l'achat de services (achat de résultats, marchandés sur le marché des services).

On distingue ainsi pour les gestionnaires de personnel, deux types de ressources humaines (l'achat de services étant géré directement par les services concernés): le noyau dur constitué de personnel permanent, et la périphérie constituée de personnel vacataire, stagiaire, à temps partiel, à contrat à durée déterminée. Autrement dit, «les deux catégories de main-d'œuvre sont l'objet de politiques différenciées à l'intérieur de la même entreprise, en fonction de leur importance stratégique plus qu'en fonction de leur appartenance à une catégorie socioprofessionnelle» (Terence, 1994). Nous retrouvons ici les caractéristiques du modèle salarial de l'ère des marchands.

Le temps de la grande entreprise est révolu, et avec elle, une partie des avantages sociaux qui lui étaient associés. C'est aujourd'hui au salarié de se prendre en charge et d'assurer lui-même son «employabilité», autrement dit, sa survie. Il est tentant de faire référence à Darwin et à la sélection naturelle et de considérer qu'une certaine forme de «darwinisme social» serait en train d'émerger, qui permettrait la survie des plus compétents. La comparaison peut paraître exagérée, elle correspond cependant à une réalité sociale largement partagée. Les effets de l'externalisation s'expriment par une baisse des effectifs des grandes entreprises et corrélativement par une augmentation du nombre de prestataires extérieurs, indépendants et adaptables. Dans bien des cas, le droit commercial se substitue au droit du travail. La relation classique de travail entre un employeur et un salarié se transforme en une relation entre un donneur d'ordre et un prestataire de service.

Chaque individu est appelé à être un marchand de ses compétences, quelles qu'elles soient. Il apparaît que dans ces positions intermédiaires entre sécurité et exclusion qui touchent un nombre grandissant de personnes, ce n'est pas la quantité de travail, le statut social, mais la compétence utilisable qui provoque le rapprochement entre l'offre et la demande (Scouarnec, 1998). Dans un tel contexte, l'individu, dans ces formes variées d'emploi, devient son propre marchand, tant à l'intérieur de l'entreprise, qu'à l'extérieur. Une nouvelle relation marchande voit le jour, qui rappelle au lecteur averti l'ère du *putting out system*.

2.2 L'hégémonie du «tout informatique»

S'il est plus responsable ou autonome que dans le passé, l'homme doit trouver son espace de liberté à l'intérieur des processus qu'il est obligé de respecter *de facto* puisque tout lui parvient grâce au système d'information et que son activité elle-même doit s'y trouver retranscrite. Si un cas survient qui n'a pas été préalablement identifié, étudié et donc n'est pas «supporté» par l'outil informatique, l'employé peut

Forme classique du salariat	Nouvelles relations de travail
Droit du travail	Droit commercial
Employeur ⇓	Donneur d'ordre ⇓
Salarié	Prestataire de service

Tableau 2 Modification de la relation de travail

être déstabilisé. La hiérarchie sera alors son recours le plus simple si tant est que la hiérarchie sache ou puisse contourner le système ou faire sans, fort improbable dans les grandes organisations…

Le corollaire de cette informatisation rationnelle du travail ? Big Brother connaît à chaque instant l'emplacement, le niveau d'activité et d'efficacité de l'homme au travail. D'où l'importance des garde-fous comme la CNIL en France. De simples outils de messagerie instantanée détectent votre active présence au clavier. Avec les réseaux sans fils, les téléphones organisateurs PDA (*personal data assistant*), l'image de l'homme branché, au bureau, en déplacement ou à la maison, n'est vraiment plus du sens figuré ! Je suis branché donc j'existe : je reçois des courriels, je peux en envoyer. Je démissionne ou je suis licencié de l'entreprise, je perds instantanément tous mes accès.

Progressivement l'homme ne devient-il pas un terminal « adroit » ou « hyper intelligent » du système d'information de l'entreprise qui l'alimente en « inputs » et qui récupère une partie de ses « outputs » ? L'informatique est donc présente en amont et en aval du système « homme » ou dit autrement, l'informatique « encadre » désormais tout un chacun dans les entreprises. Qu'on neutralise simplement le système de mail et, les employés du patron jusqu'à l'exécutant ne reçoivent plus l'information qui les met en mouvement. Aujourd'hui le travail des uns et des autres est « préparé » par l'informatique : systèmes de *workflow* qui poussent l'information en temps utile vers les acteurs de gestion, « listes de tâches » électroniques qui organisent le temps des managers selon un système de priorités préétablies. L'informatique ordonne le travail en tâches, règle le rythme, selon des concepts de flux tendu et de juste à temps. L'homme exécute. C'est un peu le retour de l'organisation scientifique du travail ; on pourrait parler de néotaylorisme. Il ne s'agit plus d'examiner le poste de travail et la gestuelle la plus appropriée des opérateurs mais de détailler les enchaînements de processus et le rôle des acteurs de ces processus. Tous les cas de figure possibles sont passés en revue en précisant comment il faut renseigner le système d'information selon chacun des cas.

Dans l'organisation informatisée, le rôle de chacun, dans son métier et dans son poste se décompose donc en « droits » vis-à-vis du système d'information. Des droits d'accès d'abord puis des droits d'action dans les applications informatiques. Plus le système est sophistiqué ou complexe, plus la gestion des droits devient un véritable casse-tête. Peu d'entreprises ont bien pris la mesure de la rigueur et des moyens qu'il convient d'adopter pour piloter des modes d'organisation aussi pointus. C'est là leur réelle limite. Les logiciels les plus avancés ne font pas tout. Transcrire les organisations humaines dans des systèmes d'information s'accommode mal de flou. Trois données demandent à être parfaitement mises sous contrôle : l'emploi, le rattachement organisationnel et le rattachement hiérarchique. Elles doivent suffire à définir précisément les responsabilités de chacun. Les entreprises dépensent des montants considérables pour mettre en œuvre de tels équipements qui sont destinés à être leur système nerveux. Puisque l'entreprise est un corps vivant dans un environnement si changeant, ces logiciels requièrent presque autant d'intelligence et d'énergie à être maintenus qu'à être mis en place. Les enjeux précédemment décrits sont loin d'être gratuits !

Pour aller encore plus profond dans l'analyse de l'impact des nouvelles technologies, on pourrait même dire que les systèmes d'information ont déjà la capacité de s'immiscer dans le registre affectif. Déjà, dans la sphère privée, nombreux sont ceux qui recourent déjà au médium informatique dans leur vie affective : les sites « roses » n'ont-ils pas toujours été le moteur du minitel puis d'Internet ? Et, sur le plan professionnel, de façon analogue, les sites d'emploi ne visent-ils pas à vous permettre de dénicher le job idéal selon votre profil de préférences ? Il est tout à fait habituel que le premier site d'un intranet, en termes de fréquentation, soit le site de publication des offres d'emploi. De plus, les nouvelles technologies sont de plus en plus performantes ainsi, dans les années à venir, l'image animée sera partie intégrante de tous les outils de communication quels qu'ils soient - du téléphone portable aux outils de net-meeting qui relégueront aux accessoires du Moyen Âge les équipements de visioconférence actuels : meilleure sera la qualité, moins « virtuelle » en semblera la communication donc, plus chargée en affect.

Sans doute, malgré la sophistication croissante, la technologie ne pourra jamais intégralement équivaloir le contact direct ou physique entre les personnes ou avec la matière. Comme palliatif, parfois peut-être « inconsciemment », l'entreprise multiplie des moments de communion un peu artificiels, afin de renforcer la cohésion et la motivation des équipes et, au final, régénérer ce lien social quelque peu distendu entre les individus et leur organisation. Ainsi lors de la constitution d'une équipe-projet, on monte un événement fondateur. Cela prendra la forme d'un séminaire de *team-building* qui aide les gens à mieux se connaître, plus rapidement (n'oublions pas qu'il faut aller toujours plus vite) et s'apprécier lors de moments de convivialité organisés.

Internet nous a donné ces dernières années des raisons de croire que les individus sauront toujours tisser des liens, même dans un monde virtuel. Aux

États-Unis, la campagne présidentielle de 2004 a montré qu'Internet est un formidable outil de mobilisation politique et sociale. Ce qui vaut sur Internet doit pouvoir trouver son pendant dans l'entreprise. Certaines ne vont-elles pas jusqu'à offrir sur l'intranet des espaces personnalisés à leurs employés afin qu'ils puissent se présenter en interne à leurs collègues de la même façon qu'ils le font sur un « blog » externe. L'entreprise saura-t-elle accorder à ses membres la liberté nécessaire à la constitution de réseaux internes qui seront les véritables garants de l'émergence d'un lien social virtuel, au-delà des simples revendications politiques internes ou syndicales ?

2.3 Manager dans une logique du « tout informatique »

Comme nous l'avons précédemment décrit, l'homme du XXIe siècle est déjà « encadré » par le système d'information, au sens figuré et déjà ancien du mot « encadrement ». Le système d'information est aussi désormais le miroir de l'homme au travail : miroir, dis-moi que j'existe ! (Je me visualise dans l'annuaire et les organigrammes en ligne) ; miroir, dis-moi que je réussis mes objectifs ! Miroir, dis-moi que je suis le plus efficace ! (J'accède à mon tableau de bord individuel, à jour en temps réel).

Le rôle du manager

Manager dans ces temps modernes passe par le truchement du système d'information. Un chef sans système d'information saurait-il dresser la liste de ses subordonnés dispersés sur tous les continents ? Saurait-il leur fixer des objectifs ? Saurait-il mesurer et suivre leurs résultats ? Depuis l'avènement des supports d'appréciation en ligne, quelqu'un doit rappeler aux managers et à leurs équipiers que ces fonctionnalités ne sont pas faites pour éviter qu'ils se rencontrent et discutent en face-à-face des problèmes à résoudre !

Supportés par l'informatique, mis en ligne, les processus de management sont naturellement plus précis et normés qu'autrefois. L'appréciation d'une personne sera de moins en moins une affaire d'affect et plus une question de niveau de réalisation d'objectifs préalablement négociés et contractuellement formalisés. De ses résultats découlera le calcul d'une rémunération à forte partie variable. Cet exemple montre que l'introduction de systèmes d'information avancés dans les dimensions management et ressources humaines va de pair avec un côté plus « mécanique », plus explicite voire même plus transparent du lien entre l'employé et son entreprise : son contrat, sa rémunération variable, ses critères de motivation, ses « benefits » (les avantages hors salaire).

Pour pouvoir jouer avec finesse et motiver les équipes, tous les leviers sont bons pour un DRH qui met naturellement en avant une rémunération « globale » : au salaire et au bonus s'ajoutent l'acquisition de compétences, la formation, des opportunités de carrière, des avantages sociaux, etc. Tout peut faire l'objet d'un suivi, tout peut entrer dans un « panier » comme résultat d'un choix individualisé. Là aussi, le recours à l'informatique va aider à piloter cette nouvelle complexité et fidéliser les employés les plus méritants.

Dans un schéma d'organisation moderniste avec une dimension matricielle forte, le manager « hiérarchique » ou « fonctionnel » n'a plus quotidiennement sous son œil son équipe dispersée. Il perd un peu son rôle de référent. Alors, la fonction RH a éventuellement une carte à jouer car ses processus de gestion clarifiés et son réseau de proximité (local ou pays) peuvent devenir l'autre terme de l'alternative managériale. Seule de toutes les fonctions de l'entreprise, la fonction RH peut revendiquer cette part de responsabilité managériale que la hiérarchie traditionnelle n'exerce plus.

Le rôle des RH

De plus, nous avons déjà mentionné que le temps « s'accélère » sous la pression de la technologie : les employés travaillent en projet, ils changent donc fréquemment de manager, la mobilité sous toutes ses formes se développe. La fonction RH doit aussi, plus que les autres, garantir une gestion des personnes dans une perspective de moyen terme, au-delà de la simple affectation d'un individu à un poste naturellement éphémère. L'efficacité RH, c'est aussi aller plus vite dans l'identification de la personne requise pour un poste ou une mission. Dans un monde où la vitesse est un facteur clé de succès, la fonction RH ne peut échapper à cette exigence. D'un côté, les compétences sont les caractéristiques qui permettent d'exprimer précisément un besoin en ressource. De l'autre, chaque personne offre un panel spécifique de compétences. Les compétences sont bien le niveau fin de la gestion RH. La fonction RH peut s'appuyer sur les outils informatiques puissants pour mettre en place une véritable gestion logistique des compétences : à commencer par leur identification via un couplage avec les outils de KM, l'inventaire des compétences en stock, celles qui sont disponibles ou qui le seront prochainement, celles qui manquent ou qui vont manquer ; quelles sources et quels coûts pour se doter des compétences manquantes ? La fonction RH pourra alors combiner harmonieusement en temps quasi réel ou en anticipation formation, mobilité, recrutement, intérim, voire sous-traitance.

Le système d'information devient pour l'homme au travail une espèce de substrat, médium via lequel tout transite : les ordres, les échanges avec les collègues, les fruits d'un travail personnel ou collectif. D'ailleurs les registres collectifs et individuels sont quelque peu brouillés : le sentiment de propriété s'exprime moins facilement quand on évolue dans une dimension virtuelle. D'où un risque de perte de repères dans ce contexte de dématérialisation et de globalisation. Les populations «cadres» qui ont été les premières exposées à la dématérialisation et à la mobilité font figure de pionniers. Par leur niveau d'éducation et de responsabilité élevés, elles ont su plutôt bien s'adapter aux nouvelles contraintes et y trouver des avantages. On pourra aisément citer le télétravail qui donne des souplesses de fonctionnement : rentrer plus tôt du bureau mais, après le dîner en famille, pouvoir depuis chez soi travailler avec des collègues d'un autre continent. Il faut craindre que les bénéfices du «tout informatisé» soient moindres pour les autres catégories d'employés qui voient leur travail très «encadré» ou radicalement supprimé du fait des relais directs chez les fournisseurs et les clients, la vente sur Internet en est l'exemple absolu. Les services achats sont décimés sous l'effet des places de marché en ligne. En prenant à contre-pied le paradoxe de Solow, peut-on se risquer à faire l'hypothèse qu'il doit y avoir, malgré tout, un rapport entre les gains de productivité potentiels et la montée en puissance des équipements informatiques ?

Hors de sa zone de responsabilité classique, il y a deux champs qui demandent désormais une attention plus grande que par le passé et où la fonction RH est la plus légitime : l'organisation et la conduite du changement. Ces deux domaines nécessitent de connaître parfaitement les hommes, individuellement et collectivement. Nous avons déjà dit l'importance dans un système d'information de la notion d'emploi. L'emploi est ce qui définit la finalité de chacun dans l'entreprise. Une organisation est donc l'agrégation d'un certain nombre d'emplois-types qui sont plus ou moins invariants selon le titulaire, le responsable hiérarchique et le contexte du poste. Aucune gestion prospective et collective ne peut exister sans une cartographie des emplois. L'affectation des bonnes personnes au bon poste est d'autant plus décisive que le succès d'une entreprise se joue sur la créativité et la motivation des personnes comme sur l'économie des moyens. À travers la connaissance des emplois et des personnes, la fonction RH est plus que jamais le garde des sceaux de l'organisation. Elle peut assister de façon décisive le management dans ses décisions de réorganisation et de nomination. Ce rôle est bien reconnu dans les grandes entreprises dotées d'une fonction RH forte.

L'autre champ où la fonction RH peut apporter une contribution légitime à l'entreprise est la conduite du changement qui devient de plus en plus nécessaire dans un contexte de transformation permanente : réorientations stratégiques, restructurations organisationnelles, rotation des responsables, nouveaux produits à fort contenu de service, introduction des NTIC (bien sûr) et leurs conséquences, etc. ! Cette conduite du changement passe par la communication interne, l'information, la pédagogie, la transparence et l'engagement des dirigeants sur la base de valeurs et de principes, en cohérence avec la politique RH et dans un esprit contractuel. Une condition essentielle de faisabilité réside dans le bon accord entre le DRH et le directeur général.

3 Conclusion

Si l'analyse rétrospective des organisations a permis d'opérer une lecture de l'évolution de la place de l'homme dans l'organisation et des façons de manager, la réalité contemporaine semble dominée par une position hégémonique des systèmes d'information informatisés qui viennent bouleverser les frontières spatio-temporelles classiques des organisations. Si l'heure est à la dématérialisation, à la virtualisation, «au tout informatique», etc. la question demeure la gestion du changement. Sous nos latitudes, le monde de l'entreprise comme celui de l'administration est plus structuré, hiérarchisé, beaucoup moins flexible et fluide que le monde extérieur ; chacun y exerce un pouvoir sur son terrain d'influence et les employés ou les fonctionnaires sont moins libres que les citoyens. Or comme nous l'avons vu, les transformations induites par les nouvelles technologies sont considérables si l'on «pousse à fond» leur potentiel. Piloter ce changement, c'est forcément savoir gérer des risques importants. Peu de responsables sont volontaires, exposés qu'ils sont de perdre leur emploi. Et puis, il y a aussi à gérer la transition entre les systèmes en place et les nouveaux. Cela prend souvent, en soi, plusieurs années. Enfin, il faut travailler la dimension pédagogique qui est sur la durée, un facteur clé de succès. Travailler dans le virtuel requiert une bonne capacité d'abstraction et on ne peut écarter l'hypothèse qu'il demeure un irréductible quart-monde exclu des NTIC.

L'entreprise marque, dans le domaine des nouvelles technologies, un certain retard : que l'on constate simplement que des services d'administration sont toujours «portés» par le papier, que les cols bleus n'ont, en grande majorité, toujours pas d'accès au système d'information. Pour ces derniers, il a là des raisons fonctionnelles tout autant que culturelles. La mise en place d'équipes «autonomes», en îlots, dotées de moyens informatiques pour suivre la qualité des produits est un premier pas. Ne devient-il pas paradoxal qu'un salarié soit équipé d'un ordinateur et d'Internet à la maison mais ne dispose pas d'un clavier et d'un écran à son travail, pour s'informer, pour enrichir le contenu de son poste, pour se former? Ces résistances vont-elles progressivement se réduire ou, au contraire, risque-t-on un rejet des nouvelles technologies? Quelles en seraient les incidences pour les entreprises qui n'arriveraient pas à passer le cap? Est-ce que, dans le malaise ambiant que l'on attribue à la mondialisation, il n'y aurait pas une part d'inquiétude liée à la mise en œuvre inéluctable des nouvelles technologies en particulier dans le monde du travail et à leurs conséquences? Finalement, le fait que les entreprises soient «en retard» dans l'introduction des nouvelles technologies peut être aussi perçu comme une chance: cela laisse un peu de répit pour que chacun, individuellement et collectivement, puisse s'ajuster à cette nouvelle donne, si radicale.

Bibliographie

Albert M. (1995), «Entre remise en cause et adaptation: la grande entreprise au tournant du siècle», *Entreprises et histoire*, décembre, n° 10, p. 69-90.

Alter N. (1992), *La gestion du désordre en entreprise*, L'Harmattan.

Arthur M. B., Rousseau D. M. (1996), *The boundaryless career, a new employment principle for a new organizational era*, New York, Oxford University Press

Boiral O. (1995), «De la compétence tacite des opérateurs», *Métier et Management*, L'Agora, Hors série.

Boudon R. (1991), *L'Idéologie*, Fayard.

Boyer L. (1994), «L'évaluation du travail: poste, emplois, compétences», *Cahier de recherche du groupe ESC Normandie*, Le Havre-Caen, p. 108-132.

Boyer L. (1996), «La stratégie de recentrage des firmes», *Gestion 2000*, 2, p. 105-116.

Boyer L., Scouarnec A. (1999), *Les nouveaux marchands*, EMS.

Brilman (1995) *L'entreprise réinventée*, Éditions d'Organisation.

Cadin L. (1998), «Faut-il changer de paradigme en théorie des carrières», *Gestion 2000*, Bimestriel 5, p. 139-154.

Castro J-L., Guérin F., Lauriol J. (1994), «Coopération, confiance et compétence en management stratégique et des ressources humaines: Révolution inéluctable ou «révolution» impossible»? *Actes du colloque de l'AGRH*, p. 310-320.

Demsetz (1967), *Ownership, control and the firm*, Basic Blackwell, Oxford.

de Montmorillon B. (1997), «La gestion de l'emploi», *Encyclopédie de gestion*, Economica.

De Terssac G. (1992), *Autonomie dans le travail*, Presses universitaires de France, Paris.

Dubar C. (1992), *La socialisation. Construction des identités sociales et professionnelles.* 2e édition. Armand Colin. Paris.

Dugué E. (1994), «La gestion des compétences: les savoirs dévalués, le pouvoir occulté», *Sociologie du Travail*, n° 3, p. 273-292.

Fouilleul N. (1995), «Quelques réflexions sur la table ronde, dossier compétences», *Performances techniques et humaines*, n° 75-76.

Fréry F. (1995), «De l'entreprise intégrée à l'entreprise transactionnelle», *Entreprises et Histoires.*

Galambaud B. (1994), *Une nouvelle configuration humaine de l'entreprise*, Éditions ESF, Paris.

Hamel G., Prahalad C.K., *La conquête du futur*, InterEditions, 1995.

Hillau B. (1987), «Compétence et sémiologie de l'action» in *Analyse des contenus d'activité*, Cereq, Paris, p. 101-111.

Kanter R-M. (1989), "Careers and the wealth of nations: a macro-perspective on the structure ans implications of career forms", in Arthur M-B., Hall D-T., *Handbook of Career Theory*, Lawrence B-S., Cambridge University Press

Kramarz F. (1991), «Déclarer sa profession», *Revue française de sociologie*, XXXII-1, p. 3-27

Le Vigoureux F. (1998), «Déconcentration industrielle et spécialisation de l'entreprise», in *Le Marché demain*, Éditions EMS.

Landier (1995), *Dessine-moi une vie active*, Éditions Village Mondial

Lawler E. E. (1994), "From job-based to competency-based organizations", *Journal of organizational Behavior*, 15, p. 3-15.

Lawler E. E., Ledford G. E. (1992), "Skill-based approach to Human Resource Management", *European Management Journal*, 10, p. 383-391.

Livian Y-F., Terrenoire J. (1995), «Modèle de la compétence et rapport salarial», *Performances humaines et techniques*, dossier Compétences, n° 75-76, p. 13-17.

Marbach V. (1995), «Rémunération par la compétence, expériences américaines», *Personnel*, n° 357, p. 40-44.

Mintzberg H. (1982), *Structure des organisations*, Dunod.

Nicholson N. (1996), "Career System in Crisis: Change and Opportunity in the Information Age", *The Academy of Management Executive*, X, 4, p. 40-51.
Porter M., (1982), *Choix stratégiques et concurrence*, Economica.
Prahalad C. K., Hamel G. (1989), "Strategic Intent", *Harvard Business Review*, p. 63-76.
Prahalad C. K. Hamel (1990), "The core competence of the corporation", *Harvard Business Review*, p. 79-91.
Rochefort R., (1997), *Le consommateur-entrepreneur*, Grasset.
Sainsaulieu R. (1977), *L'identité au travail*, P.U.F.
Saussois J-M. (1997), «L'entreprise à l'épreuve du dehors et du dedans», in *Dedans, dehors*, Institut Vital Roux, p. 3-22.
Schwarz Y. (1990),» De la qualification à la compétence» in *La sociologie du travail et la certification du social*, PIRTTEM/ CNRS, Université de Toulouse, Le Mirail, T. 1, p. 177-179.
Schein E-H. (1978), *Career Dynamics: Matching Individual and Organization Needs, Reading, Mass*: Addison-Wesley.
Térence (1994), *Encyclopédie des ressources humaines*, Édition d'Organisation.
Toffler, A. (1987), *Le choc du futur*, Éditions Denoël.

Les DRH face au défi informationnel

Thierry Wils, Robert Kopersiewich

Mots clés : compétences, connaissance, ERP, PGI, changement, productivité, informatique décisionnelle, valeur ajoutée, données, information, tableaux de bord.

Résumé: les nouvelles technologies permettent aux organisations de mieux gérer leur complexité croissante. Comme toutes les autres fonctions de l'entreprise, les directions des ressources humaines (DRH) se les sont appropriées dans le but de réduire les coûts. Mais elles oublient souvent que la technologie en soi ne les rend pas plus stratégiques. La technologie ne fait que mettre à leur disposition des données. Or, les hauts dirigeants n'ont pas besoin de données : ils désirent plutôt de l'information à valeur décisionnelle, c'est-à-dire de l'information susceptible d'éclairer leurs décisions stratégiques. La fonction RH peut-elle réussir à relever ce défi?

Si les organisations évoluent dans des environnements de plus en plus complexes, elles ont également à leur disposition de nouvelles technologies qui permettent, en théorie, de mieux maîtriser cette complexité. L'aventure technologique dans laquelle se sont lancées plusieurs fonctions de l'organisation avec, comme fer de lance, les progiciels de gestion intégrés (PGI) ne laisse pas indifférente la fonction «ressources humaines» (RH). Souvent les directions des ressources humaines (DRH) s'approprient la e-GRH (e-learning, e-recrutement, intranet, etc.) pour des fins de réduction de coûts. En filigrane, elles s'en emparent aussi dans l'espoir de devenir de véritables partenaires stratégiques. Mais elles oublient souvent que la technologie en soi ne les rend pas plus stratégiques. Même avec des systèmes d'information en ressources humaines (SIRH) à la toute fine pointe comme les PGI, la technologie ne fait que mettre à leur disposition des données. Or, les hauts dirigeants n'ont pas besoin de données: ils désirent plutôt de l'information à valeur décisionnelle, c'est-à-dire de l'information susceptible d'éclairer les décisions stratégiques. Le défi informationnel auquel est confrontée la fonction RH est donc d'utiliser des données brutes pour produire de l'information susceptible de contribuer à bâtir un avantage concurrentiel.

La fonction RH a-t-elle réussi à relever ce défi? Faire le point sur cette question requiert de mettre en relation les besoins informationnels des acteurs avec trois paramètres, soit la technologie, les connaissances et les compétences. Sur le plan technologique, il est de saison de brosser l'état des lieux sur les SIRH (applications informatiques) actuellement utilisés par les DRH. Par la suite, la réflexion doit se diriger vers l'interaction entre la technologie et la gestion des ressources humaines (GRH) en soulevant deux autres questions. L'état des connaissances en GRH est-il suffisamment avancé pour développer des applications informatiques susceptibles de produire de l'information souhaitée par les stratèges? La fonction RH a-t-elle mobilisé les compétences requises de la part de ses membres pour produire cette information? Avant de discuter du triplet technologie-connaissance-compétence, commençons par préciser les dimensions du défi informationnel auquel est confrontée la fonction RH.

1 Enjeux et défi informationnel

L'importance des données informatisées a été surtout mise en exergue en gestion prévisionnelle des effectifs. Par exemple, Burack (1987) a consacré un chapitre complet aux SIRH dans son livre classique sur la planification des RH qui date de plus de vingt ans. Avec le temps, la notion de prévision des effectifs sertie dans le modèle traditionnel s'est élargie pour donner naissance à l'approche stratégique prônée par le modèle renouvelé au sein duquel l'analyse de l'environnement a pris une place prépondérante (Guérin et Wils, 1992). Ainsi, la surveillance de l'environnement externe et la vigie de l'environnement interne ont été intégrées au processus stratégique de RH (appelé d'abord «planification stratégique des RH», puis «gestion stratégique des RH»). De fait, la fonction RH, qui se débat toujours avec des difficultés de mise en œuvre de la pratique stratégique, est actuellement aux prises avec un défi informationnel qui s'est énormément complexifié.

Par définition, un défi informationnel est un écart entre les informations exigées par les acteurs (besoins informationnels ou situation désirée) et les informations réellement disponibles (ce qui peut être produit par la DRH ou situation actuelle). À l'origine, le défi informationnel était principalement de *nature technique* parce qu'il se résumait à avoir un accès à des données RH pour des fins administratives. Par la suite, le défi est devenu beaucoup *plus managérial* puisqu'il s'agissait de passer de l'accès à des données à la production d'information synthétique pour des fins de diagnostic. Enfin, le défi a pris récemment une *connotation nettement stratégique*, car il fallait ajouter une valeur décisionnelle aux informations synthétiques afin de rendre l'information plus utile aux stratèges. Le défi informationnel s'est ainsi complexifié à cause des exigences accrues des acteurs: des données pour les généralistes RH, des informations synthétiques pour les spécialistes RH et maintenant des informations à valeur décisionnelle pour la direction générale. La fonction RH a-t-elle réussi à relever le défi informationnel ? Nous allons tenter de répondre à cette question en traitant de trois enjeux clés, à savoir l'accès aux données brutes, la production d'informations synthétiques et l'ajout de valeur décisionnelle aux informations (Johnston, 2001).

2 Premier enjeu: accéder aux données

La fonction RH a accès aux données brutes par le biais d'un SIRH dont une des fonctionnalités de base est de générer des listes d'employés. Sur le plan technologique, les SIRH peuvent être très simples avec des possibilités réduites de production de listes (systèmes «maison» construit avec Access) ou au contraire très élaborés avec des fonctionnalités tous azimuts (des PGI comme SAP ou PeopleSoft). À titre d'illustration, le module RH de SAP met à la disposition des utilisateurs une multitude de listes pré établies (par exemple, liste des employés par ancienneté). Mais à l'origine de ces listes se trouvent les données brutes entrées dans le système. Comme d'autres fonctions, la fonction RH doit gérer des données complexes: de multiples attributs caractérisant la main-d'œuvre, des attributs se modifiant au fil du temps à cause de l'apparition d'évènements, des attributs parfois difficiles à mesurer ou à quantifier, etc. C'est pour cette raison que la majorité des tables utilisées pour stocker l'information au sein des PGI proviennent principalement du module RH. Par exemple, avec 60 % des 12000 tables de SAP, le module RH est en fait le plus imposant de tous les modules de SAP. À la limite, un PGI est une immense banque de données ! Inversement, les systèmes dits «maison» se limitent à entrer un éventail plus restreint de données brutes, ce qui réduit la gamme de rapports disponibles.

Cependant, ce n'est pas parce que ces tables existent dans un SIRH donné qu'il est possible de les peupler. Ainsi le module RH des PGI englobe de multiples composantes (par exemple sur les compétences ou la dotation), mais la fonction RH n'a pas toujours des données valides à entrer dans ces tables. D'autre part, ce ne sont pas toutes les organisations qui peuvent s'offrir des PGI. Ces dernières ont-elles alors recours à des systèmes spécialisés en RH ? À des systèmes dits «maison» ? Aussi surprenant que cela puisse paraître, les DRH de plusieurs organisations n'ont actuellement aucun SIRH. D'après un sondage canadien (Enquête du *HR Reporter*, 2001), 52 % des organisations ayant participé à un sondage (n = 378) ne possèdent aucun système qui permet non seulement de stocker des données, mais aussi de produire des informations pour des fins de gestion[1]. Selon un autre sondage réalisé cette fois au Québec (Wils, 2003), 33 % des organisations ($n = 204$) n'ont aucun SIRH. Ce chiffre un peu plus optimiste peut sans doute s'expliquer par une définition d'un SIRH moins restrictive[2], ce qui n'exclut pas la possibilité

1. Le sondage fait référence à un HRMS (*Human Resources Management System*), c'est-à-dire à un SIRH qui aide à la prise de décision (Rampton, Turnbull et Doran, 1999).
2. Dans le questionnaire, un SIRH était défini de la façon suivante: «Un outil informatique utilisé par un service de ressources humaines afin d'acquérir, traiter, stocker et communiquer de l'information en ressources humaines (dossiers employés, gestion des compétences, gestion des carrières, dotation, etc.). Pour les fins de ce questionnaire, ce système doit être plus large que le système transactionnel de la paie. Au minimum, il doit contenir de l'information sur les employés».

peu probable d'une croissance des SIRH entre 2001 et 2003. Selon ce dernier sondage, 20 % des organisations disposent d'un module RH provenant d'un PGI (dont principalement SAP et PeopleSoft), 29 % d'un système spécialisé en ressources humaines et 17 % d'un système « maison », c'est-à-dire d'une application développée à l'interne (avec Excel ou Access par exemple).

Une première conclusion s'impose : les fonctions RH des organisations sont encore en train d'introduire des technologies avec des applications basées sur le principe des bases de données relationnelles. Un des obstacles technologiques est sans doute la faible intégration des SIRH avec les systèmes d'information des autres fonctions comme le souligne un sondage récent (Mercer, 2003). Sur le plan des connaissances, les SIRH se butent aussi à la difficulté d'obtenir des données valides faute d'avoir des outils de mesure adéquats. Par exemple, un PGI peut prévoir d'entrer des données sur les compétences, mais si la notion de compétences est conceptuellement floue, il sera difficile de la mesurer adéquatement. Vu que les PGI sont relativement peu répandus et récents, l'accès à des données riches et historiques demeure actuellement limité. Les systèmes mis en œuvre ont cependant permis de réduire la paperasse selon le sondage canadien (*HR Reporter*, 2001). D'autre part, il faut se demander si la fonction RH possède des compétences requises pour mettre en œuvre et exploiter leur SIRH. Pour ce qui est des implantations technologiques, la fonction RH joue plutôt un rôle passif (Martinsons et Chong, 1999). Sur le plan de l'utilisation des SIRH, les membres des DRH développent timidement leurs compétences informatiques requises pour accéder aux données.

Quand il s'agit d'investir dans la technologie pour le bien de la fonction RH, les DRH éprouvent souvent des difficultés à convaincre la direction générale. Parfois le module RH d'un PGI est installé par défaut dans le sens où il est nécessaire au bon fonctionnement des autres modules comme la finance. Dans la même ligne de pensée, les DRH déclarent que le choix d'un SIRH est une décision conjointe. Par exemple, 69 % des répondants estiment que le choix d'un logiciel en RH est une responsabilité partagée (Mercer, 2003). Mais dans les faits, les responsables des technologies de l'information ou des finances jouent un rôle prépondérant à cause du manque de crédibilité ou d'intérêt de la fonction RH en matière de technologie. Il n'est donc pas étonnant d'entendre les DRH se plaindre que leur SIRH ne soit pas convivial ou que leurs fonctionnalités soient réduites. Comme le confirment les résultats d'un sondage réalisé principalement auprès de grandes entreprises américaines (Mercer, 2003), les principaux obstacles au retour sur l'investissement technologique en RH proviennent effectivement de fonctionnalités limitées (20 % des 303 répondants), de l'incapacité à convaincre la haute direction (19 %) ou d'un manque de compétences techniques au sein de la fonction RH (17 %). En résumé, le principal obstacle à l'accès aux données n'est pas relié au couple technologie-connaissance, mais bien plutôt aux compétences fragiles des membres des DRH. En admettant que plusieurs organisations aient réussi à surmonter ces obstacles, il faut ensuite se demander dans quelle mesure les systèmes mis en œuvre permettent de gérer les données RH de façon à les transformer en informations ? Autrement dit, la fonction RH est-elle capable d'aller au-delà des listes d'employés en vue de produire de l'information plus agrégée ?

3 Deuxième enjeu : produire des informations synthétiques

Selon le sondage Mercer (2003), l'efficacité des SIRH quant à la production de rapports est perçue comme élevée pour seulement 52 % des répondants tandis qu'elle est perçue comme plutôt faible pour 28 %. Vu que la plupart des SIRH permettent de produire des listes standardisées d'employés, cette insatisfaction provient vraisemblablement de la difficulté à générer des rapports *ad hoc* qui requièrent de transformer les données brutes en informations. Une information synthétique provient d'un traitement agrégé de données brutes. Par exemple, une liste de départs des employés doit être synthétisée sous forme d'un taux de roulement volontaire pour devenir une information synthétique. Sur le plan des connaissances, une multitude de ratios existe actuellement pour synthétiser les données RH (Fitz-enz, 1984). Il est donc possible de regrouper plusieurs informations synthétiques clés au sein d'un tableau de bord et l'état des connaissances – même si la profession RH n'a pas normalisé la définition de ces ratios – permet de construire cet instrument de gestion. Pourtant ces outils ne sont pas légion dans les organisations. Si les tableaux de bord ne sont pas plus répandus dans les organisations, c'est principalement pour une raison technologique : très peu de SIRH ont intégré une composante de tableau de bord dans leur système. Par exemple, les PGI dont l'implantation coûte une dizaine de millions de dollars offrent des fonctionnalités standardisées pour sortir une multitude de listes au détriment des informations synthétiques. Certes plusieurs fournisseurs proposent d'autres produits pour « forer les données » (par exemple, le Business Intelligence de SAP ou l'Oracle HR intelligence)… à condition d'investir davantage ! Se pose alors la question du coût de l'information. Dans quelle mesure l'investissement dans la technologie est-il compensé par l'utilité de l'information ? Jusqu'à quel point la fonction RH a-t-elle suffisamment de ressources pour s'offrir ces technologies coûteuses ?

En fait, un des principaux obstacles à l'utilisation courante des tableaux de bord est le coût de personnalisation des SIRH standardisés. Vu qu'un tableau de bord se veut un outil de gestion, il doit être sensible à la réalité de chaque organisation. Or, modifier la programmation d'un SIRH complexe ou spécialisé est coûteux. Ainsi, l'obstacle technologique, qui traduit le retard des SIRH par rapport à l'état des connaissances en GRH, nuit à la diffusion des tableaux de bord. Paradoxalement, cet obstacle peut être surmonté plus aisément avec des SIRH dits «maison». Par exemple, la DRH d'une usine de la région de Montréal a demandé d'inclure un tableau de bord dans un SIRH programmé en VBA Access. Ce tableau de bord, qui est illustré à la figure 1, est simple, mais répond aux attentes de la DRH. Les indicateurs inclus dans le tableau de bord permettent de suivre les points sensibles de la GRH de l'usine : le roulement, l'absentéisme et le suivi des coûts (accidents, heures supplémentaires et formation). Ces informations synthétiques, qui aident à contrôler surtout les opérations, présentent cependant une faible valeur ajoutée sur le plan stratégique.

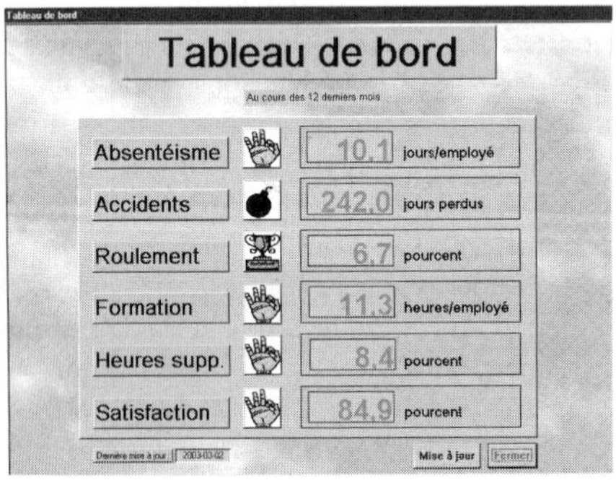

Figure 1 Exemple de tableau de bord d'un système «maison». Tiré du progiciel GRH 2000 conçu par Formation et Consultation

4 Troisième enjeu : ajouter une valeur décisionnelle

Selon un sondage (*HR Reporter*, 2001), les SIRH n'ont pas réussi à rendre la fonction RH plus stratégique (3 % ont atteint cet objectif !). Ce constat n'est pas surprenant compte tenu que la plupart des DRH sont en train d'informatiser l'accès aux données et reconnaissent leur retard en matière d'informatisation[1]. Pour jouer un rôle stratégique, il faut être capable d'ajouter une valeur décisionnelle aux informations. Par «information à valeur décisionnelle», nous entendons une information qui aide les décideurs à prendre des décisions. Les obstacles, qui empêchent d'ajouter une valeur décisionnelle, relèvent parfois de l'état fragile des connaissances. Récemment un outil ambitieux est devenu à la mode : le tableau de pilotage, encore appelé «tableau de bord équilibré» (Le Louarn et Wils, 2001). Ce nouvel outil de gestion vise à construire, à l'aide d'indicateurs, une chaîne causale menant à la performance organisationnelle. Outre le fait que l'information ne soit pas toujours disponible pour calculer certains indicateurs, le cœur du problème se situe au niveau des connaissances. Actuellement, la notion de performance organisationnelle est encore mal comprise et l'articulation des variables RH conduisant à la performance organisationnelle est loin d'être claire. Bref la modélisation n'est pas encore à notre portée, tout comme ne le sont pas encore les systèmes experts en GRH. Dès lors, il est pour le moins illusoire de croire que la technologie puisse être d'un grand recours !

La production d'information à valeur décisionnelle peut aussi se buter à un problème à la fois de technologie et de compétence. Prenons l'exemple des simulations de RH. Sur le plan des connaissances, la théorie des chaînes de Markov existe depuis de nombreuses années. Il est donc possible de s'en servir pour développer des applications de simulation de RH. Pourtant, ces modules prévisionnels ne sont pas intégrés dans les SIRH, même dans les plus évolués comme les PGI. Des applications spécialisées en prévision des effectifs ne sont pas non plus disponibles sur le marché. Est-il réaliste de vaincre l'obstacle technologique en développant de telles applications à l'interne ? Le cas du progiciel PERSIM le prouve.

PERSIM (abréviation anglaise de «*PERsonel SImulation Model*» ou modèle de simulation du personnel) a été élaboré par Statistique Canada, il y a près de 15 ans. Initialement, il avait été conçu dans le contexte de la relève des cadres découlant du vieillissement des effectifs. Aujourd'hui, il permet d'assurer la planification des effectifs grâce à des estimations des activités de dotation, ainsi que d'analyser tout un éventail de questions liées aux RH comme la relève des cadres, le recrutement, les promotions, le vieillissement de la main-d'œuvre et la représentation des groupes visés par l'équité en matière d'emploi (Wannel et Gravel, 2002). PERSIM est un modèle de mi-

1. Comparés aux autres services, presque 60 % des services de RH sondés estiment que leur service est en retard (Wils, 2003).

crosimulation commandé par des données démographiques qui est conçu pour estimer les flux bruts, les niveaux de dotation, l'avancement professionnel et la structure démographique de l'organisation (en termes de profils d'âge et d'expérience). La simulation est effectuée au niveau de chacun des employés, et les événements simulés le sont à partir des caractéristiques démographiques des individus. Les simulations nécessitent des hypothèses concernant les conditions d'emploi qui sont définies dans le cadre de quatre évènements : départs à la retraite, autres départs, promotions et embauche. Ces événements font l'objet de prévision à partir de tables de probabilité conditionnelles, les conditions étant liées à la fois à l'ordonnancement des événements et aux caractéristiques démographiques. Les tables de probabilités sont produites à partir de données historiques et peuvent être modifiées par le planificateur pour créer différents scénarios.

La procédure de simulation permet au planificateur de définir un ensemble d'hypothèses en vue de prévoir dans le temps le niveau d'emploi et les activités de dotation. En particulier, ce dernier spécifie les hypothèses suivantes : population de départ, nombre d'années visées par la prévision, tables de paramètres comprenant les probabilités conditionnelles en vue de simuler des évènements, contraintes d'emploi (emploi constant) et nombre d'itérations multiples de la même simulation. La séquence de simulation commence avec la population de départ (les employés actuels) que l'on «fait vieillir» d'un an : une année est alors ajoutée à toutes les caractéristiques fondées sur le temps (âge, années d'ancienneté, années dans le ministère et à l'intérieur du poste). Puis, sur la base de probabilités conditionnelles, la séquence de simulation permet de déterminer si un employé prendra sa retraite ou partira pour une autre raison, ou s'il sera promu au cours de l'année en question, à partir d'un processus aléatoire. Un nouvel enregistrement de poste est créé pour enregistrer l'événement hypothétique, le cas échéant. Cette procédure se poursuit jusqu'à ce que tous les employés soient traités pour l'année en cours. La dernière étape de la séquence consiste à embaucher les employés découlant de la contrainte d'emploi. De nouveaux enregistrements de poste sont ajoutés à l'année simulée, à partir d'un bassin d'embauche ayant les mêmes profils démographiques que les employés embauchés par le passé. Une fois la première année établie, on utilise les enregistrements de poste de cette année et on répète le processus pour chaque année spécifiée dans la procédure de simulation.

Les événements hypothétiques sont produits selon un ensemble de probabilités déterminées par des facteurs démographiques. L'événement hypothétique se produira selon un processus aléatoire (la probabilité conditionnelle étant comparée à une variable aléatoire se situant entre 0 et 1). Le processus aléatoire fait en sorte que les résultats varient entre les simulations exécutées selon les mêmes hypothèses. À cause des itérations multiples de la même simulation, des estimations moyennes peuvent être calculées pour ces évènements et des variables démographiques d'intérêt. Ces estimations moyennes sont asymptotiquement équivalentes aux résultats d'une macrosimulation exécutée à partir des mêmes hypothèses, mais les microsimulations offrent deux avantages. Tout d'abord, elles permettent de calculer la variation par rapport aux estimations moyennes afin de fournir une approximation raisonnable de la variabilité de futurs événements. Un deuxième avantage est que l'on peut analyser les enregistrements d'employé simulés de la même manière que des enregistrements historiques (calcul de distribution de diverses variables d'intérêt).

L'exemple de simulation le plus courant est celui du modèle de remplacement. Ce modèle, qui est conçu pour prévoir les tendances en matière de départs, permet de répondre à la question suivante : quel est le niveau de recrutement nécessaire pour maintenir le niveau d'emploi actuel ? La procédure de simulation est établie selon des probabilités de départs (retraite et autres) et l'hypothèse de remplacement de l'effectif. La simulation permet alors de prévoir le nombre de départs pour l'année suivante. Puis, à partir de ces vacances projetées, le recrutement d'un nombre suffisant d'employés se produit pour maintenir le niveau d'emploi. Les résultats du modèle fournissent aux gestionnaires des estimations du nombre total de départs et de la quantité de recrues nécessaires pour remplacer les personnes qui partent. À partir de ces renseignements, les gestionnaires peuvent préparer et planifier le recrutement, la formation et le transfert des connaissances pour l'année suivante. Outre le modèle de remplacement, PERSIM peut être utile pour planifier la relève des cadres. Ce type de modèle utilise l'événement de promotion afin d'estimer le nombre de promus requis pour maintenir la structure pyramidale d'une organisation. Enfin, ce progiciel permet aussi d'analyser la représentation des groupes visés par l'équité en matière d'emploi de manière à déterminer la meilleure façon d'améliorer les taux de représentation des groupes désignés.

Pourquoi plusieurs DRH confient-elles la planification des RH aux économistes et non aux spécialistes RH ? Même si les membres des DRH mettent actuellement davantage d'énergie sur l'évaluation et la mesure en GRH (Le Louarn et Wils, 2001), ils jouent encore un rôle très opérationnel et n'ont toujours pas la formation et les compétences requises pour exploiter des données historiques disponibles et pour effectuer des analyses quantitatives et prévisionnelles. Aussi n'est-il pas étonnant que les DRH aient recours à l'expertise des économistes en matière de planification des RH. De toute évidence, la connaissance des évènements passés constitue l'élément le plus important de l'élaboration de scénarios de simulation permettant de résoudre efficacement les problèmes de ressources humaines. Grâce aux simulations réalisées avec PERSIM, l'accent est mis sur les tendances et les politiques en matière d'emploi qui ont des répercussions sur les quatre événements du modèle. Même si les DRH sont capables d'évaluer les répercussions stratégiques en termes qualitatifs, ils éprouvent souvent des difficultés à les quantifier. Au passage, soulignons que PERSIM nécessite aussi une connaissance de l'analyse de survie et des techniques de simulation de Monte Carlo afin de bien comprendre les enjeux de la calibration de modèles et les répercussions sur les résultats de la simulation. Or, ces compétences particulières sont plutôt l'apanage des économistes que des membres de la profession RH, même de nos jours.

5 Conclusion

La fonction RH va sans doute réussir à relever tout enjeu qui se heurte à un obstacle de nature technologique. Par exemple, inclure un tableau de bord dans les SIRH n'est qu'une question d'investissement pour développer un module additionnel. Malheureusement il sera beaucoup plus difficile de surmonter les obstacles reliés à l'état fragile des connaissances, car les connaissances ne s'accumulent que lentement. En revanche, la profession RH pourrait s'attaquer à court terme à la question des compétences puisque de nombreux obstacles sont directement ou indirectement reliés à un manque de compétence.

Cette question des compétences interpelle tous les acteurs de la profession RH. Les institutions d'enseignement supérieur devraient renforcer les aspects informatiques et statistiques de leur programme en RH. Dans combien d'institutions offre-t-on des cours sur le module RH des PGI ou sur les méthodes de simulation des effectifs ? Mais au-delà des lacunes techniques qui sont sans doute les plus faciles à combler à court terme se profilent des compétences beaucoup plus difficiles à maîtriser. Ainsi le défi de l'ajout d'une valeur décisionnelle à l'information repose en grande partie sur la proactivité des gestionnaires en RH, c'est-à-dire sur leur capacité à persuader les hauts dirigeants de l'importance de certains enjeux[1]. Ici le défi est de réussir à transcender le caractère technique des analyses en identifiant des problèmes ayant des répercussions organisationnelles tellement importantes qu'ils vont s'intégrer dans la réflexion stratégique… parce que les décideurs vont se sentir intensément préoccupés. Ce type de compétence à forte valeur ajoutée ne relève manifestement pas de la e-GRH. Partant, «devenir e-DRH» (Silva, 2001) ne constitue qu'un premier jalon vers une fonction RH plus stratégique !

1. Ce que les anglophones appellent «*issue selling*».

Bibliographie

Biétry, F. (2002). *e-GRH entre promesses et interrogations*, Colombelles, Éditions EMS.

Burack, E. H. et Mathys, N. J. (1987). *Human resource planning: a pragmatic approach to manpower staffing and development*, (2e édition, 1992), Lake Forest, Il, Brace-Park Press.

Crant, M. J. (2000), "Proactive behavior in organizations", *Journal of management*, 26 (3), p. 435-462.

Fitz-enz, J. (1984). *How to measure human resources management*, New York, McGraw-Hill.

Guérin, G. et Wils, T., 1992. *Gestion des ressources humaines: du modèle traditionnel au modèle renouvelé*, Montréal, PUM.

Johnston, J. (2001). "Presenting data as information and turning it into knowledge", *Canadian HR Reporter*, Décembre, p. 24-25.

Le Louarn, J.-Y. et Wils, T. (2001). *L'évaluation de la gestion des ressources humaines: du contrôle des coûts au retour sur l'investissement humain.* Rueil-Malmaison. Éditions Liaisons.

Martinsons, M. G. et Chong, P. K. C. (1999). "The influence of human factors and specialist involvement on information systems success", *Human Relations*, 52 (1), p. 123-152.

Mercer (2003). *Transforming HR for business results: A study of US organizations*, Mercer human resource consulting.

Rampton, G. M., Turnbull, I. J. et Doran, J. A. (1999). *Human resources management systems: A practical approach*, 2e édition, Toronto, Carswell.

Silva, F. (2001). *Devenir e-DRH*, Rueil-Malmaison, Éditions Liaisons.

Wannel, T. et Gravel, M. (2002). "Management experience and diversity in an aging organisation: A microsimulation analysis", *Analytical Studies Branch Research Paper* Series, Ottawa, Statistique Canada.

Wils, T. (2003). *Sondage sur le responsable de la fonction RH face aux technologies de l'information et des communications*, Montréal, HEC Montréal.

La formation à l'heure du e-learning

Ahmed Liman, Jean-Marie Peretti

Mots clés : formation, e-learning, management, productivité.

Résumé : les nouvelles technologies sont en train de transformer complètement la formation par les gains en temps, la réduction des coûts qu'elles apportent, et d'autre part du fait de leur facilité d'utilisation et leur adaptation aux salariés. Néanmoins, le e-learning a ses limites car il est difficilement pertinent pour les formations concernant en particulier le management et les relations interpersonnelles.

Trois grandes tendances se précisent en GRH et en formation dans les années deux mille : personnalisation croissante, rapidité et approche compétences. Le développement de l'e-learning s'inscrit dans cette évolution et contribue à sa mise en œuvre.

La personnalisation se traduit par une évolution de la GRH vers une gestion des personnes prenant en compte la diversité des profils, des attentes, des besoins et des contraintes de chaque salarié (Thévenet, 2004). Cette tendance conduit à un concept d'entreprise à la carte ouvrant de larges espaces de choix notamment en matière de formation (Cerdin, Colle, Peretti, 2005). La loi du 4 mai 2004 créant en France le droit individuel à la formation, le DIF, s'inscrit dans cette évolution (Parmentier, Rossignol, 2004).

La nécessaire rapidité d'adaptation à un environnement cahoteux et chaotique conduit à privilégier les pratiques rapides à mettre en œuvre et à déployer et redéployer. L'entreprise qui souhaite devenir plus souple, flexible, fluide et agile trouve dans l'e-learning un outil adapté (Peretti, 2004).

Enfin, soucieuse du développement de son capital humain, garant d'une performance durable et d'une compétitivité accrue, l'entreprise adopte une approche compétences. Elle raisonne en termes de référentiels de compétences et de portefeuilles de compétences, elle développe les bilans de compétences et les plans individuels de développement des compétences. L'e-learning lui apporte des réponses adaptées pour y parvenir.

C'est dire combien le développement de l'e-learning s'inscrit dans les tendances actuelles d'évolution de la GRH et des politiques et pratiques de formation.

1 Formation en ligne, e-formation, @-learning ou e-learning ?

Pratique récente, la formation en ligne connaît plusieurs appellations. Le Preau[1] parle de e-formation (ou téléformation), expression traduisant convenablement son pendant anglo-saxon « e-learning ». Ce dernier a cependant l'avantage de mettre moins l'accent sur l'aspect purement formation (on aurait dit « e-training ») et davantage sur les aspects développement du stagiaire (ou « apprenant »). D'où la préférence pour le terme « e-learning » qui s'est imposé en tant que vocable générique. D'autres termes tels que l'autoformation sont également utilisés et recouvrent parfois des réalités distinctes.

L'irruption des nouvelles technologies dans le domaine de la formation a tout d'abord pris la forme

1. Voir les différentes études sur le thème Portail et plateformes de téléformation ainsi que le livre blanc *Knowledge Management et e-learning*. Toutes les études et recherches du Préau sont disponibles sur le site www.preau.ccip.fr.

des applicatifs de gestion de la formation. Il s'agissait dans les années quatre-vingt-dix d'automatiser les tâches administratives liées à la formation, tâches chronophages et à faible valeur ajoutée. Pour mémoire l'on peut citer la production des formulaires administratifs (la fameuse 2483), la création et le suivi de bilans ou de plans de formation ainsi que l'élaboration des budgets.

Une seconde étape a été atteinte dans la seconde moitié de la dernière décennie avec l'arrivée des SIRH ou systèmes de gestion intégrée des RH qui, à côté de la gestion de la formation, permettaient d'identifier les profils des salariés afin de faciliter le choix de la formation adéquate.

Dans les deux cas, la formation continuait à être dispensée en salle. Ce n'est qu'avec l'arrivée des outils d'e-learning que l'on a pu aller plus loin dans le processus en dématérialisant les cours eux-mêmes.

2 Le développement de l' e-learning

À l'origine, le e-learning revêtait deux formes :

- la simulation, très utilisée dans certaines universités, a pu se développer grâce à l'informatique qui permet de réaliser rapidement les calculs complexes nécessaires ;
- le cédérom qui a permis d'utiliser l'informatique pour réunir sur un support unique, convivial et mobile non seulement un très grand nombre d'informations (fini les polycopiés volumineux !) mais également diversifiés (textes, images, sons, vidéo). Cela a constitué la première forme d'e-learning, l'autoformation.

Lorsque les entreprises et administrations se sont équipées de réseaux, cela a permis de mettre en ligne les informations et fonctionnalités mentionnées ci-dessus avec un avantage sur le cédérom double : réduction des coûts liés à l'édition de nombreux supports et une information jamais obsolète car actualisée en temps réel (évitant de plus d'avoir à éditer sans cesse des mises à jour sur cédérom).

La formation en ligne était née. En même temps que le nouveau millénaire arrivait la déferlante Internet qui devait repousser encore plus loin les frontières de l'e-learning. Pourquoi se limiter au périmètre restreint de l'entreprise quand le monde externe vous tend ses bras ? Pourquoi se contenter du catalogue de formation interne quand on peut répertorier ceux de prestataires externes et piocher en fonction des besoins de l'entreprise ? L'e-learning peut commencer son envol.

L'arrivée de l'e-learning, dans un environnement favorable aux outils personnalisés, immédiatement disponibles, permettant un développement au bon moment des compétences individuelles, a bouleversé les pratiques de formation et plus largement la gestion individualisée des ressources humaines. Les avantages procurés sont indéniables même si certains freins en limitent encore la portée.

3 Les atouts de l'e-learning

Les travaux de recherche menés sur les premiers développements de l'e-learning font ressortir quatre atouts majeurs : la réduction des coûts, les gains de productivité, la revalorisation du dialogue entre le salarié et son chef et la convivialité vécue par les apprenants (Igalens, 2005).

3.1 Réduction des coûts

Avec le ralentissement économique du début du millénaire et les politiques d'économie sur tous les postes budgétaires au sein des entreprises, les dépenses de formation ont été limitées. Les objectifs assignés à la formation ont été au contraire relevés pour accroître la compétitivité de l'entreprise. Plusieurs entreprises ont décidé d'améliorer l'efficacité de leurs budgets formation. La solution a été de poursuivre sur la vague du libre-service inauguré par plusieurs DRH en mettant en place des projets de e-learning. C'est ainsi qu'Oracle a réussi, dès 2002, à mettre en ligne plus de 60 % de ses formations, ce qui a permis de réduire la facture formation d'un quart. En effet, une formation en ligne réduit les coûts suivants :

- l'absence des animateurs, un chapitre élevé dans les budgets de formation, fait qu'elle est par conséquence moins chère à dispenser ;
- les programmes de formation en ligne sont réutilisables, sous réserve de mise à jour, pour le même coût, contrairement aux stages en salle ;
- utilisée par un stagiaire, 100 ou 1 000, le coût est quasiment le même ;
- sa disponibilité 24h/24 à partir de l'environnement de travail du salarié ou à domicile évite tout temps d'attente et de déplacement. La formation n'est plus source d'absence de l'entreprise.

Au regard de tous ces gisements d'économie, l'on comprend que le e-learning soit particulièrement recommandé pour les entreprises éclatées en plusieurs sites et dont le coût de regroupement des salariés sur un site unique pour un stage peut s'avérer prohibitif.

3.2 Amélioration de la productivité

La réduction des coûts ne signifie pas que la formation réalisée soit une formation au rabais. La réduction des coûts serait alors illusoire. Au contraire, non seulement la plupart des entreprises qui ont mis en place un projet d'e-learning ont constaté une diminution des coûts, mais la qualité de la formation mesurée a été augmentée.

Le fait que plusieurs formations soient disponibles 24h/24 constitue une source importante de motivation du salarié engagé dans une démarche de développement de ses compétences. De même le fait que les stagiaires puissent reprendre le module d'e-learning plusieurs fois en fonction de leurs besoins et desiderata augmente le taux de succès. Enfin, suivre une formation en ligne pour une fraction du temps que prendrait la même formation en salle constitue un précieux gain de productivité.

La personnalisation de la formation en ligne permet d'acquérir une compétence au moment même où elle s'avère utile. La faible productivité des actions de formation liée au temps qui s'écoule entre l'acquisition en stage d'une compétence et le moment de sa mise en œuvre disparaît. Le module est disponible au moment opportun : celui où le salarié a besoin de mettre en œuvre les connaissances à acquérir.

Enfin la connaissance acquise dans le cadre d'une formation en ligne tend à être plus solide que celle d'une formation traditionnelle. Avec l'e-learning, le salarié peut à tout moment revenir sur tel ou tel aspect du cours, voire le parcourir de nouveau, ce qui est plus malaisé avec une formation en classe où la procédure d'inscription est plus lourde.

3.3 Le dialogue hiérarchie–salarié

Le management de proximité - « le petit chef » - valorise et assume avec l'e-learning son rôle de premier formateur (Thévenet, 2004). Dès qu'il décèle un besoin de renforcement immédiat d'une compétence chez l'un de ses collaborateurs, il peut devenir prescripteur d'un module de formation en ligne. Il peut évaluer très tôt l'assimilation du module et la mise en œuvre du savoir-faire opérationnel acquis. Il peut proposer des renforcements. Avec le DIF et l'entretien d'orientation prévus par les nouveaux textes, le manager de proximité assumera d'autant mieux son rôle qu'il peut proposer un assortiment de modules de formations en ligne, ces « granules » courts disponibles dans ces granulothèques dont se dotent aujourd'hui les entreprises.

Au cœur du dialogue manager-collaborateur, la possibilité d'apporter une réponse rapide, adaptée, personnalisée au besoin de développement de ses compétences par le salarié, est un atout essentiel qu'apporte l'e-learning.

3.4 La convivialité

La convivialité des systèmes de formation en ligne, qui s'inspire de l'interface utilisateur Internet, s'est développée. En 2005 il n'est nul besoin de former les futures stagiaires aux outils en ligne. Comment ne pas être séduit par un mode qui permet de choisir le stage qui vous intéresse, de vous former en utilisant votre langue, de tester les connaissances acquises, voire même au préalable, afin de déterminer le niveau de formation à suivre et cela en perturbant au minimum les impératifs de service ?

De nombreux managers hésitent à envoyer leurs collaborateurs en formation en sachant que cela se traduit, à court terme en tout cas, par autant d'heures, voire de jours, de travail perdus. Avec le e-learning qui éclate les frontières traditionnelles de la formation, cette dimension disparaît et le collaborateur se forme en restant presque aussi productif qu'auparavant.

Les outils du e-learning ont beaucoup évolué. La plupart des fournisseurs de solution ont longtemps péché par un contenu quasiment inexistant et des produits à la conception bâclée. Le fait que plusieurs organisations utilisatrices se soient lancées dans la mêlée sans réflexion préalable a également contribué à cet état des choses. Avec l'éclatement de la bulle internet et la disparition des éditeurs les moins solides, seuls demeurent les plus robustes aux offres plus sérieuses. L'on peut vraiment parler de maturité de l'offre.

3.5 Autres atouts

Pour les entreprises disposant d'une forte proportion de collaborateurs mobiles, le fait de ne pas avoir à obliger ceux-ci à se « sédentariser «, ne serait-ce que pour un ou deux jours, rend le principe de la formation encore plus attractif. Combien d'employés ne se rendent-ils pas la mort dans l'âme à un stage de formation en pensant à tout le travail non accompli pendant ce temps « perdu » ?

Pour les salariés âgés, les réticences vis-à-vis du stage en salle où ils sont minoritaires au milieu de jeunes qui affichent une aisance supérieure à la leur, tombent. Ils peuvent se former à leur rythme, être lent si nécessaire sans supporter l'ironie des autres. L'e-learning apparaît comme un outil adapté aux seniors (Marbot, Peretti, 2005).

4 Les limites de l'e-learning

Les avantages présentés ci-dessus sont indéniables. Il existe néanmoins certaines limites au développement du e-learning.

4.1 La technique

Pendant longtemps, le principal obstacle à la formation par l'informatique était... l'informatique elle-même. Avec une bande passante faible, le contenu était par définition pauvre, ce qui affectait la qualité de la formation et donc des résultats. Avec l'arrivée du haut débit, ce problème ne se pose plus, ce qui a vraiment permis au e-learning de décoller.

4.2 La qualité des contenus

Tous les domaines ne se prêtent pas de la même façon à un transfert des connaissances via l'informatique. Apprendre une langue, améliorer ses connaissances d'un logiciel sont incontestablement des activités qui peuvent aisément être mises en ligne.

Développer ses capacités managériales, adopter des comportements plus en phase avec les besoins de l'organisation, améliorer son relationnel, s'exprimer avec aisance en public, voilà autant de domaines où l'élaboration de modules de grande qualité est nécessaire et coûteuse. Le facteur humain est primordial. L'animateur en salle ne sera remplacé qu'en utilisant toutes les ressources possibles avec un souci d'excellence.

4.3 Les blocages

De nombreux acteurs sont impliqués dans la réussite d'un développement de l'e-learning. Des blocages peuvent apparaître chez certains acteurs : réticence des services formation à adopter des outils nouveaux dont l'efficacité n'est pas suffisamment prouvée à leurs yeux ; réticence de la hiérarchie à jouer son rôle de prescripteur et d'évaluateur ; réticence des directions des ressources humaines à investir dans une granulothèque et à payer les licences d'utilisation ; réticence des salariés attachés au « stage évasion » et au plaisir des retrouvailles studieuses...

5 Les formules mixtes

La meilleure stratégie en matière de formation n'est ni le tout e-learning, ni le tout présentiel mais la fusion des deux (*training mix* pour les Anglo-Saxons).

Plusieurs études [1] ont montré qu'un cursus faisant appel aux deux modes a un impact de 30 à 40 % supérieur à un mode unique (soit en ligne, soit en salle). Un exemple de fusion réussie comporterait les aspects suivants :

- des exercices à base de scénario pour débuter ;
- ensuite, des tests en ligne pour approfondir la connaissance ;
- et des tests en parallèle avec des exemples de la vie réelle pour valider les acquis.

Le e-learning peut être perçu non comme un substitut à la formation en salle mais comme un complément qui en accroît l'efficience. La véritable limite à un projet e-learning est constituée par les freins organisationnels et culturels qui empêchent plusieurs entreprises de tirer plein parti de la technologie. Une organisation avec une faible culture technique, ou étant fortement bureaucratique aura beaucoup de mal à faire passer une partie de sa formation en ligne. Une véritable gestion du changement (formation en salle !) peut être un préalable à tout projet e-learning.

1. Voir les analyses et livres blancs de Thomson NETg, disponibles sur le site www.netg.fr

6 Les caractéristiques d'une formation en ligne

Les projets d'e-learning ont longtemps eu une ambition limitée : réaliser de façon virtuelle ce qui se faisait dans une salle de classe et pas davantage. L'automatisation s'arrêtait là : pas de lien avec la gestion des ressources humaines (gestion des compétences) et, a fortiori, avec les objectifs de l'entreprise. Un système moderne de e-learning ne peut plus faire l'impasse sur ce lien, sous peine d'être incomplet et ne répondre que partiellement aux attentes. Un véritable système de e-learning doit impérativement comprendre les éléments suivants :

- Intégrer un plan de développement des compétences proposant un cursus de formation aux collaborateurs en fonction de leurs compétences et attentes (l'écran de la figure 1 constitue un exemple). Ce plan doit permettre d'identifier les métiers clés au sein de l'organisation et de proposer aux titulaires un cheminement de carrière correspondant à leurs propres objectifs en accord avec ceux de l'organisation.
- Gestion d'un catalogue centralisé au niveau d'un site unique et comprenant aussi bien des formations en présenciel qu'en ligne. Comme nous l'avons vu plus haut cela permet d'optimiser la stratégie de formation de l'entreprise qui, pour donner les meilleurs résultats, doit favoriser la complémentarité entre les deux types de formation plutôt que privilégier l'une aux dépens de l'autre.
- Création de tests afin d'évaluer aussi bien les résultats de la formation que l'efficacité de celle-ci en prenant en compte les objectifs de l'entreprise et ceux de la GRH.
- Gestion du contenu pour réutilisation ultérieure : afin de maintenir la pression sur les coûts et de bénéficier d'un contenu qui soit le plus actualisé possible, il est judicieux de pouvoir procéder à une mise à jour quasi continue. Un système de e-learning performant devrait pouvoir permettre la création par assemblage de composantes de formation, et de bénéficier des compétences non seulement des professionnels de la formation mais d'utilisateurs et responsables hiérarchiques trop longtemps ignorés dans le développement de cursus de formation. Et pourtant qui connaît mieux qu'eux les véritables besoins « business » de l'entreprise ?

- À la fin de la formation, validation des acquis par mise à jour automatique du référentiel de compétences. Trop peu d'offres sur le marché permettent ce genre de fonctionnalités, obligeant les entreprises à ressaisir manuellement l'information ou créer des interfaces complexes. Il va sans dire que si l'organisation apprenante n'a pas mis en place un projet d'identification des compétences, cet aspect clé du e-learning ne sera pas utilisé. À ce sujet, il convient de préciser que trop souvent les entreprises se sont lancées dans des démarches complexes de référentiel de compétences qui ont débouché sur des usines à gaz aussi coûteuses que peu utiles échouant par là à susciter l'adhésion des utilisateurs et des managers.
- Gestion des ressources et agenda : afin de perturber au minimum le fonctionnement de l'entreprise ou de l'administration, il convient également de bénéficier d'un outil de gestion des agendas qui permette d'optimiser au maximum le temps passé en formation.

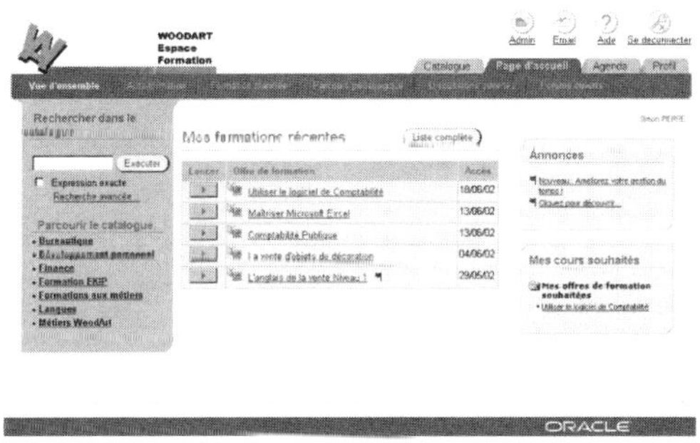

Figure 1 Exemple d'écran dédié à la formation

7 Pour un véritable projet e-learning

Les expériences ont démontré que pour tirer le meilleur parti du e-learning, il fallait suivre une démarche rigoureuse. Pourquoi investir dans la formation ? Quelles sont les attentes ? Quel retour sur investissement escompter d'un projet e-learning ?

7.1 Retour sur investissement

Afin de comparer de façon exhaustive, objective et fiable les bénéfices escomptés d'un projet de e-learning, il convient de procéder à une comparaison des coûts de chaque type de formation : présentiel et en ligne. L'exemple donné ci-après est fondé sur 500 stagiaires et 16 heures de formation en salle pour une session.

7.2 E-learning et objectifs de l'entreprise

La première réponse est l'impératif de lier les objectifs individuels/de service de la formation à ceux de l'organisation. Hélas, trop peu d'organisations mesurent encore l'impact du e-learning par rapport à la productivité, ou même par rapport à d'autres indicateurs. Or, comment peut-on évaluer le rendement de ce que l'on ne mesure pas ? À ce titre, l'exemple du projet européen de PepsiCo est riche d'enseignements.

	Présentiel	iLearning (Installé)
Coût de production du contenu de formation	48 000,00	139 333,33
Coût d'immobilisation des collaborateurs	480 000,00	160 000,00
Coût de déplacement des personnes formées	125 000,00	-
Coût de déplacement des formateurs	25 000,00	-
Coût de prestation des formateurs	48 000,00	-
Coût de location de salle	48 000,00	-
Coût des tuteurs	-	20 666,67
Mise à disposition de la plate-forme	-	18 300,00
Sous-total	774 000,00	338 300,00
Organisation logistique	77 400,00	-
TOTAL	851 400,00 €	338 300,00 €

Economie réalisée	60,27%
Heures de productivité gagnées	5333

Figure 2 Exemple d'économie réalisée

8 PepsiCo Europe centrale

PepsiCo distribue un grand nombre de boissons dans quatre pays d'Europe centrale (Pologne, République tchèque, Hongrie, Slovaquie), avec plusieurs variantes introduites chaque année. Vu la croissance rapide du groupe il devenait impératif de former les mille salariés (éclatés dans un grand nombre de sites sur quatre pays avec des langues différentes) aux différents produits et ceci dans les délais les plus brefs. Le budget de formation étant limité, une formation classique aurait été non seulement onéreuse (déplacement des collaborateurs vers un site unique, transport, coût des animateurs) mais également moyennement efficace. En effet, la majorité des salariés ont une connaissance toute relative de l'anglais qui, dans le cas d'une formation commune, aurait été la langue retenue.

Il a été donc décidé de réaliser la formation sur une plate-forme e-learning dont les caractéristiques sont les suivantes :

- fournir une formation en ligne à un personnel aux effectifs éclatés sur plusieurs pays ;
- permettre aux apprenants de se former en utilisant le libre-service à leur rythme et dans leur propre langue ;
- mettre en place des communautés d'apprentissage de façon rapide et conviviale ;
- augmenter le nombre de cours et d'utilisateurs sans augmentation du budget formation ;
- donner à l'entreprise l'image d'un employeur moderne et ayant l'employabilité de ses salariés au centre de ses préoccupations de GRH.

Là se trouve sans aucun doute la caractéristique la plus originale du projet. Dans un contexte de contrôle des coûts très serré, le projet e-learning se devait de démontrer son efficacité. Dès la première année de mise en œuvre du projet, l'impact de la formation devait se traduire par une augmentation de 0,1 % du chiffre d'affaires, chiffre qui devait doubler l'année suivante. Montrer de façon aussi concrète et quantitative l'impact qu'un projet de RH peut avoir sur les objectifs de l'entreprise (croissance du chiffre d'affaires) voilà un vieux rêve de tout DRH qui se concrétise enfin. Le e-learning vient de gagner ses lettres de noblesses.

Bibliographie

Cerdin J.-L., Colle R., Peretti J.M., (2005), «L'entreprise à la carte» in *Revue de Gestion des Ressources Humaines*, Janvier-mars.

Igalens J. (2005), «Les nouveaux habits de l'e-learning» in *Le Monde Initiatives*, février 2005.

Marbot E., Peretti, J.-M., *Les seniors dans l'entreprise*, Éditions Village Mondial, 2006.

Parmentier C., Rossignol P. (2004), *Formation professionnelle, le guide de la réforme*, Les Éditions d'Organisation, Paris.

Peretti J.-M. (2004), *Ressources Humaines*, Vuibert, Paris.

Thévenet M. (2004), *La gestion des personnes*, Éditions d'Organisation.

Thévenet M. (2004), *Quand les petits chefs deviendront grands*, Éditions d'Organisation.

Outils et informations pour l'utilisateur final : libre-service et poste de travail

Emmanuelle Parmentier

Mots-clés : SIRH, libre-service, management, salarié, GRH, fonction RH, information.

Résumé : il est présenté en premier lieu un panorama des outils de libre-service pour le salarié, pour le manager et pour la fonction RH. Dans chacune de ces situations, sont exposés les changements que leur mise en place induit. Puis est décrite la façon dont ces nouveaux outils font évoluer le management et plus largement les relations de travail.

En facilitant l'accès et la disponibilité de l'information, quelle qu'elle soit, la révolution technologique et culturelle déclenchée par le développement des réseaux de télécommunications et des moyens de communication mobile bouleverse profondément l'environnement de travail, les relations qui s'y forgent et la position de chacun des acteurs.

Les NTIC sont tout d'abord un vecteur d'autonomisation du salarié. Sous l'égide d'une législation évoluant vers plus de transparence de l'information, les NTIC ont progressivement levé toutes les limitations techniques à l'accès, au partage et même au contrôle de l'information relative au salarié. Celui-ci peut ainsi non seulement s'approprier la mise à jour de ses données administratives (état civil, coordonnées) mais aussi assurer lui-même la mise en ligne de son curriculum vitae et de toute information relative à ses aspirations professionnelles.

Les NTIC ont ensuite participé au développement des échanges directs entre les responsables hiérarchiques et leurs collaborateurs. L'intermédiation auparavant nécessaire, notamment par la fonction ressources humaines, en raison des besoins de centralisation de l'information ainsi que de vérification du bon usage des pratiques de gestion des ressources humaines, n'a plus cours dans un environnement à l'information distribuée et au contrôle automatisé. Dès lors, le responsable hiérarchique se retrouve pleinement investi, dans toute sa liberté et son inconfort, de son pouvoir d'organisation, d'évaluation, de récompense et de sanction.

Pour autant, et bien qu'elle la nourrisse partiellement, l'évolution des mentalités est loin de suivre le même rythme que l'évolution des technologies. Alors que l'économie marchande et l'environnement concurrentiel poussent à l'exploitation la plus rapide possible des nouveaux outils afin de profiter de ses bénéfices en matière de productivité et d'intelligence collective, des freins apparaissent dans le même temps sous l'effet des craintes générées par ces nouveaux outils : craintes d'une responsabilité accrue, de confrontations plus directes, de prise de décisions plus fréquentes ou encore de perte de contrôle. Ces freins sont, par ailleurs, d'autant plus puissants qu'ils font eux-mêmes bien souvent usage des potentialités offertes par les NTIC.

Ainsi, alors que la catéchèse libérale et technologique voudrait que les NTIC soient essentiellement vecteur d'un affranchissement individuel et d'un enrichissement collectif, leur impact semble plus paradoxal qu'il n'y paraît et légitime certaines interrogations : les NTIC ne sont-elles que facteur de productivité ou sont-elles aussi le vecteur d'une nouvelle et puissante bureaucratie numérique ? Libèrentelles effectivement les salariés par la mobilité et l'accès aux informations ou en font-elles, pour partie, de nouveaux OS de la saisie de données, des prisonniers du temps réel? Améliorent-elles véritablement la rapidité et la qualité des décisions ou sont-elles en fait un moyen de procrastination sous couvert de la quête de données toujours plus actuelles et pertinentes?

1 Panorama des outils SIRH: des données du personnel au libre-service RH

Les NTIC sont un facteur puissant de transformation de la gestion des ressources humaines, et à ce titre, de la place de chacun des acteurs du monde du travail, dans la mesure où elles permettent un accès libre et partagé aux informations relatives au salarié, qu'il s'agisse de données personnelles (état civil, curriculum vitae), contractuelles (contrat de travail, éléments de rémunération) ou historiques (sanction, formation, évolution de carrière).

Ainsi, le salarié peut communiquer ses aspirations professionnelles, le responsable hiérarchique peut consulter les appréciations passées ou comparer les données entre les membres de son équipe tandis que les professionnels des ressources humaines sont, en grande partie, délestés de la charge de saisie et de communication des données.

En même temps, de nouvelles problématiques apparaissent à l'aune de l'usage de ces outils: comment se transforme la relation entreprise–salarié alors que les questions de ceux-ci sont traitées par le biais d'un centre d'appel? que devient la communauté professionnelle dans un environnement où la présence est autant virtuelle que physique? comment se transforme le rapport hiérarchique alors que les évaluations deviennent plus transparentes, et dans une certaine mesure, publiques?

1.1 Pour le salarié: entre autonomie et abandon

Les outils, vecteur d'appartenance et d'autonomie

Les salariés ont désormais accès à pléthore d'outils de communication, qu'il s'agisse de l'intranet de son entreprise, de la messagerie électronique, de la messagerie instantanée permettant le «chat», du téléphone portable ou des outils de collaboration virtuelle (vidéoconférence, réunions téléphoniques avec partages d'écran, création de bases de données partagées, etc.). En permettant accès et partage en temps réel, quelle que soit la localisation, de pléthore d'informations propres à l'entreprise, ces outils permettent à la fois un accroissement de l'intelligence individuelle et collective ainsi qu'une extraordinaire cohérence communautaire de par la quantité et l'immédiateté des communications descendantes (via l'intranet ou de vidéos sur demande), aussitôt commentées (via téléphone, messagerie ou «chat») – et de ce fait appropriées – par ses destinataires. Ainsi, au-delà de leur vocation «productiviste», les outils de communication deviennent aussi le ciment du «village global» numérique renforçant le sentiment d'appartenance du salarié à son organisation.

Les salariés ont également désormais accès à une série d'applications relatives à leur propre statut (état civil, paie, congés, compte épargne temps (CET), relevé d'épargne salariale, etc.) ainsi qu'aux règles collectivement applicables dans l'entreprise (convention collective, accords d'entreprise, règlement intérieur ou encore prestations mutuelle, retraite complémentaire...). Mieux éduqués quant à leurs droits, ils disposent ainsi, de fait, des moyens de les faire valoir, et ce sans nécessairement faire appel aux intermédiaires traditionnels que sont les partenaires sociaux. Ils ont aussi les moyens d'exercer plus facilement certains choix, comme par exemple la gestion de leur CET ou encore l'alimentation de leur compte d'épargne salariale.

Enfin, de par les moyens offerts par les NTIC, les salariés se trouvent appelés à employer les outils mis à leur disposition pour faciliter leur gestion de carrière, qu'il s'agisse de la mise en ligne de leur CV, de la consultation des postes ouverts ou de l'inscription aux formations en ligne. La logique d'offre et de demande d'emploi auparavant réservée aux relations de l'entreprise avec son environnement externe tend ainsi à s'appliquer également en interne, favorisée tant par la généralisation des conceptions libérales que par la facilité des moyens techniques de mise en œuvre. Dès lors, chacun, au sein même de son entreprise, est appelé à devenir entrepreneur de son propre développement, qu'il s'agisse de l'acquisition de compétences ou de son orientation de carrière.

Leur usage, symbole d'abandon

Comme pour tout changement, celui induit par les NTIC suppose une adaptation des mentalités nécessairement malaisée par certains aspects. Dans le cas du salariat du nouveau monde numérisé, cette difficulté d'adaptation se traduit souvent par une revendication un peu floue de «maintien de l'humain» dans l'entreprise, revendication qui reflète autant la nostalgie d'un lien à l'entreprise incarné dans des personnes physiques que le rejet sous-jacent de la conception du salarié autonome – entrepreneur de sa carrière.

En effet, le salarié est confronté à une adaptation de son comportement sur plusieurs plans. Il se retrouve tout d'abord invité à réaliser lui-même, pour partie, la constitution et la mise à jour de son dossier. Il est ensuite amené à consacrer une partie de son temps à la gestion de son statut de salarié, qu'il s'agisse du remboursement de ses frais, de l'organisation de ses voyages ou du suivi de ses congés. Enfin, et surtout, il est convié à prendre en charge son évolution de carrière dans l'entreprise suivant, somme toute, la même démarche qu'un demandeur d'emploi (recherche sur la bourse d'emplois en ligne interne, candidature, entretiens d'évaluation, etc.).

Cette nouvelle donne confronte le salarié à l'absence de prise en charge traditionnelle par l'entreprise et suppose l'acceptation de sa part d'une relation employeur–employé fondée sur une conception beaucoup moins paternaliste et nettement plus responsable. Si cette conception peut sembler de prime abord à l'avantage du salarié, elle comporte aussi sa part d'inconfort en ce qu'elle l'oblige à la réalisation de tâches administratives souvent perçues comme peu prestigieuses et, surtout, qu'elle le contraint à accepter une forme de précarité, morale et matérielle, au sein de l'entreprise. En effet, le salarié, devenu malgré lui entrepreneur de sa carrière, doit accepter une part inhérente de risque : celle du refus et de l'échec.

Cet inconfort est cependant rarement exprimé en tant que tel dans la mesure où cela traduirait un désir nostalgique de prise en charge inavouable dans une société prônant liberté et responsabilité individuelle. Cela étant, il est souvent traduit par des marques d'irritation jugées plus acceptables vis-à-vis des « tâches sans valeur ajoutée », des « processus inefficaces » ou encore de « fonction ressources humaines inexistante ».

Par ailleurs, si le sentiment d'appartenance du salarié à l'entreprise peut trouver une source de renfort dans une communication interne devenue omniprésente, elle peut aussi représenter par certains aspects une menace diffuse en créant une forme d'étouffement ou de vulnérabilité de l'individu vis-à-vis de la communauté. En effet, dans l'environnement professionnel numérisé, les salariés tendent à former une communauté d'un nouveau type se définissant objectivement par leur « connexion » à un même ensemble. L'appartenance à cet ensemble se matérialise notamment et visiblement par un répertoire où rôle, statut et position de chacun sont connus et affichés. La pleine exploitation des NTIC en entreprise oblige à cette formalisation et clarification des liens, et par conséquent à l'abandon des organisations floues et informelles. Or, par l'effet de ce répertoire, en principe simple annuaire, le salarié devient accessible à tous, redevable à tout un chacun de l'exercice de ses responsabilités et du partage des connaissances que lui confère son rôle.

Devenu plus autonome, le salarié est aussi désormais singulièrement vulnérable au sein de sa communauté virtuelle.

1.2 Pour le manager : entre responsabilisation et solitude

Le manager omniscient

Par la grâce des nouveaux moyens de communication, il n'y a guère plus d'information qui échappe au responsable hiérarchique dans sa fonction de gestion d'équipe. Pour ceux travaillant dans les entreprises les mieux dotées en réseau de communication et applications informatiques, l'accès aux données personnelles actualisées de chacun des membres de leur équipe est chose acquise. Les managers peuvent consulter à tout moment l'historique de leurs collaborateurs dans l'entreprise (fonctions successives, évaluations passées, évolution salariale, formations réalisées) et effectuer des comparaisons entre ceux-ci. La configuration des outils de gestion est en effet telle que la sécurité des données est en tout état de cause assurée par une stricte définition des accès. La fonction de contrôle étant automatisée, le manager est désormais indépendant dans sa connaissance des profils des membres de son équipe.

Au-delà de la possibilité d'accéder à l'information, les managers disposent désormais aussi des moyens d'action grâce à des applications de gestion salariale ou d'évaluation de performance qui leur évitent, là encore, toute intermédiation. Comme dans le cas de la consultation, la fonction de contrôle a été intégrée dans le paramétrage même des outils de telle manière à ce que seul le responsable hiérarchique puisse effectivement modifier les données de son équipe, et ce dans le cadre strict des règles de gestion fixées par l'entreprise. Les managers peuvent donc, par la voie numérique, procéder à la notation de leurs collaborateurs, leur faire part dans des documents partagés de leurs évaluations, solliciter, par le biais d'outils de collaboration, l'avis de collègues quant à la performance ou le comportement de leurs collaborateurs ou encore décider des augmentations de salaire.

Ainsi, là où la collecte de données et l'usage d'outils moins sophistiqués justifiaient bien souvent un échange entre manager et responsable ressources humaines qui, dès lors, portait autant sur les modalités que sur le bien-fondé même des décisions, celui-ci disparaît sous l'effet de moyens en principe plus efficaces laissant le manager souverain dans ces choix.

Le manager impuissant

De même que le salarié–employé est confronté à une nouvelle problématique de moindre prise en charge corollaire de sa plus grande autonomie, le salarié–responsable d'équipe est confronté pour sa part à une problématique de moindre décision sous l'apparence d'une plus grande indépendance.

En effet, la puissance des nouveaux outils informatiques repose autant sur les moyens qu'ils offrent que sur le contrôle qu'ils permettent. En mettant en ligne un outil de gestion salariale à l'usage des managers, l'entreprise ne confère pas nécessairement plus d'autorité à ceux-ci. Elle peut même se trouver réduite dans la mesure où, d'une part, le paramétrage de l'outil peut être tel que les règles («tel pourcentage d'augmentation en fonction de telle évaluation et tel niveau de salaire à un poste donné») finissent par éliminer quasiment tout pouvoir d'appréciation, et d'autre part, la gestion d'exception, mode privilégié du management paternaliste mais aussi signe évident de pouvoir, n'a plus cours dans le contexte de la nouvelle machinerie informatique. Ainsi le manager n'est plus que l'incarnation physique de décisions prises ailleurs qu'il se retrouve contraint à assumer sans avoir participé à leur définition. Si cette problématique n'est pas nécessairement nouvelle, à tout le moins, elle ne disparaît pas avec la diffusion des NTIC. Au contraire, le manager peut lui-même fortement ressentir cette instrumentalisation et sa contribution à la machinerie qui rebute ses collaborateurs.

Non seulement le pouvoir du manager est éventuellement plus illusoire mais les conséquences de l'autorité qu'il exerce toujours peuvent devenir plus difficiles à assumer. Le dialogue avec son propre responsable hiérarchique ou avec le responsable ressources humaines n'ayant plus la justification de la nécessité d'un contrôle ou d'un suivi dans la mise en œuvre tend à disparaître alors même que celui-ci permettait, au-delà de sa fonction première d'ordre pratique, d'accompagner le manager dans la réalisation de ses choix. En l'absence de cet accompagnement, le manager doit assumer seul ses décisions et peut difficilement arguer d'une décision collective pour éviter une confrontation trop directe entre lui-même et un collaborateur qui contesterait un choix de sa part.

Le manager connaît donc une double problématique, confronté en tant qu'employé à un relatif abandon, il en est de même dans sa fonction de responsable d'équipe. Il dispose cependant d'autant moins des moyens de faire valoir un avis divergent qu'il est réputé participer à la structure de décision.

2 Les relations du travail à l'heure des NTIC : les nouveaux paradoxes du management

Les NTIC sont apparues et se sont développées dans un contexte social et culturel particulier, à l'heure des derniers feux du patriotisme d'entreprise et du culte de la performance. Associées à l'apogée du phénomène d'idéalisme corporatiste avec les «start-up» et la «nouvelle économie», elles se sont néanmoins généralisées et diffusées à grande échelle dans un environnement nettement plus désenchanté, celui de la richesse virtuelle envolée et d'une distance grandissante entre salariés et entreprise.

Dans ce contexte, au-delà de leur rôle premier d'outil, les NTIC ont véritablement révolutionné l'environnement de travail en apportant à la fois un accroissement considérable des échanges et une plus grande liberté organisationnelle mais aussi en générant un isolement physique et un sens de l'urgence quasi obsessionnel propre à cette nouvelle culture du temps réel.

Ainsi, les paradoxes des NTIC affectant les acteurs des organisations sont aussi manifestes au niveau des interactions des acteurs avec leur environnement. Une liste non exhaustive de ces contradictions inédites, nouveaux défis pour les entreprises dans leurs préceptes de management, pourrait ainsi comprendre les expressions suivantes : la bureaucratie sans papier, la décision prisonnière de l'information, l'isolement dans la globalisation, le stress de la liberté, la communication déficiente des autoroutes de l'information.

2.1 Le travail, réalité virtuelle et omniprésente

Le travail nulle part

L'un des effets les plus visibles des NTIC, et tout particulièrement des nouveaux outils de mobilité, est le travail à distance. Suivant la fonction qui lui est dévolue, la présence physique n'est en effet plus nécessairement requise dès lors que la liaison à distance est à tout moment possible quelle que soit sa localisation. Cela est vrai dans le cas de déplacements ponctuels qui peuvent désormais être bien souvent économisés puisque la présence peut être assurée via téléconférence ou vidéoconférence avec ou non échanges de données par partage d'écrans d'ordinateurs. Travailler de chez soi, de son lieu de travail ou d'un aéroport devient transparent et, à l'heure encore de l'émergence de ces nouvelles technologies, il peut même être souhaitable de faire montre de leur maîtrise en exploitant visiblement toutes leurs potentialités.

Cela est aussi vrai dans le cas, beaucoup plus lourd de conséquences, de la localisation des postes. En effet, aucune barrière technique ou économique n'interdit désormais, par exemple, à un Espagnol de piloter une équipe composée d'Américains et de Japonais. Comme le contact entre individus requiert de moins en moins une présence physique en un même lieu et comme les individus sont en tout état de cause réputés de plus en plus indépendants dans la gestion de leur activité, le *remote management* ou management à distance tend à devenir pratique commune et permet, en principe, de s'affranchir de toute considération de localisation quand il s'agit de pourvoir à un poste. La situation est au bénéfice tant de l'entreprise qui peut se focaliser uniquement sur les mérites comparés des candidats à un même poste qu'à celui du salarié qui peut théoriquement envisager sa carrière indépendamment de toute contrainte géographique.

Au-delà de cette «virtualisation» de la présence de l'individu en entreprise, il en est de même des interactions entre individus. Les grandes réunions formelles peuvent désormais facilement prendre la forme d'une télédiffusion («webcast») via l'intranet de l'entreprise permettant de s'adresser à très faible coût à un très grand nombre. Ainsi des collègues, basés sur un même lieu de travail, peuvent fort bien rester seuls devant leur écran à assister à une même réunion et communiquer leurs éventuelles questions via messagerie électronique. Dans le cas de réunions de travail, plus réduites en nombre de participants et moins formelles dans leur déroulement, la réalité peut être tout aussi désincarnée puisque les participants sont rarement physiquement dans un même endroit. Si théoriquement une telle configuration ne devrait avoir aucune incidence sur l'efficacité des réunions, qu'elles soient de travail ou d'information, c'est nier tout aspect émotionnel propre à l'échange interpersonnel, aspect en réalité indispensable pour partager ses vues et forger une décision à laquelle l'ensemble puisse adhérer.

Ainsi, alors que l'individu est moins présent sur son lieu de travail, que la notion même de lieu de travail se dilue, la réunion traditionnelle tend elle aussi à disparaître dans sa fonction première d'outil de travail. Cela est d'autant plus vrai que les nouveaux moyens de communication restent à ce jour plus souvent adaptés aux échanges d'un à un qu'aux échanges entre une multiplicité d'interlocuteurs.

Le travail partout

Si les NTIC offrent une nouvelle liberté considérable au salarié en facilitant le télétravail, indépendamment de sa fonction, elles généralisent aussi certains effets négatifs assez largement connus de cette forme d'organisation du travail. Ainsi l'absence de cadre organisé dédié au travail avec ses rituels et ses horaires peut poser le risque tant d'une faiblesse que d'un excès d'activité. Se pose aussi la question de la frontière entre vie professionnelle et vie privée : en laissant le travail pénétrer à domicile, il peut se créer une confusion sur la nature et la place de la relation salarié–entreprise. Cela est vrai aussi bien pour le salarié qui peut conférer, même inconsciemment, à l'entreprise une charge morale à son égard dès lors que lui-même autorise l'employeur à empiéter sur sa vie sociale ou familiale. Cela est aussi vrai de l'employeur qui peut, inconsciemment ou pas, profiter de cet accès dans la vie privée du salarié pour, par exemple, formuler des demandes en dehors du cadre reconnu d'horaires de travail.

La particularité des NTIC est sans doute de démultiplier ces effets en y ajoutant le contexte de la communication permanente. Dans un monde où le flux d'informations semble sans limite tant il est important et continu, le facteur actualité devient primordial : toute idée ou décision n'aura de valeur que pour autant qu'elle reste à jour. Dans le monde du travail, la course à l'information est d'autant plus obsessionnelle qu'elle est perçue comme facteur de survie face à la concurrence. En conséquence, chacun se doit d'être en permanence au fait des dernières nouvelles dans son entreprise, dans son marché, dans sa fonction. Ainsi se crée aussi une réactivité quasi conditionnelle : la connaissance ne valant que par l'action qu'elle autorise, chacun se doit d'être toujours disponible pour accueillir la dernière information et pour prendre en temps réel les mesures exigées.

Le salarié du monde des NTIC finit donc par ressembler à une sorte d'électron libre, un individu aux limites floues dont le travail est partout et nulle part, dont vie professionnelle et vie privée se transgressent mutuellement et qui doit sans cesse se redéfinir au gré de l'actualité.

2.2 La communication vecteur de la non-décision

La communication sans limites

La conséquence probablement la plus frappante dans la révolution de l'Internet vécue ces dix dernières années est celui de la connectivité permanente. Les exemples foisonnent de l'extraordinaire prégnance des nouveaux moyens de communication dans la vie quotidienne faisant notamment du téléphone portable un appendice quasi humain. Qu'il s'agisse de commerce ou de militantisme, d'actions privées ou collectives, rien ne semble plus s'organiser sans l'aide de ces outils.

Dans l'environnement professionnel comme ailleurs, chacun est désormais confronté à une problématique de tri d'informations pléthoriques alors que l'ensemble des générations précédentes n'avait connu qu'une plus ou moins grande pénurie. Curieusement, l'offre créant la demande en l'occurrence, il semblerait que l'information ne soit jamais suffisante. Définie comme stratégique, «avantage compétitif face à la concurrence», l'information ne saurait être trop précise ou trop actuelle. Face à un accès sans limite, il est toujours possible de croiser une information, de recherche sa contradiction ou d'attendre une immanquable mise à jour. Ainsi une part considérable de l'énergie dépensée dans le cadre professionnel est désormais consacrée à la recherche, à la saisie ou la mise en forme d'informations. D'ailleurs, significativement, la qualité personnelle la plus unanimement recherchée aujourd'hui, quelle que soit la fonction ou le secteur d'activité, est l'aptitude à «bien communiquer» tant il semble évident que rien ne saurait être entrepris, réalisé et réussi sans cette capacité à la fois étroite et protéiforme à expliquer, transmettre et convaincre.

Ainsi, paradoxalement, alors même que la disponibilité de l'information devrait théoriquement en diminuer la valeur, il semble que les efforts du salarié, quelle que soit sa fonction, se concentrent de plus en plus sur la collecte et la production de données.

À l'encontre de l'aptitude à la décision

Cependant, l'accumulation et le traitement d'informations ne se traduisent pas nécessairement en action. Au contraire, il semblerait que l'énergie dépensée dans la saisie et la mise en forme d'informations réduit d'autant les efforts placés dans la prise de décision. Ceci est d'autant plus vrai que, comme nous l'avons constaté, les opportunités d'interaction collective, fondamentales à la définition et à la mise en œuvre d'une stratégie d'entreprise, s'amenuisent sous l'illusion d'une communication plus fréquente.

En effet, ce n'est pas le moindre des paradoxes du développement des NTIC que l'apparition d'un nouveau phénomène bureaucratique qui n'est pas sans rappeler la vision d'un Orwell dans ses aspects moins caricaturaux et outranciers. La réalité qui semble se profiler est bien celle d'un contrôle des accès, d'une définition de règles et de la mise en place de systèmes de vérification d'autant plus nombreux qu'ils apparaissent sans impact sur la rapidité des décisions puisque les flux d'informations se font en temps réel. Pourtant, la perception des salariés évoluant dans les environnements les plus friands d'applications NTIC est celle d'une multiplication des processus mécanisés, d'un «reporting» omniprésent et d'une autonomie de décision significativement réduite.

Par ailleurs, l'automatisation de processus de plus en plus nombreux s'accompagne nécessairement d'une moindre appréciation des situations particulières. Tout paramétrage d'un processus, même s'il peut prévoir une certaine gestion d'exception, est réalisé pour traiter une situation définie comme standard. Ainsi la bureaucratie numérique ne paraît guère moins menaçante que son ancêtre dans la mesure où la subjectivité du rond-de-cuir ne fait que laisser place à l'inconscience de la machine.

En dernier lieu, il convient de se pencher sur la gestion d'un risque moins visible mais vraisemblablement plus profond de l'usage des NTIC, celui de l'éternel présent. Dans un monde dominé par le temps réel se pose en effet la question de la prise en compte du long terme, de la hauteur de vue, de la capacité de recul, de l'anticipation stratégique. Dans le cadre spécifique du monde du travail, alors que le temps semble s'accélérer et les changements s'opérer plus vite, il est aussi frappant de constater l'amoindrissement de la perspective temporelle dans le contexte décisionnel. Du point de vue des ressources humaines, l'analyse de ce phénomène se justifie d'autant plus que son impact sur la relation salarié–entreprise risque d'être très significatif si celle-ci doit désormais se concevoir sur le court terme. Elle suppose une réflexion non seulement sur l'adaptation éventuelle du cadre contractuel mais aussi et surtout sur la nature même des responsabilités réciproques.

Les grandes révolutions technologiques sont toujours synonymes de bouleversements culturels, produisant des effets dépassant de loin ceux imaginés par leurs initiateurs. Ainsi en est-il de la révolution des NTIC qui, en une petite dizaine d'années, a vu l'explosion des communications sous toutes ses formes (données, son, image) à l'échelle mondiale et leur adoption sans réserve par les particuliers comme par les organisations, publiques ou privées.

S'agissant du monde du travail, sans prétendre à la moindre certitude, certains des paradoxes soulignés dans cet exposé sont peut-être les signes avant-coureurs de nouvelles problématiques managériales dont la prise en compte et la bonne gestion seront à l'avenir un facteur différentiateur de l'entreprise.

Au cœur de tous ces paradoxes se trouve posée en filigrane la question du contrat employeur–employé. Ce contrat est déjà remis en cause sous l'effet conjugué de la précarisation institutionnalisée du travail, des plans sociaux mis en œuvre dans les entreprises profitables et des exemples emblématiques de mauvaise conduite ou même de corruption de la part de dirigeants de très grandes entreprises. Dans ce contexte déjà fragile, les NTIC viennent ajouter un facteur de déstabilisation en faisant vivre les salariés au rythme de la communication permanente tout en créant un environnement de plus en plus dépersonnalisé.

Probablement que la réussite future des entreprises dépendra au moins en partie de leur aptitude à reconnaître les besoins inchangés de motivation de leurs salariés (autonomie réelle, reconnaissance, apprentissage) tout en capitalisant de manière positive sur le potentiel de productivité des NTIC. Un autre défi résidera dans la capacité à dépasser la maladie infantile des NTIC qu'est la tentation bureaucratique et l'explosion du phénomène de contrôle pour accepter une délégation accrue à tous les niveaux de la chaîne de décision. Enfin, la conservation d'une faculté de réflexion à long terme s'avérera aussi sans doute un élément indispensable pour pleinement bénéficier des effets d'une plus grande intelligence collective.

Plus généralement, tout en reconnaissant le potentiel incroyablement positif des NTIC, il faut espérer que leur exploitation ne se fera pas dans la négation de certaines constantes de la réalité humaine, et tout particulièrement du besoin de lien physique et émotionnel authentique entre les individus.

Bibliographie

Boullier D. et *al.* (2003), *Outre-lecture : manipuler, s'approprier et interpréter le web.* Éditions BPI.

Breton P., Proulx S. (2002), *L'explosion de la communication*, Éditions La Découverte.

Castells M. (1999), *La société en réseaux*, 3 tomes, dont le premier *L'ère de l'information*, Fayard.

Henriet B. et Imbert M. (2003), *DRH ; tirez parti des technologies*, Éditions d'Organisation.

Kerorguen Y. de et Bouyad A. (2004), *La face cachée du Management*, Dunod.

Kalika M. et Ledru M. (directeurs d'ouvrage) (2003), *Le e-Management : quelle transformation pour l'entreprise ?*, Éditions Liaisons.

Lequeux J.-L. (1999), *Manager avec les ERP*, Éditions d'Organisation.

Martory B. (2004), *Tableaux de bord sociaux*, Éditions Liaisons.

Méda D. (1999), *Qu'est ce que la richesse ?*, Aubier.

Merck B. (2002), *Équipes RH Acteurs de la Stratégie : l'e-RH : mode ou révolution*, Éditions d'Organisation.

Moatti Ph. (directeur d'ouvrage) (2005), *Nouvelles Technologies et Modes de vie*, Éditions de l'Aube.

Moatti Ph. (2002), *L'entreprise du xxie siècle*, Éditions de L'Aube.

Ray J.-E. (2005), *Le droit du travail à l'épreuve des TIC*, 3e édition, Éditions Liaisons.

Wolton D. (2003), *L'autre Mondialisation*, Flammarion.

Les impacts de l'informatique sur les métiers et les compétences

Patricia Vendramin, Gérard Valenduc

Mots-clés : métiers, compétences, qualification, valeur ajoutée, organisation du travail, relation de travail, GRH.

Résumé : les technologies de l'information et de la communication transforment-elles les métiers et les compétences ? L'impact de l'informatique sur les métiers et les compétences n'est pas univoque. Il s'exerce par la médiation d'autres facteurs : l'organisation du travail, les relations de travail, la gestion des ressources humaines, le contexte économique, l'éducation et la formation. C'est la convergence des changements technologiques et des changements organisationnels qui transforme les qualifications et les compétences. Beaucoup de métiers ont ainsi fortement évolué pour se recentrer vers des tâches leur apportant de la valeur ajoutée.

Comment les nouvelles technologies de l'information et de la communication transforment-elles les métiers et les compétences ? Pour répondre à cette question, il faut la formuler autrement, pour échapper à une conception déterministe des relations entre technologie et compétence. L'impact de l'informatique sur les métiers et les compétences n'est pas univoque. Il s'exerce par la médiation d'autres facteurs : l'organisation du travail, les relations de travail, la gestion des ressources humaines, le contexte économique, l'éducation et la formation. C'est la convergence des changements technologiques et des changements organisationnels qui transforme les qualifications et les compétences.

1 Des changements transversaux à la plupart des métiers

1.1 Une abstraction croissante

Traditionnellement, l'exercice d'un métier est lié à la capacité de réaliser des opérations, qu'il s'agisse de travail manuel ou de travail intellectuel. Les termes employés pour décrire les qualifications se réfèrent souvent de manière explicite à des tâches opérationnelles : on parlera d'un électricien, d'un ajusteur, d'un comptable, etc. Cette manière de considérer la qualification est liée à une organisation du travail dérivée du taylorisme, c'est-à-dire fondée sur la parcellisation des tâches et sur la séparation entre la conception et l'exécution du travail.

Une nouvelle tendance a émergé, au début des années quatre-vingt-dix, quand l'informatique a marqué de son empreinte l'environnement de travail de la majorité des employés et des ouvriers, quelle que soit leur branche d'activité. La notion de qualification s'est détachée progressivement des tâches opérationnelles, elle est devenue plus abstraite. Elle se rapporte davantage à une fonction qu'à un métier ou un poste de travail. Elle est liée à la manipulation d'informations abstraites (des codes, des signaux, des procédures), à la capacité de comprendre et de gérer des situations complexes, à l'aptitude à communiquer. Cette nouvelle approche de la qualification repose, elle aussi, sur un changement dans les formes d'organisation du travail, notamment sur une certaine distanciation vis-à-vis du taylorisme : intégration des tâches plutôt que parcellisation, répartition des responsabilités plutôt que hiérarchie autoritaire.

Cette dernière tendance s'accélère aujourd'hui car le progrès technique a permis d'automatiser la plupart des tâches matérielles, purement opérationnelles : fabriquer, assembler, contrôler, encoder, calculer, vérifier. Les technologies de l'information et de la communication s'étendent maintenant à des activités non matérielles, qui sont au cœur de l'intervention humaine dans le processus de production : réagir, interpréter, évaluer, communiquer, planifier, décider, créer.

La prédominance de l'abstrait ne concerne pas seulement les tâches intellectuelles, elle s'étend au travail ouvrier. L'usine chimique n'est plus un entrelacement de tuyaux et de vannes, mais un tableau de bord informatisé. La coulée continue n'est plus du métal en fusion, mais un schéma en couleur sous Windows. Le magasinier ne gère plus un entrepôt, mais des stocks et des flux d'objets représentés par des codes. Le livre et le journal sont des fichiers réalisés avec un logiciel de mise en pages. Et ainsi de suite.

1.2 La codification des connaissances

Si le travail devient de plus en plus abstrait, c'est parce qu'une part croissante des connaissances nécessaires au travail a été codifiée et incorporée dans les systèmes techniques. Pour comprendre cette évolution, il est utile d'introduire la distinction entre la connaissance codifiée et la connaissance tacite.

La *connaissance codifiée* est celle qui peut être transcrite dans des procédures structurées ou dans des raisonnements logiques, bref celle qui peut être réduite en information. Cette connaissance transformée en information devient alors un produit commercialisable, qui peut être facilement stocké dans des bases de données, introduit dans des systèmes experts, reproduit et transmis à travers des réseaux. La tendance à la codification des connaissances est croissante, ainsi que le développement d'outils permettant d'utiliser cette connaissance codifiée. Les NTIC y jouent un rôle central. Elles augmentent la valeur ajoutée de la connaissance codifiée en permettant son transfert à longue distance et à faible coût.

Pour les entreprises, le premier avantage de la codification est qu'elle réduit certains coûts liés à l'acquisition des connaissances. L'accès à des bases de données peut s'avérer moins cher que la constitution d'un centre de documentation. Le recours à un système expert peut être plus efficient que de s'adjoindre ses propres experts. Le fait de codifier la connaissance, de l'inscrire sur un support, a pour effet de donner à la connaissance des propriétés semblables à celles d'un bien matériel. Elle peut faire l'objet de transactions, être vendue, achetée, stockée – mais attention à la date de péremption ! En effet, la limite la plus importante de la codification des connaissances est certainement le changement. La codification des connaissances est un processus complexe et coûteux, mais la durée de vie des connaissances codifiées peut être très brève. Il faut souvent investir beaucoup pour comprendre et exploiter la connaissance codifiée.

Par contraste, la *connaissance tacite* est la connaissance qui reste liée à l'intervention humaine. Elle ne peut pas être traduite dans un langage informatique, ni fixée dans un format spécifique. La qualification d'un travailleur comprend des connaissances codifiables mais aussi une part importante de connaissance tacite. Une personne qualifiée suit dans son travail, de manière inconsciente, des règles qui ne sont pas connues en tant que telles mais qui relèvent de sa qualification et de son expérience. La connaissance tacite fait référence à des actions que l'on peut réaliser sans être capable d'expliquer complètement comment on y parvient, ainsi qu'à des aptitudes, des modes de raisonnement qui sont mis en œuvre de manière inconsciente. On pense ici, par exemple, à tout ce qui constitue le tour de main, la débrouillardise, la touche commerciale, l'aptitude pédagogique, le sens de l'organisation, le contact humain, bref un ensemble de choses difficiles à recenser mais qui fait qu'une personne est bonne, compétente, douée ou performante dans une activité. La transmission de la connaissance tacite ne passe pas par les ordinateurs et les réseaux, elle passe par des formes d'interaction sociale proches de l'apprentissage. Les croyances et les modes d'interprétation communs, qui rendent la communication possible, font également partie des connaissances tacites.

Toutefois, la distinction entre connaissance tacite et codifiée n'est pas si évidente qu'il y paraît. Les deux types de connaissance sont souvent complémentaires et coexistent dans les situations de travail. La codification n'est jamais complète et des connaissances tacites restent, et resteront, toujours nécessaires. Par ailleurs, une codification accrue ne diminue pas l'importance de la connaissance tacite. Des connaissances tacites restent indispensables pour s'approprier la connaissance codifiée, la repérer, la sélectionner, l'interpréter et la mettre en œuvre à bon escient.

1.3 Technologies, qualifications, compétences

La distinction habituelle entre qualification et compétence repose sur le fait que la qualification est davantage liée au poste de travail et aux diplômes, tandis que la compétence est un attribut personnel du travailleur. La compétence a donc d'abord une dimension individuelle, même si elle se construit dans des collectifs de travail, tandis que la qualification est indissociable de l'organisation et des rapports sociaux.

Aujourd'hui, la distinction entre qualification et compétence est rendue de plus en plus floue. Les critères de recrutement et les profils des fonctions sont souvent formulés en termes de compétences. Au-delà des qualifications (connaissances et savoir-faire professionnel), les entreprises évaluent une série de compétences individuelles : initiative, autonomie, adaptabilité, capacité de diagnostiquer et interpréter des situations, de gérer des imprévus, de travailler en équipe. Certaines de ces compétences comportementales sont liées aux deux tendances déjà décrites : l'abstraction croissante et la codification des connaissances. La tendance actuelle consiste à privilégier les compétences par rapport aux qualifications. Elle s'inscrit dans une tendance plus profonde liée à l'individualisation de la relation de travail.

Les NTIC ont joué un rôle dans ce changement de perspective. Si la compétence semble prendre le pas sur la qualification, c'est parce que certains fondements de la notion de qualification se trouvent ébranlés par le développement des NTIC et par les nouveaux modèles organisationnels. Avec l'expansion du travail à distance et du travail mobile, la notion même de poste de travail est remise en cause. Et quand le poste de travail existe encore, que ce soit sous la forme d'un pupitre de contrôle ou d'un ordinateur, ce ne sont plus tellement ses caractéristiques matérielles qui définissent le travail, mais surtout ses caractéristiques «immatérielles» : les représentations, les interfaces, les logiciels, les réseaux, etc. De plus, les NTIC favorisent le développement de formes flexibles d'organisation, qui reposent souvent (pas toujours) sur la polyvalence plutôt que sur la parcellisation des tâches. Elles se caractérisent aussi par des hiérarchies «aplaties». Le rôle du travailleur est défini en référence à une fonction à remplir dans une organisation, et non plus en référence à des tâches à exécuter dans une séquence d'opérations.

2 Des impacts différenciés selon les métiers

Les tendances à l'abstraction et à la codification des connaissances sont communes à de nombreux métiers où l'on utilise les NTIC, aussi bien dans l'industrie que dans les services. La façon dont ces tendances transforment les métiers est toutefois différente selon l'intensité de l'usage des NTIC et le rôle plus ou moins structurant que celles-ci jouent dans les organisations. Plusieurs catégories de métiers peuvent être distinguées :

- les *professionnels des NTIC*, c'est-à-dire les informaticiens, les spécialistes de l'internet, du multimédia et des services en ligne, ceux qui développent des applications spécialisées des NTIC (progiciels de gestion intégrés, plateformes de commerce électronique, informatique biomédicale, e-learning, etc.). Pour eux, les compétences NTIC constituent le cœur du métier, mais le besoin de compétences non techniques devient de plus en plus important ;
- les métiers dans lesquels les NTIC sont devenues une *composante indissociable* du procédé, du produit ou du service. La grande majorité des salariés y travaillent dans un environnement imprégné d'informatique et de réseaux. Quelques exemples : la production d'énergie, l'industrie chimique, l'imprimerie et l'édition, l'instrumentation industrielle, la logistique, les services financiers, les bureaux d'étude ou d'ingénierie, le conseil aux entreprises, etc. Ici les tendances à l'abstraction et à la codification exercent pleinement leurs effets. Des compétences NTIC viennent nécessairement s'articuler aux qualifications professionnelles traditionnelles, elles s'acquièrent à la fois dans la formation initiale, la formation continue ou la formation sur le tas ;
- les métiers dans lesquels les NTIC ne sont pas au cœur du métier, mais peuvent constituer *un support ou une aide* de plus en plus utile dans le métier, sans que les NTIC ne fassent partie de l'environnement quotidien. Quelques exemples : l'enseignement, les métiers manuels artisanaux, le petit commerce spécialisé, l'aide sociale, etc. L'instituteur reste un instituteur et le menuisier reste un menuisier, mais des compétences NTIC peuvent apporter une valeur ajoutée à leur métier, que ce soit en termes d'information, d'organisation ou de marketing ;
- les métiers dont *l'organisation est profondément transformée par les NTIC*, sans que la majorité des salariés ne soient pour autant confrontés au besoin d'acquérir des compétences NTIC (exemples : la grande distribution, les transports publics) ;
- les métiers *à l'écart des NTIC*, où l'on n'a pas l'occasion de se familiariser avec les NTIC et où celles-ci ne jouent pas de rôle important dans le changement organisationnel (exemples : les services aux personnes, le nettoyage),

Cette différenciation est importante pour comprendre que, si un nombre croissant de travailleurs est concerné par les NTIC, l'importance des NTIC dans la transformation des métiers comporte des degrés très variables.

3 Industrialisation des métiers de service, montée du service dans les métiers industriels

Avec l'expansion des NTIC, la distinction traditionnelle entre industries et services perd une partie de sa pertinence. La relation de service prend une importance croissante dans le monde industriel, tandis que le secteur tertiaire adopte des modes d'organisation dérivés des principes industriels : production juste à temps, à flux tendu, ajustement des produits en fonction des demandes – réelles ou supposées – des clients, etc.

3.1 La prédominance de la communication

La notion de communication prend une place de plus en plus importante, à la fois dans son substrat technologique et dans les exigences professionnelles. Cette prédominance de la communication se constate dans trois domaines :

- les NTIC renforcent certains modèles d'organisation économique. Elles favorisent le modèle de l'entreprise réseau, qui se caractérise par une production flexible, une structure à géométrie variable, de nouveaux modes de gestion (qualité totale, travail en équipe), des alliances stratégiques ponctuelles avec des PME et des grands groupes. Elles favorisent également le recours à la sous-traitance, notamment pour toute une série de services ou de productions à caractère périphérique, ce qui permet aux entreprises donneuses d'ordres de se recentrer sur leur métier de base ;
- de nombreux postes de travail intègrent des outils à communiquer de dernière génération : internet, mobiles et portables, téléphonie assistée par ordinateur, parfois webcam. Les tâches de communication prennent une importance croissante non seulement dans les tâches d'un cadre ou d'un employé, mais aussi d'un ouvrier ou d'un technicien ;
- la capacité individuelle à communiquer, à travailler en groupe, à gérer des relations internes et externes, fait de plus en plus partie des exigences professionnelles qui sont soit attendues à l'embauche, soit supposées acquises par l'expérience.

La qualité des interactions et de la communication est devenue centrale pour expliquer la performance des organisations.

3.2 La médiation de la technologie dans la relation de service

De plus en plus souvent, dans la relation de prestation de services, la relation « face à face » est complétée ou remplacée par une communication téléphonique assistée par ordinateur, un service en ligne ou encore d'autres formes d'assistance informatique en ligne. Cette *télémédiation* est une des tendances fortes dans la transformation de la relation de service. Beaucoup d'entreprises développent des services en ligne, tantôt de manière interne, en mettant en place des plates-formes téléphoniques pour les relations avec leurs clients, leurs fournisseurs et leurs partenaires, tantôt en sous-traitance avec des entreprises spécialisées dans ce type de services à distance, comme les centres d'appel par exemple. De nombreux emplois sont concernés, dans les fonctions d'accueil, de conseil, de vente et de gestion de la clientèle.

Dans certains cas, la médiation humaine est totalement remplacée par la technologie. On assiste à une montée en puissance du « self-service informationnel ». Le client fait lui-même les choix et prend ainsi en charge une partie de la relation de service. Il fournit des informations, il encode des données, il choisit des options, il participe à la sélection des services offerts, il imprime lui-même les informations recherchées. Avec le développement du commerce électronique, la télémédiation est appelée à prendre une importance croissante, aussi bien dans les relations entre les entreprises qu'entre celles-ci et les consommateurs individuels. Son expansion concerne potentiellement de nombreux employés de l'industrie et des services.

Mais le self-service a ses limites. La relation de service et le self-service sont plus souvent complémentaires que concurrents. Il y a dans le service une utilité spécifique qui est liée à la prise en charge, par le prestataire, d'une partie de l'incertitude et de la complexité de la situation du client. C'est la perception par le client de la réalité et de l'efficacité de cette prise en charge qui conditionne la qualité de la relation de service.

3.3 La montée des services dans l'industrie

Aujourd'hui les services ressemblent de plus en plus à des produits et les produits comportent de plus en plus de services associés, à tel point qu'ils viennent à se confondre. Les produits matériels modernes sont de plus en plus indissociables d'une série de services qui sont vendus simultanément avec le produit : leasing, contrat de maintenance, contrat d'assistance, assurances, formation, etc. On parle alors de « complexes de produits et de services ». Pour certains produits matériels, comme des photocopieurs, des ordinateurs ou des téléphones portables, la valeur du service associé au produit (logiciel, assistance, abonnements, etc.) peut même être supérieure à celle du produit lui-même. La performance du service devient plus importante que celle du produit. Cette tendance concerne les biens de consommation comme les biens industriels. Dans l'industrie, la montée des services transforme les métiers de nombreux ouvriers et techniciens, qui auparavant n'étaient jamais en relation avec les clients.

3.4 L'industrialisation des services

La codification des connaissances et l'automatisation des tâches sont indissociables et produisent des effets convergents dans l'évolution des modes d'organisation, des emplois et des contenus des métiers. Les TIC renforcent la tendance à la standardisation de certaines activités de services et ouvrent ainsi la voie à l'industrialisation de celles-ci. Qu'il s'agisse de produits financiers, de sécurité sociale ou de gestion administrative, une double transformation s'opère.

La codification des données et des connaissances tend à standardiser la plupart des situations traitées par les employés. Au guichet d'une banque, d'une agence de voyages ou d'une mutuelle, les systèmes informatiques en ligne guident leurs utilisateurs à travers un grand nombre de procédures répertoriées et normalisées, auxquelles n'échappent que des cas particuliers… qui feront alors l'objet d'un traitement sur mesure. D'autre part, les systèmes de distribution des tâches, comme les logiciels de workflow ou les progiciels de gestion intégrés, enchaînent automatiquement les opérations les unes après les autres, quelle que soit la localisation des intervenants successifs dans le traitement d'un dossier ou l'accomplissement d'une tâche. La tendance à l'industrialisation des services est encore renforcée par l'amélioration des performances des systèmes de saisie directe des données, comme la lecture des codes-barres, la numérisation d'images et de textes, la reconnaissance optique des caractères et la reconnaissance vocale.

Les menaces liées à l'industrialisation des services ne sont pas neuves et des glissements de fonctions peuvent être organisés pour maintenir l'emploi et la qualification. Ainsi, dans les services financiers, beaucoup d'entreprises ont été amenées à former leurs employés à des fonctions commerciales quand les activités de guichet se sont réduites suite à l'expansion des automates bancaires. Toutefois, le nombre de travailleurs concernés par les pertes d'emplois est resté supérieur au nombre de postes de nature plus commerciale à pourvoir.

Mais les activités de service sont aussi très hétérogènes. Celles qui sont le plus menacées par le phénomène d'industrialisation sont les services standardisables, comme la banque, l'assurance, l'administration, les transports, les communications, etc. C'est dans ces activités que le self-service fait une percée importante. Les activités tertiaires dans lesquelles le facteur relationnel est important sont moins concernées, qu'il s'agisse de tertiaire relationnel faiblement qualifié (services aux personnes, services domestiques, commerce de détail) ou de tertiaire relationnel très qualifié (soins de santé, éducation et formation, conseil aux entreprises par exemple).

4 Conclusion

Les innovations technologiques ont toujours transformé les métiers, puisqu'elles touchent à une composante essentielle du métier : le rapport entre le travailleur et la technique. Ce qui est nouveau avec les NTIC, c'est l'accélération des changements, l'imbrication étroite de la technologie et de l'organisation, la diffusion très large des technologies, bien au-delà de la sphère professionnelle, mais aussi les risques de déqualification ou d'exclusion. Les NTIC apportent incontestablement une valeur ajoutée à de très nombreux métiers, y compris des métiers qui ne sont pas «high-tech». Elles diversifient les compétences requises dans ces métiers, pas seulement les compétences techniques. Elles renouvellent les besoins de formation continuée. Toutefois, la perception des aspects positifs de la transformation des métiers ne dépend pas seulement de la technologie, mais aussi et surtout du degré de réussite des changements organisationnels, ainsi que des investissements que les entreprises et les pouvoirs publics sont prêts à faire dans la formation.

Bibliographie

Colin T., Grasser B. (2003), «La gestion des compétences : vraie innovation ou trompe-l'œil ?», dans les Actes du colloque DARES, *Travail et relations sociales en entreprise : quoi de neuf ?*, Paris.

Durand J-P. (2000), «Les enjeux de la logique compétence», suivi de Zarifian Ph., «Réponse à Jean-Pierre Durand», dans *Gérer et comprendre*, *Annales des Mines*, n° 62, Paris, décembre 2000.

Oiry E., D'Iribarne A. (2001), «Requalifier l'emploi pour réorganiser le travail», dans *Problèmes économiques*, La Documentation Française, n° 2717, juin 2001.

Roche J. (1999), «La dialectique qualification/compétence : état de la question», dans *Éducation permanente*, Dossier «La logique de la compétence – II», n° 141, p. 39-54.

Vendramin P., Valenduc G. (1999), *L'avenir du travail dans la société de l'information*, L'Harmattan, Paris.

Vendramin P., Valenduc G. (2002), *Technologies et flexibilité*, Éditions Liaisons, Paris.

Zarifian Ph. (1999), *Objectif compétence*, Éditions Liaisons, Paris, (réédition 2004).

La dimension financière des systèmes d'information

Coordination : Jean-Louis Peaucelle

Introduction

Jean-Louis Peaucelle

L'industrie de l'informatique

Du point de vue des gouvernements, l'informatique représente un secteur économique productif, une industrie moderne. L'enjeu pour l'État est d'inciter des entrepreneurs à construire des entreprises prospères dans ce domaine. Le développement de ces entreprises contribue à une politique de croissance économique, par les bénéfices tirés de l'activité, par les emplois créés dans le pays, par la balance commerciale avec les autres pays.

L'État français a ainsi eu une politique informatique à partir de 1966, connue sous le nom de « Plan Calcul ». La Délégation à l'informatique a été chargée de mettre en œuvre cette politique nationale. Cette action a d'abord eu un volet industriel de soutien à une industrie nationale de construction de machines. Ce fut la CII puis Bull. Globalement, ce fut un échec malgré les soutiens financiers forts de la part de l'État.

Le deuxième volet industriel concerna les services, les SSII. La France a eu une industrie de services forte et dynamique. Cependant, elle n'a probablement pas su prendre la stratégie des progiciels (ERP) qui était la plus profitable à partir des années quatre-vingt-dix.

L'informatique et les télécommunications constituent un secteur productif qui représente 5 % du PIB, soit davantage que l'industrie automobile.

Ce secteur est hétérogène (voir le tableau ci-contre). Pour un tiers il est formé par les télécommunications, et pour les 2/3 par les services offerts par les opérateurs. C'est un marché dynamique depuis sa déréglementation en Europe. Il continue de croître, poussé par le développement d'Internet et de la téléphonie mobile.

Presque aussi important, le deuxième secteur économique est celui de l'informatique où les services dominent avec les SSII (sociétés de service et d'ingénierie informatique). Ce secteur est très largement différencié et comprend le conseil, les prestations machine et la fourniture de logiciels, standard ou sur mesure. La construction des ordinateurs ne représente plus que le tiers de ce segment qui est dominé par des industriels mondiaux.

	CA en milliards d'euros	%
Télécommunications	39	31 %
dont industrie	12	10 %
dont services	27	21 %
Informatique	37	29 %
dont industrie	13	10 %
dont services	24	19 %
Communication	38	30 %
dont industrie	24	19 %
dont services	14	11 %
Industrie électronique	13	10 %
Total	126	

La répartition des activités des technologies de l'information et de la communication en 1997

Le troisième segment est celui de la communication : télévision, radio et imprimerie. Il reste une petite part pour l'industrie électronique destinée à d'autres fins.

Le marché de l'informatique et des télécommunications est double, les entreprises et les particuliers. Les entreprises sont toujours le client le plus important en termes de chiffre d'affaires. Les particuliers forment un secteur dynamique, pour la consommation de téléphone, notamment les mobiles, et pour l'acquisition d'ordinateurs connectés fonctionnant à domicile. Plus d'un ménage sur cinq possède un ordinateur. Mais les catégories socioprofessionnelles qui sont équipées sont essentiellement les cadres, ceux ayant 40 ans environ principalement. Leurs enfants utilisent les machines d'abord pour des activités ludiques. Ouvriers et agriculteurs ont très peu de machines.

L'impact de l'informatique sur les économies occidentales

Cette industrie informatique, dans toutes ses composantes, contribue au développement économique de l'ensemble de l'économie. Il est évident que les entreprises utilisent l'ordinateur par rapport à leurs objectifs propres, la survie, le profit, la croissance. Les choix d'informatisation n'ont aucune raison d'être irrationnels.

Cette évidence est cependant difficile à identifier dans les statistiques économiques. Depuis 1980, les investissements informatiques sont considérables dans les économies occidentales. Mais les indicateurs de «bonne santé» de ces économies sont demeurés ternes: chômage élevé, productivité presque stagnante et croissance très faible. Les secteurs industriels et les entreprises qui ont le plus dépensé en informatique durant ces années n'en ont pas acquis des avantages compétitifs déterminants, une plus forte croissance, un meilleur profit. Il existe de nombreuses études sur le sujet. Au mieux elles constatent un impact faible, le plus souvent des impacts non significatifs.

Ce résultat est connu sous le nom de «paradoxe de la productivité» ou «paradoxe de Solow», du nom du prix Nobel d'économie qui a le premier identifié cette difficulté méthodologique. Les impacts de l'informatisation ne sont pas captés par l'appareillage statistique de l'économie classique. Ce résultat négatif concerne plus la méthodologie économique que l'informatique d'entreprise. Mais il interroge les informaticiens sur la manière dont ils pilotent les projets et la part que l'aspect économique joue dans leurs décisions.

Le commerce électronique

Un aspect qui ne peut pas être omis est le commerce électronique à destination des particuliers («B to C»). Ce commerce électronique est en forte croissance. En 2003, il assure 40 milliards d'euros de chiffre d'affaires en France.

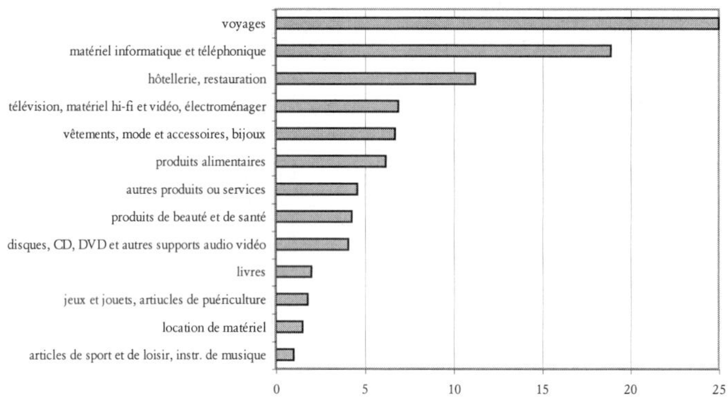

Répartition du chiffre d'affaires Internet en 2004

Ce marché est occupé pour plus de la moitié par trois types de services: les voyages, dont les billets d'avion ou de train, le matériel informatique, l'hôtellerie. À travers cette distinction on constate que le commerce électronique vient principalement en complément d'autres canaux de distribution. Les entreprises qui ont émergé en s'appuyant seulement sur ce mode de commercialisation (*pure players*) n'assurent que 8 % des affaires sur le Web.

La vente à distance a profité largement de ce nouveau canal pour entretenir de nouvelles relations avec ses clients. Elles assurent 25 % du commerce sur le Web. La plus grosse part (48 %) vient d'entreprises de services, où les voyages et l'hôtellerie dominent.

Vendre sur le Web est-il rentable? La réponse est positive à 80 % pour les entreprises de services et celles spécialisées dans la vente à distance. Elles ont là un canal supplémentaire de relation avec leurs clients. Les grossistes et industriels qui s'adressent ainsi directement à leurs clients expriment qu'ils atteignent la rentabilité dans 60 % des cas mais ils sont optimistes pour le futur. Les entreprises spécialisées dans ce mode de vente sont rentables seulement dans la moitié des cas. Ils estiment devoir trouver la rentabilité dans les années à venir, mais il y a aussi un risque. Des faillites sont à attendre dans ce domaine. Ils se battent sur le terrain des prix et celui de la gamme de produits offerts.

L'aspect économique du point de vue de l'entreprise

Du point de vue de l'entreprise, les applications de l'informatique qui sont choisies doivent être celles qui sont les plus rentables. Le Plan Informatique (schéma directeur informatique) devrait tenir compte de cet aspect de manière prioritaire. Ce n'est pas toujours le cas, faute de méthodologies éprouvées. Le texte de Catherine Leloup comble cette lacune.

L'informatique, ou les systèmes d'information selon le périmètre retenu, doit être gérée comme d'autres fonctions. Claude Salzman présente les principes de la gouvernance des systèmes d'information. Il signe un autre texte tout à fait essentiel sur la manière d'identifier les coûts informatiques dans la comptabilité de l'entreprise.

Le pilotage des systèmes d'information se fait soit avec le hasard d'informations obtenues au jour le jour sans caractère régulier – la gestion est alors faite à l'intuition en fonction de ces informations parcellaires – soit en construisant un cadre cohérent de recueil systématique d'informations. C'est la démarche du tableau de bord que Christophe Legrenzi présente ici.

Lionel Khalil dresse un panorama des moyens de paiements électroniques existants et en développement. On mesure là à quel point nos sociétés ont besoin de l'ordinateur et des télécommunications. Les transactions journalières représentent plus du quart du produit national brut annuel. Nous produisons en faisant tourner la monnaie très rapidement. Et cette vitesse est acquise par les moyens électroniques de paiement.

Enfin, les entreprises externalisent tout ou partie des services informatiques internes dont elles disposaient. Ce mouvement, qui s'est accentué dans la dernière décennie, est présenté par Dominique Geyer.

Enfin, la spécification de ce qu'est un système d'information, et donc la discussion sur son coût, demande une approche théorique. Je montre comment un modèle centré sur la fonction de représentation du réel par le système d'information peut ici être utile. Ce modèle objets-événements met l'accent sur ce que fait le système d'information, indépendamment des solutions technologiques choisies.

Les tendances

Du point de vue économique, l'informatique est bouleversée par une innovation extrêmement rapide, ce qui démode rapidement les solutions acquises. Cette évolution permet une baisse des prix qui modifie les raisonnements économiques, en rendant l'attente rentable. Enfin, l'informatique n'est plus vraiment un choix où la décision pourrait être rationnelle économiquement, parce qu'elle est devenue un fait de société, totalement intégrée à la vie de l'être humain moderne, dans tous ses aspects.

Innovation

L'industrie informatique est marquée depuis son début par un rythme d'innovation très élevé. Dans le domaine de la micro-informatique, cette innovation est exprimée par la «loi de Moore» exprimant que la puissance des processeurs double en 18 mois.

Les performances des machines et des logiciels sont ainsi sans cesse augmentées. Tout ce qui paraît impossible à un moment semble pouvoir le devenir en attendant un peu.

Pour ma part, j'attends l'*assistant linguistique portable*. Un système d'un kilogramme maximum avec deux microphones, un écouteur et un haut-parleur. Mon interlocuteur étranger me parlerait dans sa langue au micro. L'ordinateur reconnaîtrait ses phrases, les traduirait dans ma langue et me les communiquerait dans l'écouteur. En retour, mes paroles captées par le deuxième microphone seraient reconnues, traduites dans la langue de mon interlocuteur et dites dans le haut-parleur. Ainsi, je pourrais converser avec tous les interlocuteurs étrangers, sans connaître leur langue.

Il existe des réalisations correspondant à des bribes des fonctions ici décrites : traduction, reconnaissance de la parole, synthèse de la parole. Leur intégration dans un outil opérationnel viendra, mais on ne sait pas quand.

La déflation

La caractéristique essentielle des marchés de l'industrie informatique est la baisse des prix des matériels. Cette baisse est estimée en moyenne à 15 % par an par l'INSEE. Elle est plus forte encore sur certains produits spécifiques et à certaines périodes.

Sur le long terme, la plupart des produits industriels ont une baisse de prix analogue. La spécificité est l'ampleur. L'acheteur peut être amené à différer son acquisition pour profiter de la baisse de coût. Les stratégies d'attente (suiveur) sont ainsi parfois tout à fait pertinentes du point de vue des coûts.

Cette baisse de prix pousse les entreprises clientes à accumuler des ordinateurs, de préférence à la main-d'œuvre non qualifiée comme moyen de production. Mais les ordinateurs ont besoin d'experts pour fonctionner et la demande en main-d'œuvre qualifiée en est augmentée.

Intégration des machines au travail

L'ordinateur est de plus en plus intégré dans toutes les activités humaines. Cette intégration ne signifie pas substitution à l'activité humaine. C'est une coopération de plus en plus poussée. Le travail humain repose sur une assistance des machines, assistance accrue.

Cette tendance à la collaboration entre les êtres humains et les ordinateurs oblige à faire particulièrement attention à l'ergonomie, ergonomie des interfaces sous forme des écrans ou des dispositifs de captage de l'information. C'est aujourd'hui le facteur qui permet de discriminer les logiciels. En retour ceux-ci copient les principes d'interfaces qui sont les plus faciles à utiliser pour les personnes.

L'ordinateur est ainsi intégré dans toute la vie humaine, le travail productif, la formation et les loisirs. Il est donc important de comprendre comment on l'utilise pour ne pas en dépendre sans maîtrise.

Bibliographie

Ballet Bertrand, Berry Jean-Baptiste (2005), «Les acteurs du commerce électronique», *INSEE Première*, n° 999.

Biscourp Pierre, Crepon Bruno, Heckel Thomas, Riedinger Nicolas (2002), «Les entreprises et la baisse du prix des ordinateurs», *Économie et Statistique*, n° 355-356, 3-20.

Brousseau Éric (2000), «Commerce électronique: ce que disent les chiffres et ce qu'il faut savoir», *Economie et Statistique*, n° 339-340, 147-170.

Dumartin Sylvie, Mignard Frédérique (1999), «L'informatique à la maison: une diffusion sensible mais encore très ciblée», *INSEE Première*, n° 629.

Heitzmann Raymond, Rouquette Céline (1999), «Les technologies d l'information et de la communication: 5% du PIB», *INSEE Première*, n° 648.

Construire des systèmes d'information rentables

Catherine Leloup

Mots-clés : rentabilité, projet, gains, coûts.

Résumé : la rentabilité des systèmes d'information n'est pas toujours claire. Le moment où sont prises les décisions sur le SI et donc sur ses impacts, notamment ses bénéfices, est la phase de conception. Le projet est donc le point d'action le plus efficace pour atteindre la rentabilité. La rentabilité dans un projet demande une méthode ici exposée en détail. C'est une méthode d'évaluation anticipée des coûts et des bénéfices, pour toutes les alternatives du projet. Ainsi les décisions qui sont prises tout au long du projet sont éclairées par leurs conséquences en termes de rentabilité, même quand cette rentabilité est anticipée avec incertitude. La méthode intègre en effet la prise en compte du risque, c'est-à-dire de l'erreur sur les prévisions. Cette méthode a pour but de mieux atteindre les buts de l'entreprise au travers des actions où l'informatique joue un rôle central.

Depuis que l'informatique est utilisée massivement par les entreprises, on s'attend à constater un impact économique favorable. Or les chiffres collectés par les économistes (productivité, croissance, chômage etc.) ne sont pas bons pour les économies occidentales depuis trente ans. Cette période est précisément celle de l'usage massif des ordinateurs.

Bien sûr, personne ne conteste l'intérêt des machines à traiter l'information. Les entreprises ont eu raison de s'en équiper. La discordance entre cette intuition de bon sens et les résultats des économistes s'appelle le «paradoxe de Solow». Il signifie concrètement que la rentabilité de l'informatique n'est pas facile à mettre en évidence.

Le point d'action le plus efficace pour disposer de SI rentables est la phase du projet. Pour cette phase, on présente une méthode permettant de calculer la rentabilité prévisionnelle des diverses options et de décider en conséquence.

1 L'étude de rentabilité d'un projet

L'étude de rentabilité est faite pour comparer des projets potentiels entre eux, des projets informatiques, d'autres décisions n'exigeant pas d'informatique ou des solutions organisationnelles mixtes, comprenant partiellement de l'informatique.

La rentabilité s'évalue en comparant des situations possibles futures et en les analysant au niveau des coûts générés et des bénéfices escomptés.

L'étude de rentabilité comporte plusieurs étapes. Les premières étapes construisent le périmètre sur lequel le raisonnement économique sera appliqué. Ce sont les étapes essentielles parce qu'elles fondent la solidité des données qui sont utilisées ensuite pour les calculs.

1. Définir les alternatives possibles.
2. Identifier les populations concernées.
3. Définir et argumenter les hypothèses.
4. Raisonner dans le temps.
5. Évaluer les risques.

6. Calculer tous les coûts.
7. Estimer les gains.
8. Utiliser des méthodes éprouvées de calcul de la rentabilité.
9. Optimiser la rentabilité du projet.
10. Évaluer la sensibilité de la rentabilité aux hypothèses.
11. Obtenir la décision.
12. Mesurer la rentabilité effective.

Chacune de ces étapes est décrite en détail ci-après. Auparavant, indiquons quelques principes généraux de cette étude de rentabilité.

Ceux qui bénéficieront directement du projet informatique ne sont pas en position d'étudier objectivement sa rentabilité. Les utilisateurs principaux qui ont eu l'initiative, les consultants qui apporteront leur expertise de pilotage du projet, les fournisseurs qui vendront leurs produits, les informaticiens affectés au projet. Tous sont des parties prenantes. Ils ont un intérêt à ce que le projet développe des solutions nouvelles et coûteuses. Leur position les rend favorables aux options les plus ambitieuses. Cependant, ils doivent être consultés car ce sont eux qui peuvent le mieux évoquer ces solutions extrêmes.

L'étude de rentabilité peut ainsi être menée par un cadre de la direction financière. Il aura toute la neutralité nécessaire à la collecte des informations et des chiffres. Il pourra se faire assister de consultants extérieurs, habitués au déroulement de telles opérations, à la condition que leurs entreprises ne risquent jamais de se trouver en conflit d'intérêt. Ceci exige que ces consultants ne puissent pas intervenir dans le projet, à aucune de ses étapes. Ce sont des consultants indépendants qui remplissent le mieux cette condition.

L'étude de rentabilité d'un grand projet doit être menée avec un comité de pilotage qui réunit toutes les parties concernées et qui garantit la rigueur de la méthode employée. Ce comité est particulièrement utile pour que les résultats soient considérés au moment des prises de décision relatives au projet. Rien n'est pire qu'une étude de rentabilité qui est écartée au moment des décisions, soit que la décision ait été prise antérieurement, pour des raisons politiques, soit que l'étude ne paraisse pas assez sérieuse.

1.1 Définir les alternatives possibles

L'étude de rentabilité compare toujours des situations futures entre elles. La situation de référence est celle où on ne fait rien. «Ne rien faire» ne signifie pas que les résultats de l'entreprise seront égaux dans le futur à la situation actuelle. Il peut y avoir des dégradations liées notamment aux actions de la concurrence, à l'évolution des marchés, aux changements de la réglementation, à la croissance des activités.

La définition des solutions possibles pour le futur est extrêmement importante. La pratique montre que l'imagination n'est jamais suffisante à ce moment de l'étude. On a tendance à oublier des solutions peu glorieuses. Quand on dispose de scénarii extrêmes, on omet souvent de combiner les choix organisationnels intermédiaires.

Les solutions qu'on doit choisir contiennent toutes une part informatique et une part organisationnelle. Les informaticiens sont de bons conseillers pour donner la palette des possibles de la technologie. On oublie bien souvent d'examiner les options concernant l'organisation. L'intérêt de l'approche par les processus consiste à poser en même temps les questions technologiques et les questions organisationnelles.

Alternatives pour une compagnie d'assurance concernant le processus commercial

- Conserver la relation avec les clients par un réseau de courtiers
- Développer un site Internet pour informer les clients et leur faire des propositions personnalisées de contrats. Pour obtenir physiquement le contrat signé, il faut développer des solutions : par courrier, par saisie des données sur le site web, par l'intermédiaire des courtiers, par *workflow*.

1.2 Identifier les populations concernées

Les personnes qui sont affectées par le projet sont d'abord les services utilisateurs, ceux qui fourniront les données et exploiteront les résultats. Mais plus largement, ce sont aussi toutes les personnes concernées par le processus, bien souvent les clients et les fournisseurs. Les systèmes d'information modernes ne s'arrêtent pas à la porte de l'entreprise et les partenaires extérieurs sont souvent touchés par les projets.

L'identification de ces populations potentiellement touchées est très importante d'une part pour éviter des impacts négatifs pour elles et d'autre part pour évaluer les impacts positifs les concernant.

Populations concernées par une carte de paiement

- les commerçants
- les clients
- le service chargé de la tenue des comptes
- la trésorerie
- le service de sécurité (pour les fraudes)

1.3 Définir et argumenter les hypothèses

L'étude doit être la plus objective possible. Toutes les hypothèses doivent être explicitées. Leur discussion est une source d'information étonnante sur les risques et sur le réalisme du projet.

Hypothèses de la refonte du choix d'un ERP

- L'entreprise conserve son activité actuelle et son périmètre institutionnel pendant dix ans.
- L'entreprise sera rachetée avant cinq ans.
- L'entreprise va fusionner avec un concurrent avant 5 ans.

De ce fait, la transparence est de règle. Toutes les hypothèses de calcul, pour les gains comme pour les coûts, pour les charges comme pour le périmètre, doivent être étayées par une collecte d'informations et de chiffres. Lorsqu'on utilise des sources existantes (rapports internes, études externes, etc.) ces références doivent être indiquées. Lorsqu'on fait des comptages spécifiques, la méthode doit être indiquée. Ce recueil d'information est relativement lourd. Mais c'est à ce prix que l'étude sera crédible.

1.4 Raisonner dans le temps

Toute étude de rentabilité exige un horizon temporel. Cette question est souvent écartée par les informaticiens. La notion de «durée de vie» des applications est absente du métier. Or un projet est rentable sur une période. Celle-ci doit correspondre à la période probable pendant laquelle on ne pourra pas revenir sur les choix faits dans le projet.

La durée de vie des applications passées est impressionnante. Certains logiciels, après des évolutions successives, durent plus de vingt ans. Ceci n'est pas la durée sur laquelle la rentabilité de l'investissement initial doit être considérée. En effet, les évolutions ont été coûteuses. Ce furent de nouveaux projets dont on a pu évaluer la rentabilité au moment où on les a décidés. Le projet initial avait une durée de vie supposant que ces refontes n'auraient pas lieu. Les programmes dont on dispose après vingt ans ont une partie écrite au début mais une grande part a été réalisée ensuite. Si la première refonte a eu lieu au bout de quatre ans de fonctionnement, l'horizon temporel était celui-là pour en juger de la rentabilité.

Le temps a aussi une importance dans le calendrier du projet lui-même. On suppose une réalisation rapide et peu coûteuse. Le projet est alors en retard et son coût dépasse le budget. Ceci est un risque fort.

Cette tendance a pour résultat de majorer la rentabilité apparente des projets. Les investissements massifs du début de projet sont minorés et le moment où les gains sont prévus est anticipé.

La gestion du temps la meilleure consiste à scinder le projet en phases de quelques mois, permettant d'atteindre un résultat très vite et de conforter les hypothèses du projet.

Phases d'un projet de commerce en ligne

- Construire un site informatif de visite renvoyant au réseau de vente physique.
- Cibler une population auprès de laquelle promouvoir la vente en ligne, sur quelques produits phares.
- Installer tous les produits sur le site et faire une publicité globale.

1.5 Évaluer les risques

Tout projet comporte des risques parce que l'avenir n'est jamais connu avec certitude.

Dans un projet informatique, il existe des risques technologiques liés à la qualité des solutions matériels et des logiciels qui seront choisis. Pour minimiser ces risques, on peut ne choisir que des technologies éprouvées, bien connues au moment du projet.

Il existe aussi des incertitudes sur le niveau des chiffres tels qu'ils sont retenus par l'étude de rentabilité. L'étude de la sensibilité (voir § 1.10) permet de mesure l'influence de ces incertitudes sur la rentabilité et le dimensionnement des solutions.

Il existe aussi un risque lié au projet lui-même. Le projet peut être refusé par certains partenaires alors qu'il est en cours ou même que le SI a commencé de fonctionner. Par exemple, l'organisation sous-jacente est refusée par les utilisateurs.

Le risque principal des projets et le retard et le dépassement des coûts. Les estimations de l'ampleur du projet peuvent être validées par des experts extérieurs.

Pour une application commerciale d'une très grande entreprise, trois évaluations de coût furent faites :

- 50 millions d'euros
- 50 millions d'euros
- 300 millions d'euros

Le directeur financier exigea que soit prise une quatrième hypothèse de coût, la somme des coûts de chacune de ces hypothèses : 500 millions d'euros. Cinq ans après, il s'en réjouissait. La dépense avait été peu différente.

1.6 Calculer tous les coûts

Le principe général est de compter l'ensemble des coûts afférents au projet, en distinguant investissement et fonctionnement. Ces coûts comprennent :

- les *investissements* : achats de matériels, de progiciels. Ces coûts sont ensuite amortis par l'entreprise comme tout investissement ;
- les *dépenses non récurrentes* : les logiciels non amortissables, les prestations externes (conseil au long du

projet, reprise des données lors du démarrage, etc.), les coûts internes valorisés (salaires avec les charges) des informaticiens (développement, tests, gestion de projet, formation, etc.), les coûts internes de la maîtrise d'ouvrage (gestion de projet, formation, accompagnement des utilisateurs, etc.);
- le *fonctionnement récurrent*: exploitation, maintenance, assistance, réseau, redevances logiciel, etc.

Pour chacun de ces coûts, il convient de préciser la source: le contrôle de gestion interne, la DSI, la maîtrise d'ouvrage, les fournisseurs, etc. Tous ces coûts doivent aussi pouvoir être expliqués et justifiés.

Il est classique de sous-estimer les charges de travail des maîtrises d'ouvrage pour les aspects relatifs aux évolutions des processus, au déploiement des solutions informatiques, aux formations et à l'accompagnement des utilisateurs.

Les coûts informatiques sont souvent calculés au minimum, en faisant l'hypothèse implicite que tous les tests auront un résultat positif. C'est évidemment très optimiste. L'effort d'appropriation d'un logiciel extérieur constitue aussi une rubrique sous-estimée.

Une validation des coûts par des experts extérieurs est souvent très utile.

Coûts d'un projet de site Internet de relation client

- Matériels informatiques: 250000 €
- Logiciels: 840000 €
- Installation et tests: 218000 €
- Programmation: 1135000 €
- Gestion du projet: 390000 €
- Formation et accompagnement au changement: 700000 €
- Exploitation: 888000 € par an
- Administration fonctionnelle du système: 320000 € par an

1.7 Estimer les gains

Les gains d'un nouveau système d'information sont de trois sortes: gains sur les processus, gains sur les coûts, gains sur la valeur.

Action sur les *processus*: l'optimisation des processus se traduit par des gains de productivité ou d'efficacité. Ces gains sont en grande majorité des gains de personnel. Certes, pour beaucoup de dirigeants, il y a loin de l'évaluation des gains à leur réalisation effective. Mais c'est bien l'enjeu de la conduite de projet que de garder constamment à l'esprit les conditions de réalisation effective de ces gains. Si sur un processus donné, on réduit les charges de travail de 20 %, il est indispensable de revoir la répartition des tâches des différents intervenants, les circuits d'information, les responsabilités de chacun pour que le processus soit réellement optimisé. Les critères d'optimisation sont toujours les mêmes: paralléliser les tâches, éviter les goulets d'étranglement, responsabiliser les personnels, accroître les niveaux de compétences, rendre les processus transparents et communiquer. Il est vrai que la sous-estimation de ces travaux, souvent du fait des maîtrises d'ouvrage, ont par le passé conduit à trop rarement réaliser ces gains.

Action sur les *coûts*: c'est le plus souvent la réduction des coûts (coûts d'achats, de production d'informations, d'assistance aux clients, etc.) qui sont induits par le projet. Ces gains sont notamment visibles dans tous les projets de rationalisation d'un existant informatique. Ainsi, la mise en place d'un annuaire centralisé, la migration d'une application obsolète vers un nouvel environnement, la mutualisation d'outils, par exemple, sont générateurs de gains significatifs en exploitation et maintenance.

Action sur la *valeur*: il s'agit des actions sur la valeur de l'entreprise, selon trois axes: augmentation du chiffre d'affaires, augmentation de la valeur ajoutée, augmentation de la valeur boursière. Ainsi, la mise en place d'une base de connaissances dans un département de R & D doit logiquement apporter des gains sur l'innovation, traduite en dépôt de brevets par exemple.

L'évaluation des gains comporte deux phases, l'identification de la nature du gain d'une part puis la mesure quantitative de ce gain avec les marges d'incertitude. On n'investit dans une méthode de mesure précise du gain que dans le cas où on estime que le gain sera important.

On utilise des indicateurs les plus fiables qui existent. Puisqu'on compare des situations futures, il convient de disposer d'une base d'indicateurs reconnus: par exemple, la charge de travail pour effectuer telle ou telle tâche ou le coût unitaire de telle opération. Ces indicateurs dépendent du projet ou système étudié, mais aussi de l'entreprise. Ainsi, les délais de réponse à une demande client n'ont pas les mêmes enjeux pour une banque que pour une compagnie d'assistance internationale, qui gère le plus souvent des situations de crise. La difficulté consiste avant tout à rapprocher ces indicateurs des critères de performance de l'entreprise et à démontrer le lien entre système informatique et évolution de ces indicateurs.

Gains d'une application de porte-monnaie électronique dans une université

- Réduction des temps passés par les étudiants lors du paiement de diverses prestations (30 secondes × 200000 par an)
- Réduction du temps passé par le personnel administratif à encaisser les paiements et les enregistrer

(1 minute × 200000 par an). Ce gain permet de compenser une charge croissante des services administratifs.
- Augmentation du nombre de prestations offertes aux étudiants sur le campus, les nouvelles prestations étant payantes : accès à des services informatiques (500000 par an), accès à une imprimante (500000 par an), photocopie (1000000 par an). C'est ce gain qui est le principal de l'application. Il peut être évalué par la marge réalisée sur ces services payants nouveaux. Il est vérifiable par la comptabilité et la satisfaction des étudiants.

Le périmètre à prendre en compte : il faut se garder de comptabiliser les mêmes gains sous plusieurs formes. Ainsi l'évolution de la productivité du personnel commercial peut se traduire soit en gain de productivité soit en augmentation des ventes, le temps ainsi gagné étant réutilisé pour vendre davantage. Il est toujours préférable de présenter les gains sous la forme d'accroissement de valeur plutôt que de gains de productivité.

Les bénéfices apportés se situent le plus souvent hors du périmètre des utilisateurs directs. Par exemple, le gain des cartes bancaires de paiement est beaucoup plus dans la commodité pour les clients que dans un gain financier pour les banques.

1.8 Utiliser des méthodes éprouvées de calcul de la rentabilité

Le calcul de la rentabilité des projets est un domaine bien connu par les financiers. Il existe plusieurs manières de faire bien connues.

Tous les calculs de rentabilité sont fondés sur les flux nets de trésorerie, c'est-à-dire, la différence entre les gains et les coûts, majorés des investissements, période par période, le tout étant minoré des impôts et taxes. De multiples indicateurs existent, qui résultent d'approches différentes :
- le *délai de recouvrement – payback period* – est le délai au-delà duquel les gains dépassent les coûts, c'est-à-dire que le flux net de trésorerie est nul. C'est le meilleur indicateur pour les projets informatiques, qui trop souvent dérapent en délais et coûts ;
- la *valeur actuelle nette* (VAN) : sur la durée de vie de l'investissement, c'est le cumul des flux nets actualisés en tenant compte d'un taux de l'argent. Ce chiffre indique la valeur du système mis en place à l'horizon donné. Une VAN négative est la démonstration d'un projet non rentable ;
- le *taux interne de rentabilité* : c'est le taux qui rend nul la VAN, soit le taux maximum auquel il est possible d'emprunter pour que le projet soit rentable. Ce taux est très souvent très élevé dans les projets informatiques, mais pas très significatif, les investissements s'effectuant massivement au démarrage du projet.

Indicateur	Usage
Délai de recouvrement (*payback*)	Risques du projet faible pour projets courts
VAN	Rentabilité du projet isolé
TIR	Comparer les projets entre eux
ROI	Comparer les projets entre eux et définir les priorités

Tableau 1 Principaux indicateurs de rentabilité

Le vocable américain de ROI (*Return On Investment*) correspond à l'une de ces formules, mais aussi à une autre formule, le rapport du flux moyen au coût initial du projet. Il est utilisé pour comparer des projets entre eux. Le tableau 1 résume les principaux usages de ces indicateurs.

Le calcul de la VAN et du TIR (ou TRI) est réalisé par les tableurs de manière standard.

Toutefois, la rentabilité ne s'exprime pas uniquement par un chiffre. Elle traduit aussi les conditions de réalisation effective des gains, surtout lorsqu'il s'agit de gains de personnel, conditions qui relèvent du management de l'entreprise et pas des technologies en tant que telles.

1.9 Optimiser la rentabilité du projet

Les gains et les coûts sont affectés aux variantes du projet. La gestion du projet peut augmenter la rentabilité en jouant sur ces variantes et en définissant l'ordre de leur réalisation. Le principe est de réaliser vite les parties du système qui génèrent le plus de gains.

Par exemple, si le projet suppose des gains en matière d'accès à l'information et qu'une reprise d'existant est nécessaire, il est souhaitable que le sous-projet de reprise d'existant constitue une des premières phases du projet, afin que lors du déploiement, ces gains puissent effectivement être réalisés ; en effet, si la reprise de l'existant est effectuée après le déploiement des outils, ces gains ne se feront que plus tard, grevant ainsi la rentabilité du projet.

En matière de processus, dès lors qu'une évolution est requise, la stratégie du « big bang » est souvent la plus rentable, surtout lorsqu'elle exploite au mieux les apports des technologies ; toutefois, ceci doit être nuancé en fonction des changements induits, notamment au niveau des compétences et des transferts de tâches. Ainsi, la lecture automatique de formulaires sur support papier dans une administration, si elle apporte des gains évidents en matière de saisie de données, a comme impact de changer radicalement le métier des personnels du service courrier, lequel devient producteur d'information et non plus routeur de documents. Ce qui ne se fait pas en un jour.

Gestion d'un projet de sécurité selon ses gains

Le projet suppose de constituer un annuaire complètement fiable des intervenants. Il est facile à constituer pour les salariés et les intervenants des entreprises sous-traitantes. Il est difficile à établir pour les visiteurs (politiques et clients). Ces derniers étant peu nombreux, on décide du système pour 99 % des personnes présentes sur le site et on adopte un système exceptionnel pour les visiteurs (suivi individuel physique des déplacements par une personne habilitée).

Optimiser la rentabilité, c'est donc trouver le meilleur compromis possible entre un maximum de gains et un minimum de risques. En pratique, ces deux objectifs sont contradictoires. Néanmoins, l'optimisation de la rentabilité doit être la préoccupation des responsables de projet, tant au niveau de l'étude de rentabilité qu'au niveau du pilotage du projet.

1.10 Évaluer la sensibilité de la rentabilité aux hypothèses

Dans le calcul de la rentabilité, les chiffres ne sont pas sûrs. S'ils se modifient, la rentabilité change. Mais certains chiffres sont moins sûrs que d'autres. La sensibilité consiste à examiner quel est le chiffre de base qui a le plus d'influence sur la rentabilité et à vérifier si on ne peut pas améliorer la précision de ce chiffre.

Concrètement, on calcule la rentabilité avec plusieurs chiffres, la fourchette des estimations extrêmes, pour compléter et la moyenne utilisée jusqu'alors pour les calculs.

Les études de sensibilité font en général apparaître le point clé qui fait ou défait la rentabilité du projet. Il est alors important de maîtriser la valeur de ce chiffre. Il devient un objectif intermédiaire du projet et on construit un système pour en connaître la valeur.

Tout au long du projet, on connaît mieux les chiffres qui le caractérisent. On met à jour la rentabilité en fonction de l'avancement du projet. Parfois la rentabilité se dégrade, notamment parce que le projet prend du retard. Il est alors préférable d'abandonner le projet.

Le projet doit réduire un taux de réclamation

On calcule sa rentabilité avec une baisse de 20 % et on refait les calculs avec une baisse de 5 %.Le résultat de l'étude de sensibilité peut être : «le projet est rentable en 2 ans si le taux de réclamation baisse de 10 %». Le taux de 10% devient alors l'objectif clé du projet.

1.11 Obtenir la décision

La décision de réaliser un investissement appartient aux instances de la haute hiérarchie. Les investissements en systèmes d'information sont plus compliqués à comprendre parce qu'ils ont des aspects multiples. L'étude de la rentabilité d'un projet de systèmes d'information doit être compréhensible pour les décideurs afin de ne pas être rejetée.

Tout d'abord au niveau de la forme, les habitudes des décideurs doivent être respectées. Notamment les informations fournies doivent correspondre à ce qui est attendu.

Ensuite, les critiques éventuelles doivent avoir été anticipées. C'est le rôle de lobbying du chef de projet de rassembler les partisans du projet et de prévenir les réticences des opposants. L'étude de rentabilité joue ici un rôle important pour donner des informations objectives à la discussion.

Le rapport pour les décideurs doit :

- positionner le projet par rapport à la stratégie de l'entreprise ;
- dresser un panorama de l'existant et mettre en évidence en quoi la situation actuelle n'est pas satisfaisante ; l'illustrer par des éléments financiers facilite souvent la compréhension ;
- présenter les alternatives possibles, dont le ou les projets informatiques, et les qualifier ;
- détailler les apports et contraintes du projet en termes techniques, organisationnels et économiques (la rentabilité) ;
- mettre en évidence les risques du projet ;
- et enfin, bien sûr, proposer pour décision.

Un rapport régulier auprès de l'instance de décision sur le déroulement du projet facilite la prise de risque le la part de comités qui ne veulent pas s'engager avec trop d'incertitudes.

1.12 Mesurer la rentabilité effective

Une fois que le système d'information fonctionne, il faut examiner qu'elle est sa rentabilité effective. Après une courte période de quelques mois, pendant lesquels les ajustements peuvent être possibles, on peut examiner si les gains attendus sont atteints.

Ce retour de l'estimation vers les résultats réels est indispensable. Il est souvent riche d'enseignements pour mettre en évidence des indicateurs de performance additionnelle. Il arrive souvent que la rentabilité espérée ne soit pas constatée et qu'il existe d'autres sources de gains beaucoup plus considérables. Il s'agit d'une inexpérience des équipes qui ont évalué la rentabilité. Constater ce fait permet un apprentissage collectif dans l'entreprise.

2 L'état des pratiques

De nombreuses entreprises gèrent leurs projets de systèmes d'information sans en connaître la rentabilité de manière explicite. Cependant, il existe une manière implicite de raisonner sur la rentabilité des projets. Certains projets sont imposés à l'entreprise, ils sont obligatoires. D'autres sont tellement liés à la stratégie de l'entreprise qu'il faut les réaliser. Ils sont contraints par la cohérence avec d'autres décisions prises par l'entreprise. Les applications opérationnelles évoluent peu du point de vue de leur organisation et elles demandent une informatique qui soit toujours plus fiable et réactive. Les projets d'infrastructures ont leur logique propre. Enfin de nombreux projets sont impulsés par des utilisateurs experts dans leur métier très spécifique et ce sont eux qui évaluent, le plus souvent implicitement, les gains des systèmes qu'ils demandent.

Ce sont tous ces cas spécifiques qui sont examinés ci-après.

2.1 Les projets obligatoires

L'entreprise subit des contraintes extérieures qui se traduisent par des systèmes d'information nouveaux ou une modification des systèmes existants.

L'État est ainsi une source de contraintes, contraintes réglementaires sur ses relations avec ses clients, ses fournisseurs, les organismes étatiques, les impôts ou la sécurité sociale. D'autres contraintes pèsent sur l'organisation interne de l'entreprise, notamment sa comptabilité ou la conservation des archives. L'entreprise n'a pas le choix, elle doit ajuster ses systèmes d'information.

D'autres contraintes externes pèsent sur l'entreprise, notamment celles de ses concurrents. Si les autres entreprises du secteur adoptent des systèmes d'information qui modifient la concurrence, on est obligé de les adopter, quel qu'en soit le coût. En effet les refuser serait synonyme de quitter le métier. Par exemple, une banque doit proposer la carte bancaire à ses clients, car toutes les banques le font.

Ces projets contraints ne sont pas l'objet d'une étude de rentabilité. En revanche, on examine leurs coûts et la date à laquelle on les engage. Il est souvent très pertinent de ne pas innover et d'attendre les expériences des autres entreprises. On bénéficie ainsi d'une diminution des risques et aussi d'une réduction des coûts. Ces systèmes obligatoires sont parfois construits en commun par toutes les entreprises du secteur. On bénéficie alors d'économies d'échelle.

La traçabilité

Pour une entreprise agroalimentaire, un système de traçabilité est obligatoire aujourd'hui. La question est à la fois son coût et son exactitude.

2.2 Les projets stratégiques

Un système d'information est stratégique s'il est indispensable à la stratégie de l'entreprise. La rentabilité d'un tel projet ne s'examine pas de manière autonome. Les bénéfices ne découlent pas du système d'information mais de la stratégie prise dans sa globalité. Dans ce cas, l'étude de rentabilité n'a pas lieu d'être. Le système d'information émarge seulement en termes de coût dans le plan global correspondant à la stratégie.

Les projets stratégiques sont ainsi exonérés de la contrainte d'une étude de rentabilité. Ils ont une sorte de statut à part où on leur demande moins d'éléments pour se justifier. Les responsables de tels projets ont apparemment la tâche plus facile. Aussi est-il tentant pour le directeur des systèmes d'information de classer un grand nombre de projets dans cette catégorie.

Le maître mot alors de la politique informatique est l'alignement stratégique. Tous les grands projets paraissent découler d'une lecture du plan stratégique de l'entreprise.

Le caractère stratégique des projets ne rejette pas tout souci de rentabilité. Le but de l'entreprise est de gagner de l'argent. Elle y parvient quand chacune des actions engagées apporte sa contribution. Il est nécessaire que la stratégie soit rentable. Son échec, causé éventuellement par les défaillances du système d'information, diminue la rentabilité de l'entreprise dans son ensemble.

Lorsqu'un projet est vraiment stratégique, sa gestion obéit à des spécificités de confidentialité et de maîtrise du processus technique. L'externalisation comporte des risques tout à fait inutiles.

Par exemple, les firmes fondées sur l'Internet ont une valeur dépendant essentiellement du nombre de leurs clients. Si elles ont confié leurs applications commerciales à un prestataire extérieur, elles ont une vulnérabilité supplémentaire. On a pu voir le capital de ces prestataires changer de main et les fichiers divulgués aux concurrents. Un système stratégique doit adopter des solutions techniques internes sûres, éventuellement plus coûteuses.

La gestion de la relation client

Un CRM (*Customer Resource Management*) est stratégique, moins parce qu'il rend caduques des applications existantes comme la gestion des portefeuilles commerciaux ou des réclamations clientèle, mais parce qu'il touche au cœur du métier de l'entreprise, le point où elle crée de la valeur.

2.3 Les applications opérationnelles

Les applications opérationnelles correspondent aux flux d'information les plus volumineux : les commandes, les factures, la comptabilité. Elles pèsent lourdement sur le budget informatique.

Ces applications sont obligatoires. Les pratiques se limitent le plus souvent à comparer les coûts de mise en œuvre et d'exploitation des progiciels intégrés, type ERP. Ces comparaisons oublient que le coût le plus important est le temps passé par les utilisateurs. Selon les progiciels, la productivité des utilisateurs est très variée, compte tenu des données à saisir, de la convivialité des interfaces et de l'assistance apportée pour prendre des décisions. L'étude de coût doit intégrer la productivité des utilisateurs dans leurs tâches répétitives.

Les bénéfices en termes de temps de travail des utilisateurs sont considérables à chaque fois que les supports d'informations sont dématérialisés. La dématérialisation bouleverse les processus et apporte des gains de productivité. Ainsi, la dématérialisation des titres a totalement modifié le travail des back-offices bancaires. Plus récemment le traitement de l'« image chèque » électronique a apporté aussi des gains.

Les études de coût comparent notamment les coûts unitaires des principaux objets produits par l'application : une facture, une commande, un contrat, une fiche de paye, etc.

Ces applications opérationnelles sont régulièrement refondues pour suivre l'évolution des pratiques quotidiennes de l'entreprise et pour les adapter aux nouvelles technologies.

Les flux d'information électroniques

Les entreprises font parvenir un grand nombre d'informations à leurs clients, sous la forme papier. Elles ont ainsi des dépenses importantes d'affranchissement postal. Une application générant des économies consiste à envoyer ces multiples documents par le réseau ou par fax, lorsque cela est possible, et de regrouper les envois. Le gain réside alors dans l'économie des frais d'envoi.

2.4 Les infrastructures

L'informatique forme système en ce sens que toutes les infrastructures fonctionnent ensemble et doivent être cohérentes. L'infrastructure comporte trois aspects : les matériels, les réseaux et les logiciels.

L'infrastructure est commune à toutes les applications. Son coût peut être réparti entre les différentes applications, selon les quotes-parts d'utilisation.

On recherche essentiellement une maîtrise des coûts, par de bons choix techniques, adaptés aux besoins de chaque moment et par une externalisation quand des sous-traitants offrent des tarifs très inférieurs aux coûts internes.

C'est une erreur fréquente de croire qu'un investissement informatique est une opération ponctuelle. C'est un investissement qui doit se renouveler en partie tous les ans, pour un renouvellement complet tous les trois ans ou tous les cinq ans.

Les matériels

Les matériels sont constitués des serveurs et des équipements des utilisateurs, les postes de travail.

Les serveurs sont renouvelés tous les trois ou cinq ans, pour suivre l'évolution technologique c'est-à-dire profiter des baisses de prix, des augmentations de puissance et des améliorations de fiabilité. Le coût de ces machines (l'amortissement) est affecté aux applications qui fonctionnent sur elles. Ces investissements sont donc justifiés par les applications, ou tout au moins les principales, celles qui consomment le plus de ressources.

La qualité de l'infrastructure en termes de disponibilité et de fiabilité peut être transposée en termes de coût par le biais d'une analyse des coûts engendrés dans les services utilisateurs à l'occasion des pannes.

Le problème est tout à fait différent pour les postes de travail informatiques. Ils sont attachés aux personnes et servent à plusieurs applications. Il est possible de compter leur acquisition par rapport à l'application principale employée dans son travail par la personne qui en dispose. S'il y a plusieurs applications, il est difficile de répartir le coût de ces ordinateurs personnels.

La tendance actuelle est de considérer que les postes de travail, comme le téléphone, font partie de l'environnement de travail, au même titre que les surfaces de bureau et le mobilier de bureau. Dès lors, il ne s'agit plus réellement de rentabiliser l'investissement mais de surveiller les coûts.

En moyenne, un poste de travail informatique coûte 2000 € par poste et par an soit 3 à 4 % de la masse salariale (TCO). Ce sont des sommes considérables, correspondant à 1 % ou 2 % du chiffre d'affaires de l'entreprise. Ce coût intègre les dépenses de matériel renouvelé régulièrement, des logiciels de bureautique et d'Internet, les accès au réseau et enfin l'assistance aux utilisateurs qui est le poste le plus lourd de ces dépenses.

Les postes de travail doivent être renouvelés régulièrement à cause des innovations en logiciels, de plus en plus gourmands en ressources machine, et de l'innovation des réseaux. Souvent la rentabilité d'une évolution des postes de travail peut être trouvée dans la réduction des temps de réponse qui sont un temps payé au salarié pendant lequel il ne travaille pas.

Les réseaux

Le réseau interne de l'entreprise obéit à d'autres cycles technologiques que les matériels. Il est utilisé par toutes les applications. Sa capacité technologique est souvent déterminée par une application plus consommatrice de communications. Son coût doit alors être affecté à cette application.

L'accès à Internet et à une messagerie fait partie des équipements de base des utilisateurs, sur leur poste de travail.

Les logiciels

Les logiciels constituent une part très importante de la valeur de l'investissement informatique mais cette valeur est souvent méconnue, soit parce que les logiciels ont été réalisés dans l'entreprise sans qu'on considère qu'ils étaient des investissements, soit qu'ils aient été acquis sur la base de droits d'usage, finalement faibles par rapport aux investissements parce qu'ils sont partagés entre un grand nombre d'utilisateurs.

Les logiciels de base sont indispensables au fonctionnement des ordinateurs. Leur coût peut être affecté d'une part aux utilisateurs, comme c'est le cas dans le TCO qui intègre les coûts des logiciels de bureautique communicante.

Le coût d'un logiciel de base de données comme Oracle peut être réparti sur les applications qui l'utilisent selon des clés dépendant de l'usage.

Les données

Les bases de données constituent une infrastructure logique qui peut être partagée entre applications. Leur coût peut être lui aussi réparti en fonction des usages. Il est aussi possible de faire payer l'application qui en a la plus grande utilité.

Un annuaire centralisé est utile à un grand nombre d'applications pour authentifier les accès. Son coût est réparti sur toutes les applications ou seulement sur celles qui ont des besoins de sécurité les plus contraignants.

Le backup

Pour assurer la sécurité des données et des programmes, l'entreprise se protège en disposant d'une copie dans un site de secours. Ainsi en cas d'incendie ou d'attentat, les systèmes d'information sont sauvegardés, dans un état presque mis à jour. Le backup coûte cher. Des entreprises ayant des machines compatibles peuvent assurer mutuellement leur fonction de backup.

2.5 Les applications liées aux métiers

Les métiers d'expertise utilisent de plus en plus des logiciels spécifiques, mis au point par les professionnels. Le coût de ces systèmes vient en regard de l'amélioration du travail exécuté par ces experts. Cette amélioration est difficilement mesurable. Ce sont les experts qui en ont conscience et savent concrètement si les systèmes les aident. Ils sont donc garants des bénéfices de ces applications. Ceci est d'autant plus vrai que ces logiciels exigent une modification profonde de la manière d'exercer le métier.

Le dessin assisté par ordinateur

Mettre en œuvre un système de DAO sans définir au préalable les bibliothèques de symboles, ne peut pas être rentable et ce quel que soit le montant de l'investissement informatique : s'il s'agit simplement de dessiner laborieusement, sous forme électronique, ce que le dessinateur faisait plus vite manuellement, il n'y a évidemment aucun bénéfice ; il n'y a alors aucune corrélation logique entre le montant de la dépense informatique correspondante et la productivité des dessinateurs. La DAO n'est rentable qu'avec la participation des dessinateurs et la transformation de leurs méthodes de travail.

Un système de gestion et de partage de la connaissance est rentable au sein d'un département de recherche. C'est celui-ci qui sait d'ailleurs si cela est vrai. Le même système de *knowledge management* dans la direction commerciale n'est probablement pas rentable car chacun y protège avant tout son pré-carré.

Les applications décisionnelles entrent aussi dans cette catégorie. Elles correspondent au métier des décideurs, qui possède sa propre expertise. Ce sont les utilisateurs eux-mêmes, ici les décideurs, qui savent quels bénéfices ils en retirent.

3 Une meilleure prise en compte de la rentabilité

Pendant longtemps, les entreprises ont limité la considération des aspects économiques de leur informatique au rapport entre le budget qui y est consacré et le chiffre d'affaires. La valeur de ce ratio est classiquement de 1 à 3 %. Mais ce chiffre ne veut rien dire. Le dénominateur est connu avec une précision comptable. Le numérateur dépend du périmètre considéré pour des budgets informatiques, périmètre variable selon les entreprises, notamment en ce qui concerne l'informatique de la maison mère ou de la holding, l'informatique acquise sur des budgets décentralisés, des prestations externes, etc.

En outre, un ratio faible peut vouloir dire que l'informatique est bien gérée aussi bien que ses systèmes d'information sont très peu développés. Bref, il est inutilisable.

On observe depuis quelques années, un changement d'esprit traduisant une volonté de mieux maîtriser l'informatique du point de vue de sa rentabilité, tant lors de la décision d'investissement que pendant la conduite du projet ou à l'issue de sa réalisation.

Ceci semble révéler une maturité plus grande et une réelle volonté de comprendre l'impact de l'informatique sur la performance de l'entreprise et la valorisation des investissements effectués. La variété sans cesse croissante des applications informatiques est sans doute un point positif pour développer ces pratiques. En effet, les projets visant l'aide à la décision, l'échange ou le partage d'informations, la capitalisation de savoir ou de savoir-faire sont, par rapport aux projets plus traditionnels d'automatisation, plus intimement liés au fonctionnement de l'entreprise ainsi qu'aux moyens mis en œuvre pour réaliser la stratégie de l'entreprise. Et comme beaucoup de domaine, plus on pratique l'analyse de rentabilité, mieux on la maîtrise.

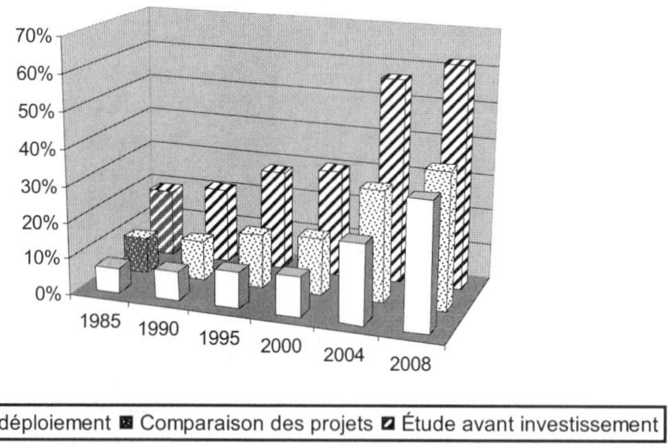

Figure 1 Les pratiques des entreprises en matière de rentabilité (Source: Glomark Corporation 2004)

Une étude publiée par l'OCDE en 2004 met clairement en évidence que l'impact des technologies informatiques et de communication n'est pas seulement lié au montant des investissements, mais à bien d'autres facteurs et notamment:

- les contraintes de la réglementation locale du travail; plus la réglementation est contraignante plus l'impact est limité;
- le rythme d'investissement: tout comme en publicité, l'impact de l'investissement informatique n'évolue pas de façon linéaire, mais en fonction des investissements aussi des années précédentes sur une période de cinq à dix ans;
- l'importance de l'optimisation de l'organisation, c'est-à-dire des processus que supportent les applications et des méthodes de travail utilisées;
- du facteur humain et notamment de la capacité des entreprises à former les utilisateurs et à accroître leurs compétences.

Cette étude est réaliste: il est sans doute impossible de mesurer ces impacts globalement et c'est pourquoi elle a adopté une approche sectorielle d'une part et par pays d'autre part.

4 Conclusion

C'est l'usage des technologies qui crée la valeur, pas la technologie. Le meilleur producteur cinématographique peut aboutir au pire «navet», même avec des moyens techniques considérables; le succès du film repose avant tout sur le scénario, les acteurs et le réalisateur.

Ce sont donc les utilisateurs, artistes de l'entreprise pour y réaliser leur métier, qui donnent leur valeur aux applications informatiques.

En outre la rentabilité du système d'information dépend pour beaucoup de la maturité des processus auquel il contribue: si cette rentabilité est difficile à estimer, une première approche est de traiter des projets et des applications opérationnelles, ce qui est sensiblement plus simple, à condition d'utiliser une démarche méthodologique normée et constante.

Les entreprises françaises ont réduit depuis 2001 leurs investissements informatiques, du fait du contexte économique peu favorable. Continuer ainsi, c'est passer à côté de la création de valeur, passer à côté d'opportunités, et perdre en compétitivité, puisque d'autres pays, les États-Unis par exemple, ont continué à investir et à ainsi encore rentabiliser les investissements passés.

Bibliographie

Artus, Patrick (2002), *Les nouvelles technologies ont elles finalement réduit la rentabilité du capital aux États-Unis ?*, Paris: Caisse des dépôts et consignations, Service de la recherche.

Berdugo Alain, Corniou Jean-Pierre, Mahl Robert, Pépin Jean-François (2004), *Challenges pour les DSI*, Paris: Dunod.

Carr Nicholas (2003), "IT doesn't matter", *Harvard Business Review.* http://hbsworkingknowledge.hbs.edu/pubitem.jhtml?id=3520&t=technology et http://knowledge.wharton.upenn.edu/index.cfm?fa=viewArticle&ID=948

CERNA (2002), «Spécificités de l'investissement dans les technologies de l'information», Centre d'économie industrielle, École Nationale Supérieure des Mines de Paris, http://www.cerna.ensmp.fr/Documents/SD-SpecialitesInvTI.pdf

Fustec, Alan, Ghenassia, Bruno, (2004), *Votre informatique est-elle rentable? Pour une gouvernance économique du système d'information.*, Paris: Éd. d'Organisation.

OCDE (2004), *The Economic impact of ICT: Measurement, Evidence and Implication*, Paris.

Peaucelle, Jean-Louis (1998), «Peut-on croire les informaticiens? Ou de la rationalité des anticipations concernant les technologies de l'information», *Économies et Sociétés, série Sciences de Gestion,* n° 8-9, 297-314.

Peaucelle, Jean-Louis (1997), *Informatique rentable et mesure des gains*, Paris, Hermès.

Renard Isabelle, Sourdeau Laurent, Leloup Catherine, Trouchaud Philippe, Wettemann Rebecca (2004), *Rentabilité des projets informatiques*, Paris: AFAI.

Budget informatique et budget des systèmes d'information

Claude Salzman

Mots-clés : budget, dépense, coût, périmètre, fonctionnement, investissement, plan de compte.

Résumé : toutes les grandes et les moyennes entreprises, la plupart des administrations sont dotées d'un budget informatique. Cependant les pratiques constatées sont assez différentes d'une entreprise à l'autre. Il est pour cela toujours très délicat de les comparer car ils ne sont pas établis de la même manière. Pire, d'une entreprise à l'autre on ne met pas les mêmes dépenses dans le montant du budget informatique. Heureusement on constate que les pratiques tendent à se rapprocher. Il est ainsi possible de dégager un certain nombre de bonnes pratiques en ce domaine.

Les entreprises ont pris l'habitude, depuis de nombreuses années, d'établir des budgets informatiques. Aujourd'hui, à peu près toutes les entreprises, même les petites entreprises, disposent de budgets informatiques. Il est ainsi possible d'évaluer le niveau des dépenses informatiques des entreprises. Malheureusement les coûts ainsi évalués sont plus ou moins complets. Ils permettent d'avoir une appréciation plus ou moins exacte des dépenses informatiques faites par l'entreprise.

De plus, elles ont mis en place des dispositifs de suivi des dépenses. Cependant l'observation fait apparaître un certain nombre de difficultés, de problèmes et de préoccupations. Pour s'améliorer, il est nécessaire de tenir compte de l'état de l'art en ce domaine. Il est ainsi possible de dégager un certain nombre de bonnes pratiques en matière budgétaire et dégager des propositions d'amélioration de la situation.

1 Les différents problèmes posés par les budgets informatiques

L'observation des pratiques budgétaires des entreprises en matière informatique fait apparaître des tendances qu'on retrouve, sous une forme ou sous une autre, dans la plupart des entreprises.

1.1 Le budget informatique et le budget du système d'information

La première difficulté rencontrée porte sur le champ couvert par le budget informatique. Que faut-il mettre dans le budget informatique ? Est-ce que ce sont les dépenses du service informatique ou bien toutes les dépenses liées à la mise en œuvre du système d'information. Plus généralement où commence et où se termine l'informatique ?

Il n'y a pas de difficultés particulières en ce qui concerne la définition du budget informatique central. Il comprend la gestion des équipements centraux : ordinateurs centraux, serveurs, routeurs, etc. De même le service informatique est constitué par des équipes d'informaticiens chargées du développement et de l'exploitation de cette architecture.

Par contre, en ce qui concerne l'informatique décentralisée les pratiques sont moins claires. Qui doit prendre en charge les ordinateurs personnels ? Est-ce que le personnel d'assistance local fait partie de l'informatique ? Faut-il tenir compte du temps passé par les utilisateurs participants au développement des applications ?

Comme on le voit, le noyau des dépenses informatiques est clair, par contre la périphérie est nettement plus floue. Il est pour cela nécessaire de définir avec précision le périmètre.

1.2 Une grande hétérogénéité des charges prises en compte

À cela s'ajoute certaines ambiguïtés concernant la prise en compte de certaines charges. Par exemple, faut-il prendre en compte dans le budget informatique des charges qui ne sont pas strictement informatiques comme le coût des locaux, celui de l'alimentation électrique, ou le montant des consommables ?

De même sur quel budget doit-on imputer ces charges ? Comment les valoriser ? Globalement ils peuvent représenter des montants importants qu'il est nécessaire de prendre en compte.

Mais il y a aussi d'autres dépenses conséquentes qu'il ne faut pas oublier. C'est le cas des charges sociales relatives aux salaires. Il faut apprécier toutes les charges sociales y compris les retraites, les vacances, les différentes cotisations, etc. Elles sont globalement payées par la direction financière ou la direction des ressources humaines pour l'ensemble des salariés de l'entreprise. Dans cette masse de dépense il est nécessaire d'individualiser les charges liées au personnel informatique qu'il faut prendre en compte dans le budget informatique.

Le principe est simple : on doit mettre dans le budget informatique de l'exercice l'intégralité des charges liées à l'activité informatique de l'exercice. Cette règle est simple mais elle n'est pas facile à faire appliquer. Il est pour cette raison nécessaire de définir avec précision les différentes règles d'évaluation des charges à prendre en compte.

1.3 La prise en compte des amortissements

Une des grandes difficultés concernant les budgets informatiques tient au calcul des amortissements. Une grande partie des dépenses informatiques sont des investissements. Faut-il prendre en compte dans le budget informatique le montant de ces investissements où est-il préférable de tenir compte de l'usage de ces actifs par le biais d'amortissements ? Il existe aussi des ambiguïtés concernant certains investissements. Cela touche particulièrement quatre natures de dépenses :

- *Les achats de matériels et d'équipements.* Dans de nombreuses entreprises, les matériels achetés au cours de l'année sont considérés comme des charges de l'exercice figurant dans le budget informatique. Mais, dans ce cas, ces dépenses ne sont pas comparables à celles de matériels loués ou achetés en leasing. Pour éviter cela, il est nécessaire de prendre en compte les amortissements correspondants.
- *Les achats des progiciels.* Lorsqu'on achète des progiciels faut-il les considérer comme des charges de l'exercice ou étaler ces dépenses sur sa durée probable d'utilisation ?
- *Les coûts d'études.* Les développements d'applications sont des investissements analogues à des achats matériels qui ont une certaine durée de vie. Doit-on budgéter les investissements en études ou est-il préférable de prendre en compte l'usage de ces études ?
- *Les coûts de démarrage.* Ils correspondent à un certain nombre de dépenses qui sont faites au moment du lancement du projet comme des tests, des conversions de bases de données, la formation des utilisateurs, l'assistance des opérateurs, etc. Est-ce des charges de la période ou bien des investissements ?

Ces différents types de dépenses posent un problème important : faut-il passer toutes ces charges sur l'exercice en cours où est-il préférable de les étaler sur leur durée probable d'utilisation. La règle comptable est simple : les investissements, notamment les matériels, doivent être régulièrement amortis sur la durée raisonnable d'utilisation. Mais faut-il aller plus loin et faire figurer dans les budgets ces amortissements au lieu des montants des investissements ? Il existe en ce domaine deux écoles :

- *Budgéter les amortissements.* On dispose de deux budgets, l'un pour les dépenses de fonctionnement et l'autre les dépenses d'investissement. Et dans le premier budget on fait figurer les amortissements des investissements effectués. Dans un même parc d'équipements, il peut y avoir des biens qui ont été financés de différentes manières. Par exemple certains matériels identiques sont achetés alors que d'autres loués ou en leasing. Si on n'amortit pas les matériels achetés, on constate que les ordinateurs loués sont imputés sur les budgets alors que ceux qui sont achetés n'apparaissent pas à partir de la deuxième année d'utilisation. Cela crée de curieuses distorsions.
- *Ignorer les amortissements.* On accepte qu'il y ait des distorsions à condition qu'elles soient marginales. Le but de ces budgets n'est pas de comparer des coûts mais d'établir des budgets afin de mieux maîtriser l'ensemble des dépenses. Par contre, avec cette méthode il est plus difficile de connaître le coût complet de l'informatique. Si on veut connaître ce montant, il est alors nécessaire de remplacer le total des investissements de l'exercice par les amortissements.

Il existe un débat parmi les comptables et les contrôleurs de gestion sur l'intérêt ou les risques d'amortir les études informatiques. On observe trois points de vue différents :

- les logiciels, de par leur nature, sont, comme la «recherche et développement» ou les «études marketing», des charges de l'exercice. Il est dangereux de les immobiliser et de les amortir sur plusieurs exercices ;
- les achats de progiciels doivent être amortis car ils sont associés aux équipements. On les amortit avec le matériel. Souvent lorsqu'on achète certains équipements, le coût des progiciels associés est supérieur au prix des matériels proprement dits ;
- les logiciels, que ce soit des progiciels ou la réalisation d'applications spécifiques, sont des investissements et à ce titre doivent être amortis au moins en comptabilité analytique et en gestion ([1]).

Mais ne faut-il pas aller jusqu'au bout du raisonnement et amortir l'ensemble des frais liés au projet y compris les études amonts, le pilotage et les frais de démarrage ? C'est un choix important qui a des conséquences sur le montant des amortissements qui apparaissent dans les budgets de fonctionnement.

1.4 Les frais non informatiques à prendre en compte

Il existe dans tous les budgets informatiques un certain nombre de dépenses qui ne sont pas des dépenses informatiques au sens strict du terme. Elles sont de différentes natures.

Les quotes-parts de frais généraux. Il existe des dépenses globales de l'entreprise comme les locaux, la gestion du personnel, la comptabilité, la direction générale, etc. Doit-on prendre en charge ces dépenses dans les budgets informatiques et comment doit-on le faire? Elles peuvent atteindre jusqu'à 20 % du coût de l'informatique.

Les frais discrétionnaires. Le fonctionnement des directions informatiques donne lieu à l'engagement d'un certain nombre de frais discrétionnaires. C'est par exemple le cas d'opérations comme :

- *le schéma directeur.* C'est une mission d'intérêt général concernant toute l'entreprise. Faut-il la compter dans le seul budget informatique ?
- *les missions d'assistance à maîtrise d'ouvrage.* Elles permettent aux décideurs d'assurer leurs responsabilités. Doivent-elles figurer dans le budget informatique ?
- *les missions d'audit informatique.* Elles sont généralement demandées par la direction générale, la direction financière ou des directions opérationnelles.
- *la veille technologique.* C'est une mission d'intérêt général. Elle est souvent faite par les informaticiens pour le compte du reste de l'entreprise.
- *la R & D.* La recherche et développement peut, dans certains métiers, comprendre une part significative de dépenses informatiques. Faut-il les prendre en compte ?

Dans chaque cas, il est nécessaire de voir si ces dépenses doivent être prises en compte dans le budget de la direction informatique où si elles doivent être imputées à un autre centre de frais.

1.5 La négociation des budgets

Il existe différentes manières de négocier le budget informatique. Ce choix dépend, pour partie, du décideur avec qui le budget est discuté. En gros on distingue trois types de négociations :

- *Global.* On considère l'ensemble des dépenses informatiques comme une seule masse et on négocie globalement un pourcentage d'augmentation de l'ensemble du budget.
- *Détaillée.* On regroupe les dépenses en quelques grandes masses correspondantes à des natures de dépenses, des centres de frais, des projets ou des applications, ou toute combinaison de ces différents facteurs. De nombreuses entreprises négocient séparément les dépenses de développement par projet. Plus rarement, on établit des budgets par application.
- *Par prestation.* Le budget informatique est établi en calculant pour chaque type de prestation un budget en fonction du volume de ressources consommées et d'un coût unitaire par ressources. On peut aussi effectuer ce calcul par type d'applications en calculant le nombre d'unités produites que l'on multiplie par un coût unitaire. Il est aussi possible de calculer le budget en se basant sur une partie fixe et une partie variable, qui est calculée à partir des volumes de ressources consommées.

Comme on le voit, il existe de nombreuses manières différentes de calculer un budget. L'approche détaillée est la plus courante alors que le calcul par le volume des prestations fournies ou les volumes de données traitées la moins courante.

1.6 Quelques points nécessitant réflexion

Les budgets informatiques sont faciles à établir car ils sont simples à modéliser. Il est ainsi facile de prévoir les achats d'ordinateurs à partir du nombre d'utilisa-

---

1. Il est toujours possible de ne pas prendre en compte ces investissements en comptabilité générale sous forme d'immobilisation afin de ne pas charger les comptes par des immobilisations incorporelles excessives. Par contre on peut prendre en compte des amortissements. On aura alors une différence entre les amortissements techniques et les amortissements comptables.

teurs et de l'ancienneté du parc. Il est de même assez simple d'estimer les achats de logiciels ou l'effort d'assistance nécessaire. Par contre il existe d'autres points plus délicats.

- *La prise en compte de la puissance de traitement des sites centraux et des serveurs.* Un ensemble d'équipements (serveurs, réseaux, routeurs, etc.) a une capacité de traitement donnée. Tant que les volumes restent dans la plage prévue, cela fonctionne bien mais dès qu'on dépasse un certain seuil le système tend à se saturer et les temps de réponse se dégradent. Ceci a des conséquences directes sur l'évolution des configurations et donc sur l'importance des budgets nécessaires. Malheureusement, on ne connaît pas à l'avance ce seuil de saturation. On a pour cela développé un ensemble de techniques permettant d'évaluer la puissance de traitement nécessaire pour effectuer un volume donné d'opérations. Cela s'appelle le «*capacity planning*». À partir de l'évolution d'indicateurs d'activité, de ratios et de modèles de simulation, on cherche à évaluer la puissance de traitement qu'il est nécessaire d'installer. On détermine de même les capacités de stockage et de routage nécessaires. À partir de là il est possible d'évaluer le coût des configurations et donc on détermine les achats de matériels et le montant des amortissements correspondants.
- *L'évaluation de la charge d'études, des plannings d'études et des contraintes interprojets.* Les projets informatiques sont de gros consommateurs de ressources humaines. Il est non seulement nécessaire de prévoir la charge d'études de chaque projet mais aussi le rythme de consommation de ces ressources. Très souvent, on se heurte à des retards qui peuvent se traduire par des manques de ressources humaines. On risque alors de pénaliser les autres projets ou d'être contraint d'engager des dépenses supplémentaires pour faire face aux échéances. Il est nécessaire de prendre en compte l'ensemble des projets et les autres activités d'études (maintenance, petits projets, assistance, etc.) pour s'assurer qu'on ne « goulotte » pas, c'est-à-dire que l'ensemble des ressources consommées n'est pas supérieur aux ressources disponibles, sans cela tous les projets en cours et les opérations quotidiennes vont être en retard. Pour éviter cette situation il est nécessaire d'effectuer des arbitrages entre les projets et de fixer des priorités. En effet, il est toujours possible d'accélérer ou de ralentir le déroulement des projets, car il existe dans tout projet une partie discrétionnaire sur laquelle on peut agir. Tous ces éléments ont une influence sur l'importance du budget des études.
- *La sous-évaluation de dépenses difficiles à évaluer.* Dans certains cas le service informatique doit faire face à des opérations exceptionnelles comme, par exemple, la reprise de fichiers ou de bases de données. Ce peuvent être aussi des opérations de mise à niveau du code ou une maintenance lourde comme cela a été le cas pour la prise en compte de l'an 2000 et de l'euro. Toutes ces opérations sont exceptionnelles et d'une certaine ampleur. Leur volume est tel qu'il peut perturber de manière significative les budgets informatiques. De plus, il est toujours difficile de prévoir leur importance et souvent on ne connaît ce montant qu'à l'issue de ces opérations. On pourrait considérer ces dépenses comme des investissements mais ils n'en ont pas les caractéristiques essentielles. Pour éviter des confusions il est prudent de créer une classe de dépenses particulières qui correspondent à des opérations exceptionnelles qui sont lourdes et qui sortent des traitements habituels.

Ces différents points sont délicats à traiter. Il est nécessaire de réfléchir à la meilleure solution possible.

1.7 La séparation des coûts de fonctionnement et des coûts d'investissement

Dans la plupart des entreprises, on mélange dans les budgets informatiques deux types de dépenses, d'une part les dépenses de fonctionnement et d'autre part les budgets d'investissement. Ce sont des dépenses très différentes.

Les dépenses de fonctionnement sont inéluctables. Il faut permettre aux utilisateurs d'effectuer leurs opérations quotidiennes dans de bonnes conditions.

Les dépenses d'investissement correspondent à des décisions du management pour renouveler des équipements, acheter des logiciels, ou développer une nouvelle application.

Cette confusion a de curieuses conséquences. Les années où on renouvelle une partie des matériels, les budgets informatiques subissent une forte progression puis les années suivantes ils diminuent, apparemment sans raison. Pour éviter ce type de variation, il est nécessaire d'isoler les dépenses régulières et les dépenses discrétionnaires.

Les dépenses de fonctionnement correspondent aux charges liées à l'utilisation courante des applications. Les dépenses d'investissements correspondent à des décisions du management et peuvent concerner divers achats :

- les systèmes centraux ;
- les matériels décentralisés et notamment les ordinateurs personnels ;
- les logiciels de base ;
- les logiciels d'applications et notamment les progiciels ;

- les développements spécifiques faits par l'entreprise ou sous-traités à une société de service.

Ce dernier point fait l'objet de nombreuses discussions. Les développements sous-traités sont généralement considérés comme des investissements. Par contre s'ils sont réalisés par des équipes internes, ils sont considérés comme des charges de l'exercice.

Comme on le voit, les budgets informatiques posent de nombreux problèmes délicats et difficiles à régler. Très souvent la recherche d'une solution amène à compliquer le cadre budgétaire et cela alourdit cette approche. Pour éviter cela, il est nécessaire de connaître l'état de l'art en matière budgétaire.

2 L'état de l'art en matière budgétaire

Pour éviter d'inventer des solutions complexes et peu opérationnelles il est important de repérer les bonnes pratiques en matière budgétaire. L'observation permet de dégager un certain nombre de tendances significatives.

2.1 La spécificité de la procédure budgétaire de l'informatique

Il n'y a pas de budget sans une procédure pour l'établir et le valider. L'observation montre que d'une entreprise à l'autre ces procédures budgétaires sont très différentes. Il est certain que les principes généraux sont communs à toutes les entreprises ; cependant on constate des différences significatives d'une entreprise à l'autre.

La première particularité des budgets informatiques porte sur le périmètre de l'informatique. Certaines entreprises ont une vision restreinte de l'informatique. On ne s'intéresse qu'aux seules dépenses du seul service informatique. Dans d'autres cas on a une vision plus large de la fonction informatique en s'intéressant à toutes les dépenses informatiques quel que soit l'endroit où elle est décidée ou «consommée». Ainsi dans certaines entreprises les ordinateurs personnels se trouvant chez les utilisateurs ne sont pas pris en compte dans le budget informatique et sont directement pris en charge par les unités opérationnelles.

Il existe aussi des différences importantes concernant la manière d'établir et de négocier le budget informatique. Les pratiques observées sont très variées. Il est d'ailleurs difficile d'établir un panorama exhaustif de toutes les règles budgétaires rencontrées. On peut cependant noter une forte tendance à l'accroissement de l'hétérogénéité des pratiques.

2.2 Les limites de la spécificité de l'informatique

Cependant les particularités de la procédure budgétaire appliquée à l'informatique ont des limites. On constate depuis quelques années que les différentes pratiques se rapprochent de celles des autres budgets.

Les budgets informatiques sont généralement considérés comme des budgets de frais fixes tels que ceux de la comptabilité, de la gestion commerciale ou de la direction générale. Ce sont des budgets de frais généraux.

Or, on constate depuis quelques années qu'une partie de l'activité correspond à des frais variables et s'élève en fonction du niveau d'activité de l'entreprise. On note que le poids de cette part est de plus en plus important.

2.3 La référence à des ratios types

Pour construire les budgets, on utilise différents ratios. L'informatique ne fait pas exception. Tout décideur responsable d'un centre budgétaire dispose d'une batterie de ratios lui permettant de construire rapidement un budget.

Les dirigeants et les contrôleurs de gestion se servent aussi de ratios pour apprécier l'importance des budgets. Le ratio le plus fréquemment utilisé est le pourcentage de l'ensemble du budget informatique par rapport au chiffre d'affaires. C'est un indicateur intéressant et souvent significatif mais très vite le raisonnement sous-jacent dérive. On a tendance à transformer ce pourcentage en une norme, ce qu'il n'est pas.

Il est aussi possible d'utiliser d'autres ratios. On rencontre souvent le coût moyen des études par personne et par mois ou par jour, surtout pour les travaux de développement. On utilise aussi le coût moyen par poste de travail ou le coût moyen par transaction.

L'expérience montre que sur ce sujet on manque singulièrement d'imagination et généralement on revient au pourcentage classique du budget informatique par rapport au chiffre d'affaires.

2.4 Les ratios budgétaires: les coûts unitaires

En fait, on dispose de peu de ratios de coût moyen en informatique. Dans l'industrie, les ingénieurs de production calculent de nombreux indicateurs et suivent en particulier un certain nombre de coûts unitaires. En informatique, ce n'est pas encore le cas.

Il est très intéressant de suivre les coûts unitaires des différentes ressources :

- le coût de fonctionnement à l'heure d'un serveur ;
- l'impression d'une page ;
- le coût de stockage d'un gigaoctet ;
- le coût d'un ordinateur personnel.

On peut aussi suivre des indicateurs intéressants comme par exemple :

- le coût d'une facture ;
- le coût d'un bulletin de paie ;
- le coût d'une pièce comptable traitée.

Ces ratios sont très utiles et ils sont faciles à appréhender par les utilisateurs et par les décideurs.

2.5 La procédure budgétaire

Pour établir les budgets de la fonction informatique il est nécessaire de respecter un certain nombre de règles.

La reconduction des dépenses

Très souvent les budgets informatiques d'une année sont établis par reconduction des dépenses de l'exercice précédent. Cette pratique est possible car on considère que l'informatique est considérée comme un budget de frais fixe. Au moment où on fixe le montant du budget, entre les mois de septembre et novembre de l'année en cours, on ne dispose donc que des dépenses réelles des sept à neuf mois premiers mois de l'exercice en cours. Ceci fait que le budget d'une année est souvent bâti à partir du budget de l'an passé, éventuellement complété par des dépenses effectivement constatées depuis le début de l'exercice.

En pratique les budgets informatiques sont généralement reconduits d'une année sur l'autre avec une majoration plus ou moins importante selon les possibilités financières de l'entreprise.

Les budgets imposés

Dans de nombreuses entreprises le budget informatique n'est pas négocié mais fixé de manière unilatérale par le contrôle de gestion, par la direction administrative et financière ou par la direction générale de l'entreprise. Pendant de nombreuses années cette pratique a été favorable à l'informatique. Aujourd'hui elle a plutôt l'effet inverse. En cas de besoin on taille dans le budget informatique comme on peut le faire dans celui de la publicité. Dans de nombreuses entreprises les budgets informatiques sont perçus comme des dépenses discrétionnaires.

Absence de liens avec le schéma directeur

Normalement, il doit exister un lien entre la planification à long terme et la programmation à court terme. Or, souvent il n'y a pas de liens directs entre le schéma directeur informatique et les budgets informatiques. La démarche de planification, même si elle comporte un volet financier, n'a pas un impact direct sur le budget informatique. Ce sont deux démarches différentes. D'un côté, il y a une vision à long terme et de l'autre il y a une procédure à court terme.

De même on constate très souvent qu'il n'y a pas de lien entre les budgets établis par projet et le budget global des ressources l'informatique.

Enfin, peu d'entreprises ont mis en place des budgets informatiques pluriannuels.

L'absence de renégociation des budgets en cours d'année

Dans la plupart des entreprises, les budgets informatiques ne sont pas revus en cours d'année, même lorsque cela devient nécessaire. Si on s'aperçoit que le budget est insuffisant on a tendance à reporter des achats de matériels ou de logiciels, voir à bloquer des embauches ou à ralentir des projets pour tenir globalement le budget informatique global. Ainsi on ne renégocie pas le budget informatique en cours d'année.

Évaluer les volumes des prestations fournies

Pour établir des budgets informatiques crédibles, il est souhaitable de tenir compte des volumes de prestations à fournir. Pour cela on mesure les volumes de prestations fournies comme par exemple le nombre de pièces comptables, le nombre de factures, etc.

Il est aussi intéressant de mesurer le nombre de transactions, le nombre de postes de travail et leur durée moyenne d'utilisation. À partir de ces éléments il est possible de déterminer le volume de transactions et la charge du réseau.

Ces différents indicateurs permettent aussi d'apprécier le volume des prestations fournies par les systèmes informatiques. C'est la base de la mise sous contrôle de l'activité informatique.

Pour maîtriser les dépenses, on doit s'attacher à mettre en face de ces volumes d'opérations les dépenses correspondantes. Il est ainsi possible de dégager des ratios significatifs et des tendances significatives. On constate ainsi que les coûts unitaires moyens sont à la hausse ou à la baisse. C'est un facteur clé d'évolution des budgets.

2.6 L'établissement des prévisions

L'établissement des prévisions est un point très important. Si on évalue mal les besoins, on risque de mobiliser des moyens insuffisants et donc de freiner le développement de l'informatique. À l'inverse on peut surévaluer les besoins nécessaires et dans ce cas on pousse à surconsommer les moyens.

Faire de prévisions

Il est toujours difficile de faire des prévisions. C'est particulièrement le cas dans le domaine de l'informatique. Il est presque impossible de prévoir à l'avance tout ce qui peut arriver. L'informatique est un domaine connaissant des évolutions technologiques très rapides. Ceci ne peut que perturber les prévisions, même les mieux établies.

Il existe peu de modèles de prévision reconnus en matière de dépenses informatiques. Il est pourtant possible de prévoir les coûts de développement, les moyens d'exploitation nécessaires, la maintenance à effectuer, etc. Il existe dans ce domaine différentes approches intéressantes. Cependant, on constate que ces démarches sont assez peu utilisées pour évaluer le montant des budgets informatiques.

Avoir de la flexibilité

Des prévisions doivent permettre d'avoir une certaine marge de façon à garantir un certain niveau de flexibilité. Or, on considère que la plupart des budgets informatiques sont considérés comme des budgets de frais fixes. Ceci veut dire que quel que soit le niveau d'activité que connaît l'entreprise, le niveau des dépenses informatiques est considéré comme stable.

En réalité on sait bien que les dépenses informatiques varient de manière significative avec le niveau d'activité de l'entreprise. Si on analyse un budget informatique, on constate qu'il existe une partie des dépenses qui sont fixes et une partie qui est variable. On a intérêt à constituer un modèle faisant clairement apparaître ces deux composantes.

Incohérence entre le budget, le schéma directeur et la stratégie de l'entreprise

Très souvent on constate que les prévisions contenues dans les budgets divergent des orientations à moyen terme du schéma directeur. D'un côté on poursuit des objectifs et de l'autre on attribue des ressources selon une autre logique.

Certains budgets informatiques sont fixés sans tenir compte de la stratégie de l'entreprise. Les responsables informatiques ne l'appliquent pas pour la simple raison qu'ils l'ignorent. Dans d'autres cas ils n'ont pas reçu de la direction générale d'instructions particulières et ils interprètent, à leur manière, ce qu'ils doivent faire. Ceci fait que l'informatique ne contribue pas comme elle devrait le faire au développement de l'entreprise.

Des efforts doivent être faits pour améliorer la qualité des prévisions et surtout pour les relier aux objectifs figurant dans le schéma directeur et ceux, plus généraux, de l'entreprise. L'amélioration de l'efficacité de l'informatique commence par l'amélioration de la qualité de ses budgets.

2.7 Le suivi des budgets

Il est ensuite nécessaire d'organiser le suivi des dépenses. C'est un point très important du dispositif. On va s'attacher à rapprocher périodiquement les dépenses effectivement constatées et les prévisions qui avaient été établies. C'est un point clé pour s'assurer que les dépenses se font au rythme prévu et qu'il n'y a pas de dérive. Si c'est le cas, il est nécessaire de prendre rapidement les mesures correctrices nécessaires. Plus la décision est rapidement prise, moins la dérive finale est importante.

Organiser un suivi périodique des dépenses

La règle est d'avoir un arrêté mensuel et les résultats disponibles dans les premiers jours du mois suivant sous forme d'un état permettant de mesurer l'avancement des dépenses. On doit s'assurer que toutes les charges du mois ont été prises en compte. Or certains fournisseurs sont lents à fournir leurs factures. Pour éviter d'être en retard, il est nécessaire de mettre en place un dispositif de suivi des engagements[1], de prise en compte de provisions[2] ou d'abonnements[3].

Suivre les budgets par centre de frais

En plus du suivi des dépenses informatiques globales il est nécessaire de suivre ces mêmes dépenses analysées par centre de frais. Il est pour cela nécessaire que le logiciel comptable permette de saisir des imputations budgétaires détaillées. Or trop souvent on ne dispose que d'un code global unique pour toute l'informatique. Dans ces conditions, il n'est pas possible de coder des activités plus détaillées comme les études ou l'infrastructure informatique. Il est nécessaire de suivre les dépenses par projet ou par application.

On édite ensuite des états de contrôle. Ce sont des états standard ou des états adaptés aux besoins particuliers des responsables des centres de frais. Ces états doivent faire apparaître pour chaque centre budgétaire des cumuls de dépenses. De même il doit être possible d'effectuer différents regroupements significatifs par centres de frais budgétaires,

Mensualiser les budgets

Pour effectuer des comparaisons, il est souhaitable de calculer chaque mois, par centre de frais, le montant des dépenses et le total des dépenses cumulées depuis le début de l'année. On compare ensuite ces dépenses aux montants des budgets.

Pour effectuer les analyses il est souhaitable de calculer des montants mensuels du budget. Il est possible de calculer des montants égaux pour chacun des douze mois, mais on peut aussi chercher à les faire varier en fonction des décisions qui seront prises.

Les budgets peuvent être stables au niveau d'un centre de frais. Par exemple les dépenses d'études sont stables quel que soit le mois concerné. De janvier à dé-

1. La procédure d'engagement consiste à comptabiliser les montants lors de la commande, ou de la livraison de la prestation. Au moment de la réception de la facture, on enregistre l'écart éventuel. L'administration est tenue d'avoir un engagement de toutes ses dépenses.
2. Les provisions sont des montants correspondants aux livraisons effectuées au cours de la période précédente et qui ne sont pas encore facturées par les fournisseurs.
3. L'abonnement est un montant calculé correspondant à des dépenses certaines dont les factures ne seront disponibles qu'ultérieurement comme des factures de télécommunication, des impôts, etc.

Nature en k€	Janv.	Fév.	Mars	Avril	Mai	Juin	Juillet	Août	Sept.	Oct.	Nov.	Déc.	Total
Salaires	30	30	30	30	30	30	30	30	30	30	30	60	390
Amortissements	12	12	12	12	12	12	14	14	14	14	14	14	156
Sous-traitance		50				80			40		15	90	275
Matériel				70				40				60	170
Total	42	92	42	112	42	122	44	84	84	44	59	224	991

Tableau 1 Mensualisation des budgets

cembre le montant est le même. Il est aussi possible d'avoir des montants qui varient d'un mois sur l'autre comme par exemple le paiement des études sous-traitées au cours d'un mois donné. Le logiciel doit être capable de gérer ces différentes possibilités.

Comme le montre le tableau 1, les montants des salaires sont stables à 30000 € par mois sauf en décembre où il y a le versement de primes. De même les amortissements sont constants de janvier à juin à 12000 € par mois puis au-delà passent à 14000 €. On a des paiements de sous-traitance en février, juin, septembre, novembre et décembre. De même on a trois achats de matériels en avril, en août et en décembre. Ceci explique les variations de dépenses importantes constatées d'un mois sur l'autre allant de 42000 € à 224000 €.

Respecter les imputations comptables

On constate dans certaines entreprises et surtout dans les administrations une tendance à essayer de modifier les imputations budgétaires, voire même de changer les natures de dépenses, de certaines charges pour respecter les montants des budgets. On impute là où il reste des crédits inemployés. Ainsi l'assistance technique se transforme en achats de consommables parce qu'il reste encore de l'argent dans ce compte.

Il est important d'éviter ce type de pratique qui a tendance à fausser le dispositif de contrôle et même à lui faire perdre tout sens. Pour éviter ces dérives il est nécessaire de contrôler périodiquement un certain nombre d'imputations faites au cours de la période. Ces vérifications sont faites par le management et les contrôleurs de gestion. Il est important de prévoir des missions de contrôle faites par l'inspection où les équipes d'audit interne.

Prendre en compte les volumes de prestations fournies

Face aux dépenses constatées il est important de s'assurer que les prestations correspondantes ont bien été fournies. Elles concernent les études, l'exploitation, la gestion du parc, etc. Il est pour cela nécessaire d'organiser un suivi des volumes de prestations fournies. Ces informations se trouvent dans différents systèmes de gestion :

- le suivi des temps pour le personnel d'étude ;
- les volumes des traitements mesurés par le *job accounting* (SMF), les moniteurs systèmes, les moniteurs de télétraitements ;
- la gestion de parc (matériels et logiciels).

Ces éléments sont la base des différents tableaux de bord de la fonction informatique.

En suivant les évolutions des indicateurs d'un mois sur l'autre, il est possible de détecter d'éventuelles dérives. Il est aussi très utile de calculer des indicateurs technicoéconomiques comme les « coûts moyens par centre de frais », le « coût moyen par journée d'études », le « coût de gestion du parc par poste de travail », le « coût des ordinateurs centraux par seconde processeur ». Ces coûts unitaires doivent être relativement stables dans le temps.

Organiser des réunions périodiques d'analyses des résultats

Le suivi des budgets se fait en organisant des réunions d'analyse des résultats de la période. Ces réunions sont organisées dès que les chiffres du mois sont disponibles. Elles regroupent les principaux décideurs concernés qui analysent les chiffres et interprètent les écarts significatifs. Il est alors possible d'apprécier les dérives et, le cas échéant, de prendre des décisions permettant de les corriger. Celles-ci peuvent consister à :

- affecter plus de ressources à certaines actions ;
- supprimer certaines actions ;
- retarder certaines opérations ;
- sous-traiter la mise en œuvre de différents travaux informatiques.

Trop souvent le suivi budgétaire des dépenses informatiques est mal fait, n'est pas fait, ou il est effectué trop tardivement dans le mois. C'est un domaine où des progrès importants peuvent être réalisés notamment en ce qui concerne les dépenses liées aux projets.

2.8 Le suivi des projets

Parmi l'ensemble des procédures du contrôle budgétaire informatique il est important de mettre en œuvre des dispositions particulières pour effectuer le suivi des projets.

Le suivi des projets n'est pas toujours lié au contrôle du budget des études

Trop souvent on constate l'existence de deux procédures distinctes. D'un côté il y a le suivi des projets et de l'autre il y a le suivi des études qui est fait globalement, toutes activités confondues. Or les projets représentent une part importante des dépenses d'études, variant entre 30 et 70 % des temps des développeurs.

Aujourd'hui le contrôle par projet est correctement effectué. On dispose d'un suivi des temps détaillé pour les grands projets. Mais on ne dispose pas dans tous les cas de ces éléments pour les projets sous-traités. De même on ne dispose pas de ces informations pour les petits projets. Le suivi des temps de maintenance et d'assistance des utilisateurs est souvent fragile.

Ceci fait qu'on a du mal à contrôler les temps qui ne sont pas affectés aux projets et en particulier les temps perdus entre la fin d'un projet et le début d'un nouveau projet ou entre la fin d'une phase du projet et la suivante.

Le suivi des projets

Le suivi des projets permet de mesurer le nombre de jours de développement effectués. Ce suivi est très important pour contrôler périodiquement l'avancement du projet.

Il est effectué à partir de la constatation des opérations effectivement terminées et des opérations en cours. Le rapprochement de l'avancement réel et du total des consommations de ressources du projet permet d'évaluer le risque de dérapage du projet.

De même on va rapprocher le total des dépenses de la période par rapport au budget. Il est notamment très important d'ajouter aux dépenses de personnels, qui sont connues, tous les « autres frais » qui sont souvent moins bien suivis comme les locaux, les matériels de développement, les quotes-parts de frais généraux, etc.

Améliorer l'évaluation du « reste à faire »

Il est important d'estimer avec précision le « reste à faire » d'un projet, c'est-à-dire le nombre jours nécessaires pour terminer le projet et les dépenses correspondantes.

Il est pour cela nécessaire de suivre les tâches qui ont été effectuées et d'en déduire ce qui doit encore être réalisé pour terminer le projet. Si des dérives ont été constatées, il est probable qu'elles sont dues à une sous-évaluation de la charge nécessaire. Il est probable que ces dérives vont continuer sur ce qui reste à effectuer.

Le suivi des budgets par projet permet de réévaluer le coût final des projets. Il est ainsi possible de renégocier les budgets des projets ou de réaffecter des moyens d'un projet à un autre. On peut à l'avance prendre les dispositions nécessaires.

Maîtriser la gestion simultanée de plusieurs projets

Une équipe informatique doit gérer simultanément plusieurs projets. Au cours de certaines périodes plusieurs projets peuvent essayer d'avoir accès aux mêmes ressources. À d'autres moments certaines ressources peuvent être sous-employées. Ceci se traduit par des baisses de productivité. Pour éviter cela, il est nécessaire d'effectuer une consolidation interprojet de façon à détecter suffisamment à l'avance des poches de sous-activité ou des périodes de surcharge.

Comme on le voit, le contrôle de gestion de l'informatique est très lié à la gestion des projets et ces deux dispositifs de gestion ont de nombreux liens entre eux, notamment en ce qui concerne la maîtrise de la fonction études.

3 Les bonnes pratiques en matière budgétaires

Pour mieux maîtriser les budgets il est important de développer les *bests practices* connues en ce domaine. En effet, l'observation des pratiques budgétaires des services informatiques montre qu'il est possible de réaliser des progrès importants. À l'expérience on peut dégager un certain nombre de bonnes pratiques :
- avoir un plan de compte budgétaire ;
- définir strictement le périmètre des budgets ;
- séparer les dépenses de fonctionnement et les investissements ;
- préciser ce qui est exclu du budget informatique ;
- avoir des règles de valorisation stables ;
- calculer les budgets sous une forme analytique ;
- avoir des unités d'œuvre claires par type de prestation ou par nature ;
- prendre en compte les frais fixes ;
- passer des coûts complets aux budgets ;
- développer la manière de négocier ;
- négocier le budget en quelques paquets, par nature ;
- limiter le nombre de rubriques budgétaires ;
- mesurer l'évolution de la productivité ;
- établir trois budgets d'exploitation ;
- mettre en place un dispositif de facturation des prestations informatiques ;
- organiser et animer le suivi budgétaire.

L'examen de ces différents points permet de dégager différents axes d'amélioration des pratiques budgétaires des services informatiques.

3.1 Avoir un plan de compte budgétaire.

Pour améliorer la qualité d'un budget, il est nécessaire d'avoir un plan de compte clair et sans ambiguïté. Cette liste de rubriques doit tenir compte des pratiques générales de l'entreprise tout en tenant compte des particularités de l'informatique. Il n'est pas conseillé d'ouvrir un nombre trop élevé de rubriques. Généralement, ce sont des comptes par nature ou des regroupements de comptes significatifs.

Il est possible de suivre toutes les charges informatiques ou seulement quelques comptes considérés comme intéressants.

Un centre de frais comprend normalement une dizaine de natures différentes. Il n'est pas nécessaire d'augmenter leur nombre afin d'améliorer la qualité des prévisions budgétaires.

Nature	Montant
Salaires chargés	267000
Sous-traitance	125000
Achats de matériels	67000
Location de matériels	83000
Maintenance	65000
Achats de logiciels et de services	140000
Fournitures	60000
Communication	80000
Divers	72000
Total	959000

Tableau 2 Exemple de budget informatique comprenant un nombre limité de comptes

Comme le montre le tableau 2, le budget informatique est de 959000 € dont 267000 € de salaires et de charges, 140000 € d'achats de logiciels et de services, 125000 € de sous-traitance, etc. Au total neuf rubriques dont un poste divers.

Le responsable peut souhaiter avoir un grand nombre de comptes. Comme on le voit dans le tableau 3, le budget a été éclaté en 39 comptes. En multipliant le nombre de comptes on diminue la qualité des prévisions. On peut aller jusqu'à 150 comptes mais ce type de document est souvent peu significatif.

Pour faciliter le travail des personnes effectuant les imputations, il est nécessaire de commenter ce plan comptable pour dire ce qui doit être pris en charge dans le cadre de chaque rubrique et ce qui n'y rentre pas. On le fait sous forme d'une notice qui est remise à toutes les personnes ayant à faire des prévisions budgétaires et des imputations.

Il n'est pas nécessaire de chercher à établir un budget comprenant l'ensemble des coûts informatiques. En fait, on ne met dans le budget informatique que les dépenses qu'on souhaite mettre sous contrôle. Dans certains cas on ne s'intéresse qu'aux achats externes, dans d'autres on est essentiellement préoccupé par l'ensemble des coûts d'exploitation des applications opérationnelles, dans d'autres enfin on s'intéresse surtout aux coûts d'études et d'assistance.

Nature	Montant
Salaires	20000
Primes	2000
Charges sociales	13000
Contrats d'études	5000
Missions de conseil et d'audit	2000
Sous-traitance d'exploitation	39000
Sous-traitance d'études	8000
Achats de matériels centraux	4000
Achats de serveurs	3000
Achats de postes de travail	15000
Achats d'équipements de communication	4000
Location de matériels centraux	13000
Location de serveurs	4000
Location de postes de travail	22000
Location d'équipements de communication	12000
Leasing de matériels centraux	
Leasing de serveurs	5000
Leasing de postes de travail	
Leasing d'équipements de communication	2000
Maintenance des matériels centraux	4000
Maintenance des serveurs	2000
Maintenance des postes de travail	5000
Maintenance d'équipements de communication	2000
Achats de logiciels système	3000
Achats de logiciels bureautiques	5000
Achats de progiciels	40000
Redevances sur logiciels	3000
Contrats de maintenance de logiciels	5000
Achats de services	5000
Achats de papiers standard	2000
Achats de papiers préimprimés	25000
Achats de tonner	15000
Achats de supports	4000
Autres fournitures	4000
Lignes spécialisées	8000
Redevances de communication	2000
Abonnements Internet	4000
Externalisation des communications	5000
Autres dépenses	52000
Total	368000

Tableau 3 Exemple de budget informatique comprenant un nombre élevé de comptes

Exemple de plan de compte de fonctionnement :

- Amortissements :

Amortissement des matériels, des installations et des locaux,
Amortissement des études et des progiciels,
Amortissement des coûts de démarrage.

- Locations et services :

Locations des matériels et des locaux,
Maintenance des matériels et des logiciels,
Redevances sur les progiciels et les systèmes,
Énergie, fluides, climatisation, chauffage, nettoyage,
Frais de télécommunication,
Fournitures et consommables.

- Personnel :

Personnel d'exploitation et d'assistance technique,
Personnel de maintenance des applications,
Formation de complément.

Exemple de plan de compte d'investissement :

- Matériels :

Postes de travail,
Réseaux locaux, câblages, armoires,
Serveurs : micro, mini ou ordinateur central,
Locaux techniques, climatisation, alimentation.

- Logiciels :

Études générales,
Pilotage,
Logiciels systèmes,
Base de données, moniteur, interface utilisateur, etc.
Progiciels,
Développements spécifiques.
Tests et démarrage :
Tests d'intégration,
Plate-forme de tests,
Formation des informaticiens et des utilisateurs,
Reprise de fichiers, travail en double, assistance technique…

Il est possible de fusionner ces deux plans de comptes en remplaçant les amortissements par les investissements. On a alors le plan de compte suivant :

- Personnel,
- Locations et services,
- Matériels,
- Logiciels,

Tests et démarrage.

3.2 Définir strictement le périmètre des budgets

Selon l'entreprise considérée les budgets informatiques ne comprennent pas les mêmes dépenses.

Dans certaines entreprises, le budget informatique ne comprend que les dépenses du service informatique au sens strict du terme, c'est-à-dire faites par le seul service informatique, alors que dans d'autres entreprises ce montant comprend toutes les dépenses informatiques de l'entreprise quel que soit l'endroit où se fait la dépense. La différence est constituée par l'ensemble des matériels, des logiciels, des services et des personnes liés à l'informatique décentralisée. Une partie de ces charges est payée par les différentes unités opérationnelles et le reste par le service informatique. Les règles d'imputation de ces charges sont très variables d'une entreprise à l'autre.

Comme le montre le tableau 4 on distingue le budget informatique central qui est le coût informatique au sens strict du terme. Les autres colonnes correspondent aux rubriques suivantes :

- Le budget informatique des unités ;
- Le budget des ordinateurs personnels et des réseaux ;
- Le budget infrastructure et télécom ;
- Divers.

Nature	Budget informatique central	Budget informatique des unités	Budget PC et réseaux	Budget infrastructure et télécom	Divers	**Total**
Salaires chargés	20000					20000
Sous-traitance	13000	35000			10000	58000
Location de matériels			43000	20000		63000
Maintenance	12000		16000			28000
Achats de logiciels	16000		36000			52000
Achats de services	40000		2000			42000
Fournitures	2000	7000	3000		5000	17000
Communication				46000		46000
Divers	2000					2000
Total	105000	42000	100000	66000	15000	328000

Tableau 4 Exemple de budget informatique strict et complet

Les dépenses centrales sont de 105 000 € sur un budget global de 328 000 €. C'est une différence importante.

Pour éviter toute ambiguïté, il est nécessaire de disposer d'un document décrivant le périmètre du budget informatique. Ceci permet de définir ce qui rentre dans le budget informatique et ce qui n'y rentre pas. On va pour cela détailler la liste des rubriques à prendre en compte dans les budgets. Ces rubriques sont le croisement entre des natures et des domaines. Il est conseillé de rédiger un texte commentant ces différents binômes. Un certain nombre de valeurs sont systématiquement nulles.

3.3 Séparer les dépenses de fonctionnement et les investissements

Une des plus grandes difficultés rencontrées en matière budgétaire est la confusion entre les dépenses de fonctionnement et les investissements.

Les dépenses de fonctionnement sont liées aux opérations quotidiennes nécessaires pour exploiter les applications. Elles comprennent les dépenses de maintenance des matériels et des logiciels, de l'assistance technique, des amortissements des équipements, du réseau, des logiciels, etc. On constate que dans de nombreuses entreprises les budgets de fonctionnement ne comprennent pas les amortissements. Le total de ces dépenses est minoré d'autant.

Les investissements correspondent à tous les achats de matériels informatiques et aux logiciels nécessaires. À cela s'ajoute l'ensemble des opérations liées au développement de logiciels (projets).

Or, on ne contrôle pas de la même manière les dépenses de fonctionnement et les investissements. Dans le premier cas on fait apparaître la part fixe et la part variable, alors que dans le second cas on établit un budget lié aux projets en cours et ceux qui vont être lancés.

3.4 Préciser ce qui est exclu du budget informatique

Comme nous venons de le voir, toutes les dépenses informatiques ne figurent pas dans le budget informatique. Cela peut paraître paradoxal mais c'est une situation courante. Les situations sont très variables d'une entreprise à l'autre. On peut ainsi ignorer :

- les amortissements des matériels ;
- les amortissements des logiciels ;
- les amortissements des coûts d'études des projets opérationnels ;
- les dépenses informatiques effectuées directement par les utilisateurs.

Dans d'autres cas on prend en compte dans les budgets informatiques des postes comme :

- les investissements en matériels ;
- les investissements en logiciels ;
- les investissements d'études des projets ;
- les dépenses informatiques effectuées directement par les utilisateurs.

Selon les entreprises on constate des écarts de définition importants. Pour cette raison on s'attache ici à établir la liste de ces dépenses qui ne rentrent pas dans le calcul du budget informatique.

- *Les dépenses de personnel.* Les dépenses du personnel informatique sont bien connues. Par contre les temps des utilisateurs participants à la spécification, aux tests et à l'administration des applications sont ignorés ou forment minorées. Dans certaines entreprises et dans la plupart des administrations, les dépenses de personnel sont gérées indépendamment des dépenses courantes à l'aide d'un système de gestion de postes. En conséquence les dépenses de personnel informatique ne figurent pas dans les budgets et on a du mal à chiffrer le coût complet de ces dépenses, y compris les charges sociales et les charges de retraite. Cette pratique est à prohiber car dans ce cas les montants des budgets informatiques sont gravement minorés et finalement ils ne sont plus significatifs.
- *Les achats de services.* Il peut arriver que des prestations informatiques soient directement achetées par les unités opérationnelles et les filiales. Ce peut être de l'assistance, de la formation, des développements, de la sous-traitance de réalisation, de l'externalisation de traitement, etc. Si ces montants sont importants on a intérêt à créer un centre de frais spécifique centralisant l'ensemble de ces dépenses.
- *Les serveurs.* Généralement on n'a pas de problème pour prendre en compte les dépenses liées à l'ordinateur central mais on peut avoir plus de mal pour repérer toutes les dépenses liées aux serveurs décentralisés. Il arrive fréquemment que des dépenses soient faites localement et ne soient pas reprises dans le budget informatique. Certaines entreprises comptabilisent ces achats de matériels au moment de l'achat alors que d'autres prennent en compte chaque année les amortissements correspondants.
- *Les postes de travail.* Souvent ces dépenses sont directement prises en charge pour les unités opérationnelles, y compris les achats de logiciels, de consommables, les interventions de maintenance, etc. Dans une organisation décentralisée ces dépenses sont prises en charge par les unités et ne figurent pas dans le budget du service informatique.
- *La maintenance.* Les contrats et les interventions de maintenance sont souvent pris en charge par les unités décentralisées et ne figurent pas dans le bud-

get du service informatique. Il existe des cas où les matériels sont achetés par le service informatique mais la maintenance est financée par les unités.

- *Les logiciels système.* Il ne faut pas oublier de recenser les achats, les locations et la maintenance des logiciels système se trouvant sur des sites décentralisés. Dans ce cas aussi on rencontre des situations très hétérogènes. Il est indispensable de repérer ces charges.
- *Les progiciels.* Il ne faut pas oublier de recenser les achats, les locations et la maintenance des progiciels de gestion, bureautique, technique, etc. se trouvant sur les matériels décentralisés. Les situations rencontrées sont très hétérogènes. Il est indispensable de repérer ces charges.
- *Les réseaux.* Les coûts des communications peuvent être mélangés avec les dépenses de téléphonie surtout si on les fait passer sur les réseaux informatiques. Il est indispensable de repérer l'ensemble de ces charges en isolant, si c'est possible, les montants correspondants à la voix.
- *L'assistance technique.* Dans toutes les entreprises il existe des super-utilisateurs qui interviennent pour aider les autres utilisateurs. Très souvent le temps qu'ils consacrent à fournir cette assistance est ignorée.

Comme on le voit les causes de sous-évaluation des budgets informatiques sont nombreuses et il faut être très attentif à corriger ces montants, surtout si on veut comparer les dépenses informatiques d'une entreprise à l'autre. Il est dans ce cas nécessaire de prévoir un retraitement des budgets.

3.5 Avoir des règles de valorisation stables

L'établissement des budgets doit se faire sur la base de règles de valorisation simples et stables dans le temps. Pour cela on établit des règles adaptées à chaque nature de dépense :

- *Les dépenses de personnel.* On calcule le nombre de personnes affectées et on valorise ces effectifs sur la base d'un coût annuel moyen comprenant le salaire, les primes, les congés payés, etc. Ce montant est majoré de l'intégralité des charges sociales.
- *Les achats de service.* On estime la charge de travail sous-traitée à des sociétés de service exprimée en nombre de jours-hommes ou en mois-hommes. Ensuite on multiplie cette charge de travail par un taux journalier ou un taux mensuel moyen.
- *Les serveurs.* On évalue le nombre de serveurs à acquérir sur la base du nombre d'utilisateurs à servir. On peut affiner l'analyse en évaluant la charge transactionnelle évaluée en nombre de TPM, transactions par minute. On majore cette évaluation en tenant compte des effets de seuil et en gardant une marge de sécurité suffisante. On valorise ensuite cette charge sur la base d'un ratio de coût moyen par transaction.
- *Les postes de travail.* On se base sur le nombre d'ordinateurs personnels à acquérir qu'on multiplie par un coût moyen comprenant le matériel, les logiciels, la connexion au réseau et une quote-part d'imprimante.
- *Les logiciels système.* Ce poste comprend le système d'exploitation mais aussi les SGBD, les moniteurs de télécommunication, etc. On valorise ces logiciels sur la base d'un pourcentage du montant des achats des matériels. On peut aussi valoriser ces dépenses en calculant un coût moyen de logiciels système par serveur ou par poste de travail.
- *Les progiciels.* On les évalue sur la base d'un détail des achats de licence et en ajoutant les coûts de paramétrage et de mise en place.
- *La maintenance des matériels.* On estime ces coûts sur la base d'un pourcentage du montant des achats de matériels. Selon la nature des matériels et leur ancienneté on peut avoir des coûts différents.
- *Les dépenses de maintenance des logiciels.* On estime ce montant sur la base d'un pourcentage des achats de logiciels.
- *Les réseaux.* On évalue le coût des réseaux locaux sur la base du nombre de prises à installer. On peut séparer l'estimation des coûts de câblage et celui des équipements (routeurs, concentrateurs, répartiteurs, etc.). Pour évaluer les dépenses de fonctionnement constatées, on mutualise l'ensemble des coûts constatés, y compris les coûts des lignes louées, les abonnements et les coûts de communication. On peut séparer les coûts des réseaux locaux et ceux des réseaux à distance mais cela change peu le montant global.
- *L'assistance technique.* On estime les coûts de l'assistance technique sur la base du nombre d'utilisateurs, sur la base du nombre d'appels reçus ou sur le nombre d'interventions effectuées. On les valorise sur la base d'un coût moyen par utilisateur et par an, par appel ou par intervention.

Il doit exister une note de méthode précisant l'ensemble des règles de valorisation mises en œuvre pour établir un budget informatique.

3.6 Calculer les budgets sous une forme analytique

Il existe de nombreuses manières d'estimer le montant des budgets. Très souvent on prend le budget de l'année en cours et on lui ajoute un accroissement fixé en pourcentage (le delta). Le calcul est simple. Il est du type :

Budget de l'année N : 250000€
Augmentation (delta) : 5 %
Budget de l'année N + 1 : 262500 €

Au moment où on fait ce calcul, on connaît une partie des dépenses réelles de l'exercice en cours. Il est donc possible de se servir des dépenses réalisées au cours des premiers mois de l'année complétées par le budget des derniers mois de cette même année :

Budget de l'année N : 250000 €
Réalisation 1er semestre : 140000 €
Estimation 2e semestre : 125000 €
Budget réestimé de N : 265000 €
Augmentation (delta) : 5 %
Budget de l'année N + 1 : 278250 €

On peut effectuer ce calcul globalement sur l'ensemble du budget informatique mais, très souvent, on éclate le budget informatique en plusieurs sous-ensembles cohérents et on calcule une augmentation spécifique pour chaque budget partiel. On peut ainsi avoir des taux différentiés selon la nature des dépenses avec un taux pour le personnel, un autre pour le matériel et un troisième pour les achats de fournitures et de services.

Mais très souvent on va plus loin. Dans l'exemple ci-dessus, tableau 5, on a identifié dix rubriques de dépenses différentes. On distingue pour chaque nature le budget à périmètre identique puis dans deux colonnes on distingue l'augmentation des volumes et les nouvelles applications. Dans le cas présent on constate que globalement l'augmentation des volumes est de 3 % et la mise en œuvre des nouvelles applications est de 5 %. Cela représente globalement une croissance de 8 % et les dépenses passent de 347000 € à 374000 €.

Hypothèses	activité constante	volumes + 3 %	nouvelles applica.	budget proposé
Salaires chargés	78000	3000	5000	86000
Sous-traitance	48000	-6000	-6000	36000
Achats de matériels	26000	-5000	2000	23000
Location de matériels	67000	4000		71000
Maintenance	34000	1000		35000
Achats de logiciels	12000	3000	5000	20000
Achats de services	34000	3000	7000	44000
Fournitures	15000	1000	2000	18000
Communication	25000	5000	3000	33000
Divers	8000			8000
Total	347000	9000	18000	374000

Tableau 5 Budget d'exploitation calculé par nature

Toutes ces méthodes ont l'avantage d'être simples et de bien se prêter à la négociation. Par contre elles sont peu précises et elles peuvent donner lieu à des erreurs d'allocation des ressources. Pour éviter cela, il est préférable d'établir le budget de manière analytique. Pour cela on procède en trois étapes :

- Identifier un certain nombre de rubriques correspondant aux différentes ressources consommées.
- Évaluer le montant de chaque rubrique en multipliant le volume d'unités d'œuvre consommées par les coûts d'unité d'œuvre.
- Calculer la somme de ces montants pour obtenir le budget.

C'est la meilleure manière de calculer un budget. Faut-il encore disposer d'une prévision satisfaisante de la consommation de ressources.

Pour cela on décompose le budget en plusieurs ensembles homogènes. Chacun à son propre niveau d'activité qu'on mesure. Comme le montre le tableau 6 on identifie six natures de dépenses : la charge processeur, le stockage, le réseau, les postes de travail, les logiciels, l'assistance et l'exploitation. On s'assure qu'il existe une relation de proportionnalité entre le niveau des dépenses constatées et le niveau l'activité. Si c'est le cas il est alors possible d'effectuer des prévisions budgétaires qui soient assez proches des ressources nécessaires en multipliant les volumes d'unités d'œuvre par leur coût unitaire.

Type de prestation	Quantité	UO	Coût unitaire	Montant
Processeur	4000	heures	150	600000
Stockage	500	Go	50	25000
Réseau	350	postes	900	315000
Postes de travail	350	postes	1800	630000
Logiciels	350	postes	1500	525000
Assistance	5000	appels	50	250000
Exploitation	3	personnes	68000	204000
			Total	2549000

Tableau 6 Budget calculé par type de prestation

Il est aussi possible de calculer le budget en identifiant les différentes applications en exploitation, tableau 7, comme la paie, la facturation, la comptabilité, etc. Pour évaluer le total du budget il suffit d'évaluer pour chaque application le nombre d'opérations à traiter au cours de l'année à venir qu'il suffit de multiplier par le coût unitaire de chaque ressource.

Il est possible de calculer de la même manière le budget des études en évaluant la charge de développement de chaque projet ou de chaque application puis en multipliant ce montant par le coût unitaire par journée.

Application	Quantité	UO	Coût unitaire	Montant
Commande	150000	Cd	1,50	225000
Facture	73000	Facture	3,00	219000
Comptabilité	567000	Ligne	0,13	73710
Paie	6000	Bulletin	8,00	48000
Stocks	1267000	Mvt	0,10	126700
Mail	1670000	mail	0,05	83500
Traitement de texte	356000	page	0,31	110360
			Total	886270

Tableau 7 Budget calculé par famille d'applications

3.7 Avoir des unités d'œuvre claires par type de prestation ou par nature

Pour effectuer le calcul des budgets, il est nécessaire d'estimer les ressources nécessaires concernant chaque ensemble homogène de dépenses. Pour cela on commence par définir ces regroupements de dépenses. Ils sont généralement de deux sortes :

- *Par nature.* Les dépenses sont classées selon leur nature comme les charges de personnel, les achats de services, les achats de matériels, etc.
- *Par type de prestation.* Les dépenses peuvent aussi être classées par type de prestation comme par exemple les études, l'exploitation, la maintenance, l'assistance technique, etc. Ces prestations correspondent souvent à des centres de frais.

On peut aussi travailler par application. On établit les budgets de la comptabilité, de la paie, de la facturation, etc. Pour les calculer, on commence par mesurer l'activité de chaque application. Dans le cas d'une application commerciale on va, par exemple, suivre le nombre de commandes saisies. Cette approche est généralement assez voisine de celle appliquée dans le cas d'une comptabilité analytique informatique ou d'une procédure de facturation.

Pour calculer les budgets on se base sur deux évaluations :

- *Les volumes des unités d'œuvre*, c'est-à-dire le nombre d'opérations à traiter. Ce sont, par exemple, le nombre de postes de travail, les appels à la maintenance, les mois-hommes d'études, le nombre de factures, etc.
- *Les coûts unitaires de ces prestations.* Ce sont des coûts complets permettant d'évaluer le budget de chaque type de prestation. Ils sont obtenus à l'aide de la comptabilité analytique ou par l'analyse des budgets précédents.

Pour que les calculs soient justes, il faut commencer par vérifier le découpage et s'assurer que les calculs de coûts unitaires sont justes. Pour cela, dans un premier temps, on reformule les budgets en cours ou les réalisations constatées sous la forme des quantités d'opérations multipliées par des coûts unitaires. Dans ce cas on s'assure que le montant calculé correspond effectivement aux dépenses prévues ou constatées.

Dans un deuxième temps, on estime l'évolution des coûts unitaires au cours du prochain exercice et les volumes d'opérations qui seront à traiter. Il est alors possible de calculer le budget de manière analytique.

Un exemple permet de mieux comprendre le calcul. Les dépenses de fonctionnement, hors amortissement, liées à l'utilisation des postes de travail montent cette année à 2,3 millions d'euros pour mille postes soit 2300 euros par poste. L'année prochaine on estime avoir à gérer mille deux cents postes et que les coûts unitaires diminueront de 10 % soit 2091 euros par poste. On aura donc un budget total de 2,509 millions d'euros soit une progression de 9,1 %.

3.8 Prendre en compte les frais fixes

On peut construire des budgets en prenant en compte uniquement les coûts unitaires. On a alors des évaluations calculées avec des formules du type :

$$y = a x$$

où y est le budget recherché, a le coût unitaire et x le niveau d'activité.

Il est ainsi possible de déterminer les coûts de stockage à partir de l'espace disque utilisé sur la base, par exemple, de 18 € par gigaoctets et par mois. Ainsi pour mille Go il faut prévoir un budget de 216000 € par an (18 × 12 × 1000).

Pour avoir une estimation plus fidèle on peut prendre en compte une partie fixe indépendante du niveau d'activité. La formule d'évaluation est alors du type :

$$y = a x + b$$

où b est le budget de frais fixes.

Dans le cas d'un système de stockage on évaluera la partie fixe à 30000 € et la partie variable à 16 € par Go. Ainsi pour mille Go il faut prévoir un budget de 222000 € par an (16 × 12 × 1000 + 30000).

L'emploi d'une évaluation budgétaire à l'aide d'une formule comprenant une partie de frais fixe permet de faire varier le coût moyen par unité d'activité en fonction du volume d'activité. Ainsi le coût moyen diminue lorsque le niveau d'activité augmente. Si on calcule le coût d'un stockage de 500 Go on obtient 126000€ soit un coût moyen de 252€ par Go alors que pour mille Go il est de 222 € par Go.

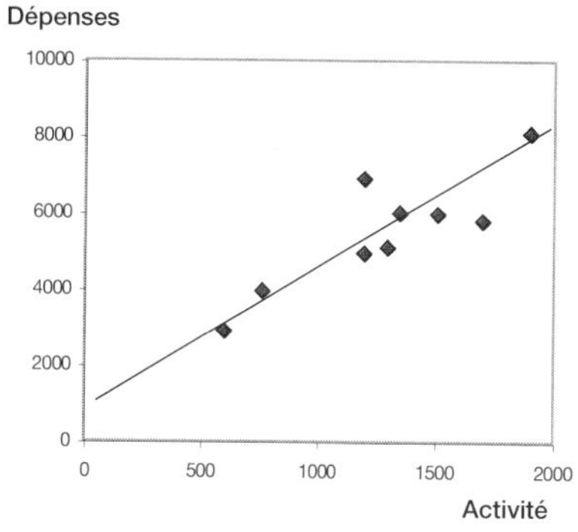

Figure 1 Évaluation de la dépense

L'estimation de cette partie fixe peut se faire de différentes manières. La plus simple est la méthode graphique. On positionne sur un graphique en abscisses le volume d'activité et en ordonnée les dépenses du mois. On indique ensuite les différents points observés puis on trace à main levée une droite entre ces différents points.

On peut aussi se servir d'une méthode statistique (moindres carrés). On saisit les données sur une page d'un tableur comme Excel et on obtient les coefficients *a* et *b*, c'est-à-dire les frais variables et le montant des frais fixes. En pratique, on utilise peu les outils statistiques et on se contente généralement d'une évaluation forfaitaire de la part de frais fixes.

3.9 Passer des coûts complets aux budgets

Dans la mesure du possible on doit s'attacher à avoir des budgets les plus complets possibles. Cependant, en pratique, on constate qu'on ne met pas toutes les dépenses informatiques dans les budgets informatiques. On doit donc repérer les dépenses absentes dans les budgets de façon à pouvoir reconstituer le coût complet de l'informatique.

Dans ce but, on établit une table de correction du budget pour calculer les coûts complets et pour, réciproquement, passer des coûts complets aux budgets. Cette liste doit repérer:

- *Les investissements des matériels et des logiciels.* Ils figurent dans les budgets car ce sont des charges de l'exercice. Par contre, ils ne figurent pas dans le coût complet. Ces montants doivent donc être soustraits des budgets et remplacés par le montant des amortissements des matiériels et des logiciels. En effet le coût complet ne comprend que les charges de la période et ignore les décaissements de la période. Ces dépenses, portant leurs effets sur plusieurs exercices, doivent être neutralisées.
- *Les amortissements des matériels et des logiciels.* Ces montants doivent être ajoutés aux budgets. Ils remplacent ceux correspondants aux investissements. Ils sont calculés sur la base de la durée probable d'utilisation des matériels et des logiciels. Généralement cinq ans pour les matériels. Ils peuvent être ramenés à trois ans pour des matériels fragiles ou rapidement obsolètes. Les logiciels sont amortis sur des durées plus longues comprises entre cinq et dix ans. Si on arrête l'exploitation d'un matériel ou d'un logiciel alors qu'ils ne sont pas complètement amortis, on passe le montant qui reste à amortir en charge de l'exercice.
- *Les études sur projet.* Ce sont des charges de l'exercice et à ce titre elles figurent dans les budgets. Elles correspondent à la conception, la réalisation, y compris les sous-traitances, les tests et la mise en place des nouvelles applications. Ces montants sont des investissements et à ce titre doivent être neutralisés dans le calcul du coût complet. Par contre, il faut rajouter à ce montant celui des amortissements correspondants aux applications opérationnelles. La durée d'amortissement doit tenir compte de la durée d'utilisation probable de l'application. Généralement elle est comprise entre cinq et dix ans.
- *Les dépenses «oubliées» ou sous-évaluées.* Un certain nombre de dépenses informatiques peuvent, pour différentes raisons ne pas figurer dans les budgets. Elles peuvent porter sur:
  - le coût des locaux,
  - la formation des utilisateurs,
  - les consommations électriques, la climatisation, les fluides, etc.
  - les dépenses téléphoniques,
  - le coût du réseau,
  - les frais généraux.

  Mais ce peut être aussi des sous-évaluations de certains postes classiques comme:
  - les personnels informatiques,
  - les achats de services,
  - les serveurs,
  - les postes de travail,
  - la maintenance,
  - les logiciels système,
  - les progiciels,
  - les réseaux,
  - l'assistance technique.

  L'ensemble de ces charges ne figurent pas dans les budgets mais elles doivent être réintégrées dans le calcul du coût complet de l'informatique.
- *Les dépenses informatiques décentralisées.* Elles sont effectuées dans les services utilisateurs et comprennent notamment:
  - le temps des utilisateurs participant à des travaux informatiques et notamment sur les projets: spécifications fonctionnelles, maîtrise d'ouvrage, tests, etc.

- les achats de services faits par les utilisateurs,
- les coûts des serveurs décentralisés,
- les postes de travail achetés directement par les responsables opérationnels,
- la maintenance des matériels, des logiciels systèmes, des progiciels, etc.
- les coûts des réseaux et des communications,
- l'assistance technique, etc.

Ces dépenses sont une cause fréquente de sous-évaluation du coût informatique. En moyenne, elles représentent entre 20% et le tiers du coût informatique complet.

Il est important de connaître et de maîtriser l'écart entre le budget informatique et le coût complet de l'informatique.

3.10 Développer la manière de négocier

Une fois que le budget a été calculé, il faut le négocier. C'est une étape clé dans la procédure d'établissement des budgets. Dans certains cas c'est une simple formalité, dans d'autres organisations, c'est une opération complexe qui peut durer plusieurs mois. Pour la réussir il est souhaitable d'appliquer quelques règles de base:

- *Avoir une stratégie de négociation.* Si on est en période de restriction budgétaire, il est préférable, dans la mesure du possible, d'éviter d'avoir une seule négociation portant sur l'ensemble du budget. On va alors négocier les dépenses en plusieurs paquets différents. Au contraire en période de forte croissance on peut négocier en une fois l'intégralité du budget.
- *Avoir une négociation distincte pour l'exploitation et les études.* Le budget d'exploitation correspond à des consommations de prestations régulières. Ce sont des dépenses «obligées» par les équipements et les applications en place. La marge de manœuvre est réduite. Généralement ce budget est le produit de quantité de prestations multipliées par leurs coûts unitaires. En ce qui concerne les études, ce sont pour une bonne part des dépenses discrétionnaires. On discute séparément les grands projets et le reste des opérations regroupées par paquet.
- *Négocier les dépenses par grande nature de dépenses.* On négocie séparément les différents types de dépenses comme, par exemple, le personnel, le matériel, les projets, le fonctionnement, etc. Il est possible d'envisager d'avoir d'autres découpages des dépenses.
- *Séparer le présent et le futur.* Il peut être intéressant de distinguer la reconduction des dépenses correspondant aux applications actuellement opérationnelles et la négociation des budgets concernant les nouveaux projets. Les nouvelles applications, les achats d'équipements, etc.
- *Tenir compte du niveau de la négociation.* Il existe deux stratégies de négociation:
  - négocier avec le contrôleur de gestion. c'est généralement une négociation assez technique. elle mène à des discussions portant sur des points de détail,
  - négocier avec la direction générale. c'est une approche intéressante. Il est alors possible de relier les objectifs de l'informatique et les moyens qu'il faut mettre en œuvre pour les atteindre.

Comme on le voit, il est nécessaire d'organiser la négociation budgétaire. En ce domaine, chaque entreprise a sa propre tradition et il est important d'en tenir compte, en l'adaptant aux particularités de l'informatique.

3.11 Négocier le budget en paquets établis par nature

L'expérience montre qu'il est sage de ne pas multiplier le nombre de négociations budgétaires. Il existe habituellement cinq ensembles de dépenses correspondant aux grandes natures de dépenses:

- *La masse salariale.* Elle correspond aux personnels rattachés au service informatique. On va tenir compte de l'évolution des salaires mais aussi des embauches, des démissions, des congés de longue durée, etc. À partir de ces éléments on effectue des simulations de la masse salariale. La direction des ressources humaines joue un rôle important dans l'établissement de ces prévisions. Dans certaines entreprises la négociation de la masse salariale ne se fait pas avec le contrôle de gestion mais avec la direction des ressources humaines.
- *Les sous-traitances.* Pour renforcer les équipes informatiques on fait souvent appel à des sociétés de services. Pour établir les budgets correspondant, on se base sur les besoins qui ne sont pas couverts par les salariés de l'entreprise en études, en exploitation et en assistance. On évalue ces dépenses sur la base des taux journaliers habituellement facturés par les sociétés de services.
- *Les achats de matériels.* On établit une liste des matériels à acheter au cours de la période. La direction informatique négocie avec le contrôle de gestion l'achat de chaque équipement sauf bien sûr pour les postes de travail où on raisonne sur des ensembles de postes, des parcs. En règle générale le contrôle de gestion n'a pas les éléments nécessaires pour apprécier l'opportunité de chaque achat. Souvent il raisonne sur la masse globale des achats et compare ce montant à ceux qui ont été faits au cours des années précédentes.
- *Les locations et les redevances.* C'est un ensemble de dépenses généralement liées à des décisions d'équi-

pement antérieures. Ce poste comprend aussi des redevances sur des logiciels qui ont été achetés. Il n'est généralement possible d'agir sur cette liste de matériels et de logiciels que de manière marginale, soit pour ajouter des équipements, soit pour en enlever. Généralement ce sont des contrats pluriannuels. Bien sûr à l'échéance on peut les renégocier. Il est aussi possible de les dénoncer mais il faut alors tenir compte des coûts de sortie.

- *Les fournitures et les prestations à acheter.* Ce sont les achats de cassettes, de tonner pour les imprimantes, de papiers, de disquettes, etc. C'est aussi l'achat des pièces pour assurer la maintenance des équipements, les achats de services ou de logiciels, etc. C'est une masse de dépenses hétérogènes, difficilement prévisibles. Généralement on l'évalue en fonction du nombre d'utilisateurs et du volume d'équipements en place.

Pour éviter de consacrer trop de temps à négocier ces différents budgets, on peut les regrouper en deux ou trois ensembles significatifs. Pour cette raison on a tendance à négocier les budgets par grande destination, par exemple :

- l'exploitation des applications ;
- les projets ;
- les équipements.

Comme on le voit, il existe une certaine souplesse et on adapte la procédure de négociation au contexte particulier de l'entreprise.

3.12 Limiter le nombre de rubriques budgétaires

Pour simplifier le travail il est recommandé de déterminer le nombre de rubriques budgétaires à ouvrir. La tendance naturelle est de multiplier le nombre de rubriques. Plus le nombre de rubriques est élevé plus le travail budgétaire et comptable est lourd.

Dans la procédure budgétaire on gère deux sortes de rubriques :

- *Centres de frais.* Il faut d'abord veiller à ne pas avoir trop de centres de frais. Spontanément, on a tendance à créer autant de centres de frais qu'il y a de responsables ou réputés tels. On finit par avoir des budgets de quelques milliers d'euros. Ce n'est pas très efficace car on n'a plus alors les marges de manœuvres suffisantes. Dans la mesure du possible, on crée des centres de frais occupant cinq à dix personnes et représentant 300000 à 500000 euros de dépenses. En dessous on gère des sommes trop faibles pour obtenir des actions efficaces grâce à la mise sous contrôle.
- *Natures budgétaires.* Il faut de même être prudent en manière de création de comptes par nature. On a souvent tendance à multiplier leur nombre de façon à suivre les dépenses avec le plus grand niveau de détail. Cette précision est souvent illusoire. Dans la mesure du possible il faut chercher à avoir au maximum dix comptes et, si c'est possible, moins.

Il ne faut jamais oublier que plus on multiplie les centres de frais et de natures budgétaires plus le travail de prévision et de suivi est important.

3.13 Mesurer l'évolution de la productivité

L'activité informatique fait régulièrement des progrès qui se traduisent par une baisse des coûts. C'est, par exemple, l'impact de la baisse des coûts des matériels qui est de l'ordre de 10 % à 20 % par an à performances égales. On note aussi la baisse des prix des logiciels[1]. L'automatisation de l'exploitation a permis de faire des progrès importants et donc de réduire les coûts des opérations. L'ensemble de ces efforts se traduit par une baisse significative des coûts unitaires des prestations fournies par l'informatique.

Normalement, si les différentes activités informatiques sont bien gérées, on constate une baisse des coûts unitaires. Il est important de mesurer cette évolution. Ce sont par exemple :

- le coût de la seconde processeur ou d'unité de ressource ;
- le coût de stockage d'un gigaoctet ou d'un teraoctet ;
- le coût moyen d'un poste de travail ;
- le coût d'impression d'une page ;
- le coût de traitement d'une transaction ;
- le coût de traitement d'une commande.

Souvent la baisse des coûts unitaires est absorbée par une augmentation de la consommation de ressources. L'établissement du budget est une bonne occasion pour constater cette évolution. Dans certains cas, on ne constate pas cette baisse mais une stabilité voire une hausse. C'est un indicateur significatif.

Il est certain qu'une partie importante des investissements a pour but de faciliter la baisse des coûts. Faut-il encore s'en assurer ! Ils peuvent constituer des objectifs pour chacune des différents centres budgétaires. Ainsi, on peut se fixer une baisse des coûts unitaires de :

- l'exploitation de 5 % par an ;
- le montant de l'investissement par transaction par minute[2] ;

1. Mais ce n'est pas une règle générale et certains éditeurs profitent des changements de versions pour augmenter les prix des licences. Généralement ceci est accompagné d'améliorations fonctionnelles significatives.
2. La mesure des TPM peut se faire de différentes manières. Il existe un test standard qui est le TPC-C référencé par le Transaction Processing Performance Council.

- le montant moyen d'une transaction type comme la saisie d'une commande ou une consultation de compte ;
- le coût de possession d'un ordinateur personnel (le TCO, *total cost of ownership*) de 10 % par an ;
- le coût de développement par point de fonction [1] de 5 % par an.

L'amélioration globale de la productivité informatique est la conséquence d'un grand nombre d'actions ponctuelles concernant les différents aspects de la fonction informatique.

3.14 Établir trois budgets d'exploitation

Pour porter un jugement sur les budgets informatiques, le management a besoin de disposer d'informations permettant d'apprécier les évolutions des dépenses. Comme le montre le tableau 5 il est nécessaire de faire apparaître trois budgets différents :

- *Un budget à périmètre identique.* Pour cela on commence par estimer le budget nécessaire permettant d'assurer le fonctionnement des applications opérationnelles à volume d'opérations constant. Normalement, ce budget à périmètre identique doit être en diminution d'une année sur l'autre. Il est ainsi possible d'apprécier l'impact des gains de productivité. On peut faire apparaître dans une colonne particulière la réduction des coûts des opérations.
- *Un budget tenant compte d'une évolution des volumes.* Un deuxième budget est ensuite calculé en fonction de l'augmentation du volume des opérations. On calcule ce montant en faisant le produit des coûts moyens par l'augmentation du volume d'activité prévu. La différence entre le premier et le second budget permet de constater une augmentation des dépenses.
- *Un budget d'exploitation en prenant en compte les nouvelles applications.* Pour calculer ce budget on tient compte de l'impact des développements décidés par le management sur l'exploitation. Il est ainsi possible de mettre en avant l'impact des décisions prises par le management.

Les décideurs sont ainsi à même d'apprécier l'impact des décisions qu'ils ont ou qu'il va prendre.

3.15 Mettre en place un dispositif de facturation des prestations informatiques

La facturation est un complément de la démarche budgétaire. C'est un moyen permettant de répercuter les coûts informatiques sur les différents bénéficiaires des prestations informatiques. La décision de mettre en place une facturation est un choix important qui a des conséquences significatives. Il correspond au souhait de créer entre l'informatique et ses utilisateurs des relations analogues à celles existant entre une société de service et ses clients.

Il existe des cas où l'adoption d'une refacturation est imposée car l'entreprise est organisée par centre de profit. Dans ce cas l'ensemble des frais centraux doit être répercuté aux unités opérationnelles de façon à ce que la somme des résultats des centres de frais donne le résultat global de l'entreprise.

Une fois qu'on a décidé de facturer, il est nécessaire de définir les bases de la refacturation. Il est possible de l'organiser de nombreuses manières différentes. On va pour cela définir les opérations qui seront taxées et la manière dont on calcule les montants facturés. Les bases de refacturation les plus courantes sont :

- la consommation de ressources du site central ;
- le volume des impressions ;
- les temps d'assistance technique et de développement ;
- le nombre de documents produits : bulletin de paie, factures, etc. ;
- le nombre de postes de travail ;

On a, en ce domaine, imaginé de nombreuses solutions. Certaines sont excellentes, d'autres sont plus contestables.

On détermine ensuite le tarif à appliquer. Ce n'est pas facile car il est possible d'effectuer de nombreux choix différents. On peut vouloir pénaliser certaines activités et le cas échéant en subventionner d'autres. Dans ce cas on risque de faire apparaître des pertes.

Très souvent on a pour politique de ne facturer que les frais variables et on laisse à la charge de l'informatique les frais fixes. Mais que faire du solde des dépenses non couvertes ? Pour cette raison d'autres entreprises s'efforcent de facturer des coûts complets car dans ce cas il n'y a plus de solde à financer.

Si on dispose d'une comptabilité analytique on peut s'inspirer des coûts unitaires ainsi calculés pour fixer le barème. Si on n'en dispose pas d'outils de gestion adaptés, il est toujours possible d'estimer ces coûts. On peut aussi s'appuyer sur des prix de marché. C'est un repère utile mais il a des limites car une société de services ne travaille pas de la même manière que le service informatique d'une entreprise. Ceci montre bien les limites de ce type d'approche.

3.16 Organiser et animer le suivi budgétaire

Une fois le budget établi il est nécessaire d'organiser son suivi. Il est pour cela recommandé d'avoir un dispositif comptable permettant de suivre le détail des dépenses par centre de frais et par nature. On codifie toutes les opérations quelle que soit leur nature : salaires, achats extérieurs, amortissements, etc. Le logiciel

1. Les points de fonction sont une mesure de l'activité d'étude. Il est ainsi possible de suivre le volume global de la production des études et de mesurer leur productivité.

comptable doit être capable d'éditer des états permettant de rapprocher les dépenses réelles et les budgets.

Le suivi budgétaire se fait à l'aide d'un tableau de bord comme le montre le tableau 8. Il doit comporter trois colonnes :
- *les objectifs*. Généralement, c'est le budget du mois ou le cumul depuis le début de l'année ;
- *les réalisations observées*. Ce sont les montants des dépenses du mois ou les montants cumulés calculés depuis le début de l'année ;
- *les écarts* en pourcentage entre les objectifs et les réalisations.

Nature	Objectif	Réalisé	Écart
Salaires chargés	30000	34000	13,3%
Sous-traitance	20000	23000	15,0%
Achats de matériels	40000	44000	10,0%
Location de matériels	70000	65000	-7,1%
Maintenance	5000	4000	-20,0%
Achats de logiciels et de services	17000	15000	-11,8%
Fournitures	10000	11000	10,0%
Communication	20000	22000	10,0%
Divers	4000	5000	25,0%
Total	216000	223000	3,2%

Tableau 8 Le suivi des budgets

Une colonne supplémentaire permet de noter d'éventuelles observations.

Il est ainsi possible de suivre les dépenses du mois en les rapprochant du budget du mois. Pour cela on doit mensualiser les budgets. On peut le faire de manière forfaitaire en prenant chaque mois le douzième du budget annuel ou calculer des budgets propres à chaque mois en fonction de ses particularités (voir tableau 1).

La plupart du temps ce suivi se fait en calculant les montants cumulés depuis le début de l'année. Ceci permet de neutraliser les variations accidentelles constatées d'un mois sur l'autre. Les montants cumulés permettent de faire apparaître les phénomènes de dérive de coûts constatés. Si c'est le cas, d'un mois sur l'autre, les écarts se confirment et s'accroissent régulièrement.

Il est très important de suivre les écarts et de prendre rapidement les décisions nécessaires afin de les corriger. Pour cela on organise périodiquement des réunions d'analyses d'écarts auxquelles participent tous les décideurs concernés. Généralement ces réunions sont mensuelles et elles durent environ une heure.

Souvent, sur la base de ces constatations on réactualise le budget en tenant compte des dépenses réelles et en actualisant les budgets restant à courir d'ici la fin d'année. C'est naturellement une estimation mais plus le temps passe, plus elle se rapproche de la réalité.

4 Plan d'action pour améliorer l'établissement du budget informatique

Presque tous les grands services informatiques bénéficient d'un dispositif de contrôle de gestion. Ils sont généralement centrés sur l'établissement du budget. L'observation montre que le système est perfectible en s'efforçant de :
- prendre en compte les dépenses de la fonction informatique. Il faut distinguer les dépenses du service informatique et l'ensemble des dépenses informatiques y compris celles qui se font en dehors du service l'informatique. On doit définir avec précision ce type de dépenses de façon à lever toutes les ambiguïtés ;
- calculer les budgets sur la base des ressources qui seront consommées de façon à faire apparaître la baisse des coûts unitaires de certaines ressources informatiques ;
- rapprocher les montants des budgets du coût complet. Il est nécessaire de lutter contre les divergences actuellement constatées ;
- renforcer la comptabilité analytique informatique de façon à prendre en charge l'ensemble des coûts informatiques, y compris ceux faits en dehors du service informatique ;
- séparer les dépenses de fonctionnement et les investissements. Ces derniers se composent d'achats de matériels et de logiciels, mais aussi des coûts de développement des applications ;
- renforcer la procédure de suivi des budgets. Il est nécessaire de veiller à ce que les décideurs suivent les évolutions constatées et le cas échéant prennent des décisions.

La mise en œuvre de ces recommandations permet d'améliorer la qualité de la procédure budgétaire et ainsi obtenir une meilleure maîtrise des dépenses informatiques.

Bibliographie

Peaucelle, J.-L. (1997), *Informatique rentable et mesure des gains*, Hermès.

Peaucelle, J.-L., (1999), *Systèmes d'information : le point de vue des gestionnaires*, Économica.

Tableau de bord et pilotage des systèmes d'information

Christophe Legrenzi, Jean-Louis Peaucelle

Mots-clés : tableau de bord, indicateurs, direction des SI, pilotage.

Résumé : le directeur des systèmes d'information (DSI) est le responsable de la mise en œuvre de l'informatique dans l'entreprise. Il est aussi responsable des réseaux et souvent de la téléphonie. Cette fonction est importante dans les entreprises. Souvent le DSI dépend directement du directeur général et il participe aux comités de direction. De plus en plus, l'exercice de la responsabilité des SI demande des qualités de gestionnaire, alors qu'on recrute souvent des techniciens pour l'exercer. Les tableaux de bord sont une manière de formaliser la gestion des SI. Ces tableaux de bord sont commodes pour gérer de grands services informatiques. Les petits services se contentent d'intégrer les difficultés de l'exploitation quotidienne pour orienter les actions d'amélioration qui auront un impact à moyen terme.

Les systèmes d'information sont une fonction de l'entreprise qui met la technologie à disposition des utilisateurs, c'est-à-dire potentiellement de tous les membres de l'entreprise, voire de tous les partenaires de l'entreprise, clients et fournisseurs notamment.

Cette fonction peut être pilotée par des tableaux de bord. Dans la pratique, ceux-ci ne sont pas mis en place systématiquement.

1 Le principe des tableaux de bord

1.1 Les services offerts par la DSI

La direction des systèmes d'information (DSI) offre deux services aux utilisateurs de l'entreprise :

- postes de travail individuel, y compris l'assistance et l'accès aux ressources extérieures ;
- exploitation des applications sur l'infrastructure informatique propre.

Pour rendre ces services à un moment donné, la DSI gère en outre :

- l'exploitation de ses infrastructures informatiques, dont le réseau et les serveurs ;
- ses projets pour de nouvelles applications ou l'évolution de l'infrastructure.

Cet ensemble est vu par la direction générale comme un tout, souvent désigné par le mot « informatique ».

Un tableau de bord peut être construit pour chacun de ces services. Il peut aussi être construit en fonction des personnes qui sont intéressées à connaître cette partie du service.

1.2 Les deux niveaux de régulation

Les services offerts par la DSI sont le résultat de l'action de deux types d'actions : l'exploitation quotidienne et l'assistance, qui agissent avec une forte réactivité dans le déroulement des opérations d'une part et d'autre part les projets pour faire évoluer les applications et les infrastructures, évolution qui a lieu dans le moyen terme.

Cette deuxième action a un impact sur l'ensemble des ressources informatiques, et donc sur les caractéristiques de leur exploitation à court terme. Par exemple, si l'assistance aux utilisateurs est débordée, une

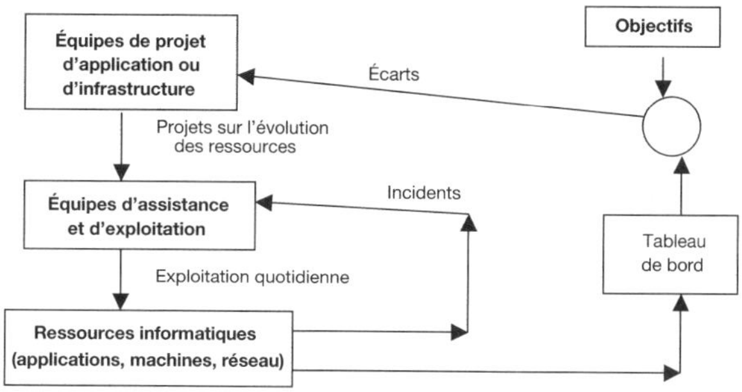

Figure 1 La double régulation du pilotage de l'informatique

cause peut être un vieillissement du parc machine. Les pannes sont plus fréquentes. Il convient de renouveler les machines. Cette action de moyen terme est une solution aux problèmes de court terme de surcharge des services d'assistance aux utilisateurs.

Les deux niveaux de gestion court terme et de gestion à moyen terme sont liés l'un à l'autre. Le projet met à disposition de l'exploitation des machines et des logiciels. La performance, dans toutes ses dimensions, de ces ressources détermine l'efficacité des équipes d'exploitation. Si le réseau est sous-dimensionné, les temps de réponse sont longs et les plaintes des utilisateurs sont nombreuses. À court terme, l'informatique suscite des plaintes. Elle ne paraît pas performante.

S'il y a bien dans les DSI des équipes spécialisées pour la gestion de l'exploitation quotidienne et d'autres équipes chargées du moyen terme, le tableau de bord leur est commun (voir figure 1). Le tableau de bord est construit lors de l'activité quotidienne et il reflète la qualité de l'action des informaticiens agissant au jour le jour. Il reflète aussi le travail accompli dans les projets. Un bon projet de rénovation d'une application débouche sur des logiciels qui n'ont pas de défaillance, sur des temps de réponse brefs, sur des interfaces commodes à utiliser (qualités ergonomiques).

Les équipes projet connaissent les caractéristiques des ressources qu'ils vont remplacer et ils cherchent à les améliorer du point de vue des indicateurs retenus dans le tableau de bord. Par exemple, la mise en place d'un réseau de plus grande capacité diminuera les temps de réponse des applications.

1.3 Les critères

Le tableau de bord est constitué de nombres, d'indicateurs. Ces indicateurs mesurent divers aspects des ressources informatiques (voir tableau 1) ;

- le parc installé : l'indicateur donne de manière concise l'ampleur des ressources informatiques dont dispose l'entreprise ;
- l'activité : l'utilisation des ressources ;
- l'efficacité : l'atteinte des objectifs de service de la ressource concernée ;
- le coût : la dépense qui est spécifique à la ressource ;
- l'efficience : le coût rapporté à l'activité ;
- la qualité : le bon fonctionnement, en termes temporels et en termes d'incidents ou de panne ;
- la flexibilité : la capacité des ressources à prendre en charge une variabilité du flux de service.

Ces sept catégories ne sont pas pertinentes pour tous les tableaux de bord. Elles sont un guide pour susciter les réflexions sur les raisons qui font qu'aucun indicateur d'un certain type n'est retenu pour un certain tableau de bord.

Par exemple, dans le tableau de bord d'une application comptable, on ne retient pas d'indicateur de flexibilité, la charge ne variant pas beaucoup.

2 Les différents tableaux de bord

2.1 Les tableaux de bord pour la direction générale

Les tableaux de bord sont construits en fonction de leur destinataire. Les destinataires sont principalement les personnes extérieures à la DSI qui participent aux décisions concernant l'informatique. Le premier destinataire est la direction générale.

Le tableau de bord pour la DG s'exprime en termes de gestion et non pas en termes informatiques. Il comporte trois volets principaux, la description de l'ampleur de l'informatique installée, notamment en termes d'applications existantes (le portefeuille des applications). Souvent, une ou deux applications opérationnelles consomment la plus grande part de la capacité informatique.

Le deuxième aspect, le plus important, est celui de l'exécution des projets, des retards éventuels. Ce point est essentiel car c'est par les projets que les systèmes d'information s'améliorent.

Le troisième aspect du tableau de bord informatique pour la DG est celui du plan informatique, des

Parc installé	nombre de micro-ordinateurs, portefeuille des applications, nombre de serveurs, capacité du réseau, capacité de mémorisation (disques), valeur investie en informatique
Activité	nombre d'unités d'œuvre traitées par application, nombre de transactions
Efficacité	retard des projets, nombre de grosses pannes, réclamations des clients.
Coûts	budget global, coût des infrastructures, coût de chaque application, coût des postes de travail
Efficience coûts/activité	coût d'un bulletin de paie, coût d'une facture, coût d'un poste de travail.
Qualité	nombre de grands incidents d'exploitation, nombre d'intrusions dans le réseau, temps de réponse des applications.
Flexibilité	rapport entre la charge moyenne et la charge de pointe, délai de livraison d'un micro-ordinateur, délai de prise en charge d'une demande d'assistance, délai de prise en charge d'une nouvelle application.

Tableau 1 Indicateurs typiques des tableaux de bord informatiques

projets en cours et futurs, des évolutions, de leur cohérence avec la politique globale de l'entreprise. Ce plan a un aspect financier. Le tableau de bord aide le DG à prendre les décisions.

2.2 Le tableau de bord pour une direction utilisatrice

Les directions utilisant l'informatique demandent à recevoir un compte rendu régulier de la manière dont leurs principales applications fonctionnent. Faute de cette information produite de manière objective, les opinions sur les services rendus par l'informatique peuvent découler d'impressions et d'anecdotes, en général des incidents. Il est donc pertinent pour tout le monde de savoir rendre objectives les perceptions de qualité du service rendu.

Le tableau de bord d'une application cite d'abord la qualité de l'application, caractérisée par les incidents (nombre d'incidents et% du temps où l'application n'a pas fonctionné), le temps de réponse, le nombre de réclamations des utilisateurs, etc.

Il arrive qu'on mène des études de satisfaction auprès des utilisateurs, selon la même méthodologie que les enquêtes de satisfaction des clients en marketing. Ce sont des entreprises extérieures qui s'en chargent.

Le deuxième aspect le plus important concerne les volumes traités. Dans une application opérationnelle, ces volumes sont le plus souvent caractérisés par un acte (ou deux actes) très répétitifs. Par exemple, la paie est caractérisée par le nombre de salariés, la facturation par le nombre de factures, un site web par le nombre de visiteurs, la tenue des comptes de clients dans une banque a deux indicateurs de volume, d'une part le nombre de comptes, d'autre part le nombre de mouvements.

Ces volumes sont à rapprocher des coûts de l'application, coûts qui contiennent des coûts d'infrastructure, notamment pour les grandes applications (serveurs, réseaux, postes de travail). S'y ajoutent les coûts de logiciels, en investissement lors du projet initial et en suivi récurrent pour la maintenance et l'assistance aux utilisateurs.

Le coût par unité d'œuvre est un bon critère pour surveiller l'évolution des coûts du système d'information. Le temps passé par les utilisateurs pour exécuter les actes de gestion pourrait faire partie de ce tableau de bord et montrer l'efficacité de l'application du point de vue de la productivité. Lorsque c'est le cas, le tableau de bord de l'application principale d'un service utilisateur renseigne sur l'activité du service et sert au pilotage de ses effectifs.

2.3 Le tableau de bord des promoteurs de projets

Les projets comportent naturellement des tableaux de bord. Toute la compétence de gestion des grands projets s'appuie sur une connaissance formalisée du déroulement des projets. La notion de tableau de bord est indissociable de la gestion des projets en général.

En ce qui concerne les projets de la DSI, la formalisation des tableaux de bord est moins forte, parce que ces projets sont souvent de taille relativement petite. Pour les grands projets, il existe un contenu standard.

Le premier problème est celui de suivre l'avancement du projet. Le projet a été découpé en tâches. Chacune des tâches a été affectée à une personne ou à une équipe. La planification du projet consiste à affecter ces tâches dans le temps, avec une durée, une date de début et une date de fin. À un moment donné, une tâche peut être non commencée, en cours ou terminée. Le suivi de projet consiste à comparer l'état des tâches à un moment donné par rapport à ce qu'elles devraient être d'après le plan.

Ce suivi du projet indique les retards (un projet informatique est rarement en avance). Ces retards et d'autres aléas obligent à modifier la planification du projet. Ainsi le plan initial est remplacé successivement par des plans révisés qui résultent des difficultés rencontrées. Le plan prend alors un caractère glissant. Il est important de conserver les plans successifs pour garder mémoire des retards que prend le projet progressivement. Le glissement de la date de fin prévue apparaît bien dans un graphique où on tient compte de la date de prévision. Ainsi certains projets traînent en longueur en prévoyant toujours de finir dans six mois.

Le tableau de bord d'un projet peut aussi intégrer la qualité de ce qui a été fait. C'est le tableau de bord de l'application qui renseigne sur la manière dont les besoins des utilisateurs ont été pris en compte dans le développement d'un logiciel. Les réclamations durant les premiers mois de fonctionnement sont particulièrement révélatrices.

2.4 Le tableau de bord de l'assistance aux utilisateurs

Le service qui assure l'assistance aux utilisateurs peut rendre compte de son activité avec un tableau de bord. Il indique ses effectifs, son activité (nombre d'interventions) et le parc sur lequel il intervient. Ces indications sont directement liées au coût de la micro-informatique. On sait que les coûts d'assistance sont une part très importante du coût de possession des postes de travail informatique.

La qualité de l'assistance perçue par les utilisateurs est sa réactivité. Le délai de prise en compte des demandes figure donc dans le tableau de bord, délai moyen, délai minimum et délai maximum.

Ce tableau de bord de l'assistance sert au DSI à surveiller ses équipes internes. Il est encore plus nécessaire, si on utilise des prestataires extérieurs. Les contrats d'externalisation doivent prévoir le tableau de bord et la validation de ses résultats.

2.5 Le tableau de bord de l'exploitation des ressources communes

Les infrastructures communes, gérées par la DSI, comme les serveurs et le réseau peuvent aussi être surveillées par un tableau de bord. Ce tableau de bord sert au DSI pour surveiller l'évolution du coût et de la qualité.

En ce qui concerne le coût, il faut identifier la valeur d'achat de ces infrastructures et prévoir un amortissement sur la durée de vie technique comme pour tout autre équipement. La durée de vie des machines est de trois à cinq ans, au-delà de laquelle il faut les renouveler parce que les générations nouvelles de machines ont une performance bien meilleure pour des coûts moindres. Par ailleurs les coûts de maintenance deviennent prohibitifs.

La mécanique des amortissements est ainsi parfaitement adaptée à ces infrastructures pour lesquelles on prend périodiquement des décisions de renouvellement.

Les infrastructures ont des pannes. Celles-ci sont comptées et un volet du tableau de bord rend compte des incidents les plus graves. La disponibilité des serveurs est un indicateur de service intéressant dans le tableau de bord.

La charge des machines et du réseau, selon les différentes périodes, heures, jours, mois, est un indicateur important pour détecter les moments de congestion et anticiper les évolutions.

3 Les utilisations du tableau de bord

3.1 Le recueil des données

Les comptages nécessaires aux indicateurs du tableau de bord doivent être faits le plus possible par les logiciels eux-mêmes. C'est la bonne manière de les obtenir au moindre coût.

Dans les applications faites sur mesure, il faut donc, lors de la conception, définir les comptages qui serviront au tableau de bord. Cela ne correspond pas à une demande initiale des utilisateurs mais cela est nécessaire pour une bonne gestion de l'informatique.

Beaucoup de progiciels comptent un grand nombre de choses sur leur exploitation. Ces chiffres sont rarement consultés, mais ils sont utiles.

Pour d'autres indicateurs, il existe des logiciels spécialisés qui peuvent être installés sur les micro-ordinateurs et qui donnent des indications précieuses, par exemple sur le temps de réponse opérationnel, celui qui est perçu par les utilisateurs.

Par exemple, les logiciels de gestion de centres d'appels sont capables de déterminer la productivité des téléopérateurs en détectant le début et la fin de leur travail sur un appel client. Des outils analogues peuvent être installés sur les applications de gestion traditionnelles.

Les logiciels de messagerie tiennent un décompte statistique de l'activité de l'utilisateur. Par exemple Eudora fournit les statistiques suivantes : nombre de messages reçus, nombre du jour, de la veille et moyenne des derniers jours. Les mêmes comptages sont réalisés pour les messages envoyés. S'y ajoute un décompte du temps d'utilisation de la messagerie, le jour même, la veille et en moyenne sur les derniers jours.

De la même manière, le parc des micro-ordinateurs est connu de manière précise par le logiciel de gestion de parc. De manière générale, toutes les informations nécessaires pour calculer les indicateurs des tableaux de bord sont calculables dans des applications existantes, parfois en installant de nouveaux logiciels.

3.2 La fixation des objectifs

Le tableau de bord donne des mesures numériques caractérisant certains aspects d'un service rendu par la DSI. Ces chiffres correspondant à la situation réelle sont comparés aux objectifs formulés auparavant.

La fixation des objectifs ne peut pas être arbitraire. Elle dépend de la situation passée et des améliorations qu'on souhaite faire.

Par exemple, si on souhaite réduire le coût des micro-ordinateurs, il faut connaître le coût actuel de leur possession. La composition de ce coût donne des indications sur les actions possibles : location du parc, externalisation de l'assistance, adoption de logiciels libres, etc. Le nouvel objectif de coût vient du résultat actuel. Une indication sur les objectifs possibles vient dans ce cas d'une comparaison avec d'autres entreprises (*benchmarking*).

Le fonctionnement du tableau de bord est donc le suivant : construction des indicateurs et mise en place de l'appareil de mesure. Alors les premiers résultats sont obtenus. Ils provoquent en général un intérêt des gestionnaires qui cherchent à la fois à connaître le résultat et à comprendre la méthode avec laquelle ils ont été obtenus. Alors peut commencer le processus d'amélioration, fixation d'objectifs et actions des responsables informatiques pour les atteindre.

Il est important que la non-atteinte des objectifs ait une conséquence de gestion. Dans la situation où les objectifs ne sont pas atteints, il faut en comprendre les causes. S'il y va de la responsabilité de certaines personnes, cela doit avoir des conséquences pour elles. Par exemple une prime est distribuée lorsque les objectifs ont été atteints et seulement dans ce cas. S'il n'y a pas de conséquences en cas de non-atteinte des objectifs, le tableau de bord devient « décoratif ». On fait les mesures mais cela n'a pas d'influence sur la vie de la DSI.

3.3 Les indicateurs intuitifs

Souvent, la théorie des tableaux de bord comme outils de gestion n'est pas considérée comme pertinente par les informaticiens. Or ces professionnels savent par ailleurs fournir d'excellents services. Il est intéressant d'examiner par quels outils ils remplacent la mécanique classique des tableaux de bord.

Les informaticiens se construisent une image du fonctionnement de leurs ressources, machines, réseau, applications, assistance. Cette image est formée à partir de leurs connaissances techniques du métier et de l'interaction entre les ressources. Elle se forge initialement par les projets. L'étude, qui conduit à mettre en place une ressource, fixe le fonctionnement normal de cette ressource et sur quelles dimensions elle est meilleure que les ressources antérieures.

Cette image initiale du fonctionnement de la ressource est actualisée par les divers incidents qui se produisent dans l'exploitation quotidienne.

Par exemple, on peut construire des indicateurs précis de la surcharge d'un réseau. Le gestionnaire du réseau est très sûr de lui quand il recommande d'en augmenter la capacité et pourtant il ne cite aucun de ces chiffres. Il connaît intimement le réseau pour le surveiller au jour le jour. Il sait quelles sont les liaisons qui sont les plus chargées et à quelles heures il y a saturation. C'est en fonction de cela qu'il a une impression plus exacte que les indicateurs.

Cette gestion intuitive est très efficace et très réactive. Elle demande que les informaticiens soient de très bons professionnels et qu'on puisse leur faire confiance dans la défense des intérêts de l'entreprise.

4 Les pratiques de pilotage des SI

Les pratiques des DSI ne sont pas toujours conformes au schéma théorique de la gestion par objectifs et avec les tableaux de bord.

Les enquêtes professionnelles sur les pratiques informent bien sur ce qui se passe.

4.1 Le contenu des tableaux de bord

Il existe des tableaux de bord dans les DSI des entreprises. Ces tableaux de bord contiennent tous les aspects budgets et dépenses, tant en ce qui concerne le fonctionnement que l'investissement. Ce sont des tableaux de bord de la fonction informatique pour elle-même. Ils parlent des ressources consommées et pas de ce qui est produit pour les autres parties de l'entreprise, ou les clients. Les tableaux de bord, qui existent dans les entreprises françaises, mesurent la valeur des prestations fournies dans un cas sur cinq. C'est une préoccupation très minoritaire.

L'analyse des coûts est menée en détail (comptabilité analytique des coûts informatiques) dans les 2/3 des cas.

Les informations ainsi contenues dans ces tableaux de bord sont difficiles à comparer d'une entreprise à l'autre faute de nomenclature commune des dépenses et surtout parce que le périmètre considéré comme celui des systèmes d'information dépend des entreprises. Le budget de la DSI représente probablement les 2/3 des dépenses informatiques. Les autres dépenses informatiques sont effectuées sans le contrôle de la DSI par les différents services eux-mêmes. Ces dépenses «hors périmètre» concernent les micro-ordinateurs, notamment les portables, les logiciels, les abonnements à des bases de données externes, des prestations de conseil, une assistance aux utilisateurs, des formations.

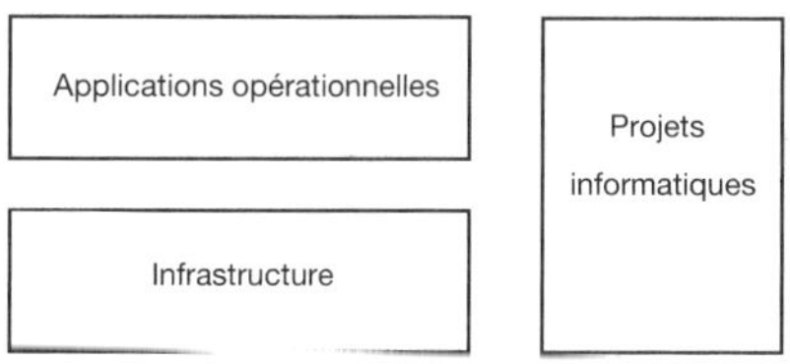

Figure 2 Périmètre de la fonction informatique/SI de l'entreprise

4.2 Les coûts informatiques et les coûts des systèmes d'information

Quel que soit le périmètre, le budget informatique traditionnel s'élève en moyenne de 1 à 3 % du budget de fonctionnement de l'entreprise, ou du chiffre d'affaires. Par ordre d'importance, cette somme arrive en sixième ou septième position, loin derrière les premiers centres de coûts. Elle n'est pas suffisamment importante pour intéresser une direction générale. Cette faiblesse quantitative explique le peu d'attention des directions générales envers l'informatique et les systèmes d'information.

Mais le coût des systèmes d'information doit inclure le temps passé par les utilisateurs devant leurs machines. Le budget des systèmes d'information est beaucoup plus élevé, de 10 à 40 % du budget total de fonctionnement de l'organisation, soit dix fois plus que le budget informatique! C'est donc, ni plus ni moins, le premier facteur de coût des entreprises. Mais ces dépenses ne sont pas visibles directement parce qu'elles correspondent à une masse salariale rattachée aux diverses parties de l'entreprise.

En dépit de ces enjeux, ni la direction générale, ni les directions opérationnelles ou fonctionnelles telles que la direction financière n'ont conscience du coût des systèmes d'information. Le carcan des systèmes comptables et budgétaires, issus du monde industriel et largement verticaux sont à l'origine de cette cécité collective.

4.3 La place du DSI

Le DSI, directeur des systèmes d'information, est rattaché directement à la direction générale dans un peu plus de 50 % des entreprises. Dans les autres cas ils sont rattachés à une direction particulière dont la direction administrative et financière (25 % des cas).

Cette position hiérarchique de type fonctionnel n'empêche pas les DSI de se considérer comme des prestataires de service. Ils se trouvent donc clairement dans une logique de type client-fournisseur avec tous les inconvénients que cela comporte. Moins de la moitié d'entre eux estime être dans une logique de partenariat. Ce pourcentage a largement progressé ces dernières années. Le secteur du commerce, plus près du marché, et par conséquent plus réactif, plus dynamique, préfère le modèle du partenariat, modèle où DSI et directions opérationnelles sont au même niveau, sous l'autorité de la direction générale.

4.4 Les bénéfices apportés par l'informatique

Le calcul des bénéfices de l'informatique est considéré comme très difficile. Les DSI et les DG sont d'accord sur ce point. Ils estiment à plus de 80 % ne pas avoir la capacité de mesurer l'impact de l'informatique. Seulement 21 % estiment pouvoir mesurer une diminution des délais engendrée par l'informatique.

Les DG sont beaucoup plus optimistes, puisque 35 % d'entre eux pensent être en mesure d'évaluer la diminution des délais, 27 % d'évaluer l'augmentation de la productivité des utilisateurs.

À l'évidence, la métrologie de l'impact de l'informatique sur l'entreprise est à l'état de balbutiements. Au-delà des techniques de mesure, il reste encore à définir qui dispose de la légitimité pour estimer cet impact: la DSI, les directions opérationnelles ou la direction générale? Vraisemblablement les trois à la fois. À partir du moment où les systèmes d'information participent au patrimoine de l'entreprise, leur responsabilité ne peut être que partagée.

4.5 Informatique et stratégie

Faute de connaître les gains des applications informatiques, on peut les relier à la stratégie de l'entreprise. Cette démarche paraît de bon sens, cependant elle est peu appliquée.

La majorité des entreprises interrogées (65 %) dispose d'une stratégie d'entreprise explicite. Mais passer du plan global au plan informatique n'est pas aisé. Moins de la moitié des entreprises déclare ne pas disposer d'un schéma directeur informatique (SDI).

Les entreprises ne disposant pas de SDI déclarent ne pas en ressentir le besoin, soit parce que leur structure est trop petite, soit parce qu'elles ne considèrent pas encore que le SDI a une réelle influence sur la performance du SI et par extension sur celle de l'entreprise.

5 Conclusion

Le bon pilotage de l'informatique et des systèmes d'information dans l'entreprise serait de faire un plan spécifique, étroitement articulé à la politique globale. Les tableaux de bord permettraient alors de vérifier comment ces objectifs sont atteints. C'est le fondement du pilotage, tel qu'on le théorise.

En fait les entreprises pilotent leurs systèmes d'information au travers de l'outil informatique. Elles mesurent les coûts et suivent précisément les dépenses. Mais la production de services pour les autres parties de l'entreprise n'est pas identifiée de manière quantitative. On se contente de discours et d'impressions.

Cette défaillance des schémas de gestion, classiques dans les autres fonctions de l'entreprise, peut être interprétée de plusieurs manières :

- un manque de maturité de la fonction informatique ;
- une compétence en gestion insuffisante chez les DSI ;
- une extrême difficulté à appliquer les schémas de la gestion à la mesure de prestations immatérielles.

Cette dernière hypothèse est un aiguillon pour les chercheurs et les experts à concevoir des schémas de gestion de l'informatique qui répondent aux besoins de pilotage que les entreprises ont de leurs systèmes d'information.

Bibliographie

«Valeur : État des pratiques européennes en matière de gouvernance informatique: stratégie, pilotage, organisation, coûts et bénéfices», Enquête Acadys, *Le Monde Informatique*, Édition 2000/2001.

«Valeur : État des pratiques européennes en matière de gouvernance informatique: stratégie, pilotage, organisation, coûts et bénéfices», Enquête Acadys, *Le Monde Informatique*, Édition 2002/2003.

Peaucelle, J.-L. (1990), *La gestion de l'informatique*, Édition d'organisation.

Paiement électronique

Lionel Khalil

Mots-clés : moyen de paiement, paiement électronique, terminal de paiement électronique, porte-monnaie électronique

Résumé : les moyens de paiement ont récemment évolué sous l'influence de la démocratisation de l'informatique, de l'industrialisation des services financiers et celle de la législation en matière de paiement électronique. Le paiement électronique tend à remplacer presque complètement le paiement en billets et par pièces. Les innovations pour le paiement électronique sont considérables dans tous les secteurs d'activité. Pour les particuliers, la carte banciare remplace l'usage du chèque et le porte-monnaie électronique vise les petits paiements. Des services spécifiques pour traiter les achats courants des entreprises par la carte d'achats permettent une décentralisation des autorisations de paiements pour les fournitures non stratégiques. L'usage de la carte d'affaires s'est aussi développé, accompagné par un service de transmissions des relevés de compte intégrés au système d'information comptable de l'entreprise. Enfin, la carte de vie quotidienne est destinée à des communautés d'intérêt (salariés d'entreprises, étudiants d'universités, citoyens d'une municipalité) pour des paiements de petit montant. Pour le commerce en ligne, de nombreuses solutions sont offertes, notamment pour répondre au besoin de micropaiement.

La monnaie est un instrument légal de mesure de valeur, de transaction et de réserve. Elle permet d'effectuer des transactions comme moyen de paiement immédiat et général, réalisable sans moins-value et libératoire de toute dette. Le paiement se définit comme un transfert de monnaie entre un débiteur, ou un tiers agissant en son nom, et son créancier, libératoire d'une dette contractée par le débiteur sur son créancier. Selon les dispositions légales françaises sur le monopole bancaire (articles L. 311 et L. 311-3 du code monétaire et financier) «la gestion de moyens de paiement» relève de ce monopole ; et «sont considérés comme moyens de paiement tous les instruments qui permettent à toute personne de transférer des fonds, quel que soit le support ou le procédé technique utilisé».

Les moyens de paiement électronique sont ainsi constitués par l'ensemble des techniques informatiques, magnétiques, électroniques et télématiques permettant de mettre en œuvre des transferts de monnaie de façon dématérialisée au travers d'un ou plusieurs établissements financiers.

Un paiement électronique se matérialise par un mouvement financier entre les comptes en banque de deux acteurs. Il nécessite quatre intervenants au minimum : les deux acteurs économiques et leurs banques respectives.

Trois tendances majeures ont fait évoluer les moyens de paiement : la diffusion de l'informatique connectée, au sein des entreprises et chez les particuliers, une industrialisation des services financiers avec un effet de gamme. Les logiciels construits pour les grandes entreprises sont réutilisés au profit des petites et moyennes entreprises, voire pour les particuliers.

La large diffusion de l'équipement informatique est concomitante au développement d'Internet : particuliers et professionnels ont presque tous accès à du matériel et progiciels professionnels. Les progiciels de gestion d'entrée de gamme sont couramment disponibles en grande surface. Les directions financières des petites et moyennes entreprises se sont progressivement familiarisées avec les outils informatiques de gestion. Enfin, les travaux entre les grands groupes et leurs fournisseurs sur l'EDI commencent à porter leurs fruits. La directive européenne sur la facture électronique est venue à point nommé pour soutenir le développement des plate-formes de dématérialisation des échanges (commande, facture, paiement). Elles ont été créées souvent à l'instigation de consortiums bancaires et elles offrent de dématérialiser l'ensemble des processus de facturation, de crédit et de paiement.

1 Le paiement électronique des particuliers

La partie la plus visible du paiement électronique concerne les particuliers. Cela est souvent appelé la *monétique*. La monétique repose principalement sur l'usage des cartes. En monétique, les échanges se font entre le porteur de la carte, la banque émettrice de la carte, le commerçant accepteur et sa banque.

La carte bancaire est en France au centre du système de paiement des particuliers. Les paiements des achats du e-commerce ont fragilisé son fonctionnement et le paiement de la vente à distance a suscité de nouveaux développements pour assurer la sécurité du paiement malgré les fraudes. Les micropaiements ont donné lieu à des développements spécifiques, dits de porte-monnaie électronique.

1.1 Les cartes bancaires

Les émetteurs de cartes de paiement sont de trois sortes en France : les cent soixante émetteurs du Groupement des cartes bancaires (CB), les émetteurs du porte-monnaie électronique *Moneo* et enfin les sept réseaux privatifs (American Express, Banque Accord, Cetelem, Cofinoga, Diners Club France, Finaref, et carte Pass).

Le paiement de proximité par carte à puce avec saisie du code secret est le meilleur moyen de paiement électronique. Il est aujourd'hui universel avec un parc de porteurs et de commerçants couvrant toute la France. Au-delà de l'effort des banques pendant une dizaine d'années à promouvoir son déploiement, son succès vient de son haut niveau de sécurité et de la garantie de paiement donnée au commerçant. Il permet ainsi au porteur et au commerçant de se protéger contre les fraudes. En 2003, la fraude en France s'élevait seulement à 69 millions d'euros (0,034 % du montant des paiements effectués dans le système CB). En comparaison, la fraude à la carte en Angleterre s'élevait pour la même année à plus de 600 millions d'euros.

Dans ce système de paiement sécurisé, le commerçant bénéficie de la garantie de paiement par sa banque puisque le paiement est irrévocable. Les garanties juridiques apportées par l'usage de la carte à puce dans les paiements électroniques sont la conséquence de la de sécurité de la transaction sur le terminal de paiement électronique.

Face à l'augmentation de la fraude sur les cartes (+24 % en 2003 et +36 % en 2004), les acteurs français ont dû réagir. La fraude provient essentiellement de quatre canaux :

- le rechargement des mobiles en France. Ce canal a été contenu notamment par la solution du Crédit Lyonnais de rechargement sur les distributeurs automatiques de billets ;
- l'utilisation des pistes magnétiques des cartes françaises à l'étranger ;
- l'utilisation en France de pistes magnétiques des cartes étrangères. Les transactions transfrontalières au départ de la France sans usage de la puce représentent 2 % du nombre de transactions mais 50 % de la fraude ;
- l'utilisation des numéros de carte sur Internet en e-commerce.

La garantie d'irrévocabilité du paiement par carte à puce

Pour assurer la sécurité des transactions avec la carte à puce, il faut des moyens d'identification du donneur d'ordre et d'authentification de l'ordre. L'identification du donneur d'ordre est réalisée par deux canaux distincts. D'un côté, la procédure de délivrance de la carte se fait en face-à-face et elle est accompagnée de la signature d'un reçu. Le titulaire de la carte s'engage en outre à conserver la carte délivrée à titre individuel (art. 12 du Contrat Carte Bancaire). De l'autre, elle passe par la délivrance d'un code confidentiel, que le porteur s'engage à garder secret (art. 12 du Contrat Carte Bancaire). Ainsi, l'usage simultané de la carte et du code secret permet d'identifier son titulaire.

L'authentification de l'ordre de paiement a été définie par les articles 57-1 et 57-2 du DL 1935 (loi du 11 juillet 1985 modifiée par la loi du 30 décembre 1991) en ces termes : « *L'ordre ou l'engagement de payer donné au moyen d'une carte de paiement est irrévocable.* » Cette formulation a été précisée par le juge afin de différencier l'usage de la puce de la simple présentation du numéro de carte. L'arrêt « Crédicas » a ébauché la première définition de la signature électronique en 1989. L'emploi d'une carte à puce comportant l'identification du porteur et l'utilisation d'un code secret équivaut à une signature électronique.

Malgré cela, la distinction entre les instructions des paiements réalisés uniquement avec la carte, comme les paiements aux péages d'autoroute, et celles des paiements exigeant de taper le code secret, n'avait pas encore été faite par la Commission européenne en 1997.

La Directive européenne sur la signature électronique et la loi du 15 novembre 2001 portant sur la sécurité quotidienne est venue rééquilibrer la situation. En protégeant plus avant le porteur de la carte, l'article 36 établit une distinction entre les dispositifs d'identification de la carte et la simple présentation du numéro de celle-ci. Après l'article L. 132-2 du code monétaire et financier, a été inséré un article L. 132-4 rédigé en ces termes :

« **Art. L. 132-4.** - La responsabilité du titulaire d'une carte mentionnée à l'article L. 132-1 n'est pas engagée si le paiement contesté a été effectué frauduleusement, à distance, sans utilisation physique de sa carte. »

L'article renforce bien la distinction entre d'un côté la non-répudiation liée à l'utilisation d'un dispositif de création de signature avec une carte à puce dont l'accès est contrôlé par un code secret et de l'autre, la révocabilité de la commande lorsque seul le numéro de la carte a été communiqué.

Le terminal de paiement électronique (TPE) du réseau carte bancaire (CB)

Le système monétique d'acceptation des paiements par carte est géré en France par le réseau Carte Bancaire. Le système offre trois fonctionnalités : un service d'acceptation, un service de compensation en compte et un service de relevés.

La majorité des commerces de proximité sont adhérents au réseau CB. L'adhésion au système de paiement CB permet d'accepter des transactions réalisées par cartes marquées du logo CB ou non marquées CB mais Visa ou Mastercard.

Le terminal de paiement électronique (TPE) permet au commerçant d'encaisser les transactions effectuées avec les cartes du réseau CB. Les transactions sont signées électroniquement par la carte à puce du client et par la carte à puce du commerçant qui est installée dans le TPE. Le TPE vérifie l'authenticité de la carte et automatise les contrôles de sécurité sur les listes d'acceptation de cartes et les listes de numéros de cartes opposées, enfin il effectue une demande d'autorisation de paiement auprès du serveur d'autorisation.

Une *remise* est la fonction permettant de faire parvenir des transactions de règlement par cartes à une banque. Il existe deux types de remises selon la gestion de flux d'information. Les remises de TPE se font par télécollecte ou par télétransmission de fichiers. Si le TPE est connecté directement au centre de traitement, le TPE effectue une télécollecte. L'heure de télécollecte peut être personnalisée. Les centres de traitement reçoivent les remises et envoient en compensation et traitements comptables. Les groupes (par exemple les réseaux de grands remettants de la grande distribution) peuvent effectuer une télécollecte en interne à leur groupe afin d'alimenter en priorité leur propre système informatique de gestion puis télétransmettent des fichiers de remise aux centres de traitement.

Le service comptable est l'inscription en compte de la remise déduction faite des commissions. Selon les besoins des commerçants, les remises quotidiennes peuvent être regroupées ou bien les remises de plusieurs établissements peuvent être centralisées sur un compte avec la restitution d'un identifiant d'établissement pour effectuer un suivi.

Pour adhérer, le commerçant doit contracter un contrat d'acceptation CB signé avec sa banque acquéreur. Plusieurs modèles de terminaux de paiement électroniques sont proposés selon le besoin de la profession et le besoin d'intégration dans le système de gestion de caisse : des terminaux fixes pour effectuer le paiement au point d'encaissement, des terminaux portables infrarouges ou radio pour les brasseries, restaurants..., des terminaux portables GSM pour les commerces ambulants, les taxis, les représentants. Le TPE est paramétrable en fonction des usages pour permettre au commerçant de bloquer certains types de fonctionnalités à ses collaborateurs : annulation, crédit, paiement fractionné, forcer un paiement sans autorisation du serveur d'autorisation.

Le TPE offre un encaissement électronique garanti des achats de biens ou de services. Il effectue l'authentification de la carte bancaire, l'identification du porteur, la demande d'autorisation auprès du serveur d'autorisation, l'édition du ticket, la mémorisation de la transaction et enfin la transmission des transactions au centre de télécollecte.

Le TPE gère quatre types de flux d'informations avec la plate-forme monétique : la demande d'autorisation auprès du serveur d'autorisation, la télétransmission à partir de la plate-forme monétique vers le TPE de la liste des cartes en opposition, la télécollecte à partir du TPE vers la plate-forme monétique de l'ensemble des remises, et enfin la télétransmission (sur Internet ou via une ligne dédiée) à partir de la plate-forme monétique vers le TPE du relevé des remises sous forme de journal quotidien au format ETEBAC 3.

L'intégration du TPE dans l'informatique de gestion du commerçant dépend du besoin du commerçant. Le système informatique de gestion et le système monétique doivent s'intégrer au niveau de la saisie du montant entre le point de caisse et le terminal de paiement électronique, au niveau de la télétransmission de la remise entre le TPE et la plate-forme monétique, et enfin au niveau du *reporting* entre la plate-forme monétique et le TPE ou le système informatique de gestion du client.

Les grands remettants comme les transporteurs, les grandes chaînes de franchises ainsi que les grands commerces disposent d'un système totalement intégré à leur système de gestion de la caisse jusqu'à la comptabilité avec des possibilités presque illimitées de croisements d'informations sur les résultats par établissement, par produit, etc.

Les systèmes intégrés à des automates électroniques sont courants: les terminaux de paiement électroniques sont intégrés dans les distributeurs automatiques de billets, les gestionnaires de parking, les automates de péages, les distributeurs d'essence...

Les systèmes non intégrés sont encore les plus répandus. Les informations sont alors saisies à nouveau dans chaque système.

1.2 La carte de vie quotidienne et le porte-monnaie électronique (PME)

La gestion des activités à l'intérieur de communautés d'intérêt (salariés d'entreprises, étudiants d'universités, citoyens d'une municipalité) a suscité le développement d'un moyen d'identification et de paiement spécifique appelé la *carte de vie quotidienne* qui intègre un porte-monnaie électronique (PME) associé à d'autres applications. Le PME permet d'effectuer des paiements pour la restauration collective, les activités de loisir, les parcs de stationnement. Ses avantages pour les commerçants et les utilisateurs de PME sont les mêmes: il permet de résoudre les soucis d'appoint et de gestion de la petite monnaie.

En France, *Moneo* est le seul porte-monnaie électronique proposé par l'ensemble des établissements financiers. Moneo est issu de la fusion de trois projets qui ont débuté en 1999: Modeus, Mondex, et Moneo. Modeus et Mondex étaient des porte-monnaie fondés sur la technologie sans contact, tandis que Moneo était fondé sur le modèle allemand de la Geldkarte. Moneo est déployé sur la quasi-totalité du territoire français: plus d'un million de cartes chargées, plus de cent mille commerçants adhérents et 3,6 millions de paiements par mois. L'activité est essentiellement concentrée sur la boulangerie, le bar-tabac-presse et le parc de stationnement. La RATP a adhéré aux travaux pilotés par la SNCF visant à diffuser à terme des cartes couplant billettique et monétique.

Les établissements publics et les collectivités locales, aidés dans leurs démarches par le ministère des Finances, intègrent progressivement Moneo comme moyen de paiement: le stationnement payant par horodateurs et l'ensemble des régies municipales (piscines, musées...). En plus du paiement électronique, la carte constitue le support privilégié de la Carte de Vie Quotidienne, comme par exemple à Bordeaux ou à Lyon.

Une carte multi-applicative a plus de succès, à condition que les risques soient les mêmes. C'est le cas pour le paiement des actes de la vie quotidienne. Par exemple, l'université de Lyon 2 a mis en place une carte d'étudiant basée sur la carte Moneo. Les services proposés par la carte comportent le contrôle d'accès, l'édition, la gestion des activités et le paiement. La carte permet l'accès aux salles de travail informatique, aux espaces à accès contrôlé, aux parkings et locaux pour les personnels. La carte offre la possibilité d'édition de certificats de scolarité et des relevés de notes. La gestion des activités comme l'inscription aux activités sportives, l'emprunt des livres à la bibliothèque, le traitement des bourses est effectuée à partir d'une identification par la carte. Enfin, le paiement électronique à partir du porte-monnaie permet l'impression dans les salles de travail informatique, l'achat de boissons et friandises aux distributeurs automatiques et donne l'accès au restaurant universitaire et à la cafétéria.

Le terminal du commerçant est soit un terminal mixte acceptant le PME et les cartes émises par le réseau Cartes Bancaires, soit un terminal n'acceptant que le PME. L'installation, l'assistance et la maintenance sont organisées par la banque dans son offre de service monétique. Chaque terminal est identifié par une carte à puce enfichée dans le terminal du commerçant. Elle contient les clés du commerçant.

Le PME peut être soit anonyme soit nominatif, rattaché à une carte bancaire. Le PME permet de dépenser. Il faut le recharger, sur une borne ou sur le terminal d'un commerçant lors d'un paiement.

Le rechargement nécessite la composition du code confidentiel. Dans le cas du PME associé à une carte bancaire, le code est le même. Le PME anonyme peut faire l'objet d'un chargement à l'aide d'une carte CB:

- le porteur met le PME dans la fente de la borne, choisit le montant à charger, puis retire le PME;
- le porteur met la carte CB dans la fente, tape son code confidentiel et attend l'autorisation de l'émetteur;
- le porteur enlève la carte CB, remet le PME pour le charger, et récupère le ticket de chargement.

Chaque PME fait l'objet d'un suivi centralisé des opérations via un compte miroir en centralisé. Le compte miroir permet de générer une alarme pour faire opposer la carte par l'émetteur en cas de fausse monnaie. Puisque tout chargement fait l'objet d'une demande d'autorisation chez l'émetteur, celui-ci peut mettre en opposition son PME au niveau du serveur d'autorisation. Si l'émetteur répond « opposé » le chargement n'est pas effectué, et le PME devient définitivement hors d'usage.

Le commerçant saisit le montant sur le TPE. La carte est introduite dans le terminal. Le montant de l'achat est affiché sur l'écran. Le PME anonyme doit contenir un montant supérieur ou égal au paiement. Le fait d'appuyer sur la touche de validation du clavier exécute le paiement. Le TPE affiche le solde du PME. Le paiement par PME est plafonné dans tous les cas au montant que peut contenir un PME. Le paiement s'effectue toujours localement sans saisie de code confidentiel et sans ticket, il ne fait pas l'objet d'un contrôle ni d'opposition. La carte du porteur et la carte du commerçant s'authentifient mutuellement. Le paiement est signé avec la clé du porteur puis contresigné avec la clé du commerçant. Enfin, les remises du commerçant auprès du système de télécollecte sont signées par la clé du commerçant. Comme le paiement ne peut faire l'objet d'opposition, il permet de vider le PME. Même si le PME a été volé, le commerçant est sûr d'être payé.

Les remises par le commerçant se font par télécollecte à partir du terminal, au minimum une fois par jour. Le commerçant reçoit un ticket pour chaque remise. À chaque remise correspond à un crédit sur le compte du commerçant. Moneo vire l'argent à la banque du commerçant qui le crédite.

Le solde du PME est consultable sur un lecteur, sur une borne, chez un commerçant ou à la banque. Le lecteur donne le solde, les quinze dernières transactions et les six derniers chargements.

1.3 Le paiement des achats par Internet

Le paiement dans le e-commerce peut donner lieu à des fraudes. Les fraudes les plus courantes de la part du commerçant sont la passation d'ordre falsifiée, le dol ou la non-exécution du contrat. Les fraudes de tiers sont de deux types. D'une part, les attaques sur le site du commerçant en utilisant des numéros de carte qui ne leur appartiennent pas. D'autre part, les attaques sur les internautes visant à leur escroquer leur numéro de carte afin de l'utiliser à leur place. La fraude la plus courante provenant du client est la répudiation abusive. Les systèmes de paiement parviennent à pallier ces risques de fraudes.

La vente par correspondance de biens est fortement encadrée pour protéger le consommateur, de la passation de commande jusqu'à la livraison. La directive européenne sur le commerce électronique précise les principales étapes d'une commande en ligne :

« **Art. 11** - Passation d'une commande

Les États membres veillent, sauf si les parties qui ne sont pas des consommateurs en ont convenu autrement, à ce que, dans les cas où un destinataire du service passe sa commande par des moyens technologiques, les principes suivants s'appliquent :

- le prestataire doit accuser réception de la commande du destinataire sans délai injustifié et par voie électronique,
- la commande et l'accusé de réception sont considérés comme étant reçus lorsque les parties auxquelles ils sont adressés peuvent y avoir accès. »

La loi relative à la confiance dans l'économie numérique (LCEN) du 13 mai 2004 transpose en France la directive sur le commerce électronique. La LCEN s'applique à tous les services accessibles depuis la France. Le client français bénéficie des lois de protection du consommateur en vigueur en France, même s'il achète auprès d'un site installé dans un autre pays de l'Union européenne. Le commerçant est responsable de la livraison finale du produit ou du service. Tout produit peut être renvoyé dans les sept jours par le consommateur qui peut faire valoir son droit de rétractation (art. L 121-16 du code de la consommation) et obtenir remboursement. Le retard dans la livraison est constitutif d'une demande de résolution de la commande. Enfin, une erreur de livraison, l'absence de livraison, ou la livraison d'un produit défectueux sont des cas couverts par le droit civil.

Le banquier est chargé de justifier les passations des écritures comptables sur le compte courant de son client. Or un ordre de paiement par indication du numéro de carte bancaire n'est pas assimilable à un ordre de paiement irrévocable. Même quand son imputabilité au porteur légitime de la carte est certaine, l'ordre de paiement n'est pas pour autant irrévocable ; l'inscription de son numéro sur un site Internet par le titulaire du compte à débiter est de même nature qu'une autorisation de prélèvement.

Par le passé, en cas de contestation par le client de l'imputabilité d'un ordre de paiement par indication de son numéro de carte bancaire, la contre-passation n'était pas immédiate. En pratique, les banquiers imposaient à leurs clients victimes de fraudes une démarche procédurière lourde pour prouver celle-ci, ou tout au moins de la rendre plausible. En 2001, la loi relative à la Sécurité quotidienne est venue renforcer le respect des droits des clients. Depuis, le contrat du porteur de carte bancaire prévoit explicitement qu'une opposition est possible en cas d'utilisation frauduleuse de la carte ou des données qui lui sont associées, notamment en cas de l'utilisation par un tiers du numéro de la carte et de sa date de validité pour un paiement à distance ; surtout, ils précisent qu'« en cas d'utilisation frauduleuse pour des règlements à distance sans utilisation physique de la carte, la responsabilité du porteur n'est pas engagée et les frais bancaires sont alors intégralement remboursés».

La vente à distance de biens et services utilise trois moyens de paiement : la transaction unitaire par carte bancaire, le micro-paiement et l'abonnement.

Ce dernier cas est très simple. Avant ses achats, le client passe un contrat directement avec le gestionnaire du site web sous forme d'abonnement. L'abonnement prévoit la manière dont le client paie, le plus souvent par prélèvement automatique. Ces contrats préalables sont un frein au e-commerce. On préfère les modes de paiements génériques indépendants des sites web.

Le paiement à distance par carte bancaire

Le paiement d'une vente à distance sur Internet peut se faire par communication du numéro de carte bancaire. C'est le moyen de paiement le plus répandu. Il a prolongé l'habitude des professionnels de la vente par correspondance qui utilisaient le numéro de la carte bancaire transmis par leurs clients habituels, titulaires d'un numéro d'adhésion, lors de la conversation téléphonique pour la commande. La généralisation du procédé entre partenaires occasionnels, et non professionnels, a multiplié les fraudes de diverses sortes.

L'utilisation actuelle de la carte en est une extension : son usage revient à une autorisation de prélèvement illimité au porteur sans identification préalable du porteur. L'usage de la carte bancaire sur Internet est une extension qui ne tient plus compte du rôle privilégié et restreint des professionnels de la vente par correspondance. Ces aménagements ont constitué une dérogation et ont institué la fragilisation du moyen de paiement. Tous les porteurs ont été exposés à un risque qu'ils n'avaient pas accepté de supporter, de la portée duquel ils n'ont pas été avertis et dont ils supportent le coût. Cette présomption de validité de la transaction sauf répudiation du client a créé une instabilité de fait dans les droits des porteurs et a pesé sur le sentiment général d'absence de sécurité d'Internet.

Le cryptogramme visuel

Pour pallier la faiblesse avérée de ce moyen de paiement, VISA et MASTERCARD ont perfectionné le système. Ils imposent à l'acheteur de communiquer, en sus des chiffres embossés (en relief), un « cryptogramme visuel» formé de trois numéros inscrits sur le dos de la carte au niveau de la signature du porteur de la carte. La modification des chaînes de traitement informatiques pour la transmission du cryptogramme visuel avec l'ordre de paiement devrait être obligatoire à partir du 1er juillet 2005.

Le TPE virtuel

Pour sécuriser le commerce électronique sur Internet, les banques ont créé un système de paiement très sûr. Il est fondé aussi sur la carte bancaire. C'est le *terminal de paiement électronique virtuel*.

Le TPE virtuel est constitué par une interface Web visible par le client. Cette interface est personnalisable par le e-commerçant. Lorsque la commande sur le site de e-commerce est terminée, et que le client est prêt à payer, le commerçant dirige son client vers le site Internet de son établissement bancaire. Sur le site de l'établissement bancaire, le client effectue la saisie de ses nom, prénom, numéro de carte et date de validité de la carte, puis valide le paiement. Le TPE virtuel réalise l'ensemble des contrôles et des vérifications pour sécuriser la transaction : la confidentialité des données est assurée en chiffrement par le protocole SSL (*Secure Socket Layer*), il contrôle la conformité du numéro et de la date de validité de la carte, il demande l'autorisation auprès de la banque du porteur.

Depuis le 1er juillet 2005, la fourniture du cryptogramme visuel du client sur le site du commerçant est obligatoire et le cryptogramme est contrôlé dans la demande d'autorisation. Le TPE virtuel informe en temps réel l'internaute et le site marchand de l'issue de la transaction CB (acceptation, refus ou abandon). En fin de transaction, le TPE virtuel donne au client un numéro de transaction (en cas de litige) et redirige le client sur le site du commerçant.

Quotidiennement, une remise est effectuée par le TPE virtuel et les transactions sont créditées au compte du commerçant. Le TPE virtuel comporte des fonctionnalités complémentaires : le différé d'encaissement, le remboursement total ou partiel, la consultation d'historique, l'annulation de transactions.

Le TPE virtuel externalise le service d'acceptation à un établissement bancaire. La fonction de paiement du site Internet est directement gérée par le serveur de la banque et ainsi le site bénéficie du niveau de sécurisation de la banque. Notamment, les numéros des cartes ne sont pas stockés sur le site web du commerçant mais sont stockés directement sur le serveur de la banque. Pour le service de compensation, la remise assurée par la banque génère l'écriture en compte.

Les garanties de paiement pour le commerçant : le 3D-Secure

Dans le paiement à distance par carte bancaire, les garanties de paiement protègent le consommateur. Le commerçant supporte donc les impayés consécutifs d'une fraude à son encontre. La fragilité du procédé a été très largement ressentie. L'authentification du client, qui était présentée comme un frein au développement du commerce électronique, est maintenant considérée comme nécessaire à la maturité d'un moyen de paiement en ligne. L'absence de respect du principe d'authentification du consentement en devient le frein parce qu'il est source de fraude.

Pour assurer le développement du commerce en ligne, les grands réseaux de cartes bancaires ont élaboré un nouveau modèle de sécurité et de couverture de risque encourageant les moyens de paiement fondés sur l'identification du porteur : le 3D- Secure.

Ce modèle est un système composé de trois espaces contractuels disjoints. Chaque banque est responsable de son porteur ou de son commerçant. Lors d'un litige entre un client et un commerçant, le client et le commerçant n'ont comme interlocuteur que leur propre banque. Ce sont les banques qui résolvent le différend entre eux, selon les règles de preuve et de garantie définies dans le cadre du modèle. Ce système est inspiré du système de couverture des accidents automobiles par les assureurs. Chaque assureur couvre son client, puis les assureurs résolvent leur différend selon leurs propres règles.

Le 3D-Secure transfère la couverture de la fraude de la banque du commerçant vers la banque du porteur de carte, dès lors que la banque du commerçant a équipé le commerçant avec un service 3D-Secure, alors que la banque du client n'a pas équipé son porteur de carte d'un moyen de paiement 3D-Secure, car ce service aurait identifié le client. Ainsi, il est de la responsabilité de la banque émettrice d'effectuer au moment du paiement l'identification de son porteur et de certifier cette identité. La méthode d'identification du client par sa banque est laissée au libre choix de la banque (par identifiant/mot de passe, par certificat électronique, par téléphone). Le client étant authentifié par sa banque, le commerçant bénéficie alors de la garantie de paiement.

Techniquement, lorsque le client effectue une transaction auprès du marchand en ligne, il saisit le numéro de la carte bancaire sur le site de paiement du marchand. Si le marchand est affilié 3D-Secure, sa banque questionne la banque émettrice de la carte pour savoir si le numéro de la carte fait partie du service de 3D-Secure. Dans l'affirmative, la banque émettrice est sollicitée pour identifier son client. Celle-ci ouvre une page au client en lui demandant un mot de passe par exemple. Si le contrôle est positif, la banque émettrice envoie un jeton sécurisé à la banque du commerçant qui le retransmet au terminal de paiement du site marchand pour conclure la transaction.

Cette solution supprime l'exposition au risque de répudiation abusive d'un client fraudeur puisqu'il y a identification du porteur par identifiant/mot de passe. Elle supprime le risque du commerçant fraudeur par la signature par l'envoi du jeton. Elle réduit considérablement tous les risques de fraude de tiers car toutes les communications sont cryptées.

La règle du transfert de responsabilité du 3D-Secure a été créée pour inciter les banques émettrices à équiper leurs clients d'un moyen de paiement où le client est identifié lors de la commande sur un site marchand équipé. L'effet coercitif du dispositif consiste à modifier les règles de responsabilité entre les banques. En effet, dès que les banques auront équipé les commerçants, ce sont celles des porteurs de carte qui supporteront le risque de fraude. Elles déploieront auprès de leurs porteurs de carte un moyen de paiement conforme au 3D-Secure. Si l'établissement du client met en œuvre le 3D-Secure pour son porteur mais que le commerçant ne supporte pas le 3D-Secure, la banque du commerçant supporte le risque de fraude.

Ce concept d'identification du porteur est progressivement en train d'être mis en œuvre sous la marque « Verified by VISA » pour VISA et « Secure Code » pour MasterCard. En France, les banques adhérentes au réseau Carte Bancaire ont développé, sur le principe de carte virtuelle dynamique, un produit appelé *e-Carte Bleue* qui est compatible avec « Verified by VISA ».

La *carte virtuelle dynamique* crée un numéro de carte à usage unique qui se substitue au numéro de carte physique lors de saisie sur le site marchand. Par conséquent, le TPE virtuel utilisé par le commerçant pour accepter les cartes physiques est compatible avec la carte virtuelle dynamique. Ainsi la e-Carte Bleue bénéficie, dès son lancement, d'un parc de commerçants accepteurs très important.

Au préalable, le client s'inscrit au service e-Carte Bleue et installe le logiciel sur son ordinateur. Lors d'un achat auprès d'un marchand en ligne, il effectue sa commande jusqu'à ce que le site lui demande de divulguer son numéro de carte. Lors de la demande de la saisie du numéro de la Carte Bleue, il active le logiciel d'e-Carte Bleue installé. Il saisit son identifiant et son mot de passe puis le montant de la transaction. S'il souhaite effectuer un simple achat, il doit saisir un montant supérieur ou égal au montant de la transaction. Ce montant constitue un montant cumulé et l'e-Carte Bleue peut être débitée en une ou plusieurs fois, notamment dans les hypothèses fréquentes suivantes : paiement en plusieurs fois sans frais ou livraison différée de certains articles de la commande à cause d'une rupture de stock. Ainsi, pour effectuer un abonnement, sur une durée de maximum deux ans, le titulaire saisit le montant cumulé de l'abonnement.

Le logiciel se connecte au GIE Carte Bleue qui génère un numéro temporaire de Carte Bleue crédité du montant demandé. Le client n'a plus qu'à remplir le champ du site commerçant par ce numéro temporaire de Carte Bleue. Ainsi, les chaînes de traitement informatique du commerçant restent inchangées.

Fonctionnellement, l'e-Carte Bleue constitue une autorisation de prélèvements, donnée au porteur, limitée dans le temps, sécable en plusieurs paiements par le commerçant, dont la somme cumulée des débits est plafonnée par un montant choisi par le client, et dont le bénéficiaire unique est déterminé par le commerçant qui a fait la première demande.

L'e-Carte Bleue supprime l'exposition au risque du client fraudeur. Elle limite l'exposition au risque du commerçant fraudeur au montant de l'e-Carte Bleue et limite fortement l'exposition au risque de tiers au montant de la transaction par l'e-Carte Bleue et à une remise immédiate puisque chaque ordre est à bénéficiaire unique.

Les services prépayés et les services post-payés

Le micropaiement est un moyen de paiement spécifique aux petits montants, réglementé par la directive européenne sur la monnaie électronique. La mise en œuvre d'un micro-paiement échappe au monopole bancaire. Divers opérateurs, appelés *Payment Service Provider* (PSP), peuvent proposer ce service qui concurrence la carte bancaire.

Le micropaiement s'appuie sur un compte intermédiaire du client, tenu par le PSP promoteur du moyen de paiement. Le crédit du compte se fait par un rechargement en mode prépayé ou un recouvrement en mode postpayé. Par conséquent, le micro-paiement intègre un autre mouvement de fonds assuré par un mode classique de paiement, soit par carte bancaire, soit par prélèvement automatique pour créditer le compte où est débité le micropaiement.

Trois conséquences importantes sont induites par la création de ce compte intermédiaire : ce service nécessite que le client s'y abonne pour ouvrir son compte, que le commerçant y adhère tout en sachant qu'il doit en même temps déployer d'autres solutions pour les clients qui ne sont pas adhérents, et enfin que le client recharge son compte.

L'avantage du commerçant tient à la garantie de paiement offerte par ce moyen de paiement et le transfert de la gestion du recouvrement des créances sur le PSP.

Pour le client, les avantages relèvent essentiellement de la confidentialité des échanges et de la limitation du risque de fraude au montant du solde du compte tenu chez le PSP. Le client ne donne ses coordonnées bancaires qu'à cet intermédiaire et non pas au commerçant. En outre, ces micropaiements permettent de rendre anonyme la transaction et évitent au consommateur de divulguer ses coordonnées bancaires (son numéro de carte bancaire ou son compte bancaire) lors d'une transaction de petit montant. Il peut rester ainsi discret sur la nature des sites web qu'il a visités et payés. Plusieurs PSP ont développé des moyens de paiement spécifiques. Ils sont fondés sur de la facturation postpayée ou bien prépayée.

L'*Audiotel/SMS* fait payer par un appel à un numéro surtaxé. À ce numéro surtaxé, le client demande un code confidentiel à usage unique qu'il recopie sur le site web où il doit effectuer le micro-paiement, en général pour accéder à une page privative. L'opérateur téléphonique se fait payer par son abonné et rétrocède au commerçant une partie de la facturation de l'appel. C'est une solution extrêmement efficace et rentable. Elle est très ergonomique et sa facturation est assez indolore pour le client.

Le *Kiosque* utilise la facture de l'opérateur téléphonique ou du fournisseur d'accès internet qui joue ici le rôle de PSP. Le montant payé apparaît sur la facture de l'abonné. Au moment où un client veut payer un bien ou un service, il est identifié par son adresse IP ou par son numéro de téléphone. S'il valide son choix de payer par ce moyen de paiement, et qu'il confirme son accord, le montant de son achat sera inscrit sur sa facture de télécommunication ou d'accès à Internet. Le PSP reverse ensuite sa part au commerçant.

Le principal atout de l'offre pour le commerçant est l'externalisation du recouvrement. L'inconvénient est que tous les clients n'ont pas accès au service. Pour le client, le produit est très simple d'usage, il n'a rien à saisir ni à installer et il est facturé sur sa facture mensuelle ultérieure.

Le PSP peut aussi faire payer avant l'achat sur le site web. Le service exige alors une inscription préalable des commerçants et des clients au *paiement par messagerie*. Une interface du site web du e-commerçant assure la liaison avec le PSP. Celui-ci assure un suivi en ligne des ordres et un historique des ordres passés.

Le client s'inscrit pour ouvrir son compte. Il est identifié par son adresse e-mail (pour le paiement par messagerie) ou par un identifiant (pour le porte-monnaie électronique virtuel). Ce compte doit être préalablement crédité par carte bancaire ou virement d'un montant maximal légal de 150 euros. Lorsqu'un client souhaite payer sans avoir au préalable ouvert un compte alors il est redirigé vers le service du PSP pour l'ouverture de compte en ligne.

Le client qui souhaite payer indique le montant du paiement à effectuer et l'adresse électronique de son bénéficiaire. Ce dernier reçoit un courrier électronique qui précise l'adresse Internet du site sur lequel il est invité à se rendre afin que l'argent lui soit transféré sur son propre compte. Le commerçant envoie à l'adresse e-mail du client une facture qui récapitule la nature du produit ou service vendu et son montant.

Pour le client, l'avantage fonctionnel propre à ce type de moyen de paiement consiste à l'anonymisation. Il peut se cacher derrière un nom d'emprunt. Il saisit son numéro de carte bancaire une seule fois auprès du PSP. Quelle que soit la fiabilité du site du commerçant, le client ne risque que le crédit de son compte. La garantie de paiement du commerçant découle du fait que le paiement n'est accepté que lorsque le compte du client est suffisamment créditeur.

Une autre solution prépayée consiste à acheter dans le commerce de détail une *carte prépayée* (en fait un numéro) ou un *cédérom de paiement*. Les cartes sont spécifiques à des sites web payants. Pour accéder au site, le client frappe le numéro de la carte qu'il a achetée. Un compte lui est alors attribué avec un montant initial correspondant au prix d'achat de la carte. Ses consommations sur le web lui sont alors débitées jusqu'à épuisement de son crédit. Ce principe est le même avec un cédérom qui envoie lui-même le numéro identifiant le prépaiement.

Cette solution permet un paiement totalement anonyme et sécurisé, elle est totalement indépendante. Elle est donc pertinente pour tous les services où le client préfère conserver son anonymat. Le commerçant est rémunéré par la rétrocession sur le prix de vente de la carte ou du cédérom.

La vente sur Internet se développe, vente de biens, vente de services, notamment accès à des informations, comme des fichiers musicaux. Pour ce développement, il est nécessaire d'avoir des moyens de paiement sans risque pour aucune des parties. Ces progrès ont été faits pour proposer diverses solutions. Celles-ci sont disponibles et l'expérience confirmera leurs succès.

2 Le paiement électronique par les entreprises

Les entreprises effectuent de nombreux transferts avec des particuliers : leurs employés et leurs clients. Ce sont des *transferts de masse*. Le paiement électronique entre débiteur et créditeur se matérialise alors par un mouvement financier sur le compte de la banque du débiteur et celui de la banque du créditeur.

Le virement de compte à compte est décidé par le débiteur. C'est un flux poussé. Le prélèvement automatique, le télérèglement, le paiement par carte sont des flux tirés. C'est le créancier qui est à l'origine de la transaction.

Le paiement électronique le plus ancien est le virement. *Le virement* est le mode de transfert de fond le plus utilisé. Il est initié par le payeur, par un mouvement débiteur sur son compte et un mouvement créditeur sur celui du bénéficiaire sans l'accord de ce dernier. Il est utilisé massivement pour payer les salaires, les fournisseurs et les impôts. Derrière un nom unique se cache une diversité de services : les établissements financiers distinguent les virements selon la destination domestique, européen ou international, le degré d'urgence et le montant du virement. Les virements internes à un établissement financier font seulement l'objet d'un repositionnement des comptes, les virements France sont envoyés sur le Système Interbancaire de Télécompensation pour les petits montants et sur le Transfert Banque de France pour les virements de gros montant, les virements européens sont envoyés sur l'une des chambres de compensation européenne et les virements internationaux sont envoyés par réseau SWIFT. Les virements urgents (impôts et salaires) font l'objet d'un traitement spécifique qui leur donne des droits de coupe-file ou de priorité dans les files d'attente d'exécution des traitements informatiques.

Pour le paiement des abonnements, ont été créés successivement les prélèvements automatiques et le télérèglement. L'ensemble de ces moyens de paiement est géré en centralisé par le trésorier à partir d'un système unique. Pour les grandes entreprises, les banques ont aussi créé deux services répondant à des besoins spécifiques : la carte affaires et le carte achats.

2.1 Les services d'abonnement

Les services d'abonnement constituent une situation intermédiaire entre les relations particulières entre client et fournisseur et le commerce de biens et services non récurrents. Les services d'abonnement sont au départ destinés aux grands facturiers : les opérateurs de téléphonie, de gaz, d'électricité, d'eau, les assureurs, les établissements de crédit, les impôts, les services de gestion locative, etc. Le mode d'abonnement privilégié par ces établissements est de loin le prélèvement automatique. L'administration préfère utiliser le télérèglement.

Le prélèvement automatique

Le prélèvement automatique réalise près de 50 % des collectes en volume de transaction.

L'autorisation de prélèvement est en montant et en volume le mode de débit direct le plus utilisé. Le prélèvement automatique est un moyen de paiement sur l'initiative du créancier, qui a obtenu au préalable l'autorisation permanente de son débiteur de prélever son compte. Chaque commerçant souhaitant utiliser le prélèvement automatique doit au préalable obtenir un numéro d'identification unique appelé un numéro national d'émetteur auprès de son établissement bancaire. Le commerçant doit ensuite faire signer une autorisation de prélèvement au débiteur qui renseigne les coordonnées du compte à débiter ultérieurement.

Selon le degré d'intégration souhaité par le commerçant, le service de création des remises d'ordre est plus ou moins intégré à son système d'information. Au mieux, le commerçant interface sur sa base d'abonnement de clients des bibliothèques de gestion des prélèvements automatiques qui formatent et qui envoient les remises d'ordre par échange télématique banque-clients (ETEBAC 5). Les ordres remis à la banque seront envoyés sur le SIT pour compensation. Un bon progiciel intégré est ensuite capable de traiter les prélèvements rejetés. Enfin, le service intègre un outil de *reporting* et de suivi des prélèvements. Dans une solution manuelle moins coûteuse en installation, le commerçant saisit sur Internet dans le formulaire en ligne les informations bancaires du client puis constitue la remise d'ordre et l'envoie à sa banque pour traitement. Les prélèvements rejetés sont traités à la main.

Le télérèglement

Le télérèglement est utilisé par les grands facturiers et les Services de recouvrement de l'Impôt.

La mise en œuvre des télérèglements est décrite par la circulaire de la fédération des banques française (FBF) n° 97/193 du 7 mai 1997. Chaque commerçant souhaitant utiliser le télérèglement doit au préalable obtenir un numéro d'identification unique auprès de son établissement bancaire.

Le commerçant doit faire adhérer au télérèglement le débiteur qui définit les RIB à débiter ultérieurement. Ensuite l'accord de payer est obligatoire à chaque télérèglement. Il est donné «en ligne» et simultané à la télédéclaration. Le télérèglement est d'un fonctionnement proche de l'avis de prélèvement, car il y a une adhésion préalable qui est presque identique à une autorisation de prélèvement. Il en diffère puisque l'entreprise doit confirmer son accord de payer à chaque télérèglement. Elle garde donc une certaine maîtrise du paiement. Le débiteur reçoit un accusé de réception (certificat de prise en compte de l'ordre de paiement, CPOP) pour son paiement. Comme pour le prélèvement automatique, le commerçant effectue sa remise par ETEBAC à sa banque pour recouvrement.

La collecte de la TVA s'effectue pour les grandes entreprises de plus de 15 millions d'euros de chiffre d'affaire sous forme d'un télérèglement. Cela constitue près de 50 % du volume pour un total avoisinant les 500 milliards par an.

Loin derrière ces volumes, la carte bancaire par communication du numéro de carte ou bien la carte virtuelle dynamique peuvent être utilisées pour effectuer des abonnements. Pour les abonnements de petits montants, les services basés sur la remontée en compte avec la facturation postpayée comme le kiosque fonctionnement convenablement.

2.2 La gestion centralisée de trésorerie

Depuis de nombreuses années les grands groupes internationaux ont bénéficié de services informatiques appelés gestion de trésorerie (*cash management*) leur permettant de dématérialiser le paiement de leurs fournisseurs, des salariés, réaliser les factures, d'assurer l'encaissement de leurs clients, et aussi de gérer leur trésorerie au sein des différentes filiales dans le monde et d'effectuer une centralisation de leur trésorerie. Ainsi, à partir d'un service financier central au sein d'un groupe de sociétés, le trésorier peut contrôler l'ensemble de l'activité économique des filiales du groupe.

Le service est offert aujourd'hui aux petites et moyennes entreprises qui se développent.

Les établissements bancaires et financiers proposent un produit de «cash management international» dont les fonctionnalités sont axées sur les différents virements internationaux, et un produit de «cash management domestique» qui selon les cas permet des ordres de paiement épisodiques à l'étranger. Ces produits permettent de gérer avec plus ou moins de latitude les différents moyens de paiement courants : les différents types de virements (virements domestiques de la zone euro, virements transfrontaliers, virements urgents et non urgents, virements globaux ou unitaires), les différents types de prélèvements (prélèvement automatique, télérèglement), les lettres de change relevés et les virements commerciaux…

L'entrée de gamme est constituée par un service accessible par Internet avec signature électronique des ordres de paiement. L'ensemble des opérations offertes par ce service s'effectue en ligne. Selon le logiciel de comptabilité de l'entreprise, le trésorier constitue ses ordres de paiement (par exemple au format ETEBAC) puis fait télécharger les fichiers joints par le site. En retour, à partir du site, le trésorier télécharge des extraits de compte pour mettre à jour le système informatique de comptabilité de l'entreprise.

Le haut de gamme est constitué par un service accessible par une station de travail dédiée (ETEBAC 5) interbancaire dont les ordres sont signés électroniquement. Ce service autorise le trésorier à faire la quasi-totalité des mouvements de fonds en ligne sur l'ensemble de ses comptes à l'international. Comme pour le service d'entrée de gamme, le trésorier peut constituer ses ordres de paiement à partir de son système informatique de gestion puis télétransmettre les fichiers. Le service permet la télétransmission des mises à jour de la situation de compte avec lesquels le trésorier met à jour son système informatique de gestion.

Pour les grands groupes, des produits spécifiques ont été développés afin d'avoir un lien direct entre les applications de gestion de l'entreprise et celles de la banque. La synchronisation des positions comptables est faite automatiquement.

2.3 La carte d'affaires

Le développement des services commerciaux et des partenariats d'entreprise a multiplié les frais de voyage des personnels. Les entreprises qui veulent les contrôler ont ainsi une lourde charge administrative. Pour réduire ces coûts administratifs, certaines entreprises ont demandé à leurs employés de prendre auprès de leur banque personnelle une *carte d'affaires*.

La carte d'affaires est une carte acceptée par l'ensemble des commerçants adhérents aux réseaux de cartes. Elle est insérée sur le terminal de paiement électronique du commerçant. La seule différence réside dans les services apportés à l'entreprise et au porteur. L'entreprise bénéfice d'un outil de surveillance de son parc de cartes d'affaires. Le porteur peut dissocier ses frais personnels des frais professionnels et il dispose d'un crédit d'un mois lui permettant de se faire rembourser par son entreprise avant de débourser ses frais.

La carte d'affaires s'adresse aux grandes et moyennes entreprises et les aide à mieux gérer les frais de déplacements de leurs collaborateurs. C'est une carte de paiement associée à des services d'assurances et d'assistances, comprenant deux relevés de compte, un pour le porteur et un pour le service comptable. Des statistiques consolidées offrent la possibilité de faire un *reporting* sur les déplacements des collaborateurs et donnent ainsi à l'entreprise une projection sur les dépenses engagées et à venir.

Une carte d'affaires plus spécifique a été développée pour les petites entreprises, les professions libérales et les indépendants pour effectuer des paiements professionnels et optimiser la comptabilité des frais de déplacements, des dépenses afférant à leur activité (achats de petits équipements, de fournitures et de services). À l'aide d'un relevé mensuel et des factures, le comptable dispose des justificatifs pour effectuer ses écritures et effectuer le remboursement au porteur de la carte. Ce système offre un gain de temps important pour les salariés nomades comme pour le comptable.

Pour caractériser la carte d'affaires, il faut mettre en avant ses trois avantages :

- le réseau d'acceptation de la carte couvre la quasi-totalité des commerces ;
- le porteur dispose d'un différé de paiement d'un mois qui lui permet de se faire rembourser par son entreprise avant d'être débité ;
- enfin, le reporting pour la comptabilité de l'entreprise comme pour le porteur assure la fluidité dans la gestion des remboursements des frais.

2.4 La carte d'achats

Pour réduire leurs coûts administratifs, certaines entreprises ont décentralisé les décisions d'achat et délégué leur paiement. Les collaborateurs locaux sont ainsi plus responsabilisés. Bien que les achats soient délégués, l'entreprise veut contrôler les dépenses. Un service spécifique répond à ces conditions, la *carte d'achats* pour les achats courants (fournitures de bureau, consommables, petit matériel, pièces de rechanges, services d'entretien ou d'intérim, travaux de reprographie ou d'imprimerie).

La carte d'achats simplifie le processus d'achat en s'appuyant sur une délégation de la « fonction achat » aux opérationnels, et allège les traitements du service des achats. De la commande, jusqu'au recouvrement en passant par la facturation, la transaction est dématérialisée.

L'activité fait l'objet d'un suivi par le service des achats dans son système informatique de gestion par une télétransmission des reportings proposés par la plate-forme de traitement monétique.

La carte d'achats s'appuie sur le principe de la *facture électronique*. Le fournisseur envoie ses factures sous forme dématérialisée, supprimant ainsi toute gestion de flux papier. La directive du 20 décembre 2001 donne un cadre souple pour la transmission de la facture électronique. Compte tenu de l'absence de format standard, la directive impose que l'émetteur recueille l'autorisation du destinataire pour mettre en œuvre la transmission d'une facture électronique et limite la mise en œuvre fonctionnelle aux seuls échanges de données informatisé (EDI) encadrés par une convention EDI et aux factures signées électroniquement au sens de la directive du 13 décembre 1999. Une signature électronique donne à ces enregistrements valeur de pièces comptables justificatives. Les enregistrements électroniques contiennent toutes les mentions obligatoires et peuvent donc remplacer les traditionnelles factures papier. Les factures dématérialisées étant éditables en cas de contrôle des services fiscaux.

Pour l'entreprise acheteuse, le règlement des achats de fonctionnement de l'entreprise allège le circuit de commande, de facturation et de règlement. Le collaborateur effectue par lui-même sa commande dans la limite du plafond et des fournisseurs autorisés et reçoit directement le produit commandé.

Le traitement comptable des achats est automatisé, et le règlement des fournisseurs est aussi automatisé avec un débit différé des opérations. L'entreprise contrôle la délégation d'achat par collaborateur en fixant des plafonds de commande par carte, et par période, d'une sélection de fournisseurs autorisés. Le système de gestion des achats automatise les enregistrements comptables, la réception de factures électroniques et le règlement. Le système de reporting offre, enfin, un pilotage des consommations.

Le fournisseur adhérant au service bénéficie d'avantages nets : la présence dans un catalogue de fournisseurs acceptant le paiement par carte d'achat fidélise attire des clients, équipés de ces cartes, et les fidéliser avec une solution adaptée à leurs attentes en termes de simplification des procédures des achats de faible montant. Les chiffres couramment admis affirment qu'environ 30 % des factures doivent faire l'objet d'une relance et les délais de paiement sont en moyenne de 70 jours. Dans ce modèle le règlement est garanti et automatique : toute commande est soumise à une autorisation auprès de la banque du porteur qui lorsqu'elle est accordée octroie de facto une garantie de recouvrement au fournisseur. La banque du fournisseur assure le recouvrement de la facture. Le service permet une émission de factures automatisée et un recouvrement par la banque après quelques jours qui suivent la remise de la transaction par virement interbancaire. Comme le fournisseur est réglé dans les jours qui suivent la commande alors que le porteur de carte bénéficie d'un différé de paiement d'un mois environ, la banque du porteur supporte le crédit entre le paiement du fournisseur et le règlement différé du client. La trésorerie du fournisseur est améliorée par la rapidité du règlement et le fournisseur externalise la gestion du recouvrement et du crédit fournisseur.

Ces deux solutions «carte d'affaires» et «carte d'achats» résolvent des problèmes administratifs des entreprises en s'inspirant des moyens de paiement électroniques destinés aux particuliers. La distinction entre les segments de marché auxquels les services sont destinés tend ainsi à perdre un peu de son sens.

Cependant, il reste des moyens de paiements électroniques tout à fait spécifiques, ceux qui fondent le système monétaire mondial, le paiement entre banques, tant au niveau national qu'en Europe et dans le monde.

3 Le paiement électronique entre banques

Les banques transfèrent entre elles des sommes considérables. Cette monnaie est complètement dématérialisé. On va d'abord décrire le système français puis le système européen vers lequel on évolue et enfin le système mondial.

Les principaux systèmes de compensation pour les transferts de masse sont au niveau français le système interbancaire de télécompensation (SIT) et la centrale des règlements interbancaires (CRI), au niveau européen le *Transeuropean Automated Real-time Gross Settlement Express Transfer System* (TARGET) et l'*Euro Clearing System* (ECS), et enfin au niveau international le réseau le plus couramment utilisé est le réseau SWIFT.

3.1 Le système interbancaire de télécompensation

Le SIT est le système français d'échange et de compensation de l'ensemble des moyens de paiement pour les paiements de masse comme pour les paiements par carte. Les volumes échangés en font l'un des tout premiers systèmes de compensation du monde : en 2003, le SIT a compensé 11,43 milliards d'opérations interbancaires, qui s'élèvent à un montant total d'environ 4 723 milliards d'euros.

Seules les banques générant un volume important sont autorisées à se connecter directement au SIT, elles sont appelées «participants directs». Les banques ne pouvant se connecter au SIT sont appelées « participants indirects». Elles passent par une banque participant direct. Le système fonctionne sur un modèle pair à pair : les banques participants directs se connectent au réseau. Les centres de traitement des banques sont interconnectés via un réseau TRANSPAC sur le centre de gestion du SIT. Les opérations sur le réseau sont gérées par le centre de gestion (disposant d'un centre de secours en cas de défaillance).

En échanges bilatéraux, les banques effectuent des demandes de compensations en effectuant une requête au centre comptable contrôlé par la Banque de France. Les compensations sont passées en écritures comptables par le centre comptable puis le résultat est notifié aux parties. Enfin, la Banque de France dans son rôle de contrôleur des institutions financières assure un contrôle comptable des échanges par une interconnexion au centre comptable.

3.2 La centrale des règlements interbancaires

Les transferts de montants supérieurs au million d'euros sont trop importants pour être traités par le SIT. La centrale des règlements interbancaires (CRI) gère deux systèmes de paiements de très gros montant : Transfert Banque de France (TBF) et Paris Net Settlement (PNS).

Transfert Banque de France (TBF) constitue le système de règlement en temps réel en France (*Real Time Gross Settlement*, RTGS). Il est connecté au niveau européen au système TARGET. Les opérations appelées virements de gros montant (VGM) sont d'un montant tel que la défaillance d'une banque constituerait un risque systémique qui pourrait créer une défaillance de plusieurs établissements financiers. Les 15000 VGM traitées par jour sont soldées transaction par transaction pour une valeur de 330 milliards d'euros.

Les VGM sont couramment constitués soit de très grosses opérations unitaires entre une banque et une entreprise cliente, par exemple, en gestion de trésorerie, en financement structuré, en fusion ou acquisition, soit la liquidation en fin de journée des soldes entre les participants du SIT Un établissement financier qui reçoit un VGM par RTGS est assuré de son caractère définitif et irrévocable ce qui le couvre du risque de crédit ou de liquidité. Par conséquent, la Banque de France tient un compte central de règlement (CCR) pour chaque participant. Les VGM ne sont exécutés que si la provision est disponible sur le compte.

Paris net settlement (PNS) ou système net protégé (SNP) permet aux participants d'effectuer des règlements nets, en temps réel. Les VGM qui passent sur PNS sont compensées et soldées en fin de journée. Seuls une vingtaine d'établissements peuvent accéder en tant que participant à PNS. Près de 35000 transactions sont compensées par jour dans PNS pour une valeur de 100 milliards d'euros.

3.3 Pan-European Automatic Clearing Houses – chambres de compensations automatiques pan-européennes: TARGET et ECS

La mise en place de l'euro a été accompagnée de la mise en place du virement européen, appelé CREDEURO ou transfert en euros afin de garantir l'efficacité des paiements intracommunautaires entre les États en euros. Deux chambres de compensations se concurrencent pour effectuer les virements en euros : TARGET contrôlé par la banque centrale européenne (ECB) et EURO 1 contrôlé par l'association des ban ques européennes (EBA).

L'ECB a mis en place TARGET en deux temps. Pour TARGET 1, elle a interconnecté au niveau européen les quinze systèmes de règlements de masse en temps réel nationaux (TBF pour la France). Puis, elle a créé pour les transferts en euros une chambre de compensation européenne appelée TARGET 2. Cette chambre a pour ambition de se substituer aux chambres de compensation nationales pour les virements nationaux en euros et les débits directs pan-européen en euros. En 2002, TARGET a traité quotidiennement plus de 250000 transactions en euros pour plus de 1500 milliards d'euros.

De son côté, l'association des banques européennes a aussi créé une chambre de compensation automatique appelée ECS (Euro Clearing System) ou EURO 1 qui concurrence TARGET. Depuis juillet 2003, la chambre de compensation EURO 1 est utilisée par ses adhérents pour les transferts en euros, essentiellement pour les transferts intracommunautaires. Elle a aussi pour ambition de traiter le futur débit direct pan-européen (PEDD).

3.4 SWIFT

SWIFT (Society for Worldwide Interbank Financial Transaction) est un groupement coopératif de droit belge dont les adhérents sont les principales banques mondiales. Elle permet l'interconnexion de plus de 7500 établissements financiers dans 200 pays. Trois catégories d'établissements bancaires peuvent participer : les banques adhérentes, les filiales des banques adhérentes et les banques non adhérentes. Les critères d'éligibilité dépendent essentiellement de la solidité financière de l'établissement. Les services accessibles aux participants dépendent de la nature de leur participation. SWIFT offre cinq fonctionnalités : la transmission de messages d'enregistrement et de transfert standard pour des instructions simples, les applications configurables pour copier des champs dans un système central, la messagerie en temps réel pour des questions réponses et des données de transaction, le transfert de fichier en temps réel pour des fichiers de paiements en bloc et le reporting, enfin la visualisation d'informations on-line.

SWIFT a fonctionné jusqu'en 2004 sur un protocole X25, puis a migré sur une infrastructure IP appelée SwiftNet. SwiftNet offre la possibilité de créer des groupes fermés d'utilisateurs (CUG, *closed user groups*). Un CUG est un groupe composé d'établissements financiers et de leurs partenaires économiques qui souhaitent bénéficier de l'infrastructure de communication et de messagerie de SWIFT pour des applications propriétaires.

3.5 Les développements européens

Le prélèvement automatique français est appelé au niveau européen «débit direct». Son fonctionnement reste national, le volume des débits directs transfrontaliers reste extrêmement bas. La Commission européenne a demandé au secteur bancaire européen de préparer la mise en place d'un système européen de «débit direct». L'harmonisation du cadre juridique des systèmes de débit direct transfrontaliers dans les États membres de l'Union européenne a fait l'objet d'une étude qui a procédé à la description de l'existant dans les différents systèmes nationaux, puis une analyse comparative des systèmes nationaux et enfin des propositions pour un cadre juridique harmonisé.

L'harmonisation européenne a une force considérable, plus de la moitié des lois et règlements français sont des transpositions de régulations prises au niveau européen. Les établissements bancaires européens sont entraînés dans une marche forcée vers le libéralisme en matière de produits financiers tirés par la

Commission européenne. La Commission a pour objectif de réaliser le SEPA (*Single Euro Payment Area*) d'ici 2010. Les impacts de ces changements seront tout à fait importants. Ce projet réglementaire d'envergure est fondé sur plusieurs actions. La Commission est en train d'établir un cadre légal pour la Communauté européenne appelé «le nouveau cadre juridique pour les paiements sur le marché intérieur» qui à terme deviendra une directive ou un règlement européen. Ce mouvement de rationalisation mené par la Commission européenne pour homogénéiser les moyens de paiements dématérialisés en Europe va précipiter la disparition dans les dix ans à venir des moyens de paiements français (ADP, TIP, TEP, lettre de change) qui iront fusionner avec les moyens de paiement de base pan-européens: le transfert européen (appelé aussi virement européen), le débit direct paneuropéen (appelé en France le prélèvement automatique), et le système monétique de la carte de crédit et de débit.

La naissance de la Banque centrale européenne a recentré l'activité de la Banque de France sur les questions d'organisation et de surveillance et de sécurisation des activités bancaires. Le partage des rôles entre la Banque centrale européenne (BCE) et les banques centrales nationales (BCN) est spécifié dans le Système européen des banques centrales (SEBC). Ce système a été mis en place par le traité instituant l'Union européenne. Les pouvoirs attribués à la BCE et aux BCN découlent de l'article 22 des statuts du SEBC: «*la BCE et les banques centrales nationales peuvent accorder des facilités, et la BCE peut arrêter des règlements, en vue d'assurer l'efficacité et la solidité des systèmes de compensation et de paiement au sein de la Communauté et avec les pays tiers*». L'adaptation du statut de la Banque de France au traité s'est fait en deux temps: la loi n° 93-980 du 4 août 1993 fixa le statut de la Banque de France, son activité et le contrôle des établissements de crédit; la loi n° 98-357 du 12 mai 1998 modifia le statut de la Banque de France en vue de sa participation au Système européen de banques centrales. Depuis l'ordonnance 2000-1223 du 14 décembre 2000, la mission de la Banque de France est stipulée à l'article L. 141-1 du code monétaire et financier: «*La Banque de France fait partie intégrante du Système européen de banques centrales, institué par l'article 8 du traité instituant la Communauté européenne, et participe à l'accomplissement des missions et au respect des objectifs qui sont assignés à celui-ci par le traité». Deux des axes de la Banque de France (BDF) portant sur la surveillance concernent les systèmes de paiement et les instruments de paiement. L'article L. 141-4 précise: «La Banque de France veille au bon fonctionnement et à la sécurité des systèmes de paiement dans le cadre de la mission du Système européen de banques centrales relative à la promotion du bon fonctionnement des systèmes de paiement prévu par l'article 105, paragraphe 2 du traité instituant la Communauté européenne*».

Les établissements bancaires ont consolidé leur savoir-faire, et cherchent maintenant à renforcer leur position. Les prestataires informatiques et les opérateurs de téléphonie recherchent la rentabilisation de leurs investissements informatiques par la création de nouveaux marchés: ils essaient de rentrer dans le marché des banques en bénéficiant de la dérégularisation imposée par la Commission européenne pour casser le monopole bancaire dans deux marchés: l'acquisition électronique d'ordres de paiements et la création de la monnaie électronique.

En effet, en plus des établissements financiers, la directive européenne sur la monnaie électronique autorise et réglemente l'activité de deux autres types d'établissements: les *Payments Service Provider* (PSP) qui sont des établissements spécialisés dans l'acquisition et les établissements de monnaie électronique qui sont autorisés à émettre de la monnaie électronique. Leurs conditions d'exercice sont plus souples que celle d'établissement financier.

4 Conclusion

Derrière l'unicité de la monnaie métallique ancienne, était cachée une multitude de pièces, d'or, d'argent et d'autres alliages. Avec la monnaie papier, la multitude des «valeurs faciales» constituait aussi une pluralité dans un système théoriquement uniforme. Aujourd'hui, la monnaie se dématérialise par le paiement électronique. Mais il y a toujours plusieurs systèmes qui cohabitent.

Ces moyens de paiement méritent d'exister parce que chacun se spécialise sur un créneau où il dispose d'avantages pour ses utilisateurs. Ces niches de spécificité s'expriment en termes de:

- sécurité pour chacun des partenaires;
- contact à distance ou en présentiel;
- montant;
- régularité des paiements;
- délais de réalisation;
- charge administrative pour les partenaires.

La charge administrative pour les entreprises dépend de l'intégration possible du moyen de paiement avec les logiciels de gestion: comptabilité et gestion budgétaire notamment.

Un moyen de paiement nouveau rencontre le succès quand il est reconnu par une grande population d'acheteurs et un grand nombre de vendeurs. Tout moyen de paiement suppose un investissement, un engagement de ses usagers, un apprentissage. Ceux-ci ne peuvent l'adopter que s'ils espèrent couvrir ainsi une grande proportion de leurs besoins, sans effort.

	Millions d'opérations	Milliards d'euros	Paiement moyen en euros
Pièces et billets	15000	160	11
Paiements par cartes	3657	189	52
Retraits DAB	686	47	69
Prélèvements et	1600	472	295
Titres interbancaires	114	47	412
Autres opérations	114	47	412
Chèques	3430	2031	592
Virements	1715	1464	854
Lettre de change	114	425	3728
Total	11430	4723	413

Tableau 1 Les usages des moyens de paiement en 2003 en France

Au total, en France, le montant des échanges dématérialisés à travers les systèmes de compensation s'élève à environ 350 milliards d'euros par jour, soit 26 % du produit intérieur brut. Ce sont les banques et les grandes entreprises qui assurent l'essentiel de ce trafic en montant des transactions et les particuliers qui réalisent plus de 60 % en volume des transactions électroniques. L'usage des billets et des pièces diminue à moins de 3 % des transactions en montant mais représente à lui seul toujours plus de 50 % du volume des paiements, tous types de moyen de paiement confondus. Pourquoi ? Certaines propriétés de la monnaie fiduciaire restent difficiles à obtenir par un paiement électronique : l'immédiateté, et surtout l'anonymat.

Bibliographie

Cambier, V. (1998), «L'authentification du consentement du consommateur dans les paiements électroniques». *Revue européenne de droit de la consommation,* n° 3, p. 171-186.

CFONB (2000), *L'avis de Prélèvement,* Association Française des Banques diffusion.

CFONB (2000), *Le Télérèglement,* Association Française des Banques diffusion.

CFONB (1997), *Le TIP,* Association Française des Banques diffusion.

Directive 2000/46/CE - Directive du Parlement européen et du Conseil du 18 septembre 2000 concernant l'accès à l'activité des établissements de monnaie électronique et son exercice ainsi que la surveillance prudentielle de ces établissements - Journal officiel des Communautés Européennes n° L 275 du 27/10/2000 p. 0039 – 0043

Espagnon M. (1999), «Le paiement d'une somme d'argent sur internet: évolution ou révolution des modes de paiement». *Jurisclasseur périodique (Semaine juridique).*

Karpik, L. (1996), «Dispositifs de confiance et engagements crédibles». *Sociologie du travail,* n° 4, 527-550.

Khalil, L. (2005), «Use of Electronic Identity Card in the private sector», *Proceedings of CSES 2004, 2nd International Workshop on Certification and Security in Inter-Organizational E-Services,* World Computer Congress, Aug. 22-27, 2004, Toulouse, France, IFIP International Federation for Information Processing.

Khalil, L. (2003), «Enjeux de l'acte authentique électronique». *Colloque sur l'Acte authentique du 17-18 octobre 2003 - Université de La Rochelle,* Droit In Situ éd.

Khalil, L. (2003), «Signature électronique: certificats qualifiés "publics" ou certificats qualifiés "privés"», *Communication et commerce électronique,* n° 4, page 11.

Khalil, L. (2002), *Signature électronique : le cadre juridique d'une autorité de certification bancaire.* ANRT ed.

Leclercq, P., Khalil, L. (2004), «La confiance est-elle enfin possible dans les moyens de paiement en ligne», *Communication et commerce électronique,* n° 12, page 40.

Loi n° 93-980 du 4 août 1993, Loi relative au statut de la Banque de France et à l'activité et au contrôle des établissements de crédit, *Journal Officiel de la République Française* du 6 août 1993

Loi n° 2001-1062 du 15 novembre 2001 relative à la sécurité quotidienne, *Journal Officiel de la République Française.* du 16 novembre 2001

Loi n° 98-357 du 12 mai 1998 modifiant le statut de la Banque de France en vue de sa participation au Système européen de banques centrales, *Journal Officiel de la République Française,* n° 110 du 13 mai 1998.

Lorentz E. (1982), «Confiance, contrats et coopération économique», *Sociologie du Travail,* 4, 487-508.

Lucas de Leyssac, Cl., Lacaze X. (2001), «Le paiement en ligne», *Jurisclasseur périodique (Semaine juridique),* n° 10, p. 477.

Observatoire de la sécurité des cartes de paiement (2004), *Rapport Annuel, exercice 2003,* Imprimerie Banque de Franceil.

Ordonnance 2000-1223du 14 décembre 2000, *Journal Officiel de la République Française,* 16 décembre 2000.

Externalisation des systèmes d'information

Dominique Geyer

Mots-clés : infogérance, sous-traitance, externalisation, impartition, *outsourcing*, *facilities management*.

Résumé : l'externalisation des systèmes d'information (ESI) recouvre des réalités variées et complexes. Qu'est-ce que l'ESI? S'agit-il d'un phénomène nouveau? Quelles sont les origines et les formes de l'ESI? Pourquoi les firmes externalisent-elles tout ou partie de leur fonction système d'information? Quels sont les avantages et les risques de l'ESI? Comment gérer la relation d'ESI? L'objectif de ce chapitre est de répondre à ces questions.

Pour le verbe externaliser, le *Larousse* précise: «Pour une entreprise, confier une partie de sa production ou de ses activités (comptabilité, gardiennage, etc.) à des partenaires extérieurs». Le phénomène de l'externalisation concerne l'ensemble des fonctions de l'entreprise et la multitude d'articles scientifiques, de livres et de journées d'étude démontrent l'intérêt des chercheurs et des praticiens. L'externalisation de système d'information (ESI) n'est pas un phénomène nouveau. En effet, dès 1963, Ross Perot, fondateur de Electronic Data Systems (EDS), signe un contrat avec la firme Blue Cross de Pennsylvanie pour la gestion de ses traitements de données. Ce contrat est toutefois atypique car c'est la première fois qu'une firme transfère tout un département informatique à une société tierce et EDS a pris la responsabilité de ses informaticiens. EDS est devenu rapidement un acteur majeur sur le marché de l'ESI.

La définition, les formes et les origines de l'ESI sont traitées dans la première partie. Après la définition de ce concept, il se pose naturellement la question de son explication: pourquoi les firmes font-elles appel à l'ESI? Quels sont les déterminants de l'ESI? Trois approches sont généralement mobilisées pour expliquer ce phénomène: l'approche économique de la théorie des coûts de transaction, l'approche stratégique et les théories politiques. Ces trois référentiels théoriques feront l'objet de la seconde partie. La troisième partie sera consacrée aux avantages et aux risques de l'ESI. En effet, si les avantages font l'objet de nombreux développements dans la presse informatique, l'externalisation est également une opération risquée. Après la question pourquoi externaliser, il convient de se poser la question du comment externaliser. Une opération d'ESI réussie est généralement une opération qui a évité les risques inhérents à ce type de relation d'échange. Dans la gestion de la relation d'ESI, on distingue trois périodes: la phase de recherche du prestataire informatique, la phase de mise au point du contrat, la gestion de la relation d'échange à long terme. Une conclusion viendra clôturer cette présentation de l'ESI.

1 Principes de l'ESI

1.1 Les origines de l'ESI

Le fait d'externaliser tout ou partie de sa fonction système d'information n'est pas en soi un phénomène nouveau car toute firme fait appel à des prestataires extérieurs. Si l'histoire de l'informatique dans l'entreprise est une histoire de quelques dizaines d'années seulement, elle est déjà très riche et a constamment modifié la structure et le rôle de la fonction système d'information. Les différentes époques de l'informatique en entreprise permettent de retracer l'évolution de l'ESI jusqu'à ses formes modernes.

Dans les années soixante, les systèmes informatiques sont chers et donc réservés aux très grandes entreprises. En outre, ces systèmes nécessitent un environnement particulier car le matériel est très encombrant. Les informaticiens apparaissent comme les membres d'une caste d'experts. Ainsi, le recours à des prestataires externes est un moyen d'éviter des investissements prohibitifs afin de procéder à des traitements de grandes masses de données. C'est également à cette époque qu'on voit apparaître les premières applications standard.

Alors que dans les années soixante, c'est le coût prohibitif du matériel informatique qui est à l'origine de l'ESI, les années soixante-dix pose le problème du coût de développement des logiciels. Étant donné les demandes croissantes des applications en informatique et le manque de personnel qualifié, le recours à des prestataires extérieurs est de plus en plus utilisé afin de développer des applications spécifiques.

Les années quatre-vingt marquent l'avènement de la micro-informatique qui s'introduit dans l'ensemble des fonctions de l'entreprise. La ressource informatique devient accessible aux entreprises de toute taille et de tout secteur d'activité. L'entreprise compose sa propre infrastructure informatique en achetant du matériel, des logiciels et système de communication. Face à l'incessant changement des technologies, se fera bientôt sentir la nécessité d'une intégration des systèmes d'information.

Pendant les années quatre-vingt-dix, l'informatique se banalise ; les informaticiens collaborent de plus en plus étroitement avec les utilisateurs. L'époque où la direction informatique se comportait comme un monopole et décidait unilatéralement sans se soucier de l'utilisateur est bien révolue. La fonction système d'information devient un centre de gestion comme les autres et doit répondre aux impératifs de performance imposés par la direction générale. Étant donné la complexité de la ressource informatique et la recherche de flexibilité, l'externalisation devient un outil indispensable pour le directeur informatique ; les formes de l'ESI se multiplient et le phénomène prend de l'ampleur.

1.2 Définition et formes d'ESI

L'externalisation de système d'information (ESI) signifie confier à un prestataire externe les ressources physiques et/ou humaines de tout ou partie du système d'information de l'entreprise. Cette externalisation peut être définitive ou temporaire. Dans certains cas particuliers, lorsque la firme externalise complètement sa fonction informatique, il y a filialisation, qui est un cas particulier d'ESI. Ainsi, en 1984, la société EDS, créée aux États-Unis par Ross Perot et initialement orientée vers l'informatique administrative et hospitalière est devenue la plus grande société de services informatiques du monde en reprenant l'informatique de gestion de General Motors. Simultanément, elle est devenue filiale de ce constructeur automobile. Certes, la filialisation est une modalité très particulière de l'externalisation de la fonction système d'information. Certains désignent ce phénomène sous l'expression d'*in-house outsourcing*. Cependant, on ne peut pas dissocier cette forme particulière de l'ESI car la prise de participation n'est pas définitive. Ainsi, en 1995, EDS est devenue indépendante vis-à-vis de General Motors. Cette dernière estimait qu'il n'était plus nécessaire pour un grand groupe de posséder sa propre société de services informatiques. La prise de participation n'est pas nécessairement de 100 %, elle peut être moindre. Cette pratique peut-être qualifiée de quasi-externalisation (Geyer, 1996) par rapport au concept de quasi-intégration proposé par Blois (1972). Ce dernier utilisait ce terme lorsqu'une firme, dans certaines situations, recherche les avantages de l'intégration verticale tout en essayant d'éviter les inconvénients de la propriété inhérente à la situation d'intégration verticale. Dans le cadre de la quasi-externalisation, l'entreprise recherche les avantages de l'externalisation tout en cherchant à éviter les risques inhérents à une telle pratique. Cette position est bien compréhensible dans la mesure où la quasi-externalisation concerne généralement la fonction système d'information complète ; ce qui est bien entendu une situation très risquée. En outre, la filialisation peut être un moyen de prendre pied sur le marché de l'externalisation.

Il est judicieux de compléter cette définition par une taxonomie proposée par Lacity et Hirscheim (2001). Cette dernière qui distingue l'externalisation sélective de l'externalisation totale démontre bien que la problématique pour l'entreprise n'est pas de savoir s'il faut tout externaliser ou non, mais plutôt comment gérer la gouvernance du système d'information de l'entreprise afin que ce dernier réponde de manière optimale aux besoins exprimés. Or, la réponse à cette question n'est pas dichotomique et le problème consiste plutôt à tracer la frontière de la fonction système d'information de manière optimale. En d'autres termes, il se pose la question de son périmètre : que faut-il faire et que faut-il faire faire ? Ainsi, Lacity et Hirscheim (2001) distinguent trois modalités de gouvernance du système d'information :

- l'*externalisation totale* : c'est la décision de transférer à un prestataire tout ou partie des infrastructures de la fonction système d'information, ce transfert représentant plus de 80 % du budget de la fonction système d'information ;

- l'*internalisation totale*: dans ce cas, plus de 80 % du budget est consacré à des prestataires internes ;
- l'*externalisation sélective*: il s'agit d'une situation intermédiaire entre les deux extrêmes ci-dessus puisque 20 à 80 % du budget est consacré à un ou plusieurs prestataires externes.

Concernant les formes de l'ESI, il n'existe pas de typologie définitive et les formes de l'ESI évoluent ; plusieurs propositions ont été faites.

Dans le cadre de leur étude, Loh et Venkatraman (1992a) ont dégagé les formes suivantes : la fonction informatique complète, le développement d'applications, les réseaux, le design de système, l'intégration de système, le parc micro-informatique et l'exploitation des machines.

Lacity et Hirscheim (1993a) ont proposé la taxinomie suivante :

- *l'externalisation ponctuelle*: l'externalisation est utilisée par le management afin de répondre à la demande à court terme. Un exemple fréquent est l'utilisation de contrat de programmeur pour le développement d'une application ;
- *l'externalisation de projet*: la direction externalise un projet particulier. L'appel à un prestataire externe pour développer un nouveau système, la maintenance d'une application existante, une formation du personnel ou le management d'un réseau sont des exemples. Dans ce cas, le prestataire est responsable du management et de l'accomplissement de la tâche ;
- *l'externalisation totale*: le prestataire a la responsabilité de tout ou partie des infrastructures informatiques (matériels et/ou logiciels) de la société cliente. L'exploitation des ordinateurs, les télécommunications ou la fonction système d'information complète en sont des exemples.

La multiplicité des taxonomies proposées montre que les formes de l'externalisation ne sont pas figées dans le temps. Il est donc important de tenir compte de la dimension dynamique du phénomène.

1.3 **L'ESI est-il un phénomène nouveau ?**

La question de la nouveauté de l'ESI est lancinante dans les débats des chercheurs. Quelles sont les différences entre l'ESI et la sous-traitance ? S'agit-il de deux concepts différents ? Il y a deux approches : la première consiste à dire que l'externalisation n'est pas un phénomène nouveau ; en d'autres termes, on utilise des mots nouveaux pour désigner des pratiques anciennes. Une entreprise ne peut pas tout faire elle-même ; elle fera forcément appel à des prestataires extérieurs. Ainsi, une entreprise comme General Motors a plusieurs dizaines de milliers de sous-traitants. Confier une activité à un prestataire extérieur n'est pas une nouveauté. La nouveauté ne réside pas dans le fait de confier une activité à un prestataire externe car la problématique de faire ou de faire faire n'est pas nouvelle. La nouveauté réside ailleurs :

La relation est nouvelle juridiquement

Le contrat d'ESI est un contrat particulier exigeant la compétence de juristes pointus et faisant l'objet de publications juridiques spécialisées (Bensoussan, 1994). La nature de la relation oblige à créer de nouvelles structures. De nouveaux organes comme le comité de pilotage et le comité stratégique sont créés. Ceux-ci n'ont aucun équivalent pour d'autres opérations de sous-traitance. Cela implique une redéfinition des rôles de la direction informatique et du prestataire. Ce dernier n'est pas un sous-traitant parmi d'autres ; il devient un partenaire à part entière.

L'ampleur du phénomène est nouvelle

Sans doute la période actuelle est-elle particulièrement favorable à de vastes mouvements d'externalisation. On peut comparer les mouvements de la frontière de la firme à un balancier. Dans un premier temps, les firmes se sont développées et ont crû très rapidement. Dans un deuxième temps, une vague d'externalisations vient contrebalancer le premier mouvement. Il est probable que certaines firmes abusent de l'externalisation et soient obligées de procéder à la réintégration d'activités hâtivement externalisées. La ressource informatique présente une caractéristique nouvelle car parfois les prestataires informatiques sont délocalisés dans des pays à faible coût de main-d'œuvre. L'Inde est devenue une destination privilégiée dans le domaine des services informatiques. Disposant d'une main-d'œuvre qualifiée, abondante, bon marché et anglophone, de nombreuses entreprises comme IBM, Microsoft, Intel, Oracle, etc. se sont implantées en Inde.

Les périmètres d'externalisation sont nouveaux

Certaines opérations d'ESI apparaissent à un moment donné comme atypiques et soulèvent l'attention des acteurs économiques qui s'interrogent : s'agit-il d'une nouvelle mode ou est-ce une nouvelle opportunité à ne pas laisser passer ? Ainsi, en juillet 1989, la société Kodak a externalisé l'exploitation de l'ensemble de ses centres informatiques. Ils ont été repris par IBM. Ce contrat se singularise par quatre caractéristiques : l'importance des sociétés en présence (Kodak et IBM), l'ampleur du périmètre d'externalisation (quatre centres informatiques), le transfert de trois cents employés Kodak chez IBM et une économie de coût substantielle.

2 Les déterminants de l'ESI

Il n'existe pas stricto sensu de théorie de l'externalisation. Les référentiels théoriques qui sont mobilisés *ad hoc* pour expliquer l'ESI ont donc des origines variées. Cependant, trois approches sont souvent utilisées : la théorie des coûts de transaction, la théorie des ressources et les théories politiques s'intéressant aux comportements des acteurs (effets de mimétisme, jeux politiques). Ces approches ne s'opposent pas car elles sont souvent utilisées conjointement dans les études empiriques.

2.1 L'approche économique des coûts de transaction

La notion de coût de transaction est particulièrement utile pour expliquer les mouvements de la frontière de la firme. Dans son célèbre article de 1937, R.H. Coase est à la recherche d'une nouvelle théorie de l'intégration. Il pose quatre fondements qui seront largement développés par l'un de ses plus fervents admirateurs O.E. Williamson :

- le choix de la transaction comme unité d'analyse ;
- le concept de coût de transaction ;
- la distinction entre l'allocation des ressources à l'intérieur de la firme et celle à travers le marché ;
- la comparaison entre le coût d'organisation à l'intérieur de la firme et le coût d'organisation de la transaction sur le marché.

L'analyse de Coase a profondément renouvelé l'étude de l'intégration verticale, mais c'est O.E. Williamson qui va opérationnaliser les variables. Selon cet auteur, la question centrale est de savoir comment les managers vont gérer les différentes activités de la firme. En effet, selon Williamson (1991), une activité peut être gérée selon trois modes d'organisation : le marché, le mode hybride et la hiérarchie. Ces trois modes d'organisation se distinguent entre eux par différents mécanismes de contrôle et de coordination et par des aptitudes différentes à s'adapter aux perturbations. En outre, un certain type de structure juridique correspond à chaque mode selon la classification suivante :

- le contrat classique concerne la transaction de marché. Dans cette dernière, l'identité des partenaires de la transaction n'a aucune importance ; il n'y a guère de problème d'opportunisme dans ce type de relation car on peut facilement rompre la transaction et la remplacer par une autre avec des coûts négligeables ;
- le contrat néoclassique : dans cette relation, les cocontractants disposent encore d'une certaine autonomie, mais ils sont interdépendants. On est dans le cadre des modes hybrides d'organisation comme par exemple, le contrat à long terme, la franchise, etc. Ce type de contrat résiste bien à certaines perturbations, mais quand les coûts d'adaptation deviennent prohibitifs, il faut recourir au dernier type de contrat ;
- le contrat relationnel : ce dernier mode d'organisation concerne la hiérarchie. Il est sans aucun doute le plus élastique et résiste le mieux aux perturbations. Dans ce dernier cas, on est dans une relation très personnalisée où les caractéristiques et les originalités de chacun des partenaires sont importantes. C'est bien entendu le cadre de la hiérarchie.

Pour savoir quel est le mode d'organisation optimal pour les différentes activités de la fonction système d'information, le manager doit faire son choix en fonction de trois attributs fondamentaux de chaque mode d'organisation. La spécificité des actifs est sans aucun doute le déterminant central. L'incertitude et la difficulté de mesure sont les deux autres déterminants.

Le degré de spécificité des actifs influence l'importance des coûts de transaction au sein de la relation d'échange. Cette notion renvoie au degré auquel un actif peut être redéployé au sein d'une autre relation d'échange sans perte de valeur. Plus cette spécificité est élevée, moins l'actif a de valeur dans une autre transaction. Dans le cadre des systèmes d'information, cela concerne des infrastructures physiques et/ou humaines qui sont très spécialisées ou spécifiquement dédiées à l'entreprise. C'est le cas, par exemple, d'un logiciel spécialement développé par une organisation. Mais cela concerne aussi une compétence professionnelle ou un savoir-faire acquis après plusieurs années de pratique et/ou de formation. Cependant, un savoir-faire n'est pas nécessairement particulier.

Lorsqu'une relation d'échange met en œuvre des actifs très spécifiques, la théorie des coûts de transaction montre qu'il y a un risque de comportement opportuniste. En d'autres termes, la firme client est exposée à un risque d'expropriation opportuniste (Klein, Crawford et Alchian, 1978). L'une des parties va tricher, mentir ou ne pas fournir toute l'information afin de bénéficier d'une rente. Afin de se prémunir contre ce type de comportement, la firme doit mettre en place une structure de contrôle permettant le respect des intérêts des différentes parties de la transaction.

La théorie des coûts de transaction est très souvent utilisée dans les travaux relatifs à l'externalisation. Elle suscite cependant certaines critiques. Cette théorie se focalise trop sur les attributs de la transaction et néglige l'environnement de la transaction. En cas de forte spécificité des actifs, de forte incertitude, la théorie préconise la hiérarchie comme structure la plus efficace afin de faire face à des adaptations coûteuses.

Or des sociologues comme Granovetter (1985) montrent que le partage de certaines valeurs (confiance, coopération) permet de combattre efficacement les risques de comportement opportuniste.

D'autre part, l'influence de l'environnement de la transaction peut être très subtile. Dans le cadre d'une enquête postale menée auprès de cent soixante entreprises françaises et allemandes (Geyer, 1996), on a constaté que la structure de la firme et le cadre juridique d'un pays influençaient le comportement d'externalisation. Ainsi, les firmes fortement structurées externalisent leurs systèmes d'information plus facilement. En outre, des différences dans les législations sociales et commerciales, des facteurs culturels impliquent des différences dans les pratiques d'externalisation des firmes françaises et allemandes. Des relations employeur-employé plus consensuelles en Allemagne, des syndicats allemands plus puissants, des lois favorisant la cogestion allemande font que les entreprises françaises ont plus tendance à procéder à des externalisations comportant des réductions de personnel que les entreprises allemandes. Enfin, des caractéristiques propres à l'économie allemande (présence des *konzerns*) font que les entreprises allemandes ont plus tendance à procéder à des quasi-externalisations que les entreprises françaises.

Une autre critique traditionnelle de la théorie des coûts de transaction est sa dimension atemporelle; dans ce corpus, la firme semble dépourvue de toute histoire et on se croirait face à un algorithme se fondant sur le degré de spécificité des actifs et indiquant automatiquement la structure de gouvernance adéquate: marché, hybride ou hiérarchie. L'approche stratégique pallie ce défaut indéniable de l'économie des coûts de transaction.

2.2 L'approche stratégique

Alors que la théorie des coûts de transaction a une portée essentiellement explicative, l'approche stratégique s'intéresse à l'externalisation en tant qu'outil. L'objectif du management stratégique est de savoir comment la firme peut atteindre et conserver un avantage concurrentiel. Afin d'atteindre cet objectif, la firme peut se servir de l'externalisation. Un concept central dans cette approche est le cœur stratégique (*core competences*). L'idée de base est que la firme doit consacrer ses ressources à son cœur stratégique et externaliser les autres activités. Ainsi, par exemple, dans les années quatre-vingt-dix aux États-Unis, la banque Continental a procédé à de nombreuses externalisations de services comme la cafétéria et les services juridiques (Hubert, 1993). La banque connaissait une crise importante et avait besoin de liquidité. Le fait d'étendre aux services informatiques le slogan «nous sommes des banquiers, pas des spécialistes de la cafétéria ou des services juridiques» était un pari risqué qui a cependant permis à la banque d'économiser 10 millions de dollars.

La théorie de la ressource insiste sur le rôle déterminant de la dimension interne de l'entreprise. Ce sont donc les ressources et actifs stratégiques qui sont à l'origine de la performance de la firme. Barney (1991) les définit comme «tous les actifs, capacités, processus organisationnels, attributs de la firme, informations, savoir contrôlés par une firme qui lui permettent de concevoir et de mettre en œuvre des stratégies susceptibles d'accroître son efficacité et son efficience.». Il distingue quatre types d'actifs: les ressources en capital physique, les ressources en capital humain, les ressources en capital organisationnel et les ressources en capital financier. Afin d'atteindre un avantage concurrentiel durable, Barney souligne que la ressource doit être rare, imparfaitement imitable et difficilement substituable. Dans le cadre de la fonction système d'information, les progiciels et le matériel informatique sont des actifs physiques qui n'entrent pas dans cette définition de Barney car ils peuvent être achetés sur un marché (Clemons et Row, 1991).

Si la règle de décision «externaliser les activités qui ne font pas partie du cœur stratégique» est difficilement contestable, le nœud du problème est de savoir ce que recouvre la notion de cœur stratégique. Certains auteurs tels O.E. Williamson souligne le caractère tautologique de cette approche. La multiplicité des approches – *Resource-Based-View*, *Knowledge Based View* et *Competence Based View* – pose un problème de cohérence du corpus théorique. Ce problème est accentué par la multiplicité des concepts proposés: on parle tantôt de savoir-faire, de compétences, de cœur stratégique ou actifs stratégiques. Outre le lancinant problème de mesure de ces concepts, il y a un risque certain d'étiolement.

2.3 Les approches politiques

Afin d'expliquer le phénomène de l'ESI, une troisième série de facteurs concernant le comportement des acteurs est invoquée: le mimétisme et les jeux politiques. L'imitation a sans aucun doute joué un rôle-clé dans la diffusion du phénomène de l'ESI. L'étude du comportement d'imitation peut se faire à deux niveaux: l'entreprise et une population d'entreprises. La firme essaye généralement l'outil stratégique sur une activité particulière. Le succès de l'opération permet une réduction rapide des coûts qui accroît la compétition de la firme. Face à ce premier succès, la firme cède à la mode du recentrage sans se soucier des conséquences à long terme. Bettis, Bradley et Hamel (1992) estiment que le mauvais usage de l'externalisation joue un rôle important dans la perte de compétitivité des firmes occidentales. Cette note discordante tranche singulièrement avec les publications professionnelles voire académiques vantant les mérites de l'*outsourcing*.

Loh et Venkatraman (1992b) ont expliqué la diffusion du phénomène de l'ESI par le comportement d'imitation. Ils observent cela sur soixante contrats signalés dans la presse spécialisée. Ils notent également l'importance d'un contrat particulier, celui entre IBM et la société Kodak, qui a joué le rôle d'accélérateur dans la diffusion de l'innovation. Cette tendance de l'organisation à copier d'autres organisations est une réponse à l'incertitude. Dans une situation de crise, l'organisation copie telle ou telle pratique afin de dupliquer les avantages s'y rattachant.

Outre le mimétisme, les jeux de pouvoir sont inhérents dans un processus d'ESI. La théorie du pouvoir considère la firme comme une coalition politique. Les intérêts divergents à l'intérieur de la firme concourent à la création de groupements d'intérêts. Si un conflit surgit, la résolution sera obtenue en considérant le pouvoir des différentes parties. Ainsi, la fonction système d'information disposant d'un certain pouvoir tend à conforter voire à étendre son pouvoir. En cas de restructuration, de réduction de budget dû à une rationalisation, le pouvoir de la fonction informatique se réduit. Généralement, plus le département informatique est puissant, plus il s'oppose à l'ESI.

En outre, il ne faut pas négliger la dimension politique dans le cadre du processus décisionnel d'externalisation. En effet, lorsque l'externalisation risque de redistribuer les pouvoirs, des conflits peuvent surgir entre la direction générale et la direction informatique. Ainsi, dans le cadre de l'étude de Geyer (1996), de tels jeux politiques ont été mis en évidence. Lorsque la direction générale prend la décision seule, l'ESI est rejetée dans 17 cas et acceptée dans 26. Quand la direction informatique seule examine la décision, 31 cas sur 40 aboutissent à un rejet. Lorsque le couple direction générale/direction informatique prend la décision en concertation, une majorité de cas aboutit à l'externalisation (13 cas sur 20).

3 Les conséquences de l'ESI

L'outil stratégique de l'externalisation comporte un certain nombre d'avantages et de risques pour l'utilisateur qui ne sont pas systématiquement intégrés dans les théories précitées.

3.1 Les avantages de l'ESI

Les différents motifs, qui incitent une entreprise à externaliser, ne doivent pas être appréhendés de manière isolée car ils sont liés les uns aux autres. D'autre part, dans le cadre d'une opération d'ESI, tous les motifs ne sont pas systématiquement recherchés. De même, ces motifs doivent toujours être rapprochés des effets réels de l'opération car cette comparaison des motifs avec les effets réels permettra de juger de l'échec ou de la réussite de l'opération. Il convient également de relativiser les présentations de la presse spécialisée qui donnent souvent une vision trop optimiste. Cette vision biaisée s'appuyant sur des succès spectaculaires ne doit pas faire oublier que l'ESI est une opération risquée. Ces sources d'information ne révèlent que très rarement les cas de défaillance. En outre, les sociétés qui ont échoué leur opération d'ESI font rarement de la publicité.

Quatre motifs sont traditionnellement évoqués pour justifier le choix d'ESI.

La réduction des coûts

Cet argument est naturellement le motif favori des prestataires informatiques. L'opération d'ESI s'accompagne souvent, mais non systématiquement, d'une réduction sensible du budget de la fonction système d'information. Cet argument est souvent mis en avant par la presse spécialisée. Ce motif est bien sûr illustré par l'approche de l'économie des coûts de transaction (minimisation des coûts de production et des coûts de transaction). Plusieurs faits sont à l'origine de cette réduction des coûts. Par une mutualisation des moyens, les prestataires peuvent amortir des investissements lourds et des compétences pointues. En outre, l'opération d'ESI peut s'accompagner de réduction du personnel (licenciement, transfert vers le prestataire informatique). Dans une étude menée auprès de 243 banques américaines, Ang et Straub (1998) ont montré que la comparaison entre les coûts internes et les prix proposés par le prestataire était un élément discriminant dans le choix d'externalisation.

L'amélioration de la performance des systèmes d'information

Ce motif est très lié au précédent. Les prestataires informatiques sont des spécialistes et ils savent donc mieux mesurer les consommations des SI car ils disposent des instruments de mesure adaptés qu'ils utilisent continuellement. Le défaut de contrôle est sans aucun doute une des raisons majeures de la progression des dépenses informatiques. L'ESI permet une meilleure mesure de la performance de l'informatique. Grâce à un comité de pilotage réunissant le client et le prestataire, l'évolution des dépenses informatiques est soumise à une surveillance plus stricte et plus efficace. La performance des systèmes d'information est donc tout naturellement améliorée.

L'externalisation est souvent conçue comme une réponse à un mauvais fonctionnement des systèmes d'information. Dans le cadre d'une série d'études de cas, Lacity et Hirschheim (1993b) soulignent que ce motif est cité en premier par les managers. Les auteurs précisent cependant que l'efficience de la fonction système d'information est une perception pour les managers. En d'autres termes, il existe rarement une mesure objective de l'efficience de cette fonction et les managers envisagent souvent l'externalisation comme une réponse à la mauvaise efficience.

L'amélioration de la flexibilité et de la réactivité

Lorsqu'une entreprise confie tout ou partie de ses infrastructures informatiques à un prestataire extérieur, elle libère des capitaux pour des usages alternatifs. Outre la réduction des coûts, il y a également un changement concernant la structure des coûts car l'externalisation permet dans une certaine mesure à l'entreprise de «variabiliser» ses coûts fixes et d'être de ce fait plus réactive et flexible.

L'accès à des ressources externes rares

Étant donné la complexité de la ressource informatique, il est quasiment impossible pour une firme de réunir toutes les compétences. Dans certains cas, la firme est obligée de faire appel à des spécialistes extérieurs car elle ne dispose pas des savoir-faire nécessaires. Ainsi, par exemple, la firme peut également faire appel à des ressources physiques et/ou humaines externes dans le cadre d'une migration d'un système vers un autre. Cette migration ne s'effectuant qu'une seule fois, il n'est pas judicieux pour l'entreprise d'avoir en interne de telles ressources. Ainsi, en 1999, le laboratoire pharmaceutique Lilly a décidé de mettre en place dans ses filiales un système informatique permettant de gérer la production au niveau mondial. La société a donc fait appel à un prestataire externe afin de gérer l'ancien système informatique pendant la période de transition.

Dans certains cas particuliers, des motifs connexes peuvent être recherchés pour certaines formes particulières d'ESI. Ainsi, la filialisation de la fonction système d'information peut être un moyen de prendre pied sur le marché de l'externalisation et devient donc une source de profit. Le développement des délocalisations dans le cadre de l'ESI obéit également à d'autres motifs que les motifs traditionnels précités. Ces opérations permettent de bénéficier des coûts horaires de main-d'œuvre très bas, d'accéder à des marchés locaux qui peuvent devenir des futurs débouchés et d'éviter les problèmes liés aux conflits avec les syndicats.

3.2 Les risques de l'ESI

L'externalisation est un outil qui présente des avantages. Toutefois, c'est également une opération risquée. Toutes les ESI ne sont pas des succès ; il convient donc de bien identifier les différentes catégories de risques auxquelles la société cliente est exposée. Une opération d'ESI réussie est avant tout une opération qui a su minimiser les risques.

Le risque de hold-up

Hormis le cas des opérations d'ESI qui sont temporaires, beaucoup d'ESI sont irréversibles. Même si la réversibilité de l'opération est toujours prévue dans le contrat, elle sera parfois très difficile à mettre en œuvre. La création d'un lien de dépendance irréversible est souvent l'angoisse prédominante de l'entreprise qui externalise. Le danger de cette irréversibilité ne s'apprécie guère au moment de la signature du contrat car ce n'est qu'après un laps de temps que des conflits imprévus vont surgir. Lorsqu'il s'agira de remettre en question la relation d'échange pour la modifier ou la rompre, il y aura des frictions entre la firme et son prestataire informatique. La firme peut décider de modifier la relation d'échange, soit pour la conformer à l'évolution des besoins, soit pour changer de prestataire informatique. Le hold-up, qui est un type d'opportunisme post-contractuel, est un risque majeur pour la firme qui externalise.

Le problème du hold-up n'existerait pas si les contrats prévoyaient tout. En effet, si l'ensemble des circonstances était prévisible, on pourrait préciser chaque comportement à adopter pour chacune des circonstances. Dans ce meilleur des mondes, il n'y aurait pas de place pour l'opportunisme. L'incomplétude des contrats associée à la spécificité des investissements permet l'apparition de ce type d'opportunisme. Ainsi, en 1994, une entreprise américaine du secteur de santé, Blue Shield, avait décidé unilatéralement de mettre fin à une opération d'ESI avec EDS qui durait depuis vingt-cinq années. Cependant, c'était un vœu pieux car les managers de Blue Shield se sont rapidement aperçus qu'EDS en savait beaucoup trop sur leur système d'information. En outre, les employés s'étaient habitués aux méthodes d'EDS. Un manager estimait que finalement cette relation était un mariage et on était obligé de rester ensemble à cause des enfants. Blue Shield a dû finalement se contenter de renégocier certains points particuliers.

Le risque d'inflation des coûts

Quand la réduction des coûts est un objectif de l'ESI, la société cliente est en attente d'obtenir rapidement les économies de coûts promises. Il est naturellement possible a priori de comparer les coûts internes des systèmes d'information et le prix proposé par un prestataire externe. Cependant, Earl (1996) souligne que les firmes ont tendance à sous-estimer les coûts de transition d'un mode d'organisation à un autre (ou d'un prestataire à un autre). Ces coûts de transition représentent à la fois du temps passé, des coûts de gestion de la transition. Ce passage est souvent une première pour la société cliente; il n'est pas toujours facile de prévoir les coûts de cette mise en place.

Hormis les difficultés de mesure de ces coûts, il y a également les coûts qui peuvent surgir suite à des frictions, des disputes, des mésententes entre les deux parties. Ces éléments n'ont pas été prévus (ou mal prévu) au contrat et peuvent remettre en cause la relation d'ESI. Le manque d'expérience du client ou du prestataire est parfois à l'origine de mauvaises surprises. Ainsi, lors de l'ouverture du marché de la téléphonie fixe en France en 1998, un certain nombre de collectivités publiques se sont détournées de France Telecom afin de bénéficier des économies de coûts promises par certains opérateurs. Il s'est avéré à l'usage que ces nouveaux opérateurs étaient peu familiers du système de facturation de la comptabilité publique. De ce fait, un grand nombre de collectivités ont fait machine arrière afin de revenir vers l'opérateur historique.

Le risque de perte de savoir-faire

Cette perte de savoir-faire est intimement liée au risque de hold-up. Certains détracteurs de l'ESI mettent en garde les utilisateurs en évoquant la perte de données sensibles ou stratégiques. Mais cette argumentation est hasardeuse car de nombreuses entreprises ou administrations traitant des données sensibles n'ont pas hésité à externaliser avec succès: des banques, des assurances, l'administration fiscale dans certains pays, etc. En outre, le fait qu'une donnée soit stratégique ne signifie nullement que son support informatique le soit aussi. L'utilisation de l'outil de l'externalisation suppose toujours un transfert de savoir-faire que cette opération donne lieu ou non à un transfert de personnel. Au moment de l'externalisation, l'entreprise fait un pari: elle estime que le savoir-faire qu'elle délègue n'est pas important pour le développement futur. Or, un tel choix peut s'avérer dangereux par la suite.

Le risque de marché

Le marché de l'ESI n'est pas encore stabilisé. Certes, le marché est dominé par quelques poids lourds: EDS, IBM, etc. Mais un secteur porteur affichant de forts taux de progression attire de nombreux prétendants. Il ne faut donc pas sous-estimer le risque de défaillance du prestataire informatique car dans ce cas, la société cliente doit trouver immédiatement une solution de rechange.

Les risques sociaux

L'ESI peut donner lieu à une réduction du personnel informaticien. Généralement, il y a un transfert de la société cliente vers le prestataire informatique, mais l'opération peut également s'accompagner de licenciements. C'est pourquoi, l'annonce d'une opération d'ESI provoque souvent des réactions hostiles de la part des salariés. Celles-ci ne doivent pas être sous-estimées ou négligées car cette opposition peut hypothéquer sérieusement les chances de succès de l'opération. Cette opposition peut prendre deux formes:

- une opposition ouverte: les syndicats ou comités d'entreprise font part de leur désaccord. Il s'agit bien évidemment de défendre l'intérêt des travailleurs, mais également leur influence au sein de l'entreprise;
- une opposition latente: la mise en œuvre de l'ESI nécessite une collaboration étroite avec l'équipe informatique en place. Or, en pratiquant de la rétention d'information, en freinant le processus de transfert ou en étant tout simplement démotivé, les informaticiens peuvent remettre en cause le succès de l'opération.

Même lorsque l'ESI ne provoque pas de transfert de personnel, ni de licenciement, l'opération suscite souvent une grande méfiance et suspicion de la part des informaticiens. Ils pensent que cette première opération présage une opération de plus grande envergure.

4 La gestion de la relation d'ESI avec le prestataire informatique

Dans le cadre d'une opération d'ESI, comment faut-il qualifier la relation d'échange entre la firme et son prestataire informatique? Certains auteurs tels McFarlan et Nolan (1995) assimilent ce type d'opération à une alliance stratégique. D'autres, au contraire, estiment qu'il s'agit d'un contrat comme un autre.

Les études empiriques relatives à l'opération d'ESI utilisent généralement la méthodologie des études de cas. En analysant les réussites et les échecs, les chercheurs dégagent un certain nombre de règles à adopter pour que l'opération soit un succès. On distingue les trois phases suivantes: avant le contrat, la signature du contrat et après le contrat.

Dans le cadre de cette partie, la relation d'ESI est étudiée du point de vue de l'utilisateur du service.

4.1 Le choix du prestataire informatique

Ce choix est naturellement primordial pour le succès de l'opération. Le marché de l'ESI est un marché très prometteur attirant beaucoup de convoitises. Dans la mesure où de nombreux acteurs désirent se faire une place, il est souhaitable de choisir le bon prestataire en procédant à un appel d'offres. John Cross relate la procédure originale mise en place par British Petroleum afin d'externaliser son système d'information (Huber, 1993). Cette firme a procédé à l'envoi d'un questionnaire comportant trente items auprès d'une centaine d'entreprises ; elle a reçu soixante-cinq réponses. Avant d'envisager une externalisation de grande ampleur, la société a d'abord testé pendant deux ans de petites opérations d'externalisation. British Petroleum estimait également devoir travailler avec plusieurs prestataires afin de diversifier les risques et de mettre les prestataires en concurrence. De plus, la société a préféré une durée de cinq ans afin de changer éventuellement de prestataire s'il ne donnait pas complète satisfaction. Le succès de l'opération a permis de baisser les dépenses informatiques de 360 millions de dollars en 1989 à 132 millions de dollars en 1994.

Lacity, Willcocks et Feeny (1995) préconisent également de multiplier les prestataires afin de diversifier les risques. Cependant, il faut se méfier de cette tendance car certaines sociétés qui avaient trop de prestataires ont procédé à l'opération inverse: la substitution d'un prestataire unique à une multiplicité de prestataires.

4.2 La négociation du contrat

Quand le choix du prestataire est arrêté, il convient de négocier efficacement les termes du contrat. Lacity et Hirschheim (1995) édictent quelques règles à partir d'études de cas:

- faire attention au contrat type: le prestataire informatique dispose toujours de contrats génériques. Or, ceux-ci privilégient systématiquement une des parties. Le client doit donc examiner avec attention le contrat proposé et ne pas hésiter à proposer des modifications;
- ne pas signer des contrats incomplets: des omissions ou l'utilisation de termes vagues peuvent avoir des conséquences graves pour la société à moyen ou à long terme;
- faire appel à des spécialistes de l'externalisation: le prestataire est habitué à mener des négociations. Ce n'est pas le cas pour le client dont cette opération est souvent une première fois. Le client a donc tout intérêt à s'entourer d'experts techniques et juridiques afin d'éviter les erreurs grossières.

Cette étape est fondamentale et elle peut durer plusieurs mois. En effet, le contrat est le système qui garantira au client que les objectifs fixés seront atteints sous peine de dommages et intérêts à verser par le prestataire informatique.

4.3 L'après contrat

Pour contrôler les services rendus par le prestataire, la mise en place de systèmes de mesure efficients est impérative. Cette mise en place n'est pas toujours facile car le personnel démotivé peut freiner l'opération. Néanmoins, elle est importante pour éviter une nouvelle progression incontrôlée des dépenses informatiques et prévoir la fin du contrat si le prestataire ne donne pas entière satisfaction.

Le succès d'une opération d'ESI implique que la firme dispose des compétences nécessaires pour gérer de manière optimale les trois phases: savoir choisir un prestataire informatique, savoir négocier le contrat et savoir gérer la relation d'échange à long terme. Il est essentiel pour la firme d'avoir envisagé explicitement le retour en interne ou le changement de prestataire. En effet, l'externalisation ne doit pas devenir un piège pour la société cliente et il faut toujours pouvoir remettre en cause la relation d'ESI. Ainsi, en décembre 2002, JP Morgan Chase, la deuxième banque américaine, avait externalisé certaines opérations (la banque de détail, le courtage et la gestion des titres) dans le cadre d'un contrat de sept ans pour un montant de cinq milliards de dollars. En septembre 2004, l'établissement bancaire a décidé de rompre le contrat provoquant le retour des quatre mille employés partis chez IBM au début de l'année 2003. Cette rupture est due à la fusion début 2004 avec Bank One acquise pour 58 milliards de dollars. Cette dernière avait récemment modernisé son système d'information en investissant plus d'un milliard de dollars. Le directeur informatique de JP Morgan justifie cette rupture en expliquant que la firme avait une taille suffisante, des possibilités améliorées, des outils et des procédés pour construire sa propre infrastructure globale de services.

5 Conclusion

L'ESI existe depuis les débuts de l'informatique de gestion. Une entreprise fait toujours faire appel à des prestataires informatiques. L'ESI présente deux spécificités importantes. D'une part, la ressource informatique évolue constamment ; il est donc difficile de faire des prévisions fiables. D'autre part, les technologies de l'information imprègnent l'ensemble des fonctions de l'entreprise.

Il est faux de dire que les systèmes d'information sont un actif stratégique seulement pour les prestataires informatiques. Il en résulterait que les autres entreprises devraient naturellement confier leur fonction système d'information à des prestataires externes. Cet argumentaire est habile mais certains systèmes d'information sont des éléments stratégiques, essentiels pour la survie de l'entreprise.

Une meilleure fonction système d'information ne constitue pas une garantie de succès ou de performance pour l'entreprise. Mais une fonction système d'information déficiente est une garantie de mauvais résultats.

Les technologies continuant sans cesse d'évoluer, il est difficile de faire des pronostics même à moyen terme. L'entreprise doit donc garder la maîtrise de l'évolution de sa fonction système d'information, en n'hésitant pas à mettre en concurrence différents prestataires. En outre, le recours à un prestataire extérieur n'est pas forcément plus efficient.

Si l'ESI n'est pas en soi un phénomène nouveau, ses formes, ses modalités et son ampleur sont toutefois nouvelles, avec des essais, des erreurs, et donc un apprentissage collectif.

La gestion de la relation d'ESI est devenue une question centrale pour les praticiens.

Bibliographie

Ang S., Straub D. (1998), "Production and transaction economies and information systems outsourcing: A study of the US banking industry", *MIS Quartely* (22:4), p. 535-552.

Barney J., "Firm, Resources and Sustained Competitive Advantage", *Journal of Management*, vol. 17, n° 1, p. 99-120.

Bensoussan Alain (1994), *Le Facilities Management et le droit La gestion externe de l'informatique et des télécommunications*, Hermès.

Bettis R.A., Bradley S.P. et Hamel G. (1992), "Outsourcing and industrial decline", *Academy of Management Executive*, février 1992, p. 7-22.

Blois K.J. (1972), "Vertical quasi-integration", *Journal of Industrial Economics*, 20, p. 253-272

Clemons, E.K. et Row, M.C. (1991), «Sustaining IT Advantage: The Role of Structural Differences», MIS Quartely (15 :3), p. 275-292

Coase R.H. (1937), "The nature of the firm", *Economica*, 4, p. 386-405.

Cross J. (1995), "IT-Outsourcing: British Petroleum's Competitive Approach", *Harvard Business Review*, mai-juin 1995, p. 94-102

Earl M.J. (1996), "The Risk of Outsourcing IT", *Sloan Management Review*, Spring 1996, p. 26-32

Geyer D. (1996), *L'externalisation de tout ou partie de la fonction informatique de l'entreprise Analyse théorique et comparaison France-Allemagne*, thèse de doctorat en Sciences de gestion, Lille, décembre 1996.

Granovetter M. (1985), "Economic Action and Social Structure: The Problem of Embeddedness", *American Journal of Sociology* (91: 3), p. 481-510

Huber R.L. (1993), "How Continental Bank Outsourced Ist Crown Jewels", *Harvard Business Review*, January-February 1993, p. 121-129

Klein B., Crawford R. et Alchian A. (1978), «Vertical Integration, Appropriable Rents and the Competitive Contracting Process», *Journal of Law and Economics*, 21, octobre 1978, p. 297-326.

Lacity M.C., Hirschheim R. (1993a), *Information Systems Outsourcing*, John Wiley & Sons.

Lacity M.C., Hirschheim R. (1993b), "The Information Systems Outsourcing Bandwagon", *Sloan Management Review*, Fall 1993, p. 73-86

Lacity M.C., Hirschheim R. (1995), *Beyond The Information Systems Outsourcing Bandwagon*, John Wiley & Sons.

Lacity M.C., Hirschheim R. (2001), *Global Information Technology Outsourcing*, John Wiley & Sons.

Lacity M.C., Willcocks L.P., Feeny D.F. (1995), "IT-Outsourcing: Maximise Flexibility and Control", *Harvard Business Review*, mai-juin 1995, p. 84-93.

Loh L. et Venkatraman N. (1992a), "Determinants of Information Technology Outsourcing: a Cross-Sectional Analysis", *Journal of Management Information Systems*, 9, p. 7-24.

Loh L. et Venkatraman N. (1992b), "Diffusion of Information Technology Outsourcing: Influence Sources and the Kodak Efffect", *Information Systems Research*, 3:4, December 1992, p. 334-358.

McFarlan F.W., Nolan R.L. (1995), "How to manage an IT Outsourcing Alliance", *Sloan Management Review*, Winter 1995, p. 9-23.

Williamson O.E. (1991), "Comparative Economic Organization: the Analysis of Discrete Structural Alternatives", *Administrative Science Quartely*, 36, p. 269-296.

Comparaison du coût des systèmes d'information: le modèle objets-événements

Jean-Louis Peaucelle

Mots-clés : évaluation, fonctionnalités, objets, événements, monde réel, réel représenté, UML.

Résumé : pour comparer différents systèmes d'information, il faut savoir ce que chacun fait. Le modèle objets événements décrit un système d'information en fonction du réel qu'il représente. Ce réel est composé d'objets, d'événements, ces derniers modifiant les premiers. Les objets sont souvent connus par l'effet des événements qui viennent les transformer. Les objets connus ainsi sont conservatifs par rapport à un ensemble d'événements. Le système d'information anticipe aussi les événements, en les déclenchant, en les conseillant, en les autorisant, en les faisant lui-même. Ce rôle du système d'information par rapport au travail des personnes de l'organisation est essentiel en ce qui concerne les fonctions qu'il assure. Une telle description du système d'information en termes non technologique est une base pour faire une comparaison et interpréter les écarts de coût d'une organisation à une autre. S'y ajoutent naturellement des aspects de volumes, de qualité du système d'information et de l'ampleur du travail restant aux personnes utilisant le système d'information. Le modèle objets événements permet aussi d'aider le concepteur à anticiper les coûts d'exploitation ultérieurs, notamment le temps des personnes. Il le guide pour faire les choix précis sur l'ampleur du réel à représenter, la relation avec les autres systèmes d'information et son intervention sur ce monde réel.

Un des problèmes de l'analyse économique est de normer les objets afin de comparer le prix de deux objets identiques selon la norme. Chaque système d'information paraît spécifique et ceci empêche de comparer leurs coûts. Cependant, on a coutume de comparer des logiciels qui remplissent les mêmes fonctionnalités. Par exemple, on compare divers progiciels de comptabilité selon leur prix. Ils sont similaires parce qu'ils respectent la même réglementation.

Il est possible de généraliser ce cas particulier. L'approche théorique qu'il faut utiliser est celle d'une description des fonctionnalités du système d'information indépendamment de la technologie utilisée pour réaliser le système d'information. La théorie nommée «modèle objets-événements» peut être utilisée dans cette finalité. Le modèle objets-événements explicite le fait que les systèmes d'information décrivent un monde réel. Ce monde réel est la base de la description non technologique du système d'information. Ainsi, deux systèmes d'information qui décrivent le même monde réel peuvent être comparés entre eux du point de vue économique.

Le monde réel décrit par les systèmes d'information est à la fois statique, dans les données, et dynamique dans l'évolution de ces données. Les clients de l'entreprise correspondent aux occurrences de l'entité «client» de la base de données. Les événements correspondant à ce client, ses commandes, ses livraisons, ses paiements, ses changements d'adresse, etc. sont aussi enregistrés dans le système d'information. La correspondance entre le monde réel et les données continue à tout moment. L'entreprise dans le monde réel et le système d'information avec ses données sont interdépendants.

Le modèle objets-événements est fondé sur le postulat qu'il existe un monde réel sur lequel on peut avoir de l'information. Réciproquement, les informations accumulées par l'entreprise décrivent le monde réel pertinent pour elle. La correspondance entre le monde réel et les informations correspond au concept de référence en sémiologie. Le modèle objets-événements montre comment s'articulent réel et information dans le domaine particulier de la gestion des entreprises.

Le modèle objets-événements est fondé sur un petit nombre de concepts : objet, événement, répétitivité et type, données sur les éléments du réel, conservativité des objets vis-à-vis des événements, effet des événements sur les objets, intervention du système d'information sur le déroulement des événements. Voici la brève explication de chacun de ces concepts.

1 Les éléments du monde réel

1.1 Les objets

Un objet est un élément du monde réel qui existe à plusieurs moments.

L'objet peut évoluer au cours du temps tout en conservant son identité.

Dans la langue usuelle, un objet est caractérisé par le fait qu'on peut le manipuler, c'est-à-dire le déplacer avec la main. Il reste identique à lui-même en se déplaçant, en occupant divers lieux à des moments différents. Un objet peut se transformer, se construire, s'user. Le concept d'objet défini ici est cohérent avec cette vision commune.

En revanche, la distinction, classique en philosophie, entre «objet» et «sujet» n'existe pas ici. Les êtres vivants sont ici considérés comme des objets, conservant leur identité d'un moment à l'autre.

Les concepts du modèle objets-événements sont proches de ceux de la programmation «orientée objet». Cependant, on y utilise le mot «objet» dans un autre sens. Il y désigne un élément du système informatique. C'est ce sens qu'on emploie dans la modélisation UML, une «entité atomique constituée d'un état, d'un comportement et d'une identité ; un objet est une instance d'une classe». Ces deux sens du mot «objet» ont en commun l'identification au travers de transformations, transformation qui apparaît dans les changements d'état de l'«objet» UML. L'«objet» du modèle objets-événements existe dans le monde réel. Il est représenté dans le système informatique modélisé en UML par un «objet» dans le sens UML. Le concept n'est pas le même, mais il y a une parfaite correspondance entre les deux concepts. Un objet UML correspond à un objet du monde réel. Un objet du monde réel peut être représenté par un objet UML.

Bibelots, papier, livre, stylo, chaise, table, tableau papier, feutre, craie, etc.
Voiture, maison, route, panneau indicateur, virage,
Planète, étoile, comète, trou noir, galaxie, satellite, engin spatial, etc.
Produit, client, stock, compte, client, fournisseur, salarié, service, etc.

Tableau 1 Exemples d'objets

UML distingue des concepts associés au concept d'objet, l'état «situation instantanée dans laquelle se trouve un objet, un système» et l'identité « caractéristique fondamentale d'un objet qui le distingue de tous les autres objets». Ces deux concepts sont identiques dans le modèle objets-événements.

UML utilise le concept d'agent «objet qui peut être origine et destination d'une interaction». Ce concept n'a pas d'équivalent dans le modèle objets-événements.

Un objet de grande taille peut aussi être considéré comme l'assemblage d'objets plus petits. Cet éclatement est classique dans la nomenclature des machines. Une machine complexe est décomposée en sous-ensemble, jusqu'à ce qu'on descende au niveau des pièces détachées. On peut adopter ainsi plusieurs granulométries pour percevoir le même réel.

1.2 Les événements

Un événement est un élément du monde réel à un moment donné dans un lieu donné.

Un événement se déroule dans un moment. Son image persiste après que l'événement a fini de se dérouler. Elle n'est pas modifiable. Elle contient au moins le repère temporel du moment de l'événement, la date en général.

Dans la langue usuelle, un événement est bien ce qui se déroule à un moment dans un lieu déterminé, mais il s'ajoute la connotation de son caractère exceptionnel. Un événement se distingue. Un événement quotidien semble être une contradiction. Il faut une raison pour laquelle on distingue l'événement de tous les faits qui correspondent à la définition. En effet, il existe un très grand nombre d'éléments du monde réel, d'objets et d'événements. Ceux qui sont sélectionnés pour figurer dans le système d'information d'une organisation sont ceux qui l'intéressent, et pas les autres. En sélectionnant un événement pour le représenter dans le système d'information on lui donne une importance telle qu'on peut l'appeler «événement».

Dans la modélisation UML, on utilise aussi le vocable d'événement. C'est une «occurrence qui engendre un changement d'état» d'un objet. La définition du modèle objets-événements est plus large. Elle inclut des événements où rien ne se passe, où aucun objet ne se modifie. Parmi tous les événements possibles, le système d'information privilégie ceux ayant une incidence sur les objets, ceux qui sont définis au moment où les objets se modifient. Ce sont ces événements qui sont considérés à juste titre par UML. Tous les autres événements sont en général méconnus du système d'information. Il y a donc ici aussi une bonne correspondance entre les définitions.

UML associe aux événements le concept de transition, «connexion entre deux états d'un automate, déclenchée par l'occurrence d'un événement» et le concept d'action «opération exécutée lors d'une transition d'un état à un autre état. Une activité peut être interrompue». La transition et l'action concernent précisément le passage de l'objet UML (représentation de l'objet du monde réel) d'un état à un autre. Ils ne se situent pas dans le monde réel.

Faire bouger un objet, écrire sur un papier, lire un livre, s'asseoir sur une chaise, etc.
Conduire une voiture, construire une maison, lire un panneau indicateur, etc.
L'ouverture d'une porte, le déroulement d'un cours, le passage d'un examen, la scolarité d'un étudiant, la vie d'une personne, une période historique dans un pays, une ère géologique, etc.
Commander un produit, livrer un client, prélever dans un stock, payer un salarié, etc.

Tableau 2 Exemples d'événements

Un événement de grande durée peut se décomposer en événements de plus courte durée. Un événement défini dans un lieu vaste peut être considéré comme l'ensemble d'événements se passant dans des lieux plus réduits. Plusieurs granulométries peuvent ainsi coexister dans la perception du monde réel en mouvement.

1.3 La dualité entre objets et événements

Les objets représentent le monde réel dans sa continuité, les événements expriment l'évolution qui se passe à un moment donné. Toujours, l'entreprise et son système d'information s'intéressent aux événements qui modifient les objets et aux objets qui sont modifiés par les événements. La même correspondance entre objets et événements existe pour UML.

Objet: personne
Événements: naissance, décès, mariage, divorce, constatation de disparition
Chacun de ces événements est enregistré dans les registres officiels des mairies.
Ils permettent de savoir si un individu est «mariable» selon les règles de la monogamie.

Tableau 3 Exemples d'un monde réel et de son système d'information: l'état civil

2 La répétition en gestion

Les organisations construisent leurs systèmes d'information pour représenter leur environnement et leur fonctionnement interne. Elles se sont structurées en fonction de la répétition de leur action. Cette répétition est bien souvent la condition de leur efficience. Elle conduit à classer facilement les éléments du monde réel en types. Les formulaires, comme les bons de commande, remplacent les lettres de commande, écrites de manière très littéraire chez les premiers commerçants. Ils correspondent à un type de l'acte répétitif qui consiste à commander des produits.

La langue naturelle opère de même. Les objets singuliers, non répétitifs, sont désignés par un nom propre. En français, on les distingue par une majuscule. Les noms communs servent à désigner la classe répétitive d'objets singuliers. Parce qu'il y a de nombreux objets similaires, chacun est désigné par le nom commun, et l'usage confond la désignation de la classe et celle des occurrences de la classe.

Noms propres: Paris, Jacques Chirac, Europe, ONU, Rudyard Kipling, Akela, etc.
Noms communs (types): ville, président, continent, organisme international, écrivain, louve, etc.

Tableau 4 Noms de la langue naturelle

2.1 La typologie, les classes, les types

Les organisations perçoivent les objets au travers des types. L'objet singulier n'est reconnu que par son appartenance au type qui lui correspond. La typologie est le résultat de l'organisation dans les entreprises, réalisée depuis longtemps.

Tous les systèmes d'information s'appuient sur ces types déjà reconnus dans les organisations. UML nomme ces types «classe» ou «collection». La classe est une «description abstraite d'un ensemble d'objets; réalisation d'un type» et l'instance est «une entité créée à partir d'un classificateur (un objet est une instance d'une classe)».

Dans un type, les éléments d'information sont des « occurrences » ou des « instances ».

2.2 Les variables et les valeurs

La typologie est un moyen de description efficace lorsque le type est homogène. Chaque élément est alors facile à décrire par son appartenance au type et par les valeurs qui le différencient des autres occurrences du type. Quand un type est très homogène, ces informations sont peu nombreuses, et toujours les mêmes. Quand un type est hétérogène, ces informations sont plus nombreuses et dépendent des occurrences considérées. Il est donc toujours plus facile d'avoir des types homogènes.

UML emploie le mot « attribut » pour parler des « types d'information contenue dans les objets d'une classe ». On y trouve aussi le mot de propriété définie comme une « caractéristique d'un élément de modélisation ». Divers noms ont été employés successivement par les informaticiens pour désigner ce concept d'attribut : Caractéristique, Champ, Dimension, Propriété, Variable, Zone. Ces mots sont tous équivalents. En revanche, il y a une grande unité pour parler de l'information elle-même, la « valeur », valeur de l'attribut pour une occurrence particulière.

Chaque objet et chaque événement du monde réel décrit dans un système d'information, appartient à un type, type d'objets ou type d'événements. Dans ce type, sont définis des attributs correspondant aux informations qui le représentent. On obtient ainsi les données du système d'information : valeurs correspondant aux occurrences des types d'objets et des types d'événements. Ces valeurs sont stockées dans la base de données. Elles sont les images des objets et des événements du monde réel. Ainsi, le client réel a son image formée de toutes les données portant sur lui. C'est la « fiche » client.

2.3 Les bases de données

Il existe de fortes relations entre les éléments du monde réel, événements modifiant les objets, événements modifiant plusieurs objets, objets décomposés à divers niveaux, etc. Ainsi les données qui les représentent ont des liens les unes avec les autres. Ces liens sont pris en charge par les bases de données. Toute la modélisation des données se préoccupe de définir les types, les relations qu'ils ont les uns avec les autres, les attributs qui permettent de représenter le monde réel.

UML reprend ces concepts accumulés par l'expérience des bases de données. L'entité est présentée comme un « terme emprunté aux méthodes de modélisation par les données, employé comme synonyme d'objet du domaine ». L'association est définie comme une « relation entre classes qui décrit un ensemble de liens ». L'agrégation est une « forme d'association non symétrique qui exprime un couplage fort et une relation de subordination ». L'héritage est une « relation entre classes qui permet le partage de propriétés définies dans une classe ; c'est la principale technique de réalisation de la généralisation ».

La base de données mémorise des images du monde réel, objets ou événements. On a vu qu'un objet peut se décomposer en objets de plus petite taille ou s'agréger en objets de grande taille. De même un événement de grande durée, dans un lieu vaste, peut se décomposer en événements de plus courte durée et dans des lieux plus restreints. Les images correspondantes sont alors liées entre elles dans la base de données ou sont déduites les unes des autres par agrégation.

UML parle spécifiquement de l'articulation de plusieurs niveaux de découpage du réel. Il distingue les sous-classes – une sous-classe est une « classe spécialisée, reliée à une autre classe plus générale par une relation de généralisation ». De même, il parle de super-état, « état contenant des sous-états », et à l'inverse de sous-état, « état englobé dans un super-état ». Ce sont toujours différents choix de la granulométrie pour représenter le réel.

2.4 Les données sur les objets et sur les événements

Dans le modèle objets-événements, les données du système d'information représentent des objets ou des événements. Comment savoir si une donnée est image d'un objet ou d'un événement ? Le test est simple. Quand le système d'information autorise la modification de la donnée, alors cette donnée représente quelque chose qui se modifie. Seuls les objets peuvent se modifier parce qu'ils existent à plusieurs moments. Si le système d'information interdit de modifier une donnée, alors elle décrit un événement, image intangible parce que l'événement s'est déroulé à un moment donné. On accumule les données sur les événements dans des historiques.

Que se passe-t-il si on a la donnée représentant un événement et qu'on s'aperçoit que celle-ci est fausse ? Peut-on modifier cette donnée pour corriger ? Cette modification est interdite. On a seulement le droit d'introduire de nouvelles données de manière que les objets soient remis dans l'état où ils auraient dû être, si on avait saisi la donnée correcte. Par exemple, en comptabilité, après une erreur de facture, on passe un avoir et on fait une nouvelle facture. Les écritures correctrices sont introduites de manière à ce que les stocks et le compte du client soient corrects. Alors l'événement est représenté correctement par l'ensemble de trois occurrences de données.

Dans les systèmes d'information, informatiques ou sur support papier, on a tendance à confondre le réel et son image. Comment distinguer ? Le test est simple. Le réel peut se détruire au contraire l'image détruite ne modifie pas le réel. Si je déchire un ticket de métro, je ne peux plus l'utiliser. C'est un objet réel. Si je brûle un billet de banque, je perds l'argent. C'est un objet réel. En revanche, si je déchire un chèque, on peut en refaire un autre, aucun argent n'est perdu. Ce n'est qu'une image de transaction entre comptes. Si j'égare mon relevé de compte, ma position bancaire est inchangée. Ce n'est qu'une image.

Bien entendu toutes les données accumulées dans les bases sont interrogeables et présentables aux utilisateurs selon les techniques bien connues en ce domaine. Le modèle objets-événements n'aborde pas ces questions de la structuration des données et de leur interrogation. Il suppose que les données mémorisées sont toujours mémorisables et qu'on peut les extraire de la base de données.

3 La relation entre objets et événements

3.1 L'évolution des objets: la conservativité

Un objet est connu à un moment donné par des données correspondant à son état. Si un événement survient qui le modifie, il change d'état. Si on connaît (par des données) précisément quel est cet événement, on réussit parfois à connaître le nouvel état de l'objet. Les données de l'état antérieur et celles de l'événement permettent de calculer, dans le système d'information, les données correspondant au nouvel état de l'objet. Par exemple, le nouveau stock (objet) est égal à l'ancien diminué de la quantité sortie (événement).

Ce mécanisme de calcul de l'effet des événements sur les objets est fondamental. Le système d'information simule l'évolution du monde réel. Il suit le monde réel dans ses changements. Il représente le monde réel non seulement à un moment donné mais aussi au fur et à mesure que les transformations s'y produisent.

Le système d'information ne peut connaître des objets à tout moment, au travers de la connaissance des événements qui le touchent, si certaines conditions sont remplies. Dans ce cas, les objets sont « conservatifs » par rapport aux événements correspondants.

Les conditions de la conservativité sont les suivantes :

- *stabilité* en dehors des événements. L'état de l'objet ne se modifie pas quand aucun événement ne survient. Par exemple, il n'y a pas de dégradation spontanée ;
- capacité à *associer* l'événement et l'objet qu'il touche. Concrètement cela signifie que les données sur l'événement contiennent l'identifiant de l'objet ou permettent de le connaître ;
- *calculabilité* du nouvel état de l'objet à partir de l'ancien et des données sur l'événement. Un ordinateur peut simuler l'évolution de l'état de l'objet ;
- *inventaire exhaustif* des types d'événements touchant l'objet. On connaît tout ce qui est susceptible d'arriver à l'objet, événements fréquents et événements rares, notamment les événements de «naissance» de l'objet et celui de sa «mort» ;
- *recueil exhaustif* des données sur les occurrences des événements de ces types. Aucun événement n'a lieu sans que le système d'information n'en ait connaissance. Il n'y a pas d'omission ;
- *exactitude* des données recueillies sur ces événements. Les erreurs et les biais sont supposés ne pas exister ou plutôt on se donne les moyens de les minimiser.

La conservativité n'est qu'une propriété limite du monde réel et de sa relation avec le système d'information. Les «erreurs» du système d'information, c'est-à-dire sa non-concordance avec le monde réel, viennent des écarts avec ces conditions de la conservativité. Par exemple on a une erreur de stock parce qu'il y eut un vol, et le vol n'est pas un événement observable.

La conservativité est la propriété reliant un objet et d'un ensemble d'événements. Le plus souvent, elle concerne un ensemble d'objets, un type entier, par rapport à des types d'événements.

La conservativité d'un objet par rapport à un ensemble d'événements dépend de l'ampleur de la connaissance qu'on veut avoir sur l'objet. Plus on veut de caractéristiques, plus grand est le nombre d'événements (types et occurrences) qu'il faut connaître.

Objet : Stock
Données sur le stock : numéro de produit, quantité
Événements modifiant le stock : approvisionnement de produit, livraison client, redressement de stock, nouveau produit, produit n'existant plus
Données sur les événements : type d'événement, numéro de produit, date, quantité
Le programme de «tenue de stock» calcule le nouveau stock à partir des données correspondant à tous ces événements.
NB : si on veut connaître en plus la valeur comptable du stock, il faut prendre en compte des données en plus et des événements supplémentaires.

Tableau 5 Exemple : la conservativité du stock

Aux données représentant les objets, la conservativité associe d'autres éléments : les programmes pour calculer les effets des événements sur les objets. Dans

UML, le vocabulaire pour exprimer ce concept est le suivant: opération, méthode, activité. Une opération est un «élément de comportement des objets, défini de manière globale dans la classe. C'est la spécification d'une méthode». Une méthode est la «réalisation d'une opération». L'activité est une «opération exécutée au sein d'un état».

3.2 Les objets conventionnels («fictifs»)

La propriété de conservativité est fondamentale. Elle permet de «construire» le monde réel, c'est-à-dire d'y reconnaître des objets qu'on ne connaîtrait pas si le système d'information n'existait pas. Ce point paraît obscur à première vue. Un objet, implicitement, existe dans le monde réel. Quand on dit cela, on exprime que plusieurs observateurs peuvent en constater l'existence en y allant voir. Les objets physiques sont avant tout observables.

Cependant la propriété d'observabilité n'a pas été introduite dans la définition des objets du monde réel. Si un objet n'est pas observable, on peut néanmoins le connaître (posséder les données le décrivant) s'il est conservatif par rapport à un ensemble d'événements connus. Il suffit de vérifier toutes les conditions de la conservativité pour que l'objet soit connu, aussi bien que s'il était observable. Cette possibilité ouvre la porte à la construction d'objets qui sont pertinents pour la gestion des entreprises et qui ne sont pas observables. Le modèle objets-événements les nomme «objets conventionnels» ou «objets fictifs», c'est-à-dire résultant d'une convention qui les définit à partir des événements qui les modifient.

Comptes de la comptabilité, connus par leurs numéros et leurs soldes
Comptes des clients à la banque, avec leurs numéros et leurs soldes
Dossier scolaire d'un élève
Dossier du personnel

Tableau 6 Exemple d'objets conventionnels

Certains attributs d'objets sont conventionnels, par exemple la «capacité à mariage» des personnes n'est pas observable. Le système de l'état civil a comme objectif de la «calculer», à partir des mariages antérieurs, des morts et des divorces. De même, la valeur comptable du stock n'est pas observable, elle est calculée avec des conventions. La notion d'objet conventionnel s'étend ainsi à toutes les caractéristiques non observables des objets, alors même que ceux-ci peuvent être observables pour certains attributs.

3.3 La coordination

Le premier problème d'une organisation est de coordonner l'action de tous ses membres. La coordination consiste à relier logiquement des actions qui se produisent dans des lieux et à des moments différents. Les éléments du réel qui assurent la coordination existent donc dans plusieurs lieux et à plusieurs moments. Ce sont donc des objets.

Les objets réels peuvent assurer eux-mêmes une certaine coordination. La monnaie coordonne les actes de tous les acteurs de l'économie. Le billet de train donne droit au transport après qu'on a payé. Le billet de loterie assure qu'on a payé. Il est exigé pour retirer les lots gagnants. Le «témoin» de la course olympique de relais assure la coordination entre les coureurs successifs. Les produits semi-finis à côté d'un poste de fabrication indiquent qu'ils doivent être usinés. La file d'attente chez le médecin, donne l'ordre dans lequel il recevra les patients. Dans tous ces cas, ce sont des objets réels qui assurent la coordination.

Souvent, l'organisateur construit un système de coordination spécifique à l'organisation. Pour cela, il crée des objets conventionnels, visibles par les documents qui les représentent. Ces documents sont présents lors de chacun des actes à coordonner. Ils assurent leur cohérence. Quand ces documents sont dématérialisés, c'est le système d'information qui représente ces objets conventionnels. C'est lui qui mémorise les règles de coordination qui y sont associées.

Dossier de traitement d'une commande
Dossier d'exécution d'une procédure
Billet d'avion (repérable par un numéro, il peut être émis à nouveau si on l'a perdu)
Emploi du temps, planning, agenda

Tableau 7 Exemple d'objets conventionnels («objets fictifs») pour la coordination

La coordination dans son essence est le fait qu'un acte doive être fait, qu'il est autorisé (ou interdit), qu'il est conseillé. Le système d'information intervient dans le déroulement des actes de l'entreprise. Il donne des ordres, plus ou moins précis. Le système d'information coordonne en transmettant aux personnes l'information sur ce qu'ils doivent faire, et le système d'information sait que cela doit être fait parce qu'il mémorise des objets conventionnels enregistrant des actes antérieurs qui sont normalement coordonnés à ces actes futurs.

Par exemple, une vente est la transaction par laquelle le client prend une marchandise et la paye. C'est un événement. On peut décomposer cet événement en plusieurs morceaux, la commande, la livraison, le paiement. Ces trois événements se déroulent dans des lieux et à des moments différents. Ils doivent être coordonnés. C'est le rôle du système d'information de donner au dépôt l'ordre de livrer, en fonction des commandes reçues, et au client l'ordre de payer, en fonction des livraisons effectuées. Pour assurer ce rôle, le modèle objets-événements dit que le système d'information gère un objet conventionnel, le « dossier de commande» créé par la commande, modifié au moment de la livraison et au moment du paiement.

Dans UML, les préconditions, les post-conditions et les diagrammes correspondent à ce concept de lien entre les objets et les événements ultérieurs. Une précondition est une «condition booléenne qui doit être vraie avant l'exécution d'une opération». Elle déclenche l'opération faite dans le système d'information. Une post-condition est une «condition booléenne qui doit être vraie après l'exécution d'une opération». Un diagramme est la «représentation graphique d'éléments de modélisationde classes, de cas d'utilisation, d'objets, de collaboration, de séquence, d'états-transition, d'activités». Les diagrammes expriment par un schéma la succession des états que prend un objet. Le modèle objets-événements utilise un attribut spécifique pour mémoriser la position d'un objet dans le diagramme, c'est le «statut» associé à chaque sommet du graphe des états d'un objet.

3.4 L'anticipation des événements par le système d'information

En fonction de l'état d'un objet dans le système d'information, avant d'agir, les acteurs du monde réel savent ce qu'ils doivent faire, et une certaine latitude leur est laissée. Le système d'information intervient toujours en fournissant des données (papier ou écran) portant sur les actes à réaliser. La notion de futur intervient alors dans le système d'information. Il ne décrit plus seulement des événements passés, il informe sur des événements à venir.

Classiquement, le système d'information intervient pour donner l'ordre d'exécuter un événement (il le déclenche), pour autoriser ou interdire des événements candidats, pour conseiller l'exécution de certains événements (aide à la décision) et aussi pour faire lui-même (automatisation). Ce dernier point est le plus étonnant. Comment le système d'information peut-il intervenir sur le monde réel directement? À chaque fois qu'il possède des moyens d'action, soit par commande d'automates, le distributeur de billets par exemple, soit parce que les objets touchés dans le monde réel sont tous conventionnels. L'action consiste alors seulement à modifier les données représentant ces objets, données présentes dans les mémoires des systèmes d'information. Un virement automatique entre banque appartient à cette catégorie.

La conception du système d'information correspond à des choix d'organisation sur les tâches des personnes et celles du système informatique. Un événement peut selon les cas être :

- *indépendant* du système d'information qui ne le connaît qu'après qu'il se sera déroulé ;
- *déclenché* par le système d'information qui sait quel événement doit se produire, en fonction de modèles mathématiques ou logiques ;
- *autorisé* par le système d'information qui vérifie que l'événement que les personnes veulent accomplir est correct par rapport à des règles organisationnelles ;
- *aidé* par le système d'information qui propose aux personnes de décider d'un événement qui devrait être exécuté d'après des modèles mathématiques ou logiques ;
- *automatisé* par le système d'information qui décide de le faire d'après des modèles mathématiques ou logiques, et qui le fait si l'événement ne modifie que des objets conventionnels.

Le choix du rôle que joue le système d'information sur les événements est essentiel lors de la conception. Pour les systèmes existants, il explique les différences entre applications qui couvrent le même domaine. Certaines se contentent d'observer les événements. L'entreprise peut fonctionner sans son système d'information. D'autres applications interviennent dans le déroulement d'un grand nombre d'événements. Sans le système d'information les personnes ne savent plus ce qu'elles doivent faire.

Le tableau 8 indique comment un même événement «Commande d'approvisionnement» d'un stock peut être dans chacune de ces catégories, selon le choix organisationnel. Selon chaque cas, le système d'information réalise des tâches plus ou moins amples et son coût est évidemment différent.

3.5 Les procédures

Les procédures administratives sont un des plus anciens moyens d'assurer la coordination. On les décrit classiquement comme une succession d'actes, d'étapes. C'est une séquence d'événements. Le modèle objets-événements relie tous ces événements par un objet de coordination. À toute procédure est associé un objet, objet conventionnel, le dossier en général. L'état de cet objet à chaque moment exprime les événements qui se sont déjà déroulés et ceux qui doivent se produire. Il résume le passé et le futur de la procédure. Pour UML c'est le graphique d'état. Décrire la procédure, c'est exprimer toutes les étapes d'élaboration de cet objet, le processus par lequel les personnes et le système d'information l'élaborent.

Cette représentation est tout à fait équivalente à d'autres pour les cas de procédures linéaires. Elle permet en outre d'exprimer simplement des cas plus compliqués :

Tâches du système d'information	Choix organisationnel
Le système d'information observe après coup les réapprovisionnements décidés par des personnes	Commande d'approvisionnement indépendante du système d'information
Le système d'information donne l'ordre de passer commande aux fournisseurs, à telle date en telle quantité, en fonction d'un modèle mathématique de gestion des stocks	Commande d'approvisionnement déclenchée par le système d'information
Une personne envisage de passer commande. Le système d'information vérifie que le budget est suffisant et autorise ou interdit la commande	Commande d'approvisionnement autorisée par le système d'information
Le système d'information suggère une commande en telle quantité à tel moment. Les personnes modifient ces suggestions sur l'écran ou les acceptent	Commande d'approvisionnement aidée par le système d'information
Le système d'information passe commande automatiquement auprès du fournisseur en fonction d'un programme de gestion des stocks, de surveillance budgétaire et de choix des fournisseurs. La commande est envoyée par EDI sans intervention humaine.	Commande d'approvisionnement automatisée par le système d'information

Tableau 8 Anticipations par le système d'information de la commande de réapprovisionnement de stock, selon les choix organisationnels

- répétition d'une étape, par exemple lors d'une vérification ;
- cas spéciaux de procédure, comme une modification ou une annulation de commande ;
- la fusion d'occurrences (le relevé des factures du mois) ou l'éclatement de la procédure (une livraison fractionnée) ;
- la bifurcation conditionnelle de la procédure ;
- l'interaction entre procédures.

3.6 Le réel en gestion

Les systèmes d'information des organisations représentent un monde réel évolutif et interagissent avec lui. Ce monde est formé simplement d'objets et d'événements qui les modifient. Certains objets servent à déclencher des événements, à intervenir dans leur déroulement.

Cette description du monde réel permet d'identifier ce que fait le système d'information, indépendamment de la technologie qu'il met en œuvre.

4 L'utilisation du modèle objets-événements

Le modèle objets-événements est une théorie qui permet de décrire ce que fait un système d'information avec un petit nombre de concepts. Son intérêt est de porter cette description jusqu'à l'intervention du système d'information sur les actes des personnes de l'organisation. Un système d'information est ainsi décrit par: la liste des types d'objets, la liste des types d'événements, les variables les représentant, la structure de données correspondante, pour chaque objet conservatif, la liste des événements le modifiant et dans chaque cas la formule de calcul exprimant la modification, pour chaque événement, le type d'anticipation par le système d'information avec les objets et les formules mathématiques ou logiques qui permettent cette anticipation.

Cette documentation du système d'information est détaillée mais elle n'est pas informatique. Selon les époques, divers choix technologiques sont possibles pour réaliser le système d'information.

Le modèle objets-événements peut servir à concevoir un système d'information. À partir de la description dans les termes indiqués ci-dessus, les informaticiens choisissent les technologies et écrivent les programmes. C'est dans cette direction que UML est proche du modèle objets-événements.

Le modèle objets-événements est aussi un excellent moyen de savoir ce que fait un système d'information déjà réalisé. Par exemple, il sert de guide pour comparer des progiciels entre eux du point de vue fonctionnel.

Le modèle objets-événements contient un grand nombre de contrôles qui ont pour but que le système d'information ait une bonne correspondance avec le réel représenté. Ces vérifications portent sur la cohérence des éléments du système d'information. Sur un système futur, cela permet de valider les spécifications. Sur un système existant, cela explique des difficultés de fonctionnement. Le modèle objets-événements sert alors à l'audit, audit d'une application avant qu'elle soit utilisée ou audit d'une application existante.

Le modèle objets-événements est ici présenté comme moyen de comparer des systèmes d'information, par exemple des progiciels ou même des applications apparemment identiques fonctionnant dans des organisations différentes. La situation typique est celle de système d'information du même domaine applicatif. Leurs coûts sont très différents, on veut savoir si ce qu'ils font explique ces différences.

La méthode consiste à comparer les divers éléments de description du système d'information :

- la liste des types d'objets, en traduisant les dénominations d'un système d'information à l'autre ;
- la liste des types d'événements, en traduisant les dénominations d'un système d'information à l'autre ;
- les variables les représentant, attributs des objets, attributs des événements en vérifiant la possibilité de traduction des valeurs d'un système d'information dans l'autre ;
- la structure de données correspondante, structure définie dans la ou les bases de données, ou dans les interrogations qu'il est possible d'en faire ;
- pour chaque objet conservatif, la liste des événements le modifiant et dans chaque cas la formule de calcul exprimant la modification. On vérifie que les mêmes événements modifient des objets apparemment identiques et que la formule de calcul est la même ;
- pour chaque événement, le type d'anticipation par le système d'information avec les objets et les formules mathématiques ou logiques qui permettent cette anticipation. On compare ainsi le rôle du système d'information dans le déroulement des événements. Le plus souvent, les différences entre système d'information se manifestent dans ces choix organisationnels qui ont été faits sous la pression des utilisateurs et qui ont été différents. Les modèles mathématiques et logiques utilisés pour l'anticipation ont souvent des différences qui doivent être précisées ;
- pour chaque événement observé, les moyens d'observation ou la communication des données par d'autres systèmes d'information.

Donc, la première différence entre systèmes d'information similaires vient du monde représenté par chacun :
- de l'ampleur du réel représenté (types d'objets et d'événements) ;
- de l'ampleur des informations recueillies (attributs de la base de données) ;
- de la variété des informations transmises systématiquement ou à la demande ;
- de l'intervention du système d'information dans la vie du monde réel (coordination c'est-à-dire l'anticipation des événements). Plus le système d'information intervient de manière stricte dans le monde réel, plus il est obligé de posséder des modèles d'anticipation complexes.

Ceci ne suffit pas pour expliquer les écarts de coût entre système d'information. Il faut naturellement tenir compte du volume de données considérées. Le nombre d'occurrences dans chaque type, nombre lié à l'ampleur du réel considéré à un moment donné et à la durée de conservation des données d'historique. Évidemment, le coût du système d'information augmente avec le volume des données.

Le coût dépend aussi de la géographie, des implantations des utilisateurs, des sites où ils accèdent au système d'information. Les personnes ont le contact avec le système d'information dans des lieux. Le nombre de tels lieux et leur localisation constituent un élément de coût.

Le coût du système d'information est aussi à lier avec la diversité des images communiquées sur ce monde réel (les éditions et les interrogations).

La qualité de la représentation du monde réel joue aussi un rôle. Cette qualité est d'une part celle des erreurs des informations. Un système d'information consacre beaucoup de ses ressources à s'assurer de l'exactitude des informations qu'il contient. Un système d'information peut être plus cher s'il ne commet pas d'erreur, qu'il fournit très peu d'informations inexactes. La qualité du système d'information est aussi exprimée par l'absence de pannes, par la disponibilité du système pour les utilisateurs. Enfin, le bon système d'information fournit des informations dans des délais les plus brefs possibles. Un délai moyen court et un délai maximum assez proche sont des qualités attendues des utilisateurs et pour lesquelles on accepte des écarts de coût importants.

Le coût du système d'information est souvent identifié comme le coût informatique, coût d'exploitation, de maintenance et d'intervention auprès des utilisateurs. Il est formé des matériels, du réseau, des logiciels et des interventions des informaticiens.

Le principal coût dépensé autour du système d'information par une organisation est le coût du temps passé par les utilisateurs à faire leur travail qui est le plus souvent fait en collaboration avec le système d'information. Ce temps passé est essentiel. Un système d'information très cher en informatique est souhaitable s'il permet aux utilisateurs de passer moins de temps à traiter leurs tâches. On touche ici naturellement au concept de productivité du travail avec le système d'information. Plus le système d'information anticipe les événements correspondant aux tâches de l'organisation, moins long est le temps humain qui y est consacré. Le système d'information coûte plus cher mais il économise sur le temps de ses usagers.

Le temps des usagers est aussi économisé lorsque le système d'information est facile à apprendre, lorsque le temps d'apprentissage est réduit. C'est un deuxième facteur de coût auquel les personnes sont très sensibles. Il conditionne souvent le succès des nouveaux systèmes d'information.

Ainsi donc, il est possible de comparer des systèmes d'information dans leurs fonctionnalités et donc de donner un sens à une comparaison de leurs coûts. Le modèle objets-événements donne un cadre précis pour décrire ce que fait le système d'information. Concrètement, quand on a à comparer des applications très proches les unes des autres, on se contente de noter les différences. Ainsi, on pointe vite sur ce qui peut justifier des écarts de coûts.

5 Les systèmes d'information de recensement

Pour mieux expliquer cette démarche, on peut prendre un exemple. L'exemple du recensement est assez simple. Tous les pays se sont accordés depuis le XIXe siècle pour accomplir un recensement périodique de leurs populations. Le recensement a été la première application de moyens mécaniques à un système d'information. Le recensement américain de 1890 a employé les machines à cartes perforées mises au point par Hollerith dans ce but.

Le recensement est donc un système d'information qui existe dans plusieurs pays, à plusieurs époques et qui a fonctionné avec des technologies différentes. Il est alors légitime de comparer ces technologies en examinant le coût de ces systèmes d'information.

La comparaison a été faite par les services français afin de montrer leur excellence et obtenir plus de crédits (voir tableau 1).

Pays	Population	Date	Coût total	Coût par habitant en centimes
France	38,5 millions	1896	1 MF	2,6
Allemagne	56 millions	1895	4,5 MF	8
Angleterre	33 millions	1901	3,7 MF	11
Belgique	6 millions	1896	0,8 MF	13
États Unis	63 millions	1890	56 MF	89

Tableau 9 Coût comparé des recensements de la fin du XIXe siècle

Le coût par habitant varie dans une large proportion, de 1 à 30. La comparaison globale est insuffisante. Il faut aller plus loin dans le détail.

Le réel représenté est différent selon les cas. L'objet est le même: les personnes. L'événement est identique : l'observation à un moment donné. Les données sont différentes. Le recensement américain engrange environ trois fois plus de données que le recensement français sur chaque personne. De plus, il édite un grand nombre de statistiques. Enfin, il produit ses résultats dans un délai plus court. Ces différences portent sur le système d'information lui-même, sur ce que le système d'information produit comme résultats.

D'autres différences viennent des techniques employées. Le système d'information américain utilise largement la machine à cartes perforées. On pourrait en conclure que les machines sont dispendieuses. Mais leur coût représente seulement 3 % du coût du recensement. Le coût de la technologie ne joue aucun rôle direct dans les écarts. Les coûts organisationnels sont très différents. Dans le cas du recensement américain, les agents recenseurs remplissent une feuille familiale. Cette feuille est recopiée en autant de feuilles individuelles. Puis celles-ci sont perforées. Le coût principal vient de travail administratif de traitement manuel.

À l'époque, les services du recensement français parviennent à un coût beaucoup plus faible en faisant remplir directement la feuille individuelle par les agents recenseurs. Après avoir écarté les machines à cartes perforées, les services comptent les bulletins sur des machines simples. Cette technique évite l'étape de perforation. Le coût est moindre. Mais les erreurs sont certainement nombreuses et plus difficiles à détecter.

6 La conception à coût objectif

Les projets dans le domaine aéronautique ou automobile visent trois objectifs de coût : le coût d'exploitation, le coût de construction et le coût de conception. Le coût d'exploitation s'exprime par exemple en consommation de l'avion, en temps d'immobilisation aux escales, en facilités de maintenance. Le coût de construction est un coût d'investissement en machines spécifiques comme les moules de la carrosserie, et un coût proportionnel au nombre d'unités vendues. Le coût de conception est souvent approché par le délai du projet.

Les projets informatiques sont rarement pilotés en fonction d'un objectif de coût, quel qu'il soit. Tout au plus tente-t-on de respecter les délais de développement. Notamment le coût d'exploitation des systèmes d'information n'est pas une préoccupation explicite des concepteurs. Cela est tout à fait normal parce que le coût d'exploitation d'un système d'information est de moins en moins propre à l'informatique. C'est le coût des utilisateurs et des usagers, le temps qu'ils y passent, qui constitue la plus grande part des coûts. Dans les quelques cas où on a mesuré les diverses composantes du coût du système d'information, on a trouvé que 80 % était composé du temps que les personnes lui consacraient. C'étaient les temps de saisie, de constatation des événements, les temps d'exploitation des résultats, et les temps pour détecter les erreurs, notamment pour obtenir l'exhaustivité nécessaire à la qualité des données. Le coût correspondant appartenait donc au budget des services de l'entreprise (les utilisateurs) sous la forme de salaires du personnel.

Les informaticiens n'ont donc pas prise sur la partie la plus importante du coût d'exploitation du système d'information et donc ils ont tendance à ne pas le placer parmi leurs objectifs. Malgré tout, la préoccupation de maîtrise de ce coût d'exploitation n'est pas complètement absente des projets. Elle est relayée par les représentants des utilisateurs, les responsables des services concernés, qui ne veulent pas que les nouveaux systèmes consomment plus de temps que les précédents. Cette contrainte a minima oblige à réfléchir aux coûts d'exploitation des systèmes projetés.

La question est donc de savoir comment anticiper en termes de coût l'effet de décisions sur le système d'information. L'évolution des technologies en fait baisser le coût, on le sait, mais cela ne reste qu'une petite part du coût global. En modifiant le réel qu'on veut représenter, ou l'ampleur de la description, ou encore le mode d'intervention qu'on a sur lui, les coûts s'amplifient ou se réduisent. À technologie équivalente, la demande précise des utilisateurs détermine des coûts, notamment les temps des êtres humains utilisant ou servant le système d'information.

Pour étudier simplement de cette relation entre le monde réel représenté et le temps consommé lors du fonctionnement, on se limite ici à une question différentielle. Que se passe-t-il pour le système d'information quand on ajoute ou on modifie tel aspect du monde réel représenté ? Cette approche à la marge correspond bien aux débats et aux décisions qui sont prises au moment de la conception.

Quatre décisions majeures se posent aux concepteurs qui ont déjà une idée assez précise du monde réel que le système d'information futur représentera. Tout d'abord, doit-on ajouter une propriété, un champ, pour décrire un objet. Deuxièmement, comment diminuer la saisie d'informations en articulant le système d'information par rapport aux systèmes d'information environnants. Troisièmement comment réduire drastiquement les coûts en fusionnant deux systèmes d'information. Quatrièmement comment définir le rôle organisationnel du système d'information dans le déroulement des événements. Ces questions se posent clairement dans le cadre du modèle objets-événements.

6.1 Ajouter une information dans une entité

Quand on laisse parler les utilisateurs sur la liste de ce qu'ils voudraient savoir sur un élément permanent du monde réel (objet), on obtient rapidement des listes si ambitieuses que le projet inévitablement devient énorme. La seule contrainte qui limite notre soif de savoir est celle du coût. Or le coût de mémorisation est de plus en plus bas. Il ne limite rien. Les informations demandées coûtent cher essentiellement parce qu'elles supposent l'observation d'événements supplémentaires qui alourdissent le coût d'exploitation.

Le raisonnement à la marge est simple. On propose d'ajouter un champ dans une table de la base de données. Quelle en est la conséquence ? Dans le cadre du modèle objets-événements cette question se transforme de la manière suivante : on veut connaître une propriété supplémentaire d'un objet, quels sont les autres éléments du monde réel qui sont modifiés ? L'objet est conservatif par rapport à un ensemble d'événements que le système d'information doit connaître. Si on rajoute une propriété, il faut vérifier à nouveau cette propriété de conservativité. Le plus souvent il va falloir ajouter des événements. Le temps humain consacré à leur saisie alourdira le coût d'exploitation.

Par exemple, le fichier des étudiants dans le système d'information d'une université pourrait enregistrer l'adresse de l'étudiant. On la demanderait au moment de l'inscription, événement du système d'information qui fournit l'essentiel des données. Mais les étudiants déménagent. Souvent, en début d'année, ils habitent dans des logements provisoires qu'ils abandonnent quelques mois après. Mémoriser l'adresse exigerait d'enregistrer tous les déménagements des étudiants. Cela serait coûteux et même peu réaliste. Donc on ne prévoit pas cette donnée permanente. On peut lui substituer l'adresse des parents, moins mobiles. Une autre solution consiste à attribuer aux étudiants une adresse Internet sur le serveur de l'université. Gérée par l'université elle-même, cette adresse peut demeurer permanente.

Faute de prévoir ces événements supplémentaires, la donnée mémorisée devient vite fausse. Par exemple, les banques saisissent un grand nombre d'informations sur leurs clients au moment où ils ouvrent leurs comptes. Elles demandent notamment la profession. Mais elles n'ont jamais prévu d'exiger de leurs clients de leur signaler tout changement professionnel. Ainsi ces données sont vite obsolètes. Si le banquier s'en sert pour des approches marketing ciblées, il risque vite des retours peu amènes.

Une information supplémentaire exige le plus souvent des événements supplémentaires pour ne pas perdre la conservativité des objets. Si ces événements sont oubliés, l'information devient vite fausse et inutilisable. Si ces événements sont ajoutés au système d'information, son coût d'exploitation s'accroît, en termes de temps humain pour les constater dans le monde réel.

6.2 Emprunter à d'autres systèmes d'information environnants

Quand on veut diminuer le coût d'un système d'information, il faut se demander si on ne reconstitue pas une information qui existe par ailleurs et qui pourrait être facilement communiquée. Ce principe correspond à celui de la *saisie unique*, principe proclamé par les tenants du BPR (*Business Process Reengineering*). Lorsqu'un événement est constaté par un système d'information et que d'autres systèmes d'information ont besoin aussi de son image, le plus simple est de le communiquer à tous. Le gain en termes de coût est évident.

Par exemple, il existe des codifications officielles. Il faut toujours les reprendre. Les numéros SIRET et SIREN des entreprises doivent figurer dans les fichiers fournisseurs. Ils constituent un effort considérable d'inventaire et d'identification des entreprises que tous les systèmes d'information peuvent reprendre sans difficulté majeure. De même les produits de consommation sont identifiés par le code-barres. Si on doit représenter ces objets, on doit toujours s'interroger sur la possibilité d'utiliser ces codes. On y gagne en général en coût d'exploitation. Le système d'information des fournisseurs en assure la gestion et prépare les objets pour une lecture automatique du code-barres aux caisses de vente aux consommateurs.

Cependant ces échanges entre systèmes d'information ne sont pas toujours possibles. La loi Informatique et Libertés interdit l'utilisation de l'identifiant des personnes à la plupart des systèmes d'information et elle limite les échanges sur les données personnelles. Ces contraintes légales montrent a contrario combien il y a à gagner à savoir emprunter l'image d'un objet ou d'un événement du monde réel à un autre système d'information.

Ces emprunts sont pertinents à deux conditions. D'une part une condition de fiabilité : il faut que la donnée ainsi reçue soit sûre. Si le système d'information émetteur commet plus d'erreurs qu'on ferait soi même, on sera occupé à corriger les erreurs, et on perdra tout le bénéfice économique de ces échanges. La deuxième condition est celle de la fraîcheur. Il faut que le délai d'élaboration de cette information soit similaire à celui qu'on aurait eu pour le faire soi-même.

Ces deux contraintes s'imposent à tous les annuaires qu'une organisation met en place afin de faire communiquer ses systèmes d'information partiels entre eux.

6.3 Fusionner des systèmes d'information

Un cas extrême consiste à intégrer deux systèmes d'information, à les fusionner. Si deux systèmes d'information représentent les mêmes objets, ou presque les mêmes, on doit s'interroger sur la nécessité de les conserver séparément.

Par exemple, depuis la création d'une taxe sur les téléviseurs pour le financement de l'audiovisuel public, le ministère des finances a construit un système d'information pour son paiement. Comme objet, les ménages ayant un téléviseur, à chacune de leurs adresses. Comme événements, l'achat des téléviseurs, la mise en recouvrement et le paiement, éventuellement, des inspections sur place. Ce système employait 1 500 personnes à Rennes qui en constituaient l'essentiel du coût. Ce système d'information a été fusionné en 2005 avec celui de l'impôt sur le revenu.

Ce deuxième système contient lui aussi comme objet les ménages. Il est alimenté par un événement annuel, la déclaration de revenus. Il déclenche le paiement, par mise en recouvrement. L'ensemble des objets de ce système est presque le même que ceux de la taxe sur les téléviseurs. Presque tous les Français ont un téléviseur. Ils doivent le déclarer si ce n'est pas le cas, et le système d'information fiscal a les moyens de contrôle au moins égaux à ceux de l'ancien système d'information autonome. Le système d'information intégré possède des rubriques en plus, mais pas de nouveaux événements massifs. Éventuellement il y a des contrôles supplémentaires et des redressements spécifiques. L'augmentation de coût est faible et le coût du système d'information supprimé très important, à la condition qu'une réorganisation du travail apporte de nouvelles tâches aux fonctionnaires ainsi libérés.

6.4 Accroître le rôle du système d'information dans le déroulement des événements

Un choix très important dans la conception du SI concerne ce qui a été dit précédemment au paragraphe 3.4 sur l'anticipation des événements par le système d'information. Plus le système d'information intervient dans le déroulement d'un événement, moins élevé est le coût pour l'observer et le risque de le manquer.

Un événement *indépendant* demande le plus d'effort humain pour observer objectivement et sans biais ce qui se passe dans le monde réel. Il faut un observateur au moment et au lieu de l'événement. Il faut noter un grand nombre de propriétés nécessaires au système d'information. Le risque d'erreur est grand, le risque de ne pas enregistrer l'événement aussi. Cette solution est la plus ancienne dans les systèmes d'information et elle est la plus coûteuse.

Par exemple, les premiers traitements informatiques de l'impôt sur le revenu ne considéraient que deux événements, la déclaration et le paiement de l'impôt. On saisissait chaque année toutes les rubriques de la déclaration, y compris les indications concernant le déclarant, même si elles étaient les mêmes que celles de l'année passée. Les coûts de saisie et les erreurs obéraient tous les avantages de l'informatique. Pour diminuer les coûts humains, il a fallu compléter le système d'information en ajoutant un objet permanent d'une année sur l'autre, le «ménage déclarant». Alors, on a pu faire envoyer les déclarations à domicile pour aider les contribuables à ne pas oublier. Ces déclarations contiennent l'identifiant de l'objet mémorisé par le système d'information fiscal. La saisie de tout ce qui n'a pas changé n'a pas besoin d'être répétée.

Cette modification a consisté à aider l'événement de déclaration. Un événement *aidé* est très proche d'un événement indépendant, mais le système d'information possède un peu d'information sur cet événement avant qu'il ne se déroule, notamment par le fait qu'il doit se produire. Le système d'information aide l'observation en indiquant à l'observateur ce qu'il sait déjà afin qu'on ne fasse que compléter ce que le système d'information ignore. La conséquence en termes de coût est naturellement de diminuer le volume des saisies et d'améliorer la fiabilité des données recueillies.

Lorsque l'organisation qui gère le système d'information a une autorité sur les acteurs qui exécutent l'événement, on peut envisager d'intervenir sur son déroulement. L'événement *autorisé* est connu de manière complètement exhaustive. La baisse de coût ici la plus importante est celle des fraudes, des actes qui se dérouleraient alors qu'ils sont interdits en fonction de règles organisationnelles. Par exemple, consulter le solde du compte bancaire avant d'exécuter un retrait d'argent est un choix qui diminue les coûts.

Pour mieux diminuer ses coûts, le système d'information peut donner l'ordre d'exécuter l'événement, aux membres de l'organisation sur lesquels il a autorité naturellement. Dans ce cas, l'événement est dit *déclenché*. Lorsque l'événement a eu lieu, il faut le dire au système d'information, mais les données sont réduites à ce qui n'est pas connu, telle que la date ou l'heure exacte, dans le cas d'une livraison, les manquants et les réserves sur les produits endommagés. Le système d'information est totalement associé à l'exécution de l'événement et curieusement le coût d'observation est moindre, avec très peu d'erreurs.

Mais l'événement le moins cher en temps humain est celui qui est *automatisé*. Il est alors exécuté par le système d'information et celui-ci ne fait qu'informer les êtres humains qu'il l'a réalisé.

Événements déclenchés et automatisés obligent à disposer des règles qui déterminent tout ce qu'on doit savoir sur l'événement. Ces images anticipées figurent sur des objets permanents. Automatiser un événement exige de capter d'autres événements. Leur recueil peut anéantir les gains envisagés. Par exemple, on peut payer ses impôts par prélèvement automatique. C'est un gain de temps pour les services fiscaux. Mais ce gain est apparent si le contribuable change souvent d'adresse et de banque. On refait trop souvent la procédure de modification du dossier. Le prélèvement est avantageux pour les contribuables stables et pas pour ceux qui migrent. Le modèle objets-événements aide à poser ces questions avant de les découvrir pendant l'exploitation du système d'information.

Par exemple, les chaînes de la distribution cèdent à leurs fournisseurs la gestion de leurs stocks. Les deux organisations ont des systèmes d'information sur les produits et les livraisons. Ils représentent des mondes réels qui ont beaucoup en commun. Le fournisseur décide automatiquement des commandes en fonction des stocks, des opérations commerciales prévues et des ventes telles que le distributeur lui communique. C'est naturellement son système d'information qui prend ces décisions. L'événement est automatisé. Le fournisseur est mieux à même de savoir ce qu'il faut livrer parce que les rythmes de consommation dépendent des produits. Le chocolat et les dragées ont des pointes de vente à des moments différents.

7 Conclusion

Les discours sur les systèmes d'information manquent souvent de précision. Les non-spécialistes ont l'impression d'idées vagues et floues. Quand ils veulent des précisions, on descend dans une description technique qui les terrifie. Le modèle objets-événements est une manière de décrire le système d'information de manière précise, sans les termes spécifiques de la technique. Il s'appuie sur le fait que les systèmes d'information représentent le monde réel et interviennent sur lui. Ce modèle est très utile quand on veut aborder de manière comparative les questions de coût, notamment le coût d'exploitation.

On a montré cet usage dans deux cas spécifiques: la comparaison de plusieurs systèmes d'information existants ayant vocation à représenter le même réel. C'était le cas du recensement de population. La même approche pourrait être utilisée pour comparer des applications informatiques d'entreprises, au moment où elles fusionnent et s'interrogent sur les applications qui doivent laisser la place. Ce serait aussi le cas si on voulait comparer les systèmes d'information de plusieurs filiales d'un grand groupe (benchmarking interne). La comparaison de l'offre d'ERP au travers d'exemples de leur mise en œuvre chez des clients particuliers serait rigoureuse en utilisant le modèle objets-événements.

Ainsi le modèle objets-événements est utile pour comparer des systèmes déjà construits. Pour l'acte essentiel de conception des systèmes d'information, l'anticipation des coûts d'exploitation conduit à évaluer l'impact des microdécisions qui finalement définissent précisément ce que fait le système d'information. L'ajout d'une information dans la description du monde réel augmente le coût d'exploitation de manière significative s'il faut observer de nouveaux événements. La connexion entre systèmes d'information permet d'atteindre la saisie unique et la limitation des efforts d'observation du monde réel. Des systèmes d'information décrivant le même monde réel peuvent souvent être fusionnés et les coûts globaux diminuer de beaucoup. Enfin, en intégrant les systèmes d'information au déroulement des événements, on facilite leur recueil exhaustif et on diminue le coût d'observation. La situation ultime est la réalisation des événements par le système d'information, mais cela ne peut se faire qu'à des conditions tout à fait spécifiques.

Le modèle objets-événements offre ainsi un cadre conceptuel précis pour la maîtrise des coûts lors du développement de systèmes d'information, et ces coûts sont avant tout des coûts humains lors du fonctionnement. Ainsi, la société de demain pourra disposer de systèmes d'information de plus en plus nombreux sans que chacun soit occupé à les faire fonctionner ou soit contraint à les servir.

Bibliographie

Kent, W. (1978), *Data and reality, Basic Assumtions in Data processing Reconsidered*, North-Holland.

Muller, P.-A., Gaertner, N. (2000), *La Modélisation objet avec UML*, Eyrolles.

Peaucelle, J.-L. (1977), *Les besoins en information dans les systèmes informatiques de gestion*, Thèse d'État en informatique, Université de Paris XI.

Peaucelle, J.-L. (1981), *Les systèmes d'information - La représentation*, PUF.

Peaucelle, J.-L. (1986), *L'informatique pour gestionnaires*, Vuibert.

Peaucelle, J.-L. (1999), *Systèmes d'information : le point de vue des gestionnaires*, Économica.

Peaucelle, J.-L. (2004), «À la fin du XIXe siècle, l'adoption de la mécanographie est-elle rationnelle ?», *Gérer et Comprendre*, 77 (60-75).

section II/7

Les systèmes d'information et leur environnement

Coordination : Frantz Rowe

Introduction

Frantz Rowe

Systèmes d'information, projets et environnements

Avec Robert Reix (2002), puis Rolande Marciniak (2005, p. 7), nous avons défini le système d'information comme «*un système d'interprétation d'un ensemble d'acteurs sociaux qui mémorisent et transforment des représentations via des technologies de l'information et des modes opératoires*». Les organisations et les entreprises ont en général plusieurs systèmes d'information qui sont autant d'interfaces, espaces de rencontres entre autant de projets et de contextes. Toute la difficulté de la direction générale et de la direction des systèmes d'information consiste à donner vie à chacun de ces projets et à les coordonner pour leur assurer une cohérence interne, entre eux, mais aussi avec leur environnement externe. Dans tous les domaines de l'entreprise les projets n'existent pas ou ne sont pas formalisés; dans ce cas des représentations peuvent être échangées sans qu'elles renvoient à un projet collectif, d'où la définition proposée qui s'accorde alors avec celle d'Eddie Soulier dans cette section (chapitre «Sociologie, technologies de l'information et systèmes d'information». Lorsqu'il y a projet, celui-ci s'actualise dans la permanente adaptation – plus ou moins réussie selon les chemins empruntés – entre environnement interne et externe, entre règles d'organisation et représentations plus ou moins pertinentes de l'environnement externe.

De la contingence aux environnements externes et internes

Par nature, l'une des grandes difficultés des systèmes d'information organisationnels est leur contingence, et ce de plusieurs points de vue. Contingence par définition à leur environnement externe consistant en «*l'investigation des relations entre des sous-systèmes organisationnels ou entre un système organisationnel en tant qu'entité et ses environnements. Cette approche insiste sur la grande variété des modèles organisationnels qui existent et tente de comprendre et d'interpréter comment chacun d'entre eux fonctionne et opère dans différents contextes et sous différentes conditions*» (Weil et Olson, 1989, p. 60). Ce problème a fait l'objet de très nombreux travaux dans la discipline des systèmes d'information en prenant pour appui les théories dites de la contingence. Les systèmes d'information dépendent ainsi fondamentalement de la complexité et de l'incertitude de l'environnement et de ses domaines (conditions économiques, politiques gouvernementales, conditions sectorielles, environnement socioculturel, disponibilités des ressources, etc.). Mais contingence aussi par rapport à l'environnement interne que l'on oublie trop souvent en tant que miroir théorique du même problème: structure de l'organisation (spécialisation des unités en fonction de la segmentation représentant le marché que l'entreprise s'est donnée, par exemple). Contingence arbitraire et indéterminée par rapport au système d'acteurs (Crozier et Friedberg, 1977); car les représentations créées par le modélisateur – le plus souvent équipe-projet à laquelle on confie la mise en œuvre des règles et de la codification à travers le système d'information sont appelées en permanence à être rejouées par d'autres acteurs et donc à être transformées d'une façon ou d'une autre. Même lorsque certains utilisateurs participent activement à l'élaboration du système, ils ne peuvent faire des choix définitifs. Ainsi l'environnement interne du système d'information lui-même est-il constamment mis à l'épreuve. En particulier, le jeu avec l'environnement ne pouvant être qu'exceptionnellement et temporairement optimisé, les acteurs vont tôt ou tard manœuvrer, user de leur pouvoir pour transformer l'usage du système d'information à leur profit.

Cette dépendance des systèmes d'information à leur environnement n'est donc pas de type déterministe, mais s'inscrit dans une dynamique ou s'exercent à la fois une multitude de contraintes, mais aussi un jeu qui permet une évolution. Cette évolution est en général triplement marquée sur les plans de la codification, de l'interprétation de l'information et du sens de la technologie qui supporte le système d'information.

Plan de la section

Il est donc fondamental dans toute démarche de conception et d'évaluation de système d'information dans les organisations de s'entendre aussi bien sur le système technique et de symboles considéré (quel projet pour quel contexte?) que sur le système d'acteurs considéré (quelles interactions et quels conflits?). Resituer le système d'information dans son environnement commande donc d'emblée une réflexion épistémique telle celle proposée par Jean-Louis Le Moigne et Serge Amabilé (chapitre «Epistémologie des systèmes d'information») par laquelle commence cette section et qui nous a aidé à structurer cette brève introduction. La dimension sociale qui habite l'hypothèse technologique «riche» des systèmes d'information, appelle en son cœur la question de l'éthique et de la démocratie délibérative esquissée ici par Yvon Pesqueux (chapitre «Éthique et système d'information»).

L'analyse des jeux d'acteurs est plus largement les principales thématiques de la sociologie pertinentes pour les systèmes d'information sont ensuite développées par Eddie Soulier (chapitre «Sociologie, technologies de l'information et systèmes d'information»). Les régulations et la vision des technologies et systèmes par les syndicats ont potentiellement un rôle spécifique dans ces jeux. Mais sans doute faut – il encore insister, comme le fait Valéry Michaux (chapitre «TIC, travail et syndicats: entre négociation de nouvelles règles collectives et renouvellement du syndicalisme»), sur les nouvelles marges de manœuvres et tensions liées aux alternatives de représentation des salariés par les syndicats traditionnels, par les militants eux-mêmes et par des mouvements virtuels. Ici comme dans d'autres domaines (propriété intellectuelle, commerce, libertés), le droit est parfois moins efficace que la norme technique mise en place par certains collectifs professionnels. Se pose ainsi la question des institutions (nature et niveaux) coopérant en vue de la régulation des nouveaux systèmes comme le montre Yves Poullet (chapitre «Aspects juridiques des systèmes d'information»). La société est donc transformée par les technologies en même temps qu'elle les contraint par ses valeurs et le droit. Cette dynamique ne va pas sans contradictions à l'échelle du monde. Sabine Carton (chapitre «Systèmes d'information et globalisation») les retrouve dans les types de systèmes d'information internationaux des entreprises où la tension entre système d'information multidomestique et système d'information global peut se résoudre dans la notion de système d'information transnational. Ces transformations des systèmes d'information et de leurs environnements sont donc à la fois construites, planifiées et émergent des interactions sociales. À l'échelle de la société, Isabelle Pailliart (chapitre «Les impacts sociaux de l'informatique: limites et perspectives») montre qu'on ne peut donc les penser en termes d'impacts comme si la technologie en était le seul moteur. Une lecture attentive des changements révèle que les technologies de l'information et de la communication apparaissent davantage comme des outils de reproduction des normes sociales et des vecteurs de continuité des pratiques même si elles en diversifient les supports. S'en rendre compte nécessite un détour qui relève autant des sciences de l'ingénierie des systèmes complexes, au sens de Le Moigne et Amabilé, que de celles de la culture (Rastier, Bouquet, 2002). Car «en notre époque submergée par la rapidité des changements... nous vivons dans la perpétuelle surexcitation de notre conscience historique» (Gadamer, 1996, p. 13-14). Cette surexcitation et ces changements sont au cœur de l'environnement des systèmes d'information des organisations. Dans le concert des technologies de communication et de l'internationalisation, ils nous font oublier les différences culturelles persistantes et la difficulté des changements profonds.

Bibliographie

Crozier M., Friedberg E. (1977) *L'acteur et le système*, Paris, Seuil.

Gadamer H.G. (1996) *Vérité et méthode*, 2e édition, Paris, Seuil.

Marciniak R., Rowe F. (2005) *Systèmes d'information, dynamique et organisation*, 2e édition, Paris, Economica.

Rastier J.-P., Bouquet S. (2002), *Une introduction aux sciences de la culture*, Paris, Presses Universitaires de France.

Reix R., Rowe F. (2002), «La recherche en systèmes d'information: de l'histoire au concept», in *Faire de la recherche en systèmes d'information*, Rowe F. (éd.), Paris, Vuibert.

Weil, P., Olson, M.H. (1989), "An Assessment of the Contingency theory of Management Information Systems", *Journal of Management Information Systems*, 6 (1), p. 59-86.

Épistémologie des systèmes d'information

Jean-Louis Le Moigne, Serge Amabile

Mots-clés : aventure de la connaissance humaine, communication, computation, épistémologies constructivistes, investigations heuristiques, légitimation des connaissances, mémorisation, modélisation systémique, paradigme inforgétique, organisation, symbolisation, système d'information organisationnel (SIO).

Résumé : la production de connaissances enseignables et actionnables dans le domaine des systèmes d'information des organisations ne peut-elle et ne doit-elle pas légitimer socioculturellement son exercice à l'instar de toutes les activités de recherches scientifiques académiquement recevables? Cette jeune discipline, universellement enseignée aujourd'hui, a certes encore quelques difficultés à affirmer son statut scientifique, d'autant plus qu'il se définit par un «projet» de connaissance plutôt que par un «objet» déjà identifié qu'il ne reste qu'à mieux connaître. La solution consistant à plaquer un discours épistémologique général sur ses exposés, sans expliciter les liens avec l'expérience cognitive originale de cette «nouvelle science» s'avère de moins en moins recevable. La discipline ne peut-elle s'exercer à sa critique épistémologique interne, et contribuer ainsi à l'enrichissement de nos paradigmes épistémologiques de référence? L'examen attentif des travaux de quelques chercheurs qui ont su s'exercer de façon très constructive à cette critique épistémique interne, notamment H. von Foerster, H.A. Simon et E. Morin, permet de proposer aujourd'hui des réponses argumentées et constructives à cette question.

Le point d'entrée classique des recherches en système d'information (SI) est celui qui propose de modéliser/représenter les processus, les schémas, les structures, les artéfacts, etc. (les «systèmes») que les entreprises et les organisations adoptent, savent se donner, font évoluer, pour identifier les informations qu'elles génèrent, collectent, processent, mémorisent, communiquent.

On convient généralement en effet que la discipline des systèmes d'information s'entend aisément dans le cadre général des sciences de l'organisation et, plus particulièrement, des organisations humaines attentives à leur capacité à (se) coordonner et (se) maintenir pour (se) produire et transformer dans leurs contextes, lesquels s'entendent comme formé (et formant) des tapis de processus.

Or, curieux paradoxe, nous verrons (première partie) que si ce cadre de référence des SI est habituellement tenu pour pertinent, il ne semble pas que les textes, les pratiques, les enseignements, s'y réfèrent explicitement. En d'autres termes, les présentations du statut académique des systèmes d'information organisationnels (SIO) sont-elles seulement de façade? L'observation précédente nous conduit à examiner les questions et les points suivants.

Les recherches en systèmes d'information ont-elles suffisamment intégré certains aspects organisationnels liés à la modélisation/conception des SI? Ont-elles suffisamment intégré l'organisation dans sa complexité ? Ont-elles contribué à une ingénierie organisationnelle des SI (§ 1.1)?

Tenter de répondre aux questions précédentes nous conduira à nous interroger sur la légitimité des connaissances scientifiques: quelles méthodes utilise-t-on pour produire ces dernières? Quels statuts leur accorder alors (§ 1.2)?

Nous éloignant du «*postulat d'objectivité, à jamais indémontrable*» (Monod, 1970), nous mobiliserons un paradigme alternatif qui met la notion de projet au cœur des systèmes: modéliser et concevoir des SIO revient alors à rendre intelligibles des interactions entre les projets et les contextes de l'organisation (§ 1.3).

La construction de cette alternative épistémologique, nous conduira à expliciter les conventions épistémiques de référence (que l'on reconnaît habituellement sous le label des épistémologies constructivistes): produire des connaissances afin de comprendre pour faire plutôt que prédire (§ 1.4).

Cet exercice nous conduira alors à représenter et penser ces systèmes sociotechniques (que sont les organisations humaines) comme et par des systèmes de symboles et de construction de sens, nous invitant ainsi à reconnaître la complexité triadique de l'action informationnelle, syntaxique, sémantique, pragmatique (§ 1.5).

Dans la seconde partie, on considère les arguments généralement recevables d'une épistémologie des sciences d'ingénierie des systèmes d'information des organisations.

Argumentation qui conduit à expliciter les hypothèses constitutives de la conception du SIO entendu comme et par l'interface d'un projet et d'un contexte (§ 2.1).

Conception qui incite à représenter le SIO dans un autre langage que celui du paradigme énergétique initialement adopté par mimétisme par les sciences de l'organisation et de gestion, et à réexpliciter un paradigme alternatif que l'on peut appeler le paradigme inforgétique (§ 2.2).

Ce langage permet de rendre compte, de façon moins simpliste, des interactions empiriquement observables entre les processus informationnels et les processus organisationnels au sein d'un système (§ 2.3).

On dispose alors d'un référent épistémique permettant de formuler le cadre conceptuel stable et portable du SIO, le métamodèle du SIO dit SO-SI-SD (SO pour système opérationnel et SD pour système de décision) indépendant des multiples et évoluantes technologies de l'information qui interviennent dans le développement de ses fonctions (§ 2.4).

Ce référent épistémique qui permet les questionnements que requière toute entreprise de recherche et d'enseignement scientifique portant sur le sens et la légitimité des connaissances produites pour comprendre, c'est-à-dire pour faire (§ 2.5).

1 Critique épistemique de l'expérience des recherches en SIO

> «*Toute connaissance acquise sur la connaissance devient un moyen de connaissance éclairant la connaissance qui a permis de l'acquérir*» (Morin, 1986, p. 232).

«La surface de l'eau n'appartient ni à l'air ni à l'eau» remarquait à la fin du XVe siècle Léonard de Vinci (1987), s'interrogeant sur la réalité des propriétés que les humains attribuent à cette entité qui semble n'avoir aucune réalité tangible. Qui voudrait la saisir pour nous la montrer ou pour la transporter ne trouverait rien au creux de sa main! «*Cette surface a un nom, mais pas de substance*», elle n'est pas chose ou objet que l'on puisse analyser ou disséquer, elle est action, «*elle forme le contact de ces corps entre eux*», ajoutait-il.

En termes plus contemporains, nous disons que les interfaces sont interactions, qu'elles soient perçues par quelques observateurs ou conçues par quelques modélisateurs.

Interfaces et interactions que l'on n'appréhendera pas par dissection ou par analyse puisqu'il n'y a nulle substance que le rasoir puisse décomposer en autant de parcelle qu'il se pourrait. Mais interfaces et interactions que l'on tentera de comprendre en (re-) composant intelligiblement la succession des formes qu'elles transforment au fil du temps. Cela s'appelle aujourd'hui la modélisation systémique (Le Moigne, 1990), Léonard de Vinci (1987) l'appelait *le disegno* (le dessin à dessein) et G. Vico (1983), au début du XVIIIe siècle, l'appelait la méthode topico-critique.

Ce détour introductif par les expériences léonardiennes de modélisation de la surface de l'eau, nous suggère un accès plus aisé à la représentation intelligible de cet autre artéfact, «*point de vue pris sur le réel*[1]» qu'est le système d'information d'une organisation humaine. Comme la surface de l'eau, il ne peut être réduit à l'informatique (à ses matériels, logiciels et aux technologies de l'information et de la communication), ni à l'organisation sociale, agglomérat relativement stable d'hommes et de femmes associés dans l'exercice de quelques activités plus ou moins publiquement explicitées et acceptées, mais il est fort légitimement tenu aujourd'hui pour leur interface – interactive. Comme la surface de l'eau, il forme (et transforme) le contact. Comme elle aussi, il doit donc pouvoir être appréhendé en s'aidant des ressources métaméthodologique de la modélisation systémique, puisqu'il ne s'agit pas de décrire des substances présumées invariantes, mais de comprendre des processus de cette «information».

1. «S'attacher a la complexité,... c'est reconnaître que la modélisation se construit comme un point de vue pris sur le réel», *Projet d'établissement du CNRS* (2002).

1.1 Sur l'ingénierie des systèmes d'information organisationnel

Ce mode de représentation du SIO comme interface interactive, plausible et empiriquement praticable, doit être, sinon universellement validée, au moins pragmatiquement et épistémiquement légitimée dès lors qu'on se propose de l'interpréter. Interpréter et donc «*comprendre pour faire*» (Vico, 1993). Il s'agit ici d'élaborer des connaissances enseignables et actionnables relatives à ce concept artificiel que l'on désigne très généralement par l'expression système d'information.

En s'attachant à mettre en œuvre et à opérer dans la plupart des organisations sociales, ces interfaces interactives perçues complexes, de nombreux praticiens et chercheurs ont accumulé une grande diversité d'expériences, méditant sur les leçons de bien des échecs apparents et s'interrogeant sur la fragilité de réussites souvent éphémères[1].

Pourtant, cet exercice de critique épistémique semble, en SI comme dans bien d'autres disciplines, assez peu pratiqué par les membres des différentes communautés scientifiques concernées... chacun affichant de bonnes raisons pratiques à cet état de choses.Expériences qu'ils s'efforcent depuis les années soixante de transformer en sciences enseignables, suscitant ainsi le développement de corporations d'enseignants chercheurs auxquels ils pourront déléguer l'élaboration et la diffusion de méthodes d'actions scientifiquement assermentées, de façon à protéger les organisations contre les intrusions de charlatans. Ce cheminement nous a conduit à la progressive institutionnalisation d'une discipline qui se voudrait quasi autonome dans le champ académique sous le label système d'information. Dès lors qu'une discipline nouvelle s'institutionnalise dans les académies scientifiques, ne devrait-elle pas s'attacher à exercer en permanence sa propre critique épistémologique interne, de façon à légitimer au regard du corps social, les connaissances nouvelles qu'elle produit et enseigne?

Ce foisonnement des expériences et des initiatives scientifiques complémentaires bien que souvent concurrentes, est sans doute un témoignage de la vitalité du domaine et, plus encore, le signe d'une sorte de demande implicite des organisations sociales.

1.2 Sur la légitimation des connaissances scientifiques

La réponse de la discipline des systèmes d'information organisationnels à cette demande semble encore plus prescriptive et hypothétique que normative et légitimée. On dénombre chaque année plus de 5000 articles publiés dans des revues et conférences scientifiques d'audience multinationale dédiées explicitement aux SI. Pourtant, lorsqu'on interroge leurs auteurs sur la légitimation des connaissances qu'ils diffusent, ils répondent souvent qu'ils ont appliqué à une question qu'ils ont eux-mêmes posée, une méthodologie proposée par un de leur collègue, sans réellement s'assurer des effets induits par les changements de contextes. Et les concepteurs de méthodes eux-mêmes disent rarement comment ils ont validé la portabilité de l'outil qu'ils proposent (dans le but affiché, souvent passe-partout, d'améliorer les performances de l'organisation).

Dans l'ensemble, la démarche se ramène souvent à l'analyse d'une opération tenue pour satisfaisante dans un passé récent et on invite à appliquer la même méthode demain, tout en précisant que des recherches futures devraient permettre de l'améliorer plus encore. Ou alors, on mène une étude permettant de constater que les acteurs sur le terrain (ou un collègue dans une étude antérieure) méconnaissent la théorie de l'agir communicationnel de J. Habermas ou la thèse de la terceité de C.S. Peirce, et on s'indigne de tant d'inculture! Colère certes fort salubre, mais qui laisse le lecteur-praticien sur sa faim. En pratique, «que puis-je», se demande-t-il, impressionné par ces références académiques savantes!

Ces illustrations trop rapides, présentées sur un mode caricatural, ne sont appelées ici que pour servir de révélateur de l'argument initial: dans le domaine des SIO comme dans bien d'autres, si chacun s'attache de son mieux à des applications méthodologiques consciencieuses, l'exercice d'une critique épistémologique attentive à la légitimation des énoncés est encore trop peu encouragé[2]. Une des causes probables de cette insuffisance tient à la méconnaissance du caractère non substantiel, artificiel, du concept de SIO: cette interface interactive ne peut être évaluée à l'aide des critères traditionnels d'évaluation dites objectives ou substantives retenus pour l'étude des substances tangibles. Il nous faut disposer d'autres critères d'évaluation intelligibles: qui songerait à évaluer une masse avec une unité de longueur?

Dans le cas du SIO, nous sommes dans une situation axiologique plus complexe encore. Les critères d'évaluation présumée objective que l'on devrait retenir pour évaluer les propositions portant sur ces éventuelles substances que sont les systèmes indépendants et hétérogènes, informatique (TIC) et organisation so-

1. En langue française, mentionnons par exemple les ouvrages récents de R. Reix et F. Rowe (2002) et de R. Marciniak et F. Rowe (2005).

2. Peu encouragé, mais pas toujours découragé! En témoignent par exemple les travaux de J. P. Van Gigch (1992) aux États-Unis ou, en France, de A. Martinet (1990) ou de M. J. Avenier (1997).

ciale, ne sont, en général, pas tenus pour identiques. On ne peut aborder ici la discussion de ces critères présumés objectifs et substantifs (discussion pourtant nécessaire, on l'observera en concluant) mais on doit reconnaître le fait qu'ils sont encore tacitement ou explicitement acceptés par les académies. Ce qui autorise la plupart des chercheurs en SIO à tenir pour acquise la légitimité épistémique de leur propos. Il leur suffit de postuler que le SIO, appartenant à la fois à la substance organisation et à la substance informatique (lesquelles sont présumées épistémologiquement et positivement légitimée), ils n'ont pas à élaborer ni à critiquer cette légitimité épistémique. Ils n'ont qu'à renvoyer cette charge aux disciplines mères dont les SIO ne sont que les enfants «génétiquement programmés»!

Chacun pressent sans doute la double ambiguïté de cette attitude. D'une part le statut ontologique de l'informatique et de l'organisation est bien malaisé à identifier: chacune de ces disciplines se définit par la conjonction («discipline carrefour», dit-on souvent pour sauver les apparences académiques) d'autres disciplines dont le statut ontologique propre est tenu pour positivement assuré depuis le tableau synoptique des disciplines scientifiques d'Auguste Comte. Cette caution est-elle encore valide cent ans après? Ne se rassure-t-on pas à bon compte en oubliant de se poser la question?

D'autre part, on ne peut définir une interface interactive par la conjonction des substances dont elle forme le contact, puisqu'elle n'a pas de substance. L'expérience de la recherche en SIO, comme celles que l'on observe dans tous les domaines relevant de l'activité humaine, confirme de plus en plus que les modes d'évaluation traditionnels des propositions scientifiques ne permettent pas de légitimer de façon socioculturellement acceptable (enseignable donc), la plupart des propositions scientifiques que peuvent établir les chercheurs dans ces domaines. «*L'austère censure posée par le postulat d'objectivité,... consubstantiel à la science*» que pouvait rappeler avec vigueur Jacques Monod en 1970, ne peut manifestement plus s'appliquer irrévocablement à toutes les propositions scientifiques. La contradiction épistémologique profonde qu'il implique n'est plus tolérable ni par les scientifiques épris de certitudes rigoureuses, ni par les citoyens (qui financent les recherches des scientifiques), épris de probité intellectuelle.

Cette censure imposée par le «*postulat pur, à jamais indémontrable*» (Monod, 1970) d'objectivité n'est plus tolérable, mais, observait H.A. Simon (1982) dans sa conférence Nobel de 1978, on se résigne à la subir, aussi longtemps que l'on ne peut établir un paradigme alternatif au moins aussi plausible. Un paradigme qui, formé dans et par l'expérience cognitive de la pratique scientifique, permette d'exercer raisonnablement les fonctions d'évaluation et de légitimation épistémique requises pour la production de connaissances scientifiques.

1.3 Modéliser et concevoir des SIO: rendre intelligibles les interactions projet-contexte

C'est à la mise en forme d'un tel paradigme alternatif, qu'il appellera épistémologie empirique, que H.A. Simon s'est à plusieurs reprises attaché. Sa contribution à une reformulation du paradigme des *sciences de l'artificiel* (ou des sciences fondamentales d'ingénierie) se fonde en grande partie sur sa grande expérience de recherche scientifique dans le domaine des *Information Processing Systems*. Expérience qui s'est formée notamment par ses recherches, dans le domaine des organisations sociales (qui lui valurent le prix Nobel d'économie en 1978, notamment, pour ses travaux sur les processus organisationnels de décision) et dans le domaine de l'informatisation (qui lui valurent, avec A. Newell en 1975, le Prix Turing d'informatique pour ses travaux en intelligence artificielle). Conjonction qui fut longtemps rare dans nos académies, dont H.A. Simon sut tirer une substantifique moelle épistémique et nous la transmettre.

C'est curieusement dans *Le Nouvel esprit scientifique* de G. Bachelard, publié en 1934, que l'on trouve une formulation quasi parfaite du postulat que l'on peut afficher en alternative à l'austère postulat d'objectivité martelé par J. Monod (affectant d'ignorer l'œuvre de G. Bachelard). Comme la plupart des épistémologues anglo-saxons, H.A. Simon l'ignorait sans doute aussi, mais il sut s'approprier pragmatiquement le même argument: «*dans la pensée scientifique, la méditation de l'objet par le sujet prend toujours la forme du projet*» (Bachelard, 1934).

Autrement dit, ne partons plus du postulat d'existence d'un objet substantiel appelé ici système d'information, indépendant des sujets qui l'observent. Partons désormais du projet d'intelligibilité que nous nous donnons: concevoir une interface active et s'activant dans les substances (ici l'organisation et les TIC) dont elle forme (et transforme) le contact. Cela nous conduit alors à aborder les questions suivantes:

- Quelles fonctions alors souhaitera-t-on que cette interface exerce?
- À quels projets rapportera-t-on ces fonctions, pour évaluer leurs performances par les transformations de ces substances en contact?
- Quelles transformations va-t-on introduire ou anticiper dans les substances en contact?

Ces questions initiales du modélisateur – concepteur – interprète du SIO, renvoient à des explorations du champ des possibles et nullement à quelque unique et impérative nécessité définitivement imposée par *la nature des choses*. Elles invitent à deux démarches entrelacées : l'une visant l'explicitation (et la reexplicitation) progressive des projets que l'on se propose ; l'autre visant l'intelligence[1] du contexte présumé substantiel dans et par rapport auquel s'exercent ces projets. Autrement dit, la compréhension intelligible (entendement, représentation ou modélisation par des systèmes de symboles artefactuels) d'un phénomène (ou processus) perçu ou conçu par un sujet, se forme par l'interfaçage interactif d'un projet et d'un contexte (lui-même tenu pour un tissu de processus).

On reconnaît dans cet entrelacs des projets et des contextes, les deux moles d'ancrage de la trame épistémique sur laquelle se sont reconstruites au XXe siècle les sciences de l'artificiel à partir de l'institutionnalisation de la première *Cybernétique, science de la computation et de la commande dans les systèmes naturels et artificiels* (Wiener, 1948), et de *la science de la computation* (Turing, 1992) que l'on appelle souvent en France la science informatique.

Si certaines recherches actuelles (Marciniak et Rowe, 2005) soulignent l'importance des changements de contextes sur les projets, rares furent à l'époque les scientifiques et les épistémologues qui perçurent l'importance de la bifurcation épistémologique qu'allait entraîner la résurgence dans les cultures scientifiques, à l'initiative de N. Wiener, de la téléologie, science critique disait E. Kant dans sa *Critique de la faculté de juger* dès 1793 (Kant, 1995). En proposant de substituer au schème d'interprétation par relation cause – effet (les *longues chaînes de raison toutes simples...* du discours cartésien), le schème de la relation comportement – téléologie, la cybernétique naissante restaurait, au moins dans son principe, un mode de production et de légitimation des connaissances que l'épistémologie institutionnelle avait presque oublié, où même condamnée, pour se protéger du laxisme des finalismes, vitalismes et autres entéléchies. On se souvient de la boutade célèbre que rappelait le biologiste F. Jacob en 1971 : « *la téléologie est pour le scientifique comme une maîtresse : il ne peut s'en passer, mais il n'ose la montrer en public* ».

Restauration épistémique qui s'accompagna d'un renouvellement méthodologique dont l'intérêt pratique fut vite si manifeste que l'on ne s'interrogea guère initialement sur la relative légèreté de l'argumentation épistémologique légitimant cette nouvelle science se construisant sur un projet et non plus sur un objet de connaissance. Les concepts modélisateurs de « boîte noire » (fonctionnelle) et de *feed-back* (que nous devrions traduire par rétro-information plutôt que par rétroaction) sont aujourd'hui très généralement acceptés dans touts les disciplines, bien que les précautions relatives à leur mode d'emploi soient encore souvent ignorées. Les errements méthodologiques des traités d'analyse de systèmes (inattentive au fait qu'un système ne s'analyse pas impunément en parcelles) ou de *dynamique des systèmes* (ainsi nommée par J. Forrester, 1961, alors qu'il introduisait une cinématique de systèmes fermés) en témoignent.

Dans le même temps (la période 1950-1980), l'alternative ouverte par la formation de la première cybernétique et de la science de la computation, permettait à des chercheurs actifs dans des disciplines très diverses[2] de s'exercer à cette critique rétroactive des concepts, méthodes ou principes utilisés jusque-là, de manière à déterminer leur valeur épistémologique elle-même à laquelle nous invitait J. Piaget dès 1967. Les deux figures emblématiques de H. von Foerster et de H.A. Simon sont sans doute celles qui caractérisent le mieux le développement de cette restauration du paradigme épistémologique que l'on peut appeler aujourd'hui, avec J. Piaget le paradigme constructiviste. N'est-il pas remarquable que le domaine des SIO fût précisément celui auquel ils consacrèrent une très large part de leur exceptionnelle activité de recherche[3].

N'est-il pas significatif en effet que le restaurateur des épistémologies constructivistes dans nos cultures scientifiques (l'encyclopédie *Logique et Connaissance Scientifique* dirigée par J. Piaget parut en 1967) ait voulu associer simultanément ces deux grands chercheurs quasi contemporains (H. von Foerster naît en 1911, H.A. Simon en 1916) au dernier cours du Centre d'Epistémologie Génétique de Genève qu'il avait préparé et qui fut organisé en 1981, juste après sa disparition ? Dès lors que l'on veille à parler des épistémologies constructivistes au pluriel, on n'uniformise pas brutalement ces trois œuvres scientifiques exceptionnellement riches et diversifiées, en les présentant sous ce label. Label qui a l'avantage de désigner de façon intelligible et argumentée, le paradigme alternatif auquel on peut désormais se référer pour légitimer les connaissances enseignables que s'efforce de produire la recherche scientifique[4].

1. « Action de s'entendre et résultat de cette action », définition du *Trésor de la Langue Française*.

2. Les cinquante-neuf articles rassemblés par W. Buckley dans son célèbre recueil *Modern Systems Research for the Behavioral Scientist* (Aldine Publishing Company, 1968) témoignent de cette vitalité dans les cultures anglo-saxonnes.

3. Dans le champ très spécifique des SIO, il faudrait sans doute souligner aussi les contributions de R. Ackoff aux États-Unis et de J. Mélèse en France qui témoignèrent d'une attention épistémologique qui fut trop rarement soulignée.

4. Le titre de la conférence de H. von Foerster à ce séminaire était d'ailleurs *A constructivist epistemology*.

1.4 La convention des épistémologies constructivistes: produire des connaissances afin de comprendre pour faire plutôt que prédire

L'œuvre scientifique de H. von Foerster se présente habituellement comme la formation de la deuxième cybernétique. Précisément, il s'agit de mettre en valeur le caractère récursif des comportements téléologiques: en fonctionnant dans un contexte, un système se transforme irréversiblement, si bien que ce n'est plus exactement le même système dont on observe le comportement à l'étape suivante. La première cybernétique était implicitement une cinématique: le régulateur qui régule le comportement du système dans son contexte ne se régule pas lui-même, sa structure est présumée invariante et il est présumé régi par un principe d'équifinalité.

En introduisant, dès 1959, la première théorie de l'auto-organisation (tenue pour dépendante de son action dans son contexte et pourtant autonome, se construisant elle-même), H. von Foerster allait introduire un profond renouvellement de nos modes de représentation et d'interprétation cognitive des phénomènes entendue dans leur complexité.

W. Weaver dans son article de 1948 avait défini les sciences de la complexité par l'étude de la complexité organisée. H. von Foerster proposait, dix ans après, de développer notre intelligence de la complexité organisante. N'en avons-nous pas tous l'expérience, dans l'étude tant des systèmes vivants que des systèmes sociaux? Les systèmes d'apprentissage et d'apprenance qui nous sont familiers, ne sont-ils pas tous de ce type? Ne pouvons nous concevoir des programmes informatiques qui s'écrivent en fonction des résultats de leur propre exécution (dans un univers virtuel, *in virtuo*, l'exercice sera sans doute sans danger)? Ne pouvons nous entendre nos propres processus cognitifs dans leurs transformations internes au fil de leurs activités? E. Morin (1986) écrira plus tard «*toute connaissance acquise sur la connaissance devient un moyen de connaissance éclairant la connaissance qui a permis de l'acquérir*».

Le profond renouvellement des processus de modélisation des phénomènes perçus complexes, qui s'amorçait à partir de cette remise en question, suggérait la production de connaissances qui aident à comprendre pour faire, ici et maintenant, plutôt que de connaissances qui prétendent prédire. Le *Plaidoyer pour l'indéterminisme* de K. Popper ne fut publié qu'en 1981, vingt ans après l'article de H. von Foerster et, aujourd'hui encore, il n'est pas certain que toutes les académies «*reconnaissent la dimension de l'imprédictibilité*» (CNRS, 2002) attachée par convention épistémique aux connaissances scientifiques.

L'œuvre scientifique de H.A. Simon se présente d'avantage dans la lignée ouverte par A. Turing (1954) jetant les bases d'une science de la computation symbolique qui ne se réduise pas à la seule analyse numérique (à laquelle s'attachait la première cybernétique). S'il faut présenter de façon sommaire cette restauration paradigmatique par ses deux faces, on pourrait dire que la cybernétique privilégie l'étude de la commande *(control)* du comportement d'un système, alors que la science de la computation privilégie l'étude de l'intelligence de ce comportement (H.A. Simon dira, reprenant J. Dewey – 1993 –, de l'action intelligente). L'une s'attache à formuler l'algorithme établissant ce que doit faire le système pour atteindre un but présumé donné et stable (des règles de type syntaxiques définissant sous forme numérisée des comportements). L'autre s'attache plus à la formation des représentations à l'aide desquelles le système peut élaborer son comportement, par heuristiques, pas à pas pour atteindre un état final qu'il tient pour acceptable (des interprétations de type sémantique, *satisficing*[1] dira H.A. Simon).

H.A. Simon perçoit très tôt que la qualité des données (ou des faits ou des observations ou des évidences) sur lesquelles s'exercent les raisonnements scientifiques est au moins aussi importante que la qualité formelle de ces raisonnements qui devraient n'être que de type algorithmique. Ces données ne sont jamais... données et les procédures plausibles dont nous disposons pour les (re-) présenter et les interpréter sont rarement uniques. Rien ne va de soi, rappelait, déjà G. Bachelard (1934). Rien n'est donné, tout est construit... y compris les données. Et les données ne sont pas construites de façon erratique, mais en référence à quelques projets. Change le projet, changeront les formes des données!

H.A. Simon trouvera dans l'œuvre de l'épistémologue N. Hanson (*Patterns of Discovery*, 1958) une solide argumentation élaborée dans les études d'histoires des découvertes scientifiques (dont G. Bateson disait, en 1972, qu'il faudrait les appeler des inventions plutôt que des découvertes). Tout fait, disait N. Hanson, est déjà chargé de théorie (*theory loaded*). Autrement dit, toute recherche scientifique devra s'attacher à expliciter d'abord le projet qui la suscite, que l'on caractérisera souvent comme le point de vue de l'observateur – modélisateur – concepteur. Projets ou points de vue qui devront se reconnaître comme potentiellement multiples, dépendants de l'observateur, et susceptibles d'évoluer au fil de la recherche (que l'on songe, par

1. *Satisficing*? Ne vaut-il pas mieux franciser ce néologisme d'origine irlandaise adopté par H.A. Simon pour exprimer une idée différente de celle attachée au mot *satisfying* (satisfaisant)? Il n'a pas d'équivalent usuel en français, sinon parfois «adéquat».

exemple, à la diversité et à la variabilité des données que l'on pourrait considérer pour évaluer ensuite la ou les performances d'une organisation, administration ou entreprise). Il s'agit toujours de reconnaître que la modélisation se construit comme un point de vue pris sur le réel. Le caractère fondamentalement téléologique de la modélisation (téléologie entendue dans sa récursivité fins – moyens: *Means-Ends analysis* dira H.A. Simon) ne peut-être ignoré dans l'activité cognitive de la recherche scientifique. Il importe autant que celui de l'interprétation et de la démonstration des modèles que soulignait H. von Foerster.

1.5 Représenter intelligiblement les organisations par des systèmes de symboles

Sur cette base épistémologique, H.A. Simon veilla de façon pragmatique à s'attacher aux procédures de modélisation, en reconnaissant l'importance du seul outil conceptuel dont nous disposons: les systèmes de symboles. Ce qui retient d'emblée son attention (souvent en collaboration avec A. Newell dans la période 1952-1982) est l'argument initial de A. Turing: nous pouvons concevoir aisément des systèmes de symboles physiques dotés de quelques propriétés et en particulier d'être «computables». Tous les systèmes d'écriture élaborés par les sociétés humaines depuis dix mille ans, des hiéroglyphes aux écritures chorégraphiques ou musicales, par les systèmes de notations chimiques ou mathématiques ou par nos modernes code-barres, sont des systèmes manifestement artificiels nécessitant pourtant quelques supports physiques (substance tangible) pour être construit, puis reconnu (lu) par des observateurs (qui parfois peuvent eux-même être machiniques). Ces artefacts-systèmes de symboles peuvent donc être conçus pour être computables.

Autrement dit, ils peuvent être transformés pour former d'autres systèmes de symboles, ils peuvent être tenus pour des adresses et ils peuvent être déplacés à d'autres adresses, ils peuvent être mémorisés, agrégés, désagrégés, effacés ou dupliqués. Nous reconnaissons ici la liste classique des fonctions que permet une «computation de type syntaxique» sur des signes physiques. En outre, ces systèmes de symboles présentent la caractéristique de pouvoir être interprétés par des systèmes récepteurs de deux façons différentes:

- Soit par computation pragmatique linéaire classique de type stimulus-réponse, postulant une correspondance biunivoque stable entre le signe physique portant le système de symboles et l'identifiant prédéfini de la commande d'action que devra exercer le récepteur. La première cybernétique s'est formée sur ce schéma classique des automatismes, schéma qui postule la fermeture du domaine (la table des correspondances entre les systèmes de symboles reçus et les actions associées à chacun d'eux, doit être exhaustivement définie);
- Soit par computation sémantique, celle par laquelle la computation, de robotique classique, devient intelligente. En d'autres termes, le système computant se reconnaît capable d'interpréter les symboles, à la façon d'un promeneur abandonné et tâtonnant dans un labyrinthe. H.A. Simon utilisera souvent cette métaphore: le promeneur va tenter, en tâtonnant sans cesse et sans être certain de jamais réussir définitivement, de donner du sens aux divers symboles qu'il rencontre ou qu'il crée au fil de ses pérégrinations. À ces interprétations, il associera des actions qu'il expérimentera parfois et mémorisera. Expérimentations par essais-erreurs (computation pragmatique récursive), dont il s'attachera à comparer les avantages et inconvénients. Ce promeneur est fondé à préférer à un comportement erratique, ces comportements réfléchis d'élaboration heuristique et d'expérimentation de stratégies, dans la mesure où les systèmes de symboles qu'il compute (*Information processing systems*, dira H.A. Simon) sont présumés délibérément émis. Ils ont donc potentiellement au moins un sens et il n'est donc pas absurde de chercher à l'interpréter.

Le promeneur ne va pas chercher à expliquer, il cherche à comprendre assez pour pouvoir élaborer raisonnablement au moins une action sensée[1]. Le « principe d'action intelligente», repris du pragmatisme selon J. Dewey (1993), sera illustré notamment par le comportement cognitif (ou computationnel) du joueur d'échec, attentif à ne pas réduire la complexité de son comportement à l'application brutale d'un algorithme dont il ignore les justifications et les limites (Newell et Simon, 1972).

La mise en œuvre de ces exercices de computation symbolique s'entend dans leur complexité, à la fois syntaxique, sémantique et pragmatique (la complexité triadique de l'action informationnelle). Elle s'exerce à la fois dans les activités de modélisation ou de formulation de problème (représentations d'un projet dans un contexte perçu ou conçu par des systèmes de symboles artificiels) et dans les activités d'interprétation à fin de compréhension par exploration heuristique (une définition de la résolution de problème).

Avec A. Newell, H.A. Simon synthétisera cette conception des processus de recherche et de production de connaissances par un article au titre significatif: «de la science informatique comme une recherche in-

1. Avec L. Siklössy, H.A. Simon *présentera cette interprétation* sémantique des SI dans un ouvrage collectif publié en 1972, *Representation and Meaning, Experiments with Information Processing Systems.*

vestigatrice empirique sur les symboles et sur les explorations heuristiques qu'ils permettent»[1]. Article qui devient, aujourd'hui, un des manifestes épistémologiques[2] solides sur lequel peut s'argumenter la légitimité de cette «nouvelle *Scienza Nuova*» qu'a vu émerger ou réémerger le xxe siècle : sciences fondamentales d'ingénierie ou de conception voir, pourquoi pas, sciences d'*ingenium*[3]. Sciences fondamentales (et non pas d'abord sciences appliquées ou d'application de sciences d'analyses que l'on tiendrait pour seules fondamentales), construites sur des projets et consciente du rôle essentiel de la représentation intentionnelle initiale dans leur auto-éco-construction.

On a pris le parti de présenter la formation contemporaine de ce paradigme épistémologique en s'appuyant principalement sur les contributions de H. von Foerster et de H.A. Simon car elles se sont développées principalement à partir de recherches scientifiques développées dans les champs familiers aux recherches en SIO, celui des organisations sociales et celui de l'informatique. Il s'agissait de mettre en valeur le fait que, lorsqu'elle s'exerce à sa critique épistémique interne, la recherche en SIO, contribue à la transformation des paradigmes épistémologiques de référence.

Il faudrait bien sûr pousser plus avant cette présentation pour lui donner toute l'ampleur culturelle et axiologique qu'elle mérite désormais. Bien que les manuels d'épistémologie contemporains soient restés jusqu'ici souvent trop inattentifs à ce renouvellement, chacun sait qu'il n'est pas nécessaire d'être épistémologues de profession pour faire intelligemment profession d'épistémologie (la formule est de l'épistémologue G. Canguilhem). Il faut pourtant souligner que ce renouvellement ne s'est pas fait dans un désert, même s'il fut longtemps souterrain (Le Moigne, 1995).

Il faudra par exemple pour cela se remettre d'abord en mémoire les méditations épistémologiques de Paul Valéry dans ses *Cahiers* (1977), et retenir pour notre propos au moins deux de ses devises emblématiques :

- *On a toujours cherché des explications quand c'était des représentations qu'on pouvait seulement essayer d'inventer.*
- *L'organisation, la chose organisée, le produit de cette organisation, et l'organisant sont inséparables.*

Il faudra aussi pour s'en convaincre, tourner les pages des six tomes de *La Méthode* d'E. Morin (publiés de 1977 à 2004), et en particulier des trois premiers. Nous verrons comment l'entrelacs des paradigmes cybernétique (au sens de H. von Foerster) et systémique (au sens de H.A. Simon) se forme en s'insérant dans le vaste entrelacs paradigmatique des sciences de la complexité (ou des systèmes complexes) : «l'intégration systémo-cybernetique s'entrelace avec l'intégration physico-chimique et l'intégration biologique pour engendrer le paradigme de l'hyper complexité, incompressible paradigme qui n'explique pas, mais permet l'explication, ou plus généralement, la compréhension.» (Morin, 1980, p. 351).

Incompressible paradigme qui se construira sur le concept générique «d'organisation active», ou «organisaction», dans lequel le concept de SIO pourra aisément se caractériser en articulant les trois propriétés de «l'éco-auto-réorganisation», à la fois computationnelle, informationnelle, communicationnelle. Paradigme qui nous guidera pour construire «*des représentations sur lesquelles on pût opérer comme on travaille sur une épure,... et qui puissent servir à faire*», comme nous y invitait dès 1942, P. Valéry (1977).

Le paradigme de la modélisation des systèmes complexes enrichit ainsi nos pratiques de la modélisation des SIO et nos expériences de modélisation des SIO s'exerçant à leur critique épistémique interne enrichissent nos connaissances dans les champs des systèmes perçus complexes (Le Moigne, 2002).

2 Expérience de la critique épistémique des recherches en SIO

> «*Le fait nouveau, et de conséquences incalculables pour l'avenir, est que la réflexion épistémologique surgit de plus en plus à l'intérieur même des sciences. La critique épistémologique cesse de constituer une simple réflexion sur la science : elle devient alors instrument du progrès scientifique en tant qu'organisation intérieure des fondements*» (Piaget, 1967).

En nous attachant à l'examen de la légitimité épistémologique des connaissances produites par les recherches en systèmes d'information, nous avons été conduits à reconnaître le référentiel paradigmatique des recherches en systèmes complexes. Systèmes «perçus complexes», car irréductibles exhaustivement à leurs éventuels composants, que ceux-ci soient tenus pour objets ou phénomènes naturels ou objets ou phénomènes artefactuels ; systèmes que l'on peut cependant comprendre assez pour tenir leurs comportements pour intelligibles, bien que non toujours prévisibles.

Ainsi entendu, les SIO peuvent être considérés comme et par des systèmes complexes dès lors que l'on peut identifier (et habituellement leur affecter) les projets et les contextes dont ils sont l'interface inter-

1. Notre traduction de «*Computer science as empirical inquiry : Symbols and Search*», Conférence Turing, 1975.
2. Voir dans J. Pitrat (2002, p. 251) l'article : «sur un exceptionnel manifeste épistémologique ; Symbol and Search».
3. En reprenant le terme latin *Ingenium* que G. Vico, le père de la première *Scienza Nuova* proposait de retenir dès 1708, en s'étonnant de la difficulté de la langue française à traduire ce mot.

active. Exercice quelque peu différent de celui, aujourd'hui encore familier d'une définition par l'interface de l'informatique et de l'organisation, définition dont nous sommes partis initialement et qui a suscité la critique épistémique nous invitant à ce changement de représentation (ou de pattern).

2.1 Le SIO entendu comme et par l'interface d'un projet et d'un contexte

H.A. Simon a proposé de caractériser de façon générale tout système–artéfact par son interface entre un «environnement interne» et un «environnement externe». Le premier s'entend comme l'organisation élaborant et maintenant les projets – ou les buts – définissant les activités ou les fonctions du système et le second comme le contexte dans lequel s'exercent (ou tentent de s'exercer) intentionnellement les activités du système. L'activité du système s'entend alors comme une adaptation permanente, potentiellement complexe et réciproque (une équilibration par accommodation et assimilation, dirait J. Piaget) entre l'environnement interne définie par ses projets et l'environnement externe représenté par le contexte (éclairé par les projets de l'environnement interne, qui s'entend alors comme un projecteur éclairant l'environnement externe).

Le choix des mots «environnement interne» a parfois été perçu comme un oxymoron suscitant l'incompréhension. Le mot environnement n'est-il pas souvent encore retenu pour caractériser tout ce qui n'est pas «à l'intérieur» d'un système délimité par une frontière symbolique ou une membrane physique? Il définit alors une exclusion. Les praticiens de la modélisation analytique (et de l'analyse de systèmes classique) l'utilisent alors dans le sens d'un «non-système» selon la formule heureuse d'Y. Barel (1979): «*On s'occupe du système, pas de son environnement, que l'on ne connaît que par les contraintes qu'il nous impose peut-être et parfois par les opportunités d'action qu'on y reconnaît.*» Interprétation souvent appauvrissante dès que l'on fige physiquement ou mentalement les frontières d'un système présumé séparable de son environnement.

Mais si l'environnement est considéré comme appartenant au système, a-t-on encore besoin de la distinction système–environnement? Ne glissera-t-on pas alors du réductionnisme au holisme sans gagner aucun bénéfice en terme de modélisation opérationnelle ? C'est pourquoi la formulation proposée par H.A. Simon en 1968, définissant le système par l'interface active conçue par le modélisateur (un système de représentation) entre le système représentant (l'environnement interne) et le système représenté (l'environnement externe), l'un et l'autre appartenant au même environnement, semble légitime et praticable. H.A. Simon l'illustre de bien des façons, par exemple par cette boutade plaisante: «*Donnez-moi un projet, survivre, et un contexte, le pole Nord: je crois que je vous dessinerai leur interface par un ours blanc, sans en avoir jamais vu et sans rien savoir pourtant de son anatomie.*» (Simon, 2004).

Sur ce *pattern* de modélisation des systèmes complexes, H.A. Simon élabore les concepts de la modélisation et de l'interprétation fonctionnelle, puis de la simulation des systèmes que l'on ne comprend que partiellement. On parle plus volontiers aujourd'hui de modélisation systémique que de modélisation fonctionnelle, pour prendre plus explicitement en compte que ne le faisait alors H.A. Simon, les interactions entre les phases synchroniques (fonctionnement) et diachroniques (transformations) du comportement des systèmes.

On pourrait sans doute parler aussi de modélisation interactionniste pour rendre compte du fait que l'on cherche à modéliser des actes et pas des choses: «on a toujours traité les systèmes comme des objets; il s'agit désormais de concevoir les objets comme des systèmes» soulignait E. Morin dès 1977 (p. 100). Mais le mot interactionnisme ne permet pas habituellement de prendre en compte les concepts noyaux de la modélisation, le projet et le contexte, ce qui incitera E. Morin à l'intégrer dans les concepts associés d'organisation et de système. L'organisation entendue active («organisaction» dira-t-il) qui «*transforme, produit, relie maintient,... assurant ainsi solidarité et solidité relative des interactions,... assure au système une certaine possibilité de durée en dépit des perturbations*». (1977, p. 104).

Comme l'usage semble prévaloir de parler de modélisation systémique plutôt que de modélisation organisationnelle, il suffit de veiller à lui associer la caractérisation fonctionnelle que synthétise le concept d'organisation: produire, transformer, relier, maintenir. On reconnaît le référentiel TEF (temps, espace, forme) de définition et de modélisation de tout processus dégagé par la modélisation systémique: modification conjointe de la position dans le temps (maintenir) et dans l'espace (relier) ou dans ses formes (transformer et produire) de toute entité identifiable par le modélisateur.

On dispose ainsi d'un «métalangage de modélisation» correctement argumenté et légitimé par une expérience multiséculaire (celle de *l'inventio* de l'ancienne rhétorique hellénique et latine), se prêtant l'instrumentation de la modélisation d'un système perçu complexe, entendu comme et par l'interface d'un projet et d'un contexte, ou d'un environnement interne et d'un environnement externe. Instrumentation que l'on peut maintenant aborder en s'attachant à la compréhension (comprendre pour faire) des systèmes d'information des organisations sociales. (Le Moigne et Van Gigch, 1989).

Une précaution de forme s'impose ici car cette méditation épistémologique visant à légitimer les théories et les pratiques en SIO, semble encore peu familière. Les études et recherches qui s'y référent effectivement furent longtemps peu nombreuses. On le soulignait en commençant, la plupart de ces études ignorent toute discussion critique de leur légitimité épistémique se contentant d'appliquer (sans les justifier) des méthodes d'analyse positives dérivées pour la plupart de l'énergétique physique (et parfois de la thermodynamique) et écrite dans son métalangage (flux et stock, débits et capacité, canal et code, régulation et recyclage, rendement quantitatifs et optimisation, intensité et stabilité, élément et structure,...). Il s'agit pour elles de décrire un objet présumé physique dans le langage de la physique. Ceci sans s'attacher particulièrement à la légitimation tant socioculturelle qu'épistémique de ces applications. La discipline est jeune encore et on ne s'étonne pas qu'elle commence par «faire», par essais-erreurs, en renvoyant au lendemain la charge de «réfléchir» sur son action.

2.2 Expliciter un paradigme alternatif: le paradigme inforgétique

Certes la tache est en apparence moins aisée car le paradigme n'explique pas (comme le croient les tenants du paradigme énergétique), mais «*il permet l'explication*», rappelle E. Morin (1980, p. 354). Il ne nous suffira plus d'appliquer mais il nous faudra exercer notre intelligence. Au paradigme énergétique construit au XIXe siècle sur une représentation des interactions physiques (présumées stables) entre matière et énergie, indépendantes des observations, ne pourra-t-on par exemple associer ici un paradigme que l'on peut appeler le «paradigme inforgétique» construit sur la représentation des interactions virtuelles entre « information et organisation » que va rencontrer en permanence la recherche en SIO (et dans bien d'autres domaines) ? La complexité des interactions, elles-mêmes auto-éco-organisatrices, qui conduit souvent à identifier le caractère téléologique de l'intervention des processus décisionnels dans le champ des SIO, pourrait alors être exprimée par la reconnaissance de son caractère éthique, ce qui suggère d'enrichir la désignation de ce paradigme en le qualifiant inforgéthique[1].Nous nous sommes attachés à montrer dans la première partie qu'un cadre paradigmatique, formé dans le creuset de multiples expériences de recherche au sein et à proximité du domaine des SIO, permet aujourd'hui de nous exercer de façon constructive et prospective à une critique épistémologique interne en méditant sur nos propres pratiques de recherche, avec l'aide ceux qui font cet effort d'attention.

1. On a développé cette présentation du paradigme inforgéthique, notamment, dans les chapitres 1 et 2 de Bartoli et Le Moigne (1996).

En quels termes recevables pouvons-nous alors exprimer le projet d'une recherche en SIO? Libérons-nous de l'hypothèque informatique : notre projet devra être également pertinent pour l'étude des SIO non informatisés. L'argument a l'avantage de relativiser le concept stable de SIO par rapport à celui, beaucoup plus fugace, et par-là plus contingent, d'état contemporain des TIC.

Le paradigme de la modélisation cybernétique nous propose deux bases de départ qui furent inégalement expérimentées dans les pratiques des recherches sur les systèmes-organisations sociales.

L'une, plus synchronique et familière aux cultures ingénieriales et managériale s'inscrivant dans la tradition du management scientifique, propose d'intégrer le SI au sein du système de décision, sous le nom de système de commande *(control system)*. La décision, dira J. Forrester (le père de la présumée *dynamique des systèmes*, 1961), est le processus par lequel l'information est transformée en action. Il suffira donc de coupler directement le système de commande sur le système opérant (*operating system*) et de définir le système organisation par ce modèle hiérarchique traditionnel (l'un commande, l'autre exécute sans chercher à comprendre). L'information y est tenue pour une donnée disponible *a priori* au sein du système opérant, sans que l'on ait beaucoup à s'interroger sur sa définition. Les modèles algorithmiques de «contrôle optimal» ou plus généralement les modèles d'optimi-sation monocritère du comportement du système opérant peuvent ainsi être interprétés de façon réversible : pour prendre une décision optimum, il faut mettre telle et telle donnée ayant telle définition et tel format en intrant du calcul d'optimisation pré établi et dont la convergence est mathématiquement démontrée. Réciproquement, si l'on ne met en intrant de ces modèles d'optimisation que les données ainsi prédéfinies (les seules informations utiles et nécessaires à l'efficacité de l'action), on postule que les extrants du système de commande seront toujours les décisions optimum. Interprétation bien simpliste qui a longtemps cautionné le développement académique des «mathématiques de la décision ». Ces modèles d'optimisation étant eux-même construit sur un critère tenu pour donné et rarement soigneusement défini (en général, un critère d'efficacité ou d'efficience mesurable numériquement du comportement du système opérant). Le SI de l'organisation est alors tacitement incorporé au sein du système de décision (ou de commande) qui le définit et le contrôle intégralement, si bien qu'on oublie presque de le différencier en le tenant pour constitutif du système de contrôle.

L'autre, plus diachronique et familière aux cultures scientifiques en physico-biologie et en thermodynamique, s'inscrit d'avantage dans la tradition de la théorie mathématique (probabiliste) de la communication introduite par C. Shannon (en 1948, comme la cybernétique) et reprise par H. Quastler (1964) puis H. von Foerster (1984) et H. Atlan (1972). À l'inverse de la précédente, elle va initialement considérer que le processus décisionnel s'incorpore au sein du processus informationnel qui se manifeste nécessairement au sein de toute organisation active. Ce sont plus les transformations temporelles par équilibration (émergences de formes suffisamment stables), que les comportements à structure présumée invariante dont rendent compte ici les développements du processus informationnel au sein des organisations vivantes. La célèbre formule métaphorique de H. von Foerster, «*Order from noïse*» (l'organisation par le bruit et la redondance informationnelle) campera symboliquement l'argument et incitera à prêter attention aux conditions de formation et de circulation réticulaire des informations (entendues par leurs seules composantes syntaxiques et pragmatiques) au sein des organisations.

2.3 L'information forme l'organisation qui la forme

Le processus informationnel est alors d'avantage perçu comme la composante active du processus organisationnel qui s'exerce au sein du système considéré. Les modélisateurs commenceront à être plus attentif au caractère récursif de l'interaction information-organisation, et la voie s'ouvrira à partir des années 1975-1980 aux développements des concepts d'émergence et d'auto-organisation: «l'information forme l'organisation qui la forme». La recherche en systèmes d'information s'appropriera plus difficilement la prise en compte de cette composante diachronique.

Pour y parvenir, il lui fallait élaborer un paradigme épistémologique plus ouvert, lui permettant de rendre compte des complexités perçues que rencontre l*a* modélisation pragmatique du SIO. Les contributions de H.A. Simon (surtout dans la période 1947-1977), puis celle d'E. Morin (notamment dans la période 1973-1990), vont apporter au concept de SIO et à son «entendement» dans les pratiques organisationnelles, les nouveaux «points de vue» qui s'avéraient nécessaires pour l'appréhender dans son intelligible complexité.

H.A. Simon par ses observations empiriques des processus décisionnels au sein des organisations sociales va dégager deux familles d'arguments que le paradigme cybernétique initial ne proposait pas de prendre en compte:

- Les organisations sociales ne s'organisent pas effectivement pour optimiser l'ensemble de leurs opérations, non parce qu'elles ne le veulent pas, mais parce qu'elles ne le peuvent pas. Elles ne disposent pas en effet des ressources cognitives et computationnelles que requièrent les calculs quasi illimités inéluctablement associés aux décisions rationnelles et à l'anticipation de la totalité de leurs conséquences. En outre, elles ne peuvent établir les prévisions suffisamment fiables que ces calculs devraient prendre en compte. Dans les faits, ces impossibilités pratiques n'empêchent pas les organisations de décider; elles s'efforcent même de raisonner collectivement leur comportement qu'elles ne perçoivent pas comme systématiquement erratique. N'est ce pas alors la théorie qu'il faut reconsidérer? Les organisations sociales s'organisent pour parvenir à élaborer et réélaborer sans cesse leur décision (elles s'organisent pour décider) bien plus que pour optimiser rationnellement leurs opérations de production.
- La prédétermination des seules informations utiles et nécessaires à la prise de décision d'actions efficaces (ou optimales), est également bien illusoire. En effet, les modifications permanentes des décisions d'action et l'extrême diversité des processus cognitifs et téléologiques de décision d'action ne permettent que rarement une telle prédétermination suffisamment stable des informations à considérer, d'autant plus que nombres d'entre elles sont de type qualitatif. En revanche, on observe très fréquemment dans les organisations, que les décisions concernent la recherche ou l'identification d'informations non prédéterminés et tenues pourtant pour potentiellement pertinentes à telle prise de décision (la phase intelligence inhérente à tout processus de décision organisationnelle). *In fine, dans les organisations on décide des informations à considérer bien plus que l'on informe a priori les décisions.*

2.4 Un cadre conceptuel alternatif du SIO: le modèle SO/SI/SD

La trame conceptuelle qui relie dans une organisation le système de décision (SD), le système d'information et le système d'opérant (SOp) s'avère ainsi bien plus complexe et récursif que ne le postulait initialement le schéma cybernétique ou managérial du couplage circulaire stable du SD sur le SOp. Métaphoriquement, on pourrait dire que la conception du SIO passe du problème des deux corps (information et organisaction), présumé analytiquement simple à résoudre, au problème des trois corps (information–décision–

organisaction) tenu pour complexe et que l'on ne peut traiter que pragmatiquement, pas à pas. Le SIO peut alors s'entendre comme et par l'interface entre le système de décision de l'organisation (le projet-projecteur) et le système d'opérations physiques de l'organisation (son contexte).

Nous disposons ainsi d'un modèle général de toute organisation, le «système opération-information-décision» (SOpID) qui nous permet de nous interroger sur les fonctions attendues, observées ou possibles de chacun de ces trois sous-systèmes (SOp, SI, SD) telles que peut les considérer ou les élaborer le système organisation (S.OpID) s'attachant à les coordonner en référence aux projets d'ensemble qu'il élabore et réélabore en permanence (la stratégie de l'organisation, présumée explicite si on considère que le comportement de l'organisation est intelligible au moins pour ses acteurs).

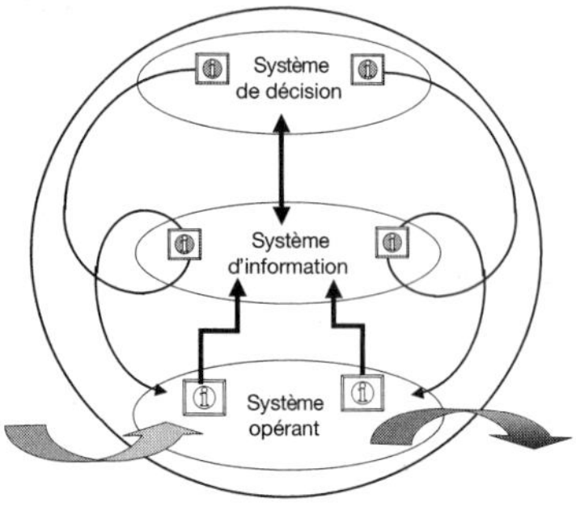

Figure 1 La forme canonique OID

On a souvent considéré que ce projet d'ensemble de l'organisation était unique et se formulait en termes simples tels que survivre à tout prix ou optimiser son utilité subjective espérée. Facilités naïves et rarement réalistes! Le «système de finalisation» de l'organisation est difficilement pétrifiable dans les organisations humaines, l'élucidation évoluante des enjeux collectifs d'une organisation sociale étant précisément la fonction constitutive qu'elle se doit d'assumer. Il n'appartient évidemment pas au SIO de se substituer à l'organisation se finalisant en élaborant et décidant de ses projets, mais il peut lui appartenir de contribuer aux conditions de cette élaboration.

N'entrons donc pas ici dans la discussion de ce processus téléologique constitutif de l'organisation, processus qui prendra des milliers de formes différentes possibles selon les contextes d'action, les cultures ambiantes, les effets de générations, les saisons, les tempéraments des individus, etc., et faisons l'hypothèse plausible que la conception et la gestion de chaque SIO se construisent en référence explicite à, au moins, un projet d'ensemble de l'organisation. En général, lorsque le SD n'a pas vraiment réfléchi à cette stratégie, il affichera une disposition passe-partout du type rendre l'action de chaque responsable plus efficace. Disposition qui s'avérera vite bien naïve, mais qui permet à tous d'amorcer le processus et, en général, de le faire peu à peu évoluer de façon intelligente, l'expérience incitant habituellement à ces critiques pragmatiques.

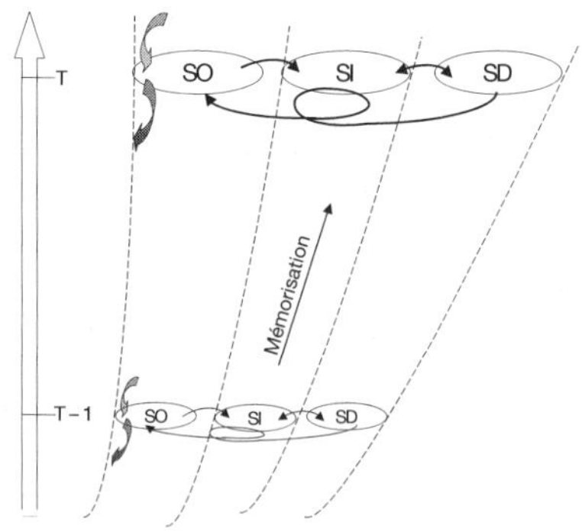

Figure 2 La représentation diachronique du modèle OID

Sur cette base téléologique affichée, quelles fonctions le SI, piloté par le SD et contraint à la fois par les capacités physiques du SOp et par les capacités cognitives du SD, pourra-t-il assurer?

Le paradigme de la modélisation systémique nous propose à nouveau un cadre de référence. Il lui faut pouvoir:

- générer des informations représentant les activités de l'organisation (fonction de production par symbolisation);
- traiter des informations, ce traitement pouvant inclure l'acquisition d'informations non générées par l'organisation (fonction transformation par computation de symboles, à la fois syntaxique, sémantique et pragmatique);
- transmettre et parfois communiquer (transmission réciproque interactive) des informations disponibles au sein du SI (fonction de relation par communication);
- mémoriser au moins les informations générées et souvent la plupart des informations disponibles ou circulant au sein du SI et les rendre aisément accessibles sur demande (fonction de maintenance par mémorisation).

Curieusement peut-être, ces quatre fonctions, identifiables chacune de façon autonome, mais pratiquement fort entrelacées dans leur exercice, caractérisent l'ensemble des fonctions de tout SIO. Toutefois, ce cadre étant posé, l'identification pratique de chaque fonction pose à chaque organisation des questions dont les réponses seront souvent fort spécifiques, parfois fugaces ou changeantes, et toujours dépendante du contexte et de la téléologie de l'organisation.

Il est vrai que la plupart des TIC se proposent comme des orthèses, voir des prothèses, susceptibles d'exercer – ou d'amplifier – sensiblement les performances de l'exercice de trois au moins de ces fonctions dans les organisations sociales : les fonctions de computation symboliques (et pas seulement numérique), les fonctions de communication et les fonctions de mémorisation. La plupart d'entre elles s'attachent d'ailleurs à les introduire par des dispositifs assurant ces trois fonctions de façon intégrées (et parfois difficilement désaccouplables) : en général, il semble que les organisations s'adaptent aujourd'hui sans trop de difficultés à court terme à l'insertion de ces orthèses informatiques dans l'exercice de ces fonctions de leur SIO.

Mais cette apparente adaptation se fait souvent au prix d'un appauvrissement culturel des acteurs responsables de l'organisation qui sont alors tentés de prendre le moyen pour la fin et le système informatique de l'organisation pour son système d'information. Au lieu de s'attacher à comprendre et à actualiser leur compréhension des fonctions de leur SIO dans des contextes et par rapport à des projets évoluant, elles substituent l'entretien ou le renouvellement de l'organe (boite noire) à la définition et surtout à l'articulation évoluante des fonctions qu'il assure, peut ou pourrait assurer, et ne peut ou ne pourrait assurer !

2.5 Un référent épistémique qui permet les questionnements sur le sens et la légitimité des connaissances produites pour comprendre, c'est-à-dire pour faire

Une part de cette dégradation inconsciente de l'intelligence du système d'information de l'organisation par bien des acteurs responsables tient sans doute au langage et à la culture des constructeurs-développeurs des TIC, tant matériels que logiciels. Ils utilisent sans cesse le mot système, mais ils décrivent presque toujours leurs produits en termes analytiques postulant implicitement une correspondance biunivoque entre l'organe ou la structure et la fonction qu'il assure. La conception et l'animation du SIO sont alors souvent présentées comme la conception et l'animation du système informatique qui lui sert d'orthèse. Héritage sans doute de la conception cybernétique initiale des SIO réduits au *control system* des opérations de l'organisation (Le Moigne, 1986).

Il est une autre part qui relève de l'inattention des acteurs de l'organisation aux fonctions effectives du SIO entendu comme le système interface entre le système de décision et le système d'opération. Si l'on pouvait s'interroger sur ce que serait le « SIO non informatisé » de l'organisation considérée, on éveillerait mieux semble-t-il cette attention épistémique (quel est le sens et la légitimité des connaissances que l'on utilise ?). L'exercice ne serait-il pas utile, incidemment, pour anticiper les conséquences de quelques pannes prolongées, locales ou globales, de certaines TIC ?

On s'interrogera alors sur la relative légèreté de nos connaissances, tant théoriques que pratiques, relatives à la première fonction que nous avons reconnue au SIO en activité : sa capacité à « produire » des informations, informations qu'il devra ensuite « traiter » (ou processer, c'est-à-dire : modifier leur position dans le temps, l'espace ou leur forme). On retrouve ici une difficulté plus épistémique que pragmatique : dès qu'il faut définir l'information hors du contexte relativement spécifique dans lequel on la considère, il faut se résigner à ne jamais disposer d'un noyau suffisamment consistant (au sens où E. Poe utilisait ce mot anglais que l'on pourrait aussi traduire par congruent) permettant un consensus acceptable. N'espérons pas ici proposer une telle définition, (un très vicieux caméléon conceptuel, disait H. von Foerster), et revenons pragmatiquement au contexte dans lequel nous devons la considérer, celui de l'activité informationnelle délibérée et coordonnée d'une organisation sociale.

On observe que pour élaborer délibérément (de façon non erratique) son comportement, cette organisation cherche toujours à construire pour elle-même des représentations artefactuelles de ce comportement sur lesquelles elle puisse raisonner (nous ne raisonnons que sur des modèles, disait P. Valéry). Pour ce faire, elle utilise aisément un des artefacts les plus complexes qu'ait inventé l'humanité : « les systèmes de symboles computables », à la fois syntaxiquement, sémantiquement et pragmatiquement générés et éventuellement interprétés par et dans une action délibérée. Les chaînes de caractères alphanumériques constituent un exemple fréquent et familier aujour-d'hui de tels systèmes. Toutefois, remarquons, qu'ils peuvent être de multiples autres types, les systèmes de notation musicale illustrant parmi d'autres ces nombres plus subtils que cherchait à élaborer P. Valéry (qu'il désignait par le symbole « N + S »).

E. Morin proposera d'appeler information générative ces systèmes de symboles ainsi générés dans et par l'activité de l'organisation (ses transactions avec ses environnements), les contrastant avec les informations circulantes (souvent appelées informations « shannoniennes » quand on ignore leur composante sémantique) que l'on rencontre dans l'exercice des trois autres fonctions du SIO (computation, communication, mémorisation) ; informations circulantes qui, elles, seront habituellement dégénératives s'appauvrissant entre l'émission et la réception, mais qui pourront être régénérées par computation et recodage (ou resymbolisation).

L'identification téléologique des transactions de l'organisation à représenter appartient au système de décision de l'organisation, alors que leur modélisation sous forme des systèmes de symboles spécifiques (bons de commande, bordereaux de remises en banque, etc.) peut relever de l'activité du SIO. Convenons que l'on observe dans la plupart des organisations une sorte de carence généralisée. Trop souvent encore, le système de décision de l'organisation n'attache que peu d'attention à la sélection et à la modélisation soigneuse de ces informations génératives, qui caractérisent pourtant l'essentiel du projet de l'organisation : dis-moi ce que tu représentes de ton activité et je te dirai ce que sont tes projets !

Cette capacité d'enrichissement des représentations symbolisées que l'organisation sociale se donne de son activité est attachée au projet des modélisateurs (le SDO) et non à l'objet à modéliser (le SOp. O). Ainsi, un photographe peut rendre compte de sa perception d'une même scène par un cliché en couleur ou en noir et blanc ou, encore, en faisant varier le champ pour appréhender le contexte de façon plus ou moins large. De même, le concepteur du SIO dispose de bien des ressources rarement explorées encore pour enrichir ou atténuer à sa guise son intelligence des opérations de l'organisation. En préférant souvent la technique du *sfumato* à celle du trait pour représenter une scène ou un visage (l'une et l'autre étant des décisions), Léonard de Vinci (1987) nous rappelle la puissance et l'excellence du *disegno* (le dessin à dessein et donc la modélisation par systèmes de symboles, au sens général où nous l'entendons ici) dans nos exercices de symbolisation à fin d'intelligibilité : «*Le disegno (ou la modélisation) est d'une excellence telle qu'il ne fait pas que monter les œuvres de la nature, mais qu'il en produit un nombre infiniment plus varié. [...] Il surpasse la nature parce que les forme élémentaires de la nature sont limitées tandis que les œuvres que l'œil exige des mains de l'homme sont illimitées.*»

Rien ne contraint l'organisation à restreindre exclusivement la représentation symbolisable et mémorisable de ses activités à celle, bien partielle et partiale, que lui lègue le modèle comptable du siècle dernier formé sur un projet monocritère bien inattentif au désir d'aventure et au plaisir de faire qui animent les organisations humaines. Le SD peut-il exercer intelligemment la formation de son intelligence de ses actions en raisonnant ses décisions d'action sur des «modèles pauvres» ? La sophistication formelle des raisonnements algorithmiques ne compensera pas la pauvreté des données soumises à ces traitements, surtout lorsque l'interprétation des extrants-résultats de ces traitements sera inattentive à la légèreté sémantique des données d'intrants. La modélisation par symbolisation est en général plus inductive et inventive alors que le raisonnement sur les modèles est en général plus déductif et démonstratif, mais l'un et l'autre sont également rationnels (au sens usuel du bon usage de la raison dans les affaires humaines qui ne se réduit pas à l'exercice du syllogisme parfait). «*Modeling is neither more nor less logical than reasoning*» a souvent rappelé au cours de son œuvre H.A. Simon.

Cette insistance finale sur la mise en valeur de la fonction de symbolisation que peuvent et doivent assurer les SIO appelle des développements complémentaires auxquels on ne peut s'attacher ici, sur la critique épistémique des recherches sur les systèmes de décision, sur les systèmes multiagents, sur les systèmes de communication (et de connexion : interfaces homme-machine et intermachines) et sur les systèmes de mémorisation au sein des organisations sociales.

Développements qui mettront en valeur le caractère heuristique (et donc intelligible et aisément programmable) de la plupart des traitements des informations dans et par les organisations. Du développement des systèmes interactifs d'aide à la décision à celui des systèmes hypertextes et des moteurs de recherche incorporés dans les bases de connaissance en passant par des études de simulation par virtualisation (les études «*in virtuo*»), on reconnaît dans les pratiques contemporaines des SIO, l'émergence d'une «métafonction d'intelligence» qui imprègne en quelque sorte toutes les autres au fur et à mesure que l'on reconnaît la complexité triadique de l'action informationnelle. A. Newell et H.A. Simon (1972) proposaient de la cractériser sous le nom du «Principe d'action intelligente» (par *heuristic search*) qu'ils empruntaient à J. Dewey (1993). Ce dernier le formulait dans sa généralité socioanthropologique bien avant que l'on songe à son éventuelle informatisation. : «*Le postulat de base est que le comportement intelligent consiste en l'attention continue et délibérée portée à la relation des choses qui sont considérées comme des moyens avec celles qui sont considérées et traitées comme des conséquences, étant bien entendu que la connexion en question est intégralement réciproque.*»

2.6 Recherche et enseignement en science d'ingénierie des SIO participent à l'aventure de la connaissance humaine

Cette extension inévitable du champ épistémique des recherches en SIO aux champs connexes des recherches sur les systèmes de décisions, de communication et de mémorisation, qu'ils soient organisationnels ou individuels, nous incite à les appréhender toutes au sein du même «incompressible paradigme» construit sur le concept générique «d'organisation active», ou «organisaction». Paradigme qui nous a nous guidé et nous guidera pour élaborer et réélaborer des modèles de «*ces systèmes sur lesquelles on pût opérer comme on travaille sur une épure,... et qui puissent servir à faire*». (P. Valéry, 1977).

La formation épistémologique de ce paradigme de la modélisation des systèmes complexes s'est reconstituée depuis un demi-siècle, on l'a vu, sur la reconnaissance de la légitimité de cette nouvelle *Scienza Nuova* que forment désormais les sciences fondamentales d'ingénierie des systèmes complexes.

En s'attachant à la critique épistémologique de leurs propres expériences, les recherches en SIO contribuent à cette restauration dans laquelle elles se fondent plus qu'elles ne se différencient, comme d'ailleurs les recherches dans nombre de disciplines enseignables et actionnables se définissant par leur «projet» plutôt que par leur «objet de connaissance»: sciences de gestion, sciences de la cognition, sciences de la décision, de la computation, de la communication. Dans le même temps, elles ont bénéficié des critiques épistémologiques internes auxquelles s'exerçaient les disciplines des autres affluents qui forment «l'aventure de la connaissance humaine», sciences de la vie et du comportement, sciences de l'univers et de l'espace, science de la planète terre et de ses multiples géo et éco-systèmes, sciences de la matière et du mouvement (Morin et Le Moigne, 1999)

Peut-on souhaiter alors que les éditeurs de la prochaine édition de cette encyclopédie, qui paraîtra sans doute dans une dizaine d'années, modifient un peu l'intitulé du chapitre consacré à l'épistémologie, et lui substituent: «Épistémologie des sciences d'ingénierie des systèmes d'information des organisations»? Se forme ainsi une intelligible et irréductible complexification de l'intelligence de l'action humaine, dans et par laquelle chaque acte, chaque expérience se transforme potentiellement en science avec conscience. On ne sera pas surpris si, au terme de cette exploration des enracinements épistémologiques des recherches en SIO, on retrouve cette conscience exigeante de la complexité des actions humaines. L'éthique appelle l'épistémologie et ne s'y réduit pas. Au XVIIe siècle, B. Pascal soulignait ainsi dans ces *Pensées*: «toute notre dignité consiste donc en la pensée. C'est de là qu'il nous faut relever et non de l'espace ou de la durée que nous ne saurions remplir. Travaillons donc à bien penser: voilà le principe de la morale».

Bibliographie

Ackoff R. L. (1974), *Redisigning the future. À system approach to societal problems*, NY, J. Wiley & Son.

Atlan H. (1972), *L'organisation biologique et la théorie de l'information*, Paris, Éditions Herman.

Avenier M J (1997), *La stratégie chemin Faisant*, Paris, Éditions Economica.

Bachelard G. (1934), *Le nouvel esprit scientifique*, Paris, Presses Universitaires de France.

Barel Y. (1989), *Le paradoxe et le système*, 2e édition, Presses Universitaires de Grenoble.

Bateson G. (1977), *Vers une écologie de l'esprit*, Paris, Édition Seuil, t. 1 et 2, traduit de l'américain *Steps to an ecology of mind*, New York, ChandlerPub Cy.

Bartoli J.A., Le Moigne J.-L. (1996), *Organisations intelligentes et Système d'information stratégique*, Paris, Éditions Economica.

CNRS (2002), *Projet d'établissement du CNRS*, Paris, Éditions du CNRS. Publié sur le site du CNRS, http://www.cnrs.fr/strategie/telechargement/projetetab.pdf.

Dewey J. (1993), *Logique, la théorie de l'enquête*, Paris, Presses Universitaires de France (2e édition), traduit de l'anglais par G. Deledalle de *Logic: The Theory of Inquiry*, Irvington Publishers, 1980.

Forrester J. W. (1961), *Industrial dynamics*, Cambridge, Mass., The MIT Press.

Hanson N. R. (1958), *Modèles de la découverte*, Paris, Éditions Dianoïa, traduit de *Patterns of discovery, an inquiry into the conceptual foundations of science*, Cambridge University Press.

Jacob F. (1970), *La logique du vivant. Une histoire de l'hérédité*, Paris, Éditions Gallimard.

Kant E. (1995), *Critique de la faculté de juger*, Paris, Éditions Aubier.

Le Moigne J.-L. (1986), «Vers un système d'information organisationnel?», *Revue Française de Gestion*, n° 60, Novembre-Décembre, p. 20-31.

Le Moigne J.-L. (1990), *La modélisation des systèmes complexes*, Paris, Éditions Dunod.

Le Moigne J.-L. (1995), *Les épistémologies constructivistes*, Paris, Presses Universitaires de France, coll. «Que sais-je?».

Le Moigne J.-L. (2002), *Le constructivisme: épistémologie de l'interdisciplinarité*, Paris, Éditions L'Harmattan, coll. Ingenium, t. 2.

Le Moigne J.-L., Van Gigch J.P. (1989), «A paradigmatic approach to the discipline of information systems», *Behaviorial Science*, Vol 34, p. 128-147.

Marciniak R., Rowe F. (2005), *Systèmes d'information, dynamique et organisation*, Paris, Éditions Economica.

Martinet, A.-C. (1990), *Epistémologie des sciences de gestion*, Paris, Éditions Economica.
Mélèse J. (1979), *Approches systémiques des organisations. Vers l'entreprise à complexité humaine*, Paris, Éditions Hommes et Techniques.
Monod J. (1970), *Le hasard et la nécessité, essai sur la philosophie naturelle de la biologie moderne*, Paris, Éditions du Seuil.
Morin E. (1977), *La Méthode: la nature de la nature*, Paris, Éditions du Seuil.
Morin E. (1980), *La Méthode: la vie de la vie*, Paris, Éditions du Seuil.
Morin E. (1986), *La Méthode: la connaissance de la connaissance*, Paris, Éditions du Seuil.
Morin E., Le Moigne J.-L. (1999), *L'intelligence de la Complexité*, Paris, Éditions L'Harmattan.
Newell A., Simon H.A. (1972), *Human Problem Solving*, EnglewoodCliffs NJ., Prentice Hall.
Peirce C. S. (1987), *Textes fondamentaux de sémiotique*, Paris, Éditions Méridiens-Klincksieck.
Piaget J. (1967), *Logique et connaissance scientifique*, Paris, Éditions Gallimard, coll. «La Pléiade».
Pitrat J. (2002), «Représentations, Découvertes et Rationalité, Hommage à Herbert Simon», *Revue d'intelligence artificielle*, Éditions Hermès, volume 16, numéro 1-2.
Quastler H. (1964), *The emergence of biological organization*, New Haven, Yale University Press.
Reix R., Rowe F. (2002), «La recherche en systèmes d'information: de l'histoire au concept», dans Rowe F., *Faire de la recherche en systèmes d'information*, Paris, Éditions Vuibert.
Simon H.A. (2004), *Sciences de l'artificiel*, Paris, Éditions Gallimard, coll.. Folio Essai, traduit de *The sciences of the artificial*, 1996, 3e édition, Cambridge, The Mit Press.
Simon H.A. (1982), *Models of bounded rationality*, volumes 1 et 2, Cambridge, The Mit Press.
Simon H.A. (1997), *Models of bounded rationality*, volume 3, Cambridge, The Mit Press.
Turing A.M. (1992), *Collected Works. Mechanical Intelligence*, New York, D.C. Ince, North Holland Publ. Elsevier Science Pub Co., volume 3
Valéry P. (1977), *Cahiers*, sélections et notes par J Robinson-Valéry, Paris, Éditions Gallimard, collection «La. Pléiade».
Vico G. (1983), *Vie de Gianbattista Vico écrite par lui-même*, Paris, Éditions Grasset.
Vico G. (1993), *De la très antique sagesse de l'Italie*, Paris, Éditions GF-Flammarion.
Van Gigch J. P. (1992), *System design modeling and metamodeling, Sacramento*, California State University, Plenum Press.
Vinci, Léonard de (1987), *Les Carnets de Léonard de Vinci*, Éditions Gallimard, Collection TEL, t. 1 et 2.
Von Foerster H. (1984), *Observing systems*, Seaside (Cal.) Intersystems Publications.
Weaver W. (1948), «Science and Complexity», *American Scientist*, volume 36.
Wiener N. (1961), *Cybernetics, or control and communication in the animal and in the machine*, 2e édition, Cambridge, Mass., The MIT Press.

Éthique et système d'information

Yvon Pesqueux

Mots clés : démocratie délibérative, éthique, système d'information, technoscience.

Résumé : lier éthique et système d'information vient poser trois questions : une très générale au regard de l'appartenance des systèmes d'information à l'univers de la technoscience, une seconde relativement générale aussi sur le lien entre la dimension politique qui se trouve en quelque sorte « recouverte » par la dimension éthique au travers de la notion de démocratie délibérative, une troisième, beaucoup plus contextuelle, qui est liée aux perspectives éthiques spécifiques des systèmes d'information dans les catégories d'une éthique appliquée dont on soulignera en seulement quelques aspects, celui de la sécurité des systèmes d'information lue de façon éthique et celle du respect de la vie privée. Les développements qui suivent feront abstraction des débats sur la définition du système d'information et considéreront cet objet au regard d'une définition large où le système d'information sera vu comme un système sociotechnique.

Lier éthique et système d'information vient poser trois questions.

- une très générale au regard de l'appartenance des systèmes d'information à l'univers de la technoscience ;
- une seconde relativement générale aussi sur le lien entre la dimension politique qui se trouve en quelque sorte « recouverte » par la dimension éthique au travers de la notion de démocratie délibérative ;
- une troisième, beaucoup plus contextuelle, qui est liée aux perspectives éthiques spécifiques des systèmes d'information dans les catégories d'une éthique appliquée dont on soulignera seulement deux aspects, celui de la sécurité des systèmes d'information lue de façon éthique et celle du respect de la vie privée.

Si les deux premières questions relèvent d'une vision déontologique (au regard de principes), la troisième relève d'une vision conséquentialiste (la dimension éthique se trouve évaluée au regard des conséquences), comme il sied le plus souvent pour ce qui concerne les éthiques appliquées.

Les développements qui suivent feront abstraction des débats sur la définition du système d'information. Ils considéreront cet objet au regard d'une définition large où le système d'information sera considéré comme un système sociotechnique. Il en ira de même pour les débats qui concernent les liens technique – technologie.

Soulignons, dès cette introduction, l'ouvrage d'Eric Faÿ (2004) qui propose la critique d'une société où les échanges d'information deviennent anonymes et l'aveuglement du management qui les accompagne, qu'il s'agisse du management qui s'appuie sur de tels systèmes d'information ou du management de ces systèmes eux-mêmes. C'est bien la banalisation des systèmes d'information qui conduit aussi à se poser la question de leur dimension éthique.

1 Technoscience et système d'information

Rappelons d'abord que de nombreux philosophes contemporains se sont intéressés à la question du soupçon éthique adressé à la science et à la technique au travers du concept de technoscience. C'est pourquoi la présentation des arguments relevant de la technoscience sera faite ici au travers de l'œuvre des trois philosophes contemporains ayant le plus contribué à sa construction. Il s'agit en effet d'examiner la technoscience dans la mesure où le système d'information, comme production de la technique, en constituerait aujourd'hui une des manifestations les plus importantes et d'en fonder une critique d'ordre éthique, qu'il s'agisse du système d'information en tant que forme technique, mais aussi comme «issue» de la technoscience.

Le concept de technoscience exprime à la fois les contours d'une critique sociale mais aussi la réponse conceptuelle proposée à un des aspects du développement de la pensée scientifique contemporaine. Il acte la reconnaissance d'un développement scientifique et technique maintenant découplé de la perspective d'un projet moral et politique, voire même de sa coïncidence avec un déclin de la conscience théorique. La «naïveté» des conceptions du XIXe siècle face au progrès technique n'est en effet plus de mise. Avec la question de l'éthique des systèmes d'information, il s'agit bien de passer d'une focalisation sur le progrès à une focalisation sur la technique qui marque en quelque sorte le triomphe d'une raison instrumentale et qui conduit à une forme d'autoréalisation technoscientifique sans fin. On pourrait même, à ce propos, parler de «principe organisation» dans les mêmes catégories qu'Hans Jonas va parler de «principe responsabilité».

À ce titre, les systèmes d'information sont bien la matérialisation du règne de l'opératoire avec l'importance radicale accordée à la médiation technique et instrumentale (E. Faÿ, 2004). C'est à partir de cette primauté accordée à la raison instrumentale que se développe le système d'information comme moyen de contrôle. Le système d'information est bien, à ce titre, le lieu où l'action disparaît dans le faire. En se référant au concept de technoscience, il s'agit de sortir de la quête d'une compréhension d'un «bon» système d'information où le qualificatif de «bon» réalise une sorte d'isomorphisme entre la performance technique et la perspective éthique.

La notion de système d'information pose la question de son fondement conceptuel. Le recours au concept de technoscience permet de déconstruire la tentative de passer d'une hypothèse technologique de nature historique «pauvre» (le système d'information comme forme technique) à une hypothèse technologique de nature historique «riche» (le système d'information englobant alors l'objet technique et la forme sociale). Tout comme au XIXe siècle, il était possible d'affirmer que la révolution industrielle était redevable de la machine à vapeur et du métier à tisser (hypothèse technologique de nature historique «pauvre»), il est possible, en continuum, de voir sa concrétisation avec la manufacture vue comme lieu de fonctionnement de ces machines, la manufacture héritant en quelque sorte des caractéristiques techniques de la machine dans sa dimension organisationnelle. La révolution industrielle a-t-elle été le résultat de la rencontre de la machine à vapeur et du métier à tisser ou plutôt le jeu des décisions d'ordre politique et social de la bourgeoisie? En d'autres termes, si l'on reprend la formule de Lénine suivant laquelle «la révolution, c'est l'électricité plus les soviets», que reste-t-il de la révolution quand on lui retranche les soviets? Et c'est bien en cela que se manifeste tout l'intérêt du recours au concept de technoscience pour fonder la notion de système d'information «indépendamment» des déterminismes dont il est question plus haut.

L'hypothèse compréhensive «riche» construite ici au travers du recours au concept de technoscience confirme l'émergence et la valeur attribuée à l'évidence du système d'information, émergence corrélée au fait que les acteurs sociaux auraient besoin de s'appuyer sur des informations pour agir. Avec le système d'information, il s'agit aussi d'un projet de conciliation technique – capitalisme.

Ce qu'il est convenu d'appeler les «technologies de l'information et de la communication» s'applique à toute la société. C'est une «innovation» au sens large car elle possède une dimension sociale, économique et politique et elle en induit d'autres, de dimensions plus restreintes, applicables à des aspects du fonctionnement organisationnel. Ce qui est en cause ici, c'est aussi la communication de masse et donc une modification de la genèse de la productivité. Ce qui, avec les systèmes d'information, permettrait de parler de révolution industrielle repose sur le constat du passage d'un système sociotechnique à un autre. Il s'établit en effet des liens de cohérence entre le système technique reposant sur des infrastructures d'information et de communication et les structures de l'économie et de la société. L'ensemble de ces transformations conduit à une dynamique entre ces différents aspects. «*Le terme de révolution technique apparaît alors comme une solution paresseuse qui évite les analyses précises et couvre un ensemble hétéroclite et manichéen*» nous rappelle Lucien Sfez (2002, p. 42), sur la base de l'exacerbation de la différence entre un avant et un après alors que l'histoire des techniques est faite d'hybridations. Et c'est bien à cette solution paresseuse que nous fait échapper le recours au concept de technoscience.

2 Hans Jonas et le « principe responsabilité » comme nouvel impératif catégorique

Le lien entre le contenu de l'œuvre de Hans Jonas et la notion de système d'information n'est pas immédiat : le système d'information n'était pas ce que visait l'auteur. Ce sont par contre les arguments qui viennent fonder le concept de technoscience qui nous intéressent ici. Il y affirme la nécessité et l'importance d'une véritable philosophie de la nature, démarche qui puisse à la fois s'appuyer sur les connaissances de la science mais qui soit aussi autonome et spécifiquement philosophique. Une telle perspective sera particulièrement développée dans *Le principe responsabilité*. Elle se développe à partir du constat des menaces que fait peser sur l'humanité le monde de la technologie et de la science et se traduit d'abord dans sa capacité à définir les limites imposées à cette entreprise technologique et scientifique. Elle est en fait plus une découverte du mal possible que du bien lui-même. C'est donc par référence à cette problématique qu'il est possible de fonder un questionnement éthique pour ce qui concerne le système d'information.

L'éthique traditionnelle s'appuie, selon Hans Jonas (1993, p. 17), sur trois grandes présuppositions : *« 1. La condition humaine donnée par la nature de l'homme et par la nature des choses est établie une fois pour toutes dans ses traits fondamentaux. 2. Sur cette base, ce qui est bon pour l'homme se laisse déterminer sans difficulté et de manière évidente. 3. La portée de l'Agir humain et par conséquent celle de la responsabilité humaine est étroitement définie »*. Or la technique moderne a complètement modifié cette vision séculaire, voire millénaire, et imposé une nouvelle conception de l'éthique. Hier encore, même si l'homme était capable d'acquérir une certaine maîtrise sur la nature, il ne pouvait pourtant exercer sur elle une domination véritable et totale. Celle-ci, en fait, ne s'appliquait qu'aux relations intersubjectives, entre les hommes, à l'intérieur de la cité où « *l'intelligence était mariée à la moralité* » (Jonas, 1993, p. 21).

Or, la nature dans son ensemble a changé de visage. Elle est désormais vulnérable à cause ou grâce au développement du pouvoir de l'homme. De ce fait celui-ci, réalisant en quelque sorte le projet de Descartes, celui d'être « *comme maître et possesseur de la nature* », en devient également responsable. Il ne l'est donc plus seulement à l'égard de l'autre homme, réalité apparemment plus proche de lui. S'impose donc à lui la prise en compte des conséquences les plus lointaines de ses actions, dans l'espace et dans le temps, du fait des processus d'accumulation des conséquences de la technoscience. Cette responsabilité nouvelle dont la science et la technique ne peuvent avoir conscience est la conséquence de la place occupée par la technoscience en tant que telle, conçue comme la vocation fondamentale de l'homme, l'*homo faber* supplantant en quelque sorte, selon Hans Jonas (1993, p. 28), l'*homo sapiens*. La science cesse de ce fait d'être neutre puisqu'elle a changé la conception de la nature et aussi celle de l'homme. Elle devient à son tour source d'interrogations éthiques ce qu'elle n'était pas précédemment et de nouveaux questionnements qui susciteront donc, à leur tour, de nouveaux types d'impératifs.

La nouvelle éthique que Hans Jonas évoque, renverse la démarche traditionnelle qui partait du devoir pour aboutir au pouvoir : « *Tu dois donc tu peux* » disait Kant. C'est désormais l'accroissement du pouvoir de l'homme par la science et les menaces qu'il fait encourir qui imposent un nouveau devoir : « Tu peux donc tu dois », « Tu dois car tu peux », pourrait-on dire aussi. De même le savoir, la connaissance de ce risque que fait courir la science devient, à son tour, un impératif moral qui prend d'abord la forme d'une reconnaissance, du contraste inquiétant entre la force du « savoir prévisionnel » et le « pouvoir de faire » : on sait qu'on peut le faire mais, quand on le fait, on n'en connaît pas les conséquences. Le savoir et la connaissance sont donc désormais la partie essentielle de la démarche éthique. Il existe « un devoir de savoir ».

La frontière entre la cité et la nature s'étant estompée ou atténuée, la menace qui pèse sur la nature, transformée par la science, pèse aussi sur l'avenir de la vie humaine elle-même. Le sacrifice de l'avenir étant désormais possible, l'impératif fondamental doit d'abord prendre la forme de la sauvegarde du futur (Jonas, 1993, p. 30) : « *Agis de façon que les effets de ton action soient compatibles avec la permanence d'une vie authentiquement humaine sur terre* » ou, dans une formulation négative : « *Agis de façon que les effets de ton action ne soient pas destructeurs pour la possibilité future d'une telle vie.* » Ce nouvel impératif affirme donc que « *nous avons bien le droit de risquer notre vie mais non celle de l'humanité* ». Il prend par ailleurs, de ce fait, une dimension politique alors que celle de l'impératif habituel était essentiellement individuelle et personnelle et une dimension temporelle elle-même très différente puisqu'elle porte essentiellement sur l'avenir.

Ces nouveaux impératifs se distinguent dans leur contenu mais aussi dans leur forme essentiellement négative. Il s'agit en effet d'un « devoir ne pas faire » autant que d'un « devoir faire ». La détermination de cette nouvelle éthique s'appuie sur une méthode originale que Hans Jonas (1993, p. 39-43) qualifie « *d'heuristique de la peur* », méthode qui a fait l'objet de nombreuses critiques. La peur mobilisatrice permet de poser les «bonnes» questions et de dicter les «bons» comportements. Il développe ainsi une conception originale de la responsabilité car positionnée au regard de la technoscience, indépendamment de la référence à toute information. Cette éthique de la responsabilité conduit Hans Jonas à s'opposer à une pensée qui met aussi l'accent traditionnellement sur l'importance de l'avenir, celle de l'utopie, en particulier de l'utopie technologique que l'on trouve si présente dans les justifications des développements des systèmes d'information au nom aussi bien de l'efficience (valeur économique à laquelle est aussi attribuée une dimension éthique) que de la transparence (qui, partant d'un point de vue politique, conduit aussi à une dimension éthique). Contre cette détermination, animée à certains égards par les meilleures intentions, Hans Jonas maintient la positivité du hasard. Il faut donc ici maintenir l'ouverture vers l'impossible imprévisible, c'est-à-dire l'unicité radicale de chaque individu contre le risque de la science de conduire au pareil et à l'identique. L'heuristique de la peur appliquée dans ce contexte conduit à la formulation d'un droit humain fondamental: «*le droit à l'ignorance c'est-à-dire le droit à l'individu à ignorer ce qu'il en est de sa propre identité et qui n'est nullement incompatible avec le précepte du connais toi toi-même*». Hans Jonas dénonce, par là même, un prétendu droit au progrès qui est en fait, par la planification qu'il entraînerait en particulier sur le plan scientifique et social, la négation de la liberté de l'homme sur le plan individuel et sur celui de l'ensemble de l'humanité.

3 Jacques Ellul: *La technique ou l'enjeu du siècle* et l'ambivalence de la technique

Le phénomène technique est au centre de ses préoccupations et il le définit comme la «recherche en toute chose de la méthode absolument la plus efficace». La technique constitue donc, à ses yeux, un véritable projet. Elle est autosuffisante en elle-même et va chercher à s'appliquer partout où c'est techniquement possible et dans la perspective où tout ce qui est techniquement possible finira fatalement par se réaliser. Il s'agit également, pour elle, de tout utiliser en rationalisant et de transformer les choses en moyens. La technique tend à supprimer les limites dans la mesure où rien ne lui est impossible ni interdit. La technique va donc imposer ses normes auxquelles toutes les activités doivent se soumettre (État, société, justice, économie, enseignement, loisirs, etc.). Elle obéit à la volonté de progresser et s'autogénère. L'homme lui est ainsi livré et devient le vecteur de la croissance technique et non plus son maître. On est là face à une représentation de ce qui a été qualifié plus haut de raison instrumentale.

C'est donc bien les contours de cette «raison technique» qui nous intéressent ici pour mieux fonder une perspective éthique au regard de l'usage fait aujourd'hui des systèmes d'information, en soulignant ici aussi le fait que les arguments de cet ouvrage ont été développés à une époque où il n'était pas question de se référer au système d'information comme on le fait aujourd'hui. Tout comme pour Hans Jonas, il est donc question ici de se référer aux arguments de cet auteur afin d'en évaluer le potentiel de transposition pour qui s'intéresse à la dimension éthique du système d'information. Mais une telle autonomie de la technique concerne bien le jeu des valeurs dans la société et dans l'organisation dans la mesure où elle se situe en dehors du mal et du bien et n'accepte aucun jugement. Il parle même, à son égard, de nouvelle violence. Il s'agit d'un processus de substitution du jugement «froid» de l'expert à la discussion morale. Jacques Ellul vise ici l'évidence de l'émergence d'un monde unitaire et total obéissant aux lois spécifiques d'un nouveau milieu créé par la technique alors qu'il n'y a plus de fin évidente à la technique. Or, le système d'information est le plus souvent vu comme pure forme au service d'une amélioration irréfutable des conditions de vie – aussi bien matérielles que spirituelles du fait de son contenu informationnel – amélioration dont les catégories sont ainsi possibles à évaluer au travers de cette argumentation.

4 Jürgen Habermas: De *La technique et la science comme idéologie* à l'éthique de la discussion

Jürgen Habermas appartient fondamentalement à la tradition philosophique germanique centrée sur le fait de penser la nature de la raison moderne et, en conséquence, les fondements de la société (cf. Kant, Hegel, Weber, etc.). Il est généralement considéré comme un des héritiers de l'école de Francfort (Horkheimer, Adorno – dont il fut l'assistant pendant trois ans –, Marcuse) tout en ayant emprunté à des auteurs d'autres disciplines: anthropologie des sociétés primitives, psychanalyse et théorie des actes de langage, par exemple. La période pendant laquelle il vit marque profondément son œuvre car il fait ses études au moment du rétablissement, en Allemagne, d'un État démocratique après la Deuxième Guerre Mondiale et commence à écrire corrélativement à la montée en puissance puis l'échec de la contestation étudiante, deux aspects qui vont lui donner des éléments de réflexion.

Le statut de la référence à Jürgen Habermas est ici de même nature que celle faite plus haut à Hans Jonas et Jacques Ellul. Comme auteur majeur pour ce qui concerne le concept de technoscience, les arguments de Jürgen Habermas seront présentés du fait de leur potentiel de transposition pour qui s'intéresse aujourd'hui à la dimension éthique des systèmes d'information. Sa pensée se caractérise par un engagement ferme pour la raison, la recherche de principes universels, la quête des fondements de la vie sociale tout en offrant une perspective moderne (la raison n'est ni logique, ni efficacité, mais prend en compte la diversité des intérêts humains et les fondements ne se réfèrent ni à une nature ni à un héritage mais au mouvement des hommes).

Nous conduirons d'abord ici une analyse de quelques arguments de son ouvrage *La technique et la science comme idéologie*. La technique et la science y sont présentées comme la seule grande aventure de la société moderne et doivent, de ce fait, être perçues comme indissociables l'une de l'autre. Elles balaient l'ensemble des valeurs anciennes, métaphysiques, religieuses, morales et ouvrent l'ère nouvelle des idéologies vues comme une situation dans laquelle toute vérité s'éteint au profit de la violence. Il va donc critiquer positivisme et technicisme. Jürgen Habermas met en doute l'aspect cumulatif du progrès scientifique au nom d'une théorie sociale qui prenne en compte les modifications apportées par la science. Elle n'a amené ni progrès intellectuel, ni progrès moral. La technicisation de la science va de pair avec une scientifisation de la vie dans un complexe social encore plus large, avec intervention de l'État. La technique et la science justifient aussi la montée en puissance de la technocratie. Jürgen Habermas met en évidence les deux réactions possibles (de «gauche» ou libérale avec le mythe de l'âge d'or et de «droite» ou conservatrice avec des systèmes homme–machine où c'est la machine qui aurait le «dessus»). Il remet donc en cause le continuum implicite entre le traitement des problèmes techniques et la raison pratique. Jürgen Habermas propose d'introduire l'intersubjectivité communicationnelle d'un dialogue libéré de toute aliénation.

Jürgen Habermas part du concept de rationalité défini par Max Weber comme caractéristique de l'économie moderne. Reprenant les écrits d'Herbert Marcuse, il note: «*L'activité rationnelle par rapport à une fin est en vertu de sa structure même l'exercice d'un contrôle. C'est pourquoi, dans l'esprit d'une telle rationalité, la "rationalisation" des conditions d'existence est synonyme de l'institutionnalisation d'une domination qui n'est plus reconnue comme domination politique: la Raison technique d'un système social fondé sur l'activité rationnelle par rapport à une fin n'en perd pas pour autant son contenu politique*» (Habermas, 1984, p. 5). La domination tendrait à perdre son caractère de répression pour être considérée comme «rationnelle», ce qui est bien ce que l'on retrouve avec les systèmes d'information. La technique moderne remet en cause la prééminence traditionnelle de l'institution sur l'économie. Il qualifie ainsi la supériorité du mode de production capitaliste (ou processus de rationalisation selon Max Weber) comme la mise au point d'un mécanisme économique qui rende permanente l'expansion des sous-systèmes d'activité rationnelle par rapport à une fin et l'élaboration d'une légitimation économique permettant que le système de domination soit adapté aux exigences nouvelles de rationalité de ces sous-systèmes en train de se développer. C'est d'ailleurs aussi ce qui conduit à l'émergence d'une technocratie légitime. Cette idéologie se fonde sur l'élimination de la différence entre le pratique et le technique: «*La conscience technocratique ne reflète pas tellement la dissolution de telle ou telle structure morale que le refoulement de la "moralité" en tant que catégorie dans l'existence en général. La conscience positiviste commune désamorce le système de référence de l'interaction établie dans le langage courant, où prennent naissance la domination et l'idéologie, dans les conditions d'une communication déformée, et où cette domination comme idéologie peut aussi être démasquée par une démarche réflexive*» (Habermas, 1984, p. 57). Jürgen Habermas souligne comment le processus de rationalisation éloigne d'une éthique alors que s'il est vrai que la technique procède de la science, qu'il s'agisse des techniques permettant d'influencer le comportement humain comme de celles qui visent à la maîtrise de la nature, la réflexion éthique apparaît donc d'autant plus nécessaire.

Le problème qu'il vient poser est alors de savoir comment le pouvoir de disposer techniquement des choses peut être réintégré au sein du consensus des citoyens engagés dans différentes actions et négociations. Il conteste ainsi la réponse apportée par Karl Marx sur l'asservissement de l'économique au politique. De la même manière, la thèse opposée du développement autonome de la technique qui va de pair avec la généralisation d'une société technique est tout aussi dépassée à ses yeux. Le problème essentiel est donc de la dialectique du vouloir et du pouvoir et la nécessité de la médiation politique dont le système d'information est figuré aujourd'hui comme pouvant servir, rappelons-le, de support. Il concrétise ainsi une modification de la substance démocratique de nos sociétés au travers des manifestations technoscientifiques.

Après s'être penché sur le statut de la science et de la technique chez Jürgen Habermas, examinons le contenu de sa théorie de l'agir communicationnel dans la mesure où il y fait référence en matière de système d'information quand ce dernier est considéré comme étant susceptible de créer les conditions matérielles de la mise en œuvre de son éthique de la discussion.

Jürgen Habermas distingue deux types d'activité. L'une, stratégique, n'a pour objectif que l'efficacité ou le succès et fonctionne en usant de la menace d'une sanction ou de la perspective d'une gratification. L'opération consiste ici en une conjonction d'intérêts et peut tenir de la manipulation comme celle que pratiquaient, en leur temps, les Sophistes. Elle est voisine d'un autre type d'activité qui est celle de la rationalité instrumentale. Dans ce premier type de communication, la notion de vérité n'a plus de sens. Mais l'activité communicationnelle véritablement désintéressée a une autre finalité. La force de l'argumentation, dans une telle activité, tient à ce qu'elle est capable de déclencher une motivation rationnelle distincte d'un simple effet d'influence chez celui à qui elle s'adresse, motivation qui sera cause de son engagement.

Jürgen Habermas distingue trois grands critères d'une véritable communication :

- soit le monde dont il est question est objectif, celui des états et des choses existantes et peut entraîner un savoir partagé qui exige une obligation de justification en se référant à la « vérité » des faits ;
- soit le monde dont il est question est social (ensemble de relations interpersonnelles légitimement établies au sein du groupe social), le critère de validité étant ici celui de la « justesse » ;
- soit le monde dont il est question est un monde subjectif personnel (ensemble de propositions relatives à l'expérience vécue), le critère de validité étant ici la « sincérité ».

Dans les trois cas, l'acte de communication fait référence à des normes communes au locuteur et à l'auditeur, normes sans lesquelles il ne peut absolument pas exister de manière cohérente et légitime. Cet acte de communication présuppose donc l'existence de valeurs et d'une éthique sur laquelle il se fonde.

La nature communicationnelle de l'éthique est fournie par la description faite par l'éthique de la discussion des différents moments de cette démarche éthique. La découverte de principes universels de la communication est le résultat, dans l'éthique de la discussion, non de la quête d'une conscience morale individuelle et solitaire, à la recherche d'universalité, mais l'aboutissement d'une « discussion » fondatrice de validité.

Les principes fondamentaux de l'éthique présupposent l'existence d'une communication entre différents sujets au terme d'une discussion bien conduite. L'éthique de la discussion implique donc deux grands types de conditions : d'une part la reconnaissance de l'exigence de validité qui conduit à celle de la vérité et, d'autre part, l'affirmation que l'ensemble de la démarche ne peut être conduit de manière monologique (par exemple sur la base du critère d'efficience), mais qu'elle doit l'être selon un mode dialogique (en y ajoutant la dimension éthique). Le résultat de la conjonction entre éthique et communication qui aboutit à la reconnaissance d'exigences de validité universelle permet, par ailleurs, de dépasser, d'une part, la vision technocratique réduisant la décision éthique à un seul traitement scientifique donc à une démarche qui, axiologiquement, serait neutre et, d'autre part, la décision volontariste qui ferait du choix éthique un acte dénué de toute objectivité et de rationalité. L'éthique ainsi décrite n'est pas, en effet, scientifiquement et axiologiquement neutre puisqu'elle est établie à partir de l'activité humaine et qu'elle est intersubjective. Elle n'est pas non plus gratuite et arbitraire puisqu'une exigence d'universalité est postulée comme une obligation, fondatrice de tout acte de communication. Alors que la raison calculatrice triomphante et une subjectivité résignée et désabusée avaient admis que l'éthique par nature échappait à la raison, les analyses de Jürgen Habermas établissent, au contraire, que cette éthique peut être étudiée rationnellement. L'éthique prend alors une forme argumentative. Et, dans la mesure où toute argumentation véritable implique la référence à des normes, des valeurs qui ne sont pas purement techniques, l'éthique, à travers sa dimension argumentative, sera capable d'appréhender des universaux et des impératifs, ce qui lui permet ainsi de dépasser le scepticisme et le nihilisme.

5 Système d'information et démocratie délibérative

Les fondements et discussions liés au concept de démocratie délibérative serviront à mettre en perspective celui de démocratie technique dont le système d'information vient constituer le support matériel. Rappelons d'abord les contours réduits qu'Amy Gutmann et Dennis Thompson (1996) donnent de la démocratie délibérative en en faisant une situation où seules les formes de politesse doivent être respectées, position qui ressemble, de façon troublante, aux chartes de comportement qui prévalent à l'acte de discussion sur les forums Internet. La démocratie technique possède en effet un double aspect : comme réponse à l'autonomie des développements technoscientifiques soulignés dans le paragraphe précédent, la technique est objet d'un enjeu éthique et politique (au travers de la question du sens de ses développements), mais la technique peut être aussi vue comme permettant matériellement la concrétisation d'une éthique de la discussion et/ou d'une démocratie délibérative, cette concrétisation étant elle-même facteur de modification des perspectives éthique et démocratique. La notion de «forum hybride» est une expression encore plus concrète de ces deux dimensions, c'est-à-dire un hybride du politique, de l'éthique et du technique.

C'est clairement le processus de médiatisation des informations sur les opinions qui distingue la démocratie du marché, dont une interprétation éthique et politique en fait un lieu de rencontre sans intermédiation de l'offreur et du demandeur, l'information étant alors synthétisée par le système de prix. Mais le marché «réel», tout comme la démocratie, fonctionne sur la base d'informations autres que le prix et c'est sans doute cette place de l'information qui fait du système d'information un objet si particulier, quand on l'interprète dans une dimension qui peut être aussi bien politique, éthique qu'économique.

Le concept de démocratie délibérative (celui de «démocratie pluraliste» lui est relativement synonyme tout en mettant l'accent sur la pluralité des positions plus que sur le mode d'expression du pluralisme dans le débat) conduit à la reconnaissance du caractère inévitable de l'antagonisme. L'objectif n'en est pas d'établir les conditions d'un consensus rationnel mais de désamorcer le potentiel d'antagonisme qui existe dans les rapports sociaux (Mouffe, 1994). Elle manifeste le passage de l'antagonisme (la reconnaissance des ennemis) à l'agonisme (la reconnaissance de l'adversaire), projet du volontarisme managérial le plus souvent postulé pour tout ce qui concerne les systèmes d'information. Le système d'information répond d'autant mieux à cette représentation qu'elle s'inscrit dans la perspective d'une égale capacité d'expression des groupes et des individus «sans rivalité» puisque l'accès aux informations des uns n'en prive pas pour autant les autres.

Se référer à la démocratie délibérative conduit à distinguer :

- le politique, lieu de conciliation des intérêts et fondé au regard de la dimension d'antagonisme (*polemos*) ;
- la politique qui vise à «établir un ordre», organiser la coexistence (*polis*), vivre ensemble dans la dimension de l'agonisme.

Le projet de la démocratie délibérative est donc celui d'un ordre pluraliste de transformation des ennemis en adversaires comme condition d'existence de la démocratie dans une société qui peut alors être considérée comme réticulaire puisqu'elle n'implique pas un traitement équivalent sur toutes les parties du territoire.

L'actualité de la question est fondée par la référence au multiculturalisme des sociétés contemporaines, sociétés confrontées à des groupes qui tendent à affirmer leur identité à partir de traits de cultures différenciés et spécifiques. La question de l'entreprise multiculturelle qui est à la fois celle de nos sociétés et celle des organisations apparaît en effet aussi comme projet des dirigeants des entreprises multinationales, projet rendu d'autant plus «opérable» que le système d'information lui offre un potentiel technique.

Nés du tressage de la technique, du politique, de l'éthique et de l'économique, les systèmes d'information peuvent aussi être envisagés sous l'angle de la démocratie «technique». La démocratie technique est alors vue comme simple absence de coercition. Elle apporterait une réponse libérale à «l'ingouvernabilité» des sociétés modernes comme des entreprises modernes, entités considérées comme l'expression contradictoire de trop d'intérêts. Le problème n'est alors pas de savoir qui dirige mais comment on dirige au regard d'un pouvoir qui, au travers du système d'information, pourrait efficacement s'exprimer «d'en bas». L'enjeu démocratique devient alors de rendre compatible pluralisme et individualisme et, du fait des liens entre les spécialisations «flexibles», l'importance croissante des régulations économiques décentralisées. Le système d'information rendrait alors possible l'expression d'un «bien commun» différencié dans le cadre d'une société réticulaire, expression venant l'emporter sur l'idéologie éthique et politique de la reconnaissance du caractère atomiste de l'individu.

C'est dans ce cadre que la vertu civique « technicisée » va prendre corps dans le système d'information qui va servir à observer, permettre l'expression, dénoncer. Le système d'information vient alors se positionner entre une conception négative de la liberté (absence de coercition) et une conception positive (désir de l'individu d'être son propre maître sans pour autant réduire ce désir à l'individualisme). Dans le contexte d'une priorité du juste sur le bien, le «moteur de recherche» se substituerait ainsi «avantageusement» au voile d'ignorance (Rawls, 1987) pour éviter le marchandage inhérent aux perspectives exclusivement économiques qui reviendraient à donner au seul marché une dimension politique authentiquement démocratique. Le recours au système d'information pourrait bien permettre de formuler la politique des «intérêts raisonnables» dans le cadre d'une réponse effective au pluralisme où pouvoir, loi et savoirs sont marqués par l'indétermination.

Le système d'information comme expression de la délibération prudente permettrait ainsi de penser la démocratie moderne avec et contre un État «total». Elle rendrait possible la démocratie délibérative sans la façade et l'intermédiation déformante des corps intermédiaires. Il s'agirait donc d'une forme de réoccupation des espaces politiques. Comme forme matérielle, il viendrait constituer une alternative aux forces de persuasion et à la violence symbolique liée à l'exercice du pouvoir.

Le système d'information serait aussi le cadre d'identification conjointe de l'individu et du citoyen dans la perspective d'un humanisme rationaliste hérité du perfectionnisme technique décliné dans une dimension politique. Il s'agirait, en quelque sorte, des conditions techno-idéales d'un débat conjuguant à la fois le raisonnable et le neutralisme dans la perspective de l'expression d'une pluralité raisonnable, sans conflit, dans une sorte de justification technique de la neutralité de l'État avec une situation où le consensus s'obtient par recoupements et non par conflits d'intérêts, où «l'indécidabilité» liée aux divergences d'opinion est levée sans intervention de «l'extérieur». Le système d'information serait donc le support d'une moralité qui naîtrait en quelque sorte de l'impartialité. Il serait aussi projet de construction d'un nouvel imaginaire politique, dans sa vocation à construire un modus vivendi en conduisant à la mise en œuvre du *fair effect process* qui va lier équité et sentiment d'équité dans une sorte d'autoprédiction réalisatrice et compte tenu également de l'effet perlocutoire du discours. Il agirait comme «lentille convergente» des préférences de chacun. Le système d'information rendrait possible la perspective du *self government*. À «nouvelle économie», «nouvelle société», qualifiée ici de société réticulaire et à «nouvelle société», «nouveau régime politique» ! Thierry Vedel développe ainsi l'utopie d'un «internaute, citoyen éclairé» en introduisant les potentialités politiques du système d'information autour de l'idée d'une «raison informationnelle» logée dans la «raison d'État» au nom du principe de transparence. Le système d'information présenterait ainsi l'avantage de diminuer les coûts de diffusion de l'information, la diversification des sources, l'accès direct à l'information primaire et la possibilité de personnaliser ses recherches, permettant ainsi la mise en œuvre technique du concept d'agora. Le système d'information constituerait alors en quelque sorte un lieu de tolérance où chacun peut construire ou adhérer à la communauté de son choix sans avoir à interagir avec celles qu'il veut éviter. Mais les catégories de la démocratie technique débordent aussi largement le champ de la délibération pas ses ouvertures opérationnelles: vote électronique (mais il se pose alors le problème de la gestion de l'isoloir), administration «en ligne», organisations politiques «en ligne» elles aussi. Des aspects tels que la mobilisation citoyenne (possible dans les deux sens, citoyen – État mais aussi gouvernement – citoyens), l'élargissement de la dimension du débat (ouvrant la perspective du cyber militantisme et de la cyber contestation) voire la participation aux décisions seraient aussi rendus possibles. Mais, comme le souligne Thierry Vedel, la démocratie technique repose sur divers présupposés qui méritent un examen critique. *«Est-il sûr que l'information donne plus de pouvoir? La capacité des citoyens à agir ne dépend pas seulement des informations dont ils disposent, mais également des cadres institutionnels et de leur position sociale et économique. Si la transparence des processus de décision est souhaitable en ce qu'elle permet aux citoyens d'en contrôler la régularité, l'adoption de certaines décisions exige parfois un relatif secret qui permet aux discussions de se dérouler dans un climat moins passionné et d'aboutir à des compromis»*. Ceci pose donc la question de la substance démocratique de la perspective informationnelle rendue possible par les systèmes d'information et, en conséquence, celle de la nature de l'information publique. La perspective informationnelle s'inscrit bien dans la perspective traditionnelle du droit à l'information, mais elle la transforme aussi lorsque l'on vient poser la question du passage de l'information publique aux données publiques qui, comme d'autres, acquièrent une valeur marchande et tendent à constituer un enjeu économique du fait des nouveaux usages possibles des données par les tiers («pillage» des sites pédagogiques du ministère de l'Éducation nationale à des fins commerciales, par exemple). Et la perspective peut être inversée si l'on envisage la «vente» des données publiques et la construction de «produits dérivés», vente conduisant à l'anéantissement de l'idée même de donnée publique. L'enjeu se situe bien alors dans l'appréciation de la frontière qui s'établit (et on retrouve en cela le fait que le système d'information vient toujours poser la question des «frontières»), dans un sens comme dans l'autre, entre «mission de service public» (les données doivent alors être «gratuites» ou «quasi gratuites» car elles ont déjà été payées une fois sous forme d'impôts) et liberté d'entreprise (et de son «pillage» subséquent par les tiers ou de sa marchandisation par l'État) ou encore de la contractualisation de la vente par des tiers, ce qui contribue alors aussi à la constitution d'une industrie privée de l'information. Les conflits possibles changent également suivant le thème concerné (informations sur les entreprises, géographiques, juridiques) d'où les trois hypothèses qu'évoque Thierry Vedel sur le futur possible d'une démocratie technique avec le système d'information comme réponse à la crise de la démocratie représentative, le système d'information comme correcteur de certaines des insuffisances de la démocratie représentative en particulier dans sa dimension participative et la notion de «démocratie électronique» comme concept creux participant de la promotion d'une société de l'information avant tout marchande.

6 L'éthique des systèmes d'information comme éthique appliquée

L'éthique se décline aujourd'hui dans un univers «*d'éthiques appliquées*» (Parizeau, 1996), univers posant la question des liens entre les éléments de philosophie morale, univers apparu aux États-Unis dans la décennie soixante avec l'explosion des champs d'interrogation éthique et stabilisé dans la décennie soixante-dix avec la reconnaissance de quelques «champs»: bioéthique (conséquence des pratiques technoscientifiques en médecine), éthique environnementale (autour de la question des rapports entre l'homme, les animaux et la nature), éthique des affaires et éthique professionnelle (liée aux modes d'organisation propres aux sociétés industrielles et à la représentation des risques liés à l'exercice de telle ou telle profession). Elles se déclinent dans des enseignements intégrés aux cursus universitaires. Ce développement des éthiques appliquées s'inscrit dans le constat d'un épuisement du travail philosophique sur les perspectives métaéthiques (analyse logique et linguistique des énoncés moraux) et par la focalisation sur les éthiques substantielles liées aux bouleversements des modes de vie. Dans cette logique, l'attention porte sur le contexte, l'analyse des fondements et des conséquences du champ d'application concerné. Elles visent à apporter des réponses à des problèmes pratiques et concrets souvent liés à des pratiques professionnelles et sociales et offrent le lieu d'un dialogue pluridisciplinaire permettant d'échapper à l'univocité de la perspective de leur domaine d'application en validant l'existence de différentes facettes au problème. La perspective y est souvent de type conséquentialiste. Elles offrent aussi la perspective d'un renouveau de la réflexion éthique elle-même en offrant des possibilités de réinterprétation.

Pour ce qui concerne les liens éthique-système d'information, il s'agit de construire une relecture, sous le prisme conséquentialiste, de grandes questions du champ.

Il en irait ainsi, dans les catégories du système d'information au regard de «thèmes» lus sous un angle éthique.

Le questionnement du lien «quantité d'information -incertitude» propose ainsi que l'accroissement de la quantité d'informations mobilisées peut être considéré comme susceptible d'améliorer la «qualité» de la décision. Il serait alors considéré comme manquement à toute éthique de décider sans s'informer, la limite étant que le processus d'information tienne lieu de décision. Les présupposés de ce questionnement reposent sur des postulats «forts» comme la possibilité d'individualiser un objet qui serait la décision et de pouvoir y rapporter des informations *ad hoc*. C'est dans cette perspective pragmatique (au sens philosophique du terme) qu'il est possible de rapporter les thèses de R.L. Daft et K.E. Weick (1984) qui proposent une typologie des organisations à partir de quatre perspectives d'interprétation des informations. À leurs yeux, chaque perspective dépend des croyances du management sur l'environnement et du poids de l'organisation. Cette typologie repose sur l'hypothèse que les modes d'interprétation sont associés avec des différences organisationnelles dans la manière de voir l'environnement, dans le but de réduire l'ambiguïté et de mettre en œuvre la stratégie et le processus de décision. Leurs postulats prennent en compte le fait que les organisations ont des capacités de cognition et de mémorisation leur permettant de conserver une connaissance au-delà des individus. Les organisations doivent procéder à des interprétations afin de donner un sens à l'information collectée. Ce processus d'interprétation, qui n'est ni simple ni bien connu, est constitué d'autres activités que la seule interprétation et peut se diviser en trois étapes: la recherche d'information qui est plus ou moins formalisée selon les cas, l'interprétation qui correspond au fait de transcrire des faits et de développer une signification commune parmi les décideurs, l'apprentissage.

Pour ces auteurs, deux variables clefs déterminent les différences de logiques d'interprétation entre les organisations: les croyances des acteurs au sujet de la complexité de l'environnement et la nature de la perception de l'environnement par l'organisation.

Ils vont alors caractériser les organisations en fonction des logiques qu'elles mettent en œuvre en termes de quête d'information, logique pouvant aussi être lues au travers d'un prisme éthique:

- *logique active*. L'organisation mène une politique active de perception dans un environnement qu'elle considère comme étant non analysable. Elle tend à «construire» son propre environnement et à apprendre par l'action;
- *logique de découverte*. L'organisation a une politique de perception, mais considère l'environnement comme étant analysable et, à ce titre, cherche «la bonne solution». Elle y a donc une volonté affichée de modéliser et de prévoir ses évolutions;
- *logique conditionnée*. L'organisation adopte une stratégie passive, cherchant à détecter des données dans un environnement perçu comme étant analysable. Elle se focalise sur quelques informations importantes et met en place des procédures routinières ;
- *logique non dirigée,* indirecte. L'organisation est passive face à un environnement non analysable et utilise des données peu formalisées comme des contacts, des rumeurs qu'elle peut «capter» au gré de son activité.

En termes de stratégie, la typologie précédente amène à distinguer quatre grandes catégories de stratégie pouvant être qualifiées en termes d'éthique professionnelle : la prospection impliquant un haut degré d'initiative par rapport à l'environnement, l'analyse, plus prudente, qui permet le maintien d'un noyau organisationnel stable avec des innovations occasionnelles, la défense qui a pour but de maintenir les acquis dans un environnement stable et analysable, la réaction qui ne relève pas d'une stratégie à part entière dans la mesure où elle amène uniquement à réagir aux changements de l'environnement. En termes de décision, cette typologie des processus informationnels débouche également sur une classification des modes de décision : mode non dirigé car l'impossibilité de formaliser précisément les problèmes empêche de définir une solution rationnelle et implique de rechercher un consensus, mode actif où, suite à la réussite ou de l'échec des actions engagées, l'organisation adapte ses décisions ultérieures, mode rationnel où l'accent est mis sur la compréhension rationnelle des problèmes, mode dirigé où les décisions sont essentiellement programmées.

Sur un autre plan, le questionnement du lien qualité de l'information-décision conduit à mettre en exergue la notion ambiguïté au regard d'un sens différent qui serait porté par l'émetteur et le récepteur d'une information (cf. par exemple K. E. Weick, 1979, avec les notions *d'enactment et de sensemaking*). L'éthique professionnelle du manager (pour ne pas dire du dirigeant) y est alors généralement conçue, dans le sens du « volontarisme managérial », comme la construction d'un « sens commun ».

Un des aspects incontournables de l'éthique professionnelle inhérente aux systèmes d'information recoupe deux grands thèmes en dualité, dualité fondatrice de dilemmes : la sécurité (des systèmes d'information) et le respect de la vie privée. La sécurité prend plusieurs dimensions dont celle du système proprement dit en termes de robustesse interne et celle des liens avec les utilisateurs (pour empêcher les intrusions et les malveillances). Or le respect de la vie privée se positionne en contradiction relative avec la sécurité : s'arrimer à un système d'information est prévu pour laisser des traces, ces traces pouvant être utilisées par les agents de l'organisation seulement au bénéfice de l'organisation. C'est ce qui conduit à des ensembles éthiques qui sont un mélange de principes de type « il faut » et de prescriptions du type « si… alors ».

7 Conclusion

Comme le souligne E. Faÿ (2004), le système d'information se caractérise avant tout par son projet de négation de la personne, par la construction d'une figure sans visage. Et c'est alors une autre perspective éthique qui peut être mobilisée pour en marquer les limites : celle d'Emmanuel Lévinas avec sa conception de l'éthique comme l'ouverture sur l'Autre, pensée éthique qui s'appuie sur l'expérience de l'Altérité et de l'Extériorité constitutives, selon lui, de l'homme, ouverture sur le véritable Infini, contre le désir de Totalité (pour reprendre le titre de son ouvrage *Totalité et infini*, 1974) et donc contre la conception d'une éthique entendue comme la réalisation de soi.

Les principes fondamentaux de sa pensée peuvent être ainsi schématisés :

- L'expérience de l'être et de l'ontologie car c'est l'extériorité qui ouvre l'accès à l'autre, fondatrice de « l'humanité » de chacun et qui se constitue à travers l'expérience de la « sortie de l'être », décrite dès ses premiers ouvrages à l'aide d'une méthode qui l'a profondément influencé et à laquelle il restera fidèle : celle de la phénoménologie.
- Les fausses sorties de l'Être que sont la persévérance dans l'Être et la réduction de l'Autre au même. Ces questions, révélées par l'expérience négative de l'omniprésence de l'Être, vont entraîner des réponses dont la description et l'analyse témoignent de son originalité. On pourrait en effet affirmer ou croire que cette sortie du monde du « il y a » de l'Être anonyme et impersonnel pourrait être atteinte par l'affirmation et la réalisation du Moi, par l'exaltation d'un sujet individualisé selon une vision romantique ou idéaliste, s'opposant à ce monde anonyme des « partis » et des « parties ». Sa réponse est très différente : cette sortie hors de l'Être ne peut vraiment s'accomplir que dans la rencontre avec une autre réalité, personnelle et humaine, celle de l'Autre où, selon sa formule, « il faut se déposer, non se poser ».
- L'expérience de la véritable transcendance qui ne s'atteint ni dans une expérience mystique ni dans une apothéose de la philosophie de l'histoire. Cette ouverture à l'altérité se manifeste dans des expériences très concrètes comme celle de la découverte du visage, du langage, de la relation amoureuse, ou de filiation et de paternité. Si, naturellement et immédiatement, l'Autre s'impose à moi, c'est alors l'idée de responsabilité à son égard qui apparaît, laquelle acquiert une dimension nécessairement politique.
- Le passage de l'Autre au tiers qui va lier éthique et politique. Emmanuel Lévinas évoque souvent à propos des liens entre éthique et politique la « sagesse de l'amour » contre la tradition qui fait de la philosophie l'amour de la sagesse, celle d'un amour qui fait l'épreuve de la mesure, de la raison, de la li-

mite dans le passage nécessaire et inévitable de l'Éthique à la Politique par l'intervention du tiers. L'expérience de l'unicité de l'Autre que nous faisons dans une rencontre de face à face est en effet remise en cause par la réalité collective, banale et quotidienne faite de la multiplicité des autres qui s'oppose à l'unicité de l'Autre.

Le bilan qu'on peut tirer de sa philosophie semble renvoyer à des évocations apparemment très éloignées du monde de l'entreprise. Il est incontestable que son insistance mise sur l'obligation de privilégier l'Autre par rapport au Moi, la dénonciation de toute puissance ou de toute situation de pouvoir font de lui un philosophe qui paraît rompre catégoriquement avec toute perspective utilitaire de la morale.

Mais face à ces objections initiales, on peut cependant proposer deux attitudes :

- La première consiste à prendre acte de ses descriptions en considérant qu'elles nous permettent de saisir la nature profonde de l'éthique et donc, de ce fait, d'éviter certains rapprochements trop hâtifs qui sont faits justement entre le monde des affaires et l'éthique. L'intérêt de « l'utilisation possible » d'Emmanuel Lévinas résiderait d'abord dans le fait que l'éthique y est vraiment affirmée dans sa dimension spécifique et autonome.
- La deuxième attitude, qui n'est d'ailleurs pas contradictoire avec la première, se fonde sur le fait qu'il accorde une place non négligeable à l'économie. Il condamne certes une vision du monde qui le réduirait à sa description purement économique et scientifique, les deux termes étant chez lui assez souvent associés, mais il dépasse aussi le niveau de cette simple condamnation. La satisfaction des besoins d'une société impose une organisation politique qui appelle à leur dépassement en étant parfois cause de sacrifice et d'altruisme. Le même réalisme se manifeste dans l'analyse qu'il propose de l'argent. À partir de cet ensemble d'analyses du monde économique, qui font apparaître des significations supra-économiques, on pourrait affirmer que, dans certaines situations très concrètes, des dimensions clairement éthiques de l'activité économique peuvent être fondées à partir de son œuvre.

En tous les cas, cette philosophie du sujet contraste largement avec les présupposés de l'action rationnelle associée à l'usage des systèmes d'information, et c'est sans doute en cela qu'elle a beaucoup à dire pour qui veut lier éthique et systèmes d'information.

Bibliographie

Daft R.L., Weick K.E. (1984), "Toward a Model of Organizations as Interpretations Systems", *Academy of Management Review*, n° 9.

Ellul J. (1990), *La technique ou l'enjeu du siècle*, Économica, Paris.

Faÿ E. (2004), *Information, parole et délibération*, Les Presses de l'Université Laval, Québec, Canada.

A. Gutman, D. Thompson (1996), *Democracy and Disagreement*, Harvard University Press.

Habermas J. (1984), *La technique et la science comme idéologie*, Denoël, Série Médiations, Paris.

Habermas J. (1992), *Éthique de la discussion*, Cerf, Paris.

Jonas H. (1993), *Le principe responsabilité*, Cerf, Paris.

Lévinas E. (1974), *Totalité et infini*, Nijhoff, La Haye.

Mouffe C. (1994), *Le politique et ses enjeux – pour une démocratie plurielle*, La Découverte/MAUSS, Paris.

Parizeau M.-H. (1996), article «éthique appliquée», *Dictionnaire d'éthique et de philosophie morale*, PUF, Paris, p. 534-540.

Rawls J. (1987), *Théorie de la justice*, Seuil, Paris.

Sfez L. (2002), *Technique et idéologie – un enjeu de pouvoir*, Seuil, collection «La couleur des idées», Paris.

Vedel T. (2000), «L'Internet et la démocratie», *Les Cahiers Français, Documentation française*, n° 295, mars-avril 2000, p. 25-30

Weick K.E. (1979), *The Social Psychology of Organizing*, Addison-Wesley.

Sociologie, technologies de l'information et systèmes d'information

Eddie Soulier

Mots clés : sociologie, informatique, système d'information, sociologie des sciences et des techniques, sociologie de l'information et de la communication, sociologie des usages des TIC.

Résumé : un système d'information est un système social composé d'acteurs sociaux qui interprètent et échangent des significations. Le développement, le fonctionnement ou l'usage d'une technologie de l'information dans la société ou dans un environnement organisationnel met donc en œuvre des mécanismes sociaux à connaître. Après avoir défini l'objet, les principaux courants et les fondements de la démarche sociologique, ce chapitre aborde la sociologie des sciences et des techniques, la sociologie de l'information et de la communication, la sociologie des usages, du travail et de l'innovation, la sociologie du travail coopératif, la sociologie «outil» de la gestion, et enfin les technologies de l'information, domaine d'application de la sociologie.

La sociologie est aujourd'hui une discipline constituée, avec ses concepts, ses méthodes, ses auteurs reconnus, ses institutions et son apport singulier à la connaissance des faits sociaux. Le rapport récent de la sociologie aux technologies de l'information s'établit autour de la réflexion sur la fonction de la technique dans la société. Mais, au-delà de l'objet technique qu'il est certainement, le système d'information est tout autant un rapport social inhérent à la communication de l'information et à tous les enjeux qui s'y nouent.

Un système d'information est en effet un *système social* ancré dans un contexte et organisé autour de l'interprétation d'informations et d'échanges de significations par un ensemble d'acteurs en vue d'atteindre certains buts. Cette définition invite à considérer l'étude des technologies de l'information sous l'angle des phénomènes sociaux dans lesquels ils s'inscrivent. Comprendre les technologies de l'information, c'est chercher à comprendre les personnes et les organisations, c'est-à-dire les contextes sociaux dans lesquels ils se trouvent. Mais, au-delà, c'est aussi comprendre comment les technologies de l'information sont socialement fabriquées et enfin comment les usages sont socialement négociés. C'est ainsi considérer le fait technique comme un fait social.

La prise en compte récente en informatique ou en gestion de nouveaux niveaux d'analyse, principalement l'interaction en lieu et place de l'individu rationnel ou de l'organisation, a amené un élargissement important des démarches analytiques, et rendu significatif l'apport de la sociologie autour de thèmes tels que les groupes, la coopération, les phénomènes de pouvoir ou encore la nature sociale et culturelle des représentations individuelles et collectives. La réflexion sur les aspects sociaux des systèmes d'information est dorénavant un champ de recherche revendiquée (Klein et Hirscheim, 1986). Il s'agit dans cette nouvelle perspective de s'interroger sur la nature sociale plutôt que technique du système d'information.

La sociologie traite de cette question des dynamiques sociales selon trois plans : la technologie et la société, la mise en œuvre des systèmes et technologies de l'information dans les organisations, les usages sociaux et professionnels des technologies.

Nous aborderons ces aspects en traitant dans une première partie des principaux courants sociologiques et, dans une seconde partie plus développée, des principaux champs sociologiques susceptibles d'être concernés par les technologies de l'information.

1 Les principaux courants

Le poids des phénomènes sociaux dans les explications fournies par la recherche en systèmes d'information dépend pour partie de la position philosophique sous-jacente adoptée, c'est-à-dire des grands paradigmes sociologiques que les chercheurs en systèmes d'information ou en informatique adoptent. Il est habituel de distinguer les recherches positivistes, interprétatives et critiques (Burrel et Morgan, 1979), dont les pères fondateurs en sociologie pourraient être respectivement Emile Durkheim, Max Weber et Karl Marx.

1.1 Les paradigmes sociologiques

Pour notre part, nous ne distinguerons que les deux premières. La recherche positiviste considère que la réalité est donnée et peut être décrite indépendamment de l'observateur. Inversement, la recherche interprétative part de l'hypothèse que la réalité n'est accessible qu'à travers le sens que lui donnent les personnes elles-mêmes, c'est-à-dire une interaction symbolique, le plus souvent socialement construite. La perspective interprétative invite plus naturellement que la recherche positiviste à retracer le sens que les activités sociales prennent pour les acteurs eux-mêmes.

Les paradigmes sociologiques s'expriment dans des grands courants sociologiques comme le fonctionnalisme, les sociologies marxistes, l'individualisme méthodologique, l'interactionnisme et l'ethnométhodologie. En France, ces courants se sont condensés autour de figures fortes de la sociologie continentale, à l'image de Bourdieu et la sociologie de l'*habitus*, de l'actionnalisme de Touraine, de l'analyse stratégique de Crozier ou, plus récemment, du conventionnalisme de Boltanski et Thévenot, ou de la théorie de l'acteur-réseau de Latour et Callon.

Comme toute science, la sociologie recherche l'objectivité, laquelle se traduit par un certain déterminisme spécifique concernant la nature du phénomène social. S'il est habituel d'identifier comme on l'a vu des paradigmes en fonction des systèmes explicatifs de la réalité qu'ils mobilisent (positiviste, interprétatif, critique...), il nous paraît plus important ici d'insister sur la manière dont ceux-ci envisagent les forces responsables du contrôle de l'action sociale : l'agent, l'interaction ou la structure sociale. C'est le sens de la démarche sociologique, en tant que discipline spécifique, que de proposer une théorie du social. Ce point est important car il est habituel de considérer que la démarche sociologique traite en priorité des faits sociaux, et singulièrement des processus sociaux et des contraintes sociales dans les jeux d'acteurs.

1.2 La causalité sociale

C'est bien à ce niveau que se cristallise la question de la détermination individu/société, laquelle fixe ce qui compte comme régularités objectives. D'un côté, dans une perspective positiviste et rationaliste, on considérera tout phénomène social comme déterminé par des normes sociales, observables indépendamment des acteurs, selon le modèle des sciences de la nature ; de l'autre, dans une perspective plus interprétative, on envisagera tout phénomène social comme déterminé par une rationalité individuelle, à l'image du modèle des sciences de l'esprit où enfin, tendance qui se renforce aujourd'hui, par une rationalité propre à l'interaction, c'est-à-dire au processus toujours contextuel de l'action réciproque entre acteurs.

Certains auteurs ont tenté, à l'image du sociologue critique Anthony Giddens (1987), de réduire le dualisme profondément enraciné dans la théorie du social, qui oppose l'objectivisme (fonctionnalisme, théorie des systèmes, structuralisme...) et le subjectivisme (herméneutique, sociologie interprétative, interactionnisme symbolique, ethnométhodologie...), en proposant avec la théorie de la structuration une nouvelle conceptualisation syncrétique du phénomène social. Dans tous les cas cependant, l'activité sociale est vue comme réglée (causée ?) par des « forces » qui en assurent l'organisation, l'accomplissement et la reproduction. C'est à la compréhension et à l'explication de ces « forces » que se consacre la sociologie.

Ainsi, analyser un phénomène appartenant au domaine des systèmes et technologies d'information, c'est identifier l'action sociale qui le sous-tend, les acteurs et les rôles qui la composent, et enfin la logique d'interaction qui s'y joue.

2 Typologie des champs sociologiques impliqués

Les champs d'application de la sociologie générale comptent aussi bien la sociologie politique, la sociologie des organisations, la sociologie du travail, la sociologie du sport que la sociologie de la communication et des technologies de l'information. En même temps, il nous paraît réducteur de positionner les technologies de l'information comme un champ de la sociologie générale, comme cela est fait par exemple par Durand et Weil (1997). Nous essayerons plutôt d'identifier les sociologues qui ont pu traiter à titre principal ou secondaire des technologies de l'information en tant que thématiques transversales, à partir de leurs propres champs disciplinaires à l'intérieur de la sociologie. Ceci nous amène à reconnaître sous réserve d'inventaire six principales problématiques sociologiques liées aux technologies de l'information et à la recherche en systèmes d'information.

2.1 Sociologie des sciences et des techniques

Les questions qui se rapportent aux sciences et aux techniques revêtent dans nos sociétés une importance cruciale. La science et la technique ont souvent été pensées sous l'angle de l'exposé des connaissances et des innovations qu'elles produisent plutôt que sous celui des pratiques scientifiques et techniques effectives. La sociologie contemporaine des sciences et des techniques, qu'on appelle aussi parfois sociologie de l'innovation, ethnographie des techniques ou même anthropologie des sciences et des techniques, cherche à replonger l'étude des sciences et des techniques dans la société (Busino, 1998). Elle tente de saisir les dynamiques sociales qui animent les acteurs de la science ou de la technique, notamment dans leurs rapports avec la société (État, citoyens, organisations, etc.). D'une part la technique comme la science sont des institutions sociales, d'autre part il est possible d'imaginer une nouvelle sociologie conçue comme sociologie des scientifiques, ingénieurs et techniciens plutôt que comme une sociologie des connaissances et des idées.

Les paradigmes scientifiques et techniques

Il faut certainement voir l'origine du renouveau de la sociologie des sciences et des techniques dans l'œuvre de Thomas Kuhn (1962) qui, avec la notion de « paradigme », a rendu tangible les dynamiques institutionnelles déterminant les contenus scientifiques et, du coup, à ouvert aux sociologues la possibilité de réintroduire les facteurs sociaux au niveau de la construction des faits scientifiques. En établissant une relation forte entre l'état des réseaux sociaux d'un domaine scientifique ou d'une technique et son évolution paradigmatique, Kuhn démontrait ainsi par défaut qu'une technique tout comme une théorie scientifique ne se diffuse pas dans la société uniquement du fait de la qualité intrinsèque de son contenu mais aussi du fait de la robustesse des groupes sociaux qui la supporte.

Le programme «fort»

Pousser à l'extrême, la science et la technique deviennent une question éminemment sociologique puisqu'elles sont une affaire de luttes et de controverses entre groupes sociaux rivaux, qui se résolvent à coup de révolutions, les révolutions scientifiques et techniques, lesquelles correspondent, dans le vocabulaire de Kuhn, à des changements de paradigmes. Cette thèse trouve chez certains sociologues un écho qui fait assimiler la science à un système de croyances parmi d'autres. Pour les tenants de ce programme dit «fort» en sociologie des sciences (Bloor, 1976), il n'existe pas de critères absolus et universels de rationalité. Tout est social et donc relatif aux consensus sociaux qui supportent une théorie scientifique ou une technique. Pour ce courant relativiste, les concepts, les méthodes, les critères de validation, les preuves, les publications, les artefacts, les laboratoires, etc. ne sont que des moyens permettant au scientifique ou à l'ingénieur de créer des consensus autour de ses énoncés et de la valeur scientifique de sa personne.

Cet intérêt nouveau pour la dimension sociale des contenus scientifiques et des techniques donnera lieu à la conduite, par des sociologues, de très nombreuses études de terrain sur la construction sociale des sciences et des techniques. Ces études, s'appuyant très souvent sur une approche de type ethnographique, ont contribué à mieux faire connaître le contexte social de la production scientifique. En particulier, l'étude des controverses scientifiques ou techniques s'est avéré un lieu privilégié d'observation pour le sociologue (Callon, 1981). Les controverses font apparaître dans toute leur pureté les découpages entre les contenus scientifiques et techniques et les contextes sociaux. C'est seulement lors des controverses que les processus sociaux entourant les contenus scientifiques ou bien les systèmes techniques sont encore visibles.

La théorie de l'acteur-réseau

Ce premier courant relativiste s'est élargi au tournant des années quatre-vingt avec l'arrivée d'une nouvelle génération de sociologues beaucoup plus tournés vers l'étude des pratiques scientifiques et techniques (Woolgar, Knorr-Cetina, Garfinkel, Lynch, Linvingston, Latour, Leigh Star, etc.). Souvent inspirés par les techniques d'étude issues de l'ethnométhodologie, ces nouveaux sociologues des sciences vont développer une véritable sociologie de la pratique des scientifiques ou des ingénieurs au quotidien (Vinck, 1995). Bruno Latour, en France, étudie un laboratoire scientifique réputé et écrit avec Steeve Woolgar *Laboratory Life. The Social Construction of Scientific Facts* en 1979. Ce travail se poursuivra en collaboration avec Michel Callon au Centre de sociologie de l'innovation de l'École des mines de Paris et donnera lieu à la théorie de l'acteur-réseau (*Actor-Network Theory*, ANT) au tournant des années quatre-vingt et quatre-vingt-dix (Callon, 1989). Cette théorie permet d'analyser de quelles manières se constituent et parviennent à se reproduire des réseaux sociotechniques d'innovation.

À l'image de l'analyse stratégique (Michel Crozier), la théorie de l'acteur-réseau se présente comme un cadre conceptuel et une méthodologie d'analyse des logiques d'action dans le domaine des sciences, des techniques et plus largement de l'innovation qui peut, moyennant certains aménagements, être opérationnalisée (Amblard *et al.*, 2005). Elle se révèle particulièrement adaptée à l'étude des situations d'innovation technologique, que celle-ci concerne la constitution d'un système technologique comme l'électricité ou les transports (niveau macro), la diffusion d'une technologie donnée dans la société comme la télématique (niveau meso) ou bien l'adoption d'une technologie dans une organisation, comme la messagerie électronique (niveau micro).

L'application aux technologies de l'information

On dispose aujourd'hui de nombreuses études sur les systèmes d'information et les technologies de l'information et de la communication s'inspirant directement de l'ANT. Woolgar (1997) a réalisé une recherche-action durant huit mois au sein d'une entreprise industrielle fabriquant des ordinateurs. Bloomfield (1991) a étudié la construction des représentations sociales mobilisées lors du développement de systèmes d'information dans le secteur de la santé. Klischewski (2000) ou Atkinson (2000) investiguent le même domaine. Lin et Conford (2000) explorent les étapes de mise en œuvre d'un système d'information en s'appuyant sur le cadre analytique de l'ANT.

Il existe certainement plus de contributions sur l'ANT dans la recherche en systèmes d'information. Walsham (1997) a rédigé une revue de la littérature en ce sens. Tatnall et Gilding (1999) ont recensé les applications de l'ANT dans la diffusion et la mise en œuvre des systèmes d'information et d'autres situations impliquant une innovation technologique. Jones (1998) a comparé l'approche ANT des systèmes d'information et la théorie de la structuration de Giddens. Monteiro et Hanseth (1995) mettent l'accent sur l'application de l'ANT en termes d'infrastructure d'information et de parties prenantes. Boudourides (2001) assimile l'Internet à un réseau social qu'il est possible d'étudier avec les outils de l'ANT.

En France, certains chercheurs en systèmes d'information appliquent avec succès la grille d'analyse proposée par la théorie de l'acteur-réseau. Rorive et Lisein (2005) analysent la diffusion et la traduction des TIC dans les projets de e-administration et Courtial (2000) étudie les réseaux de représentations des TIC construites par les usagers en s'appuyant sur l'analyse de leurs récits.

2.2 Sociologie de l'information et de la communication

La société est formée d'individus qui communiquent entre eux en échangeant des informations. La sociologie de l'information et de la communication s'est constituée pour étudier ces échanges, en décrivant les contenus, les rapports de pouvoir qui leur sont associés et enfin le rôle des supports techniques (radio, télévision, nouveaux médias, etc.) sur les comportements. Ce type d'étude relève traditionnellement des *mass media*. Mais la sociologie de l'information et de la communication s'est également développée autour des nouvelles technologies, et plus particulièrement de réflexions sur l'innovation, les pratiques médiatisées et enfin sur la société de l'information avec parfois, sur ce dernier champ, une relation avec la récente économie de l'information (Petit, 1998).

Enfin, la sociologie de l'information et de la communication se penche aussi sur le rôle et l'impact des technologies de l'information sur le système de production des biens et des services, en particulier l'entreprise, rejoignant ainsi certaines préoccupations actuelles de la sociologie de l'entreprise, de la sociologie des organisations ou de la sociologie du travail, autour de la gestion de l'information et des connaissances, les compétences ou les nouvelles formes d'organisation du travail et de la production.

Les mass media

La sociologie des *mass media* est fortement imprégnée de la théorie de l'information développée par Claude Shannon dans le contexte de la naissance des sciences nouvelles au milieu du XXe siècle, notamment la cybernétique. Le modèle canonique de la communication issue de la théorie de l'information s'organise autour du célèbre schéma émetteur – canal – récepteur qui, malgré des enrichissements (par exemple ceux du linguiste Jackobson) et surtout de nombreuses critiques, continue à servir de référence pour beaucoup de sociologues. Parallèlement au développement de multiples modèles de la communication de masse et de la communication interpersonnelle, les sociologues se sont également beaucoup intéressés à la question de l'influence de la communication et des médias sur les comportements des consommateurs ou des citoyens. La sociologie américaine empirico-fonctionnaliste (Lazarsfeld) a en particulier beaucoup étudié l'impact des *mass media* sur la culture de masse alors que certains sociologues français, dans le contexte structuraliste des années soixante-dix, se sont plutôt attachés à la compréhension des codes sémiotiques véhiculés par la communication de masse, à l'image de Roland Barthes.

Dans ce contexte, les ouvrages de Marshall Mac Luhan (*La Galaxie Gutenberg* paru en 1962 et *Pour comprendre les médias* en 1977 en France) ont beaucoup contribué à populariser la pensée communicationnelle, de même que les travaux en pragmatique de la communication issus de la célèbre école de Palo Alto (Gregory Bateson puis Paul Watzlawick). Plus ancrées en sociologie, l'ethnographie de la communication (Gumperz, Hymes), l'ethnométhodologie (Garfinkel) et la sociologie des interactions sociales (Goffman) ont profondément renouvelé notre représentation des phénomènes sociaux en insistant sur l'importance des dynamiques microsociales. Grâce aux travaux de Habermas, la philosophie n'est pas en reste de réflexions quant au rôle émancipateur de la discussion dans la construction d'espaces publics démocratiques. Les enjeux économiques actuels de l'économie des médias contribuent plus que jamais au développement de techniques sophistiquées d'analyse des publics, de sondages ou d'interactivité. Ce qui interroge aussi sur l'enjeu politique des moyens actuels de communication de masse (Wolton). Cependant, les approches orientées vers la production de masse sont aujourd'hui contrebalancées par des approches dites de la réception des médias (Hans Robert Jauss) qui s'inscrivent à la fois dans les nouvelles démarches initiées dans la lignée des *cultural studies* (Mattelart, 2003) et aussi dans des études de facture ethnométhodologiques, telles que celles consacrées par exemple à la construction sociale de l'usage des médias et son rôle dans la formation de l'opinion publique (Boullier, 2003).

La société de l'information

La sociologie de l'information et de la communication s'est aussi intéressée historiquement à l'impact des technologies de l'information sur la société et, plus récemment, à la signification du concept de la «société de l'information». À la suite des travaux de Daniel Bell (1976) annonçant la société postindustrielle, ou des travaux économique de Marc Porat (1977) sur le primat des activités informationnelles sur les activités des secteurs secondaire et même tertiaire, de nombreux sociologues se sont intéressés à « *l'informatisation de la société* » selon le célèbre titre du rapport Nora et Minc (1978), à la société digitale ou encore à la société de l'information, résultant de la convergence de l'informatique, des télécommunications et du multimédia. Certains ont vu cette convergence comme le signe d'une idéologie de la communication et d'une domination toujours plus grande du paradigme cybernétique sur notre société (Sfez, 1988) ou même une perte de sens (Scardigli, 1992). La tendance critique est aujourd'hui particulièrement vivace du fait de la montée des risques associés à nos sociétés de plus en plus dominées par la technique, les experts et les innovations majeures. La question de la «démocratie technique» est à nouveau au centre des débats politiques concernant les technologies nouvelles (Callon *et al.*, 2001).

L'informatisation et les pratiques d'information et de communication

Le troisième courant de la sociologie de l'information et de la communication s'intéresse à l'informatisation de l'entreprise, considérée principalement du point de vue des pratiques d'information et de communication. En cela, elle se distingue des sociologies du travail ou de l'organisation qui se penchent sur le rôle des technologies de l'information sur le travail et l'émergence de nouvelles formes d'organisation de la conception, de la production ou des services. De nombreuses études empiriques de qualité ont ainsi réalisé sur les pratiques de gestion de l'information dans l'organisation (Vacher, 1997), de la messagerie électronique (Bailly *et al.*, 2002) ou encore des forums sur Internet ou des «chats» (Draelants, 2004).

2.3 Sociologie des usages, du travail et de l'innovation

La problématique spécifique est ici de comprendre les fondements sociaux de l'usage des TIC et l'impact en retour des innovations d'usage sur la conception des technologies.

Si les frontières entre technologies et sciences s'estompent (cf. le concept de «technosciences»), il reste que la sociologie des techniques apparaît beaucoup plus hétérogène que la sociologie des sciences. Ceci s'explique en partie par l'origine variée des sociologues qui prennent la technique comme objet d'étude (sociologie industrielle, sociologie du travail, sociologie des organisations, sociologie de l'innovation, sociologie du quotidien et de l'usage des objets, histoire des techniques, étude des techniques, sociologie de l'entreprise, etc.). La sociologie des techniques se préoccupe des relations entre techniques et société, notamment sous l'angle de la question du déterminisme de la technique sur la société.

Plusieurs théories permettent d'analyser les systèmes technologiques comme des développements endogènes à la société : ceux-ci sont intriqués sur tous les plans à l'état et aux transformations de la société, notamment par rapport à l'économie (Bijker *et al.* 1990). Cependant, pour analyser la relation technique–société, la théorie de l'acteur-réseau paraît là encore bien adaptée (Akrich, 1989; Dodier, 1995). Pour autant, dès qu'il s'agit d'approfondir notre compréhension des apprentissages sociaux de la technique, il nous faut nous tourner également vers des champs sociologiques qui ont été approfondis à cet effet. Nous distinguerons principalement la sociologie des usages, la sociologie du travail et la sociologie de l'innovation.

Ce qui caractérise les trois sociologies que nous allons maintenant évoquer, c'est le rôle central qu'elles accordent aux acteurs dans l'appropriation, la diffusion et l'adaptation des technologies. On pourrait même aller jusqu'à invoquer la perspective d'un certain déterminisme culturel et social sur la technique, inversant ainsi la causalité habituelle de la technique sur la société.

La sociologie des usages

La première tradition relève d'une sociologie des usages. Ce type de recherche étudie les stratégies d'appropriation, les tactiques de contournement et les pratiques ordinaires de certaines technologies de l'information (le micro-ordinateur, la télématique, la messagerie électronique, etc.) afin de mieux comprendre l'invention d'usages par les utilisateurs de ces technologies, en regard des fonctionnalités prévues par les concepteurs (Gras *et al.*, 1992). L'appropriation sociale de l'innovation s'appuie sur des acteurs et des contextes particuliers, et son analyse nécessite souvent de mettre à jour les compétences «sauvages» des usagers, l'inscription des techniques dans des modes de vie et les représentations imaginaires de la technique (Flichy, 2002). Des logiques d'usage peuvent ainsi être détectées (Perriault, 1989; Bougnoux, 1998) et réinvesties parfois dans les logiques de conception pour favoriser une conception assistée par l'usage (Mallein, 1994). Des modèles d'usage sont ainsi proposés par les chercheurs (modèle de la diffusion, de la traduction, de l'appropriation, etc.). La construction sociale des usages des TIC est une perspective intéressante, même s'il faut reconnaître que la description de l'usage des techniques est souvent privilégiée au détriment de celle de leurs utilisateurs et des contextes d'utilisation (Jouët, 2000; Assegond, 2004). Les TIC font fréquemment l'objet de travaux spécifiques en matière d'usage (Breton *et al.*, 2002).

La sociologie du travail

La seconde grande tradition s'inscrit dans la sociologie du travail, qui a toujours traité de l'impact de la technique sur le travail et les travailleurs, soit pour dénoncer certains effets du progrès technique, soit pour nuancer la thèse du déterminisme technique, soit enfin pour analyser l'impact de la technique sur les principaux déterminants du travail: la qualification, l'organisation du travail ou le travail humain lui-même.

Comme d'autres technologies d'automatisation (machine-outil à commande numérique, robotique, etc.), les technologies de l'information sont abondamment étudiées selon cette perspective (comme certains travaux du Laboratoire d'économie et de sociologie du travail, le LEST, par exemple Iribarne, 2003). Pour certains, la révolution informationnelle (Lojkine, 1992) est une forme nouvelle d'objectivation des activités intellectuelles. Pour d'autres (Zarifian, 2003), les outils de communication et de traitement de l'information ainsi que les formes actuelles de gestion de l'information et des savoirs accompagnent la nouvelle logique de la compétence et l'organisation apprenante comme alternative au taylorisme. Plus généralement, les sociologues s'interrogent également sur le rôle de l'informatique dans la généralisation du flux tendu et l'intégration croissante de l'entreprise au niveau interne (conception – production et entre les grandes fonctions) et avec ses parties prenantes (partenaires, clients, etc.) dans le cadre des stratégies d'entreprise étendue.

Les sociologues du travail sont parfois aidés par les économistes qui se posent la question de l'impact économique des technologies de l'information sur les entreprises et les nations. À la suite du «paradoxe de la productivité» qui met en évidence selon le prix Nobel Robert Solow que la forte utilisation des ordinateurs n'entraîne pas de hausse de productivité, puis des études de Eric Brynjolfsson (1993), confirmés par l'étude du Commissariat général au plan sur les technologies de l'information (1999), les spécialistes sont aujourd'hui circonspects ou, à tous le moins, ambivalents, quant aux effets des TIC sur la productivité, la compétitivité, l'emploi et la structure des qualifications, les rémunérations et l'organisation du travail, la structure et le fonctionnement des organisations, les relations interentreprises et la transformation des marchés, la localisation des activités et la population.

La sociologie de l'innovation

La troisième école s'inscrit dans une sociologie naissante de l'innovation qui couvre à la fois l'innovation technique analysée du point de vue de sa naissance (Flichy, 1995), et en ce sens elle est susceptible de rejoindre le propos de la sociologie des sciences et des techniques, et la diffusion de l'innovation technologique dans l'entreprise (Alter, 1996) et là, elle peut se confondre avec une sociologie du travail, de l'organisation et de l'entreprise. L'objet en est le processus d'innovation lui-même, tel qu'il est animé ou au contraire contrarié par les acteurs de l'organisation.

Dans ce champ, la non-neutralité des techniques de traitement de l'information est illustrée par Francis Pavé qui, dans *L'illusion informaticienne* (1989), développe la thèse centrale selon laquelle l'informatique, bien que ne déterminant pas l'organisation sociale, véhicule un mode de pensée «hyperfonctionnaliste». L'illusion informaticienne est celle du primat de la raison logique, d'une idéologie de la transparence totale qui rend le comportement des acteurs que l'on dirige prévisible, donc manipulable. En ce sens, le sociologue remet en cause cette idée, fort répandue, selon laquelle le développement des NTIC, ou pour parler plus simplement, l'informatisation, constituerait en soi un moteur de changement pour les organisations.

Dans le même esprit, Norbert Alter (1985) étudiait dès 1985 la diffusion de la bureautique dans l'entreprise et le rôle essentiel des acteurs dans l'innovation organisationnelle.

2.4 Sociologie du travail coopératif

La sociologie du travail coopératif s'inscrit dans le paysage très particulier de la communauté des chercheurs en *computer supported cooperative work* (CSCW) aux États-Unis qui, autour de l'innovation technologique des «machines à communiquer», sont parvenues à réunir l'ethnographie et la sociologie, l'informatique et la télécommunication et, le plus souvent, la pragmatique linguistique (notamment l'analyse des conversations) autour de thèmes communs. En France, cette discipline carrefour trouve un écho important chez les ergonomes spécialisés dans l'analyse du travail collectif médiatisé et en collaboration. Le travail coopératif assisté par ordinateur est une discipline qui s'institutionnalise autour de revues et de conférences internationales de référence (CSCW, ECSCW, GROUP, CHI ou encore CRIWG).

Ethnographie, anthropologie cognitive et ethnométhodologie

Il est peut-être possible de distinguer deux principaux courants. Il y a d'abord historiquement l'ethnographie, issue de l'anthropologie sociale et culturelle, et dont la pratique consiste à s'immerger dans les terrains afin de replacer le phénomène étudié dans son contexte social et culturel. Le travail pionnier de Lucie Suchman (1987), d'inspiration ethnométhodologique (Garfinkel, 1967), a ouvert la voie à l'usage de l'ethnographie dans l'étude des technologies de l'information (par exemple, Davies, 1991; Hughes *et al.*, 1992). Ceci dit, l'introduction de l'ethnométhodologie et plus généralement l'entrée des sociologues dans les champs de l'intelligence artificielle, des interfaces homme – machine ou du travail coopératif assisté par ordinateur (TCAO) marque également un autre enjeu: rien moins que de faire évoluer les sciences cognitives et son modèle dominant d'action issu de la psychologie individuelle, pour lui substituer une conception de la cognition située dans un contexte social et culturel, distribuée entre humains et entre humains et non-humains (Hutchin, 1995) ou même déterminée par la division sociale du travail (Lave et Wenger, 1991). Ce débat important outre-Atlantique sur la manière de concevoir la cognition et l'action collectives trouve un écho de plus en plus important dans la recherche en systèmes d'information (Journé, 2002; Soulier, 2004).

Dans ces champs de recherche particulièrement pluridisciplinaire (Cardon, 1997), les informaticiens ne sont pas en reste et, souvent animés par des présupposés partagés avec l'ergonomie cognitive, ils mobilisent eux-mêmes des conceptions à mi-chemin entre les sciences cognitives, la sociologie, l'ingénierie, l'ergonomie, l'informatique ou la gestion dans le but de concevoir de nouveaux types d'artéfacts d'assistance aux activités coopératives (Salembier, 2002; Zacklad, 2005). Le point de vue sociologique critique n'est pas absent des réflexions sur l'évolution du travail coopératif sous l'effet des technologies de l'information (Schmidt, 1994).

La sociologie du travail coopératif

L'autre courant, plus classique, mobilise les concepts et la démarche sociologique pour analyser le développement des collecticiels et plus généralement des outils de communication et de coopération électronique dans les organisations. En effet, les notions de travail coopératif (CSCW, *computer supported cooperative work*), de décision de groupe (*group decision support system*), de communication médiatisée par ordinateur (CMC, *computer-mediated communication*) ou plus récemment de réseaux sociaux assistés par ordinateur (*computer-supported social networks*) (Wellman, 2001) se prêtent en quelque sorte immédiatement à l'investigation sociologique puisqu'il s'agit d'étudier les outils informatiques et télécoms permettant à des groupes de travailler, de décider ou de communiquer collectivement, les différents usages et leurs impacts sur la dynamique des groupes et des organisations.

S'inscrivant le plus souvent dans la perspective de la sociologie du travail et le paradigme critique, plutôt que dans le CSCW *stricto sensu*, il s'agit de comprendre l'impact des NTIC sur le travail, le management et l'organisation de l'entreprise (Craipeau, 2001) ou, plus génériquement, les dimensions sociologiques de la coopération dans l'organisation (Terssac et Friedberg, 1996; Zarifian, 1996).

2.5 Sociologie, discipline «outil» de la gestion

Certains chercheurs en systèmes d'information utilisent la sociologie comme un outil de compréhension, complémentaire à une démarche de gestion, de certains phénomènes en rapport avec la planification, la mise en œuvre ou l'usage des technologies de l'information dans l'organisation.

Un système d'information est un ensemble organisé de ressources, c'est-à-dire d'une part une construction, d'autre part un artefact qui doit fonctionner au sein d'une organisation et qui, à ce titre, doit être géré de manière efficiente (Reix, 2000). L'organisation des systèmes d'information dans l'entreprise renvoie donc à la planification, à la conception, au développement et à la gestion de systèmes sociotechniques qui entrent directement dans l'organisation des processus de production et dans les processus d'organisation du travail.

Les chercheurs du MIT (Scott Morton, 1991) ont proposé un cadre intégrateur d'analyse du rôle et des effets des technologies de l'information sur le fonctionnement de l'organisation, en identifiant les impacts potentiels sur l'organisation (effets sur les processus de gestion, la conception de l'organisation, la conception des rôles dans l'organisation) et la dimension stratégique (l'impact des technologies de l'information sur la structure de la concurrence, sur l'avantage concurrentiel, et sur les structures de coordination et le choix externalisation ou intégration).

Cependant, ce type de modèle propose un cadre de gestion qui n'est pas vraiment à même de mettre en évidence les mécanismes sociaux à l'œuvre dans tout processus d'informatisation (Pichault, 1990). Il devient alors nécessaire d'appliquer des concepts sociologiques généraux à l'étude de phénomènes propres aux systèmes d'information. Dans ce paragraphe, nous nous intéresserons moins aux travaux des sociologues qu'aux contributions sur les systèmes d'information de gestionnaires mobilisant explicitement ou plus implicitement des conceptions sociologiques.

La résistance au changement

Une étude classique sur l'analyse des phénomènes de pouvoir et plus généralement des phénomènes politiques dans la mise en œuvre de systèmes d'information est la recherche de Markus (1983). Ce type d'études a ouvert les réflexions sur un domaine de prédilection de la sociologie, l'analyse de la résistance au changement consécutive à la mise en œuvre de systèmes d'information dans les organisations. Les contributions sur les méthodes d'accompagnement du changement de la mise en œuvre de SI illustrent un aspect de la problématique (par exemple, de Dreuzy et Akoka, SIM, 1996).

La collaboration

La sociologie est aussi souvent mobilisée dans l'étude des phénomènes de communication, coordination et coopération. Alain Cucchi invoque la théorie de la structuration du sociologue Anthony Giddens pour analyser la structuration des « communautés cognitives » (Cucchi, 1999). Nous noterons plus généralement le recours fréquent à ce sociologue pour expliquer certains phénomènes sociaux liés aux systèmes d'information. En France, l'une des belles applications de la théorie de la structuration reste l'étude précurseur de Hamid Bouchiki (1990) sur la diffusion de la bureautique à la RATP.

L'impact des TI sur l'organisation

Plus récemment, Orlikowsky et Robey (1991) ont proposé un cadre d'analyse des relations entre la technologie de l'information et les organisations, adapté au traitement des mécanismes sociaux dans une perspective de gestion, et s'appuyant sur la théorie de la structuration de Giddens. Ce modèle identifie quatre variables impliquées dans ces relations, qui placent le contexte social au centre de l'analyse : la TI est produite par l'action humaine ; la TI est en retour un médium de l'action humaine ; le contexte social influence les acteurs dans leurs interactions avec la TI ; les interactions avec la TI influencent en retour les facteurs sociaux de l'organisation (signification, domination, légitimation).

L'appropriation des TI

Il existe d'autres thèmes de prédilection dans la recherche en systèmes d'information justifiant le recours à la sociologie. Les questions d'appropriation d'une TIC mobilisent très souvent des concepts sociologiques (Houzé, 2000). La notion d'impact des technologies a également été traitée par les gestionnaires (Huber, 1990) mais souvent selon la perspective du déterminisme technologique. La gestion explicite du processus d'implantation des SI est un domaine dorénavant considéré comme essentiel. De même l'évolution de la fonction système d'information dans l'organisation est un thème associé à la question du changement. S'il ne concerne pas les structures de l'entreprise ou sa stratégie, il pose la question des représentations des décideurs et des liens de la DSI avec les autres fonctions de l'entreprise, avec les utilisateurs finaux et avec l'environnement de l'entreprise. Les directions des systèmes d'information (DSI), comme d'autres structures, sont en pleine mutation et évolueront de manière permanente. De nombreux phénomènes caractérisés comme des phénomènes de résistance affectent la dynamique de la structure de la fonction SI.

La gestion des projets informatiques

Un autre domaine concerne les projets informatiques et, souvent, la variable sociale est considérée comme une des causes des échecs rencontrés (Marciniak et Rowe, 1998). À côté de variables classiques (maturité technologique, taille du projet, complexité de l'application, qualité de la planification, méthodologie, gestion d'équipe, rôles de l'utilisateur, environnement organisationnel, etc.), des sociologues ont pu mettre en valeur les jeux de pouvoir associés à la mise en place d'une technologie de l'information ou même les conflits qui peuvent survenir entre utilisateurs et informaticiens en cours de projet (Barki et Hartwick, 2001). Les échecs fréquents liés à des projets informatiques sont souvent aussi le fait du déploiement et des impacts organisationnels non anticipés qui s'y révèlent et qui obèrent l'acceptation et l'appropriation par les utilisateurs. Mais même lorsque le déploiement va jusqu'au bout, de nombreux effets non prévus affectent l'utilisation de l'application de manière intégrée (Saga, Zmud, 1996). Les facteurs politiques et culturels intervenant dans le déploiement sont bien souvent déterminants. C'est particulièrement le cas dans le déploiement des ERP (Besson, Rowe, 2001). L'analyse politique menée dans une perspective sociologique paraît hautement utile à la compréhension des jeux d'acteurs associés à la mise en place d'un système d'information.

La participation des utilisateurs

Un autre domaine est celui de la conception du rôle des utilisateurs. Celle-ci oscille entre les travaux favorables à l'autonomie des utilisateurs et ceux favorables au pouvoir des spécialistes, ou même des décideurs. La mise au point d'approches sociotechniques n'est certes pas récente (Mumford, Weir, 1979). Cette question se cristallise souvent autour des organes de décision chargés de piloter l'introduction et la gestion des technologies de l'information dans l'organisation. Notons la problématique plus récente de la conception participative (*participatory design*) qui milite pour une implication forte des utilisateurs dans la conception, la mise en œuvre et l'utilisation des leurs outils de travail (Carroll, 2000 ; Darses *et al.*, 2004) même si cet acquis reste toujours tendanciel (cf. les ERP).

2.6 Technologies de l'information, domaine d'application de la sociologie

Ce domaine exprime la posture inverse de la précédente où, au fond, les sociologues n'ont pas un intérêt marqué pour le domaine des systèmes d'information et des technologies de l'information mais l'utilise pour illustrer une thèse sur la société, l'action humaine ou l'organisation. Cette catégorie ne doit pas être négligée car ses auteurs sont parfois le véhicule de remarquables intuitions concernant la portée exacte de la technique dans la société.

Nous ne développerons pas plus que nécessaire cette partie dans la mesure où la référence aux technologies de l'information dans les ouvrages de sociologie est fréquente. Mais soulignons à titre d'illustration la réflexion de Denis Segrestin (2004) sur l'innovation en entreprise et la gestion du changement. Qu'il s'agisse du commerce électronique, de l'entreprise en réseau, du management des connaissances ou de la mise en place des progiciels de gestion intégrés, les managers sont aujourd'hui fréquemment confrontés aux technologies de l'information, ce qui n'est pas sans leur poser la question du pilotage toujours délicat de l'innovation de gestion. Ici, le sociologue aborde les technologies de l'information pour illustrer une approche sociologique de l'innovation.

Très complémentaire de ce point de vue, l'ouvrage d'un collectif de sociologues (Boussard *et al.*, 2002) propose aux managers impliqués dans des situations professionnelles aujourd'hui courantes une grille de lecture alimentée des apports de la sociologie du travail et des organisations. Parmi ces situations, certaines touchent à la conception de systèmes d'information, à la diffusion d'innovations, à la gestion des connaissances ou encore à la mise en place de progiciels de gestion (ERP). Là, les sociologues illustrent l'intérêt de la réflexion sociologique pour les gestionnaires de systèmes d'information.

Enfin, on pourrait citer les travaux de Renaud Sainsaulieu (1995) qui intègrent les technologies nouvelles dans ses variables d'analyse de la culture d'entreprise et les opportunités de développement social. Plus précisément, Sainsaulieu propose un modèle des effets sociaux du changement technique (technologie nouvelle, comportement d'acteurs et cultures, organisation du travail, système social de l'entreprise) ainsi par exemple qu'un modèle des effets organisationnel de la bureautique (en termes d'impacts sur l'organisation, la gestion de l'emploi, la qualification, les conditions de travail et le management).

3 Conclusion

Ce chapitre illustre la variété des apports de la sociologie à la recherche dans les domaines des technologies de l'information et des systèmes d'information. Nous avons préféré introduire cette contribution de la sociologie à travers celle des sociologues et donc, de la variété et de l'originalité des courants, plutôt que des idées. La seconde approche nous aurait contraints à afficher une unité de la pensée sociologique largement factice.

Pour autant, la sociologie reste un regard particulier qui voit en tout phénomène, même le plus technique, une interaction sociale potentielle. La sociologie serait bien cette forme particulière de conscience qu'invoque F. de Singly (2002), une science de la compréhension des phénomènes sociaux. Qu'il se présente comme une innovation en train de se faire, dans les laboratoires, comme une technique, qui se diffuse dans la société, ou bien comme outil utilisé dans une organisation, le système d'information concerne les acteurs et leurs enjeux, le contexte social dans lequel il s'insère, enfin les mécanismes d'ordre et de changement social qu'il provoque. C'est donc bien un objet hautement sociologique.

Il reste à poser la question de l'articulation des apports de la sociologie à la recherche sur les technologies de l'information et en systèmes d'information. Les six courants précédemment identifiés laissent entrevoir deux pistes à approfondir :

- des efforts devront être poursuivis par les sociologues afin de mieux intégrer les théories du social et les méthodes qu'ils proposent autour d'un objet commun – technologies et systèmes d'information – mais dont il faudrait mieux clarifier la nature tout autant que les différents plans d'analyse possibles et ceci en évidant les réductions néfastes;
- de leur côté, chercheurs en gestion ou en informatique doivent continuer, à travers la prise en compte systématique du contexte social dans leurs élaborations conceptuelles, à produire des modèles, des méthodologies et des techniques intégrant mieux qu'ils ne le font actuellement les cadres de la pensée sociologique (Avgerou, Ciborra et Land, 2004).

Pour certains, la constitution d'un nouveau champ interdisciplinaire, par exemple autour de ce que Rob Kling (1999) n'hésite pas à appeler la « *social informatics* », est aujourd'hui d'actualité. Celle-ci synthétise bien l'ambition de ce chapitre, puisqu'elle se propose comme objet l'étude interdisciplinaire de la conception, des utilisations et des conséquences des technologies de l'information qui tient compte de leur interaction avec des contextes institutionnels et culturels.

Bibliographie

Akrich M. (1989), «La Construction d'un système sociotechnique. Esquisse pour une anthropologie des techniques», *Anthropologie et Sociétés*, 12 (2), p. 31-54.

Alter N. (1985), *La bureautique dans l'entreprise, les acteurs de l'innovation*, Paris, Les Éditions Ouvrières.

Avgerou C., Ciborra C., Land F. (2004), *The Social Study of Information and Communication Technology. Innovation, Actors, and Contexts.* Oxford, Oxford University Press.

Avison D.E.; Myers M.D. (1995), "Information systems and anthropology: and anthropological perspective on IT and organizational culture", *Information Technology & People*, 1 March 1995, vol. 8, n° 3, p. 43-56 (14).

Bouchiki H. (1990), *Structuration des organisations - concepts constructivistes et étude de cas*, Paris, Economica.

Boullier D. (2003), *La télévision telle qu'on la parle. Trois études ethnométhodologiques*, Paris, L'Harmattan.

Callon M. (1989), *La science et ses réseaux. Genèse et circulation des faits scientifiques*, Paris, La Découverte.

Cardon D. (1997), «Les sciences sociales et les machines à coopérer. Une approche bibliographique du Computer Supported Cooperative Work», *Réseaux*, n° 85, septembre-octobre 1997.

Craipeau S. (2001), *L'entreprise commutante. Travailler ensemble séparément*, Paris, Hermès Lavoisier.

Davies L.J. (1991), "Researching the Organisational Culture Contexts of Information Systems Strategy: A Case study of the British army", in Nissen H.E., Klein H.K., Hirschheim R.A. (eds), *Information Systems Research: Contemporary Approach and Emergent Traditions*, Elsevier/North Holland, Amsterdam.

Flichy P. (1995), *L'innovation technique. Récents développements en sciences sociales. Vers une nouvelle théorie de l'innovation*, Paris, La Découverte.

Giddens A. (1988), *La constitution de la société*, Paris, PUF.

Grint K., Woolgar, S. (1997), *The Machine at Work: Technology, Work and Organization*, Cambridge, UK. Polity Press.

Jouët J. (2000), «Retour critique sur la sociologie des usages», *Réseaux*, n° 100.

Klein H., Hirscheim R. (1986), "Social change and the future of information systems development", in Boland R. et Hirscheim R., *Critical issues in information systems research*, Wiley, p. 275-305.

Kling R. (1999), "What is Social Informatics and Why Does it Matter?", *D-Lib Magazine*, January, Volume 5 Number 1.

Markus M.L. (1983), «Power, Politics and MIS Implementation», Communications of the *ACM*, vol. 26, n° 6, p. 430-444.

Orlikowski W. J., Robey D. (1991), "Information Technology and the Structuring of Organizations", *Information Systems Research* 2, n° 2.

Pavé F. (1990), *L'illusion informaticienne*, Paris, L'Harmattan.

Pichault F. (1990), *Le conflit informatique. Gérer les ressources humaines dans le changement technologique*, Bruxelles/Paris, Éditions universitaires et De Boeck université, col. «Ouvertures sociologiques».

Segrestin D. (2004), *Les chantiers du manager. L'innovation en entreprise: où en sommes-nous? Comment piloter les changements et les maîtriser?*, Paris, Armand Colin.

Singly de F. (2002), «La sociologie, forme particulière de conscience», in Lahire B. (dir.), *À quoi sert la sociologie?*, Éditions La Découverte.

Soulier E. (2004), «Les communautés de pratique au cœur de l'organisation réelle des entreprises», *SIM*, n° spécial "Communautés de Pratique", n° 1, vol. 9.

Suchman L. (1987), *Plans and situated actions: The problem of human machine interaction*, Cambridge, Cambridge University Press.

Vacher B. (1997), *La gestion de l'information en entreprises. Enquête sur l'oubli, l'étourderie, la ruse et le bricolage organisés*, Ed. de l'A.D.B.S., Paris.

Walsham, G. (1997), "Actor-Network theory and IS research: Current status and future prospects". In A.S. Lee, J. Liebenau et J.I. DeGross (eds.), *Information Systems and Qualitative Research*, London: Chapman & Hall, p. 466-480.

Les impacts sociaux de l'informatique: limites et perspectives

Isabelle Pailliart

Mots-clés: appropriation, innovation technique, informatisation, usages, pratiques sociales, techniques d'information et de communication, usagers.

Résumé: les impacts sociaux de l'informatique ont été négligés pendant de nombreuses années par les informaticiens et par les responsables politiques et économiques. Ils sont aujourd'hui mis en avant et considérés comme déterminants par ces mêmes acteurs. Or, si s'interroger sur la dimension sociale des techniques est essentiel, la notion d'impacts n'offre pas une grille de lecture pertinente. Elle est du moins fortement critiquée et laisse place plutôt à une analyse des pratiques, c'est-à-dire à une prise en compte des utilisateurs, situés dans des contextes sociaux différenciés.

La question de l'impact social de l'informatique a longtemps été sous-estimée par les informaticiens comme par nombre d'acteurs de la sphère politique et économique. Mais l'expression est-elle suffisamment pertinente pour comprendre les modalités de l'insertion des techniques? Elle est du moins d'un apport limité par rapport à la complexité des relations que les individus entretiennent avec les techniques et avec le secteur de l'information-communication. L'objectif de cet article est d'interroger l'expression «impact social», en considérant l'informatique comme un domaine caractérisé par l'articulation entre des outils, des réseaux, des logiciels et des services. À partir de là, les «impacts» ne peuvent pas être détachés de situations générales et sociales.

1 La remise en cause de la question de l'impact des techniques

Une première approche de ces relations a été formulée en termes d'impacts.

Il s'agit de cerner les impacts des innovations techniques sur l'amélioration des soins, la performance des entreprises, l'accès au savoir, le renforcement de la démocratie... Les questions les plus fréquemment posées renvoient à la manière dont ces secteurs de la vie sociale sont transformés en étant, pour certains auteurs, renforcés ou, pour d'autre, menacés. Selon ce point de vue, la performance technique (l'interactivité, le débit...) produit des effets dans le domaine politique, éducatif, c'est elle qui détermine les principales évolutions de ces secteurs. L'innovation technique est ainsi donnée comme la clé du développement social, le moteur même des sociétés. L'on reconnaîtra bien facilement dans cette approche une parenté avec le scientisme et sa dimension consensuelle: la dynamique des sociétés ne se situe pas dans les affrontements sociaux mais dans les découvertes techniques.

La question de l'impact des techniques de communication est donc très liée à une approche déterministe, elle est régulièrement appliquée par un certain nombre d'auteurs. Par exemple Marshall Mac Luhan qui présente ainsi sa thèse principale: «*Dans une culture comme la nôtre, habituée de longue date à tout fragmenter et à tout diviser pour dominer, il est sans doute surprenant de se faire rappeler qu'en réalité et en pratique, le vrai message c'est le médium lui-même, c'est-à-dire, tout simplement, que les effets d'un medium sur l'individu ou sur la société dépendent du changement d'échelle que produit chaque nouvelle technologie, chaque prolongement de nous-mêmes dans notre vie. Ainsi, il est clair que les nouveaux modèles d'association humaine nés de l'automation tendent à éliminer les emplois. C'est là le résultat négatif. L'automation, par contre, a aussi des résultats positifs : elle crée des rôles, c'est-à-dire une participation profonde des gens à leur travail et à leur société, participation que la technologie mécanique antérieure avait détruite.*» (M. Mac Luhan, p. 23, 1968). Il s'agit pour l'auteur canadien de montrer comment une nouvelle technique entraîne une nouvelle organisation sociale. Cette position s'étend à d'autres domaines : ainsi le papyrus et sa diffusion auraient joué un rôle dans la constitution de l'Empire romain, l'imprimerie serait la cause du développement du protestantisme en permettant la diffusion des thèses de Luther... Le même raisonnement tend à être également appliqué à la sphère professionnelle sur les effets des innovations techniques dans l'organisation du travail.

Cependant, les spécialistes de chaque domaine ont bien mis en évidence les limites de ces considérations. Il est ainsi intéressant de prendre en compte les travaux sur une innovation technique comme l'imprimerie. L'historienne britannique Elisabeth Eisenstein (1991) révèle le rôle particulier des premiers imprimeurs qui assument plusieurs rôles : éditeurs, traducteurs, vulgarisateurs, propagandistes, organisateurs de rencontres intellectuelles. Elle met ainsi en évidence «*les rapports entre l'avènement de l'imprimerie et les changements culturels au* XVe *siècle*» (E. Eisenstein, p. 139) et donc l'importance des «imprimeurs-éditeurs», acteurs, parmi d'autres, des médiations qui existent entre la sphère technique et la sphère intellectuelle et animateurs des différentes interactions. Pour d'autres historiens, comme Marc Bloch ou Fernand Braudel, les techniques s'inscrivent dans des transformations sociales : l'invention et la diffusion d'une technique sont dépendantes des activités sociales (la fin de l'esclavage par exemple entraînant l'utilisation du moulin à eau) et du même coup ne peuvent s'étudier que sur «*la longue durée*» (Braudel, 1985, p. 72) en tenant compte de «*l'histoire profonde*», selon l'expression du même auteur (p. 89). La critique de la notion d'impact substitue aux effets directs, l'existence des médiations, et à son immédiateté le temps long. Elle met en évidence également le fait que dans la notion d'impact de la technique, il existe une forme d'autonomisation de la technique qu'il convient de rejeter : la notion d'impact de la technique laisse supposer une séparation entre la société et une innovation technique. Là encore, la critique, venue de la sociologie des sciences, apporte des éléments opposés : pour ce courant, la technique est une construction sociale, marquée par des acteurs (inventeurs, ingénieurs, entrepreneurs, scientifiques...) et surtout par leurs stratégies. Les «acteurs-réseaux» sont ainsi déterminants dans la diffusion d'une technique : c'est donc bien sur les réseaux entre acteurs que repose le succès d'une innovation technique, et non pas sur sa performance technique ou sur sa capacité à répondre à une supposée demande sociale. La recherche «d'alliés», «l'enrôlement des acteurs», l'intéressement sont des éléments qui vont à l'encontre de séparations entre sciences et techniques d'un côté, société de l'autre. La sociologie de la traduction (Latour, 1995) s'oppose ainsi au modèle de la diffusion auquel est rattachée la question de l'impact.

Les caractéristiques de celle-ci apparaissent ainsi : une dissociation entre d'un côté les techniques et de l'autre la société, une vision linéaire et du même coup simple des relations entre les techniques et la société, une estimation des changements laissant la primauté aux évolutions techniques plus qu'aux pratiques sociales, enfin découlant de cela, la croyance que le progrès d'une société est déterminé par les nouvelles techniques : en d'autres termes il y a progrès lorsqu'il y a innovation technique, le progrès technique est synonyme de progrès social.

Bien que critiquée, la notion d'impact a connu et connaît encore un succès, particulièrement auprès de certains types d'acteurs, ceux-ci lui garantissant une visibilité dans la sphère publique. En effet elle s'inscrit dans différentes stratégies.

Les acteurs politiques sont à la recherche d'éléments permettant d'évaluer et de justifier les actions de politique publique et leur financement auprès des citoyens, les acteurs de la sphère économique se situent dans un objectif d'efficacité et de rentabilité à plus ou moins long terme. Les informaticiens et plus généralement les technologues trouvent aussi dans le thème de l'impact la réponse à certaines attitudes qu'ils ne comprennent pas (le rejet, la résistance, le retard...) : ils reprennent donc cette notion parce qu'ils n'ont guère intégré des préoccupations sociales dans la mise en place de systèmes d'information : selon eux, ceux-ci doivent «naturellement» s'imposer aux individus, leurs difficultés d'utilisation s'expliquant par « l'irrationalité » des pratiques et non par le système technique lui-même. Le début des années quatre-vingt marque la prise en compte des enjeux sociaux et le renversement progressif des approches : à l'imposition des techniques d'information et de communication se substitue l'étude des conditions d'insertion des techniques et donc de la prise en compte des réactions des utilisateurs. Le retournement s'effectue, un peu plus tôt, également dans le domaine des médias où le récepteur est désormais considéré comme actif et comme coproducteur du sens d'un message.

Dans le domaine technique, plusieurs éléments contribuent à ce basculement des raisonnements. Il faut noter en premier lieu une interrogation des responsables informatiques des entreprises sur la gestion de leurs parcs informatiques et sur son utilisation. L'arrivée de la micro-informatique et plus généralement le développement de la bureautique concernent un nombre de plus en plus important de salariés : l'automatisation des tâches de bureau conduit à la mise en place d'actions de formation et donc à des interrogations sur l'utilisation et l'appropriation de ces techniques informatiques. Par ailleurs la bureautique réintroduit au sein des entreprises les responsables de service, les représentants des salariés ; cela est possible en partie parce que dans le domaine de la bureautique le poids de la logique informatique est moins prégnant et donc laisse des espaces à des acteurs autres que les informaticiens.

2 La naissance de l'usager (ou plus exactement des usagers)

Le début des années quatre-vingt est marqué par un certain nombre de décisions de l'État mettant en avant de manière nouvelle la place des utilisateurs dans les systèmes informatiques. La création de la CNIL (Commission nationale de l'informatique et des libertés) par la loi du 6 janvier 1978, a pour objectif de garantir des protections aux individus. En 1982, l'adoption de lois sur l'extension des droits du comité d'entreprise leur donne la possibilité d'être « *informé et consulté préalablement à tout projet important d'introduction de nouvelles technologies* » (art. L.432-2 du code du travail). Les salariés peuvent également avoir recours « *dans les entreprises d'au moins 300 salariés* » à un expert pour les assister (art. L.432-6 du code du travail). Cette décision confirme à la fois la présence d'antagonismes au sein des entreprises et la nécessité de mettre en œuvre des formes spécifiques de concertation concernant l'introduction des nouvelles techniques. De même l'État crée en 1983 l'office parlementaire des choix scientifiques et techniques introduisant ainsi des modes de régulation dont l'objectif est ici de tenir compte des « incidences » sociales des nouvelles techniques. Les comités d'entreprise relaient ainsi les critiques des salariés portées sur l'introduction de matériels bureautiques : formation trop courte, délai trop long entre la formation et la pratique entraînant un oubli et donc un nouvel effort des salariés, imposition de matériels sans concertation, absence de réflexion et de négociation sur les nouvelles conditions de travail entraînées par la bureautique.

Ces travaux ont favorisé une nouvelle approche de l'informatique, centrée sur les usages et leurs formations. Mais ils n'ont pas bénéficié du même succès que celui qu'a remporté le rapport Nora Minc sur l'informatisation de la société, leur dimension critique allant à l'encontre de la culture techniciste dominante. Cependant la mise en place d'expérimentations locales et le suivi de celles-ci par les chercheurs vont permettre que s'impose progressivement la notion d'usages à la place de celle d'impact.Enfin, la fin des années soixante-dix est marquée par une orientation politique et industrielle sur « les moyens de conduire l'informatisation de la société » (rapport Nora-Minc, 1978). Elle se traduit par la mise en place du plan télématique (1978) et par les premières expérimentations locales (1980, Saint-Malo, 1981,Vélizy). Cette période donne lieu également à la production d'études et de rapports, ce qui indique une certaine prise de conscience de l'importance de l'informatique dans les sociétés. Cette prise de conscience et surtout la nécessité de prendre en compte les utilisateurs se manifestent dans le rapport Lemoine de 1982. L'objectif attribué par Pierre Mauroy, alors Premier ministre socialiste, est de « *définir un cadre administratif pour assurer la mise en œuvre d'une politique d'utilisation des techniques informatiques* ». L'informatique est certes présentée comme un outil de sortie de crise selon le contexte idéologique de l'époque mais le rapport Lemoine est original car il propose une nouvelle approche de l'informatique, opposée à celle du rapport Nora Minc. « *Tout d'abord la priorité en matière de politique industrielle informatique ne doit plus être donnée aux matériels mais aux logiciels et progiciels.* » Ensuite une logique de services et de contenus doit supplanter une logique d'équipements techniques ou de produits conçus en laboratoire. Enfin la gestion sociale de la technique ne doit plus s'effectuer en aval mais en amont, afin d'associer les futurs utilisateurs à la conception de leurs propres systèmes d'information. (Carré, 1991, p. 18). Avec le rapport de A. Mattelart et d'Y. Stourdzé, demandé par le ministre de l'Industrie et de la Recherche, Jean-Pierre Chevènement, la critique du modèle dominant est encore plus forte, elle se double d'une proposition nouvelle pour comprendre les usages : « *Le modèle technicien qui inspire aujourd'hui la plupart des décisions en matière de bureautique, réduit la communication à un flux de messages transitant par des canaux. Il tend alors à évaluer l'efficacité des systèmes de communication selon le volume d'informations et la rapidité du traitement. Un tel modèle est trop réducteur pour mesurer l'enjeu de l'introduction de la bureautique : ces matériels risquent de conduire à des transformations notables de l'organisation du travail de bureau, jusqu'ici à l'écart de l'évolution technologique* » (Mattelart et Stourdzé, 1982, p. 151). Une des recommandations préconisées par les chercheurs est de développer les expérimentations afin que les souhaits des utilisateurs émergent, afin qu'ils soient associés aux décisions techniques, afin que les attentes et la «demande sociale» émergent. La question de l'impact social est ainsi délaissée au profit de celle de «demande sociale». Plus généralement, il s'agit de procéder à une modification des raisonnements habituels et de privilégier la demande par rapport à l'offre. Celle-ci «*consiste principalement à s'interroger sur les enjeux économiques et sur les moyens d'assurer la pénétration sociale des nouveaux moyens de communication*». Il convient de privilégier la demande «*qui, à l'inverse, part de l'analyse des besoins des individus et s'interroge sur la capacité des nouvelles technologies à y répondre. À l'initiative des producteurs, [...], la première approche – celle de l'offre – a été privilégiée jusqu'à présent et l'on en voit aujourd'hui les limites: sous-utilisation des matériels, remise en cause des expérimentations conçues comme tests de produits, l'aspect social n'étant pris que comme une retombée. L'approche "demande" commence en fait seulement à être explorée.*» (Mattelart, Sourdzé, p. 97)

Les expérimentations du vidéotex vont se dérouler au début des années quatre-vingt dans des espaces principalement urbains: il s'agit pour la Direction générale des télécommunications (organisme précurseur de France Télécom) d'opérer à des tests techniques, d'une certaine manière en grandeur nature. Les chercheurs en sciences sociales vont être étroitement et immédiatement associés à l'analyse des usages. Le Service de la prospective et des études économiques (SPES) confie donc l'étude de ces premières expériences à six équipes de recherche. Le plan télématique s'appuie sur des expérimentations et sur un dispositif d'évaluation et d'analyse impressionnant et novateur. Le ministère des PTT demande aux équipes de chercheurs une évaluation sur les usages et les usagers du vidéotex à Vélizy, Strasbourg, Nantes et Grenoble. Quelles sont les caractéristiques principales de cette opération? Elle correspond d'abord à une stratégie de la part des opérateurs industriels et commerciaux de conquérir avec la télématique et la micro-informatique domestique un public nouveau et de développer des marchés pour les produits et les applications informatiques, autres que ceux des entreprises et de la sphère professionnelle. Par ailleurs, un décalage – récurent – existe entre la maîtrise des potentialités techniques par les opérateurs et leur faible connaissance des modalités de diffusion et d'appropriation de celles-ci. La production de contenus et leur commercialisation sont également très largement sous-estimées par les opérateurs. La période est aussi marquée par un certain foisonnement public, par des prises de parole, des colloques, des journées d'étude, bref des formes de mise en public des questions liées à l'informatique et à la télématique. Cependant ces temps forts sont des lieux où s'affrontent les stratégies des opérateurs concernés: la DGT, la presse, les sociétés de services en ingénierie informatique... et donnent lieu à des prises de position plus qu'à des débats. Les rencontres organisées par les associations, les syndicats, les collectivités territoriales sont aussi des espaces de diffusion d'informations, ils favorisent une culture technique plus que des temps de réflexion. À noter cependant la création de la revue mensuelle *Terminal 19/84*, toujours présente plus de vingt ans plus tard, consacrée aux thèmes suivants: informatique et liberté, informatique et travail... Ainsi le constat est que la télématique n'a guère donné lieu à des discussions de fond, même si elle a été intégrée dans des questions plus larges sur l'informatisation de la société. Sa mise en œuvre pouvait fournir l'occasion de traiter des formes de socialisation de l'informatique mais les questions n'ont été abordées qu'en fonction des intérêts et des inquiétudes des acteurs (les entreprises de presse par exemple). D'une certaine manière, la confiscation du débat a produit un discours et une attitude relativement consensuels sur la nécessité des mutations techniques, ce consensus ne sous-entendant pourtant pas une acceptabilité sociale mais plutôt une passivité du corps social. Ainsi les expérimentations n'ont pas donné lieu à des réflexions, les journées d'étude n'ont pas entraîné de confrontations sur les choix politiques et industriels dans la mise en œuvre du plan télématique. Ce sont plutôt les discours sur l'informatique, et ses représentations qui sont réapparues, de manière presque caricaturale, à cette occasion.

Ainsi l'imaginaire de l'informatique et des télécommunications se distingue-t-il d'autres imaginaires techniques «*par l'étendue du registre thématique, et par l'ampleur du retentissement des espérances ou des frayeurs. L'informatique et les télécommunications font résonner une gamme extrêmement étendue de thèmes. C'est un peu comme si l'imaginaire collectif conférait au savant ou à l'ingénieur des pouvoirs surnaturels d'une portée universelle. Nouvelle lampe d'Aladin, ces progrès peuvent indifféremment réaliser n'importe quel vœu de richesse, d'omniscience ou d'ubiquité. Nouvelle boîte de Pandore, ils déversent indistinctement tous les maux qui peuvent frapper l'humanité*» (Scardigli, 1992, p. 49). Ce sociologue des nouvelles techniques décèle ainsi sept enjeux du progrès, applicables à l'informatique et montre pour chaque enjeu l'ambivalence des imaginaires: le pouvoir sur les contraintes (liberté ou esclavage), le savoir (intelligence ou inculture), la mort (immortalité ou insécurité), la justice sociale (égalité ou injustice), le lien social (convivialité ou vide social), la prospérité économique (*welfare state* ou crise de l'Occident), la solidarité planétaire (développement ou dévastation du Tiers-monde). Il existe ainsi une certaine continuité de l'imaginaire technique, depuis l'informatique des années soixante à l'internet des années

2000. Sans doute parce que le discours des promoteurs des nouvelles techniques (industriels, experts, autorités politiques) reste cantonné à une argumentation essentiellement techniciste qui affirme la dimension inéluctable des mutations techniques. Cette posture est appelée «techno-logique» par Victor Scardigli (1992, p. 22) et se caractérise par quatre éléments. C'est d'abord un discours techniciste. «*Comme le scientisme prétendait faire face, par la science, aux grands problèmes de la philosophie, le* technicisme[1] *consiste à affirmer que chaque innovation technique apparaît à point nommé pour résoudre les grands défis des sociétés contemporaines. Au-delà de ces réponses instrumentales, la technique peut aussi devenir un objectif en-soi, un* idéal. *Elle n'est plus seulement un outil de progrès, elle occupe une place centrale dans la Cité meilleure. [...] La "techno-logique" peut encore être comprise comme la* logique d'action *des possesseurs ou des promoteurs d'une innovation technique. Ce peut être une stratégie de prise de pouvoir dans un domaine de la vie économique et sociale; ou plus simplement une volonté de définir et d'imposer le "bon usage" de la technique nouvelle. [...]. La techno-logique peut enfin désigner une certaine conception du* mode de diffusion *des innovations dans la société: une diffusion de type "irradiation" ou "impact" du technique sur le social, sans feedback. [...] La "techno-logique" du progrès consiste à affirmer que les usages potentiels sont présents dans l'invention avant même sa diffusion dans la société: donc à nier l'importance des acteurs sociaux, du contexte culturel, de l'histoire. Chaque découverte porte en elle-même sa prédestination; laquelle, "tout naturellement", à la manière d'un programme génétique inscrit dans les mystères insondables de l'ordinateur ou de la fibre optique, va dérouler imperturbablement ses conséquences économiques, sociales et politiques*».

La question des usages, au fur et à mesure des développements techniques, est devenue une préoccupation principale pour nombre d'acteurs. Elle s'est accentuée à l'occasion de la mise en œuvre du vidéotex. L'objectif initial des promoteurs consistait à mettre en relation des individus avec des banques de données, il a été transformé par les utilisateurs, en un service de communication favorisant les interactions sociales entre les usagers. Ainsi les services d'information, prévus initialement par les ingénieurs des télécommunications, ont laissé place à des services de communication qui ont assuré le développement et l'économie du vidéotex. Ce résultat qui a semblé particulièrement nouveau et important, a mis en valeur l'autonomie des usagers, leur capacité à «résister» aux stratégies des opérateurs, et donc leur pouvoir. Le phénomène fut d'autant plus remarqué qu'il s'inscrivait dans un courant sociologique portant sur l'inventivité des usagers. S'inspirant des travaux de Michel de Certeau, les recherches mettent en évidence les différences entre les usages prescrits par les promoteurs et les usages effectifs. Ils insistent sur les détournements, les ruses, ou les «braconnages» de ces utilisateurs. Les usagers deviennent donc des acteurs qui détournent l'offre et qui mettent en œuvre des tactiques toutes particulières pour obtenir des résultats. La place prise par les usagers dans les recherches correspond également aux demandes des opérateurs industriels, qui, dans une période d'incertitude, attendent des résultats sûrs. Ce sont eux qui commandent l'essentiel des recherches menées sur les usages de la télématique, leurs intérêts reposant sur une meilleure adaptation de l'offre industrielle aux évolutions sociales. Les expérimentations sociales du début des années quatre-vingt apparaissent ainsi comme des temps particuliers stimulés par les opérateurs eux-mêmes, pour permettre l'émergence de nouveaux usages. Certains chercheurs ont ainsi mis en évidence l'ambiguïté de la notion d'usage tout comme l'association des sociologues aux stratégies industrielles. La «*notion d'usage repose en effet sur le paradigme dialogique – lui-même inspiré du principe de l'échange bilatéral de l'offre et de la demande – d'une relation idéale et plus ou moins équilibrée entre deux pôles: d'un côté un utilisateur, sujet individuel ou, plus souvent, sujet collectif, supposé être en soi porteur d'attentes ou de besoins plus ou moins précis à l'égard d'une technologie; de l'autre côté, cette technologie (ou cet ensemble de technologies) présentée comme une réponse, plus ou moins adaptée aux attentes des utilisateurs, et dont en conséquence il est censé chercher à faire usage, en plus ou moins grande conformité avec le mode d'emploi qui lui est transmis*». (Moeglin, 1991, p. 44).

D'une certaine manière, l'approche par les usages se présente comme un contrepoint à la notion d'impact: elle affirme la dimension active de l'utilisateur d'une technique, impensable avec l'impact, mais elle présente aussi des limites en particulier en réduisant l'insertion sociale des techniques au rapport entre la technique et l'usager. Ce rapport se résume au face-à-face entre l'utilisateur et l'outil, presque mis au même niveau d'équivalence: la technique étant un tout, ayant sa propre logique, l'usager étant considéré dans son individualité, au risque d'être détachée de déterminations sociales. L'on comprend ainsi que la notion d'usages, élément inversé de l'impact social, demeure, comme ce dernier, actuelle, grâce à la simplification des relations qu'elle propose.

3 Pratiques et évolutions sociales: des tendances structurantes?

Les études consacrées aux usages ont produit des résultats novateurs. D'abord une critique de la concep-

1. En italiques dans le texte.

tion des usages qu'ont traditionnellement les promoteurs et opérateurs des nouvelles techniques de communication. Les dispositifs mis en place lors des expérimentations concernaient un groupe restreint d'individus, les premiers utilisateurs des nouvelles techniques étaient facilement identifiables: homme habitant un centre urbain, diplômé et disposant d'un pouvoir d'achat élevé, célibataire. La vision habituelle consiste à penser que cette population, bien que spécifique, annonce les pratiques à venir de l'ensemble de la population. Ces usages devraient donc progressivement se généraliser, au fur et à mesure de la diffusion des techniques dans le reste de la société, tout cela étant finalement une question de temps. Il s'agit en fait d'une conception étroite des usages, restreinte aux premiers utilisateurs, ceux-ci indiquant des éléments pertinents pour saisir les usages dominants dans l'ensemble de la population par la suite comme si les utilisations d'une catégorie de la population pouvaient devenir modélisables, exemplaires et généralisables. La sociologie des usages a ainsi mis en évidence le rôle structurant des inégalités sociales et la spécificité des groupes sociaux. Les usages des TIC sont ainsi modelés par des caractéristiques sociales et par l'inégale répartition des ressources. Il en est de même pour les différences d'usages entre les femmes et les hommes, elles-mêmes dépendantes de la répartition des tâches au sein des familles ou au sein de la sphère professionnelle, des situations de pouvoir et de domination masculine. Ainsi le téléphone à domicile apparaît lié à une pratique plus féminine que masculine: ce sont les femmes qui l'utilisent le plus, ce sont elles qui répondent le plus souvent et ce sont les «standardistes» du foyer. La dimension sexuée des pratiques téléphoniques s'explique par la distribution des rôles au sein des ménages, les femmes assumant le «*rôle central dans la gestion à distance de la vie quotidienne du ménage et l'entretien des relations familiales et amicales dans la vie affective, privée ou sociale du ménage*». (Claisse, p. 65) Plus généralement, le rapport des femmes aux techniques informatiques ne se réalise pas de la même manière que les hommes, la raison ne se situe pas dans une quelconque identité qui séparerait « naturellement» les «genres» mais dans la construction lente et systématique des différences: ainsi le rapport ludique des hommes aux machines (ou du moins de la plupart d'entre eux), la question de la maîtrise du dispositif technique renvoient à une acculturation, construite très tôt. Les jeux (vidéos ou informatisés) sont le plus souvent utilisés par les garçons ou par les hommes, ils contribuent ainsi à une forme d'acculturation technique dont sont exclues les filles: des recherches ont en effet indiqué que les jeux favorisent l'acquisition de certains types de connaissances: la perception spatiale, la compréhension des images et des représentations iconiques. Le choix des jeux pour les enfants est très lié à l'idée que l'adulte se représente des envies des filles et des garçons, il est également dépendant des normes sociales de comportement attendu par chacun des sexes. Les techniques de communication apparaissent bien comme des outils de reproduction des normes de comportement et d'amplification des inégalités. Les filles sont ainsi beaucoup moins nombreuses à posséder une console de jeux vidéo, elles pratiquent moins la consultation des jeux et des services de jeux électroniques, l'activité ludique étant fortement sexuée. Cette situation engendre un certain nombre de conséquences: les garçons utilisent davantage l'ordinateur et du même coup font preuve d'une plus grande curiosité vis-à-vis de l'innovation technique et manifestent une certaine habilité dans leur manipulation: très jeunes, l'éducation dans sa dimension ludique les initie à la technique. L'utilisation des techniques de communication participe ainsi à la construction des clivages entre les sexes et à la reproduction des inégalités. Elles sont donc le reflet de ce qui passe dans d'autres domaines. Dans ce cadre, elles sont dépendantes de contextes, de représentations, d'usages qui leur préexistent. L'on comprend aussi l'enjeu que représente leur maîtrise puisqu'elles tendent à jouer un rôle dans l'ensemble de nos activités sociales de plus en plus important. Les enquêtes sur les utilisations des TIC montrent cependant que leur appropriation par les femmes se réalise progressivement, au fur et à mesure de leur banalisation, et avec des spécificités. «*Les usages des femmes témoignent en effet de formes d'engagement qui assignent aux technologies de communication un simple rang d'objet (et non de sujet). Les artefacts de communication sont dépourvus de finalité intrinsèque et sont de simples moyens au service d'actions qui se ressourcent dans le champ social. Il est ainsi significatif que toutes les études européennes et américaines relèvent la prépondérance de la dimension utilitaire et fonctionnelle dans les usages sociaux des TIC développés par les femmes. Même si les femmes utilisent aussi le potentiel récréatif des TIC, leurs usages s'inscrivent davantage dans une démarche de rationalité, paradoxe pour le genre supposé dénué de cette qualité.*» (Jouët, 2003, p. 71)

Les difficultés d'accès aux nouvelles techniques que rencontrent les femmes et surtout les caractéristiques de leur appropriation peuvent également, avec des variantes, se retrouver dans d'autres catégories de la population: les individus en situation sociale fragile. L'expression «fracture numérique» s'inscrit dans une prise de conscience qu'affiche un certain nombre d'élus et de responsables politiques vis-à-vis des formes d'exclusion (géographique ou sociale). L'une des réponses apportées en particulier par les collectivités territoriales avec le soutien de l'État français réside dans la création d'espaces publics numériques. Ces lieux (soit nouvellement créés pour cette fonction, soit aménagés au sein d'établissements culturels ou sociaux) sont équipés d'ordinateurs et offrent des facilités de connexion à internet. Un animateur est à la disposition des utilisateurs pour répondre à leurs questions et les aider leur démarche ou pour entretenir le matériel. En fait, la mise en place de ces EPN tente de résoudre la question des inégalités par une possibilité qui est ainsi offerte d'accéder à un matériel. Mais cette action part d'une conception réductrice des usages des nouvelles techniques : l'accessibilité étant à elle seule la réponse aux difficultés d'appropriation. Ainsi la tentative des pouvoirs publics de répondre aux inégalités est marquée par une vision linéaire de la diffusion des techniques dans la société, et indique la permanence d'une conception diffusionniste dans les actions publiques. L'expression «fracture numérique» est donc particulièrement impropre pour traiter les situations devant lesquels se trouvent les habitants d'une ville, en France ou dans les pays en voie de développement, en considérant que l'équipement informatique et la connexion à des réseaux suffisent à résoudre les différences, alors que justement les techniques d'information et de communication contribuent à l'accroissement des inégalités sociales et économiques.

On le voit, l'emploi du terme de pratiques renvoie à la dimension sociale des rapports qu'entretiennent les individus avec les «machines à communiquer». L'expression permet ainsi de prendre en compte des éléments structurants (qui dépassent le «hic et nunc» de l'utilisation). Ce sont les caractéristiques sociales, les contextes culturels des individus, les stratégies de mobilité sociale... Les pratiques rendent compte de la permanence et de la récurrence des utilisations et ne se réduisent pas à l'utilisation fonctionnelle de l'outil et au face-à-face de l'individu avec une technique.

Ces éléments nourrissent ainsi l'observation de tous ceux qui s'intéressent aux modalités d'insertion des nouvelles techniques, dans des champs sociaux : la santé, l'éducation, la citoyenneté, etc. En effet, ce qui est généralement mis en avant, ce sont les possibilités qu'offrent les techniques de communication de réaliser des activités à distance : l'enseignement, le suivi médicalisé, la démocratie et le vote électroniques, le télétravail... La même idée affecte ces domaines : les contraintes liées à la localisation des activités (le lieu de l'entreprise ou de l'école, l'hôpital...) seraient ainsi levées par les nouveaux moyens de communication. En fait, les techniques d'information et de communication ne se substituent pas aux pratiques anciennes : la visioconférence favorise la multiplication des échanges, la formation repose encore sur des dispositifs présentiels (Moeglin, 2005), le télétravail se développe lentement, sous l'impulsion des pratiques d'habitation, la démocratie électronique peine à renouveler les dispositifs de participation existants (réunions, expositions...), le développement local (Bouquillion, Pailliart, 2004) est marqué par des polarités qui tendent à s'accentuer. Des pratiques nouvelles sont certes en devenir et les techniques d'information et de communication contribuent à leur émergence mais leur compréhension ne peut se lire qu'à la lumière des modes de fonctionnement existants. Ainsi la place de l'informatique dans la plupart des secteurs est dépendante de stratégies et des évolutions sociales : la maîtrise des dépenses de santé dans le secteur médical, la «modernisation» imposée des services publics, le management socio-organisationnel du secteur éducatif, la tentative de renouveler la politique dans le cadre de la démocratie et du vote électronique.

La compréhension des pratiques ne repose pas seulement sur le poids des déterminations sociales, elle part également de l'hypothèse que les pratiques des nouvelles techniques sont à mettre en relation avec des mutations profondes.

Parmi celles-ci, il faut noter l'évolution des frontières entre les sphères publique, professionnelle et privée (extension de l'activité professionnelle à domicile, par exemple), le phénomène d'individualisation des pratiques sociales (qui ne signifie pas le retrait de l'individu de la sphère sociale mais qui est en relation avec de nouvelles formes de sociabilité et de solidarités), et de différenciation, la marchandisation croissante des biens ainsi que celle des services d'information et de communication, dans la sphère privée comme dans la sphère professionnelle, ou encore le processus «d'informationalisation » qui se caractérise par « *l'accélération de la vitesse de circulation des informations professionnelles et spécialisées, par l'accroissement du volume de cette catégorie d'informations et par le développement des échanges professionnels et sociaux médiatisés par tel ou tel des outils techniques disponibles, et plus ou moins en situation concurrentielle.* [...] *Enfin l'informationalisation tend à jouer un rôle de premier plan dans l'internationalisation des activités économiques et sociales*». (Miège, 2004, p. 32)

Ainsi le repérage de ces tendances doit permettre de réfléchir aux relations des individus avec l'ensemble des techniques d'information et de communication : en effet, de manière générale, chaque innovation technique donne lieu à la production de points de vue, au fur et à mesure de leur apparition sociale sans tenir compte de deux éléments : d'une part, il existe pour les individus une continuité des pratiques entre les différents supports, celle-ci est indépendante des spécificités techniques. En d'autres termes, une fonctionnalité – par exemple la recherche d'informations, qui correspond à un usage régulièrement annoncé comme important par les internautes – se réalise à partir de plusieurs supports (téléphone portable, ordinateur). D'autre part, il existe des correspondances dans les pratiques entre médias et nouvelles techniques. L'innovation technique entraîne une focalisation de l'attention sur les nouveaux usages d'un outil unique alors que s'exercent continuités, ressemblances et complémentarités, entre les médias et les nouvelles techniques, et entre les techniques elles-mêmes. Plus largement, l'ensemble de ces éléments confirme bien la faible pertinence de l'expression «société de l'information» qui nie, par sa formulation même, la place et le rôle des déterminations sociales sur le long terme.

Bibliographie

Alter N. (2000), *L'innovation ordinaire*, Paris, PUF.

Bouquillion P., Pailliart I. (2004) «Techniques d'information et de communication et développement des territoires: vers de nouveaux rapports en l'État et les collectivités territoriales?», *Études de communication*, n° 26.

Braudel F. (1985) *La dynamique du capitalisme*, Paris, Flammarion.

Carré D. (1991), «Renouvellement de perspective en matière de politique d'informatisation et formalisation d'un nouveau domaine de recherche: *le rapport Lemoine*», *Bulletin du Certeic*, université Charles de Gaulle-Lille3, n° 12.

Certeau (de) M. (1980), *L'invention du quotidien*, tome 1: *Arts de faire*, UGE, coll. 10/18,

Claisse G. (2000) «Identités masculines et féminines au téléphone. Des rôles, des pratiques, des perceptions contrastées», *Réseaux*, vol 18, n° 103.

Eisenstein E. (1991) *La révolution de l'imprimé dans l'Europe des premiers temps modernes*, Paris, Éditions La découverte.

Flichy P. (1995) *L'innovation technique*, Paris, Éditions La découverte.

Jouët J. (2003) «Technologies de communication et genre. Des relations en construction», *Réseaux*, volume 21, n° 120.

Latour B. (1995) *La science en action*, Paris, Gallimard.

Lemoine P. (1983) *Les technologies d'information, enjeu stratégique pour la modernisation économique et sociale*, Paris, La documentation française.

Mac Luhan M. (1968) *Pour comprendre les médias*, traduit par Jean Paré, éditions Mame/Seuil, Paris.

Marchand M., Ancelin C. (1984) *Télématique: promenade dans les usages*, Paris, La documentation française.

Mattelart A., Stourdzé Y. (1982) *Technologie, culture et communication*, Paris, La documentation française.

Miège B. (2004) *L'information-communication, objet de connaissance*, Paris/Bruxelles, Ina-de Boeck.

Moeglin P. (1991) «Télématique: de la recherche sur les usages aux usages de la recherche», *Bulletin du Certeic*, université Charles de Gaulle-Lille3, n° 12.

Moeglin P. (2005) *Outils et médias éducatifs, une approche communicationnelle*, Grenoble, PUG.

Nora S., Minc A. (1978) *L'informatisation de la société*, Paris, Seuil.

Wolton D. (1999) *Internet et après? Une théorie critique des nouveaux médias*, Paris, Flammarion.

TIC, travail et syndicats: entre négociation de nouvelles règles collectives et renouvellement du syndicalisme

Valéry Michaux

Mots-clés : Internet, intranet, cybersurveillance, syndicat virtuel, législation.

Résumé : aujourd'hui comme hier, les syndicats accompagnent les débats concernant les mutations technologiques. Mais au-delà des thèmes qui font débat actuellement (impacts des nouveaux systèmes d'information sur le travail et l'emploi, frontière entre temps de travail et vie privée, nouvelles formes de travail, cybersurveillance, cadrage de l'usage d'Internet et des Intranets par les salariés et les syndicats...), les TIC représentent à la fois une opportunité de développer de nouvelles formes d'action syndicale et une menace pour l'action syndicale traditionnelle. Les thèmes de tension entre opportunités et menaces sont multiples. Les TIC renforcent le pouvoir de surveillance des employeurs mais aussi le pouvoir des délégués syndicaux à créer de l'agitation dans l'entreprise et à développer de nouveaux rapports de force. Les TIC permettent de toucher de façon différente de nouveaux militants avec de nouveaux services mais favorisent aussi l'émergence de nouvelles formes d'expression des salariés alternatives aux syndicats... Ces différentes tensions tendent à faire évoluer le syndicalisme traditionnel.

Les technologies de l'information et de la communication (TIC) ont des répercussions dans tous les domaines de la société tant économiques, sociaux que culturels. À la frontière entre les problématiques économiques et sociales, les syndicats sont concernés à plus d'un titre. Comment se mobilisent-ils face à l'impact des technologies sur le travail et l'emploi? Comment mobilisent-ils ces technologies pour communiquer au quotidien avec leurs militants, gérer des conflits ou créer de nouveaux rapports de force? Est-ce que ces technologies font évoluer le syndicalisme? Voici les questions auxquelles nous avons cherché à répondre dans cet article. Cet article se compose de deux principales parties. Dans un premier temps, nous analyserons les thèmes qui mobilisent les syndicats aujourd'hui et la façon dont s'arbitre la définition de nouvelles règles collectives concernant l'usage des TIC par les salariés. Dans un second temps, nous analyserons l'impact des TIC sur les pratiques syndicales et le syndicalisme en montrant qu'ils constituent à la fois des opportunités d'actions extrêmement efficaces et une menace pour le syndicalisme traditionnel.

1 Impact des TIC sur le travail et usage des TIC par les salariés: rôle des syndicats dans la négociation de nouvelles règles collectives

Les TIC font évoluer les organisations dans leur ensemble et le droit du travail n'est pas toujours adapté à ces évolutions. Dans un premier temps, nous allons analyser la position des syndicats sur les principaux thèmes qui font débat aujourd'hui dans ce domaine. Dans un second temps, nous montrerons comment l'usage des TIC par les salariés et les représentants du personnel constitue un nouveau champ de négociation pour les syndicats.

1.1 Impact des TIC sur le travail et l'emploi et position des syndicats : les thèmes qui font débat

En 1955, Walter Reuther, un syndicaliste américain visionnaire dénonce l'impact négatif de la robotisation sur l'emploi et propose des mesures dont certaines peuvent paraître d'actualité 50 ans plus tard (réduction de la semaine de travail, programme de formation permanente à la charge de l'employeur…). Il prône une entente entre patronat, syndicat et gouvernement pour anticiper l'impact des technologies. Dans les années quatre-vingt, les syndicats français et américains lancent une grande réflexion commune sur le même thème. Prévoyant la suppression de quelque 20 millions d'emplois au cours de la décennie quatre-vingt (solde entre emplois détruits et emplois créés par les technologies), ils proposent des négociations entre les partenaires sociaux notamment pour une semaine de « 35 heures ». Hier comme aujourd'hui, le problème des syndicats n'est pas d'accepter ou de refuser les mutations technologiques mais de les accompagner (Dommergues *et al.*, 1984).

Impact des nouveaux types de systèmes d'information sur l'emploi (ERP, CRM…) : des négociations quotidiennes

Certaines confédérations syndicales alertent leurs membres sur les multiples conséquences sociales de l'introduction des ERP[1]. En effet, leur implantation peut à la fois supprimer certains postes de travail mais aussi en enrichir d'autres avec comme corollaire, des responsabilités plus importantes et des revendications en matière de modification de statuts, de requalifications, de variations d'indices ou d'augmentations de salaires… L'article L. 432-2 du code du travail oblige l'entreprise à consulter le comité d'entreprise et à mettre en œuvre un plan d'adaptation pour tout projet important notamment l'introduction de nouvelles technologies susceptibles d'avoir des conséquences sur l'emploi, la qualification, la rémunération, la formation ou les conditions de travail du personnel. Tout particulièrement dans le cas des ERP, les confédérations incitent leurs représentants du personnel à peser dans les négociations en matière d'organisation du travail et de conséquences sur l'emploi, sur les conditions de travail et de réalisation des tâches (polyvalence, autonomie, responsabilité, évolution de carrière…).

TIC et frontière entre le temps de travail et la vie privée : sensibiliser les salariés

L'usage croissant des technologies de l'information et de la communication (TIC) dans les organisations tend à la fois à créer de nouveaux espaces de liberté mais aussi à restreindre les libertés individuelles. La problématique du temps de travail, notamment l'étanchéité entre vie privée et vie au travail, est certainement la plus emblématique de cette dualité et revient régulièrement dans les discours actuels des syndicats. Ce n'est pas tant le fait d'avoir des travailleurs nomades dans l'entreprise qui est nouveau, il y en a toujours eu (vendeurs, commerciaux, techniciens de maintenance se déplaçant…). C'est plutôt le lien quasi permanent entre le salarié et son organisation, permis par les TIC, qui apparaît problématique aujourd'hui (téléphone portable, ordinateur portable et autres outils de communication portables…). Comme nous le verrons dans la suite de cet article, les organisations syndicales cherchent aujourd'hui à négocier et diffuser une « charte du bon usage des TIC » qui permettrait de préciser les droits et devoirs de chaque partie : le respect du domicile du salarié, le droit à la vie privée (droit à la « déconnexion » : téléphone, ordinateur, consultation des emails…), les différents droits liés à l'itinérance des salariés (équipement, protection contre les accidents de travail, remboursement des frais…).

TIC et nouvelles formes de travail : une forte mobilisation autour des centres d'appels

En 2003, les centres d'appels représentaient 3,5 % de la masse salariale dans le monde (Réau, 2003). Tant au niveau international qu'européen et français, on observe depuis le début des années 2000 des campagnes de mobilisation pour dénoncer les conditions de travail dans ces « usines d'aujourd'hui » qui n'ont, par exemple, pas de convention collective propre. En France, deux séries d'enquêtes ont été menées par trois fédérations CFDT (Culture et communication, Postes et Telecom, Services) en 2001 et 2003. Ces deux enquêtes faisaient le point sur le profil des salariés dans les centres d'appels et leurs conditions de travail (salaire, rythme des appels, niveau de stress, type de système d'évaluation des performances…). Elles ont été effectuées dans le cadre du dispositif « Travail en Questions » créé en 1994 par la CFDT pour avoir une connaissance approfondie des conditions de travail dans un secteur donné. Cette enquête a été la base d'une première forte mobilisation médiatique dans tout le secteur professionnel des centres d'appels[2]. Au niveau européen, une charte est en cours de négociation entre l'UNI (Union Network International) et l'ENTO Employeurs (European Telecom Network Organisation) pour améliorer les conditions de travail et les salaires.

1. *Entreprise Ressource Planning* ou PGI, progiciels de gestion intégrés.

2. Voir la revue *Centres d'Appels*.

TIC et surveillance des salariés: dénonciation de la cybersurveillance

Les progrès technologiques sont parfois sources de déséquilibre entre contrôle du salarié et respect de ses droits. En effet, la surveillance des salariés est particulièrement facilitée par les nouvelles technologies.

Par exemple, l'alliance de l'informatique et de la téléphonie, notamment dans les centres d'appels, permet de gérer et de mémoriser un certain nombre d'informations pour rendre compte précisément de l'activité. Au travers de ce dispositif, c'est aussi l'ensemble des faits et gestes des salariés qui peut être contrôlé (temps et nombre de pauses, performance à l'heure...). Augmentation du rythme de la productivité, contrôle accru, stress important sont dénoncés par les syndicats. Néanmoins, Bietry (2002) remarque qu'en dehors du domaine des centres d'appels, l'usage des TIC à des fins de contrôle de l'activité par les employeurs fait encore l'objet de peu de négociations. L'accord cadre européen sur le télétravail dans le commerce constitue le seul exemple qui limite le droit à enregistrer des renseignements sur le personnel à distance au titre de la supervision de ses tâches.

Parallèlement à ces dispositifs, on voit se développer des nouvelles pratiques de contrôle et de filtrage de la consultation du Web. Les dispositifs techniques actuels mis en place permettent d'enregistrer toutes transactions établies via le serveur de l'entreprise sous forme de nombreux paramètres (heure, temps de connexion, sites visités...). Ces possibilités techniques, quasiment basiques aujourd'hui, posent question. Que fait l'employeur de ces informations? Une enquête européenne (Findlay et McKinlay, 2003) tente de répondre en analysant plusieurs secteurs d'activité. La surveillance exercée par les employeurs sur les employés au travers des TIC est plutôt tournée vers l'intégrité et la sécurité des systèmes. Hormis de très rares exceptions ponctuelles, locales et finalisée, les surveillances ne sont pas centrées sur les personnes et le contenu des échanges mais sur les flux, les trafics et les accidents. Une des raisons invoquées est le nombre extrêmement important des données qu'il faudrait analyser pour pouvoir réellement mener une surveillance globale efficace. Néanmoins, dans le domaine spécifique des échanges de correspondance via Internet, les conflits entre salariés et employeurs se sont multipliés, faisant évoluer la jurisprudence et la législation. Depuis le jugement du 2 novembre 2000 de la XVIIe chambre du tribunal correctionnel de Paris, le mail est assimilé à un courrier comme un autre. Il est couvert de ce fait par le secret de la correspondance. L'arrêt de la Chambre sociale de la Cour de cassation en date du 2 octobre 2001, appelé «l'arrêt Nikon», rappelle le secret des correspondances privées et interdit à l'employeur de prendre connaissance des mails d'un salarié intitulés «personnels» à l'insu de celui-ci. Certains syndicats préconisent néanmoins d'assurer la confidentialité des échanges d'ordre privé par l'installation d'une boîte aux lettres personnelle différente de la messagerie professionnelle.

Depuis les années 2000, la cybersurveillance est une problématique posée par l'ensemble des syndicats dans le monde entier. En novembre 2000, une conférence internationale a lieu à Bruxelles pour aborder les droits en ligne des travailleurs et la surveillance du courrier électronique au travail. En décembre 2000, les syndicats français se rencontrent dans le cadre de la «3e assises de l'Internet non marchand et solidaire» pour débattre de l'utilisation d'Internet sur le lieu de travail, sur son impact sur l'évolution des libertés syndicales et des droits des salariés, notamment vis-à-vis du contrôle de leurs activités. Les problèmes liés à la cybersurveillance sont aussi clairement posés par deux rapports d'études et de consultation publique de la Commission nationale Informatique et Liberté (CNIL)[1], datés de mars 2001 et de février 2002. Ces deux rapports préconisent différentes mesures visant à encadrer le cybertravail et invitent les partenaires sociaux à négocier autour de cette problématique. Ces deux rapports rappellent aussi l'obligation d'informer non seulement les salariés sur la surveillance mise en place mais aussi les représentants du personnel. En effet, comme le rappelle un syndicaliste CFDT, les salariés n'ont pas toujours conscience du potentiel de surveillance des dispositifs qu'ils utilisent: «*La mise en place d'un nouveau logiciel dans une entreprise est moins visible que celle d'une machine ou d'un micro-ordinateur – car relevant de l'immatériel – mais peut être porteuse d'évolutions importantes, ou de risques d'atteinte à la liberté.*» (Guyodo, 2000)

Pour une description plus approfondie du cadre législatif relatif à la e-surveillance, on pourra consulter l'ouvrage de Bietry (2002) qui resitue la problématique dans un contexte managerial et celui de Ray (2001) qui le fait dans le contexte du droit du travail.

1.2 Usage des TIC par les salariés et les syndicats: un nouveau terrain de négociation pour les syndicats

Au-delà de la position des syndicats concernant l'impact des TIC sur le travail et l'emploi, les technologies constituent un nouveau moyen d'expression syndicale.

1. CNIL (2001) «Cybersurveillance des salariés dans l'entreprise», *Rapport CNIL*, mars, CNIL (2002) «Cybersurveillance sur les lieux de travail», *Rapport CNIL*, février, www.cnil.fr.

Expression syndicale et intranet: une législation en construction

Les syndicats revendiquent l'accès aux modes de communication modernes de l'entreprise au même titre qu'ils ont un téléphone et un local syndical. Néanmoins dans ce domaine, le cadre juridique existant est largement dépassé par les possibilités permises par les intranets et les messageries internes. On relate de nombreux conflits dans le monde entier. Par exemple, au Canada, le syndicat de la fonction publique incite les 3000 salariés d'Hydro-Quebec à adhérer par l'intermédiaire de plusieurs envois de e-tracs. La direction finit par intercepter et interdire les messages (Merck *et al.*, 2002). En France, un représentant CGT est menacé de licenciement car il envoie un email pour tenir informé l'ensemble des salariés des négociations sur les 35 heures. Au fur et à mesure des conflits, la législation actuelle montre ses limites et une véritable jurisprudence se constitue. En effet, l'usage de l'intranet par les syndicats est en contradiction avec le code du travail. Selon l'article L. 412-8, les syndicats n'ont en principe que les heures d'entrée et de sortie du personnel pour distribuer leurs tracs et informer les salariés. Que signifie cette règle face à un outil qui peut être consulté 24 heures sur 24 heures de n'importe quel lieu? L'usage d'Internet s'est diffusé cinq fois plus vite que le téléphone (Trogrlic, 2001) et impose donc de réinventer de nouvelles règles. Une première réponse ministérielle publiée au *J.O.* de l'Assemblée nationale en février 1999 a soumis l'emploi de l'intranet par les syndicats à la signature d'un accord avec l'employeur. Après différentes interventions des confédérations syndicales auprès du gouvernement et du patronat, un cadre légal a pu voir le jour. L'article L. 412-8 du code du travail, modifié par la loi du 4 mai 2004 relative à la formation professionnelle tout au long de la vie et au dialogue social, prévoit qu'un accord d'entreprise peut autoriser la mise à disposition des publications et tracts de nature syndicale sur un site syndical mis en place sur l'intranet de l'entreprise. Ce texte ne reconnaît pas un droit à l'utilisation de l'intranet par les organisations syndicales, ni plus généralement par les institutions représentatives du personnel. Pour l'instant, la diffusion libre de *e.tracts* sans cadre n'est donc pas autorisée. Néanmoins, ce texte ouvre la possibilité, par la voie de l'accord entre partenaires sociaux et employeur, de prévoir l'envoi de mails spécifiques ou un accès à un intranet spécifique. Cet accord doit dégager un juste équilibre entre les impératifs de sécurité et de responsabilité à la charge de l'employeur et l'expression des syndicats au sein de l'entreprise. Il doit définir notamment les conditions d'accès des organisations syndicales et les règles techniques visant à préserver la liberté de choix des salariés d'accepter ou de refuser le message (système de désabonnement du salarié à sa demande de la liste de diffusion des représentants du personnel...).

La négociation locale au cas par cas s'avère être aujourd'hui la seule solution possible et pertinente pour gérer efficacement cette question de l'usage de l'intranet par les syndicats. La négociation d'un accord permet à tout le monde d'apprendre en marchant. Néanmoins, pendant que les sites des comités d'entreprises se développent et se révèlent plutôt être des *market places*, les employeurs marquent une certaine réticence à héberger des sites syndicaux (Merck *et al.*, 2002). En 2001, 9 % seulement des entreprises possédaient un site dédié aux syndicats et 15 % prévoyaient d'associer les délégués du personnel à la création d'un intranet spécifique aux ressources humaines (Bietry, 2002). Au tout début de l'année 2002, il n'y avait qu'une trentaine d'entreprises qui avaient négocié un accord «Intranet syndical». «*Aucune disposition légale ne contraint le dirigeant à accorder une «cybertribune» aux partenaires sociaux. Tenter de leur refuser toute connexion au Web pour mieux limiter l'expression des contre-pouvoirs est cependant une stratégie vouée à l'échec.*» (Bietry, 2002, p. 145). En effet, si l'entreprise introduit trop de contraintes, les dispositions, même les plus récentes, n'empêchent pas certains syndicats de créer leur site en dehors de l'intranet de l'entreprise, sur Internet (cas de la CGT en 2002 chez Renault). Ils s'affranchissent ainsi des règles qui régissent l'expression des salariés sur le lieu de travail et en cas de tensions avec la direction, ils ne courent pas le risque qu'on leur ferme le canal. Le contrôle du contenu des informations et le ton sont alors beaucoup plus difficiles à gérer pour l'entreprise.

La charte d'utilisation des TIC par les salariés: un nouveau terrain de négociation pour les syndicats

Comme tout progrès technologique, les TIC sont susceptibles d'apporter le meilleur et le pire selon l'utilisation qui en est faite. Les abus sont possibles tant du côté salariés que du côté syndicats ou employeurs. Comment éviter qu'un salarié passe trop de temps à surfer sur Internet? Comment éviter qu'un militant règle ses comptes en direct sur l'intranet? Comment éviter que l'employeur ne soit tenté d'espionner les syndicats: combien d'e-tracts ont été ouverts? par qui?... La négociation des accords et chartes d'utilisation des intranets par les partenaires sociaux rentre dans le cadre plus global de l'utilisation des ressources informatiques par les salariés de l'entreprise. De plus en plus d'acteurs recommandent la négociation de chartes permettant de préciser l'utilisation ou le «bon usage» dont peuvent faire les salariés des nouvelles technologies mises à leur disposition. Elles contiennent en principe plusieurs volets (Merck *et al.*, 2002):

- conditions d'accès des salariés aux systèmes d'information (SI), règles d'intégrité du SI, respect de la législation concernant les logiciels;
- cadre d'utilisation de la messagerie et des forums internes (traçabilité et confidentialité des correspondances[1]...);
- cadre d'utilisation d'Internet (informations téléchargées, forums extérieurs, traçabilité et confidentialité des opérations effectuées...);
- cadre d'utilisation de l'intranet par les partenaires sociaux...

Mais il peut exister aussi des chartes ou accords qui ne fixent que le cadre d'utilisation de l'intranet par les partenaires sociaux: conditions d'utilisation de la messagerie électronique, conditions de mise en place d'un site syndical sur l'intranet, moyens matériels et humains (matériel mis à disposition par l'employeur, formation...). Le point de vue des syndicats sur les chartes et les accords existants aujourd'hui est mitigé. Certaines organisations syndicales dénoncent le statut juridique flou des chartes (non reconnu par le code du travail alors que les accords le sont). Elles dénoncent aussi leur contenu qui se contente parfois de cumuler les interdits de toutes sortes y compris ceux relevant d'usages socialement admis de la messagerie et de l'Internet à des fins privées. En effet, certains employeurs perçoivent ces chartes comme un moyen de se protéger. Néanmoins, l'ensemble des organisations syndicales incite plutôt au dialogue. La CGC explique que, accord ou charte, l'important est de créer une véritable discussion autour des droits et des obligations de chacun. La CFDT prône plutôt une approche pluridisciplinaire qui s'inscrit dans la même logique que l'accord «santé au travail» et qui permet dialogue et négociation autour de l'ensemble des risques induits tant pour l'employeur que pour le salarié. Ainsi, audelà de l'évolution en cours de la législation, les technologies redynamisent le débat, la concertation et la négociation dans les entreprises comme l'ont fait, en leur temps, les 35 heures. Dans une certaine mesure, ce débat rend aux syndicats leur rôle de partenaire dans la coconstruction des règles collectives du travail.

En dehors de certains secteurs d'activité (compagne d'assurance, prestations informatiques...), les chartes ou les accords restent néanmoins encore rares aujourd'hui. On observe des accords plutôt contraignants (interdiction de Spam syndical, limitation du nombre de e-tracs envoyés dans l'année, respect de l'anonymat du contenu des mails...) ou au contraire des accords qui prévoient une grande liberté dans l'usage du courrier électronique et qui en contrepartie imposent une transparence totale sur le contenu des mails (exemple: Atos Multimédia, l'accord signé dans la fonction publique). Dans ce second cas, les entreprises concernées développent une stratégie d'autorégulation des personnes basées sur le principe du contrôle panoptique.

En complément de ces chartes ou accords, les rapports de la CNIL émettent un certain nombre de préconisations dont par exemple l'introduction d'un chapitre «informatique et libertés» dans le bilan social et d'un délégué à la protection des données dans chaque entreprise.

2 Impact des TIC sur les pratiques syndicales et le syndicalisme: opportunités et menaces

La véritable question posée aux organisations syndicales depuis les années quatre-vingt ce n'est pas tant l'accompagnement des mutations technologiques ou la participation aux débats de société concernant les TIC mais c'est celle du devenir du syndicalisme traditionnel lui-même dans une société qui n'est plus la société industrielle traditionnelle (Dommergues *et al.*, 1984).

2.1 Les nouvelles opportunités d'action introduites par les TIC

La quasi-totalité des syndicats (confédération, fédération, syndicats autonomes...) possède aujourd'hui leur propre site Internet. Une étude *Liaisons Sociales-Startem* (Dubosc, 2001) portant sur les sites d'une quinzaine de grandes entreprises françaises (neuf privées et six publiques) dénombre quatre-vingt-dix sites syndicaux locaux. Plus que le contenu, c'est le ton qui change d'un site à l'autre. Du plus informatif et neutre au plus revendicatif, les différences correspondent assez fidèlement à la cartographie syndicale traditionnelle (Dubosc, 2001). Les informations en ligne sont aussi diversifiées que: des news et des flashs d'information, des dossiers pratiques (retraites, paye, congés, actionnariat salarié, 35 heures, cybersurveillance...), des informations sociétales (syndicalisme étranger, impact des TIC sur le travail...) ou historiques (histoire du syndicat comprenant notamment les avancées sociales obtenues...). Ces sites constituent aussi des outils de veille juridique très documentés.

«*Le syndicalisme est soutenu par les moyens de communication améliorés qui sont créés par l'industrie moderne, et qui placent les ouvriers de différentes localités en contact mutuel. Combien ces propos de Karl Marx, dans son manifeste, sont d'actualité.*» (Merck *et al.*, 2002, p. 171). De tout temps

1. Certains accords vont jusqu'à préciser les conditions de croisement entre durée d'utilisation des ressources et temps de travail.

les avancés technologiques en matière de communication ont créé de nouvelles possibilités d'actions pour les syndicats. En leur temps, le télégraphe, la ronéo, la photocopieuse puis le fax ont permis une circulation de l'information propice pour créer des rapports de force. Aujourd'hui, les possibilités d'Internet confèrent aux syndicats une tribune d'une efficacité redoutable et un moyen de diffusion de l'information d'une rapidité et d'une largeur inégalées. En effet, là où il fallait deux mois pour distribuer à l'ensemble des salariés un tract syndical, il faut aujourd'hui quelques minutes (Dubosc, 2001). Merck *et al.*, 2002 (p. 176-178) recensent trois nouvelles pratiques syndicales principales: les «cybercampagnes» destinées à recruter de nouveaux adhérents, les centres de contacts syndicaux destinés à gérer l'ensemble des contacts avec les adhérents ou les personnes susceptibles d'adhérer et les « cyberpiquets de grève» utilisés en tant que vecteur d'information et de mobilisation lors des conflits.

Les «cybercampagnes» consistent à accueillir sur le forum d'un site Web toute personne souhaitant poser des questions sur son environnement de travail. Auparavant, une campagne de sensibilisation est faite auprès des personnes déjà adhérentes au syndicat qui servent alors de relais sur le terrain. C'est le type de campagne lancée par l'UNI (Union Network International) dans le secteur des centres d'appels. Parallèlement, quelques centres de contacts syndicaux (centres gérant des contacts téléphoniques ou Internet avec des adhérents ou des personnes souhaitant des informations) commencent à être créés (exemple: le Digital fagforening.org en Norvège).

Les «cyberpiquets de grève» consistent, lors d'un conflit social, à informer tout autant les parties prenantes (grévistes, autres salariés...) que les médias et l'opinion publique. Ils peuvent prendre plusieurs formes. Le plus souvent, des sites Internet spécifiques (autonomes ou hébergés par des organisations fédératrices) sont créés ponctuellement lors du conflit. Il s'agit de transmettre des informations concrètes et factuelles ou encore des témoignages en temps réel. Le pouvoir de mobilisation accru des syndicats lors des conflits vient aussi de leur capacité accrue à gérer des envois massifs d'e-mail. Par exemple, le syndicat majoritaire de Delta Airlines a créé ses propres bases de données qui regroupent les caractéristiques individuelles de chaque pilote adhérent, son emploi du temps et sa localisation géographique. Les dix mille navigants peuvent ainsi être mobilisés en temps réel d'une manière extrêmement rapide et à moindre coût. Le montage rapide d'actions et des coordinations de grande envergure sont ainsi rendus possibles (Bietry, 2002). D'autres exemples peuvent entrer dans la catégorie des «cyberpiquets de grève»: des salariés diffusent par l'intranet des images d'actions syndicales ou encore des mails spécifiques invitent les salariés d'une entreprise à se manifester de façon massive via la messagerie interne auprès de leur président. Dans cette catégorie, on relate aussi la pratique des «messages de solidarité prêts à envoyer» par simple clic. Il suffit de cliquer sur un lien et d'ajouter sa signature. Cette pratique permet de déclencher des réactions rapides et presque instantanées aux évènements.

Les TIC et plus particulièrement les systèmes d'information peuvent aussi constituer une ressource prise en otage lors des conflits. Par exemple, en février 1999, le blocage du système informatique par des ingénieurs a complètement paralysé la production de Elf (Jaubert, 2000). En complément à cette action, un site «Elf en résistance» a été spécialement conçu et hébergé par des salariés en grève, à la fois pour drainer l'ensemble des revendications des salariés de tous les sites du groupe et relayer à l'extérieur le contexte et l'historique du mouvement, le suivi des actions et des négociations.

De façon générale, le «e-conflit» coûte peu à l'organisation syndicale bien organisée alors qu'elle peut être fortement préjudiciable à l'entreprise (Labbe et Landier, 2001). Peu de dispositifs légaux sont mobilisables pour contrer ces actions. «*Les règles qui jusqu'à présent définissaient les modalités des conflits n'ont plus guère de sens sur le net. Préavis et piquets de grève, distribution de tracts, blocage de la production... sont des droits et des espaces formalisés, juridiquement et géographiquement. Dans un contexte de mondialisation de l'économie, le monde virtuel les ignore.*» (Jaubert, 2000, p. 23). Le rapport de forces lors de la négociation s'en trouve ainsi profondément modifié.

2.2 Apparition d'une nouvelle forme de contestation et de nouveaux acteurs syndicaux virtuels et hybrides

Au-delà des opportunités qu'ils représentent pour les syndicats, les TIC constituent aussi une menace à la fois pour les organisations syndicales traditionnelles mais aussi pour le syndicalisme traditionnel. En effet, ils favorisent l'apparition de nouveaux acteurs syndicaux virtuels hybrides. L'exemple le plus médiatisé est celui du groupe Ubi Soft, l'un des leaders mondiaux des jeux vidéo. Faute de syndicat, faute d'interlocuteur au service du personnel, un groupe de sept salariés en contrat précaire décide de diffuser largement son mécontentement. Le 15 décembre 1998, les mille salariés du groupe quelle que soit leur implantation, reçoivent une lettre ouverte anonyme adressée au Président qui dénonce les conditions de travail, la précarité des emplois, l'absence de représentation du personnel permise par l'organisation en réseau (ensemble de sociétés de moins de quarante-neuf salariés), la politique d'embauche… Ubi Free, le premier syndicat virtuel naît ainsi. Dans les trois mois qui suivent, huit cents messages sont diffusés : témoignages, messages de sympathie mais aussi pétitions anti-Ubi Free et réactions du personnel contre la méthode de l'anonymat (la lettre est signée d'un mystérieux « Albert ») qui introduit un climat de suspicion. La presse s'empare du sujet en dénonçant les méfaits sur le plan social de la course à l'innovation de l'ensemble du secteur. Le 16 mars 1999, les auteurs d'Ubi Free ferment leur site après engagement de la direction d'organiser des élections de représentants du personnel.

Cette expérience illustre le potentiel d'Internet comme moyen d'expression des salariés alternatif aux syndicats traditionnels. En, effet, quelques semaines après l'ouverture d'Ubi Free, d'autres sites du même type se sont développés permettant à des salariés d'exprimer de façon spontanée des mécontentements et des revendications sans intervention des organisations syndicales (voir les exemples relatés par le site freewarriors.org). Des espaces regroupant un ensemble de témoignages souvent négatifs d'ex-salariés ou de personnels en poste sous couvert d'anonymat sont apparus. Le Web semble ainsi pouvoir proposer une nouvelle plateforme revendicative, réactive, interactive, rapide, anonyme et difficilement contrôlable.

Ces pratiques sont à remettre dans le contexte de la résurgence des courants autonomes et corporatistes contre les fédérations traditionnelles qui sont perçues comme n'étant plus capables de porter des revendications spécifiques. Les TIC favorisent l'émergence de nouvelles formes de revendications directes des salariés dont les syndicats traditionnels sont absents. Elles renforcent les formes d'actions individuelles au détriment de l'action syndicale qui est basée sur la représentativité (Merck *et al.*, 2002, p. 174). Ce contexte constitue une menace ou, tout au moins, est vécu comme une menace par les organisations syndicales traditionnelles mais aussi pour les directions des entreprises. Dans des contextes de carence syndicale, l'agitation sociale devient impossible à prévoir et à réguler (Bietry, 2002). L'essence même du syndicalisme, qui est de proposer un interlocuteur crédible, reconnu et ayant autorité sur les salariés, tend à être remis en question. Les possibilités offertes par les TIC accentuent donc le déséquilibre du système de relations professionnelles actuelles (désaffection vis-à-vis des syndicats).

Ces nouveaux acteurs hybrides et virtuels d'essence syndicale tendent à participer de plus en plus aux négociations entre partenaires sociaux et direction (Diamond et Freeman, 2002).

2.3 Modification des rapports de force avec les entreprises

Dans certains cas, ce sont les salariés qui expriment eux-mêmes leurs mécontentements sur le Net. Parfois, ce sont les sites des organisations syndicales traditionnelles qui font contrepoids aux sites institutionnels. Par exemple, le syndicat FO de ST Microelectronics informe tous les internautes de la chute du cours de l'action, de l'individualisation excessive des salaires, du retard dans la titularisation des CDD (Dubosc, 2001). De façon générale, les entreprises sont très préoccupées par ces pratiques d'information voire sur la défensive. En effet, elles savent que les informations divulguées peuvent être préjudiciables au niveau concurrentiel (informations internes confidentielles divulguées trop rapidement sur le net dans un compte rendu de CE par exemple) ou pour leur image de marque (pertes commerciales, problèmes de recrutement de compétences rares…). Bietry (2002, p. 145) observe une course au référencement sur les moteurs de recherche entre les sites officiels et ceux des syndicats. En effet, si le ou les sites syndicaux ont été lancés avant le site institutionnel de l'entreprise, ils seront référencés en premier sur les listes de réponse des moteurs de recherche. La consultation préalable des sites syndicaux par des actionnaires, des fournisseurs ou des clients peut alors s'avérer préjudiciable pour une entreprise. D'autant plus que l'opinion publique est de plus en plus sensibilisée aux informations contradictoires notamment au travers des campagnes dénonçant la responsabilité citoyenne de l'entreprise (sous-traitance dans des pays faisant travailler les enfants…). Comme le souligne un syndicaliste : *« En tapant Colgate sur un moteur de recherche, n'importe quel internaute tombe sur notre site* […] *Cela nous donne non seulement une visibilité énorme, mais également un pouvoir supplémentaire de nuisance »* (Dubosc, 2001, p. 37). Bietry constate que le nombre de connexions aux sites alternatifs tend à supplanter progressivement le critère de taux de syndicalisation pour affirmer l'état du rapport de force. L'évolution de la jurisprudence va dans ce sens. Au nom de la liberté d'expression, elle légitime l'emploi par les sites dissidents des mêmes mots clés que ceux des sites institutionnels. L'internaute peut ainsi avoir une vision globale des discours à un moment donné. Néanmoins, en dehors de quelques pratiques limites qui vont jusqu'à l'utilisation des listes de diffusion « clients » pour envoyer des messages de protestation, la tendance est de laisser aux autres groupes de pression (tiers mondialiste…) les actions agressives et de rester sur le volet de l'information contradictoire. Mais le rapport de force est bien là !

2.4 Modification des équilibres en place au sein des syndicats eux-mêmes: entre crainte et accompagnement

Au-delà des nouvelles possibilités de communication, les nouveaux médiats tendent à modifier les équilibres en place. En fonction des secteurs, les transformations en cours peuvent être différentes. Par exemple, Le Coq et Debons (1997) expliquent comment l'utilisation du portable entre les organisations syndicales et les camionneurs a totalement réorganisé l'action syndicale lors des conflits avec les routiers. En effet, avant le portable, l'action était coordonnée par les routiers eux-mêmes grâce à l'usage de la CB et les organisations syndicales étaient souvent court-circuitées. Le portable a permis ici de réintroduire leur place dans la coordination des actions et la régulation des conflits. *A contrario,* Greene et ses coauteurs (2003a, 2003b) montrent comment Internet transforme l'équilibre des pouvoirs entre les représentants officiels et les «activistes de terrain» en redonnant du pouvoir aux militants de base (transparence de l'information, capacité autonome d'agir...).

Les grandes confédérations syndicales françaises sont conscientes que ces modifications dans les équilibres internes peuvent être délicates à gérer. C'est pourquoi, souvent elles ont mis un certain temps à inciter leurs adhérents de base à créer un site Internet. En premier lieu, les confédérations craignaient dans une certaine mesure l'autonomie qu'Internet procure aux adhérents et la perte de leur pouvoir de régulation centralisée. De plus, pour Jean Emmanuel Ray interrogé par Catherine Maussion (2002) pour des raisons d'âge et de profil, les responsables syndicaux en entreprise ne sont pas portés naturellement vers les nouvelles technologies. Ils sont également encore très marqués par le respect de la hiérarchie propre aux trente glorieuses industrielles, alors que la jeune génération baigne dans une culture de réseaux et de collaboration beaucoup plus ouverte sur Internet. Les confédérations syndicales voulaient également se prémunir des risques liés à Internet (tout ce qui est écrit laisse des traces) et d'éventuels débordements. «*Au même titre que les tracs, la confédération est juridiquement responsable du contenu d'un site syndical.* [...] *Une confédération n'a aucun moyen d'interdire le site d'une section*» (Dubosc, 2001, p. 37). Néanmoins, conscientes depuis quelques années de l'essor du cybersyndicalisme, les confédérations incitent leurs adhérents à développer et utiliser leur propre site pour mener des actions syndicales[1]. Elles proposent des actions de conseil et de formation (colloque, en ligne, cédéroms spécifiques...) pour accompagner leurs adhérents dans cette démarche. Au niveau européen, la Confédération Européenne des Syndicats (CES) a lancé dès mars 2001 un «plan d'action européen d'offres d'informatique à domicile» qui proposait du matériel, des logiciels et des accès à Internet... pour les syndicalistes et leurs familles à des prix très avantageux.

2.5 Tensions et renouvellement du syndicalisme

Les nouvelles formes de travail induites par les NTIC, notamment l'éclatement de l'entreprise, pourraient-elles avoir une influence négative sur le taux de syndicalisation? Les réponses sont contradictoires.

Le travail ne nécessite plus le partage de la même unité géographique et de temps. De plus, la mobilité du lieu de travail et l'augmentation de l'autonomie permettent le développement du télétravail et du nomadisme. Ces nouvelles formes de travail sont peu propices aux pratiques syndicales traditionnelles en raison de la distance de ces salariés avec l'entreprise. De plus, la distance des salariés entre eux nuit à la solidarité. En effet, les communautés professionnelles tendent à se désagréger quand elles ne sont pas entretenues par les contacts humains. Ce n'est pas seulement le secteur de la Net-économie qui est touché mais l'ensemble des entreprises. Les syndicats parlent de «*parcellisation de la force de revendication collective*» (Merck *et al.*, 2002, p. 174) et s'engagent dans une réflexion de fond sur leurs missions et leurs rôles dans cette nouvelle configuration du travail.

Néanmoins, Greene et ses coauteurs (2003a, 2003b) montrent qu'Internet provoque des effets paradoxaux sur les solidarités. En effet, l'usage des TIC tend à éteindre les solidarités traditionnelles de proximité mais dans le même temps ils créent les moyens de développer des solidarités d'intérêt qui transcendent la présence physique d'où la multiplication des communautés virtuelles. C'est pourquoi, tout en remettant en question les fondements de l'action syndicale traditionnelle, l'usage d'Internet constitue aussi une opportunité de développement pour le syndicalisme. En effet, les TIC permettent de recruter de nouveaux membres et toucher des publics jusque-là inaccessibles : cadres nomades, expatriés, salariés détachés... qui peuvent aujourd'hui se tenir au courant de l'actualité sociale de l'entreprise, poser des questions ou solliciter l'appui des délégués par un simple clic, depuis leur domicile, en dehors des heures de travail. Greene et ses coauteurs soulignent que ce nouveau contexte d'utilisation introduit une plus grande confidentialité et une plus grande marge de manœuvre dans les pratiques. Certains salariés, notamment les cadres, ne souhaitaient pas être vus en train de lire le panneau

1. Même si certains syndicats sont tentés de contrôler et maîtriser le contenu des sites locaux (par exemple: SUD PTT, Dubosc, 2001).

d'affichage syndical. Aujourd'hui, ils peuvent consulter les sites syndicaux lorsqu'ils le souhaitent. Les TIC et notamment l'usage d'Internet font évoluer en même temps le syndicalisme et le profil de l'activiste ou du syndicaliste militant. De nouvelles populations (femmes aux horaires décalés, cadres itinérants, contrats précaires...) peuvent à distance conduire des actions et participer à la vie des organisations syndicales. Les TIC renouvellent ainsi l'implication syndicale enracinée sur le lieu de travail et fondée sur la présence physique pendant les heures habituelles de travail (réunions, rencontres...). Cette forme d'activisme avait eu tendance à exclure les salariés atypiques et était perçue comme peu compatible avec les responsabilités de certains cadres. Avec les TIC, c'est une nouvelle forme de cybersyndicalisme et de syndicalistes qui commencent à apparaître au côté des formes traditionnelles d'activismes.

2.6 Vers un syndicalisme de services

Diamond et Freeman (2002) montrent que les TIC vont permettre aux syndicats de développer des politiques de services aux adhérents (connexion en ligne avec des experts nationaux ou internationaux sur différents sujets, envoi de lettre d'information permettant de mettre à jour la législation ou les expériences en cours sur des sujets tels que la sécurité au travail, les conditions de travail dans les centres d'appels...). Ces politiques de services vont permettre d'introduire ou d'augmenter la présence des syndicats dans les secteurs où ils sont peu présents. Par exemple, The National Writers Union a permis de créer une communauté structurée de sept cents écrivains indépendants disséminés au travers du pays. Ces politiques de services vont devenir aussi importantes que l'est aujourd'hui l'activité de négociation collective.

L'usage d'Internet concourt donc à rénover un syndicalisme de «services» sans renoncer à l'arme du conflit. Cette double finalité est illustrée par l'exemple du SIF le plus grand syndicat Suédois (exemple relaté par Hatchuel, 2004). Ce syndicat qui compte 300000 membres défend les cols blancs (techniciens, cadres, ingénieurs...) du secteur industriel et est fortement présent dans le secteur des nouvelles technologies. Confronté dans les années 1990 à une stagnation de ses effectifs, ce syndicat est rentré dans un processus de réflexion approfondi sur le fondement de l'adhésion syndicale. Si les attentes actuelles sont encore orientées vers la défense des droits collectifs (revenus, assurance-chômage, conditions de travail...), les attentes sont aujourd'hui tournées de façon croissante vers la prise en compte de besoins individuels (crises cycliques des métiers, maintien des compétences, soutien lors des changements d'emploi...). Cette nouvelle réalité et les possibilités offertes par les TIC ont permis d'introduire certaines innovations. Dès 2000, le site Web du syndicat proposait en ligne des outils personnalisés de gestion des carrières notamment un bilan de compétences que chaque membre pouvait établir lui-même. En complément, les adhérents avaient la possibilité de rencontrer individuellement des conseillers syndicaux spécialisés. En 2003, les services de gestion des compétences et des carrières étaient parmi les plus sollicités. Autre mutation, grâce à des dispositifs de participation et de consultation mis en ligne sur le site Web du syndicat, SIF a associé les adhérents eux-mêmes aux décisions de politique générale et à la définition des services à offrir. Ainsi, en 2004 plus de vingt mille membres ont donné leur avis dans des forums de discussion par Internet sur la négociation des grands accords de branche ou des accords nationaux interprofessionnels. Ce type de mutation a néanmoins fait l'objet d'importante polémique interne. Comme toute organisation fonctionnant sur le principe de la démocratie représentative, les syndicats postulent souvent l'uniformité et l'évidence des besoins de leurs membres. «*Par contraste, en acceptant la variété des attentes individuelles et en associant les adhérents à la définition de leurs missions, certains syndicats, comme SIF, explorent de facto de nouveaux types de collectifs militants*» (Hatchuel, 2004, p. VIII). Néanmoins, cette évolution pose question. En développant des services aux adhérents, le syndicalisme n'évolue-t-il pas vers un syndicalisme managérial privilégiant les adhérents et les experts au détriment des militants? L'expérience de SIF montre qu'il n'y a pas eu de désaffection pour le volet des négociations collectives pendant la montée des services en ligne.

3 Conclusion

Les TIC rendront-ils les syndicats plus efficaces? Une enquête, portant sur des données de 1997 (Fiorito J. *et al.*, 2002), conclut que les TIC tendent surtout à modifier l'organisation et le fonctionnement des syndicats. Leur impact sur un certain nombre de critères d'efficacité est pour l'instant restreint (le taux de syndicalisation dans le syndicat concerné, le taux de renouvellement des adhérents, c'est-à-dire le solde entre adhérents perdus et gagnés et la perception des leaders des syndicats concernés sur leur propre efficacité). L'ensemble des analyses converge néanmoins pour montrer que les TIC introduisent un certain nombre de tensions qui vont dans le sens d'un renouvellement du syndicalisme (par exemple, Diamond et Freeman, 2002). Les tendances et enjeux actuels sont:

- l'ouverture à des cybersyndicalistes et à un cybersyndicalisme d'un nouveau type;

- l'émergence de nouveaux acteurs syndicaux virtuels, alternatifs aux syndicats traditionnels;
- le développement par les organisations de politiques de services aux adhérents;
- l'introduction de différentes formes de démocratie au sein des organisations syndicales (consultation des adhérents avant une décision stratégique, mais aussi meilleure diffusion et audience des revendications des groupes dissidents que les organisations syndicales vont devoir pendre en compte...);
- l'évolution des moyens traditionnels utilisés pour créer des contre-pouvoirs, des moyens de pression ou pour peser lors des conflits (cyberpiquets de grève...) ;
- le renforcement dans l'avenir d'une coopération internationale entre les organisations syndicales du monde entier (pertinence du niveau international pour analyser, débattre voire coordonner des actions sur certains thèmes).

En effet, de nouvelles structures syndicales internationales voient le jour. L'UNI ou Union Network International a été créé en janvier 2000 et réunit neuf cents syndicats affiliés dans cent quarante pays. Il représente plus de quinze millions d'adhérents dont près de la moitié en Europe. Il se donne pour objectif de renforcer la dimension humaine dans une économie de plus en plus mondialisée. Le premier congrès mondial de l'UNI a eu lieu en septembre 2001 à Berlin pour discuter en priorité des nouvelles formes de travail (télétravail et centres d'appels) et de la syndicalisation (avec notamment l'utilisation d'Internet comme outil de recrutement pour les syndicats). En décembre 2004, un forum syndical européen est organisé par l'UNI.Europa pour aborder les problèmes spécifiques des salariés du secteur de la nouvelle économie.

Notre approche pourrait faire penser que l'impact des TIC sur les pratiques syndicales et les syndicats eux-mêmes est relativement uniforme d'une organisation à l'autre. Même s'il existe des grandes tendances que nous avons relatées, l'article scientifique de Martinez Lucio (2003) montre que les TIC peuvent avoir une influence différente sur les organisations syndicales en fonction de leur stratégie de communication (pour quels objectifs l'organisation syndicale mobilise-t-elle Internet? comment va-elle utiliser politiquement les TIC?), de leur identité (comment et à quel rythme les TIC s'insèrent dans les moyens de communication traditionnels?) ou encore de leur niveau interne de démocratie (comment les TIC supportent ou rentrent en conflit avec les processus de décision?).

Bibliographie

Bietry F. (2002) *e-GRH, entre promesses et interrogations,* Coll. «Management et Société», Colombelles, EMS.

Chaykowski R.P. (2002) "Re-Inventing Production Systems and Industrial Relations: Technology-Driven Transformation in Canadian Metal-Mining Industry", *Journal of Labor Research,* Volume XXIII, Number 4, Fall, p. 591-610.

Diamond W.J. et Freeman R.B. (2002) "Will Unionism Prosper in Cyberspace? The Promise of the Internet for Employee Organization", *British Journal of Industrial Relations,* Volume 40, Number 3, p. 569-596 (septembre)

Dommergues P., Groux G. et Mason J. (1984) *Les syndicats français et américains face aux mutations technologiques,* Édition Anthropos-Encrages.

Dubosc J.P. (2001) «Les syndicats se ruent sur la Toile, au grand dam des entreprises», *Liaisons Sociales,* n° 34, mars, p. 34-37.

Findlay P. et McKinlay A. (2003) "Surveillance, Electronic Communications Technologies and Regulation", *Industrial Relations Journal,* Volume 34, Number 4, September, p. 305-308.

Fiorito J., Jarley P. et Delaney J.T. (2002) "Information Technology, US Union Organizing and Union Effectiveness", *British Journal of Industrial Relations,* Volume 40, Number 4, December, p. 627-658.

Gattiker U.E. et Paulson D. (1999) "Unions and New Office Technology", *Relations Industielles/Industrial Relations,* Volume 54, Number 2, p. 245-276.

Guyodo A. (2000) «NTIC, des libertés à garantir», *La revue de la CFDT,* n° 35, novembre, p. 24-28.

Greene A.M., Hogan J. et Grieco M. (2003) "E-Collectivism and Distributed Discourses: New Opportunities for Trade Union Democracy", *Industrial Relations Journal,* Volume 34, Number 4, September, p. 282-289.

Greene A.M. et Kirton G. (2003) "Possibilities for Remote Participation in Trade Unions: Mobilising Women Activists", *Industrial Relations Journal,* Vol. 34, Number 4, September, p. 319-333.

Hatchuel A. (2004) «Le syndicalisme innovateur», *Le Monde,* 23 novembre, p. VIII.

Jaubert C. (2000) «Syndicalisme on-line», *L'hebdo de l'actualité sociale, La vie ouvrière CGT,* n° 2917, 21 juillet, p. 22-23.

Le Coq J. et Debons C. (1997) *Routiers: les raisons de la colère,* Paris, Les Éditions de l'Atelier.

Labbe D. et Landier H. (2001) *L'entreprise face au nouveau radicalisme syndical,* Paris, Ed. Liaisons.

Martinez Lucio M. (2003) "New communication systems and trade union politics: a case study of Spanish trade unions and the role of the internet", *Industrial Relations Journal,* Volume 34, Number 4, September, p. 334-347.

Maussion C. (2002) «Il n'est pas temps de légiférer sur l'Intranet», *Libération*, 18 novembre.

Merck B., Fabre M., Proust M.A., Ridet F. et Romanet M. (2002) *Équipes RH, acteurs de la stratégie, l'E-RH: mode ou révolution ?* Paris, Éditions d'Organisation.

Ray J.E. (2001) *Le droit du travail à l'épreuve des NTIC*, Paris, Éditions Liaisons.

Troglic J.F. (2001) «Impacts de la nouvelle économie et approche syndicale», *La revue de la CFDT*, n° 41, mai, p. 33-37.

Les revues (ou dossiers) émanant des syndicats eux-mêmes ou les revues académiques européennes ou américaines spécialisées dans les relations industrielles peuvent être consultées à l'IRES, Institut de recherches économiques et sociales, 93192 Noisy le Grand.

Aspects juridiques des systèmes d'information

Yves Poullet

Mots-clés : Internet, auto et corégulation, normalisation technique, *Lex electronica*, commerce électronique, libertés et société de l'information, cybercriminalité, propriété intellectuelle, droit de l'Internet.

Résumé : entre le droit et la technologie des systèmes d'information, les interactions sont nombreuses. La technologie, dit-on, révolutionne le droit voire en sape les fondements. Ses caractéristiques : la globalisation, la dématérialisation, le caractère interactif, l'absence de toute autorité centrale, heurtent les bases mêmes de l'action réglementaire ou plaident en tout cas pour des modes de régulation nouveaux. Ainsi, est né le mythe de l'autorégulation du réseau. Le retour progressif du droit étatique, la multiplication des interventions des organisations internationales et régionales, en particulier celles de l'Europe s'expliquent dans le contexte d'une société de l'information naissante où l'Internet devient un fait sociétaire majeur et ses applications envahissent nos entreprises, administrations et foyers. Tel sera le premier temps de notre réflexion centrée sur les acteurs de la régulation de l'Internet.

Entre le droit et la technologie des systèmes d'information, les interactions sont nombreuses. La technologie, dit-on, révolutionne le droit voire en sape les fondements. Ses caractéristiques : la globalisation, la dématérialisation, le caractère interactif, l'absence de toute autorité centrale, heurtent les bases mêmes de l'action réglementaire ou plaident en tout cas pour des modes de régulation nouveaux dont le droit étatique a été écarté dans un premier temps. Son retour progressif s'explique au fur et à mesure que l'Internet devient un fait sociétaire majeur et que ses applications envahissent nos entreprises, administrations et foyers. Tel sera le premier temps de notre réflexion centrée sur les *acteurs de la régulation de l'Internet*.

Au-delà, se concentrant sur l'approche réglementaire européenne, l'étude propose quelques réflexions sur les *objets de la réglementation*. Pour faire bref, le droit impose quelques contraintes au développement technologique de manière à sauvegarder d'une part les libertés fondatrices de nos sociétés et d'autre part les équilibres essentiels inscrits au cœur des législations préexistantes à la société dite de l'information et, dans le même temps, le droit crée un environnement favorable au développement de cette société. Ce double souci se traduit à travers les nombreuses dispositions spécifiques consacrées aux phénomènes ou développements nouveaux créés par les technologies de l'information et de la communication.

1 Les acteurs de la régulation de l'Internet : la gouvernance de l'Internet

La production et l'application du droit selon ses modes traditionnels se trouvent profondément mises en cause dans le cyberespace du fait même de ses caractéristiques. Là où l'État national imposait le droit, dans le cadre de compétences clairement définies par nos

Constitutions et se réservait grâce au pouvoir judiciaire le quasi-monopole de son interprétation, le caractère global de l'Internet, son infrastructure totalement décentralisée, ses activités dématérialisées sans ancrage nécessaire dans un territoire donné et surtout sa nature interactive remettent profondément en cause les schémas traditionnels de réglementation fondée sur la souveraineté étatique.

Sous ce titre, notre propos sera dès lors double :

- il s'agira, dans un premier temps, au-delà de la distinction entre les notions de réglementation et de régulation, de rappeler le mythe fondateur de l'Internet, comme espace sans droit, livré aux seules vertus de l'autorégulation et de décrire la montée progressive de systèmes dits de corégulation ou de «régulation en réseau» (Trudel, 1997);
- le second temps s'attache aux conséquences de la dimension internationale de l'Internet qui justifient tant l'irruption de nouveaux acteurs, nés de l'autorégulation de l'Internet que la montée en puissance mais quelque peu désordonnée des organisations régionales et internationales.

1.1 Des modes de régulation variés

La création, l'utilisation et le fonctionnement des systèmes d'information ne se conçoivent plus sans leur intégration au sein du réseau mondial ou plutôt du réseau des réseaux que leur ouvrent les protocoles et applications de l'Internet. La régulation de l'Internet s'élabore dès lors dans un contexte doublement délivré des contraintes étatiques à la fois par le fait qu'elle peut se négocier du fait de l'interactivité du réseau et que le phénomène de l'Internet ignore les frontières.

L'affirmation de l'autorégulation

Il était dès lors tentant – et les premiers auteurs du droit de l'Internet ont succombé à cette tentation – de prôner l'abolition de toute réglementation étatique à propos des activités de l'Internet et de prôner une normativité ou régulation livrée aux seules volontés des concepteurs et utilisateurs de l'Internet, soit une «autorégulation» (Trudel, 2000). Ainsi, se sont développées, en marge des systèmes juridiques traditionnels, des normativités propres à des communautés virtuelles disposant de leurs propres contenus, modes de contrôles, systèmes de règlements de conflits et de sanctions (Amblard, 2005). Le cas d'e-Bay, sans doute la plateforme ou place de marché Internet la plus populaire, peut être cité en exemple (Reidenberg, 1998).

À cette autorégulation «contractuelle» née de l'interactivité des réseaux ou secrétée par les usages ou décisions d'acteurs ou de communautés virtuelles, s'ajoute celle dictée par la technique elle-même. Le vocable de *Lex electronica* ou *Lex informatica*, largement développé par des auteurs comme L. Lessig (Lessig, 1999) et J. Reidenberg (Reidenberg, 1998) entend précisément que les choix opérés au niveau de l'infrastructure peuvent déterminer les usages de l'Internet et constituent donc une forme de régulation.

La régulation par la technique

J. Reidenberg (Reidenberg, 1998) souligne déjà le hiatus entre deux mondes : celui de la réglementation des opérations et celui de la normalisation technique.

Le premier monde ressortait indiscutablement de la compétence des législateurs nationaux traditionnels, simplement l'ampleur des questions nécessitant de plus en plus de coopérations au sein des organisations internationales ou régionales.

Le second monde émergeait à l'époque : la normalisation d'une infrastructure globale comme celle d'Internet exigeait des décisions qui ne pouvaient être prises qu'au sein des organes dits de régulation technique aux compétences encore balbutiantes, organes que les pionniers d'Internet avaient mis au point.

Ces organes, comme l'IETF[1], le W3C, l'IANA devenue l'ICANN, ont en même temps qu'Internet tissait sa toile, acquis, sans renier leur statut d'origine, leurs lettres de noblesse parfois avec la complicité de gouvernements ou d'organisations internationales. Qui ne comprend qu'au-delà d'une normalisation technique, comme l'attribution de noms de domaines, l'adressage d'Internet, le «design» de l'infrastructure, la définition de protocoles techniques de filtrage des contenus, etc., il s'agit de décisions dont le contenu en un autre temps eût été pris par des auteurs, objet d'une légitimité constitutionnelle. Une telle assertion est à la base même de l'ouvrage qui, sans aucun doute, a le plus marqué la littérature juridique voire l'opinion publique sur les relations entre droit et technologie : *Code and other Laws of Cybersespace* de Lawrence Lessig (Lessig, 1999). Selon Lessig, l'architecture technique, les caractéristiques du réseau (les protocoles, les standards de communications retenus, etc.) créent un environnement autorisant certains comportements et en interdisant d'autres et jouent donc un rôle essentiel dans la régulation du cyberespace. Par ailleurs, il est remarquable de constater que les législateurs et juges devront tenir compte de ce donné décidé ailleurs que dans les enceintes traditionnelles du droit.

Celle-ci échappe largement aux États : « *L'élaboration (des normes mises en œuvre par la technique), écrit Reidenberg (Reidenberg, 1998), ne dépend pas de la participation de tous les acteurs de l'Internet. Ce sont les spécialistes seuls qui décident des règles […]. Les techniciens choisissent la mise en œuvre des protocoles techniques. Les citoyens à qui des règles s'appliquent ne participent pas de façon directe à*

1. Internet Engineering Task Force.

leur développement.» «*Tandis que les États continuent à se demander quel type de réglementation devrait être adopté, poursuit L. Lessig, le code du cyberespace continue à se développer avec quelque chose qui ressemble à une autorité souveraine.*» Nous reviendrons plus loin sur les acteurs de cette gouvernance technique de l'Internet.

Si notre propos n'est pas de reprendre ici des réflexions proposées ailleurs (Poullet, 2004) sur les relations entre droit et technologie, relevons cependant à ce propos de cette interaction deux éléments pointés à partir de deux domaines distincts du développement technologique:

- le premier est celui des systèmes techniques permettant de protéger l'accès aux ressources informationnelles présentes sur le Net, de limiter ou d'interdire les copies, voire le cas échéant, d'assurer la traçabilité de leur utilisation au sein du réseau. Ces systèmes techniques dits de gestion des droits renforcent les protections juridiques des auteurs voire les rendent inutiles dans la mesure où la technologie assure une protection bien plus efficace et plus absolue des intérêts des concepteurs d'une «œuvre» qu'elle soit digne ou non de protection par le droit d'auteur. Ainsi, la technique peut au-delà de la protection des droits modifier profondément les équilibres inscrits au cœur de leur reconnaissance voire rendre inutile la proclamation de ces droits;
- le second exemple est tiré des standards PICS[1] ou P3P[2], développés tous deux par le W3C, organe privé de normalisation technique des applications liées au protocole HTML.

Des logiciels construits sur base de ces standards peuvent être introduits dans le navigateur de l'internaute ou mis à sa disposition par des fournisseurs de services. Grâce aux paramétrages qui caractérisent ces logiciels, l'internaute peut fixer tantôt dans le cas des PICS, les critères de qualité des contenus des sites web à sélectionner et cela, selon la violence, le langage ou le caractère sexuel, tantôt dans le cas du P3P., les exigences de vie privée à respecter par ces sites web. La technologie offre ainsi la possibilité pour l'internaute de réguler lui-même son environnement et crée ainsi l'illusion d'un «*user empowerment*» (d'Udekem-Gevers, Poullet, 2001).

Vers un nouveau modèle: la corégulation

Dans la mesure où l'Internet est devenu un fait sociétaire majeur, pénétrant au-delà de nos entreprises, nos administrations et nos foyers, dans la mesure où il met en jeu des valeurs éthiques et culturelles auxquelles les nations sont attachées, et, surtout, exige pour son développement, la confiance, le modèle de l'autorégulation a progressivement montré ses limites. L'État est rappelé en force, d'une part, pour affirmer ses valeurs ou, après le 11 septembre noir, les impératifs de la sécurité publique, et d'autre part, pour créer le cadre de confiance et de sécurité juridique nécessaire pour un développement de l'économie basé sur le commerce électronique.

Cette «renaissance» du pouvoir étatique ne se conçoit cependant pas comme une affirmation brutale de l'autorité étatique. Elle se conçoit comme une «*coopération entre la société civile et les pouvoirs publics*» (Paul, 2000), un «*effective mix*», selon l'expression de l'OCDE, ou, tantôt, l'État consolide des processus d'autorégulation mis en place par le secteur privé lui-même; tantôt, après avoir fixé législativement les objectifs à poursuivre, l'État laisse à des instances de consultation ou aux acteurs privés le soin de traduire les «standards» mis en place par ses lois (Poullet, 2004).

Cette multiplication sous diverses modalités des formes de coopération entre réglementation voire régulation publique et régulation privée dans le domaine de la régulation de l'Internet est largement prônée par le Sommet mondial de la société de l'information sur les conclusions duquel nous reviendrons dans le point suivant.

1.2 De la montée en puissance des organisations supranationales

Le caractère «sans frontières» de l'infrastructure de l'Internet, la globalisation des activités que l'Internet permet remettent en cause la possibilité pour les États nations d'exercer pleinement leur souveraineté.

À partir de ce contexte, on soulignera:

- la volonté de créer ou renforcer des régulateurs «globaux». À cet égard, nous reviendrons sur l'intervention déjà signalée des organes privés de normalisation technique et sur celle croissante des organisations publiques internationales;
- entre ces institutions globales et les États nations, la montée en puissance des organes supranationaux régionaux. Notre propos sur ce point se limitera à quelques considérations sur l'action de l'Union européenne, cherchant à la fois à définir un droit européen harmonisé de l'Internet et à imposer son modèle vis-à-vis d'autres modèles, en particulier celui des États-Unis.

La remise en cause de l'État souverain

L'État national exerçait dans le cadre de son territoire, sa souveraineté. La technologie remet en cause cette «souveraineté» à plus d'un titre (Ruiz-Fabri, 1999).

Premièrement, la dématérialisation des investissements principalement immatériels que représente l'économie de l'Internet permet facilement la délocalisation de ces investissements et, l'État nation a le

1. *Platform for Internet Content Selection.*
2. *Platform for Privacy Preferences.*

choix entre, d'une part, des stratégies d'isolement, ou de dumping réglementaires qui risquent de se retourner contre lui, et, d'autre part, la recherche d'une harmonisation des législations. Cette seconde solution sera préférée.

Deuxièmement, l'abolition des frontières rend dérisoire la «prétention des États à régenter le net». Ainsi, note M. Vivant (Vivant, 1997; Johnson et Post, 1996), il y a «contradiction entre un phénomène qui ignore les frontières et des entités qui n'existent et n'ont compétence qu'à l'intérieur de frontières données».

Troisièmement, si les règles de droit international privé permettent encore aux tribunaux d'affirmer la prééminence des lois nationales, les solutions prônées peuvent être combattues par des juridictions étrangères et en toute hypothèse, la décision se heurtera à l'impossibilité d'en assurer l'application dans le cadre d'un réseau sans frontières. L'affaire Yahoo, jugée par le tribunal de grande instance de Paris, le 20 novembre 2000, illustre à suffisance la vérité du propos. L'ordonnance du juge parisien qui enjoignait à une société américaine de prendre les mesures nécessaires pour que les internautes français ne puissent accéder aux pages web d'un site d'enchères d'objets nazis s'est vu dans les faits contrecarrée par une décision californienne du 6 juillet 2001 qui rappelle le principe sacré de la liberté d'expression (Reidenberg, 2004). Bref, dans cet espace sans frontières où toute information en définitive relève par son ubiquité des juridictions de tous les pays, il faut bien reconnaître que le droit n'apporte plus la sécurité juridique.

La montée en puissance des organisations internationales

Que la réponse adéquate à un phénomène de globalisation soit à trouver au niveau d'organisations globales, apparaît évident.

À propos de la régulation des infrastructures et des protocoles qui permettent d'assurer l'interopérabilité de l'ensemble des applications fonctionnant sur le réseau, nous avons déjà noté le rôle d'instances privées de normalisation technique.

L'IAB[1] et l'IETF[2], les deux organes de régulation technique du réseau créèrent en 1992 l'Internet Society (ISOC). Quelque temps plus tard, en octobre 1994, avec l'invention du Web, apparaît le World Wide Web Consortium (W3C). Enfin, en décembre 1998, l'Internet Assigned Numbers Authority (IANA), sous tutelle de l'administration américaine était remplacée par l'Internet Corporation for Assigned Names and Numbers (ICANN), une «*non profit corporation*».

1. IAB: Internet Architecture Board.
2. IETF: Internet Engineering Task Force.

Ces trois principales organisations privées, bien que n'ayant que des compétences techniques, détiennent un pouvoir normatif important. Elles déterminent les spécificités techniques du réseau qui s'imposent à toutes activités régulatrices. Les règles de conduite relatives à l'Internet ne sont efficientes que si elles se conforment aux caractéristiques techniques du réseau. Mais plus que ce cadre, les organisations peuvent également être une source normative, dans le sens où elles deviennent une technique de direction des conduites des internautes.

Les organisations globales

Sans doute, serait-il fastidieux de reprendre ici la longue liste des activités des organisations intergouvernementales œuvrant dans le domaine de la régulation de l'Internet.

Les compétences traditionnelles de l'UNESCO pour le développement de la science, de la culture et de l'éducation ont trouvé à s'appliquer à de nombreuses reprises en matière de technologies de l'information et de la communication.

L'organisation internationale de normalisation (ISO) s'occupe de normalisation technique y compris en matière de système d'information. Enfin, l'Organisation mondiale du commerce (OMC) veille au libre-échange en matière de commerce international et donc de commerce électronique et certains accords pris en son sein visent les services et produits de communication. Une autre institution spécialisée des Nations Unies, la Commission des Nations Unies pour le droit du commerce international a produit de nombreuses lois modèles en matière de commerce électronique. On citera également le rôle du G8 et de l'OCDE.

Les compétences de ces diverses organisations dites spécialisées se chevauchent. Ainsi, les questions de la propriété intellectuelle ressortent indiscutablement des compétences de l'OMPI mais ont également été abordées par l'OMC voire par l'UNESCO.

Les méthodes utilisées par des organisations relèvent le plus souvent de la *soft law* c'est-à-dire consistent en des lois dites «modèles», des recommandations; la définition de *best practices* voire simplement en des collaborations de ces organisations intergouvernementales avec des organisations privées de régulation. On cite à cet égard, le rôle de l'OMPI dans l'élaboration des *Uniform Disputes Resolution Procedures* en matière de noms de domaines, règles adoptées par l'ICANN.

Enfin, on pointe la volonté d'instaurer une Constitution globale de la société de l'information, Constitution qui définirait les valeurs fondamentales de cette société et fixerait les règles tant d'un accès universel à cette société, que de son développement dans le respect du multiculturalisme. C'est l'ambition que l'UIT, forte du mandat des Nations Unies, s'est donné à travers les sommets mondiaux de la société de l'Information, le sommet récent de Genève et celui à venir de Tunis.

La montée des «régionalismes»: un droit européen de l'Internet?

Jean-Jacques Lavenue (Lavenue, 1996) appelait de ses vœux un *ius communicationis* international que préfigure la déclaration de Genève. Dans l'attente, il y a fort à parier qu'entre un État nation incapable à lui seul de réguler un phénomène global et des institutions internationales en mal de légitimité et aux consensus difficiles, des organisations supra-étatiques, régionales fortes d'une certaine cohésion socioculturelle et donc juridique trouveront dans le phénomène de l'Internet, une justification à l'extension de leurs compétences. Il s'agit de garantir à partir de l'adhésion à des valeurs communes une régulation qui permette le libre établissement des prestataires, la libre circulation des services, bref un marché unique. L'exemple du droit européen de l'Internet atteste de cette montée de «régionalismes» (Poullet, 2002).

À cet égard, chacun se plaît à souligner la politique énergique d'unification des réglementations en matière de l'Internet et ce, bien au-delà du principe de subsidiarité: raccourcir les délais d'adoption et de transposition, intervention dans tous les domaines depuis la pédophilie sur Internet jusqu'à certaines dispositions de droit contractuel en vue de l'harmonisation des contenus réglementaires. Nous reviendrons sur ces contenus harmonisés, objet du § 2, pour nous attacher ici à deux autres points. Au-delà de l'harmonisation, on peut souligner les règles nouvelles qui visent à prévenir les conflits ou à lever les barrières au commerce intra-européen. Enfin, on analysera la façon dont la régulation européenne de l'Internet aborde les autres régulations.

Créer un marché interne unique

Le premier mécanisme est certes l'abolition des barrières tantôt par l'harmonisation des réglementations, tantôt par la création de mécanismes de recours plus aisés en cas de litiges transfrontières.

Sur le premier point, la directive 98/48/CE du 20 juillet 1998 sur la transparence est remarquable. Considérant que l'harmonisation des règles en matière de services de la société de l'information décrétée a priori par les instances communautaires est trop risquée voire prématurée, la directive met en place un système de contrôle et de coordination communautaire de toute initiative nationale en la matière. Il s'agit là d'éviter la fragmentation du marché interne, des inconsistances réglementaires ou une frénésie réglementaire qui freinerait le développement de la société de l'information.

Ainsi, la directive impose aux États membres de soumettre tout avant-projet de réglementation relatif à un service de la société de l'information, notion définie de manière très large, à une procédure qui permet, le cas échéant, à la Commission de substituer à l'initiative nationale sa propre initiative.

La directive dite «commerce électronique» sur le contenu duquel nous reviendrons (paragraphe 2.1) va plus loin encore. Son article 3 affirme le principe selon lequel les opérateurs de services de la société de l'information sont soumis à la réglementation et au contrôle de l'État sur le territoire duquel ils sont établis. Leur conformité à cette réglementation les autorise à offrir le service dans toute l'Union européenne.

Au-delà de ces mécanismes visant à l'harmonisation des règles ou à l'abolition des obstacles réglementaires, divers textes facilitent le règlement des litiges nés des opérations de commerce électronique. Ainsi, plusieurs règlements de l'Union européenne autorisent la saisie de cours et tribunaux d'autres pays de l'Union européenne et reconnaissent aux décisions prises par ces juridictions, une force exécutoire accrue. Certes, l'intervention européenne en la matière ne s'explique pas uniquement par le développement des opérations en ligne, mais il faut reconnaître cependant que le développement du commerce électronique et la multiplication des opérations de caractère transnational qui s'en suit, a précipité la réflexion en la matière tant au niveau européen qu'international.

À ce second propos, on ajoutera, au premier mécanisme, la promotion des *«procédures extrajudiciaires ou autres procédures comparables: médiation ou conciliation en ligne»* qui favorise au-delà des droits parfois divergents, des solutions satisfaisantes. La reconnaissance appuyée de ce type de procédure par l'article 17 de la directive sur le commerce électronique dans le cadre des transactions électroniques s'élargit à tous les litiges civils et commerciaux dans le cadre de la proposition de directive du 22 octobre 2004 sur la médiation.

Enfin, troisième type de mécanisme, les textes réglementaires européens multiplient les obligations de coopération administrative. Ainsi, nombre de textes européens réclament une meilleure coordination des actions menées par les administrations nationales (échanges d'informations, relais de plaintes,...). Ces administrations nationales jouent en quelque sorte le rôle de guichet unique vis-à-vis de leurs citoyens lorsque ceux-ci ont quelques démêlés avec des opérateurs ou prestataires de services situés dans un autre pays de l'Union européenne. Au-delà, cette coopération entre administrations conduit, on l'espère, à une application plus uniforme, des textes européens.

Les relations avec les pays tiers : de la politique défensive à une politique plus participative

Sans doute, et c'est un leitmotiv de leurs discours, les instances européennes sont convaincues de la nécessité de créer un cadre non seulement européen mais mondial du commerce électronique. L'idée de la «charte globale» d'Internet prônée par le Commissaire Bangemann en septembre 1997 au forum «Interactive Telecom 97» de l'ITU a été prolongée par de nombreuses discussions, résolutions et débats menés au sein des diverses enceintes européennes.

Si cette coordination «globale» est réclamée et justifie l'action des organes de l'Union au sein des instances internationales publiques comme l'OCDE, l'UIT, le G8, etc., cette volonté ne s'entend pas d'une recommandation de l'Europe à défendre les valeurs auxquelles elle est attachée et de faire ainsi prévaloir une «souveraineté» non plus nationale mais européenne.

Cette défense de la souveraineté européenne s'opère de diverses manières :

- la première attitude est sans doute défensive : c'est celle notamment du juge français dans l'affaire Yahoo déjà analysée, c'est celle du Parlement européen dans l'affaire Echelon ou plus récemment à propos du contrôle des passagers de transport aérien. Il s'agit d'interdire certaines pratiques extraterritoriales ou du moins d'en limiter les effets vis-à-vis des citoyens européens, et ce, au nom de valeurs sociales jugées primordiales par un État donné ;
- la deuxième attitude possible est plus ouverte : il s'agit, sans renier les valeurs européennes, de chercher, sans impérialisme outrancier, dans le respect des systèmes des pays tiers, la protection adéquate des libertés et valeurs prônées par l'Europe. L'article 25 de la directive européenne 95/46 en matière de protection des données personnelles et plus encore l'application récente qui en a été faite dans le cadre des négociations entre l'Union européenne et les États-Unis illustrent cette deuxième voie ;
- enfin, une troisième voie est celle de l'entrée des instances européennes dans les organes d'autoréglementation. Cette troisième voie est celle suivie par les instances européennes à propos de « l'organisation et la gestion de l'Internet» en clair, l'entrée de la Commission européenne comme telle dans l'ICANN qui gère l'attribution des noms de domaine au niveau mondial.

2 Le contenu de la régulation européenne de l'Internet — quelques traits marquants

Trois domaines de régulation sont étudiés :

- celui des transactions électroniques : il s'agit essentiellement de définir un cadre dans lequel les opérations de commerce électronique pourront se développer en toute confiance ;
- celui des libertés qu'il s'agisse de celles assurées par la protection des données de la liberté d'expression ;
- celui des droits de propriété intellectuelle et voisins où, au temps des affirmations, succède le temps des doutes.

Un maître mot justifie l'action européenne : la confiance. Il s'agit en effet de conjurer les craintes des internautes et des opérateurs du réseau, en rassurant tantôt l'un, tantôt l'autre, tantôt l'un et l'autre que les opérations du commerce électronique respecteront les libertés essentielles des individus tout en offrant la sécurité des transactions et des investissements. Le législateur français l'a bien compris, lui qui adoptait le 21 juin 2004 une loi globale sur ces différents aspects et l'a intitulée «Loi pour la confiance dans l'économie numérique».

2.1 Les opérations : un cadre juridique pour les transactions juridiques

Les directives de base

Deux directives mettent en place les principes fondamentaux et généraux propres aux acteurs et opérations du commerce international : la directive relative à certains aspects juridiques du commerce électronique du 8 juin 2000 et celle sur la protection juridique des signatures électroniques du 13 décembre 1999.

Sans prétendre être exhaustif, relevons quelques-uns de leurs principes. On notera à propos des acteurs que l'accès au marché des opérateurs de services de la société de l'information ne peut être soumis à des conditions supplémentaires à celles déjà existantes pour l'offre non électronique des mêmes services. Notons toutefois que les opérateurs de services de certification de signature électronique pourront être soumis à des conditions d'interopérabilité et au contrôle du respect de certaines conditions s'ils entendent que les signatures à l'appui desquelles ils émettent des certificats puissent être dotées d'une valeur probante particulière. Ce principe du libre accès est seulement tempéré par des obligations accrues de transparence, juste contrepartie de l'absence de «face à face» de l'offre et de la demande sur Internet. Ainsi, on priera le prestataire des services de la société de l'information de décliner son identité, sa localisation, le moyen de l'atteindre et on l'astreindra à rendre accessible directement et par des moyens aisés les conditions, codes de conduite et autres auxquels il accepte de se soumettre.

À propos des opérations du commerce électronique, un premier principe est l'obligation faite aux États membres de ne point discriminer directement ou indirectement les opérations du commerce électronique par des prescrits légaux affectant la valeur, l'efficacité ou la force contraignante de l'utilisation de l'électronique, et ce, à quelque stade de l'opération. Ce principe de non-discrimination vaut également pour la signature électronique et on ajoute même que l'équivalence de valeur juridique de la signature électronique à celle de la signature manuscrite peut même être obtenue sous certaines conditions.

Ce principe est tempéré par l'exigence de considérer la transaction électronique comme le résultat d'une procédure à diverses étapes afin d'assurer que le consentement auquel elle aboutit soit éclairé, complet et certain. Cette découpe apparaît comme un juste contrepoids aux risques que fait courir l'utilisation d'une technologie de l'instantané entre contractants «à distance» (Katsch, 1995).

En ce qui concerne quelques aspects ou opérations spécifiques

L'Union européenne complète le cadre proposé par les deux directives analysées ci-dessus par des dispositions, d'une part, relatives à la protection des consommateurs et d'autre part, concernant la soi-disant monnaie électronique.

À propos des premiers, la conviction européenne selon laquelle le développement de la société de l'information implique obligatoirement la confiance des consommateurs a justifié tant des affirmations de principes, telles la résolution du Conseil de l'Europe du 19 janvier 1999 à propos de la dimension «consommateurs» de la société de l'information, véritable Charte des droits du consommateur – internaute que l'adoption de textes ayant une valeur normative plus directe. On note, à cet égard, la directive sur les contrats à distance du 20 mai 1997 qui étend au monde du commerce électronique, une série de droits impératifs affirmés pour toute transaction conclue à distance et oblige l'offreur de services à émettre sur «support durable» la trace des transactions opérées par voie électronique. On signale enfin la directive relative à l'offre à distance des services financiers (y compris services d'assurance) visant des consommateurs. Cette directive élargit notoirement les obligations de transparence et d'informations, les délais de réflexion et de renonciation et prévoit des mécanismes efficaces et adéquats de plaintes et de solution des litiges. Parmi ces services, on trouve la mise à disposition de services de paiement à distance. Ce qui introduit le second sujet.

Ce dernier, ayant fait l'objet d'une intervention normative importante des instances européennes, est la monnaie électronique, autre élément indispensable pour assurer le développement du commerce électronique.

La communication et recommandation de la Commission européenne du 9 juillet 1997 instituent en particulier, outre des devoirs d'information sur l'utilisation du moyen de paiement et ses conséquences, des règles claires de répartition de responsabilités entre émetteur et utilisateur du moyen de paiement, en cas de vol, de fraude, perte ou erreur et des mécanismes efficaces de règlement des litiges. Des directives sont adoptées ou en chantier. Deux directives du 18 septembre 2000 visent, d'une part, à harmoniser les réglementations nationales relatives aux institutions de crédit en élargissant le nombre d'institutions aptes à émettre de la monnaie électronique et, d'autre part, à contrôler les opérations de ces institutions. Il s'agit de s'assurer de la stabilité et de la robustesse des émetteurs de moyens de paiement tout en distinguant différents statuts suivant l'importance des risques liés au type de moyens de paiement émis.

On ajoutera des décisions européennes à propos de la lutte contre le blanchiment d'argent et la contrefaçon des moyens de paiement non liquides.

2.2 Les valeurs: un difficile équilibre entre «libertés» et «sécurité» du réseau

L'Union européenne comme les États-Unis reconnaissent la liberté d'expression comme une valeur fondamentale du réseau de l'Internet, même si l'une et l'autre de ces régions du monde se voient confrontées à la nécessité de fixer certaines limites à cette liberté lorsque l'exercice abusif de celle-ci nuit à autrui par des contenus illégaux ou dommageables. Sans doute, certaines nuances entre les réponses de l'une et de l'autre méritent d'être soulignées.

Plus grave est le fossé qui sépare ces deux régions en ce qui concerne la protection de données à caractère personnel. L'héritage de la convention n° 108 du Conseil de l'Europe a conduit l'Union européenne à adopter en 1995 une directive de base en la matière et plus récemment en 2002, une seconde directive dite « sectorielle » a adapté les principes de la première aux risques plus spécifiques des réseaux de communication électronique. Outre-Atlantique, hormis certaines législations très spécifiques, confiance est faite au marché et à son autorégulation pour assurer la protection des données à caractère personnel.

Les attentats du 11 Septembre ont modifié quelque peu l'attitude européenne en matière de protection des données. L'obsession de la lutte contre le terrorisme a conduit au-delà de la Convention du Conseil de l'Europe sur la cybercriminalité signée le 23 novembre 2001 à l'adoption de quelques mesures de procédure pénale dont l'ampleur selon de nombreux auteurs risque de mettre en cause les libertés individuelles.

Le délicat équilibre entre la liberté d'expression et d'autres intérêts dignes de protection

Les articles 12 et suivants de la directive «commerce électronique» déjà citée affirment clairement le principe de la liberté d'expression sur l'Internet, en exonérant, sur le modèle du DMCA[1] américain, les opérateurs de réseaux, les fournisseurs d'accès et les hébergeurs de toute responsabilité pour les contenus illégaux ou dommageables qu'ils véhiculent ou hébergent sans le savoir (R. Julia-Barcelo, K.J. Koelman, 2000).

La nécessité de lutter tant contre la pornographie infantile que contre le racisme et la xénophobie amène cependant progressivement l'Union européenne à adopter de nombreux textes à travers lesquels elle met en balance la liberté d'expression et ces autres intérêts.

À cet égard, on note que si les premiers textes européens, adoptés dans la foulée de la décision américaine déclarant l'inconstitutionnalité du *Decency Act* de 1996, se référaient exclusivement à l'autorégulation et aux développements technologiques pour assurer le développement d'un «réseau sûr», progressivement, l'intervention de l'État se fait plus pressante, tout d'abord, par un encadrement de l'autorégulation, ensuite, en instituant une coopération maximale entre opérateurs d'Internet et autorités publiques dans la mesure où les textes imposent aux premiers l'obligation de garde préventivement, trace des utilisations de chacun et, enfin, par l'obligation mise à charge des intermédiaires de mettre sur pied leurs propres systèmes de contrôle en ce qui concerne en tout cas la pornographie infantile (Granger, 2000).

La protection des données à caractère personnel

La directive 95/46 permet d'assurer, par l'harmonisation poussée des règles en matière de protection des données, une libre circulation des données dans l'Union européenne tout en maintenant une certaine marge de manœuvre pour des États membres. Elle fixe les conditions de traitement des données à caractère personnel en distinguant du régime général, celui des données sensibles. Elle crée des obligations de déclaration et de sécurité pour les responsables de traitement, confère à la personne concernée des droits visant à permettre le contrôle par celle-ci de son image informationnelle et de sa circulation. Enfin, elle reconnaît les compétences des autorités nationales, indépendantes de contrôle et crée deux groupes de travail européens, chargés tant d'une veille technologique que de coordonner les points de vue.

La seconde directive «sectorielle» applique les principes de la directive de base aux acteurs et opérations de communications électroniques qu'elles soient assurées par le réseau Internet ou non, qu'elles empruntent le réseau téléphonique, de câblodistribution ou hertzien. L'utilisation des données de trafic et de localisation est sévèrement réglementée de même que les communications non sollicitées et l'envoi de logiciels espions ou cookies. La Commission se voit octroyer le droit de fixer des normes techniques relatives aux appareils de communication pour lutter contre des pratiques «privaticides».

La mise à charge d'une obligation pour les fournisseurs de services de communication, de conservation, des données de trafic et de localisation à des fins de recherche policière a fait l'objet de lourds débats au lendemain du cauchemar du 11 Septembre 2001. Sans avoir été résolue pour le moment au niveau européen, on note une large tendance des États membres à obliger les fournisseurs de services de communication à conserver ces données et à collaborer avec les autorités policières ou judiciaires, créant des risques de recherche proactive et des détournements de finalités de cette conservation.

2.3 Des contenus à protéger par les droits de propriété intellectuelle et les droits voisins : de l'affirmation aux doutes

L'analyse des tendances européennes en la matière révèle une hésitation entre deux volontés : celle, d'une part, d'assurer une protection maximale de l'investissement et cela, au-delà du domaine traditionnel protégé par le droit de la propriété intellectuelle ; celle, d'autre part, de maintenir un système juridique de protection conforme à la façon dont les paradigmes traditionnels du droit de la propriété intellectuelle assurent une balance équitable entre les intérêts, d'une part, des «auteurs» ou de leurs «ayants droit» et, d'autre part, des utilisateurs de l'œuvre voire de la communauté en général.

La directive 96/9/CE sur la protection juridique des bases de données du 11 mars 1996 participe certes de la première tendance. Elle crée un droit «sui generis» à la protection des bases de données dont il est reconnu qu'elles ne peuvent être objet du droit d'auteur. On sait combien la littérature américaine s'est insurgée contre cette déviance européenne qui protège clairement l'investissement et non plus la création intellectuelle.

La même tendance est présente dans la directive 98/84/CE du 20 novembre 1998 sur la protection juridique des services d'accès conditionnel comme la télévision payante mais également tout service multimédia accessible sur la base d'une autorisation individuelle et dont l'accès est protégé par des systèmes techniques tel l'encryptage. Elle prévoit indépendamment de toute protection légale du contenu ainsi réservé que les mesures techniques de protection constituent en elle-même un objet digne de protection. Ainsi, la pro-

1. DMCA : *Digital Millenium Copyright Act* (1998)

tection technique devient source d'une protection juridique d'une œuvre en elle-même non nécessairement protégeable légalement et permet d'assurer le contrôle de l'accès à l'œuvre.

À l'inverse de cette tendance qui satisfait certes les lobbies des prestataires de services de la société de l'information et, de manière plus vaste, les promoteurs du marché de l'édition technologique, d'autres textes se révèlent plus soucieux de l'intérêt d'une meilleure circulation des œuvres et programmes. Ainsi, une résolution du Parlement européen en date du 22 octobre 1998 prône clairement le soutien aux logiciels libres et aux plates-formes ouvertes et interopérables. Plus récemment, on souligne que la directive du Parlement et du Conseil, adoptée le 9 avril 2001 à la suite de débats longs et difficiles, directive sur les droits d'auteur et droits voisins dans la société de l'information, a finalement consacré le droit des États membres de prévoir des exceptions aux monopoles de l'auteur (droit de reproduction ou de communication au public). Ces exceptions certes proposées de manière optionnelle, peuvent être justifiées par l'utilisation privée, à des fins de recherche, de citation, de journalisme, etc. La directive limite dans le même sens la protection que pourraient apporter des mesures techniques (S. Dusollier, 2005).

Il reste, il est vrai, à chaque État à inscrire dans sa législation nationale de telles réserves et à assurer ainsi la balance traditionnelle que les législations relatives au droit d'auteur garantissent entre les intérêts légitimes des créateurs (ou de leurs ayants droit) et ceux de la société au profit de certains acteurs comme la recherche, l'éducation, la presse, etc.

On relève également le débat difficile actuellement en cours au Parlement européen à propos de la brevetabilité des logiciels où il semble que les députés fraîchement élus remettent l'approche favorable retenue par leurs prédécesseurs.

Les limites de la protection des contenus de l'Internet ainsi tracées, c'est très légitimement que les instances européennes adoptent les mesures nécessaires pour une protection juridique plus efficace par une meilleure coopération entre les administrations en charge de la détection et de la répression des actes de piratage ou de contrefaçon.

3 Conclusion

L'introduction s'interrogeait sur le rôle du droit face aux technologies de l'information et de la communication. Le droit tel qu'on l'entend traditionnellement, c'est-à-dire l'expression des choix normatifs d'une société nationale souveraine, n'était-il pas condamné, à l'heure de l'Internet? La réponse apportée atteste certes de l'existence d'autres formes de régulation présentes dans la société de l'information et avec lesquelles le droit est désormais forcé de composer voire de trouver des alliances. Par ailleurs la souveraineté ne peut plus se concevoir au niveau des États nations mais au sein d'entités régionales. La dimension internationale de l'Internet exige le développement d'un droit international de l'Internet qui ne peut être l'adoption d'un plus petit commun dénominateur entre les peuples mais doit permettre, par l'instauration d'un dialogue entre les diverses parties prenantes de cette société de l'information, de définir les bases d'une société de l'information accessible à tous et respectueuse de valeurs essentielles.

L'intervention du droit dans divers domaines n'est pas dictée par le seul fait technologique. Elle s'inscrit au contraire dans un dialogue avec les acteurs du développement technologique. Il s'agit tantôt – l'exemple de la signature électronique le montre – de rappeler les exigences que le droit véhicule à travers ses concepts, tantôt – l'exemple des exceptions en matière de droit d'auteur en témoigne – d'exiger que le développement technologique s'opère en conformité avec les équilibres mis en place par les législations traditionnelles. Si certains développements technologiques affectent nos libertés, sans doute, le droit se doit-il d'intervenir, de contraindre la technologie à trouver en elle même les solutions adéquates voire d'affirmer de nouveaux droits aptes à corriger les déséquilibres sociétaires nouveaux créés par ces développements. Ainsi, s'expliquent les droits nouveaux apportés par les législations dites de protection des données ou l'affirmation d'un droit «universel» à l'accès à certains services de la société de l'information.

En définitive, si le droit se trouve bousculé par la technologie, il n'en est pas moins bien vivant. Créant de nouveaux lieux de dialogue en dehors des enceintes parlementaires et y recherchant non sans hésitation et parfois avec précipitation de nouveaux consensus, il accomplit sa fonction traditionnelle qui est la recherche du juste, le respect des libertés et le développement de tous.

Bibliographie

Ph. Amblard, Régulation de l'Internet, *Cahier du CRID*, n° 24, Bruylant, Bruxelles, 2005.

R. J. Barcelo et K.H. Koelman, «Intermediary Liability in the e-Commerce Directive: so far good but it is not enough», *CLSR (Computer Law and Security Report)*, 2000,Vol. 16, p. 213 et s.

S. Dusollier, *Droit d'auteur et protection des œuvres dans l' univers numérique*, Larcier, 2005.

G. Granger, «Liberté d'expression et réglementation de l'information dans le cyberespace», in *Les dimensions internationales du droit d'auteur*, Unesco, Economica, Paris, 2000, p. 90 et s.

D.R. Johnson et DG Post, «Law and Borders – The Rise of Law in Cyberespace», *Stan. L. Rev.*, 1996, vol. 48, p. 1367 et s.

E. Katsch, *Law in a Digital World*, New York, Oxford Univ. Press, 1995.

J.J. Lavenue, «Cyberespace et droit international: pour un nouveau ius communationis», *Rev. de la recherche juridique-Droit prospectif*, 1996, p. 811 et s.

L. Lessig, «The Constitution of Code: Limitations on Choice and critiques of Cyberespace Regulation», *Comm. Law Conspectus*, 1997, vol. 5, p. 181 et s.

L. Lessig, "The Law of the Horse: What Cyberlaw Might Teach", *Harv. L. Rev.*, 1999, vol. 113, p. 501 et s.

L. Lessig, *Code and other Laws of Cyberespace*, New York, Basic Books, 1999, p. 24, p. 206.

C. Paul, «Du droit et des libertés sur l'Internet, La corégulation, contribution française pour une régulation mondiale», Rapport au Premier Ministre, Paris, *La Documentation française*, 2000, n° 141, Supplément.

H.H. Perritt, Cyberspace and State Sovereignty, in *J. Int'lLegal Studies*, 1997, Vol. 3, p. 155 et s.

Y. Poullet, «De retour d'un sommet mondial de la Société de l'Information», *RTDI*, 2004, n° 18, p. 5 et s.

Y. Poullet, «Vers la confiance: Vues de Bruxelles – Un droit européen de l'Internet? Quelques considérations sur la spécificité de l'approche réglementaire européenne du cyberespace», in *Le droit international de l'Internet*, Actes du colloque de Paris 19-20 novembre 2001, Bruylant, Bruxelles, 2002, p. 133 et s.

Y. Poullet, «La technologie et le droit, Du défi à l'alliance», in *La technologie et le droit: du défi à l'alliance*, Liber Amicorum Guy Horsmans, Bruylant, 2004, p. 943 et s.

Y. Poullet, «Technologies de l'information et de la communication et "corégulation": une nouvelle approche?», in *Liber Amicorum*, M. Coipel, Kluwer, Antwerpen, 2004, p. 167 et s.

J. Reidenberg, Governing Networks and Rules- Making in Cyberespace, *Emory Law Journal*, 1996, Vol. 43, p. 912 et s.

J. Reidenberg, "Lex Informatica: The Formulation of Information Policy Rules through Technology", *Texas Law Review*, 1998, Vol. 76, p. 553 et s.

J. Reidenberg, «Privacy Protection and the Interdependance of Law, Technology and Self-Regulation», in Variations sur le droit de la société de l'information, *Cahier du CRID*, n° 20.

J. Reidenberg, «States and Internet Enforcement», Univ. Ottawa L & Tech.J., 2004, disponible sur le site: http://www.srn.com/abstract=487965

J.R. Reidenberg, «Yahoo and Democracy on the Internet», *Jurimetrics* J. 2002, Vol. 42, p. 261 et s.

H. Ruiz-Fabri, Immatériel, territorialité et État, *Arch. Phil. Droit*, T. 43, 1999, p. 187 et s.

P. Sirinelli, «L'adéquation entre le village virtuel et la création normative – Remise en cause du rôle de l'État» in *Internet: Quel tribunal décide? Quel droit s'applique?* K. Boele- Woelki et C. Kessedjan (dir.), La Haye, Kluwer, 1998, p. 1 et s.

P. Trudel, «Quel droit et quelle régulation dans le cyberespace?», *Sociologie et Sociétés*, 2000, vol. 32, p. 190 et s.

P. Trudel, «Le cyberespace: réseaux constituants et réseaux de réseaux» *in Les autoroutes de l'information: enjeux et défis*, Montréal, Chemins de la recherche, 1996, p. 137 et s.

P. Trudel, *Droit du cyberespace*, Ed. Thémis, Montréal, 1997.

M. d'Udekem-Gevers et Y. Poullet, «Internet Content Regulation: Concerns from a European User Empowerment Perspective», *CLSR.*, 2001, p. 371 et s.

M. Vivant, «Internet et modes de régulation» in Internet face au droit, E. Montero (ed.), *Cahier du CRID*, n° 16, Bruxelles, Story-Scientia, 1997, p. 215 et s.

M. Vivant, «Cybermonde: droit et droits des réseaux», *JCP*, G, 1996, I, 3969.

M. Vivant, «L' irrésistible ascension des droits de propriété intellectuelle?» in *Mélanges Mouly*, LITEC, Paris, 1998.

Systèmes d'information et globalisation

Sabine Carton

Mots-clés : globalisation, mondialisation, systèmes d'information internationaux, systèmes d'information globaux, systèmes d'information transnationaux, localisation, internationalisation.

Résumé : la globalisation peut être définie différemment et selon plusieurs niveaux. L'objectif de ce chapitre est de montrer les enjeux et problématiques des systèmes d'information soutenant le processus de globalisation au niveau des entreprises (nommés systèmes d'information internationaux). Ainsi, après une caractérisation des enjeux et des applications de ces systèmes d'information particuliers, la gestion stratégique puis tactique des SII pour une multinationale sont examinées.

Les écrits multiples sur une définition, conséquences et effets de la globalisation sur les marchés, les sociétés, ses interactions avec les systèmes d'information montrent la richesse et la complexité du débat. La terminologie employée elle-même est objet de discussion : mondialisation ou globalisation ? Nous choisissons d'employer le terme «globalisation» dans ce chapitre, en supposant qu'il s'agit d'un anglicisme du terme de mondialisation.

La globalisation peut être classiquement définie de la manière suivante : processus de changement impliquant une interconnectivité croissante entre les différentes sociétés et une compression du temps/espace (Barrett *et al.* 2003). Les auteurs appréhendent généralement deux catégories de déterminants essentiels : les facteurs liés à l'environnement de l'entreprise et les facteurs internes à l'entreprise. Si certains se contentent de définir de manière générale les effets de la globalisation (intensification des relations), d'autres précisent ses caractéristiques.

Theodore Levitt un des premiers théoriciens de la globalisation, écrivait en 1983 : «La société globale opère avec constance et résolution, à des coûts relativement bas, comme si le monde entier, ou les principales régions, constituaient une entité unique ; elle vend la même chose, de la même manière, partout.»

Cette définition rassemble les principales caractéristiques que l'on a pu attribuer à la globalisation :

- standardisation des biens et des services, qui permet aux entreprises opérant sur des marchés globaux des économies d'échelle en production, la distribution, est simplifiée, les efforts de développement sont recentrés ;
- vision du monde comme une entité unique, grâce à l'évolution des technologies et à la réduction du protectionnisme des états.

Cette vision de la globalisation pour la planète est accompagnée d'une idée selon laquelle les entreprises engagées dans ce processus savent ce qu'elles veulent être, peuvent négocier avec les États qu'elles mettent en concurrence dans leurs décisions d'investissements.

Toujours selon cette perspective, la vision d'un monde homogène du point de vue des besoins et des goûts domine. Elle possède cependant ses limites : on extrapole à long terme des tendances qui s'amorcent, on généralise à la planète des observations limitées. Mais peut-on réellement s'affranchir des frontières nationales ? Walsham (2001) défend ainsi l'idée selon laquelle les diversités des différents pays sont à prendre en compte.

Le débat sur la relation SI/globalisation est ainsi complexe et nuancé: la rhétorique de la globalisation considère les systèmes d'information comme un moteur de la globalisation. Les arguments fréquemment avancés sont liés à l'aptitude intrinsèque de ces technologies à surmonter les contraintes géographiques et temporelles (Castells 1998). Elles éliminent les frontières et rendent les communications entre pays plus faciles et évidentes (Keen, 1991). Les systèmes d'information fournissent d'une part des mécanismes de coordination pour des activités dispersées géographiquement et facilitent la reconception d'organisations séparées en coopération globale (King, Sethi 1999). Les entreprises ambitionnant de travailler au niveau planétaire ont donc investi massivement dans la mise en place d'une infrastructure des technologies de l'information moderne. La gestion au quotidien des SI à un niveau international se heurte cependant à plusieurs obstacles: outre les obstacles culturels, juridiques, économiques et techniques dans leur mise en place, ces nouveaux systèmes doivent s'intégrer dans les couches successives des SI et dans des processus de management préexistants et hétérogènes suivant les filiales. Il existe souvent un décalage entre les discours de la presse et la réalité de la gestion des infrastructures existantes dans les multinationales.

Ce chapitre propose de se centrer sur l'essor des SI supportant le processus de globalisation des entreprises, que nous nommerons «systèmes d'information internationaux», ainsi que sur les enjeux liés à la gestion stratégique et tactique de ces systèmes d'information. Il concerne la relation SI/globalisation à l'échelle d'une entreprise particulière. Une première partie du chapitre est consacrée au positionnement, et aux caractéristiques d'un système d'information international (SII). Les seconde et troisième parties considèrent successivement la gestion des SII sous un angle stratégique, puis tactique.

1 L'essor des systèmes d'information internationaux

Après avoir précisé le niveau d'analyse retenu dans ce chapitre, et proposé une définition des systèmes d'information soutenant et accompagnant le processus de globalisation des entreprises, cette partie est consacrée à une caractérisation d'une part des obstacles à la gestion de ces systèmes et d'autre part de leurs applications possibles au sein de multinationales.

1.1 SI/globalisation: niveau d'analyse retenu

On peut parler de plusieurs définitions possibles de la globalisation, selon le niveau auquel on se situe[1].

Le premier niveau de définition de la globalisation concerne la planète tout entière. Ce niveau fait notamment référence aux propos de Levitt. Dans ce cas, la globalisation désigne l'interdépendance économique croissante des pays telle qu'elle se reflète dans l'augmentation des flux transfrontaliers de biens, de services, de capitaux et de savoir-faire.

À l'échelle d'un pays donné, la globalisation désigne le degré d'interdépendance entre l'économie de ce pays et le reste du monde. Aucun pays ne présente le même niveau d'interdépendance. Ce niveau peut notamment être mesuré par les indicateurs suivants: volume des exportations et des importations en pourcentage du PIB, flux d'investissements étrangers directs et d'investissements en titres, flux de paiements de royalties associés à des transferts de technologie.

Au niveau d'une industrie spécifique, «la globalisation reflète le degré de corrélation entre la compétitivité d'une entreprise de ce secteur d'activité dans un pays donné et sa position dans un autre pays».

Au niveau d'une entreprise particulière, la globalisation recouvre le degré de développement à l'international d'une entreprise, en terme de chiffres d'affaires et d'actifs, ainsi que l'importance des flux transfrontaliers de capitaux et de savoir-faire entre filiales. Les principales caractéristiques du degré de globalisation d'une entreprise sont la part de son chiffre d'affaires et de ses actifs à l'international, le volume des échanges intrafirmes de produits finis et semi-finis, ainsi que les flux intrafirme de technologies. Le domaine d'analyse retenu dans ce chapitre concernant les relations SI/globalisation s'inscrit dans ce dernier niveau.

1.2 Définition: qu'est ce qu'un système d'information international (SII)?

La notion de SI supportant les activités des multinationales est traduite par plusieurs appellations suivant les auteurs:

- systèmes d'information internationaux;
- systèmes d'information globaux;
- systèmes d'information transnationaux.

Dans ce chapitre, nous nommerons ces systèmes, systèmes d'information internationaux. La plupart des définitions (dont celles d'Ives, Jarvenpaa 1991) montrent l'articulation du SII avec d'une part la stratégie de l'entreprise et d'autre part la structure de l'entreprise accueillant ce SI particulier. «*Un SI international contribue à la réussite d'une stratégie globale pour l'entreprise en utilisant des plates-formes intégrées en technologies de l'information pour collecter, stocker, transmettre et manipuler les données à travers différents environnements culturels*» (Ives,

1. *Les Échos*, 2003, «Le nouveau paysage économique mondial» Govindarajan V., Gupta A.K.

Jarvenpaa 1991 p. 34). Cette définition met en évidence, outre les fonctions classiques d'un SI (collecte, stockage, transmission et manipulation de données), les enjeux de gestion de SII :

- prise en compte du facteur culturel variant au fur et à mesure que le SI traverse des frontières nationales, régionales ou métiers ;
- gestion de l'aspect technique : comment intégrer techniquement des plates-formes de technologies de l'information provenant de diverses régions du globe ? ;
- enjeu de coordination : nécessaire cohérence entre les objectifs stratégiques de l'entreprise et la conception, réalisation et mise en place du SII. Cette cohérence est exacerbée lorsque la dimension internationale intervient : la gestion des SI est complexifiée du fait d'une superposition de systèmes hétérogènes, qui s'est constituée au fur et à mesure de l'historique de croissance de la multinationale.

1.3 Enjeux des systèmes d'information internationaux

Plusieurs travaux (Byrd *et al.* 1994) ont tenté de mettre en évidence les risques particuliers de gestion de SI dans un contexte international.

Les travaux de Byrd *et al.* (1994), synthétisant des travaux de recherche préalables, se concrétisent par l'élaboration d'une grille de classification des risques associés à la planification et à la mise en œuvre de SII. Cette grille est composée de deux dimensions principales selon lesquelles les risques sont évalués. Le premier axe établit une distinction selon le niveau d'impact du problème dans l'organisation : niveaux stratégique, tactique ou opérationnel. La seconde dimension différencie la nature du risque : risque de coordination, risque lié à la sécurité, risque culturel ou risque juridique.

Plus généralement, les auteurs (dont Edberg *et al.* 2001) s'accordent à souligner que les enjeux des SII se situent sur les points suivants :

- *enjeux linguistiques* : quelle(s) langues privilégier pour les interfaces, quel niveau d'adéquation traduction/versions de logiciels ;
- *enjeux culturels et géographiques* : différences de comportement, d'attentes dans la conduite du projet SII, dans l'usage du système, d'implications dans la sécurité et maintenance du système, de styles de communication différents, et de valeurs pour le personnel en SI ;
- *enjeux juridiques* : respect des cadres légaux de chaque pays, protectionnisme, respect des règles comptables, relations avec les syndicats dans la mise en place de nouveaux systèmes en ressources humaines, lois sur l'informatique et la liberté, barrières douanières dans l'exportation des logiciels, protection de la propriété intellectuelle dans la création de logiciels ;
- *enjeux technologiques* : différents niveaux de disponibilité d'une même technologie suivant les pays, incompatibilité des systèmes, standards nationaux différents, prise en compte des différences de monnaie, format de dates, méthodes de développement différentes.

Selon les résultats de Lai (2001), les problèmes techniques à tous les niveaux de l'organisation semblent les plus préoccupants par rapport aux problématiques organisationnelles.

1.4 Développement sur les processus clés des entreprises

Plus que d'une classification fonctionnelle, les systèmes d'information s'organisent autour des processus de management clés de l'entreprise. Dans une entreprise aux activités internationales, les SII supportant les processus clés s'internationalisant peuvent être illustrés par les exemples suivants.

Les SI internationaux apparaissant généralement les premiers lors du processus d'internationalisation, supportent les processus comptables et financiers. Il s'agit notamment de pouvoir consolider les comptes pour le siège de l'entreprise.

La gestion des ressources humaines est ensuite supportée par un SII. L'internationalisation des ressources humaines, pouvant être un frein à l'expansion internationale des entreprises, un obstacle à l'intégration du groupe. Généralement les SII consacrés aux processus de gestion des ressources humaines sont caractérisés par les fonctionnalités suivantes : accès à une base unique d'informations sur les employés, outils de simulation pour le développement des carrières, module de suivi de formation, module de suivi de recrutement, l'objectif principal étant l'harmonisation des pratiques.

Les SII sont aussi maintenant étendus au-delà des frontières traditionnelles de l'organisation et supportent ainsi les processus de la *supply chain*, y compris l'approvisionnement, les achats, les expéditions, la facturation et les règlements, traitant avec des fournisseurs basés dans plusieurs pays. De plus en plus de multinationales sont attirées par les avantages d'une stratégie d'approvisionnement mondiale (mise au point de produit global). On peut encore évoquer dans cette même perspective les processus de services clients, qui traitent dans une seule base les données relatives à des clients nationaux ou internationaux (gestion de clients globaux).

Les processus d'innovation sont aussi de plus en plus internationalisés au fur et à mesure de la maturité de la multinationale sur ses différents marchés. Les multinationales ont pris conscience à la fois des opportunités qu'offre l'exploitation de savoir-faire scientifiques et techniques propres à un pays et de l'impossibilité de financer directement tous les domaines de savoirs faire susceptibles de les intéresser. Elles recherchent ainsi de manière croissante des sources externes de savoir, quel que soit l'endroit où elles se situent. Des processus de coordination entre différents centres R & D, ou de collaborations entre fournisseurs et cellules de R & D sont ainsi supportés par des plates-formes technologiques. On peut notamment évoquer le cas de «laboratoire ouvert vingt-quatre heures sur vingt-quatre[1]»: une équipe d'ingénieurs informaticiens est répartie entre Bangalore, Palo Alto et Londres. Elle est chargée du développement d'un logiciel. À la fin de sa journée, l'équipe de Bangalore télécharge son travail à l'intention de l'équipe de Londres qui, à son tour, apporte sa contribution et fait suivre à l'équipe de Palo Alto.

L'existence ou non de ces SII et surtout leur degré de perfectionnement est liée à la stratégie mise en place par l'entreprise multinationale ainsi que le design organisationnel choisi. Ces SII agissent comme un vecteur du développement international choisi et mis en œuvre par l'organisation. Cet aspect est abordé dans les deux parties suivantes.

2 La gestion stratégique des SI internationaux

La direction des systèmes d'information (DSI) ne joue pas le même rôle et n'a pas les mêmes responsabilités suivant la vision que possède la direction générale (DG) sur ce domaine (paragraphe 2.1.), son périmètre est aussi fonction des différentes stratégies déployées par les multinationales pour coordonner ses différentes filiales (2.2). Parmi les décisions stratégiques que doit prendre la DSI en collaboration avec la DG, l'externalisation de tout ou partie des activités en SII est cruciale (2.3), ainsi que les modalités de gestion de son personnel SI en fonction des contraintes posées par le caractère international de sa gestion (2.4).

2.1 Rôle SI/stratégie

Une revue de la littérature montre que le système d'information, dans une dimension internationale, entretient trois grands rôles, qui peuvent être mis en œuvre dans une même multinationale à des périodes différentes suivant la vision que possède l'entreprise sur la gestion des SII (Palvia 1997).

1. *Les Échos,* dossiers sur l'art de l'entreprise globale, Haour G., 2003.

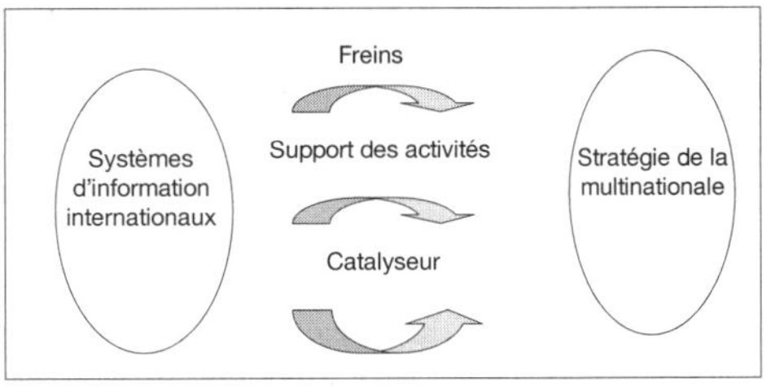

Figure 1 : Relations SII/Stratégies des multinationales

Suivant les parcours d'internationalisation de l'entreprise, les systèmes d'information peuvent être considérés comme un frein à la mise en œuvre de la stratégie de l'entreprise: les habitudes, cultures et responsabilités des filiales font qu'une architecture globale des SII n'a pas été pensée, ralentissant ainsi la mise en œuvre des changements de vision stratégique de la multinationale. La mise en application de la stratégie se heurte à la complexité de son application pour les SII.

À l'opposé, les dirigeants d'une entreprise peuvent se servir de nouveaux projets structurants concernant les SII afin de faire évoluer la stratégie de la multinationale. Enfin, les SII peuvent être utilisés uniquement comme support des activités existantes.

2.2 Les différentes alternatives de la gestion stratégique des SII

Dans le cadre d'une entreprise exerçant des activités internationales, la plupart de la littérature concernant la gestion stratégique des SII souligne le nécessaire alignement entre stratégie de l'entreprise et stratégie des SI (Ives *et al.* 1993). Cet alignement suppose donc:

- qu'il n'y a pas une bonne façon de gérer stratégiquement à l'international les SI;
- que la direction des SI doit entretenir des relations étroites avec la direction générale de l'entreprise et doit définir une politique globale claire des SI dans toutes les filiales de l'organisation, ce qui paraît complexe à mettre en œuvre pour certaines multinationales.

Intégration ou différenciation?

De nombreux travaux ont été orientés vers l'élaboration d'une typologie des différentes stratégies possibles à l'international. Harzing (2000) recense ainsi une vingtaine d'auteurs ayant étudié ce thème et montre la confusion des termes employés: d'une part des typologies semblables n'ont pas la même dénomination suivant les auteurs, d'autre part une même dénomination peut recouvrir des réalités très différentes. La typologie la plus connue est celle de Bartlett, Ghoshal (1989). Trois de leurs modèles sont clairement identifiables, validés par des analyses quantitatives de la part d'autres auteurs (Harzing 2000) : le modèle multidomestique, le modèle global et le modèle transnational.

Par ailleurs, tous les auteurs implicitement ou explicitement font référence à deux concepts qui s'opposent et qui permettent de différencier les trois modèles : le concept d'intégration/coordination et celui de différenciation/localisation/réactivité (Bartlett, Ghoshal 1989). L'enjeu pour une entreprise multinationale est d'arriver à trouver un équilibre entre une nécessaire intégration de ses activités et une adaptation aux spécificités locales. Si cet enjeu est traduit en vue de l'élaboration de la stratégie en systèmes d'information, il s'agit que le SII puisse répondre simultanément aux problématiques opérationnelles des pays et aux besoins d'harmonisation et de coordination afin que les flux d'information puissent être transférés facilement au-delà des frontières nationales (King, Sethi 1999). Le modèle multidomestique est ainsi la combinaison d'un niveau d'intégration bas et d'un niveau élevé de réactivité sur les marchés locaux. Le modèle global combine un niveau bas en réactivité et un niveau élevé en centralisation. Enfin le modèle transnational mobilise un niveau élevé sur ces deux critères.

La gestion stratégique «globale»

Les entreprises mettant en œuvre une stratégie globale, opèrent dans des industries où les besoins des consommateurs sont relativement standardisés, ce qui permet de réaliser des économies d'échelle importantes. L'objectif stratégique dominant est l'efficacité, la production est rationalisée afin de produire des produits standardisés. Il n'y a donc pas la nécessité de constituer des équipes R & D ou des centres de production locaux. Ces entreprises ont besoin de systèmes d'information communs à l'ensemble de leurs filiales afin de réduire les coûts, de minimiser la complexité. Les innovations en matière de systèmes d'information ne requièrent qu'une seule conception et réalisation mondiale.

La gestion stratégique «multidomestique»

Sous beaucoup d'aspects, une entreprise multidomestique est l'opposé d'une entreprise globale. Les produits et services sont différenciés afin de répondre aux demandes et besoins locaux. Elle peut être caractérisée par un réseau décentralisé. Les produits sont adaptés, voire conçus et produits localement. Les filiales opèrent de manière relativement indépendante vis-à-vis à la fois du siège et des autres filiales. Dans ce type d'organisation, la direction du groupe se concentre sur la performance financière, la gestion internationale de ses marques, la centralisation de la R & D, mais rarement sur les questions SI qui relèvent plutôt des responsables locaux. Les efforts consentis pour réduire les coûts et duplication des processus se heurtent à l'incompatibilité et à l'hétérogénéité des plates-formes technologiques, à des problèmes de définition incomplète des données, à des pratiques de management local impossibles à harmoniser et à partager.[1]

La gestion stratégique «transnationale»

Dans un sens, une entreprise transnationale est la combinaison des caractéristiques des modèles global et multidomestique. Elle tente de répondre simultanément aux besoins stratégiques et parfois conflictuels entre une efficacité globale et une réactivité nationale. Elle peut être caractérisée comme un réseau interdépendant. L'expertise est disséminée à l'intérieur des différentes filiales. Certaines filiales peuvent servir de centres stratégiques pour une fonction en particulier ou pour une combinaison particulière produit/marché. Les filiales sont plus dépendantes entre elles. Les décisions concernant l'informatique opérationnelle seront laissées aux filiales, adaptant les systèmes à leurs processus locaux. En revanche, les décisions pour les réseaux sont prises de façon globale. Cela permet de promouvoir les meilleures pratiques en matière de SI d'une filiale à l'autre. La fonction SI est puissante et chargée de mettre en adéquation la normalisation des systèmes et les besoins fluctuants des filiales.

Synthèse et perspective critique

Les trois modèles se placent sur un continuum. Le processus d'internationalisation est dynamique : une même entreprise évolue et passe d'un modèle à l'autre. L'internationalisation d'une entreprise se traduit donc par une succession de phases organisationnelles. Plus précisément ces entreprises semblent suivre une trajectoire relativement similaire débutant généralement par une phase internationale, pour évoluer vers une position globale, puis enfin transnationale. Cette vue de la littérature cible donc sur une diversité locale qui diffère d'une vision de la globalisation homogénéisante et convergente des diversités locales (Barrett *et al.* 2003).

Les recherches en SI dans sa dimension internationale les plus récentes dépassent ainsi les effets et adéquation des SI/structures organisationnelles pour accentuer l'importance d'une diversité culturelle (Walsham 2001).

Par ailleurs, le concept d'alignement selon lequel dans une entreprise centralisée (culture d'entreprise, style de management, prise de décision..), les SII sont généralement gérés de manière centralisée (notamment dans la définition des priorités, définition des standards, développement des systèmes, responsabilité de l'infrastructure) est de plus en plus remis en cause.

Enfin, le périmètre de réflexion sur la mise en œuvre d'une gestion stratégique des SII semble s'élargir.

---

1. Les Échos, «L'art du management de l'information», 25 et 26 septembre 1998.

La définition d'une stratégie pour les SII doit ainsi dépasser les frontières habituelles de l'entreprise internationale sièges/filiales et réfléchir à l'impact et à la diffusion des SII sur les PME fournisseurs des filiales locales (Barrett *et al.* 2003).

2.3 Externalisation globale des SI

Une manifestation significative d'un phénomène de globalisation est le recours croissant à l'externalisation de tout ou partie des activités des SI à l'étranger. Pour une multinationale, ce choix semble encore plus pertinent. Ce type d'externalisation globale (*inshore* ou *offshore*) traduit le discours de la globalisation (Carmel 1999):

- intégration économique globale;
- diminution des différences culturelles;
- abolition des distances géographiques et temporelles.

Les organisations externalisent leurs systèmes partiellement ou totalement pour de multiples raisons: recentrage sur les métiers, réduction des coûts face à une forte pression concurrentielle; difficulté à convaincre des enjeux de la fonction informatique ou déception face aux performances des services informatiques internes de l'entreprise. Pour une multinationale, la décision d'externaliser à l'étranger tient aux arguments suivants selon Herbsleb, Moitra (2001):

- réduction des coûts (main-d'œuvre meilleur marché) : les forces globalisantes poussent les entreprises à rechercher partout les coûts les plus bas;
- être proche de certains marchés locaux de ses filiales;
- améliorer le temps de mise sur le marché en optimisant les fuseaux horaires pour faire travailler des équipes dispersées 24h/24.

Une enquête américaine de 2003 indique que 80 % des entreprises américaines ont considéré une externalisation offshore d'une partie de leurs activités SI (Leung, 2003).

Le principal argument en faveur d'une externalisation à l'étranger est la réduction des coûts. Cet argument semble pourtant de moins en moins valable: en effet, le prix de la main-d'œuvre en Inde a considérablement augmenté ces dernières années. De plus, les difficultés rencontrées par ceux qui ont externalisé à une échelle mondiale montrent que les entreprises doivent être prudentes: contraintes culturelles, linguistiques, manque de prestataires véritablement mondiaux, problèmes de coordination. Ces obstacles sont communs aux enjeux de tout système d'information international. D'autres enjeux ont été étudiés avec plus détail:

- les tensions de standardisation, contrôle, pouvoir (Nicholson, Sahay 2001);
- le transfert de connaissances difficiles à gérer (Nicholson, Sahay 2004). Ces derniers auteurs soulignent aussi les coûts intangibles tels que le développement d'une sensibilité culturelle, ou le phénomène d'empathie;
- les tensions liées à la distance;
- les tensions d'identités.

Une typologie possible dans le domaine de l'externalisation globale distingue les opérations de développement de projets ou services de l'utilisation des technologies de l'information pour fournir un service (par exemple saisie de données).

Les quinze dernières années ont montré de manière claire des zones privilégiées d'externalisation globale en matière de SI. Le secteur de la programmation et de la production de logiciels «offshore» se développe progressivement dans des pays tels que l'Irlande, Israël, la Malaisie, l'Inde, la Hongrie, le Mexique... Entre 1990 et 1996, le taux de croissance de la production de logiciels en Inde a été de 50 % par an[1].

Jusqu'à présent, seules quelques entreprises mondiales[2] (BP exploration, Philips Electronics, Xerox) ont laissé le soin à un seul prestataire pour le monde entier de gérer la majeure partie de leurs systèmes d'information. Cette approche est encore relativement rare même si plusieurs modèles ont été conçus afin d'évaluer la pertinence d'externaliser à l'étranger. Il s'agit notamment d'évaluer le degré d'interaction exigée ainsi que le degré de management requis pour l'activité à délocaliser.

Une autre forme d'externalisation globale en SI a donc tendance à être privilégiée par les multinationales, l'externalisation globale *inshore* (contexte dans lequel les centres de développement de logiciels sont situés en dehors du pays de l'entreprise souhaitant externaliser mais dans une zone espace/temps similaire ou qui peut être atteinte par un vol court en avion). D'après ces auteurs, ce type d'externalisation peut éliminer certaines difficultés classiquement rencontrées dans l'externalisation *offshore*, telles que les contraintes temps/espace, ou la localisation d'un fournisseur éloigné de zones technologiques, ou d'autres acteurs du même secteur.

2.4 Gestion stratégique des plates-formes des SII

L'intensification des flux de données d'une part en interne à la multinationale (entre sièges et filiales et entre filiales) et d'autre part vis-à-vis de l'externe (vers les clients et fournisseurs) souligne aussi l'intérêt d'une

1. *Les Échos*, Willcocks L.P., 2003.
2. *Les Échos*, dossiers sur l'art de l'entreprise globale, Willcoks L., 2003.

gestion précise des télécommunications pour une multinationale.

La gestion des télécommunications internationales recouvre plusieurs fonctions : la gestion opérationnelle des flux d'information intérieurs et extérieurs à l'entreprise (achat de matériels, mise au point de la topologie du réseau, maintenance) et la définition d'un schéma directeur (Cigref, 2003).

Le rôle de la DSI est de mettre en œuvre le réseau en fonction des besoins applicatifs des prescripteurs et de déterminer sa topologie, ainsi que les choix technologiques.

Les aspects stratégiques en matière de réseaux de télécommunications restent entièrement affectés aux DSI tels que : préparation des appels d'offres, définition des schémas directeurs ou encore veille. L'externalisation est une tendance en développement pour les tâches liées à la maintenance, au support et à la supervision de la gestion des équipements d'extrémité.

Selon le Cigref, la difficulté principale à un niveau stratégique de la gestion des télécommunications est d'obtenir une vision globale des coûts. Cette vision est pour l'instant difficile à obtenir du fait de plusieurs facteurs :

- différence de gestion des contrats sur la voix ou pour les données ;
- nécessité de disposer d'un grand nombre de données pour pouvoir gérer l'achat des télécommunications à l'international ;
- achats en télécommunications souvent réparties entre différentes implantations (directions) qui ne sont pas toujours gérées par la DSI ;
- impossibilité fréquente pour une multinationale de désigner l'unique responsable des achats de télécommunications au sein des différentes filiales.

Le contenu des activités stratégiques en matière de télécommunications dépend ainsi du rôle et de la contribution attendue des télécommunications à la stratégie de l'entreprise.

2.5 La gestion stratégique des acteurs des SII

Le développement de SII interagit avec la problématique de gestion des ressources humaines : il s'agit de former, gérer des personnes capables d'intervenir à un niveau stratégique, tactique ou opérationnel sur le développement et maintenance de ces SII (Trauth 1999). Plus précisément cet auteur soulève deux questions cruciales dans la gestion globale du personnel en SI :

- comment fournir un personnel qualifié dans le domaine des SII (quel type de politique dans le domaine de l'éducation, par exemple). Le personnel du secteur des TI possède plusieurs spécificités : moyenne d'âge assez faible, mobilité forte ;
- comment gérer ce personnel dans un environnement interculturel ? Ce personnel est confronté à plusieurs cultures nationales différentes, au sein d'une culture métier qui évolue aussi. Il s'agit de mettre en place une politique de gestion de la diversité pour ce personnel en SI.

Une autre préoccupation pour les dirigeants est aussi de prendre en compte l'inégalité suivant les pays des formations en matière de technologies d'information.

La gestion stratégique des SII renvoie ainsi à la fois à des problématiques spécifiques dans les domaines organisationnel (interactions stratégie, structure organisationnelle, question de l'externalisation), technologique (gestion des télécommunications), ou social (gestion stratégique du personnel des SII).

3 La gestion tactique/opérationnelle : mise en œuvre des projets SII

La déclinaison de la gestion stratégique des SII à un niveau tactique se traduit par la gestion d'un portefeuille de projets en SII pour la multinationale. Afin de prendre en compte les différents enjeux liés à la gestion de projets de SII, cette partie est organisée selon deux grands axes :

- spécificités et enjeux des processus supports ;
- puis du processus de production du système d'information dédié à l'international.

Cette partie fait suite à un premier travail de synthèse (Carton, 2003), dans lequel les références bibliographiques sur le sujet sont plus complètes.

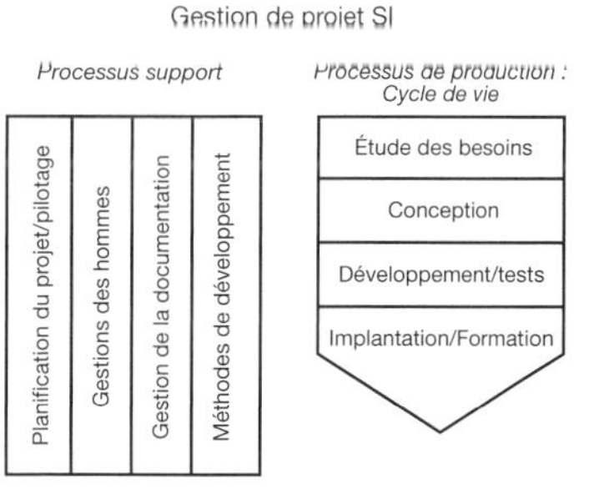

Figure 2 Les processus de la gestion de projet en systèmes d'information

3.1 Spécificités des processus supports de la gestion de projet SII

Les processus supports de la planification du projet, de la gestion des hommes, puis de la gestion de la documentation et enfin des méthodes de développement sont principalement abordés.

La planification du projet

L'hétérogénéité des pratiques en matière de planification suivant les pays invite le chef de projet de SII à prendre en compte les spécificités culturelles nationales. Des différences dans la planification des projets SI seraient dues à des spécificités culturelles : délai moyen de développement, définition des priorités dans la mise en œuvre du portefeuille de projets, ressources mises en œuvre dans la spécification des besoins utilisateurs.

Au-delà des spécificités culturelles et à l'occasion d'une étude comparant les services offerts par des départements informatiques d'entreprises américaines et hollandaises, on s'aperçoit que la responsabilité liée à l'établissement des priorités pour l'allocation de budget ou dans le portefeuille de projets est localisée différemment suivant les pays : elle peut être située soit dans les services SI soit dans les entités opérationnelles dans les différentes filiales.

La gestion des hommes

La gestion tactique des différents projets SII doit aussi prendre en compte la gestion de la diversité des interactions entre les différents acteurs : professionnels des SI (concepteurs, développeurs), utilisateurs, comité de pilotage, fournisseurs.

Dans le cadre d'un projet international, une attention particulière doit être portée sur la gestion des compétences et des rôles des concepteurs et développeurs. Plusieurs études (synthèse dans Carton 2003) ont montré des différences dans :

- la perception des facteurs clés de succès par les développeurs : des différences ont été indiquées entre les États-Unis et la Corée ;
- la perception d'évolution dans la carrière des professionnels des SI ;
- la manière de concevoir : en effet, le processus de conception étant largement non structuré, une grande latitude est laissée à chaque concepteur, qui conçoit implicitement selon son propre schéma de valeurs.

Les utilisateurs au sein d'un projet SII possèdent des comportements différents suivant les pays, notamment :

- des différences ont été trouvées imputables à des différences de facteurs culturels : dans le degré d'implication vis-à-vis d'un ordinateur parmi plusieurs groupes ;
- implication différente des utilisateurs dans le développement de SI ;
- utilisation différente d'un même logiciel : l'étude d'un système d'information géographique développé en Occident a notamment montré que l'utilisation du logiciel produit des résultats différents que ceux attendus par les développeurs quand le système est implanté en Inde. Les conceptions du temps/espace inscrites dans le système par les développeurs sont interprétées différemment par les utilisateurs en Inde.

La gestion de la documentation

La conception de la documentation d'un système d'information est à examiner précisément dans le cadre d'un projet international : comment concevoir la bonne documentation au bon format pour tous les clients ?

Le choix d'une documentation monolingue ou multilingue est une des questions essentielles pour le responsable de la documentation d'un projet SII et dépend de plusieurs facteurs (DelGado *et al.* 1996) :

- profil du marché (langues, culture, nombre de ventes par langue). En effet, il est moins cher de faire un document en plusieurs langues que langue par langue ;
- taille du document : il n'est pas possible de réaliser un document multilingue quand il est trop volumineux dans la langue de départ ;
- nombre d'illustrations, de graphiques, de tableaux par document ;
- fonction du document (formation, installation, guide utilisateur...) ;
- fréquence d'utilisation du document : si un document est amené à être fréquemment utilisé, un document par langue semble plus judicieux ;
- exigences légales/juridiques : certains pays imposent le fait de proposer un manuel utilisateur dans la (les) langue(s) du pays. C'est le cas par exemple de la France, de l'Espagne et du Danemark.

Les méthodes de développement

Si plusieurs auteurs ont montré des différences dans la façon de concevoir un système d'information suivant les pays, Palvia Hunter (1996) identifient des différences dans les méthodes de développement de SI utilisées aux États-Unis, en Europe et à Singapour.

Les auteurs préconisent donc dans le développement de SII l'utilisation des compétences et expertises de différents pays afin de produire un système soumis aux exigences de chacun et ce, par l'intermédiaire notamment d'un prototypage culturel. Grâce à des validations successives par des personnes issues des différentes cultures en présence dans le projet, le prototype permet de réduire le fossé culturel existant entre les pays dont la technologie est originaire et les pays destinataires de la technologie.

3.2 Spécificités du processus de production: le cycle de vie d'un SII

De manière classique, les diverses étapes du cycle de vie d'un logiciel sont abordées, en soulignant les spécificités propres à une gestion internationale du projet.

Étude des besoins

C'est une phase extrêmement complexe car une grande partie de la réussite du projet dépend de cette première étape. C'est à cette occasion que le périmètre évolue, que la diversité des besoins et des contraintes organisationnelles, juridiques, techniques, culturelles est exprimée (Sain Lee Burry *et al.* 2000). Une réticence provient aussi fréquemment dans la phase de recueil des besoins due au sentiment de perte d'autonomie future des filiales vis-à-vis du siège.

Conception

La phase de conception peut aussi être l'occasion de confronter des visions différentes du rôle et de l'intérêt des méthodes mises en œuvre. Elle peut enfin être le lieu d'un enrichissement possible durant lequel l'équipe projet peut réutiliser des méthodes ayant fait leurs preuves dans une filiale pour tout le projet (Sain Ley Burry *et al.* 2000).

Développement

Développer un logiciel qui va être utilisé dans plusieurs pays implique un processus en deux grandes phases (LISA, 2003):

- une phase d'internationalisation du logiciel: processus de généralisation permettant de prendre en charge une grande variété de langues et de particularismes locaux;
- une phase de localisation: processus d'adaptation d'un produit (logiciel et documentation) à une zone géographique déterminée: respect de la langue, des codes couleurs suivant les cultures, des codes visuels (notamment la signification des icônes), respect des codes moraux ou religieux.

La spécificité dans le développement de logiciel dédié à plusieurs pays s'inscrit dans la réussite de la phase d'internationalisation. Si cette phase est correctement menée, alors les localisations seront menées rapidement. Dans le cas contraire, chaque localisation s'apparente à la réécriture complète du logiciel, c'est-à-dire à un nouveau cycle de vie complet de logiciel.

Implantation

Concernant la phase d'implantation du système, une revue de la littérature (Carton 2003) montre la diversité des enjeux lorsque le système franchit les frontières nationales:

- l'évaluation du succès d'un processus d'implantation est différente suivant les pays (les critères d'évaluation sont propres à un système de valeurs);
- les conflits culturels peuvent fortement affecter le transfert technologique;

Il est donc nécessaire de considérer la compatibilité culturelle des cultures en présence (notion de capacité absorptive):

- les technologies de l'information sont caractérisées, plus que toute autre technologie par leur adaptabilité : l'adaptation des technologies de l'information à la culture existante augmente les chances que ces technologies soient implantées et utilisées;
- l'équipe d'implantation joue un rôle essentiel dans la réussite du transfert technologique, il est nécessaire qu'elle soit reconnue par les utilisateurs locaux.

Formation

Afin d'être mieux acceptée par les utilisateurs finaux, la gestion de la formation (création des modules et déroulement pédagogique) devrait être localisée par pays destinataires de la technologie. En effet, selon les pays, plusieurs aspects diffèrent:

- l'image du formateur, de «l'enseignant». L'acceptation d'un instructeur étranger n'est pas évidente. Par exemple au Japon (Del Gado *et al.* 1996), les étudiants sont emprunts de déférence vis-à-vis des enseignants;
- le style d'enseignement: alors qu'il existe beaucoup d'interactivité dans les cours aux États-Unis, au Japon, le système d'enseignement est basé sur des conférences;
- la taille de la classe idéale peut varier selon les pays. Ainsi les formations sur le logiciel Interleaf s'est faite à neuf personnes aux États-Unis, au Japon à quinze;
- le rythme et l'intensité de la formation. Les horaires de formation changent par exemple suivant les pays;
- la maîtrise de la langue étrangère est plus ou moins importante aux yeux des personnes formées au nouveau logiciel suivant les pays.

Finalement, la gestion tactique d'un projet SII montre les limites d'une vision où cette activité serait une déclinaison fidèle de la gestion stratégique de la multinationale. Le déploiement de SII ne semble pas être directement lié à la mise en œuvre de la stratégie de la multinationale. Ce serait sous-estimer le rôle des structures sociales qui sont complexifiées dans un cadre international. Le développement de SII s'apparente plus au développement de structures en réseau à une large échelle qu'à un développement traditionnel en systèmes d'information. La spécificité réside dans ce cas à une inertie plus grande lorsqu'on souhaite faire évoluer le système, à un rôle plus important donné au prototypage, à la gestion des imprévus plutôt qu'à une déclinaison fidèle de la stratégie de la multinationale.

4 Conclusion

Ce chapitre a tenté de montrer l'étendue du domaine et des problématiques des systèmes d'information internationaux dans un contexte de globalisation des activités et des marchés.

Les enjeux pour une multinationale dans la mise en œuvre et la maintenance de ces SII se posent aussi bien à un niveau stratégique que tactique et pour les domaines d'activités suivants : gestion de son personnel ; degré d'externalisation *offshore*, gestion de portefeuilles projets, alignement stratégie/infrastructure technologie.

Plusieurs pistes de recherche pourraient approfondir les axes suivants afin de contribuer à une meilleure connaissance et gestion des SII (Gallupe, Tan 2002) : développement d'études propre à un pays (spécificités des pays), interaction culture nationale/développement de SII, études sur les enjeux et problématiques des SII par processus : supply chain, ressources humaines, marketing.

Les questions et pistes de recherche sur les SII sont nombreuses, abordant des domaines multiples, croisant des questions sociales, économiques, éthiques et politiques.

Bibliographie

Barrett M., Jarvenpaa S., Silva L., Walsham G. (2003) "ICT's, Globalization and local Diversity", *Communications of the Association for Information Systems*, vol 11, p. 486-497

Bartlett C.A., Ghoshal S. (1989) *Managing across borders*, The transnational solution Harvard Business School Press.

Carmel E. (1999) *Global software teams : collaborating across borders and time zones*, Upper Saddle river : NJ Prentice Hall

Carton S. (2003) «Systèmes d'Information Internationaux: quels enjeux pour la gestion de projet ?», Partie 2, dans Caron-Fasan M.L., Lesca N. (eds). *Présent et futurs des systèmes d'information*, PUG

Castells M. (1998) *La société en réseaux* Fayard (traduit de *the rise of the network society*, Blackwell Publishers Oxford, 1996)

Cigref (2003) «La gestion des télécoms à l'international, quel mode de pilotage, quelle stratégie de sourcing ?» Rapport.

Del Gado E., Nielsen J. (1996) (eds) *International User Interfaces*, New York, New York : John Wiley and Sons

Edberg D., Grupe F.H., Kuchler W. (2001), "Practical issues in global IT management", *Information systems Management*, vol. 18, n° 1, p. 34

Gallupe R.B., Tan F.B. (2002) "Emerging research themes in global information management" dans Tan F.B. (eds) *Global perspectives in Information technology Management*, IRM Press London

Harzing A.W. (2000) "An empirical analysis and extension of the Bartlett and Ghoshal typology of multinational companies", *Journal of International Business Studies*, vol 31, n° 1, p. 101-120

Herbsleb J.D., Moitra D. (2001) "Global software development", *IEEE software*, vol. 18, n° 2, p. 16-20

Hunter, M.G. and Tan, F.B. (Eds.) "*Advanced Topics in Global Information Management – Volume 3*", Idea Group Publishing : Hershey, PA, 2004. 380 p.

Ives B., Jarvenpaa S.L., Mason R.O. (1993) "Global business drivers: aligning IT to global business strategy", *IBM systems Journal*, vol. 32, n° 1

Keen P.G.W. (1991) *Shaping the future business design through information technology*, Harvard Business School Press

King W.R., Sethi V. (1999) "An empirical assessment of the organization of transnational information systems", *Journal of Management Information Systems*, vol.15, n° 4, p. 7-28

Levitt T. (1983) "The globalization of Markets", *Harvard Business Review*

Leung L. (2003) "Taking IT Offshore", *Network world*, p. 25-57

LISA (Localization Industry Standards Association) (2003) «Guide d'introduction à l'industrie de la localisation», 2° édition, SMP Marketing, LISA http ://www.lisa.org

Nicholson B., Sahay S. (2004) "Embedded knowledge and offshore development", *Information and Management* vol14 n°4 p.329-365

Nicholson B., Sahay S. (2001) "Some political and cultural issues in the globalisation of software development: case experience from Britain and India", *Information and Organization*, vol. 11, n° 1, p. 25-44

Palvia P.C. (1997) "Developing a model of the global and strategic impact of Information technology", *Information and Management*, vol. 32, n° 5, p. 229-244

Palvia S., Hunter M.G. (1996) "Information Systems development: a conceptual model and a comparison of methods used in Singapore, USA and Europe", *Journal of Global Information Management*, vol. 4, n° 3

Sain Ley Bury P., Ketelslegers D., Schrader B., Kennerley M., Neely A., Bargham P., Haehnsen W. (2000) "Building the single market with information technology: lessons from a transnational IT implementation", *Industrial Management and Data Systems*, vol. 100, n° 1, p. 36-40

Trauth E.M. (1999) "Leapfrogging an IT labor force multinational and indigenous perspectives", *Journal of Global Information Management*, vol. 7, n° 2

Walsham G. (2001) *Making a world of difference : IT in a global context*, Chichester : Wiley

Les systèmes d'information et les affaires

Coordination : Moez Limayem

Logiciels libres : un enjeu de société

Daniel Pascot

p. 1847

Introduction

Moez Limayem

La théorie définit que le rôle principal des SI est de supporter les activités d'opérations, de prise de décision et de planification stratégique. Le SI en tant que fonction de l'organisation s'intègre aux autres fonctions comme les ventes et le marketing, la production et les services, la finance et la comptabilité et les ressources humaines. Les SI ont pour ambition d'augmenter la productivité, d'améliorer la prise de décision, de favoriser la collaboration des équipes, de supporter la stratégie de l'entreprise, d'améliorer la qualité des produits et des services. Néanmoins, les études ont montré qu'il est très complexe d'évaluer les retours sur investissements dans les projets de SI. L'expérience a notamment montré que la conception et le déploiement de SI doivent être accompagnés d'un changement de culture et de comportement au sein de l'organisation. D'un autre côté, les récentes études tendent à indiquer que les systèmes d'information doivent s'adapter aux métiers de l'entreprise, et non l'inverse (l'échec relatif de la réingénierie des processus d'affaires dans les années quatre-vingt-dix en est un exemple significatif).

Les premiers SI sont apparus dès les années soixante, et ont privilégié l'amélioration de la productivité en automatisant le traitement de l'information dans certaines fonctions comme la comptabilité. Les systèmes étaient développés d'une manière isolée les uns des autres, souvent par des prestataires différents (on parle de systèmes propriétaires). Par la suite, l'apparition des systèmes de gestion de bases de données a permis aux organisations une meilleure intégration et consolidation de leur SI. On assistera ensuite à la naissance des systèmes d'aide à la décision dont la vocation est de retirer et analyser l'information des bases de données organisationnelles afin de fournir aux décideurs une vue intégrée et claire sur les données critiques de l'entreprise. Plus tard, l'apparition des progiciels de gestion intégrée proposera un niveau encore plus élevé d'intégration du SI, en consolidant l'ensemble des fonctions de l'organisation.

Grâce au développement des technologies de l'information et de la communication, les organisations sont en mesure de mettre en place des SI ouverts et distribués. Avec le développement des réseaux, les entreprises peuvent communiquer via des infrastructures fiables et sécurisées. L'opportunité de remplacer les canaux traditionnels de transactions, par des canaux électroniques, devient alors progressivement évidente pour les entreprises. D'un point de vue plus global, on parle alors de commerce électronique, à savoir l'échange de biens et des services via des canaux électroniques.

Les grandes entreprises (banques, assurances, constructeurs automobiles) en adoptant l'échange de données informatisées (EDI) dès le milieu des années quatre-vingt, vont lancer les prémices du commerce électronique. En effet, l'EDI est une technique qui propose d'informatiser les transactions B2B[1] classiques (commande, facturation, paiement) par l'intermédiaire de standards de communication (EDIFACT ou X12 par exemple) via des réseaux spécialisés de transport de données (appelés réseaux à valeur ajoutée). Initialement très coûteuse, cette technique va progressivement évoluer et devenir de moins en moins onéreuse grâce à l'utilisation d'Internet (adoption de nouvelles normes basées essentiellement sur le langage XML et transmission des données via TCP/IP). Les dernières études indiquent que 45 % des entreprises utilisent ou planifient d'utiliser l'EDI.

La globalisation des échanges marchands interentreprises, particulièrement grâce à l'essor d'Internet, va par ailleurs occasionner la naissance de nouveaux systèmes d'échange : les places de marché électroniques (PDME). Celles-ci, organisées sur l'utilisation des technologies de l'information, mettent en relation fournisseurs et acheteurs, et facilitent leurs transactions électroniques (via des outils et des services spécifiques) au sein d'un cadre institutionnel réglementé.

1. Acronyme anglais de *business to business* qui désigne généralement l'échange électronique entre professionnels.

L'EDI est une technique envisagée sous le prisme des échanges interentreprises (B2B). Il n'intervient que sur une partie de la chaîne de valeur de l'entreprise, à savoir l'approvisionnement. La notion de commerce électronique B2C[1] quant à elle, deviendra une réalité avec l'explosion d'Internet. En effet, l'Internet et le Web, deviennent inévitablement un vecteur de commerce électronique de part leur capacité à combiner facilité d'utilisation, interactivité, accessibilité, mais surtout, à proposer des coûts de mise en œuvre relativement bas par rapport aux autres technologies de l'information.

Ce qu'il faut avant tout noter, c'est qu'un nouvel acteur entre dans la scène du commerce électronique avec l'Internet : c'est le consommateur. Grâce à l'accessibilité et l'utilisation grandissante de l'Internet par le grand public, l'internaute devient un client en puissance. Ce qui encourage naturellement les entreprises à intégrer le média Internet dans leur stratégie commerciale et développer ainsi de nouvelles pratiques commerciales : en amont, le marketing en ligne (publicité électronique, marketing viral, etc.) ; en aval, le support et les services en ligne (suivi de livraison, service à la clientèle, etc.).

Un des facteurs clés de succès du commerce électronique B2C réside dans la capacité des entreprises à attirer et retenir leur clientèle. Face aux contraintes économiques, et notamment à la saturation des marchés, les entreprises sont contraintes à se différencier en adoptant des pratiques commerciales orientées vers la satisfaction du client. La gestion de la relation client (CRM[2]) représente aujourd'hui un défi pour les entreprises en tant que projet organisationnel (établissement de stratégie marketing, reconception des processus) mais aussi en tant que projet SI (implantation et intégration d'applications de *datamining*, de *datawarehouses*, de centre d'appels, etc.).

D'un autre côté, la diffusion de nouvelles technologies (ordinateurs portables, agendas électroniques, etc.) ainsi que le développement et la facilité de connexion aux réseaux d'entreprises (VPN, connexions sécurisées) vont favoriser l'apparition de nouvelles manières de collaborer et de travailler, notamment le télétravail. Cette notion suppose que les employés d'une entreprise travaillent en dehors de l'entreprise, soit à domicile, soit chez le client, soit dans des centres d'affaires distants. Ainsi, les employés des centres d'appels, une des composantes d'un système de CRM, représentent des acteurs à part entière du SI de l'entreprise. La capacité qu'auront les entreprises à rendre le télétravail performant constitue donc un enjeu significatif.

Un autre facteur clé critique pour les entreprises est la veille. Elle consiste à mettre en place des techniques légales pour surveiller l'environnement dans le but de collecter, d'intégrer, d'analyser et de diffuser l'information stratégique qui permettra à l'entreprise d'anticiper les évolutions et faciliter les innovations. Dans le cas du commerce électronique B2C, la veille technologique est extrêmement importante car les technologies employées sur Internet sont sans cesse en évolution.

Dans un tout autre registre, la dissémination de la culture du logiciel libre vers la fin des années quatre-vingt-dix est le plus récent bouleversement apparu dans le monde des systèmes d'information. Du fait de leurs caractères standardisés et généralement gratuits, les logiciels libres offrent désormais aux entreprises la possibilité de mettre en place des SI ouverts, compatibles, faciles à maintenir et à distribuer.

Cette section regroupe sept chapitres traitant en détail les concepts que nous avons évoqués dans cette introduction.

Le premier chapitre de cette section, «Commerce électronique», étudie la notion de commerce électronique. Les enjeux de commerce électronique B2C sont notamment mis en évidence et un accent particulier est mis sur l'importance de l'interactivité lors de l'utilisation d'Internet.

Le deuxième chapitre est consacré à l'échange de données informatisé. La genèse, le fonctionnement, l'évolution et les tendances futures de l'EDI y sont explorés de manière approfondie.

Le chapitre «Places de marché électroniques : définitions, composantes et modèles d'affaires» porte sur les places de marché électroniques. Étant donné le caractère récent et la multiplicité des définitions de ce concept, ce chapitre tente d'identifier les caractéristiques et le fonctionnement d'une PDME, mais aussi d'analyser la valeur ajoutée qu'elles peuvent procurer aux entreprises.

Le chapitre «Techniques de gestion de la relation client», étudie le concept de gestion de la relation client. L'exposé de ce thème est fait aussi bien sur le plan théorique (stratégie, gestion) que pratique (solutions informatiques). Une attention particulière est portée sur les facteurs clés de succès et les défis pour améliorer la relation client.

Le chapitre «Télétravail» tente de définir la notion de télétravail, en insistant sur les différentes configurations de cette nouvelle forme de travail. On y expose les avantages et inconvénients potentiels du télétravail et les défis majeurs que rencontreront les organisations dans l'intégration de ce mode de travail.

1. Acronyme anglais de *business to consummer* qui désigne généralement l'échange électronique de professionnel à particulier.
2. Acronyme anglais de *customer relationship management*

Le chapitre «Veille» a pour ambition d'apporter une vision claire et intégrée sur le concept de veille selon une optique processuelle. On y étudie notamment l'impact de la veille par rapport aux attentes des décideurs.

Le dernier chapitre, «Logiciels libres: un enjeu de société» porte sur le phénomène des logiciels libres. Les différents types de logiciels libres ainsi que leurs caractéristiques y sont développés. Un accent est mis d'une part sur la menace que constituent les brevets, et d'autre part sur les enjeux économiques, techniques, humains et organisationnels lors de la mise en œuvre de ce genre de systèmes.

Bibliographie

Marchand, D. A. (2005), "Reaping the business value of IT". *Business and Economic Review*, July-Sept 2005, 51, 4, p. 21-24.

O'Brien, J.A. (2004), *Introduction to information systems, Eight edition*, McGraw Hill.

"The Business and Information Technologies (BIT) Survey" (2003), Annual Report.

Commerce électronique

Rolande Marciniak

Mots-clés : B to C, B to B, interactivité, échanges électroniques, achat en ligne, vente en ligne, marketing électronique.

Résumé : les enjeux du commerce électronique sont importants, toute la chaîne marketing est concernée par le média Internet: études de marché, publicité, gestion de la marque, processus d'achat. Les enjeux de la numérisation de l'offre commerciale doivent être soigneusement étudiés. Le comportement du consommateur sur Internet est seulement en partie comparable à celui du consommateur traditionnel. L'interactivité sur Internet constitue une notion capitale pour tirer parti des possibilités de ce média électronique; des connaissances et des savoir-faire doivent être développés pour améliorer l'utilité et l'efficacité de l'interactivité dans le commerce électronique.

1 Impact et importance du commerce électronique

Le commerce électronique concerne l'intégration des technologies de l'information et de la communication dans les pratiques commerciales des entreprises. L'Internet étant devenu un média mondial, reliant les agents économiques, le commerce électronique y recourt de plus en plus. Toutefois il convient de signaler que le développement d'activités économiques sur les réseaux informatiques a démarré bien avant l'Internet (dans les années soixante-dix: le développement des grands systèmes de transactions en ligne dans la finance, le transport aérien, les marchés énergétiques, dans les années quatre-vingt: le développement de l'EDI dans certaines filières comme l'automobile, pour le commerce de la grande consommation et en France l'utilisation du minitel). Au sens large, le commerce électronique inclut les achats et les ventes. Dans ce chapitre nous nous focaliserons essentiellement sur les ventes et plus spécifiquement sur les ventes aux particuliers c'est-à-dire le B to C.

1.1 Importance du commerce électronique dans l'activité économique

Les données sur l'importance du commerce électronique cachent une grande diversité de situations. Tout d'abord le commerce électronique interentreprise (*B to B*) est nettement plus important que le commerce électronique des particuliers (*B to C*).

En ce qui concerne le développement du B to C deux facteurs ont un rôle important: le taux de pénétration d'Internet dans la population et le pourcentage de consommateurs en ligne parmi les internautes. À partir de ces deux facteurs, les pays sont souvent classés en trois ou quatre groupes.

En février 2005 les études de la Fevad (Fédération des entreprises de vente à distance) et de l'Acsel (Association pour le commerce et les services en ligne) conduisent à situer la progression de la vente en ligne en France, entre 2003 et 2004, autour de 55% et à prévoir un volume de 10 milliards d'euros pour l'année 2005.

Les ventes sur Internet sont plus développées pour certains types de produits: voyages, livres, musique, services financiers, informatique, voyages.

Ainsi pour le tourisme, voyages, hôtellerie le volume d'affaires des principaux sites français (3 133 millions d'euros en 2004) a été de 1258 millions d'euros.

Pour l'électronique, les livres et les CD il a représenté 1037 millions d'euros.

Les principaux avantages de l'achat sur Internet sont pour les particuliers : l'accessibilité totale (24 heures sur 24), le gain de temps, la facilité et la discrétion de l'achat en ligne, la facilité de comparaison des produits et des prix et l'accès à des produits non disponibles hors ligne.

On réduit très souvent le commerce électronique aux transactions en ligne qui ne sont qu'une étape du processus d'achat. On sous-estime ainsi les relations commerciales situées en amont et en aval de l'achat. Or dans certains secteurs comme l'automobile les achats en ligne de voitures neuves ne représentent qu'1 % taux du marché, alors que plus 75 % des acheteurs de voitures s'informent en ligne avant leur achat. Le commerce électronique doit donc être vu de façon globale comme un média qui s'intègre dans le processus de vente.

Les enjeux du commerce électronique varient selon les types d'activités et des biens et services vendus. Dans certains cas les transactions en ligne représenteront une part importante de l'activité, comme c'est le cas du B to B, de l'informatique, des produits numériques, des services intangibles... Il peut alors y avoir substitution des canaux traditionnels par le canal réseau informatique. Dans d'autres cas, les transactions en ligne resteront marginales ; le canal Internet est plus un élément du processus de vente qu'un canal de transaction, il y a alors une complémentarité des canaux. L'enjeu important pour les entreprises est donc leur capacité à intégrer efficacement le canal électronique dans leur politique commerciale.

1.2 Impacts du commerce électronique

Les caractéristiques du média électronique Internet sont telles qu'il peut affecter toute la chaîne marketing.

En ce qui concerne les marchés, l'aspect mondial ou global d'Internet joue sur le plan quantitatif. Cependant les attentes, les comportements et le processus d'achat sur Internet peuvent aussi évoluer qualitativement. De plus la nature et les politiques de la concurrence peuvent être bouleversées, notamment avec l'éclosion de nouveaux entrants en provenance du secteur informatique. Par ailleurs les appels d'offres en ligne des grands donneurs d'ordre font émerger de nouveaux compétiteurs.

Les outils d'étude du marché en ligne se développent ; les panels d'internautes permettent de suivre « en temps réel » leur parcours de site en site et de savoir ce qu'ils voient et ce qu'ils achètent. Les outils de *data mining* possèdent d'énormes potentialités pour identifier, traiter, suivre et segmenter les clients et les prospects ; c'est un défi majeur pour les entreprises d'aujourd'hui que de savoir comment exploiter ces gisements de données.

Dans le domaine des biens numériques l'impact de l'Internet est potentiellement colossal sur l'offre. Les entreprises traditionnelles de ces secteurs courent des risques majeurs et leurs réactions défensives peuvent être considérables (par exemple l'industrie musicale). Dans d'autres cas c'est une reconfiguration de l'offre qui peut émerger comme par exemple dans le secteur des jeux, l'offre de jeux en ligne. Dans le secteur des biens tangibles, de nouveaux services sont proposés grâce à l'Internet comme par exemple le suivi en ligne des expéditions.

La structure des coûts est bouleversée dans le cas des biens numériques : les coûts d'investissement sont très élevés alors que les coûts de (re) production sont minimes voire nuls. Les catalogues et tarifs en ligne peuvent potentiellement rendre transparents les marchés et donc les prix. De nouvelles méthodes de fixation des prix peuvent être imaginées avec les enchères en ligne et la personnalisation.

L'Internet et les réseaux informatiques sont de nouveaux canaux de distribution. Dans le commerce interentreprise, l'Internet a un impact important dans le mode de relation entre clients et fournisseurs : collaboration en ligne, intégration de la chaîne d'approvisionnement, automatisation des procédures d'achat, négociations en ligne, etc. Pour le commerce aux particuliers l'impact de l'Internet est considérable : comme canal tendant à être prédominant pour les biens numériques et comme canal complémentaire pour les biens tangibles.

L'*emailing* associé aux bases de données marketing, permet de développer le marketing direct. Ainsi la communication d'entreprise et de marque devient interactive et le marketing personnalisé.

Les capacités de traitement des informations en provenance des marchés électroniques peuvent améliorer les outils de pilotage de l'efficacité des campagnes de communication, des offres promotionnelles ; ainsi les chiffres d'activité et la demande des clients peuvent être connus avec plus de précision et plus rapidement.

2 Commerce électronique et intermédiation

Plusieurs modèles économiques coexistent.

2.1 Disparition des intermédiaires traditionnels (désintermédiation)

La vente électronique est faite directement du producteur au consommateur. Contrairement aux prévisions réalisées dans le début des années quatre-vingt-dix ce modèle ne s'est pas généralisé. En fait le succès de la désintermédiation repose sur des conditions toutes nécessaires mais rarement réunies : la capacité à financer les frais d'infrastructures informatiques, la possession d'une marque forte, des achats à forte valeur pour le client, la possibilité de proposer un avantage prix pour le client, la résolution des conflits avec les autres canaux de distribution. Dans certains secteurs comme le luxe ou les cosmétiques les marques ont vu dans la vente directe par Internet la possibilité de compléter le rôle de leurs distributeurs et dès lors leur modèle relève du multicanal.

2.2 L'irruption de e-intermédiaires (ré-intermédiation)

Dans ce modèle, des e-distributeurs se superposent aux distributeurs traditionnels. Ce modèle a été le terrain de prédilection des start-up des années 1995-2000 ; il a donné lieu à un certain nombre d'innovations : la mise en contact des acheteurs et des vendeurs, l'agrégation de l'offre et de la demande, faciliter les transactions, servir de garantie. Cependant ces nouveaux intermédiaires sont fragiles parce que la valeur qu'ils apportent aux clients est insuffisante, leur rentabilité est difficile à atteindre et surtout les acteurs traditionnels réagissent vigoureusement.

2.3 L'intermédiation du producteur (la rétromédiation)

Le producteur devient sur Internet l'intermédiaire entre le client et les distributeurs électroniques ou traditionnels. Le producteur développe ainsi une politique relationnelle en générant du trafic et en qualifiant des prospects vers les points de vente des distributeurs. Le client internaute en transitant par le site du producteur peut se documenter et entrer en contact avec le distributeur de son choix.

2.4 Le multicanal

La vente se fait par plusieurs canaux de distribution. Le multicanal ne date pas d'Internet et s'inscrit dans une logique de complémentarité des canaux. Les objectifs d'une politique multicanal visent à accroître le niveau de service fourni aux clients, leur fidélisation et le développement des ventes. La mise en œuvre d'un nouveau canal peut se faire séparément (filiale autonome ou externalisation) ou de manière intégrée. La séparation des activités a été adoptée au début pour répondre aux spécificités d'Internet et à l'inattention, voire l'opposition, que suscitait en interne ce nouveau canal. Cependant il y a des inconvénients importants dans la séparation des activités en ligne : surcoûts, conflits avec les autres canaux… Aussi la réintégration a constitué un second temps de l'évolution du canal Internet. L'intégration des canaux apparaît désormais plus intéressante. Elle n'est pourtant pas évidente à mettre en œuvre car la variété des canaux est une réelle source de difficultés : multiplication des compétences nécessaires, duplication des services et par voie de conséquence accumulation de coûts. Il s'agit donc de gérer un ensemble de canaux de manière efficace en joignant duplication et complémentarité des services pour satisfaire les clients (logique de service) sans ruiner l'entreprise (logique de coût).

3 Les études de marché en ligne

Des entreprises et des instituts d'études de marchés réalisent le recueil des données en ligne pour leurs enquêtes. Depuis 1990 plusieurs étapes ont été franchies dans ce sens. Tout d'abord sont apparues des enquêtes de satisfaction des visiteurs de sites web, dans lesquelles les réponses des internautes sont recueillies sur des formulaires HTML.

Puis vinrent les premiers panels d'internautes soutenus par la technologie CAWI (*Computer Assisted Web Interview*) ; ils permettent plus de souplesse dans l'administration des questionnaires : filtres automatiques, rotation aléatoire des items pour éviter les biais, etc. Enfin de nos jours le recours à Internet se généralise pour tous les types d'études : tests de concepts, de produits, de publicité, etc.

Les enquêtes en ligne peuvent être quantitatives ou qualitatives et concerner différents domaines.

3.1 Caractéristiques des enquêtes électroniques

Les questionnaires des enquêtes quantitatives sont accessibles par un lien ou par un bouton sur un site, par pop-up, sur bases d'adresses e-mail ou sur panels en ligne. Le tableau 1 décrit les caractéristiques de chaque mode d'accès, ses avantages et ses limites.

Les enquêtes qualitatives électroniques sont généralement conduites à partir de réunions de groupes en ligne d'une douzaine de personnes correspondant au profil de consommateurs recherchés. Ils sont recrutés de la même façon que pour les réunions traditionnelles de consommateurs. Les participants répondent aux sollicitations d'un animateur et échangent leurs avis en *chat room*.

Contrairement aux réunions de groupe traditionnelles les participants ne se voient pas et bien que la réunion dure moins longtemps le nombre de verbatim recueillis est comparable à celui d'une réunion réelle.

Mode d'accès	Caractéristiques	Avantages	Limites
Lien ou bouton sur un site Adapté aux enquêtes rapides et légères (quelques questions simples).	Questionnaire mis en ligne sur un site, les internautes accèdent au questionnaire en cliquant sur un lien ou un bouton	Facilité et rapidité d'exploitation	Fiabilité variant selon la page sur laquelle figure le lien ou le bouton Faible taux de participation Le questionnaire ne doit pas être trop long
Pop-up Adapté pour l'analyse des profils de visiteurs, leur satisfaction, leurs attentes.	Une fenêtre est installée sur une page de site web pour permettre l'accès au questionnaire ; cette technique est en général associée au CAWI avec un système d'incitation à répondre.	Installation possible sur plusieurs pages. Incitation de la fenêtre plus forte que le bouton ou le lien. Ouverture aléatoire de la fenêtre possible pour ne pas « sursolliciter » le visiteur.	Biais possibles en fonction des pages concernées. Taux de participation.
Bases d'adresses électroniques Adaptées pour l'enquête de satisfaction des internautes et pour les enquêtes B to B.	Adressage d'un courriel aux internautes que l'on souhaite interroger ; cette technique est en général associée au CAWI avec un système d'incitation à répondre.	Automatisation de la solution. Personnalisation du courriel. Segmentation des internautes touchés.	Disponibilité des adresses électroniques. Fiabilité des adresses électroniques. Coût de l'achat des adresses électroniques.
Panels en ligne Adaptés pour des analyses de comportement d'achat	Recrutements des panels variés : bannières de publicité, bases d'adresses électroniques, bases coordonnées téléphoniques... Gérés comme des panels classiques	Fiabilité Ciblage	Coût

Tableau 1 Avantages et inconvénients des modes d'accès des enquêtes électroniques

La dynamique de groupe fonctionne comme pour les techniques d'expression d'experts (méthode Delphi).

Le tableau 2 présente les avantages et les limites de la réunion en ligne de groupes de consommateurs.

Avantages	Limites
Spontanéité des réponses quant aux attitudes et opinions individuelles (temps 1) et enrichissement par le débat collectif (temps 2) Cibles proches de celles répondant aux entretiens individuels c'est-à-dire difficiles à réunir en réunion réelle Possibilité d'interaction du commanditaire de l'étude Verbatim édités en « temps réel »	Absence de lien physique avec l'animateur et donc impossibilité de prise en compte des informations non verbales émises par les consommateurs (intonations, mimiques, etc.) même s'il existe un langage codé des émotions pour les internautes

Tableau 2 Avantages et limites des réunions en ligne pour les enquêtes qualitatives

Les enquêtes en ligne sont principalement utilisées dans les domaines suivants : évaluation des sites web, des services en ligne, études de satisfaction clients, prétests et post-tests de communication pour les campagnes publicitaires, tests de concept ou de produits.

3.2 Avantages et limites des enquêtes en ligne

Les principaux avantages reconnus sont :

- le coût : il peut être inférieur de 30 à 50 % en raison de l'auto-administration, de la réduction des coûts téléphoniques, de déplacement des enquêteurs et d'affranchissement postal. L'effet coût joue de plus en plus au fur et à mesure qu'augmentent la taille des échantillons et la longueur des questionnaires ou la durée des entretiens ;
- la rapidité de réalisation et de recueil des résultats : ainsi si en face à face ou par téléphone on a plusieurs dizaines de personnes en simultané il est possible d'en avoir en ligne plusieurs centaines à plusieurs milliers ;
- une meilleure homogénéité méthodologique des conditions de recueil et une comparabilité multinationale et multiculturelle facilitée ;
- une autonomie plus grande des répondants : l'enquêté en ligne choisit de répondre au moment qu'il souhaite et y consacre la durée qu'il veut ; il peut quitter à sa guise le questionnaire et le reprendre plus tard. Il acquiert ainsi plus de pouvoir dans la relation d'enquête. On peut penser que ce caractère moins intrusif d'Internet contribue à améliorer la qualité des réponses recueillies. Les réponses sont aussi supposées moins biaisées par la tentation de présenter une attitude conforme à ce qu'est censé espérer l'enquêteur ;
- la possibilité d'interroger des cibles peu disponibles ou très indépendantes.

Préparation de l'achat	Facilitation de la transaction	Après-vente
Accueil	Prise de commande et de réservation	Réassurance
Prise en charge	Facturation	Livraison
Information sur l'offre	Paiement	Installation
Conseil à l'achat		Formation à l'utilisation
Traitement de cas particuliers		Maintenance, réparation
		Traitement des réclamations
		Programmes de fidélisation

Tableau 3 Les services associés au produit

Les limites des enquêtes en ligne sont plus spécialement :

- les attitudes spécifiques des internautes qui sont censées être plus innovantes ou technophiles ;
- la difficulté de constituer des échantillons représentatifs du «grand public» car en 2005 moins de la moitié des ménages français possèdent un accès à Internet.

Une étude menée par le Club «Études et Internet» a permis de tirer les enseignements suivants sur les différents modes de recueil de données :

Les écarts des réponses sont sensibles entre le mode face à face et le téléphone

Les écarts sont encore plus sensibles selon qu'il y ait ou non présence de l'enquêteur

Il y a une forte convergence entre les études en ligne et le recueil postal.

4 La numérisation de l'offre

La numérisation de l'offre peut porter sur les services associés au produit ou sur le produit lui-même lorsqu'il est numérisable.

4.1 Les services associés au produit

Ce sont les services situés au cœur de l'offre apportant au produit des bénéfices additionnels pour les clients ; ils peuvent être sources de différenciations.

Les services associés font partie de la politique produit.

Ces services associés peuvent être délivrés numériquement et, du fait du faible coût de production des services numérisés, la différence entre services associés de base et additionnels s'estompe. Dans certains secteurs des entreprises se sont créées en s'appuyant systématiquement sur l'Internet ; cela leur permet de proposer des prix plus bas aux clients. C'est le cas par exemple des compagnies aériennes *low cost* comme Easyjet.

4.2 Les produits d'information numérisés

Les technologies numériques ont un impact profond sur les politiques de produit à travers les stratégies de substitution ou de complémentarité.

Les produits numériques sont des produits qui peuvent être numérisés quel que soit leur support d'origine. Il s'agit :

- de documents de toutes sortes : écrits (livres, ouvrages, guides, journaux, périodiques, base de données...), sonores (musique, programmes radio...), visuels (images, films, vidéo...), multimédia (sites web, cédérom...), informatiques (logiciels) ;
- de supports variés : d'accès et d'identification (ticket, billets, clefs...), d'échange (instruments monétaires, titres financiers...) ;
- de services intangibles : financiers, conseils, enseignement, etc.

Ils ont trois caractéristiques essentielles pour la définition de leur politique produit :

- Ils ne sont pas détruits par leur consommation : un fichier MP3 peut être joué des millions de fois sans connaître la moindre usure. La conséquence de cette caractéristique est que le marché de remplacement est lié à l'obsolescence pas à la détérioration. Les entreprises de produits numériques peuvent alors adopter une politique d'accélération de l'obsolescence pour activer le marché de remplacement.
- Ils peuvent être dupliqués à l'infini : le produit numérique prenant la forme d'un fichier informatique, sa duplication est très facile sans se priver de la jouissance de l'original. Ce clonage numérique est un enjeu considérable pour la protection des droits d'auteur.
- Leurs coûts de production marginale et de distribution physique sont négligeables : imprimer un cédérom coûte quelques dizaines de centimes d'euros, la distribution sur Internet coût quelques centimes d'euros. Les coûts se situent au niveau de l'investissement, aussi les prix de ces produits sont-ils fixés à partir de l'estimation des frais d'investissement et de la prévision du nombre de ventes. De ce fait on

constate des politiques très variées de tarification pour ces produits.

4.3 Les enjeux de la numérisation

Il est important de prendre en compte différents facteurs pour analyser ces enjeux :

- la distinction entre produits numériques et services associés numériques : potentiellement toutes les offres sont concernées par la numérisation des services associés aux produits. Par contre seuls les produits d'information seront concernés par la numérisation du produit ;
- le potentiel de création d'une offre nouvelle grâce à la numérisation : dans certains cas le produit numérisé se substituera totalement ou partiellement aux produits existants, alors que dans d'autres cas, la numérisation permettra d'offrir des produits nouveaux.

  Deux axes permettent de distinguer quatre politiques de l'offre numérique : le type d'offre (produits numériques versus services associés), la nouveauté de l'offre (offre préexistante/offre nouvelle).
- la substitution (produit numérique et offre préexistante) : les marchés concernés peuvent être bouleversés car le cœur même de l'offre est concerné. L'offre numérique peut se substituer entièrement à l'offre tangible ;
- l'automatisation (services associés et offre préexistante) : les services associés sont numérisés. Ce cas s'est généralisé dans tous les secteurs, des différences apparaissent selon le potentiel et le degré d'automatisation des services associés ;
- diversification (produit numérique et offre nouvelle) : de nouvelles offres commerciales sont développées – cf. accès par abonnement aux archives d'un journal ;
- la valorisation (services associés et offre nouvelle) : il s'agit dans ce cas de trouver des services associés nouveaux grâce à l'Internet – cf. Federal Express, qui a le premier proposé un service complémentaire à ses clients concernant l'information en temps réel sur le transport et la localisation du colis du client par Internet ; sur un autre média le service aurait été trop onéreux.

4.4 Effets de la numérisation

Deux effets peuvent se combiner la diminution du coût et la possibilité de différenciation. Lorsque les deux effets jouent l'offre numérique provoque la substitution et l'automatisation – cf. la photographie numérique. Si aucun effet ne joue l'impact de la numérisation est très marginal – cf. le secteur de production des biens de grande consommation peu complexes ne nécessitant pas d'implication. Lorsque les coûts induits par la numérisation (marketing, informatiques, animation de site et logistique) ne permettent pas l'avantage de coût et que la numérisation apporte des bénéfices aux clients, alors la différenciation intervient par le développement de services associés – cf. l'achat de produits alimentaires par Internet représente un marché de niche s'adressant prêts à payer plus cher pour le service. Lorsque la numérisation permet de diminuer les prix alors une segmentation par les prix s'opère pour l'offre numérique. Le plus souvent les services associés diminuent pour que le prix soit encore plus attractif et que la segmentation puisse jouer pleinement.

4.5 Numérisation et politique des prix

L'impact de l'offre numérique sur la politique de prix peut prendre diverses formes.

En ce qui concerne les prix de revient et de vente l'impact est considérable pour les produits numériques, il est par contre très aléatoire pour les autres produits. Sur les marchés électroniques B to C les modes de fixation des prix semblent rester identiques à ceux des marchés réels : prix fixes, et remises pouvant être négociées au cas par cas. Cependant les ventes aux enchères se sont développées. Différentes formules d'enchères sont proposées sur Internet : normales (un prix minimal ou de départ est fixé par le vendeur), avec réserve (un prix de réserve fixé par le vendeur n'oblige pas le vendeur à vendre s'il n'est pas atteint), inversées (le prix diminue à intervalles réguliers pour atteindre un prix plancher, celui qui arrête le premier la descente du prix devient l'acquéreur), les contre-enchères (le client fixe un prix et d'autres paramètres, l'offreur négocie avec ses fournisseurs une proposition proche des vœux du client). Les groupements d'achat sur Internet semblent devoir rester marginaux et la plupart des sites pionniers ont disparu.

La transparence de l'offre permise par l'Internet conduit à une meilleure information des consommateurs, mais elle n'est pas pour autant parfaite car l'information reste sous le contrôle des producteurs ou des offreurs ; elle est donc par Internet plus accessible mais elle n'est pas forcément plus complète que celle fournie sur d'autres médias. Les producteurs donnent peu d'informations sur les prix de vente hors Internet de leurs produits qui sont dans la majorité des cas variables car fixés par les distributeurs. La principale source d'information sur les prix provient des sites marchands.

L'aide à l'achat par les agents intelligents permet de trouver un produit et son vendeur et une comparaison des prix. Le tableau 4 signale les types d'agents et leurs fonctions. Les agents d'achat peuvent combiner plusieurs de ces fonctions.

Types d'agents et fonctions
Agents de veille : surveillance de sites sur un thème
Agents d'administration : facilitent la gestion du site et le référencement
Agents de navigation : accélèrent le chargement et la navigation
Agents de divertissement : pour les jeux

Tableau 4 Les types d'agents intelligents

5 La publicité électronique

Les caractéristiques exceptionnelles du média Internet en font un média puissant mais ambivalent.

La publicité sur Internet est faite d'insertions publicitaires payantes ou non dans des supports en ligne ; elle exclut : les sites de marques et de e-commerce, le marketing direct en ligne (e-mail commercial et *newsletters*).

Les sites supports sont de deux types : les généralistes (moteurs, annuaires, portails ; ils attirent plus de 80 % des budgets) et les spécialistes (dans ce cas il faut qu'il y ait une proximité du contenu éditorial du site et des thèmes de l'annonceur).

5.1 Le marché de la publicité électronique

L'IAB (International Advertising Bureau), une association internationale regroupant les principaux acteurs du domaine, réalise des études sur la publicité sur Internet. Selon ses études, en 2003, la publicité sur Internet représenterait 2 % des dépenses totales en publicité. Depuis 2001 il semblerait que les recettes publicitaires de la e-pub aient baissé en valeur mais le volume de la publicité en ligne n'a pas diminué. Le site du *Journal du net* présente les différents types de formats publicitaires avec des exemples et des commentaires sur leurs avantages et inconvénients. Outre les bannières et les interstitiels (des pages de publicité s'intercalant entre des pages web) on trouve également le sponsoring (le parrainage d'un site ou d'une rubrique) qui fait apparaître la marque ou le logo du sponsor et du rédactionnel sous forme de publireportage.

Le coût de l'espace publicitaire sur Internet a beaucoup baissé et se situe entre celui de la presse magazine et celui de la presse quotidienne.

5.2 Mesure de l'efficacité de la publicité sur Internet

Le taux de clic (pourcentage d'internautes exposés à une bannière et qui l'activent en cliquant dessus) est utile lors d'une campagne visant à créer du trafic vers un site marchand, mais il peut avoir moins d'intérêt lorsqu'on fait une campagne de notoriété ou d'image. Le taux de clic est deux fois plus élevé sur un site ciblé que sur un site généraliste. Dans de nombreux pays on a observé une chute du taux de clic ; en fait plus l'internaute est expérimenté moins il clique sur une bannière qui le détourne de son chemin. Pour augmenter le taux de clic, des innovations ont été apportées en termes de formats, de création de technologies ; cependant elles peuvent rendre plus intrusive la publicité et provoquer des réactions de rejet, les internautes installant des logiciels supprimant les pop-up et les bannières. La création est un facteur déterminant de l'impact d'une campagne ; or sur Internet plus la création est sophistiquée (animations, vidéo...) plus le poids informatique (en Ko) du message est élevé et plus la transmission du message est ralentie. La généralisation du haut débit devrait faciliter l'expression de la créativité.

Potentiellement, Internet permet un meilleur ciblage de la publicité et une plus grande souplesse d'utilisation. La puissance d'un site support de publicité est liée à son taux de pénétration dans la population des internautes (couverture globale), dans la cible (couverture utile) et à la vitesse avec laquelle le site délivre un nombre important d'expositions au message publicitaire afin d'obtenir rapidement un taux de couverture significatif. Les sites puissants sur Internet sont peu nombreux et sont aussi les moins ciblés : portails, moteurs de recherche... Il y a donc un paradoxe Internet, le média de l'affinité, est utilisé à travers ses sites les plus généralistes. Le cumul d'audience sur les sites est un indicateur intéressant pour un annonceur car il permet d'estimer la durée de la campagne permettant d'atteindre une certaine couverture d'audience. La distribution des ODV (occasions de voir un message) sur Internet semblerait encore décevante par rapport à d'autres supports ; une campagne courte, d'une ou deux semaines, ne permettrait pas d'atteindre la couverture souhaitée. Internet est avant tout excellent en termes d'affinité (taux mesurant la proximité de l'audience d'un support avec la cible visée par le message). Les sites spécialisés correspondent à des communautés de centres d'intérêt qui sont d'excellentes cibles marketing.

En définitive, Internet support de publicité est un média qui n'a pas encore atteint la maturité. Il peut être utilisé efficacement sur des publics bien ciblés.

6 La pertinence d'Internet

La pertinence du média Internet se pose véritablement dans deux domaines : celui de la marque et celui du produit.

6.1 La marque sur Internet

Avec ou sans Internet le rôle de la marque varie selon les secteurs d'activité et la stratégie de l'entreprise. Cependant les problèmes à résoudre sont différents s'il s'agit de créer une marque pour une activité en ligne ou au contraire de valoriser sur Internet une marque existante.

Trois questions se posent dans le cas de la création d'une activité sur Internet à propos de la marque : l'appellation, le besoin de notoriété et le problème de la confiance.

- Sur Internet, le nom de la marque est aussi celui de l'adresse électronique (le domaine). Il est conseillé de rapprocher ces deux noms. Le nom doit donc être facile à retenir et à taper au clavier. Si l'on adopte un nom trop descriptif d'un produit ou d'une activité cela risque à terme de bloquer le développement de la marque vers d'autres produits ou activités. Aurait-il été aussi facile à Amazon. com de vendre autre chose que des livres si elle avait choisi un nom du type livreenligne. com ?
- Sur Internet les clients doivent aller vers la marque, il faut donc qu'il puisse la mémoriser facilement pour l'atteindre rapidement. La notoriété est très coûteuse à construire rapidement et peu de marques en ligne ont acquis une grande notoriété.
  La communication en ligne n'est pas suffisante; il est nécessaire de faire appel aux médias classiques: télévision, affichage, radio,... Cela n'est souvent pas possible financièrement pour bon nombre d'entreprises créées sur Internet. Le choix consiste alors à se concentrer sur la communication en ligne: en concentrant le budget sur une présence dans des lieux de grande concentration d'internautes (les grands portails), en allant vers leur public de façon très ciblée par l'utilisation de fichiers e-mail ou SMS, en construisant une clientèle par le bouche à oreille, marketing viral, rédaction presse.
- Le caractère virtuel d'Internet n'est pas favorable pour différentes raisons qui se cumulent pour une marque en ligne. Dans un magasin réel le client perçoit un très grand nombre de signaux qui lui permettent de comprendre l'offre, Internet est un écran à deux dimensions et les messages émis semblent plus pauvres. Les entreprises en ligne peuvent donner l'impression d'une pérennité douteuse. Le débat sur la violation de la vie privée provoque des réticences de la part des internautes, quelles informations sur moi le site possède-t-il ?... Pour construire la confiance, des signaux de crédibilité et de sérieux sont émis à travers notamment, mais pas seulement, l'utilisation de différents mécanismes psychologiques de construction de la confiance. On fait jouer le mécanisme de transitivité de la confiance : si quelqu'un en qui j'ai confiance me recommande un tiers j'ai tendance à avoir confiance en lui. Les témoignages des clients sur les sites relève de ce mécanisme, mais les internautes peuvent aussi penser qu'il s'agit de témoignages de complaisance. Les labels peuvent aussi être un support du processus de transfert de la confiance; dans ce cas l'entreprise signe une charte d'engagement auprès d'un organisme certificateur qui contrôle le respect des normes de qualité ou de déontologie; mais un bon fonctionnement du label implique qu'il soit connu et que sa réputation soit bonne – cf. Verisign et eTrust. La marque peut aussi communiquer clairement ses engagements sur le site (charte des valeurs, garanties, engagements...) ; en rendant ainsi son comportement futur prévisible l'entreprise crée un facteur de réassurance.

Toutes les entreprises ont un site sur Internet, cependant un certain nombre de questions se posent pour que le site devienne un média de communication de la marque : faut-il créer un site d'entreprise ou un site de marque ? Des sites de produits par segments de marché ? (pour qui et pour dire quoi) Faut-il n'avoir qu'un seul site accumulant les informations, ou bien créer des sites temporaires selon les thèmes abordés ?

6.2 Quels produits sur Internet ?

Internet est un média *pull*, bien adapté pour transmettre de l'information et des services utiles. La pertinence d'Internet n'est donc pas identique pour tous les produits.

La visite des sites est une action volontaire et l'on peut s'y diriger de plusieurs façons : en tapant l'adresse URL, en passant par un moteur de recherche, en suivant un hyperlien et au travers d'une sollicitation (e-mail, bannière...). La proportion de ces catégories d'accès varie selon les sites. Un site bien référencé peut être visité de nombreuses fois. Si la notoriété de la marque est forte le site sera consulté à condition s'il délivre de l'information pertinente et utile.

Internet est un média bien adapté pour diffuser de l'information et des services utiles. Le site doit apporter des solutions : trouver un prix, l'adresse d'un magasin, ses horaires d'ouverture, les modalités de fonctionnement du service après-vente... Les sites conviennent donc surtout aux produits ayant un potentiel d'information et de service et impliquant le consommateur.

Lorsque le produit n'implique pas le consommateur et qu'il adopte à son égard un comportement rationnel le besoin d'information est faible. Il ne semble pas y avoir un grand intérêt à développer un site sur le produit ou la marque.

Les produits fondés sur des habitudes d'achat ou des impulsions sans implication sont en général l'occasion de publicité intrusive. Il faut alors envisager les diverses modalités de publicité (bannières publicitaires ou sponsoring sur sites ciblés) et d'animation électronique (sites événementiels, pour les promotions et intégrant des jeux pour faciliter le contact avec les clients).

Les produits impliquant le consommateur et un choix rationnel peuvent tirer un grand avantage de l'Internet. Le besoin d'information est fort car le client est impliqué et le produit complexe. Il faut alors examiner les points suivants : la crédibilité des données publiées sur Internet, la variété des services et des besoins informationnels des clients, la périodicité nécessaire d'actualisation des informations...

Lorsque le produit implique le client mais que son choix est régi par l'imaginaire ou les émotions il est important que le site ne nuise pas à l'image de la marque et il faut qu'il délivre de l'information non délivrée par les autres médias.

7 Internet et l'interactivité dans la relation client

La gestion de la relation client est traitée dans le chapitre «Techniques de gestion de la relation client» de cette section. Nous traiterons ici de l'interactivité du média Internet et de son apport dans la gestion de la relation client. Les premiers travaux sur l'interactivité couvrent essentiellement deux champs le marketing direct et la communication ; un troisième champ concerne l'aide à la décision du consommateur mais il est plutôt marginal. Le développement du média Internet va réenclencher les débats autour du concept d'interactivité. En 1994 le Marketing Science Institute (MSI) organise une première conférence sur l'impact des médias interactifs sur le marketing mix. En 1996, l'interactivité électronique en marketing est définie comme étant «un environnement électronique d'information marketing intégrant une communication bilatérale dans laquelle le consommateur peut contrôler la recherche et l'acquisition d'informations personnalisées et s'il le souhaite passer une commande électronique par le même médium pour l'achat de produits et services». En 1997, le MSI organise une seconde conférence intitulée «Research frontiers in interactive marketing». Le dépassement de la perspective strictement communicationnelle de l'interactivité est enclenché.

L'interactivité est considérée comme un élément déterminant de l'implication des internautes dans la communication marketing. Vingt-trois fonctions interactives ont été recensées ; elles vont du téléchargement au moteur de recherche, en passant par la carte postale électronique et la commande en ligne. Cinq catégories de fonctions interactives sont associées aux actions marketing : le support clientèle, le recueil de données, le guide de choix, la publicité-promotion et le divertissement. L'assistant personnel de choix est l'une des fonctions interactives marketing les plus remarquables ; elle devrait affecter la façon dont les individus choisissent leurs produits dans un environnement hypermédia. Dès lors le comportement d'achat en ligne et l'aide à la décision sont directement associés à l'interactivité.

7.1 Le comportement du consommateur en ligne et l'interactivité

Plusieurs modèles du comportement du consommateur sur Internet ont été proposés.

Le modèle du «flot»

Le modèle de navigation du consommateur sur Internet s'articule autour du concept de «flot» (*flow*). Le flot est un processus d'expérience de navigation sur Internet, caractérisé par une séquence ininterrompue de réponses, facilitée par l'interactivité homme-machine, agréable, accompagnée par une perte de conscience de soi et auto renforcée. Dans le flot la conscience de soi disparaît, la perception du temps est altérée et la sensation gratifiante. Cette conception insiste avant tout sur la nature expérientielle du comportement : l'expérience vécue et créée lors de la navigation. Le modèle distingue les trois caractéristiques suivantes :

- caractéristiques de contrôle, c'est-à-dire le différentiel entre les challenges technologiques qui sont présentés à l'utilisateur et ses aptitudes à y répondre ;
- caractéristiques de contenu, c'est ici que se situe le flot auquel est parfois ajoutée la notion de *vividness*, exprimé sur deux dimensions, la largeur (nombre de dimensions sensorielles sollicitées) et la profondeur (la qualité de la représentation ou de résolution) liée à la bande passante. La notion de «vividness» renvoie à la façon dont l'environnement médiatisé présente l'information aux différents sens de la personne ;
- caractéristiques de processus, elles concernent les motivations de la navigation en distinguant une orientation finalisée (but à atteindre) et une orientation expérientielle (expérience à vivre).

Les attentes des internautes seraient variables selon l'objectif de leur navigation. Une orientation utilitaire ou finalisée exigerait que la navigation sur Internet soit rapide, facile à utiliser, fournisse des réponses immédiates, laisse de l'autonomie, fasse gagner du temps. Une orientation expérientielle serait associée à l'unicité de l'expérience, des interactions facilitées avec d'autres consommateurs, une promenade possible de site en site, au caractère attrayant du site et à la profusion de choix possibles à travers le site.

En 2000, le modèle du flot a été opérationnalisé et testé ; il comprend treize construits et soixante-six éléments. L'aspect récréatif et expérientiel de la navigation est beaucoup moins présent dans le cas d'achat en ligne ; les activités en ligne finalisées, comme le travail, la recherche d'information ou l'achat, sont fortement corrélées à la compétence, en tant qu'internaute, et au contrôle. On évoque alors les possibilités offertes aux consommateurs par les outils d'aide lors de la navigation et la prise de décision sur des sites marchands. Sont distinguées les aides qui augmentent la capacité de traitement de l'information du consommateur, des approches plus sophistiquées qui utilisent les systèmes d'aide à la décision. Puis le courant des recherches en marketing rattaché à ce modèle évoque au mieux ces potentialités mais sans les approfondir et les développer.

Le modèle ergonomique de la navigation sur Internet

Ce modèle s'intéresse au lien entre l'ergonomie des sites et la fidélité des internautes à travers la qualité de la relation commerciale. Que l'internaute sache ce qu'il recherche (navigation finalisée) ou pas (navigation expérientielle), le rôle de l'ergonomie du site est important. Cependant il n'y a pas de modèle d'ergonomie de site universel, les déterminants du confort d'utilisation et l'ergonomie dépendent des motifs de la visite et de l'expertise des utilisateurs face au web.

Un modèle intégré

Un modèle intégrant les différents courants a été proposé en 2001. Dans ce modèle, l'interactivité est associée aux seules variables d'atmosphère du site qui correspondent au design et à l'ergonomie du site.

Comme cela a été remarqué, dans une thèse récente sur l'interactivité dans la relation d'achat en ligne, aucun lien n'est directement établi avec le processus d'achat ni avec les variables individuelles.

7.2 L'interactivité dans la relation d'achat en ligne

En 1999 une étude sur la vente de voitures par Internet en Amérique du nord conclut que la moitié des acheteurs de véhicules neufs auraient initié leur processus achat sur l'Internet. Ce résultat important montre que le recours à l'Internet en amont du processus de choix vise à acquérir des informations sur les offres, les produits et les services associés au produit. Ces informations permettent de découvrir et construire le problème décisionnel, l'ensemble de références et le système de préférences. Le rôle d'aide à la décision de l'Internet et des sites web est ainsi confirmé. Mais l'étude de l'interactivité comme élément de la relation d'achat dépasse le cadre du e-commerce ; elle s'insère dans l'étude du comportement global du consommateur et de la gestion relation client. En effet les résultats de différentes études montrent que la recherche d'information en ligne et le marketing en ligne en général peuvent générer une augmentation des ventes en magasins traditionnels. Les premières études françaises sur le sujet, parues en 2001, proposent un modèle intégrant des interactions en ligne et hors ligne. Quatre relations possibles sont envisagées. Le premier type d'interactions s'effectue complètement en ligne ; le prospect cherche de l'information sur Internet et y réalise sa transaction. Le second type d'interactions s'effectue traditionnellement hors Internet. Le troisième type concerne la recherche en amont d'information sur Internet et la réalisation de l'acte d'achat en magasin traditionnel. Enfin le quatrième type concerne un prospect qui recherche de l'information en magasin et réalise ensuite la transaction en ligne.

Les recherches expérimentales sur le comportement d'achat en ligne

Différentes études et expérimentations ont été conduites sur l'achat en ligne. Leurs résultats les plus intéressants peuvent être synthétisés ainsi :

- une plus grande accessibilité aux informations sur les prix accroît la sensibilité des consommateurs au prix dans le cas de produits identiques, mais pas pour des produits de même type (mais non identiques) ;
- la sensibilité au prix peut même décroître avec la mise à disposition d'information qualitative sur les produits ;
- une plus grande transparence de l'offre et une liberté de navigation augmentent la satisfaction du consommateur durant sa visite, dans son expérience d'achat et améliorent la mémorisation du site ;
- les arrière-plans (papiers peints) du site influencent le choix du consommateur et le mécanisme d'influence diffère selon le niveau d'expertise du consommateur ;
- la triple interaction (contrôle du flux d'information, charge cognitive et niveau d'expérience) peut être décrite comme suit : un degré de contrôle élevé dans un système simple est un avantage pour le consommateur en ligne, avoir dès le départ un contrôle élevé pour les systèmes complexes s'avère néfaste et les effets positifs ne peuvent se révéler qu'avec le temps.

Ces résultats signalent par leur ambivalence que l'achat en ligne peut à la fois renforcer le pouvoir des consommateurs et leur manipulation par les vendeurs.

Les outils interactifs d'aide à la décision d'achat en ligne

Deux outils interactifs d'aide à la décision d'achat en ligne, l'agent de recommandation et la matrice de comparaison, semblent correspondre aux deux niveaux du processus décisionnel du consommateur identifiés dans la littérature.

L'agent de recommandation permet au consommateur en ligne de mieux apprécier l'ensemble des alternatives possibles à partir d'une formulation sur sa fonction d'utilité. Cet outil intervient dans la phase initiale de découverte de l'offre disponible. L'agent propose une liste personnalisée d'alternatives recommandées fondée sur plusieurs valeurs de paramètres fournies par le consommateur. Cette liste est classée en fonction des scores obtenus sur les préférences du décideur. L'agent de recommandation est en fait l'implantation d'une règle de décision qui permet aux acheteurs de limiter la liste des produits.

La matrice comparative vise à assister le consommateur dans une comparaison approfondie des alternatives les plus prometteuses fournies dans la liste personnalisée par l'agent de recommandation. L'outil permet à l'acheteur d'organiser l'information sur les attributs de plusieurs produits dans une matrice. Cependant la plupart de ces outils ne permettent pas de comparaison frontale des produits attribut par attribut.

Les résultats de plusieurs études, conduites dans le cas de comportement finalisé sur des produits ciblés (vins, chaînes stéréo, matériel de camping...), semblent indiquer que ces outils interactifs d'aide à la décision réduisent les efforts de recherche d'information du consommateur décideur et augmentent la qualité des références prises en compte et des décisions. Leur effet serait donc positif.

Par ailleurs il a été remarqué que la plupart des recherches en marketing sur l'interactivité dans l'aide à la décision d'achat en ligne ne considèrent que les outils facilitant la recherche d'information correspondant aux préférences et aux fonctions d'utilité du consommateur.

L'aide à la construction des fonctions d'utilité et à la structuration des préférences est encore très rarement traitée dans les outils d'achat en ligne. Or cette voie paraît extrêmement intéressante à développer pour l'aide à l'achat en ligne et pourrait s'inspirer des méthodes interactives utilisées dans les systèmes d'aide à la décision. En effet les récents développements de ces derniers intègrent non seulement une phase de calcul mais aussi un dialogue permettant par une exploration progressive la construction des préférences du décideur. À travers ce processus une coconstruction du processus décisionnel entre le décideur et le système un niveau supérieur de l'interactivité est franchi.

8 Le commerce électronique B to B

Le marketing B to B concerne les relations commerciales interentreprises; il comprend le marketing industriel (bien tangibles) et le marketing d'affaires (projets, solutions, services). Ces échanges s'intègrent dans une filière, de ce fait les activités aval et amont interagissent les unes sur les autres. La clientèle peut être concentrée ou éclatée. Lorsque le nombre de clients est important le marketing B to B se rapproche du B to C.

Le commerce électronique B to B est très nettement supérieur au commerce électronique B to C et l'écart ira en s'amplifiant. Les échanges électroniques B to B ne datent pas d'Internet, ils existent depuis les années quatre-vingt (cf. le chapitre «Échange de données informatisé »).

Les grandes applications B to B sont: les achats électroniques, la gestion de la chaîne d'approvisionnement, et la gestion de la relation client.

Les achats électroniques, ou «e-procurement», concernent la logistique entrante. Les fonctionnalités incluent les catalogues électroniques, les cotations de prix, l'information sur la disponibilité des produits, la gestion des commandes, la gestion des contrats de vente.

La chaîne d'approvisionnement concerne les flux des acteurs d'une même filière: flux de produits, de données et financiers. L'objectif de la gestion de la chaîne d'approvisionnement est d'intégrer ces flux et de coordonner les acteurs dans un même système d'information pour réduire les erreurs, les coûts et les délais.

La gestion de la relation clients a pour objet de suivre de façon individuelle les clients dans le temps à travers les multiples canaux utilisés par l'entreprise. Elle est traitée dans le chapitre «Techniques de gestion de la relation client».

Les places de marché apparues avec le développement d'Internet mettent en relation des entreprises intéressées à réaliser des transactions économiques entre elles; elles automatisent et optimisent les services liés à ces relations (cf. chapitre «Places de marché électroniques: définitions, composantes et modèles d'affaires»).

Les avantages des échanges électroniques B to C sont nombreux. Pour les acheteurs on citera les avantages suivants: l'accès immédiat et sans décalage horaire à une grande quantité d'informations sur les fournisseurs du monde entier, la réduction des coûts de gestion des achats, la possibilité d'une mise en concurrence en ligne et celle de réaliser des enchères inversées en temps réel et en aveugle. Pour les vendeurs les avantages les plus importants sont: l'accès en temps réel et sans décalage horaire à de nouveaux clients du monde entier et la possibilité de constituer des bases de données client permettant la gestion de la relation clients, la réduction des coûts (d'accès aux clients, d'administration des ventes et de gestion des canaux de distribution) l'élimination d'intermédiaires ne générant pas de valeur. Les deux parties peuvent ainsi augmenter et approfondir leurs flux réciproques d'information, automatiser les tâches administratives, optimiser la logistique en synchronisant leurs interactions et fonctionner en continu de façon permanente.

La mise en place de ces échanges électroniques est souvent longue, nécessite des investissements coûteux et peut rigidifier le rapport client-fournisseur. La réussite du développement du commerce électronique B to B repose essentiellement sur des solutions adaptées au contexte organisationnel c'est-à-dire plus facilement assimilées par les acteurs concernés, leur apportant une aide concrète dans leurs activités et donc susceptibles d'apporter une valeur ajoutée. Il arrive souvent que des solutions complètes, sophistiquées et intégrées provoquent des rejets du fait des dysfonctionnements qu'elles créent.

9 Le commerce électronique du futur

Quatre facteurs sont susceptibles de jouer sur les développements futurs du commerce électronique : l'évolution des technologies réseaux, l'expansion du logiciel, la structure concurrentielle de la filière Internet et la détermination des entreprises à recourir au commerce électronique pour mieux répondre aux besoins des clients.

- Le protocole IP forme les règles du jeu qui permettent de transporter une information d'une machine vers une autre. Or ce protocole n'est pas optimal, il est adapté pour un réseau riche, bien alimenté en énergie. Le remplacement de ce protocole est complexe car le nombre de paramètres à prendre en compte est très élevé : énergie, qualité de service, fiabilité, sécurité de l'information transportée, etc. L'avenir est celui d'un protocole intelligent capable de s'adapter à son environnement et permettant la convergence des différents médias (cf. le chapitre «Internet : évolution et perspectives» de la section I/1).
- C'est par le développement de logiciels imaginatifs intégrant les fonctionnalités de la réalité virtuelle et de l'aide à la décision interactive que le commerce électronique trouvera une voie originale spécifique et complémentaire aux autres canaux de distribution.
- L'adaptation du système productif aux conditions de l'économie de l'information devrait passer par une recomposition du tissu des relations industrielles d'autant qu'elle est rendue nécessaire par l'écart grandissant entre l'endroit où la valeur est créée (construction d'infrastructures matérielles ou immatérielles et constitution d'audiences) et l'endroit où cette valeur est captée de plus en plus en aval (par une segmentation fine de la demande et une différenciation des biens et des services). Cependant de nombreuses incertitudes demeurent quant à son déroulement : comment se combineront deux mouvements inverses, celui des assembleurs se portant vers le contact du client final et celui des infomédiaires se portant vers l'amont pour valoriser leurs audiences en clientèles ? Comment évoluera le rôle puissant joué par les marques pour tisser des liens entre fournisseurs et consommateurs ? Comment s'agenceront les relations verticales et se répartira la valeur entre les acteurs ?
- Le commerce électronique existe depuis une dizaine d'années, il mûrit. Son développement dans les entreprises se situe aujourd'hui à une phase charnière et concerne le marketing, la chaîne logistique et les systèmes d'information.

Du côté du marketing, comme on l'a vu précédemment, les entreprises auront à affiner leur politique multicanal dans un contexte de multiplication des services disponibles ou et à inventer.

La chaîne logistique, pour sa part, reste une problématique d'autant plus prégnante que la croissance du commerce électronique est allée parfois de pair avec la dégradation de la fiabilité des livraisons ; sur ce point les écarts de performance entre les sites seront déterminants pour leur pérennité.

Quant aux systèmes d'information, leurs infrastructures devront nécessairement évoluer du monde artisanal vers l'industrialisation. En ce qui concerne les infrastructures techniques par exemple, la consolidation des serveurs (c'est-à-dire une standardisation des processus permettant par la rationalisation et l'optimisation induites des économies et une réduction de la complexité) devrait se développer pour assurer la haute disponibilité (disponibilité, sécurité, qualité et continuité de service) des applications de commerce électronique. La nécessité de fluidifier les échanges avec une population croissante de prospects et de clients conduit aussi à une rénovation des architectures autour des thèmes tels que l'accroissement de la bande passante, l'évolution des applications de gestion de la relation client, la refonte des sites pour en améliorer l'interface, l'ergonomie et l'interactivité...

Bibliographie

Cazenave H. (novembre 2003), *Revue Française de Marketing.*

Curien N., Muet P.A. (2004), Conseil d'analyse économique, Rapport «La société de l'information», *La documentation Française*, Paris.

Lendrevie, Levy et Lindon (2003), *Mercator*, Dalloz, 7e édition.

Reedy J., Schullo S. (2004), *Electronic Marketing*, 2e édition, Thomson South-Western.

Stenger T. (décembre 2004), «L'interactivité dans la relation d'achat en ligne: entre information et prescription?», Thèse de doctorat en sciences de gestion, université de Poitiers.

Échange de données informatisé

Samia Ghérab Malki

Mots-clés : e-commerce, EDI, B2B, XML, services Web

Résumé : les échanges interentreprises (*Business to Business*) prennent une place considérable dans le commerce électronique; Leur mise en œuvre repose principalement sur les EDI (échanges de données informatisés). L'objectif de cet article est de réaliser une étude approfondie de l'EDI, en montrant son évolution à travers le développement des nouvelles technologies Internet, sans oublier d'évoquer ses perspectives d'avenir.

Qu'appelle-t-on EDI? Comment fonctionne un système d'EDI? Quelles sont les conditions de mise en place de l'EDI? Quels sont les composants techniques (réseaux, protocoles) intervenant dans une plate-forme EDI? Comment les solutions EDI traditionnelles ont-elles évolué? Les systèmes d'EDI sont-ils sécuritaires? Quelles sont les perspectives de recherches dans l'EDI? Nous allons essayer de répondre à ces différentes questions.

Dans un premier temps, nous évoquons la notion d'EDI. Nous abordons par la suite le fonctionnement d'un système d'EDI, en définissant d'abord la notion de «scénarios EDI et commerce électronique», puis en donnant des exemples d'EDI. Nous étudions ensuite les conditions de mise en place de l'EDI. Puis nous consacrons une partie sur les composants techniques intervenant dans l'EDI, en nous basant sur les réseaux et les protocoles. Nous abordons ensuite la sécurité dans l'EDI. L'évolution des solutions EDI traditionnelles est ensuite introduite, en mettant l'accent sur les nouvelles technologies Internet et les services Web conçus pour faciliter les échanges de données. En conclusion, nous terminons sur les perspectives d'avenir de l'EDI.

1 Définition

EDI signifie échange de données informatisé ou *Electronic Data Interchange*. C'est une technique permettant de remplacer les échanges de documents papier par des échanges interordinateurs regroupés dans des fichiers pouvant être acheminés par l'intermédiaire de réseaux de télécommunications. Ces échanges de données sont structurés sous forme de messages dans le but de réaliser des transactions de commerce électronique entre des partenaires commerciaux. En 1987, un ensemble de normes internationales pour les échanges de données informatisées entre entreprises est mis au point: le langage EDIFACT (*Electronic Data Interchange for Administration, Commerce and Transport*) qui est populaire en Europe et en Asie. Ce standard international normalisé est reconnu par tous les logiciels dotés d'une interface EDI. Les répertoires de messages et de données sont créés et maintenus par le CEFACT (Centre pour la facilitation des procédures et des pratiques dans l'administration, le commerce et les transports) qui dépend des Nations Unies. Il existe actuellement plus de deux cents messages UNSM (*United Nations Standardized Messages*). Un autre standard international sous le nom de ANSI X12 (X12, 2004) existe également; il est largement utilisé en Amérique du Nord.

Fonction	Scénarios	Partenaires
Achats	Envoi des avis de publication Appel d'offres	Fournisseurs Sous-traitants
Ventes	Transaction commerciale courante Interentreprises	Clients privés Clients publics
Paiements	Virement commercial	Banques PME Clients et fournisseurs
Stock et logistique	Gestion du fret routier entre correspondants de transport	Transporteurs Centres de déstockage

Tableau 1 Principaux scénarios par fonction et partenaires impliqués

2 Le fonctionnement d'un système d'EDI

Les messages peuvent être choisis dans un dictionnaire élaboré par le CEFACT. Le groupe de messages triés par fonction est ensuite acheminé par le réseau de télétransmission. Pour décrire le processus interentreprise, nous devons d'abord identifier les scénarios d'échanges impliqués dans l'exécution du processus. Ces scénarios décrivent les documents électroniques échangés et les données traitées par les ordinateurs des partenaires commerciaux.

Le commerce électronique nécessite d'assurer la transmission des informations électroniques et des données des processus interentreprise. Une entreprise aura donc besoin d'utiliser un répertoire de scénarios où seront archivés et tenus à disposition les différents scénarios qu'elle utilise.

2.1 Scénarios EDI et commerce électronique

Chaque fonction de l'entreprise utilise plusieurs scénarios EDI et commerce électronique. Le tableau suivant présente, par fonction, les principaux scénarios qu'elle pourra utiliser et les partenaires impliqués dans l'échange.

Suivant la fonction de l'entreprise, nous pouvons distinguer par exemple les types de messages suivants:

- PARTIN: c'est le premier message échangé par les partenaires dans une relation commerciale. Il contient les données suivantes: nom et adresse de l'entreprise, les contacts (personnes ou services), les numéros de compte bancaire, les plages horaires de livraison. Ce message sert à initialiser les fichiers acheteurs et vendeurs. Il est aussi utilisé pour transmettre toute modification entraînant des mises à jour.
- ORDERS, qui permet de passer une commande. Ce message est envoyé par l'acheteur au vendeur dans le cas de commandes d'articles ou de services. Les données principales contenues dans ce message sont par exemple les dates de livraison, la quantité commandée, les codes et libellés des articles commandés, le prix de l'article, la quantité commandée...
- INVOIC, qui concerne la facture. Ce message est envoyé par le vendeur à son acheteur pour demander le paiement des articles ou services fournis. Les données principales contenues dans ce message sont par exemple l'identification de l'acheteur et du vendeur, les conditions de paiement, le prix de l'article, la quantité facturée, le mode et moyen de transport...
- DELFOR qui concerne les prévisions de livraison. Ce message permet à un acheteur de transmettre au vendeur des prévisions de livraison.

2.2 Exemples d'EDI

Exemple 1

Le schéma suivant (voir figure 1) montre un exemple significatif de l'EDI.

Exemple 2

Le scénario «transaction commerciale courante interentreprise» (voir figure 2) développé par le groupe de travail EDI Light d'EDIFRANCE, est destiné à mettre à disposition des PME et éditeurs progiciels de gestion commerciale un format d'échange simple pour l'accomplissement de leurs transactions commerciales courantes. Ce groupe de travail a pu définir des messages couvrant toute la chaîne commerciale.

Ce scénario enchaîne les principales étapes d'une transaction commerciale, entre un client et son fournisseur, depuis la déclaration des informations sur les intervenants, jusqu'à la facture:

1. Identification d'un fournisseur.
2. Identification de client et ouverture de compte.
3. Le fournisseur adresse au client son catalogue de prix (identification des produits, prix, etc.).
4. Le client adresse au fournisseur sa commande.
5. Le fournisseur répond à la commande (accord ou refus suivant disponibilité des produits commandés, modifications de dates de livraison...).
6. Le client confirme sa commande après modification si nécessaire.
7. Le fournisseur adresse un avis d'expédition donnant les références d'une livraison.
8. Le fournisseur adresse sa facture.

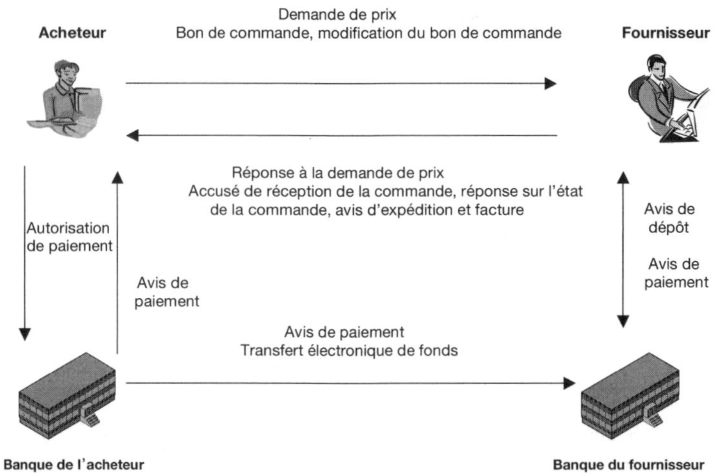

Figure 1 Exemple d'EDI adapté de l'article de (Senn, 1992)

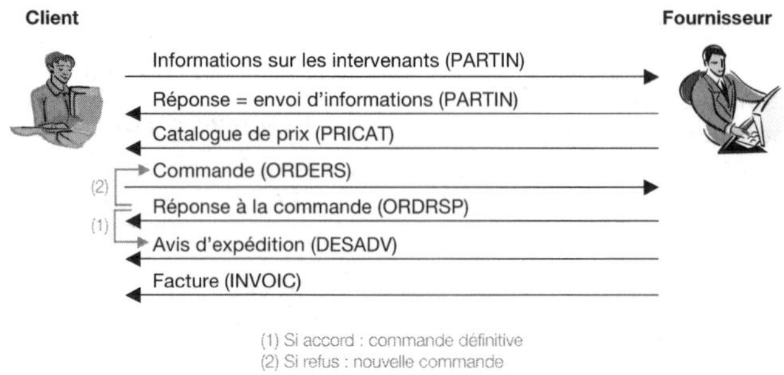

Figure 2 Scénario EDI Light/Edifrance (EdifrancesolutionsPMEI, 2004)

3 La mise en place de l'EDI

Nous nous intéressons dans cette partie aux conditions de mise en place de l'EDI, ainsi que les domaines d'applications de l'EDI :

- L'EDI est surtout intéressant dans le cas des transmissions répétitives de données comprenant des valeurs numériques (commandes, factures, devis, ordres de livraison…). Actuellement, dans le domaine industriel et commercial, les principaux documents concernés par l'EDI sont les bons de commande, bons de livraison, les factures, les règlements, les accusés de réception.
- L'EDI est en place principalement dans les banques (ETEBAC désigne les normes d'EDI entre les banques et leurs clients), les grandes administrations, les assurances, le secteur automobile et la grande distribution (Orbinet, 2004). Elle est présente aussi dans l'industrie agroalimentaire (Owens et Levary, 2002 et Kobayashi, Takeno et Sugawara, 2004), l'industrie et le transport maritime (Ang, Tahar et Murat, 2003), la chaîne logistique (Machuca et Barajas, 2004), les hôpitaux (Liang, Xue, Byrd et Kelly Rainer, 2004) et les transactions comptables (Lanen et Anderson, 2002).
- Pour un fournisseur, installer une relation EDI ne se justifie seulement que si les relations commerciales entre son entreprise et le client sont stables et génère des échanges fréquents de documents.
- L'EDI ne se justifie pas économiquement dans les entreprises de moins de dix salariés, les échanges étant peu nombreux. Les entreprises entreprenant un projet EDI sont en règle générale des moyennes (plus de cent salariés) ou des grandes entreprises, cependant les PME sont elles aussi concernées lorsqu'elles répondent à la demande d'un client ou d'un donneur d'ordres.

Les services EDI peuvent être totalement délégués à un prestataire de services informatiques. Les principaux logiciels de services EDI sont :

- traducteur EDI : convertit le format du fichier spécifique à une application de l'entreprise en un fichier d'un format conforme à la norme EDIFACT ;
- moniteur d'échanges ou gestionnaire de scénarios EDI : il distribue les messages EDI entre les partenaires, leurs logiciels et les scénarios EDI, applique les mécanismes de sécurité, transmet les messages ;
- logiciel de messagerie : ce logiciel reçoit le fichier EDI du moniteur d'échanges ou du traducteur, rapporte les données, encapsule le fichier EDI dans un ou plusieurs messages au format de la messagerie utilisée (X400, MIME sur Internet,...) et transmet le fichier résultant aux terminaux de communication.

4 La plate-forme EDI, les composants techniques : réseaux, protocoles

Pour échanger des informations électroniques, il faut utiliser un réseau de télécommunication. Ces informations sont le plus souvent transportées par des réseaux privés appelés RVA (réseau à valeur ajoutée). Le RVA met à la disposition de chaque abonné une boîte aux lettres électronique. Les services ainsi rendus sont (Guide-informatique, 2004) :
- réduction du nombre de connexions entre partenaires commerciaux ;
- possibilité d'envoyer les messages à toute heure ;
- installation et support des systèmes EDI chez les abonnés ;
- filtrage des messages (suppression des messages anormaux et des virus) ;
- garantie de service ;
- sauvegarde temporaire des échanges en cas d'incident.

Ces services, relativement coûteux sont plutôt utilisés par les grosses entreprises. Ils sont aujourd'hui concurrencés par les transmissions Internet sécurisées.
D'après (Langlois et Gash, 2001), les stations EDI vont souvent directement lire dans la base de donnés des applications de l'entreprise à partir d'API (*Application Programming Interface*) et/ou de liaison via ODBC (*Open Data Base Connectivity*, interface standard de Microsoft permettant d'accéder à des données). La liaison avec les partenaires via un RVA peut utiliser les protocoles de messagerie du type X400 (*International Standard for Message Transmission*), X435 (*EDI transmission based on X400 technology*) et/ou des protocoles Internet du type TCP/IP (*Transport Control Protocol/Internet Protocol*),...

5 La sécurité dans les EDI

En l'absence de sécurisation des échanges (PKI) et de normalisation des données (XML), l'EDI repose sur des accords entre partenaires appelés accords d'interchange (Guide-informatique, 2004). L'accord d'interchange est un contrat par lequel des personnes établissent, dans le cadre de leurs relations, les conditions juridiques et techniques d'utilisation de l'EDI, notamment :
- la forme des messages et le langage utilisé ;
- le rythme des échanges ;
- la sécurisation des messages.

Nous étudierons par la suite chacune des différentes techniques utilisées comme moyens de sécurité dans l'EDI : les techniques de cryptage, la signature électronique et le certificat numérique.

5.1 Les techniques de cryptage

La sécurité des échanges se fait grâce à une clé qui va permettre le cryptage des informations. Le cryptage est un « procédé visant à transformer, à l'aide de conventions secrètes, des informations ou des signaux clairs en informations ou signaux inintelligibles pour des tiers. Le procédé peut également permettre de réaliser l'opération inverse, grâce à des matériels ou logiciels conçus à cet effet » (loi du 29 décembre 1990, art. 28). Les deux techniques qui sont couramment utilisées en EDI sont :
- le cryptage symétrique ou à clé secrète ;
- le cryptage asymétrique ou à clé publique.

Le cryptage est basé sur un algorithme (dit « algorithme de chiffrement ») qui utilise des processus mathématiques pour mélanger les données de manière unique (Cunningham, 2001).

Le cryptage symétrique ou à clé secrète

Le cryptage symétrique est fondé sur le principe de la confidentialité de la clé (Langlois et Gash, 2001). Cette technique utilise une seule clé pour coder les données avant la transmission et pour décoder les données qui parviennent au destinataire. La même clé est donc utilisée par l'émetteur et le récepteur, elle doit rester secrète. Il existe des algorithmes de chiffrement connus dans le cas de cryptage symétrique par exemple le DES (*Data Encryption System*).

Le cryptage asymétrique ou à clé publique

Le principe repose sur l'utilisation de deux clés distinctes : une clé publique et une clé privée. Ces clés sont générées mathématiquement par l'algorithme pour s'assurer qu'un message codé avec une clé ne puisse être décodé que par l'autre clé. Pour ce type d'algorithmes, le couple clé publique/clé privée est unique. Cette caractéristique est essentielle car l'utilisation de la clé publique pour décrypter des informations ou une signature entraîne l'unicité de la clé privée et par conséquent l'authentification de l'émetteur (Langlois et Gash, 2001). Le plus connu des algorithmes de chiffrement dans le cas de cryptage asymétrique est RSA (du nom de ses créateurs : Rivest, Shamir et Adleman).

Une clé publique est généralement déposée dans un lieu sécurisé, tel qu'une banque par exemple, et est disponible pour quiconque souhaite l'utiliser. Si vous effectuez une transaction avec votre banque en utilisant votre clé privée, la banque peut la lire avec votre clé publique correspondante et ainsi avoir la confirmation que vous seul avez pu effectuer cette transaction. C'est l'équivalent de la « signature numérique » (la clé privée est utilisée pour signer un document). Les bases du fonctionnement d'un système à clé publique/clé privée sont :

- une clé privée est connue uniquement de son possesseur ;
- une clé publique est connue de tous ceux qui en feront la demande mais elle correspond à la clé privée d'un unique individu ;
- les données chiffrées par quelqu'un qui dispose de ma clé publique peuvent uniquement être décryptées avec ma clé privée ;
- les données chiffrées par moi avec ma clé privée peuvent uniquement être décryptées par ceux qui disposent de ma clé publique.

5.2 L'utilisation de la signature électronique dans les EDI

Depuis la directive européenne sur la signature électronique et sa transcription dans le Code civil français, la signature électronique est un des moyens reconnus juridiquement d'authentification des parties (Langlois et Gash, 2001). Le principe est de confier à une personne une clé privée, conservée sous son contrôle exclusif, qui permet de signer des documents numériques (par exemple une commande). La signature numérique est constituée à partir d'une empreinte du document numérique. Elle se compose d'un ensemble d'octets unique en fonction du document et de la clé privée de signature. L'intérêt d'une signature est de pouvoir être contrôlée par le destinataire qui peut alors vérifier que le message provient vraiment de l'expéditeur. Conformément aux principes de la cryptographie asymétrique, cette vérification est effectuée au moyen de la clé publique qui lui (le destinataire) a été communiquée préalablement. La vérification avec la clef publique permet d'authentifier l'émetteur signataire (celui qui possède la clé privée) et l'intégrité du document émis.

5.3 Les certificats numériques

Le principe d'un certificat est de rassembler dans un document électronique les éléments identifiant un individu. Il est utile dans plusieurs situations. Il peut servir pour la signature de documents de courrier électronique de manière à identifier et authentifier l'expéditeur de façon certaine. Les certificats sont échangés entre les navigateurs et les serveurs Web au moyen du protocole SSL (*Secure Sockets Layer*), qui permet d'identifier à la fois l'utilisateur du navigateur Web et le fournisseur de l'information et des services sur le serveur (Ben Amor, 2001). Les entreprises ont la possibilité de délivrer des certificats numériques à leurs employés dans le but de les utiliser pour l'accès aux ressources du réseau, remplaçant ainsi les mots de passe et les noms d'utilisateur. Les employés qui accèdent au réseau de l'entreprise à partir de leur domicile ou à distance utilisent les certificats numériques pour s'identifier devant le pare-feu de l'entreprise. Le certificat étant signé, il faut vérifier que ce n'est pas un faux en utilisant la clé publique de l'autorité émettrice.

6 Évolution des solutions EDI traditionnelles

Les grandes sociétés ou administrations équipées en systèmes EDI ont besoin de communiquer avec leurs partenaires qui peuvent être des clients, fournisseurs, transporteurs ou logisticiens. La plupart de ces partenaires ne sont pas équipés de systèmes EDI. Pour que les systèmes informatiques puissent dialoguer entre eux de manière fiable et peu coûteuse, un certain nombre de sociétés informatiques ont trouvé une solution simple : ils ont mis en place des interfaces permettant de traduire du langage EDI en langage HTML et vice versa, l'intégralité des échanges se faisant via le Web (WebEDI) et donc à un coût très faible (Orbinet, 2004).

Le développement d'Internet a ainsi ouvert de nouveaux horizons à l'EDI, notamment aux petites entreprises qui n'avaient pas les moyens d'y accéder (Afnet, 2004). Le concept d'EDI Light ou d'EDI formulaire (proposé par la France en septembre 1996 lors de la réunion du Joint Raporter Team JRT d'EDIFACT) repose à la fois sur Internet et sur l'EDI. Ces solutions dites de WebEDI ou EFI (échanges de formulaires informatisés) permettent des échanges de données informatisés à moindre coût.

Les échanges avec l'administration (B to A ou *Business to Administration*) se sont aussi fortement simplifiés grâce à la transmission automatisée de formulaires administratifs via l'Internet (Marchand, Agnoux et Chiaramonti, 1999).

La fonction du Web EDI (voir figure 3) est de traduire les messages EDIFACT en pages HTML et les formulaires électroniques en messages EDIFACT (Langlois et Gash, 2001). Les petites entreprises doivent simplement être équipées d'un micro-ordinateur, d'un navigateur et d'un modem. L'EFI a été développé pour offrir aux petites entreprises peu ou pas informatisées un accès à la technologie EDI. Ces petites entreprises peuvent saisir des formulaires informatiques EFI qui seront ensuite convertis en messages EDI.

Les applications EFI privilégient l'exploitation de réseaux de type extranet puisque ces réseaux reposent sur l'usage d'Internet dans un contexte fermé limité simplement aux partenaires. Le but d'un extranet est bien de publier des données sur le Web pour qu'elles soient exploitées par des partenaires. Ceux-ci bénéficient de numéros d'accès directs afin d'éviter les encombrements du Web. L'accès est sécurisé par mot de passe et la confidentialité du transfert de l'information est assurée parce que l'on appelle le cryptage des données.

Le fournisseur peut saisir dans un formulaire une base de données de ses partenaires comprenant le code lieu fonction EAN. Le code lieu fonction d'une entreprise est un identifiant unique de treize chiffres attribué par GENCOD EAN France qui est un organisme de standardisation (GENCOD EAN France, 1994) et (Wikipedia, 1994).

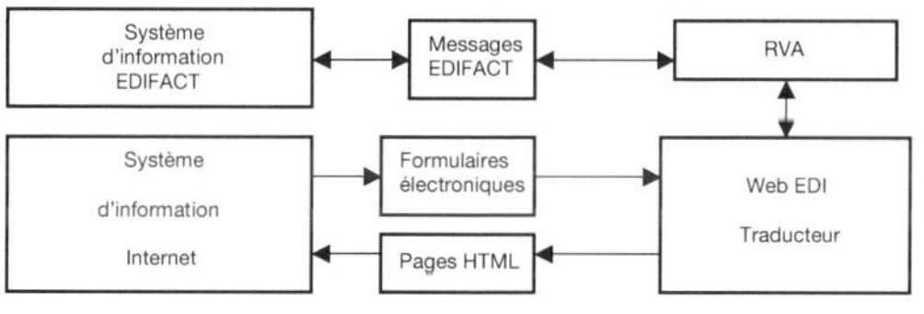

Figure 3 Web EDI (Langlois et Gash, 2001)

6.1 Les nouvelles technologies Internet avec XML

Les solutions EDI traditionnelles basées sur la norme EDIFACT et sur des réseaux à valeur ajoutée ont évolué vers Internet pour des raisons de coûts. En effet, beaucoup moins coûteuses et plus faciles à intégrer au système informatique de l'entreprise, ces nouvelles solutions EDI basées sur Internet telles que EDIINT (IETF, 2003) et OBI (*Open buying on the Internet*, 2003) répondent aussi bien aux besoins des grands donneurs d'ordres que des PME qui souhaitent bénéficier d'une automatisation des commandes, des factures, du suivi de logistique, des déclarations administratives, etc.; EDIINT (EDI over Internet) est essentiellement similaire à l'EDI traditionnelle, mais utilise Internet comme moyen de communication à la place des RVA. Il a été créé par l'UCC (Uniform Code Council). Le premier EDIINT standard (apparu en 2000) était EDIINT AS1 (*Applicability Statement 1*) dont le rôle était l'échange de documents EDI en utilisant le protocole SMTP. Le second standard (apparu en 2001) était EDIINT AS2 qui utilise le protocole HTTP. OBI utilise le protocole HTTP pour échanger des messages. Il se base sur le standard ANSI X12 pour la description des messages et utilise la technologie SSL (*Secure Socket Layer*) comme solution robuste de sécurité pour les transactions. Il utilise aussi les signatures numériques et les certificats numériques pour l'authenticité et l'intégrité des messages.

Formellement standardisé par le W3C (*Word Wide Web Consortium*) en février 1998, le langage XML (*Extensible Markup Language* ou langage de balisage extensible) a obtenu très rapidement du succès auprès du secteur B2B (Bezaut, 2002). XML est un sous-ensemble de SGML (*Standard Generalized Markup Language*) adapté à la présentation des documents sur le Web. Il est de plus en plus utilisé pour les documents d'entreprise ou commerciaux. Par rapport au langage HTML qui combine contenu et présentation, XML intègre des contraintes de structuration de document facilitant ainsi la réexploitation des informations transmises. XML est un format pratique d'échange de données qui peut être utilisé à la fois entre programmes (de serveur à serveur) et entre programme et utilisateur (de serveur à client). Dans le contexte d'EDI Light par exemple, XML peut être d'une grande aide aux entreprises qui ne sont équipées que d'un navigateur (Langlois et Gash, 2001). Dans ce cas, les données composant le message peuvent être directement extraites du système d'information de l'entreprise pour être intégrées dans un document XML.

Avec EDIFACT, il est impossible d'avoir une implémentation directe dans les applications de commerce électronique car il est nécessaire d'utiliser un traducteur. La combinaison XML/EDI (voir XML/EDI, 2003) permet de contourner ce problème. En effet, Internet possède les fonctions nécessaires pour la visualisation de messages et leur intégration dans des applications de commerce électronique. Cependant, il arrive parfois que la mise en œuvre du traducteur ne soit pas complexe du fait du faible nombre de données à gérer. Nous pouvons illustrer ceci à l'aide de l'exemple d'EDI donné au § 2.2. En effet, le groupe de travail EDI Light d'EDIFRANCE a pu définir un faible nombre de messages qui couvrent toute la chaîne commerciale.

Pour qu'une entreprise puisse échanger des informations, extranet lui permet de publier des données sur le Web pour qu'elles soient exploitées par ses partenaires. Elle peut publier par exemple ses tarifs sur un site web. Il arrive parfois que ces prix soient variables plusieurs fois par mois. Si l'information est disponible sur le Web, les consommateurs auront toujours les derniers prix mis à jour. Avec XML, il est possible de consulter le tarif, vérifier les prix et de mettre à jour l'information dans la base de données (Marchal,

2000). La puissance de XML repose sur le fait qu'il ne se concentre pas sur l'apparence, mais sur la structure.

Il existe un grand nombre de services métier pour les transactions commerciales B2B se basant sur XML. Ces services sont partagés suivant la fonction ou le secteur d'activité de l'entreprise, visant à reproduire virtuellement les transactions commerciales du monde réel. Nous pouvons citer principalement :

- ebXML (*Electronic Business XML* : voir ebXML, 2004) qui a été lancé en novembre 1999 et RosettaNet (RosettaNet, 2004) qui a été créé en 1998. Ces services visent à formaliser en XML une infrastructure complète pour le commerce électronique ;
- BizTalk (BizTalk, 2004) de Microsoft, dont l'objectif est de formaliser les échanges électroniques de documents professionnels (factures, bons de commandes, etc.) entre applications Web réparties.

6.2 Les services Web conçus pour faciliter les échanges de données

Les services Web ont été conçus pour faciliter les échanges de données, ainsi que l'accès aux applications au sein des entreprises et surtout entre les entreprises. Une telle technologie possède de nombreuses applications dans le domaine de la gestion des processus métier B2B (JDNet, 2004).

Qu'est ce qu'un service Web?

Un service Web est une technologie permettant à des applications de dialoguer à distance via Internet, et ceci indépendamment des plates-formes et des langages sur lesquelles elles reposent. Chauvet (2002) donne un exemple de scénario d'une agence de voyages ; une agence de voyages propose à ses clients un produit, le voyage, qui comporte en fait plusieurs services : réservation et émission des billets d'avions, réservation des hôtels, des billets de train, des voitures de location, assurances, etc. Les données nécessaires à l'élaboration d'un voyage proviennent de fournisseurs différents (compagnies aériennes, chaînes hôtelières, etc.). L'application Web consultée directement par le client de l'agence de voyages résulte de la mise en œuvre de services Web (recherche des tarifs, réservation, etc.). Dans le scénario B2B, les mêmes messages circulent mais cette fois, entre serveurs plutôt qu'entre client et serveur. Une application Web résulte en fait de l'assemblage de services Web, certains développés en interne et d'autres fournis par des partenaires externes.

L'architecture des services Web

L'architecture des services Web (voir la figure 4) repose sur un mécanisme de transport basé sur HTTP et TCP/IP d'une demande de service entre un client et un serveur, tous deux connectés au réseau.

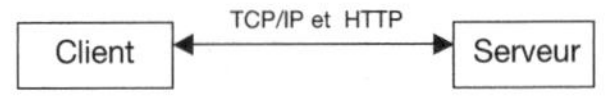

Figure 4 Architecture des services Web (Chauvet, 2002)

Dans cette architecture, le client peut être soit un navigateur Web (la demande de service résulte alors directement d'une intervention humaine), soit une application (la demande de service est alors automatisée). Le rôle du serveur est joué par une application s'exécutant sur un serveur HTTP. Comme HTTP ne transmet que du texte (des pages Web au format HTML par exemple), tous les échanges entre services Web (requêtes et résultats de requêtes) circulent également au format texte, sous forme de documents codés en XML.

Classification des services Web

Nous distinguons trois classes générales de services Web (voir la figure 5) pour lesquelles XML est employé (Chauvet, 2002) :

- les services de communication et de transport SOAP (W3C, 2004) ;
- les services techniques qui sont des services utilitaires indispensables au bon fonctionnement de l'assemblage des services Web. Nous pouvons citer deux standards qui sont les plus importants : WSDL (W3C, 2004) et UDDI (W3C, 2004) ;
- les services métier (voir § 6.1). Nous pouvons citer principalement ebXML, RosettaNet et Biztalk.

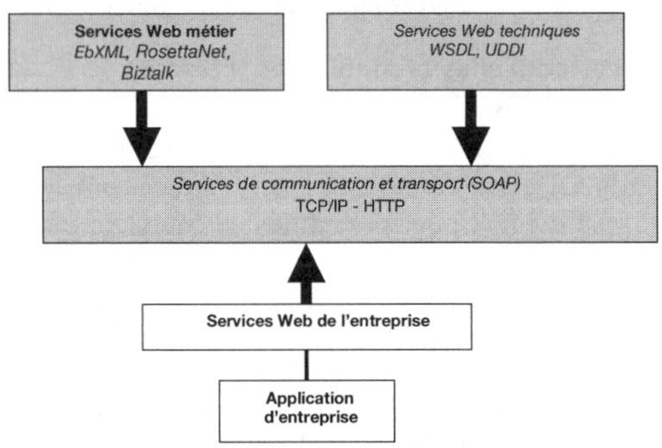

Figure 5 Les services Web pour les applications de l'entreprise (Chauvet, 2002)

Le modèle de référence des services Web

Le modèle de référence des services Web (Medjahed, Benatallah, Bouguettaya, Ngu et Elmagarmid, 2003) regroupe trois principaux standards qui ont été définis par le W3C consortium pour couvrir les services Web (voir la figure 6) :

- SOAP (*Simple Object Access Protocol*) est un protocole de communication entre applications fondé sur XML qui a deux objectifs : servir de protocole de communication sur les intranets et permettre la

communication entre applications et services Web, en particulier dans un contexte d'échanges interentreprises. Reposant sur le langage XML, SOAP définit la structure des messages échangés par les applications via Internet. Il peut être utilisé avec une variété de protocoles de transport tels que HTTP, SMTP et FTP. La structure d'un message SOAP est très simple : c'est un document XML constitué de deux éléments. Le premier élément qui est facultatif, l'en-tête, peut par exemple contenir des informations authentifiant l'émetteur ou bien le contexte d'une transaction. Le second élément, le corps du message SOAP comporte les données échangées entre applications ;
- WSDL (*Web Services Description Language*) est un langage de description des services Web fondé sur XML. Il est indépendant des protocoles de transport des messages. Il spécifie, par défaut, comment employer directement HTTP, SOAP ou MIME comme couche de transport des messages ;
- UDDI (*Universal Description, Discovery and Integration*) est un annuaire mondial des services Web d'entreprises. Cet annuaire contient trois couleurs différentes : les pages blanches indiquent les contacts, les pages jaunes se réfèrent au secteur industriel et les pages vertes pour les services d'ordre technique.

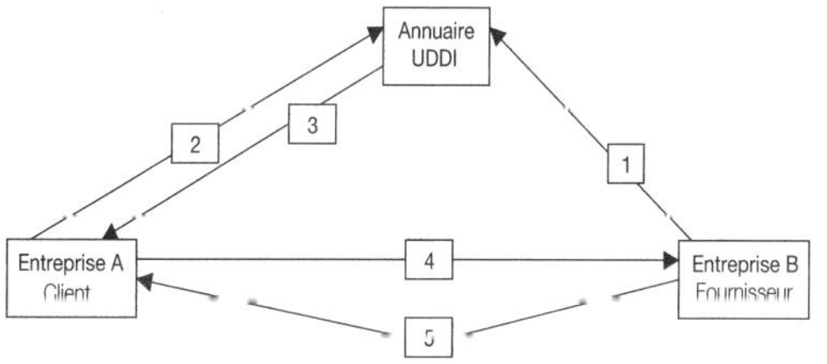

Figure 6 Les services Web via les annuaires UDDI (Chauvet, 2002)

Dans la figure 6, nous pouvons décrire chaque étape de la façon suivante :
1. Publication des services : enregistrement des documents WSDL ; L'entreprise B décrit les services qu'elle offre et les publie dans l'annuaire UDDI.
2. Recherche des services : requête SOAP. L'entreprise A est client de l'entreprise B. Elle recherche dans l'annuaire les services qui l'intéressent.
3. Téléchargement des documents WSDL ; L'annuaire renvoie la description de chaque service recherché par l'entreprise A.
4. L'entreprise A utilise cette description pour invoquer les services Web correspondants. Elle envoie à l'entreprise B une requête SOAP conforme au WSDL.
5. L'entreprise B renvoie une réponse SOAP conforme au WSDL à l'entreprise A.

7 Conclusion et perspectives

Nous avons expliqué au cours de cette étude comment les solutions EDI traditionnelles basées sur la norme EDIFACT et sur des réseaux à valeur ajoutée ont évolué pour s'adapter aux standards de l'Internet (TCP/IP, Web, XML,...). Beaucoup moins coûteuses et plus faciles à intégrer au système informatique de l'entreprise, ces nouvelles solutions EDI répondent aussi bien aux besoins des grands donneurs d'ordres que des PME qui souhaitent bénéficier d'une automatisation des commandes, des factures, du suivi de logistique, des déclarations administratives, etc. Nous pouvons le confirmer d'après une prévision donnée sur le poids économique des échanges de données électroniques dans le commerce B2B incluant l'EDI aux États-Unis (Boston Consulting Group) qui fait apparaître une forte croissance (Marchand, 2004) :
- en 1998, estimation de 671 milliards de $ dont 92 sur Internet et 579 en EDI sur réseaux RVA ;
- en 2003, prévision de 2780 milliards de $ dont 2000 sur Internet et 780 en EDI sur réseaux RVA.

Selon cet auteur, l'EDI « webisé » a la vocation de réconcilier l'automatisation des échanges répétitifs de l'EDI et les facilités du Web. C'est l'avenir du B2B. Plutôt que de retarder l'évolution, les promoteurs de RVA et de messageries X400 doivent aider à une migration inéluctable et en profiter.

Au cours de cette étude, nous avons aussi mis l'accent sur les services Web qui ont été conçus pour faciliter les échanges de données, ainsi que l'accès aux applications au sein des entreprises et surtout entre les entreprises. Une telle technologie possède de nombreuses applications dans le domaine de la gestion des processus métier B2B. D'après (Chauvet, 2002), les services Web, prolongement de l'EDI, sont une occasion supplémentaire de travailler à une meilleure standardisation des échanges commerciaux. Fondé sur le plus petit commun dénominateur des protocoles de transport (selon le modèle requête/réponse), SOAP est ainsi le premier standard à s'imposer ; sa pérennité ne paraît plus en cause aujourd'hui. Élaboré par Microsoft et le W3C, c'est un consensus sur lequel tous les acteurs commerciaux ont bâti leur « e-stratégie ». Cependant, nous pouvons anticiper des évolutions de SOAP pour prendre en compte un nombre croissant de protocoles de communication : aujourd'hui, HTTP et SMTP, demain d'autres plus spécifiques (HTTPR, téléphonie cellulaire) ou généralistes (FTP).

Selon (Chauvet, 2002), l'état actuel de WSDL laisse les formalités plutôt sur leur faim : nous pouvons lui reprocher par exemple de laisser trop de flou dans la spécification des types de données figurant au début des documents WSDL.

Les auteurs (Medjahed, Benatallah, Bouguettaya, Ngu et Elmagarmid, 2003) font une comparaison des différentes technologies exploitées dans le B2B (voir le tableau 2). Nous pouvons ainsi suivre dans ce tableau l'évolution de l'EDI et la comparer par rapport aux autres nouvelles technologies.

Technologies	**Support de communication**	**Standard**	**Autonomie**	**Adaptabilité**	**Sécurité**	**Extensibilité**
EDI	RVA	ANSI X12 et EDIFACT	De nouveaux documents doivent être approuvés par les comités directifs de l'EDI	Changements limités. Tout nouveau document doit être approuvé	RAV privés	Réseaux coûteux. Doit être conforme aux normes
EDIINT	SMTP (pour EDIINT AS1) et HTTP (pour EDIINT AS2)	ANSI X12 et EDIFACT	De nouveaux documents doivent être approuvés par les comités directifs de l'EDI	Changements limités. Tout nouveau document doit être approuvé	RFC 1847, sécurité MIME avec PGP, etc.	Coûts d'entrée plus bas que EDI (basés sur Internet)
OBI	HTTP	ANSI X12	Plus grande que EDI (l'extensibilité des documents n'est pas importante)	Plus grande que EDI (l'extensibilité des documents n'est pas importante)	SSL/HTTP, signatures et certificats numériques	Coûts d'entrée plus bas que EDI (basés sur Internet)
cXML	HTTP et URL *form encoding*	XML DTD	Plus grande que EDI (l'extensibilité des documents n'est pas importante)	Changements limités. (l'extensibilité des documents n'est pas requise)	Authentification des informations. Identification des intermédiaires	Coûts d'entrée plus bas que OBI grâce à l'utilisation de XML
RosettaNet	http, E-mail, etc.	Dictionnaire commercial RosettaNet et Dictionnaire technique RosettaNet	Séparation entre la description de service et l'implémentation Marketplaces may hinder autonomy	Changements limités. Nécessite un support pour l'extensibilité des documents	SSL/HTTP, signatures et certificats numériques	L'établissement d'une relation avec un partenaire ne nécessite pas de travail supplémentaire de la part de ce partenaire
ebXML	Service messagerie (HTTP, SMTP, etc.)	Documents commerciaux (*core components, domain components* et *business information objects*)	Séparation entre la description de service et l'implémentation	Ne s'applique pas	Protocoles de sécurité (par exemple SSL). Signatures numériques	Distributed set of repositories but to date, only a single repository is specified
Services web	SOAP	WSDL	Séparation entre l'interface de WSDL et la définition des implémentations	Ne s'applique pas	Evolution en cours (signatures numériques XML, S-HTTP)	Disponibilité d'outils de développement. Les étiquettes utilisées dans XML augmentent le volume des informations. La duplication de registres ou annuaires nécessite des échanges de données pour maintenir la cohérence

Tableau 2 Comparaison entre l'EDI et les autres technologies

Bibliographie

Ang C.-L., Mat Tahar R. et Murat R. (2003), «An empirical Study on Electronic Commerce Diffusion in the Malaysian Shipping Industry», *The Electronic Journal on Information Systems in Developing Countries*, Volume 14, Number 1, p. 1-9.

Ben Amor F. (2001), *Les clés du commerce électronique*, Tunis, Éditions C.L.E.

Bezaut O., (2002), *XML et développement des EDI*, Paris, Éditions Hermès Sciences-Lavoisier/Collection Nouvelles Technologies Informatiques.

Cunningham M. (2001), *eB2B*, Paris, Éditions Village Mondial.

Chauvet J-M. (2002), *Services Web avec SOAP, WSDL, UDDI, ebXML…*, Paris, Éditions Eyrolles.

Kobayashi I., Takeno T. et Sugawara M. (2004), "Data transmission code towards international EDI for seafood supply chain", *International Journal of Production Economics*, n° 87, p. 281-293.

Lanen William N. et Anderson S. (2002), "Using electronic data interchange (EDI) to improve the Efficiency of Accounting Transactions", *the Accounting review.*

Langlois M. et Gasch S. (2001), *Le commerce électronique B to B. De l'EDI à l'Internet*, Paris, Éditions Dunod.

Liang H., Xue Y., Byrd T-A., Kelly Rainer R. (2004), "Electronic data interchange usage in China's healthcare organizations: the case of Beijing's hospitals", *International Journal of Information Management*, n° 24, p. 507-522.

Machuca José A.D., Barajas Rafael P. (2004), "The impact of electronic data interchange on reducing bullwhip effect and supply chain inventory costs", *Transportation Research* Part E, n° 40, p. 209-228.

Marchal B. (2000), *XML*, Paris, Éditions CampusPress France, traduit de l'américain par Manesse O. de *XML by Example*, Que, 2000.

Marchand R., Agnoux H. et Chiaramonti C. (1999), *Applications EDI sur l'Internet*, Paris, Éditions Eyrolles.

Medjahed B., Benatallah B., Bouguettaya A., Ngu A. et Elmagarmid A. (2003), "Business-to-business interactions: issues and enabling technologies", *the VLDB Journal*, Volume 12, p. 59-85.

Owens S.F. et Levary Reuven R. (2002), «Evaluating the Impact of Electronic Data Interchange on the Ingredient Supply Chain of a Food Processing Company», *Supply Chain Management: An International Journal*, Volume 7, n° 3 & 4, p. 200-211.

Senn James A. (1992), «Electronic Data interchange: Elements of Implementation», *Information Systems management*, p. 46.

Afnet (2004), http://www.afnet.fr

EdifrancesolutionsPMEI (2004), Guide des solutions EDI et e-commerce. http://www.Solutionspme.web-edi.net/Solutionspme.

GENCOD EAN France (2004), organisme de standardisation, voir http://fr.wikipedia.org/wiki

Guide-Informatique (2004), http://www.guide-informatique.com.

JDNet (2004), «Les services Web en neuf questions» de Antoine Crochet Damais.

IETF (2004), Electonic Data Interchange – Internet Integration (EDIINT). http://www.ietf.org.

OBI (2004), OpenBuy. http://www.openbuy.org

XML/EDI (2004). http://www.xmledi-group.org

EbXML (2004). http://www.Ebxml.org

RosettaNet (2004). http://www.Rosettanet.org

BizTalk (2004). http://www.BizTalk.org

Marchand (2004). L'actualité de l'EDI et du commerce électronique.

http://www.editions-eyrolles.com/auteurs/Marchand/url.htm

Orbinet (2004). Orbinet - L'informatique qui fait progresser l'entreprise – WebEDI. http://www.orbinet.fr

X12 (2004), EDI ANSI X12. http://www.x12.org

W3C (2004) Extensible Markup Language (XML). http://www.w3.org/XML

W3C (2004) Simple Object Access Protocol (SOAP). http://www.w3.org/TR/soap

W3C (2004) Universal Description, Discovery, and Integration (UDDI). http://www.uddi.org

W3C (2004) Web Services Description Language (WSDL). http://www.w3.org/TR/wsdl

Wikipedia (2004) Echanges de données informatisés, un article de Wikipédia, l'encyclopédie libre. http://fr.wikipedia.org/wiki

Places de marché électroniques : définitions, composantes et modèles d'affaires

Carine Dominguez

Mots-clés : place de marché électronique, modèle d'affaires, échanges B2B, processus d'échange, achat, approvisionnement, appel d'offres électronique, enchère électronique, catalogue électronique, standardisation.

Résumé : ce chapitre vise à décrire ce que sont les places de marché électroniques (PDME), leurs composantes et modèles d'affaires. Nous décrivons notamment le processus sur lequel elles interviennent, appelé processus d'échange, les acteurs, outils et de services proposés. Par modèle d'affaires, nous entendons l'étude de leur positionnement stratégique et de leur modèle de revenus.

La diffusion d'Internet comme protocole de communication dans les échanges interentreprises confère aux systèmes d'information interorganisationnels (SIIO) une propriété d'interopérabilité qui renouvelle les configurations des modes de communication des échanges marchands interentreprises. Les places de marché électroniques (PDME) sont l'une des configurations qui traduit l'évolution du passage d'un modèle de systèmes d'échanges bilatéraux vers la mise en place de systèmes d'échanges multilatéraux.

D'une façon générique, nous définirons les PDME comme des intermédiaires entre fournisseurs et acheteurs, qui proposent des outils et services basés sur les technologies de l'information et de la communication dont Internet, pour gérer les flux informationnels liés à tout ou une partie du processus d'échange interentreprise, ceci en vu de participer à l'amélioration de l'efficience des échanges marchands interentreprises.

Les premières PDME sont créées aux États-Unis en 1995-1996, avant de rejoindre l'Europe et l'Asie à partir de 1999-2000. Celles-ci naissent dans un contexte économique et financier favorable aux créations d'entreprises de la nouvelle économie, et bénéficient ainsi des capitaux nécessaires aux investissements technologiques et humains initiaux.

Dix ans plus tard, nombre d'entre elles ont disparu, et il ne reste aujourd'hui qu'une ou deux PDME par type de marché et par pays.

Quelle est la réalité empirique du fonctionnement des PDME ? Quelles sont leurs offres d'outils et de services technologiques ? Quels modèles d'affaires peut-on observer ? En quoi les PDME participent-elles à l'efficience des échanges marchands interentreprises ? Quelles sont leurs difficultés et limites ?

Dans un premier temps, cet article vise à définir ce qu'est une PDME, à comprendre quelles sont ses composantes en termes d'offre d'outils et de services, mais également en termes d'acteurs. Dans un deuxième temps, nous décrivons la façon dont se structurent progressivement leurs modèles d'affaires[1] en donnant quelques illustrations.

1. Le terme modèle d'affaires fait écho au terme anglophone de « *business model* ».

1 La PDME: définitions et composantes

Derrière le même terme de PDME se cache une diversité d'offres d'outils et de services. Dans un premier temps, il est nécessaire de lever le voile de la réalité empirique de ces sociétés. Définir le terme de PDME est donc une étape initiale essentielle.

1.1 Définir la PDME: un même terme pour désigner des réalités différentes

Pour définir ce qu'est une PDME, nous adoptons trois démarches complémentaires. Tout d'abord, nous comparons les PDME à d'autres structures qui servent de supports aux échanges marchands interentreprises, et auxquelles le terme de PDME fait écho dans la perception des individus. Ensuite, nous relevons les différentes définitions académiques des PDME. Enfin, dans un troisième temps, nous proposons une synthèse de ces approches et notre propre définition.

PDME et système EDI

Les systèmes EDI (échange de données informatisé, voir le chapitre «Échange de données informatisé» de cette section) sont basés sur le langage EDIFACT, et permettent d'échanger des messages relatifs à l'approvisionnement des commandes entre deux entreprises, fournisseurs et acheteurs, chacune disposant d'un système de traducteur. Ces systèmes d'échanges bilatéraux restent les plus utilisés dans les secteurs industriels et de service, mais ils présentent plusieurs limites. Les PDME, en proposant une plateforme de communication potentiellement multilatérale, apparaissent alors comme un moyen complémentaire ou alternatif de communication interentreprise. Ainsi, pour certains, les systèmes EDI sont considérés comme les systèmes qui ont précédé les PDME.

PDME et système B2B (Business To Business)

Les PDME appartiennent aux systèmes dits B2B, c'est-à-dire aux systèmes interentreprises en comparaison des systèmes dits B2C (*Business To Consumer*) qui relient chaque entreprise avec des clients particuliers. En dehors des PDME, il existe d'autres systèmes B2B tels que par exemple les systèmes d'ingénierie concourante, ou les systèmes de GPA (gestion partagée des approvisionnements), les systèmes de réservation aériens (Amadeus, Sabre).

PDME et marché

Il s'agit ici de préciser jusqu'où le terme de «marché» fait écho à l'activité de la PDME.

Le terme de marché «peut prendre plusieurs significations: endroit où ont lieu les échanges, relation contractuelle entre deux individus («passer un marché»), forme d'organisation des échanges (« marché » de l'immobilier ou des capitaux). Cependant toutes ces acceptions du mot «marché» ont en commun de supposer une confrontation entre une (ou des) offre(s) et une (ou des) demande(s), dans le but de procéder à des échanges sur la base d'un système de prix, qui résulte d'une négociation entre les parties en présence ou en dehors d'elles» (Guerrien, 1997, p. 307).

Le lien entre la notion de marché et celle de PDME réside dans la «diversité des formes que peuvent prendre les relations marchandes», et qui se retrouve lorsque l'on utilise des technologies de l'information comme moyen d'échange. La différence essentielle est que les PDME ne couvrent pas systématiquement toutes les phases du processus d'échange. En fait, il existe plusieurs positionnements stratégiques des PDME, certaines se concentrent sur les phases de négociation achat et de détermination du prix, d'autres sont focalisées sur l'approvisionnement, et d'autres enfin se positionnent à la fois sur les achats et les approvisionnements (cf. § 2, à propos des modèles d'affaires).

En conclusion, nous pouvons dire que la PDME est comme l'EDI un SIIO, qui permet des échanges entre entreprises (système B2B), dans le cadre de réseaux de fournisseurs et d'acheteurs organisés autour de plates-formes d'outils et de services qui sont de type électroniques à l'inverse des marchés traditionnels.

À partir de ces éléments, nous proposons de définir la PDME de la façon suivante.

La PDME est un intermédiaire entre fournisseurs et acheteurs, qui propose une plateforme électronique, pour distribuer des outils et services technologiques, permettant de gérer les flux informationnels relatifs à tout ou une partie du processus d'échange interentreprise. Ces échanges s'inscrivent dans le cadre de réseaux de fournisseurs et d'acheteurs potentiellement multilatéraux, en vue de participer à l'amélioration de l'efficience des échanges marchands interentreprises. De par la triple présence de la technologie (plate-forme électronique), d'acteurs (l'opérateur de PDME, les acheteurs, les vendeurs, les tiers), et de l'organisation (celle des clients et celle de l'opérateur), le réseau de la PDME peut être considéré comme un SIIO permettant de connecter les SI des différents acteurs qui interviennent dans les échanges marchands interentreprises.

1.2 Les composantes de la PDME

L'objectif de ce paragraphe est de démystifier le terme de PDME. En effet, le terme de PDME pourrait laisser entendre que les échanges interentreprises seraient totalement pris en charge par une plate-forme d'outils électroniques sans intervention humaine. En fait, on peut schématiquement représenter une PDME comme une structure à deux étages qui sont autant d'axes à valeur ajoutée: celle d'une plate-forme électronique qui propose des outils technologiques, et

Auteurs	Définition proposée	Synthèse des éléments clés
Malone *et al.* (1997)	"*an electronic intermediary over which multiple buyers and sellers do business*"	Un intermédiaire électronique Son rôle: permettre de faire des affaires
Bakos (1998)	"*...facilitating the exchange of information, goods, services and payments. In the process, they create economic value for buyers, sellers, market intermediaries, and for society at large*"	Son rôle: - faciliter les échanges d'information sur les produits, les services et les paiements - agir sur un processus donné - créer de la valeur pour les acheteurs, les vendeurs, des intermédiaires, et pour la société au sens large
Kaplan et Sawhney (2000)	"*By bringing together huge numbers of buyers and sellers and by automating transactions, Web markets expand the choices available to buyers, give sellers access to new customers, and reduce transaction costs for all the players.*" (p. 98)	Son rôle: - réunir acheteurs et vendeurs - automatiser les transactions Ses effets: - réduire les coûts de transaction - proposer de nouveaux clients aux vendeurs - augmenter le choix des acheteurs
Dominguez (2002)	«... la PDME est une plate-forme d'intermédiation potentiellement accessible à plusieurs offreurs et demandeurs via une interface de type site web, et dont l'objet est de faciliter les transactions interentreprises. Au centre de la PDME, c'est l'opérateur de PDME qui va gérer les flux transactionnels. La PDME s'inscrit en premier lieu dans un processus de marché, c'est-à-dire de rencontre entre une offre et une demande pour la détermination d'un prix. Ceci étant, les PDME offrent des services qui vont au-delà de ce processus et qui s'inscrivent, d'une façon plus générale, dans ce que nous appelons le processus d'échange» (p. 41)	La PDME est constituée de deux sous-ensembles: - une plate-forme d'outils accessible à un ensemble d'acheteurs et/ou de fournisseurs identifiés - des services proposés par la société opérateur de la plate-forme La PDME déploie son offre et ses activités dans le cadre du processus d'échange interentreprise.

Tableau 1 Définitions issues de la littérature

celle d'une combinaison de compétences humaines qui permettent de créer les services nécessaires pour activer les outils technologiques.

Dans un premier temps, nous présenterons les acteurs qui gravitent autour des PDME ainsi que les compétences métier des managers de la PDME. Puis, nous décrirons le processus d'échange dans lequel s'inscrit le cœur de métier de la PDME. Enfin, nous présenterons les outils informatiques déployés sur chaque partie du processus d'échange.

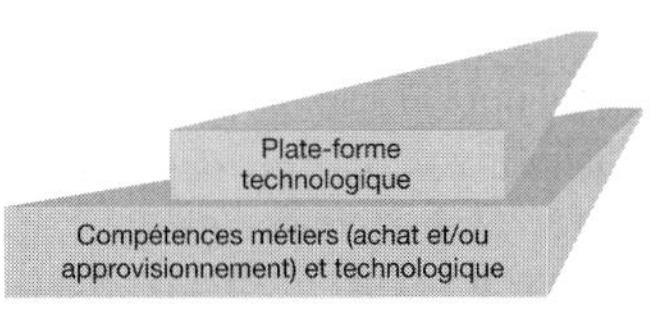

Figure 1 La PDME: une double structure à valeur ajoutée

Les acteurs des PDME

La PDME est un SIIO qui comprend les acteurs suivants (Dominguez, 2002, p. 43):

- l'opérateur de PDME: c'est l'organisation qui fait vivre la PDME à l'aide de compétences technologiques et métiers (achat, approvisionnement, ingénierie). Ces compétences sont décrites plus en détail au §2.2;
- les clients de la PDME: acheteurs, vendeurs qui, au-delà de l'exécution de la transaction marchande, vont participer au processus de création des données du processus (définition du produit, du prix et des services associés);
- les partenaires techniques: ce sont les éditeurs technologiques des solutions de la plate-forme électronique et les prestataires de services informatiques (intégration des systèmes, déploiement et maintenance);
- les actionnaires qui financent ces sociétés;
- les tiers: ils jouent différents rôles qui visent à amener la confiance dans la PDME comme structure d'échange marchand (instance de normalisation, auditeur organisationnel externe, banque pour le paiement électronique, assurances).

Au cœur du métier de la PDME: le processus d'échange interentreprise

Quel que soit le modèle d'affaires de la PDME, son cœur de métier traverse tout ou une partie d'un même processus que nous appelons le processus d'échange. Dans la continuité de la distinction traditionnelle entre les métiers d'achats et d'approvisionnements (Barreyre, 1998), le processus d'échange peut être représenté comme le couplage des processus achat et approvisionnement reliés par le consentement commercial qui prend juridiquement forme dans un contrat. Le terme échange permet de mettre l'accent sur les flux informationnels qui sont distribués de façon multidirectionnelle entre les acteurs afin de réaliser la transaction commerciale.

Avant d'aller plus loin, il convient de préciser que le métier de la PDME s'attache à la gestion des flux informationnels relatifs à ces différentes étapes. Ces sociétés sont donc spécialistes de la gestion de l'information. À ce titre, elles gèrent les données informationnelles relatives au processus d'échange et ne prennent actuellement pas en charge la gestion des flux physiques de produits, c'est-à-dire la partie logistique à proprement dit. Toutefois, les modèles d'affaires des PDME ne sont pas figés, et on peut à terme imaginer une évolution de leur activité vers la gestion des flux physiques, ou vers d'autres types d'activités.

Nous pouvons décrire le processus d'échange (Dominguez, 2002, p. 51) sur lequel intervient la PDME de la façon suivante :

- Préparation de la transaction commerciale : cette phase permet de définir et de décrire le bien ou service que l'on souhaite acquérir.
- Transaction commerciale : cette partie vise à définir les parties qui vont participer à l'échange marchand.
- Transaction prix : cette phase vise à déterminer le prix de la transaction.

Ces trois premières étapes du processus sont relatives au métier d'achat, et forment ce que nous appelons le processus d'achat. C'est l'expression du consentement qui délimite le passage aux étapes décrites ci-dessous du processus d'approvisionnement :

- Consentement : cette phase marque l'accord commercial qui se concrétise par la signature d'un contrat.

Les dernières étapes constituent le processus d'approvisionnement

- Transaction physique : cette phase a pour objet la gestion informationnelle de la partie logistique du bien ou du service.
- Transaction financière : cette phase a pour objet d'inclure le paiement dans la transaction électronique.
- Bilan qualitatif du processus : cette phase permet d'évaluer la performance de l'ensemble du processus par l'analyse des données de *reporting*.

Les outils au cœur du fonctionnement des PDME

La plate-forme électronique de la PDME est constituée par les systèmes de traitement des données achat et approvisionnement qui permettent de donner plus de visibilité interne et externe aux entreprises. Par visibilité, nous entendons la capacité des SI à rendre intelligibles les données aux acteurs afin de les aider dans leur prise de décision achat ou approvisionnement.

Pour les achats :

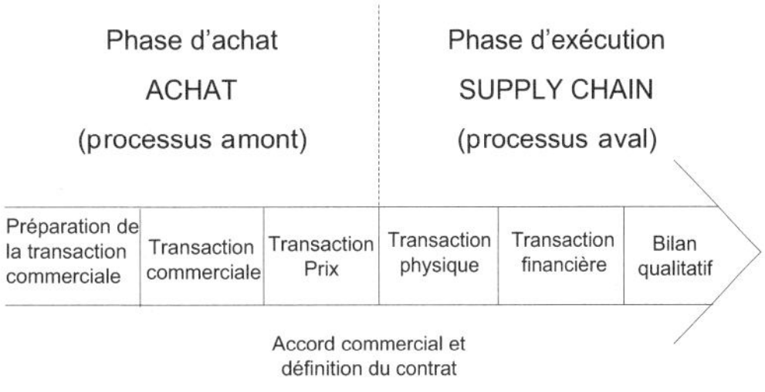

Figure 2 Description du processus d'échange interentreprise

- outil de *sourcing* : ils permettent de constituer des bases de données de fournisseurs avec plusieurs critères permettant de définir leurs capacités à répondre aux exigences des acheteurs (structure de coûts, taux de services, capacité d'innovation par exemple);
- outil d'appel d'offres électronique (AOE) : il est constitué d'un formulaire électronique standard de cahier des charges qui sera transmis aux fournisseurs. Les différents éléments du cahier des charges sont généralement construits en commun entre la PDME, l'acheteur et le(s) fournisseur(s) en fonction du marché visé. Les AOE sont constitués de cahiers des charges standard organisés par produits, par marchés ou plus généralement par lotissement de produits.

Le client en position d'acheteur remplit le formulaire en réunissant les données dont il dispose en interne (définition du besoin d'achat, plans de pièces, schémas techniques et chiffrage commercial). Ce formulaire est transmis à des départements achat, mais aussi à des départements d'étude pour la partie technique. Puis, l'AOE est envoyé par courrier électronique aux fournisseurs qui le remplissent, et le renvoient à l'acheteur. La procédure est semblable aux AO traditionnels, mais le fait qu'un AOE soit envoyé simultanément à plusieurs fournisseurs oblige les acheteurs à plus de rigueur car ils ne peuvent pas modifier ce document en cours de processus, ou ex post.

Les réponses des fournisseurs sont traitées sous la forme de matrices de façon à permettre des comparaisons sous des bases identiques. Certaines matrices incluent des coûts cachés tels que le coût de changement d'un fournisseur, et permettent de pondérer chacun des critères en fonction des priorités de l'acheteur.

- outil d'enchère électronique : il permet la détermination d'un prix par les cotations successives des fournisseurs et/ou des acheteurs. Il existe différentes règles de conduites des enchères (anglaises, hollandaises, etc.). Les enchères électroniques sont généralement précédées d'appels d'offres électroniques, mais l'inverse n'est pas toujours vrai.

- e-design : cet outil permet de faire communiquer à distance et sur un même espace virtuel des ingénieurs produits appartenant aux organisations des acheteurs et des fournisseurs pour permettre des échanges de plans ou de schémas afin de travailler en commun sur la conception des biens et services.

Pour les approvisionnements :

- catalogue électronique : il permet de visualiser des fiches produit, de passer des commandes, de suivre un workflow d'approbation, de gérer des stocks, de déclencher la livraison des fournisseurs, d'effectuer la facturation et le paiement électronique.
- applications de gestion partagée des approvisionnements (GPA) : l'acheteur donne de la visibilité au fournisseur sur son SI interne (niveau des stocks en entrepôt, sorties caisse des magasins). Il externalise de façon plus ou moins globale le réapprovisionnement de ses stocks en engageant la responsabilité du fournisseur. L'objectif est d'éviter les ruptures de stock, de réduire les coûts, et d'optimiser la gestion des flux physiques.

Le transport et le routage sécurisé des données peut utiliser différents médias :

- mixte fax/email : la plupart des messages circulent encore sous la forme de flux mixtes fax/email via les PDME. La limite de ces canaux est qu'ils impliquent des ressaisies dans les SI des utilisateurs ;
- emails : il faut distinguer les emails de type HTML qui permettent uniquement de lire les informations, des emails contenant une capsule XML qui permettent aux fournisseurs d'intégrer les données dans leurs SI. L'utilisation de ce canal présente plusieurs limites : sécurité des messages, faible lisibilité de emails noyés parmi d'autres, effacement par erreur ;
- électroniques : souvent en langage XML. Ces flux totalement électroniques sont encore relativement rares, et concernent une minorité de fournisseurs et d'acheteurs qui sont les plus avancés technologiquement. L'intérêt de ce canal de communication est d'intégrer les données de système à système.

Ensuite, la PDME va paramétrer les protocoles de communication entre chaque organisation acheteur et fournisseur.

Enfin, la PDME va assurer le routage des messages, notamment entre fournisseurs et acheteurs. À l'image de La Poste pour les courriers papier, elle peut gérer différents niveaux d'adressage des messages, depuis un seul point de destination dans une organisation donnée, à plusieurs points de destination pour une même organisation (le récepteur peut être une organisation, un site, un département, ou un individu).

La sécurité de la plate-forme électronique est assurée par login et mots de passe.

Quels sont les liens entre le système informatique de la PDME et les systèmes utilisateurs ? En fait, il existe différents niveaux d'intégration entre la plate-forme électronique et les systèmes des utilisateurs, ceci en fonction de la nature des applications considérées et des choix stratégiques des entreprises clientes de la PDME.

Les principales applications liées aux achats utilisées aujourd'hui sont les AOE et les enchères électroniques.

Au démarrage des enchères électroniques en France, c'est-à-dire dans les années 1999-2000, la plupart des applications étaient fournies par les PDME en mode ASP (*Application Service Provider*).

Au fur et à mesure de la diffusion des enchères électroniques, les entreprises acheteurs ont appris à utiliser ces outils, notamment à l'aide des services proposés par les PDME. Une fois le savoir-faire transmis, la plupart des entreprises en position d'acheteur ont fait le choix d'internaliser ces applications, soit en rachetant des blocs applicatifs aux PDME ou à des éditeurs de solutions (Ariba, Commerce One, SAP), soit en réalisant des développements spécifiques. Les solutions ont ainsi été de plus en plus utilisées en mode propriétaire.

Notons qu'à ce jour et dans la plupart des entreprises acheteur, ces solutions ne sont pas intégrées avec d'autres éléments de leur SI.

Pour ce qui est des applications liées aux approvisionnements, nous n'aborderons que le cas des catalogues électroniques, qui constituent l'outil proposé par les PDME le plus diffusé.

Les niveaux d'intégration entre SIIO varient ici en fonction de la nature des messages échangés, des données, et de la maturité technologique des fournisseurs.

Pour les fournisseurs à faible maturité technologique, les PDME reçoivent une demande de commande de la part des acheteurs sous format électronique email/fax qui est routée aux fournisseurs. La PDME possède alors une application de gestion des emails (souvent appelée « hub »), qui va recevoir l'arrivée des messages des acheteurs pour les router aux bons fournisseurs, et inversement. Si le fournisseur ne répond pas à l'acheteur au-delà d'un délai *t* prédéterminé, la PDME est chargée de contacter le fournisseur par voie classique pour lui demander de se connecter à l'application.

Pour les fournisseurs à plus forte maturité technologique, et dans les cas où les acheteurs souhaitent intégrer les flux, il existe différents niveaux d'échange et d'intégration des flux :

- le premier niveau consiste à échanger des fichiers Excel : par exemple, le fournisseur va transmettre

des informations consolidées sur les commandes passées par tel acheteur, avec les prix facturés;
- le deuxième niveau d'intégration consiste à lier certaines données du fournisseur à des applications spécifiques de l'acheteur. Les données comptables de facturation des commandes sont concernées par ce type d'intégration;
- le dernier niveau d'intégration est un lien entre la PDME et les systèmes de l'entreprise acheteurs, notamment les ERP (*Enterprise Resource Planning*). Plus précisément, une intégration est généralement réalisée avec les modules comptables, achat et de production (dans le cas d'une gestion des stocks pour les biens de maintenance). Le langage le plus utilisé est alors XML.

À titre d'illustration, nous présentons dans la figure 3 une architecture type de PDME focalisée sur les catalogues électroniques.

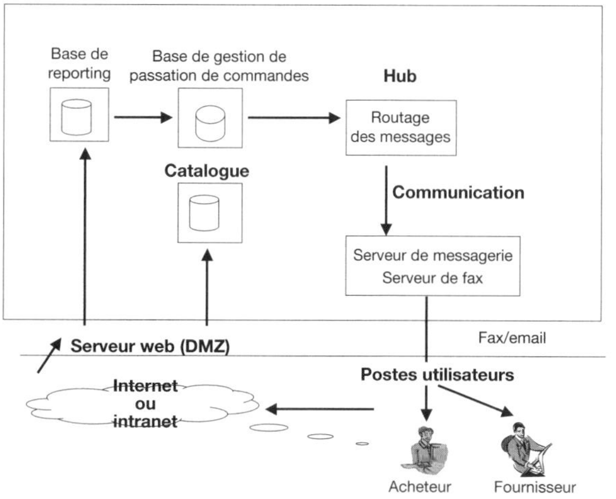

Figure 3 Architecture type d'une PDME approvisionnement

2 Les PDME: quels modèles d'affaires peut-on observer à ce jour?

Par modèle d'affaires (MA), nous entendons le positionnement stratégique de la PDME et son modèle de rémunération.

Dans la mesure où les métiers de ces intermédiaires électroniques sont en cours de construction, les MA des PDME ne sont pas encore stabilisés (Morrison et Wise, p. 34), et peu d'entre elles sont parvenues à la rentabilité économique.

On retrouve plusieurs typologies de PDME dans la littérature académique et professionnelle. Dans un premier temps, nous présenterons ces typologies, puis dans un deuxième temps, nous proposerons notre propre taxonomie fonctionnelle (Dominguez, 2005).

2.1 Les typologies de la littérature

Ces typologies sont présentées dans le tableau 2.

En conclusion, nous pouvons dire que chacune de ces typologies est intéressante dans la mesure où elle permet d'éclairer un aspect de la PDME, mais aucune d'entre elle ne permet de donner une vue explicative de l'activité de ces sociétés.

Pour y parvenir, une approche fonctionnelle est nécessaire.

2.2 Retenir une typologie fonctionnelle pour comprendre le métier des PDME

Retenir une typologie basée sur le périmètre fonctionnel de la PDME nous semble être l'approche la plus pertinente car elle permet de répondre aux interrogations classiques de la stratégie: quelle est leur proposition de valeur? Quelles sont leurs compétences? Quel est leur modèle de rémunération?

Par ailleurs, cette approche n'implique pas de figer les MA de ces sociétés. On peut très bien imaginer, dans une perspective d'évolution dynamique, qu'il existe des passerelles permettant de passer d'un modèle à un autre avec le déploiement de compétences nouvelles.

Dans cette taxonomie (Dominguez, 2005), nous distinguons les PDME focalisées sur les achats appelées ici PDME-ACHAT les PDME focalisées sur les approvisionnements appelées ici PDME-APPROV, et celles qui couvrent la totalité du processus d'échange interentreprise mais sur un segment de clientèle unique dans un secteur ou type d'activité donné, appelées ici PDME-INDUS.

Critère distinctif et nom de la typologie	Caractéristiques	Apports et limites de la typologie
En fonction de la cible client : verticale/horizontale (Barratt et Rosdahl, 2002)	Verticale : la PDME focalise son offre sur des clients appartenant à une même industrie (automobile, grande distribution) ou à un même domaine d'activités (l'environnement). Horizontale : la PDME propose une même offre de services pour des clients tous secteurs confondus. L'exemple le plus courant est celui des PDME de catalogues électroniques pour biens indirects, encore appelées PDME de e-procurement.	(+) Elle permet de bien distinguer le segment de clientèle de la PDME. (–) Cette typologie ne va probablement pas durer car les problématiques achats et approvisionnements dépendent au moins autant de la nature des biens et services achetés que des caractéristiques des clients. Autrement dit, quels que soient les secteurs d'activité, les entreprises ont en partie les mêmes besoins d'achat ou d'approvisionnement.
En fonction du critère plus ou moins stratégique[1] des biens et services échangés (Bakos, 1997)	Biens dits non stratégiques : leur périmètre varie en fonction de l'activité, du contexte et des priorités de l'entreprise. Ils participent indirectement au processus de production. Ils comprennent généralement des biens appelés MRO (*Maintenance Repair and Order*), ce sont les biens et services support au sens de Porter (1985). Biens dits stratégiques : ce sont les biens et services qui entrent généralement directement dans le processus de production, et qui participent à la performance réelle ou perçue du produit final.	(+) La prise en compte de ce critère permet de spécifier le degré d'implication de la PDME dans la gestion des achats et des approvisionnements de ses clients : plus elle traite des biens et services stratégiques, plus elle est considérée comme un prestataire stratégique, et plus sa responsabilité est importante en cas de dysfonctionnement. (–) Les outils d'achat (AOE et enchères) et d'approvisionnement (catalogue électronique) incluent dans leur périmètre d'action de plus en plus de biens dits stratégiques de telle sorte que les frontières entre ces deux types de PDME deviennent floues.
En fonction de la structure de propriété de la PDME : PDME biaisée versus PDME neutre (Kaplan et Sawhney, 2000)	PDME biaisée : son actionnariat est majoritairement composé d'acheteurs ou de vendeurs. Les décisions servent les intérêts des actionnaires majoritaires. PDME neutre : son actionnariat est composé d'acteurs qui ont seulement intérêt à la rentabilité de la PDME, sans impliquer une évolution des conditions de marché pour l'un ou l'autre des participants.	(+) Cette typologie permet de mettre en évidence les jeux de pouvoir sous-jacents aux échanges électroniques. Les procédures et processus mis en place, ainsi que les objectifs définis par les participants, visent à renforcer les conditions d'échange de tel ou tel acteur. (–) On peut s'interroger sur la neutralité apparente des PDME dont les MA semblent majoritairement orientés en faveur des entreprises en position d'acheteurs.
En fonction de sa nature transactionnelle ou collaborative (Christiaanse et Markus, 2002)	PDME transactionnelle : elle offre des outils et services qui permettent uniquement d'exécuter des transferts de données (information de marché, ou de commande électronique) d'une partie A à une partie B. La PDME se cantonne à un rôle de transport sécurisé d'informations. PDME collaborative : elle offre des outils et services qui permettent de mettre en relation les acteurs de la PDME pour participer à la création des informations qui seront échangées.	(–) Il existe un flou dans la littérature dans la définition des termes « transactionnel » et « collaboratif », de telle sorte qu'il est difficile de qualifier à l'aide de ces adjectifs tel ou tel type de transaction.
En fonction de sa proposition de valeur (Malone et al, 1997 ; Soh et Markus, 2002)	Communication : fournir de l'information sur les marchés, les acteurs afin de faciliter les échanges commerciaux. Courtage : la mise en relation d'une offre et d'une demande par la fixation d'un prix Intégration : faire baisser les coûts de coordination au moyen d'un couplage plus important des processus interentreprises et de l'automatisation des échanges.	(+) Cette typologie met en évidence les sources de valeur ajoutée des PDME. (–) Certaines PDME ont des propositions de valeur qui recoupent plusieurs éléments proposés, de telle sorte que cette classification ne permet pas de délimiter des sous-ensembles disjoints de PDME.

Tableau 2 Typologies de PDME

1. Par stratégique, nous entendons tout bien et service considéré comme un élément permettant d'apporter une valeur réelle ou perçue au produit final. Ces biens ou services participent donc directement au processus de production, et sont parfois visibles dans le bien ou service final.

La PDME focalisée sur la fonction achat : PDME-ACHAT

Les PDME spécialistes des achats, parfois appelées prestataires de *sourcing*, disposent de compétences d'acheteurs (connaissance du couple produits/marché) et de compétences techniques d'ingénieurs de produits capables de communiquer avec les départements R & D et marketing.

En termes d'outils, ces PDME valorisent l'utilisation d'AOE et d'enchères électroniques. L'apport des PDME achat est de permettre une comparaison, sous des critères identiques et dans des délais très courts (d'une à plusieurs semaines) entre plusieurs offres, pour un même marché.

Les services proposés relèvent du sourcing, de la standardisation des formulaires d'AOE en un ensemble synthétique de données commerciales et techniques, de l'accompagnement du changement, d'un accès à une visibilité des achats effectués dans chaque organisation.

Les modèles de rémunération sont basés sur une contribution directe des acheteurs qui sont les principaux clients de ces opérateurs. La rémunération comprend généralement une partie fixe qui permet de couvrir les coûts fixes de la PDME, et une partie variable qui correspond à un montant proportionnel à l'économie réalisée sur le prix négocié via enchère électronique en comparaison du prix historique.

Illustration PDME-ACHAT: le cas de l'entreprise FreeMarkets. com – aujourd'hui www.ariba.com

FreeMarkets est créée en 1995. L'idée d'origine est d'utiliser la technologie Internet pour favoriser la concurrence sur les marchés. Jusqu'au 1er janvier 2004, date de son rachat par l'éditeur Ariba, elle était la PDME-ACHAT mondiale leader en termes de transactions et de chiffre d'affaires réalisé.

En 2003, elle a réalisé plus de 60 milliards de dollars d'achats cumulés dans le cadre d'achats spot externalisés (offre FullSource). Ces différentes missions ont permis à FreeMarkets de consolider des compétences d'expertise achat sur de multiples catégories de produits, tous secteurs confondus (pièces électriques, mécaniques, de transport, d'intérims, et d'expertise, cabinets d'avocats). En dehors des missions d'achat totalement externalisées à FreeMarkets, des enchères ont été réalisées avec les outils de FreeMarkets, mais sans leur offre de service (produit Quick Source).

Dans les missions totalement externalisées (FullSource), FreeMarkets intervient sur un processus en quatre parties:

- analyse des dépenses: elle consiste à proposer des outils et une méthodologie permettant de donner de la visibilité à l'acheteur sur le montant et la répartition des achats par exemple par catégorie de produits et par fournisseur;
- sourcing et enchères électroniques: elle consiste à mettre en place une politique de sourcing de fournisseurs pour des achats cibles, et à déployer des processus d'AOE et d'enchères électroniques;
- implémentation: cette étape consiste à exécuter le résultat de l'enchère, c'est-à-dire à gérer le changement potentiel de fournisseur dans la continuité de l'activité. Cette étape inclut parfois des audits des usines du fournisseur et des tests de produits sur échantillon;
- production: elle concerne le lien entre l'achat de certains produits et services et le système de production, et notamment la gestion des stocks de pièce et le réapprovisionnement automatique.

Du fait de l'éclatement de la bulle Internet et des rachats d'entreprises de haute technologie, FreeMarkets ne parvient pas à atteindre la rentabilité fin 2003. Elle est alors rachetée par le leader des éditeurs de plates-formes de commerce électroniques Ariba, qui intègre aujourd'hui les compétences de FreeMarkets dans la structure Ariba.

La PDME focalisée sur la fonction approvisionnement: PDME-APPROV

Les PDME-APPROV disposent de compétences technologiques et fonctionnelles nécessaires à la création et à la mise à jour de catalogues électroniques. Plus précisément, elles disposent de compétences organisationnelles de *reengineering* des processus (notamment workflow d'approbation des commandes), commerciales d'affiliation des fournisseurs aux outils et services de la PDME, et techniques de standardisation des données, de création et de mises à jour des catalogues électroniques, d'hébergement, de transport et de routage sécurisés des données, et enfin d'intégration des SI.

L'outil central de ces PDME est le catalogue électronique. Le contenu du catalogue peut comprendre des descriptions texte, des photos de produits, des plans de produits, du son. Les différentes étapes de mise en place d'un catalogue électronique sont: la standardisation et la classification des données relatives aux produits et aux fournisseurs, l'étude des processus des acheteurs et vendeurs, et l'intégration. Après la mise en place, il faut veiller à la mise à jour des données du catalogue.

La rémunération de ces sociétés repose à la fois sur une contribution des acheteurs et des vendeurs. Elle comprend une partie fixe sous la forme d'un abonnement, et une partie variable sous la forme d'un pourcentage en fonction du nombre de commandes ou du nombre de transactions réalisées.

Illustration PDME-APPROV: le cas de l'entreprise CC-Hubwoo. com – www.cc-hubwoo.com

Cc-Hubwoo est l'opérateur de PDME d'approvisionnement majeur en France. Elle a été créée en 1999 par un actionnariat mixte d'éditeur SAP, de consultants Accenture, d'entreprises issues de la logistique, et d'entreprises appartenant à différents secteurs d'activités pour promouvoir la mise en place des catalogues électroniques pour le périmètre des biens et services de type MRO.

L'activité de CC-Hubwoo se décompose en trois pôles majeurs : l'édition et la mise à jour de contenu des catalogues électroniques, la personnalisation de la plate-forme électronique en fonction des processus des acheteurs et son activation avec l'affiliation des fournisseurs, et l'intégration des systèmes d'information.

CC-Hubwoo compte aujourd'hui plus de quarante clients parmi les plus grands groupes européens (Thomson, PPR, Saint-Gobain, EDF, Michelin Bayer, BASF, Henkel, Alcatel), et un réseau de 8500 fournisseurs connectés dans 44 pays. Avec un chiffre d'affaires de 22 millions d'euros en 2003, CC-Hubwoo se présente comme le leader européen des PDME-Approvisionnement.

Via une politique de partenariats avec d'autres PDME, CC-Hubwoo est interopérable avec d'autres PDME, de telle sorte qu'elle peut ainsi assurer aux clients qui le souhaiteraient une présence et une couverture fonctionnelle globale.

Elle compte atteindre la rentabilité en 2005 après plusieurs rachats successifs d'entreprises concurrentes : la PDME française Avisium en 2002, et la PDME allemande Chemplorer en 2003.

La PDME présente sur l'ensemble du processus d'échange : PDME-INDUS

Ces PDME sont focalisées sur un secteur d'activité donné, mais déploient leurs compétences sur l'ensemble du processus d'échange. Leur MA est une synthèse des deux premiers, avec pour principal point de différenciation, la focalisation de leur offre sur des clients appartenant à un même secteur d'activité.

En termes d'outils, elles déploient des AOE, des enchères, des catalogues électroniques, mais également des outils collaboratifs relatifs à la conception, à la gestion partagée des plannings, aux prévisions de ventes.

Les services comportent des services métiers et technologiques adaptés au secteur d'activité client.

Les modèles de rémunération de ces PDME présentent des formes hybrides de ceux des PDME-ACHAT et des PDME-APPROV. Le critère distinctif de ces modèles de rémunération est que les clients sont considérés comme des membres appartenant à une communauté. Ils paient ainsi une rémunération sous la forme d'un abonnement forfaitaire qui donne accès à l'ensemble des outils et services proposés par la PDME. Cette rémunération au forfait a pour but d'inciter les membres à utiliser les outils et services.

Illustration PDME-INDUS : le cas de l'entreprise WWRE.com – www.wwre.com

WWRE (*World Wide Retail Exchange*) regroupe la plus importante puissance d'achat potentielle avec 850 milliards de dollars ; elle est la principale PDME dans le secteur de la grande distribution. Elle compte parmi ses membres plus de 67 distributeurs (notamment Casino, Auchan, Galeries Lafayette, Tesco, Radio Shack Corporation, Best Buy, Ahold, Kmart, Cora) et quelques fournisseurs (notamment SCA Hygiene Products).

Elle est basée aux États-Unis mais dispose de bureaux sur l'ensemble des continents.

Son offre est structurée autour de trois pôles qui sont :

- *sourcing et procurement* : appels d'offres, négociations et enchères, programme de sourcing asiatique, agrégation de la demande, analyse de la visiblité achat dans les organisations acheteur ;
- collaboration dans la chaîne d'approvisionnement : design, partage de plannings, catalogue électronique et synchronisation globale des données (GDS, *Global Data Synchronisation*), informatisation des données logistique du produit en lien avec les exigences de traçabilité des produits ;
- services et support au client : centre d'appel de formation et de conseils techniques pour les utilisateurs, calcul du retour sur investissement, services technologiques d'implémentation et de maintenance de la plate-forme, université interne avec formations en ligne.

Les chiffres relatifs aux transactions réalisées et à la rentabilité de ces sociétés ne sont pas communiqués.

3 Conclusion

Après quelques années de fonctionnement des PDME, il devient plus facile d'avoir une vue d'ensemble sur leur MA et sur la valeur ajoutée qu'elles peuvent apporter aux acheteurs et aux fournisseurs.

Si leur viabilité n'est pas encore assurée à long terme, elles constituent un formidable laboratoire d'idées sur ce que la technologie peut apporter au processus d'échange, et aux modes de communication interentreprises au sein de l'entreprise étendue. Ici, cette expression est employée dans le sens des modes de communication et de coordination au sein d'un réseau de fournisseurs et d'acheteurs reliés par un intermédiaire qui est la PDME.

Au-delà des innovations apportées dans des outils électroniques de gestion des achats et approvisionnements, les apports des PDME résident dans une offre de services unique qui combine des compétences organisationnelles, commerciales et technologiques. C'est ce mélange qui a facilité l'adoption des principales applications utilisées, à savoir les AOE, les enchères électroniques, et les catalogues électroniques.

La faiblesse des PDME réside aujourd'hui dans la robustesse de leur modèle d'affaires (Rowe et Caby-Guillet, 2002). Tout d'abord, elles doivent consolider leur positionnement stratégique face à des clients qui intègrent progressivement les savoirs et savoir-faire des applications mentionnées précédemment. Ensuite, et c'est leur principal défi, elles doivent trouver un modèle de rémunération qui leur permette d'être pérennes. Pour cela, elles devront résoudre le problème de la poule et de l'œuf, à savoir le fait de s'adresser à des clients qui ont des objectifs pouvant entrer en concurrence, et dont le montant de la participation pose la question de l'évaluation de la valeur générée dans la participation à la PDME, et des transferts de marge entre fournisseurs et acheteurs générés par l'utilisation de ces nouveaux outils et services.

Bibliographie

Bakos Y. (1997), "Reducing buyer search costs: implications for electronic marketplaces", *Management Science*, Vol 43, n° 12, p. 1676-1692.

Bakos Y. (1998), "The emerging role of electronic marketplaces on the Internet", *Communications of the ACM*, August 1998, 14 p.

Barratt M. et Rosdhal K., «Exploring business-to-business marketsites», *European Journal of Purchasing and Supply Chain*, 8, p. 111-122, 2002.

Barreyre P.-Y. (1998), «Achat industriel», *Encyclopédie de gestion*, Tome 1, Vuibert.

Christiaanse E., Markus M.L. (2002), "B2B electronic marketplaces and the structure of channel relationships", ICIS. Barcelona Conference.

Dominguez C. (2002), «Quel rôle pour les places de marché électroniques: simple prestataire technologique de services informatiques ou chef d'orchestre d'un processus global d'échange?», *Systèmes d'Information et Management*, n° 1, Vol.7, p. 39-76.

Dominguez C. (2005), «Modèles d'affaires et valeur des places de marché électroniques: taxonomie d'un phénomène émergent», Thèse de doctorat en sciences de gestion, université de Nantes.

Guerrien B. (1997), *Dictionnaire d'analyse économique*, La Découverte.

Kaplan S., Sawhney M. (2000), "E-hubs: the new B2B marketplaces", *Harvard Business Review*, Vol 78, n° 3, Mai-Juin, p. 97-103.

Malone T., Benjamin R., Yates J. (1997), «Marchés électroniques et hiérarchies électroniques», *Réseaux*, n° 84. Hermès, traduit de l'américain par Jérôme Perani, p. 23-45.

Morrison D. et Wise R. (2001), «Un modèle pour l'évolution du B2B», *Expansion Management Review*, Mars 2001, p. 33-40.

Porter M. (1985), *The competitive advantage*, The Free Press, NYC.

Reix R. (2002), «Systèmes d'information et performance de l'entreprise étendue», in *Faire de la recherche en systèmes d'information*, Vuibert, p. 333-349.

Rowe F., Caby-Guillet L. (2002), «Les places de marché électroniques: oxymore, hybridation et valorisation», *Systèmes d'Information et Management*, n° 1, Vol.7, p. 39-76.

Soh Ch., Markus M.L. (2002), «B2B E-Marketplaces: a strategic archetypes approach», 23e ICIS Barcelona, décembre 2002.

Techniques de gestion de la relation client

Jean Luc Clédy

Mots-clés : CRM ou GRC, relation client, stratégie orientée client, système d'information, processus, compétence.

Résumé : la recherche en marketing met l'accent, dans une perspective relationnelle, sur la nécessité de gérer la relation client et sur l'importance que doivent y accorder praticiens et chercheurs. Dans ce contexte, le développement du *Customer Relationship Management* (CRM) ou gestion de la relation client (GRC), basé sur une gestion efficace des connaissances clients pour mieux les comprendre et les servir est en train de transformer chaque processus d'affaire traditionnel. Après avoir clarifié ce que l'on entend par CRM, le chapitre propose d'explorer les principaux déterminants du succès, les enjeux et les changements nécessaires à réaliser dans l'organisation pour optimiser la relation client.

La dérégulation des marchés, la globalisation des secteurs, le ralentissement de la croissance, la multiplication et le renouvellement permanents des produits et des services, l'évolution des technologies, la volatilité, les exigences croissantes des clients, rendent les méthodes traditionnelles pour atteindre et conserver le client mal adaptées. L'excellence technique qui tenait lieu de premier et quasi unique critère de qualité ne suffit plus. Le client attend une prestation globale pour satisfaire ses besoins. Chaque acteur doit se différencier par la consolidation de nouvelles compétences clés. Les entreprises doivent désormais se montrer attentives aux attentes des clients de plus en plus acteurs de la relation. Il ne s'agit plus uniquement de réaliser la transaction commerciale mais bien d'installer celle-ci dans la durée et d'engager un véritable dialogue individualisé avec le client.

Le développement des technologies de l'information et de la communication dans le marketing apparaît comme un nouveau paradigme. La transformation des données en information joue un rôle crucial dans l'élaboration des stratégies de marketing et la mise en œuvre du marketing opérationnel. Les technologies rendent possible et accompagnent la personnalisation de l'offre et de la relation client, ainsi que la fidélisation de celui-ci. Des changements importants, le plus souvent invisibles aux yeux du client, ont été rendus possibles grâce à la mise à disposition, par certains éditeurs, de nouveaux outils. Les technologies CRM doivent contribuer pour le marketing, le service clients et les ventes à optimiser les processus tout en débouchant sur une meilleure productivité.

L'objet du chapitre est d'abord de définir ce qu'est le CRM et de clarifier les enjeux. Nous aborderons ensuite, successivement, les composants de l'offre CRM, les avantages attendus du CRM, les critiques formulées à l'encontre du CRM ou l'épreuve des faits. Les quatre derniers points seront consacrés aux processus du CRM, au développement de la compétence CRM, aux déterminants de la performance et aux impératifs de la mise en œuvre.

1 Qu'est-ce que le CRM ?

Le CRM est un thème dominant dans les domaines de la gestion, et de l'informatisation des entreprises. Il recouvre différentes acceptions, fruits des préoccupations de la diversité des acteurs concernés. En l'espace de quelques années, la multiplication des acronymes, des dénominations utilisées s'est étendue de façon considérable donnant lieu à une guerre des définitions, ayant, toutefois, pour mérite de révéler les différents traits caractéristiques de la gestion de la relation clientèle. Pour les vendeurs de solutions, le terme concerne principalement les systèmes d'information et les technologies qui les supportent ; pour le monde professionnel, il aborde la nécessité d'établir une relation durable avec les clients ; pour les chercheurs, il est principalement lié à l'évaluation du lien à l'entreprise fournisseur.

Toutes les acceptions reposent, cependant, sur l'idée fédératrice que le CRM permet de gérer la relation avec un client, dans un but de maximisation de la satisfaction. Si pour certains auteurs, le CRM n'a rien de nouveau, considérant qu'il repose sur une combinaison de techniques largement éprouvées de segmentation de la clientèle. L'enjeu du CRM pour les entreprises, apparaît pour autant, stratégique, car il concerne, en définitive, la croissance du chiffre d'affaires et des bénéfices. Nombreuses sont les études qui montrent que la consommation d'un client croît avec son ancienneté et sa satisfaction. La rupture d'un contrat en deçà d'un certain délai, réduit la rentabilité sur son cycle de vie, car la consommation ne compense pas les coûts associés à l'acquisition du client. L'objectif d'une entreprise n'est donc pas de gagner toujours plus de nouveaux clients, mais de développer et d'améliorer les relations avec eux afin de s'assurer qu'ils continueront à être demandeurs.

En combinant, les technologies et les stratégies commerciales pour offrir aux clients les produits et les services qu'ils attendent ou qu'ils sont prêts à payer, le CRM, véritable construction sociale, tend à individualiser l'effort marketing à destination du client tout en cherchant à mieux contrôler l'état de la relation. Il s'appuie sur deux idées majeures : d'une part, l'accumulation des données sur les clients induit une meilleure capacité d'adaptation, une connaissance agissante supérieure ; d'autre part, considérant que les consommateurs les plus profitables sont les plus fidèles, la performance résulte de la conjonction de l'action marketing sur le client et de la relation qu'il entretient avec l'entreprise.

Ainsi, appréhendée comme pratique de gestion tendue entre une conceptualisation d'une stratégie orientée client, et son objectivisation par le système d'information, l'objet CRM véritable démarche organisationnelle visant à mieux connaître et mieux satisfaire les clients identifiés par leur potentiel d'activité et de rentabilité, à travers une pluralité de canaux de contacts, dans le cadre d'une relation durable, afin d'accroître le chiffre d'affaires et la rentabilité de l'entreprise recouvre, au moins trois niveaux d'analyse[1].

Le niveau de la stratégie

Le CRM est souvent défini comme une stratégie de l'entreprise, vue comme le moyen de contribuer à la performance de l'entreprise, à travers l'action de gestion du cycle de vie du client. L'indicateur utilisé est celui de la valeur actualisée nette du client. Avec la notion de *life time value*, il s'agit de maximiser la valeur extraite de l'exploitation du client et non plus uniquement de maximiser les probabilités que le client choisisse la marque contre d'autres.

Le niveau du système d'information-CRM

Ce deuxième éclairage de la question du CRM, souvent critiqué par les tenants d'une logique stratégique, pour lesquels le CRM se définit avant tout par des priorités majeures : fidéliser, retenir, développer, segmenter, différencier, discriminer, concerne à la fois, l'architecture, les fonctionnalités d'un système d'information et la structuration des activités liées à la relation client. Il est l'expression du niveau de la stratégie qui définit les normes d'action. L'assemblage de différents outils : *datawarehouse*, *datamart*, EDI, techniques de *datamining*, systèmes expert, systèmes de sécurisation, déploiement d'interfaces utilisateurs, etc. constituant le système, facilite une approche fonctionnelle appuyée par une analyse des différents processus d'affaire liés aux différentes phases de la vie du client.

Le niveau des opérations

Ce dernier niveau est articulé en processus d'affaires qu'initient les moments critiques de la vie du client. Il va s'agir généralement d'identifier les interactions dont le résultat détermine l'avenir de la relation, des processus généraux destinés à opérer de manière efficiente. Les domaines les plus fréquemment évoqués concernent la conduite de la stratégie (études et analyses comportementales, segmentation et *scoring*, test et définition des offres) et la gestion proprement dite des opérations (automatisation des forces de vente, des campagnes de marketing direct, traitement des commandes et facturation, support et services aux consommateurs, gestion des risques, coordination des canaux, programme de fidélisation, de rétention, programme d'acquisition, de réactivation, e-commerce, e-business).

2 Les composants de l'offre CRM

Différents programmes de CRM ayant réussi ne se sont pas nécessairement appuyés au départ sur des

1. Bénavent C., *CRM : apprentissage et contrôle organisationnel*, christophe.benavent.free.fr.

outils logiciels, contrairement à la tendance actuelle, qui voit un développement sans précédent des technologies. Au cours du temps, l'offre de gestion de la relation client s'est progressivement enrichie. Il y a d'abord eu des outils disparates, puis des progiciels de gestion intégrée (PGI) articulés autour d'outils de gestion, d'analyse et d'exploitation de données à destination du marketing opérationnel ou d'applicatifs spécifiques, puis sont arrivés les ERP (*Enterprise Ressource Planning*). En tête du catalogue de bon nombre de prestataires en informatique, l'offre CRM intègre désormais différentes familles de logiciels permettant de mieux gérer l'ensemble des composantes de la relation client : l'analyse des données, la gestion des forces de vente, la gestion du service client, les centres d'appels, l'e-business.

Une solution de CRM vise à mettre en place des infrastructures nécessaires à un mode de relation multicanal, de faire évoluer l'organisation en conséquence, pour aboutir à un fonctionnement opérationnel de la relation client. Les ressources déployées concernent les infrastructures physiques liées aux canaux de communication, comme les centres d'appel ou les portails internet, les infrastructures de systèmes d'information comme les bases de données clients qui capturent l'ensemble des informations relatives aux clients, unifiée, le cas échéant, sous la forme d'un datawarehouse, des accès à des bases de données externes pour enrichir le système d'information, des outils de gestion des données pour assurer le pilotage et les fonctions tactiques pour réaliser les actions commerciales, des outils de gestion de la connaissance pour transformer la donnée en information, les référentiels ou les processus de qualification et de nettoyage des données, les infrastructures organisationnelles liées au fonctionnement de chacun des canaux et à la gestion multicanal. Le fonctionnement opérationnel et le pilotage de la relation client aboutissent à adapter les relations en fonction de l'évolution du cycle de vie du client et de son comportement.

C'est un marché considérable pour les vendeurs de solutions (Oracle, SAP, SAS, People Soft, Clarify,...) marqué par une forte présence de secteurs très dynamiques en termes d'investissement, parmi lesquels on peut citer les entreprises de la banque et des services financiers, de l'énergie, des télécommunications et de l'assurance. Il est principalement dominé par les outils dédiés à la gestion des services et du support client et ceux dédiés à la gestion des ventes, tandis que viennent ensuite les outils de la gestion des actions marketing. Ces dernières années, le poids des offres traditionnelles de gestion de la relation client s'est effrité au profit des outils de gestion de la relation client en self-service (e-CRM), notamment, en raison du développement de l'utilisation de l'Internet comme canal d'interaction avec le client. La création de portails Internet, véritables plates-formes de gestion de la relation client a permis aux technologies Web d'évoluer. Cette catégorie de l'offre CRM, impose désormais l'Internet comme canal privilégié de la gestion de la relation client en self-service.

L'offre étant très fragmentée, seule la description de quelques outils est présentée.

3 Les avantages attendus du CRM

Tout en étant fondamentalement différent des outils développés dans le passé, le CRM s'inscrirait, selon les argumentaires de vente, dans une évolution inexorable du marketing préoccupé désormais de fidéliser les clients rentables en gérant toutes les phases du cycle de vie du client, en intégrant toutes les interactions avec les clients. Les projets de la relation clients correspondent en réalité à des attentes précises des entreprises. Une première préoccupation concerne la réduction des coûts et l'accroissement de la productivité, soit en substituant des applications informatiques au personnel, soit par la disparition de certaines tâches. Une deuxième préoccupation est l'accroissement de la fidélisation des clients; dans un contexte de croissance relativement faible des marchés, les nouveaux outils technologiques permettent un suivi plus individualisé des clients, aussi bien par la connaissance de leur profil que par une communication plus personnalisée. Enfin, les entreprises sont de plus en plus souvent amenées à développer les modes de contact avec leurs clients. Le développement multicanal répond, à la fois, à la demande des clients qui cherchent plus de services, plus d'interaction, à l'offre des entreprises soucieuses de couvrir au maximum leurs marchés.

Alors que les entreprises opèrent sur des marchés matures, sur lesquels la pression compétitive conduit à une égalisation du niveau de l'offre en termes de qualité et de prix, il devient extrêmement difficile pour elles d'obtenir un avantage compétitif à partir du seul leadership sur les prix ou des seules qualités d'un produit. La construction d'une relation étroite avec le client, visant l'atteinte d'un niveau d'excellence dans la connaissance, la compréhension des clients et la satisfaction des besoins, à travers une amélioration de l'expertise est devenue désormais le passage obligé pour une différenciation compétitive. La gestion d'une base de clients très large, de plusieurs centaines de milliers à plusieurs millions support d'une politique de fidélisation des clients existants, d'acquisition de nouveaux clients, de capitalisation sur les clients les plus profitables, ou encore des objectifs plus pragmatiques : la nécessité de connaître les clients de l'entre-

Outils de l'automatisation	**Description**
Datawarehouse (entrepôts de données)	Exploitation, stockage de données sur les produits et les clients, intégrées, non volatiles et historiques, accumulées par l'entreprise dans différentes applications informatiques, organisées pour le support du processus d'aide à la décision
Datamarts (dérivés des *datawarehouses*)	Sous-ensembles de données pertinentes, issus des entrepôts de données, destinés à une activité particulière
Datamining	Processus d'analyse fine et intelligente des données détaillées, interactif et itératif, permettant aux managers d'activités de prendre des décisions et de mettre en place des actions sur-mesure (raisonnement à base de cas, agents intelligents, arbre de décision, réseaux de neurones,...)
Workflow	Informatisation des documents, gestion électronique des délais, des processus, des enchaînements de tâches et leur affectation entre acteurs dans l'entreprise
Enterprise Application Integration (EAI) ERP : *Enterprise Resource Planning* CRM : *Customer Relationship Management* SCM : *Supply Chain Management*	Ensemble des méthodes, outils, et services qui concourent à faire communiquer des applications hétérogènes dans le cadre de l'entreprise traditionnelle répartie ou étendue
Agents de profils Agents intelligents	Entités logicielles capables d'agir de manière autonome (technologie issue de la robotique)
Centres d'appel	Service téléphonique de communication ou organisation d'automatisation des appels avec le client (appels entrants et/ou sortants), utilisant principalement deux technologies : le CTI (couplage téléphonie/informatique) et l'ACD (*Automatic Call Distribution*)
Commerce électronique	Réalisation sur le Web d'activités de vente entre entreprises (échange de données informatisées, EDI), entre particuliers (commerce électronique, e-business)
Automatisation des forces de vente (Sales Force Automation)	Outils commerciaux informatisés (agenda électronique, comptes rendus d'entretiens commerciaux, historiques clients, bases événementielles, outils de simulation,...) dont disposent les personnels en contact dans la réalisation de l'interface avec les clients

Tableau 1 Panorama général de l'offre et des outils

prise pour mettre en place une stratégie, disposer d'un fichier complet avec les coordonnées à jour, l'historique des commandes passées précédemment par les clients, l'indication des interventions du SAV, des appels du client pour assistance constituent autant d'arguments déterminants souvent évoqués.

Par ailleurs, tout en gérant la relation client au plus près et en construisant l'avenir de l'entreprise, le CRM est supputé accélérer la performance commerciale, à travers, la rapidité du retour sur investissement, l'augmentation des marges, du montant des commandes, du nombre de clients, la réduction des coûts commerciaux et l'amélioration de la satisfaction client, l'optimisation de la chaîne de valeur client. Les valeurs de l'entreprise sont devenues immatérielles : des brevets innovants, en passant par les marques, les travailleurs du savoir, les fournisseurs puis par les clients, l'entreprise découvre de nouvelles techniques permettant un retour sur investissement meilleur, tout en garantissant une croissance soutenue par rapport à la concurrence. En repérant les bons des mauvais clients, en diminuant le taux de désabonnement (*change and turn*), par une connaissance pointue de la clientèle et de ses comportements, en donnant des latitudes nouvelles aux commerciaux dans la réalisation de l'interface client, la politique de CRM doit permettre de donner de la valeur aux clients.

4 Le CRM à l'épreuve des faits

L'observation montre l'utilisation de méthodes de mise en œuvre multiples, des environnements divers, des technologies nuancées. Le CRM relève de démarches pragmatiques qui répondent à des questions spécifiques. Ce qui existe ce sont des problématiques différentes qui s'expliquent par des situations d'entreprises différentes, ce qui doit conduire à des solutions et approches diverses. Une réorganisation stratégique due à l'évolution des clients ou de la distribution, la défection des clients, le développement des ventes, l'optimisation des dépenses de communication, le suivi des comptes clients, l'intégration multicanal sont autant de situations diverses qui ne peuvent se résumer à une solution unique, aussi bien d'un point de vue organisationnel qu'informatique.

L'aide à la vente, la facilitation de l'intégration de nouveaux vendeurs, l'accélération des cycles de vente, l'augmentation du taux de transformation, une amélioration de la qualité des contacts, de la fidélisation sont des avantages régulièrement mis en évidence à la suite de la mise en place d'une solution de CRM. Pour le marketing, l'apport des nouvelles technologies de type CRM tient, entre autres arguments, dans la définition des critères de la requête à chaque étape de l'élaboration d'une campagne marketing direct. Les solutions gèrent des processus de réflexion et de décision dans un environnement de tests intégrés. Les écrans d'aide concourent à la réflexion en proposant les différentes solutions envisageables. La traduction pour l'entreprise des impacts soulignés s'exerce à travers la réduction des coûts contacts, l'augmentation des résultats engrangés, une information de meilleure qualité, une augmentation de la valeur de l'entreprise.

Force est cependant de constater que les résultats des projets de gestion de la relation client ne sont pas toujours à la hauteur des attentes des dirigeants d'entreprises : dépassements budgétaires, retards importants dans la mise en œuvre et le déploiement, déploiement difficile de certains projets, retours sur investissement difficiles à évaluer, voire destruction de valeur. Trop d'entreprises auraient mis l'accent sur la technologie au détriment de la réflexion, déployant des logiciels spécialisés avant de clarifier leur stratégie. Ces points de vue, ne soulignent-ils pas après tout, les limites et le contre effet des argumentaires de vente. La situation est à ce point paradoxale, que les outils de CRM font l'objet d'un engouement réel dans les entreprises et qu'en même temps l'outil reste très décrié. Il est vrai, qui se refuserait à mettre en œuvre un outil qui promet d'identifier rapidement les clients les plus rentables et de lancer des campagnes ciblées permettant d'augmenter les achats et la «loyauté» des clients, tout en diminuant les coûts de telles opérations?

En dehors des critiques précédentes, le problème le plus crucial concerne semble-t-il l'absence d'indicateurs de mesure des effets de la gestion de la relation client. Pendant un temps, le développement des entreprises s'est effectué dans un contexte de croissance du volume de produits offerts dans un marché qui ne connaissait pas la saturation. Aujourd'hui, la gestion des produits n'est plus suffisante pour créer la différenciation. Les clients cherchent à accéder à des informations, ne se contentant plus des seules informations délivrées par l'entreprise, traduisant en cela, des modifications de comportements. Parallèlement, on constate que les systèmes de CRM manquent d'indicateurs «clients», et, notamment, d'une méthodologie de calcul de la valeur client pour évaluer les progrès sous une vision financière des projets de CRM. Comme le souligne Robert Hall, une entreprise ne peut avoir de nouvelles activités sans de nouveaux paramètres, et si elle ne gère pas un ensemble de nouveaux paramètres, elle ne peut avoir un nouveau mode d'exécution.

5 Les processus du CRM

L'objectif étant de créer au sein de la firme une mentalité de service au client, l'analyse de l'ensemble des processus d'assistance à la clientèle (*customer care*) permet de dégager un certain nombre de paramètres indispensables au développement d'une compétence transversale dépendante de tous les niveaux hiérarchiques et de tous les départements. Les divers processus s'étendent (voir la figure 1) de la contractualisation jusqu'à la résiliation. La qualité de ces processus doit permettre au client d'être satisfait durant l'ensemble des interactions sur lesquelles il va juger la qualité de service de l'entreprise fournisseur.

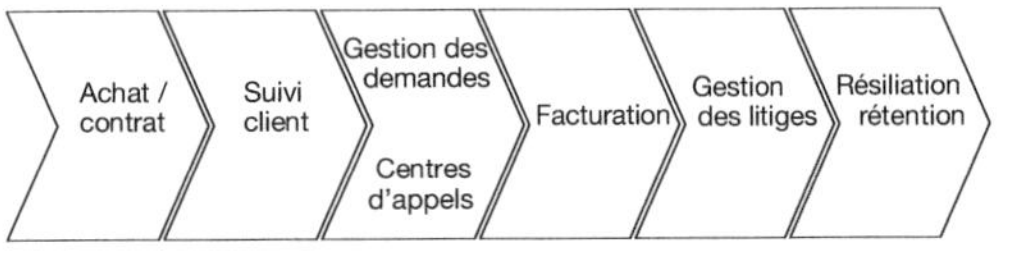

Figure 1 Les processus du Customer Care

Traditionnellement, un client ayant l'intention d'acquérir un bien suit généralement un cheminement naturel en plusieurs étapes. Il commence par se renseigner sur les offres du marché, les prix, les modalités, etc. Si le prix constitue souvent un critère décisif, la qualité de l'accueil reste déterminante, surtout lorsque les offres concurrentes sont alignées en matière de prix. Une fois le client convaincu, la contractualisation doit se faire rapidement et efficacement, tout en étant sécurisée. L'entreprise doit s'efforcer ensuite de rester en contact avec le client et pas uniquement lors de problèmes rencontrés par ce dernier. Le principe d'un appel de bienvenue en début de contractualisation, un suivi de la consommation (cas des opérateurs téléphoniques) et du comportement du client, permettant de faire évoluer, le cas échéant, le contrat, la facilitation d'une transition d'un type de contrat vers un autre, la réalisation d'enquêtes régulières de satisfaction représentent au moins quatre initiatives qui peuvent être prises en la matière. Dans un troisième temps, la gestion des demandes s'appuie principalement sur les centres d'appels. Grâce à un système informatique de distribution des appels, le client est orienté vers un conseiller clientèle. Ce dernier doit pouvoir résoudre la grande majorité des requêtes directement. Le nombre d'appels traités dépend de la formation des conseillers, de la qualité du système informatique, des systèmes de résolution de problèmes. S'il est un moment clé dans la satisfaction du client, c'est la qualité de la facture (compréhensibilité, exactitude…). La mise en place d'un système de facturation basé sur la clarté de présentation, le format: fréquence, niveau de détail, mode de paiement reste un élément important pour la qualité des liens entretenus avec les clients. Les situations de contentieux sont particulièrement délicates à gérer. C'est une situation de conflit qui doit être résolue par le compromis entre fermeté et respect du client. Les procédures de contentieux doivent être formalisées et respectées, tout en étant adaptables. Enfin, la question de la résiliation ou de la dénonciation du lien reste importante. Un client ne part pas forcément pour toujours. Lui offrir un service de qualité lorsqu'il s'en va augmente les chances qu'il revienne vers l'entreprise ultérieurement.

La mise en place de techniques de CRM cherche à mettre le client ou les prospects au centre de l'entreprise. La pression concurrentielle pousse à une refonte des processus en intégrant la fonction marketing en amont avec les fonctions de production et vers l'aval avec les fonctions de support client, en s'appuyant sur les systèmes d'information. Bon nombre de projets n'aboutissent pas car ils se heurtent à l'organisation de l'entreprise. Ils ont bousculé les hommes habitués à travailler selon des processus récurrents. Un enjeu majeur de la mise en œuvre d'un nouveau mode de relation client est l'identification des processus réels qui supportent l'entreprise. Lorsqu'il y a un décalage entre les processus formels et les processus réels, le risque est d'optimiser des processus non représentatifs de la réalité.

6 La compétence CRM

Le développement de la compétence Customer Care s'appuie sur quatre étapes de base (voir figure 2.).

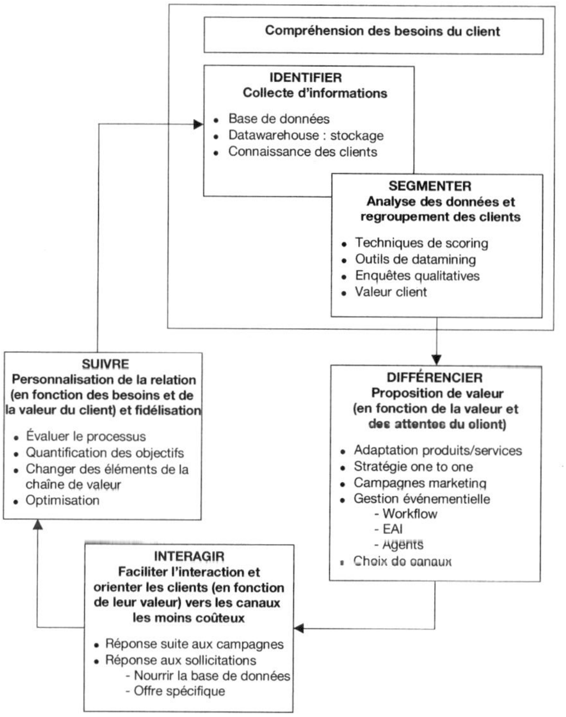

Figure 2 Développement de la compétence Customer Care

La première étape a pour objectif, à travers la collecte des informations, leur formalisation et leur intégration dans une base de données, une meilleure compréhension des besoins. L'enjeu est d'exploiter et d'enrichir la connaissance des clients pour augmenter la croissance, en créant de nouvelles offres, en identifiant de nouveaux marchés, en améliorant l'existant de clients. Des analyses de datamining, couplées à des enquêtes qualitatives auprès des clients, doivent permettre de dégager à terme une segmentation de la clientèle propre au Customer Care (en écartant celles qui n'offrent aucune perspective), avec pour objectif d'offrir à chaque utilisateur un niveau et un type de service correspondant à ses besoins, d'aligner les coûts de service au client avec la profitabilité dans un souci de rentabilité à long terme.

La deuxième étape consiste à comprendre la segmentation des clients, à prendre conscience de la qualité des clients, à les classer en fonction de leur valeur afin d'adapter les offres de produits et de services, à affecter les moyens commerciaux adéquats pour chaque typologie de clients, à modifier la configuration du dispositif relationnel, à penser la gestion événementielle, à construire un système de pilotage de la connaissance client par les personnels en contact dans la conduite de leur relation au quotidien. L'étape doit être l'occasion de mettre en place différents programmes de fidélisation, ainsi que des outils facilitant la relation avec les clients, parmi lesquels on peut citer les centres d'appels.

Une fois la nouvelle proposition de valeur définie, il s'agit de faciliter l'interaction en cherchant à augmenter l'efficacité opérationnelle des processus. La réussite passe par la connaissance de tous les points de contact possibles avec les clients pour chaque type de canal. L'un des enjeux de CRM est la valorisation des emplacements cachés où rien n'est réellement maîtrisé ou réfléchi. L'entreprise ne doit pourtant pas définir des processus pour chacun de ses points de contacts. L'objectif pour l'entreprise est de définir la limite entre ce qui est géré par les processus et ce qui l'est par la culture relationnelle, mais aussi de corréler le coût de la relation multicanal à la rémunération perçue pour les services rendus. L'un des objectifs de la gestion des points de contacts est de structurer l'organisation en fonction de la valeur et de l'origine des contacts pour capter des informations, enrichir la connaissance client et la diffuser à l'intérieur de l'entreprise.

La dernière étape doit permettre d'établir un suivi des attentes des clients afin d'observer leur évolution. Il passe par des enquêtes régulières qui vont au-delà d'une simple mesure du taux de satisfaction. Elle peut déboucher sur le changement de certains éléments de la chaîne de valeur, mais suppose de quantifier les objectifs pour pouvoir les évaluer. Les résultats obtenus doivent contribuer à redéfinir l'étape 1 et ainsi à enclencher un nouveau cycle.

7 Les déterminants de la performance

Tout en constituant «une approche globale visant à apporter la bonne réponse aux attentes du client ou du prospect, au bon moment, à travers le bon canal, au bon niveau de coûts», notamment, à travers la matérialisation des processus et la fourniture de solutions aux problématiques «d'ergonomie mercatique» du poste de travail, le CRM suscite d'importantes ruptures sur les plans organisationnel et humain. Le succès de la mise en œuvre réside dans la cohérence des stratégies de gestion de clientèles, de l'organisation qui la met en œuvre, et des systèmes d'information supports. Parallèlement à l'accroissement de la capacité d'apprentissage, il peut conduire à une transformation des systèmes de contrôle.

Un système de CRM influence aussi bien la stratégie car il nécessite des choix, l'organisation, et l'opérationnel car il modifie les processus. Il s'agit d'un projet transversal qui ne peut être délégué par la direction générale car elle sera amenée à arbitrer entre les priorités ou les conflits de pouvoir qui se manifestent tout au long du développement du projet. Elle doit utiliser le projet CRM pour créer la vision d'un futur. L'acceptation de franchir le pas vers le «management de la relation client» conditionne la mise en place. Il s'agit d'abord de donner à l'entreprise un état d'esprit, une culture résolument tournée vers le dialogue, à travers, notamment, la formation des salariés, avant même l'investissement dans des équipements informatiques et logiciels. Les technologies ne constituent qu'un outil contribuant à façonner le travail de relation. Elles n'imposent pas de normes, de contraintes, de méthodes de travail *a priori*, mais elles permettent d'appréhender les problématiques de manière globale et structurée, ce qui les différencie des progiciels d'hier requérant l'intervention lourde d'intégrateurs pour chaque évolution du système d'information.

Parallèlement, les systèmes d'information dont l'importance n'est pas toujours prise en compte à son juste niveau par les dirigeants, ont une place déterminante dans le dispositif. La perte de contrôle de la compétence systèmes d'information, externalisée dans de nombreuses entreprises, peut avoir des conséquences négatives sur le reste du fonctionnement de l'organisation. La stratégie systèmes d'information donne un véritable objectif de cohérence d'ensemble, une définition du niveau de qualité à exiger, et assure une utilisation rationnelle des ressources. Concrètement, la construction d'un projet de gestion de la relation client suppose de commencer par bâtir sa base de données marketing. Celle-ci constitue la pierre angulaire d'un système de CRM, spécifiquement dans une problématique de conquête de nouveaux clients et de fidélisation dans la durée, tandis qu'ensuite interviendront divers traitements permettant de regrouper les clients selon leur valeur et selon leurs attentes, pour envisager différentes propositions d'interaction permettant d'optimiser le lien au client.

L'introduction du CRM dans l'entreprise peut avoir des effets favorables sur le triplet: apprentissage-innovation-performance. L'information sur les clients et leurs comportements est supputée agir sur la réponse au client dans la mesure où l'organisation facilite le processus, encourage l'apprentissage et que le système de CRM le stimule. Il est des cas envisageables où l'automatisation peut réduire le coût de traitement de la relation sans assurer l'efficacité: offrir ce que le client a besoin. Nourrir d'informations et de connaissances le personnel en contact avec les clientèles au moyen des outils de CRM peut améliorer l'efficacité de la politique commerciale, le risque reste toutefois de fournir une matière surabondante pour aider à une meilleure réponse au client, et de générer des paralysies, des comportements anarchiques de la part des acteurs, et ainsi, d'affaiblir la stratégie générale.

Enfin, l'*empowerment*, l'enrichissement des tâches, ont des vertus de motivations et de créativité, mais sont aussi un facteur de dispersion des activités. L'autonomie peut amener chacun à poursuivre sa propre stratégie, l'ensemble peut dès lors présenter des contradictions. Un meilleur contrôle organisationnel pourrait influencer le comportement de ses membres pour qu'ils agissent dans la direction souhaitée. De ce point de vue, les techniques de CRM peuvent être considérées comme un instrument de contrôle, de surveillance à travers les tableaux créés, une activité de reporting, en rapprochement actions et résultats, source d'un déplacement du contrôle fondé sur les comportements, vers un contrôle orienté résultats.

8 Les impératifs de la mise en œuvre

Les projets de relation client ne sont pas des projets comme les autres. Le développement d'un projet de CRM ne se limite pas à la bonne sélection de machines ou logiciels. Il s'agit d'opérer un savant dosage entre des actions qui visent à faire évoluer l'organisation, les processus et les outils, et celles qui s'attachent à la culture de l'entreprise. La reconnaissance du projet par toute l'organisation est une condition de la réussite. Pour être valide le système d'information doit compter avec la ressource humaine. Les raisons de blocage sont multiples, notamment, pour ce qui concerne l'évolution des métiers des collaborateurs. Il importe que ces derniers deviennent au cours du processus de migration les acteurs du changement.

Le plan d'action CRM d'une entreprise s'inscrit à un moment donné de son histoire. Il doit répondre à des objectifs opérationnels à court terme tout en en étant cohérent avec la stratégie générale. Le passage de la décision à la mise en œuvre par l'équipe mise en place pour le projet de CRM suppose, selon Alart et Guggémos[1], de développer une méthodologie respectant trois phases successives :

1. L'identification des priorités opérationnelles et stratégiques.
2. La définition de la cible relationnelle de l'entreprise et le chemin pour y parvenir.
3. L'opérationnalisation par la consolidation du dispositif relationnel.

Pour réaliser pleinement le potentiel du CRM, il est suggéré de commencer par clarifier la stratégie commerciale, puis de s'assurer que les processus sont cohérents avec cette stratégie. L'identification des déterminants qui conduisent l'entreprise à mettre en place une gestion de la relation client, s'appuie préalablement sur le recueil d'informations auprès des responsables dans l'entreprise, auprès des collaborateurs, auprès des clients, tandis qu'ensuite on dresse une cartographie des points de contacts, à savoir, l'identification des processus relationnels de l'entreprise lors des différentes phases du cycle de vie du client, menée conjointement avec l'étude des évènements ponctuant la vie du client, du produit et de l'entreprise.

La seconde phase consiste à apprécier au moyen d'un diagnostic de l'état des relations clients, la nature de la relation, tout en cherchant à mesurer l'efficacité du dispositif organisationnel multicanal, et le niveau de réponse face aux attentes des clients et à leurs comportements. On analyse ensuite les résultats des projets en cours, des efforts réalisés pour améliorer la relation. Enfin, on définit la cible relationnelle. L'analyse de toutes les initiatives, qui concourent à fidéliser les clients, et que l'on pourra optimiser à l'aide d'outils informatiques constitue un aspect déterminant dans la compréhension du dispositif relationnel.

La dernière étape consiste à définir et structurer les actions visant à atteindre la cible relationnelle, à définir les priorités et établir des scénarii, enfin, à valider le plan d'action et préparer sa mise en œuvre. L'évaluation du positionnement et des attentes des différents départements impactés par le projet doit déboucher sur la mise à plat des spécifications générales utilisées pour juger des logiciels du marché, alors que l'on rédigera un cahier des charges permettant de sélectionner les partenaires. Pour limiter l'incertitude lors de la construction des scénarii, trois règles semblent devoir être respectées : gérer l'apprentissage, implémenter étape par étape, mesurer le progrès.

9 Conclusion

L'environnement concurrentiel des entreprises impose de profonds bouleversements chez les acteurs du marché. Outre les évolutions opérationnelles, c'est à un changement des mentalités que l'on doit s'atteler, ce qui est probablement encore plus difficile à réaliser.

L'alchimie d'un projet CRM est complexe : orienter l'organisation vers le client reste difficile. Nombreux sont les changements organisationnels, tant du point de vue des structures que des systèmes d'information, ou encore de la gestion des personnels qui en découlent. Elle dépend, notamment, de la culture de l'entreprise, du contexte concurrentiel, de la capacité à capter des informations, des attentes clients, de la qualité des données.

1. Alard, P., Guggémos, P.A., *CRM: Les clés de la réussite*, Édition d'Organisation, Paris, octobre 2004.

Si la relation avec le client reste fondamentale, plus particulièrement dans le secteur des services, elle est une stratégie et une démarche avant d'être une technologie. Elle recouvre des projets de nature stratégique qui conditionnent la compétitivité de beaucoup d'entreprises, sans être, toutefois, les garants obligatoires d'un retour sur investissement. Ces projets nécessitent méthodes, organisation et gestion du changement.

Bibliographie

Alard, P., Guggémos, P.A. (2004), *CRM: Les clés de la réussite*, Édition d'Organisation, Paris.

Alard, P., Dirringer, D. (2000), *La stratégie de relation client*, Dunod.

Brown, S. (2003), *Management: La gestion de la relation client*, PriceWaterHouse Coopers, Village Mondial.

Browm, S., Guyon, M.C. (2006), *CRM: Customer relationship management, La gestion de la relation client*, PriceWaterHouse Coopers, Village Mondial.

Lasserre, L., Legrand, B. (2002), *CRM: Les Attentes des clients*, Village Mondial, Paris.

Lefébure, R., Venturi, G. (2004), *Gestion de la relation client*, Eyrolles, Paris.

Meyer-Waarden, L. *et al.* (2004), *La Fidélisation client: Stratégies, pratiques et efficacité des outils du marketing relationnel*, Vuibert.

Moisan, D. (2002), *CRM: Gestion de la relation client*, Hermès, Lavoisier.

Morgat, P. (2001), *Fidélisez vos clients: Stratégies, outils, CRM et e-CRM*, Éditions d'Organisation.

Nieuwbourg, P. (2003), *CRM Analytique – Connaissez-vous vos 10 clients les plus rentables?* Marcom Génération.

Peelen E. *et al.* (2006), *Gestion de la relation client*, Pearson Education.

SaintCast, N. (2003), *Organiser sa relation client aujourd'hui: Le CRM*, Maxima.

Télétravail

Diane-Gabrielle Tremblay

Mots-clés : télétravail, travail à distance, Internet, organisation du travail, conciliation emploi-famille.

Résumé : le télétravail s'est beaucoup développé récemment, en raison de l'évolution des technologies et de l'arrivée d'Internet en particulier. Dans ce texte, nous nous penchons sur la définition du télétravail et les divers modes de télétravail. Puis, nous nous intéressons aux caractéristiques des télétravailleurs et aux technologies utilisées dans ce contexte. Nous nous penchons ensuite sur les avantages et inconvénients, pour ensuite conclure sur les enjeux organisationnels et sociétaux liés au télétravail.

Le télétravail est un mode d'organisation du travail qui a progressé au cours des dernières décennies, en raison de l'évolution des technologies et de l'arrivée d'Internet en particulier, ces développements technologiques rendant plus facile et efficace le travail à distance. Le télétravail est parfois présenté comme une solution aux problèmes de congestion urbaine (Benchimol 1994), parfois comme une solution aux difficultés de la conciliation emploi-famille (Tremblay, 2002), parfois simplement comme un mode de travail accessible et d'autant plus intéressant dans le contexte des développements technologiques récents.

Les éléments que nous explorerons dans le présent article permettent de synthétiser les connaissances sur le télétravail, tout en insistant sur quelques résultats de recherches récentes sur le sujet. Nous traiterons ainsi de la définition du télétravail, de son ampleur dans divers pays, des caractéristiques des télétravailleurs, des technologies, des avantages et inconvénients du télétravail, pour conclure sur les enjeux sociétaux et les perspectives d'avenir.

1 Définition du télétravail

Le télétravail peut couvrir une diversité de réalités. En effet, pour certains, cela englobe le travail à domicile que l'on peut apparenter au travail à la pièce, alors que pour d'autres, il n'inclut que les formes faisant appel à l'ordinateur ou à Internet. Il est vrai que le travail à *domicile* n'est pas un phénomène nouveau, et pour notre part, nous nous intéresserons ici aux nouvelles formes de télétravail, donc à une définition restreinte du sujet, soit le travail à domicile à temps plein ou à temps partiel, mais nécessairement avec recours aux technologies de l'information (TI). Le télétravail entendu dans le sens plus «moderne» de télétravail avec recours aux TI a commencé à se développer dans les années quatre-vingt-dix et ce, dans plusieurs pays européens mais aussi en Amérique du Nord et en Grande-Bretagne (voir les nombreuses références anglophones en bibliographie et dans Tremblay, 2001).

Les études permettent aussi de distinguer divers modes de télétravail, outre le travail à domicile. En effet, certains considèrent également le travail en centres d'affaires délocalisé ou le bureau satellite réunissant les employés d'une même entreprise. On peut inclure aussi les centres d'appel, où les téléphonistes sont regroupées en un lieu distinct de l'organisation qui les emploie. Certains incluent également le travail mobile réalisé en divers endroits hors du bureau (vendeurs, techniciens, etc.), ainsi que le télécentre ou télécottage, réunissant les employés de plusieurs entreprises. Certains considèrent aussi que les personnels de vente et de représentation qui sont généralement chez des clients, mais travaillent parfois à domicile, sans avoir d'autre bureau au sein de l'organisation qui les emploie, sont aussi des télétravailleurs. On aurait ainsi trois grands groupes de télétravailleurs si l'on se base sur le lieu de travail : les télétravailleurs à domicile, les télétravailleurs qui sont habituellement chez des clients, et ceux qui travaillent dans des centres d'affaires délocalisés ou télécentres.

Par ailleurs, on peut aussi distinguer les télétravailleurs selon la dimension temporelle, à savoir le nombre de jours qu'ils travaillent à l'extérieur du lieu d'affaires principal de leur employeur. En effet, certains sont télétravailleurs à plein-temps à domicile ou hors du lieu principal d'affaires, alors que d'autres sont des télétravailleurs « occasionnels », qui ne travaillent que quelques journées par semaine ou par mois à la maison.

Ajoutons que certaines études incluent également dans le télétravail (ou le *e-work* en anglais), l'ensemble des personnes qui travaillent à distance pour une ou plusieurs organisations, incluant alors les travailleurs indépendants qui travaillent depuis leur domicile, ainsi que les sous-traitants ou très petites entreprises travaillant pour le compte de grandes organisations. Comme on le voit, les définitions et modes de télétravail sont fort diversifiés.

2 L'ampleur du télétravail : une question de définition

L'absence de définition commune du télétravail rend difficile la quantification du phénomène. En effet, selon la définition retenue, le télétravail peut recouvrir diverses formes de travail à distance, à domicile ou ailleurs. Plus la définition est large, plus on comptabilisera un nombre important de télétravailleurs dans un pays donné (Felstead et Jewson, 2000). Les taux restent malgré tout assez faibles, entre 2 et 7 %, alors qu'on note que l'intérêt des individus et des organisations pour le télétravail est beaucoup plus élevé (tableau 1).

Pays	Pourcentage de télétravailleurs	Intérêt pour le télétravail des individus	Intérêt des organisations à développer le télétravail
Grande-Bretagne	7,4 %	43,5 %	34,4 %
France	7,0 %	49,8 %	39,3 %
Allemagne	4,8 %	40,5 %	40,4 %
Espagne	3,6 %	54,6 %	29,6 %
Italie	2,2 %	45,4 %	41,8 %

Tableau 1 Pourcentage de télétravailleurs dans divers pays européens et intérêt pour le télétravail des individus et organisations. Source : Benchimol (1994).

Pays	1992	1993	1994	1995[1]	1996[1]
Europe des 12	4,9	4,2	4,6	4,6	4,6
Belgique	11,6	11,3	11,1	10,8	10,1
Danemark	11,0	10,3	11,8	11,0	11,0
France	0,8	2,6	5,5	5,4	5,0
Allemagne	5,2	5,1	5,1	4,1	5,0
Grèce	1,7	2,3	1,8	1,6	1,4
Irlande	20,6	19,5	18,6	18,2	7,1
Italie	5,5	5,1	4,5	4,6	4,6
Luxembourg	5,5	6,9	6,3	6,9	6,1
Hollande	5,6	6,4	6,8	6,8	6,8
Portugal	4,4	3,9	4,0	3,7	3,5
Espagne	0,8	0,7	0,6	0,6	0,6
Grande-Bretagne	7,6	2,7	2,7	2,6	2,6

Tableau 2 Pourcentage de travailleurs de 15 ans et plus qui travaillent à domicile dans divers pays européens[2]*. Source : Alan Felstead and Nick Jewson (2000) : In *Work, at Home*, Londres : Routledge, p. 56.

1.Il s'agit ici de l'Europe des Quinze.

2.Il s'agit ici de personnes qui passent au moins la moitié de leur temps de travail à domicile.

En ce qui concerne l'Europe, certaines études présentent des taux allant de 2% jusqu'à 18% de la population active qui serait en situation de télétravail (tableau 2); les pourcentages sont différents ici puisqu'il s'agit de personnes qui passent au moins la moitié de leur temps à domicile, alors que nombre de télétravailleurs ne font qu'une ou deux journées de télétravail par semaine, entre autres lorsqu'il s'agit de gestionnaires. Par ailleurs, l'étude du Institute for Employment Studies (2001) indique que les pays européens où le télétravail est très développé se divisent en deux grands groupes: d'une part, les pays où les technologies sont avancées, comme la Suède, la Finlande et les Pays-Bas, qui utilisent fortement les technologies et l'Internet pour le «e-work»; et d'autre part, les pays du sud, du centre et de l'est de l'Europe, qui sont caractérisés par de forts niveaux de sous-traitance. Dans ce cas, ce sont des travailleurs indépendants ou de très petites entreprises qui font du travail à distance pour de grandes entreprises donneuses d'ordres. En Amérique, on ne considère habituellement pas les pratiques de sous-traitance comme faisant partie du télétravail, et on obtient un taux de 4 à 8% selon les définitions (Tremblay, 2001, 2003).

On observe par ailleurs que les grandes économies européennes comme l'Allemagne et la France ont des taux de télétravail plus faibles en partie en raison des modèles de relations industrielles très structurés qu'on y trouve, et parce que les entreprises disposent du personnel interne qualifié de sorte qu'elles n'ont pas recours à des travailleurs indépendants ou sous-traitants. On peut aussi penser que les pays latins sont, davantage que les pays anglo-saxons, caractérisés par une tradition de «gestion à vue», et sont moins ouverts à la gestion à distance, ou management par objectifs et par résultats, qui implique une plus grande confiance à l'égard du personnel en télétravail.

3 Qui sont les télétravailleurs?

Les données sur le sexe des télétravailleurs varient selon les pays et selon les définitions. L'Institute for Employment studies indique que dans les pays européens, 70% des télétravailleurs seraient des hommes. Pour le Canada, nos données indiquent aussi que les hommes (58%) sont plus nombreux que les femmes (42%). Par ailleurs, nous avons observé que près des deux tiers (60%) des télétravailleurs et des télétravailleuses avaient un diplôme universitaire, 25% sont titulaires d'un diplôme du collégial (équivalent du baccalauréat français), et 12%, d'un diplôme du secondaire, ce qui signifie que les télétravailleurs seraient plus scolarisés que la moyenne, une donnée confirmée par d'autres travaux.

Par contre, nous avons noté que pour ce qui est des personnes en situation de télétravail à plein-temps à domicile, il s'agit plus souvent de femmes (60%) que d'hommes (40%) et le lien statistique entre le fait d'être toujours à domicile et le fait d'être une femme est parmi les plus forts observés. En ce qui concerne l'âge et le statut familial, nous avons noté que les personnes en situation de télétravail se trouvent majoritairement dans la même classe d'âge, soit de 26 à 45 ans, et en plus forte proportion chez les 35 à 45 ans.

3.1 Les secteurs et les emplois

Le télétravail peut s'appliquer à différents types d'emplois ou de tâches, en particulier aux activités n'exigeant pas une présence constante dans les locaux de l'entreprise soit en raison de contacts humains à y assurer, soit du fait que certains services doivent être accomplis d'un endroit précis, ou encore à cause des infrastructures impossibles à transporter en dehors d'un lieu donné (atelier, usine, etc.). Selon la définition que l'on retient du télétravail ou du travail à domicile, le type d'emploi le plus fréquent variera. Ainsi, le travail à domicile renvoie souvent à du travail manuel effectué à la pièce pour des entreprises manufacturières, et il s'agit alors dans bien des cas de femmes relativement mal payées. Si l'on restreint la définition, comme nous l'avons fait, au travail effectué avec des équipements et liens informatiques, on obtient davantage de travail intellectuel, de soutien de bureau, de travail technique ou professionnel. Cependant, la segmentation du type de travail selon le sexe est bien présente.

La fréquence du télétravail est plus importante dans certains secteurs, mais cela dépend toujours de la définition du télétravail retenue. Notons toutefois que c'est davantage le type de tâche effectué et les technologies disponibles (possibilité de travailler sur micro-ordinateur, sur portable, avec lien internet ou non) que le secteur d'activité qui limite la possibilité de faire du télétravail. En effet, des employées de bureau faisant de la saisie de données pour une entreprise manufacturière peuvent fort bien être en situation de télétravail, alors que les ouvriers de la chaîne de production de la même entreprise le pourront difficilement. Les employés attachés au service à la clientèle en face à face ne peuvent pratiquer le télétravail, alors qu'ils le pourront si le service à la clientèle est offert par voie télématique ou par téléphone. Tant au Canada qu'en Europe, on constate que les types de fonctions auxquelles est associé le télétravail sont les mêmes (et nous y viendrons § 3.2), mais les secteurs d'activité semblent être différents: la fonction publique est fortement représentée en Amérique du Nord (USA office of personnel management, 2004; Tremblay, 2002, 2001), alors qu'en Europe, ce serait davantage les entreprises et fonctions de ventes, de services à la clientèle, de traitement de l'information et d'informatique, de comptabilité, de services financiers, de design et d'autres activités créatives, les fonctions publiques semblant moins touchées.

Les personnes désignées comme professionnelles ou cadres intermédiaires sont généralement les plus nombreuses à être en situation de télétravail ; ces catégories d'emploi ont bénéficié en premier lieu du télétravail. Pour celles-ci, les avantages apparaissaient de façon plus évidente pour les employeurs puisque, de toute façon, nombre de ces personnes étaient déjà plus souvent ailleurs qu'au bureau, soit dans d'autres bureaux, en réunion, ou encore sur la route. Pour ces personnes, le télétravail permet souvent d'être plus près du territoire de travail qui leur est assigné. Huws, Werner et Robinson (1990) mentionnent par ailleurs que, dans certains cas, le télétravail permet d'améliorer le service à la clientèle, et nous avons observé que c'était une des raisons invoquées dans le cas des techniciens en situation de télétravail (ils sont par ailleurs souvent chez la clientèle).

Les autres catégories auxquelles s'applique plus généralement le télétravail sont les emplois de cadres supérieurs et gestionnaires et, dans une moindre mesure, les emplois de bureau dans lesquels les tâches sont standardisées et qui nécessitent peu de contacts directs. Les données de notre sondage indiquent que les femmes, et en particulier les employées de bureau, travaillent plus souvent à domicile à temps plein, alors que les hommes le font davantage à temps partiel (Tremblay, 2003). Ainsi, les gestionnaires ne font souvent qu'une journée par semaine ou des fins de journées de travail à domicile.

Selon Hafer (1992), de multiples emplois peuvent s'accomplir grâce au télétravail si l'employé ou l'employée s'absente du bureau seulement d'une à deux journées par semaine, alors que le télétravail à temps plein ne peut s'appliquer qu'à des tâches n'exigeant pas de contacts physiques avec les collègues. Ainsi, le télétravail à temps partiel peut convenir pour des emplois où le travail en équipe et les échanges d'idées avec les collègues sont parfois nécessaires, comme dans le travail de cadre ou de gestionnaire, mais où certaines tâches peuvent être effectuées à distance.

3.2 Les technologies et les tâches

Les technologies déterminent largement la possibilité de faire du télétravail, du moins si l'on s'intéresse aux nouvelles formes de travail à domicile, excluant le travail à la pièce. Les tâches effectuées à domicile sont généralement effectuées à l'aide d'un ordinateur et d'Internet, mais leur contenu peut varier. Dans le cas des personnes qui ne font qu'une partie de leur travail à domicile (cadres et gestionnaires), ce sont plutôt des tâches administratives ou des tâches de rédaction, de gestion ou de suivi de courriel qui s'effectuent dans ce contexte.

Dans le cas des personnes à plein-temps, ce sont souvent des tâches de secrétariat, de service téléphonique à la clientèle ou de vente par téléphone, des tâches de comptabilité ou de services financiers, ou encore des tâches créatives (développement de programmes informatiques, de sites web, etc.). Certains employeurs fournissent l'ordinateur et paient la ligne téléphonique ou Internet, mais ce n'est pas la norme. Plusieurs télétravailleurs doivent fournir leur propre équipement.

Dans le cas des centres d'appel, qui ont souvent recours au télétravail, les individus font par contre le même type de travail et sont généralement reliés à l'ordinateur central de l'organisation. Par contre, dans certains cas, l'accès ou non à internet, aux bases de données ou à l'intranet de l'entreprise, ou encore à certains équipements (photocopieur par exemple), donne lieu à une différenciation des tâches entre les personnes qui travaillent au bureau et celles qui le font à domicile (Tremblay, 2003 ; Felstead et Jewson, 2000).

Cependant, des situations différentes sont observées. Dans certains cas, le contenu du travail est moins prestigieux, selon les télétravailleurs eux-mêmes, en ce sens que ceux-ci travaillent avec des technologies ou avec une clientèle jugée moins prestigieuse que les membres du personnel restés au bureau (clientèle des particuliers par opposition à la clientèle d'affaires par exemple). Dans d'autres cas, le contenu du travail est moins varié puisque les tâches à effectuer en situation de télétravail doivent être davantage définies et se réaliser avec des technologies plus simples ; c'est notamment le cas de personnes accomplissant des tâches administratives, de secrétariat ou de traitement de texte (Tremblay, 2001) Ces deux situations sont plutôt négatives sur le plan du contenu des tâches et de la possibilité d'acquérir et de développer de nouvelles compétences.

Par contre, certains télétravailleurs affirment s'être délestés de tâches plutôt routinières (impression et tri de documents), puisqu'ils transmettent leurs documents par courriel au bureau et que les tâches d'impression et de tri sont effectuées par des personnes demeurées au bureau. Certaines personnes ont cependant affirmé pouvoir acquérir des compétences ou connaissances nouvelles puisqu'elles devaient se débrouiller seules à domicile, alors qu'elles auraient eu recours à des collègues si elles avaient été au bureau. Cette transformation dans les contenus de travail est certes une dimension importante à garder à l'esprit lorsqu'on développe le télétravail.

4 La satisfaction et les avantages du télétravail

Comme plusieurs écrits soulèvent la possibilité d'inconvénients dans le télétravail (Chapman et al, 1995), il est important de connaître le degré de satisfaction quant à cette situation et les avantages ou inconvénients. Dans notre enquête, nous avons pu constater que les niveaux de satisfaction sont élevés et qu'ils sont très comparables chez les hommes et les femmes. Les deux tiers sont très satisfaits et un tiers est assez satisfait, seulement un faible pourcentage (1-2 %) se différenciant sur ce plan. De fait, la majorité des télétravailleurs refuseraient de retourner dans un bureau traditionnel si on le leur proposait. Ce sont les avantages de flexibilité d'horaires et de réduction du temps de déplacement liés au télétravail qui les font apprécier le télétravail. (Tremblay, 2003)

On note toutefois un lien important entre le temps passé en situation de télétravail et le niveau de satisfaction. En effet, les personnes qui passent de 21 à 30% de leur temps en situation de télétravail (1 à 1,5 jour) affichent le plus haut niveau de satisfaction (80%); elles sont suivies des personnes à temps plein à domicile, qui sont satisfaites à près de 70%. On observe que le télétravail apparaît particulièrement attrayant aux personnes qui sont habituellement dans un environnement de travail bruyant, répétitif et routinier, qui exige peu de relations avec des collègues et peu de technologies autres que le micro-ordinateur ou le téléphone. C'est le cas, par exemple, dans les services administratifs de grandes bureaucraties, les centres d'appel et autres lieux ouverts, où il est souvent difficile de trouver la concentration nécessaire au travail. Dans ce cas, le télétravail paraît très avantageux, surtout si l'on peut facilement être en lien avec le bureau par la voie d'internet, d'un intranet ou du téléphone.

4.1 Les avantages du télétravail

En ce qui concerne les avantages, le premier avantage évoqué par les personnes en télétravail est le fait de bénéficier d'un horaire de travail plus souple ; c'est le cas pour près d'un tiers des répondants, hommes comme femmes, et 44 % des personnes travaillant à plein-temps à domicile. Viennent ensuite le fait de ne pas avoir à se déplacer pour se rendre au travail (un quart), le fait d'être plus productif dans son travail (10 % pour les hommes et 4 % pour les femmes), le fait de pouvoir passer plus de temps en famille (8 % pour les femmes et 5 pour les hommes). Les économies de frais de transport et de repas, la plus grande tranquillité et l'amélioration de la qualité de vie sont également soulignées.

Si la plupart des télétravailleurs considèrent la flexibilité des horaires comme l'avantage principal de leur forme de travail, certaines personnes n'en bénéficient cependant pas, car cette flexibilité n'est en fait possible que pour certains types de tâches ou d'emplois. En effet, les personnes dont les tâches exigent des contacts avec la clientèle parce qu'elles doivent répondre au téléphone ou qu'elles doivent effectuer leur travail pendant les heures d'ouverture du bureau ou de l'entreprise pour laquelle elles travaillent ont un horaire fixe qui ne diffère pas de celui qu'elles avaient au bureau. La réduction des déplacements est un avantage relevé dans la plupart des recherches ; les télétravailleurs sont unanimes à constater qu'ils vivent moins de stress et de fatigue en raison de la réduction de leur temps de déplacement. Cela permet à plusieurs de profiter de plus de sommeil, de consacrer plus de temps aux activités familiales, sportives et récréatives. Pour ce qui est d'une meilleure qualité du travail, les télétravailleurs constatent que le fait que l'environnement de travail à domicile soit moins bruyant qu'au bureau et qu'il y ait moins d'interruptions (les collègues, les pauses plus longues au bureau, etc.) contribue à l'amélioration de leur environnement de travail ; la diminution du stress et de la fatigue explique, selon les télétravailleurs, qu'ils fournissent une meilleure prestation à leur clientèle.

4.2 La conciliation emploi-famille et le télétravail

Alors que plusieurs écrits voient la conciliation emploi-famille comme un avantage du télétravail, d'autres indiquent qu'il y a des risques d'un plus grand conflit entre famille et emploi. De fait, les recherches révèlent que la grande majorité des télétravailleurs considèrent que ce type de travail leur permet d'avoir plus de temps avec la famille le matin et le soir, d'être plus disponibles pour répondre aux besoins de leurs enfants, pour les préparer pour la garderie ou l'école le matin et les accueillir au retour (quitte à reprendre le travail après). Plusieurs indiquent pouvoir intercaler des tâches ménagères ou de petites réparations dans leur journée de travail et se libérer ainsi plus de temps pour la fin de semaine.

Certaines études, dont celle de Christensen (1987), indiquent que le télétravail peut engendrer un conflit travail-famille en raison de la présence de matériel de travail dans la maison et du fait que les membres de la famille peuvent interrompre le travail. Cependant, Tremblay (2003) ne fait état que de problèmes mineurs d'adaptation au début de l'installation à la maison. Les télétravailleurs ont en général établi des règles de fonctionnement avec les membres de leur famille et cela ne crée pas de frictions au sein de la famille. Soulignons que cette situation se trouve favorisée lorsque les personnes interrogées disposent d'un endroit fermé et isolé pour travailler.

Il est intéressant de noter que plusieurs des avantages du télétravail sont reliés, la plupart découlant de la réduction du temps de déplacement. En effet, le temps épargné en déplacements et les horaires flexibles permettent de consacrer plus de temps à sa famille ou à ses activités personnelles. Par ailleurs, les personnes qui pratiquent le télétravail et celles qui les supervisent affirment que le télétravail diminue le stress et la fatigue, de sorte que la productivité est accrue et le travail fourni, de meilleure qualité.

5 Les inconvénients du télétravail

Les recherches indiquent que l'absence de collègues vient au premier rang des inconvénients, surtout pour les personnes qui sont à temps plein à domicile ; les femmes sont un peu plus nombreuses que les hommes à considérer l'absence de collègues de travail comme le premier inconvénient du télétravail (Tremblay, 2001). Certains considèrent aussi l'isolement ou le fait de travailler davantage ou trop comme un autre inconvénient. Le fait de travailler trop ou davantage ne semble pas un problème majeur, bien qu'il apparaisse dans certaines études sur le télétravail ; il concerne surtout les cadres et le personnel professionnel et ces personnes ne travaillent pas nécessairement davantage à domicile qu'elles ne le feraient au bureau. Certains télétravailleurs indiquent avoir plus de difficulté à se motiver ou se discipliner lorsqu'ils travaillent à domicile, et d'autres font état de conflits entre le travail et la famille, mais ce sont des pourcentages infimes qui font état de telles difficultés.

En ce qui concerne les TI, certaines personnes font aussi état de matériel informatique moins performant qu'au bureau, de la lenteur des systèmes informatiques lorsqu'ils sont utilisés à distance, ou encore de liens téléphoniques moins efficaces, mais ceci semble aussi assez rare.

Sur le plan individuel, pour les personnes qui pratiquent le télétravail, l'espace de travail se déstructure et peut amener une certaine confusion entre ce lieu de travail, l'univers familial et les loisirs. Ainsi, Felstead et Jewson (2000) font état de tels problèmes liés à la difficulté d'établir des frontières entre le travail, la famille, les loisirs, et ce, sur les plans temporel et spatial. Cependant, les personnes semblent s'adapter assez rapidement à ces nouveaux repères et arrivent à cloisonner leurs activités tout en les conciliant.

Par ailleurs, selon Montreuil (2001), qui a réalisé une étude sur la santé et la sécurité en situation de télétravail, plusieurs femmes employées de bureau auraient tendance à diminuer l'importance des troubles musculo-squelettiques ou autres afin de conserver l'avantage de faire du télétravail.

Au-delà des avantages du télétravail, il semble que ce soient les inconvénients et les conditions pénibles de travail dans certains bureaux (bruit, interruptions, mauvaises conditions de lumière ou d'air, etc.) que les télétravailleurs et les télétravailleuses cherchent à éviter en s'installant à domicile. Pour compenser l'isolement, certains télétravailleurs créent de nouveaux réseaux ou développent de nouvelles connaissances soit dans leur voisinage, soit avec les autres personnes de la même organisation qui pratiquent le télétravail, ou encore dans des associations diverses. L'impact négatif de l'isolement social parfois cité comme inconvénient majeur du télétravail ne se retrouve donc pas dans tous les cas et certains trouvent des façons de le contrer. Globalement, les télétravailleurs estiment les avantages du télétravail supérieurs aux inconvénients.

Les gestionnaires mentionnent, pour leur part, que l'inconvénient majeur du télétravail est le manque de participation des personnes visées aux activités planifiées par l'organisation et auxquelles on souhaite qu'elles prennent part, sans toutefois vouloir les y forcer. En effet, on observe que les personnes qui pratiquent le télétravail depuis longtemps ont des réticences à retourner au bureau, même pour des réunions ou des sessions de formation. Certaines organisations évoquent aussi la possible baisse de productivité, la baisse de motivation, la difficulté d'intégrer les télétravailleurs au travail en équipe ou dans des projets. Cependant, il semble que la difficulté majeure soit l'adaptation des gestionnaires qui sont responsables de télétravailleurs au management en contexte de télétravail.

6 Les enjeux du télétravail

Quatre grands enjeux nous paraissent devoir être soulignés en ce qui a trait au télétravail, principalement au télétravail à domicile, par opposition au télétravail en télécentre ou chez les clients, puisque le travail à domicile est celui qui induit les changements les plus importants par rapport au travail effectué dans l'organisation même.

Le premier enjeu a trait à la dynamique d'apprentissage en cours d'emploi. Nombre de travaux de gestion indiquent que l'apprentissage exige des interactions entre salariés et que bon nombre des apprentissages résultent d'échanges informels sur les lieux de travail. Dans le contexte du télétravail, il est certain que le fait de ne pas être à proximité de collègues présente un défi sur ce plan. Toutefois, l'utilisation fréquente d'un intranet ou du courriel peut permettre des échanges à distance qui peuvent compenser ce risque.

Le deuxième enjeu est associé au développement possible du travail indépendant et au risque de perte de protection sociale. Les technologies de l'information peuvent certes accélérer le recours à la sous-traitance, au travail indépendant et au télétravail en dehors de l'entreprise. L'absence de protection sociale qui peut en découler, tout comme les risques en matière de santé et de sécurité ou en d'autres matières juridiques pourraient conduire à des difficultés pour les personnes en situation de télétravail ou éventuellement de travail indépendant. Un bon nombre d'auteurs craignent que le télétravail soit utilisé dans le but d'exploiter une main-d'œuvre moins qualifiée, dont les employées de bureau ou d'autres postes subalternes (Chapman *et al.*, 1995, Christensen, 1987, Huws *et al.*, 1990, Olson, 1989, Pratt, 1984). Il faut donc surveiller les développements sur ce plan, notamment en raison des effets sur l'équité en emploi pour les femmes (Tremblay et De Sève, 2003, 1996).

Le troisième enjeu a trait aux perspectives de carrière des individus. Plusieurs craignent qu'en n'étant pas visibles au bureau, ils n'aient plus accès aux promotions possibles au sein de l'organisation. Ceci est bien sûr un enjeu, en particulier dans les organisations habituées à gérer «à vue»; mais si l'on développe des capacités de gestion à distance, au moyen des technologies, il semble que ce ne soit pas nécessairement un enjeu. Les grandes organisations du domaine de l'informatique ont évidemment développé des pratiques en ces matières: plus grand recours à l'intranet et aux échanges par courriel et circulation de l'information essentiellement par les TIC.

Enfin un dernier risque ou enjeu a trait à la conciliation des activités personnelles et professionnelles (Tremblay, 2004). L'un des avantages du télétravail renvoie à la possibilité de mieux combiner les activités professionnelles avec les responsabilités familiales (enfants ou parents âgés). Or, l'avantage pour les parents de consacrer davantage de temps à leurs enfants est certes non négligeable, mais il semble que ce soient plutôt les femmes qui accordent plus de temps aux responsabilités familiales, alors que les hommes, même lorsqu'ils sont en situation de télétravail ou bénéficient d'aménagements de leur temps de travail ne s'y consacrent pas davantage (Tremblay, 2003, 2002). De ce fait, il faudrait sans doute trouver des éléments incitatifs pour favoriser une plus grande participation des pères, mais cela ne relève pas seulement d'une politique de télétravail, bien que celle-ci puisse y contribuer. La réduction du temps de déplacement et les horaires flexibles sont les éléments qui contribuent en fait à faciliter l'articulation des responsabilités professionnelles, parentales et personnelles.

Même si les avantages du télétravail en matière d'articulation entre les responsabilités parentales et professionnelles sont surtout liés aux horaires flexibles et à la réduction du temps de déplacement, et sont souvent importants pour les salariées, il est essentiel que l'organisation considère que des situations de conflits potentiels existent, notamment lorsqu'il s'agit de femmes télétravailleuses.

Bibliographie

Bangemann, M. (1994), *L'Europe et la société de l'Information planétaire. Recommandation au Conseil européen.* Bruxelles, CEE.

Benchimol, G. (1994), *L'entreprise délocalisée.* Paris, Éditions Hermès

Bussière, Y., Lewis P. , et Thomas C. (1999), *L'impact du télétravail et de la réorganisation du temps de travail sur la mobilité et les besoins en transport dans les régions de Montréal et de Québec; analyse prospective.* Québec, INRS-urbanisation, GRIMES/CRAD, Institut d'urbanisme. Québec.

Chapman, A.J., *et al.* (1995), "The Organizational Implications of Teleworking", *International Review of Industrial and Organizational Psychology*, 10: 229-248.

Christensen, K.E. (1987), "Impacts of Computer-Mediated Home Based Work on Women and Their Families", *Office, Technology and People*, 3: 211-230.

Communauté économique européenne (CEE) (1991), Les enjeux sociaux de la bureautique en Europe. *Europe sociale.* Luxembourg, CEE, Supplément 5.91.

Felstead, A., et Jewson N. (2000), *In Home, at Work. Towards an Understanding of Homeworking.* Londres, Routledge, 196 p.

Hafer, M. (1992), *Telecommuting: An Alternate Route to Work, Step by Step Guide,* Washington: Washington State Energy Office.

Huws, U., Werner B.K. et Robinson S. (1990), *Telework: Towards the Elusive Office.* Londres: John Wiley & Sons, collection "Information Systems Series".

Institute for Employment Studies, (2001). *eWork in Europe; the emergence 18 Country Employer Survey.* Brighton.

Montreuil, S. (2001), *Le télétravail: perspective individuelle. Les aspects relatifs à la santé et à la sécurité au travail.* Québec, CEFRIO.

Olson, M.H. (1989), "Work at home for computer professionnals: Current attitudes ans futures prospects", *ACM Transactions on Office Informations Systems*, 7: 317-338.

Pichault, F. et Grosjean, S. (1998), *Du télétravail au travail à distance.* Namur: Fonds national de la recherche collective.

Pratt, J. (1984), "Home Teleworking: A study of its pionneers", *Technological Forecasting and Social Change*, 25: 1-14.

Tremblay, D.-G. (2001), *Télétravail: concilier performance et qualité de vie.* Rapport de recherche Cefrio.

Tremblay, D.-G. (2001a), «Le télétravail: définitions et enjeux», Dans Cefrio. *Télétravail: concilier performance et qualité de vie.* Montréal, IQ collectif et CEFRIO: 23-32.

Tremblay, D.-G. (2002). "Balancing Work and Family with Telework? Organizational Issues and Challenges for Women and Managers". In *Women in Management.* Manchester: MCB Press. Volume 17 issue 3/4. p. 157-170.

Tremblay, D.-G. (2003). "Telework: A New Mode of Gendered Segmentation? Results from a study in Canada". *Canadian Journal of Communication.* Vol. 28, no 4. p. 461-478.

Tremblay, D.-G. (2003a), *Le télétravail; ses impacts sur l'organisation du travail des femmes et la conciliation emploi-famille.* Note de recherche de la Chaire du Canada sur les enjeux socio-organisationnels de l'économie du savoir n° 2003-10. Disponible sur: http://www.teluq.uquebec.ca/chaireecosavoir

Tremblay, D.-G. (2004), *Conciliation emploi-famille et temps sociaux,* Toulouse, Éditions Octares et Presses de l'université du Québec.

Tremblay, D.-G. et De Sève, M. (2003,1996), *Formes changeantes et persistantes de la division sexuelle du travail; les résultats d'une enquête auprès d'une centaine de salariés dans dix entreprises québécoises,* Note de recherche de la Chaire du Canada sur les enjeux socio-organisationnels de l'économie du savoir, disponible sur: www.teluq.uquebec.ca/chaireecosavoir

Tremblay, D.-G., Chevrier C., Di Loreto M. (2006), «Le télétravail à domicile: meilleure conciliation emploi-famille ou source d'envahissement de la vie privée?», *Interventions économiques*, n° 34. www.teluq.uquam.ca/interventionseconomiques.

Tremblay, D.-G., Paquet, R., Elmustapha, N. (2006), "Telework: a way to balance work and family or an increase in work-family conflict?", *Canadian Journal of Communication.* Vol. 31, n° 2.

Vandercammen, Marc (1994), *Télétravail.* Bruxelles, Institut wallon d'études de recherches et de formation.

USA Office of Personnel management. (2004), *The status of telework in the federal government. Report to the Congress,* Washington, Congress of the USAS.

Veille

Nicolas Lesca et Marie-Laurence Caron-Fasan

Mots-clés : intelligence économique, intelligence d'entreprise, veille stratégique, veille technologique, veille anticipative.

Résumé : ce chapitre propose d'apporter une clarification et une structuration du champ de la veille en replaçant dans un schéma de synthèse les différentes formes de veille dans l'entreprise comme par exemple la veille technologique, l'intelligence économique, la veille concurrentielle ou encore la veille anticipative stratégique – intelligence collective (VAS-IC). Adoptant une définition processuelle, il détaille les différentes phases de la veille en s'attachant à montrer les différentes acceptations existantes dans les entreprises. Enfin, il propose une réflexion sur les résultats de la veille au regard des missions, de l'utilité et des finalités attendues par les managers.

La veille est constituée par l'ensemble des techniques visant à organiser de manière systématique la collecte, la recherche, la diffusion et l'exploitation des informations utiles à la sauvegarde et à la croissance des entreprises. Elle se décline au travers de multiples facettes que sont la veille technologique, la veille commerciale, la veille concurrentielle, la veille stratégique, etc. Mais s'agit-il de concepts sensiblement différents ou au contraire significativement identiques ? Existe-t-il des conceptions et des méthodes de mise en œuvre différentes ? Pourquoi faire de la veille et à partir de quelles informations ?

L'étude de nombreuses publications sous forme d'articles dans les grandes revues anglophones et francophones, ainsi que des livres fréquemment cités et/ou qui ont fait date dans l'histoire de la connaissance sur la veille, retranscrit une très grande diversité. Il apparaît que le domaine de la veille se caractérise par une hétérogénéité significative entre les terminologies, les concepts, les processus et les missions évoqués par les auteurs.

L'objectif de ce chapitre est donc de formuler une proposition pour structurer le champ de la veille de façon à pouvoir comparer entre elles les publications de ce champ et ainsi aider le lecteur à une meilleure compréhension de ce domaine. Articulé en trois parties, ce chapitre propose tout d'abord une étude et une synthèse des différentes terminologies utilisées. La seconde partie définit la veille en tant que processus et en détaille les différentes phases. Dans la troisième partie, nous nous interrogeons sur la relation entre la mission de la veille et son utilité pour la décision. Enfin, nous proposons dans la conclusion, une nouvelle définition générique de la veille.

1 Les conceptions de la veille

Pour classer les différentes formes de veille, et les positionner les unes par rapport aux autres, Choo (1997) propose de les comparer selon les deux dimensions suivantes :

- *leur portée*, qui désigne l'espace ou l'horizon temporel sur lequel l'entreprise essaie d'avoir une lisibilité ou de se construire une vision. Selon les cas, la veille est un outil qui aide les managers à piloter leurs entreprises dans le présent, le court terme, le moyen terme (1-5 ans) ou le long terme (5-10 ans) (Fahey *et al.*, 1981) ;
- le *périmètre*, qui désigne la partie de son environnement extérieur qu'une entreprise met sous sur-

veillance et sur laquelle elle oriente de façon prioritaire ses efforts de recherche d'information (Lesca, 2003). Plus le périmètre est grand, plus l'information que l'entreprise devra prendre en considération sera vraisemblablement volumineuse, soulevant ainsi des problèmes et des besoins de méthodes et d'instrumentation contingents.

En s'appuyant sur ces deux dimensions, Choo (1997) distingue cinq formes de veille : l'intelligence des concurrents (*competitor intelligence*), l'intelligence concurrentielle (*competitive intelligence*), l'intelligence d'affaire (*business intelligence*), la veille environnementale (*environmental scanning*), et l'intelligence sociale (*social intelligence*).

De notre côté, nous avons choisi de présenter les différentes formes de veille en fonction : des terminologies employées, de leurs définitions et de leurs filiations (auteur historique mentionné comme référent théorique). Nous retrouvons les cinq formes de veille mises en évidence par Choo, que nous complétons par quatre formes supplémentaires – la veille technologique, la veille stratégique, l'intelligence économique et la veille anticipative stratégique-intelligence collective – plus particulièrement représentatives des études francophones.

1.1 L'intelligence des concurrents (*competitor intelligence*)

Sa finalité est de développer un profil de la concurrence qui permette : d'identifier pour chaque concurrent les changements dans sa stratégie ; d'évaluer les chances de succès de ces changements de stratégies ; d'imaginer comment les concurrents du secteur pourraient réagir face à de tels changements de stratégie, et plus globalement ; d'imaginer comment les concurrents pourraient réagir face à des changements environnementaux exogènes aux concurrents du secteur. L'étendue de la recherche d'information pratiquée par cette forme de veille est donc très réduite. Elle se concentre sur les actions, les comportements et les options d'un ou plusieurs concurrents actuels ou potentiels.

1.2 L'intelligence concurrentielle (*competitive intelligence*)

Elle porte autant sur l'analyse des concurrents que sur l'analyse des conditions concurrentielles dans des secteurs ou des régions particuliers. C'est un processus analytique qui transforme un concurrent, un secteur, et les données fragmentaires du marché en connaissances stratégiques actionnables au sujet des capacités, des intentions, de l'exécution, et de la position du concurrent. L'étendue de l'intelligence concurrentielle, plus large que celle de l'intelligence de la concurrence, est comparable à celle de *la veille technologique*. La première porte sur les concurrents et les conditions concurrentielles tandis que la seconde se concentre sur la technologie et son cycle de vie. La veille technologique concerne les informations scientifiques (recherches en laboratoire, données théoriques) techniques (brevets), technologiques (procédés de fabrication, montage d'unités), technicoéconomiques (capacités, débouchés) ou économiques (statistiques sectorielles ou macroéconomiques) (Jakobiack, 1991). Elle est fortement instrumentalisée par des outils infométriques notamment (Dou et Desvals, 1992).

1.3 L'intelligence d'affaire (*business intelligence*)

Sa portée est sensiblement plus grande. Elle est définie comme «*l'activité d'écoute de l'environnement externe d'une entreprise à la recherche d'informations pertinentes pour le processus de décision d'une entreprise*» (Gilad and Gilad, 1988). Dans la pratique, l'intelligence d'affaire se concentre souvent sur les concurrents actuels – comme c'est aussi le cas de l'intelligence concurrentielle, mais elle peut également couvrir des domaines tels que l'analyse des acquisitions et des fusions potentielles, et l'évaluation des risques pays.

1.4 La veille environnementale (*environmental scanning*) et la veille stratégique (*strategic scanning*)

La *veille environnementale* a une portée plus large encore. Elle analyse des informations sur chaque secteur de l'environnement externe qui peut aider le management à projeter l'organisation dans le futur. Elle ne couvre pas seulement l'environnement spécifique de la firme – les concurrents, les fournisseurs, et les clients –, mais elle porte également sur les variables clés de l'environnement général – la technologie, les conditions économiques, l'environnement politique, juridique et normatif, et les tendances sociales et démographiques. C'est à cette définition que se réfèrent explicitement les auteurs anglophones lorsqu'ils parlent de *strategic scanning* (El Sawy, 1985 ; Liu, 1998). Bien qu'ils ne citent pas toujours explicitement cette définition, les auteurs français de la veille stratégique lui attribuent une portée similaire.

1.5 L'intelligence sociale (*social intelligence*) et l'intelligence économique

L'intelligence sociale est la pratique de veille dont la portée et le périmètre sont les plus extensifs. Elle désigne les dispositifs formels et informels mis en œuvre par la société en général et les institutions publiques et privées pour identifier des problèmes, rassembler de l'information appropriée sur ces problèmes, la transmettre, la traiter, l'évaluer, et finalement la donner à la bonne personne pour qu'elle puisse l'utiliser et en tirer profit. Elle a été également définie comme la capacité organisée d'un pays – ou de n'importe lequel de ses composants – à s'adapter aux changements rapides du monde, en combinant l'acquisition, l'évaluation, et l'utilisation d'informations avec des opérations et des activités planifiées. Elle repose dans la maîtrise de son industrie du savoir et de ses réseaux d'information.

Cette définition de l'intelligence sociale est très proche de la notion française d'intelligence économique. Un premier rapport du commissariat général au plan, sous la direction de Henri Martre, définit l'*intelligence économique* comme «*l'ensemble des actions coordonnées de recherche, de traitement et de distribution, en vue de son exploitation, de l'information utile aux acteurs économiques. Ces diverses actions sont menées légalement avec toutes les garanties de protection nécessaires à la préservation du patrimoine de l'entreprise, dans les meilleures conditions de qualité, de délais et de coûts*» (Martre, 1994). Plus récemment, le compte rendu de la réunion du 27 avril 2004 de la commission consultative sur la formation à l'intelligence économique, sous la direction d'Alain Juillet nommé «haut responsable de l'Intelligence Economique» auprès du gouvernement français, confirme dans une nouvelle définition les contours volontairement flous de l'intelligence économique et sa portée très large : «*L'intelligence économique est un mode de gouvernance macro et microéconomique dont l'objet est la maîtrise de l'information stratégique. Elle procède d'une volonté qui émane du plus haut niveau de l'entité, quelles que soient la nature et la taille de cette dernière : État, territoire, entreprise, organisme professionnel, etc.*»

1.6 La veille anticipative stratégique – intelligence collective (VAS-IC)

Enfin, la VAS-IC est le processus collectif, proactif et continu, par lequel un groupe d'individus traquent (captent), de façon volontariste, et utilisent des informations pertinentes concernant leur environnement extérieur et les changements pouvant s'y produire (y compris les ruptures) dans le but de créer des opportunités d'affaires, d'innover, de réduire des risques et l'incertitude en général. L'objectif est de permettre d'agir rapidement, au bon moment et aux moindres coûts. L'étendue de la VAS-IC est plus limitée que ceux de l'intelligence économique et de l'intelligence sociale car tournée plus exclusivement vers les entreprises qu'elles soient grandes, moyennes, petites ou encore privées ou publiques. Sa principale caractéristique différenciatrice est d'aider à la construction d'une vision anticipative pour des décisions à court, moyen ou long terme.

L'ensemble de cette étude terminologique se résume dans la figure 1. On retrouve en abscisse l'étendue (périmètre de la cible) de la collecte d'information et en ordonnée la portée de la veille (aide au pilotage de l'entreprise à court, moyen ou long terme).

2 Le processus de veille

Nous pouvons définir la veille comme un processus si l'on retient comme définition d'un processus (1) *un ensemble de tâches*, organisées en séquences et décomposées en actions, parfois *multiples et enchevêtrées*, combinant et mettant en œuvre de (2) *multiples ressources, capacités et compétences* pour produire un (3) *résultat*

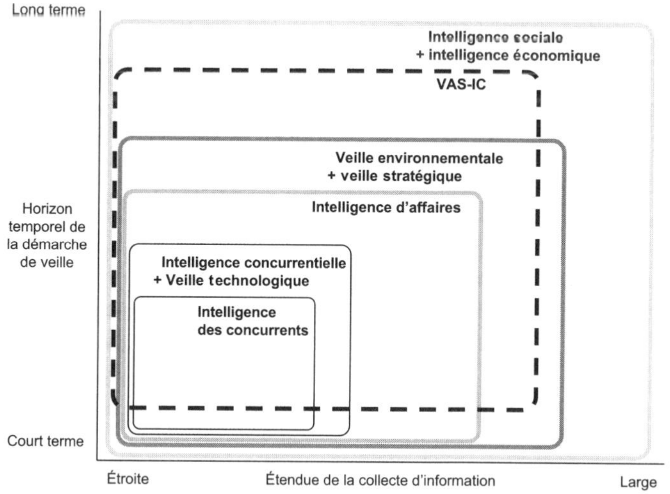

Figure 1 Les formes de la veille (adapté de Choo, 1997)

ayant de la valeur pour un client interne ou externe selon le cas. La valeur ne résulte pas de la consommation d'un certain nombre de ressources, capacités et compétences prises indépendamment les unes des autres mais du déploiement organisé et planifié de combinaisons de ressources.

Les actions signalées par les auteurs pour décrire le processus de veille sont très nombreuses. Elles sont décrites en des termes souvent très différents. Leur recension traduit *un lexique sémantique riche et diversifié* qui sous-tend vraisemblablement des conceptions du management de l'information, de son organisation et de son instrumentation très différentes. Toutefois, il est très rare que ces actions soient décrites, expliquées et analysées. Elles sont plus souvent évoquées par les auteurs en quelques termes lapidaires. Leurs fondements théoriques, leur instrumentation et les conditions de leur mise en œuvre sont également peu souvent explicités. Globalement, la richesse de ce lexique est davantage hermétique qu'elle n'est explicite. Elle suggérerait que chaque processus est une représentation idiosyncrasique dont les différences sont signifiantes. Plutôt que de nous en tenir à ces différences apparentes, nous proposons de regrouper ces actions en quatre fonctions principales et en neuf tâches élémentaires. Cette structuration conduit à *une représentation générale du processus de veille* (cf. figure 2), dont chaque auteur évoque une instanciation spécifique, parfois contingente à un terrain d'observation ou d'intervention.

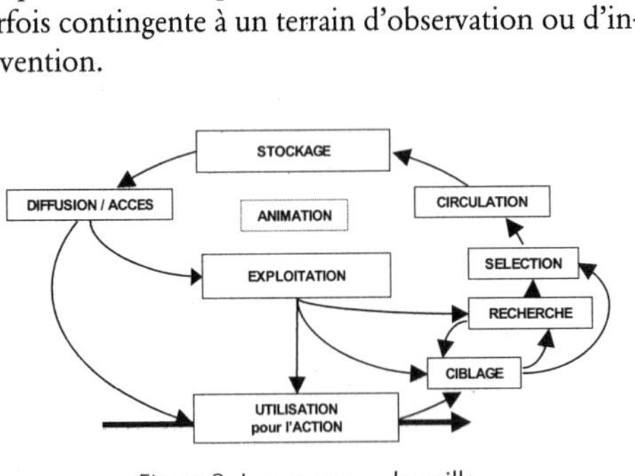

Figure 2 Le processus de veille

Trois des quatre fonctions principales que nous retenons pour structurer les actions et les tâches du processus de veille sont suggérées par Le Moigne (1990). La quatrième est suggérée par quelques auteurs de la veille.

2.1 Fonction de transfert spatial

La fonction de transfert spatial concerne implicitement la question des *flux* d'information occasionnés par la veille, depuis leurs sources vers les lieux de leur stockage, de leur exploitation et de leur utilisation éventuelle. Ces flux sont générés par les tâches de *recherche* d'information, de *circulation* de l'information brute avant traitement et de *diffusion* des produits élaborés de l'information après traitement.

La recherche

La recherche désigne l'ensemble des opérations de recherche des informations, effectuées par diverses catégories de personnes en fonction des sources d'information qui leur sont familières. C'est une phase essentielle du processus de veille. Toutefois, l'importance disproportionnée que les auteurs, les praticiens et les médias accordent à la recherche d'information par rapport aux autres phases du processus contribue à alimenter une confusion fréquente dans les esprits, en vertu de laquelle l'ensemble du processus de veille est souvent réduit à la seule phase de recherche d'information. Bien qu'essentielle, la recherche d'information n'est pas une finalité en soi : rien ne sert de chercher si on n'a pas une idée même imprécise de ce que l'on cherche (ciblage), si on ne sait pas faire le tri des informations collectées (sélection) et si on ne sait pas exploiter ces informations pour les transformer (exploitation) en force motrice et en action (utilisation). Or, trop souvent, la recherche d'information est étudiée comme une finalité en soit, indépendamment des relations qu'elle entretient avec les autres phases du processus de veille (le ciblage, la recherche, la sélection et l'exploitation).

Les technologies de l'information et plus précisément l'informatique avec le développement des bases de données, des entrepôts de données, de l'Internet, des moteurs de recherche, des agents intelligents, du datamining et de la fouille de données, de l'analyse lexicale, etc. sont porteuses de progrès significatifs pour la recherche d'information. Très utiles pour exploiter des sources d'information volumineuses, majoritairement documentaires, formalisées et numérisées – voire numérisables pour ceux qui en auraient les ressources et qui y trouveraient un intérêt – ces technologies sont totalement inadaptées pour la recherche d'information informelle sur le terrain. Bien que plusieurs auteurs fassent la distinction entre sources formelles et informelles, documentaires et terrain, et qu'ils reconnaissent l'utilité et la complémentarité de chacun de ces types de sources, l'état des connaissances sur la recherche d'information informelle de terrain fait figure de parent pauvre.

La circulation et la diffusion

Les personnes qui recherchent l'information ne sont pas toujours celles qui l'exploitent. Cela soulève la question de la circulation et de la diffusion des informations. Chacune de ses phases concerne des flux et des acteurs distincts. La circulation concerne l'acheminement de l'information brute, c'est-à-dire des produits de la phase de recherche. La diffusion désigne l'acheminement des produits de la phase d'exploitation, c'est-à-dire d'une information élaborée. Chacune de ces phases soulève des questions spécifiques d'organisation : les (N)TIC ne garantissent pas toujours que la bonne information parviendra à la bonne personne ; d'autres facteurs (organisationnels, humains, culturels, politiques, etc.) interfèrent dans le bon usage de ces technologies et leur capacité à réaliser les objectifs pour lesquels elles sont déployées.

Les (N)TIC permettent de faire circuler l'information dans un format numérique. Que faire des informations informelles, notamment des informations de terrain ? Comment passer de l'informel au numérique ? On parle très souvent de rapports d'étonnement, de comptes rendus de visites, etc. La qualité de ces retranscriptions est-elle satisfaisante ? Peut-on formaliser l'informel sans en perdre la richesse ? Peu d'attention a été accordée à ces questions : les phases de circulation et de diffusion de l'information mériteraient donc d'être réexplorées dans le contexte de la veille.

2.2 Fonction de transfert temporel

Cette fonction concerne la question du *stockage* des données et de l'information brutes, de la connaissance et des produits de leurs traitements pour en garder une trace en vue d'une éventuelle utilisation différée.

Le champ lexical associé à cette phase de stockage suggère deux conceptions différentes du stockage qui ne sont pas nécessairement contradictoires :

- une première conception reprise par une majorité d'auteurs parle de bases de données (Ghoshal and Westney, 1991), et précise que le stockage concerne les informations issues de la phase de recherche. Ces informations sont le plus souvent formelles, numériques et nombreuses ;
- une deuxième conception où les auteurs parlent de bases de connaissances (Revelli, 1998) et précisent que les produits d'information issus de la phase d'exploitation nécessitent également d'être stockés. Il s'agit là aussi de connaissances formelles, numériques, mais en nombre limité.

La phase de stockage signifie donc organiser *les mémoires* de l'entreprise pour stocker les informations brutes et les informations élaborées quels que soient leurs formes et formats. Les mémoires désignent tous les lieux quels qu'ils soient où peuvent se situer une information et une connaissance : les cerveaux des personnes, les dossiers formels, les mémoires informatisées formelles ou informelles comme les forums (Lesca, 2003). Cela suppose dès lors de pouvoir accéder aux informations et connaissances disséminées dans toute l'organisation et de les partager.

2.3 Fonction de transfert morphologique

La fonction de transfert morphologique concerne la transformation des informations brutes en connaissances et en action. Ces transformations sont occasionnées par les tâches de *sélection, d'exploitation et d'utilisation* de l'information. Nous considérons également que *le ciblage* de la veille a une fonction morphologique dans la mesure où il est question d'exprimer et de traduire un besoin parfois implicite ou tacite, voire inexistant a priori, dans une forme actionnable, communicable et appropriable (Caron-Fasan et Lesca, 2003).

Le ciblage

La phase de ciblage consiste à définir et délimiter ce qui, dans l'environnement externe, représente une importance critique pour l'organisation, et si possible de spécifier les informations à rechercher, pour focaliser et concentrer les efforts de recherche, d'attention et de surveillance. Cette phase préliminaire se justifie par un constat pragmatique : une entreprise ne peut surveiller la totalité de son environnement spécifique et global sous peine d'investir des ressources qu'elle n'a pas. Deux conceptions distinctes du ciblage coexistent :

identifier les besoins en information et leurs sources (Choo, 1997). Cette conception du ciblage renvoie explicitement à une problématique d'analyse du besoin bien connue en systèmes d'information mais réputée très difficile ;

choisir quelques sujets spécifiques d'importance critique, et diriger ainsi la recherche d'information (Gilad and Gilad, 1988). Cette conception du ciblage renvoie à la fois à un découpage stratégique de l'environnement en facteurs clés de succès (SWOT), et à une conception dynamique de l'analyse des forces de l'environnement spécifique et général. Aux termes de ces analyses, certaines facettes de l'environnement sont mises sous surveillance parce qu'elles représentent un lieu de changements potentiels importants pour l'entreprise. Cette cible est un artéfact dynamique qui se transforme et évolue au gré des changements d'intensité des forces de l'environnement, des découvertes de l'exploration, et des priorités de l'entreprise et des décideurs. La méthode Cible prolonge, approfondit et instrumente cette démarche (Caron-Fasan et Lesca, 2003 ; Lesca, 2003).

La sélection

Les managers souffrent d'une surabondance d'informations non pertinentes, et même les documents pertinents sont souvent trop redondants. Pour répondre à ce problème, il est recommandé de filtrer l'information, de l'évaluer, de la classer et la vérifier, et de distinguer les informations importantes du bruit. Globalement, il est question de sélectionner l'information. Cette étape est nécessaire pour réduire la quantité et le flux abondant des informations disponibles à un corpus raisonnable d'informations pertinentes, fiables et potentiellement utiles pour les décideurs.

La sélection repose notamment sur des critères et des mots-clés cohérents avec le ciblage et le type d'information recherchée. Elle consiste également à évaluer la validité et l'utilité perçue de l'information ainsi que la fiabilité perçue de sa source (El Sawy, 1985). L'ensemble peut se traduire sous la forme d'une grille de lecture des systèmes de signes en provenance de l'environnement externe. Mise en œuvre de la sorte, la sélection est comparable à un filtre cognitif ou organisationnel qui repose essentiellement sur la sémantique et le champ lexical. Il est alors possible de l'extérioriser, la formaliser voire l'automatiser lorsque la nature des informations et les ressources technologiques le permettent.

Toutefois, de tels filtres ne sont pas toujours suffisants pour percevoir parmi les informations recueillies, la trace d'éventuelles informations d'anticipation, d'autant que de telles traces n'ont souvent pas d'existence indépendamment de la subjectivité humaine, donc de leur interprétation (Daft et Weick, 1984; Makridakis *et al.*, 1982). Il semble que, aujourd'hui encore, seule l'intelligence humaine – individuelle et collective –, par des mécanismes cognitifs et sociocognitifs que nous ne maîtrisons pas toujours très bien, a la capacité d'amplifier l'information, de dépasser le système de signes, la sémantique et le champ lexical, pour percevoir l'essence hologrammatique du sens de l'information et envisager des faisceaux de significations (futures) possibles (mais pas nécessairement probables) et parfois même contradictoires. Dans ce cas, il serait utile de valoriser davantage dans la phase de sélection, ce que l'information évoque chez les individus; les connaissances qu'elle rappelle à leurs mémoires, les relations qu'elle permet d'établir entre observations et cognitions, et les possibles qu'elle fait naître dans leur imaginaire (Caron-Fasan et Lesca, 2003).

L'exploitation

Sans la phase d'exploitation et d'utilisation de l'information, le processus de veille ne serait qu'un processus d'acquisition d'information. Il est donc essentiel que cette phase existe. Trois catégories de méthodes d'exploitation de l'information sont utilisées pour la veille (Fahey et *al.*, 1981): les «méthodes simplistes», qui reposent essentiellement sur l'expérience et sur l'exploitation de données rétrospectives – quantitatives et qualitatives – avec des outils simples; les «méthodes de projection» qui traitent des données quantitatives par des méthodes statistiques relativement simples également; les «méthodes de prévision» qui mobilisent une grande variété de méthodologies dont les plus fréquemment citées sont la modélisation statistique et les techniques de simulation pour l'exploitation de données plutôt quantitatives, ainsi que la méthode des scénarios et la méthode Delphi pour l'exploitation de données plus qualitatives.

Mais en pratique, les méthodes d'exploitation mises en œuvre par les entreprises sont souvent très simples, et il est rarement question de techniques statistiques élaborées. De plus, les managers soulignent que leurs informations de veille sont essentiellement qualitatives, humaines et de terrain. Elles sont également très peu nombreuses, imprécises, incertaines, ambiguës, fragmentaires et discontinues. Les méthodes statistiques de projection et de prévision sont donc mal adaptées pour exploiter ce type d'information. Une autre méthode existe dans laquelle les informations de veille sont des informations d'amorces, des points de départ pour une création individuelle ou collective de sens et de connaissances soutenue par une méthodologie *ad hoc* (Lesca, 2003). Lorsque cela est possible, l'exploitation de l'information se fait sous la forme de réunions de créativité au cours desquelles un petit groupe de personnes choisies avec pertinence par rapport au sujet à traiter, dialoguent dans une interaction synchrone et présentielle, pour créer des synergies positives, échanger leurs compréhensions des informations et des situations qu'elles leur évoquent, et découvrir ou construire ensemble des significations, interprétations, anticipations et connaissances nouvelles et possibles, qu'ils n'avaient pas envisagées auparavant, et qu'ils n'auraient pas non plus imaginées seuls (Caron-Fasan et Lesca, 2003).

2.4 Fonction d'animation

Le processus de veille est diffus et transverse. Ses résultats, souvent faiblement visibles à court terme, lui sont également difficilement imputables (Lesca, 2003). Il n'est donc pas rare que la veille souffre d'un déficit d'image et de légitimité qui peut affecter la bonne marche de chacune de ses phases et plus gravement sa pérennité.

Plusieurs auteurs observent que, pour être légitime et pérenne, l'activité de veille nécessiterait le soutient et l'implication de la direction et des dirigeants ainsi que la nomination d'un «CI champion», c'est-à-dire un animateur permanent du processus de veille. Les rôles conférés à cet animateur sont nombreux: promouvoir, faire connaître et légitimer le dispositif de veille; organiser et fournir les ressources matérielles pour soutenir l'activité; convaincre les acteurs et influer favorablement sur leurs comportements afin qu'ils participent activement au processus de veille ; communiquer constamment auprès de tous les acteurs impliqués et de ceux qui pourraient l'être ; motiver les individus par la mise en place de systèmes d'incitation comme la constitution et la diffusion d'un journal dans lequel se trouvent les informations qui ont été collectées ; coordonner les efforts individuels pour les faire converger vers une intelligence collective utile pour l'action ; mesurer et rendre des comptes sur l'efficience et l'efficacité du dispositif. Il est encore de son rôle d'éviter les écueils suivants : une mauvaise définition/compréhension des objectifs de la veille ; une organisation insuffisante du dispositif; la démotivation des acteurs impliqués dans le processus.

3 Les missions et l'utilité de la veille

On dit souvent, que l'une des missions de la veille est d'informer la prise de décision des dirigeants. En pratique, cette situation soulève de nombreuses interrogations : de quelle(s) genre(s) de décision est-il question ? Qu'est-ce que *la bonne information* ? Qu'est-ce qu'un bon moment pour transmettre la bonne information à un décideur ? L'information produite par la veille est-elle réellement utile à la décision ?

3.1 Les missions de la veille

La veille est couramment associée à cinq thèmes du management stratégique (cf. tableau 1) : la planification, le positionnement stratégique et l'avantage concurrentiel, la prise de décision, l'adaptation et la réactivité, l'innovation et l'anticipation des discontinuités. Il est probable également qu'elle soit un levier du processus entrepreneurial et sa variante, l'intrapreunariat, dans la mesure où elle participerait à la formation et à l'implémentation d'une vision, qu'elle favoriserait l'imagination et le transfert de concepts, de technologies et d'usages, et qu'elle contribuerait à évaluer leur pénétration sur des marchés, leur transformation en fenêtre d'opportunités et leur implémentation en activité créatrice de valeur. Toutefois, les publications étudiées ne font pas cas de lien explicite entre veille et processus entrepreneurial.

Faire de la veille n'est pas une finalité en soit. C'est davantage un outil, un moyen qui participe à la réalisation d'un processus, au développement d'une activité ou à la conception d'une stratégie. La mission du système de veille est donc de soutenir l'activité et les processus clés de l'entreprise, la prise de décision des managers et la réalisation d'une stratégie délibérée ou émergente, dans le but ultime de construire un avantage concurrentiel, de contribuer à la création de valeur, et finalement de pérenniser l'entreprise.

En d'autres termes, la veille a une fonction de support du management et sa mission ainsi que les résultats qu'on en attend sont étroitement liés au contexte du processus ou de l'activité – plus généralement de l'action – qu'elle est appelée à soutenir. Plus couram-

Thème	Mission de la veille	Résultats attendus
La planification	Soutenir les prises de décision lors de la planification stratégique à court terme et à long terme.	La facilitation et le développement de la pensée stratégique dans les organisations.
L'avantage concurrentiel	Soutenir l'analyse de l'environnement spécifique, l'identification d'opportunités et de menaces, la construction et le maintien d'un avantage concurrentiel et le choix d'une stratégie générique.	Une compréhension des dynamiques actuelles des forces de l'environnement qui permet à l'entreprise de se positionner et d'acquérir un avantage concurrentiel.
La décision	Soutenir la décision dans la phase d'intelligence et de choix du modèle IMC – intelligence, modélisation, choix – de Herbert Simon.	Des données importantes pour les décisions stratégiques et leur transformation en un niveau d'intelligence satisfaisant pour permettre le choix et l'implémentation d'une décision.
L'adaptation, la contingence, la réactivité	Percevoir les forces externes du changement et guider l'adaptation de l'entreprise.	Une compréhension des changements actuels et potentiels qui prennent place dans l'environnement permettant à l'entreprise de s'adapter et de rester compétitive.
L'innovation	Soutenir l'innovation incrémentale ou de rupture.	Des savoir-faire, des savoir-être ou des usages nouveaux et innovants valorisés par le marché ou sources de meilleures performances internes.
L'anticipation des discontinuités	Percevoir les germes du changement et les signaux faibles de l'environnement pour anticiper les changements et les discontinuités stratégiques.	La perception suffisamment précoce de changements pertinents et importants de l'environnement pour que l'entreprise ait le temps d'agir par anticipation et d'en tirer un avantage.
L'entrepreneuriat et l'intrapreunariat	Soutenir la formation, l'évaluation et l'implémentation d'une vision entrepreneuriale ou intrapreunariale en business plan et en activité créatrice de valeur.	La vision d'une opportunité de création d'entreprise, d'activité nouvelle ou d'affaire.

Tableau 1 Les missions et résultats attendus de la veille

ment, on dit de la veille qu'elle consiste à donner la bonne information, au bon moment, à la bonne personne pour qu'elle prenne la bonne décision. Toutefois, cette formule, un peu simpliste, dissimule en vérité des questions essentielles : la veille devrait-elle produire de l'information ou de l'intelligence ? Et dans quelle mesure ces produits sont-ils utiles aux décideurs ?

3.2 Information et intelligence

Pour produire de l'information, et à plus forte raison de l'intelligence, les données collectées doivent être transformées. Pour ce faire, les entreprises disposent naturellement d'informations notamment internes et mettent en œuvre des ressources et des dispositifs pour acquérir des informations complémentaires notamment externes. Elles ont ainsi accès à une masse de données et d'informations susceptibles d'être transformée en intelligence utile pour les décideurs. Toutefois, les données brutes ou informations venant alimenter le processus de transformation de la veille sont à la fois diverses, hétérogènes et volumineuses. Cette abondance – qui peut parfois être ressentie comme une *surcharge* – soulève de nombreuses interrogations quant à la capacité des entreprises à les utiliser.

On peut également s'interroger sur la hiérarchie des priorités de la veille : l'objectif est-il avant toute chose de valoriser l'information déjà disponible et accessible en interne par les membres de l'entreprise, pour capitaliser les savoirs et, si possible, élaborer de la connaissance utile aux décideurs (cf. figure 3, Q1) ? Au contraire, l'objectif prioritaire est-il d'élaborer des produits et services d'intelligence utiles aux décideurs, ce qui nécessite de mobiliser des ressources internes et externes *ad hoc* pour valoriser des informations qui sont parfois déjà connues en internes sans que l'on sache toujours par qui (cf. figure 3, Q2) ?

Enfin, par manque de temps et de moyens souvent, en l'absence de méthodes et d'outils *ad hoc* parfois, ainsi que par habitude aussi peut-être les informations à caractère anticipatif sont très peu valorisées et utilisées contrairement aux informations plus courantes et rétrospectives. Par voie de faits, l'intelligence ainsi produite est davantage rétrospective qu'elle n'est prospective. Les savoirs tacites des employés sur l'environnement de l'entreprise sont également souvent négligés ou insuffisamment exploités.

On gagnerait probablement à questionner davantage les dispositifs de veille (design) dans leur capacité à satisfaire les attentes et les besoins en intelligence des décideurs, et dans leur adéquation pour réaliser les missions pour lesquels ils sont conçus, déployés et mis en exploitation

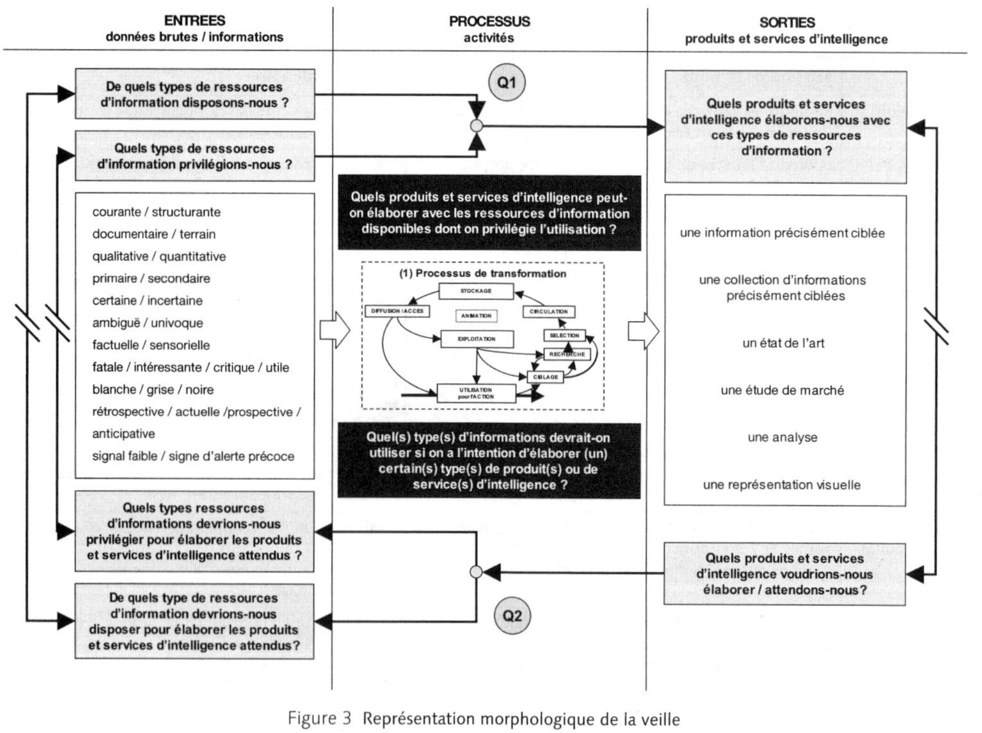

Figure 3 Représentation morphologique de la veille

3.3 Information, intelligence et décision

Quel lien existe-t-il entre veille et décision? Un élément de réponse conduit à examiner le lien entre intelligence et action.

L'intelligence ne conduit pas toujours à l'action. Face à une situation, un fait ou un événement, elle peut également provoquer la prise de conscience, que ce que l'on croyait savoir – nos représentations, nos attentes et nos croyances – est peut-être une illusion, qu'une meilleure compréhension des événements est parfois requise, ou encore, que l'action stratégique n'est pas forcément nécessaire ni même souhaitable.

Lorsque le lien veille-décision semble plus explicite, c'est-à-dire lorsque le choix et l'implémentation d'une décision s'appuient sur l'intelligence des situations et des alternatives possibles, comme le suggère H. Simon, il est dès lors nécessaire de s'interroger si les responsables se servent effectivement des produits de la veille pour informer leurs décisions? Si la veille produit de l'intelligence qui réponde aux besoins en information des décideurs, ou plus modestement, qui nourrisse leurs réflexions?

Un autre point de vue, serait de considérer que l'action ne s'explique pas toujours par la pensée. Elle n'est pas toujours recherche d'adaptation en réaction aux interdépendances de l'environnement. Elle ne repose pas nécessairement sur l'information, la connaissance, l'analyse et la raison, mais elle peut aussi être idéologie, intuition, énaction, ou imaginaire. La décision est alors, comme le suggère A. Solé, comparable à une boîte noire hermétique aux signaux de l'environnement extérieur, elle dépend essentiellement de l'imaginaire des décideurs – de leurs possibles et leurs impossibles. Dans ces conditions on peut remettre en question le lien veille-décision et se demander comment la veille peut-elle être utile aux décideurs?

L'ensemble de ces questionnements permet de s'interroger sur le rôle et les résultats d'une cellule de veille ou d'un comité *ad hoc* dont les membres spécialement dédiés (par exemple des documentalistes) ne seraient ni acteurs des processus créateurs de valeur, ni compétents pour décider ou agir, et dont les priorités stratégiques de l'entreprise leur seraient mal connues ou inconnues.

Enfin, que sait-on également du moment qui est le bon pour porter à la connaissance des décideurs l'information et l'intelligence produites par la veille?

Il est vraisemblable que, si le lien entre veille et décision-action n'est pas volontairement et explicitement établi, les produits de la veille soient décalés par rapport aux préoccupations des décideurs. Le sens de la mission de veille, la définition des résultats attendus et la qualité des résultats obtenus dépendent étroitement de la participation des acteurs clés des processus créateurs de valeur, de l'implication des acteurs compétents pour prendre des décisions importantes et les transformer en action, et des priorités stratégiques de l'organisation.

Une erreur serait peut-être de concevoir et de mettre en œuvre un système de veille qui soit totalement coupé de l'exécutif, et qui s'en tienne exclusivement à la collecte, à la diffusion, à la mémorisation et à la gestion d'une information souvent volumineuse et faiblement pertinente sans s'interroger outre mesure : sur les modalités de son exploitation, c'est-à-dire les outils pour la traiter, qu'ils soient technologiques ou humains ; leur capacité à produire de l'intelligence anticipative, signifiante, pertinente par rapport aux préoccupations de l'exécutif, et potentiellement utiles pour la décision et l'action; la capacité de l'organisation; la volonté des décideurs à agir et à réagir pour tirer profit de ses anticipations. Pourtant, on observe que certaines organisations mobilisent des technologies parfois très sophistiquées, sans conduire de véritable réflexion sur la matière – l'information – à exploiter, les modalités d'exploitation de l'information, les utilisateurs présumés et leurs motivations pour solliciter le système et en utiliser les produits.

4 Conclusion

À l'issue de ce chapitre, nous sommes en mesure de proposer une «nouvelle» définition de la veille. C'est un processus organisé qui transforme une combinaison de ressources informationnelles en produits et services d'intelligence utiles aux managers pour informer leurs décisions et actions. La veille n'a pas de finalité en soi, c'est une activité de support au management et sa mission est contingente à l'activité qu'elle est appelée à soutenir. Dès lors, les questions sur les missions, l'utilité et les finalités de la veille se situent au centre des préoccupations. En amont de toute action, l'entreprise gagnerait à s'interroger sur les questions suivantes : Quelle finalité attribue-t-elle à la veille? Pour quelle utilité? Quel(s) produit(s) d'intelligence élaborer pour répondre aux finalités attendues? Et à partir de quel(s) type(s) de ressources informationnelles?

La réponse à ces questions conduit par la suite à détailler chacune des phases du processus de veille (phase de ciblage, de recherche, de sélection, d'exploitation) tout en vérifiant que les finalités énoncées très en amont sont respectées.

Cette nouvelle définition permet de ne plus aborder le processus de veille au travers de la seule description de ses phases mais de privilégier le pourquoi et comment faire?

Bibliographie

Bournois F. et Romani P.J. (2000), *L'intelligence économique et stratégique dans les entreprises françaises*, Paris: Economica

Caron-Fasan M.L. et Lesca N. (2003), *Présent et futurs des systèmes d'information*, Grenoble, PUG.

Choo C.W. (1997), *Information management for the intelligent organization: the art of scanning the environment*, Medford, NJ, Information Today Inc.

Daft R. L and Weick K. (1984), "Toward a model of organizations as interpretation systems". *Academy of Management Review*, vol. 9, n° 2, p. 284-295.

Dou H. et Desvals H. (1992) *La veille technologique: l'information scientifique, technique et industrielle*, Paris, Dunod.

El Sawy O.A. (1985), "Personal information systems for strategic scanning in turbulent environments: can CEO go on line?" *MIS Quarterly*, vol.9, n° 1, March, p. 53-60.

Fahey L. King, W.H. Narayanan, V.K. (1981) "Environmental scanning and forecasting in strategic planning: the state of the art". *Long Range Planning*, vol. 14, n° 1, p. 32-39.

Gilad B. and Gilad T. (1988), *The business intelligence system, a new tool for competitive advantage*, New York: AMACOM.

Ghoshal S. and Westney D.E. (1991), "Organizing competitor analysis systems". *Strategic Management Journal*, vol. 12, n° 1, p. 17-31.

Jakobiak F. (1991), *Pratique de la veille technologique*, Paris, Les Éditions d'Organisation.

Jakobiak F. (2004), *L'intelligence économique*, Paris, Les Éditions d'Organisation.

Lesca H. (2003), *Veille stratégique: la méthode LESCAnning®*, Colombelles, Éditions EMS.

Le Moigne J.-L. (1990), *La modélisation des systèmes complexes*, Paris, Dunod.

Liu S. (1998), "Strategic scanning and interpretation revisited: foundations for a software agent support system - part one: understanding the concept and context of strategic scanning". *Industrial Management and Data Systems*, vol.98, n° 7, p. 295-312.

Makridakis S.E., Andersen A., Carbone R., Fildes R. Hibon M., Lewandowski R., Newton J., Parzen E. and Winkler R. (1982), *The forecasting accuracy of major time series methods*, Chichester: John Wiley & Sons.

Martre H. (1994), *Intelligence économique et stratégie des entreprises*, Paris, La Documentation française.

Revelli C. (1998), *Intelligence stratégique sur Internet*, Paris, Dunod.

Logiciels libres: un enjeu de société

Daniel Pascot

Mots-clés : logiciel libre, distribution, collaboratif, économie, licence, brevet, GPL.

Résumé : notre société moderne est une société de l'information, une part de plus en plus importante de l'énorme quantité d'informations qu'elle produit est communiquée ou conservée de manière numérique à l'aide d'ordinateurs et donc implique l'usage de logiciel. Les premiers logiciels ont été produits sur le mode du logiciel libre, c'est-à-dire librement partagés et échangés entre ses producteurs et ses utilisateurs. Assez rapidement le logiciel a été considéré comme un produit appartenant à des éditeurs. La licence GPL, crée par Richard Stallman, a permis l'essor des logiciels libres. Actuellement de l'ordre de la moitié des serveurs du réseau internet fonctionnent avec des logiciels libres et un poste de travail peut n'être constitué que de logiciels libres. Ce qui distingue le logiciel libre des autres formes de logiciel n'est pas sa dimension technique (il utilise les mêmes ordinateurs et souvent les mêmes outils de développement que le logiciel propriétaire) mais son mode de production, d'évolution et d'entretien, ainsi que son mode de distribution.

1 Un phénomène de société complexe

C'est aujourd'hui une banalité que de dire que notre société moderne est une société de l'information : il suffit de considérer l'importance de l'éducation, de la formation ou des médias et des activités culturelles dans la vie de tous les jours, ou encore le nombre de cadres et de cols blancs, l'automatisation de la production, des transports et du commerce, pour s'en convaincre. Une part de plus en plus importante de l'énorme quantité d'informations produite dans les sociétés modernes (sous la forme de texte, de son ou d'image) est communiquée ou conservée de manière numérique à l'aide d'ordinateurs et donc implique l'usage de logiciel. Au point que le logiciel, qu'il soit libre ou non, ne peut plus être considéré comme un simple bien technologique ou marchand, il est par la multitude des dimensions impliquées (économique, légale, technique, psychologique, ergonomique...) au cœur d'un phénomène de société complexe. Si de plus en plus d'institutions publiques (gouvernements nationaux ou régionaux, ministères ou villes) promulguent, ou envisagent de promulguer, des lois, règlements ou directives relativement aux formats et logiciels libres ce n'est pas simplement pour des raisons de coût (en général l'accès au code source d'un logiciel libre est gratuit).

Dans une célèbre lettre, en réponse au directeur général de Microsoft Pérou, le député Edgar Davis Villanueva Nunez (2002), membre du Congrès de la République du Pérou a fait remarquablement bien ressortir cette dimension :

«Les principes élémentaires qui inspirent le Projet sont liés aux garanties fondamentales d'un État démocratique de droit, telles que :

- libre accès du citoyen à l'information publique ;
- pérennité des données publiques ;
- sécurité de l'état et des citoyens.

Pour garantir le libre accès des citoyens à l'information publique, il est indispensable que l'encodage des données ne soit pas lié à un fournisseur unique. L'utilisation de formats standard et ouverts permet de garantir ce libre accès, et d'obtenir, si nécessaire, la création de logiciel libre compatible.

Pour garantir la pérennité des données publiques, il est indispensable que l'utilisation et le maintien du logiciel ne dépendent pas de la bonne volonté des fournisseurs, ni des conditions de monopole imposées par ceux-ci. Pour cela l'État a besoin de systèmes dont l'évolution puisse être garantie par la disponibilité du code source.

Pour garantir la sécurité de l'État ou sécurité nationale, il est indispensable de se baser sur des systèmes dépourvus d'éléments qui en permettent le contrôle à distance ou la transmission non désirée d'information à des tiers. Par conséquent, il faut des systèmes dont le code source est librement accessible au public pour permettre son examen par l'État lui-même, les citoyens, et un grand nombre d'experts indépendants dans le monde.»

Si la place occupée par les logiciels libres et l'attention qui y est portée est devenue de plus en plus grande à partir de la fin des années quatre-vingt-dix au point de faire périodiquement la une de médias grand public, le phénomène n'est pas nouveau, en fait il est pratiquement né avec l'informatique. Ce qui motive l'intérêt croissant envers le logiciel libre est bien sûr le coût (ils sont généralement gratuits), mais aussi le contrôle sur les contenus gérés par les logiciels grâce au recours à des formats publics (Di Cosmo, 1998), la sécurité et la qualité qui sont de plus en plus préoccupants face aux attaques de toutes sortes dès qu'un ordinateur est connecté à Internet, la pérennité et l'évolution et même le support que peut apporter une communauté de pratique.

Ce qui distingue le logiciel libre des autres formes de logiciel n'est pas sa dimension technique (il utilise les mêmes ordinateurs et souvent les mêmes outils de développement que le logiciel propriétaire) mais son mode de production, d'évolution et d'entretien, ainsi que son mode de distribution.

2 L'importance croissante des logiciels libres

Il est difficile de mesurer la «part de marché» du logiciel libre, mais, par exemple le serveur Web Apache est utilisé suivant Netcraft[1] dans près de 70 % des 62286451 serveurs recensés au début du moins d'avril 2005, et selon IDC les ventes de serveurs déclarés fonctionner avec Linux ont représenté 28,3 % des ventes totales de serveurs. Le nombre croissant de groupes de discussion ou de livres consacrés au logiciel libre est un bon indicateur de leur utilisation. Dans certains domaines comme les logiciels de gestion de contenu (CMS, *content management system*) on peut recenser plus d'une centaine de logiciels dont certains sont plus puissants et de meilleure qualité que bien des logiciels propriétaires[2].

Actuellement plus de vingt pays se préoccupent d'étudier et de normaliser sous différentes formes le recours aux logiciels libres. De plus en plus d'administrations (ministères, ou villes) ou d'entreprises étudient ou mettent en œuvre une migration des logiciels propriétaires vers des logiciels libres.

Si le taux de pénétration des logiciels libres est très variable, la plupart des secteurs du logiciel sont concernés. Le phénomène a pris une telle ampleur que les grands éditeurs du logiciel ne peuvent plus l'ignorer et doivent positionner leurs stratégies face au logiciel libre. Certains comme IBM, Sun ou plus récemment Novel l'ont inclus, chacun à leur manière, comme composante essentielle de leur stratégie, d'autres comme Microsoft l'affrontent comme leur principal concurrent.

3 Définitions et dimension juridique

3.1 La nature du logiciel

Le logiciel n'est pas un produit matériel physique ni un procédé industriel, le logiciel est immatériel, il est souvent décrit comme une suite de concepts de nature mathématique et par là même renvoie à la connaissance. Ainsi le logiciel se trouve au sein d'un débat de société qui oppose les agents économiques qui, dans notre société actuelle basée de plus en plus sur le savoir et l'information, veulent considérer la propriété intellectuelle de la même manière que la propriété des biens matériels, à ceux qui considèrent la connaissance comme une production collective dont chaque élément ne peut pas être isolé de nombreux autres: «Nous sommes des nains juchés sur des épaules de géants. Nous voyons ainsi davantage et plus loin qu'eux, non parce que notre vue est plus aiguë ou notre taille plus haute, mais parce qu'ils nous portent en l'air et nous élèvent de toute leur hauteur gigantesque», écrivait Bernard de Chartres au XIIe siècle. Newton avait repris cette célèbre formule dans une lettre adressée à Robert Hooke pour rendre hommage à Galilée et à Descartes. «Croit-on que le physicien soit moins génial que ses deux prédécesseurs parce qu'il s'est appuyé sur leurs idées? Évidemment non. Toute production est avant tout une re-production, une copie modifiée.» (Latrive, 2004).

3.2 Logiciel libre contre logiciel propriétaire

Le logiciel libre s'oppose à la notion de logiciel propriétaire. L'expression «logiciel libre» fait référence à la

1. http://news.netcraft.com

2. http://www.opensourcecms.com

liberté et non pas au prix. Pour comprendre ce concept, on doit penser à «liberté d'expression» et non pas à «entrée libre». Un logiciel libre est un logiciel qui est fourni par son auteur (et donc son propriétaire) avec l'autorisation pour quiconque de l'utiliser, de le copier, et de le distribuer, soit sous la forme de l'original, soit avec des modifications, gratuitement ou contre un certain montant d'argent. Ceci implique en particulier que son code source doit être disponible: «S'il n'y a pas de sources, ce n'est pas du logiciel libre[1]».

Plus précisément ces libertés sont:

- la liberté d'exécuter le programme, pour tous les usages;
- la liberté d'étudier le fonctionnement du programme, et de l'adapter à ses besoins;
- la liberté de redistribuer des copies, donc d'aider son voisin;
- la liberté d'améliorer le programme et de publier ses améliorations, pour en faire profiter toute la communauté.

Pour que ces libertés soient réelles, elles doivent être irrévocables, si le développeur du logiciel a le droit de révoquer la licence sans que l'utilisateur n'ait fait quoi que ce soit pour le justifier, le logiciel n'est pas libre.

Tous les producteurs de logiciels libres n'appliquent pas de la même manière ces quatre libertés qui doivent être formalisées dans le cadre d'une licence. Ainsi la licence GPL (*General Public License*[2]) créée à l'initiative de Richard Stallman protège de nombreux et importants logiciels libres. Mais ce n'est pas la seule licence disponible[3], il en existe plus d'une trentaine et rien n'interdit d'en créer d'autres. Les plus connues sont la licence artistique[4], la licence BSD[5], ou des licences écrites pour répondre à une situation particulière comme la licence Netscape ou Mozilla pour le navigateur du même nom[6], mais elles participent toutes d'une même philosophie de liberté servant de garantie à la collaboration. Les différences principales concernent la possibilité ou non de limiter l'usage de certaines modifications ou extensions apportées aux logiciels ou l'intégration avec des logiciels non libres, mais dans tous les cas pour qu'un logiciel soit libre il faut que le code source reste libre et accessible à tout le monde.

En ce qui concerne les licences, la situation est souvent confuse. Voici les principales définitions des classes de logiciel autres que le logiciel libre telles que présentées par la FSF:

- *logiciel du domaine public*: logiciel non soumis aux droits d'auteurs.
- *logiciel open source*: le terme logiciel «open source» (littéralement à «source ouvert») est utilisé par certaines personnes pour signifier plus ou moins la même chose que logiciel libre (suivant les quatre libertés) tel que défini par la FSF.
- *logiciel libre copylefté*: le logiciel sous *copyleft* (littéralement, gauche d'auteur; jeu de mot avec *left* = gauche mais aussi laisser) est un logiciel libre, le copyleft indique que quiconque le redistribue, avec ou sans modifications, doit aussi transmettre la liberté de le copier et de le modifier et donc ne doit pas imposer de nouvelles restrictions. Le copyleft garantit cette liberté pour tous les utilisateurs[7], il garantit que le logiciel restera libre. La licence GPL est une licence copyleftée.
- *logiciel libre non copylefté*: le logiciel libre non copylefté est diffusé par son auteur avec la permission de le redistribuer et de le modifier, mais aussi d'y ajouter d'autres restrictions. Si un programme est libre, mais non copylefté, alors certaines copies ou versions modifiées peuvent ne plus être libres du tout (comme avec la licence BSD ou la licence de X11).
- *logiciel semi-libre*: le logiciel semi-libre est un logiciel qui n'est pas libre, mais qui s'accompagne de la permission pour les personnes physiques de l'utiliser, de le copier, de le distribuer, et de le modifier (y compris pour la distribution des versions modifiées) en général dans un but d'étude et non lucratif. C'est le cas de certaines licences dites coopératives. PGP est un exemple de programme semi-libre.
- *logiciel propriétaire*: un logiciel dit propriétaire est la propriété de quelqu'un (personne physique ou morale) qui en restreint les droits d'usage tout en limitant sa responsabilité à l'aide d'une licence (essentiellement usage limité à un nombre déterminé de postes de travail et non responsabilité des consé-

1. http://www.gnu.org/philosophy/categories.fr.html
2. Voir http://www.april.org/gnu/gpl_french. html pour une traduction non officielle de la licence GPL (seule la version anglaise pour des raisons d'économie et de simplification juridique est actuellement considérée comme officielle par la FSF). Cette licence pose problème en France essentiellement à cause de la langue (CeCILL, 2004), mais non au Québec (Lemire et Willemant, 2005).
3. On trouve sur le site de l'AFUL (L'AFUL est une association d'utilisateurs et de professionnels du logiciel libre. Elle comprend des membres (individus, sociétés commerciales, autres associations) dans une dizaine de pays ou régions du monde francophones) des liens procurant une information assez complète sur les licences http://www.aful.org/presentations/licences/index.html
4. Voir par exemple la licence Art Libre http://artlibre.org/faq.php/definitions.html ou encore la licence ludique générale http://jeuxlibres.free.fr/llg.htm ou encore http://www.linux-france.org/article/these/licence/artistic/fr-artistic.htm
5. http://www.freebsd.org/copyright/license.html
6. http://www.mozilla.org/MPL
7. http://www.gnu.org/copyleft/copyleft.fr.html

quences néfastes de l'usage du logiciel) afin de procurer des revenus à son propriétaire, ce qui amène souvent (mais pas obligatoirement) à ne pas divulguer le code source.

- *freeware*: le terme «freeware» n'a pas de définition claire communément acceptée, mais il est utilisé couramment par des producteurs de logiciel propriétaire dans un but de promotion qui autorisent la redistribution mais pas la modification (et dont le code source n'est pas disponible). Ce ne sont pas des logiciels libres.
- *shareware (partagiciel)* : le partagiciel est un logiciel qui s'accompagne de la permission de redistribuer des copies, mais qui mentionne que toute personne qui continue à en utiliser une copie est obligée de payer des royalties. Les sharewares ne sont pas des logiciels libres ou même semi-libres.
- *logiciel privé*: le logiciel privé est développé pour un utilisateur qui n'en publie ni les sources ni les binaires.
- *logiciel commercial*: le logiciel commercial est un logiciel développé par une entreprise dont le but est de gagner de l'argent sur l'utilisation du logiciel. « Commercial » et «propriétaire» ne sont pas synonymes ! La plupart des logiciels commerciaux sont propriétaires, mais il y a des logiciels libres commerciaux, et il y a des logiciels non commerciaux non libres.
- *licence*: une licence est une concession du droit d'utilisation d'un logiciel ou d'un brevet ou d'un bien quelconque.

Ainsi la caractéristique fondamentale du logiciel libre est la garantie de la pérennité de la liberté d'accès au code source qui garantit la liberté d'usage et non pas le caractère commercial du logiciel. Les modalités de cette dimension se trouvent au cœur du mouvement dit «open source» qui sur certains points se démarque du mouvement «free software[1]». La polémique est loin d'être éteinte entre les deux mouvements que l'on peut considérer comme frères, mais tout de même un peu ennemis; cependant leur différent est loin d'en être au point qu'ils ne fassent pas corps face aux logiciels propriétaires, c'est ainsi que l'on rencontre de plus en plus souvent l'expression un peu floue mais englobante FOSS (*Free Open Source Software*).

La dimension juridique du logiciel est une dimension d'autant plus complexe qu'elle se déploie dans un contexte international, mais elle est loin à elle seule de permettre d'appréhender le phénomène (Sédallian, 2002). Le fait que les programmes soient dépendants l'un de l'autre (tout programme a besoin d'autres programmes pour pouvoir effectivement fonctionner) et évoluent constamment rend la dimension juridique très complexe car toutes les licences ne sont pas compatibles entre elles et n'autorisent pas les modifications de la même manière: le risque de fouillis juridique est loin d'être nul si aucune attention n'est donnée à cette dimension.

1. http://www.gnu.org/philosophy/categories.fr.html

3.3 Le copyright base de la coopération

Le phénomène des logiciels libres repose fondamentalement sur le partage du travail durant de la vie du logiciel (de sa naissance à son entretien continu en passant par sa diffusion). Les règles définies par les principes et les licences du logiciel libre existent pour garantir que dans un environnement collaboratif personne ne puisse s'approprier indûment le travail des autres. Chacun doit pouvoir bénéficier du travail des autres mais nul ne doit pouvoir s'approprier le travail collectif. La FSF définit cette garantie du point de vue de la liberté, mais elle peut aussi s'interpréter comme étant une protection des intérêts de chacun dans un contexte de collaboration. Ne pas risquer de se faire piller son travail et avoir la garantie de pouvoir toujours bénéficier de l'ensemble du travail de la communauté sont en effet des conditions nécessaires à un travail collaboratif si chaque participant est indépendant. On comprend que dès que l'enjeu (la valeur d'utilisation du logiciel) est important pour chaque participant – ce qui justifie et garantit sa participation – il devient nécessaire de définir un cadre juridique approprié. C'est ce que proposent la licence GPL et les licences de ce type.

3.4 La menace des brevets

La principale menace qui pèse sur le phénomène des logiciels libres est la possibilité non plus de définir des copyrights portant sur le code lui-même, mais de déposer des brevets protégeant des procédés, c'est-à-dire des fonctions, voire des idées, et non plus une forme d'expression assurant la réalisation d'un concept qui reste libre, c'est-à-dire accessible à tous et inaliénable.

Un brevet atteste, comme le copyright, une propriété, cependant à la différence du copyright qui protège automatiquement une expression d'un concept, le brevet protège le concept lui-même, plus précisément un procédé et fait l'objet d'un dépôt officiel. Le brevet a été inventé aux États-Unis pour protéger le public. En effet, en l'absence de toute protection, les inventeurs cachaient leurs secrets et parfois mouraient sans le dévoiler, de plus les concurrents passaient du temps à «réinventer» le procédé, ce qui du point de vue d'une société est contre-productif. On comprend facilement comment par le truchement de la publication de la découverte (dépôt du brevet) et l'attribution d'une exclusivité à durée limitée (protection), ces problèmes ont pu être réglés. Le mécanisme des brevets a fonctionné, et fonctionne toujours sans conséquence néfaste apparente dans le domaine des procédés manufacturés mettant en œuvre un appareil physique et des investissements matériels.

Dans le monde du logiciel les brevets sont parfois devenus une arme juridico-commerciale dont l'usage s'apparente à celui de l'équilibre de la terreur comme avec les armes atomiques: ils sont utilisés comme arguments dissuasifs par les grands éditeurs. Si les brevets s'imposent (alors qu'actuellement ils sont illégaux en Europe), il deviendra très probablement impossible de développer un logiciel sans violer au moins l'un des centaines de milliers de brevets. Le coût de dépôt des brevets et de la protection (recherche d'antériorité) ainsi que de la défense, en cas de violation et d'attaque de la part du détenteur du brevet, est tel que seuls pourront survivre les grands éditeurs actuels. Les dérives sont d'ores et déjà nombreuses, il est en effet très difficile pour les organismes de dépôt de brevets débordés par les demandes de dépôt d'assurer la qualité et l'intégrité du mécanisme: des brevets futiles, impossibles[1] ou simplement des intentions (alors que le logiciel correspondant n'est pas encore au point) sont déposés et régulièrement accordés.

4 Les logiciels libres

4.1 L'offre des logiciels libres

L'offre des logiciels libres est très vaste. Des logiciels libres existent dans presque tous les domaines et ils rivalisent souvent avantageusement en termes de qualité et de fonctionnalités avec les logiciels propriétaire; c'est le cas des systèmes d'exploitation, avec GNU/Linux, de la programmation, des télécommunications (courrier électronique, etc.), de la bureautique, de la manipulation des images ou du son. Cependant, dans certains domaines, comme les ERP, ils commencent seulement à émerger.

On trouve, par exemple, plus de 90000 projets enregistrés sur sourceforge. net, dont plus d'une dizaine de milliers sont réellement actifs et proposent un logiciel exploitable. Les principales distributions de Linux entretiennent des banques de logiciels; par exemple on trouve près de 45000 paquetages disponibles sur le site de la distribution Mandrake (ce chiffre inclut toutefois les bibliothèques et souvent plusieurs versions successives du même logiciel ce qui correspond à plus d'un millier d'applications).

4.2 GNU/Linux

Le principal représentant des logiciels libres, celui qui s'impose en premier, le seul que l'on connaisse (de nom) si l'on en connaît qu'un est Linux (Torvarlds et Diamond, 2001), un système d'exploitation complet, puissant, robuste, satisfaisant à la norme Posix, qui supporte presque la moitié des serveurs d'Internet (avec d'autres variantes libres de Unix comme FreeBSD).

En fait on devrait, comme le réclame légitimement Richard Stallman, plutôt parler de GNU/Linux (Behlendorf *et al*, 1999). En effet sans les outils du projet GNU le noyau Linux n'aurait jamais pu être réalisé et évoluer pour devenir un des meilleurs et plus puissants environnements informatiques. L'histoire du développement des principaux logiciels libres est très instructive à ce sujet et montre l'efficacité de ce mode de développement. En effet chaque pièce de logiciel est d'une taille telle qu'elle peut être conçue par une personne ou un petit groupe mais doit s'appuyer sur de nombreux autres logiciels.

4.3 De très nombreux logiciels libres sont disponibles

Une application intranet peut être développée entièrement avec des logiciels libres, les programmeurs disposent de compilateurs pour tous les langages connus et pratiqués (gcc, par exemple, est considéré par de nombreux programmeurs comme le meilleur compilateur C au monde), d'éditeurs très puissants (emacs, vi), d'environnement de gestion des codes sources (CVS ou subversion), de systèmes de gestion de bases de données (MySQL, Postgress), d'environnements de programmation, de serveurs d'applications (Apache, Tomcat, Struts, etc. du projet Jakarta[2]). On a formé l'acronyme LAMP: Linux (système d'exploitation et utilitaires), Apache (serveur d'application), MySQL (base de données relationnelle) et PHP (langage de programmation d'applications Web) pour désigner une solution maintenant classique pour le développement des applications Web, que l'on retrouve dans les logiciels de gestion de contenu comme TYPO3, Zope, Spip, etc., bref on commence à avoir l'embarras du choix!

Un poste de travail complet peut être installé en moins d'une heure uniquement avec des logiciels libres: Linux + KDE ou Gnome, OpenOffice pour la bureautique, Gimp (pour les images), Firefox ou Mozilla pour Internet, et quelques dizaines d'autres

1. Ainsi Jean-Loup Gailly auteur de gzip s'est aperçu que deux brevets pour la compression des archives sont mathématiquement impossibles (il les compare à l'invention du mouvement perpétuel) et expérimentalement inefficaces: http://gailly.net/05533051.html

2. http://jakarta.apache.org

applications... à partir d'une distribution comme Mandrake, Suse, Fedora core, Red Hat ou Ubuntu.

4.4 La distribution des logiciels libres

Les logiciels libres sont distribués de multiples manières, mais bien sûr ils ne bénéficient pas de gros budgets de publicité (Firefox, grâce à des donations est le premier logiciel libre lancé avec une campagne de publicité significative). Bien des équipes de développement ou de distribution de logiciel libre se financent à l'aide de la vente de casquettes, T-shirts ou tasses à leur effigie ! Pour trouver un logiciel libre il faut le chercher, mais les sources d'information à travers Internet, les publications (livres ou magazines) sont nombreuses et bien souvent leurs utilisateurs sont prosélytes et en ce sens sont de très bons diffuseurs.

On peut trouver les logiciels libres, en général sur Internet, principalement de trois manières : sur le site du groupe principal de développeurs du logiciel, sur des sites tels que sourceforge qui sont des bibliothèques de logiciel libre stables ou en évolution et enfin dans les distributions.

Les distributions sont très spécifiques du monde du logiciel libre. En effet rassembler et paramétrer tous les logiciels nécessaires pour constituer un serveur ou un poste de travail évolué est un gros travail, qui, fait à partir des sources peut nécessiter plusieurs mois et demande une forte expertise informatique. Linux et les logiciels libres ne sont en général pas installés par les fabricants d'ordinateur, cela reste à la charge des utilisateurs (ceci est en train de changer, du moins pour les serveurs, et l'on voit apparaître des processus de certification d'installation et de compatibilité des logiciels). Les distributions rassemblent et facilitent l'installation des logiciels. Une distribution est construite autour du noyau Linux et des outils GNU ; s'y ajoutent de nombreux pilotes de matériel et des outils d'installation ainsi que des « patchs » pour faciliter l'intégration du logiciel et du matériel. De plus un distributeur assure une mise à jour des logiciels composant sa distribution soit gratuitement (mais alors l'utilisateur doit faire une partie du travail lui-même) soit sous forme de service payant.

5 La production, la diffusion, l'entretien et l'usage du logiciel libre

5.1 Du matériel au service

On peut considérer que le développement de l'informatique dans les organisations s'est déroulé jusqu'à maintenant en trois phases, chacune étant dominée par un secteur d'activité industrielle : la première phase a été dominée par les fabricants de matériel, la deuxième par les éditeurs de logiciels, et la troisième, qui est en émergence, est celle des services. Cela se voit très bien en considérant l'évolution de la structure des budgets que les organisations consacrent aux systèmes informatisés. La part du matériel a décru progressivement en passant du poste le plus important au poste le moins important. La part du logiciel, prépondérante au cours de la deuxième phase, décroît actuellement au profit de la part des services (installation, assistance, formation, évolution, maintenance, etc.). Un examen du TCO[1] est très instructif à cet égard, on y constate de plus en plus fréquemment que la mise en œuvre d'un réseau de postes de travail de bureau ou l'implantation d'un progiciel coûte nettement plus cher que l'acquisition des licences des logiciels ou que le matériel.

Cette évolution n'a généralement pas été anticipée ; qui aurait prédit la disparition de manufacturiers comme Univac ou DEC au moment de leur apogée ? Il risque d'en être de même pour les éditeurs de logiciels qui ne sauront pas prendre le virage du service. On comprend ainsi l'attitude d'IBM, et plus récemment celle d'Oracle ou de Sun vis-à-vis des logiciels libres (notamment Linux) ainsi que celle bien différente de Microsoft. Il suffit, pour se convaincre de la réalité de cette évolution de considérer le comportement d'un joueur majeur comme IBM pour avoir la confirmation de cette évolution. Si IBM a probablement subi contre son grès (à cause de l'application de la loi antitrust des États-Unis) le passage de la première à la deuxième phase, elle a manifestement anticipé le passage à la suivante et se trouve actuellement en position de réussir le passage de la deuxième à la troisième phase comme le montre sa stratégie vis-à-vis de Linux et des logiciels libres ainsi que l'évolution de son activité (la part des revenus provenant des services devient la part principale[2]).

5.2 Le rôle crucial des standards

Un facteur déterminant du passage d'une phase à l'autre est celui des standards et normes. Le passage de l'ère de domination du matériel à celui du logiciel n'a pu se faire que grâce à l'apparition de la normalisation des langages de programmation (comme COBOL) qui rendaient (dans une certaine mesure, bien entendu) la programmation indépendante de la plate-forme matérielle (l'amélioration considérable du rapport coût/performance du matériel y est bien sûr aussi pour quelque chose). Pour qu'une norme joue son rôle il faut qu'elle

1. *Total Cost of Ownership* : coût total de possession. Ce coût inclut le matériel, le logiciel, mais aussi son installation, sa maintenance (redevance et personnel propre) et souvent la formation.
2. L'engagement d'IBM en ce qui concerne les logiciels libres, la consultation et les services de support est clairement présenté dans son rapport annuel de 2000 http://www.ibm.com/annualreport/2000/flat/toc/2_3_1_intro. html

soit stable, acceptée et sous le contrôle de l'ensemble de la communauté concernée. Le passage de l'ère du logiciel à celle du service repose lui aussi sur l'existence de standards et normes, notamment au niveau des échanges : Posix, C++, TCP/IP, HTML, XML, par exemple, sont fondamentaux.

Le respect de tels standards et normes garantit la pérennité de la mise en œuvre des logiciels, autrement dit l'indépendance des fonctions par rapport au logiciel. Il faut mettre ceci en parallèle avec l'indépendance du logiciel par rapport aux plates-formes matérielles. Cette standardisation publique n'est évidemment pas toujours à l'avantage des éditeurs de logiciel qui ont tout intérêt à empêcher le remplacement de leurs logiciels par un logiciel concurrent qu'il soit libre ou propriétaire. Également, dans la recherche de la croissance de leur chiffre d'affaire, les éditeurs de logiciels ont tout intérêt à forcer le remplacement des anciennes versions par de nouvelles, même si cela impose un coût de mise en œuvre supplémentaire à leurs clients sans un véritable gain sur le plan des fonctionnalités.

Ainsi, grâce à l'interopérabilité procurée par les normes ou standards, le logiciel devient une commodité au même titre que le matériel, et le nerf de la guerre (ce qui consomme l'essentiel des ressources) devient le service. Mieux encore, ceci implique de considérer le logiciel comme un service et non comme un produit, or il se trouve que la pensée commerciale « produit » est difficilement compatible avec la pensée commerciale « service » : au-delà des caractéristiques des produits et de la satisfaction du client, l'organisation de la vente d'un logiciel propriétaire repose sur le marketing et la structure des commissions de vente alors que l'organisation d'une activité de service repose sur l'expertise et la renommée des agents de service. Promouvoir et vendre un service n'est pas identique à promouvoir et vendre un produit : en général on ne s'intéresse pas aux CV des concepteurs et des programmeurs des logiciels propriétaires dominants alors que l'argument de vente principal du service repose sur eux.

5.3 Dimension économique

Le logiciel est un bien immatériel typique de la société de l'information qui répond à des caractéristiques différentes du monde matériel reposant sur la rareté des matières premières et de l'énergie :

- c'est un bien non rival, son utilisation ne le détruit pas, ainsi on ne perd rien en le donnant à son voisin ;
- son coût marginal est nul, en produire un autre exemplaire ne coûte que la copie (uniquement le coût de la communication dans la plupart des cas, qui est d'ailleurs de plus en plus à la charge de l'utilisateur) ;
- il requiert un coût d'investissement faible (matière grise) en regard des grands investissements matériels (en comparaison d'un avion ou d'une automobile) ;
- il a un effet réseau, sa valeur dépend du nombre des utilisateurs, plus il y a d'utilisateurs, plus il est attrayant pour un nouvel utilisateur ;
- il a un effet d'inertie, plus on l'a utilisé, plus on est lié au produit car en changer implique un coût élevé de transition.

Ces caractéristiques font que pour une fonction donnée, au début plusieurs logiciels sont en concurrence car le droit d'entrée est alors faible. Puis, progressivement quelques-uns vont s'imposer et finalement à cause des effets de réseau et d'inertie, l'un d'entre eux (pas forcément pour des raisons de qualité technique, ni de prix) devient dominant. Le droit d'entrée devient alors énorme et aucun concurrent ne peut plus envisager de pénétrer ce marché. Ces caractéristiques conduisent quasi fatalement à une situation monopolistique, avec toutes les conséquences liées aux monopoles, qui s'accompagne en particulier comme on le démontre de plus en plus d'une baisse du rythme de l'innovation en raison des barrières techniques destinées à protéger les intérêts des propriétaires.

Curieusement ces mêmes conditions[1] ont entraîné la naissance de l'antidote à cette issue monopolistique : le logiciel libre (Horn, 2004), (Perline et Noisette, 2004).

5.4 Dimension technique

Il n'est donc pas étonnant de constater que les logiciels libres ont d'abord été développés par des programmeurs pour satisfaire leurs propres besoins (compilateurs, éditeurs de texte, bibliothèques de procédures et fonctions, utilitaires de gestion de fichiers, logiciels de gestion de télécommunications et de réseaux, etc.). Ces programmeurs communiquaient entre eux, souvent dans un environnement de recherche universitaire. Ils étaient des spécialistes plus ou moins concernés et contraints par les dimensions juridico-économiques des logiciels : leurs connaissances techniques les isolaient et leur permettaient de définir leur plan de travail en fonction de leurs propres besoins et contraintes. Leur autonomie ou indépendance, dans le contexte de leur travail, ou de leurs loisirs, les autorisait à partager leur travail sans contraintes monétaires. Les échanges entre les auteurs de logiciel (qu'il ne faut pas confondre avec les éditeurs qui sont les entreprises

1. Il est intéressant de remarquer que les sociétés (primitives) qui fonctionnaient d'une manière analogue au logiciel libre impliquaient une faible population en regard des ressources disponibles ce qui rendait par exemple la nourriture un bien non rival à condition de suivre quelques règles communes qui n'ont rien à voir avec le droit de propriété individuelle.

commerciales de vente de logiciels) sont de nature technique. Grâce à Internet, leur réseau est maintenant mondial et ils ont pu accumuler une énorme base de connaissances. Ainsi une recherche sur internet concernant un problème avec un logiciel libre permet d'accéder aux documents de conception, à de la documentation et à des échanges entre programmeurs et utilisateurs dans les diverses archives des forums de discussion. Google est ainsi devenu un outil quotidien essentiel à tout développeur, administrateur ou utilisateur de logiciel libre. Il permet avec quelques mots-clés bien choisis de localiser quasi instantanément l'information pertinente si elle existe. En contraste, si l'on a aujourd'hui un problème avec un logiciel propriétaire, une recherche dans Internet conduit systématiquement au site de service de l'éditeur du logiciel (quand il existe encore) ou de l'association des clients (appelés utilisateurs) souvent directement contrôlée par l'éditeur du logiciel. C'est là une différence technique énorme entre le monde des logiciels propriétaires et le monde des logiciels libres.

Le développement des logiciels ou génie logiciel est un sujet complexe et controversé, et le succès des logiciels libres ne le simplifie pas. En effet aux yeux de certains il invalide même certains dogmes relatifs aux bonnes pratiques (les fameuses *best practices*). À ce sujet deux remarques s'imposent : tout d'abord des logiciels libres très complexes, volumineux, innovatifs et de haute qualité existent (à commencer par GNU/Linux). Et deuxièmement, il faut bien remarquer que même dans le domaine des logiciels propriétaires ou privés (développés par une organisation à ses frais pour ses propres besoins) on est loin d'avoir fait l'unanimité sur la façon d'organiser et de gérer le développement des logiciels. Il suffit pour s'en convaincre de constater le nombre de projets de logiciels qui se terminent mal, ou le nombre de méthodes disponibles ainsi que la difficulté que les analystes et les programmeurs ont à les suivre.

Les modes de fonctionnement des collectivités de développeurs de logiciels libres sont assez divers. Eric S. Raymond a fait une analyse très largement diffusée et commentée dans Internet et au cours de nombreuses rencontres (Raymond, 1998).

En ce qui concerne l'innovation, force est de reconnaître que les logiciels libres sont à l'origine de bien des innovations, en particulier celles qui concernent Internet, et que les arguments tendant à démontrer que les logiciels libres découragent l'innovation relèvent plus de la propagande que de la réalité et de la confusion entre les fonctions d'éditeur et de créateur ou de programmeur.

5.5 Dimension humaine

Le besoin d'un « parapluie psychologique » pour les décideurs explique bien des choix ou non-choix de logiciels. Ainsi il en va de l'explication du refus d'un gestionnaire[1] de mettre en place un serveur Linux basé sur l'argument suivant : « Et qu'est-ce que je fais si le serveur tombe en panne le vendredi soir ? » On ne peut que lui répondre « la même chose que si vos serveurs sont sous Windows, sauf que cela risque d'arriver moins souvent. Vous rappelez votre administrateur de système ou vous faites comme maintenant vous attendez à lundi ». « Oui mais… je serai alors responsable de ma décision alors que… » Quiconque a un tant soit peu vécu dans les organisations, aussi bien publiques que privées, devine facilement la suite.

Ceci conduit à penser qu'au moins en ce qui concerne les logiciels, la disponibilité ne crée pas forcément la connaissance et l'usage de ces logiciels et que les attitudes et croyances ont un effet déterminant sur les comportements au même titre que les caractéristiques intrinsèques des outils. Ainsi, pour la direction d'une organisation qui, au constat des avantages potentiels du phénomène des logiciels libres, désire aller de l'avant, la diffusion de la connaissance et la prise en compte des attitudes seront un facteur critique de succès clé : il sera nécessaire de reconstituer le « parapluie psychologique » des décideurs.

5.6 Dimension organisationnelle

Un logiciel implique l'existence d'une communauté que ce soit pour sa création ou son utilisation. La complexité et la taille des logiciels sont telles que même le meilleur et le plus productif des programmeurs ne peut pas compter uniquement sur lui-même, à moins de se restreindre à une fonction très limitée. Il ne peut pas travailler seul et il a besoin de toute façon d'utiliser les résultats du travail préalable de nombreux autres programmeurs qui ont réalisé les logiciels dont il a besoin pour produire son nouveau logiciel (on ne repart pas à zéro à chaque fois, le programmeur utilise des outils et des bibliothèques de composants). La production du logiciel est donc un domaine où le travail de groupe et l'échange entre les producteurs sont fondamentaux : ce sont là les fondements de toute économie pour ne pas dire de toute société.

Le modèle traditionnel du commerce basé sur le marché des biens matériels est le fondement du logiciel propriétaire : le logiciel y est considéré comme un bien économique matériel. Les relations entre les producteurs et les clients passent par l'intermédiaire d'un marché animé par des vendeurs qui sont au service des

1. Cette anecdote a été vécue par l'auteur de ce document, mais elle a été rapportée assez fréquemment.

objectifs des propriétaires des moyens de production (les bureaux et les programmeurs qui y travaillent). Les éditeurs, propriétaires des moyens de production, déterminent les fonctionnalités du logiciel en fonction d'une planification de leurs revenus et des potentialités de vente perçues par les vendeurs: on appelle cela définir les besoins du marché. Les besoins peuvent le cas échéant être «orientés» par le marketing et les interdépendances voulues (pour inciter au renouvellement) ou subies (pour assurer une compatibilité) entre les versions et les différents logiciels complémentaires. Cette fonction intermédiaire de mise en marché consomme largement plus de ressources que la fonction de production du logiciel (écriture et recopie): une étude rapide des états financiers des éditeurs permet de constater que le coût de production est souvent nettement inférieur à 20% des revenus engendrés par le logiciel. Le «marché» est un médiateur important et déformant entre les utilisateurs et les programmeurs: ils ne sont pas en contact direct, il existe un monde intermédiaire, celui du commerce composé des vendeurs, des avocats, des conseillers de toute sorte (presse spécialisée, consultants...) et des acheteurs. Aussi, le rôle des acheteurs est particulièrement important dans le cas des grandes organisations qui sont les principaux clients de l'industrie du logiciel. Dans ce monde des grandes organisations publiques ou privées, les acheteurs ne sont pas les utilisateurs du logiciel: il existe ainsi une importante structure composée des vendeurs et acheteurs, souvent étanche et opaque, entre les programmeurs et les utilisateurs.

Dans le contexte du logiciel libre les deux communautés interagissent directement sans intermédiaire: c'est là probablement la principale différence entre le monde du logiciel propriétaire et celui du logiciel libre. L'évolution du logiciel libre est directement sous le contrôle des utilisateurs car il se diffuse et évolue dans la mesure où il satisfait à des besoins. Sans communauté d'utilisateurs prêts à contribuer d'une manière ou d'une autre à la production, aux tests et à la distribution, le phénomène du logiciel libre ne peut pas exister. Les deux communautés ne sont pas séparées, elles s'intègrent l'une dans l'autre. C'est un phénomène difficile à comprendre pour quelqu'un profondément ancré dans la vision du logiciel basée sur celle des biens matériels classiques: il se voit comme un consommateur client n'ayant pas d'autre action sur le produit que sa décision d'achat. Dans le cas du logiciel libre l'utilisateur est un partenaire, plus ou moins direct, de la production du logiciel ou du moins de son évolution et de sa distribution. Les utilisateurs même s'ils sont incapables de participer au développement ou aux tests jouent eux aussi un rôle important: celui de vendeur et de distributeur, en effet les utilisateurs satisfaits des logiciels libres en sont les principaux promoteurs et assurent bien souvent eux-mêmes sa distribution à leur entourage. Ceci ne remet pas fondamentalement en question la notion de marché, mais en change l'interprétation: le monde du logiciel libre est un monde d'échange de travail, autrement dit de service. Nous avons affaire à une économie de troc ou de mise en commun du travail à tous les stades de la vie du logiciel: définition initiale, conception, réalisation, mise au point, promotion, distribution, assistance, évolution, toutes ces fonctions se distribuent «naturellement» au sein d'une communauté qui se crée et évolue avec le logiciel.

Dans la mesure où la fonction de vendeur disparaît, avec tout l'appareil du marketing et de la vente, le rôle des acheteurs dans l'organisation change fondamentalement : ils ne choisissent plus simplement un fournisseur (quand ils en ont la possibilité! car le choix devant un monopole est forcément limité, on ne devrait alors plus parler de choix mais de justification; seul reste un pouvoir de négociation sur le prix, quand cela est possible, et cela redevient possible grâce aux logiciels libres comme des municipalités telles que Munich et Paris ont pu l'expérimenter). Les acheteurs devraient participer à l'évolution et à la mise en œuvre des logiciels. Ils peuvent éventuellement rester en tant qu'intermédiaire mais en réalité devraient se fondre dans les deux communautés, celle des producteurs et celle des utilisateurs. Dans le cas du logiciel propriétaire la situation est claire, les intérêts économiques des uns et des autres sont bien définis, le vendeur doit dégager la plus grande marge bénéficiaire possible (son salaire en dépend d'ailleurs souvent très directement) et l'acheteur acheter le moins cher possible. Mais dans le cas des logiciels libres la donne est brouillée, le rôle des acheteurs est appelé à disparaître ou du moins à être transformé; en effet il reste des aspects juridiques et de négociations de contrats de service, ce qui est différent de la négociation de contrats de biens.

Le logiciel libre ne peut pas échapper aux contraintes économiques: les producteurs doivent recevoir d'une manière ou d'une autre un revenu, et ce revenu ne peut provenir que de la communauté des utilisateurs car les programmeurs producteurs sont soit des bénévoles (mais alors ils doivent avoir un autre revenu), soit plus généralement à l'emploi des organisations employant les utilisateurs de leurs logiciels, directement ou indirectement par le biais de la prestation de services. On n'assiste probablement pas là à une nouvelle économie basée sur la fraternité mais plutôt à une évolution d'un mode de production-distribution basé sur le concept de bien matériel vers une organisation basée sur la notion d'économie de services (bien que le concept de fraternité n'en soit certainement pas absent). Il suffit de fréquenter les sites animés par les auteurs des logiciels libres pour avoir une idée de l'intégration des programmeurs et des utilisateurs qui caractérise le monde du logiciel libre.

6 Conclusion

Les logiciels libres sont en pleine expansion, leur qualité et fonctionnalités rivalisent bien souvent avec les logiciels propriétaires. La dimension monétaire, de toute évidence, ne suffit pas pour comprendre ce phénomène complexe. D'un certain point de vue le mouvement des logiciels libres a montré son efficacité, comme on peut le constater avec GNU/Linux, KDE ou Gnome, mais aussi des logiciels comme The Gimp ou Scribus, ou encore OpenOffice et la multitude de logiciels d'application actuellement disponibles et en pleine évolution. Cependant, le remplacement de l'usage d'un logiciel propriétaire par un logiciel qu'il soit libre ou propriétaire est difficile, il se heurte aux habitudes et pose des problèmes de format pour accéder aux documents précédemment produits. Aujourd'hui, un poste de travail peut n'être constitué que de logiciels libres, ainsi ce document a été réalisé très confortablement sur un ordinateur portable n'utilisant que des logiciels libres (GNU/Linux, KDE, Lyx, Firefox, Kmail, etc.).

L'évolution très rapide des logiciels libres depuis une dizaine d'années montre à l'évidence l'intérêt de ce mode de production ; cependant une ombre pèse sur leur avenir : les brevets.

Bibliographie

Behlendorf B., Bradner S., Hamerly J, McKusick, O'Reilly K. T., Paquin T., Perens B., Raymond E., Stallman R., Tiemann M., Torvalds L., Vixie P., Wall L. et Young B. (1999), *Tribune libre*, O'Reilly Editeur, accessible à l'adresse http://www.oreilly.fr/divers/tribune-libre/index.html.

CeCILL (2004), *Contrat de Licence Libre*, CNRS, INRIA, http://www.inria.fr/valorisation/logiciels/Licence.CeCILL-V1.pdf.

Di Cosmo R. (1998), *Le Hold-up planétaire. La face cachée de Microsoft*, Calman-Lévy, Paris.

Horn F. (2004), *L'économie des logiciels*, Éditions La découverte, Paris.

Latrive F. (2004), *Du bon usage de la piraterie ; culture libre, science ouverte*, Exils Éditeur, Paris.

Lemyre P.P. et Willemant R. (2005), *Étude sur les problématiques juridiques des logiciels libres et ouverts : défis et solutions pour le gouvernement du Québec*, Lexum et CRDP, Faculté de droit, université de Montréal et Richard Willemant, accessible à l'adresse http://www.logiciel-libre.gouv.qc.ca/fileadmin/Contrib/Realisations/Etudes/EtudeNormesStandardsLL-V1.1.pdf.

Perline et Noisette T. (2004), *La bataille du logiciel libre, dix clés pour comprendre*, La Découverte, Paris.

Torvalds L. et Diamond D (2001), *Il était une fois Linux. L'extraordinaire histoire d'une révolution accidentelle*, Osman Eyrolles Multimédia, Paris.

Raymond E. (1998)., *La Cathédrale et le Bazar*, traduit par Blondel S., Biblio du Libre, www.freescape.eu.org/biblio.

Sédallian V. (2002), Garanties et responsabilités dans les logiciels libres, *Juiscom.net*, vol, http://www.juriscom.net/pro/2/da20020901.htm.

Villanueva Nunez E. D. (2002), *Réponse du député Villanueva Nuanez à Microsoft*, traduit de l'espagnol par Brand G., Chaboisseau C., Khaznadar G., Ouvrard Y., Riffart A. et Casset S., http://www.aful.org/politique/perou/rescon-fr.html

Annexes

Présentation des auteurs

Comité éditorial

Jacky Akoka

Doctorat en mathématiques et Ph.D. en systèmes d'information du MIT □ Professeur, Conservatoire national des arts et métiers et INT □ Ingénierie des systèmes d'information, stratégie et audit des systèmes d'information □ akoka@cnam.fr

Section «Les systèmes d'information et l'organisation»
Mise en œuvre des bases de données,
L'audit des systèmes d'information

Michel Banâtre

Doctorat d'État en informatique □ Directeur de recherche INRIA, IRISA-Rennes □ Langages de programmation, systèmes d'exploitation distribués, architectures tolérantes aux fautes, systèmes d'information multimédia, informatique diffuse □ banatre@irisa.fr

Section «Architectures et systèmes distribués»

Atilla Baskurt

Doctorat en traitement des images, habilitation à diriger des recherches, INSA Lyon □ Professeur des universités, laboratoire LIRIS, directeur du département Télécommunications, INSA Lyon □ Analyse, segmentation, compression et indexation des données 2D et 3D □ atilla.baskurt@insa-lyon.fr

Section «Systèmes multimédias»
Compression des images

Michel Beaudouin-Lafon

Docteur en informatique, habilité à diriger des recherches □ Professeur d'informatique à l'université Paris-Sud XI, directeur du LRI (Laboratoire de recherche en informatique), université Paris-Sud XI et CNRS □ Interaction homme-machine, nouvelles techniques d'interaction, ingénierie des systèmes interactifs, collecticiel □ mbl@lri.fr

Section «Interaction homme-machine»
Interaction graphique

Isabelle Comyn-Wattiau

Doctorat, habilitation à diriger des recherches en d'informatique □ Professeur, Conservatoire national des arts et métiers et ESSEC □ Ingénierie des systèmes d'information, conception des systèmes décisionnels □ wattiau@cnam.fr

Section «Les systèmes d'information et l'organisation»
Mise en œuvre des bases de données,
L'audit des systèmes d'information

Philippe Destuynder

Professeur □ Professeur titulaire de la chaire de calcul scientifique du CNAM □ Théorie des structures et leur modélisation mathématique □ destuynd@cnam.fr

Section «Calcul scientifique»
Quelques aspects de la modélisation en mécanique

Marc Favier

Docteur en sciences de gestion, ingénieur informaticien de l'Institut national polytechnique de Grenoble □ Professeur en sciences de gestion à l'université de Grenoble2 □ Chercheur au Cerag (www.cerag.org) : Informatique collaborative, équipes virtuelles, e-business, stratégie et SI □ Marc.Favier@iut2.upmf-grenoble.fr

Section «Typologie des SI»
Systèmes d'information de groupe : des fondements à la situation actuelle

Gérard Hébuterne

Docteur en informatique, habilitation à diriger les recherches □ Professeur, responsable du département Réseaux et services des télécommunications au GET/INT □ Ingénierie du trafic, analyse des performances, techniques de commutation □ gerard.hebuterne@int-evry.fr

Section «Réseaux et télécommunications»
Modes de transport, Fonctions, Signalisation

Daniel Kayser

Ingénieur Sup'Elec, doctorat de spécialité, docteur ès sciences □ Professeur d'informatique à l'Institut Galilée (université Paris-Nord) □ Représentation des connaissances, sémantique du langage naturel, modèles de raisonnement □ dk@lipn.univ-paris13.fr

Section «Intelligence artificielle»

Claude Kirchner

Docteur d'État en informatique de l'université Henri-Poincaré, Nancy □ Directeur de recherche INRIA, LORIA, Nancy □ Preuve et sémantique pour la sûreté et la sécurité □ Claude.Kirchner@inria.fr

Section «Sécurité informatique»

Moez Limayem

MBA, Ph.D. University of Minnesota, États-Unis □ Professeur, HEC Lausanne □ Systèmes d'information et commerce électronique □ moez.limayem@unil.ch

Section «Les systèmes d'information et les affaires»

Jean-Louis Peaucelle

Ingénieur civil des Mines, docteur en sociologie, docteur d'État en informatique, professeur agrégé en sciences de gestion □ Professeur de gestion à l'université de La Réunion □ Impacts économiques des systèmes d'information, histoire des idées en gestion, organisation avec les outils informatiques □ jean-louis.peaucelle@univ-reunion.fr

Section «La dimension financière des systèmes d'information»,

Comparaison du coût des systèmes d'information, Tableau de bord et pilotage des systèmes d'information

Yves Pigneur

Doctorat de l'université de Namur (FUNDP), Belgique □ Professeur à l'université de Lausanne (HEC Lausanne) □ Conception des systèmes d'information, gestion des technologies de l'information, e-business □ yves.pigneur@unil.ch

Section «Théories des systèmes d'information»

Jean-Eric Pin

Doctorat d'État, agrégation de mathématiques □ Directeur de recherche au CNRS, professeur à l'École polytechnique □ Théorie des automates □ Jean-Eric.Pin@liafa.jussieu.fr

Section «Algorithmique»

Automates finis

Pierre N. Robillard

Ph.D., ingénieur □ Professeur titulaire, École polytechnique de Montréal, directeur du Laboratoire de génie logiciel □ Processus de génie logiciel, travail collaboratif, conception de logiciel, simulation de système micro-moléculaire □ pierre-n.robillard@polymtl.ca

Section «Génie logiciel»

Colette Rolland

Doctorat d'État en mathématiques appliquées, doctorat de 3e cycle en mathématiques appliquées □ Professeur d'informatique à l'université Paris-1 Panthéon-Sorbonne, directrice du Centre de recherche en informatique □ Modélisation de l'information, bases de données, méthodes et outils d'ingénierie du logiciel □ Colette.Rolland@univ-paris1.fr

Section «Ingénierie des systèmes d'information»

Frantz Rowe

Ingénieur, Master of Science, docteur en sciences de gestion, agrégé des universités □ Professeur, université de Nantes □ Frantz.Rowe@sc-eco.univ-nantes.fr

Section «Les systèmes d'information et leur environnement»

Michel Scholl

ENST Paris, Ph.D. informatique, UCLA, Los Angeles, thèse d'État, INPG, Grenoble □ Professeur, Conservatoire national des arts et métiers, laboratoire CEDRIC □ Recherche d'images par contenu visuel, mobilité, systèmes pair à pair □ scholl@cnam.fr

Section «Bases de données»

François Silva

Docteur en sociologie, habilité à diriger des recherches □ Professeur à ESCEM Tours/Poitiers et au CNAM □ Systèmes d'information pour les ressources humaines, responsabilités sociales des entreprises, éthique □ francois.silva@cnam.fr

Section «La dimension humaine des systèmes d'information»

Yvon Trinquet

Docteur-Ingénieur en automatique et informatique appliquée (ECN), HDR en automatique et informatique appliquée (université de Nantes) □ Professeur des universités (IUT de Nantes), responsable de l'équipe «Systèmes temps réel» de l'IRCCyN (UMR CNRS 6597) □ Systèmes temps réel, exécutifs temps réel, analyse temporelle d'applications temps réel □ Yvon.Trinquet@irccyn.ec-nantes.fr

Section «Systèmes temps réel»

Problématique des systèmes temps réel, Noyau d'exécutif temps réel

Contributeurs

Serge Abiteboul

ENST, Paris, Ph.D. en informatique de l'University of Southern California, thèse d'État, Paris XI (Orsay) □ Directeur de recherche à l'INRIA-Futurs (Orsay), responsable du groupe Bases de données et de connaissances distribuées □ Information du Web, gestion de données distribuées, théorie des bases de données □ serge.abiteboul@inria.fr

Théorie des bases de données

Alain Abran

Ph.D. □ Professeur titulaire et directeur du Laboratoire de recherche en génie logiciel (GELOG) □ Principes fondamentaux du génie logiciel, propriétés des mesures et de la qualité du logiciel, modèles de productivité, évaluation et la gestion des risques, de la maintenance et des processus logiciels □ alain.abran@etsmtl.ca

La qualité du logiciel

Hossam Afifi

Docteur en informatique à l'université de Nice, habilité à diriger les recherches □ Professeur au GET/ INT, chercheur externe INRIA Sophia Antipolis □ Sécurité des réseaux sans fil, réseaux ambiants □ hossam.afifi@int-evry.fr

Les réseaux Wifi

Nazim Agoulmine

Professeur, doctorat en informatique de l'université Paris 11, ingénieur □ Professeur à l'université d'Evry, responsable du LRSM (Laboratoire de réseaux et systèmes multimédias) □ Professeur à l'université d'Evry, Gestion des réseaux et des services □ nazim.agoulmine@iup.univ-evry.fr

Le modèle en couches

Luis Almeida

HDR □ Chercheur au CNRS à Nice □ Équations aux dérivées partielles, physique mathématique □ luis@unice.fr

Mathématiques du vivant

Serge Amabile

MIAGE, docteur en sciences de gestion, habilité à diriger des recherches □ Maître de conférences, université d'Aix-Marseille □ serge.amabile@fea.u-3mrs.fr

Épistémologie des systèmes d'information

Bernd Amann

Doctorat en informatique, CNAM, HDR université Pierre et Marie Curie (Paris 6) □ Professeur à l'université Pierre et Marie Curie (Paris 6), laboratoire LIP6 □ Modélisation de données et de services sur le Web □ bernd.amann@lip6.fr

Recherche d'information sur le Web

Laurent Amanton

Doctorat en informatique, université de Franche-Comté □ Maître de conférences à l'université du Havre □ Systèmes de gestion de bases de données temps réel, bases de données distribuées en environnement mobile, pour des applications multimédias □ laurent.amanton@univ-lehavre.fr

Concurrence et reprise sur pannes

Mohamed Amara

Professeur □ professeur d'université, directeur du laboratoire Mathématiques appliquées, université de Pau □ Analyse numérique, calcul scientifique, simulation numérique □ Mohamed.amara@univ-pau.fr

Approximation des modèles de la physique

Thomas André

Ingénieur en télécommunications, Telecom INT □ Doctorant, laboratoire I3S, équipe CReATIVe, université de Nice-Sophia Antipolis □ Compression de vidéos □ andret@i3s.unice.fr

Codage vidéo et normes

Charles André

Docteur d'État en informatique (Nice) □ Professeur des universités, Laboratoire I3S, université de Nice-Sophia Antipolis/CNRS □ Systèmes embarqués, programmation synchrone □ Charles.Andre@unice.fr

L'approche synchrone pour le développement des systèmes temps réel

Marc Antonini

Habilitation à diriger des recherches et doctorat en traitement des images, université de Nice-Sophia Antipolis □ Directeur de recherche CNRS, Laboratoire I3S, équipe CReATIVe, université de Nice-Sophia Antipolis □ Compression d'images, de vidéos, de maillages 3D et de séquences de maillages 3D □ am@i3s.unice.fr

Codage vidéo et normes

Alain April

Ph.D. □ Professeur, département de génie logiciel et des TI, École de technologie supérieure, Montréal, Québec □ Génie logiciel, maintenance du logiciel, qualité du logiciel □ Alain.April@ele.etsmtl.ca

La qualité du logiciel

Jean Arlat

Doctorat d'État en informatique, Institut national polytechnique, Toulouse □ Directeur de recherche CNRS, Laboratoire d'analyse et d'architecture des systèmes (LAAS-CNRS) □ Architectures informatiques tolérantes aux fautes, évaluation de la sûreté de fonctionnement □ jean.arlat@laas.fr

Tolérance aux fautes

Gilles Aubert

HDR □ Professeur à l'université de Nice-Sophia Antipolis, membre du Laboratoire de mathématiques J.-A. Dieudonné □ Équations aux dérivées partielles et calcul des variations □ gaubert@unice.fr

Traitement des images numériques

Olivier Aumage

Doctorat en informatique de l'ENS Lyon □ Chargé de recherche INRIA à l'unité de recherche Futurs, LABRI, Bordeaux □ Systèmes de communication pour les réseaux à haute performance □ Olivier.aumage@labri.fr

Des réseaux de calculateurs aux grilles de caclcul

Serge Baile

Docteur 3e Cycle-Grenoble 2 et d'État-Montpellier 1, France □ Professeur à l'université, IAE Toulouse et MS-MISI, Groupe ESC Toulouse, France □ Systèmes d'information et management, réseaux d'entreprises, gouvernance des technologies de l'information □ s.baile@esc-toulouse.fr

Mobiliser les théories économiques et organisationnelles dans la recherche en systèmes d'information

Gilles Balmisse

Ingénieur Supélec (École supérieure d'électricité) □ Directeur associé de KnowledgeConsult □ Knowledge management, travail collaboratif, veille □ gilles@gillesbalmisse.com

Management des connaissances

Michel Barlaud

Habilitation à diriger des recherches, thèse d'État (Paris XII), agrégation de physique (ENS Cachan) □ Professeur des universités, laboratoire I3S, équipe CReATIVe, université de Nice-Sophia Antipolis □ Compression et segmentation d'images et de vidéos □ barlaud@i3s.unice.fr

Codage vidéo et normes

Younès Bennani

Docteur en informatique de l'université Paris XI (Centre scientifique d'Orsay), HDR de l'université Paris XIII □ Professeur d'informatique à l'Institut Galilée (université Paris XIII), responsable de l'équipe de recherche Apprentissage artificiel et applications du Laboratoire d'informatique de Paris-Nord (LIPN, UMR 7030 du CNRS). □ Apprentissage numérique artificiel et fouille de données □ Younes.Bennani@lipn.univ-paris13.fr

Réseaux de neurones artificiels

Hugues Benoit-Cattin

Doctorat en traitement d'images, INSA Lyon □ Maître de conférences, Laboratoire CREATIS, département Télécommunications, INSA Lyon □ Segmentation, imagerie médicale, compression □ hugues@creatis.insa-lyon.fr

Théorie de l'information et codage sans perte

Jean Berstel

Doctorat en informatique de l'université de Paris VII □ Professeur des universités □ Algorithmique et combinatoire des mots et des automates □ Jean.Berstel@univ-mlv.fr

Modèles de machines

Bernard Berthomieu

Docteur-ingénieur de Toulouse III □ Chargé de recherche CNRS au LAAS (Laboratoire CNRS, Toulouse) □ Vérification formelle, modèles temporels □ bernard@laas.fr

Vérification des applications temps réel

Emmanuel Bertin

Ingénieur ENST-Bretagne 1999 □ Architecte-urbaniste des services NGN □ emmanuel.bertin@francetelecom.com

Next Generation Networks

Luc Boasson

Docteur ès sciences □ Professeur, université Paris VII □ Langages formels □ Luc.Boasson@liafa.jussieu.fr

Modèles de machines

François Bodart

Docteur, université de Liège, Belgique □ Professeur, université de Namur (FUNDP), Belgique □ Conception des systèmes d'information, interfaces homme-machine, systèmes de workflow, e-business □ fbo@info.fundp.ac.be

Apport des théories de la décision et de la cognition au domaine des systèmes d'information

Mokrane Bouzeghoub

Professeur à l'université de Versailles – Saint-Quentin. Directeur du thème Systèmes d'information et architectures logicielles du laboratoire PRiSM □ Outils CASE, ingénierie des bases de données □ Mokrane.Bouzeghoub@prism.uvsq.fr

Outils CASE : architectures et fonctionnalités

Eric Brangier

Docteur (Ph.D), habilité à diriger des recherches □ Professeur des universités, université Paul-Verlaine - Metz, directeur adjoint du laboratoire lorrain de psychologie (2LP) □ Ergonomie des logiciels et systèmes techniques, utilisabilité, conception centrée utilisateur, interaction humain-machine □ brangier@univ-metz.fr
Besoin et interface

Ciarán Bryce

Doctorat en informatique de l'université de Rennes 1 □ Directeur de recherche INRIA à l'IRISA □ Sécurité, langages de programmation □ Ciaran.Bryce@irisa.fr
Les systèmes d'exploitation

Franck Cappello

Docteur en informatique, habilitation à diriger des recherches □ Directeur de recherche INRIA, LRI-Orsay
Des systèmes client-serveur aux systèmes pair à pair

Marie-Laurence Caron-Fasan

Docteur en sciences de gestion □ Maître de conférences à l'université de Grenoble, CERAG UMR 5820 CNRS/UPMF □ Veille (orientée usages en entreprise), veille sécuritaire □ marie-laurence.caron@iae-grenoble.fr
Veille

Sabine Carton

Docteur en sciences de gestion □ Maître de conférences, université de Grenoble 2 □ Sabine.Carton@iae-grenoble.fr
Systèmes d'information et globalisation

Serge Casasus

Diplôme ESC Dijon □ Consultant expert RH □ sergecasasus@wanadoo.fr
NTIC : au-delà de la révolution du travail, quelle place pour l'homme ?

Corine Cauvet

Professeur en informatique, laboratoire LSIS, université Paul-Cézanne - Aix-Marseille □ Définition de modèles, de langages et de démarches pour le développement de systèmes d'information par réutilisation □ corine.cauvet@univ.u-3mrs.fr
Modélisation des processus d'ingénierie des systèmes d'information

Emmanuel Chailloux

Docteur en informatique, habilitation à diriger les recherches □ Maître de conférences, université Paris VII □ Langages de programmation, programmation fonctionnelle et objets, typage □ Emmanuel.Chailloux@pps.jussieu.fr
Programmation fonctionnelle

Jean Charlet

Habilitation à diriger des recherches en informatique □ Chargé de mission à l'Assistance publique – Hôpitaux de Paris, rattaché à l'unité 729 de l'INSERM □ Ingénierie des connaissances, ontologies, ingénierie documentaires, applications à la santé □ Jean.Charlet@spim.jussieu.fr
Web sémantique

Claude Chrisment

Thèse d'État, université Paul-Sabatier, Toulouse 3 □ Professeur à l'université Paul-Sabatier, laboratoire IRIT, responsable de l'équipe de recherche SIG (Systèmes d'informations généralisés) □ Bases de données, bases d'objets documentaires, données semi-structurées, recherche d'informations □ Claude.Chrisment@irit.fr
Bases de données décisionnelles

Jean-Luc Clédy

Docteur en sciences de gestion □ Enseignant à l'IUT d'Angers Département Techniques de commercialisation et directeur du service Formation continue et apprentissage □ Effets des outils d'automatisation des forces de vente sur la négociation commerciale et le vécu au travail □ jean-luc.cledy@univ-angers.fr
Techniques de gestion de la relation client

Pierre Cointe

Doctorat d'État en informatique de l'université Paris 6 (1984) □ Professeur à l'École des mines de Nantes. Responsable du projet INRIA OBASCO (Objets, aspects et composants). □ Langages à objets □ cointe@emn.fr
Les langages à objets

Michel Cosnard

Doctorat ès sciences, informatique □ Professeur à l'École polytechnique universitaire de Nice – Sophia Antipolis, directeur de l'INRIA Sophia Antipolis □ Algorithmique et ordonnancement □ Michel.Cosnard@sophia.inria.fr
Algorithmique Parallèle

Francis Cottet

Ingénieur INP de Grenoble, docteur d'État en informatique (université de Poitiers) □ Professeur des universités à l'ENSMA de Poitiers, directeur adjoint de l'ENSMA □ systèmes temps réel, informatique industrielle, réseaux, traitement du signal □ Francis.Cottet@ensma.fr
Ordonnancement temps réel et ordonnançabilité d'une application

Noël Crespi

Ingénieur ENST 1993 □ Directeur d'études, responsable du groupe Voix sur IP et services

multimédia □ Voix sur IP, SIP, IP Multimedia Subsystem UMTS □ noel.crespi@int-evry.fr
Next Generation Networks

Yves Crouzet

Habilitation à diriger les recherches, Institut national polytechnique, Toulouse □ Chargé de recherche CNRS au Laboratoire d'analyse et d'architecture des systèmes (LAAS-CNRS) □ Tolérance aux fautes, étalonnage de la sûreté de fonctionnement □ yves.crouzet@laas.fr
Tolérance aux fautes

Frédéric Cuppens

Docteur en informatique de SupAero, HDR de l'université de Toulouse III □ Professeur à L'ENST Bretagne, département Réseaux et services multimédias et responsable de l'équipe Sécurité des réseaux et des systèmes (SERES) □ Modélisation et formalisation des problèmes relatifs à la sécurité informatique □ frederic.cuppens@enst-bretagne.fr
Sécurité des bases de données

Isabelle de Lamberterie

Docteur d'État en droit □ Directeur de recherche au CNRS. Directeur scientifique adjoint du département des sciences humaines et sociales du CNRS □ Droit des technologies de l'information, sciences et droit □ isabelle.delamberterie@cnrs-dir.fr
Lecture juridique de la sécurité informatique

Bruno Defude

Doctorat en informatique de l'INPG, HDR université de Paris VI □ Directeur d'études au département informatique du GET – Institut national des télécommunication □ Bases de données mobiles, systèmes d'informations répartis à grande échelle, interopérabilité sémantique des systèmes d'information □ bruno.defude@int-evry.fr
Bases de données et mobilité

Alexandre Denis

Doctorat en informatique de l'université de Rennes 1 □ Chargé de recherche INRIA à l'unité de recherche Futurs, LABRI, Bordeaux. □ Calcul distribué et parallèle, intergiciels pour les grilles, réseau, CORBA à haute performance □ alexandre.denis@labri.fr
Des réseaux de calculateurs aux grilles de caclcul

Florence Denis

Doctorat spécialité Génie biomédical, INSA Lyon □ Maître de conférences, laboratoire LIRIS, université Claude-Bernard Lyon 1 □ Analyse multirésolution 2D et 3D, segmentation, tatouage □ florence.denis@liris.cnrs.fr
Tatouage des données multimédia, enjeux et applications potentielles

Anne-Marie □ Déplanche

Ingénieur ECN (ex-ENSM), docteur-ingénieur en automatique et informatique appliquée (ECN) □ Maître de conférences (IUT de Nantes), chercheur dans l'équipe Systèmes temps réel de l'IRCCyN (UMR CNRS 6597) □ Systèmes temps réel, ordonnancement, langage de description d'architectures logicielles □ Anne-Marie.Deplanche@irccyn.ec-nantes.fr
Ordonnancement temps réel et ordonnançabilité d'une application

Alain Derycke

Docteur d'État □ Professeur d'informatique à l'université des sciences et technologies de Lille, directeur du laboratoire TRIGONE □ Interaction homme-machine, travail coopératif assisté par ordinateur, collecticiel, apprentissage et éducation □ Alain.Derycke@univ-lille.fr
Collecticiels et travail coopératif assisté par ordinateur

Yves Deswarte

Ingénieur ISEN, Ingénieur Sup'Aéro, spécialisé en informatique, Toulouse □ Directeur de recherche CNRS, Laboratoire d'analyse et d'architecture des systèmes (LAAS-CNRS) □ Sécurité des systèmes d'information, sûreté de fonctionnement informatique, protection de la vie privée □ Yves.Deswarte@laas.fr
Tolérance aux fautes

Carine Dominguez

Docteur en sciences de gestion □ ATER à l'université de Nantes, UFR de sciences économiques et de gestion □ Positionnement des places de marché électroniques (PDME) dans le processus d'échange interentreprises □ carine.dominguez@univ-nantes.fr
Places de marché électroniques

Leonbattista Donati

Docteur en mathématiques □ Professeur de mathématiques à l'université de Nice Sophia-Anipolis, enseignant au département informatique de l'IUT de Nice □ Analyse et géométrie de la vision □ ldonati@unice.fr
Mathématiques et communication

Jean-Luc Dugelay

Doctorat en informatique, rniversité de Rennes □ Professeur Eurécom □ Image, visage, tatouage, biométrie □ jean-luc.dugelay@eurecom.fr
Tatouage des données multimédia, enjeux et applications potentielles

Marlon Dumas

Doctorat en informatique, université Joseph-Fourier, Grenoble 1 □ Professeur associé, Queensland

University of Technology et chercheur visitant, SAP Research Centre, Brisbane, Australie □ Bases de données (temporelles, relationnelles, par objets), infrastructures pour systèmes d'informations basés sur le web, technologies pour le commerce électronique □ m.dumas@quet.edu.au

Bases de données temporelles

Florent Dupont

Doctorat spécialité Signal, image, parole, INSA Lyon □ Maître de conférences, Laboratoire LIRIS, Université Claude-Bernard Lyon 1 □ Analyse, compression, tatouage de données 3D, géométrie discrète □ florent.dupont@liris.cnrs.fr

Modélisation des objets 3D, représentation et codage

Norbert Ebel

Docteur ès sciences de l'École polytechnique fédérale (Lausanne) □ Chercheur, enseignant au 1er cycle en informatique à l'EPFL □ Langages de programmation, software □ norbert.ebel@epfl.ch

Langages impératifs

Amal El Fallah Seghrouchni

Docteur en informatique de l'université Paris VI et HDR de l'université Paris XIII □ Professeur à l'université Paris X-Nanterre et chercheur au LIP6 (université Paris VI et CNRS UMR 7606) □ Agents intelligents et systèmes multi-agents □ Amal.Elfallah@lip6.fr

Systèmes Multi-Agents

Christine Espinosa

Ingénieur □ Enseignant-chercheur à l'ENSICA, département de génie mécanique, Toulouse □ Simulation numérique en dynamique rapide □ christine.espinosa@ensica.fr

Pour un usage raisonné des logiciels de calcul et des bibliothèques scientifiques

Jean-Charles Fabre

Doctorat en informatique, habilitation à diriger les recherches, université Paul-Sabatier, Toulouse □ Professeur, Institut national polytechnique, Toulouse, chercheur au LAAS-CNRS □ Tolérance aux fautes, caractérisation de la robustesse, systèmes opératoires et répartis □ jean-charles.fabre@laas.fr

Tolérance aux fautes

Caroline Fabre

Ancienne élève de l'ENS de Fontenay et HDR □ Professeur de mathématiques à l'université d'Orsay, enseignante au département informatique de l'IUT d'Orsay □ Analyse et contrôle des équations aux dérivées partielles □ Caroline.Fabre@math.u-psud.fr

Mathématiques et communication

François Fages

Habilitation à diriger des recherches. Thèse de doctorat □ Directeur de recherche à l'INRIA, UR de Rocquencourt. Responsable du projet Contraintes □ Programmation par contraintes. Logique mathématique. Sémantique des langages de programmation. Algorithmes de résolution de containtes.Biologie des systèmes □ Francois.Fages@inria.fr

Programmation logique et contraintes

Marie-Christine Fauvet

Doctorat en informatique et HDR, université Joseph-Fourier, Grenoble 1 □ Professeur à l'université Joseph-Fourier, Grenoble □ Bases de données (temporelles, relationnelles, par objets), systèmes d'information accessibles par l'Internet, services web □ Marie-Christine.Fauvet@imag.fr

Bases de données temporelles

Paul Feautrier

Docteur ès sciences □ Professeur à l'École normale supérieure de Lyon □ Informatique, compilation, parallélisation automatique, synthèse matérielle □ Paul.Feautrier@ens-lyon.fr

Les Compilateurs

Gilles Fedak

Doctorat en informatique, université d'Orsay □ Chargé de recherche INRIA, Orsay

Des systèmes client-serveur aux systèmes pair à pair

Jean-Daniel Fekete

Docteur en informatique, habilité à diriger des recherches □ Chargé de recherche à l'INRIA □ Interaction homme-machine, architectures et outils pour l'IHM, interaction multimodale, visualisation d'information □ Jean-Daniel.Fekete@inria.fr

Visualisation d'information

Christine Fernandez-Maloigne

Habilitation à diriger des recherches et doctorat en traitement des images, université de technologie de Compiègne □ Professeur des universités, laboratoire SIC, animatrice de l'équipe ICONES, chargé des relations internationales pour le département STIC, université de Poitiers □ Images numériques couleur, modélisation du système visuel humain, évaluation de la qualité, filtrage, segmentation, indexation, compression, tatouage des images et vidéos couleur □ fernandez@sic.sp2mi.univ-poitiers.fr

Introduction au traitement d'images

Eric Filiol

Docteur en mathématiques appliquées et informatique, ingénieur en cryptologie □ Chef du laboratoire de virologie et de cryptologie à l'École supérieure et d'application des transmissions □ Enseignement en mathématiques discrètes et en informatique. Recherches : cryptologie symétrique, virologie □ efiliol@esat.terre.defense.gouv.fr

Virus et antivirus

Maurice Gagnaire

Ingénieur INT, Docteur ENST, habilitation de l'université de Versailles, chevalier des palmes académiques □ Professeur à l'ENST, représentant français pour l'action COST 291 *Towards Digital Optical Networks* □ Ingénierie de trafic dans les réseaux WDM, réseaux d'accès optiques transparents, réseaux en grille (grid) □ gagnaire@enst.fr

Les réseaux d'accès filaire

Jean-Gabriel Ganascia

Docteur ingénieur (1982), docteur ès sciences (1987) □ Professeur à l'université Paris VI (laboratoire d'informatique de Paris VI), spécialiste d'intelligence artificielle □ Intelligence artificielle, apprentissage symbolique, fouille de données, découverte scientifique et créativité, sciences cognitives □ Jean-Gabriel.Ganascia@lip6.fr

Connaissance

Eric Gangloff

Ingénieur INT 1985 □ Enseignant-chercheur à l'Institut national des télécommunications □ Réseaux de transport (SDH, WDM), réseaux d'accès ADSL □ eric.gangloff@int-evry.fr

Les réseaux de transport

Georges Gardarin

ENSET, Cachan, thèse d'État, université Pierre et Marie Curie (Paris 6) □ Professeur à l'université Versailles St-Quentin, laboratoire PRiSM □ Bases de données, architectures 3-tiers et XML □ georges@gardarin.org

Bases de documents XML

Marie-Claude Gaudel

Docteur d'État, professeur des universités □ Professeur à l'université de Paris-Sud, 91405- Orsay, directrice du PCRI □ Programmation et génie logiciel □ mcg@lri.fr

Validation et vérification

Bénédicte Geffroy-Maronnat

Docteur en économie des systèmes d'information □ Enseignant-chercheur, responsable du département des sciences de l'Homme et de la société, École des Mines de Nantes □ Travaux portant principalement sur le changement organisationnel lié à l'implantation de SI □ benedicte.geffroy@emn.fr

Impact des systèmes d'information sur l'organisation

Dominique Geyer

Doctorat en sciences de gestion de l'université des sciences et technologies de Lille □ Professeur de comptabilité financière à Audencia Nantes, École de management □ Externalisation de l'informatique □ dgeyer@audencia,com

Externalisation des systèmes d'information

Malik Ghallab

Docteur ès sciences □ Directeur de recherche au CNRS (LAAS-CNRS). □ Robotique et intelligence artificielle □ Malik.Ghallab@laas.fr

Robotique et machine intelligente

Samia Ghérab Malki

Thèse de doctorat en sciences de gestion, ISG, Tunis □ Assistante permanente en informatique de gestion à la Faculté de Sciences économiques et de gestion de Tunis □ Optimisation discrète appliquée aux problèmes de placement de tâches □ Samia.Malki@fsegt.rnu.tn

Échange de données informatisées

Jean Goubault-Larrecq

Ingénieur polytechnicien, ingénieur des Mines, docteur en mathématiques de l'École polytechnique, spécialité informatiques □ Professeur d'informatique, LSV, École normale supérieure de Cachan □ Responsable du projet SECSI, INRIA Futurs □ Sécurité informatique, protocoles cryptographiques, détection d'intrusions, démonstration automatique de théorèmes, logique □ goubault@lsv.ens-cachan.fr

Preuve et vérification pour la sécurité et la sûreté

Valérie Gouet-Brunet

Doctorat en informatique, université de Montpellier □ Maître de conférences au CNAM et chercheur associé à l'INRIA □ Indexation et recherche par contenu visuel dans les grandes collections d'images fixes et animées □ valerie.gouet@cnam.fr

Recherche par contenu visuel dans les grandes collections d'images

Annie Gravey

Agrégée de mathématiques (1978), doctorat automatique et traitement du signal (1981) □ Directeur d'études, responsable du département Informatique de l'ENST Bretagne □ Ingénierie du trafic, dans les réseaux radio, et large bande □ annie.gravey@enst-bretagne.fr

Trafic et qualité de service

Imen Grida Ben Yahia

Ingénieur ENIT-Tunisie □ Thésarde au pôle de recherche Architectures & infrastructures logicielles Réparties de France Telecom division R&D □ imen.benyahia@francetelecom.com

Next Generation Networks

Daniel Guinier

Docteur ès sciences, certifications CISSP, ISSMP, ISSAP en sécurité des SI □ Conseiller en sécurité des SI et intelligence économique, expert judiciaire en informatique, chargé de cours aux universités de Strasbourg, Compiègne, et Paris XI □ Systèmes critiques, continuité d'activité, politiques de sécurité, computer forensics, biométrie □ guinier@acm.org

Politique de sécurité

Abderrahmane Habbal

Maître de conférences □ Maître de conférences à l'université de Nice □ Calcul scientifique, optimisation de forme □ habbal@unice.fr

Mathématiques du vivant

Jean-Paul Haton

Agrégé de l'université, docteur ès sciences □ Professeur d'informatique à l'Université Henri-Poincaré, Nancy 1 Membre de l'institut universitaire de France □ Intelligence artificielle, reconnaissance des formes et reconnaissance de la parole □ jph@loria.fr

Reconnaissance des formes

Khalid Idrissi

Doctorat en indexation d'images □ Maître de conférence, laboratoire LIRIS, directeur adjoint du département Télécommunication, INSA Lyon □ Segmentation, indexation □ khalid.idrissi@insa-lyon.fr

Indexation des données et recherche dans les bases multimédia

Philippe Isorce

Ingénieur CNAM □ Enseignant au département Télécommunications de l'INSA de Lyon □ Réseaux, VoIP, convergence Voix, données, Image □ philippe.isorce@insa-lyon.fr

Voix, multimédia sur réseau IP

Claude Jard

Ingénieur des télécommunications, docteur et habilité à diriger les recherches en informatique de l'université de Rennes □ Professeur des universités, École normale supérieure de Cachan - antenne de Bretagne □ Méthodes formelles pour les systèmes informatiques répartis □ Claude.Jard@bretagne.ens-cachan.fr

Méthodes formelles pour l'ingénierie des protocoles

Jean-Marc Jézéquel

Ph.D., ingénieur □ Professeur à l'université de Rennes 1, directeur du projet INRIA Triskell à l'Irisa □ Ingénierie des modèles, objets, aspects, composants, contrats, patrons de conception □ jezequel@irisa.fr

Les patrons de conception

Jean-Michel Jolion

Habilitation à diriger des recherches et doctorat en traitement des images, INSA Lyon □ Professeur des universités, laboratoire LIRIS, directeur adjoint de la recherche, INSA Lyon □ Reconnaissance de formes, modélisation statistique des symboles, graphes, multirésolution □ jean-michel.jolion@insa-lyon.fr

Indexation des données et recherche dans les bases multimédias

Lionel Khalil

Ancien élève de l'École polytechnique, Ingénieur civil des Mines de Paris, docteur en informatique de l'École polytechnique, docteur en droit des affaires de l'université Paris 12 □ K&K Partner - coresponsable du cursus Monétique et certification numérique de l'Epitech □ Gestion des flux financiers, monétique et paiement mobile. Dématérialisation des contrats et signature électronique □ lionel@khalil.nom.fr

Paiement électronique

Robert Kopersiewich

M.A. (Western Ontario) en sciences économiques □ Gestionnaire de programme et chercheur principal, Centre d'analyse et de prévision de la main-d'œuvre, Statistique Canada □ robert.kopersiewich@statcan.ca

Les DRH face au défi informationnel

Pierre Kornprobst

Docteur en mathématiques □ Chargé de recherches à l'INRIA Sophia-Antipolis □ Équations aux dérivées partielles appliquées au traitement d'images □ Pierre.Kornprobst@sophia.inria.fr

Traitement des images numériques

Philippe Kruchten

Ingénieur ECL, docteur ENST, P.Eng. □ Professeur titulaire, université de la Colombie-britannique à Vancouver, directeur associé du département de génie électrique et informatique □ Archtitecture du logiciel, processus de développment de logiciel □ pbk@ece.ubc.ca

Processus de développement du logiciel

Sylvie Lainé-Cruzel

Ingénieur en informatique (INSA Lyon), docteur en sciences de l'information, HDR □ Professeur en sciences de l'information et de la communication à l'université Jean-Moulin de Lyon □ Document numérique, représentation du contenu, représentation d'un besoin, usages et recherche d'information □ laine@univ-lyon3.fr

Terminologie et intelligence Artificielle

Axel van Lamsweerde

Professeur en informatique, Department of Computing Science and Engineering, université catholique de Louvain □ Ingénierie des exigences, méthodes formelles, ingénierie des processus et développement à base de connaissance □ avl@info.ucl.ac.be

Ingénierie des exigences

Jean-Claude Laprie

Doctorat d'État en informatique, université Paul-Sabatier, Toulouse □ Directeur de recherche CNRS, Laboratoire d'analyse et d'architecture des systèmes (LAAS-CNRS) □ Tolérance aux fautes, évaluation de la sûreté de fonctionnement, fiabilité des logiciels □ jean-claude.laprie@laas.fr

Tolérance aux fautes

Frédéric Lau

DUT informatique(Paris XIII), Certificat Executive en Management des SI (EMSI) □ Chargé de mission au CIGREF □ frederic.lau@cigref.fr

Évolution des métiers de l'informatique

Philippe Laublet

Docteur en informatique (intelligence artificielle) □ Maître de conférences à l'université de Paris-Sorbonne, Chercheur au LaLICC □ Ingénierie des connaissances, ontologies, représentation des connaissances □ Philippe.Laublet@paris4.sorbonne.fr

Web sémantique

Florence Le Ber

HDR en infomatique, Université Henri Poincaré Nancy 1 □ ICGREF, enseignant-chercheur à l'ENGEES (Strasbourg) □ Représentation des connaissances, raisonnement sur l'espace, fouille de données □ Florence.Le-Ber@loria.fr

Systèmes à base de connaissances

Jean-Louis Le Moigne

Ingénieur ECP, ITP-HBS □ Professeur émérite, université d'Aix-Marseille III □ Sciences des systèmes, sciences d'ingénierie, épistémologie □ lemoigne@univ-aix.fr

Épistémologie des systèmes d'information

Jean-Fabrice Lebraty

Docteur en sciences de gestion, habilité à diriger des recherches □ Professeur en sciences de gestion à l'université de Nice □ Chercheur au GREDEG (www.idefi.cnrs.fr) : aide à la décision, systèmes décisionnels □ lebraty@unice.fr

Les systèmes décisionnels

Christophe Legrenzi

Ingénieur en Informatique, docteur ès sciences de gestion, chercheur associé à Paris I □ PDG d'Acadys France □ Méthodes et techniques de management, coûts et rentabilité de l'informatique □ christophe.legrenzi@acadys.com

Tableau de bord et pilotage des systèmes d'information

Catherine Leloup

Ingénieur conseil □ Conseil indépendant □ Coûts et rentabilité de l'informatique □ catherine.leloup@free.fr

Constuire des systèmes d'information rentables

Michel Léonard

Professeur ordinaire de l'université de Genève, département Systèmes d'information, de la faculté des sciences économiques et sociales □ Management et technologies des systèmes d'information □ michel.leonard@cui.unige.ch

Modèle dans le domaine des systèmes d'information

Nicolas Lesca

Docteur en sciences de gestion □ Maître de conférences à l'université de Grenoble, CERAG UMR 5820 CNRS/UPMF, professeur attaché à Grenoble École de management □ Veille stratégique, intelligence collective □ nicolas.lesca@upmf-grenoble.fr

Veille

Jean-Jacques Levy

Docteur ès sciences □ Directeur de recherche, INRIA Rocquencourt, professeur à l'École polytechnique □ Langages de programmation, typage □ Jean-Jacques.Levy@inria.fr

Structures de données

Francoise Levy-dit-Vehel

Docteur en informatique de l'université Paris VI □ Enseignant-chercheur a l'ENSTA □ Cryptographie: étude d'outils algebriques et combinatoires pour la construction de systèmes à clef □ levy@ensta.fr

Cryptographie

Jean Lieber

Doctorat de l'université Henri-Poincaré Nancy 1 □ Maître de conférences en informatique à l'université Henri-Poincaré Nancy 1 □ Représentation des connaissances, raisonnement à partir de cas, gestion de connaissances décisionnelles □ Jean.Lieber@loria.fr

Systèmes à base de connaissances

Ahmed Liman

Directeur de l'offre RH d'Oracle, zone Europe-Moyen Orient-Afrique □ Ahmed.Limam@oracle.com

e-learning

Oleg Lodygensky

Doctorat en informatique, Université d'Orsay □ Ingénieur de recherche, LRI-Orsay

Des systèmes client-serveur aux systèmes pair à pair

Christophe Longépé

DESS applications de la télématique, Miage □ Directeur de l'urbanisme et des référentiels à la Société Générale et chargé de cours à l'université de technologie de Compiègne □ Urbanisation des systèmes d'information, stratégie SI, pilotage par les processus □ christophe.longepe@socgen.com

Urbanisation des systèmes d'information

Renaud Lottiaux

Doctorat en informatique de l'université de Rennes 1 □ Ingénieur expert INRIA, IRISA-Rennes □ Système d'exploitation, système distribué, calcul à haute performance sur grappes □ renaud.lottiaux@irisa.fr

Des réseaux de calculateurs aux grilles de caclcul

Patrick Maigron

Ingénieur de l'École centrale de Paris, mastère Réseaux de l'ENST, DEA d'informatique de Paris 6 □ Enseignant-chercheur à l'Institut national des télécommunications □ Réseau Internet : architecture et usages □ Patrick.Maigron@int-evry.fr

Les applications Internet

Rolande Marciniak

Docteur en sciences de gestion □ Professeur à l'université Paris X □ rolande.marciniak@u-paris10.fr

Commerce électronique

Michel Mauny

Docteur en informatique □ Directeur de recherches à l'INRIA □ Langages de programmation, typage □ Michel.Mauny@inria.fr

Programmation fonctionnelle

Valéry Michaux

CELSA, docteur en sciences de gestion □ Professeur, École de management de Reims □ anne-valerie.michaux@fundp.ac.be

TIC, travail et syndicats : entre négociation de nouvelles règles collectives et renouvellement du syndicalisme

Hafedh Mili

Ph.D. (The George Washington University, USA, 1988), ingénieur (École centrale de Paris, 1984) □ Professeur titulaire d'informatique, université du Québec à Montréal, directeur du Laboratoire de recherches en technologies du commerce électronique (LATECE) □ Programmation orientées-aspects, transformation de modèles, réutilisation de logiciels, développement et réutilisation de composants métiers □ hafedh.mili@uqam.ca

La réalisation de logiciels

François Morain

Docteur ès sciences □ Professeur à l'École polytechnique □ Cryptographie □ morain@poly.polytechnique.fr

Algorithmes algébriques

Nicolas Moreau

INPG, habilitation à diriger des recherches □ Professeur à l'ENST □ Compression, tatouage et indexation des signaux audionumériques □ nicolas.moreau@enst.fr

Codage audio et normes

Christine Morin

Doctorat en informatique de l'université de Rennes 1, HDR de l'université de Rennes 1 □ Directeur de recherche INRIA, IRISA-Rennes □ Système d'exploitation, système distribué, tolérance aux fautes, calcul à haute performance sur grappes et fédérations de grappes □ christine.morin@irisa.fr

Des réseaux de calculateurs aux grilles de caclcul

Chantal Morley

Docteur HEC □ Enseignant-chercheur au département Systèmes d'information de l'INT/GET (Groupe des écoles de télécommunication), Evry □ Systèmes d'information □ chantal.morley@int-evry.fr

Gestion de projet système d'information

Tangui Morlier

Ingénieur INSA-Lyon □ Ingénieur de recherche, INRIA, LRI-Orsay

Des systèmes client-serveur aux systèmes pair à pair

Pierre Mounier

Doctorat d'histoire. Prix Jean Fourastié 2001 □ Ingénieur CNRS, Centre de recherche en histoire de l'innovation (université Paris-Sorbonne) □ Histoire des technologies de l'information, de l'industrie informatique, des politiques publiques □ mounier@msh-paris.fr

Histoire de l'informatique : les lignes directrices de l'évolution technique

Silvio Munari

Docteur, université de Neuchâtel, Suisse □ Professeur, HEC Lausanne, Suisse □ Gestion de projets informatiques, études des performances des systèmes d'information dans les entreprises □ silvio.munari@unil.ch

Science des systèmes et réflexions fondamentales pour les systèmes d'information des organisations humaines

Hubert Naacke

Doctorat en informatique, université de Versailles St Quentin □ Maître de conférences à l'université Pierre et Marie Curie (Paris VI), laboratoire LIP6 □ Bases de données hétérogènes et réparties, en particulier l'optimisation du traitement des requêtes et des transactions □ hubert.naacke@lip6.fr

Architecture et performances

Raymond Namyst

Doctorat en informatique de l'université de Lille, HDR de l'ENS Lyon □ Professeur à l'université de Bordeaux 1, LABRI □ Calcul parallèle, conception de supports exécutifs, systèmes de communication pour les réseaux à haute performance, processus légers □ raymond.namyst@labri.fr

Des réseaux de calculateurs aux grilles de caclcul

Amedeo Napoli

Doctorat d'État, université Henri Poincaré Nancy 1 □ Directeur de recherche CNRS au LORIA (CNRS - INRIA - universités de Nancy) □ Extraction et représentation de connaissances, raisonnement, web sémantique □ Amedeo.Napoli@loria.fr

Systèmes à base de connaissances

Claire Nédellec

Docteur en informatique de l'université Paris XI □ Chargée de recherche de 1re classe à l'INRA □ Apprentissage automatique appliqué au traitement de l'information textuelle □ claire.nedellec@jouy.inra.fr

Apprentissage automatique

Laurence Nigay

Docteur en Informatique, habilitée à diriger des recherches □ Maître de conférences à l'université Joseph-Fourier (Grenoble), membre de l'Institut universitaire de France □ Interaction homme-machine, architecture logicielle, modélisation, multimodalité, informatique pervasive □ Laurence.Nigay@imag.fr

Architectures logicielles des systèmes interactifs

Flavio Oquendo

Docteur (Grenoble, France), HDR (Grenoble, France) □ Professeur des universités, université de Bretagne-Sud/VALORIA, Vannes, France, responsable de l'activité de recherche approches formelles pour les architectures logicielles □ Architectures logicielles, architectures orientées composants, architectures orientées services, processus logiciels, méthodes formelles □ Flavio.Oquendo@univ-ubs.fr

Architectures logicielles

Isabelle Paillart

Professeur, université de Grenoble □ Isabelle.Pailliart@u-grenoble3.fr

Les impacts sociaux de l'informatique : limites et perspectives

Emmanuelle Parmentier

Directrice du développement des ressources humaines, Parfums Christian Dior □ parmentier@club-internet.fr

Outils et informations pour l'utilisateur final : libre-service et poste de travail

Daniel Pascot

Ingénieur INSA, docteur en sciences de gestion □ Directeur du département des systèmes d'information organisationnels, faculté des sciences de l'administration, université Laval □ Urbanisation et architecture des systèmes d'information, logiciels libres □ daniel.pascot@sio.ulaval.ca

Logiciels libres : un enjeu de société

Pascal Pecquet

Docteur d'État en sciences de gestion □ Professeur en sciences de gestion à l'université de Montpellier I (management des SI, cartographie des processus) □ Chercheur - www.cyber-gestion.com □ p.pecquet@cyber-gestion.com

Des SI fonctionnels aux SI supports de processus

Jean-Marie Peretti

Docteur ès sciences de gestion, habilitée à diriger des recherches □ Professeur des universités, ESSEC et IAE de Corse □ peretti@univ-corse.fr

e-learning

Bernard Péroche

Docteur d'État et doctorat de 3e cycle en informatique, agrégation de mathématiques (ENS Cachan) □ Professeur des universités, directeur du LIRIS □ informatique graphique □ bernard.peroche@liris.cnrs.fr

Rendu réaliste

Yvon Pesqueux

Docteur ès sciences économiques □ Professeur titulaire de la chaire développement des systèmes d'organisation au CNAM □ Organisation, philosophie et management □ pesqueux@cnam.fr

Éthique et systèmes d'information

Jean Pintea

Master spécialisé en management des systèmes d'information, SUPCO, Paris □ Directeur de l'ingénierie du changement, Atos Formation, □ jean.pintea@atosorigin.com

Conduire et accompagner le changement lors de la mise en œuvre d'un système d'information pour les ressources humaines

Noël Plouzeau

Ingénieur en télécommunications (ENSTBr), docteur en informatique (Rennes 1) □ Maître de conférences, laboratoire Irisa, université de Rennes 1 □ Architectures à composants logiciels, génie logiciel □ Noel.Plouzeau@irisa.fr

Les composants logiciels

Yves Poullet

Docteur en droit, licencié en philosophie □ Directeur du Centre de recherche informatique et droit des facultés universitaires, Notre-Dame-de-la-Paix, Namur (Belgique) □ yves.poullet@fundp.ac.be

Aspects juridiques des systèmes d'information

David Powell

Doctorat d'État en automatique-informatique, Institut national polytechnique, Toulouse □ Directeur de recherche CNRS, Laboratoire d'analyse et d'architecture des systèmes (LAAS-CNRS) □ Tolérance aux fautes, systèmes répartis, systèmes mobiles, systèmes autonomes □ david.powell@laas.fr

Tolérance aux fautes

Philippe Pucheral

Docteur en informatique de l'université Paris VI □ Professeur à l'université de Versailles, détaché sur un poste de directeur de recherche à l'INRIA, responsable du projet INRIA SMIS □ Sécurité des bases de données, modèles et protocoles de contrôle d'accès □ Philippe.Pucheral@inria.fr

Sécurité des bases de données

Guy Pujolle

Professeur, thèse d'État □ Professeur à l'université Pierre et Marie Curie □ réseaux de télécommunications □ Guy.Pujolle@lip6.fr

Technologies haut débit

Geneviève Pujolle

Doctorat en informatique, université Paul-Sabatier, Toulouse 3 □ Maître de conférences à l'université Toulouse I □ Conception de systèmes d'information, bases de données et entrepôts □ Genevieve.Pujolle@univ-tlse1.fr

Bases de données décisionnelles

Jolita Ralyté

Doctorat en informatique, université de Paris 1 – Sorbonne □ Maître assistante d'enseignement et de recherche à l'université de Genève, département Systèmes d'information □ Ingénierie des méthodes, ingénierie des besoins, outils CASE et CAME □ jolita.ralyte@cui.unige.ch

Méthodes et ingénierie des méthodes

Franck Ravat

Doctorat en informatique, université Paul-Sabatier, Toulouse 3 □ Maître de conférences à l'université Toulouse I □ Conception de systèmes décisionnels, bases de données et entrepôts complexes (objets, multidimensionnelles, réparties) □ Franck.Ravat@irit.fr

Bases de données décisionnelles

Jean-Pierre Raymond

HDR □ Professeur à l'université Paul- Sabatier, Toulouse □ Optimisation et contrôle des systèmes gouvernés par des équations aux dérivées partielles □ raymond@mip.ups-tlse.fr

Optimisation et contrôle des processus industriels et économiques

Michel Raynal

Doctorat d'État en informatique, université de Rennes 1 □ Professeur des université, Rennes 1 □ michel.raynal@irisa.fr

Algorithmique distribuée des systèmes asynchrones

Robert Reix

Agrégé de sciences de gestion, docteur d'État □ Professeur à l'IAE de l'université de Montpellier 2 □ Systèmes d'information et management

Stratégie des systèmes d'information

Chantal Reynaud

Habilitation à diriger des recherches en informatique □ Professeur en informatique, IUT Orsay - université Paris-Sud - CNRS (LRI) et INRIA (Futurs) □ Ingénierie des connaissances, ontologies, intégration de sources d'information hétérogènes □ chantal.reynaud@lri.fr

Web sémantique

Noël Richard

Doctorat en électronique, université de Poitiers □ Maître de conférences, laboratoire SIC, université de Poitiers □ Images numériques couleur, indexation, modèles de perception, segmentation, interprétation d'images, reconnaissance de formes □ richard@sic.univ-poitiers.fr

Introduction au traitement d'images

Philippe Rigaux

Doctorat en informatique, CNAM et HDR Orsay □ Professeur à l'université Paris-Dauphine, laboratoire LAMSADE □ Représentation, interrogation et indexation de bases de données à composante

géométrique (bases de données spatiales et spatio-temporelles) □ philippe.rigaux@dauphine.fr
Bases de données spatio-temporelles

Michel Riguidel

Ingénieur civil des Mines □ Directeur du département Informatique et réseaux à l'École nationale supérieure des télécommunications, Paris □ Sécurité des télécommunications, des réseaux, des grands systèmes, modèles de sécurité □ riguidel@enst.fr
Sécurité des réseaux et des systèmes

Yves Robert

Agrégé de Mathématiques, doctorat ès sciences, informatique □ Professeur, ENS Lyon □ Algorithmique et ordonnancement □ Yves.Robert@ens-lyon.fr
Algorithmique Parallèle

Christine Rochange

Doctorat en informatique, université Paul-Sabatier, Toulouse □ Maitre de conférence à l'université Paul Sabatier, Toulouse □ Architecture des processeurs et temps réel □ rochange@irit.fr
Architecture des machines

François-Xavier Roux

Ancien élève de l'ENS Cachan et HDR □ Ingénieur de recherche à l'ONERA, professeur chargé de cours à l'université Pierre et Marie Curie, Paris □ Parallélisation de codes de calcul industriels □ roux@onera.fr
Algorithmes de résolution face aux nouveaux outils informatiques

Gérard Sabah

Ingénieur de l'École polytechnique, docteur ès sciences mathématiques □ Directeur de recherche au CNRS (LIMSI, Laboratoire d'informatique pour la mécanique et les sciences de l'ingénieur), directeur du programme interdisciplinaire TCAN (Traitement des connaissances, apprentissage et NTIC) □ Traitement automatique des langues, dialogue homme-machine, génie linguistique et modélisations cognitives □ gs@limsi.fr
Compréhension des langues et intelligence artificielle

Pascal Sainrat

Doctorat en informatique, université Paul-Sabatier, Toulouse, habilitation à diriger des recherches □ Professeur à l'université Paul-Sabatier, Toulouse □ Architecture des processeurs et temps réel □ sainrat@irit.fr
Architecture des machines

Michel Salaün

HDR □ Enseignant-chercheur à l'ENSICA, département de génie mécanique, Toulouse □ Formulations par éléments finis appliquées aux plaques et coques □ michel.salaun@ensica.fr
Pour un usage raisonné des logiciels de calcul et des bibliothèques scientifiques

Claude Salzman

DEA en sciences économiques, CISA □ Consultant en système d'information □ Coûts et rentabilité de l'informatique □ claude@salzman.fr
Budget informatique et budget des systèmes d'information,
Gouvernance des systèmes d'information

Dominique Scapin

Docteur en psychologie appliquée □ Directeur de recherche à l'INRIA, reponsable du projet MErLIn (Méthodes pour l'ergonomie des logiciels interactifs) □ Interaction homme-machine, ergonomie cognitive, ergonomie des logiciels □ Dominique.Scapin@inria.fr
Ergonomie cognitive

Pierre-Claude Scholl

ENSEEIHT, Toulouse, thèse d'État, université Grenoble 1 □ Professeur à l'université Joseph Fourier, Grenoble □ Bases de données (temporelles, relationnelles, par objets), modèles et langages à objets □ pierre-claude.scholl@imag.fr
Bases de données temporelles

Aline Scouarnec

Docteur ès sciences de gestion, habilitée à diriger des recherches □ Maître de conférences en sciences de gestion à l'université de Caen, directeur de recherches à l'IAE de Caen Basse-Normandie □ Management des ressources humaines □ aline.scouarnec@unicaen.fr
NTIC : au-delà de la révolution du travail, quelle place pour l'homme ?

Jean-Marie Simon

Ingénieur ESIEA □ SVP ressources humaines, France, Allemagne et Pays de l'Europe centrale, Atos Origin □ jean-marie.simon@atosorigin.com
Conduire et accompagner le changement lors de la mise en œuvre d'un système d'information pour les ressources humaines

Noëmie Simoni

Thèse de doctorat de l'université de Paris VI - Palmes académiques □ Professeur, chercheur à Télécom Paris - INFRES-GET - Responsable d'enseignement et de l'équipe de recherche AIRS (Architecture et ingénierie de réseaux et de service), membre de LTCI - UMR - 5141- CNRS □ Modélisation, architecture, ingénierie de réseaux, qualité de service □ simoni@enst.fr
La gestion de réseau et de service

Françoise Simonot-Lion

Docteur en informatique (Nancy), HDR en informatique (Nancy) □ Professeur des universités (École des Mines de Nancy - INPL), responsable scientifique de l'équipe/projet INRIA TRIO (LORIA UMR 7503) □ Temps réel, systèmes embarqués, modélisation/validation des architectures distribuées temps réel □ Francoise.Simonot@loria.fr

Problématique des systèmes temps réel, Vérification des applications temps réel

YeQiong Song

Docteur en informatique de l'INPL, HDR en Informatique (Nancy) □ Maître de conférences à l'université Henri-Poincaré Nancy 1, membre du laboratoire LORIA - UMR 7503 □ Évaluation de performances des réseaux et la gestion de la qualité de service pour des applications temps réel □ song@loria.fr

Vérification des applications temps réel

Eddie Soulier

Diplômé de l'IEP, DEA de sciences politiques, DEA de sciences économiques et sociales, doctorat d'informatique □ Enseignant-chercheur, université de technologie de Troyes (UTT) □ eddie.soulier@utt.fr

Sociologie, technologies de l'information et systèmes d'information

Alain Spalanzani

Docteur en sciences de gestion □ Professeur en sciences de gestion à l'université de Grenoble 2 - 1er vice-président, direction IUP C&V et master SI logistique, http://iupcv.upmf-grenoble.fr/ □ Chercheur au Cerag (www.cerag.org) : SI inter-organisationnel, logistique □ Alain.Spalanzani@iupcv.upmf-grenoble.fr

Systèmes d'information de groupe : des fondements à la situation actuelle

Nicolas Spyratos

École polytechnique d'Athènes, M.A.Sc. et Ph.D. (Canada), thèse d'État de Paris XI (Orsay) □ Université de Paris Sud (Orsay), laboratoire LRI, directeur de l'équipe Bases de données, chargé du cours Bases de données au magistère MMFAI de l'ENS-Ulm □ Modélisation conceptuelle et intégration des informations (médiateurs, entrepôts de données, bibliothèques numériques) □ nicolas.spyratos@lri.fr

Bases de données relationnelles

Philippe Tassin

Ingénieur civil des Mines □ Consultant en systèmes d'information, informatique et télécommunications □ Philippe.Tassin@wanadoo.fr

Direction des systèmes d'information

Olivier Teste

Doctorat en informatique, université Paul-Sabatier, Toulouse 3 □ Maître de conférences à l'université Paul-Sabatier □ Conception de systèmes décisionnels, modélisation et manipulation des bases de données (multidimensionnelles, temporelles, versions) □ Olivier.Teste@irit.fr

Bases de données décisionnelles

Laurent Toutain

Docteur □ Maître de conférences à l'ENST Bretagne □ Internet, qualité de service, routage, intégration IP réseau 3G □ Laurent.Toutain@enst-bretagne.fr

Internet: évolution et perspectives

Denis Travaillé

Docteur en sciences de gestion, agrégé d'économie et gestion, ancien élève de l'ENS Cachan □ Maître de conférences en sciences de gestion à l'université de Montpellier 2 (Contrôle de gestion, comptabilité de gestion, gestion de production) □ Chercheur au groupe COST du CREGO : contrôle de gestion et gestion de production □ dtravail@iae.univ-montp2.fr

Les SI de pilotage - tableaux de bord

Diane-Gabrielle Tremblay

Ph.D. en économie des ressources humaines □ conseillère agréee en ressources humaines □ Professeur en économie et gestion, universite du Québec à Montréal, titulaire de la chaire de recherche du Canada sur les enjeux socio-organisationnels de l'économie du savoir □ Formes d'organisation du travail, télétravail, réseaux d'entreprises, économie et sociologie du travail □ dgtrembl@teluq.uqam.ca

Télétravail

David Trujillo

Maître de conférences et docteur en mathématiques □ Laboratoire de mathématiques appliquées, université de Pau et CNRS □ Analyse numérique, calcul scientifique, simulation numérique □ david.trujillo@univ-pau.fr

Approximation des modèles de la physique

Gérard Valenduc

Docteur en informatique □ Codirecteur du centre de recherche Travail et technologies de la Fondation Travail-université, Namur □ Transformations du travail □ gvalenduc@ftu-namur.org

Les impact de l'informatique sur les métiers et les compétences

Patricia Vendramin

Docteur en sociologie □ Codirectrice du centre de recherche Travail et technologies de la Fondation Travail-Université, Namur □ Transformations du

travail, notamment en lien avec les changements technologiques □ pvendramin@ftu-namur.org
Les impact de l'informatique sur les métiers et les compétences

Francois Vernadat

HDR en informatique (université de Toulouse III) □ Professeur des universités à l'INSA de Toulouse – Chercheur LAAS-CNRS □ Vérification formelle, modèles temporels □ vernadat@laas.fr
Vérification des applications temps réel

Anne Verroust-Blondet

Doctorat d'État et doctorat de 3e cycle en informatique, université Paris Sud □ Chargée de recherche, projet IMEDIA, INRIA Rocquencourt □ Informatique graphique, modélisation géométrique, indexation d'objets 3D □ Anne.Verroust@inria.fr
Introduction à la synthèse d'images

Marie-Luce □ Viaud

Doctorat en informatique, université Paris Sud □ Chercheur à l'INA, projet VIE □ Informatique graphique, interaction homme-machine □ mlviaud@ina.fr
Introduction à la synthèse d'images

Laurent Viennot

Docteur en informatique, polytechnicien □ Chargé de recherches à l'INRIA □ Algorithmique des graphes et des réseaux □ Laurent.Viennot@inria.fr
Algorithmes des graphes et des réseaux

Emmanuelle Vivier

Docteur CNAM, Master ENST, Ingénieur ISEP □ Responsable adjointe du département Télécommunications, signal et image de l'ISEP □ en charge des options Telecommunications and Wireless Networking et télécommunications et multimedia □ Gestion des resources radios dans les systèmes radiomobiles de deuxième et troisième générations □ emmanuelle.vivier@isep.fr
Réseaux mobiles : le GSM

Guillaume Vivier

Docteur Paris VI, ingénieur ENST, Senior Member IEEE □ Responsable de l'équipe *Radio System Optimisation* en charge de la convergence des systèmes radio-mobiles cellulaires et WLAN, Motorola Labs □ Gestion des sytèmes hétérogènes □ guillaume.vivier@motorola.com
Réseaux mobiles : le GSM

Thierry Wils

Ph. D. (Cornell) en gestion des ressources humaines □ Professeur titulaire, HEC Montréal, service de l'enseignement de la gestion des ressources humaines □ thierry.wils@hec.ca
Les DRH face au défi informationnel

Pierre Wolper

Docteur en informatique (Stanford University) □ Professeur d'informatique, université de Liège □ Vérification, logique et automates □ pw@montefiore.ulg.ac.be
Automates et vérification

Paul Zimmermann

Docteur de l'École polytechnique, habilitation à diriger les recherches □ Directeur de recherche, INRIA Lorraine/LORIA □ Arithmétique, algorithmique, calcul symbolique □ zimmerma@loria.fr
Techniques algorithmiques et méthodes de programmation

Gilles Zurfluh

Thèse d'État, université Paul-Sabatier, Toulouse 3 □ Professeur à l'université Toulouse I et codirecteur de l'IUP MIAGE Toulouse, responsable de l'équipe SIG-ED (Entrepôts de données) du laboratoire IRIT □ Conception de systèmes décisionnels, bases de données et entrepôts complexes (objets, multidimensionnelles, réparties, versions) □ Gilles.Zurfluh@irit.fr
Bases de données décisionnelles

Notations et unités

Unités de mesure

Multiple

k/K (kilo)	1000 (10^3) ou 1024[1] (2^{10})
M (méga)	1000 k (10^6) ou 1048576 (2^{20})
G (giga)	1000 M (10^9) ou 2^{30}
T (téra)	1000 G (10^{12}) ou 2^{40}
P (péta)	1000 T (10^{15}) ou 2^{50}
E (exa)	1000 P (10^{18}) ou 2^{60}
Z (zetta)	1000 E (10^{21}) ou 2^{70}
Y (yotta)	1000 Z (10^{24}) ou 2^{80}

Temps

s	seconde
ms	milliseconde (10^{-3} s)
µs	microseconde (10^{-6} s)
ns	nanoseconde (10^{-9} s)
ps	picoseconde (10^{-12} s)
fs	femtoseconde (10^{-15} s)

Électricité

µW	microwatt, 10^{-6} watt
mW	milliwatt, 10^{-3} watt
W	watt (puissance)
kW	kilowatt, 10^3 watt
µV	microvolt, 10^{-6} volt
mV	millivolt, 10^{-3} volt
V	volt (tension)
mA	milli-ampère, 10^{-3} ampère
A	ampère (intensité)
µF	microfarad, 10^{-6} farad
mF	millifarad, 10^{-3} farad
F	farad (capacité)

1. L'usage des puissances de 2 est recommandé pour mesurer les tailles de mémoire centrale.

Fréquence

Hz	hertz
kHz	kilohertz, 10^3 Hz
MHz	mégahertz 10^6 Hz
GHz	gigahertz, 10^9 Hz

Capacité

b/bit	bit (*binary digit*)
kbit	kilobit = 10^3 bits
Mbit	mégabit = 10^6 bits
Gbit	gigabit = 10^9 bits
o	octet = 8 bits
ko/Ko	kilo-octet = 10^3 octets ou 1024 (2^{10})
Mo	méga-octet = 10^6 octets ou 1048576 (2^{20})
Go	giga-octet = 10^9 octets ou 2^{30}
To	téra octet = 10^{12} octets ou 2^{40}
Po	péta-octet = 10^{15} octets ou 2^{50}
Eo	exa-octet = 10^{18} octets ou 2^{60}
nibble	4 bits, un demi octet
mot	16, 32 ou 64 bits suivant l'architecture du processeur

Débit

baud	nombre de symboles transmis par seconde
bit/s	bits par seconde
kbit/s	kilobits par seconde, 10^3 bit/s
Mbit/s	mégabits par seconde, 10^6 bit/s
Gbit/s	gigabits par seconde, 10^9 bit/s
Tbit/s	térabits par seconde, 10^{12} bit/s
ko/s	kilo-octets par seconde, 10^3 octet/s
Mo/s	méga-octets par seconde, 10^6 octet/s
Go/s	giga-octets par seconde, 10^9 octet/s
To/s	téra-octets par seconde, 10^{12} octet/s

Vitesse

flop	opérations en virgule flottante par seconde (*floating point operations per second*)
kflop	kiloflop, 10^3 flop
Mflop	mégaflop, 10^6 flop
Gflop	gigaflop, 10^9 flop
Tflop	téraflop, 10^{12} flop

Affichage

cd	candela (intensité lumineuse)
sr	stéradian (angle solide)
lx	lux (éclairement lumineux), $cd.sr.m^{-2}$
lm	lumen (flux lumineux), cd.sr
$cd.m^{-2}$	luminance
i/s	images par seconde
mégapixel	taille d'un capteur d'imagerie
tps	trames vidéo par seconde

Dimensions (en pouces)

3½	9 cm
5¼	13 cm
14	36 cm
15	38 cm
17	43 cm
19	48 cm
21	53 cm

Notation mathématique

$\sum$	sommation
$\prod$	produit
√	intégrale
| |	valeur absolue
[ ]	intervalle
{ }	ensemble
≈, ≅	approximation
N	ensemble des entiers naturels
Z	ensemble des entiers relatifs
Q	ensemble des nombres rationnels
R	ensemble des nombres réels
∞	infini
mod	modulo
log(x)	logarithme en base 2, $\log_2(x)$
ln(x)	logarithme naturel, $\log_e(x)$
ssi	si et seulement si

Logique

∧	et
∨	ou
⊕	ou exclusif
¬	non
⇒	implication
⇔, ≡	équivalence
≠	différent

Logique temporelle

○	dans la situation suivante
□	toujours
◇	fatalement
U	jusqu'à ce que

Quantificateurs

$\forall x$	quel que soit
$\exists x$	il existe

Ensembles

∅	ensemble vide
∈	appartenance
∉	non-appartenance
⊂	inclusion
∪	réunion
∩	intersection
–	différence
$\{x \mid P(x)\}$	ensemble des *x* tels que P(*x*) est vrai

Calcul relationnel

π	projection
σ	sélection
⋈	jointure
→	renommage

Notation informatique

Divers

←, =, :=	affectation
.	notation qualifiée
||	parallélisation
$\xrightarrow{e}$	transition sur événement

BNF (*Backus-Naur Form*)

⟨ ⟩	variable
::=	équivalence
|	alternative

Classes de complexité des algorithmes

en temps constant	complexité en $O(1)$
sous-linéaire	complexité en $O(\log n)$
linéaires	complexité en $O(n)$ ou $O(n\log n)$
quadratique	complexité en $O(n^2))$
cubique	complexité en $O(n^3))$
polynomiale	complexitéen $O(n^k)$ pour $k > 3$
exponentielle	complexité en $O(2^n))$

Définitions d'écran

CGA (*Color Graphics Adapter*)	320×200
EGA (*Enhanced Graphics Adapter*)	640×350
MCGA (*Color Graphics Adapter*)	320×200
QXGA (*Quantum eXtended Graphics Array*)	2048×1536
SVGA (*Super Video Graphics Array*)	800×600
SXGA+ (*Super eXtended Graphics Array*)	1400×1050
UXGA (*Ultra eXtended Graphics Array*)	1600×1200
VGA (*Video Graphics Array*)	640×480
WXGA-H (*Wide eXtended Graphics Array*)	1280×720
WSXGA (*Wide Super eXtended Graphics Array*)	1600×1024
XGA (*eXtended Graphics Array*)	1024×768

Index

Les numéros de page composés en caractères gras indiquent un thème faisant l'objet d'un chapitre de l'encyclopédie.

B

C

D

E

F

G

H

I

J

K

L

M

N

O

P

Q

R

S

T

U

V

W

X

Z

Index des noms

Cet index contient les noms propres, les noms de langages et de méthodes informatiques, les noms d'entreprises ainsi que les marques commerciales (systèmes, matériels, applications) cités dans le texte. Les noms des auteurs des chapitres de l'encyclopédie ou ceux cités dans les bibliographies de fin de chapitre n'y sont pas nécessairement inclus.

C

D

E

F

G

H

I

J

K

L

M

S

T

Achevé d'imprimer en novembre 2006
sur les presses de l'imprimerie HUROPE, S.L. à Barcelone
pour le compte des Éditions VUIBERT à Paris.
Dépôt légal : novembre 2006